臧克和◎主編

日藏唐代漢字鈔本字形表

第四册

華東師範大學出版社

图书在版编目(CIP)数据

日藏唐代漢字抄本字形表. 第四、五、六册 / 臧克和，海村惟一主編. —上海：華東師範大學出版社，2017
（日藏唐代漢字抄本字形表）
ISBN 978-7-5675-6521-0

Ⅰ. ①日… Ⅱ. ①臧… ②海… Ⅲ. ①漢字－古文字－字形－抄本－唐代 Ⅳ. ①H123

中国版本图书馆CIP数据核字（2017）第116957号

日藏唐代漢字抄本字形表（第四、五、六册）

主　　編　臧克和
策劃編輯　王　焰
项目編輯　張繼紅
裝幀設計　高　山

出版發行　華東師範大學出版社
社　　址　上海市中山北路3663號　郵編200062
網　　址　www.ecnupress.com.cn
電　　話　021－60821666　行政傳真 021－62572105
客服電話　021－62865537　門市（郵購）電話 021－62869887
地　　址　上海市中山北路3663號華東師範大學校内先鋒路口
網　　店　http://hdsdcbs.tmall.com

印 刷 者　上海盛通时代印刷有限公司
開　　本　889×1194　16開
印　　張　135.25
插　　頁　12
字　　數　1235千字
版　　次　2017年6月第1版
印　　次　2017年6月第1次
書　　號　ISBN 978-7-5675-6521-0/H・917
定　　價　998.00元

出 版 人　王　焰

項目支持

國家社會科學基金重大項目『秦漢六朝字形全譜』項目批號：13&ZD131

教育部人文社會科學重點研究基地『十三五』規劃重大項目『漢字文化圈表意文字主要類型數據庫建設及相關專題調研』項目批號：16JJD740012；

華東師範大學『十三五』『雙一流』學科建設交叉項目

學術顧問：

岡村繁教授（日本）
松丸道雄教授（日本）
濱久雄教授（日本）
劉志基教授（中國）
王元鹿教授（中國）
董蓮池教授（中國）
河永三教授（韓國）
李圭甲教授（韓國）
朴興洙教授（韓國）
阮俊强教授（越南）
丁克順教授（越南）

主　編：臧克和（中國）
海村惟一（日本）
副主編：郭　瑞（中國）

編輯委員會及分工（按姓氏拼音排列）：

陳秋萍（日文翻譯、文本釋文等）
郭　瑞（語料庫設計加工、字表編排等）
海村惟一（版本搜集、文本釋文等）
海村佳惟（日語翻譯、標注及日語索引、凡例等）
劉本才（字形對照）
劉　凌（特約責任編輯）
蘭小燕（文字處理）
蘇莉莉（索引編排）
王同芳（文字處理）
王　焰（策劃）
徐敬業（文字處理）

臧克和（統籌、前言、凡例、審讀）
臧其事（技術支持）
鄭邵琳（語料庫校對）
鄭仰甲（語料庫校對）

前言

在國家『十五』、『十一五』、『十二五』、『十三五』等規劃中，中國文字研究與應用中心相繼設計開展了《漢字斷代調查與漢字發展史》、《秦漢六朝字形譜》、《中國文字發展史》等課題，幾個重大項目之間具有內在發展的連續性。調研表明，作爲書籍形態漢字書寫及傳播，媒介材質與書寫方式關係尤爲重要。五代特別是宋代雕板印刷成熟，此前基本依賴手寫傳抄。這裡，也許可以稍稍回顧一下科技文化史上介質技術因素與漢字書體發展的關聯。

從中古紙質媒介與書體發展來看，晉南北朝時期紙張作爲書寫介質真正進入廣泛實用階段。考古研究表明，紙張開始並不是作爲書寫用途出現的。直到西晉時作爲書寫功能還是簡紙並用，東晉以降，便不再出現簡牘文書，而幾乎全是用紙了。經過東漢改進製造技術的紙張，到晉南北朝成爲社會用字的主要載體，較之其他書寫載體，極大地拓展了文字書寫的自由空間。只有紙張作爲新的書寫載體真正走向社會應用，書家輩出，呈現個性，才真正具備了物質基礎。『洛陽紙貴』之類的成語，也是出現於晉代（語出《晉書・左思傳》）。書寫空間擴展趨向自由，是需要一定物質基礎的。直接的因素，就是紙墨的完備。但用於書寫的紙張，開始也不可能廉價走入尋常百姓之家。晉南北朝書寫者自己就能制造紙墨，則已經見於正史文字。如《南史》卷三十一《張永傳》載：張永『有巧思』，『紙墨皆自營造』，宋文帝『每得永表啟，輒執玩咨嗟，自歎供御者了不及也』。而《梁書》卷四十九《袁峻傳》則記載：『袁峻，字孝高，陳郡陽夏人，魏郎中令渙之八世孫也。峻早孤，篤志好學，家貧無書，每從人假借，必皆抄寫，自課日五十紙，紙數不登，則不休息。訥言語，工文辭。』至於南北朝，家貧好學者，沒有力量購書，而卻可以有紙抄寫。這表明紙張作爲書寫材料，已經相當普遍了。物質因素具備了，版刻未行，此時還出現了從事書寫的專業户。《魏書》卷五十五《劉芳傳》載劉芳曾爲諸僧傭寫經論：『劉芳，字伯文，彭城人也……雖處窮窘之中，而業尚貞固，聰敏過人，篤志墳典。晝則傭書，以自資給，夜則讀誦，終夕不寢，至有易衣併日之敝，而澹然自守，不汲汲於榮利，不戚戚於賤貧，乃著《窮通論》以自慰焉。芳常爲諸僧傭寫經論，筆跡稱善，卷直以一縑，歲中能入百餘匹，如此數十年，賴以頗振。由是與德學大僧，多有還往。』《北史》卷九十載蔣少遊以傭書爲業：『蔣少游，樂安博昌人也。魏慕容白曜之平東陽，見俘，入於平城，充平齊户，後配雲中爲兵。性機巧，頗能畫刻。有文思，吟詠之際，時有短篇。遂留寄平城，以傭寫書爲業。』《梁書・孝行傳》記載沈崇傃傭書以養母。《南史・孝義傳》則記載庾震桑父母卒，居貧無以爲葬，賃書以營事，至手掌穿，然後葬事獲濟。這種或以書爲雇傭的關係，或以書爲業解決貧困問題，都在一定程度上反映了當時的社會書寫需求。基於上述，似可將紙張獲得廣泛使用，作爲魏晉南北朝社會文字發展的物質因素來看待。

相關紙張介質的普及，促進了楷、行、草等各種書體的完備，書面文學走向全面自覺，才真正具備了基礎條件。①社會文字使用，講究使用的場合和文字所記錄體裁的配合協調成爲可能，才是真正促成魏晉南北朝文體自覺的內在因素和基本條件。南北朝時期，無論是家庭教育還是個人修養，書藝構成『藝能』重要內容，『藝能』爲當時以及影響後世的『關鍵字』（見諸南北朝隋唐大量石刻、《顏氏家訓・雜藝》等）。梁啟超著《中國歷史研究法》，就直接從文化工具、著寫傳抄與文史的發展關係著眼進行考察：『世官之制，至漢已革，前此史官專有之智識，今已漸爲社會所公有，此其一也。文化工具日新，著寫傳抄收藏之法皆加便，史料容易搜集，此其二也。遷書既美善，引起學者研究興味，社會靡然向風，此其三也。」梁氏史論，特別揭出著寫傳抄文化工具作爲直接的文史發展內因，可謂手眼跳出。

晚唐版刻印刷與書寫，應當放到這樣的時代背景下加以觀察：唐代社會經濟、文化與教育高度發展，達到中國古代社會鼎盛時期。楷書至此達到最高藝術水準，確定體制範型，調研者或謂之『定型自覺』。同時，也奠定了近現代楷字使用基礎。有唐書法楷則，爲後世不易之定制。楷字發展至定型，有其歷史的準備和自身的條件。就文字內部體制而言，南北朝楷書已經臻於成熟，爲隋唐楷字定型作了充分準備。從上述物質技術因素來看，兩晉南北朝紙張取代其他介質，對文字書寫空間和傳播速度帶來深刻影響。從唐代當時所提供的條件來看，主要有兩方面社會因素起了直接促進作用：一是承襲隋代科舉教育制度並趨於完備，二是整理形成與此相適應的社會標準規範。唐代楷字定型，是唐宋之際文字傳播方式發生革命性轉換的內在因素，即正是唐代楷字規範達到定型化程度，才使得印刷技術通行開來具備了基本前提。技術進步的直接影響，就是使得文字傳播水準不再因人而異。

根據上述關聯，即可發現，現存早期印刷漢字，與共時的石刻書體結構相同、水準一致，因爲二者實質上皆屬於唐代手寫體系。調查表明，印刷技術開始時僅僅是漢字成熟個體手寫翻版，印刷初期的技術改進，對當時文字規範所產生的實際影響，主要體現在傳播方式以及後世文字定型體制，文獻傳播水準，不再因人而異。

至於五代印刷與書寫，與晚唐印刷相比，在儒家經典雕印以及佛經類印刷的規模與分工方面有了明顯進步。漢字傳播史上，只有到了五代，纔實現了真正意義上的唐代定型漢字與最具能產性和傳播性的技術手段的結合：固定規範，傳播廣泛並形成社會文字標準；延續至今，構成現代漢字體制基礎。

與此同時，文獻至少主體文獻傳播方式不再因人而異，相當程度上個性化的書寫及表現方式，也就與此前六朝隋唐的書家輩出，千岩競秀，流派紛呈，各體書藝，臻於極致，迥乎有別了。定型之後，後世文字整體上也就只是受書家影響的產物。

基於上述因素，唐寫文字，保存爲難。日本現存有相當豐富的漢字抄寫本古文獻，其中時間上相當於中國隋唐時期的一批字形清晰的漢字手抄本文獻，日本學者藏家奉爲『國寶』，並逐一編號。至於家喻户曉的日本『遣唐使』，差不多也就是到大唐神聖抄書者的『假名』。明代華亭陳繼儒撰《太平清話》，後來的高麗半島朝鮮人，也有來華訪求書籍的習慣，其『朝鮮人極好讀書』條云：『朝鮮人極好讀書，凡使臣到中土，或限五六十人，或舊典，或新書，稗官小説，在彼所缺者，五六十人日出市中，各寫書目，分頭遇人遍問，不惜重值購回。故彼國反有異書藏本也。』[2]基於同樣的關聯，中土由於種種因緣而不傳者，東瀛反有藏本抄本。

字表《一部》『且』字條，下錄初唐《禮記正義》往往作『旦』而中間有丿或、筆相接續，中唐的《翰苑》甚至在『且』形內部加一丿筆；《人部》『但』字條，『旦』符中間，亦有關聯，同歸一揆。這種書寫習慣，方之中土南北朝隋唐石刻用字，皆銜接有序。《丶部》『州』字條，著錄中唐《翰苑》依然皆作類似『三刀』形，亦跟南北朝石刻的大量刻寫完全一致。《匚部》『匹』字條，初唐中唐抄本皆從『辶』符書寫，也與南北朝石刻的大量刻寫同致；『匝』字條，五代抄木仍從『辶』符書寫，亦與南北朝石刻的大量刻寫，結構一揆。《人部》『从』字條，下錄初唐《古文尚書》皆抄作雙刀相並形，與南北朝石刻的大量刻寫完全一致；本部『休』字條，所錄初唐《古文尚書》、《毛詩傳》多加、筆，亦與南北朝石刻不少寫法相同。《人部》『佉』，爲梵語譯音用字，見於所抄晚唐《摩訶止觀》本，中土見於經唐人增字的《玉篇》：『佉，去茄切。神名也。』唐代石刻《慧日寺石壁真言》、《佛説彌勒菩薩兜率天下生成佛經碑》、《懷州豎立生台記並經幢》、《常庭訓建尊勝陁羅尼經幢》、《金剛會碑》等。《人部》『作』字條，下錄初唐《古文尚書》等於聲符『乍』其下部分抄爲『上』符，至中唐所抄《翰院》等，則或一仍其舊，或從『乍』符，晚唐五代則完全定型爲從『乍』結構。《刀部》『切』字條，初唐到五代，所抄字形『七』符皆作『十』符，無例外；中土南北朝石刻所用楷字記號化過程中『七』、『十』開始形成區別，見《土誦墓誌》作『切』，《敬羽高衡造像記》作『切』，《元悛墓誌》作『切』；本部『初』字條，唐抄或從『示』或從『刅』省形；中土南北朝墓誌如《元恪嬪司馬顯姿墓誌》作『初』，《元顯魏墓誌》作『初』，《元誘墓誌》作『初』，《獨孤信墓誌》作『初』。《力部》『功』字條，初唐中唐晚唐所抄皆作『刀』形，至五代始見抄從『力』形；同樣的情形亦見於中土南北朝隋唐五代石刻。《廣部》錄『廢』字條，日藏所抄皆從『疒』結構，而中土漢魏六朝隋唐五代石刻語料庫查詢結果，歷代從『广』從『疒』兩種結構並行。《穴部》『窺』字條，日藏唐抄皆從『穴』從『視』形；中土南北朝隋唐石刻歷代從『穴』『視』結構，正復常見。《耒部》『耕』字條，日抄初唐至五代皆將『耒』符抄作『禾』符；中土北魏及唐代石刻，也都見到將『耒』符替換爲『禾』符的用例。《骨部》『體』字條，日藏初唐所抄《禮記正義》有作『躰』構造者，而晚唐所抄《摩訶止觀》五個字形皆如此作；至於中土《漢魏六朝隋唐五代字形表》著錄北齊及唐代，僅個別刻石使用『躰』形。紩—鉄—鐵字組，經過歷時使用，關係錯綜。《玉篇·金部》：『鉄，持桎切。古文紩。』《名義》：『鉄，池理反。治鉏也。鈮，同上。』《玉篇·糸部》：『紩，持栗切。縫衣也。又納也，索也。古作鉄。』今所用『鋼鐵』簡化字，適與之構成同形字。字表《金部》『鏃』字條，日存中唐所抄《翰苑》作『鉄』；中土南北朝隋唐石刻用字，北齊《宇文誠墓誌》『松筠雅操，鉄石深衷』作『鉄』，唐代神功元年《張愃墓誌》：『松筠比質，挺標王佐之才；鉄石其聲，獨擅養人之器。』皆確乎以『鉄』爲『鐵』之例證。《牀部》『牀』字條，日藏中唐所抄《翰院》使用『床』形；《漢魏六朝隋唐五代字形表》本部著錄『床』形，亦僅見於唐代石刻。《頁部》『類』字條，日藏所抄中唐《翰苑》字形左旁皆從上下雙犬形，現存《漢魏六朝隋唐五代字形表》尚未見到類似的寫法。

其餘像著—着、華—花等過渡性結構，也都若合一契。上述用例表明，日藏唐抄系列，與中土各個時段漢字使用及發展情形十分吻合。如此看來，日藏唐抄系列，確乎所來有自。

晚清羅振玉、楊守敬前輩學者，極力收拾，像《原本玉篇》，雖殘卷斷紙，不成完袟，吉光片羽，亦不啻連城拱璧，向爲學界所重。至於今日，亦復時見多所措意經心者。

顧頡剛、顧廷龍先生編《尚書文字合編》，臧克和上世紀所撰《尚書文字校詁》，即利用其中所著錄日藏抄本資料，允稱便利。③該系文獻抄寫年代不一，但均源出於唐寫本。《尚書文字合編》曾交待有關抄本情況：岩崎本，岩崎男藏書，殘，日本大正七年（一九一八）影印本。九條本，九條道秀公舊藏，殘，日本昭和十七年（一九四二）《京都帝國大學文學部影印舊鈔本》第十集影印本。神田本，神田醇容安軒舊藏，殘，日本大正八年（一九一九）《容安軒舊書四種》影印本。島田本，島田翰院藏，殘，一九一四年羅振玉《雲窗叢刻》影印本。内野本，影寫日本元亨二年（一三二二）沙門素慶刻本，全，内野皎亭舊藏，日本昭和十四年（一九四〇）東方文化研究所影印本。上圖本（元亨本）舊本元亨三年（一三二三）藤原長賴手寫本，殘，上海圖書館藏，原件後間有脱佚，據羅振玉《雲窗叢刻》影印楊守敬本配補。觀智院本，日本元亨三年藤原長賴手寫本，殘，東寺觀智院藏，日本影本。古梓堂本，日本元亨三年藤原長賴手寫本，殘，古梓堂文庫舊藏，日本複印本。天理本，日本鐮倉末期寫本，殘，天理圖書館藏，日本複印本。足利本，日本室町時期寫本，全，足利學校遺跡圖書館藏，日本複印本。上圖本（影天正本）舊本影寫天正六年（一五七八）秀圓題記本，全。上圖本（八行本），該日寫本每半頁八行，行大字二十，全本。④

一九九九年，朱葆華教授赴日本下關大學任教，利用課餘時間，訪問東京大學等圖書館，除了複印回來日藏唐寫本《説文·木部》殘卷六紙外，還帶回了空海所撰《篆隸萬象名義》高山寺藏本。此前，中華書局曾影印過該抄本的拼版本。中國文字研究與應用中心在高山寺藏本等基礎上，研製了《原本玉篇》、《篆隸萬象名義》等專書對比資料庫。

二〇〇〇年，上海古籍出版社影印出版了海外珍藏善本叢書，包括周勛初先生所輯《唐鈔文選集注匯存》，同樣包含日藏唐抄『國寶』。

二〇一三年，南京鳳凰出版社（原江蘇古籍出版社）影印出版了安平秋先生主編《日本國立公文書館藏宋元本漢籍選刊》十五册，《日本國會圖書館藏宋元本漢籍選刊》八册，洵犖犖大者。

二〇一四年在日本九州福岡國際大學召開的世界漢字學會年會第二屆，有些意外的發現。二〇一一年所付梓《漢魏六朝隋唐五代字形表》，雖然初版應急，存在許多問題，還需不斷補正完善，然已在日本漢學界廣泛使用。福岡國際大學國際關係學院院長海村惟一教授，爲世界漢字學會理事，系當代日本漢學泰斗岡村繁先生嫡傳高足，宿學高僧，交遊往還者衆，中日兩國學術，能作無間之郵。在他所成功組織舉辦的世界漢字學會第二屆年會上，我們就討論了如何在數字化網絡化時代，使這批珍貴傳抄漢籍漢字原形成爲兩國讀者便捷使用的材料。鑒於這批材料类型數量等實際情況，建立了兩國專業學者聯合工作體系。

這些材料根據撰寫内容的來源，可以分爲自寫本和他寫本。自寫本，即日本人手抄日本國文獻；他寫本，即中土流傳現存日本的唐抄本及相當於唐代的日本學者（遣唐使等）所抄寫並帶回日本的中國文獻，如《古文尚書》、《禮記正義》、《毛詩正義》、《文選注》、《翰苑》等。還有一批完整字書抄本，諸如唐抄《原本玉篇》、《篆隸萬象名義》，北宋抄《新撰字鏡》等，規模稱大，我们在幾年前也早已作了語料庫深加工處理。至於日本陸續出土的青銅器物銘文、簡牘文等，散在各地，視情況將圖文並收。由於唐抄材料種類繁多且大部零散，除了本次付梓的三册，初計尚有数册，文字研究基地將陸續推出其餘若干册。

唐抄材料經過電腦系統處理，截取原形圖片，存真編排。就内容的唯一性及所呈現的形式而言，該字形譜系列，對於中國諸多學術領域尤其是漢字發展史，將填補重要缺環（業經基本失落了刻本流行之後的紙質書寫形式記憶）；對於日本漢學界語言文字學界，也將提供便利。基於此，字形表將編製日語中文數種索引，以便世界漢字文化圈地區使用。

首期三冊，第二期三冊，第三期三冊，涉及日本奈良、平安時期的日本漢字抄本文獻用字（相當於中國上自初唐下迄五代）。具體文獻時代屬性及其藏本源流情況，海村教授嘗揭示如下：

第一期

(1)《唐鈔本古文尚書》十三卷，廣橋家舊藏本。其中之一現在的岩崎藏本，殘本，没避唐太宗『民』字之諱，所書字體爲隸古定。（《岩崎文庫貴重書解題Ⅳ》，東洋文庫，二〇〇四年三月，第八二頁。）最新研究根據載體的紙料、用雌黄訂正文字的手法等，綜合判斷此本是初唐抄本。（國寶《古文尚書》卷第三、卷第五、卷第十二，勉誠出版社，二〇一五年六月，第一五七頁。）

(2)《翰苑》卷三十，太宰府天滿宮宮司西高辻氏（菅原家）家傳並保持當時卷本裱裝原様的天下孤本。傳此本出自菅原清公（七七〇—八四二）之手。菅原清公是太宰府天滿宮的祭神『日本學問神』菅原道真（八四五—九〇三）之祖父，遣唐判官。公元八〇四年作爲第十八次遣唐使，與遣唐大使藤原葛野麻呂，以及最澄、空海一起渡海赴唐，並受到謁見唐德宗的禮遇。其間菅原清公抄此《翰苑》卷三十帶回日本，系平安初期他抄本。（竹內理三《翰苑》，吉川弘文館，一九七七年五月，第一四三—第一五七頁。）

(3)《摩訶止觀》卷第一，全本。此書是天臺大師智顗（五三八—五九七）於公元五九四年在荆州玉泉寺作的演講，由其弟子灌頂（五六一—六三二）筆錄編輯而成的論書，與《法華玄義》、《法華文句》一起被稱爲『天臺三大部』的根本聖教之一。最初由鑒真和尚（六八八—七六三）帶至日本，日本天臺宗開祖最澄（七六七—八二二）抄錄了此本。日後，最澄與圓珍（八一四—八九一）作爲遣唐使入唐，又帶回了不少天臺典籍與《摩訶止觀》。據此卷書體以及其他特徵，認定此本爲平安中後期抄本。原藏（滋賀）石山寺，後移藏於酒井宇吉氏處，現藏於國際佛教學大學院大學。（《日本古寫經善本叢刊第七輯》，國際佛教學大學院大學日本古寫經研究所，二〇一四年三月，第九頁。）

(4)《毛詩》殘本，原藏山城國（現京都市）鳴瀧常樂院，後移藏於和田維四郎氏處。狩野直喜博士向和田維四郎借來影印並分贈海內外學者，大正九年（一九二〇）在還給和田維四郎時，添加了跋文論證了此《毛詩》殘本的學術價值。此後，狩野直喜博士還與敦煌石室發現的《毛詩》殘卷（藏於巴黎國民圖書館）進行校對，通過對兩者的『解覯』、『祛袂末』、『斥取者』等辭彙的考證，確認了兩者是共通的初唐抄本。但就書體而言，此《毛詩》殘本勝於敦煌本。此外，此本與《唐鈔本古文尚書》一樣，在平安時代中期初的延喜年間（九〇一—九二三）加上了訓點，是漢籍訓點資料中現存最古老的珍貴資料之一。現藏於岩崎文庫。（《岩崎文庫貴重書解題Ⅰ》，東洋文庫，二〇〇四年三月，第一頁。）

(5)《禮記正義》卷第五《曲禮》上、下，僅缺首尾。經文注語只略記首尾，接著施疏，即所謂的單疏本，與孔穎達的原本極其相近。古體字形頗多，就書寫風格而言，當爲離唐初不遠的抄本。紙背抄錄的《賢聖略問答》末尾有『天延三年（九七五）五夏月於興福寺喜多院松房記之』云云，這年的書寫者記錄《賢聖略問答》是爲了後學而抄錄的。原藏興福寺，現藏於岩崎文庫。（《岩崎文庫貴重書解題Ⅰ》，東洋文庫，二〇〇四年三月，第五頁。）

(6)《十誦律》殘一卷，存第四誦卷第二十二，卷本一軸，姚秦釋弗若多羅、鳩摩羅什所合譯。此本抄於天平十二年（七四〇），是奈良時代初期的他抄（寫經）本。卷末書：『皇后藤原氏光明子奉爲／尊考贈正一位太政大臣府君尊妣贈從一位／橘氏太夫人敬寫一切経論及律荘厳既了／伏願憑斯勝因奉資冥助永庇菩提之／樹長遊般若之津又願上奉／聖朝恒延福壽下及寮采共盡忠節又／光明子自発誓言弘済沈淪勤除煩障妙／窮諸法早契菩提乃至伝燈無窮流／布天下聞名持卷獲福消災一切迷方會／帰覚路／天平十二年五月一日記。』無點。有奈良時代末期的朱筆校正。現藏於岩崎文庫。（《岩崎文庫貴重書解題Ⅰ》，東洋文庫，二〇〇四年三月，第一頁。）

(7)《大般若波羅蜜多經》殘一卷，存卷第二百三十『初分難信解品』第三十四之四十九，卷本一軸，唐釋玄奘所譯。此卷有印記『藥師寺印』、『藥師寺金堂』，據此可知此本是天武天皇於六八〇年創建的奈良藥師寺的原裝寫經本，由此可窺奈良時代中期寫經本之一斑。奈良時代中期他抄（寫經）本，無點。原屬（奈良）藥師寺，現藏於岩崎文庫。（《岩崎文庫貴重書解題Ⅰ》，東洋文庫，二〇〇四年三月，第一頁。）

(8)《大般若波羅蜜多經》殘一卷，存卷第一百四十『初分校量功德品』第三十之三十八，卷本一軸，唐釋玄奘所譯。卷末書：『無災殃而不成者般／若之金言真空之妙典被稱諸佛之／父母賢聖之師範也所以至誠奉／大般若経一部六百卷三世大覚十方／賢聖咸共証明我現當之勝必定／成熟貞觀十三年（八七一）〈歲次／辛卯〉三月三日前上［野］／國大目従六位下安倍朝臣小永麻吕。』平安中期他抄（寫經）本，無點。現藏於岩崎文庫。（《岩崎文庫貴重書解題Ⅰ》，東洋文庫，二〇〇四年三月，第二頁。）

(9)《諸阿闍梨真言密教部類總錄》是全本，大一帖。日本天臺宗僧安然（八四一？—九一五？）撰。紙帙（高山寺舊藏鐮倉中期寫『借屋圖』製），外題『安然律師八家秘録全』，朱印『方便智院』。卷末書有『康保二年（九六五）〈歲次／乙丑〉十一月二日〈日次／戊辰〉於東塔院寫之已了』（『二日』原脱落，插入一圈在其左傍補書）。另筆在卷末書有識語『仁平四年（一一五四）十月廿日未時交已，東寺沙門弁智法師識』，還有另筆書有『大師（空海）御作目録』。桐外箱印票印記有『梧樓私印』、『青木印』。無點。高山寺舊藏，現藏於岩崎文庫。（《岩崎文庫貴重書解題Ⅰ》，東洋文庫，二〇〇四年三月，第四頁。）

(10)《大毗盧遮那成佛神變加持經蓮花胎藏菩提幢標幟普通真言藏成就瑜伽》三卷，唐釋法全撰。平安時代末期合抄（數人分抄）本，卷本三軸。各卷抄寫者各異，據烏絲欄的樣式，應該是同時期合寫的。原藏寶菩提院，現藏於岩崎文庫。（《岩崎文庫貴重書解題Ⅰ》，東洋文庫，二〇〇四年三月，第八頁。）

第二期

(1)《春秋經傳集解》，殘存卷第十，卷子一軸，緒紙黄染，高27.2cm，寬57.0cm，卷長1101cm。每紙十五或十七行。本殘卷乃自寫本，抄於保延五年（一一三九）。（《岩崎文庫貴重書解題Ⅰ》，東洋文庫，二〇〇四年三月，第三頁。）平安時代院政期清原賴業（一一二二—一一八九）襲明經道博士家學後所加的訓點之原本。本殘卷於文字學、訓點學、明經道等領域的學術價值極高。被指定爲國寶，現藏於岩崎文庫。

⑵《文選集注》殘五卷，存卷第四十八、第五十九、第六十八、第八十七、第一百十三；卷子一軸，楮紙黃染。平安中後期的自寫本。本殘卷的學術價值之高，羅振玉、楊守敬等均有論及。一九五五年被指定爲國寶，金澤文庫舊藏。現屬岩崎文庫所有。（《岩崎文庫貴重書解題Ⅰ》，東洋文庫，二〇〇四年三月，第四頁。）

⑶《古寫文選》，即島田翰所謂的《文選二卷》（殘卷子本）（島田翰《古文舊書考》，民友社，一九〇五年，第一一四頁。）《文德實錄》：『仁壽元年（八五一）四月，帝喚善繩（善繩，即春澄善繩（七九七—八七〇），平安前期的學者、公卿。《扶桑略記》稱其爲『在朝通儒』，不僅通經曉史精文，還精通《周易》、《老子》、《莊子》。在紀傳道方面，繼菅原清公、菅原是善父子之後的文章博士。）講《文選》。』此《文選》即三十卷本。現存二卷，平安初期的自抄本《御堂關白道長公記》：『寬弘三年（一〇〇六）十月二十日，持來《五臣注文選》、《（白氏）文集》等。』《日工集》：『永和四年（一三七八）十二月六日，送《六臣注文選》與京官領武州太守。』據島田翰（島田翰（一八七九—一九一五），字彦禎。明治大正時代的書志學者。）考證：『《文選》之舊本其流傳極多。予所觀尚有數通，然皆非五臣本則六臣本，而單行之書，唯是此書一通而已。是書今所存僅二卷，而依其卷第考之，則蓋爲三十卷本。三十卷本者即蕭統之舊也。且無注文，而其所載本文則鑿鑿與李善本符。是其爲李善所原之藍帙也可知矣。』島田翰確認此本爲『井翁所舊藏，今既歸於海東松方伯插架』。（島田翰《古文舊書考》，民友社，一九〇五年，第一一五頁。）

⑷《地藏十輪經》現存卷第四、卷第八、卷第九、卷第十。爲紙本（黃麻紙）墨書卷子本，高28.0cm，寬54.0cm，每行17字，有墨界，界高21.0cm，界寬2.0cm。卷四紙一七枚，四三三行；卷八紙一七枚，四四三行；卷九紙一六枚，四二五行；卷十紙一五枚，三八九行；均爲平安初期的自抄本，並附有元慶七年（八八三）點。《地藏十輪經》是唐代三藏法師玄奘的譯稿。此抄本於佛學、文字學、訓點學都具有極高的價值。現分藏於奈良東大寺和奈良正倉院。（綜合參考中田祝夫《古點本國語學研究》，勉誠社，一九五四年；築島裕《訓點語彙集成》第一卷，汲古書院，二〇〇九年。）

⑸《法華義疏》局部是飛鳥時代聖德太子的御筆。紙本墨書，高25.1cm，卷長1515.0cm。《法華義疏》是日本書道史之開端、至寶，在佛學、義書學、文字學等領域的學術價值亦無出其右者。《法華義疏》和本系列第三期所收的《伊都内親王願文》同爲最典型的御物，《法華義疏》爲御物的證據在卷頭。現藏於東京皇居東御園内的三丸尚藏館，此館屬宮内廳所管。（《原色日本美術》二十二卷，小學館，一九七〇年，第四一頁。）

⑹《金剛場陀羅尼經》（六八六）局部是自寫本中現存最古的寫經。一九五一年六月九日被指定爲國寶。曾爲市島春城所密藏，後爲京都小川家所藏，故亦稱『小川本金剛場陀羅尼經』。二〇〇五年文化廳以五億四〇〇〇萬日幣從個人收藏家手裡購置。（參見《政府調達提供資料016文部科學省》。）《金剛場陀羅尼經》卷末：『歲次丙戌年五月，川内國志貴評内知識，爲七世父母及一切衆生，敬造金剛場陀羅経一部，藉此善因往生浄土終成正覺。教化僧寶林』。『丙戌』，即天武天皇十五年（六八六）。

⑺《大般若經》的局部有二：其一爲滋賀縣常明寺所藏，高24.0cm，寬10.4cm；其二爲滋賀縣太平寺所藏，高28.3cm，寬8.7cm；均爲紙本墨書。調研表明：原爲傳入的隋經（他寫本）加入補寫（自寫本）的卷軸，因爲翻讀不方便，後改裝成折帖，分藏於滋賀縣甲賀郡土山町太平寺、同町的常明寺、見性庵。太平寺本卷末有『和銅五年（七一二）歲次壬子十一月十五日庚辰竟』。（《原色日本美術》二十二卷，小學館，一九七〇年，第四二頁。）

(8)《雜集》是聖武天皇的宸翰。天平三年（七三一）聖武天皇抄錄與六朝、隋、唐佛教有關的詩文一四五篇。紙（白麻素紙）本墨書，楷書體，每行十八字，有天地横掛，高27.0cm，全長2135.0cm。卷末有親筆『天平三年九月八日寫了』。聖武天皇三十一歲時抄寫長卷。所抄詩文均爲中國所失散之詩文，故作爲文字學、文學、佛學等的參照料價值極高。曾載入《國家珍寶賬》卷首。被認定爲國寶。現藏於屬宮内廳所管的正倉院。（參考米田雄介《正倉院寶物的歷史與保存》，吉川弘文館，一九九八年。）

(9)《金剛般若經開題》局部爲空海（七七三—八三五）親筆所書。是自寫本中之極品。一九五四年三月二〇日被指定爲重要文物；一九五五年六月二二日被指定爲國寶。曾爲高松宮家所藏。考空海《遮照發揮性靈集》卷六可知，弘仁四年（八一三）十月二十五日藤原葛野麻呂書寫《金剛般若經》一八七卷供奉時，寫了此《開題》，即願文。

(10)《七祖像贊》漢字是空海在唐留學時所學的飛白體真跡。絹本墨書掛軸本，高212.7cm，寬150.9cm，被認定爲國寶。收藏於京都教王護國寺。（《原色日本美術》二十二卷，小學館，一九七〇年，第四七頁。）

(11)《灌頂曆名》是空海授僧俗於灌頂時的自書備忘錄，開筆於弘仁三年（八一二）十一月十五日，紙本墨書，高28.8cm，全長266.0cm，被認定爲國寶。《灌頂曆名》最初納於仁和寺北院經藏，天仁元年（一一〇八）白河上皇把《灌頂曆名》移藏於鳥羽離宮的勝光明院，德治三年（一三〇五）後宇多法皇將其移藏於京都神護寺至今，後宇多法皇還御筆書寫《灌頂曆名》移至神護寺爲止的經緯。

(12)《風信帖》是空海於八一二年前後給最澄的親筆尺牘之一，高28.8cm，全長157.9cm，被認定爲國寶。現藏於嵯峨天皇下賜空海的京都教王護國寺。四任天臺座主的尊圓親王有『五枚，傳領』記錄，之後有一枚被盜，一枚於天正二十年（一五九二）進獻關白豐臣秀次，卷末有記載。現存三枚（帖），《風信帖》爲第一、《忽披帖》爲第二、《忽恵帖》爲第三。（《原色日本美術》二十二卷，小學館，一九七〇年，第四六頁。）

(13)《書狀》是平安中期儒學詩文大家慶滋保胤（九三四？—一〇〇二）唯一遺留於世的晚年真跡。寬和二年（九八六）剃髮出家，號寂心。《書狀》自署寂心。紙本墨書，高31.2cm，寬54.9cm。被國家指定爲重要文物，現藏於東京國立博物館。（《原色日本美術》二十二卷，小學館，一九七〇年，第八四頁。）

第三期

(1)《史記》殘二卷，存《夏本紀第二》（八二五〇字）、《秦本紀第五》（一二七六〇字）。天養二年（一一四五）自抄本（二卷異筆）。紙本墨書卷子本，紙高28.5cm，寬51.0cm，有墨界，界高21.9—22.0cm，一枚二十一行，每行十八—十九字左右，卷本二軸。本文有鎌倉初期的朱筆古紀傳點和鎌倉初期的墨筆返點、片假名、四聲點，以及南北朝時代的另外的墨筆點。還有『高山寺』印記。鎌倉中期《高山寺聖教目錄（建長目錄）》裡有『第九十六乙箱史記十二卷、史記十卷不具』的記載。《史記》殘二卷在文字學史、漢學史、史學、訓點學等領域的價值極大。被指定爲國寶。高山寺舊藏，現藏於岩崎文庫。（《岩崎文庫貴重書解題Ⅰ》，東洋文庫，二〇〇四年三月，第七二頁。）

(2)《大唐西域記》，序、卷第一、卷第三、卷第四、卷第五、卷第七，爲紙本（楮紙）墨書折本，由卷子本改裝，紙高24.3cm，有墨界，界高

20.0cm，界寬2.0cm，每行十七字左右，序、卷一，五六三行，卷三，五〇七行，卷四，四五四行，卷五，四八五行，卷七，三七四行。均爲平安末期的自抄本，並附有長寬元年（一一六三）點。《大唐西域記》是三藏法師玄奘的旅遊記，沙門辯機撰。此抄本於佛學、文字學、訓點學、史學都具有極高的價值。歸入《石山寺一切經》，現藏於滋賀縣石山寺。（中田祝夫《古點本國語學研究》，勉誠社，一九五四年；築島裕《訓點語彙集成》第一卷，汲古書院，二〇〇九年。）

(3)《香字抄》爲紙本（第一紙至第三紙是褾紙，第四紙至最後一紙是楮紙）墨書卷子本，紙高28.1cm，寬45.5cm，共四十四枚，每枚有二十至二十二行，每行十五至十七字。爲平安末期的自抄本。《香字抄》以博學的視角引用了十二大類一百四十三種書籍的精粹，書寫了四十六種香名。此抄本於四部各類書籍的考釋校異、漢字字形流變的稽考都有極高的價值。一九五〇年被認定爲國家指定重要文物，現藏於杏雨書屋。（岡井慎吾《〈香字抄〉香字抄解說》，貴重圖書影本刊行會，一九三三年；川瀨一馬《增訂古字書研究》，雄松堂出版，一九八六年。）

(4)據一九三六年東方文化學院東京研究所等的調查可知：金剛寺一切經本《續高僧傳》開始抄寫於平安後期。紙本墨書卷子本，一紙三十二行，一行十六字。本書收錄卷四（約一一二八〇字）、卷六（約九八四〇字），爲天野山金剛寺所收藏。金剛寺爲奈良時代行基和尚所建，高野山出身的阿觀和尚於平安時代承安、治承（一一七一—一一八一）在此建立金堂等堂宇。（三好鹿雄《金剛寺一切經全貌》，《宗教研究》，新一三卷六號，一九三六年，第一一六頁。）

(5)法隆寺一切經本《續高僧傳》紙本墨書，卷子裝，一紙二十九行，一行十六—十七字。外題下有『大治二年（一一二七）六月二日經真書寫了』。平安中後期的寫經本。本書收錄卷六（約九八四〇字）乃法隆寺舊藏，現爲國立國會圖書館藏。關於法隆寺一切經本《續高僧傳》信息也見於僧林幸於保安三年（一一二二）三月二十三日所記的《法隆寺一切經勸進狀》。

(6)《樂毅論》是光明皇后（七〇一—七六〇）的御書，《國家珍寶賬》所收光明皇后御書兩卷之一，有『天平十六年（七四四）十月三日　藤三娘』的落款。即聖武天皇的光明皇后臨王羲之《樂毅論》的御筆自寫本，被認定爲國寶。現藏於奈良正倉院。（參見《原色日本美術》二十二卷，小學館，一九七〇年。）

(7)《敕書》乃天平感寶元年（七四九）閏五月二十日以東大寺爲首的十二大寺共同祈禱天下太平時聖武天皇的御筆，《續日本記》有關於此事的記載。此卷《敕書》由靜岡縣榛元郡相良町平田寺所藏，亦稱《平田寺敕書》。紙本墨書，高27.9cm，卷長95.8cm。《敕書》是價值極高的自寫本，被認定爲國寶。（《原色日本美術》二十二卷，小學館，一九七〇年，第四六頁。）

(8)《久隔帖》是最澄（七六七—八二二）唯一傳世的真跡尺牘。最澄於弘仁四年（八一三）寫給高雄山寺弟子泰防範並言及空海的尺牘。紙本墨書，高29.4cm，寬55.2cm。由京都青蓮院承傳下來，原富太郎舊藏，現藏於奈良國立博物館。《久隔帖》是價值極高的自寫本，一九三六年五月六日被認定爲重要文物，一九五一年六月九日被指定爲『書』第十七號國寶。（《原色日本美術》二十二卷，小學館，一九七〇年，第四六頁。）

(9)最澄奉納於延曆寺和止觀院寶物、聖教的目錄裡有六種，而流傳下來的寶物、聖教則和此落款有弘仁二年（八一一）七月十七日的目錄裡所錄的只有三種而已。就『最澄永納』的落款而言，此卷可謂最澄之真跡。第三期（第七卷至第九卷）所收的《羯磨金剛目錄》是現存最澄真跡中用筆特別不經意的真率而矚目於世的自寫本。紙本墨書，高27.9cm，寬37.0cm。紙面有十多個『比睿寺印』之白文。一九五一年六月九日被指定爲『書』第二十三號國寶。現藏於滋賀延曆寺。（《原色日本美術》二十二卷，小學館，一九七〇年，第四六頁。）

⑽《伊都內親王願文》是桓武天皇第八皇女伊都內親王依生母藤原平子遺言，向山階寺東院西堂奉納作爲香燈讀經料『墾田十六餘町、莊一處、畠（旱田）一丁』時的願文。紙本墨書，高29.6cm，全長340.8cm。紙面有二十五個內親王伊都自押的『朱指印』，卷末的『伊都』也是內親王自署的。卷末的內親王自署便是御物之證據。此卷和本系列第二期所收的《法華義疏》一樣同爲最典型的御物，現藏於東京皇居東御園內的三丸尚藏館，此館屬宮內廳所管。按傳統說法寫手是遣唐使橘逸勢（七八二—八四二），即傳橘逸勢所書。橘逸勢與空海、嵯峨天皇同被稱爲平安書法三筆。再看此卷既承王羲之韻味，又含唐代書法氣息；竭盡飛動變化之美，展現氣象博大之妙的書作，無人可攀此書道高峰。可惜橘逸勢無真跡傳世以作鑒定之坐標，但當時又無人有此筆力。所謂『傳』可信。（《原色日本美術》二十二卷，小學館，一九七〇年，第八一頁。）

⑾小野道風（八九四—九六四）與藤原佐理（九四四—九九八）、藤原行成（九七二—一〇二八）同被稱爲平安書法三跡，小野道風有『野』故稱『野跡』；藤原佐理有『佐』，故稱『佐跡』；藤原行成的官位是權大納言，有『權』，故稱『權跡』。第三期（第七卷至第九卷）所收的《玉泉帖》是小野道風乘興所書的當時平安時代貴族階層最流行《白氏文集》的白詩，因卷首有『玉泉南澗花奇怪』之句，故名。此帖書體隨興楷、行、草三體縱橫，運筆亦隨興肥瘦、潤渴、大小相交。紙本墨書卷子本，高27.5cm，全長187.6cm。明治十一年（一八七八）近衛家獻上，由此爲御物，現藏於東京皇居東御園內的三丸尚藏館，此館屬宮內廳所管。（參考山本信吉《人物叢書　小野道風》，吉川弘文館，二〇一三年；《原色日本美術》二十二卷，小學館，一九七〇年。）

⑿寬平三年（八九一）延曆寺第五代座主圓珍去世時擁有少僧都法眼和尚位，三十六年後的延長五年（九二七）十二月二十七日朝廷爲了表彰圓珍身前所建之功，賜其『法印大和尚』之位、諡其『智證大師』之號時宣下《敕書》的副本，即第三期（第七卷至第九卷）所收的《智證大師諡號敕書》。《敕書》爲自寫本，文爲式部大輔藤原博文所撰，字爲中務省內記小野道風所書。紙（藍染麻紙）本墨書卷子本，高28.8cm，全長154.8cm。紙面押有十三顆『天皇御璽』，現藏於東京國立博物館。（參考山本信吉《人物叢書　小野道風》，吉川弘文館，二〇一三年；《原色日本美術》二十二卷，小學館，一九七〇年。）

⒀《秋萩帖》是平安中期的草書代表作，彩箋墨書卷子本，高24.0cm，全長842.4cm。此卷有四十八首和歌和王羲之尺牘臨書11通所構成，紙背有《淮南鴻烈兵略間詁》。被指定爲國寶的正式名稱爲《秋萩帖/淮南鴻烈兵略間詁（紙背）傳小野道風筆》，現藏於東京國立博物館。（參考山本信吉《人物叢書　小野道風》，吉川弘文館，二〇一三年；《原色日本美術》二十二卷，小學館，一九七〇年。）

⒁『土代』即草稿。延長六年（九二八）十月，三十五歲的小野道風奉敕命在宮中的屏風上書寫大江朝綱（八八六—九五七）所作的律詩八首和絕句三首時的草稿，即第三期（第七卷至第九卷）所收的《屏風土代》。草稿雖然沒有署名，但在卷末有平安末期書法家、書法鑒定大家藤原定

信（一〇八八—？）於保延六年（一一四〇）十月考證書寫了此卷的是三十五歲的小野道風。因是御物，現藏於東京皇居東御園內的三丸尚藏館，此館屬宮內廳所管。（參考山本信吉《人物叢書　小野道風》，吉川弘文館，二〇一三年；《原色日本美術》二十二卷，小學館，一九七〇年。）

該選題屬於教育部人文社會科學重點研究基地中國文字研究與應用中心在『十三五』規劃定位中，與出土文字語料庫深加工專題建設及漢字發展史斷代調研相匹配的重大工程之一。從立項到實施，首先是基於著名學者、華東師範大學校務委員會主任童世駿教授的遠見通識和學術指導。在組織實施規劃過程中，華東師範大學副校長梅兵教授爲基地平臺及學科團隊建設花費了不少心血和精力；華東師範大學出版社董事長、社長王焰女士則直接策劃並全程指導項目進展。這些因緣，也許可以在這裡順便提到。

臧克和　於華東師範大學中國文字研究與應用中心

① 臧克和：《書體發展與文體自覺》，《學術月刊》，二〇〇七年第三期。

② 明華亭陳繼儒撰《太平清話》二卷，所見版本爲大字本，卷一封面標識爲『官板』、『昌平叢書』字樣，卷二末注明『元治甲子春晚讎校　大島文』、『慶應元年刊』，所蓋圖章爲『東京松雲堂書店發售』；另外，卷一『天下瀑布皆有聲』條，有眉批云：『京都魚山有無音瀑。』知該本爲日人所版。現藏德國波恩大學漢學系圖書館。所記諸條，標點爲筆者所加。

③ 臧克和：《尚書文字校詁》，上海教育出版社，一九九九年。

④ 顧頡剛、顧廷龍：《尚書文字合編》，上海古籍出版社，一九九六年。

目錄

凡例說明

①術語

《日藏唐代漢字鈔本字形表》，取材於以真實用筆一次性抄寫並保存下來的共時紙質本，按時代先後排列字形。材料來源及時代屬性參看附表一和附表二。

字形與字體。字形體現爲構件成分和構件位置，反映漢字基本屬性；字體指體現各類字形書寫風格的基本體式，即漢字的體態類型。

異體字。異體字往往被籠統定義爲字音字義相同而字形有異，問題是何謂字音，字音又從何而來？何謂字義，字義又從何而來？但從漢字本體屬性而言，本無所謂『異體』，構件成分、構件位置和結構方式有異，就是不同的字形。若干文字學領域使用的術語，本質上都是詞彙學的，連異體字通常也是以詞語爲關聯視角的。異體現象，實質就是漢字字形在長期使用的歷史過程中所形成的結構性差異，而這些差異一般並不影響其記詞使用功能。

異體字與時代用字。異體字除了記詞功能相同條件下的形體差異之外，還要考慮歷史的因素；而習慣上所使用的『碑別字』之類，其實主要還是屬於共時的，如［商—啇］一組，唐代石刻確實在作爲一個字形使用，但從歷代社會用字實際來看，二字功能還是各有明確分工的。基於此，不宜將各個歷史時期存在的『碑別字』之類籠而統之等量齊觀爲歷史異體字。我們在有關漢字斷代及漢字發展史調研場合，曾經提出過『過渡性形體』（transitional of body）。大量所謂異體字，其實就是漢字發展歷史上各個時期曾經存在過的過渡性質的形體。[1]日本九州首府福岡博多（hakada，促讀濁音即ばんとぉ），神社高揭『民俗文化戝博多祇園山笠』，其中『戝』用若『財產』字，聯繫結構前接『民俗文化財』，則是非物質之財產（『文化遺產』）；『戝』字后接結構部分，則財產之名稱爲『博多祇園山笠』。［賊—戝］字组，中土字彙『戝』則見諸《龍龕手鑒》，同『賊』。其間過渡形體，爲兩漢簡牘石刻用字，如西漢張家山簡九〇六號省簡聲符部分作。日本語辭書亦存此字，讀同中土漢字。但如此使用措置，不辭無講。殆流俗演化，至此定型。檢出土文獻用字《漢魏六朝隋唐五代字形表·貝部》下攝『財』字分別作（東漢寇恩石刻）、（東漢蒼山元嘉題記）、（隋代劉多墓誌）等，即［財—戝］中間過渡形體。

②歸字

首先明確某一形體，到底屬於哪個字的某個時代的典型樣式，這是字形表最基本的認同排列原則。形體輪廓接近而區別度不高的字形或成分混用，往往體現了某個時期社會用字的實際，如［义—叉—乂］、［惱—憁］、［卩—阝］、［亓—开］（該時期社會用字，基本不存在开、開繁簡關係，故不影響結構區別）、［言—告］（《人部》『僧』字條，僧字聲符曾結構右下部分）等；楷化導致若干字符區別度降低，輪廓混用，字形表歸字反映語料使用實際。

① 臧克和《漢字過渡性形體價值》，《古漢語研究》，二〇一三年第三期；臧克和《聯繫的重建》，《中國文字研究》，二〇一〇年總第十三輯。

至於實物語料帶來的通用混用誤用等字際關係，如［滛－淫］、［城－域］等，字形表則儘量按照形體屬性加以分別，在條件許可的情況下，特別標注簡短抄寫語境，見④標注。對於實物材料中常見通用情況一般不予標注語境，如［修－脩］等，讀者可以通過字形下部所標注具體出處對照原始材料進行查詢。另外，關注這類字際關係所在語境，可結合本字形表所依託『唐抄本資料庫』及相關『石刻語料庫』(www.wenzi.cn) 加以使用。

異體字組按照現代部首排列，往往散在各部。如《人部》『侵』字條，所抄初唐《毛詩傳》、中唐《翰苑》多從彳形；又『傲』字條，所抄初唐《古文尚書》有『傚』、『慠』異體；爲了呈現形體變異和聯繫，字形表皆在《人部》『修』、『侵』、『傲』諸條下排列。又如，《耒部》『耕』字條，日抄初唐至於五代，皆將耒符抄作禾符；中土北魏及唐代石刻，也都見到將耒符替換爲禾符的用例；字形表仍歸《耒部》排列。《耳部》『職』字條，日藏唐抄皆从身符構造，現代日語『學習、掌握』類書面表達形式也作『身に付く』；中土晉代南北朝到唐代石刻，隸變耳、身二符區別度不够，由耳、身構造的字形都存在；字形表同樣皆歸《耳部》排列。

漢字作爲繁簡處理後，使得漢字使用歷史存在一定交叉關係的字組，分部呈現。如［后－後］，分列口部和彳部。

③ 取材

字形表所取字形，全部來自年代關係明確、經過慎重選擇的實物材料，信息保真，參見材料來源表。凡是年代明確的唐抄本用字，除了少量背景模糊或存在殘缺部分的，存在一定差異度的形態，悉數加以著錄排列，並給出字形使用頻率，字頻標注於筆劃檢字表中每字的右上角。字頭所列出宋本《說文解字》小篆，便於使用者對照觀察隸變發展過程。

④ 標注

A. 字形表所列字形皆標明出處，揭示時代屬性和所在位置。例如《人部》『佉』，爲梵語譯音用字，見於所抄並標注的晚唐《摩訶止觀》本，並相應注明字形在該抄本的頁碼、列數和字序（該字中土見於經唐人增字的《玉篇》：『佉，去茄切。神名也。』唐代石刻《慧日寺石壁真言》、《佛說彌勒菩薩兜率天下生成佛經碑》、《懷州豎立生臺記並經幢》、《常庭訓建尊勝陁羅尼經幢》、《金剛會碑》等）。例如：

晚唐·翰苑 41_519_22

表示該字形为晚唐时期《翰苑》中第 41 片、第 519 列、第 22 個字形。

B. 對於通用混用誤用等字際關係，盡可能標注對應語境，例如：

烏桓
中唐・翰苑
6_73_28

該字形收入「焉」字，語境爲「烏桓」，烏、焉兩字形混，給出語境以便對照。

C.字頭下標注日本音讀和訓讀，見⑧日本語音的標注及索引。

⑤ 分部

依照現代漢字部首合併習慣，按二〇〇部編排，字形表中會出現一些字形分合現象。異體字組按照現代部首排列，往往存在散在各部的情形。爲了呈現形體變異和聯繫，作了適當調整，集中爲一組排列，參見「歸字」。至於仍舊存在分散各部的情形，則可利用索引提供的路徑，加以聯繫。

⑥ 功能

根據前言的交代，本字形表用以彌補隋唐及以降業已中斷的漢字實際使用聯繫環節。

假如還無法回答哪個字形在哪個時期出現、哪個時期發生變異及變異的程度等，海量數據支持下完成的字符集研製工具書編纂就無從談起。這表明，真實還原社會用字環境的調查平臺尚存在缺陷。由於實物文字語料庫所選擇文獻材料類型仍然有限，即使入選材料也根據去重複度、清晰度顯示的要求而作了取捨，因此本字形表存在若干缺漏，有待於隨著實物文字語料庫不斷完善而補充。

《人部》「作」字條，下錄並標注初唐《古文尚書》等，於聲符「乍」其下部分抄爲「上」符，至中唐所抄《翰院》等，則或一仍其舊，或從「乍」符，晚唐五代則完全定型爲從「乍」結構：與南北朝隋唐五代石刻情形吻合。《人部》「你」字條，《大毗盧經》全部抄作「你」形，隋唐五代石刻語料庫除了唐元和九年《喬進臣買地券》「其地更不得忓吝，如有忓吝，打你九千，使你作奴婢，上至天，下至皇泉。保人辰堅故、保人管公明、保人東方朔、見人李定度」之外，其餘皆見於經幢等刻石。字形表編排呈現，使得書體發展、字形演變、媒介因素，其時代座標，到眼即辨。參考本字形表可以對照反映包括隸變、楷化、簡化等現象在內的文字演變歷程，補具已經中斷聯繫的所謂「過渡性」形體；對照各個時期媒體介質技術等因素轉化對漢字發展帶來的具體影響；對照有關文字發展線索、漢語史調查分期、文化史藝術史考究坐標、媒介技術對漢字發展的影響，各類器物實際用字所處階段特徵（變異趨勢）等，字形表都具有實際參考價值。

其中日語索引，還標注了唐抄本所存當時記錄的漢代、吳音及唐代讀音，對於漢語語音史的調研，亦有相當參考價值。

⑦ 檢索

部首索引表，檢索部首所在頁碼。

筆劃檢字表，提供字形表所有字頭及異體字的筆劃檢索。

附漢字筆劃及日本語索引。

⑧日本語音的標注及索引。

字頭下首先標注日本字音（音讀），另起一段標注日本字訓（訓讀）。

A.日語字音（音讀）

日語字音均用片假名表示，標注『慣』爲慣用音，『漢』爲漢音，『吳』爲吳音，『唐』爲唐音。其前後排列參考小川環樹、西田太一郎、赤塚忠《新字源》（角川書店，一九九三）等。

片假名前有『現』的則是指現代日語中的『常用漢字』、『當用漢字』、『教育用漢字』、『人名用漢字』的字音，均參考《新字源》等。

本表中的諸橋轍次《大漢和辭典》（修訂版，大修館書店，一九八六）的歷史字音假名遣一律改爲現代字音假名遣。

音讀中『、』是表示特殊漢字的不同音讀，無漢、吳音之分。

B.日語字訓（訓讀）

標記『訓』爲日語字訓，均用平假名表示，字訓是各種字典資料中同訓的第一訓，或者是常用字訓；無字訓者以『—』來表示。

C.日本字音字訓的出處基本來源於小川環樹、西田太一郎、赤塚忠《新字源》（角川書店，一九九三），補充參考如下資料：

諸橋轍次《大漢和辭典》（修訂版，大修館書店，一九八六）

簡野道明《增補/字源》（角川書店，一九九一）

尾崎雄二郎《角川大字源》（角川書店，一九九二）

白川靜《字通》（平凡社，一九九六）

附表一：材料來源表

排序	全名	抄本時期	正文簡稱
1	國寶《法華義疏》	初唐	法華義疏
2	國寶《金剛場陀羅尼經》	初唐	金剛場經
3	國寶《大般若經》局部	初唐	大般若經
4	國寶《雜集》聖武天皇真跡	初唐	聖武雜集
5	國寶《金剛般若經開題》空海真跡局部	中唐	金剛經題
6	國寶《七祖像贊》空海真跡局部	中唐	七祖像贊
7	國寶《灌頂歷名》空海真跡局部	中唐	灌頂歷名
8	國寶《風信帖》空海真跡局部	中唐	風信帖
9	重文《書狀》慶滋保胤真跡局部	晚唐	慶滋書狀
10	國寶《春秋經傳集解》	唐代	春秋經傳
11	國寶《文選集注》（五卷）	唐代	文選
12	《古寫文選》（前/後）	唐代	古文選
13	《地藏十輪經》（四卷）	唐代	十輪經

附表二：中日歷史時代分期對照表

<table>
<tr><td colspan="5">隋 581年—618年</td><td rowspan="2">飛鳥時代 6世紀末—710年</td></tr>
<tr><td colspan="2" rowspan="5">唐
618年—907年</td><td colspan="3" rowspan="2">初唐 618年—762年</td></tr>
<tr><td rowspan="2">奈良時代 710年—794年</td></tr>
<tr><td colspan="3" rowspan="2">中唐 763年—835年</td></tr>
<tr><td rowspan="8">平安時代 794年—1192年</td></tr>
<tr><td colspan="3">晚唐 836年—907年</td></tr>
<tr><td rowspan="5">五代</td><td colspan="2">後梁 907年—923年</td><td rowspan="6">十國
907年—979年</td><td rowspan="6">遼
916年—1125年</td></tr>
<tr><td colspan="2">後唐 923年—936年</td></tr>
<tr><td colspan="2">後晉 936年—947年</td></tr>
<tr><td colspan="2">後漢 947年—950年</td></tr>
<tr><td colspan="2">後周 951年—960年</td></tr>
<tr><td>宋</td><td colspan="2">北宋
960年—1127年</td></tr>
</table>

一部

一

漢イツ 呉イチ
訓ひとつ

初唐•法華義疏 1_1_6
初唐•法華義疏 1_2_16
初唐•法華義疏 1_6_3
初唐•金剛場經 1_1_2
初唐•金剛場經 1_7_9
初唐•金剛場經 1_9_1
初唐•金剛場經 1_9_14
初唐•大般若經 1_5_7
初唐•大般若經 2_37_10
初唐•大般若經 2_38_3
初唐•聖武雜集 1_10_17

中唐•金剛經題 1_4_4
中唐•金剛經題 2_11_12
中唐•七祖像贊 1_1_1
中唐•七祖像贊 1_11_2
中唐•灌頂歷名 1_1_6
中唐・風信帖 2_8_6
中唐・風信帖 3_13_4
晚唐•慶滋書狀 1_8_2
唐代•春秋經傳 1_1_15
唐代•春秋經傳 3_23_21
唐代•春秋經傳 4_40_26

唐代•春秋經傳 9_90_3
唐代•春秋經傳 13_135_19
唐代•春秋經傳 25_261_4
唐代•春秋經傳 26_265_30
唐代•春秋經傳 31_328_2
唐代•春秋經傳 35_365_4
唐代•春秋經傳 36_373_3
唐代•春秋經傳 38_402_24
唐代•文選四八 5_33_5
唐代•文選四八 8_62_18
唐代•文選四八 8_70_5

唐代•文選四八 11_93_10
唐代•文選四八 11_96_8
唐代•文選四八 14_124_5
唐代•文選四八 14_128_22
唐代•文選四八 15_137_10
唐代•文選四八 15_138_26
唐代•文選四八 16_145_15
唐代•文選四八 32_284_5
唐代•文選四八 34_301_24
唐代•文選四八 37_332_6
唐代•文選四八 41_366_8

唐代•文選四八 46_417_12
唐代•文選四八 47_423_2
唐代•文選四八 48_439_8
唐代•文選五九 1_1_11
唐代•文選五九 1_2_9
唐代•文選五九 1_3_6
唐代•文選五九 1_4_8
唐代•文選五九 1_5_8
唐代•文選五九 1_8_4
唐代•文選五九 1_9_3
唐代•文選五九 4_38_15

唐代•文選五九 4_38_17
唐代•文選五九 8_76_21
唐代•文選五九 9_86_5
唐代•文選五九 9_86_28
唐代•文選五九 9_89_5
唐代•文選五九 10_92_17
唐代•文選五九 12_115_5
唐代•文選五九 12_117_17
唐代•文選五九 15_146_9
唐代•文選五九 16_153_25
唐代•文選五九 17_167_28

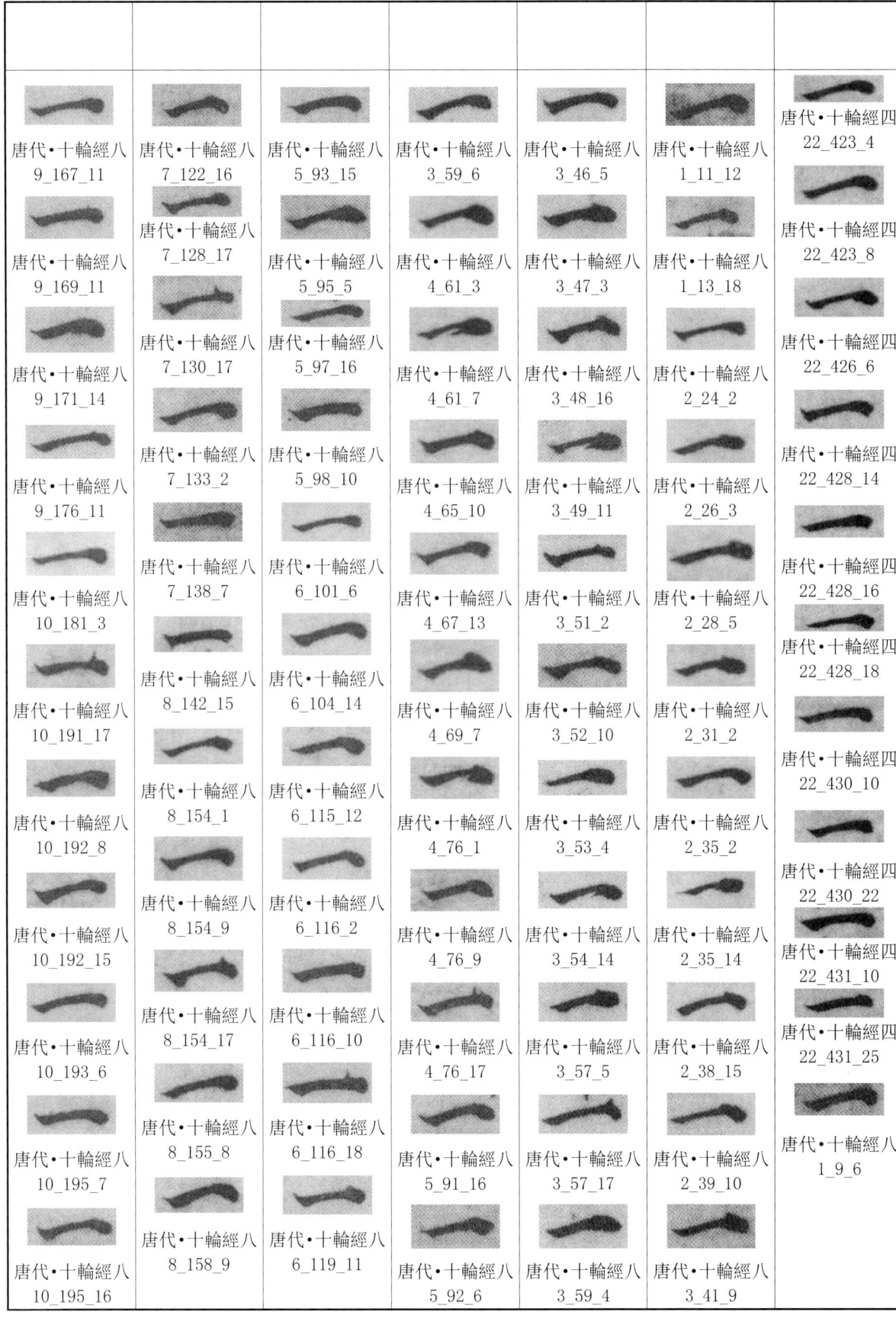

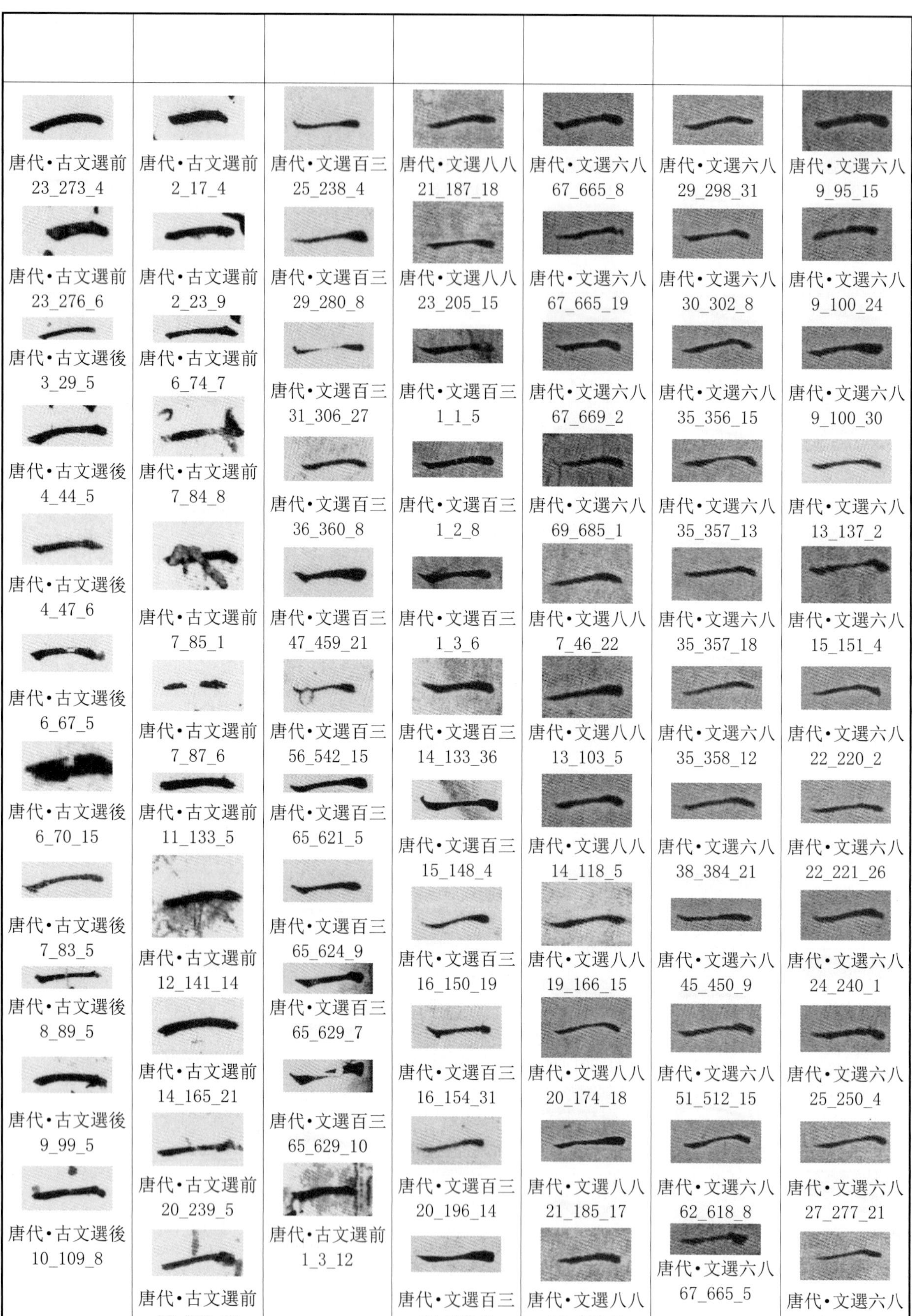
唐代•古文選前 23_273_4
唐代•古文選前 23_276_6
唐代•古文選後 3_29_5
唐代•古文選後 4_44_5
唐代•古文選後 4_47_6
唐代•古文選後 6_67_5
唐代•古文選後 6_70_15
唐代•古文選後 7_83_5
唐代•古文選後 8_89_5
唐代•古文選後 9_99_5
唐代•古文選後 10_109_8
唐代•古文選前 2_17_4
唐代•古文選前 2_23_9
唐代•古文選前 6_74_7
唐代•古文選前 7_84_8
唐代•古文選前 7_85_1
唐代•古文選前 7_87_6
唐代•古文選前 11_133_5
唐代•古文選前 12_141_14
唐代•古文選前 14_165_21
唐代•古文選前 20_239_5
唐代•古文選前 22_253_13
唐代•文選百三 25_238_4
唐代•文選百三 29_280_8
唐代•文選百三 31_306_27
唐代•文選百三 36_360_8
唐代•文選百三 47_459_21
唐代•文選百三 56_542_15
唐代•文選百三 65_621_5
唐代•文選百三 65_624_9
唐代•文選百三 65_629_7
唐代•文選百三 65_629_10
唐代•古文選前 1_3_12
唐代•文選八八 21_187_18
唐代•文選八八 23_205_15
唐代•文選百三 1_1_5
唐代•文選百三 1_2_8
唐代•文選百三 1_3_6
唐代•文選百三 14_133_36
唐代•文選百三 15_148_4
唐代•文選百三 16_150_19
唐代•文選百三 16_154_31
唐代•文選百三 20_196_14
唐代•文選百三 23_227_5
唐代•文選六八 67_665_8
唐代•文選六八 67_665_19
唐代•文選六八 67_669_2
唐代•文選六八 69_685_1
唐代•文選八八 7_46_22
唐代•文選八八 13_103_5
唐代•文選八八 14_118_5
唐代•文選八八 19_166_15
唐代•文選八八 20_174_18
唐代•文選八八 21_185_17
唐代•文選八八 21_187_5
唐代•文選六八 29_298_31
唐代•文選六八 30_302_8
唐代•文選六八 35_356_15
唐代•文選六八 35_357_13
唐代•文選六八 35_357_18
唐代•文選六八 35_358_12
唐代•文選六八 38_384_21
唐代•文選六八 45_450_9
唐代•文選六八 51_512_15
唐代•文選六八 62_618_8
唐代•文選六八 67_665_5
唐代•文選六八 9_95_15
唐代•文選六八 9_100_24
唐代•文選六八 9_100_30
唐代•文選六八 13_137_2
唐代•文選六八 15_151_4
唐代•文選六八 22_220_2
唐代•文選六八 22_221_26
唐代•文選六八 24_240_1
唐代•文選六八 25_250_4
唐代•文選六八 27_277_21
唐代•文選六八 27_278_25

二

唐代·十輪經四 22_423_4
唐代·十輪經四 22_423_8
唐代·十輪經四 22_426_6
唐代·十輪經四 22_428_14
唐代·十輪經四 22_428_16
唐代·十輪經四 22_428_18
唐代·十輪經四 22_430_10
唐代·十輪經四 22_430_22
唐代·十輪經四 22_431_10
唐代·十輪經四 22_431_25
唐代·十輪經八 1_9_6

唐代·十輪經八 1_11_12
唐代·十輪經八 1_13_18
唐代·十輪經八 2_24_2
唐代·十輪經八 2_26_3
唐代·十輪經八 2_28_5
唐代·十輪經八 2_31_2
唐代·十輪經八 2_35_2
唐代·十輪經八 2_35_14
唐代·十輪經八 2_38_15
唐代·十輪經八 2_39_10
唐代·十輪經八 3_41_9

唐代·十輪經八 3_46_5
唐代·十輪經八 3_47_3
唐代·十輪經八 3_48_16
唐代·十輪經八 3_49_11
唐代·十輪經八 3_51_2
唐代·十輪經八 3_52_10
唐代·十輪經八 3_53_4
唐代·十輪經八 3_54_14
唐代·十輪經八 3_57_5
唐代·十輪經八 3_57_17
唐代·十輪經八 3_59_4

唐代·十輪經八 3_59_6
唐代·十輪經八 4_61_3
唐代·十輪經八 4_61_7
唐代·十輪經八 4_65_10
唐代·十輪經八 4_67_13
唐代·十輪經八 4_69_7
唐代·十輪經八 4_76_1
唐代·十輪經八 4_76_9
唐代·十輪經八 4_76_17
唐代·十輪經八 5_91_16
唐代·十輪經八 5_92_6

唐代·十輪經八 5_93_15
唐代·十輪經八 5_95_5
唐代·十輪經八 5_97_16
唐代·十輪經八 5_98_10
唐代·十輪經八 6_101_6
唐代·十輪經八 6_104_14
唐代·十輪經八 6_115_12
唐代·十輪經八 6_116_2
唐代·十輪經八 6_116_10
唐代·十輪經八 6_116_18
唐代·十輪經八 6_119_11

唐代·十輪經八 7_122_16
唐代·十輪經八 7_128_17
唐代·十輪經八 7_130_17
唐代·十輪經八 7_133_2
唐代·十輪經八 7_138_7
唐代·十輪經八 8_142_15
唐代·十輪經八 8_154_1
唐代·十輪經八 8_154_9
唐代·十輪經八 8_154_17
唐代·十輪經八 8_155_8
唐代·十輪經八 8_158_9

唐代·十輪經八 9_167_11
唐代·十輪經八 9_169_11
唐代·十輪經八 9_171_14
唐代·十輪經八 9_176_11
唐代·十輪經八 10_181_3
唐代·十輪經八 10_191_17
唐代·十輪經八 10_192_8
唐代·十輪經八 10_192_15
唐代·十輪經八 10_193_6
唐代·十輪經八 10_195_7
唐代·十輪經八 10_195_16

三

二

漢ジ 呉ニ
訓ふたつ

唐代・春秋經傳 25_260_11
唐代・春秋經傳 25_262_6
唐代・春秋經傳 27_278_17
唐代・春秋經傳 29_297_12
唐代・春秋經傳 31_324_7
唐代・春秋經傳 32_330_12
唐代・春秋經傳 33_345_7
唐代・春秋經傳 34_355_3
唐代・春秋經傳 35_370_21
唐代・文選四八 3_20_3

唐代・春秋經傳 3_27_4
唐代・春秋經傳 4_38_2
唐代・春秋經傳 4_38_6
唐代・春秋經傳 5_44_26
唐代・春秋經傳 5_45_8
唐代・春秋經傳 5_47_27
唐代・春秋經傳 18_183_10
唐代・春秋經傳 18_187_13
唐代・春秋經傳 19_193_5
唐代・春秋經傳 22_228_3

初唐・法華義疏 1_4_17
初唐・大般若經 1_2_11
中唐・金剛經題 1_4_9
中唐・金剛經題 1_4_13
中唐・七祖像贊 1_2_1
中唐・七祖像贊 1_12_2
中唐・灌頂歷名 1_5_6
中唐・灌頂歷名 1_7_5
唐代・春秋經傳 2_19_18

唐代・十輪經十 19_365_8
唐代・十輪經十 19_366_5
唐代・十輪經十 19_367_5
唐代・十輪經十 19_368_6
唐代・十輪經十 19_369_3
唐代・十輪經十 19_369_17
唐代・十輪經十 19_371_1
唐代・十輪經十 19_372_4
唐代・十輪經十 19_373_9
唐代・十輪經十 20_386_7

唐代・十輪經十 17_327_23
唐代・十輪經十 17_328_3
唐代・十輪經十 17_329_16
唐代・十輪經十 17_336_14
唐代・十輪經十 17_338_4
唐代・十輪經十 17_339_15
唐代・十輪經十 18_342_17
唐代・十輪經十 18_353_14
唐代・十輪經十 18_354_9
唐代・十輪經十 18_358_9
唐代・十輪經十 19_365_2

唐代・十輪經十 16_303_1
唐代・十輪經十 16_305_8
唐代・十輪經十 16_307_8
唐代・十輪經十 16_310_3
唐代・十輪經十 16_313_5
唐代・十輪經十 16_313_15
唐代・十輪經十 16_314_6
唐代・十輪經十 16_314_16
唐代・十輪經十 16_317_10
唐代・十輪經十 17_322_12
唐代・十輪經十 17_325_9

唐代・十輪經十 15_283_15
唐代・十輪經十 15_286_7
唐代・十輪經十 15_286_11
唐代・十輪經十 15_291_9
唐代・十輪經十 15_292_8
唐代・十輪經十 15_293_13
唐代・十輪經十 15_294_8
唐代・十輪經十 15_294_12
唐代・十輪經十 15_295_15
唐代・十輪經十 15_298_1
唐代・十輪經十 16_302_15

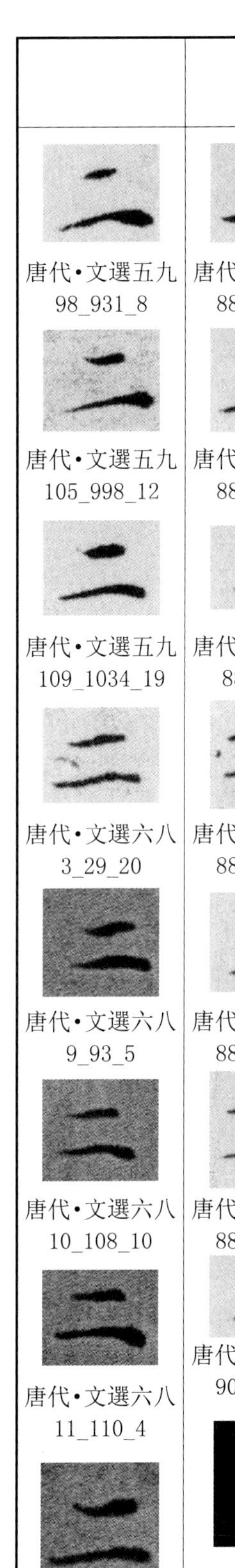
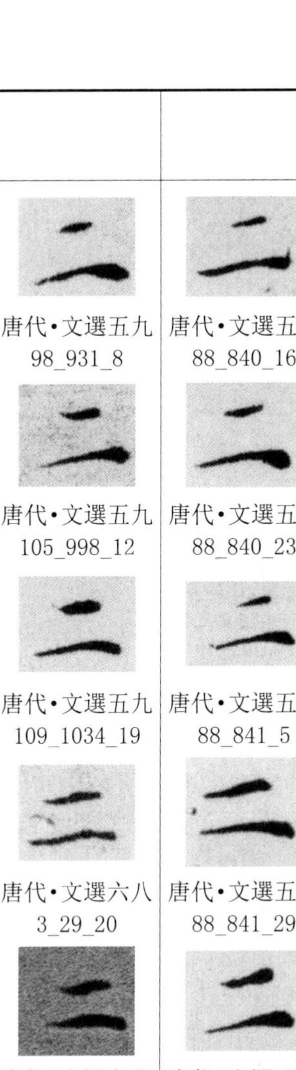

唐代•文選五九
98_931_8

唐代•文選五九
105_998_12

唐代•文選五九
109_1034_19

唐代•文選六八
3_29_20

唐代•文選六八
9_93_5

唐代•文選六八
10_108_10

唐代•文選六八
11_110_4

唐代•文選六八
12_127_27

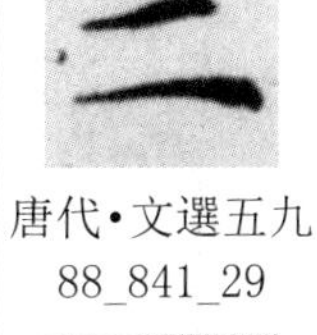
唐代•文選五九
88_840_16

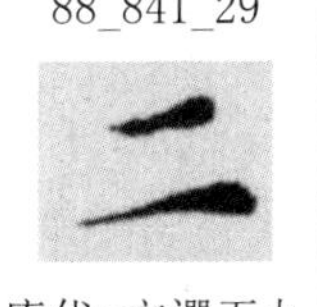
唐代•文選五九
88_840_23

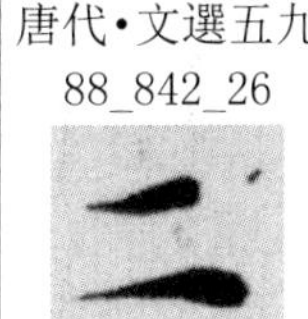
唐代•文選五九
88_841_5

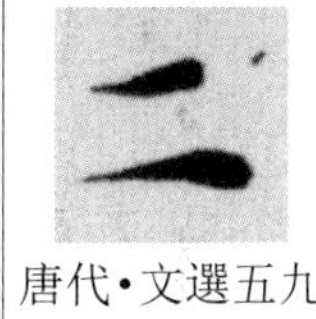
唐代•文選五九
88_841_29

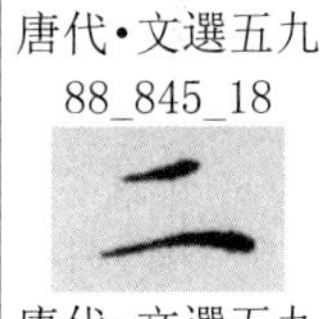
唐代•文選五九
88_842_26

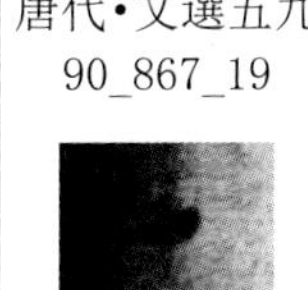
唐代•文選五九
88_845_18

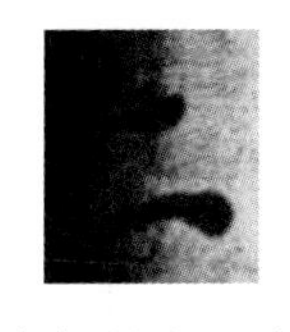
唐代•文選五九
90_867_19

唐代•文選五九
94_904_24

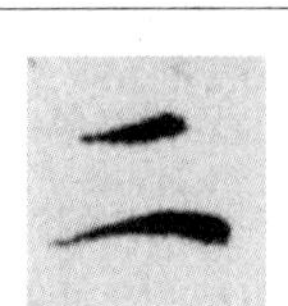
唐代•文選五九
57_552_26

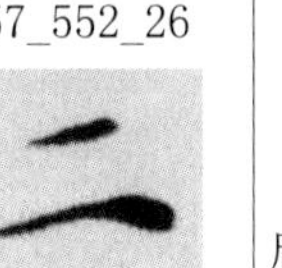
唐代•文選五九
63_605_8

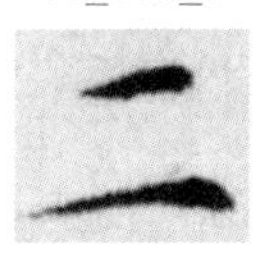
唐代•文選五九
69_665_29

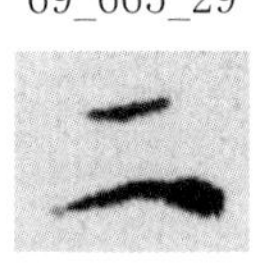
唐代•文選五九
71_685_16

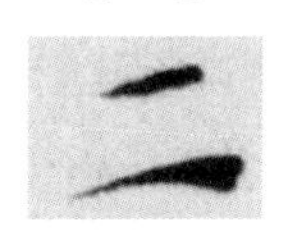
唐代•文選五九
72_690_5

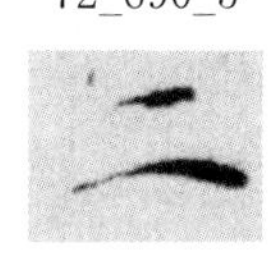
唐代•文選五九
83_799_23

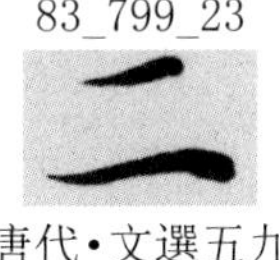
唐代•文選五九
87_837_1

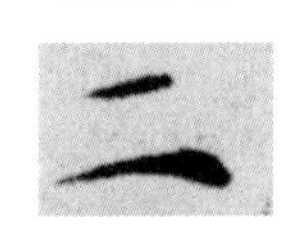
唐代•文選五九
88_839_5

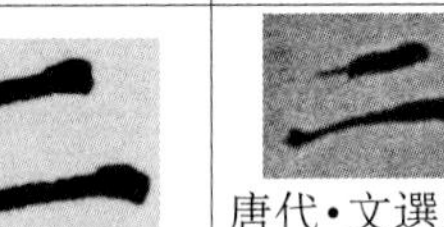
唐代•文選五九
46_452_7

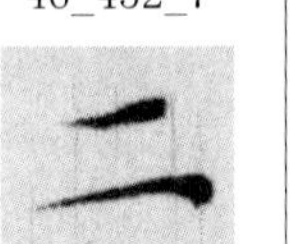
唐代•文選五九
46_453_12

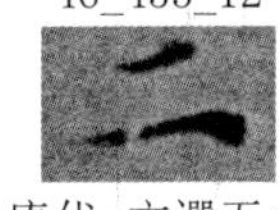
唐代•文選五九
48_473_30

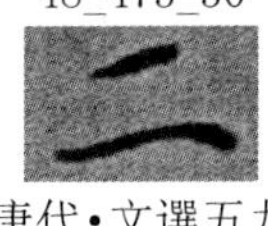
唐代•文選五九
48_474_1

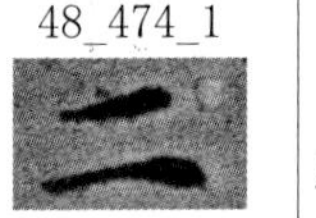
唐代•文選五九
48_474_5

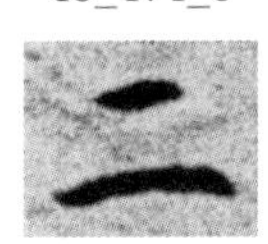
唐代•文選五九
49_488_28

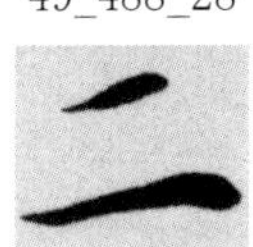
唐代•文選五九
51_504_17

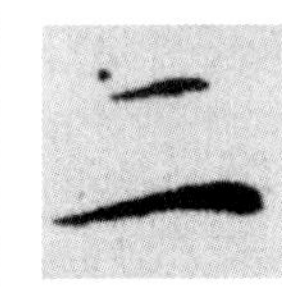
唐代•文選五九
51_505_9

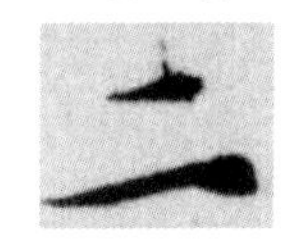
唐代•文選五九
51_507_14

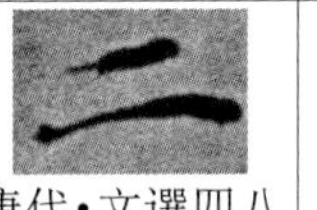
唐代•文選四八
38_344_26

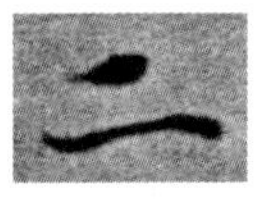
唐代•文選四八
42_382_14

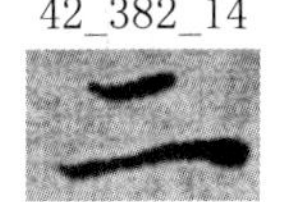
唐代•文選四八
42_383_17

唐代•文選四八
42_383_20

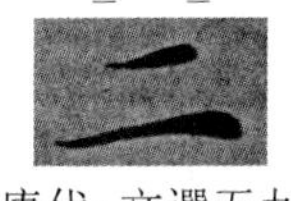
唐代•文選五九
5_46_3

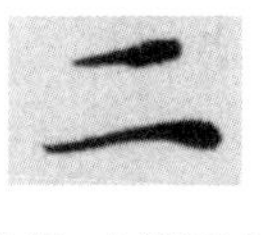
唐代•文選五九
16_152_10

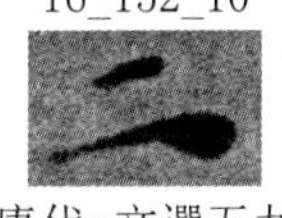
唐代•文選五九
19_180_7

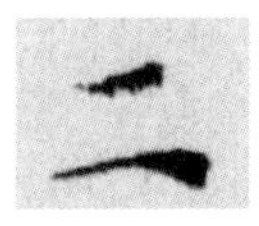
唐代•文選五九
32_314_15

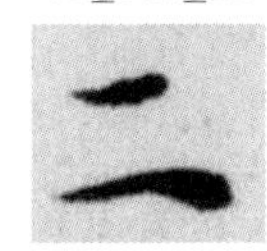
唐代•文選五九
35_347_2

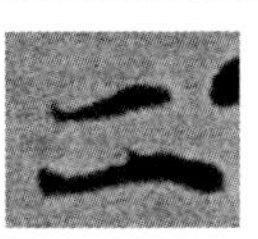
唐代•文選四八
17_152_22

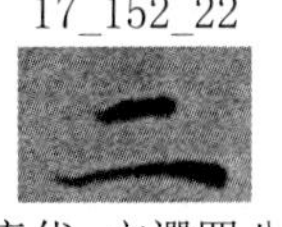
唐代•文選四八
17_157_3

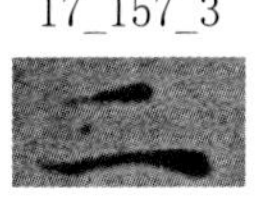
唐代•文選四八
18_158_21

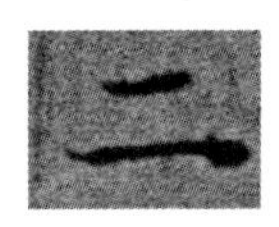
唐代•文選四八
22_204_28

唐代•文選四八
30_271_4

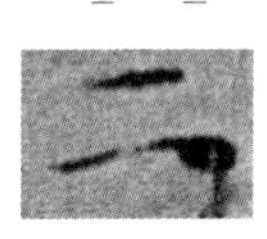
唐代•文選四八
33_299_5

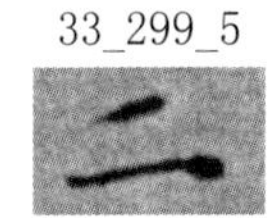
唐代•文選四八
37_335_14

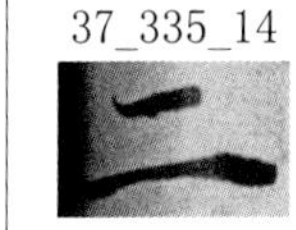
唐代•文選四八
38_342_10

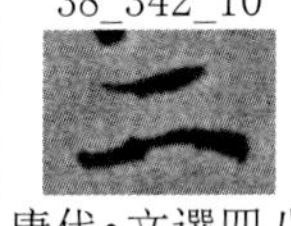
唐代•文選四八
38_344_6

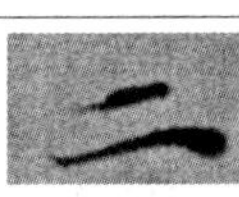
唐代•文選四八
4_24_28

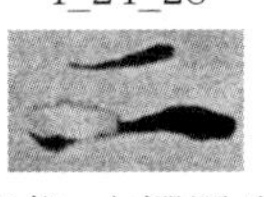
唐代•文選四八
5_36_3

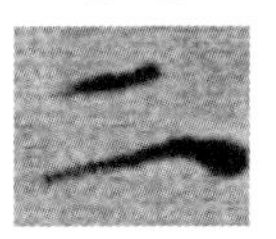
唐代•文選四八
5_37_2

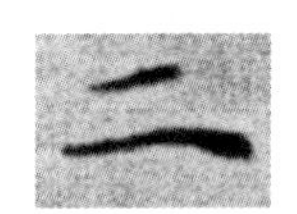
唐代•文選四八
7_56_26

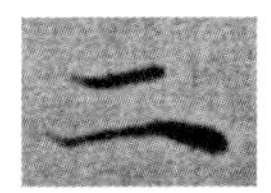
唐代•文選四八
11_98_21

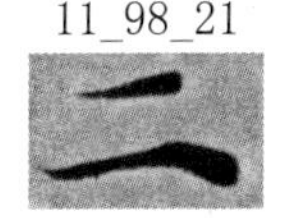
唐代•文選四八
12_102_5

唐代•文選四八
12_107_27

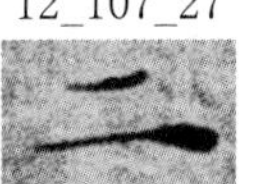
唐代•文選四八
16_144_8

唐代•文選四八
16_148_6

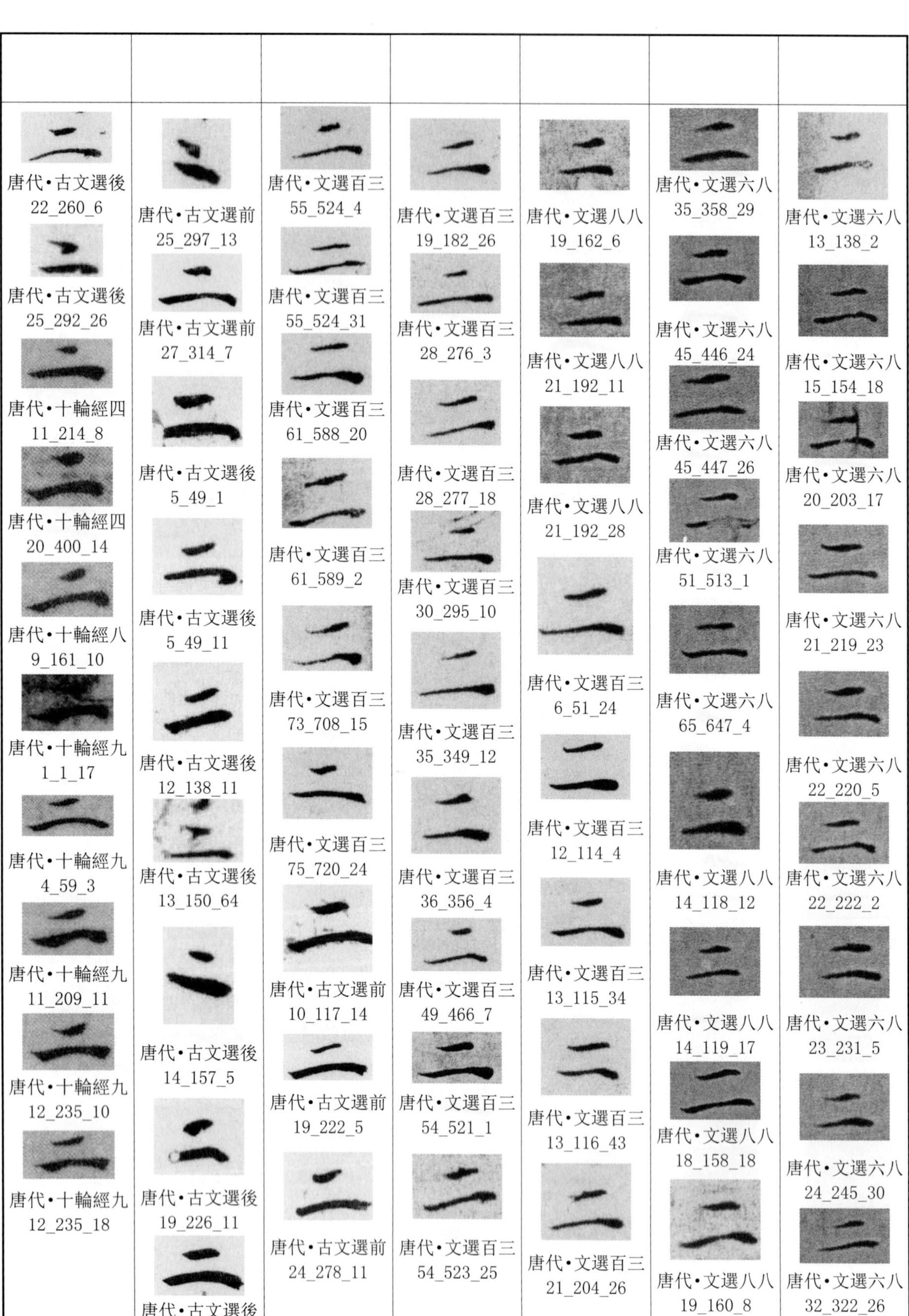
唐代•古文選後 22_260_6
唐代•古文選後 25_292_26
唐代•十輪經四 11_214_8
唐代•十輪經四 20_400_14
唐代•十輪經八 9_161_10
唐代•十輪經九 1_1_17
唐代•十輪經九 4_59_3
唐代•十輪經九 11_209_11
唐代•十輪經九 12_235_10
唐代•十輪經九 12_235_18
唐代•古文選前 25_297_13
唐代•古文選前 27_314_7
唐代•古文選後 5_49_1
唐代•古文選後 5_49_11
唐代•古文選後 12_138_11
唐代•古文選後 13_150_64
唐代•古文選後 14_157_5
唐代•古文選後 19_226_11
唐代•古文選後 22_253_5
唐代•文選百三 55_524_4
唐代•文選百三 55_524_31
唐代•文選百三 61_588_20
唐代•文選百三 61_589_2
唐代•文選百三 73_708_15
唐代•文選百三 75_720_24
唐代•古文選前 10_117_14
唐代•古文選前 19_222_5
唐代•古文選前 24_278_11
唐代•文選百三 19_182_26
唐代•文選百三 28_276_3
唐代•文選百三 28_277_18
唐代•文選百三 30_295_10
唐代•文選百三 35_349_12
唐代•文選百三 36_356_4
唐代•文選百三 49_466_7
唐代•文選百三 54_521_1
唐代•文選百三 54_523_25
唐代•文選八八 19_162_6
唐代•文選八八 21_192_11
唐代•文選八八 21_192_28
唐代•文選百三 6_51_24
唐代•文選百三 12_114_4
唐代•文選百三 13_115_34
唐代•文選百三 13_116_43
唐代•文選百三 21_204_26
唐代•文選六八 35_358_29
唐代•文選六八 45_446_24
唐代•文選六八 45_447_26
唐代•文選六八 51_513_1
唐代•文選六八 65_647_4
唐代•文選八八 14_118_12
唐代•文選八八 14_119_17
唐代•文選八八 18_158_18
唐代•文選八八 19_160_8
唐代•文選六八 13_138_2
唐代•文選六八 15_154_18
唐代•文選六八 20_203_17
唐代•文選六八 21_219_23
唐代•文選六八 22_220_5
唐代•文選六八 22_222_2
唐代•文選六八 23_231_5
唐代•文選六八 24_245_30
唐代•文選六八 32_322_26

丁个

漢テイ呉チョウ
訓ひのと

唐代•文選六八
35_348_5

唐代•文選六八
48_482_8

唐代•文選百三
9_75_20

唐代•文選百三
11_99_28

唐代•文選百三
25_250_10

唐代•文選百三
30_297_20

唐代•文選百三
39_397_26

唐代•文選五九
87_834_26

唐代•文選五九
103_977_16

唐代•文選六八
4_43_1

唐代•文選六八
7_70_15

唐代•文選六八
15_157_7

唐代•文選六八
17_180_16

唐代•文選六八
24_242_2

唐代•文選五九
21_200_11

唐代•文選五九
31_300_2

唐代•文選五九
43_431_3

唐代•文選五九
61_591_21

唐代•文選五九
67_644_6

唐代•文選五九
67_647_7

唐代•文選五九
84_808_24

唐代•春秋經傳
22_224_8

唐代•春秋經傳
22_225_3

唐代•春秋經傳
35_369_5

唐代•文選四八
5_37_11

唐代•文選四八
22_197_7

唐代•文選五九
15_147_8

唐代•文選五九
15_149_20

唐代•十輪經十
7_136_5

唐代•十輪經十
15_298_6

唐代•十輪經十
19_365_16

唐代•十輪經九
18_347_16

唐代•十輪經九
19_371_8

唐代•十輪經九
19_371_15

唐代•十輪經十
1_7_8

唐代•十輪經十
1_7_15

唐代•十輪經十
3_41_16

唐代•十輪經十
3_42_6

唐代•十輪經十
7_124_5

唐代•十輪經十
7_125_9

唐代•十輪經九
13_243_7

唐代•十輪經九
13_243_13

唐代•十輪經九
14_267_15

唐代•十輪經九
14_275_8

唐代•十輪經九
14_275_15

唐代•十輪經九
15_296_4

唐代•十輪經九
16_306_8

唐代•十輪經九
16_306_15

唐代•十輪經九
17_336_3

唐代・文選百三
46_444_19

唐代・文選百三
58_557_34

唐代・文選百三
67_645_20

七

漢シツ呉シチ
訓ななつ

初唐・法華義疏
1_2_21

初唐・金剛場經
1_8_18

初唐・大般若經
2_31_13

中唐・七祖像贊
1_7_1

中唐・灌頂歷名
1_7_10

唐代・春秋經傳
3_27_2

唐代・春秋經傳
10_105_14

唐代・春秋經傳
15_153_12

唐代・春秋經傳
21_222_20

唐代・春秋經傳
24_250_2

唐代・春秋經傳
26_267_2

唐代・春秋經傳
26_271_2

唐代・春秋經傳
28_289_13

唐代・春秋經傳
29_301_7

唐代・文選四八
2_10_3

唐代・文選四八
16_144_3

唐代・文選四八
16_145_12

唐代・文選四八
18_159_8

唐代・文選四八
27_246_5

唐代・文選五九
15_146_1

唐代・文選五九
15_146_3

唐代・文選五九
15_147_21

唐代・文選五九
15_147_23

唐代・文選五九
15_149_29

唐代・文選五九
15_150_1

唐代・文選五九
15_151_3

唐代・文選五九
17_167_23

唐代・文選五九
17_167_25

唐代・文選五九
18_176_14

唐代・文選五九
18_176_34

唐代・文選五九
18_177_2

唐代・文選五九
21_208_17

唐代・文選五九
25_244_15

唐代・文選五九
35_343_24

唐代・文選五九
48_472_1

唐代・文選五九
48_473_10

唐代・文選五九
48_474_9

唐代・文選五九
52_510_20

唐代・文選五九
52_510_22

唐代・文選五九
52_511_5

唐代・文選五九
56_548_25

唐代・文選五九
64_611_23

唐代・文選五九
67_647_15

唐代・文選五九
69_665_4

唐代・文選五九
78_757_29

唐代・文選五九
82_791_9

唐代・文選五九
108_1021_1

唐代・文選六八
1_3_3

唐代・文選六八
1_4_20

唐代・文選六八
2_15_1

唐代・文選六八
2_16_1

唐代・文選六八
2_16_19

唐代・文選六八
2_16_22

唐代・文選六八
2_17_4

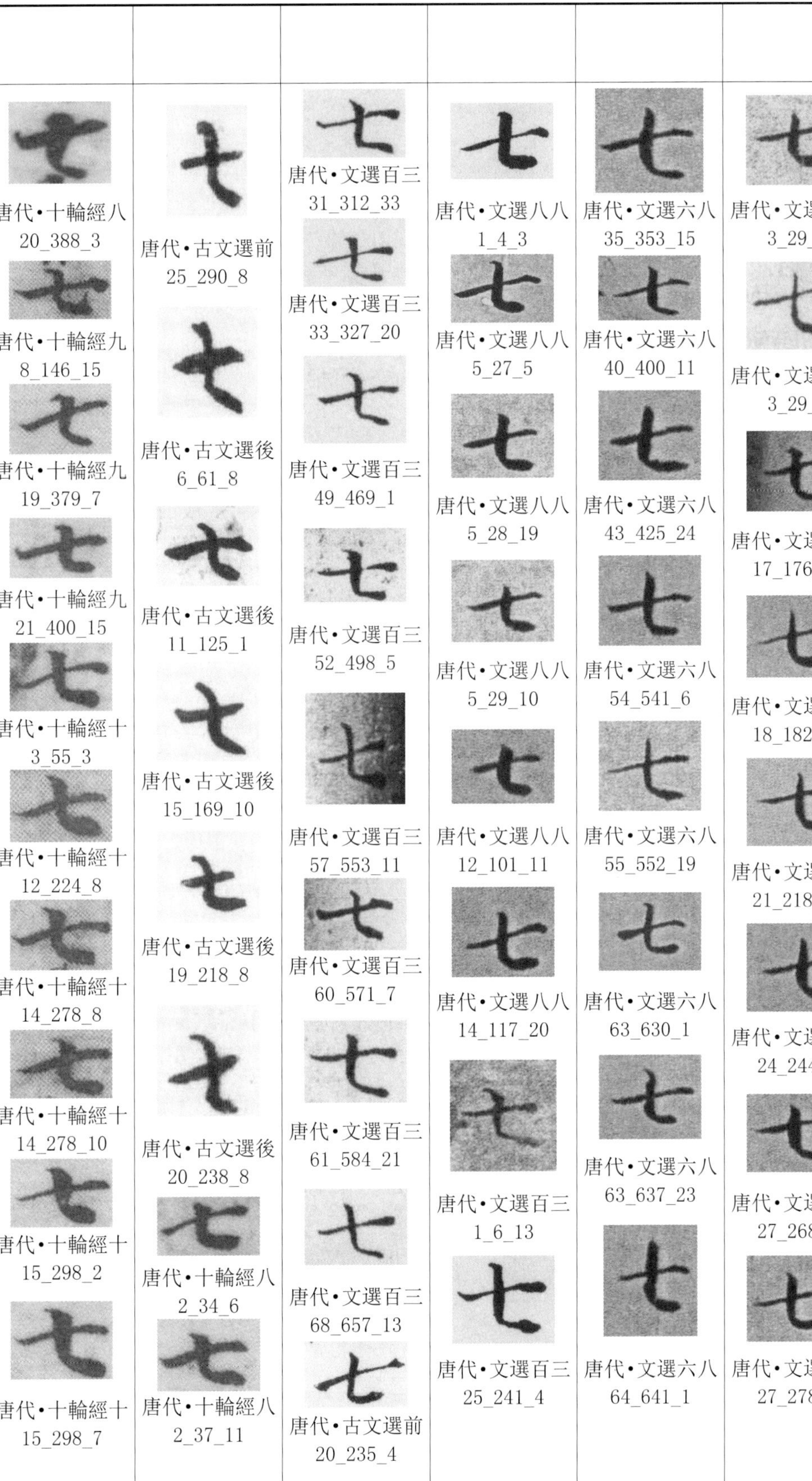

唐代•十輪經八 20_388_3	唐代•古文選前 25_290_8	唐代•文選百三 31_312_33	唐代•文選八八 1_4_3	唐代•文選六八 35_353_15	唐代•文選六八 3_29_2	唐代•文選六八 2_17_9
唐代•十輪經九 8_146_15	唐代•古文選後 6_61_8	唐代•文選百三 33_327_20	唐代•文選八八 5_27_5	唐代•文選六八 40_400_11	唐代•文選六八 3_29_7	唐代•文選六八 2_17_14
唐代•十輪經九 19_379_7	唐代•古文選後 11_125_1	唐代•文選百三 49_469_1	唐代•文選八八 5_28_19	唐代•文選六八 43_425_24	唐代•文選六八 17_176_12	唐代•文選六八 2_18_4
唐代•十輪經九 21_400_15	唐代•古文選後 15_169_10	唐代•文選百三 52_498_5	唐代•文選八八 5_29_10	唐代•文選六八 54_541_6	唐代•文選六八 18_182_21	唐代•文選六八 2_19_20
唐代•十輪經十 3_55_3	唐代•古文選後 19_218_8	唐代•文選百三 57_553_11	唐代•文選八八 12_101_11	唐代•文選六八 55_552_19	唐代•文選六八 21_218_14	唐代•文選六八 2_25_5
唐代•十輪經十 12_224_8	唐代•古文選後 20_238_8	唐代•文選百三 60_571_7	唐代•文選八八 14_117_20	唐代•文選六八 63_630_1	唐代•文選六八 24_244_4	唐代•文選六八 2_25_10
唐代•十輪經十 14_278_8	唐代•十輪經八 2_34_6	唐代•文選百三 61_584_21	唐代•文選百三 1_6_13	唐代•文選六八 63_637_23	唐代•文選六八 27_268_5	唐代•文選六八 2_26_4
唐代•十輪經十 14_278_10	唐代•十輪經八 2_37_11	唐代•文選百三 68_657_13	唐代•文選百三 25_241_4	唐代•文選六八 64_641_1	唐代•文選六八 27_278_2	唐代•文選六八 2_26_9
唐代•十輪經十 15_298_2		唐代•古文選前 20_235_4				唐代•文選六八 2_27_10
唐代•十輪經十 15_298_7						

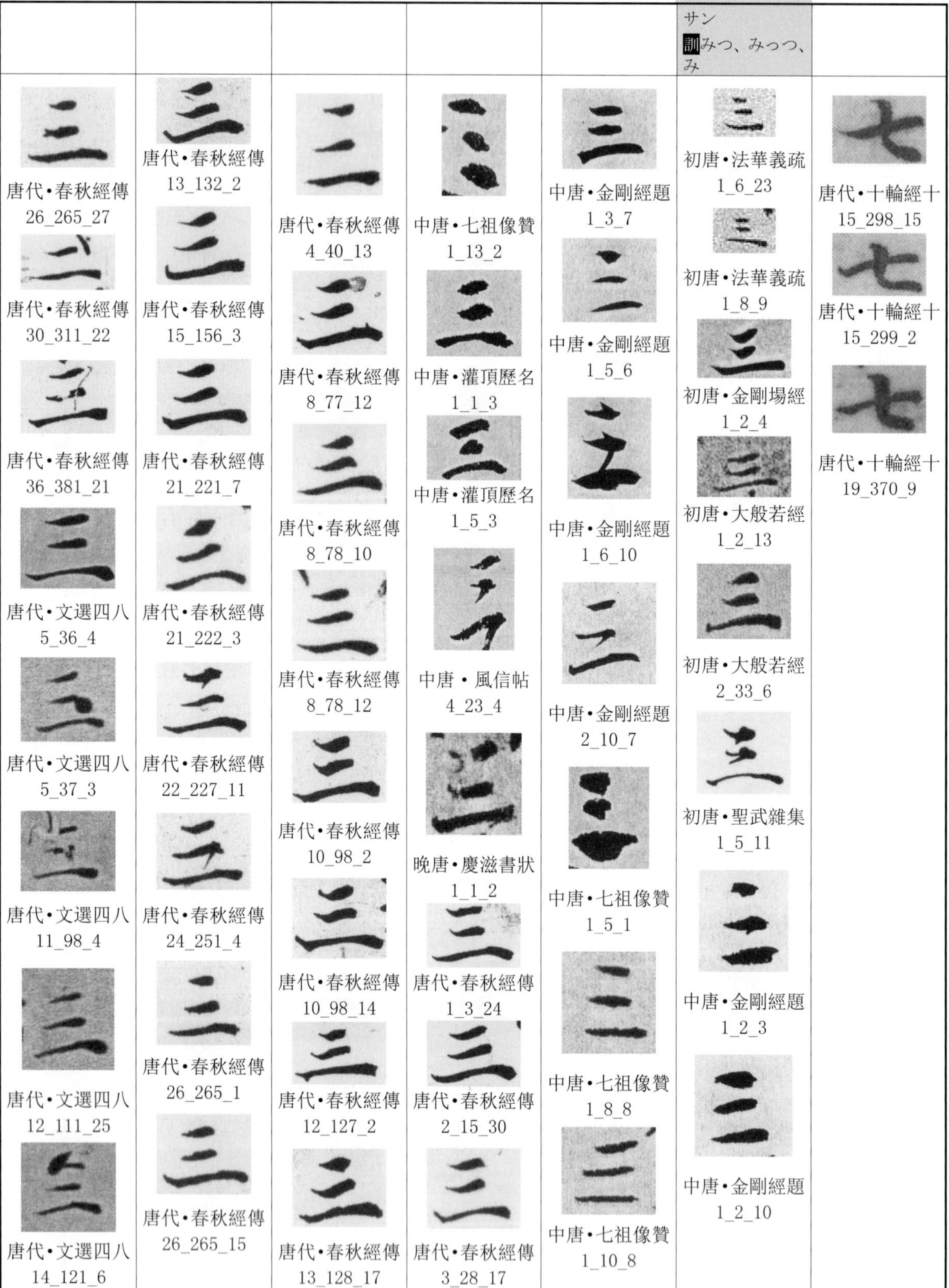

唐代•十輪經十 15_298_15
唐代•十輪經十 15_299_2
唐代•十輪經十 19_370_9

三三

サン
訓みつ、みっつ、み

初唐•法華義疏 1_6_23
初唐•法華義疏 1_8_9
初唐•金剛場經 1_2_4
初唐•大般若經 1_2_13
初唐•大般若經 2_33_6
初唐•聖武雜集 1_5_11
中唐•金剛經題 1_2_3
中唐•金剛經題 1_2_10

中唐•金剛經題 1_3_7
中唐•金剛經題 1_5_6
中唐•金剛經題 1_6_10
中唐•金剛經題 2_10_7
中唐•七祖像贊 1_5_1
中唐•七祖像贊 1_8_8
中唐•七祖像贊 1_10_8

中唐•七祖像贊 1_13_2
中唐•灌頂歷名 1_1_3
中唐•灌頂歷名 1_5_3
中唐・風信帖 4_23_4
晚唐•慶滋書狀 1_1_2
唐代•春秋經傳 1_3_24
唐代•春秋經傳 2_15_30
唐代•春秋經傳 3_28_17

唐代•春秋經傳 4_40_13
唐代•春秋經傳 8_77_12
唐代•春秋經傳 8_78_10
唐代•春秋經傳 8_78_12
唐代•春秋經傳 10_98_2
唐代•春秋經傳 10_98_14
唐代•春秋經傳 12_127_2
唐代•春秋經傳 13_128_17

唐代•春秋經傳 13_132_2
唐代•春秋經傳 15_156_3
唐代•春秋經傳 21_221_7
唐代•春秋經傳 21_222_3
唐代•春秋經傳 22_227_11
唐代•春秋經傳 24_251_4
唐代•春秋經傳 26_265_1
唐代•春秋經傳 26_265_15

唐代•春秋經傳 26_265_27
唐代•春秋經傳 30_311_22
唐代•春秋經傳 36_381_21
唐代•文選四八 5_36_4
唐代•文選四八 5_37_3
唐代•文選四八 11_98_4
唐代•文選四八 12_111_25
唐代•文選四八 14_121_6

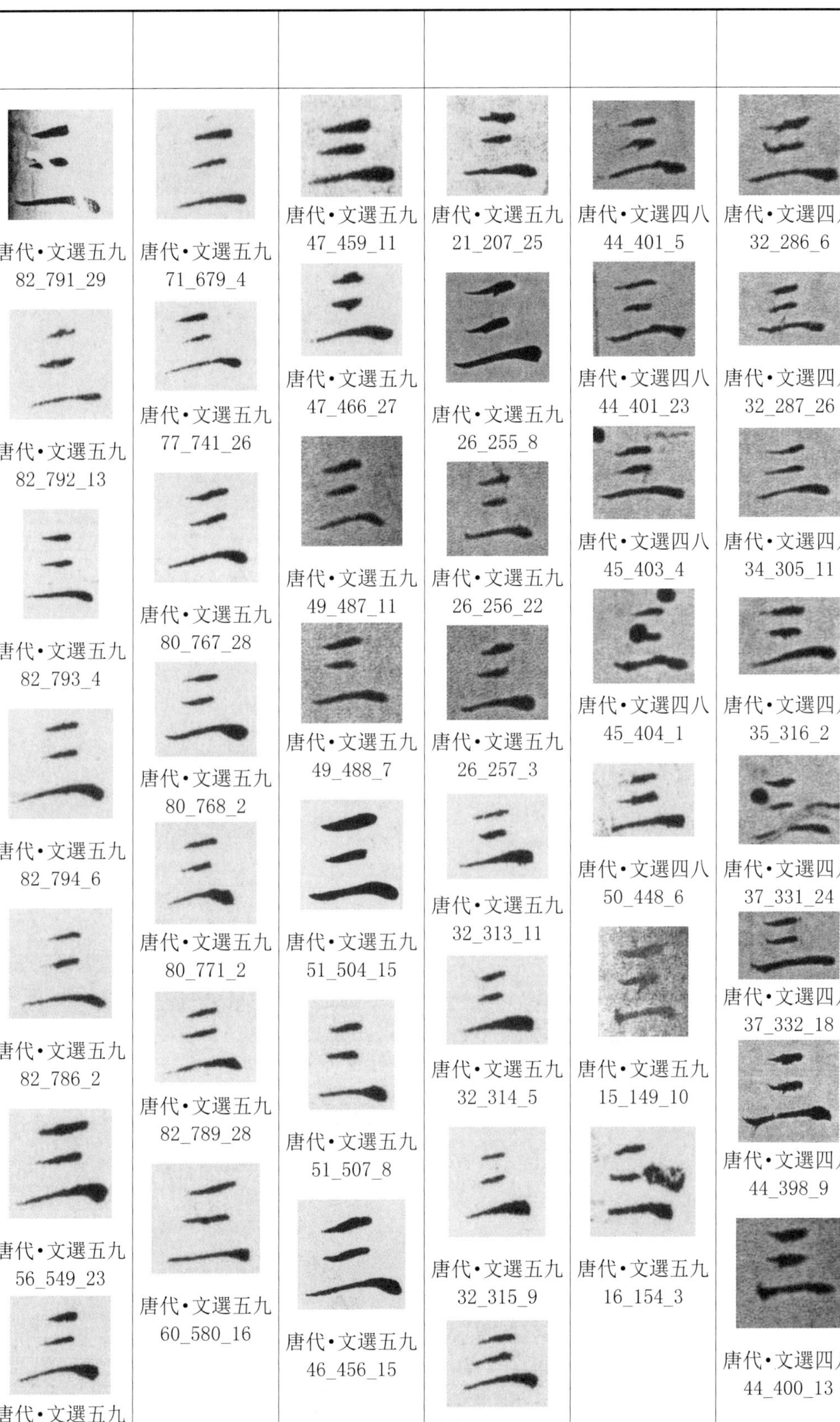

唐代•文選五九 82_791_29
唐代•文選五九 82_792_13
唐代•文選五九 82_793_4
唐代•文選五九 82_794_6
唐代•文選五九 82_786_2
唐代•文選五九 56_549_23
唐代•文選五九 62_595_3

唐代•文選五九 71_679_4
唐代•文選五九 77_741_26
唐代•文選五九 80_767_28
唐代•文選五九 80_768_2
唐代•文選五九 80_771_2
唐代•文選五九 82_789_28
唐代•文選五九 60_580_16

唐代•文選五九 47_459_11
唐代•文選五九 47_466_27
唐代•文選五九 49_487_11
唐代•文選五九 49_488_7
唐代•文選五九 51_504_15
唐代•文選五九 51_507_8
唐代•文選五九 46_456_15

唐代•文選五九 21_207_25
唐代•文選五九 26_255_8
唐代•文選五九 26_256_22
唐代•文選五九 26_257_3
唐代•文選五九 32_313_11
唐代•文選五九 32_314_5
唐代•文選五九 32_315_9
唐代•文選五九 46_457_18

唐代•文選四八 44_401_5
唐代•文選四八 44_401_23
唐代•文選四八 45_403_4
唐代•文選四八 45_404_1
唐代•文選四八 50_448_6
唐代•文選五九 15_149_10
唐代•文選五九 16_154_3

唐代•文選四八 32_286_6
唐代•文選四八 32_287_26
唐代•文選四八 34_305_11
唐代•文選四八 35_316_2
唐代•文選四八 37_331_24
唐代•文選四八 37_332_18
唐代•文選四八 44_398_9
唐代•文選四八 44_400_13

唐代•文選四八 19_174_11
唐代•文選四八 20_175_3
唐代•文選四八 20_175_7
唐代•文選四八 20_175_10
唐代•文選四八 20_175_21
唐代•文選四八 20_176_23
唐代•文選四八 20_185_13
唐代•文選四八 22_200_9

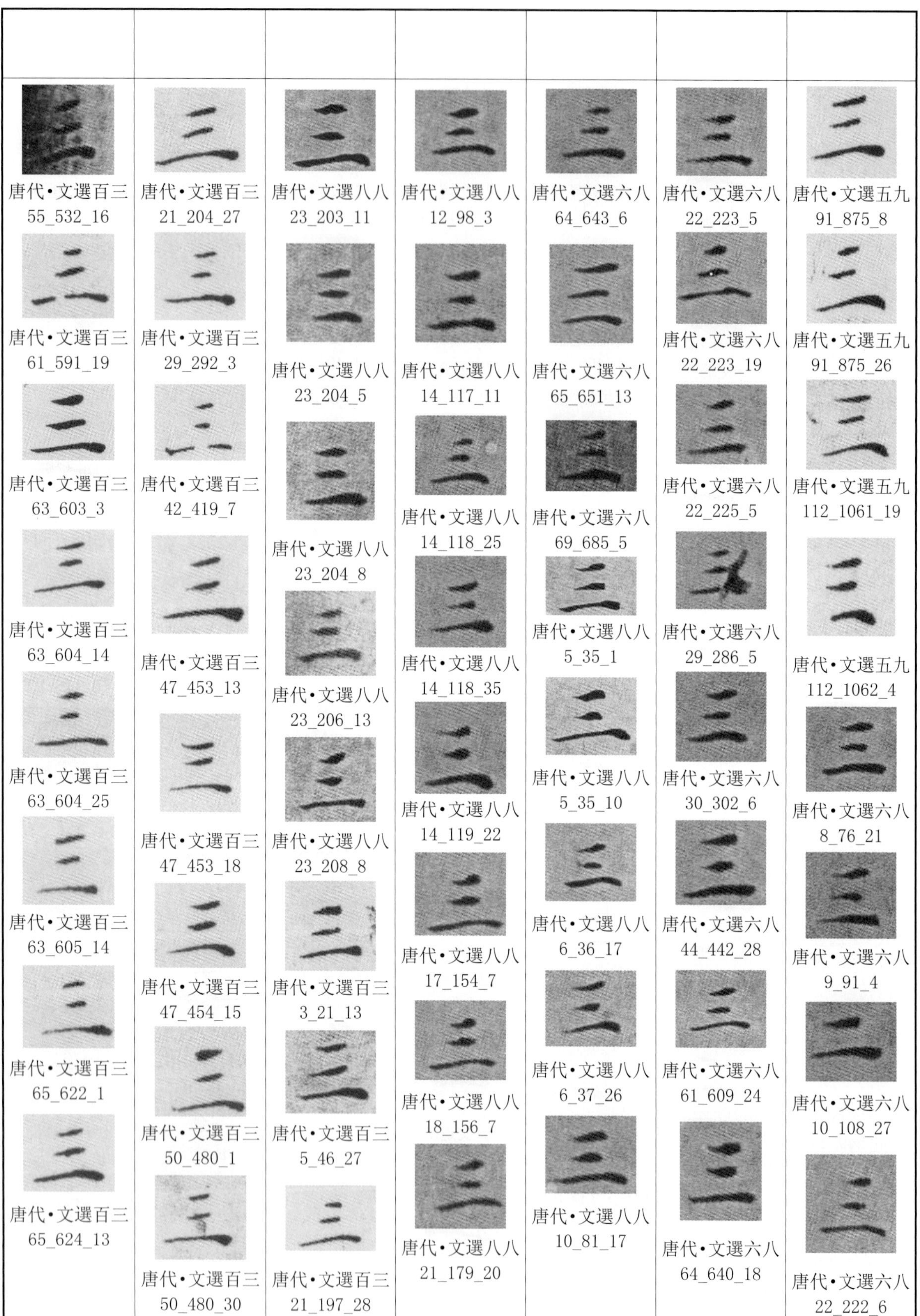

唐代•文選五九 91_875_8
唐代•文選五九 91_875_26
唐代•文選五九 112_1061_19
唐代•文選五九 112_1062_4
唐代•文選六八 8_76_21
唐代•文選六八 9_91_4
唐代•文選六八 10_108_27
唐代•文選六八 22_222_6

唐代•文選六八 22_223_5
唐代•文選六八 22_223_19
唐代•文選六八 22_225_5
唐代•文選六八 29_286_5
唐代•文選六八 30_302_6
唐代•文選六八 44_442_28
唐代•文選六八 61_609_24
唐代•文選六八 64_640_18

唐代•文選六八 64_643_6
唐代•文選六八 65_651_13
唐代•文選六八 69_685_5
唐代•文選八八 5_35_1
唐代•文選八八 5_35_10
唐代•文選八八 6_36_17
唐代•文選八八 6_37_26
唐代•文選八八 10_81_17

唐代•文選八八 12_98_3
唐代•文選八八 14_117_11
唐代•文選八八 14_118_25
唐代•文選八八 14_118_35
唐代•文選八八 14_119_22
唐代•文選八八 17_154_7
唐代•文選八八 18_156_7
唐代•文選八八 21_179_20

唐代•文選八八 23_203_11
唐代•文選八八 23_204_5
唐代•文選八八 23_204_8
唐代•文選八八 23_206_13
唐代•文選八八 23_208_8
唐代•文選百三 3_21_13
唐代•文選百三 5_46_27
唐代•文選百三 21_197_28

唐代•文選百三 21_204_27
唐代•文選百三 29_292_3
唐代•文選百三 42_419_7
唐代•文選百三 47_453_13
唐代•文選百三 47_453_18
唐代•文選百三 47_454_15
唐代•文選百三 50_480_1
唐代•文選百三 50_480_30

唐代•文選百三 55_532_16
唐代•文選百三 61_591_19
唐代•文選百三 63_603_3
唐代•文選百三 63_604_14
唐代•文選百三 63_604_25
唐代•文選百三 63_605_14
唐代•文選百三 65_622_1
唐代•文選百三 65_624_13

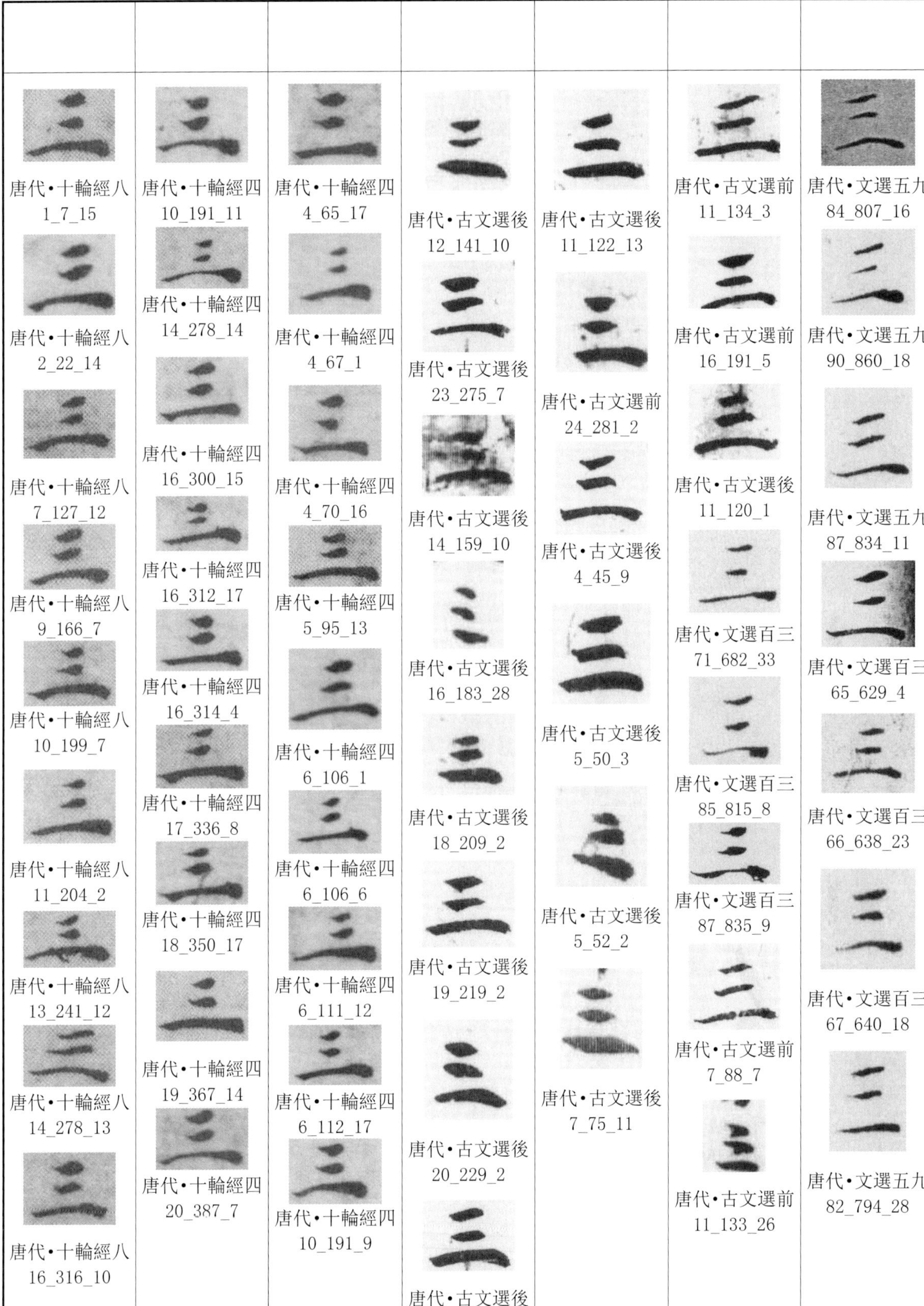
唐代·十輪經八
1_7_15
唐代·十輪經八
2_22_14
唐代·十輪經八
7_127_12
唐代·十輪經八
9_166_7
唐代·十輪經八
10_199_7
唐代·十輪經八
11_204_2
唐代·十輪經八
13_241_12
唐代·十輪經八
14_278_13
唐代·十輪經八
16_316_10
唐代·十輪經四
10_191_11
唐代·十輪經四
14_278_14
唐代·十輪經四
16_300_15
唐代·十輪經四
16_312_17
唐代·十輪經四
16_314_4
唐代·十輪經四
17_336_8
唐代·十輪經四
18_350_17
唐代·十輪經四
19_367_14
唐代·十輪經四
20_387_7
唐代·十輪經四
4_65_17
唐代·十輪經四
4_67_1
唐代·十輪經四
4_70_16
唐代·十輪經四
5_95_13
唐代·十輪經四
6_106_1
唐代·十輪經四
6_106_6
唐代·十輪經四
6_111_12
唐代·十輪經四
6_112_17
唐代·十輪經四
10_191_9
唐代·古文選後
12_141_10
唐代·古文選後
23_275_7
唐代·古文選後
14_159_10
唐代·古文選後
16_183_28
唐代·古文選後
18_209_2
唐代·古文選後
19_219_2
唐代·古文選後
20_229_2
唐代·古文選後
22_254_2
唐代·古文選後
11_122_13
唐代·古文選前
24_281_2
唐代·古文選後
4_45_9
唐代·古文選後
5_50_3
唐代·古文選後
5_52_2
唐代·古文選後
7_75_11
唐代·古文選前
11_134_3
唐代·古文選前
16_191_5
唐代·古文選後
11_120_1
唐代·文選百三
71_682_33
唐代·文選百三
85_815_8
唐代·文選百三
87_835_9
唐代·古文選前
7_88_7
唐代·古文選前
11_133_26
唐代·文選五九
84_807_16
唐代·文選五九
90_860_18
唐代·文選五九
87_834_11
唐代·文選百三
65_629_4
唐代·文選百三
66_638_23
唐代·文選百三
67_640_18
唐代·文選五九
82_794_28

唐代•十輪經八 18_355_4
唐代•十輪經八 20_392_15
唐代•十輪經八 22_432_7
唐代•十輪經九 2_30_16
唐代•十輪經十 11_219_16
唐代•十輪經十 12_220_1
唐代•十輪經十 12_220_3
唐代•十輪經十 12_220_5
唐代•十輪經十 12_220_8

唐代•十輪經十 12_226_7
唐代•十輪經十 12_231_8
唐代•十輪經十 12_234_2
唐代•十輪經十 12_236_1
唐代•十輪經十 13_243_11
唐代•十輪經十 13_245_4
唐代•十輪經十 13_249_1
唐代•十輪經十 13_252_16
唐代•十輪經十 13_254_11

唐代•十輪經十 14_260_9
唐代•十輪經十 14_262_3
唐代•十輪經十 14_273_5
唐代•十輪經十 14_276_8
唐代•十輪經十 14_276_10
唐代•十輪經十 15_295_17
唐代•十輪經十 15_296_2
唐代•十輪經十 15_298_11
唐代•十輪經十 16_305_13
唐代•十輪經十 16_307_15

唐代•十輪經十 17_335_13
唐代•十輪經十 18_346_4
唐代•十輪經十 18_351_16
唐代•十輪經十 18_352_1
唐代•十輪經十 18_355_16
唐代•十輪經十 19_366_13

于 亍

ワ、ク

訓 ここに

唐代•春秋經傳 1_5_12
唐代•春秋經傳 1_6_12
唐代•春秋經傳 2_9_20
唐代•春秋經傳 2_19_8
唐代•春秋經傳 3_20_24
唐代•春秋經傳 3_25_15
唐代•春秋經傳 3_26_3

唐代•春秋經傳 3_27_23
唐代•春秋經傳 3_29_4
唐代•春秋經傳 3_30_7
唐代•春秋經傳 4_39_7
唐代•春秋經傳 5_44_36
唐代•春秋經傳 5_45_13
唐代•春秋經傳 6_57_3

唐代•春秋經傳 6_57_12
唐代•春秋經傳 6_62_3
唐代•春秋經傳 6_62_5
唐代•春秋經傳 6_62_11
唐代•春秋經傳 7_69_12
唐代•春秋經傳 7_70_8
唐代•春秋經傳 11_113_11

唐代•春秋經傳 11_114_11
唐代•春秋經傳 13_134_19
唐代•春秋經傳 14_138_4
唐代•春秋經傳 14_138_8
唐代•春秋經傳 14_147_14
唐代•春秋經傳 14_149_4
唐代•春秋經傳 15_150_3
唐代•春秋經傳 15_152_11
唐代•春秋經傳 16_170_3
唐代•春秋經傳 16_170_10
唐代•春秋經傳 17_178_17
唐代•春秋經傳 18_187_6
唐代•春秋經傳 19_196_15
唐代•春秋經傳 21_222_10
唐代•春秋經傳 22_223_7
唐代•春秋經傳 25 255_5
唐代•春秋經傳 25_259_16
唐代•春秋經傳 26_270_7
唐代•春秋經傳 27_276_16
唐代•春秋經傳 27_279_8
唐代•春秋經傳 27_279_11
唐代•春秋經傳 27_284_15
唐代•春秋經傳 27_284_21
唐代•春秋經傳 29_296_5
唐代•春秋經傳 30_309_8
唐代•春秋經傳 30_310_9
唐代•春秋經傳 30_316_6
唐代•春秋經傳 30_317_18
唐代•春秋經傳 31_319_22
唐代•春秋經傳 31_321_15
唐代•春秋經傳 34_358_23
唐代•春秋經傳 34_361_7
唐代•春秋經傳 35_365_18
唐代•春秋經傳 35_367_12
唐代•春秋經傳 35_370_19
唐代•春秋經傳 35_371_33
唐代•春秋經傳 36_375_10
唐代•春秋經傳 36_382_3
唐代•春秋經傳 37_383_1
唐代•春秋經傳 37_383_13
唐代•春秋經傳 37_384_6
唐代•春秋經傳 38_404_10
唐代•春秋經傳 39_406_9
唐代•春秋經傳 39_406_15
唐代•文選四八 1_4_2
唐代•文選四八 4_21_6
唐代•文選四八 4_21_23
唐代•文選四八 6_46_16
唐代•文選四八 6_48_12

唐代•文選四八 12_105_22
唐代•文選四八 15_134_8
唐代•文選四八 16_144_21
唐代•文選四八 19_172_15
唐代•文選四八 20_184_24
唐代•文選四八 22_202_5
唐代•文選四八 22_202_10
唐代•文選四八 23_206_21
唐代•文選四八 32_293_11
唐代•文選四八 38_336_24
唐代•文選四八 38_339_25
唐代•文選四八 48_433_7
唐代•文選五九 7_61_3
唐代•文選五九 20_197_28
唐代•文選五九 25_245_14
唐代•文選五九 26_253_13
唐代•文選五九 27_269_1
唐代•文選五九 35_343_19
唐代•文選五九 41_407_36
唐代•文選五九 60_575_17
唐代•文選五九 65_626_28
唐代•文選五九 76_729_8
唐代•文選五九 78_745_15
唐代•文選五九 78_746_25
唐代•文選五九 81_779_9
唐代•文選五九 81_779_21
唐代•文選五九 82_785_20
唐代•文選五九 86_825_16
唐代•文選五九 86_826_14
唐代•文選五九 86_829_23
唐代•文選五九 88_838_23
唐代•文選五九 92_888_3
唐代•文選五九 92_889_28
唐代•文選五九 94_900_20
唐代•文選五九 97_925_20
唐代•文選五九 99_936_9
唐代•文選五九 111_1048_10
唐代•文選五九 111_1048_14
唐代•文選五九 111_1048_25
唐代•文選六八 9_100_5
唐代•文選六八 11_119_16
唐代•文選六八 27_279_10
唐代•文選六八 29_292_23
唐代•文選六八 43_426_6
唐代•文選六八 47_476_4
唐代•文選六八 66_662_15
唐代•文選六八 72_718_27
唐代•文選八八 3_10_18
唐代•文選八八 5_23_14

唐代•文選八八 5_25_28
唐代•文選八八 6_41_24
唐代•文選八八 11_85_19
唐代•文選八八 13_104_9
唐代•文選八八 18_155_10
唐代•文選八八 19_165_27
唐代•文選百三 3_23_3
唐代•文選百三 4_30_10
唐代•文選百三 4_33_30
唐代•文選百三 5_41_20
唐代•文選百三 10_91_30
唐代•文選百三 12_114_6
唐代•文選百三 13_118_21
唐代•文選百三 21_209_18
唐代•文選百三 27_262_23
唐代•文選百三 31_301_18
唐代•文選百三 34_338_10
唐代•文選百三 41_410_20
唐代•文選百三 49_470_17
唐代•文選百三 59_568_6
唐代•文選百三 59_569_23
唐代•文選百三 60_572_14
唐代•文選百三 65_625_12
唐代•文選百三 69_667_1
唐代•文選百三 69_671_6
唐代•文選百三 73_708_12
唐代•文選百三 73_709_6
唐代•文選百三 83_790_25
唐代•文選百三 84_797_27
唐代•文選百三 87_825_9
唐代•古文選前 12_142_3
唐代•古文選前 16_187_3
唐代•古文選前 17_205_7
唐代•古文選前 18_214_5
唐代•古文選前 21_244_19
唐代•古文選前 21_248_10
唐代•古文選前 21_251_1
唐代•古文選前 21_252_11
唐代•古文選前 23_271_9
唐代•古文選前 24_281_13
唐代•古文選前 24_283_17
唐代•古文選後 1_5_3
唐代•古文選後 1_7_11
唐代•古文選後 1_12_1
唐代•古文選後 2_14_7
唐代•古文選後 2_16_3
唐代•古文選後 6_71_4
唐代•古文選後 7_77_23
唐代•古文選後 7_79_2

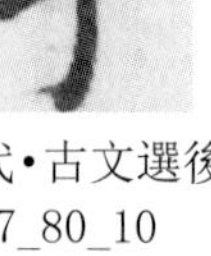
唐代•古文選後
7_80_10

唐代•古文選後
7_80_14

唐代•古文選後
11_127_7

唐代•古文選後
12_140_11

唐代•古文選後
13_148_6

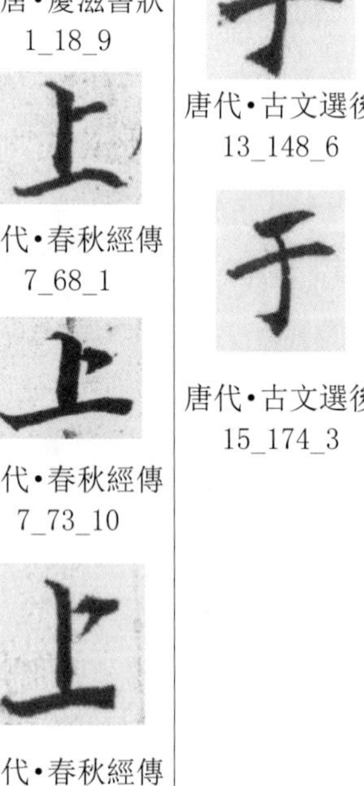
唐代•古文選後
15_174_3

上 ⺊

吳ジョウ 漢ショウ
訓うえ

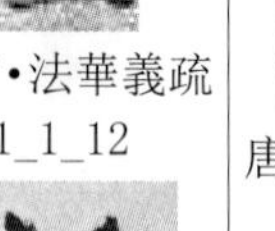
初唐•法華義疏
1_1_12

中唐・風信帖
3_12_7

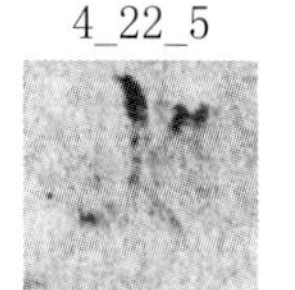
中唐・風信帖
4_22_5

晚唐•慶滋書狀
1_5_10

晚唐•慶滋書狀
1_18_9

唐代•春秋經傳
7_68_1

唐代•春秋經傳
7_73_10

唐代•春秋經傳
8_84_11

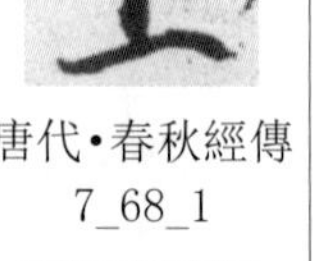
唐代•春秋經傳
14_138_14

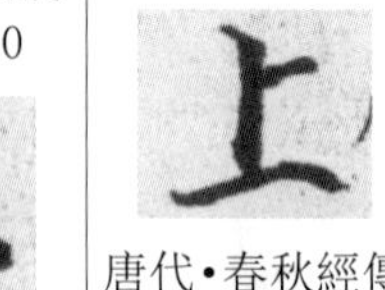
唐代•春秋經傳
14_148_1

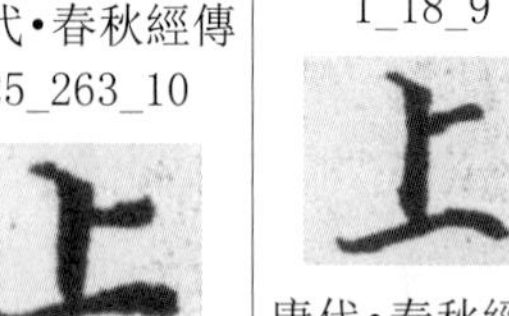
唐代•春秋經傳
14_148_12

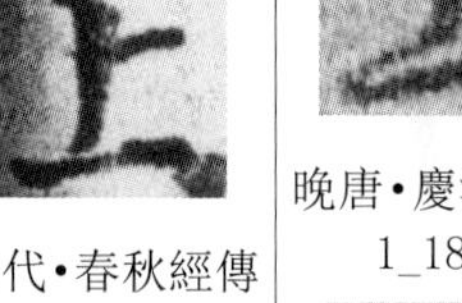
唐代•春秋經傳
22_225_1

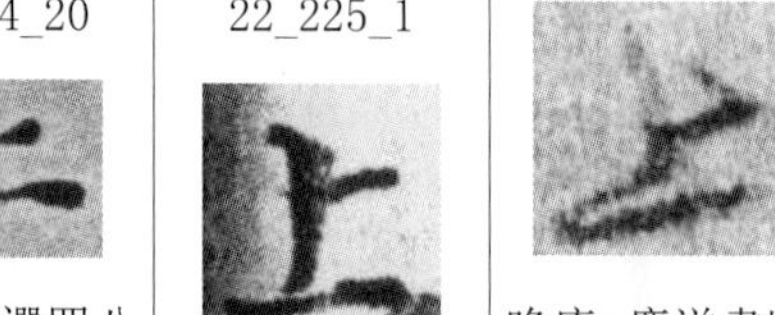
唐代•春秋經傳
25_263_10

唐代•春秋經傳
25_263_16

唐代•春秋經傳
26_264_21

唐代•春秋經傳
28_285_26

唐代•春秋經傳
33_349_3

唐代•春秋經傳
39_408_35

唐代•文選四八
2_10_7

唐代•文選四八
12_104_20

唐代•文選四八
12_104_23

唐代•文選四八
13_115_1

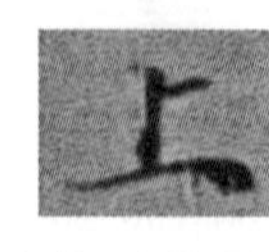
唐代•文選四八
18_164_47

唐代•文選四八
21_189_21

唐代•文選四八
23_205_14

唐代•文選四八
23_206_7

唐代•文選四八
23_207_15

唐代•文選四八
23_207_18

唐代•文選四八
23_208_20

唐代•文選四八
30_269_5

唐代•文選四八
30_269_8

唐代•文選四八
30_271_14

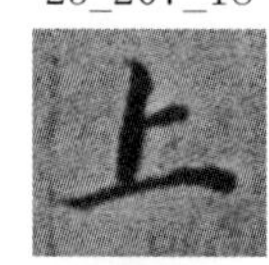
唐代•文選四八
30_272_6

唐代•文選四八
32_291_2

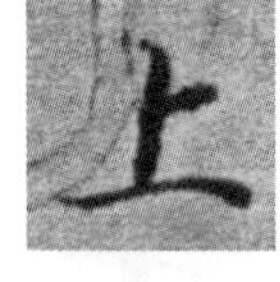
唐代•文選四八
32_292_13

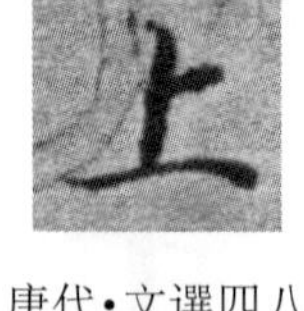
唐代•文選四八
48_435_14

唐代•文選五九
8_73_29

唐代•文選五九
8_76_8

唐代•文選五九
13_120_4

唐代•文選五九
15_151_30

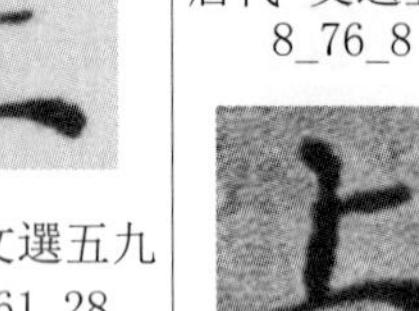
唐代•文選五九
23_227_25

唐代•文選五九
31_300_19

唐代•文選五九
35_342_14

唐代•文選五九
35_343_2

唐代•文選五九
35_347_5

唐代•文選五九
37_361_28

唐代•文選五九
37_362_2

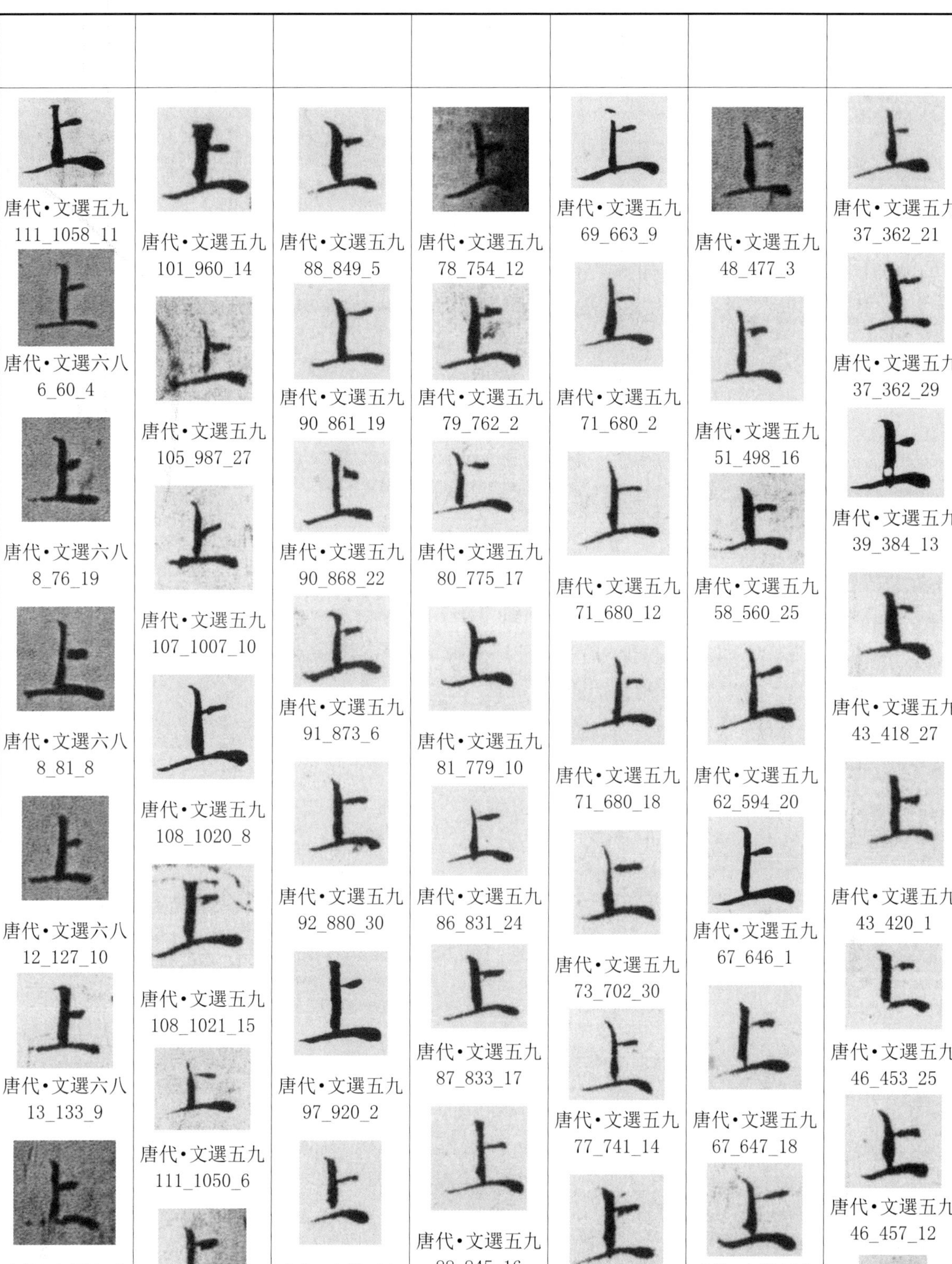

唐代•文選五九
37_362_21

唐代•文選五九
37_362_29

唐代•文選五九
39_384_13

唐代•文選五九
43_418_27

唐代•文選五九
43_420_1

唐代•文選五九
46_453_25

唐代•文選五九
46_457_12

唐代•文選五九
47_467_3

唐代•文選五九
48_477_3

唐代•文選五九
51_498_16

唐代•文選五九
58_560_25

唐代•文選五九
62_594_20

唐代•文選五九
67_646_1

唐代•文選五九
67_647_18

唐代•文選五九
68_653_24

唐代•文選五九
69_663_9

唐代•文選五九
71_680_2

唐代•文選五九
71_680_12

唐代•文選五九
71_680_18

唐代•文選五九
73_702_30

唐代•文選五九
77_741_14

唐代•文選五九
77_744_3

唐代•文選五九
78_754_12

唐代•文選五九
79_762_2

唐代•文選五九
80_775_17

唐代•文選五九
81_779_10

唐代•文選五九
86_831_24

唐代•文選五九
87_833_17

唐代•文選五九
88_845_16

唐代•文選五九
88_849_5

唐代•文選五九
90_861_19

唐代•文選五九
90_868_22

唐代•文選五九
91_873_6

唐代•文選五九
92_880_30

唐代•文選五九
97_920_2

唐代•文選五九
97_922_10

唐代•文選五九
101_960_14

唐代•文選五九
105_987_27

唐代•文選五九
107_1007_10

唐代•文選五九
108_1020_8

唐代•文選五九
108_1021_15

唐代•文選五九
111_1050_6

唐代•文選五九
111_1057_30

唐代•文選五九
111_1058_11

唐代•文選六八
6_60_4

唐代•文選六八
8_76_19

唐代•文選六八
8_81_8

唐代•文選六八
12_127_10

唐代•文選六八
13_133_9

唐代•文選六八
15_150_11

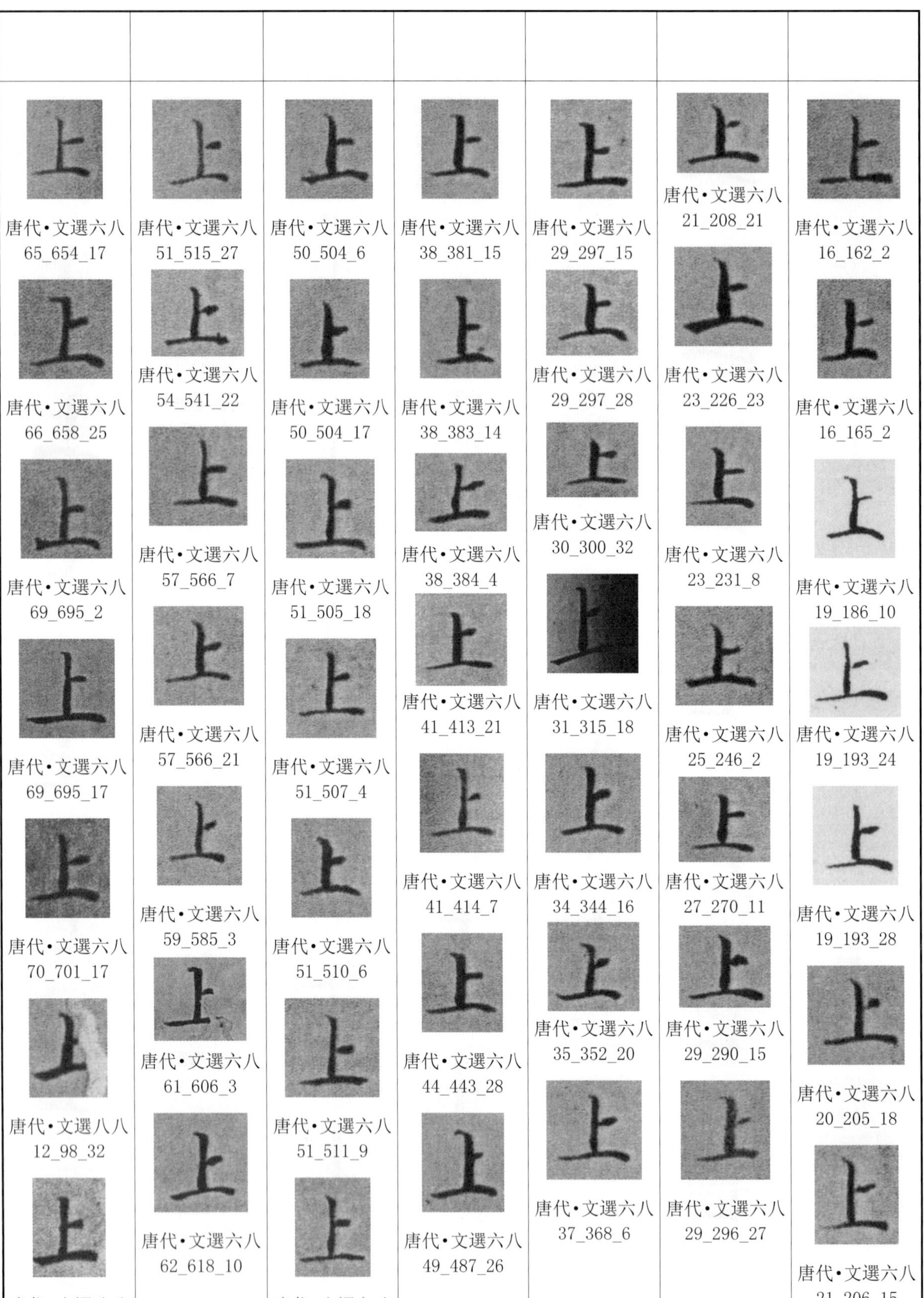
唐代•文選六八 16_162_2
唐代•文選六八 16_165_2
唐代•文選六八 19_186_10
唐代•文選六八 19_193_24
唐代•文選六八 19_193_28
唐代•文選六八 20_205_18
唐代•文選六八 21_206_15
唐代•文選六八 21_208_21
唐代•文選六八 23_226_23
唐代•文選六八 23_231_8
唐代•文選六八 25_246_2
唐代•文選六八 27_270_11
唐代•文選六八 29_290_15
唐代•文選六八 29_296_27
唐代•文選六八 29_297_15
唐代•文選六八 29_297_28
唐代•文選六八 30_300_32
唐代•文選六八 31_315_18
唐代•文選六八 34_344_16
唐代•文選六八 35_352_20
唐代•文選六八 37_368_6
唐代•文選六八 38_381_15
唐代•文選六八 38_383_14
唐代•文選六八 38_384_4
唐代•文選六八 41_413_21
唐代•文選六八 41_414_7
唐代•文選六八 44_443_28
唐代•文選六八 49_487_26
唐代•文選六八 50_504_6
唐代•文選六八 50_504_17
唐代•文選六八 51_505_18
唐代•文選六八 51_507_4
唐代•文選六八 51_510_6
唐代•文選六八 51_511_9
唐代•文選六八 51_513_11
唐代•文選六八 51_515_27
唐代•文選六八 54_541_22
唐代•文選六八 57_566_7
唐代•文選六八 57_566_21
唐代•文選六八 59_585_3
唐代•文選六八 61_606_3
唐代•文選六八 62_618_10
唐代•文選六八 65_654_17
唐代•文選六八 66_658_25
唐代•文選六八 69_695_2
唐代•文選六八 69_695_17
唐代•文選六八 70_701_17
唐代•文選八八 12_98_32
唐代•文選八八 13_102_11

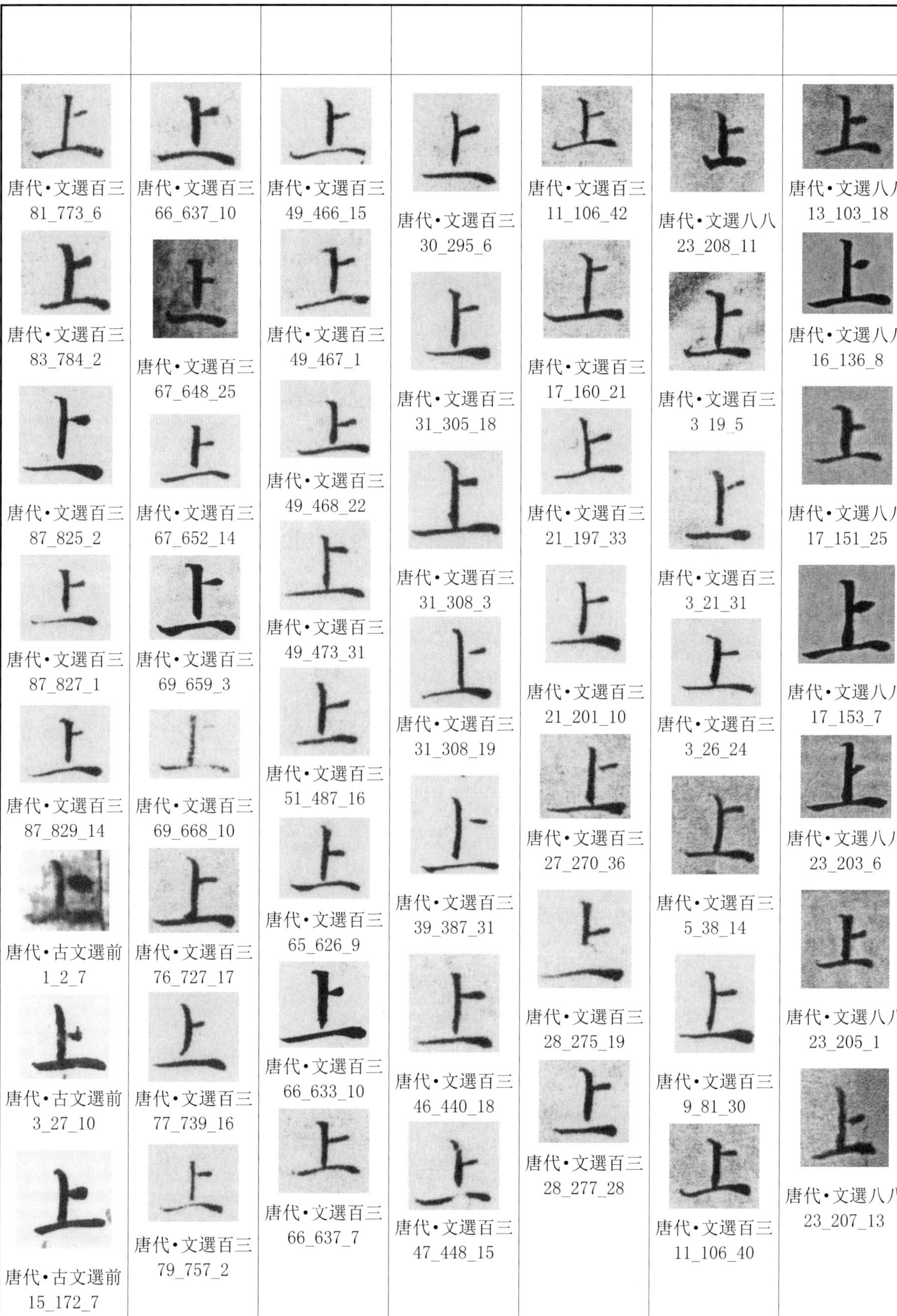

唐代•文選百三 81_773_6	唐代•文選百三 66_637_10	唐代•文選百三 49_466_15	唐代•文選百三 30_295_6	唐代•文選百三 11_106_42	唐代•文選八八 23_208_11	唐代•文選八八 13_103_18
唐代•文選百三 83_784_2	唐代•文選百三 67_648_25	唐代•文選百三 49_467_1	唐代•文選百三 31_305_18	唐代•文選百三 17_160_21	唐代•文選百三 3 19_5	唐代•文選八八 16_136_8
唐代•文選百三 87_825_2	唐代•文選百三 67_652_14	唐代•文選百三 49_468_22	唐代•文選百三 31_308_3	唐代•文選百三 21_197_33	唐代•文選百三 3_21_31	唐代•文選八八 17_151_25
唐代•文選百三 87_827_1	唐代•文選百三 69_659_3	唐代•文選百三 49_473_31	唐代•文選百三 31_308_19	唐代•文選百三 21_201_10	唐代•文選百三 3_26_24	唐代•文選八八 17_153_7
唐代•文選百三 87_829_14	唐代•文選百三 69_668_10	唐代•文選百三 51_487_16	唐代•文選百三 39_387_31	唐代•文選百三 27_270_36	唐代•文選百三 5_38_14	唐代•文選八八 23_203_6
唐代•古文選前 1_2_7	唐代•文選百三 76_727_17	唐代•文選百三 65_626_9	唐代•文選百三 46_440_18	唐代•文選百三 28_275_19	唐代•文選百三 9_81_30	唐代•文選八八 23_205_1
唐代•古文選前 3_27_10	唐代•文選百三 77_739_16	唐代•文選百三 66_633_10	唐代•文選百三 47_448_15	唐代•文選百三 28_277_28	唐代•文選百三 11_106_40	唐代•文選八八 23_207_13
唐代•古文選前 15_172_7	唐代•文選百三 79_757_2	唐代•文選百三 66_637_7				

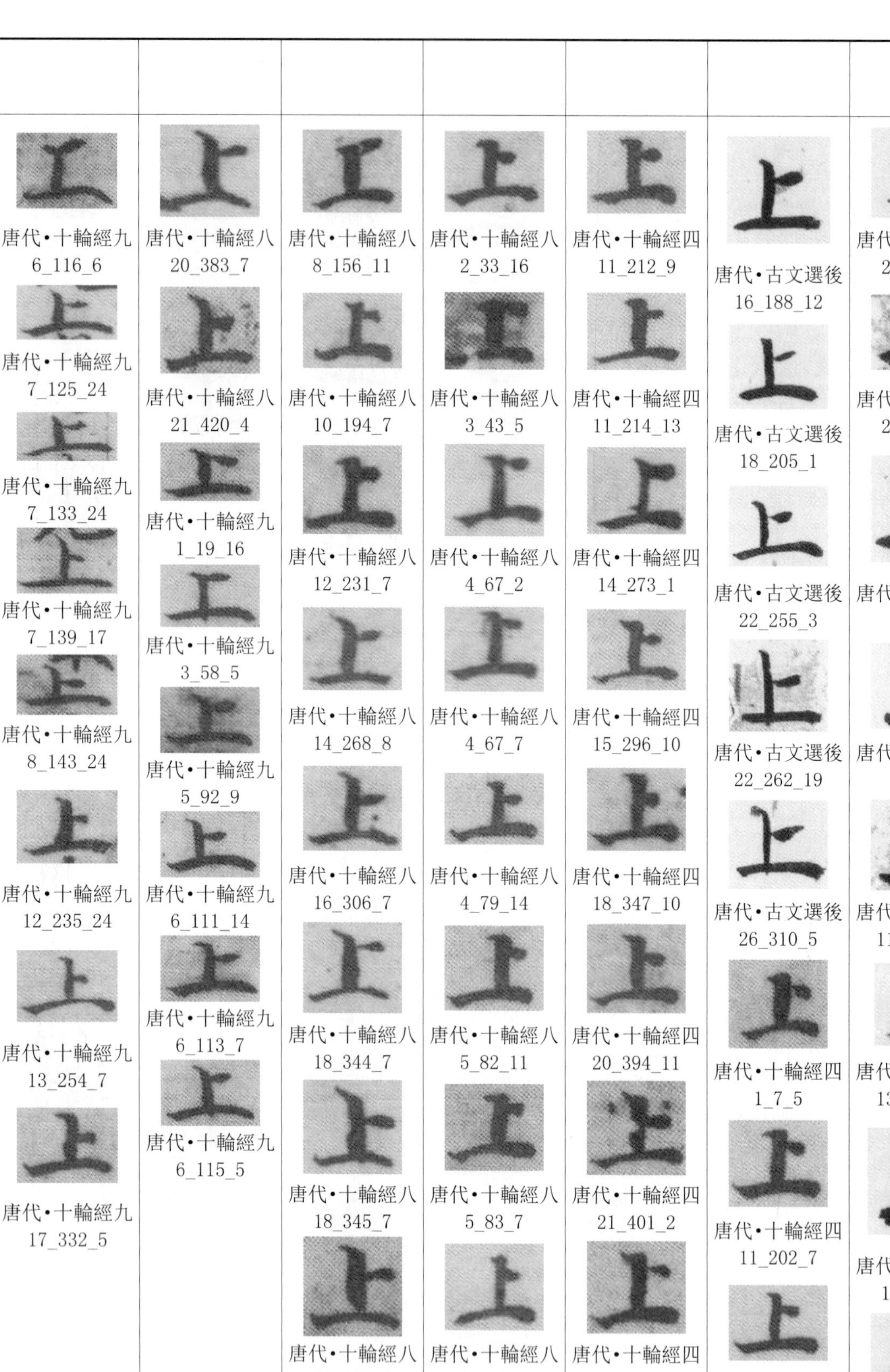

唐代·十輪經九 6_116_6
唐代·十輪經九 7_125_24
唐代·十輪經九 7_133_24
唐代·十輪經九 7_139_17
唐代·十輪經九 8_143_24
唐代·十輪經九 12_235_24
唐代·十輪經九 13_254_7
唐代·十輪經九 17_332_5

唐代·十輪經八 20_383_7
唐代·十輪經八 21_420_4
唐代·十輪經九 1_19_16
唐代·十輪經九 3_58_5
唐代·十輪經九 5_92_9
唐代·十輪經九 6_111_14
唐代·十輪經九 6_113_7
唐代·十輪經九 6_115_5

唐代·十輪經八 8_156_11
唐代·十輪經八 10_194_7
唐代·十輪經八 12_231_7
唐代·十輪經八 14_268_8
唐代·十輪經八 16_306_7
唐代·十輪經八 18_344_7
唐代·十輪經八 18_345_7
唐代·十輪經八 19_382_7

唐代·十輪經八 2_33_16
唐代·十輪經八 3_43_5
唐代·十輪經八 4_67_2
唐代·十輪經八 4_67_7
唐代·十輪經八 4_79_14
唐代·十輪經八 5_82_11
唐代·十輪經八 5_83_7
唐代·十輪經八 6_118_1

唐代·十輪經四 11_212_9
唐代·十輪經四 11_214_13
唐代·十輪經四 14_273_1
唐代·十輪經四 15_296_10
唐代·十輪經四 18_347_10
唐代·十輪經四 20_394_11
唐代·十輪經四 21_401_2
唐代·十輪經四 21_402_8

唐代·古文選後 16_188_12
唐代·古文選後 18_205_1
唐代·古文選後 22_255_3
唐代·古文選後 22_262_19
唐代·古文選後 26_310_5
唐代·十輪經四 1_7_5
唐代·十輪經四 11_202_7
唐代·十輪經四 11_204_3

唐代·古文選前 21_250_5
唐代·古文選前 25_297_2
唐代·古文選後 5_56_9
唐代·古文選後 6_64_9
唐代·古文選後 11_126_14
唐代·古文選後 13_150_66
唐代·古文選後 13_152_4
唐代·古文選後 13_154_9

下

漢カ 呉ゲ
訓した

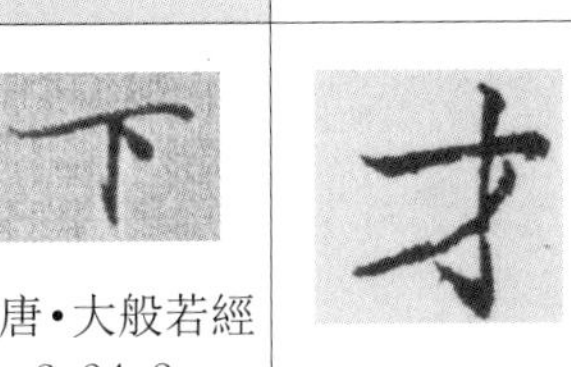
初唐•大般若經
2_34_2

初唐•聖武雜集
1_4_1

晚唐•慶滋書狀
1_13_5

唐代•春秋經傳
2_19_12

唐代•春秋經傳
9_93_8

唐代•春秋經傳
11_115_7

唐代•春秋經傳
14_148_2

唐代•春秋經傳
14_148_13

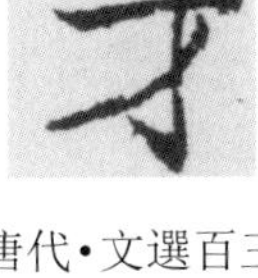
唐代•文選百三
51_495_2

唐代•文選百三
80_759_12

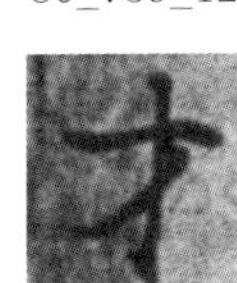
唐代•文選百三
83_793_29

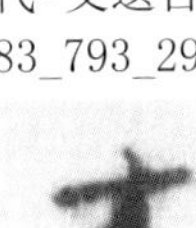
唐代•古文選後
18_208_14

唐代•十輪經四
7_134_7

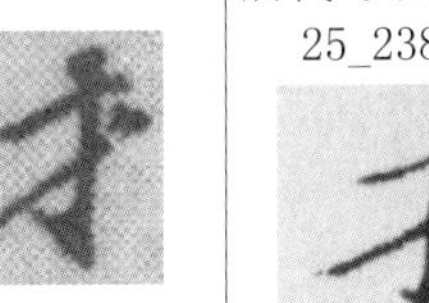
唐代•十輪經八
5_81_2

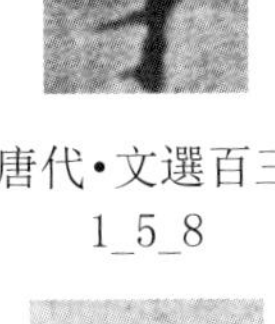
唐代•文選百三
1_5_8

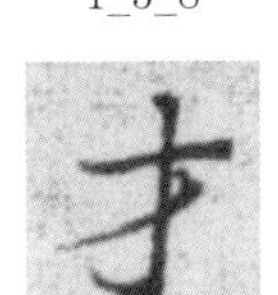
唐代•文選百三
14_130_5

唐代•文選百三
18_169_3

唐代•文選百三
25_237_11

唐代•文選百三
25_238_1

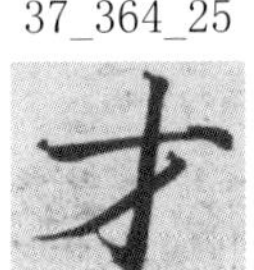
唐代•文選百三
37_364_25

唐代•文選百三
80_758_5

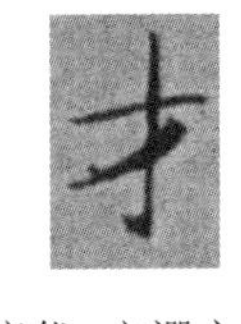
唐代•文選六八
49_489_3

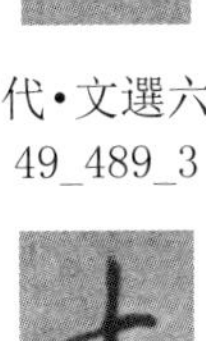
唐代•文選六八
49_489_5

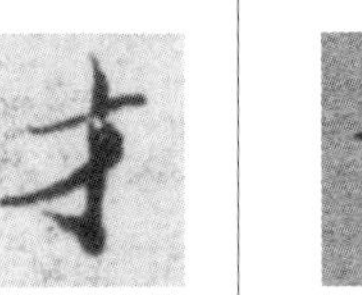
唐代•文選六八
53_528_17

唐代•文選六八
54_543_24

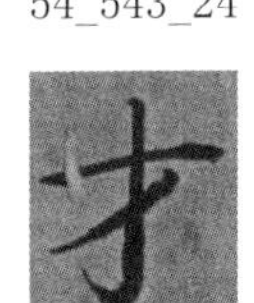
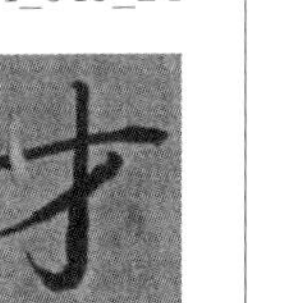
唐代•文選六八
66_663_16

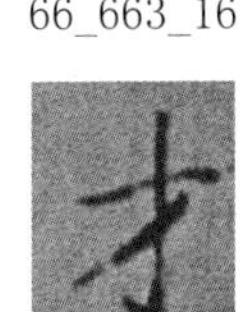
唐代•文選六八
67_666_11

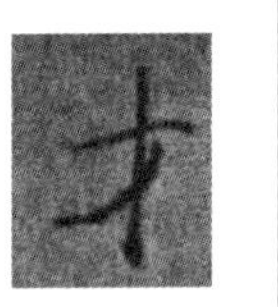
唐代•文選六八
71_702_22

唐代•文選五九
86_831_18

唐代•文選五九
94_907_26

唐代•文選五九
103_980_4

唐代•文選五九
103_980_12

唐代•文選五九
108_1020_9

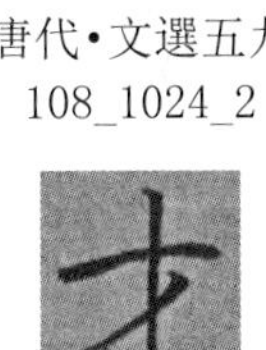

唐代•文選五九
108_1024_2

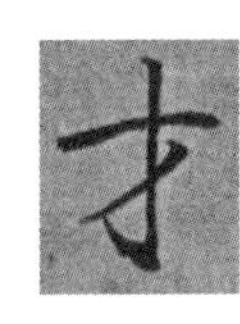
唐代•文選六八
48_484_9

才

漢サイ 呉ザイ
訓さい

唐代•春秋經傳
16_164_10

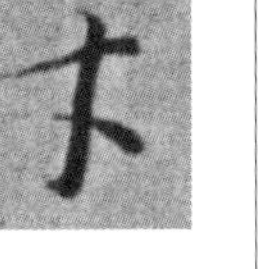
唐代•文選四八
14_121_7

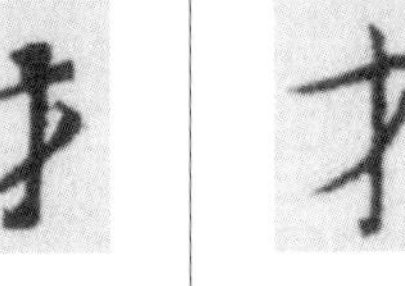
唐代•文選五九
41_410_11

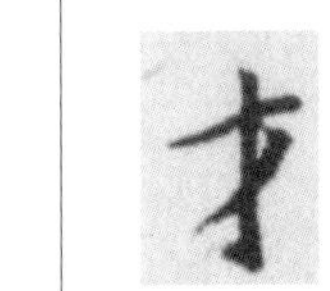
唐代•文選五九
42_412_19

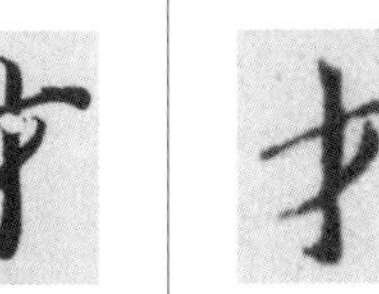
唐代•文選五九
46_456_8

唐代•文選五九
47_470_20

唐代•文選五九
47_471_10

唐代•十輪經九
18_346_3

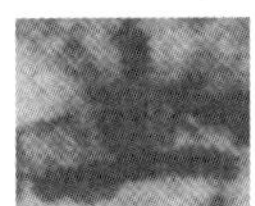
唐代•十輪經十
1_15_10

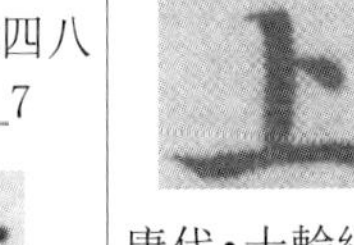
唐代•十輪經十
6_113_5

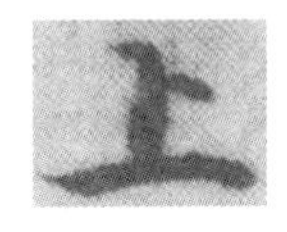
唐代•十輪經十
6_114_10

唐代•十輪經十
6_115_17

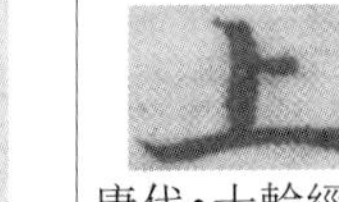
唐代•十輪經十
10_183_14

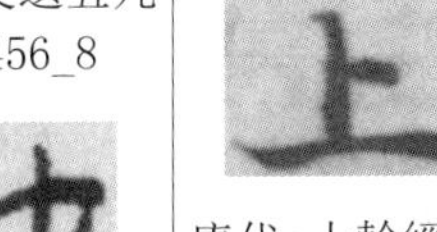
唐代•十輪經十
17_322_3

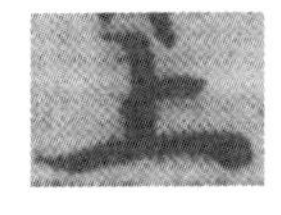
唐代•十輪經十
18_344_17

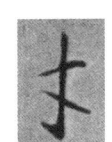

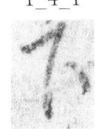

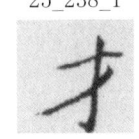

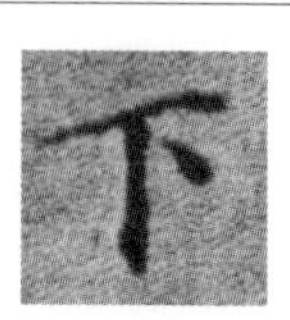
唐代•文選五九
13_121_5

唐代•文選五九
15_143_23

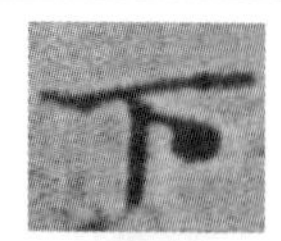
唐代•文選五九
15_143_30

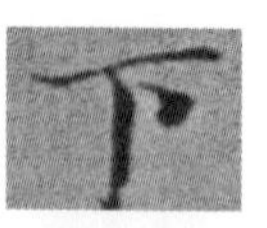
唐代•文選五九
15_145_13

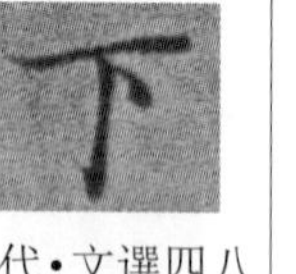
唐代•文選五九
17_163_5

唐代•文選五九
25_244_20

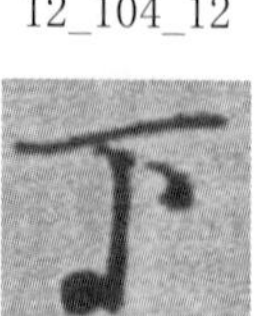
唐代•文選五九
25_251_29

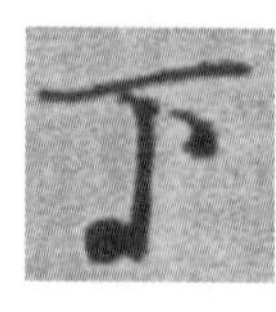
唐代•文選五九
6_55_7

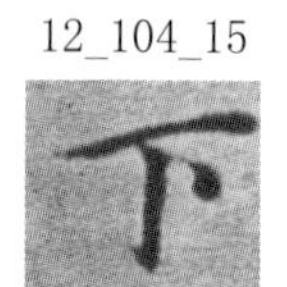
唐代•文選五九
6_56_13

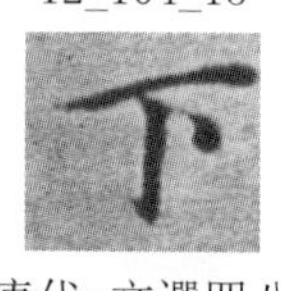
唐代•文選五九
7_60_10

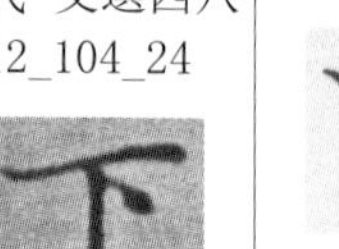
唐代•文選五九
9_81_9

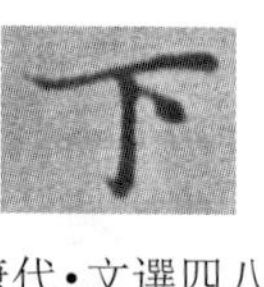
唐代•文選五九
9_84_20

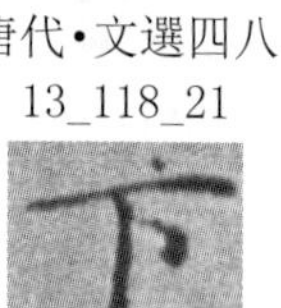
唐代•文選五九
9_88_4

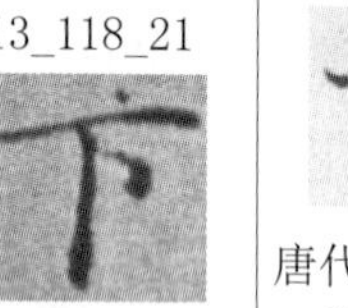
唐代•文選五九
12_116_2

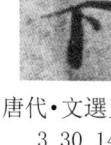

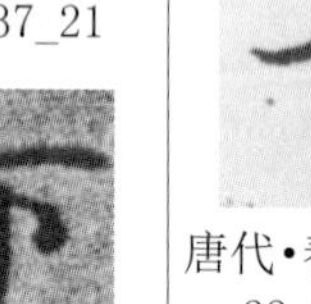
唐代•文選四八
47_427_6

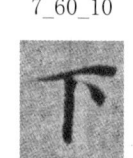

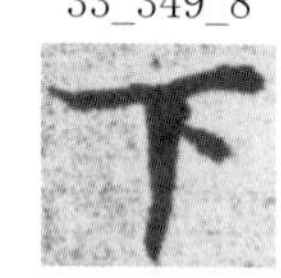
唐代•文選四八
48_432_24

唐代•文選五九
2_17_18

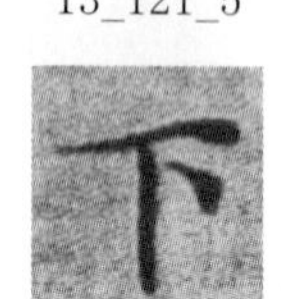
唐代•文選五九
3_30_14

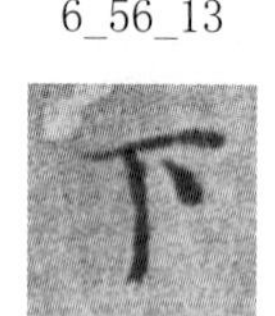
唐代•文選五九
3_30_24

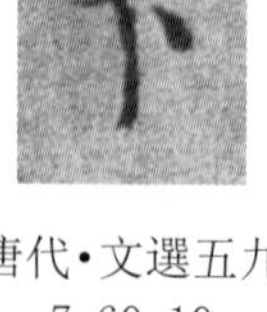
唐代•文選五九
4_32_3

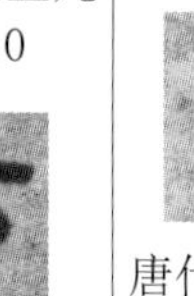
唐代•文選五九
6_54_2

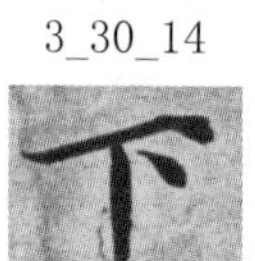
唐代•文選四八
24_216_19

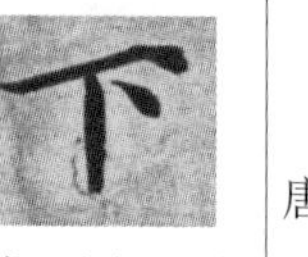
唐代•文選四八
27_243_24

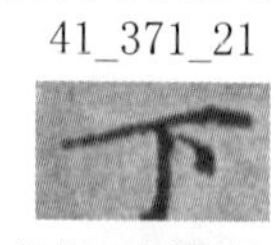
唐代•文選四八
30_268_20

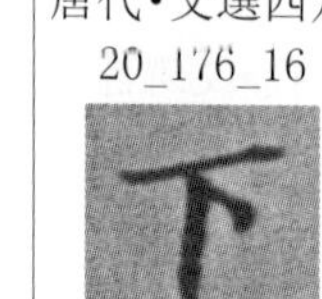
唐代•文選四八
37_335_11

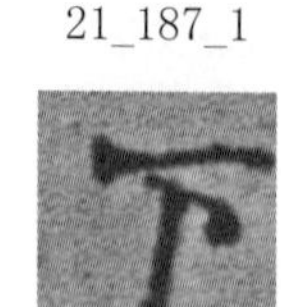
唐代•文選四八
41_371_21

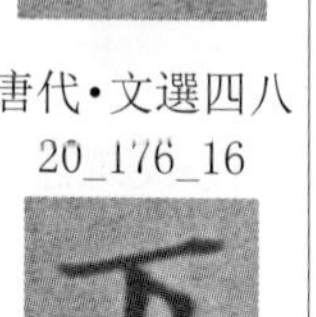
唐代•文選四八
43_389_24

唐代•文選四八
44_402_13

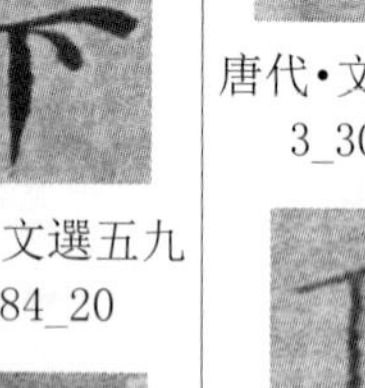
唐代•文選四八
47_423_24

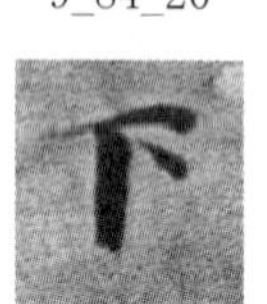
唐代•文選四八
17_154_7

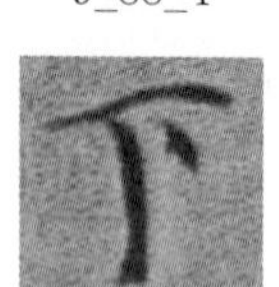
唐代•文選四八
18_158_1

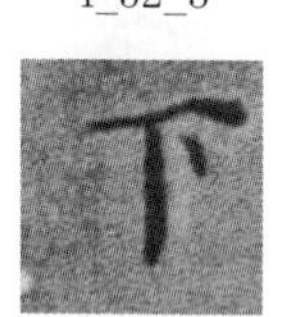
唐代•文選四八
18_166_9

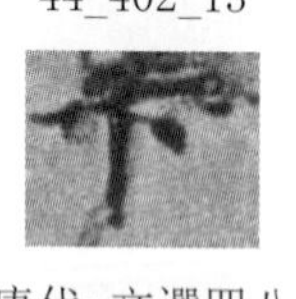
唐代•文選四八
19_171_20

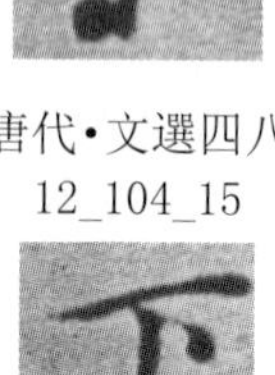
唐代•文選四八
20_176_16

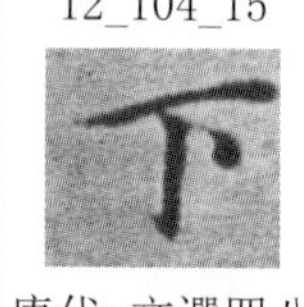
唐代•文選四八
21_187_1

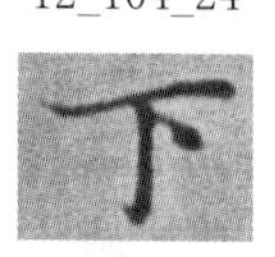
唐代•文選四八
22_204_5

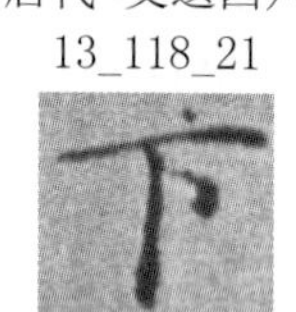
唐代•文選四八
12_104_12

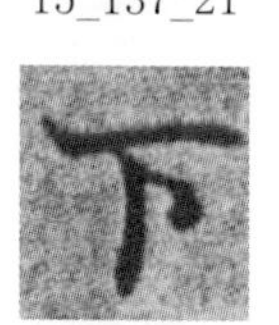
唐代•文選四八
12_104_15

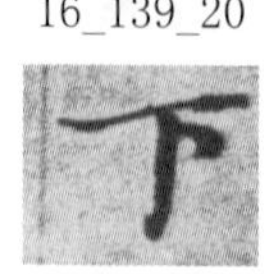
唐代•文選四八
12_104_24

唐代•文選四八
13_118_21

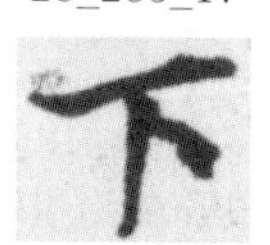
唐代•文選四八
15_137_21

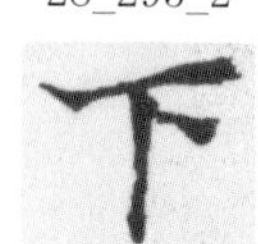
唐代•文選四八
16_139_20

唐代•文選四八
16_145_26

唐代•春秋經傳
25_263_8

唐代•春秋經傳
28_285_17

唐代•春秋經傳
28_295_2

唐代•春秋經傳
29_300_15

唐代•春秋經傳
29_302_25

唐代•春秋經傳
33_349_8

唐代•春秋經傳
34_361_18

唐代•春秋經傳
39_408_36

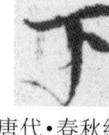

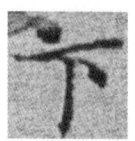

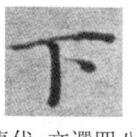

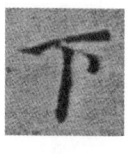

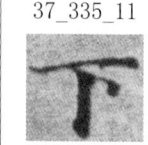

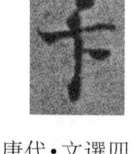

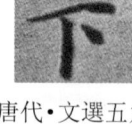

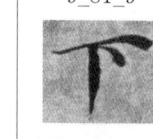

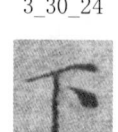

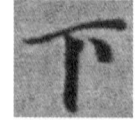

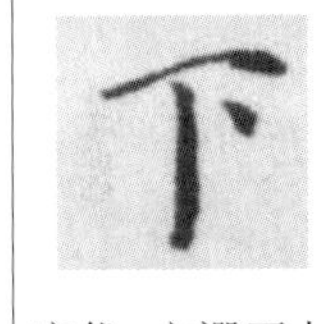 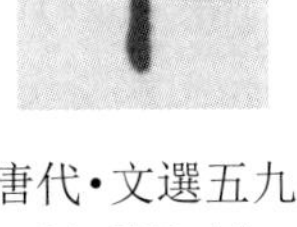 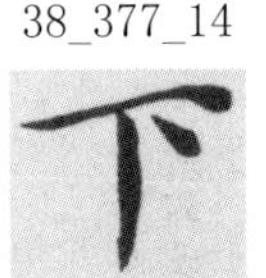  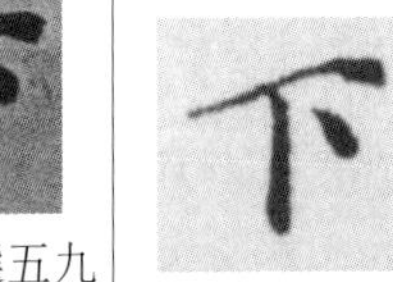

唐代•文選五九
31_304_12

唐代•文選五九
33_324_12

唐代•文選五九
33_330_20

唐代•文選五九
37_363_1

唐代•文選五九
38_377_14

唐代•文選五九
39_384_8

唐代•文選五九
43_419_5

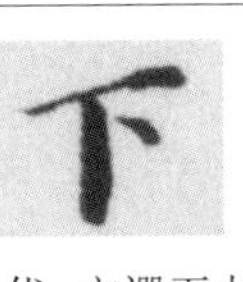 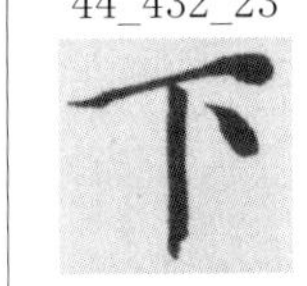  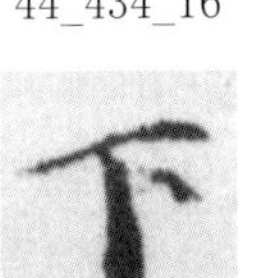 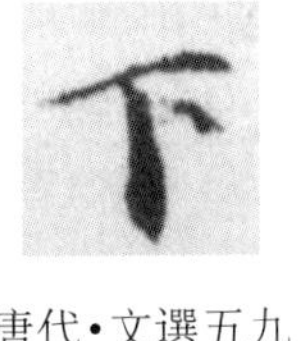 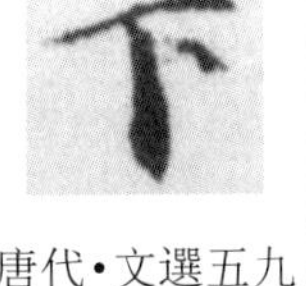 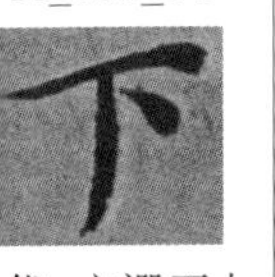  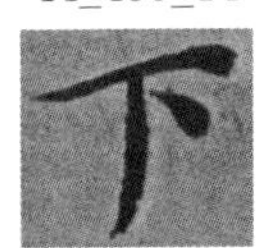 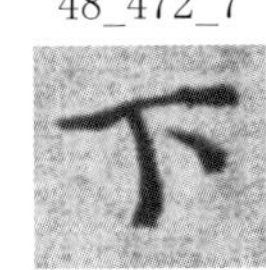 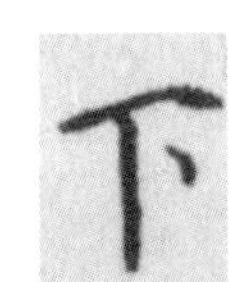 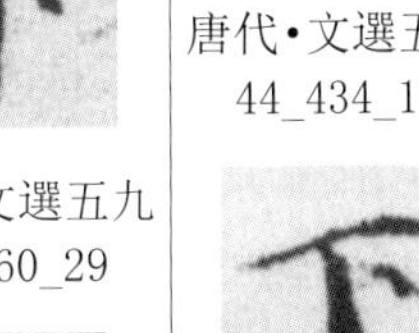

唐代•文選五九
44_432_23

唐代•文選五九
44_433_16

唐代•文選五九
44_434_16

唐代•文選五九
44_435_14

唐代•文選五九
48_472_7

唐代•文選五九
49_478_28

唐代•文選五九
52_515_11

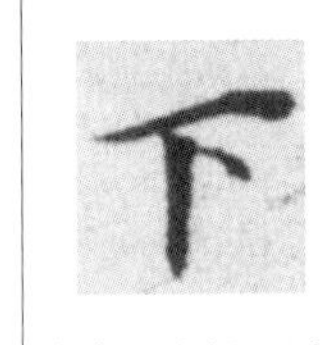 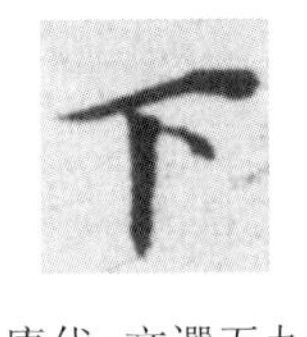 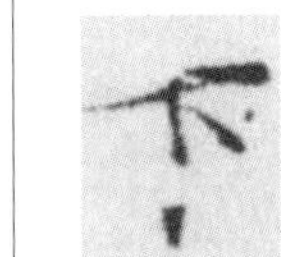  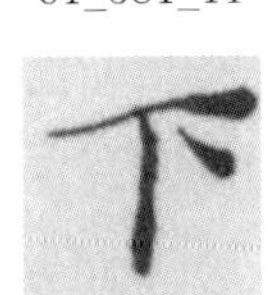

唐代•文選五九
54_533_6

唐代•文選五九
56_542_12

唐代•文選五九
58_560_29

唐代•文選五九
59_563_11

唐代•文選五九
60_580_22

唐代•文選五九
61_581_11

唐代•文選五九
62_597_20

   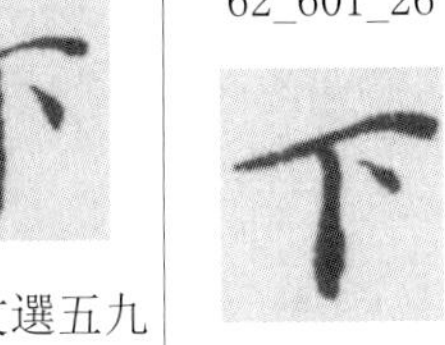

唐代•文選五九
62_601_11

唐代•文選五九
62_601_26

唐代•文選五九
63_605_6

唐代•文選五九
63_609_10

唐代•文選五九
65_626_21

唐代•文選五九
71_680_11

唐代•文選五九
72_697_3

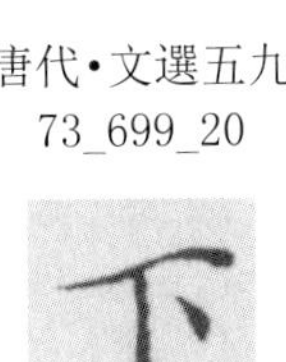 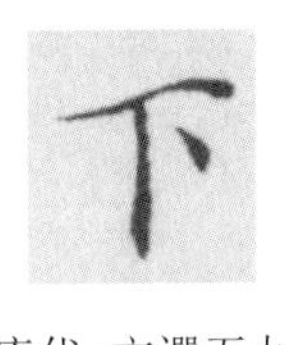 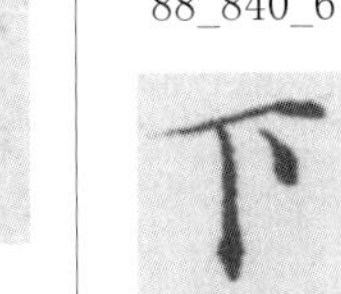

唐代•文選五九
73_699_1

唐代•文選五九
73_699_20

唐代•文選五九
77_737_19

唐代•文選五九
82_793_18

唐代•文選五九
88_840_6

唐代•文選五九
90_862_17

唐代•文選五九
91_873_12

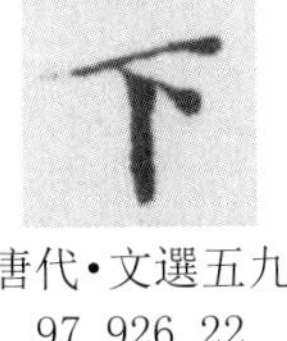 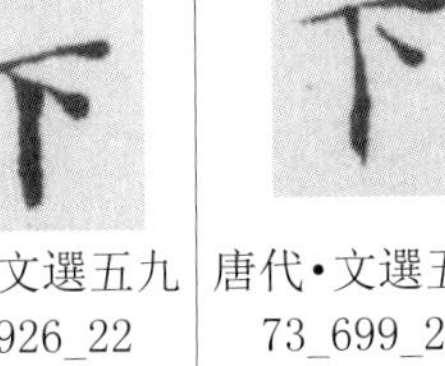 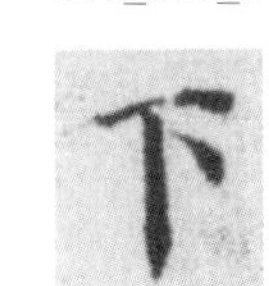 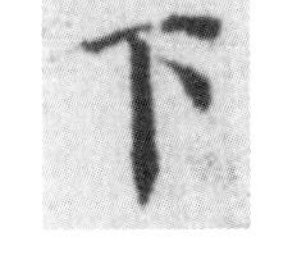 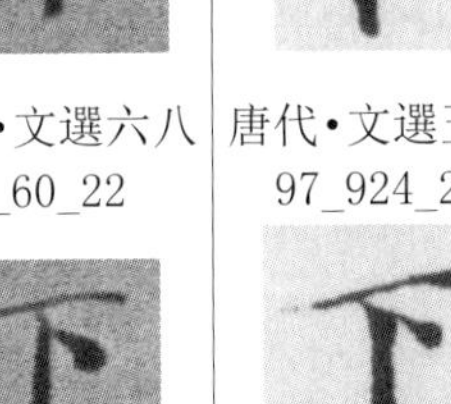

唐代•文選五九
97_924_21

唐代•文選五九
97_926_22

唐代•文選五九
99_942_4

唐代•文選五九
104_984_1

唐代•文選五九
110_1042_2

唐代•文選五九
110_1043_13

唐代•文選六八
3_29_16

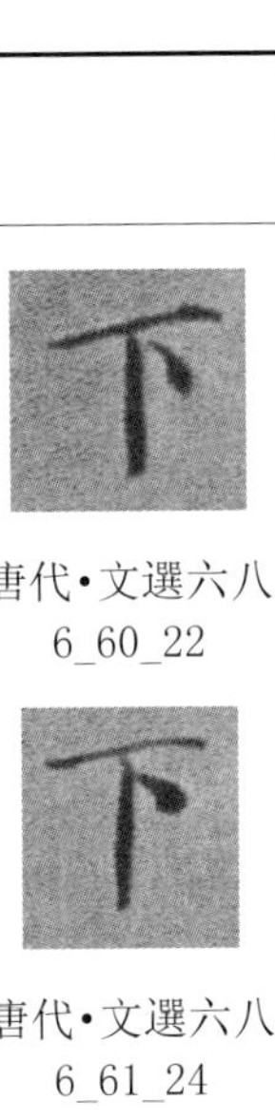 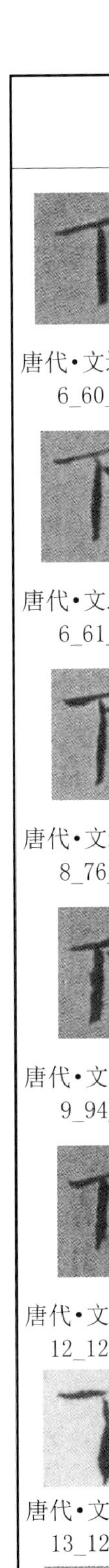

唐代•文選六八
6_60_22

唐代•文選六八
6_61_24

唐代•文選六八
8_76_25

唐代•文選六八
9_94_19

唐代•文選六八
12_127_23

唐代•文選六八
13_129_15

唐代•文選六八
14_145_11

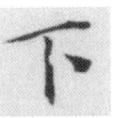

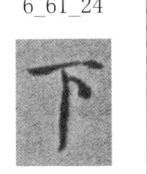

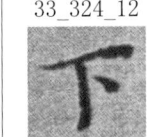

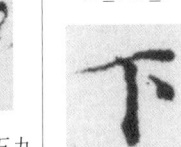

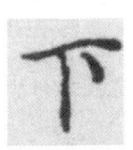

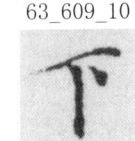

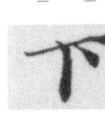

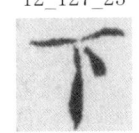

 唐代•文選八八 9_70_6	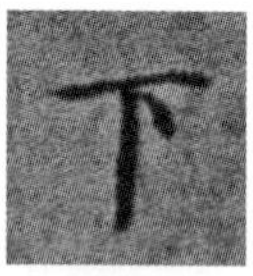 唐代•文選六八 69_695_3	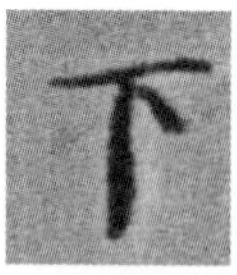 唐代•文選六八 63_636_7	 唐代•文選六八 45_450_3	 唐代•文選六八 38_384_19	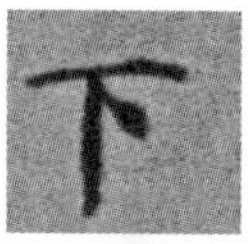 唐代•文選六八 25_252_4	唐代•文選六八 16_164_25
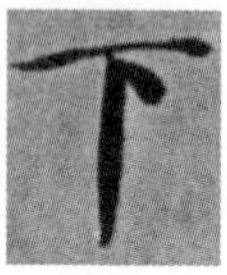 唐代•文選八八 10_79_6	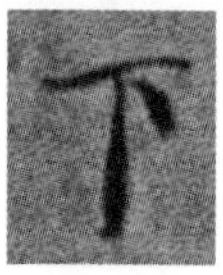 唐代•文選六八 71_705_7	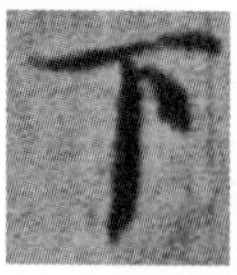 唐代•文選六八 65_644_13	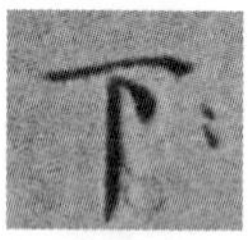 唐代•文選六八 45_450_5	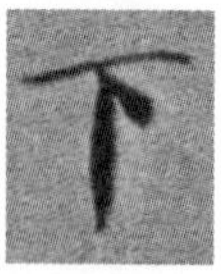 唐代•文選六八 39_390_1	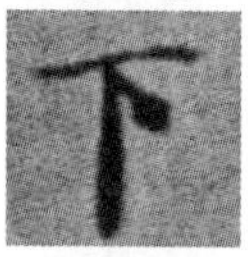 唐代•文選六八 25_258_5	唐代•文選六八 16_166_1
 唐代•文選八八 10_80_10	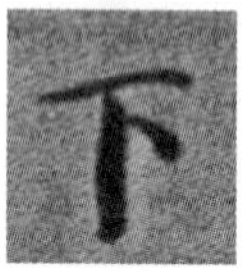 唐代•文選六八 71_706_21	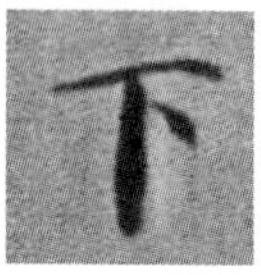 唐代•文選六八 65_649_7	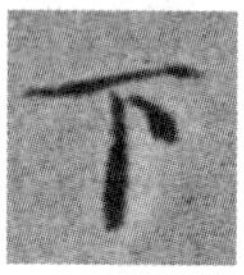 唐代•文選六八 45_456_5	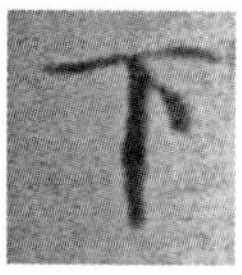 唐代•文選六八 39_394_10	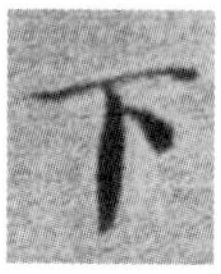 唐代•文選六八 27_279_13	唐代•文選六八 23_233_12
 唐代•文選八八 11_90_9	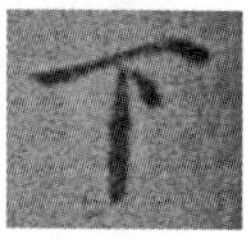 唐代•文選六八 71_711_23	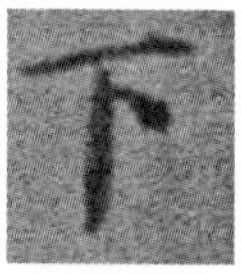 唐代•文選六八 65_654_20	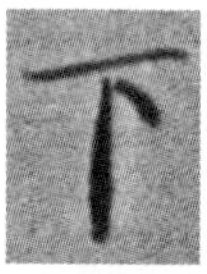 唐代•文選六八 51_505_2	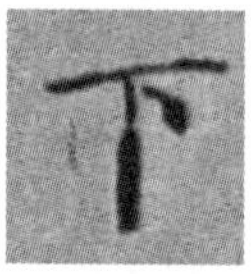 唐代•文選六八 41_405_19	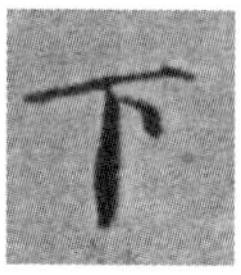 唐代•文選六八 29_292_18	唐代•文選六八 23_234_6
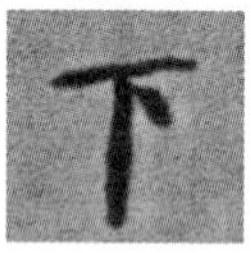 唐代•文選八八 14_115_1	 唐代•文選六八 72_720_18	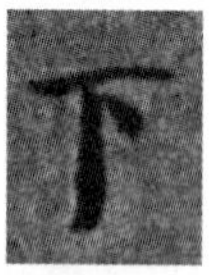 唐代•文選六八 69_683_22	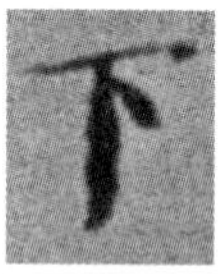 唐代•文選六八 59_588_25	 唐代•文選六八 41_411_30	 唐代•文選六八 29_296_4	唐代•文選六八 23_234_10
 唐代•文選八八 15_120_7	 唐代•文選八八 3_15_15	 唐代•文選六八 69_686_24	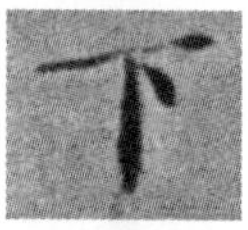 唐代•文選六八 61_609_21	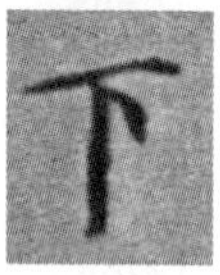 唐代•文選六八 41_416_24	唐代•文選六八 31_315_14	唐代•文選六八 23_234_14
 唐代•文選八八 16_137_35	 唐代•文選八八 6_41_27	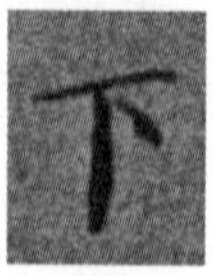 唐代•文選六八 69_687_23	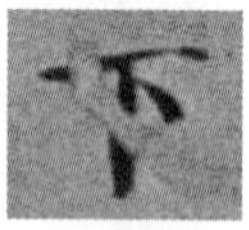 唐代•文選六八 62_618_14	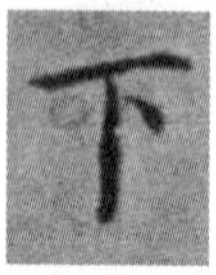 唐代•文選六八 44_440_10	唐代•文選六八 32_320_12	唐代•文選六八 25_249_18

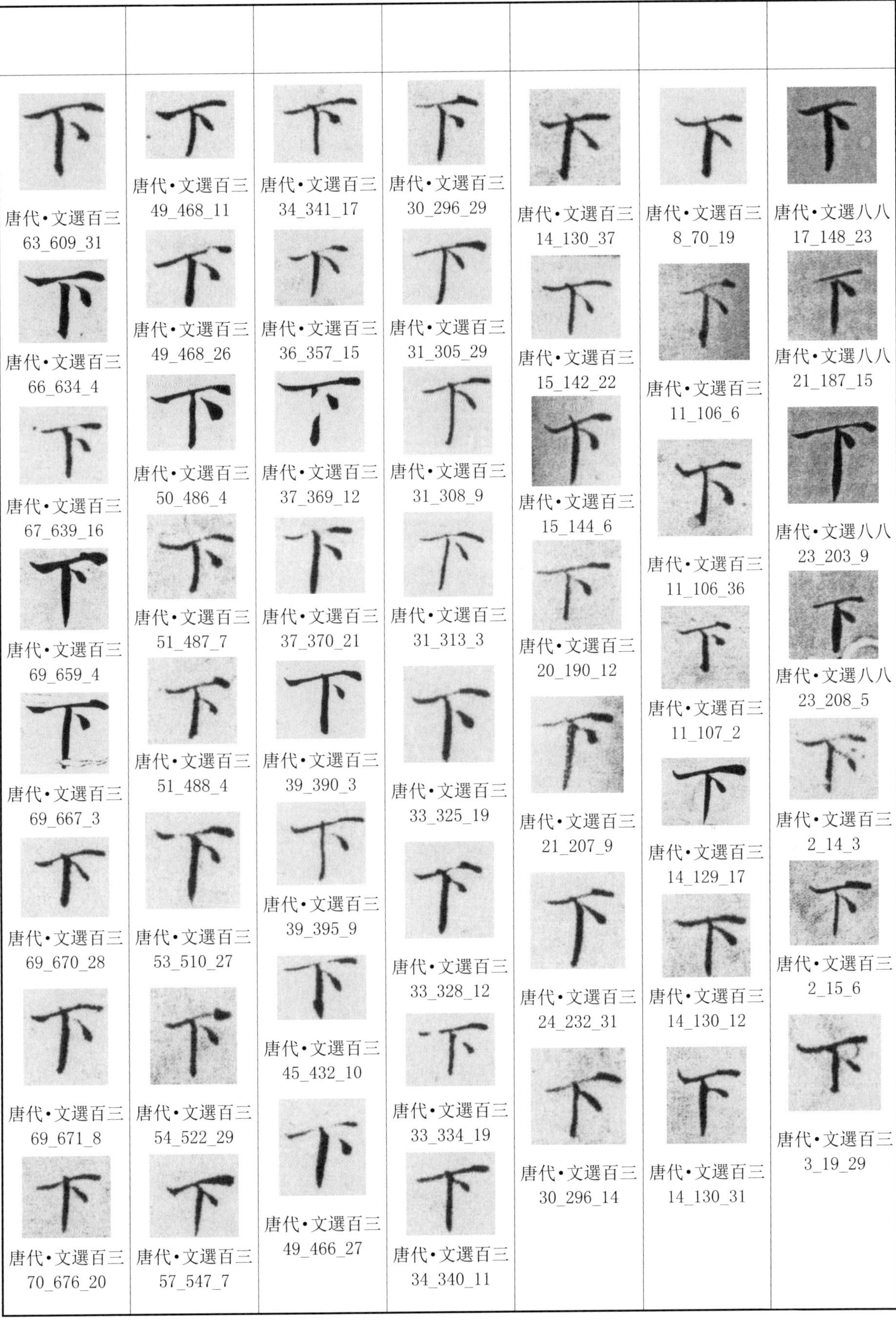
唐代•文選八八 17_148_23
唐代•文選八八 21_187_15
唐代•文選八八 23_203_9
唐代•文選八八 23_208_5
唐代•文選百三 2_14_3
唐代•文選百三 2_15_6
唐代•文選百三 3_19_29
唐代•文選百三 8_70_19
唐代•文選百三 11_106_6
唐代•文選百三 11_106_36
唐代•文選百三 11_107_2
唐代•文選百三 14_129_17
唐代•文選百三 14_130_12
唐代•文選百三 14_130_31
唐代•文選百三 14_130_37
唐代•文選百三 15_142_22
唐代•文選百三 15_144_6
唐代•文選百三 20_190_12
唐代•文選百三 21_207_9
唐代•文選百三 24_232_31
唐代•文選百三 30_296_14
唐代•文選百三 30_296_29
唐代•文選百三 31_305_29
唐代•文選百三 31_308_9
唐代•文選百三 31_313_3
唐代•文選百三 33_325_19
唐代•文選百三 33_328_12
唐代•文選百三 33_334_19
唐代•文選百三 34_340_11
唐代•文選百三 34_341_17
唐代•文選百三 36_357_15
唐代•文選百三 37_369_12
唐代•文選百三 37_370_21
唐代•文選百三 39_390_3
唐代•文選百三 39_395_9
唐代•文選百三 45_432_10
唐代•文選百三 49_466_27
唐代•文選百三 49_468_11
唐代•文選百三 49_468_26
唐代•文選百三 50_486_4
唐代•文選百三 51_487_7
唐代•文選百三 51_488_4
唐代•文選百三 53_510_27
唐代•文選百三 54_522_29
唐代•文選百三 57_547_7
唐代•文選百三 63_609_31
唐代•文選百三 66_634_4
唐代•文選百三 67_639_16
唐代•文選百三 69_659_4
唐代•文選百三 69_667_3
唐代•文選百三 69_670_28
唐代•文選百三 69_671_8
唐代•文選百三 70_676_20

丈

吳ジョウ漢チョウ
訓たけ

唐代・文選四八 22_197_8
唐代・文選五九 13_121_10
唐代・文選五九 90_860_13
唐代・文選五九 90_860_15
唐代・文選六八 32_322_25
唐代・文選百三 9_75_21
唐代・文選百三 29_291_28
唐代・古文選後 20_232_4

唐代・十輪經九 9_164_4
唐代・十輪經九 12_223_17

唐代・十輪經八 16_317_13
唐代・十輪經八 18_356_7
唐代・十輪經八 20_394_2
唐代・十輪經八 22_433_10
唐代・十輪經九 2_32_2
唐代・十輪經九 4_72_7
唐代・十輪經九 13_254_5
唐代・十輪經九 18_346_1

唐代・十輪經四 20_400_2
唐代・十輪經八 1_9_4
唐代・十輪經八 2_23_17
唐代・十輪經八 7_128_15
唐代・十輪經八 13_242_15
唐代・十輪經八 14_279_16
唐代・十輪經九 5_90_16
唐代・十輪經九 9_161_6

唐代・十輪經四 11_213_13
唐代・十輪經四 12_225_14
唐代・十輪經四 12_237_14
唐代・十輪經四 13_249_14
唐代・十輪經四 14_261_14
唐代・十輪經四 14_275_15
唐代・十輪經八 9_167_9
唐代・十輪經八 11_205_5

唐代・古文選前 25_290_11
唐代・古文選前 26_304_3
唐代・古文選前 27_315_4
唐代・古文選後 7_83_15
唐代・古文選後 13_147_6
唐代・古文選後 17_196_12
唐代・十輪經四 5_99_4
唐代・十輪經四 6_102_1
唐代・十輪經四 6_104_15

唐代・文選百三 75_721_25
唐代・文選百三 81_773_8
唐代・文選百三 86_823_21
唐代・古文選前 7_81_15
唐代・古文選前 7_87_12
唐代・古文選前 14_168_10
唐代・古文選前 17_199_12
唐代・古文選前 22_262_12

井 丼

漢セイ 呉ショウ
訓い

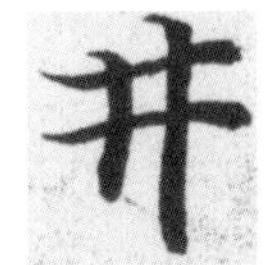
唐代•春秋經傳
5_48_15

唐代•文選五九
30_298_1

唐代•文選五九
31_300_29

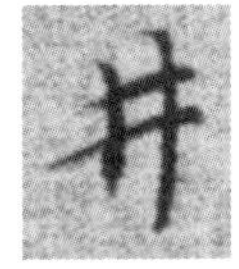
唐代•文選五九
53_528_29

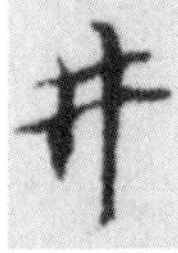
唐代•文選五九
77_742_29

唐代•文選五九
98_930_10

唐代•文選六八
40_403_11

唐代•文選六八
41_405_8

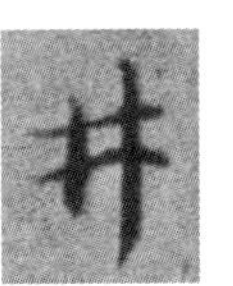
唐代•文選六八
41_405_14

唐代•文選百三
33_323_4

唐代•文選百三
33_323_11

五 𠄡

ゴ
訓いつ

初唐•法華義疏
1_5_10

初唐•金剛場經
1_8_6

初唐•大般若經
1_1_11

初唐•大般若經
2_33_2

初唐•大般若經
2_37_3

初唐•大般若經
2_37_13

初唐•聖武雜集
1_5_16

中唐•七祖像贊
1_4_1

中唐•灌頂歷名
1_1_9

唐代•春秋經傳
3_26_18

唐代•春秋經傳
5_48_2

唐代•春秋經傳
11_114_18

唐代•春秋經傳
13_134_8

唐代•春秋經傳
13_134_22

唐代•春秋經傳
23_241_4

唐代•春秋經傳
24_245_2

唐代•春秋經傳
25_259_3

唐代•春秋經傳
27_282_13

唐代•春秋經傳
32_335_4

唐代•春秋經傳
34_353_21

唐代•文選四八
5_33_7

唐代•文選四八
7_56_21

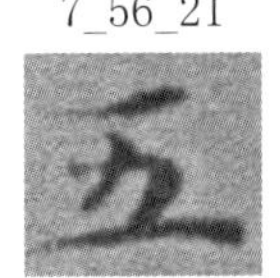
唐代•文選四八
8_70_7

唐代•文選四八
14_128_15

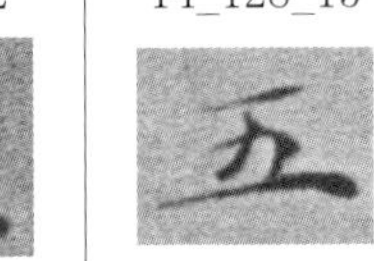
唐代•文選四八
14_131_4

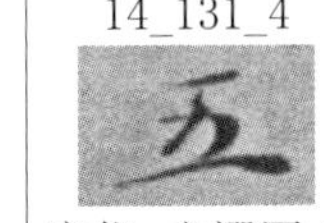
唐代•文選四八
14_131_6

唐代•文選四八
15_136_2

唐代•文選四八
16_143_26

唐代•文選四八
17_152_15

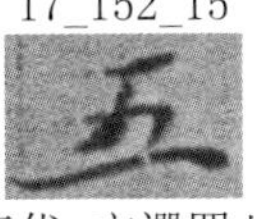
唐代•文選四八
17_155_28

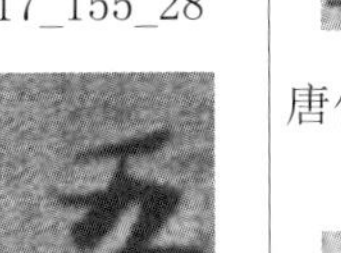
唐代•文選四八
17_157_1

唐代•文選四八
17_157_9

唐代•文選四八
20_178_2

唐代•文選四八
20_178_15

唐代•文選四八
23_210_3

唐代•文選四八
24_215_5

唐代•文選四八
24_215_12

唐代•文選四八
32_286_8

唐代•文選四八
33_295_19

唐代•文選四八
39_346_6

唐代•文選四八
39_352_8

唐代•文選四八
39_352_17

唐代•文選四八
41_366_10

唐代•文選四八
46_417_14

唐代•文選五九
1_1_13

唐代•文選五九
1_2_11

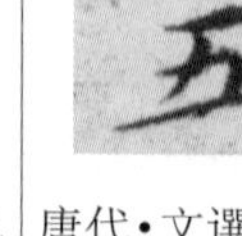

唐代•文選五九
1_3_8

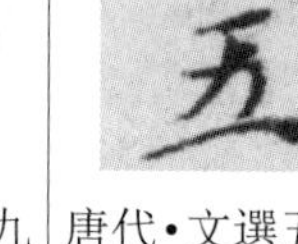

唐代•文選五九
1_4_10

唐代•文選五九
1_5_10

唐代•文選五九
1_8_2

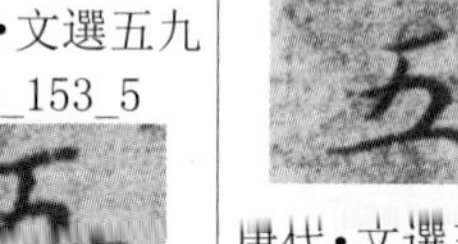

唐代•文選五九
1_8_6

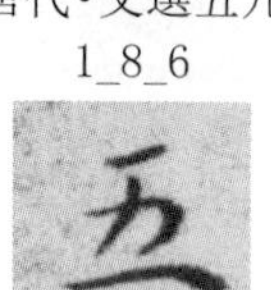

唐代•文選五九
1_9_5

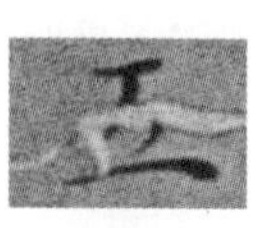

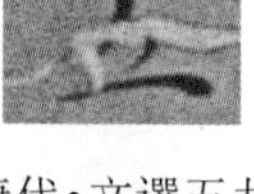

唐代•文選五九
5_46_5

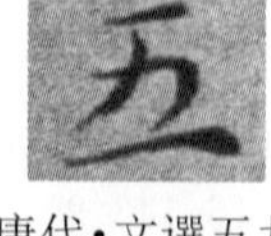

唐代•文選五九
9_87_12

唐代•文選五九
9_89_7

唐代•文選五九
12_115_7

唐代•文選五九
15_146_11

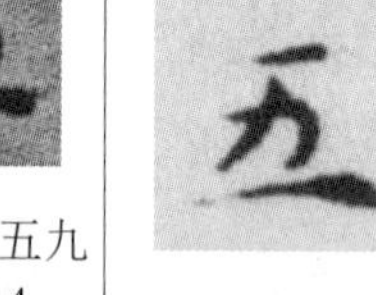

唐代•文選五九
16_153_5

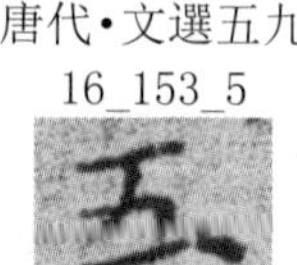

唐代•文選五九
21_200_6

唐代•文選五九
21_207_8

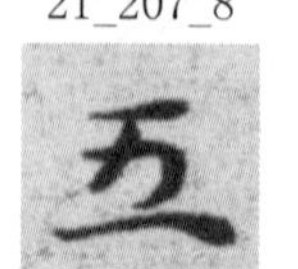

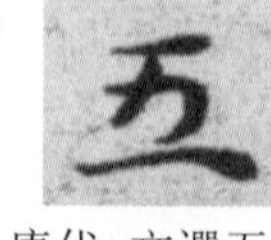

唐代•文選五九
21_207_29

唐代•文選五九
25_243_10

唐代•文選五九
26_255_9

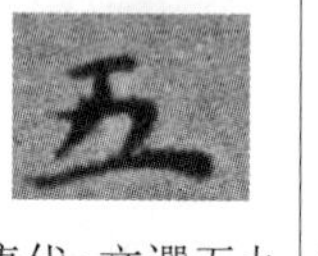

唐代•文選五九
26_256_23

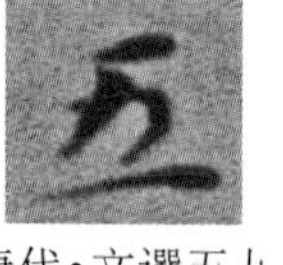

唐代•文選五九
26_256_26

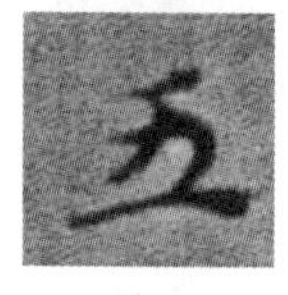

唐代•文選五九
26_257_4

唐代•文選五九
26_257_18

唐代•文選五九
27_265_28

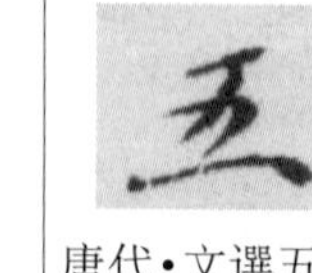

唐代•文選五九
29_282_11

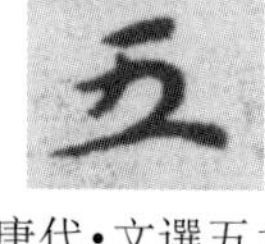

唐代•文選五九
29_284_19

唐代•文選五九
29_291_7

唐代•文選五九
33_320_26

唐代•文選五九
36_353_9

唐代•文選五九
37_366_16

唐代•文選五九
39_385_23

唐代•文選五九
39_387_1

唐代•文選五九
109_1034_1

唐代•文選五九
41_405_14

唐代•文選五九
41_408_5

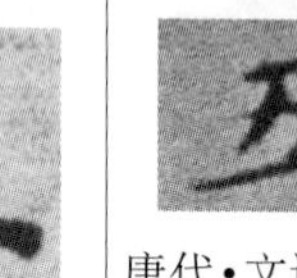

唐代•文選五九
45_445_5

唐代•文選五九
46_457_22

唐代•文選五九
47_464_8

唐代•文選五九
47_466_8

唐代•文選五九
47_466_17

唐代•文選五九
47_469_15

唐代•文選五九
49_488_13

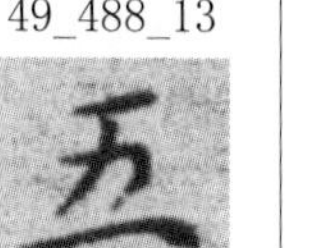

唐代•文選五九
49_490_10

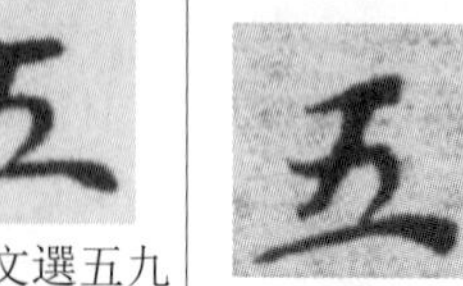

唐代•文選五九
50_496_22

唐代•文選五九
51_504_16

唐代•文選五九
51_506_11

唐代•文選五九
51_507_0

唐代•文選五九
51_507_12

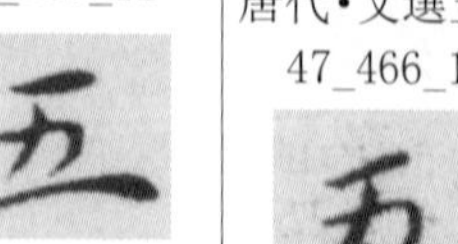

唐代•文選五九
51_507_23

唐代•文選五九
56_540_7

唐代•文選五九
56_542_5

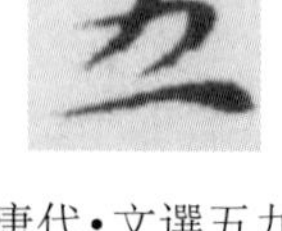

唐代•文選五九
61_585_16

唐代•文選五九
65_628_3

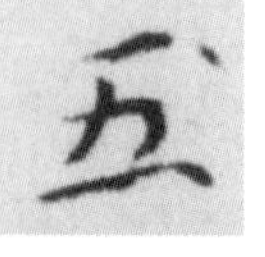

唐代•文選五九
65_629_7

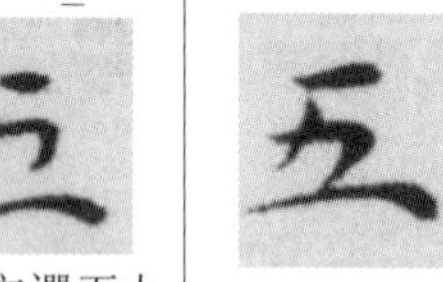

唐代•文選五九
68_651_25

唐代•文選五九
68_661_9

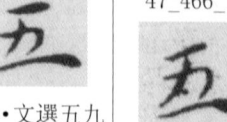

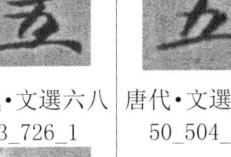

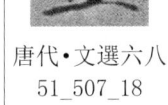

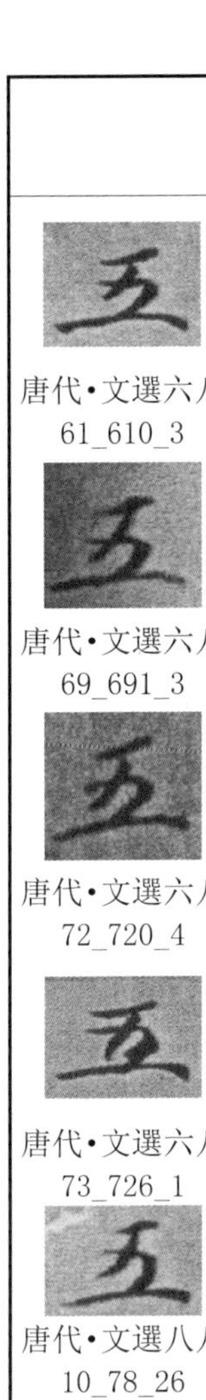 唐代•文選六八 61_610_3 唐代•文選六八 69_691_3 唐代•文選六八 72_720_4 唐代•文選六八 73_726_1 唐代•文選八八 10_78_26  唐代•文選八八 22_195_19 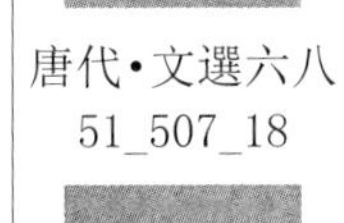 唐代•文選八八 23_203_8 唐代•文選八八 23_205_12	唐代•文選六八 45_446_28 唐代•文選六八 47_476_15 唐代•文選六八 49_486_14 唐代•文選六八 50_504_19 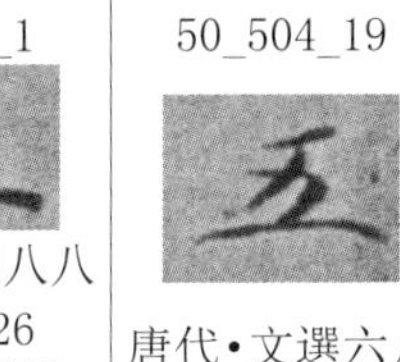 唐代•文選六八 51_505_9 唐代•文選六八 51_507_18  唐代•文選六八 53_525_14  唐代•文選八八 23_205_3	 唐代•文選六八 25_249_9 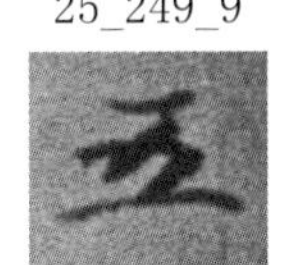 唐代•文選六八 25_256_20 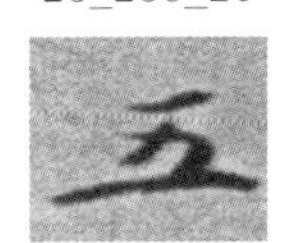 唐代•文選六八 27_277_14 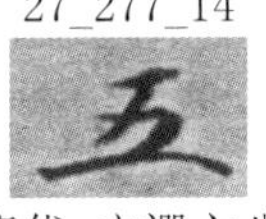 唐代•文選六八 29_293_26  唐代•文選六八 31_308_7 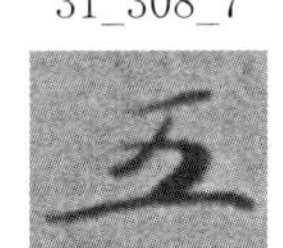 唐代•文選六八 32_323_26  唐代•文選六八 43_427_7  唐代•文選六八 44_439_5	 唐代•文選五九 112_1065_5  唐代•文選六八 4_40_31  唐代•文選六八 21_210_9  唐代•文選六八 22_225_29  唐代•文選六八 23_230_4  唐代•文選六八 24_244_23  唐代•文選六八 25_246_28  唐代•文選六八 56_559_19	 唐代•文選五九 93_891_6  唐代•文選五九 96_910_7  唐代•文選五九 97_915_12  唐代•文選五九 99_933_10 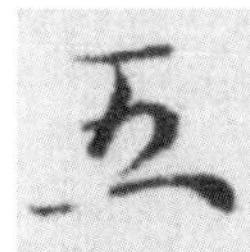 唐代•文選五九 102_964_7  唐代•文選五九 105_989_22  唐代•文選五九 107_1009_13	 唐代•文選五九 80_763_11  唐代•文選五九 80_776_8  唐代•文選五九 80_776_16  唐代•文選五九 82_789_12  唐代•文選五九 86_83  唐代•文選五九 88_845_6  唐代•文選五九 88_849_24  唐代•文選五九 89_855_23	 唐代•文選五九 69_662_6  唐代•文選五九 72_698_17 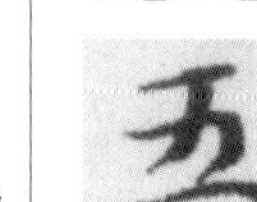 唐代•文選五九 74_711_21  唐代•文選五九 74_712_29  唐代•文選五九 75_724_25  唐代•文選五九 77_735_12  唐代•文選五九 78_749_8  唐代•文選五九 78_749_16

唐代•古文選後 14_168_1
唐代•古文選後 15_171_8
唐代•古文選後 18_213_12
唐代•古文選後 19_219_6
唐代•十輪經四 8_141_8
唐代•十輪經十 1_4_1
唐代•十輪經十 2_32_15
唐代•十輪經十 2_38_3

唐代•古文選前 24_285_14
唐代•古文選前 26_301_15
唐代•古文選後 5_56_12
唐代•古文選後 7_79_7
唐代•古文選後 10_108_3
唐代•古文選後 10_108_38
唐代•古文選後 14_164_14
唐代•古文選後 13_153_3

唐代•文選百三 84_797_23
唐代•文選百三 84_803_32
唐代•古文選前 3_31_11
唐代•古文選前 13_149_3
唐代•古文選前 13_155_12
唐代•古文選前 18_206_14
唐代•古文選後 13_146_6
唐代•古文選後 20_233_12

唐代•文選百三 53_513_5
唐代•文選百三 57_551_10
唐代•文選百三 57_551_32
唐代•文選百三 61_581_21
唐代•文選百三 61_582_20
唐代•文選百三 61_583_25
唐代•古文選前 20_235_9
唐代•古文選前 21_247_11

唐代•文選百三 33_328_14
唐代•文選百三 34_341_9
唐代•文選百三 40_399_28
唐代•文選百三 45_430_10
唐代•文選百三 47_447_6
唐代•文選百三 47_459_18
唐代•文選百三 69_663_2
唐代•文選百三 82_778_30

唐代•文選百三 17_165_14
唐代•文選百三 17_168_22
唐代•文選百三 18_172_19
唐代•文選百三 24_231_18
唐代•文選百三 25_241_10
唐代•文選百三 25_245_21
唐代•文選百三 52_498_8
唐代•文選百三 53_510_31

唐代•文選八八 23_206_5
唐代•文選八八 23_208_1
唐代•文選百三 2_14_38
唐代•文選百三 4_30_3
唐代•文選百三 13_124_3
唐代•文選百三 15_135_11
唐代•文選百三 31_313_12
唐代•文選百三 30_298_32

不

漢フツ
訓ず

唐代•春秋經傳 1_3_2

唐代•春秋經傳 1_3_7

唐代•春秋經傳 1_4_13

唐代•春秋經傳 1_7_10

唐代•春秋經傳 2_11_1

唐代•春秋經傳 2_15_24

唐代•春秋經傳 2_16_14

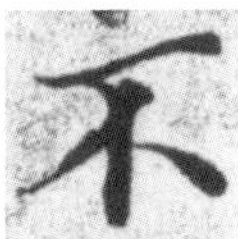
唐代•春秋經傳 2_17_19

初唐•聖武雜集 1_6_6

中唐•金剛經題 1_1_3

中唐•七祖像贊 1_4_4

中唐・風信帖 1_4_1

中唐・風信帖 2_7_2

中唐・風信帖 2_10_5

中唐・風信帖 3_12_1

中唐・風信帖 4_21_6

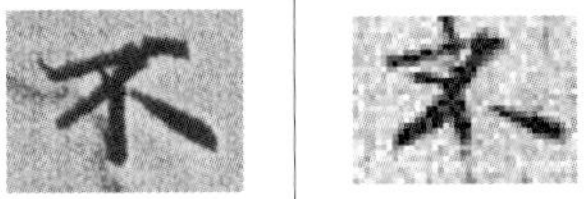
初唐•大般若經 2_27_17
初唐•法華義疏 1_5_23

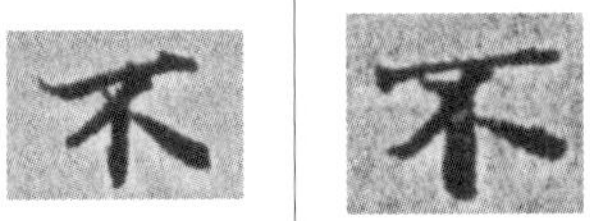
初唐•大般若經 2_28_1
初唐•大般若經 1_4_7

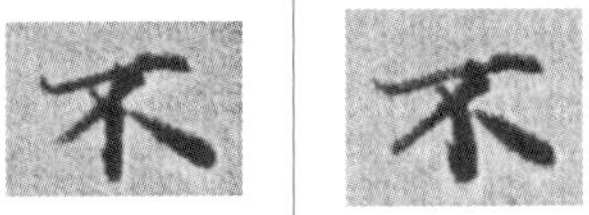
初唐•大般若經 2_28_16
初唐•大般若經 2_22_13

初唐•大般若經 2_28_17

初唐•大般若經 2_30_8

初唐•大般若經 2_30_9

初唐•聖武雜集 1_2_10

初唐•聖武雜集 1_5_14

初唐•大般若經 2_22_14

初唐•大般若經 2_25_9

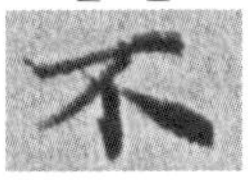
初唐•大般若經 2_25_10

初唐•大般若經 2_26_8

初唐•大般若經 2_26_9

唐代•十輪經九 19_378_16
唐代•十輪經十 9_166_1
唐代•十輪經十 3_54_16

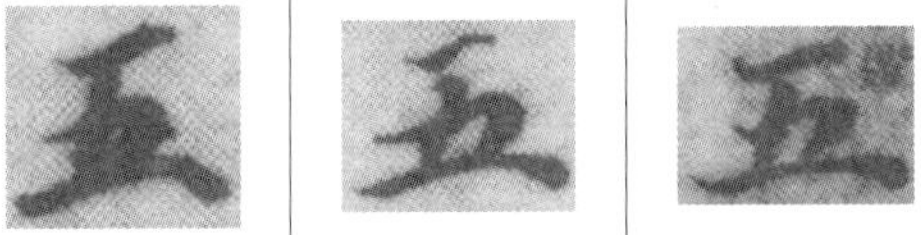
唐代•十輪經九 20_399_15
唐代•十輪經十 10_190_3
唐代•十輪經十 3_55_1

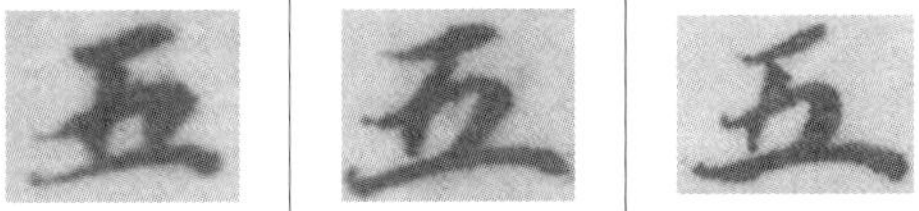
唐代•十輪經九 21_400_7
唐代•十輪經十 11_202_16
唐代•十輪經十 6_119_17

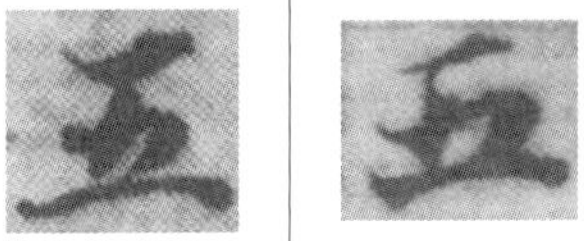
唐代•十輪經十 12_240_4
唐代•十輪經十 7_133_1

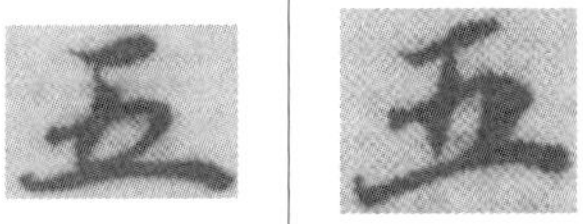
唐代•十輪經十 15_298_13
唐代•十輪經十 8_154_16

唐代•十輪經九 21_414_10

唐代•十輪經十 19_368_12

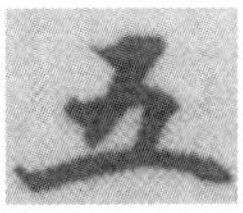
唐代•十輪經九 19_378_8

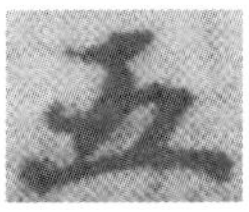
唐代•十輪經十 16_313_7

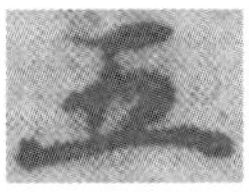
唐代•十輪經十 12_224_4

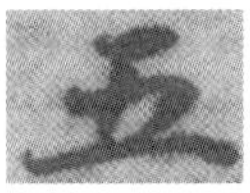
唐代•十輪經十 12_224_6

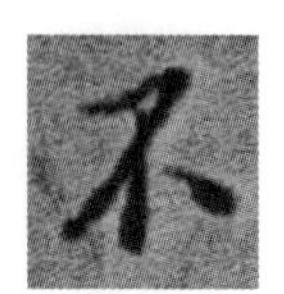 唐代•文選四八 19_173_16  唐代•文選四八 19_173_22  唐代•文選四八 21_190_1 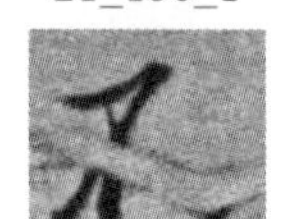 唐代•文選四八 28_248_8 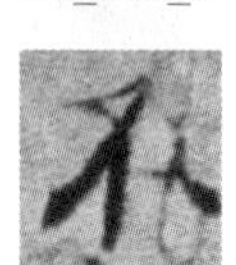 唐代•文選四八 31_278_11 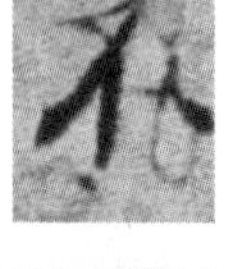 唐代•文選四八 33_297_7  唐代•文選四八 34_301_11	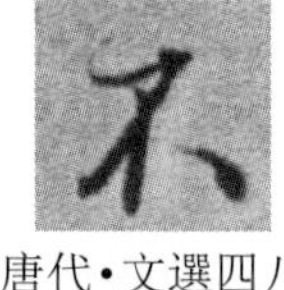 唐代•文選四八 10_82_8 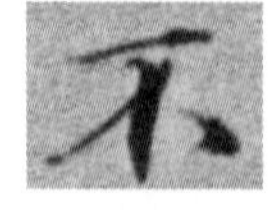 唐代•文選四八 10_82_16 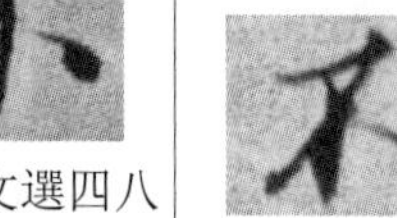 唐代•文選四八 10_83_16 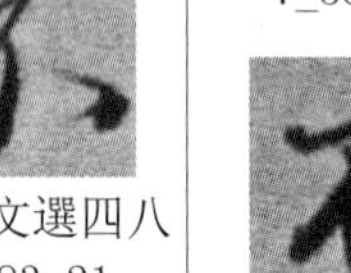 唐代•文選四八 10_83_21  唐代•文選四八 10_86_16  唐代•文選四八 11_95_18 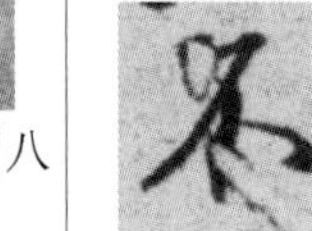 唐代•文選四八 16_150_22 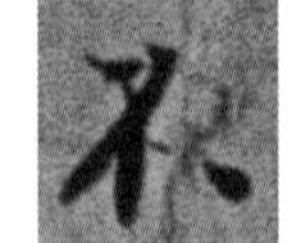 唐代•文選四八 19_170_20	 唐代•文選四八 6_46_9  唐代•文選四八 7_58_8 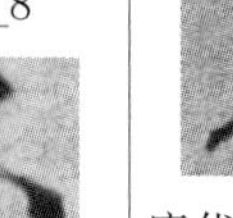 唐代•文選四八 7_58_10  唐代•文選四八 8_62_21 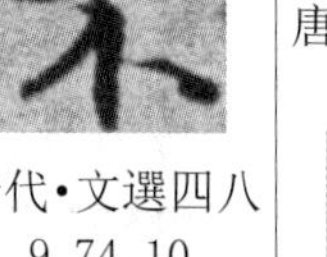 唐代•文選四八 9_74_10 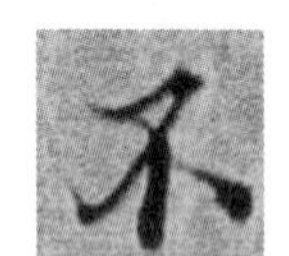 唐代•文選四八 9_79_1  唐代•文選四八 9_79_17  唐代•文選四八 10_80_12	 唐代•文選四八 3_16_11  唐代•文選四八 3_19_5 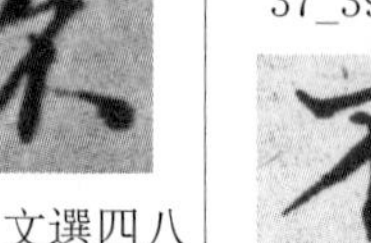 唐代•文選四八 3_20_16  唐代•文選四八 4_21_1 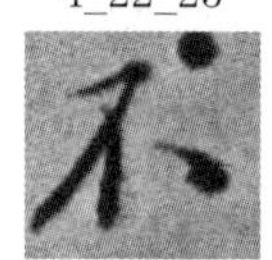 唐代•文選四八 4_22_25 唐代•文選四八 4_24_24  唐代•文選四八 4_25_6 唐代•文選四八 4_28_21	 唐代•春秋經傳 36_382_1 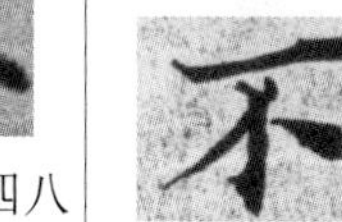 唐代•春秋經傳 36_382_5  唐代•春秋經傳 37_392_10 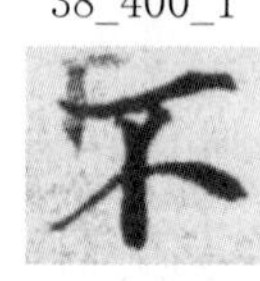 唐代•春秋經傳 38_394_7  唐代•春秋經傳 38_400_1  唐代•春秋經傳 38_402_15  唐代•春秋經傳 39_408_16 唐代•文選四八 1_3_17	 唐代•春秋經傳 33_350_18  唐代•春秋經傳 33_350_22 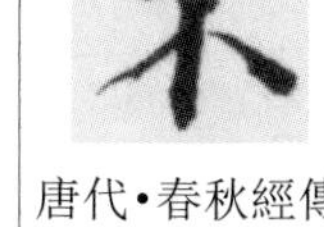 唐代•春秋經傳 34_351_21 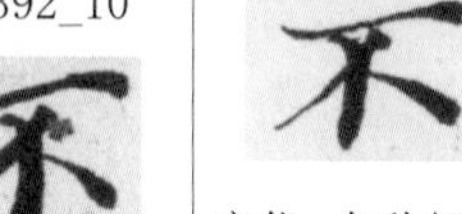 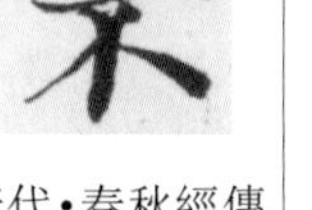 唐代•春秋經傳 34_355_12   唐代•春秋經傳 35_363_19  唐代•春秋經傳 35_368_18 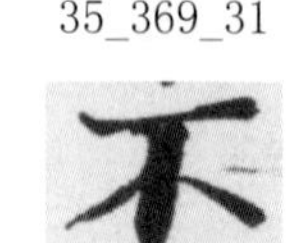 唐代•春秋經傳 35_369_31 唐代•春秋經傳 36_373_17	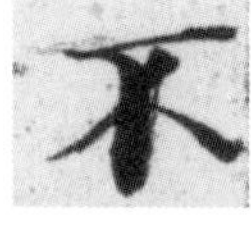 唐代•春秋經傳 32_332_8  唐代•春秋經傳 32_333_4  唐代•春秋經傳 32_336_13 唐代•春秋經傳 33_342_22 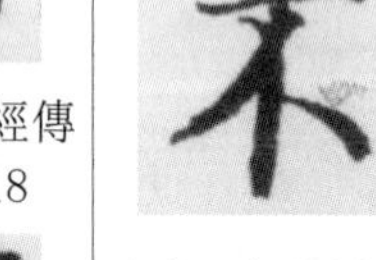 唐代•春秋經傳 33_346_11 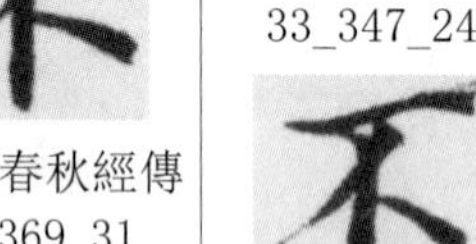 唐代•春秋經傳 33_347_24  唐代•春秋經傳 33_347_36 唐代•春秋經傳 33_350_12

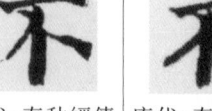

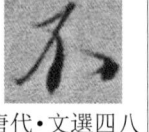

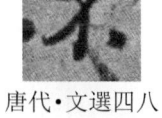

唐代·古文選前 11_129_2
唐代·古文選前 11_131_12
唐代·古文選前 11_132_13
唐代·古文選前 13_147_4
唐代·古文選前 13_152_11
唐代·古文選前 14_167_10
唐代·古文選前 15_173_11
唐代·古文選前 15_175_13
唐代·古文選前 15_179_51
唐代·古文選前 15_181_14
唐代·古文選前 16_184_12
唐代·古文選前 16_192_11
唐代·古文選前 17_197_5
唐代·古文選前 17_199_1
唐代·古文選前 17_199_9
唐代·古文選前 17_199_13
唐代·古文選前 18_207_2
唐代·古文選前 18_212_11
唐代·古文選前 18_214_7
唐代·古文選前 19_224_3
唐代·古文選前 19_226_2
唐代·古文選前 21_241_3
唐代·古文選前 21_250_7
唐代·古文選前 21_251_13
唐代·古文選前 22_255_13
唐代·古文選前 22_257_5
唐代·古文選前 22_257_9
唐代·古文選前 22_262_6
唐代·古文選前 22_264_6
唐代·古文選前 23_266_14
唐代·古文選前 23_269_5
唐代·古文選前 23_272_2
唐代·古文選前 23_272_9
唐代·古文選前 23_272_12
唐代·古文選前 24_278_14
唐代·古文選前 25_289_6
唐代·古文選前 25_289_10
唐代·古文選前 25_300_2
唐代·古文選前 26_305_8
唐代·古文選前 26_309_2
唐代·古文選前 26_311_2
唐代·古文選前 27_313_6
唐代·古文選前 27_314_13
唐代·古文選後 2_13_1
唐代·古文選後 2_17_6
唐代·古文選後 2_23_3
唐代·古文選後 3_34_6
唐代·古文選後 3_34_11
唐代·古文選後 3_35_1
唐代·古文選後 4_40_14
唐代·古文選後 4_46_13
唐代·古文選後 5_49_7
唐代·古文選後 6_63_1
唐代·古文選後 6_67_8
唐代·古文選後 6_68_12
唐代·古文選後 6_70_11

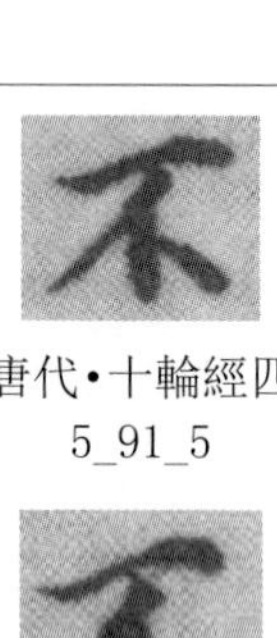
唐代•十輪經四
5_91_5

唐代•十輪經四
5_96_3

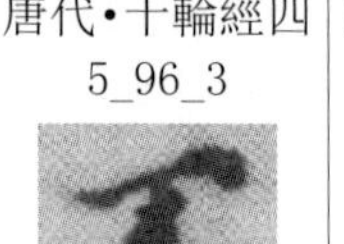
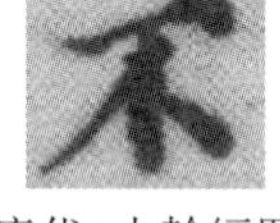
唐代•十輪經四
5_96_5

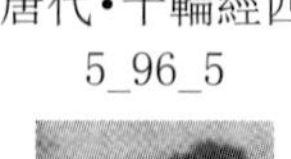
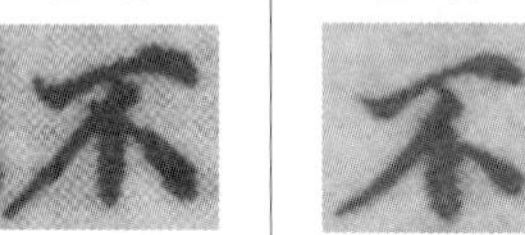
唐代•十輪經四
5_98_13

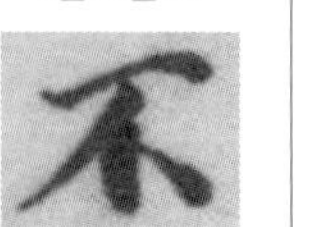
唐代•十輪經四
6_101_10

唐代•十輪經四
6_104_7

唐代•十輪經四
6_111_5

唐代•十輪經四
6_116_7

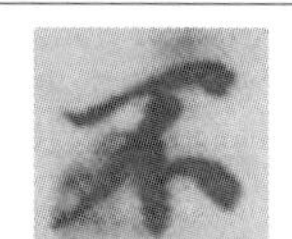
唐代•十輪經四
4_62_16

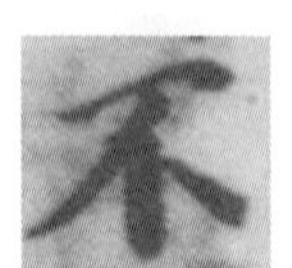
唐代•十輪經四
4_63_15

唐代•十輪經四
4_64_11

唐代•十輪經四
4_74_8

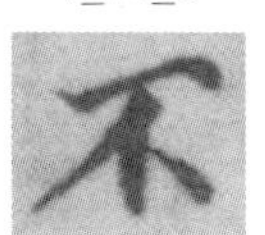
唐代•十輪經四
4_77_1

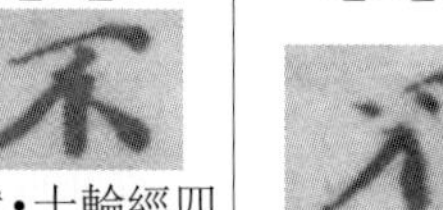
唐代•十輪經四
4_79_7

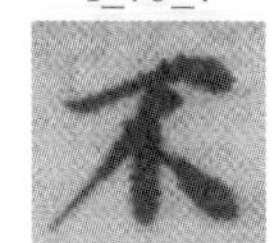
唐代•十輪經四
5_88_15

唐代•十輪經四
5_90_8

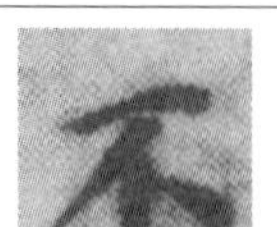
唐代•十輪經四
1_2_15

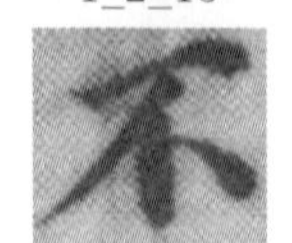
唐代•十輪經四
1_9_5

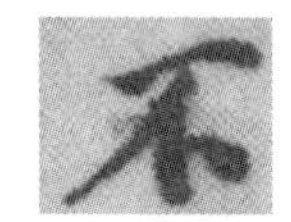
唐代•十輪經四
1_16_3

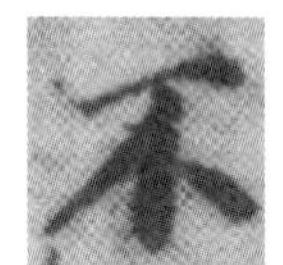
唐代•十輪經四
1_17_10

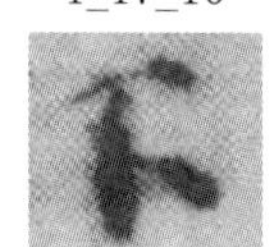
唐代•十輪經四
1_17_12

唐代•十輪經四
2_34_15

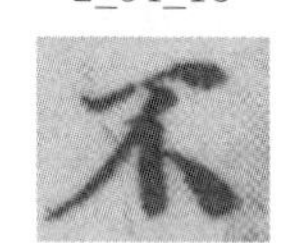
唐代•十輪經四
3_50_13

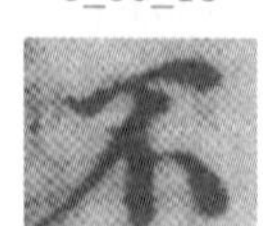
唐代•十輪經四
3_51_10

唐代•古文選後
23_267_8

唐代•古文選後
23_270_6

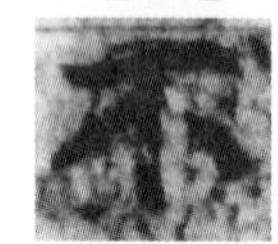
唐代•古文選後
23_271_1

唐代•古文選後
24_278_13

唐代•古文選後
25_290_12

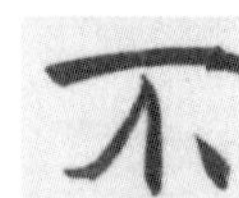
唐代•古文選後
26_302_4

唐代•古文選後
27_314_5

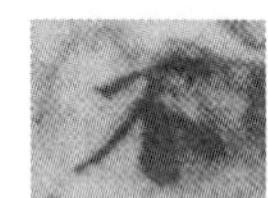
唐代•十輪經四
1_2_13

唐代•古文選後
15_170_8

唐代•古文選後
18_208_4

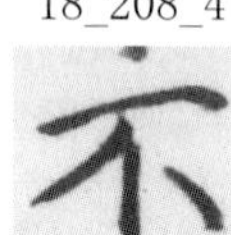
唐代•古文選後
18_210_9

唐代•古文選後
22_263_3

唐代•古文選後
22_264_6

唐代•古文選後
22_264_12

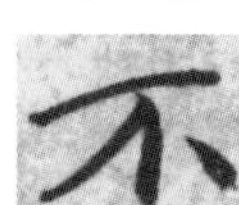
唐代•古文選後
22_264_14

唐代•古文選後
23_266_8

唐代•古文選後
10_114_13

唐代•古文選後
10_115_14

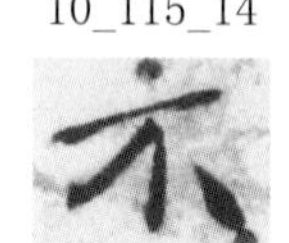
唐代•古文選後
10_117_14

唐代•古文選後
14_162_11

唐代•古文選後
14_163_1

唐代•古文選後
14_165_2

唐代•古文選後
14_165_6

唐代•古文選後
15_169_15

唐代•古文選後
6_71_6

唐代•古文選後
7_75_1

唐代•古文選後
8_84_8

唐代•古文選後
8_94_10

唐代•古文選後
8_95_3

唐代•古文選後
8_95_14

唐代•古文選後
9_98_6

唐代•古文選後
9_106_14

	世	互	丑	屯		
	漢セイ呉セ 訓よ	漢コ呉ゴ 訓たがい	漢チュウ呉チュ 訓うし	漢トン漢チュウ 訓たむろする		
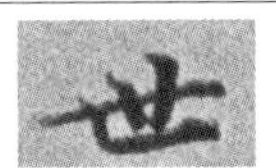 初唐•大般若經 2_30_11 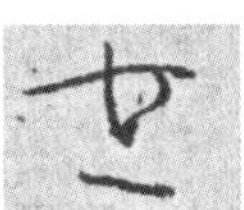 中唐•七祖像贊 1_8_9 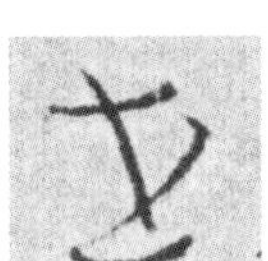 中唐•七祖像贊 1_10_9  中唐•灌頂歷名 1_4_10  唐代•春秋經傳 7_71_9  唐代•春秋經傳 14_142_1  唐代•春秋經傳 15_153_8  唐代•春秋經傳 20_203_34 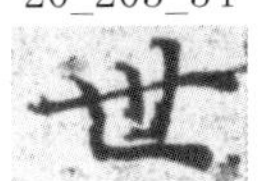 唐代•春秋經傳 31_326_17	 初唐•金剛場經 1_8_19  初唐•大般若經 1_3_10  初唐•大般若經 1_6_1  初唐•大般若經 2_21_2 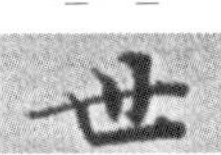 初唐•大般若經 2_23_2 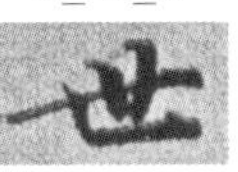 初唐•大般若經 2_25_12 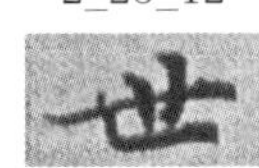 初唐•大般若經 2_26_11 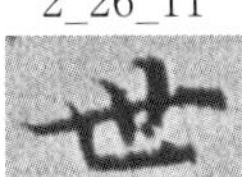 初唐•大般若經 2_28_3  初唐•大般若經 2_29_2	 六國互峙 唐代•文選四八 16_148_3  六國互立 唐代•文選四八 16_150_14 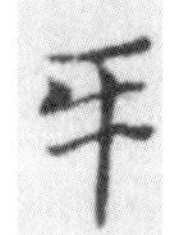 互遷 唐代•文選五九 83_800_17  唐代•古文選後 16_190_4  年力互頹侵 唐代•十輪經四 4_68_14 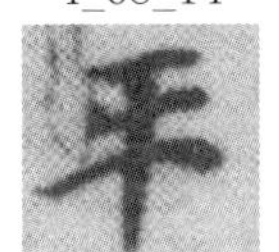 互相 唐代•十輪經四 5_87_7	 唐代•春秋經傳 5_43_5  唐代•春秋經傳 10_104_9  唐代•春秋經傳 10_105_10  唐代•春秋經傳 28_290_17  唐代•文選六八 13_140_2  唐代•文選六八 37_365_7  唐代•文選六八 41_411_19  唐代•文選百三 36_359_16	 唐代•文選六八 31_316_7  唐代•文選六八 31_317_7  唐代•文選百三 67_648_1  唐代•古文選前 19_229_6  唐代•古文選前 19_229_7  唐代•古文選後 19_219_13  唐代•古文選後 19_225_1	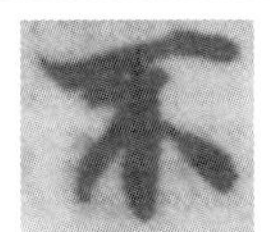 唐代•十輪經十 19_372_2 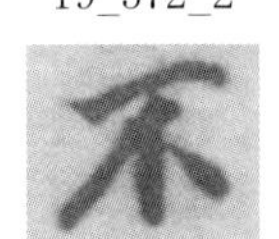 唐代•十輪經八 10_192_3  唐代•十輪經八 10_196_7 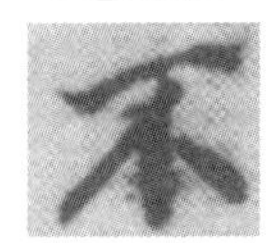 唐代•十輪經八 10_196_13 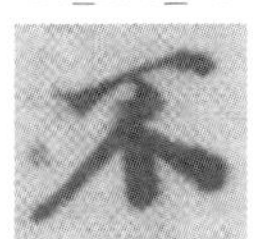 唐代•十輪經八 11_209_7  唐代•十輪經八 11_210_4	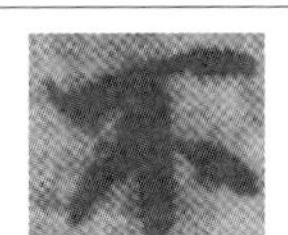 唐代•十輪經十 16_318_8  唐代•十輪經十 16_319_17  唐代•十輪經十 17_321_9  唐代•十輪經十 18_343_16 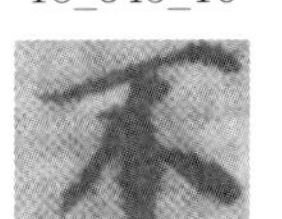 唐代•十輪經十 18_348_8 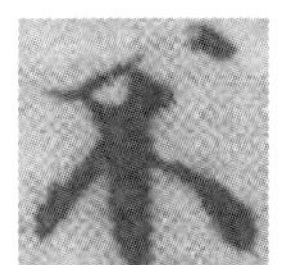 唐代•十輪經十 18_350_3  唐代•十輪經十 18_352_5 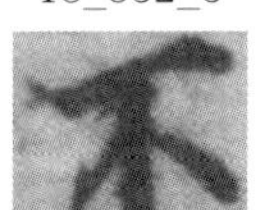 唐代•十輪經十 19_366_10

 唐代•文選六八 73_722_1 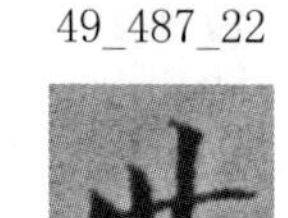 唐代•文選八八 1_5_1 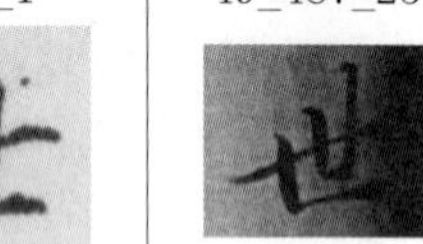 唐代•文選八八 1_5_6 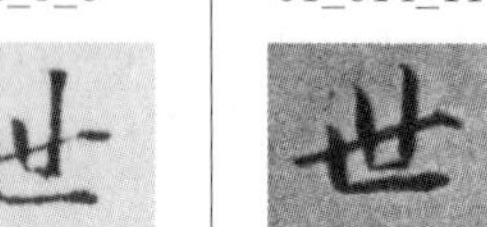 唐代•文選八八 1_5_27  唐代•文選八八 1_6_9 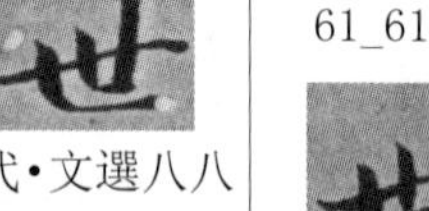 唐代•文選八八 9_70_10  唐代•文選八八 13_107_10  唐代•文選八八 13_112_1  唐代•文選八八 21_190_2	 唐代•文選六八 49_487_22 唐代•文選六八 49_487_25 唐代•文選六八 61_614_11 唐代•文選六八 61_615_19 唐代•文選六八 61_616_11 唐代•文選六八 63_628_5 唐代•文選六八 63_629_3 唐代•文選六八 71_712_27	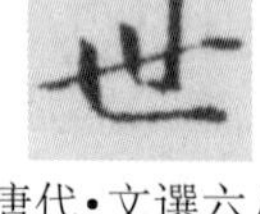 唐代•文選六八 1_4_26  唐代•文選六八 1_5_9 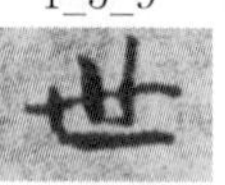 唐代•文選六八 2_19_4 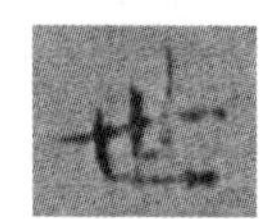 唐代•文選六八 4_36_16 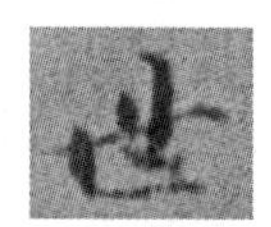 唐代•文選六八 4_39_22 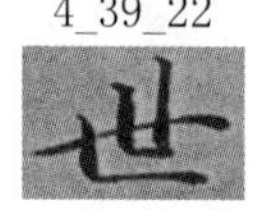 唐代•文選六八 12_124_10 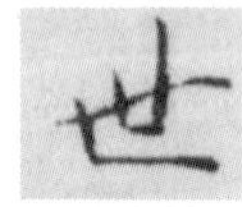 唐代•文選六八 19_194_14  唐代•文選六八 27_276_27  唐代•文選六八 49_485_4	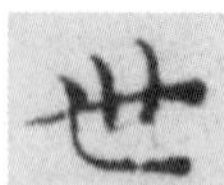 唐代•文選五九 93_893_27  唐代•文選五九 103_969_17  唐代•文選五九 103_973_7  唐代•文選五九 103_974_2  唐代•文選五九 103_975_2  唐代•文選五九 103_975_26  唐代•文選五九 109_1033_9 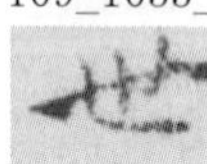 唐代•文選五九 109_1035_6  唐代•文選六八 1_4_1  唐代•文選六八 1_4_6	 唐代•文選五九 47_458_15 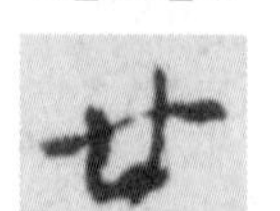 唐代•文選五九 47_466_14  唐代•文選五九 56_550_14  唐代•文選五九 59_562_8  唐代•文選五九 65_626_29 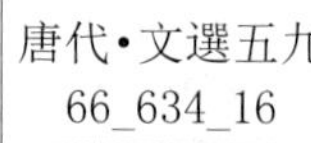 唐代•文選五九 66_634_16  唐代•文選五九 77_743_13  唐代•文選五九 78_755_12 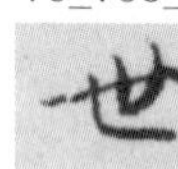 唐代•文選五九 83_797_2	 唐代•文選五九 7_71_2  唐代•文選五九 8_73_4  唐代•文選五九 8_73_22  唐代•文選五九 8_73_28  唐代•文選五九 8_74_12  唐代•文選五九 8_74_21  唐代•文選五九 8_74_30 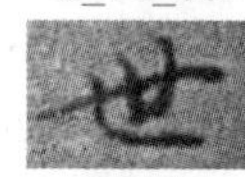 唐代•文選五九 15_149_23  唐代•文選五九 33_320_12	 唐代•文選四八 4_22_11  唐代•文選四八 15_132_24  唐代•文選四八 16_144_1  唐代•文選四八 16_145_13  唐代•文選四八 17_156_1  唐代•文選四八 20_185_14  唐代•文選四八 24_218_7  唐代•文選四八 43_387_12  唐代•文選四八 49_447_7

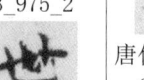

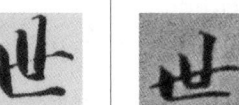

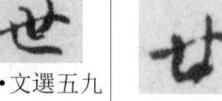

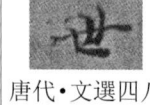

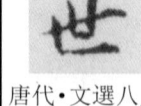

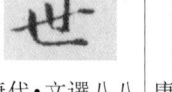

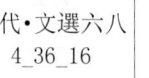

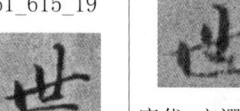

唐代•十輪經四 20_380_2
唐代•十輪經四 20_400_1
唐代•十輪經四 21_410_9
唐代•十輪經四 22_429_8
唐代•十輪經八 1_2_17
唐代•十輪經八 1_17_2
唐代•十輪經八 3_54_16
唐代•十輪經八 3_56_9
唐代•十輪經八 4_70_3
唐代•十輪經四 16_303_4
唐代•十輪經四 16_320_9
唐代•十輪經四 17_323_4
唐代•十輪經四 18_342_9
唐代•十輪經四 18_345_4
唐代•十輪經四 18_357_9
唐代•十輪經四 18_360_4
唐代•十輪經四 19_374_9
唐代•十輪經四 19_378_11
唐代•十輪經四 6_106_2
唐代•十輪經四 6_106_7
唐代•十輪經四 10_193_8
唐代•十輪經四 10_195_13
唐代•十輪經四 10_196_3
唐代•十輪經四 11_201_15
唐代•十輪經四 11_204_13
唐代•十輪經四 11_211_17
唐代•十輪經四 15_283_1
唐代•古文選後 20_229_13
唐代•古文選後 26_306_49
唐代•十輪經四 1_3_1
唐代•十輪經四 1_11_2
唐代•十輪經四 1_19_2
唐代•十輪經四 2_38_1
唐代•十輪經四 3_46_11
唐代•十輪經四 3_55_10
唐代•十輪經四 5_96_8
唐代•古文選前 20_234_8
唐代•古文選前 21_245_4
唐代•古文選前 22_254_12
唐代•古文選後 1_4_4
唐代•古文選後 9_98_5
唐代•古文選後 11_123_3
唐代•古文選後 11_125_7
唐代•古文選後 12_135_7
唐代•古文選後 17_204_9
唐代•文選百三 13_121_2
唐代•文選百三 17_157_11
唐代•文選百三 17_158_31
唐代•文選百三 25_238_5
唐代•文選百三 56_540_1
唐代•文選百三 56_542_7
唐代•古文選前 3_27_14
唐代•古文選前 8_98_7
唐代•古文選前 19_229_5
唐代•文選八八 21_192_12
唐代•文選八八 21_192_29
唐代•文選百三 3_24_9
唐代•文選百三 3_25_4
唐代•文選百三 3_25_34
唐代•文選百三 3_26_2
唐代•文選百三 5_35_13
唐代•文選百三 5_43_31
唐代•文選百三 5_47_29

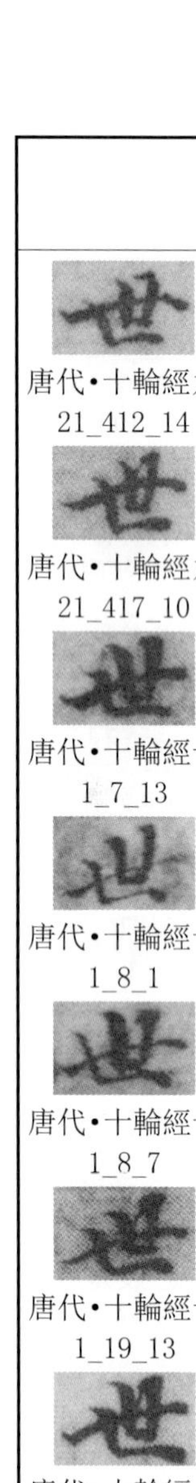 唐代•十輪經九 21_412_14	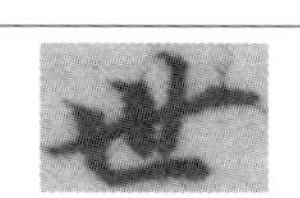 唐代•十輪經九 19_371_13	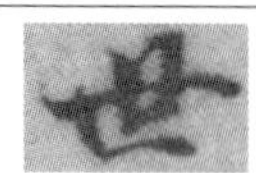 唐代•十輪經九 17_334_7	 唐代•十輪經九 14_276_6	 唐代•十輪經九 11_208_3	 唐代•十輪經九 6_118_15	 唐代•十輪經八 4_75_16
唐代•十輪經九 21_417_10	 唐代•十輪經九 19_372_1	 唐代•十輪經九 17_335_6	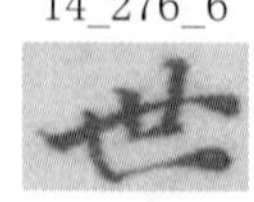 唐代•十輪經九 15_280_14	 唐代•十輪經九 11_208_8	 唐代•十輪經九 6_119_13	 唐代•十輪經八 5_95_9
唐代•十輪經十 1_7_13	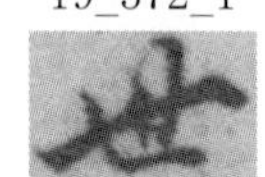 唐代•十輪經九 19_372_7	 唐代•十輪經九 17_338_13	 唐代•十輪經九 15_283_16	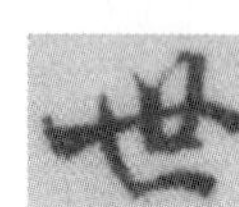 唐代•十輪經九 12_225_8	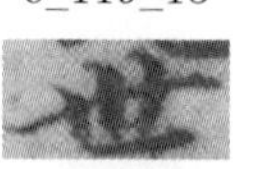 唐代•十輪經九 7_134_23	 唐代•十輪經九 5_82_2
唐代•十輪經十 1_8_1	 唐代•十輪經九 20_387_11	 唐代•十輪經九 18_341_15	 唐代•十輪經九 15_287_15	 唐代•十輪經九 12_231_15	 唐代•十輪經九 8_155_3	 唐代•十輪經九 5_94_1
唐代•十輪經十 1_8_7	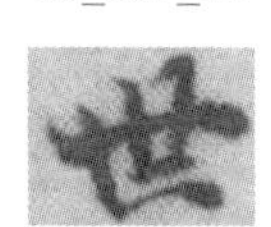 唐代•十輪經九 20_388_2	 唐代•十輪經九 18_353_12	 唐代•十輪經九 15_289_15	 唐代•十輪經九 12_236_23	 唐代•十輪經九 8_155_6	 唐代•十輪經九 5_94_6
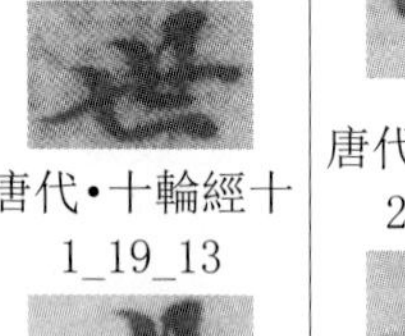 唐代•十輪經十 1_19_13	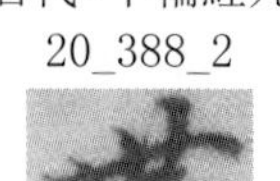 唐代•十輪經九 20_390_14	 唐代•十輪經九 18_354_5	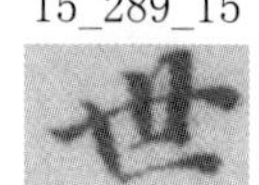 唐代•十輪經九 15_294_10	 唐代•十輪經九 14_266_2	 唐代•十輪經九 10_187_14	 唐代•十輪經九 6_104_17
唐代•十輪經十 2_22_14	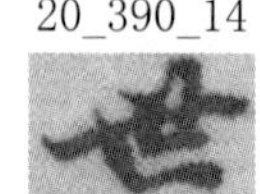 唐代•十輪經九 20_393_15	 唐代•十輪經九 18_355_3	 唐代•十輪經九 16_300_13	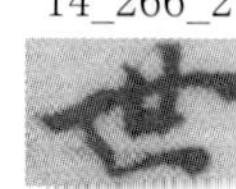 唐代•十輪經九 14_268_11	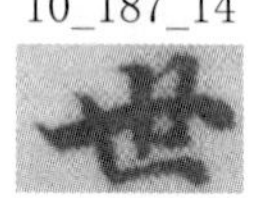 唐代•十輪經九 10_191_3	 唐代•十輪經九 6_105_2
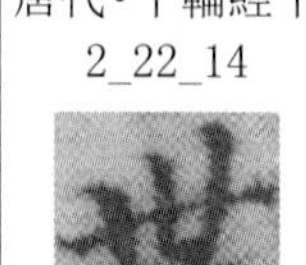 唐代•十輪經十 2_31_2	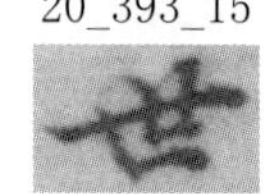 唐代•十輪經九 21_409_1	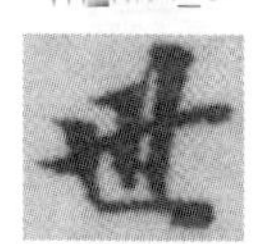 唐代•十輪經九 18_359_16	 唐代•十輪經九 16_307_1	 唐代•十輪經九 14_275_13	 唐代•十輪經九 10_192_2	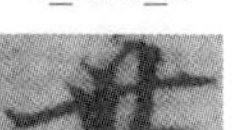 唐代•十輪經九 6_109_9
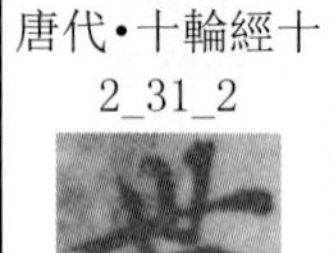 唐代•十輪經十 3_42_4	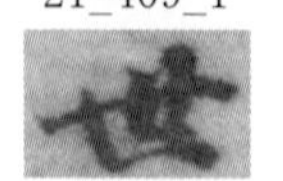 唐代•十輪經九 21_409_9	 唐代•十輪經九 19_365_2	 唐代•十輪經九 17_334_1	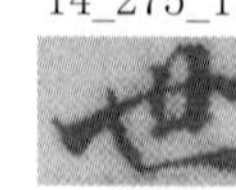 唐代•十輪經九 14_275_18	 唐代•十輪經九 10_195_8	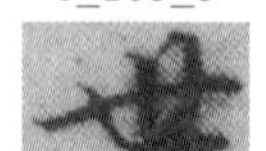 唐代•十輪經九 6_118_13

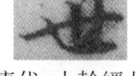

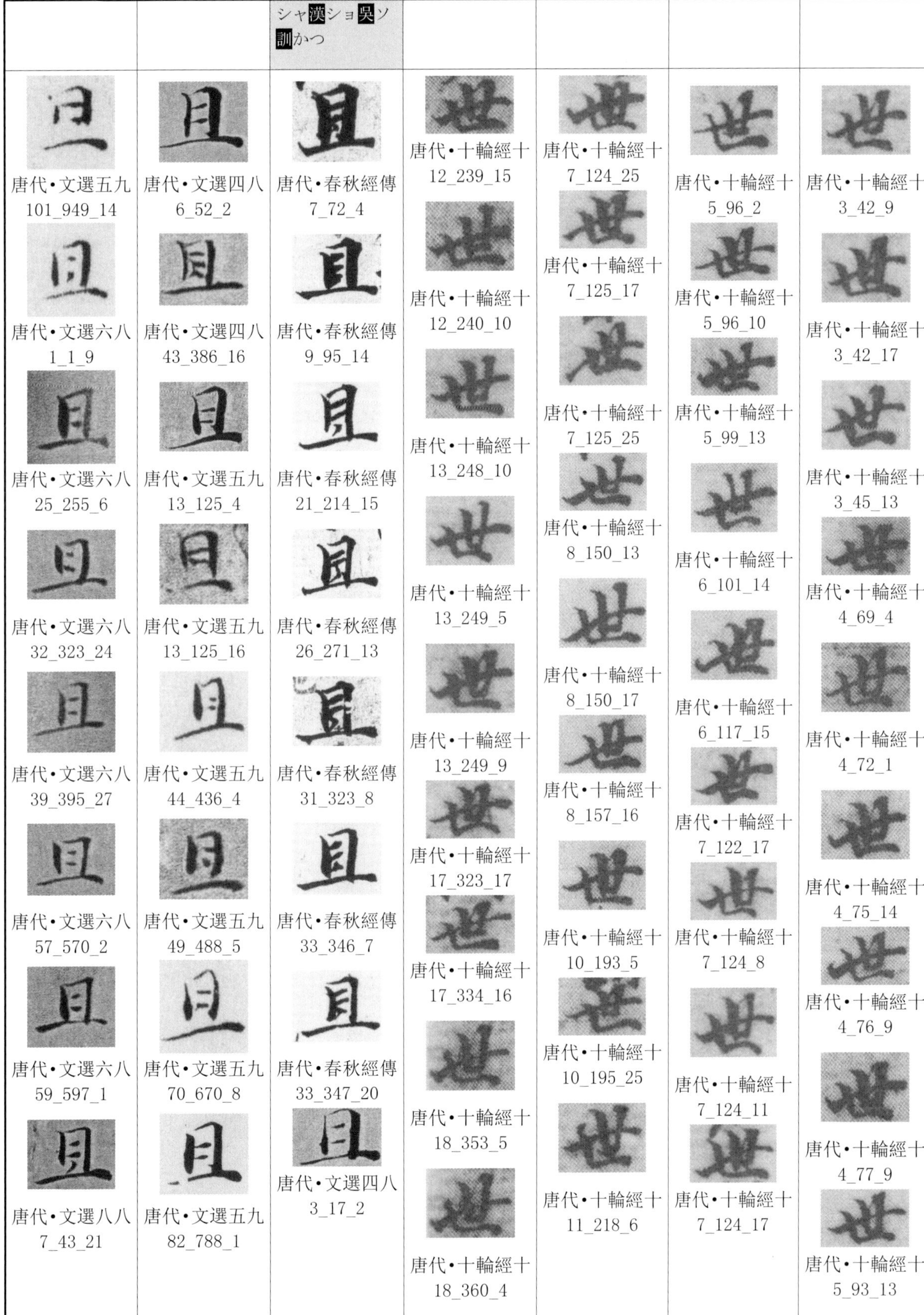

且

シャ漢ショ呉ソ
訓かつ

唐代·文選五九 101_949_14
唐代·文選六八 1_1_9
唐代·文選六八 25_255_6
唐代·文選六八 32_323_24
唐代·文選六八 39_395_27
唐代·文選六八 57_570_2
唐代·文選六八 59_597_1
唐代·文選八八 7_43_21

唐代·文選四八 6_52_2
唐代·文選四八 43_386_16
唐代·文選五九 13_125_4
唐代·文選五九 13_125_16
唐代·文選五九 44_436_4
唐代·文選五九 49_488_5
唐代·文選五九 70_670_8
唐代·文選五九 82_788_1

唐代·春秋經傳 7_72_4
唐代·春秋經傳 9_95_14
唐代·春秋經傳 21_214_15
唐代·春秋經傳 26_271_13
唐代·春秋經傳 31_323_8
唐代·春秋經傳 33_346_7
唐代·春秋經傳 33_347_20
唐代·文選四八 3_17_2

唐代·十輪經十 12_239_15
唐代·十輪經十 12_240_10
唐代·十輪經十 13_248_10
唐代·十輪經十 13_249_5
唐代·十輪經十 13_249_9
唐代·十輪經十 17_323_17
唐代·十輪經十 17_334_16
唐代·十輪經十 18_353_5
唐代·十輪經十 18_360_4

唐代·十輪經十 7_124_25
唐代·十輪經十 7_125_17
唐代·十輪經十 7_125_25
唐代·十輪經十 8_150_13
唐代·十輪經十 8_150_17
唐代·十輪經十 8_157_16
唐代·十輪經十 10_193_5
唐代·十輪經十 10_195_25
唐代·十輪經十 11_218_6

唐代·十輪經十 5_96_2
唐代·十輪經十 5_96_10
唐代·十輪經十 5_99_13
唐代·十輪經十 6_101_14
唐代·十輪經十 6_117_15
唐代·十輪經十 7_122_17
唐代·十輪經十 7_124_8
唐代·十輪經十 7_124_11
唐代·十輪經十 7_124_17

唐代·十輪經十 3_42_9
唐代·十輪經十 3_42_17
唐代·十輪經十 3_45_13
唐代·十輪經十 4_69_4
唐代·十輪經十 4_72_1
唐代·十輪經十 4_75_14
唐代·十輪經十 4_76_9
唐代·十輪經十 4_77_9
唐代·十輪經十 5_93_13

	丘	丕	丙			
	漢キュウ呉ク 訓おか	ヒ 訓おおきい	漢ヘイ呉ヒョウ 訓ひのえ			
唐代•文選四八 16_143_18	唐代•春秋經傳 25_256_2	唐代•古文選前 16_188_5	初唐•金剛場經 1_8_3	唐代•古文選後 8_94_12	唐代•文選百三 58_560_14	唐代•文選八八 13_104_11
唐代•文選四八 18_159_17	唐代•春秋經傳 25_256_4	唐代•古文選後 7_83_29	唐代•春秋經傳 13_130_15	唐代•古文選後 10_117_10	唐代•文選百三 59_570_7	唐代•文選八八 14_119_25
唐代•文選四八 28_248_17	唐代•文選四八 4_21_8	唐代•古文選後 10_108_36	唐代•春秋經傳 32_332_21	唐代•古文選後 23_271_8	唐代•文選百三 59_570_13	唐代•文選八八 18_157_3
唐代•文選四八 30_276_1	唐代•文選四八 5_33_14	唐代•古文選後 11_123_5		唐代•古文選後 25_290_7	唐代•文選百三 72_698_14	唐代•文選八八 22_197_22
唐代•文選四八 32_284_3	唐代•文選四八 5_34_23	唐代•古文選後 14_162_7			唐代•文選百三 73_709_22	唐代•文選百三 8_73_18
唐代•文選四八 32_286_13	唐代•文選四八 5_37_23				唐代•古文選前 13_148_8	唐代•文選百三 40_402_22
唐代•文選四八 32_287_24	唐代•文選四八 5_40_18				唐代•古文選前 13_153_1	唐代•文選百三 49_468_7
唐代•文選五九 7_62_16	唐代•文選四八 6_51_6				唐代•古文選後 8_93_7	唐代•文選百三 55_532_22
	唐代•文選四八 6_52_10					

唐代・文選四八 37_331_6
唐代・文選五九 17_165_13
唐代・文選五九 22_215_9
唐代・文選五九 29_291_15
唐代・文選五九 33_322_9
唐代・文選五九 33_324_10
唐代・文選五九 33_325_24
唐代・文選五九 33_326_1

唐代・文選六八 37_371_17
唐代・文選八八 11_85_18
唐代・文選八八 11_86_14
唐代・文選百三 16_152_18
唐代・文選百三 34_336_29
唐代・文選百三 41_405_12
唐代・文選百三 41_410_22
唐代・文選百三 41_414_31

唐代・文選百三 79_750_10
唐代・文選百三 85_807_17
唐代・古文選前 11_133_38
唐代・古文選前 16_193_12
唐代・古文選前 17_197_1
唐代・古文選前 18_209_2
唐代・古文選前 18_210_4
唐代・古文選前 20_236_14

唐代・古文選後 17_200_5
唐代・古文選後 21_244_15

吏

リ
訓つかさ

唐代・文選五九 41_411_12
唐代・文選五九 53_522_7
唐代・文選五九 56_545_1
唐代・文選五九 56_546_2
唐代・文選五九 62_595_7
唐代・文選五九 63_604_14
唐代・文選五九 62_596_19

唐代・文選五九 63_605_12
唐代・文選五九 63_608_11
唐代・文選五九 73_699_5
唐代・文選五九 110_1041_11
唐代・文選六八 23_228_6
唐代・文選八八 3_15_13
唐代・文選百三 35_348_5

唐代・文選八八 19_161_23
唐代・文選百三 35_353_32
唐代・文選百三 39_390_4
唐代・文選百三 39_395_10
唐代・文選百三 40_398_8
唐代・文選百三 53_507_13
唐代・文選百三 61_590_4

更

漢コウ
訓さら

唐代・文選五九
37_372_29

唐代・文選五九
39_389_11

唐代・文選五九
59_570_13

唐代・文選五九
59_571_21

唐代・文選五九
62_594_12

唐代・文選五九
62_595_13

唐代・文選五九
104_982_10

唐代・文選六八
38_384_20

唐代・春秋經傳
9_95_7

唐代・春秋經傳
12_125_16

唐代・春秋經傳
13_133_1

唐代・文選四八
14_129_1

唐代・文選四八
14_131_8

唐代・文選四八
15_132_11

唐代・文選四八
15_134_4

唐代・文選五九
10_96_24

丞

漢ショウ呉ジョウ
訓たすける

唐代・文選五九
107_1012_11

唐代・文選五九
109_1033_5

唐代・文選五九
109_1034_24

承疑奉帙
唐代・古文選後
20_232_5

唐代・文選五九
1_6_4

唐代・文選五九
1_7_5

唐代・文選五九
62_597_16

太史丞
唐代・文選五九
77_743_23

唐代・文選五九
107_1009_6

唐代・文選五九
107_1010_15

唐代・文選五九
107_1011_1

唐代・文選五九
107_1011_12

再

サイ慣サ
訓ふたたび

唐代・文選五九
110_1041_22

唐代・古文選前
25_300_11

唐代・古文選後
12_141_3

唐代・春秋經傳
13_131_6

唐代・文選四八
37_332_10

唐代・文選四八
37_332_14

唐代・文選五九
15_142_9

唐代・文選五九
94_898_7

唐代・文選五九
94_901_11

唐代・文選五九
110_1041_20

唐代・文選百三
62_595_15

唐代・文選百三
62_598_10

唐代・文選百三
83_796_14

唐代・文選百三
85_814_9

唐代•文選百三
5_47_23

唐代•文選百三
29_282_6

唐代•文選百三
29_282_15

唐代•文選百三
29_283_21

唐代•文選百三
29_284_22

唐代•文選百三
29_284_35

唐代•文選百三
47_447_21

唐代•文選百三
47_450_2

唐代•文選百三
47_451_1

唐代•文選百三
81_775_14

唐代•古文選前
1_1_5

唐代•古文選後
13_153_5

唐代•十輪經四
5_80_6

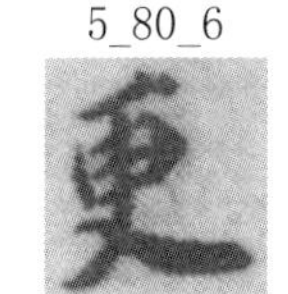
唐代•十輪經八
2_32_15

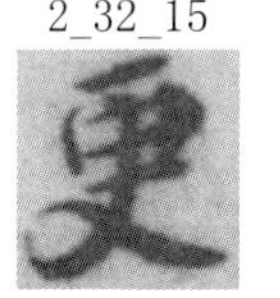
唐代•十輪經八
18_347_11

甫

慣ホ漢フ
訓はじめ

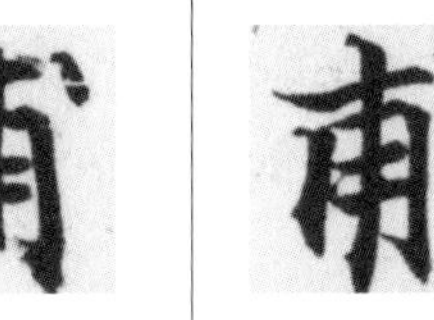
唐代•春秋經傳
8_83_15

唐代•春秋經傳
8_84_25

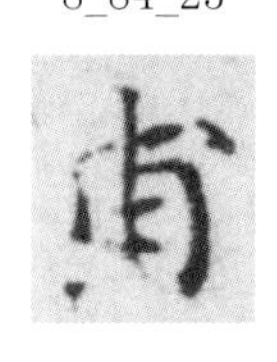
唐代•文選五九
76_729_12

唐代•文選六八
66_658_2

唐代•文選百三
41_414_18
7

唐代•古文選前
9_110_3

唐代•古文選後
13_150_15

唐代•文選百三
74_713_1

唐代•文選八八
23_207_2

表

ビョウ
訓おもて

唐代•文選四八
20_185_2

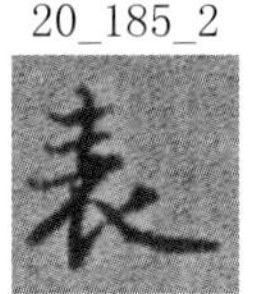
唐代•文選四八
24_212_20

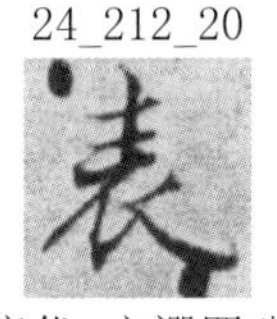
唐代•文選四八
26_234_13

唐代•文選五九
69_665_7

唐代•文選五九
97_914_21

唐代•文選六八
17_171_1

唐代•文選百三
87_832_3

唐代•文選百三
7_67_22

唐代•文選百三
7_67_36

唐代•文選百三
7_68_6

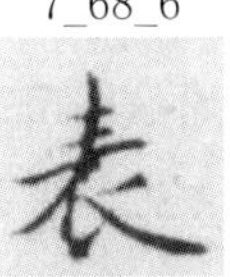
唐代•文選百三
7_68_18

唐代•文選百三
36_357_2

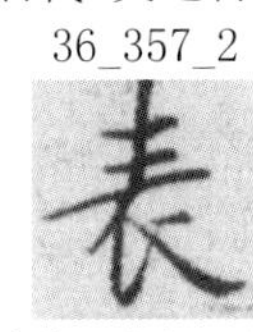
唐代•文選百三
36_357_7

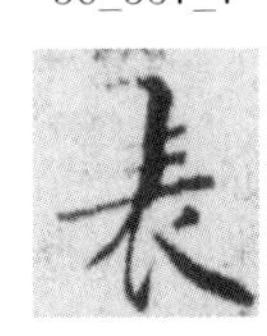
唐代•文選百三
38_383_10

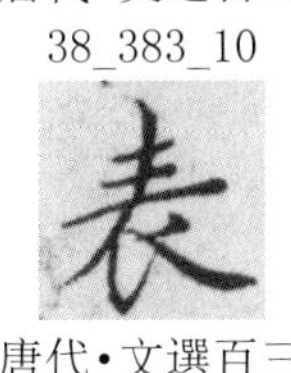
唐代•文選百三
7_57_14

唐代•文選百三
53_508_19

唐代•文選百三
56_540_4

唐代•文選百三
57_543_13

唐代•文選百三
57_544_11

唐代•文選百三
64_615_9

唐代•文選百三
72_697_14

唐代•文選百三
36_357_17

唐代•文選百三
7_66_18

唐代・文選百三
74_716_9

唐代・文選百三
87_828_12

唐代・文選百三
72_698_4

唐代・文選百三
73_708_2

唐代・古文選前
25_297_8

唐代・古文選前
27_314_2

事 𠫭

漢シ呉ジ唐ズ
訓こと

中唐・風信帖
2_9_3

晩唐・慶滋書狀
1_14_2

晩唐・慶滋書狀
1_14_6

四五
晩唐・慶滋書狀
1_16_4

唐代・春秋經傳
6_53_15

唐代・春秋經傳
12_124_6

唐代・春秋經傳
13_133_26

唐代・春秋經傳
13_133_29

唐代・春秋經傳
15_157_16

唐代・春秋經傳
25_260_2

唐代・春秋經傳
27_284_3

唐代・春秋經傳
27_284_14

唐代・春秋經傳
28_285_2

唐代・春秋經傳
28_285_15

唐代・春秋經傳
28_285_32

唐代・春秋經傳
29_296_4

唐代・春秋經傳
31_327_24

唐代・春秋經傳
34_351_24

唐代・春秋經傳
34_355_13

唐代・春秋經傳
36_378_2

唐代・春秋經傳
36_378_12

唐代・春秋經傳
36_378_15

唐代・春秋經傳
36_381_20

唐代・春秋經傳
39_406_14

唐代・春秋經傳
39_407_17

唐代・春秋經傳
39_407_24

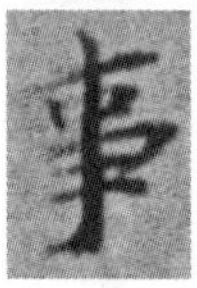
唐代・文選四八
4_22_6

唐代・文選四八
12_100_26

唐代・文選四八
12_107_5
唐代・文選四八
20_178_20
唐代・文選四八
31_283_8
唐代・文選四八
38_340_26
唐代・文選四八
50_449_4
唐代・文選四八
50_449_28
唐代・文選五九
8_74_6

唐代・文選五九
15_145_15
唐代・文選五九
15_148_22
唐代・文選五九
27_262_2
唐代・文選五九
27_263_5
唐代・文選五九
27_263_11
唐代・文選五九
27_263_29
唐代・文選五九
29_286_8

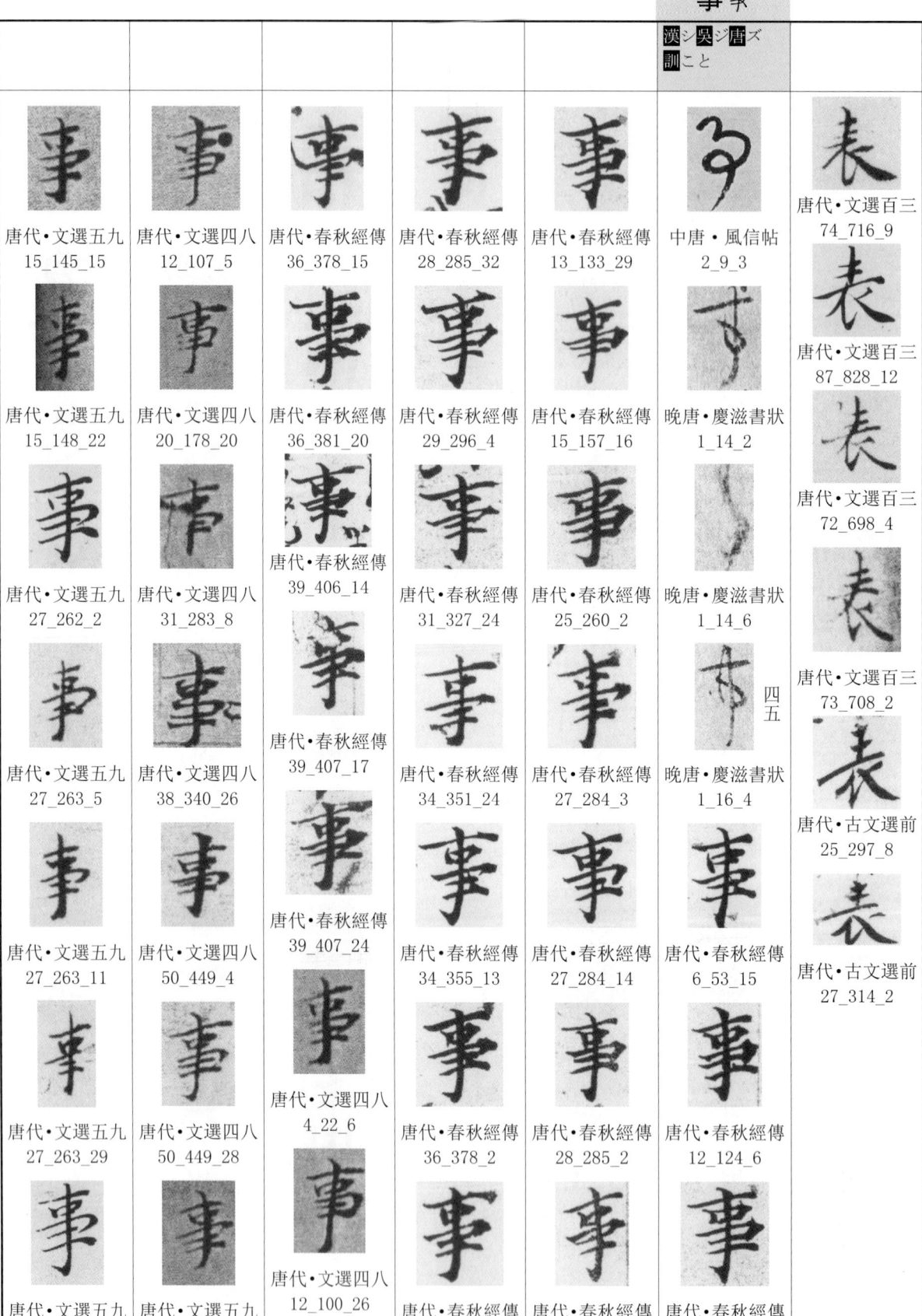

				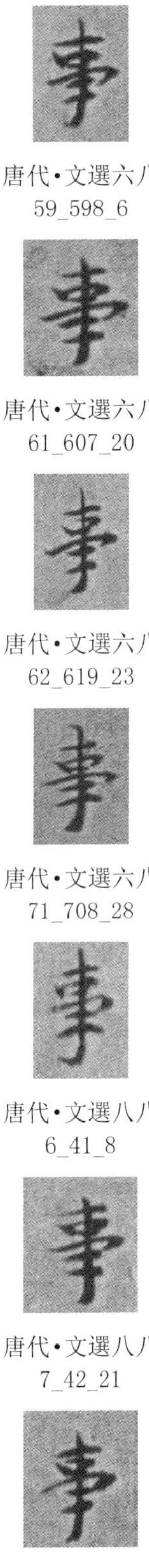		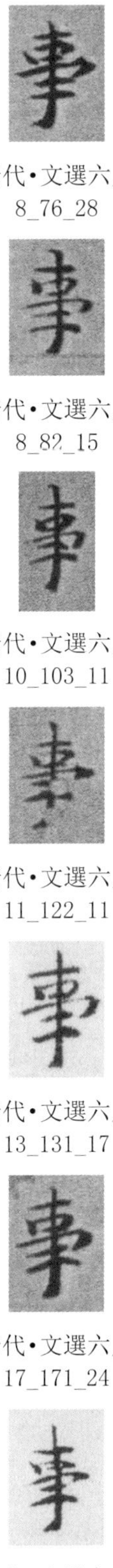
唐代•文選百三 16_149_31	唐代•文選百三 8_74_19	唐代•文選八八 9_71_11	唐代•文選八八 7_53_3	唐代•文選六八 59_598_6	唐代•文選六八 29_286_11	唐代•文選六八 8_76_28
唐代•文選百三 23_219_5	唐代•文選百三 9_75_5	唐代•文選八八 9_74_10	唐代•文選八八 8_56_7	唐代•文選六八 61_607_20	唐代•文選六八 39_387_4	唐代•文選六八 8_82_15
唐代•文選百三 24_232_22	唐代•文選百三 9_79_42	唐代•文選八八 9_75_30	唐代•文選八八 9_62_5	唐代•文選六八 62_619_23	唐代•文選六八 39_391_12	唐代•文選六八 10_103_11
唐代•文選百三 24_232_30	唐代•文選百三 9_83_19	唐代•文選八八 23_202_12	唐代•文選八八 9_64_10	唐代•文選六八 71_708_28	唐代•文選六八 48_482_1	唐代•文選六八 11_122_11
唐代•文選百三 35_350_22	唐代•文選百三 12_113_13	唐代•文選百三 1_2_6	唐代•文選八八 9_64_12	唐代•文選八八 6_41_8	唐代•文選六八 49_486_20	唐代•文選六八 13_131_17
唐代•文選百三 36_356_8	唐代•文選百三 13_116_9	唐代•文選百三 7_63_38	唐代•文選八八 9_70_7	唐代•文選八八 7_42_21	唐代•文選六八 59_591_18	唐代•文選六八 17_171_24
唐代•文選百三 36_361_9	唐代•文選百三 16_149_8	唐代•文選百三 8_74_15	唐代•文選八八 9_71_6	唐代•文選八八 7_43_3	唐代•文選六八 59_593_24	唐代•文選六八 19_199_4

唐代•古文選後 16_190_13	唐代•文選百三 87_833_16	唐代•文選百三 75_718_2	唐代•文選百三 70_676_30	唐代•文選百三 62_597_7	唐代•文選百三 53_511_23	唐代•文選百三 37_363_32
唐代•古文選後 19_218_3	唐代•古文選前 2_19_5	唐代•文選百三 75_719_31	唐代•文選百三 71_686_9	唐代•文選百三 65_621_3	唐代•文選百三 58_557_9	唐代•文選百三 37_364_35
唐代•古文選後 20_235_9	唐代•古文選前 11_136_7	唐代•文選百三 77_739_15	唐代•文選百三 71_687_24	唐代•文選百三 65_623_22	唐代•文選百三 58_561_29	唐代•文選百三 39_395_2
唐代•古文選後 22_260_40	唐代•古文選前 20_234_13	唐代•文選百三 86_823_17	唐代•文選百三 72_693_4	唐代•文選百三 65_626_30	唐代•文選百三 59_562_25	唐代•文選百三 39_395_22
唐代•古文選後 26_309_14	唐代•古文選前 22_258_2	唐代•文選百三 87_826_4	唐代•文選百三 73_710_29	唐代•文選百三 66_635_4	唐代•文選百三 59_570_22	唐代•文選百三 42_420_13
唐代•十輪經四 3_60_14	唐代•古文選前 25_297_43	唐代•文選百三 87_827_16	唐代•文選百三 74_712_5	唐代•文選百三 67_639_31	唐代•文選百三 60_577_8	唐代•文選百三 47_446_29
唐代•十輪經四 4_64_3	唐代•古文選後 16_183_75	唐代•文選百三 87_827_18	唐代•文選百三 74_712_18	唐代•文選百三 67_640_5	唐代•文選百三 62_595_21	唐代•文選百三 53_507_19

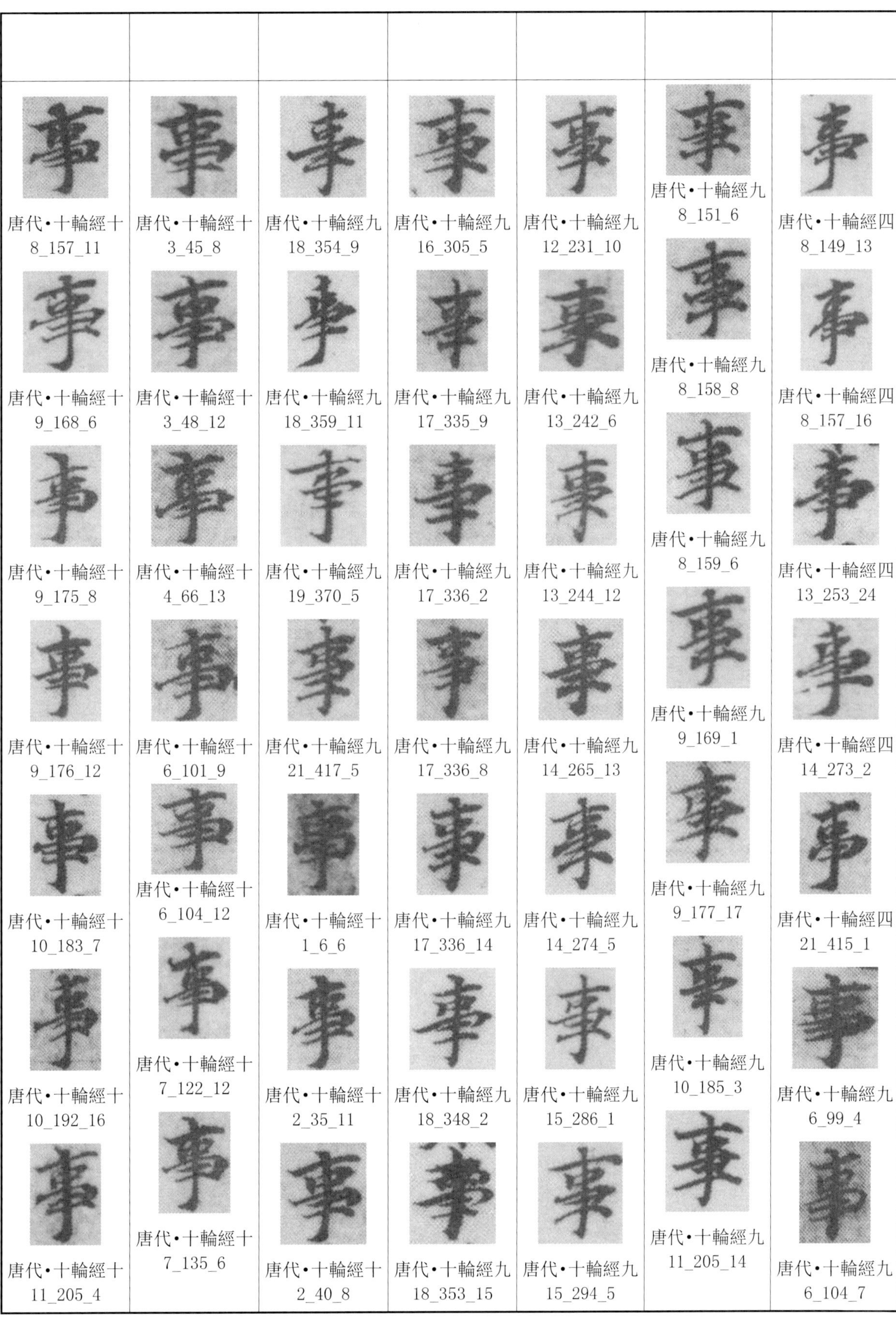

唐代·十輪經十
8_157_11

唐代·十輪經十
9_168_6

唐代·十輪經十
9_175_8

唐代·十輪經十
9_176_12

唐代·十輪經十
10_183_7

唐代·十輪經十
10_192_16

唐代·十輪經十
11_205_4

唐代·十輪經十
3_45_8

唐代·十輪經十
3_48_12

唐代·十輪經十
4_66_13

唐代·十輪經十
6_101_9

唐代·十輪經十
6_104_12

唐代·十輪經十
7_122_12

唐代·十輪經十
7_135_6

唐代·十輪經九
18_354_9

唐代·十輪經九
18_359_11

唐代·十輪經九
19_370_5

唐代·十輪經九
21_417_5

唐代·十輪經十
1_6_6

唐代·十輪經十
2_35_11

唐代·十輪經十
2_40_8

唐代·十輪經九
16_305_5

唐代·十輪經九
17_335_9

唐代·十輪經九
17_336_2

唐代·十輪經九
17_336_8

唐代·十輪經九
17_336_14

唐代·十輪經九
18_348_2

唐代·十輪經九
18_353_15

唐代·十輪經九
12_231_10

唐代·十輪經九
13_242_6

唐代·十輪經九
13_244_12

唐代·十輪經九
14_265_13

唐代·十輪經九
14_274_5

唐代·十輪經九
15_286_1

唐代·十輪經九
15_294_5

唐代·十輪經九
8_151_6

唐代·十輪經九
8_158_8

唐代·十輪經九
8_159_6

唐代·十輪經九
9_169_1

唐代·十輪經九
9_177_17

唐代·十輪經九
10_185_3

唐代·十輪經九
11_205_14

唐代·十輪經四
8_149_13

唐代·十輪經四
8_157_16

唐代·十輪經四
13_253_24

唐代·十輪經四
14_273_2

唐代·十輪經四
21_415_1

唐代·十輪經九
6_99_4

唐代·十輪經九
6_104_7

唐代•十輪經十
16_315_12

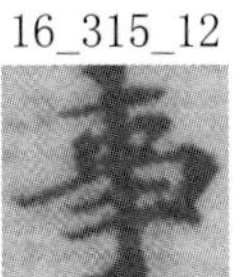
唐代•十輪經十
17_325_22

唐代•十輪經十
18_356_4

唐代•十輪經十
18_357_2

兩 𠓜

リョウ
訓ふたつ

中唐・風信帖
3_17_3

唐代•春秋經傳
14_146_1

唐代•春秋經傳
14_147_1

唐代•春秋經傳
28_291_19

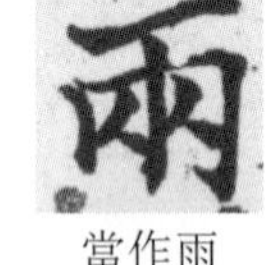
當作雨
唐代•春秋經傳
29_302_27

唐代•春秋經傳
39_408_4

唐代•文選四八
10_92_9

唐代•文選四八
12_103_5

唐代•文選四八
12_103_10

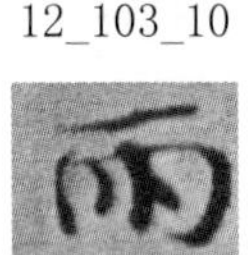
唐代•文選四八
14_121_9

唐代•文選四八
18_161_17

唐代•文選四八
18_164_10

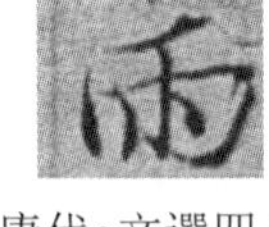
唐代•文選四八
28_254_20

唐代•文選五九
2_17_5

唐代•文選五九
19_179_13

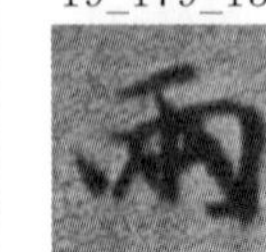
唐代•文選五九
19_180_12

唐代•文選五九
19_181_3

唐代•文選五九
23_229_8

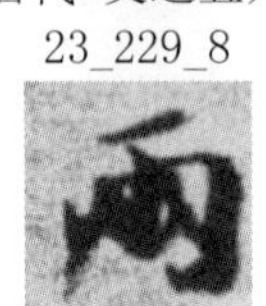
唐代•文選五九
23_230_11

唐代•文選五九
23_231_19

唐代•文選五九
32_314_26

唐代•文選五九
34_334_5

唐代•文選五九
69_667_19

唐代•文選五九
70_668_12

唐代•文選五九
71_679_20

唐代•文選五九
72_687_13

唐代•文選五九
77_744_23

唐代•文選五九
94_898_12

唐代•文選五九
94_901_13

唐代•文選六八
12_126_4

唐代•文選六八
15_156_25

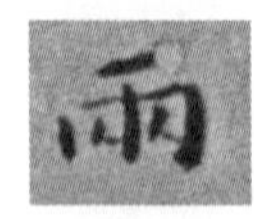
唐代•文選六八
25_259_1

唐代•文選六八
36_360_19

唐代•文選六八
41_407_26

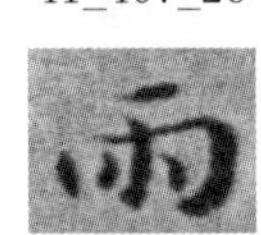
唐代•文選六八
51_513_31

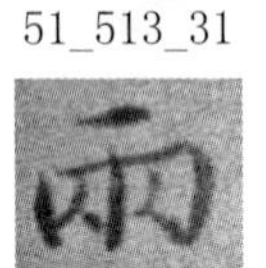
唐代•文選六八
51_514_14

唐代•文選六八
69_684_23

唐代•文選六八
71_709_20

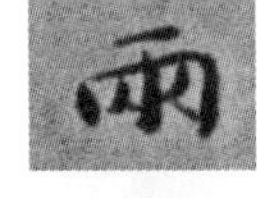
唐代•文選八八
12_98_24

唐代•文選百三
8_72_33

唐代•文選百三
10_94_24

唐代•文選百三
11_96_5

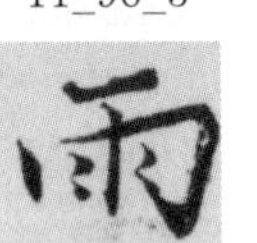
唐代•文選百三
30_293_3

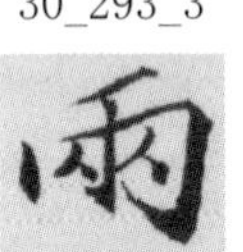
唐代•文選百三
57_549_5

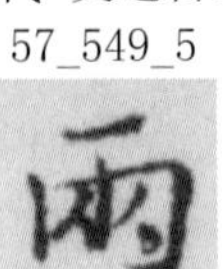
唐代•文選百三
57_551_4

唐代•文選百三
57_551_16

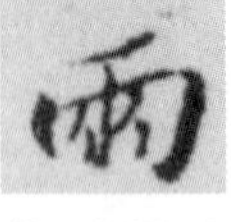
唐代•文選百三
57_551_24

唐代•文選百三
57_553_32

爾 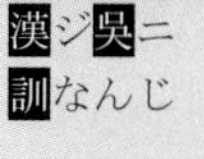

漢ジ呉ニ
訓なんじ

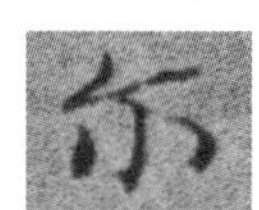
唐代•文選四八
22_199_11

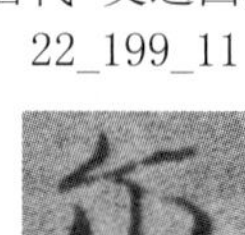
唐代•文選四八
22_199_21

唐代•文選四八
24_217_3

唐代•文選四八
26_231_2

唐代•文選四八
26_233_20

唐代•文選四八
28_252_9

唐代•文選四八
30_268_3

唐代•文選四八
33_296_2

初唐•大般若經
1_3_1

中唐・風信帖
3_16_8

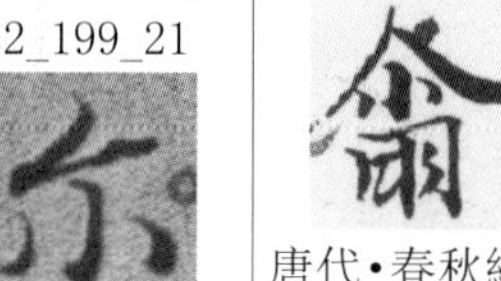
唐代•春秋經傳
36_380_18

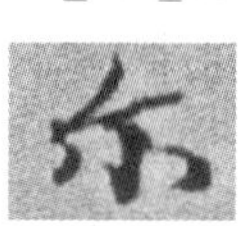
唐代•文選四八
8_67_6

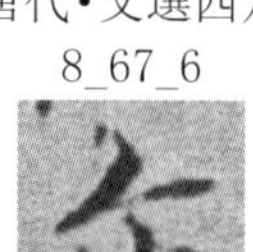
唐代•文選四八
9_77_5

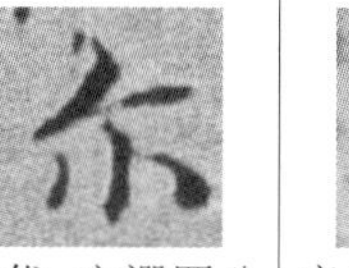
唐代•文選四八
19_170_24

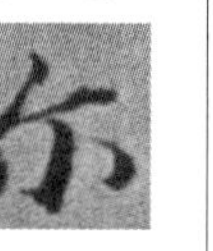
唐代•文選四八
22_198_3

唐代•文選四八
22_199_2

甚

漢シン呉ジン
訓はなはだ

唐代•十輪經四
21_410_7

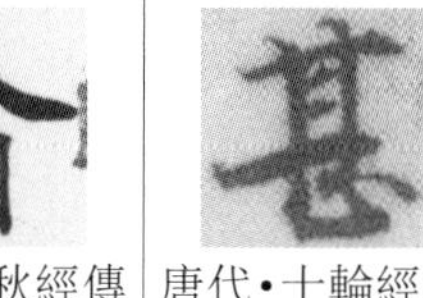
唐代•十輪經八
22_422_18

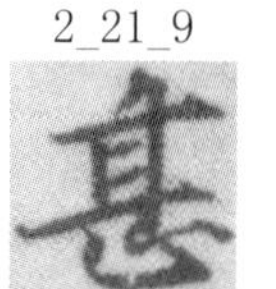
唐代•十輪經九
2_21_9

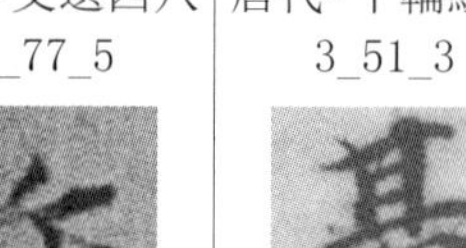
唐代•十輪經九
4_60_10

唐代•十輪經十
3_51_3

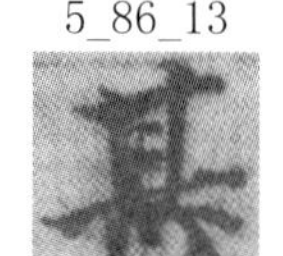
唐代•十輪經十
5_86_13

唐代•十輪經十
10_194_1

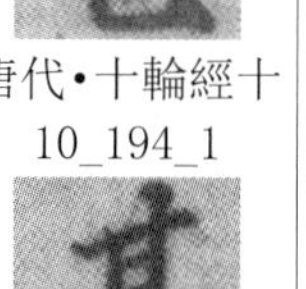
唐代•十輪經四
21_410_11

唐代•文選六八
57_576_17

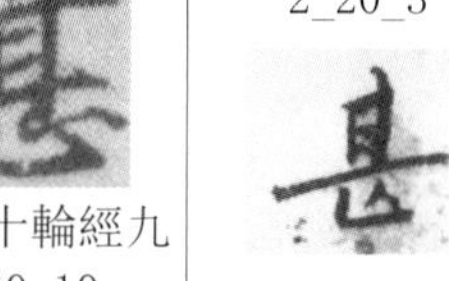
唐代•文選六八
23_235_13

唐代•古文選前
2_20_3

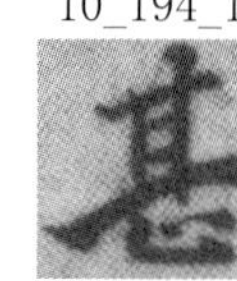
唐代•古文選前
2_23_13

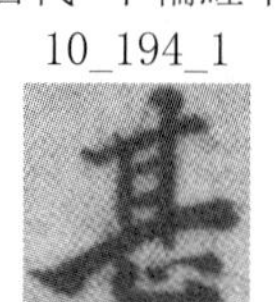
唐代•古文選前
11_124_14

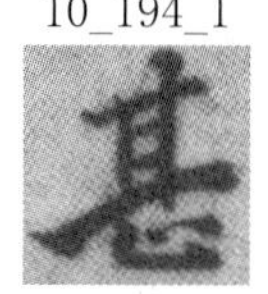
唐代•古文選後
6_63_11

唐代•十輪經四
11_217_1

唐代•十輪經四
12_229_8

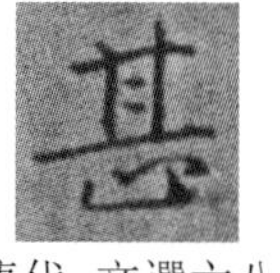
唐代•文選六八
14_144_20

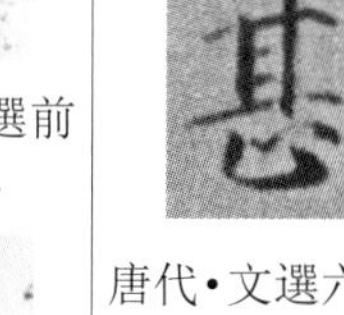
唐代•文選六八
15_155_26

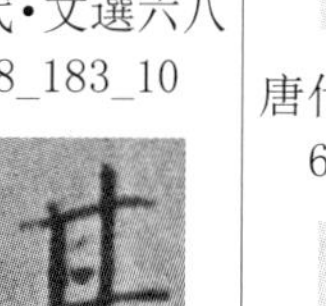
唐代•文選六八
15_156_21

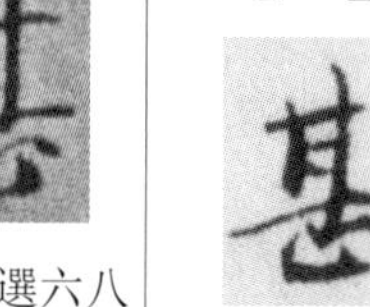
唐代•文選六八
18_183_10

唐代•文選六八
21_207_5

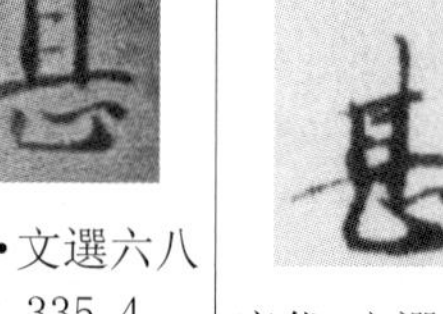
唐代•文選六八
33_335_4

唐代•文選六八
43_427_3

晩唐•慶滋書状
1_6_7

唐代•文選五九
42_415_1

唐代•文選五九
59_572_22

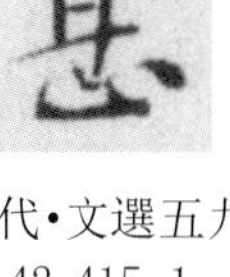
唐代•文選五九
60_576_15

唐代•文選五九
60_577_15

唐代•文選五九
72_687_21

唐代•文選六八
15_154_22

唐代•文選百三
78_743_5

唐代•文選百三
81_773_29

唐代•十輪經四
15_296_7

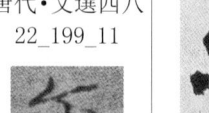

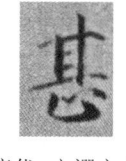

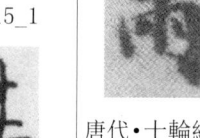

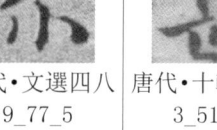

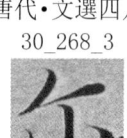

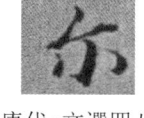

唐代•文選百三 11_107_18

唐代•文選百三 13_116_1
唐代•文選百三 13_116_15

唐代•文選百三 13_118_17

唐代•文選百三 13_120_7
唐代•文選百三 14_129_12

唐代•文選百三 14_130_3

唐代•文選百三 15_147_3

唐代•文選八八 13_108_3

唐代•文選百三 8_72_3
唐代•文選百三 8_74_32
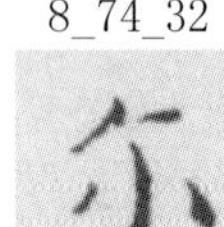
唐代•文選百三 9_81_13
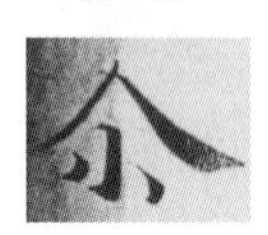
唐代•文選百三 9_84_10
唐代•文選百三 9_88_23
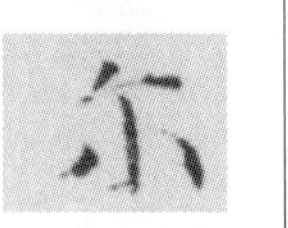
唐代•文選百三 9_89_18
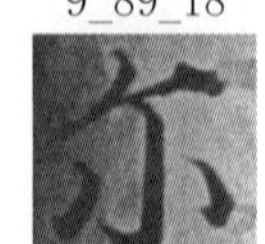
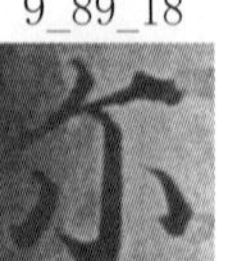
唐代•文選百三 11_105_2

唐代•文選六八 13_131_2
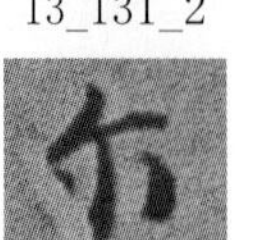
唐代•文選六八 15_149_23
唐代•文選六八 15_154_1
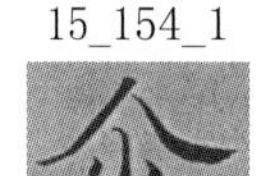
唐代•文選六八 49_493_9

唐代•文選六八 53_533_10
唐代•文選六八 73_726_17

唐代•文選六八 73_727_20

唐代•文選六八 73_728_15

唐代•文選五九 88_849_30
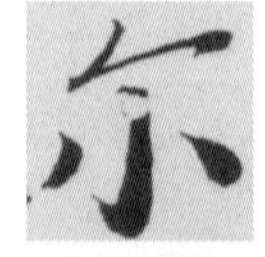
唐代•文選五九 101_958_3
唐代•文選五九 101_959_9

唐代•文選五九 102_961_5

唐代•文選五九 102_962_20
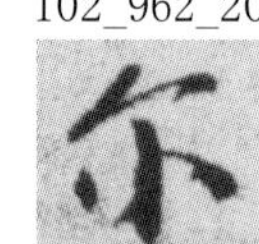
唐代•文選五九 109_1028_1
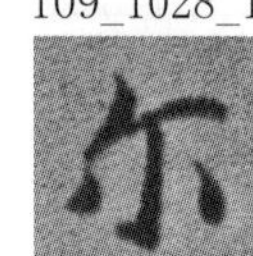
唐代•文選六八 6_57_15
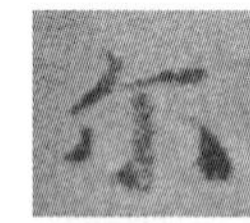
唐代•文選六八 6_63_12

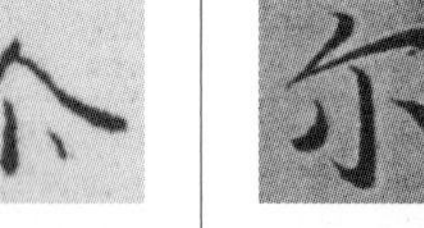
唐代•文選五九 29_279_3

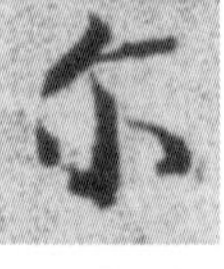
唐代•文選五九 31_306_21
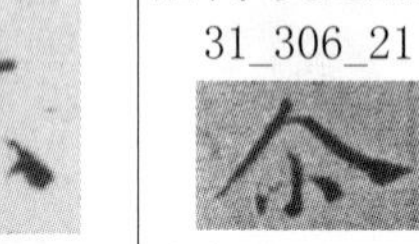
唐代•文選五九 33_327_5
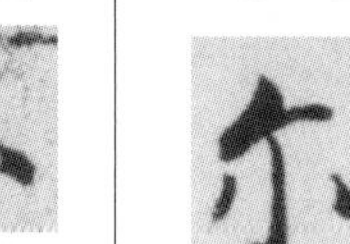

唐代•文選五九 54_531_19

唐代•文選五九 69_665_13
唐代•文選五九 86_827_23

唐代•文選五九 88_838_26
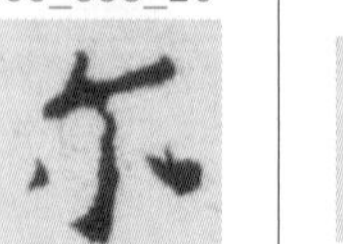
唐代•文選五九 88_839_8

唐代•文選五九 5_51_12
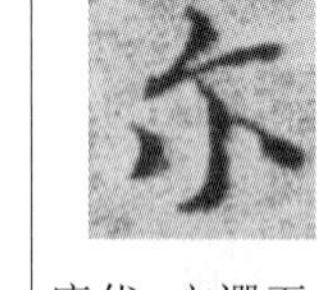
唐代•文選五九 15_148_13
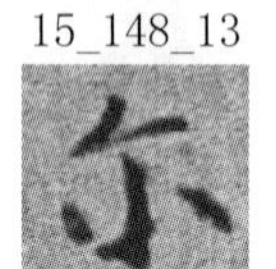
唐代•文選五九 17_170_22

唐代•文選五九 20_195_19

唐代•文選五九 20_197_10

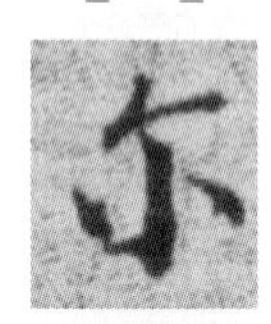

唐代•文選五九 21_199_4

唐代•文選五九 21_205_7

唐代•文選五九 28_278_7

唐代•文選四八 33_296_6
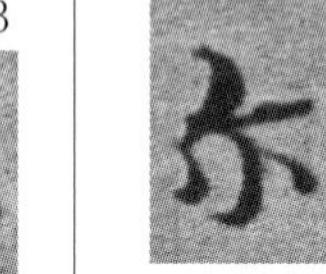
唐代•文選四八 34_310_2
唐代•文選四八 36_320_11

唐代•文選四八 36_325_14

唐代•文選四八 36_327_12

唐代•文選四八 36_327_19
唐代•文選四八 43_390_19
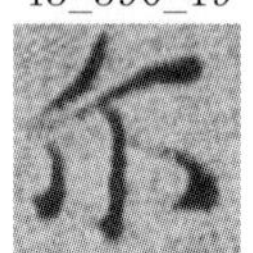

唐代•文選四八 48_432_12

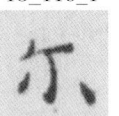

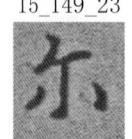

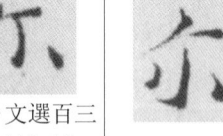

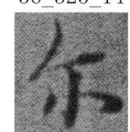

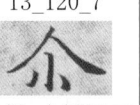

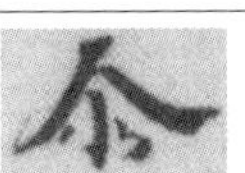
唐代•十輪經九
18_359_14

唐代•十輪經九
21_417_8

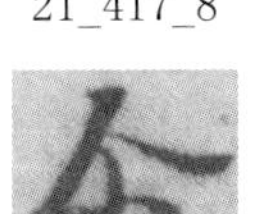
唐代•十輪經十
7_122_15

唐代•十輪經十
8_157_14

唐代•十輪經十
10_193_3

唐代•十輪經十
15_286_3

唐代•十輪經十
15_294_2

唐代•十輪經十
17_323_15

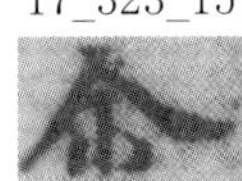
唐代•十輪經十
18_360_2

唐代•古文選後
10_118_8

唐代•古文選後
11_130_14

唐代•古文選後
26_312_12

唐代•十輪經八
1_16_17

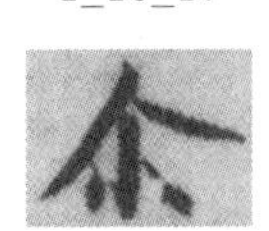
唐代•十輪經九
6_119_11

唐代•十輪經九
10_195_6

唐代•十輪經九
12_231_13

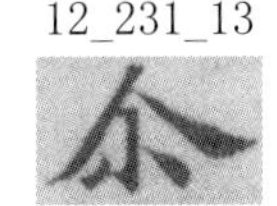
唐代•十輪經九
14_265_16

唐代•十輪經九
15_294_8

唐代•古文選前
16_188_1

唐代•古文選前
19_219_7

唐代•古文選前
24_278_3

唐代•古文選後
1_6_13

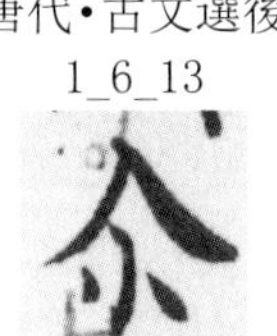
唐代•古文選後
4_47_8

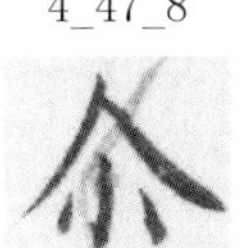
唐代•古文選後
7_73_6

唐代•古文選後
7_73_10

唐代•古文選後
7_80_5

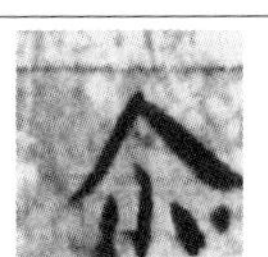
唐代•古文選前
2_25_1

唐代•古文選前
10_115_13

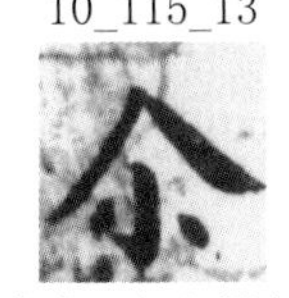
唐代•古文選前
12_139_1

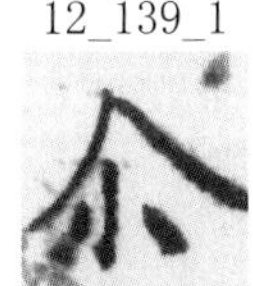
唐代•古文選前
12_142_7

唐代•古文選前
15_182_12

唐代•古文選前
16_183_2

唐代•古文選前
16_185_2

唐代•古文選前
16_185_6

唐代•文選百三
59_567_17

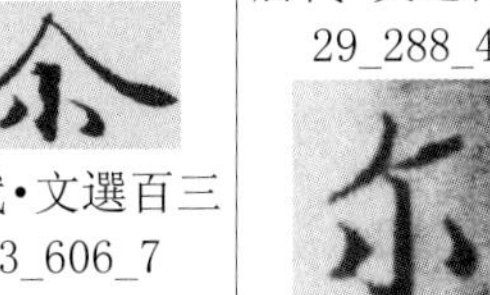
唐代•文選百三
63_606_7

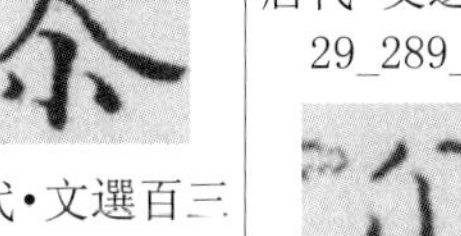
唐代•文選百三
64_614_29

唐代•文選百三
67_644_14

唐代•文選百三
75_723_4

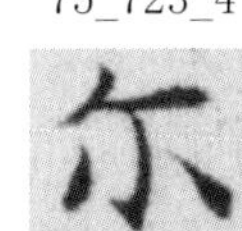
唐代•文選百三
76_727_11

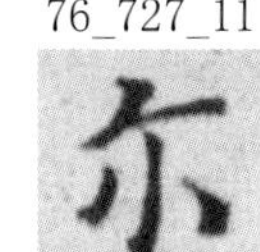
唐代•文選百三
80_762_21

唐代•文選百三
87_832_12

唐代•文選百三
29_288_4

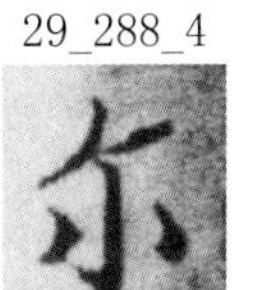
唐代•文選百三
29_289_18

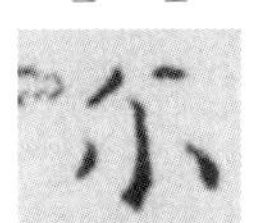
唐代•文選百三
40_402_1

唐代•文選百三
48_460_32

唐代•文選百三
48_460_35

唐代•文選百三
48_463_8

唐代•文選百三
50_483_18

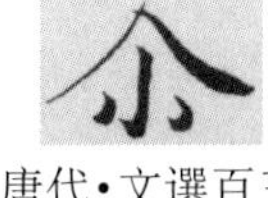
唐代•文選百三
59_567_13

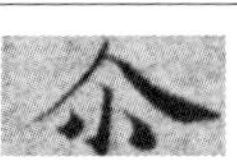
唐代•文選百三
17_156_33

唐代•文選百三
18_174_31

唐代•文選百三
19_177_9

唐代•文選百三
19_179_30

唐代•文選百三
21_203_1

唐代•文選百三
22_213_8

唐代•文選百三
23_225_16

唐代•文選百三
27_259_23

丨部

中 𠁧

チュウ
訓なか

初唐·法華義疏 1_8_2

中唐·灌頂歷名 1_7_1

唐代·春秋經傳 4_31_14

唐代·春秋經傳 12_122_6

唐代·春秋經傳 22_231_6

唐代·春秋經傳 25_256_16

唐代·春秋經傳 28_292_3

唐代·文選四八 1_7_25

唐代·文選四八 3_18_11

唐代·文選四八 10_92_11

唐代·文選四八 11_98_19

唐代·文選四八 12_110_11

唐代·文選四八 19_169_12

唐代·文選四八 19_173_2

唐代·文選四八 22_203_4

唐代·文選四八 26_235_15

唐代·文選四八 26_237_6

唐代·文選四八 27_244_24

唐代·文選四八 29_259_3

唐代·文選四八 32_290_17

唐代·文選四八 36_320_16

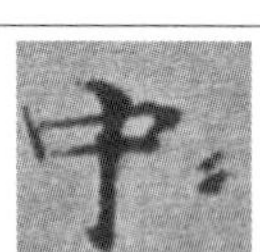
唐代·文選四八 36_321_5

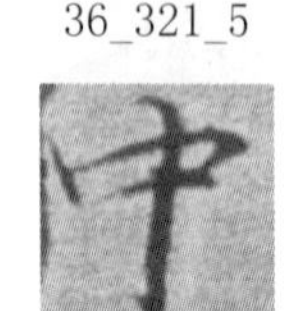
唐代·文選四八 36_322_17

唐代·文選四八 36_328_12

唐代·文選四八 36_329_4

唐代·文選四八 44_397_1

唐代·文選四八 47_422_18

唐代·文選四八 49_441_9

唐代·文選五九 1_6_3

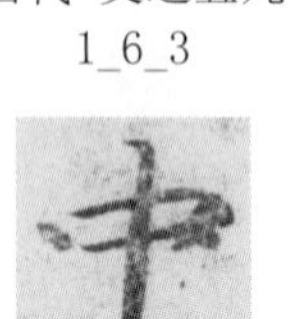
唐代·文選五九 1_8_1

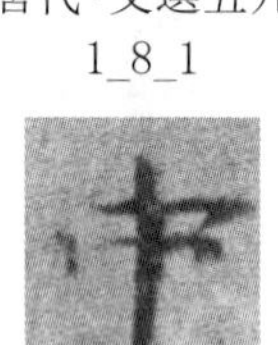
唐代·文選五九 2_13_20

唐代·文選五九 2_14_8

唐代·文選五九 2_16_12

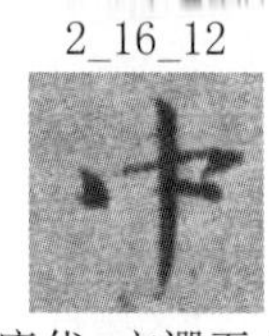
唐代·文選五九 4_34_11

唐代·文選五九 4_36_19

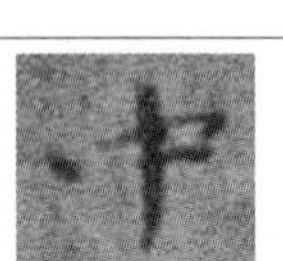
唐代·文選五九 5_49_26

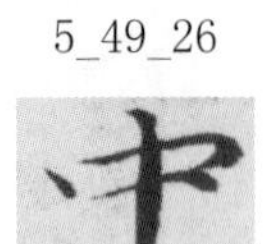
唐代·文選五九 10_94_14

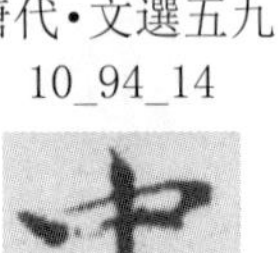
唐代·文選五九 10_96_19

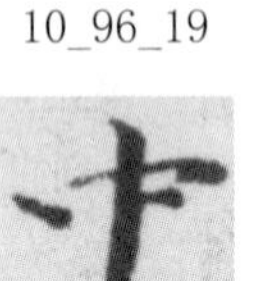
唐代·文選五九 10_97_19

唐代·文選五九 14_132_3

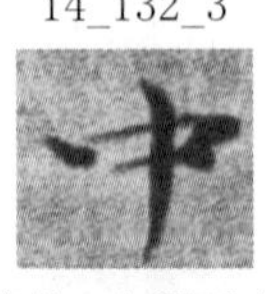
唐代·文選五九 15_142_25

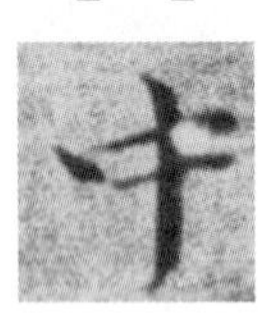
唐代·文選五九 15_151_15

唐代•文選五九
66_630_25

唐代•文選五九
66_635_26

唐代•文選五九
68_649_8

唐代•文選五九
68_649_15

唐代•文選五九
68_651_18

唐代•文選五九
68_652_6

唐代•文選五九
68_654_7

唐代•文選五九
68_660_4

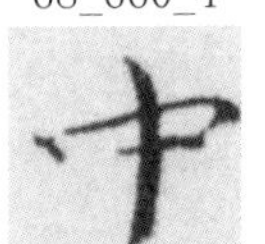
唐代•文選五九
72_687_30

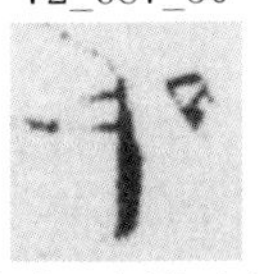
唐代•文選五九
73_702_4

唐代•文選五九
73_702_13

唐代•文選五九
74_705_1

唐代•文選五九
74_708_12

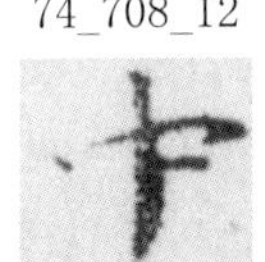
唐代•文選五九
74_715_21

唐代•文選五九
74_715_28

唐代•文選五九
75_721_23

唐代•文選五九
77_742_30

唐代•文選五九
78_748_4

唐代•文選五九
78_752_26

唐代•文選五九
79_760_28

唐代•文選五九
79_761_8

唐代•文選五九
79_761_30

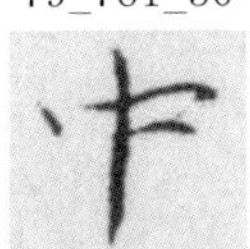
唐代•文選五九
80_770_14

唐代•文選五九
80_774_11

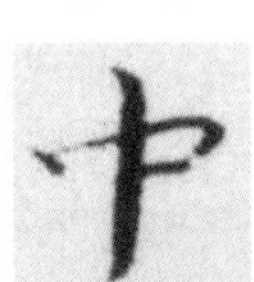
唐代•文選五九
86_831_15

唐代•文選五九
91_871_1

唐代•文選五九
97_921_1

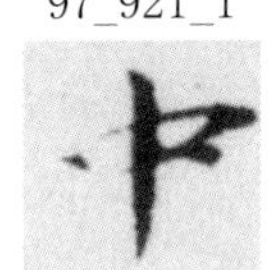
唐代•文選五九
100_943_28

唐代•文選五九
100_944_2

唐代•文選五九
103_971_29

唐代•文選五九
103_972_25

唐代•文選五九
107_1009_5

唐代•文選五九
107_1010_14

唐代•文選五九
107_1010_30

唐代•文選五九
107_1011_11

唐代•文選五九
107_1012_10

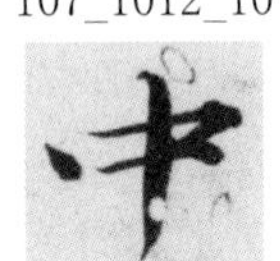
唐代•文選五九
107_1017_6

唐代•文選五九
107_1018_9

唐代•文選五九
109_1027_8

唐代•文選五九
109_1033_12

唐代•文選五九
109_1037_11

唐代•文選六八
2_20_4

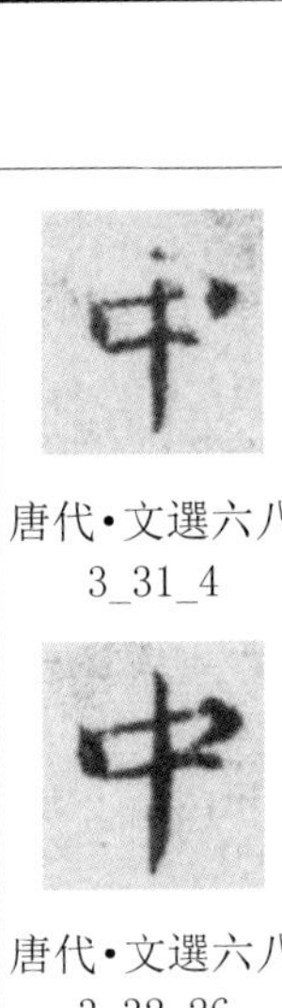
唐代•文選六八
3_31_4

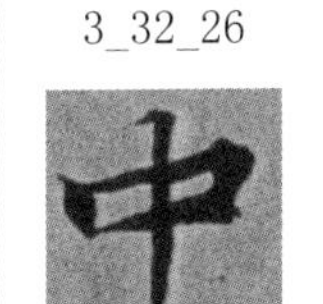
唐代•文選六八
3_32_26

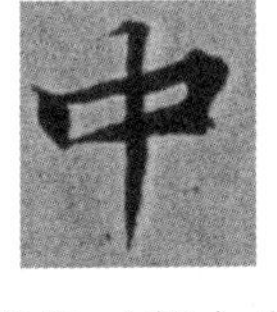
唐代•文選六八
7_69_6

唐代•文選六八
7_70_14

唐代•文選六八
10_107_10

唐代•文選六八
11_110_2

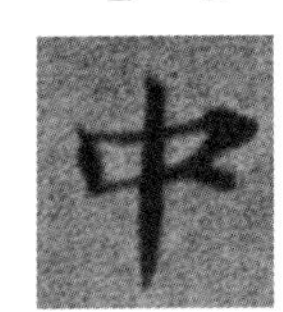
唐代•文選六八
11_110_13

唐代•文選六八 11_110_25
唐代•文選六八 11_111_11
唐代•文選六八 11_118_5
唐代•文選六八 15_156_17
唐代•文選六八 15_161_23
唐代•文選六八 16_165_8
唐代•文選六八 16_165_17
唐代•文選六八 17_171_16
唐代•文選六八 17_174_26
唐代•文選六八 19_190_24
唐代•文選六八 20_202_3
唐代•文選六八 23_233_27
唐代•文選六八 23_234_20
唐代•文選六八 31_313_12
唐代•文選六八 34_343_8
唐代•文選六八 35_345_14
唐代•文選六八 35_346_24
唐代•文選六八 35_347_11
唐代•文選六八 35_348_4
唐代•文選六八 38_381_23
唐代•文選六八 41_405_16
唐代•文選六八 41_409_4
唐代•文選六八 41_411_2
唐代•文選六八 41_411_6
唐代•文選六八 41_414_11
唐代•文選六八 41_416_11
唐代•文選六八 45_455_24
唐代•文選六八 46_461_1
唐代•文選六八 46_462_2
唐代•文選六八 46_462_16
唐代•文選六八 48_483_2
唐代•文選六八 49_488_4
唐代•文選六八 55_550_3
唐代•文選六八 57_566_25
唐代•文選六八 60_603_17
唐代•文選六八 61_612_26
唐代•文選六八 65_646_13
唐代•文選六八 69_684_21
唐代•文選六八 69_684_28
唐代•文選六八 71_706_8
唐代•文選八八 7_44_6
唐代•文選八八 7_46_25
唐代•文選八八 7_54_19
唐代•文選八八 7_55_31
唐代•文選八八 8_56_2
唐代•文選八八 8_59_29
唐代•文選八八 12_97_24
唐代•文選八八 17_145_18
唐代•文選八八 17_146_1

唐代•十輪經四 2_38_5

唐代•十輪經四 2_39_15

唐代•十輪經四 3_46_15

唐代•十輪經四 4_66_7

唐代•十輪經四 7_121_11

唐代•十輪經四 8_152_13

唐代•十輪經四 8_153_16

唐代•古文選後 23_269_13

唐代•古文選後 23_271_3

唐代•古文選後 24_283_2

唐代•古文選後 27_314_4

唐代•十輪經四 1_11_6

唐代•十輪經四 1_20_13

唐代•十輪經四 2_32_5

唐代•古文選後 10_108_40

唐代•古文選後 10_109_5

唐代•古文選後 10_113_12

唐代•古文選後 15_179_14

唐代•古文選後 18_210_13

唐代•古文選後 21_244_37

唐代•古文選後 23_265_5

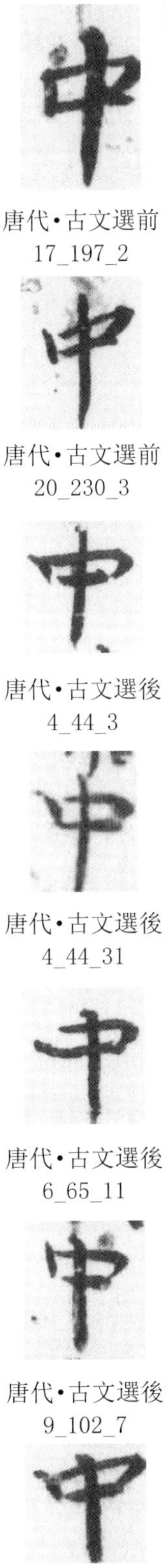

唐代•古文選前 17_197_2

唐代•古文選前 20_230_3

唐代•古文選後 4_44_3

唐代•古文選後 4_44_31

唐代•古文選後 6_65_11

唐代•古文選後 9_102_7

唐代•古文選後 10_108_5

唐代•文選百三 74_714_16

唐代•文選百三 79_753_16

唐代•文選百三 81_772_26

唐代•文選百三 81_774_34

唐代•文選百三 85_805_21

唐代•文選百三 87_827_19

唐代•古文選前 6_68_2

唐代•文選百三 67_645_19

唐代•文選百三 68_658_2

唐代•文選百三 69_668_7

唐代•文選百三 71_686_10

唐代•文選百三 71_687_25

唐代•文選百三 73_708_22

唐代•文選百三 73_709_9

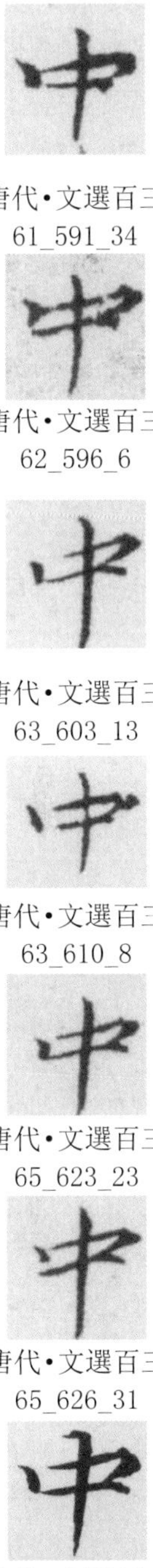

唐代•文選百三 61_591_34

唐代•文選百三 62_596_6

唐代•文選百三 63_603_13

唐代•文選百三 63_610_8

唐代•文選百三 65_623_23

唐代•文選百三 65_626_31

唐代•文選百三 67_641_8

唐代•十輪經九 13_257_1
唐代•十輪經九 17_322_7
唐代•十輪經九 17_327_9
唐代•十輪經九 18_346_2
唐代•十輪經九 18_349_10
唐代•十輪經十 2_24_14
唐代•十輪經十 6_113_7
唐代•十輪經九 3_46_13
唐代•十輪經九 3_52_4
唐代•十輪經九 5_97_7
唐代•十輪經九 6_102_9
唐代•十輪經九 10_198_25
唐代•十輪經九 12_235_23
唐代•十輪經九 13_254_6
唐代•十輪經八 17_338_11
唐代•十輪經八 19_371_4
唐代•十輪經八 19_376_11
唐代•十輪經八 21_408_13
唐代•十輪經八 21_414_3
唐代•十輪經九 1_8_13
唐代•十輪經九 1_13_16
唐代•十輪經八 11_220_4
唐代•十輪經八 12_225_11
唐代•十輪經八 13_257_3
唐代•十輪經八 14_262_11
唐代•十輪經八 15_296_4
唐代•十輪經八 15_300_11
唐代•十輪經八 17_333_4
唐代•十輪經四 22_423_6
唐代•十輪經八 6_107_3
唐代•十輪經八 6_112_6
唐代•十輪經八 8_145_3
唐代•十輪經八 8_150_6
唐代•十輪經八 10_183_10
唐代•十輪經八 10_188_13
唐代•十輪經四 18_342_13
唐代•十輪經四 18_357_13
唐代•十輪經四 19_374_13
唐代•十輪經四 21_406_5
唐代•十輪經四 21_407_16
唐代•十輪經四 21_413_18
唐代•十輪經四 21_418_10
唐代•十輪經四 8_158_15
唐代•十輪經四 9_178_13
唐代•十輪經四 11_217_12
唐代•十輪經四 12_222_7
唐代•十輪經四 14_275_4
唐代•十輪經四 15_296_12
唐代•十輪經四 16_320_13

唐代•十輪經十 11_216_4

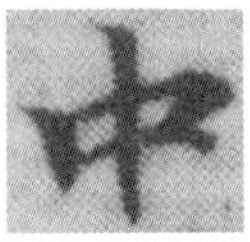
唐代•十輪經十 12_229_14

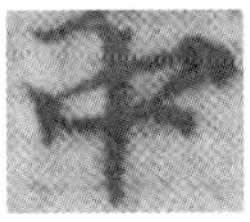
唐代•十輪經十 14_270_17

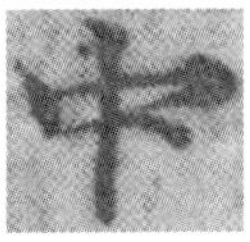
唐代•十輪經十 14_276_5

唐代•十輪經十 14_280_9

唐代•十輪經十 15_297_4

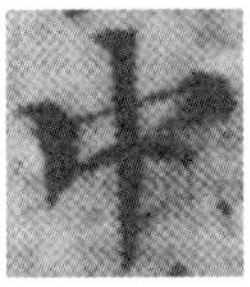
唐代•十輪經十 16_320_9

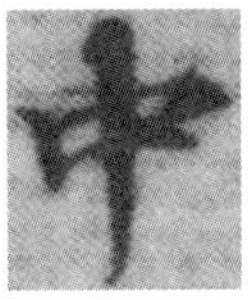
唐代•十輪經十 17_333_12

唐代•十輪經十 18_341_13

唐代•十輪經十 18_351_10

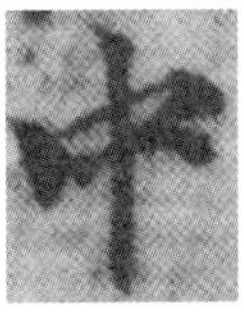
唐代•十輪經十 18_359_5

唐代•十輪經十 20_382_12

丿部

九

漢キュウ呉ク
訓ここのつ

初唐・大般若經
2_38_5

中唐・七祖像贊
1_9_1

中唐・風信帖
3_13_1

中唐・風信帖
4_23_1

唐代・春秋經傳
2_14_2

唐代・春秋經傳
5_43_2

唐代・春秋經傳
9_91_4

唐代・春秋經傳
10_105_11

唐代・春秋經傳
14_142_21

唐代・春秋經傳
14_143_2

唐代・春秋經傳
23_241_16

唐代・春秋經傳
24_247_28

唐代・春秋經傳
25_261_1

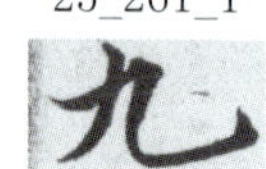
唐代・春秋經傳
29_306_2

唐代・春秋經傳
30_308_18

唐代・春秋經傳
30_311_3

唐代・春秋經傳
30_315_2

唐代・春秋經傳
39_408_10

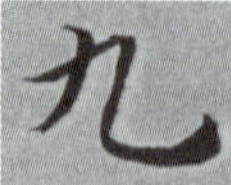
唐代・文選四八
14_123_16

唐代・文選四八
14_125_7

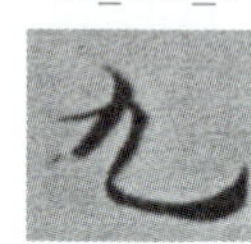
唐代・文選四八
14_125_26

唐代・文選四八
14_126_4

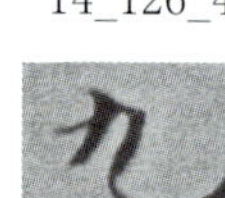
唐代・文選四八
14_126_6

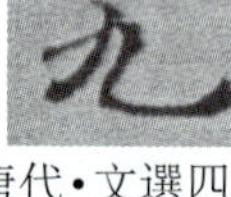
唐代・文選四八
14_126_23

唐代・文選四八
14_127_5

唐代・文選四八
15_136_19

唐代・文選四八
15_137_6

唐代・文選四八
15_138_22

唐代・文選四八
16_145_20

唐代・文選四八
17_156_6

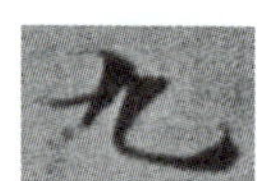
唐代・文選四八
18_158_12

唐代・文選四八
22_201_3

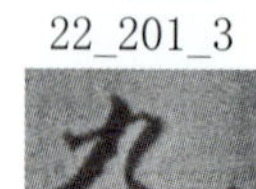
唐代・文選四八
22_202_6

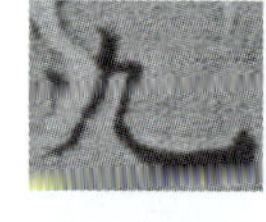
唐代・文選四八
22_202_20

唐代・文選四八
22_202_23

唐代・文選四八
22_203_16

唐代・文選四八
22_203_20

唐代・文選四八
22_204_3

唐代・文選四八
31_280_9

唐代・文選四八
31_282_11

唐代・文選四八
32_286_12

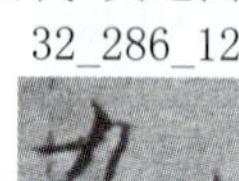
唐代・文選四八
32_287_25

唐代・文選四八
44_395_13

唐代・文選四八
44_395_18

唐代・文選四八
44_395_20

唐代・文選五九
15_139_20

唐代・文選五九
17_167_11

唐代・文選五九
17_170_7

唐代・文選五九
32_318_2

唐代・文選五九
49_480_1

唐代・文選五九
49_481_0

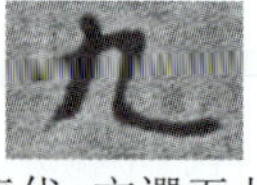
唐代・文選五九
49_481_15

唐代・文選五九
49_485_2

唐代・文選五九
49_485_8

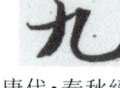

唐代•文選五九
69_664_8

唐代•文選五九
69_666_3

唐代•文選五九
70_668_2

唐代•文選五九
70_668_6

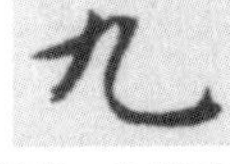
唐代•文選五九
70_673_1

唐代•文選五九
70_673_20

唐代•文選五九
71_679_17

唐代•文選五九
88_845_3

唐代•文選五九
88_845_7

唐代•文選五九
94_907_11

唐代•文選五九
111_1058_9

唐代•文選五九
111_1059_18

唐代•文選五九
111_1060_5

唐代•文選五九
112_1065_7

唐代•文選六八
3_35_11

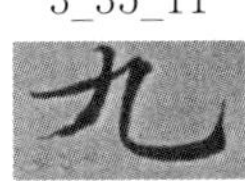
唐代•文選六八
6_66_6

唐代•文選六八
13_137_6

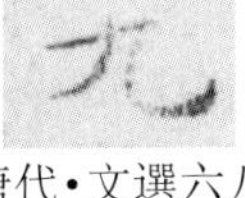
唐代•文選六八
13_138_8

唐代•文選六八
13_141_23

唐代•文選六八
17_172_26

唐代•文選六八
23_233_4

唐代•文選六八
23_234_3

唐代•文選六八
24_243_7

唐代•文選六八
24_244_7

唐代•文選六八
24_244_28

唐代•文選六八
24_245_8

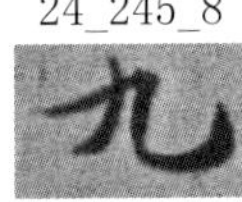
唐代•文選六八
24_245_11

唐代•文選六八
24_245_22

唐代•文選六八
25_246_4

唐代•文選六八
29_293_3

唐代•文選六八
36_359_18

唐代•文選六八
45_448_8

唐代•文選六八
45_449_10

唐代•文選六八
45_449_27

唐代•文選六八
45_450_29

唐代•文選六八
57_573_7

唐代•文選六八
57_574_8

唐代•文選六八
57_576_4

唐代•文選六八
61_616_20

唐代•文選六八
62_618_12

唐代•文選六八
62_618_16

唐代•文選六八
62_619_11

唐代•文選六八
62_619_13

唐代•文選六八
62_621_21

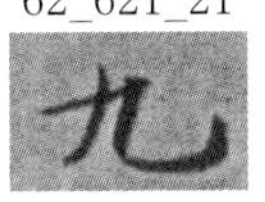
唐代•文選六八
62_621_23

唐代•文選六八
64_639_13

唐代•文選六八
64_639_20

唐代•文選六八
64_639_24

唐代•文選六八
64_642_26

唐代•文選百三
1_8_6

唐代•文選百三
4_29_16

唐代•文選百三
5_35_28

唐代•文選百三
5_35_30

唐代•文選百三
18_174_10

唐代•文選百三
25_241_7

唐代•文選百三
27_270_28

唐代•文選百三
48_465_11

唐代•文選百三
49_466_11

唐代•文選百三
49_466_29

唐代•文選百三
50_486_1

唐代•文選百三
51_487_4

唐代•文選百三
51_487_13

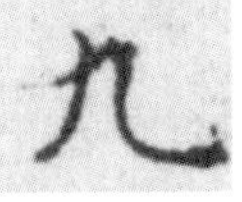
唐代•文選百三
51_488_1

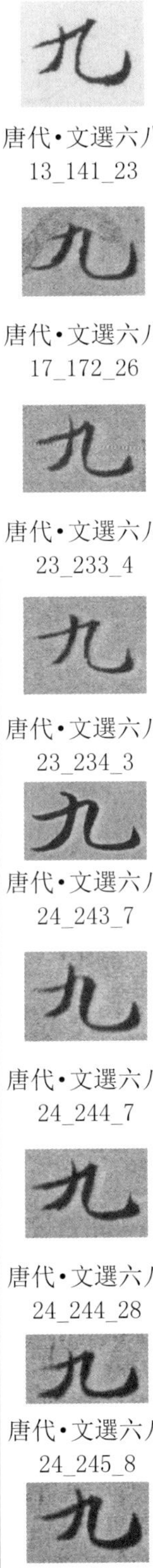

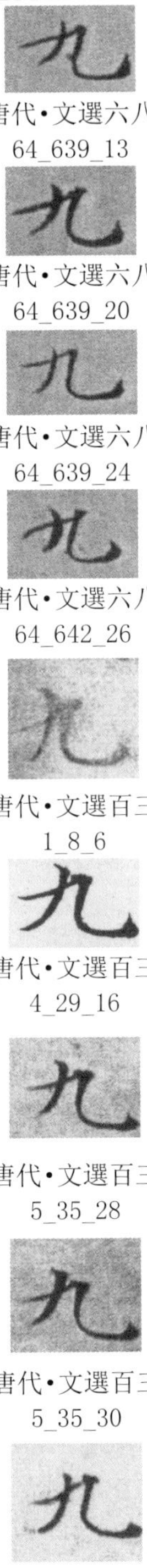

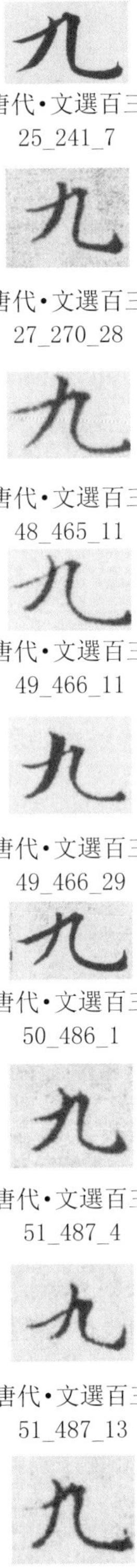

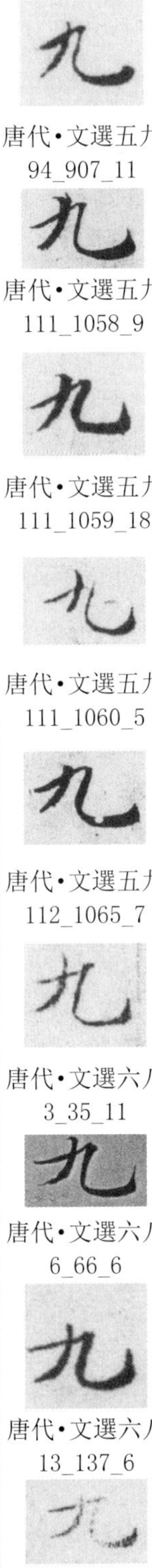

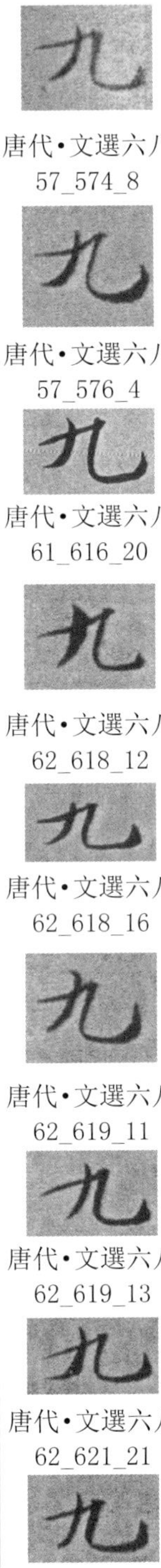

乃 乃

漢ダイ呉ナイ
訓なんじ

乂 乂

漢ガイ呉ゲ
訓かる

唐代・春秋經傳
12_117_8

唐代・春秋經傳
13_128_2

唐代・春秋經傳
20_206_8

唐代・春秋經傳
20_212_11

唐代・春秋經傳
21_214_8

唐代・春秋經傳
21_219_8

唐代・春秋經傳
27_283_7

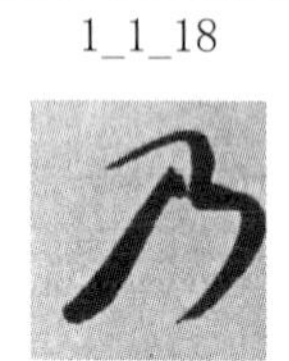

初唐・大般若經
2_29_6

初唐・大般若經
2_34_11

初唐・聖武雜集
1_1_18

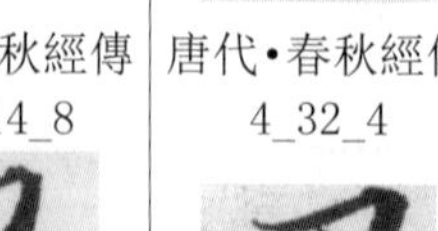

中唐・金剛經題
2_8_3

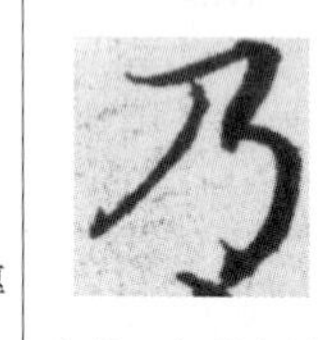

唐代・春秋經傳
4_32_4

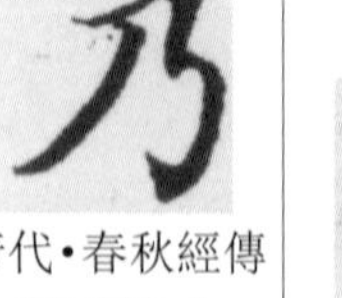

唐代・春秋經傳
7_71_17

唐代・春秋經傳
11_112_7

初唐・大般若經
1_10_13

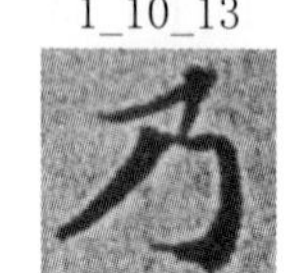

初唐・大般若經
1_12_15

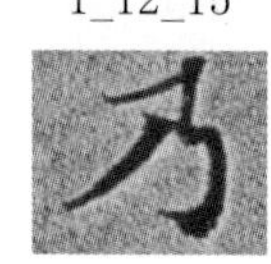

初唐・大般若經
1_14_17

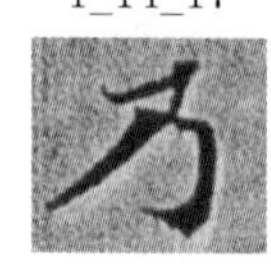

初唐・大般若經
1_17_2

初唐・大般若經
1_19_4

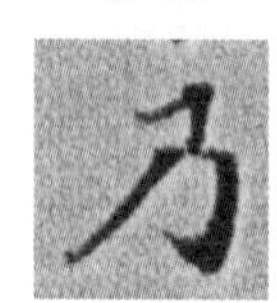

初唐・大般若經
2_24_3

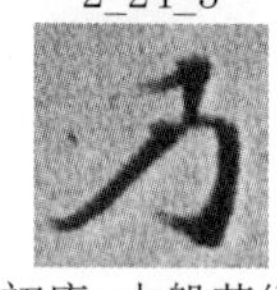

初唐・大般若經
2_26_15

俊乂
唐代・文選四八
28_251_5

唐代・文選六八
66_661_2

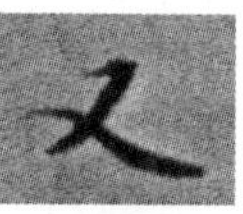

唐代・文選六八
66_662_2

唐代・古文選後
1_8_10

唐代・十輪經九
2_26_3

唐代・十輪經九
22_424_12

唐代・十輪經十
12_225_11

唐代・十輪經十
15_298_17

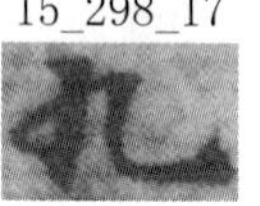

唐代・十輪經十
19_372_14

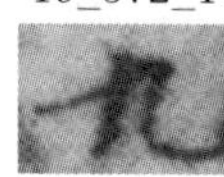

唐代・十輪經九
1_1_18

唐代・古文選後
6_66_4

唐代・古文選後
14_164_9

唐代・古文選後
15_174_6

唐代・古文選後
15_175_2

唐代・古文選後
16_192_1

唐代・古文選後
20_238_13

唐代・古文選後
21_243_4

唐代・古文選後
22_253_10

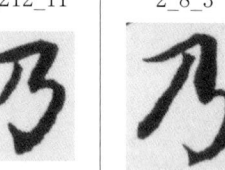

唐代・古文選前
2_15_6

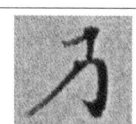

唐代・古文選前
13_155_8

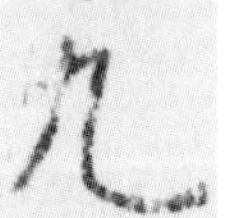

唐代・古文選前
17_197_7

唐代・古文選前
17_199_3

唐代・古文選前
18_213_13

唐代・古文選前
25_295_5

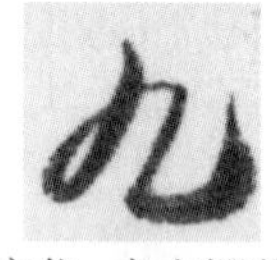

唐代・古文選後
1_2_7

唐代・古文選後
11_126_5

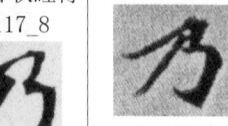

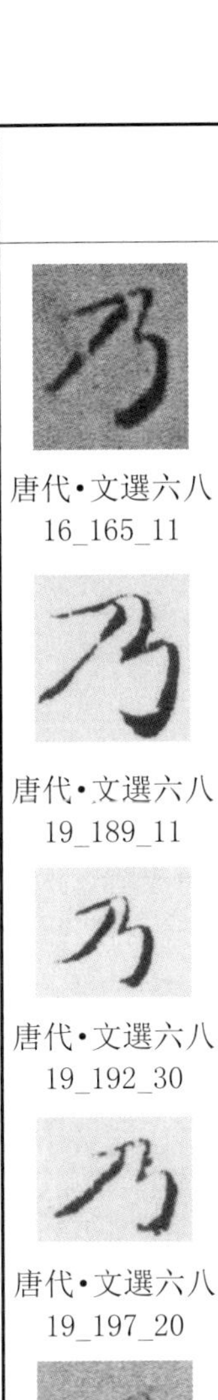

唐代·文選六八
16_165_11

唐代·文選六八
19_189_11

唐代·文選六八
19_192_30

唐代·文選六八
19_197_20

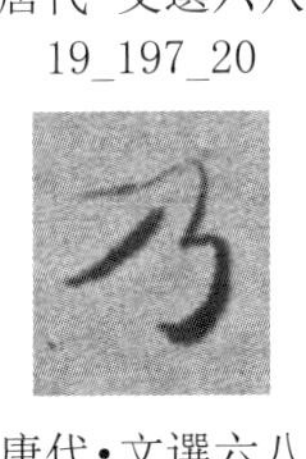

唐代·文選六八
21_218_23

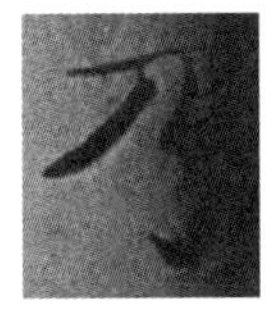

唐代·文選六八
35_355_3

唐代·文選六八
43_425_10

唐代·文選五九
87_833_2

唐代·文選五九
88_838_14

唐代·文選五九
90_868_30

唐代·文選五九
103_971_20

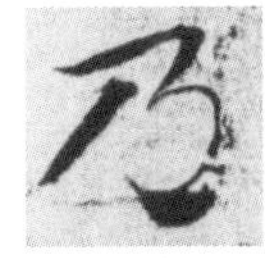

唐代·文選五九
110_1043_3

唐代·文選六八
1_11_2

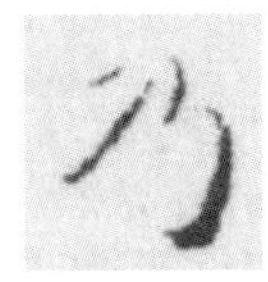

唐代·文選六八
1_12_21

唐代·文選五九
43_425_3

唐代·文選五九
47_460_7

唐代·文選五九
57_553_16

唐代·文選五九
68_650_2

唐代·文選五九
78_751_23

唐代·文選五九
84_805_27

唐代·文選五九
84_806_8

唐代·文選四八
50_449_14

唐代·文選五九
13_128_8

唐代·文選五九
14_132_20

唐代·文選五九
16_154_5

唐代·文選五九
35_342_29

唐代·文選五九
35_343_28

唐代·文選五九
35_350_28

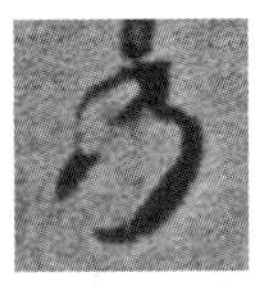

唐代·文選四八
22_204_8

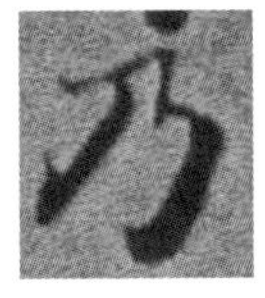

唐代·文選四八
23_208_11

唐代·文選四八
32_292_11

唐代·文選四八
42_376_16

唐代·文選四八
42_376_22

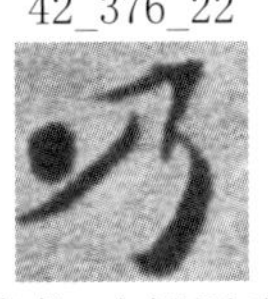

唐代·文選四八
48_433_14

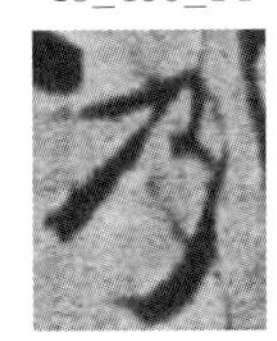

唐代·文選四八
49_445_4

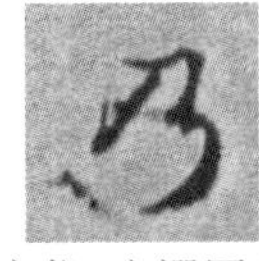

唐代·文選四八
11_99_6

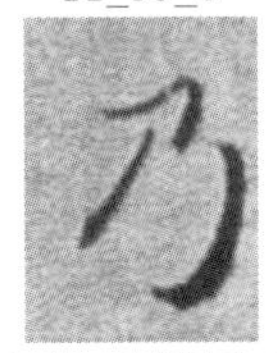

唐代·文選四八
12_106_3

唐代·文選四八
12_106_12

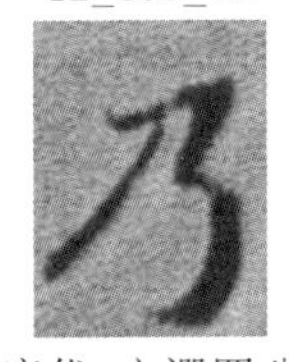

唐代·文選四八
18_158_26

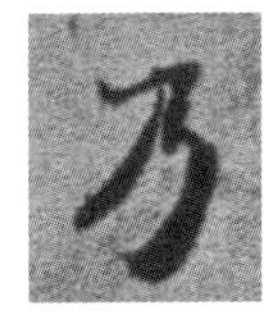

唐代·文選四八
20_182_10

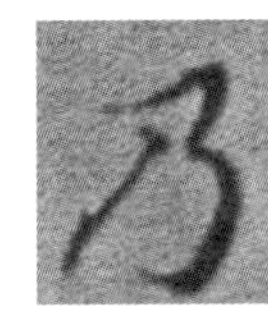

唐代·文選四八
20_184_15

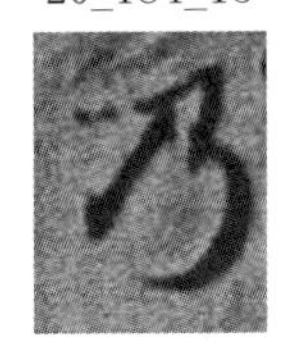

唐代·文選四八
20_185_20

唐代·春秋經傳
31_320_1

唐代·春秋經傳
35_369_27

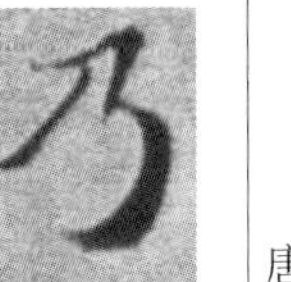

唐代·春秋經傳
36_375_4

唐代·春秋經傳
38_399_17

唐代·春秋經傳
38_402_18

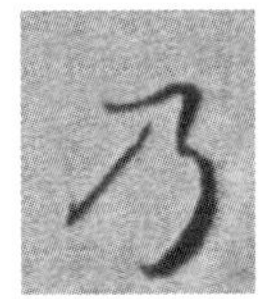

唐代·文選四八
4_29_11

唐代·文選四八
9_77_13

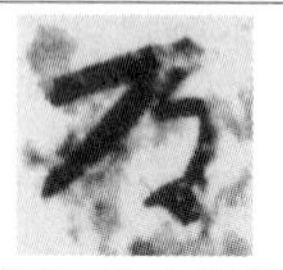
唐代•古文選前
1_7_9

唐代•古文選前
12_139_2

唐代•古文選前
21_250_9

唐代•古文選前
21_252_5

唐代•古文選前
22_255_3

唐代•古文選前
25_291_15

唐代•古文選後
2_16_11

唐代•文選百三
75_720_12

唐代•文選百三
78_742_16

唐代•文選百三
81_772_32

唐代•文選百三
82_778_27

唐代•文選百三
82_783_21

唐代•文選百三
83_786_6

唐代•古文選前
1_4_8

唐代•文選百三
45_427_10

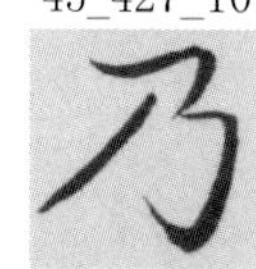
唐代•文選百三
45_433_10

唐代•文選百三
57_548_23

唐代•文選百三
60_577_14

唐代•文選百三
61_581_7

唐代•文選百三
63_613_9

唐代•文選百三
69_662_27

唐代•文選百三
22_212_3

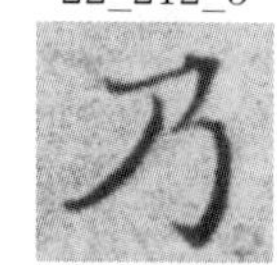
唐代•文選百三
27_262_7

唐代•文選百三
32_320_24

唐代•文選百三
35_347_4

唐代•文選百三
39_390_2

唐代•文選百三
41_410_2

唐代•文選百三
41_415_30

唐代•文選百三
5_39_30

唐代•文選百三
5_39_32

唐代•文選百三
10_91_4

唐代•文選百三
12_110_16

唐代•文選百三
12_111_25

唐代•文選百三
14_131_5

唐代•文選百三
20_195_17

唐代•文選六八
65_648_1

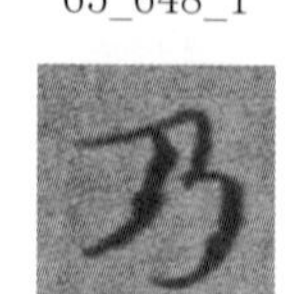
唐代•文選六八
65_657_10

唐代•文選八八
3_12_2

唐代•文選八八
3_13_21

唐代•文選八八
11_86_23

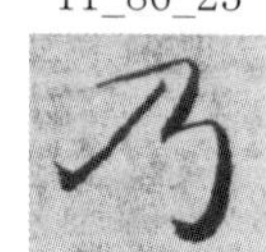
唐代•文選八八
19_164_6

唐代•文選百三
4_31_10

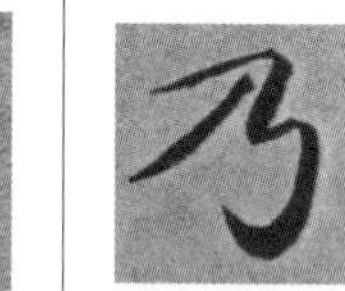
唐代•文選六八
43_437_20

唐代•文選六八
48_482_2

唐代•文選六八
49_493_10

唐代•文選六八
50_502_5

唐代•文選六八
55_558_1

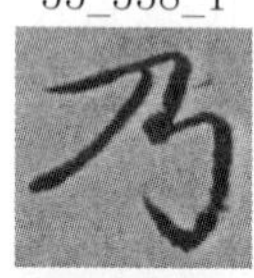
唐代•文選六八
61_605_3

唐代•文選六八
61_606_2

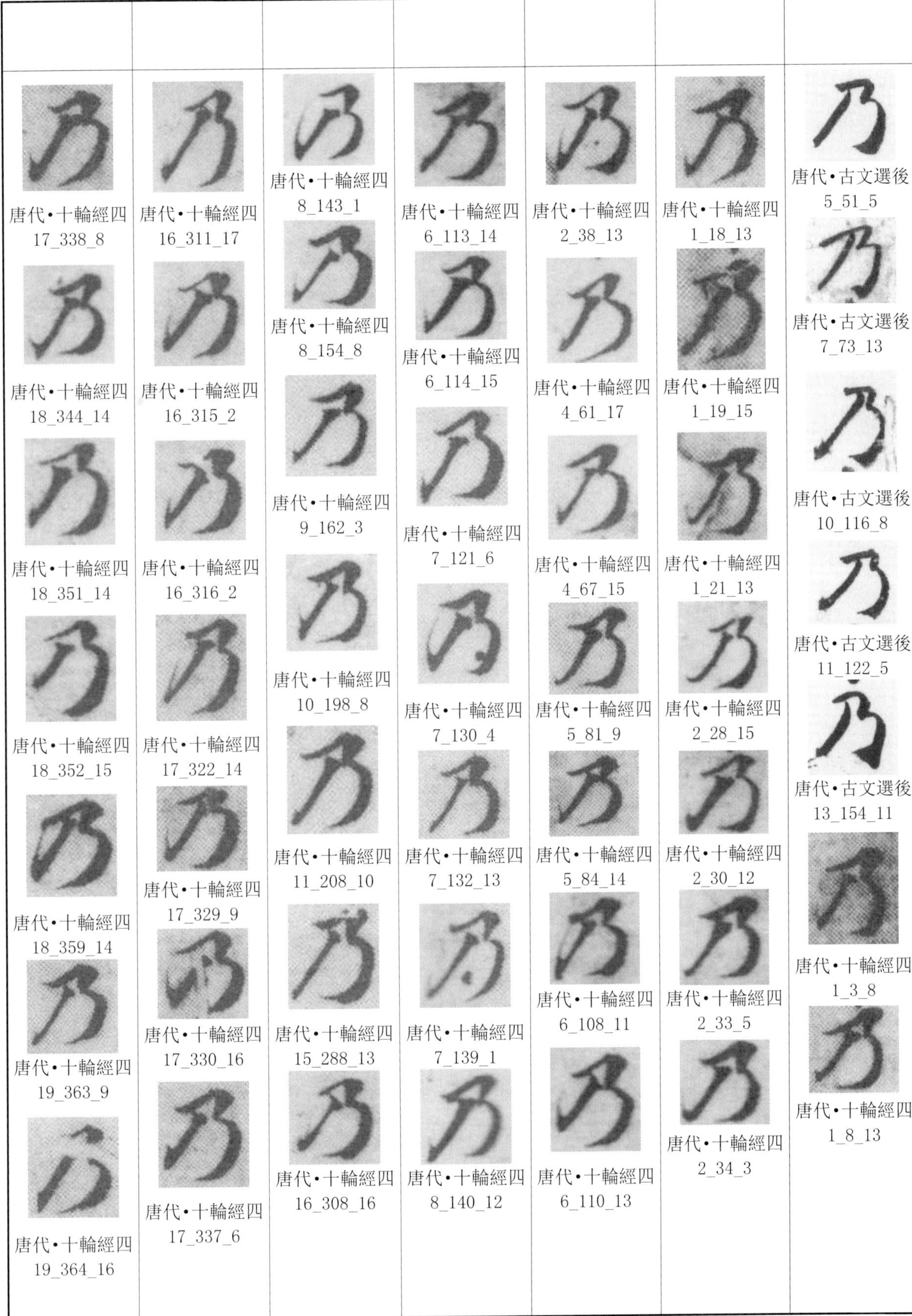

唐代·古文選後 5_51_5
唐代·古文選後 7_73_13
唐代·古文選後 10_116_8
唐代·古文選後 11_122_5
唐代·古文選後 13_154_11
唐代·十輪經四 1_3_8
唐代·十輪經四 1_8_13

唐代·十輪經四 1_18_13
唐代·十輪經四 1_19_15
唐代·十輪經四 1_21_13
唐代·十輪經四 2_28_15
唐代·十輪經四 2_30_12
唐代·十輪經四 2_33_5
唐代·十輪經四 2_34_3

唐代·十輪經四 2_38_13
唐代·十輪經四 4_61_17
唐代·十輪經四 4_67_15
唐代·十輪經四 5_81_9
唐代·十輪經四 5_84_14
唐代·十輪經四 6_108_11
唐代·十輪經四 6_110_13

唐代·十輪經四 6_113_14
唐代·十輪經四 6_114_15
唐代·十輪經四 7_121_6
唐代·十輪經四 7_130_4
唐代·十輪經四 7_132_13
唐代·十輪經四 7_139_1
唐代·十輪經四 8_140_12

唐代·十輪經四 8_143_1
唐代·十輪經四 8_154_8
唐代·十輪經四 9_162_3
唐代·十輪經四 10_198_8
唐代·十輪經四 11_208_10
唐代·十輪經四 15_288_13
唐代·十輪經四 16_308_16

唐代·十輪經四 16_311_17
唐代·十輪經四 16_315_2
唐代·十輪經四 16_316_2
唐代·十輪經四 17_322_14
唐代·十輪經四 17_329_9
唐代·十輪經四 17_330_16
唐代·十輪經四 17_337_6

唐代·十輪經四 17_338_8
唐代·十輪經四 18_344_14
唐代·十輪經四 18_351_14
唐代·十輪經四 18_352_15
唐代·十輪經四 18_359_14
唐代·十輪經四 19_363_9
唐代·十輪經四 19_364_16

乞

慣コツ 漢キツ、キ 呉コチ、ケ 訓こう

唐代・文選五九 16_153_14

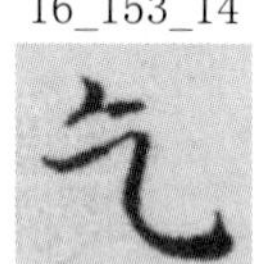
唐代・文選五九 16_153_24

唐代・文選五九 92_880_18

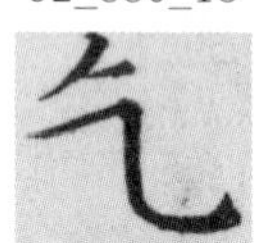
唐代・文選百三 3_22_12

唐代・文選百三 3_23_14

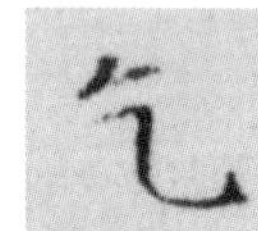
唐代・文選百三 55_525_27

久

漢キュウ 呉ク 訓ひさしい

唐代・文選四八 3_16_10

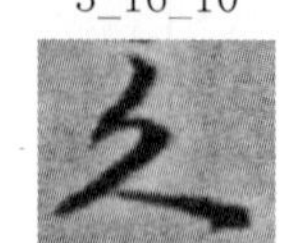
唐代・文選四八 4_23_16

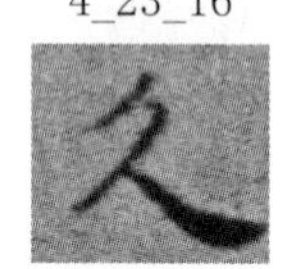
唐代・文選五九 18_178_14

唐代・文選五九 19_182_5

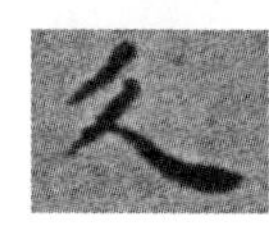
唐代・文選五九 19_186_18

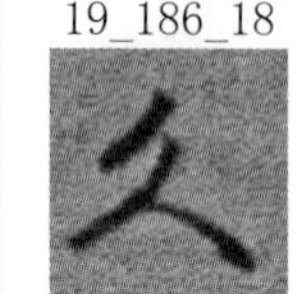
唐代・文選五九 25_242_21

唐代・文選五九 27_268_30

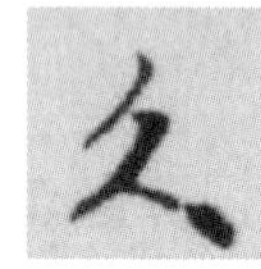
唐代・文選五九 40_394_8

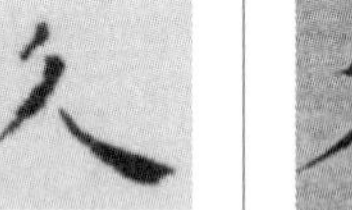
唐代・文選五九 52_512_17

唐代・文選五九 53_522_14

唐代・文選五九 64_612_16

唐代・文選五九 75_720_17

唐代・文選五九 112_1061_6

唐代・文選百三 31_312_9

唐代・文選百三 31_313_25

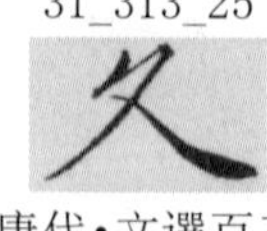
唐代・文選百三 33_334_24

唐代・文選百三 56_537_31

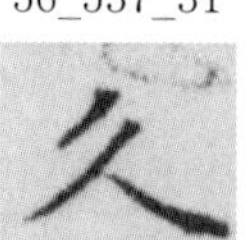
唐代・文選百三 56_538_5

唐代・文選百三 84_798_23

唐代・文選百三 84_799_2

唐代・古文選後 7_73_3

唐代・古文選後 22_264_11

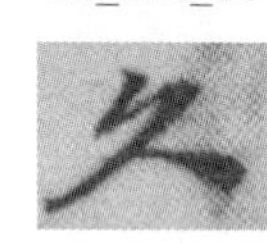
唐代・十輪經四 3_50_14

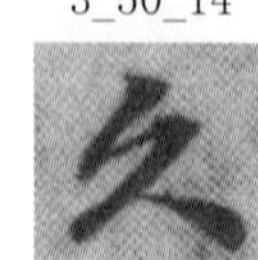
唐代・十輪經四 5_90_9

唐代・十輪經四 6_116_8

唐代・十輪經四 14_267_21

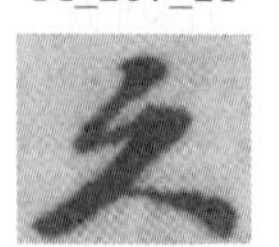
唐代・十輪經四 16_317_13

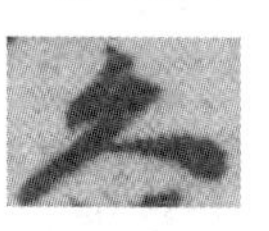
唐代・十輪經四 17_339_17

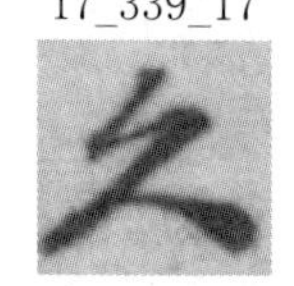
唐代・十輪經四 18_354_8

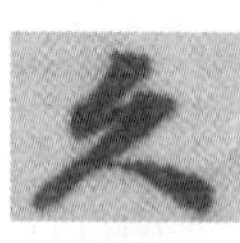
唐代・十輪經四 19_371_6

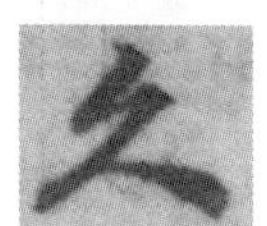
唐代・十輪經四 20_390_16

唐代・十輪經四 20_396_10

唐代・十輪經八 7_121_12

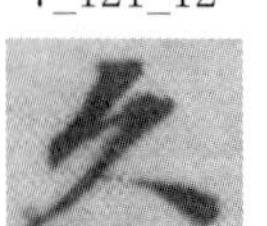
唐代・十輪經八 8_160_7

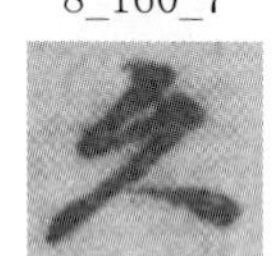
唐代・十輪經八 10_198_3

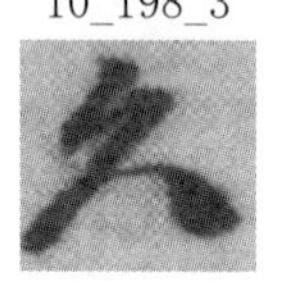
唐代・十輪經八 12_235_12

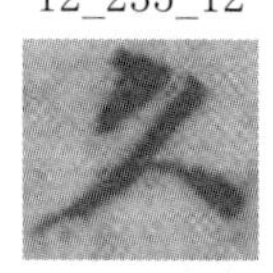
唐代・十輪經八 14_272_13

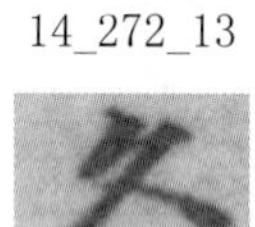
唐代・十輪經八 16_310_11

唐代・十輪經八 18_349_3

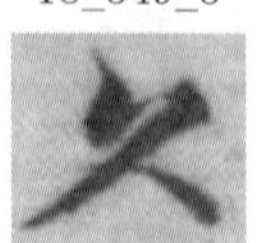
唐代・十輪經八 20_386_16

唐代・十輪經八 22_426_7

唐代・十輪經九 2_24_16

唐代・十輪經九 4_64_4

唐代・十輪經十 17_321_10

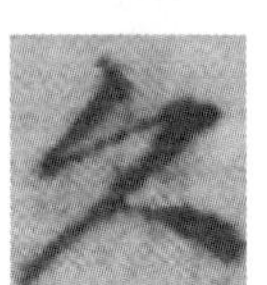
唐代・十輪經十 17_334_8

丸

呉ガン
訓まるい

及

漢キュウ
訓およぶ

唐代・春秋經傳 7_73_17
唐代・文選五九 17_160_18
唐代・文選五九 89_854_14
唐代・文選六八 38_380_18
唐代・文選六八 39_389_21
唐代・文選六八 41_417_16
唐代・文選六八 46_459_19
唐代・文選六八 53_530_18

初唐・金剛場經 1_3_9
初唐・金剛場經 1_3_15
初唐・金剛場經 1_8_22
初唐・大般若經 1_9_17
初唐・大般若經 1_12_2
初唐・大般若經 1_14_4
初唐・大般若經 1_16_6
初唐・大般若經 1_18_8

初唐・大般若經 1_20_10
初唐・聖武雜集 1_6_7
中唐・風信帖 2_8_1
中唐・風信帖 3_17_5
唐代・春秋經傳 3_25_7
唐代・春秋經傳 4_38_15
唐代・春秋經傳 5_47_18
唐代・春秋經傳 5_52_13

唐代・春秋經傳 7_67_6
唐代・春秋經傳 8_77_14
唐代・春秋經傳 12_117_3
唐代・春秋經傳 13_136_20
唐代・春秋經傳 13_136_24
唐代・春秋經傳 15_156_9
唐代・春秋經傳 15_157_9
唐代・春秋經傳 16_170_16

唐代・春秋經傳 18_182_9
唐代・春秋經傳 18_182_14
唐代・春秋經傳 18_188_6
唐代・春秋經傳 18_188_11
唐代・春秋經傳 19_194_3
唐代・春秋經傳 19_195_10
唐代・春秋經傳 20_209_8
唐代・春秋經傳 20_213_12

唐代・春秋經傳 21_216_3
唐代・春秋經傳 22_224_3
唐代・春秋經傳 22_226_19
唐代・春秋經傳 23_236_3
唐代・春秋經傳 24_243_18
唐代・春秋經傳 24_252_2
唐代・春秋經傳 25_255_19
唐代・春秋經傳 26_273_5

唐代・春秋經傳 27_274_7
唐代・春秋經傳 27_275_25
唐代・春秋經傳 28_294_7
唐代・春秋經傳 29_298_5
唐代・春秋經傳 29_304_5
唐代・春秋經傳 32_338_8
唐代・春秋經傳 34_356_4
唐代・春秋經傳 36_373_10

唐代•文選百三 6_50_6
唐代•文選百三 6_54_20
唐代•文選百三 8_72_27
唐代•文選百三 8_74_35
唐代•文選百三 9_75_8
唐代•文選百三 19_188_27
唐代•文選百三 21_201_35
唐代•文選百三 22_212_34

唐代•文選六八 69_687_25
唐代•文選八八 10_79_1
唐代•文選八八 10_80_4
唐代•文選八八 15_133_9
唐代•文選八八 16_134_26
唐代•文選八八 21_182_2
唐代•文選百三 1_8_26
唐代•文選百三 6_49_16

唐代•文選六八 61_610_7
唐代•文選六八 62_622_3
唐代•文選六八 64_641_10
唐代•文選六八 64_643_26
唐代•文選六八 69_683_19
唐代•文選六八 69_683_23
唐代•文選六八 69_686_5
唐代•文選六八 69_686_12

唐代•文選六八 36_359_22
唐代•文選六八 42_420_1
唐代•文選六八 45_453_4
唐代•文選六八 46_460_2
唐代•文選六八 51_512_5
唐代•文選六八 53_535_27
唐代•文選六八 54_539_26
唐代•文選六八 60_603_22

唐代•文選五九 60_573_13
唐代•文選五九 60_580_5
唐代•文選五九 71_681_18
唐代•文選五九 86_827_22
唐代•文選五九 109_1029_18
唐代•文選五九 110_1042_9
唐代•文選五九 110_1044_5
唐代•文選六八 33_335_12

唐代•文選五九 3_23_16
唐代•文選五九 11_104_13
唐代•文選五九 11_105_15
唐代•文選五九 14_138_27
唐代•文選五九 15_151_22
唐代•文選五九 35_342_1
唐代•文選五九 40_398_14
唐代•文選五九 53_521_7

唐代•春秋經傳 39_407_11
唐代•文選四八 17_157_13
唐代•文選四八 34_310_1
唐代•文選四八 37_331_16
唐代•文選四八 38_344_10
唐代•文選四八 42_380_10
唐代•文選四八 43_387_23
唐代•文選四八 49_444_23

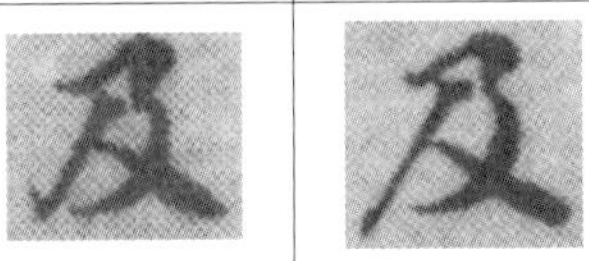 唐代•十輪經八 7_133_5	唐代•十輪經四 21_416_8	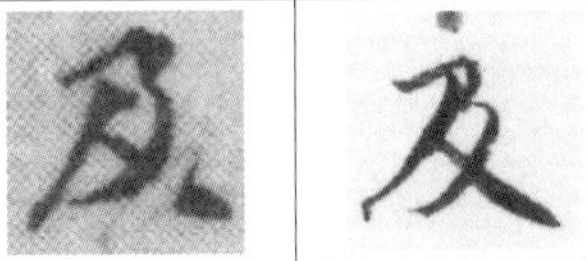 唐代•十輪經四 5_98_5	唐代•古文選後 18_206_7	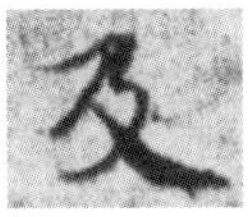 唐代•文選百三 76_732_24	 唐代•文選百三 41_410_16	唐代•文選百三 23_222_1
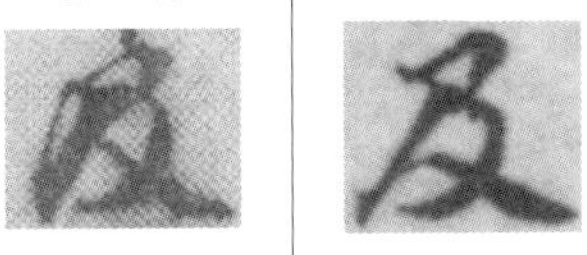 唐代•十輪經八 9_171_17	唐代•十輪經四 22_421_5	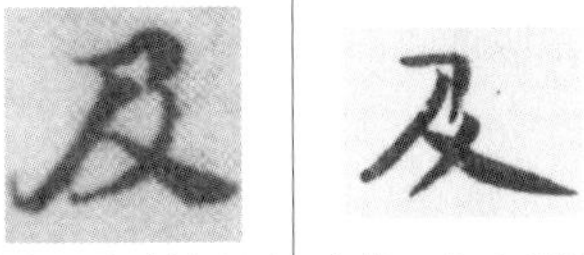 唐代•十輪經四 6_101_2	唐代•古文選後 26_301_18	 唐代•文選百三 85_817_5	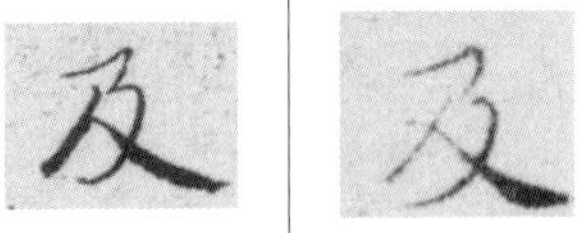 唐代•文選百三 52_499_2	唐代•文選百三 23_225_4
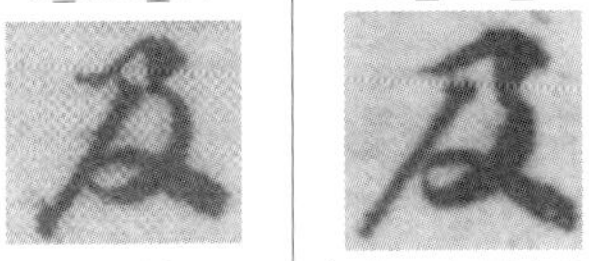 唐代•十輪經八 11_209_13	唐代•十輪經四 22_425_11	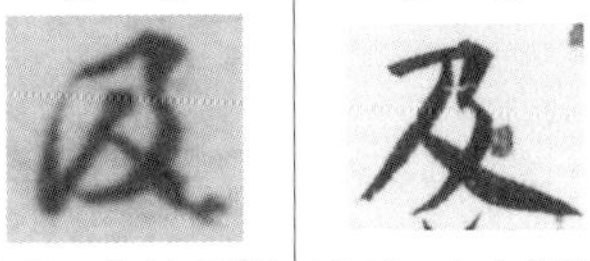 唐代•十輪經四 6_110_1	唐代•古文選後 26_312_11	 唐代•古文選前 1_9_14	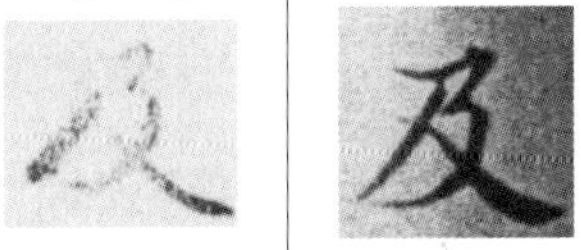 唐代•文選百三 55_532_15	唐代•文選百三 23_226_9
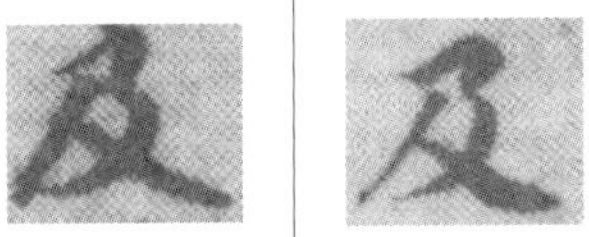 唐代•十輪經八 13_247_5	唐代•十輪經八 1_14_3	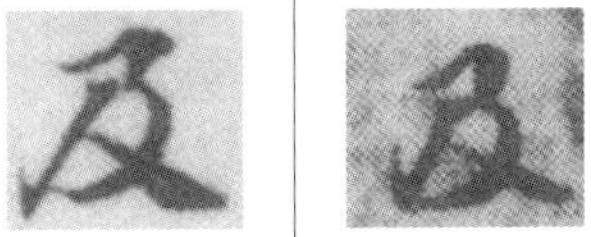 唐代•十輪經四 8_156_6	唐代•十輪經四 3_41_2	 唐代•古文選前 1_10_5	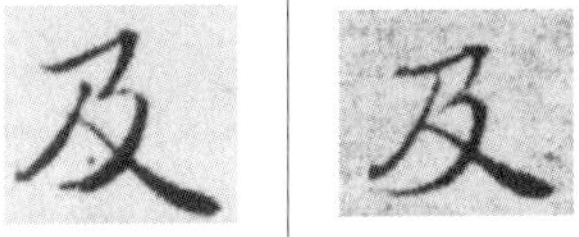 唐代•文選百三 63_601_34	唐代•文選百三 23_228_32
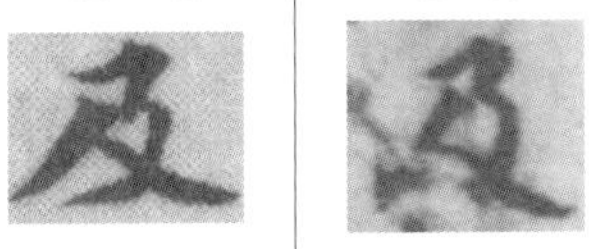 唐代•十輪經八 15_284_7	唐代•十輪經八 2_28_8	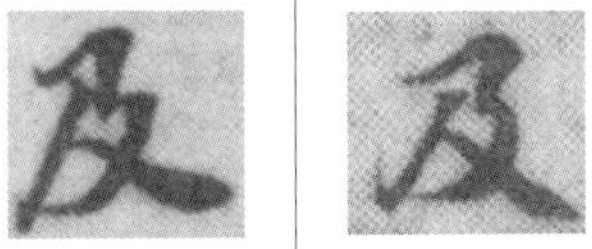 唐代•十輪經四 14_273_11	唐代•十輪經四 3_45_3	 唐代•古文選前 6_70_8	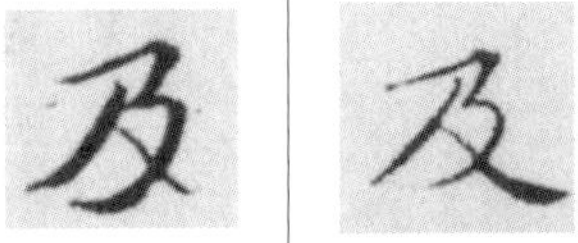 唐代•文選百三 63_603_11	唐代•文選百三 25_249_21
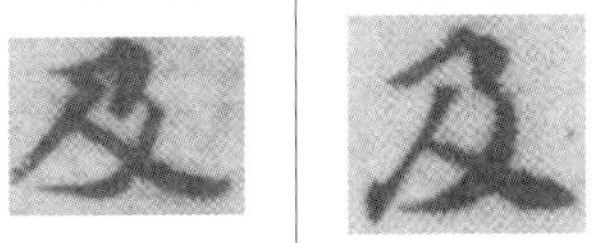 唐代•十輪經八 16_322_5	唐代•十輪經八 3_47_11	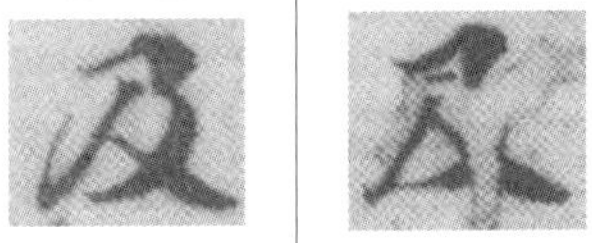 唐代•十輪經四 19_362_1	唐代•十輪經四 3_53_10	 唐代•古文選前 20_240_10	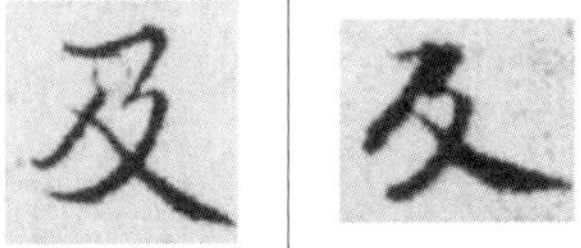 唐代•文選百三 65_620_7	唐代•文選百三 30_297_35
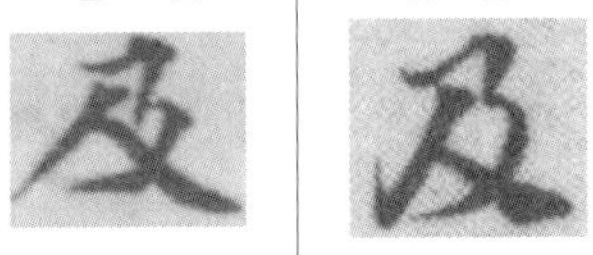 唐代•十輪經八 18_344_2	唐代•十輪經八 3_55_4	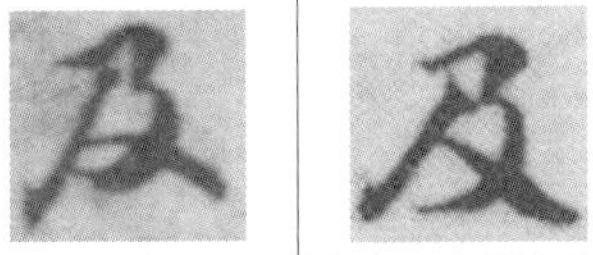 唐代•十輪經四 20_384_12	唐代•十輪經四 4_77_13	 唐代•古文選前 22_255_4	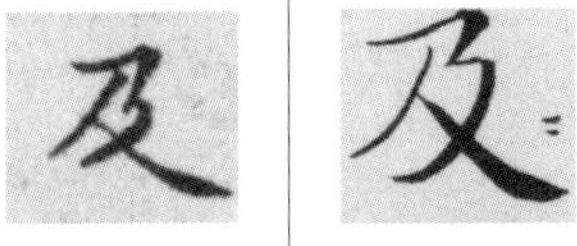 唐代•文選百三 72_695_19	唐代•文選百三 35_347_3
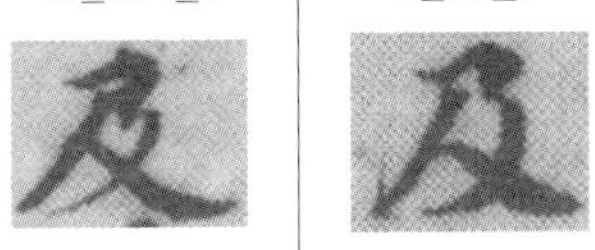 唐代•十輪經八 18_360_14	唐代•十輪經八 5_86_6	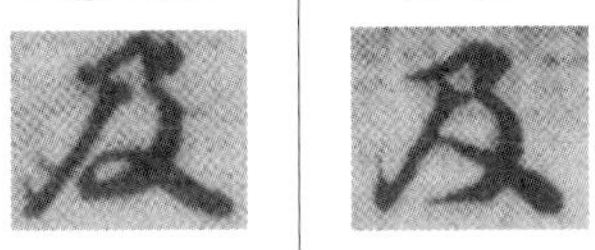 唐代•十輪經四 21_412_6	唐代•十輪經四 5_85_13	 唐代•古文選後 11_121_8	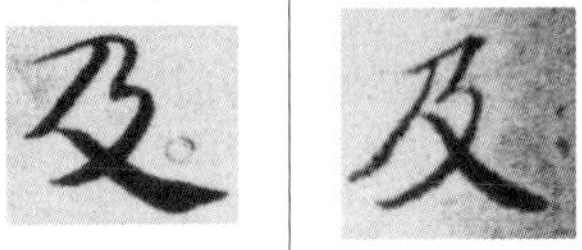 唐代•文選百三 76_728_11	唐代•文選百三 35_352_7

川 巛

セン

訓かわ

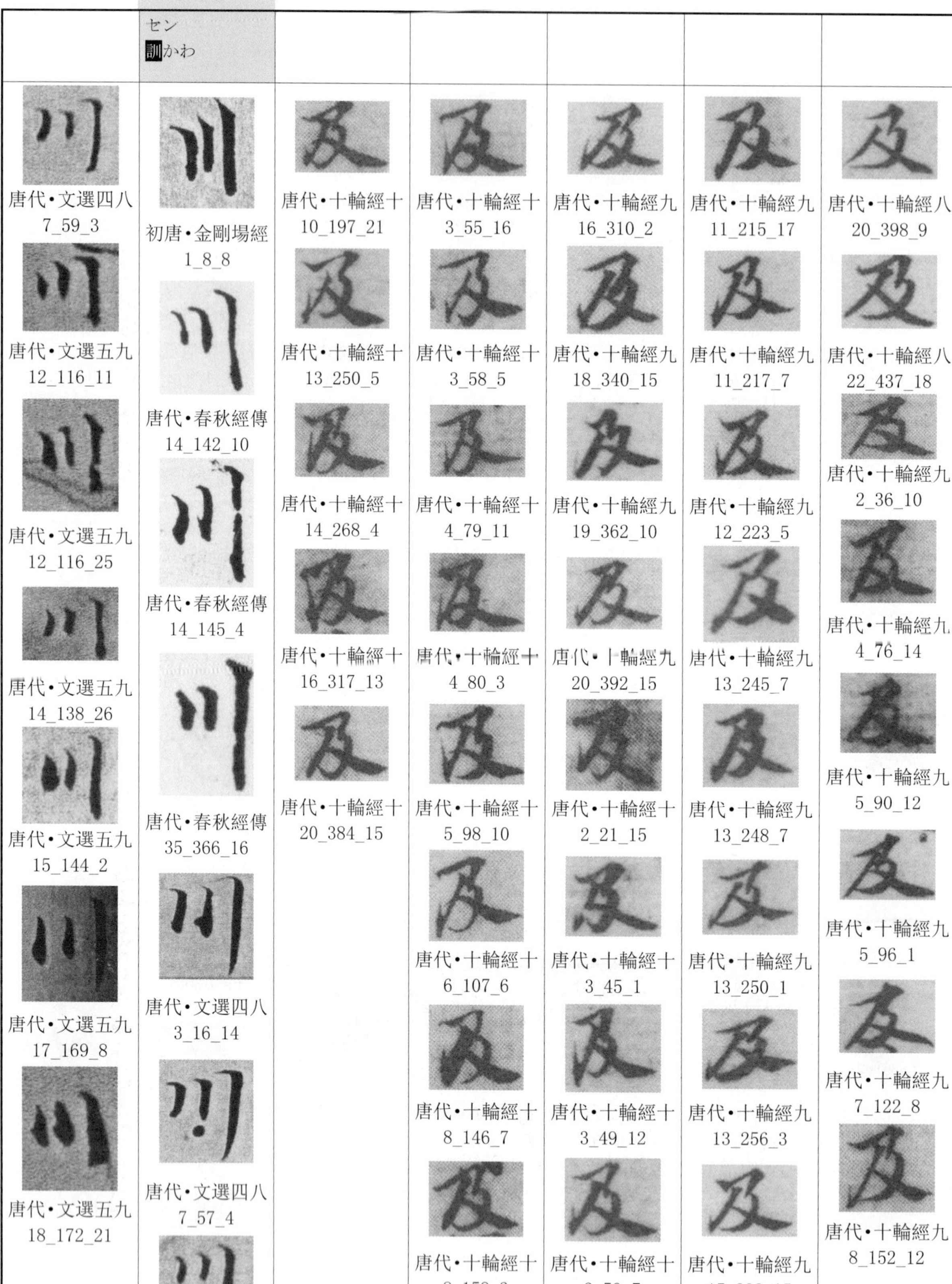

唐代・文選四八 7_59_3

唐代・文選五九 12_116_11

唐代・文選五九 12_116_25

唐代・文選五九 14_138_26

唐代・文選五九 15_144_2

唐代・文選五九 17_169_8

唐代・文選五九 18_172_21

初唐・金剛場經 1_8_8

唐代・春秋經傳 14_142_10

唐代・春秋經傳 14_145_4

唐代・春秋經傳 35_366_16

唐代・文選四八 3_16_14

唐代・文選四八 7_57_4

唐代・文選四八 7_58_16

唐代・十輪經十 10_197_21

唐代・十輪經十 13_250_5

唐代・十輪經十 14_268_4

唐代・十輪經十 16_317_13

唐代・十輪經十 20_384_15

唐代・十輪經十 3_55_16

唐代・十輪經十 3_58_5

唐代・十輪經十 4_79_11

唐代・十輪經十 4_80_3

唐代・十輪經十 5_98_10

唐代・十輪經十 6_107_6

唐代・十輪經十 8_146_7

唐代・十輪經十 8_159_3

唐代・十輪經九 16_310_2

唐代・十輪經九 18_340_15

唐代・十輪經九 19_362_10

唐代・十輪經九 20_392_15

唐代・十輪經十 2_21_15

唐代・十輪經十 3_45_1

唐代・十輪經十 3_49_12

唐代・十輪經十 3_50_7

唐代・十輪經九 11_215_17

唐代・十輪經九 11_217_7

唐代・十輪經九 12_223_5

唐代・十輪經九 13_245_7

唐代・十輪經九 13_248_7

唐代・十輪經九 13_250_1

唐代・十輪經九 13_256_3

唐代・十輪經九 15_282_15

唐代・十輪經八 20_398_9

唐代・十輪經八 22_437_18

唐代・十輪經九 2_36_10

唐代・十輪經九 4_76_14

唐代・十輪經九 5_90_12

唐代・十輪經九 5_96_1

唐代・十輪經九 7_122_8

唐代・十輪經九 8_152_12

唐代•文選五九
18_173_4

唐代•文選五九
18_173_24

唐代•文選五九
25_247_10

唐代•文選五九
33_326_9

唐代•文選五九
59_572_25

唐代•文選五九
60_576_18

唐代•文選五九
74_712_9

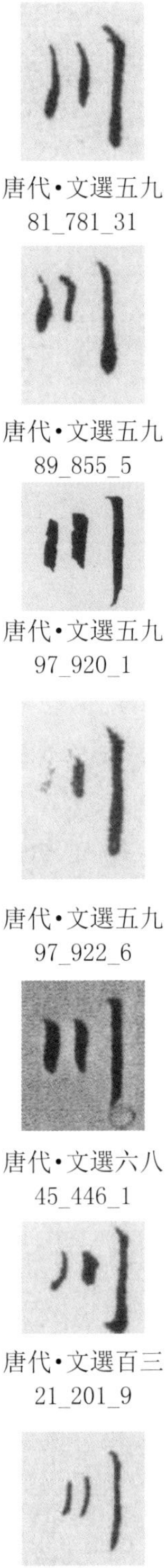

唐代•文選五九
81_781_31

唐代•文選五九
89_855_5

唐代•文選五九
97_920_1

唐代•文選五九
97_922_6

唐代•文選六八
45_446_1

唐代•文選百三
21_201_9

唐代•文選百三
67_652_1

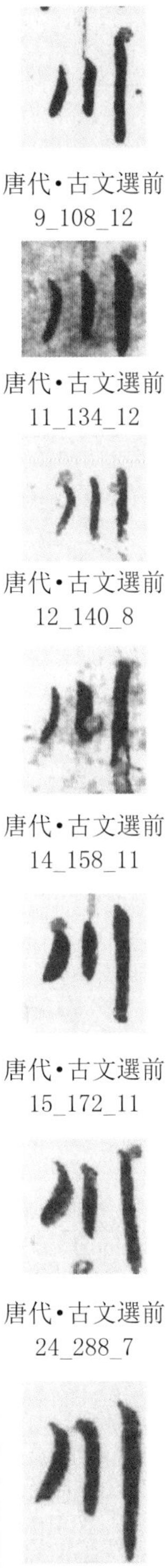

唐代•古文選前
9_108_12

唐代•古文選前
11_134_12

唐代•古文選前
12_140_8

唐代•古文選前
14_158_11

唐代•古文選前
15_172_11

唐代•古文選前
24_288_7

唐代•古文選前
25_289_9

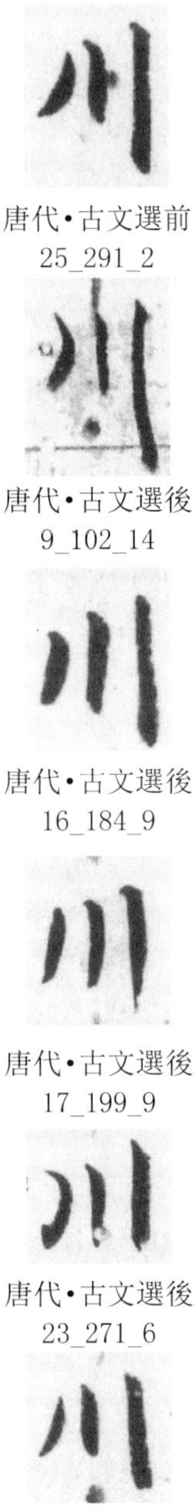

唐代•古文選前
25_291_2

唐代•古文選後
9_102_14

唐代•古文選後
16_184_9

唐代•古文選後
17_199_9

唐代•古文選後
23_271_6

唐代•古文選後
25_298_7

升 

ショウ
訓ます

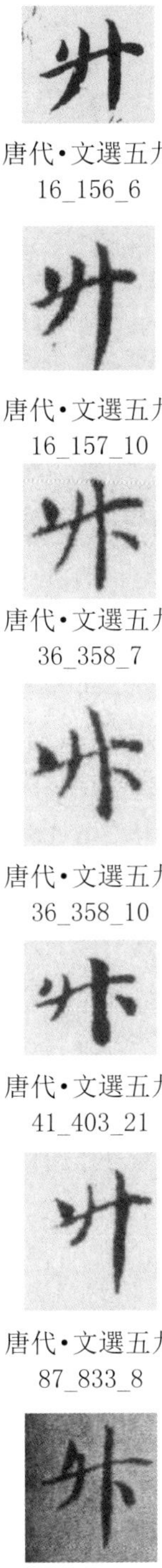

唐代•文選五九
16_156_6

唐代•文選五九
16_157_10

唐代•文選五九
36_358_7

唐代•文選五九
36_358_10

唐代•文選五九
41_403_21

唐代•文選五九
87_833_8

唐代•文選六八
17_176_11

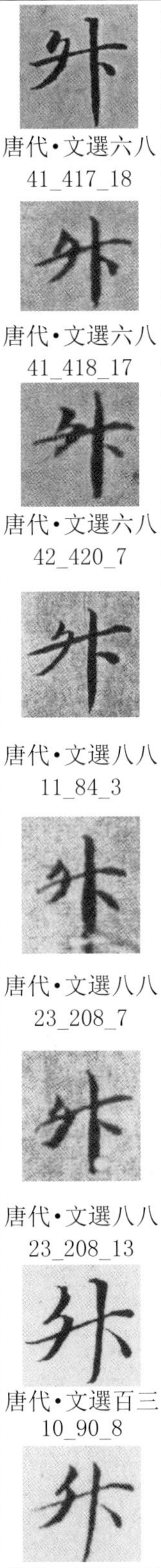

唐代•文選六八
41_417_18

唐代•文選六八
41_418_17

唐代•文選六八
42_420_7

唐代•文選八八
11_84_3

唐代•文選八八
23_208_7

唐代•文選八八
23_208_13

唐代•文選百三
10_90_8

唐代•文選百三
10_94_6

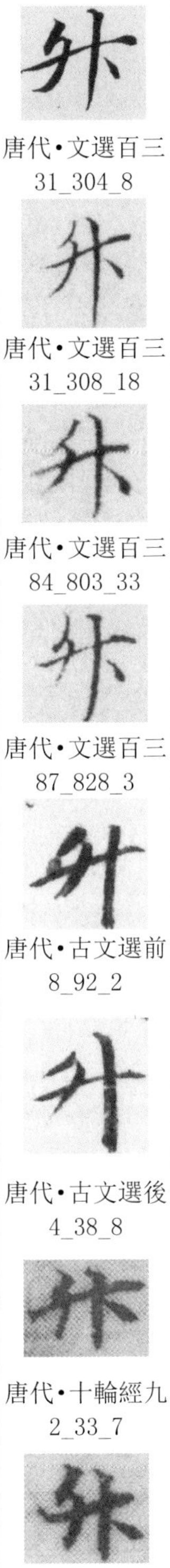

唐代•文選百三
31_304_8

唐代•文選百三
31_308_18

唐代•文選百三
84_803_33

唐代•文選百三
87_828_3

唐代•古文選前
8_92_2

唐代•古文選後
4_38_8

唐代•十輪經九
2_33_7

唐代•十輪經九
4_73_11

乏

慣バク 漢ハウ 呉ボウ
訓とぼしい

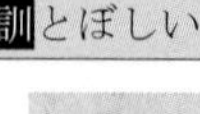
唐代・文選百三 30_299_13

唐代・文選百三 32_317_27

唐代・文選百三 32_320_2

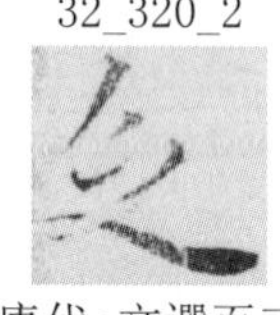
唐代・文選百三 53_514_3

唐代・十輪經四 7_136_9

唐代・十輪經八 4_67_16

唐代・十輪經十 19_365_15

乍

漢サ
訓たちまち

晩唐・慶滋書狀 1_8_1

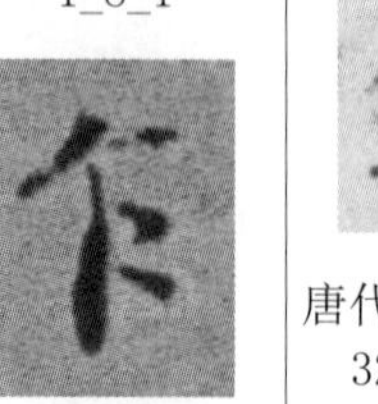
唐代・文選六八 54_542_19

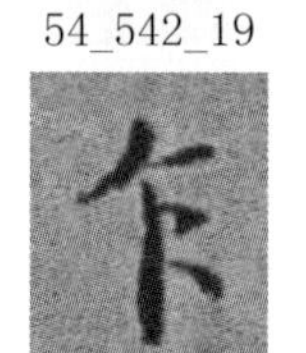
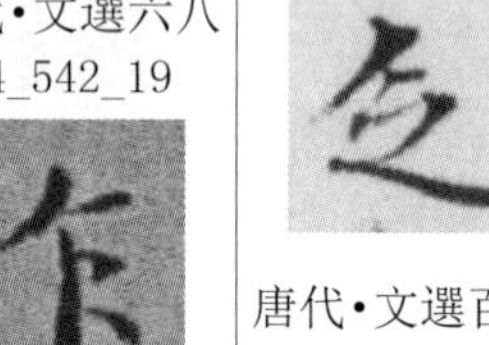
唐代・文選六八 54_542_21

唐代・古文選前 2_23_4

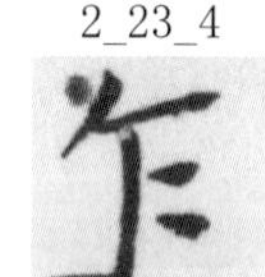
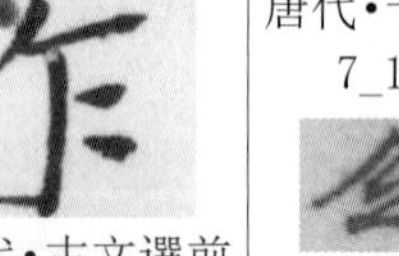
唐代・古文選前 9_112_13

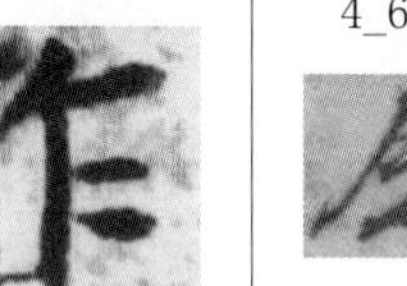
唐代・古文選前 9_113_1

唐代・古文選前 19_226_1

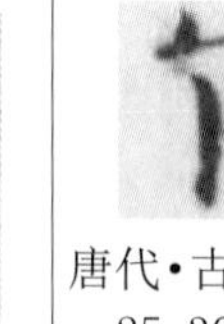
唐代・古文選後 25_300_38

乎

漢コ
訓よ

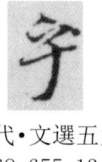

晩唐・慶滋書狀 1_9_10

唐代・春秋經傳 6_55_21

唐代・春秋經傳 7_69_9

唐代・春秋經傳 16_165_5

唐代・春秋經傳 17_180_7

唐代・春秋經傳 19_198_13

唐代・春秋經傳 20_213_1

唐代・春秋經傳 23_237_14

唐代・春秋經傳 31_326_3

唐代・春秋經傳 37_387_21

唐代・春秋經傳 38_394_18

唐代・春秋經傳 38_400_3

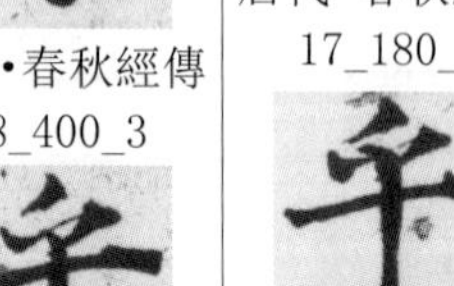
唐代・春秋經傳 38_400_15

唐代・文選四八 32_284_15

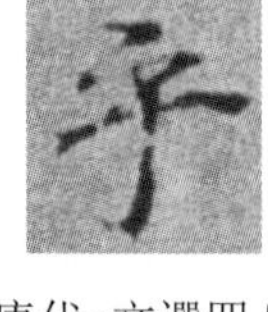
唐代・文選四八 34_304_6

唐代・文選四八 46_415_17

唐代・文選五九 5_40_17

唐代・文選五九 5_42_13

唐代・文選五九 5_42_17

唐代・文選五九 5_45_20

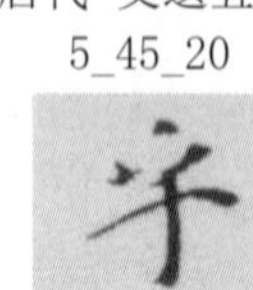
唐代・文選五九 10_92_16

唐代・文選五九 12_113_10

唐代・文選五九 29_288_9

唐代・文選五九 46_455_29

唐代・文選五九 48_476_31

唐代・文選五九 68_655_13

唐代・文選五九 74_717_6

唐代・文選五九 83_797_1

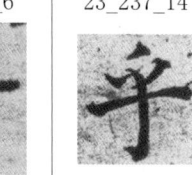

唐代•文選八八 14_114_9	唐代•文選八八 3_9_6	唐代•文選六八 61_612_24	唐代•文選六八 28_280_10	唐代•文選六八 11_109_22	唐代•文選六八 5_53_15	唐代•文選五九 107_1018_19
唐代•文選八八 14_116_7	唐代•文選八八 7_49_2	唐代•文選六八 62_623_7	唐代•文選六八 29_286_1	唐代•文選六八 11_110_3	唐代•文選六八 6_55_1	唐代•文選五九 112_1062_21
唐代•文選八八 15_120_3	唐代•文選八八 8_57_6	唐代•文選六八 64_638_10	唐代•文選六八 35_358_3	唐代•文選六八 11_114_4	唐代•文選六八 8_75_3	唐代•文選五九 112_1062_29
唐代•文選八八 17_153_6	唐代•文選八八 8_60_26	唐代•文選六八 64_641_11	唐代•文選六八 35_358_11	唐代•文選六八 11_122_5	唐代•文選六八 8_84_1	唐代•文選六八 1_3_11
唐代•文選八八 18_157_14	唐代•文選八八 9_63_21	唐代•文選六八 71_711_2	唐代•文選六八 39_389_5	唐代•文選六八 11_122_15	唐代•文選六八 8_85_15	唐代•文選六八 1_8_6
唐代•文選八八 20_178_1	唐代•文選八八 13_104_2	唐代•文選六八 71_714_12	唐代•文選六八 48_480_1	唐代•文選六八 11_122_19	唐代•文選六八 8_87_2	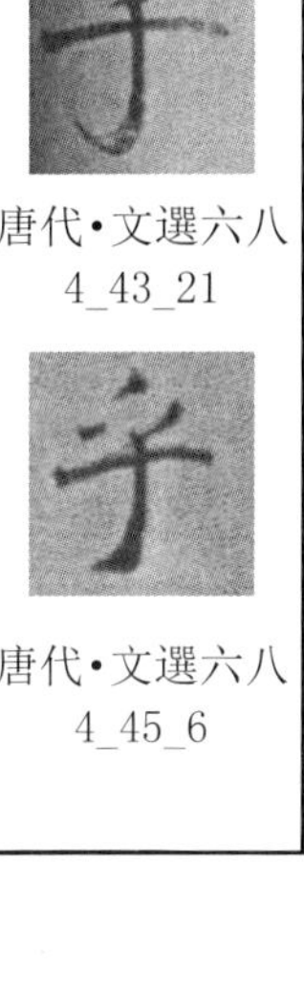 唐代•文選六八 4_43_21
唐代•文選八八 21_179_6	唐代•文選八八 13_104_8	唐代•文選八八 1_4_11	唐代•文選六八 57_578_8	唐代•文選六八 21_213_7	唐代•文選六八 9_101_12	唐代•文選六八 4_45_6

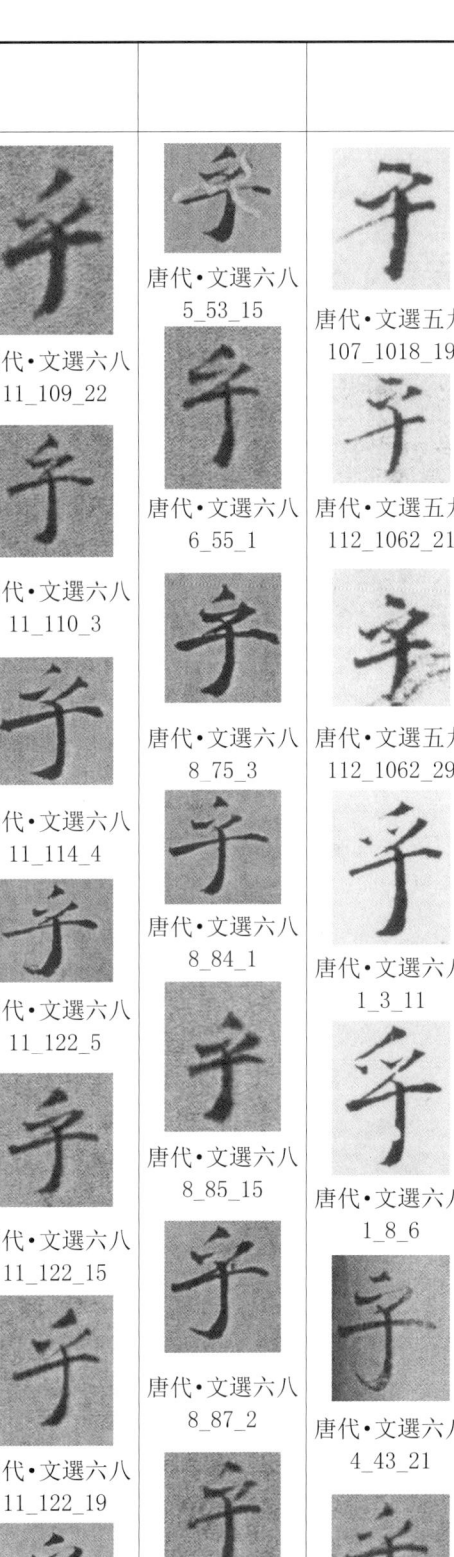

唐代·古文選前 12_139_5
唐代·古文選前 12_139_10
唐代·古文選前 12_140_1
唐代·古文選前 12_140_6
唐代·古文選前 12_143_8
唐代·古文選前 12_145_13
唐代·古文選前 15_174_14

唐代·文選百三 68_654_4
唐代·古文選前 3_29_3
唐代·古文選前 3_31_4
唐代·古文選前 3_31_8
唐代·古文選前 5_52_1
唐代·古文選前 5_57_9
唐代·古文選前 6_65_1
唐代·古文選前 7_81_2

唐代·文選百三 40_402_29
唐代·文選百三 45_426_12
唐代·文選百三 46_442_10
唐代·文選百三 54_523_32
唐代·文選百三 56_542_27
唐代·文選百三 59_570_28
唐代·文選百三 63_602_16

唐代·文選百三 37_363_8
唐代·文選百三 39_386_11
唐代·文選百三 39_387_18
唐代·文選百三 39_388_31
唐代·文選百二 39_389_32
唐代·文選百三 39_391_5
唐代·文選百三 40_398_20

唐代·文選百三 21_209_2
唐代·文選百三 23_225_5
唐代·文選百三 23_228_14
唐代·文選百三 26_253_25
唐代·文選百三 27_261_1
唐代·文選百三 29_288_8
唐代·文選百三 31_303_1

唐代·文選百三 11_101_23
唐代·文選百三 15_137_30
唐代·文選百三 15_141_21
唐代·文選百三 15_142_7
唐代·文選百三 15_148_25
唐代·文選百三 17_167_24
唐代·文選百三 19_189_11

唐代·文選八八 21_186_6
唐代·文選八八 22_196_9
唐代·文選八八 23_209_11
唐代·文選八八 23_210_10
唐代·文選百三 8_73_1
唐代·文選百三 9_77_36
唐代·文選百三 11_99_18

年

呉 ネン
訓 とし

初唐・法華義疏 1_9_1
初唐・金剛場經 1_8_5
初唐・大般若經 2_32_12
初唐・大般若經 2_37_4
初唐・聖武雜集 1_7_4
中唐・灌頂歷名 1_1_4
中唐・灌頂歷名 1_5_4

唐代・春秋經傳 1_1_16
唐代・春秋經傳 1_2_3
唐代・春秋經傳 1_3_23
唐代・春秋經傳 2_14_3
唐代・春秋經傳 2_19_19
唐代・春秋經傳 3_23_22
唐代・春秋經傳 3_24_17

唐代・春秋經傳 3_26_19
唐代・春秋經傳 3_27_3
唐代・春秋經傳 3_28_18
唐代・春秋經傳 4_37_16
唐代・春秋經傳 4_38_3
唐代・春秋經傳 4_40_14
唐代・春秋經傳 4_40_27

唐代・春秋經傳 5_44_14
唐代・春秋經傳 5_44_27
唐代・春秋經傳 7_66_6
唐代・春秋經傳 7_72_7
唐代・春秋經傳 10_98_15
唐代・春秋經傳 12_124_12
唐代・春秋經傳 12_127_3

唐代・春秋經傳 13_132_3
唐代・春秋經傳 13_136_1
唐代・春秋經傳 14_149_13
唐代・春秋經傳 15_153_11
唐代・春秋經傳 15_156_4
唐代・春秋經傳 15_157_21
唐代・春秋經傳 16_168_23

唐代・春秋經傳 16_169_20
唐代・春秋經傳 17_174_7
唐代・春秋經傳 18_182_3
唐代・春秋經傳 18_187_14
唐代・春秋經傳 18_188_3
唐代・春秋經傳 23_240_15
唐代・春秋經傳 23_241_5

唐代・春秋經傳 24_245_3
唐代・春秋經傳 24_250_3
唐代・春秋經傳 24_252_18
唐代・春秋經傳 24_253_3
唐代・春秋經傳 25_254_10
唐代・春秋經傳 25_259_4

唐代•春秋經傳
25_260_12

唐代•春秋經傳
25_261_2

唐代•春秋經傳
25_261_5

唐代•春秋經傳
26_265_28

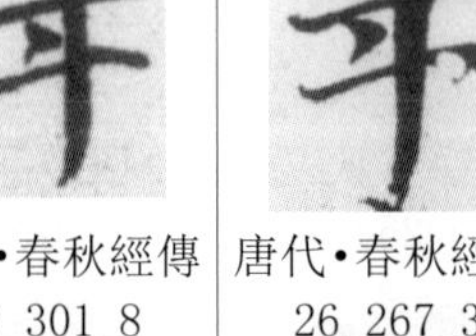
唐代•春秋經傳
26_267_3

唐代•春秋經傳
26_271_3

唐代•春秋經傳
27_278_18

唐代•春秋經傳
27_282_3

唐代•春秋經傳
27_282_14

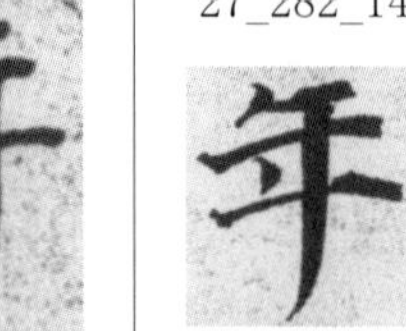
唐代•春秋經傳
28_294_3

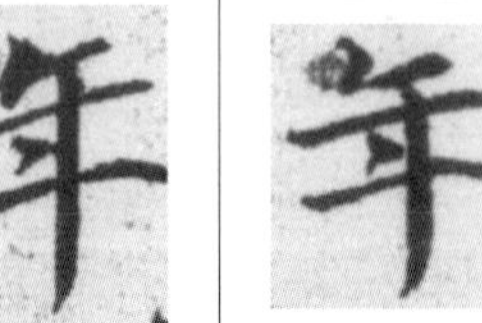

唐代•春秋經傳
29_301_8

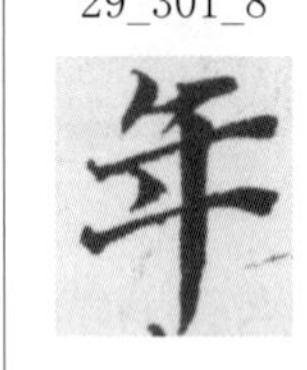
唐代•春秋經傳
30_315_3

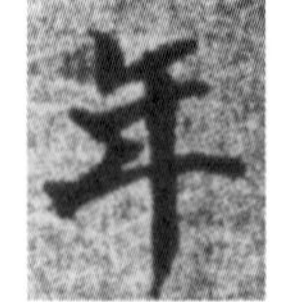
唐代•春秋經傳
31_318_12

唐代•春秋經傳
31_327_10

唐代•春秋經傳
29_306_3

唐代•春秋經傳
31_328_3

唐代•春秋經傳
32_330_13

唐代•春秋經傳
32_332_3

唐代•春秋經傳
33_343_3

唐代•春秋經傳
33_344_1

唐代•春秋經傳
34_353_22

唐代•春秋經傳
32_331_3

唐代•春秋經傳
34_354_2

唐代•春秋經傳
34_356_8

唐代•春秋經傳
35_363_10

唐代•春秋經傳
35_365_5

唐代•春秋經傳
36_373_4

唐代•春秋經傳
37_388_11

唐代•春秋經傳
39_405_24

唐代•春秋經傳
39_407_3

唐代•春秋經傳
39_407_9

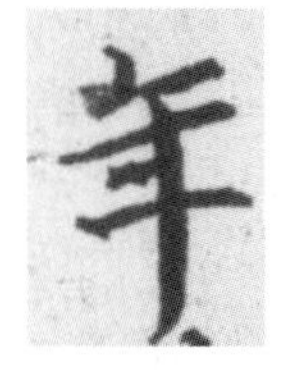
唐代•春秋經傳
39_408_11

唐代•文選四八
11_98_5

唐代•文選四八
11_98_22

唐代•文選四八
11_98_27

唐代•文選四八
13_113_3

唐代•文選四八
16_144_9

唐代•文選四八
16_145_21

唐代•文選四八
17_156_7

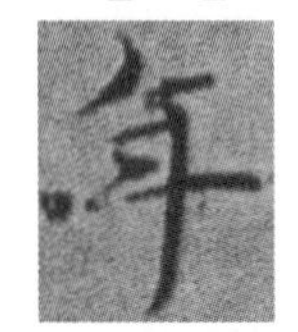
唐代•文選四八
17_157_4

唐代•文選四八
17_157_12

唐代•文選四八
17_157_19

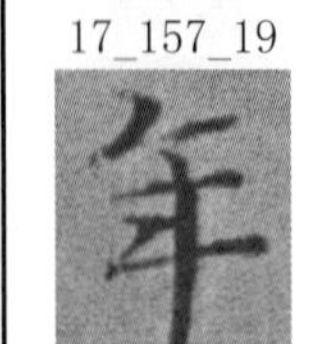
唐代•文選四八
18_158_13

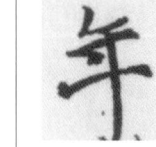

唐代•文選四八 18_158_22

唐代•文選四八 18_159_9

唐代•文選四八 18_164_39

唐代•文選四八 19_172_9

唐代•文選四八 20_177_26

唐代•文選四八 20_178_16

唐代•文選四八 20_180_11

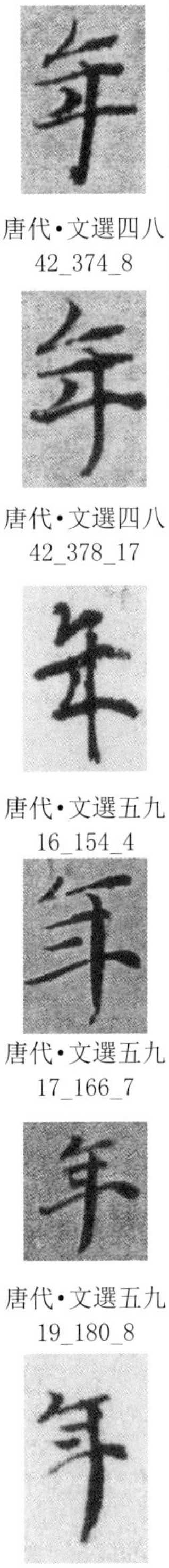

唐代•文選四八 42_374_8

唐代•文選四八 42_378_17

唐代•文選五九 16_154_4

唐代•文選五九 17_166_7

唐代•文選五九 19_180_8

唐代•文選五九 32_317_24

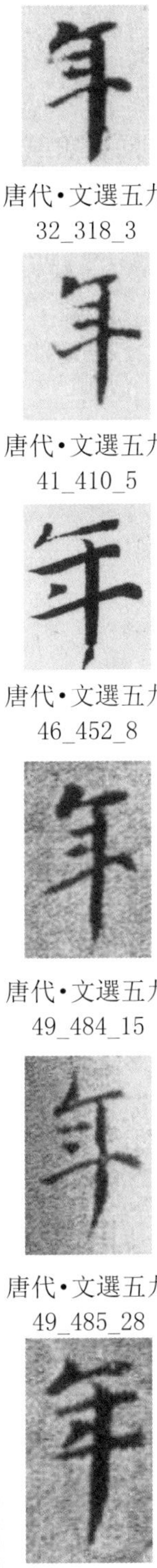

唐代•文選五九 32_318_3

唐代•文選五九 41_410_5

唐代•文選五九 46_452_8

唐代•文選五九 49_484_15

唐代•文選五九 49_485_28

唐代•文選五九 49_488_8

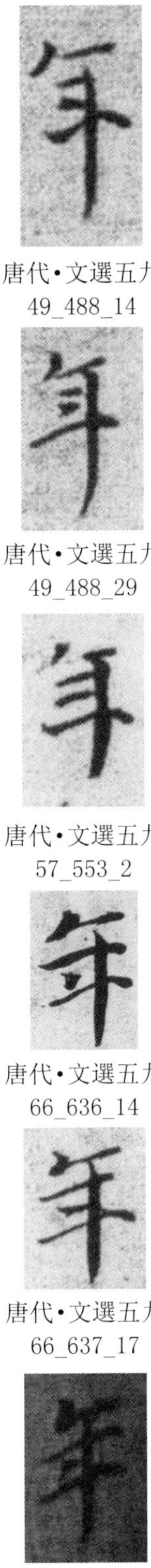

唐代•文選五九 49_488_14

唐代•文選五九 49_488_29

唐代•文選五九 57_553_2

唐代•文選五九 66_636_14

唐代•文選五九 66_637_17

唐代•文選五九 66_639_10

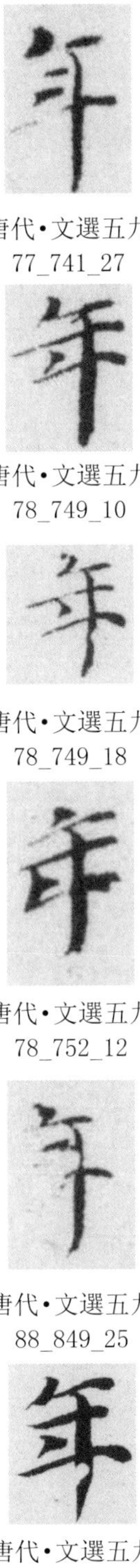

唐代•文選五九 77_741_27

唐代•文選五九 78_749_10

唐代•文選五九 78_749_18

唐代•文選五九 78_752_12

唐代•文選五九 88_849_25

唐代•文選五九 92_884_7

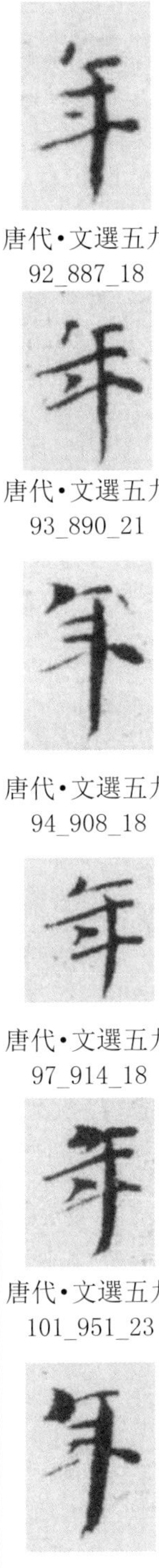

唐代•文選五九 92_887_18

唐代•文選五九 93_890_21

唐代•文選五九 94_908_18

唐代•文選五九 97_914_18

唐代•文選五九 101_951_23

唐代•文選五九 101_956_12

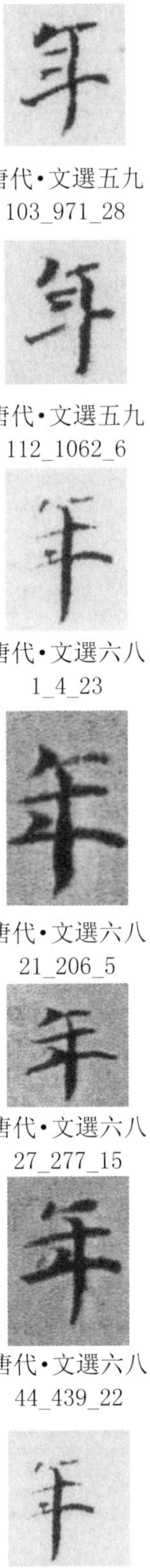

唐代•文選五九 103_971_28

唐代•文選五九 112_1062_6

唐代•文選六八 1_4_23

唐代•文選六八 21_206_5

唐代•文選六八 27_277_15

唐代•文選六八 44_439_22

唐代•文選八八 1_5_24

唐代•文選八八
5_35_11
唐代•文選八八
7_44_11
唐代•文選八八
7_45_19
唐代•文選百三
1_2_3
唐代•文選百三
1_6_14
唐代•文選百三
1_6_25
唐代•文選百三
1_8_4
唐代•文選百三
4_30_1
唐代•文選百三
4_32_8
唐代•文選百三
5_47_15
唐代•文選百三
13_115_35
唐代•文選百三
13_119_32
唐代•文選百三
16_152_3
唐代•文選百三
18_169_15
唐代•文選百三
18_172_1
唐代•文選百三
18_173_5
唐代•文選百三
18_174_8
唐代•文選百三
24_231_22
唐代•文選百三
24_231_31
唐代•文選百三
25_238_14
唐代•文選百三
25_241_5
唐代•文選百三
25_245_22
唐代•文選百三
25_246_17
唐代•文選百三
25_249_13
唐代•文選百三
27_265_16
唐代•文選百三
27 267_5
唐代•文選百三
29_281_18
唐代•文選百三
34_336_5
唐代•文選百三
35_355_31
唐代•文選百三
36_360_9
唐代•文選百三
47_453_27
唐代•文選百三
50_483_26
唐代•文選百三
51_487_25
唐代•文選百三
55_532_17
唐代•文選百三
65_622_2
唐代•文選百三
65_627_5
唐代•文選百三
65_628_3
唐代•文選百三
65_629_5
唐代•文選百三
66_638_19
唐代•文選百三
66_638_24
唐代•文選百三
70_678_8
唐代•文選百三
71_682_34
唐代•文選百三
72_695_26
唐代•文選百三
73_703_8
唐代•文選百三
75_720_25
唐代•古文選前
1_1_2
唐代•古文選前
2_16_1
唐代•古文選前
7_88_8
唐代•古文選前
11_134_4

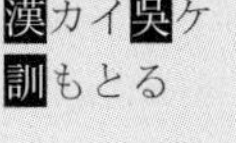

		禹		乖		
		ウ 訓ー		漢カイ呉ケ 訓もとる		
 唐代•文選百三 4_33_15	 唐代•文選六八 64_640_4	 唐代•春秋經傳 14_141_14	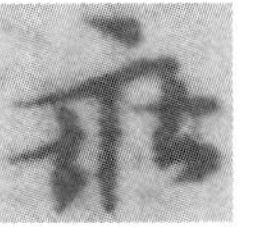 唐代•十輪經十 19_371_7	 唐代•文選四八 3_19_1	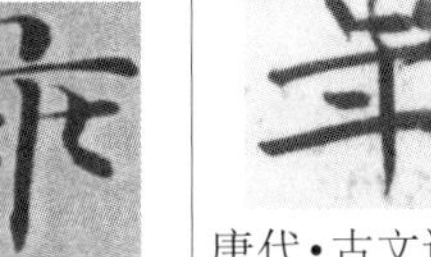 唐代•古文選後 22_263_12	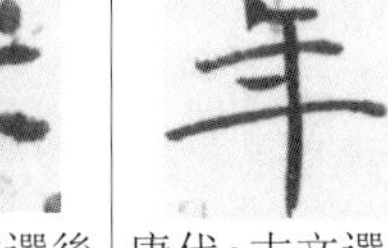 唐代•古文選前 14_164_10
 唐代•文選百三 4_34_11	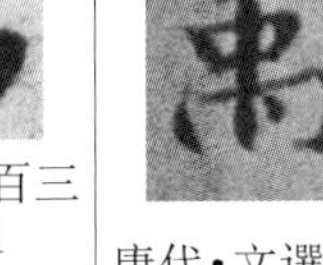 唐代•文選六八 64_643_14	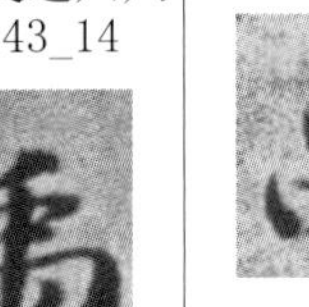 唐代•文選四八 14_125_3		 唐代•文選四八 4_24_17	 唐代•古文選後 26_305_2	 唐代•古文選前 23_270_13
唐代•文選百三 4_34_32	唐代•文選八八 7_45_14	 唐代•文選四八 16_142_4		 唐代•文選五九 27_264_11	 唐代•古文選後 26_312_4	唐代•古文選後 10_108_27
唐代•文選百三 5_35_19	唐代•文選八八 11_87_8	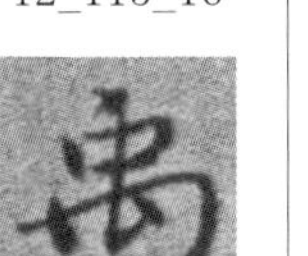 唐代•文選五九 12_115_16		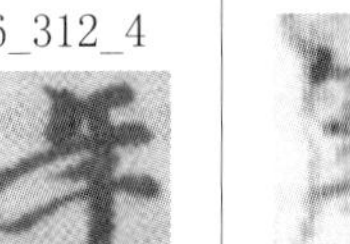 唐代•文選五九 85_815_4	 唐代•十輪經四 21_408_15	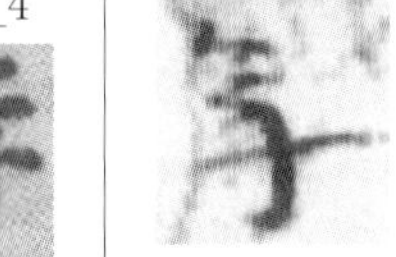 唐代•古文選後 13_150_63
唐代•文選百三 5_36_14	唐代•文選八八 11_95_16	 唐代•文選五九 33_330_17		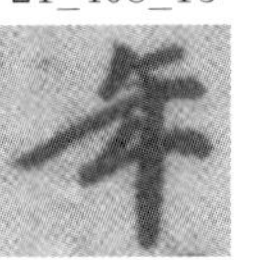 唐代•文選五九 85_816_30	 唐代•十輪經四 21_415_9	 唐代•古文選後 16_190_2
唐代•文選百三 5_36_30	唐代•文選八八 12_98_34	 唐代•文選五九 93_891_15		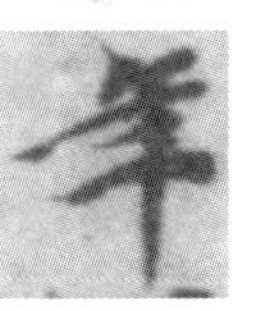 唐代•文選五九 85_817_23	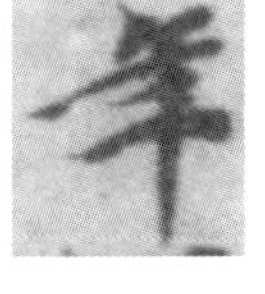 唐代•十輪經四 22_420_5	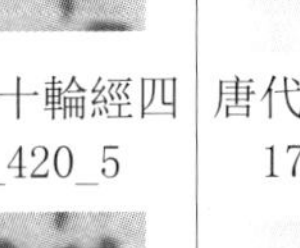 唐代•古文選後 17_201_26
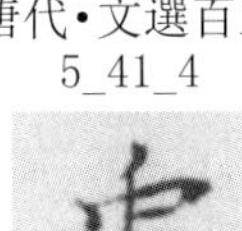 唐代•文選百三 5_41_4	唐代•文選八八 12_100_16	唐代•文選五九 94_903_21		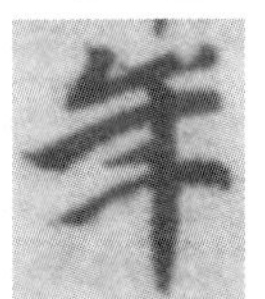 唐代•古文選後 24_279_1	唐代•十輪經四 22_424_12	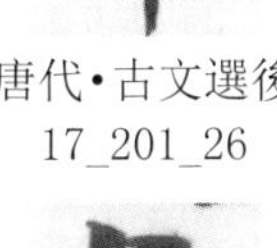 唐代•古文選後 19_221_12
唐代•文選百三 67_640_25	 唐代•文選百三 4_32_19	 唐代•文選六八 19_192_20				

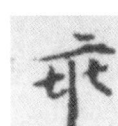

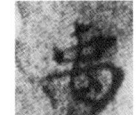

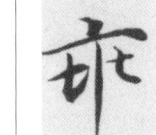

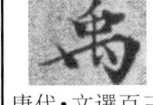

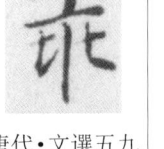

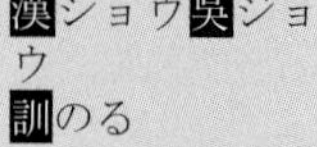

漢ショウ呉ジョウ
訓のる

初唐・法華義疏
1_6_4

初唐・法華義疏
1_6_24

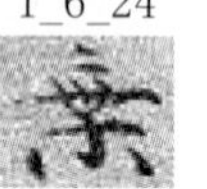
初唐・法華義疏
1_9_20

初唐・大般若經
1_2_4

初唐・大般若經
1_5_1

唐代・春秋經傳
5_47_25

唐代・春秋經傳
6_56_8

唐代・春秋經傳
6_62_18

唐代・文選四八
38_341_2

唐代・文選五九
41_401_3

唐代・文選五九
41_402_21

唐代・文選五九
41_404_30

唐代・文選五九
50_494_10

唐代・文選五九
63_606_14

唐代・文選五九
65_625_1

唐代・文選五九
65_628_9

唐代・文選五九
71_676_25

唐代・文選五九
71_678_15

唐代・文選五九
71_683_7

唐代・文選五九
71_683_30

唐代・文選五九
80_772_11

唐代・文選五九
86_826_23

唐代・文選五九
89_853_7

唐代・文選五九
108_1022_3

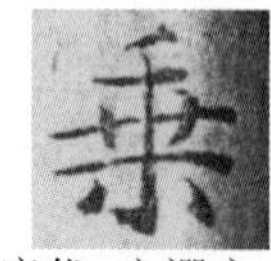
唐代・文選六八
2_25_3

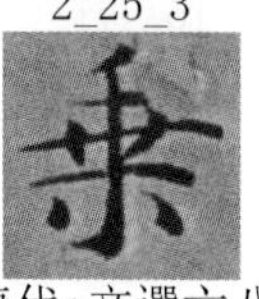
唐代・文選六八
5_49_5

唐代・文選六八
18_181_17

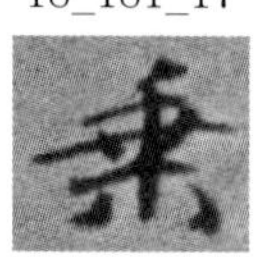
唐代・文選六八
31_307_11

唐代・文選六八
33_325_12

唐代・文選六八
38_384_14

唐代・文選六八
47_468_23

唐代・文選六八
60_600_6

唐代・文選六八
60_601_15

唐代・文選六八
60_601_19

唐代・文選六八
60_602_6

唐代・文選六八
60_603_3

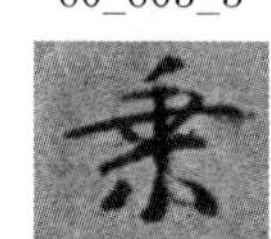
唐代・文選六八
61_612_7

唐代・文選六八
68_682_16

唐代・文選六八
69_689_16

唐代・文選百三
10_92_23

唐代・文選百三
21_205_28

唐代・文選百三
31_305_27

唐代・文選百三
41_405_11

唐代・文選百三
41_410_21

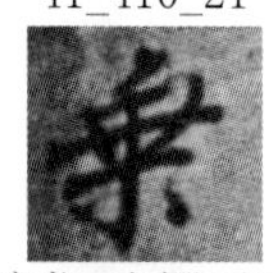
唐代・文選百三
41_414_6

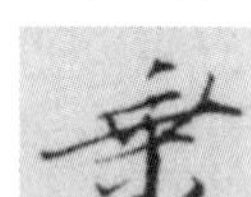
唐代・文選百三
41_414_30

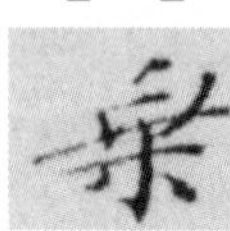
唐代・文選百三
49_467_17

唐代・文選百三
55_531_26

唐代・文選百三
82_782_4

唐代・文選百三
82_783_25

唐代・文選百三
82_783_33

唐代・文選百三
84_801_22

唐代・文選百三
87_826_19

唐代・古文選前
1_4_9

唐代・古文選前
3_36_3

唐代・古文選前
14_159_14

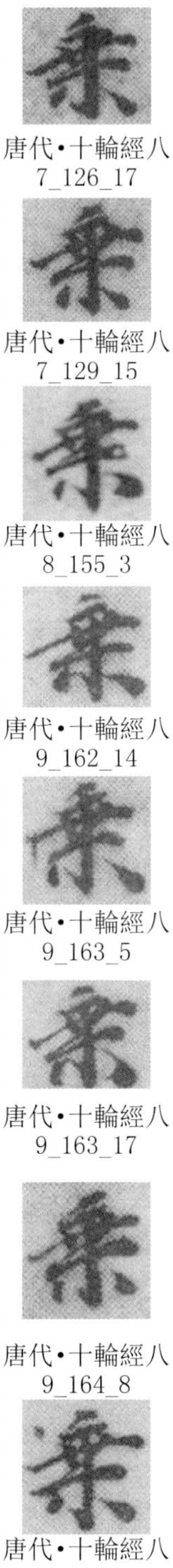

唐代•十輪經八 7_126_17
唐代•十輪經八 7_129_15
唐代•十輪經八 8_155_3
唐代•十輪經八 9_162_14
唐代•十輪經八 9_163_5
唐代•十輪經八 9_163_17
唐代•十輪經八 9_164_8
唐代•十輪經八 9_165_3

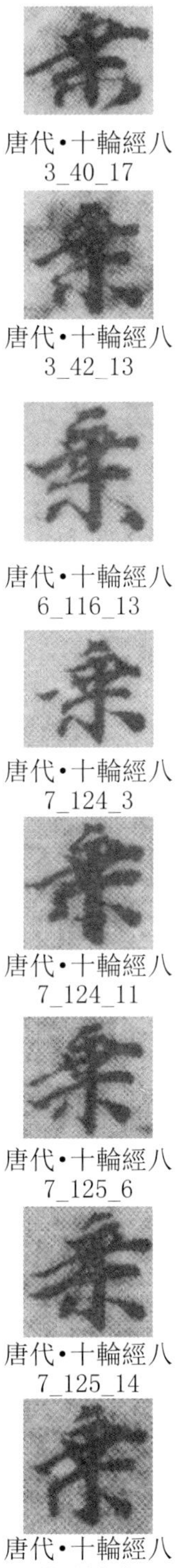

唐代•十輪經八 3_40_17
唐代•十輪經八 3_42_13
唐代•十輪經八 6_116_13
唐代•十輪經八 7_124_3
唐代•十輪經八 7_124_11
唐代•十輪經八 7_125_6
唐代•十輪經八 7_125_14
唐代•十輪經八 7_126_9

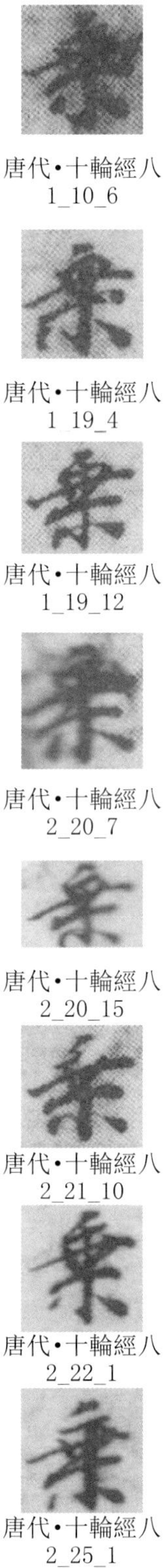

唐代•十輪經八 1_10_6
唐代•十輪經八 1_19_4
唐代•十輪經八 1_19_12
唐代•十輪經八 2_20_7
唐代•十輪經八 2_20_15
唐代•十輪經八 2_21_10
唐代•十輪經八 2_22_1
唐代•十輪經八 2_25_1

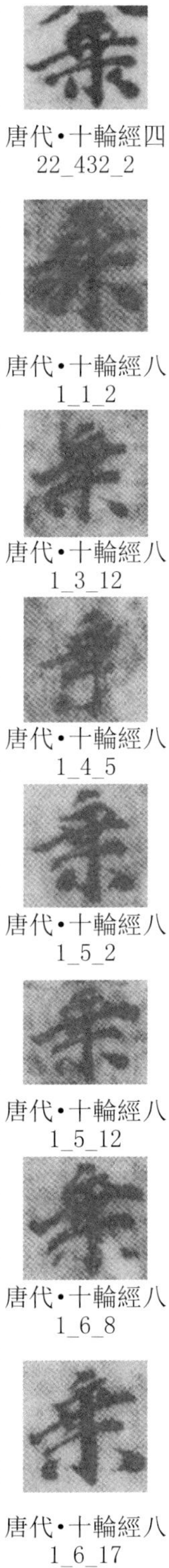

唐代•十輪經四 22_432_2
唐代•十輪經八 1_1_2
唐代•十輪經八 1_3_12
唐代•十輪經八 1_4_5
唐代•十輪經八 1_5_2
唐代•十輪經八 1_5_12
唐代•十輪經八 1_6_8
唐代•十輪經八 1_6_17

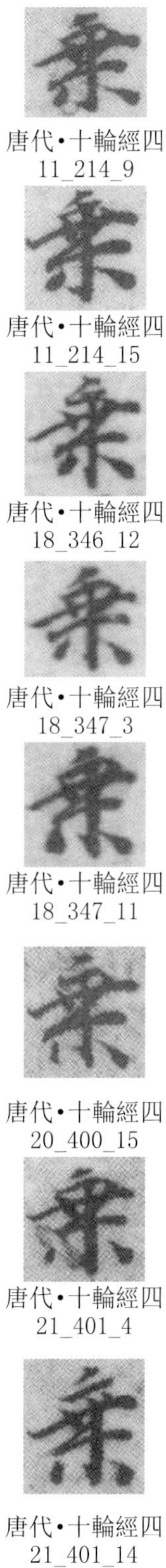

唐代•十輪經四 11_214_9
唐代•十輪經四 11_214_15
唐代•十輪經四 18_346_12
唐代•十輪經四 18_347_3
唐代•十輪經四 18_347_11
唐代•十輪經四 20_400_15
唐代•十輪經四 21_401_4
唐代•十輪經四 21_401_14

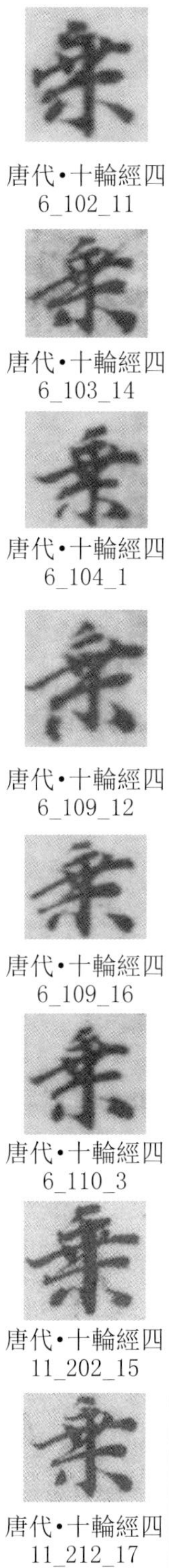

唐代•十輪經四 6_102_11
唐代•十輪經四 6_103_14
唐代•十輪經四 6_104_1
唐代•十輪經四 6_109_12
唐代•十輪經四 6_109_16
唐代•十輪經四 6_110_3
唐代•十輪經四 11_202_15
唐代•十輪經四 11_212_17

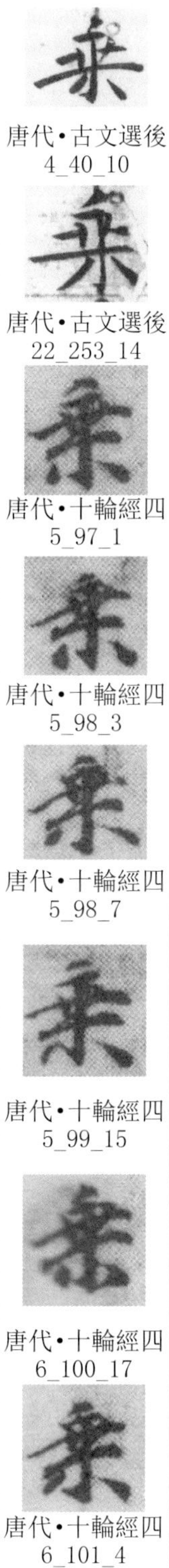

唐代•古文選後 4_40_10
唐代•古文選後 22_253_14
唐代•十輪經四 5_97_1
唐代•十輪經四 5_98_3
唐代•十輪經四 5_98_7
唐代•十輪經四 5_99_15
唐代•十輪經四 6_100_17
唐代•十輪經四 6_101_4

唐代·十輪經十 5_81_16 唐代·十輪經十 5_82_7 唐代·十輪經十 5_82_12 唐代·十輪經十 5_83_3 唐代·十輪經十 5_83_10 唐代·十輪經十 5_83_15 唐代·十輪經十 5_86_16 唐代·十輪經十 5_97_4	唐代·十輪經十 3_49_15 唐代·十輪經十 3_50_1 唐代·十輪經十 3_50_10 唐代·十輪經十 4_72_17 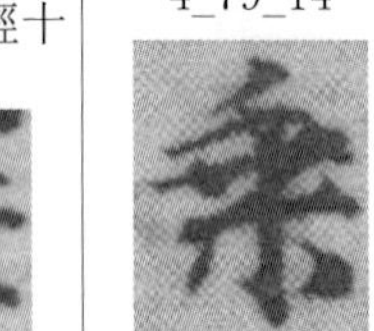 唐代·十輪經十 4_79_14 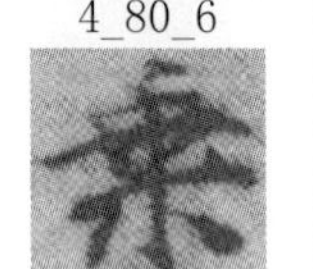 唐代·十輪經十 4_80_6 唐代·十輪經十 4_80_14 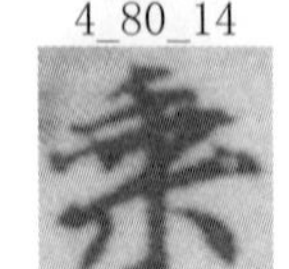 唐代·十輪經十 5_81_5	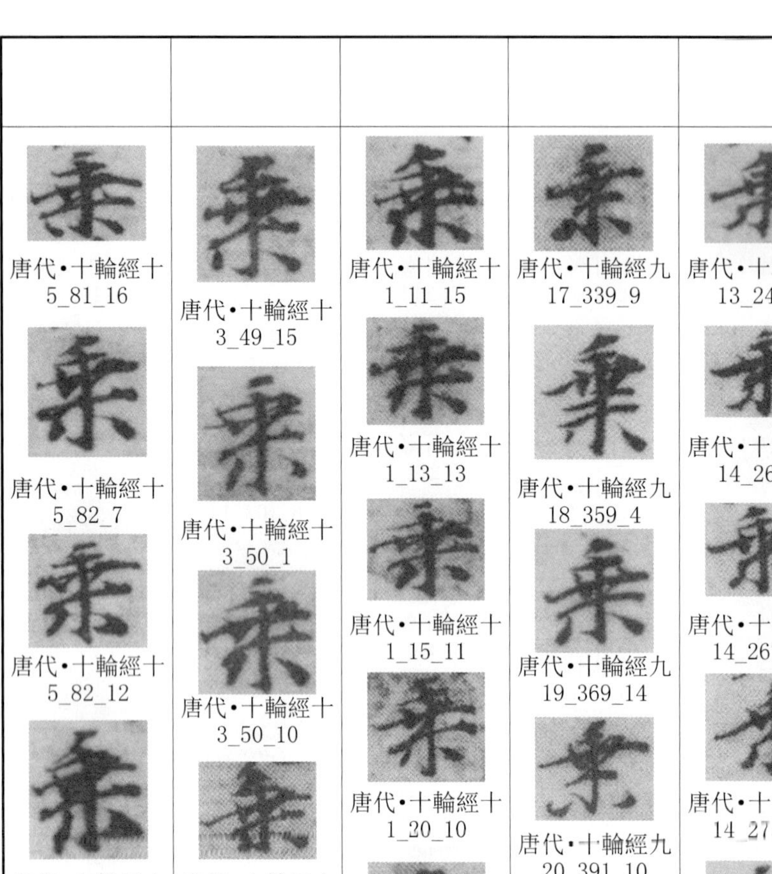 唐代·十輪經十 1_11_15 唐代·十輪經十 1_13_13 唐代·十輪經十 1_15_11 唐代·十輪經十 1_20_10 唐代·十輪經十 2_24_8 唐代·十輪經十 2_35_4 唐代·十輪經十 2_40_1 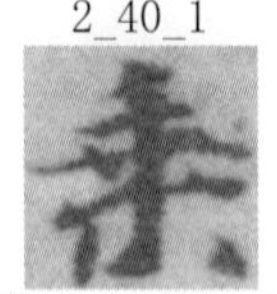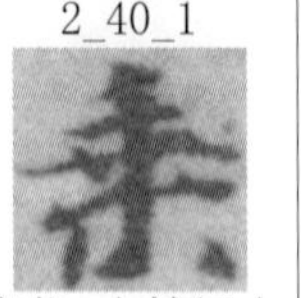 唐代·十輪經十 3_49_7	唐代·十輪經九 17_339_9 唐代·十輪經九 18_359_4 唐代·十輪經九 19_369_14 唐代·十輪經九 20_391_10 唐代·十輪經九 21_416_16 唐代·十輪經九 22_424_2 唐代·十輪經十 1_5_16  唐代·十輪經十 1_9_12	唐代·十輪經九 13_247_3 唐代·十輪經九 14_265_6 唐代·十輪經九 14_267_16 唐代·十輪經九 14_273_15 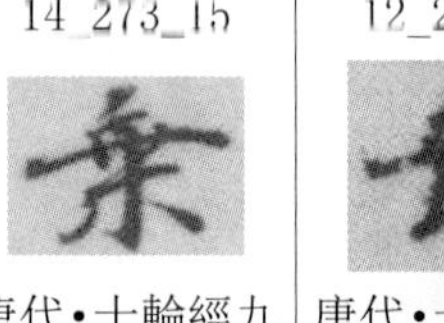 唐代·十輪經九 15_281_11 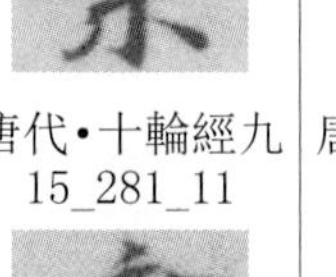 唐代·十輪經九 15_293_16 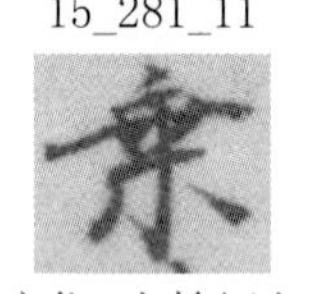 唐代·十輪經九 16_304_16 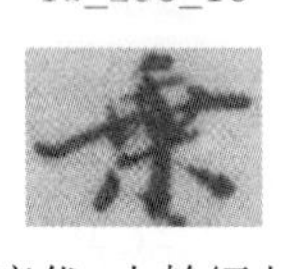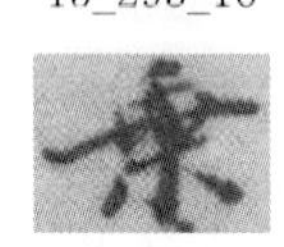 唐代·十輪經九 17_330_15 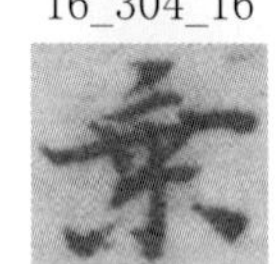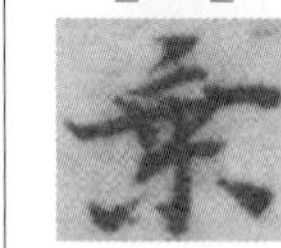	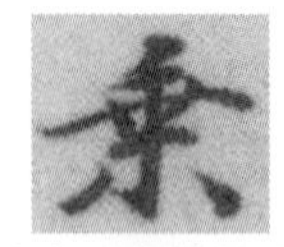 唐代·十輪經九 12_223_7  唐代·十輪經九 12_231_3 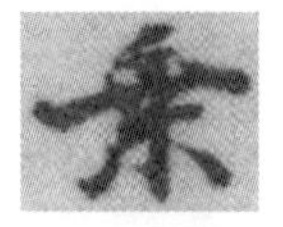 唐代·十輪經九 12_233_12 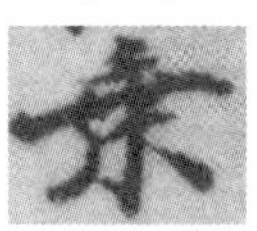 唐代·十輪經九 12_233_18 唐代·十輪經九 12_235_5 唐代·十輪經九 12_235_11 唐代·十輪經九 12_235_25 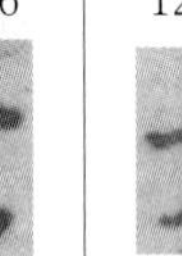 唐代·十輪經九 13_241_16	 唐代·十輪經九 11_218_16 唐代·十輪經九 12_220_6 唐代·十輪經九 12_220_17 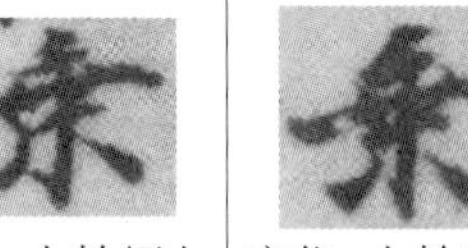 唐代·十輪經九 12_221_4 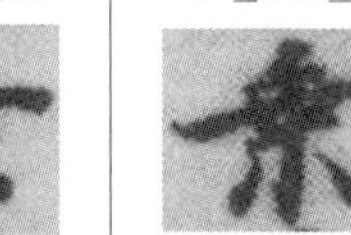 唐代·十輪經九 12_221_9 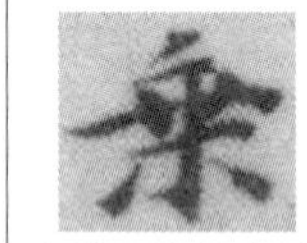 唐代·十輪經九 12_222_4 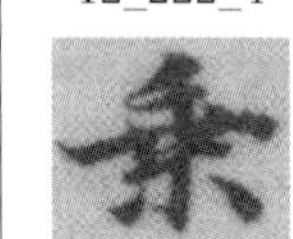 唐代·十輪經九 12_222_9 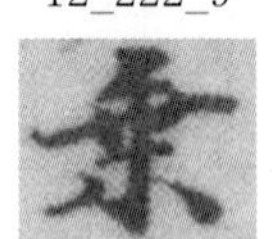 唐代·十輪經九 12_223_3

			 唐代•十輪經十 17_331_18  唐代•十輪經十 17_332_2  唐代•十輪經十 18_348_5 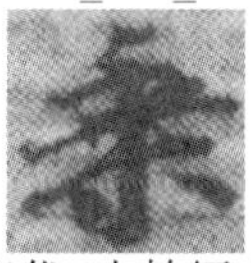 唐代•十輪經十 18_349_16  唐代•十輪經十 18_351_9  唐代•十輪經十 20_388_2	 唐代•十輪經十 9_167_16  唐代•十輪經十 9_169_2  唐代•十輪經十 9_175_1  唐代•十輪經十 10_192_9 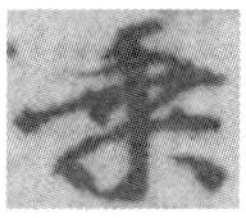 唐代•十輪經十 11_204_14  唐代•十輪經十 12_220_4  唐代•十輪經十 16_315_5  唐代•十輪經十 17_323_14	 唐代•十輪經十 7_127_11  唐代•十輪經十 7_128_5  唐代•十輪經十 7_130_12 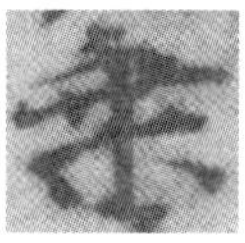 唐代•十輪經十 7_134_16  唐代•十輪經十 7_139_2  唐代•十輪經十 8_143_10 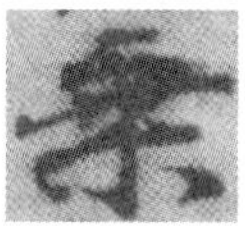 唐代•十輪經十 8_152_13  唐代•十輪經十 8_157_4	 唐代•十輪經十 6_106_10  唐代•十輪經十 6_107_1  唐代•十輪經十 6_107_9  唐代•十輪經十 6_111_17  唐代•十輪經十 6_112_12  唐代•十輪經十 6_113_6  唐代•十輪經十 7_122_5  唐代•十輪經十 7_126_5

丶部

之

シ
訓ゆく

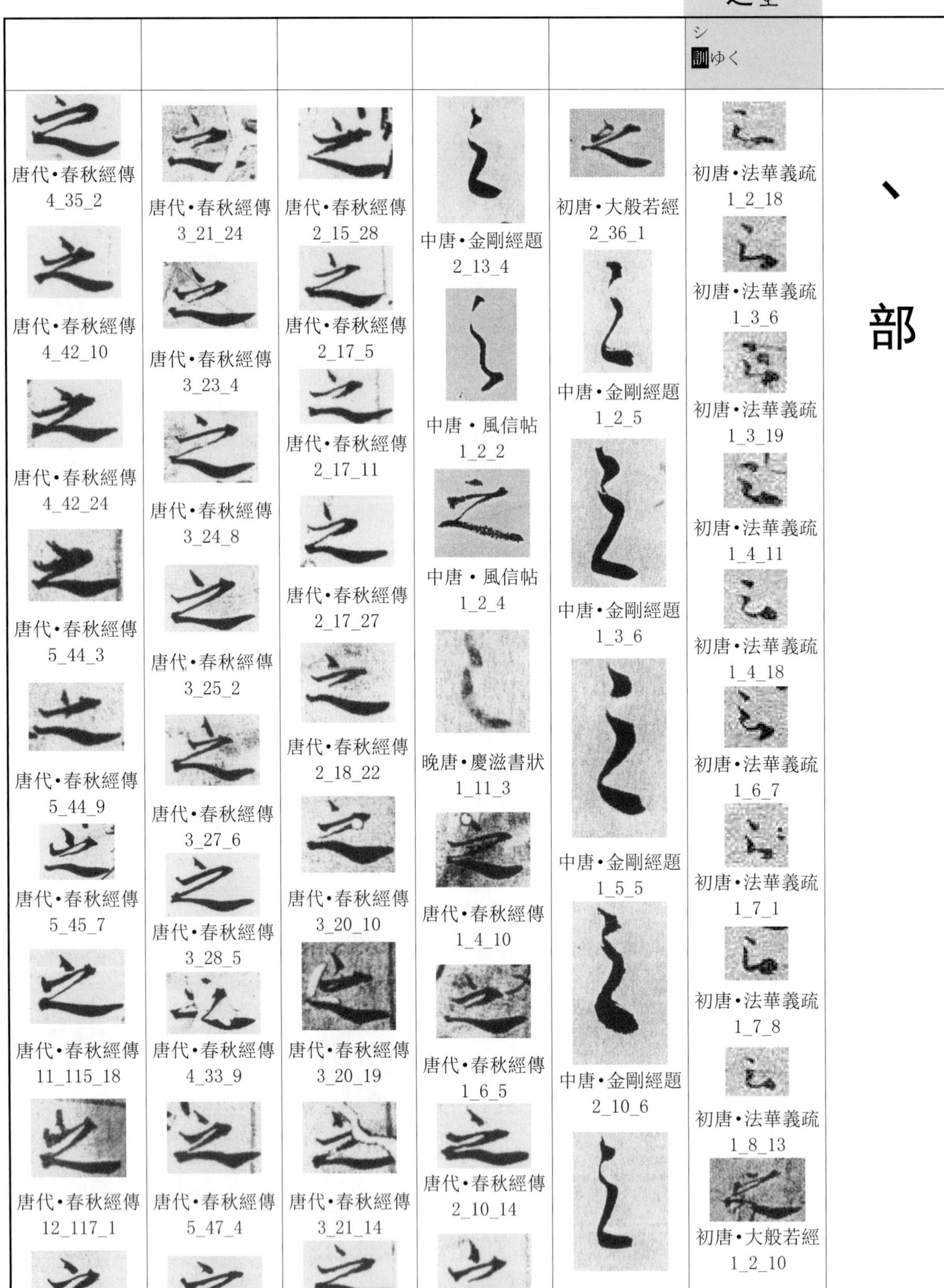

初唐・法華義疏 1_2_18
初唐・法華義疏 1_3_6
初唐・法華義疏 1_3_19
初唐・法華義疏 1_4_11
初唐・法華義疏 1_4_18
初唐・法華義疏 1_6_7
初唐・法華義疏 1_7_1
初唐・法華義疏 1_7_8
初唐・法華義疏 1_8_13
初唐・大般若經 1_2_10

初唐・大般若經 2_36_1
中唐・金剛經題 1_2_5
中唐・金剛經題 1_3_6
中唐・金剛經題 1_5_5
中唐・金剛經題 2_10_6
中唐・金剛經題 2_12_7

中唐・金剛經題 2_13_4
中唐・風信帖 1_2_2
中唐・風信帖 1_2_4
晚唐・慶滋書狀 1_11_3
唐代・春秋經傳 1_4_10
唐代・春秋經傳 1_6_5
唐代・春秋經傳 2_10_14
唐代・春秋經傳 2_15_4

唐代・春秋經傳 2_15_28
唐代・春秋經傳 2_17_5
唐代・春秋經傳 2_17_11
唐代・春秋經傳 2_17_27
唐代・春秋經傳 2_18_22
唐代・春秋經傳 3_20_10
唐代・春秋經傳 3_20_19
唐代・春秋經傳 3_21_14
唐代・春秋經傳 4_33_12

唐代・春秋經傳 3_21_24
唐代・春秋經傳 3_23_4
唐代・春秋經傳 3_24_8
唐代・春秋經傳 3_25_2
唐代・春秋經傳 3_27_6
唐代・春秋經傳 3_28_5
唐代・春秋經傳 4_33_9
唐代・春秋經傳 5_47_4
唐代・春秋經傳 5_49_7

唐代・春秋經傳 4_35_2
唐代・春秋經傳 4_42_10
唐代・春秋經傳 4_42_24
唐代・春秋經傳 5_44_3
唐代・春秋經傳 5_44_9
唐代・春秋經傳 5_45_7
唐代・春秋經傳 11_115_18
唐代・春秋經傳 12_117_1
唐代・春秋經傳 12_117_11

唐代•春秋經傳
17_177_16

唐代•春秋經傳
17_178_15

唐代•春秋經傳
17_179_5

唐代•春秋經傳
17_179_10

唐代•春秋經傳
18_183_21

唐代•春秋經傳
18_184_7

唐代•春秋經傳
18_185_15

唐代•春秋經傳
18_187_12

唐代•春秋經傳
19_198_5

唐代•春秋經傳
19_199_3

唐代•春秋經傳
18_190_10

唐代•春秋經傳
18_190_14

唐代•春秋經傳
18_190_21

唐代•春秋經傳
18_192_22

唐代•春秋經傳
19_195_1

唐代•春秋經傳
19_196_18

唐代•春秋經傳
20_204_23

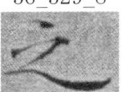

唐代•春秋經傳
20_204_25

唐代•春秋經傳
20_208_13

唐代•春秋經傳
20_209_10

唐代•春秋經傳
19_202_12

唐代•春秋經傳
20_203_1

唐代•春秋經傳
20_203_29

唐代•春秋經傳
20_204_18

唐代•春秋經傳
21_215_9

唐代•春秋經傳
21_216_17

唐代•春秋經傳
21_217_15

唐代•春秋經傳
21_219_5

唐代•春秋經傳
21_219_13

唐代•春秋經傳
20_211_9

唐代•春秋經傳
20_210_16

唐代•春秋經傳
20_211_4

唐代•春秋經傳
21_221_9

唐代•春秋經傳
22_226_4

唐代•春秋經傳
22_226_21

唐代•春秋經傳
22_228_11

唐代•春秋經傳
22_230_11

唐代•春秋經傳
22_232_1

唐代•春秋經傳
22_232_6

唐代•春秋經傳
21_220_7

唐代•春秋經傳
22_233_3

唐代•春秋經傳
22_233_15

唐代•春秋經傳
23_235_24

唐代•春秋經傳
23_237_2

唐代•春秋經傳
23_237_7

唐代•春秋經傳
23_238_13

唐代•春秋經傳
24_247_4

唐代•春秋經傳
24_247_20

唐代•春秋經傳
24_250_15

唐代•春秋經傳
24_251_28

唐代•春秋經傳
25_256_15

唐代•春秋經傳
25_258_26

唐代•春秋經傳
25_261_10

唐代•春秋經傳
25_263_13

唐代•春秋經傳
26_265_23

唐代•春秋經傳
26_266_4

唐代•文選四八
38_345_12

唐代•文選四八
39_349_18

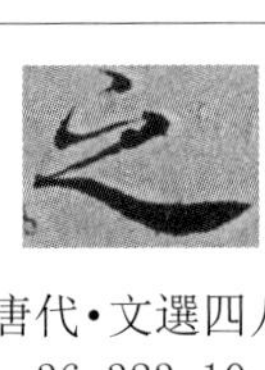
唐代•文選四八
36_323_10

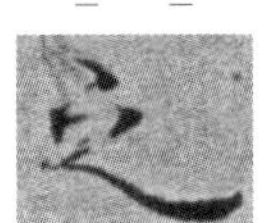
唐代•文選四八
36_324_21

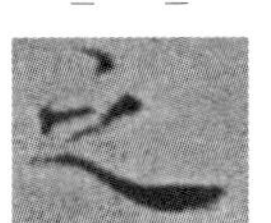
唐代•文選四八
36_328_13

唐代•文選四八
36_329_8

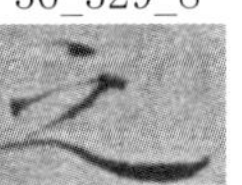
唐代•文選四八
37_331_9

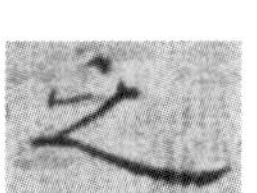
唐代•文選四八
38_336_22

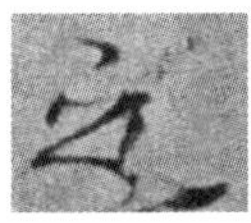
唐代•文選四八
38_344_18

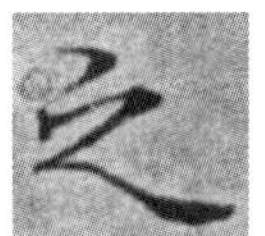
唐代•文選四八
38_345_2

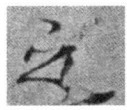

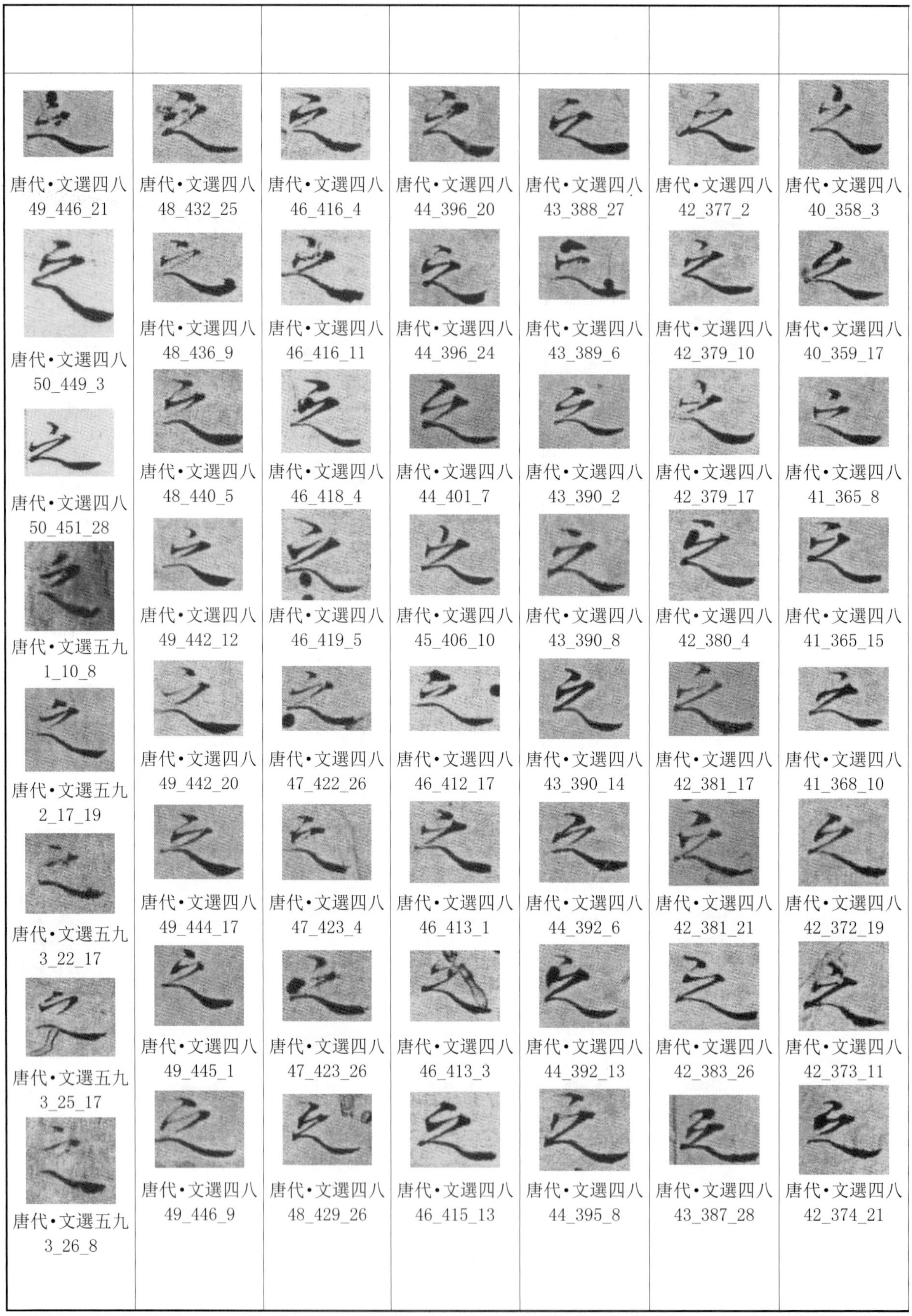
唐代•文選四八 40_358_3
唐代•文選四八 40_359_17
唐代•文選四八 41_365_8
唐代•文選四八 41_365_15
唐代•文選四八 41_368_10
唐代•文選四八 42_372_19
唐代•文選四八 42_373_11
唐代•文選四八 42_374_21
唐代•文選四八 42_377_2
唐代•文選四八 42_379_10
唐代•文選四八 42_379_17
唐代•文選四八 42_380_4
唐代•文選四八 42_381_17
唐代•文選四八 42_381_21
唐代•文選四八 42_383_26
唐代•文選四八 43_387_28
唐代•文選四八 43_388_27
唐代•文選四八 43_389_6
唐代•文選四八 43_390_2
唐代•文選四八 43_390_8
唐代•文選四八 43_390_14
唐代•文選四八 44_392_6
唐代•文選四八 44_392_13
唐代•文選四八 44_395_8
唐代•文選四八 44_396_20
唐代•文選四八 44_396_24
唐代•文選四八 44_401_7
唐代•文選四八 45_406_10
唐代•文選四八 46_412_17
唐代•文選四八 46_413_1
唐代•文選四八 46_413_3
唐代•文選四八 46_415_13
唐代•文選四八 46_416_4
唐代•文選四八 46_416_11
唐代•文選四八 46_418_4
唐代•文選四八 46_419_5
唐代•文選四八 47_422_26
唐代•文選四八 47_423_4
唐代•文選四八 47_423_26
唐代•文選四八 48_429_26
唐代•文選四八 48_432_25
唐代•文選四八 48_436_9
唐代•文選四八 48_440_5
唐代•文選四八 49_442_12
唐代•文選四八 49_442_20
唐代•文選四八 49_444_17
唐代•文選四八 49_445_1
唐代•文選四八 49_446_9
唐代•文選四八 49_446_21
唐代•文選四八 50_449_3
唐代•文選四八 50_451_28
唐代•文選五九 1_10_8
唐代•文選五九 2_17_19
唐代•文選五九 3_22_17
唐代•文選五九 3_25_17
唐代•文選五九 3_26_8

唐代•文選六八 8_82_14
唐代•文選六八 8_83_22
唐代•文選六八 8_84_5
唐代•文選六八 8_85_1
唐代•文選六八 8_85_16
唐代•文選六八 8_86_9
唐代•文選六八 8_87_15
唐代•文選六八 8_88_2
唐代•文選六八 9_89_5
唐代•文選六八 9_89_10
唐代•文選六八 9_92_2
唐代•文選六八 9_93_16
唐代•文選六八 9_95_9
唐代•文選六八 9_95_25
唐代•文選六八 9_97_11
唐代•文選六八 9_97_15
唐代•文選六八 9_97_20
唐代•文選六八 9_97_29
唐代•文選六八 9_99_21
唐代•文選六八 10_103_6
唐代•文選六八 10_104_9
唐代•文選六八 10_105_2
唐代•文選六八 10_105_15
唐代•文選六八 10_106_2
唐代•文選六八 10_106_11
唐代•文選六八 11_109_6
唐代•文選六八 11_109_9
唐代•文選六八 11_112_4
唐代•文選六八 11_115_4
唐代•文選六八 11_115_10
唐代•文選六八 11_117_23
唐代•文選六八 11_121_6
唐代•文選六八 11_121_12
唐代•文選六八 11_122_4
唐代•文選六八 12_126_14
唐代•文選六八 12_126_28
唐代•文選六八 12_127_9
唐代•文選六八 13_131_3
唐代•文選六八 13_131_16
唐代•文選六八 13_132_2
唐代•文選六八 13_134_3
唐代•文選六八 13_134_10
唐代•文選六八 13_136_1
唐代•文選六八 13_136_21
唐代•文選六八 13_142_9
唐代•文選六八 14_144_19
唐代•文選六八 14_146_19
唐代•文選六八 15_149_18
唐代•文選六八 15_150_15
唐代•文選六八 15_153_2
唐代•文選六八 15_155_5
唐代•文選六八 15_155_14
唐代•文選六八 15_159_3
唐代•文選六八 15_159_9
唐代•文選六八 16_162_1
唐代•文選六八 16_162_21

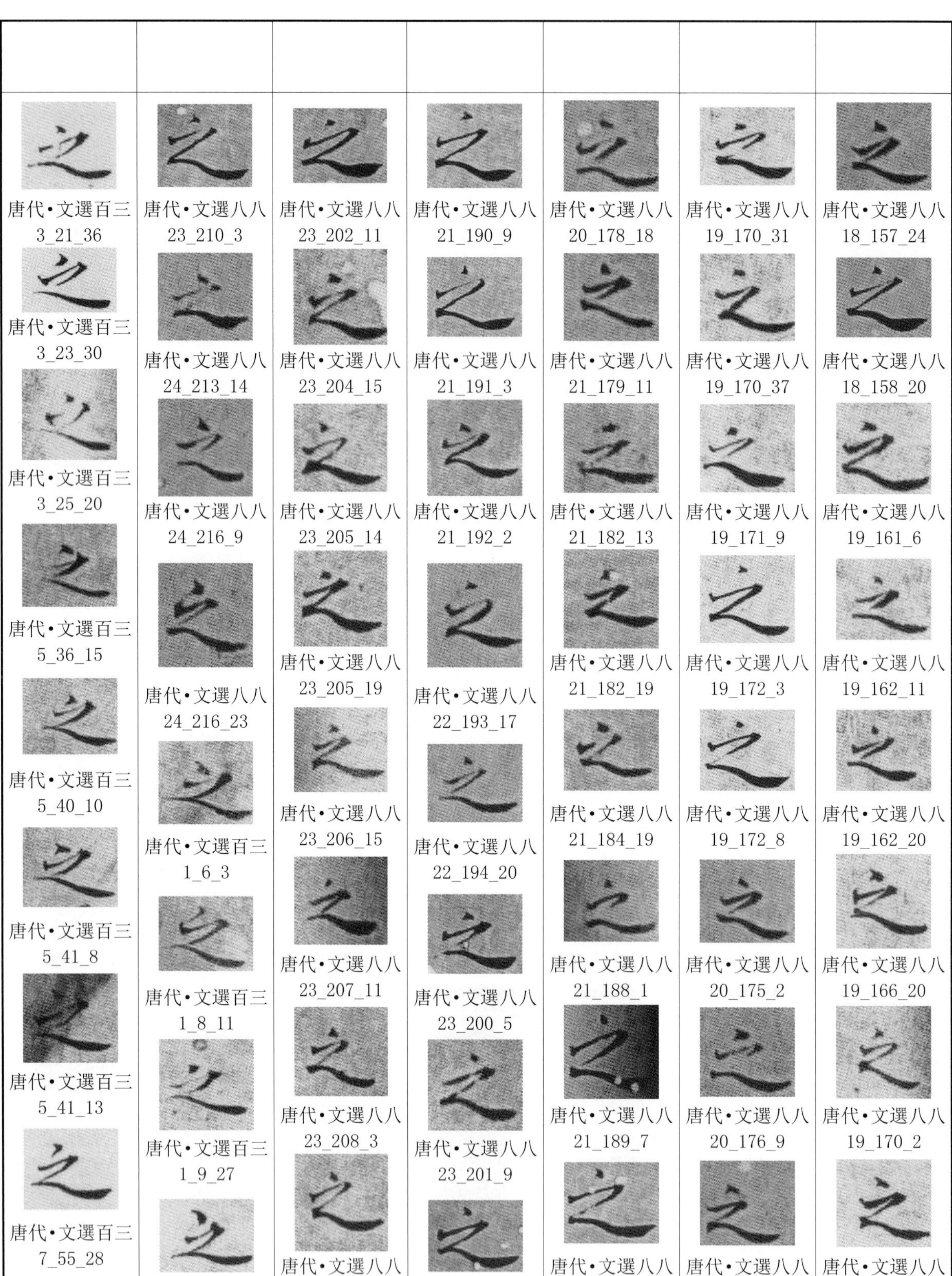

唐代•文選八八 18_157_24
唐代•文選八八 18_158_20
唐代•文選八八 19_161_6
唐代•文選八八 19_162_11
唐代•文選八八 19_162_20
唐代•文選八八 19_166_20
唐代•文選八八 19_170_2
唐代•文選八八 19_170_19

唐代•文選八八 19_170_31
唐代•文選八八 19_170_37
唐代•文選八八 19_171_9
唐代•文選八八 19_172_3
唐代•文選八八 19_172_8
唐代•文選八八 20_175_2
唐代•文選八八 20_176_9
唐代•文選八八 20_176_15

唐代•文選八八 20_178_18
唐代•文選八八 21_179_11
唐代•文選八八 21_182_13
唐代•文選八八 21_182_19
唐代•文選八八 21_184_19
唐代•文選八八 21_188_1
唐代•文選八八 21_189_7
唐代•文選八八 21_190_3

唐代•文選八八 21_190_9
唐代•文選八八 21_191_3
唐代•文選八八 21_192_2
唐代•文選八八 22_193_17
唐代•文選八八 22_194_20
唐代•文選八八 23_200_5
唐代•文選八八 23_201_9
唐代•文選八八 23_202_6

唐代•文選八八 23_202_11
唐代•文選八八 23_204_15
唐代•文選八八 23_205_14
唐代•文選八八 23_205_19
唐代•文選八八 23_206_15
唐代•文選八八 23_207_11
唐代•文選八八 23_208_3
唐代•文選八八 23_208_10

唐代•文選八八 23_210_3
唐代•文選八八 24_213_14
唐代•文選八八 24_216_9
唐代•文選八八 24_216_23
唐代•文選百三 1_6_3
唐代•文選百三 1_8_11
唐代•文選百三 1_9_27
唐代•文選百三 3_18_17

唐代•文選百三 3_21_36
唐代•文選百三 3_23_30
唐代•文選百三 3_25_20
唐代•文選百三 5_36_15
唐代•文選百三 5_40_10
唐代•文選百三 5_41_8
唐代•文選百三 5_41_13
唐代•文選百三 7_55_28

唐代•文選百三 81_771_22
唐代•文選百三 81_772_1
唐代•文選百三 81_772_23
唐代•文選百三 81_772_28
唐代•文選百三 81_775_30
唐代•文選百三 81_776_2
唐代•文選百三 82_778_6
唐代•文選百三 82_778_11

唐代•文選百三 82_781_19
唐代•文選百三 82_783_4
唐代•文選百三 84_797_1
唐代•文選百三 84_802_19
唐代•文選百三 84_802_27
唐代•文選百三 85_804_16
唐代•文選百三 85_805_10
唐代•文選百三 85_807_18

唐代•文選百三 85_808_2
唐代•文選百三 85_809_4
唐代•文選百三 85_809_35
唐代•文選百三 85_811_20
唐代•文選百三 85_817_8
唐代•文選百三 85_817_20
唐代•文選百三 86_822_37
唐代•文選百三 86_823_30

唐代•文選百三 87_824_10
唐代•文選百三 87_825_12
唐代•文選百三 87_826_16
唐代•文選百三 87_827_14
唐代•文選百三 87_829_19
唐代•文選百三 87_830_9
唐代•古文選前 1_2_1
唐代•古文選前 1_11_14

唐代•古文選前 2_18_11
唐代•古文選前 2_19_4
唐代•古文選前 2_20_7
唐代•古文選前 2_21_11
唐代•古文選前 2_24_5
唐代•古文選前 3_30_11
唐代•古文選前 3_32_8
唐代•古文選前 4_38_14

唐代•古文選前 4_40_5
唐代•古文選前 4_40_12
唐代•古文選前 4_41_4
唐代•古文選前 4_41_10
唐代•古文選前 4_43_6
唐代•古文選前 4_43_10
唐代•古文選前 4_43_14
唐代•古文選前 4_44_9

唐代•古文選前 4_44_12
唐代•古文選前 4_45_10
唐代•古文選前 4_48_5
唐代•古文選前 5_53_13
唐代•古文選前 5_54_12
唐代•古文選前 5_59_8
唐代•古文選前 5_59_14
唐代•古文選前 6_73_5

唐代•古文選前 15_171_14
唐代•古文選前 15_178_5
唐代•古文選前 15_178_10
唐代•古文選前 15_182_5
唐代•古文選前 16_184_1
唐代•古文選前 16_186_1
唐代•古文選前 16_187_11
唐代•古文選前 16_189_5

唐代•古文選前 16_192_3
唐代•古文選前 16_193_13
唐代•古文選前 16_194_14
唐代•古文選前 17_203_8
唐代•古文選前 17_204_2
唐代•古文選前 17_204_7
唐代•古文選前 17_204_14
唐代•古文選前 18_207_16

唐代•古文選前 18_216_5
唐代•古文選前 19_219_14
唐代•古文選前 20_238_6
唐代•古文選前 21_246_11
唐代•古文選前 22_264_2
唐代•古文選前 24_284_11
唐代•古文選前 24_286_7
唐代•古文選前 24_286_11

唐代•古文選前 25_292_2
唐代•古文選前 25_292_6
唐代•古文選前 26_301_3
唐代•古文選前 26_301_9
唐代•古文選前 26_302_14
唐代•古文選前 26_303_12
唐代•古文選前 26_306_1
唐代•古文選前 26_306_11

唐代•古文選前 26_307_7
唐代•古文選前 26_308_3
唐代•古文選前 26_310_14
唐代•古文選前 26_311_12
唐代•古文選前 27_312_14
唐代•古文選前 27_313_12
唐代•古文選後 2_13_6
唐代•古文選後 2_14_9

唐代•古文選後 2_15_7
唐代•古文選後 3_27_6
唐代•古文選後 4_37_1
唐代•古文選後 4_37_5
唐代•古文選後 5_53_7
唐代•古文選後 5_57_7
唐代•古文選後 6_66_14
唐代•古文選後 6_67_7

唐代•古文選後 6_67_12
唐代•古文選後 6_71_14
唐代•古文選後 7_75_14
唐代•古文選後 7_78_13
唐代•古文選後 7_83_44
唐代•古文選後 9_106_3
唐代•古文選後 11_119_59
唐代•古文選後 11_122_10

唐代・古文選後 12_132_7
唐代・古文選後 12_133_43
唐代・古文選後 12_140_9
唐代・古文選後 12_140_13
唐代・古文選後 13_149_2
唐代・古文選後 13_152_6
唐代・古文選後 15_172_3
唐代・古文選後 18_205_13

唐代・古文選後 22_259_19
唐代・古文選後 22_259_37
唐代・古文選後 23_268_14
唐代・古文選後 24_280_3
唐代・古文選後 24_280_13
唐代・古文選後 24_280_27
唐代・古文選後 24_281_37
唐代・古文選後 25_292_25

唐代・十輪經四 4_63_5
唐代・十輪經四 9_179_3
唐代・十輪經四 11_200_14
唐代・十輪經四 11_210_8
唐代・十輪經四 13_253_10
唐代・十輪經四 14_273_16
唐代・十輪經四 14_277_8
唐代・十輪經四 15_290_11

唐代・十輪經四 16_310_14
唐代・十輪經四 21_405_6
唐代・十輪經八 3_42_14
唐代・十輪經八 5_88_3
唐代・十輪經八 5_94_2
唐代・十輪經八 6_119_1
唐代・十輪經八 12_232_9
唐代・十輪經八 14_269_9

唐代・十輪經八 16_307_9
唐代・十輪經九 1_1_16
唐代・十輪經九 7_139_10
唐代・十輪經十 6_113_10
唐代・十輪經十 9_176_16
唐代・十輪經十 10_194_10

丹 冃

タン
訓あか

唐代・春秋經傳 7_64_4
唐代・文選四八 22_195_19
唐代・文選四八 25_224_12
唐代・文選四八 26_228_5
唐代・文選五九 33_324_24
唐代・文選五九 64_620_3
唐代・文選五九 64_621_4
唐代・文選五九 64_621_24

唐代・文選五九 64_623_26
唐代・文選五九 74_705_3
唐代・文選五九 74_705_20
唐代・文選五九 89_854_10
唐代・文選五九 96_911_18
唐代・文選五九 108_1022_13
唐代・文選六八 18_181_2
唐代・文選六八 18_183_19

主 𡴀

漢シュ 呉ス
訓ぬし

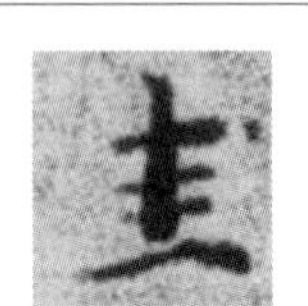
唐代・文選五九
23_221_6

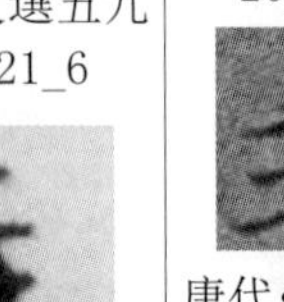
唐代・文選五九
75_724_19

唐代・文選五九
76_728_5

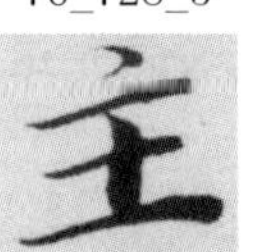
唐代・文選五九
99_933_3

唐代・文選五九
99_934_3

唐代・文選六八
10_103_15

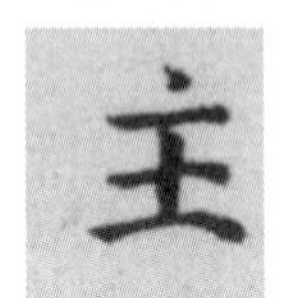
唐代・文選六八
13_134_1

唐代・文選四八
20_182_8

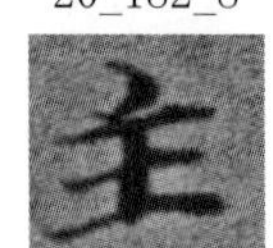
唐代・文選四八
24_220_3

唐代・文選四八
32_285_12

唐代・文選四八
37_333_15

唐代・文選四八
45_403_2

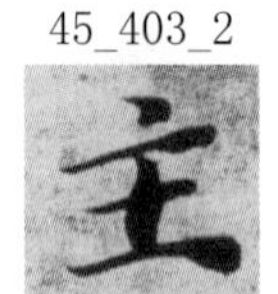
唐代・文選五九
1_4_3

唐代・文選五九
12_116_9

唐代・春秋經傳
36_378_7

唐代・春秋經傳
36_381_19

唐代・春秋經傳
38_397_3

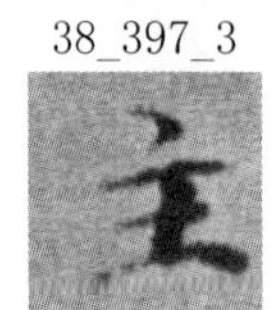
唐代・文選四八
4_21_9

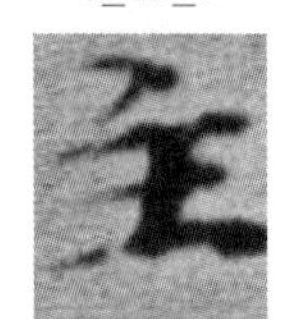
唐代・文選四八
4_21_26

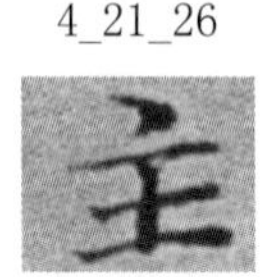
唐代・文選四八
12_112_20

唐代・文選四八
20_175_13

初唐・聖武雜集
1_8_4

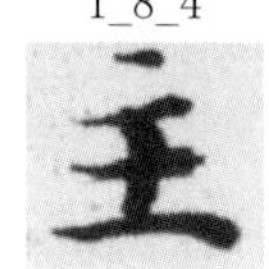
唐代・春秋經傳
6_60_24

唐代・春秋經傳
9_89_3

唐代・春秋經傳
9_89_8

唐代・春秋經傳
27_281_1

唐代・春秋經傳
35_368_2

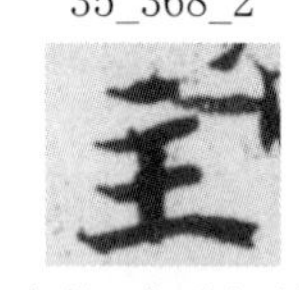
唐代・春秋經傳
36_376_5

唐代・古文選後
8_87_12

唐代・古文選後
16_183_14

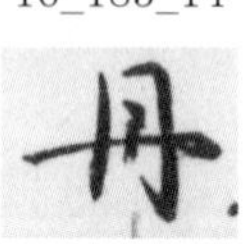
唐代・古文選後
16_190_10

唐代・古文選後
21_251_1

唐代・古文選後
26_306_25

唐代・文選六八
57_571_22

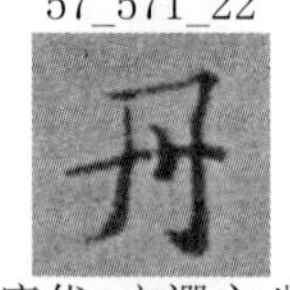
唐代・文選六八
59_591_7

唐代・文選六八
59_591_12

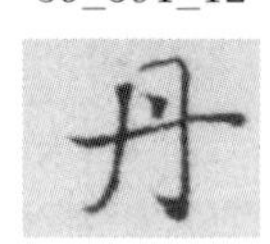
唐代・文選白三
49_474_1

唐代・文選百三
65_625_17

唐代・文選百三
66_638_5

唐代・古文選前
8_92_56

唐代・古文選前
24_282_10

唐代・文選六八
22_222_20

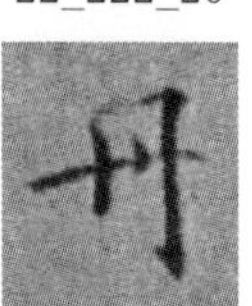
唐代・文選六八
22_223_12

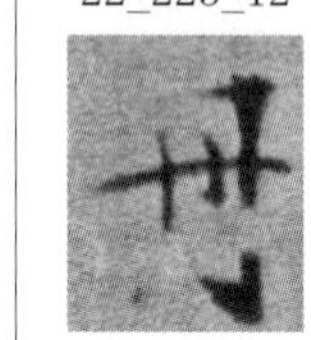
唐代・文選六八
22_224_12

唐代・文選六八
22_225_1

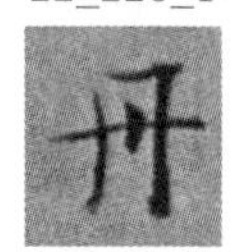
唐代・文選六八
25_248_5

唐代・文選六八
32_321_9

唐代・文選六八
40_400_14

唐代・文選六八
49_496_16

州

漢シュウ呉ス
訓す

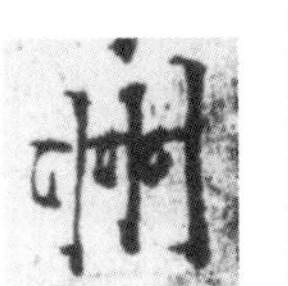
唐代•春秋經傳
1_6_14

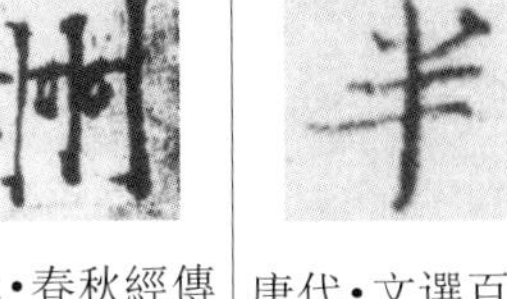
唐代•春秋經傳
1_6_16

唐代•春秋經傳
3_21_2

唐代•春秋經傳
14_143_3

唐代•春秋經傳
38_403_6

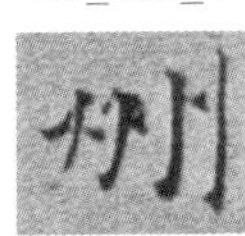
唐代•文選四八
14_125_8

唐代•文選四八
14_126_7

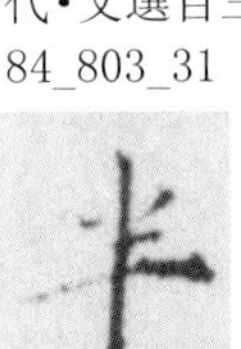
唐代•文選百三
84_803_31

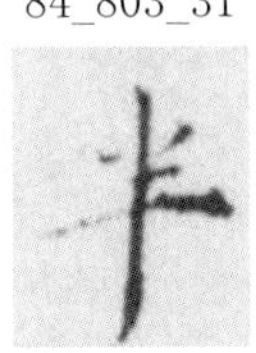
唐代•文選百三
85_804_15

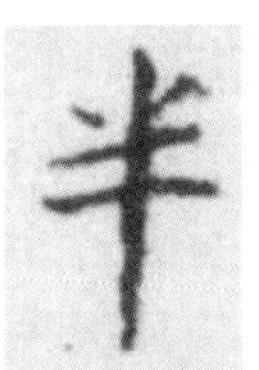
唐代•文選百三
84_801_7

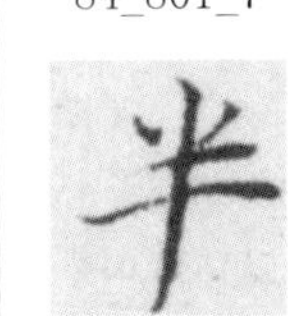

唐代•文選百三
85_805_7

唐代•十輪經九
12_224_6

半

ハン
訓なかば

唐代•春秋經傳
6_57_5

唐代•春秋經傳
10_98_9

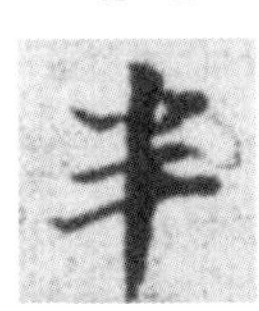
唐代•文選五九
21_204_13

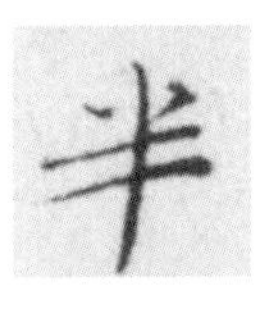
唐代•文選百三
31_312_34

唐代•文選百三
84_800_3

唐代•文選百三
84_803_27

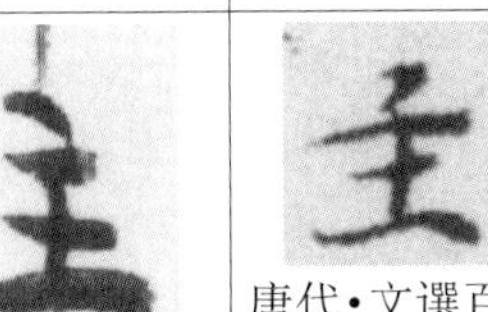
唐代•古文選後
9_97_6

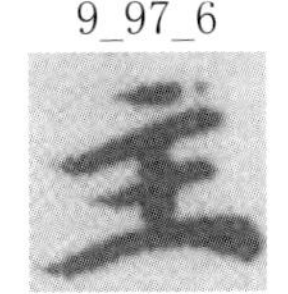
唐代•十輪經四
7_124_7

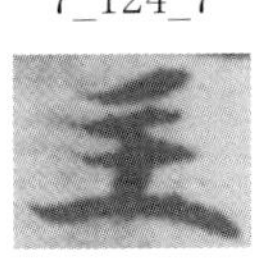
唐代•十輪經九
7_127_12

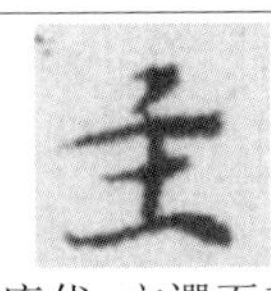
唐代•文選百三
60_577_2

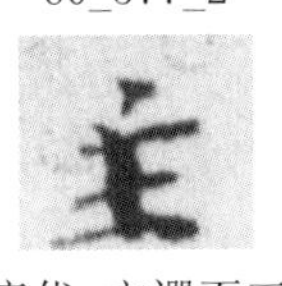
唐代•文選百三
64_618_17

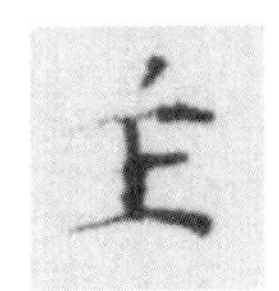
唐代•文選百三
85_807_20

唐代•古文選前
19_219_9

唐代•古文選前
19_229_13

唐代•古文選前
27_313_11

唐代•古文選後
6_62_10

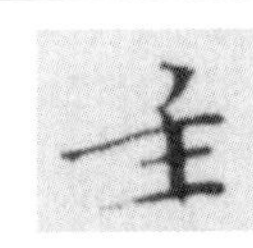
唐代•文選百三
25_239_10

唐代•文選百三
25_246_19

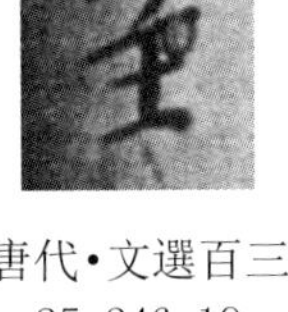
唐代•文選百三
29_279_12

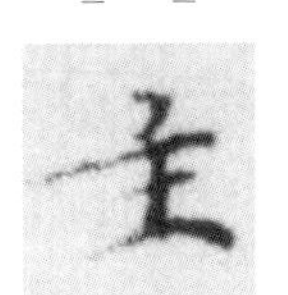
唐代•文選百三
29_285_3

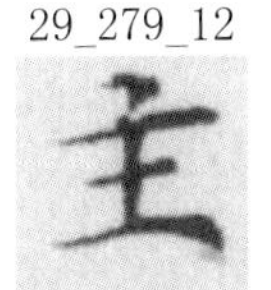
唐代•文選百三
29_285_14

唐代•文選百三
35_343_22

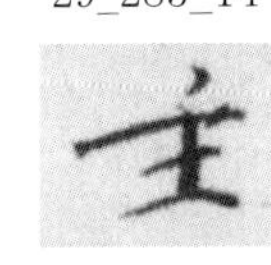

唐代•文選百三
49_473_17

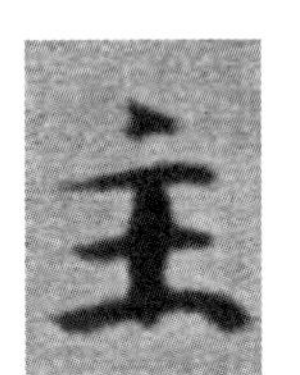
唐代•文選六八
18_182_14

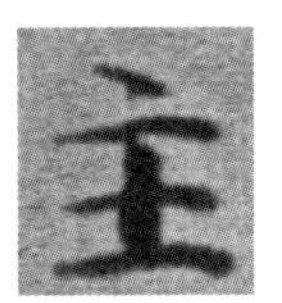
唐代•文選六八
23_238_9

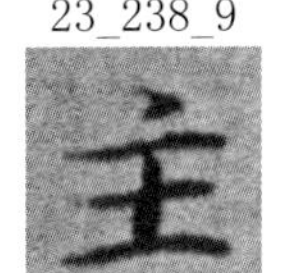
唐代•文選六八
48_481_19

唐代•文選六八
51_509_9

唐代•文選六八
60_601_21

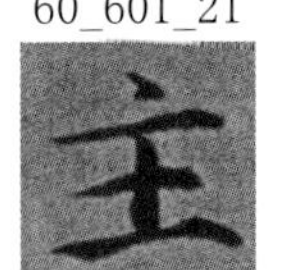
唐代•文選六八
69_695_16

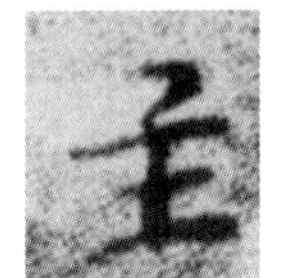
唐代•文選百三
21_197_2

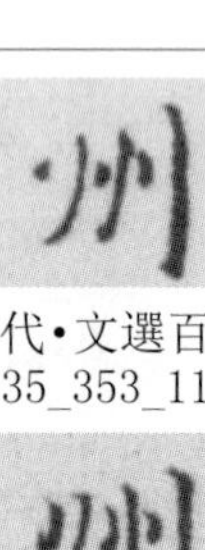 唐代•文選百三 35_353_11	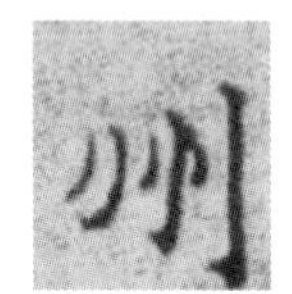 唐代•文選百三 27_261_18	唐代•文選百三 6_53_18	唐代•文選六八 6_66_7	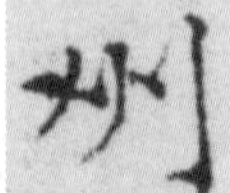 唐代•文選五九 92_876_19	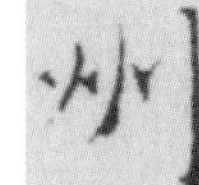 唐代•文選五九 77_737_18	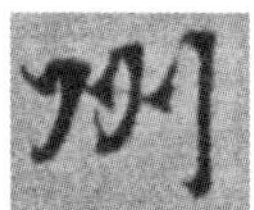 唐代•文選四八 15_136_20
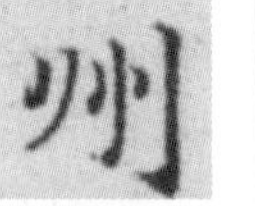 唐代•文選百三 36_356_5	 唐代•文選百三 29_284_4	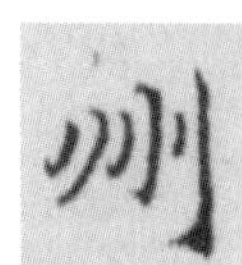 唐代•文選百三 6_54_24	 唐代•文選六八 17_171_14	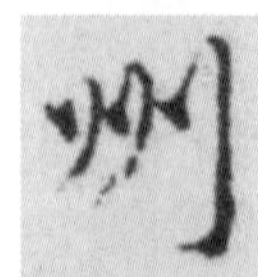 唐代•文選五九 92_879_19	 唐代•文選五九 88_848_8	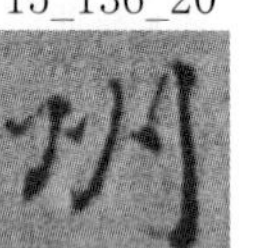 唐代•文選四八 15_138_7
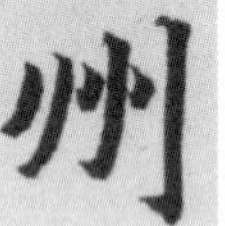 唐代•文選百三 36_361_7	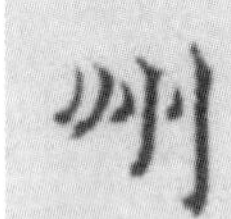 唐代•文選百三 29_285_7	 唐代•文選百三 10_92_40	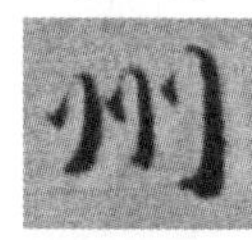 唐代•文選六八 18_183_24	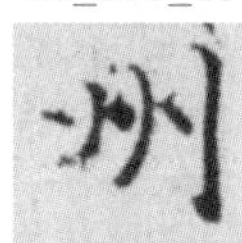 唐代•文選五九 94_896_3	 唐代•文選五九 89_851_4	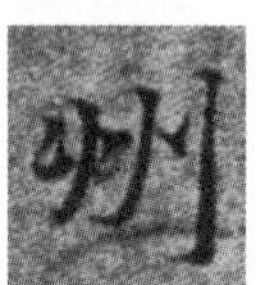 唐代•文選四八 16_140_2
 唐代•文選百三 37_363_30	 唐代•文選百三 35_344_8	 唐代•文選百三 23_228_9	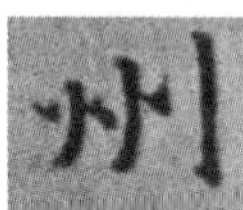 唐代•文選六八 26_261_24	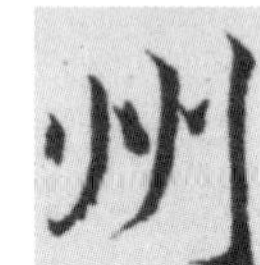 唐代•文選五九 96_913_10	 唐代•文選五九 90_863_9	 唐代•文選四八 41_367_18
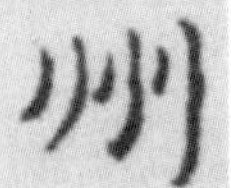 唐代•文選百三 37_363_34	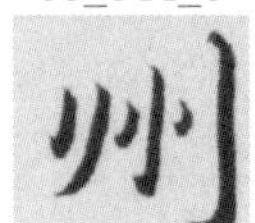 唐代•文選百三 35_346_33	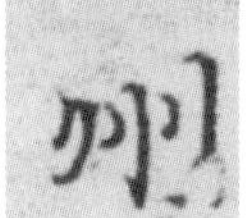 唐代•文選百三 24_230_2	 唐代•文選六八 62_619_14	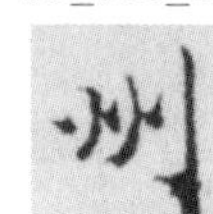 唐代•文選五九 97_914_25	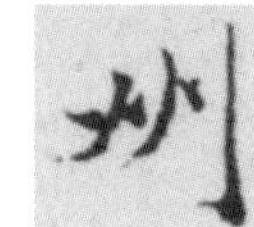 唐代•文選五九 90_864_24	 唐代•文選五九 2_13_1
 唐代•文選百三 39_394_18	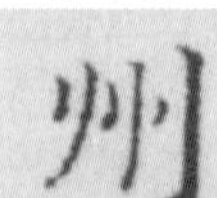 唐代•文選百三 35_350_2	 唐代•文選百三 24_232_20	 唐代•文選六八 62_621_24	 唐代•文選五九 97_915_3	 唐代•文選五九 90_866_30	 唐代•文選五九 15_150_24
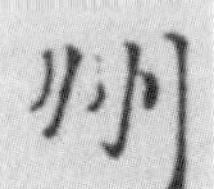 唐代•文選百三 39_395_20	 唐代•文選百三 35_350_13	 唐代•文選百三 25_248_13	 唐代•文選八八 4_21_26	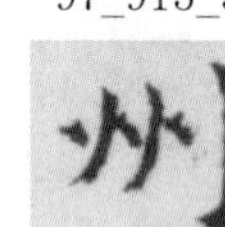 唐代•文選五九 97_915_27	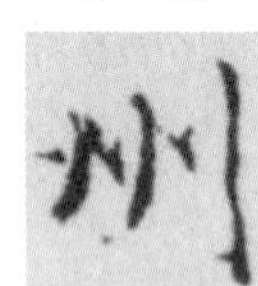 唐代•文選五九 90_867_28	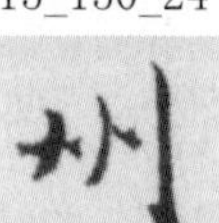 唐代•文選五九 61_587_29
 唐代•文選百三 58_557_7	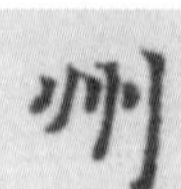 唐代•文選百三 35_353_9	 唐代•文選百三 27_260_8	 唐代•文選百三 6_51_25	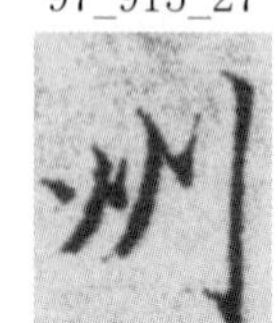 唐代•文選五九 109_1034_27	 唐代•文選五九 91_872_19	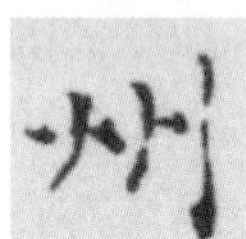 唐代•文選五九 64_618_15

				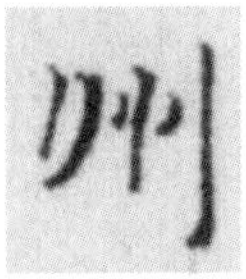 唐代•文選百三 79_750_15 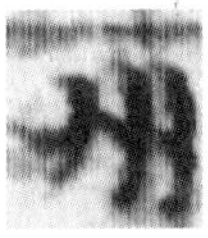 唐代•古文選前 19_222_33  唐代•古文選前 19_222_39  唐代•古文選前 20_235_5  唐代•古文選後 21_244_9  唐代•古文選後 21_244_45  唐代•古文選後 21_244_76	 唐代•文選百三 67_648_15  唐代•文選百三 67_648_19  唐代•文選百三 75_718_7  唐代•文選百三 75_718_16  唐代•文選百三 75_720_9  唐代•文選百三 75_720_17  唐代•文選百三 86_823_15	 唐代•文選百三 58_561_27  唐代•文選百三 59_566_28  唐代•文選百三 65_626_3  唐代•文選百三 66_638_10 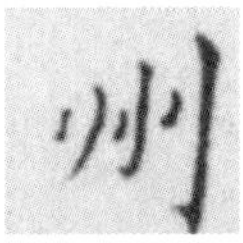 唐代•文選百三 67_640_19  唐代•文選百三 67_642_18  唐代•文選百三 67_643_12  唐代•文選百三 67_643_19

乙部

乙

【慣】オツ【漢】イツ【呉】オチ
【訓】きのこ

唐代・春秋經傳
5_43_4

唐代・春秋經傳
5_44_19

唐代・春秋經傳
10_104_8

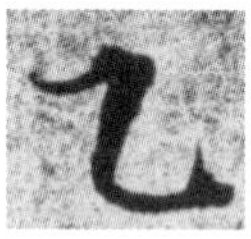
唐代・春秋經傳
10_105_9

唐代・春秋經傳
18_184_22

刁

【漢】チョウ
【訓】わるがしこい

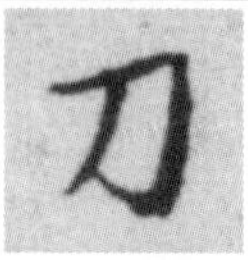
唐代・文選百三
81_770_4

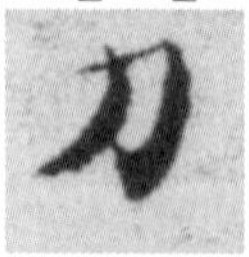
唐代・文選百三
81_770_24

了

リョウ
【訓】もつれる

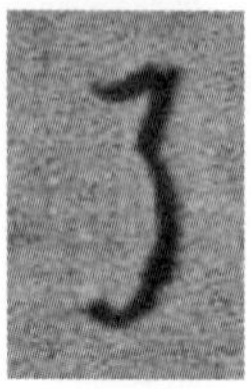
唐代・文選五九
26_252_29

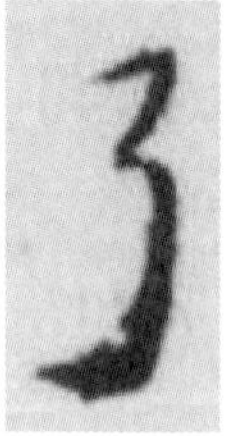
唐代・文選五九
37_365_26

也

【漢】ヤ【呉】エ
【訓】や

初唐・大般若經
2_21_1

初唐・大般若經
2_23_1

初唐・大般若經
2_25_11

初唐・大般若經
2_26_10

初唐・大般若經
2_28_2

初唐・大般若經
2_29_1

初唐・大般若經
2_30_10

中唐・金剛經題
1_3_10

中唐・金剛經題
1_6_14

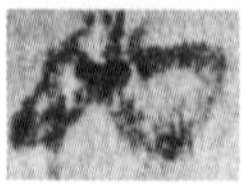
晚唐・慶滋書狀
1_14_10

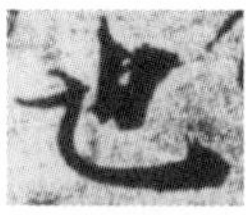
唐代・春秋經傳
1_3_14

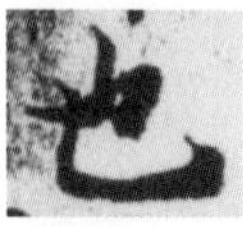
唐代・春秋經傳
1_4_12

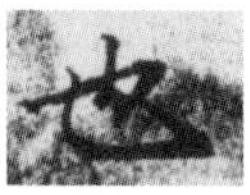
唐代・春秋經傳
1_4_19

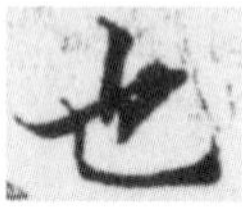
唐代・春秋經傳
1_6_26

唐代・春秋經傳
1_7_17

唐代・春秋經傳
2_9_8

唐代・春秋經傳
2_10_18

唐代・春秋經傳
2_11_13

唐代・春秋經傳
2_12_13

唐代・春秋經傳
2_15_29

唐代・春秋經傳
2_16_12

唐代・春秋經傳
2_17_16

唐代・春秋經傳
2_17_23

唐代・春秋經傳
2_18_23

唐代・春秋經傳
2_19_15

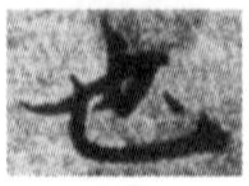
唐代・春秋經傳
3_20_2

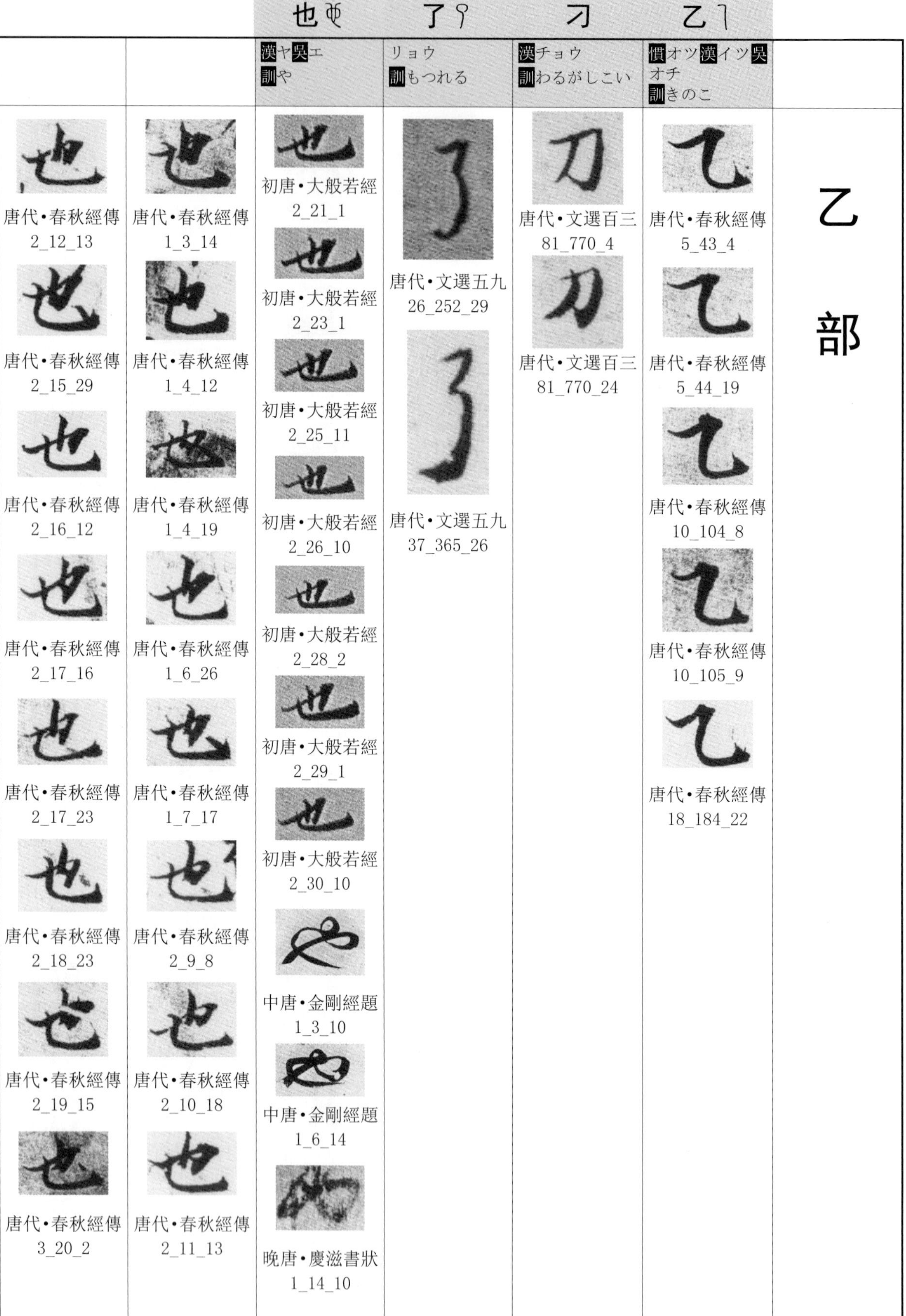

唐代•春秋經傳 32_339_28
唐代•春秋經傳 33_340_20
唐代•春秋經傳 33_342_13
唐代•春秋經傳 33_342_24
唐代•春秋經傳 33_345_4
唐代•春秋經傳 33_346_6
唐代•春秋經傳 33_348_10
唐代•春秋經傳 33_350_11
唐代•春秋經傳 34_351_9
唐代•春秋經傳 34_351_28
唐代•春秋經傳 34_354_25
唐代•春秋經傳 34_356_20
唐代•春秋經傳 34_359_15
唐代•春秋經傳 34_360_3
唐代•春秋經傳 34_360_13
唐代•春秋經傳 35_363_7
唐代•春秋經傳 35_363_14
唐代•春秋經傳 35_363_25
唐代•春秋經傳 35_366_10
唐代•春秋經傳 35_368_7
唐代•春秋經傳 35_370_27
唐代•春秋經傳 35_372_26
唐代•春秋經傳 36_374_11
唐代•春秋經傳 36_376_23
唐代•春秋經傳 36_377_5
唐代•春秋經傳 36_377_22
唐代•春秋經傳 36_379_15
唐代•春秋經傳 36_380_4
唐代•春秋經傳 36_380_22
唐代•春秋經傳 36_380_29
唐代•春秋經傳 36_381_13
唐代•春秋經傳 37_384_12
唐代•春秋經傳 37_386_12
唐代•春秋經傳 37_386_18
唐代•春秋經傳 37_387_13
唐代•春秋經傳 37_390_10
唐代•春秋經傳 37_390_16
唐代•春秋經傳 38_396_10
唐代•春秋經傳 38_398_10
唐代•春秋經傳 38_398_15
唐代•春秋經傳 38_399_5
唐代•春秋經傳 38_401_14
唐代•春秋經傳 38_402_17
唐代•春秋經傳 38_403_10
唐代•春秋經傳 38_403_18
唐代•春秋經傳 38_404_14
唐代•春秋經傳 39_405_13
唐代•春秋經傳 39_407_43
唐代•春秋經傳 39_408_32
唐代•春秋經傳 39_409_2
唐代•文選四八 1_4_19
唐代•文選四八 1_4_25
唐代•文選四八 1_5_13
唐代•文選四八 1_6_7
唐代•文選四八 2_11_10
唐代•文選四八 8_68_10
唐代•文選四八 8_68_13
唐代•文選四八 8_68_16
唐代•文選四八 8_69_7
唐代•文選四八 9_77_9
唐代•文選四八 9_77_22
唐代•文選四八 11_97_4

唐代•文選六八 1_10_4
唐代•文選六八 1_10_14
唐代•文選六八 1_10_25
唐代•文選六八 2_16_9
唐代•文選六八 2_16_24
唐代•文選六八 3_30_16
唐代•文選六八 3_31_27
唐代•文選六八 3_31_30
唐代•文選六八 3_32_11
唐代•文選六八 3_32_16
唐代•文選六八 3_32_19
唐代•文選六八 3_32_29
唐代•文選六八 3_33_6
唐代•文選六八 3_34_5
唐代•文選六八 4_37_10
唐代•文選六八 4_37_24
唐代•文選六八 4_39_11
唐代•文選六八 4_40_16
唐代•文選六八 4_40_19
唐代•文選六八 4_40_26
唐代•文選六八 4_42_8
唐代•文選六八 4_42_10
唐代•文選六八 4_42_19
唐代•文選六八 4_42_23
唐代•文選六八 4_42_27
唐代•文選六八 4_45_20
唐代•文選六八 4_47_17
唐代•文選六八 5_48_5
唐代•文選六八 5_48_12
唐代•文選六八 5_48_16
唐代•文選六八 5_50_4
唐代•文選六八 5_50_19
唐代•文選六八 5_50_22
唐代•文選六八 5_50_29
唐代•文選六八 5_52_6
唐代•文選六八 5_52_27
唐代•文選六八 6_55_20
唐代•文選六八 6_56_7
唐代•文選六八 6_56_10
唐代•文選六八 6_55_17
唐代•文選六八 6_58_7
唐代•文選六八 6_60_6
唐代•文選六八 6_60_13
唐代•文選六八 6_60_17
唐代•文選六八 6_61_11
唐代•文選六八 6_61_17
唐代•文選六八 6_58_3
唐代•文選六八 6_64_28
唐代•文選六八 6_67_16
唐代•文選六八 7_68_13
唐代•文選六八 7_70_3
唐代•文選六八 7_70_18
唐代•文選六八 7_72_24
唐代•文選六八 7_73_2
唐代•文選六八 7_73_5
唐代•文選六八 7_73_20
唐代•文選百三 13_128_27
唐代•文選百三 14_129_8
唐代•文選百三 14_130_17
唐代•文選百三 14_130_32
唐代•文選百三 14_131_2
唐代•文選百三 14_133_34
唐代•文選百三 14_133_42
唐代•文選百三 15_138_23

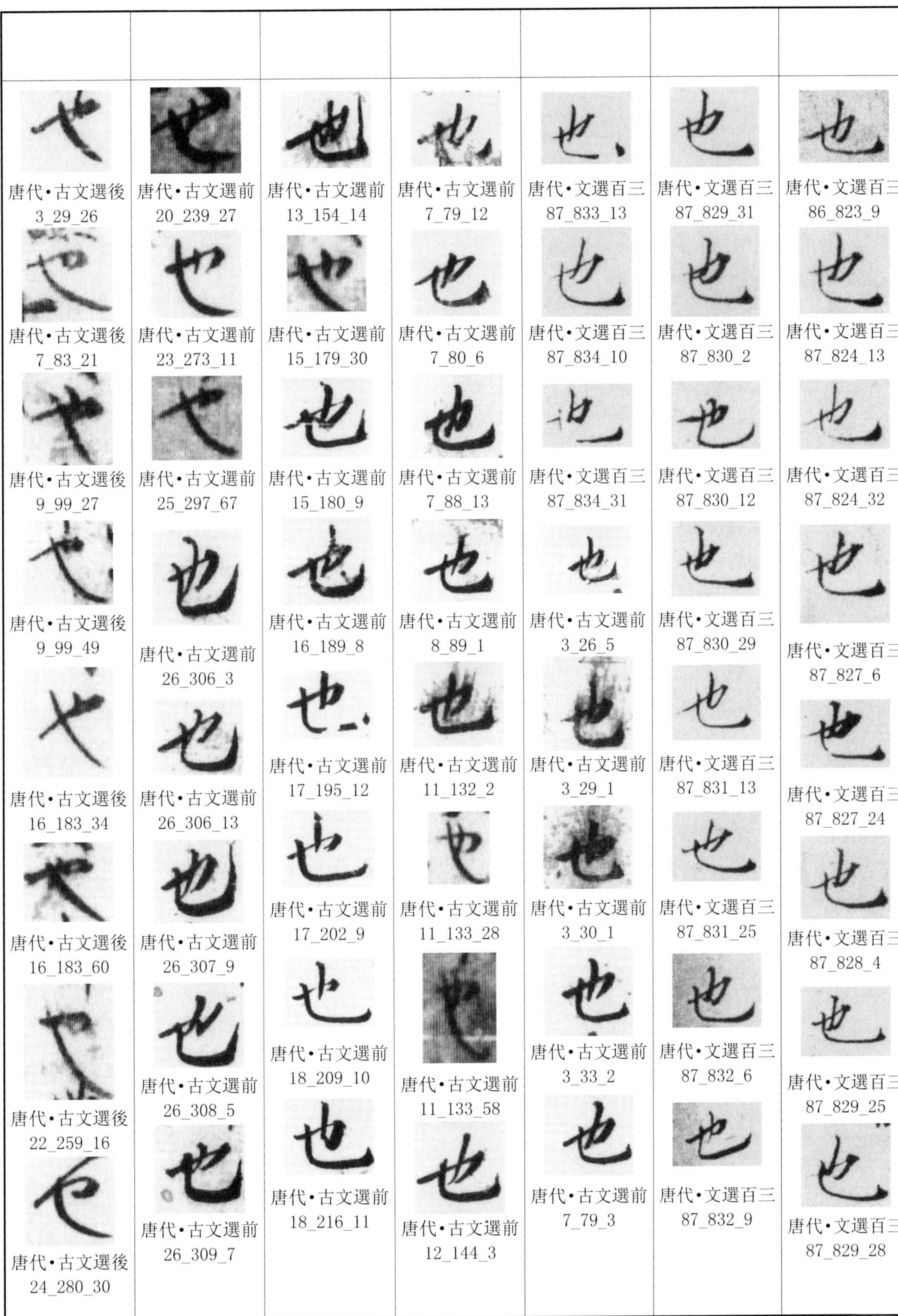

唐代•古文選後 3_29_26
唐代•古文選後 7_83_21
唐代•古文選後 9_99_27
唐代•古文選後 9_99_49
唐代•古文選後 16_183_34
唐代•古文選後 16_183_60
唐代•古文選後 22_259_16
唐代•古文選後 24_280_30
唐代•古文選前 20_239_27
唐代•古文選前 23_273_11
唐代•古文選前 25_297_67
唐代•古文選前 26_306_3
唐代•古文選前 26_306_13
唐代•古文選前 26_307_9
唐代•古文選前 26_308_5
唐代•古文選前 26_309_7
唐代•古文選前 13_154_14
唐代•古文選前 15_179_30
唐代•古文選前 15_180_9
唐代•古文選前 16_189_8
唐代•古文選前 17_195_12
唐代•古文選前 17_202_9
唐代•古文選前 18_209_10
唐代•古文選前 18_216_11
唐代•古文選前 7_79_12
唐代•古文選前 7_80_6
唐代•古文選前 7_88_13
唐代•古文選前 8_89_1
唐代•古文選前 11_132_2
唐代•古文選前 11_133_28
唐代•古文選前 11_133_58
唐代•古文選前 12_144_3
唐代•文選百三 87_833_13
唐代•文選百三 87_834_10
唐代•文選百三 87_834_31
唐代•古文選前 3_26_5
唐代•古文選前 3_29_1
唐代•古文選前 3_30_1
唐代•古文選前 3_33_2
唐代•古文選前 7_79_3
唐代•文選百三 87_829_31
唐代•文選百三 87_830_2
唐代•文選百三 87_830_12
唐代•文選百三 87_830_29
唐代•文選百三 87_831_13
唐代•文選百三 87_831_25
唐代•文選百三 87_832_6
唐代•文選百三 87_832_9
唐代•文選百三 86_823_9
唐代•文選百三 87_824_13
唐代•文選百三 87_824_32
唐代•文選百三 87_827_6
唐代•文選百三 87_827_24
唐代•文選百三 87_828_4
唐代•文選百三 87_829_25
唐代•文選百三 87_829_28

予

ヨ

訓 あたえる

唐代•古文選前 9_108_8	唐代•文選六八 45_449_5	唐代•文選六八 11_111_2	唐代•文選四八 19_173_19	唐代•十輪經十 2_33_11	唐代•十輪經九 10_189_12	唐代•古文選後 25_292_28
唐代•古文選前 21_248_14	唐代•文選六八 48_480_6	唐代•文選六八 21_214_1	唐代•文選四八 35_313_15	唐代•十輪經十 5_98_9	唐代•十輪經九 13_249_17	唐代•古文選後 26_306_38
唐代•古文選前 25_294_13	唐代•文選六八 58_579_2	唐代•文選六八 23_227_26	唐代•文選四八 40_354_1	唐代•十輪經十 6_120_13	唐代•十輪經九 14_263_13	唐代•十輪經八 5_90_7
唐代•古文選後 2_13_14	唐代•文選六八 58_581_5	唐代•文選六八 28_281_4	唐代•文選四八 45_406_20	唐代•十輪經十 8_155_11	唐代•十輪經九 15_282_14	唐代•十輪經八 5_91_14
唐代•古文選後 2_16_8	唐代•文選六八 72_716_3	唐代•文選六八 32_320_10	唐代•文選五九 41_402_18	唐代•十輪經十 10_190_16	唐代•十輪經九 15_292_6	唐代•十輪經八 7_123_6
	唐代•文選六八 73_726_15	唐代•文選六八 32_322_20	唐代•文選五九 68_655_14		唐代•十輪經九 18_340_14	唐代•十輪經八 22_427_17
	唐代•文選八八 19_167_31	唐代•文選六八 39_390_7	唐代•文選五九 109_1037_2		唐代•十輪經九 18_357_11	唐代•十輪經九 2_26_9
					唐代•十輪經九 20_392_14	唐代•十輪經九 4_66_13
					唐代•十輪經九 21_415_6	唐代•十輪經九 10_186_16
					唐代•十輪經十 2_21_14	

尹

イン
訓 おさ

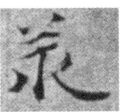

唐代•春秋經傳 7_71_12

唐代•春秋經傳 21_216_5

唐代•春秋經傳 21_216_13

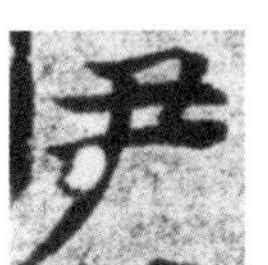
唐代•春秋經傳 23_234_18

唐代•春秋經傳 23_235_8

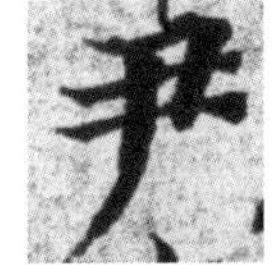
唐代•春秋經傳 23_235_12

唐代•春秋經傳 23_235_16

唐代•春秋經傳 23_236_16

唐代•春秋經傳 36_376_9

唐代•春秋經傳 36_377_7

唐代•文選五九 27_263_18

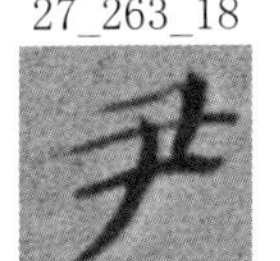
唐代•文選六八 31_306_22

唐代•文選六八 40_402_26

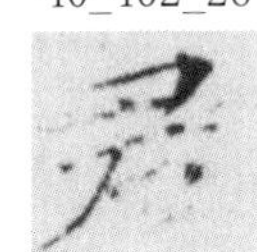
唐代•文選百三 87_829_11

唐代•古文選前 21_247_4

甬

漢 ヨウ
訓 みち

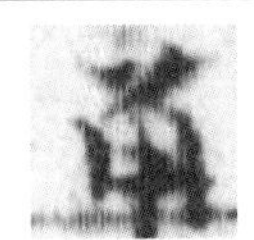
唐代•古文選前 24_282_17

承

漢 ショウ
訓 うけたまわる

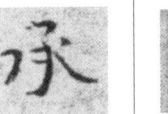

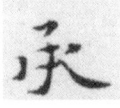

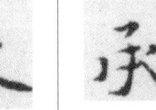

唐代•春秋經傳 14_148_4

唐代•春秋經傳 18_183_27

唐代•文選四八 5_36_8

唐代•文選四八 5_37_14

唐代•文選四八 5_38_9

唐代•文選四八 8_71_6

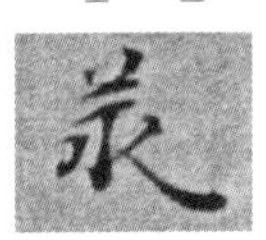
唐代•文選四八 14_129_5

唐代•文選四八 15_133_18

唐代•文選四八 15_133_22

唐代•文選四八 16_144_10

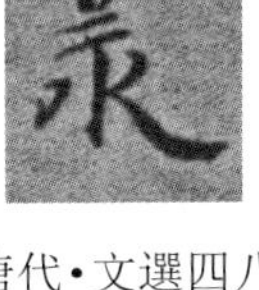
唐代•文選四八 20_186_4

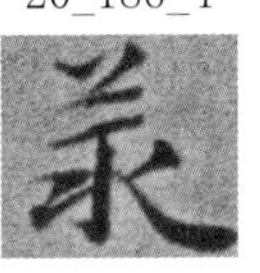
唐代•文選四八 21_190_2

唐代•文選四八 48_436_7

唐代•文選五九 54_532_5

唐代•文選五九 66_637_1

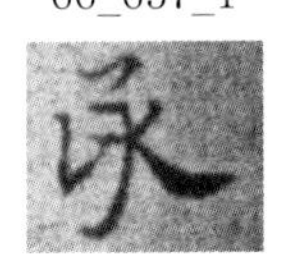
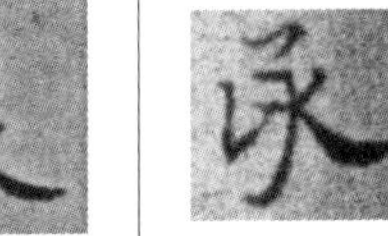
唐代•文選五九 66_639_20

唐代•文選五九 66_640_2

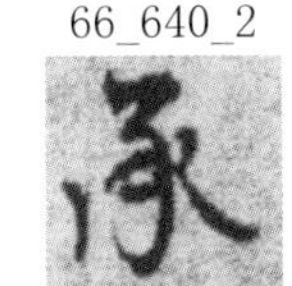
唐代•文選五九 66_640_5

唐代•文選五九 86_822_5

唐代•文選五九 86_823_10

唐代•文選五九 86_824_12

唐代•文選五九 86_825_5

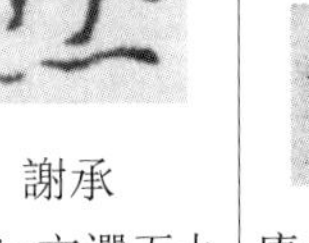
謝承
唐代•文選五九 104_984_13

唐代•文選六八 63_631_3

唐代•文選八八 19_162_24

唐代•文選百三 5_36_13

唐代•文選百三 9_75_27

唐代•文選百三 9_76_25

唐代•文選百三 9_78_11

唐代•文選百三 9_78_31

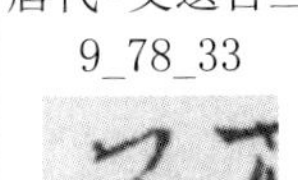
唐代•文選百三 9_78_33

唐代•文選百三 9_79_41

亟

漢キョク 呉コキ
訓すみやか

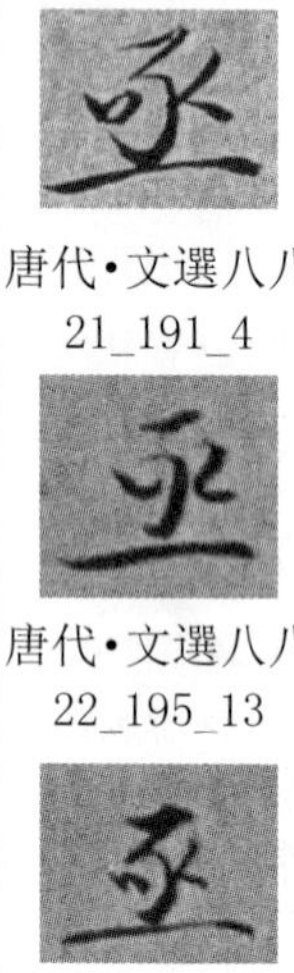

唐代•文選八八 21_191_4
唐代•文選八八 22_195_13
唐代•文選八八 22_195_22

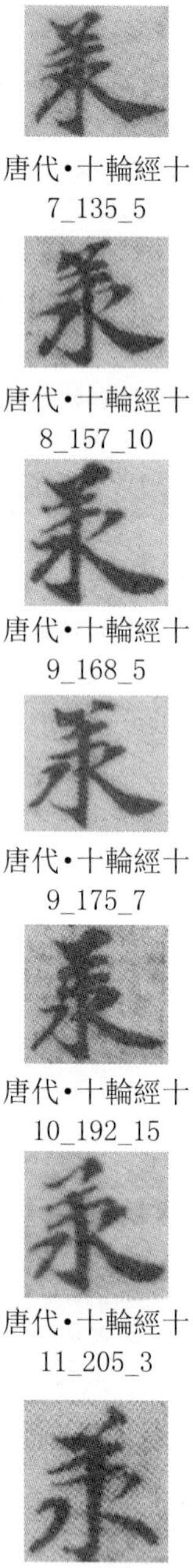

唐代•十輪經十 7_135_5
唐代•十輪經十 8_157_10
唐代•十輪經十 9_168_5
唐代•十輪經十 9_175_7
唐代•十輪經十 10_192_15
唐代•十輪經十 11_205_3
唐代•十輪經十 16_315_11

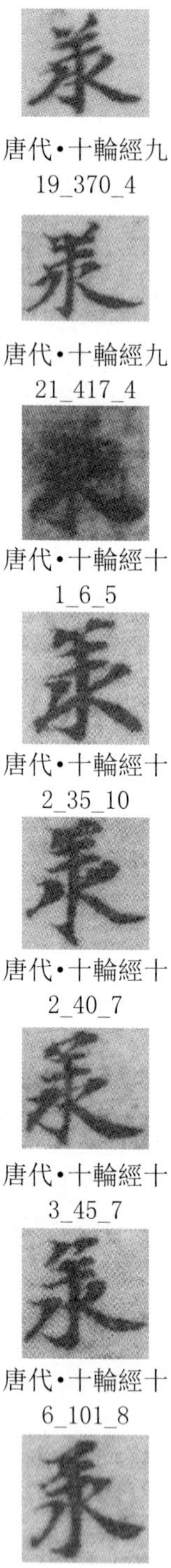

唐代•十輪經九 19_370_4
唐代•十輪經九 21_417_4
唐代•十輪經十 1_6_5
唐代•十輪經十 2_35_10
唐代•十輪經十 2_40_7
唐代•十輪經十 3_45_7
唐代•十輪經十 6_101_8
唐代•十輪經十 7_122_11

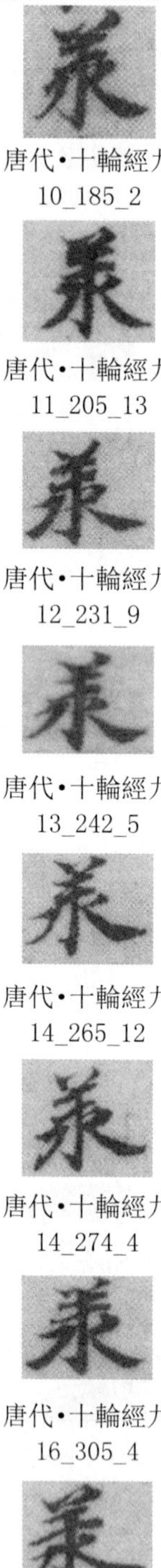

唐代•十輪經九 10_185_2
唐代•十輪經九 11_205_13
唐代•十輪經九 12_231_9
唐代•十輪經九 13_242_5
唐代•十輪經九 14_265_12
唐代•十輪經九 14_274_4
唐代•十輪經九 16_305_4
唐代•十輪經九 18_359_10

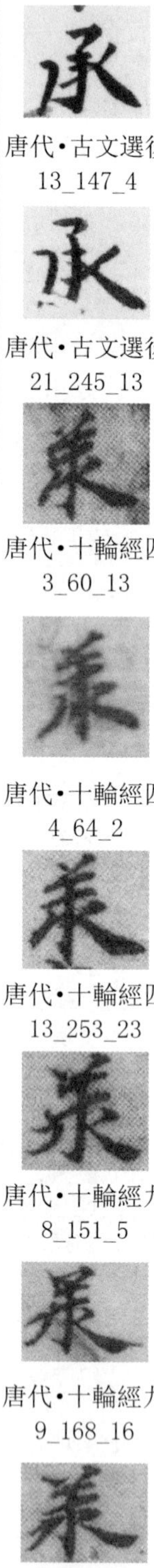

唐代•古文選後 13_147_4
唐代•古文選後 21_245_13
唐代•十輪經四 3_60_13
唐代•十輪經四 4_64_2
唐代•十輪經四 13_253_23
唐代•十輪經九 8_151_5
唐代•十輪經九 9_168_16
唐代•十輪經九 9_177_16

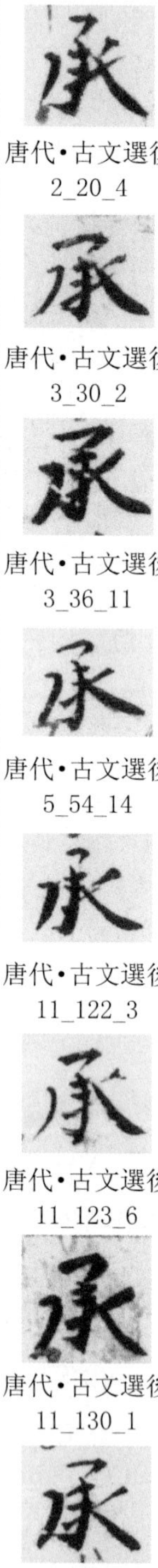

唐代•古文選後 2_20_4
唐代•古文選後 3_30_2
唐代•古文選後 3_36_11
唐代•古文選後 5_54_14
唐代•古文選後 11_122_3
唐代•古文選後 11_123_6
唐代•古文選後 11_130_1
唐代•古文選後 11_131_13

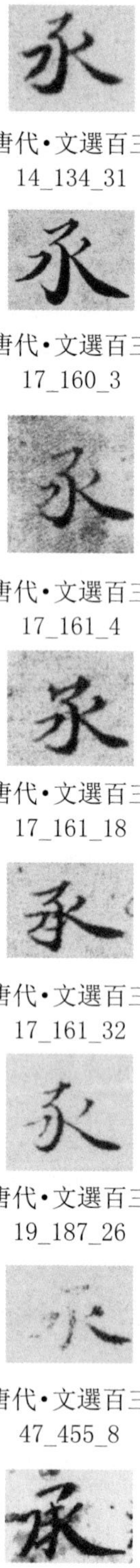

唐代•文選百三 14_134_31
唐代•文選百三 17_160_3
唐代•文選百三 17_161_4
唐代•文選百三 17_161_18
唐代•文選百三 17_161_32
唐代•文選百三 19_187_26
唐代•文選百三 47_455_8
唐代•古文選前 8_92_70

乳

慣ニュウ漢ジュ
呉ニュ
訓ちち

唐代•春秋經傳
22_231_24

唐代•春秋經傳
22_233_7

乾

漢ケン呉ゲン
訓かわく

初唐•金剛場經
1_4_7

唐代•春秋經傳
36_381_11

唐代•文選四八
14_121_18

唐代•文選四八
20_184_9

唐代•文選四八
29_261_13

唐代•文選五九
54_529_19

唐代•文選五九
54_530_12

唐代•文選五九
54_531_15

唐代•文選五九
54_533_20

唐代•文選五九
54_534_15

唐代•文選五九
54_534_27

唐代•文選五九
55_536_19

唐代•文選五九
77_743_3

唐代•文選六八
63_631_15

唐代•文選六八
63_632_7

唐代•文選六八
63_632_20

唐代•古文選後
20_237_14

亂

ラン唐ロン
訓みだれる

唐代•春秋經傳
11_115_19

唐代•春秋經傳
15_151_4

唐代•春秋經傳
15_157_15

唐代•春秋經傳
16_160_2

唐代•春秋經傳
18_189_14

唐代•春秋經傳
18_190_1

唐代•春秋經傳
18_190_16

唐代•春秋經傳
18_190_18

唐代•春秋經傳
19_200_17

唐代•春秋經傳
23_236_6

唐代•春秋經傳
30_313_15

唐代•春秋經傳
35_362_14

唐代•春秋經傳
35_370_25

唐代•春秋經傳
37_388_6

唐代•春秋經傳
39_405_4

唐代•文選四八
1_6_14

唐代•文選四八
19_171_22

唐代•文選五九
30_293_16

唐代•文選五九
45_442_5

唐代•文選五九
45_443_5

唐代•文選五九
59_563_25

唐代•文選五九
59_564_5

唐代•文選五九
67_648_5

唐代•文選五九
77_742_19

唐代•文選五九
90_863_11

唐代•文選五九
90_864_6

唐代•文選五九
90_868_4

		 唐代•十輪經四 11_213_8  唐代•十輪經四 15_287_15  唐代•十輪經四 16_308_1  唐代•十輪經四 18_349_9  唐代•十輪經十 4_63_10	 唐代•古文選後 6_61_9  唐代•古文選後 12_139_2  唐代•古文選後 17_202_8  唐代•古文選後 21_247_9  唐代•十輪經四 1_20_7  唐代•十輪經四 3_56_14  唐代•十輪經四 10_197_10  唐代•十輪經四 11_207_12	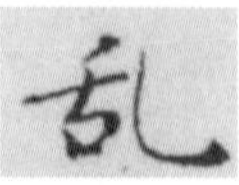 唐代•文選百三 69_665_2 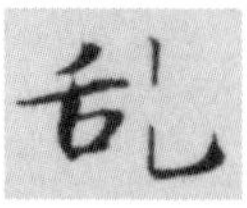 唐代•文選百三 77_737_18 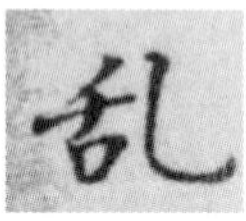 唐代•文選百三 79_753_4  唐代•文選百三 82_779_12  唐代•古文選前 13_152_1  唐代•古文選前 20_230_7  唐代•古文選後 1_9_18  唐代•古文選後 4_44_33	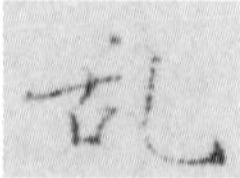 唐代•文選百三 25_246_13  唐代•文選百三 25_249_4  唐代•文選百三 47_457_7 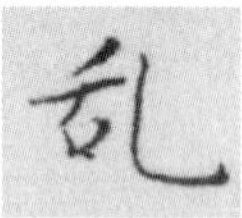 唐代•文選百三 49_469_2  唐代•文選百三 58_558_13  唐代•文選百三 61_590_18  唐代•文選百三 68_653_9 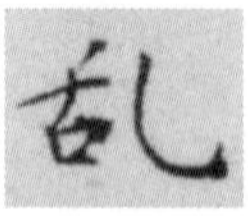 唐代•文選百三 68_656_2 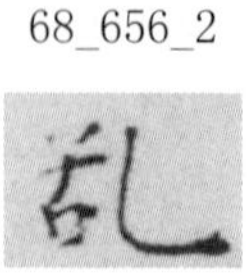 唐代•文選百三 69_664_20	 唐代•文選五九 90_868_7  唐代•文選五九 100_946_3  唐代•文選六八 25_255_2  唐代•文選六八 55_551_3  唐代•文選六八 64_639_15  唐代•文選六八 64_642_28  唐代•文選六八 72_718_18  唐代•文選百三 15_143_24  唐代•文選百三 24_231_14

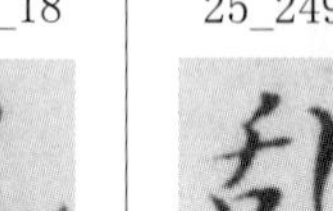

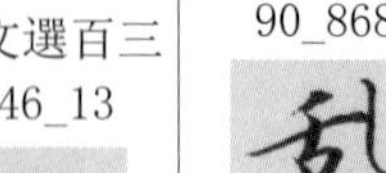

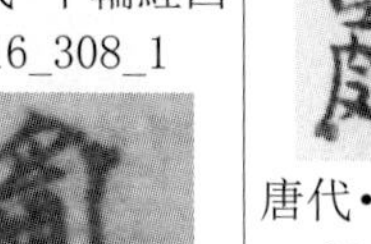

十部

十十

呉ジュウ 慣ジッ
漢シュウ
訓とお

- 初唐・大般若經 1_1_12
- 初唐・大般若經 1_2_8
- 初唐・大般若經 2_33_1
- 初唐・大般若經 2_37_9
- 初唐・大般若經 2_37_12
- 初唐・大般若經 2_38_4
- 中唐・金剛經題 1_4_6
- 中唐・金剛經題 1_4_12
- 中唐・金剛經題 1_5_10
- 中唐・金剛經題 1_6_5
- 中唐・金剛經題 2_9_1
- 中唐・金剛經題 2_10_1
- 中唐・七祖像贊 1_10_1
- 中唐・七祖像贊 1_11_1
- 中唐・七祖像贊 1_13_1
- 中唐・七祖像贊 1_12_1
- 中唐・七祖像贊 1_14_1
- 中唐・灌頂歷名 1_1_5
- 中唐・灌頂歷名 1_1_8
- 中唐・灌頂歷名 1_5_5
- 中唐・灌頂歷名 1_5_8
- 晚唐・慶滋書狀 1_18_3
- 中唐・風信帖 3_13_3
- 中唐・風信帖 4_23_3
- 唐代・春秋經傳 1_1_10
- 唐代・春秋經傳 2_19_17
- 唐代・春秋經傳 3_24_15
- 唐代・春秋經傳 3_26_17
- 唐代・春秋經傳 3_27_1
- 唐代・春秋經傳 4_40_25
- 唐代・春秋經傳 3_28_16
- 唐代・春秋經傳 5_44_17
- 唐代・春秋經傳 5_47_24
- 唐代・春秋經傳 5_48_3
- 唐代・春秋經傳 11_114_16
- 唐代・春秋經傳 13_130_13
- 唐代・春秋經傳 15_157_19
- 唐代・春秋經傳 16_168_21
- 唐代・春秋經傳 25_259_2
- 唐代・春秋經傳 25_261_3
- 唐代・春秋經傳 28_290_14
- 唐代・春秋經傳 29_301_6
- 唐代・春秋經傳 30_311_12
- 唐代・春秋經傳 31_328_1
- 唐代・春秋經傳 32_330_11
- 唐代・春秋經傳 32_331_2

唐代•文選五九 99_937_17
唐代•文選五九 109_1036_25
唐代•文選五九 112_1065_6
唐代•文選六八 1_3_4
唐代•文選六八 1_4_21
唐代•文選六八 2_14_6
唐代•文選六八 16_166_26
唐代•文選六八 21_218_15

唐代•文選五九 51_507_22
唐代•文選五九 51_507_24
唐代•文選五九 56_547_6
唐代•文選五九 59_567_16
唐代•文選五九 59_568_1
唐代•文選五九 62_595_20
唐代•文選五九 66_637_19
唐代•文選五九 94_904_25

唐代•文選五九 49_488_12
唐代•文選五九 49_489_1
唐代•文選五九 51_505_11
唐代•文選五九 51_506_5
唐代•文選五九 51_506_10
唐代•文選五九 51_507_11
唐代•文選五九 51_507_17

唐代•文選五九 41_410_6
唐代•文選五九 45_438_17
唐代•文選五九 45_445_14
唐代•文選五九 45_446_22
唐代•文選五九 48_477_29
唐代•文選五九 49_483_4
唐代•文選五九 49_484_14
唐代•文選五九 49_485_27

唐代•文選四八 20_178_1
唐代•文選四八 22_204_27
唐代•文選四八 42_374_9
唐代•文選四八 42_378_18
唐代•文選五九 12_117_13
唐代•文選五九 21_207_28
唐代•文選五九 26_256_25
唐代•文選五九 26_257_17

唐代•春秋經傳 39_410_5
唐代•文選四八 15_136_8
唐代•文選四八 16_143_25
唐代•文選四八 16_144_2
唐代•文選四八 16_145_11
唐代•文選四八 17_157_2
唐代•文選四八 17_157_10
唐代•文選四八 18_164_40

唐代•春秋經傳 33_343_2
唐代•春秋經傳 34_353_20
唐代•春秋經傳 35_365_2
唐代•春秋經傳 35_368_9
唐代•春秋經傳 36_373_2
唐代•春秋經傳 36_381_25
唐代•春秋經傳 37_388_10
唐代•春秋經傳 39_407_8

唐代•十輪經四 22_430_16
唐代•十輪經四 22_431_2
唐代•十輪經四 22_431_16
唐代•十輪經四 22_432_7
唐代•十輪經八 1_1_7
唐代•十輪經八 1_18_6
唐代•十輪經八 1_18_16
唐代•十輪經八 3_40_12
唐代•十輪經四 21_416_11
唐代•十輪經四 21_418_4
唐代•十輪經四 22_421_10
唐代•十輪經四 22_422_17
唐代•十輪經四 22_426_1
唐代•十輪經四 22_426_17
唐代•十輪經四 22_428_10
唐代•十輪經四 22_430_1
唐代•古文選後 26_306_19
唐代•古文選後 27_315_7
唐代•十輪經四 3_46_5
唐代•十輪經四 3_49_3
唐代•十輪經四 3_52_14
唐代•十輪經四 20_394_14
唐代•十輪經四 21_407_2
唐代•十輪經四 21_413_12
唐代•文選百三 69_662_21
唐代•文選百三 87_835_8
唐代•古文選後 6_68_9
唐代•古文選後 6_70_14
唐代•古文選後 7_75_10
唐代•古文選後 7_81_11
唐代•古文選後 9_99_37
唐代•文選百三 49_466_6
唐代•文選百三 56_539_13
唐代•文選百三 56_542_6
唐代•文選百三 61_582_13
唐代•文選百三 61_584_22
唐代•文選百三 65_629_6
唐代•文選百三 65_629_9
唐代•文選百三 67_640_17
唐代•文選百三 24_232_13
唐代•文選百三 25_238_13
唐代•文選百三 25_241_9
唐代•文選百三 27_265_18
唐代•文選百三 27_269_8
唐代•文選百三 29_290_21
唐代•文選百三 29_291_7
唐代•文選百三 35_348_1
唐代•文選六八 24_245_28
唐代•文選六八 44_439_6
唐代•文選六八 73_731_6
唐代•文選八八 1_4_4
唐代•文選八八 1_5_22
唐代•文選百三 13_115_33
唐代•文選百三 13_119_30
唐代•文選百三 18_172_20

唐代•十輪經八 3_45_7
唐代•十輪經八 3_48_12
唐代•十輪經八 3_52_8
唐代•十輪經八 3_56_7
唐代•十輪經八 4_60_16
唐代•十輪經八 4_65_8
唐代•十輪經八 4_68_12
唐代•十輪經八 4_72_8
唐代•十輪經八 4_79_9
唐代•十輪經八 5_89_12
唐代•十輪經八 5_90_1
唐代•十輪經八 5_90_12
唐代•十輪經八 5_91_3
唐代•十輪經八 5_95_15
唐代•十輪經八 5_96_10
唐代•十輪經八 5_97_9
唐代•十輪經八 22_442_7
唐代•十輪經九 1_1_7
唐代•十輪經九 4_66_7
唐代•十輪經九 5_80_14
唐代•十輪經九 5_82_15
唐代•十輪經九 5_83_10
唐代•十輪經九 5_88_15
唐代•十輪經九 5_90_4
唐代•十輪經九 5_93_14
唐代•十輪經九 5_96_9
唐代•十輪經九 5_97_14
唐代•十輪經九 6_99_9
唐代•十輪經九 6_101_11
唐代•十輪經九 6_102_16
唐代•十輪經九 6_104_12
唐代•十輪經九 6_106_1
唐代•十輪經九 6_106_7
唐代•十輪經九 6_109_5
唐代•十輪經九 6_112_6
唐代•十輪經九 6_114_1
唐代•十輪經九 6_114_11
唐代•十輪經九 6_117_6
唐代•十輪經九 6_117_14
唐代•十輪經九 6_119_7
唐代•十輪經九 8_144_3
唐代•十輪經九 8_146_7
唐代•十輪經九 8_147_12
唐代•十輪經九 8_151_12
唐代•十輪經九 9_165_15
唐代•十輪經九 11_201_12
唐代•十輪經九 11_206_3
唐代•十輪經九 11_210_3
唐代•十輪經九 12_227_15
唐代•十輪經九 13_251_14
唐代•十輪經九 22_424_7
唐代•十輪經十 8_159_16
唐代•十輪經十 8_160_23
唐代•十輪經十 9_161_3
唐代•十輪經十 9_162_3
唐代•十輪經十 9_163_3

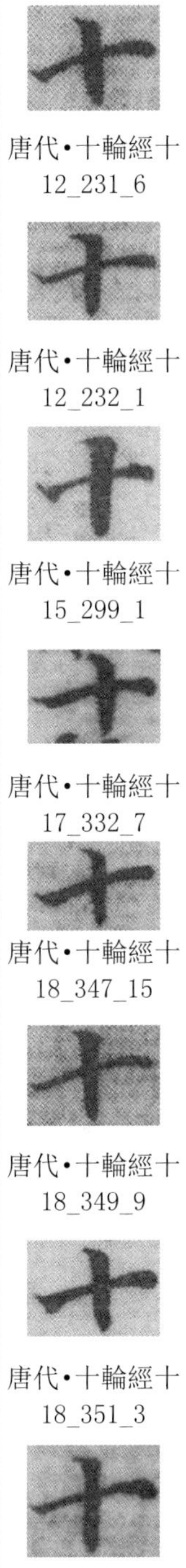
唐代・十輪經十 12_231_6
唐代・十輪經十 12_232_1
唐代・十輪經十 15_299_1
唐代・十輪經十 17_332_7
唐代・十輪經十 18_347_15
唐代・十輪經十 18_349_9
唐代・十輪經十 18_351_3
唐代・十輪經十 19_361_9

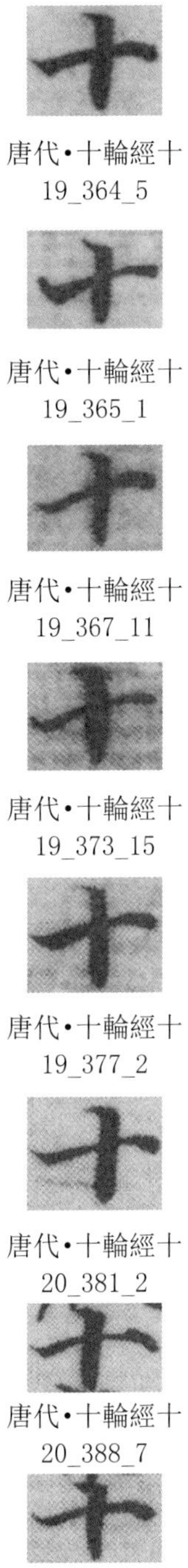
唐代・十輪經十 19_364_5
唐代・十輪經十 19_365_1
唐代・十輪經十 19_367_11
唐代・十輪經十 19_373_15
唐代・十輪經十 19_377_2
唐代・十輪經十 20_381_2
唐代・十輪經十 20_388_7
唐代・十輪經十 20_388_12

千 𠦃

セン
訓 ち

唐代・文選五九 51_505_1
唐代・文選五九 51_506_27
唐代・文選五九 51_508_3
唐代・文選五九 51_508_21
唐代・文選五九 54_534_17
唐代・文選五九 63_605_9
唐代・文選五九 78_752_11

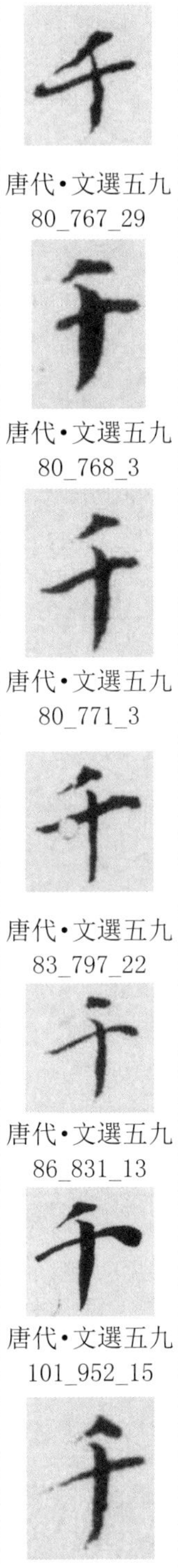
唐代・文選五九 80_767_29
唐代・文選五九 80_768_3
唐代・文選五九 80_771_3
唐代・文選五九 83_797_22
唐代・文選五九 86_831_13
唐代・文選五九 101_952_15
唐代・文選五九 101_954_12

唐代・文選五九 101_954_26
唐代・文選五九 101_955_29
唐代・文選五九 102_962_24
唐代・文選五九 110_1045_17
唐代・文選五九 112_1062_10
唐代・文選六八 1_9_18
唐代・文選六八 10_108_28

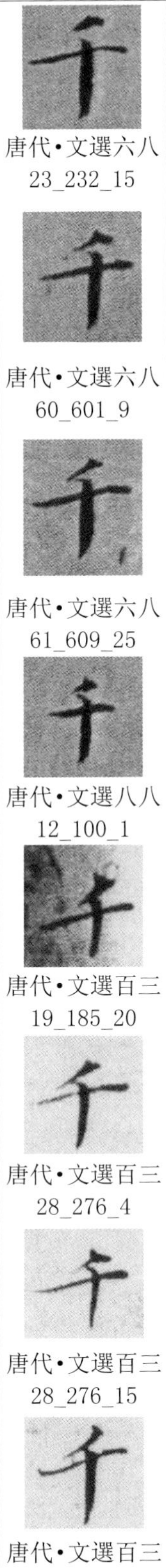
唐代・文選六八 23_232_15
唐代・文選六八 60_601_9
唐代・文選六八 61_609_25
唐代・文選八八 12_100_1
唐代・文選百三 19_185_20
唐代・文選百三 28_276_4
唐代・文選百三 28_276_15
唐代・文選百三 28_277_19

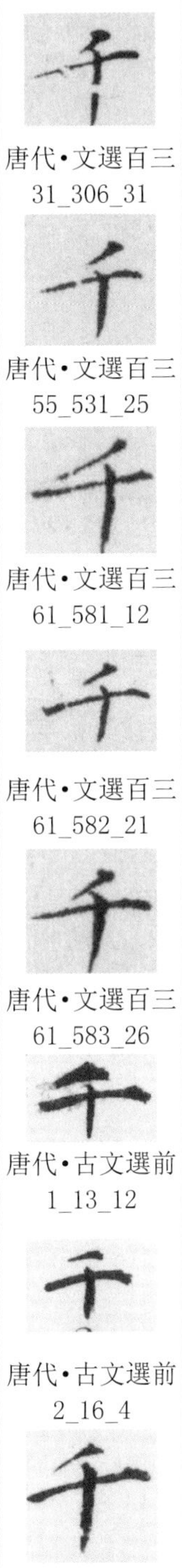
唐代・文選百三 31_306_31
唐代・文選百三 55_531_25
唐代・文選百三 61_581_12
唐代・文選百三 61_582_21
唐代・文選百三 61_583_26
唐代・古文選前 1_13_12
唐代・古文選前 2_16_4
唐代・古文選前 19_227_8

廿 廿

漢ジュウ 呉ニュウ

訓にじゅう

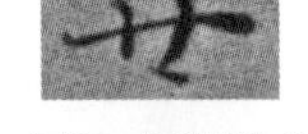
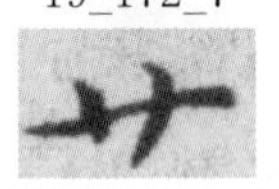

唐代・文選四八 17_157_17

唐代・文選四八 18_158_11

唐代・文選四八 19_172_7

唐代・文選五九 21_205_21

唐代・文選五九 75_721_3

唐代・文選五九 88_849_23

唐代・文選八八 5_28_18

唐代・文選百三 10_91_17

唐代・文選百三 16_152_2

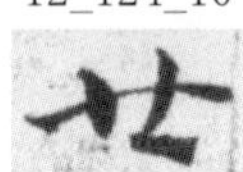

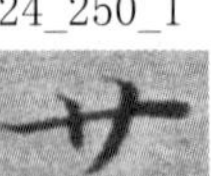
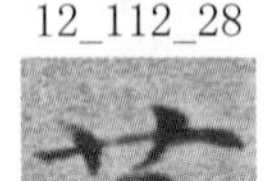
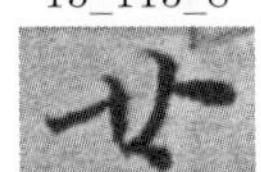
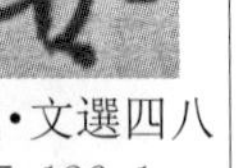

中唐・灌頂歷名 1_7_4

唐代・春秋經傳 4_40_12

唐代・春秋經傳 10_105_13

唐代・春秋經傳 12_124_10

唐代・春秋經傳 16_169_18

唐代・春秋經傳 24_250_1

唐代・文選四八 12_112_28

唐代・文選四八 13_115_8

唐代・文選四八 15_136_1

唐代・文選四八 16_145_19

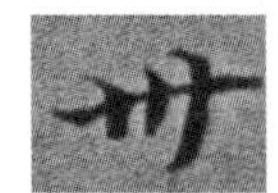
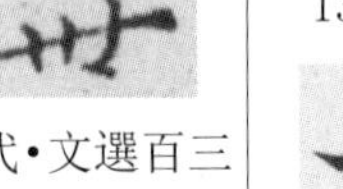

唐代・文選四八 18_159_1

唐代・文選四八 18_159_7

唐代・文選四八 44_400_19

唐代・文選百三 28_276_29

卅 卅

漢ソウ

訓みそ

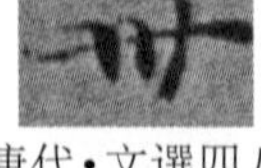

中唐・灌頂歷名 1_7_9

唐代・春秋經傳 3_23_20

唐代・春秋經傳 13_135_18

唐代・春秋經傳 15_153_9

唐代・春秋經傳 17_174_6

唐代・春秋經傳 28_290_10

唐代・文選四八 16_145_14

唐代・文選四八 18_158_3

唐代・文選四八 18_158_20

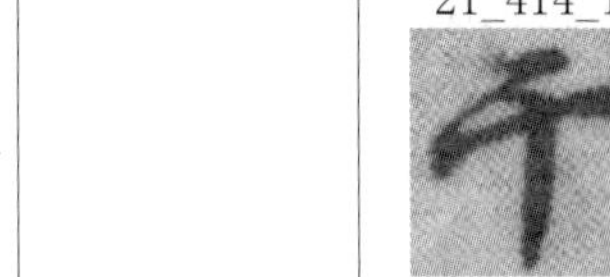

唐代・十輪經十 13_249_2

唐代・十輪經十 13_249_4

唐代・十輪經十 15_299_10

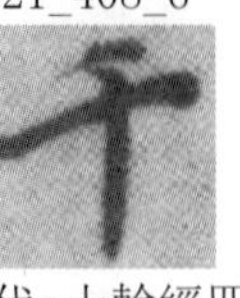

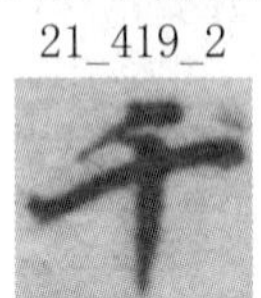
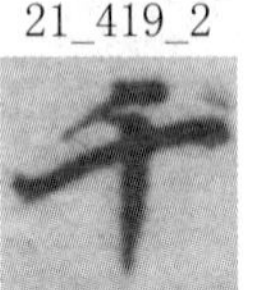
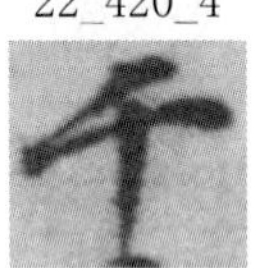

唐代・十輪經四 21_408_6

唐代・十輪經四 21_408_14

唐代・十輪經四 21_414_1

唐代・十輪經四 21_415_8

唐代・十輪經四 21_419_2

唐代・十輪經四 22_420_4

唐代・十輪經四 22_423_13

唐代・十輪經四 22_424_11

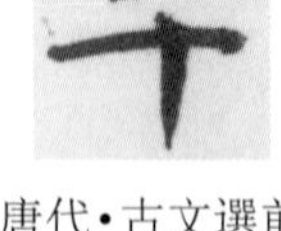
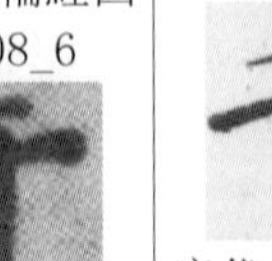
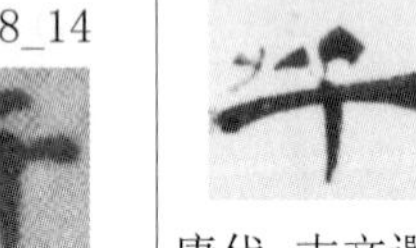
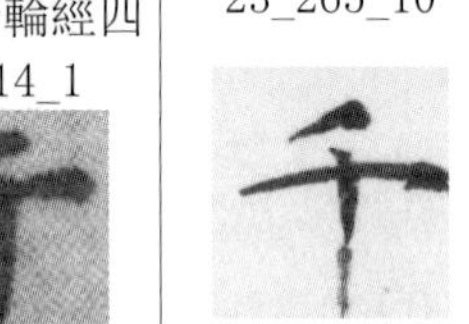
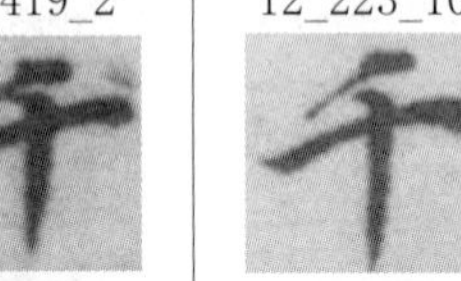
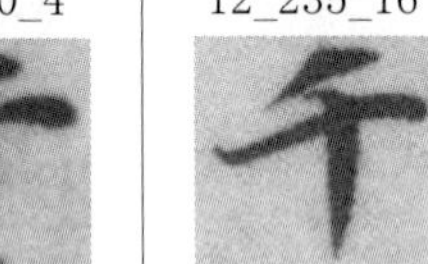

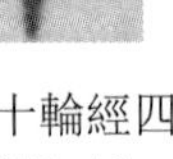

唐代・古文選前 25_292_11

唐代・古文選後 8_88_10

唐代・古文選後 23_265_10

唐代・古文選後 23_275_4

唐代・十輪經四 12_223_10

唐代・十輪經四 12_235_16

唐代・十輪經四 13_247_16

唐代・十輪經四 13_259_16

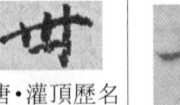

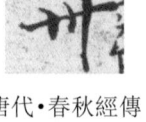

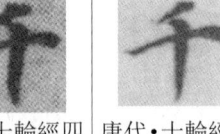

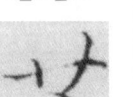

卌

シュウ
訓よんじゅう

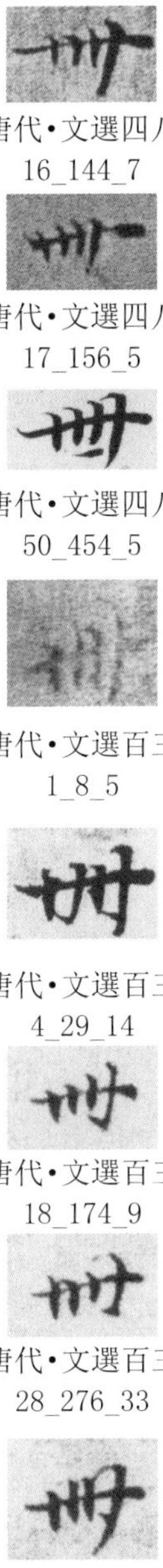

唐代・文選四八 16_144_7
唐代・文選四八 17_156_5
唐代・文選四八 50_454_5
唐代・文選百三 1_8_5
唐代・文選百三 4_29_14
唐代・文選百三 18_174_9
唐代・文選百三 28_276_33
唐代・文選百三 69_661_24

卉

漢キ 呉キ
訓クサ

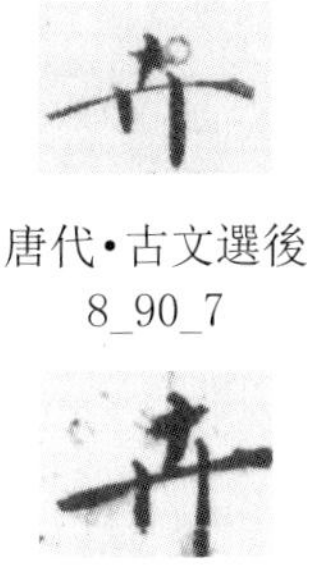

唐代・古文選後 8_90_7
唐代・古文選後 17_193_14

卓

漢タク
訓すぐれる

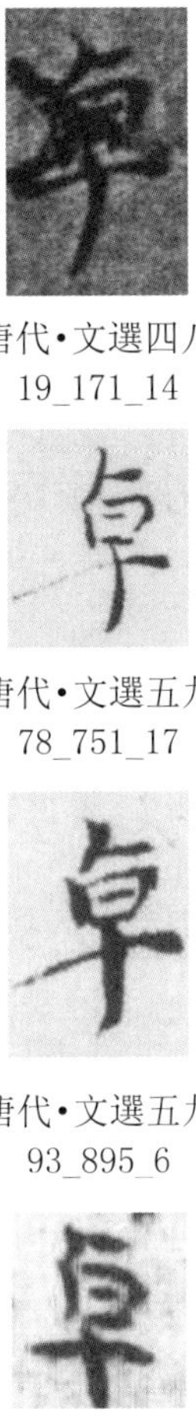

唐代・文選四八 19_171_14
唐代・文選五九 78_751_17
唐代・文選五九 93_895_6
唐代・古文選後 22_260_23

直

漢チョク 呉ジキ
漢チ
訓ただちに

初唐・聖武雜集 1_6_18
唐代・春秋經傳 30_313_11
唐代・文選四八 17_151_6
唐代・文選四八 28_258_15
唐代・文選四八 30_276_5
唐代・文選四八 46_415_10
唐代・文選五九 11_109_6

唐代・文選五九 15_139_15
唐代・文選五九 18_177_17
唐代・文選五九 25_241_10
唐代・文選五九 25_244_17
唐代・文選五九 39_385_13
唐代・文選五九 49_479_2
唐代・文選五九 56_550_19

唐代・文選五九 65_629_1
唐代・文選五九 66_630_8
唐代・文選五九 66_630_20
唐代・文選五九 72_697_7
唐代・文選五九 73_699_27
唐代・文選五九 83_801_1
唐代・文選五九 97_920_16

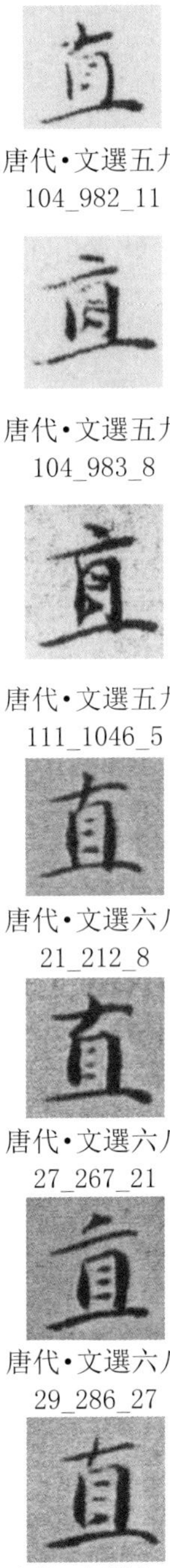

唐代・文選五九 104_982_11
唐代・文選五九 104_983_8
唐代・文選五九 111_1046_5
唐代・文選六八 21_212_8
唐代・文選六八 27_267_21
唐代・文選六八 29_286_27
唐代・文選六八 35_351_27

唐代•文選六八
36_361_14

唐代•文選六八
41_406_25

唐代•文選六八
45_453_11

唐代•文選六八
50_499_16

唐代•文選六八
54_539_7

唐代•文選六八
65_651_4

唐代•文選八八
3_19_19

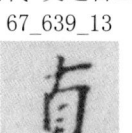

唐代•文選八八
13_109_1

唐代•文選百三
9_78_19

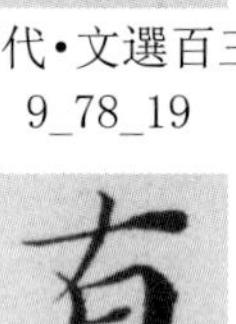
唐代•文選百三
9_83_21

唐代•文選百三
17_163_27

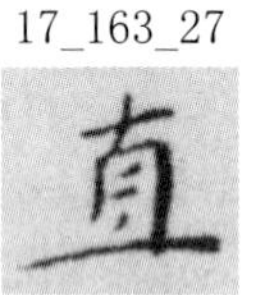
唐代•文選百三
35_345_16

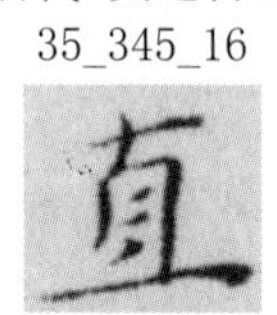
唐代•文選百三
35_345_20

唐代•文選百三
46_444_30

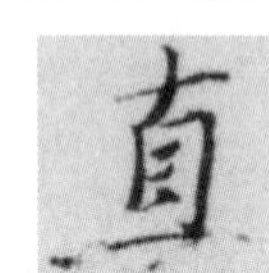
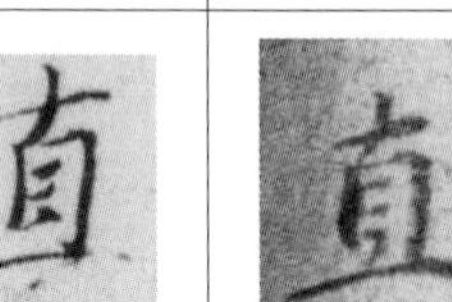
唐代•文選百三
56_536_27

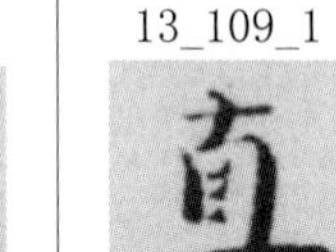
唐代•文選百三
57_556_5

唐代•文選百三
57_556_18

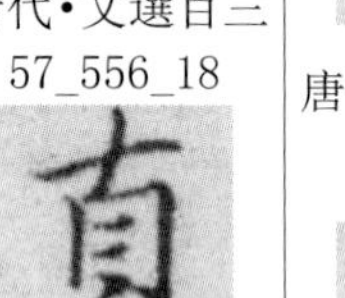
唐代•文選百三
58_558_33

唐代•文選百三
59_562_22

唐代•文選百三
59_567_8

唐代•文選百三
59_570_9

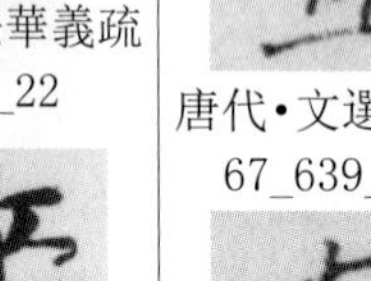
唐代•文選百三
67_639_13

唐代•文選百三
79_752_20

卒

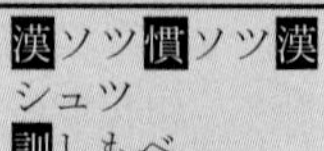

漢ソツ慣ソツ漢シュツ
訓しもべ

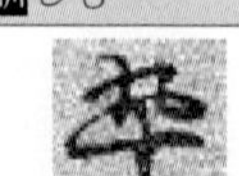
初唐•法華義疏
1_5_22

唐代•春秋經傳
3_28_6

唐代•春秋經傳
3_28_13

唐代•春秋經傳
13_131_5

唐代•春秋經傳
16_160_8

唐代•春秋經傳
17_172_6

唐代•春秋經傳
17_180_16

唐代•春秋經傳
18_184_12

唐代•春秋經傳
21_216_8

唐代•春秋經傳
22_229_17

唐代•春秋經傳
24_243_2

唐代•春秋經傳
27_284_20

唐代•春秋經傳
28_285_7

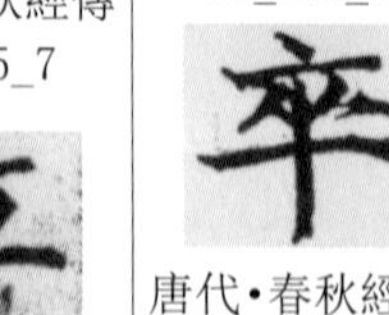
唐代•春秋經傳
28_295_1

唐代•春秋經傳
29_296_10

唐代•春秋經傳
30_308_13

唐代•春秋經傳
30_310_8

唐代•春秋經傳
30_310_11

唐代•春秋經傳
30_311_19

唐代•春秋經傳
30_317_10

唐代•春秋經傳
31_319_21

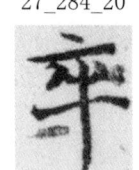

唐代•春秋經傳
32_330_14

唐代•春秋經傳
32_333_15

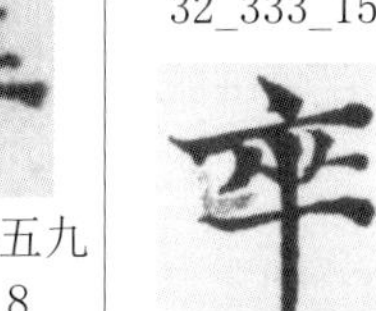
唐代•春秋經傳
33_344_9

唐代•春秋經傳
33_345_13

唐代•春秋經傳
35_362_7

唐代•文選四八
48_431_11

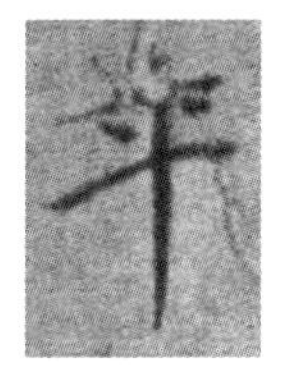
唐代•文選五九
2_14_12

唐代•文選五九
41_411_15

唐代•文選五九
42_413_25

唐代•文選五九
42_415_8

唐代•文選五九
84_808_13

唐代•文選五九
106_1002_4

唐代•文選五九
112_1061_12

唐代•文選六八
9_99_24

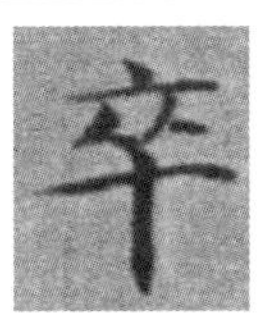
唐代•文選六八
23_239_14

唐代•文選六八
32_320_20

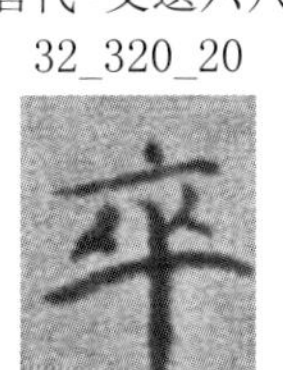
唐代•文選六八
35_357_23

唐代•文選八八
6_37_33

唐代•文選八八
6_39_9

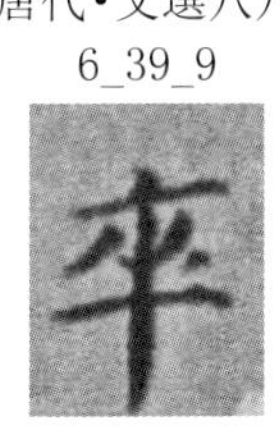
唐代•文選八八
6_41_4

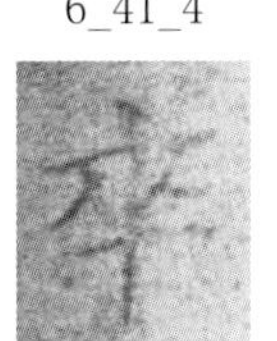
唐代•文選百三
1_8_3

唐代•文選百三
4_30_9

唐代•文選百三
18_172_3

唐代•文選百三
18_174_5

唐代•文選百三
21_204_22

唐代•文選百三
24_233_3

唐代•文選百三
25_243_2

唐代•文選百三
26_256_19

唐代•文選百三
31_306_28

唐代•文選百三
37_370_4

唐代•文選百三
60_576_18

唐代•文選百三
61_590_28

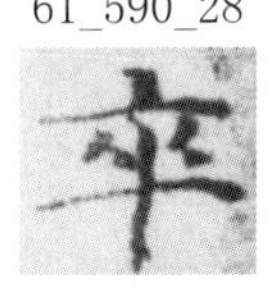
唐代•文選百三
63_609_11

唐代•文選百三
65_631_4

唐代•文選百三
68_654_6

唐代•文選百三
68_657_8

唐代•文選百三
68_658_15

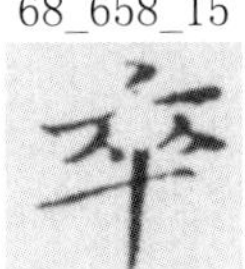
唐代•文選百三
79_754_25

唐代•文選百三
84_800_1

唐代•文選百三
84_801_5

唐代•文選百三
84_803_25

唐代•文選百三
85_804_8

唐代•文選百三
85_804_22

唐代•古文選後
5_55_11

卑 

ヒ
訓いやしい

唐代•春秋經傳 6_58_23

唐代•春秋經傳 24_249_16

唐代•春秋經傳 27_278_7

唐代•文選八八 16_139_5

唐代•文選百三 45_433_5

唐代•文選百三 50_482_18

唐代•古文選前 3_37_12

唐代•古文選後 3_28_2

南

呉ナン 慣ナ 漢ダン
訓みなみ

唐代•春秋經傳 2_12_9

唐代•春秋經傳 4_31_18

唐代•春秋經傳 4_40_23

唐代•春秋經傳 7_67_17

唐代•春秋經傳 10_97_9

唐代•春秋經傳 14_139_2

唐代•春秋經傳 15_152_18

唐代•春秋經傳 16_161_4

唐代•春秋經傳 16_162_6

唐代•春秋經傳 16_168_17

唐代•春秋經傳 16_169_1

唐代•春秋經傳 17_171_8

唐代•春秋經傳 18_184_1

唐代•春秋經傳 22_231_17

唐代•春秋經傳 34_361_14

唐代•春秋經傳 35_366_21

唐代•春秋經傳 39_408_2

唐代•文選四八 2_9_2

唐代•文選四八 2_12_18

唐代•文選四八 5_36_10

唐代•文選四八 5_38_2

唐代•文選四八 6_49_5

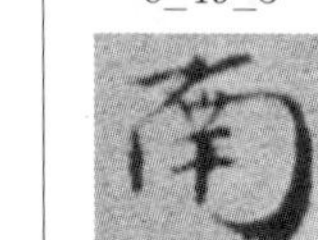
唐代•文選四八 6_50_14

唐代•文選四八 6_50_23

唐代•文選四八 6_51_3

唐代•文選四八 17_154_23

唐代•文選四八 19_174_17

唐代•文選四八 20_179_8

唐代•文選四八 20_182_4

唐代•文選四八 22_195_17

唐代•文選四八 24_221_3

唐代•文選四八 25_223_16

唐代•文選四八 25_223_21

唐代•文選四八 25_224_1

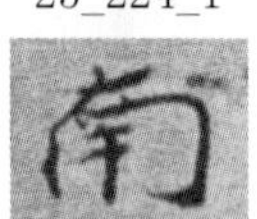
唐代•文選四八 27_241_6

唐代•文選四八 36_323_8

唐代•文選四八 36_324_19

唐代•文選四八 36_326_6

唐代•文選四八 39_346_10

唐代•文選四八 40_359_5

唐代•文選四八
40_361_1

唐代•文選四八
45_403_9

唐代•文選五九
3_23_3

唐代•文選五九
5_42_19

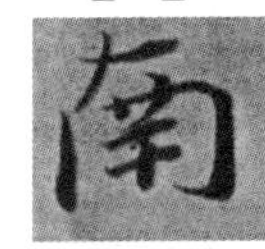
唐代•文選五九
6_55_11

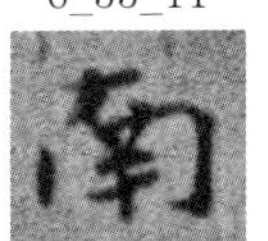
唐代•文選五九
6_56_11

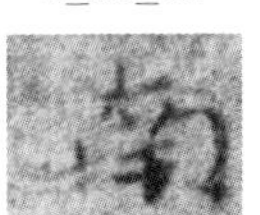
唐代•文選五九
7_59_27

唐代•文選五九
19_183_4

唐代•文選五九
22_214_15

唐代•文選五九
23_222_13

唐代•文選五九
23_224_13

唐代•文選五九
23_225_15

唐代•文選五九
25_243_1

唐代•文選五九
25_244_22

唐代•文選五九
25_244_26

唐代•文選五九
25_245_7

唐代•文選五九
25_245_11

唐代•文選五九
26_252_19

唐代•文選五九
29_282_2

唐代•文選五九
29_282_18

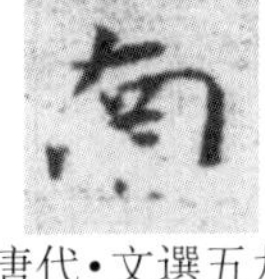
唐代•文選五九
29_283_20

唐代•文選五九
29_283_26

唐代•文選五九
30_295_9

唐代•文選五九
31_299_11

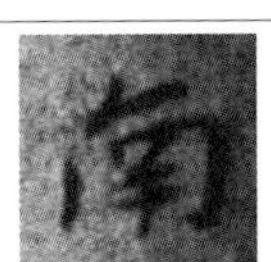
唐代•文選五九
31_309_24

唐代•文選五九
39_385_18

唐代•文選五九
41_410_13

唐代•文選五九
42_417_15

唐代•文選五九
45_438_25

唐代•文選五九
50_493_4

唐代•文選五九
50_495_28

唐代•文選五九
50_496_16

唐代•文選五九
51_500_7

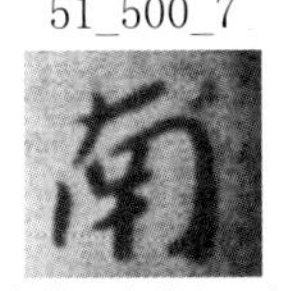
唐代•文選五九
51_506_14

唐代•文選五九
59_567_28

唐代•文選五九
61_587_22

唐代•文選五九
64_622_12

唐代•文選五九
67_646_6

唐代•文選五九
72_686_8

唐代•文選五九
72_686_23

唐代•文選五九
72_690_27

唐代•文選五九
74_717_13

唐代•文選五九
75_723_13

唐代•文選五九
76_726_23

唐代•文選五九
76_727_15

唐代•文選五九
76_728_1

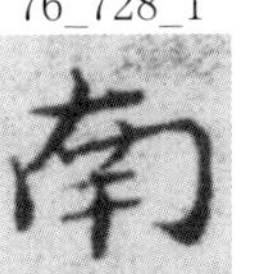
唐代•文選五九
76_732_1

唐代•文選五九
76_732_15

唐代•文選五九
76_732_21

唐代•文選五九
81_778_12

唐代•文選五九
81_778_20

唐代•文選五九
82_784_16

唐代•文選五九
84_803_15

唐代•文選五九
86_831_3

唐代•文選五九
86_831_7

唐代•文選五九
90_866_24

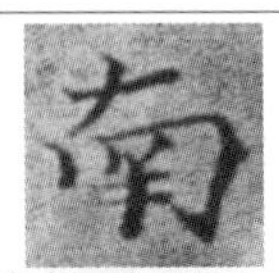
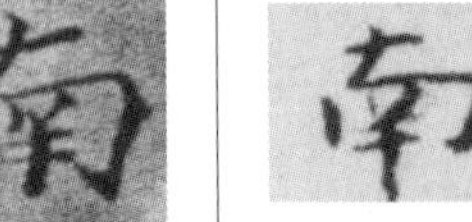
唐代•文選百三
11_103_5

唐代•文選百三
11_105_3

唐代•文選百三
11_106_3

唐代•文選百三
11_107_19

唐代•文選百三
11_107_23

唐代•文選百三
12_112_19

唐代•文選百三
12_113_1

唐代•文選百三
17_165_8

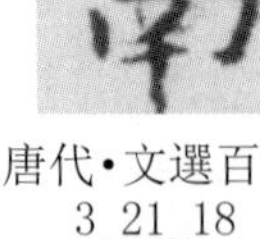
唐代•文選百三
3_21_18

唐代•文選百三
6_52_27

唐代•文選百三
6_53_35

唐代•文選百三
6_54_14

唐代•文選百三
7_55_27

唐代•文選百三
7_62_7

唐代•文選百三
11_102_7

唐代•文選百三
11_102_24

唐代•文選八八
7_54_5

唐代•文選八八
9_64_7

唐代•文選八八
18_158_7

唐代•文選八八
19_160_13

唐代•文選八八
21_184_17

唐代•文選百三
1_7_8

唐代•文選百三
3_20_3

唐代•文選百三
3_20_26

唐代•文選六八
33_329_23

唐代•文選六八
37_378_11

唐代•文選六八
49_491_14

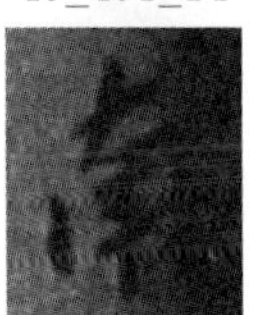

唐代•文選六八
55_555_12

唐代•文選六八
63_636_2

唐代•文選六八
70_697_18

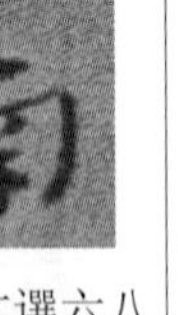
唐代•文選六八
71_704_14

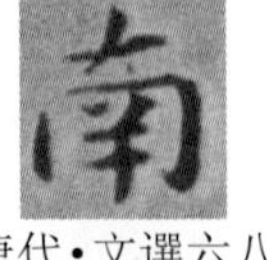
唐代•文選六八
17_172_17

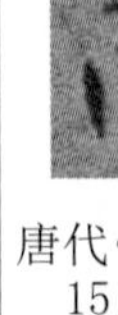
唐代•文選六八
17_174_11

唐代•文選六八
19_187_11

唐代•文選六八
19_198_28

唐代•文選六八
27_275_1

唐代•文選六八
27_278_13

唐代•文選六八
32_322_4

唐代•文選六八
33_325_16

唐代•文選六八
7_72_7

唐代•文選六八
15_150_24

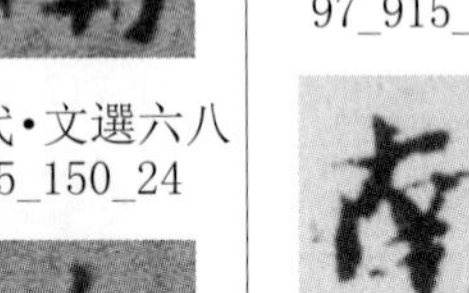

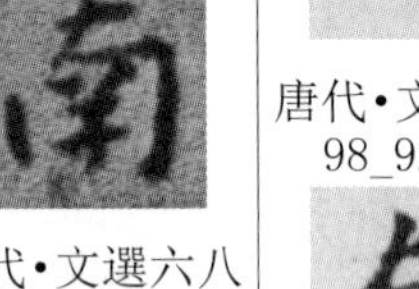
唐代•文選六八
15_151_21

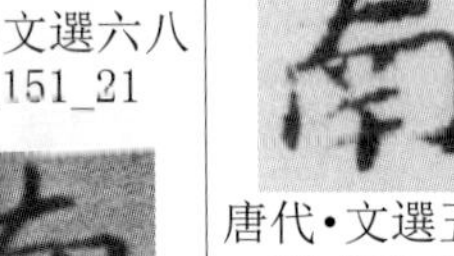
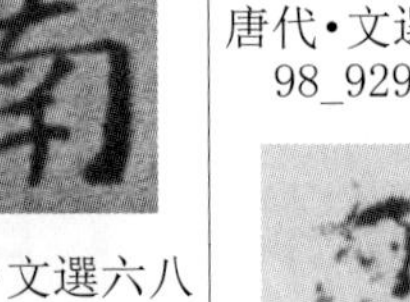
唐代•文選六八
15_161_20

唐代•文選六八
16_164_14

唐代•文選六八
17_169_8

唐代•文選六八
17_172_12

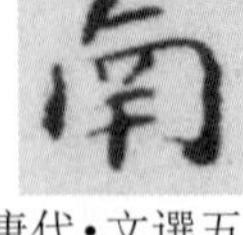
唐代•文選五九
94_903_18

唐代•文選五九
97_915_19

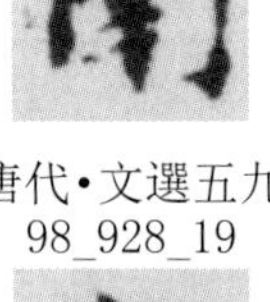
唐代•文選五九
98_928_19

唐代•文選五九
98_929_23

唐代•文選五九
99_938_9

唐代•文選五九
103_971_2

唐代•文選五九
107_1017_12

唐代•文選六八
4_36_10

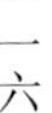

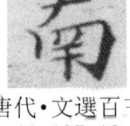

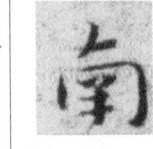

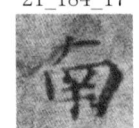

博

慣バク漢ハク
訓ほろい

唐代•文選百三
25_240_1

唐代•文選百三
49_466_8

唐代•文選百三
51_495_3

唐代•文選百三
51_495_25

唐代•古文選後
4_46_4

唐代•文選五九
42_412_6

唐代•文選五九
62_603_20

唐代•文選五九
76_727_20

唐代•文選五九
84_805_2

唐代•文選五九
103_967_6

唐代•文選六八
19_191_15

唐代•文選八八
19_172_11

唐代•文選百三
13_128_1

唐代•古文選後
10_111_11

唐代•古文選後
14_165_10

唐代•古文選後
24_281_26

唐代•古文選後
24_281_31

唐代•古文選後
24_281_42

唐代•古文選後
25_293_9

唐代•古文選前
14_162_9

唐代•古文選前
14_166_7

唐代•古文選前
15_180_1

唐代•古文選前
15_181_3

唐代•古文選前
16_183_7

唐代•古文選前
21_250_11

唐代•古文選前
24_287_2

唐代•文選百三
19_186_1

唐代•文選百三
28_276_24

唐代•文選百三
40_401_14

唐代•文選百三
67_643_29

唐代•文選百三
79_750_4

唐代•文選百三
79_753_10

唐代•古文選前
10_117_11

唐代•古文選前
13_153_3

厂部

原

漢ゲン
訓はら

初唐•大般若經
2_32_2

唐代•文選五九
2_19_7

唐代•文選五九
3_22_3

唐代•文選五九
80_774_12

唐代•文選五九
82_785_21

唐代•文選五九
111_1058_10

唐代•文選五九
111_1060_6

唐代•文選五九
111_1060_10

厝

漢サク、ソ
訓といし

中唐・風信帖
1_4_4

厚

漢コウ 呉グ
訓あつい

唐代•文選六八
20_200_15

唐代•文選八八
3_8_25

唐代•文選百三
12_111_10

唐代•文選百三
19_185_22

唐代•文選百三
19_188_11

唐代•文選百三
45_428_16

唐代•古文選後
16_186_13

唐代•春秋經傳
7_73_1

唐代•春秋經傳
30_316_13

唐代•文選五九
37_369_29

唐代•文選五九
37_372_30

唐代•文選五九
68_655_17

唐代•文選六八
1_7_25

唐代•文選六八
14_145_7

厓

漢ガイ 呉ゲ
訓がけ

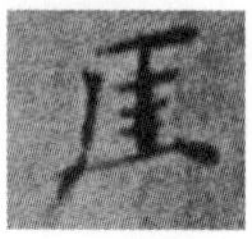
唐代•文選五九
4_36_4

厄

漢アク 呉ヤク
訓くるしむ

唐代•文選百三
34_335_9

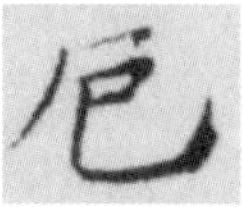
唐代•文選百三
34_337_29

唐代•十輪經十
3_47_13

唐代•十輪經十
6_103_12

厲

漢 レイ
訓 といし

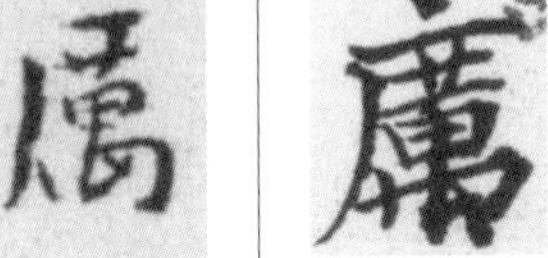
唐代•文選五九 39_392_9

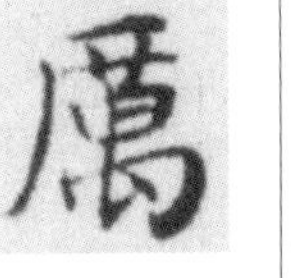
唐代•文選五九 59_572_15

唐代•文選五九 60_575_29

唐代•文選六八 34_342_4

唐代•文選六八 34_342_17

唐代•文選六八 34_343_21

唐代•文選六八 34_344_18

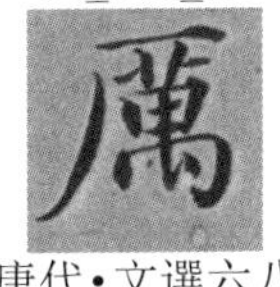
唐代•文選六八 54_541_1

唐代•春秋經傳 25_261_9

唐代•春秋經傳 31_327_3

唐代•春秋經傳 31_327_17

唐代•春秋經傳 39_405_14

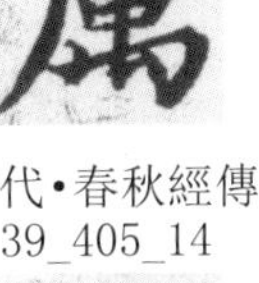

唐代•春秋經傳 39_407_45

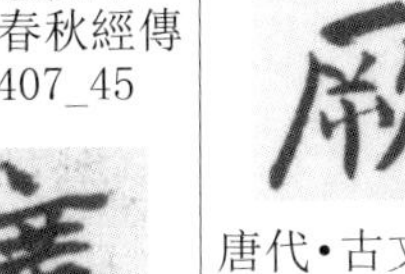
唐代•春秋經傳 39_408_24

唐代•春秋經傳 39_408_30

唐代•文選四八 37_331_14

唐代•古文選前 22_255_9

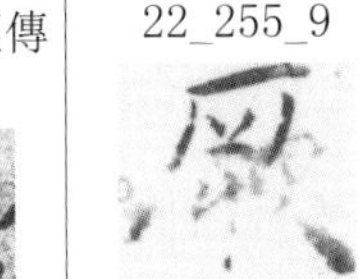
唐代•古文選前 24_280_5

唐代•古文選後 11_131_8

唐代•古文選後 13_152_7

唐代•古文選後 15_170_2

唐代•古文選後 15_172_5

唐代•古文選後 15_173_12

唐代•文選百三 17_164_12

唐代•文選百三 28_272_8

唐代•文選百三 29_283_32

唐代•文選百三 47_452_18

唐代•古文選前 16_183_9

唐代•古文選前 21_246_5

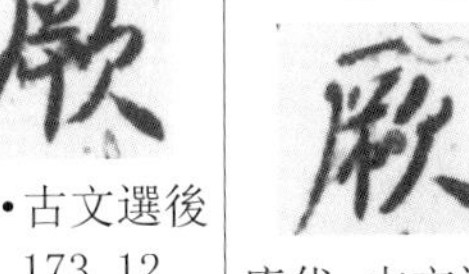
唐代•古文選前 21_249_5

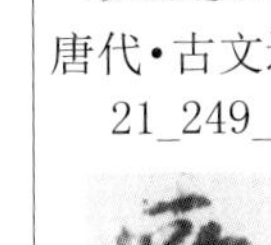
唐代•古文選前 21_252_7

厥 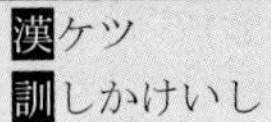

漢 ケツ
訓 しかけいし

唐代•文選四八 14_125_22

唐代•文選四八 22_201_7

唐代•文選四八 22_202_14

唐代•文選六八 15_153_28

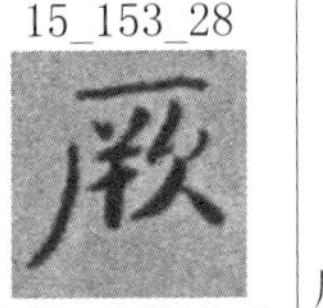
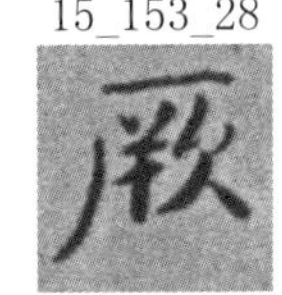
唐代•文選六八 35_350_14

唐代•文選八八 10_79_3

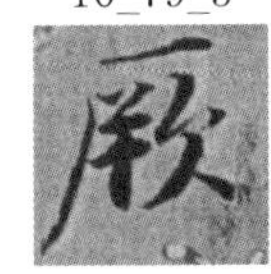
唐代•文選八八 24_215_10

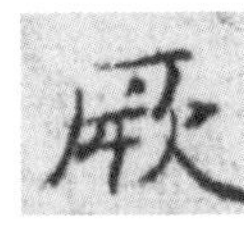
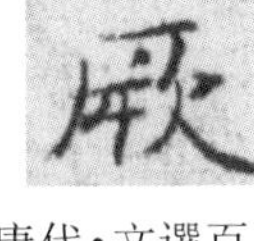
唐代•文選百三 4_33_20

唐代•文選八八 19_171_13

唐代•古文選前 20_230_4

唐代•古文選後 3_32_7

唐代•古文選後 24_281_29

唐代•文選六八 45_449_7

唐代•文選六八 48_483_3

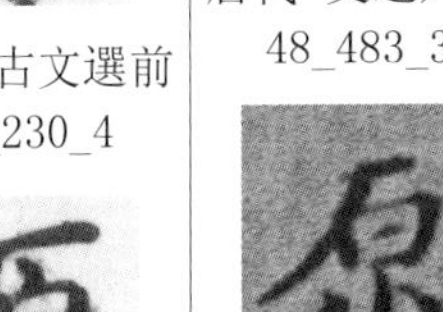
唐代•文選六八 49_486_22

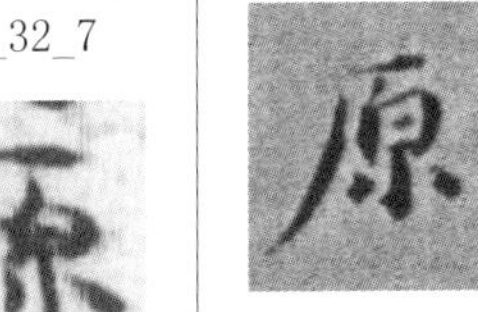
唐代•文選八八 10_77_5

唐代•文選八八 10_78_32

唐代•文選八八 11_88_10

唐代•文選八八 19_170_28

唐代•文選八八 19_170_32

厭

エン
訓おさえる

唐代•文選六八
54_542_25

唐代•文選六八
54_543_15

唐代•文選六八
70_697_1

唐代•文選六八
70_697_25

唐代•文選六八
70_698_19

唐代•文選六八
72_715_10

唐代•文選六八
72_716_11

唐代•文選六八
72_717_4

唐代•文選六八
72_719_25

唐代•文選百三
1_9_13

唐代•文選百三
10_90_3

唐代•文選百三
10_93_32

唐代•文選百三
19_189_20

唐代•文選百三
37_374_4

唐代•文選百三
49_475_12

唐代•文選百三
49_477_15

唐代•文選百三
49_478_3

唐代•文選百三
71_680_9

唐代•文選百三
83_785_4

唐代•文選百三
83_788_2

唐代•古文選前
10_115_8

唐代•古文選後
6_65_8

晩唐•慶滋書狀
1_16_11

唐代•春秋經傳
24_247_6

唐代•文選四八
48_435_1

唐代•文選四八
48_436_6

唐代•文選四八
48_439_7

唐代•文選五九
53_518_23

唐代•文選五九
53_519_4

唐代•文選五九
58_558_3

唐代•文選五九
58_559_10

唐代•文選五九
59_562_4

唐代•文選五九
82_792_2

唐代•文選五九
82_794_30

唐代•文選六八
19_187_26

唐代•文選六八
22_224_20

唐代•文選百三
81_777_1

唐代•文選百三
82_778_9

唐代•文選百三
82_778_22

唐代•十輪經四
21_405_15

匚部

匹

漢ヒツ 慣ヒキ
訓ひき

唐代・春秋經傳
6_56_19

唐代・文選五九
1_12_22

唐代・文選五九
6_53_14

唐代・文選五九
17_166_5

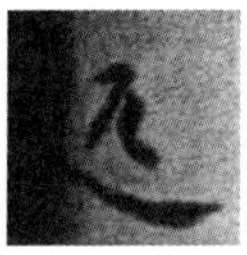
唐代・文選五九
17_168_26

唐代・文選五九
99_939_18

唐代・文選五九
100_947_10

唐代・文選五九
101_949_8

唐代・文選六八
6_67_20

唐代・文選六八
16_166_13

唐代・文選六八
19_194_20

唐代・文選六八
31_307_7

唐代・文選六八
47_469_14

唐代・文選六八
47_477_14

唐代・文選六八
52_520_9

唐代・文選六八
59_587_23

唐代・文選八八
10_82_9

唐代・文選百三
65_624_11

唐代・古文選前
10_118_13

巨

漢キョ 呉ゴ
訓さしがね

唐代・文選五九
74_711_15

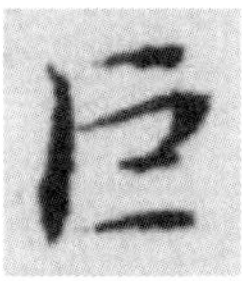
唐代・文選五九
88_850_18

唐代・文選六八
7_73_13

唐代・文選六八
44_439_3

唐代・文選六八
44_440_5

唐代・文選百三
69_662_8

唐代・文選百三
85_804_30

唐代・十輪經九
7_127_4

匝 帀

ソウ
訓めぐる

唐代・古文選後
20_239_4

匡

キョウ
訓はこ

唐代・春秋經傳
13_128_20

唐代・文選八八
23_204_26

匱

漢キ 呉ギ
訓はこ

唐代・文選百三
19_179_27

唐代・文選百三
19_182_18

唐代・文選百三
32_315_3

唐代・文選百三
32_317_26

唐代・文選百三
32_319_8

唐代・文選百三
52_505_25

唐代・古文選前
22_259_14

唐代・十輪經四
7_136_8

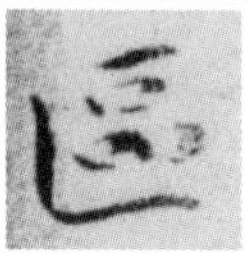
唐代・文選五九
78_753_3

唐代・文選五九
88_843_6

唐代・文選五九
88_844_15

唐代・文選五九
88_846_8

唐代・古文選後
11_126_6

唐代・古文選後
13_156_10

唐代・古文選後
21_252_9

區

漢ク
訓わける

唐代・文選四八
14_123_18

唐代・文選四八
14_127_25

唐代・文選四八
15_135_22

唐代・文選四八
16_140_9

唐代・文選五九
10_92_18

唐代・文選五九
62_598_10

唐代・文選五九
62_599_11

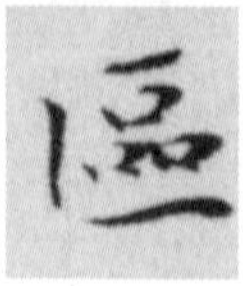
唐代・文選五九
62_599_23

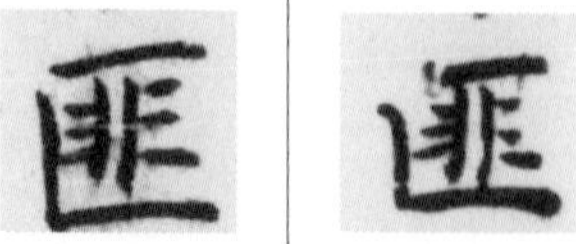
唐代・古文選後
3_33_13

唐代・古文選後
4_39_7

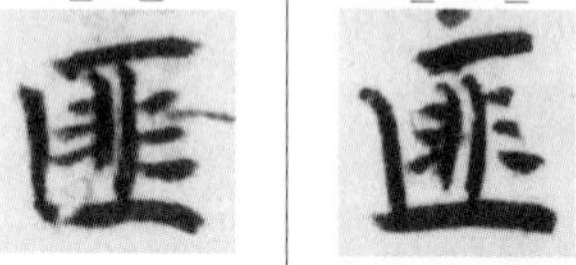
唐代・古文選後
12_132_1

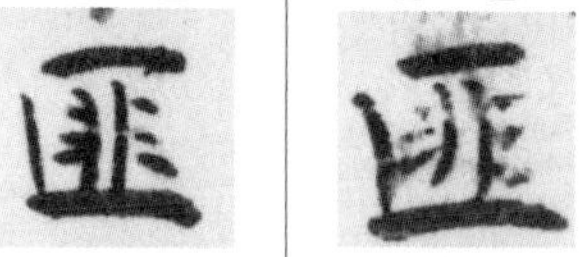
唐代・古文選後
21_248_4

唐代・古文選前
16_191_7

唐代・古文選前
22_260_7

唐代・古文選前
22_260_11

唐代・古文選前
23_267_3

唐代・古文選前
23_267_5

唐代・古文選前
23_268_7

唐代・古文選前
23_268_11

唐代・古文選後
2_21_9

匪

ヒ
訓はこ

唐代・文選五九
41_405_20

唐代・文選五九
72_697_6

唐代・文選百三
9_79_25

唐代・文選百三
15_135_26

唐代・文選百三
15_138_5

唐代・文選百三
15_140_8

唐代・文選百三
15_140_12

唐代・文選百三
18_175_2

匿

慣トク 漢ジュク
呉ノク
訓かくれる

唐代・文選五九
71_677_22

卜部

卜卜

慣ボク
訓うらなう

唐代•春秋經傳
12_127_14

唐代•春秋經傳
13_128_13

唐代•春秋經傳
13_133_3

唐代•春秋經傳
13_136_10

唐代•春秋經傳
15_153_7

唐代•春秋經傳
15_153_10

唐代•春秋經傳
29_303_3

唐代•文選五九
29_292_19

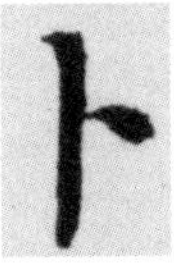
唐代•文選五九
30_295_1

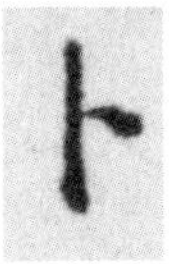
唐代•文選五九
30_296_16

唐代•文選五九
30_296_19

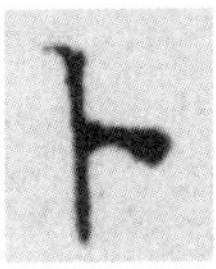
唐代•文選五九
30_297_10

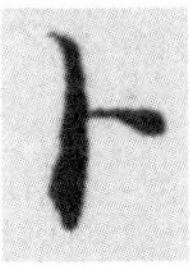
唐代•文選五九
71_681_26

唐代•文選五九
80_775_2

唐代•文選五九
80_776_29

唐代•文選五九
81_777_14

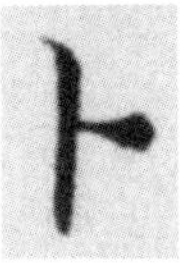
唐代•文選五九
81_780_20

唐代•文選五九
81_781_33

唐代•文選五九
92_882_16

唐代•文選百三
35_352_17

唐代•文選百三
65_632_31

卞

漢ヘン漢ハン呉ベン
訓のり

通弁
唐代•文選六八
6_59_12

唐代•文選六八
23_235_7

唐代•文選百三
72_698_29

占占

セン
訓しめる

唐代•文選百三
75_721_22

唐代•十輪經四
2_25_3

卦卦

漢カ呉ケ
訓うらかた

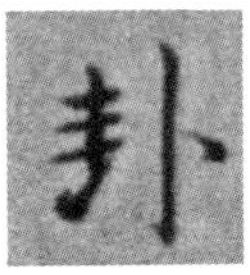
唐代•文選四八
12_111_5

唐代•文選四八
13_116_1

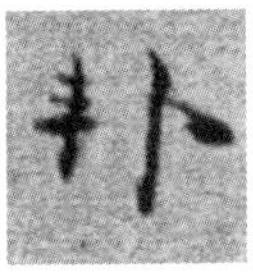
唐代•文選四八
13_117_28

唐代•文選四八
13_118_5

唐代•文選四八
13_119_20

唐代•文選四八
14_120_6

唐代•文選四八
14_121_17

唐代•文選四八
14_122_18

唐代·文選四八
14_123_8

唐代·文選六八
4_37_23

唐代·文選六八
34_339_6

冂部

内内

漢ダイ 呉ナイ
訓うち

初唐・金剛場經
1_8_9

初唐・金剛場經
1_8_14

中唐・金剛經題
2_8_1

唐代・春秋經傳
25_256_7

唐代・春秋經傳
28_288_3

唐代・春秋經傳
35_371_13

唐代・文選四八
2_11_9

唐代・文選四八
23_207_2

唐代・文選四八
30_274_12

唐代・文選四八
34_308_14

唐代・文選四八
38_345_3

唐代・文選四八
45_403_10

唐代・文選四八
45_403_21

唐代・文選五九
25_247_11

唐代・文選五九
64_617_10

唐代・文選五九
72_695_2

唐代・文選五九
75_720_11

唐代・文選五九
80_774_4

唐代・文選五九
93_892_27

唐代・文選五九
104_982_16

唐代・文選六八
14_144_14

唐代・文選六八
43_433_13

唐代・文選八八
15_122_17

唐代・文選八八
15_127_12

唐代・文選八八
15_129_11

唐代・文選八八
16_134_29

唐代・文選八八
16_136_11

唐代・文選八八
17_140_9

唐代・文選百三
10_94_22

唐代・文選百三
10_95_22

唐代・文選百三
11_98_33

唐代・文選百三
11_100_7

唐代・文選百三
21_204_10

唐代・文選百三
24_235_20

唐代・文選百三
25_244_1

唐代・文選百三
25_248_15

唐代・文選百三
33_323_2

唐代・文選百三
33_323_10

唐代・文選百三
33_323_25

唐代・文選百三
33_325_28

唐代・文選百三
33_326_28

唐代・文選百三
52_499_26

唐代・文選百三
52_505_15

唐代・文選百三
79_757_15

唐代・古文選前
8_92_62

唐代・古文選前
19_220_9

唐代・古文選後
13_156_11

唐代・古文選後
14_167_14

用 甪

漢 ヨウ
訓 もちいる

唐代・古文選後
21_252_11

唐代・古文選後
26_306_54

唐代・古文選後
26_311_26

唐代・十輪經十
11_212_2

初唐・大般若經
2_35_12

初唐・大般若經
2_38_1

中唐・金剛經題
1_2_6

唐代・春秋經傳
1_7_11

唐代・春秋經傳
2_19_2

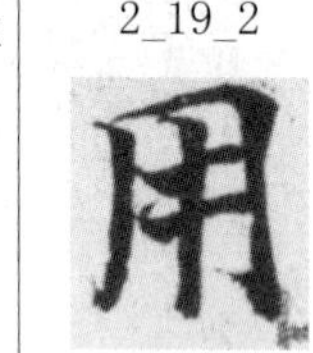
唐代・春秋經傳
9_94_13

唐代・春秋經傳
9_95_12

唐代・春秋經傳
14_147_11

唐代・春秋經傳
18_190_12

唐代・春秋經傳
27_275_16

唐代・春秋經傳
29_301_24

唐代・春秋經傳
33_347_34

唐代・春秋經傳
36_379_9

唐代・春秋經傳
36_379_11

唐代・文選四八
8_67_15

唐代・文選四八
28_256_21

唐代・文選四八
31_283_11

唐代・文選四八
32_293_16

唐代・文選四八
43_390_28

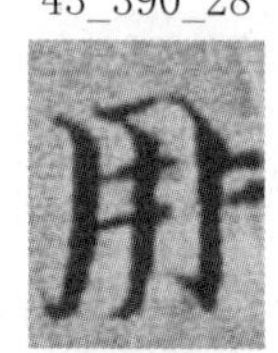
唐代・文選四八
44_395_17

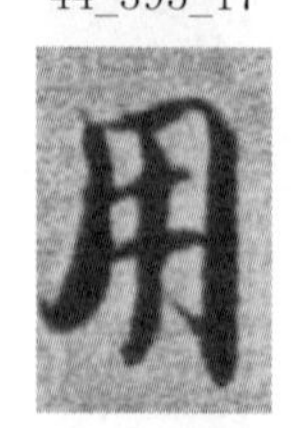
唐代・文選四八
44_395_19

唐代・文選四八
48_432_17

唐代・文選四八
48_433_1

唐代・文選四八
49_446_26

唐代・文選五九
5_42_4

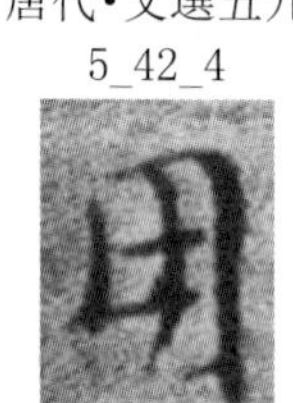
唐代・文選五九
13_126_22

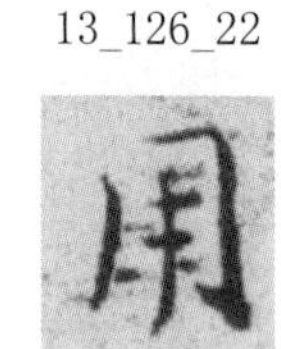
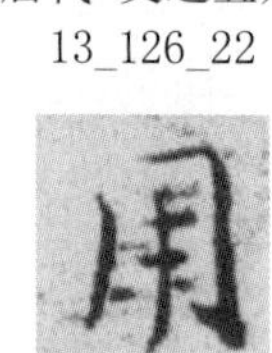
唐代・文選五九
21_204_7

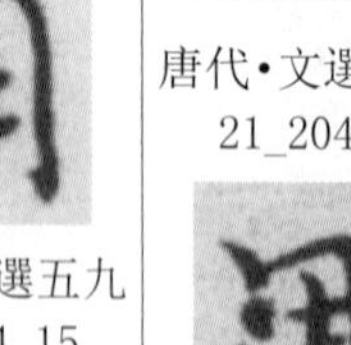

唐代・文選五九
23_231_9

唐代・文選五九
24_233_26

唐代・文選五九
31_300_22

唐代・文選五九
31_310_23

唐代・文選五九
31_311_14

唐代・文選五九
31_312_11

唐代・文選五九
41_401_5

唐代・文選五九
41_404_15

唐代・文選五九
41_404_21

唐代・文選五九
46_456_9

唐代・文選五九
60_574_9

唐代・文選五九
63_608_13

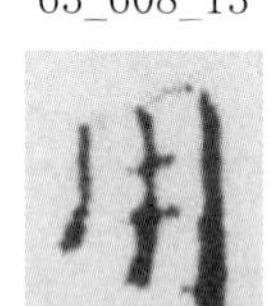
唐代・文選五九
63_609_20

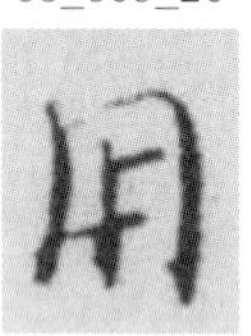
唐代・文選五九
71_677_17

唐代・文選五九
78_746_24

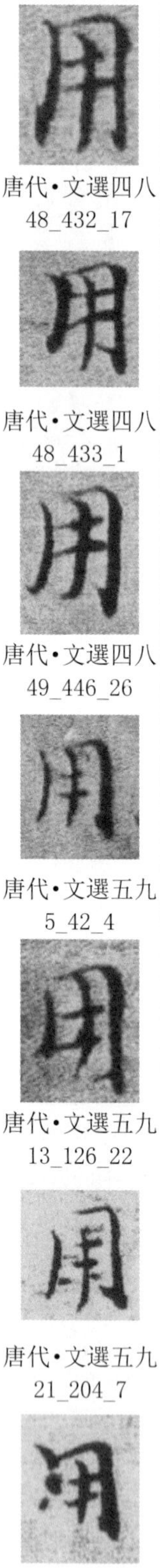

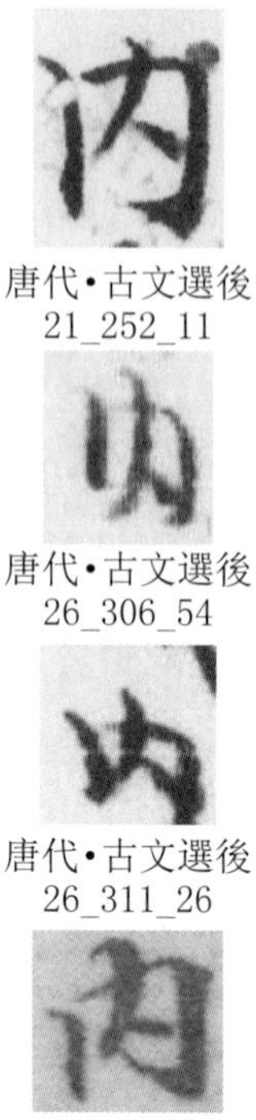

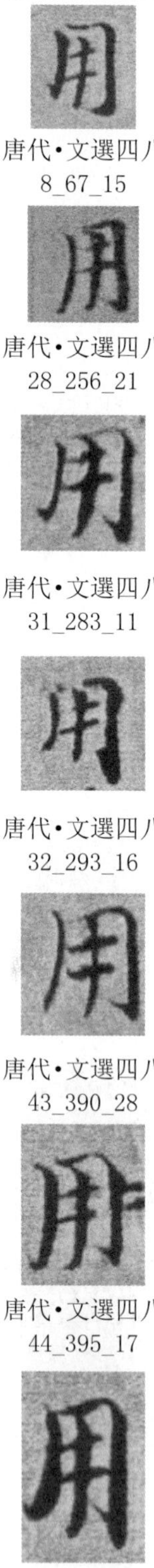

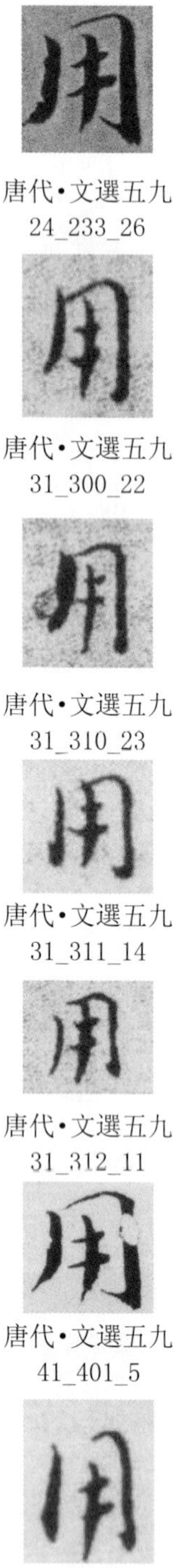

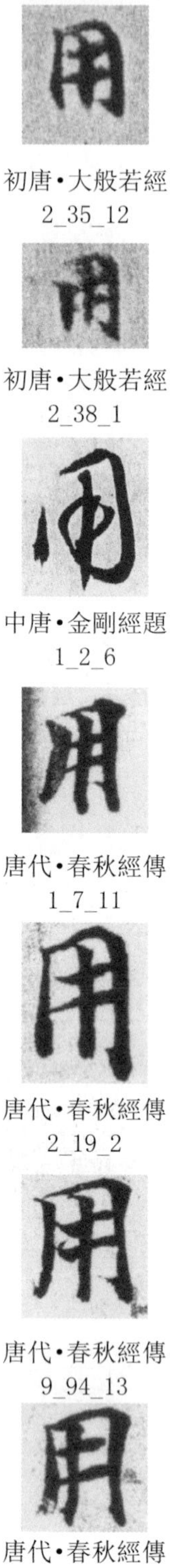

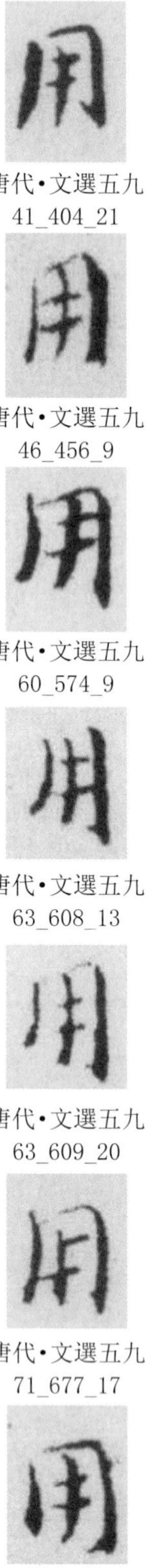

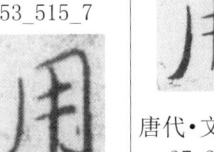

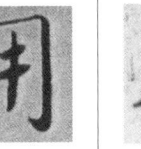

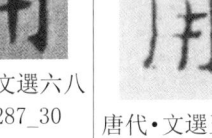

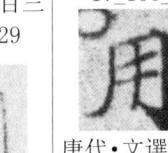

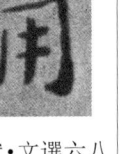

唐代•文選百三
39_388_26

唐代•文選百三
39_389_25

唐代•文選百三
47_448_25

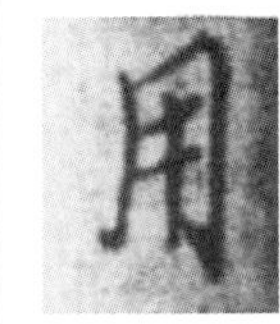
唐代•文選百三
53_515_7

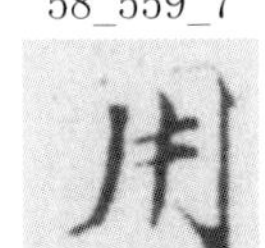
唐代•文選百三
58_559_7

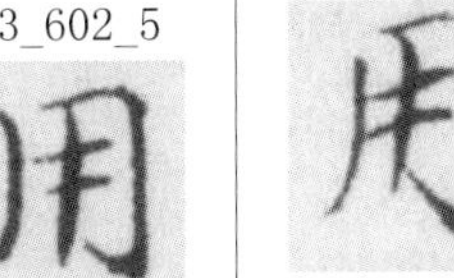
唐代•文選百三
63_602_5

唐代•文選百三
74_712_29

唐代•文選百三
31_314_27

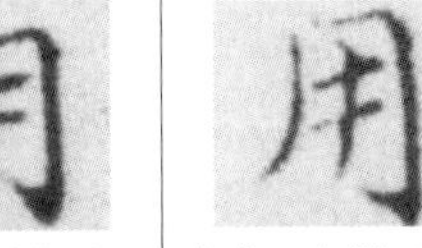
唐代•文選百三
32_318_1

唐代•文選百三
32_318_6

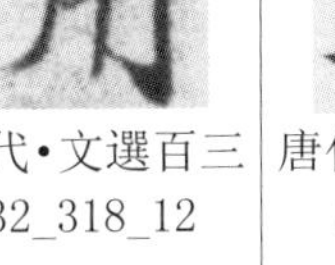
唐代•文選百三
32_318_12

唐代•文選百三
37_376_4

唐代•文選百三
38_381_7

唐代•文選百三
39_388_13

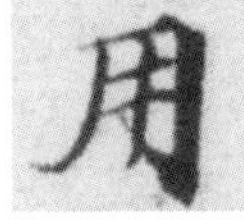
唐代•文選百三
24_232_9

唐代•文選百三
28_272_10

唐代•文選百三
31_302_5

唐代•文選百三
31_303_6

唐代•文選百三
31_307_22

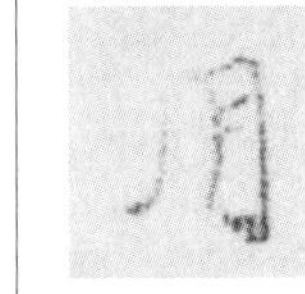
唐代•文選百三
31_307_29

唐代•文選百三
31_309_28

唐代•文選百三
11_104_9

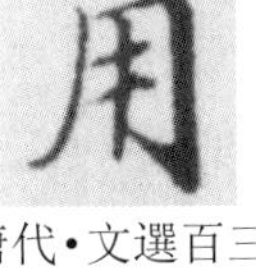
唐代•文選百三
16_150_29

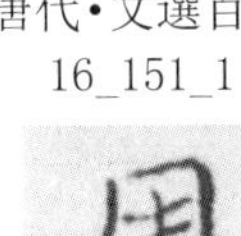
唐代•文選百三
16_151_1

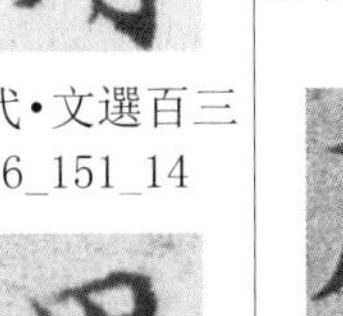
唐代•文選百三
16_151_14

唐代•文選百三
17_155_20

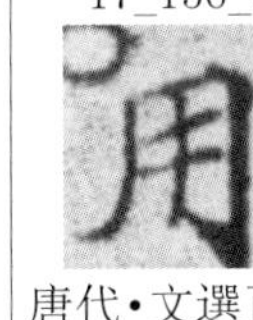
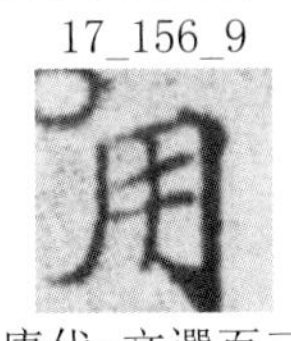
唐代•文選百三
17_156_9

唐代•文選百三
17_157_4

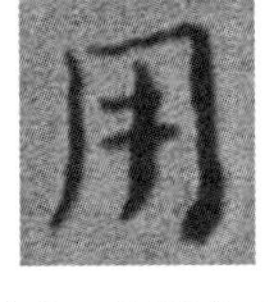
唐代•文選六八
67_665_11

唐代•文選六八
69_690_13

唐代•文選八八
7_52_1

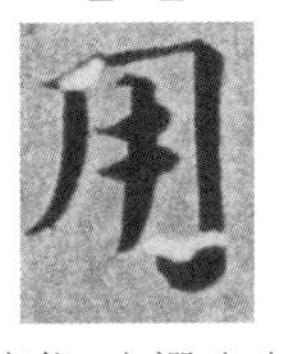
唐代•文選八八
7_53_5

唐代•文選八八
7_54_24

唐代•文選八八
8_56_9

唐代•文選百三
10_92_3

唐代•文選六八
21_209_20

唐代•文選六八
28_284_4

唐代•文選六八
29_287_30

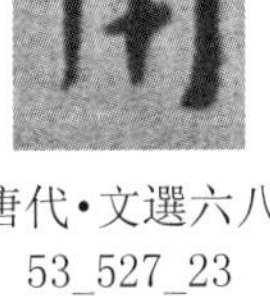
唐代•文選六八
53_527_23

唐代•文選六八
61_615_22

唐代•文選六八
62_619_21

唐代•文選六八
66_662_13

唐代•文選五九
98_929_15

唐代•文選五九
101_952_4

唐代•文選五九
103_980_16

唐代•文選五九
109_1028_7

唐代•文選五九
110_1040_17

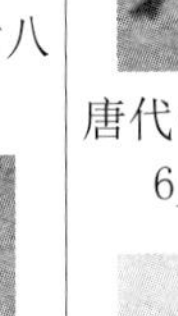

唐代•文選六八
6_61_14

唐代•文選六八
19_199_3

	罔	冏	冉			
	漢ボウ呉モウ 訓あみ	漢ケイ呉キョウ 訓ひかる	漢ゼン呉ネン 訓よわい			
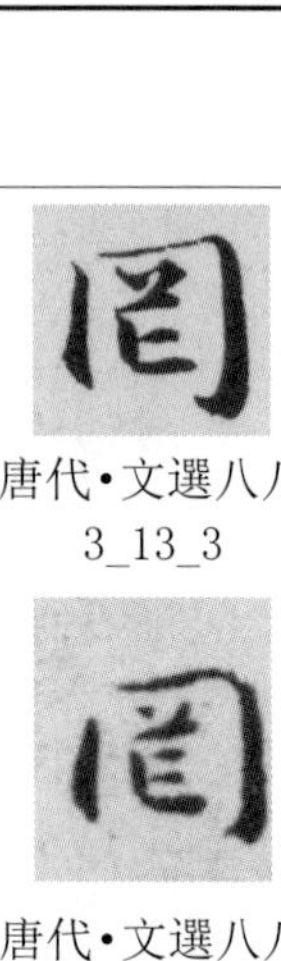 唐代•文選八八 3_13_3 唐代•文選八八 3_16_9  唐代•古文選前 2_24_10  唐代•古文選前 15_182_7  唐代•古文選前 23_267_9  唐代•古文選後 2_22_13  唐代•古文選後 14_165_5	 唐代•春秋經傳 14_145_17 唐代•春秋經傳 14_146_10 唐代•文選五九 66_642_17 唐代•文選五九 66_642_26 唐代•文選五九 108_1025_10 唐代•文選六八 1_12_3 唐代•文選六八 33_338_8 唐代•文選六八 35_349_3	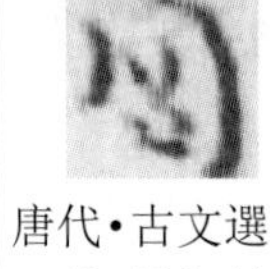 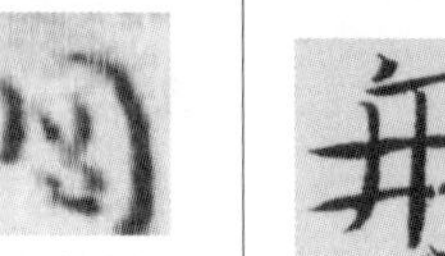 唐代•古文選後 12_133_41	 唐代•文選八八 3_16_20  唐代•文選八八 3_17_8  唐代•文選八八 3_18_3 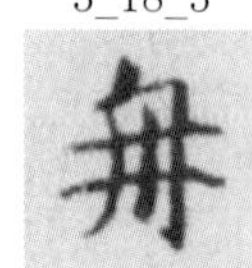 唐代•文選八八 3_18_9	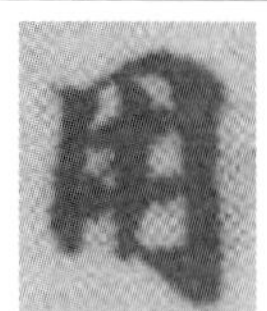 唐代•十輪經四 19_364_7  唐代•十輪經四 19_366_8  唐代•十輪經四 19_366_12  唐代•十輪經八 3_44_12 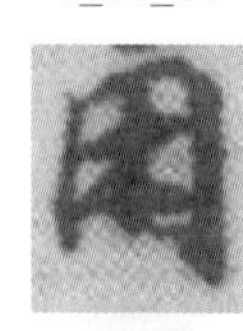 唐代•十輪經八 3_47_17  唐代•十輪經九 4_62_10  唐代•十輪經十 12_227_4	 唐代•十輪經四 17_330_7  唐代•十輪經四 17_332_9 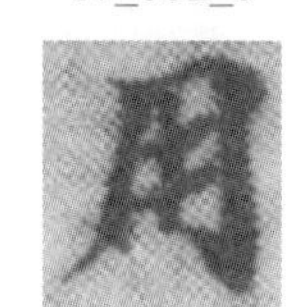 唐代•十輪經四 17_333_12  唐代•十輪經四 17_333_16  唐代•十輪經四 17_334_11 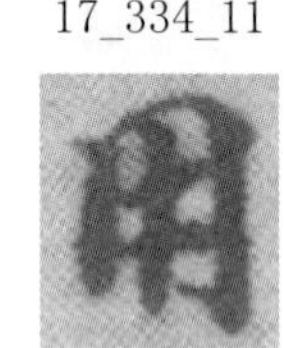 唐代•十輪經四 17_334_15  唐代•十輪經四 17_335_6	 唐代•文選百三 78_746_3  唐代•文選百三 85_817_12  唐代•古文選後 21_252_4 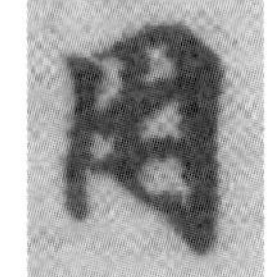 唐代•十輪經四 5_85_6  唐代•十輪經四 7_137_3  唐代•十輪經四 8_158_3 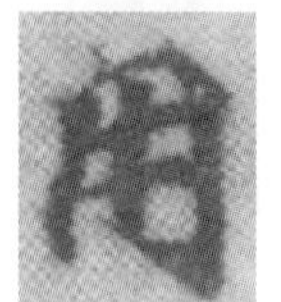 唐代•十輪經四 17_328_4

岡 

漢コウ呉コウ
訓オカ

唐代•文選六八
69_692_19

唐代•古文選前
14_162_10

八部

八

漢ハツ 呉ハチ

訓やつ

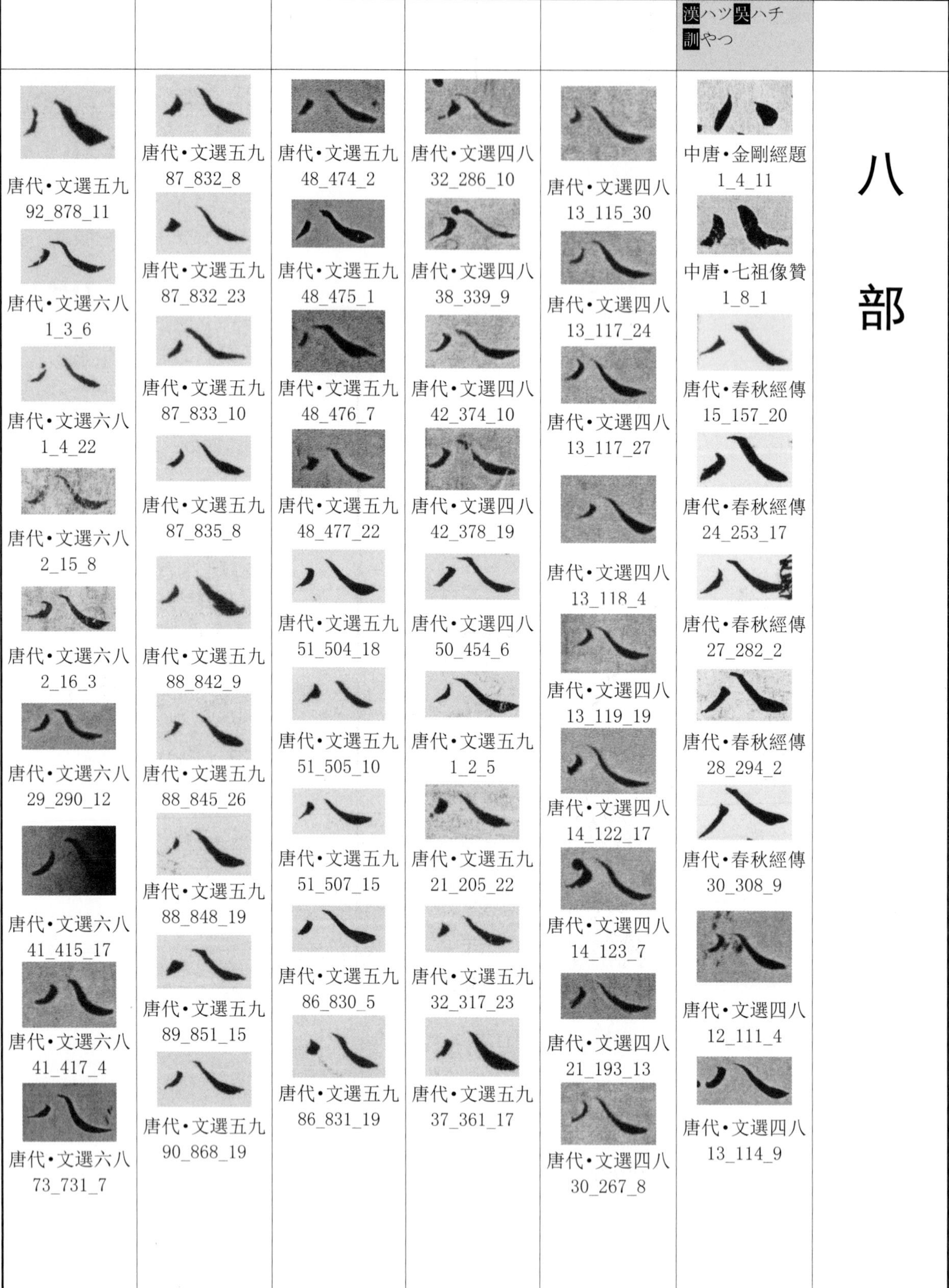

中唐•金剛經題 1_4_11
中唐•七祖像贊 1_8_1
唐代•春秋經傳 15_157_20
唐代•春秋經傳 24_253_17
唐代•春秋經傳 27_282_2
唐代•春秋經傳 28_294_2
唐代•春秋經傳 30_308_9
唐代•文選四八 12_111_4
唐代•文選四八 13_114_9

唐代•文選四八 13_115_30
唐代•文選四八 13_117_24
唐代•文選四八 13_117_27
唐代•文選四八 13_118_4
唐代•文選四八 13_119_19
唐代•文選四八 14_122_17
唐代•文選四八 14_123_7
唐代•文選四八 21_193_13
唐代•文選四八 30_267_8

唐代•文選四八 32_286_10
唐代•文選四八 38_339_9
唐代•文選四八 42_374_10
唐代•文選四八 42_378_19
唐代•文選四八 50_454_6
唐代•文選五九 1_2_5
唐代•文選五九 21_205_22
唐代•文選五九 32_317_23
唐代•文選五九 37_361_17

唐代•文選五九 48_474_2
唐代•文選五九 48_475_1
唐代•文選五九 48_476_7
唐代•文選五九 48_477_22
唐代•文選五九 51_504_18
唐代•文選五九 51_505_10
唐代•文選五九 51_507_15
唐代•文選五九 86_830_5
唐代•文選五九 86_831_19

唐代•文選五九 87_832_8
唐代•文選五九 87_832_23
唐代•文選五九 87_833_10
唐代•文選五九 87_835_8
唐代•文選五九 88_842_9
唐代•文選五九 88_845_26
唐代•文選五九 88_848_19
唐代•文選五九 89_851_15
唐代•文選五九 90_868_19

唐代•文選五九 92_878_11
唐代•文選六八 1_3_6
唐代•文選六八 1_4_22
唐代•文選六八 2_15_8
唐代•文選六八 2_16_3
唐代•文選六八 29_290_12
唐代•文選六八 41_415_17
唐代•文選六八 41_417_4
唐代•文選六八 73_731_7

兮 𠔃

漢 ケイ
訓 ー

唐代•文選八八
1_4_6

唐代•文選八八
1_5_23

唐代•文選八八
15_122_18

唐代•文選八八
15_124_3

唐代•文選百三
22_215_16

唐代•文選百三
58_557_31

唐代•文選百三
67_639_20

唐代•古文選前
18_206_2

唐代•古文選前
25_292_14

唐代•古文選後
6_63_13

唐代•古文選後
15_171_15

唐代•古文選後
19_220_13

唐代•古文選後
20_240_13

唐代•十輪經四
6_107_8

唐代•十輪經八
4_73_5

唐代•十輪經八
4_74_12

唐代•十輪經八
22_427_11

唐代•十輪經八
22_442_12

唐代•十輪經九
19_379_17

唐代•十輪經九
21_401_9

唐代•十輪經十
3_55_7

唐代•十輪經十
12_224_12

唐代•十輪經十
12_232_2

唐代•十輪經十
13_249_15

唐代•十輪經十
15_298_16

唐代•十輪經十
17_332_16

唐代•十輪經十
19_371_13

唐代•文選四八
8_67_31

唐代•文選四八
16_141_12

唐代•文選四八
29_261_18

唐代•文選五九
12_112_8

唐代•文選五九
17_159_20

唐代•文選五九
17_160_6

唐代•文選五九
17_160_11

唐代•文選五九
18_176_2

唐代•文選五九
23_230_29

唐代•文選五九
25_251_14

唐代•文選五九
27_270_20

唐代•文選五九
27_271_2

唐代•文選五九
27_271_9

唐代•文選五九
34_337_1

唐代•文選五九
34_337_5

唐代•文選五九
36_358_23

唐代•文選五九
37_364_13

唐代•文選五九
37_365_18

唐代•文選五九
37_368_4

唐代•文選五九
37_368_12

唐代•文選五九
37_372_3

唐代•文選五九
38_373_8

唐代•文選五九
38_373_14

唐代•文選五九
38_377_11

唐代•文選五九
39_388_12

唐代•文選五九
59_565_16

唐代•文選五九
70_672_8

唐代•文選五九
74_707_22

唐代•古文選前 5_53_9	唐代•古文選前 3_35_10	唐代•文選百三 23_218_9	唐代•文選六八 55_551_5	唐代•文選六八 47_467_8	唐代•文選六八 34_343_6	唐代•文選五九 85_816_2
唐代•古文選前 5_54_8	唐代•古文選前 4_40_8	唐代•文選百三 25_250_11	唐代•文選六八 56_560_16	唐代•文選六八 47_468_11	唐代•文選六八 37_369_5	唐代•文選五九 93_895_24
唐代•古文選前 5_55_7	唐代•古文選前 4_48_1	唐代•文選百三 27_266_23	唐代•文選六八 64_642_16	唐代•文選六八 47_471_16	唐代•文選六八 39_394_5	唐代•文選五九 97_926_3
唐代•古文選前 5_56_6	唐代•古文選前 4_48_14	唐代•文選百三 30_297_21	唐代•文選六八 73_726_6	唐代•文選六八 47_472_6	唐代•文選六八 39_394_11	唐代•文選五九 103_978_16
唐代•古文選前 5_57_5	唐代•古文選前 4_49_12	唐代•文選百三 46_443_30	唐代•文選百三 7_63_20	唐代•文選六八 47_473_8	唐代•文選六八 43_437_10	唐代•文選六八 25_252_26
唐代•古文選前 5_58_4	唐代•古文選前 5_51_11	唐代•古文選前 2_24_11	唐代•文選百三 7_63_24	唐代•文選六八 50_503_16	唐代•文選六八 45_450_10	唐代•文選六八 27_278_10
唐代•古文選前 5_59_4	唐代•古文選前 5_52_10	唐代•古文選前 3_35_5	唐代•文選百三 7_63_29	唐代•文選六八 55_550_8	唐代•文選六八 47_467_1	唐代•文選六八 31_314_10

唐代・古文選前 6_63_12
唐代・古文選前 6_64_11
唐代・古文選前 8_90_6
唐代・古文選前 8_91_1
唐代・古文選前 8_99_4
唐代・古文選前 8_101_13
唐代・古文選前 9_104_2

唐代・古文選前 9_105_1
唐代・古文選前 9_105_14
唐代・古文選前 9_108_9
唐代・古文選前 9_109_8
唐代・古文選前 9_110_7
唐代・古文選前 9_111_6
唐代・古文選前 10_115_5

唐代・古文選前 10_118_14
唐代・古文選前 11_124_4
唐代・古文選前 11_127_15
唐代・古文選前 11_128_7
唐代・古文選前 11_129_1
唐代・古文選前 14_164_7
唐代・古文選前 14_165_6

唐代・古文選前 14_165_19
唐代・古文選前 14_166_4

六

漢リク呉ロク
訓むつ

初唐・法華義疏 1_5_16
初唐・大般若經 2_32_13
初唐・大般若經 2_35_9
中唐・金剛經題 1_4_7
中唐・金剛經題 1_4_15
中唐・金剛經題 1_5_11
中唐・金剛經題 1_6_6
中唐・金剛經題 2_9_2
中唐・金剛經題 2_10_2

中唐・金剛經題 2_11_1
中唐・七祖像贊 1_6_1
中唐・七祖像贊 1_12_8
晚唐・慶滋書狀 1_18_1
唐代・春秋經傳 3_22_17
唐代・春秋經傳 3_24_16
唐代・春秋經傳 5_47_23
唐代・春秋經傳 16_168_22

唐代・春秋經傳 18_184_20
唐代・春秋經傳 19_198_7
唐代・春秋經傳 24_253_2
唐代・春秋經傳 25_254_9
唐代・春秋經傳 25_263_17
唐代・春秋經傳 26_264_22
唐代・春秋經傳 27_282_20
唐代・春秋經傳 28_295_14
唐代・春秋經傳 31_327_9
唐代・春秋經傳 14_149_8

唐代•春秋經傳 32_336_23
唐代•春秋經傳 34_355_15
唐代•春秋經傳 39_405_23
唐代•文選四八 1_2_4
唐代•文選四八 11_98_26
唐代•文選四八 13_113_1
唐代•文選四八 14_121_13
唐代•文選四八 16_145_17
唐代•文選四八 16_148_1

唐代•文選四八 16_149_7
唐代•文選四八 16_150_12
唐代•文選四八 17_151_19
唐代•义選四八 17_156_2
唐代•文選四八 17_157_11
唐代•文選四八 17_157_18
唐代•文選四八 17_157_22
唐代•文選四八 18_158_4
唐代•文選四八 18_160_9

唐代•文選四八 26_229_12
唐代•文選四八 40_363_10
唐代•文選五九 6_56_22
唐代•文選五九 19_188_8
唐代•文選五九 21_207_27
唐代•文選五九 22_213_7
唐代•文選五九 41_410_7
唐代•文選五九 47_468_5
唐代•文選五九 47_469_9

唐代•文選五九 47_469_25
唐代•文選五九 51_505_12
唐代•文選五九 51_506_6
唐代•文選五九 51_507_18
唐代•文選五九 51_507_25
唐代•文選五九 81_779_22
唐代•文選五九 83_798_19
唐代•文選五九 83_799_16
唐代•文選五九 88_840_11

唐代•文選五九 98_930_26
唐代•文選五九 105_993_9
唐代•文選五九 105_993_12
唐代•文選五九 105_994_19
唐代•文選六八 1_3_12
唐代•文選六八 1_4_5
唐代•文選六八 1_4_25
唐代•文選六八 1_5_8
唐代•文選六八 2_14_5

唐代•文選六八 2_20_5
唐代•文選六八 6_66_2
唐代•文選六八 6_66_19
唐代•文選六八 13_137_18
唐代•文選六八 13_140_4
唐代•文選六八 15_156_11
唐代•文選六八 37_368_25
唐代•文選六八 41_411_4
唐代•文選六八 50_499_7

唐代•文選六八 58_584_11
唐代•文選六八 67_674_16
唐代•文選六八 72_718_4
唐代•文選六八 73_731_5
唐代•文選八八 1_4_12
唐代•文選八八 1_5_5
唐代•文選八八 1_5_26
唐代•文選八八 1_6_8
唐代•文選八八 15_122_14

唐代•文選八八 15_123_15
唐代•文選百三 27_262_24
唐代•文選百三 27_265_17
唐代•文選百三 27_265_19
唐代•文選百三 28_277_24
唐代•文選百三 35_355_30
唐代•古文選前 14_160_7
唐代•古文選前 15_179_4
唐代•古文選前 18_207_6

唐代•古文選前 24_288_3
唐代•古文選後 1_9_12
唐代•古文選後 5_59_3
唐代•古文選後 7_81_12
唐代•古文選後 10_108_26
唐代•古文選後 11_124_3
唐代•古文選後 14_164_5
唐代•古文選後 18_216_3

唐代•古文選後 14_167_5
唐代•古文選後 20_236_4
唐代•古文選後 20_238_9
唐代•古文選後 21_244_82
唐代•十輪經四 3_41_10
唐代•十輪經四 9_163_10
唐代•十輪經八 1_1_15
唐代•十輪經八 18_350_7
唐代•十輪經九 1_1_15

唐代•十輪經九 19_361_2
唐代•十輪經十 15_298_14
唐代•十輪經十 19_369_9
唐代•十輪經九 4_79_1

公

漢コウ呉ク
訓おおやけ

唐代•春秋經傳 1_2_8
唐代•春秋經傳 1_2_13
唐代•春秋經傳 1_6_8
唐代•春秋經傳 2_9_10
唐代•春秋經傳 2_14_8
唐代•春秋經傳 2_16_16
唐代•春秋經傳 2_17_7
唐代•春秋經傳 2_18_10

唐代•春秋經傳 3_21_5
唐代•春秋經傳 3_21_29
唐代•春秋經傳 3_23_8
唐代•春秋經傳 3_24_11
唐代•春秋經傳 3_25_12
唐代•春秋經傳 3_27_13
唐代•春秋經傳 3_28_4
唐代•春秋經傳 3_29_1

唐代•春秋經傳 4_38_17
唐代•春秋經傳 5_43_15
唐代•春秋經傳 5_44_30
唐代•春秋經傳 7_72_18
唐代•春秋經傳 8_78_14
唐代•春秋經傳 8_78_21
唐代•春秋經傳 9_86_4
唐代•春秋經傳 9_93_9

唐代•春秋經傳
32_331_8

唐代•春秋經傳
32_332_11

唐代•春秋經傳
32_335_1

唐代•春秋經傳
32_335_6

唐代•春秋經傳
32_336_11

唐代•春秋經傳
32_337_1

唐代•春秋經傳
32_337_10

唐代•春秋經傳
32_339_7

唐代•春秋經傳
32_339_29

唐代•春秋經傳
33_341_8

唐代•春秋經傳
33_343_5

唐代•春秋經傳
33_343_19

唐代•春秋經傳
33_344_8

唐代•春秋經傳
33_344_16

唐代•春秋經傳
33_345_12

唐代•春秋經傳
33_350_24

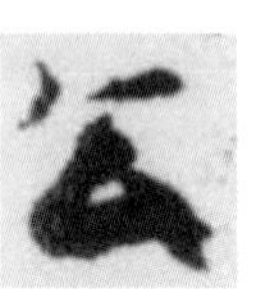
唐代•春秋經傳
34_351_3

唐代•春秋經傳
34_351_10

唐代•春秋經傳
34_351_31

唐代•春秋經傳
34_352_12

唐代•春秋經傳
34_353_15

唐代•春秋經傳
34_354_7

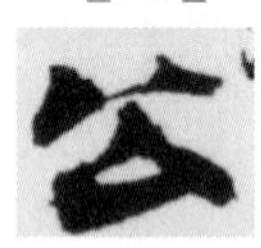
唐代•春秋經傳
34_354_26

唐代•春秋經傳
34_357_9

唐代•春秋經傳
35_362_12

唐代•春秋經傳
35_364_3

唐代•春秋經傳
35_366_25

唐代•春秋經傳
35_370_13

唐代•春秋經傳
35_371_37

唐代•春秋經傳
35_372_7

唐代•春秋經傳
36_376_16

唐代•春秋經傳
37_391_8

唐代•春秋經傳
37_391_11

唐代•春秋經傳
37_393_10

唐代•春秋經傳
38_394_4

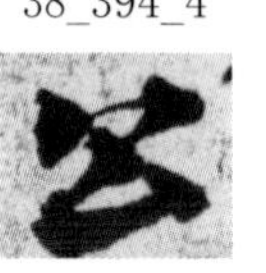
唐代•春秋經傳
38_404_4

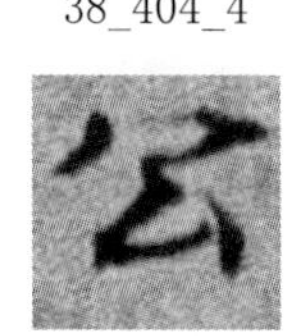
唐代•文選四八
11_97_9

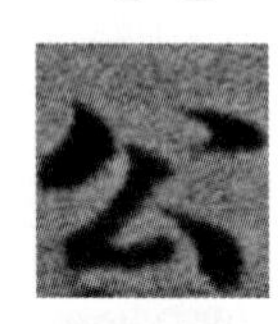
唐代•文選四八
19_171_24

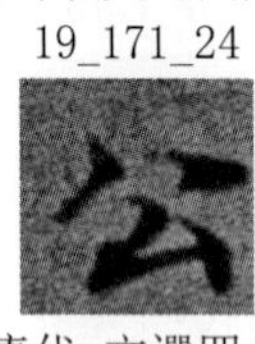
唐代•文選四八
19_172_11

唐代•文選四八
19_172_22

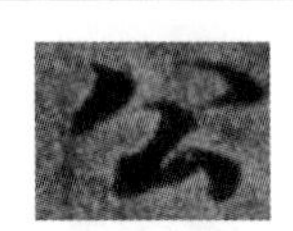
唐代•文選四八
20_185_19

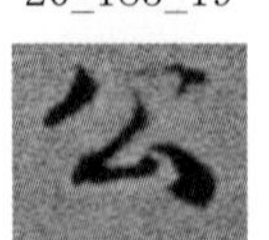
唐代•文選四八
22_200_10

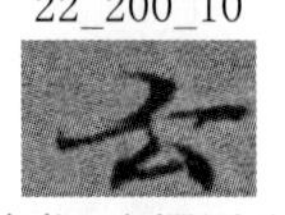
唐代•文選四八
24_214_10

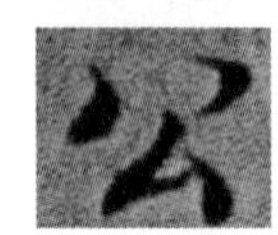
唐代•文選四八
24_214_21

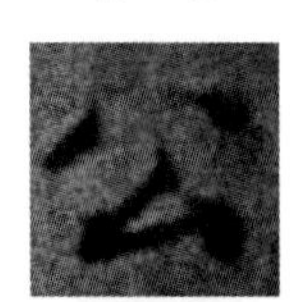
唐代•文選四八
30_274_8

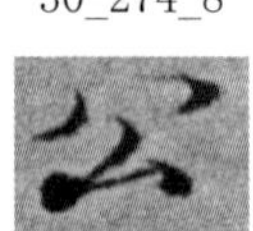
唐代•文選四八
34_304_2

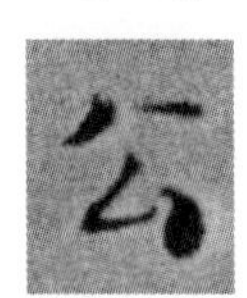
唐代•文選四八
37_331_15

唐代•文選四八
39_347_10

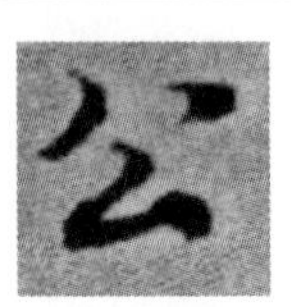
唐代•文選四八
39_348_13

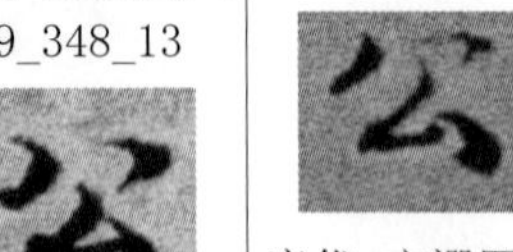
唐代•文選四八
42_378_22

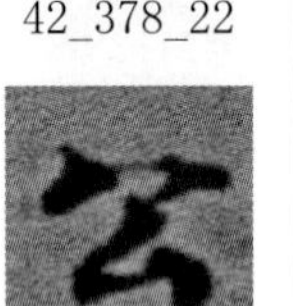
唐代•文選四八
44_400_14

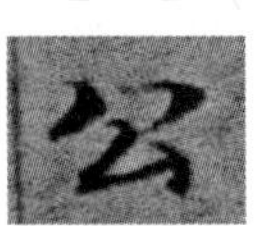
唐代•文選四八
44_401_24

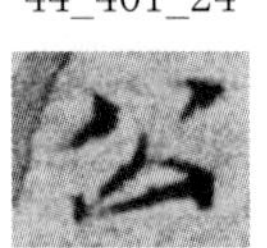
唐代•文選四八
46_412_8

唐代•文選五九
1_2_6

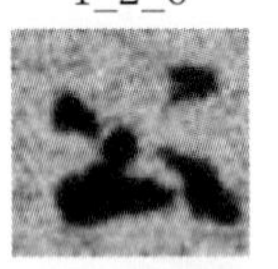
唐代•文選五九
23_220_14

唐代•文選五九
47_470_5

唐代•文選五九 48_477_8
唐代•文選五九 50_491_8
唐代•文選五九 50_491_22
唐代•文選五九 50_494_8
唐代•文選五九 53_521_3
唐代•文選五九 53_523_22
唐代•文選五九 57_555_18
唐代•文選五九 58_561_1

唐代•文選五九 59_572_13
唐代•文選五九 60_573_1
唐代•文選五九 60_580_17
唐代•文選五九 63_605_4
唐代•文選五九 71_677_6
唐代•文選五九 75_724_5
唐代•文選五九 76_728_14
唐代•文選五九 82_783_19

唐代•文選五九 82_783_25
唐代•文選五九 83_798_3
唐代•文選五九 86_830_6
唐代•文選五九 87_832_9
唐代•文選五九 87_832_24
唐代•文選五九 87_833_11
唐代•文選五九 87_835_9
唐代•文選五九 88_842_10

唐代•文選五九 88_845_27
唐代•文選五九 88_848_20
唐代•文選五九 89_851_16
唐代•文選五九 90_864_25
唐代•文選五九 90_868_20
唐代•文選五九 91_875_9
唐代•文選五九 91_875_27
唐代•文選五九 92_878_12

唐代•文選五九 104_985_14
唐代•文選五九 106_1006_11
唐代•文選五九 109_1039_2
唐代•文選五九 110_1041_19
唐代•文選五九 110_1043_16
唐代•文選五九 110_1044_21
唐代•文選五九 111_1048_15
唐代•文選五九 111_1049_1

唐代•文選五九 111_1054_5
唐代•文選五九 111_1060_18
唐代•文選五九 112_1061_9
唐代•文選五九 112_1062_13
唐代•文選五九 112_1062_18
唐代•文選五九 112_1063_11
唐代•文選六八 8_76_15
唐代•文選六八 17_171_8

唐代•文選六八 24_241_7
唐代•文選六八 24_245_20
唐代•文選六八 25_246_3
唐代•文選六八 27_273_11
唐代•文選六八 39_398_18
唐代•文選六八 42_423_2
唐代•文選六八 42_424_15
唐代•文選六八 43_438_15

唐代·文選百三 59_562_1
唐代·文選百三 59_562_18
唐代·文選百三 59_563_15
唐代·文選百三 59_563_22
唐代·文選百三 61_585_11
唐代·文選百三 67_649_13
唐代·文選百三 58_560_1

唐代·文選百三 48_465_9
唐代·文選百三 49_466_16
唐代·文選百三 49_467_2
唐代·文選百三 49_479_18
唐代·文選百三 54_521_9
唐代·文選百三 54_521_20
唐代·文選百三 69_667_14

唐代·文選百三 41_409_7
唐代·文選百三 41_410_15
唐代·文選百三 41_411_5
唐代·文選百三 41_412_7
唐代·文選百三 42_418_15
唐代·文選百三 47_453_14
唐代·文選百三 47_454_16
唐代·文選百三 58_561_9

唐代·文選百三 16_152_8
唐代·文選百三 16_152_25
唐代·文選百三 21_204_18
唐代·文選百三 25_245_13
唐代·文選百三 27_271_7
唐代·文選百三 30_295_11
唐代·文選百三 41_406_4

唐代·文選百三 6_52_1
唐代·文選百三 9_77_22
唐代·文選百三 9_81_35
唐代·文選百三 10_90_9
唐代·文選百三 10_93_2
唐代·文選百三 15_148_14
唐代·文選百三 15_148_17

唐代·文選六八 64_641_24
唐代·文選六八 71_705_10
唐代·文選六八 71_705_25
唐代·文選六八 71_708_2
唐代·文選八八 17_143_23
唐代·文選百三 5_44_10
唐代·文選百三 5_45_4
唐代·文選百三 5_46_8

唐代·文選六八 48_481_16
唐代·文選六八 54_541_17
唐代·文選六八 59_590_4
唐代·文選六八 59_593_10
唐代·文選六八 59_593_20
唐代·文選六八 59_594_9
唐代·文選六八 61_606_7
唐代·文選六八 61_608_29
唐代·文選六八 61_609_8

共

漢キョウ呉ク
訓とも

唐代・十輪經四 17_333_10
唐代・十輪經四 17_334_9
唐代・十輪經四 17_335_4
唐代・十輪經八 6_107_9
唐代・十輪經八 8_145_9
唐代・十輪經八 8_151_17
唐代・十輪經八 10_183_16
唐代・十輪經八 11_214_8

唐代・文選五九 108_1024_4
唐代・文選五九 111_1048_22
唐代・文選六八 69_695_4
唐代・文選八八 21_187_16
唐代・古文選後 17_203_1
唐代・十輪經四 1_4_17
唐代・十輪經四 5_88_2
唐代・十輪經四 14_278_9

唐代・文選四八 34_304_14
唐代・文選四八 42_375_9
唐代・文選四八 43_388_8
唐代・文選五九 14_133_12
唐代・文選五九 49_480_3
唐代・文選五九 51_508_8
唐代・文選五九 82_787_12
唐代・文選五九 97_926_19

中唐・風信帖 2_9_6
唐代・春秋經傳 2_10_15
唐代・春秋經傳 3_28_3
唐代・春秋經傳 18_183_19
唐代・春秋經傳 20_203_19
唐代・春秋經傳 32_330_8
唐代・文選四八 1_6_24
唐代・文選四八 12_106_15

唐代・古文選後 8_89_24
唐代・古文選後 9_98_2
唐代・古文選後 9_99_2
唐代・古文選後 9_99_9
唐代・古文選後 10_115_7
唐代・古文選後 15_175_6
唐代・古文選後 16_192_5
唐代・古文選後 21_244_67

唐代・文選百三 87_829_7
唐代・古文選前 1_2_11
唐代・古文選後 3_33_1
唐代・古文選後 7_82_1
唐代・古文選後 7_83_2
唐代・古文選後 7_83_17
唐代・古文選後 8_84_1
唐代・古文選後 8_89_2

唐代・文選百三 75_724_19
唐代・文選百三 76_730_14
唐代・文選百三 81_765_17
唐代・文選百三 84_801_10
唐代・文選百三 85_807_12
唐代・文選百三 86_822_25
唐代・文選百三 86_822_34
唐代・文選百三 69_660_25

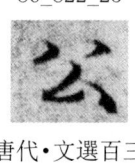

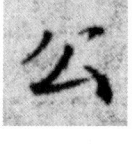

兵

漢ヘイ 呉ヒョウ
訓つわもの

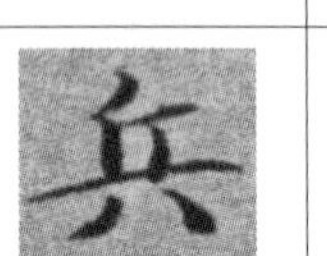
唐代・文選六八
27_273_20

唐代・文選六八
32_324_13

唐代・文選六八
60_601_12

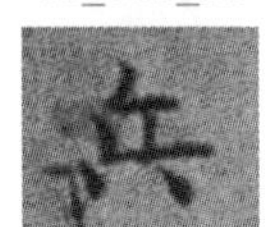
唐代・文選六八
64_643_29

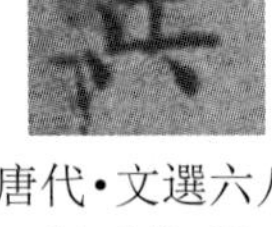
唐代・文選八八
21_183_2

唐代・文選百三
6_52_12

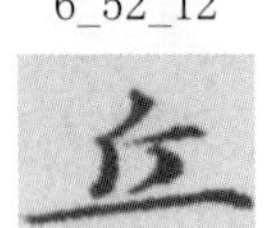
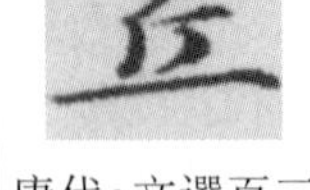
唐代・文選百三
34_337_21

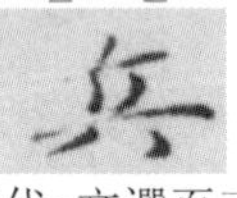
唐代・文選百三
35_343_17

唐代・文選四八
42_376_18

唐代・文選四八
42_376_24

唐代・文選四八
42_377_13

唐代・文選五九
78_751_14

唐代・文選五九
80_766_4

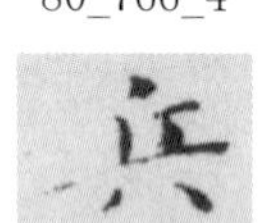
唐代・文選五九
82_786_26

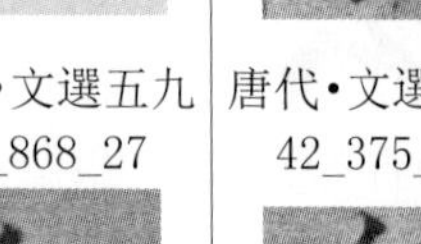
唐代・文選五九
90_868_27

唐代・文選六八
17_171_21

唐代・春秋經傳
2_11_8

唐代・春秋經傳
6_56_5

唐代・春秋經傳
14_138_7

唐代・春秋經傳
22_225_15

唐代・春秋經傳
25_258_18

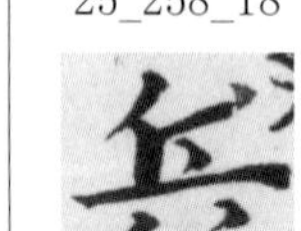
唐代・春秋經傳
36_374_4

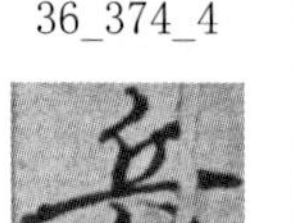
唐代・文選四八
42_375_23

唐代・文選四八
42_376_12

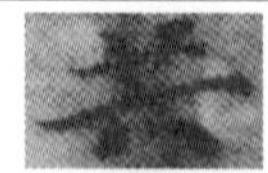
唐代・十輪經十
1_20_4

唐代・十輪經十
4_72_11

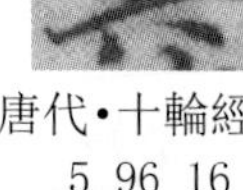
唐代・十輪經十
5_96_16

唐代・十輪經十
7_138_13

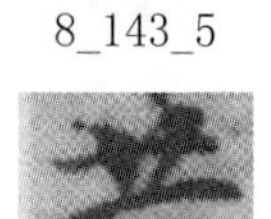
唐代・十輪經十
8_143_5

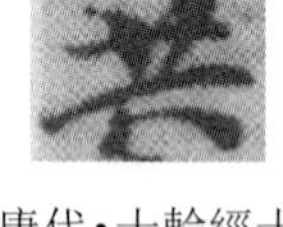
唐代・十輪經十
8_160_16

唐代・十輪經十
12_232_4

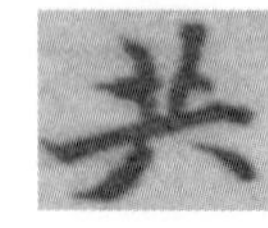
唐代・十輪經九
13_251_1

唐代・十輪經九
14_261_5

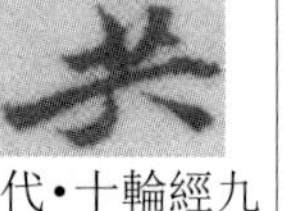
唐代・十輪經九
14_267_18

唐代・十輪經九
15_281_5

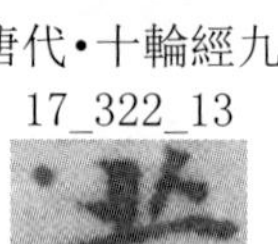
唐代・十輪經九
17_322_13

唐代・十輪經九
17_339_3

唐代・十輪經九
18_344_2

唐代・十輪經九
20_391_4

唐代・十輪經十
10_188_7

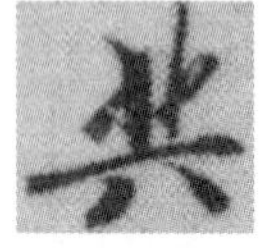
唐代・十輪經八
21_409_2

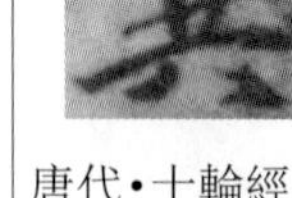
唐代・十輪經九
1_9_2

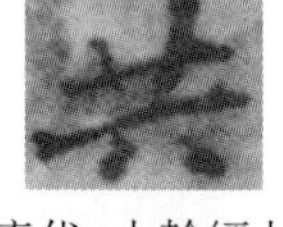
唐代・十輪經九
3_47_2

唐代・十輪經九
13_243_12

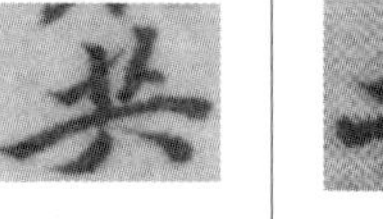
唐代・十輪經九
13_243_16

唐代・十輪經九
13_244_3

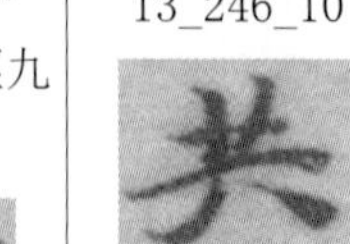
唐代・十輪經九
13_246_10

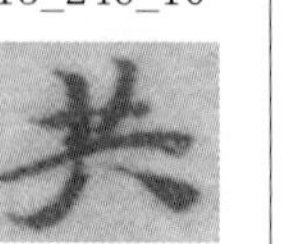
唐代・十輪經九
13_246_14

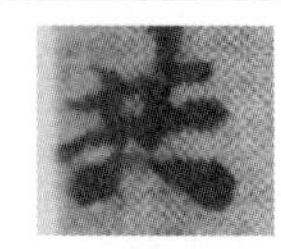
唐代・十輪經八
11_220_10

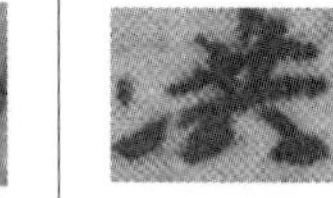
唐代・十輪經八
13_251_8

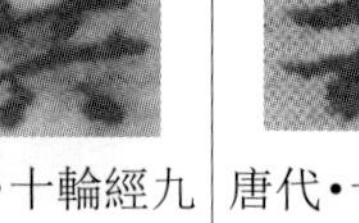
唐代・十輪經八
13_257_9

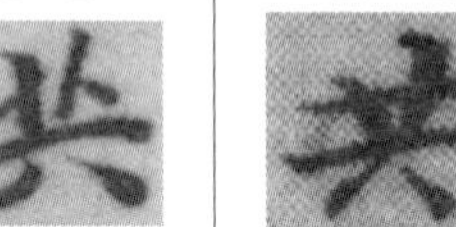
唐代・十輪經八
15_289_8

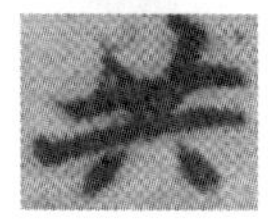
唐代・十輪經八
15_295_10

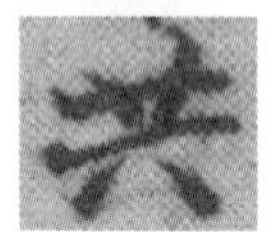
唐代・十輪經八
17_327_8

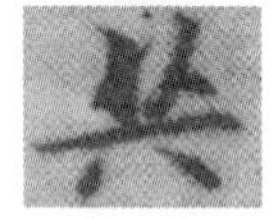
唐代・十輪經八
17_333_10

唐代・十輪經八
19_371_10

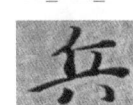

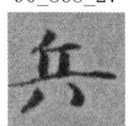

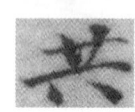

唐代•文選百三 35_348_6
唐代•文選百三 35_353_33
唐代•文選百三 45_438_3
唐代•文選百三 46_442_32
唐代•文選百三 47_459_11
唐代•文選百三 48_461_1
唐代•文選百三 50_484_17
唐代•文選百三 50_484_21

唐代•文選百三 50_486_11
唐代•文選百三 53_507_23
唐代•文選百三 54_516_37
唐代•文選百三 61_581_1
唐代•文選百三 61_581_26
唐代•文選百三 61_585_13
唐代•文選百三 61_587_7
唐代•文選百三 63_602_14

唐代•文選百三 69_666_6
唐代•文選百三 69_671_1
唐代•文選百三 69_671_11
唐代•文選百三 78_746_7
唐代•文選百三 78_747_16
唐代•文選百三 78_747_20
唐代•文選百三 79_748_5
唐代•文選百三 80_758_3

唐代•文選百三 80_759_8
唐代•文選百三 82_781_17
唐代•文選百三 83_794_13
唐代•文選百三 84_798_9
唐代•文選百三 85_815_4
唐代•古文選後 5_49_6
唐代•古文選後 6_66_5
唐代•十輪經八 6_118_10

弟

テイ
訓おとうと

唐代•春秋經傳 10_105_6
唐代•春秋經傳 15_157_7
唐代•文選四八 8_70_2
唐代•文選四八 10_83_18
唐代•文選四八 11_93_7
唐代•文選四八 11_94_19
唐代•文選四八 26_235_1

唐代•文選四八 26_236_6
唐代•文選四八 26_239_16
唐代•文選四八 36_328_23
唐代•文選四八 42_377_10
唐代•文選五九 1_7_7
唐代•文選五九 15_147_19
唐代•文選五九 15_148_16

唐代•文選五九 42_414_15
唐代•文選五九 63_606_29
唐代•文選五九 64_616_10
唐代•文選五九 64_618_6
唐代•文選五九 64_619_2
唐代•文選六八 21_218_12
唐代•文選六八 51_510_5

其

漢キ 呉ギ、ゴ
訓その

唐代•春秋經傳 34_354_17

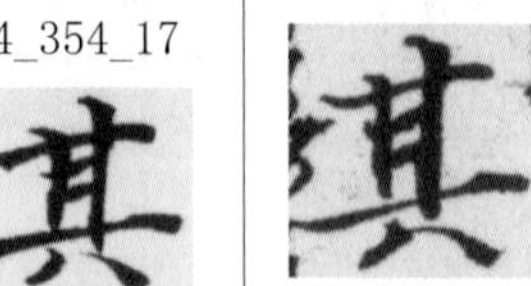
唐代•春秋經傳 34_354_29

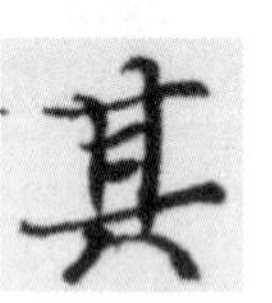
唐代•春秋經傳 34_358_1

唐代•春秋經傳 35_363_5

唐代•春秋經傳 35_363_17

唐代•春秋經傳 35_370_2

唐代•春秋經傳 36_374_7

唐代•春秋經傳 26_265_11

唐代•春秋經傳 28_288_8

唐代•春秋經傳 29_298_2

唐代•春秋經傳 30_313_4

唐代•春秋經傳 30_314_3

唐代•春秋經傳 31_320_9

唐代•春秋經傳 31_321_10

唐代•春秋經傳 5_50_24

唐代•春秋經傳 5_52_7

唐代•春秋經傳 6_54_14

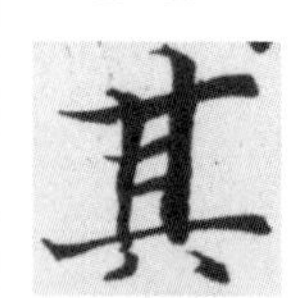
唐代•春秋經傳 6_55_16

唐代•春秋經傳 6_59_10

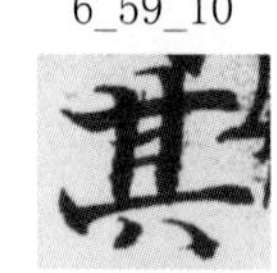
唐代•春秋經傳 6_61_5

唐代•春秋經傳 6_61_8

初唐•法華義疏 1_5_19

唐代•春秋經傳 1_5_6

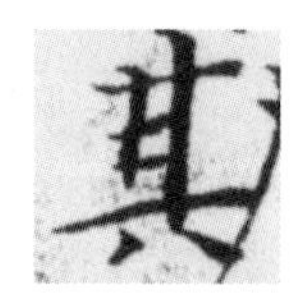
唐代•春秋經傳 2_16_19

唐代•春秋經傳 4_42_1

唐代•春秋經傳 5_43_10

唐代•春秋經傳 5_47_9

唐代•春秋經傳 5_49_18

唐代•十輪經八 16_322_11

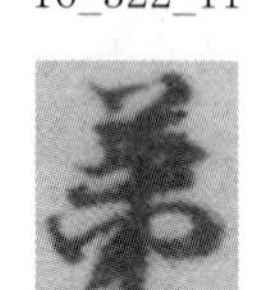
唐代•十輪經八 18_355_14

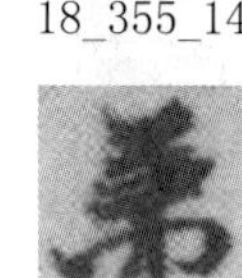
唐代•十輪經八 18_361_3

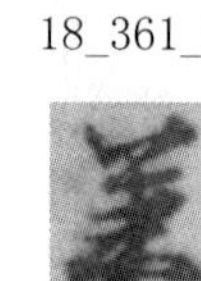
唐代•十輪經八 20_393_9

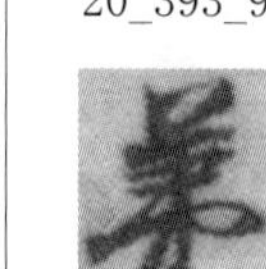
唐代•十輪經八 20_398_15

唐代•十輪經八 22_432_17

唐代•十輪經八 22_438_6

唐代•十輪經四 3_45_4

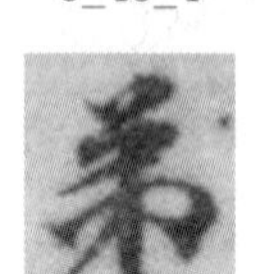
唐代•十輪經四 10_197_6

唐代•十輪經四 14_275_7

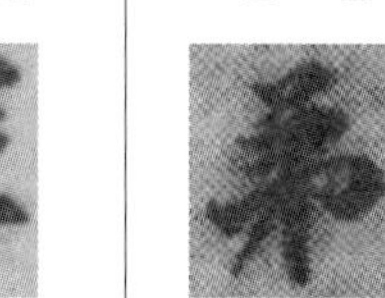
唐代•十輪經八 7_133_11

唐代•十輪經八 14_279_6

唐代•十輪經八 15_284_13

唐代•十輪經八 16_317_3

唐代•文選百三 9_79_54

唐代•文選百三 9_81_20

唐代•文選百三 9_81_38

唐代•文選百三 9_83_9

唐代•古文選前 21_252_8

唐代•古文選後 21_244_41

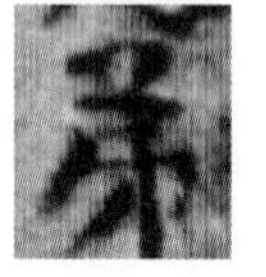
唐代•古文選後 22_260_20

唐代•古文選前 25_290_7

唐代•古文選前 25_292_13

唐代•古文選前 25_295_4

唐代•古文選前 25_297_41

唐代•古文選後 3_26_5

唐代•古文選後 3_27_11

唐代•古文選後 4_47_5

唐代•古文選前 12_146_1

唐代•古文選前 15_179_44

唐代•古文選前 15_179_47

唐代•占义選前 15_179_50

唐代•古文選前 15_181_7

唐代•古文選前 14_160_10

唐代•古文選前 14_167_12

唐代•古文選前 15_178_36

唐代•文選四八 21_192_14

唐代•文選四八 22_204_12

唐代•文選四八 23_205_15

唐代•古文選前 9_104_12

唐代•古文選前 11_130_13

唐代•古文選前 11_131_3

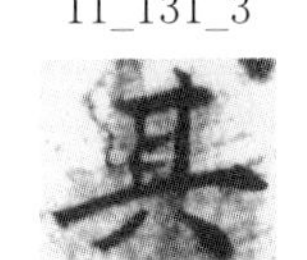
唐代•古文選前 11_136_12

唐代•古文選前 12_146_14

唐代•文選四八 14_124_4

唐代•文選四八 14_128_21

唐代•文選四八 15_136_5

唐代•文選四八 16_148_5

唐代•文選四八 17_152_21

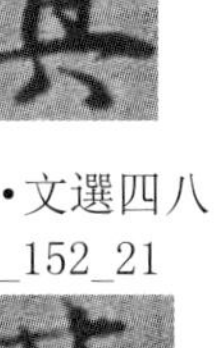
唐代•文選四八 18_159_23

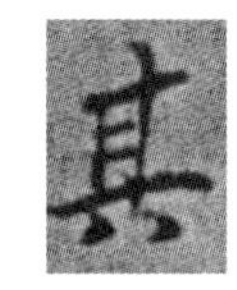
唐代•文選四八 20_175_2

唐代•春秋經傳 39_405_10

唐代•春秋經傳 39_407_16

唐代•文選四八 4_22_9

唐代•文選四八 6_53_13

唐代•文選四八 8_63_2

唐代•文選四八 8_69_16

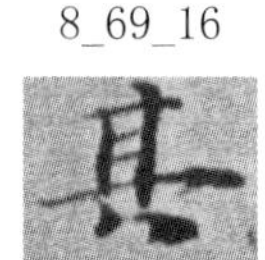
唐代•文選四八 13_117_20

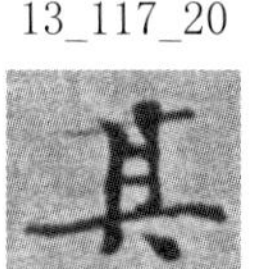
唐代•文選四八 13_118_10

唐代•春秋經傳 36_378_5

唐代•春秋經傳 37_386_9

唐代•春秋經傳 37_392_13

唐代•春秋經傳 38_395_10

唐代•春秋經傳 38_395_12

唐代•春秋經傳 38_399_3

唐代•春秋經傳 38_402_8

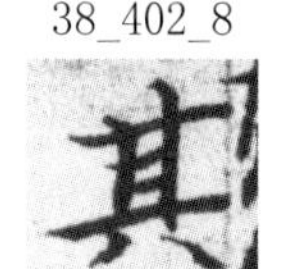
唐代•春秋經傳 38_404_16

唐代•春秋經傳 31_323_13

唐代•春秋經傳 31_325_16

唐代•春秋經傳 32_334_12

唐代•春秋經傳 32_336_1

唐代•春秋經傳 33_345_2

唐代•春秋經傳 33_346_4

唐代•春秋經傳 34_351_23

唐代•春秋經傳 38_401_9

並 竝 幷

漢ヘイ 呉ヒョウ
訓ならぶ

唐代・文選四八
17_157_25

唐代・文選四八
42_383_8

唐代・文選五九
35_348_3

唐代・文選五九
35_350_16

唐代・文選五九
41_411_3

唐代・文選五九
42_413_6

唐代・文選五九
53_528_14

中唐・金剛經題
1_4_18

中唐・風信帖
3_18_5

唐代・文選四八
9_76_5

唐代・文選四八
12_106_28

唐代・文選四八
16_150_16

唐代・文選四八
17_153_4

唐代・文選四八
17_154_5

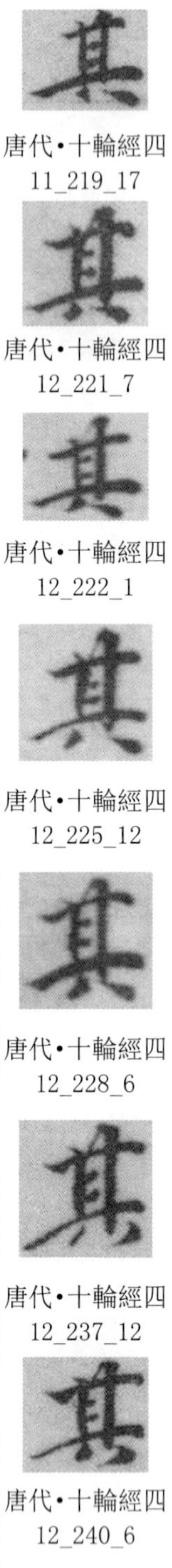

唐代・十輪經四
11_219_17

唐代・十輪經四
12_221_7

唐代・十輪經四
12_222_1

唐代・十輪經四
12_225_12

唐代・十輪經四
12_228_6

唐代・十輪經四
12_237_12

唐代・十輪經四
12_240_6

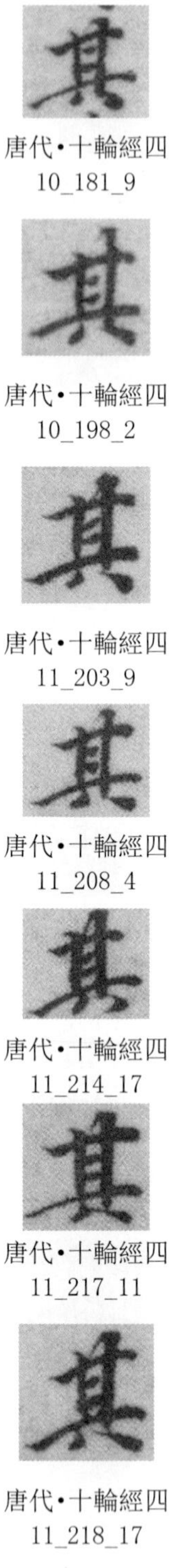

唐代・十輪經四
10_181_9

唐代・十輪經四
10_198_2

唐代・十輪經四
11_203_9

唐代・十輪經四
11_208_4

唐代・十輪經四
11_214_17

唐代・十輪經四
11_217_11

唐代・十輪經四
11_218_17

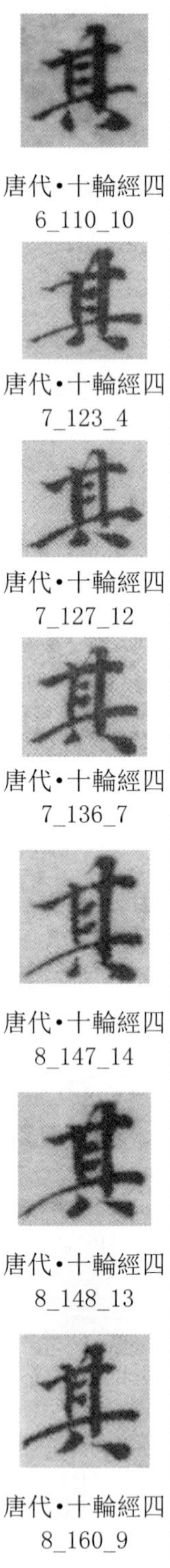

唐代・十輪經四
6_110_10

唐代・十輪經四
7_123_4

唐代・十輪經四
7_127_12

唐代・十輪經四
7_136_7

唐代・十輪經四
8_147_14

唐代・十輪經四
8_148_13

唐代・十輪經四
8_160_9

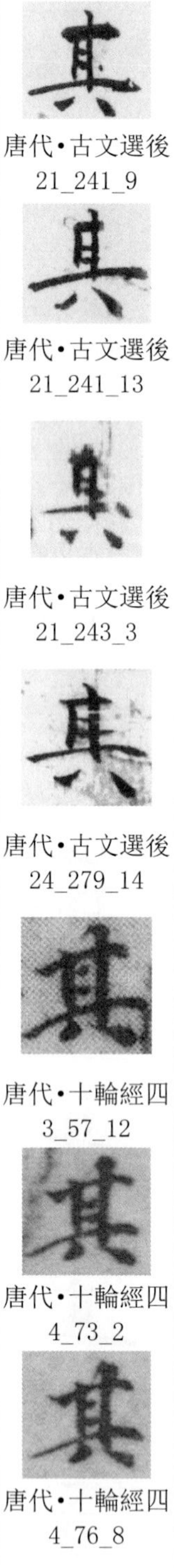

唐代・古文選後
21_241_9

唐代・古文選後
21_241_13

唐代・古文選後
21_243_3

唐代・古文選後
24_279_14

唐代・十輪經四
3_57_12

唐代・十輪經四
4_73_2

唐代・十輪經四
4_76_8

唐代・古文選後
19_226_10

唐代・古文選後
20_229_1

唐代・古文選後
20_231_6

唐代・古文選後
20_233_11

唐代・古文選後
20_236_3

唐代・古文選後
20_238_7

唐代・古文選後
20_240_12

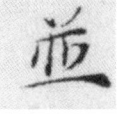

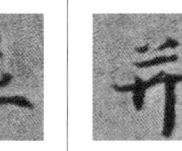

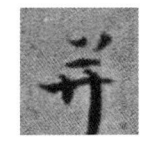

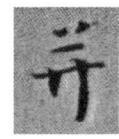

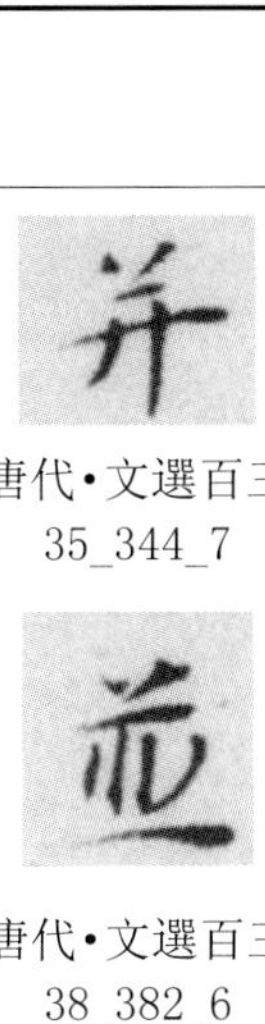 唐代•文選百三 35_344_7	 唐代•文選百三 1_3_8	 唐代•文選八八 14_115_29	 唐代•文選八八 7_49_23	唐代•文選六八 9_95_22	 唐代•文選五九 103_978_3	 唐代•文選五九 59_567_14
唐代•文選百三 38_382_6	唐代•文選百三 3_21_32	 唐代•文選八八 14_117_8	 唐代•文選八八 7_50_20	唐代•文選六八 44_444_3	 唐代•文選五九 109_1026_1	 唐代•文選五九 59_567_29
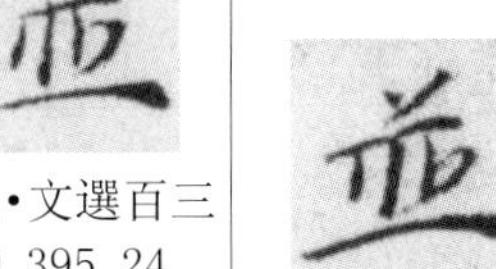 唐代•文選百三 39_395_24	唐代•文選百三 7_55_24	 唐代•文選八八 14_119_18	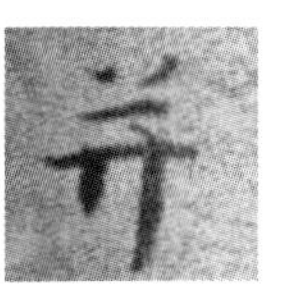 唐代•文選八八 7_51_15	唐代•文選六八 69_692_15	 唐代•文選五九 109_1027_23	 唐代•文選五九 61_589_27
 唐代•文選百三 67_647_25	唐代•文選百三 31_307_5	 唐代•文選八八 17_142_9	 唐代•文選八八 14_114_12	 唐代•文選八八 1_6_4	 唐代•文選六八 1_5_4	 唐代•文選五九 67_644_20
 唐代•文選百三 67_650_9	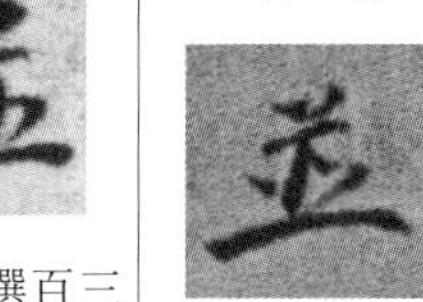 唐代•文選百三 32_318_10	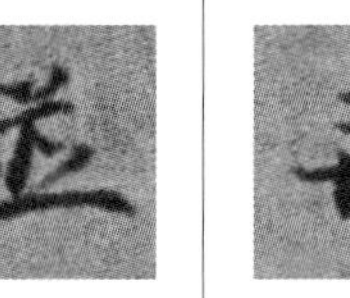 唐代•文選八八 24_216_25	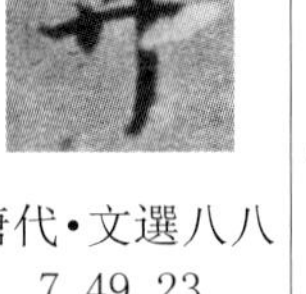 唐代•文選八八 14_115_2	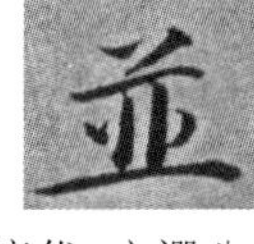 唐代•文選八八 7_44_8	 唐代•文選六八 2_18_7	 唐代•文選五九 79_758_24
 唐代•文選百三 67_650_24	 唐代•文選百三 33_329_12	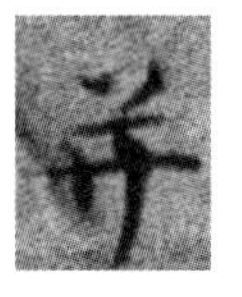 唐代•文選百三 1_1_7	 唐代•文選八八 14_115_12	 唐代•文選八八 7_46_27	 唐代•文選六八 2_28_1	 唐代•文選五九 80_766_1
 唐代•古文選前 3_31_13	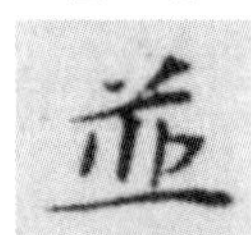 唐代•文選百三 33_332_16	 唐代•文選百三 1_2_10	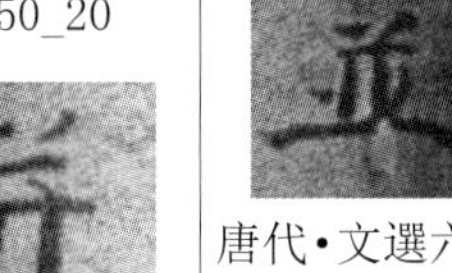 唐代•文選八八 14_115_18	 唐代•文選八八 7_48_7	 唐代•文選六八 3_29_19	 唐代•文選五九 94_901_19

唐代•古文選前 25_297_10
唐代•古文選前 27_314_3
唐代•古文選後 8_91_12
唐代•古文選後 23_269_5
唐代•十輪經四 4_73_1
唐代•十輪經四 4_75_3
唐代•十輪經四 4_78_12

具

漢ク 呉グ
訓そなえる

初唐•大般若經 1_3_3
中唐・風信帖 3_12_2
中唐・風信帖 4_21_7
唐代•春秋經傳 24_251_23
唐代•春秋經傳 36_379_14
唐代•春秋經傳 36_381_3
唐代•文選四八 34_310_5
唐代•文選四八 35_312_3

唐代•文選四八 35_312_18
唐代•文選五九 45_445_21
唐代•文選五九 46_455_2
唐代•文選五九 48_477_25
唐代•文選六八 38_380_24
唐代•文選百三 19_181_5
唐代•文選百三 28_272_32
唐代•文選百三 31_306_4

唐代•文選百三 42_420_10
唐代•文選百三 57_549_8
唐代•文選百三 57_551_6
唐代•文選百三 57_551_26
唐代•古文選前 1_4_2
唐代•十輪經四 2_32_10
唐代•十輪經四 2_40_3
唐代•十輪經四 2_40_11

唐代•十輪經四 3_41_14
唐代•十輪經四 3_49_11
唐代•十輪經四 7_134_4
唐代•十輪經四 7_136_5
唐代•十輪經四 9_163_12
唐代•十輪經四 14_273_3
唐代•十輪經四 17_327_2
唐代•十輪經四 17_328_14

唐代•十輪經四 17_331_17
唐代•十輪經四 18_346_3
唐代•十輪經四 19_362_13
唐代•十輪經四 20_395_7
唐代•十輪經四 21_407_3
唐代•十輪經八 2_37_8
唐代•十輪經八 3_42_7
唐代•十輪經八 6_110_13

唐代•十輪經八 6_112_13
唐代•十輪經八 6_114_6
唐代•十輪經八 8_146_5
唐代•十輪經八 8_148_13
唐代•十輪經八 8_150_13
唐代•十輪經八 8_151_1
唐代•十輪經八 8_152_12
唐代•十輪經八 8_158_11

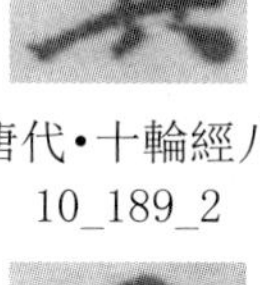
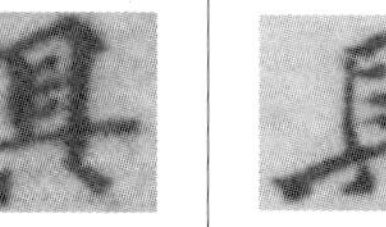
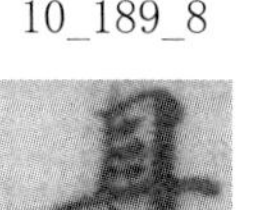

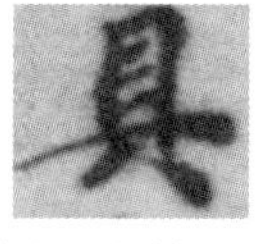

唐代•十輪經八 10_187_3
唐代•十輪經八 10_189_2
唐代•十輪經八 10_189_8
唐代•十輪經八 10_190_12
唐代•十輪經八 10_195_4
唐代•十輪經八 12_224_1
唐代•十輪經八 12_226_1
唐代•十輪經八 12_227_10

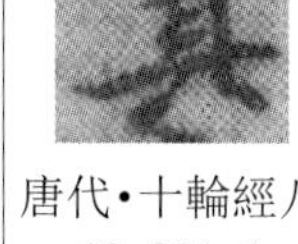
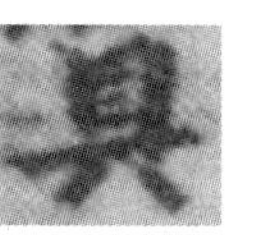
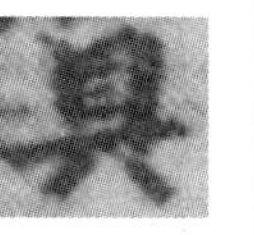
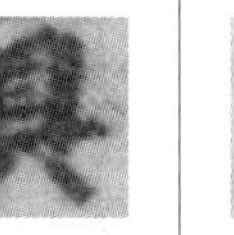
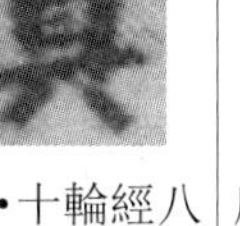

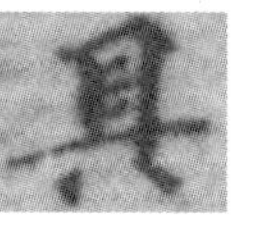

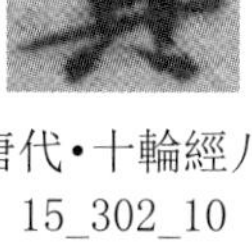

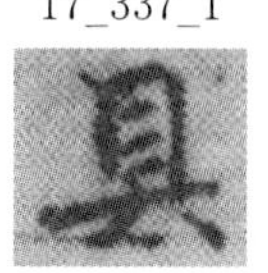

唐代•十輪經八 13_261_1
唐代•十輪經八 14_262_18
唐代•十輪經八 14_264_9
唐代•十輪經八 15_299_1
唐代•十輪經八 15_301_1
唐代•十輪經八 15_302_10
唐代•十輪經八 17_337_1
唐代•十輪經八 17_338_18

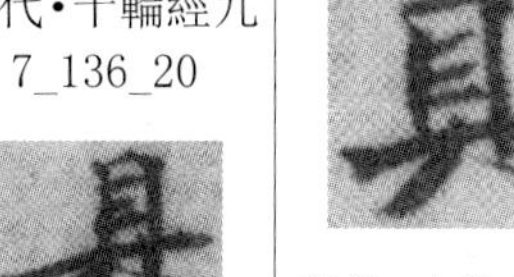
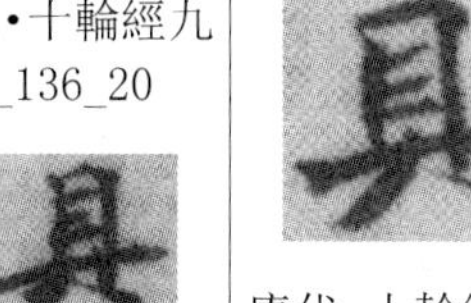

唐代•十輪經八 17_340_9
唐代•十輪經八 18_346_8
唐代•十輪經八 19_375_1
唐代•十輪經八 19_376_18
唐代•十輪經八 19_378_9
唐代•十輪經八 21_412_10
唐代•十輪經八 21_414_10
唐代•十輪經八 21_416_6

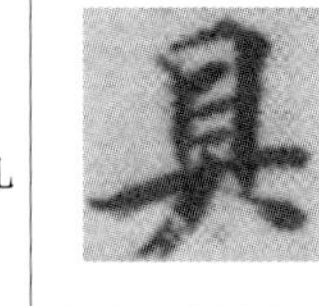

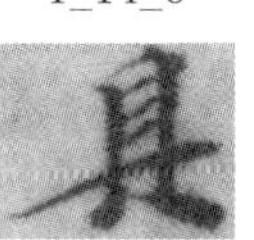
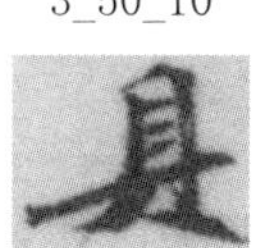
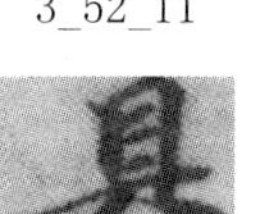
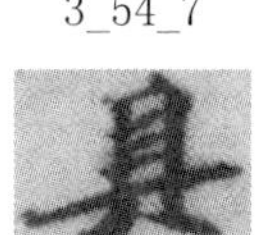

唐代•十輪經八 22_422_1
唐代•十輪經九 1_12_6
唐代•十輪經九 1_14_6
唐代•十輪經九 3_50_10
唐代•十輪經九 3_52_11
唐代•十輪經九 3_54_7
唐代•十輪經九 7_136_20
唐代•十輪經九 8_143_14

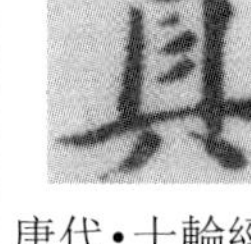
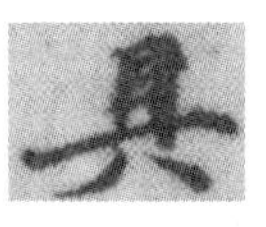
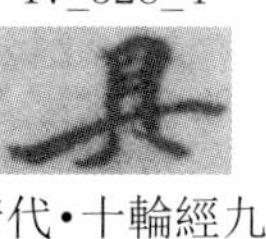
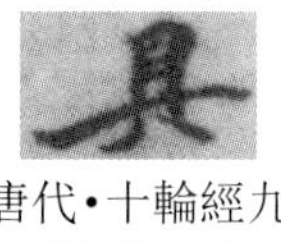

唐代•十輪經九 9_179_14
唐代•十輪經九 10_186_1
唐代•十輪經九 10_191_7
唐代•十輪經九 13_245_9
唐代•十輪經九 17_325_16
唐代•十輪經九 17_327_16
唐代•十輪經九 17_328_4
唐代•十輪經九 17_329_8

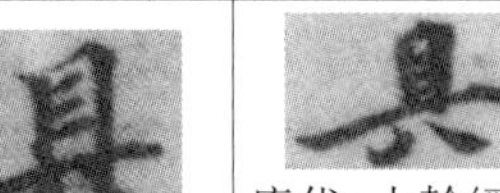
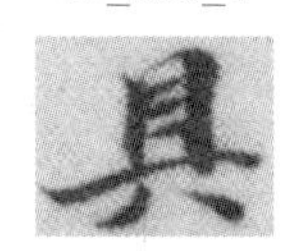
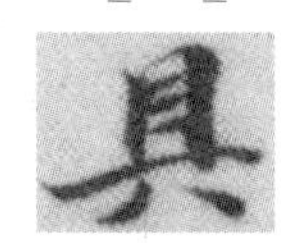

唐代•十輪經九 17_333_4
唐代•十輪經九 18_354_2
唐代•十輪經十 4_64_3
唐代•十輪經十 4_65_13
唐代•十輪經十 10_195_8
唐代•十輪經十 10_200_9
唐代•十輪經十 11_206_10
唐代•十輪經十 13_243_1

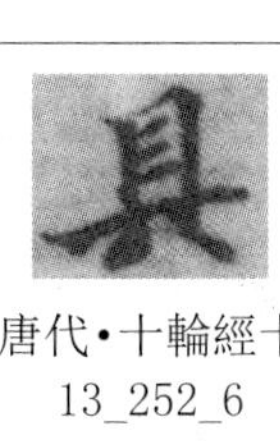

唐代•十輪經十 13_252_6
唐代•十輪經十 13_259_16
唐代•十輪經十 14_272_12
唐代•十輪經十 16_305_3

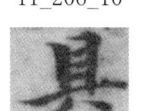

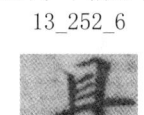

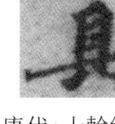

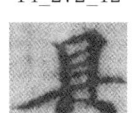

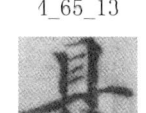

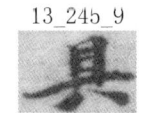

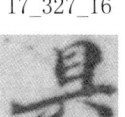

		前				典 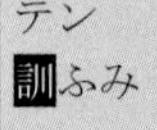
		セン吳ゼン漢セン 訓まえ				テン 訓ふみ
 唐代•文選四八 21_193_23  唐代•文選四八 44_392_10 唐代•文選四八 48_439_15  唐代•文選四八 48_440_23 唐代•文選五九 11_104_7  唐代•文選五九 18_174_8  唐代•文選五九 18_178_27	 唐代•春秋經傳 31_318_11  唐代•春秋經傳 34_356_7 唐代•文選四八 2_12_14  唐代•文選四八 5_33_17  唐代•文選四八 8_71_11 唐代•文選四八 8_71_18  唐代•文選四八 12_110_20	 中唐・風信帖 3_14_6  唐代•春秋經傳 6_53_9 唐代•春秋經傳 6_59_16  唐代•春秋經傳 8_78_19 唐代•春秋經傳 13_133_13 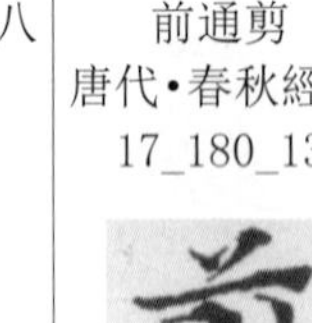 前通剪 唐代•春秋經傳 17_180_13 唐代•春秋經傳 23_240_14	 唐代•古文選後 21_244_60 唐代•十輪經四 2_23_12 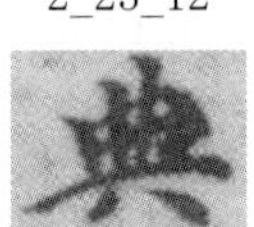 唐代•十輪經四 11_218_14 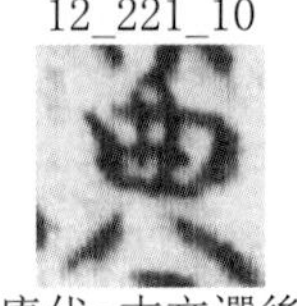 唐代•十輪經四 12_221_10 唐代•古文選後 21_244_23	 唐代•文選百三 14_134_14 唐代•文選百三 56_539_12  唐代•文選百三 57_544_6  唐代•文選百三 73_702_6 唐代•文選百三 73_704_21 唐代•文選百三 73_705_24 唐代•古文選後 1_11_7 唐代•古文選後 20_234_9	 唐代•文選五九 58_561_22  唐代•文選五九 86_821_24 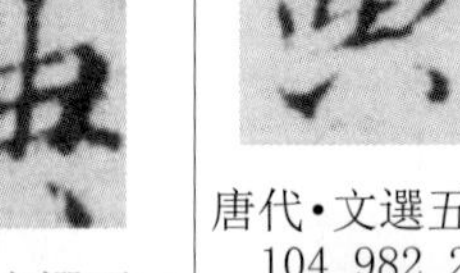 唐代•文選五九 104_982_2  唐代•文選六八 47_476_9 唐代•文選六八 67_666_16   唐代•文選八八 22_194_15 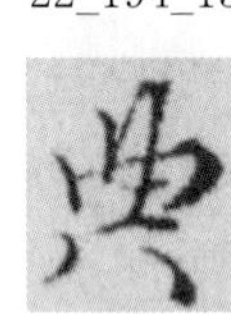  唐代•文選百三 10_95_9  唐代•文選百三 28_276_14	 唐代•春秋經傳 33_346_14 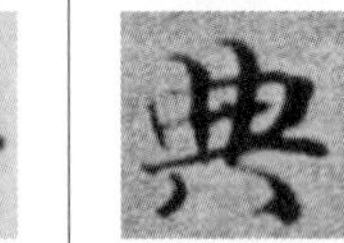 唐代•文選四八 15_132_18 唐代•文選四八 20_184_18 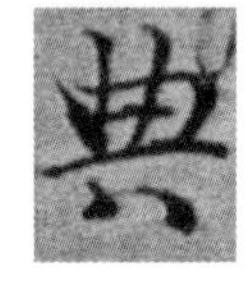 唐代•文選四八 28_249_16 唐代•文選四八 32_286_9 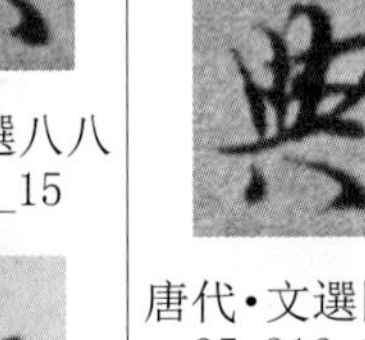 唐代•文選四八 35_316_16 唐代•文選五九 77_741_9

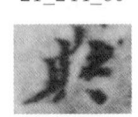

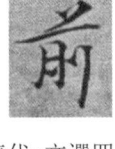

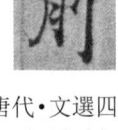

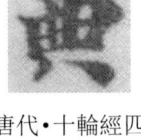

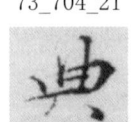

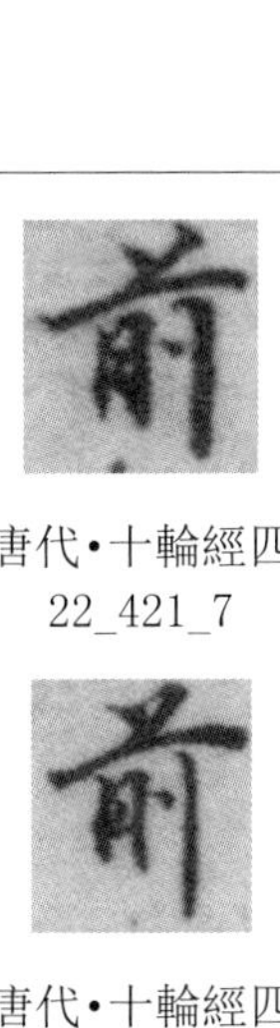 唐代•十輪經四 22_421_7	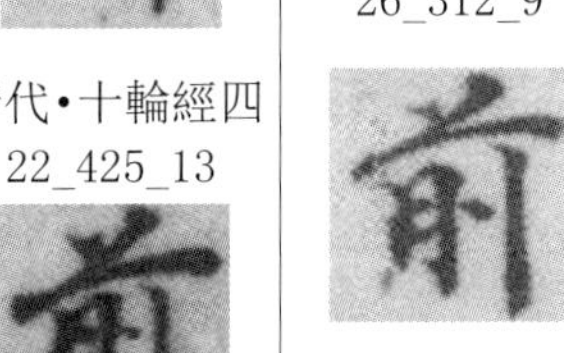 唐代•古文選後 24_287_1	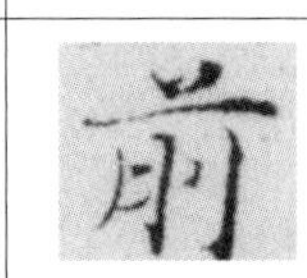 唐代•文選百三 73_704_19	 唐代•文選百三 23_223_15	 唐代•文選六八 41_410_1	 唐代•文選五九 103_979_3	 唐代•文選五九 19_179_3
唐代•十輪經四 22_425_13	唐代•古文選後 26_312_9	 唐代•文選百三 73_705_23	 唐代•文選百三 23_224_1	 唐代•文選六八 43_430_9	 唐代•文選五九 107_1011_16	 唐代•文選五九 31_302_18
唐代•十輪經四 22 428 9	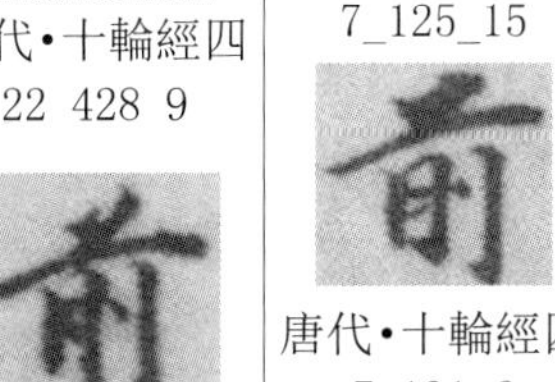 唐代•十輪經四 7_125_15	 唐代•文選百三 87_831_2	 唐代•文選百三 23_225_23	 唐代•文選六八 72_718_3	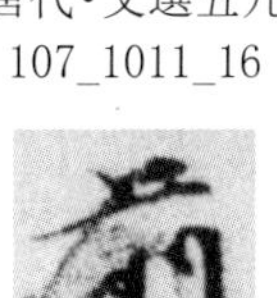 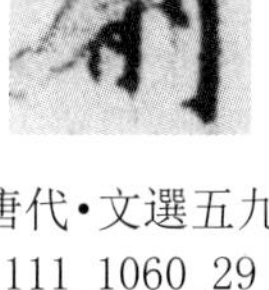 唐代•文選五九 111_1060_29	 唐代•文選五九 35_341_5
唐代•十輪經八 2_38_2	唐代•十輪經四 7_131_6	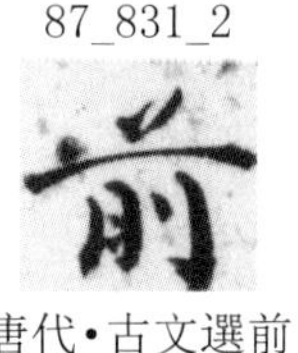 唐代•古文選前 26_309_8	 唐代•文選百三 26_254_8	 唐代•文選八八 7_51_8	 唐代•文選五九 112_1061_2	 唐代•文選五九 36_354_15
唐代•十輪經八 5_98_17	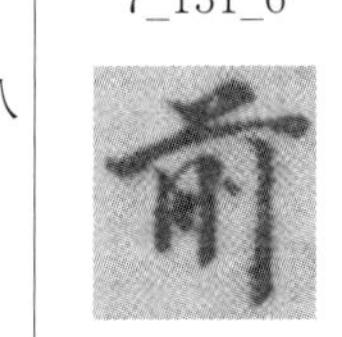 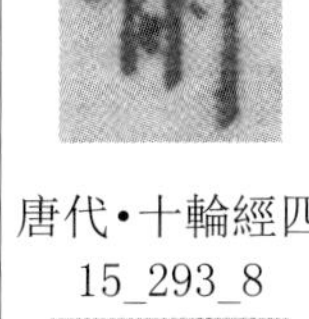 唐代•十輪經四 15_293_8	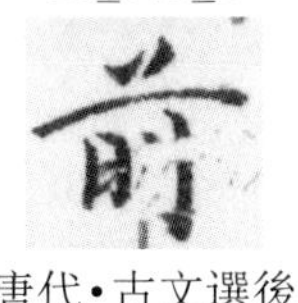 唐代•古文選後 4_40_5	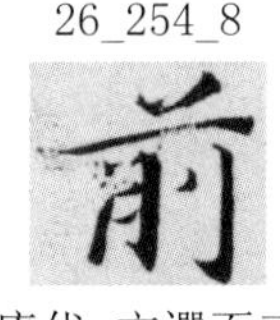 唐代•文選百三 56_539_11	 唐代•文選百三 21_198_1	 唐代•文選六八 9_95_10	 唐代•文選五九 63_605_21
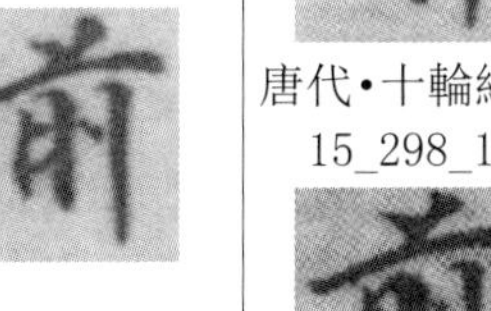 唐代•十輪經八 6_103_2	 唐代•十輪經四 15_298_14	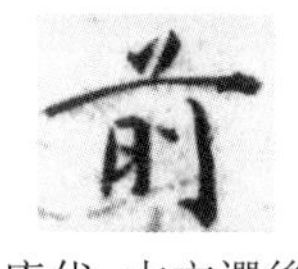 唐代•古文選後 20_230_14	 唐代•文選百三 61_591_1	 唐代•文選百三 23_220_18	 唐代•文選六八 38_384_12	 唐代•文選五九 92_879_28
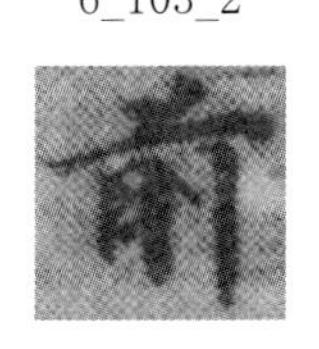 唐代•十輪經八 7_136_6	唐代•十輪經四 21_416_10	 唐代•古文選後 22_255_13	 唐代•文選百三 73_702_5	 唐代•文選百三 23_223_11	 唐代•文選六八 41_406_6	 唐代•文選五九 102_963_3

真 眞
シン
訓 ま

唐代・文選六八 9_102_23	唐代・文選五九 7_63_29	初唐・聖武雜集 1_1_12	唐代・十輪經九 5_94_3	唐代・十輪經八 21_404_12	唐代・十輪經八 15_287_8	唐代・十輪經八 8_141_2
唐代・文選百三 46_444_29	唐代・文選五九 7_64_21	中唐・金剛經題 2_14_4	唐代・十輪經九 16_313_2	唐代・十輪經八 22_441_2	唐代・十輪經八 15_291_3	唐代・十輪經八 9_174_17
唐代・文選百三 78_741_13	唐代・文選五九 7_65_18	中唐・灌頂歷名 1_3_11	唐代・十輪經九 16_318_6	唐代・十輪經九 1_4_12	唐代・十輪經八 17_325_5	唐代・十輪經八 9_179_6
唐代・古文選後 6_72_11	唐代・文選五九 7_65_24	唐代・文選五九 5_41_15	唐代・十輪經十 16_302_5	唐代・十輪經九 2_39_11	唐代・十輪經八 17_329_3	唐代・十輪經八 11_212_14
唐代・十輪經四 2_36_14	唐代・文選五九 9_83_24	唐代・文選五九 5_45_17		唐代・十輪經九 3_42_13	唐代・十輪經八 19_363_14	唐代・十輪經八 11_216_3
唐代・十輪經四 2_37_9	唐代・文選五九 35_350_26	唐代・文選五九 7_61_17		唐代・十輪經九 4_79_17	唐代・十輪經八 19_367_2	唐代・十輪經八 13_249_19
唐代・十輪經四 3_42_1	唐代・文選六八 8_77_28	唐代・文選五九 7_63_7		唐代・十輪經九 5_88_12	唐代・十輪經八 20_401_9	唐代・十輪經八 13_253_3

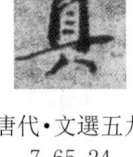

唐代•十輪經九 19_362_15

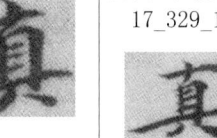

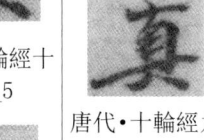

唐代•十輪經九 19_363_22

唐代•十輪經九 20_393_6

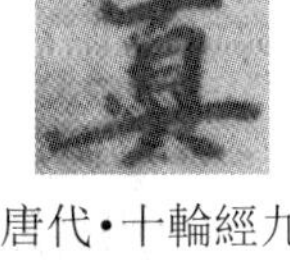
唐代•十輪經九 21_419_22

唐代•十輪經十 1_18_5

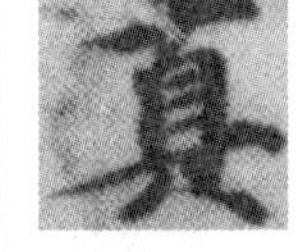
唐代•十輪經十 2_22_5

唐代•十輪經十 2_27_13

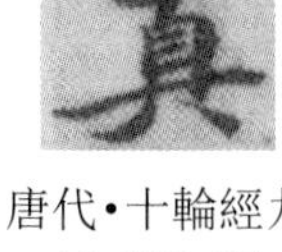
唐代•十輪經九 10_199_21

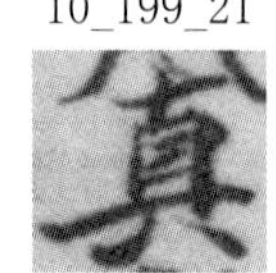
唐代•十輪經九 11_200_22

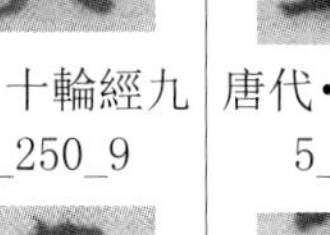
唐代•十輪經九 13_250_9

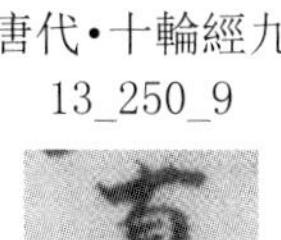
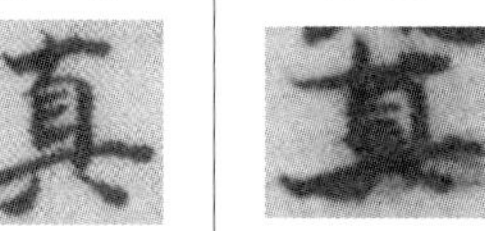
唐代•十輪經九 14_269_22

唐代•十輪經九 15_283_7

唐代•十輪經九 17_326_4

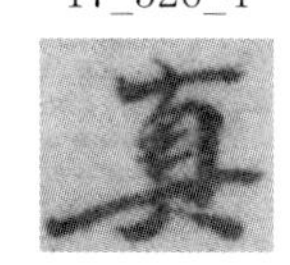
唐代•十輪經九 17_329_12

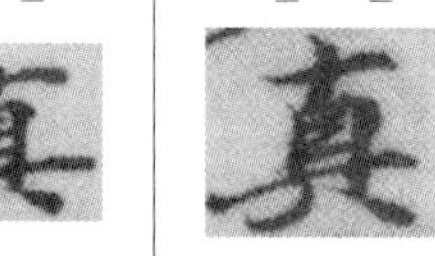
唐代•十輪經九 18_341_6

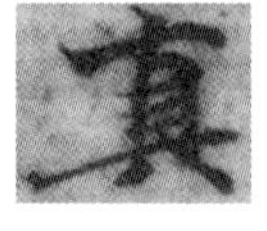
唐代•十輪經九 3_54_11

唐代•十輪經九 5_89_15

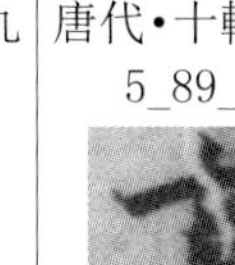
唐代•十輪經九 5_90_14

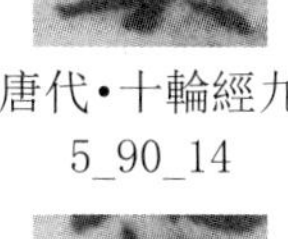
唐代•十輪經九 5_91_17

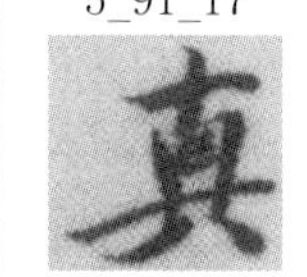
唐代•十輪經九 10_187_6

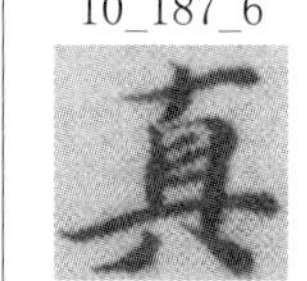
唐代•十輪經九 10_190_4

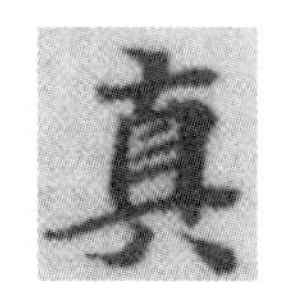
唐代•十輪經九 10_193_2

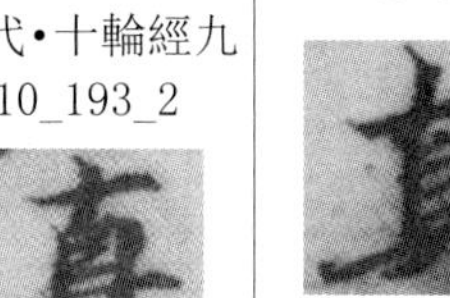
唐代•十輪經九 10_197_23

唐代•十輪經八 19_375_5

唐代•十輪經八 19_378_13

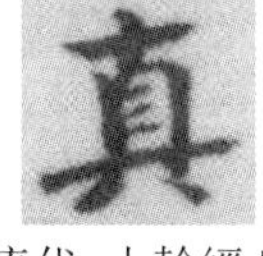
唐代•十輪經八 21_412_14

唐代•十輪經八 21_416_10

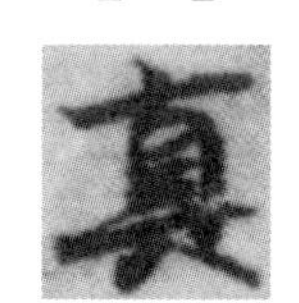
唐代•十輪經九 1_12_10

唐代•十輪經九 1_16_6

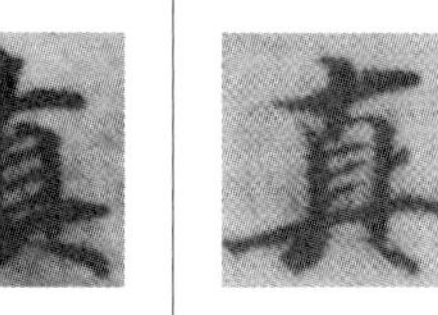
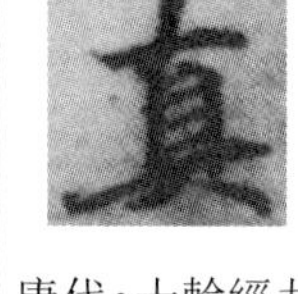
唐代•十輪經九 3_50_14

唐代•十輪經八 12_233_3

唐代•十輪經八 13_261_5

唐代•十輪經八 14_264_13

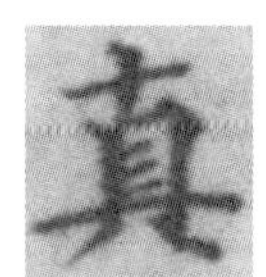
唐代•十輪經八 14_270_4

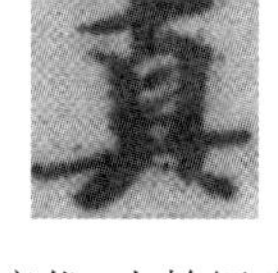
唐代•十輪經八 15_302_14

唐代•十輪經八 17_337_5

唐代•十輪經八 17_340_13

唐代•十輪經八 6_114_10

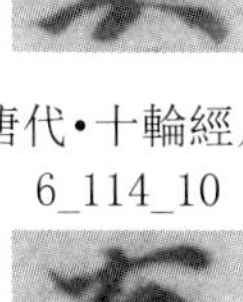

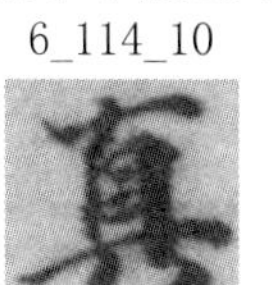
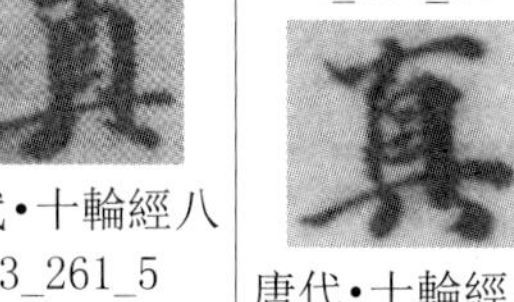
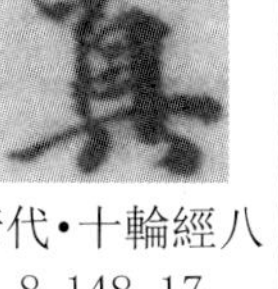
唐代•十輪經八 8_148_17

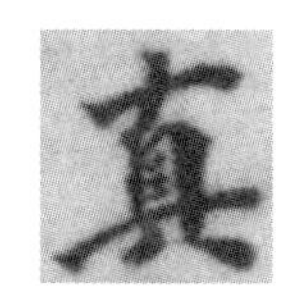
唐代•十輪經八 8_152_16

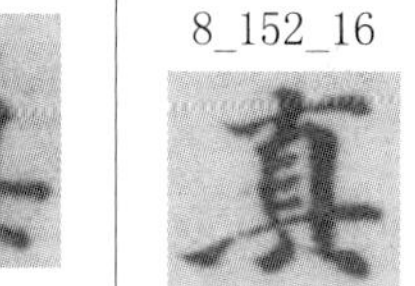
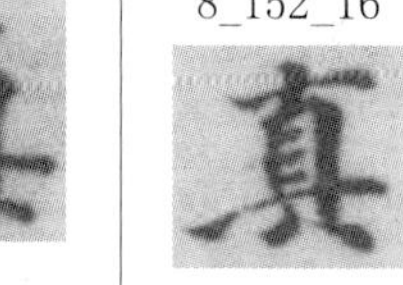
唐代•十輪經八 10_187_7

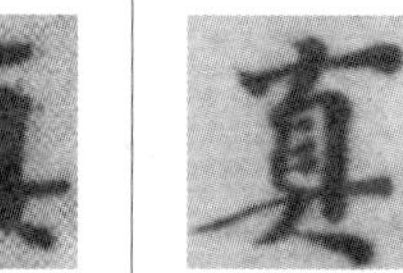
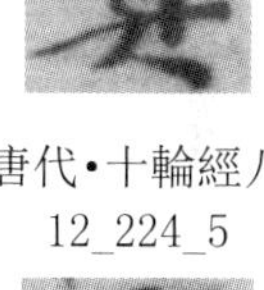
唐代•十輪經八 12_224_5

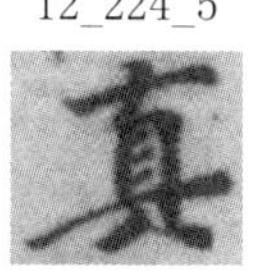
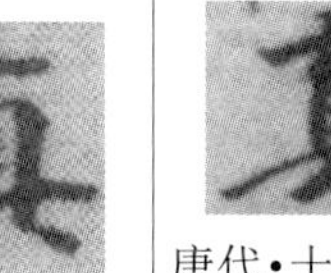
唐代•十輪經八 12_227_14

唐代•十輪經八 12_231_16

唐代•十輪經四 4_76_2

唐代•十輪經四 4_77_17

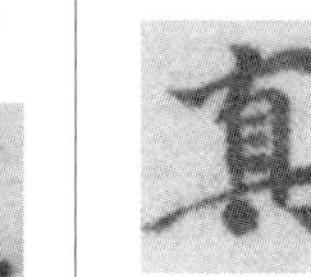
唐代•十輪經四 7_121_16

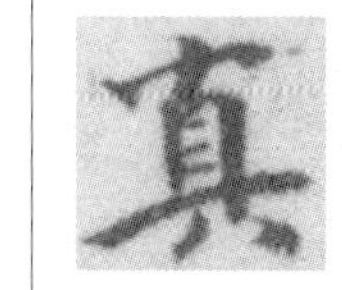
唐代•十輪經四 7_128_17

唐代•十輪經四 8_151_12

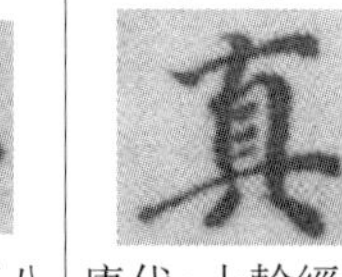
唐代•十輪經四 19_377_5

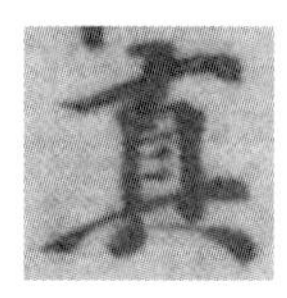
唐代•十輪經八 6_110_17

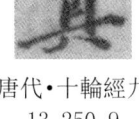

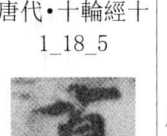

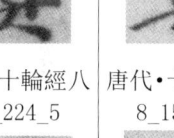

		兼			兹	
		ケン 訓かねる			シ 慣ジ 訓しげる	
 唐代•文選五九 56_541_1 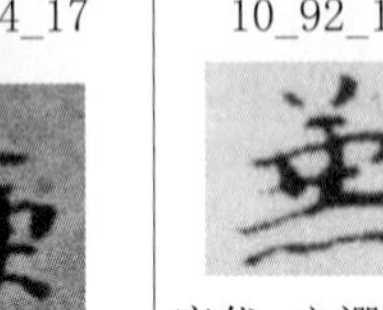 唐代•文選五九 71_684_13 唐代•文選五九 71_685_20 唐代•文選五九 72_687_14 唐代•文選八八 14_114_10 唐代•文選八八 14_114_17 唐代•文選八八 14_115_11	 唐代•文選四八 12_100_20 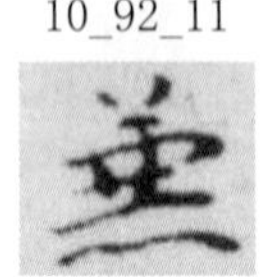 唐代•文選四八 14_121_5 唐代•文選四八 17_153_3 唐代•文選四八 18_160_8 唐代•文選五九 5_45_5 唐代•文選五九 10_92_11 唐代•文選五九 16_153_28	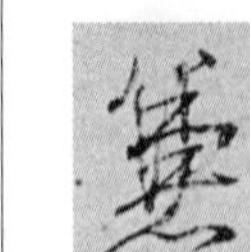 中唐・風信帖 1_2_8  唐代•文選四八 8_61_6  唐代•文選四八 8_62_16 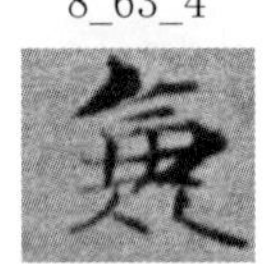 唐代•文選四八 8_62_26  唐代•文選四八 8_63_4  唐代•文選四八 8_63_28 唐代•文選四八 8_65_6	 唐代•古文選後 12_139_11 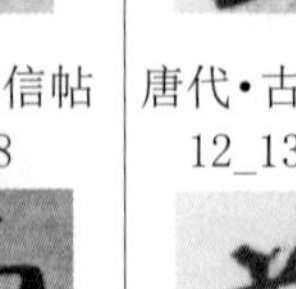 唐代•古文選後 15_173_1 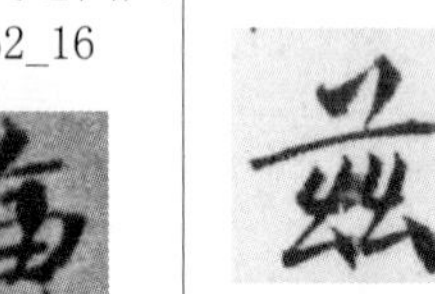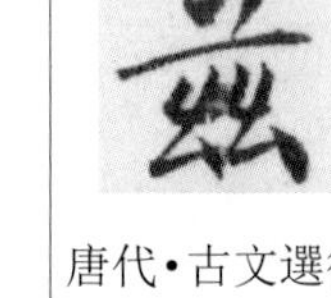 唐代•古文選後 19_223_9 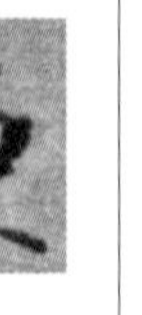 唐代•古文選後 21_252_8	 唐代•文選百三 12_114_7 唐代•文選百三 15_148_3 唐代•文選百三 16_150_18 唐代•文選百三 16_154_36 唐代•文選百三 39_384_6 唐代•文選百三 45_432_30 唐代•古文選前 23_266_8 唐代•古文選後 1_7_2	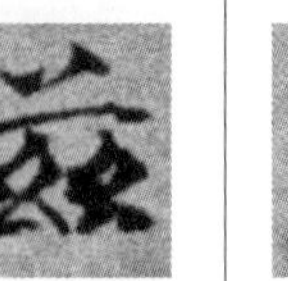 唐代•文選四八 37_331_26  唐代•文選五九 67_648_10 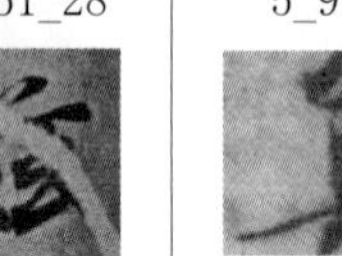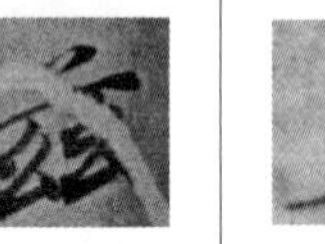 唐代•文選五九 68_651_28  唐代•文選五九 84_811_21 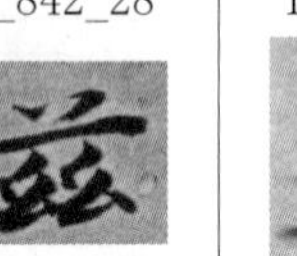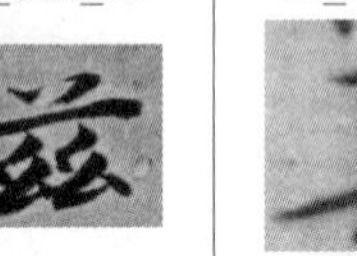 唐代•文選五九 88_842_28  唐代•文選八八 6_36_1 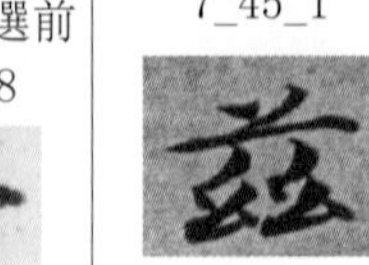 唐代•文選八八 7_45_1 唐代•文選八八 13_104_10	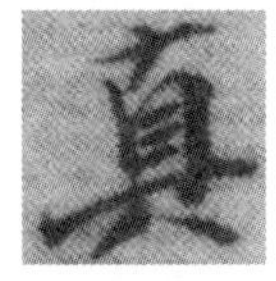 唐代•十輪經十 4_77_18  唐代•十輪經十 5_94_4  唐代•十輪經十 5_99_2 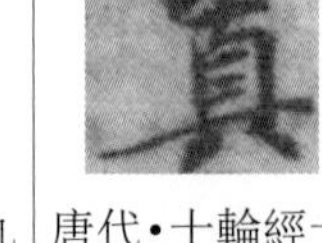 唐代•十輪經十 17_325_17  唐代•十輪經十 17_327_10 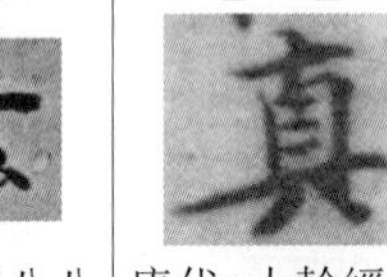 唐代•十輪經十 17_328_10  唐代•十輪經十 17_329_3

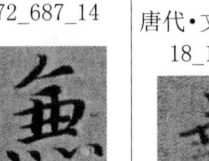

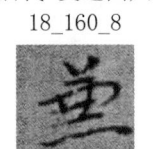

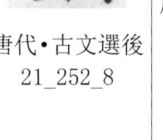

與 𦦔 与

ヨ
訓 あたえる

唐代•文選八八 14_115_14
唐代•文選八八 14_115_27
唐代•文選百三 19_181_28
唐代•文選百三 19_188_25
唐代•文選百三 35_346_14
唐代•古文選前 19_223_11
唐代•古文選後 19_218_4

唐代•古文選後 20_237_7

中唐・風信帖 2_7_8
唐代•春秋經傳 2_15_21
唐代•春秋經傳 3_21_13
唐代•春秋經傳 3_21_25
唐代•春秋經傳 3_21_30
唐代•春秋經傳 3_27_18
唐代•春秋經傳 4_31_6
唐代•春秋經傳 4_33_13

唐代•春秋經傳 4_34_8
唐代•春秋經傳 5_52_12
唐代•春秋經傳 6_53_19
唐代•春秋經傳 10_100_11
唐代•春秋經傳 10_101_4
唐代•春秋經傳 10_101_8
唐代•春秋經傳 12_126_13
唐代•春秋經傳 13_131_7

唐代•春秋經傳 13_136_9
唐代•春秋經傳 16_161_11
唐代•春秋經傳 16_164_1
唐代•春秋經傳 17_178_7
唐代•春秋經傳 17_179_13
唐代•春秋經傳 18_183_16
唐代•春秋經傳 18_192_6
唐代•春秋經傳 19_196_3

唐代•春秋經傳 19_197_9
唐代•春秋經傳 22_223_2
唐代•春秋經傳 24_243_10
唐代•春秋經傳 24_251_15
唐代•春秋經傳 25_261_21
唐代•春秋經傳 26_268_8
唐代•春秋經傳 26_272_17
唐代•春秋經傳 26_273_2

唐代•春秋經傳 26_273_7
唐代•春秋經傳 26_273_11
唐代•春秋經傳 26_273_19
唐代•春秋經傳 27_279_16
唐代•春秋經傳 27_282_12
唐代•春秋經傳 28_285_8
唐代•春秋經傳 30_310_19
唐代•春秋經傳 30_311_23

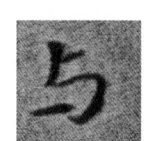

唐代•春秋經傳 31_318_13

唐代•春秋經傳 31_320_14

唐代•春秋經傳 34_352_1

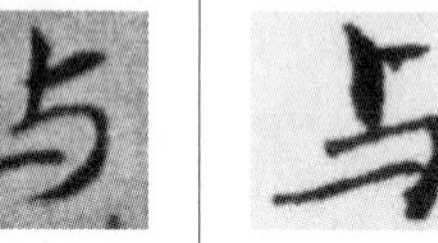
唐代•春秋經傳 34_356_17

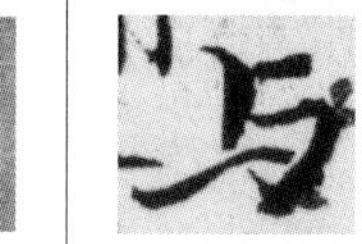
唐代•春秋經傳 36_374_6

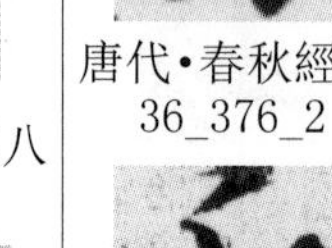
唐代•春秋經傳 36_376_2

唐代•春秋經傳 38_401_12

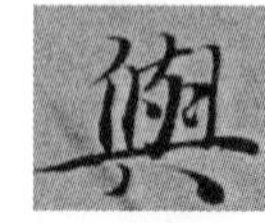
唐代•文選四八 4_26_5

唐代•文選四八 4_28_3

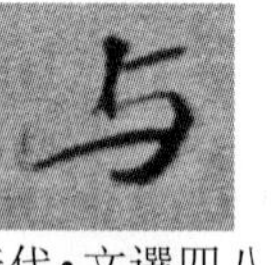
唐代•文選四八 4_29_4

唐代•文選四八 5_36_2

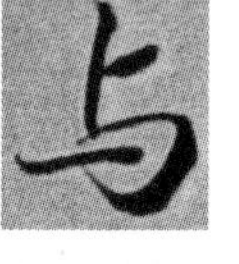
唐代•文選四八 5_38_18

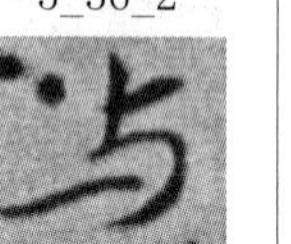
唐代•文選四八 8_71_1

唐代•文選四八 10_91_5

唐代•文選四八 11_94_17

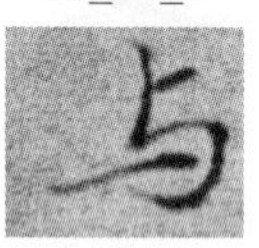

唐代•文選四八 11_98_6

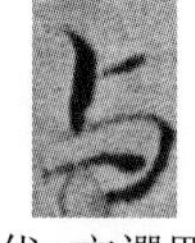
唐代•文選四八 11_99_9

唐代•文選四八 12_100_16

唐代•文選四八 12_106_14

唐代•文選四八 14_120_15

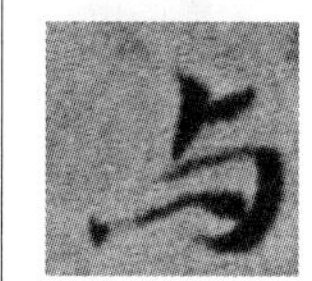
唐代•文選四八 14_120_23

唐代•文選四八 14_121_3

唐代•文選四八 19_170_5

唐代•文選四八 22_194_11

唐代•文選四八 26_238_25

唐代•文選四八 29_264_5

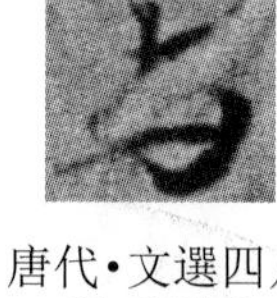
唐代•文選四八 29_265_9

唐代•文選四八 30_273_3

唐代•文選四八 32_284_1

唐代•文選四八 32_288_8

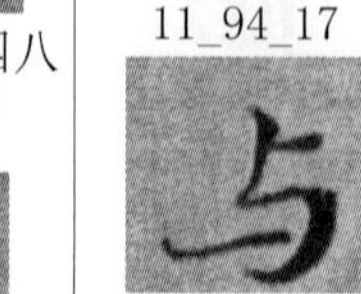
唐代•文選四八 34_304_13

唐代•文選四八 35_313_6

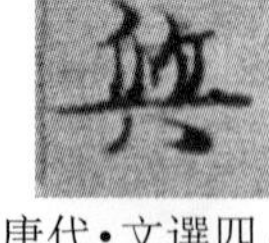
唐代•文選四八 35_314_17

唐代•文選四八 36_320_22

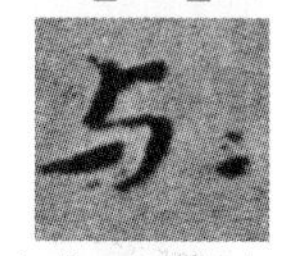
唐代•文選四八 36_321_11

唐代•文選四八 39_350_20

唐代•文選四八 39_351_14

唐代•文選四八 40_363_6

唐代•文選四八 40_364_6

唐代•文選四八 41_365_11

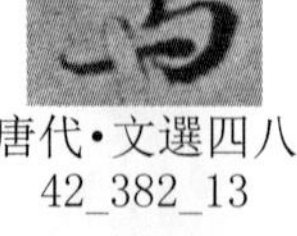
唐代•文選四八 42_382_13

唐代•文選五九 3_23_1

唐代•文選五九 3_23_6

唐代•文選五九 4_38_19

唐代•文選五九 5_50_5

唐代•文選五九 6_52_25

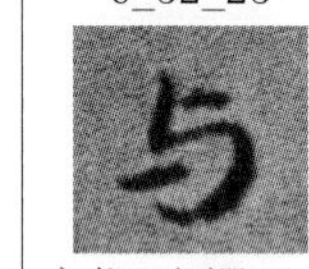
唐代•文選五九 6_54_30

唐代•文選五九 6_58_5

唐代•文選五九 7_59_24

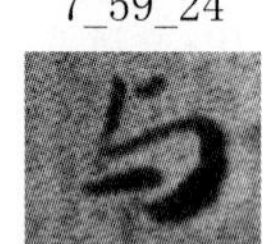
唐代•文選五九 7_61_1

唐代•文選五九 7_66_15

唐代•文選五九 8_74_11

唐代•文選五九 8_77_13

唐代•文選五九 11_99_5

唐代•文選五九 11_100_13

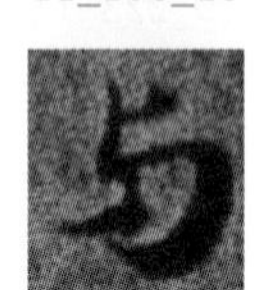
唐代•文選五九 11_102_5

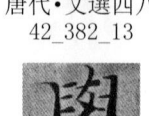

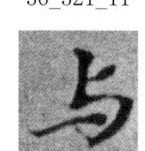

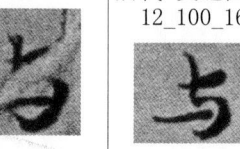

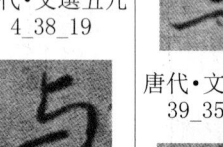

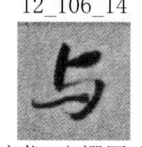

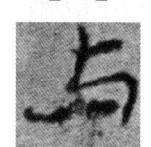

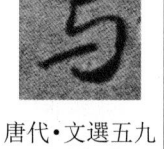

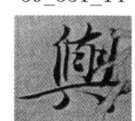

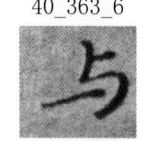

唐代·文選五九 11_107_4
唐代·文選五九 13_128_27
唐代·文選五九 14_133_9
唐代·文選五九 14_134_16
唐代·文選五九 15_148_12
唐代·文選五九 19_180_27
唐代·文選五九 23_221_23
唐代·文選五九 25_240_19
唐代·文選五九 25_240_30
唐代·文選五九 25_241_21
唐代·文選五九 25_242_3
唐代·文選五九 26_255_1
唐代·文選五九 26_257_11
唐代·文選五九 27_259_30
唐代·文選五九 29_290_16
唐代·文選五九 33_327_28
唐代·文選五九 35_351_10
唐代·文選五九 37_368_9
唐代·文選五九 39_380_12
唐代·文選五九 39_382_8
唐代·文選五九 39_383_24
唐代·文選五九 41_406_4
唐代·文選五九 41_407_18
唐代·文選五九 42_413_18
唐代·文選五九 46_455_27
唐代·文選五九 48_477_6
唐代·文選五九 51_505_3
唐代·文選五九 51_508_23
唐代·文選五九 51_508_32
唐代·文選五九 61_581_2
唐代·文選五九 61_587_9
唐代·文選五九 64_617_4
唐代·文選五九 64_617_25
唐代·文選五九 64_623_17
唐代·文選五九 66_642_25
唐代·文選五九 72_687_1
唐代·文選五九 80_766_21
唐代·文選五九 80_767_17
唐代·文選五九 83_798_20
唐代·文選五九 83_799_15
唐代·文選五九 86_828_9
唐代·文選五九 87_833_3
唐代·文選五九 87_833_12
唐代·文選五九 89_851_14
唐代·文選五九 91_875_13
唐代·文選五九 97_914_11
唐代·文選五九 101_954_10
唐代·文選五九 103_977_26
唐代·文選五九 105_994_27
唐代·文選六八 4_38_7
唐代·文選六八 4_39_21
唐代·文選六八 4_40_17
唐代·文選六八 8_87_19
唐代·文選六八 9_90_5
唐代·文選六八 9_94_4
唐代·文選六八 11_122_17

唐代·文選百三 27_264_3	唐代·文選百三 13_119_34	唐代·文選百三 8_72_31	唐代·文選八八 14_118_2	唐代·文選六八 65_648_2	唐代·文選六八 29_291_16	唐代·文選六八 13_134_20
唐代·文選百三 31_307_3	唐代·文選百三 13_123_34	唐代·文選百三 8_73_9	唐代·文選八八 14_119_2	唐代·文選六八 67_671_26	唐代·文選六八 35_351_10	唐代·文選六八 13_135_14
唐代·文選百三 52_502_11	唐代·文選百三 13_126_9	唐代·文選百三 8_74_31	唐代·文選八八 14_119_15	唐代·文選六八 69_684_13	唐代·文選六八 47_477_11	唐代·文選六八 13_140_28
唐代·文選百三 53_508_10	唐代·文選百三 14_134_46	唐代·文選百三 9_83_23	唐代·文選八八 23_206_4	唐代·文選六八 73_724_13	唐代·文選六八 56_563_2	唐代·文選六八 15_151_11
唐代·文選百三 54_518_24	唐代·文選百三 16_152_29	唐代·文選百三 9_88_4	唐代·文選百三 1_5_16	唐代·文選八八 7_44_5	唐代·文選六八 62_619_6	唐代·文選六八 15_161_9
唐代·文選百三 61_589_10	唐代·文選百三 21_202_3	唐代·文選百三 13_116_14	唐代·文選百三 5_45_17	唐代·文選八八 7_46_24	唐代·文選六八 63_625_6	唐代·文選六八 16_162_4
唐代·文選百三 63_600_27	唐代·文選百三 23_219_2	唐代·文選百三 13_116_33	唐代·文選百三 8_71_7	唐代·文選八八 8_59_28	唐代·文選六八 63_634_15	唐代·文選六八 26_265_25
唐代·文選百三 65_625_20	唐代·文選百三 27_262_20	唐代·文選百三 13_118_16	唐代·文選百三 8_72_2	唐代·文選八八 14_117_6	唐代·文選六八 63_636_21	唐代·文選六八 27_273_22

唐代•十輪經九 16_315_5
唐代•十輪經九 18_352_10
唐代•十輪經十 1_11_12
唐代•十輪經十 1_13_10
唐代•十輪經十 1_15_8
唐代•十輪經十 5_94_10
唐代•十輪經十 6_111_14
唐代•十輪經十 6_112_9
唐代•十輪經八 9_176_6
唐代•十輪經九 7_126_4
唐代•十輪經九 10_180_2
唐代•十輪經九 10_181_15
唐代•十輪經九 10_182_5
唐代•十輪經九 11_207_12
唐代•十輪經九 13_259_18
唐代•十輪經九 14_267_14
唐代•十輪經八 6_101_5
唐代•十輪經八 7_138_1
唐代•十輪經八 7_138_6
唐代•十輪經八 8_141_14
唐代•十輪經八 8_144_2
唐代•十輪經八 8_151_14
唐代•十輪經八 8_153_13
唐代•十輪經八 9_161_14
唐代•十輪經四 12_223_8
唐代•十輪經四 12_232_5
唐代•十輪經四 13_244_5
唐代•十輪經四 13_256_5
唐代•十輪經四 14_268_5
唐代•十輪經四 17_332_11
唐代•十輪經四 17_334_17
唐代•十輪經八 4_63_2
唐代•古文選後 9_99_41
唐代•古文選後 9_101_3
唐代•古文選後 12_133_38
唐代•古文選後 13_150_71
唐代•古文選後 23_265_3
唐代•古文選後 24_280_14
唐代•古文選後 24_280_26
唐代•十輪經四 1_4_7
唐代•古文選前 5_57_1
唐代•古文選前 7_77_5
唐代•古文選前 12_139_14
唐代•古文選前 25_297_21
唐代•古文選後 1_3_9
唐代•古文選後 4_44_26
唐代•古文選後 7_83_27
唐代•古文選後 9_97_8
唐代•文選百三 67_644_1
唐代•文選百三 69_661_19
唐代•文選百三 81_764_9
唐代•文選百三 81_764_25
唐代•文選百三 81_765_29
唐代•文選百三 83_789_23
唐代•古文選前 2_18_4
唐代•古文選前 2_19_12

冀 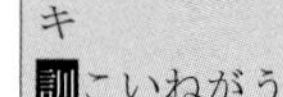

キ
訓こいねがう

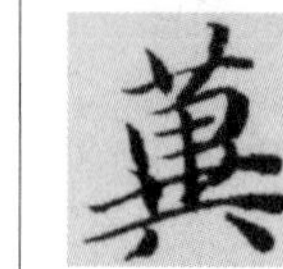
唐代・文選五九 28_276_7

唐代・文選五九 32_316_8

唐代・文選五九 32_318_24

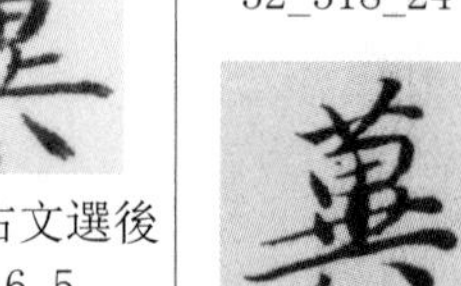
唐代・文選五九 41_406_3

唐代・文選五九 41_407_26

唐代・文選五九 51_503_9

唐代・文選六八 2_21_9

唐代・文選六八 2_23_20

唐代・文選百三 67_648_18

唐代・古文選前 15_171_11

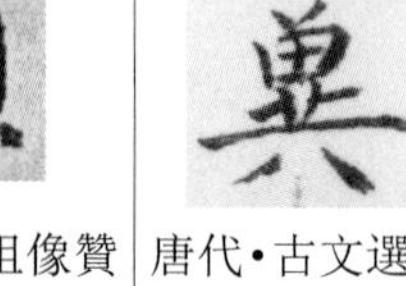
唐代・古文選後 2_16_5

興 

漢キョウ呉コウ
訓おこる

中唐・七祖像贊 1_1_5

中唐・七祖像贊 1_2_6

中唐・七祖像贊 1_5_5

中唐・七祖像贊 1_10_5

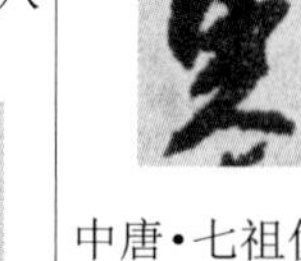
中唐・七祖像贊 1_11_6

唐代・春秋經傳 4_42_7

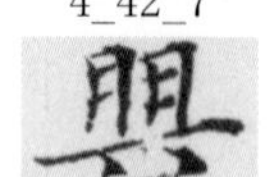
唐代・春秋經傳 17_176_13

唐代・春秋經傳 17_181_8

唐代・春秋經傳 39_408_20

唐代・文選四八 1_3_18

唐代・文選四八 10_87_2

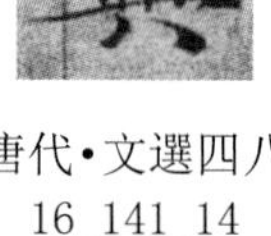
唐代・文選四八 16_141_14

唐代・文選四八 18_166_20

唐代・文選五九 1_9_2

唐代・文選五九 1_9_9

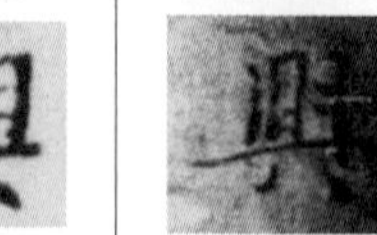
唐代・文選五九 1_10_1

唐代・文選五九 1_10_21

唐代・文選五九 10_98_13

唐代・文選五九 11_101_27

唐代・文選五九 11_102_7

唐代・文選五九 55_536_24

唐代・文選五九 60_573_29

唐代・文選五九 61_586_3

唐代・文選五九 62_592_11

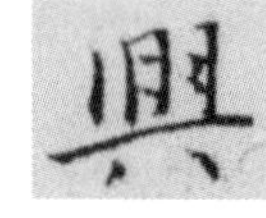
唐代・文選五九 68_649_9

唐代・文選五九 78_748_8

唐代・文選五九 78_749_15

唐代・文選五九 79_758_17

唐代・文選五九 91_871_2

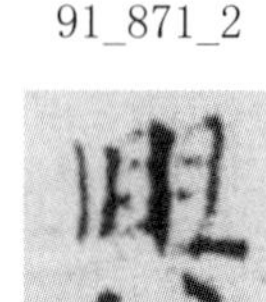
唐代・文選五九 102_966_12

唐代・文選六八 1_3_2

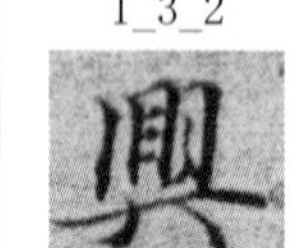

唐代・文選百三 11_98_28

唐代・文選六八 1_4_15

唐代・文選六八 54_541_10

唐代・文選六八 71_714_5

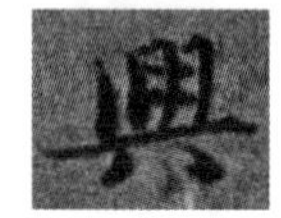
唐代・文選六八 72_717_22

唐代・文選八八 1_4_2

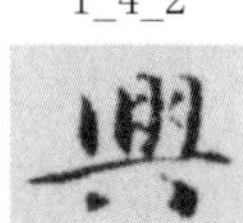
唐代・文選八八 1_5_16

唐代・文選百三 11_97_15

唐代・文選百三 11_100_19

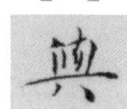

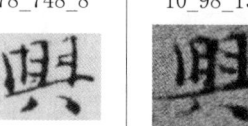

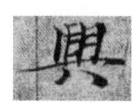

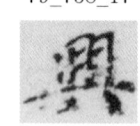

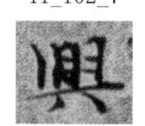

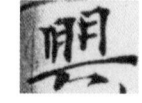

						 唐代•文選百三 11_100_22  唐代•文選百三 12_109_24  唐代•古文選前 23_269_7  唐代•古文選後 4_39_2  唐代•古文選後 11_124_8 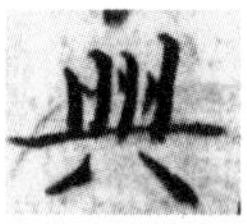 唐代•古文選後 17_194_14  唐代•古文選後 21_244_33  唐代•十輪經四 5_87_15

人部

人 儿

漢ジン呉ニン
訓ひと

初唐・金剛場經 1_2_6

初唐・金剛場經 1_5_6

初唐・金剛場經 1_5_8

初唐・聖武雜集 1_1_10

中唐・金剛經題 1_1_1

中唐・灌頂歷名 1_2_8

中唐・灌頂歷名 1_4_15

中唐・灌頂歷名 1_6_5

中唐・灌頂歷名 1_7_6

中唐・灌頂歷名 1_7_11

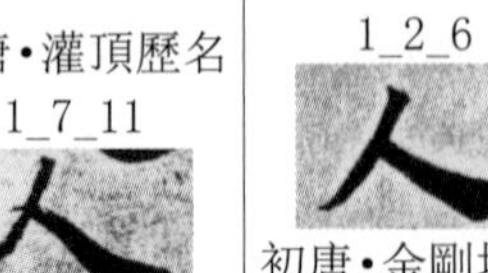
唐代・春秋經傳 1_3_29

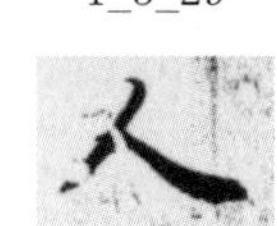
唐代・春秋經傳 1_7_9

唐代・春秋經傳 2_8_2

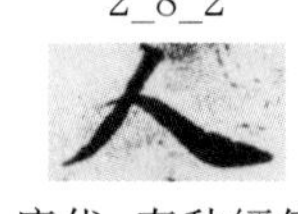
唐代・春秋經傳 2_13_3

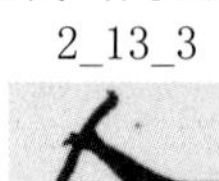
唐代・春秋經傳 2_16_3

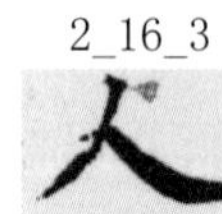
唐代・春秋經傳 2_16_11

唐代・春秋經傳 2_18_25

唐代・春秋經傳 3_22_20

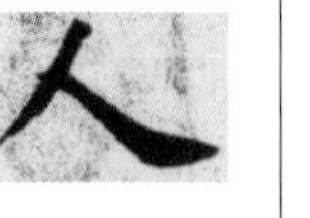
唐代・春秋經傳 3_24_7

唐代・春秋經傳 3_28_9

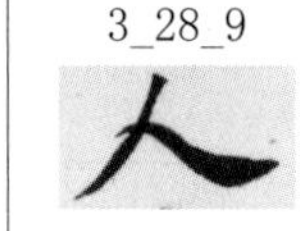
唐代・春秋經傳 4_32_3

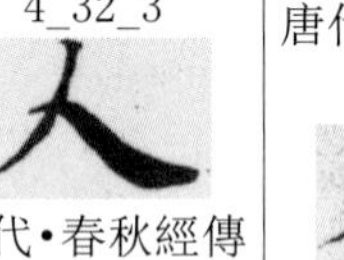
唐代・春秋經傳 4_34_11

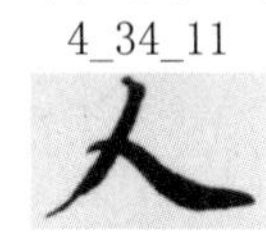
唐代・春秋經傳 4_41_4

唐代・春秋經傳 4_41_6

唐代・春秋經傳 4_41_8

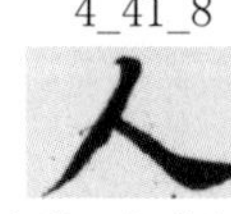
唐代・春秋經傳 4_41_10

唐代・春秋經傳 4_42_30

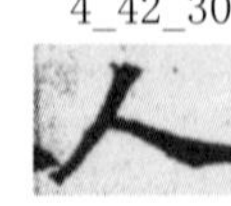
唐代・春秋經傳 26_264_37

唐代・春秋經傳 5_48_4

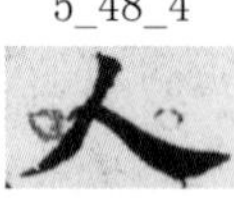
唐代・春秋經傳 5_48_7

唐代・春秋經傳 5_48_12

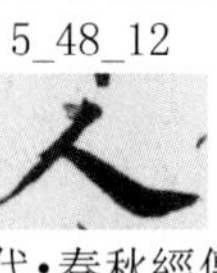
唐代・春秋經傳 6_54_11

唐代・春秋經傳 6_54_35

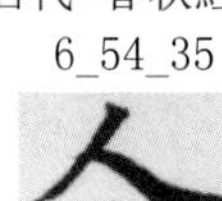
唐代・春秋經傳 6_55_10

唐代・春秋經傳 6_56_3

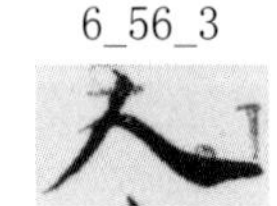
唐代・春秋經傳 6_59_11

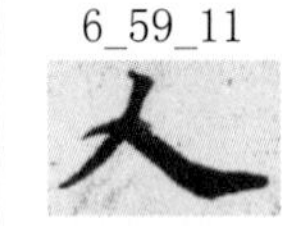
唐代・春秋經傳 7_63_18

唐代・春秋經傳 32_329_2

唐代・春秋經傳 7_73_12

唐代・春秋經傳 8_75_1

唐代・春秋經傳 8_79_15

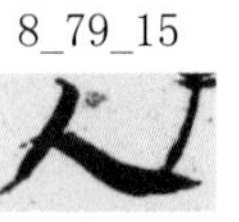
唐代・春秋經傳 9_94_12

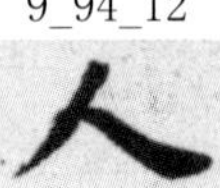
唐代・春秋經傳 10_97_21

唐代・春秋經傳 10_103_2

唐代・春秋經傳 11_109_10

唐代・春秋經傳 12_123_8

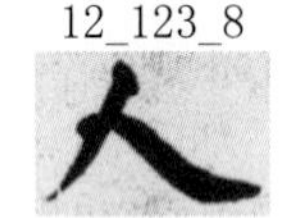
唐代・春秋經傳 13_129_16

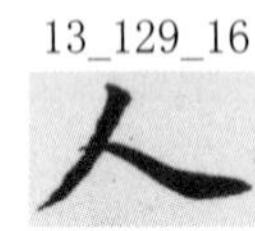
唐代・春秋經傳 35_368_12

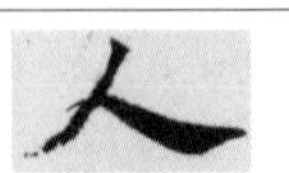
唐代・春秋經傳 15_155_5

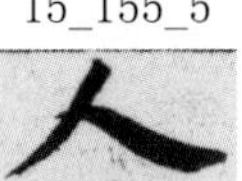
唐代・春秋經傳 16_163_1

唐代・春秋經傳 16_163_13

唐代・春秋經傳 16_170_13

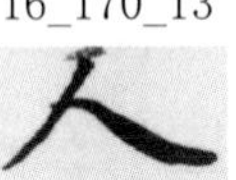
唐代・春秋經傳 17_175_14

唐代・春秋經傳 17_176_17

唐代・春秋經傳 18_182_17

唐代・春秋經傳 18_188_14

唐代・春秋經傳 18_191_7

唐代・春秋經傳 22_225_23

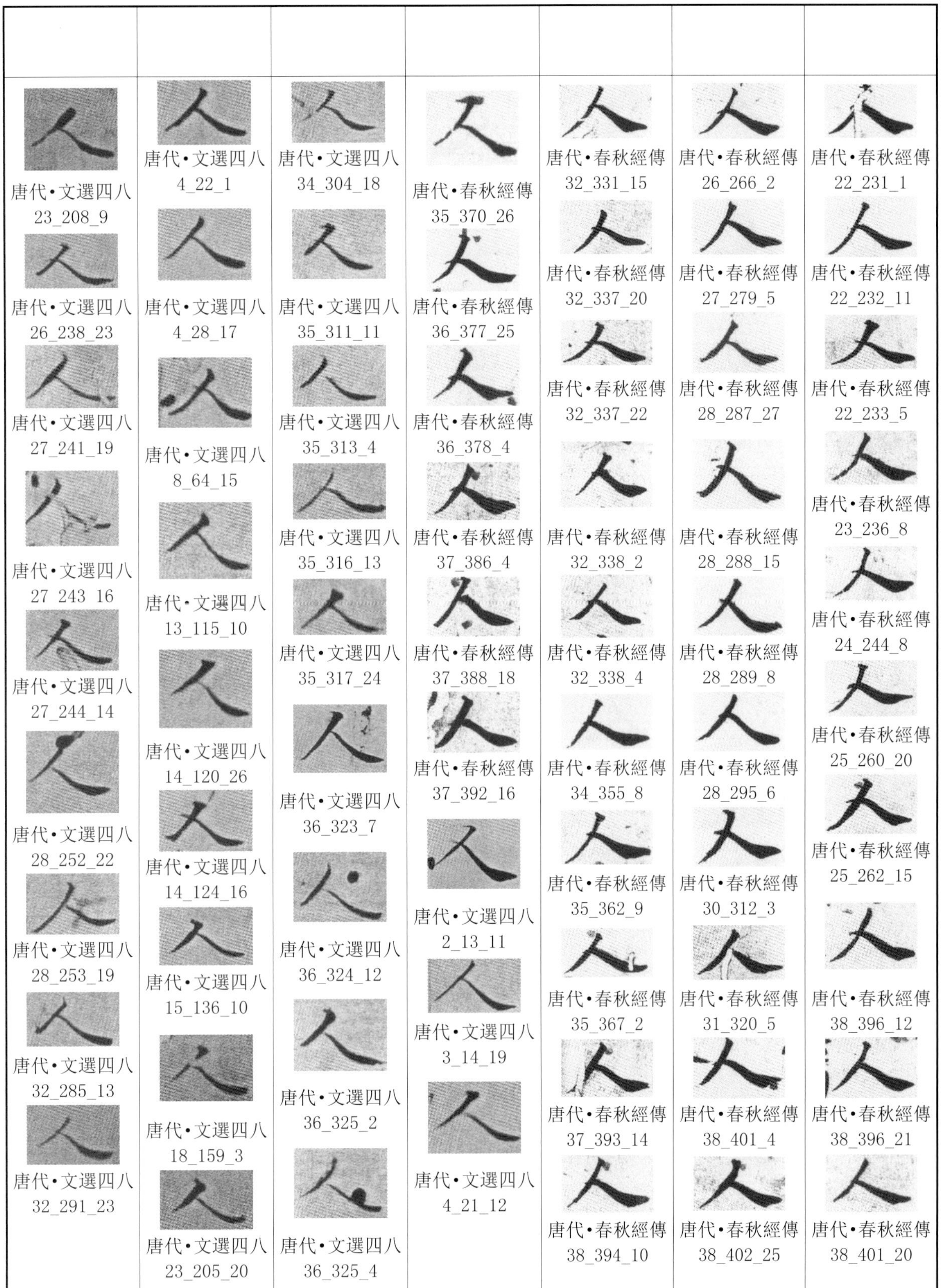

唐代•文選四八 23_208_9
唐代•文選四八 26_238_23
唐代•文選四八 27_241_19
唐代•文選四八 27_243_16
唐代•文選四八 27_244_14
唐代•文選四八 28_252_22
唐代•文選四八 28_253_19
唐代•文選四八 32_285_13
唐代•文選四八 32_291_23

唐代•文選四八 4_22_1
唐代•文選四八 4_28_17
唐代•文選四八 8_64_15
唐代•文選四八 13_115_10
唐代•文選四八 14_120_26
唐代•文選四八 14_124_16
唐代•文選四八 15_136_10
唐代•文選四八 18_159_3
唐代•文選四八 23_205_20

唐代•文選四八 34_304_18
唐代•文選四八 35_311_11
唐代•文選四八 35_313_4
唐代•文選四八 35_316_13
唐代•文選四八 35_317_24
唐代•文選四八 36_323_7
唐代•文選四八 36_324_12
唐代•文選四八 36_325_2
唐代•文選四八 36_325_4

唐代•春秋經傳 35_370_26
唐代•春秋經傳 36_377_25
唐代•春秋經傳 36_378_4
唐代•春秋經傳 37_386_4
唐代•春秋經傳 37_388_18
唐代•春秋經傳 37_392_16
唐代•文選四八 2_13_11
唐代•文選四八 3_14_19
唐代•文選四八 4_21_12

唐代•春秋經傳 32_331_15
唐代•春秋經傳 32_337_20
唐代•春秋經傳 32_337_22
唐代•春秋經傳 32_338_2
唐代•春秋經傳 32_338_4
唐代•春秋經傳 34_355_8
唐代•春秋經傳 35_362_9
唐代•春秋經傳 35_367_2
唐代•春秋經傳 37_393_14
唐代•春秋經傳 38_394_10

唐代•春秋經傳 26_266_2
唐代•春秋經傳 27_279_5
唐代•春秋經傳 28_287_27
唐代•春秋經傳 28_288_15
唐代•春秋經傳 28_289_8
唐代•春秋經傳 28_295_6
唐代•春秋經傳 30_312_3
唐代•春秋經傳 31_320_5
唐代•春秋經傳 38_401_4
唐代•春秋經傳 38_402_25

唐代•春秋經傳 22_231_1
唐代•春秋經傳 22_232_11
唐代•春秋經傳 22_233_5
唐代•春秋經傳 23_236_8
唐代•春秋經傳 24_244_8
唐代•春秋經傳 25_260_20
唐代•春秋經傳 25_262_15
唐代•春秋經傳 38_396_12
唐代•春秋經傳 38_396_21
唐代•春秋經傳 38_401_20

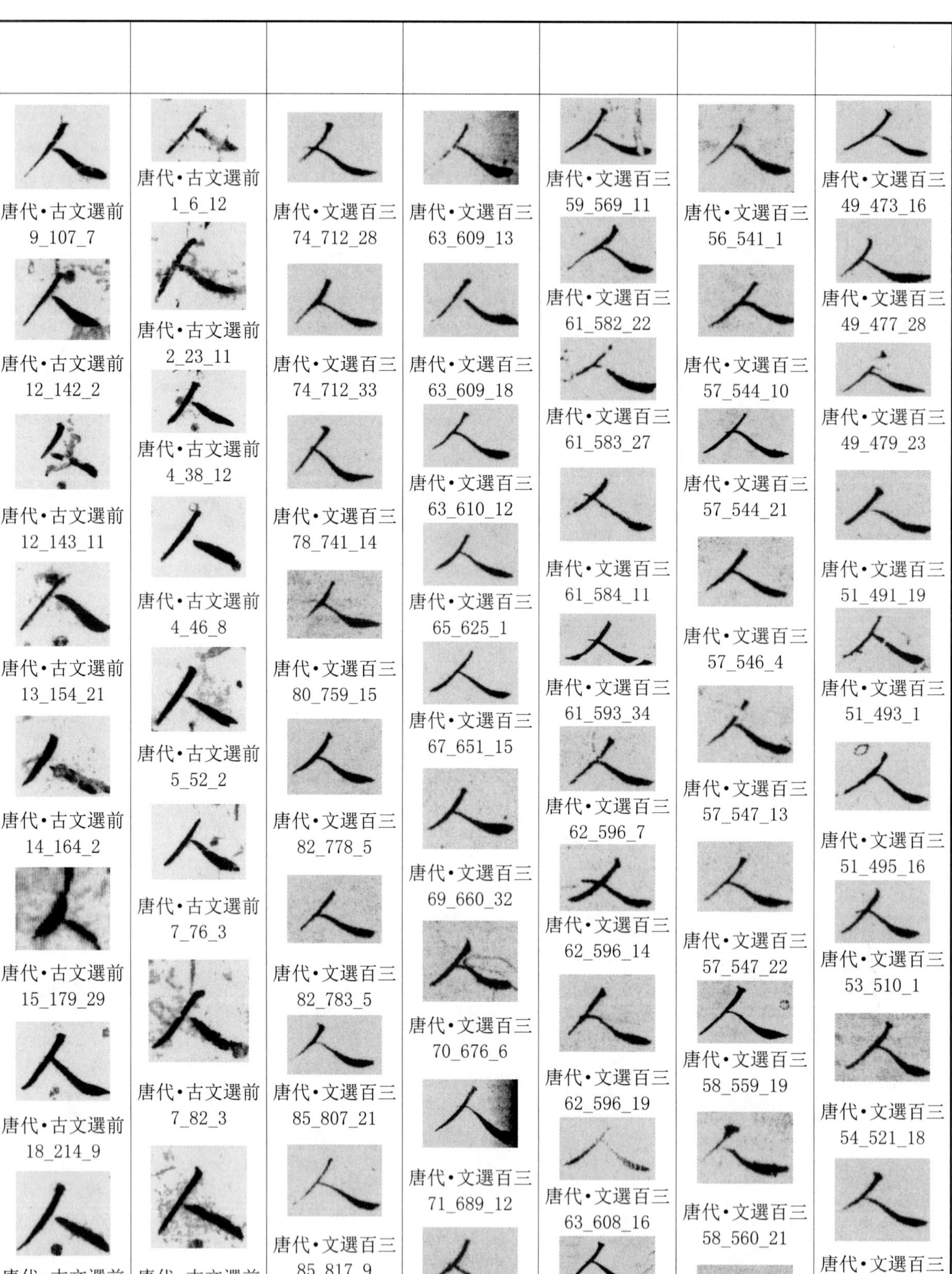

唐代•古文選前 9_107_7
唐代•古文選前 12_142_2
唐代•古文選前 12_143_11
唐代•古文選前 13_154_21
唐代•古文選前 14_164_2
唐代•古文選前 15_179_29
唐代•古文選前 18_214_9
唐代•古文選前 19_223_2

唐代•古文選前 1_6_12
唐代•古文選前 2_23_11
唐代•古文選前 4_38_12
唐代•古文選前 4_46_8
唐代•古文選前 5_52_2
唐代•古文選前 7_76_3
唐代•古文選前 7_82_3
唐代•古文選前 11_134_14

唐代•文選百三 74_712_28
唐代•文選百三 74_712_33
唐代•文選百三 78_741_14
唐代•文選百三 80_759_15
唐代•文選百三 82_778_5
唐代•文選百三 82_783_5
唐代•文選百三 85_807_21
唐代•文選百三 85_817_9

唐代•文選百三 63_609_13
唐代•文選百三 63_609_18
唐代•文選百三 63_610_12
唐代•文選百三 65_625_1
唐代•文選百三 67_651_15
唐代•文選百三 69_660_32
唐代•文選百三 70_676_6
唐代•文選百三 71_689_12
唐代•文選百三 72_694_22

唐代•文選百三 59_569_11
唐代•文選百三 61_582_22
唐代•文選百三 61_583_27
唐代•文選百三 61_584_11
唐代•文選百三 61_593_34
唐代•文選百三 62_596_7
唐代•文選百三 62_596_14
唐代•文選百三 62_596_19
唐代•文選百三 63_608_16
唐代•文選百三 86_820_11

唐代•文選百三 56_541_1
唐代•文選百三 57_544_10
唐代•文選百三 57_544_21
唐代•文選百三 57_546_4
唐代•文選百三 57_547_13
唐代•文選百三 57_547_22
唐代•文選百三 58_559_19
唐代•文選百三 58_560_21
唐代•文選百三 58_561_25

唐代•文選百三 49_473_16
唐代•文選百三 49_477_28
唐代•文選百三 49_479_23
唐代•文選百三 51_491_19
唐代•文選百三 51_493_1
唐代•文選百三 51_495_16
唐代•文選百三 53_510_1
唐代•文選百三 54_521_18
唐代•文選百三 56_538_10

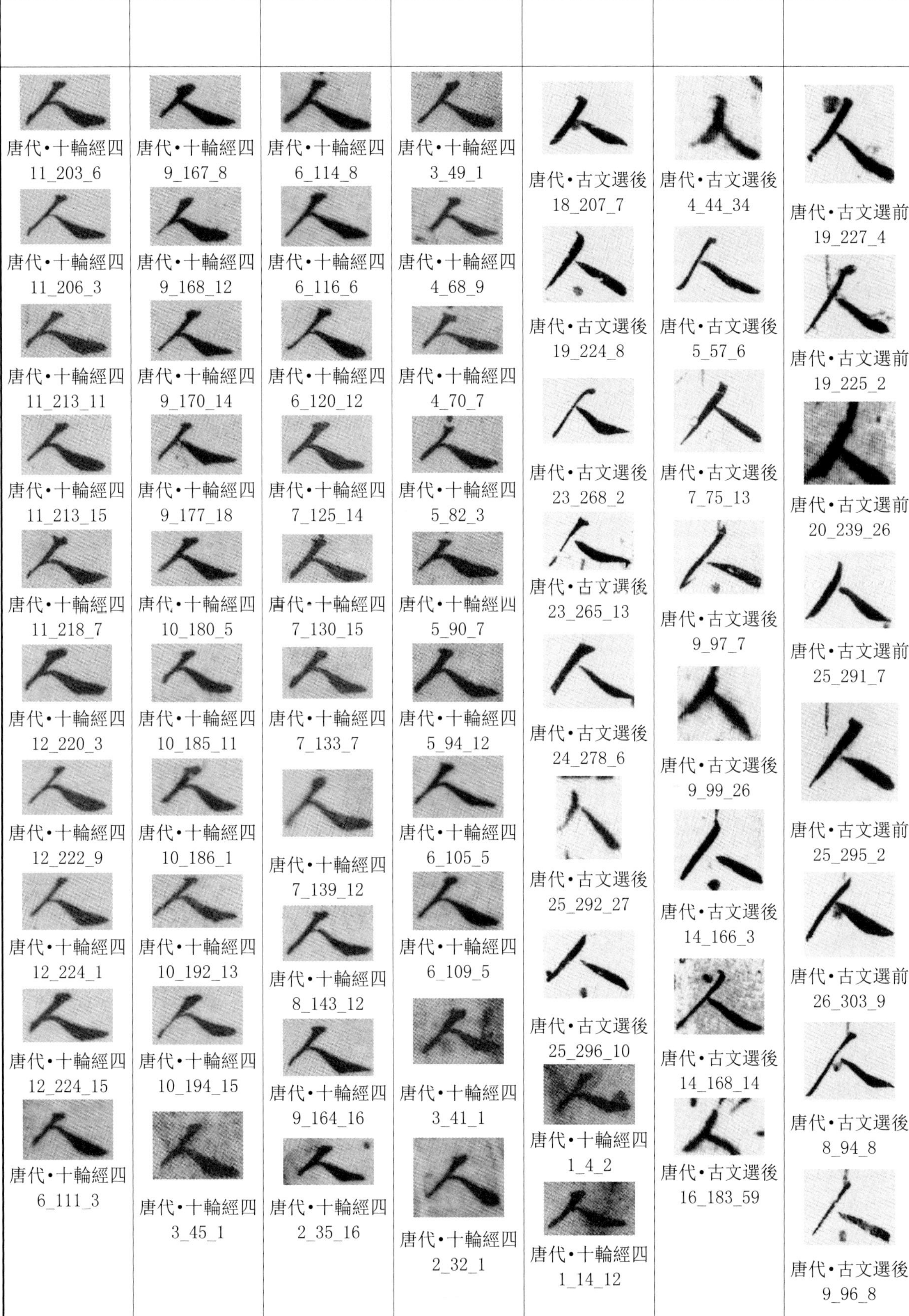
唐代•十輪經四 11_203_6
唐代•十輪經四 11_206_3
唐代•十輪經四 11_213_11
唐代•十輪經四 11_213_15
唐代•十輪經四 11_218_7
唐代•十輪經四 12_220_3
唐代•十輪經四 12_222_9
唐代•十輪經四 12_224_1
唐代•十輪經四 12_224_15
唐代•十輪經四 6_111_3

唐代•十輪經四 9_167_8
唐代•十輪經四 9_168_12
唐代•十輪經四 9_170_14
唐代•十輪經四 9_177_18
唐代•十輪經四 10_180_5
唐代•十輪經四 10_185_11
唐代•十輪經四 10_186_1
唐代•十輪經四 10_192_13
唐代•十輪經四 10_194_15
唐代•十輪經四 3_45_1

唐代•十輪經四 6_114_8
唐代•十輪經四 6_116_6
唐代•十輪經四 6_120_12
唐代•十輪經四 7_125_14
唐代•十輪經四 7_130_15
唐代•十輪經四 7_133_7
唐代•十輪經四 7_139_12
唐代•十輪經四 8_143_12
唐代•十輪經四 9_164_16
唐代•十輪經四 2_35_16

唐代•十輪經四 3_49_1
唐代•十輪經四 4_68_9
唐代•十輪經四 4_70_7
唐代•十輪經四 5_82_3
唐代•十輪經四 5_90_7
唐代•十輪經四 5_94_12
唐代•十輪經四 6_105_5
唐代•十輪經四 6_109_5
唐代•十輪經四 3_41_1
唐代•十輪經四 2_32_1

唐代•古文選後 18_207_7
唐代•古文選後 19_224_8
唐代•古文選後 23_268_2
唐代•古文選後 23_265_13
唐代•古文選後 24_278_6
唐代•古文選後 25_292_27
唐代•古文選後 25_296_10
唐代•十輪經四 1_4_2
唐代•十輪經四 1_14_12

唐代•古文選後 4_44_34
唐代•古文選後 5_57_6
唐代•古文選後 7_75_13
唐代•古文選後 9_97_7
唐代•古文選後 9_99_26
唐代•古文選後 14_166_3
唐代•古文選後 14_168_14
唐代•古文選後 16_183_59

唐代•古文選前 19_227_4
唐代•古文選前 19_225_2
唐代•古文選前 20_239_26
唐代•古文選前 25_291_7
唐代•古文選前 25_295_2
唐代•古文選前 26_303_9
唐代•古文選後 8_94_8
唐代•古文選後 9_96_8

入人

慣ジュ 漢ジュウ
吳ニュウ
訓いる

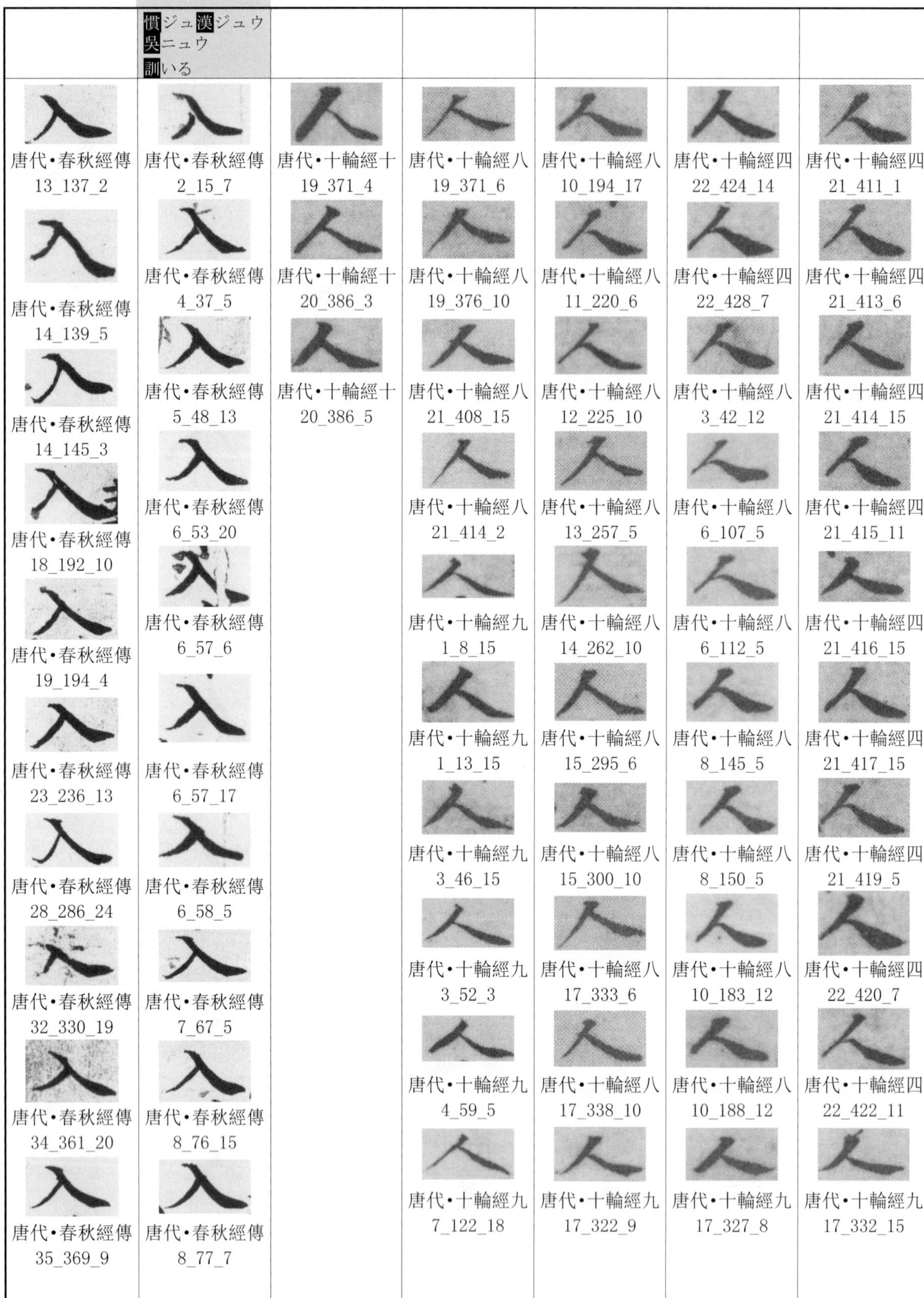

唐代•春秋經傳 13_137_2
唐代•春秋經傳 14_139_5
唐代•春秋經傳 14_145_3
唐代•春秋經傳 18_192_10
唐代•春秋經傳 19_194_4
唐代•春秋經傳 23_236_13
唐代•春秋經傳 28_286_24
唐代•春秋經傳 32_330_19
唐代•春秋經傳 34_361_20
唐代•春秋經傳 35_369_9

唐代•春秋經傳 2_15_7
唐代•春秋經傳 4_37_5
唐代•春秋經傳 5_48_13
唐代•春秋經傳 6_53_20
唐代•春秋經傳 6_57_6
唐代•春秋經傳 6_57_17
唐代•春秋經傳 6_58_5
唐代•春秋經傳 7_67_5
唐代•春秋經傳 8_76_15
唐代•春秋經傳 8_77_7

唐代•十輪經十 19_371_4
唐代•十輪經十 20_386_3
唐代•十輪經十 20_386_5

唐代•十輪經八 19_371_6
唐代•十輪經八 19_376_10
唐代•十輪經八 21_408_15
唐代•十輪經八 21_414_2
唐代•十輪經九 1_8_15
唐代•十輪經九 1_13_15
唐代•十輪經九 3_46_15
唐代•十輪經九 3_52_3
唐代•十輪經九 4_59_5
唐代•十輪經九 7_122_18

唐代•十輪經八 10_194_17
唐代•十輪經八 11_220_6
唐代•十輪經八 12_225_10
唐代•十輪經八 13_257_5
唐代•十輪經八 14_262_10
唐代•十輪經八 15_295_6
唐代•十輪經八 15_300_10
唐代•十輪經八 17_333_6
唐代•十輪經八 17_338_10
唐代•十輪經九 17_322_9

唐代•十輪經四 22_424_14
唐代•十輪經四 22_428_7
唐代•十輪經八 3_42_12
唐代•十輪經八 6_107_5
唐代•十輪經八 6_112_5
唐代•十輪經八 8_145_5
唐代•十輪經八 8_150_5
唐代•十輪經八 10_183_12
唐代•十輪經八 10_188_12
唐代•十輪經九 17_327_8

唐代•十輪經四 21_411_1
唐代•十輪經四 21_413_6
唐代•十輪經四 21_414_15
唐代•十輪經四 21_415_11
唐代•十輪經四 21_416_15
唐代•十輪經四 21_417_15
唐代•十輪經四 21_419_5
唐代•十輪經四 22_420_7
唐代•十輪經四 22_422_11
唐代•十輪經九 17_332_15

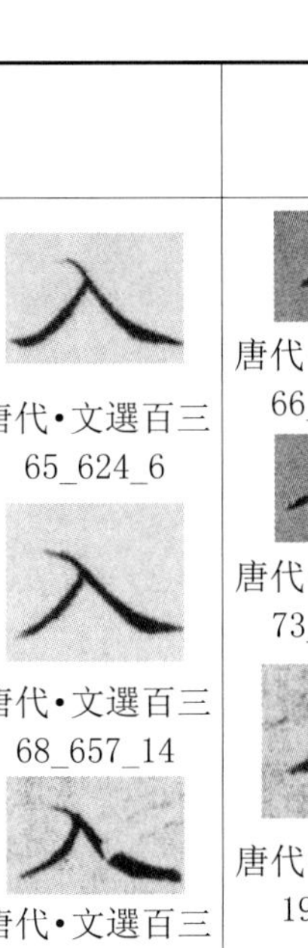
唐代•文選百三 65_624_6

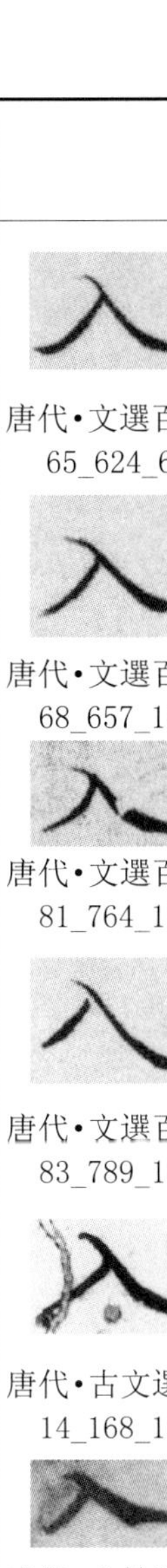
唐代•文選百三 68_657_14

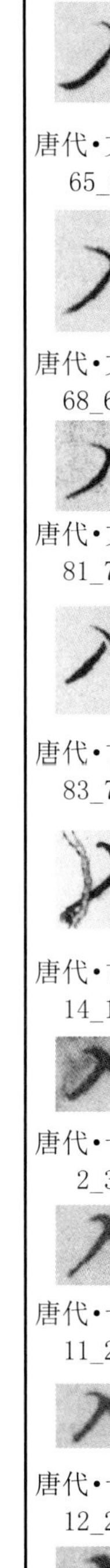
唐代•文選百三 81_764_17

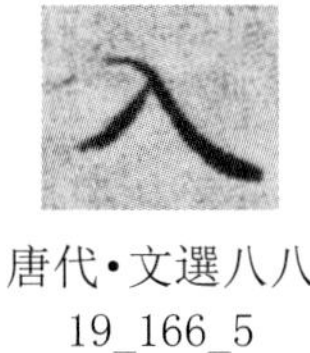
唐代•文選百三 83_789_14

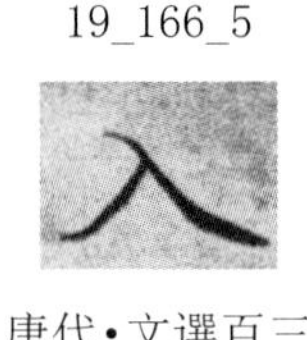
唐代•古文選後 14_168_11

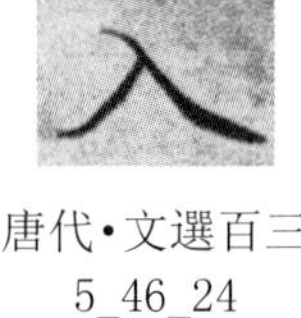
唐代•十輪經四 2_35_17

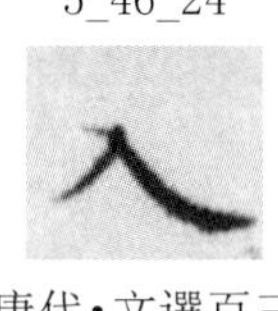
唐代•十輪經四 11_217_15

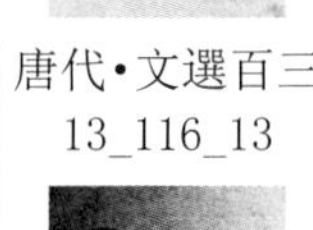
唐代•十輪經四 12_223_14

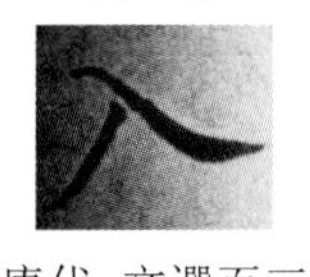
唐代•十輪經四 12_236_5

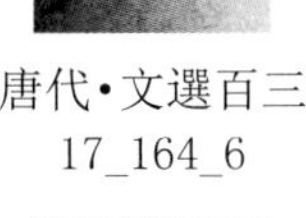
唐代•文選六八 66_660_13

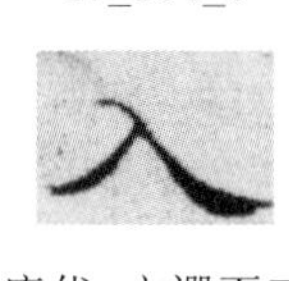
唐代•文選六八 73_729_14

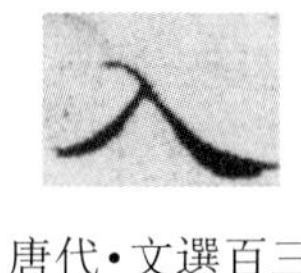
唐代•文選八八 19_166_5

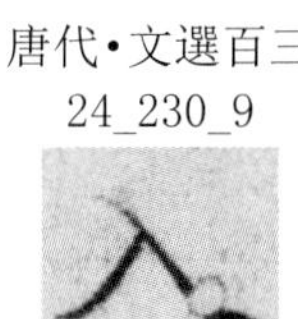
唐代•文選百三 5_46_24

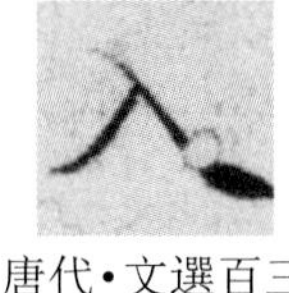
唐代•文選百三 13_116_13

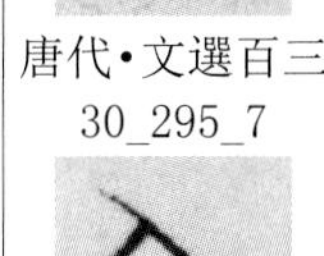
唐代•文選百三 17_164_6

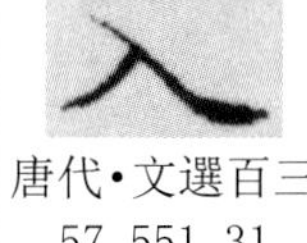
唐代•文選百三 24_230_9

唐代•文選百三 30_295_7

唐代•文選百三 57_551_31

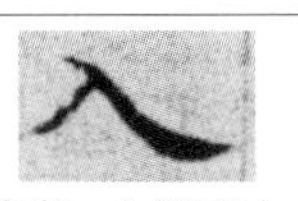
唐代•文選五九 105_998_7

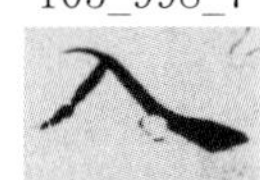
唐代•文選五九 107_1017_2

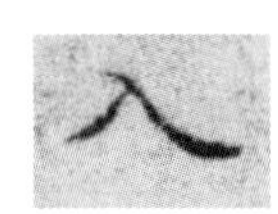
唐代•文選六八 3_31_16

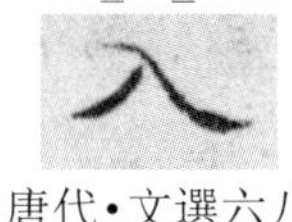
唐代•文選六八 3_33_27

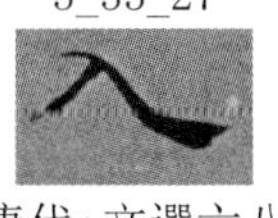
唐代•文選六八 5_53_14

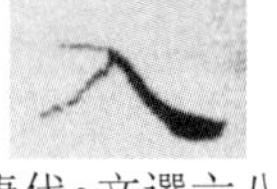
唐代•文選六八 19_196_24

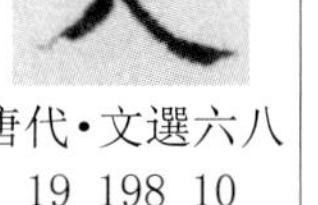
唐代•文選六八 19_198_10

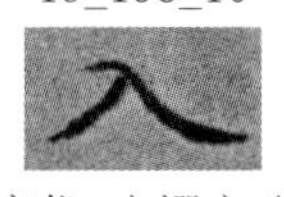
唐代•文選六八 51_511_3

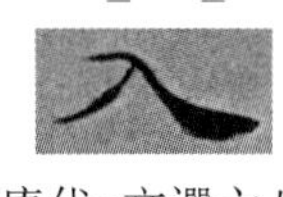
唐代•文選六八 52_523_3

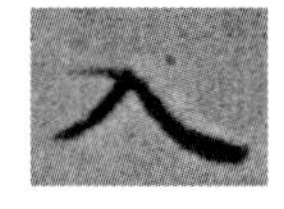
唐代•文選六八 53_525_6

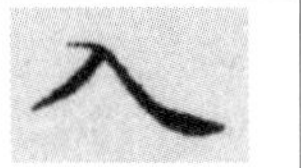
唐代•文選五九 59_567_23

唐代•文選五九 61_588_26

唐代•文選五九 72_689_16

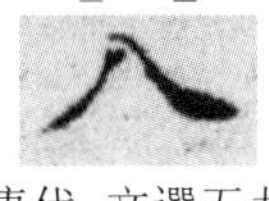
唐代•文選五九 76_725_12

唐代•文選五九 78_751_18

唐代•文選五九 81_778_7

唐代•文選五九 86_828_11

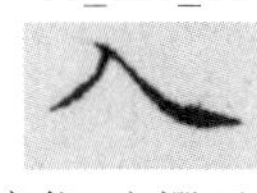
唐代•文選五九 90_862_23

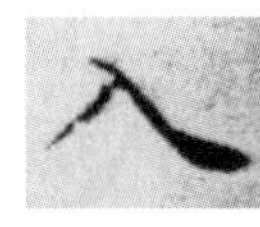
唐代•文選五九 90_866_19

唐代•文選五九 100_946_8

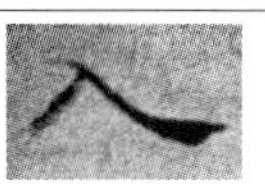
唐代•文選五九 9_81_30

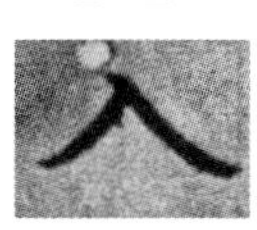
唐代•文選五九 9_83_7

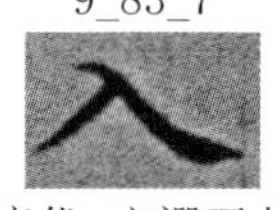
唐代•文選五九 18_176_4

唐代•文選五九 30_298_15

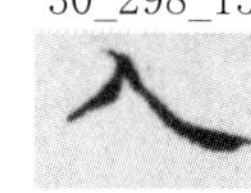
唐代•文選五九 41_403_10

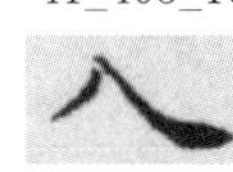
唐代•文選五九 41_404_4

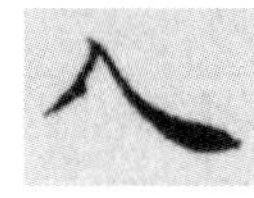
唐代•文選五九 52_512_21

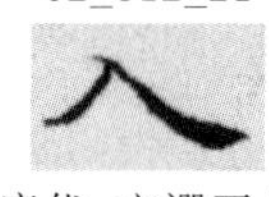
唐代•文選五九 57_553_18

唐代•文選五九 59_567_12

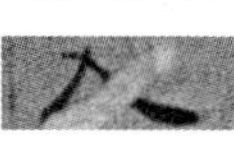
唐代•文選四八 19_170_18

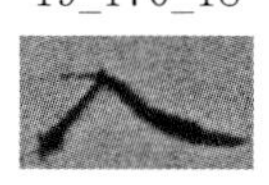
唐代•文選四八 24_214_12

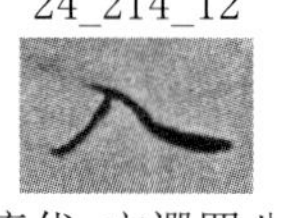
唐代•文選四八 29_259_6

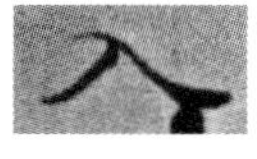
唐代•文選四八 34_302_1

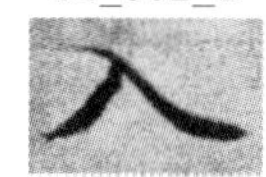
唐代•文選四八 38_336_12

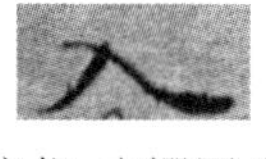
唐代•文選四八 42_372_11

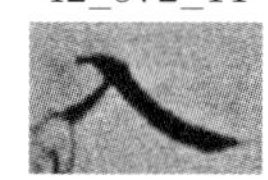
唐代•文選四八 49_446_25

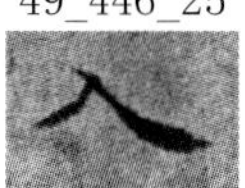
唐代•文選五九 7_65_23

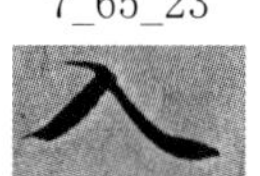
唐代•文選五九 9_79_6

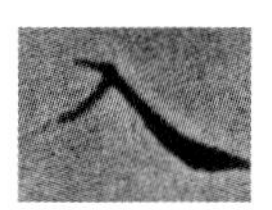
唐代•文選五九 9_80_16

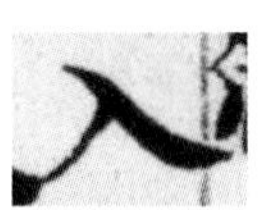
唐代•春秋經傳 35_370_6

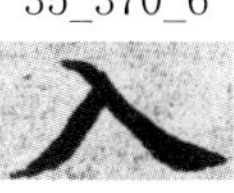
唐代•春秋經傳 37_389_17

唐代•春秋經傳 38_404_1

唐代•文選四八 1_4_1

唐代•文選四八 1_4_24

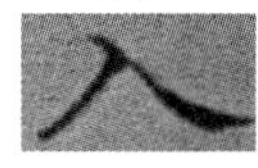
唐代•文選四八 8_70_14

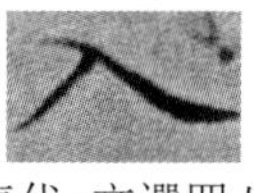
唐代•文選四八 10_83_8

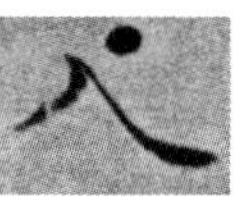
唐代•文選四八 11_98_28

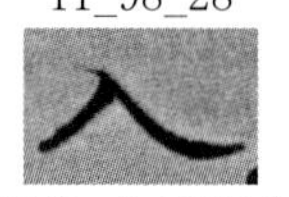
唐代•文選四八 14_122_4

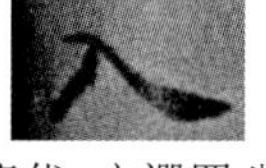
唐代•文選四八 18_164_43

以 㠯

イ
訓ゆえに

初唐•法華義疏
1_5_9

初唐•法華義疏
1_6_11

初唐•法華義疏
1_7_13

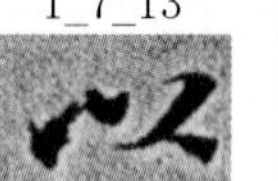
初唐•大般若經
1_5_4

初唐•大般若經
1_5_6

初唐•大般若經
1_5_15

初唐•大般若經
2_32_8

中唐・風信帖
2_6_8

中唐・風信帖
4_19_3

晚唐•慶滋書狀
1_1_5

仄

慣ソク 漢ショク
呉シキ
訓かたわら

唐代•文選六八
70_699_7

唐代•文選六八
70_700_17

唐代•文選六八
70_701_1

唐代•文選六八
70_701_21

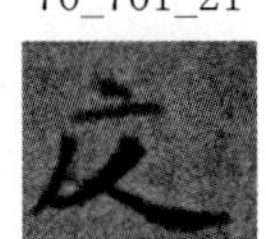
唐代•文選六八
71_702_30

唐代•文選百三
29_290_10

唐代•文選百三
44_423_24

唐代•文選百三
53_510_11

唐代•古文選前
16_188_4

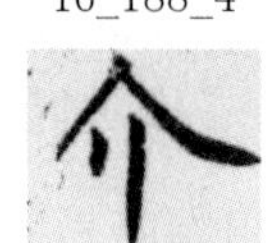
唐代•古文選前
20_231_13

介

漢カイ 呉ケ
訓はさまる

唐代•春秋經傳
10_101_11

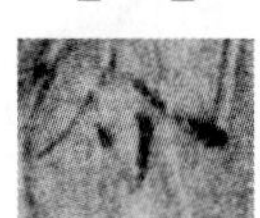
唐代•文選五九
3_26_7

唐代•文選五九
43_423_12

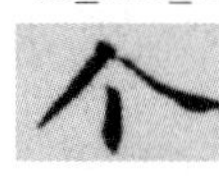
唐代•文選五九
43_425_18

唐代•文選五九
43_426_11

唐代•文選六八
6_55_32

唐代•文選六八
30_302_9

唐代•文選百三
29_288_7

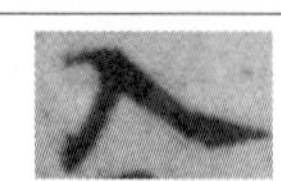
唐代•十輪經十
7_130_10

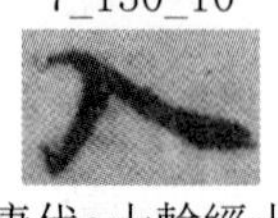
唐代•十輪經十
14_274_7

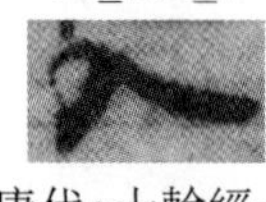
唐代•十輪經十
14_274_17

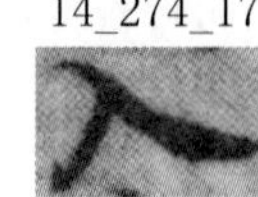
唐代•十輪經十
14_275_14

唐代•十輪經十
14_279_15

唐代•十輪經十
15_283_13

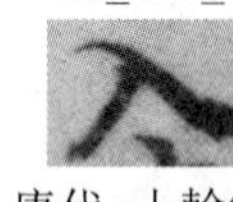
唐代•十輪經十
15_296_14

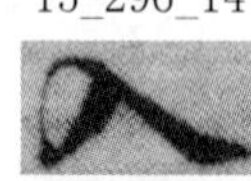
唐代•十輪經十
16_301_12

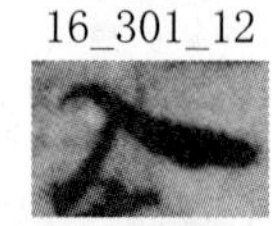
唐代•十輪經十
17_325_16

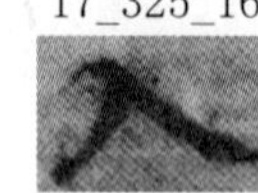
唐代•十輪經十
18_346_13

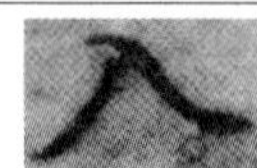
唐代•十輪經八
19_381_14

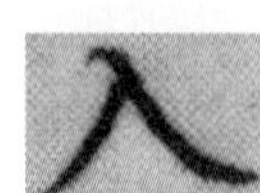
唐代•十輪經八
21_419_11

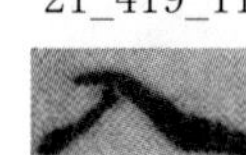
唐代•十輪經九
1_19_6

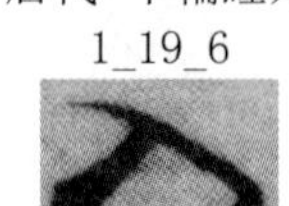
唐代•十輪經九
3_57_12

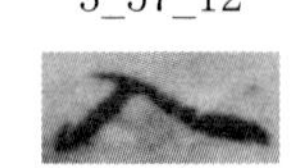
唐代•十輪經九
5_88_2

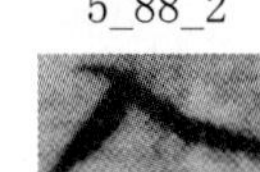
唐代•十輪經九
5_98_14

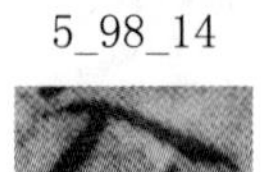
唐代•十輪經九
6_103_17

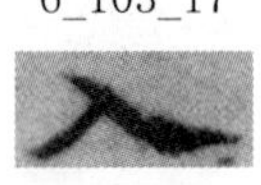
唐代•十輪經九
17_331_12

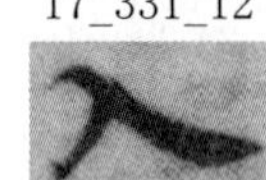
唐代•十輪經十
3_53_12

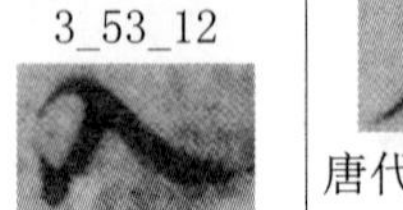
唐代•十輪經十
3_56_4

唐代•十輪經四
13_248_5

唐代•十輪經四
14_260_5

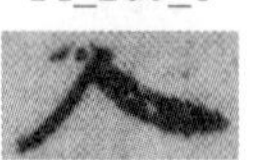
唐代•十輪經八
5_87_15

唐代•十輪經八
6_117_9

唐代•十輪經八
8_156_1

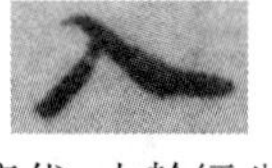
唐代•十輪經八
10_193_15

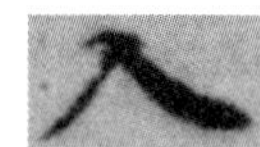
唐代•十輪經八
12_230_14

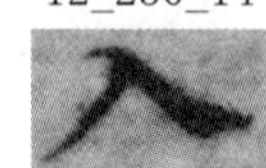
唐代•十輪經八
14_267_15

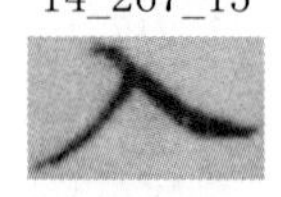
唐代•十輪經八
16_305_14

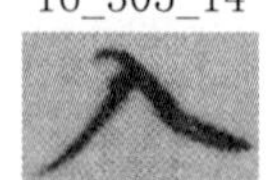
唐代•十輪經八
17_343_14

唐代•文選四八
24_211_10

唐代•文選四八
24_211_14

唐代•文選四八
24_212_25

唐代•文選四八
24_220_10

唐代•文選四八
25_222_13

唐代•文選四八
25_226_1

唐代•文選四八
25_227_11

唐代•文選四八
26_230_8

唐代•文選四八
29_261_23

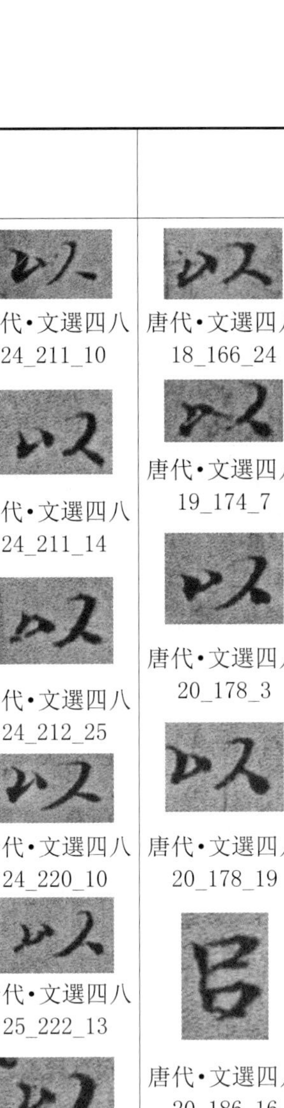

唐代•文選四八
18_166_24

唐代•文選四八
19_174_7

唐代•文選四八
20_178_3

唐代•文選四八
20_178_19

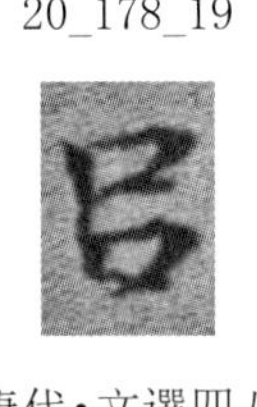

唐代•文選四八
20_186_16

唐代•文選四八
21_191_12

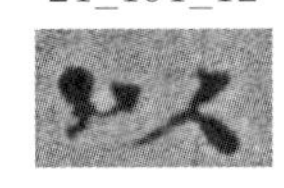

唐代•文選四八
22_195_22

唐代•文選四八
22_196_22

唐代•文選四八
22_203_14

唐代•文選四八
8_64_27

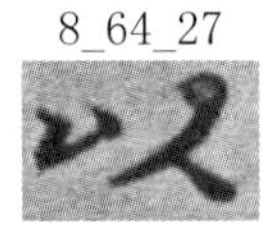

唐代•文選四八
8_65_4

唐代•文選四八
11_97_24

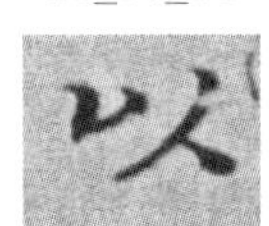

唐代•文選四八
12_100_1

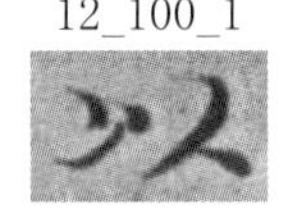

唐代•文選四八
12_111_6

唐代•文選四八
12_112_16

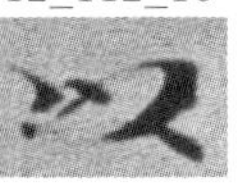

唐代•文選四八
14_126_21

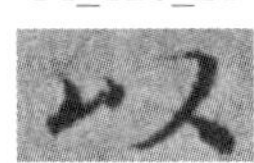

唐代•文選四八
15_138_11

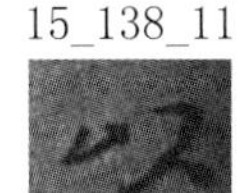

唐代•文選四八
18_165_7

唐代•文選四八
14_124_2

唐代•文選四八
1_7_5

唐代•文選四八
3_14_13

唐代•文選四八
3_15_8

唐代•文選四八
3_20_23

唐代•文選四八
4_22_4

唐代•文選四八
4_31_19

唐代•文選四八
6_52_20

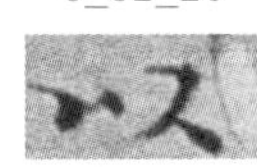

唐代•文選四八
13_113_27

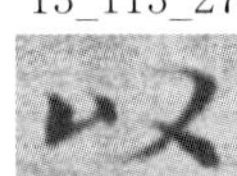

唐代•文選四八
13_115_13

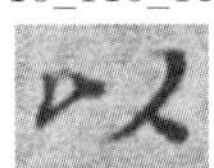

唐代•文選四八
13_116_2

唐代•春秋經傳
15_157_13

唐代•春秋經傳
17_181_6

唐代•春秋經傳
18_189_10

唐代•春秋經傳
18_189_13

唐代•春秋經傳
18_190_7

唐代•春秋經傳
18_190_15

唐代•春秋經傳
18_191_3

唐代•春秋經傳
19_193_8

唐代•春秋經傳
19_195_8

唐代•春秋經傳
19_200_15

唐代•春秋經傳
37_393_1

唐代•春秋經傳
38_396_19

唐代•春秋經傳
38_397_8

唐代•春秋經傳
38_399_6

唐代•春秋經傳
38_399_12

唐代•春秋經傳
38_403_1

唐代•春秋經傳
39_405_2

唐代•春秋經傳
39_407_40

唐代•春秋經傳
39_408_17

唐代•文選四八
8_64_17

唐代•文選四八
13_116_8

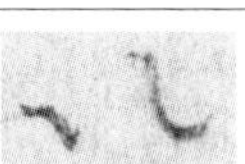

晚唐•慶滋書狀
1_16_6

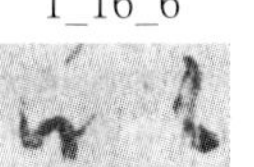

晚唐•慶滋書狀
1_16_10

唐代•春秋經傳
35_363_8

唐代•春秋經傳
35_367_21

唐代•春秋經傳
35_371_7

唐代•春秋經傳
35_372_16

唐代•春秋經傳
36_374_3

唐代•春秋經傳
37_387_10

唐代•春秋經傳
37_390_22

唐代•文選四八
8_62_6

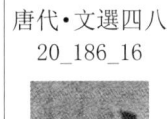

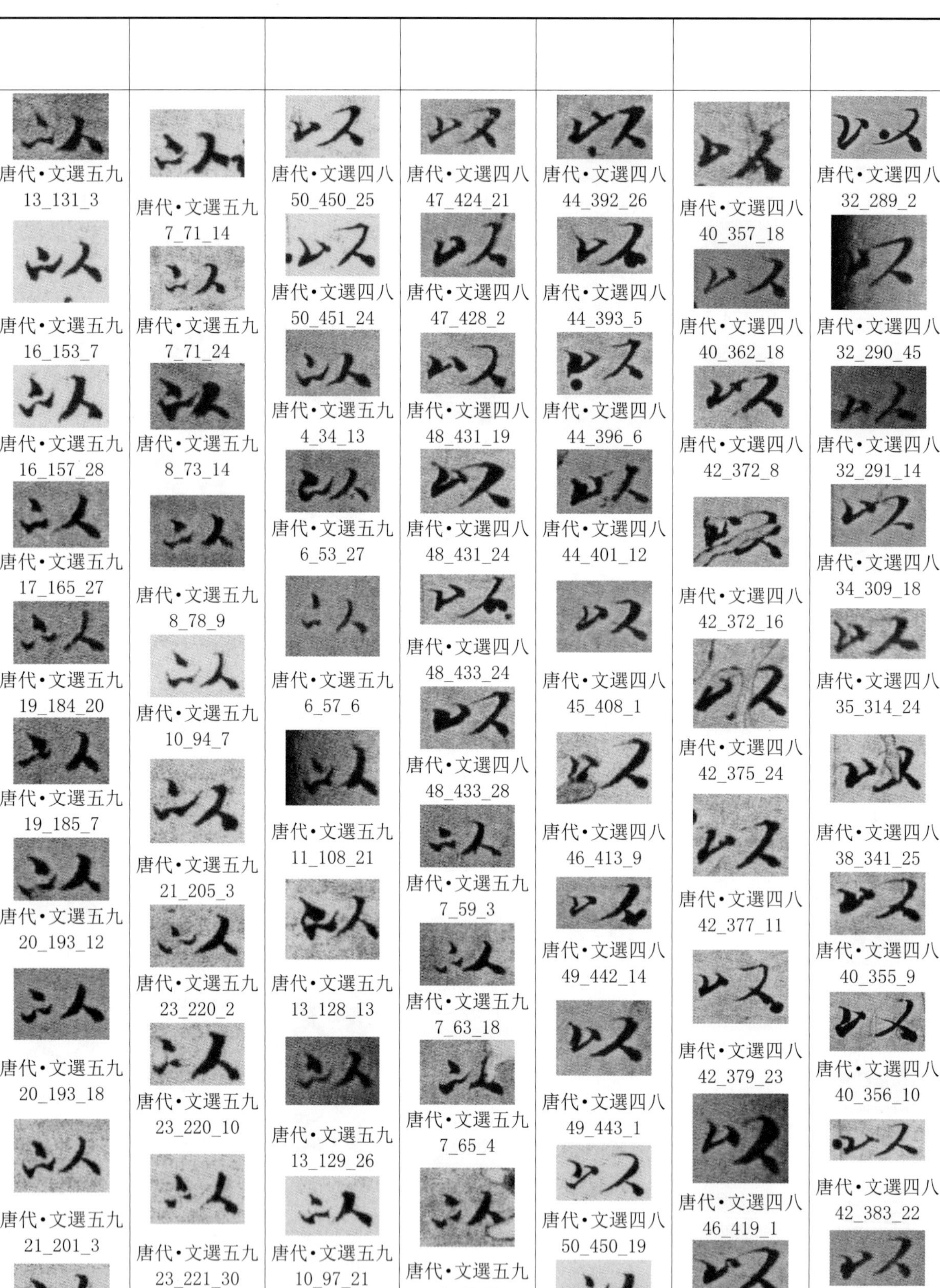

唐代•文選五九 13_131_3
唐代•文選五九 16_153_7
唐代•文選五九 16_157_28
唐代•文選五九 17_165_27
唐代•文選五九 19_184_20
唐代•文選五九 19_185_7
唐代•文選五九 20_193_12
唐代•文選五九 20_193_18
唐代•文選五九 21_201_3
唐代•文選五九 23_223_12

唐代•文選五九 7_71_14
唐代•文選五九 7_71_24
唐代•文選五九 8_73_14
唐代•文選五九 8_78_9
唐代•文選五九 10_94_7
唐代•文選五九 21_205_3
唐代•文選五九 23_220_2
唐代•文選五九 23_220_10
唐代•文選五九 23_221_30

唐代•文選四八 50_450_25
唐代•文選四八 50_451_24
唐代•文選五九 4_34_13
唐代•文選五九 6_53_27
唐代•文選五九 6_57_6
唐代•文選五九 11_108_21
唐代•文選五九 13_128_13
唐代•文選五九 13_129_26
唐代•文選五九 10_97_21

唐代•文選四八 47_424_21
唐代•文選四八 47_428_2
唐代•文選四八 48_431_19
唐代•文選四八 48_431_24
唐代•文選四八 48_433_24
唐代•文選四八 48_433_28
唐代•文選五九 7_59_3
唐代•文選五九 7_63_18
唐代•文選五九 7_65_4
唐代•文選五九 7_68_7

唐代•文選四八 44_392_26
唐代•文選四八 44_393_5
唐代•文選四八 44_396_6
唐代•文選四八 44_401_12
唐代•文選四八 45_408_1
唐代•文選四八 46_413_9
唐代•文選四八 49_442_14
唐代•文選四八 49_443_1
唐代•文選四八 50_450_19
唐代•文選五九 27_270_17

唐代•文選四八 40_357_18
唐代•文選四八 40_362_18
唐代•文選四八 42_372_8
唐代•文選四八 42_372_16
唐代•文選四八 42_375_24
唐代•文選四八 42_377_11
唐代•文選四八 42_379_23
唐代•文選四八 46_419_1
唐代•文選四八 47_424_14

唐代•文選四八 32_289_2
唐代•文選四八 32_290_45
唐代•文選四八 32_291_14
唐代•文選四八 34_309_18
唐代•文選四八 35_314_24
唐代•文選四八 38_341_25
唐代•文選四八 40_355_9
唐代•文選四八 40_356_10
唐代•文選四八 42_383_22
唐代•文選四八 42_381_23

唐代•文選五九 92_882_1

唐代•文選五九 93_892_24

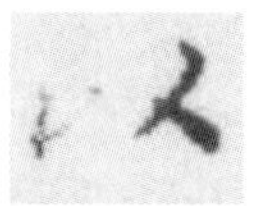
唐代•文選五九 94_904_2

唐代•文選五九 94_904_8

唐代•文選五九 97_916_14

唐代•文選五九 97_918_13

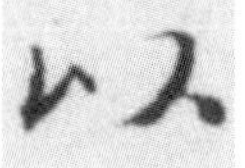
唐代•文選五九 97_926_5

唐代•文選五九 98_928_13

唐代•文選五九 99_934_24

唐代•文選五九 112_1061_1

唐代•文選六八 2_18_11

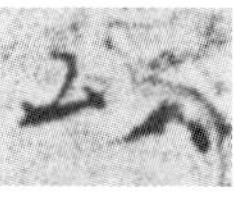
唐代•文選六八 2_19_10

唐代•文選六八 2_20_10

唐代•文選六八 3_32_7

唐代•文選六八 3_33_18

唐代•文選六八 3_34_2

唐代•文選六八 4_39_28

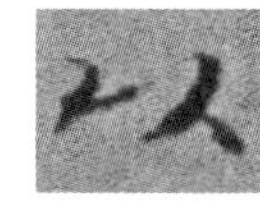
唐代•文選六八 4_40_7

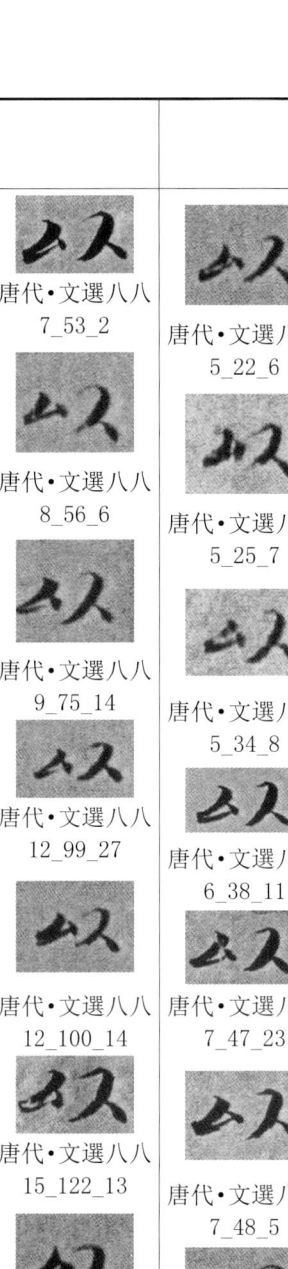

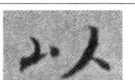

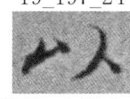

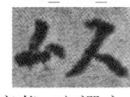

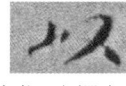

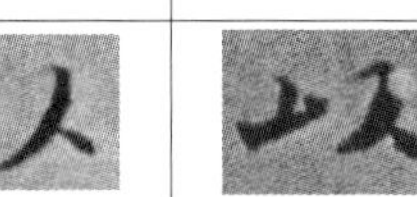
唐代•文選六八 9_91_16

唐代•文選六八 9_100_29

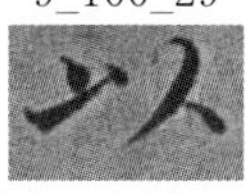
唐代•文選六八 10_107_2

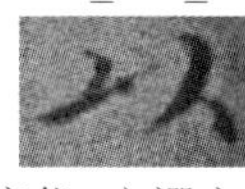
唐代•文選六八 11_119_24

唐代•文選六八 13_129_2

唐代•文選六八 13_130_10

唐代•文選六八 13_140_20

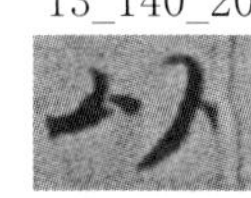
唐代•文選六八 15_151_30

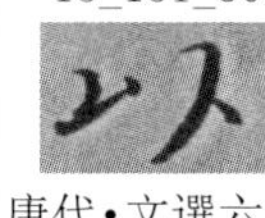
唐代•文選六八 17_175_2

唐代•文選六八 33_325_19

唐代•文選六八 18_182_25

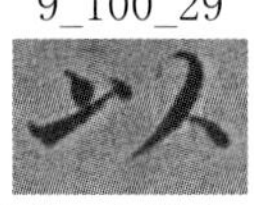
唐代•文選六八 18_183_1

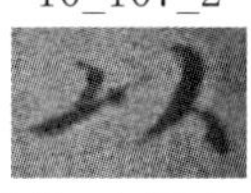
唐代•文選六八 19_197_24

唐代•文選六八 20_202_26

唐代•文選六八 20_204_4

唐代•文選六八 20_204_8

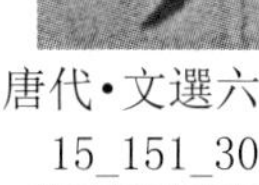
唐代•文選六八 21_210_12

唐代•文選六八 21_210_16

唐代•文選六八 21_210_20

唐代•文選六八 23_232_4

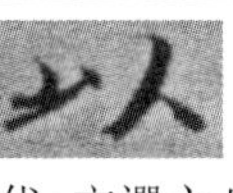
唐代•文選六八 21_211_18

唐代•文選六八 22_220_11

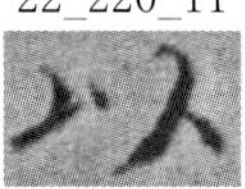
唐代•文選六八 22_225_3

唐代•文選六八 23_227_20

唐代•文選六八 23_228_3

唐代•文選六八 23_228_11

唐代•文選六八 23_228_15

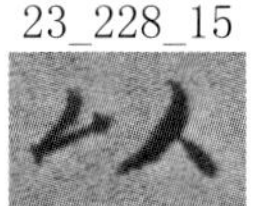
唐代•文選六八 23_229_16

唐代•文選六八 23_229_23

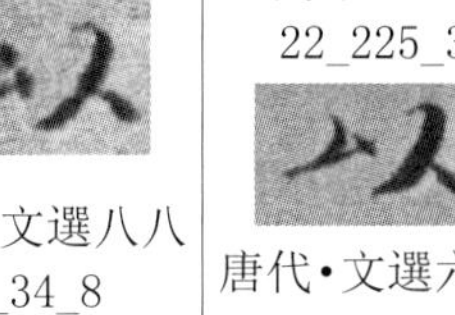
唐代•文選六八 23_231_19

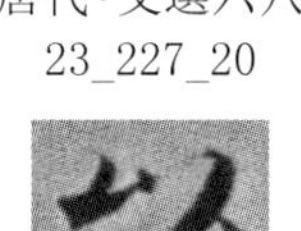
唐代•文選八八 5_22_6

唐代•文選八八 5_25_7

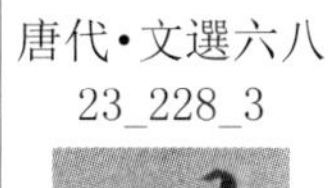
唐代•文選八八 5_34_8

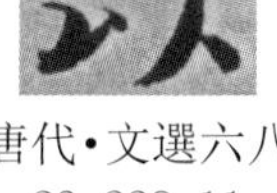
唐代•文選八八 6_38_11

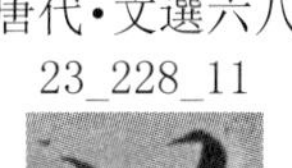
唐代•文選八八 7_47_23

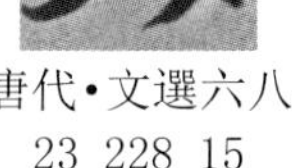
唐代•文選八八 7_48_5

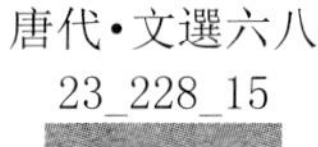
唐代•文選八八 7_49_12

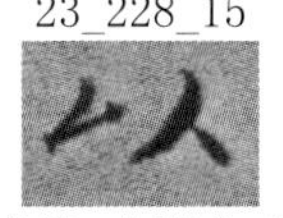
唐代•文選八八 7_50_23

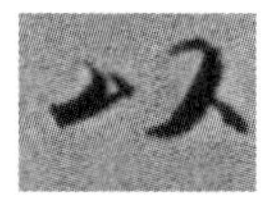
唐代•文選八八 7_52_8

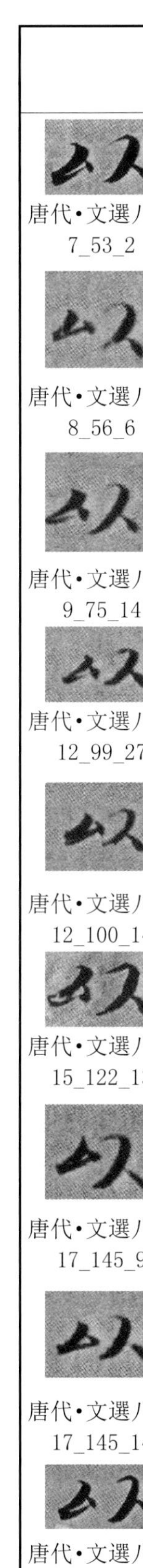
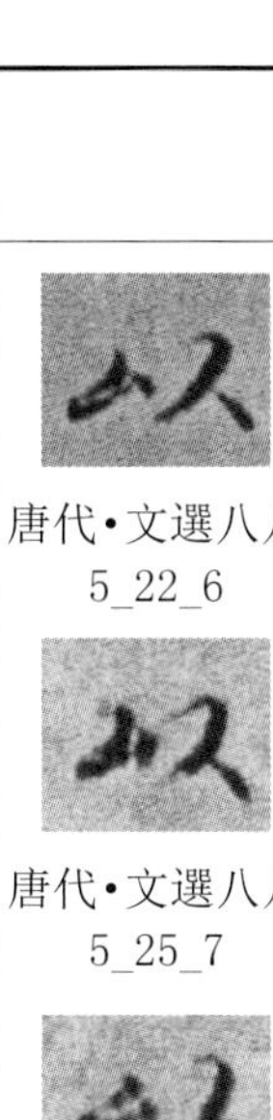
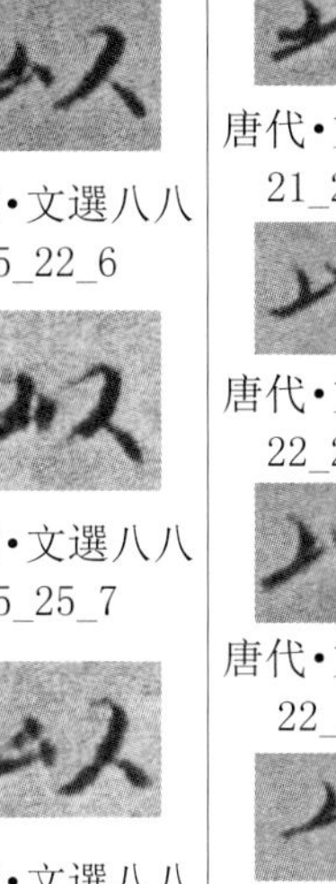
唐代•文選八八 7_53_2

唐代•文選八八 8_56_6

唐代•文選八八 9_75_14

唐代•文選八八 12_99_27

唐代•文選八八 12_100_14

唐代•文選八八 15_122_13

唐代•文選八八 17_145_9

唐代•文選八八 17_145_14

唐代•文選八八 18_158_3

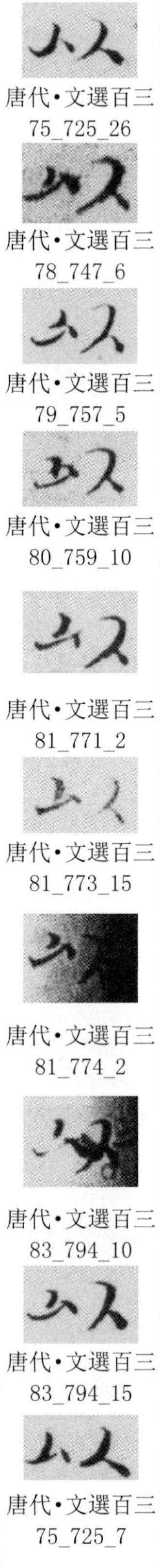

唐代·文選百三 75_725_26
唐代·文選百三 78_747_6
唐代·文選百三 79_757_5
唐代·文選百三 80_759_10
唐代·文選百三 81_771_2
唐代·文選百三 81_773_15
唐代·文選百三 81_774_2
唐代·文選百三 83_794_10
唐代·文選百三 83_794_15
唐代·文選百三 75_725_7

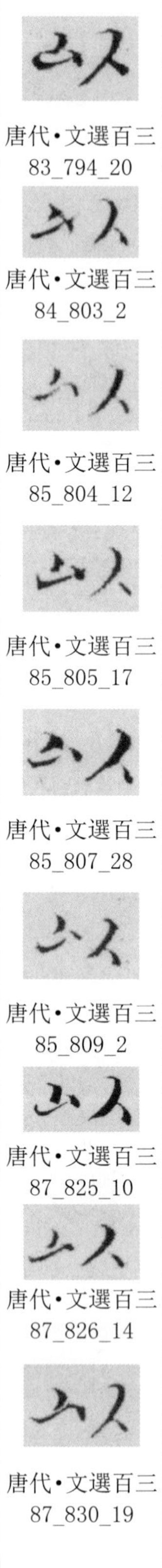

唐代·文選百三 83_794_20
唐代·文選百三 84_803_2
唐代·文選百三 85_804_12
唐代·文選百三 85_805_17
唐代·文選百三 85_807_28
唐代·文選百三 85_809_2
唐代·文選百三 87_825_10
唐代·文選百三 87_826_14
唐代·文選百三 87_830_19

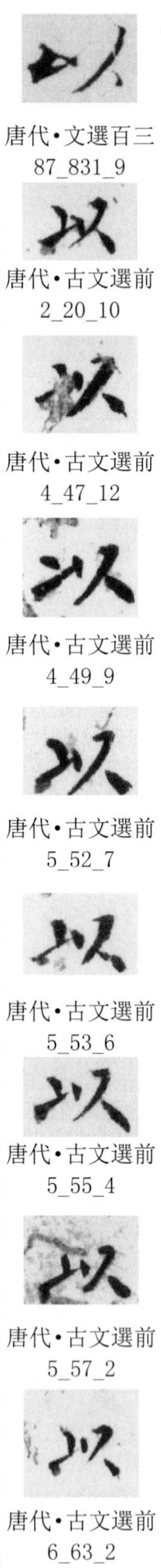

唐代·文選百三 87_831_9
唐代·古文選前 2_20_10
唐代·古文選前 4_47_12
唐代·古文選前 4_49_9
唐代·古文選前 5_52_7
唐代·古文選前 5_53_6
唐代·古文選前 5_55_4
唐代·古文選前 5_57_2
唐代·古文選前 6_63_2

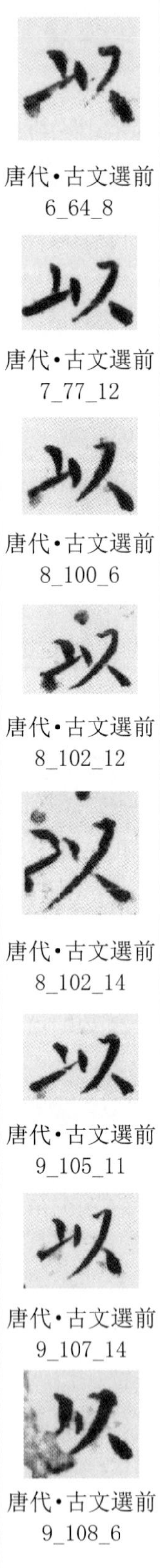

唐代·古文選前 6_64_8
唐代·古文選前 7_77_12
唐代·古文選前 8_100_6
唐代·古文選前 8_102_12
唐代·古文選前 8_102_14
唐代·古文選前 9_105_11
唐代·古文選前 9_107_14
唐代·古文選前 9_108_6

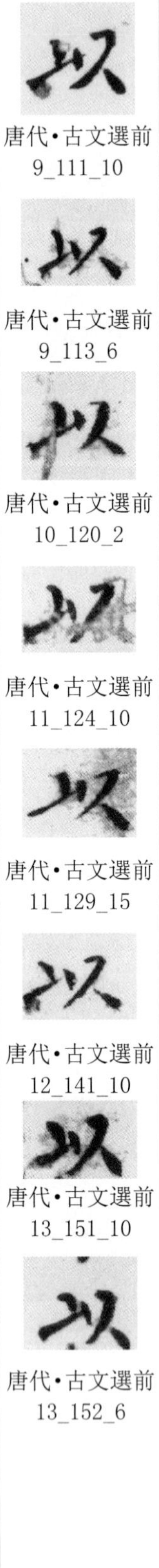

唐代·古文選前 9_111_10
唐代·古文選前 9_113_6
唐代·古文選前 10_120_2
唐代·古文選前 11_124_10
唐代·古文選前 11_129_15
唐代·古文選前 12_141_10
唐代·古文選前 13_151_10
唐代·古文選前 13_152_6

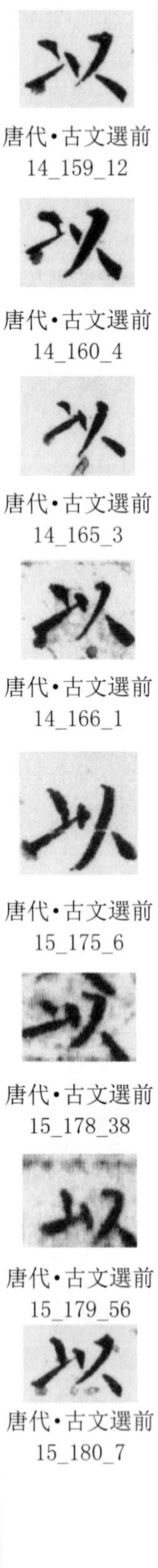

唐代·古文選前 14_159_12
唐代·古文選前 14_160_4
唐代·古文選前 14_165_3
唐代·古文選前 14_166_1
唐代·古文選前 15_175_6
唐代·古文選前 15_178_38
唐代·古文選前 15_179_56
唐代·古文選前 15_180_7

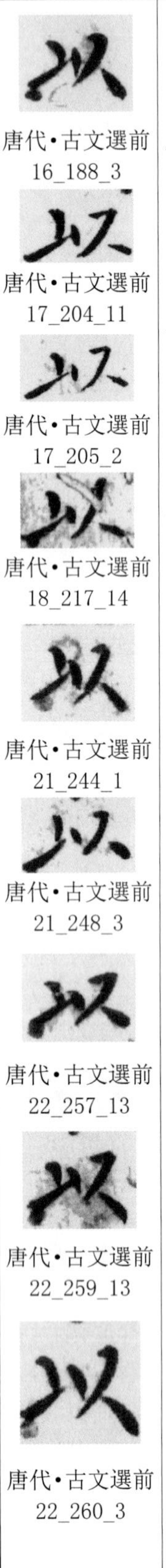

唐代·古文選前 16_188_3
唐代·古文選前 17_204_11
唐代·古文選前 17_205_2
唐代·古文選前 18_217_14
唐代·古文選前 21_244_1
唐代·古文選前 21_248_3
唐代·古文選前 22_257_13
唐代·古文選前 22_259_13
唐代·古文選前 22_260_3

唐代•十輪經四 19_365_11
唐代•十輪經四 21_405_3
唐代•十輪經四 21_407_1
唐代•十輪經八 2_31_12
唐代•十輪經八 5_93_5
唐代•十輪經八 5_94_13
唐代•十輪經八 18_347_8
唐代•十輪經九 5_81_13
唐代•十輪經九 6_99_6
唐代•十輪經四 14_274_16
唐代•十輪經四 14_277_2
唐代•十輪經四 15_281_8
唐代•十輪經四 15_288_2
唐代•十輪經四 15_295_2
唐代•十輪經四 15_296_1
唐代•十輪經四 15_298_15
唐代•十輪經四 16_308_5
唐代•十輪經四 17_331_11
唐代•十輪經四 9_173_5
唐代•十輪經四 9_178_6
唐代•十輪經四 9_179_12
唐代•十輪經四 10_181_21
唐代•十輪經四 10_182_5
唐代•十輪經四 10_188_2
唐代•十輪經四 10_197_14
唐代•十輪經四 11_207_16
唐代•十輪經四 14_272_16
唐代•古文選後 22_259_33
唐代•古文選後 24_280_4
唐代•古文選後 24_283_8
唐代•古文選後 27_314_9
唐代•十輪經四 1_6_5
唐代•十輪經四 2_25_15
唐代•十輪經四 3_44_3
唐代•十輪經四 8_147_8
唐代•十輪經四 9_161_14
唐代•古文選後 10_116_6
唐代•古文選後 10_118_10
唐代•古文選後 11_126_11
唐代•古文選後 13_155_9
唐代•古文選後 13_155_13
唐代•古文選後 14_161_8
唐代•古文選後 14_161_12
唐代•古文選後 18_205_9
唐代•古文選後 22_259_29
唐代•古文選前 26_302_4
唐代•古文選前 26_305_7
唐代•古文選前 26_308_7
唐代•古文選前 27_315_8
唐代•古文選後 1_6_7
唐代•古文選後 2_22_8
唐代•古文選後 6_63_10
唐代•古文選後 6_67_2
唐代•古文選後 7_76_12
唐代•古文選前 22_264_9
唐代•古文選前 23_270_7
唐代•古文選前 23_273_15
唐代•古文選前 24_286_8
唐代•古文選前 24_286_12
唐代•古文選前 25_290_3
唐代•古文選前 25_290_10
唐代•古文選前 25_291_13
唐代•古文選前 25_299_13

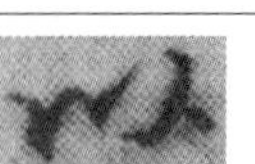
唐代·十輪經九
6_104_9

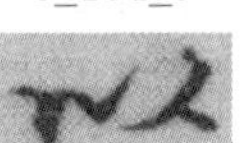
唐代·十輪經九
6_114_5

唐代·十輪經九
6_117_11

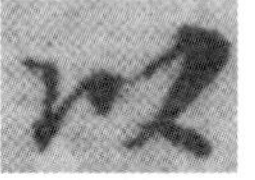
唐代·十輪經九
8_152_13

唐代·十輪經九
9_169_5

唐代·十輪經九
9_175_14

唐代·十輪經九
10_182_16

唐代·十輪經十
2_26_1

唐代·十輪經十
3_48_9

唐代·十輪經十
4_64_12

唐代·十輪經十
4_70_2

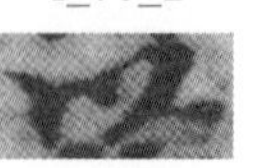
唐代·十輪經十
4_78_16

唐代·十輪經十
6_104_9

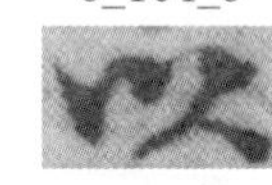
唐代·十輪經十
7_138_6

唐代·十輪經十
9_168_10

唐代·十輪經十
10_184_15

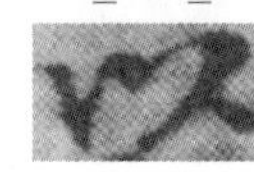
唐代·十輪經十
10_198_15

唐代·十輪經十
17_328_9

今 仒

漢キン 呉コン
訓いま

中唐・風信帖
2_7_6

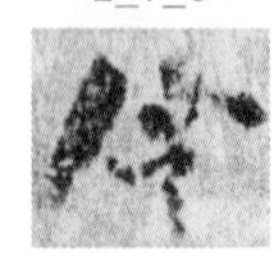
晚唐·慶滋書狀
1_5_8

唐代·春秋經傳
6_53_12

唐代·春秋經傳
10_99_8

唐代·春秋經傳
15_152_16

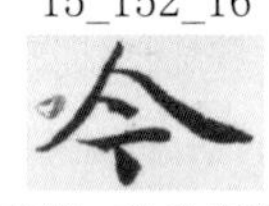
唐代·春秋經傳
15_153_18

唐代·春秋經傳
17_176_19

唐代·春秋經傳
25_256_5

唐代·春秋經傳
17_171_7

唐代·春秋經傳
26_268_13

唐代·春秋經傳
28_292_12

唐代·春秋經傳
29_298_23

唐代·春秋經傳
30_307_19

唐代·春秋經傳
33_346_25

唐代·春秋經傳
34_353_19

唐代·春秋經傳
38_398_16

唐代·文選四八
1_8_9

唐代·文選四八
4_23_22

唐代·文選四八
4_24_10

唐代·文選四八
14_128_12

唐代·文選四八
17_152_13

唐代·文選四八
20_176_10

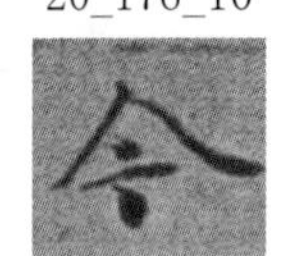
唐代·文選四八
22_199_15

唐代·文選四八
24_215_2

唐代·文選四八
26_238_24

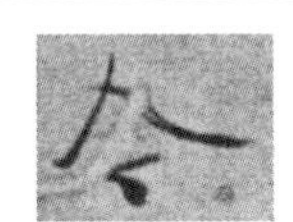
唐代·文選四八
27_241_23

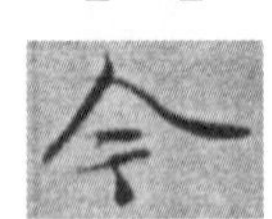
唐代·文選四八
27_243_19

唐代·文選四八
29_263_2

唐代·文選四八
29_264_19

唐代·文選四八
30_272_16

唐代·文選四八
33_295_17

唐代·文選四八
34_302_23

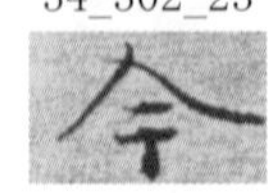
唐代·文選四八
36_325_12

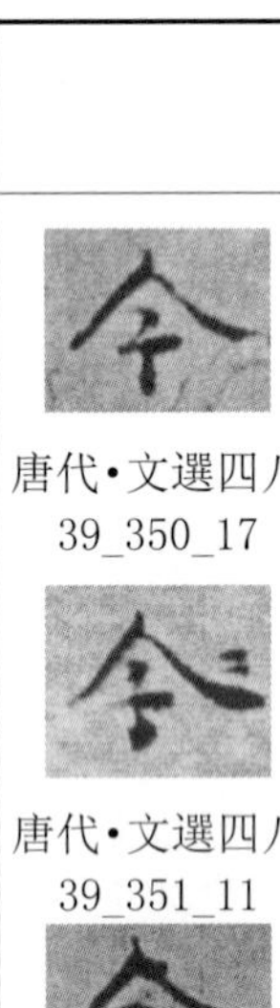
唐代·文選四八
39_350_17

唐代·文選四八
39_351_11

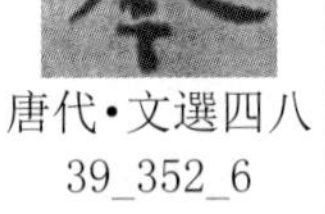
唐代·文選四八
39_352_6

唐代·文選四八
40_356_5

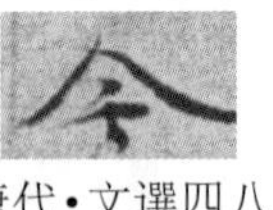
唐代·文選四八
41_367_16

唐代·文選四八
42_382_6

唐代·文選四八
43_388_20

唐代·文選四八
46_413_2

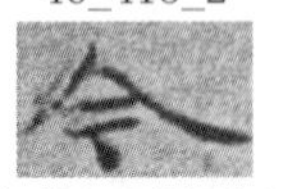
唐代·文選四八
48_432_9

唐代•文選四八
48_440_3

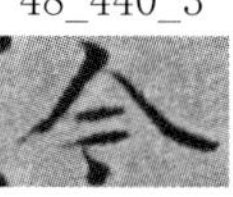
唐代•文選四八
49_444_8

唐代•文選五九
4_36_30

唐代•文選五九
7_60_8

唐代•文選五九
7_64_25

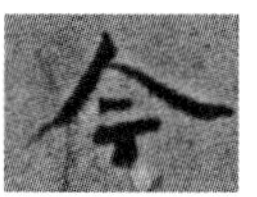
唐代•文選五九
8_74_7

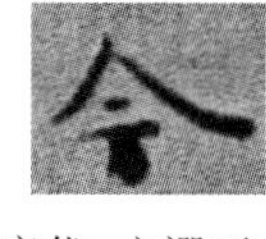
唐代•文選五九
11_110_4

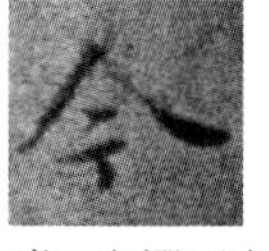
唐代•文選五九
15_149_26

唐代•文選五九
19_179_14

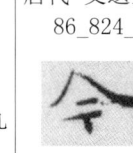

唐代•文選五九
19_180_28

唐代•文選五九
19_181_9

唐代•文選五九
22_213_16

唐代•文選五九
23_223_19

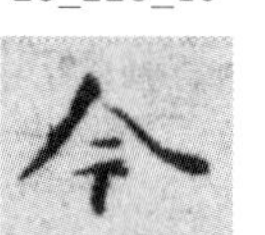
唐代•文選五九
23_224_28

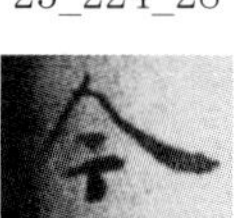
唐代•文選五九
23_228_30

唐代•文選五九
24_238_26

唐代•文選五九
25_239_8

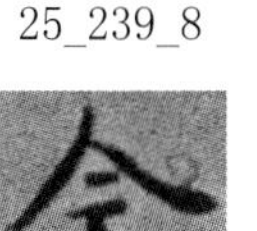
唐代•文選五九
25_240_25

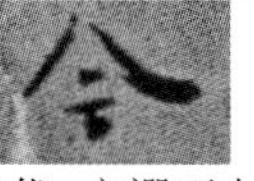
唐代•文選五九
25_242_1

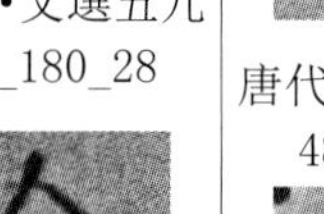
唐代•文選五九
25_242_17

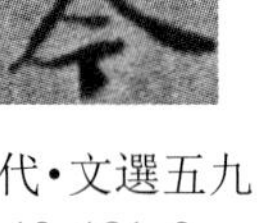
唐代•文選五九
26_257_21

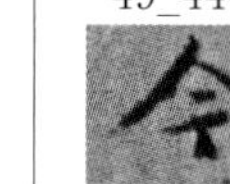
唐代•文選五九
27_265_25

唐代•文選五九
29_284_14

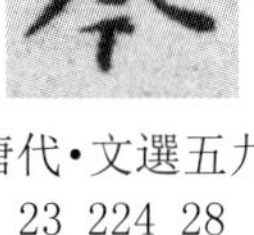
唐代•文選五九
29_291_5

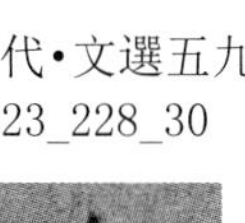
唐代•文選五九
30_294_17

唐代•文選五九
31_307_22

唐代•文選五九
34_335_17

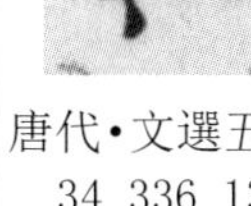
唐代•文選五九
34_336_13

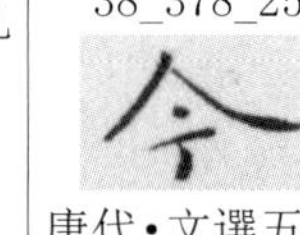
唐代•文選五九
34_338_2

唐代•文選五九
38_375_11

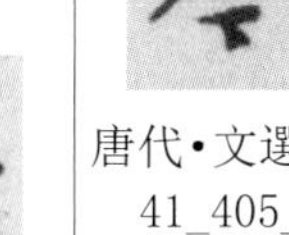
唐代•文選五九
38_378_25

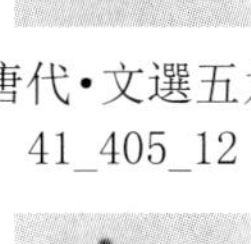
唐代•文選五九
39_386_31

唐代•文選五九
41_405_12

唐代•文選五九
43_429_6

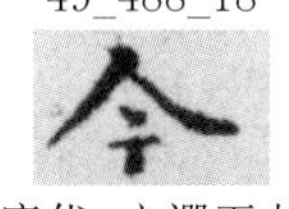
唐代•文選五九
49_488_18

唐代•文選五九
50_496_20

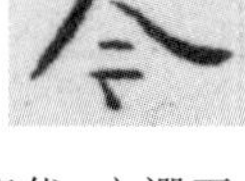
唐代•文選五九
56_542_1

唐代•文選五九
58_556_3

唐代•文選五九
65_627_30

唐代•文選五九
68_651_22

唐代•文選五九
68_661_7

唐代•文選五九
72_690_13

唐代•文選五九
74_709_5

唐代•文選五九
76_733_11

唐代•文選五九
77_737_15

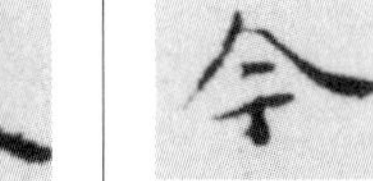
唐代•文選五九
82_793_16

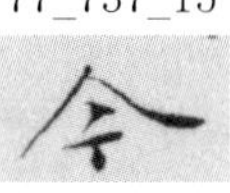
唐代•文選五九
83_798_10

唐代•文選五九
83_800_26

唐代•文選五九
84_807_26

唐代•文選五九
84_809_22

唐代•文選五九
86_824_7

唐代•文選五九
88_842_8

唐代•文選五九
89_855_19

唐代•文選五九
90_859_2

唐代•文選五九
94_900_12

唐代•文選五九
94_902_1

唐代•文選五九
98_927_10

唐代•文選五九
101_959_28

唐代•文選五九
102_965_17

唐代•文選五九
105_988_1

唐代•文選五九
105_988_13

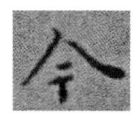

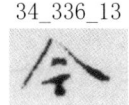

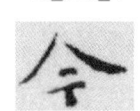

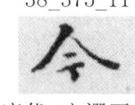

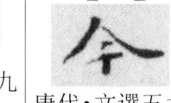

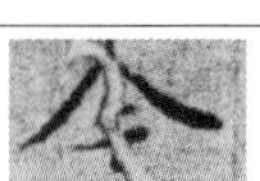
唐代•文選五九
105_990_6

唐代•文選五九
108_1025_25

唐代•文選五九
109_1027_27

唐代•文選五九
111_1052_24

唐代•文選五九
111_1055_1

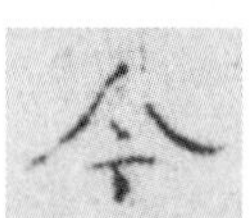
唐代•文選六八
3_29_9

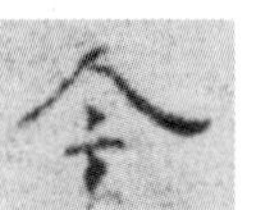
唐代•文選六八
3_34_18

唐代•文選六八
6_62_8

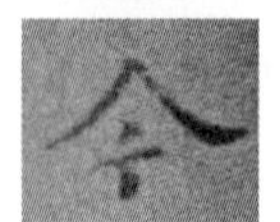
唐代•文選六八
6_64_29

唐代•文選六八
8_80_13

唐代•文選六八
8_85_25

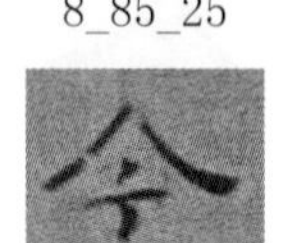
唐代•文選六八
12_123_19

唐代•文選六八
12_127_18

唐代•文選六八
15_152_17

唐代•文選六八
15_160_5

唐代•文選六八
17_168_11

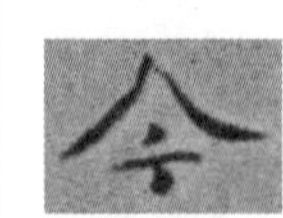
唐代•文選六八
17_172_2

唐代•文選六八
19_190_22

唐代•文選六八
21_206_10

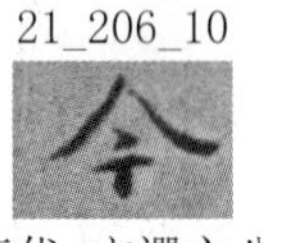
唐代•文選六八
21_210_7

唐代•文選六八
21_216_25

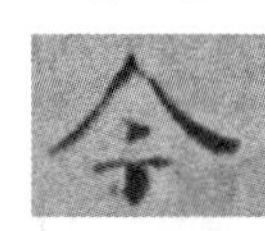
唐代•文選六八
22_225_9

唐代•文選六八
23_231_11

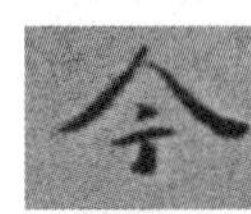
唐代•文選六八
24_240_22

唐代•文選六八
25_246_23

唐代•文選六八
27_267_7

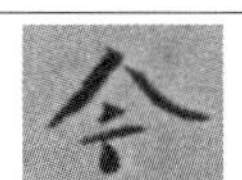
唐代•文選六八
28_283_9

唐代•文選六八
29_287_19

唐代•文選六八
29_291_5

唐代•文選六八
29_291_12

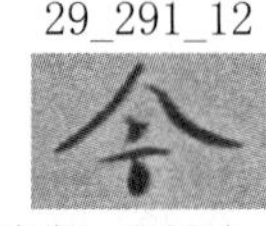
唐代•文選六八
29_293_21

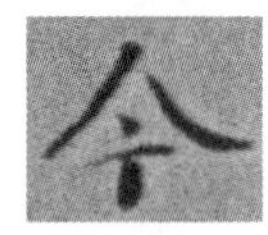
唐代•文選六八
31_309_28

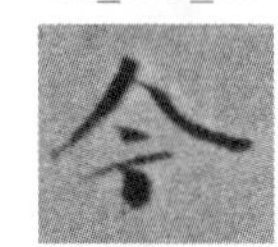
唐代•文選六八
32_320_30

唐代•文選六八
35_345_1

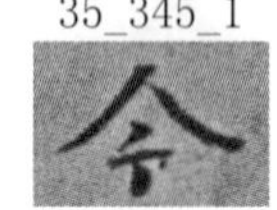
唐代•文選六八
47_478_11

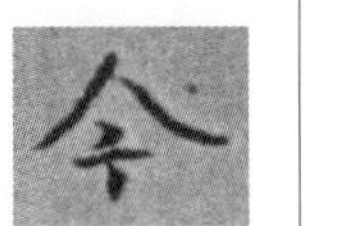
唐代•文選六八
41_407_28

唐代•文選六八
43_425_7

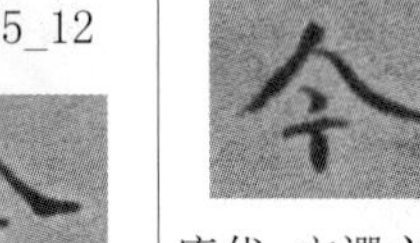
唐代•文選六八
43_427_4

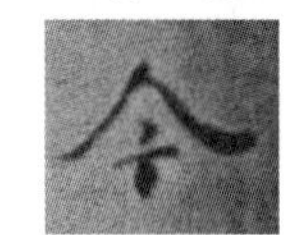
唐代•文選六八
43_435_22

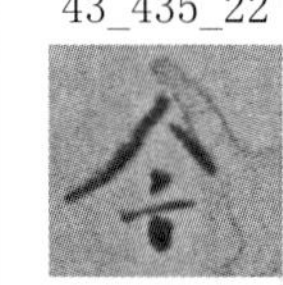
唐代•文選六八
45_447_17

唐代•文選六八
46_460_10

唐代•文選六八
49_496_21

唐代•文選六八
51_507_16

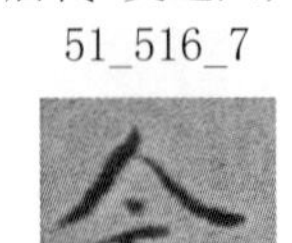
唐代•文選六八
51_516_7

唐代•文選六八
53_525_12

唐代•文選六八
54_543_18

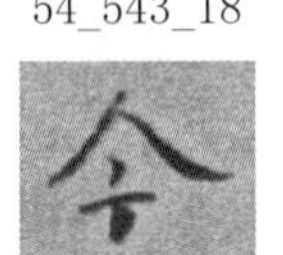
唐代•文選六八
56_559_9

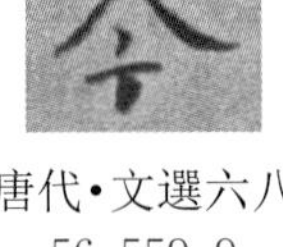
唐代•文選六八
57_570_11

唐代•文選六八
57_577_5

唐代•文選六八
59_589_13

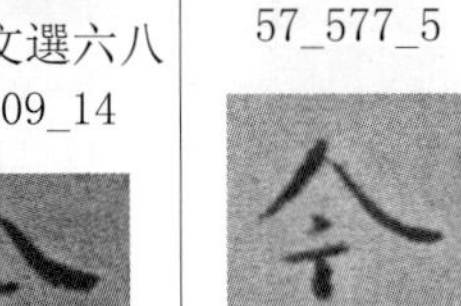
唐代•文選六八
59_592_17

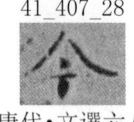

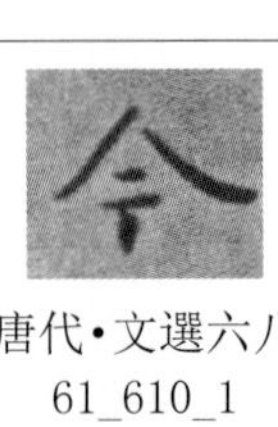
唐代•文選六八
61_610_1

唐代•文選六八
66_663_6

唐代•文選六八
67_666_7

唐代•文選六八
67_674_19

唐代•文選六八
70_698_15

唐代•文選六八
71_709_14

唐代•文選六八
72_719_28

唐代•文選六八
73_726_14

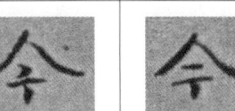

唐代•文選八八
3_19_3

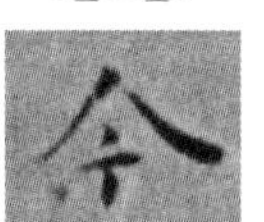
唐代•文選八八
4_21_23

唐代•文選八八
5_34_26

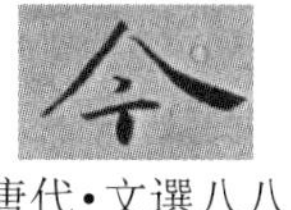
唐代•文選八八
6_38_7

唐代•文選八八
7_47_14

唐代•文選八八
8_60_1

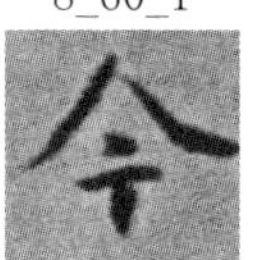
唐代•文選八八
9_65_18

唐代•文選八八
10_78_24

唐代•文選八八
10_82_22

唐代•文選八八
11_88_30

唐代•文選八八
11_91_19

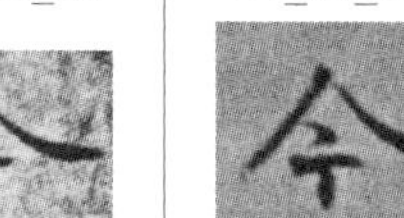
唐代•文選八八
12_100_29

唐代•文選八八
13_113_1

唐代•文選八八
15_127_8

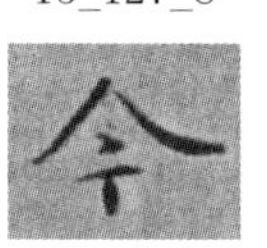
唐代•文選八八
17_148_14

唐代•文選八八
17_148_30

唐代•文選八八
19_163_10

唐代•文選八八
22_195_17

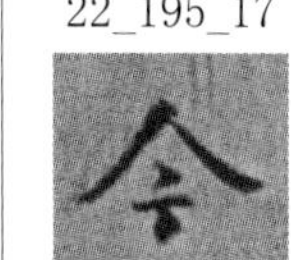
唐代•文選八八
24_216_24

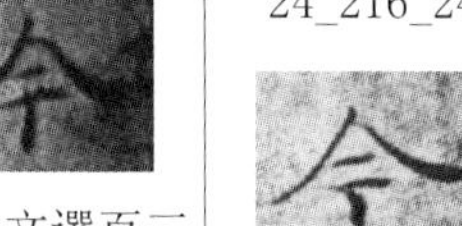
唐代•文選百三
2_14_22

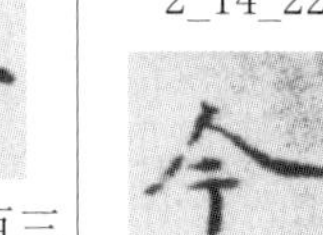
唐代•文選百三
3_19_20

唐代•文選百三
3_26_15

唐代•文選百三
8_72_28

唐代•文選百三
9_89_25

唐代•文選百三
9_79_33

唐代•文選百三
15_135_9

唐代•文選百三
17_158_12

唐代•文選百三
17_165_12

唐代•文選百三
19_188_17

唐代•文選百三
28_273_22

唐代•文選百三
29_279_36

唐代•文選百三
30_298_30

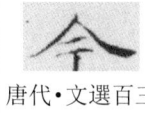

唐代•文選百三
31_314_19

唐代•文選百三
34_341_7

唐代•文選百三
35_346_21

唐代•文選百三
35_349_30

唐代•文選百三
37_376_8

唐代•文選百三
38_378_8

唐代•文選百三
38_381_34

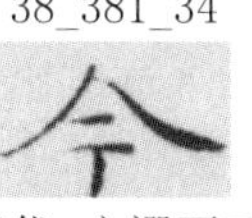
唐代•文選百三
40_399_26

唐代•文選百三
41_407_9

唐代•文選百三
41_411_17

唐代•文選百三
45_430_8

唐代•文選百三
47_447_3

唐代•文選百三
49_467_13

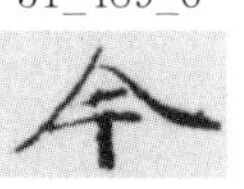
唐代•文選百三
49_471_21

唐代•文選百三
51_489_6

唐代•文選百三
51_493_27

唐代•文選百三
53_507_17

唐代•文選百三
53_512_31

唐代•文選百三
56_542_14

唐代•文選百三
61_588_16

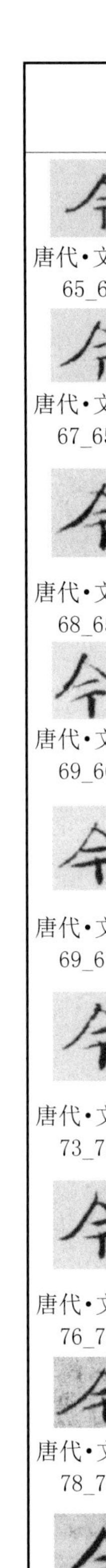
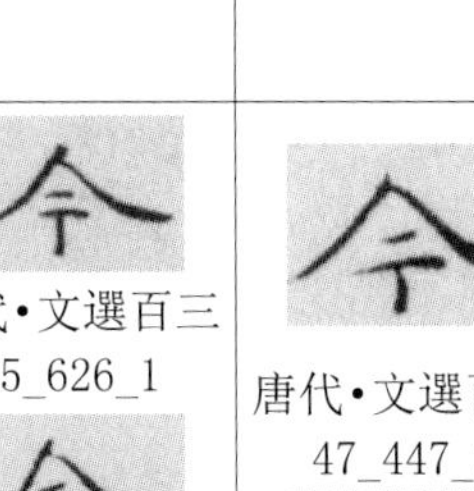
唐代•文選百三
65_626_1

唐代•文選百三
67_650_21

唐代•文選百三
68_658_12

唐代•文選百三
69_662_35

唐代•文選百三
69_671_31

唐代•文選百三
73_705_31

唐代•文選百三
76_726_24

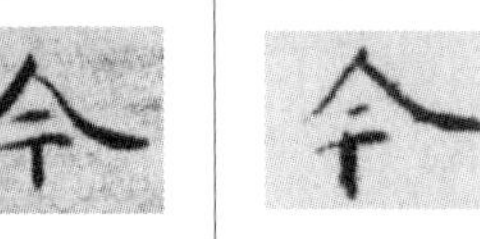
唐代•文選百三
78_747_28

唐代•文選百三
80_761_6

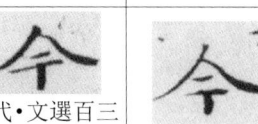

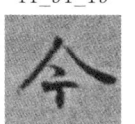

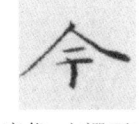

仁

			慣ニ漢ジン呉ニ 訓いくつしむ			
唐代•文選六八 61_609_16  唐代•文選六八 61_610_11  唐代•文選六八 61_613_3  唐代•文選六八 64_641_4  唐代•文選八八 7_47_20 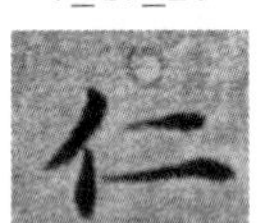 唐代•文選八八 7_50_7 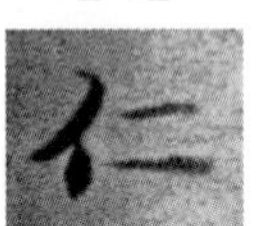 唐代•文選八八 7_51_16  唐代•文選八八 17_146_5	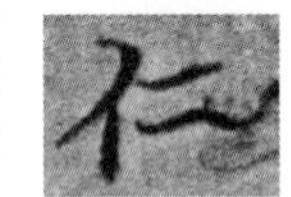 唐代•文選四八 48_429_24 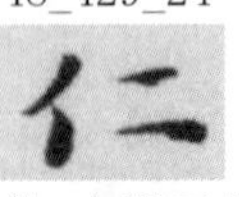 唐代•文選五九 35_346_8  唐代•文選五九 56_550_7 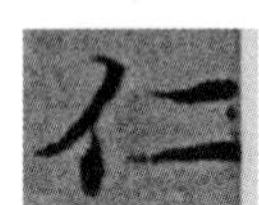 唐代•文選六八 8_74_7  唐代•文選六八 52_520_10 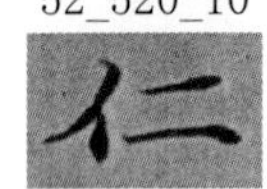 唐代•文選六八 58_583_2 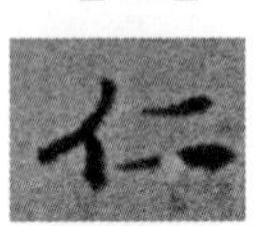 唐代•文選六八 58_583_24  唐代•文選六八 58_584_7	 唐代•文選四八 20_183_5  唐代•文選四八 20_184_21 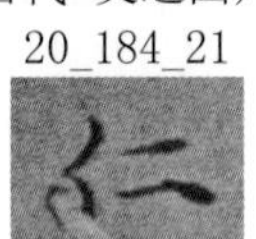 唐代•文選四八 21_187_2 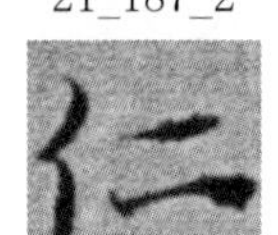 唐代•文選四八 32_290_4 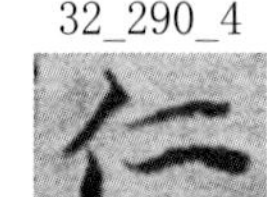 唐代•文選四八 41_367_21 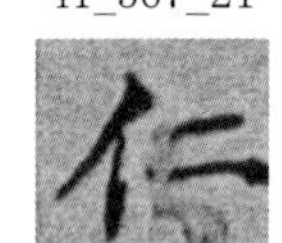 唐代•文選四八 41_368_12 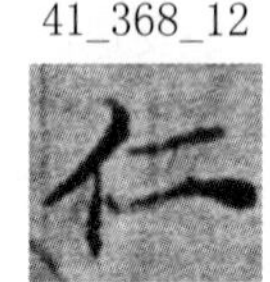 唐代•文選四八 46_411_22  唐代•文選四八 46_415_26	 中唐•灌頂歷名 1_1_2  中唐•灌頂歷名 1_5_2  唐代•春秋經傳 19_201_4  唐代•春秋經傳 19_201_16  唐代•春秋經傳 19_202_6 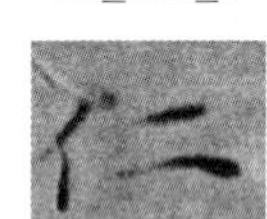 唐代•文選四八 11_99_25 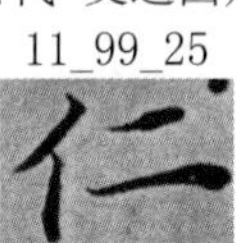 唐代•文選四八 12_101_3  唐代•文選四八 14_121_2	 唐代•十輪經四 10_188_5 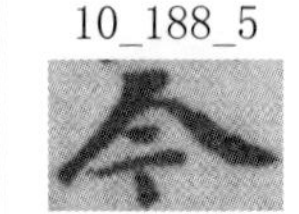 唐代•十輪經四 13_246_2  唐代•十輪經四 14_263_2  唐代•十輪經四 14_274_15  唐代•十輪經十 15_295_8 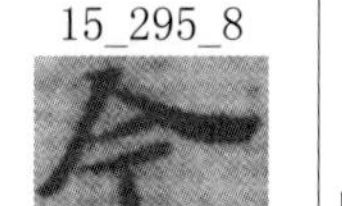 唐代•十輪經十 17_334_14  唐代•十輪經十 19_361_4	 唐代•古文選後 7_77_1  唐代•古文選後 8_95_1  唐代•古文選後 10_111_8  唐代•古文選後 18_211_12  唐代•古文選後 24_280_10  唐代•古文選後 24_280_22 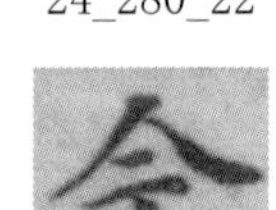 唐代•十輪經四 4_72_5  唐代•十輪經四 9_168_9	 唐代•文選百三 81_767_17  唐代•文選百三 81_772_30  唐代•文選百三 81_774_37  唐代•文選百三 81_775_32  唐代•文選百三 84_803_21 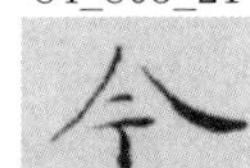 唐代•文選百三 85_806_5  唐代•文選百三 87_834_2  唐代•古文選前 7_88_10  唐代•古文選前 13_151_1

仆 𠆶

ホク漢フ
訓たおれる

唐代・古文選後
22_262_14

什 𠆶

漢シュウ呉ジュウ
訓とお

唐代・文選百三
29_283_16

唐代・古文選後
24_281_54

唐代・古文選後
24_281_68

唐代・十輪經四
3_54_11

唐代・十輪經四
4_68_18

唐代・十輪經四
15_292_12

唐代・十輪經十
4_61_4

唐代・古文選前
24_278_12

唐代・古文選前
25_293_6

唐代・古文選前
26_306_12

唐代・古文選後
4_44_10

唐代・古文選後
9_104_10

唐代・古文選後
13_156_6

唐代・古文選後
17_203_11

唐代・古文選後
19_227_6

唐代・文選百三
56_535_32

唐代・文選百三
72_693_7

唐代・文選百三
72_694_5

唐代・文選百三
72_698_16

唐代・文選百三
73_701_5

唐代・文選百三
86_822_8

唐代・文選百三
87_824_8

唐代・古文選前
18_217_13

唐代・文選百三
15_137_13

唐代・文選百三
15_137_22

唐代・文選百三
15_139_14

唐代・文選百三
23_216_31

唐代・文選百三
24_233_6

唐代・文選百三
24_234_3

唐代・文選百三
24_234_18

唐代・文選百三
49_467_21

唐代・文選八八
17_148_2

唐代・文選八八
19_172_6

唐代・文選八八
20_176_11

唐代・文選百三
1_5_19

唐代・文選百三
1_8_9

唐代・文選百三
1_10_3

唐代・文選百三
7_63_5

唐代・文選百三
15_135_23

化

漢カ 呉ケ
訓ばける

初唐•金剛場經 1_10_7
中唐•金剛經題 2_12_4
晚唐•慶滋書狀 1_10_10
唐代•文選四八 12_103_24
唐代•文選四八 13_114_8
唐代•文選四八 13_117_22
唐代•文選四八 41_370_3
唐代•文選四八 42_383_24
唐代•文選五九 4_37_9

唐代•文選五九 4_38_22
唐代•文選五九 4_38_27
唐代•文選五九 5_39_14
唐代•文選五九 5_40_7
唐代•文選五九 64_623_6
唐代•文選五九 105_990_3
唐代•文選六八 19_195_2
唐代•文選六八 20_200_3
唐代•文選六八 55_545_12

唐代•文選六八 63_635_15
唐代•文選六八 63_636_12
唐代•文選六八 63_637_3
唐代•文選六八 66_660_10
唐代•文選八八 3_16_15
唐代•文選八八 8_58_8
唐代•文選八八 15_124_27
唐代•文選八八 15_132_29

唐代•文選八八 15_133_3
唐代•文選八八 16_134_10
唐代•文選八八 16_134_24
唐代•文選八八 19_161_10
唐代•文選八八 19_163_8
唐代•文選八八 20_176_8
唐代•文選八八 21_179_10
唐代•文選八八 24_214_5

唐代•文選百三 11_100_12
唐代•文選百三 11_100_21
唐代•文選百三 55_528_8
唐代•文選百三 56_534_24
唐代•文選百三 57_547_19
唐代•古文選前 17_204_6
唐代•古文選前 19_220_8
唐代•古文選前 23_276_14

唐代•古文選後 1_2_12
唐代•古文選後 1_5_12
唐代•古文選後 4_46_5
唐代•古文選後 6_61_3
唐代•古文選後 11_127_8
唐代•古文選後 14_165_4
唐代•古文選後 18_205_10
唐代•古文選後 18_214_14

唐代•十輪經四 1_12_8
唐代•十輪經四 14_278_3
唐代•十輪經八 10_196_5
唐代•十輪經十 7_129_12
唐代•十輪經十 9_180_1
唐代•十輪經十 10_187_4
唐代•十輪經十 17_323_1

				令	仍	仇
				漢レイ呉リョウ 訓れい	漢ジョウ呉ニョウ 訓よる	漢キュウ呉グ 訓あだ
 唐代•文選五九 77_737_3	 唐代•文選四八 47_422_19	 唐代•文選四八 27_244_25	 唐代•春秋經傳 23_235_7	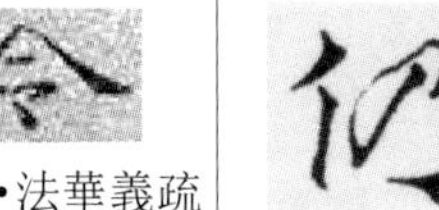 初唐•法華義疏 1_4_14	 初唐•聖武雜集 1_6_5	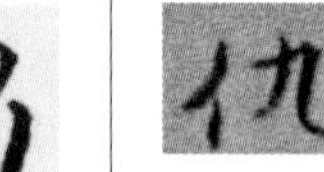 唐代•文選六八 22_222_27
 唐代•文選五九 77_743_30	唐代•文選五九 12_116_4	 唐代•文選四八 29_259_4	 唐代•春秋經傳 31_323_11	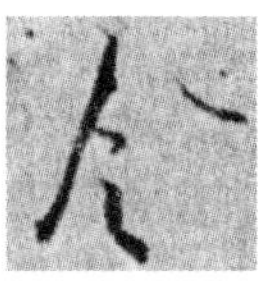 晚唐•慶滋書狀 1_10_1	 晚唐•慶滋書狀 1_7_1	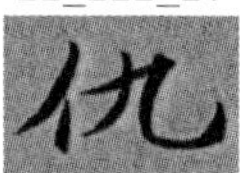 唐代•文選六八 47_467_4
 唐代•文選五九 78_750_12	唐代•文選五九 50_491_4	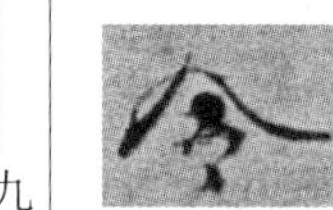 唐代•文選四八 36_322_18	 唐代•春秋經傳 36_377_6	 唐代•春秋經傳 5_51_1	 唐代•文選六八 21_209_23	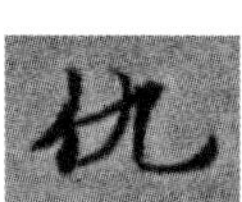 唐代•文選六八 47_468_21
 唐代•文選五九 82_788_17	唐代•文選五九 53_522_9	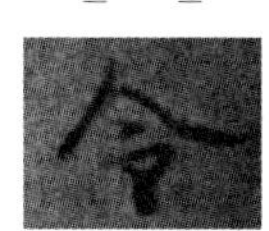 唐代•文選四八 36_326_11	 唐代•文選四八 5_33_15	 唐代•春秋經傳 7_71_11	 唐代•文選六八 61_607_23	 唐代•文選六八 47_469_13
 唐代•文選五九 92_888_1	唐代•文選五九 56_543_15	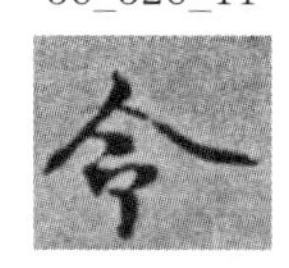 唐代•文選四八 36_329_5	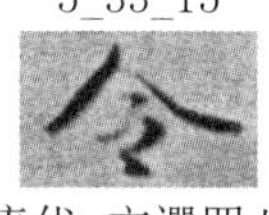 唐代•文選四八 5_37_24	 唐代•春秋經傳 16_163_12	 唐代•文選百三 3_19_31	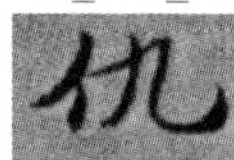 唐代•文選六八 47_470_21
 唐代•文選五九 92_889_13	唐代•文選五九 60_579_14	 唐代•文選四八 41_368_3	 唐代•文選四八 5_40_19	 唐代•春秋經傳 21_216_4	 唐代•文選百三 11_96_27	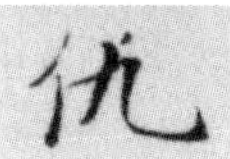 唐代•文選百三 42_418_19
 唐代•文選五九 93_890_12	唐代•文選五九 60_579_30	 唐代•文選四八 42_378_23	 唐代•文選四八 8_69_15	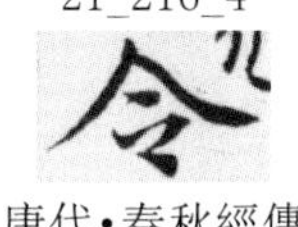 唐代•春秋經傳 21_216_12	 唐代•文選百三 23_221_2	
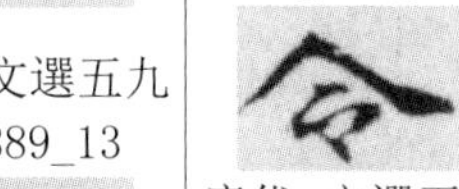 唐代•文選五九 93_890_29	唐代•文選五九 68_649_21	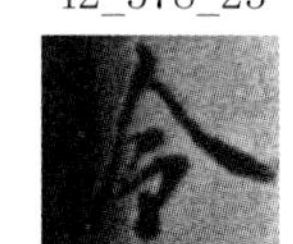 唐代•文選四八 44_399_14	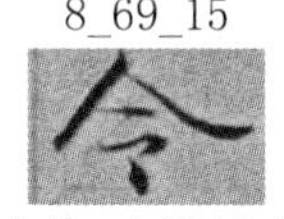 唐代•文選四八 26_235_16	 唐代•春秋經傳 21_218_4	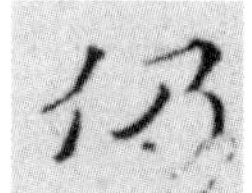 唐代•文選百三 67_644_17	
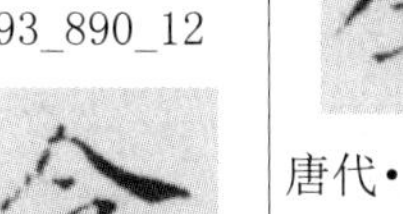 唐代•文選五九 93_891_16	唐代•文選五九 76_729_2	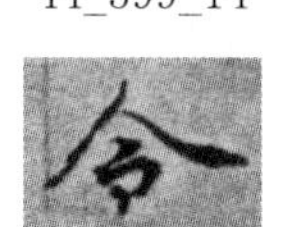 唐代•文選四八 45_403_18	 唐代•文選四八 26_237_7	 唐代•春秋經傳 23_234_17		

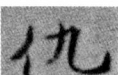

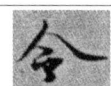

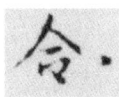

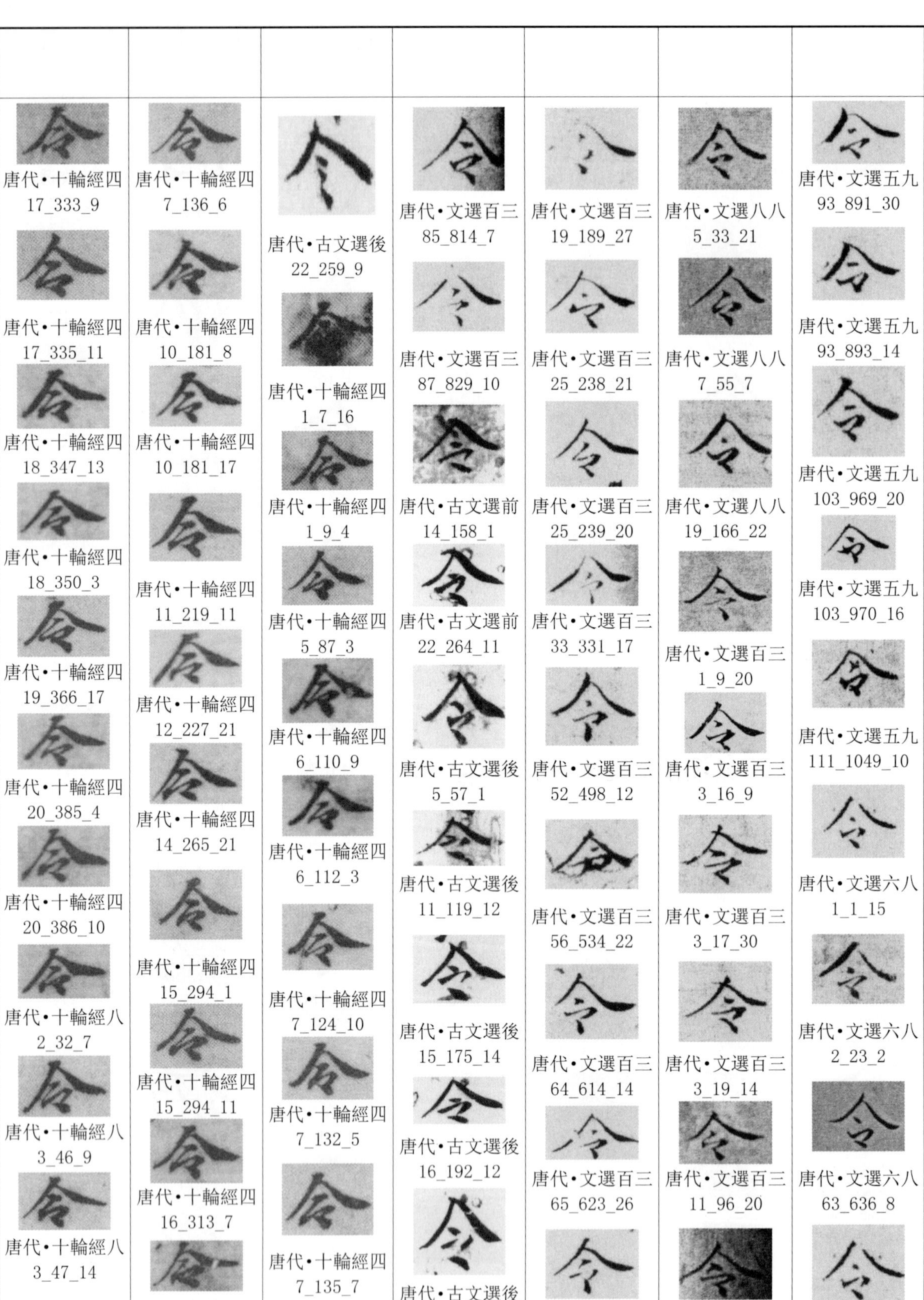

唐代·十輪經四 17_333_9
唐代·十輪經四 17_335_11
唐代·十輪經四 18_347_13
唐代·十輪經四 18_350_3
唐代·十輪經四 19_366_17
唐代·十輪經四 20_385_4
唐代·十輪經四 20_386_10
唐代·十輪經八 2_32_7
唐代·十輪經八 3_46_9
唐代·十輪經八 3_47_14

唐代·十輪經四 7_136_6
唐代·十輪經四 10_181_8
唐代·十輪經四 10_181_17
唐代·十輪經四 11_219_11
唐代·十輪經四 12_227_21
唐代·十輪經四 14_265_21
唐代·十輪經四 15_294_1
唐代·十輪經四 15_294_11
唐代·十輪經四 16_313_7
唐代·十輪經八 4_74_16

唐代·古文選後 22_259_9
唐代·十輪經四 1_7_16
唐代·十輪經四 1_9_4
唐代·十輪經四 5_87_3
唐代·十輪經四 6_110_9
唐代·十輪經四 6_112_3
唐代·十輪經四 7_124_10
唐代·十輪經四 7_132_5
唐代·十輪經四 7_135_7

唐代·文選百三 85_814_7
唐代·文選百三 87_829_10
唐代·古文選前 14_158_1
唐代·古文選前 22_264_11
唐代·古文選後 5_57_1
唐代·古文選後 11_119_12
唐代·古文選後 15_175_14
唐代·古文選後 16_192_12
唐代·古文選後 19_226_1

唐代·文選百三 19_189_27
唐代·文選百三 25_238_21
唐代·文選百三 25_239_20
唐代·文選百三 33_331_17
唐代·文選百三 52_498_12
唐代·文選百三 56_534_22
唐代·文選百三 64_614_14
唐代·文選百三 65_623_26
唐代·文選百三 79_754_22

唐代·文選八八 5_33_21
唐代·文選八八 7_55_7
唐代·文選八八 19_166_22
唐代·文選百三 1_9_20
唐代·文選百三 3_16_9
唐代·文選百三 3_17_30
唐代·文選百三 3_19_14
唐代·文選百三 11_96_20
唐代·文選百三 17_165_2

唐代·文選五九 93_891_30
唐代·文選五九 93_893_14
唐代·文選五九 103_969_20
唐代·文選五九 103_970_16
唐代·文選五九 111_1049_10
唐代·文選六八 1_1_15
唐代·文選六八 2_23_2
唐代·文選六八 63_636_8
唐代·文選八八 1_2_3

付

フ
訓 つける

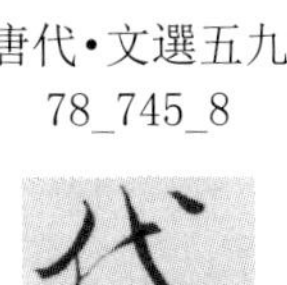
唐代•文選四八 26_234_12

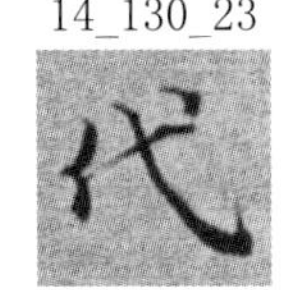
唐代•文選五九 106_1003_11

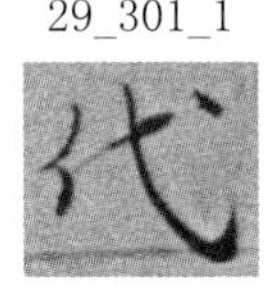
唐代•十輪經四 15_294_8

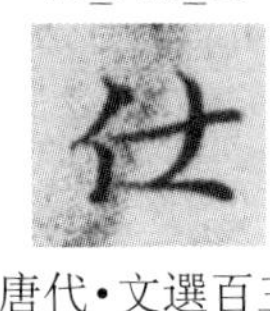
唐代•十輪經四 15_295_10

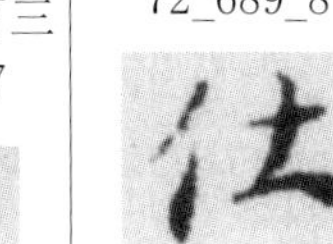
唐代•十輪經十 19_361_15

仕

漢 シ 呉 ジ
訓 つかえる

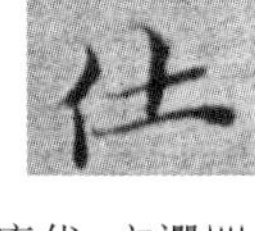
唐代•春秋經傳 12_118_5

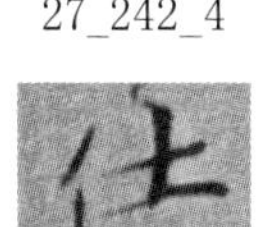
唐代•文選四八 3_18_9

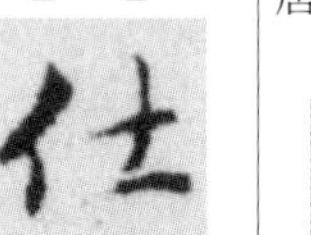
唐代•文選四八 6_44_3

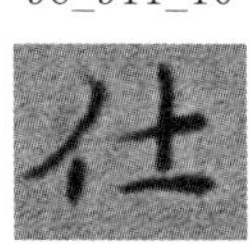
唐代•文選四八 27_242_4

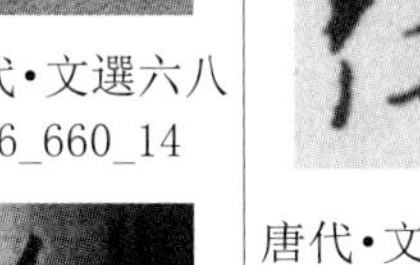
唐代•文選四八 27_243_1

唐代•文選四八 35_311_14

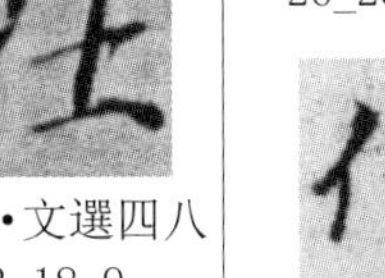
唐代•文選五九 35_351_11

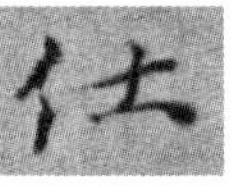
唐代•文選五九 45_451_19

唐代•文選五九 53_519_7

唐代•文選五九 72_686_30

唐代•文選五九 72_689_8

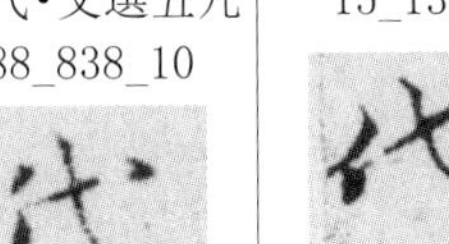
唐代•文選五九 72_693_6

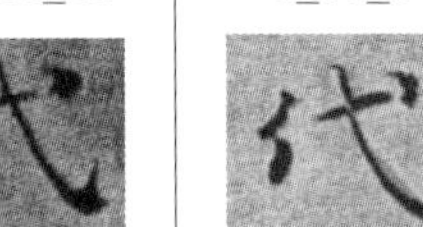
唐代•文選五九 85_816_27

唐代•文選五九 96_911_10

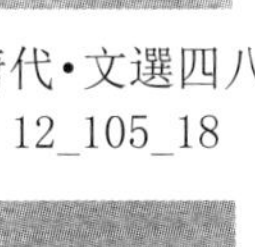
唐代•文選六八 66_660_14

唐代•文選五九 45_448_3

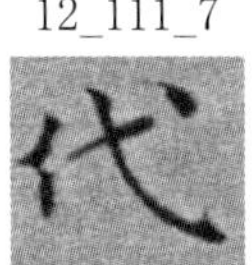
唐代•文選六八 66_661_4

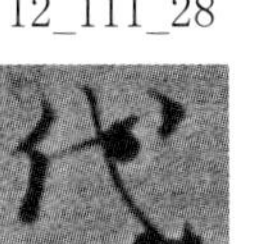
唐代•文選六八 71_713_13

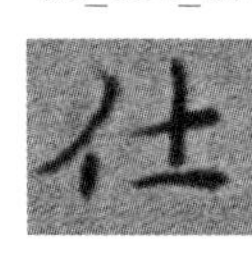
唐代•文選百三 13_116_37

唐代•文選五九 103_975_30

唐代•文選五九 103_979_16

代

漢 タイ 呉 ダイ
訓 かわる

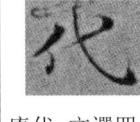

唐代•春秋經傳 29_300_3

唐代•春秋經傳 29_301_1

唐代•文選四八 2_12_12

唐代•文選四八 8_65_5

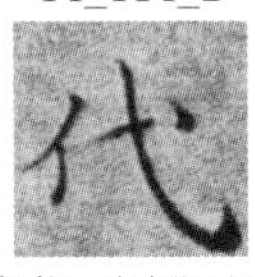
唐代•文選四八 12_105_18

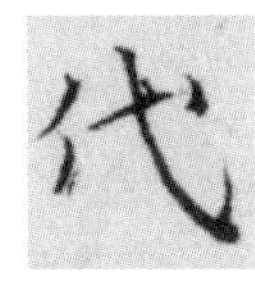
唐代•文選四八 12_111_7

唐代•文選四八 12_111_28

王濬伐皓
唐代•文選四八 21_189_5

唐代•文選四八 14_129_18

唐代•文選四八 14_130_23

唐代•文選四八 15_133_4

唐代•文選四八 50_451_21

唐代•文選五九 8_76_7

唐代•文選五九 30_297_23

唐代•文選五九 61_588_27

唐代•文選五九 61_590_23

唐代•文選五九 78_745_8

唐代•文選五九 82_795_25

當作伐
唐代•文選五九 88_838_10

唐代•文選五九 92_886_18

唐代•文選五九 92_887_12

唐代•文選八八 14_114_2

唐代•文選百三 5_40_7

唐代•文選百三 37_368_24

	他	仟		仙		
	タ 訓ほか	漢セン呉セン 訓—		セン 訓せん		
唐代・文選百三 63_604_37 唐代・古文選前 4_46_7 唐代・十輪經四 1_19_5 唐代・十輪經四 3_56_10 唐代・十輪經四 4_79_17 唐代・十輪經四 11_204_1 唐代・十輪經四 19_366_11 唐代・十輪經四 21_403_1 唐代・十輪經八 10_181_14	晩唐・慶滋書狀 1_15_10 唐代・春秋經傳 19_193_13 唐代・文選四八 30_270_23 唐代・文選六八 12_127_4 唐代・文選六八 34_341_20 唐代・文選六八 55_557_4 唐代・文選百三 41_407_2 唐代・文選百三 41_411_11 唐代・文選百三 83_784_14	唐代・文選五九 89_851_28 唐代・文選五九 89_853_4 唐代・文選五九 89_853_26 唐代・文選五九 89_855_29	唐代・文選五九 87_832_11 唐代・文選六八 27_267_15 唐代・文選六八 46_459_13 唐代・文選六八 47_469_16 唐代・文選六八 47_477_9 唐代・十輪經四 12_239_15 唐代・十輪經四 13_251_2 唐代・十輪經四 13_258_4	唐代・文選五九 9_85_12 唐代・文選五九 15_147_10 唐代・文選五九 15_147_30 唐代・文選五九 20_193_5 唐代・文選五九 33_323_7 唐代・文選五九 66_639_28 唐代・文選五九 74_705_11 唐代・文選五九 74_706_27 唐代・文選五九 74_708_29	唐代・文選百三 73_699_1	鄭伐滑 唐代・文選百三 81_765_5 唐代・文選百三 73_704_20 唐代・文選百三 74_714_11 唐代・文選百三 76_728_2 唐代・文選百三 77_738_26 唐代・古文選前 18_206_4 唐代・古文選前 24_277_7 唐代・古文選後 26_311_22

伍				休	全	
漢ゴ呉ゴ 訓まじわる				漢キュウ呉ク 訓やすむ	漢セン呉ゼン 訓まったく	
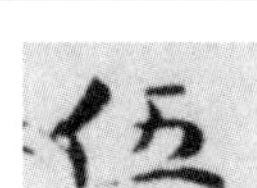 唐代•文選五九 86_831_29 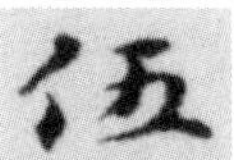 唐代•文選五九 87_832_16 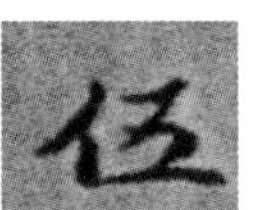 唐代•文選六八 63_635_24  唐代•文選百三 47_457_13  唐代•文選百三 51_490_31  唐代•古文選後 20_240_6	 唐代•文選八八 22_194_2  唐代•文選百三 42_418_32  唐代•文選百三 84_802_30  唐代•古文選前 22_264_10  唐代•古文選後 15_176_8  唐代•古文選後 21_250_16  唐代•古文選後 26_311_32	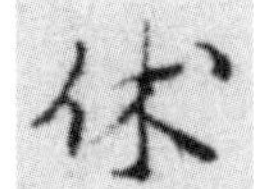 唐代•文選五九 102_966_9  唐代•文選五九 104_983_17 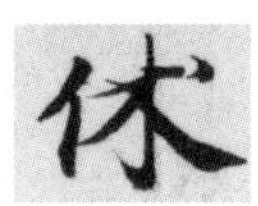 唐代•文選五九 107_1013_2  唐代•文選五九 109_1038_2 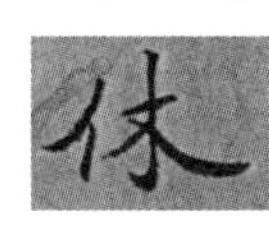 唐代•文選六八 68_678_14 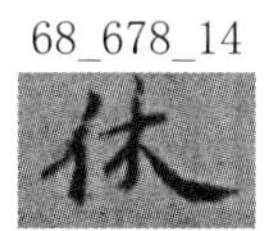 唐代•文選六八 68_679_10  唐代•文選八八 13_103_24 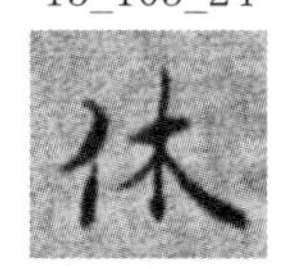 唐代•文選八八 21_184_8  唐代•文選八八 21_189_8	唐代•文選五九 53_520_26  唐代•文選五九 53_523_2  唐代•文選五九 53_523_20  唐代•文選五九 56_547_4  唐代•文選五九 56_548_4  唐代•文選五九 56_548_21  唐代•文選五九 56_550_10  唐代•文選五九 102_966_2  唐代•文選五九 104_982_18	唐代•文選四八 21_188_22 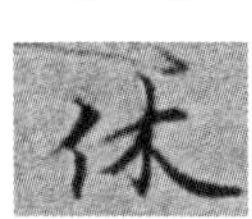 唐代•文選四八 30_268_4  唐代•文選五九 1_5_2 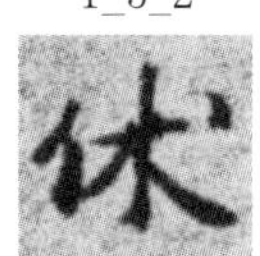 唐代•文選五九 23_220_13  唐代•文選五九 46_456_20  唐代•文選五九 47_458_16 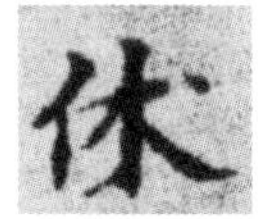 唐代•文選五九 47_460_15  唐代•文選五九 53_522_10	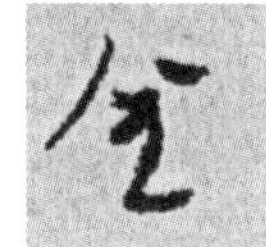 中唐•灌頂歷名 1_4_1  唐代•春秋經傳 39_405_1  唐代•文選百三 34_338_1  唐代•文選百三 36_361_3  唐代•文選百三 40_403_2  唐代•文選百三 61_585_35 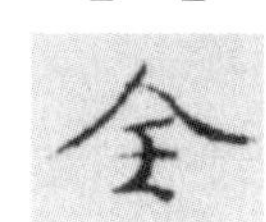 唐代•文選百三 71_684_26  唐代•古文選前 26_303_5  唐代•古文選後 5_55_7	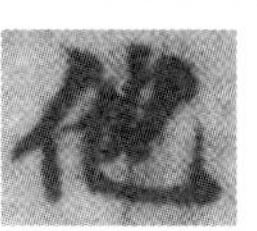 唐代•十輪經八 11_218_10  唐代•十輪經八 12_221_8  唐代•十輪經八 13_255_10  唐代•十輪經八 13_258_8 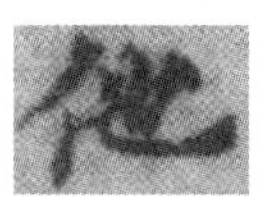 唐代•十輪經八 15_293_10  唐代•十輪經八 17_331_10  唐代•十輪經九 6_108_10  唐代•十輪經八 6_105_9  唐代•十輪經八 8_143_9

伎

漢キ 呉ギ
訓わざ

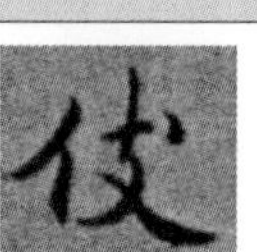
唐代・文選六八
42_423_14

唐代・文選六八
49_486_8

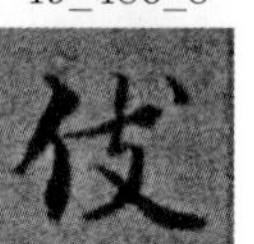
唐代・文選六八
67_666_3

唐代・古文選前
24_284_10

伏

漢フク 呉ブク
訓ふせる

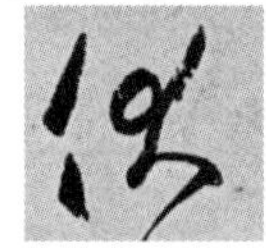
中唐・風信帖
1_4_7

唐代・春秋經傳
8_78_13

唐代・春秋經傳
9_91_12

唐代・文選四八
12_109_2

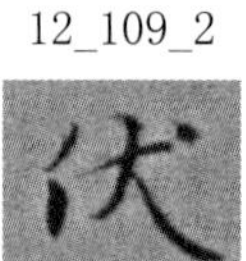
唐代・文選四八
12_110_17

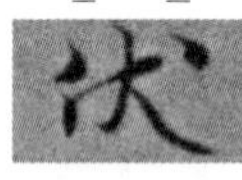
唐代・文選四八
12_110_28

唐代・文選四八
12_112_3

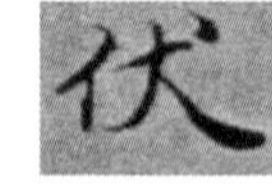
唐代・文選四八
12_112_14

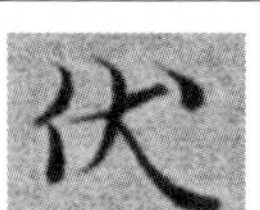
唐代・文選四八
13_113_11

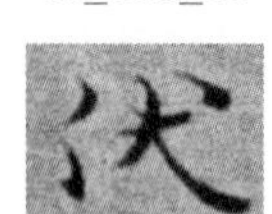
唐代・文選四八
13_113_24

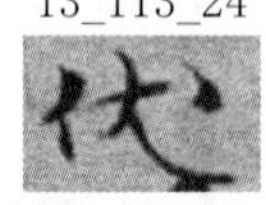
唐代・文選四八
13_113_28

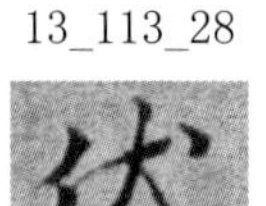
唐代・文選四八
13_116_17

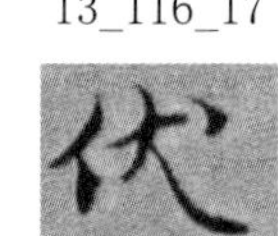
唐代・文選四八
14_123_4

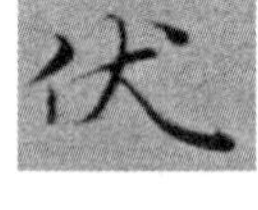
唐代・文選四八
14_131_24

唐代・文選四八
45_408_23

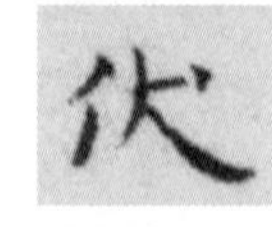
唐代・文選五九
40_398_27

唐代・文選五九
54_532_1

唐代・文選五九
77_735_2

唐代・文選五九
77_736_2

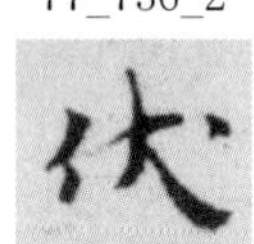
唐代・文選五九
77_736_27

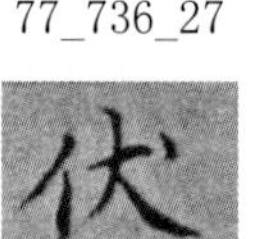
唐代・文選五九
84_813_1

唐代・文選五九
85_819_8

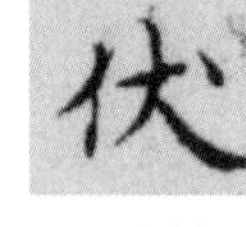
唐代・文選五九
90_858_5

唐代・文選六八
16_164_27

唐代・文選六八
17_174_23

唐代・文選六八
59_589_22

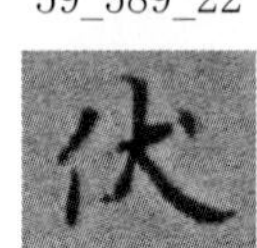
唐代・文選六八
65_648_3

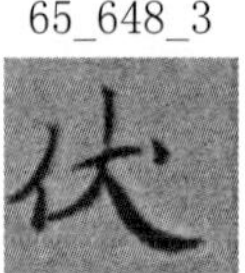
唐代・文選六八
65_649_2

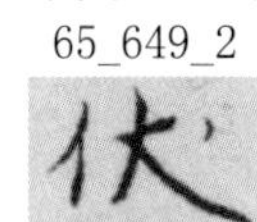
唐代・文選百三
33_323_16

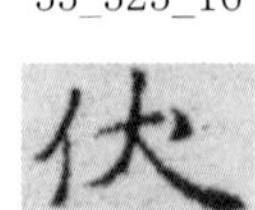
唐代・文選百三
51_487_28

唐代・文選百三
54_517_9

唐代・文選百三
55_525_17

唐代・古文選前
26_303_14

唐代・古文選後
7_75_5

唐代・十輪經四
15_298_12

唐代・十輪經八
3_59_17

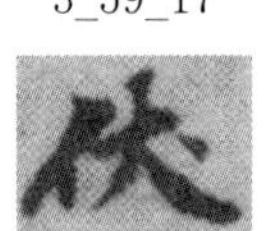
唐代・十輪經八
5_80_1

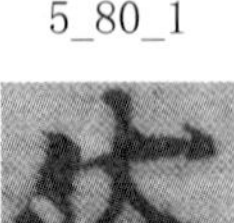
唐代・十輪經十
4_71_5

唐代・十輪經十
9_163_2

唐代・十輪經十
10_185_3

伐

呉バツ
訓きる

唐代・春秋經傳
2_10_2

唐代・春秋經傳
2_10_16

唐代・春秋經傳
2_13_4

唐代・春秋經傳
3_25_4

唐代・春秋經傳
3_30_11

唐代・春秋經傳
4_34_12

唐代・春秋經傳
4_37_18

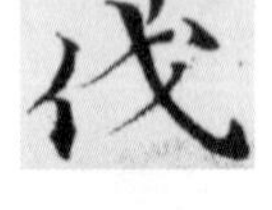
唐代・春秋經傳
4_40_35

唐代•春秋經傳 4_41_16
唐代•春秋經傳 5_44_38
唐代•春秋經傳 7_65_18
唐代•春秋經傳 7_66_2
唐代•春秋經傳 13_129_9
唐代•春秋經傳 13_136_18
唐代•春秋經傳 13_137_17
唐代•春秋經傳 15_159_7
唐代•春秋經傳 17_174_2
唐代•春秋經傳 18_183_4
唐代•春秋經傳 18_187_19
唐代•春秋經傳 18_189_1
唐代•春秋經傳 18_189_15
唐代•春秋經傳 18_190_13
唐代•春秋經傳 23_240_8
唐代•春秋經傳 24_244_9
唐代•春秋經傳 24_251_31
唐代•春秋經傳 24_252_14
唐代•春秋經傳 25_255_15
唐代•春秋經傳 25_256_14
唐代•春秋經傳 25_258_19
唐代•春秋經傳 25_260_21
唐代•春秋經傳 26_268_2
唐代•春秋經傳 26_268_24
唐代•春秋經傳 26_272_14
唐代•春秋經傳 28_289_5
唐代•春秋經傳 28_293_3
唐代•春秋經傳 28_294_13
唐代•春秋經傳 29_297_5
唐代•春秋經傳 29_304_10
唐代•春秋經傳 30_307_5
唐代•春秋經傳 30_309_16
唐代•春秋經傳 30_312_8
唐代•春秋經傳 31_319_4
唐代•春秋經傳 31_327_7
唐代•春秋經傳 31_327_12
唐代•春秋經傳 32_330_9
唐代•春秋經傳 32_336_27
唐代•春秋經傳 32_338_5
唐代•春秋經傳 33_340_5
唐代•春秋經傳 33_342_27
唐代•春秋經傳 34_356_1
唐代•春秋經傳 34_356_25
唐代•春秋經傳 34_358_8
唐代•春秋經傳 34_359_12
唐代•春秋經傳 34_360_16
唐代•春秋經傳 35_366_5
唐代•春秋經傳 35_367_3
唐代•文選五九 90_868_15
唐代•文選五九 92_881_10
唐代•文選六八 44_440_28
唐代•文選八八 18_157_13
唐代•文選八八 21_183_8
唐代•文選八八 21_184_24
唐代•文選八八 21_185_6
唐代•文選八八 23_199_42

仲

漢 チュウ
訓 なか

唐代•文選百三 21_204_37

唐代•文選百三 26_253_12

唐代•文選百三 67_645_21

唐代•文選百三 75_725_3

唐代•古文選前 19_225_8

唐代•古文選後 7_83_42

唐代•古文選後 8_89_29

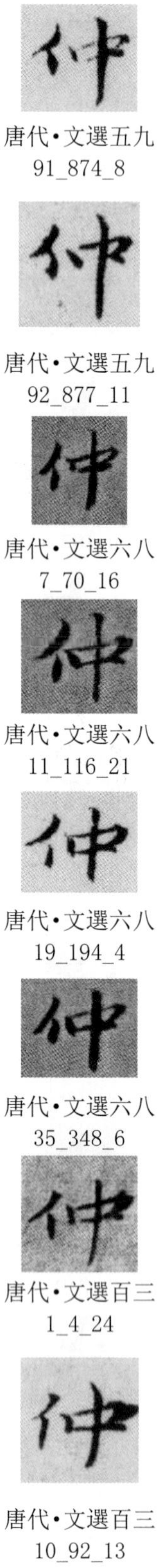

唐代•文選五九 91_874_8

唐代•文選五九 92_877_11

唐代•文選六八 7_70_16

唐代•文選六八 11_116_21

唐代•文選六八 19_194_4

唐代•文選六八 35_348_6

唐代•文選百三 1_4_24

唐代•文選百三 10_92_13

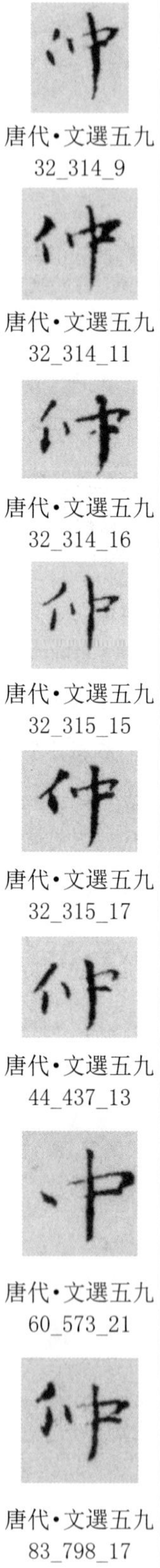

唐代•文選五九 32_314_9

唐代•文選五九 32_314_11

唐代•文選五九 32_314_16

唐代•文選五九 32_315_15

唐代•文選五九 32_315_17

唐代•文選五九 44_437_13

唐代•文選五九 60_573_21

唐代•文選五九 83_798_17

唐代•春秋經傳 29_306_22

唐代•春秋經傳 32_337_16

唐代•文選四八 15_137_25

唐代•文選四八 20_177_13

唐代•文選四八 43_385_13

唐代•文選四八 47_423_27

唐代•文選五九 29_292_14

唐代•文選五九 31_303_11

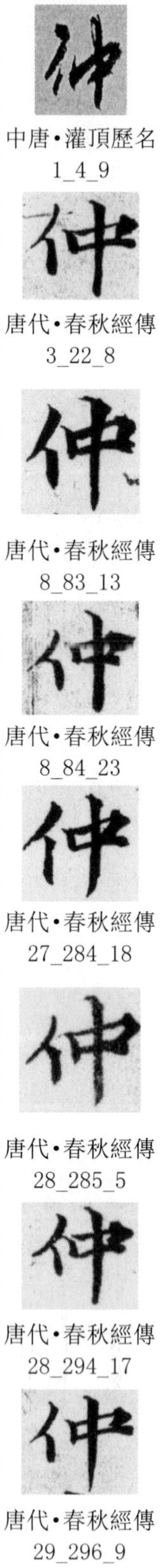

中唐•灌頂歷名 1_4_9

唐代•春秋經傳 3_22_8

唐代•春秋經傳 8_83_13

唐代•春秋經傳 8_84_23

唐代•春秋經傳 27_284_18

唐代•春秋經傳 28_285_5

唐代•春秋經傳 28_294_17

唐代•春秋經傳 29_296_9

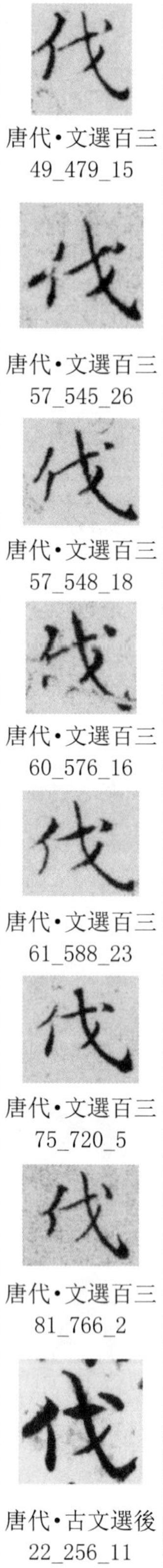

唐代•文選百三 49_479_15

唐代•文選百三 57_545_26

唐代•文選百三 57_548_18

唐代•文選百三 60_576_16

唐代•文選百三 61_588_23

唐代•文選百三 75_720_5

唐代•文選百三 81_766_2

唐代•古文選後 22_256_11

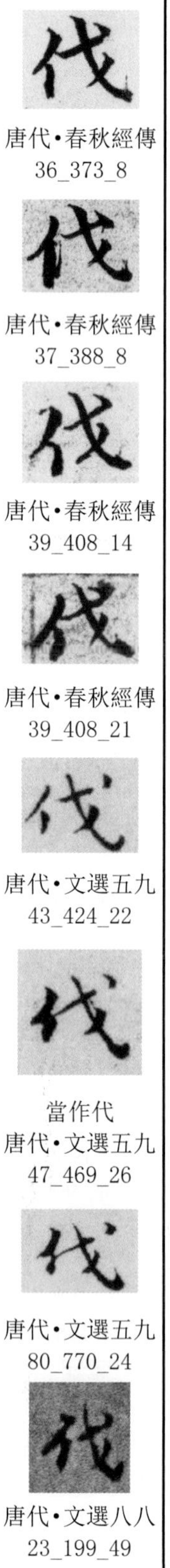

唐代•春秋經傳 36_373_8

唐代•春秋經傳 37_388_8

唐代•春秋經傳 39_408_14

唐代•春秋經傳 39_408_21

唐代•文選五九 43_424_22

當作代
唐代•文選五九 47_469_26

唐代•文選五九 80_770_24

唐代•文選八八 23_199_49

			仰 慣コウ漢ギョウ 訓あおぐ			任 漢ジン呉ニン 訓まかせる
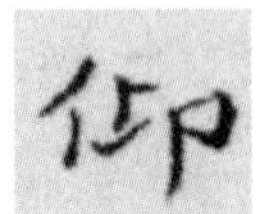 唐代•文選百三 72_694_26  唐代•古文選前 11_126_10  唐代•古文選前 12_141_9  唐代•古文選前 18_214_3  唐代•古文選前 25_294_11  唐代•古文選後 2_19_5  唐代•古文選後 4_42_9  唐代•古文選後 11_123_13	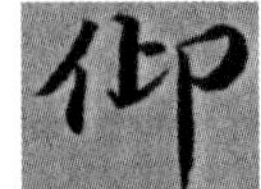 唐代•文選六八 38_382_5  唐代•文選六八 39_394_3  唐代•文選六八 41_415_15 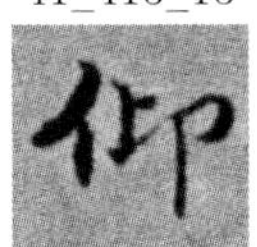 唐代•文選六八 42_419_12 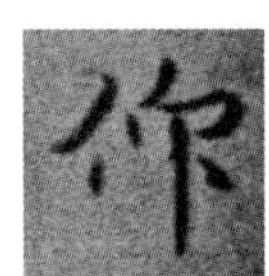 唐代•文選六八 65_654_15  唐代•文選八八 18_159_2  唐代•文選八八 19_162_23  唐代•文選百三 27_264_29	 唐代•文選五九 68_652_10  唐代•文選五九 68_653_20  唐代•文選五九 68_654_11  唐代•文選五九 80_771_11  唐代•文選五九 92_887_25  唐代•文選五九 93_890_25  唐代•文選五九 93_892_14  唐代•文選六八 10_104_12	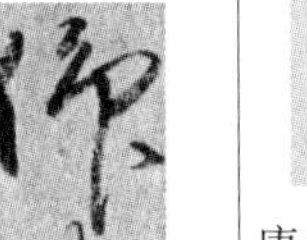 晩唐•慶滋書狀 1_14_1 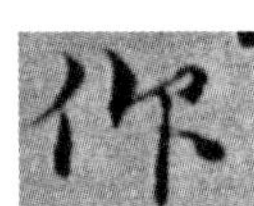 唐代•文選四八 13_118_23 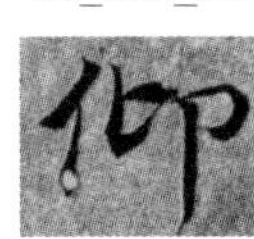 唐代•文選五九 15_140_25  唐代•文選五九 15_142_6  唐代•文選五九 15_144_6 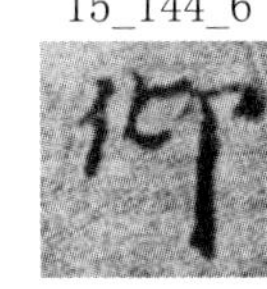 唐代•文選五九 15_145_7 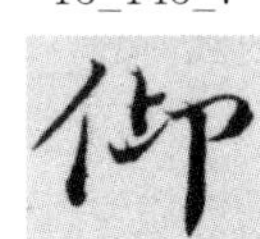 唐代•文選五九 39_384_10 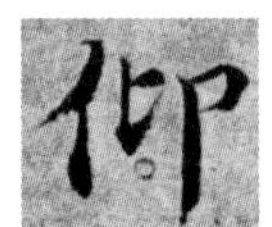 唐代•文選五九 49_480_8	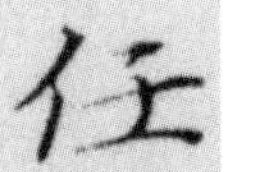 唐代•文選百三 47_449_15 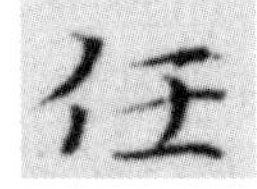 唐代•文選百三 63_603_24  唐代•文選百三 78_745_19  唐代•古文選後 21_241_8  唐代•十輪經八 3_44_10  唐代•十輪經十 4_74_4	 唐代•文選五九 91_872_10 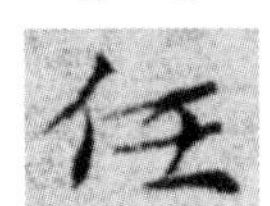 唐代•文選五九 105_998_22 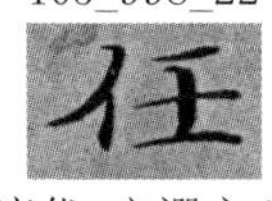 唐代•文選六八 43_437_22  唐代•文選六八 43_438_14 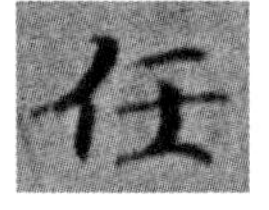 唐代•文選六八 44_444_12  唐代•文選百三 3_21_37  唐代•文選百三 4_29_6 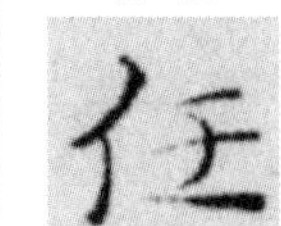 唐代•文選百三 13_122_38	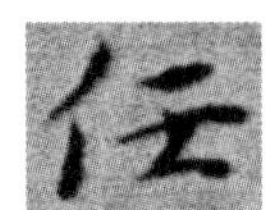 唐代•文選四八 6_53_27 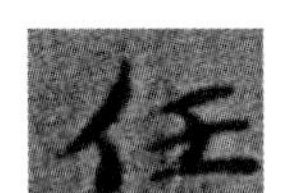 唐代•文選四八 24_220_7  唐代•文選四八 36_328_14 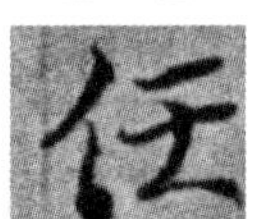 唐代•文選四八 38_344_17 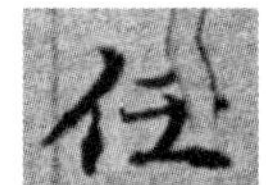 唐代•文選四八 42_373_15 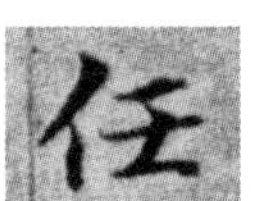 唐代•文選四八 42_373_17 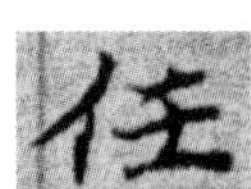 唐代•文選四八 42_373_22 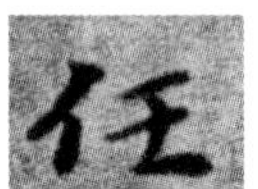 唐代•文選五九 7_61_11

	似			伊	仿	
	漢シ呉ジ 訓にる			イ 訓これ	ホウ 訓ならう	
唐代•文選五九 100_943_2 唐代•文選五九 105_999_15 唐代•文選六八 6_65_13 唐代•文選六八 7_69_11 唐代•文選六八 7_70_5 唐代•文選六八 15_152_9 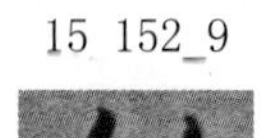 唐代•文選六八 15_152_13  唐代•文選六八 15_154_26 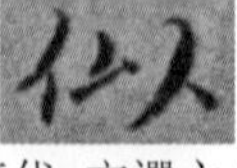 唐代•文選六八 17_171_26  唐代•文選六八 30_300_21	唐代•春秋經傳 34_353_4  唐代•春秋經傳 34_353_9  唐代•春秋經傳 34_354_20  唐代•文選四八 1_5_26 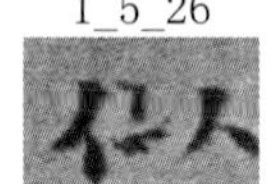 唐代•文選五九 8_72_15 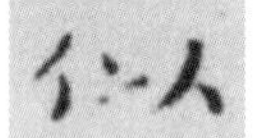 唐代•文選五九 50_494_18 唐代•文選五九 50_496_5 唐代•文選五九 51_497_8 唐代•文選五九 51_499_10 唐代•文選五九 70_669_3	 唐代•古文選後 17_199_8  唐代•古文選後 18_207_6  唐代•古文選後 18_215_8  唐代•古文選後 20_229_3  唐代•古文選後 22_257_4  唐代•古文選後 26_305_1	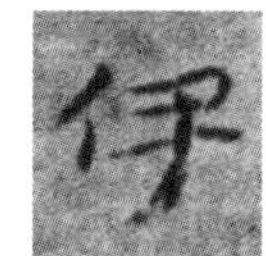 唐代•文選五九 3_23_17  唐代•文選五九 90_864_1  唐代•文選五九 90_867_7  唐代•文選五九 90_867_17  唐代•文選六八 31_306_21  唐代•古文選前 12_137_10  唐代•古文選後 1_9_1  唐代•古文選後 12_132_3	 唐代•春秋經傳 11_108_15  唐代•文選四八 20_179_10  唐代•文選四八 36_321_28  唐代•文選四八 36_323_6  唐代•文選四八 36_324_11  唐代•文選四八 36_325_1  唐代•文選四八 36_325_6 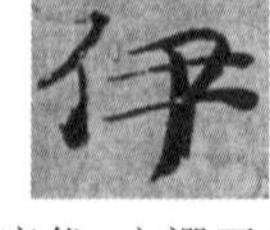 唐代•文選五九 3_23_5	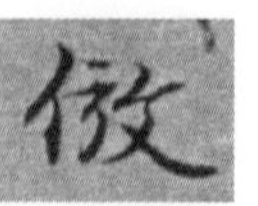 唐代•文選四八 28_248_10 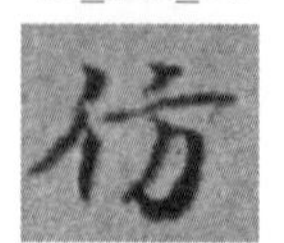 唐代•文選六八 54_544_14	 唐代•古文選後 11_128_5  唐代•古文選後 13_147_12  唐代•古文選後 19_218_9  唐代•古文選後 19_226_8  唐代•十輪經四 15_299_7

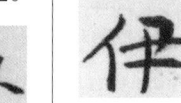

佞

慣ネイ 漢デイ
訓おもねる

唐代・十輪經四
5_87_2

唐代・古文選前
5_58_12

唐代・古文選前
9_104_9

唐代・古文選前
11_134_5

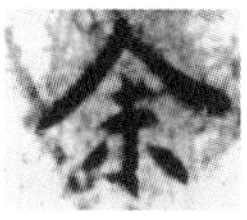
唐代・古文選前
12_137_1

唐代・古文選前
12_146_10

唐代・古文選後
1_9_2

唐代・古文選後
2_15_11

唐代・文選六八
5_51_7

唐代・文選八八
5_23_12

唐代・文選八八
9_66_4

唐代・文選八八
9_69_19

唐代・文選百三
3_22_28

唐代・文選百三
5_40_22

唐代・文選百三
12_113_8

唐代・古文選前
5_54_3

唐代・文選五九
24_238_24
唐代・文選五九
33_322_2

唐代・文選五九
35_343_25

唐代・文選五九
97_917_14

唐代・文選五九
103_976_7

唐代・文選五九
103_978_12

唐代・文選五九
103_978_20

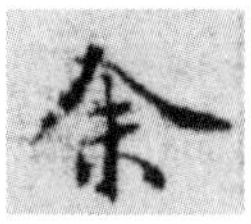
唐代・文選五九
106_1003_9

余

ヨ
訓あまる

唐代・春秋經傳
16_161_17

唐代・春秋經傳
16_161_21

唐代・文選四八
30_273_2

唐代・文選四八
37_332_28

唐代・文選五九
9_80_10

唐代・文選五九
15_142_19

唐代・文選五九
18_175_29

唐代・文選五九
24_235_17

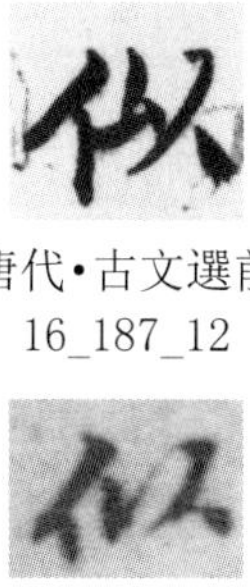
唐代・古文選前
16_187_12
唐代・十輪經四
10_183_22

唐代・文選六八
36_364_7

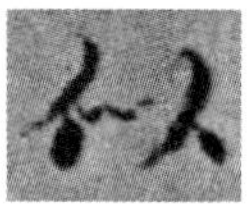
唐代・文選六八
45_456_8

唐代・文選六八
46_462_28

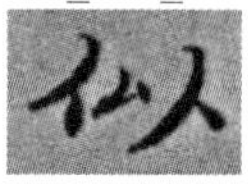
唐代・文選六八
50_499_3

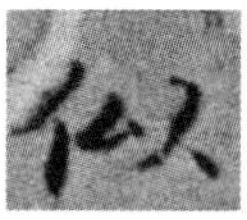
唐代・文選八八
24_211_15

唐代・文選百三
30_298_16

唐代・古文選前
5_57_13

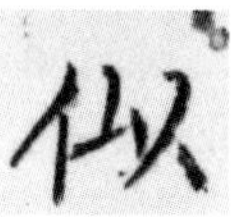
唐代・古文選前
6_67_12

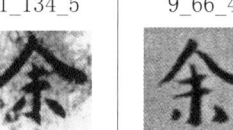

估

コ
訓あきなう

唐代•十輪經四 2_23_6

佐

サ
訓たすけ

唐代•春秋經傳 2_19_14
唐代•春秋經傳 28_287_30
唐代•春秋經傳 29_300_14
唐代•春秋經傳 33_342_1
唐代•文選四八 29_263_20
唐代•文選四八 37_331_20
唐代•文選四八 50_451_14
唐代•文選四八 50_451_25

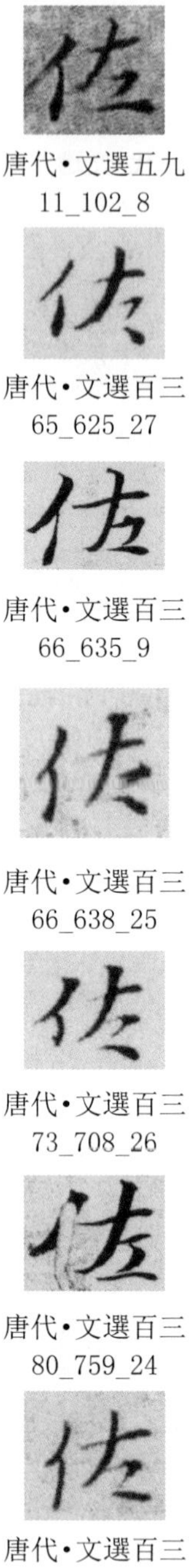

唐代•文選五九 11_102_8
唐代•文選百三 65_625_27
唐代•文選百三 66_635_9
唐代•文選百三 66_638_25
唐代•文選百三 73_708_26
唐代•文選百三 80_759_24
唐代•文選百三 80_761_2

何

漢カ呉ガ
訓なに

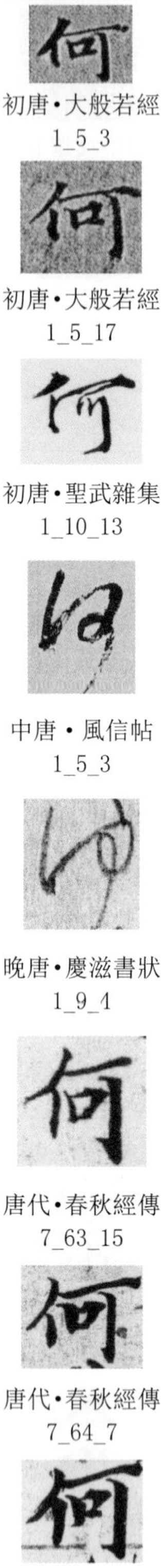

初唐•大般若經 1_5_3
初唐•大般若經 1_5_17
初唐•聖武雜集 1_10_13
中唐・風信帖 1_5_3
晚唐•慶滋書狀 1_9_4
唐代•春秋經傳 7_63_15
唐代•春秋經傳 7_64_7
唐代•春秋經傳 9_94_17

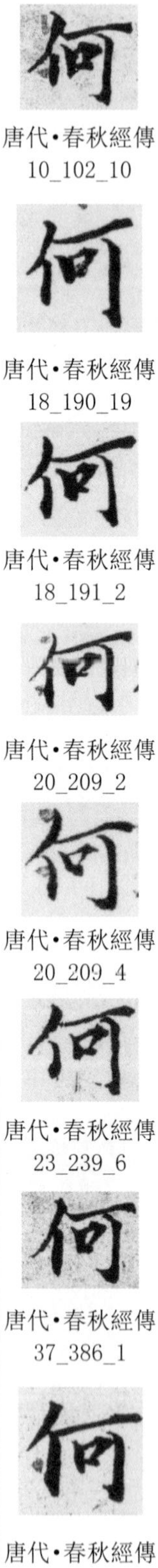

唐代•春秋經傳 10_102_10
唐代•春秋經傳 18_190_19
唐代•春秋經傳 18_191_2
唐代•春秋經傳 20_209_2
唐代•春秋經傳 20_209_4
唐代•春秋經傳 23_239_6
唐代•春秋經傳 37_386_1
唐代•春秋經傳 38_394_11

唐代•文選四八 2_13_8
唐代•文選四八 8_67_14
唐代•文選四八 20_179_11
唐代•文選四八 20_182_7
唐代•文選四八 32_287_10
唐代•文選四八 34_303_3
唐代•文選四八 37_333_6
唐代•文選四八 38_341_10

唐代•文選四八 40_356_9
唐代•文選四八 40_357_17
唐代•文選四八 45_407_13
唐代•文選五九 5_51_10
唐代•文選五九 6_53_22
唐代•文選五九 8_73_13
唐代•文選五九 10_94_16
唐代•文選五九 10_96_9

唐代•文選八八
17_152_2

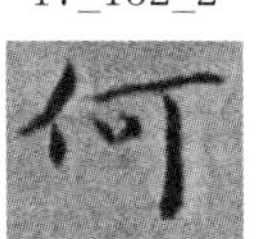
唐代•文選八八
22_197_19

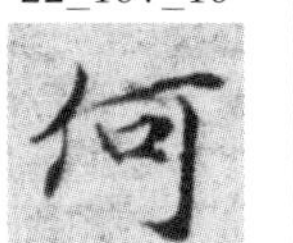
唐代•文選百三
3_17_38

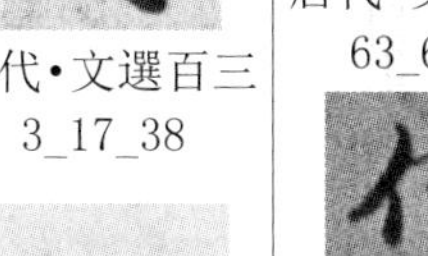
唐代•文選百三
7_63_30

唐代•文選百三
13_117_4

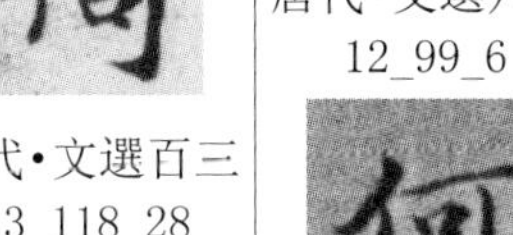
唐代•文選百三
13_118_28

唐代•文選百三
15_136_8

唐代•文選百三
15_136_10

唐代•文選六八
39_395_26

唐代•文選六八
56_564_24

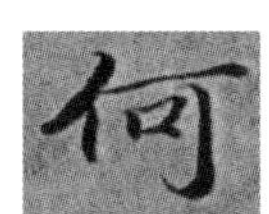
唐代•文選六八
63_625_3

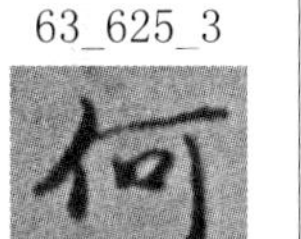
唐代•文選六八
63_626_21

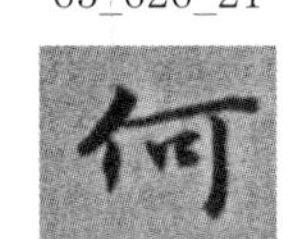
唐代•文選八八
8_59_18

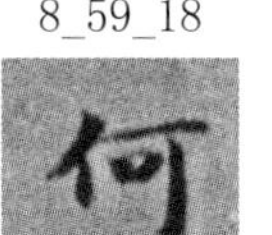
唐代•文選八八
12_99_6

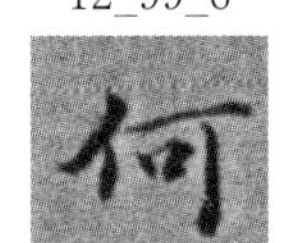
唐代•文選八八
12_99_25

唐代•文選八八
17_151_19

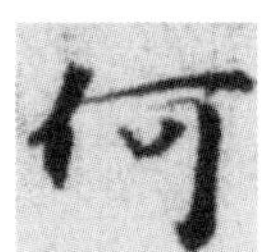
唐代•文選五九
106_1004_4

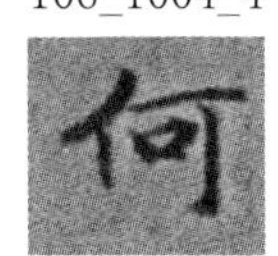
唐代•文選六八
8_82_20

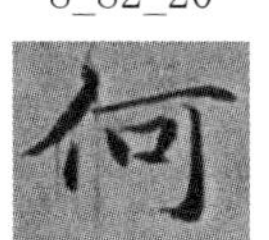
唐代•文選六八
8_84_2

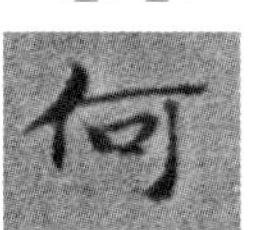
唐代•文選六八
8_85_17

唐代•文選六八
17_173_21

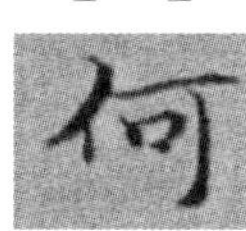
唐代•文選六八
22_223_35

唐代•文選六八
28_282_26

唐代•文選六八
32_323_23

唐代•文選五九
78_746_7

唐代•文選五九
82_784_2

唐代•文選五九
90_865_4

唐代•文選五九
101_952_1

唐代•文選五九
101_954_29

唐代•文選五九
101_960_5

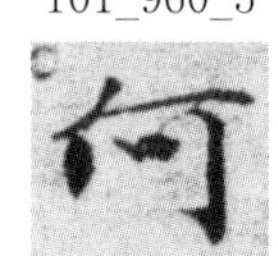
唐代•文選五九
105_999_2

唐代•文選五九
105_1000_16

唐代•文選五九
29_287_9

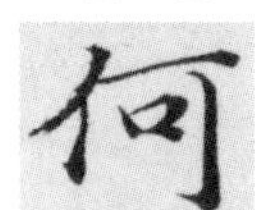
唐代•文選五九
37_367_6

唐代•文選五九
37_369_24

唐代•文選五九
38_375_15

唐代•文選五九
45_444_10

唐代•文選五九
45_449_28

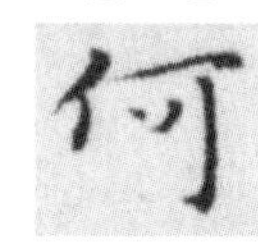
唐代•文選五九
50_495_13

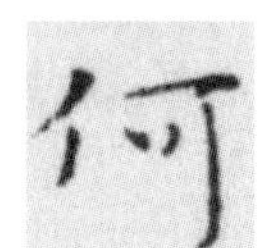
唐代•文選五九
51_499_27

唐代•文選五九
15_148_21

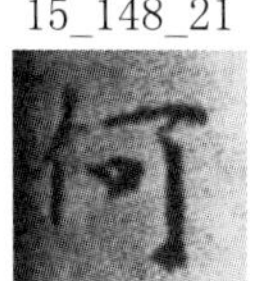
唐代•文選五九
15_148_26

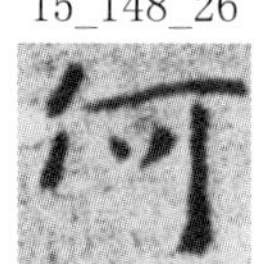
唐代•文選五九
23_220_12

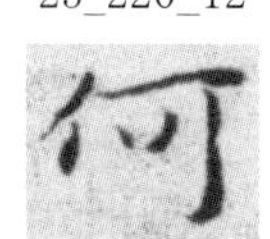
唐代•文選五九
23_223_28

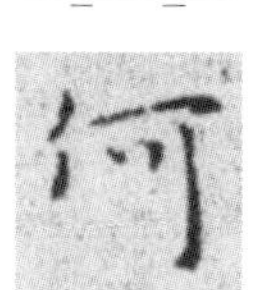
唐代•文選五九
23_230_23

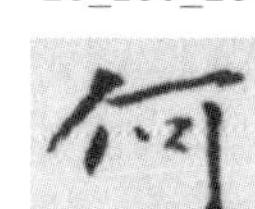
唐代•文選五九
27_267_15

唐代•文選五九
28_275_6

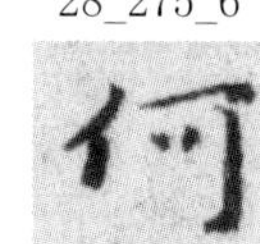
唐代•文選五九
29_280_20

唐代•文選五九
10_96_22

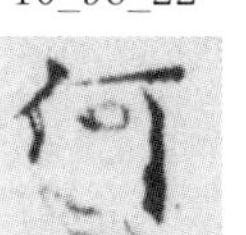
唐代•文選五九
10_97_24

唐代•文選五九
11_111_2

唐代•文選五九
12_113_7

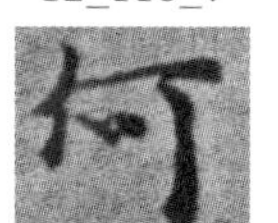
唐代•文選五九
12_113_24

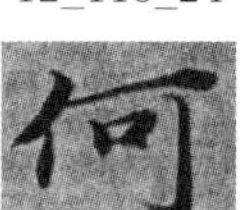
唐代•文選五九
15_141_7

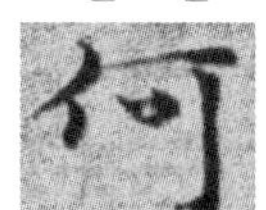
唐代•文選五九
15_143_4

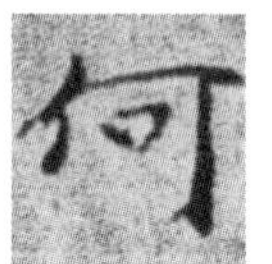
唐代•文選五九
15_144_19

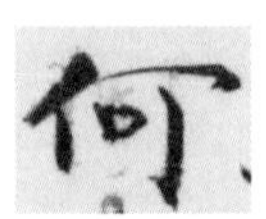
唐代•古文選後 24_278_3

唐代•古文選後 24_283_7

唐代•古文選後 24_286_2

唐代•古文選後 27_314_8

唐代•十輪經四 3_52_11

唐代•十輪經四 8_151_8

唐代•十輪經四 9_161_16

唐代•十輪經四 10_185_14

唐代•古文選後 7_77_20

唐代•古文選後 10_109_9

唐代•古文選後 10_109_14

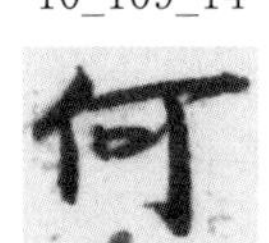
唐代•古文選後 10_113_10

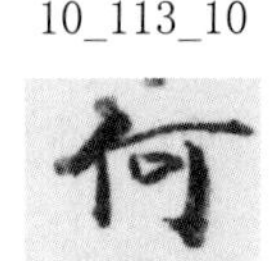
唐代•古文選後 10_115_5

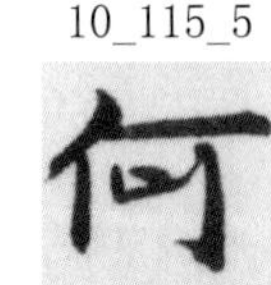
唐代•古文選後 14_162_4

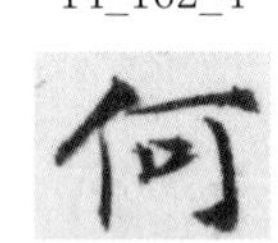
唐代•古文選後 22_261_13

唐代•古文選後 23_265_7

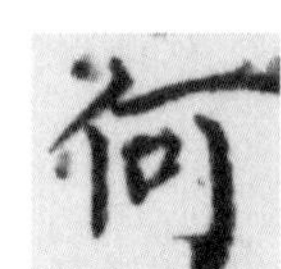
唐代•古文選前 19_220_3

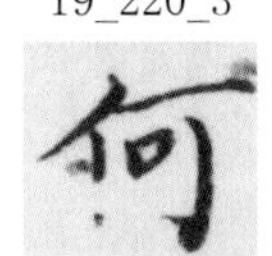
唐代•古文選前 19_220_5

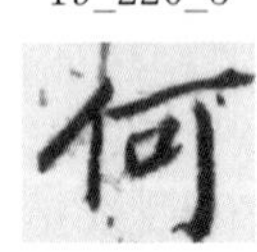
唐代•古文選前 22_256_14

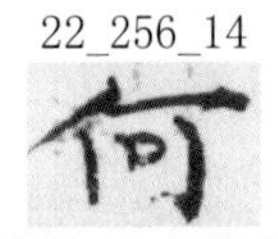
唐代•古文選前 22_262_2

唐代•古文選前 23_271_14

唐代•古文選前 25_295_1

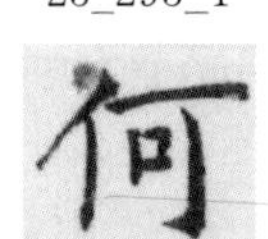
唐代•古文選後 6_71_5

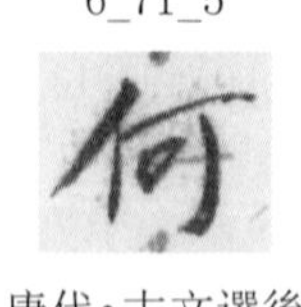
唐代•古文選後 7_77_2

唐代•古文選前 3_26_4

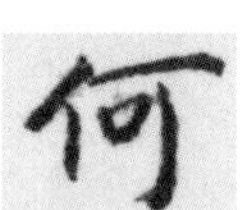
唐代•古文選前 4_40_2

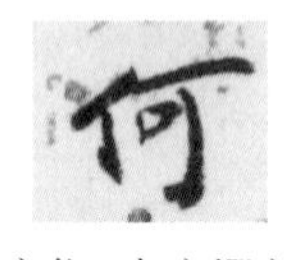
唐代•古文選前 4_47_5

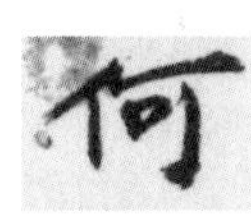
唐代•古文選前 12_143_10

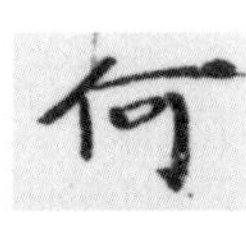
唐代•古文選前 12_146_4

唐代•古文選前 18_212_5

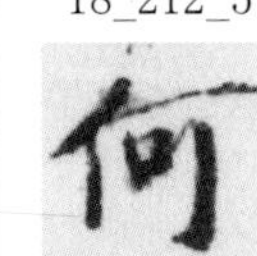
唐代•古文選前 18_212_9

唐代•古文選前 18_214_6

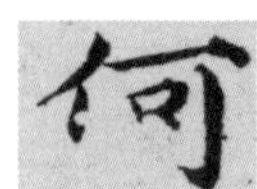
唐代•文選百三 62_594_3

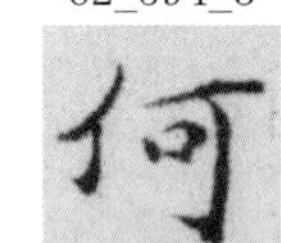
唐代•文選百三 84_802_25

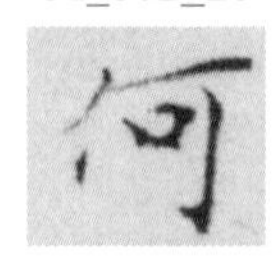
唐代•文選百三 84_802_29

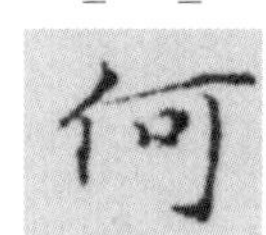
唐代•文選百三 85_809_12

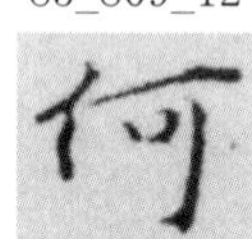
唐代•文選百三 87_826_13

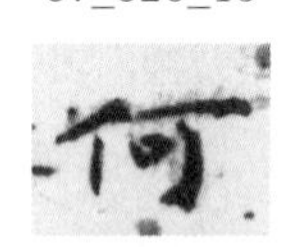
唐代•古文選前 1_10_7

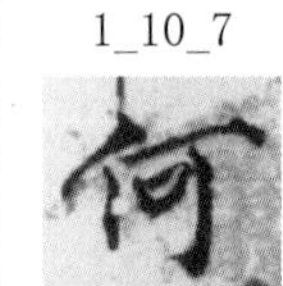
唐代•古文選前 2_21_4

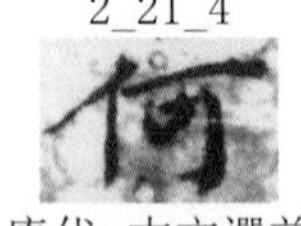
唐代•古文選前 2_22_12

唐代•文選百三 46_442_7

唐代•文選百三 52_502_33

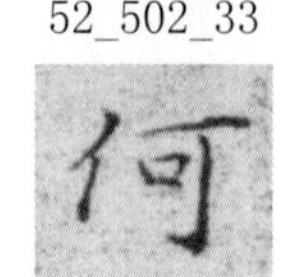
唐代•文選百三 54_516_6

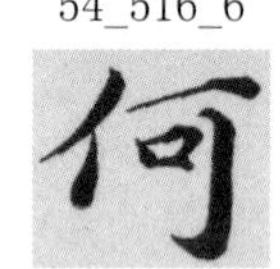
唐代•文選百三 59_568_7

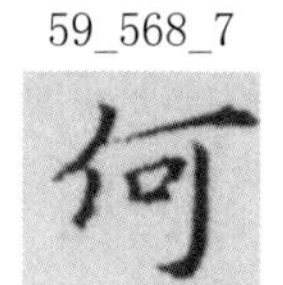
唐代•文選百三 59_569_24

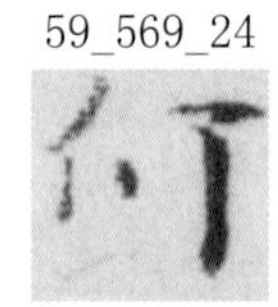
唐代•文選百三 59_570_23

唐代•文選百三 60_572_15

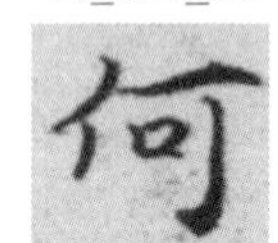
唐代•文選百三 60_573_10

唐代•文選百三 15_138_40

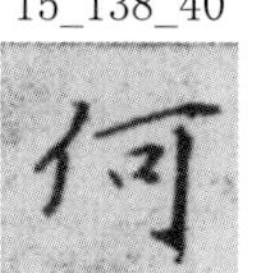
唐代•文選百三 15_139_1

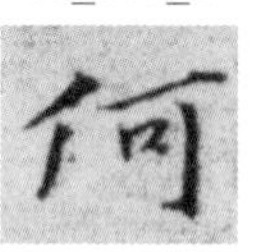
唐代•文選百三 15_139_33

唐代•文選百三 18_170_7

唐代•文選百三 29_283_19

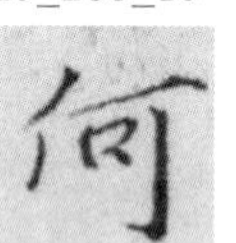
唐代•文選百三 37_368_23

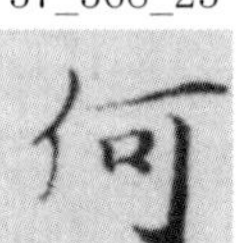
唐代•文選百三 42_418_31

唐代•文選百三 46_442_2

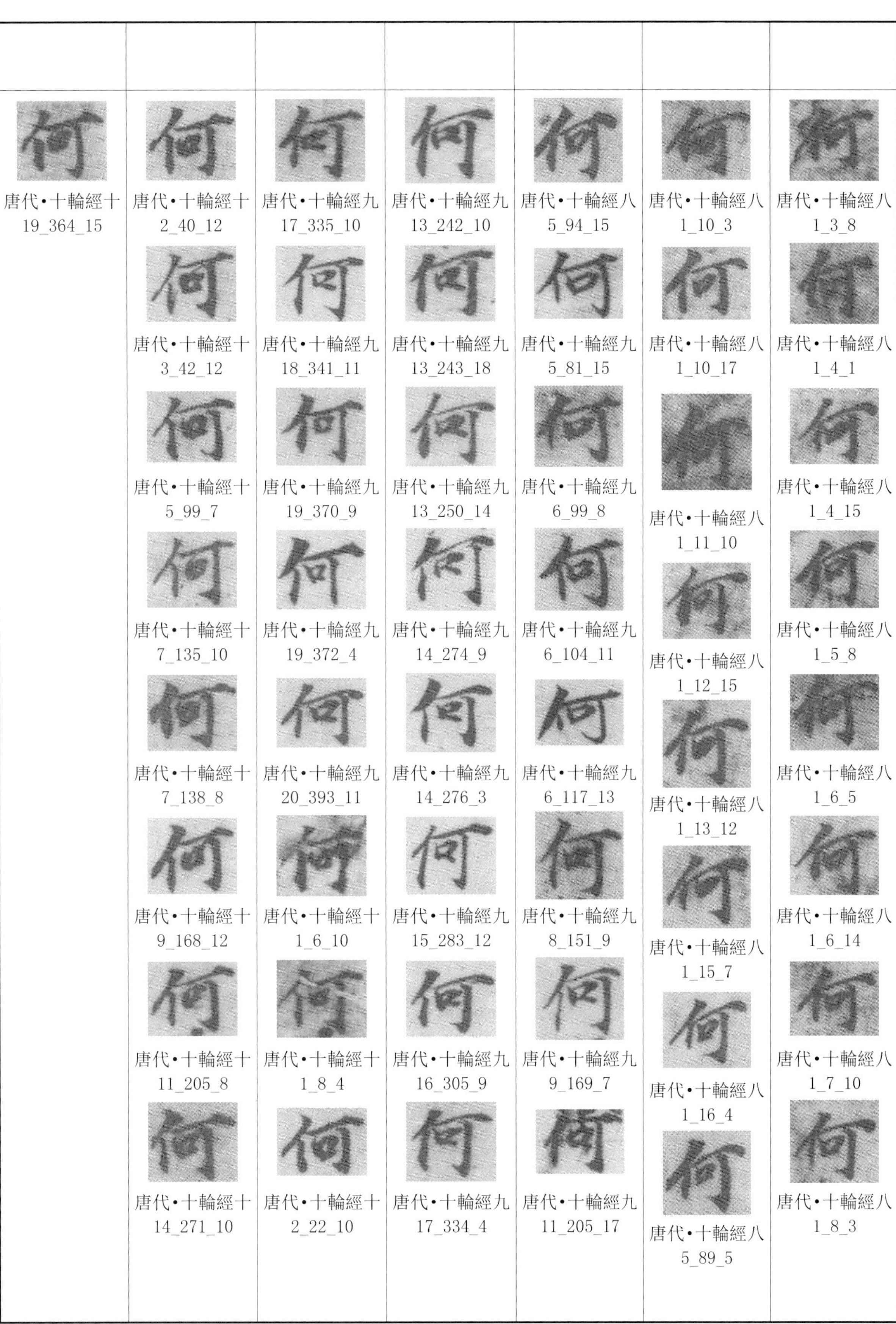
唐代•十輪經八 1_3_8
唐代•十輪經八 1_4_1
唐代•十輪經八 1_4_15
唐代•十輪經八 1_5_8
唐代•十輪經八 1_6_5
唐代•十輪經八 1_6_14
唐代•十輪經八 1_7_10
唐代•十輪經八 1_8_3
唐代•十輪經八 1_10_3
唐代•十輪經八 1_10_17
唐代•十輪經八 1_11_10
唐代•十輪經八 1_12_15
唐代•十輪經八 1_13_12
唐代•十輪經八 1_15_7
唐代•十輪經八 1_16_4
唐代•十輪經八 5_89_5
唐代•十輪經八 5_94_15
唐代•十輪經九 5_81_15
唐代•十輪經九 6_99_8
唐代•十輪經九 6_104_11
唐代•十輪經九 6_117_13
唐代•十輪經九 8_151_9
唐代•十輪經九 9_169_7
唐代•十輪經九 11_205_17
唐代•十輪經九 13_242_10
唐代•十輪經九 13_243_18
唐代•十輪經九 13_250_14
唐代•十輪經九 14_274_9
唐代•十輪經九 14_276_3
唐代•十輪經九 15_283_12
唐代•十輪經九 16_305_9
唐代•十輪經九 17_334_4
唐代•十輪經九 17_335_10
唐代•十輪經九 18_341_11
唐代•十輪經九 19_370_9
唐代•十輪經九 19_372_4
唐代•十輪經九 20_393_11
唐代•十輪經十 1_6_10
唐代•十輪經十 1_8_4
唐代•十輪經十 2_22_10
唐代•十輪經十 2_40_12
唐代•十輪經十 3_42_12
唐代•十輪經十 5_99_7
唐代•十輪經十 7_135_10
唐代•十輪經十 7_138_8
唐代•十輪經十 9_168_12
唐代•十輪經十 11_205_8
唐代•十輪經十 14_271_10
唐代•十輪經十 19_364_15

伸					但	攸
漢シン呉チン 訓のびる					漢タン呉ダン 訓ただし	漢ユウ 訓ところ
 唐代•文選四八 49_442_16  唐代•古文選後 10_115_2	 唐代•十輪經九 8_155_13  唐代•十輪經九 9_164_8  唐代•十輪經九 9_170_3 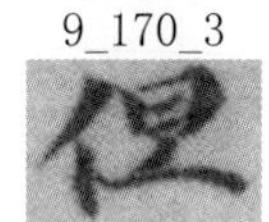 唐代•十輪經九 9_170_11  唐代•十輪經九 9_171_1  唐代•十輪經九 9_171_9  唐代•十輪經十 5_100_5  唐代•十輪經十 9_169_4  唐代•十輪經十 9_171_15	 唐代•古文選後 22_263_8 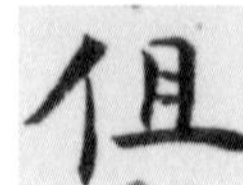 唐代•古文選後 25_289_8  唐代•古文選後 26_310_1  唐代•十輪經四 3_59_8  唐代•十輪經四 14_276_2  唐代•十輪經九 5_95_15 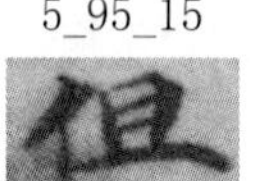 唐代•十輪經九 5_96_2  唐代•十輪經九 6_100_17  唐代•十輪經九 6_107_9	唐代•文選五九 103_971_14 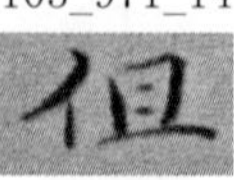 唐代•文選六八 22_222_14  唐代•文選六八 73_725_4  唐代•文選八八 5_33_16  唐代•文選百三 27_258_33 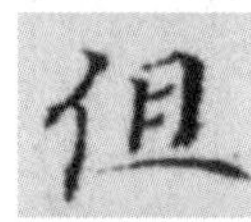 唐代•文選百三 53_510_24 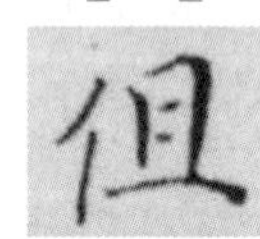 唐代•文選百三 67_639_2  唐代•文選百三 79_751_1  唐代•古文選後 8_93_14	唐代•文選五九 44_432_3  唐代•文選五九 46_454_13 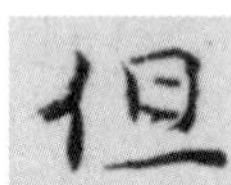 唐代•文選五九 76_732_25  唐代•文選五九 76_733_6 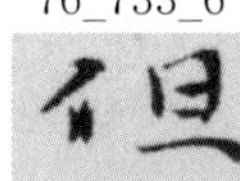 唐代•文選五九 78_752_28  唐代•文選五九 84_811_6  唐代•文選五九 86_824_11  唐代•文選五九 89_851_22  唐代•文選五九 101_959_22	 初唐•法華義疏 1_4_21 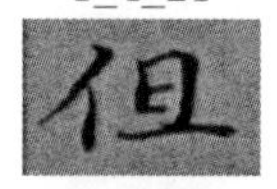 唐代•文選四八 18_164_14  唐代•文選四八 41_369_1  唐代•文選五九 11_111_16 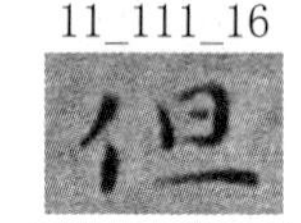 唐代•文選五九 26_254_19  唐代•文選五九 32_314_7 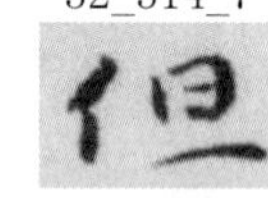 唐代•文選五九 34_331_19  唐代•文選五九 43_422_21  唐代•文選五九 43_430_5	 中唐・風信帖 1_4_3  唐代•文選四八 27_240_7  唐代•文選四八 27_243_11  唐代•文選百三 86_821_7  唐代•古文選前 21_252_3  唐代•古文選後 11_124_7  唐代•古文選後 12_136_3  唐代•古文選後 13_153_1

佚

漢イツ
訓のがれる

- 唐代•文選四八 45_408_10
- 唐代•文選五九 69_665_30
- 唐代•文選八八 22_198_10
- 唐代•文選八八 23_199_27

作

サク、サ
訓つくる

- 初唐•聖武雜集 1_2_4
- 初唐•聖武雜集 1_9_14
- 唐代•春秋經傳 15_157_14
- 唐代•春秋經傳 28_287_34
- 唐代•春秋經傳 36_379_4
- 唐代•春秋經傳 36_379_13
- 唐代•春秋經傳 36_380_13
- 唐代•文選四八 5_34_1
- 唐代•文選四八 8_71_9
- 唐代•文選四八 11_96_4
- 唐代•文選四八 11_99_26
- 唐代•文選四八 13_115_29
- 唐代•文選四八 15_132_8
- 唐代•文選四八 16_139_14
- 唐代•文選四八 26_232_3
- 唐代•文選四八 26_236_7
- 唐代•文選四八 27_241_11
- 唐代•文選四八 29_262_16
- 唐代•文選四八 41_368_6
- 唐代•文選四八 42_373_12
- 唐代•文選五九 1_2_4
- 唐代•文選五九 4_38_1
- 唐代•文選五九 4_38_28
- 唐代•文選五九 5_39_22
- 唐代•文選五九 9_80_14
- 唐代•文選五九 25_246_10
- 唐代•文選五九 34_332_10
- 唐代•文選五九 34_334_13
- 唐代•文選五九 67_643_15
- 唐代•文選五九 68_651_4
- 唐代•文選五九 69_666_28
- 唐代•文選五九 73_699_3
- 唐代•文選五九 77_738_24
- 唐代•文選五九 77_742_18
- 唐代•文選五九 86_830_4
- 唐代•文選五九 87_833_28
- 唐代•文選五九 87_834_6
- 唐代•文選五九 87_835_5
- 唐代•文選五九 87_835_19
- 唐代•文選五九 96_911_22
- 唐代•文選五九 100_943_20
- 唐代•文選五九 100_945_3
- 唐代•文選五九 102_965_12
- 唐代•文選五九 107_1012_16
- 唐代•文選五九 109_1037_12
- 唐代•文選六八 2_17_3
- 唐代•文選六八 2_17_13
- 唐代•文選六八 2_18_3

 唐代•古文選前 11_136_9	唐代•文選百三 33_328_27	唐代•文選八八 16_136_4	 唐代•文選六八 51_512_10	 唐代•文選六八 26_265_23	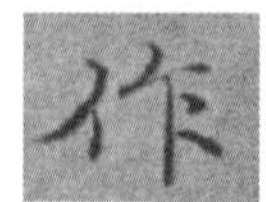 唐代•文選六八 11_122_20	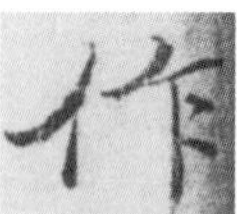 唐代•文選六八 2_25_9
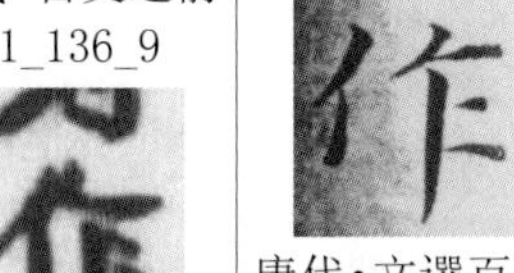 唐代•古文選前 15_179_36	 唐代•文選百三 33_330_13	 唐代•文選八八 16_138_7	 唐代•文選六八 51_512_18	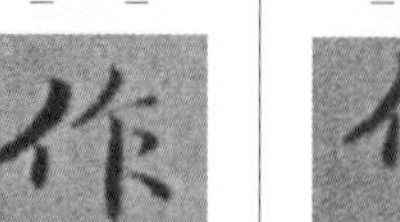 唐代•文選六八 31_308_23	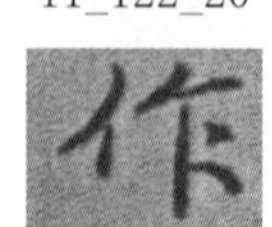 唐代•文選六八 15_152_4	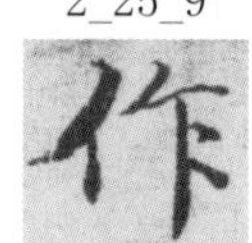 唐代•文選六八 2_26_3
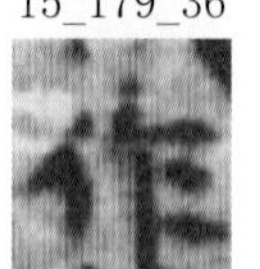 唐代•古文選前 15_179_54	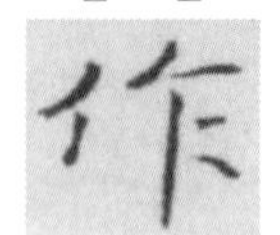 唐代•文選百三 39_396_3	 唐代•文選八八 21_192_22	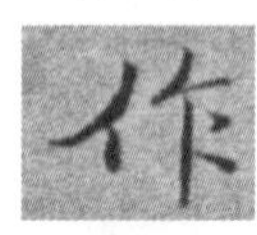 唐代•文選六八 53_532_10	 唐代•文選六八 40_401_8	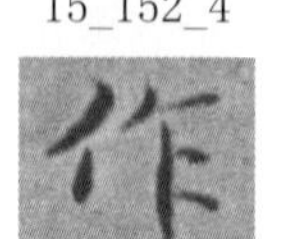 唐代•文選六八 16_167_20	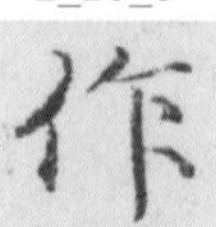 唐代•文選六八 2_26_8
 唐代•古文選前 21_241_6	 唐代•文選百三 45_427_11	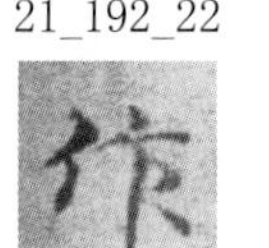 唐代•文選百三 1_8_12	 唐代•文選八八 8_60_5	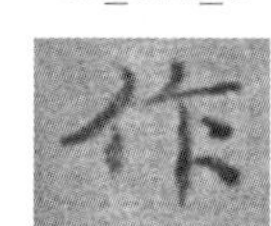 唐代•文選六八 43_434_10	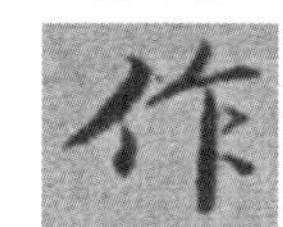 唐代•文選六八 17_179_25	 唐代•文選六八 2_27_9
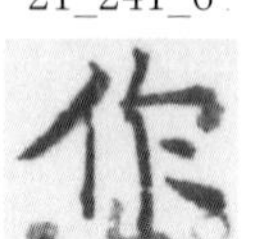 唐代•古文選前 24_280_10	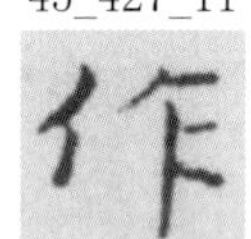 唐代•文選百三 45_429_18	 唐代•文選百三 4_31_11	 唐代•文選八八 11_91_22	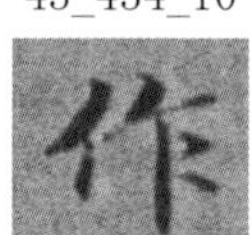 唐代•文選六八 44_441_22	 唐代•文選六八 17_180_6	 唐代•文選六八 2_28_5
 唐代•古文選後 1_10_3	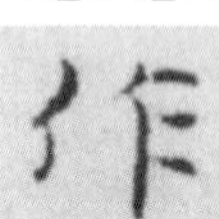 唐代•文選百三 49_466_19	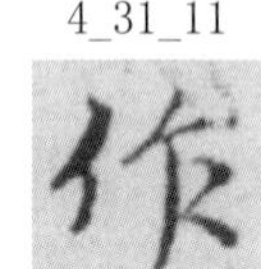 唐代•文選百三 24_233_8	 唐代•文選八八 11_94_27	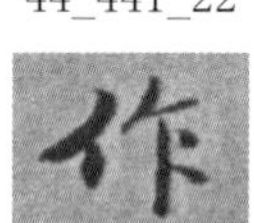 唐代•文選六八 45_456_18	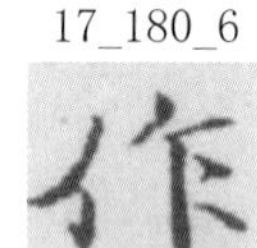 唐代•文選六八 19_191_21	 唐代•文選六八 2_28_14
 唐代•古文選後 1_10_5	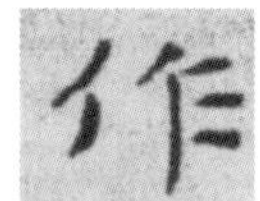 唐代•文選百三 83_786_7	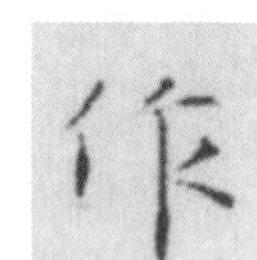 唐代•文選百三 25_240_10	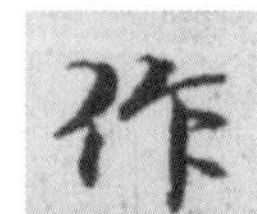 唐代•文選八八 11_94_30	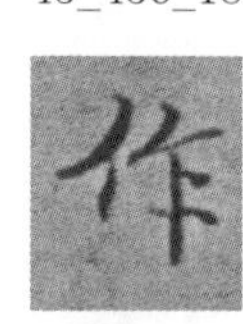 唐代•文選六八 49_491_1	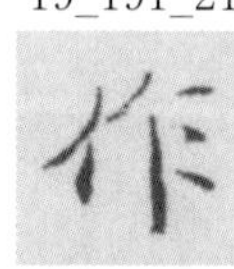 唐代•文選六八 19_192_13	 唐代•文選六八 3_29_1
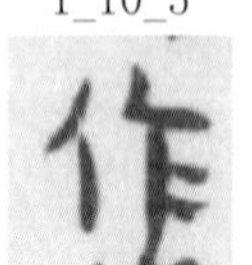 唐代•古文選後 3_29_25	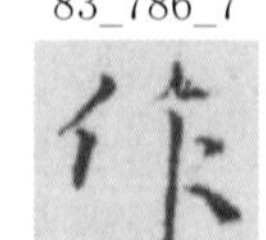 唐代•文選百三 87_824_11	 唐代•文選百三 31_312_18	 唐代•文選八八 12_101_2	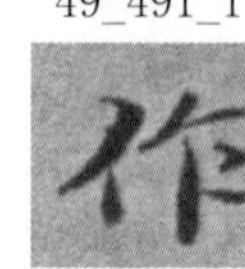 唐代•文選六八 49_492_14	 唐代•文選六八 19_194_9	 唐代•文選六八 3_29_6

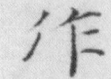

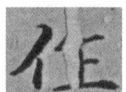

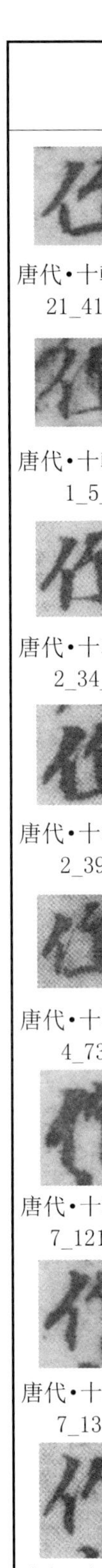 唐代•十輪經九 21_416_6	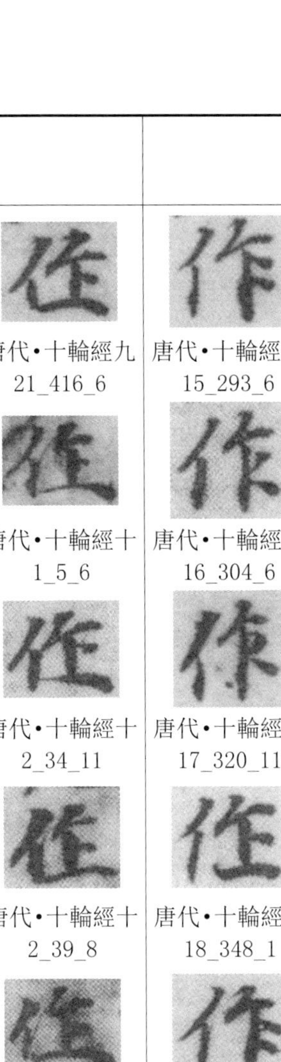 唐代•十輪經九 15_293_6	 唐代•十輪經九 9_176_17	 唐代•十輪經八 13_255_8	 唐代•十輪經四 11_203_1	 唐代•古文選後 24_281_5	 唐代•古文選後 4_44_44
唐代•十輪經十 1_5_6	唐代•十輪經九 16_304_6	 唐代•十輪經九 10_184_3	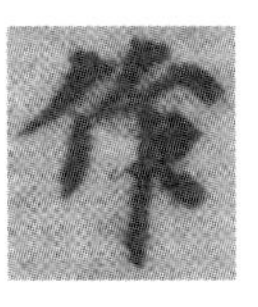 唐代•十輪經八 15_293_8	 唐代•十輪經四 11_211_6	 唐代•古文選後 25_292_10	 唐代•古文選後 5_51_13
唐代•十輪經十 2_34_11	唐代•十輪經九 17_320_11	 唐代•十輪經九 11_204_14	 唐代•十輪經八 17_331_8	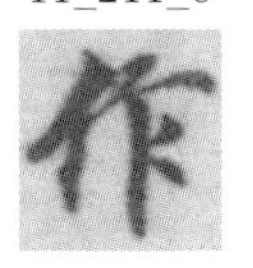 唐代•十輪經四 11_213_3	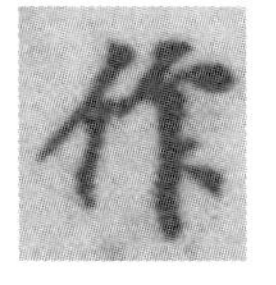 唐代•十輪經四 4_73_9	 唐代•古文選後 9_99_48
唐代•十輪經十 2_39_8	 唐代•十輪經九 18_348_1	 唐代•十輪經九 12_230_10	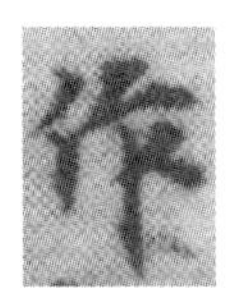 唐代•十輪經八 19_369_8	 唐代•十輪經八 2_31_7	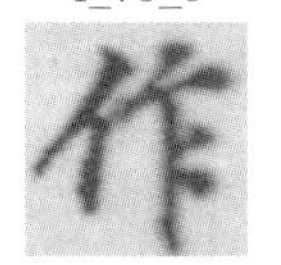 唐代•十輪經四 8_140_5	 唐代•古文選後 12_133_9
唐代•十輪經十 4_73_3	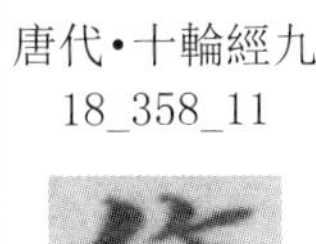 唐代•十輪經九 18_358_11	 唐代•十輪經九 13_241_6	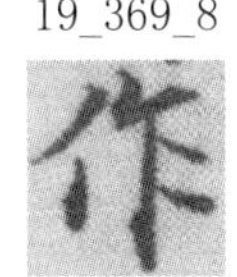 唐代•十輪經八 21_406_17	 唐代•十輪經八 6_105_7	 唐代•十輪經四 8_141_7	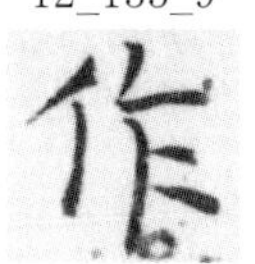 唐代•古文選後 17_201_7
唐代•十輪經十 7_121_13	 唐代•十輪經九 19_364_16	 唐代•十輪經九 14_264_14	 唐代•十輪經九 3_44_18	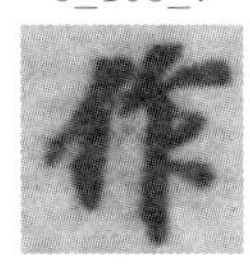 唐代•十輪經八 8_143_7	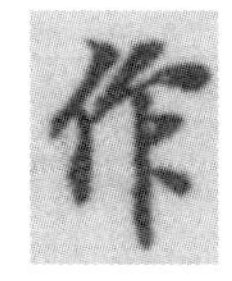 唐代•十輪經四 8_144_16	 唐代•古文選後 18_209_9
唐代•十輪經十 7_134_6	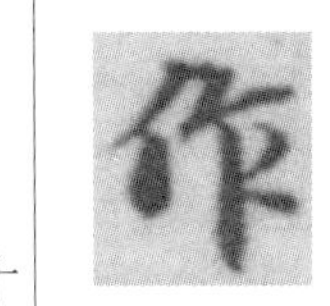 唐代•十輪經九 19_369_4	 唐代•十輪經九 14_273_5	 唐代•十輪經九 8_150_5	 唐代•十輪經八 10_181_12	 唐代•十輪經四 8_149_11	 唐代•古文選後 19_221_7
唐代•十輪經十 8_156_11	 唐代•十輪經九 19_375_11	 唐代•十輪經九 15_285_16	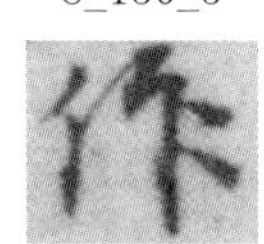 唐代•十輪經九 9_167_16	 唐代•十輪經八 11_218_8	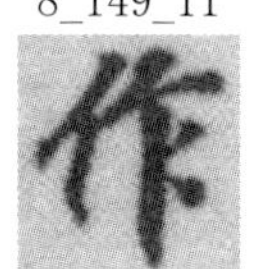 唐代•十輪經四 11_201_4	 唐代•古文選後 20_230_2

唐代•十輪經十
9_167_6

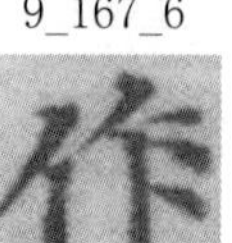
唐代•十輪經十
9_174_8

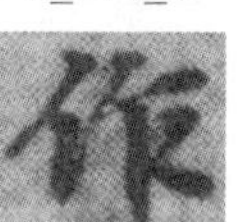
唐代•十輪經十
10_191_16

唐代•十輪經十
11_204_4

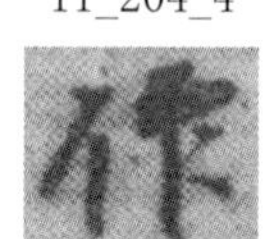
唐代•十輪經十
12_227_3

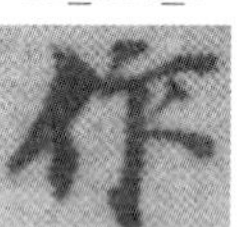
唐代•十輪經十
12_229_3

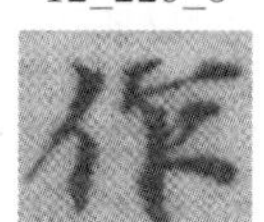
唐代•十輪經十
12_229_6

唐代•十輪經十
14_277_6

唐代•十輪經十
15_294_5

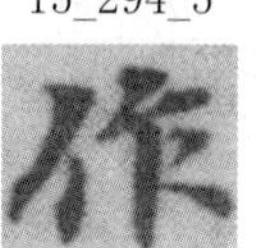
唐代•十輪經十
15_296_10

唐代•十輪經十
16_314_12

唐代•十輪經十
17_325_25

伯

漢ハク
訓おさ

唐代•春秋經傳
2_9_16

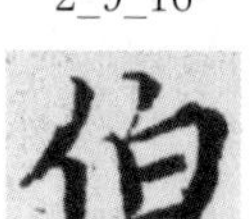
唐代•春秋經傳
13_131_3

唐代•春秋經傳
15_158_8

唐代•春秋經傳
16_161_19

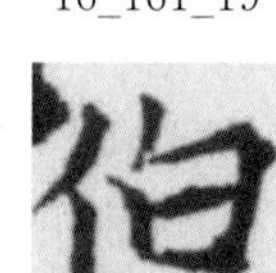
唐代•春秋經傳
16_162_4

唐代•春秋經傳
18_184_10

唐代•春秋經傳
21_219_16

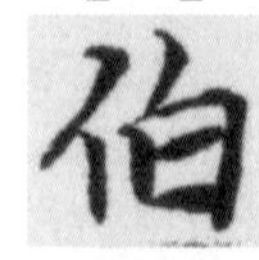
唐代•春秋經傳
21_220_11

唐代•春秋經傳
22_223_14

唐代•春秋經傳
22_224_10

唐代•春秋經傳
22_227_14

唐代•春秋經傳
22_229_13

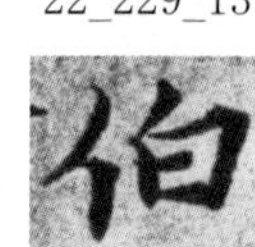
唐代•春秋經傳
23_234_8

唐代•春秋經傳
23_234_10

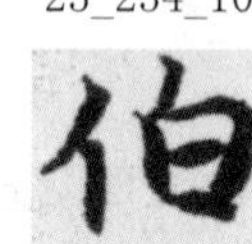
唐代•春秋經傳
25_261_24

唐代•春秋經傳
25_262_12

唐代•春秋經傳
26_270_4

唐代•春秋經傳
26_270_6

唐代•春秋經傳
27_276_11

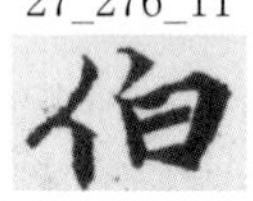
唐代•春秋經傳
30_309_4

唐代•春秋經傳
30_309_6

唐代•春秋經傳
31_327_21

唐代•春秋經傳
31_328_10

唐代•春秋經傳
35_365_16

唐代•春秋經傳
39_405_18

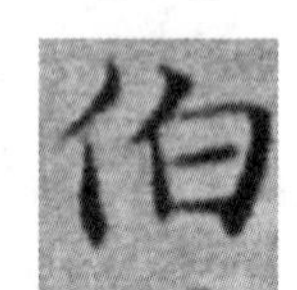
唐代•文選四八
3_20_5

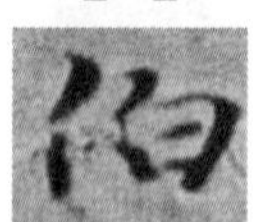
唐代•文選四八
3_20_8

唐代•文選四八
4_21_5

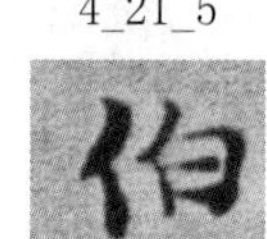
唐代•文選四八
13_117_1

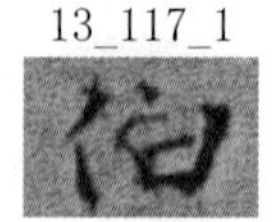
唐代•文選四八
17_155_16

唐代•文選四八
30_274_3

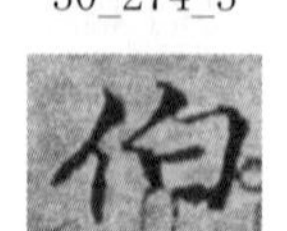
唐代•文選四八
38_339_10

唐代•文選五九
12_116_5

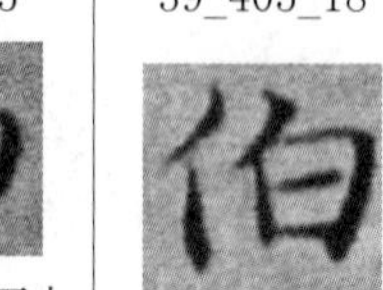
唐代•文選五九
26_253_11

唐代•文選五九
48_473_26

唐代•文選五九
72_698_24

唐代•文選五九
80_767_6

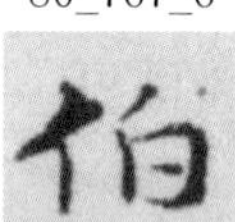
唐代•文選五九
81_780_19

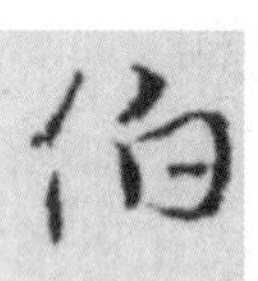
唐代•文選五九
82_788_12

唐代•文選百三
18_171_8

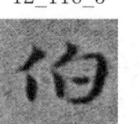

住　低

低　漢テイ　訓ひくい

住　慣ジュウ　漢チュ　呉ジュ　訓すむ

唐代•文選百三 21_204_21
唐代•文選百三 27_260_9
唐代•文選百三 29_281_32
唐代•文選百三 49_476_3
唐代•文選百三 57_545_28
唐代•文選百三 57_546_19
唐代•文選百三 57_546_26
唐代•文選百三 61_592_15

唐代•文選百三 57_548_4
唐代•文選百三 61_587_3
唐代•文選百三 61_588_18
唐代•文選百三 61_590_10
唐代•文選百三 61_590_13
唐代•文選百三 61_591_9
唐代•文選百三 61_591_11
唐代•文選百三 81_765_25

唐代•文選百三 61_593_1
唐代•文選百三 81_765_11

唐代•文選五九 52_511_23
唐代•文選五九 52_512_3

唐代•文選四八 10_82_29
唐代•文選四八 10_87_23
唐代•文選五九 21_208_6
唐代•文選五九 35_352_6
唐代•文選五九 36_354_13
唐代•文選五九 45_446_9
唐代•十輪經四 1_6_3
唐代•十輪經四 3_59_16

唐代•十輪經四 4_65_1
唐代•十輪經四 4_76_12
唐代•十輪經四 7_122_12
唐代•十輪經四 7_123_9
唐代•十輪經四 9_163_14
唐代•十輪經四 11_217_10
唐代•十輪經四 20_380_8
唐代•十輪經八 7_121_13

唐代•十輪經八 7_139_17
唐代•十輪經八 8_160_8
唐代•十輪經八 9_178_4
唐代•十輪經八 10_198_4
唐代•十輪經八 12_235_13
唐代•十輪經八 14_272_14
唐代•十輪經八 16_310_12
唐代•十輪經八 18_349_4

唐代•十輪經八 20_386_17
唐代•十輪經八 22_426_8
唐代•十輪經九 2_24_17
唐代•十輪經九 4_64_5
唐代•十輪經九 6_114_10
唐代•十輪經九 8_141_13
唐代•十輪經九 10_198_21
唐代•十輪經九 13_244_14

唐代•十輪經九 14_267_1
唐代•十輪經九 16_300_15
唐代•十輪經九 16_317_2
唐代•十輪經九 18_348_14
唐代•十輪經九 19_376_17
唐代•十輪經九 20_398_8
唐代•十輪經九 22_423_9
唐代•十輪經十 2_25_5

唐代•十輪經十 2_29_6
唐代•十輪經十 2_29_14
唐代•十輪經十 2_29_16
唐代•十輪經十 3_49_5
唐代•十輪經十 3_54_6
唐代•十輪經十 3_54_9
唐代•十輪經十 4_61_12
唐代•十輪經十 4_67_4

唐代•十輪經十 4_77_7
唐代•十輪經十 8_149_7
唐代•十輪經十 9_162_2
唐代•十輪經十 10_186_9
唐代•十輪經十 10_194_25
唐代•十輪經十 11_209_13
唐代•十輪經十 12_221_3
唐代•十輪經十 12_221_13

唐代•十輪經十 12_223_8
唐代•十輪經十 12_223_15
唐代•十輪經十 12_225_6
唐代•十輪經十 12_226_4
唐代•十輪經十 12_230_5
唐代•十輪經十 12_233_5
唐代•十輪經十 12_235_8
唐代•十輪經十 12_237_2

唐代•十輪經十 13_244_11
唐代•十輪經十 13_254_1
唐代•十輪經十 14_261_10
唐代•十輪經十 14_276_2
唐代•十輪經十 14_277_14
唐代•十輪經十 14_279_13
唐代•十輪經十 14_280_6
唐代•十輪經十 15_297_1

唐代•十輪經十 16_300_5
唐代•十輪經十 16_301_10
唐代•十輪經十 16_307_5
唐代•十輪經十 16_308_13
唐代•十輪經十 17_321_12
唐代•十輪經十 17_323_12
唐代•十輪經十 17_330_15
唐代•十輪經十 18_347_14

唐代•十輪經十 18_349_8
唐代•十輪經十 18_351_2
唐代•十輪經十 18_356_2
唐代•十輪經十 18_356_6
唐代•十輪經十 19_363_12
唐代•十輪經十 19_376_5
唐代•十輪經十 19_380_9

位㑞

イ
訓くらい

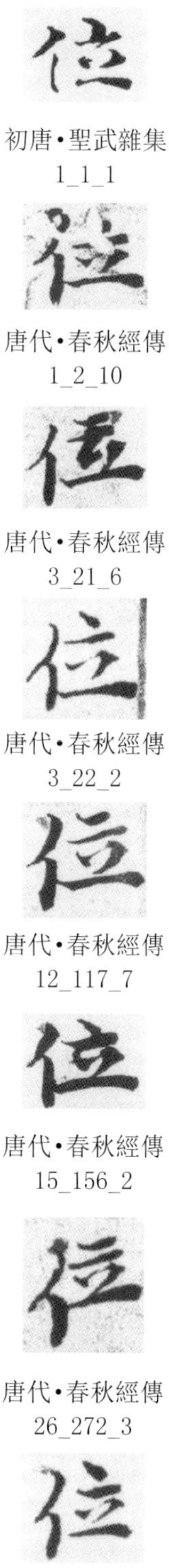

初唐•聖武雜集 1_1_1
唐代•春秋經傳 1_2_10
唐代•春秋經傳 3_21_6
唐代•春秋經傳 3_22_2
唐代•春秋經傳 12_117_7
唐代•春秋經傳 15_156_2
唐代•春秋經傳 26_272_3
唐代•春秋經傳 34_353_17

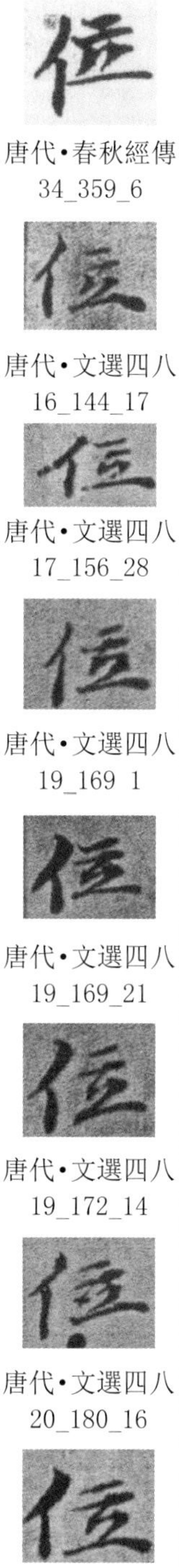

唐代•春秋經傳 34_359_6
唐代•文選四八 16_144_17
唐代•文選四八 17_156_28
唐代•文選四八 19_169_1
唐代•文選四八 19_169_21
唐代•文選四八 19_172_14
唐代•文選四八 20_180_16
唐代•文選四八 49_446_4

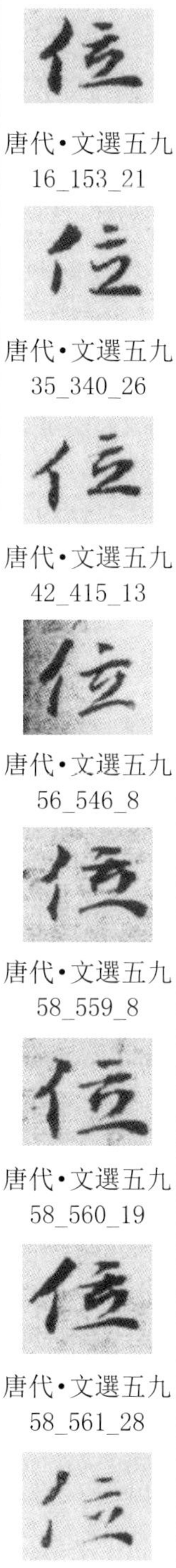

唐代•文選五九 16_153_21
唐代•文選五九 35_340_26
唐代•文選五九 42_415_13
唐代•文選五九 56_546_8
唐代•文選五九 58_559_8
唐代•文選五九 58_560_19
唐代•文選五九 58_561_28
唐代•文選五九 59_563_23

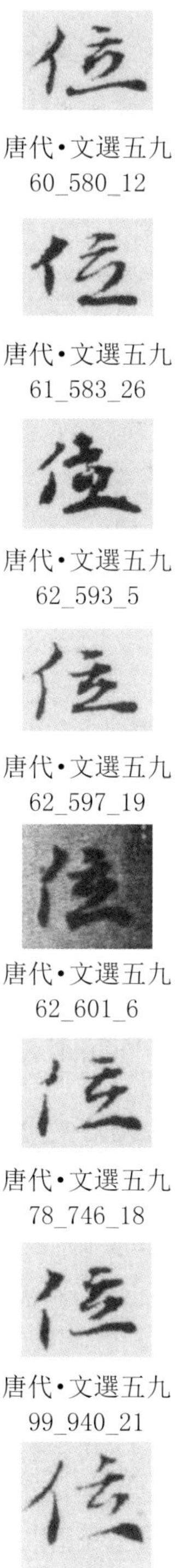

唐代•文選五九 60_580_12
唐代•文選五九 61_583_26
唐代•文選五九 62_593_5
唐代•文選五九 62_597_19
唐代•文選五九 62_601_6
唐代•文選五九 78_746_18
唐代•文選五九 99_940_21
唐代•文選五九 100_945_21

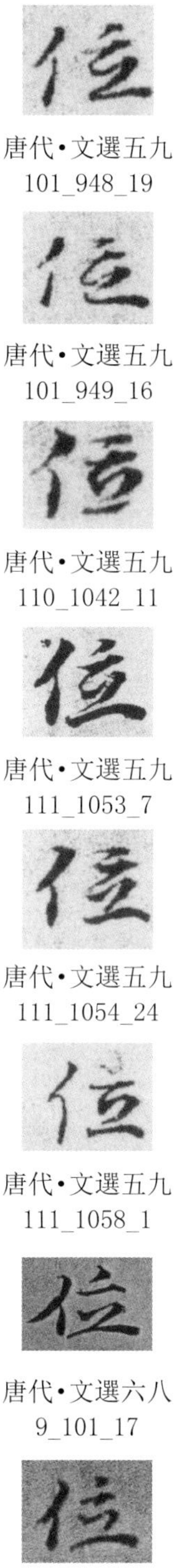

唐代•文選五九 101_948_19
唐代•文選五九 101_949_16
唐代•文選五九 110_1042_11
唐代•文選五九 111_1053_7
唐代•文選五九 111_1054_24
唐代•文選五九 111_1058_1
唐代•文選六八 9_101_17
唐代•文選六八 65_647_19

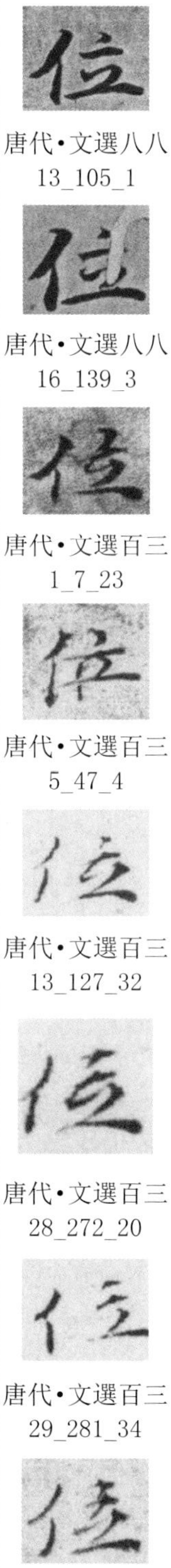

唐代•文選八八 13_105_1
唐代•文選八八 16_139_3
唐代•文選百三 1_7_23
唐代•文選百三 5_47_4
唐代•文選百三 13_127_32
唐代•文選百三 28_272_20
唐代•文選百三 29_281_34
唐代•文選百三 32_319_10

唐代・文選百三
45_433_2

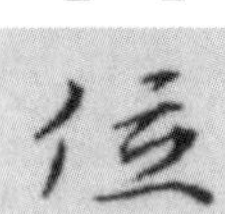
唐代・文選百三
65_626_26

唐代・文選百三
65_627_2

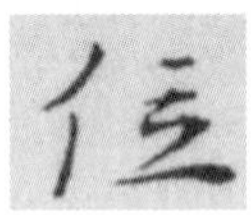
唐代・文選百三
65_632_8

唐代・古文選後
10_118_9

唐代・古文選後
12_133_36

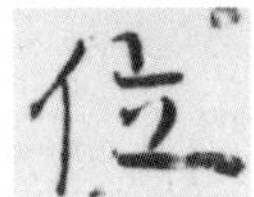
唐代・古文選後
13_155_8

唐代・古文選後
15_174_4

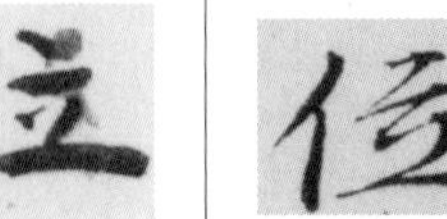
唐代・古文選後
18_205_3

唐代・古文選後
19_222_4

唐代・十輪經十
19_365_11

佇

漢チョ 呉ジョ
訓たたずむ

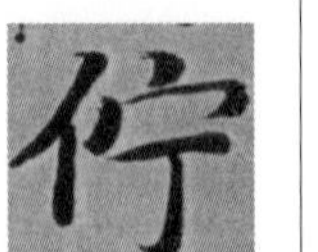
唐代・文選四八
6_51_10

唐代・文選四八
6_52_18

唐代・文選四八
7_60_10

唐代・文選五九
62_599_9

唐代・古文選前
10_120_4

佛

慣ブツ 漢フツ
訓ほとけ

初唐・金剛場經
1_2_12

初唐・金剛場經
1_5_11

初唐・金剛場經
1_5_16

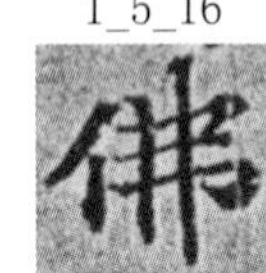
初唐・大般若經
1_3_8

初唐・大般若經
1_3_15

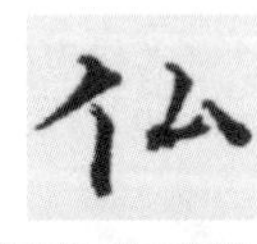
初唐・聖武雜集
1_1_15

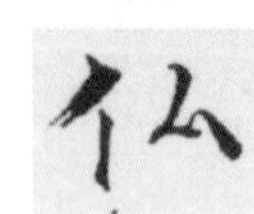
初唐・聖武雜集
1_6_3

中唐・風信帖
2_8_10

中唐・風信帖
2_10_1

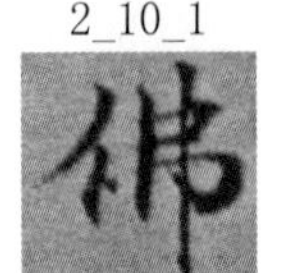
唐代・文選六八
54_544_15

唐代・十輪經四
1_6_6

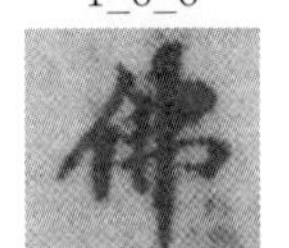
唐代・十輪經四
1_10_3

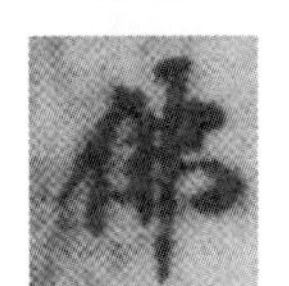
唐代・十輪經四
1_11_4

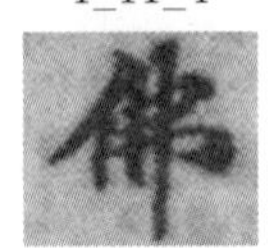
唐代・十輪經四
2_38_3

唐代・十輪經四
3_46_13

唐代・十輪經四
6_105_10

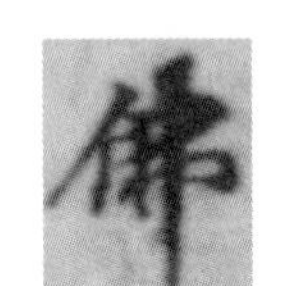
唐代・十輪經四
6_106_4

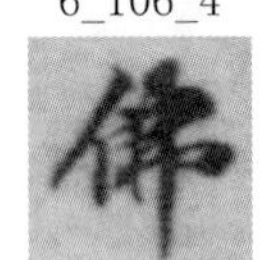
唐代・十輪經四
6_106_8

唐代・十輪經四
6_109_7

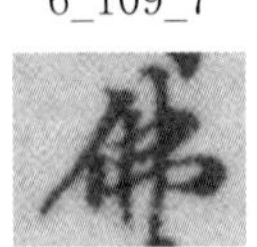
唐代・十輪經四
9_172_9

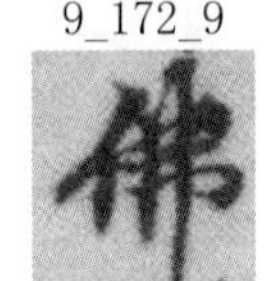
唐代・十輪經四
9_176_17

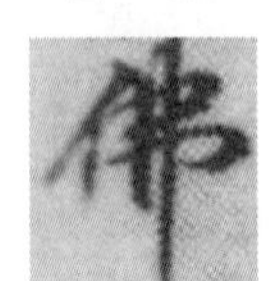
唐代・十輪經四
10_180_12

唐代・十輪經四
10_183_23

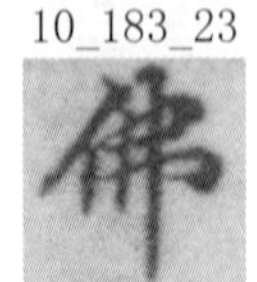
唐代・十輪經四
10_189_7

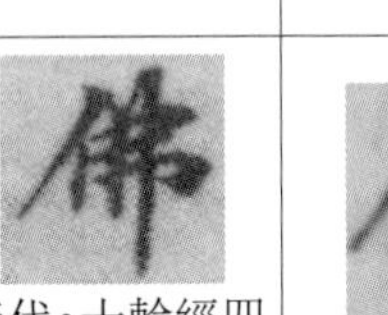
唐代・十輪經四
10_199_6

唐代・十輪經四
11_203_2

唐代・十輪經四
11_209_8

唐代・十輪經四
11_213_4

唐代・十輪經四
12_227_25

唐代・十輪經四
12_231_5

唐代・十輪經四
13_246_22

唐代・十輪經四
14_263_23

唐代·十輪經四
15_289_11

唐代·十輪經四
16_309_14
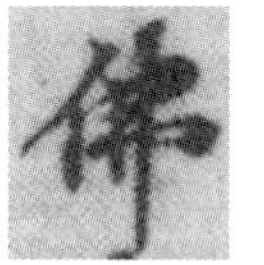
唐代·十輪經四
16_320_11

唐代·十輪經四
18_342_11
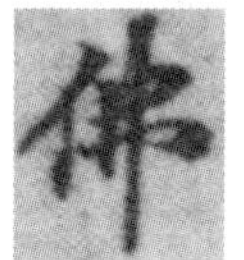
唐代·十輪經四
18_357_11

唐代·十輪經四
19_374_11
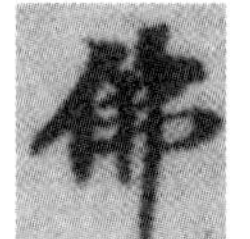
唐代·十輪經四
21_402_9

唐代·十輪經四
21_412_8
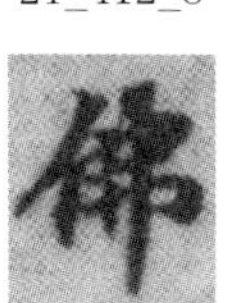
唐代·十輪經四
21_412_15
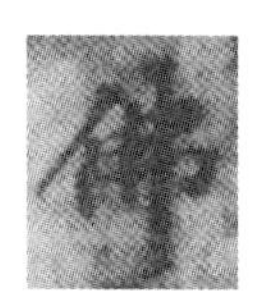
唐代·十輪經八
1_2_13
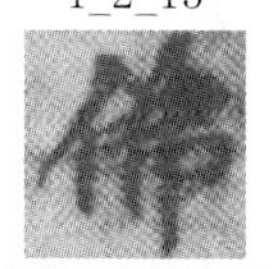
唐代·十輪經八
1_14_2
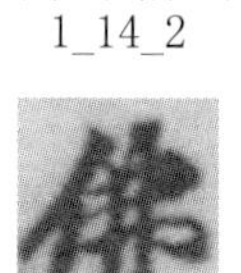
唐代·十輪經八
2_28_7
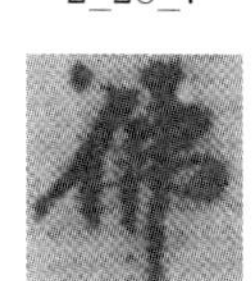
唐代·十輪經八
5_95_8

唐代·十輪經八
6_118_6

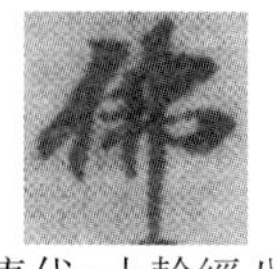
唐代·十輪經八
7_133_4

唐代·十輪經八
8_156_16
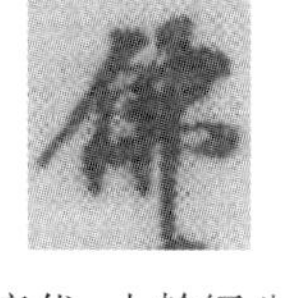
唐代·十輪經八
9_171_16

唐代·十輪經八
10_194_12
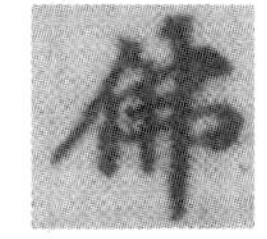
唐代·十輪經八
11_209_12

唐代·十輪經八
12_231_12
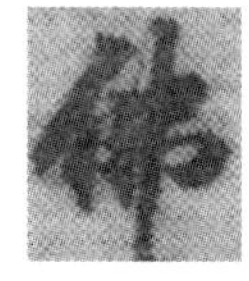
唐代·十輪經八
13_247_4
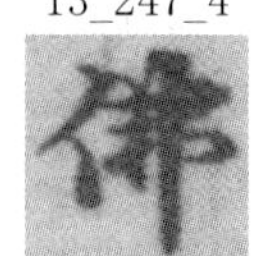
唐代·十輪經八
14_268_13

唐代·十輪經八
15_284_6

唐代·十輪經八
16_306_12

唐代·十輪經八
16_322_4

唐代·十輪經八
18_344_12

唐代·十輪經八
18_360_13
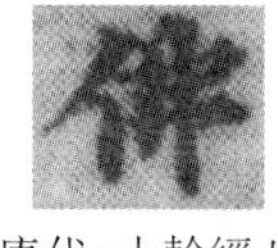
唐代·十輪經八
19_382_12

唐代·十輪經八
20_398_8
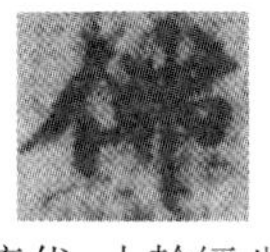
唐代·十輪經八
21_420_9

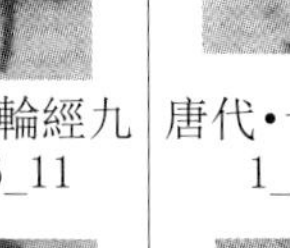
唐代·十輪經八
22_437_17
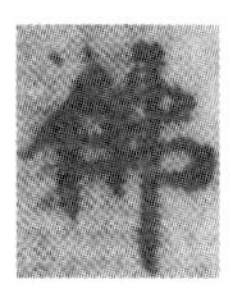
唐代·十輪經九
1_20_4
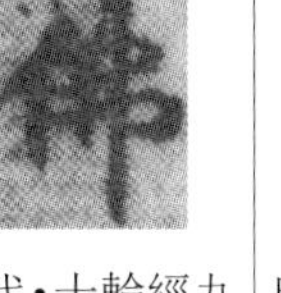
唐代·十輪經九
2_36_9
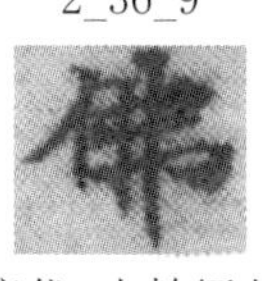
唐代·十輪經九
3_58_10

唐代·十輪經九
4_76_13
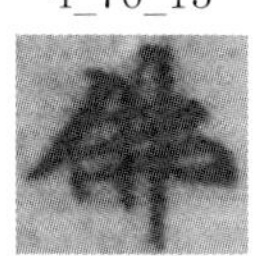
唐代·十輪經九
5_90_10
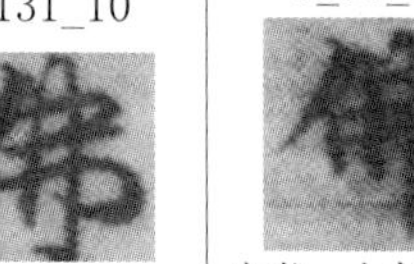
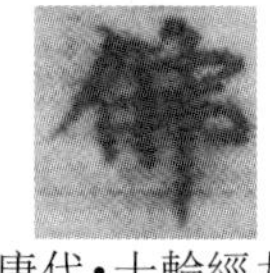
唐代·十輪經九
5_93_17
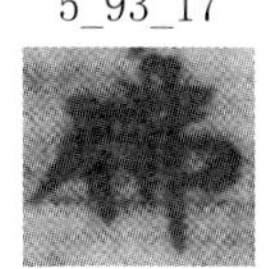
唐代·十輪經九
5_97_18

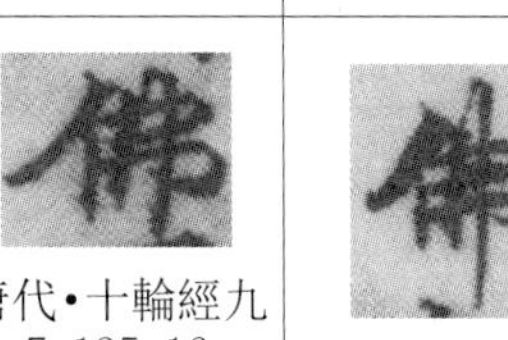
唐代·十輪經九
6_103_3
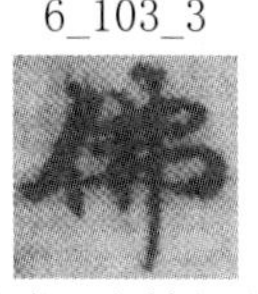
唐代·十輪經九
6_106_11
唐代·十輪經九
7_125_10
唐代·十輪經九
7_125_16
唐代·十輪經九
7_127_24
唐代·十輪經九
7_128_24
唐代·十輪經九
7_131_10
唐代·十輪經九
7_132_16

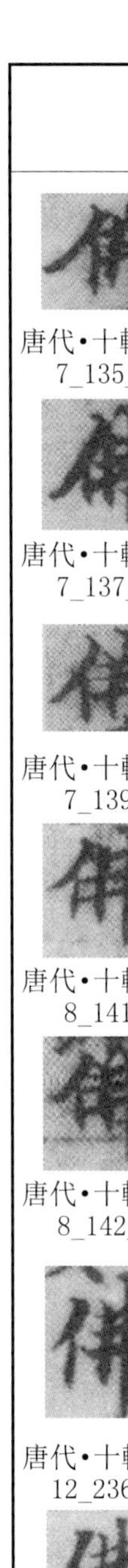
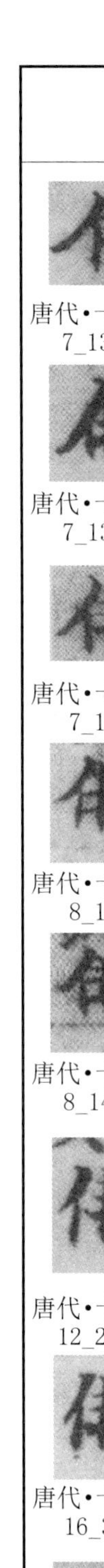
唐代·十輪經九
7_135_16
唐代·十輪經九
7_137_17
唐代·十輪經九
7_139_4
唐代·十輪經九
8_141_3
唐代·十輪經九
8_142_25
唐代·十輪經九
12_236_22
唐代·十輪經九
16_310_1
唐代·十輪經九
17_332_10

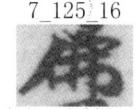

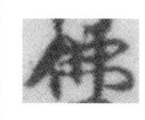

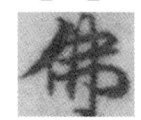

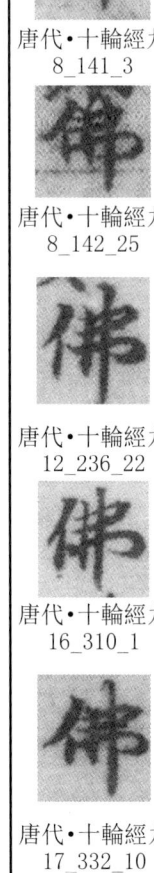

唐代•十輪經十 3_45_12
唐代•十輪經十 3_59_1
唐代•十輪經十 4_73_6
唐代•十輪經十 6_101_13
唐代•十輪經十 10_200_16
唐代•十輪經十 11_206_17
唐代•十輪經十 12_232_5
唐代•十輪經十 13_243_8
唐代•十輪經十 13_252_13
唐代•十輪經十 14_260_6
唐代•十輪經十 14_266_13
唐代•十輪經十 14_268_3
唐代•十輪經十 14_270_11
唐代•十輪經十 14_273_2
唐代•十輪經十 15_285_5
唐代•十輪經十 15_285_8
唐代•十輪經十 15_285_13
唐代•十輪經十 15_286_8
唐代•十輪經十 15_286_13
唐代•十輪經十 15_286_17
唐代•十輪經十 15_287_2
唐代•十輪經十 15_287_7
唐代•十輪經十 15_287_12
唐代•十輪經十 15_287_17
唐代•十輪經十 15_288_4
唐代•十輪經十 15_288_10
唐代•十輪經十 15_288_16
唐代•十輪經十 15_289_4
唐代•十輪經十 15_289_13
唐代•十輪經十 15_290_9
唐代•十輪經十 15_291_1
唐代•十輪經十 15_292_3
唐代•十輪經十 15_293_3
唐代•十輪經十 16_302_10
唐代•十輪經十 16_305_10
唐代•十輪經十 16_316_5
唐代•十輪經十 16_317_12
唐代•十輪經十 16_320_3
唐代•十輪經十 17_321_15
唐代•十輪經十 17_322_10
唐代•十輪經十 17_323_6
唐代•十輪經十 17_327_16
唐代•十輪經十 17_328_25
唐代•十輪經十 17_329_18
唐代•十輪經十 17_329_24
唐代•十輪經十 17_330_17
唐代•十輪經十 17_331_4
唐代•十輪經十 17_331_11
唐代•十輪經十 17_331_17
唐代•十輪經十 17_333_1
唐代•十輪經十 17_334_11
唐代•十輪經十 17_335_4
唐代•十輪經十 17_335_12
唐代•十輪經十 17_337_16
唐代•十輪經十 17_339_10
唐代•十輪經十 18_341_3

伽　伺

伽　慣キャ 漢カ 呉ガ　訓とぎ

伺　シ　訓うかがう

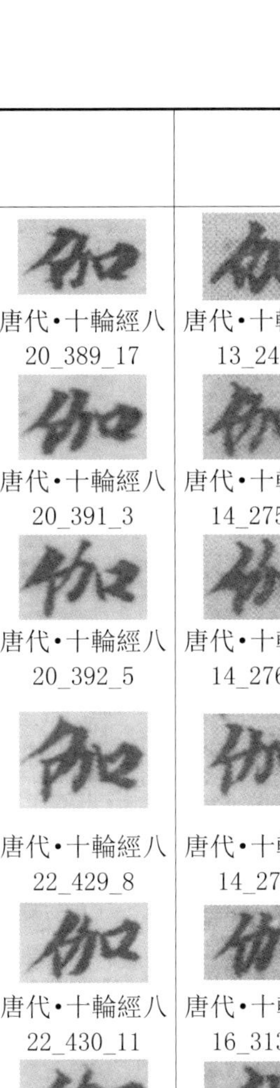
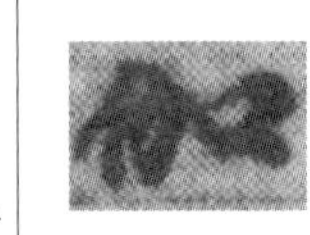

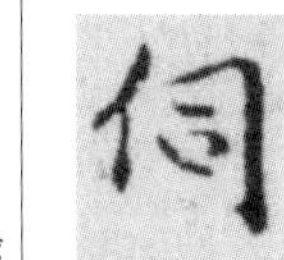
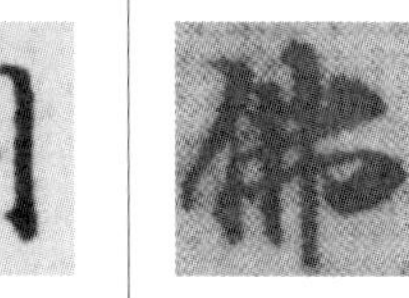
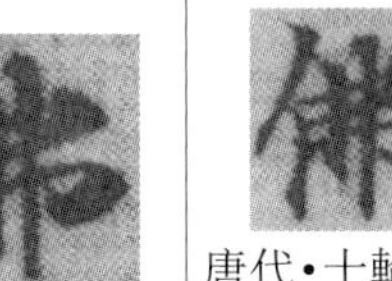
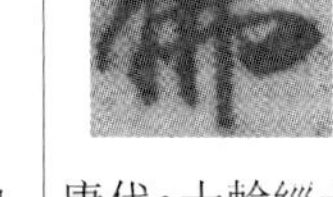
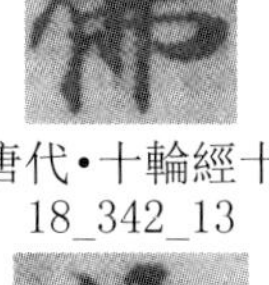
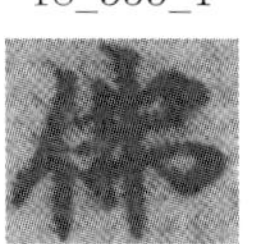
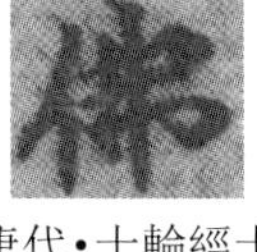

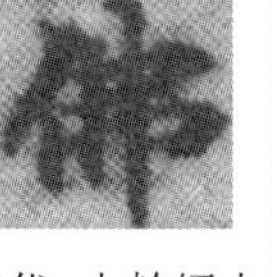
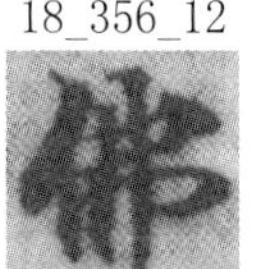

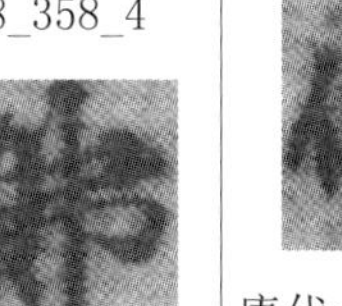

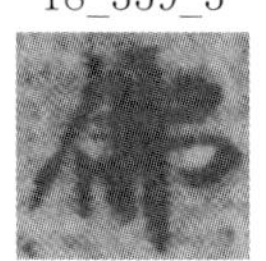

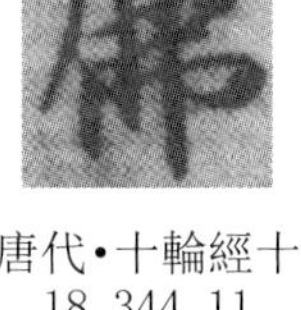
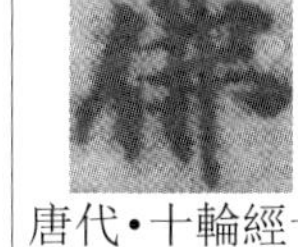
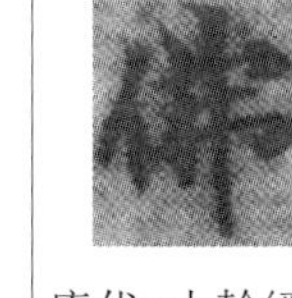

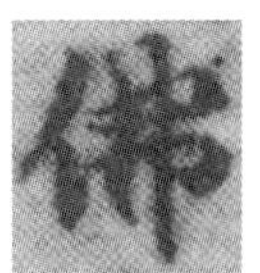

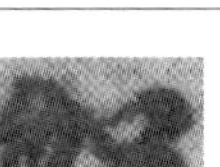
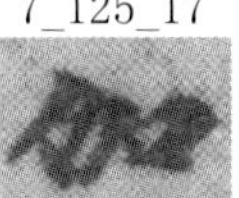

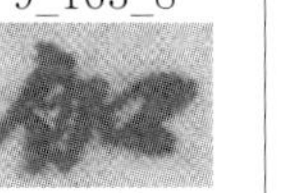

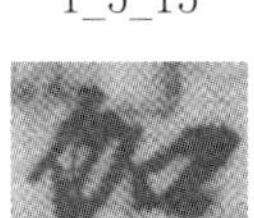

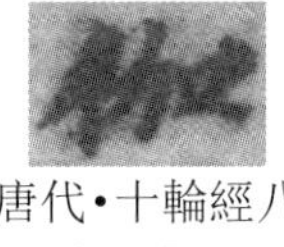

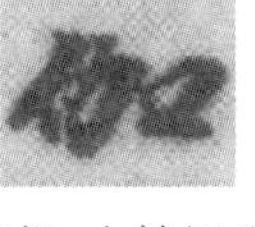
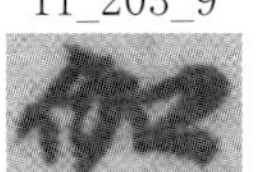

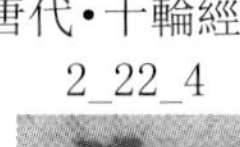
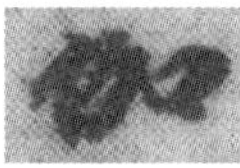

唐代・十輪經十 18_342_13
唐代・十輪經十 18_343_12
唐代・十輪經十 18_344_11
唐代・十輪經十 18_345_14
唐代・十輪經十 18_346_9
唐代・十輪經十 18_347_8
唐代・十輪經十 18_349_2
唐代・十輪經十 18_350_14

唐代・十輪經十 18_353_1
唐代・十輪經十 18_355_11
唐代・十輪經十 18_356_12
唐代・十輪經十 18_358_4
唐代・十輪經十 18_359_3
唐代・十輪經十 19_373_12
唐代・十輪經十 19_378_5
唐代・十輪經十 20_386_12

唐代・文選五九 103_970_19
唐代・文選百三 33_326_23
唐代・文選百三 52_497_29
唐代・文選百三 67_646_26

初唐・金剛場經 1_5_5
唐代・十輪經四 9_172_3
唐代・十輪經四 12_231_3
唐代・十輪經八 1_4_8
唐代・十輪經八 1_5_15
唐代・十輪經八 1_7_3
唐代・十輪經八 1_19_15
唐代・十輪經八 2_21_1
唐代・十輪經八 2_22_4
唐代・十輪經八 7_124_14

唐代・十輪經八 7_125_17
唐代・十輪經八 7_127_2
唐代・十輪經八 9_163_8
唐代・十輪經八 9_164_11
唐代・十輪經八 9_165_14
唐代・十輪經八 11_201_4
唐代・十輪經八 11_202_6
唐代・十輪經八 11_203_9
唐代・十輪經八 12_238_13

唐代・十輪經八 13_241_2
唐代・十輪經八 14_275_13
唐代・十輪經八 14_276_16
唐代・十輪經八 14_278_3
唐代・十輪經八 16_313_12
唐代・十輪經八 16_314_15
唐代・十輪經八 16_315_17
唐代・十輪經八 18_352_5
唐代・十輪經八 18_353_8
唐代・十輪經八 18_354_11

唐代・十輪經八 20_389_17
唐代・十輪經八 20_391_3
唐代・十輪經八 20_392_5
唐代・十輪經八 22_429_8
唐代・十輪經八 22_430_11
唐代・十輪經八 22_431_14
唐代・十輪經九 2_27_17
唐代・十輪經九 2_29_3
唐代・十輪經九 2_30_6
唐代・十輪經九 4_68_5

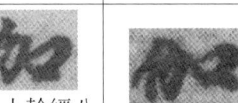

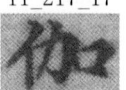

唐代·十輪經九 4_69_8

唐代·十輪經九 4_70_11

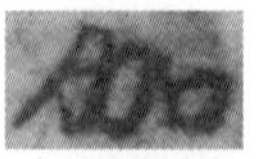
唐代·十輪經九 5_93_3

唐代·十輪經九 7_122_11

唐代·十輪經九 11_215_3

唐代·十輪經九 11_216_10

唐代·十輪經九 11_217_17

唐代·十輪經十 4_69_12

唐代·十輪經十 17_333_15

唐代·十輪經十 17_338_8

唐代·十輪經十 20_382_3

唐代·十輪經十 20_386_2

唐代·十輪經十 4_70_14

來 𠓜

漢ライ
訓くる

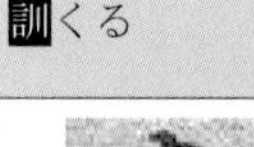
初唐·法華義疏 1_3_14

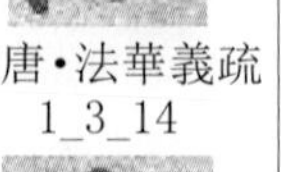
初唐·法華義疏 1_6_13

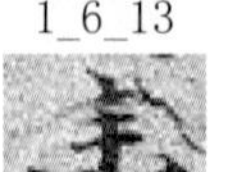
初唐·法華義疏 1_7_14

唐代·春秋經傳 1_7_21

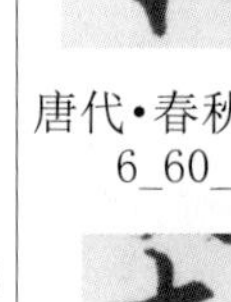

唐代·春秋經傳 6_60_1

唐代·春秋經傳 6_62_10

唐代·春秋經傳 7_71_8

唐代·春秋經傳 20_203_33

唐代·春秋經傳 23_242_4

唐代·春秋經傳 24_243_22

唐代·春秋經傳 24_248_3

唐代·春秋經傳 24_250_17

唐代·春秋經傳 26_267_11

唐代·春秋經傳 26_271_9

唐代·春秋經傳 30_315_7

唐代·春秋經傳 32_332_10

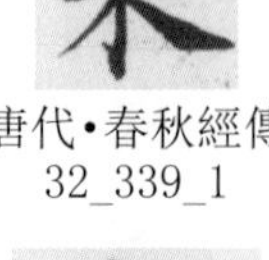
唐代·春秋經傳 32_339_1

唐代·春秋經傳 33_342_2

唐代·春秋經傳 34_357_10

唐代·春秋經傳 34_360_7

唐代·春秋經傳 36_374_8

唐代·文選四八 12_105_16

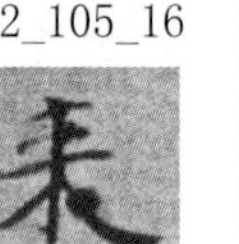
唐代·文選四八 12_106_7

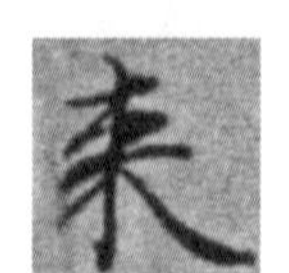

唐代·文選四八 12_111_24

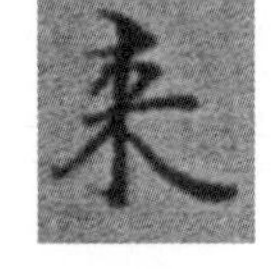
唐代·文選四八 22_196_3

唐代·文選四八 24_221_1

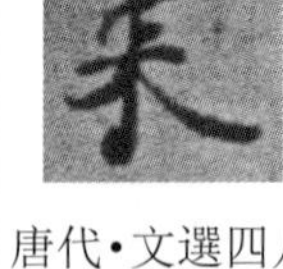
唐代·文選四八 25_222_21

唐代·文選四八 25_223_22

唐代·文選四八 26_230_16

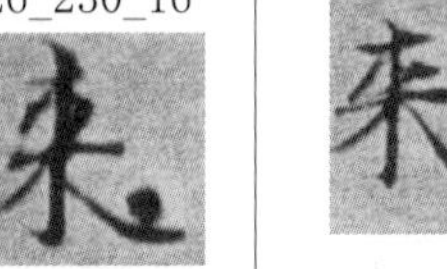
唐代·文選四八 27_246_16

唐代·文選四八 31_277_16

唐代·文選四八 48_431_15

唐代·文選四八 48_433_15

唐代·文選四八 49_442_3

唐代·文選四八 49_443_18

唐代·文選四八 49_445_7

唐代·文選四八 49_447_2

唐代·文選五九 11_103_3

唐代·文選五九 11_105_11

唐代·文選五九 14_134_13

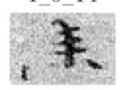

唐代•文選百三
60_571_8

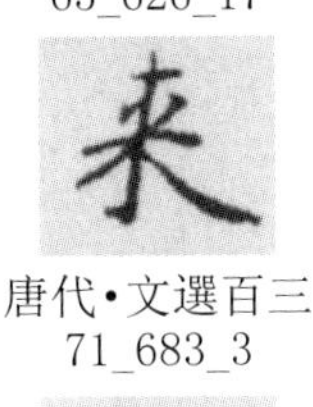
唐代•文選百三
65_626_17

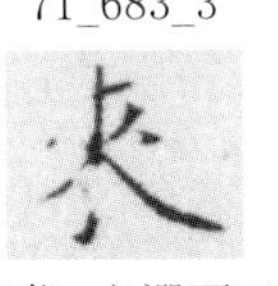
唐代•文選百三
71_683_3

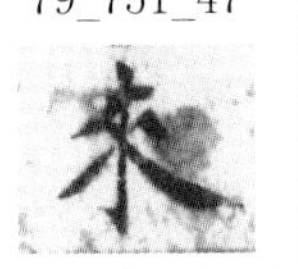
唐代•文選百三
79_751_47

唐代•古文選前
3_28_14

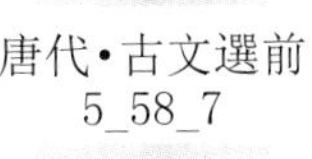
唐代•古文選前
5_58_7

唐代•古文選前
11_125_11

唐代•古文選前
11_126_1

唐代•古文選前
20_233_12

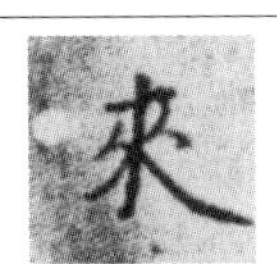
唐代•文選百三
15_138_2

唐代•文選百三
22_210_9

唐代•文選百三
22_211_12

唐代•文選百三
22_211_17

唐代•文選百三
22_211_22

唐代•文選百三
22_211_27

唐代•文選百三
24_232_4

唐代•文選百三
33_322_19

唐代•文選六八
63_637_17

唐代•文選六八
66_661_3

唐代•文選八八
1_5_18

唐代•文選八八
7_46_30

唐代•文選八八
7_48_1

唐代•文選八八
7_50_12

唐代•文選八八
24_215_8

唐代•文選八八
24_216_18

唐代•文選五九
103_971_4

唐代•文選五九
104_986_18

唐代•文選五九
107_1017_7

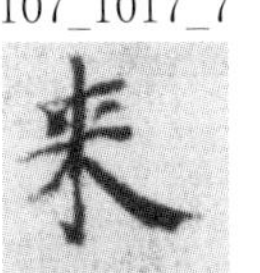
唐代•文選五九
110_1042_15

唐代•文選六八
1_4_17

唐代•文選六八
22_224_13

唐代•文選六八
22_224_27

唐代•文選六八
51_509_17

唐代•文選五九
41_399_24

唐代•文選五九
53_522_13

唐代•文選五九
69_663_10

唐代•文選五九
69_663_11

唐代•文選五九
71_681_30

唐代•文選五九
93_890_23

唐代•文選五九
103_970_8

唐代•文選五九
104_984_5

唐代•文選五九
37_368_6

唐代•文選五九
38_373_21

唐代•文選五九
40_396_2

唐代•文選五九
40_397_6

唐代•文選五九
40_398_17

唐代•文選五九
41_400_25

唐代•文選五九
44_434_17

唐代•文選五九
14_135_26

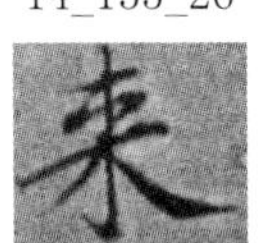
唐代•文選五九
14_136_28

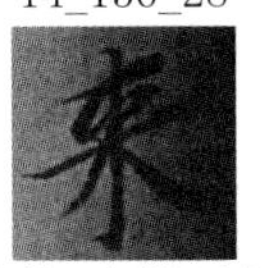
唐代•文選五九
25_249_9

唐代•文選五九
27_260_8

唐代•文選五九
29_286_7

唐代•文選五九
33_329_8

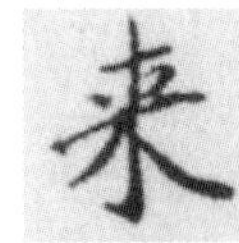
唐代•文選五九
34_331_23

唐代•文選五九
35_342_19

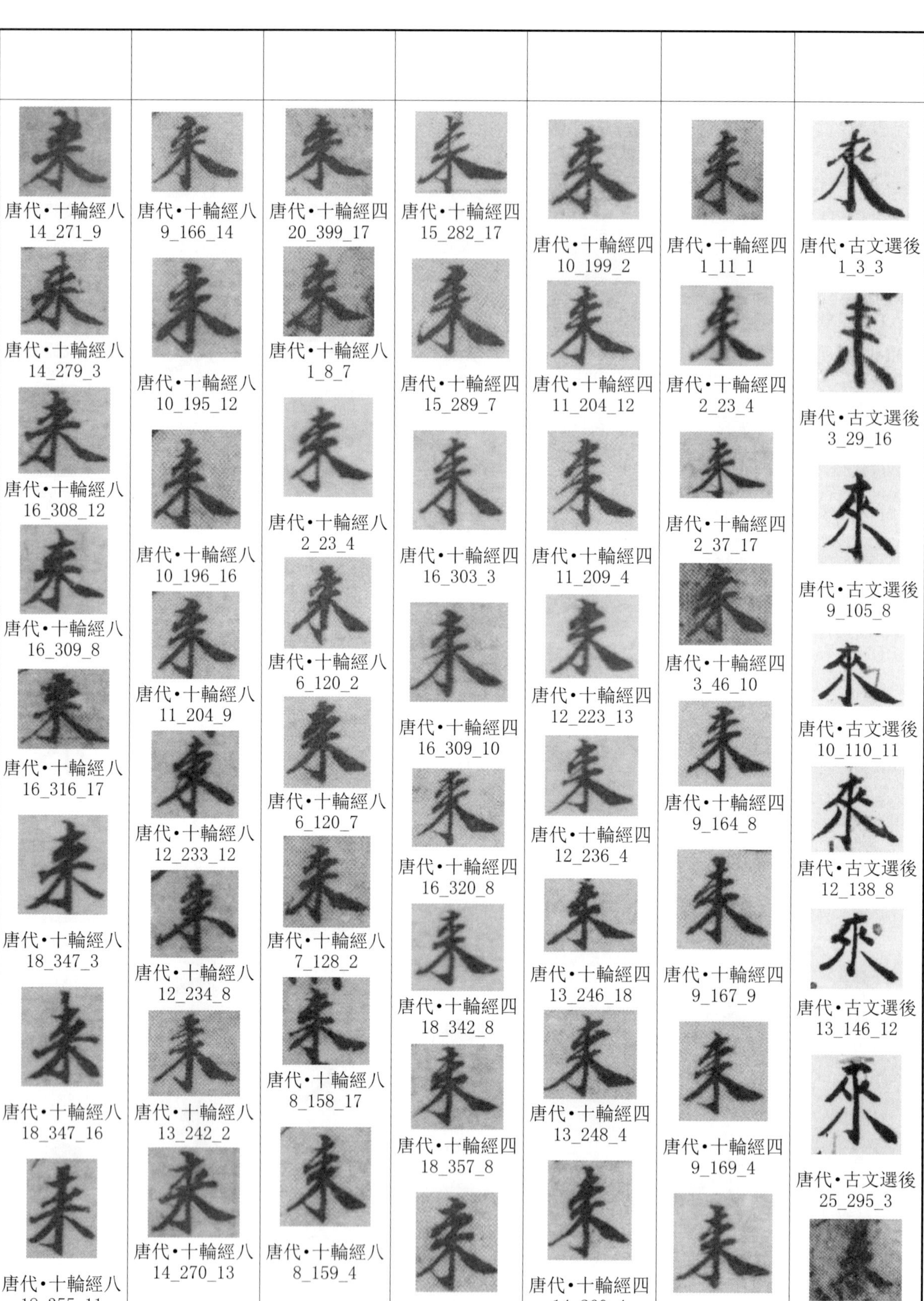

唐代·古文選後 1_3_3
唐代·古文選後 3_29_16
唐代·古文選後 9_105_8
唐代·古文選後 10_110_11
唐代·古文選後 12_138_8
唐代·古文選後 13_146_12
唐代·古文選後 25_295_3
唐代·十輪經四 1_6_10

唐代·十輪經四 1_11_1
唐代·十輪經四 2_23_4
唐代·十輪經四 2_37_17
唐代·十輪經四 3_46_10
唐代·十輪經四 9_164_8
唐代·十輪經四 9_167_9
唐代·十輪經四 9_169_4
唐代·十輪經四 10_193_7

唐代·十輪經四 10_199_2
唐代·十輪經四 11_204_12
唐代·十輪經四 11_209_4
唐代·十輪經四 12_223_13
唐代·十輪經四 12_236_4
唐代·十輪經四 13_246_18
唐代·十輪經四 13_248_4
唐代·十輪經四 14_260_4

唐代·十輪經四 15_282_17
唐代·十輪經四 15_289_7
唐代·十輪經四 16_303_3
唐代·十輪經四 16_309_10
唐代·十輪經四 16_320_8
唐代·十輪經四 18_342_8
唐代·十輪經四 18_357_8
唐代·十輪經四 19_374_8

唐代·十輪經四 20_399_17
唐代·十輪經八 1_8_7
唐代·十輪經八 2_23_4
唐代·十輪經八 6_120_2
唐代·十輪經八 6_120_7
唐代·十輪經八 7_128_2
唐代·十輪經八 8_158_17
唐代·十輪經八 8_159_4

唐代·十輪經八 9_166_14
唐代·十輪經八 10_195_12
唐代·十輪經八 10_196_16
唐代·十輪經八 11_204_9
唐代·十輪經八 12_233_12
唐代·十輪經八 12_234_8
唐代·十輪經八 13_242_2
唐代·十輪經八 14_270_13

唐代·十輪經八 14_271_9
唐代·十輪經八 14_279_3
唐代·十輪經八 16_308_12
唐代·十輪經八 16_309_8
唐代·十輪經八 16_316_17
唐代·十輪經八 18_347_3
唐代·十輪經八 18_347_16
唐代·十輪經八 18_355_11

侍

漢シ呉ジ
訓さむらい

唐代•古文選後
10_108_2

唐代•古文選後
20_232_9

唐代•古文選後
21_244_2

唐代•古文選後
8_89_12

唐代•古文選後
7_83_19

唐代•文選百三
1_7_28

唐代•文選百三
3_27_5

唐代•文選百三
17_164_7

唐代•文選百三
25_240_21

唐代•文選百三
28_276_30

唐代•古文選前
3_37_8

唐代•古文選前
7_75_6

唐代•文選五九
2_13_22

唐代•文選五九
2_14_1

唐代•文選五九
25_247_7

唐代•文選五九
75_720_12

唐代•文選八八
7_43_13

唐代•文選百三
1_3_4

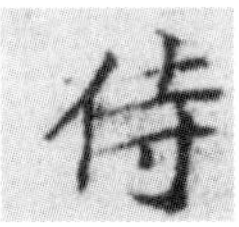
唐代•文選百三
3_20_22

晚唐•慶滋書狀
1_4_3

晚唐•慶滋書狀
1_6_6

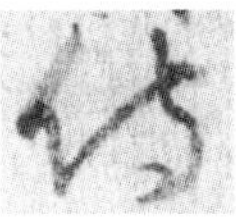
晚唐•慶滋書狀
1_15_5

唐代•春秋經傳
9_92_16

唐代•文選四八
11_97_14

唐代•文選四八
11_97_26

唐代•文選四八
30_272_8

唐代•文選四八
46_417_6

唐代•十輪經十
1_11_7

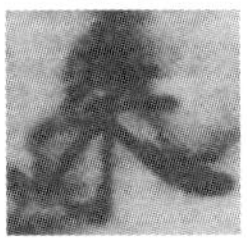
唐代•十輪經十
1_13_5

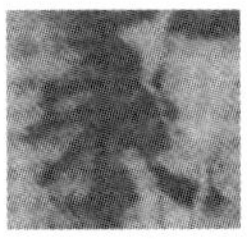
唐代•十輪經十
1_15_3

唐代•十輪經十
18_343_1

唐代•十輪經九
12_223_12

唐代•十輪經九
2_31_6

唐代•十輪經九
4_62_1

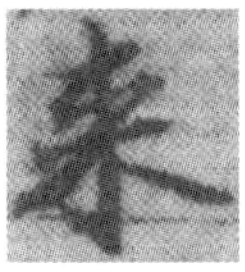
唐代•十輪經九
4_62_18

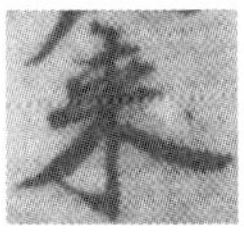
唐代•十輪經九
4_71_11

唐代•十輪經九
5_82_6

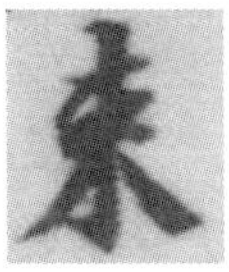
唐代•十輪經九
11_206_7

唐代•十輪經九
17_333_12

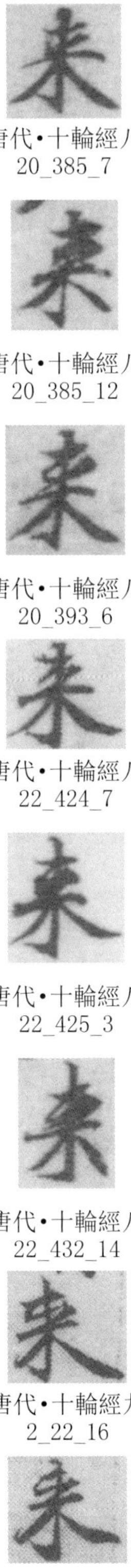
唐代•十輪經八
20_385_7

唐代•十輪經八
20_385_12

唐代•十輪經八
20_393_6

唐代•十輪經八
22_424_7

唐代•十輪經八
22_425_3

唐代•十輪經八
22_432_14

唐代•十輪經九
2_22_16

唐代•十輪經九
2_23_12

佳

慣カ漢カイ呉ケ
訓よい

佳人
唐代•文選四八
2_13_10

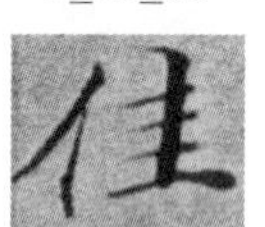
唐代•文選四八
3_14_18

唐代•文選五九
6_58_1

唐代•文選五九
7_59_22

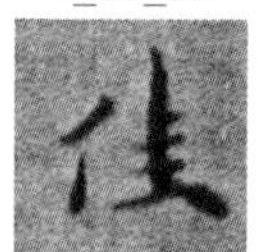
唐代•文選五九
7_60_24

唐代•文選五九
7_67_1

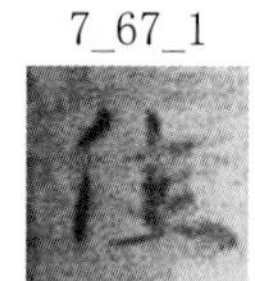
唐代•文選五九
7_68_26

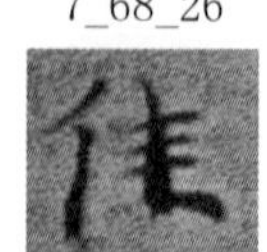
唐代•文選五九
8_75_17

唐代•文選五九
26_258_6

唐代•文選五九
27_260_1

佳人
唐代•文選五九
27_260_21

唐代•文選五九
27_261_8

唐代•文選五九
37_367_4

唐代•文選五九
37_368_10

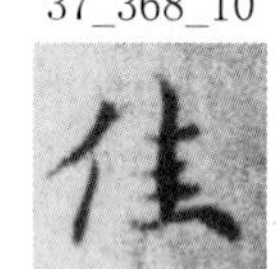
唐代•文選五九
37_369_22

唐代•文選五九
94_900_25

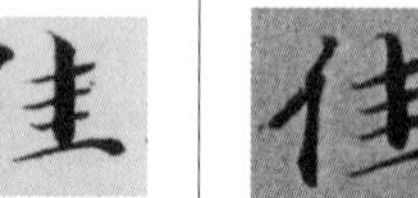
唐代•文選五九
96_913_3

唐代•文選五九
111_1059_1

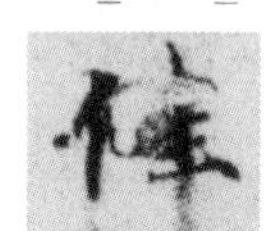
唐代•文選五九
112_1061_30

唐代•文選五九
112_1063_28

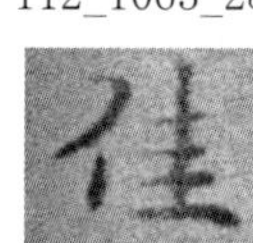
唐代•文選六八
23_235_14

唐代•古文選前
7_82_2

唐代•古文選前
9_107_6

供

漢キョウ呉ク
訓とも

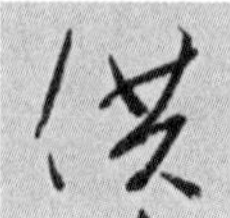
中唐・風信帖
1_3_8

唐代•文選五九
81_781_49

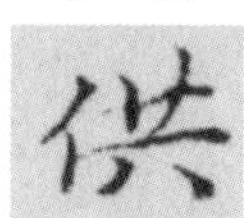
唐代•文選百三
53_511_19

唐代•十輪經四
1_22_4

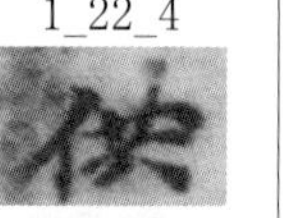
唐代•十輪經四
2_29_12

唐代•十輪經四
2_31_8

唐代•十輪經四
2_35_4

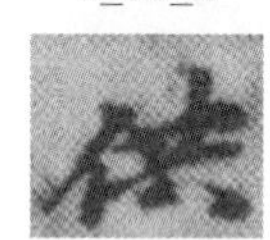
唐代•十輪經四
3_44_9

唐代•十輪經四
3_60_9

唐代•十輪經四
4_64_4

唐代•十輪經四
12_239_24

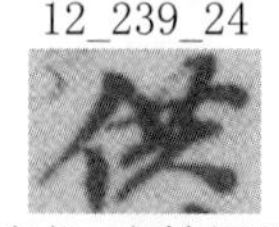
唐代•十輪經四
13_243_15

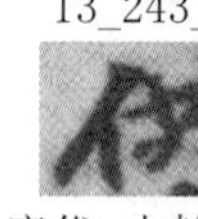
唐代•十輪經四
13_251_17

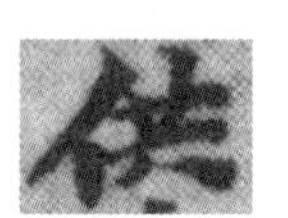
唐代•十輪經四
13_258_17

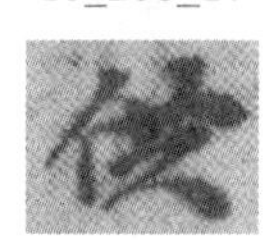
唐代•十輪經八
1_15_2

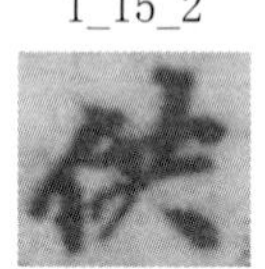
唐代•十輪經八
2_29_7

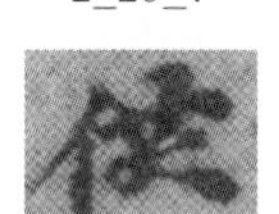
唐代•十輪經八
7_134_4

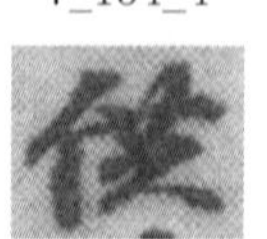
唐代•十輪經八
9_172_15

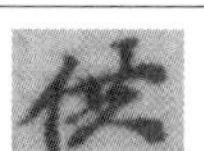
唐代•十輪經八
11_210_12

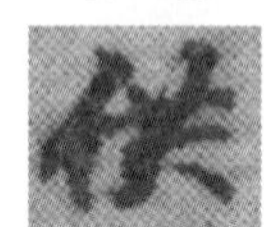
唐代•十輪經八
13_248_2

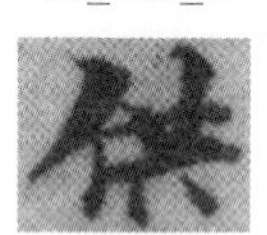
唐代•十輪經八
15_285_6

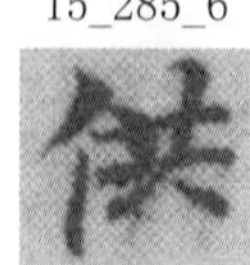
唐代•十輪經八
17_323_4

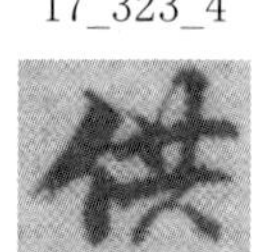
唐代•十輪經八
18_361_13

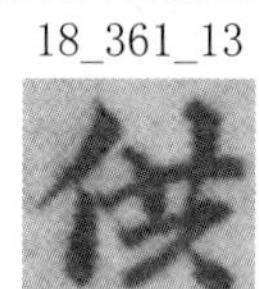
唐代•十輪經八
20_399_8

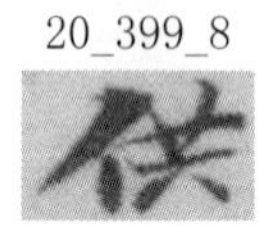
唐代•十輪經八
22_438_16

唐代•十輪經九
2_37_9

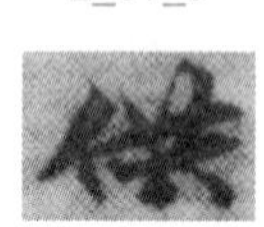
唐代•十輪經九
4_77_13

唐代•十輪經九
7_138_14

唐代•十輪經九
8_142_22

唐代•十輪經九
8_151_3

唐代•十輪經九
9_168_14

唐代•十輪經九
9_177_14

唐代•十輪經九
10_184_17

唐代•十輪經九
11_205_11

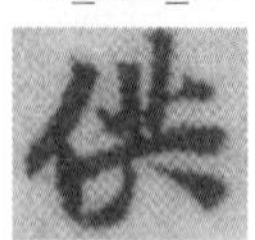
唐代•十輪經九
12_231_7

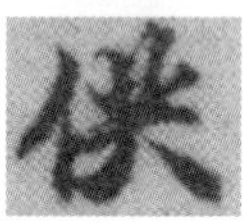
唐代•十輪經九
12_236_14

唐代•十輪經九 13_242_3

唐代•十輪經九 14_274_2

唐代•十輪經九 16_305_2

唐代•十輪經九 16_311_1

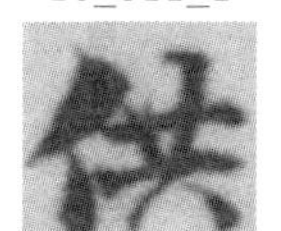
唐代•十輪經九 19_370_2

唐代•十輪經九 21_417_2

唐代•十輪經十 2_35_8

唐代•十輪經十 3_45_9

唐代•十輪經十 6_101_10

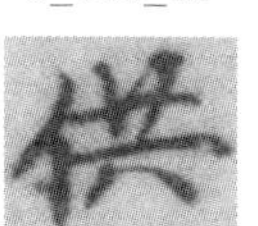
唐代•十輪經十 7_135_3

唐代•十輪經十 16_315_9

唐代•十輪經十 17_329_14

唐代•十輪經十 18_356_10

唐代•十輪經十 2_40_5

使

シ

訓つかう

初唐•法華義疏 1_7_4

唐代•春秋經傳 8_74_14

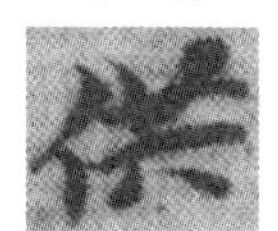
唐代•春秋經傳 9_86_7

唐代•春秋經傳 10_100_3

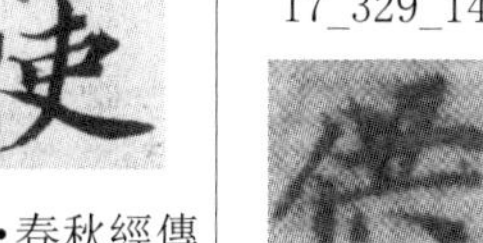
唐代•春秋經傳 11_113_3

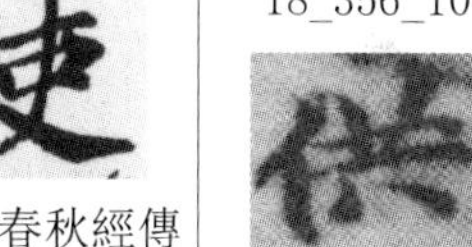
唐代•春秋經傳 12_125_21

唐代•春秋經傳 12_126_16

唐代•春秋經傳 14_139_10

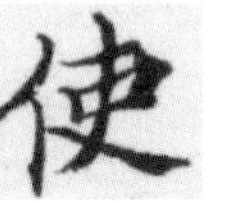
唐代•春秋經傳 14_143_1

唐代•春秋經傳 14_144_4

唐代•春秋經傳 14_144_16

唐代•春秋經傳 15_157_23

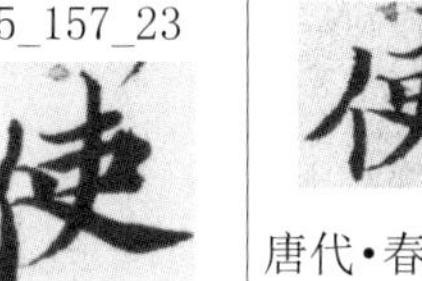
唐代•春秋經傳 16_161_10

唐代•春秋經傳 16_169_6

唐代•春秋經傳 19_196_5

唐代•春秋經傳 22_226_28

唐代•春秋經傳 22_231_2

唐代•春秋經傳 22_233_1

唐代•春秋經傳 23_235_26

唐代•春秋經傳 23_239_10

唐代•春秋經傳 24_245_10

唐代•春秋經傳 24_251_9

唐代•春秋經傳 25_254_24

唐代•春秋經傳 25_256_21

唐代•春秋經傳 26_267_7

唐代•春秋經傳 27_278_26

唐代•春秋經傳 29_300_11

唐代•春秋經傳 30_315_6

唐代•春秋經傳 32_338_16

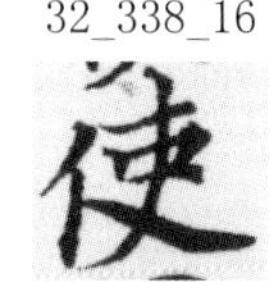
唐代•春秋經傳 33_341_16

唐代•春秋經傳 33_342_12

唐代•春秋經傳 33_350_1

唐代•春秋經傳 33_350_8

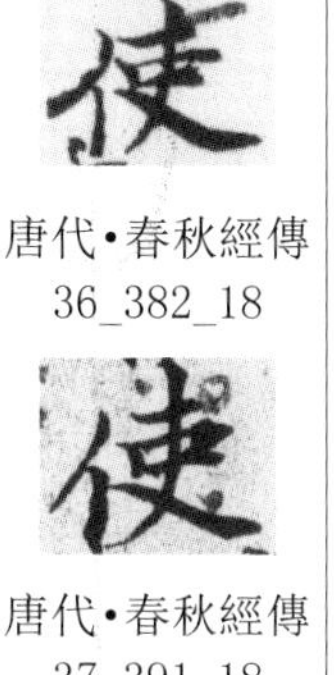
唐代•春秋經傳 35_363_20

唐代•春秋經傳 36_377_23

唐代•春秋經傳 36_382_18

唐代•春秋經傳 37_391_18

唐代•春秋經傳 37_392_3

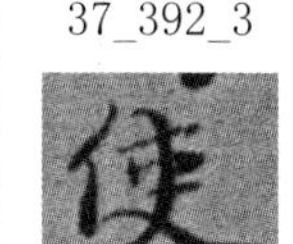
唐代•文選四八 18_158_27

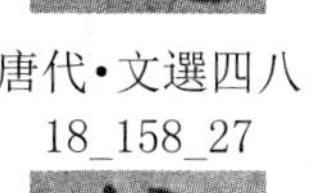
唐代•文選四八 42_374_13

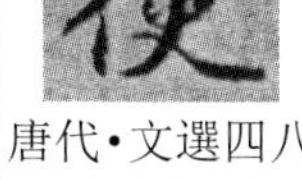

唐代•文選百三 27_258_2

唐代•文選百三 27_259_3

唐代•文選百三 27_271_18

唐代•文選百三 33_323_12

唐代•文選百三 33_324_2

唐代•文選百三 35_351_1

唐代•文選百三 35_355_33

唐代•文選百三 46_443_14

唐代•文選八八 19_160_2

唐代•文選八八 19_161_21

唐代•文選八八 20_175_5

唐代•文選八八 20_176_26

唐代•文選八八 21_182_5

唐代•文選百三 15_148_21

唐代•文選百三 21_209_42

唐代•文選百三 24_230_26

唐代•文選八八 5_34_20

唐代•文選八八 6_40_1

唐代•文選八八 7_43_6

唐代•文選八八 8_56_30

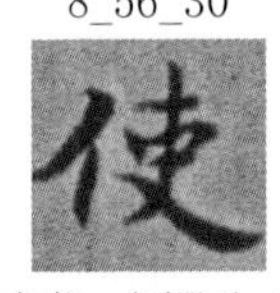
唐代•文選八八 8_59_20

唐代•文選八八 8_60_18

唐代•文選八八 13_102_18

唐代•文選八八 18_158_9

唐代•文選六八 47_478_6

唐代•文選六八 49_490_15

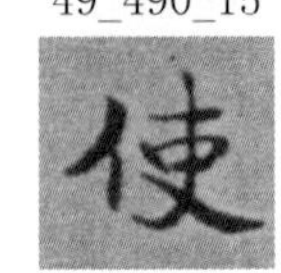
唐代•文選六八 59_592_13

唐代•文選八八 1_2_1

唐代•文選八八 3_12_4

唐代•文選八八 3_14_1

唐代•文選八八 3_15_11

唐代•文選八八 3_15_33

唐代•文選六八 12_126_21

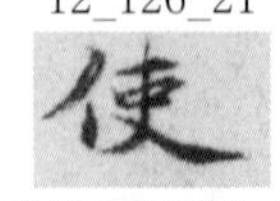
唐代•文選六八 13_130_27

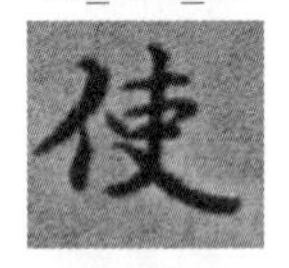
唐代•文選六八 14_145_4

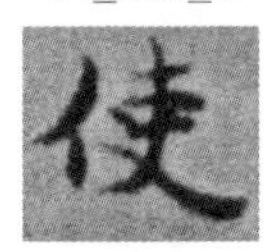
唐代•文選六八 18_185_4

唐代•文選六八 21_215_14

唐代•文選六八 22_224_3

唐代•文選六八 23_227_14

唐代•文選六八 43_437_21

唐代•文選五九 101_949_25

唐代•文選五九 101_951_18

唐代•文選五九 112_1061_11

唐代•文選六八 1_1_13

唐代•文選六八 1_11_4

唐代•文選六八 1_13_1

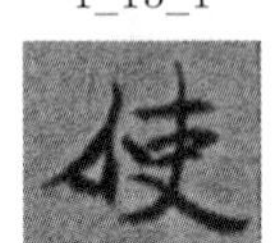
唐代•文選六八 10_108_7

唐代•文選六八 11_112_7

唐代•文選四八 42_374_23

唐代•文選四八 42_379_18

唐代•文選四八 42_380_1

唐代•文選四八 42_381_4

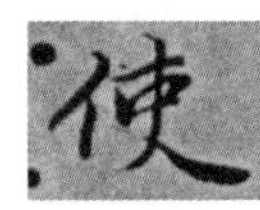
唐代•文選四八 44_392_1

唐代•文選五九 15_143_15

唐代•文選五九 35_342_17

唐代•文選五九 37_372_26

例

漢 レイ
訓 たとえる

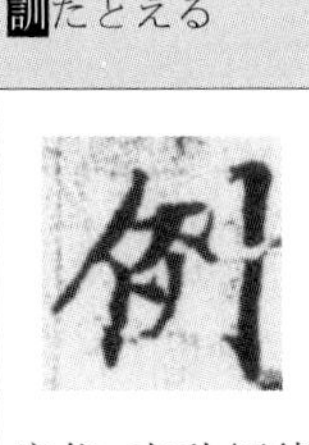
唐代•春秋經傳
1_3_19

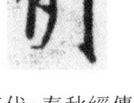

唐代•春秋經傳
2_17_25

唐代•春秋經傳
4_40_9

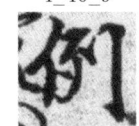

唐代•春秋經傳
5_44_11

唐代•春秋經傳
5_49_3

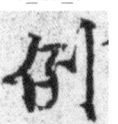

唐代•春秋經傳
11_115_13

唐代•春秋經傳
13_135_15

唐代•十輪經九
17_325_7

唐代•十輪經十
9_178_9

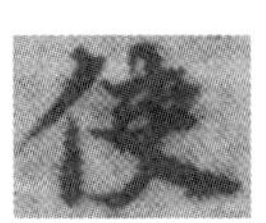
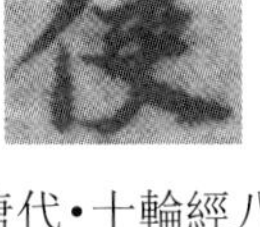
唐代•十輪經八
13_260_9

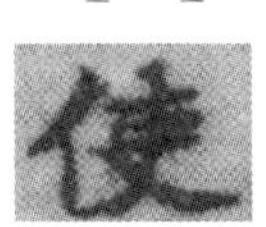
唐代•十輪經八
15_298_9

唐代•十輪經八
17_336_8

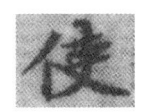

唐代•十輪經八
19_374_9

唐代•十輪經八
21_412_1

唐代•十輪經九
1_11_14

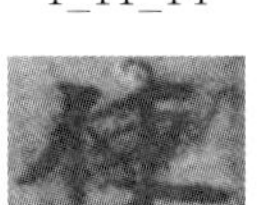
唐代•十輪經九
3_50_1

唐代•十輪經九
7_129_21

唐代•十輪經四
21_406_11

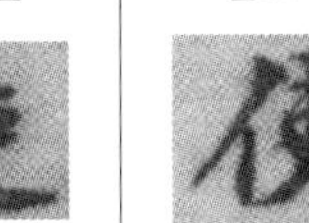

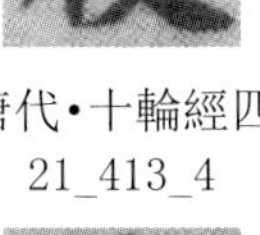
唐代•十輪經四
21_413_4

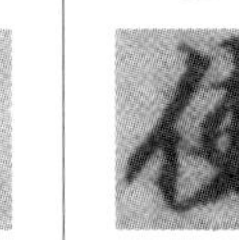

唐代•十輪經四
21_417_13

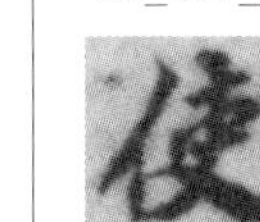
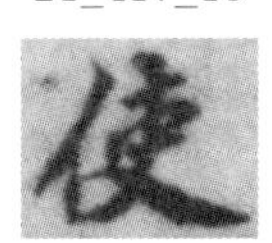
唐代•十輪經四
22_422_9

唐代•十輪經八
6_110_4

唐代•十輪經八
8_148_4

唐代•十輪經八
10_186_10

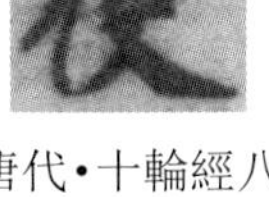
唐代•十輪經八
12_223_9

唐代•文選百三
85_805_23

唐代•文選百三
85_817_10

唐代•古文選前
2_18_13

唐代•古文選前
13_149_1

唐代•古文選後
1_10_14

唐代•古文選後
2_18_6

唐代•十輪經四
2_25_1

唐代•十輪經四
20_386_1

唐代•文選百三
73_709_28

唐代•文選百三
73_710_8

唐代•文選百三
74_714_10

唐代•文選百三
74_714_19

唐代•文選百三
74_714_28

唐代•文選百三
76_732_1

唐代•文選百三
81_765_10

唐代•文選百三
84_802_20

唐代•文選百三
55_529_11

唐代•文選百三
55_532_19

唐代•文選百三
56_538_8

唐代•文選百三
58_557_20

唐代•文選百三
60_578_2

唐代•文選百三
62_598_9

唐代•文選百三
72_694_21

唐代•文選百三
73_708_17

佼	侈	佩	佻	佺		
漢コウ呉キョウ 訓うつくしい	シ 訓おごる	漢ハイ 訓おびだま	漢チョウ 訓かるい	漢セン呉セン 訓—		
 唐代•文選六八 50_503_13	 唐代•春秋經傳 4_36_6  唐代•文選六八 11_116_11  唐代•文選百三 19_179_8	 唐代•文選五九 23_225_11  唐代•文選六八 25_250_15 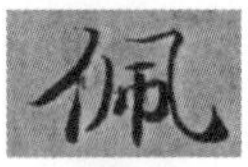 唐代•文選六八 47_471_13  唐代•文選六八 47_473_10 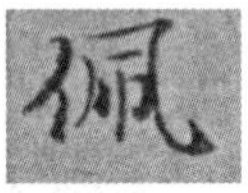 唐代•文選六八 47_477_19	 唐代•文選百三 69_666_2  唐代•文選百三 69_667_12  唐代•文選百三 69_669_32 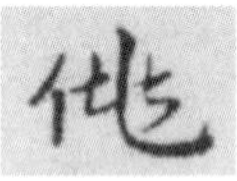 唐代•文選百三 69_670_18  唐代•文選百三 69_672_1	 唐代•古文選後 11_119_48	 唐代•文選六八 62_620_26  唐代•文選八八 5_22_3  唐代•文選百三 3_28_26  唐代•文選百三 41_413_12 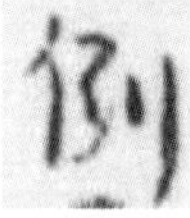 唐代•古文選後 26_301_11	 唐代•春秋經傳 18_185_10  唐代•春秋經傳 18_187_9  唐代•春秋經傳 20_204_21  唐代•春秋經傳 24_249_22  唐代•春秋經傳 24_250_5  唐代•春秋經傳 26_268_5  唐代•春秋經傳 28_286_8

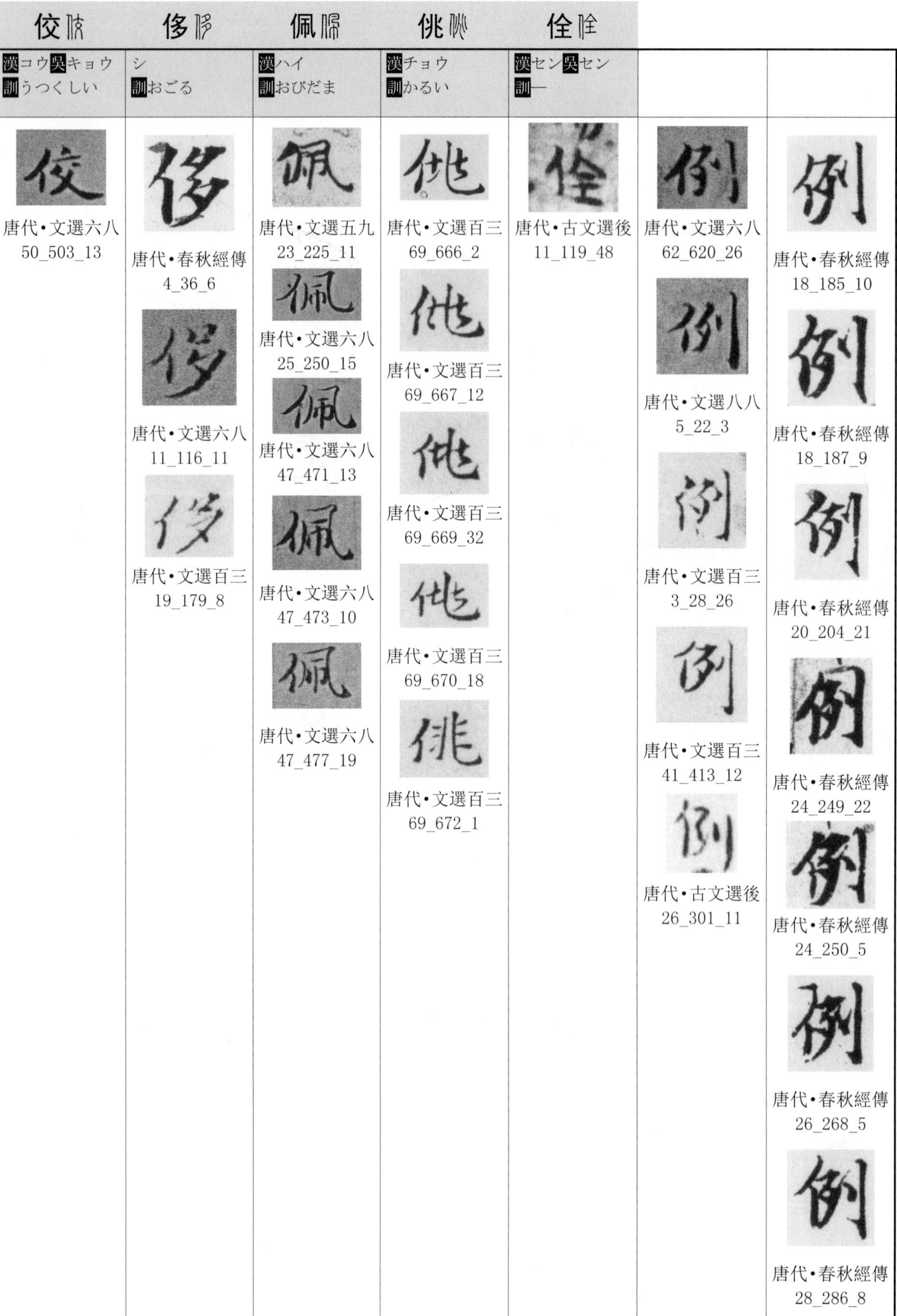

依

漢イ 呉エ
訓よる

唐代•春秋經傳 22_225_26
唐代•文選五九 9_91_10
唐代•文選五九 10_93_5
唐代•文選五九 10_94_4
唐代•文選五九 35_350_3
唐代•文選五九 67_645_11
唐代•文選五九 94_898_1
唐代•文選六八 2_26_10

唐代•文選六八 41_418_15
唐代•文選六八 54_540_14
唐代•文選六八 54_542_15
唐代•文選六八 64_641_2
唐代•文選百三 29_292_13
唐代•文選百三 81_773_11
唐代•古文選前 11_130_9
唐代•古文選後 24_286_3

唐代•十輪經四 7_123_7
唐代•十輪經四 8_145_7
唐代•十輪經四 8_147_4
唐代•十輪經四 8_148_16
唐代•十輪經四 18_345_8
唐代•十輪經八 2_36_1
唐代•十輪經八 3_41_13
唐代•十輪經八 4_79_11

唐代•十輪經八 6_115_2
唐代•十輪經八 8_153_7
唐代•十輪經八 10_191_7
唐代•十輪經八 12_228_6
唐代•十輪經八 14_265_4
唐代•十輪經八 15_303_5
唐代•十輪經八 17_341_5
唐代•十輪經八 19_379_4

唐代•十輪經八 21_417_1
唐代•十輪經九 1_16_14
唐代•十輪經九 3_55_3
唐代•十輪經九 10_180_7
唐代•十輪經九 10_180_15
唐代•十輪經九 10_181_6
唐代•十輪經九 10_181_14
唐代•十輪經九 10_182_4

唐代•十輪經九 10_198_9

唐代•十輪經九 10_199_10

唐代•十輪經九 13_257_11

唐代•十輪經九 13_258_1

唐代•十輪經九 13_258_9

唐代•十輪經九 13_259_14

唐代•十輪經九 14_260_8

唐代•十輪經九 14_268_9

唐代•十輪經九 14_268_16
唐代•十輪經九 14_277_6
唐代•十輪經九 14_277_10
唐代•十輪經九 14_278_1
唐代•十輪經九 15_286_12
唐代•十輪經九 15_297_3

唐代•十輪經九 15_297_8

唐代•十輪經九 17_338_1

唐代•十輪經九 17_338_5
唐代•十輪經九 18_344_12
唐代•十輪經九 18_348_10
唐代•十輪經九 18_350_3
唐代•十輪經九 18_350_11
唐代•十輪經九 18_351_2
唐代•十輪經九 18_352_6
唐代•十輪經九 18_353_1

唐代•十輪經九 18_353_9
唐代•十輪經九 19_363_17
唐代•十輪經九 19_364_18
唐代•十輪經九 19_372_14
唐代•十輪經九 19_373_5
唐代•十輪經九 19_373_13
唐代•十輪經九 19_376_4
唐代•十輪經九 19_376_13

唐代•十輪經九 19_377_5
唐代•十輪經九 19_377_14
唐代•十輪經九 19_378_6
唐代•十輪經九 19_378_14
唐代•十輪經九 19_379_5
唐代•十輪經九 19_379_15
唐代•十輪經九 20_380_7
唐代•十輪經九 20_380_15

唐代•十輪經九 20_381_7
唐代•十輪經九 20_381_15
唐代•十輪經九 20_382_6
唐代•十輪經九 20_382_14
唐代•十輪經九 20_383_6
唐代•十輪經九 20_383_14
唐代•十輪經九 20_384_4
唐代•十輪經九 20_384_15

唐代•十輪經九 20_385_9
唐代•十輪經九 20_386_2
唐代•十輪經九 20_386_12
唐代•十輪經九 20_387_8
唐代•十輪經九 20_387_16
唐代•十輪經九 20_388_7
唐代•十輪經九 20_388_15
唐代•十輪經九 20_389_6

唐代•十輪經九 20_390_8
唐代•十輪經九 21_412_7
唐代•十輪經九 22_420_1
唐代•十輪經九 22_422_10
唐代•十輪經十 1_8_16
唐代•十輪經十 2_24_15
唐代•十輪經十 3_47_8
唐代•十輪經十 4_65_15

唐代•十輪經十 4_73_8
唐代•十輪經十 4_73_16
唐代•十輪經十 4_75_5
唐代•十輪經十 4_75_9
唐代•十輪經十 5_95_6
唐代•十輪經十 6_103_7
唐代•十輪經十 6_116_17
唐代•十輪經十 7_125_8

侶	俞	侔	佯			
漢リョ 呉ロ 訓とも	ユ 訓しかり	漢ボウ 呉ム 訓ひとしい	漢ヨウ 呉ヨウ 訓いつわる			
 唐代・文選五九 103_973_20  唐代・文選五九 103_974_21  唐代・古文選前 10_116_7	 唐代・春秋經傳 17_172_1  唐代・文選八八 4_21_1  唐代・文選八八 4_21_3	 唐代・文選五九 105_988_10  唐代・文選五九 105_989_9  唐代・文選五九 105_991_6  唐代・文選五九 105_991_24  唐代・古文選前 16_194_10	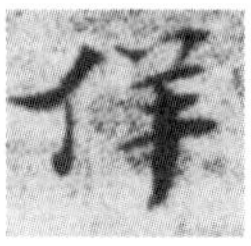 唐代・文選五九 10_92_27  唐代・文選五九 10_93_2	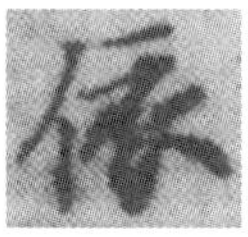 唐代・十輪經十 17_338_12 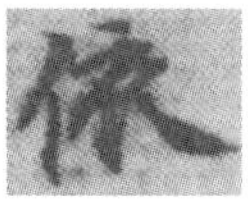 唐代・十輪經十 17_340_6 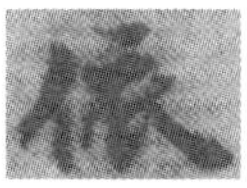 唐代・十輪經十 18_346_8 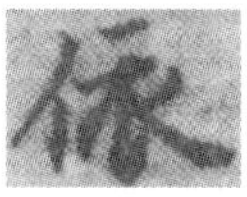 唐代・十輪經十 18_348_2 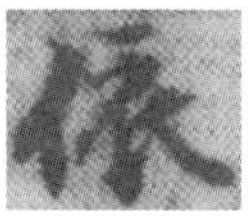 唐代・十輪經十 18_349_13  唐代・十輪經十 18_351_7	 唐代・十輪經十 8_150_11  唐代・十輪經十 8_150_15 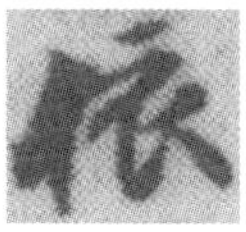 唐代・十輪經十 8_151_2 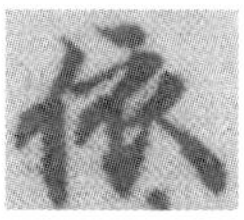 唐代・十輪經十 8_151_6  唐代・十輪經十 8_151_10 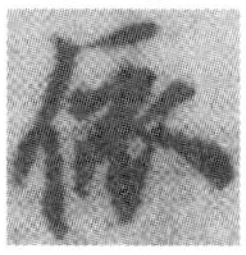 唐代・十輪經十 8_151_13  唐代・十輪經十 10_196_2 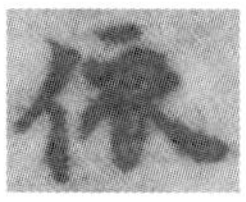 唐代・十輪經十 11_209_9	 唐代・十輪經十 8_148_10 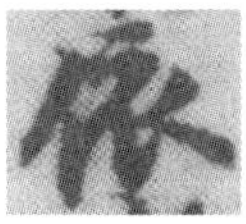 唐代・十輪經十 8_148_14 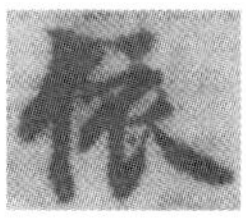 唐代・十輪經十 8_149_1  唐代・十輪經十 8_149_5  唐代・十輪經十 8_149_11  唐代・十輪經十 8_149_15  唐代・十輪經十 8_150_2  唐代・十輪經十 8_150_6

便

漢ヘン 呉ベン
訓たより

唐代·文選五九 35_342_2
唐代·文選五九 63_609_18
唐代·文選五九 71_684_1
唐代·文選五九 78_749_29
唐代·十輪經四 3_50_15
唐代·十輪經四 5_90_10
唐代·十輪經四 6_116_9
唐代·十輪經四 8_149_14

唐代·十輪經四 9_170_5
唐代·十輪經四 12_225_16
唐代·十輪經四 12_230_5
唐代·十輪經四 12_237_16
唐代·十輪經四 13_242_5
唐代·十輪經四 13_249_16
唐代·十輪經四 13_254_5
唐代·十輪經四 14_261_16

唐代·十輪經四 14_266_5
唐代·十輪經四 15_281_17
唐代·十輪經四 15_298_3
唐代·十輪經四 16_300_9
唐代·十輪經四 16_317_14
唐代·十輪經四 17_339_18
唐代·十輪經四 18_354_9
唐代·十輪經四 19_371_7

唐代·十輪經四 20_382_1
唐代·十輪經四 20_391_1
唐代·十輪經四 20_396_11
唐代·十輪經四 21_405_8
唐代·十輪經四 21_418_16
唐代·十輪經八 5_80_15
唐代·十輪經八 5_93_10
唐代·十輪經九 7_122_1

唐代·十輪經九 8_157_6
唐代·十輪經十 2_25_3
唐代·十輪經十 2_36_16
唐代·十輪經十 3_41_1
唐代·十輪經十 3_41_14
唐代·十輪經十 3_43_5
唐代·十輪經十 3_48_6
唐代·十輪經十 4_64_18

唐代·十輪經十 4_69_8
唐代·十輪經十 4_71_2
唐代·十輪經十 4_72_6
唐代·十輪經十 4_72_10
唐代·十輪經十 4_76_2
唐代·十輪經十 4_76_14
唐代·十輪經十 4_77_12
唐代·十輪經十 4_79_4

俎

漢ショ 呉ソ
訓まないた

唐代·文選五九 48_475_5
唐代·文選五九 48_477_1
唐代·文選五九 48_477_13
唐代·文選五九 49_478_2
唐代·文選五九 49_478_24
唐代·古文選後 20_235_12

促

呉ソク
訓うながす

唐代•文選四八
9_73_10

唐代•文選四八
9_76_18

唐代•文選四八
10_80_9

唐代•文選四八
28_251_14

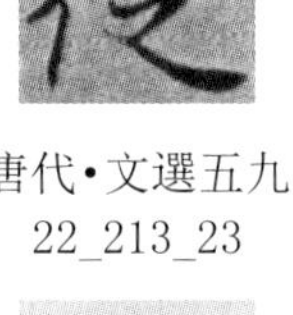
唐代•文選五九
22_213_23

唐代•文選五九
92_887_20

唐代•文選八八
13_105_16

唐代•古文選後
23_271_11

唐代•文選百三
68_658_23

唐代•文選百三
69_661_10

唐代•文選百三
69_661_20

唐代•古文選前
22_257_8

唐代•古文選後
7_80_4

唐代•古文選後
11_129_2

唐代•古文選後
20_237_6

唐代•古文選後
23_276_2

保

慣ホ漢ホウ
訓たもつ

唐代•文選四八
4_29_16

唐代•文選五九
77_743_2

唐代•文選百三
17_168_4

唐代•文選百三
18_169_17

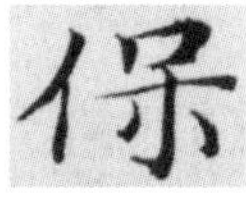
唐代•文選百三
36_361_1

唐代•文選百三
45_436_1

唐代•文選百三
46_441_23

唐代•文選百三
60_580_26

修

漢シュウ呉シュ
訓おさめる

唐代•文選八八
13_107_5

唐代•文選百三
19_180_10

唐代•古文選前
23_273_16

唐代•古文選後
14_164_8

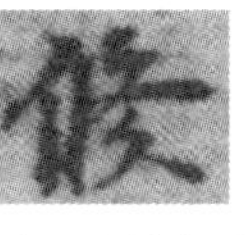
唐代•十輪經十
1_14_15

唐代•十輪經十
3_51_9

唐代•十輪經十
4_62_6

唐代•十輪經十
5_89_9

唐代•十輪經十
13_245_14

唐代•十輪經十
13_255_4

唐代•十輪經十
14_262_13

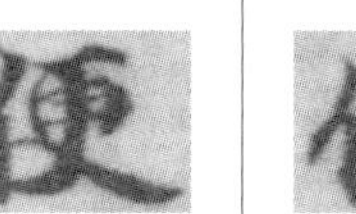
唐代•十輪經十
15_285_2

唐代•十輪經十
15_294_4

唐代•十輪經十
16_308_8

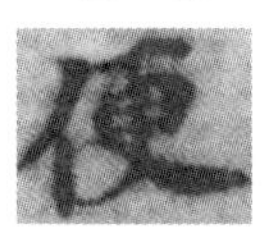
唐代•十輪經十
17_335_8

唐代•十輪經十
6_116_16

唐代•十輪經十
6_118_2

唐代•十輪經十
6_119_6

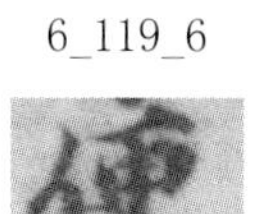
唐代•十輪經十
7_125_5

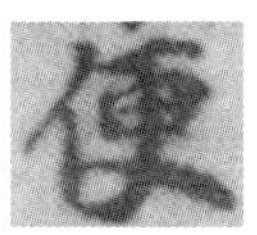
唐代•十輪經十
7_129_18

唐代•十輪經十
9_179_11

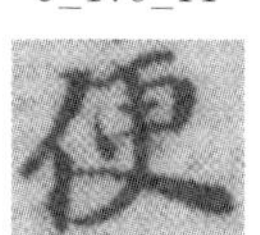
唐代•十輪經十
12_230_17

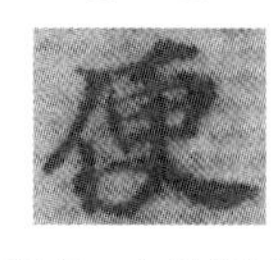
唐代•十輪經十
12_236_11

唐代•十輪經十
5_85_7

唐代•十輪經十
5_88_12

唐代•十輪經十
5_94_1

唐代•十輪經十
5_95_5

唐代•十輪經十
5_96_7

唐代•十輪經十
5_96_15

唐代•十輪經十
5_99_17

唐代•十輪經十
6_104_6

			俗	俘	俛	侮
			呉ゾク 訓ならわし	漢フ呉フ 訓とりこ	漢ベン呉メン 訓つとめる	漢ブ 訓あなどる
唐代•文選八八 13_107_4 唐代•文選八八 13_108_17 唐代•文選八八 15_129_18 唐代•文選八八 15_132_14 唐代•文選百三 13_128_10 唐代•文選百三 19_181_23 唐代•文選百三 19_184_4 唐代•文選百三 19_188_2 唐代•文選百三 20_190_27	唐代•文選六八 67_669_7 唐代•文選六八 67_670_14 唐代•文選六八 67_670_19 唐代•文選六八 67_671_1 唐代•文選六八 67_676_19 唐代•文選六八 68_677_18 唐代•文選八八 3_14_21 唐代•文選八八 8_58_9 唐代•文選八八 8_60_11	唐代•文選五九 41_407_6 唐代•文選五九 103_973_5 唐代•文選六八 3_35_3 唐代•文選六八 4_36_18 唐代•文選六八 8_77_26 唐代•文選六八 49_485_6 唐代•文選六八 49_487_24 唐代•文選六八 49_488_3 唐代•文選六八 54_539_11	唐代•文選四八 46_411_1 唐代•文選五九 6_52_26 唐代•文選五九 6_55_1 唐代•文選五九 8_77_14 唐代•文選五九 9_85_18 唐代•文選五九 15_151_5 唐代•文選五九 18_176_31 唐代•文選五九 21_211_19 唐代•文選五九 34_331_11	唐代•春秋經傳 5_47_26 唐代•文選百三 83_788_12 唐代•文選百三 83_789_18 唐代•文選百三 83_790_4 唐代•文選百三 83_790_23 唐代•文選百三 83_790_34 唐代•古文選後 6_61_6	唐代•文選五九 15_140_24 唐代•文選五九 15_142_5 唐代•文選五九 15_144_5 唐代•文選五九 15_144_24 唐代•文選五九 15_145_6	唐代•文選四八 37_333_2

唐代•文選百三
21_201_41

唐代•文選百三
47_455_27

唐代•十輪經四
1_21_7

唐代•十輪經四
2_26_12

唐代•十輪經四
7_123_14

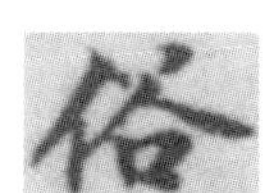
唐代•十輪經四
8_147_5

唐代•十輪經四
17_333_6

唐代•十輪經四
17_335_1

唐代•十輪經四
20_385_6

信𠌷

シン
訓まこと

中唐・風信帖
1_1_2

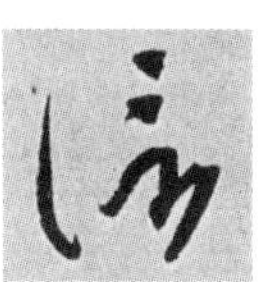
中唐・風信帖
4_21_3

唐代•春秋經傳
9_90_1

唐代•春秋經傳
16_165_1

唐代•春秋經傳
16_165_10

唐代•春秋經傳
36_374_15

唐代•春秋經傳
36_375_3

唐代•春秋經傳
38_397_11

唐代•文選四八
8_65_8

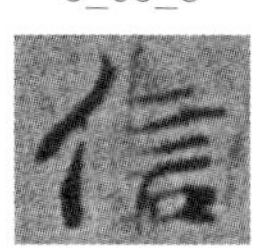
唐代•文選四八
20_176_7

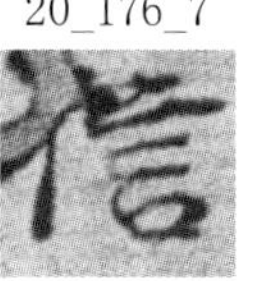
唐代•文選四八
46_411_25

唐代•文選五九
29_288_8

唐代•文選五九
45_449_10

唐代•文選五九
62_600_6

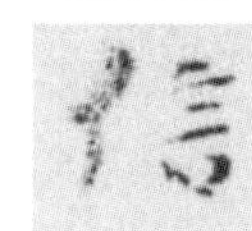
唐代•文選五九
62_600_8

唐代•文選五九
62_601_13

唐代•文選五九
68_652_1

唐代•文選五九
68_653_7

唐代•文選五九
68_653_27

唐代•文選五九
70_674_11

唐代•文選五九
71_676_16

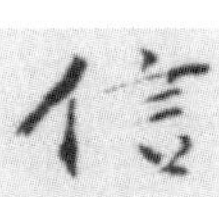
唐代•文選五九
100_943_18

唐代•文選五九
109_1031_2

唐代•文選五九
109_1032_5

唐代•文選六八
61_609_10

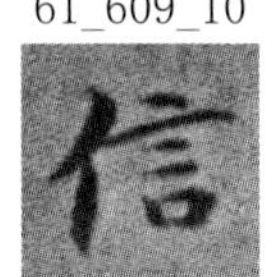
唐代•文選八八
20_176_20

唐代•文選百三
5_47_22

唐代•文選百三
7_68_11

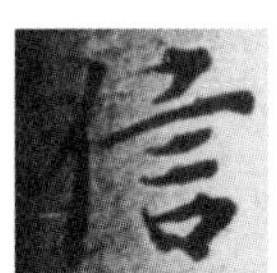
唐代•文選百三
9_84_2

唐代•文選百三
9_86_7

唐代•文選百三
9_87_37

唐代•文選百三
11_98_18

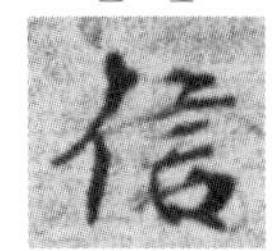
唐代•文選百三
11_99_8

唐代•文選百三
11_107_5

唐代•文選百三
19_182_7

唐代•文選百三
66_637_12

唐代•文選百三
69_660_10

唐代•古文選前
9_107_9

唐代•古文選前
22_261_6

唐代•古文選後
16_187_1

唐代•古文選後
18_206_6

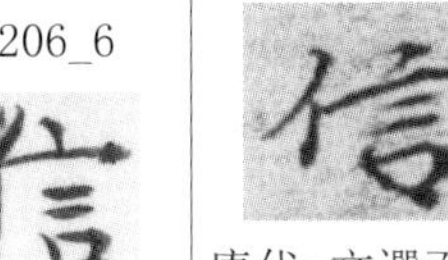
唐代•古文選後
21_249_7

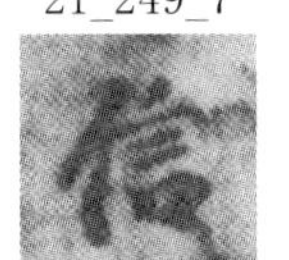
唐代•十輪經四
1_2_3

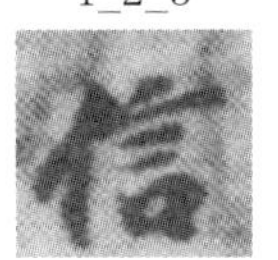
唐代•十輪經四
1_15_2

唐代•十輪經四
2_23_2

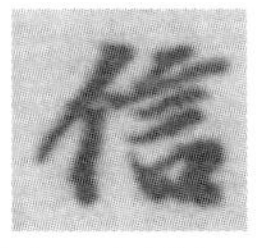
唐代•十輪經四
4_63_1

唐代•十輪經四
4_66_16

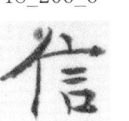

侻	係					
漢タツ 訓あう	漢ケイ 訓かかる					
唐代•古文選前 3_36_9	 唐代•文選八八 5_32_11 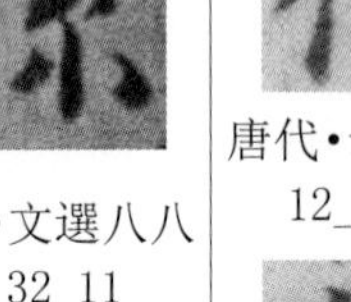 唐代•文選八八 17_140_5 唐代•文選八八 17_141_5 唐代•文選八八 17_143_2 唐代•文選八八 17_143_27 唐代•文選八八 17_144_22 唐代•文選八八 18_155_30	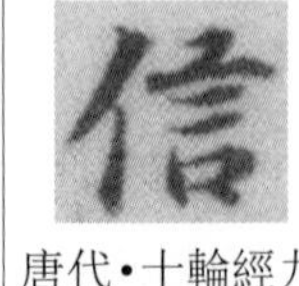 唐代•十輪經九 12_224_9  唐代•十輪經九 12_236_9  唐代•十輪經九 17_327_1 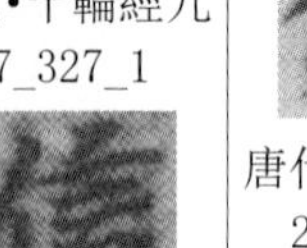 唐代•十輪經十 18_359_9 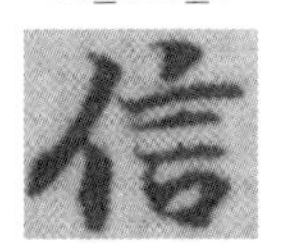 唐代•十輪經十 20_387_2	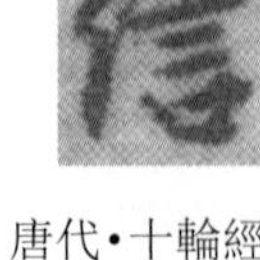 唐代•十輪經八 17_338_3 唐代•十輪經八 19_376_3  唐代•十輪經八 21_413_12 唐代•十輪經九 1_13_8  唐代•十輪經九 3_51_13  唐代•十輪經九 7_123_1 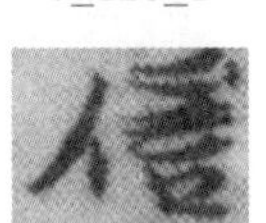 唐代•十輪經九 8_142_11 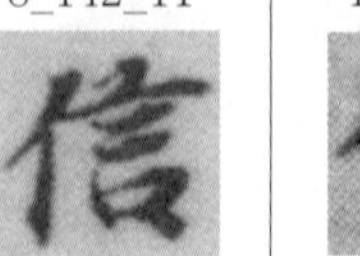 唐代•十輪經九 11_210_6	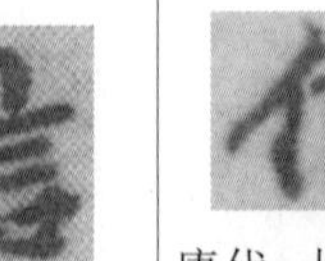 唐代•十輪經八 10_188_5 唐代•十輪經八 11_218_4 唐代•十輪經八 12_221_10 唐代•十輪經八 12_225_3 唐代•十輪經八 13_255_4 唐代•十輪經八 13_258_11 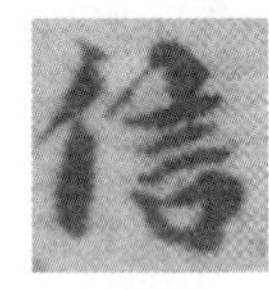 唐代•十輪經八 14_262_3  唐代•十輪經八 15_300_3	 唐代•十輪經四 18_350_15 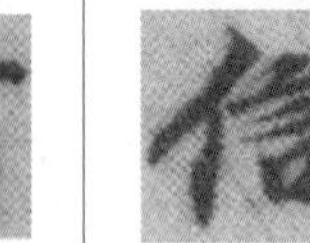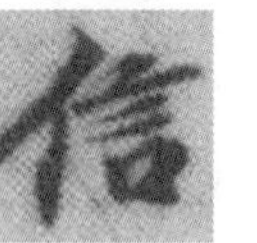 唐代•十輪經四 19_367_12 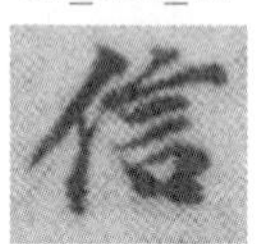 唐代•十輪經四 19_376_10 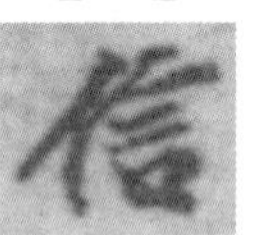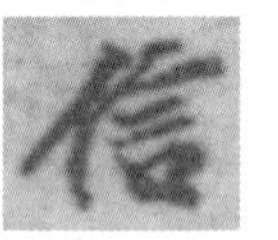 唐代•十輪經四 20_384_6 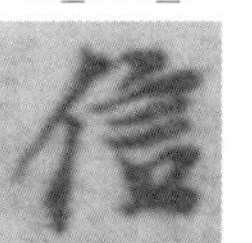 唐代•十輪經四 20_387_5 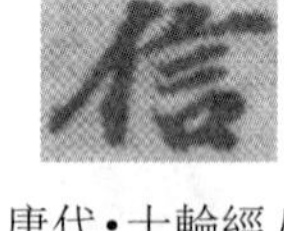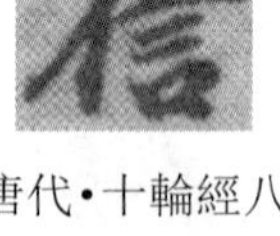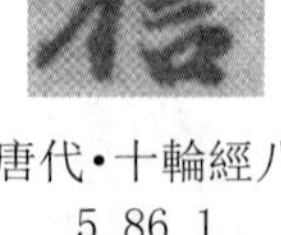 唐代•十輪經八 5_86_1 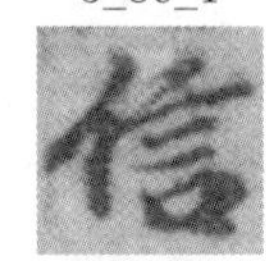 唐代•十輪經八 6_111_15  唐代•十輪經八 8_149_15	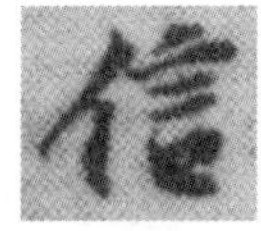 唐代•十輪經四 5_97_5 唐代•十輪經四 6_100_2 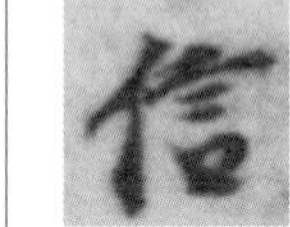 唐代•十輪經四 6_102_16 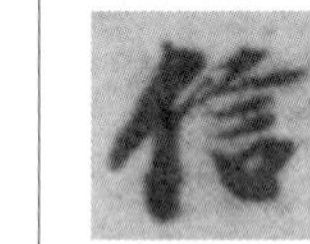 唐代•十輪經四 6_112_15 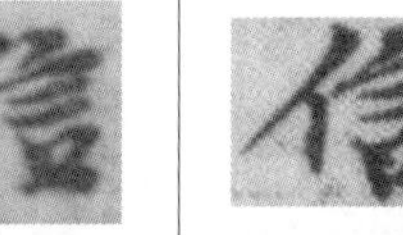 唐代•十輪經四 13_246_25 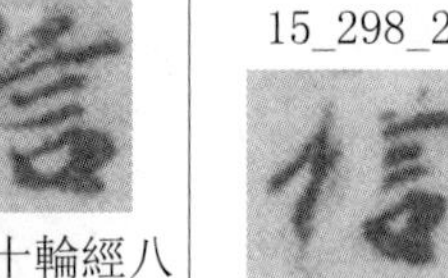 唐代•十輪經四 15_298_2 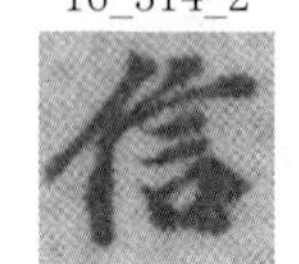 唐代•十輪經四 16_314_2 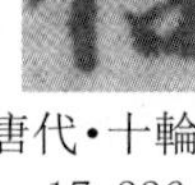 唐代•十輪經四 17_336_6

侯

漢 コウ
訓 まと

唐代•春秋經傳 4_36_5
唐代•春秋經傳 4_42_9
唐代•春秋經傳 7_67_8
唐代•春秋經傳 7_69_4
唐代•春秋經傳 9_91_7
唐代•春秋經傳 13_136_17
唐代•春秋經傳 17_178_11

唐代•春秋經傳 1_6_11
唐代•春秋經傳 2_9_12
唐代•春秋經傳 2_9_14
唐代•春秋經傳 2_15_3
唐代•春秋經傳 3_21_11
唐代•春秋經傳 3_25_1
唐代•春秋經傳 3_26_2

侵

シン
訓 おかす

唐代•十輪經四 5_80_4
唐代•十輪經四 5_87_9
唐代•十輪經四 7_129_10
唐代•十輪經四 14_276_12
唐代•十輪經四 17_331_15
唐代•十輪經十 19_366_11

唐代•文選八八 16_137_3
唐代•文選百三 65_626_18
唐代•文選百三 79_753_15
唐代•文選百三 80_760_19
唐代•文選百三 82_781_4
唐代•文選百三 85_807_13
唐代•文選百三 85_816_7
唐代•古文選後 16_190_6

唐代•春秋經傳 24_252_21
唐代•春秋經傳 24_253_11
唐代•春秋經傳 25_254_14
唐代•春秋經傳 27_275_1
唐代•春秋經傳 34_359_17
唐代•春秋經傳 36_376_12
唐代•文選五九 80_766_2
唐代•文選八八 16_135_5

唐代•春秋經傳 7_67_11
唐代•春秋經傳 13_129_17
唐代•春秋經傳 13_130_4
唐代•春秋經傳 13_137_11
唐代•春秋經傳 15_155_6
唐代•春秋經傳 18_185_23
唐代•春秋經傳 18_186_11
唐代•春秋經傳 23_240_17

唐代•春秋經傳 2_8_3
唐代•春秋經傳 2_8_6
唐代•春秋經傳 2_12_20
唐代•春秋經傳 3_29_9
唐代•春秋經傳 3_29_12
唐代•春秋經傳 4_33_2
唐代•春秋經傳 4_34_4
唐代•春秋經傳 4_41_11

唐代·春秋經傳
18_182_11

唐代·春秋經傳
18_183_18

唐代·春秋經傳
18_188_8

唐代·春秋經傳
23_242_20

唐代·春秋經傳
24_245_12

唐代·春秋經傳
24_249_4

唐代·春秋經傳
25_256_12

唐代·春秋經傳
26_267_6

唐代·春秋經傳
26_268_1

唐代·春秋經傳
26_269_22

唐代·春秋經傳
26_270_2

唐代·春秋經傳
26_272_13

唐代·春秋經傳
27_278_1

唐代·春秋經傳
27_278_12

唐代·春秋經傳
30_307_4

唐代·春秋經傳
30_308_21

唐代·春秋經傳
30_309_2

唐代·春秋經傳
30_310_5

唐代·春秋經傳
30_311_17

唐代·春秋經傳
31_318_8

唐代·春秋經傳
31_319_1

唐代·春秋經傳
31_319_9

唐代·春秋經傳
31_319_20

唐代·春秋經傳
32_333_13

唐代·春秋經傳
33_341_15

唐代·春秋經傳
33_343_9

唐代·春秋經傳
33_348_2

唐代·春秋經傳
33_348_14

唐代·春秋經傳
34_356_22

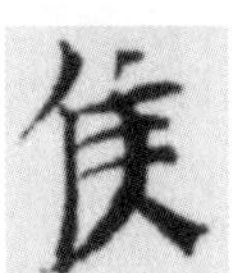
唐代·春秋經傳
34_359_3

唐代·春秋經傳
34_361_23

唐代·春秋經傳
35_365_14

唐代·春秋經傳
35_367_9

唐代·春秋經傳
35_367_16

唐代·春秋經傳
37_391_4

唐代·春秋經傳
37_393_3

唐代·春秋經傳
38_398_7

唐代·春秋經傳
38_399_10

唐代·文選四八
14_127_8

唐代·文選四八
18_158_8

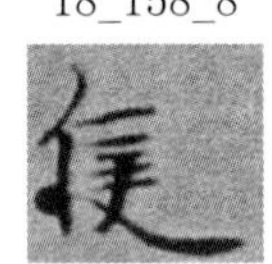
唐代·文選四八
26_234_22

唐代·文選四八
27_242_6

唐代·文選四八
27_242_24

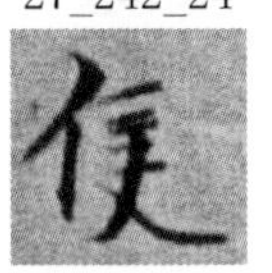
唐代·文選四八
27_243_23

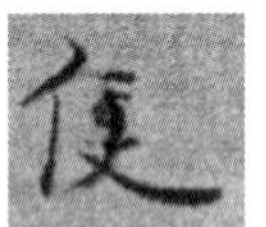
唐代·文選四八
35_314_20

唐代·文選四八
36_324_6

唐代·文選四八
48_434_24

唐代·文選五九
35_346_10

唐代·文選五九
47_464_9

唐代•文選百三
6_49_27

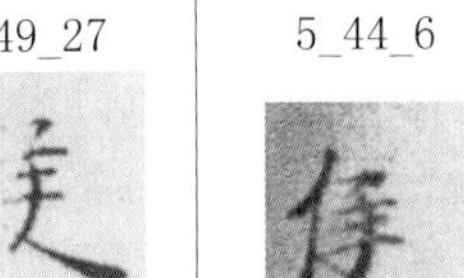

唐代•文選百三
6_51_16

唐代•文選百三
6_53_11

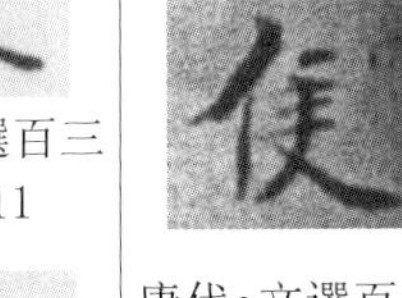

唐代•文選百三
7_62_13

唐代•文選百三
10_92_38

唐代•文選百三
16_150_22

唐代•文選百三
23_218_29

唐代•文選百三
5_44_6

唐代•文選百三
5_44_16

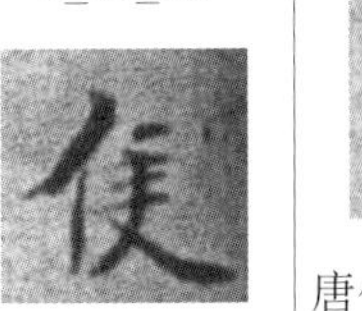

唐代•文選百三
5_45_12

唐代•文選百三
5_46_15

唐代•文選百三
5_46_19

唐代•文選百三
6_49_5

唐代•文選百三
6_49_13

唐代•文選百三
1_11_2

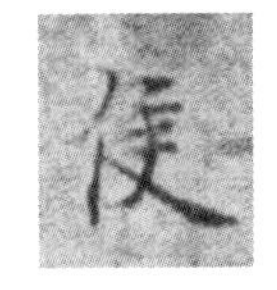

唐代•文選百三
5_36_2

唐代•文選百三
5_36_6

唐代•文選百三
5_36_12

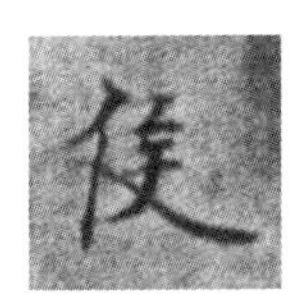

唐代•文選百三
5_36_26

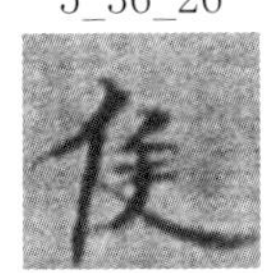

唐代•文選百三
5_36_34

唐代•文選百三
5_43_9

唐代•文選六八
44_443_1

唐代•文選六八
44_443_3

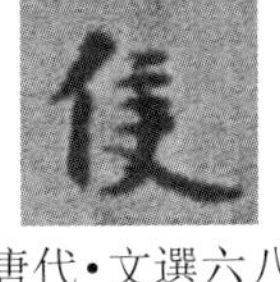

唐代•文選六八
44_443_5

唐代•文選六八
44_443_7

唐代•文選六八
61_614_7

唐代•文選六八
61_615_8

唐代•文選百三
1_3_22

唐代•文選六八
24_244_26

唐代•文選六八
24_245_21

唐代•文選六八
25_248_9

唐代•文選六八
25_251_12

唐代•文選六八
25_257_18

唐代•文選六八
27_267_26

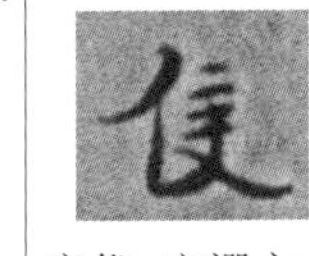

唐代•文選六八
43_426_3

唐代•文選五九
90_864_17

唐代•文選五九
103_971_17

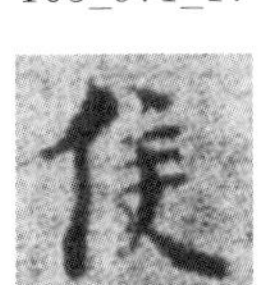

唐代•文選五九
105_991_10

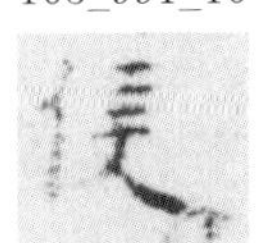

唐代•文選五九
109_1035_14

唐代•文選五九
112_1063_7

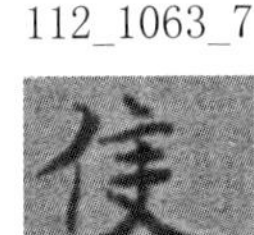

唐代•文選六八
9_102_18

唐代•文選六八
13_129_17

唐代•文選五九
47_466_7

唐代•文選五九
47_466_18

唐代•文選五九
47_470_2

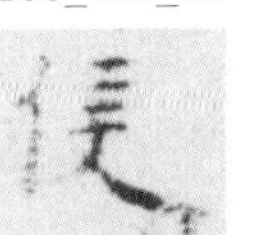

唐代•文選五九
60_573_6

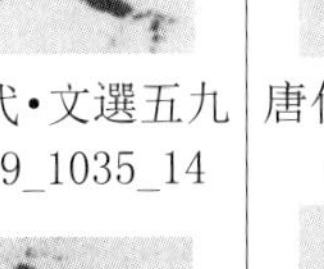

唐代•文選五九
61_588_7

唐代•文選五九
79_761_13

唐代•文選五九
82_785_17

唐代・文選百三
25_242_7

唐代・文選百三
27_270_26

唐代・文選百三
34_336_18

唐代・文選百三
34_337_14

唐代・文選百三
45_431_12

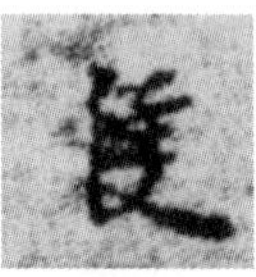
唐代・文選百三
52_503_17

唐代・文選百三
63_603_14

唐代・古文選前
25_297_48

唐代・古文選後
1_6_14

唐代・古文選後
5_53_9

潔齋俟兮
唐代・文選四八
8_67_30

不俟駕
唐代・文選四八
9_74_11

俊

漢シュン 呉シュン
訓すぐれる

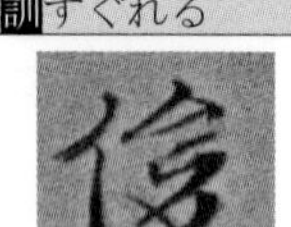
唐代・文選四八
24_217_2

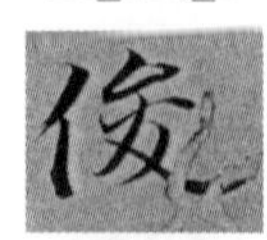
唐代・文選四八
28_251_4

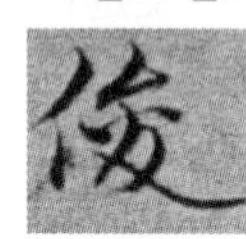
唐代・文選四八
28_253_18

唐代・文選四八
28_254_2

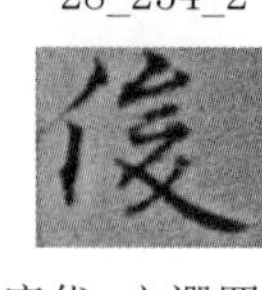
唐代・文選四八
28_256_14

唐代・文選五九
68_660_6

唐代・文選六八
23_237_6

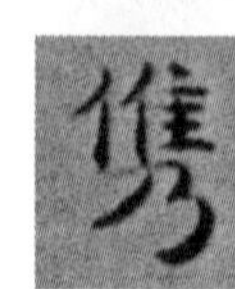
唐代・文選六八
24_241_2

唐代・文選六八
24_242_5

唐代・文選六八
24_242_7

唐代・文選六八
38_380_8

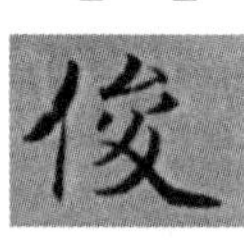
唐代・文選六八
59_585_16

唐代・文選六八
59_588_22

唐代・文選六八
59_588_24

唐代・文選六八
59_589_16

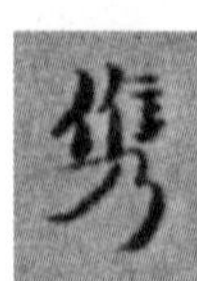
唐代・文選六八
59_589_18

唐代・文選六八
60_602_23

唐代・文選六八
61_606_6

唐代・文選六八
61_608_5

唐代・文選六八
66_661_1

唐代・文選六八
66_662_1

唐代・文選六八
66_662_19

唐代・文選六八
66_662_21

唐代・文選六八
66_663_10

唐代・文選六八
66_663_12

唐代・文選百三
5_39_24

唐代・文選百三
7_56_8

唐代・文選百三
7_59_8

唐代・文選百三
13_120_14

唐代・文選百三
13_123_17

唐代・文選百三
13_124_10

唐代・文選百三
25_239_2

唐代・文選百三
25_239_12

唐代・文選百三
70_676_18

唐代・古文選前
22_260_12

唐代・古文選後
1_8_9

俟條	倉倉	倩情	借僭	值		
シ 訓おおきい	ソウ 訓くら	漢セイ呉セン 訓うつくしい	漢セキ漢シャ呉シャク 訓かりる		漢チ呉ジ 訓あたい	
唐代・文選五九 24_236_4	唐代・文選四八 42_376_13	唐代・文選六八 27_278_9	晩唐・慶滋書狀 1_5_2	唐代・文選百三 51_491_32	唐代・文選五九 25_245_24	唐代・文選百三 48_461_38
唐代・文選五九 24_237_19	唐代・文選四八 42_376_19	唐代・文選百三 7_63_19	晩唐・慶滋書狀 1_8_4	唐代・文選百三 51_493_11	唐代・文選五九 26_253_18	唐代・文選百三 65_626_10
唐代・文選五九 24_238_12	唐代・文選百三 24_230_24		唐代・文選四八 1_6_6		唐代・文選五九 49_482_30	唐代・文選百三 67_641_1
唐代・文選五九 82_795_6	唐代・文選百三 24_232_10		唐代・文選四八 1_6_19		唐代・文選五九 50_494_14	唐代・古文選後 10_115_1
唐代・古文選前 11_128_6	唐代・文選百三 56_533_27		唐代・文選四八 2_13_5		唐代・文選六八 33_330_21	唐代・古文選後 20_231_5
建侯于楚 唐代・古文選前 21_252_10	唐代・文選百三 56_537_22		唐代・文選四八 3_15_6		唐代・文選六八 33_331_15	唐代・十輪經八 2_27_7
	唐代・文選百三 62_598_23		唐代・文選四八 32_285_7		唐代・文選六八 33_338_4	唐代・十輪經八 7_132_4
	唐代・文選百三 63_601_32		唐代・文選五九 72_697_1		唐代・文選百三 25_248_18	唐代・十輪經八 9_170_16

	倒		倚	侠		
	漢トウ 訓たおれる		イ 訓よる	漢キョウ呉キョウ 訓おとこだて		
 唐代•十輪經八 4_65_12  唐代•十輪經九 15_298_5  唐代•十輪經十 3_52_17  唐代•十輪經十 14_263_16  唐代•十輪經十 16_309_15	 唐代•春秋經傳 10_101_18  唐代•文選百三 48_464_28  唐代•文選百三 49_467_29  唐代•文選百三 49_468_28  唐代•文選百三 49_469_27  唐代•古文選前 6_71_9  唐代•十輪經八 3_56_12	 唐代•文選六八 39_385_6  唐代•古文選前 9_103_3  唐代•古文選前 9_112_6  唐代•文選六八 38_382_2	 唐代•文選五九 30_295_3  唐代•文選五九 30_296_21  唐代•文選五九 30_296_30  唐代•文選五九 45_440_21  唐代•文選六八 7_73_19  唐代•文選六八 7_73_29  唐代•文選六八 38_383_5	 唐代•文選五九 33_323_13  唐代•文選六八 58_584_15  唐代•文選六八 59_592_24  唐代•文選六八 61_605_5  唐代•文選六八 61_608_14	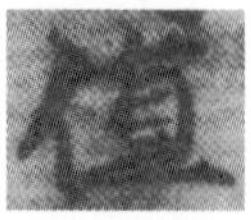 唐代•十輪經九 4_75_13  唐代•十輪經九 16_309_2	 唐代•十輪經八 11_208_12  唐代•十輪經八 13_246_5  唐代•十輪經八 15_283_6  唐代•十輪經八 16_321_3  唐代•十輪經八 18_359_12  唐代•十輪經八 20_397_9  唐代•十輪經八 22_436_16  唐代•十輪經九 2_35_9

俶

漢シュク
訓よい

唐代・文選五九
98_927_22

唐代・文選五九
98_928_17

唐代・文選五九
98_929_10

唐代・文選五九
98_930_24

倬

漢タク呉チョク
訓おおきい

唐代・文選五九
17_167_5

條

ジョウ
訓えだ

唐代・文選四八
5_39_5

唐代・文選四八
6_41_10

唐代・文選四八
15_133_6

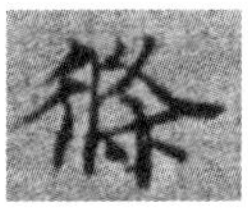
唐代・文選五九
13_120_9

唐代・文選五九
17_159_5

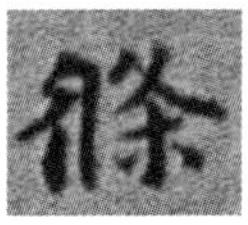
唐代・文選五九
17_160_13

唐代・文選五九
27_272_7

唐代・文選五九
31_306_27

唐代・文選五九
37_362_25

唐代・文選五九
39_384_12

唐代・文選五九
39_386_20

唐代・文選五九
69_663_7

唐代・文選五九
69_666_20

唐代・文選五九
69_667_17

唐代・文選六八
19_199_5

唐代・文選百三
20_192_1

唐代・文選百三
20_193_14

唐代・古文選後
23_265_9

唐代・十輪經四
14_274_8

脩

漢シュウ
訓ほじし

初唐・法華義疏
1_4_8

初唐・法華義疏
1_7_23

初唐・法華義疏
1_9_6

初唐・金剛場經
1_4_11

唐代・春秋經傳
26_272_6

唐代・文選四八
3_17_1

唐代・文選四八
3_17_16

唐代・文選四八
31_282_2

唐代・文選四八
37_332_22

唐代・文選四八
46_412_19

唐代・文選四八
46_413_5

唐代・文選五九
17_169_12

唐代・文選五九
18_172_14

唐代・文選五九
18_173_25

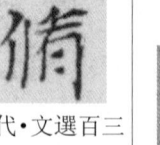

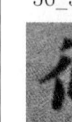

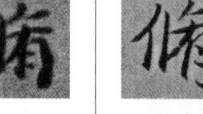

 唐代•十輪經八 10_191_9  唐代•十輪經八 10_193_5  唐代•十輪經八 12_228_8  唐代•十輪經八 12_230_4  唐代•十輪經八 14_265_6  唐代•十輪經八 14_267_5 唐代•十輪經八 15_303_7	 唐代•十輪經四 19_363_3  唐代•十輪經四 20_395_12  唐代•十輪經八 2_34_4  唐代•十輪經八 6_115_4  唐代•十輪經八 6_116_17  唐代•十輪經八 8_153_9  唐代•十輪經八 8_155_7	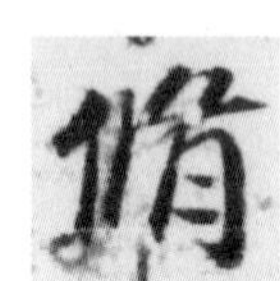 唐代•古文選後 16_187_14  唐代•十輪經四 2_32_16 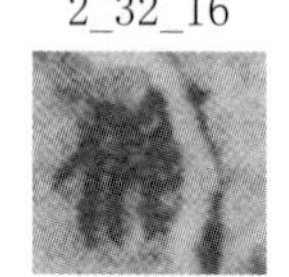 唐代•十輪經四 3_41_8 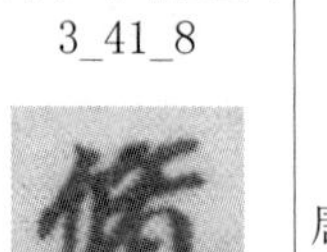 唐代•十輪經四 3_49_16  唐代•十輪經四 13_251_16 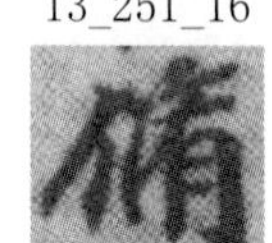 唐代•十輪經四 13_258_16 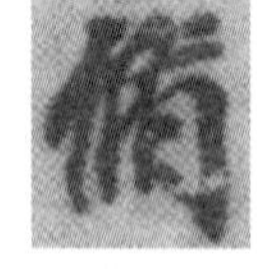 唐代•十輪經四 17_329_3	 唐代•古文選前 8_92_20 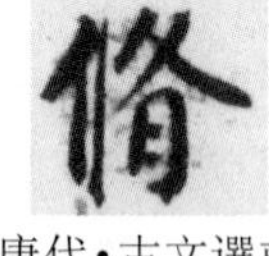 唐代•古文選前 8_92_52 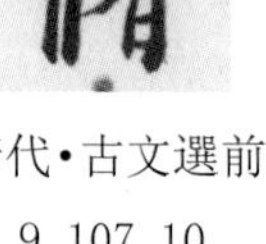 唐代•古文選前 9_107_10  唐代•古文選前 10_119_14 唐代•古文選前 19_220_6  唐代•古文選前 25_294_3 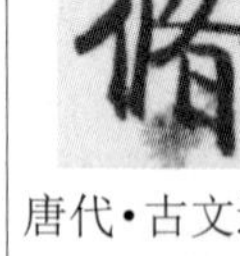 唐代•古文選後 14_168_7	 唐代•文選六八 55_556_11 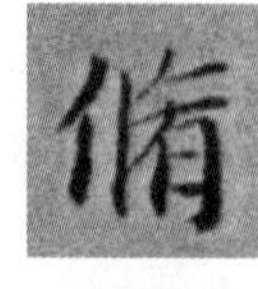 唐代•文選六八 56_559_16 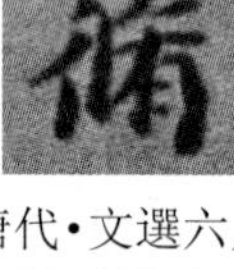 唐代•文選六八 64_643_10  唐代•文選六八 73_730_2  唐代•文選八八 13_109_3 唐代•文選八八 22_194_26 唐代•文選百三 68_656_19	 唐代•文選六八 2_21_20 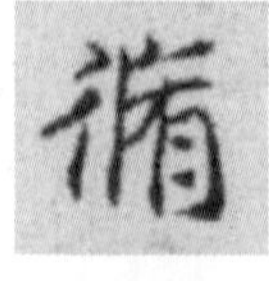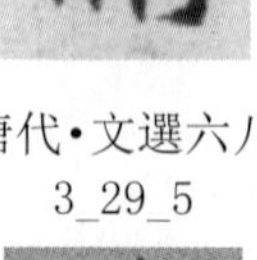 唐代•文選六八 3_29_5 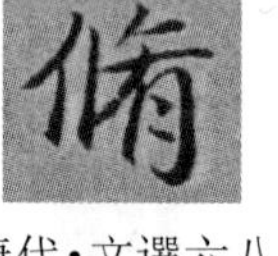 唐代•文選六八 47_472_2  唐代•文選六八 47_473_17 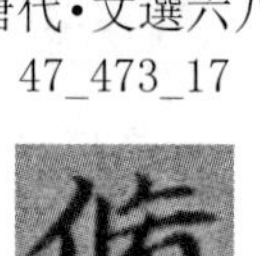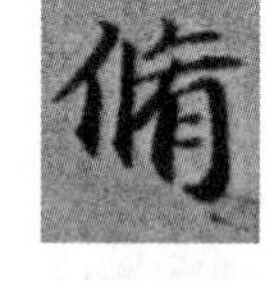 唐代•文選六八 47_476_23 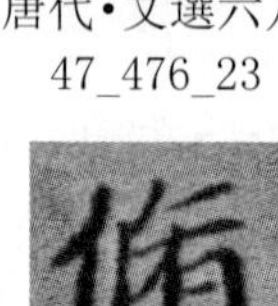 唐代•文選六八 47_476_25  唐代•文選六八 47_477_26	 唐代•文選五九 36_353_3 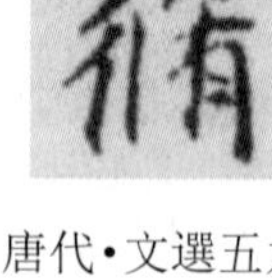 唐代•文選五九 50_494_21 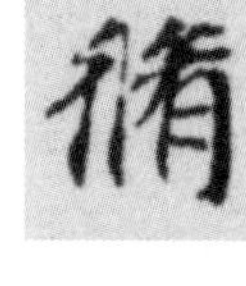 唐代•文選五九 60_574_15 唐代•文選五九 89_852_8 唐代•文選五九 89_853_14 唐代•文選五九 89_855_12 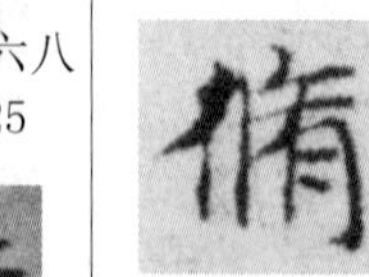 唐代•文選五九 109_1031_13

倶	倏
漢ク呉グ 訓ともに	シュク 訓たちまち

唐代•文選百三 46_442_11
唐代•文選百三 57_552_34
唐代•文選百三 69_671_3
唐代•文選百三 79_751_26
唐代•十輪經四 1_19_6
唐代•十輪經四 3_45_6
唐代•十輪經八 3_54_10
唐代•十輪經十 3_44_2

唐代•文選六八 27_274_13
唐代•文選六八 34_341_6
唐代•文選六八 36_359_1
唐代•文選六八 37_365_9
唐代•文選六八 50_500_2
唐代•文選六八 50_501_18
唐代•文選百三 11_100_9
唐代•文選百三 13_116_35

唐代•文選五九 14_136_27
唐代•文選五九 23_230_13
唐代•文選五九 29_286_3
唐代•文選五九 29_288_25
唐代•文選五九 35_351_12
唐代•文選六八 9_90_7
唐代•文選六八 9_94_10
唐代•文選六八 22_225_20

唐代•春秋經傳 24_251_18
唐代•文選四八 5_40_8
唐代•文選四八 10_90_2
唐代•文選四八 11_94_4
唐代•文選四八 35_312_19
唐代•文選四八 35_313_10
唐代•文選五九 4_38_21
唐代•文選五九 14_135_2

唐代•文選五九 92_886_26

唐代•十輪經十 9_172_10
唐代•十輪經十 17_326_10
唐代•十輪經十 17_329_2
唐代•十輪經十 17_335_5

唐代•十輪經十 8_152_3
唐代•十輪經十 8_159_8
唐代•十輪經十 8_160_14
唐代•十輪經十 9_161_14
唐代•十輪經十 9_169_13
唐代•十輪經十 9_170_11
唐代•十輪經十 9_171_12

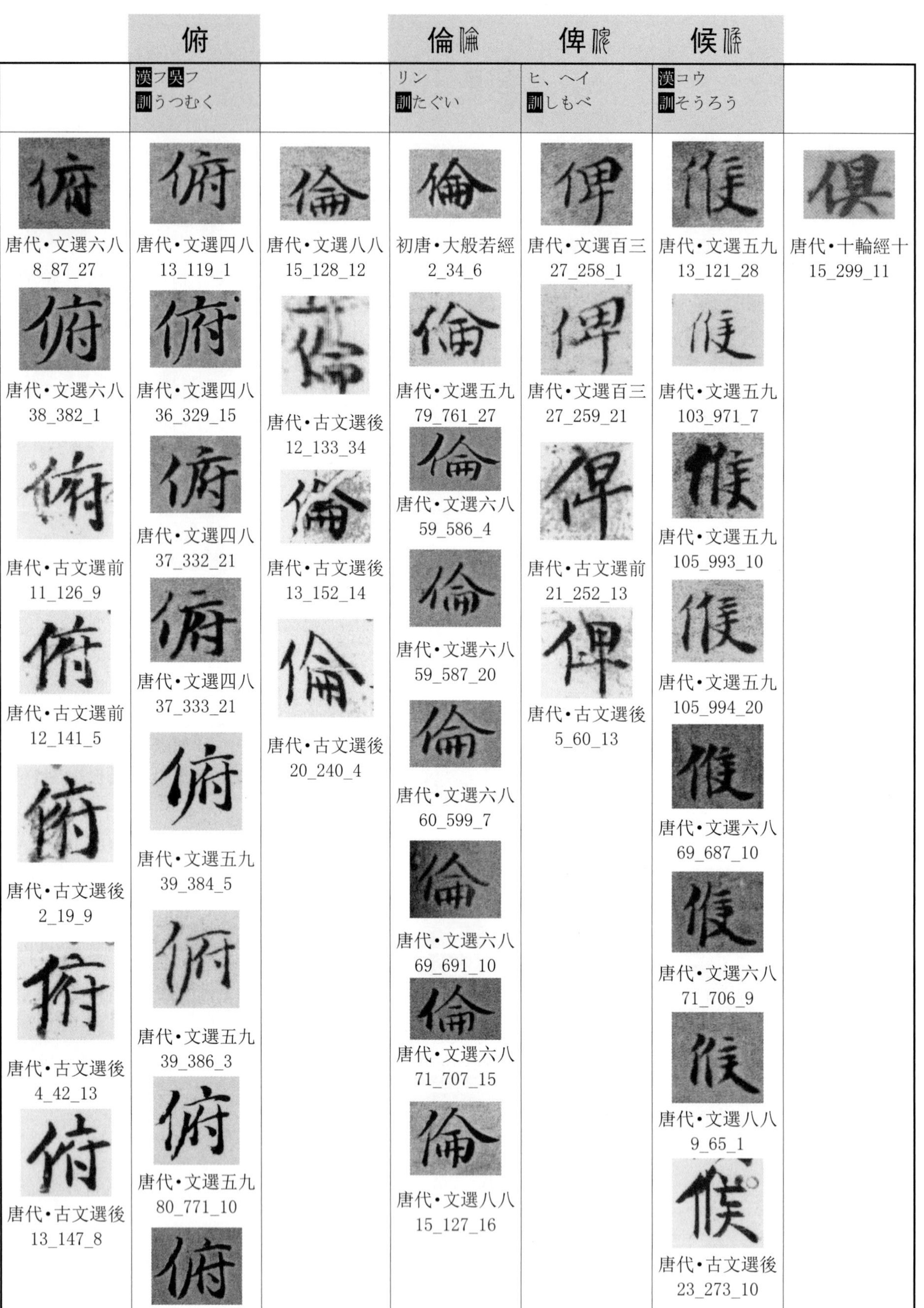

俯
漢フ呉フ
訓うつむく
倫
リン
訓たぐい
俾
ヒ、ヘイ
訓しもべ
候
漢コウ
訓そうろう
唐代・文選六八 8_87_27
唐代・文選六八 38_382_1
唐代・古文選前 11_126_9
唐代・古文選前 12_141_5
唐代・古文選後 2_19_9
唐代・古文選後 4_42_13
唐代・古文選後 13_147_8
唐代・文選四八 13_119_1
唐代・文選四八 36_329_15
唐代・文選四八 37_332_21
唐代・文選四八 37_333_21
唐代・文選五九 39_384_5
唐代・文選五九 39_386_3
唐代・文選五九 80_771_10
唐代・文選六八 8_86_6
唐代・文選八八 15_128_12
唐代・古文選後 12_133_34
唐代・古文選後 13_152_14
唐代・古文選後 20_240_4
初唐・大般若經 2_34_6
唐代・文選五九 79_761_27
唐代・文選六八 59_586_4
唐代・文選六八 59_587_20
唐代・文選六八 60_599_7
唐代・文選六八 69_691_10
唐代・文選六八 71_707_15
唐代・文選八八 15_127_16
唐代・文選百三 27_258_1
唐代・文選百三 27_259_21
唐代・古文選前 21_252_13
唐代・古文選後 5_60_13
唐代・文選五九 13_121_28
唐代・文選五九 103_971_7
唐代・文選五九 105_993_10
唐代・文選五九 105_994_20
唐代・文選六八 69_687_10
唐代・文選六八 71_706_9
唐代・文選八八 9_65_1
唐代・古文選後 23_273_10
唐代・十輪經十 15_299_11

唐代•文選八八
21_184_30

唐代•文選百三
12_113_10

唐代•文選百三
12_114_21

唐代•文選百三
60_576_15

唐代•古文選後
19_225_8

偃

漢エン呉エン
訓ふせる

唐代•文選四八
44_391_8

唐代•文選四八
44_392_5

唐代•文選五九
68_652_9

唐代•文選五九
68_653_19

唐代•文選五九
68_654_10

唐代•文選五九
75_724_21

唐代•文選八八
21_182_24

唐代•文選八八
21_183_13

倨

漢キョ呉コ
訓おごる

唐代•文選百三
47_448_18

健

漢ケン
訓すこやか

唐代•文選四八
14_121_19

唐代•文選四八
35_316_24

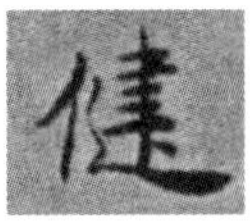

唐代•文選六八
53_527_16

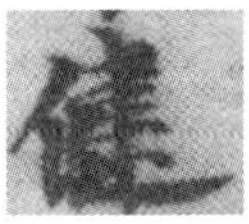

唐代•十輪經十
10_195_22

唐代•十輪經十
20_385_4

唐代•文選百三
12_109_11

唐代•文選百三
12_110_2

唐代•古文選後
4_38_11

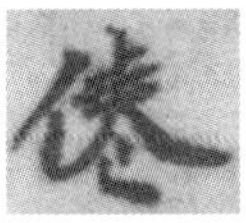

唐代•十輪經八
2_33_10

唐代•十輪經八
2_34_13

唐代•十輪經八
2_35_13

唐代•十輪經十
10_187_10

倦

ケン
訓つかれる

唐代•文選四八
46_412_3

唐代•文選五九
7_64_17

唐代•文選五九
53_519_9

唐代•文選五九
53_520_22

唐代•文選五九
75_719_8

唐代•文選六八
12_124_9

唐代•文選八八
6_38_2

唐代•文選百三
11_108_11

倍

漢ハイ呉バイ
訓そむく

唐代•文選四八
8_63_5

偪

慣ヒツ 漢ヒョク
訓せまる

唐代・文選百三
5_39_3

唐代・古文選後
6_69_2

偕

漢カイ 呉カイ
訓みんな

唐代・文選六八
73_724_15

唐代・文選八八
23_205_29

唐代・文選八八
23_206_7

唐代・古文選前
14_160_5

唐代・古文選後
24_280_15

唐代・古文選後
24_280_28

偵

漢テイ
訓うかがう

唐代・文選百三
33_322_4

唐代・文選百三
33_324_5

唐代・文選百三
33_324_12

唐代・文選百三
33_326_22

唐代・文選百三
33_327_8

唐代・文選百三
33_328_8

唐代・文選百三
33_329_30

唐代・文選百三
52_497_28

唐代・文選百三
52_498_10

唐代・文選百三
52_498_24

側

慣ソク 漢ショク
訓かわ

唐代・文選五九
23_224_27

唐代・文選五九
46_456_12

唐代・文選五九
71_681_17

唐代・文選五九
75_724_14

唐代・文選六八
41_406_10

唐代・文選六八
53_534_7

唐代・文選六八
68_680_23

唐代・文選八八
11_85_6

唐代・文選百三
57_555_8

唐代・文選百三
58_558_16

唐代・文選百三
58_559_5

唐代・文選百三
73_701_16

唐代・文選百三
73_703_26

唐代・文選百三
73_704_9

唐代・古文選前
13_150_9

唐代・古文選前
27_313_5

唐代・古文選後
21_242_5

唐代・古文選後
22_263_13

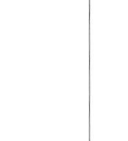

偶

慣グウ漢ゴウ呉グ
訓たぐい

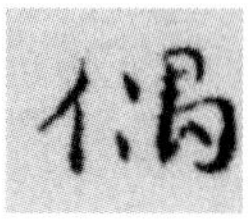
唐代•文選五九 44_435_27

唐代•文選五九 101_949_1

唐代•文選百三 9_89_3

唐代•十輪經四 12_221_1

傀

漢カイ呉ケ
訓おおきい

唐代•文選五九 35_349_8

唐代•文選五九 35_349_13

唐代•文選五九 35_349_22

唐代•文選百三 49_473_5

停

慣チョウ漢テイ呉ジョウ
訓とまる

唐代•文選五九 15_148_11

唐代•文選五九 83_801_12

唐代•古文選後 26_308_7

偽

ギ
訓いつわる

唐代•文選四八 6_46_17

唐代•文選四八 21_187_9

唐代•文選四八 21_188_5

唐代•文選四八 21_190_8

唐代•文選四八 48_433_8

唐代•文選五九 20_197_29

唐代•文選五九 26_253_14

唐代•文選六八 11_119_17

唐代•文選六八 27_279_11

唐代•文選六八 29_292_24

唐代•文選六八 43_426_7

唐代•文選六八 47_476_5

唐代•文選八八 6_41_25

唐代•文選八八 18_155_11

唐代•古文選後 7_73_1

唐代•十輪經八 12_232_4

唐代•十輪經八 14_269_4

唐代•文選百三 21_209_19

偏

ヘン
訓かたよる

唐代•文選五九 6_52_1

唐代•文選五九 6_52_17

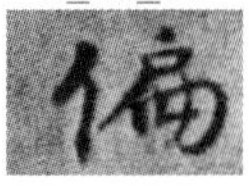
唐代•文選五九 6_53_6

唐代•文選五九 6_53_13

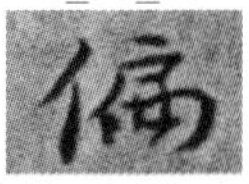
唐代•文選五九 6_54_17

唐代•文選百三 27_270_6

唐代•文選百三 28_273_4

唐代•文選百三 28_273_7

傲	偉	偓			假	
呉ゴウ 訓あなどる	イ 訓えらい	漢アク 訓かかわる			漢カ呉ケ 訓かり	

傲

唐代・文選五九 9_85_16
唐代・文選五九 9_87_11
唐代・文選五九 9_87_19
唐代・文選六八 4_38_5
唐代・文選六八 4_40_15
唐代・文選六八 4_40_30
唐代・文選百三 47_448_19
唐代・文選百三 53_506_10

偉

唐代・文選四八 37_332_13
唐代・文選四八 37_333_22
唐代・文選六八 72_718_26
唐代・文選六八 72_719_18
唐代・文選六八 72_720_14

偓

唐代・文選四八 28_251_13

唐代・文選百三 51_491_31
唐代・文選百三 51_493_10
唐代・文選百三 51_494_20
唐代・古文選前 6_70_11
唐代・十輪經四 21_406_10
唐代・十輪經四 21_413_3
唐代・十輪經四 21_417_12
唐代・十輪經四 22_422_8

唐代・文選六八 2_20_13
唐代・文選六八 3_32_1
唐代・文選六八 3_33_10
唐代・文選六八 5_48_14
唐代・文選六八 10_106_23
唐代・文選百三 37_366_6
唐代・文選百三 37_366_17
唐代・文選百三 51_489_1
唐代・文選百三 51_490_24

假

唐代・春秋經傳 9_87_15
唐代・文選四八 1_5_16
唐代・文選四八 1_6_5
唐代・文選四八 20_181_20
唐代・文選五九 53_523_5
唐代・文選五九 71_680_25
唐代・文選五九 84_807_3
唐代・文選五九 94_900_13

唐代・文選百三 58_558_17
唐代・文選百三 58_559_9
唐代・古文選後 5_51_11

		備 ビ 訓そなえる		禽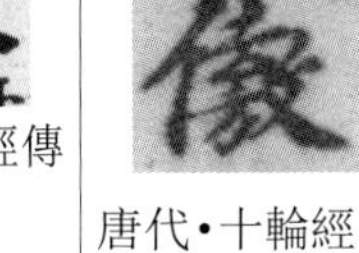 漢キン 訓とり		
 唐代•文選百三 57_551_27  唐代•文選百三 29_287_30  唐代•古文選前 3_26_15 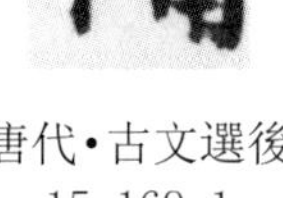 唐代•古文選後 15_169_1  唐代•古文選後 16_187_6  唐代•十輪經八 8_157_16	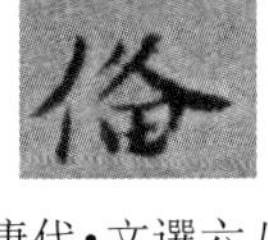 唐代•文選五九 66_630_27 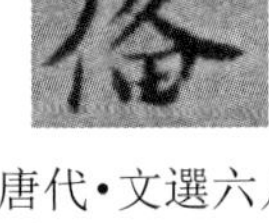 唐代•文選五九 80_765_17  唐代•文選六八 44_441_25  唐代•文選六八 50_501_9 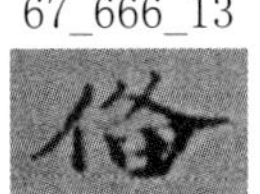 唐代•文選六八 67_665_3 唐代•文選六八 67_666_13 唐代•文選六八 68_679_20 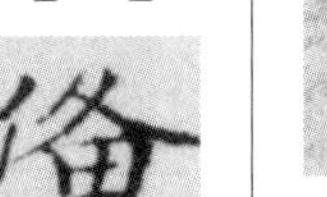 唐代•文選百三 31_302_2 唐代•文選百三 57_551_7	 唐代•春秋經傳 2_17_28  唐代•春秋經傳 2_18_11 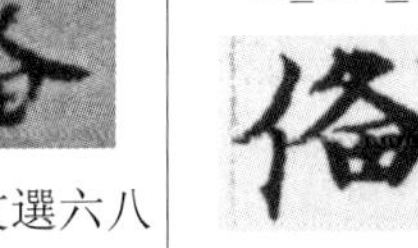 唐代•春秋經傳 14_144_3 唐代•春秋經傳 14_144_19 唐代•春秋經傳 20_204_24  唐代•春秋經傳 29_302_21  唐代•文選四八 20_177_5 唐代•文選五九 23_221_24	 唐代•十輪經八 3_59_8  唐代•十輪經十 9_162_24 唐代•十輪經十 9_178_6	 唐代•春秋經傳 5_50_1  唐代•文選五九 12_116_28  唐代•文選五九 14_138_29 通擒 唐代•文選百三 61_591_8  唐代•古文選前 14_161_12  唐代•古文選前 16_187_10  唐代•古文選前 24_284_8 唐代•古文選後 22_255_14	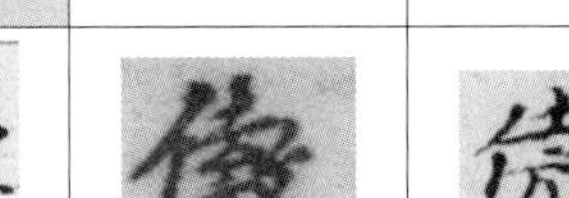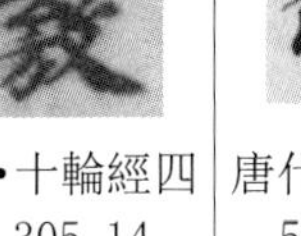 唐代•十輪經四 16_305_14 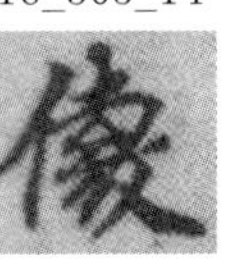 唐代•十輪經四 19_379_15	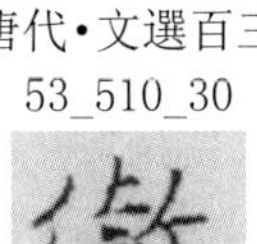 唐代•文選百三 53_510_30  唐代•文選百三 53_512_2  唐代•古文選後 1_10_11 唐代•古文選後 2_21_11  唐代•十輪經四 3_43_7  唐代•十輪經四 11_201_11 唐代•十輪經四 11_211_13  唐代•十輪經四 15_285_11

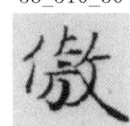

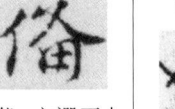

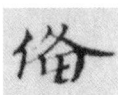

傳

漢テン呉デン
訓つたえる

唐代•春秋經傳 1_1_4

唐代•春秋經傳 1_2_12

唐代•春秋經傳 1_7_24

唐代•春秋經傳 2_8_15

唐代•春秋經傳 2_14_1

唐代•春秋經傳 2_15_16

唐代•春秋經傳 2_17_18

唐代•春秋經傳 5_44_25

僉

セン
訓みな

唐代•文選百三 25_237_4

唐代•文選百三 32_318_22

唐代•古文選後 9_102_2

唐代•古文選後 11_123_9

唐代•十輪經四 10_190_16

唐代•十輪經四 16_302_6

傍

漢ホウ呉ボウ
訓かたわら

唐代•文選四八 10_91_22

唐代•文選四八 18_165_14

唐代•文選四八 28_254_21

唐代•文選五九 59_568_25

唐代•文選五九 71_679_21

唐代•文選百三 32_315_10

唐代•古文選前 20_236_2

傑

漢ケツ
訓すぐれる

唐代•文選五九 80_765_26

唐代•文選六八 59_588_28

唐代•文選百三 20_193_21

唐代•文選百三 20_196_21

唐代•文選百三 21_198_20

唐代•文選百三 21_198_37

唐代•文選百三 25_245_8

唐代•古文選前 6_66_9

唐代•古文選前 20_239_39

唐代•古文選前 20_240_5

唐代•古文選前 20_240_6

唐代•古文選前 22_253_4

傅

フ
訓もり

唐代•文選四八 23_210_17

唐代•文選四八 24_214_23

唐代•文選六八 2_25_7

唐代•文選六八 49_485_13

唐代•文選百三 13_127_3

唐代•文選百三 25_239_9

唐代•文選百三 70_678_20

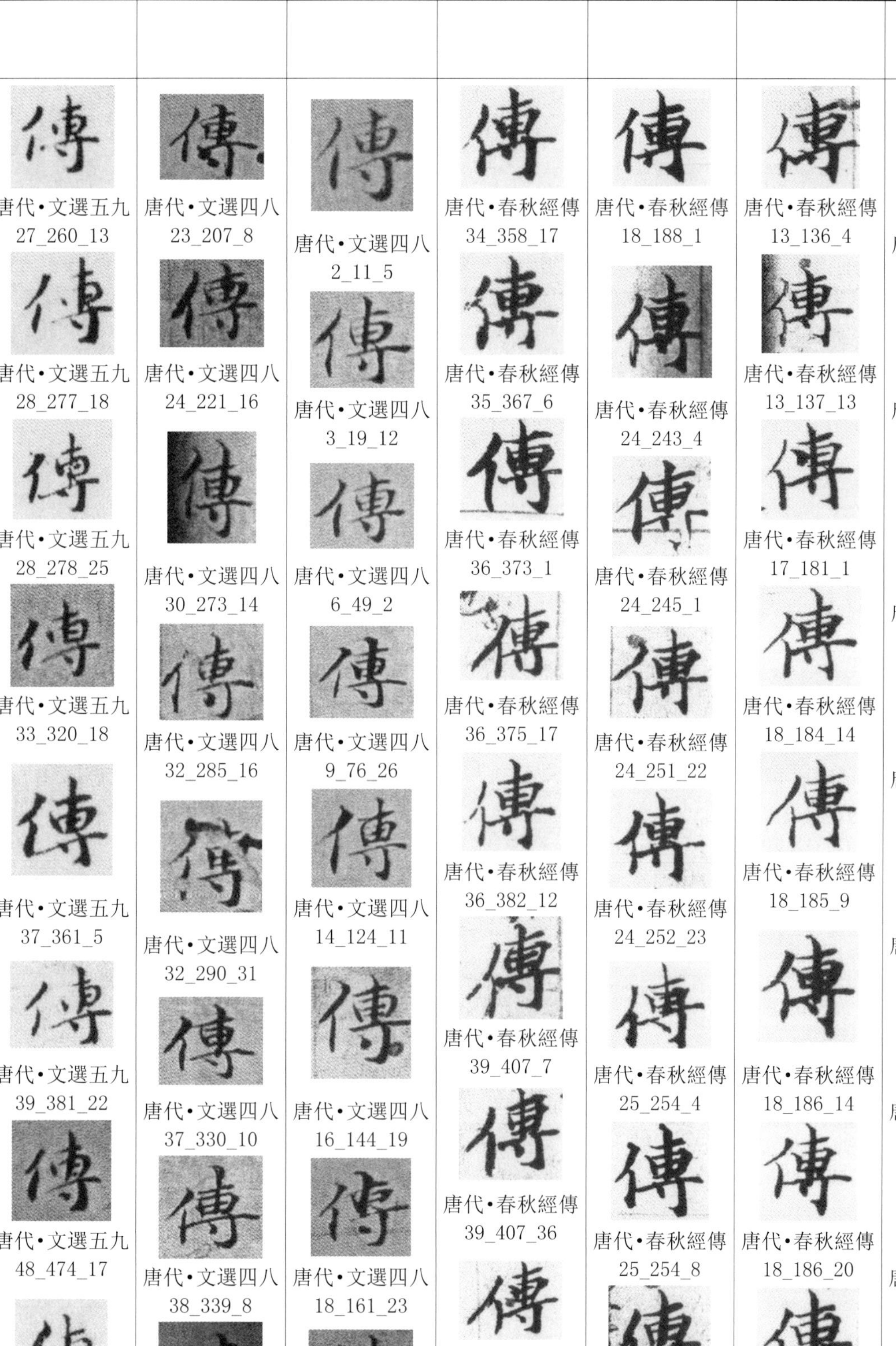

唐代•春秋經傳 5_47_1
唐代•春秋經傳 7_65_3
唐代•春秋經傳 7_71_26
唐代•春秋經傳 11_115_9
唐代•春秋經傳 13_128_23
唐代•春秋經傳 13_130_7
唐代•春秋經傳 13_131_17
唐代•春秋經傳 13_132_1

唐代•春秋經傳 13_136_4
唐代•春秋經傳 13_137_13
唐代•春秋經傳 17_181_1
唐代•春秋經傳 18_184_14
唐代•春秋經傳 18_185_9
唐代•春秋經傳 18_186_14
唐代•春秋經傳 18_186_20
唐代•春秋經傳 18_187_4

唐代•春秋經傳 18_188_1
唐代•春秋經傳 24_243_4
唐代•春秋經傳 24_245_1
唐代•春秋經傳 24_251_22
唐代•春秋經傳 24_252_23
唐代•春秋經傳 25_254_4
唐代•春秋經傳 25_254_8
唐代•春秋經傳 25_259_8

唐代•春秋經傳 34_358_17
唐代•春秋經傳 35_367_6
唐代•春秋經傳 36_373_1
唐代•春秋經傳 36_375_17
唐代•春秋經傳 36_382_12
唐代•春秋經傳 39_407_7
唐代•春秋經傳 39_407_36
唐代•春秋經傳 39_408_34

唐代•文選四八 2_11_5
唐代•文選四八 3_19_12
唐代•文選四八 6_49_2
唐代•文選四八 9_76_26
唐代•文選四八 14_124_11
唐代•文選四八 16_144_19
唐代•文選四八 18_161_23
唐代•文選四八 21_191_23

唐代•文選四八 23_207_8
唐代•文選四八 24_221_16
唐代•文選四八 30_273_14
唐代•文選四八 32_285_16
唐代•文選四八 32_290_31
唐代•文選四八 37_330_10
唐代•文選四八 38_339_8
唐代•文選四八 38_343_14

唐代•文選五九 27_260_13
唐代•文選五九 28_277_18
唐代•文選五九 28_278_25
唐代•文選五九 33_320_18
唐代•文選五九 37_361_5
唐代•文選五九 39_381_22
唐代•文選五九 48_474_17
唐代•文選五九 54_531_11

唐代•文選百三
4_34_24

唐代•文選百三
5_38_30

唐代•文選百三
5_39_36

唐代•文選百三
6_54_2

唐代•文選百三
7_67_10

唐代•文選百三
9_79_15

唐代•文選百三
10_92_10

唐代•文選百三
11_101_13

唐代•文選六八
64_641_26

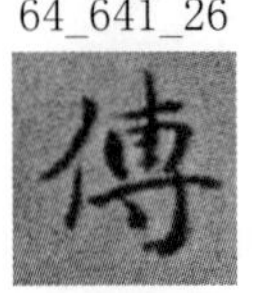
唐代•文選六八
66_658_6

唐代•文選六八
67_664_9

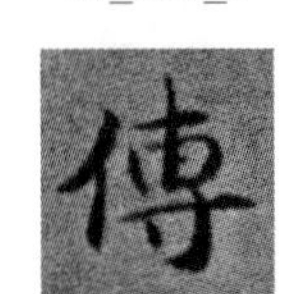
唐代•文選六八
73_722_10

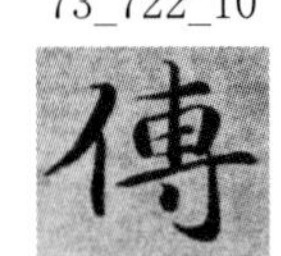
唐代•文選八八
13_107_8

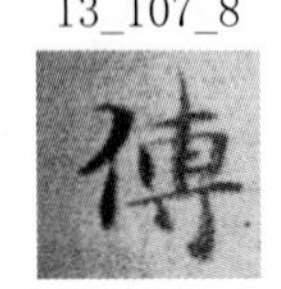
唐代•文選八八
13_109_8

唐代•文選百三
3_25_13

唐代•文選六八
44_442_26

唐代•文選六八
45_452_22

唐代•文選六八
49_498_9

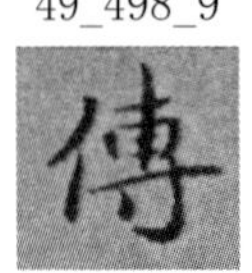
唐代•文選六八
51_510_15

唐代•文選六八
57_569_4

唐代•文選六八
59_594_11

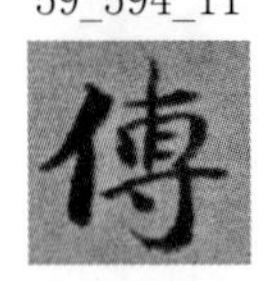
唐代•文選六八
59_596_7

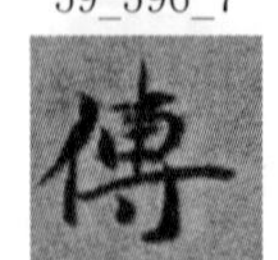
唐代•文選六八
63_629_16

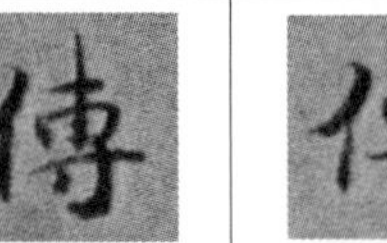
唐代•文選六八
32_323_4

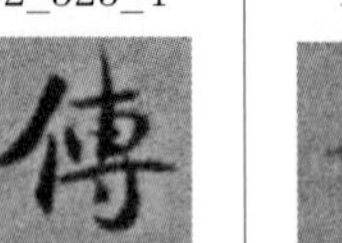
唐代•文選六八
35_346_10

唐代•文選六八
37_374_10

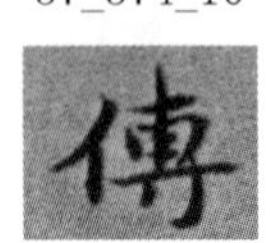
唐代•文選六八
39_389_13

唐代•文選六八
44_442_7

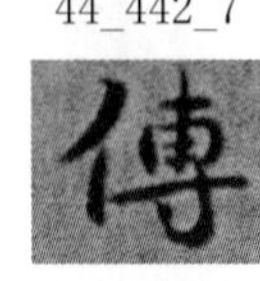
唐代•文選六八
44_442_10

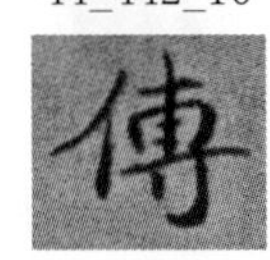
唐代•文選六八
44_442_15

唐代•文選六八
44_442_21

唐代•文選六八
4_45_11

唐代•文選六八
7_72_20

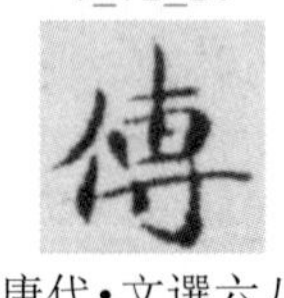
唐代•文選六八
13_129_12

唐代•文選六八
16_164_12

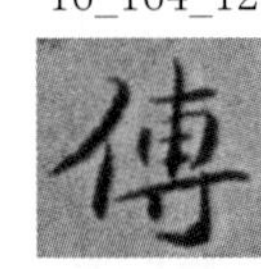
唐代•文選六八
17_171_2

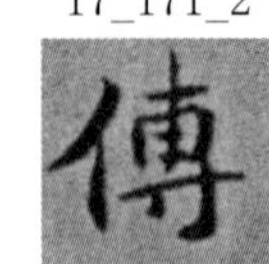
唐代•文選六八
25_257_15

唐代•文選六八
27_271_4

唐代•文選六八
27_273_9

唐代•文選五九
90_864_14

唐代•文選五九
92_880_11

唐代•文選五九
92_888_19

唐代•文選五九
101_953_8

唐代•文選五九
106_1001_24

唐代•文選五九
109_1026_5

唐代•文選六八
2_17_6

唐代•文選五九
82_783_27

唐代•文選五九
82_785_15

唐代•文選五九
82_788_9

唐代•文選五九
82_793_29

唐代•文選五九
83_797_29

唐代•文選五九
87_832_12

唐代•文選五九
88_838_6

傕

漢サイ呉セ
訓もよおす

唐代・文選五九
21_203_10

唐代・文選百三
63_601_31

唐代・文選百三
85_817_24

唐代・古文選前
1_9_4

唐代・古文選前
12_138_10

唐代・古文選後
19_226_4

唐代・古文選後
23_274_11

唐代・文選五九
40_394_3

唐代・文選五九
40_394_27

唐代・文選五九
101_955_20

唐代・文選五九
110_1045_26

唐代・文選六八
4_44_10

唐代・文選六八
4_45_18

唐代・文選六八
63_626_13

唐代・文選百三
62_598_22

傾

漢ケイ
訓かたむく

唐代・文選五九
8_77_6

唐代・文選五九
8_77_17

唐代・文選五九
8_78_30

唐代・文選五九
19_181_22

唐代・文選五九
19_182_10

唐代・文選五九
19_183_5

唐代・文選五九
19_185_27

唐代・文選五九
39_392_11

傴

漢ウ
訓せむし

唐代・文選四八
37_332_17

唐代・古文選前
1_3_13

唐代・十輪經四
1_22_14

唐代・十輪經四
18_346_8

唐代・十輪經四
18_346_16

唐代・十輪經四
18_347_7

唐代・文選百三
83_789_5

唐代・文選百三
83_796_10

唐代・文選百三
84_801_12

唐代・文選百三
85_807_9

唐代・文選百三
85_808_8

唐代・文選百三
85_814_2

唐代・古文選前
1_8_3

僂

漢ロウ
訓せむし

唐代•文選四八
36_329_16

唐代•文選四八
37_332_9

唐代•文選四八
37_333_13

唐代•古文選前
13_148_5

傷

ショウ
訓きず

唐代•春秋經傳
12_127_12

唐代•春秋經傳
13_132_16

唐代•文選四八
9_73_8

唐代•文選四八
9_75_9

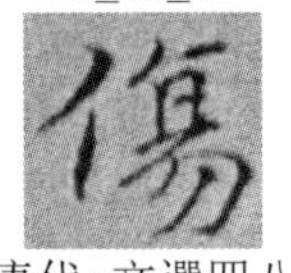
唐代•文選四八
10_80_7

唐代•文選五九
11_111_17

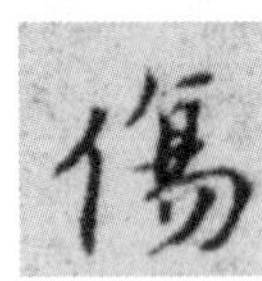
唐代•文選五九
45_438_30

唐代•文選五九
83_799_22

唐代•文選五九
92_880_1

唐代•文選五九
93_895_15

唐代•文選五九
109_1026_15

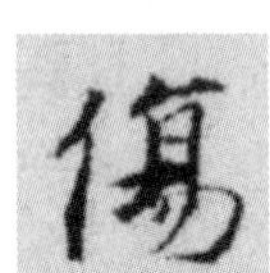
唐代•文選五九
109_1037_4

唐代•文選六八
21_207_25

唐代•文選六八
39_393_27

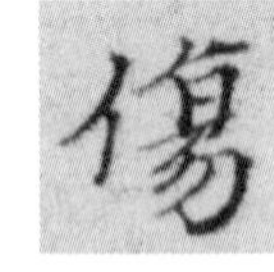
唐代•文選百三
12_109_29

唐代•文選百三
11_108_15

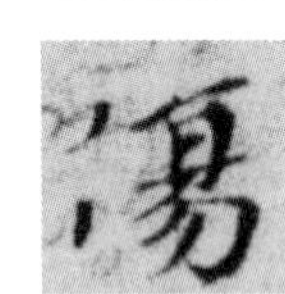
唐代•文選百三
12_110_10

唐代•文選百三
22_213_10

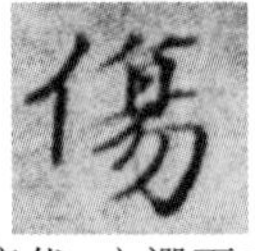
唐代•文選百三
23_216_51

唐代•文選百三
37_372_8

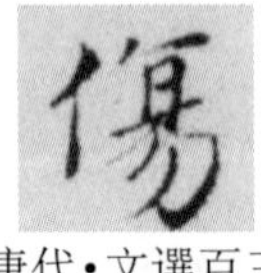
唐代•文選百三
38_383_2

唐代•文選百三
41_405_4

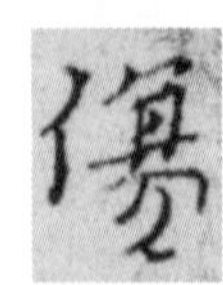
唐代•文選百三
58_559_13

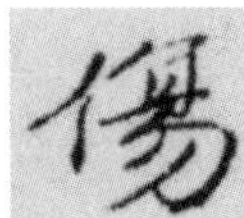
唐代•文選百三
61_583_24

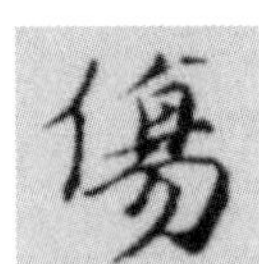
唐代•文選百三
63_611_4

唐代•文選百三
67_646_32

唐代•文選百三
85_812_13

唐代•文選百三
85_814_12

唐代•文選百三
85_817_4

唐代•文選百三
87_828_1

唐代•古文選後
7_77_12

唐代•古文選前
6_71_6

唐代•古文選後
7_79_15

唐代•古文選後
10_112_11

唐代•古文選後
17_200_10

像

漢ショウ吳ソウ
訓かたち

唐代•文選六八
8_80_5

唐代•文選六八
8_80_21

唐代•文選六八
8_81_16

唐代•古文選前
8_98_9

唐代•十輪經十
15_292_1

唐代•十輪經十
15_292_17

唐代•十輪經十
15_293_16

唐代•十輪經十
15_294_15

	僕	僚		僭	僖	
	呉ボク 訓しもべ	リョウ 訓とも		セン 訓おごる	キ 訓よろこぶ	
唐代・文選百三 3_24_4	唐代・文選六八 11_114_7	唐代・文選四八 31_277_1	唐代・文選百三 29_285_11	唐代・春秋經傳 38_394_2	唐代・春秋經傳 3_23_19	唐代・十輪經十 16_303_4
唐代・文選百二 3_26_9	唐代・文選六八 29_288_3	唐代・文選四八 31_278_14	唐代・文選百三 47_447_24	唐代・文選四八 20_179_12	唐代・春秋經傳 12_124_8	唐代・十輪經十 19_373_14
唐代・文選百三 5_43_13	唐代・文選八八 8_61_20	唐代・文選四八 34_310_4		唐代・文選四八 20_181_4	唐代・春秋經傳 13_135_17	
唐代・文選百三 5_46_23	唐代・文選八八 9_63_13	唐代・文選四八 35_312_16		唐代・文選四八 20_181_19	唐代・春秋經傳 16_168_20	
唐代・文選百三 17_159_28	唐代・文選八八 17_145_12	唐代・文選六八 50_503_15		唐代・文選四八 20_181_24	唐代・春秋經傳 16_169_17	
唐代・文選百三 17_160_18	唐代・文選百三 1_7_13	唐代・古文選後 13_146_10		唐代・文選百三 25_249_15	唐代・春秋經傳 17_174_5	
唐代・文選百三 63_602_9	唐代・文選百三 3_25_26			唐代・文選百三 29_282_4	唐代・文選四八 18_162_7	
				唐代・文選百三 29_284_10	唐代・文選四八 37_330_12	

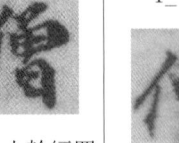

價

漢カ 吳ケ
訓あたい

唐代・文選四八
8_63_3

唐代・十輪經四
2_37_8

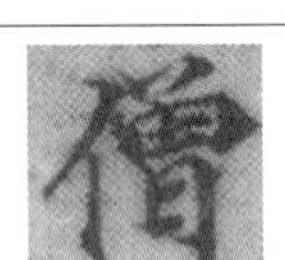
唐代・十輪經十
18_357_3

唐代・十輪經九
7_132_18

唐代・十輪經九
16_311_4

唐代・十輪經十
14_269_6

唐代・十輪經八
18_361_16

唐代・十輪經八
22_439_2

唐代・十輪經九
2_37_12

唐代・十輪經九
4_77_16

唐代・十輪經九
7_125_18

唐代・十輪經九
7_131_12

唐代・十輪經八
17_323_7

唐代・十輪經八
20_399_11

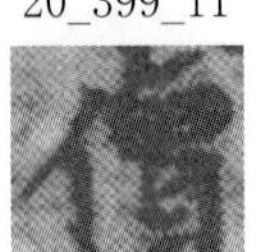
唐代・十輪經十
16_318_15

唐代・十輪經八
7_134_7

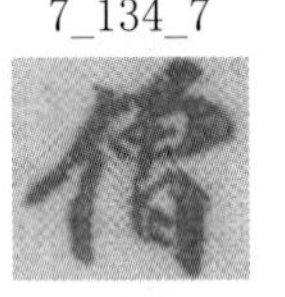
唐代・十輪經八
9_173_2

唐代・十輪經八
11_210_15

唐代・十輪經八
13_248_5

唐代・十輪經八
15_285_9

唐代・十輪經四
18_360_13

唐代・十輪經四
5_85_14

唐代・十輪經四
8_153_15

唐代・十輪經四
8_158_6

唐代・十輪經四
8_158_14

唐代・十輪經四
17_323_13

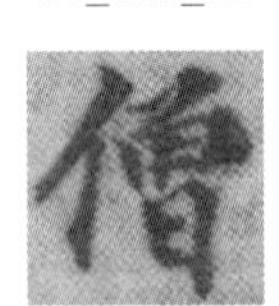
唐代・十輪經四
17_328_12

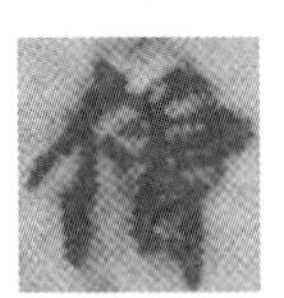
唐代・十輪經八
1_15_5

唐代・十輪經八
2_29_10

僧

ソウ
訓ぼうず

初唐・金剛場經
1_10_8

中唐・七祖像贊
1_1_2

中唐・七祖像贊
1_2_2

中唐・灌頂歷名
1_7_3

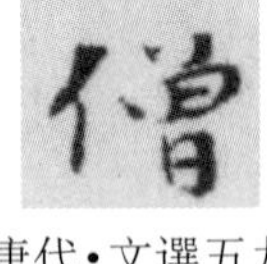
唐代・文選五九
42_414_16

唐代・古文選後
21_250_9

唐代・十輪經四
7_136_16

唐代・文選百三
17_161_27

唐代・文選百三
63_600_1

唐代・古文選前
15_174_6

唐代・古文選後
2_16_1

唐代・古文選後
3_35_3

唐代・古文選後
25_297_4

唐代・十輪經四
20_386_4

唐代・十輪經十
9_178_8

儉

漢ケン
訓けわしい

唐代・文選百三
1_9_18

唐代・文選百三
19_189_25

唐代・文選百三
59_563_3

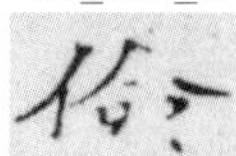
唐代・文選百三
79_750_11

唐代・古文選前
22_253_11

億

漢ヨク 呉オク
訓おしはかる

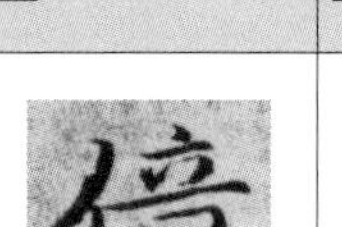
唐代・文選八八
19_164_3

唐代・文選八八
19_166_24

唐代・文選百三
21_207_17

儀

ギ
訓のり

唐代・春秋經傳
16_167_9

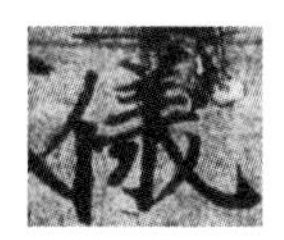
唐代・春秋經傳
31_321_1

唐代・春秋經傳
34_352_4

唐代・春秋經傳
35_370_16

唐代・春秋經傳
38_404_7

唐代・文選四八
12_102_6

唐代・文選四八
12_103_6

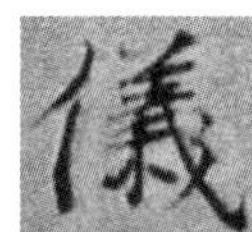
唐代・文選四八
12_103_11

唐代・文選四八
12_104_10

唐代・文選四八
12_107_28

唐代・文選四八
26_228_10

唐代・文選四八
32_292_16

唐代・文選四八
32_293_18

唐代・文選四八
33_294_19

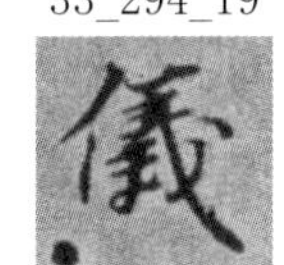
唐代・文選四八
33_295_1

唐代・文選四八
33_295_15

唐代・文選四八
48_437_4

唐代・文選五九
2_15_9

唐代・文選五九
2_17_6

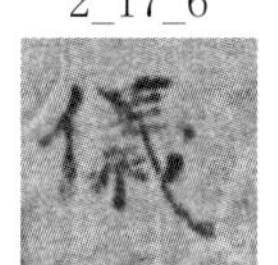
唐代・文選五九
2_17_10

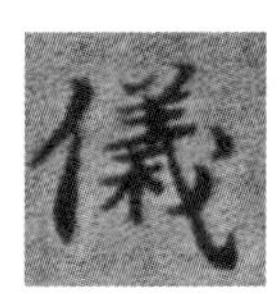
唐代・文選五九
18_173_1

唐代・文選五九
43_431_4

唐代・文選五九
62_596_30

唐代・文選五九
59_566_21

唐代・文選五九
62_597_10

唐代・文選五九
62_598_5

唐代・文選五九
80_772_7

唐代・文選五九
100_943_13

唐代・文選五九
103_977_17

唐代・文選六八
6_59_8

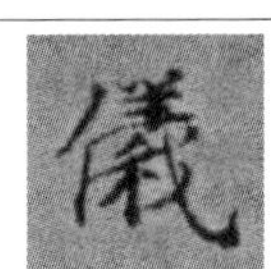
唐代・文選六八
11_117_22

唐代・文選六八
9_93_7

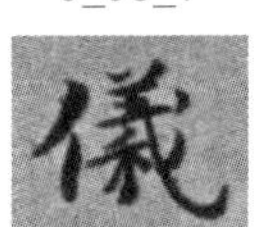
唐代・文選六八
18_181_14

唐代・文選六八
19_192_11

唐代・文選六八
19_192_28

唐代・文選六八
30_301_14

唐代・文選六八
33_325_8

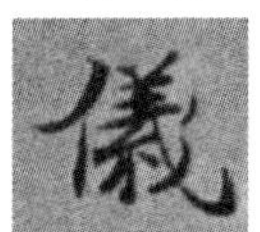
唐代・文選六八
49_485_15

僻 

ヒ 漢ヘイ

訓ひがむ

唐代•文選五九
13_131_11

唐代•古文選前
27_312_4

唐代•春秋經傳
31_325_11

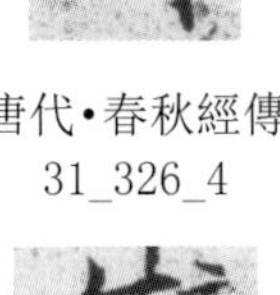
唐代•春秋經傳
31_326_4

唐代•春秋經傳
31_326_15

唐代•文選五九
6_52_21

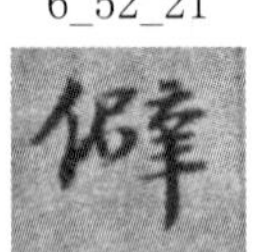
唐代•文選五九
6_53_7

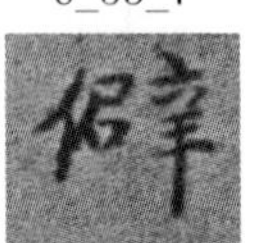
唐代•文選五九
6_54_18

唐代•文選六八
71_703_3

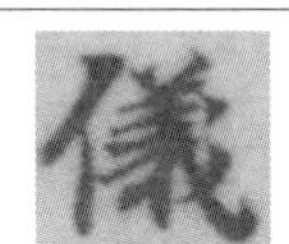
唐代•十輪經九
13_245_2

唐代•十輪經九
13_246_1

唐代•十輪經九
19_374_16

唐代•十輪經九
19_375_15

唐代•十輪經九
20_397_8

唐代•十輪經十
4_67_6

唐代•十輪經十
12_220_7

唐代•十輪經四
9_166_9

唐代•古文選後
1_11_4

唐代•十輪經四
8_154_3

唐代•十輪經四
10_180_15

唐代•十輪經四
19_379_4

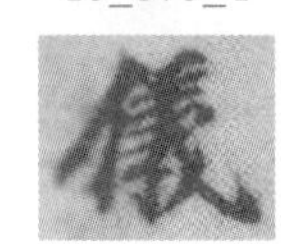
唐代•十輪經四
20_380_10

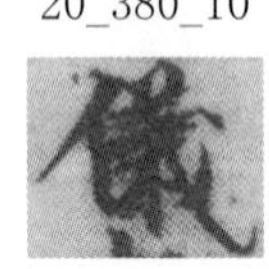
唐代•十輪經九
6_114_15

唐代•十輪經四
8_156_1

唐代•十輪經四
8_159_2

唐代•文選百三
21_199_24

唐代•古文選後
18_209_7

唐代•古文選後
20_239_1

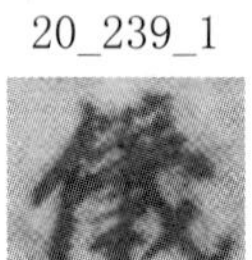
唐代•十輪經四
1_18_8

唐代•十輪經四
8_146_4

唐代•古文選前
18_217_6

唐代•古文選前
23_274_2

唐代•文選六八
69_689_12

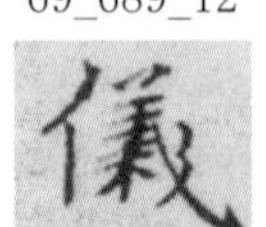

唐代•文選百三
81_770_12

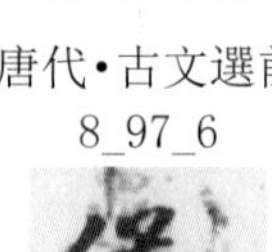
唐代•古文選前
8_97_6

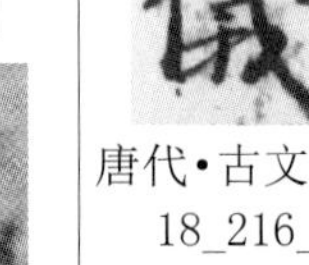
唐代•古文選前
18_216_2

唐代•古文選前
18_216_10

唐代•古文選後
11_128_9

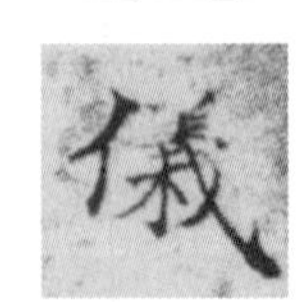
唐代•文選百三
17_161_2

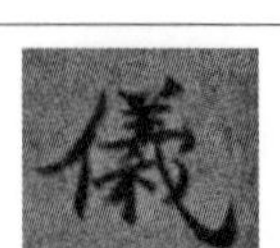
唐代•文選六八
68_682_12

唐代•文選百三
7_68_3

唐代•文選百三
9_77_24

唐代•文選百三
10_90_6

唐代•文選百三
10_92_5

唐代•文選百三
10_94_3

唐代•文選百三
35_343_14

儵		儲	優	儕	儔	儒
漢シュク 訓にわか		漢チョ 訓そなえる	漢ユウ呉ウ 訓やさしい	慣セイ漢サイ 訓ともがら	漢チュウ呉ジュ 訓かざす	漢ジュ 訓よわい
 唐代・文選五九 21_203_8  唐代・文選五九 21_208_13  唐代・文選五九 92_884_9  唐代・春秋經傳 16_161_20  唐代・春秋經傳 16_162_5	 唐代・文選百三 17_161_11  唐代・文選百三 57_549_9  唐代・文選百三 57_553_40  唐代・文選百三 57_554_27  唐代・文選百三 60_5  唐代・古文選後 19_219_4  唐代・古文選後 20_229_6 72_27	 唐代・文選四八 24_215_13  唐代・文選四八 24_218_11  唐代・文選四八 24_219_23  唐代・文選四八 32_293_1  唐代・文選四八 32_293_19  唐代・文選四八 33_295_2  唐代・文選百三 17_159_29  唐代・文選百三 34_340_30	 唐代・文選四八 30_266_20  唐代・文選四八 30_268_1  唐代・文選四八 30_269_13  唐代・文選五九 34_333_6  唐代・文選六八 39_386_13	 唐代・春秋經傳 38_401_2	 唐代・文選五九 100_947_8  唐代・文選五九 101_949_6  唐代・文選六八 36_361_13  唐代・文選六八 61_606_1  唐代・古文選前 10_116_5	 唐代・文選四八 18_158_18  唐代・文選四八 32_287_21  唐代・文選百三 5_42_5  唐代・文選百三 6_49_9 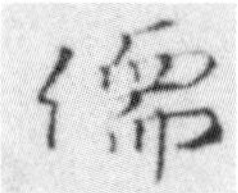 唐代・文選百三 85_814_18  唐代・古文選後 19_222_7

儻	儼	儷
トウ 訓すぐれる	漢ゲン 訓おごそか	漢レイ呉ライ 訓ならぶ
 唐代・文選五九 86_825_18	 唐代・文選五九 77_736_28  唐代・文選八八 5_27_7  唐代・文選八八 5_29_29  唐代・古文選前 14_160_9	 唐代・文選五九 106_1001_1  唐代・文選五九 106_1001_19  唐代・文選五九 106_1003_3

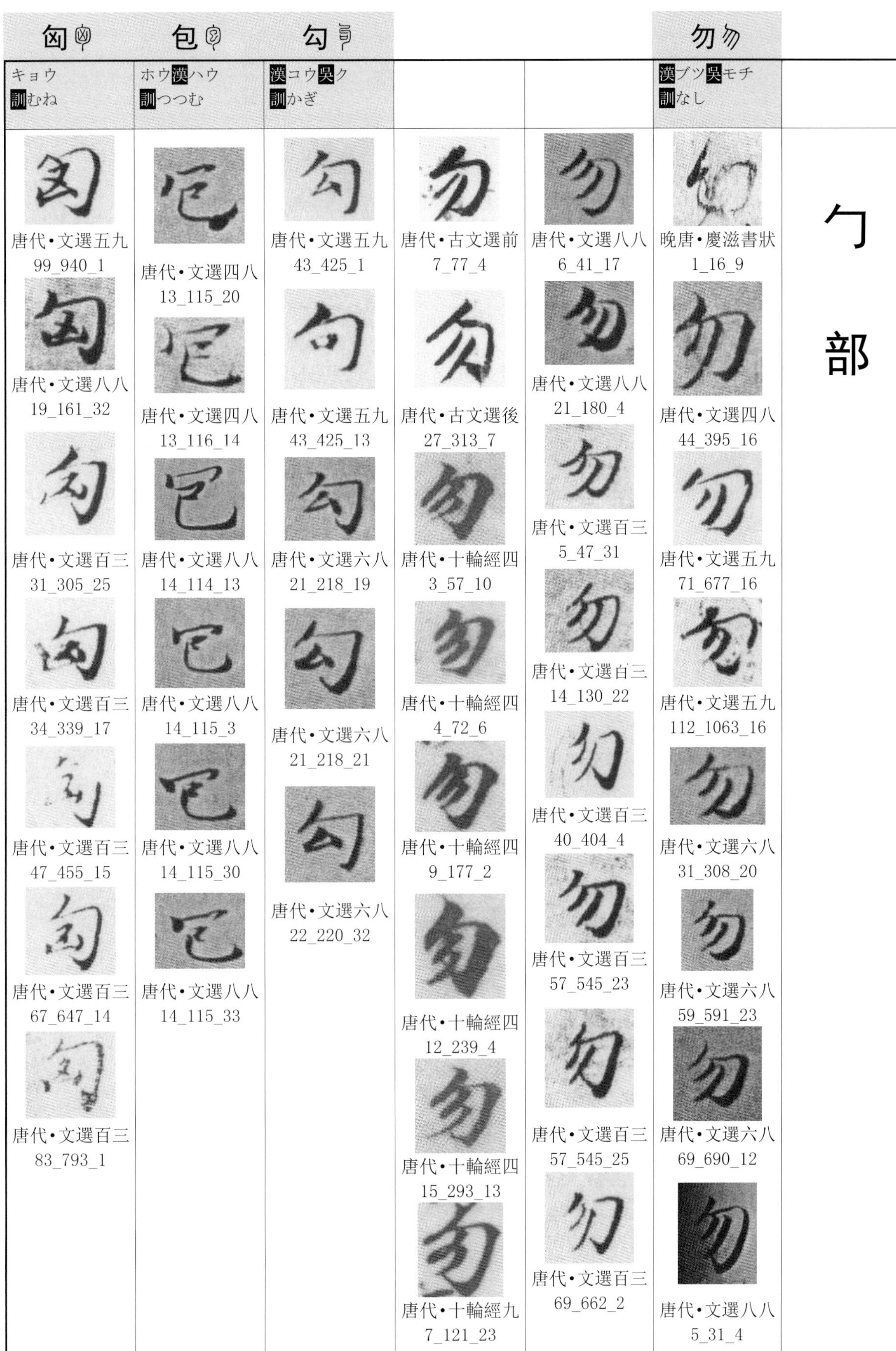

勹部

勿			勾	包	匈
漢ブツ呉モチ 訓なし			漢コウ呉ク 訓かぎ	ホウ漢ハウ 訓つつむ	キョウ 訓むね
晚唐•慶滋書狀 1_16_9	唐代•文選八八 6_41_17	唐代•古文選前 7_77_4	唐代•文選五九 43_425_1	唐代•文選四八 13_115_20	唐代•文選五九 99_940_1
唐代•文選四八 44_395_16	唐代•文選八八 21_180_4	唐代•古文選後 27_313_7	唐代•文選五九 43_425_13	唐代•文選四八 13_116_14	唐代•文選八八 19_161_32
唐代•文選五九 71_677_16	唐代•文選百三 5_47_31	唐代•十輪經四 3_57_10	唐代•文選六八 21_218_19	唐代•文選八八 14_114_13	唐代•文選百三 31_305_25
唐代•文選五九 112_1063_16	唐代•文選百三 14_130_22	唐代•十輪經四 4_72_6	唐代•文選六八 21_218_21	唐代•文選八八 14_115_3	唐代•文選百三 34_339_17
唐代•文選六八 31_308_20	唐代•文選百三 40_404_4	唐代•十輪經四 9_177_2	唐代•文選六八 22_220_32	唐代•文選八八 14_115_30	唐代•文選百三 47_455_15
唐代•文選六八 59_591_23	唐代•文選百三 57_545_23	唐代•十輪經四 12_239_4		唐代•文選八八 14_115_33	唐代•文選百三 67_647_14
唐代•文選六八 69_690_12	唐代•文選百三 57_545_25	唐代•十輪經四 15_293_13			唐代•文選百三 83_793_1
唐代•文選八八 5_31_4	唐代•文選百三 69_662_2	唐代•十輪經九 7_121_23			

儿部

元

漢ゲン 呉ガン
訓もと

中唐・七祖像贊 1_2_5

中唐・七祖像贊 1_5_4

中唐・七祖像贊 1_10_4

中唐・七祖像贊 1_11_5

唐代・春秋經傳 1_2_2

唐代・春秋經傳 4_38_12

唐代・春秋經傳 4_40_1

唐代・春秋經傳 5_45_3

唐代・春秋經傳 5_46_5

唐代・春秋經傳 5_46_21

唐代・春秋經傳 5_46_33

唐代・春秋經傳 5_52_2

唐代・春秋經傳 6_57_2

唐代・春秋經傳 6_57_8

唐代・春秋經傳 6_58_29

唐代・春秋經傳 6_60_17

唐代・春秋經傳 7_64_9

唐代・春秋經傳 7_65_6

唐代・春秋經傳 7_66_5

唐代・春秋經傳 17_175_19

唐代・春秋經傳 32_332_2

唐代・春秋經傳 32_333_14

唐代・文選四八 11_98_24

唐代・文選四八 12_104_6

唐代・文選四八 18_164_38

唐代・文選四八 20_180_10

唐代・文選四八 20_184_10

唐代・文選四八 21_188_16

唐代・文選四八 35_311_4

唐代・文選四八 40_362_13

唐代・文選四八 46_417_10

唐代・文選四八 50_449_17

唐代・文選五九 2_13_16

唐代・文選五九 32_314_1

唐代・文選五九 45_441_11

唐代・文選五九 46_453_10

唐代・文選五九 57_554_21

唐代・文選五九 57_555_3

唐代・文選五九 61_585_8

唐代・文選五九 61_590_19

唐代・文選五九 77_741_24

唐代・文選五九 97_915_9

唐代・文選五九 97_922_29

唐代・文選五九 99_936_4

唐代・文選六八 9_91_1

唐代・文選六八 9_91_13

唐代・文選六八 9_91_28

唐代・文選六八 9_92_16

允

イン
訓 まこと

中唐・灌頂歴名 1_4_6
唐代・文選五九 81_777_5
唐代・文選百三 11_97_10
唐代・文選百三 11_98_17
唐代・文選百三 50_484_31
唐代・古文選前 18_211_9

唐代・古文選後 20_230_1
唐代・古文選後 24_281_13

唐代・文選百三 84_801_32
唐代・古文選前 20_231_5
唐代・古文選前 20_239_37
唐代・古文選前 20_240_3
唐代・古文選前 22_253_9
唐代・古文選後 1_12_3
唐代・古文選後 4_44_17
唐代・古文選後 5_59_7

唐代・文選百三 65_625_21
唐代・文選百三 65_632_10
唐代・文選百三 67_644_35
唐代・文選百三 70_677_4
唐代・文選百三 71_691_1
唐代・文選百三 72_695_21
唐代・文選百三 81_775_4
唐代・文選百三 84_801_30

唐代・文選百三 27_260_4
唐代・文選百三 27_263_9
唐代・文選百三 27_265_20
唐代・文選百三 27_265_33
唐代・文選百三 35_355_28
唐代・文選百三 37_365_19
唐代・文選百三 37_367_19
唐代・文選百三 65_619_19

唐代・文選百三 1_7_29
唐代・文選百三 4_29_17
唐代・文選百三 4_29_19
唐代・文選百三 4_32_4
唐代・文選百三 13_121_28
唐代・文選百三 24_231_5
唐代・文選百三 25_241_2
唐代・文選百三 25_245_19

唐代・文選六八 9_93_23
唐代・文選六八 9_98_7
唐代・文選六八 9_100_21
唐代・文選六八 29_299_5
唐代・文選六八 31_313_1
唐代・文選六八 59_597_8
唐代・文選八八 9_75_32
唐代・文選八八 10_76_8

			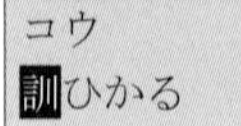 光			兄
			コウ 訓ひかる			漢ケイ 呉キョウ 訓あに
 唐代•文選五九 66_633_10	 唐代•文選五九 40_394_6	 唐代•文選四八 32_292_7	 初唐•大般若經 2_33_7	 唐代•文選八八 17_142_2	 唐代•文選四八 42_377_8	 唐代•春秋經傳 20_207_7
 唐代•文選五九 66_640_13	 唐代•文選五九 40_395_2	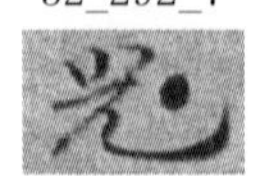 唐代•文選四八 35_316_28	 初唐•聖武雜集 1_6_4	 唐代•文選八八 17_144_32	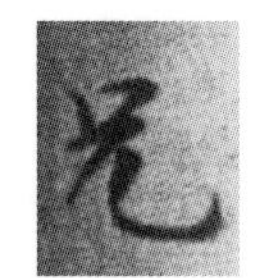 唐代•文選五九 15_148_25	 唐代•春秋經傳 20_210_17
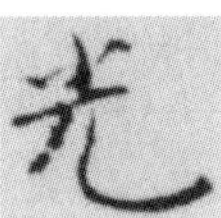 唐代•文選五九 75_720_8	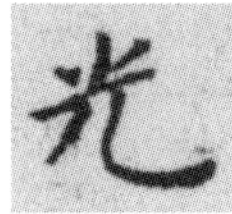 唐代•文選五九 47_463_25	 唐代•文選五九 10_96_5	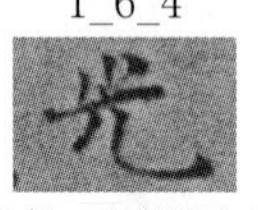 唐代•文選四八 21_193_25	 唐代•文選百三 9_81_19	 唐代•文選五九 64_616_9	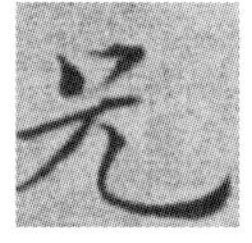 唐代•文選四八 3_17_10
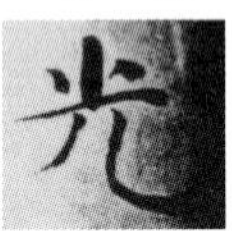 唐代•文選五九 82_792_1	 唐代•文選五九 51_500_24	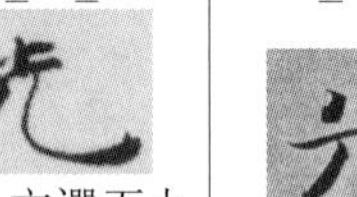 唐代•文選五九 10_96_27	 唐代•文選四八 29_260_5	 唐代•文選百三 9_83_8	 唐代•文選五九 64_618_5	 唐代•文選四八 6_45_16
 唐代•文選五九 82_793_5	 唐代•文選五九 52_511_15	 唐代•文選五九 10_97_29	 唐代•文選四八 29_263_10	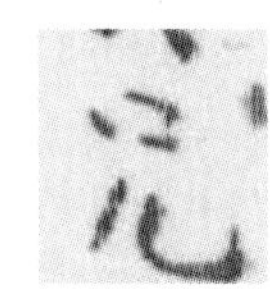 唐代•古文選後 7_83_28	 唐代•文選五九 64_619_1	 唐代•文選四八 11_93_6
 唐代•文選五九 82_794_7	 唐代•文選五九 52_512_6	 唐代•文選五九 19_191_23	 唐代•文選四八 32_289_3	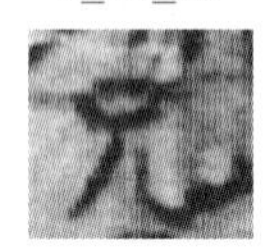 唐代•古文選後 22_260_19	 唐代•文選五九 91_872_4	 唐代•文選四八 11_94_18
 唐代•文選五九 97_920_5	 唐代•文選五九 53_518_14	 唐代•文選五九 27_259_14	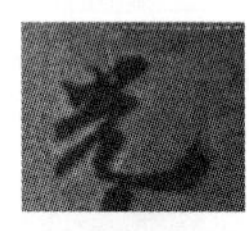 唐代•文選四八 32_291_15		 唐代•文選八八 16_139_9	 唐代•文選四八 18_164_25
 唐代•文選五九 97_921_8	 唐代•文選五九 62_597_27	 唐代•文選五九 39_392_12	 唐代•文選四八 32_292_3		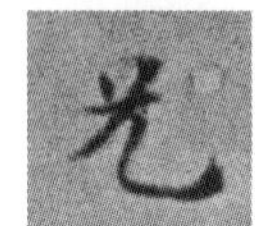 唐代•文選八八 17_141_12	 唐代•文選四八 20_177_19

唐代•文選六八 66_661_8	唐代•文選六八 56_560_6	唐代•文選六八 41_413_11	唐代•文選六八 25_254_17	唐代•文選六八 22_220_15	唐代•文選五九 109_1030_7	唐代•文選五九 97_921_18
唐代•文選六八 66_662_11	唐代•文選六八 56_561_23	唐代•文選六八 41_416_7	唐代•文選六八 25_254_22	唐代•文選六八 22_220_23	唐代•文選五九 109_1031_1	唐代•文選五九 97_921_30
唐代•文選六八 68_682_5	唐代•文選六八 56_562_22	唐代•文選六八 43_429_7	唐代•文選六八 25_254_26	唐代•文選六八 22_221_3	唐代•文選五九 109_1032_4	唐代•文選五九 97_923_15
唐代•文選六八 69_683_28	唐代•文選六八 56_562_24	唐代•文選六八 43_431_25	唐代•文選六八 25_255_12	唐代•文選六八 22_221_8	唐代•文選六八 12_128_7	唐代•文選五九 107_1017_16
唐代•文選八八 20_178_2	唐代•文選六八 59_589_21	唐代•文選六八 46_462_23	唐代•文選六八 26_261_2	唐代•文選六八 22_222_1	唐代•文選六八 13_130_16	唐代•文選五九 107_1018_4
唐代•文選八八 21_179_7	唐代•文選六八 59_591_10	唐代•文選六八 51_513_22	唐代•文選六八 26_261_18	唐代•文選六八 23_227_28	唐代•文選六八 21_206_8	唐代•文選五九 107_1018_15
唐代•文選八八 21_182_17	唐代•文選六八 59_591_26	唐代•文選六八 51_518_21	唐代•文選六八 27_274_15	唐代•文選六八 23_235_2	唐代•文選六八 21_217_6	月光 唐代•文選五九 107_1019_10
唐代•文選八八 21_184_5	唐代•文選六八 59_592_21	唐代•文選六八 52_520_24	唐代•文選六八 27_274_28	唐代•文選六八 25_246_9	唐代•文選六八 21_219_5	唐代•文選五九 108_1021_11

先

セン
訓さき

唐代•春秋經傳 3_20_13
唐代•春秋經傳 6_58_26
唐代•春秋經傳 8_77_5
唐代•春秋經傳 17_177_14
唐代•春秋經傳 18_190_6
唐代•春秋經傳 19_197_13
唐代•春秋經傳 22_227_4
唐代•春秋經傳 24_247_12

唐代•十輪經九 21_411_16
唐代•十輪經十 1_11_2
唐代•十輪經十 11_208_16
唐代•十輪經十 17_338_11
唐代•十輪經十 17_340_4

唐代•古文選後 20_229_8
唐代•古文選後 21_241_4
唐代•十輪經八 4_74_6
唐代•十輪經八 5_82_3
唐代•十輪經八 5_93_12
唐代•十輪經九 11_203_12
唐代•十輪經九 12_229_9
唐代•十輪經九 15_284_15

唐代•古文選後 2_18_4
唐代•古文選後 4_46_6
唐代•古文選後 11_129_14
唐代•古文選後 12_143_1
唐代•古文選後 13_154_15
唐代•古文選後 15_180_6
唐代•古文選後 17_196_1
唐代•古文選後 17_204_12

唐代•文選百三 77_736_15
唐代•古文選前 3_30_8
唐代•古文選前 9_112_10
唐代•古文選前 10_122_13
唐代•古文選前 14_168_6
唐代•古文選前 21_244_17
唐代•古文選前 25_294_6
唐代•古文選後 2_18_3

唐代•文選百三 48_460_15
唐代•文選百三 61_583_9
唐代•文選百三 63_613_5
唐代•文選百三 63_613_6
唐代•文選百三 64_614_36
唐代•文選百三 65_628_13
唐代•文選百三 71_691_9
唐代•文選百三 72_697_26

唐代•文選百三 5_37_21
唐代•文選百三 5_39_5
唐代•文選百三 5_40_29
唐代•文選百三 5_40_36
唐代•文選百三 7_58_31
唐代•文選百三 7_64_20
唐代•文選百三 11_103_36
唐代•文選百三 17_164_11

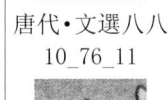

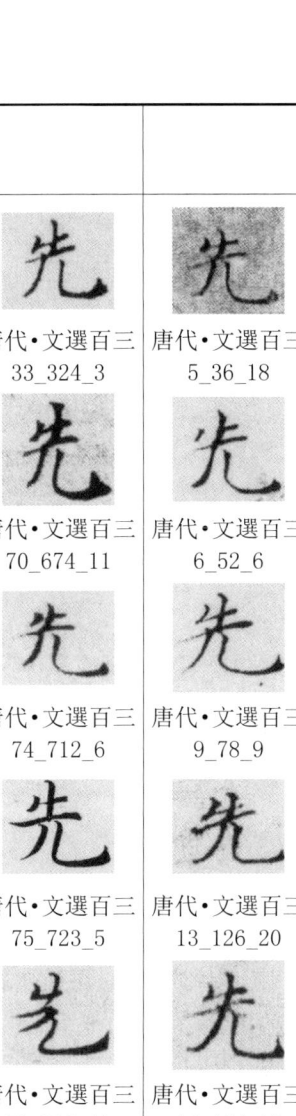

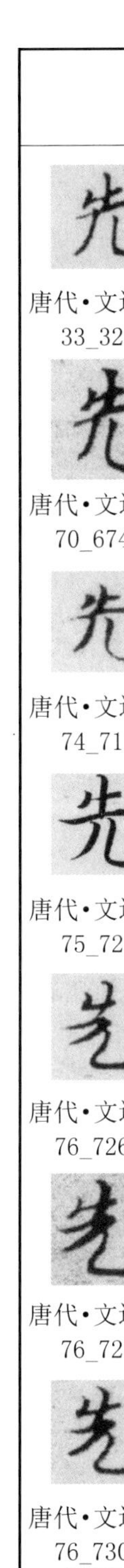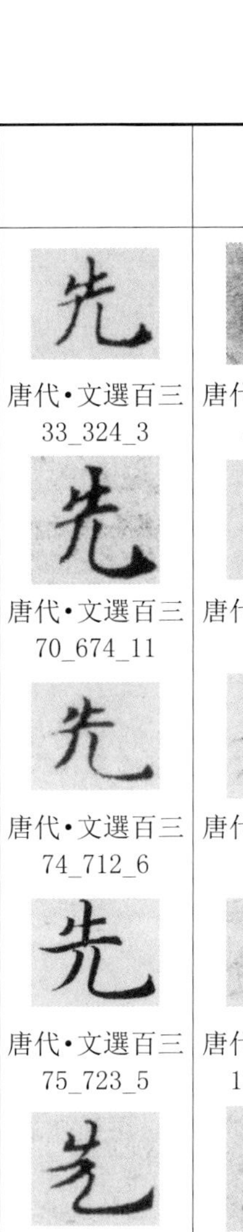唐代·文選百三 33_324_3	唐代·文選百三 5_36_18	唐代·文選六八 66_659_11	唐代·文選六八 9_93_17	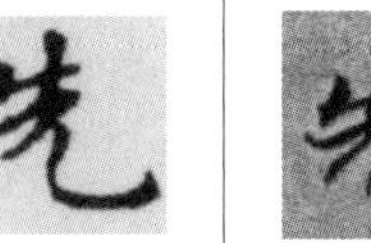唐代·文選五九 72_689_18	唐代·文選四八 45_407_11	唐代·春秋經傳 29_303_5
唐代·文選百三 70_674_11	唐代·文選百三 6_52_6	唐代·文選六八 73_727_13	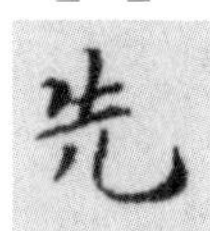唐代·文選六八 13_131_11	唐代·文選五九 72_690_15	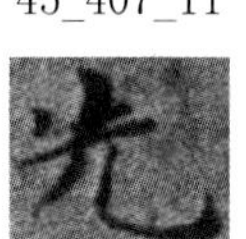唐代·文選五九 13_121_25	唐代·春秋經傳 35_369_13
唐代·文選百三 74_712_6	唐代·文選百三 9_78_9	唐代·文選八八 5_26_9	唐代·文選六八 14_148_12	唐代·文選五九 86_821_22	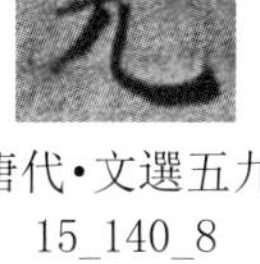唐代·文選五九 15_140_8	唐代·文選四八 1_5_1
唐代·文選百三 75_723_5	唐代·文選百三 13_126_20	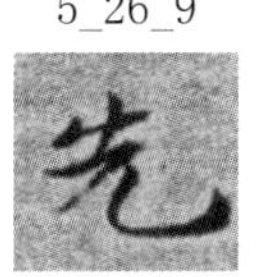唐代·文選八八 5_29_23	唐代·文選六八 19_198_5	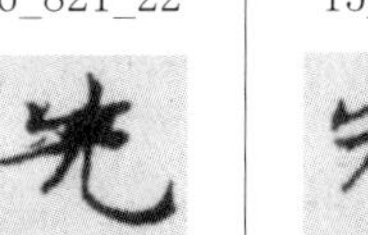唐代·文選五九 90_858_16	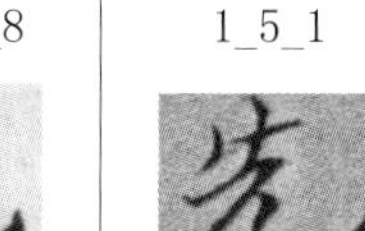唐代·文選五九 42_417_9	唐代·文選四八 2_12_4
唐代·文選百三 76_726_11	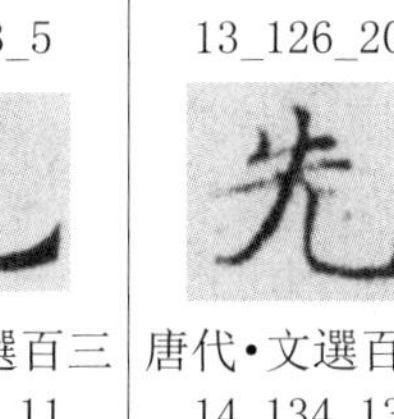唐代·文選百三 14_134_13	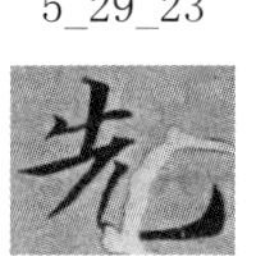唐代·文選八八 9_73_11	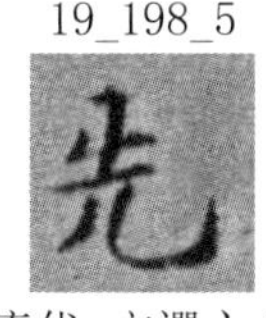唐代·文選六八 23_227_21	唐代·文選五九 92_886_6	唐代·文選五九 43_419_13	唐代·文選四八 3_14_24
唐代·文選百三 76_728_1	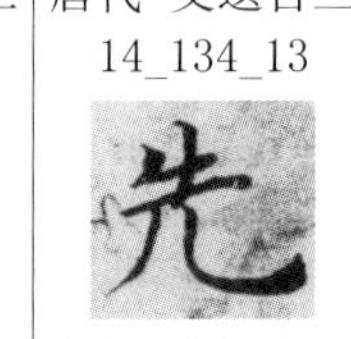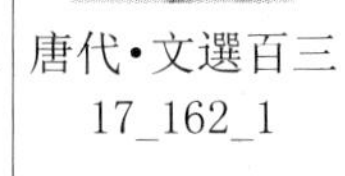唐代·文選百三 17_162_1	唐代·文選八八 10_76_11	唐代·文選六八 34_341_16	唐代·文選五九 108_1022_26	唐代·文選五九 52_513_15	唐代·文選四八 7_56_16
唐代·文選百三 76_730_23	唐代·文選百三 17_163_1	唐代·文選八八 10_78_29	唐代·文選六八 51_511_5	唐代·文選五九 111_1059_14	唐代·文選五九 52_514_11	唐代·文選四八 26_237_22
唐代·古文選前 1_11_3	唐代·文選百三 27_265_31	唐代·文選八八 24_213_7	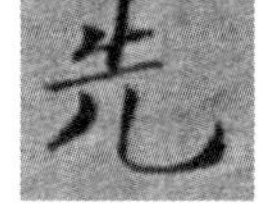唐代·文選六八 59_591_21	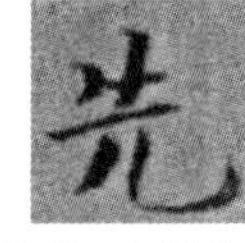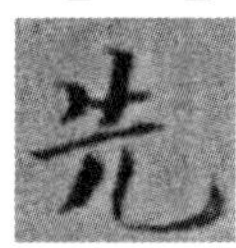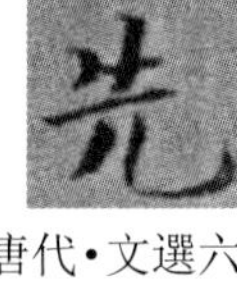唐代·文選六八 4_45_24	唐代·文選五九 71_681_29	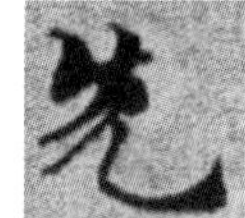唐代·文選四八 40_354_18

克			充	兆		
コク 訓たえしのぶ			慣ジュウ漢シュウ 訓あてる	漢チョウ呉ジョウ 訓きざす		
 唐代•春秋經傳 3_20_6	 唐代•十輪經四 14_265_24	唐代•文選六八 39_393_6	 唐代•文選四八 2_9_8	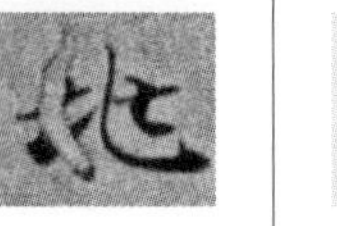 唐代•文選四八 29_261_17	 唐代•古文選後 19_223_13	 唐代•古文選前 9_106_11
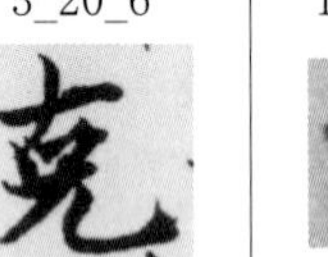 唐代•春秋經傳 8_81_5	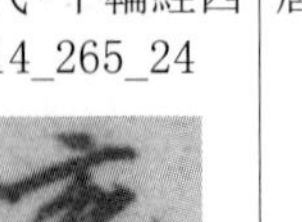 唐代•十輪經八 4_78_5	唐代•文選六八 67_671_3	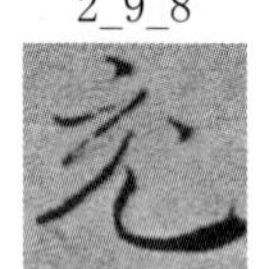 唐代•文選四八 2_12_23	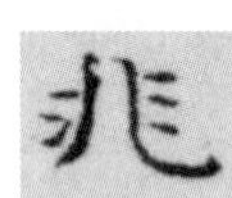 唐代•文選五九 80_776_15	 唐代•古文選後 21_242_2	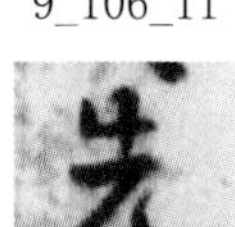 唐代•古文選前 20_239_29
 唐代•春秋經傳 22_227_8	 唐代•十輪經八 5_86_12	唐代•文選百三 81_777_15	 唐代•文選四八 11_96_19	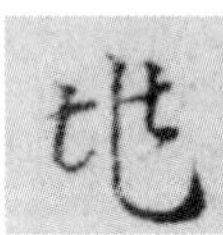 唐代•文選百三 25_247_15	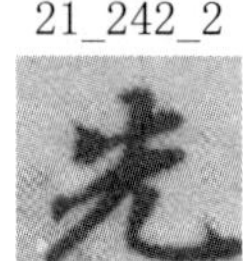 唐代•十輪經四 3_49_14	 唐代•古文選前 23_273_22
 唐代•春秋經傳 23_235_13	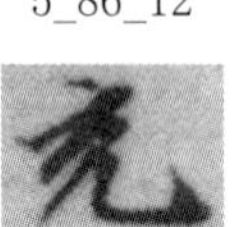 唐代•十輪經八 8_157_15	唐代•古文選前 17_200_13	 唐代•文選四八 11_97_6	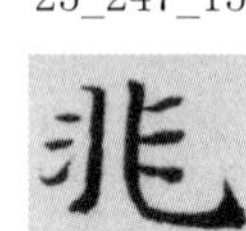 唐代•文選百三 64_616_2	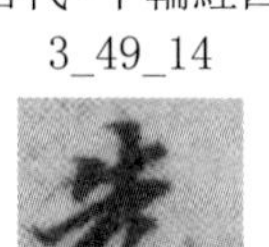 唐代•十輪經四 5_82_12	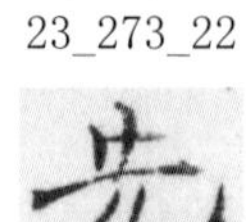 唐代•古文選前 24_280_7
 唐代•春秋經傳 23_235_20	 唐代•十輪經八 18_346_4	唐代•古文選後 8_92_5	 唐代•文選四八 32_287_2	 唐代•文選百三 64_618_27	 唐代•十輪經四 20_395_10	 唐代•古文選後 1_10_7
 唐代•春秋經傳 28_291_21	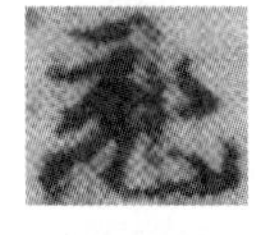 唐代•十輪經八 21_420_17	唐代•古文選後 14_166_14	 唐代•文選四八 44_399_8	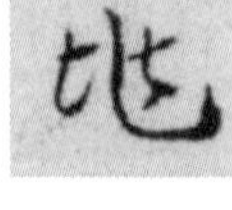 唐代•文選百三 65_619_26	 唐代•十輪經八 2_31_4	 唐代•古文選後 6_66_9
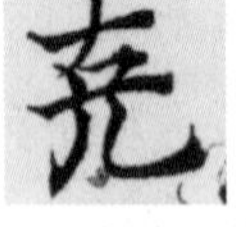 唐代•春秋經傳 28_292_5	 唐代•十輪經十 15_283_3	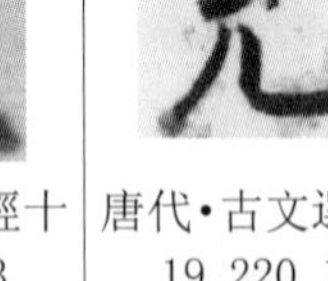 唐代•古文選後 19_220_1	 唐代•文選四八 44_402_8		 唐代•十輪經九 6_117_2	 唐代•古文選後 11_120_13
 唐代•春秋經傳 28_292_7		 唐代•古文選後 20_239_8	 唐代•文選六八 25_258_13		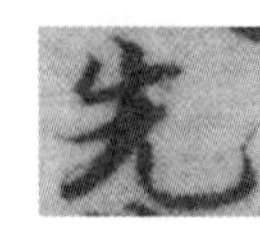 唐代•十輪經九 7_134_22	 唐代•古文選後 15_172_11

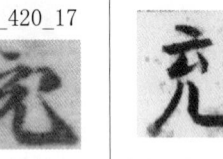

	免 吳メン漢ベン 訓まぬかれる	兕 漢シ吳ジ 訓—				
 唐代•文選六八 31_313_32  唐代•文選百三 24_232_7  唐代•文選百三 34_335_5  唐代•文選百三 34_336_32  唐代•文選百三 34_337_25  唐代•文選百三 39_389_31  唐代•文選百三 56_542_17  唐代•文選百三 57_550_9	 唐代•春秋經傳 10_102_7  唐代•春秋經傳 11_112_8  唐代•春秋經傳 24_253_10  唐代•春秋經傳 27_280_3  唐代•文選四八 40_355_28  唐代•文選五九 35_342_28  唐代•文選五九 81_781_7  唐代•文選五九 104_986_2	 唐代•春秋經傳 7_63_6  唐代•文選六八 30_303_5  唐代•文選六八 35_347_10	 唐代•古文選後 11_129_7  唐代•古文選後 11_129_9  唐代•古文選後 16_181_8  唐代•古文選後 20_234_4  唐代•古文選後 9_97_13	 唐代•文選百三 81_766_5  唐代•古文選前 4_45_3  唐代•古文選前 22_255_7  唐代•古文選前 24_279_11  唐代•古文選後 5_57_12  唐代•古文選後 6_69_13  唐代•古文選後 11_126_7	 唐代•文選百三 5_38_21 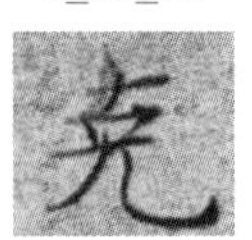 唐代•文選百三 5_39_13  唐代•文選百三 5_39_22  唐代•文選百三 15_137_17  唐代•文選百三 34_339_20 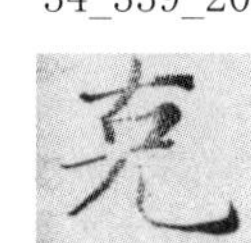 唐代•文選百三 49_475_15  唐代•文選百三 54_520_10 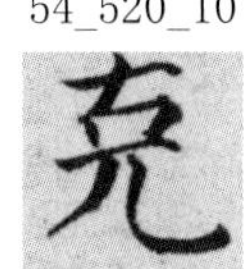 唐代•文選百三 60_580_1	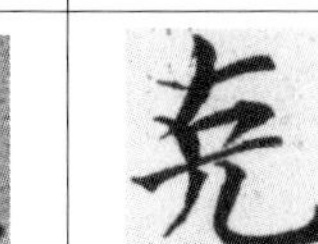 唐代•春秋經傳 29_299_16 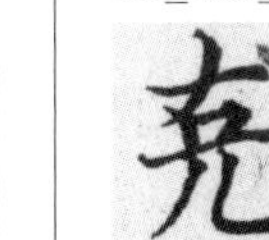 唐代•春秋經傳 29_300_10  唐代•春秋經傳 29_301_3 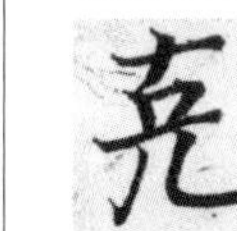 唐代•春秋經傳 29_302_29  五音克諧 唐代•文選六八 69_691_5  唐代•文選百三 5_37_17  唐代•文選百三 5_37_19  唐代•文選百三 5_38_15

			兒	兌		
			漢ジ呉ニ 訓こ	慣ダ漢タイ 訓よろこぶ		
			 唐代・文選六八 22_225_7  唐代・文選八八 17_142_7  唐代・文選百三 23_220_9	 唐代・文選四八 14_122_12	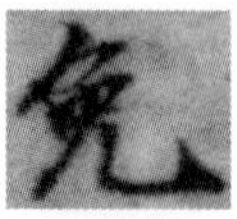 唐代・十輪經十 19_368_5  唐代・古文選後 3_25_7	 唐代・文選百三 57_554_17  唐代・文選百三 68_653_2  唐代・文選百三 69_663_17  唐代・文選百三 69_665_10  唐代・文選百三 69_668_16  唐代・文選百三 70_675_18  唐代・古文選後 5_55_14

匕部

北

ホク
訓きた

唐代・春秋經傳 4_31_4
唐代・春秋經傳 4_31_24
唐代・春秋經傳 4_34_16
唐代・春秋經傳 7_67_19
唐代・春秋經傳 33_340_16
唐代・春秋經傳 34_361_9
唐代・春秋經傳 39_408_3
唐代・文選四八 6_48_20

唐代・文選四八 6_53_20
唐代・文選四八 26_233_13
唐代・文選五九 1_12_11
唐代・文選五九 3_22_20
唐代・文選五九 3_24_9
唐代・文選五九 15_150_12
唐代・文選五九 23_222_8
唐代・文選五九 23_224_11

唐代・文選五九 30_295_4
唐代・文選五九 31_299_16
唐代・文選五九 36_357_20
唐代・文選五九 43_429_17
唐代・文選五九 45_438_5
唐代・文選五九 51_497_4
唐代・文選五九 51_500_12
唐代・文選五九 51_501_6

唐代・文選五九 58_559_3
唐代・文選五九 59_567_22
唐代・文選五九 62_594_15
唐代・文選五九 69_666_16
唐代・文選五九 72_686_26
唐代・文選五九 72_688_12
唐代・文選五九 72_691_1
唐代・文選五九 72_691_24

唐代・文選五九 72_693_14
唐代・文選五九 74_706_6
唐代・文選五九 80_764_6
唐代・文選五九 80_765_6
唐代・文選五九 80_768_31
唐代・文選五九 80_769_29
唐代・文選五九 81_778_15
唐代・文選五九 81_778_21

唐代・文選五九 82_784_24
唐代・文選五九 82_785_10
唐代・文選五九 83_797_14
唐代・文選五九 90_866_18
唐代・文選五九 91_871_24
唐代・文選五九 91_872_28
唐代・文選六八 5_52_2
唐代・文選六八 29_298_26

		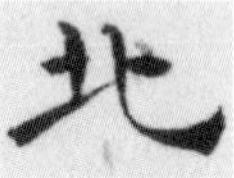 唐代•古文選後 25_293_4	 唐代•古文選後 7_76_4	 唐代•文選百三 50_482_22	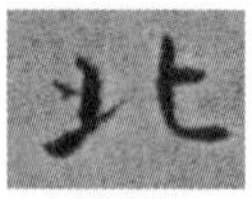 唐代•文選六八 49_492_17	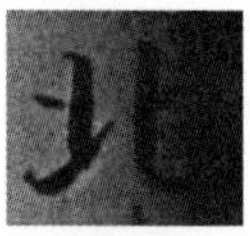 唐代•文選六八 35_355_5
			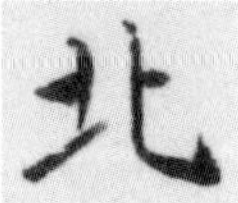 唐代•古文選後 10_111_6	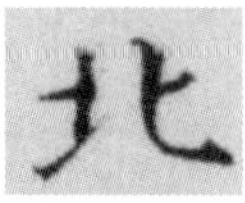 唐代•文選百三 65_622_21	 唐代•文選六八 59_590_2	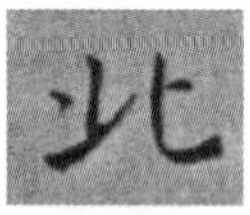 唐代•文選六八 35_356_1
			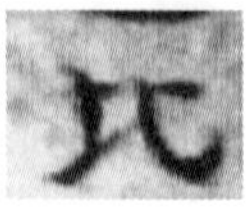 東宮之北 唐代•古文選後 11_119_60	 唐代•文選百三 65_625_19	 唐代•文選八八 18_157_28	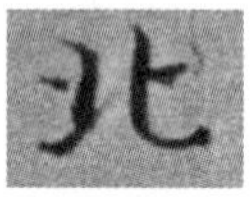 唐代•文選六八 35_356_27
			 東北 唐代•古文選後 13_150_34	 唐代•文選百三 65_626_15	 唐代•文選百三 12_110_18	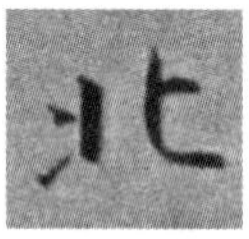 唐代•文選六八 36_359_10
			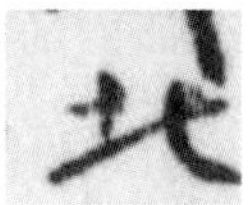 唐代•古文選後 16_183_27	 唐代•文選百三 67_643_6	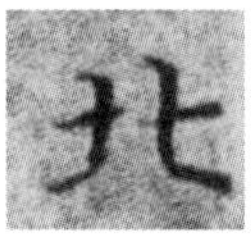 唐代•文選百三 12_112_24	 唐代•文選六八 36_359_24
			 北徐州 唐代•古文選後 21_244_74	 唐代•文選百三 80_758_18	 唐代•文選百三 12_112_32	 唐代•文選六八 49_489_16
			 唐代•古文選後 21_248_1	 唐代•文選百三 82_781_11	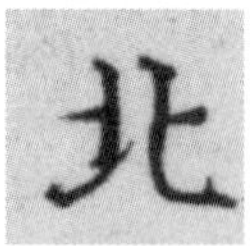 唐代•文選百三 24_230_8	 唐代•文選六八 49_491_5
			 唐代•古文選後 22_261_3	 唐代•古文選前 14_162_6	 唐代•文選百三 25_246_2	 唐代•文選六八 49_492_8

几部

几

漢キ 呉キ
訓ひじかけ

唐代・文選五九
15_151_17

凡

呉ボン 漢ハン
訓すべて

唐代・春秋經傳
19_202_15

唐代・春秋經傳
24_249_29

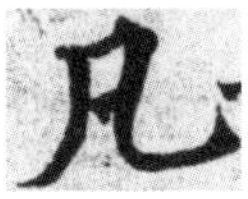
唐代・春秋經傳
26_272_20

唐代・春秋經傳
33_347_40

唐代・文選五九
47_469_8

唐代・文選五九
81_777_10

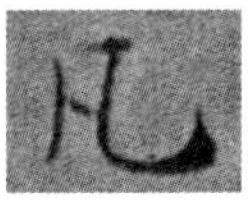
唐代・文選六八
8_85_7

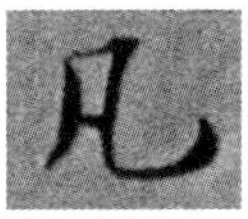
唐代・文選六八
29_290_10

唐代・文選六八
69_685_4

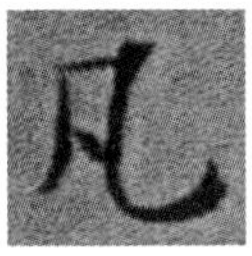
唐代・文選六八
71_708_27

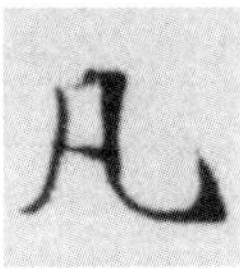
唐代・文選百三
19_188_5

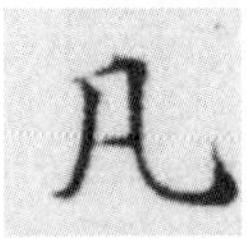
唐代・文選百三
29_286_15

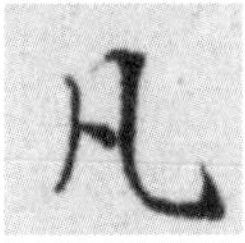
唐代・文選百三
38_381_2

唐代・文選百三
63_606_6

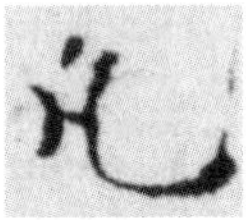
唐代・文選百三
64_617_15

唐代・文選百三
67_652_10

唐代・古文選後
10_118_5

唐代・古文選後
15_173_11

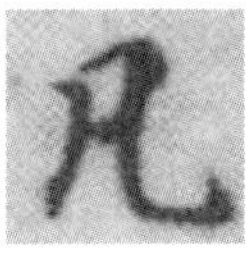
唐代・十輪經四
3_55_2

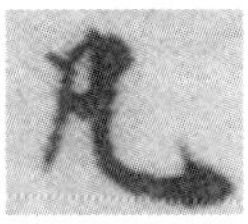
唐代・十輪經八
2_37_13

凰

漢江コウ 呉オウ
訓おおとり

唐代・文選六八
69_691_13

凱

慣ガイ 漢カイ
訓かちどき

唐代・古文選後
12_141_7

亠部

亡 𠃟

漢ボウ 呉モウ
訓ない

唐代・春秋經傳 6_55_14

唐代・春秋經傳 6_62_1

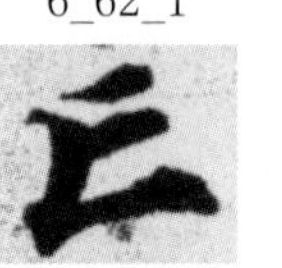
唐代・春秋經傳 10_104_2

唐代・春秋經傳 11_107_12

唐代・春秋經傳 20_208_12

唐代・春秋經傳 20_208_17

唐代・春秋經傳 26_265_19

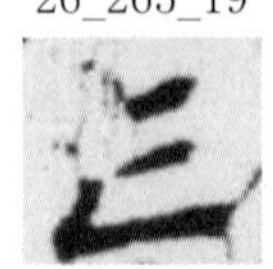
唐代・春秋經傳 35_372_2

唐代・文選五九 42_414_20

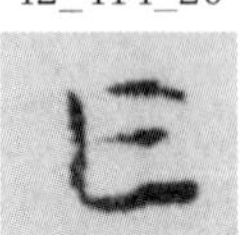
唐代・文選五九 80_773_21

唐代・文選五九 83_800_8

唐代・文選五九 105_991_8

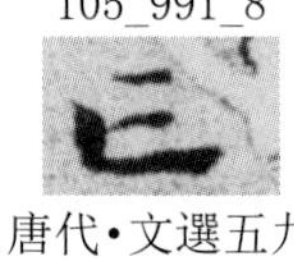
唐代・文選五九 105_999_9

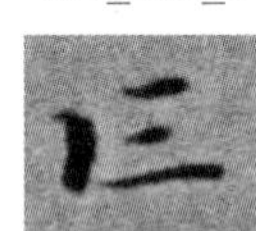
唐代・文選六八 17_180_15

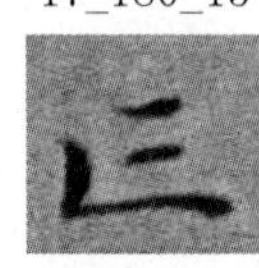
唐代・文選六八 27_267_25

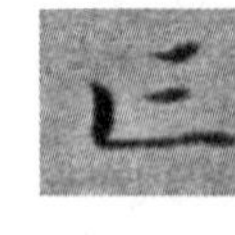
唐代・文選六八 27_277_2

唐代・文選六八 38_380_23

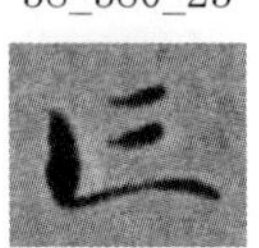
唐代・文選六八 56_562_9

唐代・文選八八 19_167_26

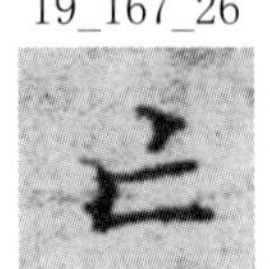
唐代・文選百三 1_9_26

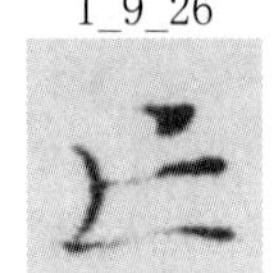
唐代・文選百三 19_189_33

唐代・文選百三 21_200_2

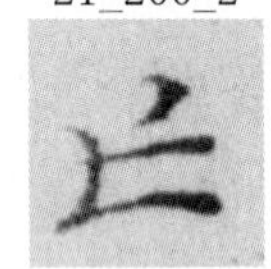
唐代・文選百三 23_225_15

唐代・文選百三 26_256_5

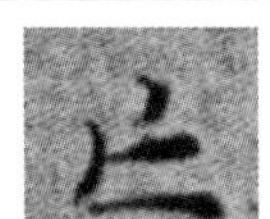
唐代・文選百三 27_257_2

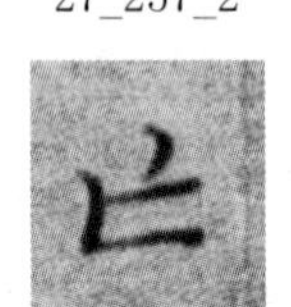
唐代・文選百三 27_258_10

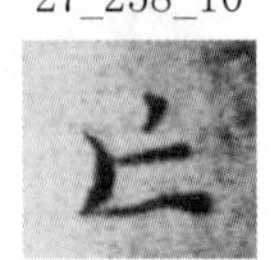
唐代・文選百三 29_289_5

唐代・文選百三 37_376_2

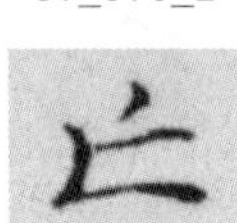
唐代・文選百三 38_380_30

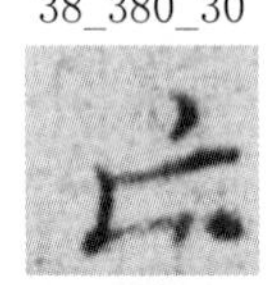
唐代・文選百三 54_522_9

唐代・文選百三 61_588_26

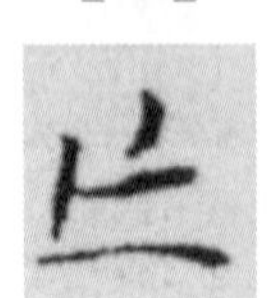
唐代・文選百三 61_591_15

唐代・文選百三 71_683_26

唐代・文選百三 71_687_4

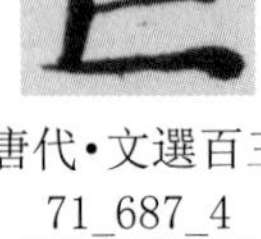
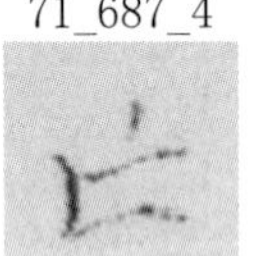
唐代・文選百三 71_688_3

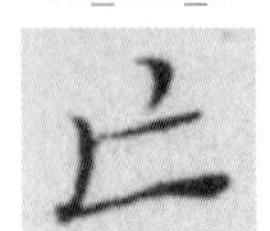
唐代・文選百三 87_831_12

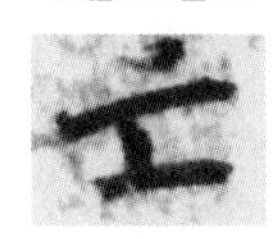
唐代・古文選前 15_178_2

唐代・古文選前 15_179_2

唐代・古文選後 5_57_9

亢 亢

漢コウ
訓のど

唐代・春秋經傳 17_178_3

唐代・春秋經傳 17_178_5

玄 𤣥

呉ゲン漢ケン
訓くろ

初唐•大般若經
1_2_17

唐代•文選四八
10_92_4

唐代•文選四八
16_142_18

唐代•文選四八
16_143_4

唐代•文選四八
19_168_14

唐代•文選四八
25_224_10

唐代•文選四八
25_226_26

唐代•文選四八
26_228_3

唐代•文選四八
28_247_3

唐代•文選四八
28_254_7

唐代•文選四八
29_263_14

唐代•文選四八
32_290_13

唐代•文選四八
37_335_17

唐代•文選四八
40_364_10

唐代•文選四八
44_400_7

唐代•文選四八
50_448_18

唐代•文選五九
5_41_4

唐代•文選五九
5_43_11

唐代•文選五九
5_43_16

唐代•文選五九
5_44_21

唐代•文選五九
5_45_28

唐代•文選五九
41_409_3

唐代•文選五九
41_409_16

唐代•文選五九
47_469_18

唐代•文選五九
49_481_19

唐代•文選五九
56_543_2

唐代•文選五九
62_599_13

唐代•文選五九
66_631_2

唐代•文選五九
68_659_26

唐代•文選五九
69_662_9

唐代•文選五九
72_696_2

唐代•文選五九
73_701_23

唐代•文選五九
77_737_25

唐代•文選五九
77_739_2

唐代•文選五九
78_745_19

唐代•文選五九
79_761_18

唐代•文選五九
85_819_13

唐代•文選五九
86_828_6

唐代•文選五九
87_835_26

唐代•文選五九
87_836_2

唐代•文選五九
88_842_13

唐代•文選五九
91_870_18

唐代•文選五九
91_872_6

唐代•文選五九
92_876_16

唐代•文選五九
92_877_4

唐代•文選五九
92_878_15

唐代•文選五九
92_879_16

唐代•文選五九
92_879_26

唐代•文選五九
92_887_3

唐代•文選五九
93_891_24

唐代•文選五九
93_893_24

唐代•文選五九
93_895_18

唐代•文選五九
96_912_2

唐代•文選五九
109_1026_19

唐代•文選六八
3_29_22

唐代•文選六八
13_142_12

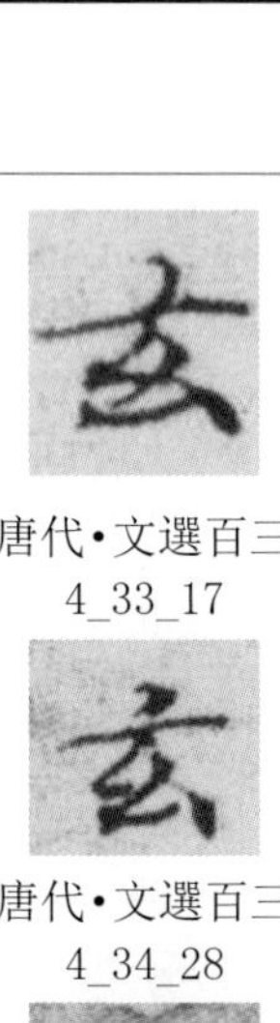 唐代•文選百三 4_33_17	 唐代•文選六八 62_623_8	 唐代•文選六八 41_409_14	 唐代•文選六八 28_280_11	 唐代•文選六八 17_177_16	 唐代•文選六八 17_179_13	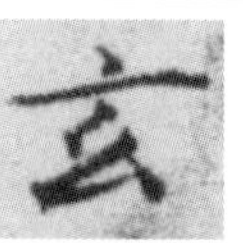 唐代•文選六八 3_30_10
唐代•文選百三 4_34_28	 唐代•文選六八 63_634_11	 唐代•文選六八 42_422_13	 唐代•文選六八 28_282_5	 唐代•文選六八 18_182_12	 唐代•文選六八 8_87_7	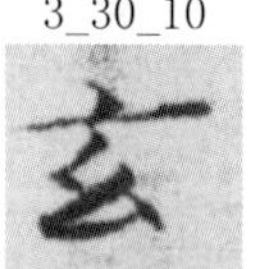 唐代•文選六八 3_30_13
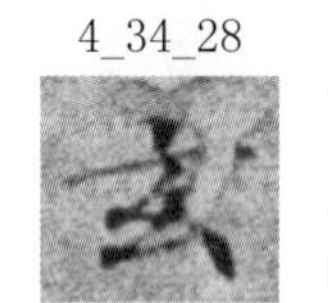 唐代•文選百三 5_35_1	 唐代•文選六八 63_635_14	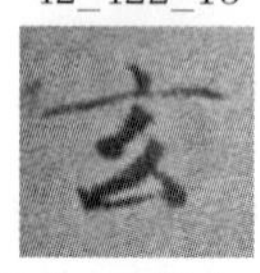 唐代•文選六八 47_474_9	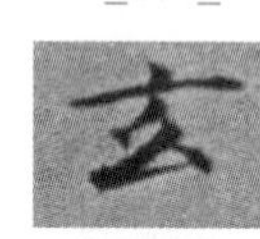 唐代•文選六八 29_290_26	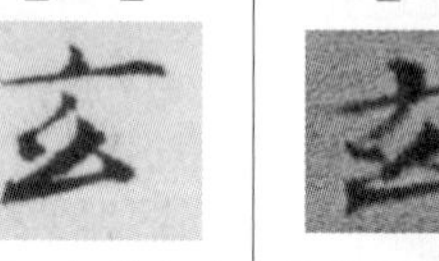 唐代•文選六八 19_190_15	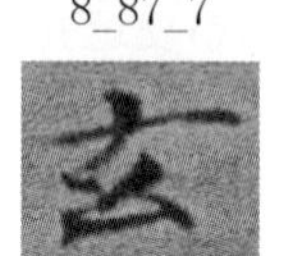 唐代•文選六八 10_105_9	 唐代•文選六八 3_31_25
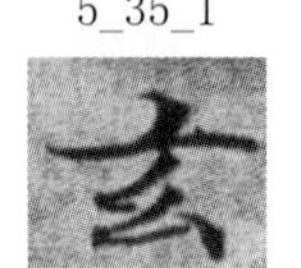 唐代•文選百三 5_37_13	 唐代•文選六八 63_637_2	 唐代•文選六八 48_480_2	 唐代•文選六八 29_296_8	 唐代•文選六八 21_213_8	 唐代•文選六八 12_124_3	 唐代•文選六八 3_32_14
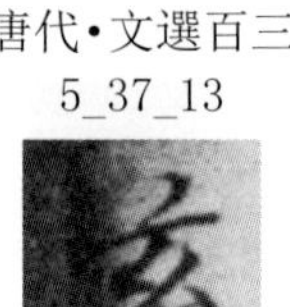 唐代•文選百三 7_64_2	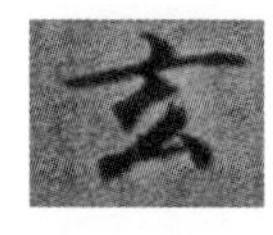 唐代•文選六八 67_670_16	 唐代•文選六八 55_550_5	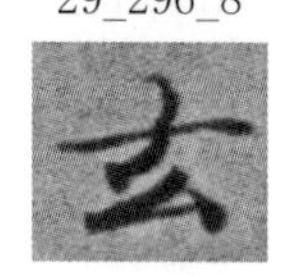 唐代•文選六八 29_297_3	 唐代•文選六八 24_245_1	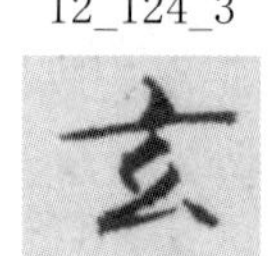 唐代•文選六八 13_135_8	 唐代•文選六八 3_33_13
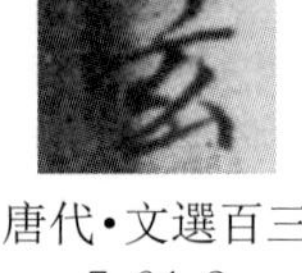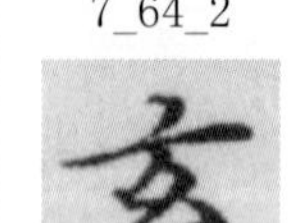 唐代•文選百三 13_118_36	 唐代•文選六八 71_702_2	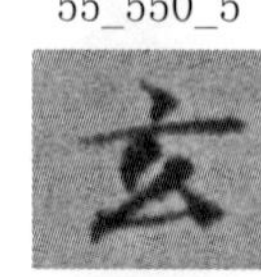 唐代•文選六八 57_565_6	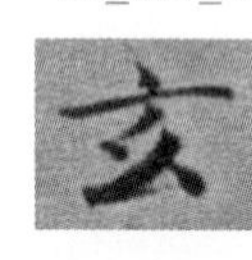 唐代•文選六八 30_302_11	 唐代•文選六八 25_248_3	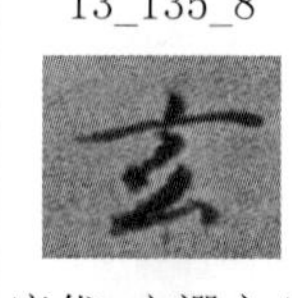 唐代•文選六八 14_143_8	 唐代•文選六八 6_54_3
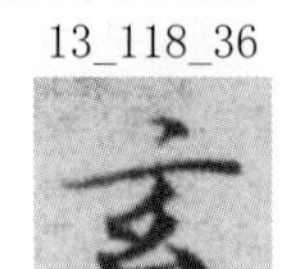 唐代•文選百三 14_133_45	 唐代•文選百三 4_32_21	 唐代•文選六八 57_578_9	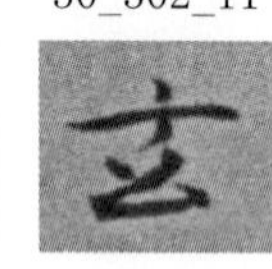 唐代•文選六八 31_312_7	 唐代•文選六八 25_252_23	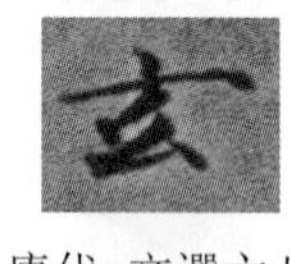 唐代•文選六八 14_144_2	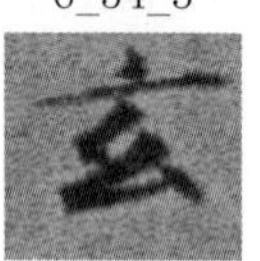 唐代•文選六八 6_59_17
 唐代•文選百三 21_197_8	 唐代•文選百三 20_195_21	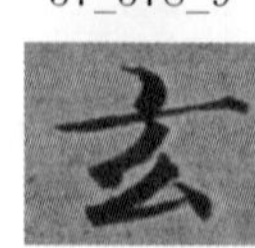 唐代•文選六八 71_713_19	 唐代•文選六八 60_604_3	 唐代•文選六八 39_390_3	 唐代•文選六八 17_175_13	 唐代•文選六八 8_86_3

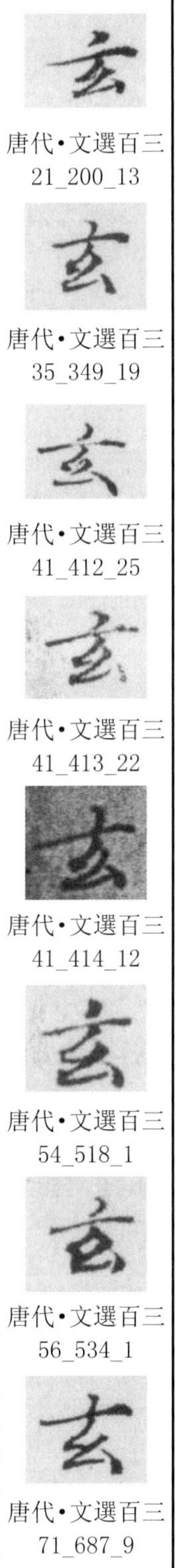

唐代・文選百三 21_200_13
唐代・文選百三 35_349_19
唐代・文選百三 41_412_25
唐代・文選百三 41_413_22
唐代・文選百三 41_414_12
唐代・文選百三 54_518_1
唐代・文選百三 56_534_1
唐代・文選百三 71_687_9

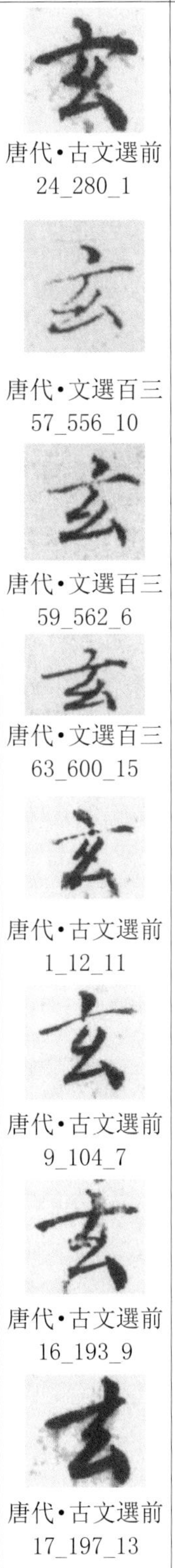

唐代・古文選前 24_280_1
唐代・文選百三 57_556_10
唐代・文選百三 59_562_6
唐代・文選百三 63_600_15
唐代・古文選前 1_12_11
唐代・古文選前 9_104_7
唐代・古文選前 16_193_9
唐代・古文選前 17_197_13

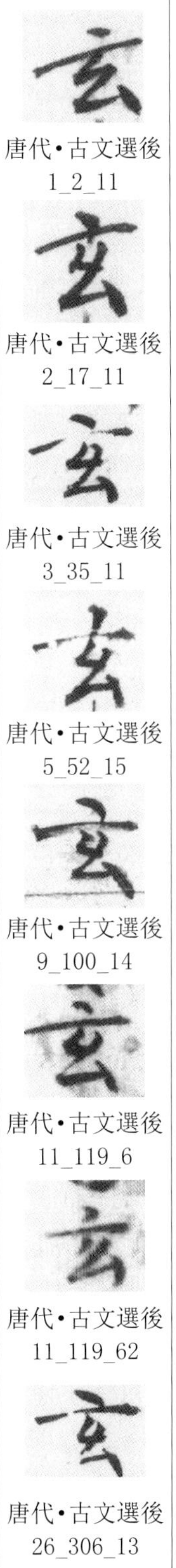

唐代・古文選後 1_2_11
唐代・古文選後 2_17_11
唐代・古文選後 3_35_11
唐代・古文選後 5_52_15
唐代・古文選後 9_100_14
唐代・古文選後 11_119_6
唐代・古文選後 11_119_62
唐代・古文選後 26_306_13

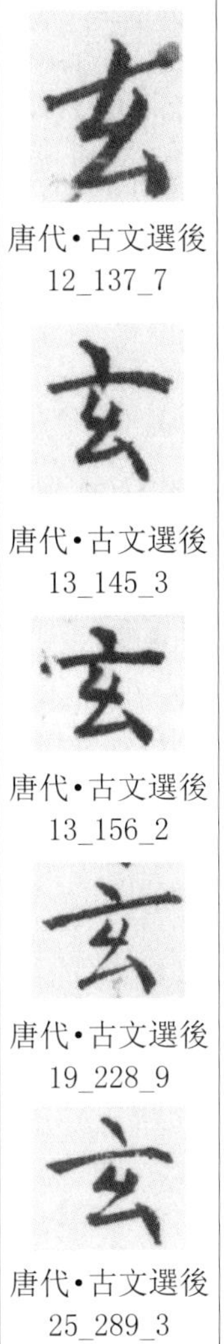

唐代・古文選後 12_137_7
唐代・古文選後 13_145_3
唐代・古文選後 13_156_2
唐代・古文選後 19_228_9
唐代・古文選後 25_289_3

亦 

漢エキ呉ヤク
訓わき

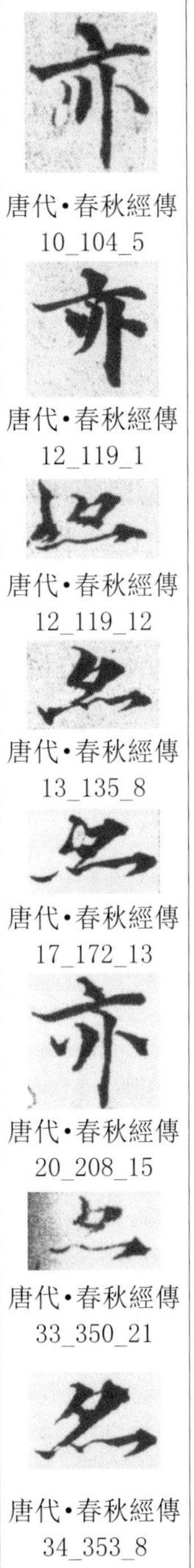

唐代・春秋經傳 10_104_5
唐代・春秋經傳 12_119_1
唐代・春秋經傳 12_119_12
唐代・春秋經傳 13_135_8
唐代・春秋經傳 17_172_13
唐代・春秋經傳 20_208_15
唐代・春秋經傳 33_350_21
唐代・春秋經傳 34_353_8

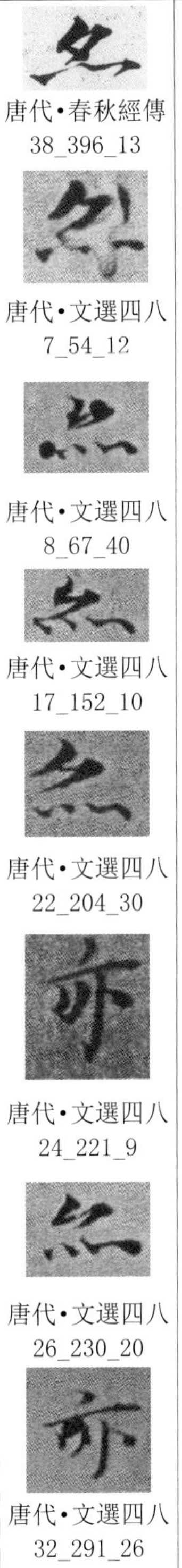

唐代・春秋經傳 38_396_13
唐代・文選四八 7_54_12
唐代・文選四八 8_67_40
唐代・文選四八 17_152_10
唐代・文選四八 22_204_30
唐代・文選四八 24_221_9
唐代・文選四八 26_230_20
唐代・文選四八 32_291_26

唐代・文選四八 34_307_18
唐代・文選四八 37_332_26
唐代・文選四八 42_372_23
唐代・文選四八 42_380_19
唐代・文選四八 46_413_23
唐代・文選四八 46_418_8
唐代・文選四八 48_434_16
唐代・文選五九 1_10_5

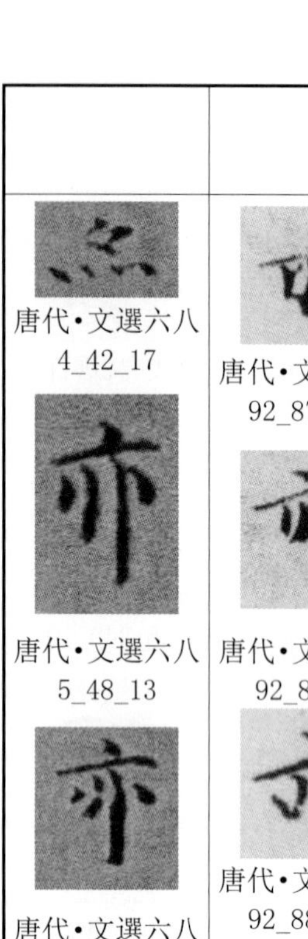

唐代•文選六八
4_42_17

唐代•文選六八
5_48_13

唐代•文選六八
8_77_21

唐代•文選六八
9_94_8

唐代•文選六八
11_120_7

唐代•文選六八
11_120_13

唐代•文選六八
11_122_12

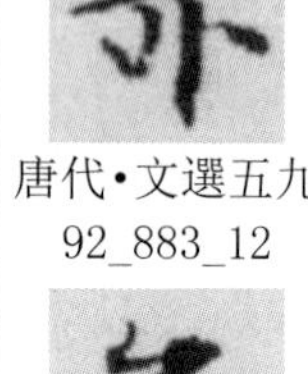

唐代•文選五九
92_876_22

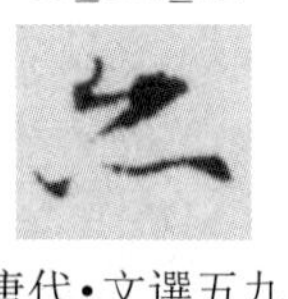

唐代•文選五九
92_877_5

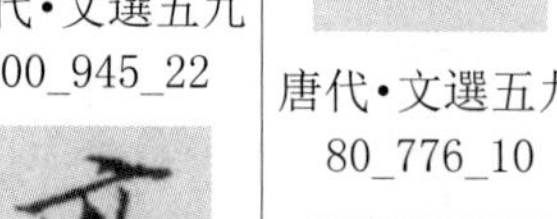

唐代•文選五九
92_883_12

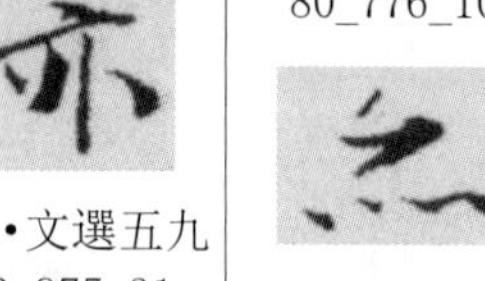

唐代•文選五九
100_945_22

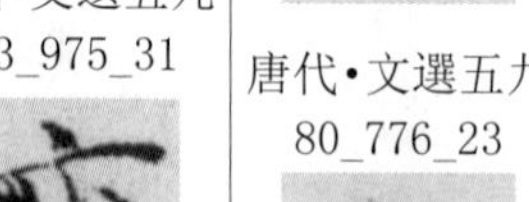

唐代•文選五九
103_975_31

唐代•文選五九
107_1019_27

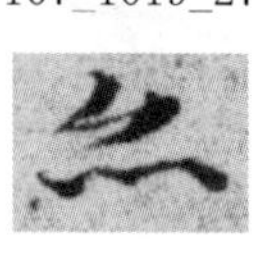

唐代•文選五九
109_1028_21

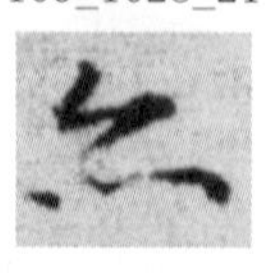

唐代•文選五九
110_1044_2

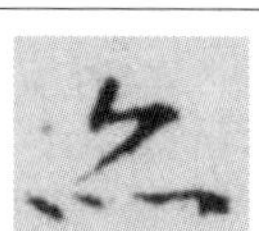

唐代•文選五九
67_645_1

唐代•文選五九
72_693_25

唐代•文選五九
80_763_15

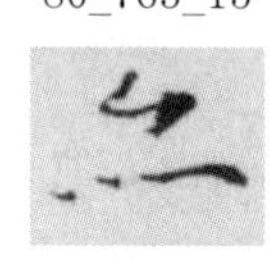

唐代•文選五九
80_776_10

唐代•文選五九
80_776_23

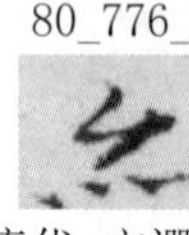

唐代•文選五九
81_780_6

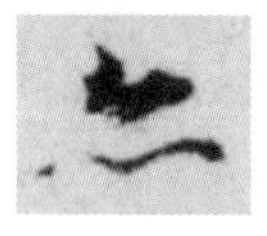

唐代•文選五九
81_780_11

唐代•文選五九
86_823_29

唐代•文選五九
44_432_14

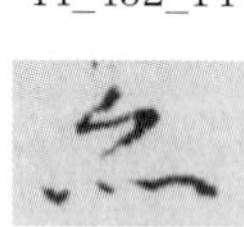

唐代•文選五九
52_511_32

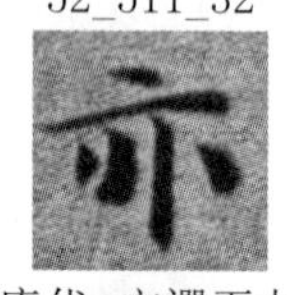

唐代•文選五九
53_517_19

唐代•文選五九
53_524_18

唐代•文選五九
59_568_13

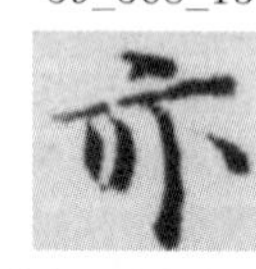

唐代•文選五九
61_591_8

唐代•文選五九
62_597_24

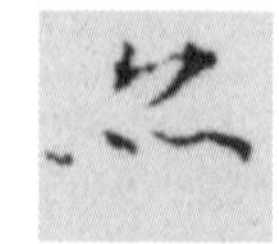

唐代•文選五九
63_606_11

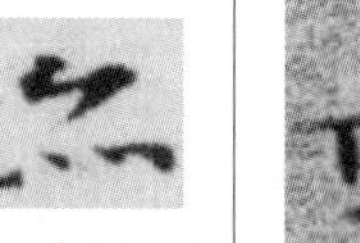

唐代•文選五九
29_290_14

唐代•文選五九
29_290_27

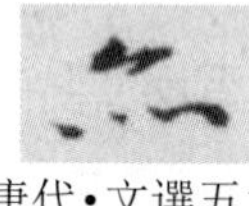

唐代•文選五九
29_291_13

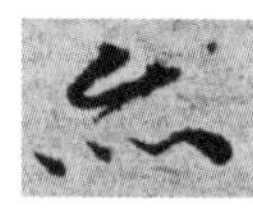

唐代•文選五九
31_302_2

唐代•文選五九
35_345_6

唐代•文選五九
35_345_11

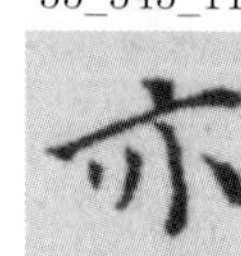

唐代•文選五九
35_347_15

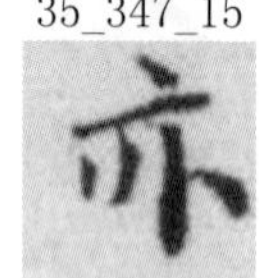

唐代•文選五九
41_400_28

唐代•文選五九
13_124_11

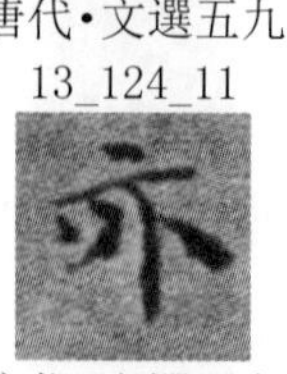

唐代•文選五九
13_124_13

唐代•文選五九
13_125_1

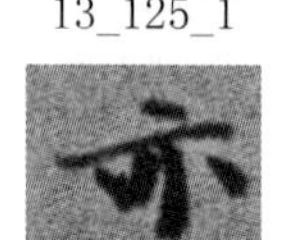

唐代•文選五九
24_237_28

唐代•文選五九
28_273_28

唐代•文選五九
29_287_23

唐代•文選五九
29_289_10

唐代•文選五九
29_290_12

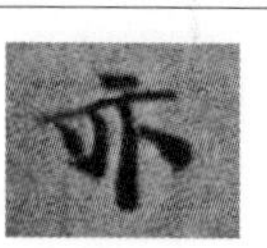

唐代•文選五九
5_40_3

唐代•文選五九
7_65_21

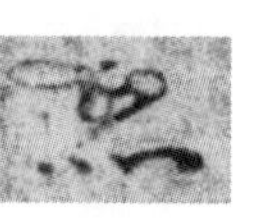

唐代•文選五九
7_68_11

唐代•文選五九
11_105_22

唐代•文選五九
12_114_8

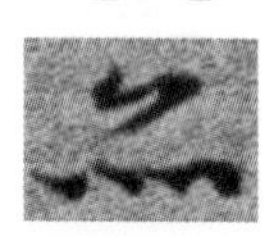

唐代•文選五九
13_121_12

唐代•文選五九
13_122_12

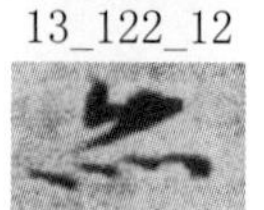

唐代•文選五九
13_123_12

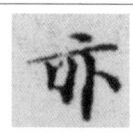

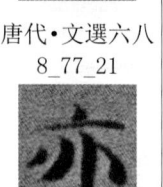

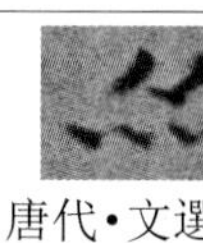
唐代·文選六八 12_126_26

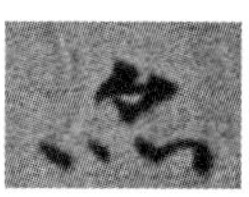
唐代·文選六八 15_155_9

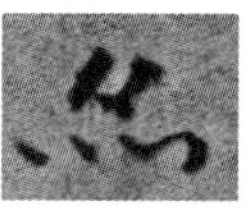
唐代·文選六八 15_156_20

唐代·文選六八 17_173_5

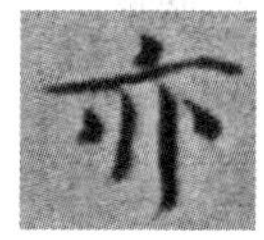
唐代·文選六八 18_183_16

唐代·文選六八 19_187_24

唐代·文選六八 19_188_24

唐代·文選六八 19_193_26

唐代·文選六八 21_208_12

唐代·文選六八 22_225_12

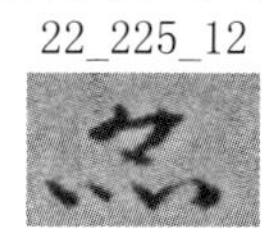
唐代·文選六八 25_254_25

唐代·文選六八 26_260_9

唐代·文選六八 31_315_11

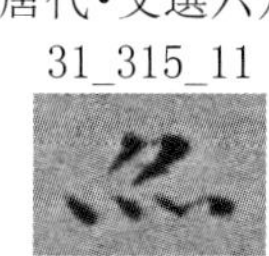
唐代·文選六八 33_328_29

唐代·文選六八 33_338_7

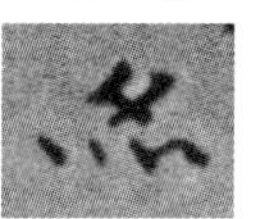
唐代·文選六八 36_360_5

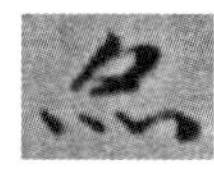
唐代·文選六八 36_360_11

唐代·文選六八 37_365_29

唐代·文選六八 37_367_18

唐代·文選六八 37_372_12

唐代·文選六八 37_377_14

唐代·文選六八 42_420_12

唐代·文選六八 48_484_6

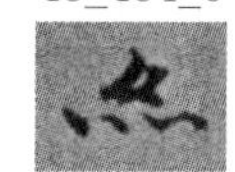
唐代·文選六八 49_487_2

唐代·文選六八 49_488_5

唐代·文選六八 53_528_26

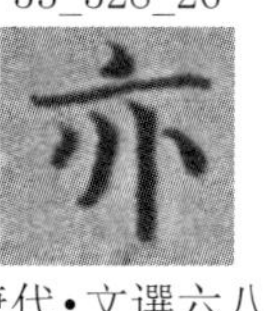
唐代·文選六八 57_569_15

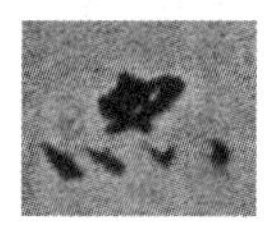
唐代·文選六八 67_668_25

唐代·文選六八 71_712_22

唐代·文選八八 3_18_25

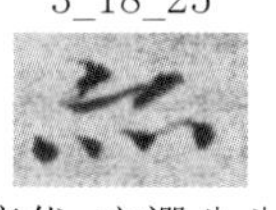
唐代·文選八八 5_33_23

唐代·文選八八 6_39_12

唐代·文選八八 7_43_5

唐代·文選八八 11_94_26

唐代·文選八八 11_95_17

唐代·文選八八 14_119_11

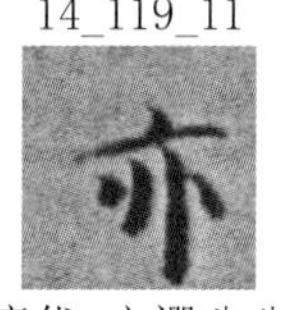
唐代·文選八八 17_144_4

唐代·文選八八 21_186_4

唐代·文選百三 6_51_1

唐代·文選百三 9_89_33

唐代·文選百三 12_113_9

唐代·文選百三 13_116_7

唐代·文選百三 14_134_18

唐代·文選百三 28_273_3

唐代·文選百三 31_302_23

唐代·文選百三 39_391_12

唐代·文選百三 39_395_23

唐代·文選百三 42_418_2

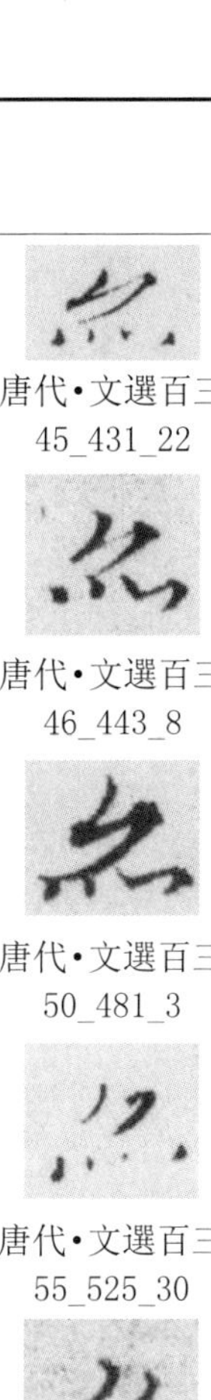
唐代·文選百三 45_431_22

唐代·文選百三 46_443_8

唐代·文選百三 50_481_3

唐代·文選百三 55_525_30

唐代·文選百三 56_542_25

唐代·文選百三 63_601_12

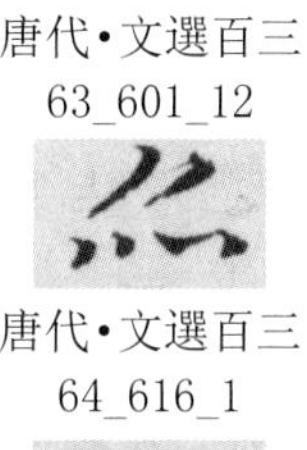
唐代·文選百三 64_616_1

唐代·文選百三 64_618_24

唐代•十輪經九
16_316_9

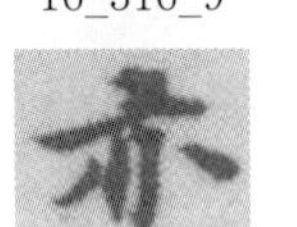
唐代•十輪經九
18_340_3

唐代•十輪經九
20_392_3

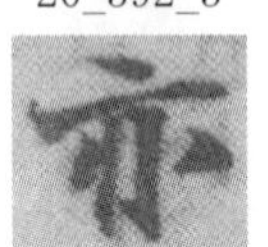
唐代•十輪經十
2_21_3

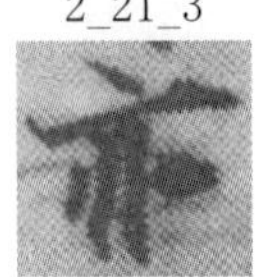
唐代•十輪經十
4_73_2

唐代•十輪經十
4_73_10

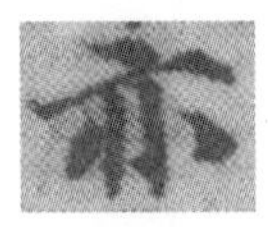
唐代•十輪經十
4_73_18

唐代•十輪經十
4_77_14

唐代•十輪經八
9_177_10

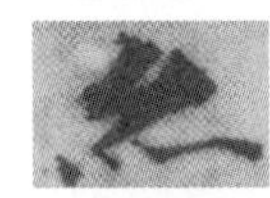
唐代•十輪經九
6_108_7

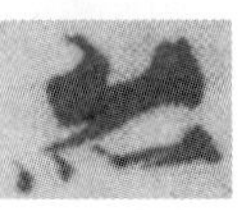
唐代•十輪經九
8_142_21

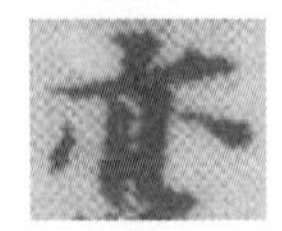
唐代•十輪經九
10_186_17

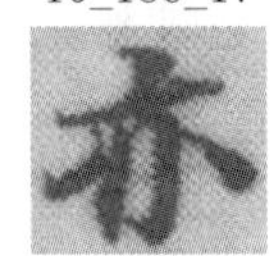
唐代•十輪經九
10_189_13

唐代•十輪經九
13_249_6

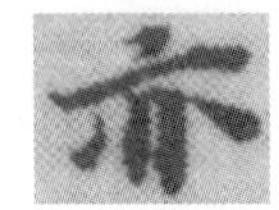
唐代•十輪經九
14_268_14

唐代•十輪經九
15_282_4

唐代•十輪經八
3_48_6

唐代•十輪經八
3_52_2

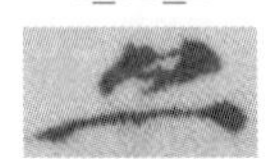
唐代•十輪經八
3_56_1

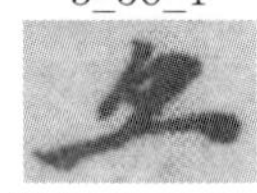
唐代•十輪經八
4_60_10

唐代•十輪經八
4_65_2

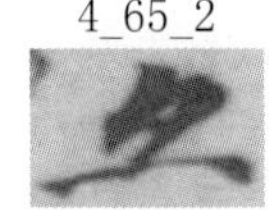
唐代•十輪經八
4_68_6

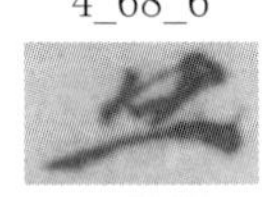
唐代•十輪經八
4_72_2

唐代•十輪經八
4_79_3

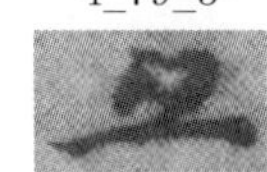
唐代•十輪經八
7_139_2

唐代•十輪經四
12_235_13

唐代•十輪經四
12_236_12

唐代•十輪經四
13_247_13

唐代•十輪經四
13_248_12

唐代•十輪經四
13_259_13

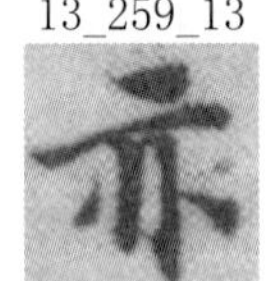
唐代•十輪經四
14_260_13

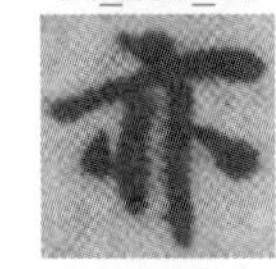
唐代•十輪經八
3_40_6

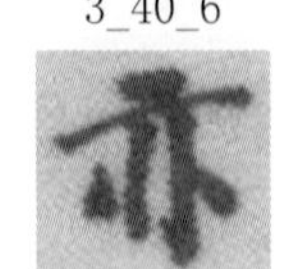
唐代•十輪經八
3_45_1

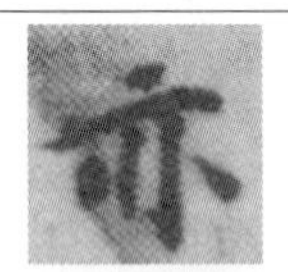
唐代•十輪經四
4_76_14

唐代•十輪經四
6_105_14

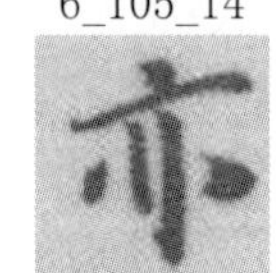
唐代•十輪經四
7_124_1

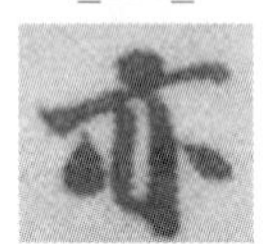
唐代•十輪經四
7_127_6

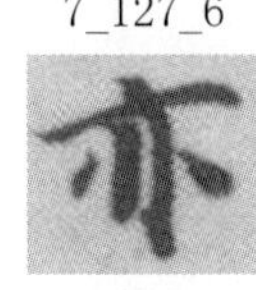
唐代•十輪經四
11_202_4

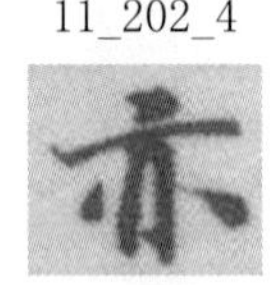
唐代•十輪經四
11_206_4

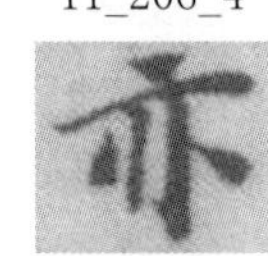
唐代•十輪經四
11_212_6

唐代•十輪經四
2_39_4

唐代•古文選前
25_294_14

唐代•古文選後
6_70_10

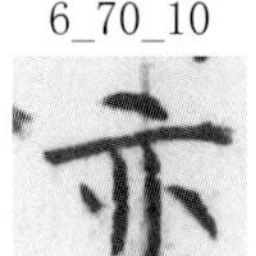
唐代•古文選後
6_71_12

唐代•古文選後
7_74_13

唐代•古文選後
15_173_8

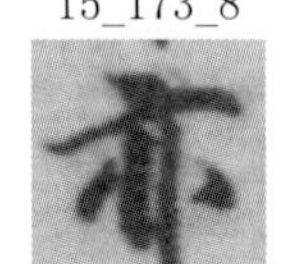
唐代•十輪經四
2_31_2

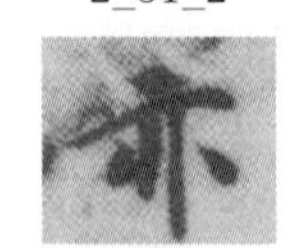
唐代•十輪經四
3_58_17

唐代•文選百三
65_620_5

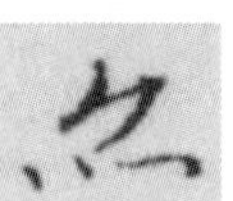
唐代•文選百三
71_685_15

唐代•文選百三
74_715_11

唐代•文選百三
75_725_14

唐代•文選百三
87_824_30

唐代•文選百三
87_834_6

唐代•古文選前
7_80_14

唐代•古文選前
17_203_14

亥

漢カイ 呉ガイ
訓い

唐代・春秋經傳
5_44_20

唐代・春秋經傳
35_369_6

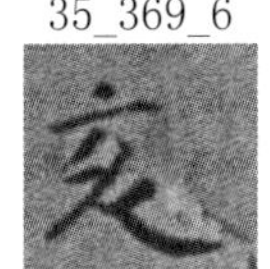
唐代・文選六八
71_705_22

唐代・古文選前
14_163_10

唐代・古文選後
5_55_10

唐代・古文選後
5_60_3

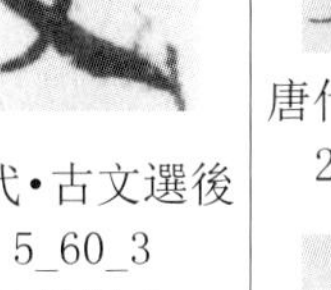
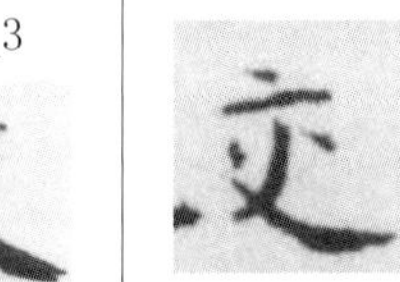
唐代・古文選後
13_144_7

唐代・古文選後
18_214_1

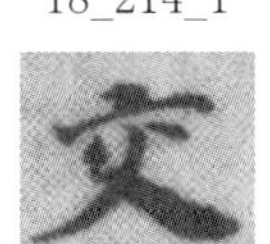
唐代・十輪經四
5_88_6

唐代・文選百三
8_72_23

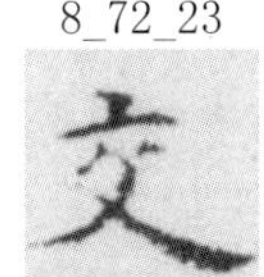
唐代・文選百三
9_86_3

唐代・文選百三
21_203_10

唐代・文選百三
47_453_36

唐代・文選百三
80_763_26

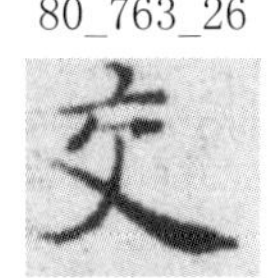
唐代・文選百三
81_764_7

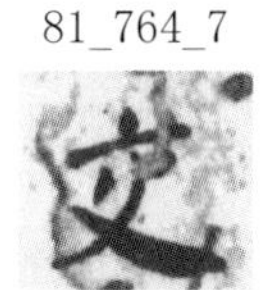
唐代・古文選前
4_45_13

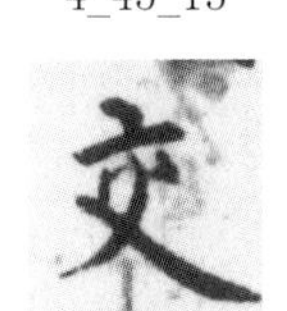
唐代・古文選前
9_110_2

唐代・文選六八
35_352_6

唐代・文選六八
43_427_18

唐代・文選六八
45_456_23

唐代・文選六八
49_497_3

唐代・文選六八
50_499_1

唐代・文選六八
59_586_1

唐代・文選百三
8_71_4

唐代・文選百三
8_71_24

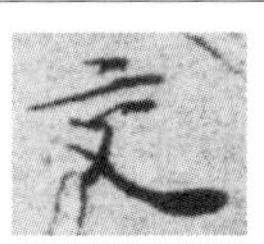
唐代・文選五九
105_993_27

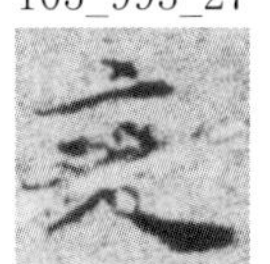
唐代・文選五九
105_994_25

唐代・文選五九
105_995_6

唐代・文選五九
110_1045_1

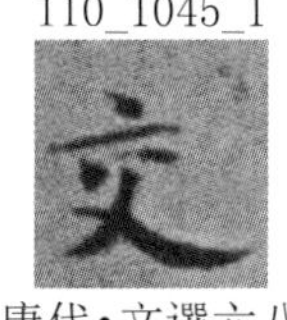
唐代・文選六八
26_261_23

唐代・文選六八
27_268_26

唐代・文選六八
31_313_15

唐代・文選六八
33_329_5

交

漢コウ 呉キョウ
訓まじわる

唐代・春秋經傳
32_330_7

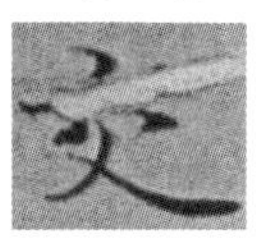
唐代・文選四八
17_151_26

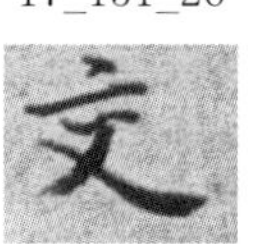
唐代・文選五九
49_478_29

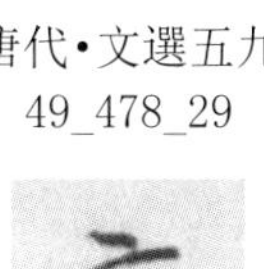

唐代・文選五九
71_677_29

唐代・文選五九
85_819_28

唐代・文選五九
88_840_7

唐代・文選五九
105_992_2

唐代・文選五九
105_993_16

唐代・十輪經十
5_97_14

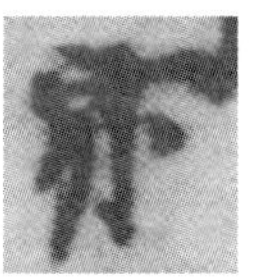
唐代・十輪經十
7_126_21

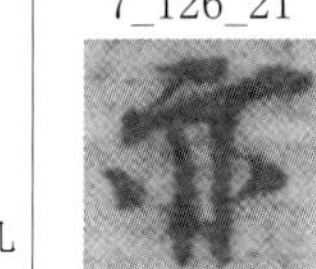
唐代・十輪經十
11_215_12

唐代・十輪經十
14_271_1

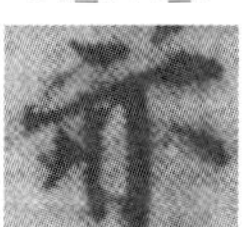
唐代・十輪經十
16_320_10

亨

漢コウ
訓とおる

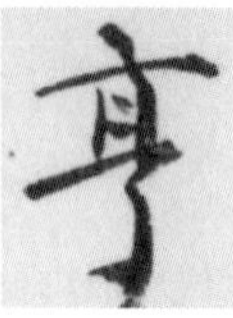
唐代・古文選後
19_225_3

享

キョウ
訓すすめる

唐代・文選五九
47_458_7

唐代・文選百三
17_167_35

唐代・文選百三
18_169_8

唐代・文選百三
18_169_29

唐代・古文選前
22_254_9

唐代・古文選後
9_97_10

京

漢ケイ 呉キョウ
唐キン
訓みやこ

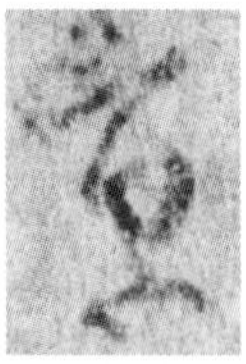
晚唐・慶滋書狀
1_11_7

唐代・春秋經傳
30_307_1

唐代・文選四八
2_10_18

唐代・文選四八
3_14_7

唐代・文選四八
10_83_10

唐代・文選四八
18_161_12

唐代・文選四八
18_163_1

唐代・文選四八
19_171_18

唐代・文選四八
23_206_8

唐代・文選四八
23_207_16

唐代・文選四八
23_208_21

唐代・文選四八
26_232_7

唐代・文選四八
26_235_21

唐代・文選四八
32_292_14

唐代・文選四八
35_311_30

唐代・文選五九
31_305_8

唐代・文選五九
33_322_4

唐代・文選五九
33_323_10

唐代・文選五九
33_324_20

唐代・文選五九
33_325_14

唐代・文選五九
35_343_7

唐代・文選五九
47_461_20

唐代・文選五九
48_474_12

唐代・文選五九
50_494_5

唐代・文選五九
61_582_24

唐代・文選五九
66_634_5

唐代・文選五九
69_666_24
唐代・文選五九
70_675_6

唐代・文選五九
74_711_3

唐代・文選五九
74_711_6

唐代・文選五九
76_725_1

唐代・文選五九
78_747_6

唐代・文選五九
79_760_5

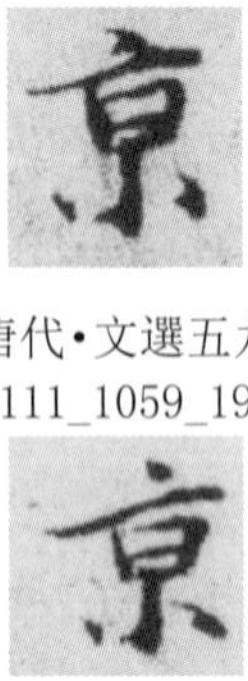
唐代・文選五九
111_1059_19
唐代・文選五九
111_1060_7

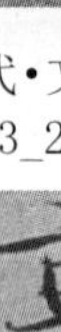

唐代•文選五九
15_146_5

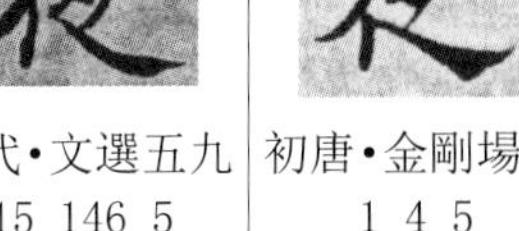
唐代•文選五九
15_151_10

唐代•文選五九
16_152_16

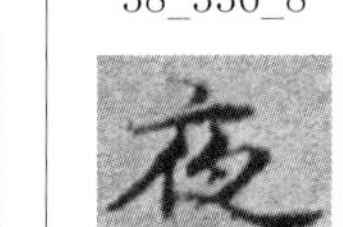
唐代•文選五九
18_177_4

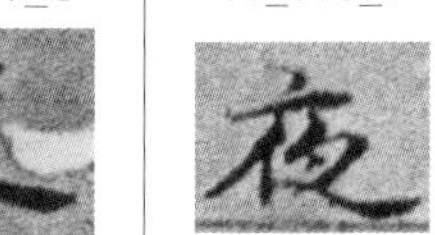
唐代•文選五九
19_181_20

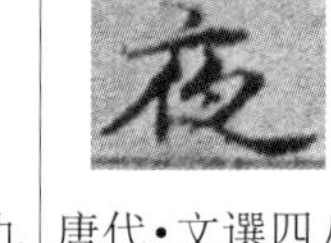
唐代•文選五九
21_204_12

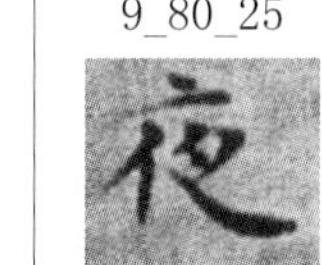
唐代•文選五九
22_217_26

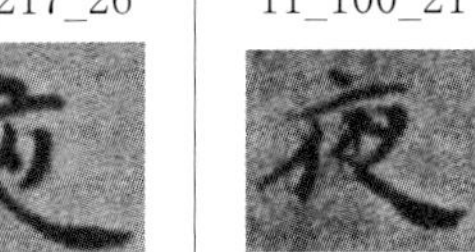
唐代•文選五九
22_218_19

夜 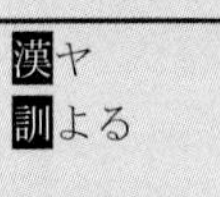

漢ヤ
訓よる

初唐•金剛場經
1_4_5

唐代•文選四八
22_204_26

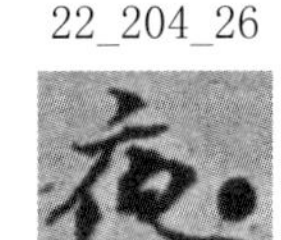
唐代•文選四八
32_292_6

唐代•文選四八
38_336_8

唐代•文選四八
42_372_13

唐代•文選五九
9_80_25

唐代•文選五九
11_100_21

唐代•文選五九
11_101_16

唐代•古文選後
18_213_8

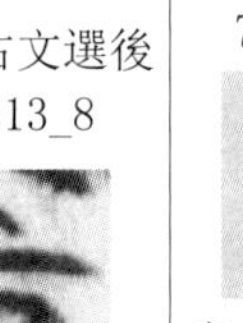
唐代•古文選後
22_260_29

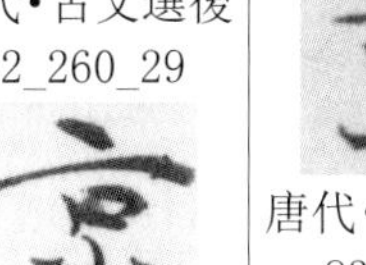
唐代•古文選後
24_284_6

唐代•古文選後
25_293_5

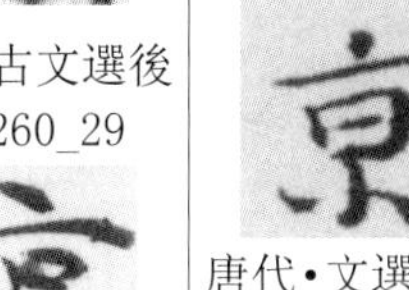
唐代•文選百三
79_751_31

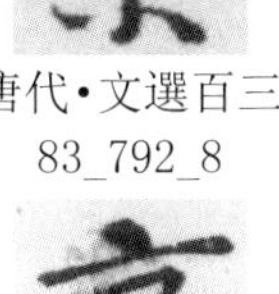
唐代•文選百三
83_786_21

唐代•文選百三
83_792_8

唐代•古文選前
11_134_7

唐代•古文選前
12_137_3

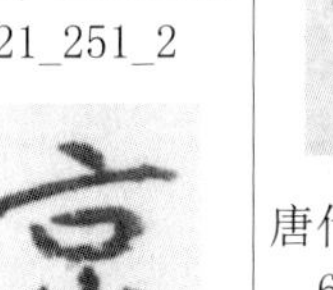
唐代•古文選前
21_251_2

唐代•古文選後
3_26_9

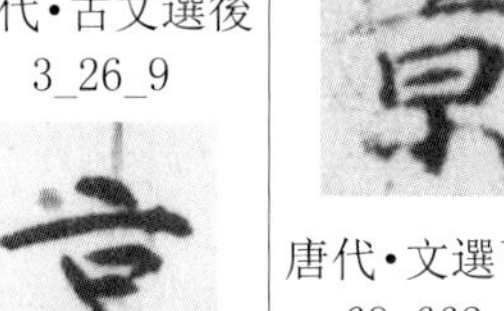

唐代•古文選後
5_56_10

唐代•文選百三
1_5_29

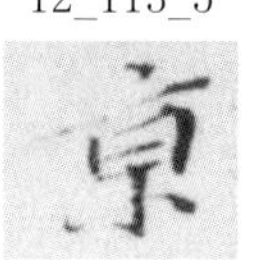
唐代•文選百三
12_113_5

唐代•文選百三
25_247_14

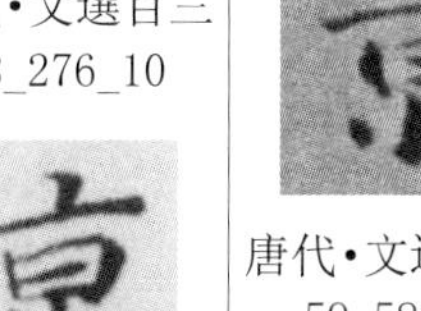
唐代•文選百三
28_276_10

唐代•文選百三
46_441_18

唐代•文選百三
65_625_14

唐代•文選百三
69_662_9

唐代•文選六八
51_509_22

唐代•文選六八
53_530_14

唐代•文選六八
53_537_11

唐代•文選六八
59_587_7

唐代•文選六八
65_646_23

唐代•文選六八
68_679_13

唐代•文選六八
69_694_22

唐代•文選五九
111_1060_13

唐代•文選六八
33_331_8

唐代•文選六八
33_336_3

唐代•文選六八
33_337_12

唐代•文選六八
38_382_13

唐代•文選六八
40_404_12

唐代•文選六八
42_419_7

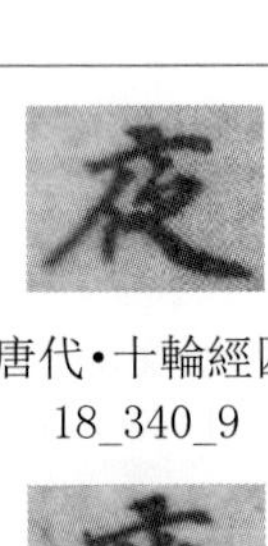 唐代•十輪經四 18_340_9	 唐代•古文選前 25_299_8	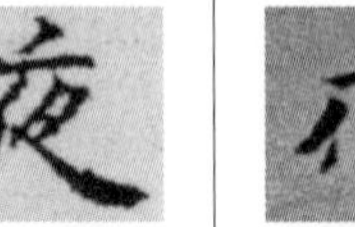 唐代•文選百三 61_583_3	 唐代•文選六八 57_576_7	 唐代•文選五九 104_982_9	 唐代•文選五九 52_512_31	 唐代•文選五九 27_263_30
唐代•十輪經四 18_355_2	 唐代•古文選後 8_84_12	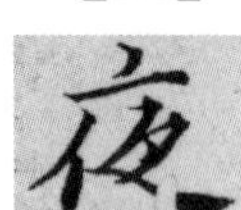 唐代•文選百三 81_769_4	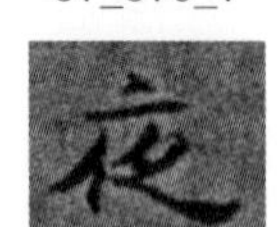 唐代•文選六八 69_688_6	 唐代•文選五九 107_1014_5	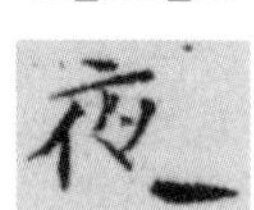 唐代•文選五九 54_532_21	 唐代•文選五九 27_266_11
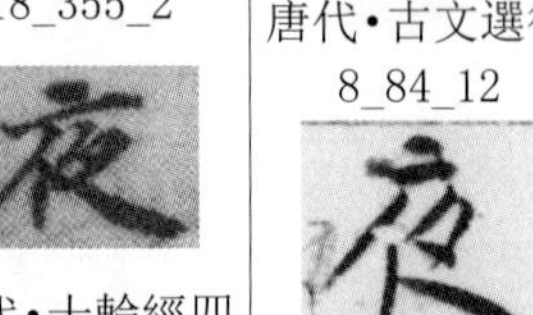 唐代•十輪經四 19_371_16	 唐代•古文選後 9_101_1	 唐代•文選百三 81_770_18	 唐代•文選八八 5_35_6	 唐代•文選五九 107_1015_8	 唐代•文選五九 54_533_5	 唐代•文選五九 27_268_1
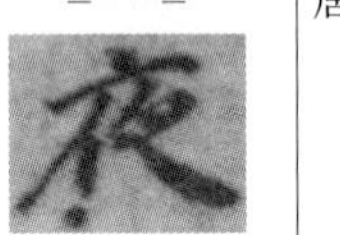 唐代•十輪經四 20_391_10	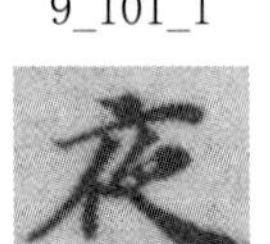 唐代•十輪經四 3_51_7	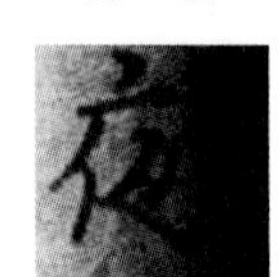 唐代•文選百三 81_774_4	 唐代•文選八八 6_36_11	 唐代•文選五九 108_1022_5	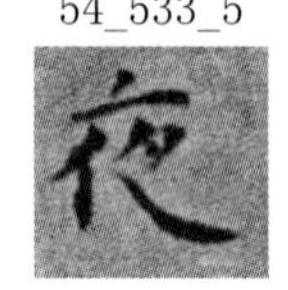 唐代•文選五九 55_535_15	 唐代•文選五九 27_268_33
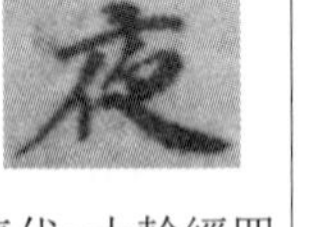 唐代•十輪經四 20_397_5	 唐代•十輪經四 5_91_2	 唐代•古文選前 2_19_7	 唐代•文選八八 7_42_2	 唐代•文選五九 108_1023_28	 唐代•文選五九 57_554_7	 唐代•文選五九 39_390_27
 唐代•十輪經四 21_406_4	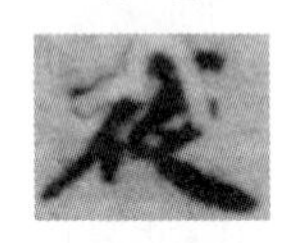 唐代•十輪經四 6_117_1	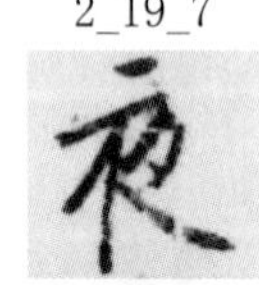 唐代•古文選前 15_173_7	 唐代•文選八八 7_42_11	 唐代•文選六八 16_163_12	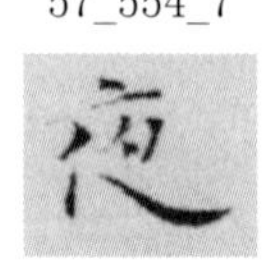 唐代•文選五九 62_603_21	 唐代•文選五九 51_509_4
 唐代•十輪經四 21_407_12	 唐代•十輪經四 12_222_14	 唐代•古文選前 22_264_8	 唐代•文選百三 27_263_18	 唐代•文選六八 23_235_1	 唐代•文選五九 94_902_14	 唐代•文選五九 52_510_24
 唐代•十輪經四 21_419_11	 唐代•十輪經四 16_318_6	 唐代•古文選前 24_278_1	 唐代•文選百三 61_582_15	 唐代•文選六八 33_332_7	 唐代•文選五九 94_905_15	 唐代•文選五九 52_512_16

亮

リョウ
訓あきらか

唐代・文選六八
52_519_12

唐代・文選六八
63_624_2

唐代・文選六八
63_634_6

唐代・文選百三
3_22_4

唐代・文選百三
49_470_6

唐代・文選百三
49_471_18

唐代・文選百三
49_474_21

唐代・古文選後
6_65_12

唐代・古文選後
26_306_3

唐代・古文選後
26_306_29

亭

漢テイ呉チョウ
唐チン
訓あずまや

唐代・春秋經傳
4_31_21

唐代・春秋經傳
35_366_24

唐代・文選五九
52_513_5

唐代・文選百三
66_638_13

唐代・文選百三
81_768_2

唐代・文選百三
81_772_35

唐代・文選百三
81_775_11

唐代・古文選後
2_14_5

兖

漢エン呉エン
訓まこと

唐代・文選五九
91_872_18

唐代・文選五九
92_876_18

唐代・文選百三
1_4_17

唐代・文選百三
6_50_5

唐代・文選百三
6_51_23

唐代・文選百三
6_53_17

唐代・文選百三
67_642_6

唐代・文選百三
67_643_18

唐代・十輪經十
18_357_5

唐代・十輪經十
19_364_10

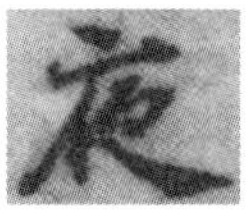
唐代・十輪經十
19_377_7

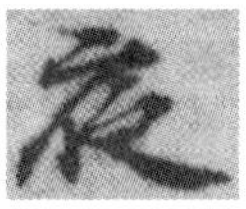
唐代・十輪經十
20_381_7

唐代・十輪經四
22_423_10

唐代・十輪經四
22_429_1

唐代・十輪經八
4_70_1

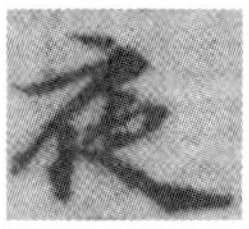
唐代・十輪經十
14_278_3

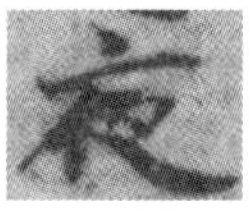
唐代・十輪經十
14_278_11

唐代・十輪經十
15_298_4

唐代・十輪經十
15_298_9

唐代・十輪經十
15_299_4

唐代•文選百三
65_623_28

唐代•文選百三
68_657_6

唐代•文選百三
70_678_21

唐代•古文選前
5_59_13

商

ショウ
訓あきなう

量商佛法
中唐・風信帖
2_8_9

唐代•春秋經傳
14_149_5

唐代•春秋經傳
14_149_14

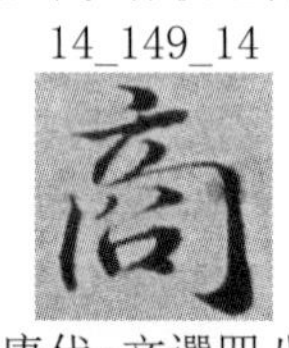
唐代•文選四八
3_18_17

唐代•文選四八
4_21_7

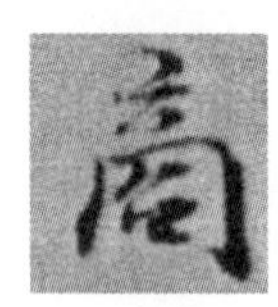
唐代•文選四八
4_21_11

唐代•文選四八
4_21_18

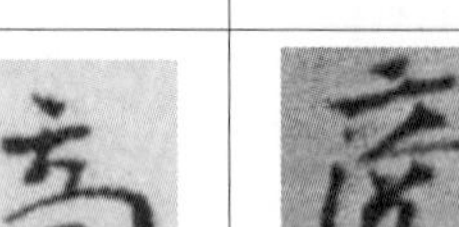
唐代•文選四八
4_22_8

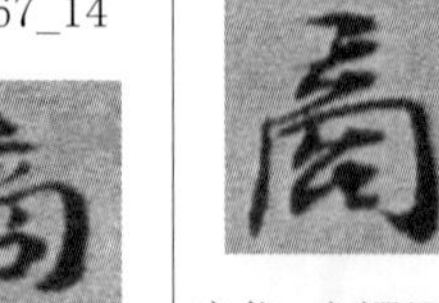
唐代•文選四八
4_24_27

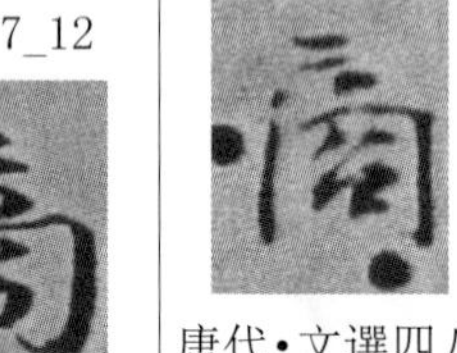
唐代•文選四八
4_25_9

唐代•文選四八
4_25_17

唐代•文選四八
16_146_17

唐代•文選四八
22_199_4

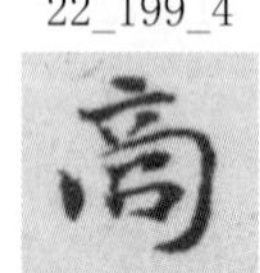
唐代•文選五九
47_465_19

唐代•文選五九
47_467_14

唐代•文選六八
27_277_12

唐代•文選六八
57_571_3

唐代•文選六八
57_572_7

唐代•文選六八
57_572_14

唐代•文選六八
57_572_22

唐代•文選六八
71_703_9

唐代•文選六八
71_705_4

唐代•文選六八
71_707_22

唐代•古文選前
21_244_4

唐代•古文選後
1_3_6

唐代•古文選後
15_178_9

唐代•十輪經四
2_23_5

率

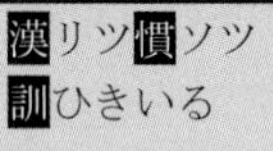

漢リツ慣ソツ
訓ひきいる

唐代•春秋經傳
12_120_9

唐代•文選四八
42_377_6

唐代•文選五九
4_32_7

唐代•文選六八
34_342_15

唐代•文選六八
64_640_10

唐代•文選八八
15_120_12

唐代•文選百三
29_285_1

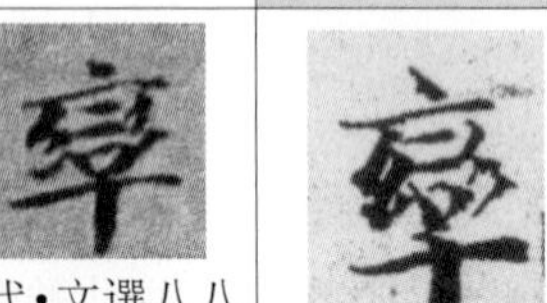
唐代•文選八八
15_121_23

唐代•文選百三
29_290_15

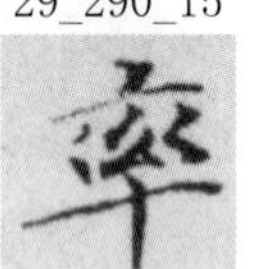
唐代•文選百三
29_291_15

唐代•文選百三
37_374_3

唐代•文選百三
61_588_19

唐代•文選百三
65_622_7

唐代•文選百三
66_634_3

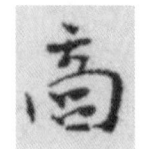

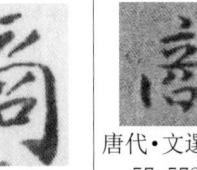

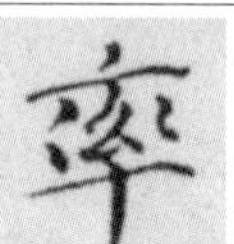
唐代・文選百三
67_650_7

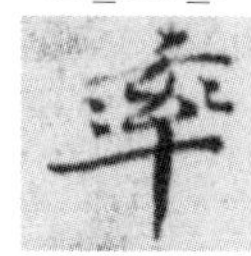
唐代・文選百三
68_657_28

唐代・古文選後
1_5_13

唐代・古文選後
1_12_6

唐代・古文選後
14_159_1

唐代・文選百三
66_637_14

唐代・文選百三
66_637_16

亶

タン
訓あつい

唐代・文選四八
41_371_14

唐代・文選四八
42_372_2

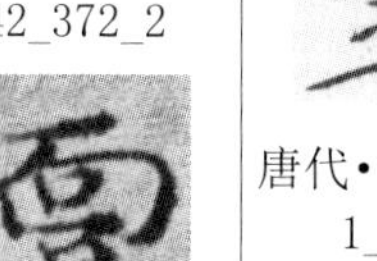
唐代・文選四八
42_372_21

雍

漢ヨウ呉ユ
訓いだく

唐代・文選五九
74_717_3

唐代・文選五九
84_806_22

唐代・文選五九
84_807_21

唐代・文選五九
99_936_30

唐代・文選五九
110_1045_9

唐代・文選六八
4_39_13

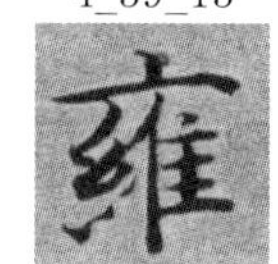
唐代・文選六八
27_272_15

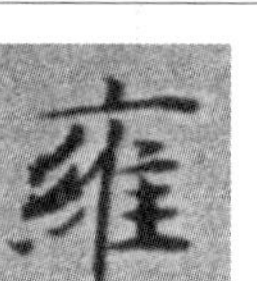
唐代・文選六八
27_274_2

唐代・文選六八
27_274_21

唐代・文選六八
39_385_27

唐代・文選六八
39_387_17

唐代・文選六八
63_635_7

唐代・文選六八
67_667_1

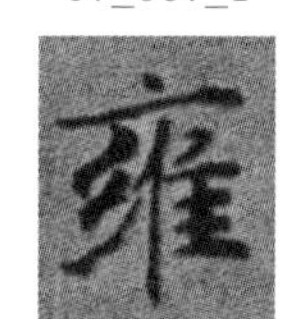
唐代・文選六八
67_668_10

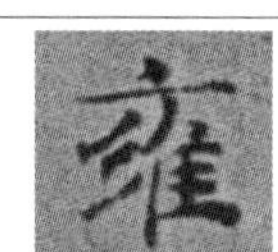
唐代・文選六八
67_669_1

唐代・文選六八
69_693_12

唐代・文選六八
69_695_6

唐代・文選六八
69_695_10

唐代・文選六八
73_721_10

唐代・文選八八
9_75_5

唐代・文選百三
21_204_34

唐代・文選百三
23_229_2

唐代・文選百三
24_230_1

唐代・文選百三
24_232_19

唐代・文選百三
25_243_9

唐代・文選百三
25_248_9

唐代・文選百三
25_248_12

唐代・文選百三
27_261_17

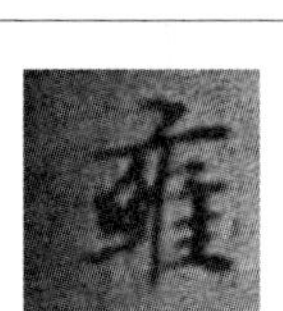
唐代・文選百三
27_267_15

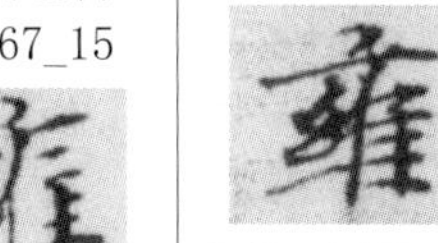
唐代・文選百三
35_350_12

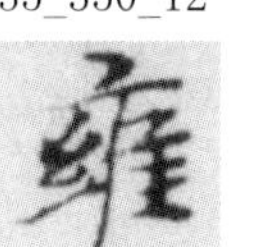
唐代・文選百三
35_353_10

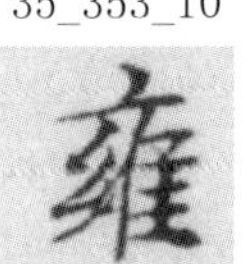
唐代・文選百三
36_356_2

唐代・文選百三
36_361_6

唐代・文選百三
37_363_29

唐代・文選百三
39_394_17

亹

漢ビ呉ミ
訓みぎわ

唐代・文選五九
2_15_1

唐代・文選五九
2_16_8

唐代・文選五九
2_17_20

唐代・文選五九
2_18_5

唐代・文選五九
2_18_23

唐代・古文選前
16_193_3

唐代・古文選後
6_68_10

唐代・古文選後
12_138_3

唐代・古文選後
13_146_13

唐代・文選百三
39_395_19

唐代・文選百三
55_530_11

唐代・文選百三
58_557_6

唐代・文選百三
58_561_26

唐代・文選百三
86_823_14

唐代・古文選前
11_133_37

唐代・古文選後
1_4_14

凋	凍	凌	冶	冷	冰	
漢チョウ呉チョウ 訓しぼむ	漢トウ 訓こおる	リョウ 訓しのぐ	漢ヤ 訓とかす	漢レイ呉リョウ 訓ひえる	ヒョウ 訓こおり	
 唐代・文選五九 96_909_17	 唐代・文選八八 12_99_20	 唐代・文選六八 9_97_27	 唐代・春秋經傳 30_313_8  唐代・春秋經傳 30_313_10  唐代・春秋經傳 31_322_26  唐代・春秋經傳 31_325_2  唐代・春秋經傳 31_325_18  唐代・文選百三 47_459_3	 中唐・風信帖 1_4_6	 唐代・古文選前 22_257_12  唐代・古文選前 23_268_6	冫部

凝 

ギョウ
訓こる

唐代・文選五九
3_24_23

唐代・文選五九
3_25_15

唐代・文選五九
37_370_15

唐代・文選五九
38_374_25

唐代・文選五九
64_613_4

唐代・文選百三
22_213_2

唐代・文選百三
22_215_43

唐代・文選百三
23_216_39

冖部

罕

漢カン 呉カン
訓とりあみ

唐代•文選五九
31_308_12

唐代•文選五九
31_311_19

唐代•文選八八
15_131_3

唐代•古文選前
1_9_2

唐代•古文選後
26_304_6

冠

カン
訓かんむり

唐代•春秋經傳
9_88_5

唐代•文選四八
44_398_2

唐代•文選四八
45_404_6

唐代•文選五九
62_595_23

唐代•文選五九
75_721_2

唐代•文選五九
81_781_19

唐代•文選五九
85_816_24

唐代•文選五九
85_817_26

唐代•文選五九
85_818_4

唐代•文選五九
110_1041_14

唐代•文選六八
6_58_14

唐代•文選六八
6_60_2

唐代•文選六八
6_60_24

唐代•文選六八
6_61_32

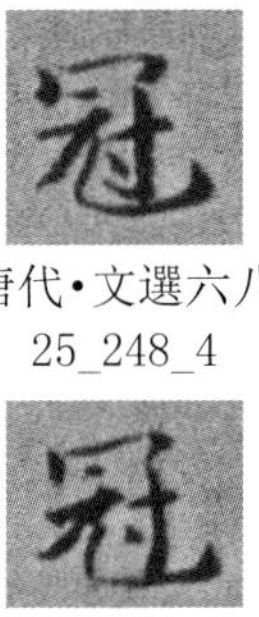
唐代•文選六八
25_248_4

唐代•文選六八
25_248_12

唐代•文選六八
25_248_24

唐代•文選六八
25_249_1

唐代•文選六八
25_249_13

唐代•文選六八
69_683_11

唐代•文選八八
5_29_21

唐代•文選八八
15_127_13

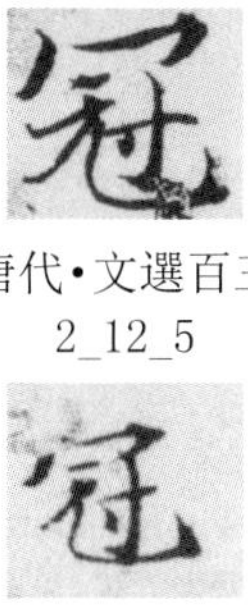
唐代•文選百三
2_12_5

唐代•文選百三
2_13_33

唐代•文選百三
10_90_2

唐代•文選百三
10_91_20

唐代•文選百三
10_93_12

唐代•文選百三
25_237_14

唐代•古文選後
2_17_9

唐代•古文選後
15_178_5

唐代•古文選後
17_197_11

冢

漢チョウ
訓つか

唐代•春秋經傳
14_138_16

唐代•文選四八
43_388_12

唐代•十輪經四
12_223_15

唐代•十輪經四
12_236_6

唐代•十輪經四
13_248_6

唐代•十輪經四
14_260_6

					冥	冤
					慣メイ漢ベイ呉ミョウ 訓くらい	漢エン呉オン 訓かがむ
				 唐代・古文選前 6_72_1  唐代・古文選後 21_242_12  唐代・十輪經八 4_70_6	 唐代・文選五九 18_176_6  唐代・文選五九 32_318_17  唐代・文選六八 4_45_8  唐代・文選六八 17_177_17  唐代・文選六八 17_179_14  唐代・文選六八 17_180_14  唐代・古文選前 25_289_4	 唐代・文選四八 15_133_12  唐代・文選百三 64_616_11  唐代・文選百三 64_618_35  唐代・文選百三 64_618_44  唐代・文選百三 65_619_9  唐代・文選百三 65_619_17  唐代・文選百三 65_620_15

凵部

凶

漢キョウ
訓ききん

- 唐代•春秋經傳 26_265_5
- 唐代•文選五九 60_574_5
- 唐代•文選百三 15_138_39
- 唐代•文選百三 32_320_18
- 唐代•文選百三 33_324_33
- 唐代•文選百三 51_491_6
- 唐代•文選百三 78_747_10
- 唐代•古文選後 1_12_4
- 唐代•古文選後 2_20_12
- 唐代•古文選後 23_276_14
- 唐代•十輪經四 2_25_6
- 唐代•十輪經九 4_61_4

出

スイ漢シュツ
訓でる

- 晩唐•慶滋書状 1_4_6
- 唐代•春秋經傳 2_15_6
- 唐代•春秋經傳 5_49_6
- 唐代•春秋經傳 6_61_15
- 唐代•春秋經傳 9_95_15
- 唐代•春秋經傳 10_105_19
- 唐代•春秋經傳 10_106_1
- 唐代•春秋經傳 14_138_13
- 唐代•春秋經傳 16_168_6
- 唐代•春秋經傳 19_196_20
- 唐代•春秋經傳 26_273_1
- 唐代•春秋經傳 27_274_17
- 唐代•春秋經傳 27_283_22
- 唐代•春秋經傳 32_334_2
- 唐代•春秋經傳 32_334_10
- 唐代•春秋經傳 33_349_5
- 唐代•春秋經傳 34_351_11
- 唐代•春秋經傳 34_354_27
- 唐代•春秋經傳 34_361_12
- 唐代•文選四八 4_25_3
- 唐代•文選四八 11_98_13
- 唐代•文選四八 22_195_15
- 唐代•文選四八 26_235_5
- 唐代•文選四八 27_243_20
- 唐代•文選四八 27_244_21
- 唐代•文選四八 29_265_16
- 唐代•文選四八 30_269_21
- 唐代•文選四八 36_322_12
- 唐代•文選四八 42_372_10
- 唐代•文選四八 44_394_16
- 唐代•文選四八 44_395_5
- 唐代•文選四八 44_399_10

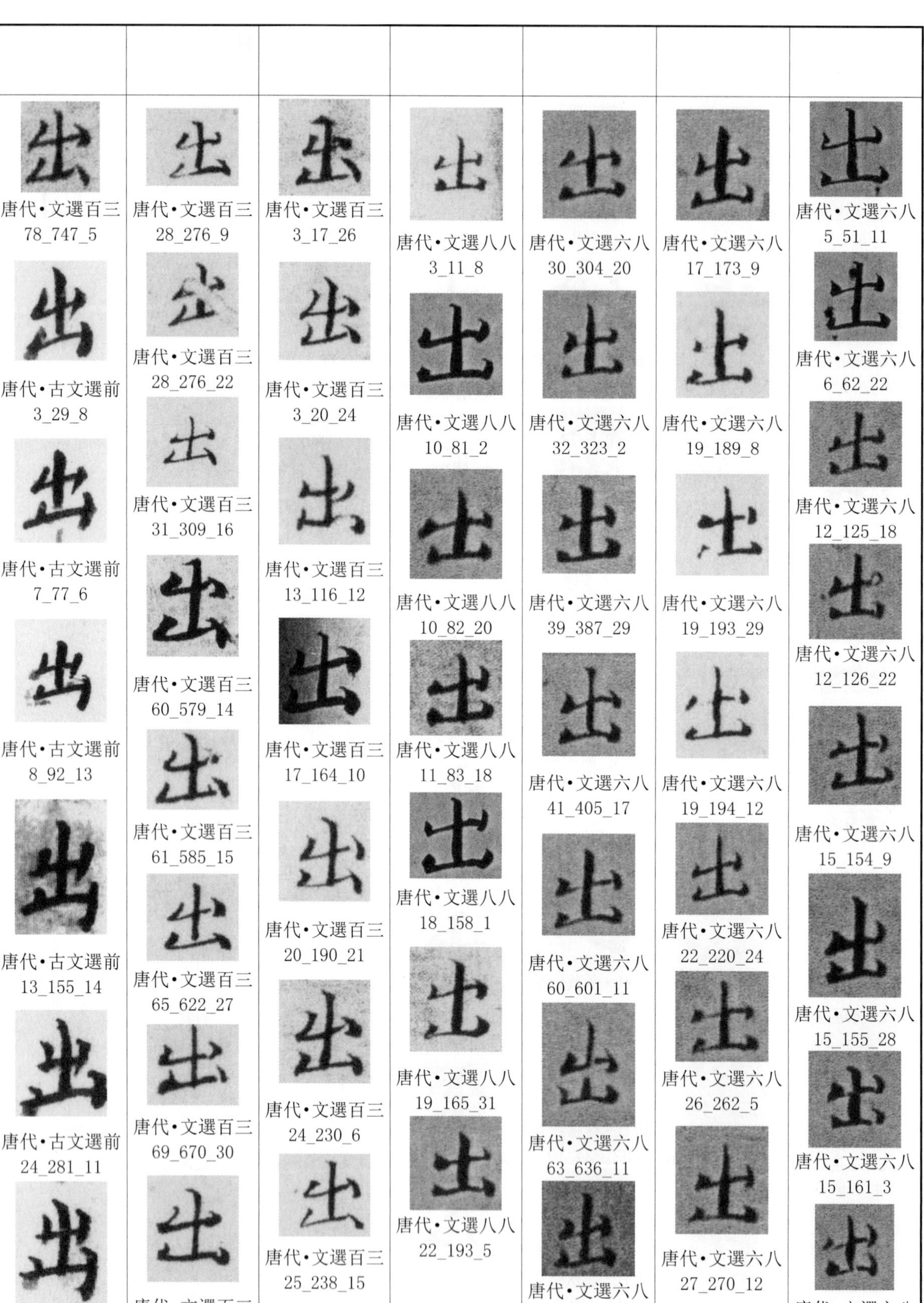
唐代•文選六八 5_51_11
唐代•文選六八 6_62_22
唐代•文選六八 12_125_18
唐代•文選六八 12_126_22
唐代•文選六八 15_154_9
唐代•文選六八 15_155_28
唐代•文選六八 15_161_3
唐代•文選六八 16_162_25
唐代•文選六八 17_173_9
唐代•文選六八 19_189_8
唐代•文選六八 19_193_29
唐代•文選六八 19_194_12
唐代•文選六八 22_220_24
唐代•文選六八 26_262_5
唐代•文選六八 27_270_12
唐代•文選六八 30_304_20
唐代•文選六八 32_323_2
唐代•文選六八 39_387_29
唐代•文選六八 41_405_17
唐代•文選六八 60_601_11
唐代•文選六八 63_636_11
唐代•文選六八 69_685_16
唐代•文選八八 3_11_8
唐代•文選八八 10_81_2
唐代•文選八八 10_82_20
唐代•文選八八 11_83_18
唐代•文選八八 18_158_1
唐代•文選八八 19_165_31
唐代•文選八八 22_193_5
唐代•文選百三 3_17_26
唐代•文選百三 3_20_24
唐代•文選百三 13_116_12
唐代•文選百三 17_164_10
唐代•文選百三 20_190_21
唐代•文選百三 24_230_6
唐代•文選百三 25_238_15
唐代•文選百三 28_276_9
唐代•文選百三 28_276_22
唐代•文選百三 31_309_16
唐代•文選百三 60_579_14
唐代•文選百三 61_585_15
唐代•文選百三 65_622_27
唐代•文選百三 69_670_30
唐代•文選百三 77_735_19
唐代•文選百三 78_747_5
唐代•古文選前 3_29_8
唐代•古文選前 7_77_6
唐代•古文選前 8_92_13
唐代•古文選前 13_155_14
唐代•古文選前 24_281_11
唐代•古文選後 5_60_10

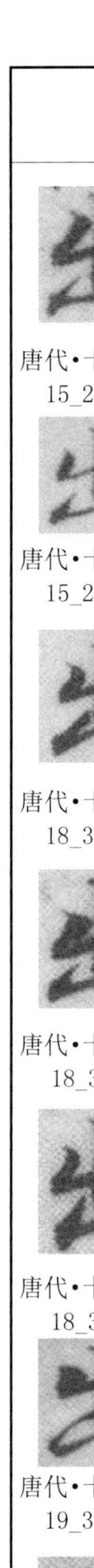
唐代·十輪經九
15_283_15

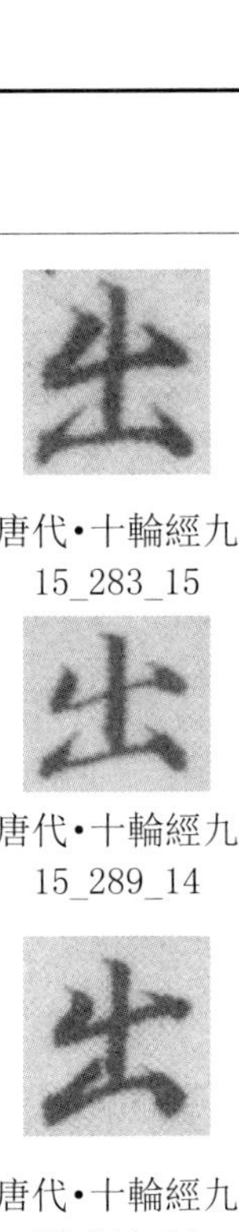
唐代·十輪經九
15_289_14

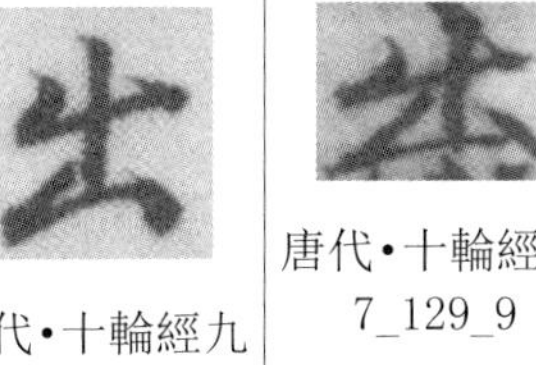
唐代·十輪經九
18_341_14

唐代·十輪經九
18_354_4

唐代·十輪經九
18_355_2

唐代·十輪經九
19_371_17

唐代·十輪經九
20_393_14

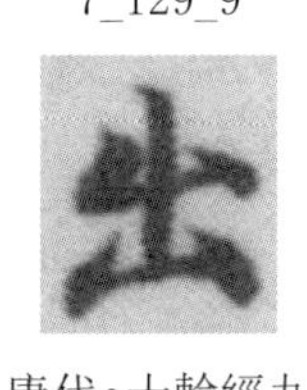
唐代·十輪經九
6_118_14

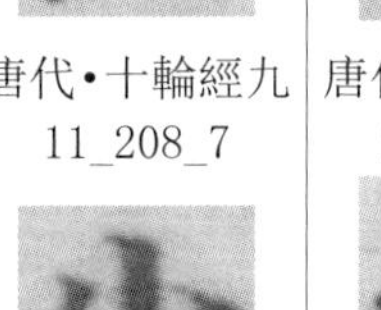
唐代·十輪經九
7_122_16

唐代·十輪經九
7_129_9

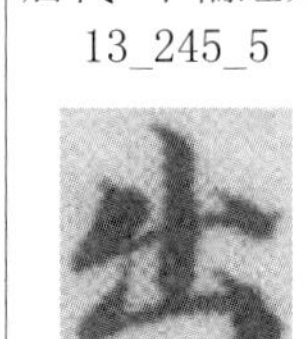
唐代·十輪經九
11_208_7

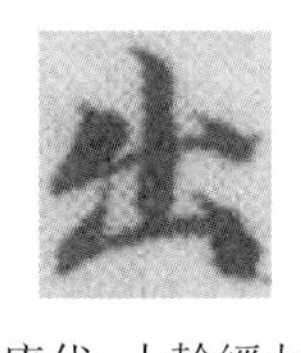
唐代·十輪經九
13_245_5

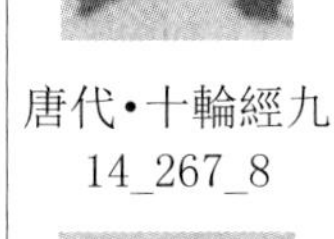
唐代·十輪經九
14_267_8

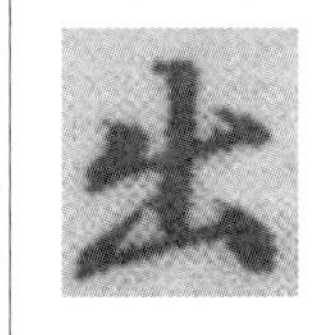
唐代·十輪經九
14_275_17

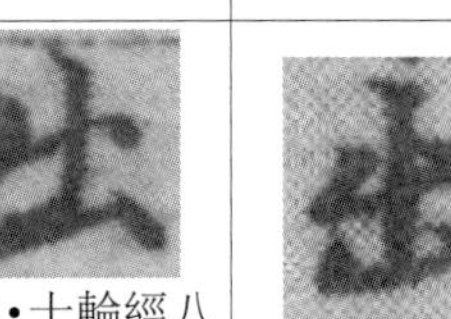
唐代·十輪經八
16_317_1

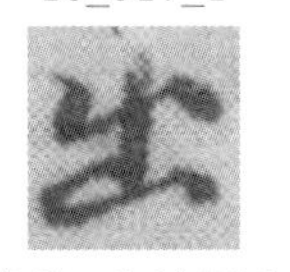
唐代·十輪經八
17_334_5

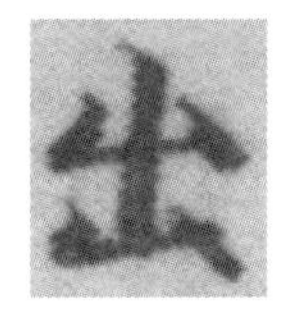
唐代·十輪經八
18_355_12

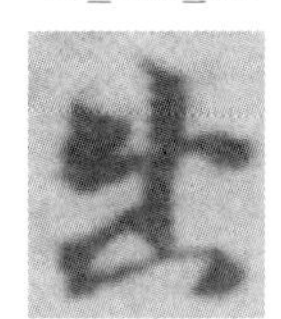
唐代·十輪經八
20_393_7

唐代·十輪經八
22_432_15

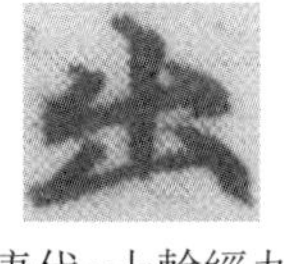
唐代·十輪經九
2_31_7

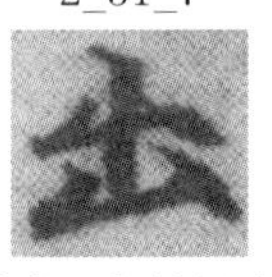
唐代·十輪經九
4_71_12

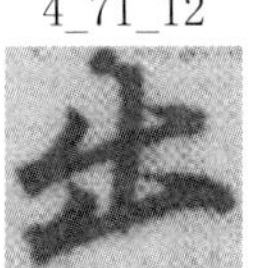
唐代·十輪經九
6_105_1

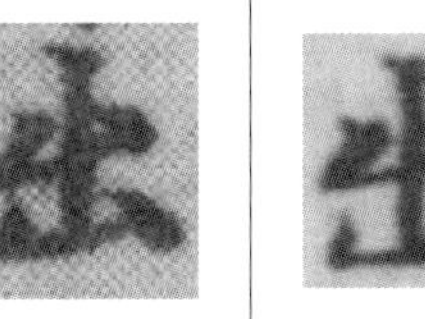
唐代·十輪經八
7_128_3

唐代·十輪經八
9_166_15

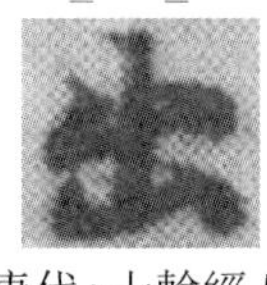
唐代·十輪經八
11_214_12

唐代·十輪經八
12_221_5

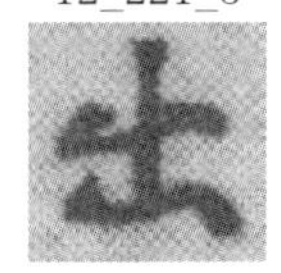
唐代·十輪經八
13_242_3

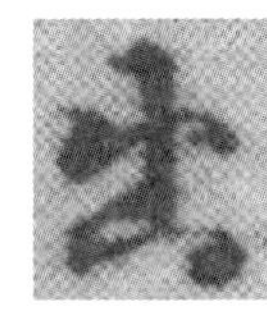
唐代·十輪經八
13_258_5

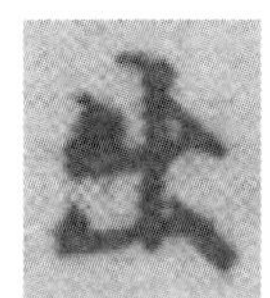
唐代·十輪經八
14_279_4

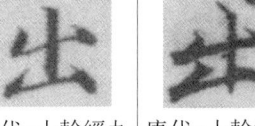

唐代·十輪經四
18_345_12

唐代·十輪經四
20_382_11

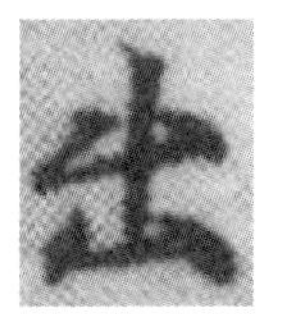
唐代·十輪經四
21_405_10

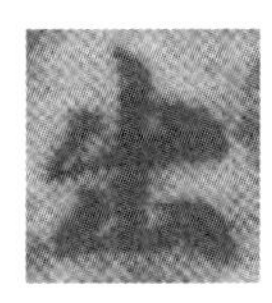
唐代·十輪經八
1_8_8

唐代·十輪經八
2_23_5

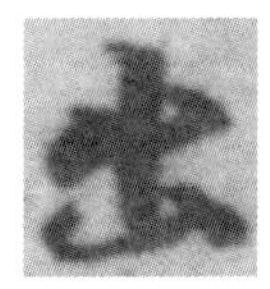
唐代·十輪經八
4_70_17

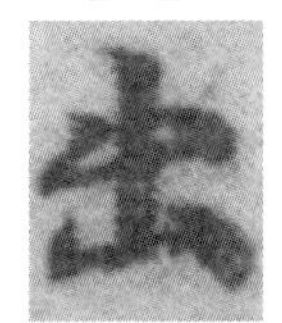
唐代·十輪經八
4_75_14

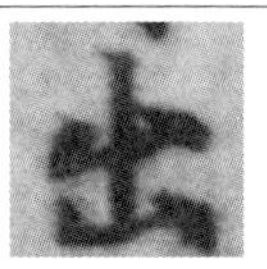
唐代·十輪經四
2_32_7

唐代·十輪經四
4_76_7

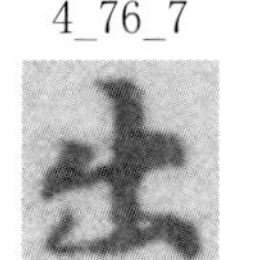
唐代·十輪經四
10_196_11

唐代·十輪經四
11_206_13

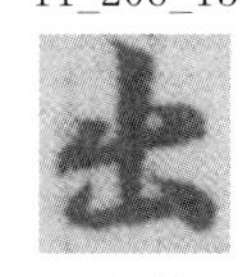
唐代·十輪經四
11_213_9

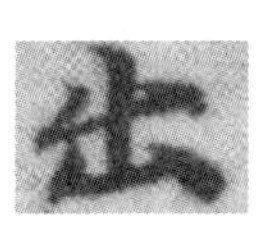
唐代·十輪經四
13_243_11

唐代·十輪經四
15_286_5

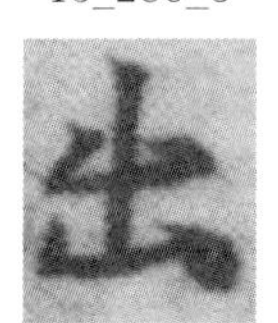
唐代·十輪經四
16_306_9

唐代·古文選後
9_102_4

唐代·古文選後
19_218_5

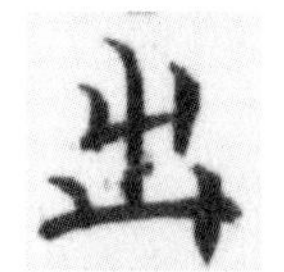
唐代·古文選後
22_254_11

唐代·古文選後
24_281_24

唐代·古文選後
24_281_60

唐代·古文選後
26_301_3

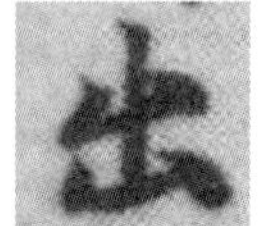
唐代·十輪經四
1_20_16

			函  漢カン呉ゴン 訓いれる			
		 唐代・古文選後 12_143_6  唐代・古文選後 20_232_3  唐代・古文選後 22_256_1	 唐代・春秋經傳 35_367_14  唐代・春秋經傳 35_368_4  唐代・春秋經傳 37_384_8  唐代・文選六八 41_410_7  唐代・文選百三 79_749_1  唐代・文選百三 79_751_9  唐代・文選百三 79_751_10  唐代・文選百三 79_752_9	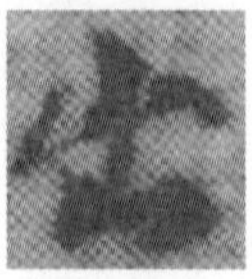 唐代・十輪經十 18_346_10  唐代・十輪經十 18_359_16	 唐代・十輪經十 7_124_10  唐代・十輪經十 7_124_24 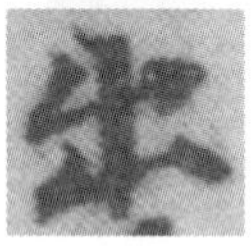 唐代・十輪經十 7_125_24  唐代・十輪經十 9_162_8 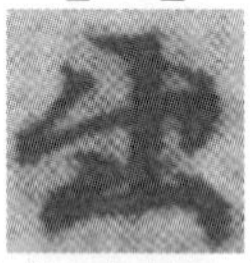 唐代・十輪經十 12_240_6 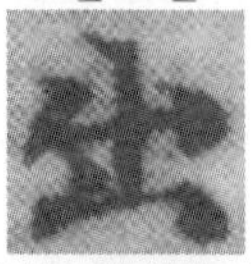 唐代・十輪經十 13_258_8  唐代・十輪經十 15_281_10 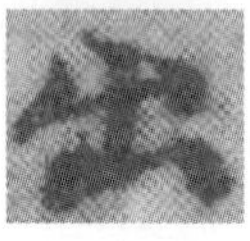 唐代・十輪經十 18_346_2	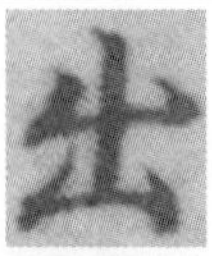 唐代・十輪經九 21_412_13 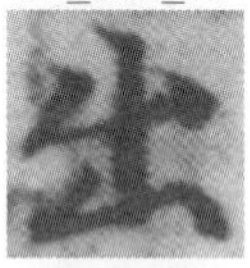 唐代・十輪經十 1_7_17  唐代・十輪經十 2_22_13 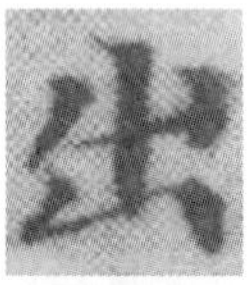 唐代・十輪經十 2_31_1  唐代・十輪經十 3_42_8 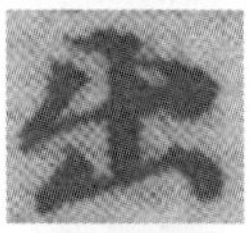 唐代・十輪經十 4_77_8 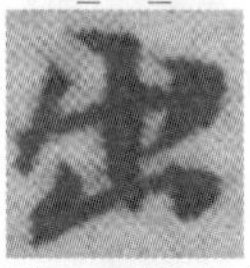 唐代・十輪經十 5_99_12  唐代・十輪經十 6_117_14

卩部

卮

漢シ呉キ
訓さかづき

- 唐代•文選五九 85_818_6
- 唐代•文選五九 85_819_18
- 唐代•文選五九 86_820_21
- 唐代•文選五九 86_820_29
- 唐代•古文選後 17_195_9

印

イン
訓しるし

- 唐代•文選百三 29_280_1
- 唐代•文選百三 38_377_4
- 唐代•文選百三 38_378_15
- 唐代•文選百三 38_381_12
- 唐代•文選百三 38_381_31
- 唐代•文選百三 38_383_7
- 唐代•十輪經四 1_22_17
- 唐代•十輪經四 2_24_15
- 唐代•十輪經九 10_190_13
- 唐代•十輪經九 10_190_15
- 唐代•十輪經九 10_198_16
- 唐代•十輪經九 10_198_18

危

慣キ
訓あぶない

- 唐代•春秋經傳 31_326_25
- 唐代•文選五九 78_756_1
- 唐代•文選五九 90_869_21
- 唐代•文選五九 91_873_14
- 唐代•文選五九 91_873_22
- 唐代•文選五九 92_876_4
- 唐代•文選六八 58_582_8
- 唐代•文選六八 67_671_20
- 唐代•文選百三 36_360_20
- 唐代•文選百三 37_363_26
- 唐代•文選百三 37_375_1
- 唐代•文選百三 38_380_12
- 唐代•文選百三 45_436_8
- 唐代•文選百三 45_437_1
- 唐代•文選百三 46_441_26
- 唐代•文選百三 46_441_32
- 唐代•文選百三 46_442_9
- 唐代•文選百三 48_464_27
- 唐代•文選百三 49_467_4
- 唐代•文選百三 49_469_19
- 唐代•文選百三 61_586_5
- 唐代•文選百三 71_681_7
- 唐代•文選百三 71_684_20
- 唐代•文選百三 80_760_2

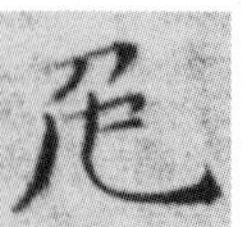
唐代•文選百三
80_760_23

唐代•文選百三
80_761_16

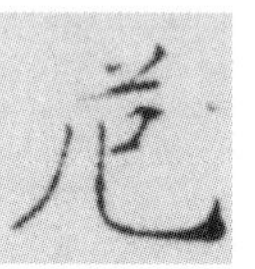
唐代•文選百三
85_814_22

唐代•古文選前
10_121_12

唐代•古文選後
3_25_1

唐代•古文選後
6_69_1

唐代•古文選後
6_70_1

卵

ラン
訓 たまご

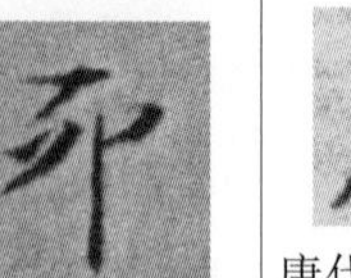
唐代•文選六八
22_223_3

唐代•文選六八
22_223_28

唐代•文選六八
22_224_16

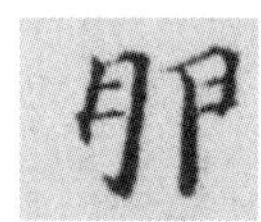
唐代•文選百三
49_469_22

即

呉 ソク 漢 ショク
訓 つく

初唐•聖武雜集
1_2_15

唐代•春秋經傳
1_2_9

唐代•春秋經傳
4_42_28

唐代•春秋經傳
12_117_6

唐代•春秋經傳
15_155_9

唐代•春秋經傳
15_156_1

唐代•春秋經傳
25_254_17

唐代•春秋經傳
26_272_2

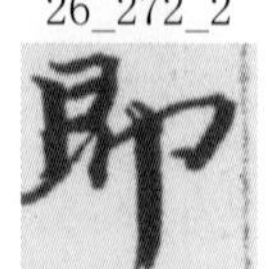
唐代•春秋經傳
27_280_6

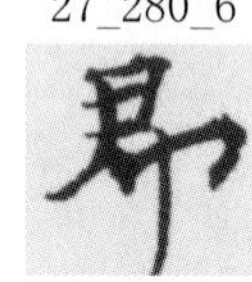
唐代•春秋經傳
34_353_16

唐代•春秋經傳
34_357_19

唐代•春秋經傳
34_359_5

唐代•文選四八
3_14_22

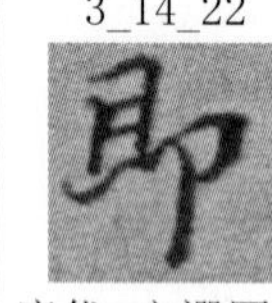
唐代•文選四八
4_31_28

唐代•文選四八
5_40_14

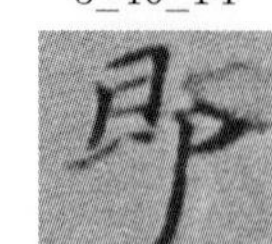
唐代•文選四八
6_43_4

唐代•文選四八
6_49_10

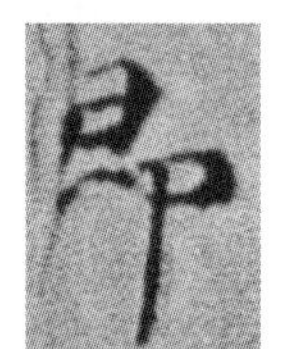
唐代•文選四八
6_53_23

唐代•文選四八
7_56_6

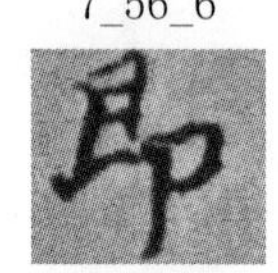
唐代•文選四八
8_63_16

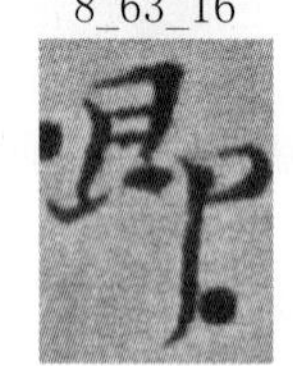
唐代•文選四八
8_65_18

唐代•文選四八
12_110_12

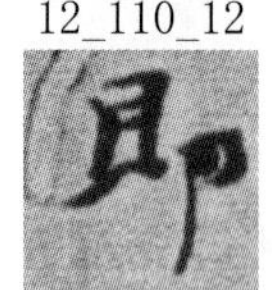
唐代•文選四八
13_116_16

唐代•文選四八
13_117_26

唐代•文選四八
17_156_27

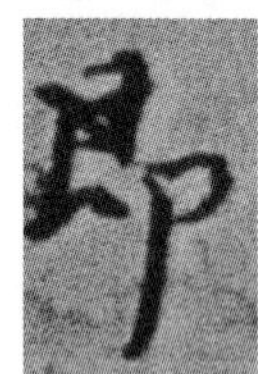
唐代•文選四八
18_164_34

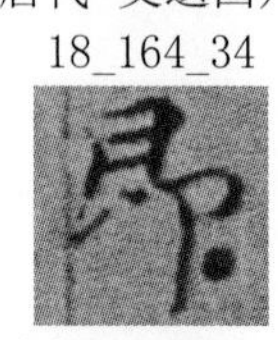
唐代•文選四八
19_168_22

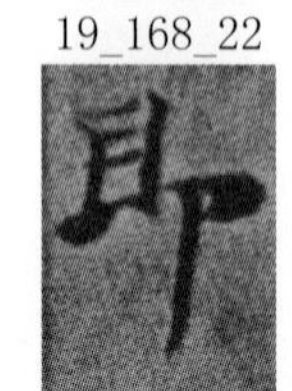
唐代•文選四八
19_169_18

唐代•文選四八
20_175_9

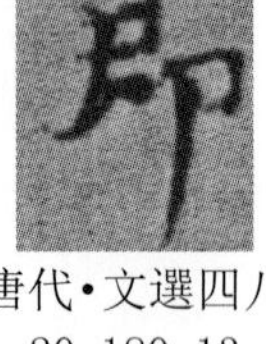
唐代•文選四八
20_180_13

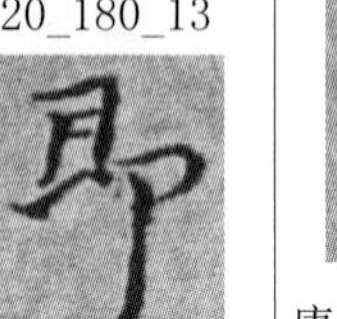
唐代•文選四八
42_379_15

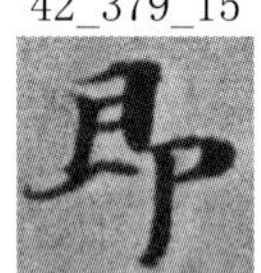
唐代•文選四八
49_446_3

唐代•文選五九
7_66_14

唐代•文選五九
10_96_16

唐代•文選五九
13_126_6

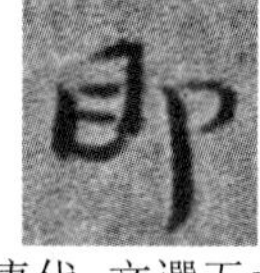
唐代•文選五九
19_186_20

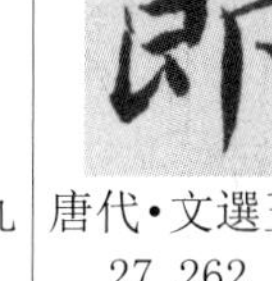
唐代•文選五九
23_225_30

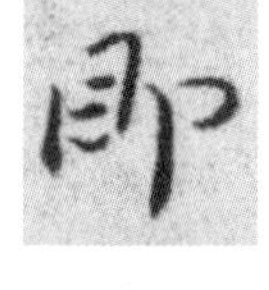
唐代•文選五九
27_262_1

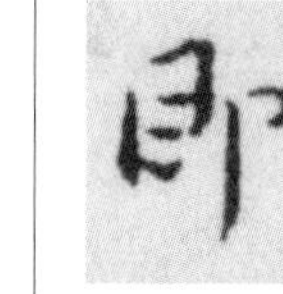
唐代•文選五九
27_263_4

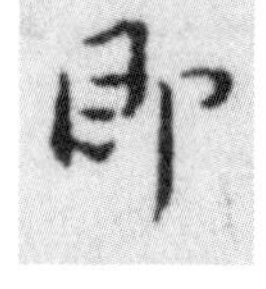
唐代•文選五九
27_263_6

唐代•文選五九
27_263_28

唐代•文選五九
31_308_10

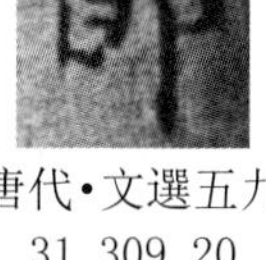
唐代•文選五九
31_309_20

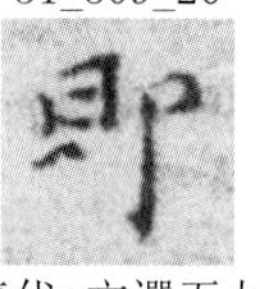
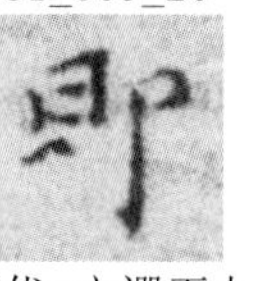
唐代•文選五九
31_310_15

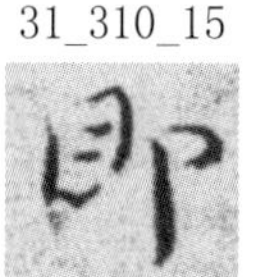
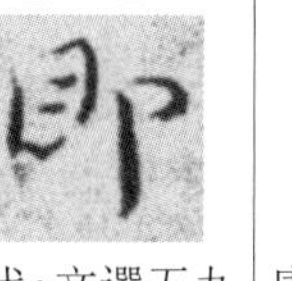
唐代•文選五九
31_311_17

唐代•文選五九
31_312_8

唐代•文選五九
35_340_25

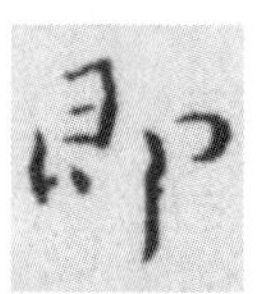
唐代•文選五九
39_386_4

唐代•文選五九
42_415_12

唐代•文選五九
54_533_8

唐代•文選五九
56_546_7

唐代•文選五九
56_549_29

唐代•文選五九
57_552_6

唐代•文選五九
58_560_18

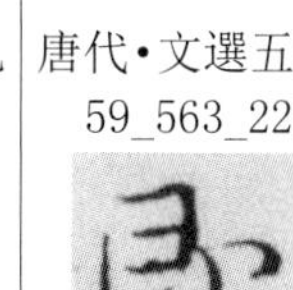
唐代•文選五九
59_563_22

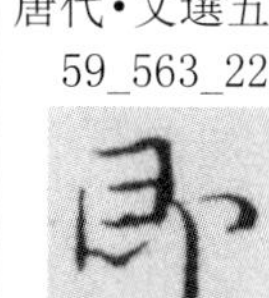
唐代•文選五九
60_580_10

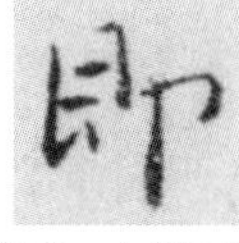
唐代•文選五九
61_582_17

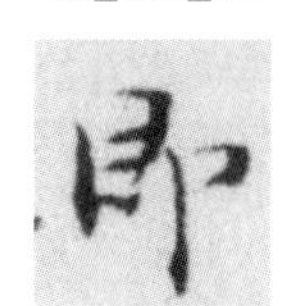
唐代•文選五九
61_583_25

唐代•文選五九
61_586_6

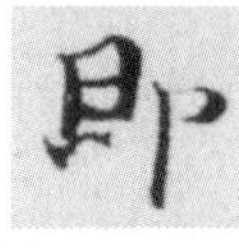
唐代•文選五九
62_593_4

唐代•文選五九
62_597_18

唐代•文選五九
62_601_5

唐代•文選五九
67_646_25

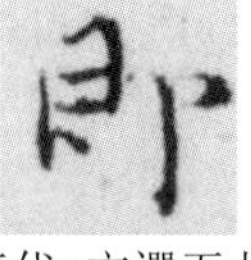
唐代•文選五九
67_647_2

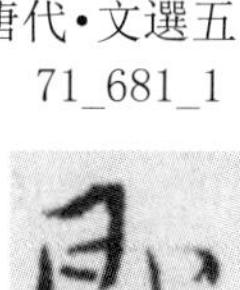
唐代•文選五九
68_660_20

唐代•文選五九
71_681_1

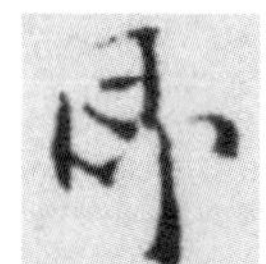
唐代•文選五九
72_686_29

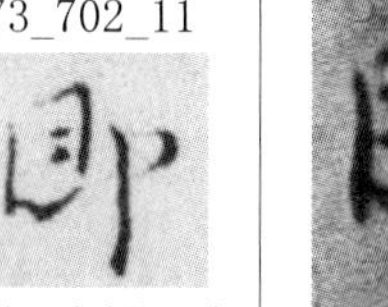
唐代•文選五九
73_702_11

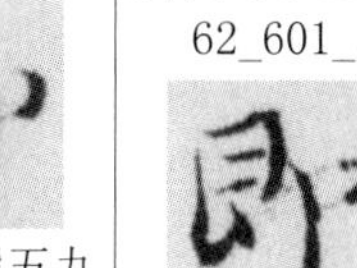
唐代•文選五九
81_780_24

唐代•文選五九
82_784_20

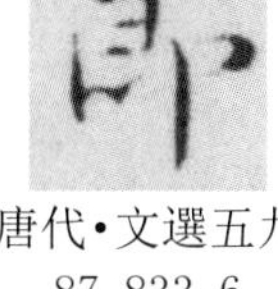
唐代•文選五九
87_833_6

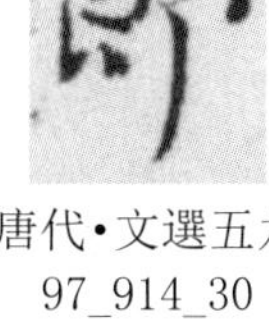
唐代•文選五九
94_899_18

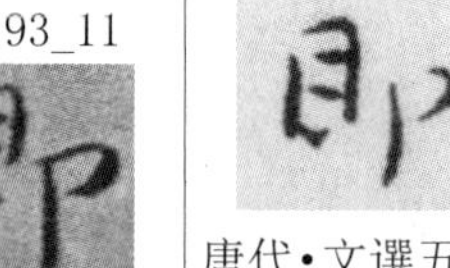
唐代•文選五九
97_914_30

唐代•文選五九
101_955_16

唐代•文選五九
105_990_8

唐代•文選五九
112_1062_26

唐代•文選六八
2_21_5

唐代•文選六八
3_32_27

唐代•文選六八
16_162_11

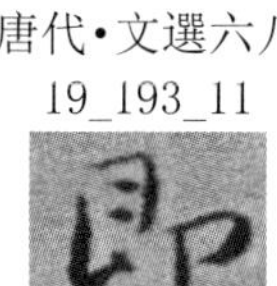
唐代•文選六八
19_193_11

唐代•文選六八
23_234_30

唐代•文選六八
57_565_16

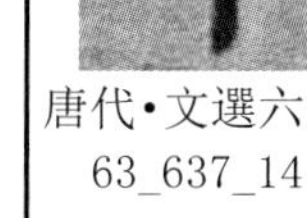
唐代•文選六八
57_567_3

唐代•文選六八
63_637_14

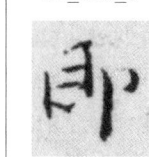

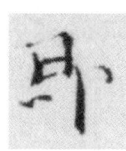

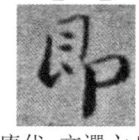

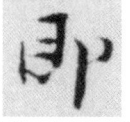

 唐代•十輪經八 6_101_2	 唐代•十輪經四 12_225_15	 唐代•古文選後 24_279_3	 唐代•文選百三 76_727_16	 唐代•文選百三 61_581_3	 唐代•文選百三 5_45_2	 唐代•文選六八 65_646_10
 唐代•十輪經八 7_138_3	 唐代•十輪經四 12_237_15	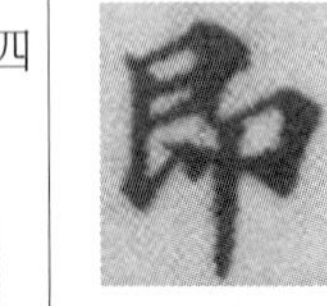 唐代•十輪經四 4_65_9	 唐代•文選百三 77_737_1	 唐代•文選百三 61_589_9	 唐代•文選百三 5_47_3	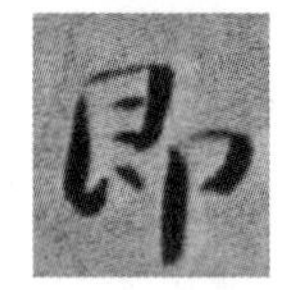 唐代•文選八八 7_54_18
 唐代•十輪經八 9_176_3	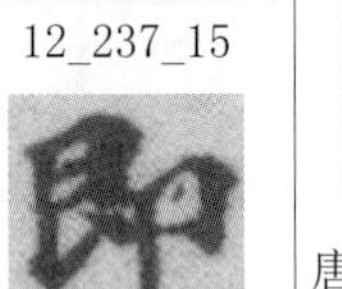 唐代•十輪經四 13_249_15	 唐代•十輪經四 9_170_15	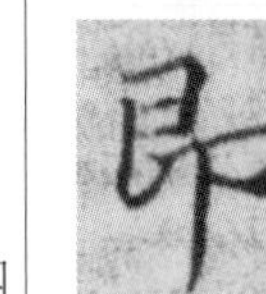 唐代•文選百三 80_760_7	 唐代•文選百三 65_624_4	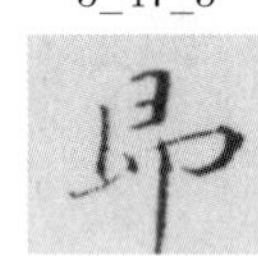 唐代•文選百三 19_188_31	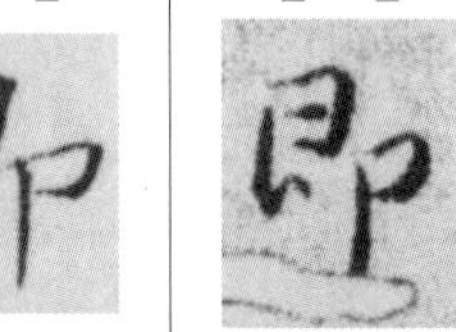 唐代•文選八八 16_137_18
 唐代•十輪經九 16_315_2	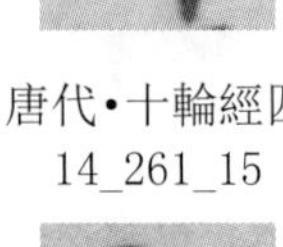 唐代•十輪經四 14_261_15	 唐代•十輪經四 9_178_5	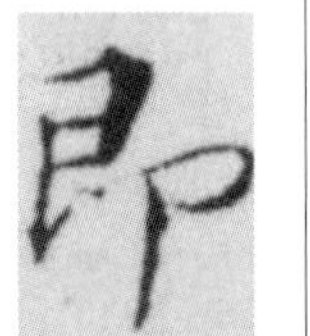 唐代•文選百三 85_808_30	 唐代•文選百三 65_626_25	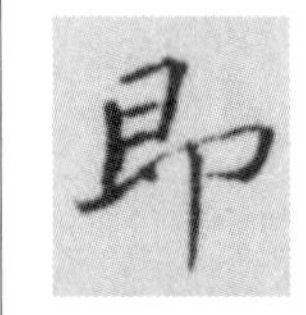 唐代•文選百三 37_363_33	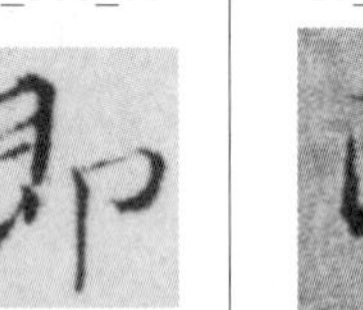 唐代•文選八八 19_162_8
唐代•十輪經九 17_336_17	 唐代•十輪經四 14_274_6	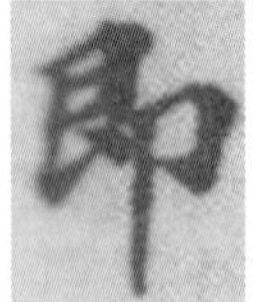 唐代•十輪經四 10_186_12	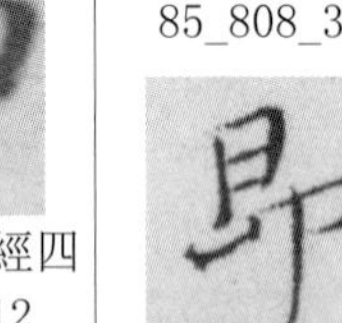 唐代•文選百三 87_827_20	 唐代•文選百三 65_627_1	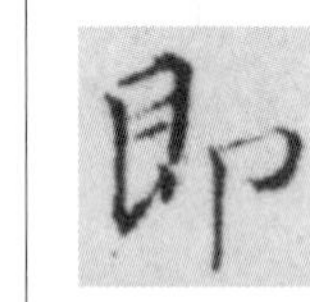 唐代•文選百三 55_524_17	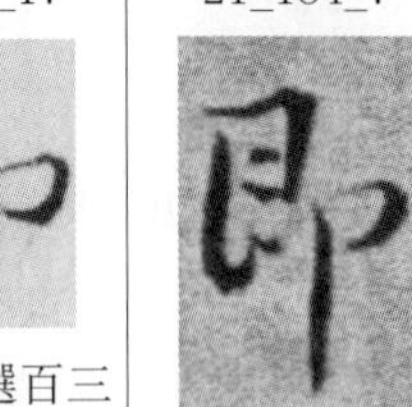 唐代•文選八八 21_184_7
	 唐代•十輪經四 15_281_16	唐代•十輪經四 11_211_4	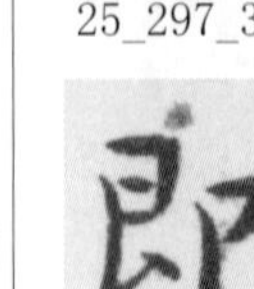 唐代•古文選前 25_297_38	唐代•文選百三 65_632_7	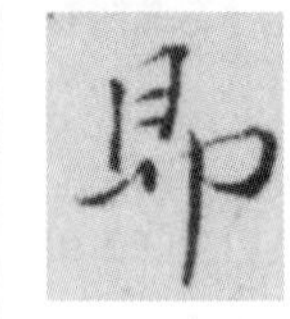 唐代•文選百三 55_524_21	 唐代•文選八八 21_191_12
	唐代•十輪經八 5_90_10	唐代•十輪經四 12_220_10	 唐代•古文選後 20_236_9	唐代•文選百三 66_636_16	 唐代•文選百三 60_580_27	唐代•文選百三 1_7_22

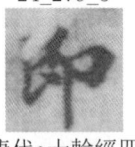

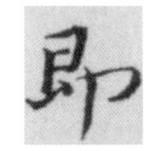

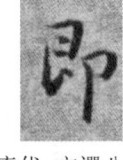

卿

漢ケイ呉キョウ
訓きみ

唐代·春秋經傳
1_3_15

唐代·春秋經傳
2_15_5

唐代·春秋經傳
11_107_11

唐代·春秋經傳
12_117_10

唐代·春秋經傳
12_125_3

唐代·春秋經傳
24_248_15

唐代·春秋經傳
25_259_22

唐代·春秋經傳
25_262_5

唐代·古文選前
19_225_10

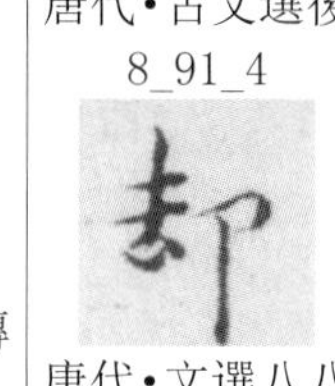

唐代·古文選後
8_91_4

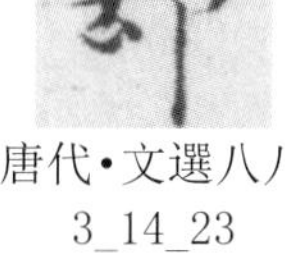

唐代·文選八八
3_14_23

卻

漢キャク
訓しりぞく

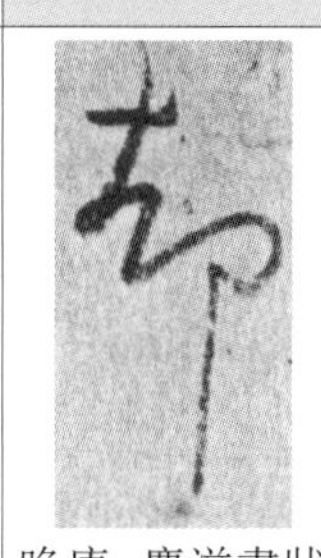

晚唐·慶滋書狀
1_17_1

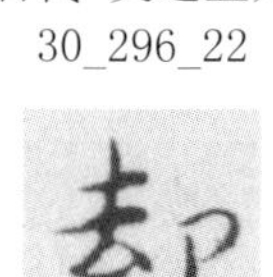

唐代·文選五九
30_296_22

唐代·文選六八
1_13_14

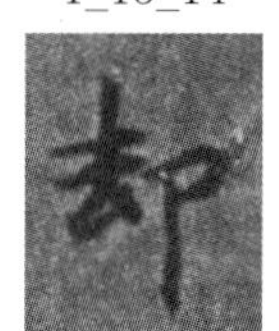

唐代·文選六八
72_717_20

唐代·文選八八
3_14_15

唐代·文選八八
3_16_6

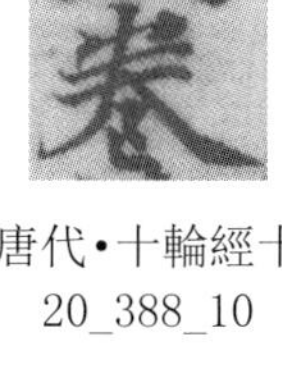

唐代·十輪經十
20_388_10

唐代·十輪經九
22_424_10

唐代·文選六八
2_14_3

唐代·文選六八
73_731_3

唐代·文選百三
87_835_5

唐代·古文選後
20_239_7

唐代·古文選後
27_315_5

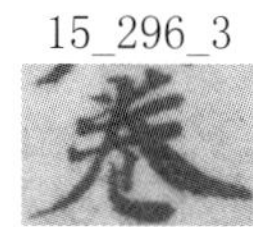

唐代·十輪經四
15_296_3

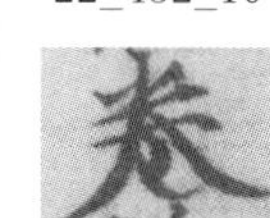

唐代·十輪經四
22_432_10

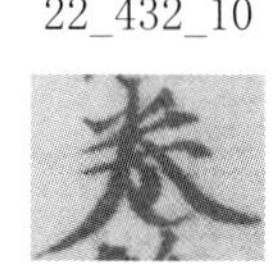

唐代·十輪經八
22_442_10

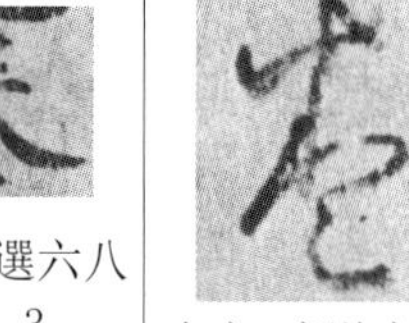

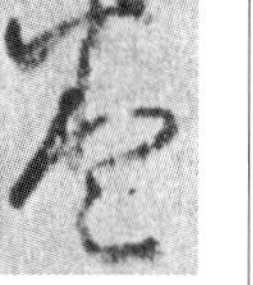

晚唐·慶滋書狀
1_5_1

唐代·文選四八
50_454_3

唐代·文選五九
9_80_8

唐代·文選五九
15_142_17

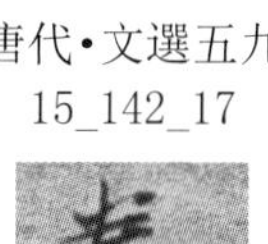

唐代·文選五九
53_520_24

唐代·文選五九
80_763_9

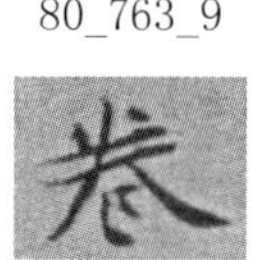

唐代·文選五九
84_813_22

唐代·文選五九
112_1065_3

卷

呉カン漢ケン
訓まく

初唐·金剛場經
1_7_8

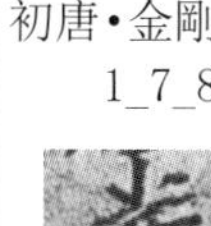

初唐·大般若經
1_1_9

初唐·大般若經
2_31_9

初唐·大般若經
2_35_11

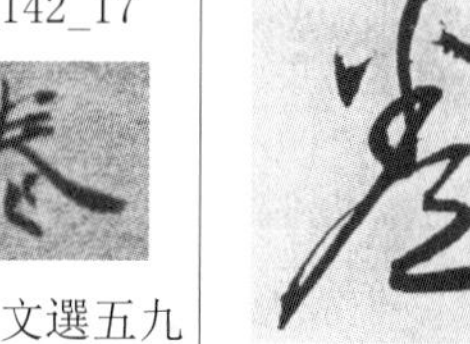

中唐·金剛經題
1_4_17

晚唐·慶滋書狀
1_1_3

唐代·春秋經傳
39_410_3

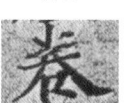

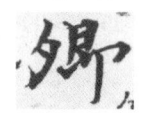

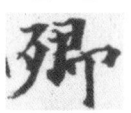

			 唐代•文選百三 24_236_9 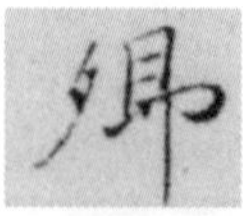 唐代•文選百三 63_604_1  唐代•文選百三 77_735_14  唐代•古文選後 5_53_10	 唐代•文選五九 111_1059_24  唐代•文選六八 1_2_4  唐代•文選六八 8_81_2  唐代•文選六八 30_304_22  唐代•文選六八 59_593_6  唐代•文選八八 1_3_4  唐代•文選八八 17_140_10  唐代•文選百三 17_165_4	 唐代•文選四八 36_327_3  唐代•文選四八 36_329_9  唐代•文選四八 36_329_12  唐代•文選四八 43_385_14 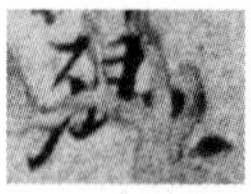 唐代•文選四八 46_412_9  唐代•文選五九 32_314_2 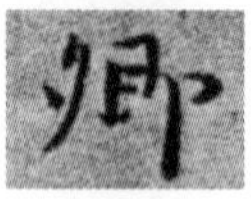 唐代•文選五九 49_485_3  唐代•文選五九 68_650_11	 唐代•春秋經傳 27_277_17  唐代•春秋經傳 28_287_29  唐代•春秋經傳 31_322_4  唐代•春秋經傳 31_322_30  唐代•春秋經傳 33_345_11  唐代•春秋經傳 34_354_1  唐代•春秋經傳 35_363_22  唐代•文選四八 20_185_18

刀部

刀 𠚣

トウ
訓かたな

- 唐代•文選四八 39_349_11
- 唐代•文選四八 44_391_2
- 唐代•文選五九 24_234_3
- 唐代•文選五九 29_279_24
- 唐代•文選六八 15_153_21
- 唐代•文選六八 35_358_23
- 唐代•十輪經四 12_223_5
- 唐代•十輪經四 13_259_10

刃 𠚨

漢ジン 呉ニン
訓やいば

- 唐代•文選四八 18_166_3
- 唐代•文選六八 15_149_8
- 唐代•文選六八 15_153_16
- 唐代•文選六八 23_238_4
- 唐代•文選六八 24_241_22
- 唐代•文選六八 32_323_1
- 唐代•文選六八 32_323_14
- 唐代•文選六八 33_338_13
- 唐代•文選六八 36_364_30
- 唐代•文選百三 7_59_29
- 唐代•文選百三 26_254_23
- 唐代•文選百三 33_328_9
- 唐代•文選百三 52_503_34
- 唐代•文選百三 52_504_10
- 唐代•文選百三 52_505_11
- 唐代•文選百三 61_581_27
- 唐代•文選百三 62_597_24
- 唐代•文選百三 71_688_20
- 唐代•文選百三 82_781_18
- 唐代•文選百三 83_794_5
- 唐代•文選百三 86_820_1

切 𠚥

漢セツ 呉サイ
訓きる

- 初唐•金剛場經 1_9_2
- 初唐•大般若經 1_5_8
- 中唐•金剛經題 2_11_13
- 唐代•文選五九 74_713_20
- 唐代•文選五九 74_714_9
- 唐代•文選五九 108_1020_2
- 唐代•文選五九 108_1023_10
- 唐代•文選六八 15_153_19
- 唐代•文選六八 15_160_15
- 唐代•文選六八 15_149_11
- 唐代•文選百三 67_645_6
- 唐代•古文選後 21_244_83
- 唐代•古文選後 21_251_8
- 唐代•十輪經四 1_7_1
- 唐代•十輪經四 3_50_2
- 唐代•十輪經四 3_51_17
- 唐代•十輪經四 4_65_14
- 唐代•十輪經四 4_75_16

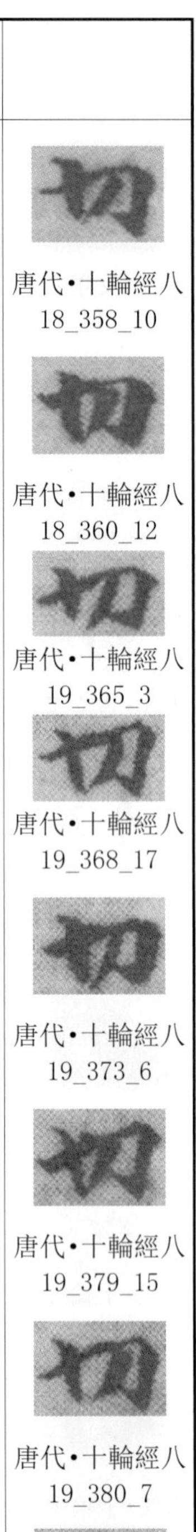

唐代·十輪經八 18_358_10
唐代·十輪經八 18_360_12
唐代·十輪經八 19_365_3
唐代·十輪經八 19_368_17
唐代·十輪經八 19_373_6
唐代·十輪經八 19_379_15
唐代·十輪經八 19_380_7
唐代·十輪經八 19_380_15

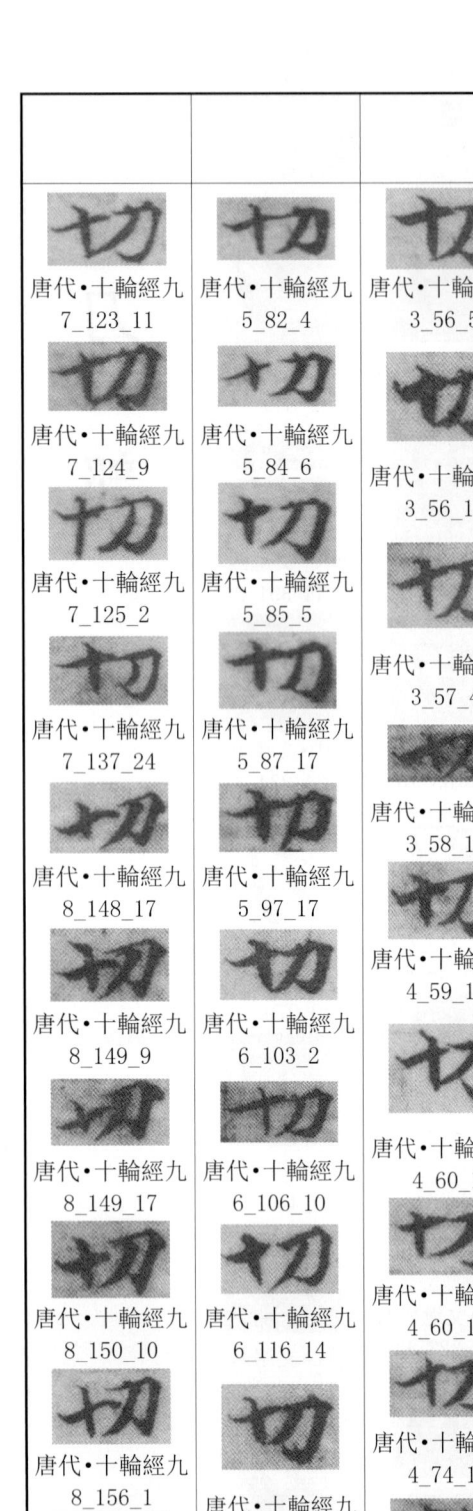

唐代·十輪經八 20_394_5
唐代·十輪經八 20_396_6
唐代·十輪經八 20_398_7
唐代·十輪經八 21_403_4
唐代·十輪經八 21_406_9
唐代·十輪經八 21_410_15
唐代·十輪經八 21_417_12
唐代·十輪經八 21_418_3
唐代·十輪經八 19_382_17

唐代·十輪經八 21_418_11
唐代·十輪經八 21_419_3
唐代·十輪經八 22_433_13
唐代·十輪經八 22_435_14
唐代·十輪經八 22_437_16
唐代·十輪經九 1_3_4
唐代·十輪經九 1_6_9
唐代·十輪經九 1_17_8
唐代·十輪經九 1_17_16

唐代·十輪經九 1_18_7
唐代·十輪經九 1_18_15
唐代·十輪經九 1_20_9
唐代·十輪經九 2_32_5
唐代·十輪經九 2_34_6
唐代·十輪經九 2_36_8
唐代·十輪經九 3_41_4
唐代·十輪經九 3_44_10
唐代·十輪經九 3_55_14

唐代·十輪經九 3_56_5
唐代·十輪經九 3_56_13
唐代·十輪經九 3_57_4
唐代·十輪經九 3_58_15
唐代·十輪經九 4_59_10
唐代·十輪經九 4_60_1
唐代·十輪經九 4_60_17
唐代·十輪經九 4_74_10
唐代·十輪經九 4_76_12

唐代·十輪經九 5_82_4
唐代·十輪經九 5_84_6
唐代·十輪經九 5_85_5
唐代·十輪經九 5_87_17
唐代·十輪經九 5_97_17
唐代·十輪經九 6_103_2
唐代·十輪經九 6_106_10
唐代·十輪經九 6_116_14
唐代·十輪經九 6_118_6
唐代·十輪經九 7_122_15

唐代·十輪經九 7_123_11
唐代·十輪經九 7_124_9
唐代·十輪經九 7_125_2
唐代·十輪經九 7_137_24
唐代·十輪經九 8_148_17
唐代·十輪經九 8_149_9
唐代·十輪經九 8_149_17
唐代·十輪經九 8_150_10
唐代·十輪經九 8_156_1
唐代·十輪經九 8_158_3

唐代・十輪經十
19_367_6

唐代・十輪經十
19_368_7

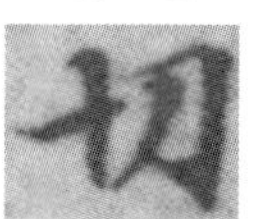
唐代・十輪經十
19_369_4

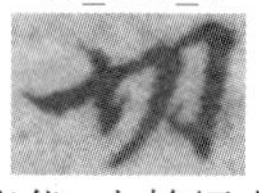
唐代・十輪經十
19_369_18

唐代・十輪經十
19_371_2

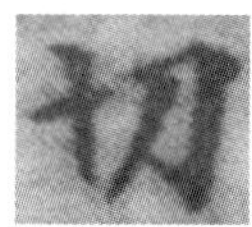
唐代・十輪經十
19_372_5

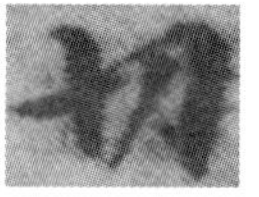
唐代・十輪經十
19_373_10

唐代・十輪經十
20_386_8

分 

漢フン 呉ブン 慣ブ
訓わける

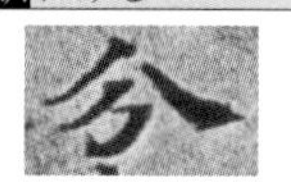
初唐・大般若經
1_2_2

唐代・春秋經傳
3_24_3

唐代・春秋經傳
36_379_7

唐代・文選四八
7_54_22

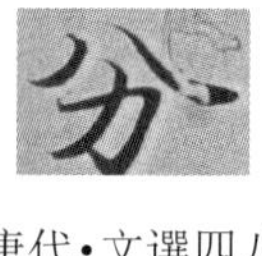
唐代・文選四八
14_124_3

唐代・文選四八
14_128_9

唐代・文選四八
15_135_14

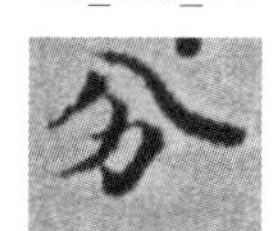
唐代・文選四八
15_136_14

唐代・文選四八
15_136_17

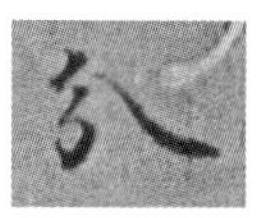
唐代・文選四八
15_138_5

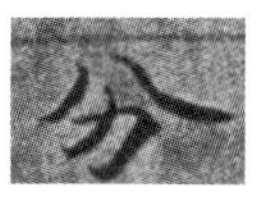
唐代・文選四八
16_140_1

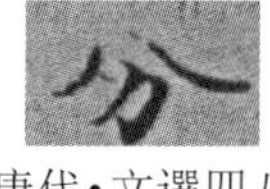
唐代・文選四八
20_176_14

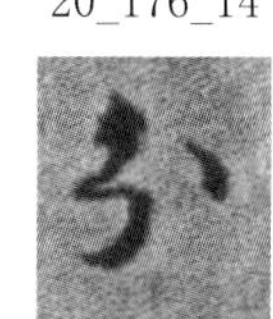
唐代・文選五九
9_87_7

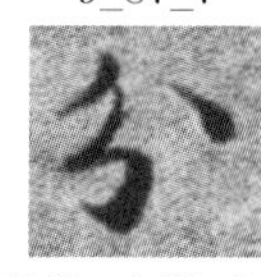
唐代・文選五九
15_150_25

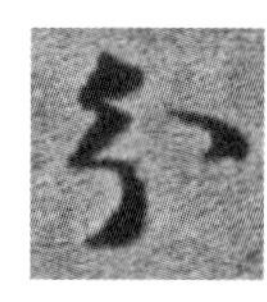
唐代・文選五九
19_186_22

唐代・文選五九
21_207_32

唐代・文選五九
29_280_23

唐代・文選五九
35_350_13

唐代・文選五九
43_429_23

唐代・文選五九
74_705_2

唐代・文選五九
82_792_3

唐代・文選五九
82_793_7

唐代・文選五九
82_795_1

唐代・文選五九
88_843_5

唐代・文選五九
88_844_18

唐代・文選五九
88_846_6

唐代・文選六八
9_89_15

唐代・文選六八
9_92_10

唐代・文選六八
9_93_10

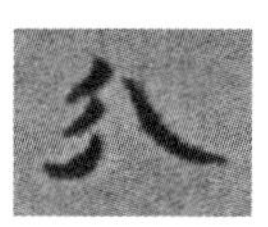
唐代・文選六八
15_152_28

唐代・文選六八
36_362_3

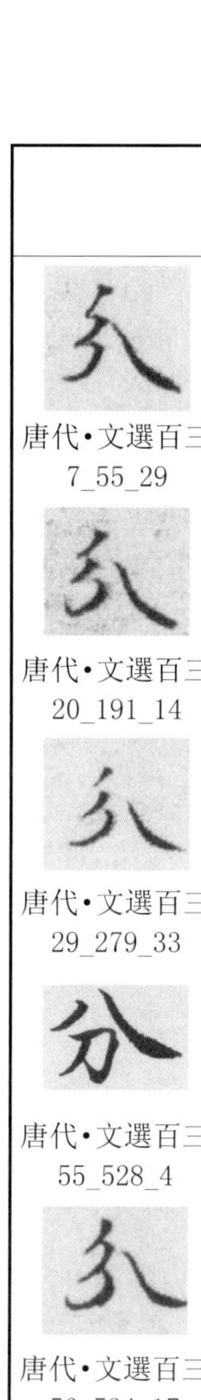
唐代・文選六八
59_586_10

唐代・文選六八
59_588_6

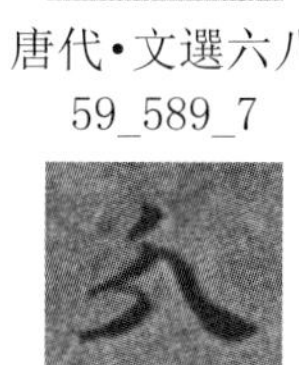
唐代・文選六八
59_589_7

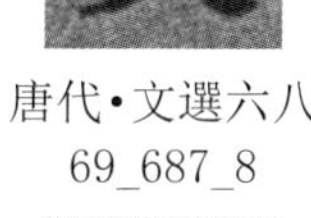
唐代・文選六八
69_687_8

唐代・文選八八
11_91_8

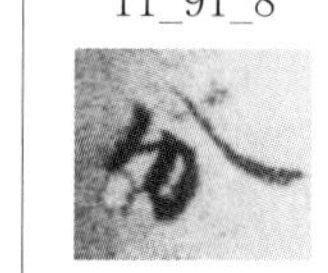
唐代・文選八八
11_92_19

唐代・文選八八
11_94_19

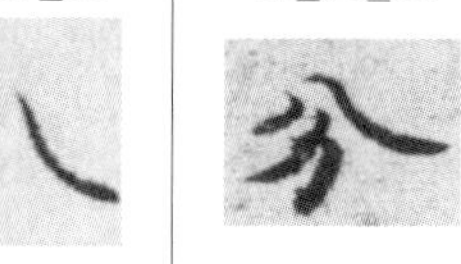
唐代・文選八八
11_94_22

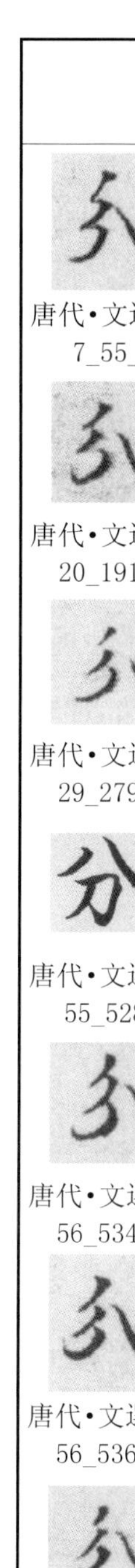
唐代・文選百三
7_55_29

唐代・文選百三
20_191_14

唐代・文選百三
29_279_33

唐代・文選百三
55_528_4

唐代・文選百三
56_534_17

唐代・文選百三
56_536_30

唐代・文選百三
56_537_18

唐代・文選百三
56_538_30

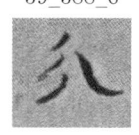

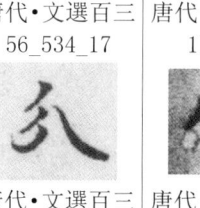

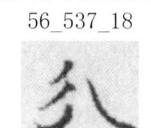

刑形

漢ケイ呉ギョウ
訓のり

	刑					
唐代·古文選後 11_128_10	唐代·春秋經傳 6_54_28	唐代·十輪經九 15_299_11	唐代·十輪經八 4_70_2	唐代·古文選後 20_231_13	唐代·古文選前 7_85_2	唐代·文選百三 56_539_2
唐代·十輪經四 14_277_6	唐代·春秋經傳 25_256_1	唐代·十輪經九 18_349_13	唐代·十輪經九 3_42_1	唐代·古文選後 25_291_6	唐代·古文選前 19_226_8	唐代·文選百三 61_591_17
	唐代·春秋經傳 25_256_3	唐代·十輪經十 2_28_9	唐代·十輪經九 3_48_2	唐代·古文選後 25_297_5	唐代·古文選前 25_299_5	唐代·文選百三 87_829_24
	唐代·文選四八 35_316_17	唐代·十輪經十 2_28_17	唐代·十輪經九 3_53_6	唐代·古文選後 26_312_6	唐代·古文選前 25_299_9	唐代·文選百三 87_830_14
	唐代·文選百三 57_551_33	唐代·十輪經十 12_234_12	唐代·十輪經九 10_194_8	唐代·十輪經四 11_215_2	唐代·古文選前 26_310_7	唐代·文選百三 87_831_20
	唐代·古文選後 1_11_8		唐代·十輪經九 10_197_17	唐代·十輪經四 12_222_15	唐代·古文選後 9_96_3	唐代·文選百三 87_831_27
	唐代·古文選後 2_13_4		唐代·十輪經九 10_199_4	唐代·十輪經四 21_401_8	唐代·古文選後 12_137_2	唐代·古文選前 6_63_11
	唐代·古文選後 4_46_7		唐代·十輪經九 13_257_4	唐代·十輪經八 2_34_8	唐代·古文選後 19_217_5	唐代·古文選前 7_84_9

列

漢レツ 呉レチ
訓わける

唐代•春秋經傳 2_18_15
唐代•春秋經傳 24_247_9
唐代•文選四八 7_58_25
唐代•文選四八 13_118_7
唐代•文選四八 35_317_28
唐代•文選四八 38_340_24
唐代•文選五九 11_109_7

唐代•文選五九 21_205_24
唐代•文選五九 27_263_13
唐代•文選五九 30_298_5
唐代•文選五九 31_301_9
唐代•文選五九 31_302_14
唐代•文選五九 31_303_19
唐代•文選五九 47_466_6

唐代•文選五九 48_472_8
唐代•文選五九 48_474_26
唐代•文選五九 63_608_1
唐代•文選五九 75_723_17
唐代•文選五九 85_817_28
唐代•文選五九 97_918_10
唐代•文選五九 101_953_6

唐代•文選五九 105_993_4
唐代•文選六八 4_41_14
唐代•文選六八 9_96_12
唐代•文選六八 11_117_2
唐代•文選六八 22_221_13
唐代•文選六八 27_271_11
唐代•文選六八 27_277_5

唐代•文選六八 27_277_8
唐代•文選六八 52_523_8
唐代•文選六八 55_549_4
唐代•文選六八 57_565_11
唐代•文選六八 59_589_1
唐代•文選八八 12_99_19
唐代•文選百三 3_27_8

唐代•文選百三 3_28_22
唐代•文選百三 5_46_14
唐代•文選百三 7_61_11
唐代•文選百三 21_198_22
唐代•文選百三 25_248_24
唐代•文選百三 41_413_6
唐代•文選百三 55_526_1

唐代•文選百三 55_527_5
唐代•文選百三 67_650_31
唐代•文選百三 67_652_32
唐代•文選百三 69_660_37
唐代•古文選後 8_85_12
唐代•古文選後 14_167_8
唐代•古文選後 17_197_14

唐代•古文選後
17_204_13

唐代•古文選後
24_288_4

唐代•十輪經八
22_421_7

初 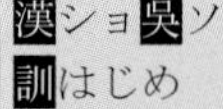

漢ショ呉ソ
訓はじめ

初唐•法華義疏
1_6_18

初唐•金剛場經
1_1_16

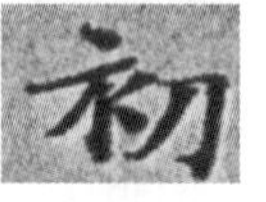
初唐•大般若經
1_2_1

唐代•春秋經傳
8_81_3

唐代•春秋經傳
9_95_21

唐代•春秋經傳
11_115_15

唐代•春秋經傳
16_160_9

唐代•春秋經傳
19_201_12

唐代•春秋經傳
20_209_15

唐代•春秋經傳
22_228_17

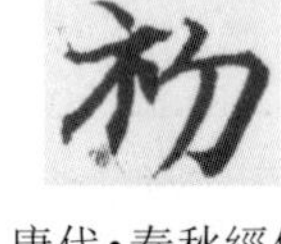
唐代•春秋經傳
34_358_21

唐代•春秋經傳
34_359_4

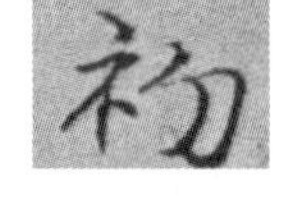
唐代•文選四八
6_49_14

唐代•文選四八
8_70_11

唐代•文選四八
12_102_3

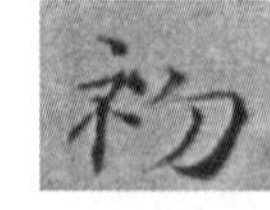
唐代•文選四八
12_105_12

唐代•文選四八
12_107_21

唐代•文選四八
12_109_17

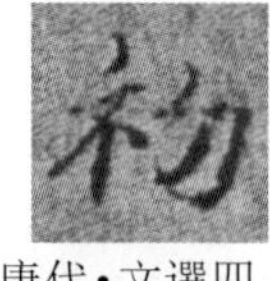
唐代•文選四八
16_149_1

唐代•文選四八
17_154_4

唐代•文選四八
17_157_24

唐代•文選四八
18_164_42

唐代•文選四八
25_226_9

唐代•文選四八
35_311_6

唐代•文選四八
44_395_12

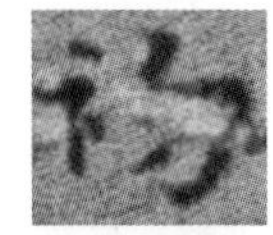
唐代•文選五九
11_101_30

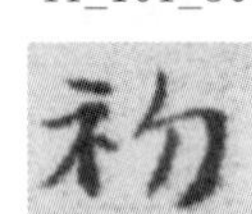
唐代•文選五九
21_210_3

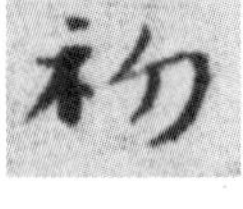
唐代•文選五九
31_299_25

唐代•文選五九
39_391_6

唐代•文選五九
39_391_12

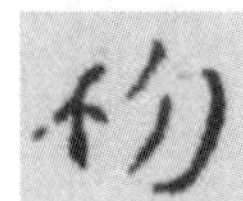
唐代•文選五九
50_495_24

唐代•文選五九
50_496_18

唐代•文選五九
51_500_22

唐代•文選五九
60_579_10

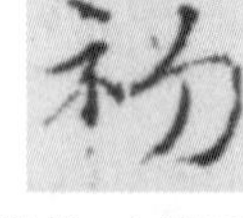
唐代•文選五九
63_608_18

唐代•文選五九
74_717_4

唐代•文選五九
77_742_12

唐代•文選五九
78_756_23

唐代•文選五九
101_953_23

唐代•文選六八
2_16_10

唐代•文選六八
2_19_26

唐代•文選六八
9_89_11

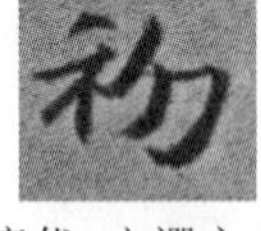
唐代•文選六八
9_92_3

唐代•文選六八
18_185_14

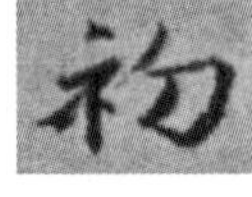
唐代•文選六八
21_208_18

唐代•文選六八
27_267_6

唐代•文選六八
27_267_10

唐代•文選六八
73_728_21

刪删

漢サン 呉セン
訓けずる

唐代•文選六八 67_673_23
唐代•文選六八 67_674_25

唐代•十輪經十 8_154_11
唐代•十輪經十 9_165_13
唐代•十輪經十 10_189_15
唐代•十輪經十 11_202_11
唐代•十輪經十 14_274_8
唐代•十輪經十 16_313_2

唐代•十輪經九 18_356_10
唐代•十輪經九 19_367_13
唐代•十輪經九 21_414_5
唐代•十輪經十 1_3_13
唐代•十輪經十 2_32_10
唐代•十輪經十 2_37_15
唐代•十輪經十 6_119_12
唐代•十輪經十 7_132_13

唐代•十輪經九 8_148_13
唐代•十輪經九 9_166_7
唐代•十輪經九 11_202_12
唐代•十輪經九 12_239_13
唐代•十輪經九 14_262_13
唐代•十輪經九 14_271_13
唐代•十輪經九 15_291_5
唐代•十輪經九 16_302_13

唐代•文選百三 66_635_6
唐代•文選百三 66_638_16
唐代•文選百三 71_682_32
唐代•古文選前 3_29_7
唐代•古文選前 11_133_29
唐代•古文選前 11_134_2
唐代•古文選後 13_152_8
唐代•古文選後 21_247_5

唐代•文選百三 24_231_7
唐代•文選百三 25_243_8
唐代•文選百三 38_382_32
唐代•文選百三 52_502_29
唐代•文選百三 65_621_18
唐代•文選百三 65_629_3
唐代•文選百三 65_632_6
唐代•文選百三 65_632_13

唐代•文選六八 73_730_4
唐代•文選八八 10_78_14
唐代•文選八八 11_87_18
唐代•文選八八 13_106_33
唐代•文選八八 24_216_13
唐代•文選百三 3_21_16
唐代•文選百三 10_90_7
唐代•文選百三 10_94_5

別

慣ベツ 呉ベチ
訓わかれる

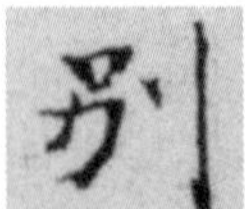

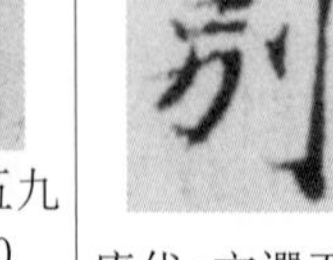

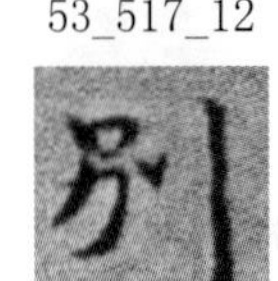

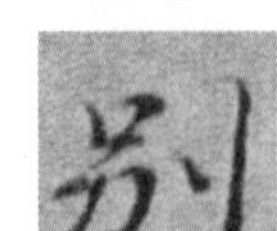
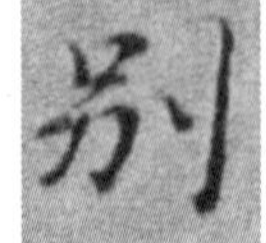

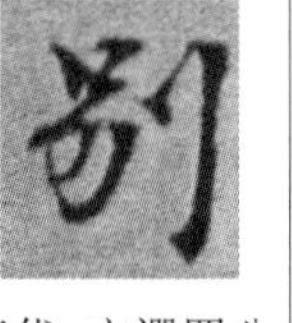

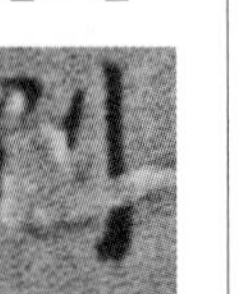
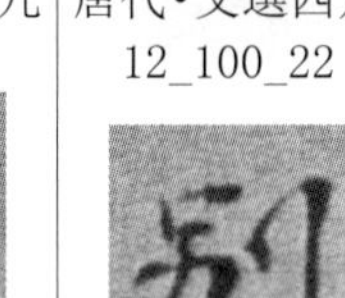

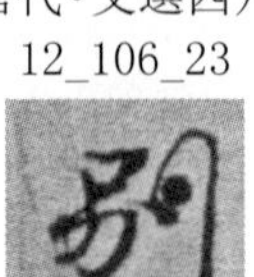

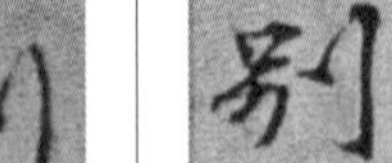
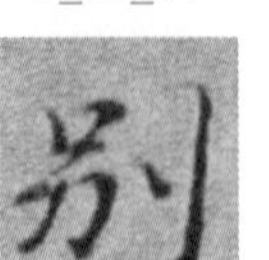
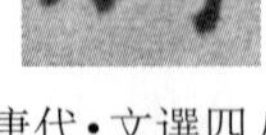
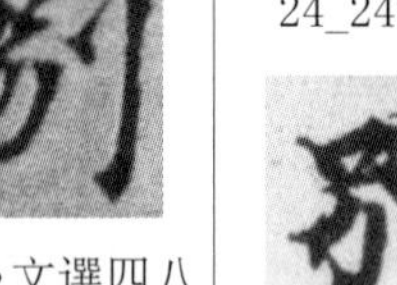

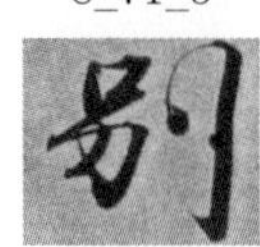

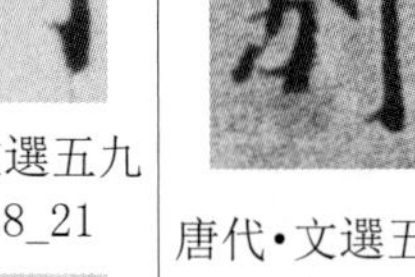
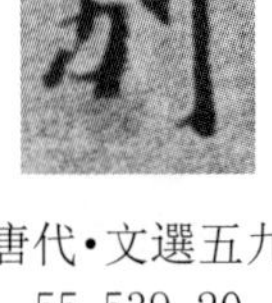
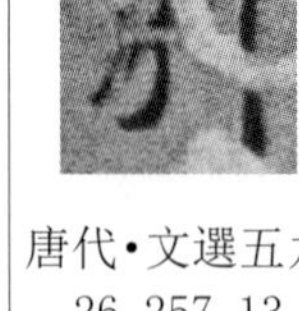
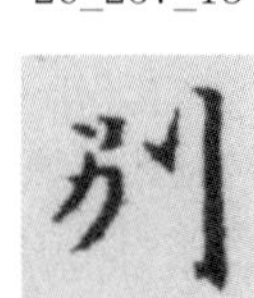

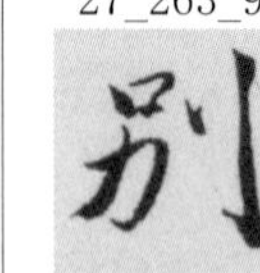
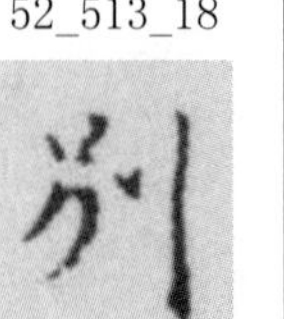
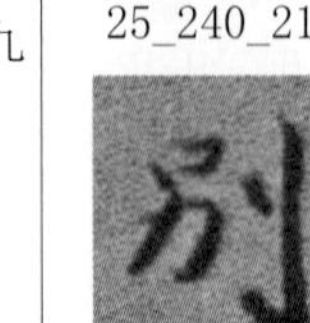
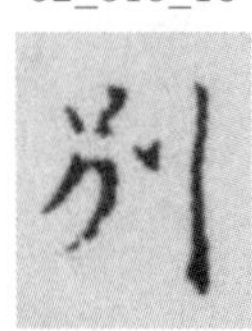
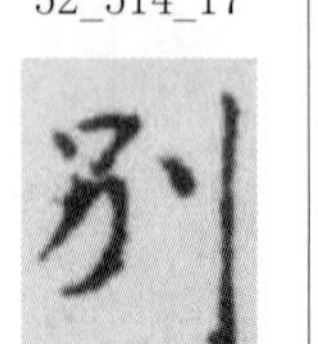
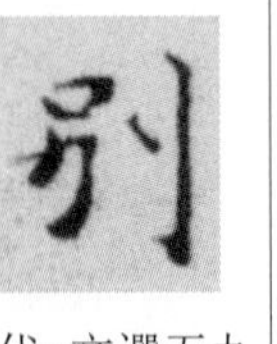

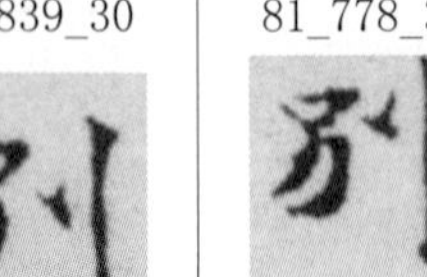
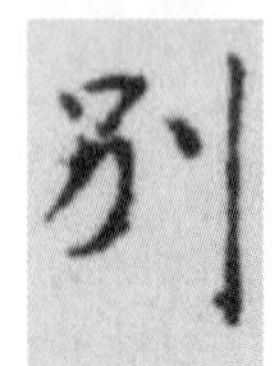

初唐•法華義疏 1_7_2

初唐•法華義疏 1_8_11

唐代•春秋經傳 24_249_14

唐代•春秋經傳 27_278_9

唐代•文選四八 7_56_9

唐代•文選四八 8_71_3

唐代•文選四八 9_73_9

唐代•文選四八 9_76_17

唐代•文選四八 10_80_8

唐代•文選四八 11_99_16

唐代•文選四八 12_100_22

唐代•文選四八 12_106_23

唐代•文選四八 15_136_15

唐代•文選四八 15_136_22

唐代•文選四八 15_138_6

唐代•文選五九 15_148_14

唐代•文選五九 19_191_8

唐代•文選五九 20_195_11

唐代•文選五九 20_197_20

唐代•文選五九 25_240_21

唐代•文選五九 25_242_22

唐代•文選五九 26_255_3

唐代•文選五九 26_256_14

唐代•文選五九 26_257_13

唐代•文選五九 27_263_9

唐代•文選五九 52_513_18

唐代•文選五九 52_514_17

唐代•文選五九 52_515_16

唐代•文選五九 53_517_12

唐代•文選五九 53_518_28

唐代•文選五九 55_539_20

唐代•文選五九 64_612_12

唐代•文選五九 64_612_14

唐代•文選五九 81_778_30

唐代•文選五九 81_780_27

唐代•文選五九 81_781_41

唐代•文選五九 87_837_2

唐代•文選五九 88_838_21

唐代•文選五九 88_838_25

唐代•文選五九 88_839_28

唐代•文選五九 88_839_30

唐代•文選五九 88_840_17

唐代•文選五九 88_840_20

唐代•文選五九 88_840_22

唐代•文選五九 88_842_1

唐代•文選五九 88_845_19

唐代•文選五九 93_894_3

唐代•文選五九 94_896_6

唐代•文選五九 94_900_5

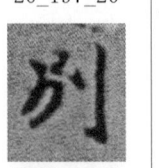

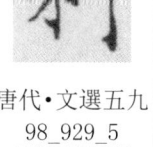

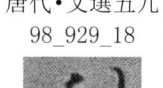

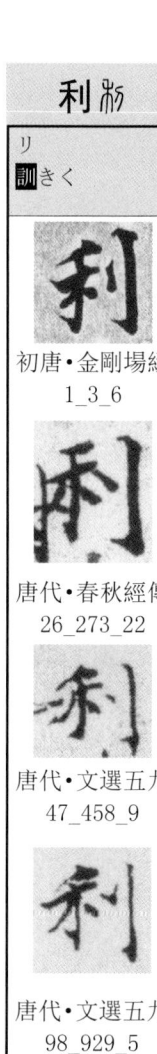

利

リ

訓きく

初唐·金剛場經
1_3_6

唐代·春秋經傳
26_273_22

唐代·文選五九
47_458_9

唐代·文選五九
98_929_5

唐代·文選五九
98_929_18

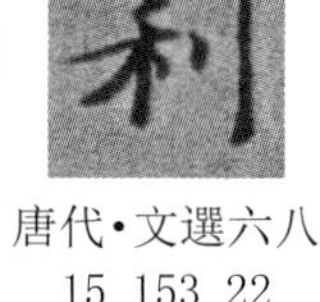
唐代·文選六八
15_153_22

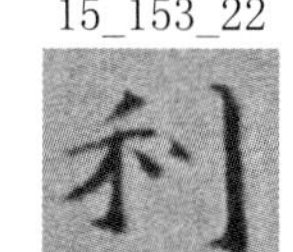
唐代·文選六八
21_219_26

唐代·文選六八
24_240_25

唐代·十輪經十
2_29_1

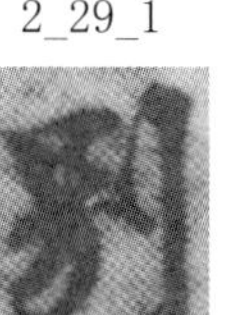
唐代·十輪經十
4_78_15

唐代·十輪經十
7_125_12

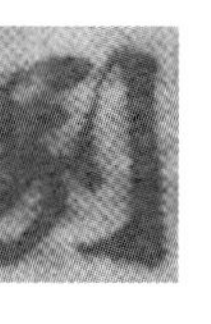
唐代·十輪經十
12_234_13

唐代·十輪經九
13_255_2

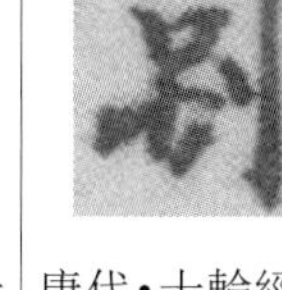
唐代·十輪經九
13_257_5

唐代·十輪經九
15_299_12

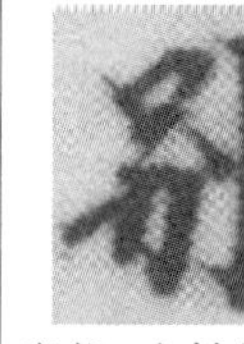
唐代·十輪經九
18_346_11

唐代·十輪經九
18_346_15

唐代·十輪經九
18_349_14

唐代·十輪經十
2_28_10

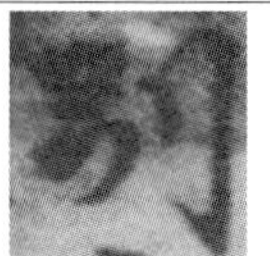
唐代·十輪經九
3_42_2

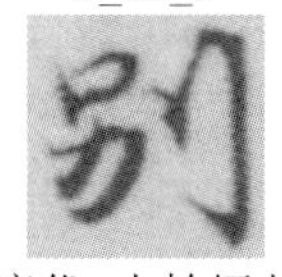
唐代·十輪經九
3_48_3

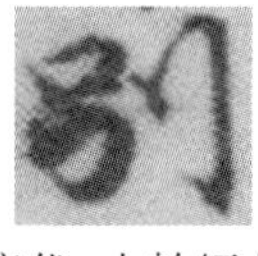
唐代·十輪經九
3_53_7

唐代·十輪經九
6_112_13

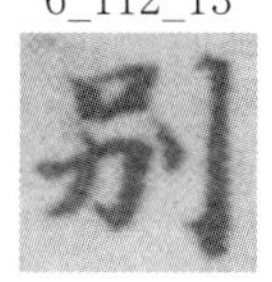
唐代·十輪經九
13_245_11

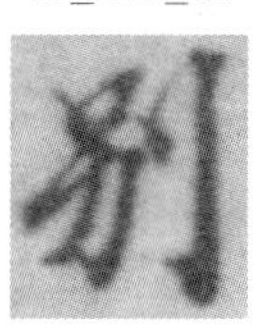
唐代·十輪經九
13_246_2

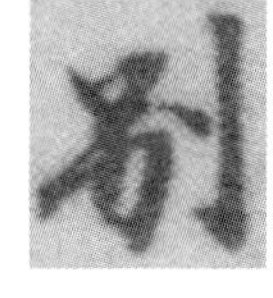
唐代·十輪經九
13_254_15

唐代·古文選後
25_292_9

唐代·古文選後
25_295_8

唐代·古文選後
26_305_4

唐代·古文選後
26_306_5

唐代·古文選後
26_311_1

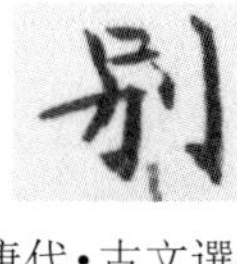
唐代·古文選後
27_313_4

唐代·十輪經四
5_83_1

唐代·文選百三
21_202_25

唐代·文選百三
67_647_17

唐代·古文選前
26_305_9

唐代·古文選後
5_54_2

唐代·古文選後
17_200_2

唐代·古文選後
21_248_11

唐代·古文選後
23_271_10

唐代·文選五九
98_931_15

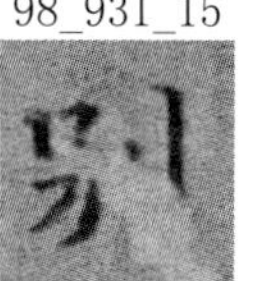
唐代·文選六八
6_60_30

唐代·文選六八
13_134_17

唐代·文選八八
23_204_34

唐代·文選百三
20_196_8

唐代·文選百三
21_200_24

唐代·文選百三
21_201_24

唐代•十輪經四 10_193_12
唐代•十輪經四 11_204_17
唐代•十輪經四 15_283_5
唐代•十輪經四 16_303_8
唐代•十輪經四 16_311_12
唐代•十輪經四 16_314_13
唐代•十輪經四 16_316_7
唐代•十輪經四 16_320_17
唐代•十輪經四 6_113_9
唐代•十輪經四 6_115_3
唐代•十輪經四 6_119_9
唐代•十輪經四 7_122_6
唐代•十輪經四 7_129_15
唐代•十輪經四 7_132_8
唐代•十輪經四 7_138_13
唐代•十輪經四 8_142_13
唐代•十輪經四 4_72_13
唐代•十輪經四 4_74_15
唐代•十輪經四 4_78_7
唐代•十輪經四 5_81_4
唐代•十輪經四 5_86_7
唐代•十輪經四 5_89_4
唐代•十輪經四 5_93_9
唐代•十輪經四 6_108_6
唐代•十輪經四 3_47_2
唐代•十輪經四 3_53_9
唐代•十輪經四 3_56_1
唐代•十輪經四 3_57_1
唐代•十輪經四 3_59_10
唐代•十輪經四 4_61_13
唐代•十輪經四 4_67_10
唐代•十輪經四 4_69_7
唐代•十輪經四 1_8_9
唐代•十輪經四 1_19_11
唐代•十輪經四 1_21_12
唐代•十輪經四 1_22_7
唐代•十輪經四 2_28_11
唐代•十輪經四 2_30_8
唐代•十輪經四 2_33_16
唐代•十輪經四 2_38_9
唐代•文選百三 54_518_29
唐代•文選百三 59_568_1
唐代•文選百三 60_572_24
唐代•文選百三 68_657_22
唐代•文選百三 73_710_4
唐代•文選百三 74_714_23
唐代•古文選後 4_48_6
唐代•十輪經四 1_4_5
唐代•文選六八 24_241_3
唐代•文選六八 24_241_24
唐代•文選六八 24_242_23
唐代•文選六八 63_626_11
唐代•文選六八 66_662_12
唐代•文選六八 73_722_27
唐代•文選百三 26_252_9
唐代•文選百三 26_255_31

唐代·十輪經四 17_330_11
唐代·十輪經四 17_338_13
唐代·十輪經四 18_342_17
唐代·十輪經四 18_348_1
唐代·十輪經四 18_351_9
唐代·十輪經四 18_353_4
唐代·十輪經四 18_357_17
唐代·十輪經四 19_364_11
唐代·十輪經四 19_368_6
唐代·十輪經四 19_370_1
唐代·十輪經四 19_374_17
唐代·十輪經四 20_380_15
唐代·十輪經四 20_387_16
唐代·十輪經四 20_389_11
唐代·十輪經四 20_393_7
唐代·十輪經四 20_398_12
唐代·十輪經四 21_413_9
唐代·十輪經四 21_418_1
唐代·十輪經四 22_422_14
唐代·十輪經四 22_427_7
唐代·十輪經八 1_11_1
唐代·十輪經八 2_31_17
唐代·十輪經八 3_46_17
唐代·十輪經八 5_94_8
唐代·十輪經八 7_121_14
唐代·十輪經八 7_139_13
唐代·十輪經八 7_140_8
唐代·十輪經八 8_160_9
唐代·十輪經八 9_169_2
唐代·十輪經八 10_198_5
唐代·十輪經八 11_206_16
唐代·十輪經八 12_235_14
唐代·十輪經八 13_244_8
唐代·十輪經八 14_272_15
唐代·十輪經八 14_281_9
唐代·十輪經八 16_310_13
唐代·十輪經八 16_319_7
唐代·十輪經八 18_349_5
唐代·十輪經八 18_357_17
唐代·十輪經八 19_365_17
唐代·十輪經八 19_369_5
唐代·十輪經八 19_372_11
唐代·十輪經八 20_383_3
唐代·十輪經八 20_387_1
唐代·十輪經八 20_395_13
唐代·十輪經八 22_426_9
唐代·十輪經八 22_435_4
唐代·十輪經九 2_25_1
唐代·十輪經九 2_33_13
唐代·十輪經九 4_64_6
唐代·十輪經九 4_73_17
唐代·十輪經九 5_84_9
唐代·十輪經九 6_109_16

	剌	判				
	漢ラツ 訓もとる	ハン慣バン 訓わける				

唐代・文選百三 27_268_7
唐代・文選百三 29_279_1
唐代・文選百三 30_296_9
唐代・文選百三 35_343_11
唐代・文選百三 35_344_9
唐代・文選百三 49_473_3
唐代・古文選後 21_244_46
唐代・古文選後 21_244_77

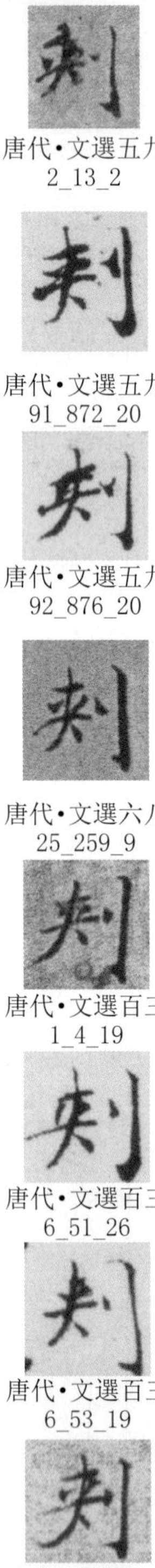

唐代・文選五九 2_13_2
唐代・文選五九 91_872_20
唐代・文選五九 92_876_20
唐代・文選六八 25_259_9
唐代・文選百三 1_4_19
唐代・文選百三 6_51_26
唐代・文選百三 6_53_19
唐代・文選百三 27_261_19

唐代・文選六八 9_93_2

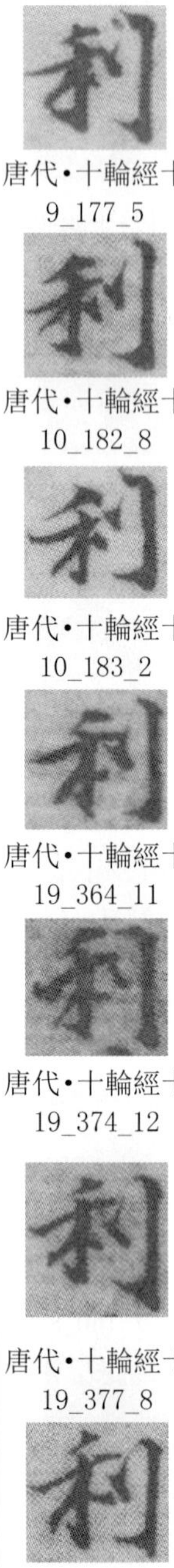

唐代・十輪經十 9_177_5
唐代・十輪經十 10_182_8
唐代・十輪經十 10_183_2
唐代・十輪經十 19_364_11
唐代・十輪經十 19_374_12
唐代・十輪經十 19_377_8
唐代・十輪經十 20_381_8

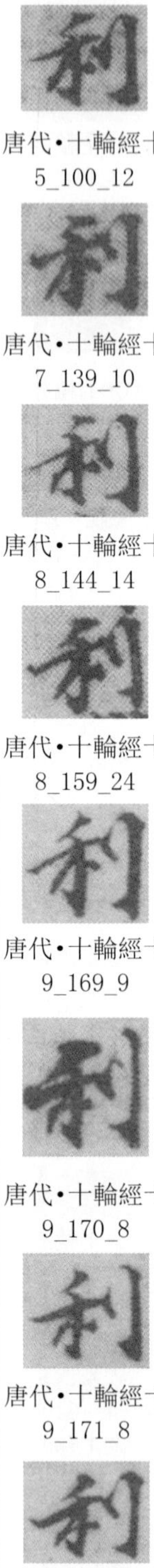

唐代・十輪經十 5_100_12
唐代・十輪經十 7_139_10
唐代・十輪經十 8_144_14
唐代・十輪經十 8_159_24
唐代・十輪經十 9_169_9
唐代・十輪經十 9_170_8
唐代・十輪經十 9_171_8
唐代・十輪經十 9_172_7

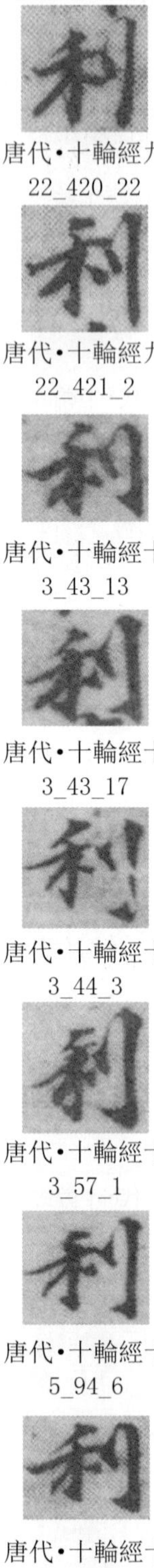

唐代・十輪經九 22_420_22
唐代・十輪經九 22_421_2
唐代・十輪經十 3_43_13
唐代・十輪經十 3_43_17
唐代・十輪經十 3_44_3
唐代・十輪經十 3_57_1
唐代・十輪經十 5_94_6
唐代・十輪經十 5_100_7

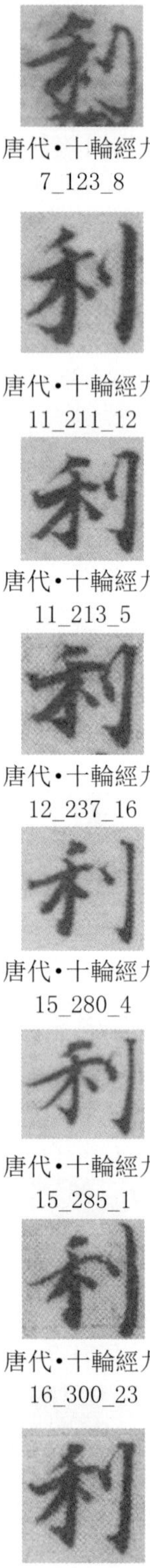

唐代・十輪經九 7_123_8
唐代・十輪經九 11_211_12
唐代・十輪經九 11_213_5
唐代・十輪經九 12_237_16
唐代・十輪經九 15_280_4
唐代・十輪經九 15_285_1
唐代・十輪經九 16_300_23
唐代・十輪經九 16_307_6

唐代•文選百三
39_396_14

唐代•古文選前
25_298_10

唐代•古文選前
25_298_12

刻

コク
訓きざむ

唐代•文選五九
48_477_32

唐代•文選五九
54_533_10

唐代•文選五九
55_535_25

唐代•文選五九
66_642_21

唐代•文選五九
67_643_12

唐代•文選五九
108_1025_14

唐代•文選六八
21_207_1

刮

漢カツ呉カチ
訓かきとる

唐代•文選五九
106_1006_8

唐代•文選六八
15_157_8

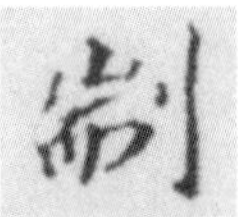
唐代•文選百三
35_346_30

唐代•文選百三
46_442_25

唐代•文選百三
46_445_11

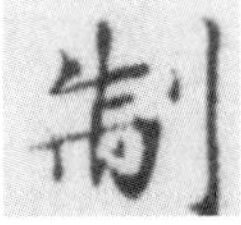
唐代•文選百三
47_446_27

唐代•文選百三
73_705_13

唐代•古文選前
15_178_41

唐代•古文選後
18_205_8

唐代•十輪經四
14_274_9

制

漢セイ
訓きる

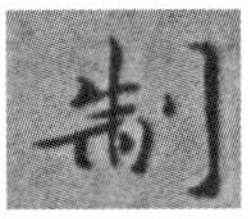
唐代•文選六八
65_646_20

唐代•文選八八
5_33_10

唐代•文選八八
10_78_18

唐代•文選百三
35_343_3

唐代•文選百三
35_345_23

唐代•文選百三
35_345_25

唐代•文選百三
35_346_18

唐代•文選百三
35_346_27

唐代•文選百三
56_536_13

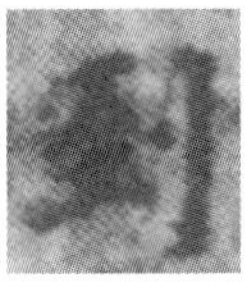
唐代•十輪經四
3_41_11

唐代•文選八八
5_29_11

到

トウ
訓いたる

唐代•文選四八
42_379_14

唐代•文選四八
42_379_24

唐代•文選四八
45_406_12

唐代•文選六八
8_77_4

唐代•文選六八
36_359_16

唐代•文選六八
53_528_22

唐代•文選百三
9_79_24

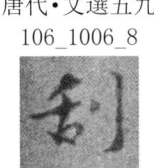

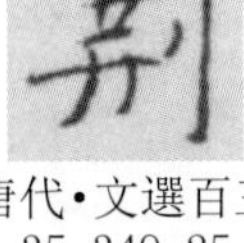
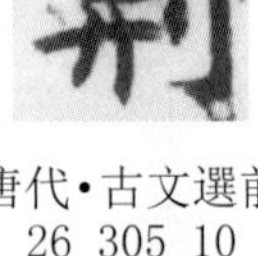
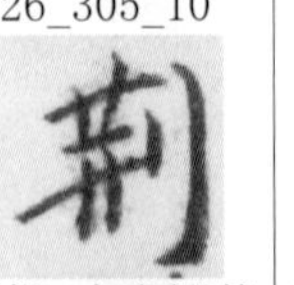

唐代•文選百三 6_51_22

唐代•文選百三 35_349_25

唐代•文選百三 49_473_35

唐代•文選百三 50_483_20

唐代•古文選前 26_305_10

唐代•古文選後 7_78_7

唐代•古文選後 22_262_12

唐代•古文選後 23_273_16

荆

漢ケイ
訓いばら

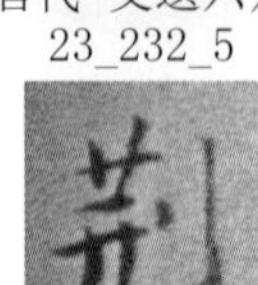

唐代•文選六八 17_171_13

唐代•文選六八 23_232_5

唐代•文選六八 23_235_4

唐代•文選六八 59_588_14

唐代•文選六八 59_592_3

唐代•文選六八 59_593_5

唐代•文選六八 62_620_12

唐代•文選百三 6_50_7

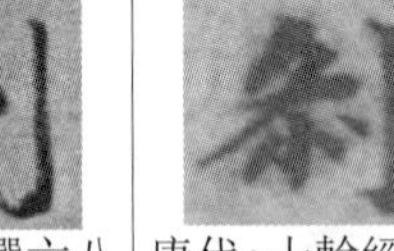
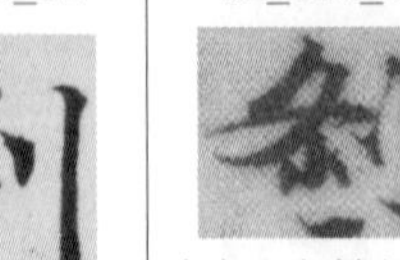

唐代•十輪經四 19_374_15

唐代•十輪經四 20_380_13

唐代•十輪經四 20_387_14

唐代•十輪經四 20_389_9

唐代•十輪經四 20_393_5

唐代•十輪經四 20_398_10

唐代•十輪經四 22_427_5

唐代•十輪經九 6_109_14

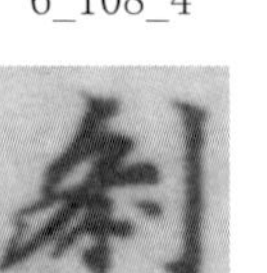

唐代•十輪經四 5_81_2

唐代•十輪經四 5_86_5

唐代•十輪經四 5_89_2

唐代•十輪經四 5_93_7

唐代•十輪經四 6_108_4

唐代•十輪經四 6_113_7

唐代•十輪經四 6_115_1

唐代•十輪經四 6_119_7

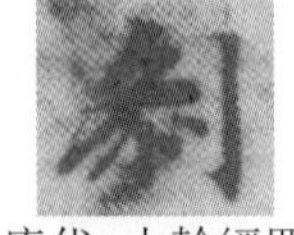
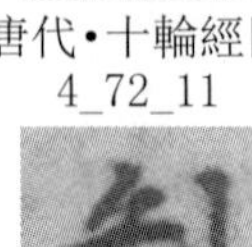
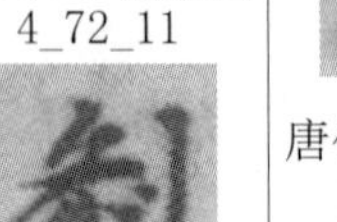

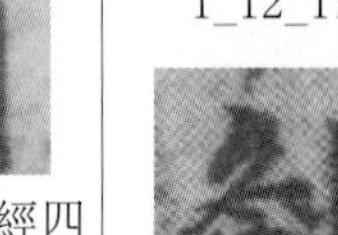

唐代•十輪經四 3_46_17

唐代•十輪經四 3_53_7

唐代•十輪經四 4_61_11

唐代•十輪經四 4_67_8

唐代•十輪經四 4_69_5

唐代•十輪經四 4_72_11

唐代•十輪經四 4_74_13

唐代•十輪經四 4_78_5

刹 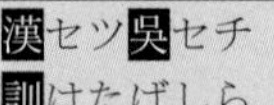

漢セツ 呉セチ
訓はたばしら

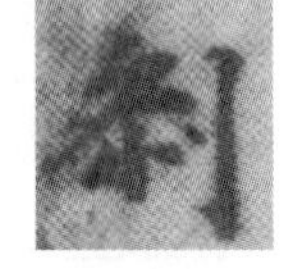
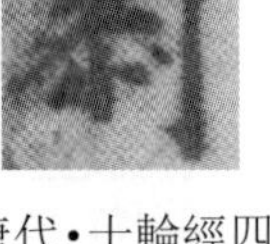
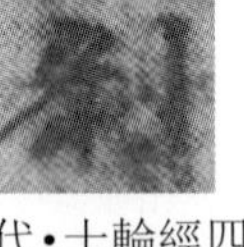
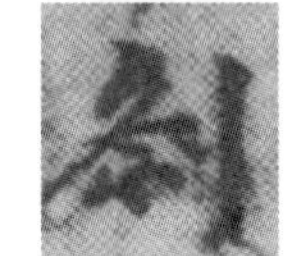
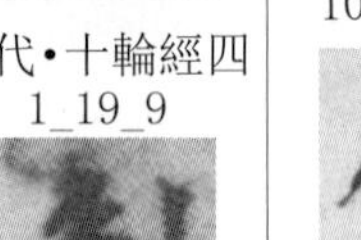
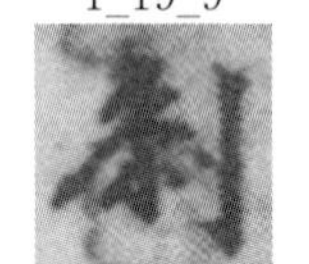
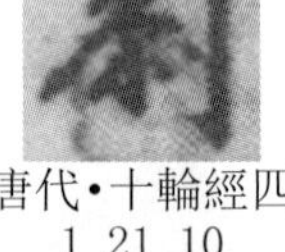

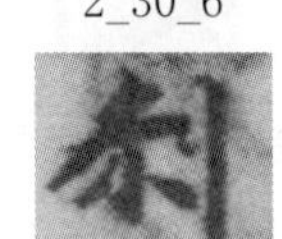

唐代•十輪經四 1_8_7

唐代•十輪經四 1_12_11

唐代•十輪經四 1_19_9

唐代•十輪經四 1_21_10

唐代•十輪經四 2_28_9

唐代•十輪經四 2_30_6

唐代•十輪經四 2_33_14

唐代•十輪經四 2_38_7

刷 

漢サツ 呉セチ
訓する

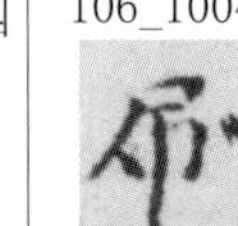
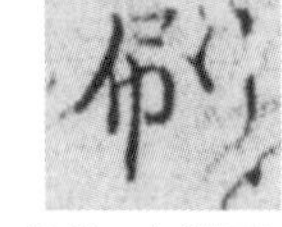

唐代•文選五九 106_1004_19

唐代•文選五九 106_1005_24

唐代•文選五九 106_1006_7

唐代•文選五九 107_1007_21

唐代•文選五九 107_1008_7

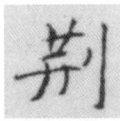

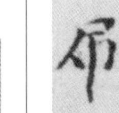

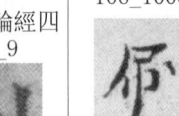

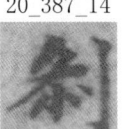

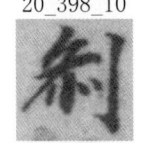

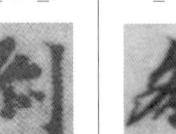

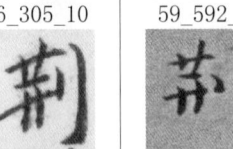

則

ソク

訓のり

中唐•金剛經題 1_3_1

中唐•金剛經題 1_6_4

唐代•春秋經傳 3_21_16

唐代•春秋經傳 7_63_2

唐代•春秋經傳 7_63_11

唐代•春秋經傳 8_76_16

唐代•春秋經傳 8_77_8

唐代•春秋經傳 8_81_15

唐代•春秋經傳 8_82_9

唐代•春秋經傳 8_84_22

唐代•春秋經傳 11_109_16

唐代•春秋經傳 11_112_11

唐代•春秋經傳 12_123_5

唐代•春秋經傳 14_148_11

唐代•春秋經傳 20_205_11

唐代•春秋經傳 29_302_17

唐代•春秋經傳 32_339_17

唐代•春秋經傳 33_350_3

唐代•春秋經傳 33_350_14

唐代•春秋經傳 37_386_14

唐代•文選八八 8_61_14

唐代•文選八八 10_80_8

唐代•文選四八 4_27_6

唐代•文選四八 4_25_10

唐代•文選四八 6_47_5

唐代•文選四八 6_53_9

唐代•文選四八 7_59_21

唐代•文選四八 10_80_10

唐代•文選四八 13_118_24

唐代•文選四八 13_119_2

唐代•文選四八 18_167_9

唐代•文選四八 23_208_22

唐代•文選四八 24_218_2

唐代•文選四八 26_230_14

唐代•文選四八 26_230_27

唐代•文選四八 26_231_18

唐代•文選四八 34_305_24

唐代•文選四八 44_391_18

唐代•文選四八 44_391_25

唐代•文選五九 4_33_31

唐代•文選五九 5_42_24

唐代•文選五九 11_104_5

唐代•文選五九 12_113_21

唐代•文選五九 27_263_25

唐代•文選五九 27_264_1

唐代•文選五九 29_287_28

唐代•文選五九 29_288_4

唐代•文選五九 33_319_18

唐代•文選五九 36_354_14

唐代•文選五九 39_386_12

唐代•文選五九 40_398_18

唐代•文選百三 70_676_7
唐代•文選百三 72_698_10
唐代•文選百三 74_715_6
唐代•文選百三 78_741_17
唐代•文選百三 78_742_2
唐代•文選百三 79_755_29
唐代•文選百三 69_664_30
唐代•文選百三 70_676_7

唐代•文選八八 16_137_1
唐代•文選八八 23_200_2
唐代•文選百三 1_9_17
唐代•文選百三 6_49_2
唐代•文選百三 6_49_11
唐代•文選百三 8_69_4
唐代•文選百三 8_69_19
唐代•文選百三 22_211_10

唐代•文選六八 61_616_19
唐代•文選六八 61_617_6
唐代•文選六八 67_665_10
唐代•文選六八 69_683_6
唐代•文選六八 69_691_11
唐代•文選六八 71_709_3
唐代•文選八八 8_57_12
唐代•文選八八 16_135_12

唐代•文選六八 6_55_13
唐代•文選六八 17_168_8
唐代•文選六八 17_171_19
唐代•文選六八 18_182_7
唐代•文選六八 19_195_3
唐代•文選六八 20_200_4
唐代•文選六八 20_201_3
唐代•文選六八 24_245_10

唐代•文選五九 60_577_7
唐代•文選五九 86_829_16
唐代•文選五九 90_863_3
唐代•文選五九 92_877_12
唐代•文選五九 94_902_2
唐代•文選五九 100_945_11
唐代•文選五九 105_994_7

唐代•文選五九 72_687_18
唐代•文選五九 72_689_22
唐代•文選五九 78_755_16
唐代•文選五九 78_755_21
唐代•文選五九 80_776_1
唐代•文選五九 81_778_27
唐代•文選五九 84_809_10

唐代•文選五九 41_399_26
唐代•文選五九 41_400_18
唐代•文選五九 45_438_19
唐代•文選五九 45_450_4
唐代•文選五九 52_513_4
唐代•文選五九 53_518_12
唐代•文選五九 60_574_13

削 到

削	到					
漢ショウ呉ショウ 訓けずる	漢ケイ呉キョウ 訓くびはねる					
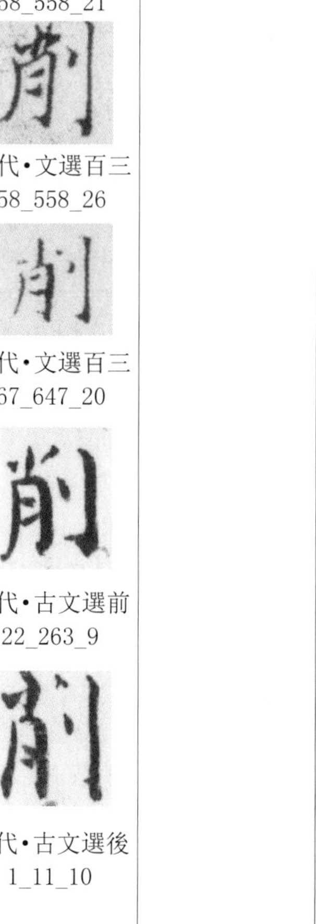 唐代・文選百三 31_311_14	唐代・文選六八 59_593_9	 唐代・十輪經十 15_290_12	 唐代・十輪經十 15_285_10	 唐代・古文選前 26_303_6	 唐代・古文選前 12_145_4	 唐代・文選百三 13_115_1
唐代・文選百三 31_314_10		 唐代・十輪經十 15_292_6	 唐代・十輪經十 15_286_9	 唐代・古文選後 1_4_8	 唐代・古文選前 13_147_3	 唐代・古文選前 3_33_3
唐代・文選百三 58_558_21		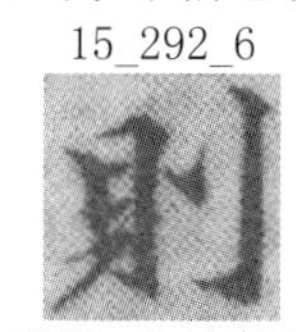 唐代・十輪經十 16_307_2	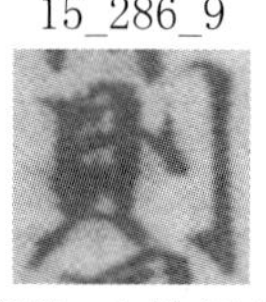 唐代・十輪經十 15_286_18	 唐代・古文選後 1_4_12	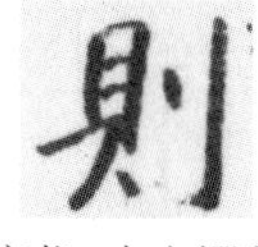 唐代・古文選前 17_203_6	 唐代・古文選前 7_81_5
唐代・文選百三 58_558_26			 唐代・十輪經十 15_287_8	 唐代・古文選後 1_6_2	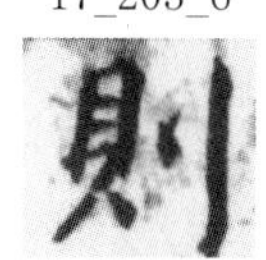 唐代・古文選前 18_215_1	 唐代・古文選前 7_81_9
唐代・文選百三 67_647_20			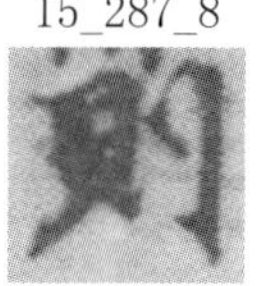 唐代・十輪經十 15_287_18	 唐代・古文選後 7_74_4	 唐代・古文選前 23_267_10	 唐代・古文選前 7_84_10
唐代・古文選前 22_263_9			 唐代・十輪經十 15_288_11	 唐代・古文選後 12_136_15	 唐代・古文選前 26_302_8	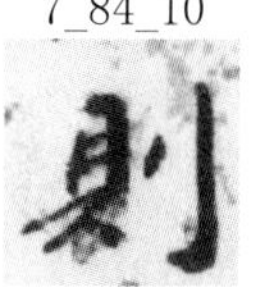 唐代・古文選前 7_85_3
唐代・古文選後 1_11_10			 唐代・十輪經十 15_289_7	 唐代・古文選後 19_225_6	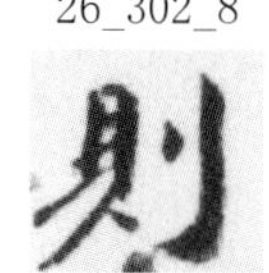 唐代・古文選前 10_121_10	 唐代・古文選前 7_85_9
				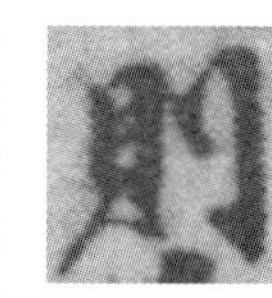 唐代・十輪經十 7_127_15	 唐代・古文選前 12_141_6	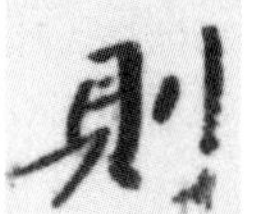 唐代・古文選前 7_85_14

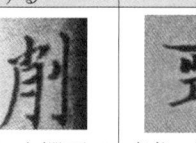

剛

コウ慣ゴウ
訓たちきる

初唐・金剛場經 1_1_9

初唐・金剛場經 1_7_2

初唐・金剛場經 1_9_8

中唐・金剛經題 1_6_2

中唐・灌頂歷名 1_2_4

唐代・文選四八 14_120_24

唐代・文選四八 35_316_23

唐代・十輪經八 1_17_6

剔

漢テキ呉チャク
訓とく

唐代・文選百三 63_602_20

唐代・文選百三 63_604_19

唐代・文選百三 63_604_36

唐代・文選百三 63_605_8

剉

慣ザ漢サ呉サ
訓きる

唐代・文選百三 31_312_20

剃

漢テイ
訓そる

唐代・十輪經八 20_394_10

唐代・十輪經八 22_434_1

唐代・十輪經九 2_32_10

唐代・十輪經九 4_72_15

唐代・十輪經八 14_280_6

唐代・十輪經四 16_307_2

唐代・十輪經四 12_237_3

唐代・十輪經八 2_24_8

唐代・十輪經八 7_129_5

唐代・十輪經八 9_167_17

唐代・十輪經八 11_205_13

唐代・十輪經八 13_243_5

唐代・十輪經八 16_318_3

唐代・十輪經八 18_356_15

唐代・十輪經四 14_261_3

唐代・十輪經四 14_267_8

唐代・十輪經四 14_276_3

唐代・十輪經四 15_281_4

唐代・十輪經四 15_286_16

唐代・十輪經四 20_385_9

唐代・十輪經八 1_9_12

唐代・十輪經四 8_145_10

唐代・十輪經四 9_170_7

唐代・十輪經四 12_220_11

唐代・十輪經四 12_225_3

唐代・十輪經四 12_227_15

唐代・十輪經四 13_246_8

唐代・十輪經四 13_249_3

副

慣フク漢フ
訓さく

唐代・文選四八
24_220_2

唐代・古文選後
10_118_11

剪

漢セン呉セン
訓きる

唐代・文選五九
72_691_23

唐代・文選百三
57_545_3

唐代・文選百三
57_545_24

唐代・文選百三
57_548_17

剝

漢ハク
訓はぐ

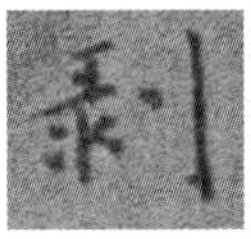
唐代・文選五九
5_49_22

唐代・文選百三
63_607_2

唐代・文選百三
63_610_23

唐代・文選百三
63_611_2

唐代・文選百三
67_642_4

唐代・文選百三
67_645_4

唐代・文選百三
67_646_7

唐代・文選百三
67_646_31

剡

漢エン
訓けずる

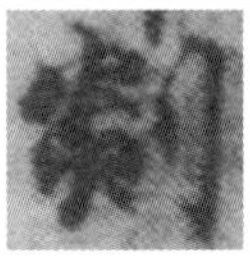
唐代・十輪經九
1_11_11

唐代・十輪經九
3_49_15

唐代・十輪經九
17_325_4

唐代・文選百三
29_279_31

唐代・文選百三
29_281_27

唐代・古文選後
2_18_11

剖

慣ボウ漢ホウ呉フ
訓わる

唐代・文選六八
9_93_1

唐代・文選六八
14_147_1

唐代・文選百三
5_47_27

唐代・文選百三
28_273_33

唐代・文選百三
28_276_12

唐代・文選百三
28_277_32

唐代・文選百三
28_278_10

唐代・文選百三
29_279_28

唐代・十輪經八
2_31_15

唐代・十輪經八
4_63_17

唐代・十輪經十
20_383_12

劍

ケン
訓つるぎ

唐代・文選四八
34_304_24

唐代・文選五九
15_139_7

唐代・文選五九
63_605_17

唐代・文選五九
77_740_4

唐代・文選五九
77_742_7

唐代・文選五九
78_746_14

唐代・文選五九
78_747_27

唐代・文選六八
21_217_8

剸

漢タン呉ダン
訓きる

唐代・文選六八
23_239_1

萷

漢カイ呉ケ
訓あぶらがや

唐代・文選四八
20_176_3

唐代・文選百三
52_497_15

唐代・十輪經四
20_383_9

割

カツ
訓わる

初唐・大般若經
2_35_15

唐代・文選四八
43_390_25

唐代・文選六八
14_146_20

唐代・文選六八
22_220_9

唐代・文選六八
36_360_29

唐代・文選六八
63_636_23

唐代・文選八八
7_52_5

唐代・文選八八
8_56_1

唐代・文選八八
19_171_27

唐代・文選八八
20_175_26

唐代・古文選後
17_203_5

創

ソウ
訓きずつく

唐代・春秋經傳
37_387_11

唐代・文選四八
12_102_4

唐代・文選四八
12_107_22

唐代・文選四八
12_107_25

唐代・文選六八
37_371_13

唐代・文選八八
13_111_6

唐代・文選八八
13_112_14

唐代・文選八八
13_113_34

劇

慣ゲキ 漢ケキ 呉ギョク

訓はげしい

劉

リュウ

訓ころす

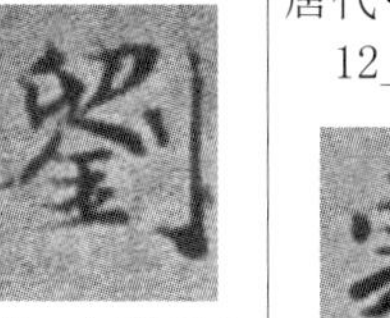
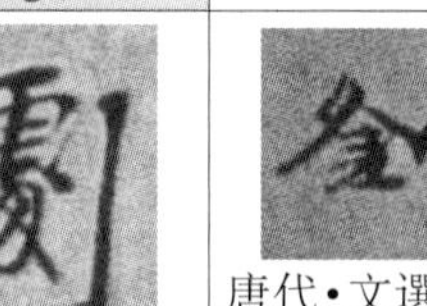
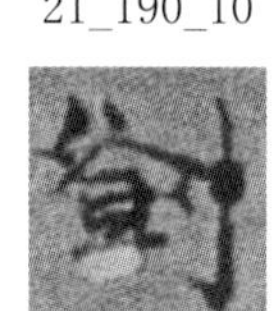

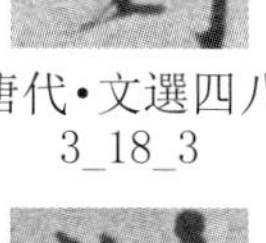
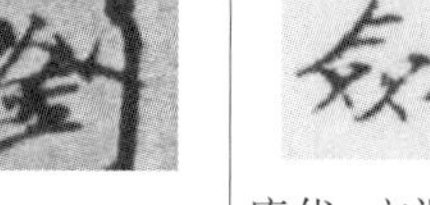

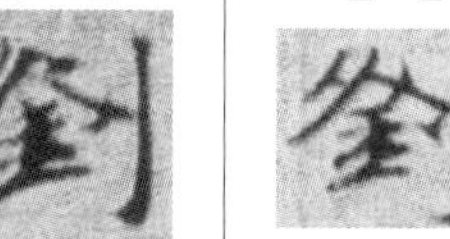
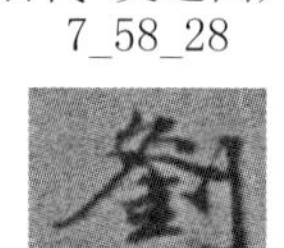
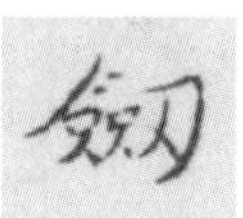

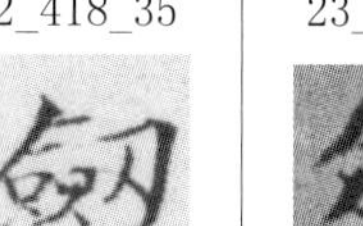
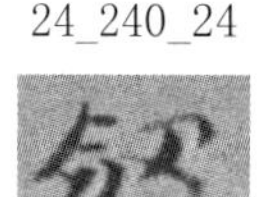
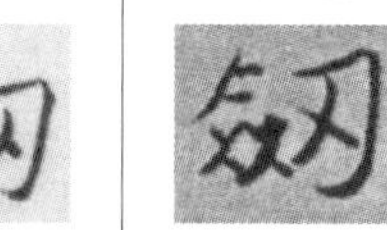

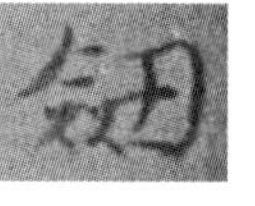

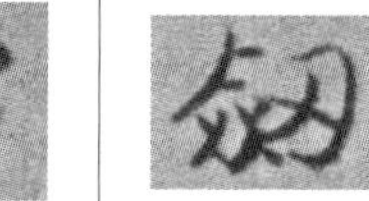

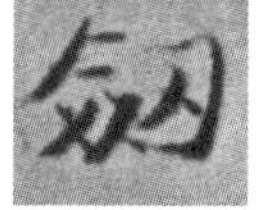

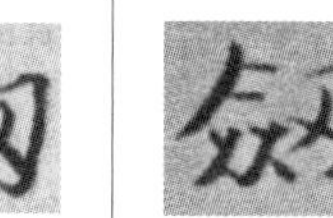
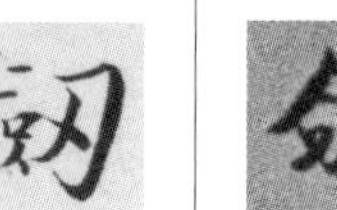

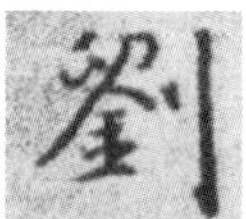

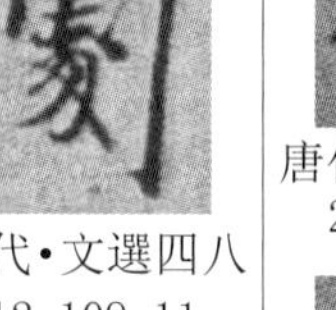
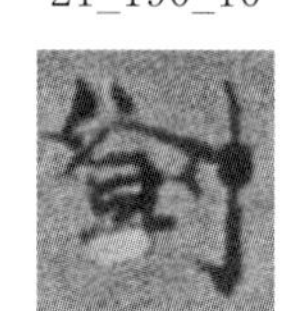

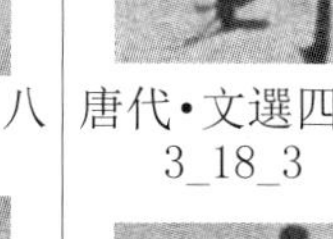
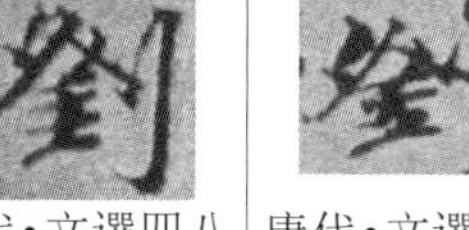
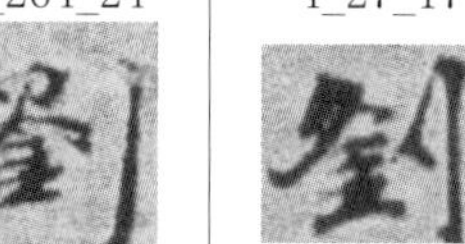
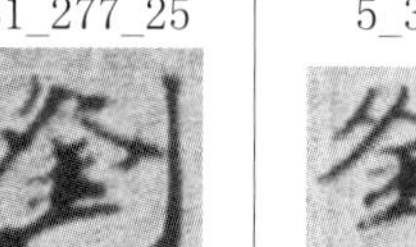
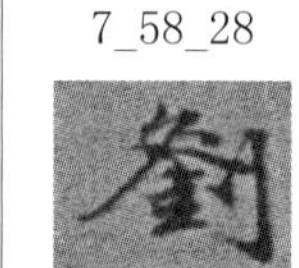

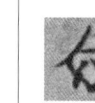

唐代•文選五九 8_78_19
唐代•文選五九 9_86_8
唐代•文選五九 10_97_6
唐代•文選五九 13_123_22
唐代•文選五九 17_160_24
唐代•文選五九 19_181_6
唐代•文選五九 21_200_14
唐代•文選五九 22_217_23

唐代•文選四八 12_109_11
唐代•文選六八 63_636_16

唐代•文選四八 21_190_10
唐代•文選四八 25_223_5
唐代•文選四八 26_238_18
唐代•文選四八 29_264_24
唐代•文選四八 31_277_25
唐代•文選四八 31_281_20
唐代•文選四八 32_290_48
唐代•文選四八 35_314_15

唐代•春秋經傳 34_357_7
唐代•春秋經傳 34_358_6
唐代•文選四八 3_18_3
唐代•文選四八 4_27_17
唐代•文選四八 5_38_6
唐代•文選四八 7_58_28
唐代•文選四八 18_166_12
唐代•文選四八 20_177_4

唐代•文選百三 42_418_27
唐代•文選百三 42_418_35
唐代•文選百三 42_418_38
唐代•文選百三 42_419_32
唐代•文選百三 42_420_21
唐代•十輪經四 12_223_6
唐代•十輪經四 13_259_11
唐代•十輪經八 3_46_18

唐代•文選六八 23_236_17
唐代•文選六八 23_239_16
唐代•文選六八 24_240_24
唐代•文選六八 24_242_21
唐代•文選六八 53_530_19
唐代•文選六八 59_589_23
唐代•文選百三 27_264_26
唐代•文選百三 41_417_6

唐代•文選六八 21_219_7
唐代•文選六八 21_219_27
唐代•文選六八 22_220_16
唐代•文選六八 22_220_25
唐代•文選六八 22_221_5
唐代•文選六八 22_221_7
唐代•文選六八 22_221_25
唐代•文選六八 23_228_2

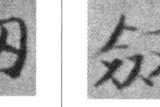

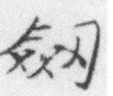

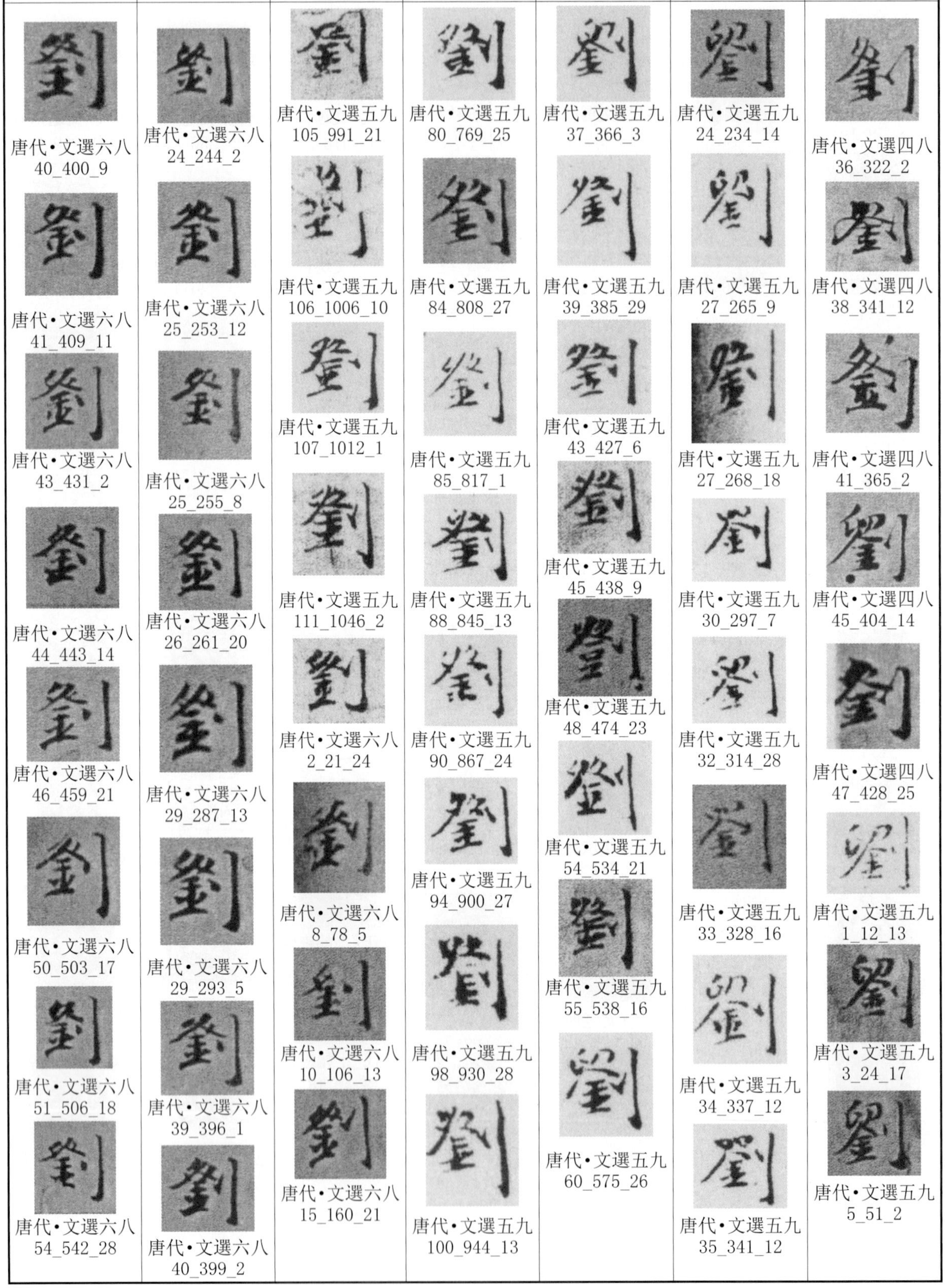

唐代•文選四八 36_322_2
唐代•文選四八 38_341_12
唐代•文選四八 41_365_2
唐代•文選四八 45_404_14
唐代•文選四八 47_428_25
唐代•文選五九 1_12_13
唐代•文選五九 3_24_17
唐代•文選五九 5_51_2

唐代•文選五九 24_234_14
唐代•文選五九 27_265_9
唐代•文選五九 27_268_18
唐代•文選五九 30_297_7
唐代•文選五九 32_314_28
唐代•文選五九 33_328_16
唐代•文選五九 34_337_12
唐代•文選五九 35_341_12

唐代•文選五九 37_366_3
唐代•文選五九 39_385_29
唐代•文選五九 43_427_6
唐代•文選五九 45_438_9
唐代•文選五九 48_474_23
唐代•文選五九 54_534_21
唐代•文選五九 55_538_16
唐代•文選五九 60_575_26

唐代•文選五九 80_769_25
唐代•文選五九 84_808_27
唐代•文選五九 85_817_1
唐代•文選五九 88_845_13
唐代•文選五九 90_867_24
唐代•文選五九 94_900_27
唐代•文選五九 98_930_28
唐代•文選五九 100_944_13

唐代•文選五九 105_991_21
唐代•文選五九 106_1006_10
唐代•文選五九 107_1012_1
唐代•文選五九 111_1046_2
唐代•文選六八 2_21_24
唐代•文選六八 8_78_5
唐代•文選六八 10_106_13
唐代•文選六八 15_160_21

唐代•文選六八 24_244_2
唐代•文選六八 25_253_12
唐代•文選六八 25_255_8
唐代•文選六八 26_261_20
唐代•文選六八 29_287_13
唐代•文選六八 29_293_5
唐代•文選六八 39_396_1
唐代•文選六八 40_399_2

唐代•文選六八 40_400_9
唐代•文選六八 41_409_11
唐代•文選六八 43_431_2
唐代•文選六八 44_443_14
唐代•文選六八 46_459_21
唐代•文選六八 50_503_17
唐代•文選六八 51_506_18
唐代•文選六八 54_542_28

	釁	劘				
	キン 訓ちぬる	漢ビ呉ミ 訓けずる				

唐代•文選百三 59_569_22

唐代•文選百三 67_642_2

唐代•文選百三 67_645_35

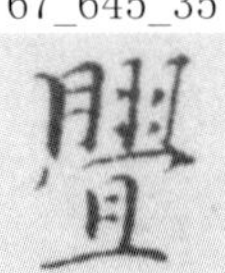
唐代•文選百三 67_646_27

唐代•古文選前 25_298_7

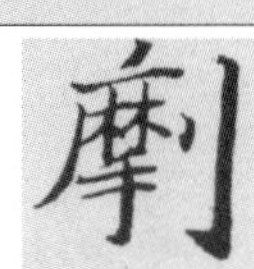
唐代•文選百三 67_642_3

唐代•文選百三 67_643_33

唐代•文選百三 67_645_3

唐代•文選百三 67_646_4

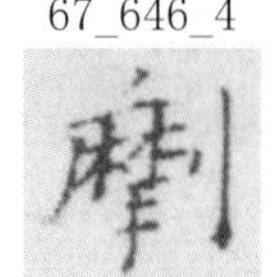
唐代•文選百三 67_647_19

唐代•文選百三 63_608_25

唐代•文選百三 83_787_34

唐代•文選百三 83_790_29

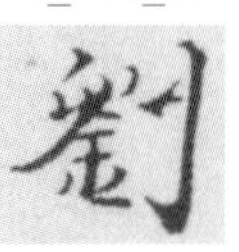
唐代•文選百三 85_816_23

唐代•文選百三 86_819_7

唐代•古文選後 9_99_8

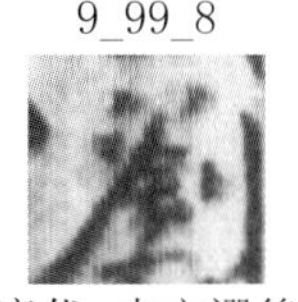
唐代•古文選後 9_99_19

唐代•古文選後 21_244_56

唐代•文選百三 21_202_20

唐代•文選百三 23_225_20

唐代•文選百三 27_266_27

唐代•文選百三 29_289_14

唐代•文選百三 31_313_18

唐代•文選百三 34_340_22

唐代•文選百三 37_368_28

唐代•文選百三 39_397_34

唐代•文選百三 5_40_31

唐代•文選百三 7_68_22

唐代•文選百三 9_81_28

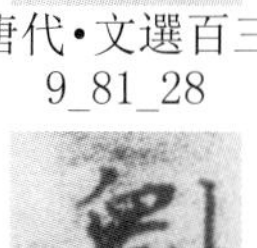

唐代•文選百三 9_83_3

唐代•文選百三 11_103_29

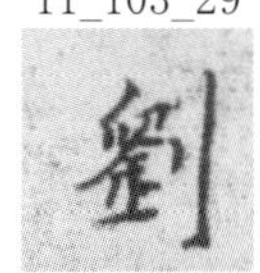
唐代•文選百三 15_139_5

唐代•文選百三 18_169_26

唐代•文選百三 21_199_12

唐代•文選六八 73_726_8

唐代•文選六八 73_727_8

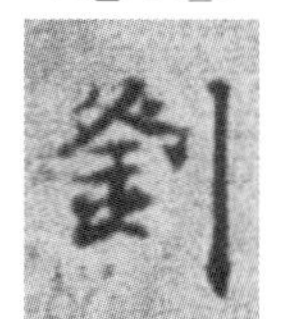
唐代•文選八八 5_29_14

唐代•文選八八 5_33_29

唐代•文選八八 9_65_4

唐代•文選八八 9_69_16

唐代•文選八八 11_94_6

唐代•文選八八 12_101_36

力部

力

漢リョク呉リキ
訓ちから

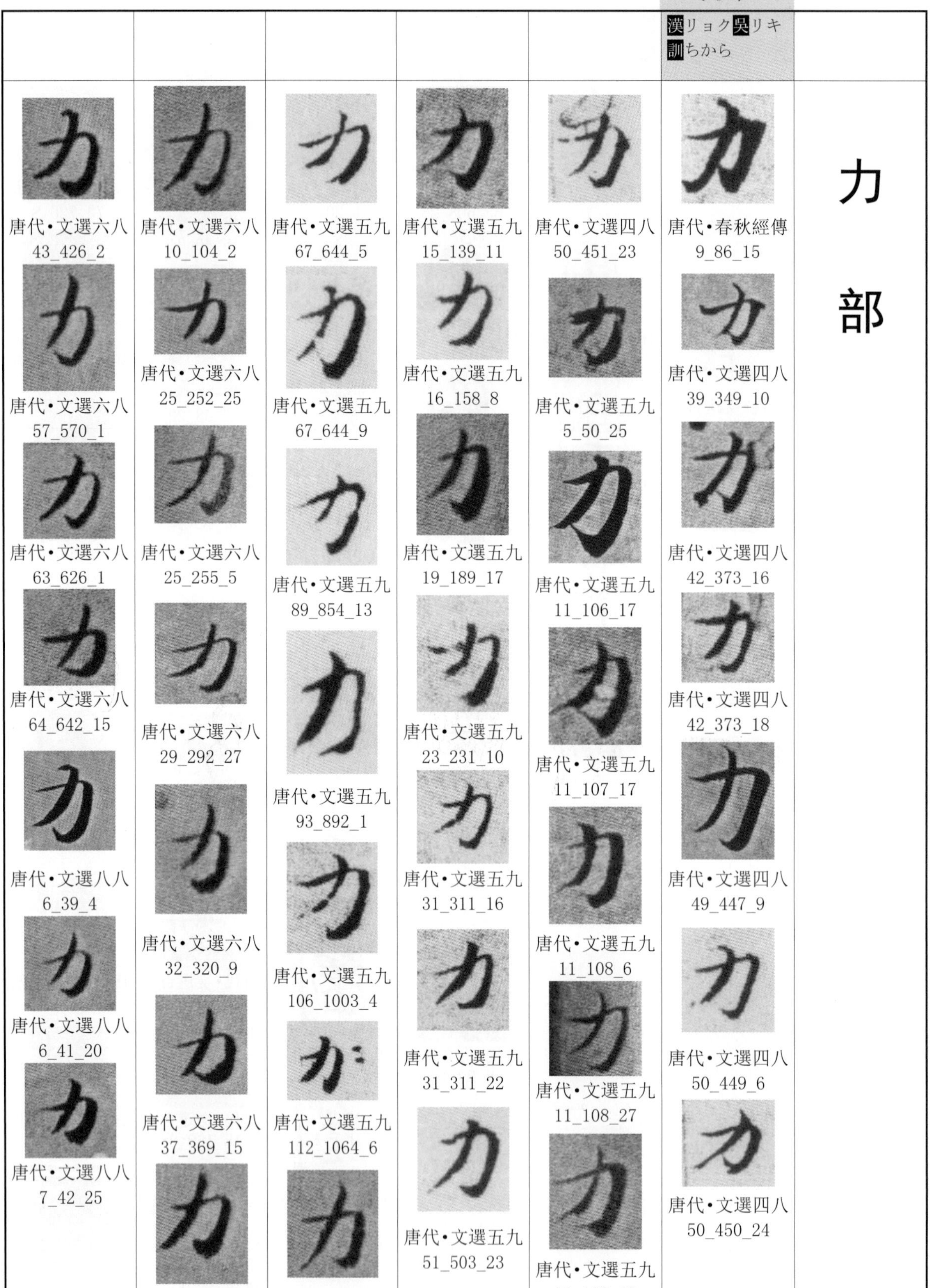

唐代•春秋經傳 9_86_15
唐代•文選四八 39_349_10
唐代•文選四八 42_373_16
唐代•文選四八 42_373_18
唐代•文選四八 49_447_9
唐代•文選四八 50_449_6
唐代•文選四八 50_450_24

唐代•文選四八 50_451_23
唐代•文選五九 5_50_25
唐代•文選五九 11_106_17
唐代•文選五九 11_107_17
唐代•文選五九 11_108_6
唐代•文選五九 11_108_27
唐代•文選五九 11_109_18

唐代•文選五九 15_139_11
唐代•文選五九 16_158_8
唐代•文選五九 19_189_17
唐代•文選五九 23_231_10
唐代•文選五九 31_311_16
唐代•文選五九 31_311_22
唐代•文選五九 51_503_23

唐代•文選五九 67_644_5
唐代•文選五九 67_644_9
唐代•文選五九 89_854_13
唐代•文選五九 93_892_1
唐代•文選五九 106_1003_4
唐代•文選五九 112_1064_6
唐代•文選六八 4_37_14

唐代•文選六八 10_104_2
唐代•文選六八 25_252_25
唐代•文選六八 25_255_5
唐代•文選六八 29_292_27
唐代•文選六八 32_320_9
唐代•文選六八 37_369_15
唐代•文選六八 38_380_17

唐代•文選六八 43_426_2
唐代•文選六八 57_570_1
唐代•文選六八 63_626_1
唐代•文選六八 64_642_15
唐代•文選八八 6_39_4
唐代•文選八八 6_41_20
唐代•文選八八 7_42_25

功 𭕸

漢コウ 呉ク
訓いさお

唐代•文選八八 7_48_6
唐代•文選八八 7_50_17
唐代•文選八八 13_113_11
唐代•文選八八 17_144_6
唐代•文選八八 18_155_3
唐代•文選百三 3_19_15
唐代•文選百三 11_103_24

唐代•文選百三 19_183_2
唐代•文選百三 21_206_37
唐代•文選百三 31_307_6
唐代•文選百三 31_308_36
唐代•文選百三 31_309_2
唐代•文選百三 32_319_17
唐代•文選百三 33_327_28

唐代•文選百三 85_815_26
唐代•文選百三 85_817_14
唐代•古文選前 24_287_4
唐代•古文選後 6_69_10
唐代•古文選後 16_190_3
唐代•十輪經四 4_71_10
唐代•十輪經四 13_241_18

唐代•十輪經四 13_253_22
唐代•十輪經四 14_265_23
唐代•十輪經四 15_295_5
唐代•十輪經四 15_296_16
唐代•十輪經四 17_331_14
唐代•十輪經四 19_365_14
唐代•十輪經九 6_101_6

唐代•十輪經九 11_210_14
唐代•十輪經九 14_279_4
唐代•十輪經九 19_378_17
唐代•十輪經九 21_400_8
唐代•十輪經十 2_23_13
唐代•十輪經十 3_55_2
唐代•十輪經十 9_162_5

初唐•大般若經 1_4_9
唐代•春秋經傳 6_60_21
唐代•春秋經傳 26_269_13
唐代•春秋經傳 35_372_14
唐代•春秋經傳 36_378_17
唐代•春秋經傳 36_378_33
唐代•春秋經傳 37_386_15
唐代•文選五九 31_308_14

唐代•文選五九 31_310_25
唐代•文選五九 31_311_21
唐代•文選五九 31_312_13
唐代•文選五九 63_608_25
唐代•文選五九 76_732_7
唐代•文選五九 78_748_7
唐代•文選五九 78_750_5
唐代•文選五九 78_752_31

加

漢 カ
訓 くわえる

唐代•春秋經傳 30_315_22
唐代•春秋經傳 32_336_14
唐代•文選四八 32_291_24
唐代•文選五九 48_476_27
唐代•文選八八 15_131_8
唐代•文選八八 15_133_18
唐代•文選八八 23_202_8
唐代•文選百三 4_34_34
唐代•文選百三 17_162_8

唐代•十輪經八 22_424_13
唐代•十輪經九 2_23_5
唐代•十輪經九 6_105_7
唐代•十輪經九 6_118_8
唐代•十輪經九 7_136_23
唐代•十輪經十 10_195_11
唐代•十輪經十 14_269_9
唐代•十輪經十 16_319_1
唐代•十輪經十 17_326_14

唐代•古文選前 19_220_12
唐代•古文選前 24_287_11
唐代•古文選前 26_307_3
唐代•古文選後 2_24_12
唐代•古文選後 6_70_9
唐代•古文選後 14_161_13
唐代•十輪經四 3_41_16
唐代•十輪經八 5_81_3

唐代•文選百三 76_727_21
唐代•文選百三 77_737_6
唐代•文選百三 77_738_21
唐代•文選百三 87_829_30
唐代•文選百三 87_830_22
唐代•文選百三 87_831_24
唐代•文選百三 87_832_1
唐代•古文選前 1_11_2

唐代•文選百三 57_552_35
唐代•文選百三 57_553_22
唐代•文選百三 57_554_13
唐代•文選百三 58_558_29
唐代•文選百三 60_571_17
唐代•文選百三 60_571_20
唐代•文選百三 62_596_11
唐代•文選百三 63_602_13

唐代•文選八八 19_171_12
唐代•文選百三 4_33_22
唐代•文選百三 4_34_33
唐代•文選百三 5_35_7
唐代•文選百三 5_41_9
唐代•文選百三 5_48_2
唐代•文選百三 6_49_1
唐代•文選百三 23_228_5

唐代•文選五九 92_887_13
唐代•文選五九 93_891_11
唐代•文選五九 93_892_23
唐代•文選五九 101_957_21
唐代•文選五九 104_985_28
唐代•文選八八 6_36_3
唐代•文選八八 10_77_13
唐代•文選八八 11_87_17

助 𠤏

慣ジョ 漢ショ
訓たすける

唐代•春秋經傳 21_215_17

唐代•文選四八 48_436_3

唐代•文選四八 50_450_7

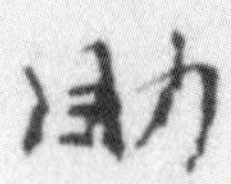
唐代•文選五九 61_589_18

唐代•文選百三 11_96_34

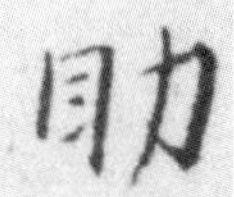
唐代•文選百三 38_379_30

唐代•文選百三 66_638_26

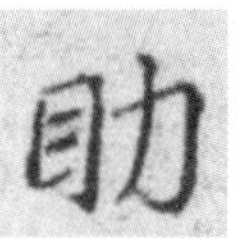
唐代•文選百三 80_761_3

劫

慣ゴウ 漢キョウ
呉コウ
訓おびやかす

唐代•文選五九 77_742_20

唐代•文選六八 35_352_2

唐代•文選百三 61_584_18

唐代•十輪經九 5_97_6

唐代•十輪經九 6_102_8

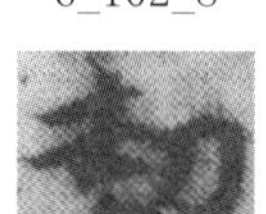
唐代•十輪經九 6_106_16

唐代•十輪經十 15_299_16

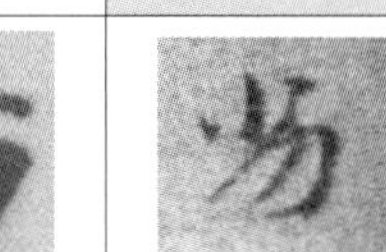
唐代•十輪經十 6_103_5

劣

漢レツ
訓おとる

唐代•文選五九 7_69_35

唐代•文選五九 107_1007_23

唐代•文選六八 15_151_7

唐代•文選百三 84_799_20

唐代•古文選後 17_200_12

唐代•十輪經九 14_279_6

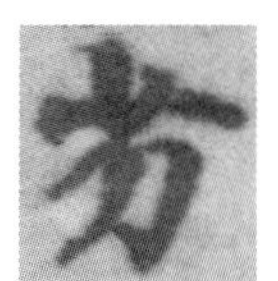
唐代•十輪經十 3_47_6

唐代•古文選後 7_77_28

唐代•古文選後 2_19_4

唐代•古文選後 14_165_7

唐代•十輪經四 8_156_7

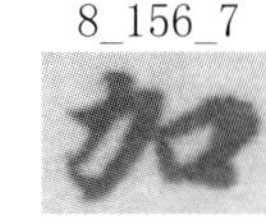
唐代•十輪經四 10_193_3

唐代•十輪經四 14_276_15

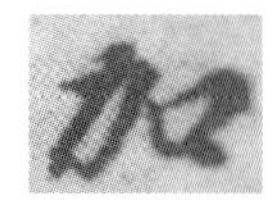
唐代•十輪經四 16_300_13

唐代•十輪經十 19_376_14

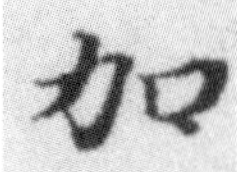
唐代•文選百三 49_466_28

唐代•文選百三 55_530_18

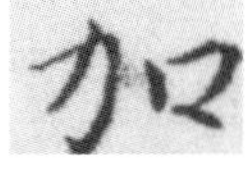
唐代•文選百三 55_531_35

唐代•文選百三 71_685_4

唐代•文選百三 71_685_17

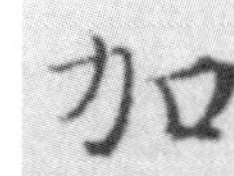
唐代•文選百三 71_686_2

唐代•古文選前 8_92_43

唐代•古文選後 2_22_6

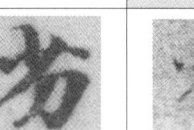

唐代•文選百三 17_163_39

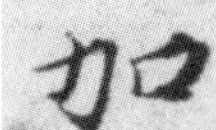
唐代•文選百三 17_163_41

唐代•文選百三 37_375_8

唐代•文選百三 38_380_26

唐代•文選百三 45_438_5

唐代•文選百三 46_443_2

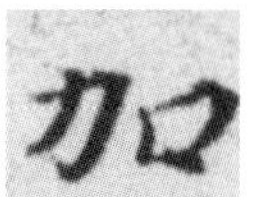
唐代•文選百三 46_443_11

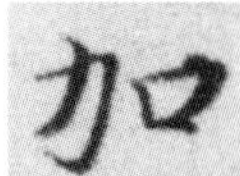
唐代•文選百三 46_445_16

唐代•文選百三 49_466_10

唐代•十輪經四
1_4_16

劬

漢ク呉グ
訓つかれる

唐代•古文選前
16_193_6

努

漢ド
訓つとめる

唐代•文選百三
67_649_24

劭

漢ショウ
訓つとめる

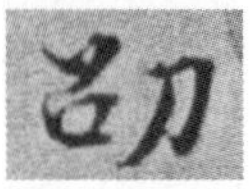
唐代•文選四八
27_241_17

唐代•文選四八
29_262_20

唐代•文選四八
45_407_14

唐代•文選四八
46_410_13

唐代•文選五九
57_552_18

唐代•文選五九
99_936_20

唐代•文選六八
24_245_15

唐代•文選六八
62_619_17

應劭
唐代•文選八八
3_17_19

唐代•文選八八
5_31_12

唐代•文選八八
8_58_12

唐代•文選八八
13_105_10

唐代•文選百三
30_295_34

唐代•文選百三
50_482_12

唐代•文選百三
57_546_18

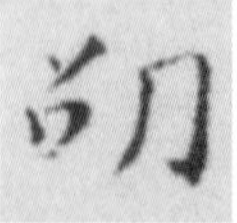
唐代•文選百三
79_755_10

劾

呉ガイ
訓きわめる

禁劾
唐代•文選百三
37_366_5

唐代•文選百三
37_366_15

唐代•文選百三
37_367_11

唐代•文選百三
37_368_8

唐代•文選百三
37_368_22

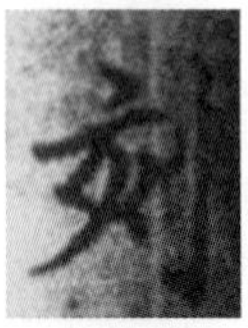
劾罪
唐代•文選百三
60_572_11

唐代•文選百三
86_823_20

勁

漢ケイ呉キョウ
訓つよい

唐代•文選五九
74_714_12

唐代•文選六八
29_297_8

唐代•文選六八
29_297_20

唐代•文選八八
18_158_12

唐代•文選八八
19_160_27

勁風
唐代•文選百三
22_213_3

唐代•文選百三
23_216_41

唐代•文選百三
53_508_5

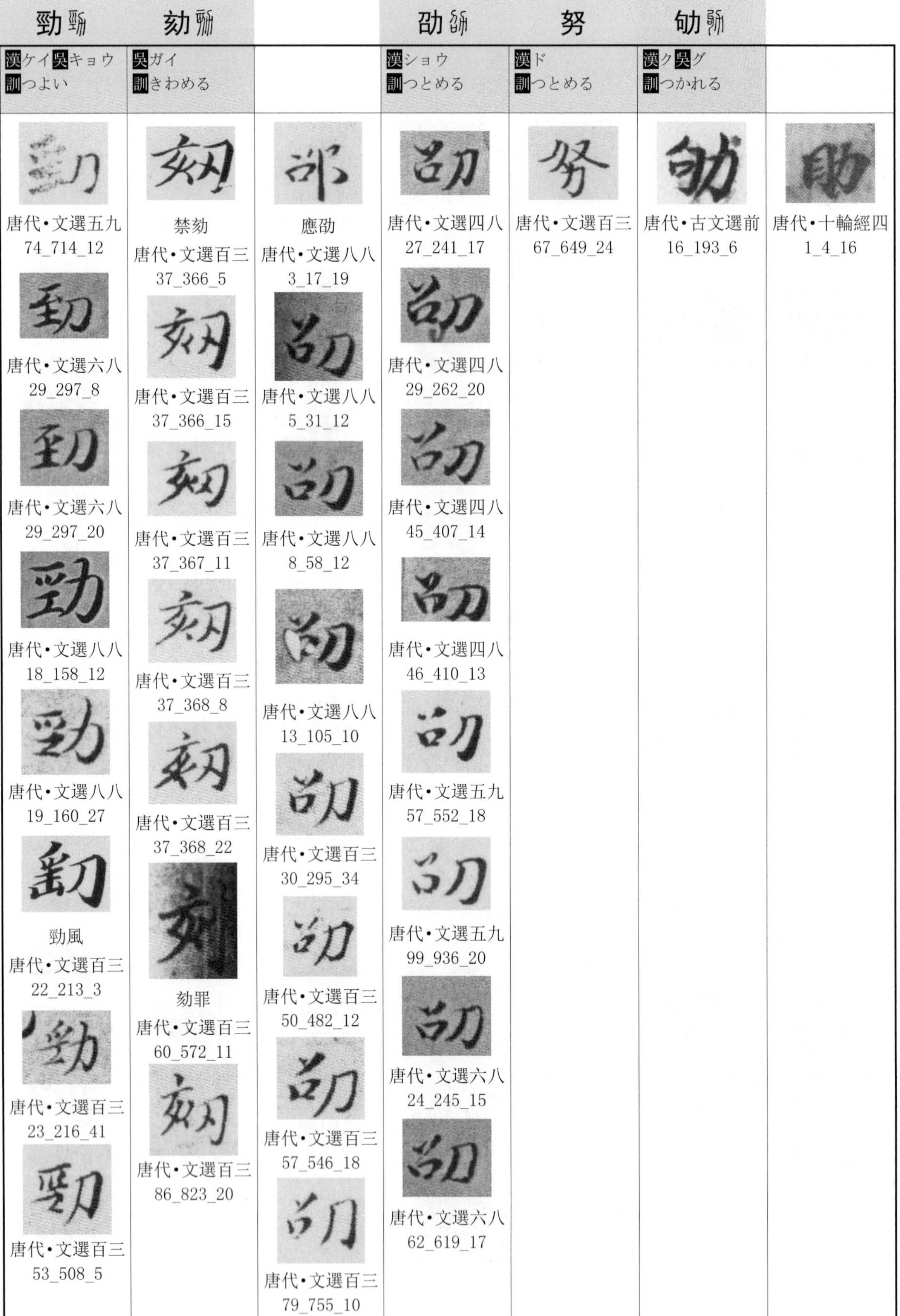

勇

呉ユウ 漢ヨウ

訓いさむ

勁悍
唐代•文選百三 67_648_22
唐代•文選百三 82_779_19
唐代•文選百三 82_781_2
唐代•文選百三 82_781_29

唐代•文選五九 18_177_25
唐代•文選六八 35_356_6
唐代•文選六八 35_357_11
唐代•文選六八 37_366_10
唐代•文選六八 60_599_4
唐代•文選百三 29_284_20

唐代•文選百三 27_263_3
唐代•文選百三 41_408_3
唐代•文選百三 41_411_22
唐代•文選百三 53_512_27
唐代•文選百三 55_530_2
唐代•文選百三 55_532_21
唐代•文選百三 56_538_12

唐代•文選百三 56_536_3
唐代•文選百三 69_672_13
唐代•文選百三 70_675_4
唐代•文選百三 70_676_3
唐代•文選百三 77_735_17
唐代•文選百三 77_736_19

唐代•文選百三 85_817_18
唐代•文選百三 77_737_15
唐代•十輪經四 13_241_21
唐代•十輪經九 17_334_17
唐代•十輪經九 18_342_9
唐代•十輪經九 18_347_1

唐代•十輪經九 18_350_14
唐代•十輪經九 18_351_6
唐代•十輪經九 18_352_1
唐代•十輪經九 18_352_13
唐代•十輪經九 18_350_6
唐代•十輪經九 18_349_15

唐代•十輪經九 19_361_15
唐代•十輪經十 10_195_21
唐代•十輪經九 18_353_16
唐代•十輪經九 18_348_16
唐代•十輪經九 18_354_10
唐代•十輪經九 18_353_4

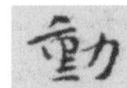

動 新

惯ドウ 漢トウ
訓うごく

唐代•文選五九 97_923_9

唐代•文選六八 4_46_10

唐代•文選六八 19_197_22

唐代•文選六八 19_198_23

唐代•文選六八 26_260_17

唐代•文選六八 26_261_13

唐代•文選六八 32_319_12

唐代•文選六八 33_336_27

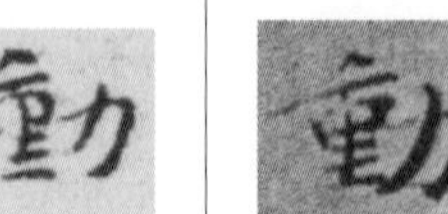
唐代•文選五九 23_228_15

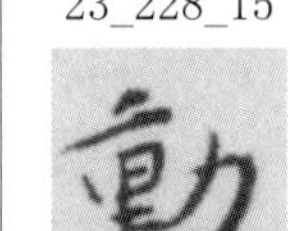
唐代•文選五九 40_394_16

唐代•文選五九 54_532_24

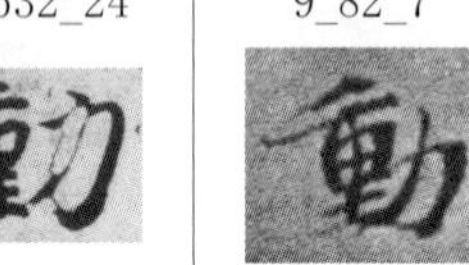
唐代•文選五九 66_636_12

唐代•文選五九 71_684_10

唐代•文選五九 71_685_7

唐代•文選五九 97_920_3

唐代•文選五九 97_922_8

唐代•文選五九 9_80_23

唐代•文選五九 9_81_12

唐代•文選五九 9_82_7

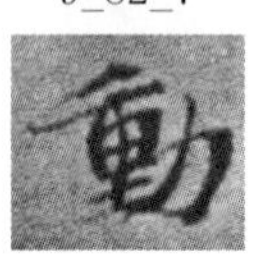
唐代•文選五九 9_83_4

唐代•文選五九 9_84_8

唐代•文選五九 17_164_11

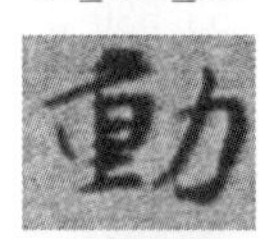
唐代•文選五九 17_165_25

唐代•文選五九 22_215_24

唐代•春秋經傳 19_193_3

唐代•春秋經傳 19_196_7

唐代•春秋經傳 37_389_1

唐代•文選四八 12_105_2

唐代•文選四八 14_122_1

唐代•文選五九 2_18_15

唐代•文選五九 3_26_27

唐代•文選五九 9_79_8

勍 新

漢ケイ 呉ギョウ
訓つよい

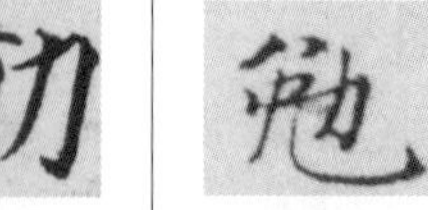
唐代•文選百三 69_659_9

唐代•文選百三 69_660_29

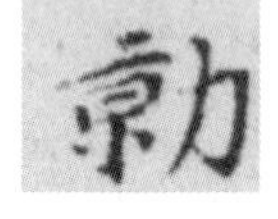
唐代•文選百三 69_661_4

唐代•文選百三 69_662_7

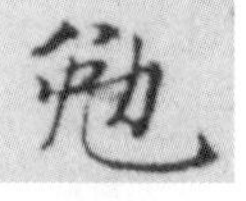
唐代•文選百三 50_480_34

唐代•文選百三 85_812_10

唐代•文選百三 85_816_26

唐代•古文選前 23_273_10

唐代•古文選前 23_273_13

唐代•古文選前 25_289_13

唐代•古文選後 26_305_6

勉 新

漢ベン
訓つとめる

唐代•文選五九 15_144_26

唐代•文選五九 77_736_1

唐代•文選五九 96_910_18

唐代•文選五九 96_911_9

唐代•文選六八 25_246_22

唐代•文選六八 72_716_19

唐代•文選六八 72_719_26

唐代•文選百三 50_480_5

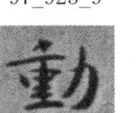

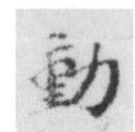

唐代•十輪經十 12_225_2
唐代•十輪經十 12_226_1
唐代•十輪經十 12_227_12
唐代•十輪經十 12_230_1
唐代•十輪經十 12_233_1
唐代•十輪經十 14_276_17

唐代•十輪經九 13_252_9
唐代•十輪經九 16_316_12
唐代•十輪經十 2_25_9
唐代•十輪經十 10_186_7
唐代•十輪經十 11_210_14
唐代•十輪經十 11_211_13
唐代•十輪經十 11_219_5
唐代•十輪經十 12_223_4

唐代•十輪經四 17_336_11
唐代•十輪經四 18_351_3
唐代•十輪經四 19_367_17
唐代•十輪經四 20_387_10
唐代•十輪經八 2_37_16
唐代•十輪經八 4_60_4
唐代•十輪經八 7_139_5
唐代•十輪經八 9_177_13

唐代•古文選前 14_163_3
唐代•古文選前 18_210_13
唐代•古文選前 24_284_13
唐代•古文選後 1_9_17
唐代•古文選後 20_239_13
唐代•十輪經四 4_67_4
唐代•十輪經四 6_113_3
唐代•十輪經四 16_314_7

唐代•文選百三 62_597_5
唐代•文選百三 65_623_6
唐代•文選百三 71_683_14
唐代•文選百三 73_701_2
唐代•古文選前 5_53_3
唐代•古文選前 5_57_4
唐代•古文選前 10_121_7
唐代•古文選前 11_130_5

唐代•文選六八 57_571_10
唐代•文選六八 59_597_21
唐代•文選六八 60_602_17
唐代•文選八八 11_94_1
唐代•文選八八 15_126_13
唐代•文選百三 21_209_33
唐代•文選百三 50_483_11
唐代•文選百三 51_487_11

唐代•文選六八 49_487_6
唐代•文選六八 49_498_4
唐代•文選六八 49_498_17
唐代•文選六八 50_501_2
唐代•文選六八 52_524_12
唐代•文選六八 54_541_20
唐代•文選六八 55_545_2
唐代•文選六八 57_570_18

	勢				勞	勖
	漢セイ 呉セ 訓いきおい				漢 現ロウ 訓ほねおる	漢ボウ、キョク 呉コク 訓つとめる
 唐代•文選六八 35_349_7 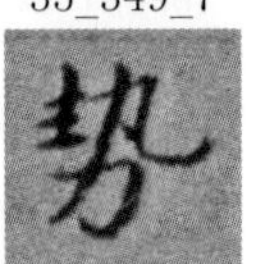 唐代•文選六八 62_621_14  唐代•文選六八 63_626_10  唐代•文選百三 47_454_23  唐代•文選百三 47_455_22  唐代•文選百三 84_799_9  唐代•十輪經四 17_331_13	 唐代•文選五九 31_312_19  唐代•文選五九 71_683_5  唐代•文選五九 71_684_9 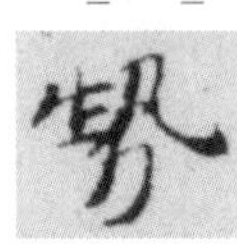 唐代•文選五九 74_712_18  唐代•文選五九 89_851_26  唐代•文選五九 109_1039_5  唐代•文選五九 110_1040_8  唐代•文選六八 29_298_20	唐代•文選百三 85_815_23  唐代•古文選前 24_282_13  唐代•古文選後 6_62_13  唐代•文選百三 76_730_12	 唐代•文選八八 12_96_5  唐代•文選八八 22_196_3  唐代•文選百三 12_110_5  唐代•文選百三 57_546_35  唐代•文選百三 59_567_15  唐代•文選百三 60_571_16 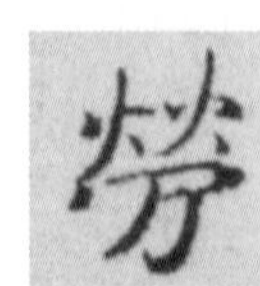 唐代•文選百三 65_620_14	 唐代•文選五九 7_64_16  唐代•文選五九 31_310_12  唐代•文選五九 31_311_8 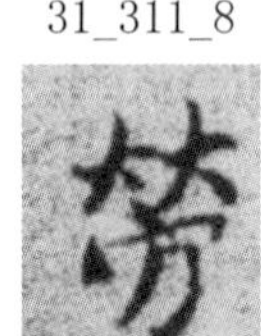 唐代•文選五九 31_312_5  唐代•文選五九 35_345_3 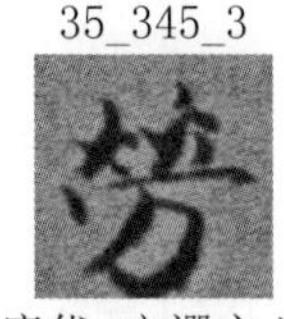 唐代•文選六八 10_103_13 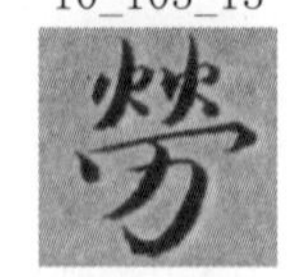 唐代•文選八八 6_38_1	 中唐・風信帖 2_10_8  唐代•春秋經傳 14_139_14  唐代•春秋經傳 36_380_20  唐代•文選四八 42_373_21  唐代•文選四八 48_434_11  唐代•文選五九 31_308_9	 唐代•文選五九 68_649_13  唐代•文選六八 72_716_18  唐代•古文選前 16_187_13

勤 勤

漢キン 呉ゴン
訓つとめる

唐代•十輪經四 15_296_15
唐代•十輪經四 19_365_13
唐代•十輪經八 3_47_16

晚唐•慶滋書狀 1_15_7
唐代•春秋經傳 37_385_15
唐代•春秋經傳 37_385_17
唐代•春秋經傳 37_386_6
唐代•春秋經傳 37_386_13
唐代•春秋經傳 37_387_3
唐代•春秋經傳 37_387_9
唐代•春秋經傳 37_387_17

唐代•文選四八 7_59_15
唐代•文選四八 10_91_14
唐代•文選八八 11_94_44
唐代•文選八八 11_95_10
唐代•文選八八 14_116_5
唐代•文選八八 22_198_6
唐代•文選八八 23_199_15
唐代•文選八八 23_199_39

唐代•文選八八 23_201_6
唐代•文選百三 73_707_2
唐代•文選百三 74_712_10
唐代•文選百三 74_712_14
唐代•古文選前 21_249_3
唐代•古文選前 24_282_9
唐代•古文選前 24_287_7
唐代•十輪經四 2_26_10

唐代•十輪經四 3_41_7
唐代•十輪經八 2_34_3
唐代•十輪經八 5_80_9
唐代•十輪經九 7_121_22
唐代•十輪經九 7_129_22
唐代•十輪經九 17_335_2
唐代•十輪經九 19_363_3
唐代•十輪經十 1_12_4

唐代•十輪經十 1_14_2
唐代•十輪經十 1_15_17
唐代•十輪經十 2_23_5
唐代•丨輪經十 3_48_3
唐代•十輪經十 3_51_13
唐代•十輪經十 6_104_3
唐代•十輪經十 7_139_17
唐代•十輪經十 8_141_15

唐代•十輪經十 8_145_4
唐代•十輪經十 8_146_16
唐代•十輪經十 17_326_9
唐代•十輪經十 17_329_8
唐代•十輪經十 18_357_7
唐代•十輪經十 19_376_13

勵

漢レイ
訓はげむ

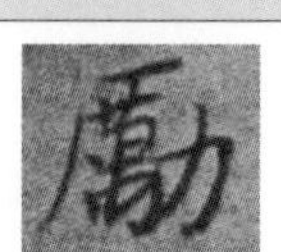
唐代・文選五九 5_43_5

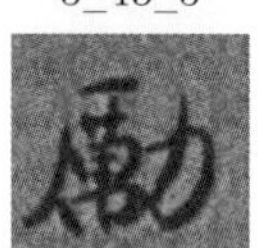
唐代・文選六八 72_718_9

唐代・文選六八 72_718_11

唐代・文選百三 29_291_17

唐代・古文選前 19_226_14

唐代・古文選前 20_238_3

唐代・古文選前 23_273_1

唐代・古文選前 23_273_9

勳

漢クン
訓いさお

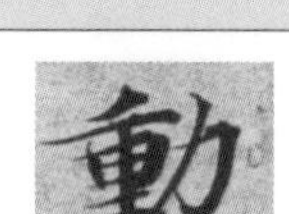
唐代・文選百三 5_41_23

唐代・文選百三 5_48_8

唐代・文選百三 36_362_2

唐代・文選百三 37_364_5

唐代・文選百三 57_550_4

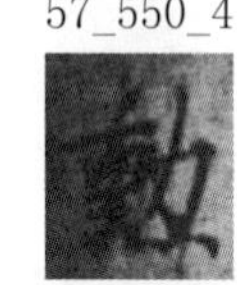
唐代・文選百三 57_552_32

唐代・文選百三 64_615_22

唐代・文選百三 64_617_24

唐代・文選百三 64_618_16

唐代・文選百三 64_618_19

唐代・文選百三 65_620_2

唐代・文選百三 71_692_5

唐代・文選百三 72_697_7

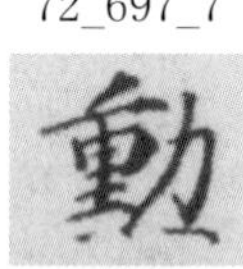
唐代・文選百三 72_697_17

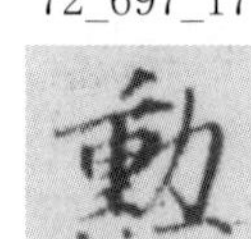
唐代・文選百三 72_697_23

唐代・文選百三 72_698_9

唐代・文選百三 75_723_7

唐代・文選百三 75_724_25

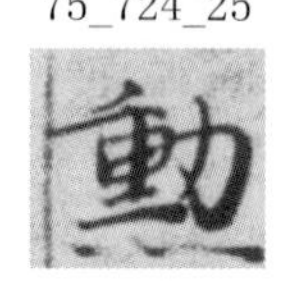
唐代・文選百三 76_727_15

唐代・古文選前 21_244_9

勸

呉カン漢ケン
訓すすめる

初唐・法華義疏 1_7_21

唐代・春秋經傳 23_239_8

唐代・文選四八 9_79_12

唐代・文選四八 12_100_23

唐代・文選四八 12_107_2

唐代・文選六八 72_718_12

唐代・文選百三 27_264_22

唐代・文選百三 29_291_16

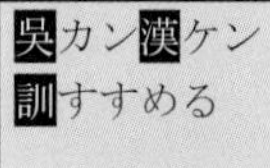
唐代・文選百三 37_367_25

唐代・文選百三 49_478_4

唐代・文選百三 49_478_12

唐代・文選百三 56_542_11

唐代・文選百三 66_637_15

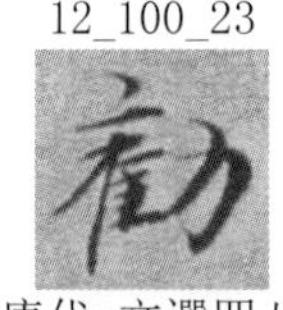
唐代・文選百三 85_816_27

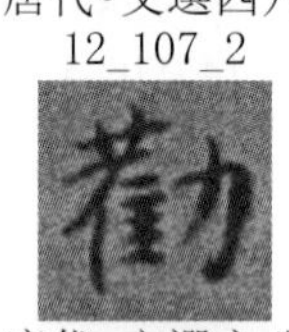
唐代・文選百三 85_817_1

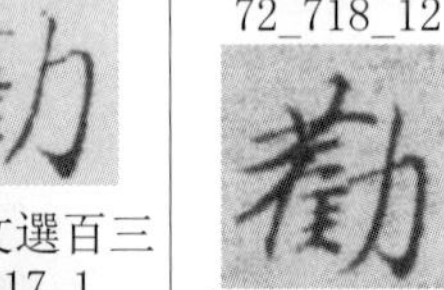
唐代・古文選前 20_238_2

唐代・古文選前 26_303_1

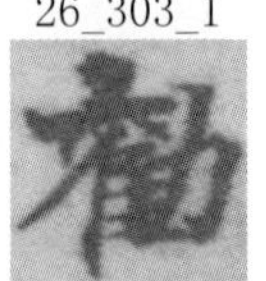
唐代・十輪經八 18_347_13

唐代・十輪經九 7_131_21

唐代・十輪經九 12_220_13

唐代・十輪經九 12_221_16

唐代・十輪經九 12_222_16

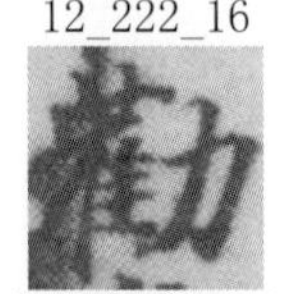
唐代・十輪經九 12_234_21

唐代・十輪經九 12_235_3

			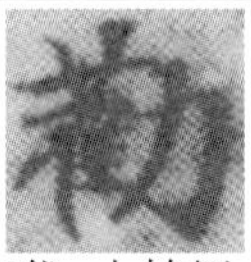 唐代•十輪經十 6_106_3  唐代•十輪經十 6_106_11	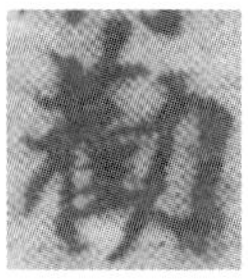 唐代•十輪經十 4_65_17 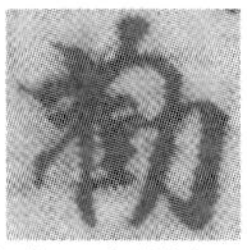 唐代•十輪經十 4_66_9 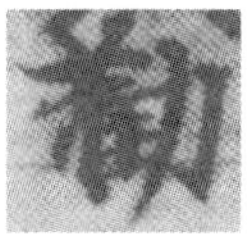 唐代•十輪經十 4_66_17  唐代•十輪經十 4_67_12  唐代•十輪經十 5_90_3  唐代•十輪經十 5_91_2  唐代•十輪經十 5_92_1 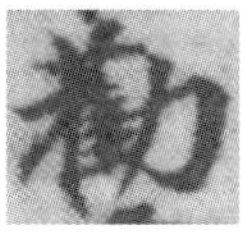 唐代•十輪經十 5_92_17	 唐代•十輪經十 3_55_4  唐代•十輪經十 3_57_13 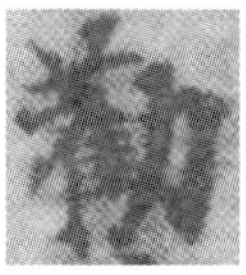 唐代•十輪經十 3_58_14  唐代•十輪經十 4_60_3 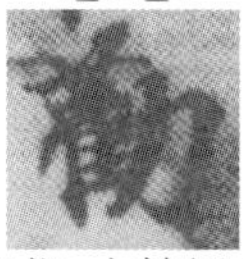 唐代•十輪經十 4_61_5  唐代•十輪經十 4_62_4 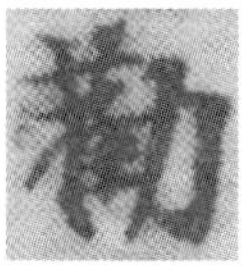 唐代•十輪經十 4_62_16 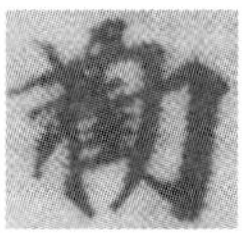 唐代•十輪經十 4_63_11	 唐代•十輪經九 12_235_16  唐代•十輪經九 12_237_1 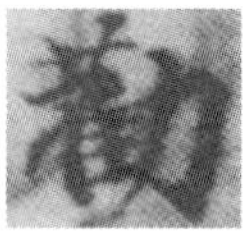 唐代•十輪經十 1_12_15  唐代•十輪經十 1_14_13  唐代•十輪經十 1_16_11  唐代•十輪經十 3_51_12  唐代•十輪經十 3_52_10  唐代•十輪經十 3_54_3

厶部

云 云

ウン
訓いう

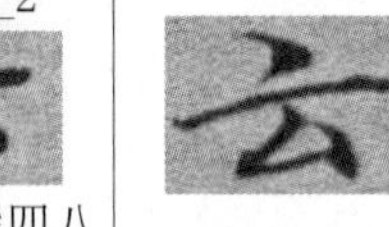
中唐・金剛經題
1_7_9

唐代・春秋經傳
31_325_7

唐代・文選四八
1_7_18

唐代・文選四八
2_11_6

唐代・文選四八
6_43_11

唐代・文選四八
6_46_4

唐代・文選四八
6_52_12

唐代・文選四八
7_54_6

唐代・文選四八
8_62_25

唐代・文選四八
8_63_27

唐代・文選四八
8_67_41

唐代・文選四八
9_77_7

唐代・文選四八
12_104_3

唐代・文選四八
12_107_13

唐代・文選四八
12_110_2

唐代・文選四八
13_117_2

唐代・文選四八
42_378_14

唐代・文選四八
13_118_3

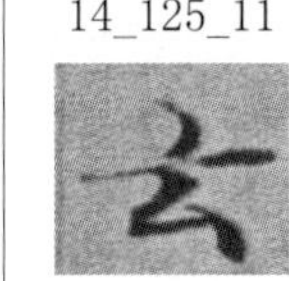
唐代・文選四八
14_120_8

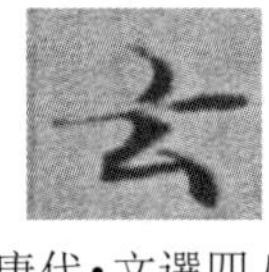
唐代・文選四八
14_125_11

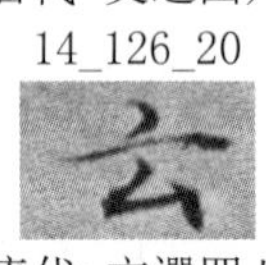
唐代・文選四八
14_126_20

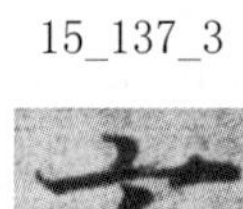
唐代・文選四八
15_137_3

唐代・文選四八
16_139_9

唐代・文選四八
18_163_25

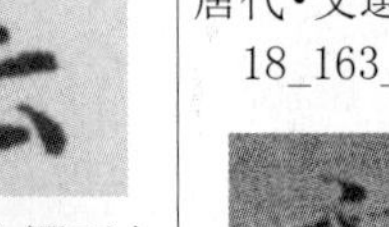
唐代・文選四八
19_171_12

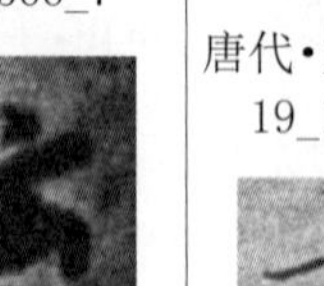

唐代・文選四八
42_379_11

唐代・文選五九
51_508_1

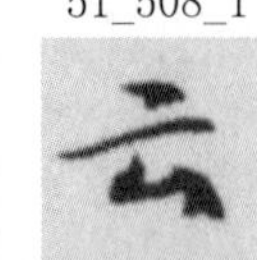
唐代・文選五九
52_515_15

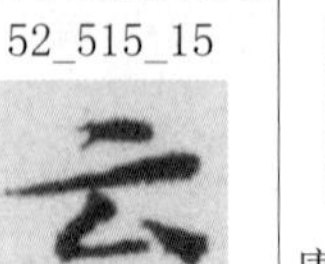
唐代・文選五九
54_533_18

唐代・文選五九
56_549_19

唐代・文選五九
56_550_8

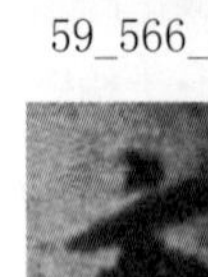
唐代・文選五九
58_561_24

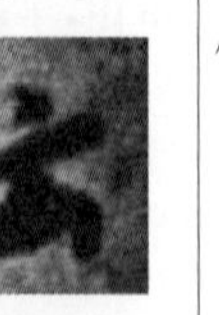

唐代・文選五九
59_566_7

唐代・文選五九
61_582_14

唐代・文選五九
61_589_22

唐代・文選五九
63_606_5

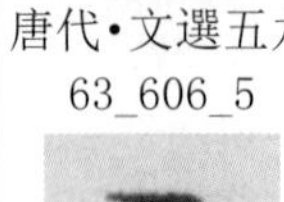
唐代・文選五九
63_607_22

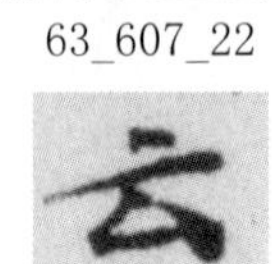
唐代・文選五九
64_611_5

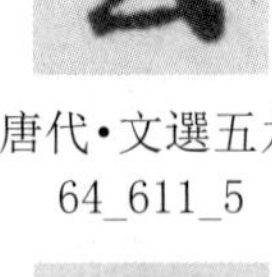
唐代・文選五九
67_643_7

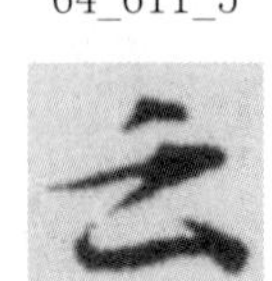
唐代・文選五九
68_650_5

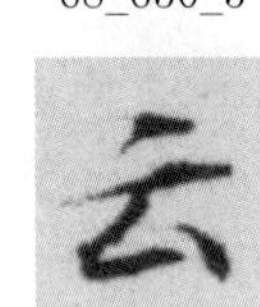
唐代・文選五九
73_703_2

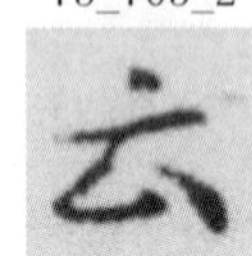
唐代・文選五九
75_724_22

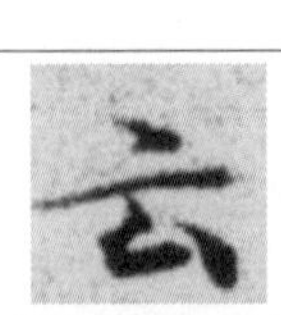
唐代・文選五九
76_725_2

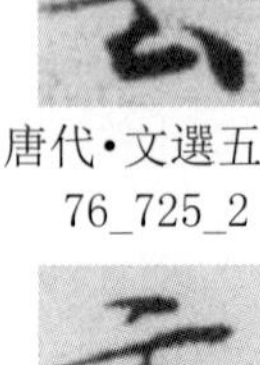

唐代・文選五九
76_730_28

唐代・文選五九
78_747_9

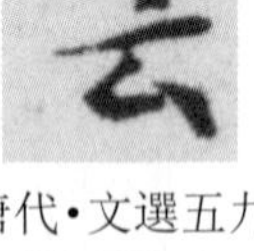
唐代・文選五九
78_749_7

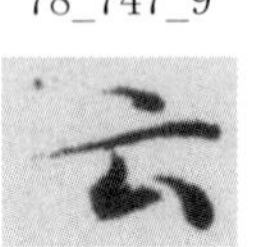

唐代・文選五九
78_757_2

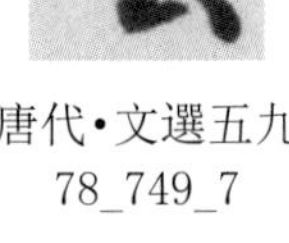

唐代・文選五九
79_762_8

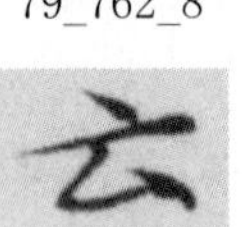
唐代・文選五九
80_776_30

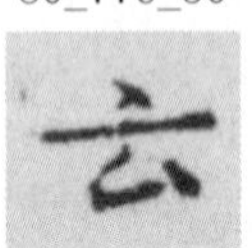
唐代・文選五九
81_779_6

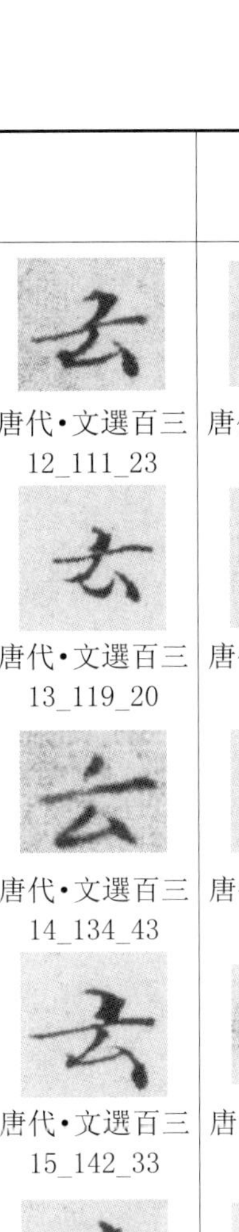

唐代•文選百三
12_111_23

唐代•文選百三
13_119_20

唐代•文選百三
14_134_43

唐代•文選百三
15_142_33

唐代•文選百三
16_154_29

唐代•文選百三
19_181_13

唐代•文選百三
19_182_16

唐代•文選百三
19_187_9

唐代•文選百三
6_53_8

唐代•文選百三
8_69_32

唐代•文選百三
9_81_16

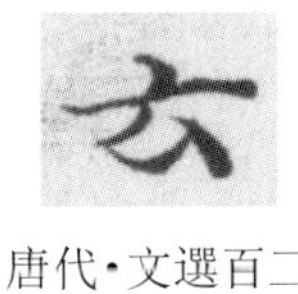

唐代•文選百二
9_81_32

唐代•文選百三
9_81_39

唐代•文選百三
9_87_34

唐代•文選百三
9_88_18

唐代•文選百三
10_92_18

唐代•文選八八
22_195_1

唐代•文選八八
23_204_29

唐代•文選百三
4_34_26

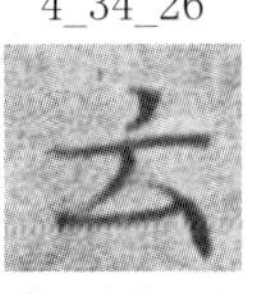

唐代•文選百三
5_35_16

唐代•文選百三
5_39_20

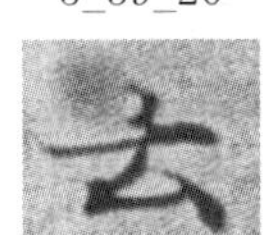

唐代•文選百三
5_39_28

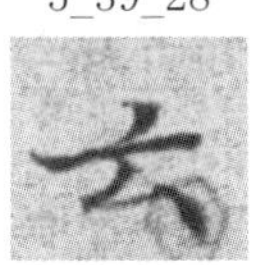

唐代•文選百三
5_40_17

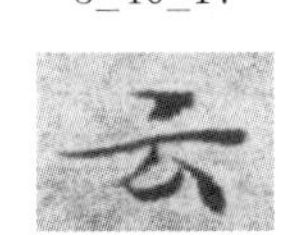

唐代•文選百三
5_48_18

唐代•文選八八
8_57_11

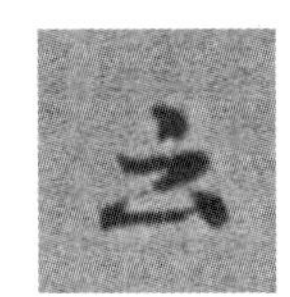

唐代•文選八八
12_101_19

唐代•文選八八
13_108_2

唐代•文選八八
13_112_34

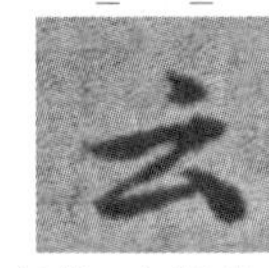

唐代•文選八八
14_118_11

唐代•文選八八
15_120_2

唐代•文選八八
17_154_12

唐代•文選八八
18_156_12

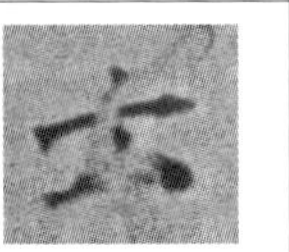

唐代•文選六八
63_631_6

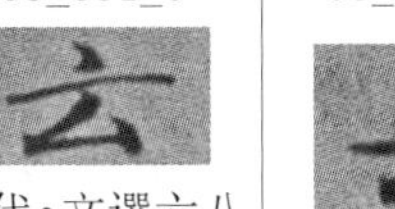

唐代•文選六八
67_674_4

唐代•文選六八
69_686_1

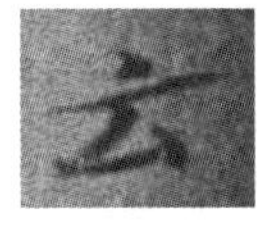

唐代•文選六八
69_692_27

唐代•文選八八
5_23_37

唐代•文選八八
5_33_8

唐代•文選八八
6_37_6

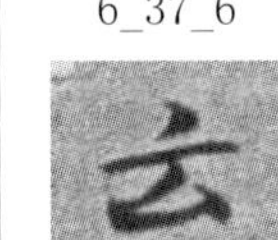

唐代•文選八八
7_54_7

唐代•文選六八
33_330_12

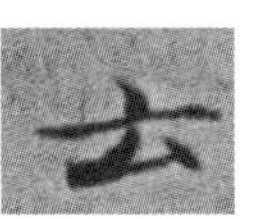

唐代•文選六八
41_406_1

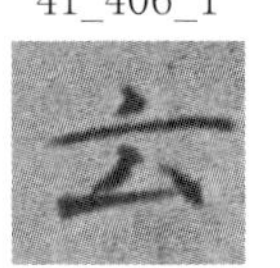

唐代•文選六八
44_443_20

唐代•文選六八
46_459_26

唐代•文選六八
51_513_19

唐代•文選六八
52_519_4

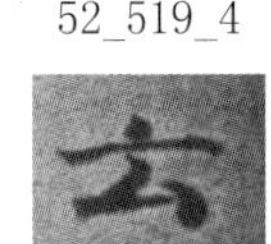

唐代•文選六八
59_595_5

唐代•文選六八
61_607_28

唐代•文選六八
23_227_9

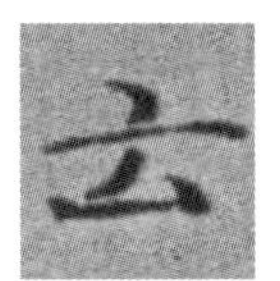

唐代•文選六八
23_234_2

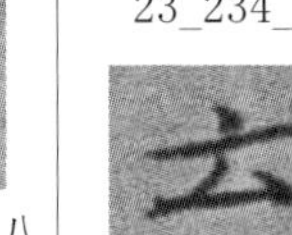

唐代•文選六八
24_240_7

唐代•文選六八
25_250_9

唐代•文選六八
25_250_13

唐代•文選六八
27_272_3

唐代•文選六八
31_313_10

唐代•文選六八
33_329_25

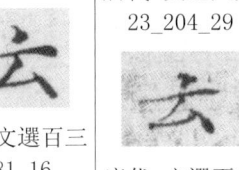

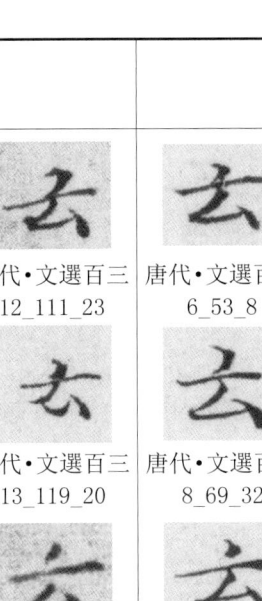

去

漢キョ 呉コ
訓さる

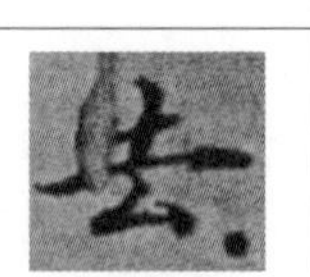
唐代•文選四八
44_401_4

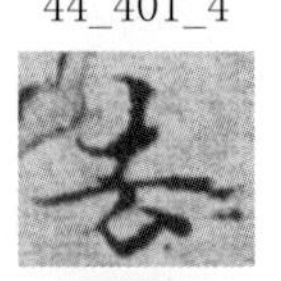
唐代•文選四八
39_351_12

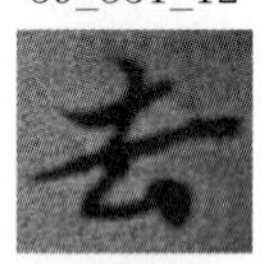
唐代•文選四八
48_438_11

唐代•文選五九
9_82_20

唐代•文選五九
11_108_24

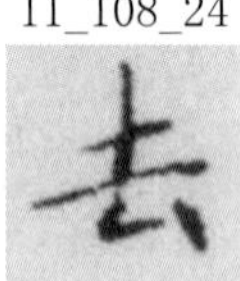
唐代•文選五九
42_413_26

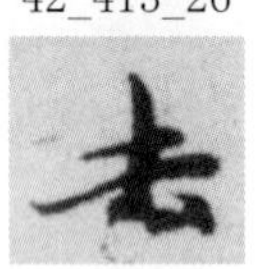
唐代•文選五九
43_429_20

唐代•文選五九
71_679_14

唐代•春秋經傳
28_286_25

唐代•春秋經傳
28_288_5

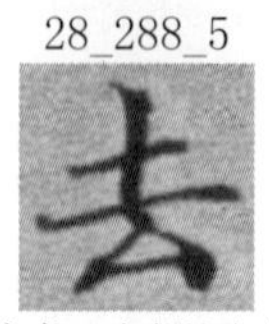
唐代•文選四八
6_49_15

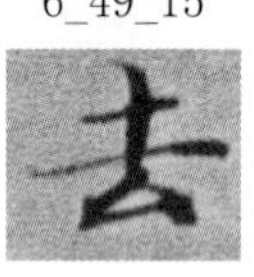
唐代•文選四八
10_82_24

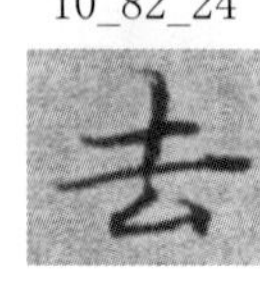
唐代•文選四八
11_93_16

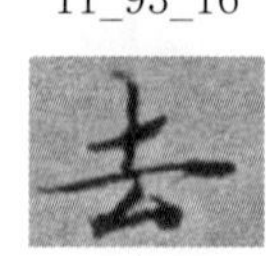
唐代•文選四八
30_275_23

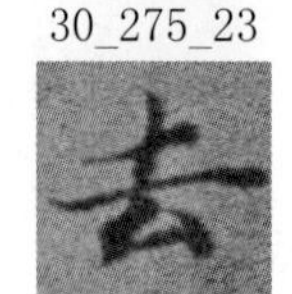
唐代•文選四八
42_381_25

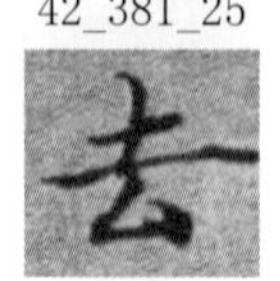
唐代•文選四八
48_433_11

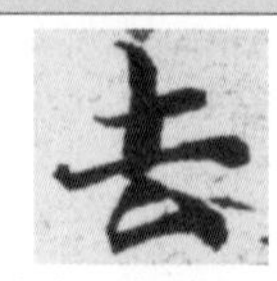
唐代•春秋經傳
7_64_11

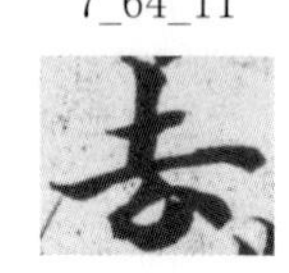
唐代•春秋經傳
7_71_18

唐代•春秋經傳
10_99_11

唐代•春秋經傳
10_104_6

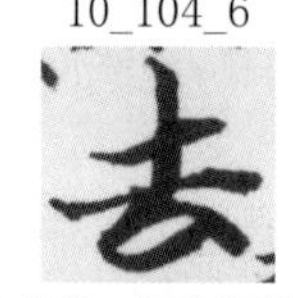
唐代•春秋經傳
20_205_12

唐代•春秋經傳
20_205_16

唐代•春秋經傳
20_207_2

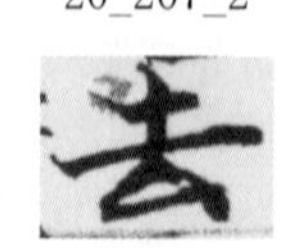
唐代•春秋經傳
20_208_18

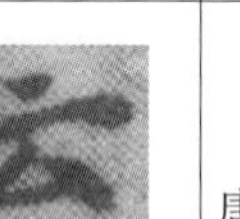
唐代•十輪經八
1_12_14

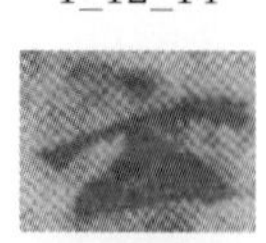
唐代•十輪經八
1_13_11

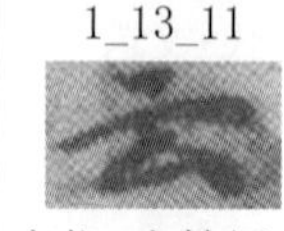
唐代•十輪經八
1_15_6

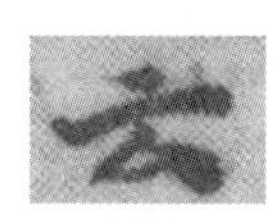
唐代•十輪經八
1_16_3

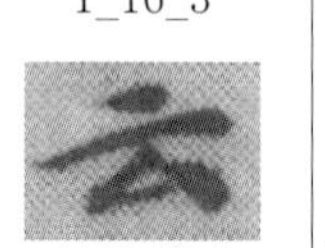
唐代•十輪經八
5_89_4

唐代•十輪經九
13_242_9

唐代•十輪經九
13_243_17

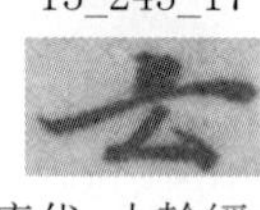
唐代•十輪經九
13_250_13

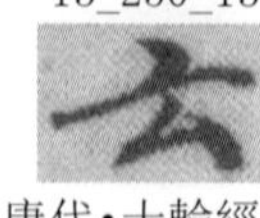
唐代•十輪經九
14_274_8

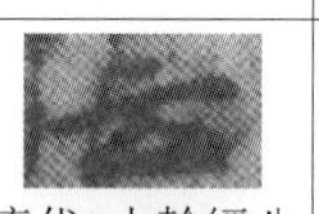
唐代•十輪經八
1_3_7

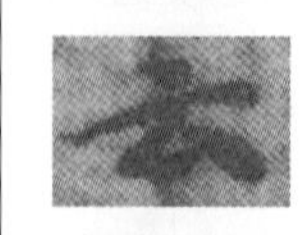
唐代•十輪經八
1_3_17

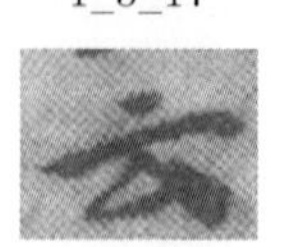
唐代•十輪經八
1_4_14

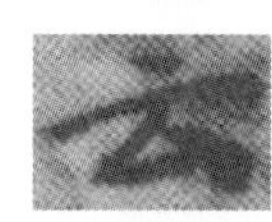
唐代•十輪經八
1_5_7

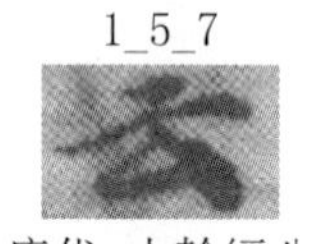
唐代•十輪經八
1_6_4

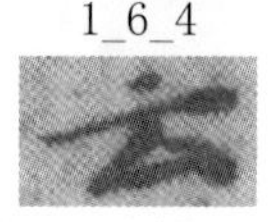
唐代•十輪經八
1_6_13

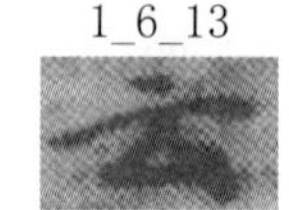
唐代•十輪經八
1_7_9

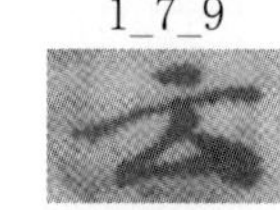
唐代•十輪經八
1_8_2

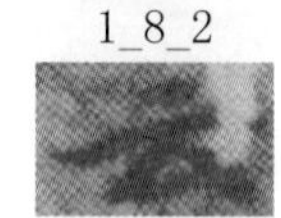
唐代•十輪經八
1_10_2

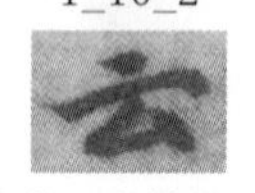
唐代•十輪經八
1_10_16

唐代•古文選前
13_154_13

唐代•古文選前
19_229_10

唐代•古文選後
3_27_7

唐代•古文選後
5_57_8

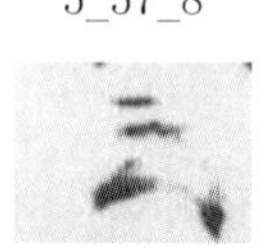
唐代•古文選後
8_89_23

唐代•古文選後
9_99_18

唐代•古文選後
16_183_50

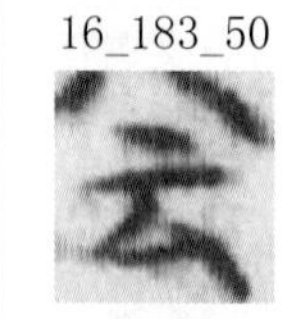
唐代•古文選後
21_244_25

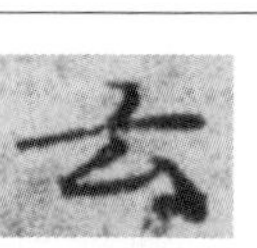
唐代•文選百三
78_744_8

唐代•文選百三
79_756_7

唐代•文選百三
81_775_9

唐代•文選百三
82_781_10

唐代•文選百三
83_784_19

唐代•文選百三
84_803_20

唐代•文選百三
85_808_12

唐代•文選百三
87_831_4

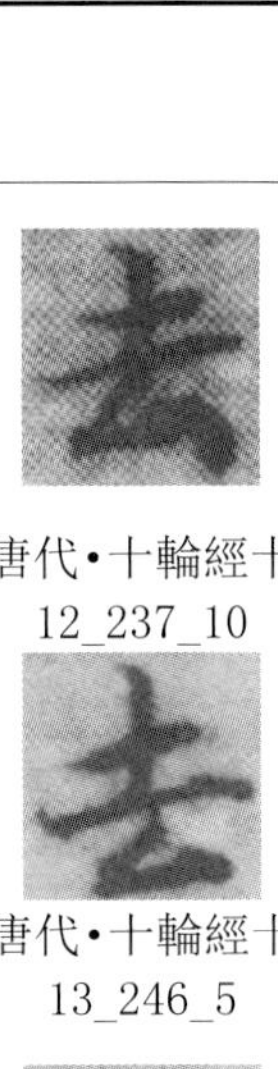

唐代•十輪經十
12_237_10

唐代•十輪經十
13_246_5

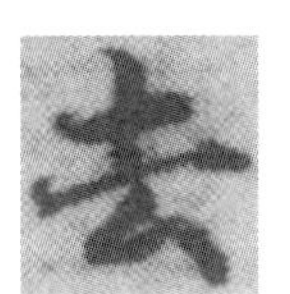

唐代•十輪經十
13_255_12

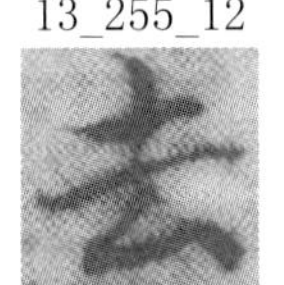

唐代•十輪經十
14_264_7

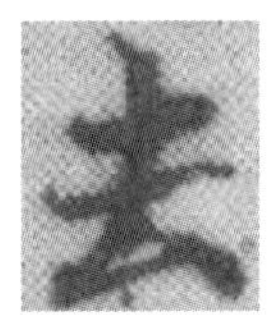

唐代•十輪經十
16_310_6

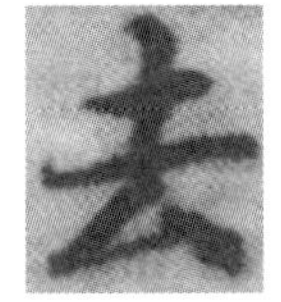

唐代•十輪經十
17_334_7

唐代•古文選後
26_301_10

唐代•十輪經四
9_162_6

唐代•十輪經四
10_190_9

唐代•十輪經四
10_198_17

唐代•十輪經四
11_209_2

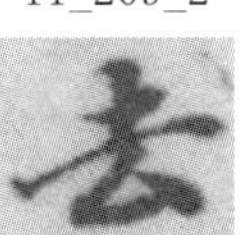

唐代•十輪經四
16_301_16

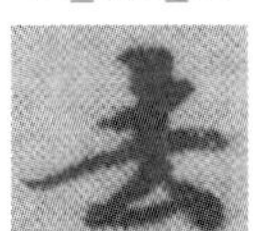

唐代•十輪經八
5_95_4

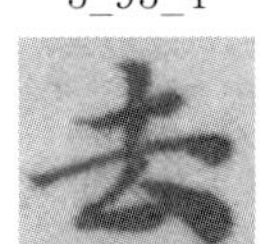

唐代•十輪經四
16_309_8

唐代•文選百三
27_266_22

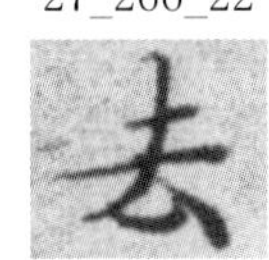

唐代•文選百三
27_270_22

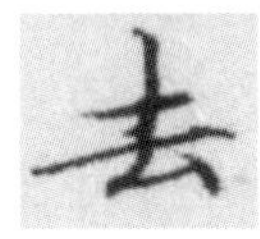

唐代•文選百三
29_287_18

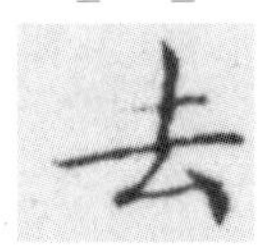

唐代•文選百三
33_324_10

唐代•古文選前
6_67_3

唐代•古文選前
15_176_1

唐代•古文選後
14_163_8

唐代•古文選後
26_307_12

唐代•文選六八
53_528_13

唐代•文選八八
11_85_14

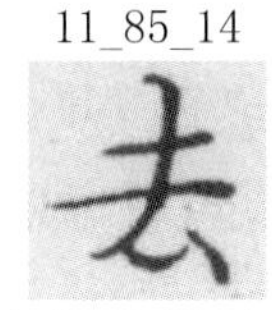

唐代•文選百三
13_127_8

唐代•文選百三
15_136_9

唐代•文選百三
15_138_41

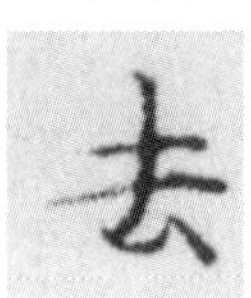

唐代•文選百三
21_197_16

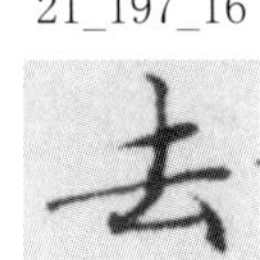

唐代•文選百三
25_240_7

唐代•文選百三
54_523_27

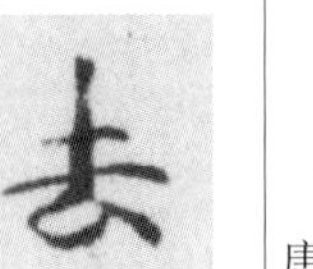

唐代•文選六八
19_188_8

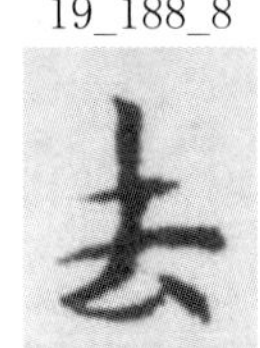

唐代•文選六八
19_188_16

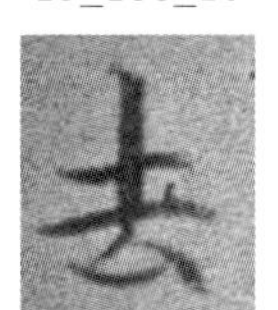

唐代•文選六八
31_314_8

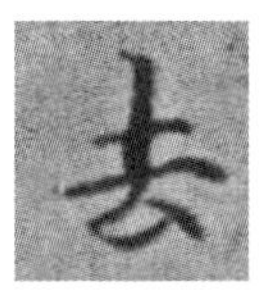

唐代•文選六八
31_317_20

唐代•文選六八
35_354_5

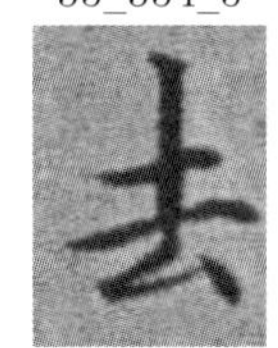

唐代•文選六八
37_377_10

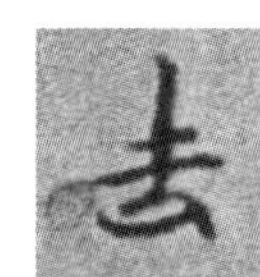

唐代•文選六八
41_411_26

唐代•文選五九
106_1004_18

唐代•文選五九
107_1008_23

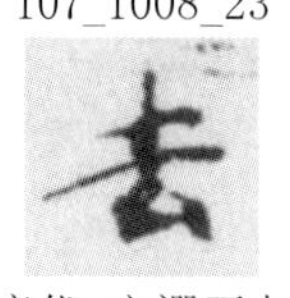

唐代•文選五九
107_1018_30

唐代•文選五九
110_1040_14

唐代•文選五九
110_1042_5

唐代•文選六八
5_52_31

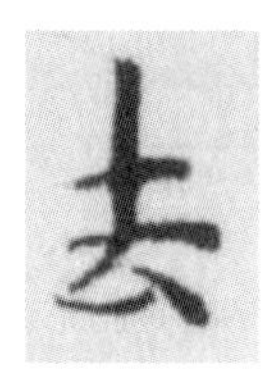

唐代•文選六八
19_188_5

唐代•文選五九
74_707_21

唐代•文選五九
74_711_1

唐代•文選五九
74_712_26

唐代•文選五九
83_797_9

唐代•文選五九
84_807_6

唐代•文選五九
84_808_10

唐代•文選五九
89_851_19

参

サン
訓まいる

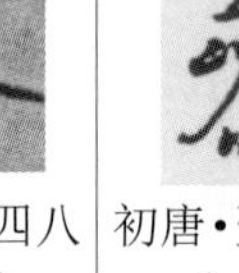
初唐・聖武雑集
1_9_13

此事可参
晩唐・慶滋書状
1_14_8

唐代・文選四八
3_18_16

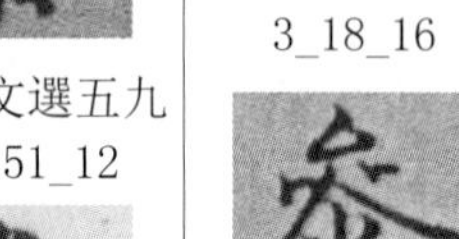
唐代・文選四八
4_21_27

唐代・文選四八
4_22_17

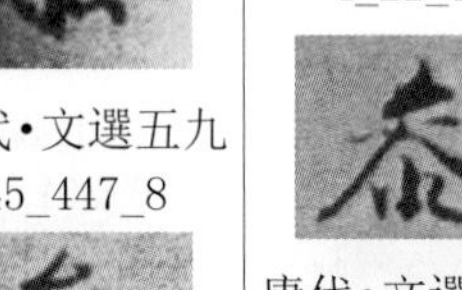
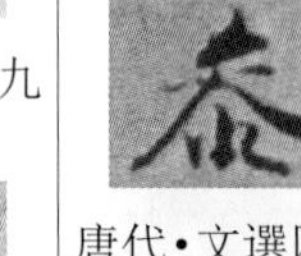
唐代・文選四八
4_22_27

唐代・文選四八
4_23_20

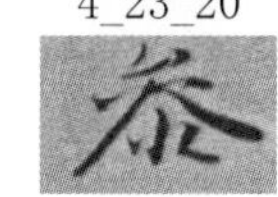
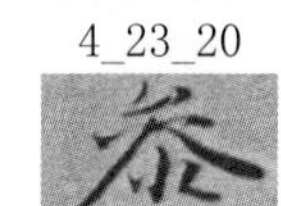
唐代・文選四八
4_24_13

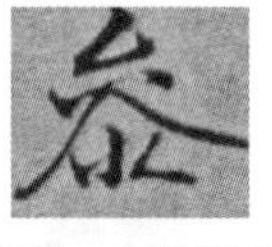
唐代・文選四八
4_24_26

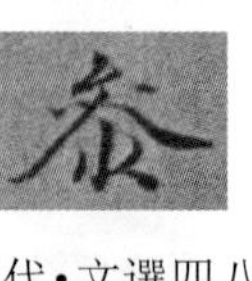
唐代・文選四八
20_176_13

唐代・文選五九
16_155_9

唐代・文選五九
25_251_12

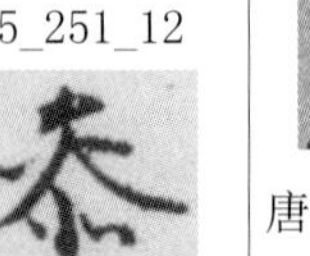
唐代・文選五九
42_413_4

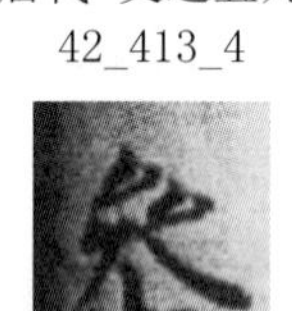
唐代・文選五九
45_447_8

唐代・文選五九
49_481_28

唐代・文選五九
56_544_14

唐代・文選五九
57_554_3

唐代・文選五九
77_736_17

唐代・文選五九
78_756_19

唐代・文選五九
80_769_14

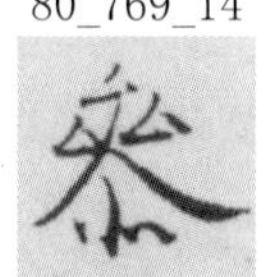
唐代・文選五九
82_793_6

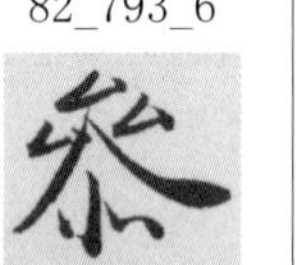

唐代・文選五九
82_795_23

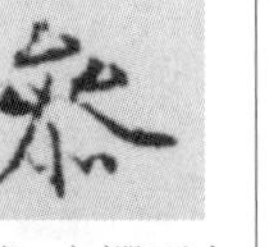
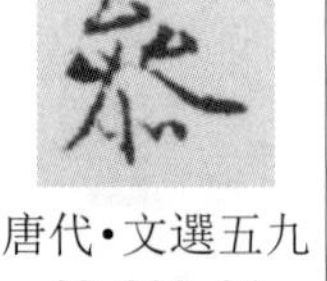
唐代・文選五九
83_800_24

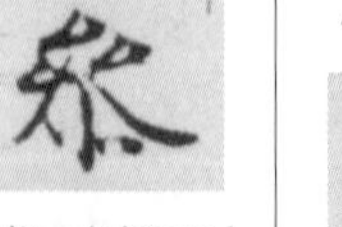
唐代・文選五九
83_801_8

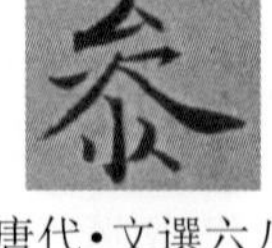
唐代・文選六八
26_263_16

唐代・文選六八
26_265_17

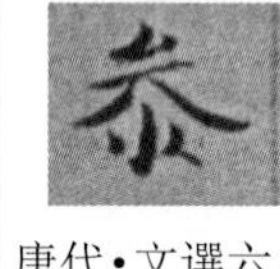
唐代・文選六八
27_267_5

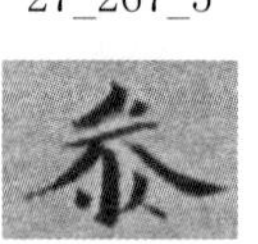

唐代・文選六八
27_268_11

唐代・文選六八
63_633_2

唐代・文選六八
63_634_13

唐代・文選六八
63_637_6

唐代・文選六八
63_637_22

唐代・文選八八
14_116_8

唐代・文選八八
14_117_19

唐代・文選八八
14_117_29

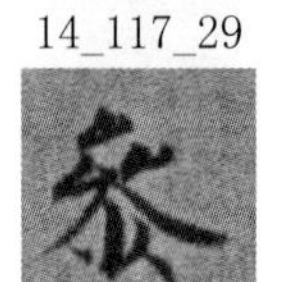
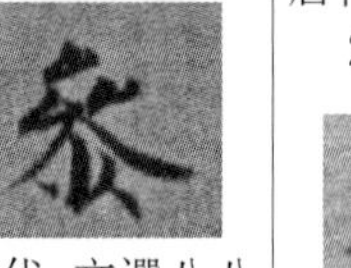
唐代・文選八八
14_118_29

唐代・文選八八
14_118_34

唐代・文選百三
9_76_4

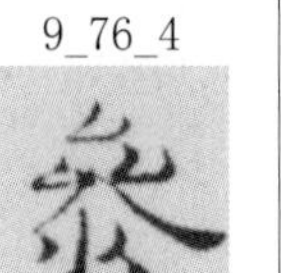
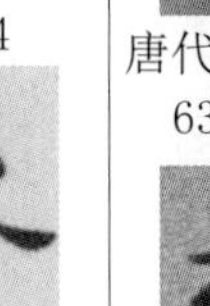
唐代・文選百三
9_78_18

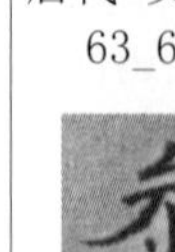
唐代・文選百三
9_79_17

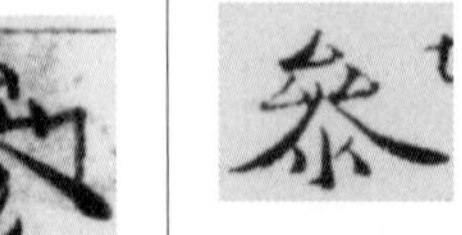
唐代・文選百三
9_79_31

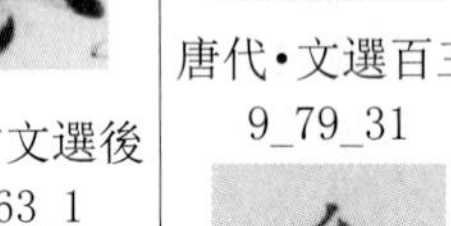
唐代・文選百三
9_79_48

唐代・文選百三
9_79_50

唐代・文選百三
19_187_31

唐代・古文選前
17_200_5

唐代・古文選後
8_86_1

唐代・古文選後
18_214_4

唐代・古文選後
21_248_9

唐代・古文選後
22_263_1

又部

又 ヲ

ユウ

訓 また

唐代•春秋經傳 3_25_17
唐代•春秋經傳 8_78_18
唐代•春秋經傳 8_83_6
唐代•春秋經傳 11_115_3
唐代•春秋經傳 12_118_17
唐代•春秋經傳 16_170_1
唐代•春秋經傳 17_171_13
唐代•春秋經傳 21_219_3
唐代•春秋經傳 22_225_7
唐代•春秋經傳 27_278_24

唐代•春秋經傳 28_287_2
唐代•春秋經傳 33_347_18
唐代•春秋經傳 39_406_12
唐代•春秋經傳 39_407_26
唐代•文選四八 4_27_8
唐代•文選四八 6_43_10
唐代•文選四八 8_71_8
唐代•文選四八 11_99_13
唐代•文選四八 12_106_20

唐代•文選四八 13_115_16
唐代•文選四八 13_118_12
唐代•文選四八 14_120_7
唐代•文選四八 16_143_9
唐代•文選四八 19_169_2
唐代•文選四八 22_198_16
唐代•文選四八 22_202_12
唐代•文選四八 28_254_3
唐代•文選四八 34_300_8

唐代•文選四八 34_306_11
唐代•文選四八 36_324_7
唐代•文選四八 36_324_13
唐代•文選四八 38_340_3
唐代•文選四八 40_357_15
唐代•文選四八 42_379_6
唐代•文選四八 44_396_16
唐代•文選四八 45_408_21
唐代•文選四八 49_443_5

唐代•文選四八 49_443_12
唐代•文選四八 49_443_28
唐代•文選五九 3_21_18
唐代•文選五九 3_26_3
唐代•文選五九 4_32_5
唐代•文選五九 4_38_13
唐代•文選五九 4_38_23
唐代•文選五九 5_42_8

唐代•文選五九 5_43_19
唐代•文選五九 7_69_29
唐代•文選五九 8_78_28
唐代•文選五九 15_142_15
唐代•文選五九 15_143_24
唐代•文選五九 17_163_14
唐代•文選五九 17_164_14
唐代•文選五九 24_236_17
唐代•文選五九 25_244_10

唐代•文選五九 25_251_9
唐代•文選五九 27_270_24
唐代•文選五九 28_277_23
唐代•文選五九 35_339_6
唐代•文選五九 35_344_30
唐代•文選五九 37_360_19
唐代•文選五九 37_368_7
唐代•文選五九 38_377_15
唐代•文選五九 45_450_11
唐代•文選五九 47_466_19
唐代•文選五九 49_484_19
唐代•文選五九 53_527_11
唐代•文選五九 61_581_4
唐代•文選五九 66_638_8
唐代•文選五九 67_643_24
唐代•文選五九 70_669_18
唐代•文選五九 71_683_2
唐代•文選五九 71_684_3
唐代•文選五九 72_690_2
唐代•文選五九 80_776_13
唐代•文選五九 81_779_18
唐代•文選五九 84_808_17
唐代•文選五九 90_865_9
唐代•文選五九 92_881_2
唐代•文選五九 105_999_11
唐代•文選五九 110_1040_20
唐代•文選五九 110_1045_29
唐代•文選六八 3_32_12
唐代•文選六八 8_85_31
唐代•文選六八 9_102_15
唐代•文選六八 15_153_30
唐代•文選六八 15_156_3
唐代•文選六八 16_166_4
唐代•文選六八 16_166_23
唐代•文選六八 17_173_8
唐代•文選六八 19_187_10
唐代•文選六八 19_188_6
唐代•文選六八 20_202_1
唐代•文選六八 22_220_18
唐代•文選六八 22_220_27
唐代•文選六八 22_221_16
唐代•文選六八 22_223_14
唐代•文選六八 22_223_18
唐代•文選六八 23_230_28
唐代•文選六八 25_248_26
唐代•文選六八 28_285_17
唐代•文選六八 29_290_18
唐代•文選六八 31_309_29
唐代•文選六八 41_405_31
唐代•文選六八 51_512_13
唐代•文選六八 55_545_3
唐代•文選六八 56_561_1
唐代•文選六八 57_569_21
唐代•文選六八 61_612_12
唐代•文選六八 69_690_14
唐代•文選八八 6_37_5
唐代•文選八八 6_38_8

唐代·十輪經十 13_257_11
唐代·十輪經十 14_266_6
唐代·十輪經十 14_270_6
唐代·十輪經十 14_271_5
唐代·十輪經十 16_319_15

唐代·十輪經十 4_74_12
唐代·十輪經十 5_81_2
唐代·十輪經十 5_85_2
唐代·十輪經十 5_88_7
唐代·十輪經十 8_148_1
唐代·十輪經十 12_226_5
唐代·十輪經十 12_239_9
唐代·十輪經十 13_248_4

唐代·文選百三 79_754_19
唐代·文選百三 83_790_20
唐代·古文選前 5_51_12
唐代·古文選前 7_76_12
唐代·古文選前 13_148_6
唐代·十輪經四 11_215_3
唐代·十輪經四 15_291_6
唐代·十輪經四 21_417_8
唐代·十輪經四 22_422_4

唐代·文選百三 46_441_7
唐代·文選百三 46_444_20
唐代·文選百三 46_444_31
唐代·文選百三 54_516_1
唐代·文選百三 59_565_28
唐代·文選百三 67_643_16
唐代·文選百三 69_662_4
唐代·文選百三 75_725_1

唐代·文選百三 27_262_14
唐代·文選百三 31_304_7
唐代·文選百三 31_305_16
唐代·文選百三 31_305_32
唐代·文選百三 31_308_17
唐代·文選百三 31_311_17
唐代·文選百三 31_311_22
唐代·文選百三 46_440_7

唐代·文選百三 3_23_1
唐代·文選百三 4_33_24
唐代·文選百三 5_38_18
唐代·文選百三 5_39_27
唐代·文選百三 12_109_17
唐代·文選百三 16_149_3
唐代·文選百三 25_245_1
唐代·文選百三 27_261_21

唐代·文選八八 7_42_16
唐代·文選八八 7_54_1
唐代·文選八八 11_89_6
唐代·文選八八 11_94_29
唐代·文選八八 17_153_9
唐代·文選八八 20_174_23
唐代·文選八八 22_196_4
唐代·文選百三 3_21_4

叉

慣シャ**漢**サ、サイ
訓また

初唐・金剛場經 1_4_6

唐代・十輪經四 4_66_13

唐代・十輪經四 4_74_1

唐代・十輪經四 4_77_10

唐代・十輪經四 6_112_12

唐代・十輪經四 11_217_6

唐代・十輪經四 15_285_6

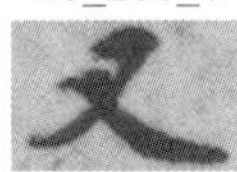
唐代・十輪經四 16_313_16

唐代・十輪經四 17_336_3

唐代・十輪經四 18_350_12

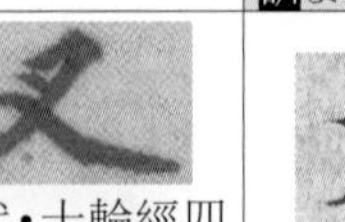
唐代・十輪經四 19_367_9

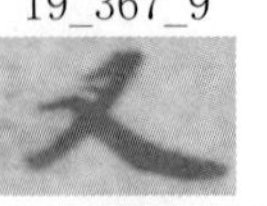
唐代・十輪經四 20_387_2

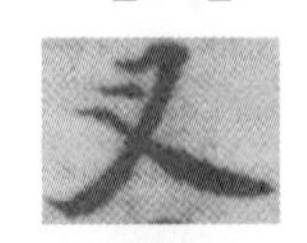
唐代・十輪經十 20_385_3

友

漢ユウ
訓とも

唐代・文選四八 24_216_15

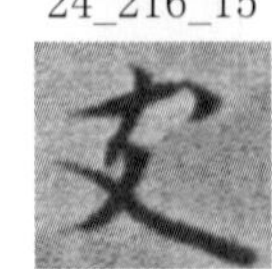
唐代・文選四八 28_248_12

唐代・文選四八 30_276_14

唐代・文選四八 31_278_13

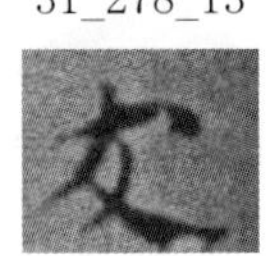
唐代・文選五九 13_129_22

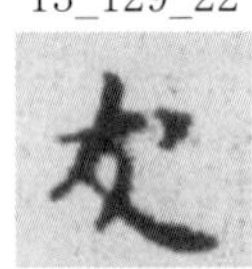
唐代・文選五九 29_281_15

唐代・文選五九 37_370_11

唐代・文選五九 38_375_10

唐代・文選五九 38_378_26

唐代・文選五九 39_383_21

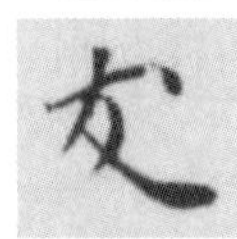
唐代・文選五九 42_413_20

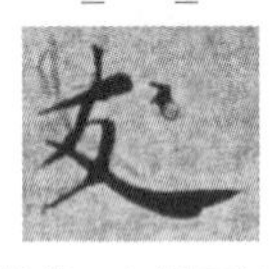
唐代・文選五九 49_480_7

唐代・文選五九 51_508_29

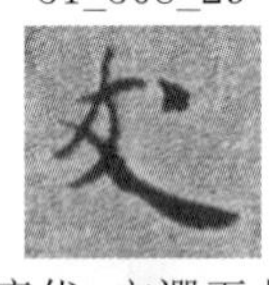
唐代・文選五九 55_539_17

唐代・文選五九 64_616_4

唐代・文選五九 64_618_26

唐代・文選五九 68_657_15

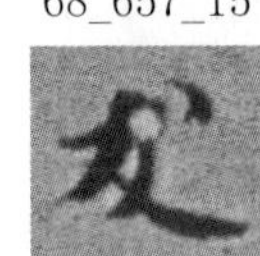
唐代・文選五九 84_806_12

唐代・文選六八 62_623_5

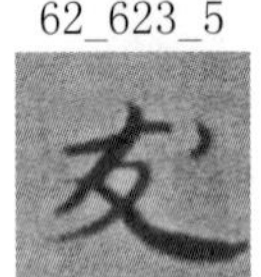
唐代・文選六八 63_625_9

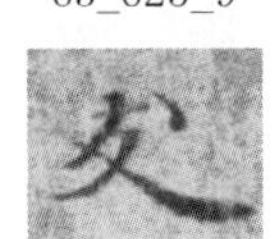
唐代・文選百三 1_5_20

唐代・文選百三 9_80_6

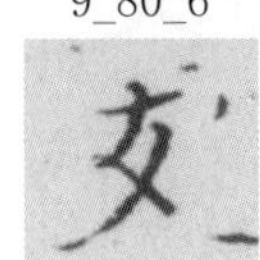
唐代・文選百三 9_81_22

唐代・文選百三 9_82_24

唐代・文選百三 9_83_6

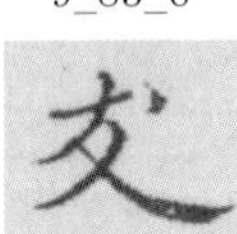
唐代・文選百三 9_86_2

唐代・文選百三 9_87_36

唐代・文選百三 13_119_36

唐代・文選百三 22_214_17

唐代・文選百三 23_216_28

唐代・古文選後 23_268_13

唐代・古文選後 24_282_12

唐代・古文選後 25_291_9

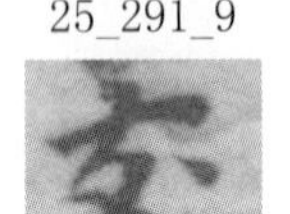
唐代・十輪經四 4_71_9

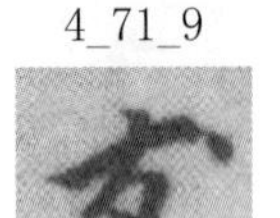
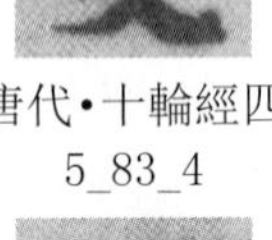
唐代・十輪經四 5_83_4

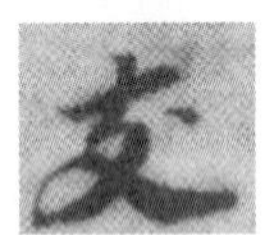
唐代・十輪經四 5_94_15

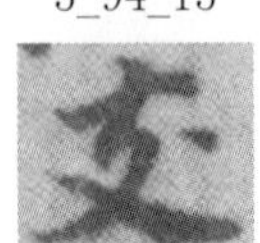
唐代・十輪經四 17_322_6

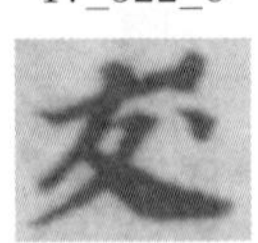
唐代・十輪經四 18_344_6

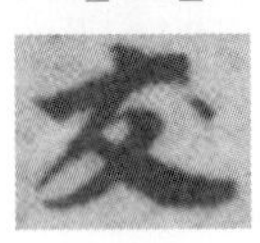
唐代・十輪經四 18_359_6

唐代・十輪經四 19_377_10

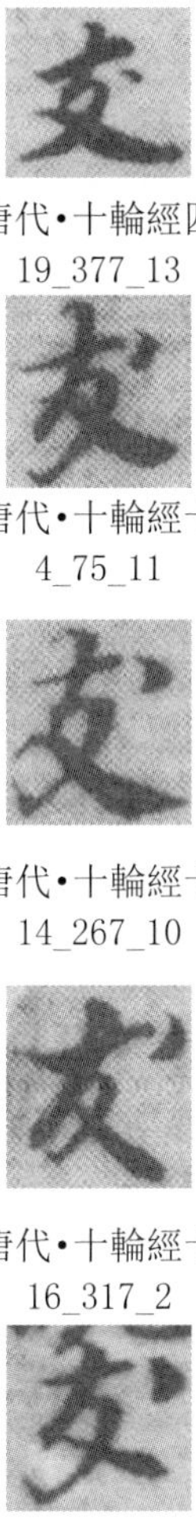
唐代•十輪經四
19_377_13
唐代•十輪經十
4_75_11
唐代•十輪經十
14_267_10
唐代•十輪經十
16_317_2
唐代•十輪經十
17_330_5

反

漢ハン 呉ホン 慣ヘン
訓かえす

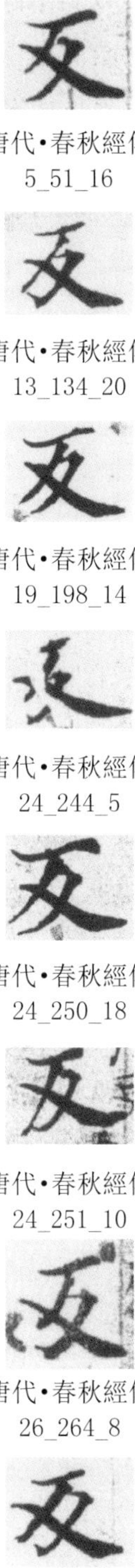
唐代•春秋經傳
5_51_16
唐代•春秋經傳
13_134_20
唐代•春秋經傳
19_198_14
唐代•春秋經傳
24_244_5
唐代•春秋經傳
24_250_18
唐代•春秋經傳
24_251_10
唐代•春秋經傳
26_264_8
唐代•春秋經傳
28_291_9

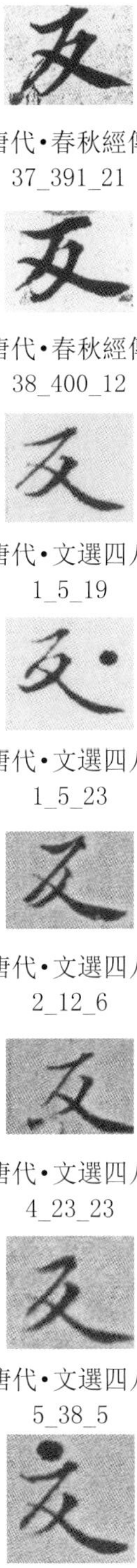
唐代•春秋經傳
37_391_21
唐代•春秋經傳
38_400_12
唐代•文選四八
1_5_19
唐代•文選四八
1_5_23
唐代•文選四八
2_12_6
唐代•文選四八
4_23_23
唐代•文選四八
5_38_5
唐代•文選四八
6_46_18

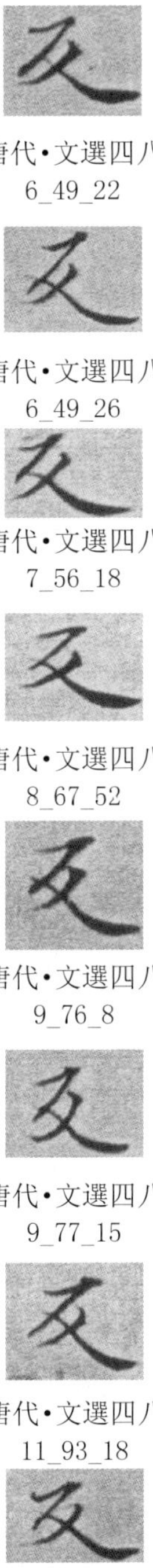
唐代•文選四八
6_49_22
唐代•文選四八
6_49_26
唐代•文選四八
7_56_18
唐代•文選四八
8_67_52
唐代•文選四八
9_76_8
唐代•文選四八
9_77_15
唐代•文選四八
11_93_18
唐代•文選四八
12_107_14

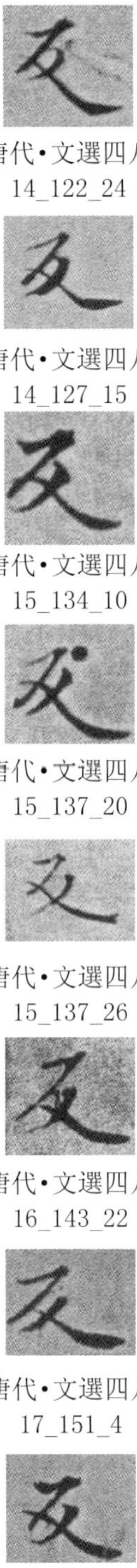
唐代•文選四八
14_122_24
唐代•文選四八
14_127_15
唐代•文選四八
15_134_10
唐代•文選四八
15_137_20
唐代•文選四八
15_137_26
唐代•文選四八
16_143_22
唐代•文選四八
17_151_4
唐代•文選四八
17_151_8

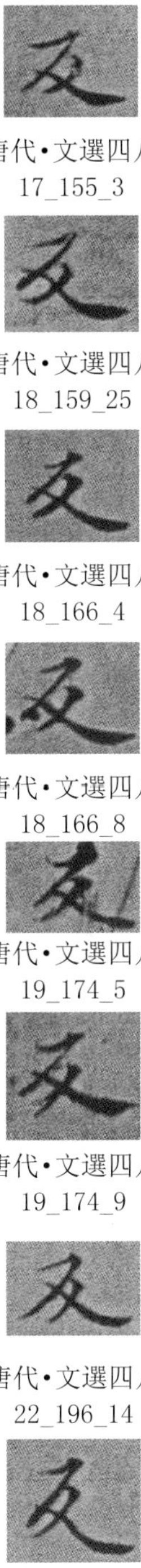
唐代•文選四八
17_155_3
唐代•文選四八
18_159_25
唐代•文選四八
18_166_4
唐代•文選四八
18_166_8
唐代•文選四八
19_174_5
唐代•文選四八
19_174_9
唐代•文選四八
22_196_14
唐代•文選四八
22_197_9

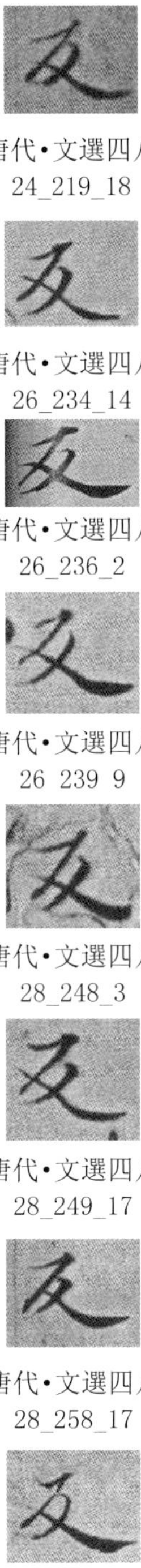
唐代•文選四八
24_219_18
唐代•文選四八
26_234_14
唐代•文選四八
26_236_2
唐代•文選四八
26_239_9
唐代•文選四八
28_248_3
唐代•文選四八
28_249_17
唐代•文選四八
28_258_17
唐代•文選四八
30_270_21

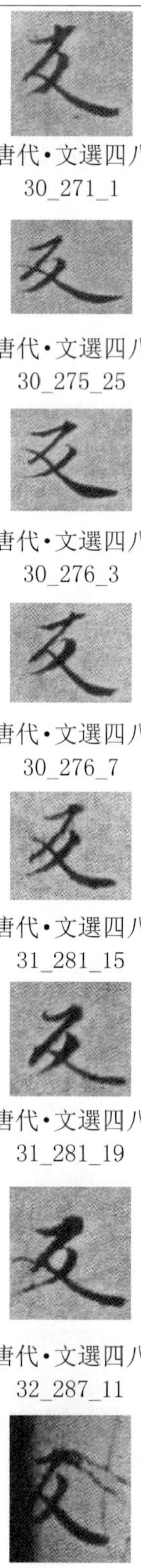

唐代•文選四八 30_271_1
唐代•文選四八 30_275_25
唐代•文選四八 30_276_3
唐代•文選四八 30_276_7
唐代•文選四八 31_281_15
唐代•文選四八 31_281_19
唐代•文選四八 32_287_11
唐代•文選四八 32_290_47

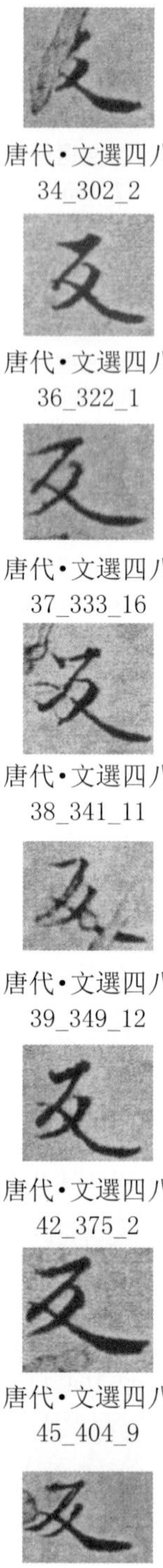

唐代•文選四八 34_302_2
唐代•文選四八 36_322_1
唐代•文選四八 37_333_16
唐代•文選四八 38_341_11
唐代•文選四八 39_349_12
唐代•文選四八 42_375_2
唐代•文選四八 45_404_9
唐代•文選四八 45_404_13

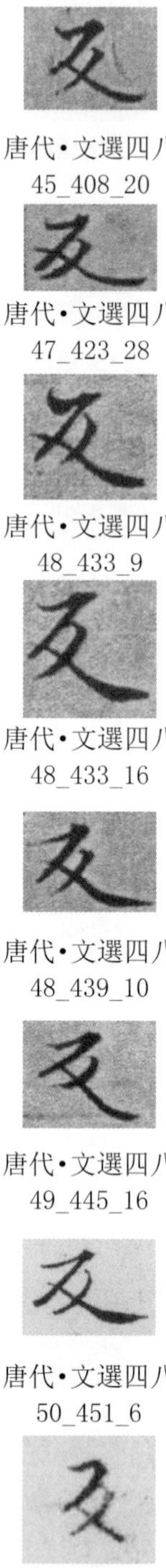

唐代•文選四八 45_408_20
唐代•文選四八 47_423_28
唐代•文選四八 48_433_9
唐代•文選四八 48_433_16
唐代•文選四八 48_439_10
唐代•文選四八 49_445_16
唐代•文選四八 50_451_6
唐代•文選五九 1_9_14

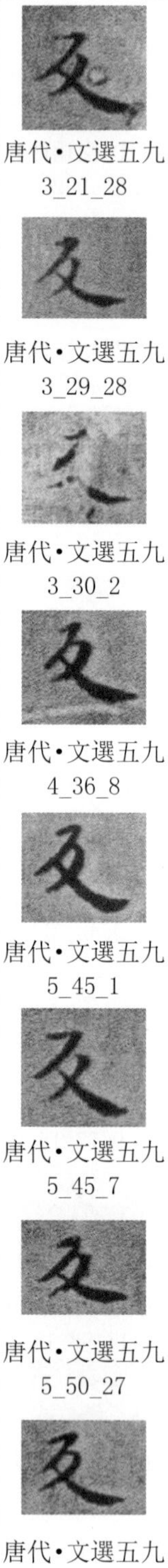

唐代•文選五九 3_21_28
唐代•文選五九 3_29_28
唐代•文選五九 3_30_2
唐代•文選五九 4_36_8
唐代•文選五九 5_45_1
唐代•文選五九 5_45_7
唐代•文選五九 5_50_27
唐代•文選五九 5_51_1

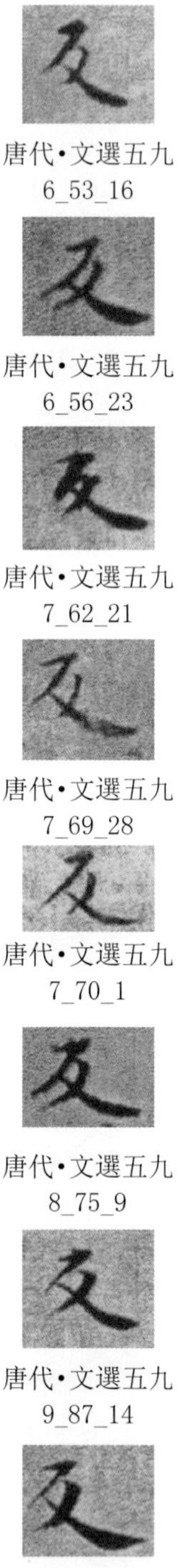

唐代•文選五九 6_53_16
唐代•文選五九 6_56_23
唐代•文選五九 7_62_21
唐代•文選五九 7_69_28
唐代•文選五九 7_70_1
唐代•文選五九 8_75_9
唐代•文選五九 9_87_14
唐代•文選五九 11_104_25

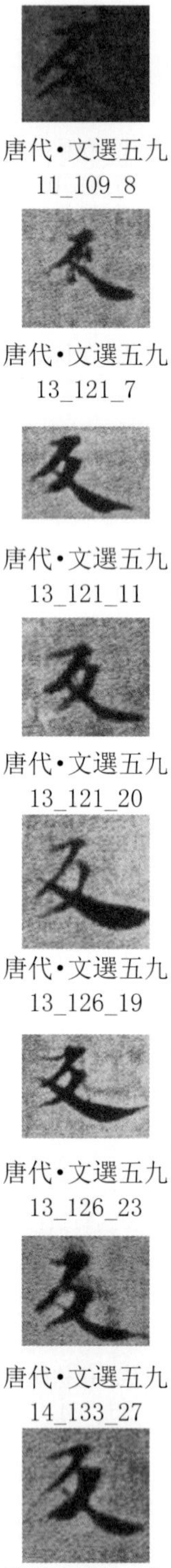

唐代•文選五九 11_109_8
唐代•文選五九 13_121_7
唐代•文選五九 13_121_11
唐代•文選五九 13_121_20
唐代•文選五九 13_126_19
唐代•文選五九 13_126_23
唐代•文選五九 14_133_27
唐代•文選五九 14_134_1

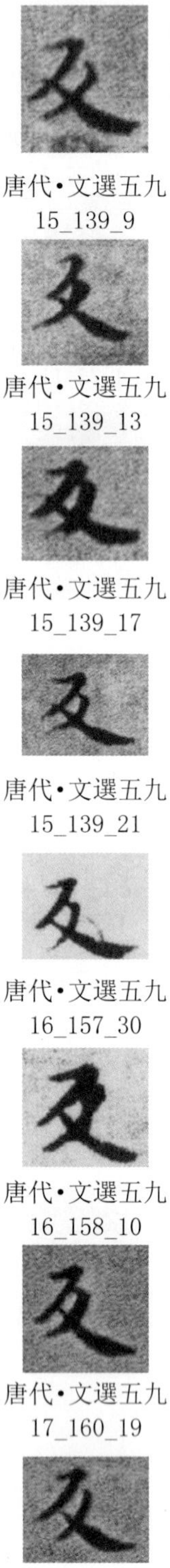

唐代•文選五九 15_139_9
唐代•文選五九 15_139_13
唐代•文選五九 15_139_17
唐代•文選五九 15_139_21
唐代•文選五九 16_157_30
唐代•文選五九 16_158_10
唐代•文選五九 17_160_19
唐代•文選五九 17_160_23

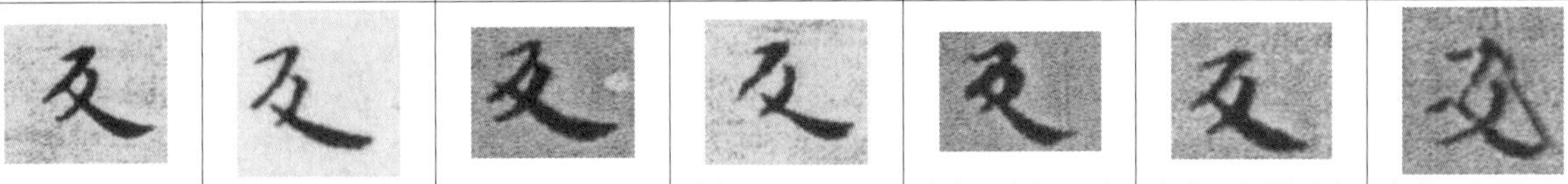

唐代•文選五九 31_307_2	唐代•文選五九 29_288_15	唐代•文選五九 26_253_8	唐代•文選五九 23_230_25	唐代•文選五九 20_198_4	唐代•文選五九 19_184_32	唐代•文選五九 17_165_6

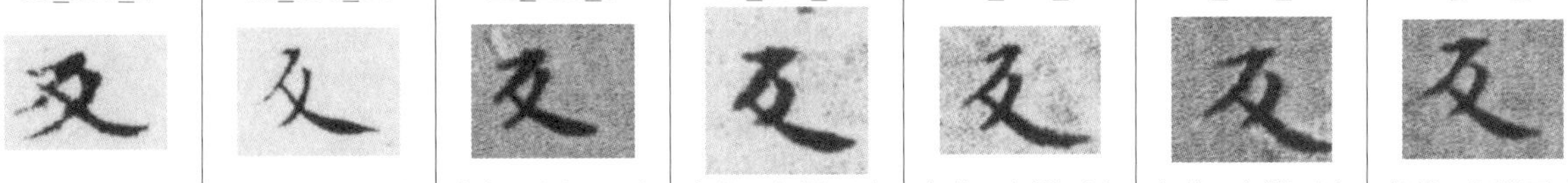

唐代•文選五九 32_314_27	唐代•文選五九 30_293_29	唐代•文選五九 26_253_15	唐代•文選五九 23_230_31	唐代•文選五九 21_200_13	唐代•文選五九 19_185_9	唐代•文選五九 17_165_11

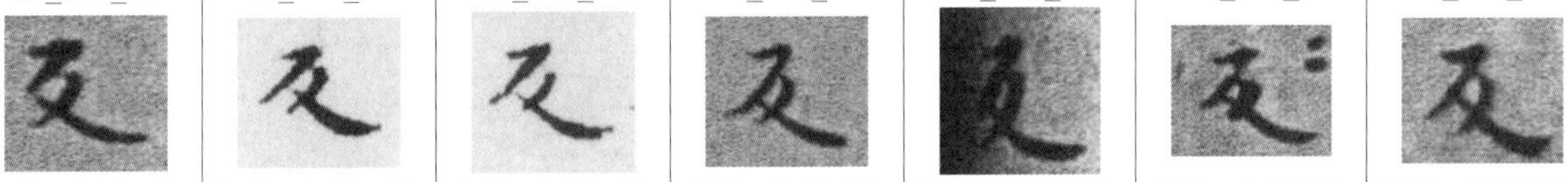

唐代•文選五九 33_325_10	唐代•文選五九 30_297_3	唐代•文選五九 27_265_5	唐代•文選五九 24_237_13	唐代•文選五九 21_208_19	唐代•文選五九 19_185_15	唐代•文選五九 17_165_15

唐代•文選五九 33_328_10	唐代•文選五九 31_299_27	唐代•文選五九 27_272_4	唐代•文選五九 24_237_17	唐代•文選五九 22_217_22	唐代•文選五九 19_185_19	唐代•文選五九 18_172_5

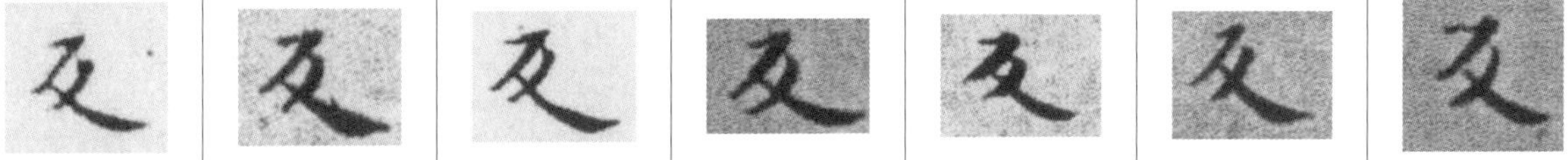

唐代•文選五九 34_334_26	唐代•文選五九 31_300_4	唐代•文選五九 27_272_11	唐代•文選五九 25_241_8	唐代•文選五九 23_221_7	唐代•文選五九 19_185_23	唐代•文選五九 18_177_19

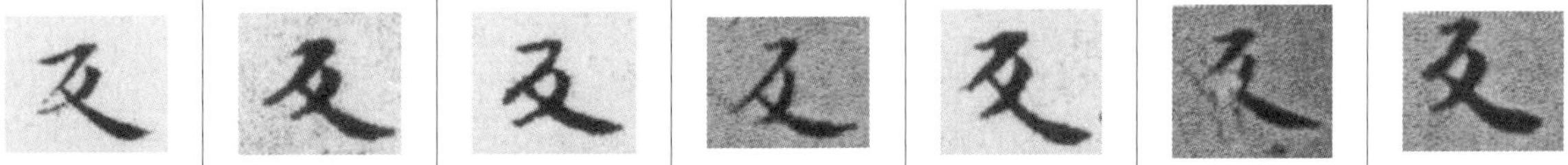

唐代•文選五九 34_337_11	唐代•文選五九 31_300_8	唐代•文選五九 29_279_21	唐代•文選五九 25_241_12	唐代•文選五九 23_224_29	唐代•文選五九 19_189_19	唐代•文選五九 18_177_26

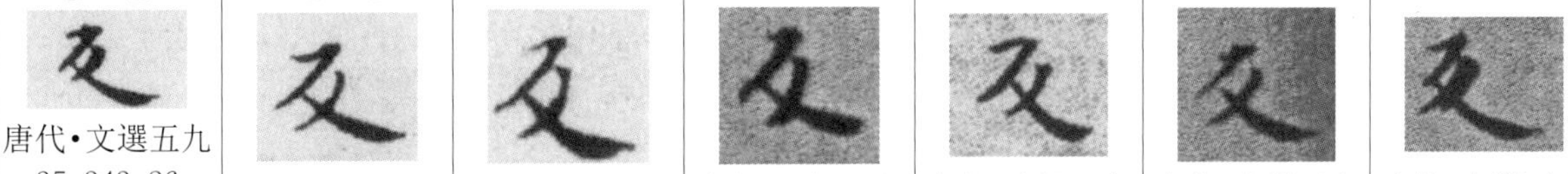

唐代•文選五九 35_343_26	唐代•文選五九 31_303_12	唐代•文選五九 29_279_25	唐代•文選五九 26_252_30	唐代•文選五九 23_228_1	唐代•文選五九 19_189_25	唐代•文選五九 19_184_22

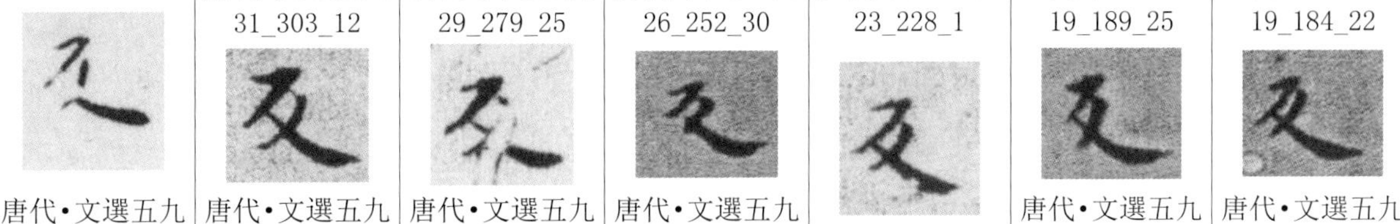

唐代•文選五九 35_343_30	唐代•文選五九 31_306_22	唐代•文選五九 29_279_29	唐代•文選五九 26_253_4	唐代•文選五九 23_228_7	唐代•文選五九 20_197_30	唐代•文選五九 19_184_28

唐代·文選五九 35_344_4
唐代·文選五九 35_347_16
唐代·文選五九 36_358_24
唐代·文選五九 37_361_18
唐代·文選五九 37_365_27
唐代·文選五九 38_374_4
唐代·文選五九 39_382_18
唐代·文選五九 39_382_25
唐代·文選五九 39_385_15
唐代·文選五九 39_385_19
唐代·文選五九 39_385_28
唐代·文選五九 39_390_9
唐代·文選五九 39_390_13
唐代·文選五九 41_399_12
唐代·文選五九 41_407_38
唐代·文選五九 41_407_42
唐代·文選五九 43_419_15
唐代·文選五九 43_427_27
唐代·文選五九 43_431_22
唐代·文選五九 45_441_12
唐代·文選五九 45_446_10
唐代·文選五九 46_456_10
唐代·文選五九 46_456_14
唐代·文選五九 47_471_12
唐代·文選五九 49_478_30
唐代·文選五九 49_479_4
唐代·文選五九 50_495_15
唐代·文選五九 50_495_19
唐代·文選五九 51_499_24
唐代·文選五九 51_499_28
唐代·文選五九 51_503_25
唐代·文選五九 51_503_29
唐代·文選五九 53_520_21
唐代·文選五九 53_520_25
唐代·文選五九 53_523_14
唐代·文選五九 53_528_26
唐代·文選五九 53_528_30
唐代·文選五九 54_529_2
唐代·文選五九 55_538_15
唐代·文選五九 56_541_28
唐代·文選五九 56_550_21
唐代·文選五九 56_550_25
唐代·文選五九 58_556_21
唐代·文選五九 59_569_12
唐代·文選五九 60_575_18
唐代·文選五九 60_575_25
唐代·文選五九 61_583_6
唐代·文選五九 61_586_22
唐代·文選五九 61_591_23
唐代·文選五九 63_606_23
唐代·文選五九 63_606_30
唐代·文選五九 64_611_25
唐代·文選五九 64_614_25
唐代·文選五九 64_619_11
唐代·文選五九 66_630_16
唐代·文選五九 66_635_12

唐代•文選五九 89_854_11

唐代•文選五九 89_854_15

唐代•文選五九 90_858_6

唐代•文選五九 91_874_24

唐代•文選五九 92_882_17

唐代•文選五九 93_892_3
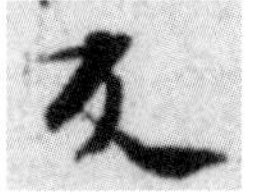
唐代•文選五九 94_896_30

唐代•文選五九 94_900_22

唐代•文選五九 94_900_26

唐代•文選五九 97_915_10

唐代•文選五九 97_915_14

唐代•文選五九 97_919_11

唐代•文選五九 97_919_15

唐代•文選五九 97_926_7
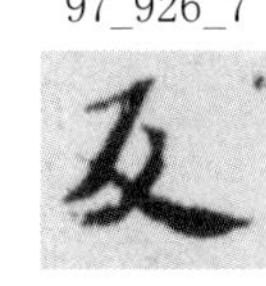
唐代•文選五九 99_934_12
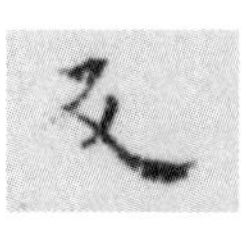

唐代•文選五九 99_939_21

唐代•文選五九 100_947_31
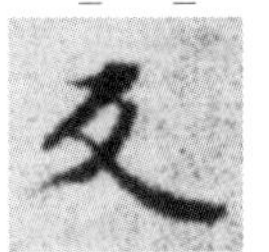

唐代•文選五九 101_948_8

唐代•文選五九 101_951_8

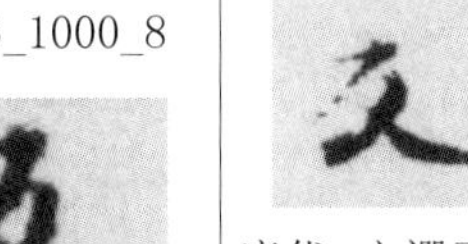
唐代•文選五九 103_975_17
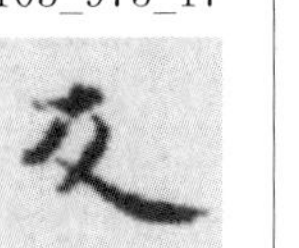
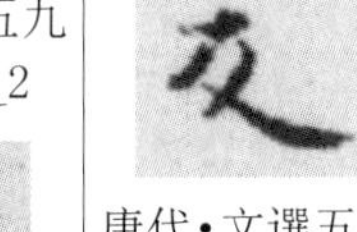
唐代•文選五九 104_983_10
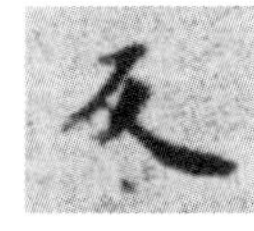

唐代•文選五九 105_987_16
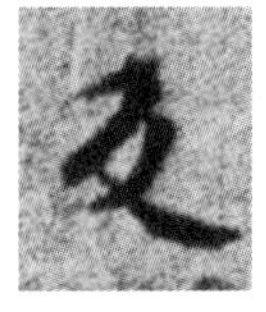
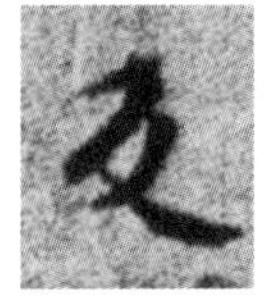
唐代•文選五九 105_991_11

唐代•文選五九 107_1011_29

唐代•文選五九 105_999_12

唐代•文選五九 105_999_19
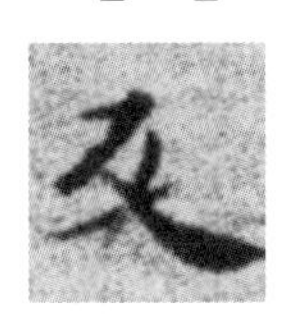
唐代•文選五九 105_1000_8

唐代•文選五九 106_1003_2

唐代•文選五九 106_1003_6

唐代•文選五九 106_1003_13

唐代•文選五九 107_1007_17

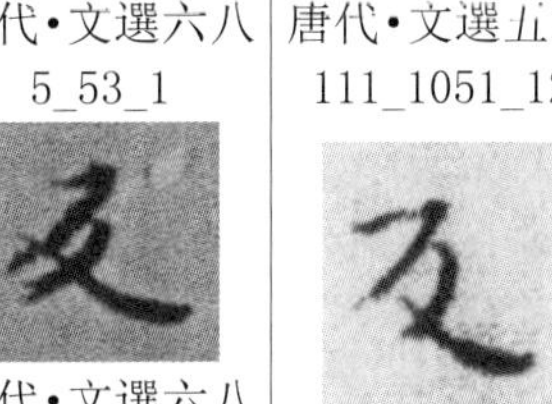
唐代•文選五九 108_1022_28
唐代•文選五九 109_1029_1
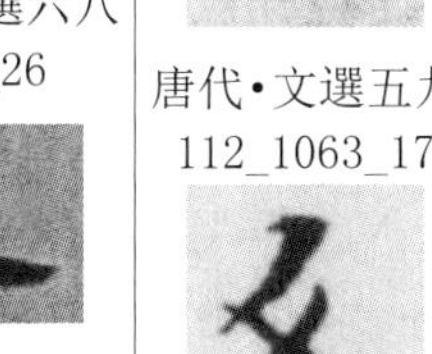
唐代•文選五九 109_1029_5
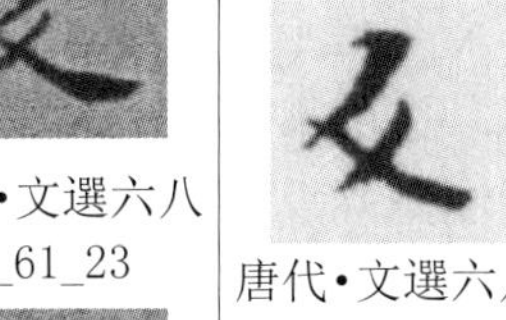
唐代•文選五九 111_1051_12
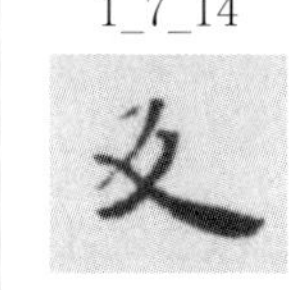
唐代•文選五九 112_1063_17
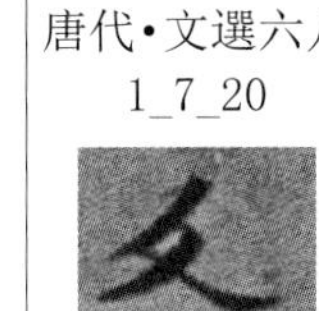
唐代•文選六八 1_7_14
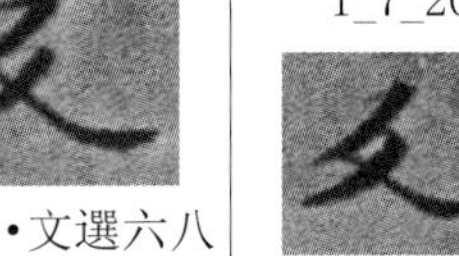
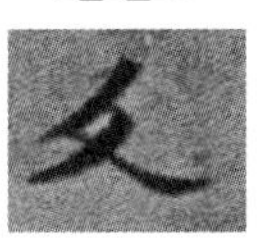
唐代•文選六八 1_7_20
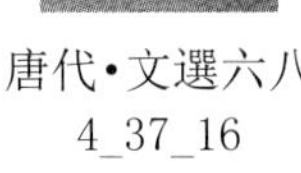
唐代•文選六八 4_37_16

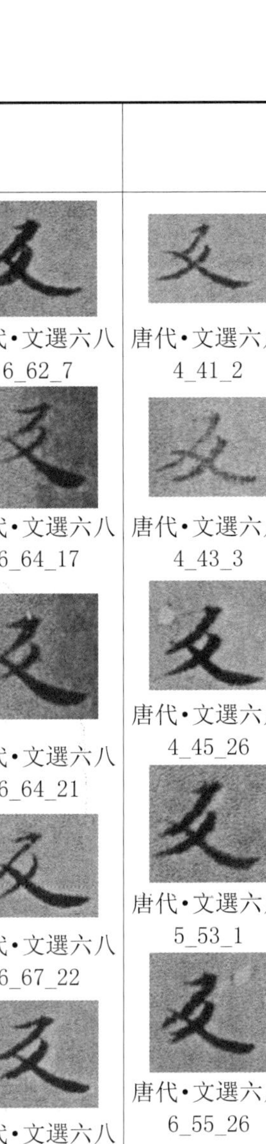
唐代•文選六八 4_41_2
唐代•文選六八 4_43_3
唐代•文選六八 4_45_26
唐代•文選六八 5_53_1
唐代•文選六八 6_55_26
唐代•文選六八 6_61_23
唐代•文選六八 6_61_31
唐代•文選六八 6_62_3

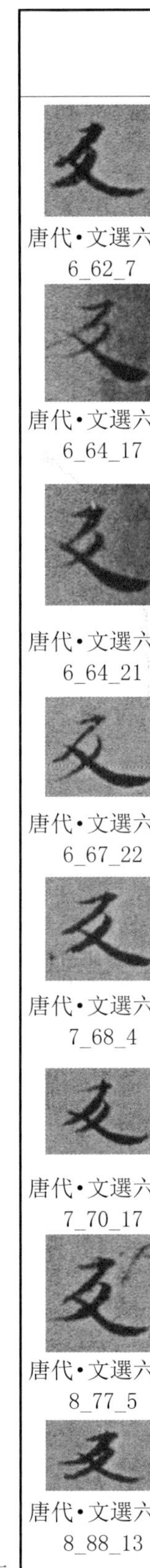
唐代•文選六八 6_62_7
唐代•文選六八 6_64_17
唐代•文選六八 6_64_21
唐代•文選六八 6_67_22
唐代•文選六八 7_68_4
唐代•文選六八 7_70_17
唐代•文選六八 8_77_5
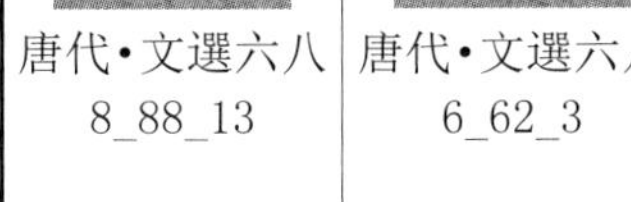
唐代•文選六八 8_88_13

唐代•文選八八 16_138_6
唐代•文選八八 16_138_10
唐代•文選八八 17_144_8
唐代•文選八八 17_144_12
唐代•文選八八 17_151_12
唐代•文選八八 19_161_20
唐代•文選八八 19_161_24
唐代•文選八八 19_167_28

唐代•文選八八 19_167_32
唐代•文選八八 19_168_3
唐代•文選八八 20_175_20
唐代•文選八八 20_178_10
唐代•文選八八 21_181_11
唐代•文選八八 21_189_10
唐代•文選百三 2_13_28
唐代•文選百三 2_13_32

唐代•文選百三 2_14_2
唐代•文選百三 2_14_8
唐代•文選百三 3_19_17
唐代•文選百三 3_22_5
唐代•文選百三 5_47_9
唐代•文選百三 7_59_31
唐代•文選百三 7_65_7
唐代•文選百三 7_65_11

唐代•文選百三 8_70_18
唐代•文選百三 9_75_18
唐代•文選百三 9_75_22
唐代•文選百三 9_79_34
唐代•文選百三 11_96_28
唐代•文選百三 11_99_30
唐代•文選百三 11_103_22
唐代•文選百三 11_103_26

唐代•文選百三 12_112_12
唐代•文選百三 13_124_5
唐代•文選百三 13_124_9
唐代•文選百三 13_124_16
唐代•文選百三 14_134_15
唐代•文選百三 17_155_12
唐代•文選百三 17_159_16
唐代•文選百三 17_163_29

唐代•文選百三 18_174_26
唐代•文選百三 19_182_38
唐代•文選百三 19_183_4
唐代•文選百三 20_190_11
傑其列反 唐代•文選百三 21_198_23
唐代•文選百三 21_198_27
唐代•文選百三 21_206_34
唐代•文選百三 21_206_38

唐代•文選百三 21_209_20
唐代•文選百三 21_209_24
唐代•文選百三 23_225_17
唐代•文選百三 25_244_4
唐代•文選百三 25_249_33
唐代•文選百三 25_250_4
唐代•文選百三 25_250_8
唐代•文選百三 25_250_12

唐代•文選百三 26_254_25
唐代•文選百三 27_259_24
唐代•文選百三 27_266_13
唐代•文選百三 27_266_20
唐代•文選百三 27_266_24
唐代•文選百三 28_272_21
唐代•文選百三 28_272_25
唐代•文選百三 28_272_29
唐代•文選百三 28_272_33
唐代•文選百三 29_279_22
唐代•文選百三 29_281_19
唐代•文選百三 29_284_21
唐代•文選百三 29_284_28
唐代•文選百三 29_287_20
唐代•文選百三 29_289_7
唐代•文選百三 29_289_11
唐代•文選百三 30_294_19
唐代•文選百三 30_297_22
唐代•文選百三 30_297_32
唐代•文選百三 30_297_36
唐代•文選百三 31_307_8
唐代•文選百三 31_308_33
唐代•文選百三 31_308_38
唐代•文選百三 31_312_35
唐代•文選百三 31_313_2
唐代•文選百三 31_313_17
唐代•文選百三 32_319_11
唐代•文選百三 32_319_15
唐代•文選百三 32_319_19
唐代•文選百三 33_327_18
唐代•文選百三 33_327_22
唐代•文選百三 33_327_26
唐代•文選百三 33_327_30
唐代•文選百三 33_328_4
唐代•文選百三 33_328_11
唐代•文選百三 33_332_17
唐代•文選百三 33_333_11
唐代•文選百三 33_333_15
唐代•文選百三 34_340_10
唐代•文選百三 34_340_16
唐代•文選百三 34_340_20
唐代•文選百三 35_345_18
唐代•文選百三 35_345_22
唐代•文選百三 35_352_18
唐代•文選百三 35_353_3
唐代•文選百三 36_356_27
唐代•文選百三 37_364_27
唐代•文選百三 37_368_17
唐代•文選百三 37_368_21
唐代•文選百三 37_368_25
唐代•文選百三 37_371_18
唐代•文選百三 39_397_20
唐代•文選百三 39_397_24
唐代•文選百三 39_397_28
唐代•文選百三 41_414_9
唐代•文選百三 45_432_9

取

漢 シュウ
訓 とる

唐代•春秋經傳 34_358_10
唐代•春秋經傳 38_401_7
唐代•春秋經傳 38_402_4
唐代•春秋經傳 38_402_23
唐代•文選四八 13_119_3
唐代•文選四八 13_119_8
唐代•文選四八 13_119_12
唐代•文選四八 14_131_2

唐代•春秋經傳 27_281_3
唐代•春秋經傳 29_304_12
唐代•春秋經傳 30_307_10
唐代•春秋經傳 30_313_18
唐代•春秋經傳 30_317_1
唐代•春秋經傳 31_327_14
唐代•春秋經傳 33_340_7
唐代•春秋經傳 34_357_2

唐代•春秋經傳 14_140_17
唐代•春秋經傳 18_183_6
唐代•春秋經傳 18_189_3
唐代•春秋經傳 20_204_12
唐代•春秋經傳 25_258_13
唐代•春秋經傳 25_260_23
唐代•春秋經傳 26_265_7
唐代•春秋經傳 27_275_3

初唐•法華義疏 1_2_11
唐代•春秋經傳 1_6_29
唐代•春秋經傳 1_7_16
唐代•春秋經傳 2_11_6
唐代•春秋經傳 3_23_1
唐代•春秋經傳 3_26_11
唐代•春秋經傳 6_55_6
唐代•春秋經傳 13_133_4

唐代•古文選後 25_293_8
唐代•十輪經四 2_34_11
反生瞋恨 唐代•十輪經四 7_129_4
唐代•十輪經十 19_371_8

唐代•古文選前 20_231_10
唐代•古文選前 21_244_13
唐代•古文選前 22_263_10
唐代•古文選前 24_283_15
唐代•古文選前 27_313_4
唐代•古文選後 12_142_10
唐代•古文選後 16_183_78
唐代•古文選後 18_208_16

唐代•文選百三 85_804_25
唐代•文選百三 85_804_32
唐代•文選百三 85_809_14
唐代•文選百三 85_814_6
唐代•文選百三 85_816_20
唐代•文選百三 87_824_22
唐代•文選百三 87_834_22
唐代•古文選前 15_172_14

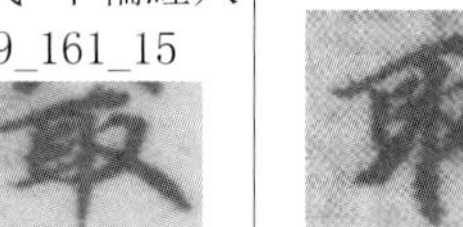
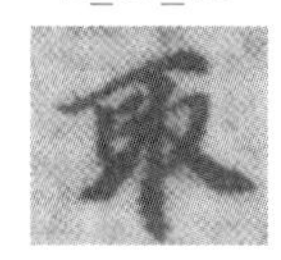
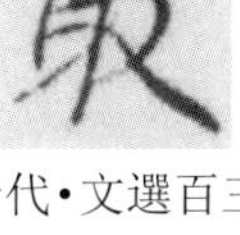
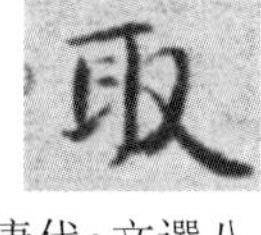

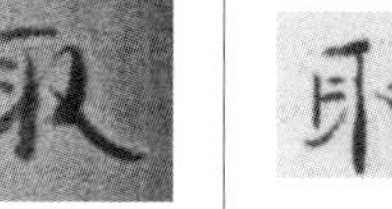
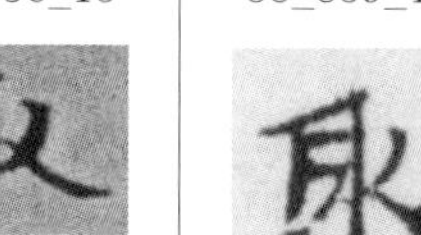
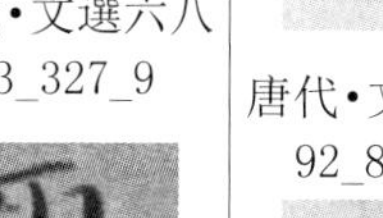
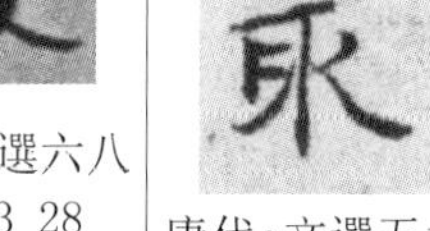
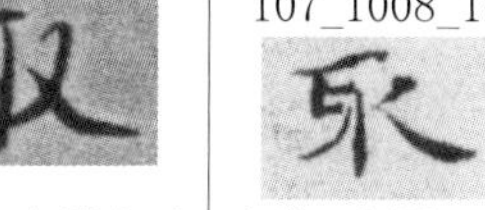

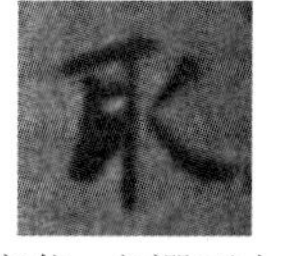
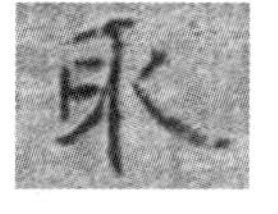

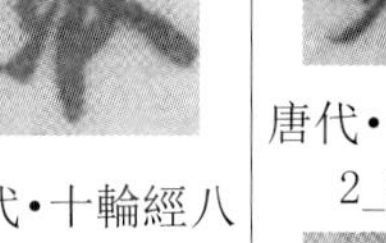

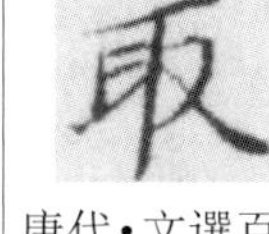
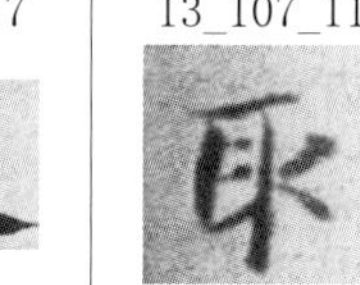

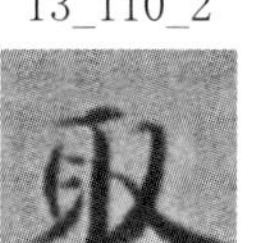

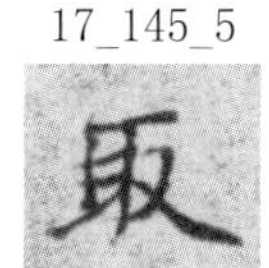

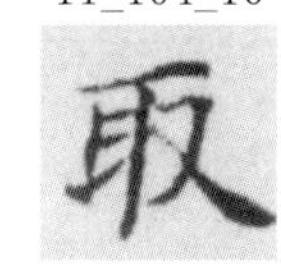

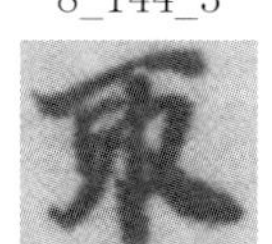
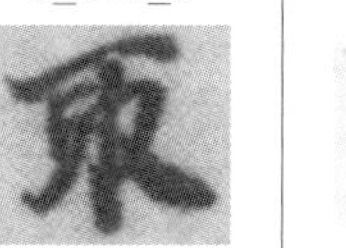

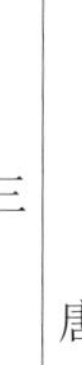

唐代·十輪經八 9_161_15	唐代·十輪經四 2_37_11	唐代·文選百三 31_301_9	唐代·文選八八 5_33_26	唐代·文選六八 23_234_26	唐代·文選五九 76_726_15	唐代·文選四八 26_230_17
唐代·十輪經九 7_126_5	唐代·十輪經四 3_42_5	唐代·文選百三 31_307_17	唐代·文選八八 13_107_11	唐代·文選六八 23_236_13	唐代·文選五九 88_839_17	唐代·文選四八 26_231_1
唐代·十輪經九 14_269_2	唐代·十輪經四 9_164_6	唐代·文選百三 32_315_6	唐代·文選八八 13_109_10	唐代·文選六八 33_327_9	唐代·文選五九 92_881_13	唐代·文選五九 7_69_15
唐代·十輪經九 14_277_3	唐代·十輪經四 15_296_4	唐代·文選百三 49_468_17	唐代·文選八八 13_110_2	唐代·文選六八 34_343_28	唐代·文選五九 107_1008_16	唐代·文選五九 7_69_21
唐代·十輪經九 15_288_13	唐代·十輪經八 7_138_2	唐代·文選百三 75_725_20	唐代·文選八八 17_145_5	唐代·文選六八 40_399_10	唐代·文選五九 109_1027_29	唐代·文選五九 27_271_17
唐代·十輪經九 17_337_17	唐代·十輪經八 8_141_15	唐代·文選百三 83_791_1	唐代·文選百三 5_47_19	唐代·文選六八 45_453_2	唐代·文選六八 4_37_25	唐代·文選五九 67_643_19
唐代·十輪經九 18_344_9	唐代·十輪經八 8_144_3	唐代·文選百三 83_791_8	唐代·文選百三 11_104_10	唐代·文選六八 45_455_22	唐代·文選六八 16_163_19	唐代·文選五九 67_643_29
唐代·十輪經九 19_362_12	唐代·十輪經八 8_153_14	唐代·古文選前 15_178_19	唐代·文選百三 31_301_5	唐代·文選八八 5_33_13	唐代·文選六八 18_184_23	唐代·文選五九 76_726_8

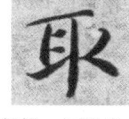

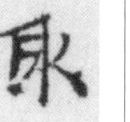

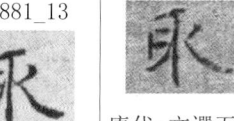

叔

シュク
訓おじ

唐代•文選四八
41_368_5

唐代•文選四八
41_368_15

唐代•文選四八
47_420_3

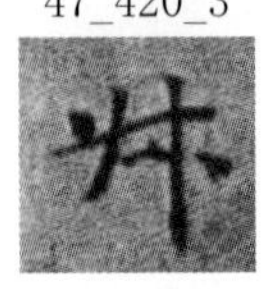
唐代•文選五九
3_20_23

唐代•文選五九
3_21_9

唐代•文選五九
3_21_20

唐代•文選五九
21_208_15

唐代•文選五九
28_278_27

唐代•春秋經傳
36_382_14

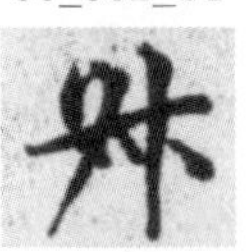
唐代•春秋經傳
38_401_15

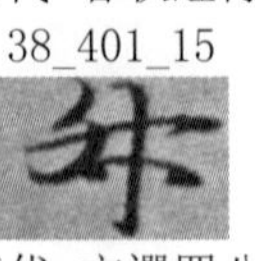
唐代•文選四八
4_22_14

唐代•文選四八
35_311_3

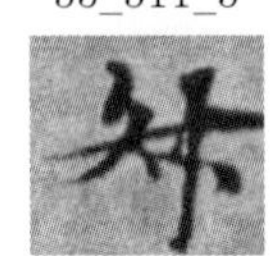
唐代•文選四八
35_317_17

唐代•文選四八
38_336_7

唐代•文選四八
40_353_14

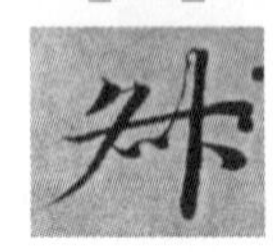
唐代•文選四八
41_367_7

唐代•春秋經傳
24_245_16

唐代•春秋經傳
24_248_13

唐代•春秋經傳
24_251_16

唐代•春秋經傳
27_277_3

唐代•春秋經傳
27_277_13

唐代•春秋經傳
31_322_15

唐代•春秋經傳
35_369_24

唐代•春秋經傳
36_377_16

唐代•春秋經傳
6_58_10

唐代•春秋經傳
6_58_18

唐代•春秋經傳
6_59_13

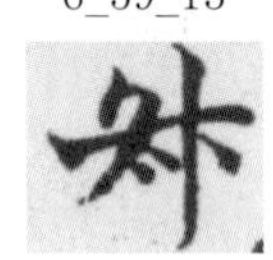
唐代•春秋經傳
6_60_3

唐代•春秋經傳
16_167_6

唐代•春秋經傳
23_242_6

唐代•春秋經傳
23_242_22

唐代•春秋經傳
24_243_20

唐代•十輪經十
12_232_13

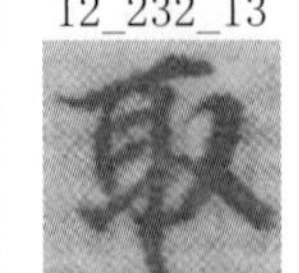
唐代•十輪經十
14_279_8

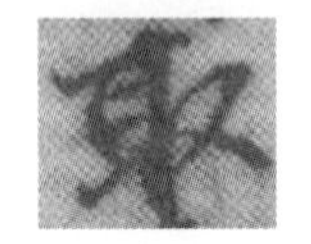
唐代•十輪經十
14_280_16

唐代•十輪經十
16_301_5

唐代•十輪經十
11_213_2

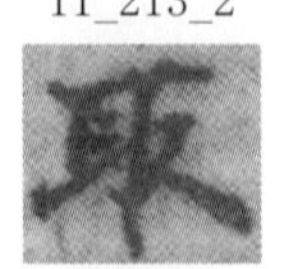
唐代•十輪經十
11_216_11

唐代•十輪經十
11_218_1

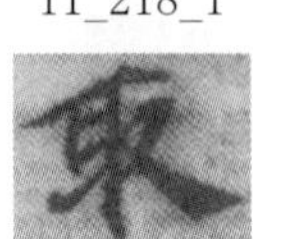
唐代•十輪經十
11_218_17

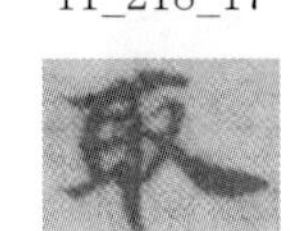
唐代•十輪經十
12_221_8

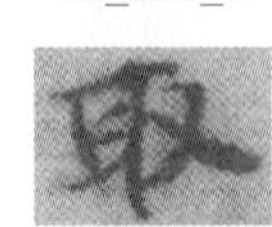
唐代•十輪經十
12_227_7

唐代•十輪經十
12_228_5

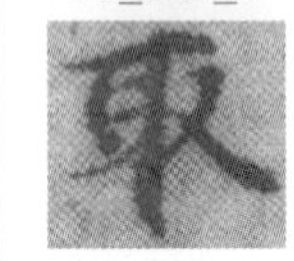
唐代•十輪經十
12_228_7

唐代•十輪經九
20_390_5

唐代•十輪經九
21_412_4

唐代•十輪經九
22_420_14

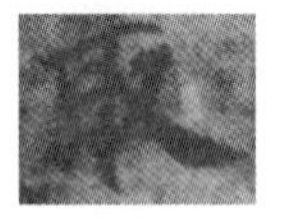
唐代•十輪經十
1_19_6

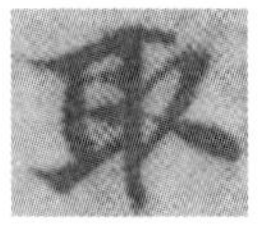
唐代•十輪經十
2_26_15

唐代•十輪經十
2_30_11

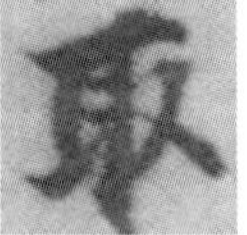
唐代•十輪經十
7_124_14

唐代•十輪經十
7_124_22

受

慣ジュ 呉ズ 漢シュウ
訓うける

唐代・春秋經傳
11_111_12

唐代・春秋經傳
11_112_1

唐代・春秋經傳
14_148_16

唐代・春秋經傳
21_221_15

唐代・春秋經傳
23_237_6

唐代・春秋經傳
27_283_19

唐代・春秋經傳
32_332_15

唐代・春秋經傳
35_366_8

中唐・灌頂歷名
1_5_15

唐代・春秋經傳
1_5_16

唐代・春秋經傳
3_25_13

唐代・春秋經傳
3_27_9

唐代・春秋經傳
3_27_21

唐代・春秋經傳
3_29_2

唐代・春秋經傳
5_44_34

唐代・春秋經傳
5_44_40

初唐・大般若經
1_16_16

初唐・大般若經
1_17_11

初唐・大般若經
1_19_1

初唐・大般若經
1_19_13

初唐・大般若經
2_24_12

初唐・大般若經
2_27_7

初唐・大般若經
2_29_15

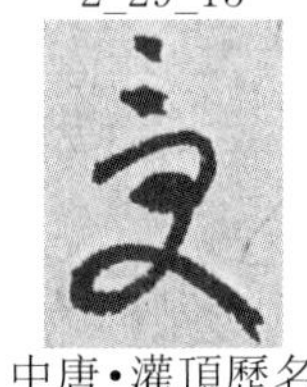
中唐・灌頂歷名
1_2_2

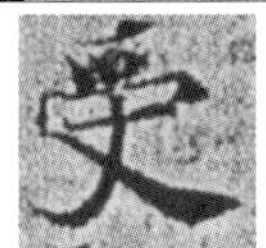
初唐・大般若經
1_6_7

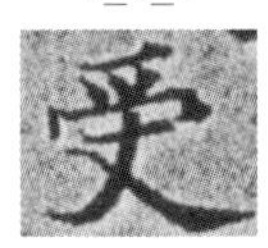
初唐・大般若經
1_6_11

初唐・大般若經
1_10_10

初唐・大般若經
1_11_5

初唐・大般若經
1_12_12

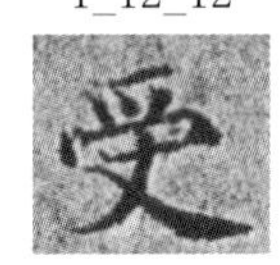
初唐・大般若經
1_13_7

初唐・大般若經
1_14_14

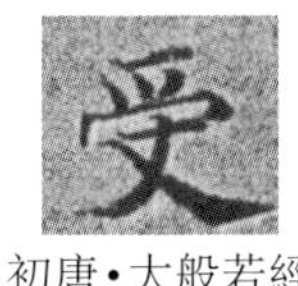
初唐・大般若經
1_15_9

唐代・文選百三
84_800_4

唐代・文選百三
84_801_8

唐代・文選百三
85_804_28

唐代・文選百三
85_806_9

唐代・文選百三
85_806_15

唐代・古文選後
18_212_8

唐代・文選六八
59_594_10

唐代・文選百三
12_109_12

唐代・文選百三
17_160_28

唐代・文選百三
23_218_24

唐代・文選百三
41_416_15

唐代・文選百三
45_425_12

唐代・文選百三
56_541_13

唐代・文選百三
56_541_29

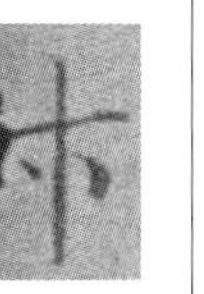
唐代・文選五九
92_889_2

唐代・文選五九
105_990_13

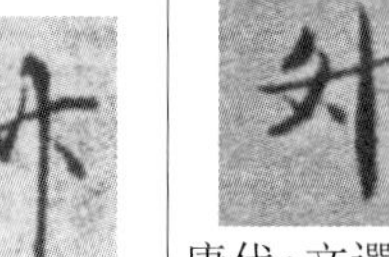
唐代・文選六八
27_278_1

唐代・文選六八
35_353_14

唐代・文選六八
55_552_18

唐代・文選六八
59_590_5

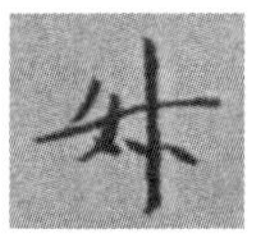
唐代・文選六八
59_593_11

唐代・文選六八
59_593_21

唐代•十輪經四 10_190_13

唐代•十輪經四 14_267_22

唐代•十輪經四 14_279_11

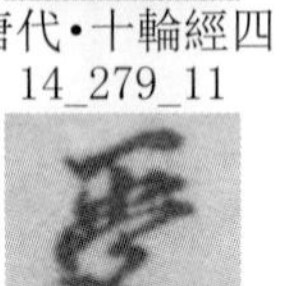
唐代•十輪經四 16_302_3

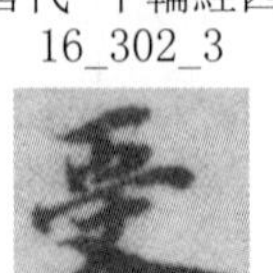
唐代•十輪經四 16_318_11

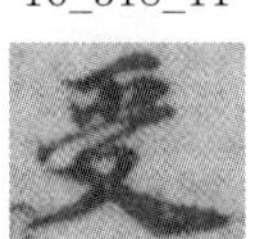
唐代•十輪經四 17_325_8

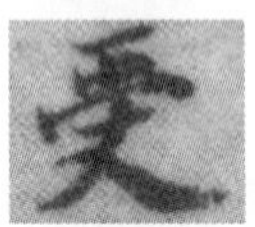
唐代•十輪經四 17_325_16

唐代•十輪經四 17_326_7

唐代•十輪經四 4_64_13

唐代•十輪經四 5_91_7

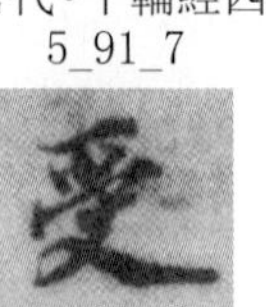
唐代•十輪經四 5_98_17

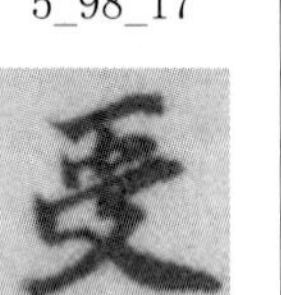
唐代•十輪經四 6_101_14

唐代•十輪經四 6_104_11

唐代•十輪經四 6_117_6

唐代•十輪經四 7_137_2

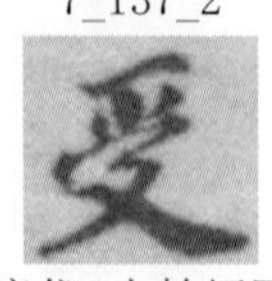
唐代•十輪經四 8_158_2

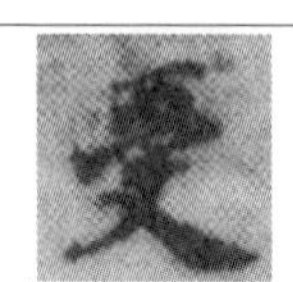
唐代•十輪經四 1_8_1

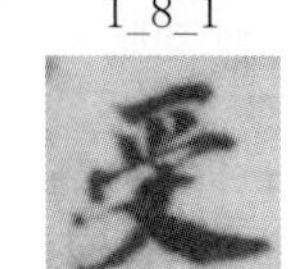
唐代•十輪經四 2_29_15

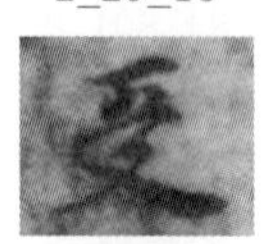
唐代•十輪經四 2_31_11

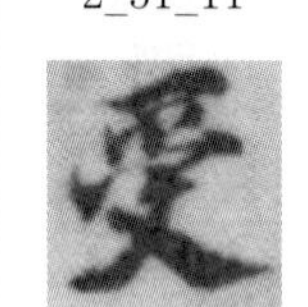
唐代•十輪經四 2_35_7

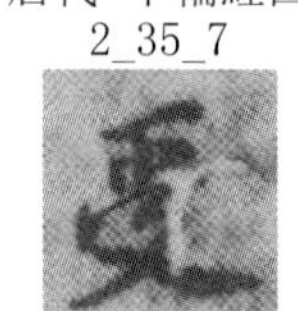
唐代•十輪經四 3_44_12

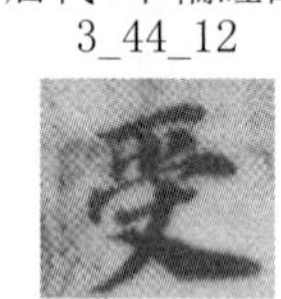
唐代•十輪經四 3_51_12

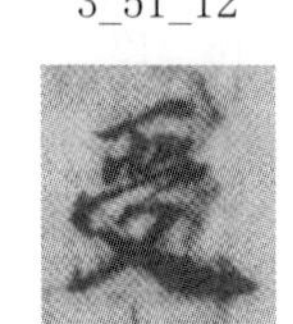
唐代•十輪經四 3_53_15

唐代•十輪經四 3_57_11

唐代•古文選前 16_187_1

唐代•古文選前 25_293_9

唐代•古文選後 1_1_9

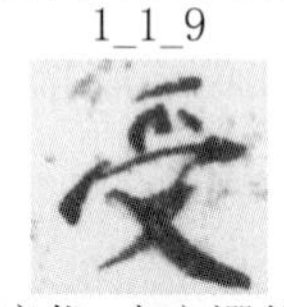
唐代•古文選後 1_5_1

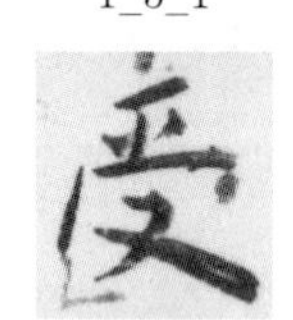
唐代•古文選後 4_45_5

唐代•古文選後 5_58_10

唐代•古文選後 13_153_9

唐代•文選百三 11_106_41

唐代•文選百三 12_111_11

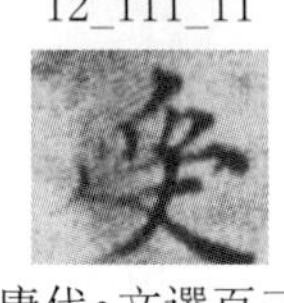
唐代•文選百三 14_133_35

唐代•文選百三 18_169_30

唐代•文選百三 18_173_19

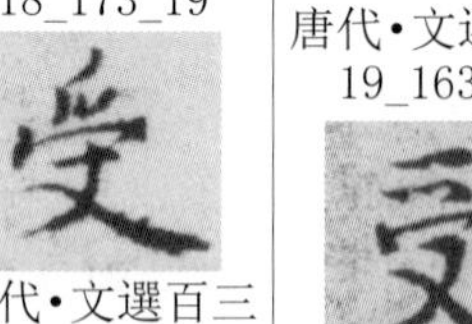
唐代•文選百三 60_577_17

唐代•文選百三 66_636_26

唐代•文選百三 69_659_7

唐代•文選五九 107_1018_3

唐代•文選五九 107_1018_14

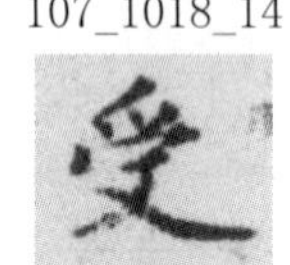
唐代•文選六八 13_129_18

唐代•文選六八 72_717_3

唐代•文選八八 19_163_23

唐代•文選八八 19_166_17

唐代•文選八八 23_200_3

唐代•文選八八 23_201_18

唐代•春秋經傳 39_406_7

唐代•文選四八 8_62_22

唐代•文選四八 18_163_8

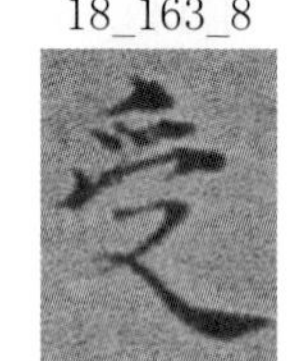
唐代•文選四八 21_189_13

唐代•文選五九 16_154_12

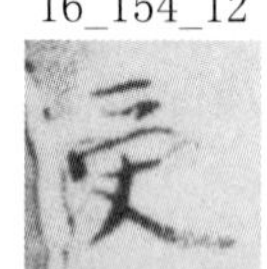
唐代•文選五九 43_427_30

唐代•文選五九 86_820_11

唐代•文選五九 107_1017_15

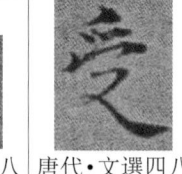

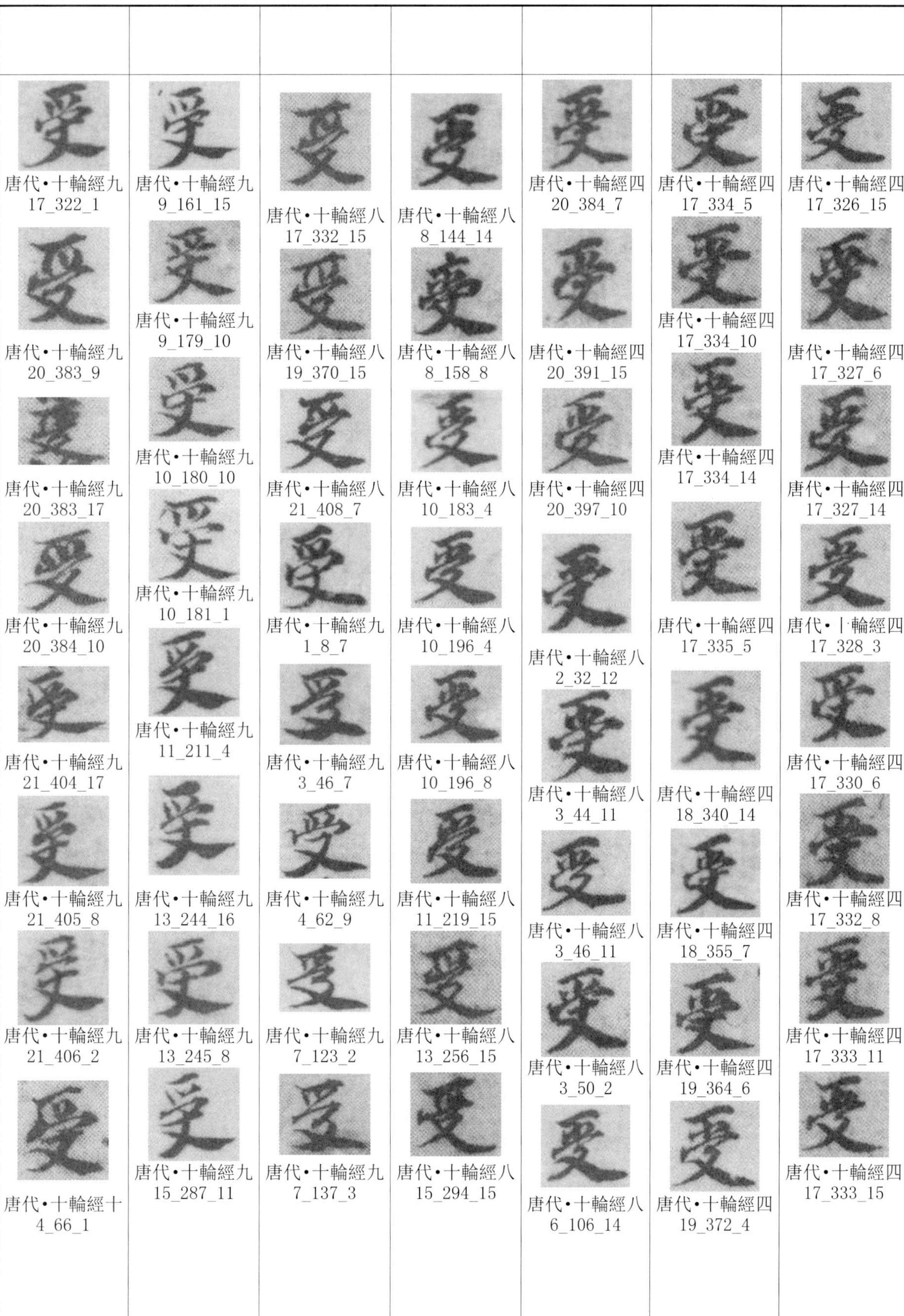
唐代•十輪經四 17_326_15
唐代•十輪經四 17_327_6
唐代•十輪經四 17_327_14
唐代•十輪經四 17_328_3
唐代•十輪經四 17_330_6
唐代•十輪經四 17_332_8
唐代•十輪經四 17_333_11
唐代•十輪經四 17_333_15
唐代•十輪經四 17_334_5
唐代•十輪經四 17_334_10
唐代•十輪經四 17_334_14
唐代•十輪經四 17_335_5
唐代•十輪經四 18_340_14
唐代•十輪經四 18_355_7
唐代•十輪經四 19_364_6
唐代•十輪經四 19_372_4
唐代•十輪經四 20_384_7
唐代•十輪經四 20_391_15
唐代•十輪經四 20_397_10
唐代•十輪經八 2_32_12
唐代•十輪經八 3_44_11
唐代•十輪經八 3_46_11
唐代•十輪經八 3_50_2
唐代•十輪經八 6_106_14
唐代•十輪經八 8_144_14
唐代•十輪經八 8_158_8
唐代•十輪經八 10_183_4
唐代•十輪經八 10_196_4
唐代•十輪經八 10_196_8
唐代•十輪經八 11_219_15
唐代•十輪經八 13_256_15
唐代•十輪經八 15_294_15
唐代•十輪經八 17_332_15
唐代•十輪經八 19_370_15
唐代•十輪經八 21_408_7
唐代•十輪經九 1_8_7
唐代•十輪經九 3_46_7
唐代•十輪經九 4_62_9
唐代•十輪經九 7_123_2
唐代•十輪經九 7_137_3
唐代•十輪經九 9_161_15
唐代•十輪經九 9_179_10
唐代•十輪經九 10_180_10
唐代•十輪經九 10_181_1
唐代•十輪經九 11_211_4
唐代•十輪經九 13_244_16
唐代•十輪經九 13_245_8
唐代•十輪經九 15_287_11
唐代•十輪經九 17_322_1
唐代•十輪經九 20_383_9
唐代•十輪經九 20_383_17
唐代•十輪經九 20_384_10
唐代•十輪經九 21_404_17
唐代•十輪經九 21_405_8
唐代•十輪經九 21_406_2
唐代•十輪經十 4_66_1

叢

漢ソウ呉ズ
訓くさむら

唐代•文選四八
39_347_3

唐代•文選四八
39_348_6

唐代•文選五九
73_701_19

唐代•文選五九
100_946_2

唐代•文選六八
34_340_14

唐代•文選六八
43_432_5

唐代•古文選後
15_177_6

叛

慣ホン漢ハン呉バン
訓そむく

唐代•春秋經傳
29_297_3

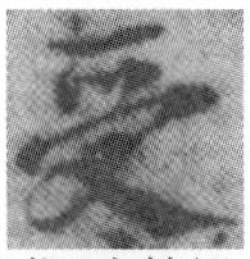
唐代•十輪經十
19_378_13

唐代•十輪經十
20_387_3

唐代•十輪經十
15_284_8

唐代•十輪經十
15_296_1

唐代•十輪經十
15_297_13

唐代•十輪經十
16_300_8

唐代•十輪經十
16_312_2

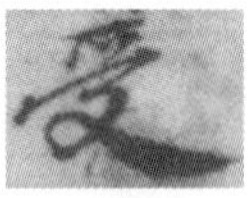
唐代•十輪經十
17_322_17

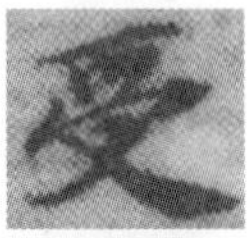
唐代•十輪經十
18_355_15

唐代•十輪經十
19_362_4

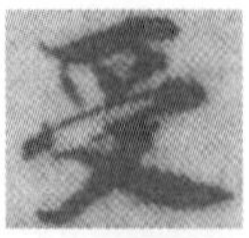
唐代•十輪經十
12_239_6

唐代•十輪經十
13_248_1

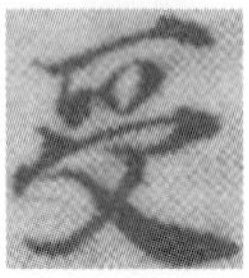
唐代•十輪經十
13_257_8

唐代•十輪經十
14_266_3

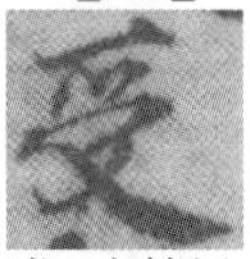
唐代•十輪經十
14_275_16

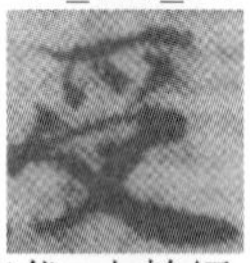
唐代•十輪經十
14_276_9

唐代•十輪經十
14_277_2

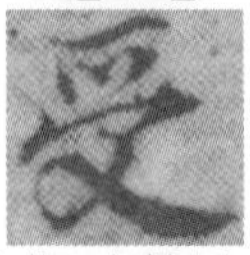
唐代•十輪經十
14_278_12

唐代•十輪經十
4_66_10

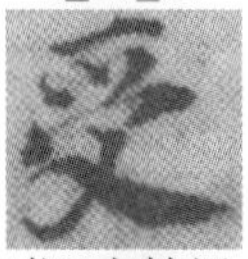
唐代•十輪經十
4_67_1

唐代•十輪經十
6_114_11

唐代•十輪經十
9_180_10

唐代•十輪經十
11_212_4

唐代•十輪經十
11_217_3

唐代•十輪經十
11_219_17

唐代•十輪經十
12_234_3

廴部

				延	廷
				エン 訓のびる	漢テイ呉ジョウ 訓ひろにわ
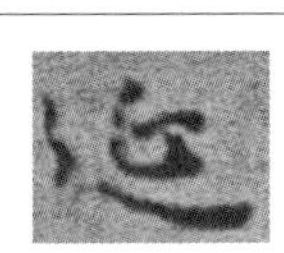 唐代・文選五九 18_177_28	 唐代・文選四八 50_451_8	 唐代・文選四八 28_258_19	 唐代・文選四八 20_186_19	 中唐・七祖像贊 1_10_2	 唐代・文選五九 33_330_22
 唐代・文選五九 21_211_23	唐代・文選五九 3_30_4	唐代・文選四八 32_287_13	唐代・文選四八 24_219_20	唐代・春秋經傳 13_137_5	 唐代・文選五九 64_618_20
唐代・文選五九 23_225_1	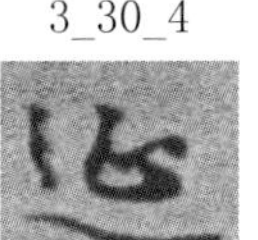 唐代・文選五九 5_45_12	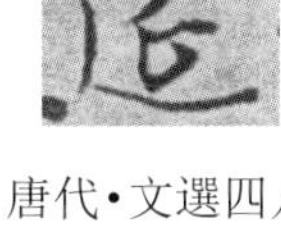 唐代・文選四八 35_312_10	唐代・文選四八 26_234_16	唐代・春秋經傳 36_377_1	 唐代・文選五九 110_1043_18
唐代・文選五九 24_237_24	唐代・文選五九 7_70_3	 唐代・文選四八 35_312_22	唐代・文選四八 28_251_7	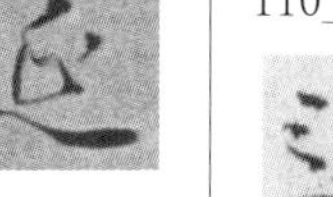 唐代・文選四八 4_28_14	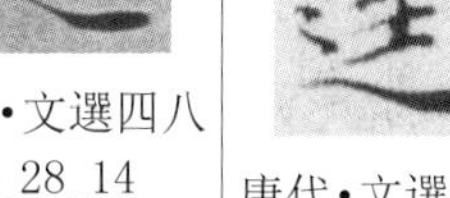 唐代・文選五九 110_1044_15
唐代・文選五九 29_280_1	唐代・文選五九 8_75_11	 唐代・文選四八 38_337_8	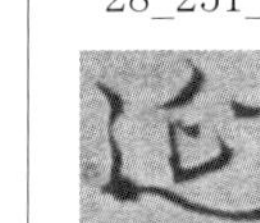 唐代・文選四八 28_253_21	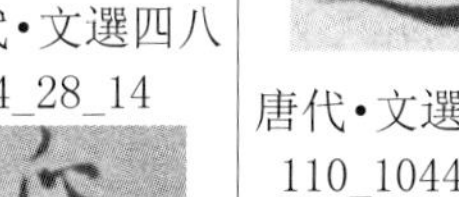 唐代・文選四八 6_46_20	 唐代・文選百三 27_261_24
唐代・文選五九 30_294_1	唐代・文選五九 11_109_10	唐代・文選四八 40_362_3	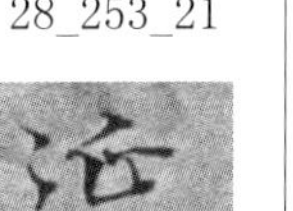 唐代・文選四八 28_254_12	唐代・文選四八 10_88_13	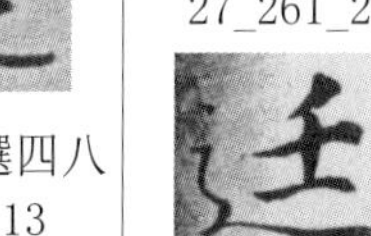 唐代・文選百三 37_372_5
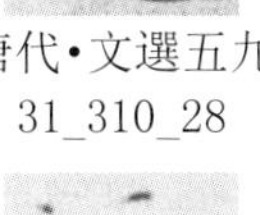 唐代・文選五九 31_310_28	唐代・文選五九 12_113_12	唐代・文選四八 44_397_3	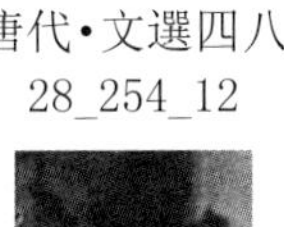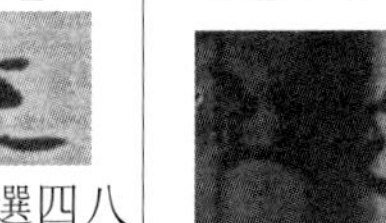 唐代・文選四八 28_255_19	唐代・文選四八 14_127_17	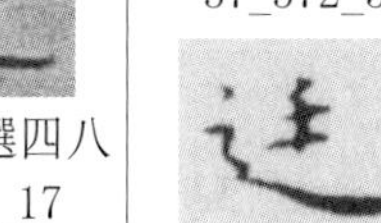 唐代・文選百三 38_378_26
唐代・文選五九 34_334_28	 唐代・文選五九 14_134_3	 唐代・文選四八 47_424_2	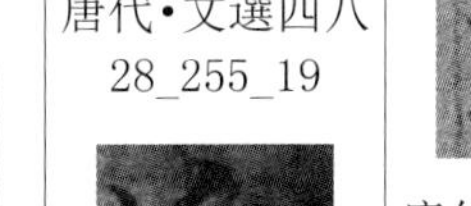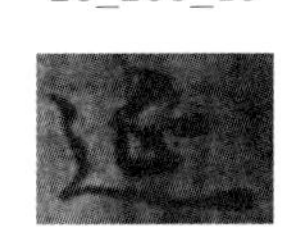 唐代・文選四八 28_256_3	唐代・文選四八 18_159_27	 唐代・文選百三 70_677_6

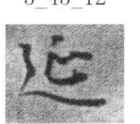

唐代•文選五九 37_361_23
唐代•文選五九 39_382_27
唐代•文選五九 43_419_17
唐代•文選五九 45_441_14
唐代•文選五九 46_453_11
唐代•文選五九 47_471_17
唐代•文選五九 53_523_16
唐代•文選五九 54_529_4
唐代•文選五九 59_569_14
唐代•文選五九 63_607_2
唐代•文選五九 67_644_13
唐代•文選五九 70_670_14
唐代•文選五九 73_702_21
唐代•文選五九 76_726_1
唐代•文選五九 76_731_22
唐代•文選五九 80_773_25
唐代•文選五九 83_801_5
唐代•文選五九 86_820_25
唐代•文選五九 89_854_17
唐代•文選五九 94_897_2
唐代•文選五九 97_926_9
唐代•文選五九 101_951_10
唐代•文選五九 103_979_19
唐代•文選五九 104_983_12
唐代•文選五九 106_1003_15
唐代•文選五九 111_1051_14
唐代•文選六八 7_73_15
唐代•文選六八 9_100_13
唐代•文選六八 14_146_5
唐代•文選六八 17_177_10
唐代•文選六八 21_206_4
唐代•文選六八 21_208_6
唐代•文選六八 28_283_1
唐代•文選六八 29_298_22
唐代•文選六八 31_317_26
唐代•文選六八 33_336_21
唐代•文選六八 34_339_15
唐代•文選六八 37_375_11
唐代•文選六八 37_377_5
唐代•文選六八 38_381_1
唐代•文選六八 39_385_14
唐代•文選六八 43_426_10
唐代•文選六八 45_453_18
唐代•文選六八 45_456_25
唐代•文選六八 49_492_2
唐代•文選六八 49_492_13
唐代•文選六八 49_495_27
唐代•文選六八 50_499_20
唐代•文選六八 50_501_25
唐代•文選六八 54_539_14
唐代•文選六八 57_567_12
唐代•文選六八 57_572_18
唐代•文選六八 63_626_5
唐代•文選六八 66_659_19
唐代•文選六八 70_698_9
唐代•文選八八 5_24_14

唐代•古文選前 8_92_32
唐代•古文選前 10_120_3
唐代•古文選前 11_129_9
唐代•古文選後 4_47_1
唐代•古文選後 17_201_25
唐代•古文選後 19_221_11

唐代•文選百三 83_784_23
唐代•文選百三 85_809_18
唐代•文選百三 85_811_26
唐代•文選百三 87_831_16
唐代•文選百三 87_834_26
唐代•古文選前 2_15_14
唐代•古文選前 5_54_6
唐代•古文選前 6_67_5

唐代•文選百三 51_492_28
唐代•文選百三 54_518_14
唐代•文選百三 55_525_34
唐代•文選百三 58_558_9
唐代•文選百三 61_592_2
唐代•文選百三 64_615_5
唐代•文選百三 65_624_21
唐代•文選百三 65_627_4

唐代•文選百三 29_287_24
唐代•文選百三 31_309_8
唐代•文選百三 34_337_6
唐代•文選百三 37_364_31
唐代•文選百三 39_388_9
唐代•文選百三 44_424_16
唐代•文選百三 47_451_11
唐代•文選百三 49_469_13

唐代•文選百三 11_101_15
唐代•文選百三 12_110_22
唐代•文選百三 12_111_30
唐代•文選百三 14_134_22
唐代•文選百三 17_163_33
唐代•文選百三 19_180_20
唐代•文選百三 20_193_11
唐代•文選百三 21_198_34

唐代•文選八八 22_197_15
唐代•文選百三 1_2_2
唐代•文選百三 4_31_1
唐代•文選百三 4_32_11
唐代•文選百三 5_37_10
唐代•文選百三 7_65_15
唐代•文選百三 9_79_38
唐代•文選百三 11_99_34

唐代•文選八八 8_60_15
唐代•文選八八 11_85_22
唐代•文選八八 11_88_23
唐代•文選八八 14_115_8
唐代•文選八八 14_117_26
唐代•文選八八 16_138_17
唐代•文選八八 17_144_16
唐代•文選八八 19_170_42

建

漢ケン呉コン
訓たてる

中唐・風信帖
2_9_7

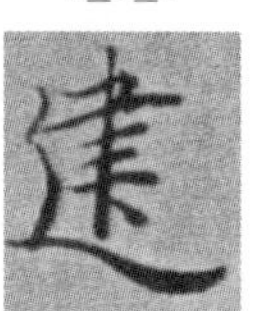
唐代•文選四八
2_10_2

唐代•文選四八
4_30_18

唐代•文選四八
5_37_9

唐代•文選四八
9_74_17

唐代•文選四八
9_76_11

唐代•文選四八
20_178_13

唐代•文選四八
29_261_12

唐代•文選四八
40_360_10

唐代•文選四八
43_384_8

唐代•文選五九
9_81_15

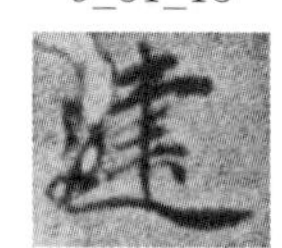
唐代•文選五九
11_102_1

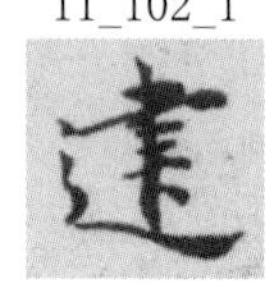
唐代•文選五九
21_204_9

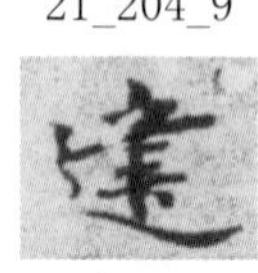
唐代•文選五九
21_204_14

唐代•文選五九
27_259_6

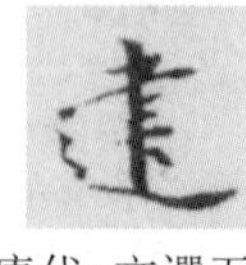
唐代•文選五九
37_372_15

唐代•文選五九
49_482_4

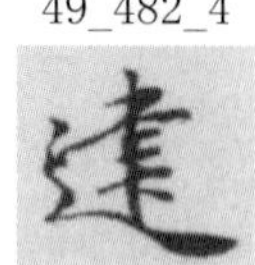
唐代•文選五九
56_549_4

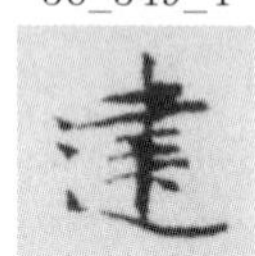
唐代•文選五九
78_756_29

唐代•文選五九
81_777_11

唐代•文選五九
83_799_4

唐代•文選五九
83_799_29

唐代•文選五九
91_872_14

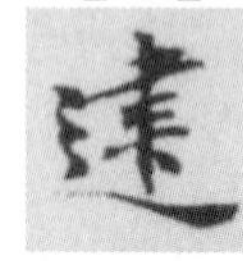
唐代•文選五九
94_902_4

唐代•文選五九
104_981_3

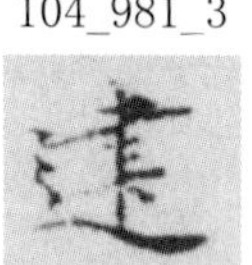
唐代•文選五九
104_982_13

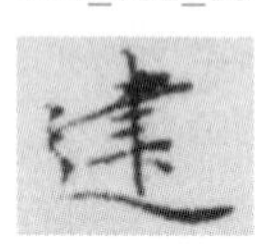
唐代•文選五九
104_983_2

唐代•文選五九
108_1020_15

唐代•文選六八
2_15_5

唐代•文選六八
2_16_26

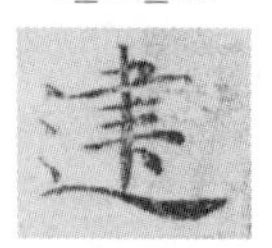
唐代•文選六八
2_24_3

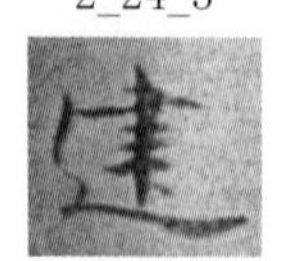
唐代•文選六八
29_295_12

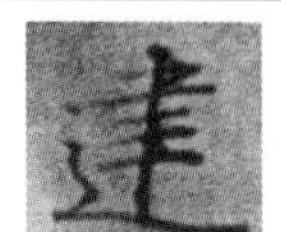
唐代•文選百三
11_98_7

唐代•文選百三
11_104_3

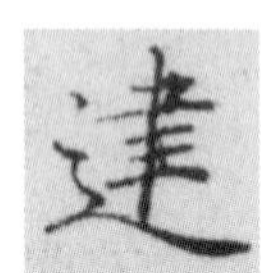
唐代•文選百三
13_126_7

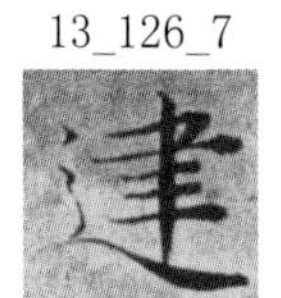
唐代•文選百三
27_260_1

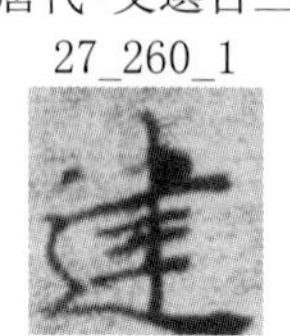
唐代•文選百三
27_262_10

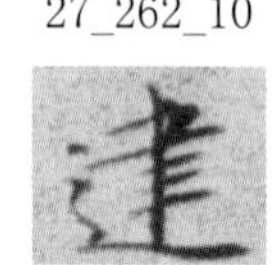
唐代•文選百三
27_263_36

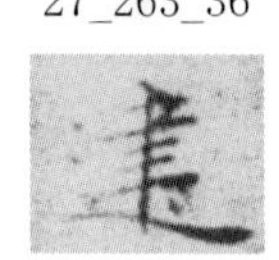
唐代•文選百三
27_266_33

唐代•文選百三
54_517_6

唐代•文選百三
54_518_20

唐代•古文選前
1_12_13

唐代•古文選前
11_133_12

唐代•古文選前
21_252_9

唐代•古文選前
25_297_20

唐代•古文選後
5_51_6

唐代•古文選後
2_24_3

唐代•古文選後
3_29_31

唐代•古文選後
7_83_40

唐代•古文選後
10_108_8

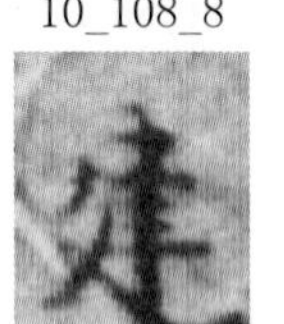
唐代•古文選後
10_108_23

唐代•古文選後
13_152_12

唐代•古文選後
22_260_11

干部

干

カン
訓ほす

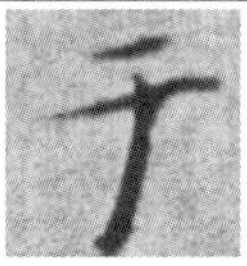
唐代・文選四八
3_20_21

唐代・文選五九
33_324_3

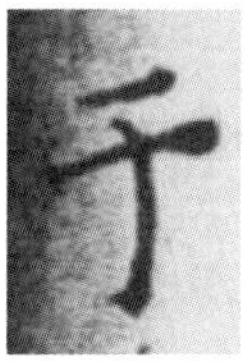
唐代・文選五九
90_865_27

唐代・文選六八
23_238_18

唐代・文選六八
33_330_15

唐代・文選六八
61_616_7

唐代・文選六八
64_640_23

唐代・文選六八
71_707_25

唐代・文選百三
35_354_17

唐代・文選百三
57_543_1

唐代・文選百三
60_577_9

唐代・古文選前
6_65_3

午

ゴ
訓うま

唐代・春秋經傳
28_286_20

唐代・文選五九
52_513_6

平

漢ヘイ 呉ビョウ
慣ヒョウ
訓たいら

初唐・法華義疏
1_7_17

中唐・七祖像贊
1_8_2

唐代・春秋經傳
1_6_13

唐代・春秋經傳
1_6_15

唐代・春秋經傳
3_21_1

唐代・春秋經傳
3_25_9

唐代・春秋經傳
13_136_27

唐代・春秋經傳
17_179_15

唐代・春秋經傳
18_182_12

唐代・春秋經傳
18_183_20

唐代・春秋經傳
18_188_9

唐代・春秋經傳
18_189_8

唐代・春秋經傳
18_190_17

唐代・春秋經傳
24_252_4

唐代・春秋經傳
25_256_8

唐代・春秋經傳
27_276_2

唐代・春秋經傳
28_292_10

唐代・春秋經傳
28_292_16

唐代・春秋經傳
28_294_9

唐代・春秋經傳
29_303_15

唐代・春秋經傳
29_304_7

唐代•文選六八 18_182_6	唐代•文選五九 110_1041_9	唐代•文選五九 70_671_1	唐代•文選四八 44_396_3	唐代•文選四八 16_143_7	唐代•春秋經傳 37_391_12	唐代•春秋經傳 32_336_3
唐代•文選六八 31_311_3	唐代•文選五九 110_1043_6	唐代•文選五九 70_672_5	唐代•文選四八 44_397_14	唐代•文選四八 17_157_21	唐代•春秋經傳 39_407_13	唐代•春秋經傳 32_338_10
唐代•文選六八 31_315_12	唐代•文選五九 111_1046_1	唐代•文選五九 73_700_9	唐代•文選五九 13_128_3	唐代•文選四八 20_182_9	唐代•文選四八 7_58_2	唐代•春秋經傳 34_356_6
唐代•文選六八 38_384_5	唐代•文選五九 111_1046_23	唐代•文選五九 75_719_11	唐代•文選五九 41_410_14	唐代•文選四八 34_304_1	唐代•文選四八 10_86_17	唐代•春秋經傳 34_356_19
唐代•文選六八 55_552_1	唐代•文選六八 65_645_3	唐代•文選五九 75_720_21	唐代•文選五九 43_421_21	唐代•文選四八 43_386_7	唐代•文選四八 12_100_11	唐代•春秋經傳 35_366_18
唐代•文選六八 71_712_8	唐代•文選六八 9_89_4	唐代•文選五九 75_721_8	唐代•文選五九 68_661_2	唐代•文選四八 44_396_14	唐代•文選四八 12_105_24	唐代•春秋經傳 35_371_23
		唐代•文選五九 75_722_1			唐代•文選四八 12_106_2	唐代•春秋經傳 36_379_16

幹

カン
訓みき

唐代•文選四八 40_360_13
唐代•文選五九 27_259_9
唐代•文選五九 106_1006_12
唐代•文選六八 2_28_18
唐代•古文選後 9_99_10

唐代•十輪經九 15_299_15
唐代•十輪經九 18_343_2
唐代•十輪經九 18_347_13
唐代•十輪經十 2_27_10
唐代•十輪經十 11_209_6
唐代•十輪經十 12_221_10

唐代•古文選後 25_296_7
唐代•古文選後 26_309_4
唐代•古文選後 26_312_2
唐代•十輪經八 21_420_12
唐代•十輪經八 22_424_1
唐代•十輪經九 13_252_4
唐代•十輪經十 14_280_12

唐代•古文選後 23_266_3
唐代•文選百三 83_792_29
唐代•古文選前 19_218_9
唐代•古文選前 21_252_4
唐代•古文選後 3_35_7
唐代•古文選後 5_54_15
唐代•古文選後 9_105_12
唐代•古文選後 16_187_2

唐代•文選百三 61_585_7
唐代•文選百三 67_643_7
唐代•文選百三 67_643_27
唐代•文選百三 70_677_2
唐代•文選百三 70_678_4
唐代•文選百三 77_739_6
唐代•文選百三 81_771_21

唐代•文選六八 71_712_25
唐代•文選百三 5_46_18
唐代•文選百三 19_188_19
唐代•文選百三 21_205_25
唐代•文選百三 23_225_26
唐代•文選百三 24_235_10
唐代•文選百三 60_579_13

唐代•文選六八 65_646_18
唐代•文選六八 65_648_9
唐代•文選六八 65_649_8
唐代•文選六八 65_650_20
唐代•文選六八 65_650_31
唐代•文選六八 69_683_4

土部

土 土

慣ド 漢ト
訓つち

初唐・法華義疏 1_3_18
初唐・金剛場經 1_10_1
初唐・聖武雜集 1_8_6
唐代・春秋經傳 36_380_7
唐代・春秋經傳 36_380_10
唐代・文選四八 15_136_23
唐代・文選四八 15_138_8
唐代・文選四八 16_149_4

唐代・文選四八 19_172_26
唐代・文選四八 21_187_14
唐代・文選四八 23_208_15
唐代・文選五九 37_359_4
唐代・文選五九 58_560_30
唐代・文選五九 66_639_5
唐代・文選五九 68_653_12
唐代・文選五九 82_795_3

唐代・文選六八 20_202_5
唐代・文選六八 33_325_13
唐代・文選六八 65_646_11
唐代・文選六八 68_682_17
唐代・文選八八 15_120_11
唐代・文選八八 15_121_1
唐代・文選八八 21_192_15
唐代・文選百三 17_155_10

唐代・文選百三 33_325_18
唐代・文選百三 52_501_20
唐代・文選百三 52_501_27
唐代・文選百三 75_725_8
唐代・文選百三 82_783_3
唐代・古文選前 13_155_9
唐代・古文選前 23_265_6
唐代・古文選前 24_288_12

唐代・古文選後 1_2_8
唐代・古文選後 1_7_4
唐代・古文選後 2_18_14
唐代・古文選後 5_58_7
唐代・古文選後 10_111_7
唐代・古文選後 11_122_12
唐代・古文選後 14_159_2
唐代・十輪經四 1_11_5

唐代・十輪經四 2_38_4
唐代・十輪經四 3_46_14
唐代・十輪經四 4_73_6
唐代・十輪經四 4_75_8
唐代・十輪經四 4_75_14
唐代・十輪經四 4_78_17
唐代・十輪經四 4_79_14
唐代・十輪經四 6_112_6

士 士

漢シ 呉ジ
訓さむらい

唐代•文選四八 7_59_13
唐代•文選四八 8_70_3
唐代•文選四八 8_70_16
唐代•文選四八 8_72_2
唐代•文選四八 10_84_11
唐代•文選四八 10_84_19
唐代•文選四八 18_158_19
唐代•文選四八 18_162_23
唐代•文選四八 24_211_9
唐代•文選四八 24_211_21

唐代•春秋經傳 25_259_23
唐代•春秋經傳 27_277_18
唐代•春秋經傳 34_360_19
唐代•文選四八 5_35_2
唐代•文選四八 5_38_16
唐代•文選四八 6_46_8
唐代•文選四八 6_53_2
唐代•文選四八 7_55_4
唐代•春秋經傳 13_136_28

中唐・風信帖 3_17_8
唐代•春秋經傳 8_75_17
唐代•春秋經傳 8_76_9
唐代•春秋經傳 8_78_5
唐代•春秋經傳 9_86_16
唐代•春秋經傳 9_95_5
唐代•春秋經傳 10_101_17
唐代•春秋經傳 16_170_8

唐代•十輪經九 6_103_4
唐代•十輪經九 6_106_12
唐代•十輪經九 7_123_18
唐代•十輪經九 8_141_4
唐代•十輪經九 17_332_11
唐代•十輪經十 17_331_12

唐代•十輪經八 18_344_13
唐代•十輪經八 18_346_7
唐代•十輪經八 19_382_13
唐代•十輪經八 20_384_3
唐代•十輪經八 21_420_10
唐代•十輪經九 1_20_5
唐代•十輪經九 3_58_11
唐代•十輪經九 5_98_1

唐代•十輪經四 20_386_13
唐代•十輪經八 3_43_6
唐代•十輪經八 6_118_7
唐代•十輪經八 8_156_17
唐代•十輪經八 10_194_13
唐代•十輪經八 12_231_13
唐代•十輪經八 14_268_14
唐代•十輪經八 16_306_13

唐代•十輪經四 16_313_10
唐代•十輪經四 16_320_12
唐代•十輪經四 17_335_14
唐代•十輪經四 18_342_12
唐代•十輪經四 18_350_6
唐代•十輪經四 18_357_12
唐代•十輪經四 19_367_3
唐代•十輪經四 19_374_12

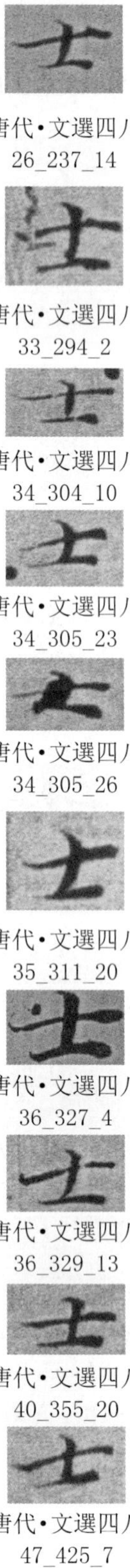

唐代•文選四八 26_237_14
唐代•文選四八 33_294_2
唐代•文選四八 34_304_10
唐代•文選四八 34_305_23
唐代•文選四八 34_305_26
唐代•文選四八 35_311_20
唐代•文選四八 36_327_4
唐代•文選四八 36_329_13
唐代•文選四八 40_355_20
唐代•文選四八 47_425_7

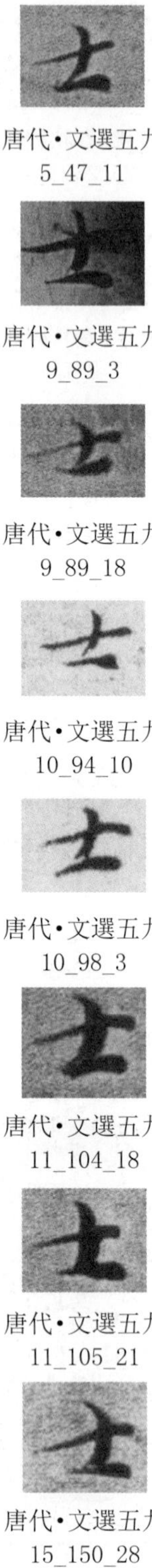

唐代•文選五九 5_47_11
唐代•文選五九 9_89_3
唐代•文選五九 9_89_18
唐代•文選五九 10_94_10
唐代•文選五九 10_98_3
唐代•文選五九 11_104_18
唐代•文選五九 11_105_21
唐代•文選五九 15_150_28

唐代•文選五九 24_237_22
唐代•文選五九 39_390_11
唐代•文選五九 53_519_19
唐代•文選五九 60_574_19
唐代•文選五九 65_627_14
唐代•文選五九 74_711_17
唐代•文選五九 76_729_15
唐代•文選五九 86_831_11

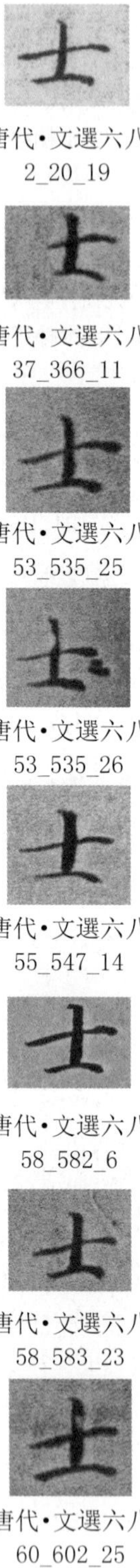

唐代•文選六八 2_20_19
唐代•文選六八 37_366_11
唐代•文選六八 53_535_25
唐代•文選六八 53_535_26
唐代•文選六八 55_547_14
唐代•文選六八 58_582_6
唐代•文選六八 58_583_23
唐代•文選六八 60_602_25

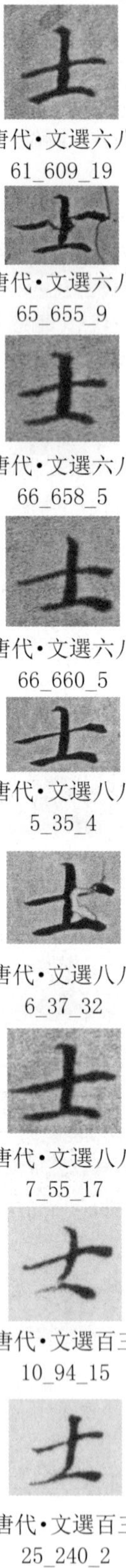

唐代•文選六八 61_609_19
唐代•文選六八 65_655_9
唐代•文選六八 66_658_5
唐代•文選六八 66_660_5
唐代•文選八八 5_35_4
唐代•文選八八 6_37_32
唐代•文選八八 7_55_17
唐代•文選百三 10_94_15
唐代•文選百三 25_240_2

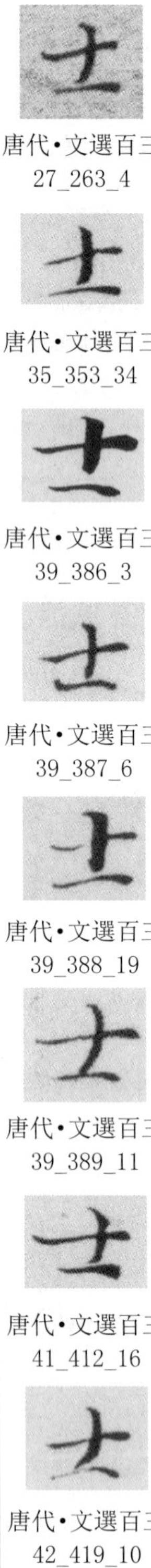

唐代•文選百三 27_263_4
唐代•文選百三 35_353_34
唐代•文選百三 39_386_3
唐代•文選百三 39_387_6
唐代•文選百三 39_388_19
唐代•文選百三 39_389_11
唐代•文選百三 41_412_16
唐代•文選百三 42_419_10

唐代•文選百三 42_422_4
唐代•文選百三 44_423_12
唐代•文選百三 44_424_3
唐代•文選百三 45_425_22
唐代•文選百三 48_462_24
唐代•文選百三 49_479_1
唐代•文選百三 50_480_7
唐代•文選百三 55_532_30
唐代•文選百三 60_574_13

壬 王

慣ジン 漢ニン
訓みずのえ

初唐•大般若經
2_37_7

唐代•春秋經傳
4_38_8

唐代•春秋經傳
5_45_10

唐代•春秋經傳
11_114_8

唐代•春秋經傳
11_114_14

唐代•春秋經傳
11_115_5

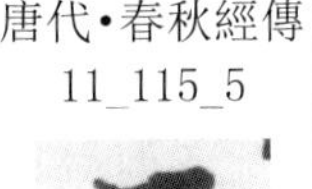

唐代•春秋經傳
28_286_19

唐代•文選百三
4_30_5

唐代•十輪經四
20_399_2

唐代•十輪經四
17_339_3

唐代•十輪經四
17_321_8

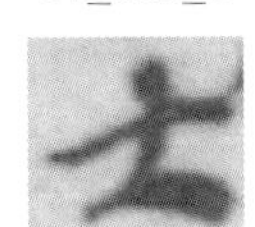

唐代•十輪經四
18_343_8

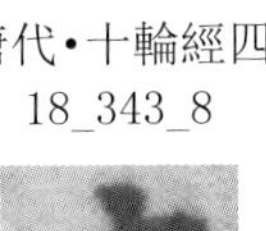

唐代•十輪經四
18_353_12

唐代•十輪經四
18_358_8

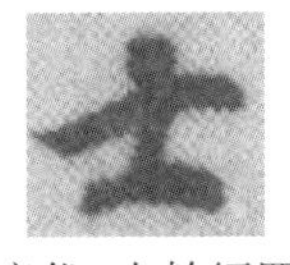

唐代•十輪經四
19_370_9

唐代•十輪經四
19_375_8

唐代•十輪經四
20_390_2

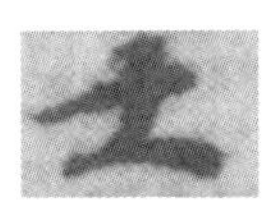

唐代•十輪經四
20_393_15

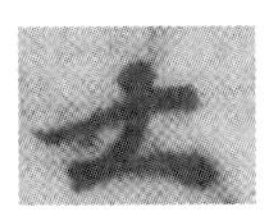

唐代•十輪經四
5_89_12

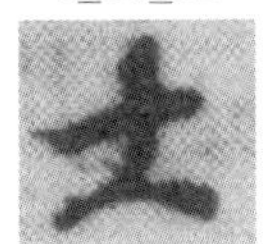

唐代•十輪經四
5_93_17

唐代•十輪經四
6_115_11

唐代•十輪經四
6_119_17

唐代•十輪經四
10_194_3

唐代•十輪經四
11_205_8

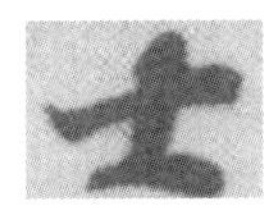

唐代•十輪經四
15_283_13

唐代•十輪經四
16_316_15

唐代•古文選後
5_54_13

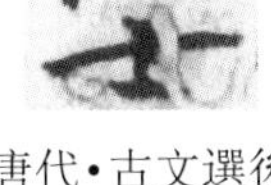

唐代•古文選後
11_119_69

唐代•古文選後
12_133_53

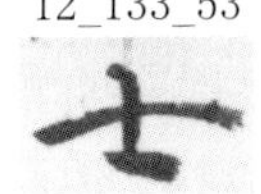

唐代•古文選後
19_226_3

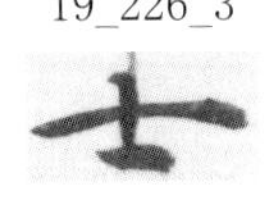

唐代•古文選後
22_254_5

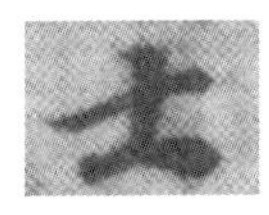

唐代•十輪經四
1_13_6

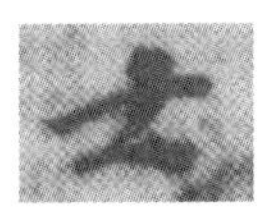

唐代•十輪經四
3_47_12

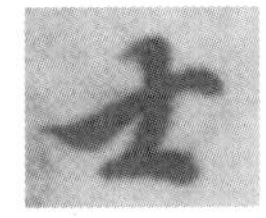

唐代•十輪經四
4_69_11

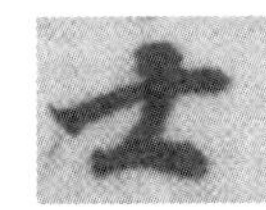

唐代•十輪經四
5_88_11

唐代•文選百三
87_832_14

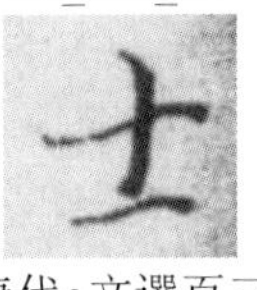

唐代•文選百三
87_833_10

唐代•古文選前
1_2_2

唐代•古文選前
16_192_7

唐代•古文選前
22_256_12

唐代•古文選前
23_276_8

唐代•古文選前
24_278_5

唐代•古文選後
3_32_11

唐代•古文選後
5_53_11

唐代•文選百三
61_582_19

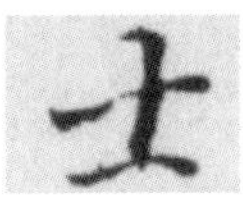

唐代•文選百三
61_587_27

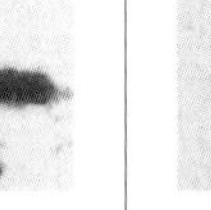

唐代•文選百三
62_595_31

唐代•文選百三
63_602_15

唐代•文選百三
65_624_19

唐代•文選百三
69_663_10

唐代•文選百三
71_685_1

唐代•文選百三
85_804_7

在 扗

漢 サイ 呉 ザイ
訓 ある

唐代・春秋經傳 1_3_20

唐代・春秋經傳 3_24_13

唐代・春秋經傳 3_28_14

唐代・春秋經傳 4_31_22

唐代・春秋經傳 4_40_10

唐代・春秋經傳 4_40_17

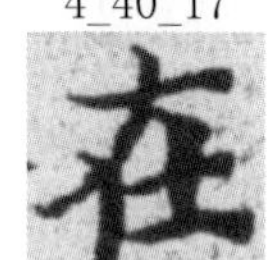
唐代・春秋經傳 5_44_12

唐代・春秋經傳 7_66_4

唐代・春秋經傳 10_97_2

唐代・春秋經傳 11_115_4

唐代・春秋經傳 13_135_16

唐代・春秋經傳 14_141_3

唐代・春秋經傳 14_141_6

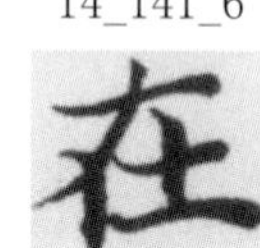
唐代・春秋經傳 15_157_17

唐代・春秋經傳 16_168_19

唐代・春秋經傳 16_169_16

唐代・春秋經傳 17_174_4

唐代・春秋經傳 18_187_10

唐代・春秋經傳 25_261_13

唐代・春秋經傳 25_263_3

唐代・春秋經傳 26_268_14

唐代・春秋經傳 27_278_16

唐代・春秋經傳 28_294_16

唐代・春秋經傳 35_370_7

唐代・春秋經傳 37_391_5

唐代・春秋經傳 39_405_22

唐代・春秋經傳 39_408_29

唐代・文選四八 1_5_3

唐代・文選四八 3_15_17

唐代・文選四八 5_34_21

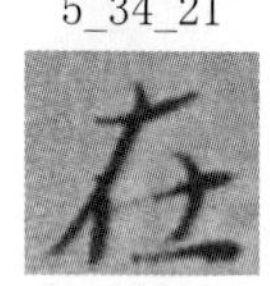
唐代・文選四八 6_51_8

唐代・文選四八 6_52_8

唐代・文選四八 8_70_18

唐代・文選四八 10_83_19

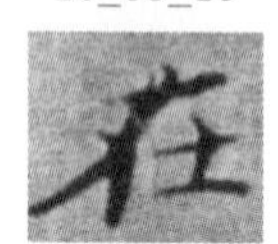
唐代・文選四八 11_93_9

唐代・文選四八 13_118_9

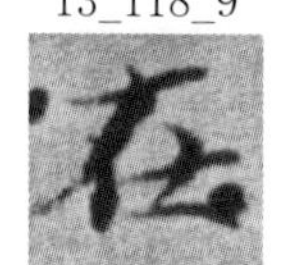
唐代・文選四八 15_135_9

唐代・文選四八 16_139_11

唐代・文選四八 18_167_7

唐代・文選四八 19_170_3

唐代・文選四八 22_204_2

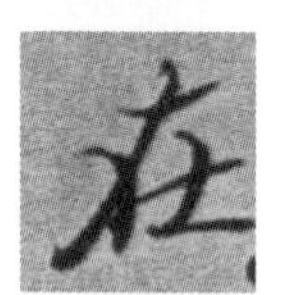
唐代・文選四八 28_254_4

唐代・文選四八 30_270_11

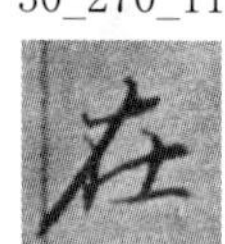
唐代・文選四八 44_395_24

唐代・文選四八 45_403_19

唐代・文選四八 47_426_16

唐代・文選四八 47_428_11

唐代・文選四八 48_439_1

唐代・文選四八 48_439_23

唐代・文選四八 48_440_19

唐代・文選四八 49_441_7

唐代・文選四八 49_443_2

唐代・文選四八 49_443_9

唐代・文選四八 49_446_13

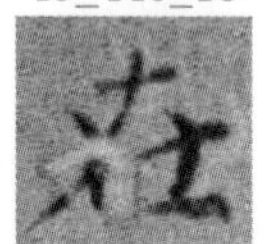
唐代・文選五九 2_16_24

唐代・文選五九 5_48_3

唐代·文選五九 5_49_30
唐代·文選五九 6_53_1
唐代·文選五九 7_63_19
唐代·文選五九 11_104_2
唐代·文選五九 12_112_31
唐代·文選五九 15_147_13
唐代·文選五九 15_149_22
唐代·文選五九 19_185_21
唐代·文選五九 21_205_25
唐代·文選五九 24_235_5
唐代·文選五九 25_245_16
唐代·文選五九 26_255_7
唐代·文選五九 29_282_16
唐代·文選五九 29_286_4
唐代·文選五九 29_287_19
唐代·文選五九 29_287_24
唐代·文選五九 29_287_26
唐代·文選五九 29_288_2
唐代·文選五九 29_288_13
唐代·文選五九 29_288_26
唐代·文選五九 33_324_23
唐代·文選五九 73_701_30
唐代·文選五九 36_354_4
唐代·文選五九 38_374_19
唐代·文選五九 38_375_13
唐代·文選五九 43_429_16
唐代·文選五九 45_443_14
唐代·文選五九 45_445_22
唐代·文選五九 47_469_23
唐代·文選五九 48_474_21
唐代·文選五九 50_491_5
唐代·文選五九 53_518_18
唐代·文選五九 60_575_23
唐代·文選五九 61_581_8
唐代·文選五九 63_609_6
唐代·文選五九 63_609_12
唐代·文選五九 64_618_18
唐代·文選五九 65_627_6
唐代·文選五九 74_709_6
唐代·文選五九 77_737_16
唐代·文選五九 77_738_17
唐代·文選五九 77_743_12
唐代·文選五九 82_785_7
唐代·文選五九 82_785_31
唐代·文選五九 88_845_2
唐代·文選五九 88_847_16
唐代·文選五九 88_848_18
唐代·文選五九 88_849_11
唐代·文選五九 94_901_28
唐代·文選五九 96_911_17
唐代·文選五九 97_916_3
唐代·文選五九 101_948_18
唐代·文選五九 101_949_15
唐代·文選五九 104_986_9

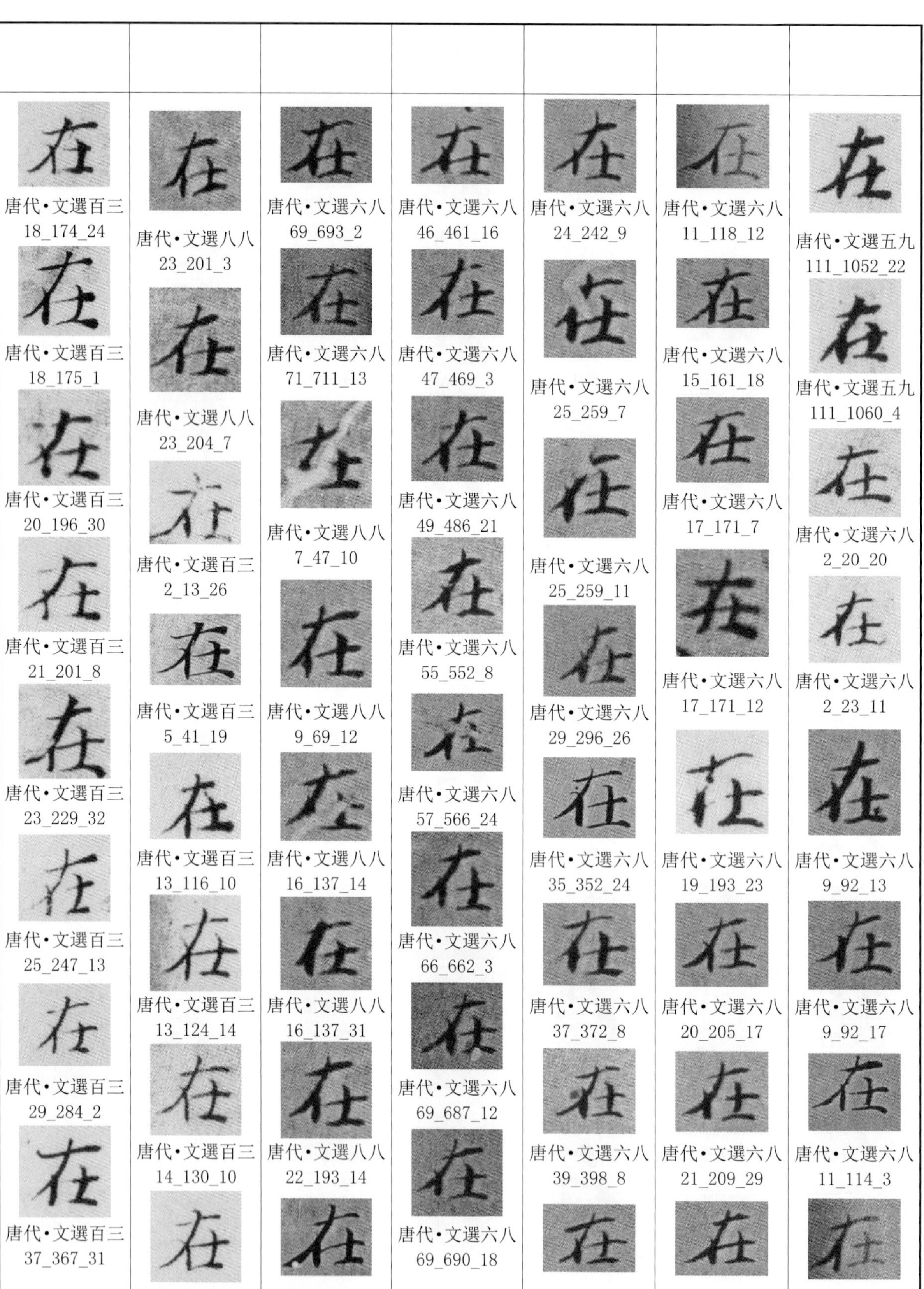

唐代•文選百三 18_174_24
唐代•文選百三 18_175_1
唐代•文選百三 20_196_30
唐代•文選百三 21_201_8
唐代•文選百三 23_229_32
唐代•文選百三 25_247_13
唐代•文選百三 29_284_2
唐代•文選百三 37_367_31

唐代•文選八八 23_201_3
唐代•文選八八 23_204_7
唐代•文選百三 2_13_26
唐代•文選百三 5_41_19
唐代•文選百三 13_116_10
唐代•文選百三 13_124_14
唐代•文選百三 14_130_10
唐代•文選百三 15_143_22

唐代•文選六八 69_693_2
唐代•文選六八 71_711_13
唐代•文選八八 7_47_10
唐代•文選八八 9_69_12
唐代•文選八八 16_137_14
唐代•文選八八 16_137_31
唐代•文選八八 22_193_14
唐代•文選八八 23_200_8

唐代•文選六八 46_461_16
唐代•文選六八 47_469_3
唐代•文選六八 49_486_21
唐代•文選六八 55_552_8
唐代•文選六八 57_566_24
唐代•文選六八 66_662_3
唐代•文選六八 69_687_12
唐代•文選六八 69_690_18

唐代•文選六八 24_242_9
唐代•文選六八 25_259_7
唐代•文選六八 25_259_11
唐代•文選六八 29_296_26
唐代•文選六八 35_352_24
唐代•文選六八 37_372_8
唐代•文選六八 39_398_8
唐代•文選六八 45_449_26

唐代•文選六八 11_118_12
唐代•文選六八 15_161_18
唐代•文選六八 17_171_7
唐代•文選六八 17_171_12
唐代•文選六八 19_193_23
唐代•文選六八 20_205_17
唐代•文選六八 21_209_29
唐代•文選六八 23_233_3

唐代•文選五九 111_1052_22
唐代•文選五九 111_1060_4
唐代•文選六八 2_20_20
唐代•文選六八 2_23_11
唐代•文選六八 9_92_13
唐代•文選六八 9_92_17
唐代•文選六八 11_114_3
唐代•文選六八 11_118_3

唐代•文選百三 38_379_1
唐代•文選百三 39_395_8
唐代•文選百三 39_395_25
唐代•文選百三 41_409_4
唐代•文選百三 41_412_4
唐代•文選百三 42_420_4
唐代•文選百三 47_448_14
唐代•文選百三 47_453_15
唐代•文選百三 49_470_3
唐代•文選百三 50_482_20
唐代•文選百三 51_491_20
唐代•文選百三 51_492_14
唐代•文選百三 51_493_32
唐代•文選百三 52_499_14
唐代•文選百三 52_501_26
唐代•文選百三 59_565_32
唐代•文選百三 59_566_10
唐代•文選百三 63_610_6
唐代•文選百三 65_623_32
唐代•文選百三 65_625_16
唐代•文選百三 65_625_33
唐代•文選百三 67_639_1
唐代•文選百三 67_645_16
唐代•文選百三 69_669_23
唐代•文選百三 71_681_6
唐代•文選百三 71_683_24
唐代•文選百三 73_707_5
唐代•文選百三 74_712_20
唐代•文選百三 76_731_12
唐代•文選百三 77_733_6
唐代•文選百三 78_741_15
唐代•文選百三 78_741_20
唐代•文選百三 78_743_10
唐代•文選百三 79_750_13
唐代•文選百三 80_761_18
唐代•文選百三 85_810_16
唐代•古文選前 13_150_8
唐代•古文選前 15_178_32
唐代•古文選前 16_185_13
唐代•古文選前 16_192_1
唐代•古文選前 16_193_11
唐代•古文選前 17_205_6
唐代•古文選前 21_248_13
唐代•古文選前 25_291_8
唐代•古文選前 25_293_13
唐代•古文選後 4_45_11
唐代•古文選後 7_83_16
唐代•古文選後 7_83_24
唐代•古文選後 7_83_41
唐代•古文選後 7_83_48
唐代•古文選後 11_127_11
唐代•古文選後 12_138_12
唐代•古文選後 13_144_10
唐代•古文選後 13_154_3
唐代•古文選後 14_160_12
唐代•古文選後 14_161_2

圭 圭

漢 ケイ
訓 たま

唐代•文選百三 4_33_18	唐代•十輪經十 16_316_10	唐代•十輪經九 2_35_2	唐代•十輪經八 9_170_9	唐代•十輪經四 10_199_4	唐代•古文選後 26_306_30	唐代•古文選後 15_172_9
	唐代•十輪經十 17_340_2	唐代•十輪經九 4_75_6	唐代•十輪經八 11_208_5	唐代•十輪經四 11_209_6	唐代•十輪經四 7_125_12	唐代•古文選後 16_184_8
		唐代•十輪經九 7_130_11	唐代•十輪經八 13_245_16	唐代•十輪經四 15_289_9	唐代•十輪經四 7_130_16	唐代•古文選後 17_196_9
		唐代•十輪經九 13_244_9	唐代•十輪經八 15_282_15	唐代•十輪經四 16_309_12	唐代•十輪經四 8_147_1	唐代•古文選後 18_211_9
		唐代•十輪經九 14_267_2	唐代•十輪經八 16_320_13	唐代•十輪經四 17_333_3	唐代•十輪經四 8_149_7	唐代•古文選後 21_241_1
		唐代•十輪經九 16_308_12	唐代•十輪經八 18_359_5	唐代•十輪經八 1_12_9	唐代•十輪經四 8_155_12	唐代•古文選後 24_280_9
		唐代•十輪經十 14_266_18	唐代•十輪經八 20_397_2	唐代•十輪經八 2_26_17	唐代•十輪經四 8_159_11	唐代•古文選後 24_280_20
		唐代•十輪經十 15_283_10	唐代•十輪經八 22_436_9	唐代•十輪經八 7_131_14	唐代•十輪經四 9_161_6	唐代•古文選後 25_300_20

地

漢チ 呉ジ
訓つち

初唐•大般若經 2_34_3
初唐•聖武雜集 1_1_5
初唐•聖武雜集 1_5_5
初唐•聖武雜集 1_9_15
中唐•金剛經題 1_3_9
中唐•金剛經題 1_5_8
中唐•金剛經題 1_6_12
中唐•金剛經題 2_10_9
中唐•金剛經題 2_11_7

唐代•春秋經傳 1_6_18
唐代•春秋經傳 2_12_2
唐代•春秋經傳 3_23_18
唐代•春秋經傳 7_67_4
唐代•春秋經傳 7_67_14
唐代•春秋經傳 13_137_7
唐代•春秋經傳 16_169_4
唐代•春秋經傳 17_171_6
唐代•春秋經傳 22_223_13

唐代•春秋經傳 28_286_12
唐代•春秋經傳 28_286_18
唐代•春秋經傳 30_310_17
唐代•春秋經傳 31_328_19
唐代•春秋經傳 35_366_14
唐代•春秋經傳 35_368_6
唐代•春秋經傳 35_370_3
唐代•春秋經傳 36_377_4
唐代•文選四八 12_103_13

唐代•文選四八 12_103_19
唐代•文選四八 12_104_18
唐代•文選四八 12_105_11
唐代•文選四八 12_108_2
唐代•文選四八 12_110_11
唐代•文選四八 12_111_20
唐代•文選四八 13_119_6
唐代•文選四八 14_120_18
唐代•文選四八 14_130_10

唐代•文選四八 34_307_13
唐代•文選四八 44_401_8
唐代•文選五九 2_16_20
唐代•文選五九 2_17_3
唐代•文選五九 5_51_15
唐代•文選五九 6_52_19
唐代•文選五九 6_54_15
唐代•文選五九 43_428_9
唐代•文選五九 45_451_11

唐代•文選五九 51_498_9
唐代•文選五九 74_713_3
唐代•文選五九 75_721_20
唐代•文選五九 79_758_26
唐代•文選五九 82_795_4
唐代•文選五九 86_827_12
唐代•文選五九 88_846_16
唐代•文選五九 90_867_2
唐代•文選五九 103_972_29

唐代•文選五九 111_1060_3
唐代•文選五九 112_1061_5
唐代•文選五九 112_1061_17
唐代•文選六八 3_33_29
唐代•文選六八 3_34_17
唐代•文選六八 5_53_13
唐代•文選六八 6_66_15
唐代•文選六八 9_94_1
唐代•文選六八 9_95_8

 唐代•古文選後 14_157_10  唐代•古文選後 23_267_12  唐代•古文選後 24_277_10  唐代•古文選後 26_307_5 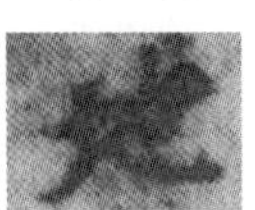 唐代•十輪經四 1_3_14 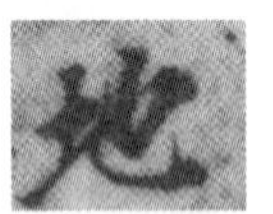 唐代•十輪經四 1_9_10  唐代•十輪經四 1_10_5  唐代•十輪經四 3_45_12	 唐代•文選百三 79_751_15 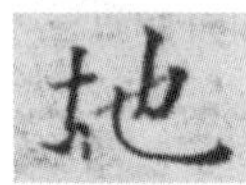 唐代•文選百三 80_760_13 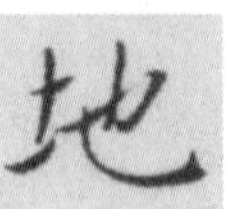 唐代•文選百三 81_776_6 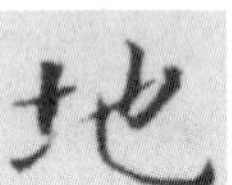 唐代•文選百三 83_789_13  唐代•古文選前 23_274_7  唐代•古文選前 26_304_7  唐代•古文選後 5_59_15  唐代•古文選後 13_144_6	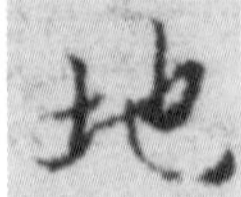 唐代•文選百三 51_487_5 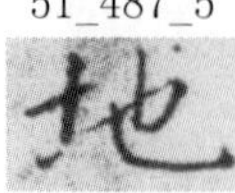 唐代•文選百三 52_498_33 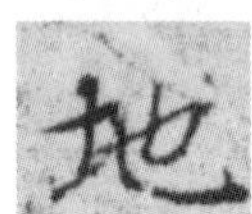 唐代•文選百三 52_504_5 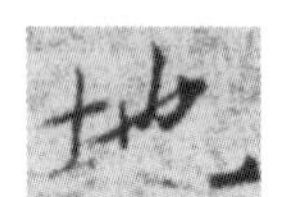 唐代•文選百三 54_523_20 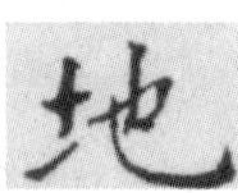 唐代•文選百三 61_591_16  唐代•文選百三 67_650_18 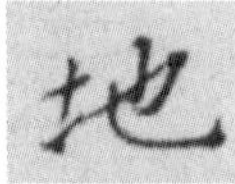 唐代•文選百三 68_658_9  唐代•文選百三 79_751_4	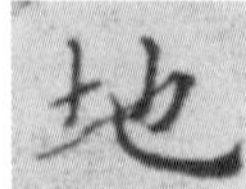 唐代•文選百三 27_266_2 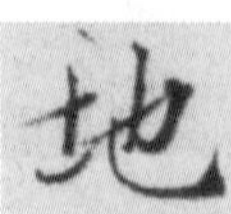 唐代•文選百三 30_296_32  唐代•文選百三 32_320_26 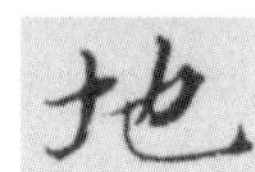 唐代•文選百三 33_322_18 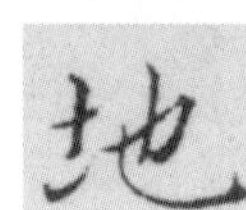 唐代•文選百三 33_328_25  唐代•文選百三 33_328_28 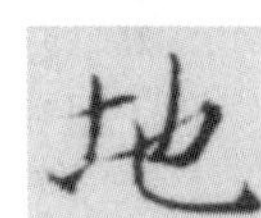 唐代•文選百三 41_414_32  唐代•文選百三 50_486_2	 唐代•文選八八 14_118_9  唐代•文選八八 14_118_13  唐代•文選八八 14_118_32  唐代•文選八八 14_119_1  唐代•文選八八 14_119_10 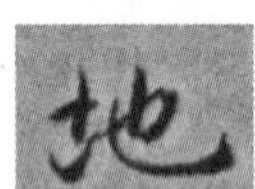 唐代•文選八八 14_119_16  唐代•文選八八 15_123_10 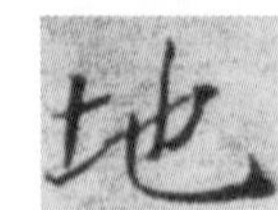 唐代•文選百三 23_229_24	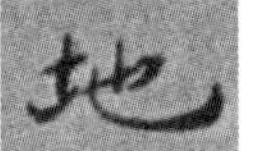 唐代•文選六八 41_407_9 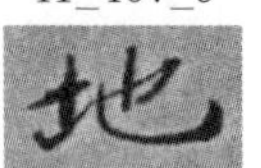 唐代•文選六八 49_492_24 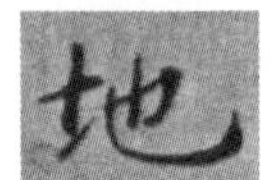 唐代•文選六八 63_632_10  唐代•文選六八 63_633_10  唐代•文選六八 69_686_13 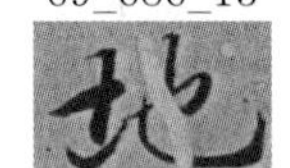 唐代•文選八八 14_116_11  唐代•文選八八 14_116_19 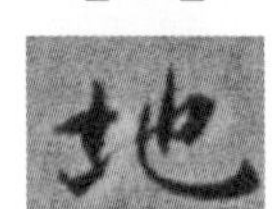 唐代•文選八八 14_117_3  唐代•文選八八 14_117_5	 唐代•文選六八 9_97_19 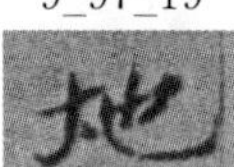 唐代•文選六八 15_154_12 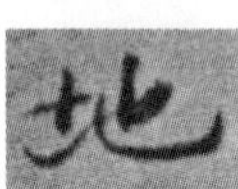 唐代•文選六八 28_285_22 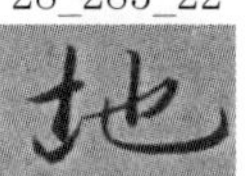 唐代•文選六八 35_349_5  唐代•文選六八 36_359_28 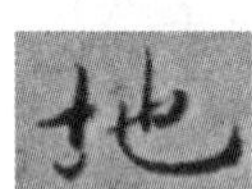 唐代•文選六八 36_359_31 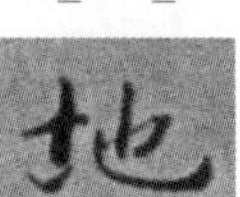 唐代•文選六八 36_360_6 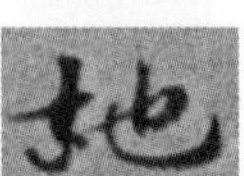 唐代•文選六八 36_360_15 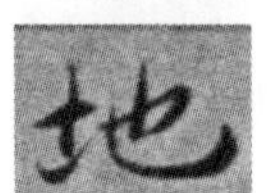 唐代•文選六八 39_398_1

唐代•十輪經四
3_52_9

唐代•十輪經四
5_92_4

唐代•十輪經四
8_141_1

唐代•十輪經四
8_150_7

唐代•十輪經四
10_199_17

唐代•十輪經四
11_211_1

唐代•十輪經四
14_270_4

唐代•十輪經四
14_270_23

唐代•十輪經四
15_291_4

唐代•十輪經四
15_297_3

唐代•十輪經四
15_298_6

唐代•十輪經四
16_311_7

唐代•十輪經四
16_319_8

唐代•十輪經四
18_341_11

唐代•十輪經四
18_356_5

唐代•十輪經四
19_373_2

唐代•十輪經四
20_392_13

唐代•十輪經四
20_398_7

唐代•十輪經四
21_409_15

唐代•十輪經四
22_432_5

唐代•十輪經八
1_1_5

唐代•十輪經八
1_12_5

唐代•十輪經八
2_26_13

唐代•十輪經八
3_55_7

唐代•十輪經八
7_131_10

唐代•十輪經八
9_170_5

唐代•十輪經八
11_208_1

唐代•十輪經八
13_245_12

唐代•十輪經八
15_282_11

唐代•十輪經八
16_320_9

唐代•十輪經八
18_359_1

唐代•十輪經八
20_396_15

唐代•十輪經八
21_420_11

唐代•十輪經八
22_436_5

唐代•十輪經八
22_442_5

唐代•十輪經九
1_1_5

唐代•十輪經九
2_34_15

唐代•十輪經九
4_75_2

唐代•十輪經九
5_98_2

唐代•十輪經九
6_103_5

唐代•十輪經九
7_135_25

唐代•十輪經九
8_144_25

唐代•十輪經九
8_146_5

唐代•十輪經九
16_308_8

唐代•十輪經九
20_380_9

唐代•十輪經九
21_402_2

唐代•十輪經九
22_424_5

唐代•十輪經十
1_1_5

唐代•十輪經十
2_29_10

唐代•十輪經十
2_30_5

唐代•十輪經十
8_152_14

唐代•十輪經十
11_201_4

唐代•十輪經十
11_207_5

唐代•十輪經十
11_210_5

唐代•十輪經十
12_231_7

唐代•十輪經十
12_236_3

唐代•十輪經十
13_243_13

唐代•十輪經十
13_245_6

唐代•十輪經十
13_253_2

唐代•十輪經十
13_254_13

唐代•十輪經十
14_260_11

唐代•十輪經十
14_262_5

唐代•十輪經十
14_273_7

唐代•十輪經十
16_305_15

唐代•十輪經十
16_307_17

唐代•十輪經十
17_332_5

唐代•十輪經十
17_335_15

坂

漢ハン
訓さか

唐代•春秋經傳
10_97_6

唐代•文選八八
11_85_4

唐代•古文選後
4_37_12

唐代•古文選後
8_86_7

唐代•古文選後
22_261_5

唐代•古文選後
24_285_5

坐

吳ザ
訓すわる

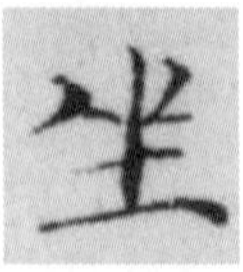
唐代•文選百三
13_123_2

唐代•古文選後
8_91_13

唐代•古文選後
8_93_10

唐代•古文選後
16_183_76

唐代•古文選後
24_288_13

唐代•文選五九
57_554_14

唐代•文選五九
70_671_5

唐代•文選五九
75_724_11

唐代•文選五九
101_950_3

唐代•文選五九
101_951_27

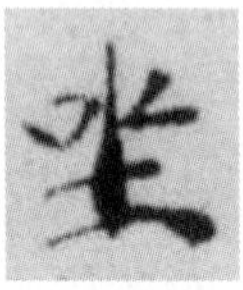
唐代•文選五九
103_972_23

唐代•文選六八
41_416_12

初唐•聖武雜集
1_1_6

晚唐•慶滋書狀
1_7_12

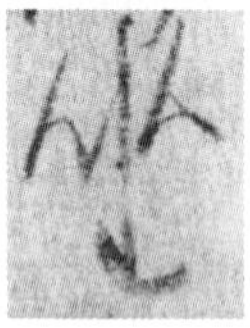
晚唐•慶滋書狀
1_17_5

唐代•春秋經傳
9_87_13

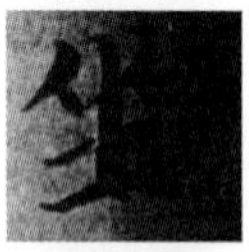
唐代•文選五九
47_468_9

唐代•文選五九
47_470_13

唐代•文選五九
47_471_9

圼

漢デツ吳ネチ
訓ゆかした

唐代•文選百三
15_142_43

圯

イ
訓つちばし

唐代•古文選前
20_232_2

唐代•十輪經十
19_361_7

唐代•十輪經十
20_383_4

唐代•十輪經十
20_388_5

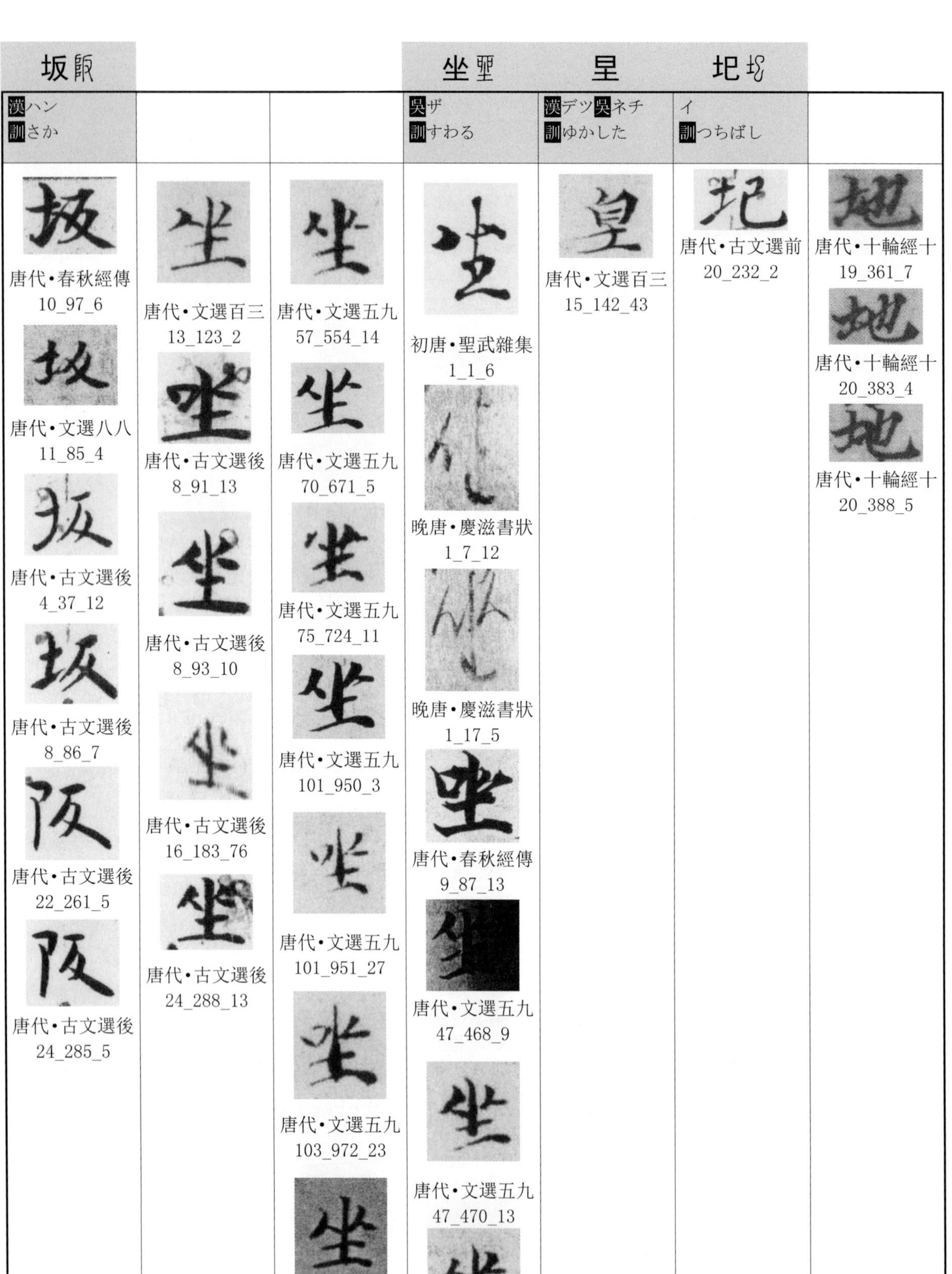

坌

漢フン、ホン 呉ボンズ
訓ちり

唐代•文選五九
7_68_2

唐代•文選五九
7_68_9

坎

漢カン 呉コン
訓あな

唐代•文選四八
14_121_21

唐代•文選四八
22_203_17

唐代•文選四八
22_204_4

均

キン
訓ひとしい

唐代•春秋經傳
36_380_19

唐代•文選五九
80_766_12

唐代•文選六八
9_91_25

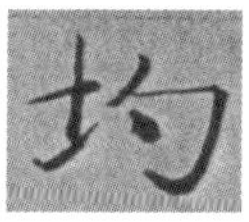
唐代•文選六八
65_650_1

唐代•文選六八
65_651_18

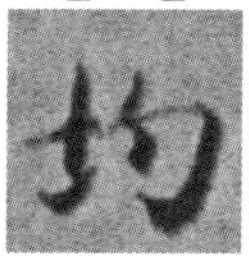
唐代•文選八八
18_159_20

唐代•古文選前
26_306_6

坊

慣ボッ 漢ホウ 呉ボウ
訓まち

唐代•十輪經四
21_413_14

唐代•十輪經四
21_413_17

唐代•十輪經四
21_417_3

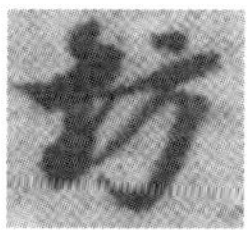
唐代•十輪經四
21_418_6

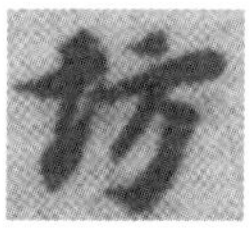
唐代•十輪經四
21_418_9

唐代•十輪經四
22_421_12

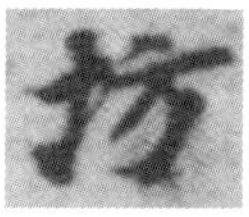
唐代•十輪經四
22_421_17

唐代•十輪經四
22_423_2

唐代•十輪經四
22_423_5

唐代•十輪經四
22_426_3

唐代•十輪經四
22_426_8

唐代•十輪經四
22_427_2

唐代•十輪經四
22_430_12

唐代•十輪經四
22_430_18

唐代•十輪經四
22_430_24

唐代•十輪經四
22_431_4

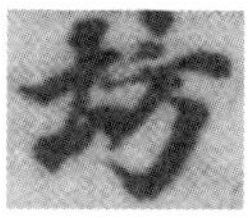
唐代•十輪經四
22_431_12

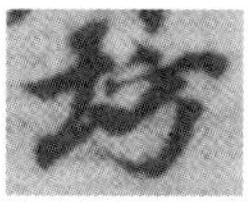
唐代•十輪經四
22_431_18

坑

漢コウ
訓あな

唐代•文選四八
18_158_17

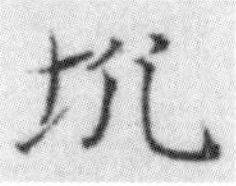
唐代•文選百三
33_329_6

唐代•文選百三
33_329_21

唐代•文選百三
52_497_23

壯 壯

漢ソウ
訓さかん

唐代•文選四八
6_46_7

唐代•文選五九
105_999_29

唐代•文選六八
36_359_13

唐代•文選百三
32_320_15

唐代•文選百三
49_475_16

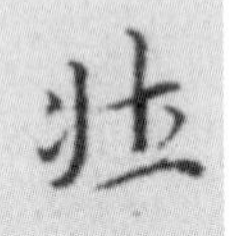
唐代•文選百三
49_478_17

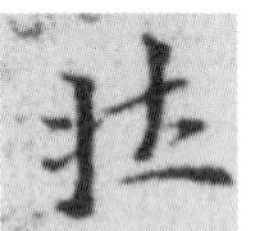
唐代•文選百三
60_574_12

唐代•文選百三
61_582_18

唐代•文選百三
69_672_11

唐代•文選百三
70_675_3

唐代•文選百三
70_676_2

唐代•文選百三
72_694_3

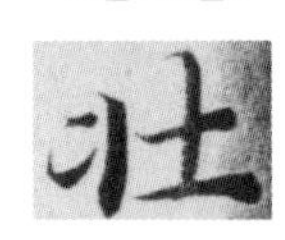
唐代•文選百三
75_722_23

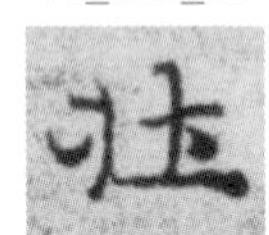
唐代•文選百三
76_727_6

唐代•文選百三
76_727_19

坤 坤

漢コン 呉コン
訓つち

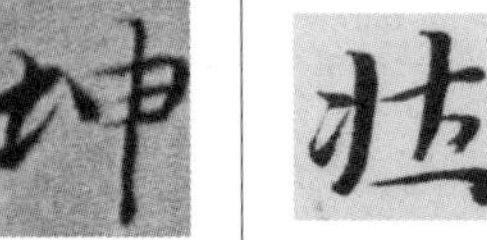
唐代•文選四八
14_122_9

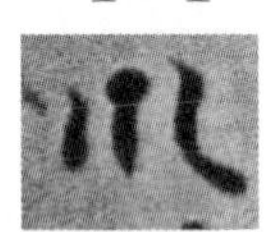
唐代•文選四八
29_261_14

唐代•文選六八
63_631_16

唐代•文選六八
63_632_8

唐代•文選六八
63_632_21

垂 垂

漢スイ
訓たれる

唐代•春秋經傳
27_284_22

唐代•春秋經傳
28_286_10

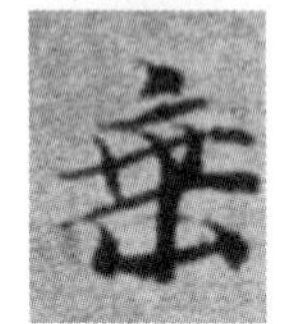
唐代•文選四八
15_133_10

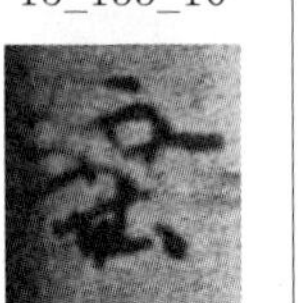
唐代•文選五九
3_28_26

唐代•文選五九
3_30_20

唐代•文選五九
8_75_20

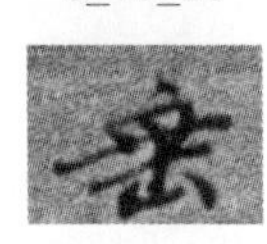
唐代•文選五九
13_120_8

唐代•文選五九
62_596_21

唐代•文選五九
65_625_6

唐代•文選五九
65_626_15

唐代•文選五九
65_627_2

唐代•文選五九
65_627_25

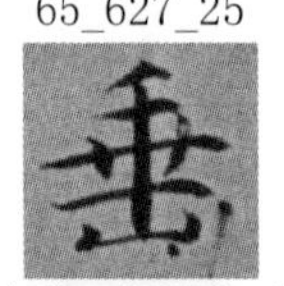
唐代•文選六八
24_243_13

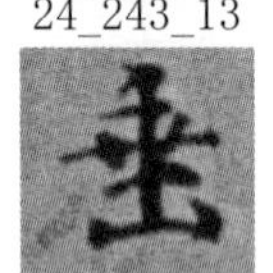
唐代•文選六八
24_244_13

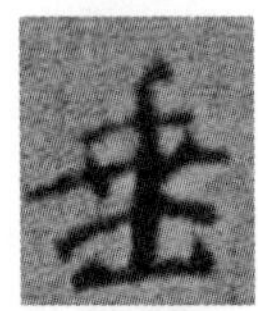
唐代•文選六八
25_246_11

唐代•文選六八
29_294_11

唐代•文選六八
30_300_18

唐代•文選六八
41_405_20

唐代•文選六八
41_416_13

唐代•文選六八
43_438_2

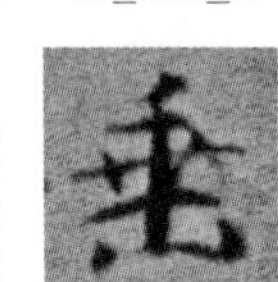
唐代•文選六八
51_505_3

唐代•文選六八
51_509_13

唐代•文選六八
51_514_1

唐代•文選八八
13_111_8

唐代•文選八八
13_112_16

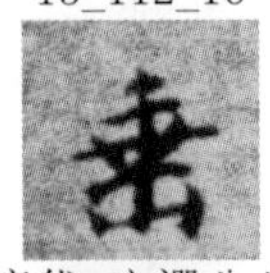
唐代•文選八八
13_113_36

唐代•文選八八
17_153_3

唐代•文選八八
18_157_4

唐代•文選八八
19_172_5

唐代•文選百三
64_618_8

唐代•古文選前
1_5_1

唐代•古文選前
6_73_2

	城	垣		幸	坻	
	漢セイ呉現ジョウ 訓しろ	エン 訓かき		漢コウ 訓しあわせ	漢テ呉ジ 訓なかす	

唐代•春秋經傳
29_303_14

唐代•春秋經傳
34_361_16

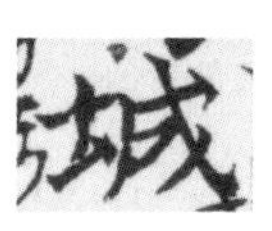
唐代•春秋經傳
36_377_11

唐代•春秋經傳
36_378_9

唐代•春秋經傳
36_380_27

唐代•春秋經傳
37_390_14

唐代•文選四八
14_127_26

唐代•文選四八
18_159_6

初唐•法華義疏
1_9_15

唐代•春秋經傳
6_58_1

唐代•春秋經傳
6_60_15

唐代•春秋經傳
6_60_26

唐代•春秋經傳
18_184_4

唐代•春秋經傳
22_231_15

唐代•春秋經傳
22_231_21

唐代•春秋經傳
28_292_9

唐代•古文選後
22_262_7

唐代•文選五九
99_937_25

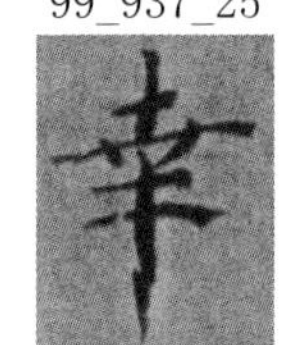
唐代•文選六八
12_128_5

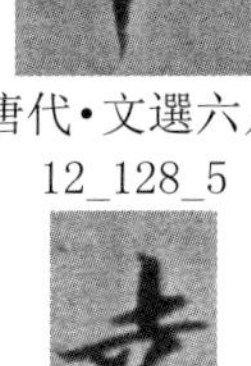
唐代•文選六八
59_596_21

唐代•文選八八
13_108_15

唐代•文選百三
37_375_10

唐代•古文選後
13_150_67

唐代•古文選後
21_249_9

唐代•春秋經傳
16_164_11

唐代•文選五九
35_348_7

唐代•文選五九
35_350_1

唐代•文選五九
35_351_21

唐代•文選五九
46_453_15

唐代•文選五九
60_573_9

唐代•文選五九
86_821_27

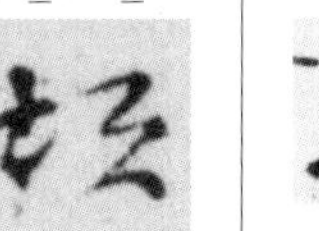
唐代•文選五九
87_837_5

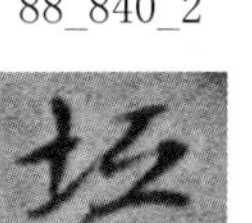
唐代•文選五九
88_840_2

唐代•文選六八
46_462_17

唐代•古文選後
25_289_2

唐代•古文選前
22_254_13

唐代•古文選前
26_311_7

唐代•古文選後
13_146_3

唐代•古文選後
14_157_7

唐代•古文選後
24_278_7

唐代·文選百三 28_277_35
唐代·文選百三 28_278_16
唐代·文選百三 29_280_9
唐代·文選百三 29_281_30
唐代·文選百三 29_291_3
唐代·文選百三 30_293_5
唐代·文選百三 30_293_7
唐代·文選百三 30_295_15
唐代·文選五九 112_1063_29
唐代·文選百三 23_228_7
唐代·文選百三 24_230_21
唐代·文選百三 24_231_26
唐代·文選百三 25_247_5
唐代·文選百三 25_249_24
唐代·文選百三 28_274_2
唐代·文選百三 28_277_1
唐代·文選五九 85_816_18
唐代·文選五九 90_862_11
唐代·文選五九 90_862_27
唐代·文選五九 90_864_19
唐代·文選五九 101_955_22
唐代·文選五九 102_965_9
唐代·文選五九 111_1059_2
唐代·文選五九 112_1062_1
唐代·文選五九 74_712_28
唐代·文選五九 77_735_9
唐代·文選五九 77_737_7
唐代·文選五九 77_737_30
唐代·文選五九 78_754_14
唐代·文選五九 78_754_23
唐代·文選五九 82_784_15
唐代·文選五九 84_802_12
唐代·文選五九 73_702_29
唐代·文選五九 73_703_4
唐代·文選五九 73_704_16
唐代·文選五九 74_706_15
唐代·文選五九 74_707_5
唐代·文選五九 74_707_9
唐代·文選五九 74_707_15
唐代·文選五九 74_710_21
唐代·文選五九 1_11_11
唐代·文選五九 26_252_18
唐代·文選五九 41_402_29
唐代·文選五九 49_490_3
唐代·文選五九 50_491_7
唐代·文選五九 56_546_12
唐代·文選五九 72_695_23
唐代·文選五九 73_700_5
唐代·文選四八 18_162_14
唐代·文選四八 43_384_12
唐代·文選四八 43_389_2
唐代·文選四八 43_389_16
唐代·文選四八 43_389_21
唐代·文選四八 43_390_10
唐代·文選五九 1_1_10
唐代·文選五九 1_5_7

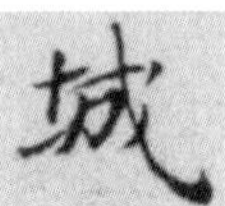
唐代•文選百三
30_295_19

唐代•文選百三
30_295_24

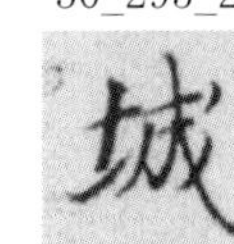
唐代•文選百三
30_296_24

唐代•文選百三
31_306_1

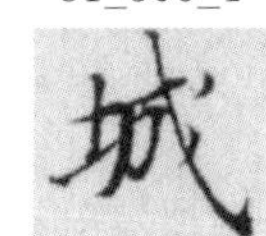
唐代•文選百三
31_306_14

唐代•文選百三
33_322_15

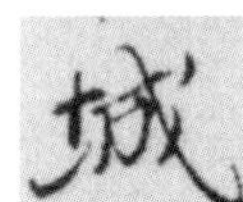
唐代•文選百三
33_323_1

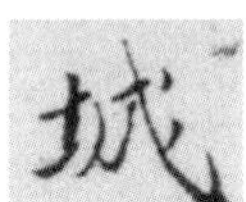
唐代•文選百三
33_325_21

唐代•文選百三
33_325_27

唐代•文選百三
33_326_27

唐代•文選百三
33_328_31

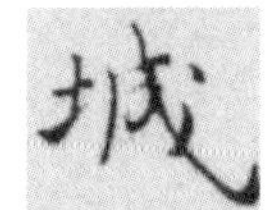
唐代•文選百三
33_333_34

唐代•文選百三
36_358_1

唐代•文選百三
36_361_4

唐代•文選百三
37_374_10

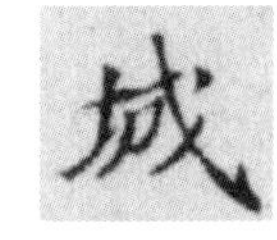
唐代•文選百三
38_380_10

唐代•文選百三
45_436_4

唐代•文選百三
45_437_2

唐代•文選百三
46_442_13

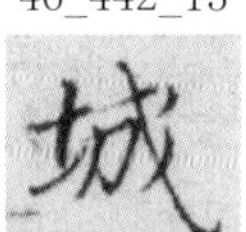
唐代•文選百三
46_443_6

唐代•文選百三
46_445_14

唐代•文選百三
49_469_17

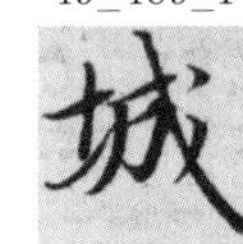
唐代•文選百三
51_488_19

唐代•文選百三
51_491_22

唐代•文選百三
51_492_38

唐代•文選百三
52_498_36

唐代•文選百三
52_499_25

唐代•文選百三
52_505_14

唐代•文選百三
56_537_21

唐代•文選百三
61_581_9

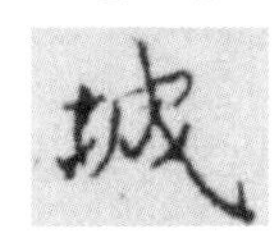
唐代•文選百三
61_582_11

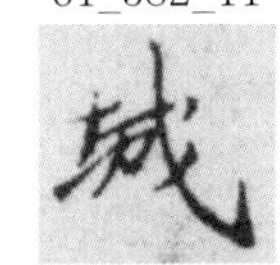
唐代•文選百三
61_584_24

唐代•文選百三
61_592_20

唐代•文選百三
61_593_6

唐代•文選百三
62_596_5

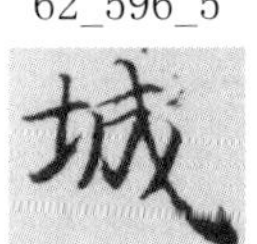
唐代•文選百三
63_606_1

唐代•文選百三
63_609_27

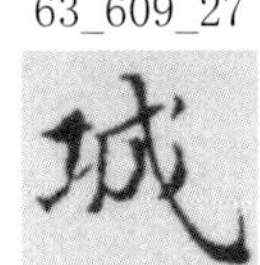
唐代•文選百三
63_610_7

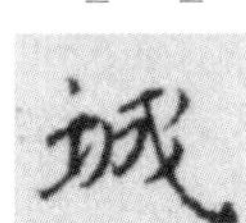
唐代•文選百三
65_622_11

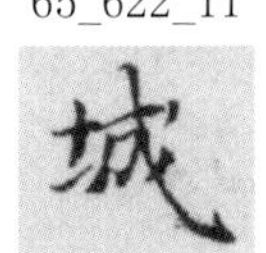
唐代•文選百三
65_622_18

唐代•文選百三
65_624_2

唐代•文選百三
65_624_33

唐代•文選百三
65_631_1

唐代•文選百三
66_636_15

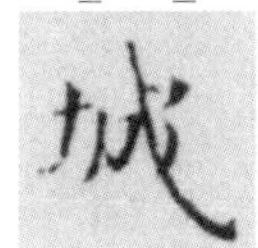
唐代•文選百三
67_640_8

唐代•文選百三
69_666_1

唐代•文選百三
69_668_6

唐代•文選百三
69_670_27

唐代•文選百三
71_683_6

唐代•文選百三
81_769_1

唐代•文選百三
81_770_21

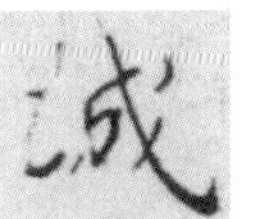
唐代•文選百三
81_771_24

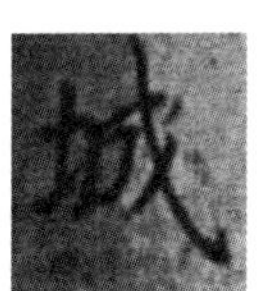
唐代•文選百三
81_773_26

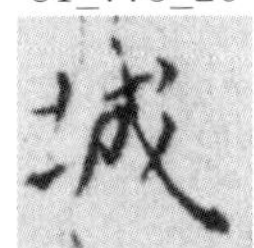
唐代•文選百三
82_783_14

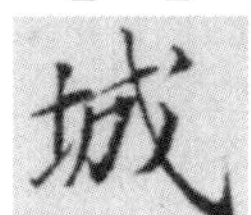
唐代•文選百三
83_792_30

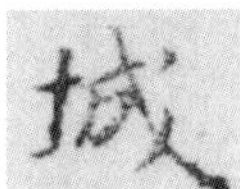
唐代•文選百三
83_793_9

埋	垝	垢	坰			
漢バイ呉マイ 訓うめる	漢キ呉キ 訓やぶれる	漢コウ呉ク 訓あか	漢ケイ呉ケイ 訓—			
 唐代・文選百三 52_504_23	 唐代・文選五九 78_754_16 唐代・文選五九 78_755_28	 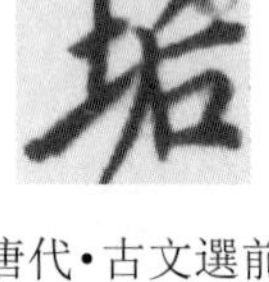 唐代・古文選前 19_224_5  唐代・古文選前 26_303_3  唐代・十輪經九 1_3_17  唐代・十輪經九 1_9_15  唐代・十輪經九 1_15_1 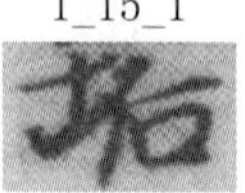 唐代・十輪經九 1_20_17  唐代・十輪經十 9_161_5 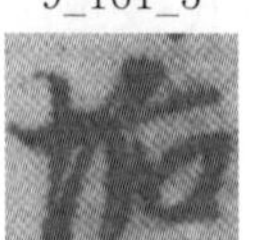 唐代・十輪經十 18_341_9	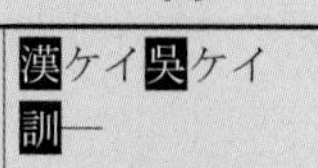 唐代・文選百三 80_762_1 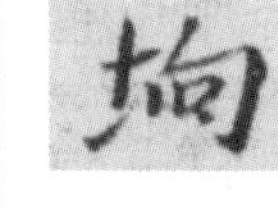 唐代・文選百三 80_762_33 唐代・文選百三 80_763_8	  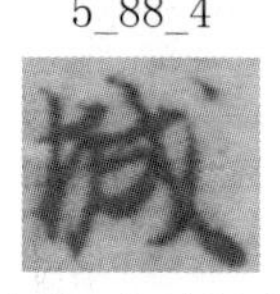 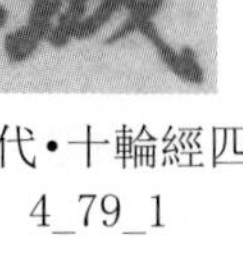 唐代・十輪經四 4_79_1 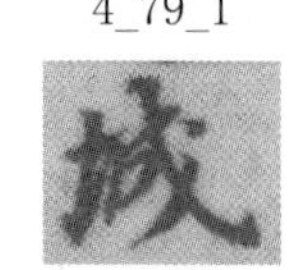 唐代・十輪經八 5_88_4 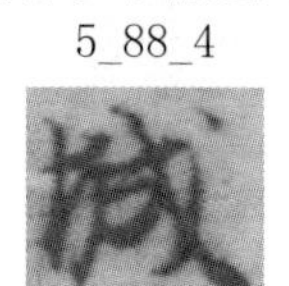 唐代・十輪經九 5_88_7 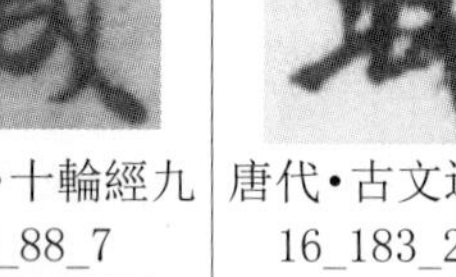 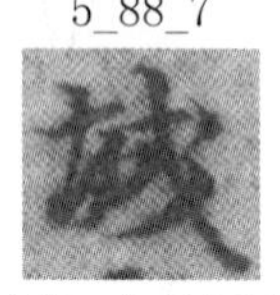 唐代・十輪經九 8_153_12 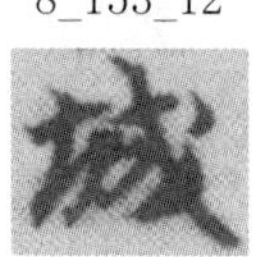 唐代・十輪經九 22_423_12  唐代・十輪經十 9_178_11	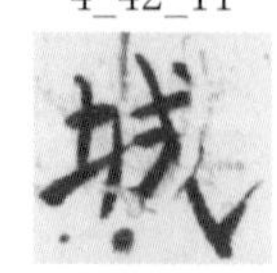 唐代・古文選後 4_42_11  唐代・古文選後 6_70_2 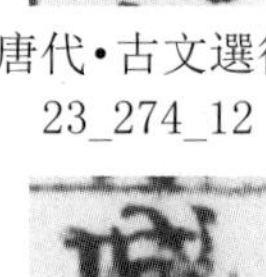 唐代・古文選後 16_183_26  唐代・古文選後 23_274_12   唐代・古文選後 24_281_62  唐代・古文選後 25_297_8 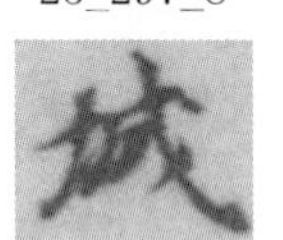  唐代・十輪經四 4_73_7   唐代・十輪經四 4_75_9	唐代・文選百三 84_801_27 唐代・文選百三 86_823_12 唐代・古文選前 7_87_10 唐代・古文選前 12_137_4 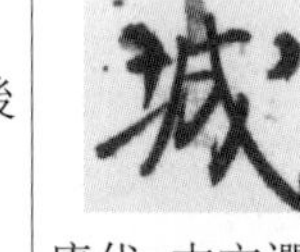 唐代・古文選前 20_239_34 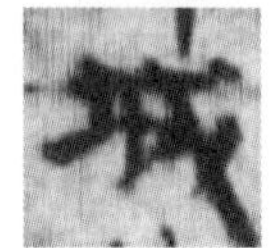 唐代・古文選前 21_248_12 唐代・古文選前 25_297_47   唐代・古文選後 3_34_10

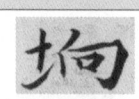

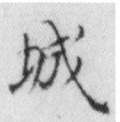

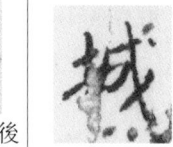

	堅		基	堵	埃	袁
	ケン 訓かたい		キ 訓もと	漢ト呉ツ 訓かき	漢アイ 訓ちり	漢エン呉オン 訓—
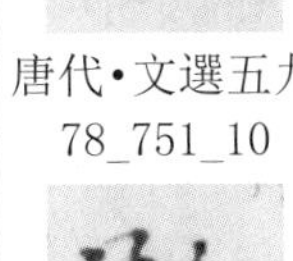 唐代•文選五九 78_751_10 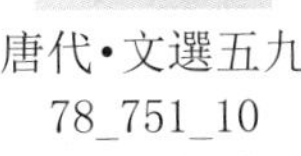 唐代•文選五九 83_798_27  唐代•文選五九 87_835_29  唐代•文選五九 88_842_16 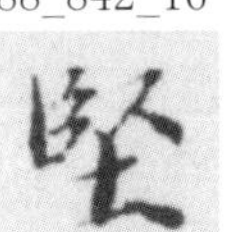 唐代•文選五九 90_864_10  唐代•文選五九 90_868_2  唐代•文選五九 90_868_14  唐代•文選五九 90_868_29	 唐代•春秋經傳 20_206_6  唐代•春秋經傳 20_206_13 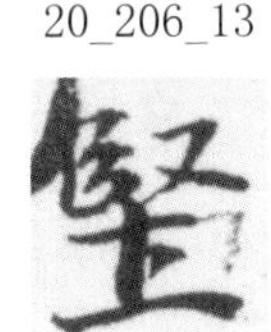 唐代•春秋經傳 20_206_16  唐代•文選四八 4_32_2 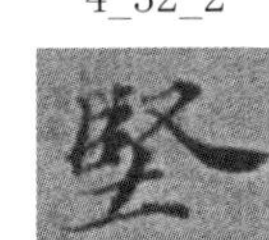 唐代•文選四八 20_177_15 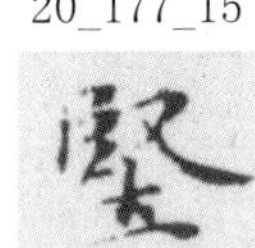 唐代•文選五九 64_621_23  唐代•文選五九 64_623_29  唐代•文選五九 65_624_5	 唐代•古文選前 1_7_13  唐代•古文選前 25_290_12 唐代•古文選後 11_123_2	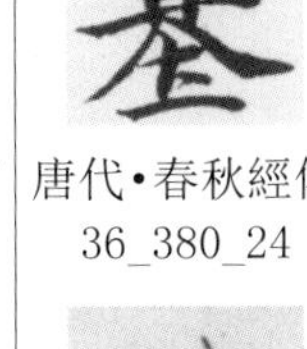 唐代•春秋經傳 36_380_24 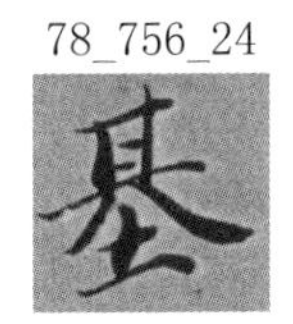 唐代•文選五九 78_756_24  唐代•文選五九 84_802_2 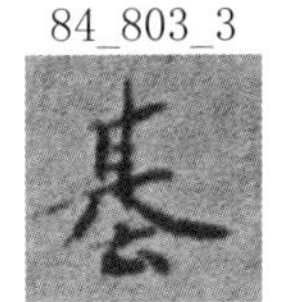 唐代•文選五九 84_803_3 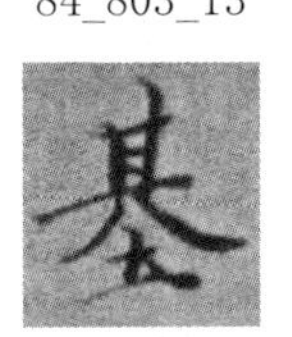 唐代•文選五九 84_803_13  唐代•文選五九 84_804_14  唐代•文選六八 39_396_14  唐代•文選六八 39_397_8	 唐代•文選五九 90_860_17 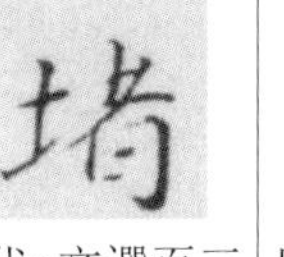 唐代•文選五九 90_860_19 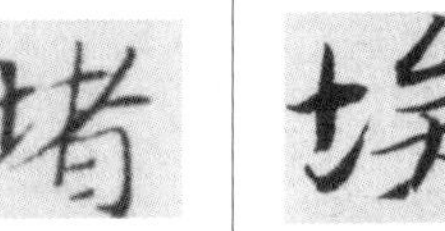 唐代•文選百三 29_292_2  唐代•文選百三 29_292_4  唐代•十輪經四 5_85_10 唐代•十輪經四 20_384_10	 唐代•文選五九 70_669_5  唐代•文選五九 70_670_10  唐代•文選五九 70_670_24  唐代•文選五九 107_1014_10  唐代•文選五九 107_1016_19 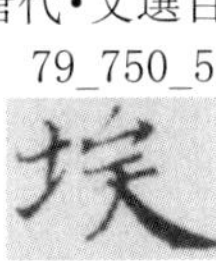 唐代•文選百三 79_750_5 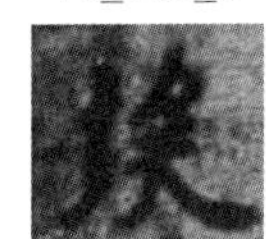 唐代•文選百三 79_751_5 唐代•文選百三 79_753_11	 袁紹 唐代•文選四八 23_206_32  唐代•文選五九 5_50_30  唐代•文選五九 57_554_5  唐代•文選五九 82_784_18  唐代•文選五九 103_975_16  唐代•文選五九 107_1010_19

埤		堂				
漢ヒ 吳ビ 訓ます		吳ドウ 漢トウ 訓おもてざしき				
 唐代•文選百三 53_507_25	 唐代•文選六八 67_668_15	 唐代•文選四八 28_253_3	 唐代•十輪經九 6_100_9	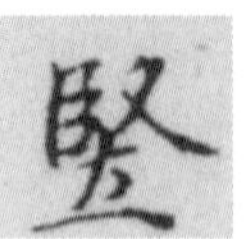 唐代•文選百三 65_623_3	 唐代•文選六八 24_243_3	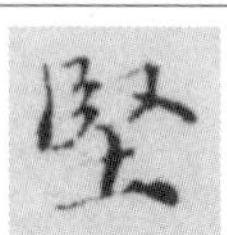 唐代•文選五九 90_869_7
	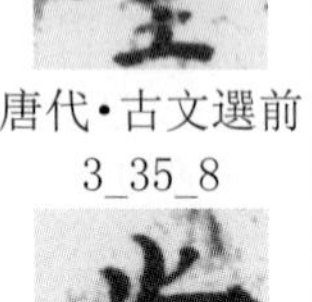 唐代•古文選前 3_35_8	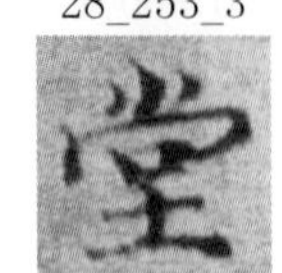 唐代•文選四八 41_371_22	 唐代•十輪經十 11_201_9	 唐代•文選百三 68_658_24	 唐代•文選六八 29_297_19	 唐代•文選五九 92_876_10
	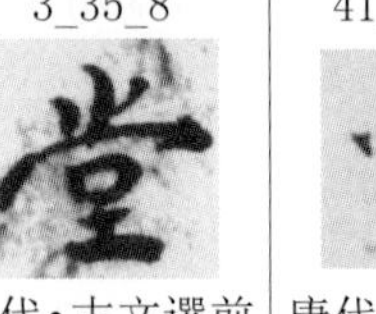 唐代•古文選前 16_194_1	 唐代•文選五九 75_724_13	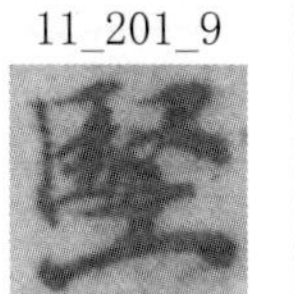 唐代•十輪經十 11_207_10	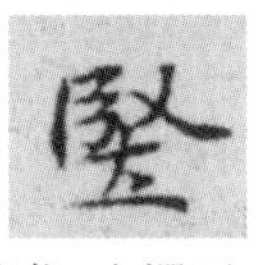 唐代•文選百三 69_661_22	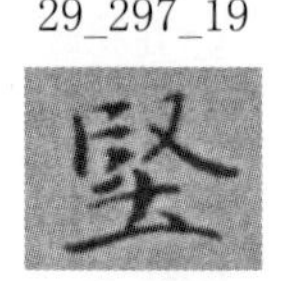 唐代•文選六八 37_368_17	 唐代•文選五九 92_876_26
	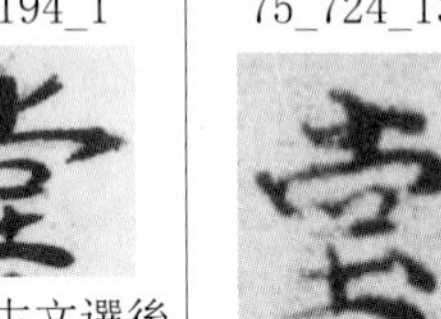 唐代•古文選後 8_91_11	 唐代•文選五九 76_725_10	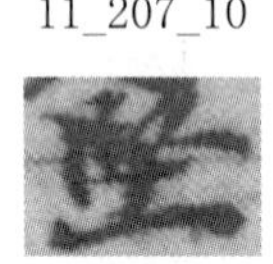 唐代•十輪經十 13_243_18	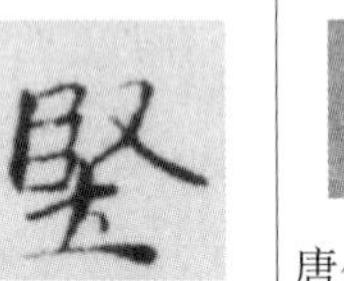 唐代•文選百三 71_683_11	 唐代•文選六八 41_405_29	 唐代•文選五九 92_878_18
	 唐代•古文選後 11_119_10	 唐代•文選五九 84_802_16	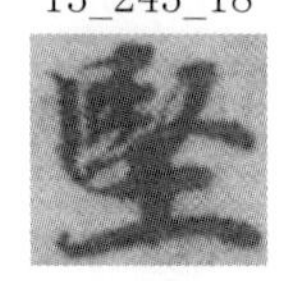 唐代•十輪經十 13_253_7	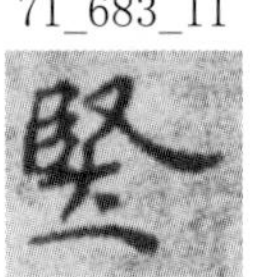 唐代•文選百三 78_745_6	 唐代•文選百三 15_141_20	 唐代•文選五九 92_879_9
	 唐代•古文選後 13_144_12	 唐代•文選五九 111_1054_15	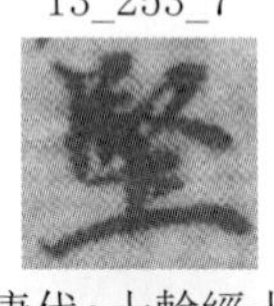 唐代•十輪經十 14_260_16	 唐代•文選百三 82_781_30	 唐代•文選百三 15_143_4	 唐代•文選五九 92_879_21
	 唐代•古文選後 15_180_1	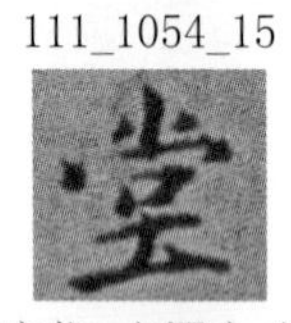 唐代•文選六八 11_109_8	 唐代•十輪經十 14_273_12	 唐代•十輪經八 2_31_16	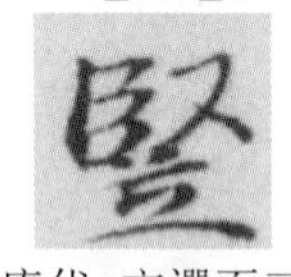 唐代•文選百三 48_460_21	 唐代•文選五九 92_880_3
	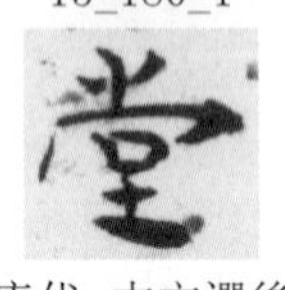 唐代•古文選後 20_236_13	 唐代•文選六八 67_667_7	 唐代•十輪經十 16_306_2	 唐代•十輪經八 16_306_16	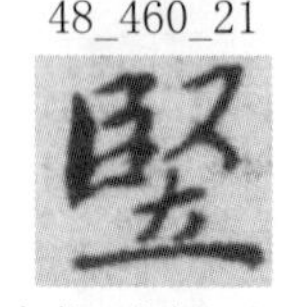 唐代•文選百三 60_574_25	 唐代•文選五九 92_883_24

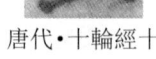

執

慣シツ 慣シュ 漢シュウ
訓とる

唐代•春秋經傳 5_44_7

唐代•春秋經傳 22_225_24

唐代•春秋經傳 27_281_4

唐代•文選四八 21_191_13

唐代•文選四八 30_271_19

唐代•文選四八 30_272_3

唐代•文選四八 31_281_1

唐代•文選五九 35_345_9

唐代•文選五九 35_346_14

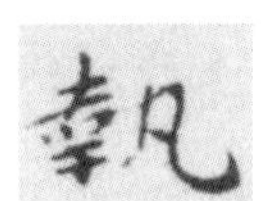
唐代•文選五九 35_346_25

唐代•文選五九 43_424_12

唐代•文選五九 43_425_21

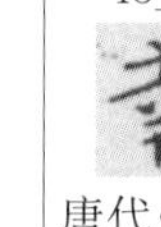
唐代•文選五九 43_429_1

唐代•文選五九 43_429_8

唐代•文選五九 64_623_24

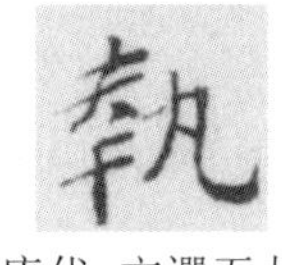
唐代•文選五九 65_624_2

唐代•文選六八 4_46_14

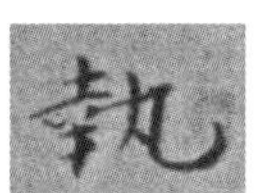
唐代•文選六八 30_300_14

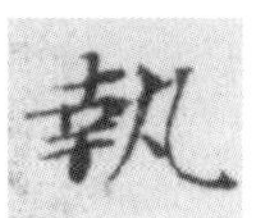
唐代•文選百三 13_126_22

唐代•文選百三 13_127_34

唐代•文選百三 13_128_32

唐代•文選百三 22_214_3

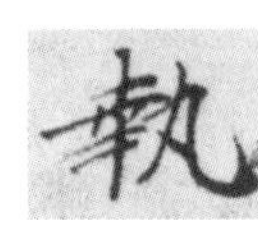
唐代•文選百三 22_214_16

唐代•文選百三 23_216_27

唐代•文選百三 23_216_56

唐代•文選百三 42_419_31

唐代•文選百三 53_507_18

唐代•文選百三 55_526_26

唐代•古文選前 9_109_2

唐代•古文選前 23_265_11

唐代•古文選前 26_310_12

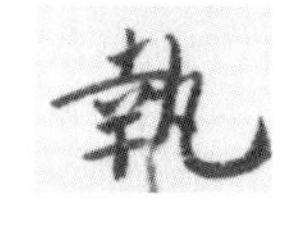
唐代•古文選後 2_13_11

唐代•古文選後 2_19_10

唐代•十輪經四 9_165_12

唐代•十輪經四 9_167_10

唐代•十輪經四 9_174_9

唐代•十輪經九 4_61_2

唐代•十輪經十 5_86_5

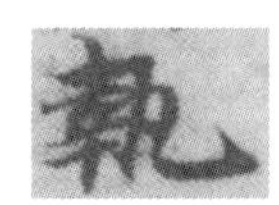
唐代•十輪經十 5_95_12

唐代•十輪經十 6_117_6

堪

慣タン 漢カン
訓たえる

唐代•文選五九 27_269_12

唐代•文選五九 28_273_16

唐代•文選五九 80_769_21

唐代•文選五九 91_872_8

唐代•文選八八 7_49_10

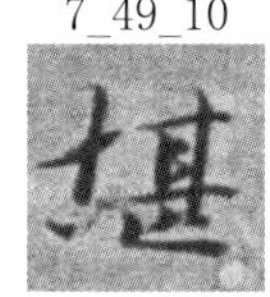
唐代•文選八八 7_49_15

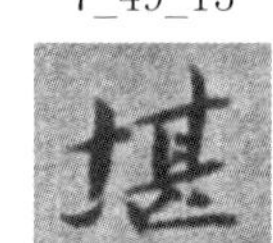
唐代•文選八八 7_54_13

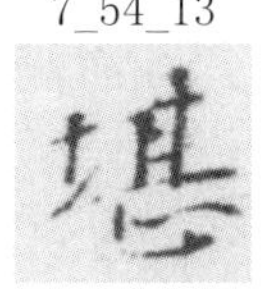
唐代•文選百三 3_22_24

唐代•十輪經四 13_258_8

唐代•十輪經九 14_279_1

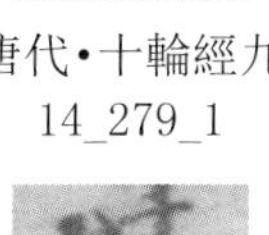
唐代•十輪經十 7_128_2

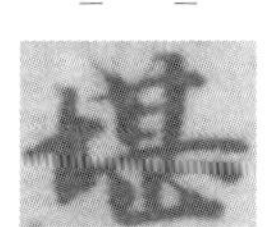
唐代•十輪經十 7_130_9

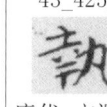

場	堤	堙	域	堞		堯
呉ジョウ 訓ば	漢テイ呉タイ 訓つつみ	漢イン呉イン 訓ふさぐ	呉イキ 訓くぎる	漢チョウ呉ジョウ 訓ひめがき		ギョウ 訓たかい
 初唐・金剛場經 1_1_10	 唐代・文選百三 61_590_2	 唐代・文選八八 11_87_1	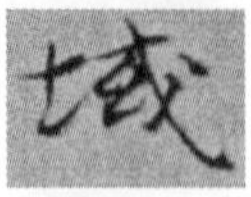 唐代・文選四八 6_53_11	 唐代・文選五九 50_494_22	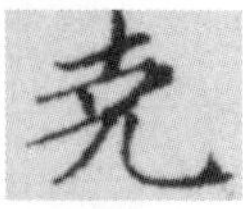 唐代・文選百三 61_585_32	 唐代・文選四八 16_141_10
 初唐・金剛場經 1_7_3		 唐代・文選八八 11_88_4	 唐代・文選四八 14_124_1		 唐代・古文選後 16_185_5	 唐代・文選六八 6_67_25
 初唐・金剛場經 1_9_9		 唐代・文選八八 11_88_17	 唐代・文選五九 88_844_16		 唐代・古文選後 21_252_5	 唐代・文選六八 10_106_1
 唐代・文選四八 32_285_2		 唐代・文選百三 67_640_26	 唐代・文選五九 88_846_9			 唐代・文選六八 65_656_16
 秋場庶能築 唐代・文選五九 94_906_5		 唐代・文選百三 79_749_3	 唐代・文選五九 112_1064_4			 唐代・文選六八 66_658_11
 唐代・文選五九 94_907_14		 唐代・文選百三 79_751_18	 唐代・文選六八 15_155_20			 唐代・文選六八 71_712_15
 唐代・文選五九 94_908_29		 唐代・文選百三 79_752_16	 唐代・文選八八 15_130_8			 唐代・文選八八 11_83_20
 唐代・文選五九 97_914_19		 唐代・文選百三 79_752_36	 唐代・文選八八 16_137_6			 唐代・文選百三 4_34_39

唐代・文選百三
27_265_14

唐代・文選百三
54_518_33

塊 塊

漢カイ 呉ケ
訓かたまり

唐代・十輪經八
3_43_7

報 報

ホウ
訓むくいる

初唐・大般若經
2_34_10

初唐・聖武雜集
1_2_17

中唐・風信帖
2_9_10

唐代・春秋經傳
4_34_15

唐代・春秋經傳
4_35_5

唐代・春秋經傳
4_42_15

唐代・春秋經傳
7_65_21

唐代・春秋經傳
7_68_10

唐代・春秋經傳
10_103_18

唐代・春秋經傳
15_159_13

唐代・春秋經傳
16_166_10

唐代・春秋經傳
16_167_19

唐代・春秋經傳
34_357_11

唐代・春秋經傳
34_357_13

唐代・春秋經傳
34_360_8

唐代・春秋經傳
34_360_10

唐代・春秋經傳
35_371_9

唐代・文選四八
8_69_17

唐代・文選五九
18_176_18

唐代・文選六八
22_222_26

唐代・文選八八
5_22_18

唐代・文選八八
5_25_8

唐代・文選百三
27_265_9

唐代・文選百三
27_271_10

唐代・文選百三
87_827_13

唐代・古文選後
19_220_2

唐代・十輪經四
10_193_4

唐代・十輪經八
2_32_14

唐代・十輪經八
3_46_12

唐代・十輪經八
3_53_9

唐代・十輪經八
3_58_5

唐代・十輪經八
4_63_15

唐代・十輪經八
5_96_17

唐代・十輪經八
5_98_15

唐代・十輪經八
6_106_16

唐代・十輪經八
7_136_2

唐代・十輪經八
8_144_16

唐代・十輪經八
9_174_13

唐代・十輪經八
10_183_6

壺 壹

漢コ 訓つぼ	呉イチ漢イツ 訓ひとつ					

唐代・文選五九 8_77_4
唐代・文選五九 8_78_16
唐代・文選五九 9_79_1
唐代・文選五九 54_530_3
唐代・文選五九 54_530_18
唐代・文選五九 54_534_7
唐代・文選五九 54_534_18
唐代・文選五九 55_535_7

唐代・文選四八 12_107_12

唐代・十輪經十 10_181_10
唐代・十輪經十 12_239_8
唐代・十輪經十 13_248_3
唐代・十輪經十 13_257_10
唐代・十輪經十 14_266_5
唐代・十輪經十 16_312_4

唐代・十輪經九 14_277_9
唐代・十輪經九 16_312_15
唐代・十輪經九 17_322_3
唐代・十輪經九 17_338_4
唐代・十輪經九 18_351_17
唐代・十輪經十 5_87_15
唐代・十輪經十 6_111_1
唐代・十輪經十 9_163_12

唐代・十輪經九 4_79_13
唐代・十輪經九 5_83_17
唐代・十輪經九 5_89_7
唐代・十輪經九 6_105_6
唐代・十輪經九 6_119_1
唐代・十輪經九 9_162_1
唐代・十輪經九 10_197_12
唐代・十輪經九 13_259_8

唐代・十輪經八 19_363_10
唐代・十輪經八 19_370_17
唐代・十輪經八 20_401_5
唐代・十輪經八 21_408_9
唐代・十輪經八 22_440_14
唐代・十輪經九 1_8_9
唐代・十輪經九 2_39_7
唐代・十輪經九 3_46_9

唐代・十輪經八 11_212_10
唐代・十輪經八 11_219_17
唐代・十輪經八 13_249_15
唐代・十輪經八 13_256_17
唐代・十輪經八 15_287_4
唐代・十輪經八 15_294_17
唐代・十輪經八 17_325_1
唐代・十輪經八 17_332_17

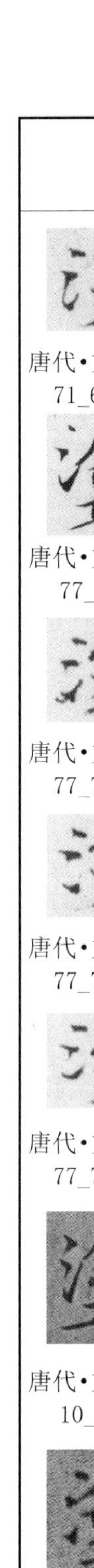
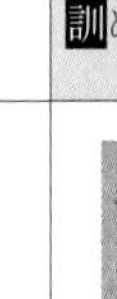

塗 塘 填 墓

塗	塘	填	墓
漢ト 訓ぬる	漢トウ呉ドウ 訓つつみ	漢テン呉デン 訓ふさぐ	漢ボ 訓はか

唐代・文選五九 71_685_17

唐代・文選五九 77_740_7

唐代・文選五九 77_743_11

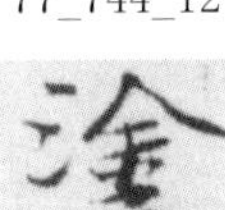
唐代・文選五九 77_744_12

唐代・文選五九 77_744_15

唐代・文選六八 10_107_9

唐代・文選六八 11_110_1

唐代・文選六八 11_110_12

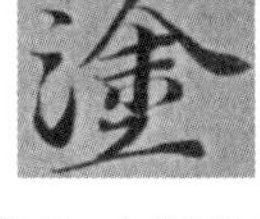
唐代・文選四八 6_51_14

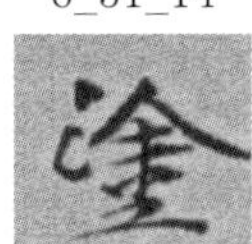
唐代・文選四八 6_52_14

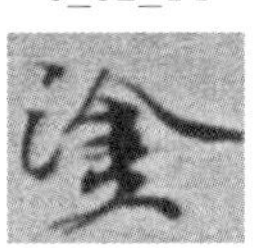
唐代・文選四八 6_53_19

唐代・文選四八 27_240_6

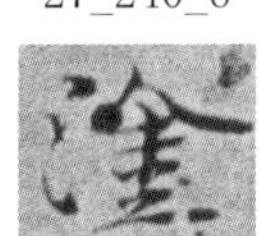
唐代・文選四八 27_243_4

唐代・文選四八 28_250_12

唐代・文選四八 44_397_24

唐代・文選五九 51_498_8

唐代・文選五九 106_1006_16

唐代・古文選後 9_104_4

唐代・文選五九 110_1044_3

唐代・文選六八 31_310_16

唐代・文選六八 31_312_18

唐代・文選六八 31_314_13

唐代・文選五九 77_736_5

唐代・文選五九 83_797_24

唐代・文選五九 111_1060_2

唐代・文選五九 112_1063_30

唐代・文選百三 56_540_5

唐代・文選百三 57_543_3

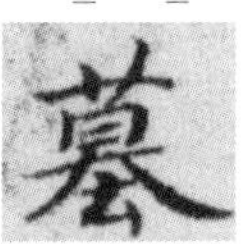
唐代・文選百三 57_544_14

唐代・古文選後 2_21_4

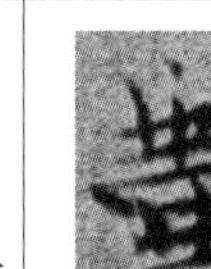
唐代・文選百三 52_499_7

唐代・文選五九 55_535_23

唐代・文選五九 55_536_29

唐代・文選六八 36_360_23

唐代・文選百三 33_321_9

唐代・文選百三 33_326_10

唐代・文選百三 33_327_6

唐代・文選百三 33_329_8

唐代・文選百三 51_496_16

墉	墟		塞	塋		
漢ヨウ呉ユ 訓しろ	漢キョ 訓あと		ソク、サイ 訓ふさぐ	漢エイ呉ヨウ 訓はか		

墉

唐代・文選五九 30_298_6

唐代・文選五九 31_300_5

唐代・文選五九 31_301_14

唐代・文選百三 45_438_7

唐代・文選百三 46_443_5

唐代・文選百三 46_444_13

唐代・古文選後 4_41_14

墟

唐代・文選五九 78_756_20

唐代・文選六八 5_51_13

唐代・文選六八 5_52_30

唐代・文選六八 5_53_8

唐代・文選八八 19_167_5

唐代・文選百三 79_752_37

唐代・文選百三 82_779_20

唐代・文選百三 82_780_18

塞

唐代・文選五九 43_429_18

唐代・文選五九 75_721_18

唐代・文選六八 31_310_18

唐代・文選六八 31_312_20

唐代・文選六八 31_314_16

唐代・文選八八 11_87_3

唐代・文選八八 11_88_5

唐代・文選八八 11_89_4

塋

唐代・文選五九 112_1064_2

唐代・文選八八 19_172_4

唐代・文選八八 20_176_6

唐代・文選百三 26_256_8

唐代・文選百三 27_257_12

唐代・文選百三 27_258_20

唐代・古文選前 9_114_3

唐代・古文選後 5_59_14

唐代・文選六八 11_110_24

唐代・文選六八 11_111_10

唐代・文選六八 35_357_28

唐代・文選六八 40_401_20

唐代・文選六八 40_402_1

唐代・文選六八 41_407_8

唐代・文選六八 55_558_7

唐代・文選八八 5_35_9

塵

呉 ジン
訓 ちり

初唐・聖武雜集
1_2_2

唐代・文選五九
37_370_14

唐代・文選五九
37_371_16

唐代・文選五九
38_374_12

唐代・文選五九
38_374_14

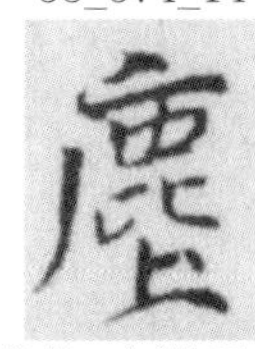
唐代・文選五九
38_374_21

唐代・文選五九
38_375_26

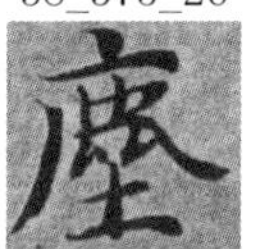
唐代・文選五九
53_519_11

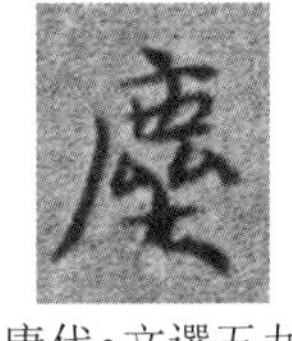
唐代・文選五九
53_520_8

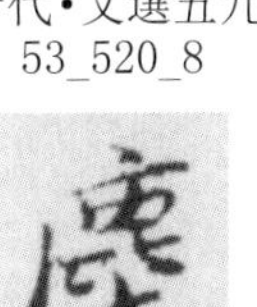

唐代・文選五九
70_669_21

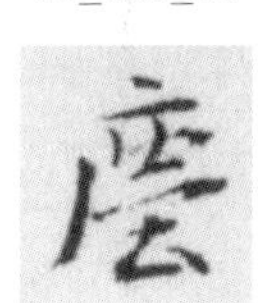
唐代・文選五九
70_670_25

唐代・文選五九
84_809_5

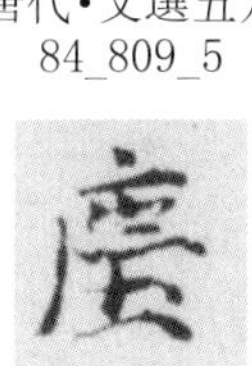
唐代・文選五九
86_823_8

唐代・文選五九
92_884_3

唐代・文選五九
92_886_10

唐代・文選五九
92_885_8

唐代・文選五九
92_887_8

唐代・文選五九
94_903_16

唐代・文選五九
104_984_2

唐代・文選五九
105_987_24

唐代・文選五九
105_987_29

唐代・文選五九
107_1016_20

唐代・文選五九
111_1047_10

唐代・文選五九
111_1050_22

唐代・文選五九
111_1051_20

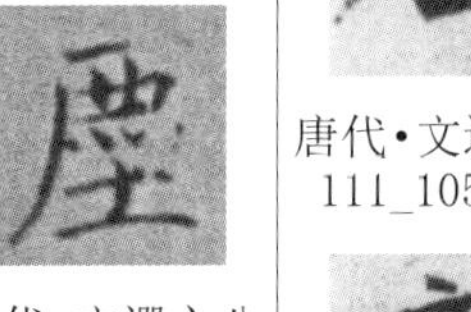
唐代・文選五九
111_1051_27

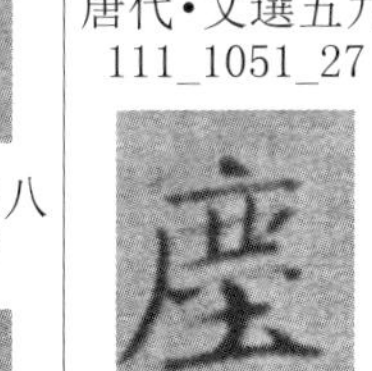
唐代・文選六八
22_222_9

唐代・文選六八
22_222_25

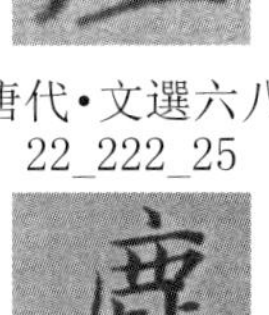

唐代・文選六八
54_540_13

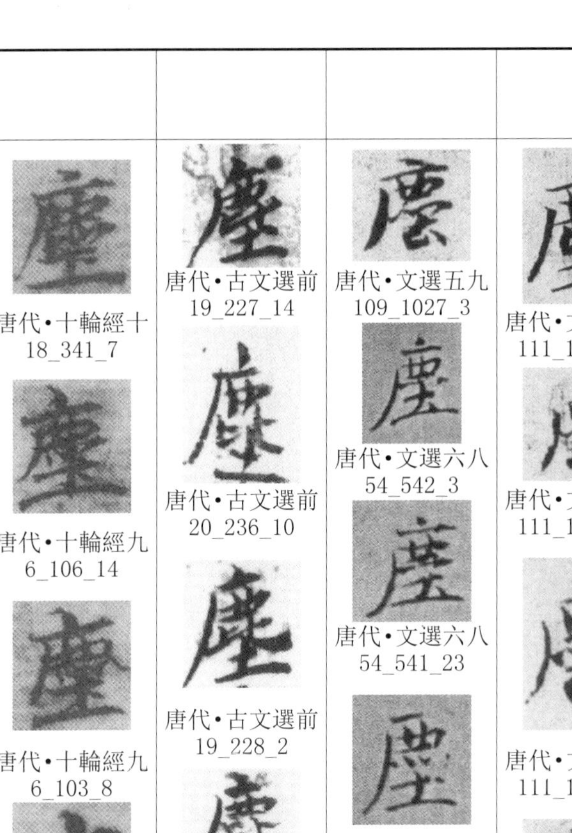
唐代・文選五九
109_1027_3

唐代・文選六八
54_542_3

唐代・文選六八
54_541_23

唐代・文選六八
54_542_8

唐代・文選六八
54_543_13

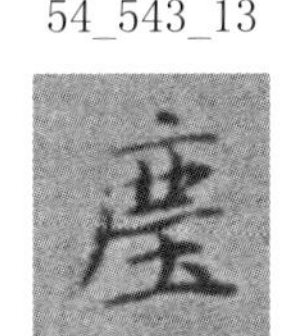
唐代・文選六八
62_619_4

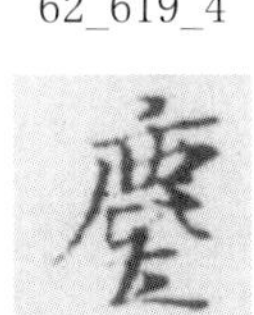
唐代・文選百三
79_752_1

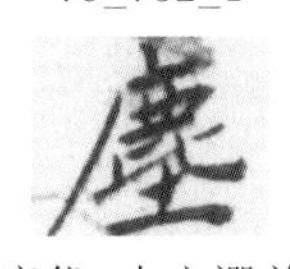
唐代・古文選前
10_121_6

唐代・古文選前
19_227_14

唐代・古文選前
20_236_10

唐代・古文選前
19_228_2

唐代・古文選前
25_289_8

唐代・古文選後
12_143_9

唐代・古文選後
19_219_7

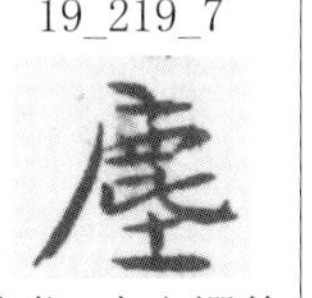
唐代・古文選後
26_305_11

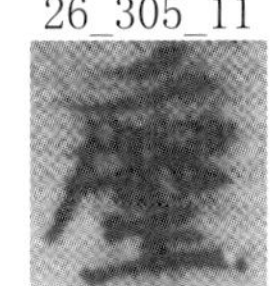
唐代・十輪經九
1_20_16

唐代・十輪經十
18_341_7

唐代・十輪經九
6_106_14

唐代・十輪經九
6_103_8

唐代・十輪經九
5_98_5

<table>
<tr><td></td><td></td><td></td><td>壽</td><td></td><td></td><td>境 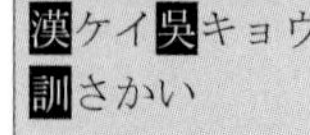</td></tr>
<tr><td></td><td></td><td></td><td>吳ジュ慣ス漢シュウ
訓ことぶき</td><td></td><td></td><td>漢ケイ吳キョウ
訓さかい</td></tr>
<tr>
<td>
唐代•十輪經八
13_250_15

唐代•十輪經八
14_271_12
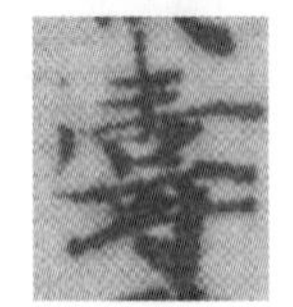
唐代•十輪經八
15_288_15
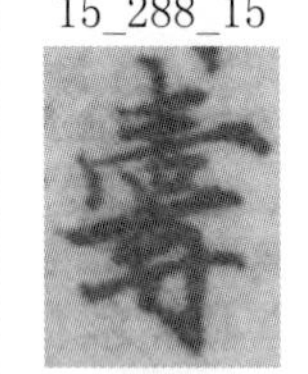
唐代•十輪經八
16_309_11
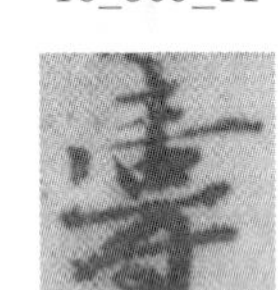
唐代•十輪經八
17_326_15

唐代•十輪經八
18_348_2

唐代•十輪經八
19_364_14</td>
<td>
唐代•十輪經八
6_120_9

唐代•十輪經八
7_137_15

唐代•十輪經八
8_159_7

唐代•十輪經八
9_175_15
唐代•十輪經八
10_197_2
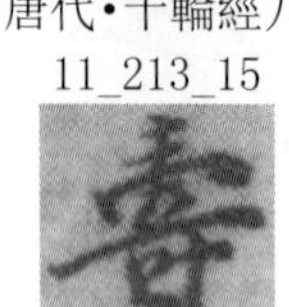
唐代•十輪經八
11_213_15
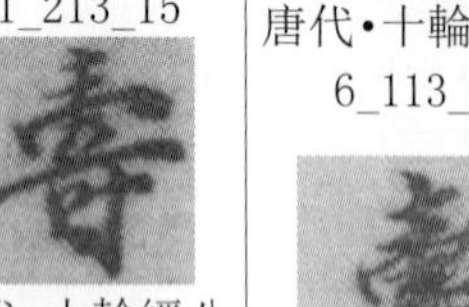
唐代•十輪經八
12_234_11</td>
<td>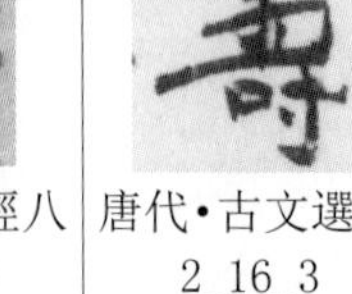
唐代•古文選前
2_16_3
唐代•古文選前
18_213_6
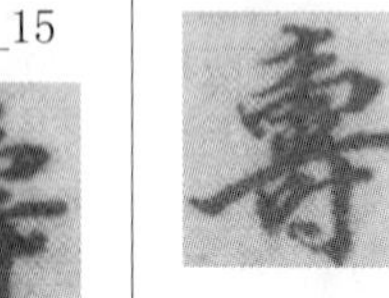
唐代•十輪經八
6_100_13

唐代•十輪經八
6_105_3
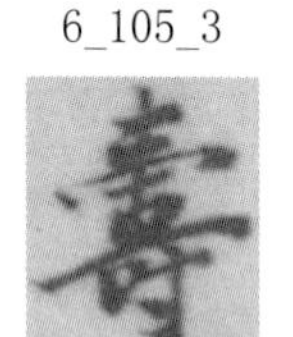
唐代•十輪經八
6_108_3
唐代•十輪經八
6_113_5
唐代•十輪經八
6_119_16</td>
<td>
初唐•法華義疏
1_3_1
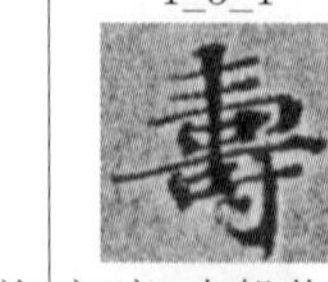
初唐•大般若經
1_3_4

唐代•文選五九
16_153_17
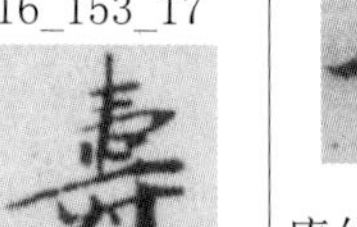
唐代•文選五九
28_273_6

唐代•文選五九
40_396_16
唐代•文選百三
18_169_9

唐代•文選百三
44_423_30</td>
<td>
唐代•文選百三
81_766_15

唐代•文選百三
81_776_3

唐代•文選百三
86_819_22
唐代•十輪經九
6_116_1</td>
<td>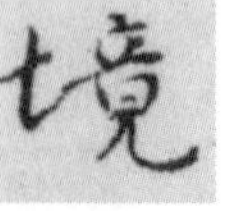
唐代•文選五九
40_397_24

唐代•文選五九
78_757_20

唐代•文選五九
104_982_24
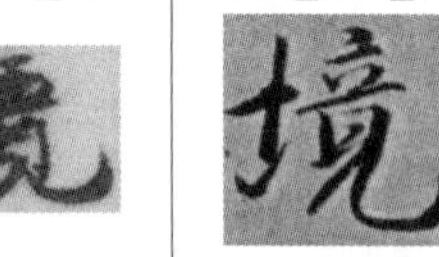
唐代•文選八八
16_135_9

唐代•文選八八
19_161_5

唐代•文選百三
28_275_7

唐代•文選百三
29_281_2

唐代•文選百三
65_626_7</td>
<td>
唐代•春秋經傳
10_105_23

唐代•春秋經傳
11_112_6
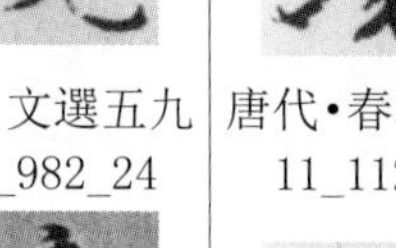
唐代•春秋經傳
11_112_10

唐代•春秋經傳
28_286_15
唐代•春秋經傳
30_310_13

唐代•文選五九
5_48_5

唐代•文選五九
5_50_2
唐代•文選五九
6_54_14</td>
</tr>
</table>

墳 墳

漢フン
訓はか

唐代•文選四八
32_284_2

唐代•文選四八
32_286_7

唐代•文選四八
32_287_23

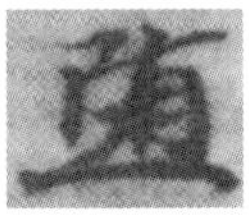
唐代•十輪經九
5_95_7

唐代•十輪經十
4_74_10

唐代•十輪經十
10_198_10

墮 墮

呉ダ
訓くずれる

唐代•文選六八
65_657_20

唐代•古文選後
1_10_10

唐代•古文選後
10_113_7

唐代•十輪經四
4_71_16

唐代•十輪經四
8_140_15

唐代•十輪經四
12_231_22

唐代•十輪經四
14_267_15

唐代•古文選前
21_248_4

唐代•古文選前
23_268_10

唐代•古文選後
15_172_8

墜 墜

現ツイ
訓おちる

唐代•文選五九
37_363_6

唐代•文選五九
52_514_16

唐代•文選百三
27_257_11

唐代•文選百三
27_258_19

唐代•文選百三
27_258_30

唐代•文選百三
27_259_12

唐代•文選百三
41_411_6

唐代•十輪經九
4_63_3

唐代•十輪經九
7_124_18

唐代•十輪經九
16_314_15

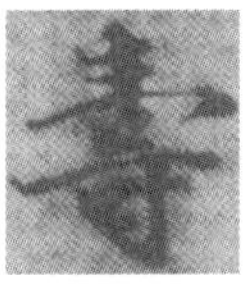
唐代•十輪經十
18_347_12

唐代•十輪經十
18_349_6

唐代•十輪經十
18_350_18

唐代•十輪經八
20_385_15

唐代•十輪經八
21_402_15

唐代•十輪經八
22_425_6

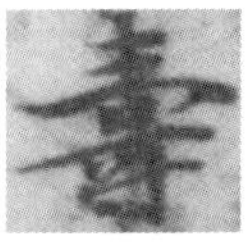
唐代•十輪經九
1_2_15

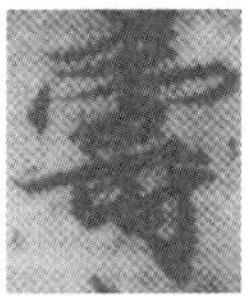
唐代•十輪經九
2_23_15

唐代•十輪經九
3_40_15

唐代•十輪經九
4_62_5

墨 𡐦

漢ボク呉モク
訓すみ

唐代•文選五九
34_332_7

唐代•文選五九
34_334_1

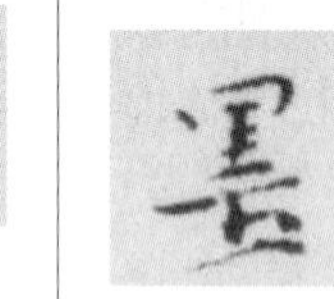
唐代•文選五九
34_335_10

唐代•文選五九
64_622_6

唐代•文選五九
64_622_15

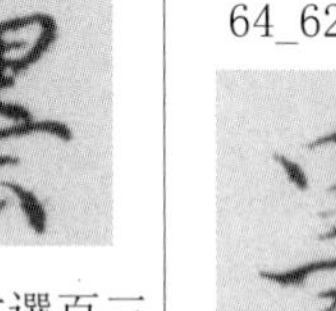
唐代•文選五九
64_622_30

唐代•文選五九
86_820_1

唐代•文選百三
28_277_29

唐代•文選百三
28_278_2

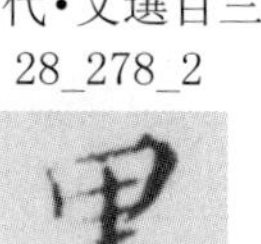
墨子
唐代•文選百三
33_322_10

唐代•文選百三
60_580_28

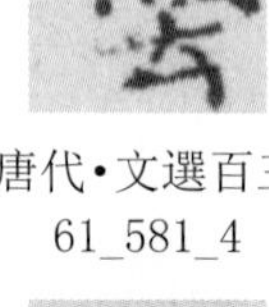
唐代•文選百三
61_581_4

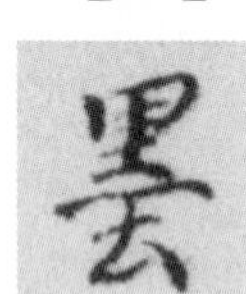
唐代•文選百三
62_598_13

増 增

ソウ慣ゾウ
訓ます

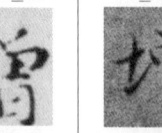

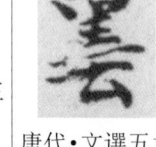

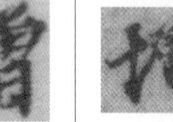

初唐•大般若經
2_22_5

初唐•大般若經
2_25_1

初唐•大般若經
2_25_17

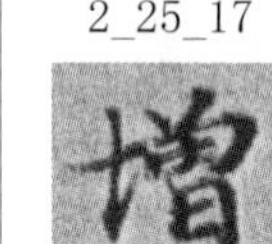
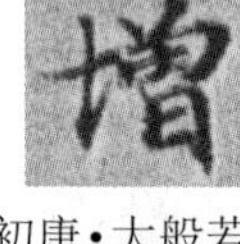
初唐•大般若經
2_27_9

初唐•大般若經
2_28_8

初唐•大般若經
2_29_17

晚唐•慶滋書狀
1_9_5

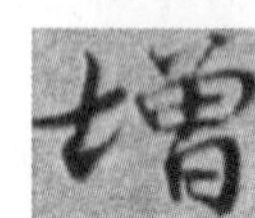

唐代•文選四八
7_59_22

唐代•文選五九
3_31_6

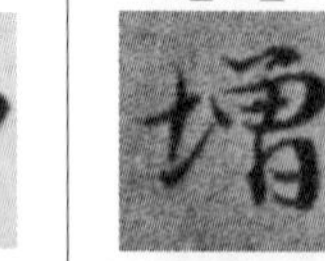
唐代•文選五九
4_33_21

唐代•文選五九
44_436_14

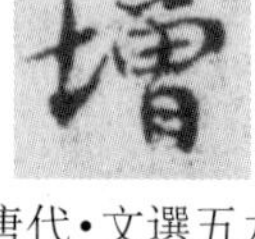
唐代•文選五九
109_1030_10

唐代•文選六八
34_339_9

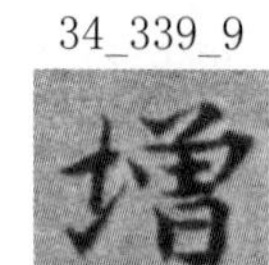
唐代•文選六八
39_393_12

唐代•文選八八
23_202_3

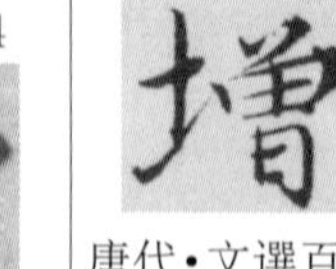

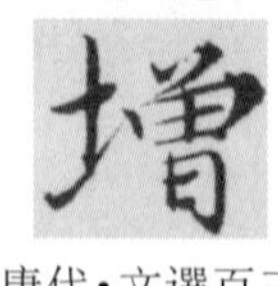
唐代•文選百三
45_438_9

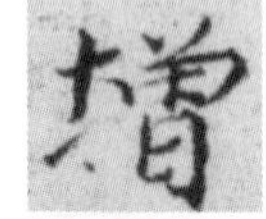
唐代•文選百三
46_443_10

唐代•文選百三
47_446_3

唐代•古文選前
1_6_4

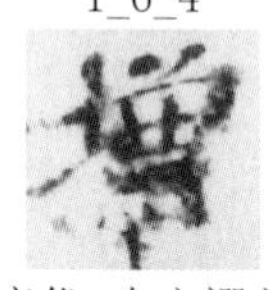
唐代•古文選前
1_7_5

唐代•古文選前
7_84_6

唐代•古文選前
15_173_5

唐代•古文選前
16_187_14

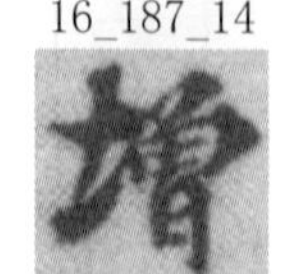
唐代•十輪經四
13_241_14

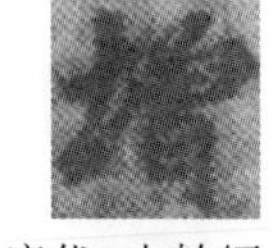
唐代•十輪經八
1_11_7

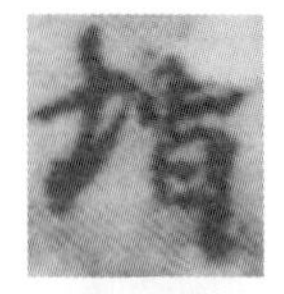
唐代•十輪經八
2_25_17

唐代•十輪經八
4_76_7

唐代•十輪經八
4_79_13

唐代•十輪經八
5_82_10

唐代•十輪經八
5_83_2

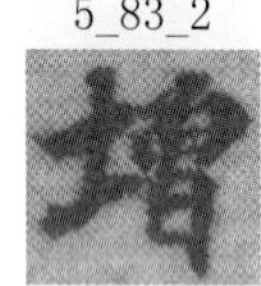
唐代•十輪經八
5_83_6

唐代•十輪經八
7_130_14

唐代•十輪經八
9_169_8

唐代•十輪經八
11_207_5

唐代•十輪經八
13_244_14

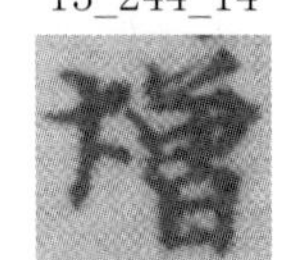
唐代•十輪經八
14_281_15

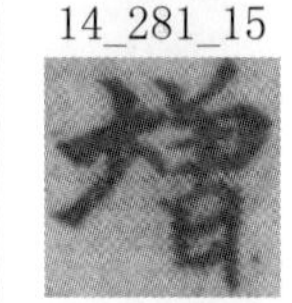
唐代•十輪經八
16_319_13

唐代•十輪經八
18_358_6

唐代•十輪經八
20_396_2

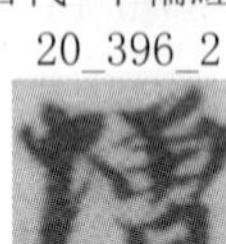

唐代•十輪經八
22_435_10

	壑	壅	壁		墀	
	慣ガク漢カク 訓みぞ	漢ヨウ呉ユ 訓ふさぐ	漢ヘキ 訓かべ		漢チ呉ジ 訓にわ	

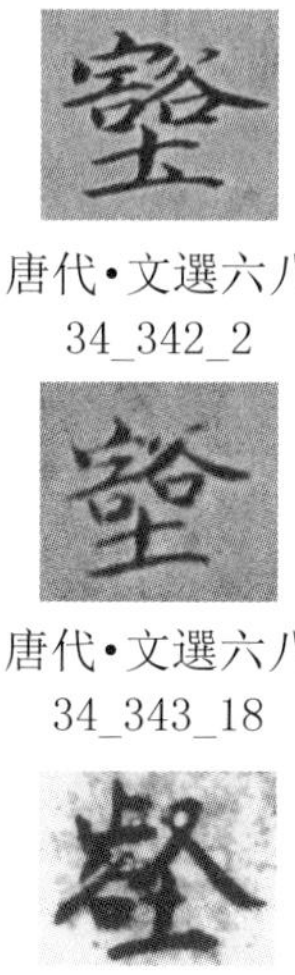

唐代・文選六八 34_342_2
唐代・文選六八 34_343_18
唐代・古文選前 20_237_1

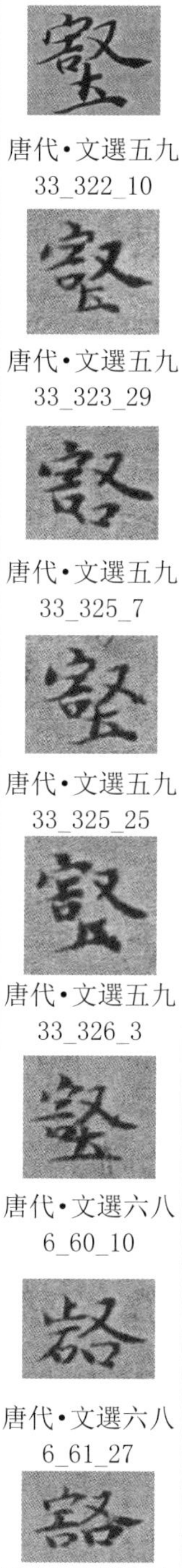

唐代・文選五九 33_322_10
唐代・文選五九 33_323_29
唐代・文選五九 33_325_7
唐代・文選五九 33_325_25
唐代・文選五九 33_326_3
唐代・文選六八 6_60_10
唐代・文選六八 6_61_27
唐代・文選六八 6_62_20

唐代・文選八八 20_178_22

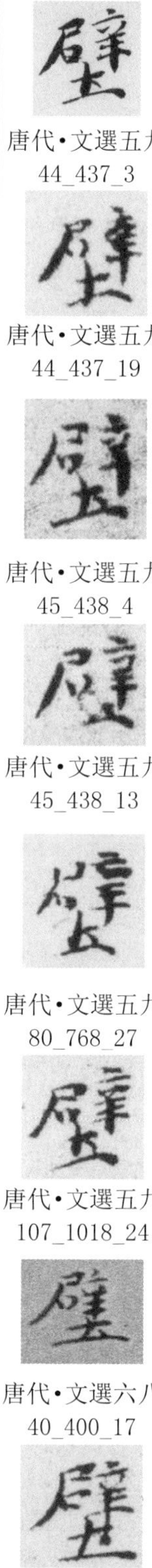

唐代・文選五九 44_437_3
唐代・文選五九 44_437_19
唐代・文選五九 45_438_4
唐代・文選五九 45_438_13
唐代・文選五九 80_768_27
唐代・文選五九 107_1018_24
唐代・文選六八 40_400_17
唐代・文選百三 84_797_5

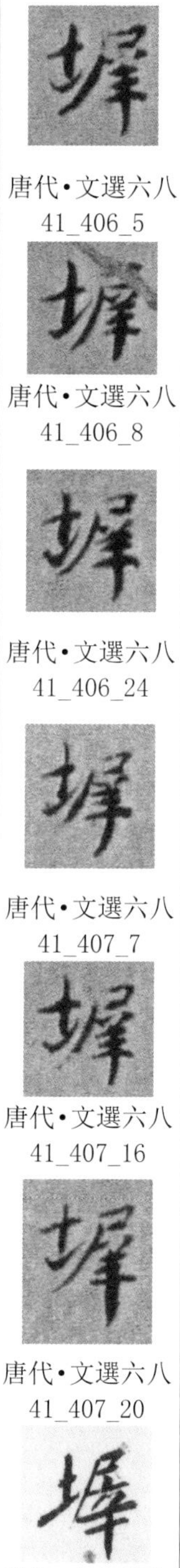

唐代・文選六八 41_406_5
唐代・文選六八 41_406_8
唐代・文選六八 41_406_24
唐代・文選六八 41_407_7
唐代・文選六八 41_407_16
唐代・文選六八 41_407_20
唐代・古文選前 5_53_11

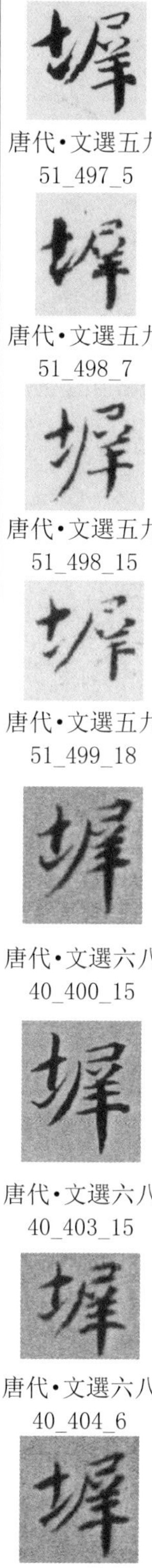

唐代・文選五九 51_497_5
唐代・文選五九 51_498_7
唐代・文選五九 51_498_15
唐代・文選五九 51_499_18
唐代・文選六八 40_400_15
唐代・文選六八 40_403_15
唐代・文選六八 40_404_6
唐代・文選六八 41_405_28

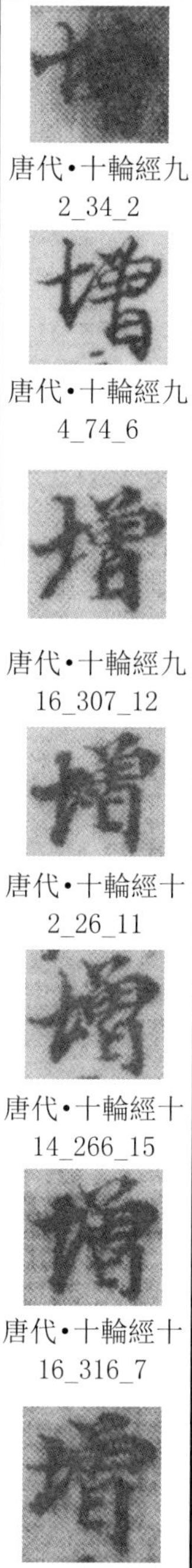

唐代・十輪經九 2_34_2
唐代・十輪經九 4_74_6
唐代・十輪經九 16_307_12
唐代・十輪經十 2_26_11
唐代・十輪經十 14_266_15
唐代・十輪經十 16_316_7
唐代・十輪經十 18_354_7

壞壞	壚壚	壘壘	壙壙		壓壓
	漢カイ呉エ 訓こわす	漢ロ呉ロ 訓くろつち	漢ルイ呉ルイ 訓とりで	コウ 訓あな		慣アツ漢オウ 訓おさえる
唐代・十輪經四 6_107_13	初唐・聖武雜集 1_2_11	唐代・古文選後 2_23_12	唐代・文選百三 31_307_2	唐代・十輪經四 11_216_12	唐代・十輪經四 22_430_2	唐代・文選百三 82_778_32
唐代・十輪經四 6_113_4	唐代・文選五九 111_1048_18		唐代・文選百三 83_795_2	唐代・十輪經四 11_219_9		唐代・文選百三 82_779_8
唐代・十輪經四 8_157_10	唐代・文選百三 41_413_17		唐代・文選百三 84_797_4	唐代・十輪經四 12_222_6		唐代・十輪經四 21_404_8
唐代・十輪經四 10_184_9	唐代・文選百三 65_622_23		唐代・文選百三 84_797_6			唐代・十輪經四 21_405_5
唐代・十輪經四 16_314_8	唐代・十輪經四 1_20_6		唐代・文選百三 84_797_19			唐代・十輪經四 21_406_14
唐代・十輪經四 17_336_12	唐代・十輪經四 3_50_6					唐代・十輪經四 21_407_8
唐代・十輪經四 18_351_4	唐代・十輪經四 4_67_5					唐代・十輪經四 21_408_1
唐代・十輪經四 19_368_1	唐代・十輪經四 6_107_5					唐代・十輪經四 21_416_13

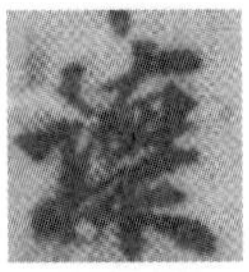

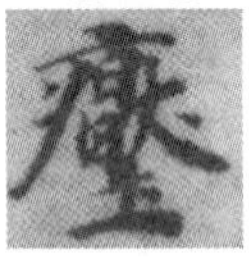

壤

漢 ジョウ
訓 つち

唐代•春秋經傳
26_270_9

唐代•春秋經傳
27_277_1

唐代•春秋經傳
27_280_8

唐代•春秋經傳
27_280_11

唐代•春秋經傳
39_408_19

唐代•文選五九
78_748_5

唐代•文選百三
21_199_31

唐代•古文選前
18_213_14

唐代•十輪經八
17_332_9

唐代•十輪經八
21_408_1

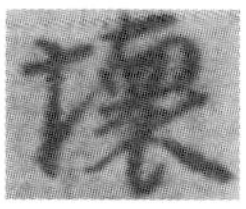
唐代•十輪經九
1_8_1

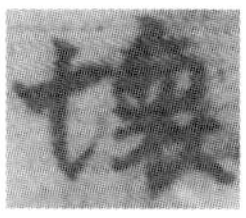
唐代•十輪經九
3_46_1

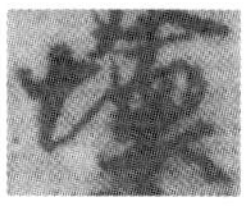
唐代•十輪經九
8_145_15

唐代•十輪經九
17_321_12

唐代•十輪經十
2_29_9

唐代•十輪經八
8_144_8

唐代•十輪經八
10_182_14

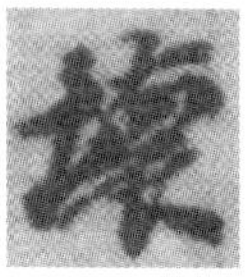
唐代•十輪經八
11_219_9

唐代•十輪經八
13_256_9

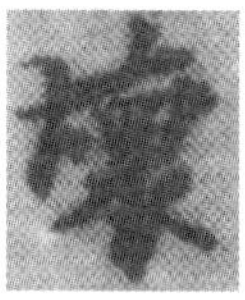
唐代•十輪經八
15_294_9

唐代•十輪經八
16_307_4

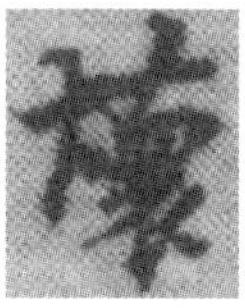
唐代•十輪經八
19_370_9

唐代•十輪經四
20_384_8

唐代•十輪經四
20_387_11

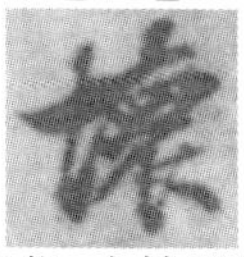
唐代•十輪經四
20_396_2

唐代•十輪經八
2_32_4

唐代•十輪經八
3_44_8

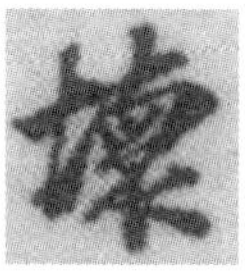
唐代•十輪經八
3_45_12

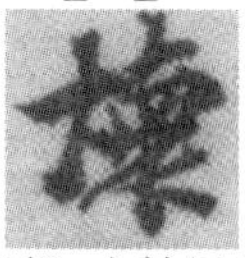
唐代•十輪經八
3_57_4

唐代•十輪經八
6_106_8

工部

工 工

漢コウ 呉ク
訓たくみ

唐代·春秋經傳
21_217_8

唐代·文選五九
53_526_7

唐代·文選八八
3_18_15

唐代·古文選後
11_127_12

唐代·古文選後
15_176_10

唐代·十輪經十
3_44_12

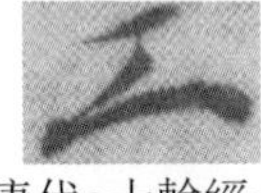
唐代·十輪經十
4_67_17

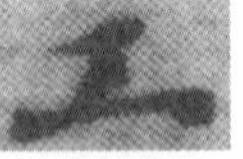
唐代·十輪經十
4_70_8

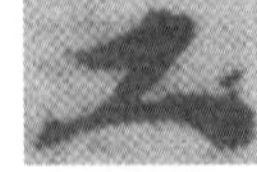
唐代·十輪經十
5_100_17

左 𠂇

サ
訓ひだり

中唐・風信帖
3_17_6

唐代·春秋經傳
36_376_8

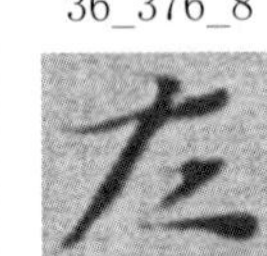
唐代·文選四八
3_19_10

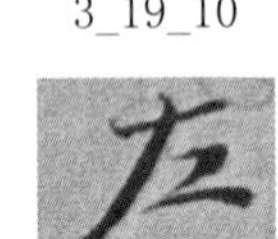
唐代·文選四八
14_124_9

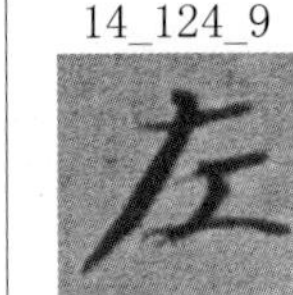
唐代·文選四八
18_161_21

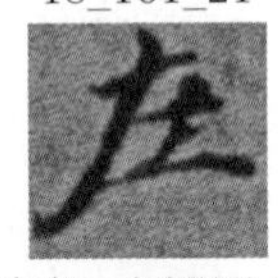
唐代·文選四八
21_191_22

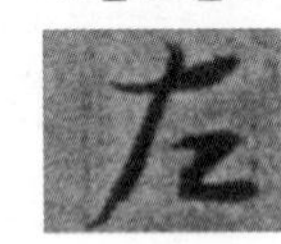
唐代·文選四八
24_220_12

唐代·文選四八
27_241_12

唐代·文選四八
27_242_10

唐代·文選四八
30_270_14

唐代·文選四八
30_273_12

唐代·文選四八
32_285_14

唐代·文選四八
32_285_18

唐代·文選四八
32_290_30

唐代·文選四八
37_330_9

唐代·文選四八
48_429_3

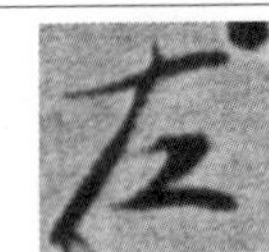
唐代·文選四八
48_430_3

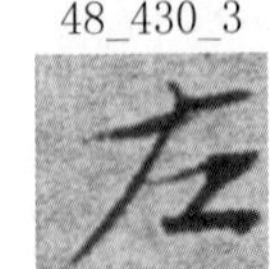
唐代·文選四八
48_436_22

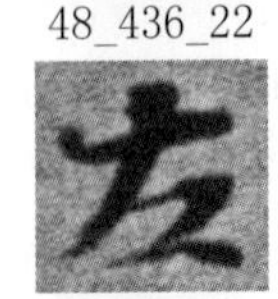
唐代·文選五九
11_107_9

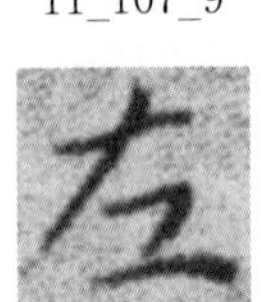
唐代·文選五九
23_220_4

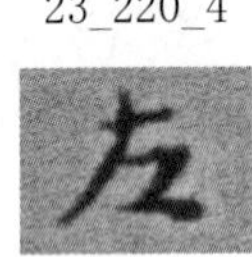
唐代·文選五九
25_240_4

唐代·文選五九
27_260_11

唐代·文選五九
28_278_23

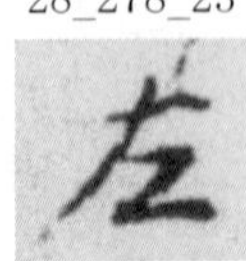
唐代·文選五九
43_421_8

唐代·文選五九
54_531_9

唐代·文選五九
56_548_12

唐代·文選五九
56_548_23

唐代·文選五九
59_572_26

唐代·文選五九
61_581_14

唐代·文選五九
79_760_29

唐代·文選五九
79_762_6

唐代·文選五九
80_767_22

唐代·文選五九
82_785_14

唐代·文選五九
82_788_7

唐代·文選五九
82_793_27

唐代·文選五九
83_797_28

唐代·文選五九
86_831_25

唐代·文選五九
88_838_4

唐代·文選五九
90_864_12

唐代·文選五九
91_874_13

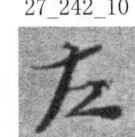

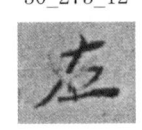

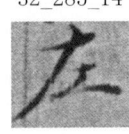

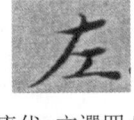

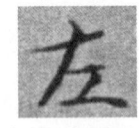

唐代•文選百三 67_652_5
唐代•文選百三 68_655_13
唐代•文選百三 69_660_6
唐代•文選百三 69_660_21
唐代•文選百三 69_664_23
唐代•文選百三 71_682_3
唐代•文選百三 73_708_5
唐代•文選百三 74_717_12

唐代•文選百三 49_479_8
唐代•文選百三 50_484_11
唐代•文選百三 53_507_7
唐代•文選百三 53_509_8
唐代•文選百三 56_541_5
唐代•文選百三 57_545_8
唐代•文選百三 59_566_2
唐代•文選百三 60_576_9

唐代•文選百三 27_264_20
唐代•文選百三 27_265_24
唐代•文選百三 27_269_14
唐代•文選百三 29_286_10
唐代•文選百三 29_291_24
唐代•文選百三 31_300_13
唐代•文選百三 46_439_12
唐代•文選百三 49_477_19

唐代•文選百三 13_115_7
唐代•文選百三 13_121_23
唐代•文選百三 16_151_31
唐代•文選百三 17_167_14
唐代•文選百三 22_211_30
唐代•文選百三 25_246_23
唐代•文選百三 26_253_6
唐代•文選百三 27_263_11

唐代•文選八八 7_43_11
唐代•文選八八 8_59_7
唐代•文選八八 8_59_9
唐代•文選八八 8_61_6
唐代•文選百三 5_38_28
唐代•文選百三 10_92_8
唐代•文選百三 11_101_11
唐代•文選百三 11_108_20

唐代•文選六八 32_323_3
唐代•文選六八 37_374_8
唐代•文選六八 49_497_5
唐代•文選六八 57_569_2
唐代•文選六八 59_596_5
唐代•文選六八 67_664_7
唐代•文選六八 67_672_8
唐代•文選八八 6_40_8

唐代•文選五九 92_880_9
唐代•文選五九 92_888_17
唐代•文選五九 106_1001_22
唐代•文選六八 4_45_9
唐代•文選六八 6_56_11
唐代•文選六八 16_165_30
唐代•文選六八 27_273_7
唐代•文選六八 30_304 8

唐代•文選百三
75_724_8

唐代•文選百三
76_729_13

唐代•文選百三
76_731_22

唐代•文選百三
78_743_13

唐代•文選百三
81_771_5

唐代•文選百三
83_789_3

唐代•文選百三
83_796_8

唐代•文選百三
85_807_7

唐代•文選百三
85_808_7

唐代•文選百三
85_813_14

唐代•古文選前
9_103_2

唐代•古文選前
22_256_5

巧巧

漢コウ
訓たくみ

唐代•文選五九
49_484_24

唐代•文選五九
49_485_15

唐代•文選六八
11_120_5

唐代•文選六八
11_121_5

唐代•文選六八
23_238_15

唐代•文選六八
27_275_11

唐代•文選六八
27_278_7

唐代•文選六八
33_326_22

唐代•文選六八
42_420_21

唐代•文選六八
42_423_15

唐代•文選六八
42_424_19

唐代•文選六八
51_506_4

唐代•文選六八
72_719_7

唐代•文選百三
7_63_17

唐代•十輪經八
5_93_8

唐代•十輪經九
8_157_4

唐代•十輪經十
2_29_4

唐代•十輪經十
2_29_12

唐代•十輪經十
2_36_14

唐代•十輪經十
2_40_16

唐代•十輪經十
3_41_12

唐代•十輪經十
3_43_3

唐代•十輪經十
3_44_13

唐代•十輪經十
3_56_5

唐代•十輪經十
4_68_1

唐代•十輪經十
4_69_6

唐代•十輪經十
4_70_9

唐代•十輪經十
4_70_18

唐代•十輪經十
4_72_4

唐代•十輪經十
4_72_8

唐代•十輪經十
4_73_13

唐代•十輪經十
4_74_3

唐代•十輪經十
4_75_17

唐代•十輪經十
4_76_12

唐代•十輪經十
4_77_10

唐代•十輪經十
4_78_7

唐代•十輪經十
4_79_2

唐代•十輪經十
5_85_5

唐代•十輪經十
5_88_10

唐代•十輪經十
5_93_16

唐代•十輪經十
5_95_3

唐代•十輪經十
5_96_5

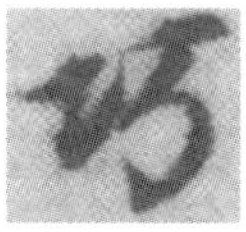
唐代•十輪經十
5_96_13

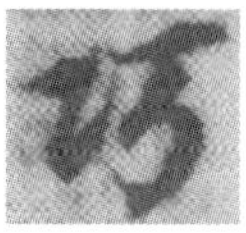
唐代•十輪經十
5_99_15

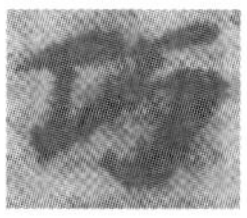
唐代•十輪經十
6_101_1

唐代•十輪經十
6_116_14

唐代•十輪經十
6_117_17

唐代•十輪經十
6_119_4

唐代•十輪經十
7_125_3

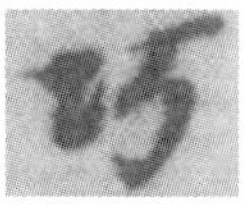
唐代•十輪經十
7_129_16

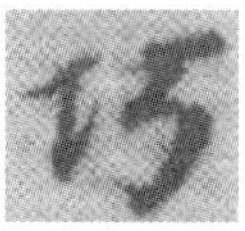
唐代•十輪經十
12_230_15

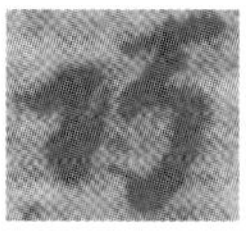
唐代•十輪經十
12_236_9

唐代•十輪經十
13_245_12

唐代•十輪經十
13_255_2

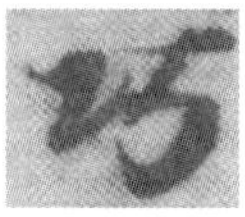
唐代•十輪經十
14_262_11

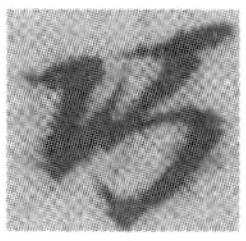
唐代•十輪經十
16_308_6

巫

漢ブ呉ム
訓みこ

唐代•文選四八
42_372_5

唐代•文選百三
49_479_19

差

シ漢サ
訓さす

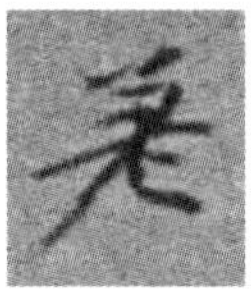
唐代•文選五九
25_251_13

唐代•文選五九
43_424_21

唐代•文選五九
82_795_24

唐代•文選五九
83_801_9

唐代•文選六八
26_263_17

唐代•文選六八
26_265_18

唐代•文選六八
27_267_9

唐代•文選六八
27_268_12

唐代•古文選前
1_12_5

唐代•古文選前
11_131_14

唐代•古文選後
8_86_2

唐代•古文選後
21_248_10

唐代•十輪經九
6_112_12

唐代•十輪經九
13_254_14

唐代•十輪經九
13_255_1

唐代•十輪經九
18_346_10

唐代•十輪經九
18_346_14

唐代•十輪經十
4_78_14

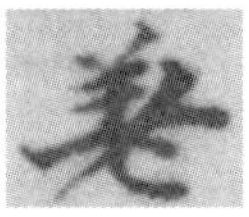
唐代•十輪經十
7_125_11

寸部

寸

慣スン 漢ソン
訓はかる

唐代・文選四八
40_358_5

唐代・文選四八
40_359_16

唐代・文選四八
40_361_7

唐代・文選四八
40_362_21

唐代・文選六八
49_494_12

唐代・文選八八
10_82_10

唐代・文選八八
11_83_3

唐代・文選百三
5_35_31

寺

呉ジ 漢シ
訓てら

中唐・七祖像贊
1_1_7

中唐・七祖像贊
1_2_7

中唐・七祖像贊
1_5_6

中唐・七祖像贊
1_7_6

中唐・七祖像贊
1_8_6

中唐・七祖像贊
1_10_6

中唐・七祖像贊
1_9_6

中唐・七祖像贊
1_11_7

中唐・七祖像贊
1_12_7

中唐・七祖像贊
1_13_7

中唐・灌頂歷名
1_2_1

中唐・灌頂歷名
1_5_14

唐代・文選百三
47_449_19

唐代・文選百三
47_448_3

唐代・文選百三
47_449_34

唐代・文選百三
47_451_22

唐代・十輪經四
17_323_17

唐代・十輪經四
17_324_3

唐代・十輪經四
18_360_15

唐代・十輪經四
20_384_14

封

漢ホウ 慣フウ 呉フ
訓さかい

唐代・春秋經傳
35_369_29

唐代・春秋經傳
36_377_24

唐代・春秋經傳
36_378_3

唐代・春秋經傳
38_402_20

唐代・文選四八
15_134_16

唐代・文選四八
15_137_9

唐代・文選四八
15_138_12

唐代・文選四八
15_138_25

射 

漢 シャ
訓 いる

唐代·文選六八 44_441_14

唐代·文選六八 44_443_30

唐代·文選六八 44_444_8

唐代·文選六八 45_446_17

唐代·文選六八 45_447_15

唐代·文選百三 30_293_4

唐代·文選百三 30_295_18

唐代·文選百三 30_296_12

唐代·文選六八 19_188_7

唐代·文選六八 19_188_22

唐代·文選六八 19_189_2

唐代·文選六八 19_189_7

唐代·文選六八 30_302_4

唐代·文選六八 30_303_3

唐代·文選六八 35_347_9

唐代·文選六八 44_441_6

唐代·春秋經傳 22_223_16

唐代·春秋經傳 22_225_8

唐代·春秋經傳 34_354_31

唐代·文選五九 3_28_12

唐代·文選五九 92_879_30

唐代·文選六八 19_186_5

唐代·文選六八 19_187_3

唐代·文選六八 19_187_22

唐代·文選百三 76_732_21

唐代·古文選前 11_133_30

唐代·古文選前 25_297_45

唐代·古文選後 2_14_4

唐代·古文選後 7_80_6

唐代·文選百三 5_36_31

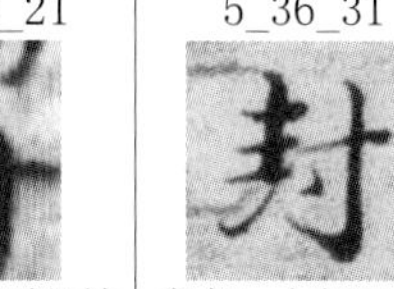
唐代·文選百三 11_103_10

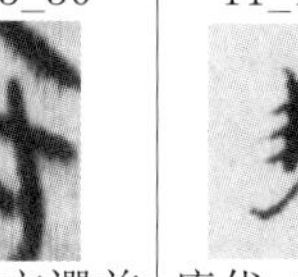
唐代·文選百三 19_180_11

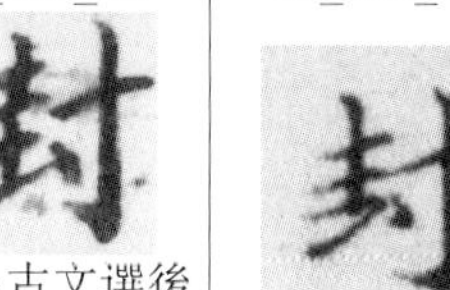
唐代·文選百三 56_542_33

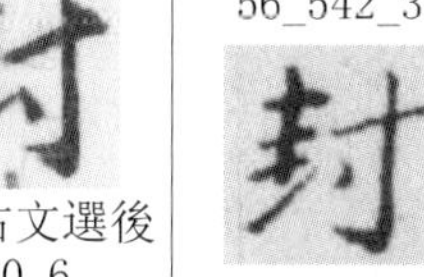
唐代·文選百三 61_585_1

唐代·文選百三 67_649_15

唐代·文選百三 76_728_4

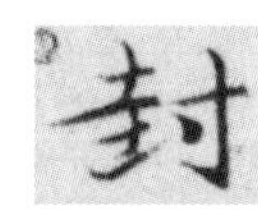
唐代·文選百三 76_732_14

唐代·文選五九 92_881_18

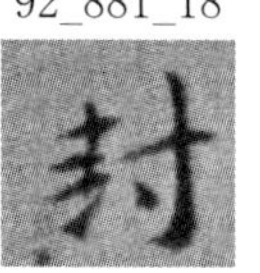
唐代·文選六八 32_319_21

唐代·文選八八 15_127_9

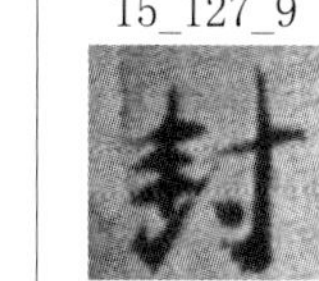
唐代·文選八八 15_129_8

唐代·文選八八 23_202_7

唐代·文選八八 23_204_13

唐代·文選百三 3_21_17

唐代·文選百三 5_35_34

唐代·文選四八 19_172_19

唐代·文選四八 21_190_24

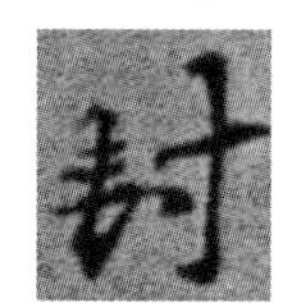
唐代·文選四八 22_195_11

唐代·文選五九 24_238_9

唐代·文選五九 24_238_28

唐代·文選五九 47_465_14

唐代·文選五九 47_466_12

唐代·文選五九 92_880_23

尊		尉		專		
ソン 訓とうとぶ		イ 訓おさえる		セン 訓もっぱら		
初唐•大般若經 1_3_11	唐代•文選百三 2_12_8	唐代•文選四八 20_178_12	唐代•古文選後 5_49_4	唐代•文選五九 49_488_24	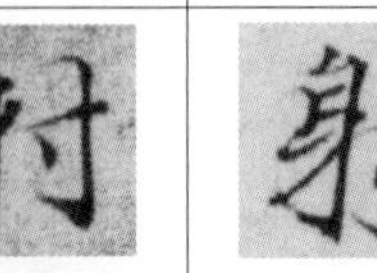 唐代•文選百三 76_731_2	唐代•文選百三 30_297_26
初唐•大般若經 1_6_2	唐代•文選百三 2_13_16	唐代•文選四八 46_411_5	唐代•十輪經四 3_58_1	唐代•文選百三 4_33_29	 唐代•古文選後 15_171_1	唐代•文選百三 48_461_25
初唐•大般若經 2_21_3	唐代•文選百三 2_14_16	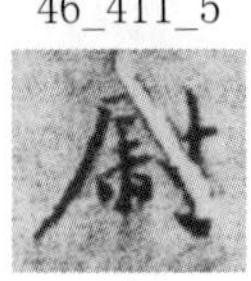 唐代•文選五九 45_449_25	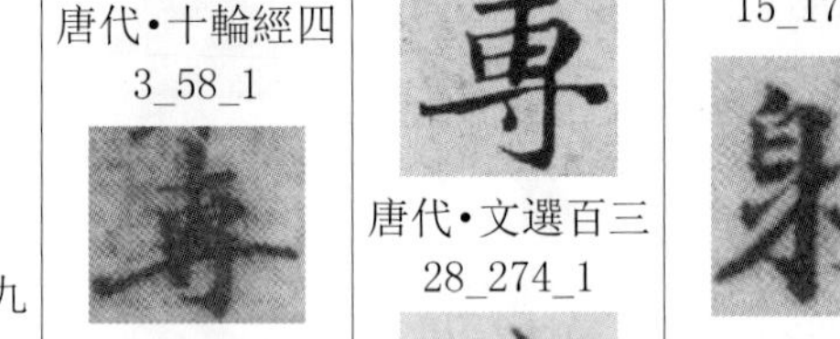 唐代•十輪經九 8_154_15	 唐代•文選百三 28_274_1	 唐代•十輪經四 9_178_12	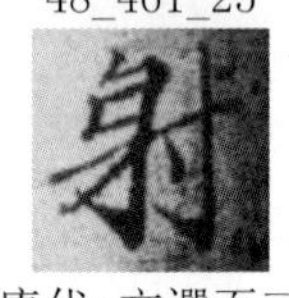 唐代•文選百三 52_497_7
初唐•大般若經 2_23_3	唐代•文選百三 10_93_16	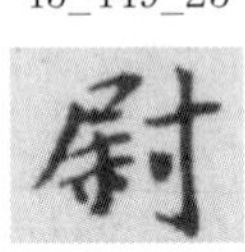 唐代•文選五九 56_544_12	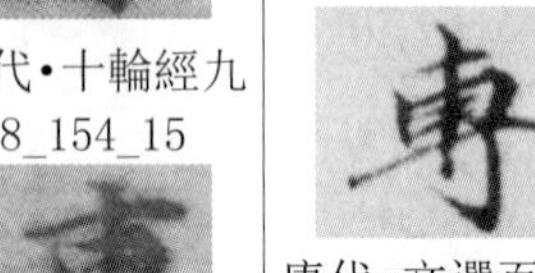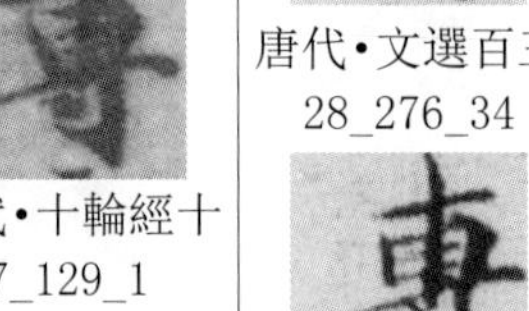 唐代•十輪經十 7_129_1	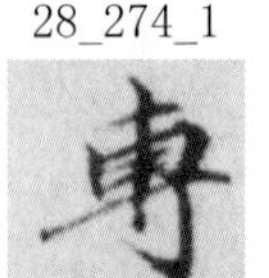 唐代•文選百三 28_276_34	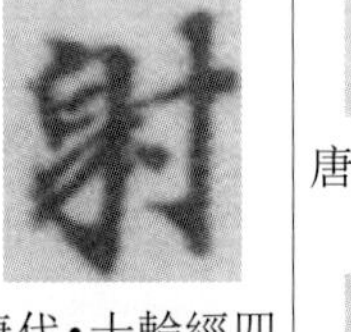 唐代•十輪經四 10_181_22	 唐代•文選百三 67_650_2
初唐•大般若經 2_25_13	 唐代•文選百三 10_94_10	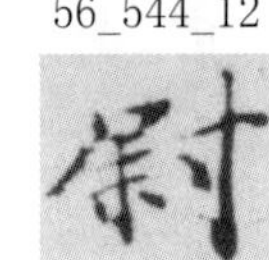 唐代•文選五九 62_595_2		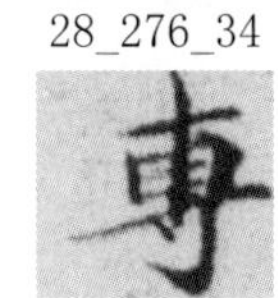 唐代•文選百三 28_277_34		 唐代•文選百三 67_650_11
 初唐•大般若經 2_26_12	 唐代•文選百三 25_237_19	 唐代•文選五九 110_1043_19		 唐代•文選百三 28_278_15		 唐代•文選百三 69_670_31
 初唐•大般若經 2_28_4	 唐代•文選百三 50_482_10	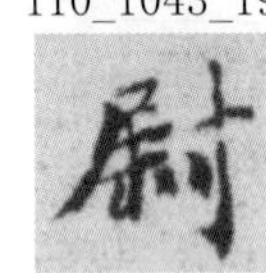 唐代•文選五九 110_1044_16		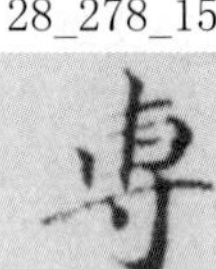 唐代•文選百三 29_280_3		 唐代•文選百三 73_708_19
 初唐•大般若經 2_29_3	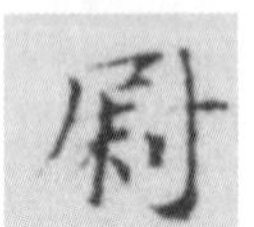 唐代•文選百三 67_643_2	 唐代•文選百三 1_6_9		 唐代•文選百三 29_281_29		 唐代•文選百三 74_714_13

唐代•十輪經九 14_266_3
唐代•十輪經九 15_294_11
唐代•十輪經九 19_360_1
唐代•十輪經九 21_417_11
唐代•十輪經十 3_45_14
唐代•十輪經十 6_101_15
唐代•十輪經十 7_123_1
唐代•十輪經十 19_378_10

唐代•十輪經八 5_95_10
唐代•十輪經九 5_94_2
唐代•十輪經九 6_119_14
唐代•十輪經九 10_195_9
唐代•十輪經九 12_225_9
唐代•十輪經九 12_231_16
唐代•十輪經九 12_236_24

唐代•十輪經四 14_262_2
唐代•十輪經四 14_268_13
唐代•十輪經四 15_282_3
唐代•十輪經四 21_410_10
唐代•十輪經四 22_429_9
唐代•十輪經八 1_3_1
唐代•十輪經八 1_17_3

唐代•十輪經四 10_192_8
唐代•十輪經四 12_226_3
唐代•十輪經四 12_232_13
唐代•十輪經四 12_238_3
唐代•十輪經四 13_244_13
唐代•十輪經四 13_250_2
唐代•十輪經四 13_256_13

唐代•文選五九 38_374_7
唐代•文選五九 107_1011_15
唐代•文選六八 4_40_9
唐代•文選八八 16_139_4
唐代•文選八八 21_189_6
唐代•古文選前 19_229_12

唐代•春秋經傳 2_17_6
唐代•春秋經傳 22_225_19
唐代•春秋經傳 24_247_7
唐代•春秋經傳 24_249_15
唐代•春秋經傳 27_278_6
唐代•文選四八 12_110_5
唐代•文選四八 20_178_25

初唐•大般若經 2_30_12
中唐•七祖像贊 1_12_10
中唐・風信帖 3_18_2
唐代•春秋經傳 2_14_15
唐代•春秋經傳 2_15_13
唐代•春秋經傳 2_16_9
唐代•春秋經傳 2_16_20

對

漢タイ 呉ツイ
訓むかう

唐代・春秋經傳
6_59_5

唐代・春秋經傳
8_79_13

唐代・春秋經傳
11_107_6

唐代・春秋經傳
14_141_1

唐代・春秋經傳
34_353_6

唐代・春秋經傳
38_394_13

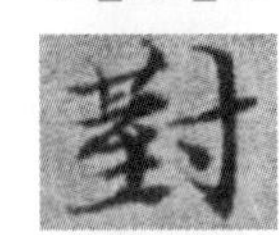
唐代・文選四八
34_304_21

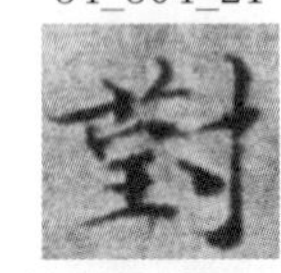
唐代・文選四八
40_364_14

唐代・文選五九
23_231_21

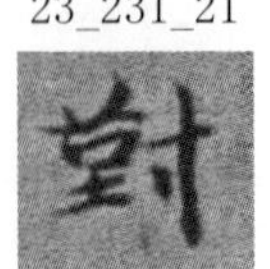
唐代・文選五九
25_244_31

唐代・文選五九
31_302_3

唐代・文選五九
31_303_4

唐代・文選五九
39_381_11

唐代・文選五九
53_527_12

唐代・文選六八
6_58_11

唐代・文選六八
6_61_22

唐代・文選六八
36_364_13

唐代・文選六八
47_465_19

唐代・文選八八
8_60_20

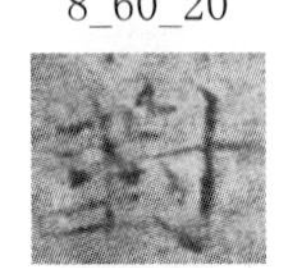
唐代・文選百三
1_6_18

唐代・文選百三
3_17_11

唐代・文選百三
7_65_6

唐代・文選百三
14_134_42

唐代・文選百三
16_153_1

唐代・文選百三
9_86_10

唐代・文選百三
23_220_12

唐代・文選百三
31_307_7

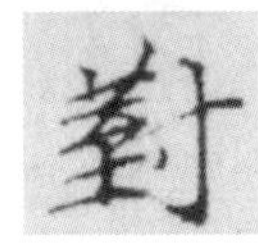
唐代・文選百三
31_308_37

唐代・文選百三
53_515_28

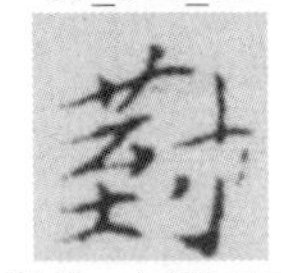
唐代・文選百三
67_652_23

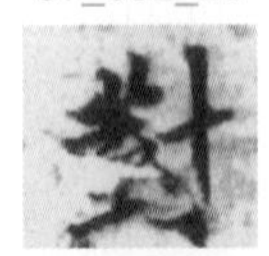
唐代・古文選前
2_21_7

唐代・古文選前
12_144_8

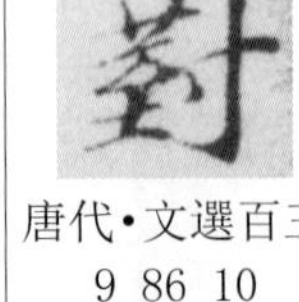
唐代・古文選前
19_226_4

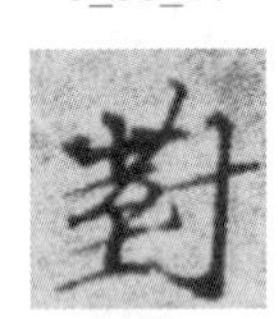
唐代・古文選後
3_29_22

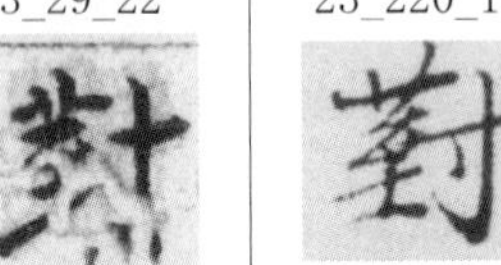
唐代・古文選後
11_126_1

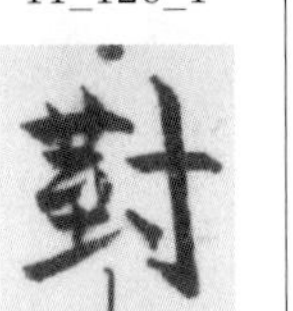
唐代・古文選後
25_294_2

唐代・十輪經四
7_125_10

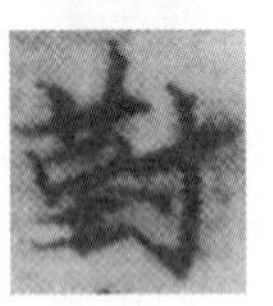
唐代・十輪經九
5_93_13

尋

呉ジン
訓たずねる

初唐・聖武雜集
1_5_1

唐代・文選四八
3_20_20

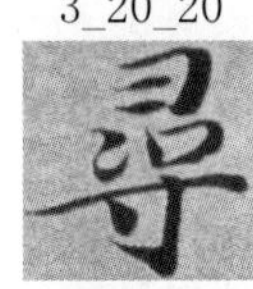
唐代・文選四八
5_39_10

唐代・文選四八
5_40_13

唐代・文選四八
42_382_16

唐代・文選五九
35_341_11

唐代・古文選後
16_189_10

唐代・十輪經十
8_158_1

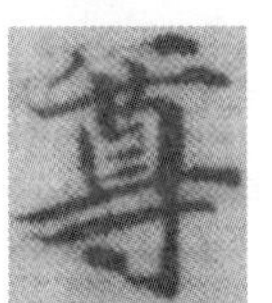
唐代・十輪經十
10_193_6

唐代・十輪經十
17_324_1

唐代・十輪經十
17_334_17

唐代・十輪經十
18_360_5

導

吳 ドウ
訓 みちびく

唐代・文選五九
87_835_24

唐代・文選五九
91_875_6

唐代・文選五九
92_876_7

唐代・文選五九
92_877_2

唐代・文選五九
92_887_1

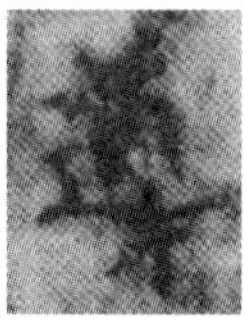
唐代・十輪經四
1_12_9

唐代・十輪經四
11_203_17

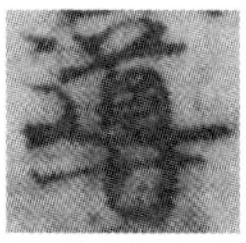
唐代・十輪經九
7_135_11

唐代・十輪經九
7_139_8

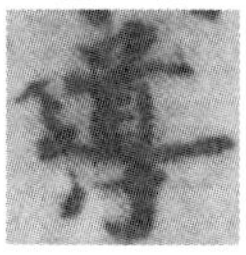
唐代・十輪經十
7_130_18

廾部

弁

吳 現 ベン
訓 かんむり

唐代・文選五九
85_815_6

唐代・文選五九
85_816_21

唐代・文選五九
85_816_25

唐代・文選五九
85_817_5

唐代・文選六八
6_59_1

唐代・文選六八
6_59_20

唐代・文選五九
85_818_2

唐代・文選六八
6_60_15

唐代・文選六八
6_60_26

唐代・文選六八
24_244_18

唐代・古文選後
13_145_12

唐代・古文選後
20_238_6

弄

漢 ロウ
訓 もてあそぶ

唐代・文選五九
18_173_27

唐代・文選五九
18_175_12

唐代・文選五九
18_178_1

唐代・文選五九
43_420_12

唐代・文選五九
54_529_16

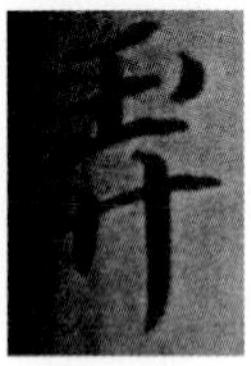
唐代・文選六八
45_454_1

唐代・文選五九
107_1008_11

唐代・文選六八
45_455_27

唐代・文選百三
62_598_6

唐代・文選百三
62_598_11

唐代・十輪經四
7_126_2

唐代・十輪經四
18_349_3

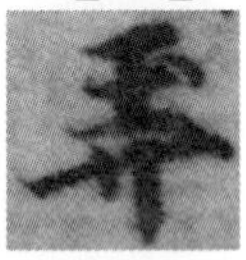
唐代・十輪經十
19_369_8

弈

漢 エキ
訓 いご

唐代・文選五九
16_152_28

弊

漢 ヘイ
訓 たおれる

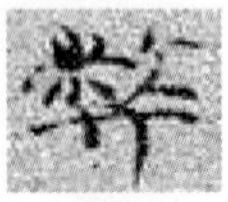
初唐・法華義疏
1_5_17

唐代・文選八八
7_52_12

唐代・文選百三
26_254_12

唐代・十輪經九
2_21_3

大部

大

タイ 漢タイ、タ
呉ダイ、ダ
訓おおきい

初唐•法華義疏 1_1_9
初唐•法華義疏 1_3_20
初唐•法華義疏 1_4_19
初唐•法華義疏 1_5_14
初唐•法華義疏 1_6_8
初唐•法華義疏 1_9_18
初唐•法華義疏 1_9_19
初唐•金剛場經 1_3_11
初唐•大般若經 1_1_1
初唐•大般若經 1_2_3

初唐•大般若經 1_4_17
初唐•大般若經 2_31_1
初唐•大般若經 2_35_5
初唐•聖武雜集 1_8_2
中唐•金剛經題 1_2_1
中唐•金剛經題 1_2_8
中唐•金剛經題 1_4_1
中唐•金剛經題 1_6_7

中唐•金剛經題 2_10_3
中唐•金剛經題 2_11_2
中唐•七祖像贊 1_2_8
中唐•七祖像贊 1_7_5
中唐•七祖像贊 1_13_5
中唐•七祖像贊 1_14_6
中唐•七祖像贊 1_8_5
中唐•七祖像贊 1_12_6

中唐•灌頂歷名 1_3_7
中唐•灌頂歷名 1_4_3
中唐•灌頂歷名 1_4_5
中唐 • 風信帖 2_9_2
唐代•春秋經傳 3_20_21
唐代•春秋經傳 4_32_9
唐代•春秋經傳 1_5_7
唐代•春秋經傳 1_6_21

唐代•春秋經傳 4_39_8
唐代•春秋經傳 4_40_3
唐代•春秋經傳 4_40_15
唐代•春秋經傳 4_42_2
唐代•春秋經傳 5_45_14
唐代•春秋經傳 5_48_19
唐代•春秋經傳 6_54_30
唐代•春秋經傳 6_61_18

唐代•春秋經傳 8_80_10
唐代•春秋經傳 8_81_9
唐代•春秋經傳 8_84_6
唐代•春秋經傳 11_111_7
唐代•春秋經傳 12_118_15
唐代•春秋經傳 12_126_5
唐代•春秋經傳 14_140_1
唐代•春秋經傳 15_151_6

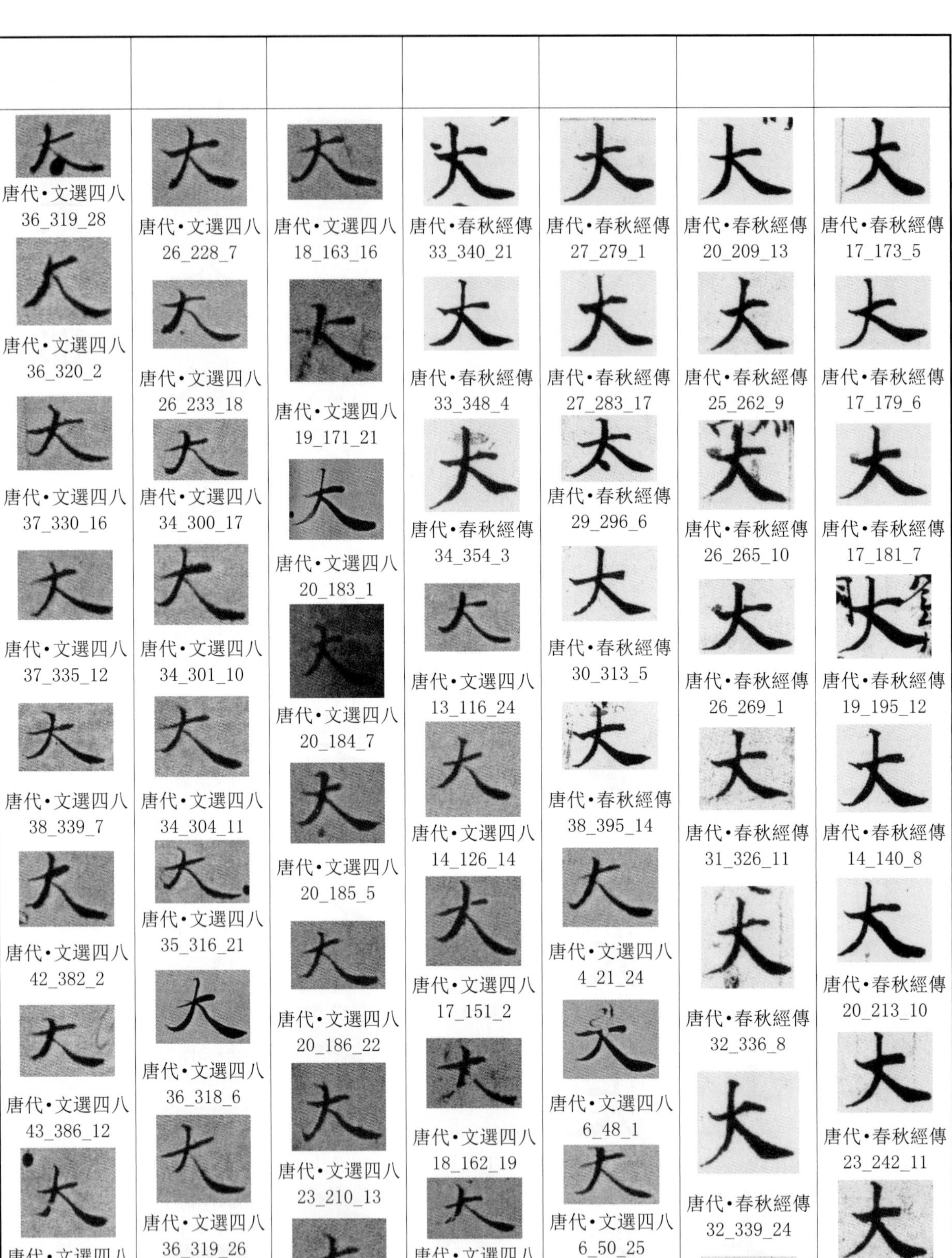

唐代•文選四八 36_319_28	唐代•文選四八 26_228_7	唐代•文選四八 18_163_16	唐代•春秋經傳 33_340_21	唐代•春秋經傳 27_279_1	唐代•春秋經傳 20_209_13	唐代•春秋經傳 17_173_5
唐代•文選四八 36_320_2	唐代•文選四八 26_233_18	唐代•文選四八 19_171_21	唐代•春秋經傳 33_348_4	唐代•春秋經傳 27_283_17	唐代•春秋經傳 25_262_9	唐代•春秋經傳 17_179_6
唐代•文選四八 37_330_16	唐代•文選四八 34_300_17	唐代•文選四八 20_183_1	唐代•春秋經傳 34_354_3	唐代•春秋經傳 29_296_6	唐代•春秋經傳 26_265_10	唐代•春秋經傳 17_181_7
唐代•文選四八 37_335_12	唐代•文選四八 34_301_10	唐代•文選四八 20_184_7	唐代•文選四八 13_116_24	唐代•春秋經傳 30_313_5	唐代•春秋經傳 26_269_1	唐代•春秋經傳 19_195_12
唐代•文選四八 38_339_7	唐代•文選四八 34_304_11	唐代•文選四八 20_185_5	唐代•文選四八 14_126_14	唐代•春秋經傳 38_395_14	唐代•春秋經傳 31_326_11	唐代•春秋經傳 14_140_8
唐代•文選四八 42_382_2	唐代•文選四八 35_316_21	唐代•文選四八 20_186_22	唐代•文選四八 17_151_2	唐代•文選四八 4_21_24	唐代•春秋經傳 32_336_8	唐代•春秋經傳 20_213_10
唐代•文選四八 43_386_12	唐代•文選四八 36_318_6	唐代•文選四八 23_210_13	唐代•文選四八 18_162_19	唐代•文選四八 6_48_1	唐代•春秋經傳 32_339_24	唐代•春秋經傳 23_242_11
唐代•文選四八 44_397_20	唐代•文選四八 36_319_26	唐代•文選四八 24_211_12	唐代•文選四八 18_163_12	唐代•文選四八 6_50_25	唐代•春秋經傳 31_322_12	唐代•春秋經傳 25_255_10
唐代•文選四八 45_404_12	唐代•文選五九 2_18_17			唐代•春秋經傳 37_384_16		

唐代•文選百三 34_341_1
唐代•文選百三 35_354_7
唐代•文選百三 35_355_10
唐代•文選百三 36_356_16
唐代•文選百三 37_367_21
唐代•文選百三 41_413_15
唐代•文選百三 46_443_16
唐代•文選百三 47_451_15

唐代•文選百三 27_265_34
唐代•文選百三 27_270_11
唐代•文選百三 27_270_18
唐代•文選百三 29_279_20
唐代•文選百三 30_298_9
唐代•文選百三 33_332_6
唐代•文選百三 34_339_19
唐代•文選百三 34_339_25

唐代•文選百三 11_103_33
唐代•文選百三 13_122_21
唐代•文選百三 15_148_22
唐代•文選百三 17_165_5
唐代•文選百三 20_195_12
唐代•文選百三 21_209_22
唐代•文選百三 27_261_2
唐代•文選百三 27_265_4

唐代•文選百三 5_40_18
唐代•文選百三 5_41_1
唐代•文選百三 5_41_10
唐代•文選百三 5_42_8
唐代•文選百三 6_49_24
唐代•文選百三 7_58_15
唐代•文選百三 7_67_9
唐代•文選百三 11_102_1

唐代•文選八八 17_150_8
唐代•文選八八 20_176_18
唐代•文選八八 24_212_33
唐代•文選八八 24_213_5
唐代•文選八八 24_213_23
唐代•文選八八 24_214_25
唐代•文選百三 2_14_15
唐代•文選百三 5_40_12

唐代•文選八八 9_62_7
唐代•文選八八 9_64_11
唐代•文選八八 9_67_4
唐代•文選八八 11_83_10
唐代•文選八八 11_83_15
唐代•文選八八 11_83_27
唐代•文選八八 13_113_22
唐代•文選八八 13_113_32

唐代•文選六八 63_626_15
唐代•文選六八 63_633_12
唐代•文選六八 63_637_4
唐代•文選六八 65_656_17
唐代•文選六八 69_687_15
唐代•文選六八 73_727_17
唐代•文選八八 3_18_13
唐代•文選八八 5_26_5

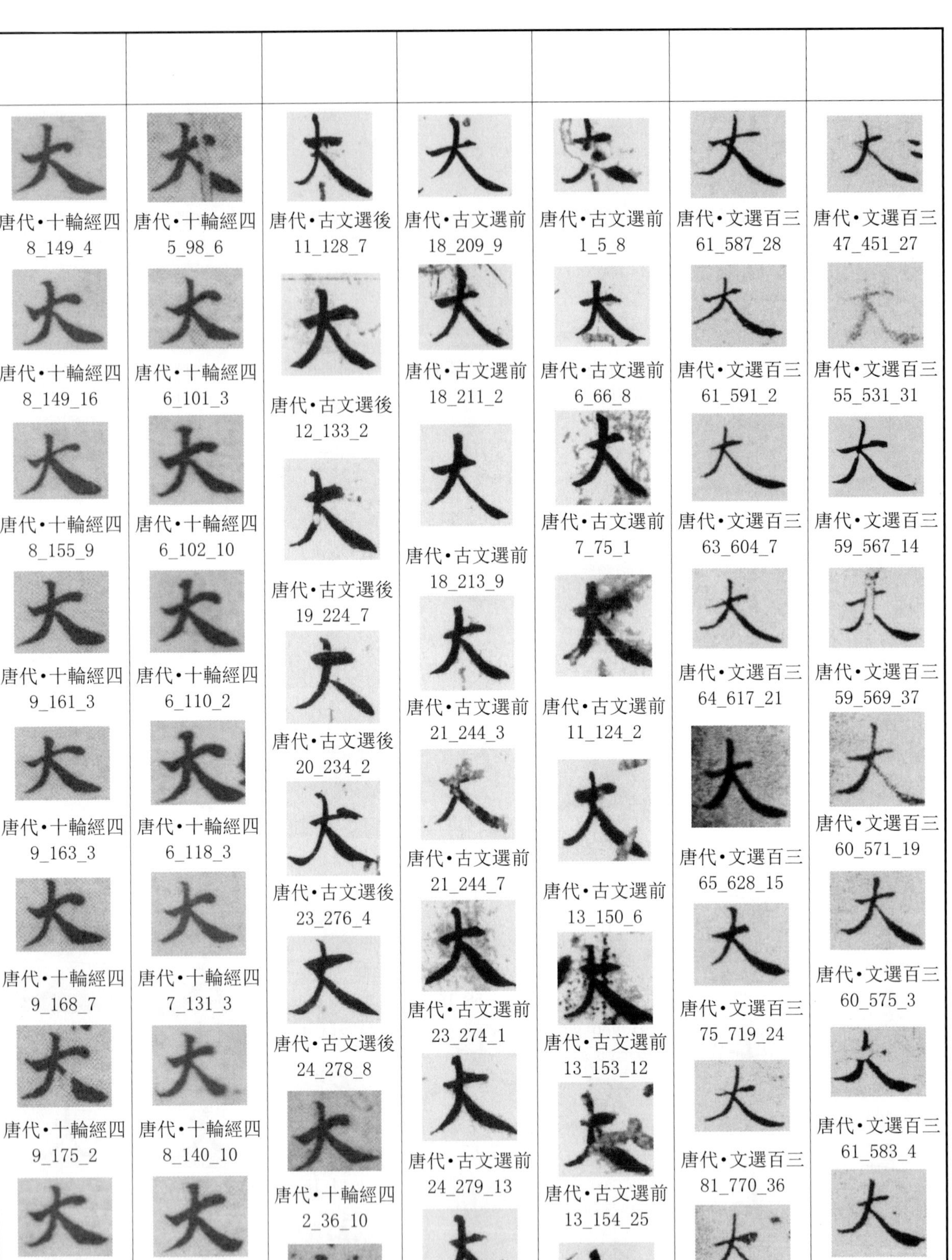

唐代•十輪經四 8_149_4
唐代•十輪經四 8_149_16
唐代•十輪經四 8_155_9
唐代•十輪經四 9_161_3
唐代•十輪經四 9_163_3
唐代•十輪經四 9_168_7
唐代•十輪經四 9_175_2
唐代•十輪經四 10_182_2

唐代•十輪經四 5_98_6
唐代•十輪經四 6_101_3
唐代•十輪經四 6_102_10
唐代•十輪經四 6_110_2
唐代•十輪經四 6_118_3
唐代•十輪經四 7_131_3
唐代•十輪經四 8_140_10
唐代•十輪經四 8_146_15

唐代•古文選後 11_128_7
唐代•古文選後 12_133_2
唐代•古文選後 19_224_7
唐代•古文選後 20_234_2
唐代•古文選後 23_276_4
唐代•古文選後 24_278_8
唐代•十輪經四 2_36_10
唐代•十輪經四 2_37_7

唐代•古文選前 18_209_9
唐代•古文選前 18_211_2
唐代•古文選前 18_213_9
唐代•古文選前 21_244_3
唐代•古文選前 21_244_7
唐代•古文選前 23_274_1
唐代•古文選前 24_279_13
唐代•古文選後 2_18_5

唐代•古文選前 1_5_8
唐代•古文選前 6_66_8
唐代•古文選前 7_75_1
唐代•古文選前 11_124_2
唐代•古文選前 13_150_6
唐代•古文選前 13_153_12
唐代•古文選前 13_154_25
唐代•古文選前 14_163_13

唐代•文選百三 61_587_28
唐代•文選百三 61_591_2
唐代•文選百三 63_604_7
唐代•文選百三 64_617_21
唐代•文選百三 65_628_15
唐代•文選百三 75_719_24
唐代•文選百三 81_770_36
唐代•文選百三 81_773_7

唐代•文選百三 47_451_27
唐代•文選百三 55_531_31
唐代•文選百三 59_567_14
唐代•文選百三 59_569_37
唐代•文選百三 60_571_19
唐代•文選百三 60_575_3
唐代•文選百三 61_583_4
唐代•文選百三 61_584_6

唐代·十輪經八 6_116_12
唐代·十輪經八 7_126_8
唐代·十輪經八 7_126_16
唐代·十輪經八 7_129_14
唐代·十輪經八 8_151_2
唐代·十輪經八 8_155_2
唐代·十輪經八 9_165_2
唐代·十輪經八 9_165_10
唐代·十輪經九 22_424_1
唐代·十輪經八 3_54_18
唐代·十輪經八 3_55_6
唐代·十輪經八 4_69_2
唐代·十輪經八 4_75_11
唐代·十輪經八 4_78_13
唐代·十輪經八 5_87_2
唐代·十輪經八 5_93_1
唐代·十輪經八 5_93_6
唐代·十輪經九 21_413_17
唐代·十輪經八 2_21_9
唐代·十輪經八 2_21_17
唐代·十輪經八 2_24_17
唐代·十輪經八 2_38_9
唐代·十輪經八 3_42_4
唐代·十輪經八 3_42_17
唐代·十輪經八 3_49_7
唐代·十輪經八 3_50_17
唐代·十輪經九 14_264_15
唐代·十輪經四 21_410_13
唐代·十輪經四 22_432_1
唐代·十輪經四 22_432_3
唐代·十輪經八 1_1_1
唐代·十輪經八 1_1_3
唐代·十輪經八 1_2_15
唐代·十輪經八 1_6_7
唐代·十輪經八 1_10_5
唐代·十輪經九 12_235_4
唐代·十輪經四 14_267_23
唐代·十輪經四 15_289_14
唐代·十輪經四 15_293_2
唐代·十輪經四 15_294_17
唐代·十輪經四 15_299_10
唐代·十輪經四 16_309_17
唐代·十輪經四 21_401_3
唐代·十輪經四 21_401_13
唐代·十輪經九 15_290_18
唐代·十輪經四 11_219_7
唐代·十輪經四 12_222_17
唐代·十輪經四 12_235_5
唐代·十輪經四 13_247_5
唐代·十輪經四 13_251_1
唐代·十輪經四 13_255_23
唐代·十輪經四 13_258_3
唐代·十輪經四 13_259_5
唐代·十輪經四 10_185_2
唐代·十輪經四 10_199_9
唐代·十輪經四 11_202_14
唐代·十輪經四 11_204_4
唐代·十輪經四 11_209_11
唐代·十輪經四 11_212_16
唐代·十輪經四 11_214_14
唐代·十輪經四 11_216_10
唐代·十輪經九 18_342_1

唐代•十輪經十 20_388_1
唐代•十輪經十 20_388_3
唐代•十輪經十 18_351_8
唐代•十輪經十 19_361_11
唐代•十輪經十 19_371_6
唐代•十輪經十 20_384_12
唐代•十輪經十 20_386_9
唐代•十輪經十 20_386_16

夫

フ 慣フウ
訓おっと

初唐•法華義疏 1_2_1
唐代•春秋經傳 1_3_28
唐代•春秋經傳 1_5_8
唐代•春秋經傳 2_16_2
唐代•春秋經傳 2_16_10
唐代•春秋經傳 3_20_22
唐代•春秋經傳 4_32_10
唐代•春秋經傳 4_40_4

唐代•春秋經傳 4_42_3
唐代•春秋經傳 5_48_20
唐代•春秋經傳 7_64_13
唐代•春秋經傳 8_74_3
唐代•春秋經傳 8_81_12
唐代•春秋經傳 9_93_11
唐代•春秋經傳 11_111_8
唐代•春秋經傳 12_118_16

唐代•春秋經傳 12_126_6
唐代•春秋經傳 14_140_2
唐代•春秋經傳 17_173_6
唐代•春秋經傳 19_194_6
唐代•春秋經傳 19_195_13
唐代•春秋經傳 20_209_14
唐代•春秋經傳 22_230_17
唐代•春秋經傳 22_232_10

唐代•春秋經傳 23_242_12
唐代•春秋經傳 24_249_9
唐代•春秋經傳 25_255_11
唐代•春秋經傳 25_262_10
唐代•春秋經傳 26_267_10
唐代•春秋經傳 27_279_2
唐代•春秋經傳 27_283_18
唐代•春秋經傳 28_288_14

唐代•春秋經傳 30_313_6
唐代•春秋經傳 31_322_13
唐代•春秋經傳 32_336_9
唐代•春秋經傳 32_339_25
唐代•春秋經傳 33_347_9
唐代•春秋經傳 33_348_5
唐代•春秋經傳 37_384_17
唐代•文選四八 3_14_21

唐代•文選四八 4_24_5
唐代•文選四八 4_26_15
唐代•文選四八 8_65_22
唐代•文選四八 8_68_5
唐代•文選四八 8_68_18
唐代•文選四八 18_162_20
唐代•文選四八 24_211_7
唐代•文選四八 24_211_13

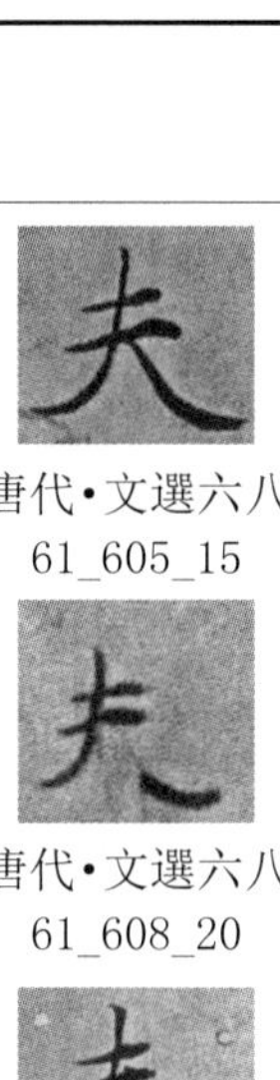
唐代•文選六八
61_605_15

唐代•文選六八
61_608_20

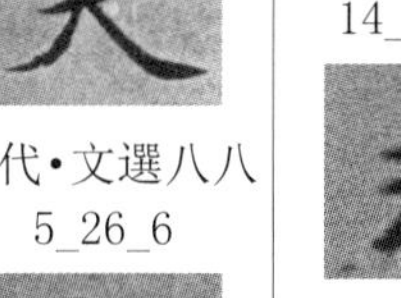
唐代•文選八八
5_26_6

唐代•文選八八
7_43_22

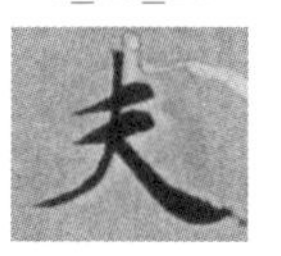
唐代•文選八八
9_67_5

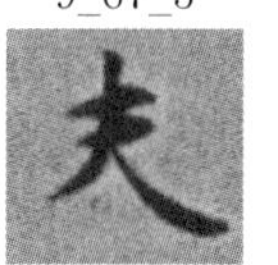
唐代•文選八八
12_101_33

唐代•文選八八
13_104_12

唐代•文選八八
17_152_24

唐代•文選六八
11_112_1

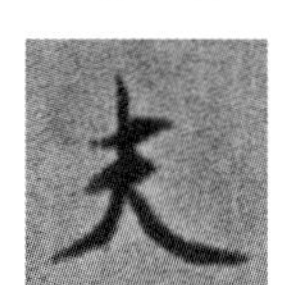
唐代•文選六八
14_145_21

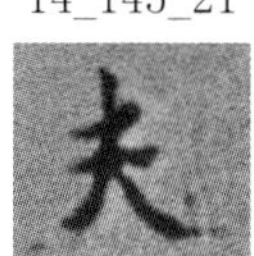
唐代•文選六八
16_166_15

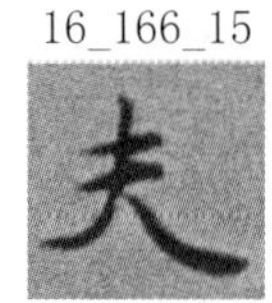
唐代•文選六八
23_227_12

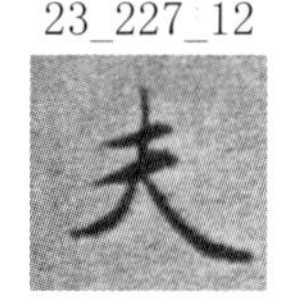
唐代•文選六八
27_277_18

唐代•文選六八
45_445_15

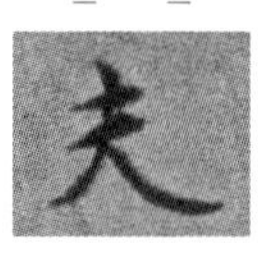
唐代•文選六八
45_452_8

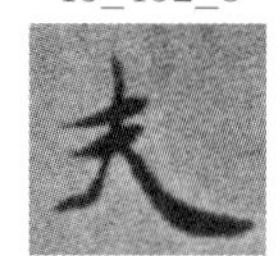
唐代•文選六八
49_491_17

唐代•文選五九
111_1059_26

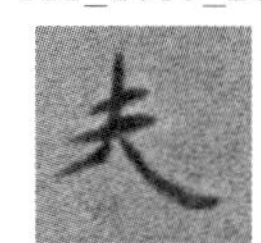
唐代•文選六八
4_39_1

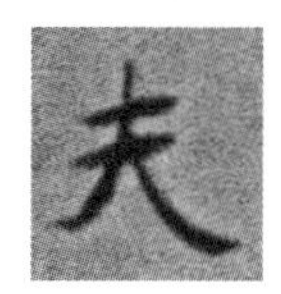
唐代•文選六八
8_85_4

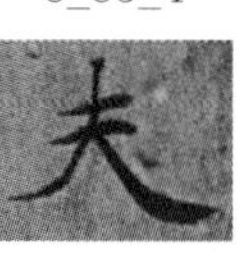
唐代•文選六八
9_89_7

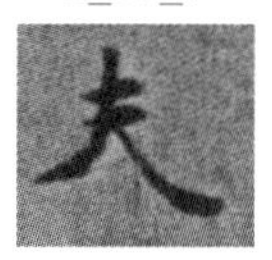
唐代•文選六八
9_94_16

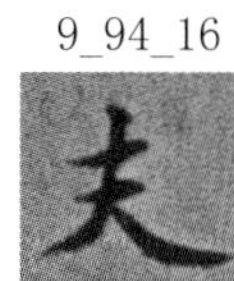
唐代•文選六八
9_102_20

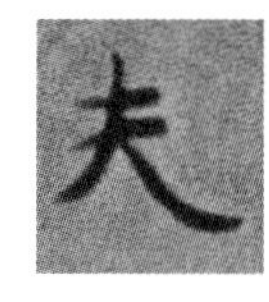
唐代•文選六八
10_108_9

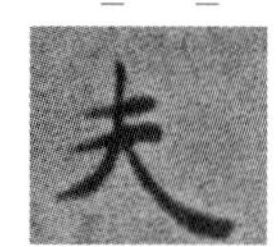
唐代•文選六八
11_110_6

唐代•文選五九
43_431_26

唐代•文選五九
59_565_7

唐代•文選五九
99_937_23

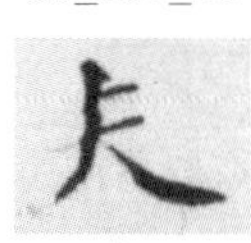
唐代•文選五九
99_942_8

唐代•文選五九
101_953_20

唐代•文選五九
102_961_26

唐代•文選五九
110_1040_26

唐代•文選五九
111_1059_16

唐代•文選五九
27_263_23

唐代•文選五九
33_323_21

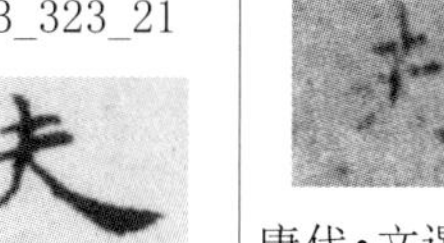
唐代•文選五九
43_419_29

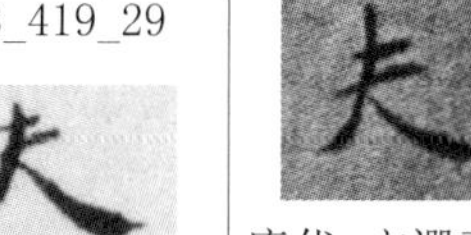
唐代•文選五九
43_422_13

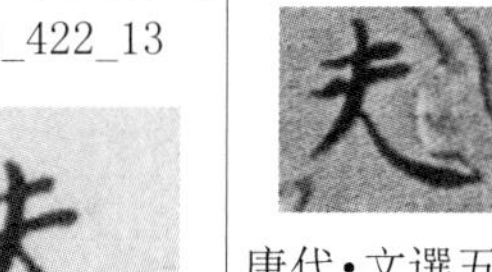
唐代•文選五九
43_424_20

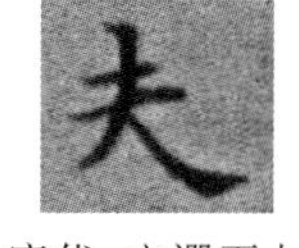
唐代•文選五九
43_427_12

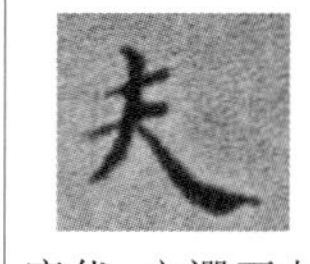
唐代•文選五九
43_429_4

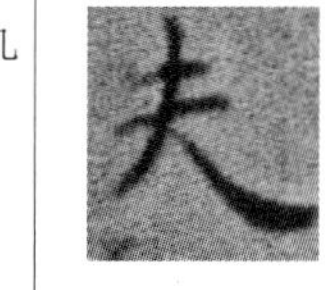
唐代•文選五九
43_429_15

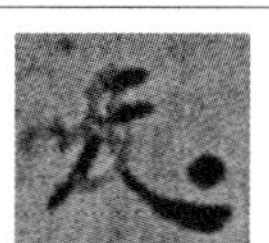
唐代•文選四八
44_391_11

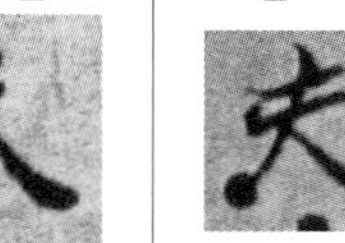
唐代•文選四八
46_412_11

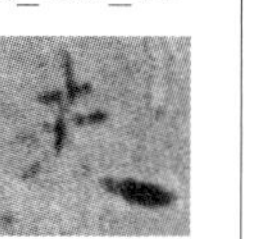
唐代•文選五九
6_58_13

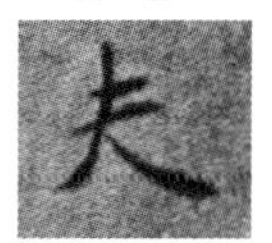
唐代•文選五九
7_62_17

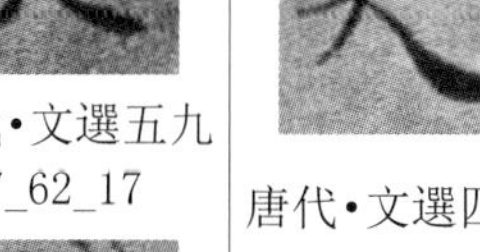
唐代•文選五九
17_167_18

唐代•文選五九
18_177_12

唐代•文選五九
24_233_1

唐代•文選五九
24_235_4

唐代•文選四八
25_226_25

唐代•文選四八
26_228_8

唐代•文選四八
34_304_12

唐代•文選四八
34_304_23

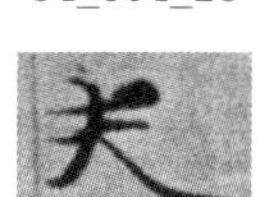
唐代•文選四八
37_330_17

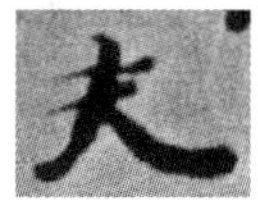
唐代•文選四八
37_335_13

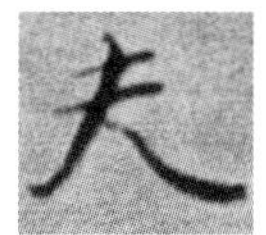
唐代•文選四八
43_386_5

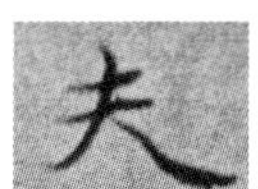
唐代•文選四八
43_390_16

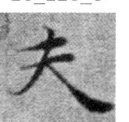

天

テン
訓あめ

初唐•金剛場經
1_4_3

初唐•大般若經
2_32_6

初唐•大般若經
2_34_5

初唐•大般若經
2_35_1

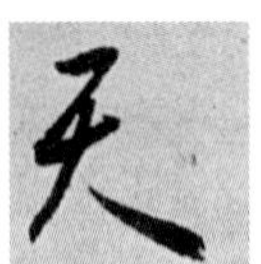
中唐・風信帖
1_1_6

唐代•春秋經傳
5_44_21

唐代•春秋經傳
13_133_15

唐代•春秋經傳
13_133_28

唐代•古文選前
13_151_2

唐代•古文選前
13_154_26

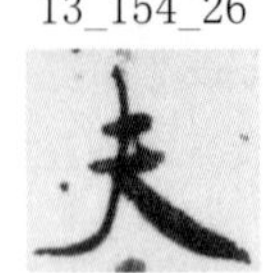
唐代•古文選前
22_261_10

唐代•古文選後
2_16_2

唐代•古文選後
3_35_4

唐代•古文選後
5_54_8

唐代•古文選後
5_60_5

唐代•文選百三
61_587_29

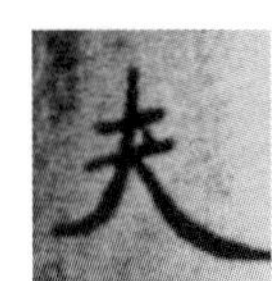
唐代•文選百三
65_628_16

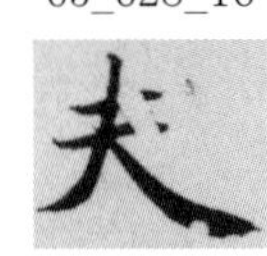
唐代•文選百三
69_672_8

唐代•文選百三
75_719_25

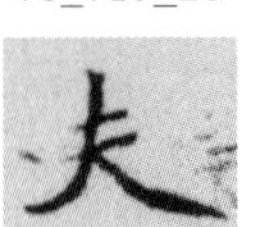
唐代•文選百三
83_796_20

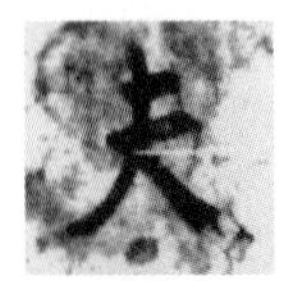
唐代•古文選前
7_75_2

唐代•古文選前
13_150_7

唐代•文選百三
49_476_9

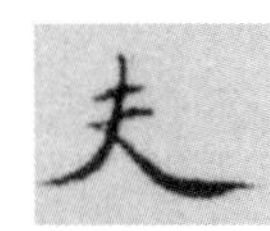
唐代•文選百三
49_478_15

唐代•文選百三
51_490_37

唐代•文選百三
55_529_4

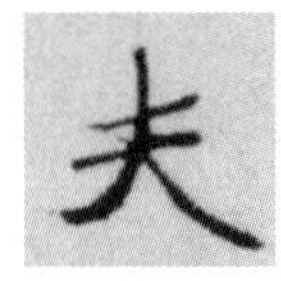
唐代•文選百三
56_535_4

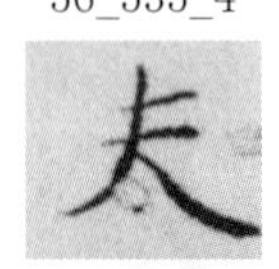
唐代•文選百三
56_535_13

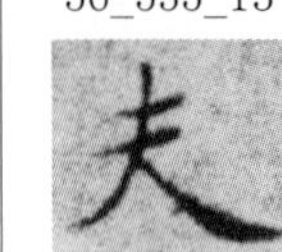
唐代•文選百三
56_541_24

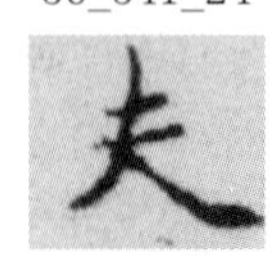
唐代•文選百三
58_560_15

唐代•文選百三
13_121_31

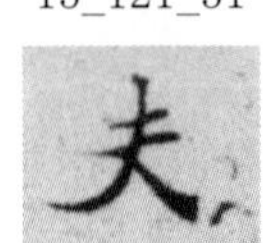
唐代•文選百三
16_149_30

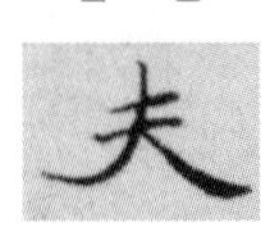
唐代•文選百三
16_152_32

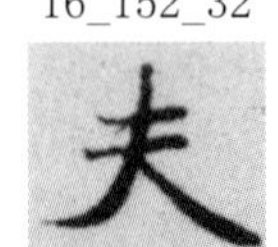
唐代•文選百三
21_208_28

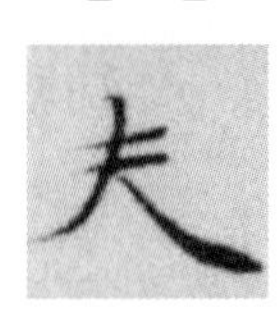
唐代•文選百三
31_306_32

唐代•文選百三
40_401_7

唐代•文選百三
41_405_2

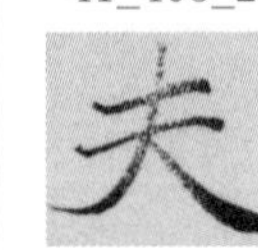
唐代•文選百三
49_475_14

唐代•文選八八
24_213_24

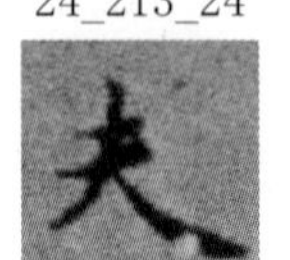
唐代•文選八八
24_213_30

唐代•文選八八
24_215_1

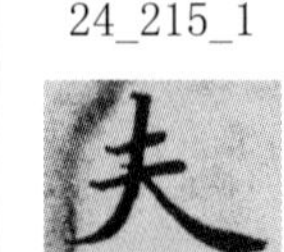
唐代•文選百三
7_56_3

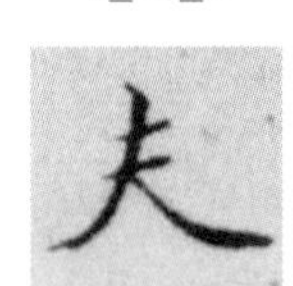
唐代•文選百三
7_62_37

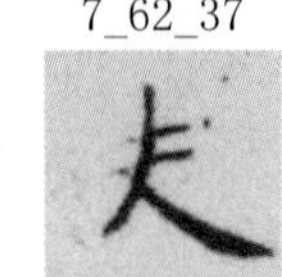
唐代•文選百三
8_72_6

唐代•文選百三
9_77_30

唐代•文選八八
18_155_6

唐代•文選八八
18_155_28

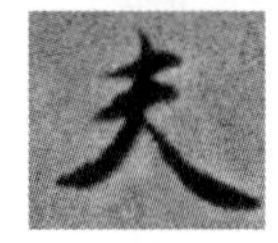
唐代•文選八八
18_156_28

唐代•文選八八
18_157_21

唐代•文選八八
22_197_23

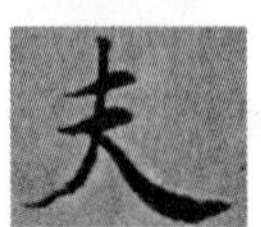
唐代•文選八八
24_211_2

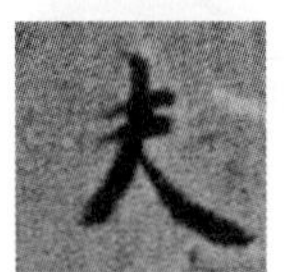
唐代•文選八八
24_213_6

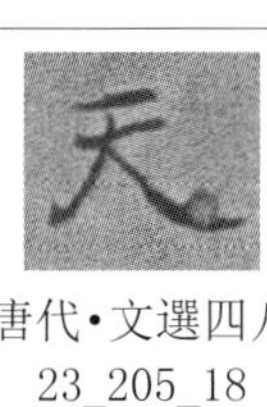 唐代•文選四八 23_205_18	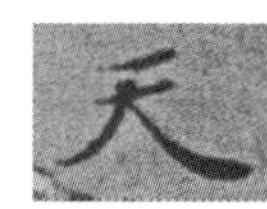 唐代•文選四八 20_176_15	 唐代•文選四八 14_130_9	 唐代•文選四八 12_108_1	 唐代•文選四八 2_13_13	 唐代•春秋經傳 17_177_2	 唐代•春秋經傳 13_134_3
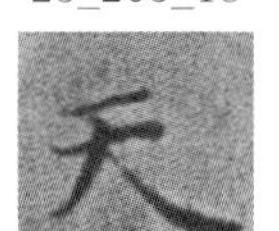 唐代•文選四八 24_213_3	 唐代•文選四八 20_183_4	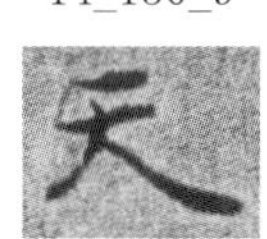 唐代•文選四八 16_139_19	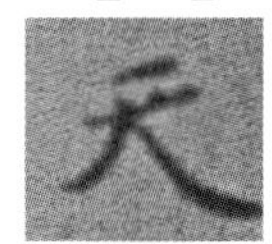 唐代•文選四八 12_110_10	 唐代•文選四八 3_14_11	 唐代•春秋經傳 17_181_11	 唐代•春秋經傳 14_140_18
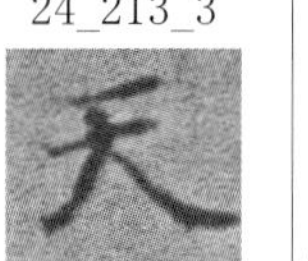 唐代•文選四八 24_213_27	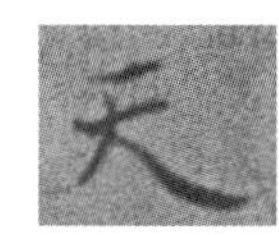 唐代•文選四八 20_184_17	 唐代•文選四八 16_143_2	 唐代•文選四八 12_111_19	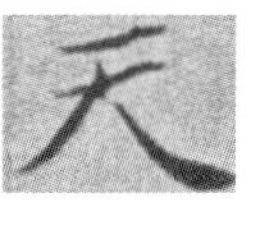 唐代•文選四八 3_15_18	 唐代•春秋經傳 23_237_9	 唐代•春秋經傳 14_148_5
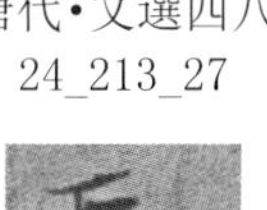 唐代•文選四八 24_216_18	 唐代•文選四八 20_186_2	 唐代•文選四八 16_145_6	 唐代•文選四八 13_115_25	 唐代•文選四八 12_103_12	 唐代•春秋經傳 23_237_11	 唐代•春秋經傳 14_148_19
 唐代•文選四八 27_241_25	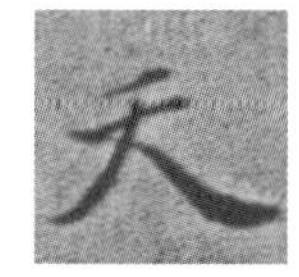 唐代•文選四八 20_186_5	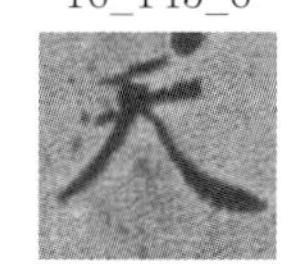 唐代•文選四八 17_154_6	 唐代•文選四八 13_118_20	 唐代•文選四八 12_103_18	 唐代•春秋經傳 27_277_20	 唐代•春秋經傳 15_151_13
 唐代•文選四八 27_242_1	 唐代•文選四八 20_186_25	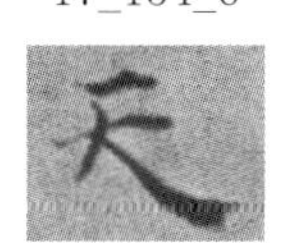 唐代•文選四八 17_157_26	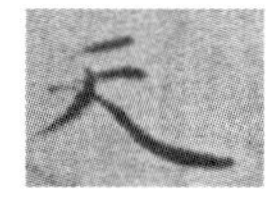 唐代•文選四八 13_118_28	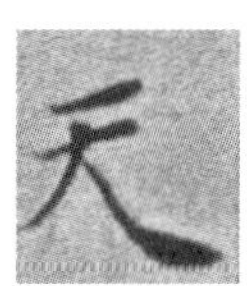 唐代•文選四八 12_104_9	 唐代•春秋經傳 32_338_14	 唐代•春秋經傳 15_153_14
 唐代•文選四八 28_254_17	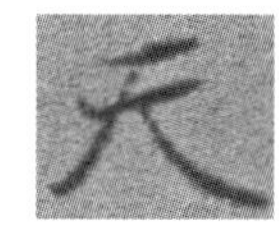 唐代•文選四八 22_202_11	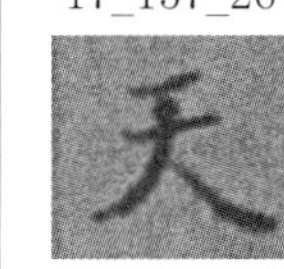 唐代•文選四八 18_165_19	 唐代•文選四八 14_120_10	 唐代•文選四八 12_104_13	 唐代•春秋經傳 32_339_11	 唐代•春秋經傳 15_154_5
 唐代•文選四八 28_255_9	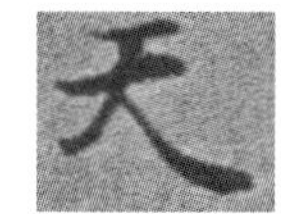 唐代•文選四八 22_204_11	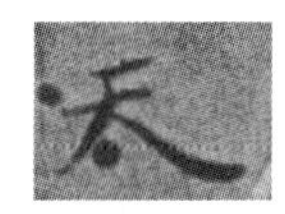 唐代•文選四八 19_171_19	 唐代•文選四八 14_129_16	 唐代•文選四八 12_105_10	 唐代•春秋經傳 32_339_22	 唐代•春秋經傳 16_161_9

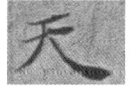

唐代•文選四八 29_265_18
唐代•文選四八 30_270_2
唐代•文選四八 30_270_12
唐代•文選四八 30_272_9
唐代•文選四八 36_327_17
唐代•文選四八 46_410_1
唐代•文選四八 46_411_9
唐代•文選四八 46_411_17
唐代•文選五九 46_455_5
唐代•文選四八 46_412_5
唐代•文選四八 46_412_21
唐代•文選四八 46_413_7
唐代•文選四八 46_413_20
唐代•文選四八 46_414_2
唐代•文選四八 46_414_11
唐代•文選四八 46_414_24
唐代•文選四八 46_415_4
唐代•文選五九 55_537_8
唐代•文選四八 46_416_2
唐代•文選四八 47_426_3
唐代•文選四八 47_427_3
唐代•文選四八 48_430_1
唐代•文選四八 48_432_23
唐代•文選四八 50_448_13
唐代•文選五九 2_16_16
唐代•文選五九 2_16_25
唐代•文選五九 19_190_28
唐代•文選五九 2_17_2
唐代•文選五九 2_17_17
唐代•文選五九 7_61_8
唐代•文選五九 8_76_2
唐代•文選五九 9_80_27
唐代•文選五九 11_100_3
唐代•文選五九 12_116_1
唐代•文選五九 14_138_8
唐代•文選五九 15_140_5
唐代•文選五九 15_143_10
唐代•文選五九 15_143_22
唐代•文選五九 15_143_29
唐代•文選五九 15_145_12
唐代•文選五九 15_150_18
唐代•文選五九 16_152_23
唐代•文選五九 17_164_2
唐代•文選五九 17_165_30
唐代•文選五九 17_168_22
唐代•文選五九 18_173_8
唐代•文選五九 19_182_12
唐代•文選五九 19_183_1
唐代•文選五九 19_183_13
唐代•文選五九 19_185_32
唐代•文選五九 51_498_12
唐代•文選五九 21_207_10
唐代•文選五九 33_324_11
唐代•文選五九 33_330_19
唐代•文選五九 35_342_11
唐代•文選五九 35_344_27
唐代•文選五九 37_360_8
唐代•文選五九 39_383_11
唐代•文選五九 46_454_10

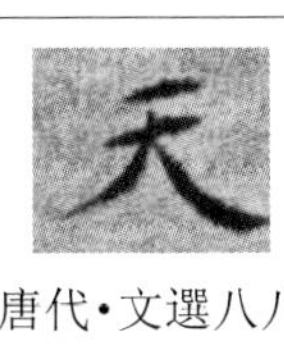 唐代•文選八八 15_123_9	唐代•文選六八 24_245_26	 唐代•文選六八 1_9_4	 唐代•文選五九 92_889_17	 唐代•文選五九 78_757_13	 唐代•文選五九 61_588_12	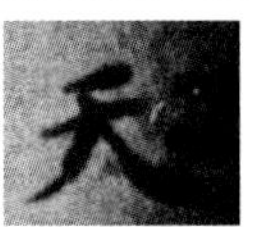 唐代•文選五九 59_563_10
 唐代•文選八八 17_148_4	唐代•文選六八 25_252_3	 唐代•文選六八 2_22_6	 唐代•文選五九 103_978_24	 唐代•文選五九 80_775_16	 唐代•文選五九 66_635_18	 唐代•文選五九 60_578_13
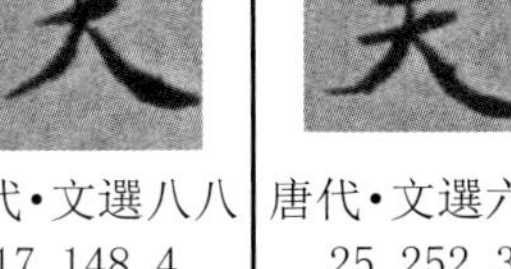 唐代•文選八八 17_152_11	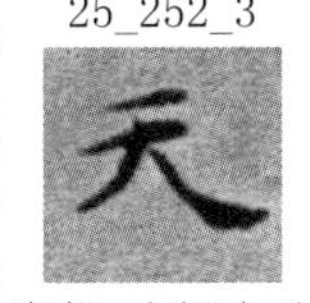 唐代•文選六八 29_297_27	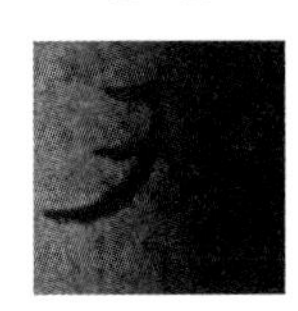 唐代•文選六八 4_44_1	 唐代•文選五九 103_979_24	 唐代•文選五九 81_780_13	 唐代•文選五九 74_710_4	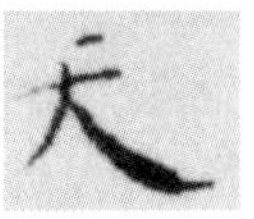 唐代•文選五九 61_581_10
唐代•文選八八 18_157_7	 唐代•文選六八 29_298_36	 唐代•文選六八 9_91_18	 唐代•文選五九 103_979_30	 唐代•文選五九 82_793_17	 唐代•文選五九 74_712_22	 唐代•文選五九 61_582_26
唐代•文選八八 19_166_18	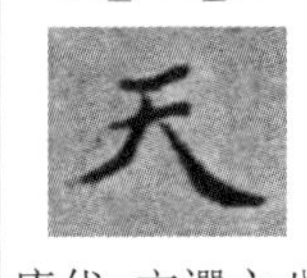 唐代•文選六八 41_417_2	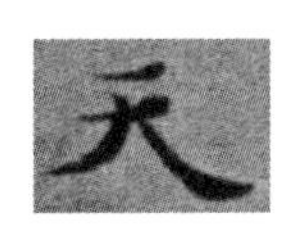 唐代•文選六八 9_93_28	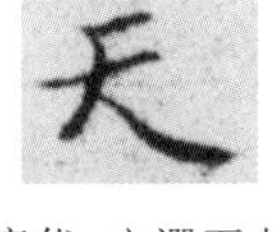 唐代•文選五九 112_1062_22	 唐代•文選五九 86_827_19	 唐代•文選五九 74_717_16	 唐代•文選五九 61_584_2
唐代•文選八八 20_175_30	 唐代•文選六八 41_418_4	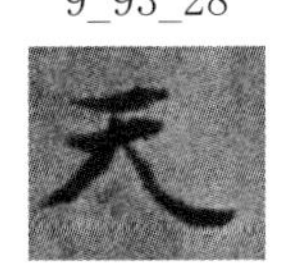 唐代•文選六八 9_95_7	 唐代•文選六八 1_1_7	 唐代•文選五九 87_833_9	 唐代•文選五九 77_742_21	 唐代•文選五九 61_586_23
唐代•文選八八 21_181_30	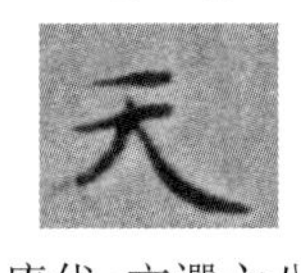 唐代•文選六八 42_419_2	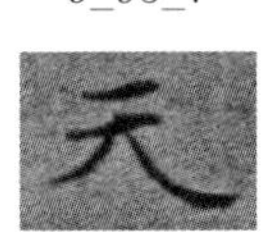 唐代•文選六八 9_97_18	 唐代•文選六八 1_1_19	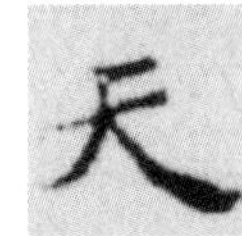 唐代•文選五九 90_857_4	 唐代•文選五九 78_746_28	 唐代•文選五九 61_587_25
唐代•文選八八 21_187_14	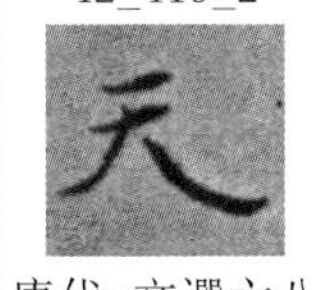 唐代•文選六八 42_419_22	 唐代•文選六八 13_129_14	 唐代•文選六八 1_6_26	 唐代•文選五九 91_873_11	 唐代•文選五九 78_749_22	 唐代•文選五九 61_588_9

唐代•十輪經八 21_408_16
唐代•十輪經九 1_8_16
唐代•十輪經九 3_46_16
唐代•十輪經九 4_59_11
唐代•十輪經九 6_110_11
唐代•十輪經九 17_322_10
唐代•十輪經十 15_283_11
唐代•十輪經十 20_384_10
唐代•十輪經十 20_384_17
唐代•十輪經八 19_371_7
唐代•十輪經八 6_107_6
唐代•十輪經八 8_145_6
唐代•十輪經八 10_183_13
唐代•十輪經八 11_220_7
唐代•十輪經八 13_257_6
唐代•十輪經八 15_295_7
唐代•十輪經八 17_333_7
唐代•十輪經八 4_63_10
唐代•十輪經四 13_243_2
唐代•十輪經四 16_313_13
唐代•十輪經四 17_335_17
唐代•十輪經四 18_350_9
唐代•十輪經四 19_367_6
唐代•十輪經四 20_386_16
唐代•十輪經八 4_62_16
唐代•古文選後 22_263_2
唐代•古文選後 23_267_11
唐代•古文選後 24_277_9
唐代•十輪經四 10_181_23
唐代•十輪經四 4_66_10
唐代•十輪經四 4_73_15
唐代•十輪經四 4_77_7
唐代•十輪經四 6_112_9
唐代•十輪經四 9_168_8
唐代•古文選後 4_45_12
唐代•古文選後 6_62_2
唐代•古文選後 7_79_10
唐代•古文選後 8_89_20
唐代•古文選後 8_90_2
唐代•古文選後 9_97_9
唐代•古文選後 10_108_30
唐代•古文選後 11_120_14
唐代•古文選後 13_154_1
唐代•古文選後 14_157_6
唐代•古文選後 14_168_13
唐代•古文選後 17_196_11
唐代•古文選後 18_205_4
唐代•古文選後 19_224_12
唐代•古文選後 21_241_2
唐代•古文選後 11_123_11
唐代•古文選後 11_125_14
唐代•古文選後 11_129_1
唐代•古文選後 11_130_9
唐代•古文選後 12_134_13
唐代•古文選後 12_136_14
唐代•古文選後 12_140_8
唐代•古文選後 13_144_5

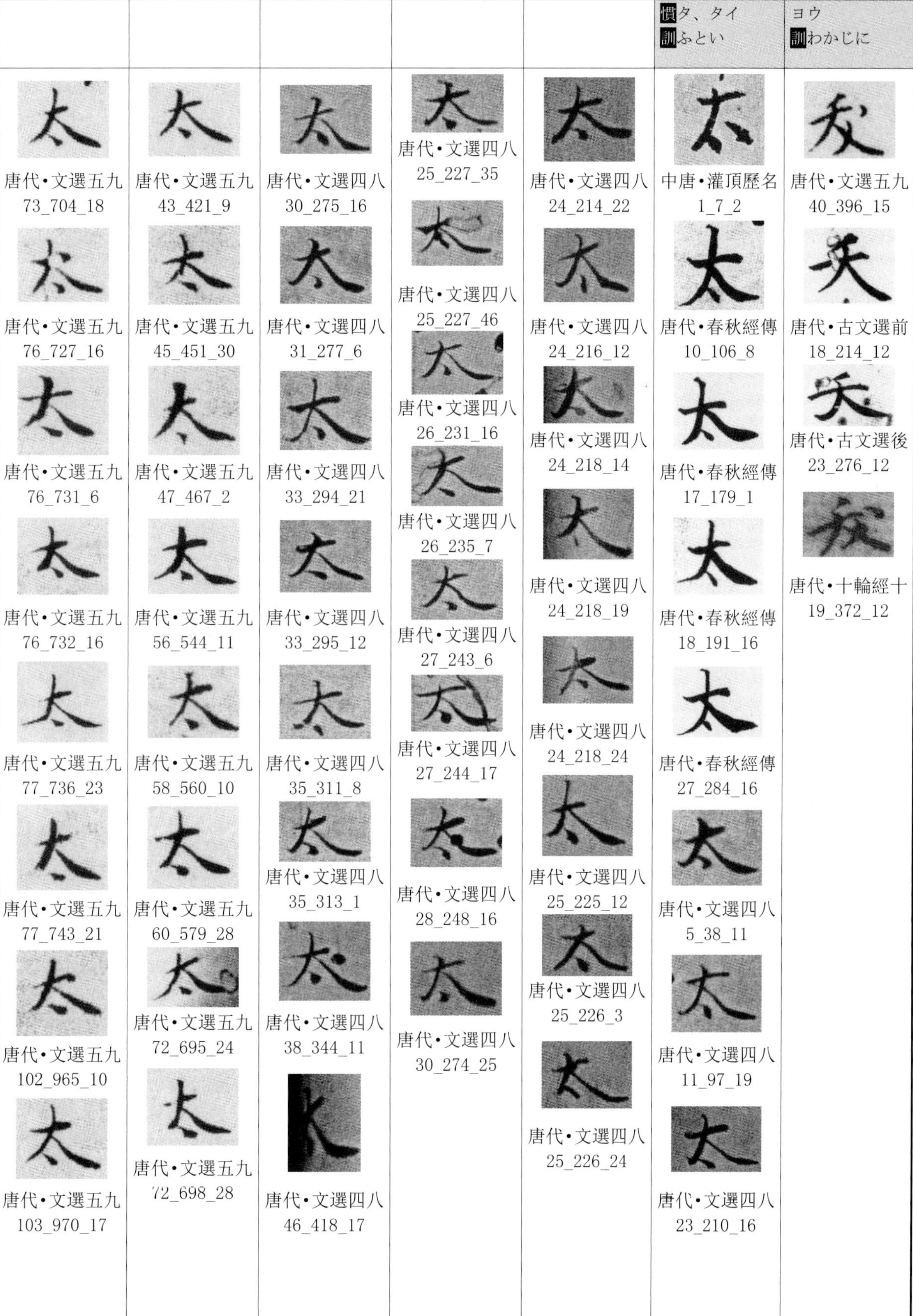
天
ヨウ
訓わかじに
唐代・文選五九 40_396_15
唐代・古文選前 18_214_12
唐代・古文選後 23_276_12
唐代・十輪經十 19_372_12
太
慣タ、タイ
訓ふとい
中唐・灌頂歷名 1_7_2
唐代・春秋經傳 10_106_8
唐代・春秋經傳 17_179_1
唐代・春秋經傳 18_191_16
唐代・春秋經傳 27_284_16
唐代・文選四八 5_38_11
唐代・文選四八 11_97_19
唐代・文選四八 23_210_16
唐代・文選四八 24_214_22
唐代・文選四八 24_216_12
唐代・文選四八 24_218_14
唐代・文選四八 24_218_19
唐代・文選四八 24_218_24
唐代・文選四八 25_225_12
唐代・文選四八 25_226_3
唐代・文選四八 25_226_24
唐代・文選四八 25_227_35
唐代・文選四八 25_227_46
唐代・文選四八 26_231_16
唐代・文選四八 26_235_7
唐代・文選四八 27_243_6
唐代・文選四八 27_244_17
唐代・文選四八 28_248_16
唐代・文選四八 30_274_25
唐代・文選四八 30_275_16
唐代・文選四八 31_277_6
唐代・文選四八 33_294_21
唐代・文選四八 33_295_12
唐代・文選四八 35_311_8
唐代・文選四八 35_313_1
唐代・文選四八 38_344_11
唐代・文選四八 46_418_17
唐代・文選五九 43_421_9
唐代・文選五九 45_451_30
唐代・文選五九 47_467_2
唐代・文選五九 56_544_11
唐代・文選五九 58_560_10
唐代・文選五九 60_579_28
唐代・文選五九 72_695_24
唐代・文選五九 72_698_28
唐代・文選五九 73_704_18
唐代・文選五九 76_727_16
唐代・文選五九 76_731_6
唐代・文選五九 76_732_16
唐代・文選五九 77_736_23
唐代・文選五九 77_743_21
唐代・文選五九 102_965_10
唐代・文選五九 103_970_17

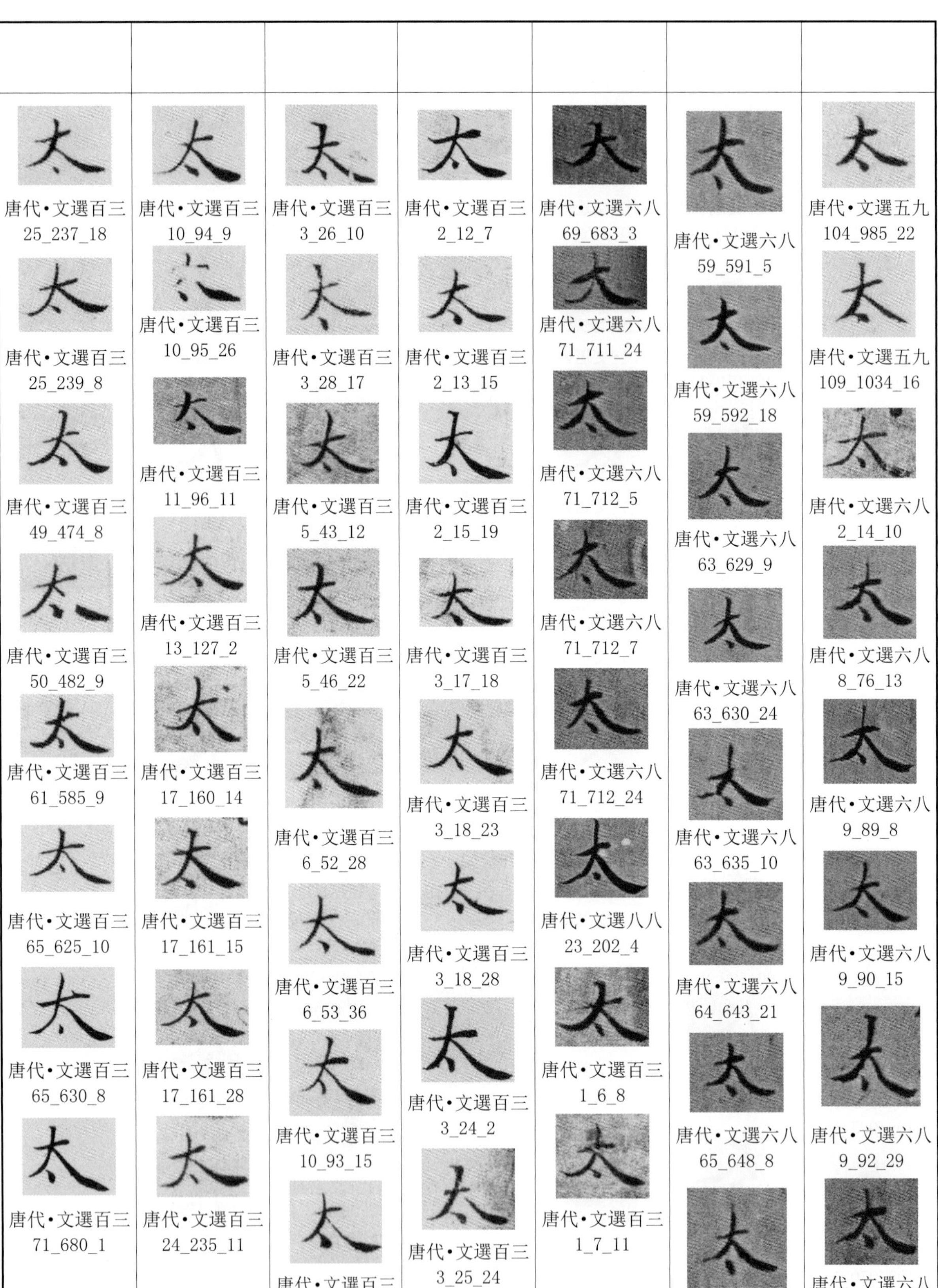

唐代•文選百三 25_237_18	唐代•文選百三 10_94_9	唐代•文選百三 3_26_10	唐代•文選百三 2_12_7	唐代•文選六八 69_683_3	唐代•文選六八 59_591_5	唐代•文選五九 104_985_22
唐代•文選百三 25_239_8	唐代•文選百三 10_95_26	唐代•文選百三 3_28_17	唐代•文選百三 2_13_15	唐代•文選六八 71_711_24	唐代•文選六八 59_592_18	唐代•文選五九 109_1034_16
唐代•文選百三 49_474_8	唐代•文選百三 11_96_11	唐代•文選百三 5_43_12	唐代•文選百三 2_15_19	唐代•文選六八 71_712_5	唐代•文選六八 63_629_9	唐代•文選六八 2_14_10
唐代•文選百三 50_482_9	唐代•文選百三 13_127_2	唐代•文選百三 5_46_22	唐代•文選百三 3_17_18	唐代•文選六八 71_712_7	唐代•文選六八 63_630_24	唐代•文選六八 8_76_13
唐代•文選百三 61_585_9	唐代•文選百三 17_160_14	唐代•文選百三 6_52_28	唐代•文選百三 3_18_23	唐代•文選六八 71_712_24	唐代•文選六八 63_635_10	唐代•文選六八 9_89_8
唐代•文選百三 65_625_10	唐代•文選百三 17_161_15	唐代•文選百三 6_53_36	唐代•文選百三 3_18_28	唐代•文選八八 23_202_4	唐代•文選六八 64_643_21	唐代•文選六八 9_90_15
唐代•文選百三 65_630_8	唐代•文選百三 17_161_28	唐代•文選百三 10_93_15	唐代•文選百三 3_24_2	唐代•文選百三 1_6_8	唐代•文選六八 65_648_8	唐代•文選六八 9_92_29
唐代•文選百三 71_680_1	唐代•文選百三 24_235_11	唐代•文選百三 10_93_24	唐代•文選百三 3_25_24	唐代•文選百三 1_7_11	唐代•文選六八 65_650_19	唐代•文選六八 9_95_5

唐代・古文選前 1_3_11

唐代・古文選前 7_84_11

唐代・古文選前 7_85_4

唐代・古文選前 8_91_14

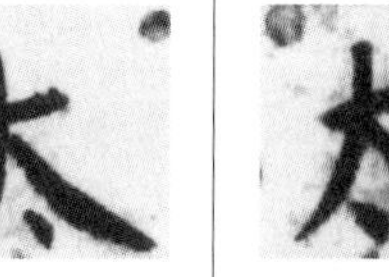
唐代・古文選前 14_167_1

唐代・古文選前 19_222_14

唐代・古文選前 20_231_4

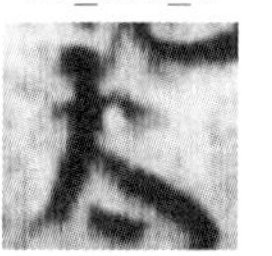
唐代・古文選後 9_99_29

唐代・古文選後 11_119_3

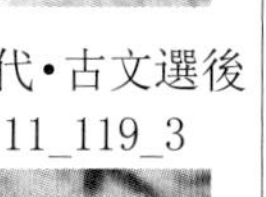
唐代・古文選後 11_119_31

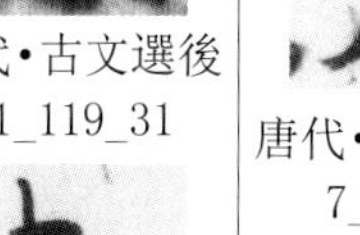

唐代・古文選後 13_152_3

唐代・古文選後 16_183_72

唐代・古文選後 17_204_15

唐代・古文選後 19_221_2

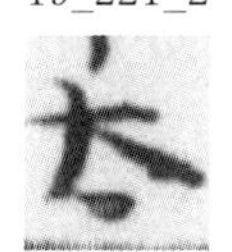

唐代・古文選後 24_281_27

唐代・古文選後 24_281_64

唐代・古文選後 25_292_21

唐代・古文選後 25_292_33

唐代・古文選後 25_292_53

唐代・古文選後 25_300_29

央

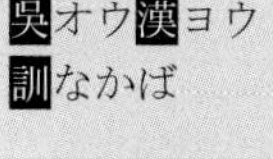

呉オウ漢ヨウ
訓なかば

唐代・文選四八 10_92_12

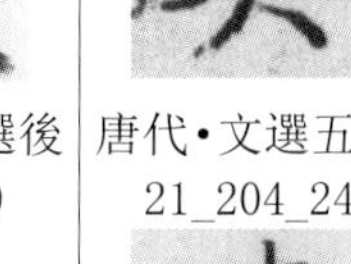
唐代・文選五九 21_204_24

唐代・文選五九 52_510_9

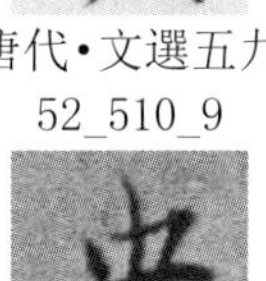
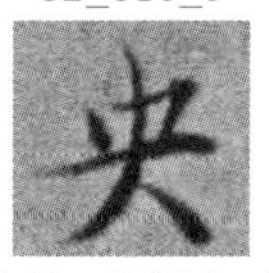
唐代・文選六八 20_202_4

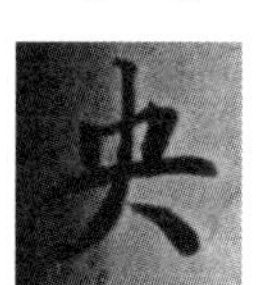
唐代・文選六八 57_574_4

唐代・文選六八 57_575_15

唐代・文選百三 78_743_4

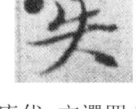

唐代・文選六八 57_577_2

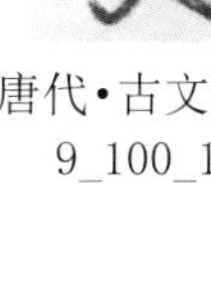
唐代・古文選後 9_100_10

失

漢シツ、イツ
訓うしなう

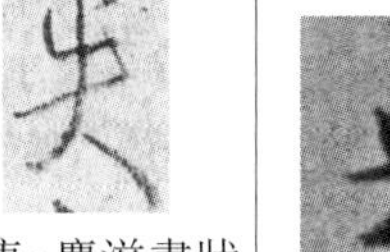
晩唐・慶滋書狀 1_2_4

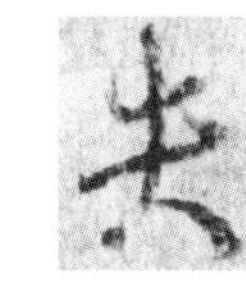
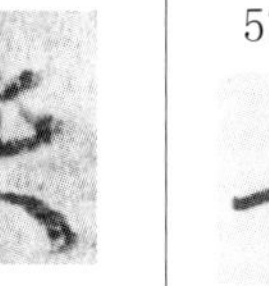
晩唐・慶滋書狀 1_3_9

唐代・春秋經傳 4_42_21

唐代・春秋經傳 5_49_13

唐代・春秋經傳 7_72_21

唐代・春秋經傳 32_333_8

唐代・春秋經傳 33_349_11

唐代・文選四八 27_240_8

唐代・文選四八 27_244_1

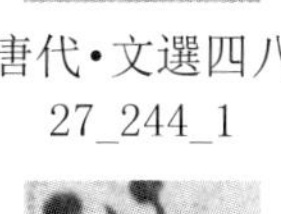
唐代・文選四八 27_244_27

唐代・文選四八 28_250_8

唐代・文選四八 40_359_24

唐代・文選五九 9_87_5

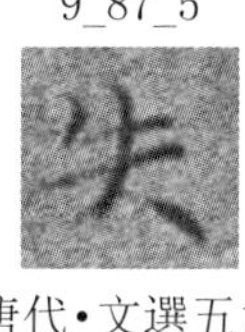
唐代・文選五九 15_149_18

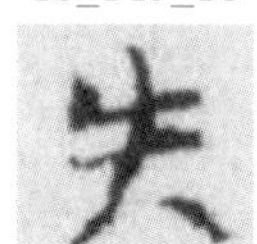
唐代・文選五九 41_399_18

唐代・文選五九 71_683_4

唐代•古文選後 15_173_10	唐代•文選百三 45_425_16	唐代•文選百三 21_203_6	唐代•文選八八 16_139_6	唐代•文選五九 110_1040_7	唐代•文選五九 100_944_16	唐代•文選五九 71_684_8
唐代•古文選後 21_252_14	唐代•文選百三 56_539_3	唐代•文選百三 21_204_14	唐代•文選八八 24_215_9	唐代•文選五九 110_1041_29	唐代•文選五九 100_944_29	唐代•文選五九 78_746_17
唐代•十輪經四 8_157_2	唐代•文選百三 67_639_5	唐代•文選百三 21_205_10	唐代•文選八八 24_216_27	唐代•文選六八 9_102_10	唐代•文選五九 100_945_20	唐代•文選五九 78_752_24
唐代•十輪經八 1_3_16	唐代•文選百三 78_747_8	唐代•文選百三 26_252_7	唐代•文選百三 2_13_30	唐代•文選六八 42_422_7	唐代•文選五九 100_947_19	唐代•文選五九 78_755_19
唐代•十輪經八 1_4_13	唐代•文選百三 78_747_23	唐代•文選百三 26_255_29	唐代•文選百三 7_62_24	唐代•文選六八 43_425_13	唐代•文選五九 101_949_5	唐代•文選五九 99_935_8
唐代•十輪經八 1_5_6	唐代•文選百三 79_752_13	唐代•文選百三 28_274_11	唐代•文選百三 9_75_16	唐代•文選六八 43_426_23	唐代•文選五九 102_962_14	唐代•文選五九 99_940_3
唐代•十輪經八 1_6_3	唐代•古文選前 2_25_2	唐代•文選百三 29_280_27	唐代•文選百三 12_110_12	唐代•文選六八 67_664_18	唐代•文選五九 105_998_25	唐代•文選五九 99_940_10
唐代•十輪經八 1_6_12	唐代•古文選前 6_71_10	唐代•文選百三 41_413_5	唐代•文選百三 21_202_17		唐代•文選五九 109_1039_3	唐代•文選五九 99_940_20

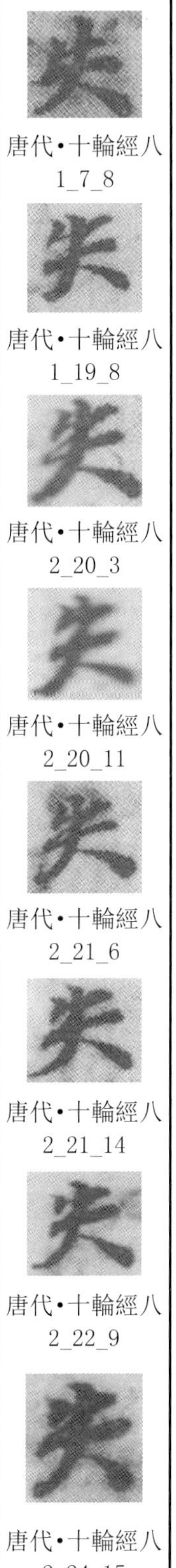

唐代•十輪經八 1_7_8
唐代•十輪經八 1_19_8
唐代•十輪經八 2_20_3
唐代•十輪經八 2_20_11
唐代•十輪經八 2_21_6
唐代•十輪經八 2_21_14
唐代•十輪經八 2_22_9
唐代•十輪經八 2_24_15

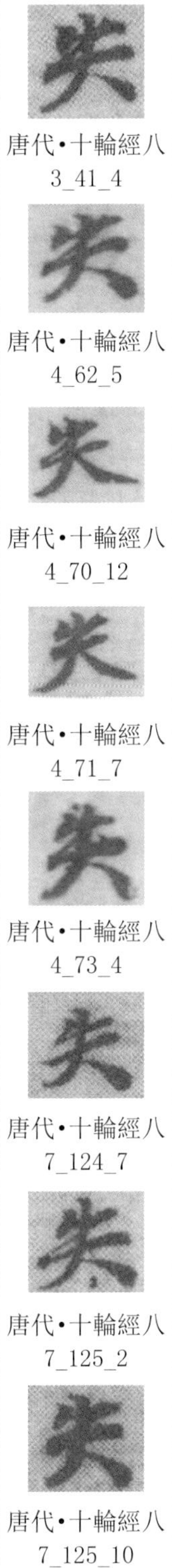

唐代•十輪經八 3_41_4
唐代•十輪經八 4_62_5
唐代•十輪經八 4_70_12
唐代•十輪經八 4_71_7
唐代•十輪經八 4_73_4
唐代•十輪經八 7_124_7
唐代•十輪經八 7_125_2
唐代•十輪經八 7_125_10

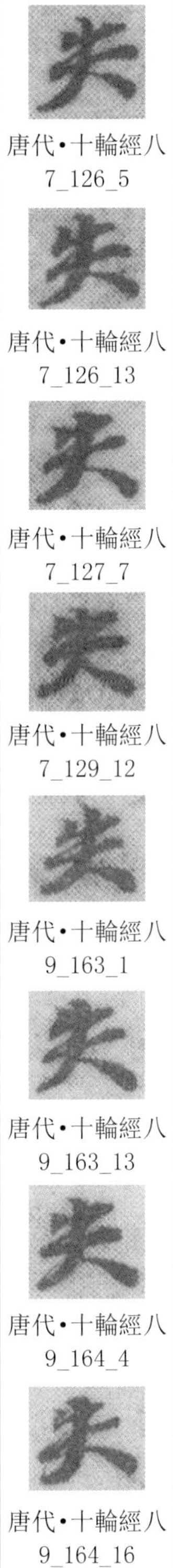

唐代•十輪經八 7_126_5
唐代•十輪經八 7_126_13
唐代•十輪經八 7_127_7
唐代•十輪經八 7_129_12
唐代•十輪經八 9_163_1
唐代•十輪經八 9_163_13
唐代•十輪經八 9_164_4
唐代•十輪經八 9_164_16

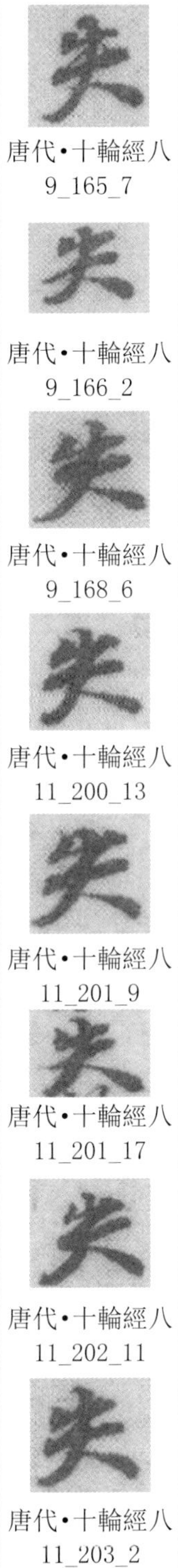

唐代•十輪經八 9_165_7
唐代•十輪經八 9_166_2
唐代•十輪經八 9_168_6
唐代•十輪經八 11_200_13
唐代•十輪經八 11_201_9
唐代•十輪經八 11_201_17
唐代•十輪經八 11_202_11
唐代•十輪經八 11_203_2

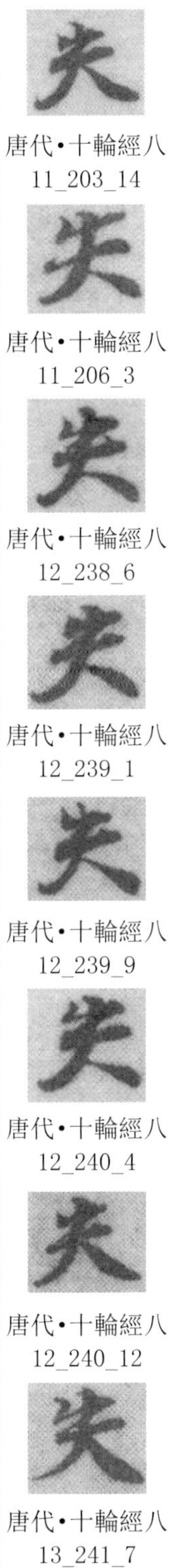

唐代•十輪經八 11_203_14
唐代•十輪經八 11_206_3
唐代•十輪經八 12_238_6
唐代•十輪經八 12_239_1
唐代•十輪經八 12_239_9
唐代•十輪經八 12_240_4
唐代•十輪經八 12_240_12
唐代•十輪經八 13_241_7

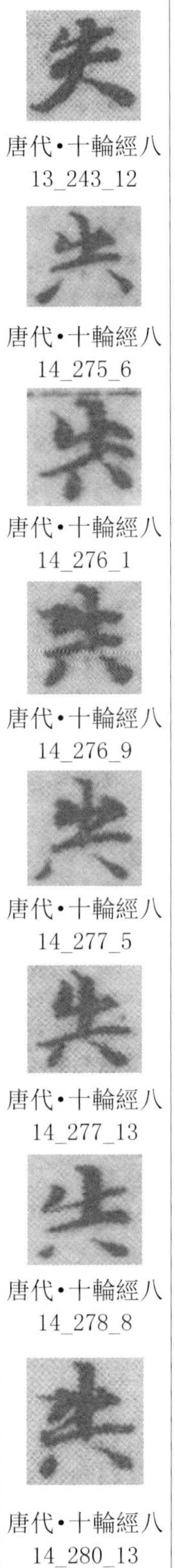

唐代•十輪經八 13_243_12
唐代•十輪經八 14_275_6
唐代•十輪經八 14_276_1
唐代•十輪經八 14_276_9
唐代•十輪經八 14_277_5
唐代•十輪經八 14_277_13
唐代•十輪經八 14_278_8
唐代•十輪經八 14_280_13

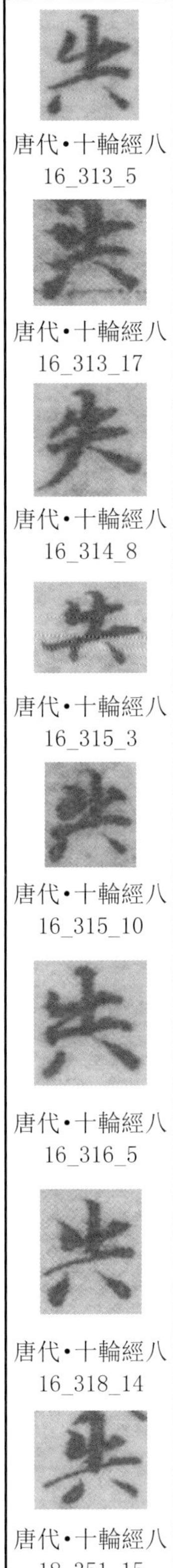

唐代•十輪經八 16_313_5
唐代•十輪經八 16_313_17
唐代•十輪經八 16_314_8
唐代•十輪經八 16_315_3
唐代•十輪經八 16_315_10
唐代•十輪經八 16_316_5
唐代•十輪經八 16_318_14
唐代•十輪經八 18_351_15

夷

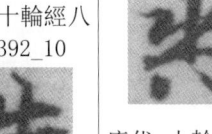

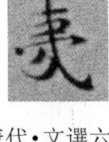

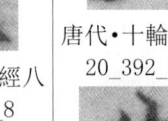

	夷					
	イ 訓たいらか					
 唐代•文選四八 44_396_1  唐代•文選五九 90_865_18 唐代•文選六八 1_12_12  唐代•文選六八 21_218_27 唐代•文選六八 31_311_4  唐代•文選六八 31_313_20  唐代•文選六八 31_315_10	 唐代•春秋經傳 5_43_12  唐代•春秋經傳 18_185_8 唐代•春秋經傳 18_192_1  唐代•春秋經傳 19_200_5 唐代•春秋經傳 30_307_16  唐代•文選四八 15_136_26 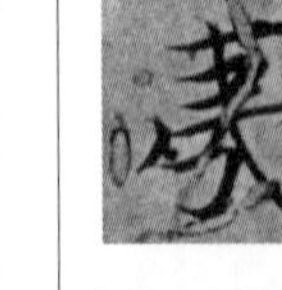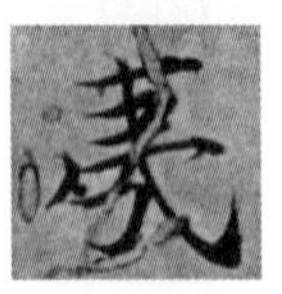 唐代•文選四八 44_393_15	 唐代•十輪經九 4_70_16  唐代•十輪經九 4_73_4 唐代•十輪經九 7_122_25 唐代•十輪經十 12_234_5	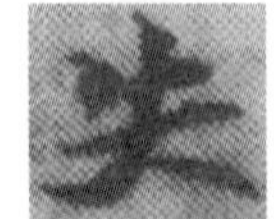 唐代•十輪經九 2_29_16 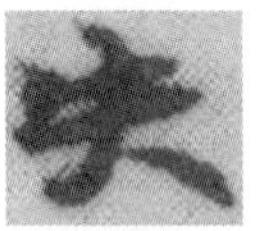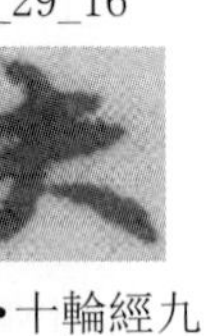 唐代•十輪經九 2_30_11 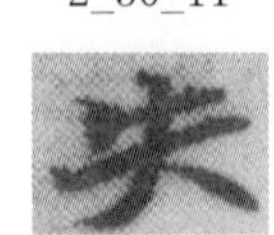 唐代•十輪經九 2_32_17 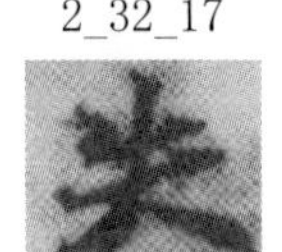 唐代•十輪經九 4_67_15 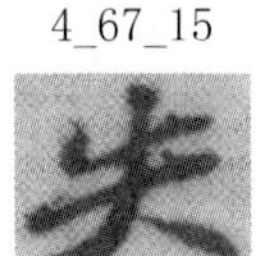 唐代•十輪經九 4_68_10 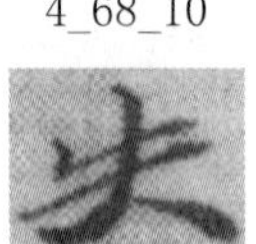 唐代•十輪經九 4_69_1  唐代•十輪經九 4_69_13 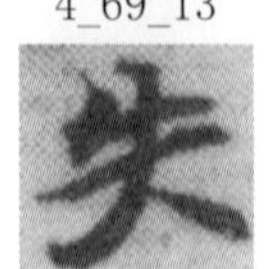 唐代•十輪經九 4_70_4	 唐代•十輪經八 22_430_16  唐代•十輪經八 22_431_7 唐代•十輪經八 22_432_2 唐代•十輪經八 22_434_8 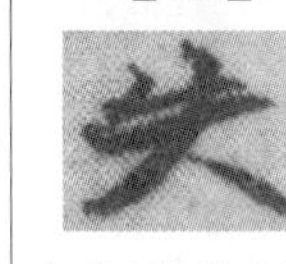 唐代•十輪經九 2_27_10 唐代•十輪經九 2_28_5 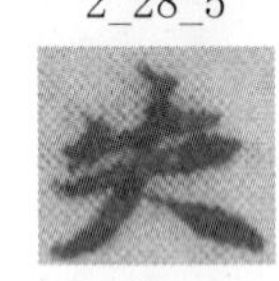 唐代•十輪經九 2_28_13 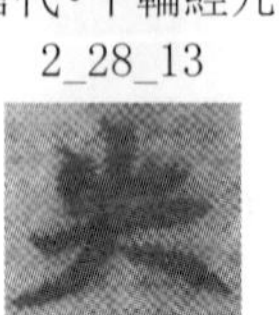 唐代•十輪經九 2_29_8	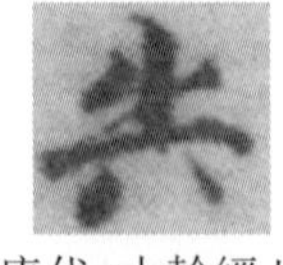 唐代•十輪經八 20_390_13 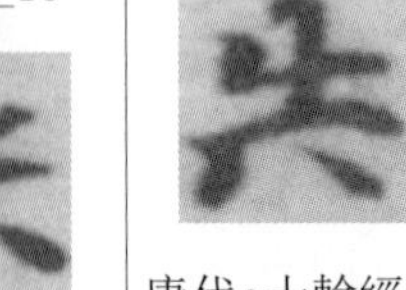 唐代•十輪經八 20_391_8 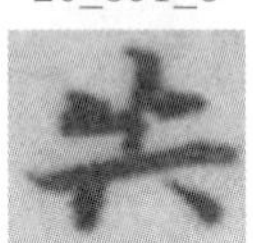 唐代•十輪經八 20_391_16 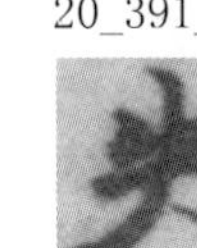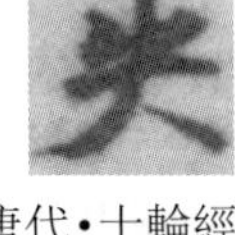 唐代•十輪經八 20_392_10  唐代•十輪經八 20_394_17  唐代•十輪經八 22_429_1 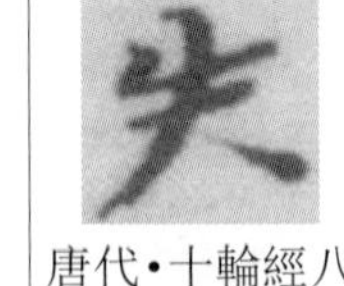 唐代•十輪經八 22_429_13  唐代•十輪經八 22_430_4	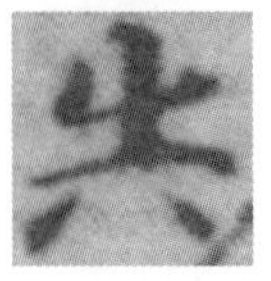 唐代•十輪經八 18_352_10 唐代•十輪經八 18_353_1 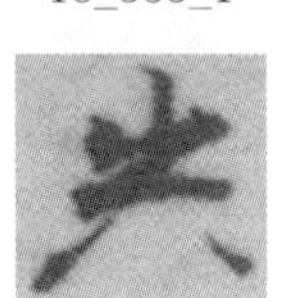 唐代•十輪經八 18_353_13 唐代•十輪經八 18_354_4 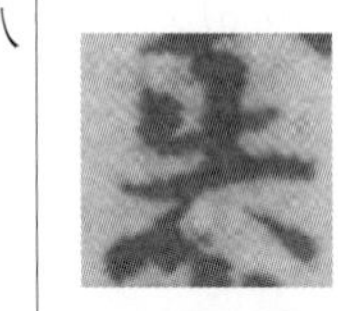 唐代•十輪經八 18_354_16  唐代•十輪經八 18_357_4 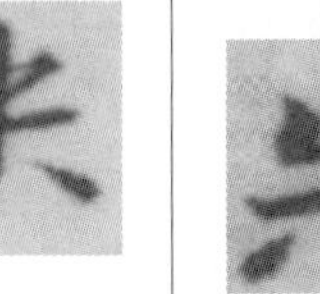 唐代•十輪經八 20_389_10

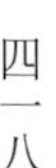

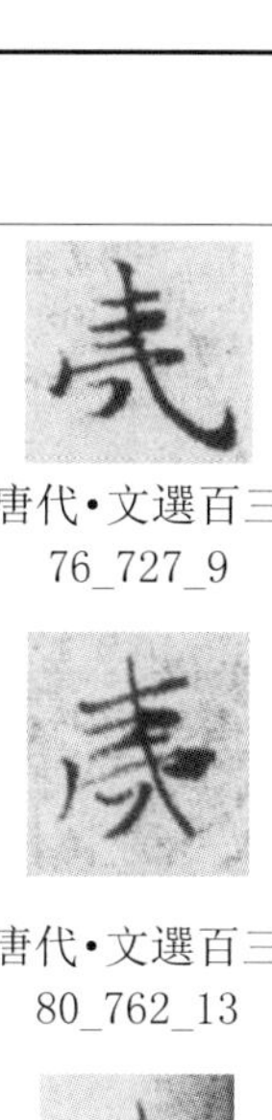
唐代•文選百三
76_727_9

唐代•文選百三
80_762_13

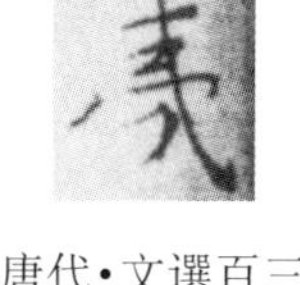
唐代•文選百三
85_814_11

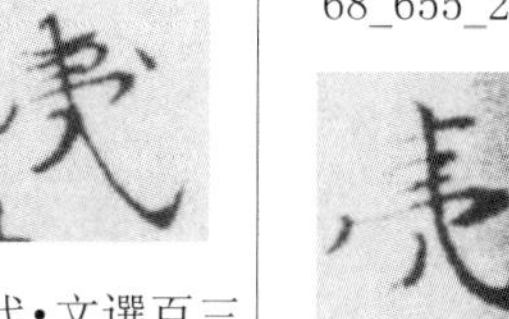
唐代•文選百三
85_816_16

唐代•古文選前
14_159_2

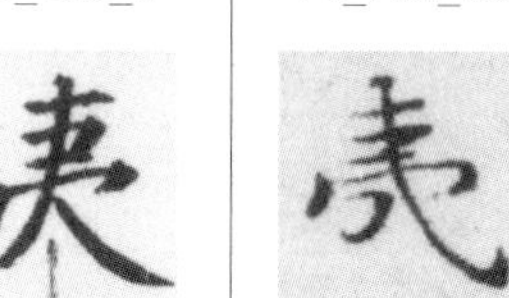
唐代•古文選前
17_203_3

唐代•古文選前
20_240_8

唐代•文選百三
63_600_12

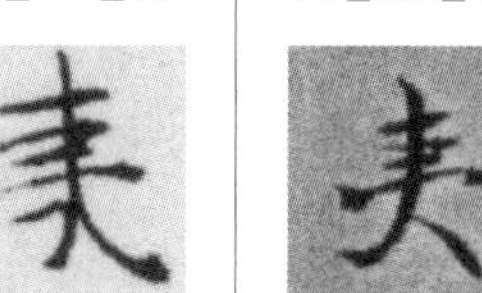
唐代•文選百三
63_600_19

唐代•文選百三
68_655_24

唐代•文選百三
73_708_13

唐代•文選百三
74_716_26

唐代•文選百三
75_718_23

唐代•文選百三
75_719_22

唐代•文選八八
21_192_25

唐代•文選八八
22_193_25

唐代•文選八八
22_194_6

唐代•文選百三
45_434_12

唐代•文選百三
47_449_30

唐代•文選百三
49_476_4

唐代•文選百三
61_584_13

唐代•文選八八
19_162_4

唐代•文選八八
19_167_12

唐代•文選八八
21_184_18

唐代•文選八八
21_185_11

唐代•文選八八
21_187_28

唐代•文選八八
21_190_5

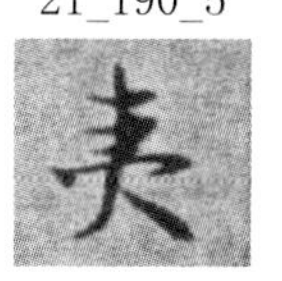
唐代•文選八八
21_191_11

唐代•文選八八
9_64_8

唐代•文選八八
12_101_26

唐代•文選八八
14_115_5

唐代•文選八八
14_115_20

唐代•文選八八
15_129_15

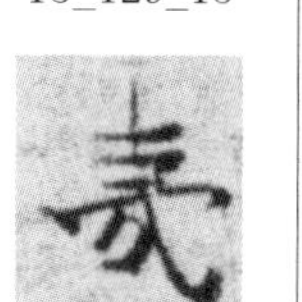
唐代•文選八八
19_160_12

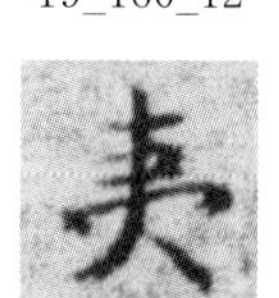
唐代•文選八八
19_160_14

唐代•文選八八
7_44_3

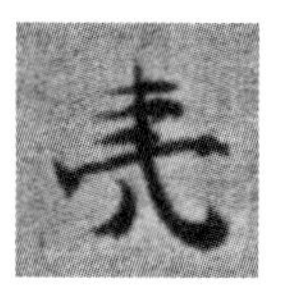
唐代•文選八八
7_46_19

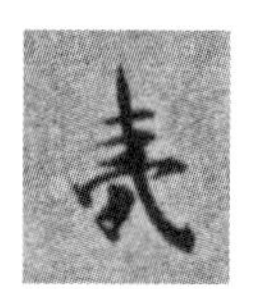
唐代•文選八八
7_47_17

唐代•文選八八
7_52_10

唐代•文選八八
7_54_27

唐代•文選八八
8_56_10

唐代•文選八八
8_59_3

唐代•文選六八
37_371_16

唐代•文選八八
3_13_12

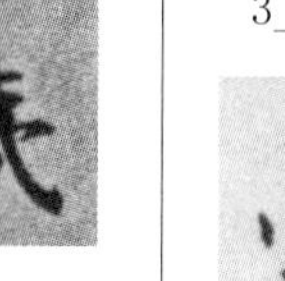
唐代•文選八八
3_18_12

唐代•文選八八
4_21_12

唐代•文選八八
5_30_10

唐代•文選八八
6_39_1

唐代•文選八八
7_42_19

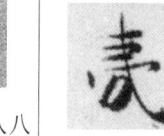

奉	夾
漢ホウ呉ブ 訓たてまつる	漢コウ慣キョウ 訓はさむ

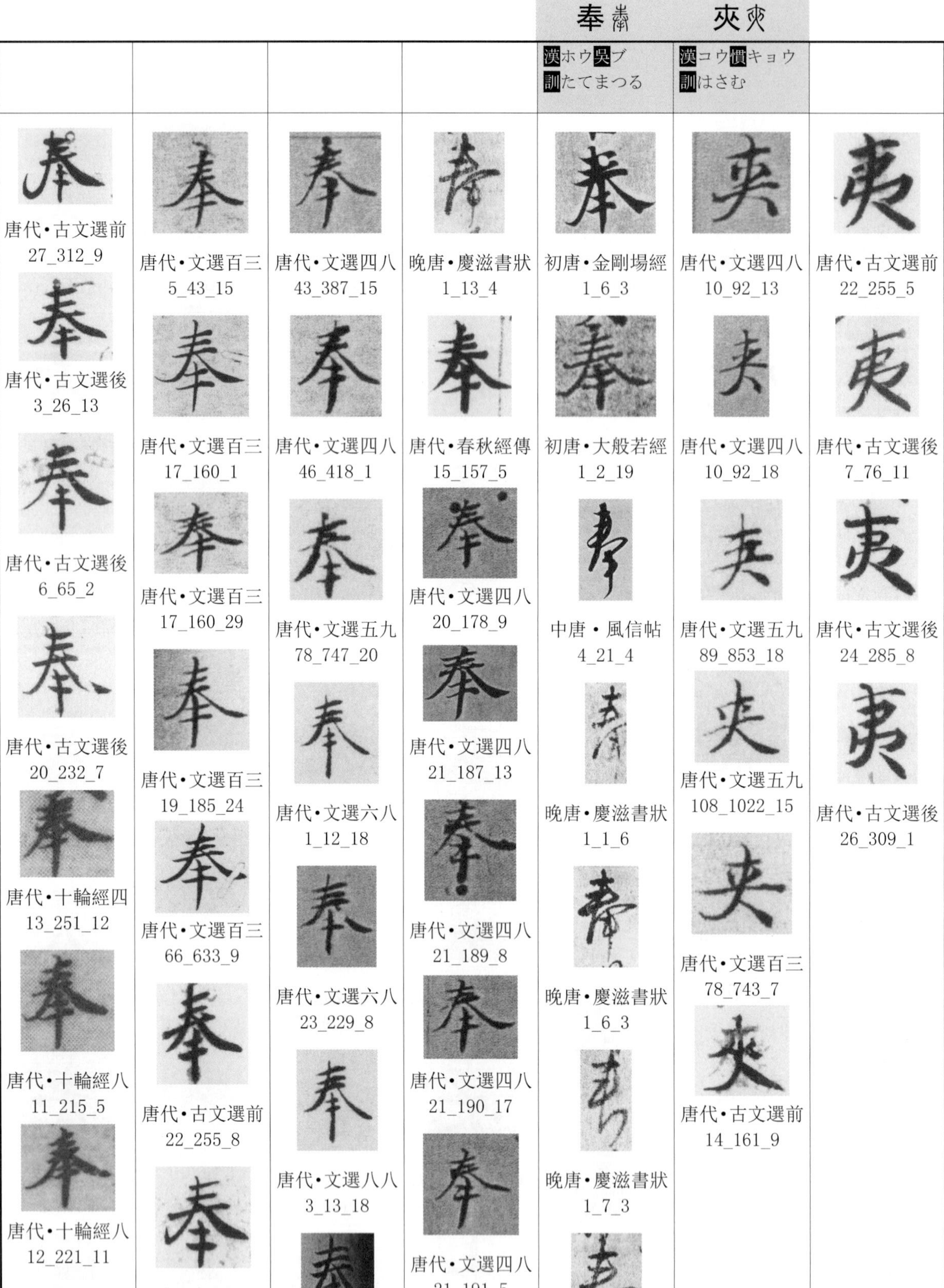

唐代・古文選前 22_255_5
唐代・古文選後 7_76_11
唐代・古文選後 24_285_8
唐代・古文選後 26_309_1

唐代・文選四八 10_92_13
唐代・文選四八 10_92_18
唐代・文選五九 89_853_18
唐代・文選五九 108_1022_15
唐代・文選百三 78_743_7
唐代・古文選前 14_161_9

初唐・金剛場經 1_6_3
初唐・大般若經 1_2_19
中唐・風信帖 4_21_4
晚唐・慶滋書狀 1_1_6
晚唐・慶滋書狀 1_6_3
晚唐・慶滋書狀 1_7_3
晚唐・慶滋書狀 1_8_11

晚唐・慶滋書狀 1_13_4
唐代・春秋經傳 15_157_5
唐代・文選四八 20_178_9
唐代・文選四八 21_187_13
唐代・文選四八 21_189_8
唐代・文選四八 21_190_17
唐代・文選四八 21_191_5

唐代・文選四八 43_387_15
唐代・文選四八 46_418_1
唐代・文選五九 78_747_20
唐代・文選六八 1_12_18
唐代・文選六八 23_229_8
唐代・文選八八 3_13_18
唐代・文選八八 21_189_4

唐代・文選百三 5_43_15
唐代・文選百三 17_160_1
唐代・文選百三 17_160_29
唐代・文選百三 19_185_24
唐代・文選百三 66_633_9
唐代・古文選前 22_255_8
唐代・古文選前 26_309_9

唐代・古文選前 27_312_9
唐代・古文選後 3_26_13
唐代・古文選後 6_65_2
唐代・古文選後 20_232_7
唐代・十輪經四 13_251_12
唐代・十輪經八 11_215_5
唐代・十輪經八 12_221_11

唐代•十輪經八
13_252_5

唐代•十輪經八
13_258_12

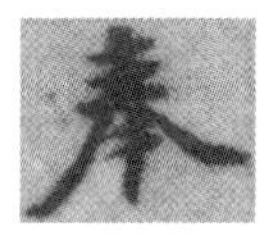
唐代•十輪經八
15_290_5

唐代•十輪經八
17_328_5

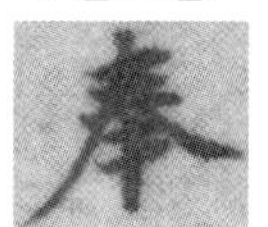
唐代•十輪經八
19_366_4

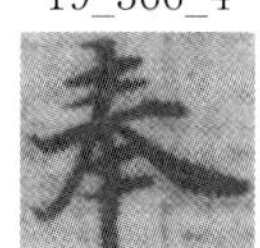
唐代•十輪經十
18_357_1

唐代•十輪經十
20_387_4

奈

慣ナ漢ダイ
訓からなし

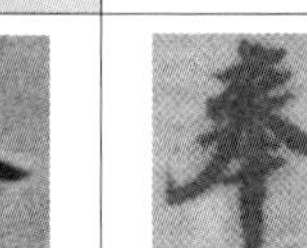
唐代•文選八八
12_99_5

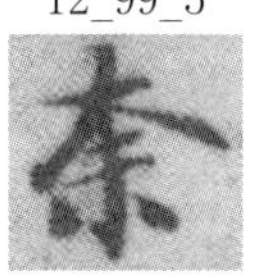
唐代•十輪經十
3_58_7

奔

ホン
訓はしる

唐代•春秋經傳
3_20_15

唐代•春秋經傳
6_60_2

唐代•春秋經傳
6_60_8

唐代•春秋經傳
10_106_2

唐代•春秋經傳
16_168_8

唐代•春秋經傳
17_173_16

唐代•春秋經傳
33_345_17

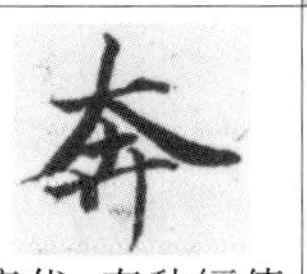
唐代•春秋經傳
32_334_3

唐代•春秋經傳
33_348_8

唐代•春秋經傳
34_351_1

唐代•春秋經傳
34_351_5

唐代•春秋經傳
34_351_14

唐代•春秋經傳
34_355_5

唐代•文選五九
20_192_9

唐代•文選五九
20_193_26

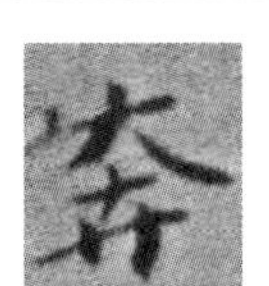
唐代•文選五九
20_195_3

唐代•文選五九
40_393_3

唐代•文選五九
40_393_6

唐代•文選五九
40_394_20

唐代•文選五九
77_742_24

唐代•文選五九
92_878_3

唐代•文選五九
92_879_6

唐代•文選六八
30_305_12

唐代•文選五九
92_883_1

唐代•文選六八
31_310_5

唐代•文選百三
28_274_9

唐代•文選百三
29_280_25

唐代•文選百三
41_413_4

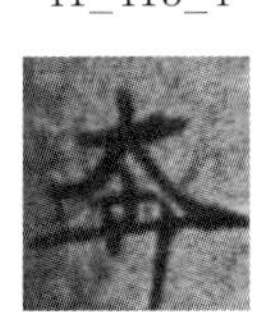
唐代•文選百三
41_414_15

唐代•文選百三
61_582_30

唐代•文選百三
69_665_1

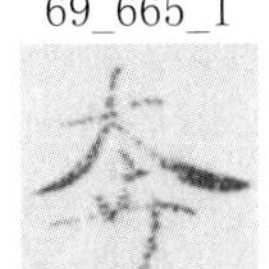
唐代•文選百三
69_668_13

唐代•古文選後
5_55_12

唐代•十輪經八
4_64_1

唐代•文選百三
69_663_12

唐代•文選百三
65_622_28

契 奐 奄 奇

契
漢ケイ、キツ
訓ちぎる

唐代•文選四八
10_90_3

唐代•文選四八
10_91_3

唐代•文選四八
11_93_15

唐代•文選四八
11_94_21

唐代•文選四八
11_95_9

唐代•文選四八
13_115_15

唐代•文選六八
63_635_2

唐代•文選六八
63_636_29

奐
カン
訓とりかえる

唐代•文選百三
47_455_19

奄
エン
訓おおう

唐代•文選四八
14_125_24

通峖
唐代•文選五九
105_998_2

唐代•古文選前
1_10_9

唐代•古文選後
1_7_5

唐代•古文選後
11_124_13

奇
漢キ呉ギ
訓くし

唐代•文選百三
60_579_15

唐代•文選百三
61_585_16

唐代•古文選前
2_23_14

唐代•古文選前
4_44_6

唐代•古文選前
8_98_4

唐代•文選八八
23_204_2

唐代•文選八八
23_205_24

唐代•文選百三
25_237_2

唐代•文選百三
45_434_2

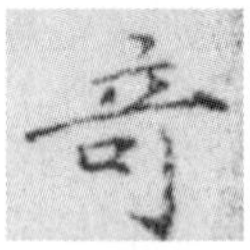
唐代•文選百三
45_435_7

唐代•文選百三
45_435_9

唐代•文選百三
49_477_26

唐代•文選四八
42_380_12

唐代•文選四八
42_383_7

唐代•文選六八
43_426_17

唐代•文選六八
43_430_5

唐代•文選六八
70_699_5

唐代•文選六八
70_700_15

唐代•文選六八
71_702_19

唐代•春秋經傳
14_142_11

唐代•文選四八
41_370_7

唐代•文選四八
42_374_7

唐代•文選四八
42_375_5

唐代•文選四八
42_375_18

唐代•文選四八
42_378_7

唐代•文選四八
42_378_16

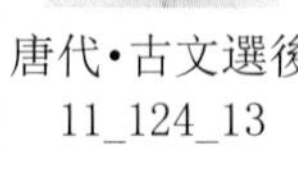

奢

シャ
訓おごる

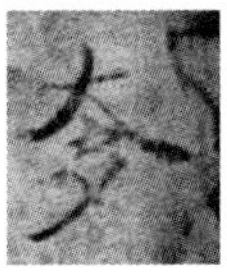
唐代・文選百三
1_8_17

唐代・十輪經四
9_162_9

奘

慣ジョウ漢ソウ
呉ゾウ
訓おおきい

初唐・大般若經
1_2_18

奚

漢ケイ
訓しもべ

唐代・文選四八
37_330_2

唐代・文選五九
48_476_22

唐代・文選六八
15_150_18

唐代・文選百三
12_109_5

唐代・文選百三
45_436_11

唐代・文選百三
46_442_1

唐代・文選百二
56_541_16

奕

漢エキ呉ヤク
訓うつくしい

唐代・古文選前
17_197_11

唐代・古文選後
1_4_3

唐代・古文選後
9_98_4

唐代・文選百三
50_482_6

唐代・文選六八
21_218_18

奏

漢現ソウ
訓かなでる

唐代・文選四八
30_268_8

唐代・文選四八
48_438_23

唐代・文選四八
48_439_21

唐代・文選五九
53_524_2

唐代・文選五九
54_529_9

唐代・文選五九
77_743_26

唐代・文選八八
12_101_3

唐代・文選六八
63_637_10

唐代・文選六八
63_637_26

唐代・文選六八
69_685_28

唐代・文選百三
34_338_8

唐代・文選百三
34_340_17

唐代・文選百三
34_340_25

唐代・古文選後
24_280_8

唐代・古文選後
24_280_19

		奪	奥	奠		爽
		慣ダツ 訓うばう	慣オク漢オウ 訓おく	漢テン、テイ呉デン 訓まつる		ソウ 訓あきらか
 唐代•十輪經四 7_135_16	 唐代•文選百三 85_814_28	 唐代•春秋經傳 38_397_4	 唐代•文選四八 13_113_8	 唐代•文選五九 88_843_7	 唐代•文選八八 21_181_25	 晚唐•慶滋書狀 1_5_7
 唐代•十輪經四 7_136_11	 唐代•文選百三 85_815_11	 唐代•春秋經傳 38_397_15	 唐代•古文選後 21_241_14	 唐代•文選五九 88_844_26	 唐代•古文選後 12_137_3	 唐代•文選六八 21_211_10
 唐代•十輪經四 17_331_16	 唐代•文選百三 85_815_17	 唐代•文選五九 64_621_21		 唐代•文選五九 88_845_9	 唐代•古文選後 19_223_5	 唐代•文選八八 20_177_6
 唐代•十輪經四 19_365_18	 唐代•文選百三 85_816_8	 唐代•文選五九 64_621_30		 唐代•古文選後 18_213_1		 唐代•文選八八 21_179_1
 唐代•十輪經四 19_366_4	 唐代•文選百三 85_817_25	 唐代•文選五九 68_650_6		 唐代•古文選後 19_221_5		 唐代•文選八八 21_180_14
	 唐代•古文選前 3_32_9	 唐代•文選百三 63_605_9		 唐代•古文選後 20_234_11		 唐代•文選八八 21_180_25
	 唐代•古文選前 3_32_10	 唐代•文選百三 85_813_9				 唐代•文選八八 21_180_35

奱

レン
訓よじる

唐代•文選五九
83_798_5

奮

フン
訓ふるう

唐代•文選百三
49_477_16

唐代•文選百三
68_653_13

唐代•古文選前
4_41_11

唐代•古文選前
5_55_1

唐代•古文選後
3_25_13

唐代•古文選後
6_69_6

唐代•文選六八
53_533_6

唐代•文選六八
53_536_6

唐代•文選六八
58_581_10

唐代•文選百三
27_264_25

唐代•文選百三
36_360_21

唐代•文選百三
45_433_11

唐代•文選百三
45_435_4

唐代•文選四八
24_213_23

唐代•文選五九
34_334_3

唐代•文選五九
71_678_4

唐代•文選五九
71_683_28

唐代•文選六八
35_350_5

唐代•文選六八
44_440_14

唐代•文選六八
52_520_16

奬

漢ショウ呉ソウ
訓すすめる

唐代•文選百三
37_365_18

唐代•文選百三
37_367_24

唐代•文選百三
37_368_14

唐代•文選百三
37_368_38

尢部

尤

ユウ
訓とがめる

唐代•文選六八 34_341_13
唐代•文選六八 41_410_6
唐代•文選六八 73_729_17

尨

漢ボウ
訓むくいぬ

唐代•文選八八 3_19_24

就

漢シュウ 呉ジュ
訓つく

初唐•法華義疏 1_6_19
中唐•七祖像贊 1_4_7
唐代•文選五九 18_176_27
唐代•文選五九 31_310_16
唐代•文選五九 31_311_9
唐代•文選五九 31_311_18
唐代•文選五九 41_411_7
唐代•文選五九 42_413_8
唐代•文選五九 42_414_9

唐代•文選五九 49_483_8
唐代•文選六八 24_244_29
唐代•文選六八 24_245_3
唐代•文選六八 47_470_9
唐代•文選六八 56_564_15
唐代•文選六八 57_567_4
唐代•文選百三 1_7_15
唐代•文選百三 3_24_6
唐代•文選百三 21_198_10

唐代•文選百三 34_339_23
唐代•古文選前 15_174_9
唐代•古文選後 10_110_13
唐代•古文選後 26_302_9
唐代•十輪經四 3_49_13
唐代•十輪經四 16_312_13
唐代•十輪經四 20_395_9
唐代•十輪經八 3_45_6

唐代•十輪經八 3_48_11
唐代•十輪經八 3_52_7
唐代•十輪經八 3_56_6
唐代•十輪經八 4_60_15
唐代•十輪經八 4_65_7
唐代•十輪經八 4_68_11
唐代•十輪經八 4_72_7
唐代•十輪經八 5_90_17
唐代•十輪經八 3_40_11

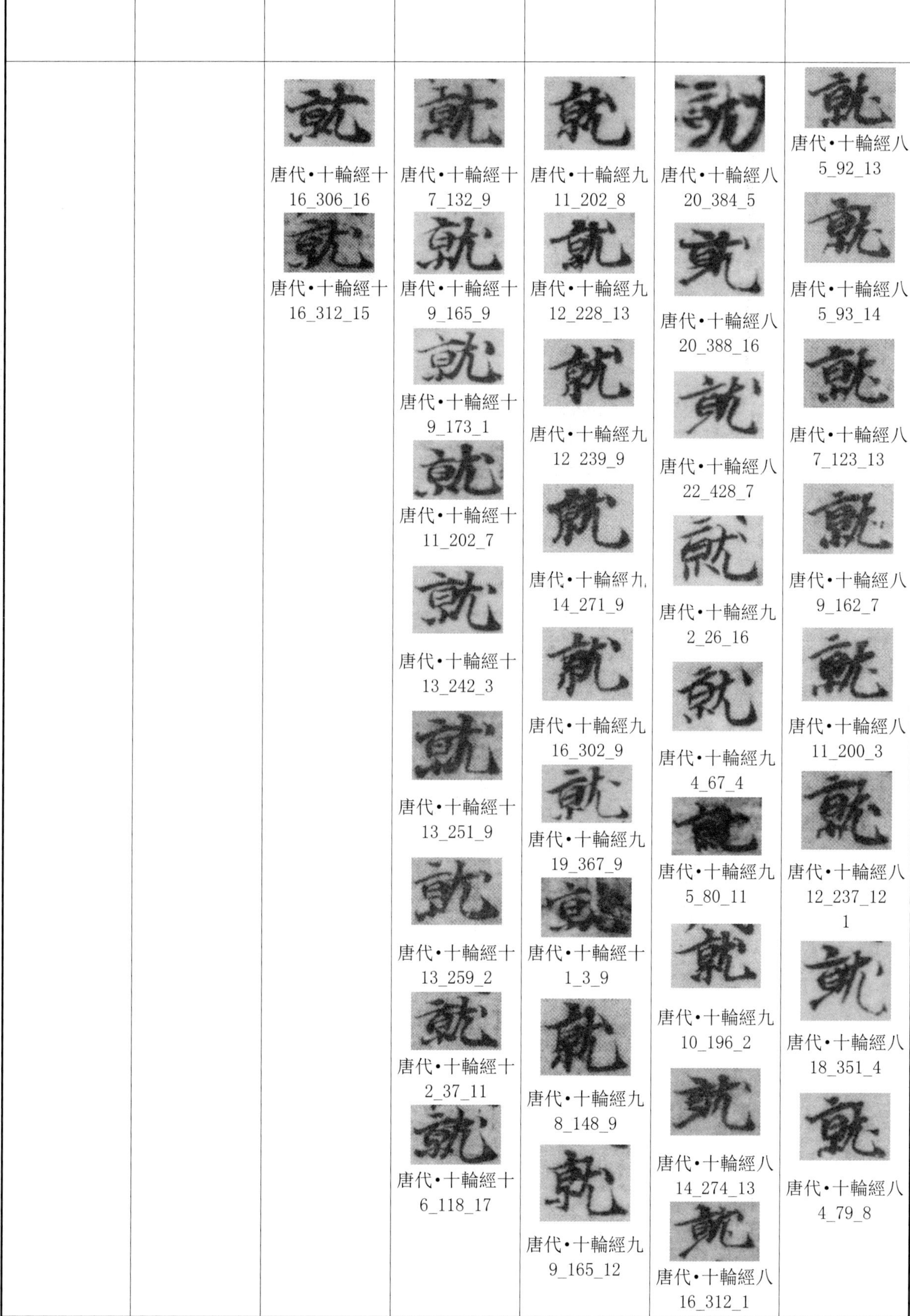

唐代·十輪經十 16_306_16
唐代·十輪經十 16_312_15

唐代·十輪經十 7_132_9
唐代·十輪經十 9_165_9
唐代·十輪經十 9_173_1
唐代·十輪經十 11_202_7
唐代·十輪經十 13_242_3
唐代·十輪經十 13_251_9
唐代·十輪經十 13_259_2
唐代·十輪經十 2_37_11
唐代·十輪經十 6_118_17

唐代·十輪經九 11_202_8
唐代·十輪經九 12_228_13
唐代·十輪經九 12 239_9
唐代·十輪經九 14_271_9
唐代·十輪經九 16_302_9
唐代·十輪經九 19_367_9
唐代·十輪經十 1_3_9
唐代·十輪經九 8_148_9
唐代·十輪經九 9_165_12

唐代·十輪經八 20_384_5
唐代·十輪經八 20_388_16
唐代·十輪經八 22_428_7
唐代·十輪經九 2_26_16
唐代·十輪經九 4_67_4
唐代·十輪經九 5_80_11
唐代·十輪經九 10_196_2
唐代·十輪經八 14_274_13
唐代·十輪經八 16_312_1

唐代·十輪經八 5_92_13
唐代·十輪經八 5_93_14
唐代·十輪經八 7_123_13
唐代·十輪經八 9_162_7
唐代·十輪經八 11_200_3
唐代·十輪經八 12_237_121
唐代·十輪經八 18_351_4
唐代·十輪經八 4_79_8

弋部

弋

漢ヨク
訓くい

唐代・文選六八
33_338_22

唐代・文選六八
45_445_5

唐代・文選六八
45_447_2

唐代・文選六八
45_447_14

式

呉シキ漢ショク
訓のり

唐代・文選五九
101_951_6

唐代・文選六八
43_425_20

唐代・文選六八
55_553_27

唐代・古文選前
4_42_14

唐代・古文選前
26_304_14

唐代・古文選後
13_144_13

弑

シ慣シイ
訓ころす

唐代・春秋經傳
3_21_26

唐代・春秋經傳
3_24_9

唐代・春秋經傳
10_104_12

唐代・春秋經傳
19_200_22

唐代・春秋經傳
19_202_10

唐代・春秋經傳
19_202_16

唐代・春秋經傳
20_204_7

唐代・春秋經傳
20_204_17

唐代・春秋經傳
32_335_19

唐代・春秋經傳
32_336_20

唐代・文選百三
42_418_24

小部

小

ショウ
訓ちいさい

唐代・春秋經傳 2_17_3
唐代・春秋經傳 6_55_3
唐代・春秋經傳 14_140_9
唐代・春秋經傳 15_150_10
唐代・春秋經傳 24_243_11
唐代・春秋經傳 28_290_20
唐代・春秋經傳 28_291_16
唐代・春秋經傳 34_359_18

唐代・春秋經傳 38_401_3
唐代・春秋經傳 38_401_19
唐代・文選四八 16_149_19
唐代・文選四八 18_163_23
唐代・文選四八 28_253_2
唐代・文選四八 31_280_1
唐代・文選四八 44_391_21
唐代・文選四八 49_441_14

唐代・文選四八 49_443_8
唐代・文選四八 49_443_15
唐代・文選四八 49_444_20
唐代・文選四八 49_446_17
唐代・文選五九 5_49_14
唐代・文選五九 5_49_20
唐代・文選五九 25_240_28
唐代・文選五九 49_486_9

唐代・文選五九 51_506_9
唐代・文選五九 54_529_1
唐代・文選五九 54_531_22
唐代・文選五九 59_569_1
唐代・文選五九 88_838_20
唐代・文選五九 88_838_29
唐代・文選五九 88_840_21
唐代・文選五九 92_882_9

唐代・文選五九 99_936_24
唐代・文選五九 101_948_16
唐代・文選五九 101_949_11
唐代・文選五九 103_979_15
唐代・文選六八 6_57_19
唐代・文選六八 11_116_13
唐代・文選六八 17_172_9
唐代・文選六八 17_172_19

唐代・文選六八 25_248_20
唐代・文選六八 36_363_8
唐代・文選六八 46_463_15
唐代・文選六八 57_575_22
唐代・文選六八 61_607_25
唐代・文選八八 12_97_25
唐代・文選八八 13_102_12
唐代・文選八八 15_121_15

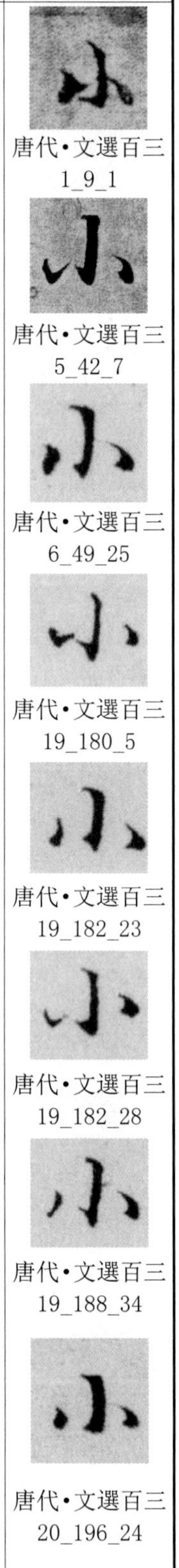
唐代•文選百三
1_9_1
唐代•文選百三
5_42_7
唐代•文選百三
6_49_25
唐代•文選百三
19_180_5
唐代•文選百三
19_182_23
唐代•文選百三
19_182_28
唐代•文選百三
19_188_34
唐代•文選百三
20_196_24

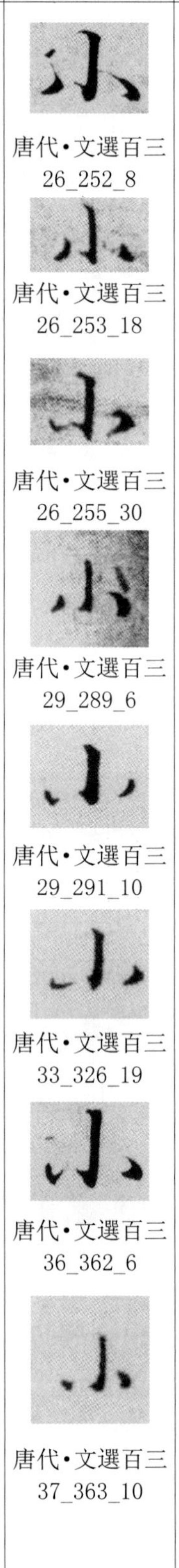
唐代•文選百三
26_252_8
唐代•文選百三
26_253_18
唐代•文選百三
26_255_30
唐代•文選百三
29_289_6
唐代•文選百三
29_291_10
唐代•文選百三
33_326_19
唐代•文選百三
36_362_6
唐代•文選百三
37_363_10

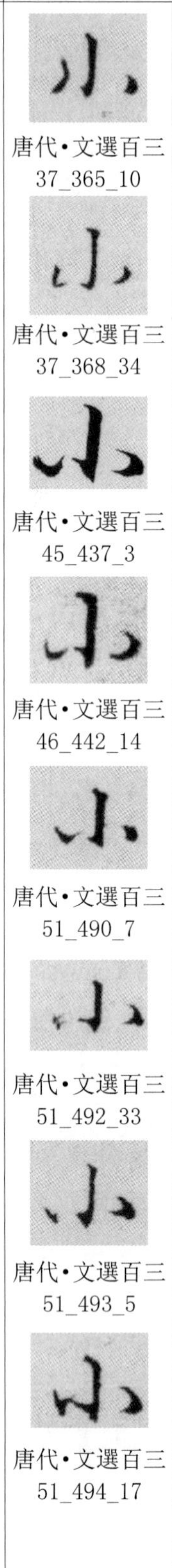
唐代•文選百三
37_365_10
唐代•文選百三
37_368_34
唐代•文選百三
45_437_3
唐代•文選百三
46_442_14
唐代•文選百三
51_490_7
唐代•文選百三
51_492_33
唐代•文選百三
51_493_5
唐代•文選百三
51_494_17

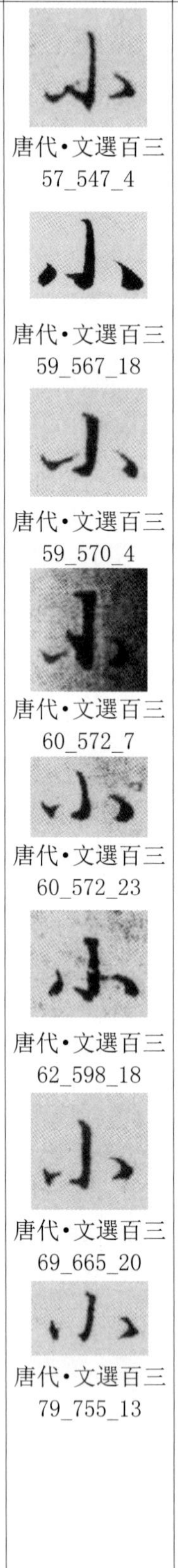
唐代•文選百三
57_547_4
唐代•文選百三
59_567_18
唐代•文選百三
59_570_4
唐代•文選百三
60_572_7
唐代•文選百三
60_572_23
唐代•文選百三
62_598_18
唐代•文選百三
69_665_20
唐代•文選百三
79_755_13

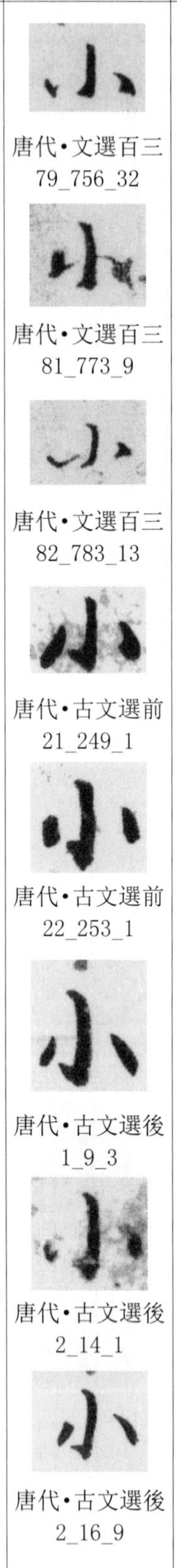
唐代•文選百三
79_756_32
唐代•文選百三
81_773_9
唐代•文選百三
82_783_13
唐代•古文選前
21_249_1
唐代•古文選前
22_253_1
唐代•古文選後
1_9_3
唐代•古文選後
2_14_1
唐代•古文選後
2_16_9

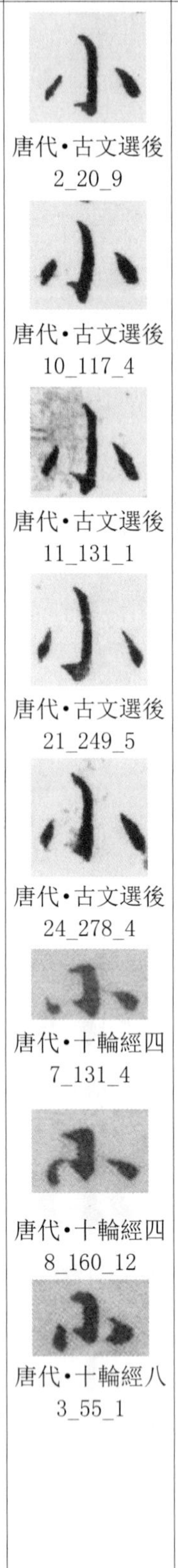
唐代•古文選後
2_20_9
唐代•古文選後
10_117_4
唐代•古文選後
11_131_1
唐代•古文選後
21_249_5
唐代•古文選後
24_278_4
唐代•十輪經四
7_131_4
唐代•十輪經四
8_160_12
唐代•十輪經八
3_55_1

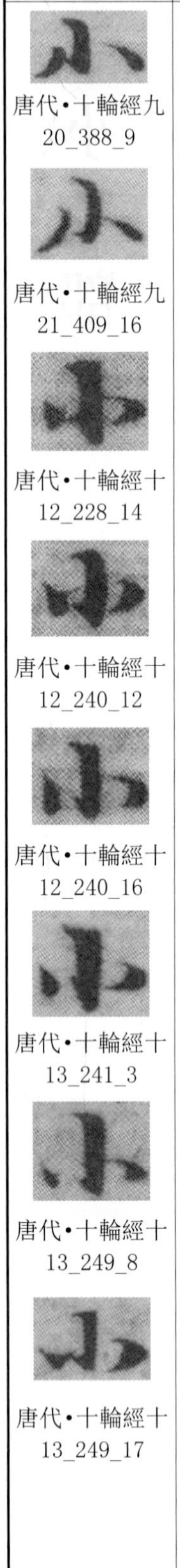
唐代•十輪經九
20_388_9
唐代•十輪經九
21_409_16
唐代•十輪經十
12_228_14
唐代•十輪經十
12_240_12
唐代•十輪經十
12_240_16
唐代•十輪經十
13_241_3
唐代•十輪經十
13_249_8
唐代•十輪經十
13_249_17

少

ショウ
訓すくない

唐代・十輪經十
15_287_5

唐代・十輪經十
15_287_10

中唐・風信帖
2_6_9

唐代・春秋經傳
37_389_5

唐代・春秋經傳
37_389_8

唐代・文選四八
9_79_14

唐代・文選四八
15_132_17

唐代・文選四八
16_143_20

唐代・文選四八
35_314_13

唐代・文選四八
42_381_18

唐代・文選四八
43_385_19

唐代・文選五九
13_130_26

唐代・文選五九
31_310_6

唐代・文選五九
31_311_3

唐代・文選五九
41_409_17

唐代・文選五九
56_543_13

唐代・文選五九
75_721_12

唐代・文選五九
93_890_20

唐代・文選五九
96_909_19

唐代・文選五九
97_914_17

唐代・文選五九
101_956_11

唐代・文選五九
102_966_16

唐代・文選五九
105_999_28

唐代・文選六八
17_170_19

唐代・文選五九
111_1049_5

唐代・文選六八
49_485_16

唐代・文選六八
64_639_9

唐代・文選六八
64_642_23

唐代・文選百三
1_6_6

唐代・文選百三
2_12_1

唐代・文選百三
2_13_29

唐代・文選百三
5_44_11

唐代・文選百三
8_70_8

唐代・文選百三
8_73_20

唐代・文選百三
8_74_34

唐代・文選百三
9_75_15

唐代・文選百三
13_118_15

唐代・文選百三
13_122_35

唐代・文選百三
13_123_8

唐代・文選百三
13_123_14

唐代・文選百三
23_219_24

唐代・文選百三
29_291_20

唐代・文選百三
36_358_7

唐代・文選百三
38_377_8

唐代・文選百三
38_378_20

唐代・文選百三
50_484_8

唐代・文選百三
50_485_9

唐代・文選百三
51_493_12

		尚 ショウ 漢シャウ 訓たかい				
唐代•文選四八 29_264_2	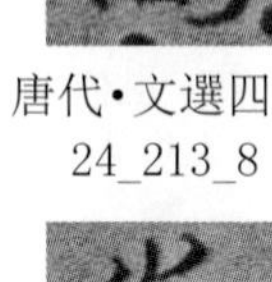 唐代•文選四八 24_213_8	唐代•春秋經傳 7_63_7	唐代•十輪經九 9_161_5	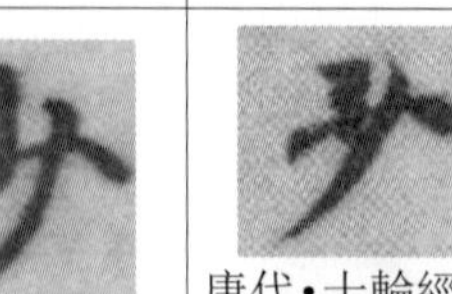 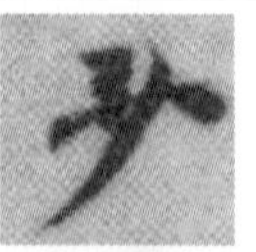 唐代•十輪經四 5_95_3	唐代•文選百三 70_678_10	唐代•文選百三 57_554_7
唐代•文選四八 29_264_21	 唐代•文選四八 24_217_9	唐代•春秋經傳 9_87_11	唐代•十輪經九 9_164_3	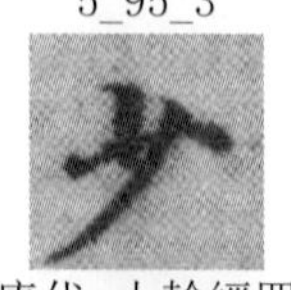 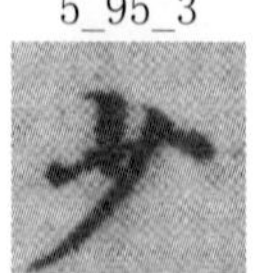 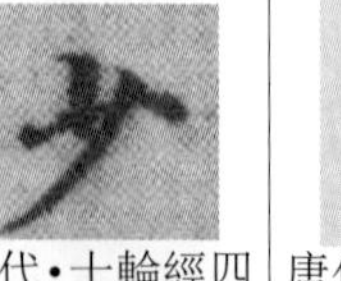 唐代•十輪經四 5_97_4	唐代•文選百三 71_682_22	唐代•文選百三 59_565_12
唐代•文選四八 29_265_6	  唐代•文選四八 27_241_21	唐代•文選四八 6_48_7	唐代•十輪經九 10_194_7	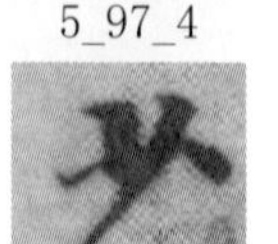 唐代•十輪經四 6_100_1	 唐代•古文選前 3_29_13	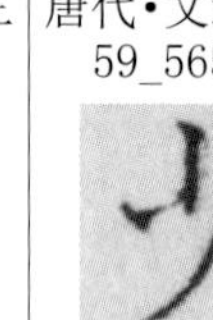 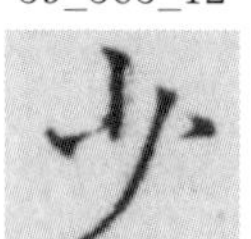 唐代•文選百三 63_603_25
唐代•文選四八 30_266_7	  唐代•文選四八 28_253_23	 唐代•文選四八 8_67_2	唐代•十輪經九 10_197_16	 唐代•十輪經四 6_102_15	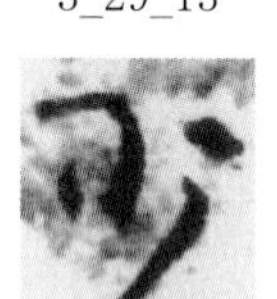 唐代•古文選前 13_155_2	 唐代•文選百三 65_623_17
唐代•文選四八 30_270_8	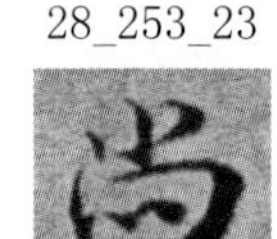  唐代•文選四八 29_259_8	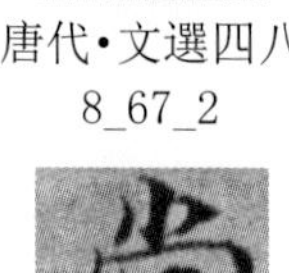  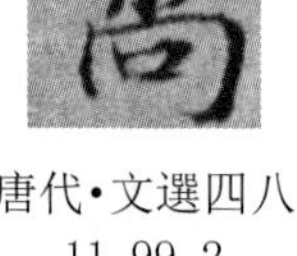 唐代•文選四八 11_99_2	唐代•十輪經九 10_199_3	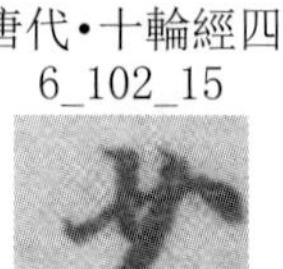 唐代•十輪經四 7_133_12	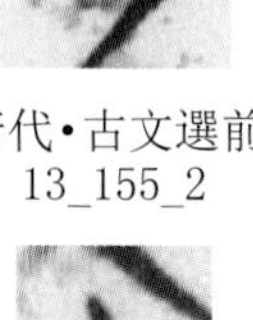  唐代•古文選後 16_183_61	 唐代•文選百三 65_626_23
唐代•文選四八 31_280_4	 唐代•文選四八 29_261_2	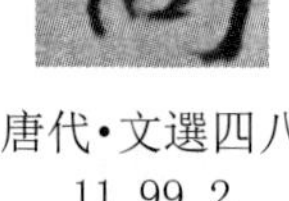 唐代•文選四八 14_126_18	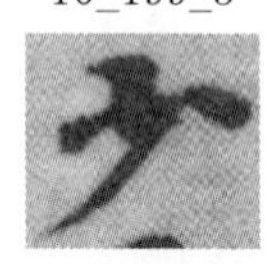 唐代•十輪經四 19_376_7	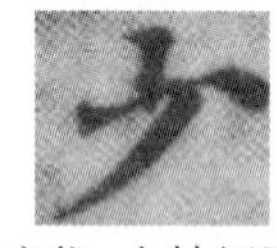 唐代•十輪經四 17_322_11	 唐代•古文選後 22_263_11	  唐代•文選百三 66_633_1
唐代•文選四八 35_316_14	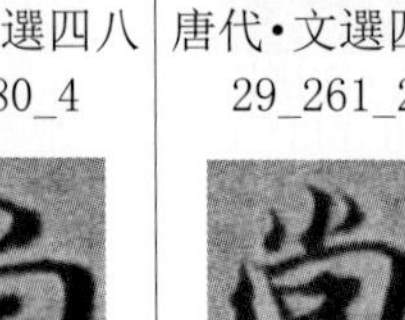   唐代•文選四八 29_262_9	唐代•文選四八 23_206_17		 唐代•十輪經四 18_344_11	  唐代•古文選後 26_312_3	 唐代•文選百三 67_639_4
 唐代•文選四八 36_327_8	 唐代•文選四八 29_263_3	  唐代•文選四八 23_207_6		 唐代•十輪經四 18_359_11	唐代•十輪經四 1_14_16	 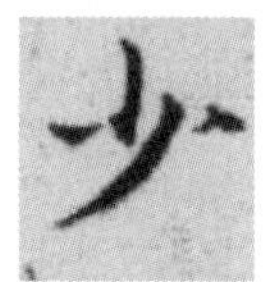 唐代•文選百三 70_678_6

唐代•文選四八 38_339_5
唐代•文選四八 44_400_8
唐代•文選四八 48_438_3
唐代•文選四八 48_438_18
唐代•文選四八 48_439_17
唐代•文選四八 49_441_4
唐代•文選四八 49_444_11
唐代•文選四八 50_448_4

唐代•文選四八 50_449_10
唐代•文選五九 6_54_26
唐代•文選五九 7_69_6
唐代•文選五九 49_481_4
唐代•文選五九 56_540_3
唐代•文選五九 56_541_2
唐代•文選五九 56_544_18
唐代•文選五九 56_545_23

唐代•文選五九 57_552_13
唐代•文選五九 59_567_6
唐代•文選五九 60_579_12
唐代•文選五九 63_607_7
唐代•文選五九 64_613_1
唐代•文選五九 64_615_11
唐代•文選五九 68_649_19
唐代•文選五九 68_655_8

唐代•文選五九 68_661_5
唐代•文選五九 74_710_11
唐代•文選五九 77_742_25
唐代•文選五九 80_767_3
唐代•文選五九 81_779_4
唐代•文選五九 81_780_15
唐代•文選五九 88_844_22
唐代•文選五九 101_949_13

唐代•文選五九 101_958_2
唐代•文選五九 101_959_8
唐代•文選五九 101_959_18
唐代•文選五九 102_961_4
唐代•文選五九 102_962_19
唐代•文選五九 103_971_22
唐代•文選五九 103_972_2
唐代•文選五九 104_982_5

唐代•文選五九 104_982_28
唐代•文選五九 111_1050_18
唐代•文選六八 5_52_7
唐代•文選六八 7_72_18
唐代•文選六八 10_106_20
唐代•文選六八 11_116_19
唐代•文選六八 13_129_9
唐代•文選六八 17_179_20

唐代•文選六八 17_180_2
唐代•文選六八 25_257_13
唐代•文選六八 35_346_8
唐代•文選六八 60_601_22
唐代•文選六八 63_629_14
唐代•文選六八 64_639_26
唐代•文選六八 66_661_12
唐代•文選六八 68_679_7

唐代•古文選前 4_45_4	唐代•文選百三 64_618_4	唐代•文選百三 35_344_19	唐代•文選百三 17_162_13	唐代•文選百三 6_49_28	唐代•文選八八 16_134_1	唐代•文選六八 70_697_14
唐代•古文選後 18_207_4	唐代•文選百三 65_623_24	唐代•文選百三 45_434_7	唐代•文選百三 17_168_11	唐代•文選百三 7_67_7	唐代•文選八八 21_180_6	唐代•文選六八 70_700_19
唐代•古文選後 19_222_2	唐代•文選百三 66_637_28	唐代•文選百三 48_460_27	唐代•文選百三 18_173_12	唐代•文選百三 11_96_1	唐代•文選百三 3_16_4	唐代•文選六八 71_706_6
唐代•古文選後 20_232_1	唐代•文選百三 69_664_8	唐代•文選百三 48_463_17	唐代•文選百三 22_212_10	唐代•文選百三 11_105_9	唐代•文選百三 3_17_23	唐代•文選六八 71_706_18
唐代•古文選後 21_246_10	唐代•文選百三 72_696_14	唐代•文選百三 55_531_10	唐代•文選百三 23_228_25	唐代•文選百三 11_106_24	唐代•文選百三 4_33_10	唐代•文選六八 71_706_24
唐代•十輪經四 8_146_10	唐代•文選百三 73_707_14	唐代•文選百三 56_542_29	唐代•文選百三 27_257_3	唐代•文選百三 13_115_27	唐代•文選百三 4_34_22	唐代•文選八八 9_63_6
唐代•十輪經四 8_160_3	唐代•文選百三 81_772_10	唐代•文選百三 57_550_14	唐代•文選百三 27_258_14	唐代•文選百三 13_122_10	唐代•文選百三 5_38_8	唐代•文選八八 9_65_24
	唐代•文選百三 82_782_12	唐代•文選百三 59_565_22	唐代•文選百三 29_283_27	唐代•文選百三 15_142_14	唐代•文選百三 5_39_17	唐代•文選八八 9_74_24

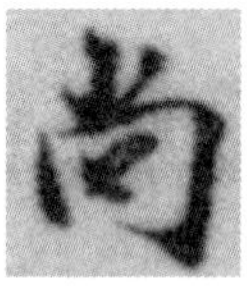
唐代•十輪經四
8_151_1

唐代•十輪經四
11_213_17

唐代•十輪經四
20_400_6

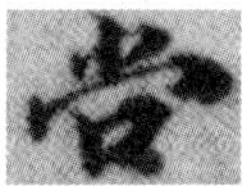
唐代•十輪經四
21_401_17

唐代•十輪經九
10_193_16

尟

漢セン呉セン
訓すくない

唐代•文選百三
57_550_1

唐代•文選百三
57_553_14

唐代•文選百三
57_554_6

口部

口

漢コウ 呉ク
訓くち

唐代・春秋經傳 7_64_15
唐代・春秋經傳 12_127_11
唐代・文選四八 21_191_15
唐代・文選五九 59_570_7
唐代・文選五九 59_571_10
唐代・文選五九 59_572_21
唐代・文選五九 60_576_14
唐代・文選六八 29_299_15

唐代・文選六八 37_365_12
唐代・文選六八 38_381_22
唐代・文選六八 47_466_2
唐代・文選六八 51_505_16
唐代・文選六八 63_637_27
唐代・文選八八 13_109_4
唐代・文選百三 13_122_1
唐代・文選六八 20_203_10

唐代・文選百三 34_337_2
唐代・文選百三 34_337_27
唐代・文選百三 35_347_9
唐代・文選百三 35_350_27
唐代・文選百三 36_356_25
唐代・文選百三 57_554_33
唐代・文選百三 24_232_18
唐代・文選百三 34_335_7

唐代・文選百三 84_803_6
唐代・文選百三 85_805_20
唐代・古文選前 7_76_8
唐代・古文選前 7_79_4
唐代・十輪經四 13_259_12
唐代・文選百三 39_392_14
唐代・文選百三 39_392_22
唐代・文選百三 51_492_22

古

コ
訓ふるい

唐代・春秋經傳 11_110_3
唐代・春秋經傳 11_111_4
唐代・文選四八 1_5_17
唐代・文選四八 7_54_24
唐代・文選四八 7_55_11
唐代・文選四八 12_105_9
唐代・文選四八 12_108_17
唐代・文選四八 13_113_13

唐代・文選四八 13_115_2
唐代・文選四八 13_115_18
唐代・文選四八 13_118_14
唐代・文選四八 14_130_18
唐代・文選四八 22_194_13
唐代・文選四八 30_272_15
唐代・文選四八 32_288_2
唐代・文選四八 42_383_9

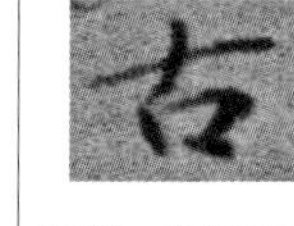
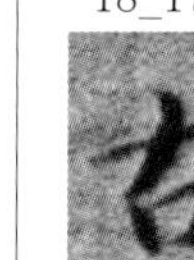
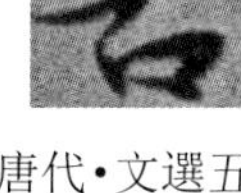

唐代·文選四八 45_404_7

唐代·文選四八 46_412_16

唐代·文選五九 10_95_21

唐代·文選五九 15_139_19

唐代·文選五九 18_175_2

唐代·文選五九 19_182_18

唐代·文選五九 20_196_9

唐代·文選五九 22_213_15

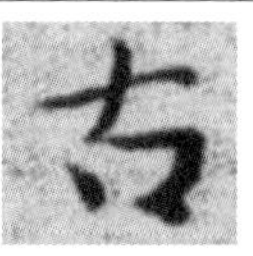
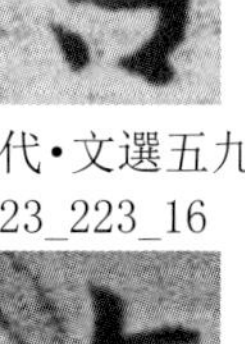

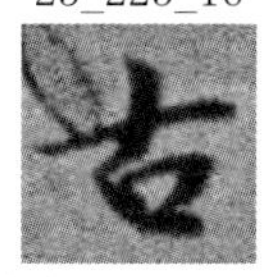
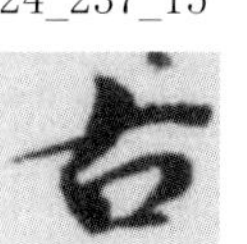

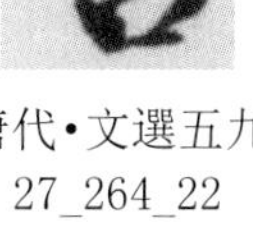

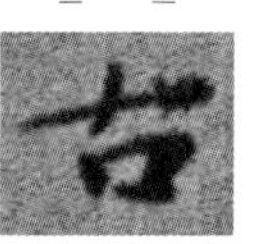
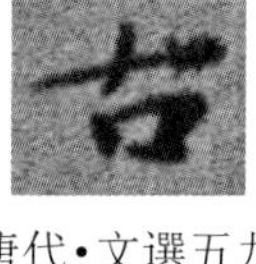
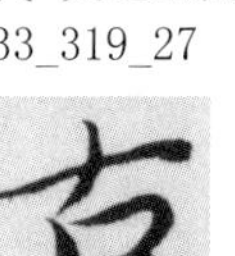
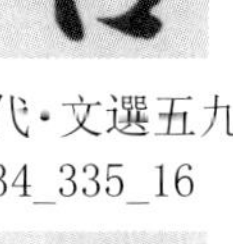

唐代·文選五九 23_223_16

唐代·文選五九 24_237_15

唐代·文選五九 27_264_22

唐代·文選五九 32_318_27

唐代·文選五九 33_319_27

唐代·文選五九 34_335_16

唐代·文選五九 34_336_12

唐代·文選五九 34_338_1

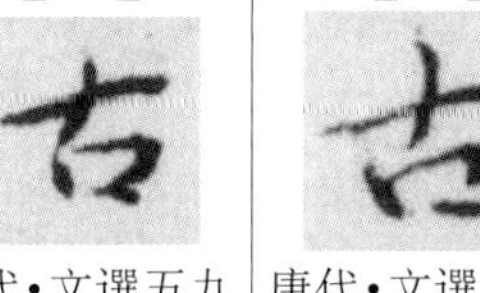
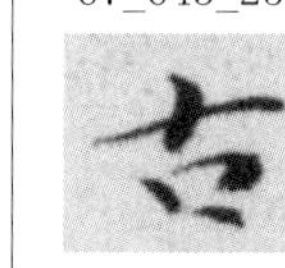

唐代·文選五九 44_434_18

唐代·文選五九 45_440_5

唐代·文選五九 45_443_9

唐代·文選五九 49_488_2

唐代·文選五九 61_583_4

唐代·文選五九 67_643_25

唐代·文選五九 68_651_2

唐代·文選五九 69_667_10

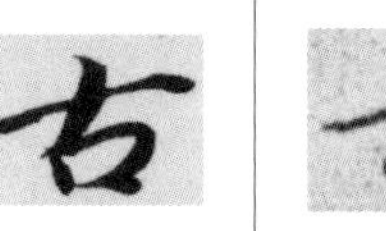
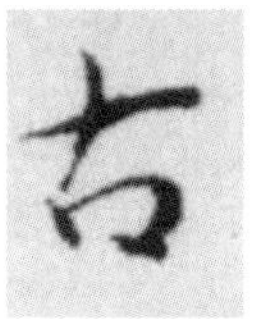
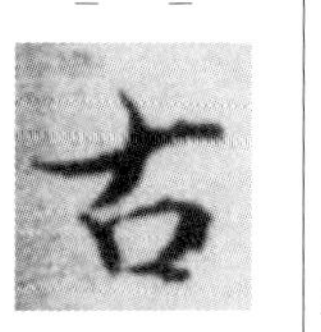
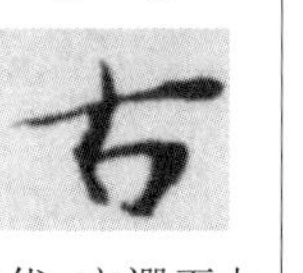
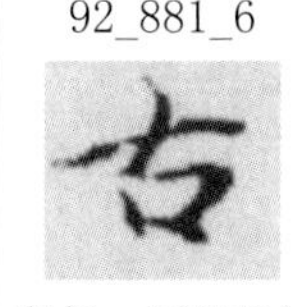

唐代·文選五九 70_672_15

唐代·文選五九 70_674_10

唐代·文選五九 70_675_14

唐代·文選五九 71_676_10

唐代·文選五九 83_797_11

唐代·文選五九 91_874_22

唐代·文選五九 92_881_6

唐代·文選五九 96_913_14

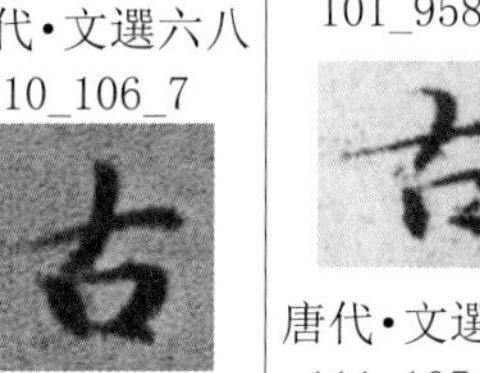

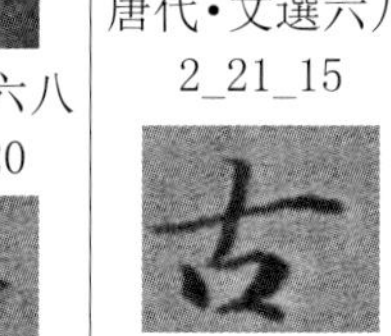
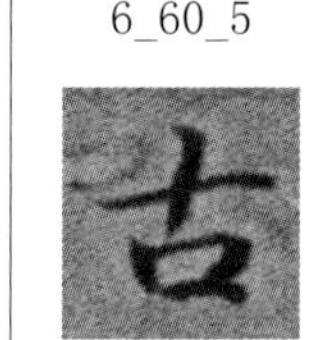
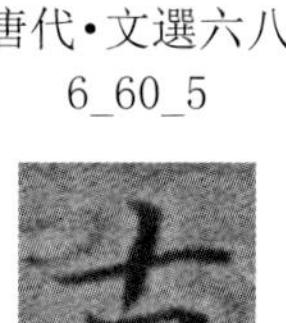
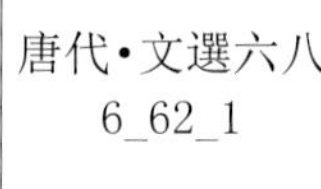

唐代·文選五九 98_931_22

唐代·文選五九 99_934_11

唐代·文選五九 99_941_11

唐代·文選五九 101_958_12

唐代·文選五九 111_1054_30

唐代·文選六八 2_21_15

唐代·文選六八 6_60_5

唐代·文選六八 6_62_1

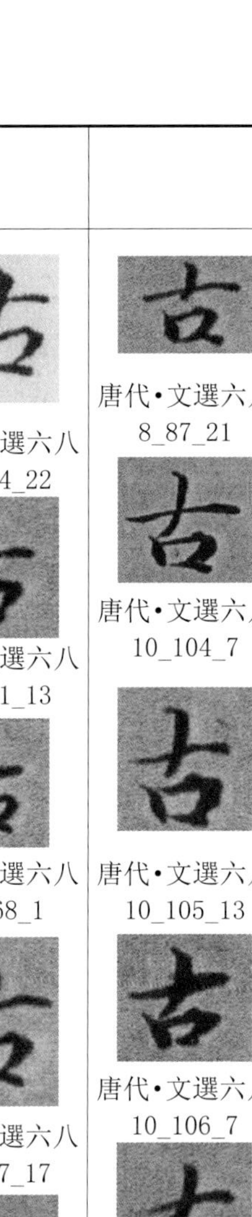
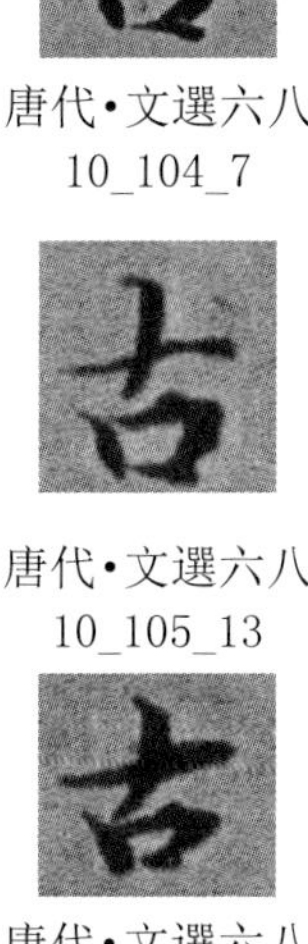

唐代·文選六八 8_87_21

唐代·文選六八 10_104_7

唐代·文選六八 10_105_13

唐代·文選六八 10_106_7

唐代·文選六八 10_106_16

唐代·文選六八 11_119_20

唐代·文選六八 11_120_4

唐代·文選六八 12_125_24

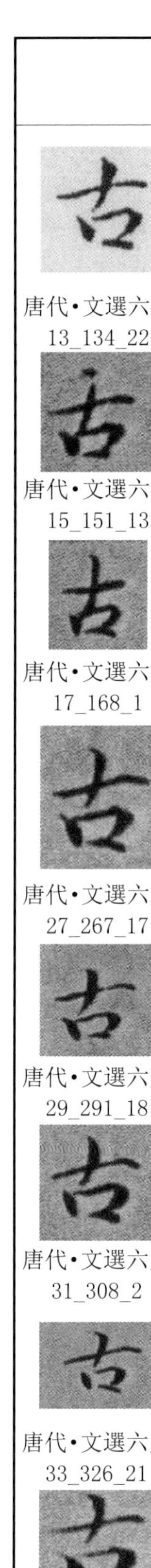

唐代·文選六八 13_134_22

唐代·文選六八 15_151_13

唐代·文選六八 17_168_1

唐代·文選六八 27_267_17

唐代·文選六八 29_291_18

唐代·文選六八 31_308_2

唐代·文選六八 33_326_21

唐代·文選六八 34_342_10

唐代·文選六八 39_389_20
唐代·文選六八 39_398_27
唐代·文選六八 41_417_15
唐代·文選六八 42_423_28
唐代·文選六八 42_424_18
唐代·文選六八 43_430_21
唐代·文選六八 46_459_18
唐代·文選六八 49_488_15

唐代·文選六八 51_506_3
唐代·文選六八 51_506_15
唐代·文選六八 52_519_17
唐代·文選六八 53_526_19
唐代·文選六八 57_572_15
唐代·文選六八 61_606_4
唐代·文選六八 65_653_6
唐代·文選六八 66_662_23

唐代·文選六八 72_719_6
唐代·文選八八 5_32_16
唐代·文選八八 7_50_2
唐代·文選八八 8_59_1
唐代·文選八八 9_64_31
唐代·文選八八 9_69_13
唐代·文選八八 10_82_12
唐代·文選八八 11_92_8

唐代·文選八八 13_106_15
唐代·文選八八 13_112_29
唐代·文選八八 23_205_22
唐代·文選百三 2_13_34
唐代·文選百三 8_72_26
唐代·文選百三 10_94_12
唐代·文選百三 21_197_23
唐代·文選百三 23_229_34

唐代·文選百三 28_276_17
唐代·文選百三 32_316_9
唐代·文選百三 33_332_15
唐代·文選百三 33_333_9
唐代·文選百三 35_349_29
唐代·文選百三 35_353_1
唐代·文選百三 40_404_15
唐代·文選百三 53_510_23

唐代·文選百三 56_540_18
唐代·文選百三 63_600_29
唐代·文選百三 67_645_32
唐代·文選百三 71_684_29
唐代·文選百三 80_763_9
唐代·文選百三 81_767_2
唐代·文選百三 81_774_20
唐代·文選百三 83_789_25

唐代·文選百三 85_808_21
唐代·古文選前 3_27_11
唐代·古文選前 11_134_13
唐代·古文選前 26_302_10
唐代·古文選後 7_76_13
唐代·古文選後 9_96_7
唐代·古文選後 11_121_10

可

カ

訓ゆるす

初唐•法華義疏 1_6_1
晚唐•慶滋書狀 1_14_7
唐代•春秋經傳 11_112_17
唐代•春秋經傳 13_133_10
唐代•春秋經傳 13_135_11
唐代•春秋經傳 15_150_14
唐代•春秋經傳 15_154_14

唐代•春秋經傳 15_151_10
唐代•春秋經傳 17_178_1
唐代•春秋經傳 20_207_21
唐代•春秋經傳 20_212_14
唐代•春秋經傳 20_213_5
唐代•春秋經傳 23_236_11
唐代•春秋經傳 23_237_12
唐代•春秋經傳 25_257_16

唐代•春秋經傳 28_287_22
唐代•春秋經傳 31_326_19
唐代•春秋經傳 36_374_10
唐代•春秋經傳 38_394_16
唐代•春秋經傳 38_395_3
唐代•春秋經傳 38_400_2
唐代•春秋經傳 28_285_36

唐代•文選四八 4_28_22
唐代•文選四八 32_293_15
唐代•文選四八 40_361_9
唐代•文選四八 40_362_23
唐代•文選四八 40_363_5
唐代•文選四八 40_364_5
唐代•春秋經傳 38_400_18
唐代•春秋經傳 38_400_14

唐代•文選五九 5_44_17
唐代•文選五九 6_57_5
唐代•文選五九 7_71_23
唐代•文選五九 15_145_16
唐代•文選五九 28_273_3
唐代•文選五九 3_26_23
唐代•文選四八 41_365_10

唐代•文選五九 33_319_15
唐代•文選五九 33_330_25
唐代•文選五九 35_350_2
唐代•文選五九 35_350_15
唐代•文選五九 28_277_11
唐代•文選五九 29_281_17
唐代•文選五九 32_316_4

唐代•文選五九 38_378_21
唐代•文選五九 39_383_23
唐代•文選五九 45_443_27
唐代•文選五九 35_350_29
唐代•文選五九 35_351_22
唐代•文選五九 37_360_2
唐代•文選五九 37_362_18

唐代•文選八八 9_66_11

唐代•文選八八 9_68_2

唐代•文選八八 13_112_19

唐代•文選八八 19_160_1

唐代•文選八八 22_196_6

唐代•文選八八 23_207_14

唐代•文選八八 23_208_6

唐代•文選六八 55_545_6

唐代•文選六八 55_545_21

唐代•文選八八 7_45_4

唐代•文選八八 7_47_2

唐代•文選八八 7_49_1

唐代•文選八八 7_49_7

唐代•文選八八 7_50_29

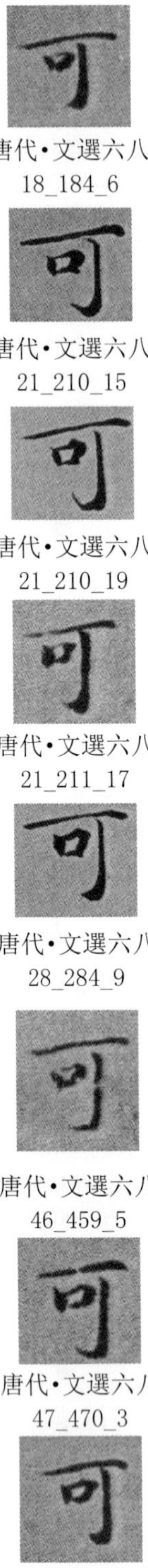

唐代•文選六八 18_184_6

唐代•文選六八 21_210_15

唐代•文選六八 21_210_19

唐代•文選六八 21_211_17

唐代•文選六八 28_284_9

唐代•文選六八 46_459_5

唐代•文選六八 47_470_3

唐代•文選六八 47_471_4

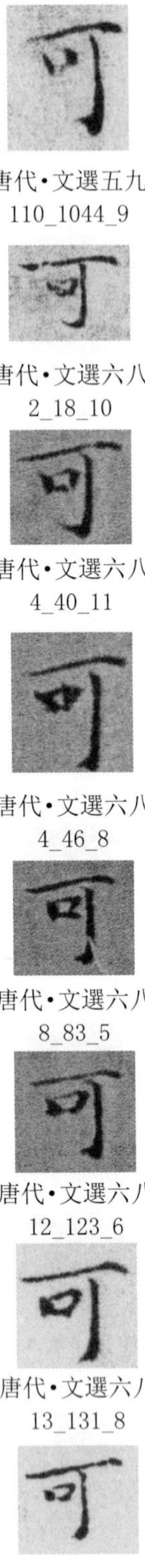

唐代•文選五九 110_1044_9

唐代•文選六八 2_18_10

唐代•文選六八 4_40_11

唐代•文選六八 4_46_8

唐代•文選六八 8_83_5

唐代•文選六八 12_123_6

唐代•文選六八 13_131_8

唐代•文選六八 13_140_19

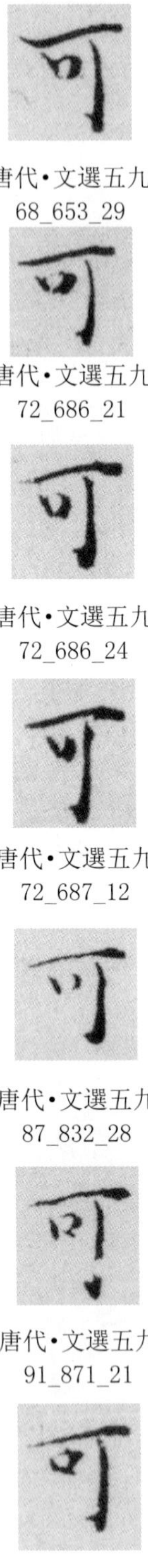

唐代•文選五九 68_653_29

唐代•文選五九 72_686_21

唐代•文選五九 72_686_24

唐代•文選五九 72_687_12

唐代•文選五九 87_832_28

唐代•文選五九 91_871_21

唐代•文選五九 91_872_7

唐代•文選五九 45_449_13

唐代•文選五九 62_601_14

唐代•文選五九 64_621_16

唐代•文選五九 64_621_20

唐代•文選五九 64_621_25

唐代•文選五九 64_621_29

唐代•文選五九 105_994_24

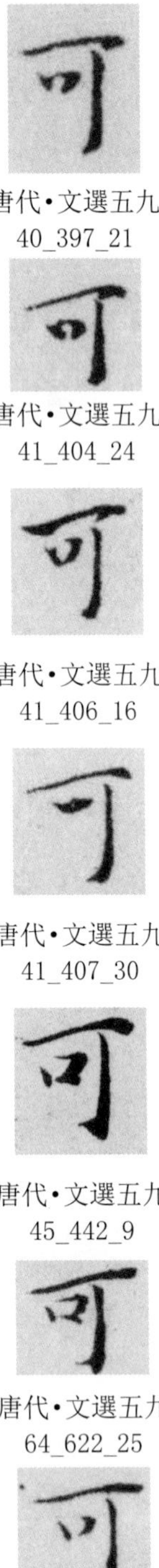

唐代•文選五九 40_397_21

唐代•文選五九 41_404_24

唐代•文選五九 41_406_16

唐代•文選五九 41_407_30

唐代•文選五九 45_442_9

唐代•文選五九 64_622_25

唐代•文選五九 64_622_28

唐代•文選百三 10_92_2
唐代•文選百三 15_142_40
唐代•文選百三 16_149_12
唐代•文選百三 16_150_2
唐代•文選百三 16_153_21
唐代•文選百三 16_153_33
唐代•文選百三 9_77_32
唐代•文選百三 9_89_1

唐代•文選百三 21_201_33
唐代•文選百三 23_225_2
唐代•文選百三 23_226_7
唐代•文選百三 29_279_21
唐代•文選百三 32_318_17
唐代•文選百三 32_318_26
唐代•文選百三 16_154_8
唐代•文選百三 17_156_16

唐代•文選百三 45_432_20
唐代•文選百三 45_432_25
唐代•文選百三 46_443_1
唐代•文選百三 49_475_11
唐代•文選百三 51_491_30
唐代•文選百三 51_493_9
唐代•文選百三 33_332_3
唐代•文選百三 40_401_2

唐代•文選百三 59_563_10
唐代•文選百三 60_576_20
唐代•文選百三 60_576_21
唐代•文選百三 62_598_24
唐代•文選百三 62_599_7
唐代•文選百三 63_601_30
唐代•文選百三 55_532_18
唐代•文選百三 58_561_18

唐代•文選百三 83_794_19
唐代•文選百三 85_813_4
唐代•文選百三 85_813_8
唐代•文選百三 85_814_21
唐代•文選百三 85_814_27
唐代•文選百三 85_815_10
唐代•文選百三 71_686_6
唐代•文選百三 73_711_12

唐代•文選百三 85_817_23
唐代•古文選前 3_28_9
唐代•古文選前 3_32_2
唐代•古文選前 4_41_5
唐代•古文選前 4_46_4
唐代•文選百三 85_815_16
唐代•文選百三 85_816_6

唐代•古文選前 4_47_6
唐代•古文選前 5_57_8
唐代•古文選前 6_64_14
唐代•古文選前 6_67_9
唐代•古文選前 6_69_5
唐代•古文選前 6_72_12
唐代•古文選前 25_300_3
唐代•古文選前 25_300_10

唐代•十輪經九 5_97_12	唐代•十輪經八 18_345_2	唐代•十輪經八 14_264_3	唐代•十輪經八 10_186_5	唐代•十輪經四 22_420_11	唐代•古文選後 26_303_11	唐代•古文選後 6_72_12
唐代•十輪經九 6_102_14	唐代•十輪經八 19_374_4	唐代•十輪經八 15_298_4	唐代•十輪經八 10_186_13	唐代•十輪經四 22_425_1	唐代•十輪經四 9_164_2	唐代•古文選後 7_73_2
唐代•十輪經九 7_127_21	唐代•十輪經八 19_374_12	唐代•十輪經八 15_298_12	唐代•十輪經八 10_190_6	唐代•十輪經八 6_109_16	唐代•十輪經四 11_214_2	唐代•古文選後 9_107_1
唐代•十輪經九 15_298_23	唐代•十輪經八 19_378_3	唐代•十輪經八 15_302_4	唐代•十輪經八 12_223_4	唐代•十輪經八 6_110_7	唐代•十輪經四 11_217_2	唐代•古文選後 10_114_14
唐代•十輪經九 15_299_23	唐代•十輪經八 21_411_13	唐代•十輪經八 16_307_2	唐代•十輪經八 12_223_12	唐代•十輪經八 6_113_16	唐代•十輪經四 12_227_2	唐代•古文選後 19_220_6
唐代•十輪經九 17_325_2	唐代•十輪經八 21_412_4	唐代•十輪經八 17_336_3	唐代•十輪經八 12_227_4	唐代•十輪經八 8_147_16	唐代•十輪經四 20_400_8	唐代•古文選後 23_267_9
唐代•十輪經九 17_325_10	唐代•十輪經八 21_415_17	唐代•十輪經八 17_336_11	唐代•十輪經八 13_260_4	唐代•十輪經八 8_148_7	唐代•十輪經四 21_411_13	唐代•古文選後 23_276_1
唐代•十輪經九 17_329_2	唐代•十輪經八 22_423_1	唐代•十輪經八 17_340_3	唐代•十輪經八 13_260_12	唐代•十輪經八 8_152_6	唐代•十輪經四 21_415_15	唐代•古文選後 25_298_14

叶 叶

現キョウ
訓あわせる

唐代・文選百三
50_480_18

右 右

漢ユウ 呉ウ
訓みぎ

唐代・春秋經傳
9_92_2

唐代・春秋經傳
9_92_8

唐代・春秋經傳
9_92_10

唐代・文選四八
11_93_1

唐代・文選四八
24_220_13

唐代・文選四八
27_241_22

唐代・文選四八
30_270_15

唐代・文選四八
48_429_4

唐代・文選四八
48_430_4

唐代・文選五九
41_410_18

唐代・文選五九
42_413_1

唐代・文選五九
74_706_7

唐代・文選六八
6_56_14

唐代・文選六八
30_303_30

唐代・文選六八
49_497_7

唐代・文選八八
6_40_9

唐代・文選八八
7_43_12

唐代・文選八八
17_154_15

唐代・文選八八
18_156_15

唐代・文選百三
27_264_21

唐代・文選百三
55_528_1

唐代・文選百三
56_537_11

唐代・文選百三
78_743_16

唐代・文選百三
81_771_6

唐代・古文選前
9_103_6

唐代・古文選前
22_256_6

唐代・十輪經四
12_226_1

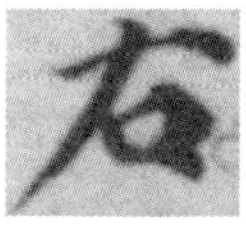
唐代・十輪經四
12_232_9

唐代・十輪經四
12_238_1

唐代・十輪經四
13_244_9

唐代・十輪經四
13_249_17

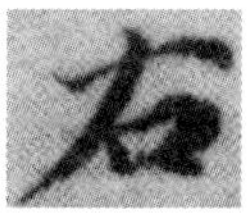
唐代・十輪經四
13_256_9

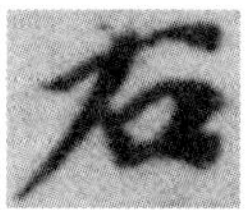
唐代・十輪經四
14_261_17

唐代・十輪經四
14_268_9

唐代・十輪經四
15_282_1

只 只

シ
訓ただし

晩唐・慶滋書狀
1_13_10

史

シ
訓ふびと

唐代・文選五九 25_247_12
唐代・文選五九 43_421_12
唐代・文選五九 45_446_8
唐代・文選五九 47_469_29
唐代・文選五九 61_588_3
唐代・文選五九 63_604_21
唐代・文選五九 76_725_7
唐代・文選五九 77_743_22

唐代・文選四八 17_153_12
唐代・文選四八 32_285_19
唐代・文選四八 32_286_2
唐代・文選四八 46_417_8
唐代・文選四八 46_417_19
唐代・文選四八 48_437_7
唐代・文選四八 49_444_26
唐代・文選五九 2_13_3

唐代・春秋經傳 1_4_16
唐代・春秋經傳 5_44_2
唐代・春秋經傳 10_106_9
唐代・春秋經傳 11_110_6
唐代・春秋經傳 34_351_25
唐代・文選四八 1_4_4
唐代・文選四八 14_129_10
唐代・文選四八 15_135_23

句

ク
訓まがる

唐代・文選六八 37_368_27
唐代・文選六八 73_724_22
唐代・十輪經九 12_224_7

晚唐・慶滋書狀 1_3_5
唐代・文選四八 7_56_27
唐代・文選四八 19_170_14
唐代・文選五九 35_347_3
唐代・文選五九 92_889_26
唐代・文選五九 105_998_13
唐代・文選六八 40_401_32

号

呉ゴウ漢コウ
訓さけぶ

唐代・文選百三 66_638_20
唐代・文選百三 72_695_27
唐代・十輪經四 11_215_16
唐代・十輪經九 6_107_1

唐代・文選四八 14_131_1
唐代・文選四八 20_178_26
唐代・文選四八 20_179_13
唐代・文選五九 51_508_6
唐代・文選五九 78_752_2
唐代・文選五九 112_1063_9
唐代・文選八八 19_166_21
唐代・文選百三 53_510_32

唐代•文選百三
69_660_2

唐代•文選百三
81_764_12

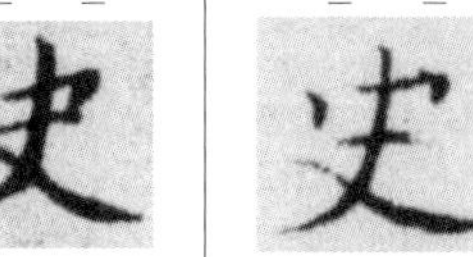
唐代•古文選後
20_232_14

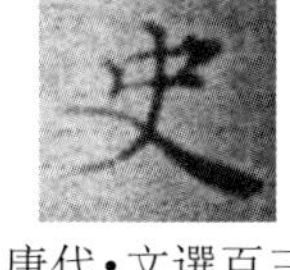
唐代•古文選後
21_244_47

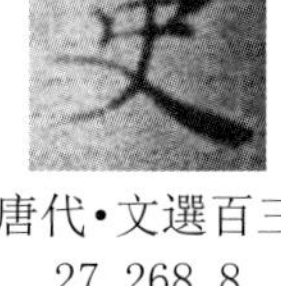
唐代•古文選後
21_244_78

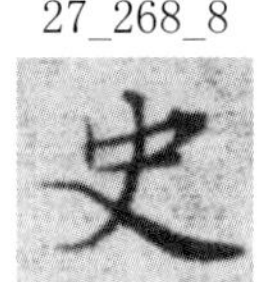
唐代•古文選後
26_306_55

唐代•古文選後
26_311_27

唐代•文選百三
42_418_4

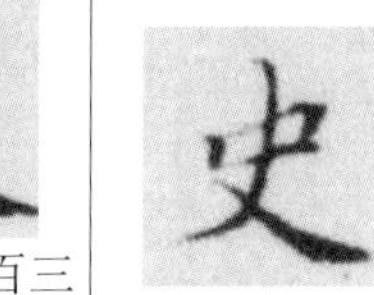
唐代•文選百三
45_425_24

唐代•文選百三
45_427_2

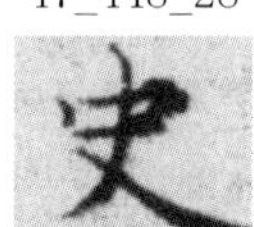
唐代•文選百三
45_429_24

唐代•文選百三
45_431_8

唐代•文選百三
47_448_28

唐代•文選百三
60_580_7

唐代•文選百三
61_585_10

唐代•文選百三
27_261_20

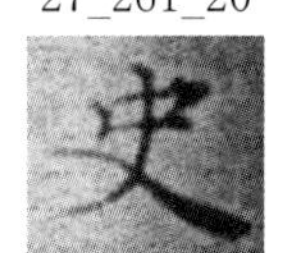
唐代•文選百三
27_268_8

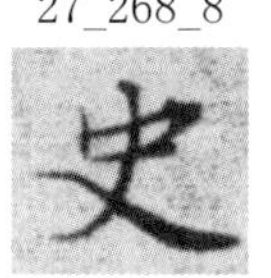
唐代•文選百三
27_271_14

唐代•文選百三
28_272_31

唐代•文選百三
29_279_2

唐代•文選百三
34_340_8

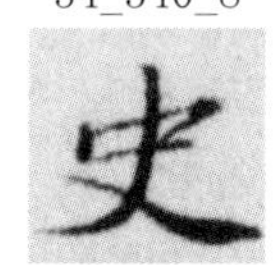
唐代•文選百三
35_343_12

唐代•文選百三
35_344_10

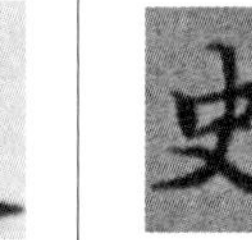
唐代•文選百三
6_51_27

唐代•文選百三
6_53_20

唐代•文選百三
8_69_5

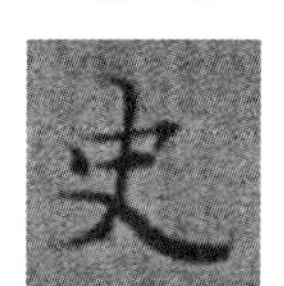
唐代•文選百三
8_69_20

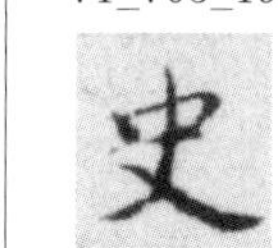
唐代•文選百三
8_70_2

唐代•文選百三
14_132_10

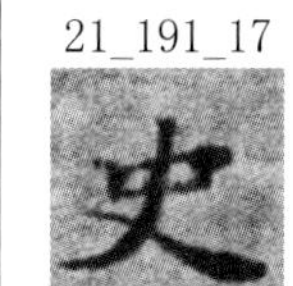
唐代•文選百三
16_149_23

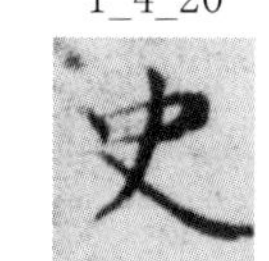
唐代•文選百三
24_235_21

唐代•文選六八
49_490_11

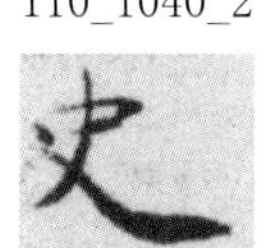
唐代•文選六八
59_591_2

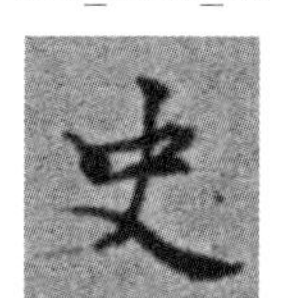
唐代•文選六八
69_684_2

唐代•文選六八
71_705_19

唐代•文選八八
11_91_16

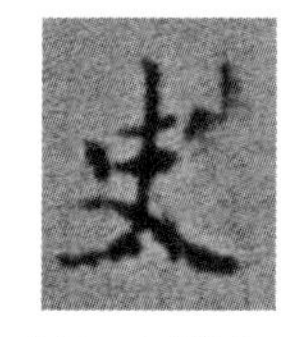
唐代•文選八八
21_191_17

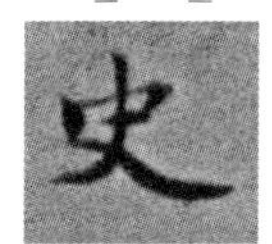
唐代•文選百三
1_4_20

唐代•文選百三
4_34_5

唐代•文選五九
110_1040_2

唐代•文選五九
111_1049_30

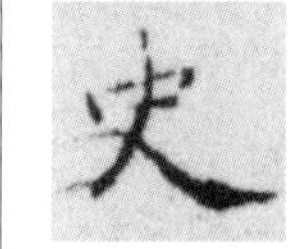
唐代•文選六八
8_76_11

唐代•文選六八
8_76_14

唐代•文選六八
15_161_12

唐代•文選六八
16_164_8

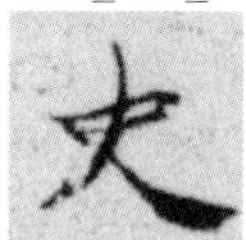
唐代•文選六八
33_325_22

唐代•文選五九
88_849_17

唐代•文選五九
91_872_21

唐代•文選五九
92_876_21

唐代•文選五九
100_947_29

唐代•文選五九
103_970_18

唐代•文選五九
103_972_8

唐代•文選五九
107_1011_10

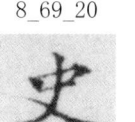

司 司

シ唐ス
訓つかさどる

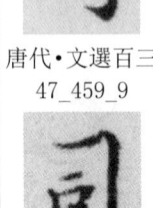

唐代•春秋經傳 5_46_11

唐代•春秋經傳 15_158_5

唐代•春秋經傳 20_209_17

唐代•春秋經傳 21_217_4

唐代•春秋經傳 21_218_8

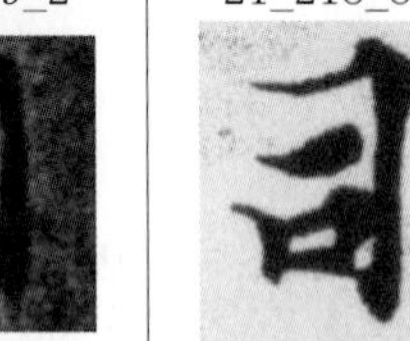
唐代•春秋經傳 23_238_7

唐代•春秋經傳 36_378_26

唐代•春秋經傳 36_378_28

唐代•春秋經傳 36_381_16

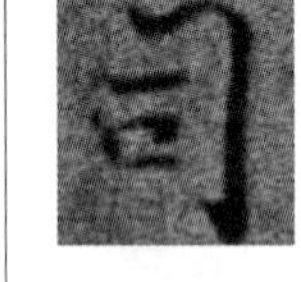
唐代•文選四八 20_185_8

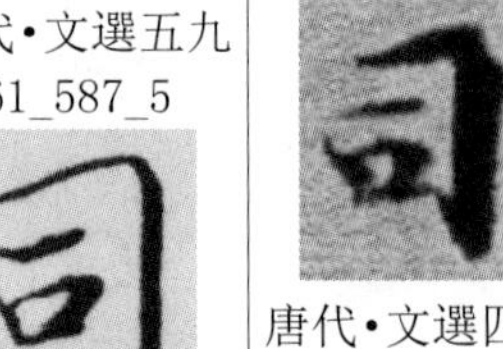
唐代•文選四八 43_386_13

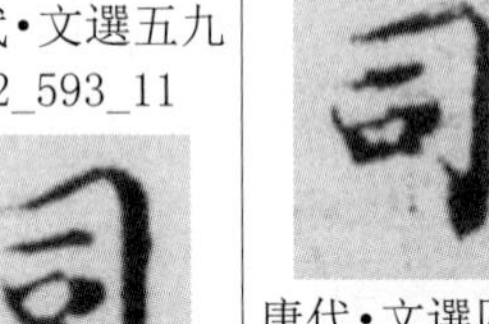
唐代•文選四八 50_449_2

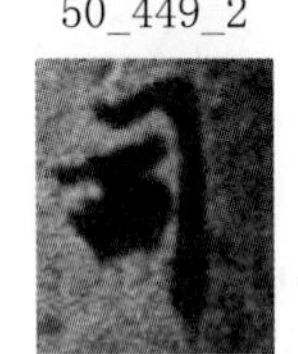
唐代•文選五九 35_349_9

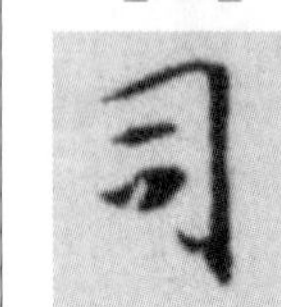
唐代•文選五九 41_406_11

唐代•文選五九 42_413_11

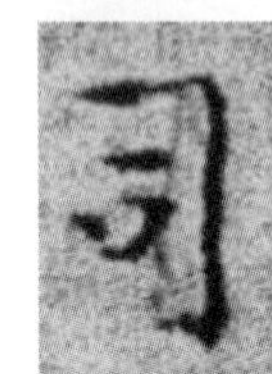

唐代•文選五九 49_484_21

唐代•文選五九 61_587_5

唐代•文選五九 62_593_11

唐代•文選五九 62_594_22

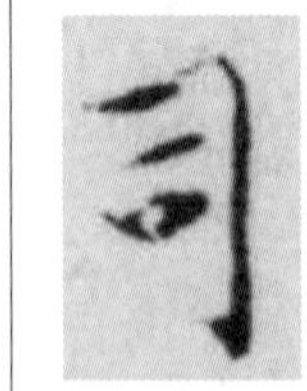
唐代•文選五九 63_604_27

唐代•文選五九 62_596_7

唐代•文選五九 68_656_16

唐代•文選五九 77_736_13

唐代•文選五九 78_755_24

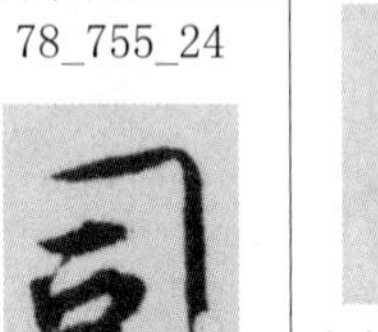
唐代•文選六八 1_2_1

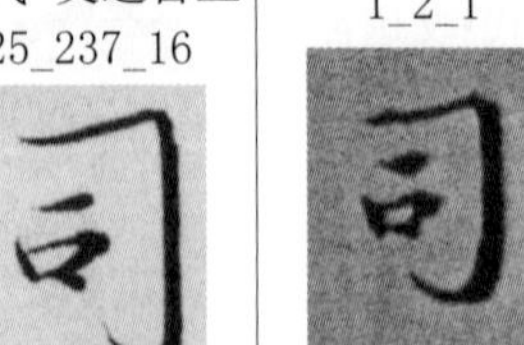
唐代•文選六八 57_566_4

唐代•文選六八 30_302_3

唐代•文選六八 51_510_22

唐代•文選八八 1_3_1

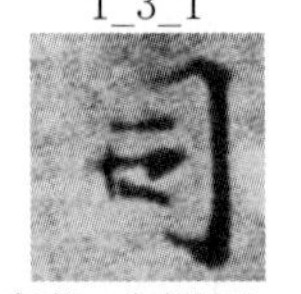
唐代•文選百三 23_218_27

唐代•文選百三 23_228_10

唐代•文選百三 25_237_16

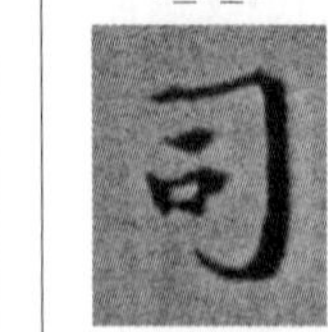
唐代•文選百三 28_274_8

唐代•文選百三 29_279_11

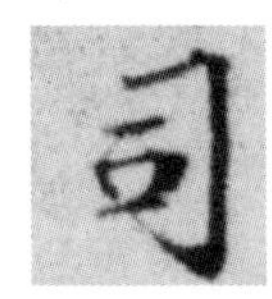
唐代•文選百三 32_317_3

唐代•文選百三 35_347_2

唐代•文選百三 35_350_5

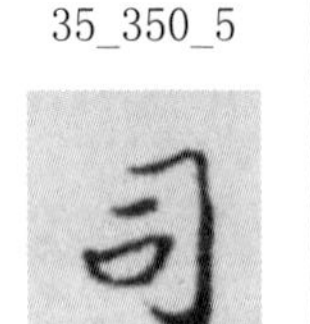
唐代•文選百三 35_353_13

唐代•文選百三 41_416_13

唐代•文選百三 45_425_10

唐代•文選百三 47_452_8

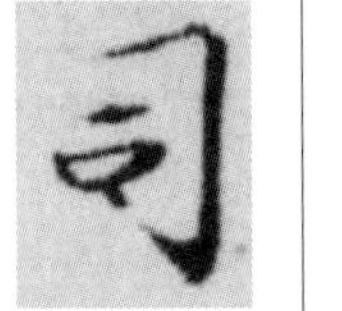
唐代•文選百三 47_453_42

唐代•文選百三 47_454_14

唐代•文選百三 47_454_18

唐代•文選百三 47_459_9

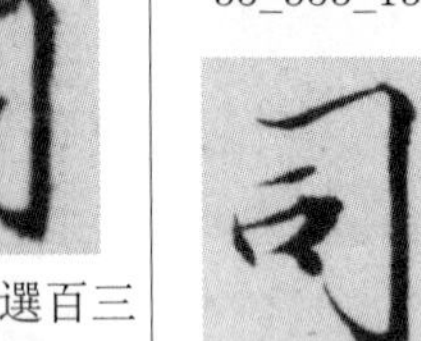
唐代•文選百三 50_486_9

唐代•文選百三 57_555_4

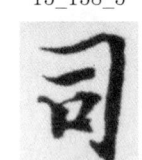

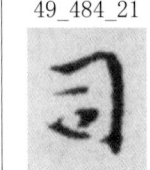

召

漢ショウ 訓めす

唐代•春秋經傳 25_259_10

唐代•春秋經傳 25_259_18

唐代•春秋經傳 30_315_11

唐代•春秋經傳 37_385_1

唐代•春秋經傳 38_399_8

唐代•文選四八 9_74_9

唐代•文選四八 37_330_14

叩

漢コウ 訓たたく

唐代•文選六八 20_201_1

唐代•文選六八 20_203_8

叱

漢シツ 呉シチ 訓しかる

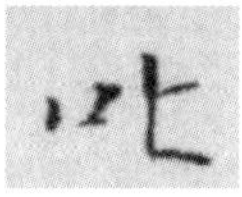
唐代•文選百三 42_418_29

唐代•文選百三 71_683_7

唐代•文選百三 79_755_16

唐代•古文選前 23_265_10

唐代•古文選前 25_297_33

唐代•古文選後 6_67_1

唐代•古文選後 7_80_3

唐代•古文選後 20_231_12

唐代•文選百三 65_630_4

唐代•文選百三 67_642_5

唐代•文選百三 67_642_17

唐代•文選百三 67_642_21

唐代•文選百三 67_643_11

唐代•文選百三 71_679_7

唐代•文選百三 65_625_6

唐代•文選百三 64_615_21

唐代•文選百三 62_597_3

唐代•文選百三 63_603_19

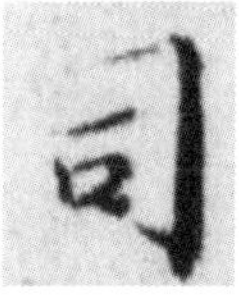
唐代•文選百三 64_617_23

唐代•文選百三 64_618_15

唐代•文選百三 65_620_1

唐代•文選百三 65_622_31

唐代•文選百三 59_566_29

唐代•文選百三 59_570_11

唐代•文選百三 60_572_3

唐代•文選百三 60_572_31

唐代•文選百三 62_595_4

唐代•文選百三 58_557_5

唐代•文選百三 58_557_13

同

慣ドウ漢トウ
訓おなじ

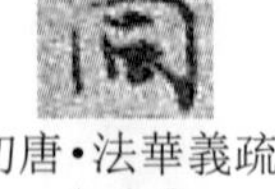
初唐•法華義疏
1_4_9

初唐•法華義疏
1_7_22

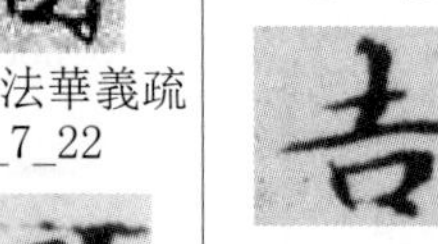
唐代•春秋經傳
2_15_25

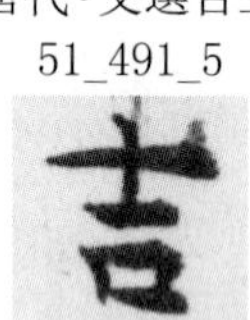
唐代•春秋經傳
3_21_28

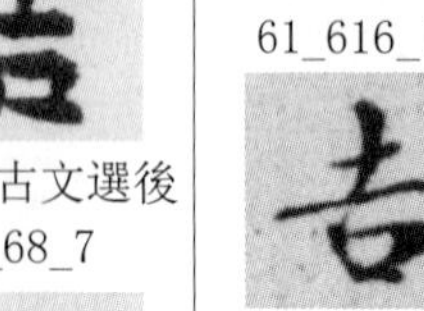
唐代•春秋經傳
13_131_9

唐代•春秋經傳
18_184_16

唐代•春秋經傳
26_273_14

唐代•春秋經傳
27_278_3

吉

呉キチ漢キツ
訓よい

唐代•文選百三
72_698_31

唐代•文選百三
51_491_5

唐代•古文選後
6_68_7

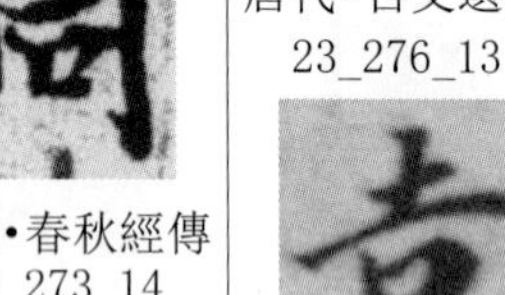
唐代•古文選後
13_150_14

唐代•古文選後
20_236_8

唐代•古文選後
23_276_13

唐代•十輪經四
2_25_5

唐代•十輪經九
4_61_3

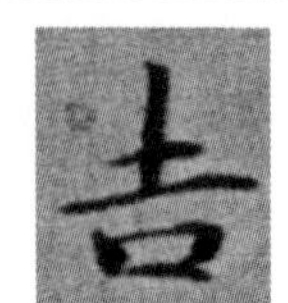
唐代•文選六八
37_377_1

唐代•文選六八
61_616_15

唐代•文選百三
15_138_37

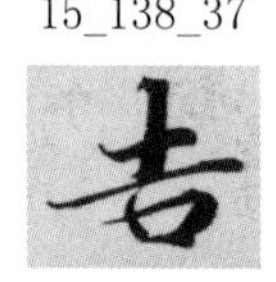
唐代•文選百三
17_166_13

唐代•文選百三
74_713_8

唐代•古文選前
23_276_7

唐代•文選六八
4_36_5

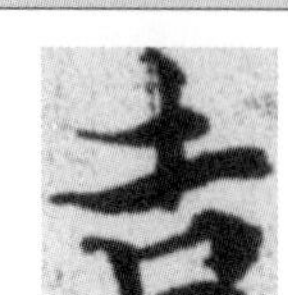
唐代•春秋經傳
13_133_6

唐代•春秋經傳
17_175_13

唐代•春秋經傳
17_176_16

唐代•文選四八
49_443_19

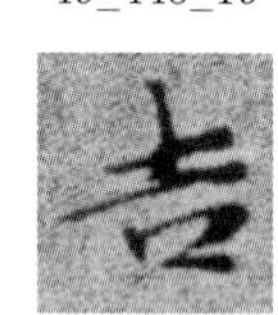
唐代•文選五九
13_126_17

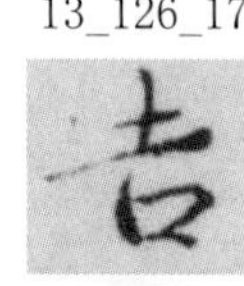
唐代•文選五九
81_777_2

唐代•文選六八
4_36_30

吐

ト
訓はく

唐代•文選四八
8_67_38

唐代•文選五九
105_987_14

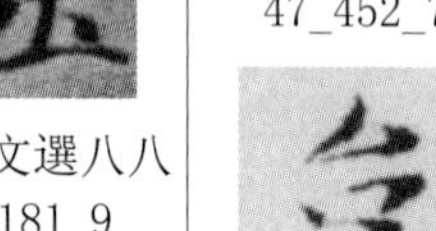
唐代•文選八八
21_181_9

唐代•古文選前
10_123_6

台

漢タイ呉ダイ慣ダイ
訓うてな

唐代•文選五九
37_360_9

唐代•文選百三
47_452_7

唐代•文選百三
47_454_13

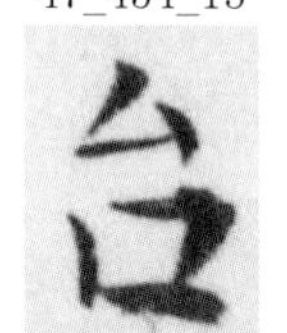
唐代•古文選後
20_237_5

唐代•文選四八
44_402_10

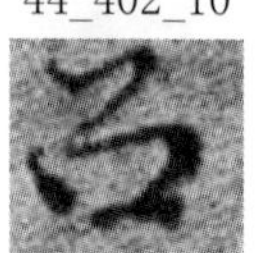
唐代•文選五九
15_148_8

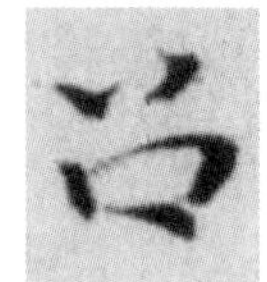
唐代•文選五九
60_576_7

唐代•文選百三
10_93_1

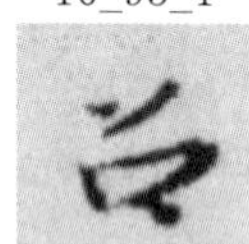
唐代•文選百三
57_545_27

唐代•古文選前
26_311_9

唐代•古文選後
25_293_2

唐代·春秋經傳 27_282_17
唐代·春秋經傳 28_285_10
唐代·春秋經傳 30_308_15
唐代·春秋經傳 30_311_1
唐代·春秋經傳 30_311_25
唐代·春秋經傳 32_333_17
唐代·文選四八 5_38_21
唐代·文選四八 5_39_3

唐代·文選四八 6_41_6
唐代·文選四八 6_44_2
唐代·文選四八 6_44_18
唐代·文選四八 6_53_10
唐代·文選四八 11_93_8
唐代·文選四八 11_94_5
唐代·文選四八 11_95_2
唐代·文選四八 11_98_8

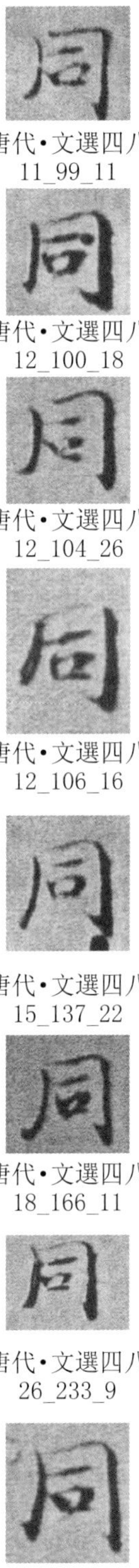
唐代·文選四八 11_99_11
唐代·文選四八 12_100_18
唐代·文選四八 12_104_26
唐代·文選四八 12_106_16
唐代·文選四八 15_137_22
唐代·文選四八 18_166_11
唐代·文選四八 26_233_9
唐代·文選四八 26_239_3

唐代·文選四八 29_264_8
唐代·文選四八 30_276_13
唐代·文選四八 34_310_3
唐代·文選四八 35_313_8
唐代·文選五九 5_50_8
唐代·文選五九 6_53_9
唐代·文選五九 8_77_16

唐代·文選五九 14_133_19
唐代·文選五九 17_167_30
唐代·文選五九 29_286_10
唐代·文選五九 29_287_29
唐代·文選五九 29_289_2
唐代·文選五九 29_289_4
唐代·文選五九 32_316_10
唐代·文選五九 32_318_11

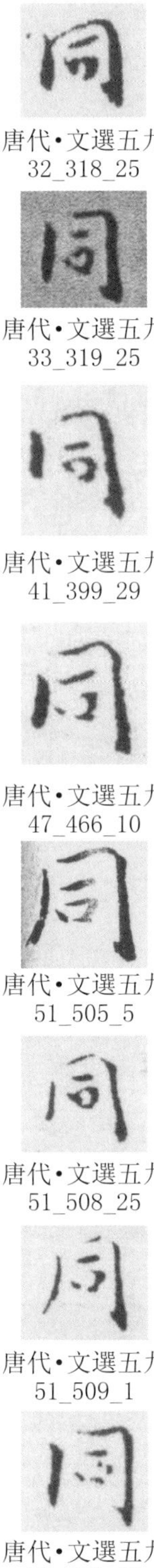
唐代·文選五九 32_318_25
唐代·文選五九 33_319_25
唐代·文選五九 41_399_29
唐代·文選五九 47_466_10
唐代·文選五九 51_505_5
唐代·文選五九 51_508_25
唐代·文選五九 51_509_1
唐代·文選五九 59_571_22

唐代·文選五九 66_642_27
唐代·文選五九 72_688_6
唐代·文選五九 72_693_2
唐代·文選五九 80_767_21
唐代·文選五九 82_792_8
唐代·文選五九 82_793_20
唐代·文選五九 82_793_23

唐代•文選五九 82_795_11
唐代•文選五九 86_821_15
唐代•文選五九 86_826_3
唐代•文選五九 86_829_18
唐代•文選五九 87_834_8
唐代•文選五九 91_875_16
唐代•文選五九 92_876_23
唐代•文選五九 101_955_11
唐代•文選六八 4_43_7
唐代•文選六八 6_61_25
唐代•文選六八 9_94_20
唐代•文選六八 13_135_18
唐代•文選六八 13_139_26
唐代•文選六八 15_161_11
唐代•文選六八 16_162_6
唐代•文選六八 18_184_17
唐代•文選六八 22_221_20
唐代•文選六八 27_279_14
唐代•文選六八 32_320_13
唐代•文選六八 35_351_12
唐代•文選六八 37_365_21
唐代•文選六八 39_390_2
唐代•文選六八 50_501_14
唐代•文選六八 50_501_16
唐代•文選六八 53_532_12
唐代•文選六八 55_549_9
唐代•文選六八 56_563_7
唐代•文選六八 56_564_9
唐代•文選六八 56_564_13
唐代•文選六八 59_588_26
唐代•文選六八 59_589_6
唐代•文選六八 62_619_8
唐代•文選六八 62_619_20
唐代•文選六八 63_631_13
唐代•文選六八 63_633_8
唐代•文選六八 65_648_7
唐代•文選八八 6_41_28
唐代•文選八八 14_118_4
唐代•文選百三 1_5_25
唐代•文選百三 2_14_4
唐代•文選百三 3_22_7
唐代•文選百三 8_70_20
唐代•文選百三 9_79_8
唐代•文選百三 13_118_6
唐代•文選百三 13_118_26
唐代•文選百三 13_119_41
唐代•文選百三 14_132_5
唐代•文選百三 14_133_15
唐代•文選百三 15_135_2
唐代•文選百三 16_153_6
唐代•文選百三 23_216_18
唐代•文選百三 31_313_4
唐代•文選百三 33_328_13
唐代•文選百三 45_432_11
唐代•文選百三 52_502_13

	向	吒	吊			
	呉コウ 漢キョウ、ショウ 訓むく	タ 漢ト 訓しかる	チョウ 訓つるす			

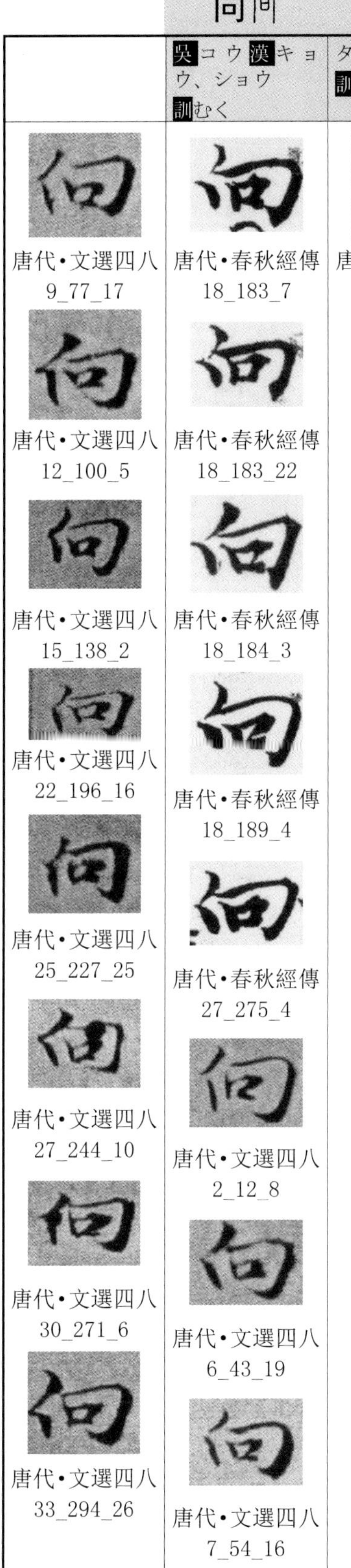

唐代•文選四八 9_77_17

唐代•文選四八 12_100_5

唐代•文選四八 15_138_2

唐代•文選四八 22_196_16

唐代•文選四八 25_227_25

唐代•文選四八 27_244_10

唐代•文選四八 30_271_6

唐代•文選四八 33_294_26

唐代•春秋經傳 18_183_7

唐代•春秋經傳 18_183_22

唐代•春秋經傳 18_184_3

唐代•春秋經傳 18_189_4

唐代•春秋經傳 27_275_4

唐代•文選四八 2_12_8

唐代•文選四八 6_43_19

唐代•文選四八 7_54_16

唐代•文選五九 39_381_15

唐代•文選四八 48_431_16

唐代•古文選前 26_301_14

唐代•古文選後 22_257_2

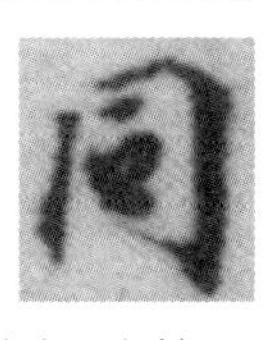

唐代•十輪經四 14_271_9

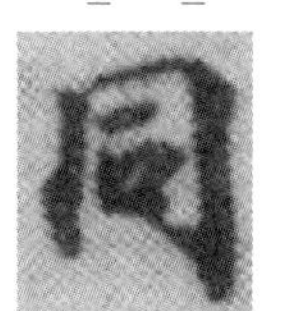

唐代•十輪經四 17_335_3

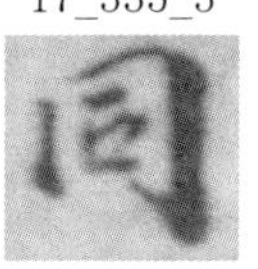

唐代•十輪經四 20_386_2

唐代•十輪經九 16_300_3

唐代•十輪經十 10_183_6

唐代•十輪經十 15_289_11

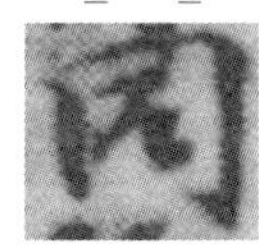

唐代•十輪經十 15_290_16

唐代•十輪經十 15_293_2

唐代•古文選前 21_245_6

唐代•古文選後 8_93_11

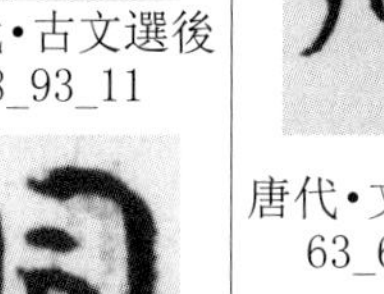

唐代•古文選後 14_164_1

唐代•古文選後 19_217_14

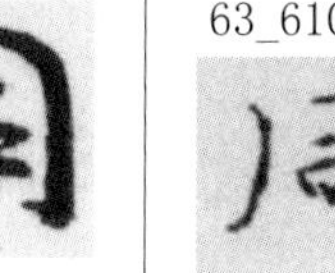

唐代•古文選後 25_291_12

唐代•古文選後 26_312_13

唐代•十輪經四 8_146_5

唐代•文選百三 53_508_12

唐代•文選百三 63_606_8

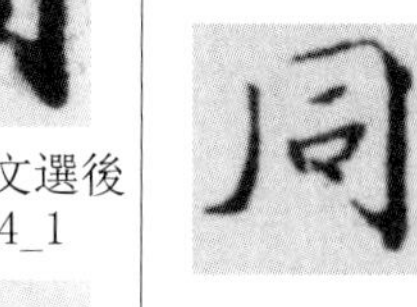

唐代•文選百三 63_610_5

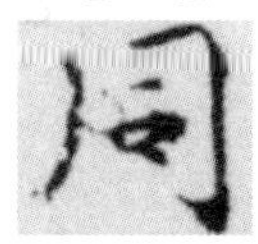

唐代•文選百三 63_610_15

唐代•文選百三 63_611_7

唐代•文選百三 67_639_17

唐代•文選百三 67_644_5

唐代•文選百三 70_676_21

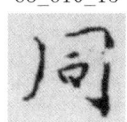

后后

漢コウ呉ゴ
訓きみ

唐代•春秋經傳
17_175_16

唐代•春秋經傳
17_176_7

唐代•春秋經傳
25_255_4

唐代•春秋經傳
25_259_15

唐代•文選四八
3_20_27

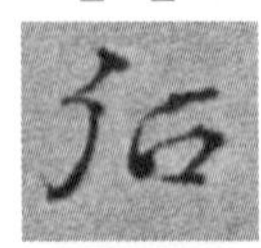
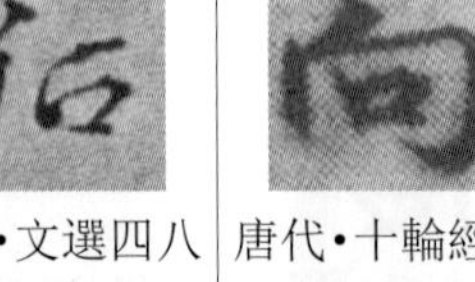
唐代•文選四八
14_125_23

唐代•文選四八
50_448_7

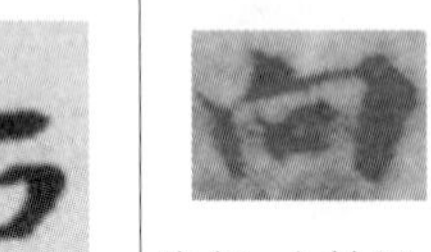
唐代•文選五九
60_579_29

唐代•古文選後
21_244_19

唐代•十輪經十
18_354_11

唐代•十輪經四
1_3_11

唐代•十輪經四
1_9_7

唐代•十輪經四
3_45_9

唐代•十輪經九
8_140_9

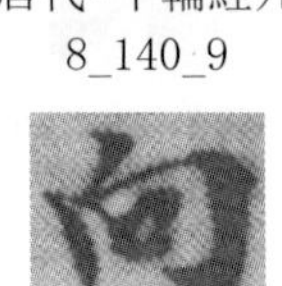
唐代•十輪經十
4_76_15

唐代•十輪經十
7_127_2

唐代•文選百三
79_756_29

唐代•文選百三
82_781_23

唐代•文選百三
84_798_20

唐代•文選百三
85_805_1

唐代•文選百三
87_827_27

唐代•古文選前
13_157_2

唐代•古文選前
15_180_11

唐代•古文選後
24_281_56

唐代•文選百三
57_553_20

唐代•文選百三
61_585_30

唐代•文選百三
63_610_34

唐代•文選百三
67_646_14

唐代•文選百三
69_670_12

唐代•文選百三
73_699_17

唐代•文選百三
76_732_11

唐代•文選百三
79_751_48

唐代•文選八八
13_113_17

唐代•文選八八
15_133_13

唐代•文選八八
17_145_17

唐代•文選八八
19_163_6

唐代•文選八八
19_168_10

唐代•文選八八
22_193_32

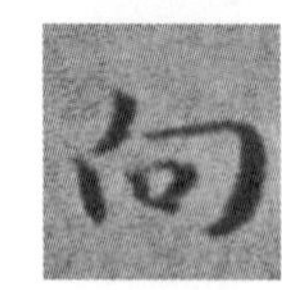
唐代•文選八八
24_212_26

唐代•文選六八
55_557_8

唐代•文選六八
61_608_24

唐代•文選六八
64_642_19

唐代•文選六八
65_648_18

唐代•文選六八
71_713_2

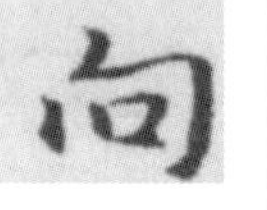
唐代•文選八八
3_15_31

唐代•文選八八
3_19_34

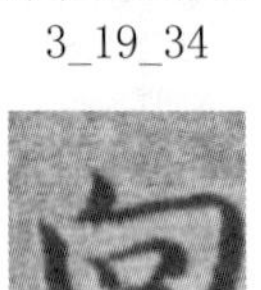
唐代•文選八八
7_54_30

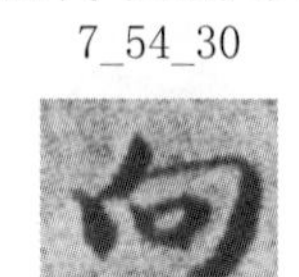
唐代•文選八八
11_83_7

唐代•文選五九
17_165_17

唐代•文選五九
19_185_25

唐代•文選五九
19_186_9

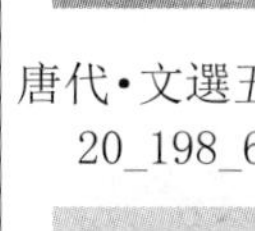
唐代•文選五九
20_198_6

唐代•文選五九
23_221_9

唐代•文選五九
24_233_19

唐代•文選五九
26_257_8

唐代•文選五九
27_260_28

唐代・文選五九 99_937_13

唐代・文選五九 99_940_9

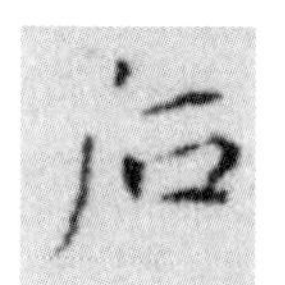
唐代・文選六八 1_5_6

唐代・文選六八 51_510_3

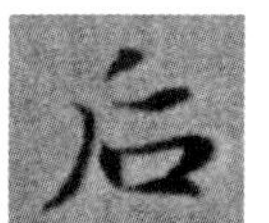
唐代・文選六八 51_511_2

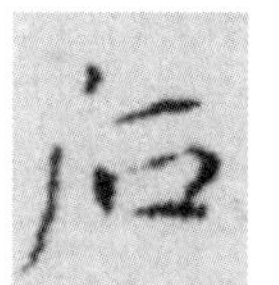
唐代・文選八八 1_6_6

唐代・古文選前 14_158_12

唐代・文選八八 11_86_19

唐代・古文選前 18_217_11

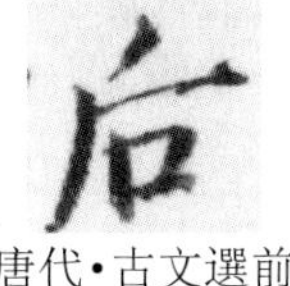
唐代・古文選前 21_247_6

唐代・古文選後 11_122_14

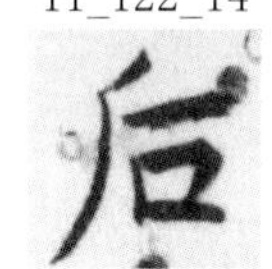
唐代・古文選後 11_129_6

唐代・古文選後 15_173_14

合

ゴウ
訓 あう

初唐・法華義疏 1_2_14

唐代・春秋經傳 6_59_27

唐代・春秋經傳 6_60_10

唐代・春秋經傳 27_274_21

唐代・文選四八 4_25_23

唐代・文選四八 4_27_5

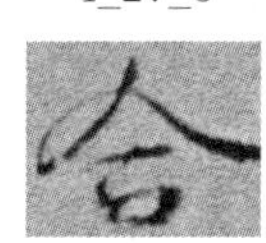
唐代・文選四八 4_27_12

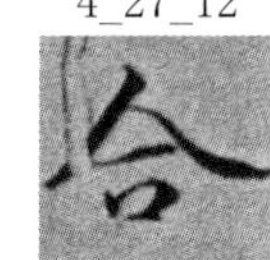
唐代・文選四八 4_28_20

唐代・文選四八 8_71_16

唐代・文選四八 16_143_24

唐代・文選四八 16_145_10

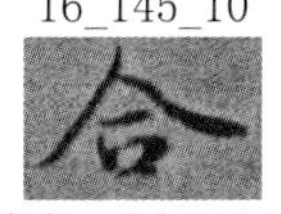
唐代・文選四八 17_156_4

唐代・文選四八 47_424_8

唐代・文選四八 47_424_25

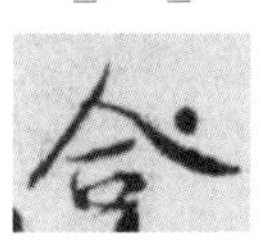
唐代・文選四八 50_450_4

唐代・文選四八 50_450_15

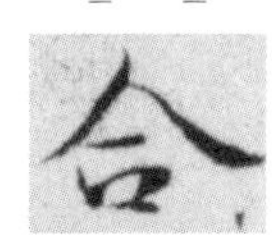
唐代・文選四八 50_451_16

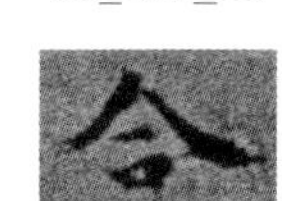
唐代・文選五九 9_83_22

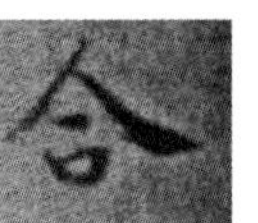
唐代・文選五九 17_169_5

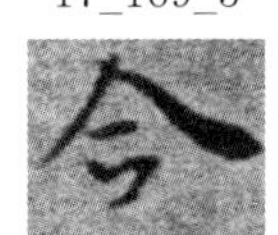
唐代・文選五九 19_190_26

唐代・文選五九 41_399_25

唐代・文選五九 63_609_5

唐代・文選五九 74_706_8

唐代・文選五九 80_766_6

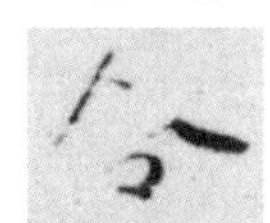
唐代・文選五九 99_942_27

唐代・文選六八 6_66_3

唐代・文選六八 6_66_20

唐代・文選六八 31_317_23

唐代・文選六八 37_369_16

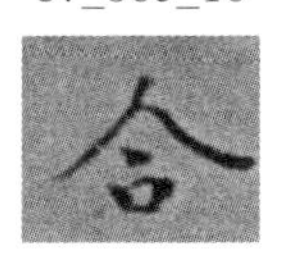
唐代・文選六八 54_542_22

唐代・文選六八 63_632_18

唐代・文選六八 63_635_1

唐代・文選六八 63_636_27

唐代・文選六八 63_637_7

唐代・文選六八 63_637_9

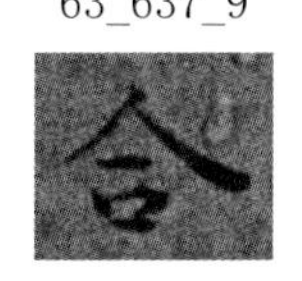
唐代・文選六八 69_685_7

唐代・文選六八 71_709_2

唐代・文選八八 14_118_7

唐代・文選八八 15_122_15

唐代・文選八八 15_123_16

唐代・文選八八 23_200_7

唐代・文選八八 23_201_2

唐代・文選八八 23_201_22

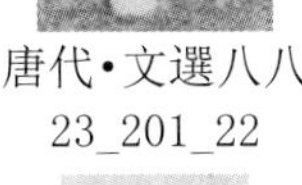

唐代・文選百三 9_81_2

唐代・文選百三 9_82_4

唐代・文選百三 15_146_32
唐代・古文選前 1_5_5
唐代・古文選前 8_92_22
唐代・古文選前 9_112_12
唐代・古文選後 8_93_9
唐代・古文選後 11_124_4
唐代・十輪經四 2_25_7
唐代・十輪經四 8_153_14
唐代・十輪經四 8_158_13

唐代・十輪經四 11_218_10
唐代・十輪經四 12_226_7
唐代・十輪經四 12_233_1
唐代・十輪經四 12_238_7
唐代・十輪經四 13_244_17
唐代・十輪經四 13_250_6
唐代・十輪經四 13_256_17
唐代・十輪經四 14_262_6
唐代・十輪經四 14_268_17

名

慣メイ 漢ベイ 呉ミョウ
訓な

中唐・金剛經題 2_13_1
中唐・灌頂歷名 1_2_11
中唐・灌頂歷名 1_6_8
唐代・春秋經傳 2_15_9
唐代・春秋經傳 5_46_28
唐代・春秋經傳 10_103_6
唐代・春秋經傳 12_121_6
唐代・春秋經傳 16_162_20

唐代・春秋經傳 16_166_4
唐代・春秋經傳 20_203_10
唐代・春秋經傳 20_203_30
唐代・春秋經傳 20_204_11
唐代・春秋經傳 20_205_20
唐代・春秋經傳 22_226_9
唐代・春秋經傳 22_229_9
唐代・春秋經傳 22_231_9

唐代・春秋經傳 23_235_18
唐代・春秋經傳 23_240_3
唐代・春秋經傳 28_287_15
唐代・春秋經傳 29_297_14
唐代・春秋經傳 29_298_10
唐代・春秋經傳 30_314_4
唐代・春秋經傳 32_333_22
唐代・春秋經傳 33_346_13

唐代・春秋經傳 33_346_24
唐代・春秋經傳 33_347_26
唐代・春秋經傳 33_349_10
唐代・春秋經傳 37_389_15
唐代・文選四八 4_27_20
唐代・文選四八 16_142_5
唐代・文選四八 16_145_3
唐代・文選四八 23_206_6

唐代・文選四八 23_206_38
唐代・文選四八 23_208_18
唐代・文選四八 25_227_34
唐代・文選四八 31_280_18
唐代・文選四八 41_367_13
唐代・文選四八 41_368_21
唐代・文選四八 42_378_3
唐代・文選四八 42_383_19

唐代•文選四八 48_438_7

唐代•文選四八 48_438_15

唐代•文選五九 1_11_6

唐代•文選五九 3_23_13
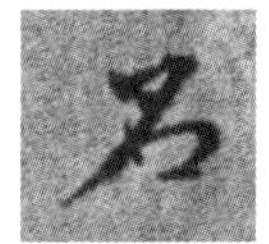
唐代•文選五九 3_24_4

唐代•文選五九 12_116_10
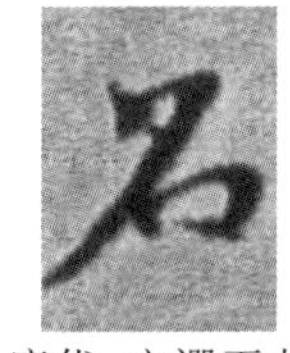
唐代•文選五九 22_213_22

唐代•文選五九 22_213_26

唐代•文選五九 25_244_4

唐代•文選五九 32_314_21
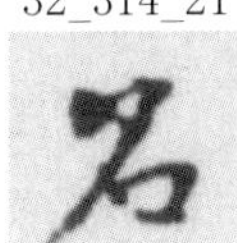
唐代•文選五九 36_353_16

唐代•文選五九 38_378_15
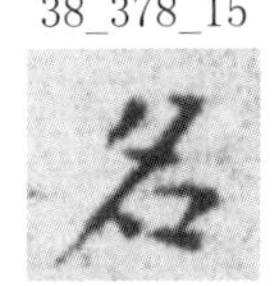
唐代•文選五九 45_438_15

唐代•文選五九 46_455_12
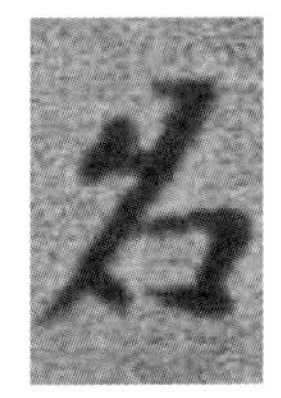
唐代•文選五九 48_474_15

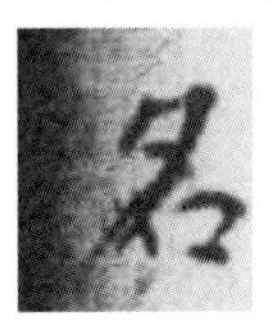
唐代•文選五九 51_505_16
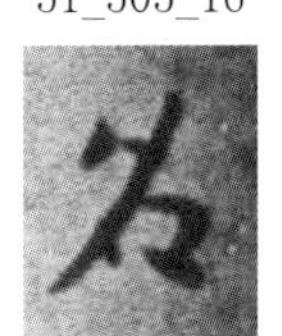
唐代•文選五九 51_506_2
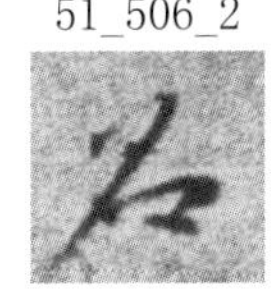
唐代•文選五九 53_523_7

唐代•文選五九 53_528_17

唐代•文選五九 54_529_13

唐代•文選五九 56_543_6

唐代•文選五九 56_543_16

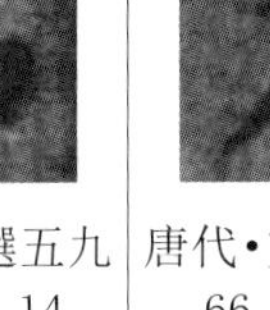
唐代•文選五九 57_553_4
唐代•文選五九 66_637_10
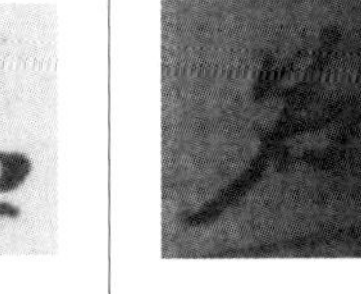
唐代•文選五九 66_639_8

唐代•文選五九 66_639_15

唐代•文選五九 67_646_22
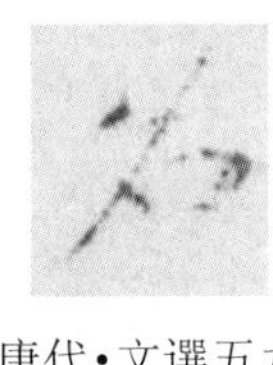
唐代•文選五九 71_679_11
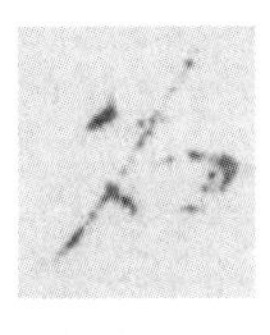
唐代•文選五九 72_694_5

唐代•文選五九 73_703_20

唐代•文選五九 74_706_21

唐代•文選五九 74_715_14
唐代•文選五九 77_737_13
唐代•文選五九 77_743_14
唐代•文選五九 80_766_18

唐代•文選五九 82_785_29

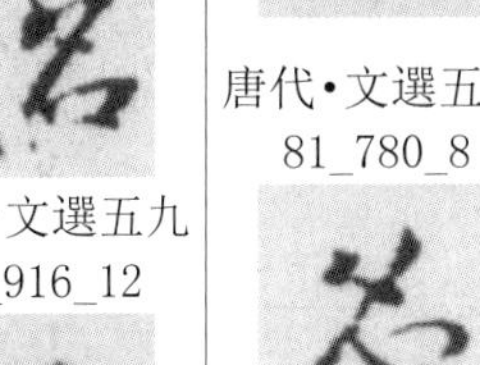
唐代•文選五九 82_786_20
唐代•文選五九 82_787_2
唐代•文選五九 82_792_15
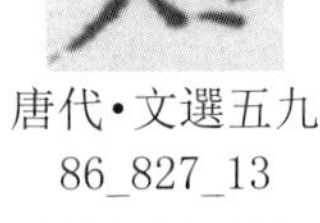
唐代•文選五九 81_780_8
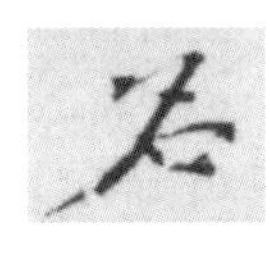
唐代•文選五九 86_827_13

唐代•文選五九 86_829_2
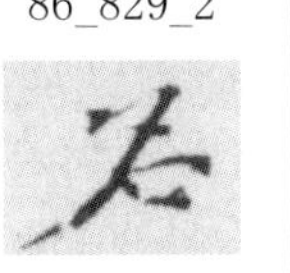
唐代•文選五九 86_829_2

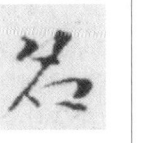

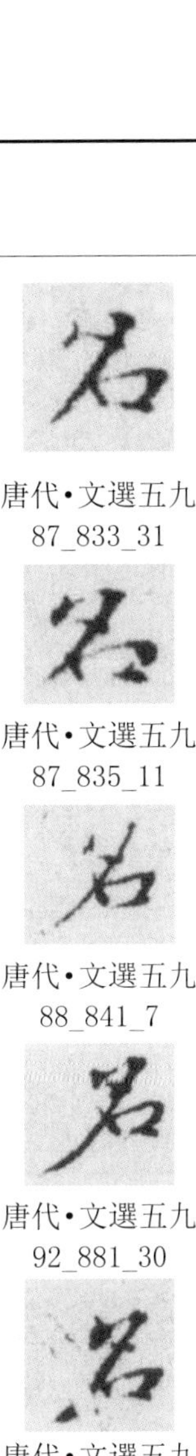

唐代•文選五九 87_833_31
唐代•文選五九 87_835_11
唐代•文選五九 88_841_7
唐代•文選五九 92_881_30
唐代•文選五九 97_916_12
唐代•文選五九 99_936_22
唐代•文選五九 103_972_20
唐代•文選五九 104_983_1

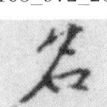

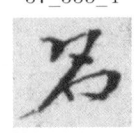

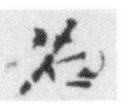

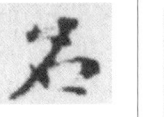

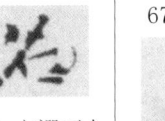

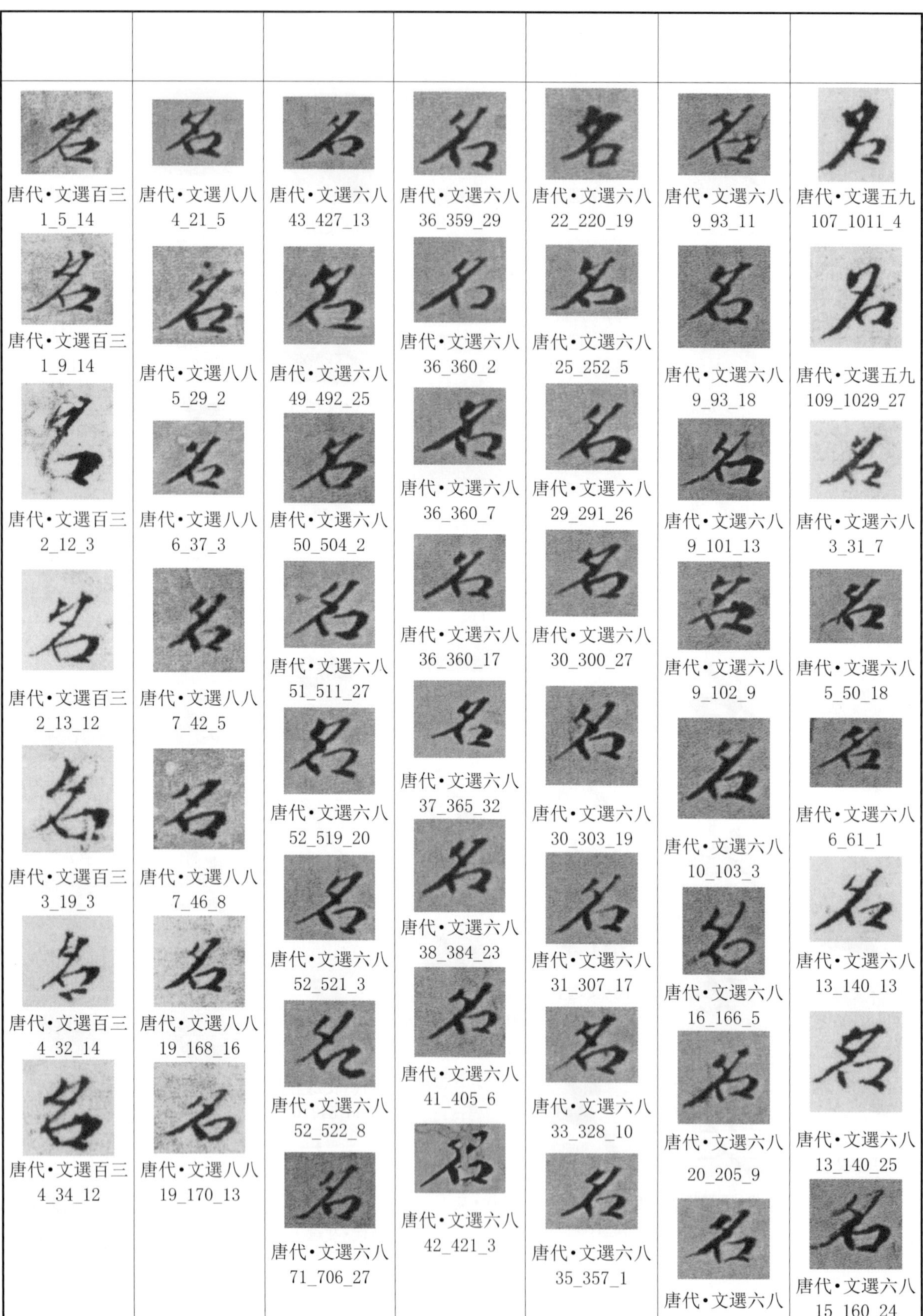

唐代•文選百三 1_5_14
唐代•文選百三 1_9_14
唐代•文選百三 2_12_3
唐代•文選百三 2_13_12
唐代•文選百三 3_19_3
唐代•文選百三 4_32_14
唐代•文選百三 4_34_12

唐代•文選八八 4_21_5
唐代•文選八八 5_29_2
唐代•文選八八 6_37_3
唐代•文選八八 7_42_5
唐代•文選八八 7_46_8
唐代•文選八八 19_168_16
唐代•文選八八 19_170_13

唐代•文選六八 43_427_13
唐代•文選六八 49_492_25
唐代•文選六八 50_504_2
唐代•文選六八 51_511_27
唐代•文選六八 52_519_20
唐代•文選六八 52_521_3
唐代•文選六八 52_522_8
唐代•文選六八 71_706_27

唐代•文選六八 36_359_29
唐代•文選六八 36_360_2
唐代•文選六八 36_360_7
唐代•文選六八 36_360_17
唐代•文選六八 37_365_32
唐代•文選六八 38_384_23
唐代•文選六八 41_405_6
唐代•文選六八 42_421_3

唐代•文選六八 22_220_19
唐代•文選六八 25_252_5
唐代•文選六八 29_291_26
唐代•文選六八 30_300_27
唐代•文選六八 30_303_19
唐代•文選六八 31_307_17
唐代•文選六八 33_328_10
唐代•文選六八 35_357_1

唐代•文選六八 9_93_11
唐代•文選六八 9_93_18
唐代•文選六八 9_101_13
唐代•文選六八 9_102_9
唐代•文選六八 10_103_3
唐代•文選六八 16_166_5
唐代•文選六八 20_205_9
唐代•文選六八 22_220_17

唐代•文選五九 107_1011_4
唐代•文選五九 109_1029_27
唐代•文選六八 3_31_7
唐代•文選六八 5_50_18
唐代•文選六八 6_61_1
唐代•文選六八 13_140_13
唐代•文選六八 13_140_25
唐代•文選六八 15_160_24

唐代•文選百三 5_35_20
唐代•文選百三 5_42_10
唐代•文選百三 7_55_15
唐代•文選百三 7_55_20
唐代•文選百三 7_55_23
唐代•文選百三 7_59_18
唐代•文選百三 12_111_33
唐代•文選百三 13_127_21
唐代•文選百三 17_161_21
唐代•文選百三 19_189_21
唐代•文選百三 20_196_9
唐代•文選百三 20_196_37
唐代•文選百三 21_205_9
唐代•文選百三 23_229_7
唐代•文選百三 23_229_12
唐代•文選百三 23_229_18
唐代•文選百三 24_235_2
唐代•文選百三 25_239_15
唐代•文選百三 25_247_12
唐代•文選百三 27_266_3
唐代•文選百三 27_267_11
唐代•文選百三 29_282_16
唐代•文選百三 30_298_5
唐代•文選百三 33_329_14
唐代•文選百三 41_414_33
唐代•文選百三 41_415_4
唐代•文選百三 45_433_4
唐代•文選百三 47_450_5
唐代•文選百三 50_482_4
唐代•文選百三 57_548_1
唐代•文選百三 67_640_9
唐代•文選百三 67_647_18
唐代•文選百三 67_650_19
唐代•文選百三 72_695_3
唐代•文選百三 75_718_4
唐代•文選百三 75_718_12
唐代•文選百三 75_719_29
唐代•文選百三 75_720_2
唐代•文選百三 75_720_13
唐代•文選百三 75_722_18
唐代•文選百三 79_751_16
唐代•文選百三 79_751_28
唐代•文選百三 80_763_19
唐代•文選百三 81_766_36
唐代•文選百三 85_804_2
唐代•文選百三 86_819_11
唐代•古文選前 11_135_7
唐代•古文選前 12_144_16
唐代•古文選後 13_150_40
唐代•古文選後 16_183_83
唐代•十輪經四 3_56_5
唐代•十輪經四 3_56_17
唐代•十輪經四 3_59_14
唐代•十輪經四 6_105_6
唐代•十輪經四 6_111_4
唐代•十輪經四 8_153_2

唐代•十輪經四 9_162_12
唐代•十輪經四 9_163_6
唐代•十輪經四 11_215_11
唐代•十輪經四 11_216_14
唐代•十輪經四 12_223_4
唐代•十輪經四 12_235_9
唐代•十輪經四 13_247_9
唐代•十輪經十 5_98_11

唐代•十輪經四 13_259_9
唐代•十輪經四 15_291_14
唐代•十輪經四 21_401_15
唐代•十輪經八 5_89_6
唐代•十輪經八 5_91_8
唐代•十輪經八 6_119_2
唐代•十輪經八 7_122_9
唐代•十輪經八 9_161_4

唐代•十輪經八 10_198_17
唐代•十輪經八 12_236_9
唐代•十輪經八 14_273_10
唐代•十輪經八 16_311_8
唐代•十輪經八 18_349_17
唐代•十輪經八 20_387_13
唐代•十輪經八 22_427_4
唐代•十輪經九 2_25_13

唐代•十輪經九 4_65_16
唐代•十輪經九 10_186_10
唐代•十輪經九 10_186_18
唐代•十輪經九 10_189_5
唐代•十輪經九 10_192_15
唐代•十輪經九 10_197_22
唐代•十輪經九 10_199_14
唐代•十輪經九 12_227_9

唐代•十輪經九 12_237_18
唐代•十輪經九 13_246_7
唐代•十輪經九 13_248_17
唐代•十輪經九 13_249_10
唐代•十輪經九 13_250_2
唐代•十輪經九 14_261_1
唐代•十輪經九 14_263_7
唐代•十輪經九 14_267_22

唐代•十輪經九 14_269_21
唐代•十輪經九 15_280_11
唐代•十輪經九 15_281_15
唐代•十輪經九 15_282_8
唐代•十輪經九 15_282_16
唐代•十輪經九 15_289_11
唐代•十輪經九 15_291_17
唐代•十輪經九 15_297_15

唐代•十輪經九 17_337_1
唐代•十輪經九 17_338_10
唐代•十輪經九 17_339_13
唐代•十輪經九 18_340_7
唐代•十輪經九 18_340_16
唐代•十輪經九 18_354_15
唐代•十輪經九 18_357_5
唐代•十輪經九 19_362_22

各

カク
訓おのおの

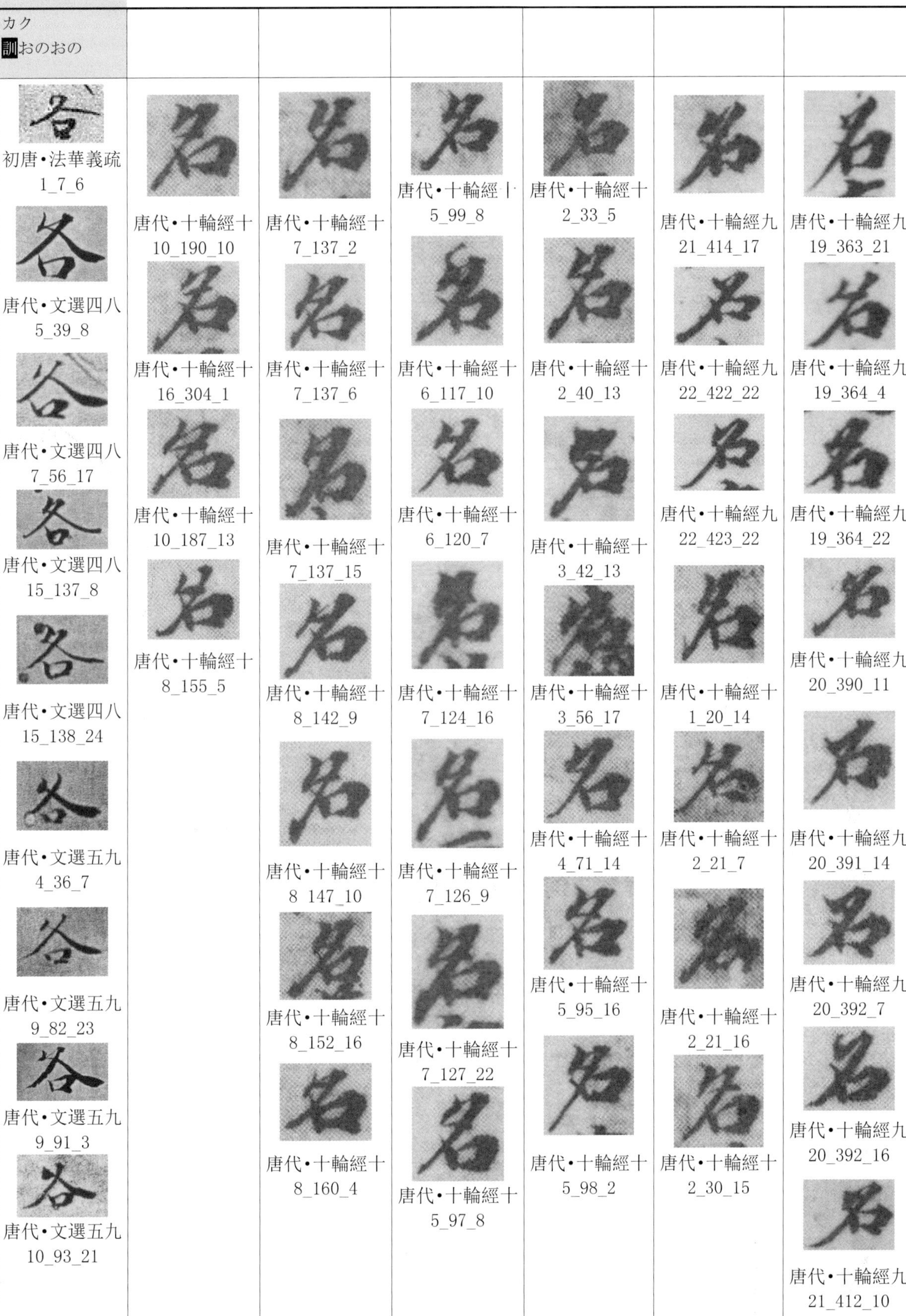

初唐•法華義疏 1_7_6	唐代•十輪經十 10_190_10	唐代•十輪經十 7_137_2	唐代•十輪經十 5_99_8	唐代•十輪經十 2_33_5	唐代•十輪經九 21_414_17	唐代•十輪經九 19_363_21
唐代•文選四八 5_39_8	唐代•十輪經十 16_304_1	唐代•十輪經十 7_137_6	唐代•十輪經十 6_117_10	唐代•十輪經十 2_40_13	唐代•十輪經九 22_422_22	唐代•十輪經九 19_364_4
唐代•文選四八 7_56_17	唐代•十輪經十 10_187_13	唐代•十輪經十 7_137_15	唐代•十輪經十 6_120_7	唐代•十輪經十 3_42_13	唐代•十輪經九 22_423_22	唐代•十輪經九 19_364_22
唐代•文選四八 15_137_8	唐代•十輪經十 8_155_5	唐代•十輪經十 8_142_9	唐代•十輪經十 7_124_16	唐代•十輪經十 3_56_17	唐代•十輪經十 1_20_14	唐代•十輪經九 20_390_11
唐代•文選四八 15_138_24		唐代•十輪經十 8_147_10	唐代•十輪經十 7_126_9	唐代•十輪經十 4_71_14	唐代•十輪經十 2_21_7	唐代•十輪經九 20_391_14
唐代•文選五九 4_36_7		唐代•十輪經十 8_152_16	唐代•十輪經十 7_127_22	唐代•十輪經十 5_95_16	唐代•十輪經十 2_21_16	唐代•十輪經九 20_392_7
唐代•文選五九 9_82_23		唐代•十輪經十 8_160_4	唐代•十輪經十 5_97_8	唐代•十輪經十 5_98_2	唐代•十輪經十 2_30_15	唐代•十輪經九 20_392_16
唐代•文選五九 9_91_3						唐代•十輪經九 21_412_10
唐代•文選五九 10_93_21						

		呂	吸 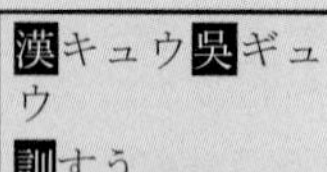			
		漢リョ呉ロ 訓せぼね	漢キュウ呉ギュウ 訓すう			
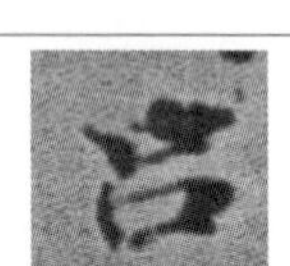 唐代•文選四八 22_196_15 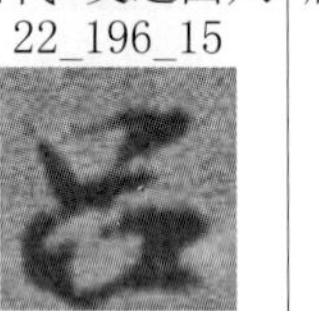 唐代•文選四八 24_219_19 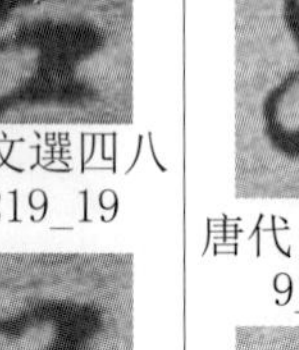 唐代•文選四八 25_227_24 唐代•文選四八 27_244_9 唐代•文選四八 28_258_18 唐代•文選四八 30_271_5 唐代•文選四八 32_287_12 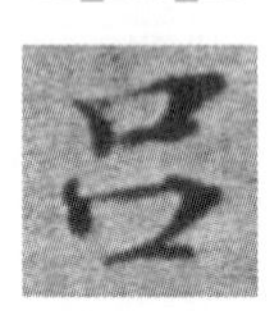 唐代•文選四八 33_294_25	 唐代•文選四八 7_54_15  唐代•文選四八 9_77_16 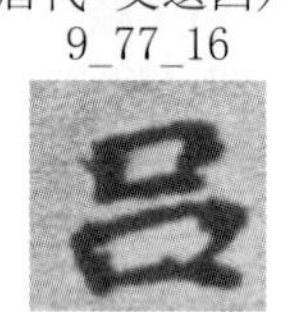 唐代•文選四八 10_88_12 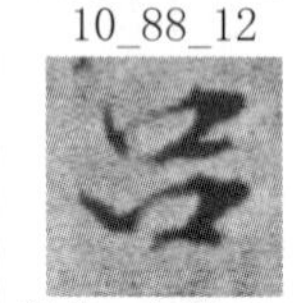 唐代•文選四八 12_100_4  唐代•文選四八 14_127_16 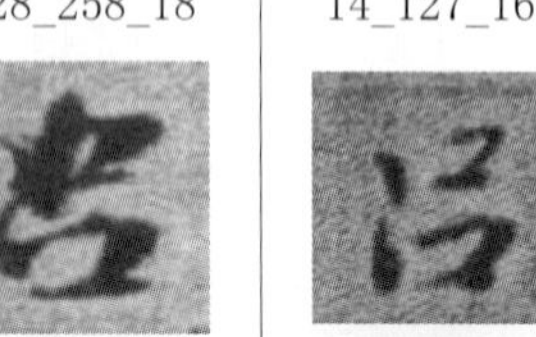 唐代•文選四八 15_138_1  唐代•文選四八 18_159_26 唐代•文選四八 20_186_18	唐代•春秋經傳 5_45_5 唐代•春秋經傳 5_46_8 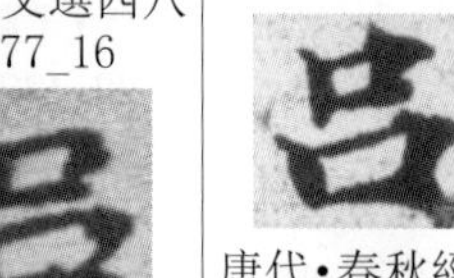 唐代•春秋經傳 5_46_10 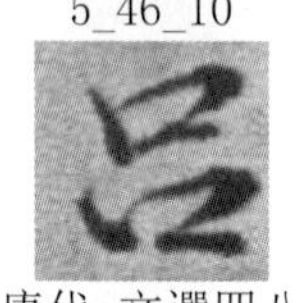 唐代•文選四八 2_12_7 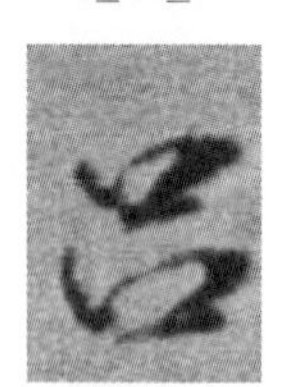 唐代•文選四八 4_26_10 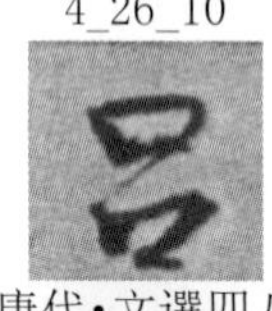 唐代•文選四八 4_28_13  唐代•文選四八 6_43_18  唐代•文選四八 6_46_19	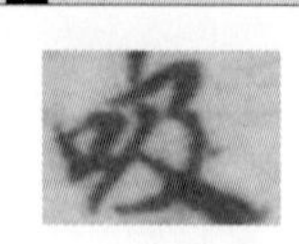 唐代•十輪經四 14_265_3 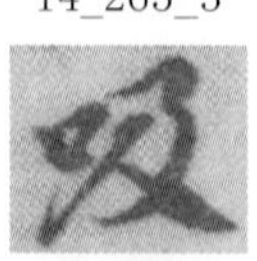 唐代•十輪經四 15_280_1	 唐代•文選百三 15_135_3 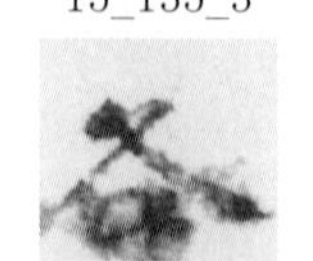 唐代•古文選前 18_216_7 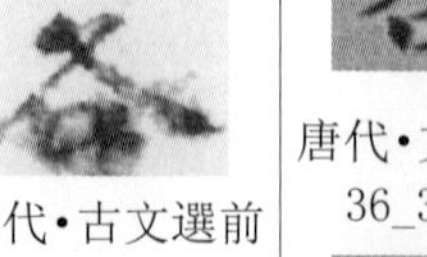 唐代•古文選後 24_282_13  唐代•古文選後 26_305_5 唐代•十輪經九 12_234_14 唐代•十輪經十 13_249_11	唐代•文選六八 6_61_30 唐代•文選六八 36_360_21 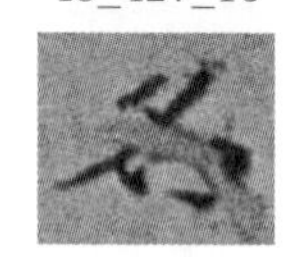 唐代•文選六八 43_427_15 唐代•文選六八 44_443_13  唐代•文選六八 67_664_1  唐代•文選六八 67_666_4 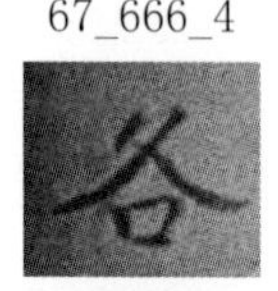 唐代•文選六八 69_691_7 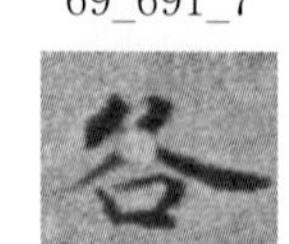 唐代•文選八八 7_46_20 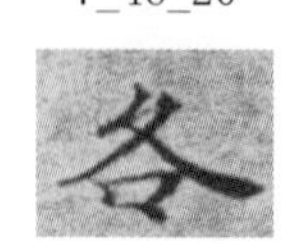 唐代•文選百三 11_103_25	 唐代•文選五九 11_101_2 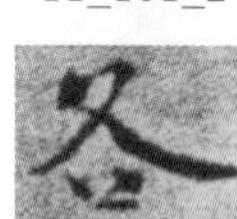 唐代•文選五九 13_124_19 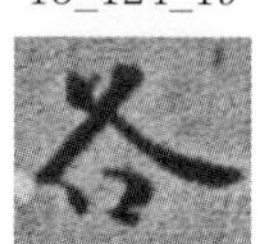 唐代•文選五九 17_170_17  唐代•文選五九 19_190_11 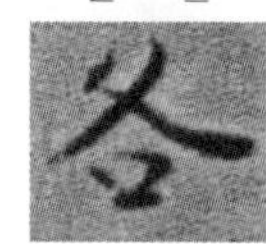 唐代•文選五九 33_325_9 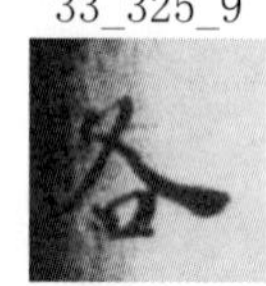 唐代•文選五九 86_828_25  唐代•文選五九 100_944_21  唐代•文選五九 100_947_6  唐代•文選六八 2_27_1

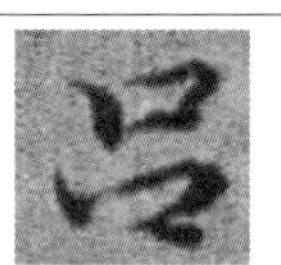
唐代·文選四八
33_297_22

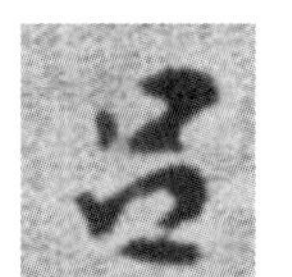
唐代·文選四八
35_312_21

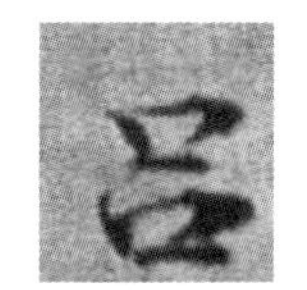
唐代·文選四八
35_317_13

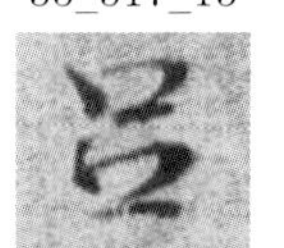
唐代·文選四八
38_337_7

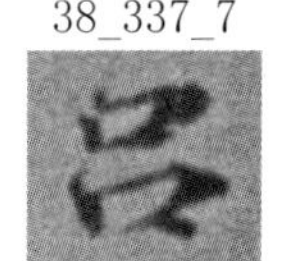
唐代·文選四八
38_343_22

唐代·文選四八
39_349_13

唐代·文選四八
40_362_2

唐代·文選四八
41_371_5

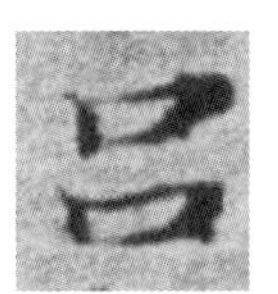
唐代·文選四八
44_397_2

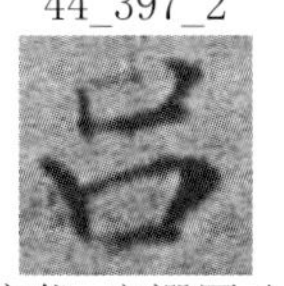
唐代·文選四八
45_408_24

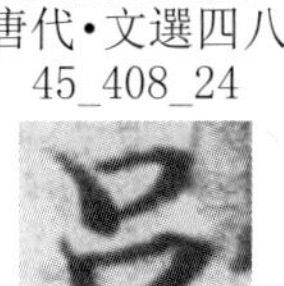
唐代·文選四八
46_418_12

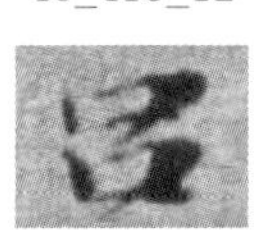
唐代·文選四八
47_424_1

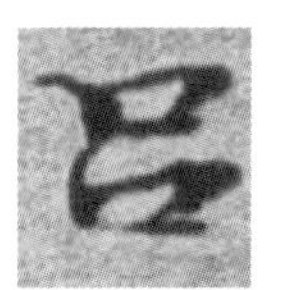
唐代·文選四八
48_433_17

唐代·文選四八
50_448_23

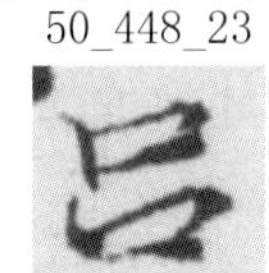
唐代·文選四八
50_451_7

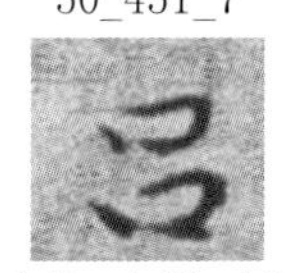
唐代·文選五九
3_30_3

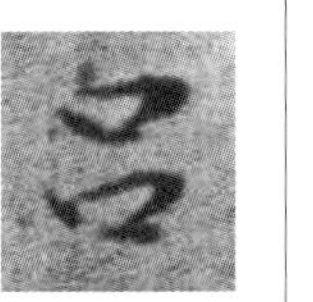
唐代·文選五九
4_33_4

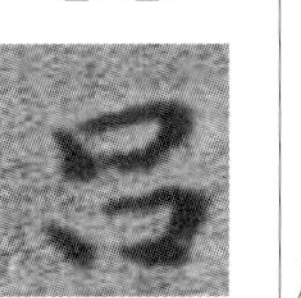
唐代·文選五九
5_45_11

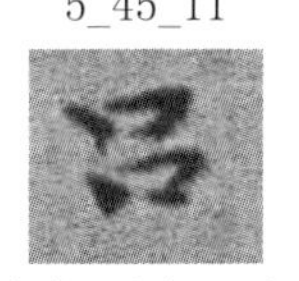
唐代·文選五九
6_56_27

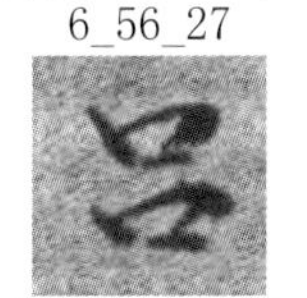
唐代·文選五九
7_70_2

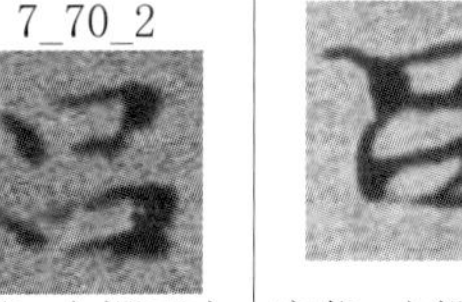
唐代·文選五九
8_75_10

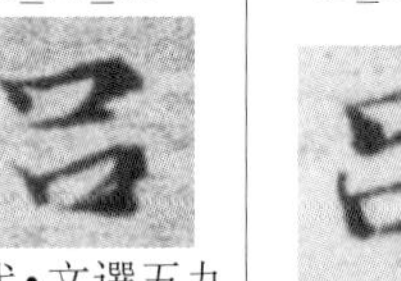
唐代·文選五九
9_87_15

唐代·文選五九
11_104_26

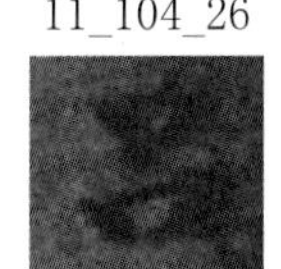
唐代·文選五九
11_109_9

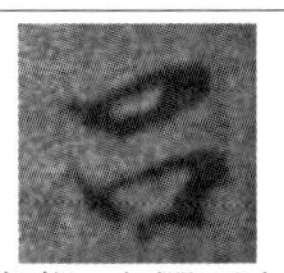
唐代·文選五九
13_129_30

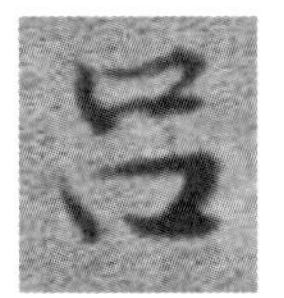
唐代·文選五九
14_134_2

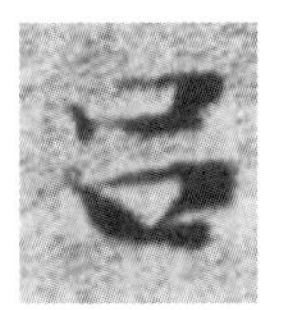
唐代·文選五九
15_144_30

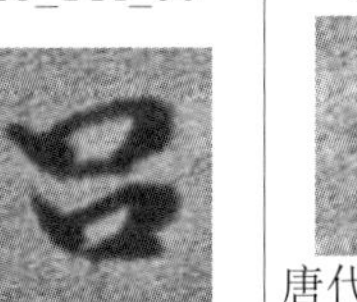
唐代·文選五九
17_162_5

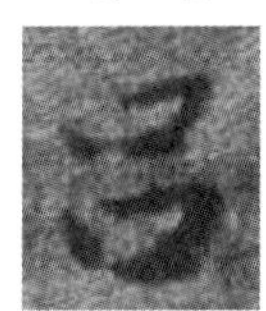
唐代·文選五九
17_165_16

唐代·文選五九
18_177_18

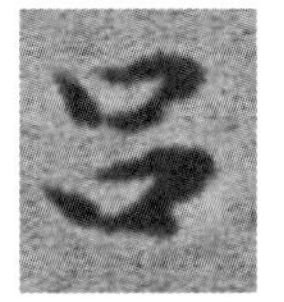
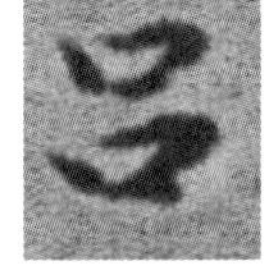
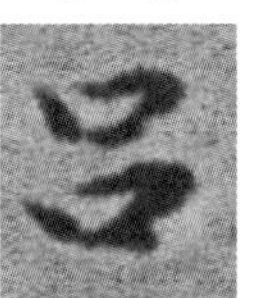
唐代·文選五九
18_177_27

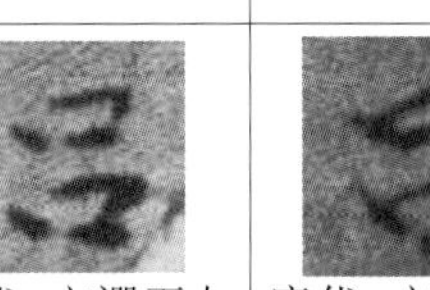
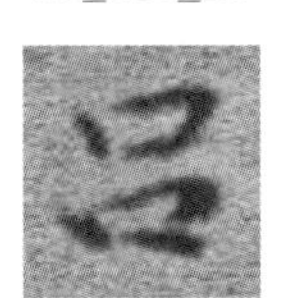
唐代·文選五九
19_185_24

唐代·文選五九
20_198_5

唐代·文選五九
21_211_22

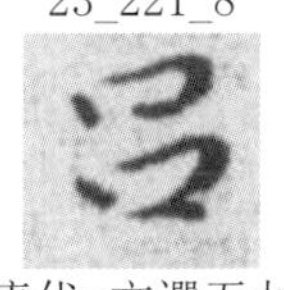
唐代·文選五九
23_221_8

唐代·文選五九
23_224_30

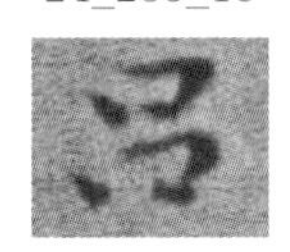
唐代·文選五九
24_233_18

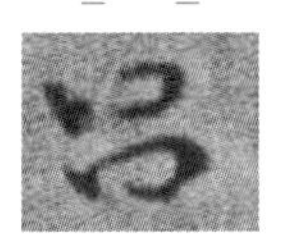
唐代·文選五九
24_237_23

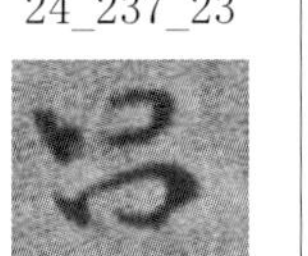
唐代·文選五九
26_257_7

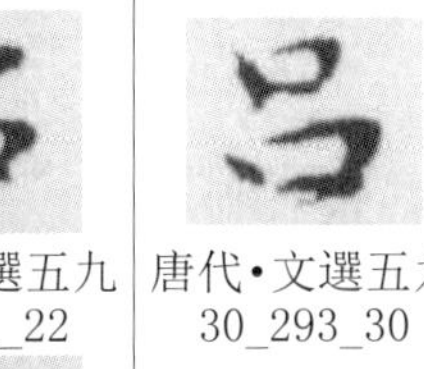
唐代·文選五九
27_260_27

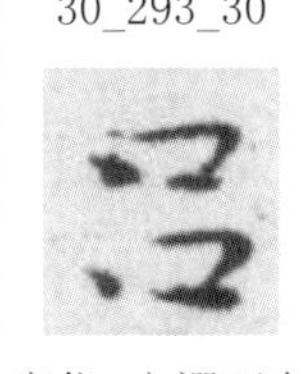
唐代·文選五九
29_288_16

唐代·文選五九
29_290_24

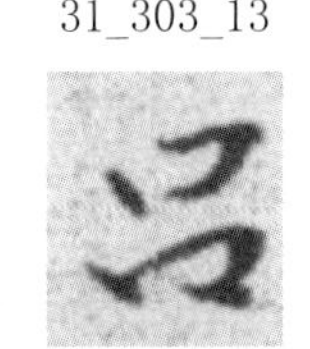
唐代·文選五九
30_293_30

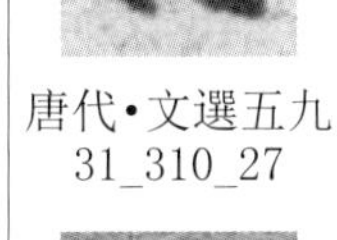
唐代·文選五九
31_303_13

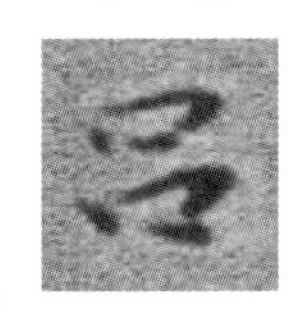
唐代·文選五九
31_310_27

唐代·文選五九
33_325_11

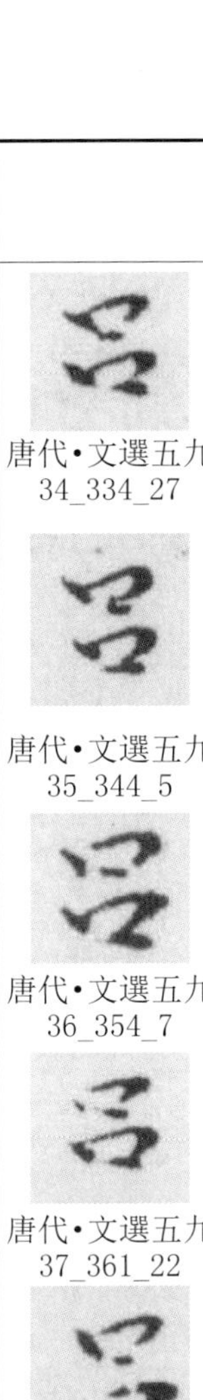
唐代·文選五九
34_334_27

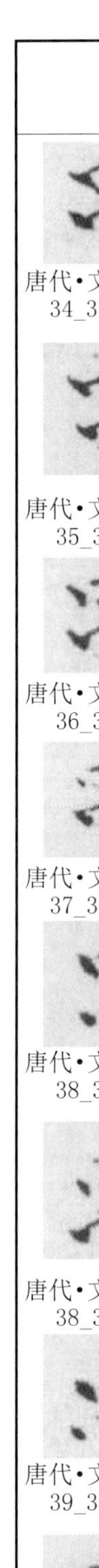
唐代·文選五九
35_344_5

唐代·文選五九
36_354_7

唐代·文選五九
37_361_22

唐代·文選五九
38_374_3

唐代·文選五九
38_374_8

唐代·文選五九
39_382_26

唐代·文選五九
40_393_22

唐代•文選五九 43_419_16
唐代•文選五九 43_431_23
唐代•文選五九 45_441_13
唐代•文選五九 47_459_8
唐代•文選五九 47_463_12
唐代•文選五九 47_471_16
唐代•文選五九 50_495_20
唐代•文選五九 51_500_1
唐代•文選五九 53_516_19
唐代•文選五九 53_523_15
唐代•文選五九 59_569_13
唐代•文選五九 61_583_7
唐代•文選五九 63_607_1
唐代•文選五九 64_611_26
唐代•文選五九 64_621_10
唐代•文選五九 66_635_13
唐代•文選五九 67_644_12
唐代•文選五九 69_665_20
唐代•文選五九 70_670_13
唐代•文選五九 70_673_28
唐代•文選五九 72_692_9
唐代•文選五九 73_702_20
唐代•文選五九 74_711_24
唐代•文選五九 76_726_3
唐代•文選五九 76_731_21
唐代•文選五九 80_763_16
唐代•文選五九 80_773_24
唐代•文選五九 82_786_14
唐代•文選五九 83_801_4
唐代•文選五九 86_820_24
唐代•文選五九 86_824_24
唐代•文選五九 88_850_19
唐代•文選五九 89_854_16
唐代•文選五九 90_860_22
唐代•文選五九 92_882_18
唐代•文選五九 93_892_4
唐代•文選五九 94_897_1
唐代•文選五九 94_904_28
唐代•文選五九 97_919_16
唐代•文選五九 97_926_8
唐代•文選五九 99_939_22
唐代•文選五九 101_951_9
唐代•文選五九 101_960_28
唐代•文選五九 103_979_18
唐代•文選五九 104_983_11
唐代•文選五九 105_994_14
唐代•文選五九 106_1003_14
唐代•文選五九 108_1022_29
唐代•文選五九 110_1041_24
唐代•文選五九 111_1051_13
唐代•文選六八 1_5_5
唐代•文選六八 4_37_17
唐代•文選六八 7_73_14
唐代•文選六八 8_88_18

唐代·文選六八 9_100_12
唐代·文選六八 12_127_12
唐代·文選六八 13_131_23
唐代·文選六八 14_146_4
唐代·文選六八 15_155_29
唐代·文選六八 17_168_4
唐代·文選六八 17_177_9
唐代·文選六八 19_194_24

唐代·文選六八 21_208_5
唐代·文選六八 23_230_16
唐代·文選六八 27_268_21
唐代·文選六八 27_272_5
唐代·文選六八 28_282_29
唐代·文選六八 31_306_17
唐代·文選六八 31_317_25
唐代·文選六八 33_332_9

唐代·文選六八 33_336_20
唐代·文選六八 34_339_14
唐代·文選六八 35_347_1
唐代·文選六八 35_352_15
唐代·文選六八 35_357_3
唐代·文選六八 36_359_4
唐代·文選六八 37_375_10
唐代·文選六八 37_377_4

唐代·文選六八 38_380_26
唐代·文選六八 39_385_13
唐代·文選六八 41_412_1
唐代·文選六八 43_426_9
唐代·文選六八 44_444_16
唐代·文選六八 45_453_17
唐代·文選六八 45_456_24
唐代·文選六八 47_476_20

唐代·文選六八 49_495_26
唐代·文選六八 50_499_19
唐代·文選六八 50_501_24
唐代·文選六八 53_529_2
唐代·文選六八 53_532_13
唐代·文選六八 54_539_13
唐代·文選六八 55_557_7
唐代·文選六八 57_567_11

唐代·文選六八 57_572_17
唐代·文選六八 57_576_19
唐代·文選六八 61_608_23
唐代·文選六八 61_614_15
唐代·文選六八 63_626_4
唐代·文選六八 64_642_18
唐代·文選六八 65_648_17
唐代·文選六八 66_659_18

唐代·文選六八 70_698_8
唐代·文選六八 71_704_1
唐代·文選六八 71_706_17
唐代·文選六八 71_708_3
唐代·文選六八 71_713_1
唐代·文選八八 1_6_5
唐代·文選八八 3_15_30
唐代·文選八八 3_19_33

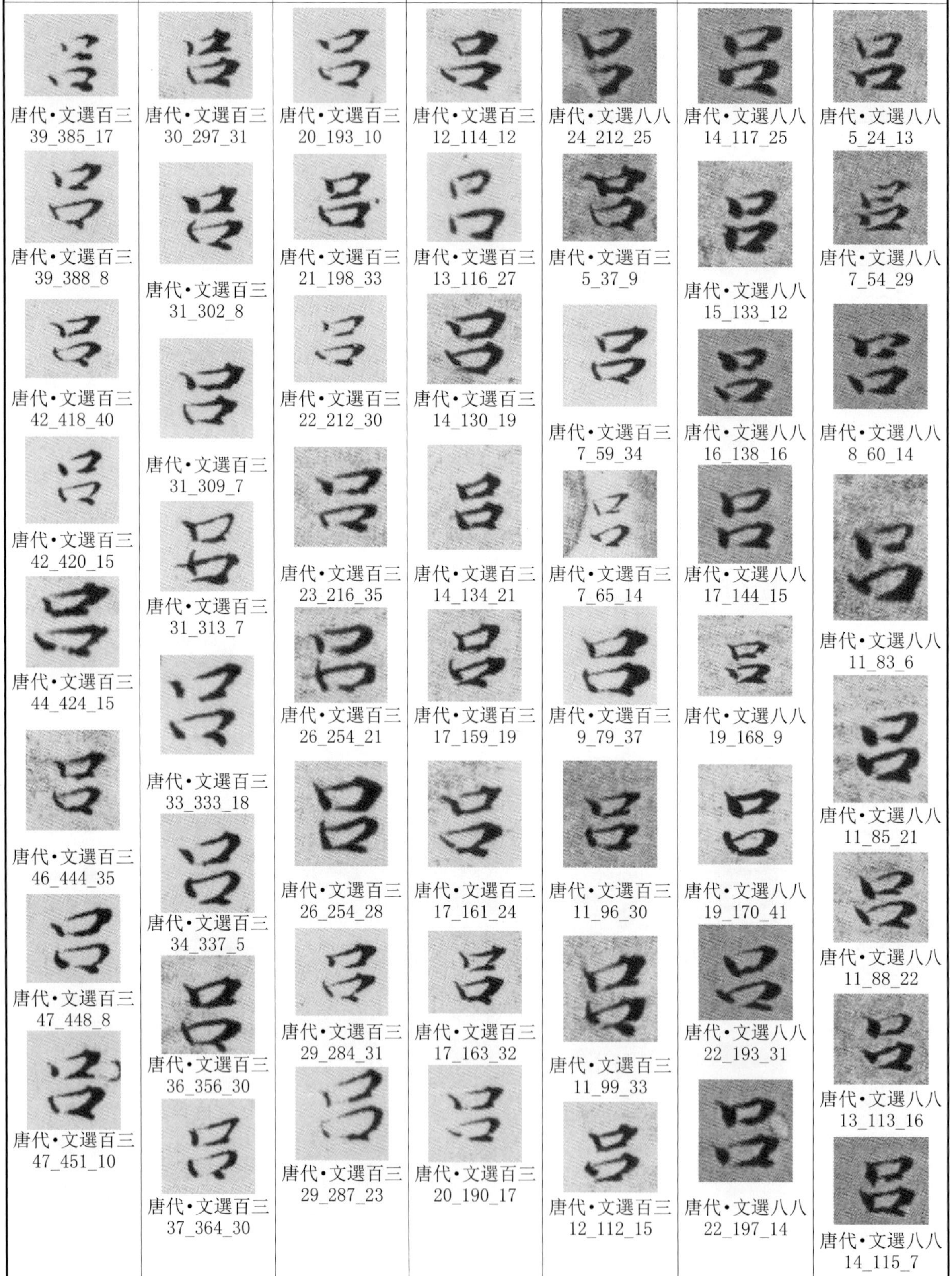

唐代·文選八八 5_24_13
唐代·文選八八 7_54_29
唐代·文選八八 8_60_14
唐代·文選八八 11_83_6
唐代·文選八八 11_85_21
唐代·文選八八 11_88_22
唐代·文選八八 13_113_16
唐代·文選八八 14_115_7

唐代·文選八八 14_117_25
唐代·文選八八 15_133_12
唐代·文選八八 16_138_16
唐代·文選八八 17_144_15
唐代·文選八八 19_168_9
唐代·文選八八 19_170_41
唐代·文選八八 22_193_31
唐代·文選八八 22_197_14

唐代·文選八八 24_212_25
唐代·文選百三 5_37_9
唐代·文選百三 7_59_34
唐代·文選百三 7_65_14
唐代·文選百三 9_79_37
唐代·文選百三 11_96_30
唐代·文選百三 11_99_33
唐代·文選百三 12_112_15

唐代·文選百三 12_114_12
唐代·文選百三 13_116_27
唐代·文選百三 14_130_19
唐代·文選百三 14_134_21
唐代·文選百三 17_159_19
唐代·文選百三 17_161_24
唐代·文選百三 17_163_32
唐代·文選百三 20_190_17

唐代·文選百三 20_193_10
唐代·文選百三 21_198_33
唐代·文選百三 22_212_30
唐代·文選百三 23_216_35
唐代·文選百三 26_254_21
唐代·文選百三 26_254_28
唐代·文選百三 29_284_31
唐代·文選百三 29_287_23

唐代·文選百三 30_297_31
唐代·文選百三 31_302_8
唐代·文選百三 31_309_7
唐代·文選百三 31_313_7
唐代·文選百三 33_333_18
唐代·文選百三 34_337_5
唐代·文選百三 36_356_30
唐代·文選百三 37_364_30

唐代·文選百三 39_385_17
唐代·文選百三 39_388_8
唐代·文選百三 42_418_40
唐代·文選百三 42_420_15
唐代·文選百三 44_424_15
唐代·文選百三 46_444_35
唐代·文選百三 47_448_8
唐代·文選百三 47_451_10

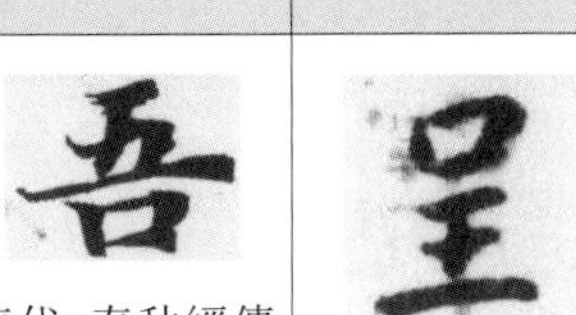

吾

漢ゴ
訓われ

唐代•春秋經傳
4_33_16

唐代•春秋經傳
8_79_2

唐代•春秋經傳
17_174_11

唐代•春秋經傳
17_180_4

唐代•春秋經傳
17_180_8

唐代•春秋經傳
22_227_3

唐代•春秋經傳
31_324_1

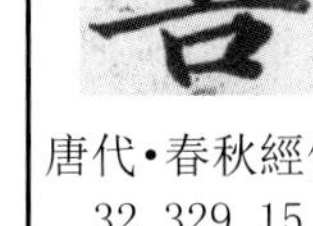

唐代•春秋經傳
32_329_15

呈

テイ
訓しめす

唐代•古文選前
8_92_38

唐代•文選百三
87_831_15

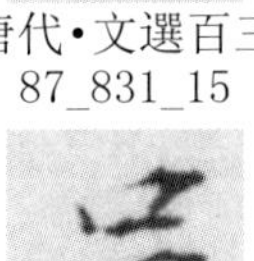

唐代•文選百三
87_834_25

唐代•古文選後
21_250_8

唐代•文選百三
82_781_22

唐代•文選百三
83_784_22

唐代•文選百三
83_789_7

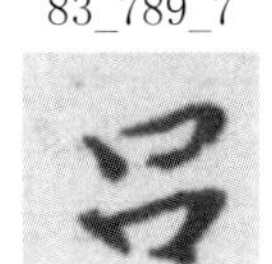

唐代•文選百三
84_798_19

唐代•文選百三
85_804_35

唐代•文選百三
85_809_17

唐代•文選百三
85_811_25

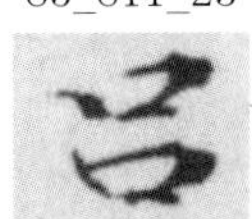

唐代•文選百三
87_827_26

唐代•文選百三
69_670_11

唐代•文選百三
73_699_16

唐代•文選百三
73_704_37

唐代•文選百三
74_713_13

唐代•文選百三
75_724_12

唐代•文選百二
76_732_10

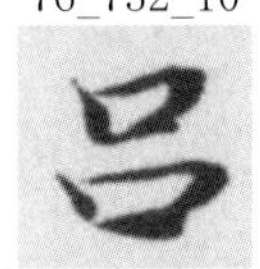

唐代•文選百三
77_737_31

唐代•文選百三
79_756_28

唐代•文選百三
58_558_8

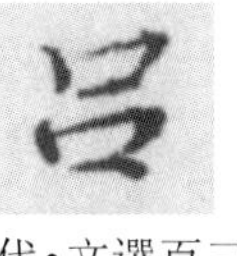

唐代•文選百三
61_585_29

唐代•文選百三
61_592_1

唐代•文選百三
63_610_33

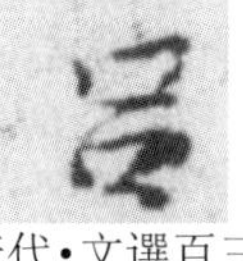

唐代•文選百三
64_615_4

唐代•文選百三
67_646_13

唐代•文選百三
67_649_34

唐代•文選百三
67_652_26

唐代•文選百三
48_464_10

唐代•文選百三
49_469_12

唐代•文選百三
50_484_35

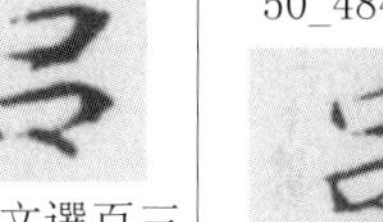

唐代•文選百三
51_492_27

唐代•文選百三
54_516_11

唐代•文選百三
54_518_13

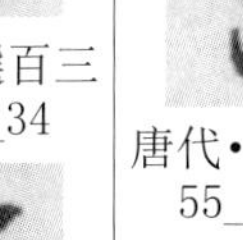

唐代•文選百三
55_525_33

唐代•文選百三
57_553_19

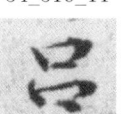

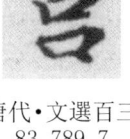

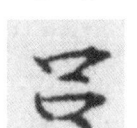

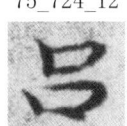

吞

トン、テン慣ドン
訓のむ

唐代•文選四八
17_153_5

唐代•文選四八
17_154_18

唐代•文選五九
54_532_7

唐代•文選五九
92_882_7

唐代•文選五九
92_883_5

唐代•文選八八
7_50_21

唐代•文選百三
23_218_42

唐代•文選百三
57_548_24

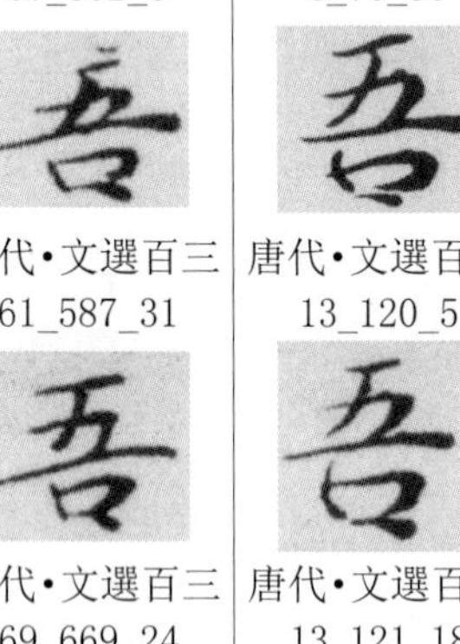

唐代•文選百三
57_552_8

唐代•文選百三
61_587_31

唐代•文選百三
69_669_24

唐代•文選百三
84_802_11

唐代•古文選前
15_174_11

唐代•十輪經十
19_361_3

唐代•文選六八
72_715_2

唐代•文選百三
7_68_32

唐代•文選百三
8_70_30

唐代•文選百三
13_120_5

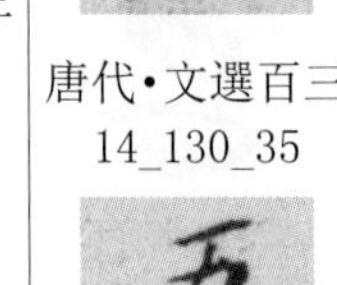

唐代•文選百三
13_121_18

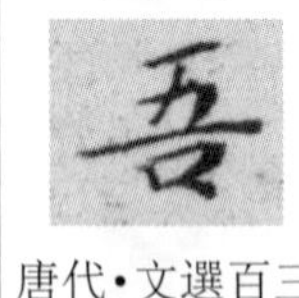

唐代•文選百三
14_130_35

唐代•文選百三
15_138_19

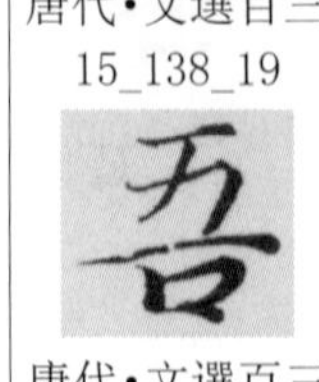

唐代•文選百三
21_207_26

唐代•文選六八
12_124_7

唐代•文選六八
56_563_3

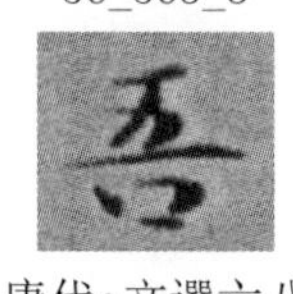

唐代•文選六八
57_565_3

唐代•文選六八
59_592_6

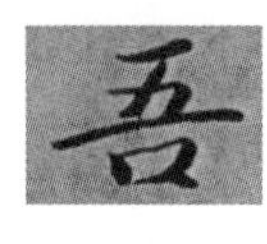

唐代•文選六八
62_622_6

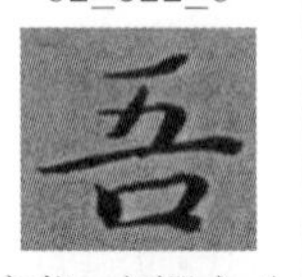

唐代•文選六八
71_709_22

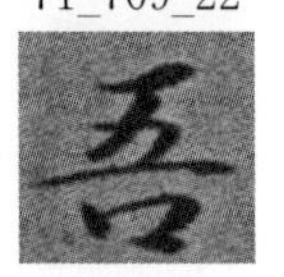

唐代•文選六八
71_713_4

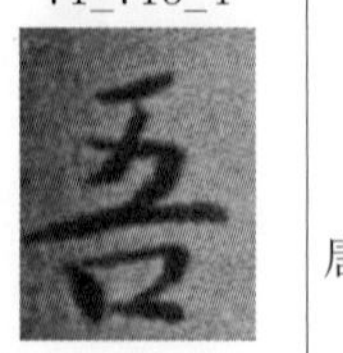

唐代•文選六八
73_730_3

唐代•文選五九
72_689_15

唐代•文選五九
91_874_9

唐代•文選五九
101_954_9

唐代•文選六八
10_108_19

唐代•文選六八
11_110_19

唐代•文選六八
11_114_10

唐代•文選六八
29_288_6

唐代•文選五九
7_65_20

唐代•文選五九
13_122_11

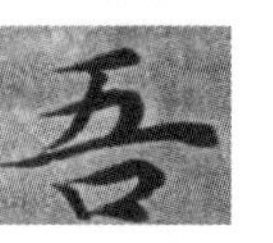

唐代•文選五九
13_123_1

唐代•文選五九
15_148_4

唐代•文選五九
32_317_17

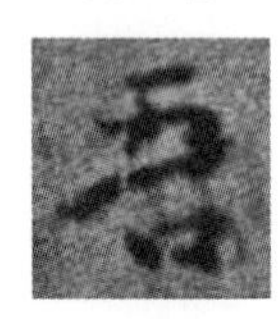

唐代•文選五九
48_476_25

唐代•文選五九
68_652_4

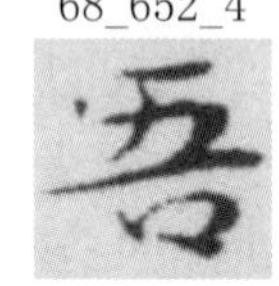

唐代•文選五九
68_653_11

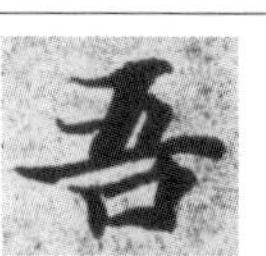

唐代•春秋經傳
37_385_8

唐代•春秋經傳
38_400_8

唐代•春秋經傳
38_401_1

唐代•文選四八
4_22_24

唐代•文選四八
27_245_14

唐代•文選四八
27_246_18

唐代•文選四八
28_249_21

唐代•文選四八
37_330_19

否

漢ヒ 呉フ 訓いな

唐代・春秋經傳 10_99_7

唐代・春秋經傳 33_350_15

唐代・文選百三 16_153_29

唐代・文選百三 16_154_5

唐代・文選百三 16_154_13

唐代・文選百三 17_156_18

唐代・文選百三 67_641_9

唐代・文選百三 67_645_23

唐代・文選百三 67_646_16

唐代・古文選後 7_74_3

吠

漢ハイ 呉バイ 訓ほえる

唐代・文選百三 31_313_1

呟

漢コウ 呉コウ 訓—

唐代・文選八八 13_112_36

告

慣コク 呉コウ 漢コウ 訓つげる

唐代・春秋經傳 6_57_15

唐代・春秋經傳 6_57_18

唐代・春秋經傳 10_103_13

唐代・春秋經傳 18_187_5

唐代・春秋經傳 19_195_9

唐代・春秋經傳 22_232_13

唐代・春秋經傳 25_262_14

唐代・春秋經傳 31_324_6

唐代・春秋經傳 32_334_13

唐代・春秋經傳 33_346_8

唐代・春秋經傳 33_346_18

唐代・春秋經傳 33_347_8

唐代・春秋經傳 33_347_21

唐代・春秋經傳 33_348_11

唐代・春秋經傳 33_349_16

唐代・春秋經傳 33_350_4

唐代・春秋經傳 33_350_23

唐代・文選五九 42_414_24

唐代・文選五九 87_832_19

唐代・文選五九 87_832_25

唐代・文選五九 96_909_4

唐代・文選五九 98_931_10

唐代・古文選前 12_142_13

吝

漢リン呉リン
訓おしむ

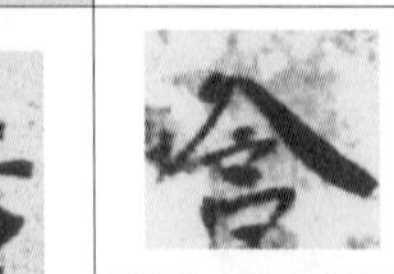
唐代•春秋經傳
7_65_8

唐代•文選百三
37_363_5

唐代•古文選前
7_87_2

唐代•古文選前
10_123_3

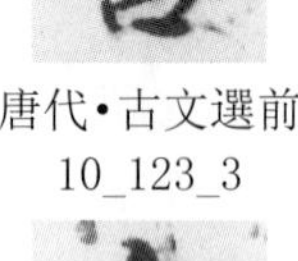
唐代•古文選前
11_126_13

唐代•古文選前
25_290_1

唐代•古文選後
8_95_6

唐代•古文選後
16_188_2

唐代•古文選後
26_303_3

唐代•文選六八
41_412_17

唐代•文選六八
43_433_3

唐代•文選六八
56_560_14

唐代•文選八八
14_115_34

唐代•文選百三
46_444_24

唐代•文選百三
47_453_9

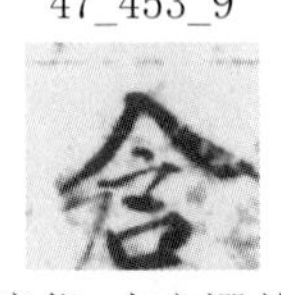
唐代•古文選前
3_37_1

唐代•古文選前
4_40_9

唐代•古文選前
6_63_6

含

慣ガン漢カン呉ゴン
訓ふくむ

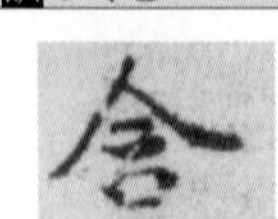
唐代•文選五九
106_1006_17

唐代•文選六八
9_91_3

唐代•文選六八
12_127_5

唐代•文選六八
22_220_21

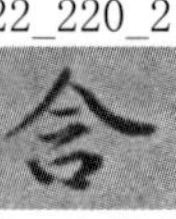
唐代•文選六八
34_341_21

唐代•文選六八
40_403_12

唐代•文選六八
41_409_6

唐代•文選六八
41_410_17

唐代•文選六八
41_411_13

吟

漢ギン
訓うめく

唐代•文選四八
7_57_10

唐代•文選四八
7_60_15

唐代•文選五九
20_195_17

唐代•文選五九
20_196_18

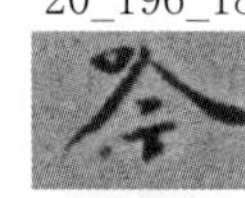
唐代•文選五九
20_197_5

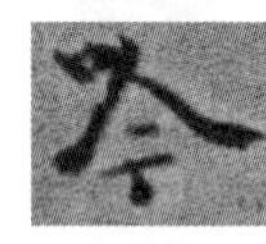
唐代•文選五九
20_198_12

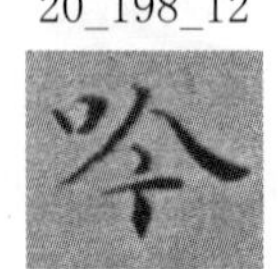
唐代•文選六八
57_572_5

唐代•古文選前
10_115_1

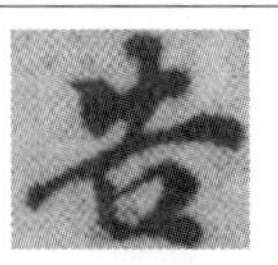
唐代•十輪經四
13_254_6

唐代•十輪經四
14_266_6

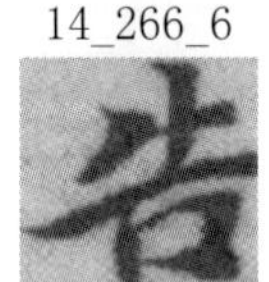
唐代•十輪經四
14_274_11

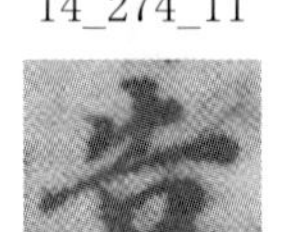
唐代•十輪經八
1_17_4

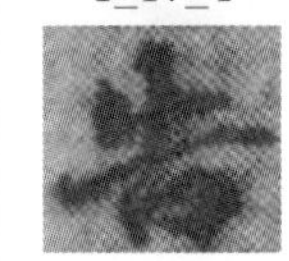
唐代•十輪經十
18_360_6

唐代•文選百三
4_33_19

唐代•古文選前
12_146_11

唐代•古文選後
5_56_7

唐代•古文選後
20_234_10

唐代•古文選後
22_257_9

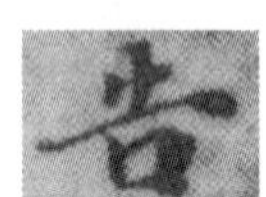
唐代•十輪經四
1_10_4

唐代•十輪經四
12_230_6

唐代•十輪經四
13_242_6

吹

スイ 漢サイ
訓ふく

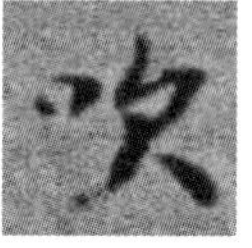
唐代·文選五九 25_251_11

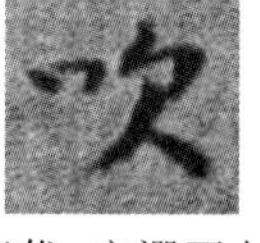
唐代·文選五九 53_518_9

唐代·文選五九 69_663_3

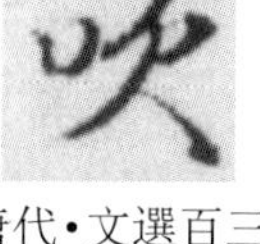
唐代·文選百三 49_469_6

唐代·古文選後 17_196_14

唐代·古文選後 21_245_10

君

クン
訓きみ

唐代·春秋經傳 1_3_17

唐代·春秋經傳 2_10_11

唐代·春秋經傳 2_14_16

唐代·春秋經傳 2_15_14

唐代·春秋經傳 2_17_4

唐代·春秋經傳 3_21_27

唐代·春秋經傳 5_43_11

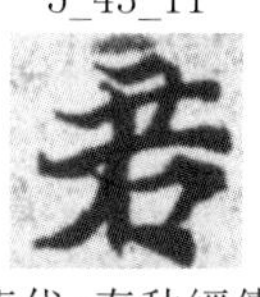
唐代·春秋經傳 5_43_17

唐代·春秋經傳 5_49_10

唐代·春秋經傳 6_54_5

唐代·春秋經傳 7_72_20

唐代·春秋經傳 7_72_22

唐代·春秋經傳 8_82_5

唐代·春秋經傳 8_84_9

唐代·春秋經傳 9_85_1

唐代·春秋經傳 9_89_12

唐代·春秋經傳 10_106_16

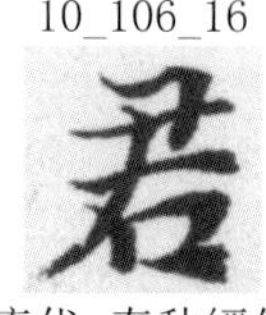
唐代·春秋經傳 11_112_12

唐代·春秋經傳 12_122_12

唐代·春秋經傳 12_123_2

唐代·春秋經傳 17_177_9

唐代·春秋經傳 18_185_7

唐代·春秋經傳 19_198_12

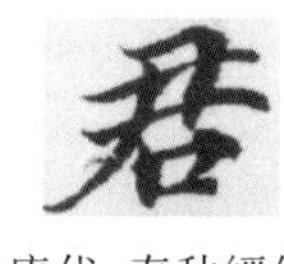
唐代·春秋經傳 19_200_4

唐代·春秋經傳 19_201_1

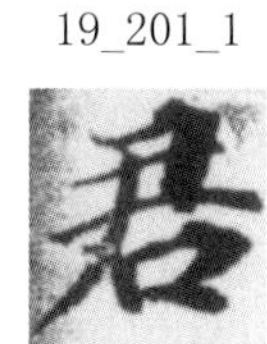
唐代·春秋經傳 19_202_11

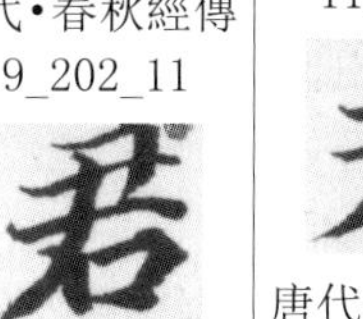
唐代·春秋經傳 19_202_17

唐代·春秋經傳 20_203_5

唐代·春秋經傳 20_203_9

唐代·春秋經傳 22_227_5

唐代·春秋經傳 23_237_1

唐代·春秋經傳 23_237_8

唐代·春秋經傳 24_247_13

唐代·春秋經傳 28_286_3

唐代·春秋經傳 28_291_1

唐代·春秋經傳 28_291_17

唐代·春秋經傳 31_323_12

唐代·春秋經傳 32_336_2

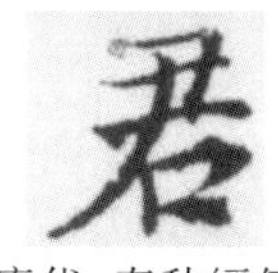
唐代·春秋經傳 33_342_7

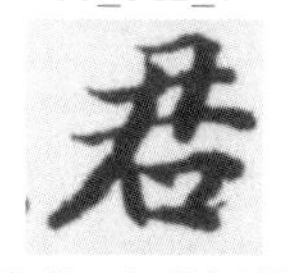
唐代·春秋經傳 33_342_10

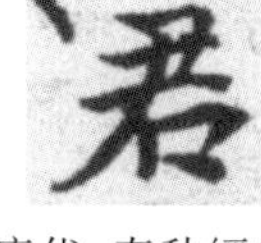
唐代·春秋經傳 35_363_12

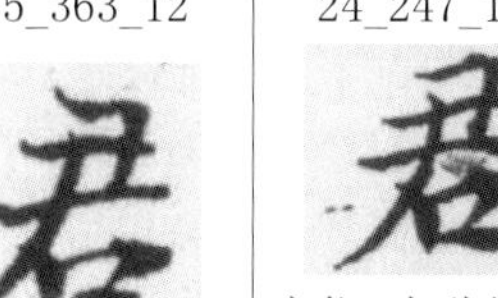
唐代·春秋經傳 35_370_28

唐代·春秋經傳 35_371_10

唐代·春秋經傳 35_371_30

唐代·春秋經傳 35_372_3

唐代·春秋經傳 35_372_20

唐代·春秋經傳 37_388_15

唐代·春秋經傳 37_392_14

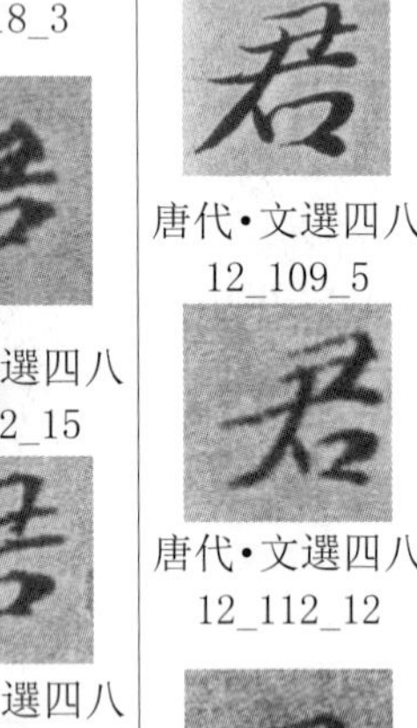
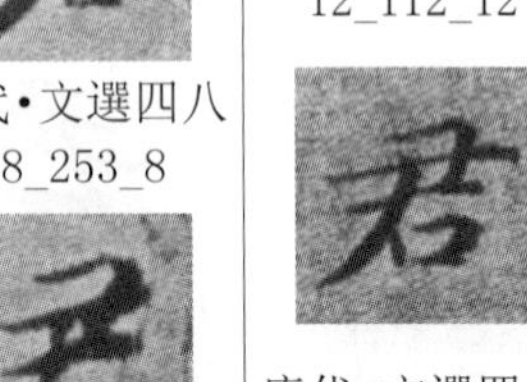
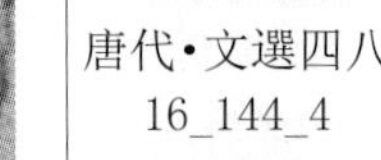
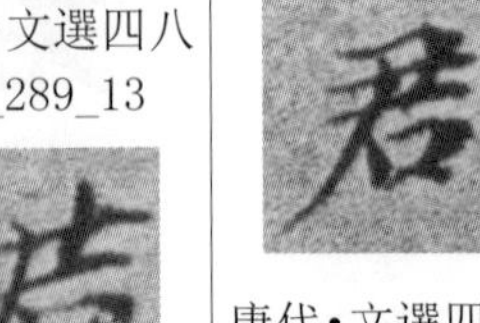

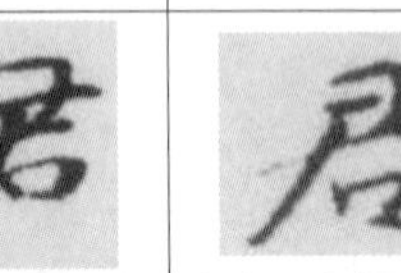
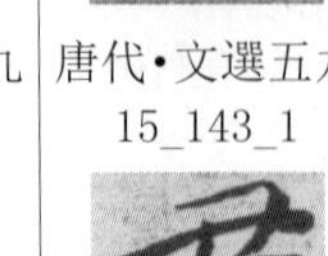

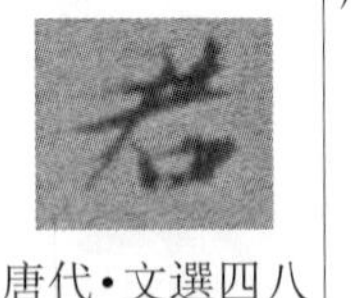
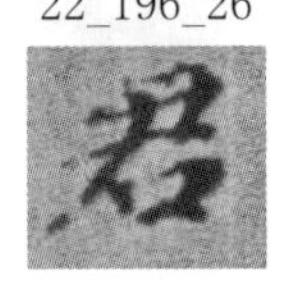
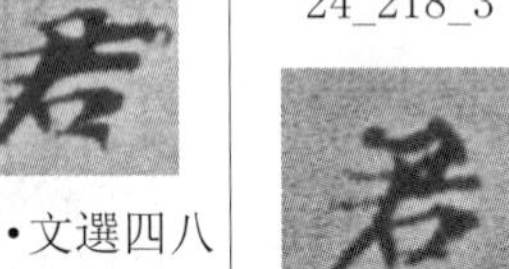

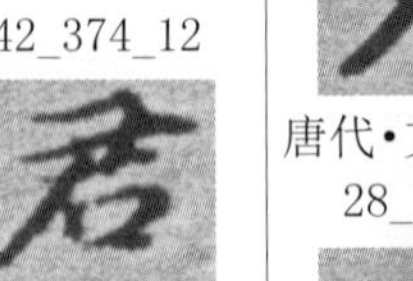
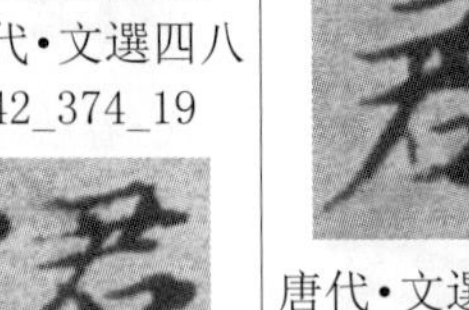

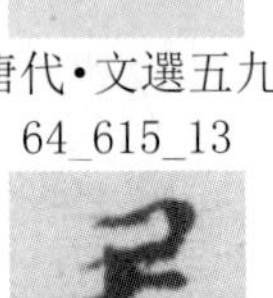
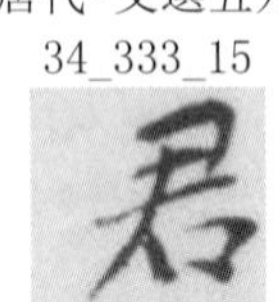

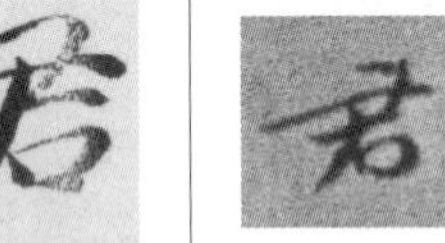

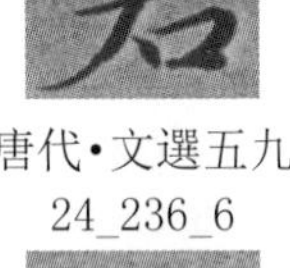
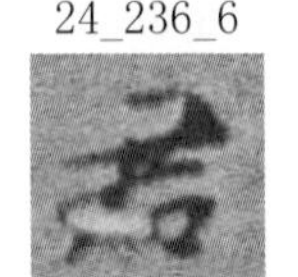
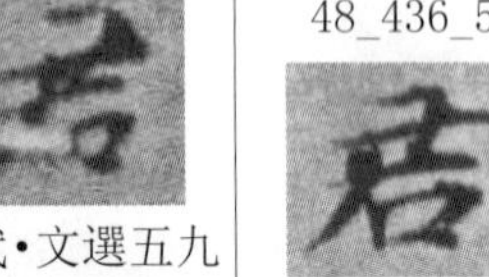

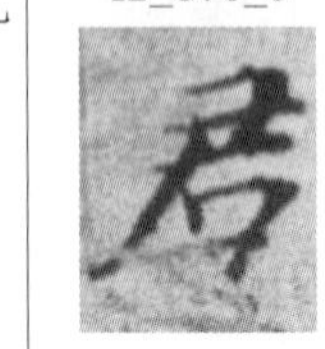

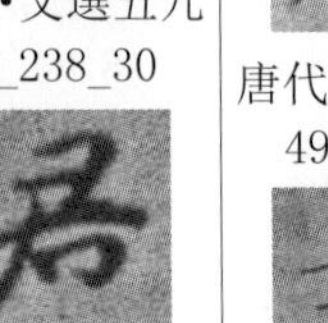

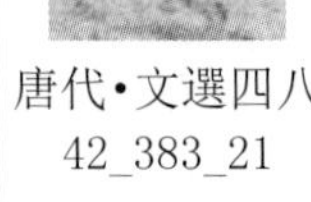
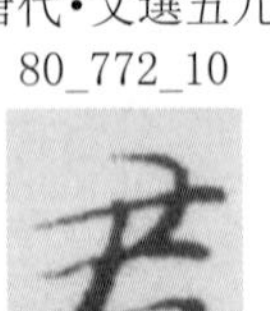

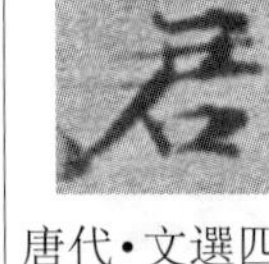
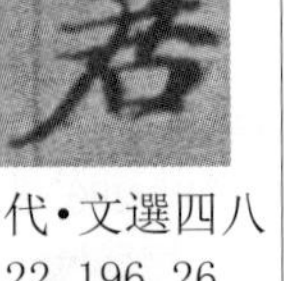

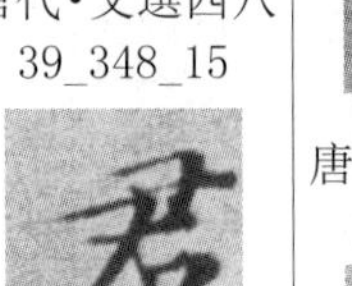

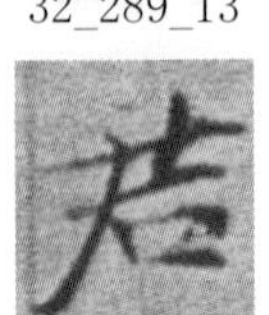
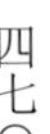

唐代•春秋經傳 38_395_11

唐代•文選四八 9_74_7

唐代•文選四八 12_105_20

唐代•文選四八 12_109_5

唐代•文選四八 12_112_12

唐代•文選四八 16_144_4

唐代•文選四八 16_145_16

唐代•文選四八 17_156_3

唐代•文選四八 21_191_7

唐代•文選四八 22_196_26

唐代•文選四八 24_218_3

唐代•文選四八 25_222_15

唐代•文選四八 28_253_8

唐代•文選四八 32_289_13

唐代•文選四八 34_305_19

唐代•文選四八 34_308_7

唐代•文選四八 34_308_19

唐代•文選四八 39_347_12

唐代•文選四八 39_348_15

唐代•文選四八 42_374_12

唐代•文選四八 42_374_19

唐代•文選四八 42_376_9

唐代•文選四八 42_383_21

唐代•文選四八 44_391_14

唐代•文選四八 47_428_6

唐代•文選四八 48_429_15

唐代•文選四八 48_429_19

唐代•文選四八 48_436_5

唐代•文選四八 49_446_23

唐代•文選五九 5_51_9

唐代•文選五九 6_53_21

唐代•文選五九 15_143_1

唐代•文選五九 23_232_4

唐代•文選五九 23_232_12

唐代•文選五九 24_233_8

唐代•文選五九 24_236_6

唐代•文選五九 24_238_30

唐代•文選五九 25_240_20

唐代•文選五九 27_261_11

唐代•文選五九 28_274_1

唐代•文選五九 34_333_15

唐代•文選五九 44_432_16

唐代•文選五九 51_505_4

唐代•文選五九 51_508_24

唐代•文選五九 60_573_17

唐代•文選五九 61_588_1

唐代•文選五九 61_590_15

唐代•文選五九 64_615_13

唐代•文選五九 68_650_20

唐代•文選五九 70_672_29

唐代•文選五九 70_673_16

唐代•文選五九 76_725_11

唐代•文選五九 78_755_8

唐代•文選五九 80_772_10

唐代•文選五九 82_788_15

唐代•文選百三 9_83_20	唐代•文選八八 15_127_4	唐代•文選六八 68_682_15	唐代•文選六八 47_468_8	唐代•文選六八 2_23_21	唐代•文選五九 102_961_7	唐代•文選五九 83_799_26
唐代•文選百三 9_87_41	唐代•文選八八 16_138_31	唐代•文選六八 69_689_15	唐代•文選六八 47_468_18	唐代•文選六八 18_181_16	唐代•文選五九 102_962_5	唐代•文選五九 86_826_12
唐代•文選百三 9_88_5	唐代•文選八八 18_158_21	唐代•文選六八 73_721_3	唐代•文選六八 58_581_7	唐代•文選六八 19_192_2	唐代•文選五九 105_989_15	唐代•文選五九 92_889_5
唐代•文選百三 9_88_11	唐代•文選八八 19_162_12	唐代•文選六八 73_724_18	唐代•文選六八 58_584_26	唐代•文選六八 19_192_6	唐代•文選五九 110_1045_15	唐代•文選五九 92_889_22
唐代•文選百三 14_133_29	唐代•文選百三 5_39_8	唐代•文選八八 13_104_14	唐代•文選六八 61_609_3	唐代•文選六八 27_273_23	唐代•文選五九 111_1050_5	唐代•文選五九 99_936_27
唐代•文選百三 15_143_19	唐代•文選百三 8_74_20	唐代•文選八八 13_112_12	唐代•文選六八 61_609_12	唐代•文選六八 33_325_11	唐代•文選六八 2_19_24	唐代•文選五九 99_939_30
唐代•文選百三 16_149_9	唐代•文選百三 9_78_2	唐代•文選八八 14_117_33	唐代•文選六八 66_660_9	唐代•文選六八 39_387_5	唐代•文選六八 2_21_2	唐代•文選五九 101_957_15
唐代•文選百三 16_149_32	唐代•文選百三 16_150_32	唐代•文選八八 24_213_12	唐代•文選六八 67_664_15	唐代•文選八八 15_126_2	唐代•文選六八 2_23_16	唐代•文選五九 101_960_22

唐代•十輪經八 11_205_1
唐代•十輪經八 11_213_6
唐代•十輪經八 13_242_11
唐代•古文選後 8_91_9
唐代•古文選後 9_96_12
唐代•古文選後 18_209_11
唐代•古文選後 18_216_8
唐代•十輪經八 9_167_1
唐代•十輪經八 9_167_5
唐代•十輪經八 11_204_14
唐代•十輪經八 13_250_6
唐代•古文選前 14_167_7
唐代•古文選前 18_217_3
唐代•古文選前 20_232_11
唐代•古文選前 26_307_6
唐代•古文選後 1_5_5
唐代•古文選後 1_7_1
唐代•古文選後 2_15_2
唐代•古文選後 21_251_9
唐代•文選百三 73_707_3
唐代•文選百三 74_712_11
唐代•文選百三 74_712_17
唐代•文選百三 74_714_9
唐代•文選百三 75_724_22
唐代•古文選前 4_44_8
唐代•古文選前 12_145_5
唐代•古文選前 23_271_5
唐代•文選百三 61_585_8
唐代•文選百三 61_588_14
唐代•文選百三 61_588_21
唐代•文選百三 61_588_28
唐代•文選百三 61_589_3
唐代•文選百三 63_608_24
唐代•文選百三 65_631_3
唐代•文選百三 87_833_17
唐代•文選百三 23_219_6
唐代•文選百三 23_224_27
唐代•文選百三 25_243_1
唐代•文選百三 26_253_14
唐代•文選百三 42_418_25
唐代•文選百三 54_521_26
唐代•文選百三 57_545_12
唐代•文選百三 58_560_16
唐代•文選百三 16_151_10
唐代•文選百三 16_153_7
唐代•文選百三 16_153_18
唐代•文選百三 16_153_32
唐代•文選百三 16_154_2
唐代•文選百三 16_154_16
唐代•文選百三 18_175_15
唐代•文選百三 66_637_9

吳 吴

ゴ
訓 くれ

唐代•春秋經傳 29_298_12
唐代•春秋經傳 29_298_16
唐代•春秋經傳 29_298_19
唐代•春秋經傳 29_299_9
唐代•文選四八 1_5_4
唐代•文選四八 2_12_21
唐代•文選四八 8_70_12

唐代•文選四八 10_84_22
唐代•文選四八 11_98_15
唐代•文選四八 12_100_12
唐代•文選四八 12_105_25
唐代•文選四八 12_105_27
唐代•文選四八 20_175_1
唐代•文選四八 20_177_7

唐代•文選四八 20_179_9
唐代•文選四八 20_180_5
唐代•文選四八 20_180_23
唐代•文選四八 20_182_5
唐代•文選四八 21_188_10
唐代•文選四八 23_206_15
唐代•文選四八 25_224_4

唐代•文選四八 26_232_13
唐代•文選四八 26_234_5
唐代•文選四八 26_235_2
唐代•文選四八 26_235_11
唐代•文選四八 26_237_3
唐代•文選四八 26_238_10
唐代•文選四八 26_238_12

唐代•文選四八 26_238_22
唐代•文選四八 26_239_1
唐代•文選四八 26_239_5
唐代•文選四八 28_258_24
唐代•文選四八 29_259_19
唐代•文選四八 36_320_7
唐代•文選四八 36_320_13

唐代•文選四八 36_322_14
唐代•文選四八 36_325_26
唐代•文選四八 36_326_13
唐代•文選四八 36_328_9
唐代•文選四八 36_328_24
唐代•文選四八 40_357_6
唐代•文選四八 47_422_15

唐代•文選五九 11_107_14
唐代•文選五九 43_424_18
唐代•文選五九 43_425_11
唐代•文選五九 60_577_12
唐代•文選五九 77_742_9
唐代•文選五九 78_753_18
唐代•文選五九 78_757_3

味 吼

	味	吼				
	吳ミ 漢ビ 訓あじ	漢コウ 訓ほえる				
唐代・文選六八 15_155_25 唐代・文選六八 17_179_3 唐代・文選六八 17_179_16 唐代・文選六八 17_180_11 唐代・文選六八 18_185_23 唐代・文選六八 19_187_9 唐代・文選六八 19_196_22 唐代・文選六八 20_200_16	初唐・大般若經 1_8_11 初唐・大般若經 1_8_17 初唐・大般若經 1_16_1 初唐・大般若經 1_16_17 唐代・春秋經傳 19_194_2 唐代・文選四八 33_297_18 唐代・文選四八 33_297_20 唐代・文選四八 33_298_1	唐代・十輪經八 3_59_2	唐代・文選百三 23_229_30 唐代・古文選後 3_26_1 唐代・古文選後 21_244_32 唐代・古文選後 26_306_34	唐代・文選五九 102_966_11 唐代・文選五九 106_1005_20 唐代・文選六八 23_227_15 唐代・文選六八 44_440_20 唐代・文選六八 44_441_1 唐代・文選六八 45_445_10 唐代・文選六八 54_539_10	唐代・文選五九 81_782_14 唐代・文選五九 84_813_27 唐代・文選五九 86_831_26 唐代・文選五九 88_838_8 唐代・文選五九 88_841_25 唐代・文選五九 92_880_21 唐代・文選五九 94_899_8	唐代・文選五九 78_757_17 唐代・文選五九 78_757_23 唐代・文選五九 79_758_23 唐代・文選五九 79_761_10 唐代・文選五九 80_763_19 唐代・文選五九 80_769_28 唐代・文選五九 80_770_22

和	呻	呪	呵			
吳ワ慣オ漢カ 訓やわらぐ	漢シン吳シン 訓うなる	吳シュ漢シュウ 訓のろう	カ 訓しかる			

初唐・大般若經
2_37_1

中唐・灌頂歷名
1_3_9

中唐・灌頂歷名
1_4_7

唐代・春秋經傳
14_148_17

唐代・文選四八
12_104_25

唐代・文選四八
21_188_18

唐代・文選四八
36_323_1

唐代・文選四八
36_327_22

唐代・文選四八
36_328_7

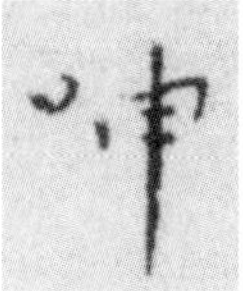
唐代・文選五九
27_263_26

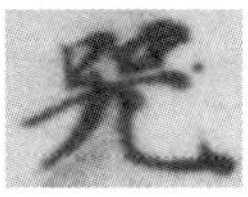
唐代・十輪經四
2_24_16

唐代・十輪經四
7_135_3

唐代・十輪經四
10_197_11

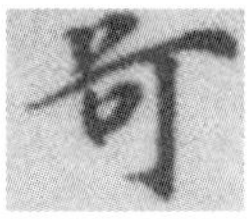
唐代・十輪經四
11_207_13

唐代・十輪經四
14_263_25

唐代・十輪經四
15_287_16

唐代・十輪經四
16_308_2

唐代・十輪經四
18_348_13

唐代・十輪經四
20_383_1

唐代・十輪經十
15_297_15

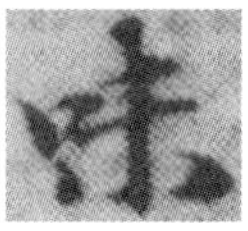
唐代・十輪經十
16_300_10

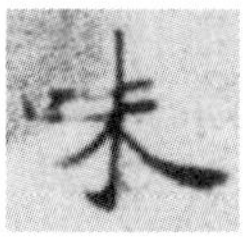
唐代・文選百三
20_190_30

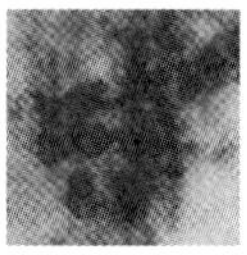
唐代・十輪經四
1_7_11

唐代・十輪經九
4_62_12

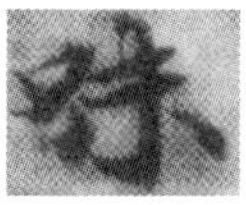
唐代・十輪經九
4_62_16

唐代・十輪經九
4_64_17

唐代・十輪經九
14_278_7

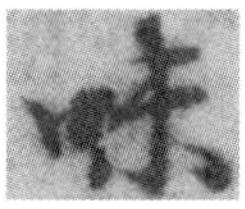
唐代・十輪經十
11_214_6

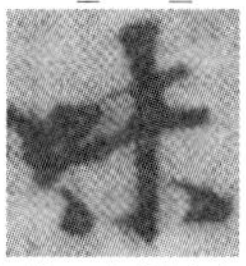
唐代・十輪經十
14_278_14

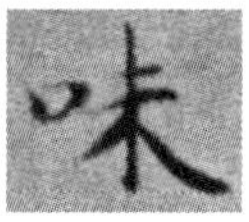
唐代・文選六八
20_201_20

唐代・文選六八
20_202_10

唐代・文選六八
20_203_21

唐代・文選六八
21_207_9

唐代・文選百三
19_177_2

唐代・文選百三
19_181_29

唐代・文選百三
19_181_32

唐代・文選百三
19_188_26

 唐代·文選百三 16_154_21	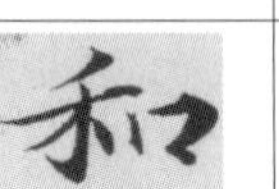 唐代·文選百三 9_80_8	唐代·文選六八 69_695_11	 唐代·文選六八 18_182_17	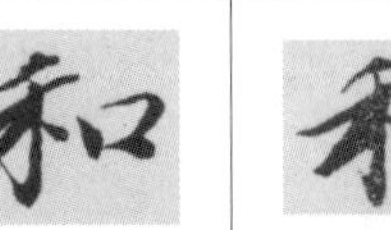 唐代·文選五九 99_933_1	 唐代·文選五九 77_735_1	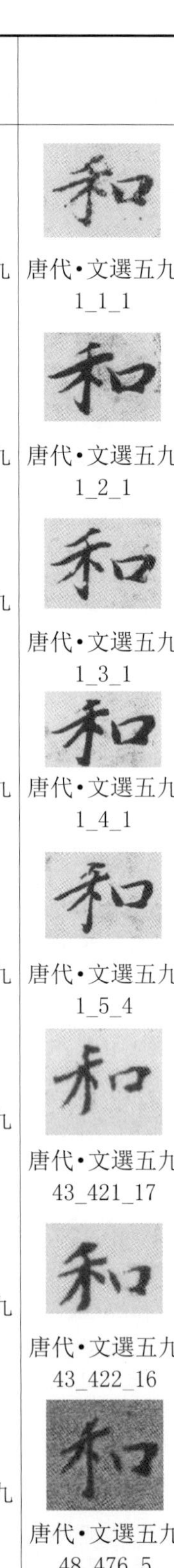 唐代·文選五九 1_1_1
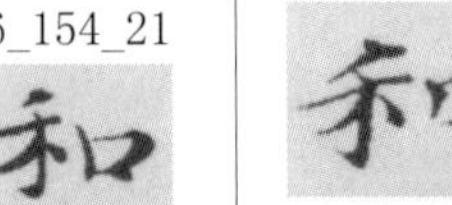 唐代·文選百三 77_738_10	唐代·文選百三 9_83_16	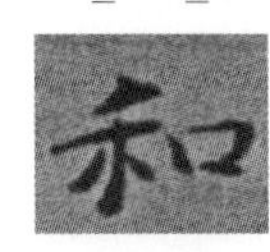 唐代·文選六八 71_712_1	 唐代·文選六八 18_185_2	 唐代·文選五九 102_964_1	 唐代·文選五九 77_738_7	唐代·文選五九 1_2_1
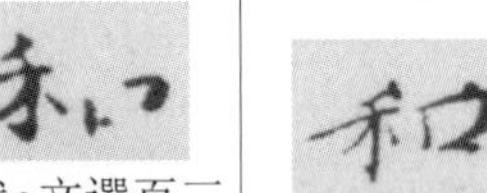 唐代·文選百三 77_739_5	唐代·文選百三 9_87_1	 唐代·文選六八 71_712_6	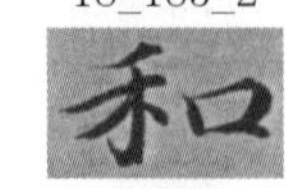 唐代·文選六八 21_210_17	 唐代·文選五九 102_964_14	 唐代·文選五九 77_738_29	唐代·文選五九 1_3_1
 唐代·文選百三 81_769_6	唐代·文選百三 9_89_10	 唐代·文選六八 71_712_9	 唐代·文選六八 21_211_20	 唐代·文選五九 102_965_18	 唐代·文選五九 86_830_1	唐代·文選五九 1_4_1
 唐代·文選百三 81_771_7	唐代·文選百三 16_152_31	 唐代·文選六八 73_722_4	 唐代·文選六八 23_233_18	 唐代·文選五九 107_1011_22	 唐代·文選五九 87_835_21	唐代·文選五九 1_5_4
 唐代·文選百三 81_776_27	唐代·文選百三 16_153_13	 唐代·文選六八 73_722_18	 唐代·文選六八 23_235_8	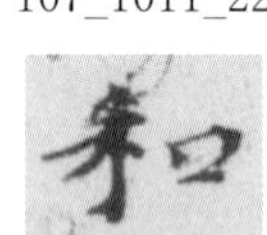 唐代·文選五九 107_1012_18	 唐代·文選五九 91_875_18	唐代·文選五九 43_421_17
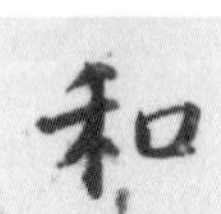 唐代·古文選前 3_37_5	唐代·文選百三 16_153_16	 唐代·文選八八 23_203_1	 唐代·文選六八 27_274_3	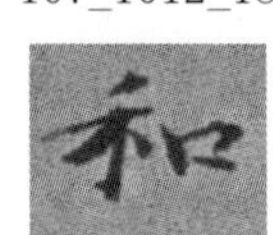 唐代·文選六八 8_81_7	 唐代·文選五九 96_910_1	唐代·文選五九 43_422_16
 唐代·古文選前 9_108_7	唐代·文選百三 17_167_26	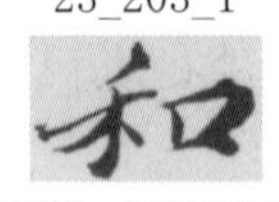 唐代·文選百三 7_61_2	 唐代·文選六八 49_492_5	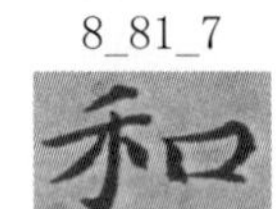 唐代·文選六八 17_175_6	 唐代·文選五九 96_910_14	唐代·文選五九 48_476_5
 唐代·古文選前 9_111_1		 唐代·文選百三 7_62_16	 唐代·文選六八 65_654_27	 唐代·文選六八 18_181_5	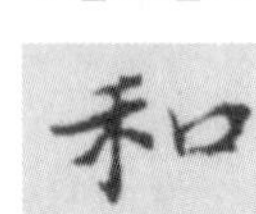 唐代·文選五九 96_911_27	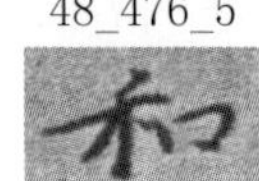 唐代·文選五九 53_528_2

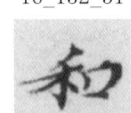

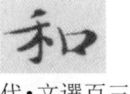

命

			慣メイ 漢ベイ 呉ミョウ 訓いのち			
唐代•文選四八 16_142_7	唐代•春秋經傳 27_283_20	唐代•春秋經傳 15_153_16	中唐・風信帖 2_6_2	唐代•十輪經八 16_309_1	唐代•古文選後 18_213_5	唐代•古文選前 17_195_6
唐代•文選四八 20_180_19	唐代•春秋經傳 33_342_11	唐代•春秋經傳 15_154_6	唐代•春秋經傳 2_14_17	唐代•十輪經八 18_345_11	唐代•古文選後 24_282_3	唐代•古文選前 17_196_7
唐代•文選四八 21_189_2	唐代•春秋經傳 36_379_1	唐代•春秋經傳 22_233_14	唐代•春秋經傳 2_15_15	唐代•十輪經八 16_308_1	唐代•十輪經四 2_25_8	唐代•古文選前 19_220_1
唐代•文選四八 25_226_10	唐代•春秋經傳 36_379_3	唐代•春秋經傳 23_237_3	唐代•春秋經傳 2_19_3		唐代•十輪經四 8_153_13	唐代•古文選後 10_116_3
唐代•文選四八 29_262_14	唐代•春秋經傳 37_391_23	唐代•春秋經傳 23_238_2	唐代•春秋經傳 5_44_35		唐代•十輪經四 8_158_12	唐代•古文選後 14_167_15
唐代•文選四八 36_329_18	唐代•文選四八 7_60_4	唐代•春秋經傳 23_239_15	唐代•春秋經傳 5_44_42		唐代•十輪經八 13_251_17	唐代•古文選後 17_196_4
唐代•文選四八 37_331_25	唐代•文選四八 9_74_8	唐代•春秋經傳 27_274_15	唐代•春秋經傳 5_49_16		唐代•十輪經八 15_289_17	唐代•古文選後 18_207_8
唐代•文選四八 37_332_7	唐代•文選四八 14_125_21	唐代•春秋經傳 27_277_23	唐代•春秋經傳 9_89_14		唐代•十輪經八 15_296_10	唐代•古文選後 20_230_7

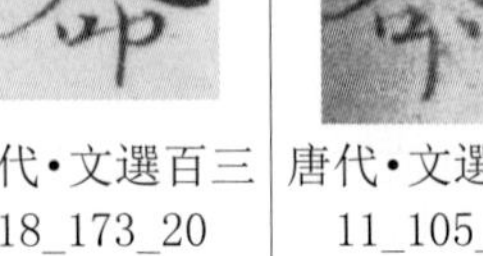

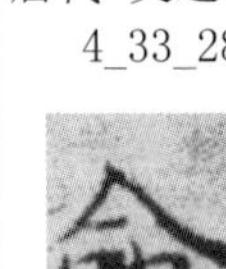
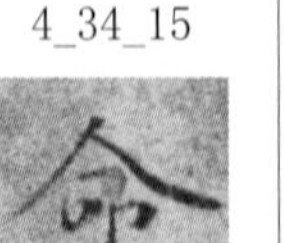

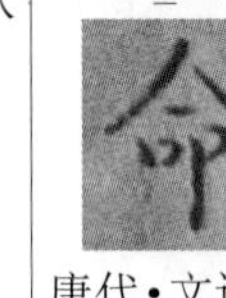
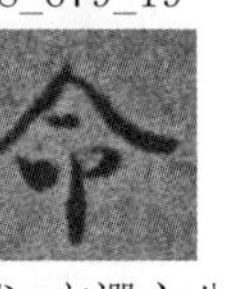

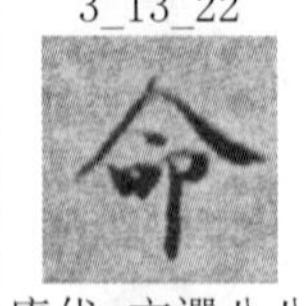

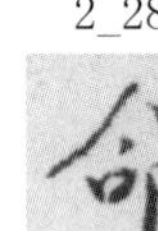
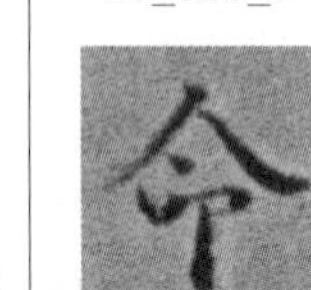
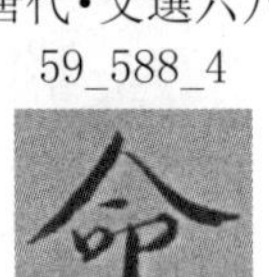
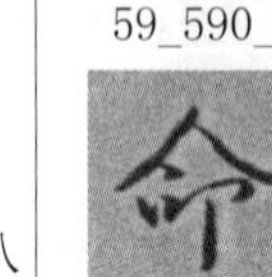

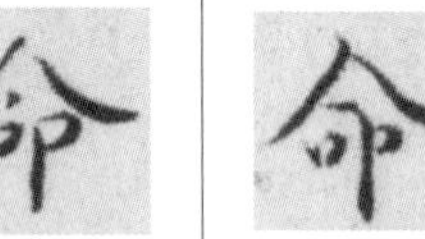

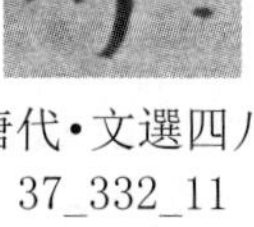
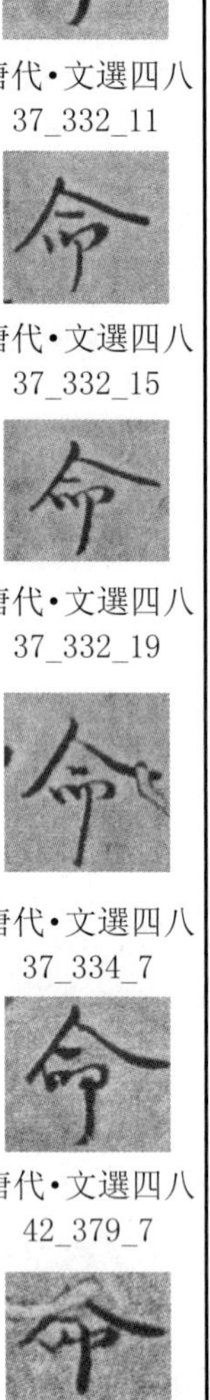

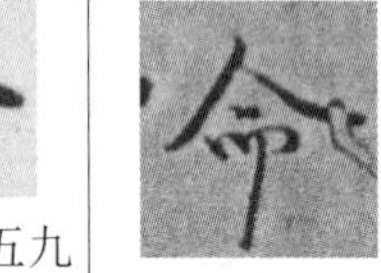
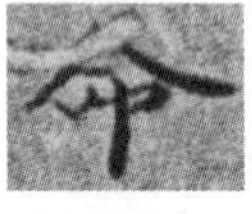

唐代•文選百三 18_173_20	唐代•文選百三 11_105_16	唐代•文選八八 23_200_4	唐代•文選六八 59_595_7	唐代•文選六八 1_11_3	唐代•文選五九 59_565_10	唐代•文選四八 37_332_11
唐代•文選百三 18_173_40	唐代•文選百三 16_151_8	唐代•文選八八 23_201_19	唐代•文選六八 59_597_9	唐代•文選六八 1_12_22	唐代•文選五九 61_585_9	唐代•文選四八 37_332_15
唐代•文選百三 18_174_16	唐代•文選百三 17_162_4	唐代•文選百三 1_8_30	唐代•文選六八 64_643_13	唐代•文選六八 2_28_2	唐代•文選五九 61_590_20	唐代•文選四八 37_332_19
唐代•文選百三 19_180_4	唐代•文選百三 17_162_21	唐代•文選百三 3_24_7	唐代•文選六八 68_679_19	唐代•文選六八 13_129_19	唐代•文選五九 69_665_5	唐代•文選四八 37_334_7
唐代•文選百三 19_188_33	唐代•文選百三 17_163_8	唐代•文選百三 4_33_4	唐代•文選六八 71_706_2	唐代•文選六八 59_586_8	唐代•文選五九 92_888_5	唐代•文選四八 42_379_7
唐代•文選百三 33_321_4	唐代•文選百三 17_163_13	唐代•文選百三 4_33_28	唐代•文選八八 3_12_3	唐代•文選六八 59_588_4	唐代•文選五九 93_892_30	唐代•文選五九 11_102_9
唐代•文選百三 37_363_28	唐代•文選百三 18_171_27	唐代•文選百三 4_34_15	唐代•文選八八 3_13_22	唐代•文選六八 59_590_7	唐代•文選五九 94_896_21	唐代•文選五九 35_340_22
唐代•文選百三 42_418_3	唐代•文選百三 18_173_3	唐代•文選百三 5_35_22	唐代•文選八八 5_25_9	唐代•文選六八 59_593_23	唐代•文選五九 104_984_6	唐代•文選五九 43_425_4

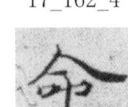

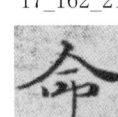

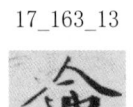

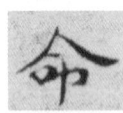

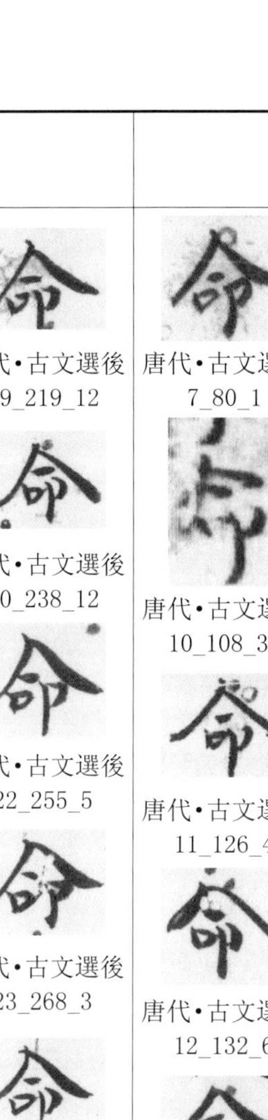
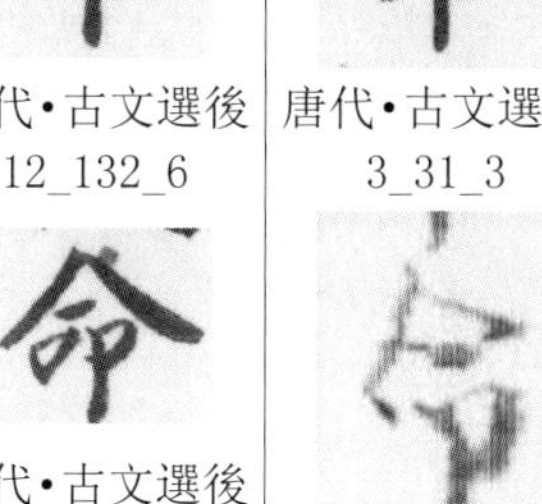

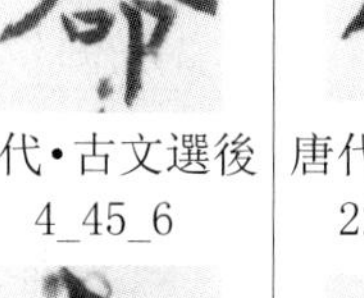

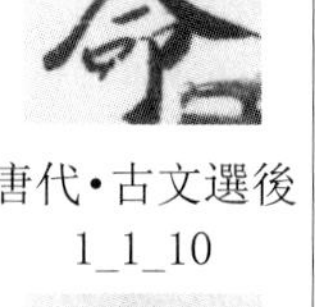
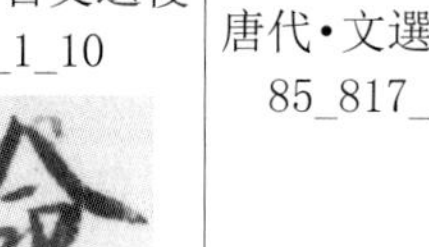

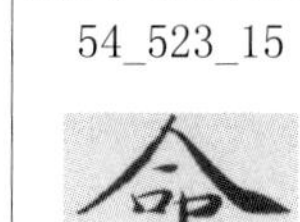
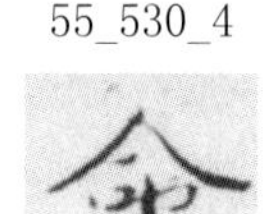

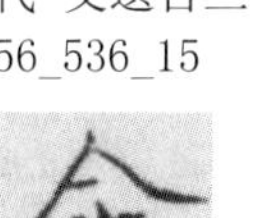
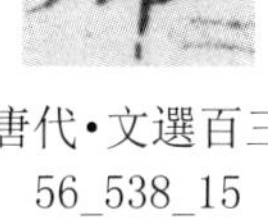

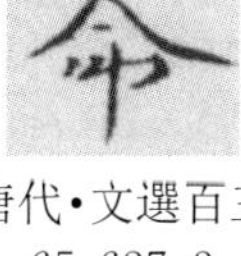
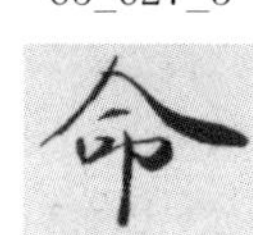

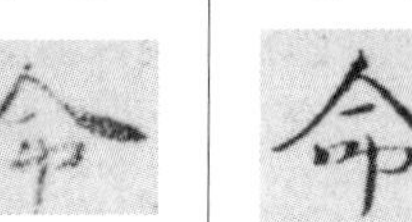

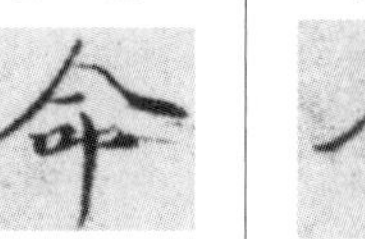

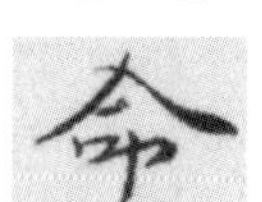
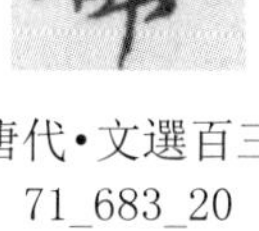

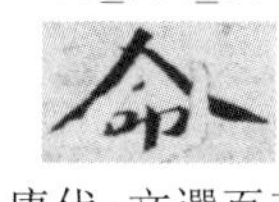
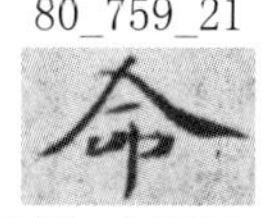
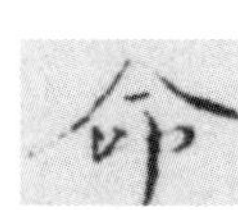

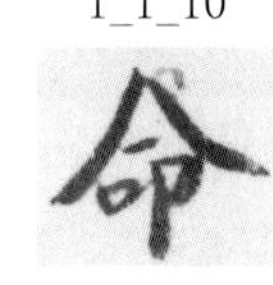

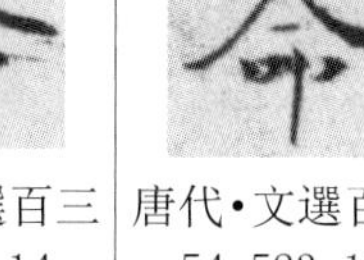
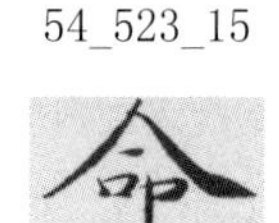

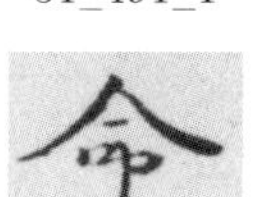

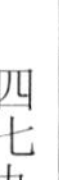

唐代·文選百三 42_421_9
唐代·文選百三 44_423_19
唐代·文選百三 51_489_3
唐代·文選百三 51_491_1
唐代·文選百三 51_491_26
唐代·文選百三 51_492_11
唐代·文選百三 51_493_15
唐代·文選百三 51_493_22

唐代·文選百三 51_493_30
唐代·文選百三 54_523_15
唐代·文選百三 55_530_4
唐代·文選百三 56_536_15
唐代·文選百三 56_538_15
唐代·文選百三 65_627_3
唐代·文選百三 69_665_28
唐代·文選百三 69_668_4

唐代·文選百三 69_670_25
唐代·文選百三 70_675_14
唐代·文選百三 71_681_3
唐代·文選百三 71_683_20
唐代·文選百三 75_725_10
唐代·文選百三 80_759_21
唐代·文選百三 81_764_21
唐代·文選百三 85_817_13

唐代·文選百三 86_822_35
唐代·古文選前 6_66_7
唐代·古文選前 10_116_4
唐代·古文選前 15_174_5
唐代·古文選前 21_252_6
唐代·古文選前 22_255_12
唐代·古文選後 1_1_10
唐代·古文選後 1_6_4

唐代·古文選後 2_23_2
唐代·古文選後 3_25_4
唐代·古文選後 3_29_14
唐代·古文選後 3_31_3
唐代·古文選後 4_44_41
唐代·古文選後 4_45_6
唐代·古文選後 5_58_3
唐代·古文選後 6_64_7

唐代·古文選後 7_80_1
唐代·古文選後 10_108_32
唐代·古文選後 11_126_4
唐代·古文選後 12_132_6
唐代·古文選後 12_133_8
唐代·古文選後 12_134_8
唐代·古文選後 12_141_2
唐代·古文選後 15_169_4

唐代·古文選後 19_219_12
唐代·古文選後 20_238_12
唐代·古文選後 22_255_5
唐代·古文選後 23_268_3
唐代·古文選後 23_275_8
唐代·古文選後 25_297_2
唐代·十輪經四 2_26_1
唐代·十輪經四 3_52_3

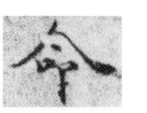

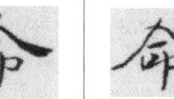

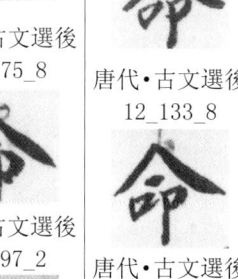

唐代·十輪經四 5_91_15
唐代·十輪經四 6_117_14
唐代·十輪經四 8_148_14
唐代·十輪經四 9_165_11
唐代·十輪經四 9_169_12
唐代·十輪經四 10_181_10
唐代·十輪經四 10_183_5
唐代·十輪經四 10_184_5
唐代·十輪經四 10_192_3
唐代·十輪經四 10_198_11
唐代·十輪經四 11_208_13
唐代·十輪經四 12_220_8
唐代·十輪經四 14_270_12
唐代·十輪經四 15_288_16
唐代·十輪經四 15_292_17
唐代·十輪經四 16_309_2
唐代·十輪經四 16_319_2
唐代·十輪經四 18_341_5
唐代·十輪經四 18_355_15
唐代·十輪經四 19_372_12
唐代·十輪經四 20_383_16
唐代·十輪經四 20_392_7
唐代·十輪經四 20_398_1
唐代·十輪經四 21_406_9
唐代·十輪經四 21_409_6
唐代·十輪經四 22_424_4
唐代·十輪經八 5_98_2
唐代·十輪經八 6_105_4
唐代·十輪經八 6_108_4
唐代·十輪經八 6_108_8
唐代·十輪經八 6_109_11
唐代·十輪經八 6_111_17
唐代·十輪經八 8_146_8
唐代·十輪經八 8_147_11
唐代·十輪經八 8_149_17
唐代·十輪經八 8_159_8
唐代·十輪經八 10_184_14
唐代·十輪經八 10_185_17
唐代·十輪經八 10_188_7
唐代·十輪經八 10_197_3
唐代·十輪經八 12_221_13
唐代·十輪經八 12_222_16
唐代·十輪經八 12_225_5
唐代·十輪經八 12_234_12
唐代·十輪經八 13_258_14
唐代·十輪經八 13_259_16
唐代·十輪經八 14_262_5
唐代·十輪經八 14_271_13
唐代·十輪經八 15_296_13
唐代·十輪經八 15_297_16
唐代·十輪經八 15_300_5
唐代·十輪經八 16_309_12
唐代·十輪經八 17_334_13
唐代·十輪經八 17_335_15
唐代·十輪經八 17_338_5
唐代·十輪經八 18_348_3

呼

漢 コ

訓 よぶ

唐代•十輪經八 19_372_13
唐代•十輪經八 19_373_16
唐代•十輪經八 19_376_5
唐代•十輪經八 20_385_16
唐代•十輪經八 21_410_5
唐代•十輪經八 21_411_8
唐代•十輪經八 21_413_14
唐代•十輪經八 22_425_7
唐代•十輪經九 1_10_1
唐代•十輪經九 1_11_4
唐代•十輪經九 1_13_10
唐代•十輪經九 2_23_16
唐代•十輪經九 3_48_5
唐代•十輪經九 3_49_8
唐代•十輪經九 3_51_15
唐代•十輪經九 4_62_6
唐代•十輪經九 4_63_4
唐代•十輪經九 5_91_9
唐代•十輪經九 5_95_5
唐代•十輪經九 8_154_13
唐代•十輪經九 17_323_12
唐代•十輪經九 17_324_14
唐代•十輪經九 17_327_3
唐代•十輪經十 9_178_17
唐代•十輪經十 17_336_17
唐代•春秋經傳 11_108_8
唐代•文選五九 27_263_27
唐代•文選五九 33_325_8
唐代•文選六八 6_61_29
唐代•文選六八 8_77_3
唐代•文選六八 17_173_16
唐代•文選六八 25_255_1
唐代•文選百三 4_31_6
唐代•文選百三 18_172_5
唐代•文選百三 21_207_31
唐代•文選百三 23_222_3
唐代•文選百三 25_243_4
唐代•文選百三 31_314_22
唐代•文選百三 48_464_14
唐代•文選百三 60_576_1
唐代•文選百三 63_608_2
唐代•文選百三 64_617_3
唐代•文選百三 65_631_6
唐代•文選百三 86_818_10
唐代•文選百三 87_833_3
唐代•十輪經十 20_385_17

周 

漢 シュウ 呉 シュ、ス
訓 まわり

唐代•春秋經傳
11_113_12

唐代•春秋經傳
14_138_9

唐代•春秋經傳
14_139_20

唐代•春秋經傳
14_140_16

唐代•春秋經傳
15_150_4

唐代•春秋經傳
15_154_1

唐代•春秋經傳
25_255_9

唐代•春秋經傳
17_176_10

唐代•春秋經傳
25_258_1

唐代•春秋經傳
25_258_7

唐代•春秋經傳
25_258_14

唐代•春秋經傳
25_263_4

唐代•春秋經傳
26_264_5

唐代•春秋經傳
27_277_16

唐代•春秋經傳
30_316_7

唐代•春秋經傳
30_315_14

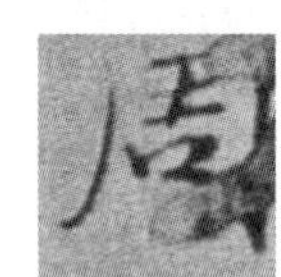
唐代•文選四八
3_15_1

唐代•文選四八
4_32_6

唐代•文選四八
6_49_28

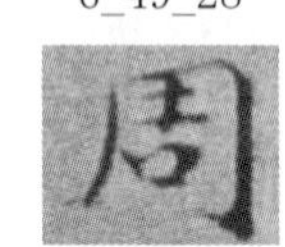
唐代•文選四八
8_68_2

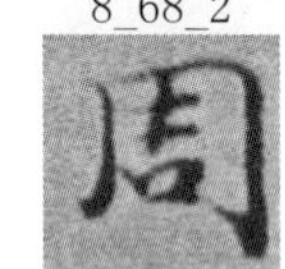
唐代•文選四八
10_83_3

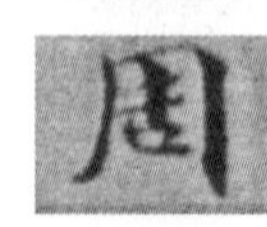
唐代•文選四八
12_102_12

唐代•文選四八
12_103_15

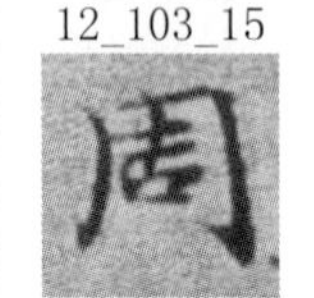
唐代•文選四八
13_113_5

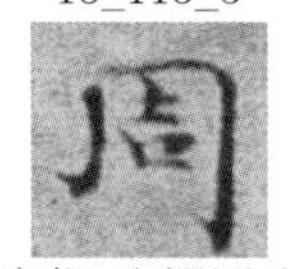
唐代•文選四八
13_114_16

唐代•文選四八
14_122_26

唐代•文選四八
16_140_16

唐代•文選四八
16_141_21

唐代•文選四八
16_146_14

唐代•文選四八
16_150_7

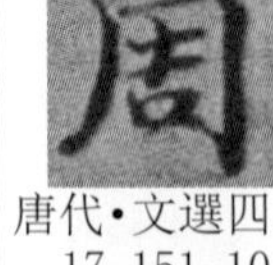
唐代•文選四八
17_151_10

唐代•文選四八
17_155_24

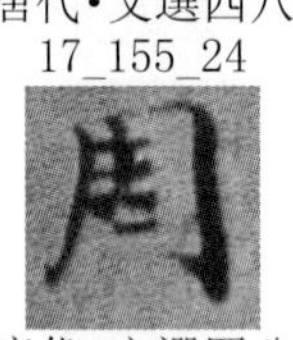
唐代•文選四八
17_157_6

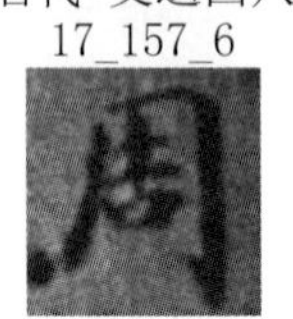
唐代•文選四八
20_184_4

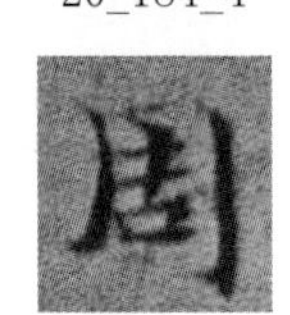
唐代•文選四八
24_213_12

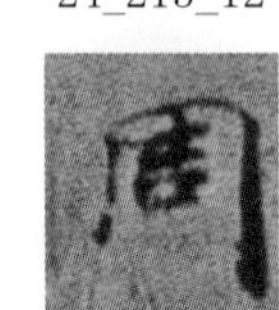
唐代•文選四八
25_226_21

唐代•文選四八
26_231_7

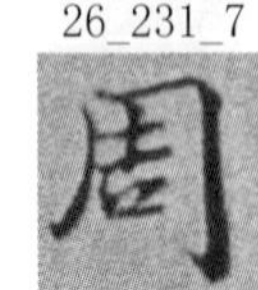
唐代•文選四八
26_233_23

唐代•文選四八
28_254_8

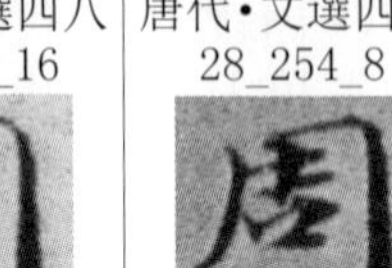
唐代•文選四八
29_263_15

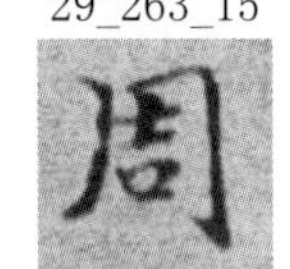
唐代•文選四八
31_280_25

唐代•文選四八
32_293_6

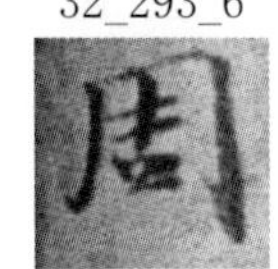
唐代•文選四八
34_307_21

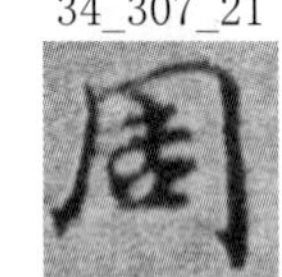
唐代•文選四八
35_316_18

唐代•文選四八
37_333_18

唐代•文選四八
37_335_7

唐代•文選四八
44_392_16

唐代•文選四八
46_417_20

唐代•文選四八
46_418_15

唐代•文選四八
49_442_7

唐代•文選四八
49_445_18

唐代•文選五九
4_36_10

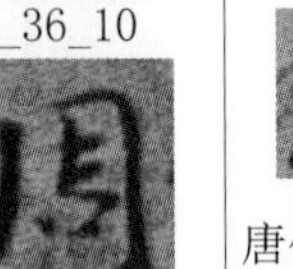
唐代•文選五九
5_50_7

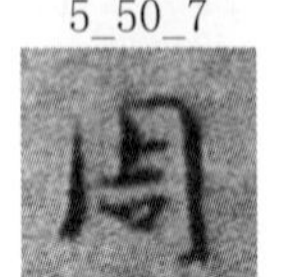
唐代•文選五九
7_60_14

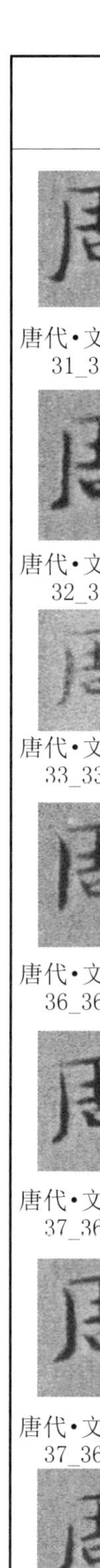
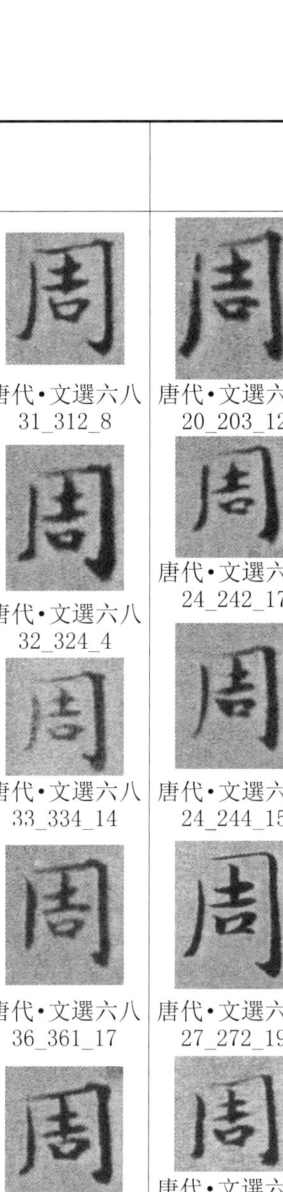
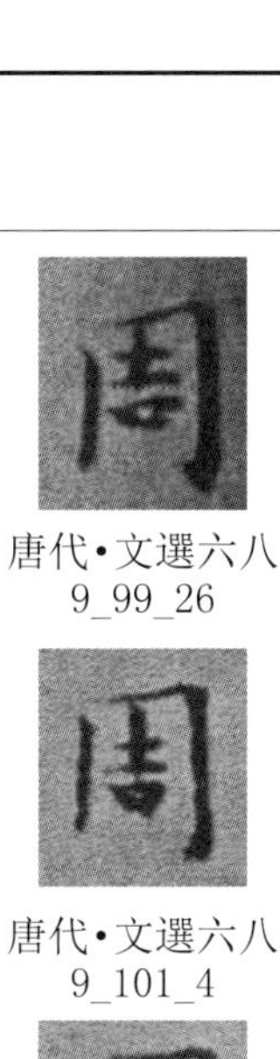

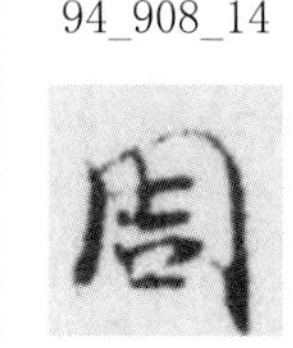

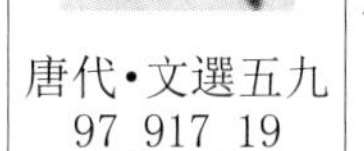

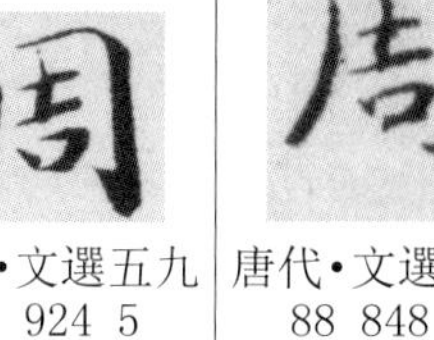
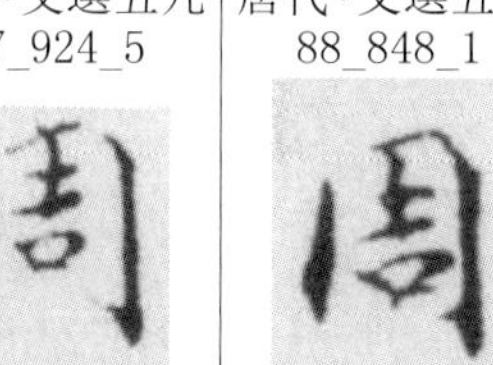
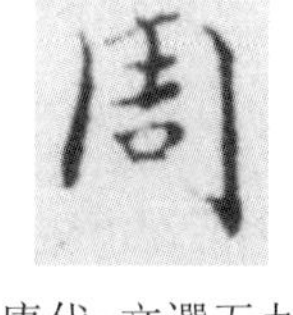

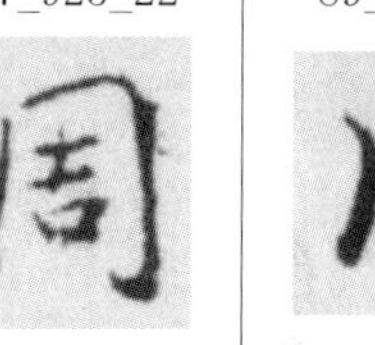

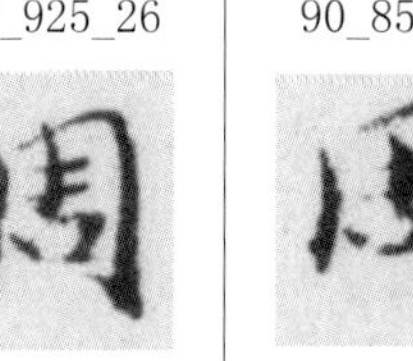
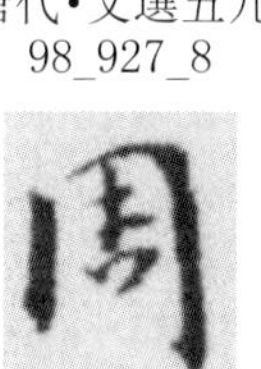
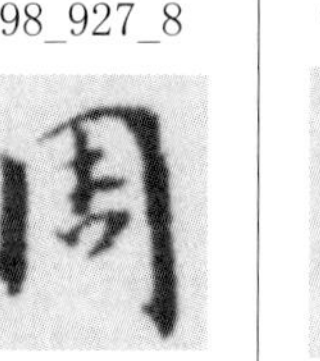
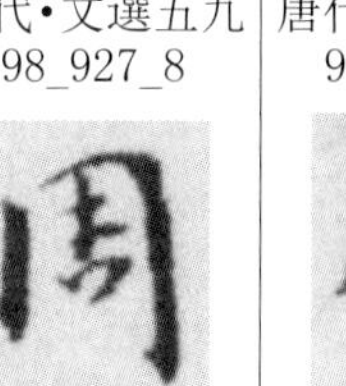

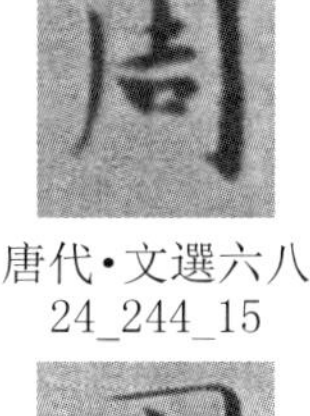

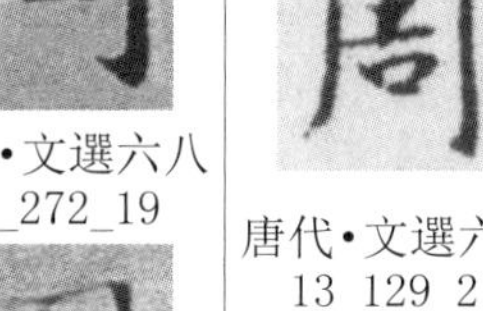
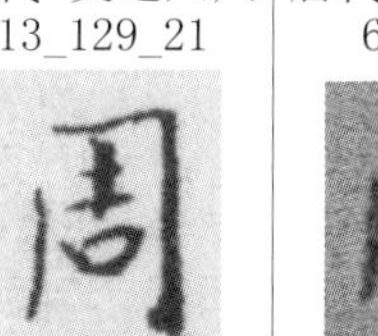

唐代•文選六八 31_312_8
唐代•文選六八 32_324_4
唐代•文選六八 33_334_14
唐代•文選六八 36_361_17
唐代•文選六八 37_365_23
唐代•文選六八 37_369_23
唐代•文選六八 37_372_16

唐代•文選六八 20_203_12
唐代•文選六八 24_242_17
唐代•文選六八 24_244_15
唐代•文選六八 27_272_19
唐代•文選六八 27_273_24
唐代•文選六八 27_274_18
唐代•文選六八 31_309_6

唐代•文選六八 9_99_26
唐代•文選六八 9_101_4
唐代•文選六八 12_126_10
唐代•文選六八 13_129_21
唐代•文選六八 13_140_7
唐代•文選六八 14_143_9
唐代•文選六八 19_190_16

唐代•文選五九 110_1045_11
唐代•文選六八 1_5_12
唐代•文選六八 4_45_28
唐代•文選六八 6_60_18
唐代•文選六八 6_64_23
唐代•文選六八 7_68_6
唐代•文選六八 9_95_2

唐代•文選五九 99_936_32
唐代•文選五九 102_965_2
唐代•文選五九 103_977_18
唐代•文選五九 105_999_24
唐代•文選五九 107_1016_15
唐代•文選五九 107_1019_6
唐代•文選五九 109_1036_20

唐代•文選五九 94_908_14
唐代•文選五九 97_917_19
唐代•文選五九 97_924_5
唐代•文選五九 97_925_22
唐代•文選五九 97_925_26
唐代•文選五九 98_927_8
唐代•文選五九 99_934_14

唐代•文選五九 84_813_24
唐代•文選五九 87_834_30
唐代•文選五九 88_848_1
唐代•文選五九 89_851_1
唐代•文選五九 90_858_8
唐代•文選五九 91_874_26
唐代•文選五九 92_886_21

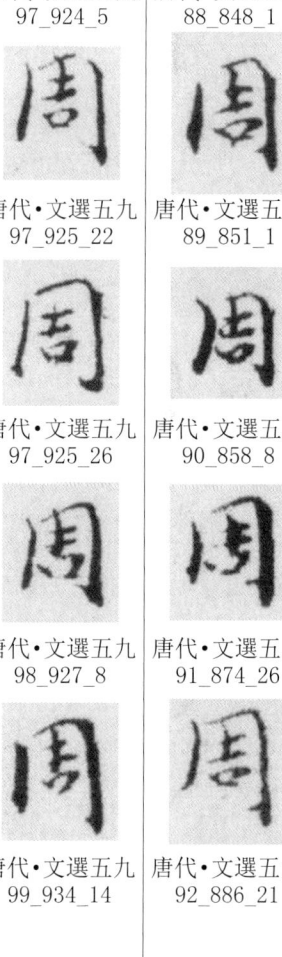

唐代•文選百三 22_211_3
唐代•文選百三 27_261_26
唐代•文選百三 27_262_16
唐代•文選百三 27_262_28
唐代•文選百三 27_263_30
唐代•文選百三 27_266_30
唐代•文選百三 28_272_36
唐代•文選百三 29_292_9
唐代•文選百三 10_91_23
唐代•文選百三 11_107_9
唐代•文選百三 13_124_20
唐代•文選百三 15_137_34
唐代•文選百三 15_148_13
唐代•文選百三 16_153_5
唐代•文選百三 17_166_18
唐代•文選百三 20_195_5
唐代•文選八八 22_194_13
唐代•文選八八 22_195_3
唐代•文選八八 23_201_14
唐代•文選百三 3_26_6
唐代•文選百三 5_48_27
唐代•文選百三 8_70_24
唐代•文選百三 9_81_34
唐代•文選百三 9_88_32
唐代•文選八八 1_6_13
唐代•文選八八 6_37_23
唐代•文選八八 6_41_31
唐代•文選八八 10_76_15
唐代•文選八八 18_155_16
唐代•文選八八 19_161_28
唐代•文選八八 21_181_18
唐代•文選八八 21_190_7
唐代•文選六八 66_662_5
唐代•文選六八 68_678_6
唐代•文選六八 69_690_7
唐代•文選六八 71_709_12
唐代•文選六八 71_711_17
唐代•文選六八 72_719_10
唐代•文選六八 73_724_6
唐代•文選六八 61_616_2
唐代•文選六八 62_621_6
唐代•文選六八 65_645_6
唐代•文選六八 65_646_15
唐代•文選六八 65_647_24
唐代•文選六八 65_648_21
唐代•文選六八 65_651_8
唐代•文選六八 42_420_4
唐代•文選六八 45_447_6
唐代•文選六八 45_450_16
唐代•文選六八 49_488_26
唐代•文選六八 53_535_30
唐代•文選六八 56_562_13
唐代•文選六八 56_564_28

唐代•古文選後 20_231_3
唐代•古文選後 20_240_5
唐代•十輪經八 20_383_17
唐代•古文選後 7_75_12
唐代•古文選後 9_98_1
唐代•古文選後 17_203_14

唐代•古文選前 23_275_2
唐代•古文選後 1_3_8
唐代•古文選後 1_7_10
唐代•古文選後 5_56_13
唐代•古文選後 20_229_5
唐代•古文選前 18_211_3
唐代•古文選前 21_245_2

唐代•文選百三 83_794_1
唐代•文選百三 85_811_6
唐代•文選百三 86_819_26
唐代•古文選前 13_155_6
唐代•古文選前 15_179_39
唐代•古文選前 21_248_2
唐代•文選百三 81_776_19

唐代•文選百三 80_763_23
唐代•文選百三 81_765_7
唐代•文選百三 81_766_30
唐代•文選百三 81_770_26
唐代•文選百三 81_770_32
唐代•文選百三 81_772_21
唐代•文選百三 81_774_26
唐代•文選百三 78_746_18

唐代•文選百三 63_601_26
唐代•文選百三 64_617_11
唐代•文選百三 69_662_14
唐代•文選百三 71_684_14
唐代•文選百三 71_685_23
唐代•文選百三 75_721_31
唐代•文選百三 79_748_27

唐代•文選百三 49_474_26
唐代•文選百三 52_503_26
唐代•文選百三 54_518_3
唐代•文選百三 54_518_17
唐代•文選百三 55_524_8
唐代•文選百三 57_543_38
唐代•文選百三 60_571_13
唐代•文選百三 63_600_6

唐代•文選百三 32_319_23
唐代•文選百三 33_326_1
唐代•文選百三 35_345_29
唐代•文選百三 36_362_12
唐代•文選百三 37_371_22
唐代•文選百三 40_404_11
唐代•文選百三 45_432_14
唐代•文選百三 47_457_2

咎

漢キュウ
訓とがめる

唐代・春秋經傳
7_65_10

唐代・文選四八
50_449_12

咄

漢トツ
訓しかる

唐代・古文選後
23_275_12

哉

サイ
訓かな

唐代・春秋經傳
38_395_4

唐代・春秋經傳
38_400_7

唐代・春秋經傳
38_400_19

唐代・文選四八
20_184_8

唐代・文選四八
24_217_17

唐代・文選四八
49_447_12

唐代・文選四八
50_449_20

唐代・文選四八
50_449_25

唐代・文選四八
50_449_30

唐代・文選四八
50_450_28

唐代・文選四八
50_451_27

唐代・文選五九
70_675_1

唐代・文選五九
71_676_18

唐代・文選五九
74_709_13

唐代・文選五九
83_799_10

唐代・文選五九
109_1031_4

唐代・文選六八
8_80_28

唐代・文選六八
9_97_30

唐代・文選六八
71_714_10

唐代・文選八八
11_95_1

唐代・文選八八
13_108_4

唐代・文選八八
13_110_9

唐代・文選八八
22_196_10

唐代・文選百三
4_31_8

唐代・文選百三
9_77_12

唐代・文選百三
11_102_4

唐代・文選百三
15_137_31

唐代・文選百三
18_172_7

唐代・文選百三
20_191_7

唐代・文選百三
20_191_19

唐代・文選百三
20_192_18

唐代・文選百三
21_208_1

唐代・文選百三
22_210_3

唐代・文選百三
23_222_5

唐代・文選百三
25_243_6

唐代・文選百三
34_337_3

唐代・文選百三
45_427_9

唐代・文選百三
49_467_5

唐代・文選百三
51_490_20

唐代・文選百三
51_495_20

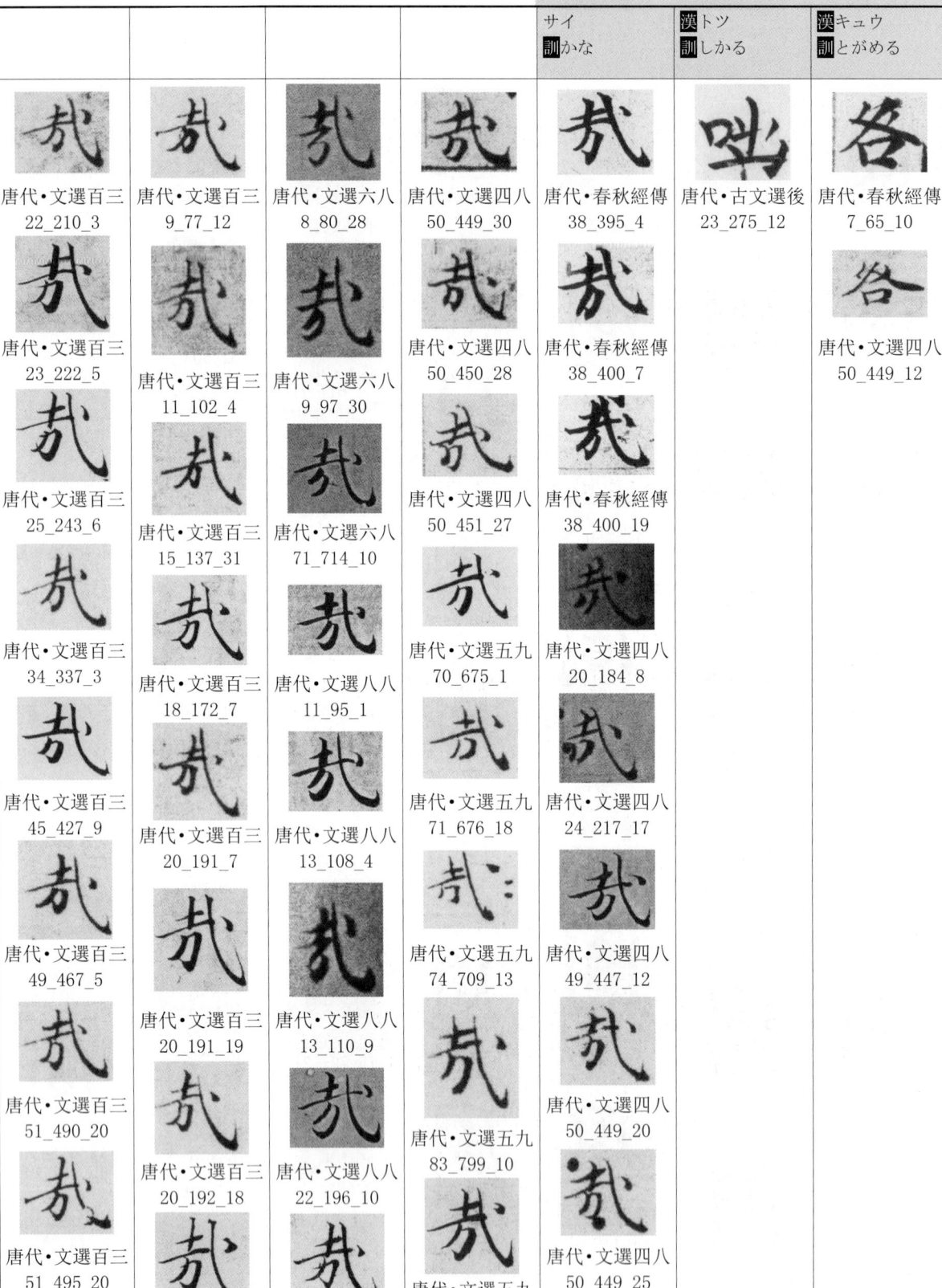

品品	呰呰	哂
漢ヒン 呉ホン 訓しな	漢シ 呉シ 訓そしる	シン 訓わらう

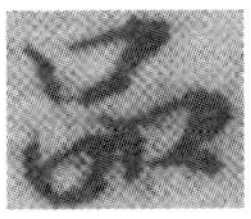
唐代・十輪經十
12_232_9

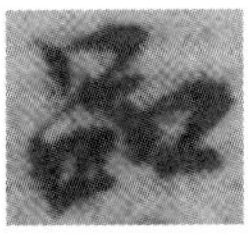
唐代・十輪經十
17_332_14

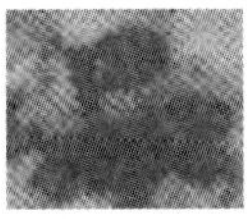
唐代・十輪經八
1_1_13

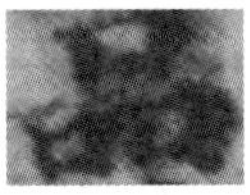
唐代・十輪經九
1_1_13

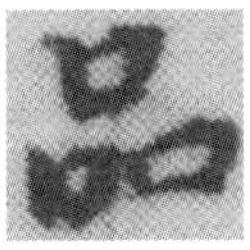
唐代・十輪經九
6_112_10

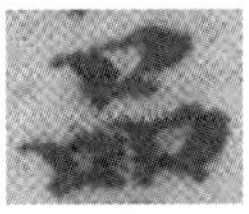
唐代・十輪經九
8_146_13

唐代・十輪經九
13_254_8

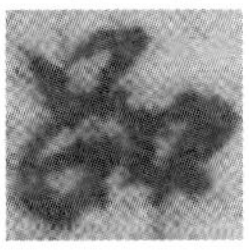
唐代・十輪經十
11_218_13

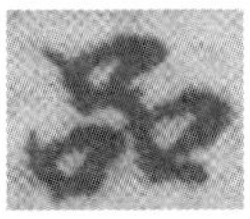
唐代・十輪經十
12_220_13

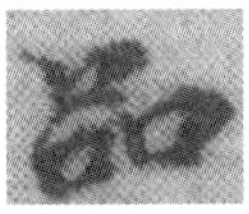
唐代・十輪經十
12_229_12

品品

漢ヒン 呉ホン
訓しな

初唐・大般若經
1_2_6

初唐・聖武雜集
1_1_9

初唐・聖武雜集
1_4_2

中唐・金剛經題
1_4_14

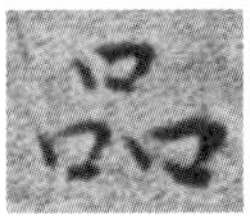
唐代・文選五九
49_479_17

唐代・文選六八
43_428_2

唐代・古文選後
12_141_15

唐代・古文選後
14_168_2

呰呰

漢シ 呉シ
訓そしる

唐代・十輪經四
1_16_16

唐代・十輪經四
5_98_10

唐代・十輪經四
6_101_7

唐代・十輪經四
6_104_4

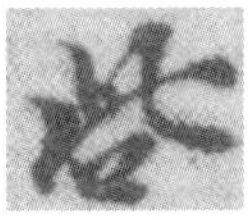
唐代・十輪經四
7_131_16

哂

シン
訓わらう

唐代・文選五九
35_339_7

唐代・文選五九
35_344_1

唐代・文選五九
35_345_1

唐代・文選五九
35_345_5

唐代・文選百三
57_553_9

唐代・古文選後
20_240_9

唐代・文選百三
57_555_2

唐代・文選百三
60_576_3

唐代・文選百三
63_608_4

唐代・文選百三
64_617_5

唐代・文選百三
65_631_8

唐代・文選百三
70_674_3

唐代・文選百三
86_819_2

唐代・文選百三
87_833_5

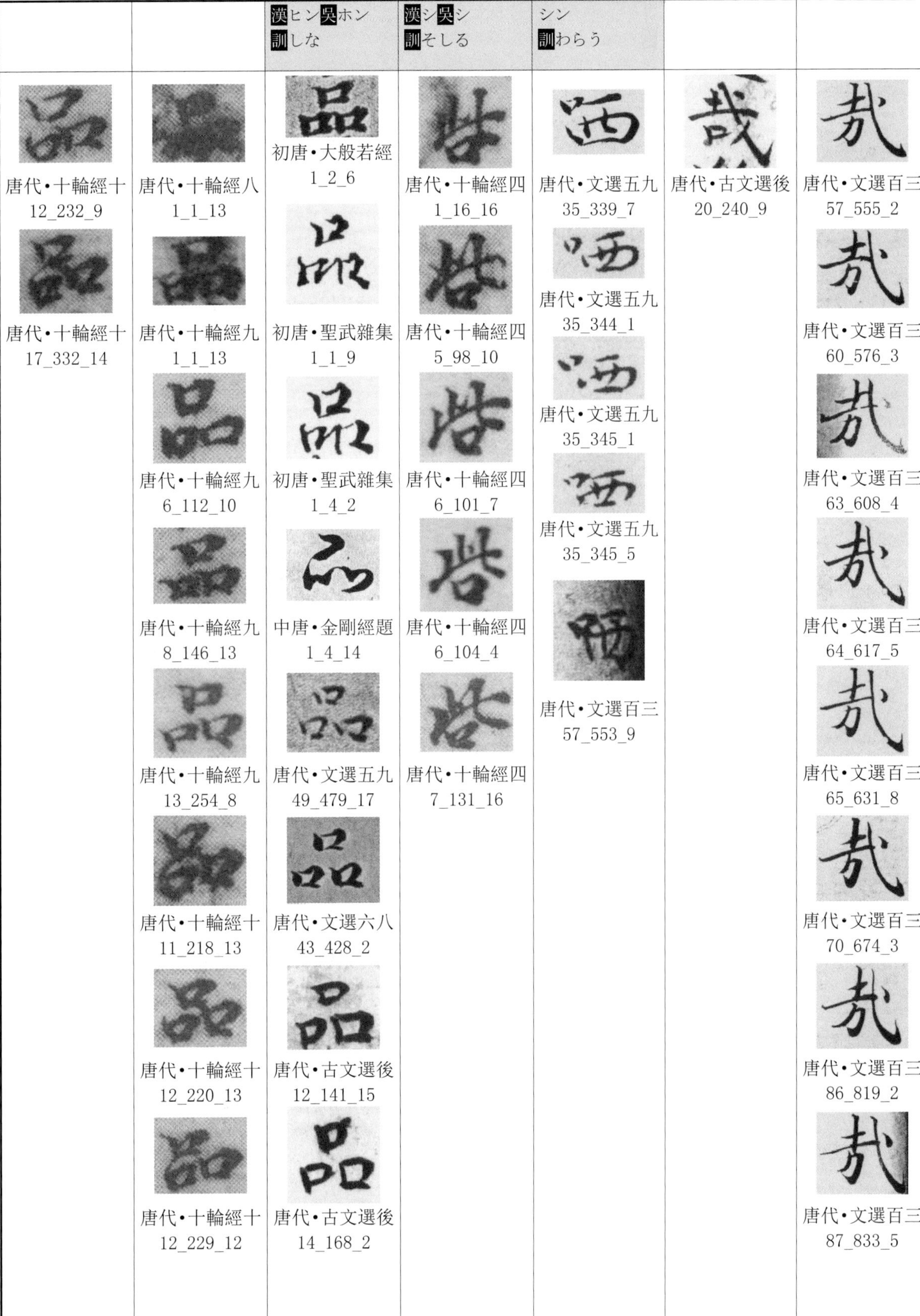

咽

慣イン 呉エン
訓のむ

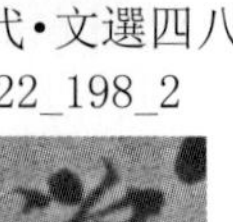
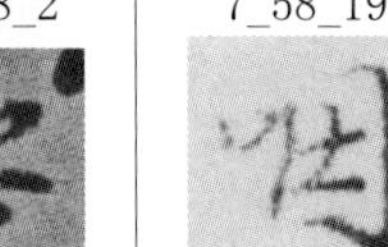

唐代・文選四八 7_58_19

唐代・文選百三 21_206_5

咨

シ
訓はかる

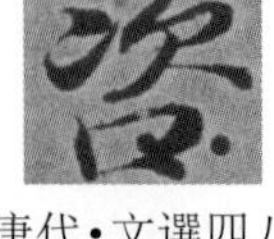

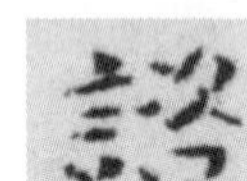
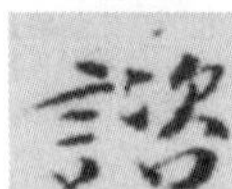

唐代・文選四八 22_198_2

唐代・文選四八 22_199_1

唐代・文選四八 22_199_10

唐代・文選四八 46_411_10

唐代・文選五九 41_410_20

唐代・文選五九 56_541_13

唐代・文選五九 63_607_16

唐代・文選五九 77_736_15

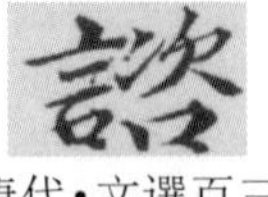

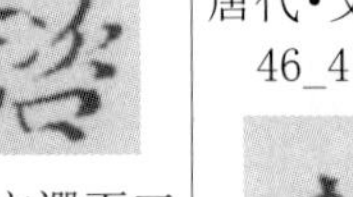

唐代・文選百三 35_342_8

唐代・文選百三 35_346_2

唐代・文選百三 38_379_6

唐代・文選百三 73_704_3

唐代・文選百三 73_704_18

唐代・文選百三 73_705_17

唐代・文選百三 73_705_21

唐代・古文選前 22_255_11

唐代・古文選後 2_20_7

哀

アイ
訓あわれ

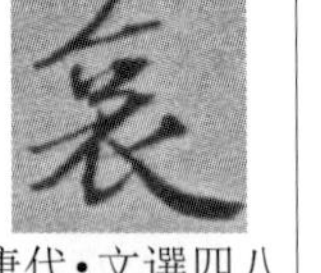
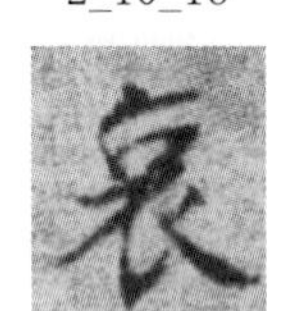
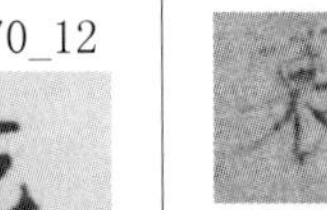

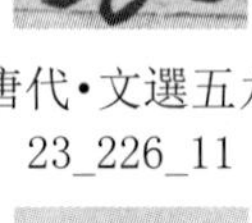
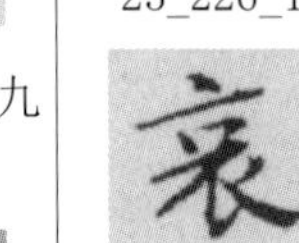

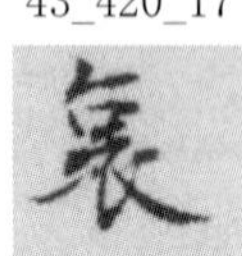

唐代・文選四八 2_10_4

唐代・文選四八 2_10_16

唐代・文選五九 3_26_5

唐代・文選五九 5_39_1

唐代・文選五九 23_226_11

唐代・文選五九 42_415_2

唐代・文選五九 43_420_17

唐代・文選五九 43_421_15

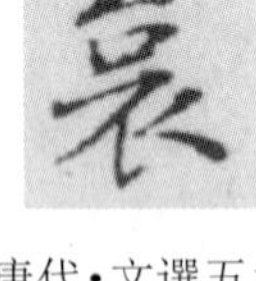

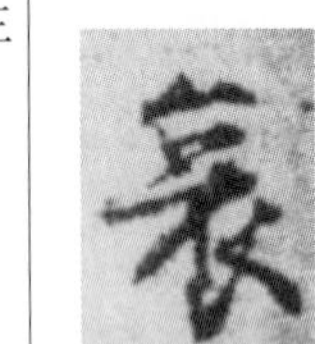
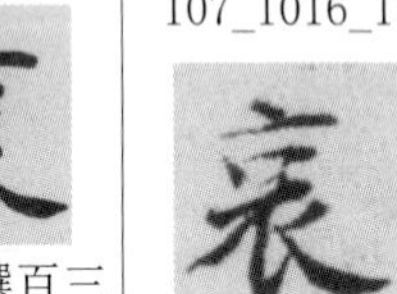

唐代・文選五九 43_426_9

唐代・文選五九 52_511_6

唐代・文選五九 70_670_12

唐代・文選五九 82_788_11

唐代・文選五九 83_799_9

唐代・文選五九 107_1016_13

唐代・文選五九 108_1021_2

唐代・文選六八 52_524_22

唐代・文選百三 4_31_7

唐代・文選百三 18_172_6

唐代・文選百三 21_207_1

唐代・文選百三 21_207_32

唐代・文選百三 21_209_9

唐代・文選百三 23_222_4

唐代・文選百三 25_243_5

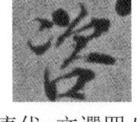

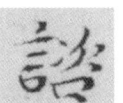

哥	哺	哲	哮	咳		
カ 訓うたう	漢ホ呉ブ 訓ふくむ	漢テツ 訓あきらか	漢コウ呉キョウ 訓ほえる	漢カイ呉ガイ 訓せき		
 唐代・文選四八 50_449_15  唐代・文選六八 65_653_8  唐代・文選八八 19_168_6  唐代・文選百三 69_668_21	 唐代・古文選前 16_187_2	 唐代・文選五九 99_934_6  唐代・古文選前 19_228_7  唐代・古文選後 11_120_11  唐代・古文選後 12_135_4  唐代・古文選後 17_195_12  唐代・古文選後 17_204_10  唐代・古文選後 20_229_14	 唐代・文選六八 35_349_9  唐代・文選六八 35_351_9  唐代・文選六八 35_351_17  唐代・文選六八 35_352_4	 唐代・文選六八 25_249_17	 唐代・古文選前 10_115_7  唐代・古文選前 14_165_20  唐代・古文選後 2_13_13  唐代・古文選後 5_59_4  唐代・古文選後 10_109_10  唐代・十輪經四 9_179_9	 唐代・文選百三 54_517_4  唐代・文選百三 60_576_2  唐代・文選百三 63_608_3  唐代・文選百三 64_617_4  唐代・文選百三 65_631_7  唐代・文選百三 86_819_1  唐代・文選百三 87_833_4  唐代・古文選前 6_64_3

唅		哭	唄	員	唇	哽
漢カン 訓ふくむ		コク 訓なく	呉バイ 訓うた	エン慣イン漢ウン 訓かず	漢シン呉ジン 訓くちびる	漢コウ呉キョウ 訓むせぶ
 唐代・文選百三 60_576_22  唐代・文選百三 60_577_18	 唐代・文選百三 63_611_18	 唐代・春秋經傳 13_134_21  唐代・春秋經傳 28_291_10  唐代・文選五九 72_686_17  唐代・文選百三 21_204_13 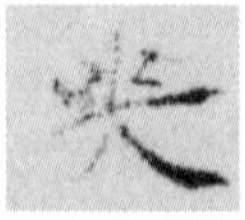 唐代・文選百三 21_206_4 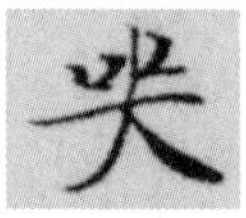 唐代・文選百三 21_208_16  唐代・文選百三 63_607_10  唐代・文選百三 63_609_14	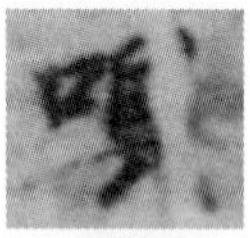 唐代・十輪經四 2_27_5	 唐代・文選四八 31_277_12  唐代・文選五九 2_16_19  唐代・文選六八 37_365_17  唐代・文選百三 56_533_28  唐代・文選百三 77_737_27  唐代・文選百三 81_768_7	 唐代・文選六八 57_570_20  唐代・文選六八 57_571_12  唐代・文選六八 57_571_18  唐代・古文選前 8_92_57  唐代・古文選前 13_147_13  唐代・古文選前 14_163_5	 唐代・十輪經四 9_179_10

	唯	唾	唱	唉		唐
	呉ユイ漢イ 訓ただ	タ慣ダ 訓つばする	ショウ 訓となえる	漢アイ、キ 訓ああ		漢トウ 訓から
 唐代•文選五九 16_153_22  唐代•文選五九 31_312_20  唐代•文選五九 32_315_7  唐代•文選五九 32_315_11  唐代•文選五九 76_733_7  唐代•文選五九 91_872_3  唐代•文選五九 100_947_16	 唐代•春秋經傳 20_203 7  唐代•春秋經傳 32_329_5  唐代•春秋經傳 34_361_21  唐代•文選四八 29_264_14  唐代•文選四八 45_406_8  唐代•文選五九 5_45_26  唐代•文選五九 8_73_17	 唐代•春秋經傳 27_278_4	 唐代•文選百三 9_84_6  唐代•文選百三 9_89_9  唐代•文選百三 9_89_26	 唐代•古文選前 21_249_4	 唐代•文選四八 1_3_26 錢塘  唐代•文選四八 1_4_14  唐代•文選四八 1_7_20  唐代•文選六八 71_712_21  唐代•文選百三 49_472_18  唐代•古文選前 2_19_3  唐代•古文選後 1_3_10  唐代•古文選後 13_153_12	 唐代•文選四八 4_21_28  唐代•文選四八 4_22_13  唐代•文選四八 15_134_6  唐代•文選六八 38_383_18  唐代•文選六八 39_389_10  唐代•文選六八 60_602_13  唐代•文選六八 71_711_15

啓  啖 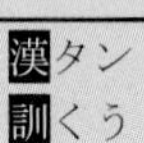

啓 漢ケイ 訓ひらく

晩唐・慶滋書狀
1_6_1

晩唐・慶滋書狀
1_16_2

晩唐・慶滋書狀
1_17_11

晩唐・慶滋書狀
1_18_10

啓之
唐代・春秋經傳
17_177_4

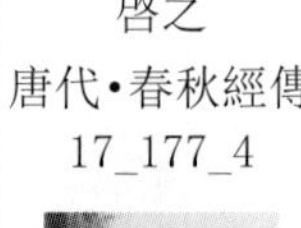

唐代・春秋經傳
17_181_13

唐代・文選四八
19_174_16

唐代・文選四八
20_179_5

啖 漢タン 訓くう

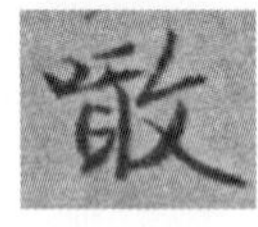
唐代・文選六八
35_358_26

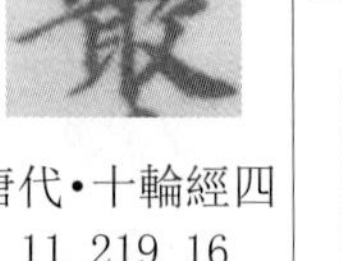
唐代・十輪經四
11_219_16

唐代・十輪經四
13_253_18

唐代・十輪經四
14_265_9

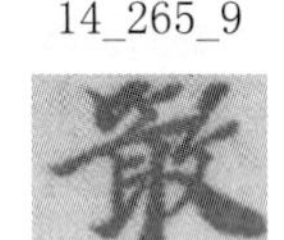
唐代・十輪經四
15_280_6

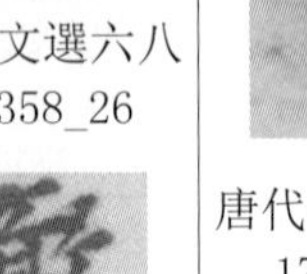
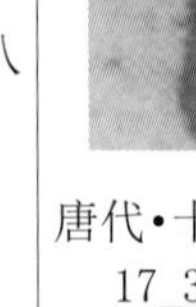
唐代・十輪經九
17_325_8

唐代・十輪經十
1_8_15

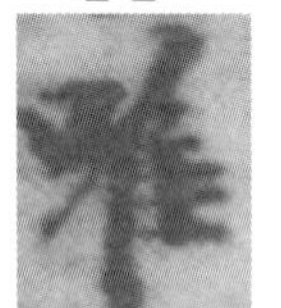
唐代・十輪經十
7_126_2

唐代・十輪經十
8_143_12

唐代・十輪經十
8_159_21

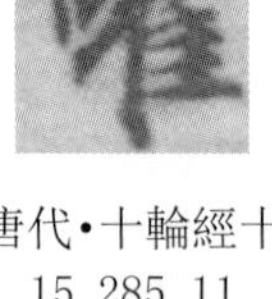
唐代・十輪經十
15_285_11

唐代・十輪經十
19_378_7

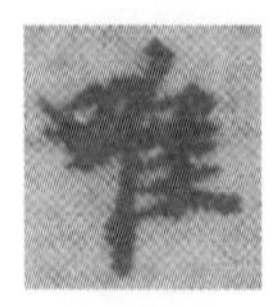
唐代・十輪經八
13_260_10

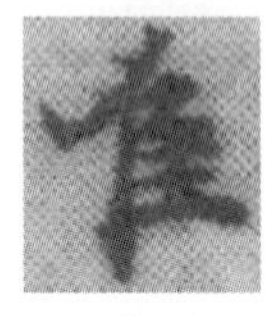
唐代・十輪經八
15_298_10

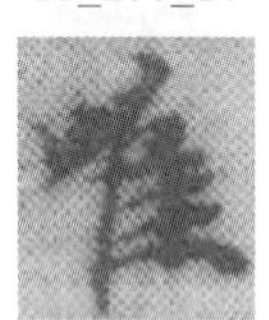
唐代・十輪經八
17_336_9

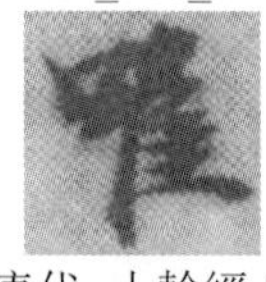
唐代・十輪經八
19_374_10

唐代・十輪經八
21_412_2

唐代・十輪經九
1_11_15

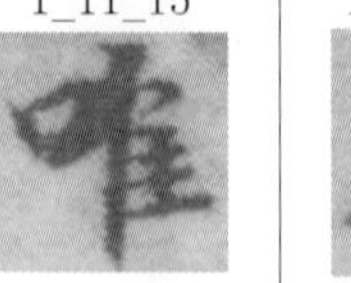
唐代・十輪經九
3_50_2

唐代・古文選後
1_12_12

唐代・古文選後
13_148_4

唐代・十輪經四
21_412_7

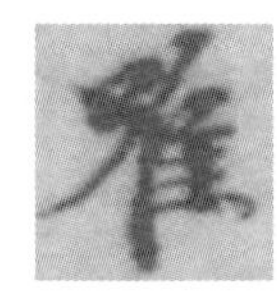
唐代・十輪經八
6_110_5

唐代・十輪經八
8_148_5

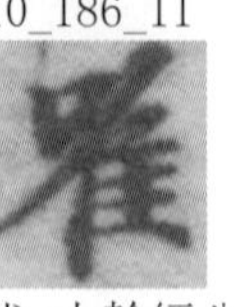
唐代・十輪經八
10_186_11

唐代・十輪經八
12_223_10

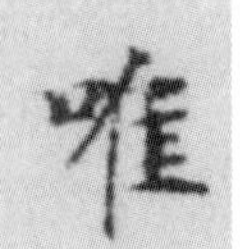
唐代・文選百三
8_72_29

唐代・文選百三
16_152_27

唐代・文選百三
55_524_7

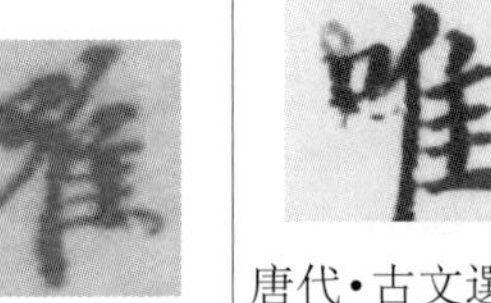
唐代・古文選前
4_39_2

唐代・古文選前
13_154_28

唐代・古文選前
22_260_13

唐代・古文選前
22_261_3

唐代・文選五九
104_986_16

唐代・文選六八
2_20_29

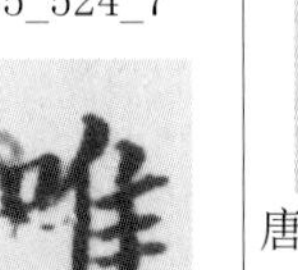
唐代・文選六八
29_299_12

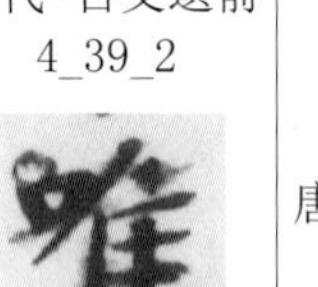
唐代・文選八八
11_94_46

唐代・文選八八
11_95_12

唐代・文選百三
8_71_5

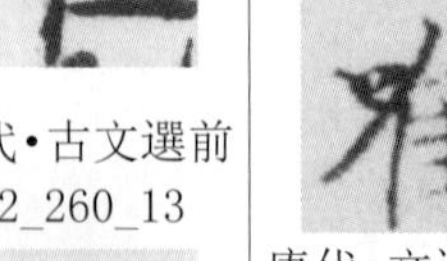
唐代・文選百三
8_71_36

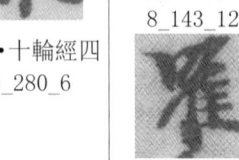

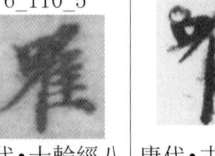

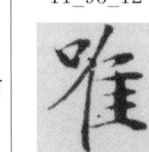

唐代•文選四八
20_179_4

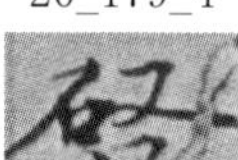
唐代•文選四八
26_233_19

唐代•文選五九
30_295_6

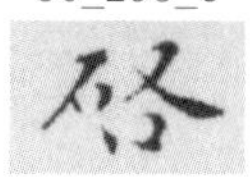
唐代•文選五九
30_296_12

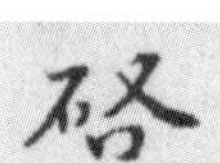
唐代•文選五九
30_297_16

唐代•文選五九
54_530_4

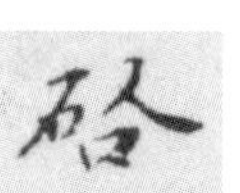
唐代•文選五九
54_531_4

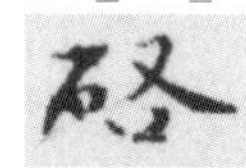
唐代•文選五九
54_533_29

唐代•文選五九
55_537_1

唐代•文選五九
60_578_14

唐代•文選五九
61_582_1

唐代•文選五九
61_584_3

唐代•文選五九
79_761_3

唐代•文選六八
2_15_7

唐代•文選六八
2_16_2

唐代•文選六八
2_16_7

唐代•文選六八
2_16_14

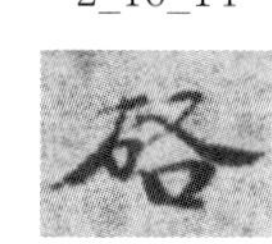
唐代•文選六八
2_19_21

唐代•文選六八
2_22_3

唐代•文選六八
2_27_11

唐代•文選百三
5_38_1

唐代•文選百三
5_39_6

唐代•文選百三
5_40_27

唐代•文選百三
5_40_34

唐代•文選百三
21_197_30

唐代•文選百三
46_440_8

唐代•古文選後
3_26_4

唐代•古文選後
11_120_7

唐代•古文選後
6_68_13

喜 喜

キ、シ
訓よろこぶ

初唐•金剛場經
1_6_2

中唐•金剛經題
1_2_2

中唐•金剛經題
1_2_9

中唐•灌頂歷名
1_4_11

唐代•春秋經傳
32_329_4

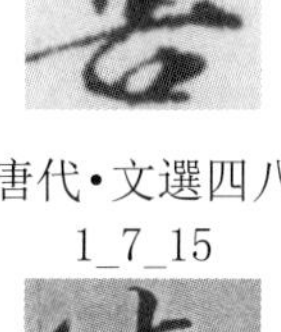
唐代•文選四八
1_7_15

唐代•文選四八
37_330_3

唐代•文選四八
1_1_12

唐代•文選四八
37_334_10

唐代•文選八八
23_204_22

唐代•文選百三
4_31_2

唐代•文選百三
4_32_12

唐代•文選百三
12_111_1

唐代•文選百三
12_111_31

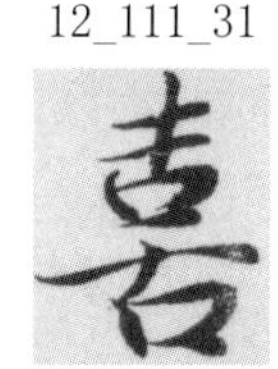
唐代•文選百三
87_833_1

唐代•文選百三
87_834_9

唐代•文選百三
87_834_16

唐代•文選百三
87_834_29

唐代•古文選前
2_22_5

唐代•古文選前
11_126_14

唐代•古文選後
24_277_5

唐代•十輪經四
7_123_12

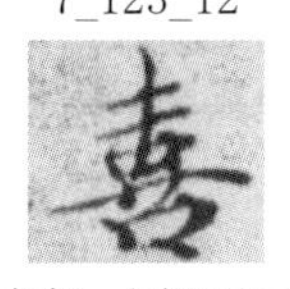
唐代•文選百三
12_112_7

喪

漢 ソウ
訓 も

唐代・文選百三 55_526_3
唐代・文選百三 78_747_22
唐代・文選百三 78_747_30
唐代・文選百三 79_748_16
唐代・古文選前 20_230_6

唐代・文選百三 27_260_3
唐代・文選百三 27_263_7
唐代・文選百三 27_266_10
唐代・文選百三 37_376_1
唐代・文選百三 54_519_6
唐代・文選百三 55_525_19
唐代・文選百三 78_746_8

唐代・春秋經傳 35_372_9
唐代・文選五九 40_397_11
唐代・文選五九 41_399_28
唐代・文選八八 24_215_4
唐代・文選八八 24_216_26
唐代・文選百三 20_195_9
唐代・文選百三 20_195_13
唐代・文選百三 27_258_11

唐代・春秋經傳 1_3_4
唐代・春秋經傳 28_287_31
唐代・春秋經傳 28_291_12
唐代・春秋經傳 29_299_22
唐代・春秋經傳 31_320_10
唐代・春秋經傳 34_351_2
唐代・春秋經傳 34_351_6
唐代・春秋經傳 34_351_15

唐代・十輪經九 16_316_17
唐代・十輪經九 17_320_17
唐代・十輪經十 15_283_1
唐代・十輪經十 20_387_1
唐代・十輪經九 3_45_6
唐代・十輪經九 12_234_25
唐代・十輪經九 1_7_6

唐代・十輪經八 13_255_14
唐代・十輪經八 15_293_14
唐代・十輪經八 17_331_14
唐代・十輪經八 19_369_14
唐代・十輪經八 21_407_6
唐代・十輪經八 10_182_2
唐代・十輪經八 11_218_14

唐代・十輪經四 14_272_5
唐代・十輪經四 16_300_3
唐代・十輪經八 6_105_13
唐代・十輪經八 7_139_14
唐代・十輪經八 8_143_13
唐代・十輪經八 9_178_1
唐代・十輪經四 10_186_11

喬	喉			單	喟	喈
漢キョウ吳ギョウ 訓たかい	漢コウ吳ゴ 訓のど			タン吳ゼン 訓—	キ、カイ 訓なげく	漢カイ吳カイ 訓やわらぐ
 唐代・文選五九 9_81_25  唐代・文選五九 103_968_2  唐代・文選五九 103_969_9  唐代・文選五九 103_969_21  唐代・文選五九 103_974_11  唐代・文選六八 65_655_10  唐代・文選六八 65_657_22	 唐代・文選百三 11_104_11  唐代・文選百三 11_106_30  唐代・文選百三 11_107_33	 唐代・文選百三 76_730_3  唐代・文選百三 62_596_17	 唐代・文選四八 42_383_13  唐代・文選百三 26_253_3  唐代・文選百三 60_580_12  唐代・文選百三 60_580_24  唐代・文選百三 61_581_6  唐代・文選百三 61_585_3  唐代・文選百三 62_594_1	 唐代・文選四八 31_283_1  唐代・文選四八 41_370_4  唐代・文選四八 42_382_20  唐代・文選五九 99_936_8  唐代・文選六八 4_36_13  唐代・文選百三 19_181_3	 唐代・古文選前 6_63_13  唐代・古文選後 17_200_8	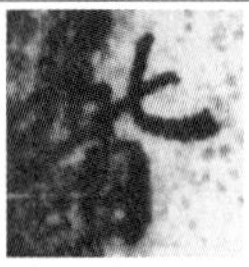 唐代・古文選前 13_157_13

喩

ユ

訓さとす

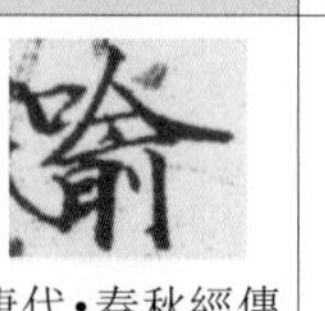
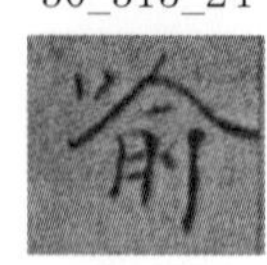
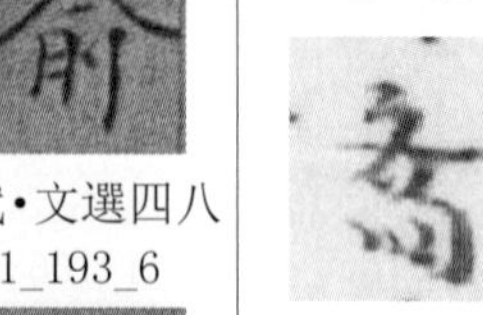
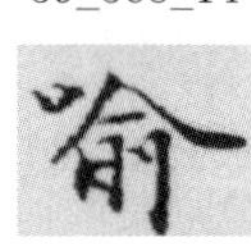
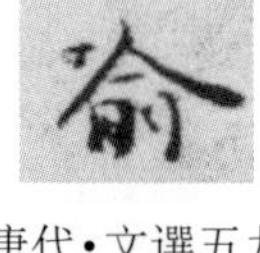

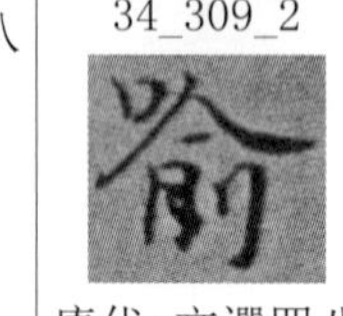
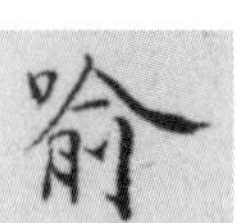
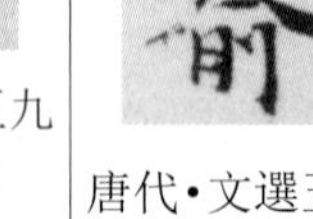
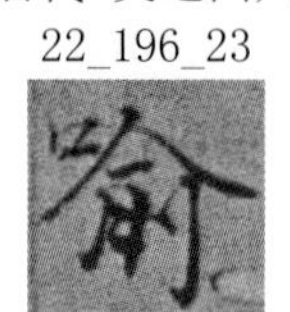
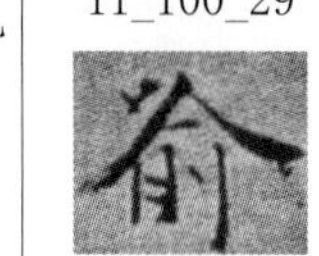
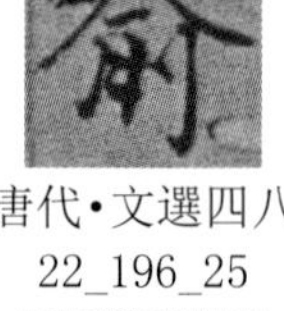
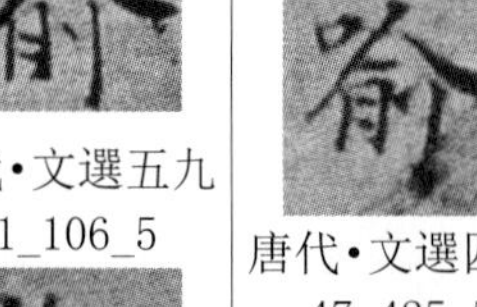
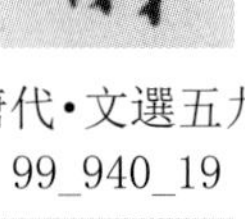
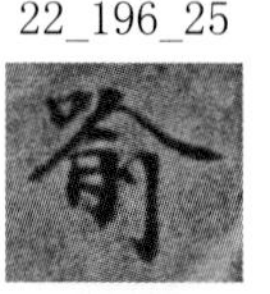

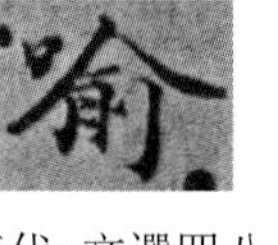
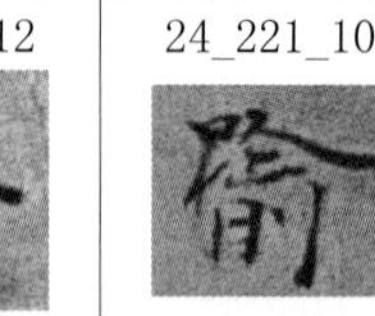
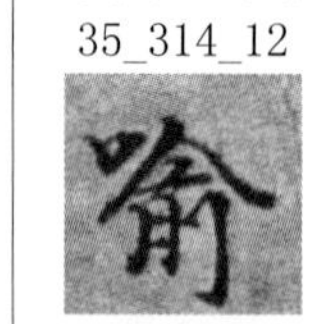
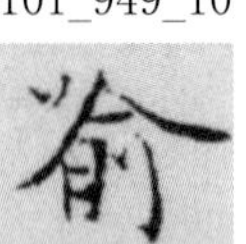
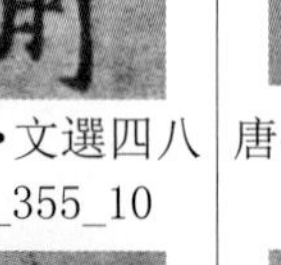
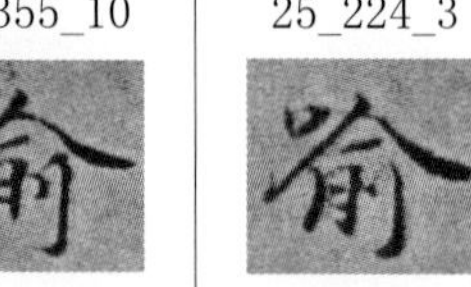
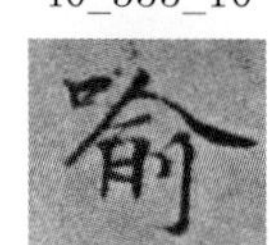
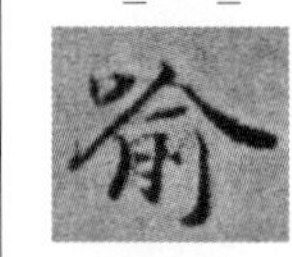

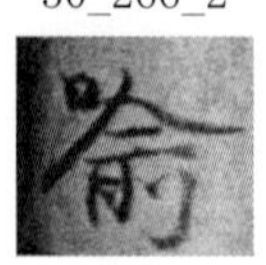
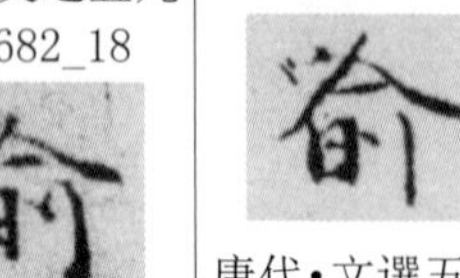
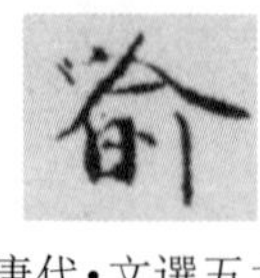
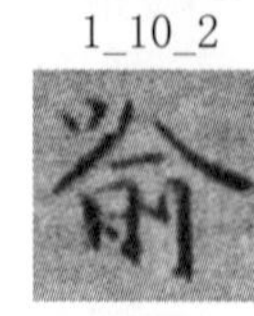

唐代・文選六八 66_659_25

唐代・古文選後 21_244_68

唐代・春秋經傳 30_315_24

唐代・文選四八 21_193_6

唐代・文選四八 22_196_23

唐代・文選四八 22_196_25

唐代・文選四八 24_221_10

唐代・文選四八 25_224_3

唐代・文選四八 30_266_2

唐代・文選四八 34_307_26

唐代・文選四八 34_308_6

唐代・文選四八 34_309_2

唐代・文選四八 34_309_10

唐代・文選四八 35_314_8

唐代・文選四八 35_314_12

唐代・文選四八 40_355_10

唐代・文選四八 44_393_7

唐代・文選四八 44_394_11

唐代・文選四八 44_397_22

唐代・文選四八 47_424_15

唐代・文選四八 47_424_22

唐代・文選四八 47_425_5

唐代・文選四八 48_429_2

唐代・文選四八 49_445_23

唐代・文選五九 1_10_2

唐代・文選五九 7_59_6

唐代・文選五九 10_93_13

唐代・文選五九 10_94_8

唐代・文選五九 11_100_29

唐代・文選五九 11_106_5

唐代・文選五九 26_254_3

唐代・文選五九 44_432_15

唐代・文選五九 58_559_6

唐代・文選五九 78_757_12

唐代・文選五九 59_568_14

唐代・文選五九 59_568_30

唐代・文選五九 59_569_27

唐代・文選五九 61_590_14

唐代・文選五九 64_615_3

唐代・文選五九 71_680_27

唐代・文選五九 71_682_18

唐代・文選五九 106_1006_25

唐代・文選五九 92_879_4

唐代・文選五九 92_879_8

唐代・文選五九 92_882_2

唐代・文選五九 99_940_19

唐代・文選五九 101_949_10

唐代・文選五九 103_979_12

唐代・文選六八 10_107_4

唐代・文選八八 5_33_15

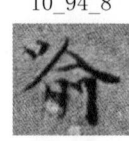

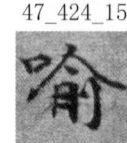

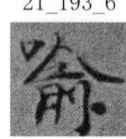

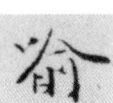

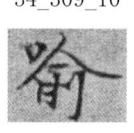

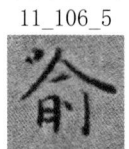

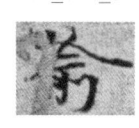

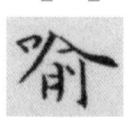

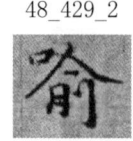

善 譱 膳　啼

唐代•文選八八 24_213_4

唐代•文選百三 78_745_11

唐代•文選百三 9_82_17

唐代•文選百三 9_82_22

唐代•文選百三 26_255_11

唐代•文選百三 49_474_31

唐代•文選百三 49_475_2

唐代•文選百三 78_745_4

唐代•古文選後 15_170_11

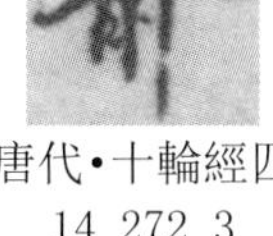
唐代•十輪經四 14_272_3

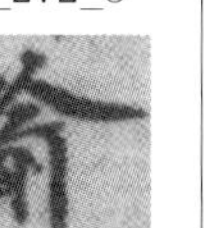
唐代•十輪經四 21_412_2

唐代•十輪經四 22_421_1

唐代•十輪經四 22_425_7

啼

漢テイ
訓なく

唐代•文選五九 22_212_10

唐代•文選五九 22_214_6

善 譱 膳

吳ゼン
訓よい

初唐•法華義疏 1_2_13

初唐•法華義疏 1_5_3

初唐•金剛場經 1_9_18

初唐•大般若經 1_3_5

唐代•春秋經傳 8_80_8

唐代•春秋經傳 11_111_14

唐代•春秋經傳 23_239_9

唐代•春秋經傳 35_372_22

唐代•春秋經傳 38_400_6

唐代•春秋經傳 39_405_9

唐代•文選四八 1_1_7

唐代•文選四八 1_7_11

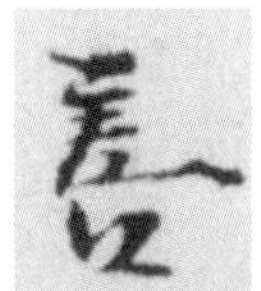
唐代•文選四八 1_8_15

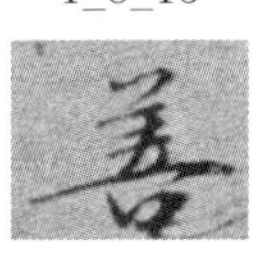
唐代•文選四八 2_9_12

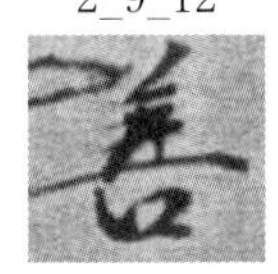
唐代•文選四八 3_14_4

唐代•文選四八 3_16_1

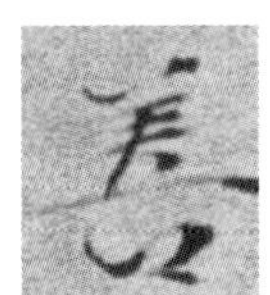
唐代•文選四八 3_16_3

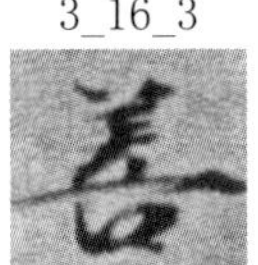
唐代•文選四八 3_19_8

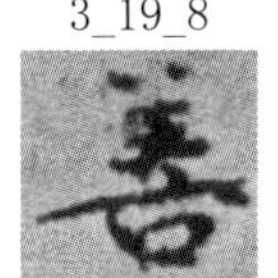
唐代•文選四八 4_25_14

唐代•文選四八 4_26_8

唐代•文選四八 4_30_10

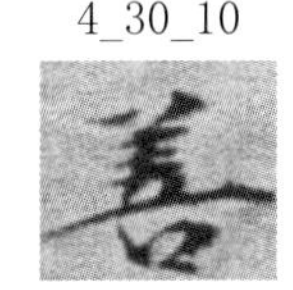
唐代•文選四八 5_34_13

唐代•文選四八 5_36_12

唐代•文選四八 5_39_12

唐代•文選四八 6_42_5

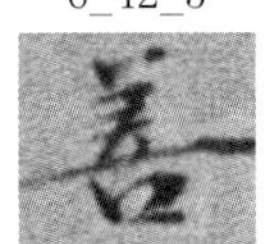
唐代•文選四八 6_43_26

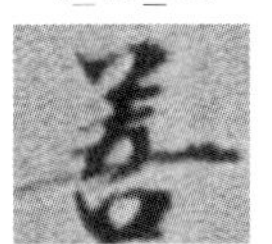
唐代•文選四八 6_44_14

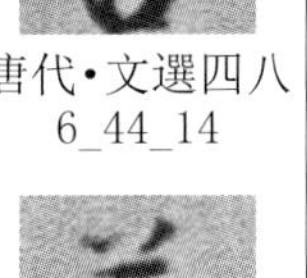
唐代•文選四八 6_45_8

唐代•文選四八 6_48_5

唐代•文選四八 6_52_5

唐代•文選四八 7_55_9

唐代•文選四八 7_57_12

唐代•文選五九
61_585_4

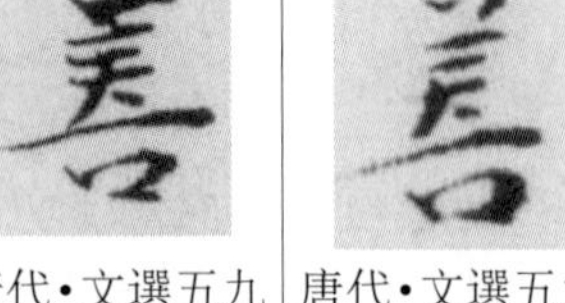
唐代•文選五九
62_594_5

唐代•文選五九
62_601_30

唐代•文選五九
62_603_5

唐代•文選五九
63_610_9

唐代•文選五九
64_613_10

唐代•文選五九
64_616_12

唐代•文選五九
74_708_21

唐代•文選五九
74_710_6

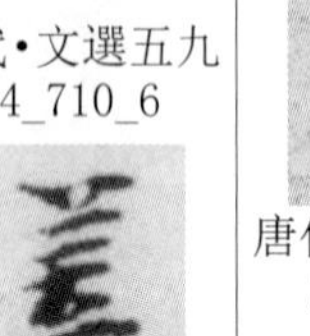

唐代•文選五九
74_713_6

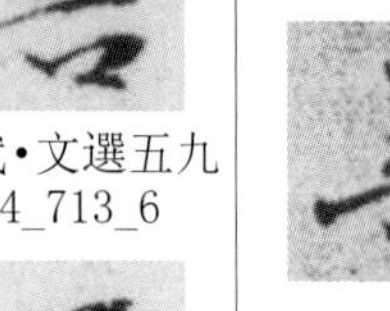
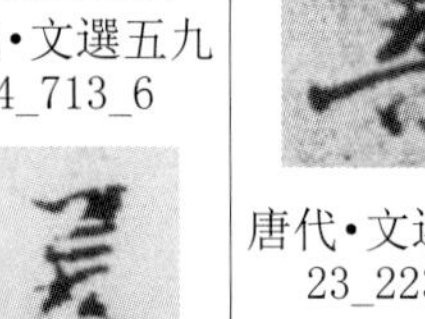
唐代•文選五九
74_716_12

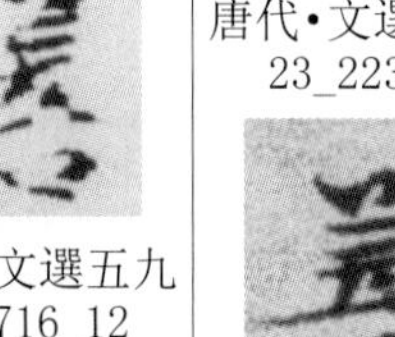
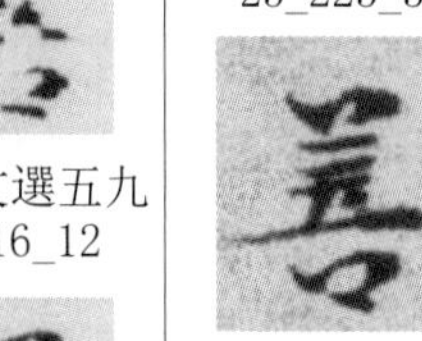
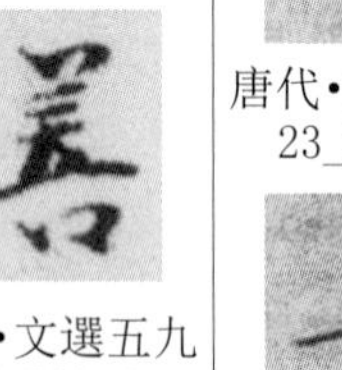
唐代•文選五九
75_723_6

唐代•文選五九
76_727_8

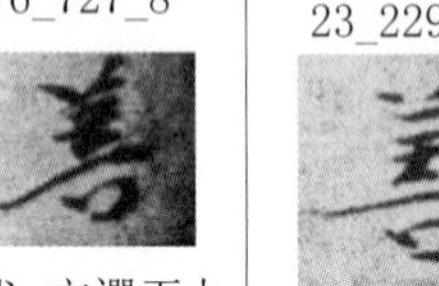
唐代•文選五九
77_735_15

唐代•文選五九
21_209_19

唐代•文選五九
22_213_2

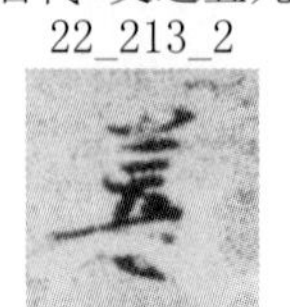
唐代•文選五九
23_219_9

唐代•文選五九
23_223_3

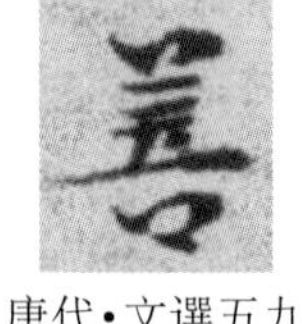
唐代•文選五九
23_225_23

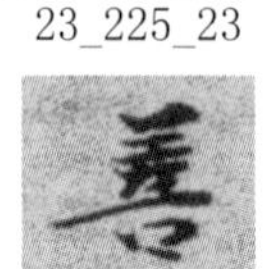
唐代•文選五九
23_227_2

唐代•文選五九
23_229_16

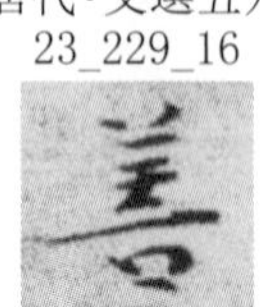
唐代•文選五九
23_232_10

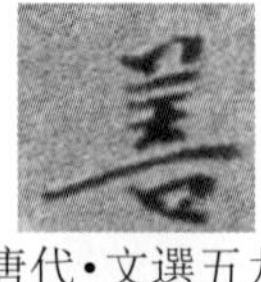
唐代•文選五九
19_187_10

唐代•文選五九
19_188_2

唐代•文選五九
19_191_18

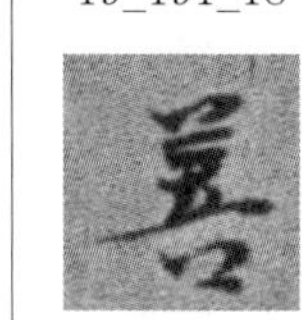
唐代•文選五九
20_193_2

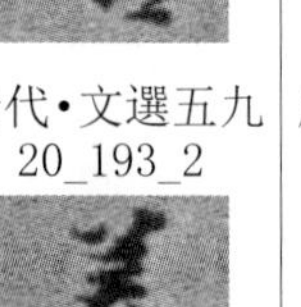

唐代•文選五九
25_240_2

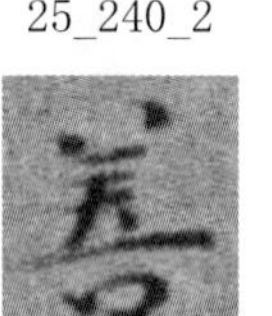
唐代•文選五九
20_196_7

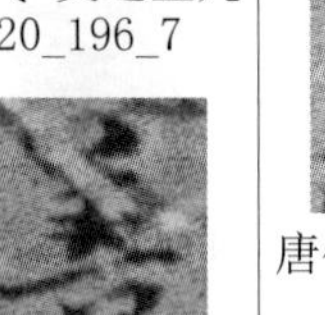
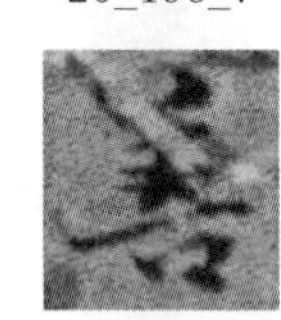
唐代•文選五九
20_198_30

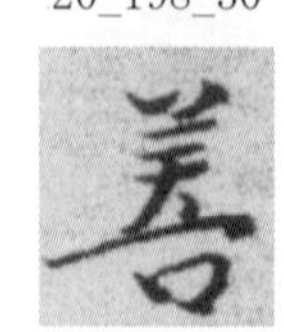
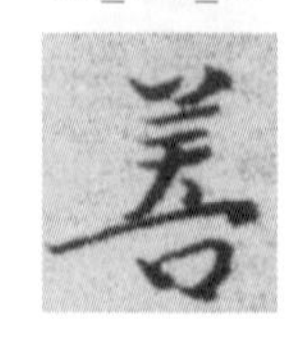
唐代•文選五九
21_204_2

唐代•文選四八
45_405_10

唐代•文選四八
46_410_10

唐代•文選四八
46_412_1

唐代•文選四八
47_422_2

唐代•文選四八
47_425_2

唐代•文選四八
47_426_6

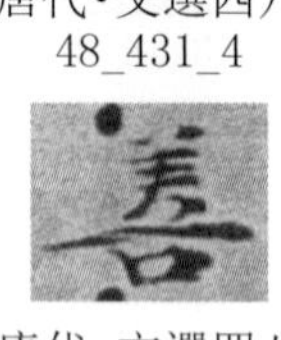
唐代•文選四八
48_431_4

唐代•文選四八
48_435_10

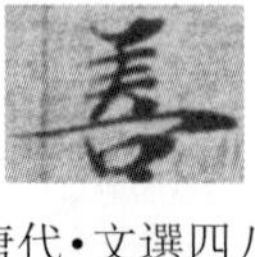
唐代•文選四八
40_356_14

唐代•文選四八
40_359_2

唐代•文選四八
40_363_12

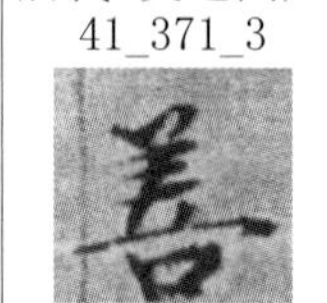
唐代•文選四八
41_371_3

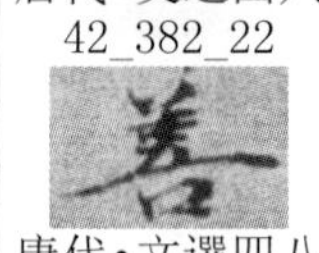
唐代•文選四八
42_382_22

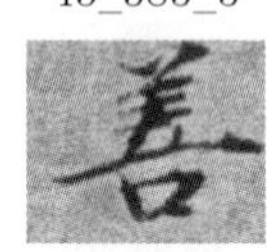
唐代•文選四八
43_385_5

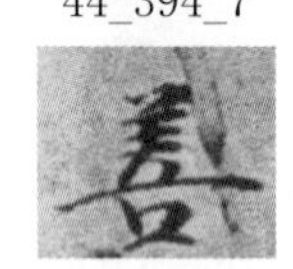
唐代•文選四八
44_394_7

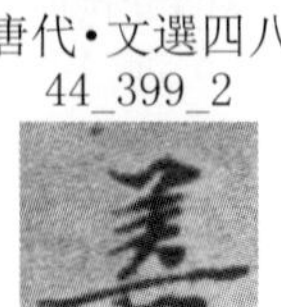

唐代•文選四八
44_399_2

唐代•文選四八
48_440_13

唐代•文選四八
27_240_10

唐代•文選四八
27_245_6

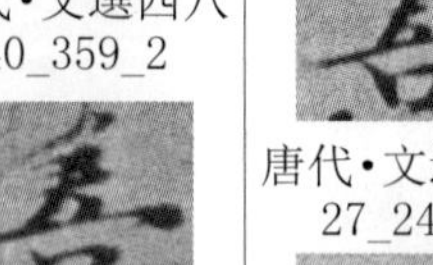
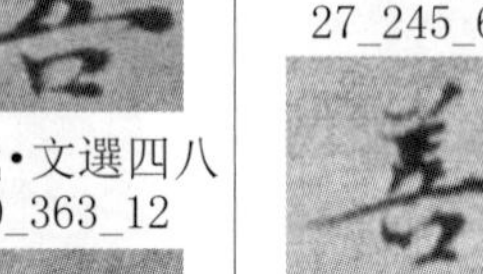
唐代•文選四八
27_246_7

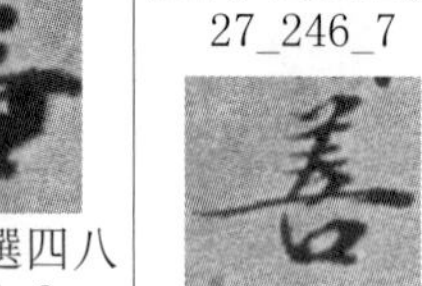
唐代•文選四八
28_251_9

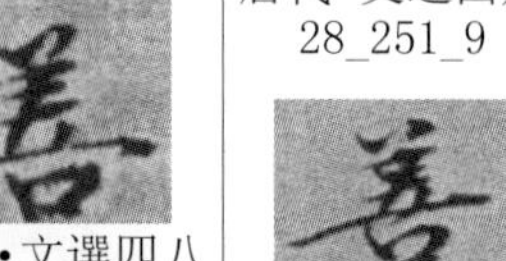
唐代•文選四八
28_257_10

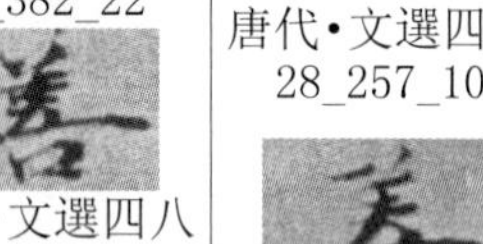
唐代•文選四八
29_260_10

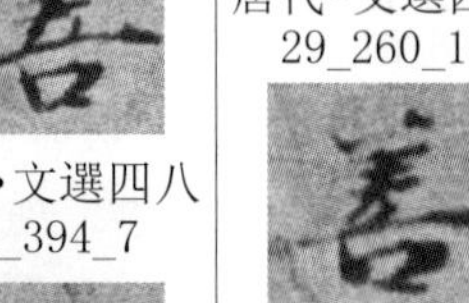
唐代•文選四八
29_265_23

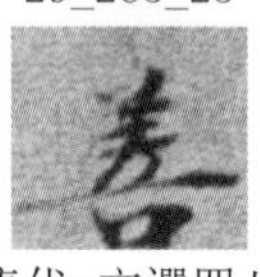
唐代•文選四八
30_267_10

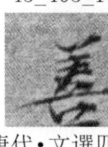

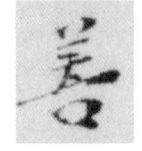

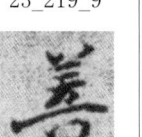

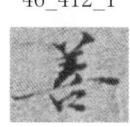

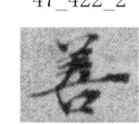

唐代•文選六八 6_66_9
唐代•文選六八 7_72_2
唐代•文選六八 7_73_22
唐代•文選六八 8_76_2
唐代•文選六八 8_80_2
唐代•文選六八 8_84_10
唐代•文選六八 8_87_4
唐代•文選六八 8_88_29
唐代•文選六八 35_350_8
唐代•文選六八 35_353_8
唐代•文選六八 36_363_6
唐代•文選六八 37_365_35
唐代•文選六八 37_367_7
唐代•文選六八 37_371_7
唐代•文選六八 37_374_4
唐代•文選六八 37_376_5
唐代•文選六八 31_312_4
唐代•文選六八 31_317_2
唐代•文選六八 31_318_13
唐代•文選六八 32_321_3
唐代•文選六八 32_322_2
唐代•文選六八 33_325_3
唐代•文選六八 33_327_20
唐代•文選六八 33_329_19
唐代•文選五九 109_1039_12
唐代•文選五九 110_1043_8
唐代•文選五九 111_1046_29
唐代•文選五九 111_1048_5
唐代•文選五九 111_1053_12
唐代•文選五九 111_1059_4
唐代•文選六八 1_4_3
唐代•文選六八 1_10_16
唐代•文選五九 107_1008_20
唐代•文選五九 107_1009_16
唐代•文選五九 107_1014_12
唐代•文選五九 107_1017_9
唐代•文選五九 108_1020_11
唐代•文選五九 108_1025_5
唐代•文選五九 109_1031_6
唐代•文選五九 109_1034_4
唐代•文選五九 103_968_12
唐代•文選五九 103_975_19
唐代•文選五九 104_984_10
唐代•文選五九 105_989_4
唐代•文選五九 105_993_2
唐代•文選五九 105_996_9
唐代•文選五九 106_1001_5
唐代•文選五九 100_945_26
唐代•文選五九 101_950_9
唐代•文選五九 101_953_4
唐代•文選五九 101_958_10
唐代•文選五九 102_962_8
唐代•文選五九 102_964_10
唐代•文選五九 103_967_10

唐代•文選八八 3_11_16
唐代•文選八八 5_23_3
唐代•文選八八 5_31_9
唐代•文選八八 7_45_8
唐代•文選八八 7_49_4
唐代•文選八八 7_55_3
唐代•文選八八 9_65_28
唐代•文選八八 9_67_11
唐代•文選八八 9_74_21
唐代•文選八八 10_78_8
唐代•文選八八 11_86_6
唐代•文選八八 11_88_33
唐代•文選八八 11_91_27
唐代•文選八八 11_94_15
唐代•文選八八 12_98_16
唐代•文選八八 13_102_30
唐代•文選百三 15_146_8
唐代•文選百三 15_148_7
唐代•文選百三 16_149_38
唐代•文選百三 17_156_29
唐代•文選百三 17_157_16
唐代•文選百三 17_158_24
唐代•文選百三 17_159_23
唐代•文選百三 17_160_6
唐代•文選百三 17_162_10
唐代•文選百三 17_166_9
唐代•文選百三 17_166_15
唐代•文選百三 17_167_6
唐代•文選百三 17_168_8
唐代•文選百三 18_170_15
唐代•文選百三 18_172_10
唐代•文選百三 18_175_7
唐代•文選百三 19_178_9
唐代•文選百三 19_183_12
唐代•文選百三 19_183_26
唐代•文選百三 19_185_7
唐代•文選百三 20_192_4
唐代•文選百三 20_195_2
唐代•文選百三 21_200_10
唐代•文選百三 21_204_2
唐代•文選百三 21_207_13
唐代•文選百三 21_208_4
唐代•文選百三 22_210_15
唐代•文選百三 22_214_5
唐代•文選百三 23_217_14
唐代•文選百三 23_222_8
唐代•文選百三 23_227_8
唐代•文選百三 25_245_6
唐代•文選百三 26_252_11
唐代•文選百三 26_256_11
唐代•文選百三 27_259_28
唐代•文選百三 27_261_5
唐代•文選百三 27_269_11
唐代•文選百三 28_275_9
唐代•文選百三 29_281_8
唐代•文選百三 29_282_10

唐代·文選百三 48_464_33
唐代·文選百三 49_470_8
唐代·文選百三 49_472_11
唐代·文選百三 49_475_18
唐代·文選百三 49_479_5
唐代·文選百三 50_481_17
唐代·文選百三 50_485_13
唐代·文選百三 50_486_6
唐代·文選百三 50_486_15
唐代·文選百三 51_487_8
唐代·文選百三 51_489_11
唐代·文選百三 51_490_19
唐代·文選百三 51_494_10
唐代·文選百三 51_495_7
唐代·文選百三 52_497_2
唐代·文選百三 52_499_18
唐代·文選百三 52_501_6
唐代·文選百三 52_504_32
唐代·文選百三 53_507_4
唐代·文選百三 53_512_14
唐代·文選百三 54_516_33
唐代·文選百三 54_517_13
唐代·文選百三 54_521_3
唐代·文選百三 55_527_2
唐代·文選百三 55_530_8
唐代·文選百三 56_538_27
唐代·文選百三 56_540_7
唐代·文選百三 56_540_9
唐代·文選百三 57_545_5
唐代·文選百三 57_550_11
唐代·文選百三 57_554_24
唐代·文選百三 57_555_10
唐代·文選百三 57_556_7
唐代·文選百三 58_557_18
唐代·文選百三 58_558_28
唐代·文選百三 58_559_1
唐代·文選百三 58_560_5
唐代·文選百三 59_564_10
唐代·文選百三 59_566_23
唐代·文選百三 59_568_11
唐代·文選百三 60_572_20
唐代·文選百三 60_573_4
唐代·文選百三 60_574_3
唐代·文選百三 60_576_6
唐代·文選百三 60_578_5
唐代·文選百三 60_580_4
唐代·文選百三 61_585_14
唐代·文選百三 61_586_10
唐代·文選百三 62_594_11
唐代·文選百三 63_600_3
唐代·文選百三 63_603_6
唐代·文選百三 63_608_7
唐代·文選百三 64_614_3
唐代·文選百三 64_617_8
唐代·文選百三 65_621_8
唐代·文選百三 65_631_11

唐代·十輪經八 12_223_16	唐代·十輪經八 10_191_4	唐代·十輪經八 8_160_17	唐代·十輪經八 7_137_3	唐代·十輪經八 6_111_5	唐代·十輪經八 5_92_8	唐代·十輪經八 4_66_9
唐代·十輪經八 12_224_10	唐代·十輪經八 10_192_4	唐代·十輪經八 9_171_2	唐代·十輪經八 7_140_11	唐代·十輪經八 6_114_4	唐代·十輪經八 5_93_7	唐代·十輪經八 4_69_13
唐代·十輪經八 12_227_8	唐代·十輪經八 10_192_12	唐代·十輪經八 9_173_5	唐代·十輪經八 8_148_11	唐代·十輪經八 6_114_15	唐代·十輪經八 5_94_16	唐代·十輪經八 4_75_7
唐代·十輪經八 12_228_3	唐代·十輪經八 10_198_13	唐代·十輪經八 9_175_3	唐代·十輪經八 8_149_5	唐代·十輪經八 6_115_16	唐代·十輪經八 5_96_11	唐代·十輪經八 5_82_12
唐代·十輪經八 12_229_3	唐代·十輪經八 11_208_15	唐代·十輪經八 9_178_15	唐代·十輪經八 8_152_10	唐代·十輪經八 6_116_6	唐代·十輪經八 5_97_10	唐代·十輪經八 5_84_12
唐代·十輪經八 12_229_11	唐代·十輪經八 11_211_2	唐代·十輪經八 10_187_1	唐代·十輪經八 8_153_4	唐代·十輪經八 7_122_5	唐代·十輪經八 6_100_1	唐代·十輪經八 5_89_1
唐代·十輪經八 12_233_8	唐代·十輪經八 11_213_3	唐代·十輪經八 10_187_12	唐代·十輪經八 8_154_5	唐代·十輪經八 7_132_7	唐代·十輪經八 6_102_10	唐代·十輪經八 5_89_14
唐代·十輪經八 12_236_5	唐代·十輪經八 11_215_12	唐代·十輪經八 10_190_10	唐代·十輪經八 8_154_13	唐代·十輪經八 7_134_10	唐代·十輪經八 6_110_11	唐代·十輪經八 5_90_13
唐代·十輪經八 19_364_3	唐代·十輪經八 17_340_7	唐代·十輪經八 13_248_8	唐代·十輪經八 14_266_10	唐代·十輪經八 15_298_16	唐代·十輪經八 14_266_2	唐代·十輪經八 13_246_8

嗟

	サ漢シャ 訓なげく					
唐代•文選百三 39_391_4	唐代•文選四八 34_304_5	唐代•十輪經十 18_349_10	唐代•十輪經十 14_271_6	唐代•十輪經十 13_245_11	唐代•十輪經十 9_164_3	唐代•十輪經十 6_117_16
唐代•文選百三 39_395_30	唐代•文選五九 88_850_14	唐代•十輪經十 18_351_4	唐代•十輪經十 16_303_13	唐代•十輪經十 13_246_12	唐代•十輪經十 10_188_14	唐代•十輪經十 6_118_7
唐代•文選百三 40_398_19	唐代•文選五九 92_888_4	唐代•十輪經十 18_360_16	唐代•十輪經十 16_308_5	唐代•十輪經十 13_248_5	唐代•十輪經十 10_199_3	唐代•十輪經十 6_119_3
唐代•文選百三 45_432_29	唐代•文選五九 92_889_29		唐代•十輪經十 16_310_13	唐代•十輪經十 13_255_1	唐代•十輪經十 12_229_7	唐代•十輪經十 7_125_2
唐代•文選百三 87_832_11	唐代•文選五九 93_892_29		唐代•十輪經十 16_312_5	唐代•十輪經十 13_256_2	唐代•十輪經十 12_230_14	唐代•十輪經十 7_129_15
唐代•古文選前 9_107_5	唐代•文選五九 112_1062_11		唐代•十輪經十 17_329_1	唐代•十輪經十 13_257_12	唐代•十輪經十 12_236_8	唐代•十輪經十 7_131_3
唐代•古文選前 22_263_13	唐代•文選五九 112_1062_20		唐代•十輪經十 17_329_11	唐代•十輪經十 14_262_10	唐代•十輪經十 12_237_17	唐代•十輪經十 7_135_17
唐代•古文選前 23_266_9	唐代•文選八八 16_137_32		唐代•十輪經十 18_347_16	唐代•十輪經十 14_264_14	唐代•十輪經十 12_239_10	唐代•十輪經十 8_153_10
			唐代•十輪經十 18_354_12	唐代•十輪經十 18_354_17	唐代•十輪經十 19_374_10	唐代•十輪經十 19_374_16

嗇	嗜	嗷	喔		喧	
ショク 訓とりいれ	漢シ呉ジ 訓たしなむ	漢ゴウ呉ゴウ 訓かまびすしい	漢アク 訓わらう		漢ケン 訓かまびすしい	
 唐代・文選四八 43_386_4	 唐代・文選五九 57_555_1	 唐代・文選百三 83_795_3  唐代・文選百三 84_797_8  唐代・文選百三 84_797_22  唐代・文選百三 84_798_12  唐代・古文選前 16_186_11	 唐代・文選八八 13_105_7  唐代・文選八八 13_105_12  唐代・文選八八 13_106_7	 唐代・文選五九 103_975_14	 唐代・文選五九 5_48_10  唐代・文選五九 5_50_20  唐代・文選五九 6_54_13  唐代・文選五九 9_83_18  唐代・文選五九 30_294_8  唐代・文選五九 34_331_13  唐代・文選五九 103_974_5  唐代・文選五九 103_975_5	 唐代・古文選前 24_278_2  唐代・古文選後 2_16_7  唐代・古文選後 23_275_13

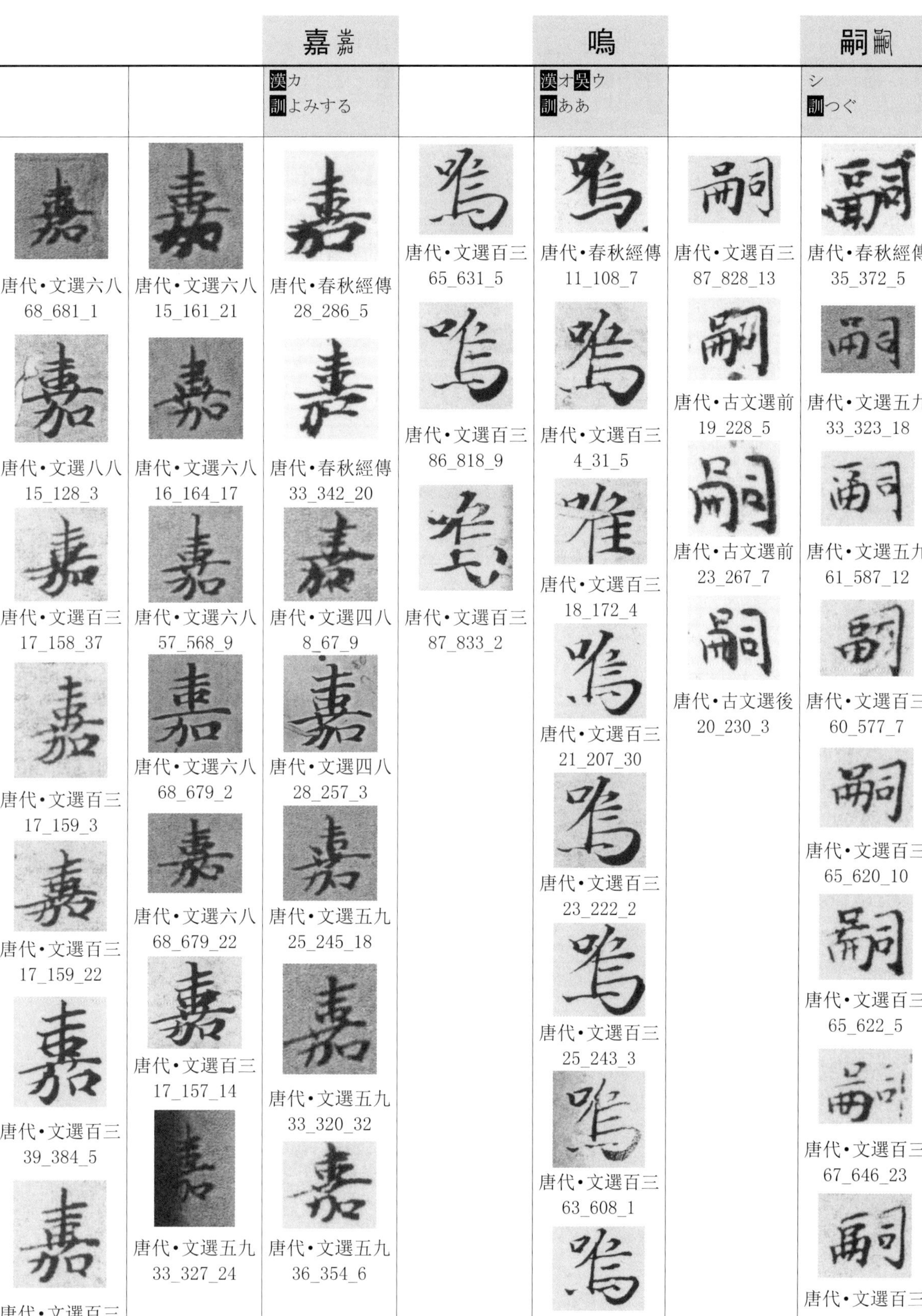

嗣

シ
訓つぐ

唐代•春秋經傳 35_372_5
唐代•文選五九 33_323_18
唐代•文選五九 61_587_12
唐代•文選百三 60_577_7
唐代•文選百三 65_620_10
唐代•文選百三 65_622_5
唐代•文選百三 67_646_23
唐代•文選百三 83_784_31

唐代•文選百三 87_828_13
唐代•古文選前 19_228_5
唐代•古文選前 23_267_7
唐代•古文選後 20_230_3

嗚

漢オ 呉ウ
訓ああ

唐代•春秋經傳 11_108_7
唐代•文選百三 4_31_5
唐代•文選百三 18_172_4
唐代•文選百三 21_207_30
唐代•文選百三 23_222_2
唐代•文選百三 25_243_3
唐代•文選百三 63_608_1
唐代•文選百三 64_617_2

唐代•文選百三 65_631_5
唐代•文選百三 86_818_9
唐代•文選百三 87_833_2

嘉

漢カ
訓よみする

唐代•春秋經傳 28_286_5
唐代•春秋經傳 33_342_20
唐代•文選四八 8_67_9
唐代•文選四八 28_257_3
唐代•文選五九 25_245_18
唐代•文選五九 33_320_32
唐代•文選五九 36_354_6

唐代•文選六八 15_161_21
唐代•文選六八 16_164_17
唐代•文選六八 57_568_9
唐代•文選六八 68_679_2
唐代•文選六八 68_679_22
唐代•文選百三 17_157_14
唐代•文選五九 33_327_24

唐代•文選六八 68_681_1
唐代•文選八八 15_128_3
唐代•文選百三 17_158_37
唐代•文選百三 17_159_3
唐代•文選百三 17_159_22
唐代•文選百三 39_384_5
唐代•文選百三 66_637_25

噤	嘲	噎	嘻	嗾		
漢キン呉ゴン 訓つぐむ	漢トウ呉チョウ 訓あざける	漢エツ呉エチ 訓むせぶ	漢キ呉キ 訓ああ	漢ソウ呉シュ 訓けしかける		
 唐代•文選百三 39_390_8  唐代•文選百三 39_392_15  唐代•文選百三 39_393_6 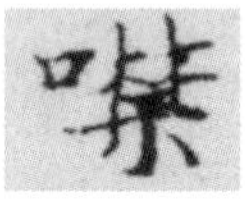 唐代•文選百三 39_397_17  唐代•文選百三 40_398_2	 唐代•文選五九 106_1005_9  唐代•文選六八 67_676_1  唐代•文選百三 28_277_5  唐代•文選百三 51_495_11	 唐代•十輪經四 9_179_11	 唐代•文選六八 8_86_11  唐代•文選六八 8_87_20 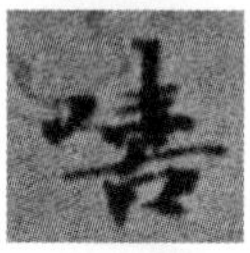 唐代•文選六八 8_88_4  唐代•文選六八 8_88_14  唐代•文選六八 9_89_2	 唐代•春秋經傳 9_93_10	 唐代•古文選後 13_147_10  唐代•古文選後 14_158_7  唐代•古文選後 15_179_2  唐代•古文選後 23_267_6  唐代•古文選後 25_300_28  唐代•古文選後 8_92_3  唐代•古文選後 12_132_8  唐代•古文選後 13_145_1	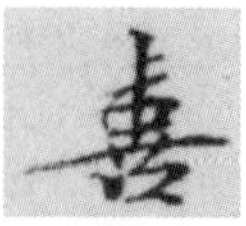 唐代•文選百三 39_385_13  唐代•文選百三 39_385_20  唐代•文選百三 66_634_8  唐代•文選百三 71_691_2  唐代•文選百三 72_695_22  唐代•文選百三 87_825_3  唐代•古文選前 20_230_16  唐代•古文選後 4_42_1

器

キ

訓 うつわ

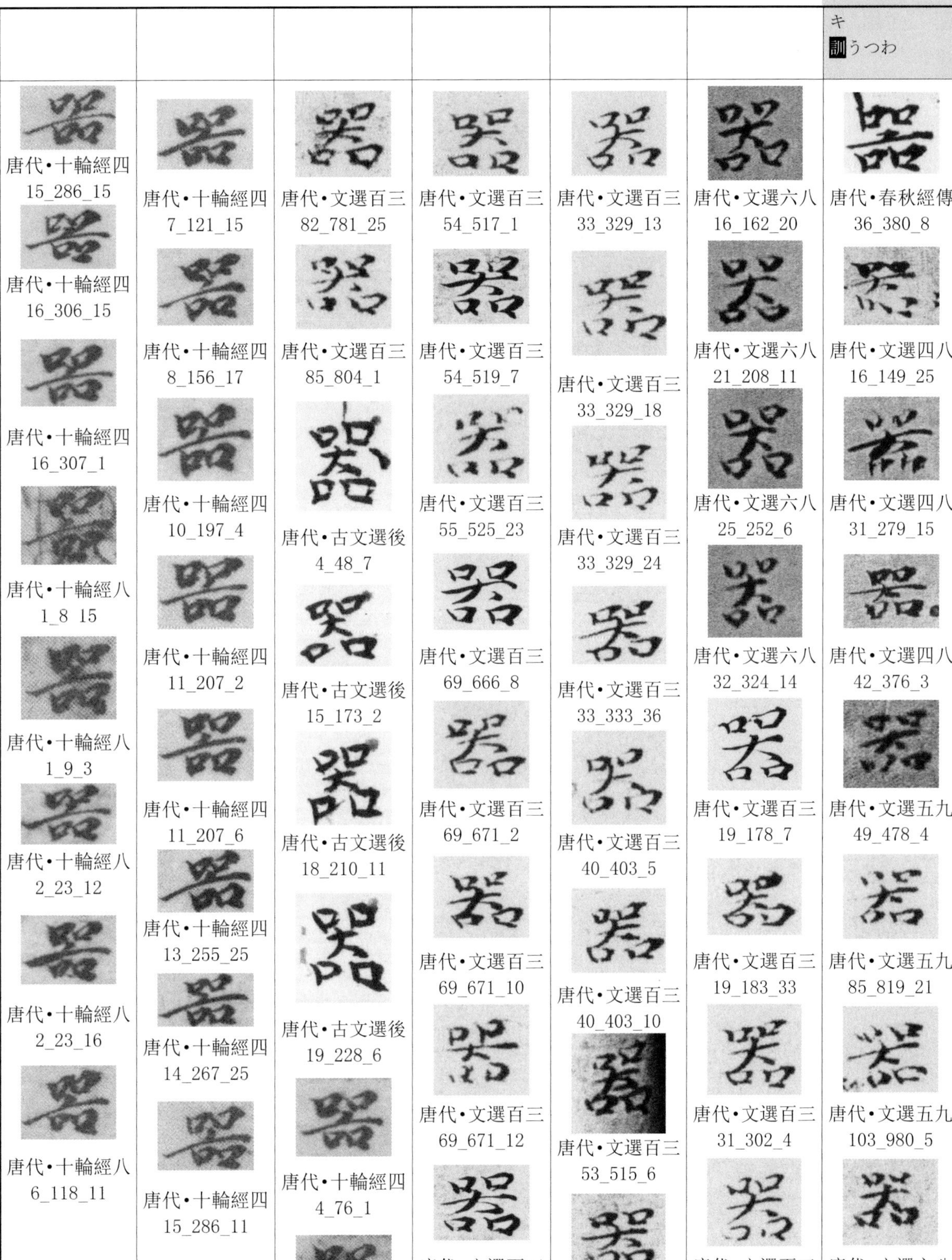

唐代・春秋經傳 36_380_8
唐代・文選四八 16_149_25
唐代・文選四八 31_279_15
唐代・文選四八 42_376_3
唐代・文選五九 49_478_4
唐代・文選五九 85_819_21
唐代・文選五九 103_980_5
唐代・文選六八 2_20_25
唐代・文選六八 16_162_20
唐代・文選六八 21_208_11
唐代・文選六八 25_252_6
唐代・文選六八 32_324_14
唐代・文選百三 19_178_7
唐代・文選百三 19_183_33
唐代・文選百三 31_302_4
唐代・文選百三 33_326_12
唐代・文選百三 33_329_13
唐代・文選百三 33_329_18
唐代・文選百三 33_329_24
唐代・文選百三 33_333_36
唐代・文選百三 40_403_5
唐代・文選百三 40_403_10
唐代・文選百三 53_515_6
唐代・文選百三 54_516_24
唐代・文選百三 54_517_1
唐代・文選百三 54_519_7
唐代・文選百三 55_525_23
唐代・文選百三 69_666_8
唐代・文選百三 69_671_2
唐代・文選百三 69_671_10
唐代・文選百三 69_671_12
唐代・文選百三 82_779_18
唐代・文選百三 82_781_25
唐代・文選百三 85_804_1
唐代・古文選後 4_48_7
唐代・古文選後 15_173_2
唐代・古文選後 18_210_11
唐代・古文選後 19_228_6
唐代・十輪經四 4_76_1
唐代・十輪經四 4_77_16
唐代・十輪經四 7_121_15
唐代・十輪經四 8_156_17
唐代・十輪經四 10_197_4
唐代・十輪經四 11_207_2
唐代・十輪經四 11_207_6
唐代・十輪經四 13_255_25
唐代・十輪經四 14_267_25
唐代・十輪經四 15_286_11
唐代・十輪經四 15_286_15
唐代・十輪經四 16_306_15
唐代・十輪經四 16_307_1
唐代・十輪經八 1_8 15
唐代・十輪經八 1_9_3
唐代・十輪經八 2_23_12
唐代・十輪經八 2_23_16
唐代・十輪經八 6_118_11

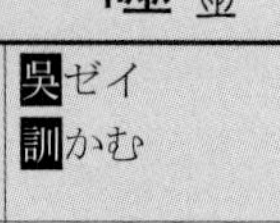

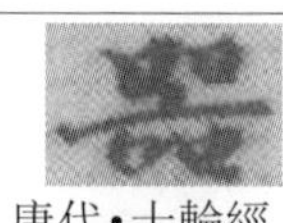
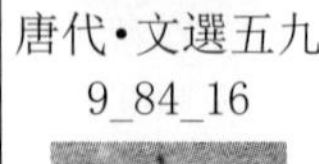
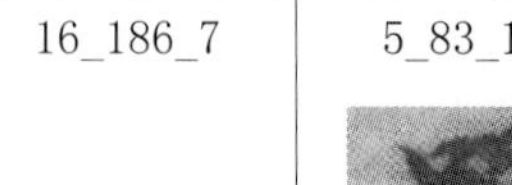

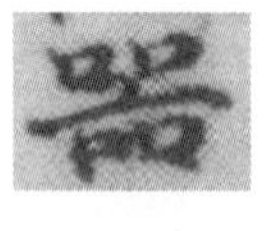

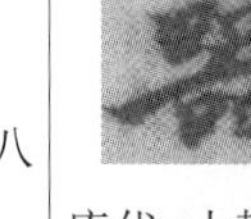
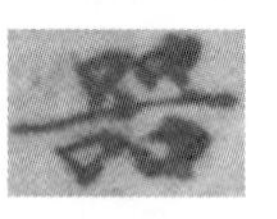
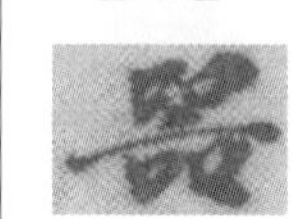

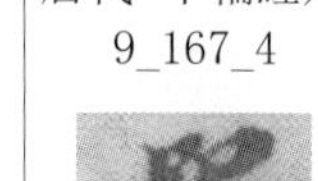

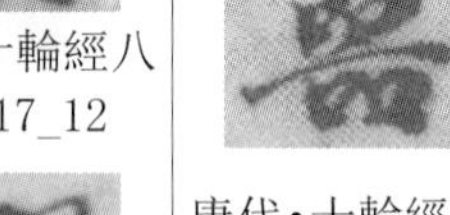
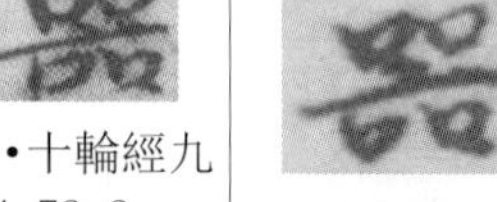

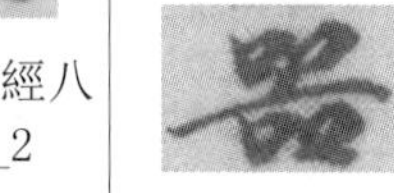

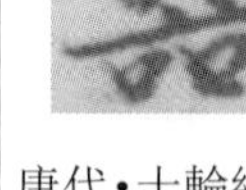
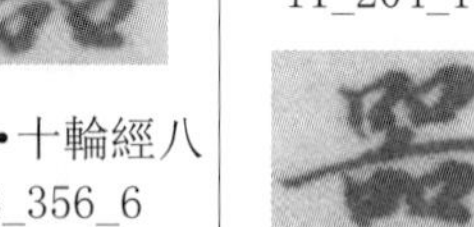
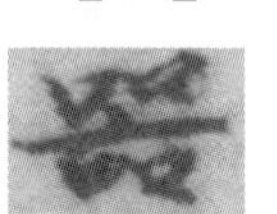
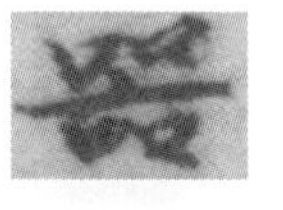
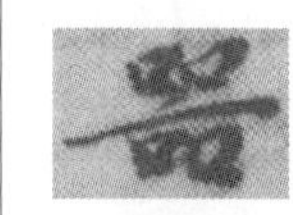

嘯	噬					
漢ショウ呉ショウ 訓うそぶく	呉ゼイ 訓かむ					
唐代·文選五九 9_84_16 唐代·文選五九 9_85_15 唐代·文選五九 9_87_18 唐代·文選六八 59_597_14 唐代·文選六八 59_598_8 唐代·古文選前 10_116_6	唐代·古文選前 16_186_7	唐代·十輪經十 5_83_17 唐代·十輪經十 6_105_7	唐代·十輪經九 11_219_15 唐代·十輪經九 12_233_9 唐代·十輪經九 12_234_3 唐代·十輪經九 12_234_12 唐代·十輪經九 18_346_4 唐代·十輪經九 22_420_2 唐代·十輪經十 3_50_2 唐代·十輪經十 5_81_7 唐代·十輪經十 5_82_14	唐代·十輪經八 22_433_5 唐代·十輪經八 22_433_9 唐代·十輪經九 2_31_14 唐代·十輪經九 2_32_1 唐代·十輪經九 4_72_2 唐代·十輪經九 4_72_6 唐代·十輪經九 7_132_12 唐代·十輪經九 11_219_6 唐代·十輪經十 7_130_16 唐代·十輪經十 17_325_5	唐代·十輪經八 14_279_11 唐代·十輪經八 14_279_15 唐代·十輪經八 16_317_8 唐代·十輪經八 16_317_12 唐代·十輪經八 18_356_2 唐代·十輪經八 18_356_6 唐代·十輪經八 20_393_14 唐代·十輪經八 20_394_1	唐代·十輪經八 7_128_10 唐代·十輪經八 7_128_14 唐代·十輪經八 9_167_4 唐代·十輪經八 9_167_8 唐代·十輪經八 11_204_17 唐代·十輪經八 11_205_4 唐代·十輪經八 13_242_10 唐代·十輪經八 13_242_14

囑	囊	囀			嚴	嚮
漢ショク呉ソク 訓たのむ	ノウ 訓ふくろ	テン 訓さえずる			漢ゲン呉ゴン 訓きびしい	漢キョウ呉コウ 訓むかう
唐代・文選百三 60_577_29	唐代・文選六八 67_664_12	唐代・文選五九 84_808_23	唐代・十輪經九 2_21_8	唐代・十輪經八 12_234_6	唐代・文選四八 48_436_2	唐代・文選八八 5_24_8
唐代・十輪經十 17_332_12		唐代・文選五九 84_809_28	唐代・十輪經九 2_22_3	唐代・十輪經八 14_269_12	唐代・文選五九 33_323_22	唐代・文選百三 23_218_25
唐代・十輪經十 19_361_16			唐代・十輪經九 2_23_10	唐代・十輪經八 14_271_7	唐代・文選百三 49_475_4	
			唐代・十輪經九 4_60_9	唐代・十輪經八 16_307_12	唐代・十輪經四 21_414_11	
			唐代・十輪經九 6_114_8	唐代・十輪經八 22_421_9	唐代・十輪經四 21_418_13	
			唐代・十輪經九 7_127_18	唐代・十輪經八 22_421_16	唐代・十輪經八 8_157_4	
			唐代・十輪經八 22_423_11	唐代・十輪經八 22_425_1	唐代・十輪經八 8_158_13	
					唐代・十輪經八 12_232_12

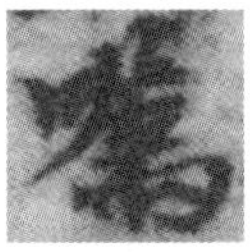

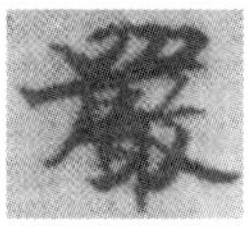

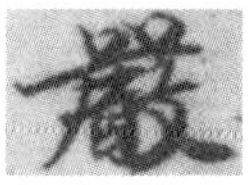

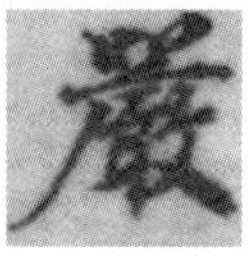

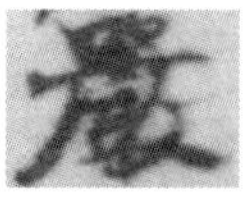

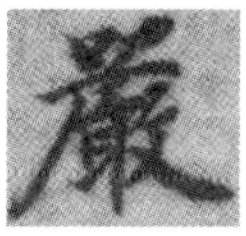

口部

四

シ

訓よつ

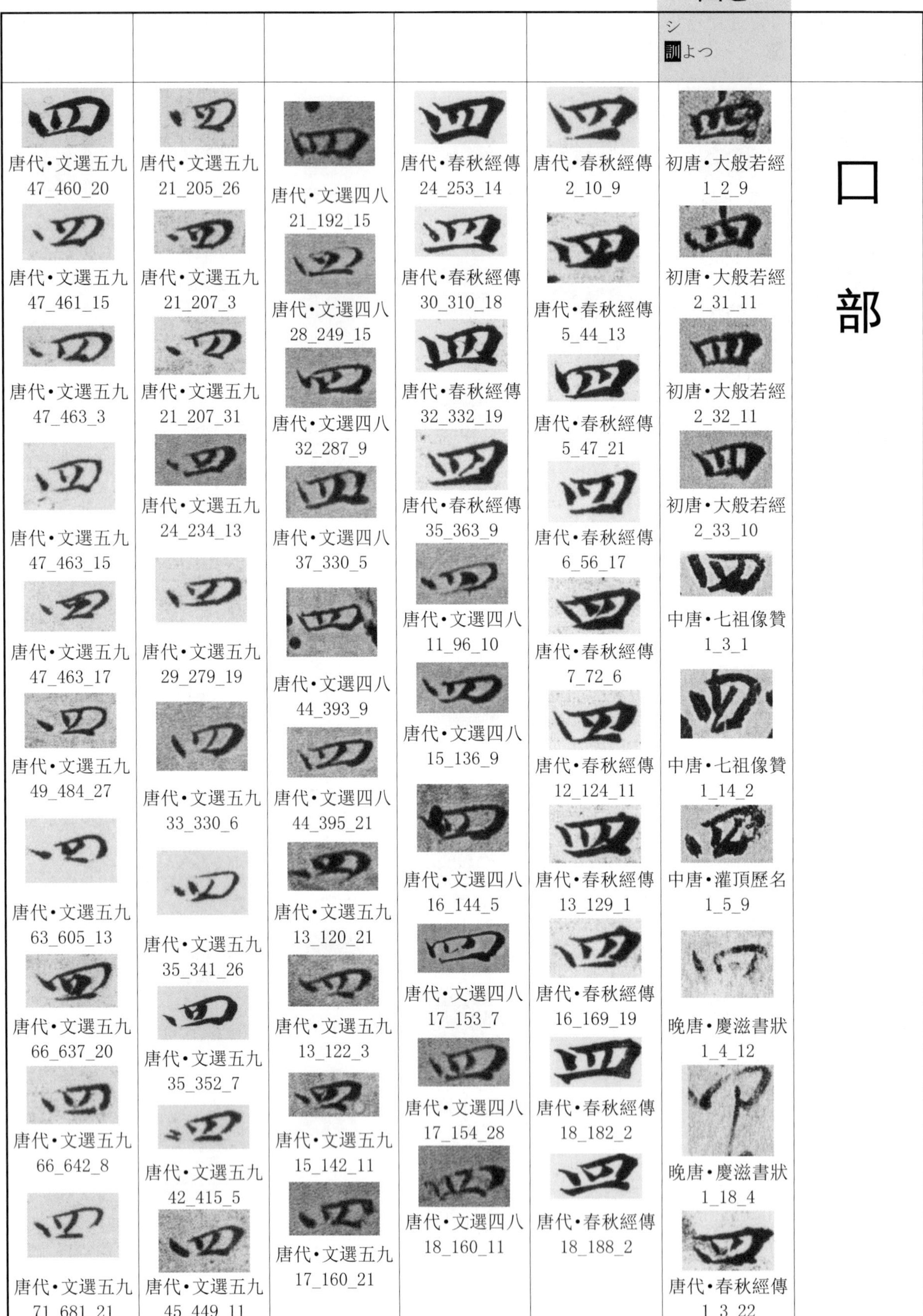

初唐・大般若經 1_2_9
初唐・大般若經 2_31_11
初唐・大般若經 2_32_11
初唐・大般若經 2_33_10
中唐・七祖像贊 1_3_1
中唐・七祖像贊 1_14_2
中唐・灌頂歷名 1_5_9
晚唐・慶滋書狀 1_4_12
晚唐・慶滋書狀 1_18_4
唐代・春秋經傳 1_3_22

唐代・春秋經傳 2_10_9
唐代・春秋經傳 5_44_13
唐代・春秋經傳 5_47_21
唐代・春秋經傳 6_56_17
唐代・春秋經傳 7_72_6
唐代・春秋經傳 12_124_11
唐代・春秋經傳 13_129_1
唐代・春秋經傳 16_169_19
唐代・春秋經傳 18_182_2
唐代・春秋經傳 18_188_2

唐代・春秋經傳 24_253_14
唐代・春秋經傳 30_310_18
唐代・春秋經傳 32_332_19
唐代・春秋經傳 35_363_9
唐代・文選四八 11_96_10
唐代・文選四八 15_136_9
唐代・文選四八 16_144_5
唐代・文選四八 17_153_7
唐代・文選四八 17_154_28
唐代・文選四八 18_160_11

唐代・文選四八 21_192_15
唐代・文選四八 28_249_15
唐代・文選四八 32_287_9
唐代・文選四八 37_330_5
唐代・文選四八 44_393_9
唐代・文選四八 44_395_21
唐代・文選五九 13_120_21
唐代・文選五九 13_122_3
唐代・文選五九 15_142_11
唐代・文選五九 17_160_21

唐代・文選五九 21_205_26
唐代・文選五九 21_207_3
唐代・文選五九 21_207_31
唐代・文選五九 24_234_13
唐代・文選五九 29_279_19
唐代・文選五九 33_330_6
唐代・文選五九 35_341_26
唐代・文選五九 35_352_7
唐代・文選五九 42_415_5
唐代・文選五九 45_449_11

唐代・文選五九 47_460_20
唐代・文選五九 47_461_15
唐代・文選五九 47_463_3
唐代・文選五九 47_463_15
唐代・文選五九 47_463_17
唐代・文選五九 49_484_27
唐代・文選五九 63_605_13
唐代・文選五九 66_637_20
唐代・文選五九 66_642_8
唐代・文選五九 71_681_21

唐代•十輪經八 3_56_11	唐代•十輪經四 7_136_14	唐代•古文選後 12_143_15	唐代•文選百三 81_766_34	唐代•文選六八 44_441_26	唐代•文選六八 1_9_19	唐代•文選五九 72_698_16
唐代•十輪經八 12_236_16	唐代•十輪經四 17_323_11	唐代•古文選後 13_150_62	唐代•古文選前 17_205_13	唐代•文選六八 49_494_11	唐代•文選六八 5_51_4	唐代•文選五九 77_743_16
唐代•十輪經八 14_273_17	唐代•十輪經四 17_328_10	唐代•古文選後 14_161_15	唐代•古文選前 21_242_13	唐代•文選六八 64_641_14	唐代•文選六八 13_137_13	唐代•文選五九 78_751_4
唐代•十輪經九 6_110_8	唐代•十輪經四 18_360_11	唐代•古文選後 14_168_5	唐代•古文選前 21_251_7	唐代•文選六八 67_668_5	唐代•文選六八 13_137_25	唐代•文選五九 80_763_8
唐代•十輪經九 15_288_6	唐代•十輪經四 22_432_12	唐代•古文選後 15_179_9	唐代•古文選前 23_274_9	唐代•文選八八 19_162_1	唐代•文選六八 19_199_14	唐代•乂選五九 80_776_19
唐代•十輪經九 15_288_10	唐代•十輪經八 2_38_8	唐代•古文選後 18_211_7	唐代•古文選前 24_283_7	唐代•文選八八 19_162_3	唐代•文選六八 27_274_11	唐代•文選五九 80_776_21
唐代•十輪經九 15_288_12	唐代•十輪經八 3_42_9	唐代•古文選後 20_231_7	唐代•古文選後 1_2_1	唐代•文選百三 56_537_1	唐代•文選六八 29_287_12	唐代•文選五九 94_902_8
唐代•十輪經九 15_288_14	唐代•十輪經八 3_50_16	唐代•古文選後 22_259_6	唐代•古文選後 5_54_7	唐代•文選百三 69_659_1	唐代•文選六八 31_314_17	唐代•文選五九 94_905_3
唐代•十輪經九 15_298_3	唐代•十輪經八 3_52_12	唐代•十輪經四 8_158_4	唐代•古文選後 12_134_9	唐代•文選百三 78_743_19	唐代•文選六八 38_380_13	唐代•文選五九 94_905_8
唐代•十輪經九 19_376_15	唐代•十輪經八 3_54_6			唐代•文選百三 81_766_11	唐代•文選六八 40_401_30	唐代•文選五九 103_971_27
唐代•十輪經九 19_377_7						

因 ㊅ 　 囚 ㊇

イン
訓よる

漢シュウ
訓とらえる

唐代•春秋經傳 32_334_11
唐代•春秋經傳 33_347_11
唐代•春秋經傳 33_347_32
唐代•春秋經傳 37_390_17
唐代•文選四八 4_21_14
唐代•文選四八 4_22_3
唐代•文選四八 12_107_10

中唐•灌頂歷名 1_3_4
中唐・風信帖 2_9_4
中唐・風信帖 4_21_1
唐代•春秋經傳 24_250_13
唐代•春秋經傳 28_285_25
唐代•春秋經傳 31_320_8
唐代•春秋經傳 32_332_14

初唐•法華義疏 1_2_17
初唐•法華義疏 1_4_13
初唐•法華義疏 1_6_5
初唐•法華義疏 1_8_10
初唐•金剛場經 1_9_19
初唐•聖武雜集 1_3_4
初唐•聖武雜集 1_9_3
唐代•春秋經傳 5_47_6

囚晉解楊 唐代•春秋經傳 4_31_26
唐代•春秋經傳 4_35_6
唐代•春秋經傳 5_46_3
唐代•春秋經傳 21_220_9
唐代•文選百三 56_541_12
唐代•文選百三 57_551_18
唐代•文選百三 57_553_36
唐代•文選百三 81_765_24

唐代•十輪經十 14_274_14
唐代•十輪經十 15_298_12
唐代•十輪經十 16_309_14
唐代•十輪經十 19_367_15
唐代•十輪經十 19_371_5

唐代•十輪經十 3_54_13
唐代•十輪經十 4_61_9
唐代•十輪經十 6_104_10
唐代•十輪經十 9_176_10
唐代•十輪經十 12_223_13
唐代•十輪經十 12_223_16
唐代•十輪經十 12_224_1
唐代•十輪經十 12_231_11
唐代•十輪經十 13_249_12
唐代•十輪經十 14_263_15

唐代•十輪經九 19_377_16
唐代•十輪經九 20_398_6
唐代•十輪經九 20_398_15
唐代•十輪經九 20_399_6
唐代•十輪經十 3_48_10
唐代•十輪經十 3_52_15
唐代•十輪經十 3_53_3
唐代•十輪經十 3_53_13
唐代•十輪經十 3_54_7
唐代•十輪經十 3_54_10

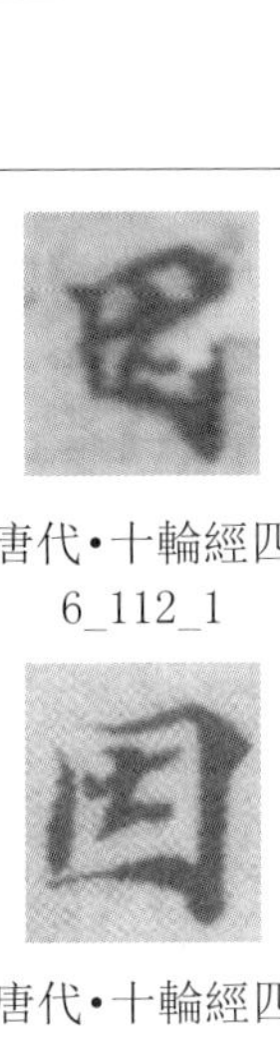
唐代•十輪經四
6_112_1

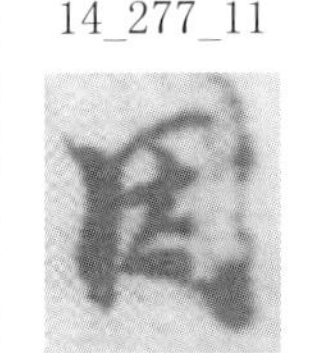
唐代•十輪經四
14_277_11

唐代•十輪經四
16_300_17

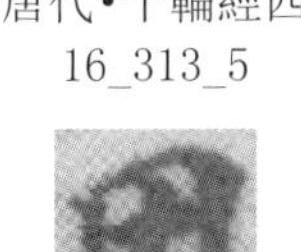
唐代•十輪經四
16_313_5

唐代•十輪經四
17_335_9

唐代•十輪經四
18_350_1

唐代•十輪經四
19_366_15

唐代•文選百三
75_720_20

唐代•文選百三
79_752_18

唐代•古文選前
11_129_7

唐代•古文選前
13_150_10

唐代•古文選前
20_234_12

唐代•古文選後
7_78_2

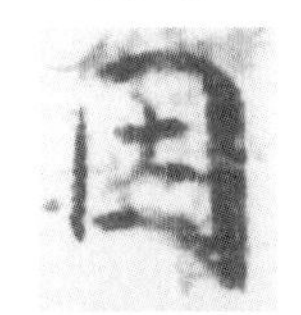
唐代•古文選後
10_114_2

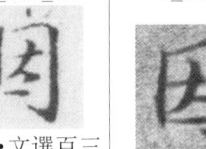

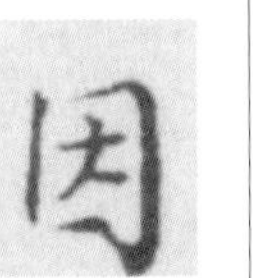
唐代•文選百三
33_334_2

唐代•文選百三
34_339_32

唐代•文選百三
41_415_19

唐代•文選百三
51_491_15

唐代•文選百三
52_504_19

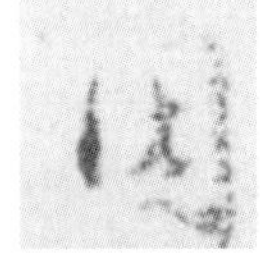
唐代•文選百三
55_532_5

唐代•文選百三
61_583_28

唐代•文選八八
19_162_13

唐代•文選百三
5_36_3

唐代•文選百三
5_36_35

唐代•文選百三
22_212_17

唐代•文選百三
23_229_9

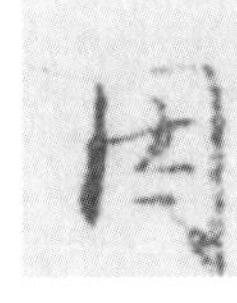
唐代•文選百三
25_246_10

唐代•文選百三
33_330_14

唐代•文選六八
35_358_21

唐代•文選六八
36_359_30

唐代•文選六八
36_360_14

唐代•文選六八
47_470_1

唐代•文選八八
1_1_10

唐代•文選八八
3_16_18

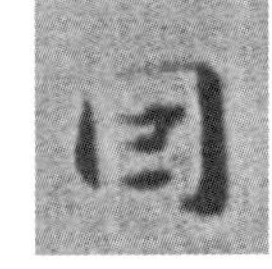
唐代•文選八八
17_141_20

唐代•文選五九
37_370_9

唐代•文選五九
42_414_10

唐代•文選五九
53_524_26

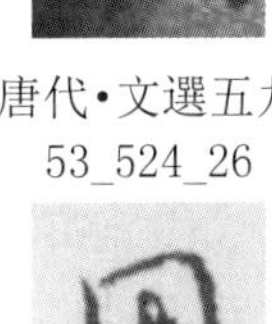

唐代•文選五九
65_628_11

唐代•文選五九
81_781_10

唐代•文選六八
1_1_10

唐代•文選六八
8_80_6

唐代•文選四八
16_146_6

唐代•文選四八
16_146_10

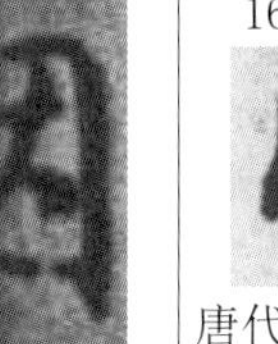
唐代•文選四八
46_418_3

唐代•文選五九
4_37_12

唐代•文選五九
5_39_19

唐代•文選五九
12_117_3

唐代•文選五九
31_312_15

	困		回 			
	コン 訓こまる		漢カイ呉エ 訓まわす			
 唐代・文選百三 85_811_17	 唐代・文選五九 11_105_1	 唐代・文選八八 19_163_19	 唐代・春秋經傳 15_151_2	 唐代・十輪經九 6_119_2	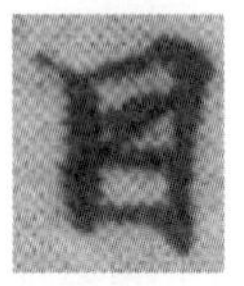 唐代・十輪經八 15_291_13	 唐代・十輪經四 20_386_8
 唐代・文選百三 85_811_22	 唐代・文選百三 20_193_25	 唐代・文選百三 8_71_33	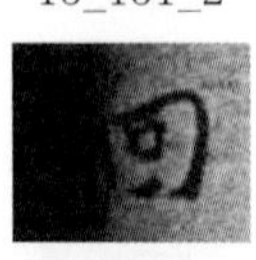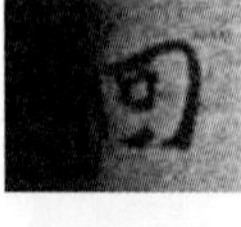 唐代・文選五九 21_208_18	 唐代・十輪經九 15_286_5	 唐代・十輪經八 17_329_13	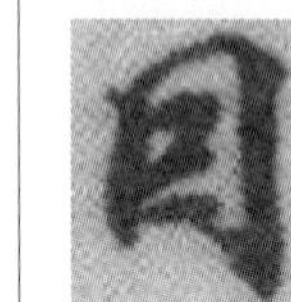 唐代・十輪經八 3_52_13
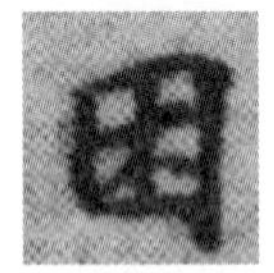 唐代・十輪經四 5_80_14	 唐代・文選百三 21_199_2	 唐代・文選百三 15_137_11	 唐代・文選五九 26_253_3	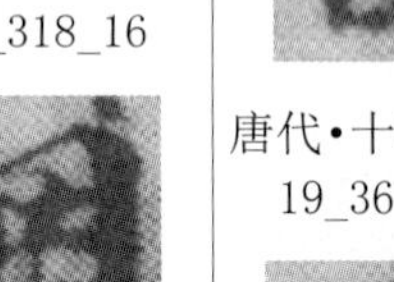 唐代・十輪經九 16_318_16	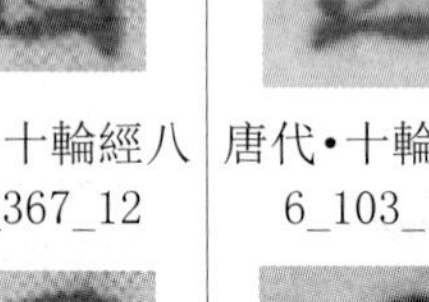 唐代・十輪經八 19_367_12	唐代・十輪經八 6_103_12
	 唐代・文選百三 21_199_4	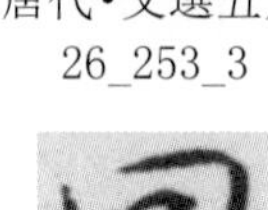 唐代・文選百三 33_327_29	 唐代・文選五九 63_606_22	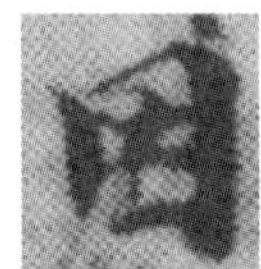 唐代・十輪經十 4_73_9	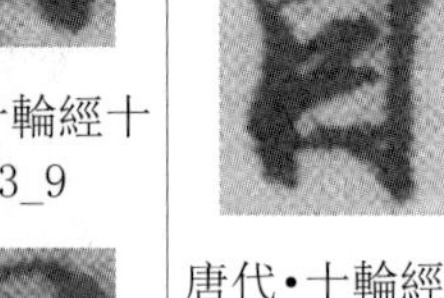 唐代・十輪經八 21_405_5	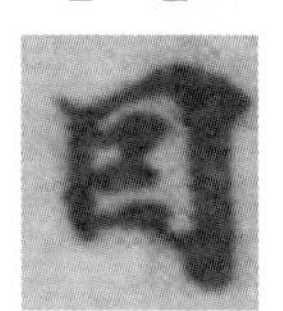 唐代・十輪經八 8_141_12
	 唐代・文選百三 68_658_21	 唐代・文選百三 79_748_22	 唐代・文選六八 37_369_20	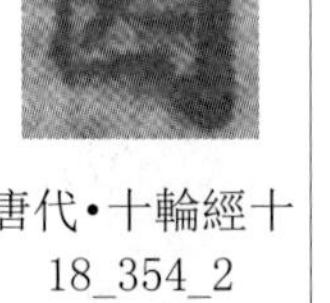 唐代・十輪經十 18_354_2	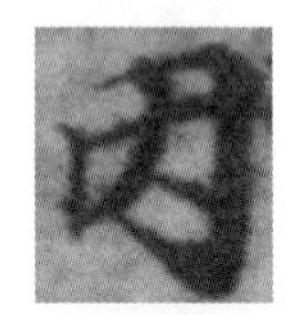 唐代・十輪經九 1_5_5	 唐代・十輪經八 9_179_16
	 唐代・文選百三 69_661_16	 唐代・古文選後 14_157_2	 唐代・文選六八 53_531_15	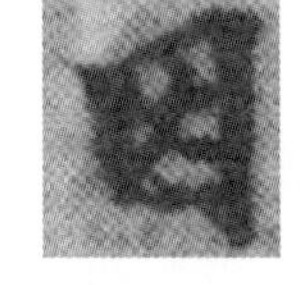 唐代・十輪經十 18_354_14	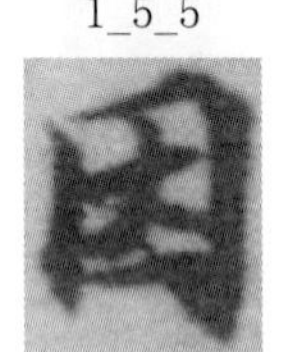 唐代・十輪經九 3_43_6	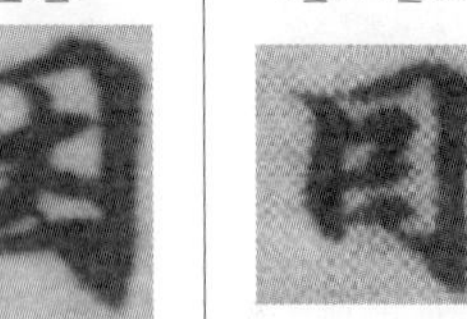 唐代・十輪經八 11_216_13
	 唐代・文選百三 85_810_17		 唐代・文選六八 57_572_16		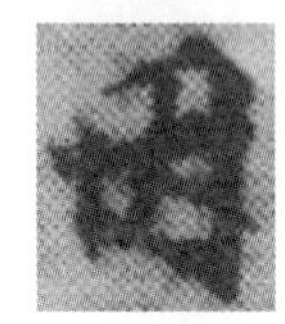 唐代・十輪經九 6_100_4	 唐代・十輪經八 13_253_13
	 唐代・文選百三 85_811_10		 唐代・文選八八 19_163_4			

固 𡈩

コ

訓かためる

唐代・春秋經傳 8_82_13

唐代・春秋經傳 20_208_7

唐代・春秋經傳 23_242_3

唐代・春秋經傳 23_242_9

唐代・春秋經傳 24_243_17

唐代・春秋經傳 24_244_4

唐代・春秋經傳 24_245_9

唐代・春秋經傳 24_248_2

唐代・春秋經傳 24_251_13

唐代・文選四八 4_32_3

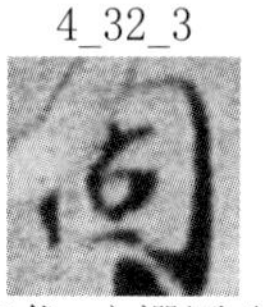
唐代・文選四八 5_40_1

唐代・文選四八 17_154_9

唐代・文選四八 20_175_16

唐代・文選四八 26_233_2

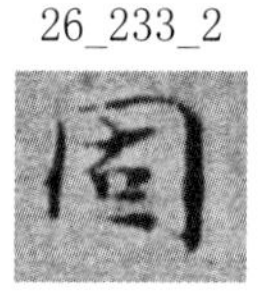
唐代・文選四八 34_304_19

唐代・文選四八 42_373_20

唐代・文選四八 42_374_1

唐代・文選四八 49_441_13

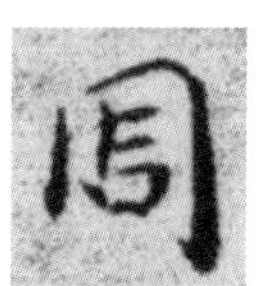
唐代・文選五九 47_469_21

唐代・文選五九 51_500_8

唐代・文選五九 58_561_21

唐代・文選五九 60_574_20

唐代・文選五九 60_578_12

唐代・文選五九 79_760_11

唐代・文選五九 88_841_17

唐代・文選五九 92_877_24

唐代・文選五九 92_882_25

唐代・文選五九 97_924_10

唐代・文選六八 65_652_11

唐代・文選八八 7_53_8

唐代・文選八八 8_56_19

唐代・文選八八 9_62_8

唐代・文選八八 9_72_11

唐代・文選八八 22_197_26

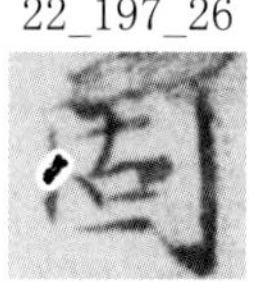
唐代・文選百三 5_43_23

唐代・文選百三 7_57_23

唐代・文選百三 14_132_3

唐代・文選百三 20_192_7

唐代・文選百三 24_231_28

唐代・文選百三 36_357_24

唐代・文選百三 37_369_10

唐代・文選百三 37_374_7

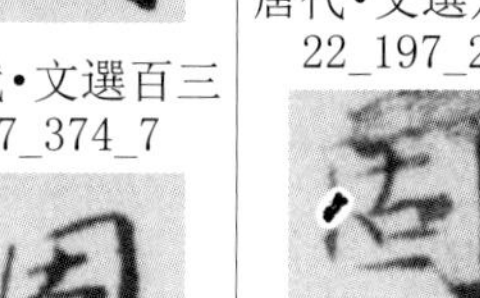
唐代・文選百三 38_380_6

唐代・文選百三 40_401_1

唐代・文選百三 42_418_7

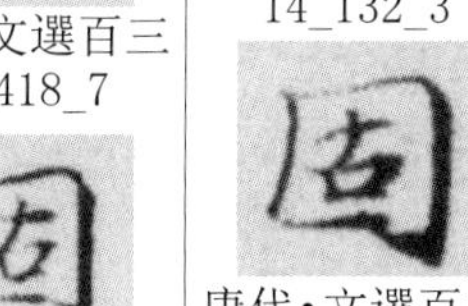
唐代・文選百三 42_419_27

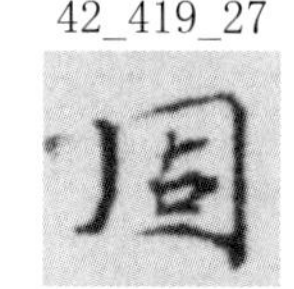
唐代・文選百三 42_420_7

唐代・文選百三 42_422_14

唐代・文選百三 45_431_16

唐代・文選百三 46_440_3

唐代・文選百三 56_542_2

唐代・文選百三 71_680_11

唐代・文選百三 73_701_15

唐代・文選百三 73_703_15

唐代・文選百三 73_703_24

唐代・古文選後 4_45_8

圉	圃	圄	囿	囹		
漢ギョ呉ゴ 訓ひとや	漢ホ呉フ 訓はたけ	漢ギョ呉ゴ 訓ひとや	漢ユウ呉ウ 訓その	漢レイ呉ショウ 訓ひとや		
 唐代・文選百三 41_408_8  唐代・文選百三 41_411_27	 唐代・文選五九 94_907_15  唐代・古文選後 11_119_7	 唐代・春秋經傳 21_219_15  唐代・春秋經傳 21_220_8  唐代・文選百三 23_228_16  唐代・文選百三 60_575_19  唐代・文選百三 60_578_27	 唐代・古文選前 22_260_14  唐代・古文選後 16_185_13  唐代・古文選後 24_287_12	 唐代・文選百三 23_228_15  唐代・文選百三 60_575_18  唐代・文選百三 60_578_26	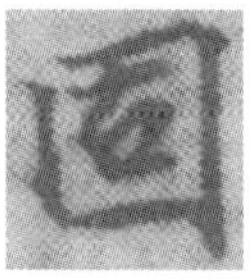 唐代・十輪經十 14_260_17 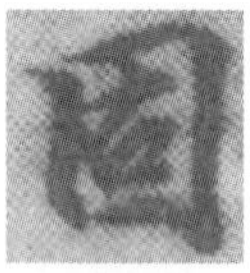 唐代・十輪經十 14_273_13  唐代・十輪經十 16_306_3	 唐代・古文選後 6_66_6  唐代・古文選後 6_71_1  唐代・古文選後 17_203_12 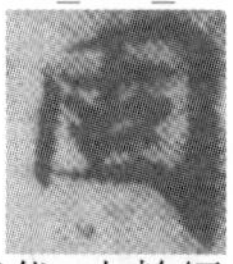 唐代・十輪經九 6_100_10  唐代・十輪經十 11_201_10  唐代・十輪經十 11_207_11  唐代・十輪經十 13_244_1  唐代・十輪經十 13_253_8

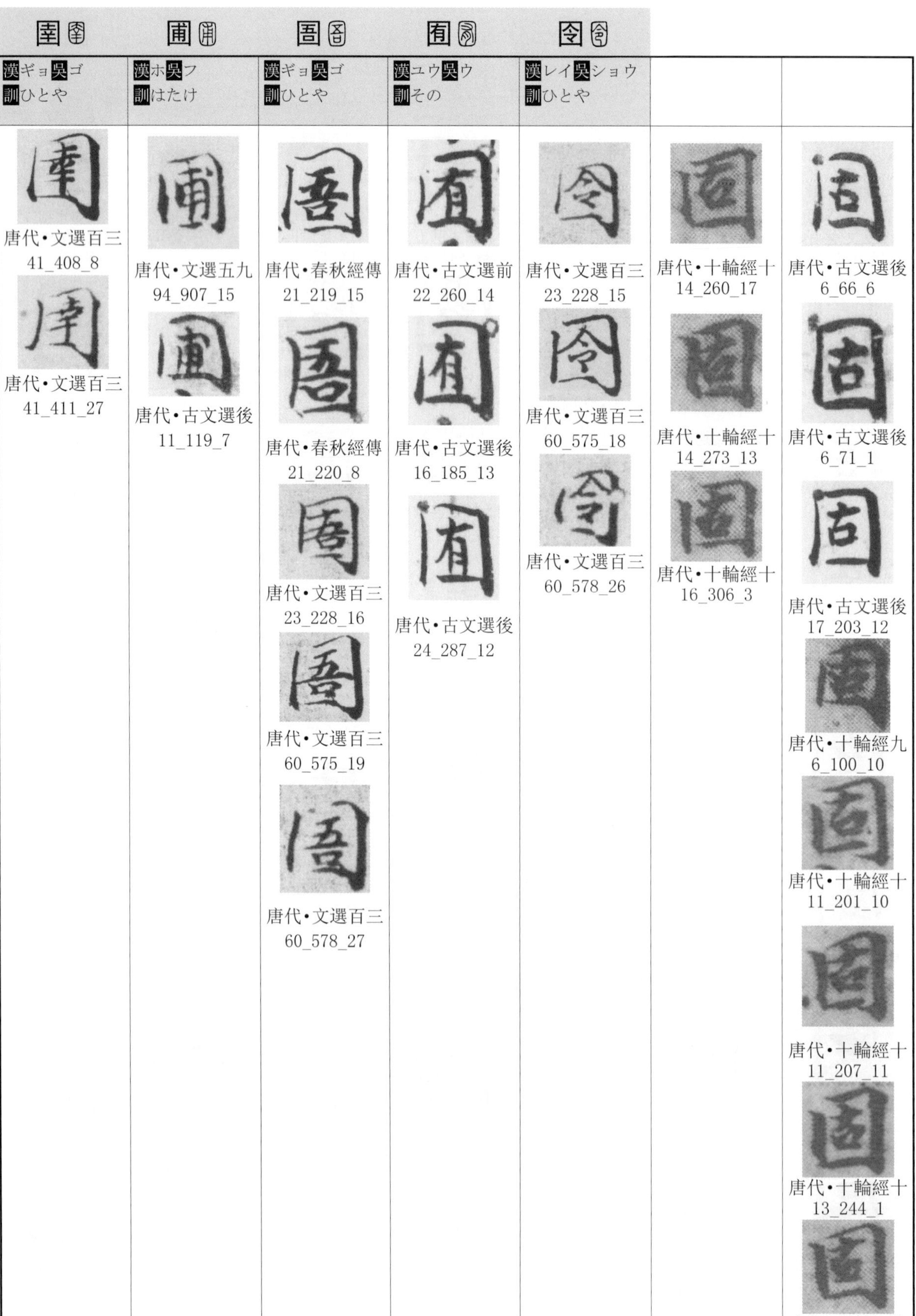

國

コク

訓くに

初唐•法華義疏 1_1_11
初唐•金剛場經 1_8_10
唐代•春秋經傳 2_10_10
唐代•春秋經傳 4_33_14
唐代•春秋經傳 4_40_30
唐代•春秋經傳 6_54_18
唐代•春秋經傳 7_72_29

唐代•春秋經傳 16_162_24
唐代•春秋經傳 18_183_11
唐代•春秋經傳 18_189_9
唐代•春秋經傳 20_203_13
唐代•春秋經傳 22_229_8
唐代•春秋經傳 23_238_16
唐代•春秋經傳 24_247_3

唐代•春秋經傳 26_268_12
唐代•春秋經傳 26_273_17
唐代•春秋經傳 27_274_32
唐代•春秋經傳 29_297_13
唐代•春秋經傳 29_298_17
唐代•春秋經傳 29_298_22
唐代•春秋經傳 30_307_17

唐代•春秋經傳 31_326_22
唐代•春秋經傳 32_329_1
唐代•春秋經傳 32_329_11
唐代•春秋經傳 32_336_4
唐代•春秋經傳 33_340_13
唐代•春秋經傳 33_341_17
唐代•春秋經傳 33_344_18

唐代•春秋經傳 33_345_6
唐代•春秋經傳 34_360_4
唐代•春秋經傳 35_371_18
唐代•春秋經傳 35_372_12
唐代•春秋經傳 39_405_6
唐代•文選四八 6_48_17
唐代•文選四八 12_105_28

唐代•文選四八 14_127_3
唐代•文選四八 15_135_20
唐代•文選四八 15_137_1
唐代•文選四八 15_137_11
唐代•文選四八 16_139_1
唐代•文選四八 16_140_7
唐代•文選四八 16_148_2

唐代•文選四八 16_149_8
唐代•文選四八 16_150_13
唐代•文選四八 17_151_20
唐代•文選四八 17_157_23
唐代•文選四八 18_160_10
唐代•文選四八 20_175_11
唐代•文選四八 21_190_18

唐代·文選四八
21_190_28

唐代·文選四八
23_207_5

唐代·文選四八
24_217_20

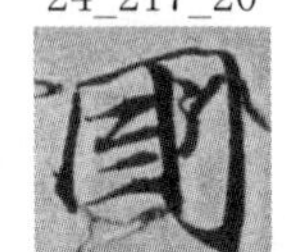
唐代·文選四八
27_240_3

唐代·文選四八
27_242_22

唐代·文選四八
27_245_9

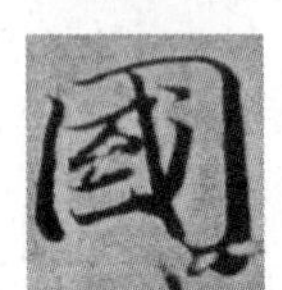
唐代·文選四八
28_257_6

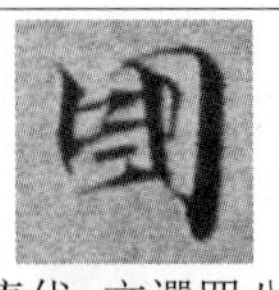
唐代·文選四八
29_259_11

唐代·文選四八
29_259_20

唐代·文選四八
31_280_13

唐代·文選四八
35_312_7

唐代·文選四八
36_319_23

唐代·文選四八
36_320_8

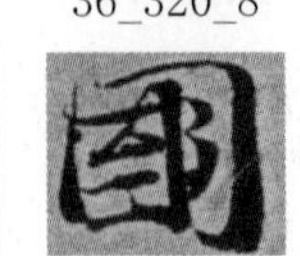
唐代·文選四八
36_323_9

唐代·文選四八
36_324_20

唐代·文選四八
36_326_7

唐代·文選四八
36_329_7

唐代·文選四八
43_389_10

唐代·文選四八
47_424_16

唐代·文選四八
47_424_28

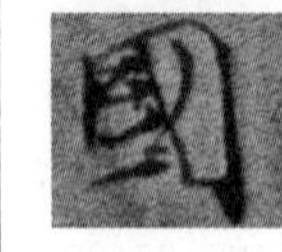
唐代·文選五九
12_112_4

唐代·文選五九
27_264_15

唐代·文選五九
30_294_28

唐代·文選五九
34_333_4

唐代·文選五九
43_424_14

唐代·文選五九
45_449_16

唐代·文選五九
46_456_17

唐代·文選五九
47_458_4

唐代·文選五九
47_459_28

唐代·文選五九
47_460_13

唐代·文選五九
48_473_22

唐代·文選五九
49_481_13

唐代·文選五九
53_527_28

唐代·文選五九
54_529_12

唐代·文選五九
59_566_18

唐代·文選五九
59_567_5

唐代·文選五九
59_572_10

唐代·文選五九
60_576_4

唐代·文選五九
60_576_23

唐代·文選五九
61_583_18

唐代·文選五九
63_610_13

唐代·文選五九
74_710_10

唐代·文選五九
78_752_27

唐代·文選五九
80_763_20

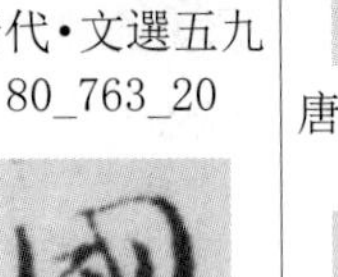
唐代·文選五九
80_767_11

唐代·文選五九
80_770_15

唐代·文選五九
80_774_3

唐代·文選五九
80_774_10

唐代·文選五九
81_777_12

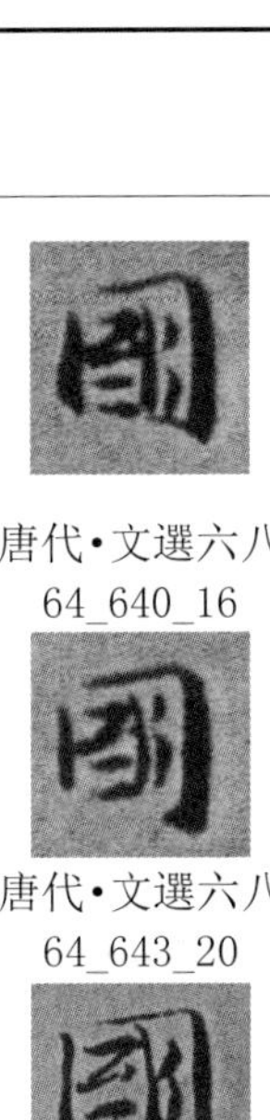

唐代•文選六八
64_640_16

唐代•文選六八
64_643_20

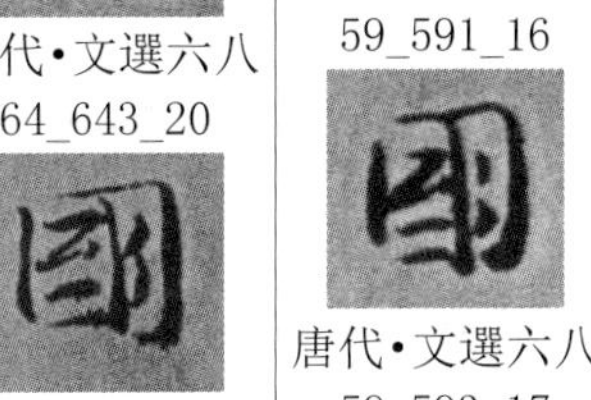

唐代•文選六八
66_661_6

唐代•文選六八
66_662_9

唐代•文選六八
67_668_6

唐代•文選六八
67_675_5

唐代•文選六八
68_677_6

唐代•文選六八
39_386_11

唐代•文選六八
59_591_16

唐代•文選六八
59_593_17

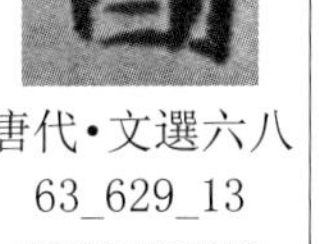

唐代•文選六八
60_603_18

唐代•文選六八
63_629_13

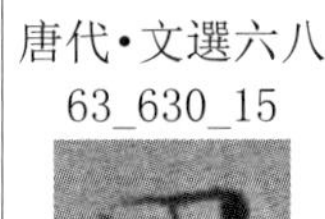

唐代•文選六八
63_630_15

唐代•文選六八
64_639_6

唐代•文選六八
23_229_5

唐代•文選六八
23_239_5

唐代•文選六八
24_240_5

唐代•文選六八
25_251_9

唐代•文選六八
25_257_12

唐代•文選六八
27_277_3

唐代•文選六八
35_346_7

唐代•文選五九
99_939_27

唐代•文選五九
111_1048_12

唐代•文選六八
1_8_12

唐代•文選六八
1_13_27

唐代•文選六八
7_72_17

唐代•文選六八
15_161_5

唐代•文選六八
19_191_24

唐代•文選五九
92_882_10

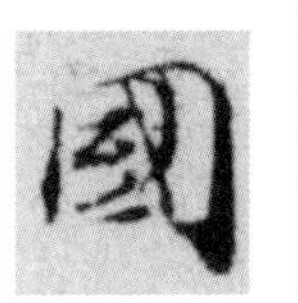

唐代•文選五九
93_892_21

唐代•文選五九
98_930_5

唐代•文選五九
98_932_24

唐代•文選五九
99_935_5

唐代•文選五九
99_937_5

唐代•文選五九
99_939_10

唐代•文選五九
84_813_28

唐代•文選五九
85_814_2

唐代•文選五九
88_844_21

唐代•文選五九
92_876_2

唐代•文選五九
92_877_13

唐代•文選五九
92_879_23

唐代•文選五九
92_881_1

唐代•文選五九
81_779_24

唐代•文選五九
82_783_15

唐代•文選五九
82_792_14

唐代•文選五九
82_794_29

唐代•文選五九
83_798_9

唐代•文選五九
83_799_24

唐代•文選五九
83_800_4

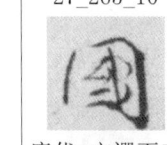

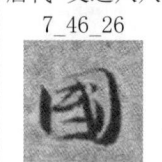

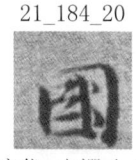

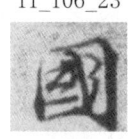

 唐代•文選百三 49_472_15	 唐代•文選百三 22_212_8	 唐代•文選百三 1_11_8	 唐代•文選八八 21_180_18	 唐代•文選八八 15_133_23	 唐代•文選八八 7_46_23	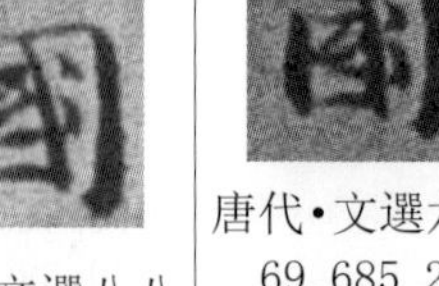 唐代•文選六八 69_685_21
 唐代•文選百三 55_531_8	 唐代•文選百三 23_222_13	 唐代•文選百三 11_106_23	 唐代•文選八八 21_182_4	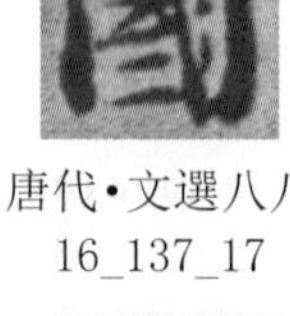 唐代•文選八八 16_137_17	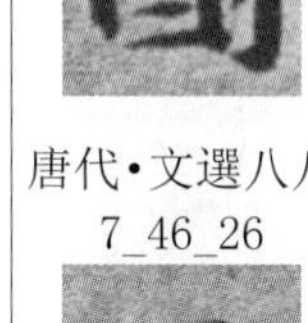 唐代•文選八八 7_46_26	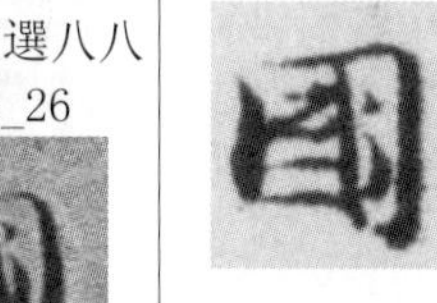 唐代•文選六八 73_721_5
唐代•文選百三 55_531_28	唐代•文選百三 26_253_24	唐代•文選百三 12_109_22	唐代•文選八八 21_184_20	唐代•文選八八 17_142_6	唐代•文選八八 7_54_20	唐代•文選八八 3_9_12
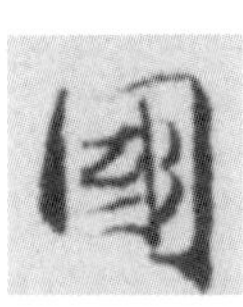 唐代•文選百三 56_536_6	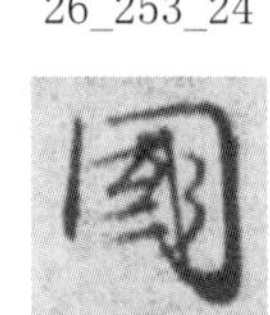 唐代•文選百三 26_255_23	 唐代•文選百三 13_115_25	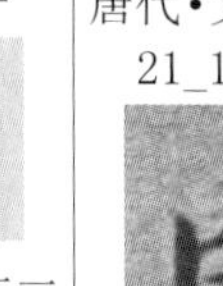 唐代•文選八八 21_185_3	 唐代•文選八八 17_143_10	 唐代•文選八八 8_56_3	 唐代•文選八八 3_14_28
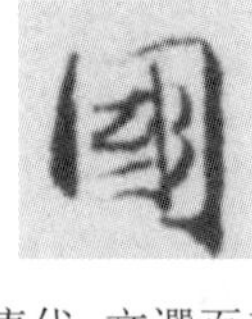 唐代•文選百三 57_543_7	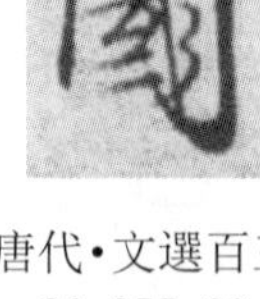 唐代•文選百三 27_265_10	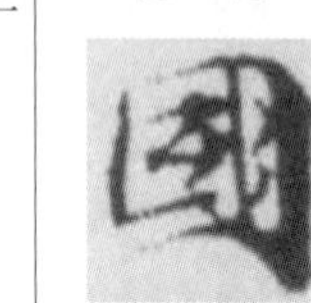 唐代•文選百三 13_122_8	 唐代•文選八八 21_187_24	 唐代•文選八八 17_145_19	 唐代•文選八八 8_59_30	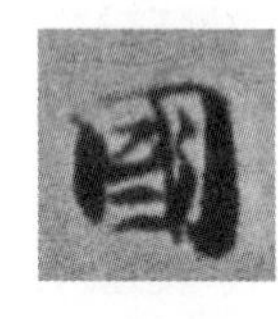 唐代•文選八八 3_18_14
 唐代•文選百三 57_547_12	唐代•文選百三 46_440_36	 唐代•文選百三 16_149_20	 唐代•文選八八 21_188_2	唐代•文選八八 17_146_2	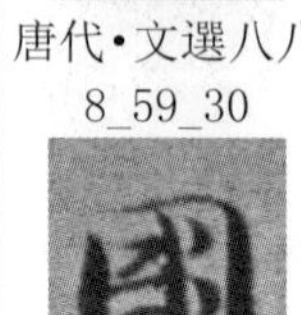 唐代•文選八八 14_115_16	唐代•文選八八 4_21_4
唐代•文選百三 57_551_14	 唐代•文選百三 49_467_19	 唐代•文選百三 18_173_30	唐代•文選百三 1_4_6	 唐代•文選八八 20_178_19	 唐代•文選八八 15_132_11	 唐代•文選八八 7_44_7

唐代•十輪經四 4_73_5	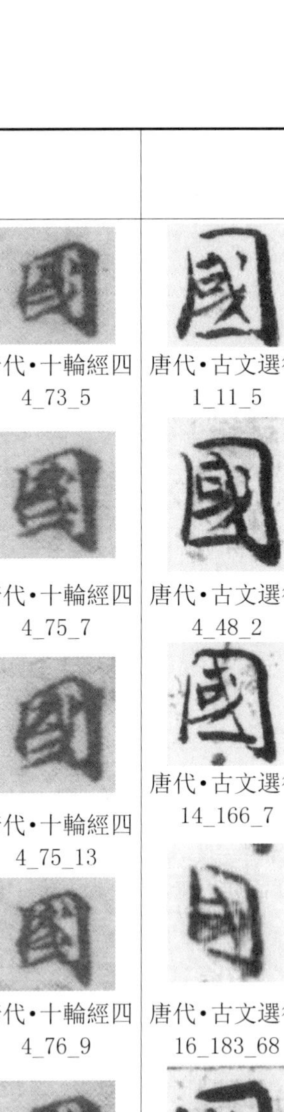唐代•古文選後 1_11_5	唐代•古文選前 21_242_5	唐代•文選百三 81_775_31	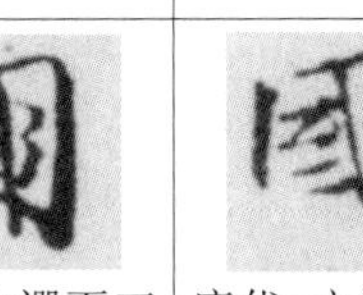唐代•文選百三 79_752_34	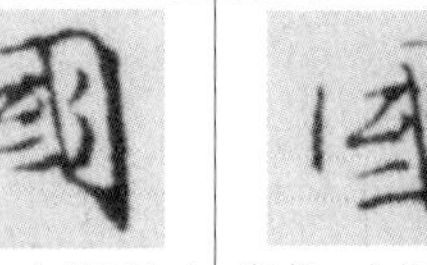唐代•文選百三 67_647_3	唐代•文選百三 58_560_8
唐代•十輪經四 4_75_7	唐代•古文選後 4_48_2	唐代•古文選前 21_252_2	唐代•文選百三 81_777_16	唐代•文選百三 80_763_18	唐代•文選百三 68_658_3	唐代•文選百三 61_586_14
唐代•十輪經四 4_75_13	唐代•古文選後 14_166_7	唐代•古文選前 22_254_10	唐代•文選百三 83_784_5	唐代•文選百三 81_766_12	唐代•文選百三 69_664_6	唐代•文選百三 61_591_14
唐代•十輪經四 4_76_9	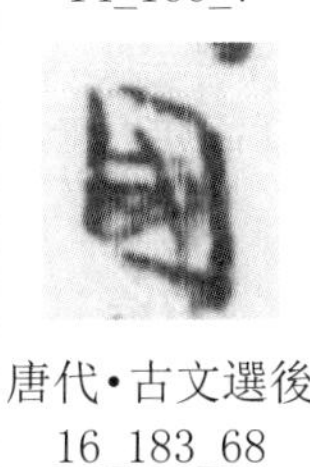唐代•古文選後 16_183_68	唐代•古文選前 23_268_4	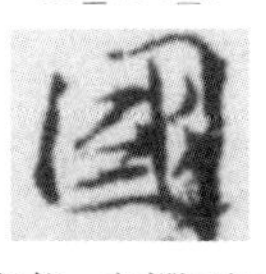唐代•文選百三 83_792_22	唐代•文選百三 81_766_35	唐代•文選百三 73_710_2	唐代•文選百三 63_608_11
唐代•十輪經四 4_78_16	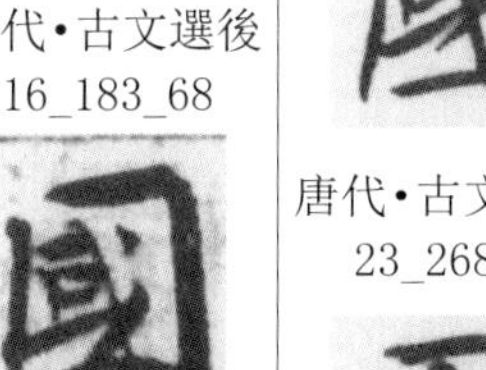唐代•古文選後 19_222_1	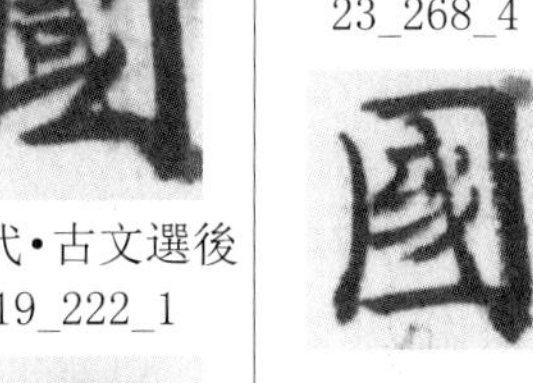唐代•古文選前 23_269_8	唐代•古文選前 7_82_7	唐代•文選百三 81_767_16	唐代•文選百三 74_714_21	唐代•文選百三 63_609_12
唐代•十輪經四 4_79_13	唐代•古文選後 21_242_3	唐代•古文選後 1_6_10	唐代•古文選前 19_224_11	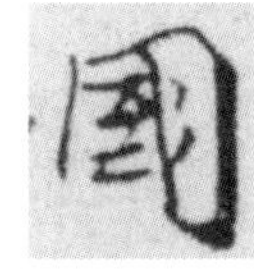唐代•文選百三 81_772_29	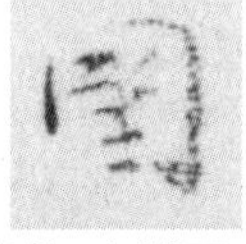唐代•文選百三 77_736_9	唐代•文選百三 65_632_16
唐代•十輪經四 5_82_6	唐代•十輪經四 4_66_6	唐代•古文選後 1_10_1	唐代•古文選前 20_239_24	唐代•文選百三 81_774_31	唐代•文選百三 78_745_14	唐代•文選百三 67_641_2

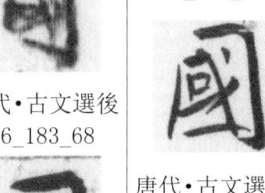

唐代•十輪經四
5_88_5

唐代•十輪經四
6_112_5

唐代•十輪經四
7_121_10

唐代•十輪經四
7_123_5

唐代•十輪經四
8_146_13

唐代•十輪經四
8_149_2

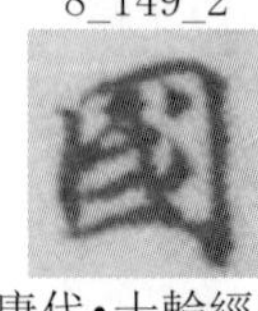

唐代•十輪經四
8_155_7

唐代•十輪經四
9_161_1

唐代•十輪經四
9_162_10

唐代•十輪經四
11_215_10

唐代•十輪經四
11_216_5

唐代•十輪經四
11_218_5

唐代•十輪經四
13_253_8

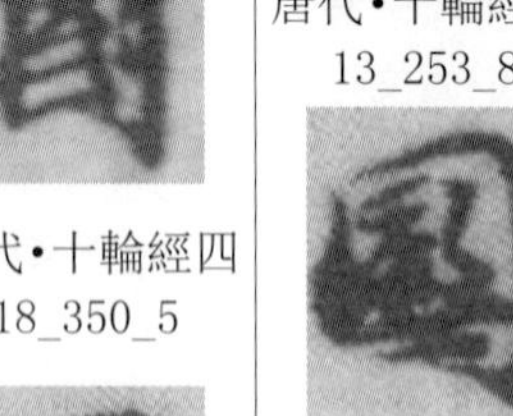
唐代•十輪經四
14_274_12

唐代•十輪經四
14_275_3

唐代•十輪經四
15_291_12

唐代•十輪經四
16_300_11

唐代•十輪經四
16_313_9

唐代•十輪經四
17_335_13

唐代•十輪經四
18_350_5

唐代•十輪經四
19_367_2

唐代•十輪經四
20_386_12

唐代•十輪經八
6_120_5

唐代•十輪經八
8_159_2

唐代•十輪經八
10_195_15

唐代•十輪經八
12_233_15

唐代•十輪經八
14_270_16

唐代•十輪經八
16_308_15

唐代•十輪經八
18_347_6

唐代•十輪經八
20_384_2

唐代•十輪經八
20_385_10

唐代•十輪經八
22_424_10

唐代•十輪經九
2_23_2

唐代•十輪經九
4_62_4

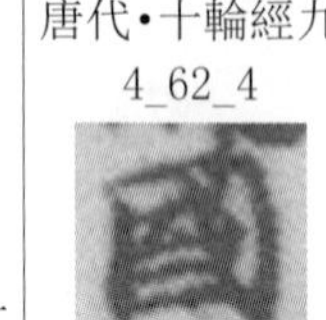
唐代•十輪經九
7_127_25

唐代•十輪經九
7_128_25

唐代•十輪經九
7_139_5

唐代•十輪經九
8_153_11

唐代•十輪經九
17_333_15

唐代•十輪經十
9_178_10

唐代•十輪經十
17_321_16

唐代•十輪經十
17_322_11

唐代•十輪經十
17_330_18

圍

イ

訓かこむ

唐代・春秋經傳 7_66_9
唐代・春秋經傳 13_130_10
唐代・春秋經傳 25_255_17
唐代・春秋經傳 30_312_4
唐代・春秋經傳 30_317_13
唐代・春秋經傳 31_320_6
唐代・文選四八 18_162_4

唐代・春秋經傳 39_407_5
唐代・文選六八 31_316_11
唐代・文選百三 24_231_24
唐代・文選百三 29_288_10
唐代・文選百三 33_326_30
唐代・文選百三 34_336_9
唐代・文選百三 41_414_19

唐代・文選百三 61_587_11
唐代・文選百三 63_606_9
唐代・文選百三 63_610_10
唐代・文選百三 63_610_16
唐代・文選百三 63_611_8
唐代・文選百三 83_792_27
唐代・文選百三 41_413_29
唐代・文選百三 36_360_6

唐代・文選百三 61_581_2
唐代・文選百三 83_792_2
唐代・文選百三 83_794_22
唐代・文選百三 84_798_29
唐代・文選百三 84_801_18
唐代・文選百三 84_801_23
唐代・文選百三 84_802_13
唐代・文選百三 85_811_19

唐代・古文選後 6_69_12
唐代・十輪經四 12_236_2
唐代・十輪經四 13_248_2
唐代・十輪經四 14_260_2
唐代・十輪經八 4_63_12
唐代・十輪經八 6_109_8
唐代・十輪經八 8_147_8

唐代・十輪經八 14_262_14
唐代・十輪經八 15_297_13
唐代・十輪經八 15_300_14
唐代・十輪經八 17_335_12
唐代・十輪經八 19_373_13
唐代・十輪經九 3_49_5
唐代・十輪經八 10_185_14

唐代・十輪經九 17_324_11
唐代・十輪經八 21_411_5
唐代・十輪經九 1_11_1
唐代・十輪經八 12_222_13
唐代・十輪經八 13_259_13

園

漢エン呉オン
訓その

唐代・春秋經傳 10_104_17

唐代・文選五九 8_74_28

唐代・文選五九 13_123_15

唐代・文選五九 14_132_2

唐代・文選五九 21_210_12

唐代・文選五九 25_244_21

唐代・文選五九 29_282_4

唐代・文選五九 29_283_2

唐代・文選五九 29_289_11

唐代・文選五九 29_291_1

唐代・文選五九 29_291_16

唐代・文選五九 30_294_24

唐代・文選五九 30_298_16

唐代・文選五九 44_434_3

唐代・文選五九 44_435_23

唐代・文選五九 66_637_14

唐代・文選五九 68_652_7

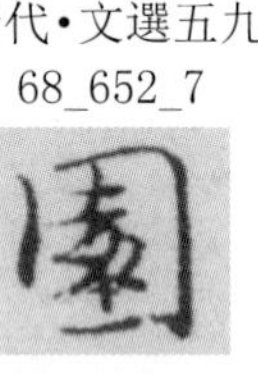
唐代・文選五九 68_654_8

唐代・文選五九 89_853_11

唐代・文選五九 89_853_23

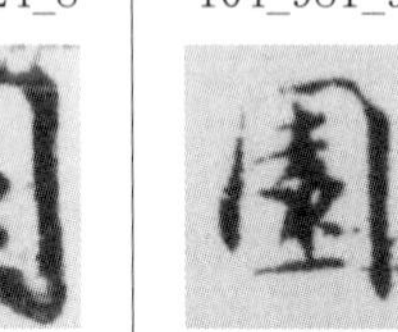
唐代・文選五九 104_981_9

唐代・文選五九 104_982_23

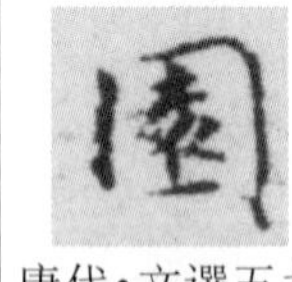
唐代・文選五九 104_982_26

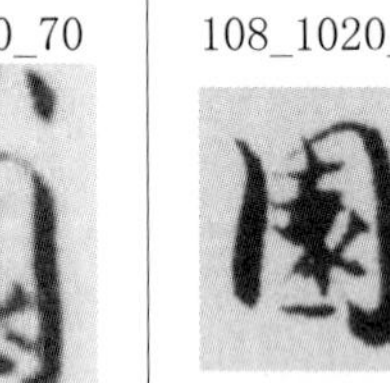
唐代・文選五九 108_1020_6

唐代・文選五九 108_1022_12

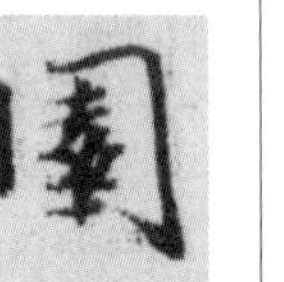
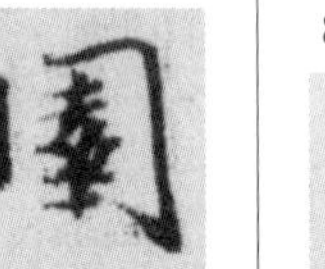
唐代・文選五九 108_1023_13

唐代・文選五九 108_1023_21

唐代・文選五九 108_1024_8

唐代・古文選後 8_85_1

唐代・古文選後 13_150_7

唐代・古文選後 13_150_70

唐代・古文選後 16_183_33

唐代・古文選後 17_200_6

唐代・古文選後 24_287_7

唐代・十輪經四 2_24_6

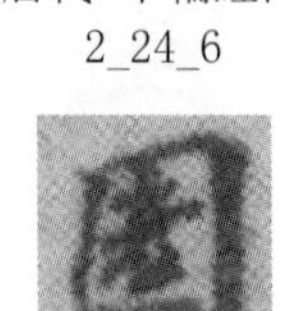
唐代・十輪經四 17_324_8

唐代・十輪經四 17_324_11

圓

エン
訓まるい

初唐・聖武雜集 1_6_12

中唐・七祖像贊 1_9_2

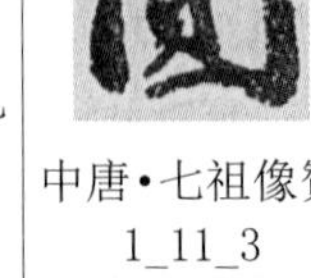
中唐・七祖像贊 1_11_3

唐代・文選五九 2_15_3

唐代・文選五九 26_258_1

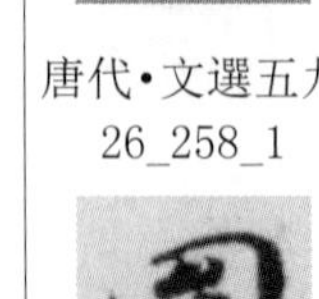

唐代・文選五九 27_259_12

唐代・文選五九 27_260_30

唐代・文選五九 72_697_10

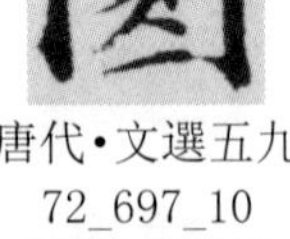

唐代・文選五九 72_698_18

唐代・文選五九 107_1017_3

唐代・文選五九 107_1019_24

唐代・文選五九 107_1019_28

唐代・古文選前 18_213_10

唐代・古文選後 8_92_6

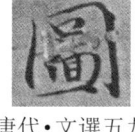

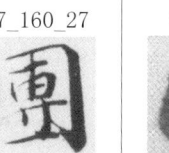

圖 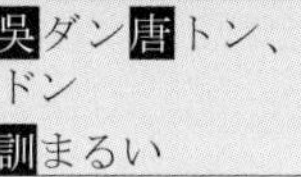 團

		漢ト呉ズ 訓はかる	呉ダン唐トン、ドン 訓まるい			
 唐代•文選五九 93_890_15	 唐代•文選五九 15_140_21	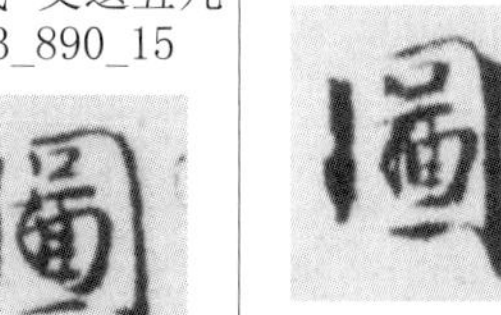 唐代•春秋經傳 14_142_5	 唐代•文選五九 16_158_18	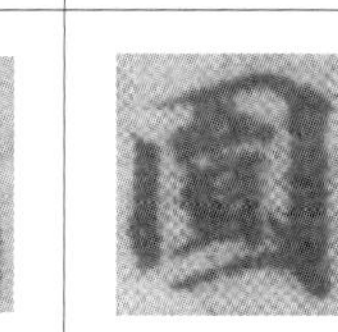 唐代•十輪經十 17_321_7	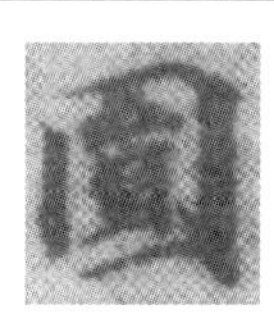 唐代•十輪經八 19_376_14	 唐代•十輪經四 18_346_4
唐代•文選五九 93_891_17	唐代•文選五九 77_743_4	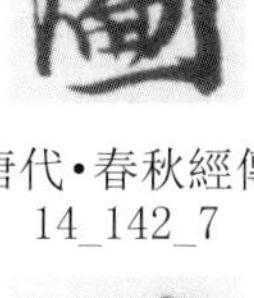 唐代•春秋經傳 14_142_7	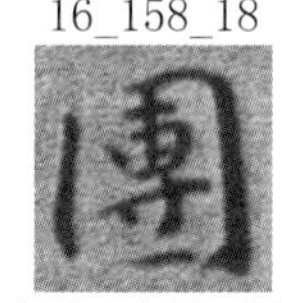 唐代•文選五九 17_159_19	 唐代•十輪經九 2_23_7	 唐代•十輪經八 22_424_15	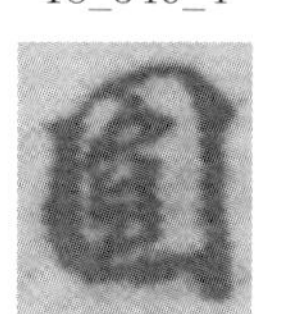 唐代•十輪經八 6_112_9
唐代•文選六八 8_80_20	唐代•文選五九 78_746_27	 唐代•春秋經傳 14_143_14	 唐代•文選五九 17_160_27	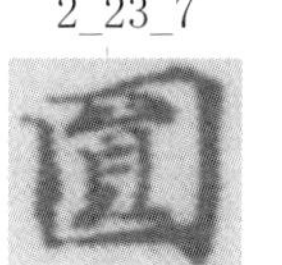 唐代•十輪經九 3_52_7	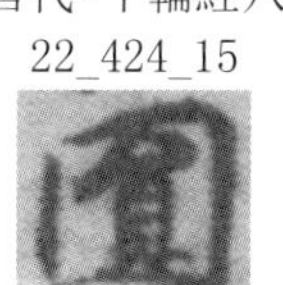 唐代•十輪經九 1_14_2	 唐代•十輪經八 8_150_9
唐代•文選六八 69_690_28	唐代•文選五九 84_811_18	 唐代•春秋經傳 14_144_9	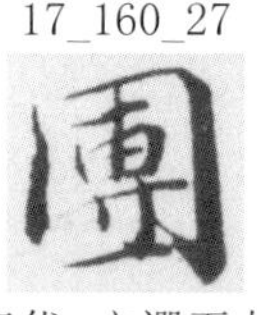 唐代•文選五九 99_941_6	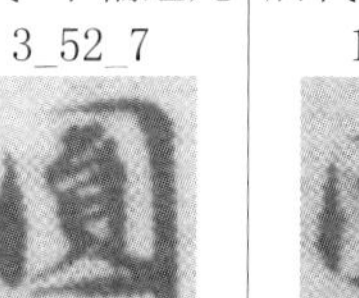 唐代•十輪經八 21_414_6	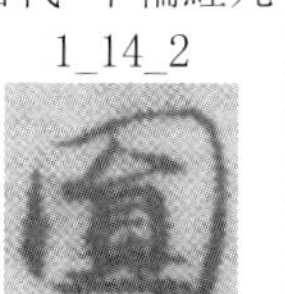 唐代•十輪經九 7_137_14	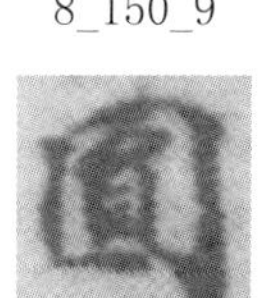 唐代•十輪經八 10_188_16
唐代•文選百三 66_636_9	 唐代•文選五九 84_812_19	唐代•文選四八 18_163_9	 唐代•文選五九 99_942_30	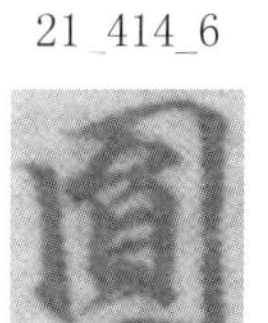 唐代•十輪經十 15_293_7	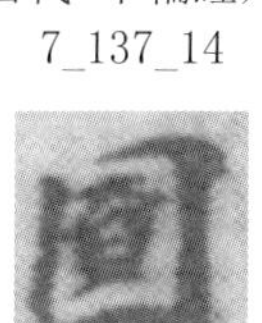 唐代•十輪經九 17_327_12	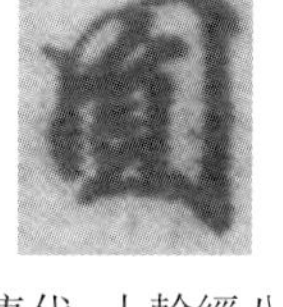 唐代•十輪經八 12_225_14
唐代•文選百三 79_757_25	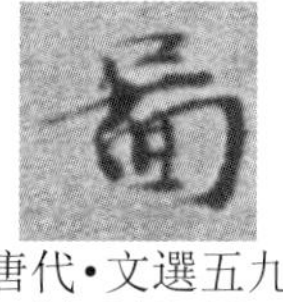 唐代•文選五九 84_813_13	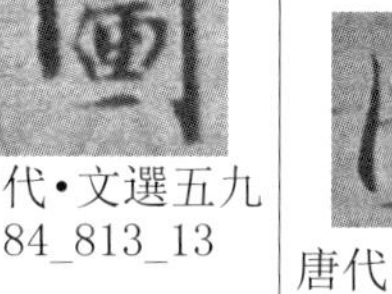 唐代•文選五九 14_137_14	 唐代•文選五九 100_943_21		 唐代•十輪經十 15_290_2	 唐代•十輪經八 17_338_14
唐代•文選百三 80_758_8	 唐代•文選五九 92_888_2	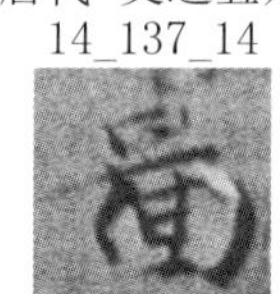 唐代•文選五九 14_138_14	 唐代•文選五九 100_945_4		 唐代•十輪經十 15_291_5	
唐代•古文選前 8_98_11	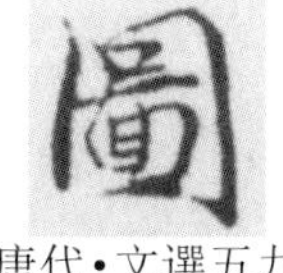 唐代•文選五九 92_889_15	 唐代•文選五九 14_138_22				

						 唐代•古文選前 20_234_11  唐代•古文選前 26_311_3  唐代•古文選後 2_23_4  唐代•古文選後 16_183_17  唐代•古文選後 19_227_2

山部

山 山

漢サン 呉セン
訓やま

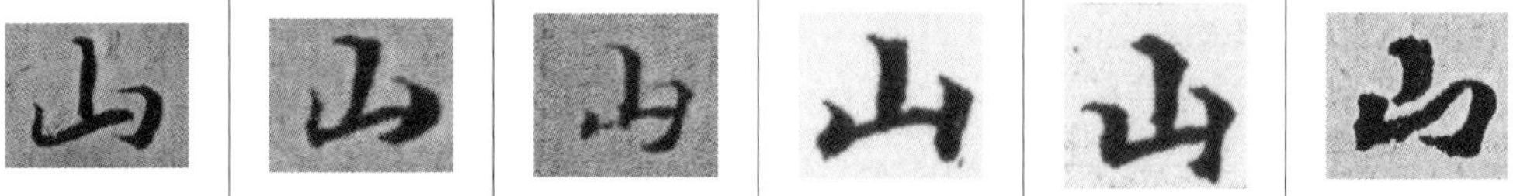

中唐•灌頂歷名 1_1_14
唐代•春秋經傳 10_97_1
唐代•春秋經傳 33_340_19
唐代•文選四八 22_195_21
唐代•文選四八 34_309_1
唐代•文選五九 6_55_12

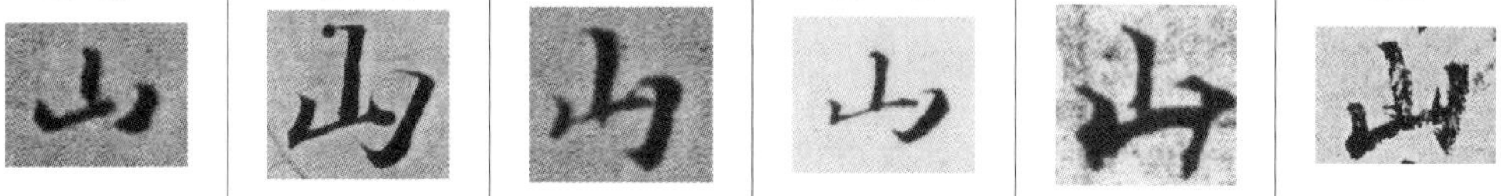

中唐•灌頂歷名 1_5_13
唐代•春秋經傳 10_105_25
唐代•文選四八 1_2_25
唐代•文選四八 25_223_14
唐代•文選四八 47_421_2
唐代•文選五九 6_56_12

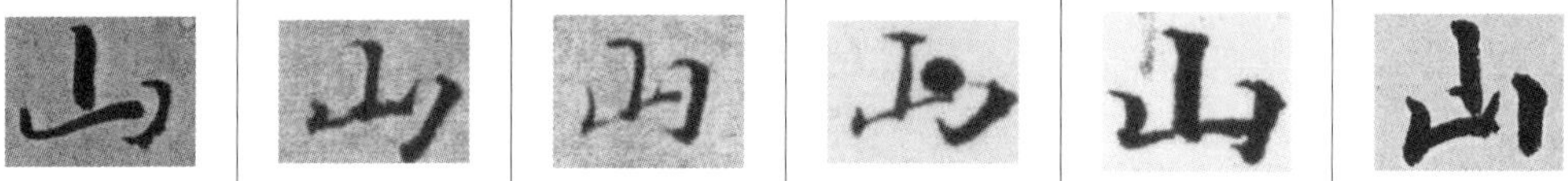

中唐・風信帖 2_8_3
唐代•春秋經傳 14_138_18
唐代•文選四八 1_3_20
唐代•文選四八 27_241_8
唐代•文選四八 47_422_5
唐代•文選五九 6_57_23

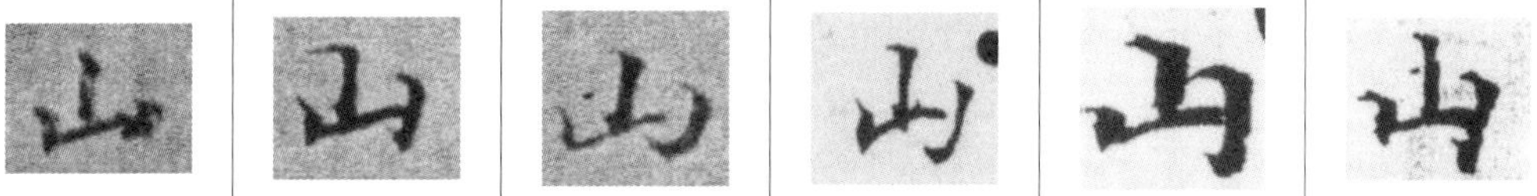

唐代•春秋經傳 1_6_22
唐代•春秋經傳 14_142_9
唐代•文選四八 1_7_22
唐代•文選四八 28_252_7
唐代•文選四八 47_423_11
唐代•文選五九 6_58_19

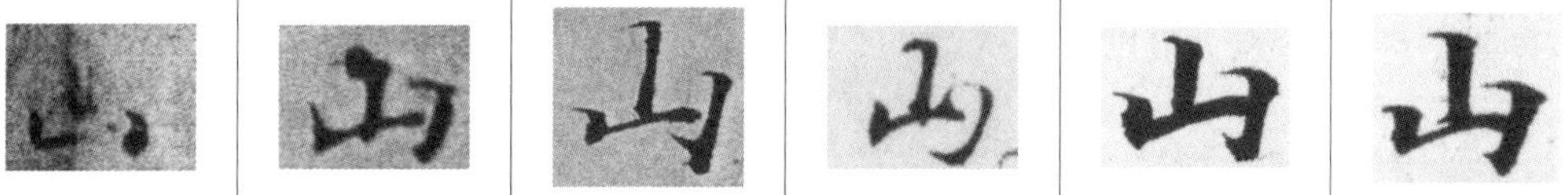

唐代•春秋經傳 7_67_18
唐代•春秋經傳 14_145_6
唐代•文選四八 1_8_3
唐代•文選四八 34_303_2
唐代•文選四八 47_424_11
唐代•文選五九 7_59_16

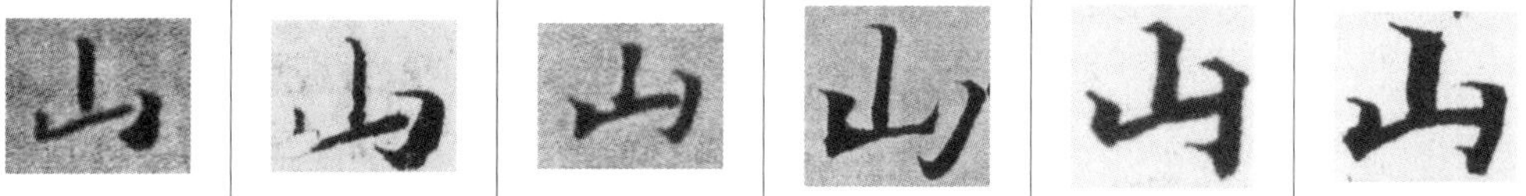

唐代•春秋經傳 8_83_14
唐代•春秋經傳 14_146_3
唐代•文選四八 3_16_13
唐代•文選四八 34_305_9
唐代•文選五九 1_2_7
唐代•文選五九 7_60_18

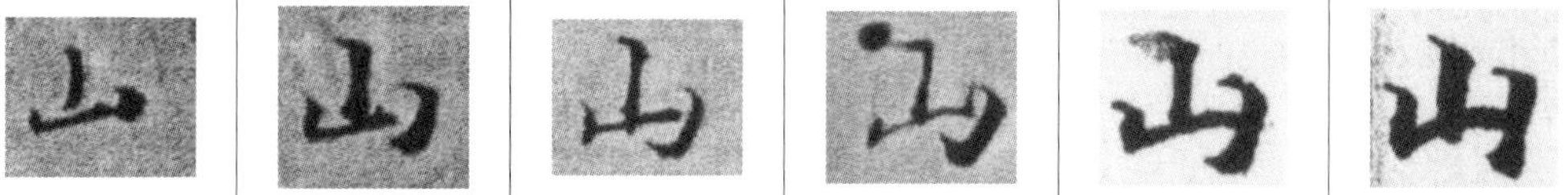

唐代•春秋經傳 8_84_24
唐代•春秋經傳 28_292_14
唐代•文選四八 10_84_1
唐代•文選四八 34_306_24
唐代•文選五九 3_23_12
唐代•文選五九 7_61_4

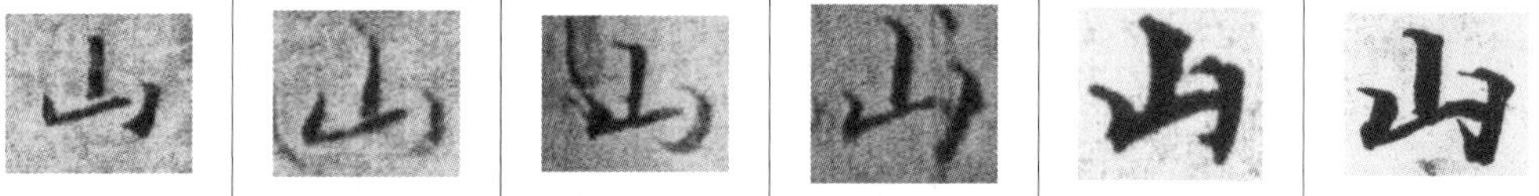

唐代•春秋經傳 10_96_6
唐代•春秋經傳 29_299_1
唐代•文選四八 19_172_20
唐代•文選四八 34_307_25
唐代•文選五九 3_24_11
唐代•文選五九 7_64_9

唐代·文選五九 9_82_4
唐代·文選五九 12_115_2
唐代·文選五九 12_115_11
唐代·文選五九 12_116_16
唐代·文選五九 12_116_23
唐代·文選五九 13_126_8
唐代·文選五九 13_126_10
唐代·文選五九 14_137_12

唐代·文選五九 14_138_12
唐代·文選五九 14_138_15
唐代·文選五九 14_138_20
唐代·文選五九 14_138_25
唐代·文選五九 15_140_17
唐代·文選五九 15_143_25
唐代·文選五九 15_144_1
唐代·文選五九 19_188_29

唐代·文選五九 25_244_5
唐代·文選五九 25_244_33
唐代·文選五九 29_286_5
唐代·文選五九 29_287_20
唐代·文選五九 29_287_25
唐代·文選五九 29_287_27
唐代·文選五九 29_288_3
唐代·文選五九 29_288_28

唐代·文選五九 30_297_15
唐代·文選五九 31_302_1
唐代·文選五九 31_302_20
唐代·文選五九 31_303_23
唐代·文選五九 31_305_23
唐代·文選五九 31_306_8
唐代·文選五九 31_306_14
唐代·文選五九 31_311_11

唐代·文選五九 33_326_2
唐代·文選五九 33_326_8
唐代·文選五九 33_327_25
唐代·文選五九 35_352_10
唐代·文選五九 36_353_17
唐代·文選五九 36_358_11
唐代·文選五九 37_360_10
唐代·文選五九 37_370_6

唐代·文選五九 39_390_18
唐代·文選五九 39_391_30
唐代·文選五九 40_393_25
唐代·文選五九 45_448_9
唐代·文選五九 45_450_21
唐代·文選五九 45_451_2
唐代·文選五九 45_451_6
唐代·文選五九 46_452_5

唐代·文選五九 46_455_11
唐代·文選五九 65_627_7
唐代·文選五九 68_658_8
唐代·文選五九 71_679_23
唐代·文選五九 72_688_13
唐代·文選五九 72_690_28
唐代·文選五九 72_691_2
唐代·文選五九 72_691_25

唐代•文選五九 72_693_15
唐代•文選五九 73_703_21
唐代•文選五九 74_705_16
唐代•文選五九 74_706_20
唐代•文選五九 74_708_1
唐代•文選五九 74_709_4
唐代•文選五九 74_712_4
唐代•文選五九 74_712_8
唐代•文選五九 74_712_15
唐代•文選五九 78_753_19
唐代•文選五九 78_757_4
唐代•文選五九 81_781_30
唐代•文選五九 81_782_7
唐代•文選五九 82_784_19
唐代•文選五九 82_784_22
唐代•文選五九 82_785_27
唐代•文選五九 82_786_30
唐代•文選五九 86_830_7
唐代•文選五九 87_833_5
唐代•文選五九 87_835_10
唐代•文選五九 87_835_17
唐代•文選五九 88_840_24
唐代•文選五九 88_841_6
唐代•文選五九 88_842_11
唐代•文選五九 88_844_6
唐代•文選五九 88_848_21
唐代•文選五九 88_849_2
唐代•文選五九 88_849_10
唐代•文選五九 89_851_17
唐代•文選五九 89_855_4
唐代•文選五九 90_857_3
唐代•文選五九 90_857_19
唐代•文選五九 90_858_11
唐代•文選五九 90_862_13
唐代•文選五九 90_868_21
唐代•文選五九 90_869_4
唐代•文選五九 92_878_13
唐代•文選五九 97_917_18
唐代•文選五九 99_941_17
唐代•文選五九 99_942_5
唐代•文選六八 2_20_21
唐代•文選六八 2_21_7
唐代•文選六八 3_30_17
唐代•文選六八 3_31_6
唐代•文選六八 3_31_12
唐代•文選六八 5_50_13
唐代•文選六八 6_57_18
唐代•文選六八 6_58_5
唐代•文選六八 6_61_13
唐代•文選六八 6_62_23
唐代•文選六八 6_66_11
唐代•文選六八 15_149_12
唐代•文選六八 15_153_24
唐代•文選六八 15_156_4
唐代•文選六八 16_162_15
唐代•文選六八 16_162_22

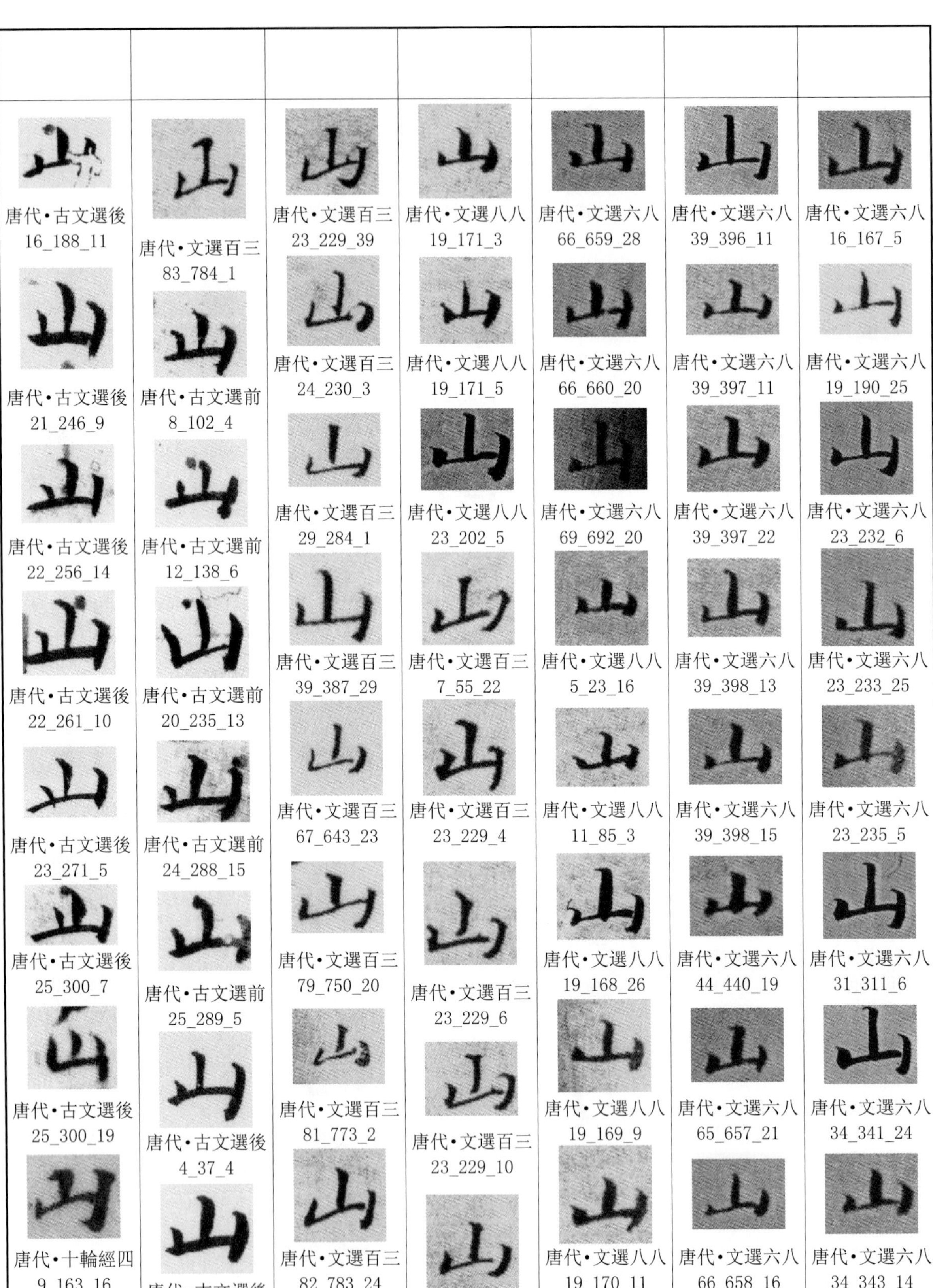

唐代•古文選後 16_188_11
唐代•古文選後 21_246_9
唐代•古文選後 22_256_14
唐代•古文選後 22_261_10
唐代•古文選後 23_271_5
唐代•古文選後 25_300_7
唐代•古文選後 25_300_19
唐代•十輪經四 9_163_16
唐代•文選百三 83_784_1
唐代•古文選前 8_102_4
唐代•古文選前 12_138_6
唐代•古文選前 20_235_13
唐代•古文選前 24_288_15
唐代•古文選前 25_289_5
唐代•古文選後 4_37_4
唐代•古文選後 16_184_11
唐代•文選百三 23_229_39
唐代•文選百三 24_230_3
唐代•文選百三 29_284_1
唐代•文選百三 39_387_29
唐代•文選百三 67_643_23
唐代•文選百三 79_750_20
唐代•文選百三 81_773_2
唐代•文選百三 82_783_24
唐代•文選八八 19_171_3
唐代•文選八八 19_171_5
唐代•文選八八 23_202_5
唐代•文選百三 7_55_22
唐代•文選百三 23_229_4
唐代•文選百三 23_229_6
唐代•文選百三 23_229_10
唐代•文選百三 23_229_31
唐代•文選六八 66_659_28
唐代•文選六八 66_660_20
唐代•文選六八 69_692_20
唐代•文選八八 5_23_16
唐代•文選八八 11_85_3
唐代•文選八八 19_168_26
唐代•文選八八 19_169_9
唐代•文選八八 19_170_11
唐代•文選六八 39_396_11
唐代•文選六八 39_397_11
唐代•文選六八 39_397_22
唐代•文選六八 39_398_13
唐代•文選六八 39_398_15
唐代•文選六八 44_440_19
唐代•文選六八 65_657_21
唐代•文選六八 66_658_16
唐代•文選六八 16_167_5
唐代•文選六八 19_190_25
唐代•文選六八 23_232_6
唐代•文選六八 23_233_25
唐代•文選六八 23_235_5
唐代•文選六八 31_311_6
唐代•文選六八 34_341_24
唐代•文選六八 34_343_14

岑	岏	岠	岐	岌	屼	
漢シン、ギン 訓みね	漢ガン 訓けわしい	キョ 訓―	漢キ呉ギ 訓わかれる	慣キュウ漢ギュウ 訓たかい	慣コツ漢ゴツ 訓はげやま	
 唐代•文選六八 6_57_1  唐代•文選六八 6_57_22  唐代•文選六八 6_58_4  唐代•文選六八 6_65_3  唐代•古文選後 16_184_10	 唐代•文選五九 88_843_4  唐代•文選五九 88_844_4  唐代•文選五九 88_845_5  唐代•文選五九 88_846_1	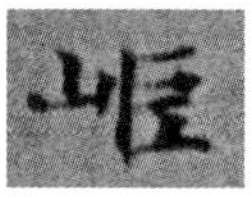 唐代•文選六八 7_73_11	 唐代•文選四八 8_62_24  唐代•文選四八 19_170_10  唐代•文選六八 35_356_25  唐代•文選六八 42_423_26	 唐代•古文選前 23_268_1	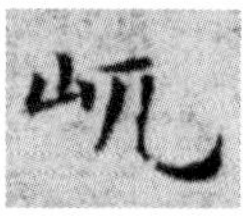 唐代•文選五九 31_299_12	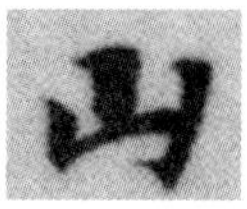 唐代•十輪經四 9_166_14  唐代•十輪經四 11_204_5 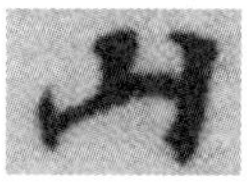 唐代•十輪經八 3_55_3  唐代•十輪經八 3_56_16 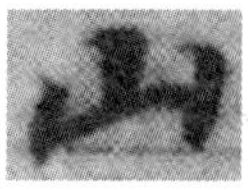 唐代•十輪經八 4_77_17 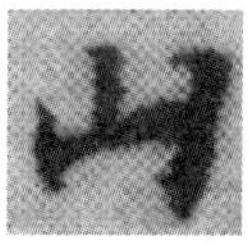 唐代•十輪經八 5_85_10  唐代•十輪經十 13_250_3 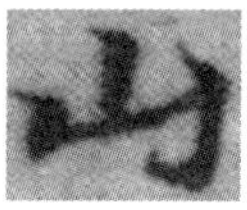 唐代•十輪經十 13_250_7

岸

ガン
訓きし

唐代•文選四八
22_203_24

唐代•文選五九
17_171_22

唐代•十輪經四
3_41_13

唐代•十輪經九
22_420_18

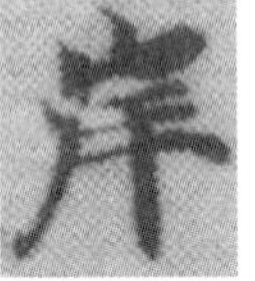
唐代•十輪經十
8_151_4

唐代•十輪經十
8_151_8

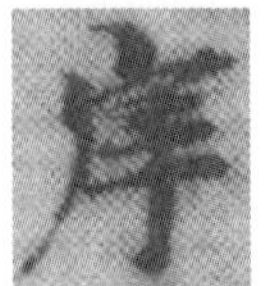
唐代•十輪經十
12_228_13

岫

漢シュウ、ユウ
訓くき

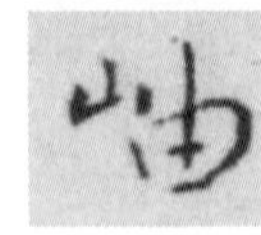
唐代•文選五九
31_305_22

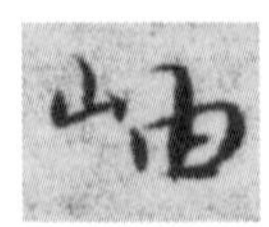
唐代•文選五九
31_307_27

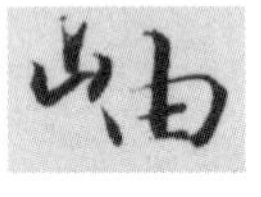
唐代•文選五九
89_856_8

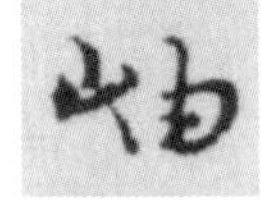
唐代•文選五九
90_858_31

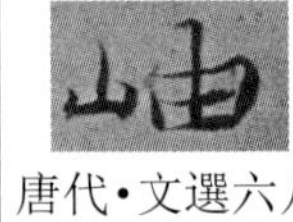
唐代•文選六八
6_62_24

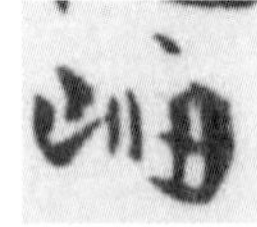
唐代•古文選後
26_311_17

岱

漢タイ
訓—

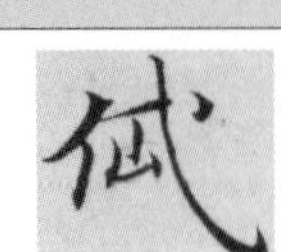
唐代•文選百三
6_50_11

唐代•文選百三
6_53_40

唐代•文選百三
6_54_11

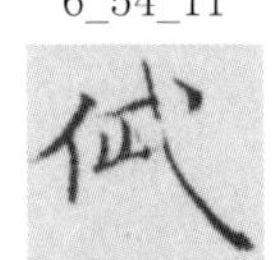
唐代•文選百三
6_54_19

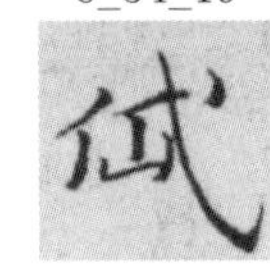
唐代•文選百三
7_55_21

岳嶽

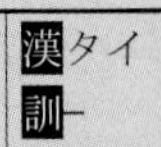

ガク
訓たけ

唐代•文選四八
10_81_7

唐代•文選四八
10_82_14

唐代•文選四八
10_82_26

唐代•文選四八
10_84_2

唐代•文選四八
26_232_2

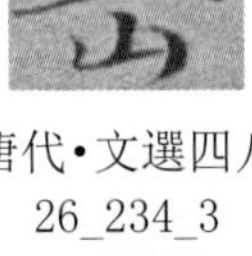
唐代•文選四八
26_234_3

唐代•文選四八
26_234_20

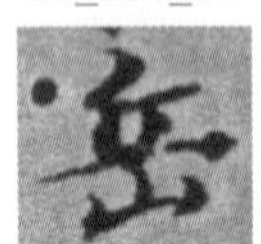
唐代•文選四八
42_382_8

唐代•文選四八
44_393_6

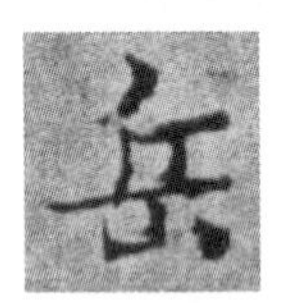
唐代•文選四八
44_394_12

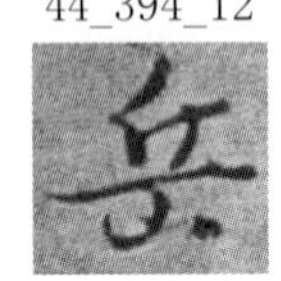
唐代•文選四八
44_396_9

唐代•文選四八
44_399_4

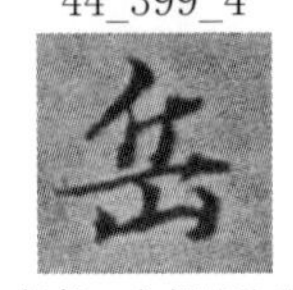
唐代•文選四八
44_402_11

唐代•文選四八
45_403_12

唐代•文選四八
46_414_6

唐代•文選五九
8_72_4

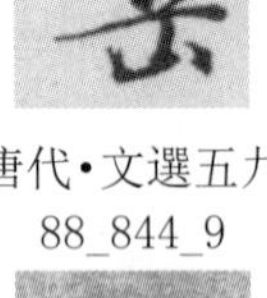
唐代•文選五九
43_418_7

唐代•文選五九
88_844_9

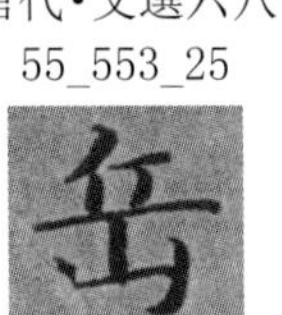
唐代•文選六八
55_553_25

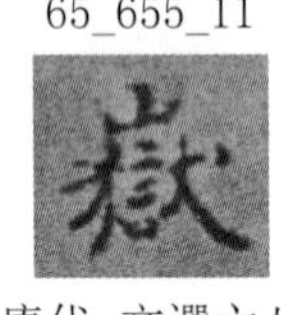
唐代•文選六八
65_655_11

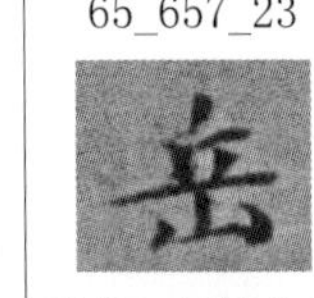
唐代•文選六八
65_657_23

唐代•文選六八
66_659_26

唐代•文選六八
68_678_4

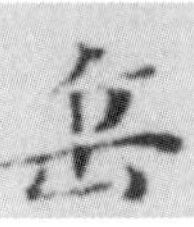
唐代•文選百三
8_73_10

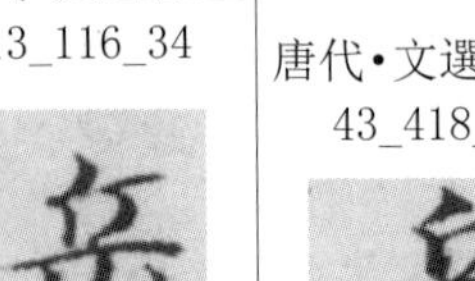
唐代•文選百三
13_116_34

唐代•文選百三
13_119_22

唐代•文選百三
13_119_35

唐代•文選百三
14_130_39

唐代•文選百三
14_134_32

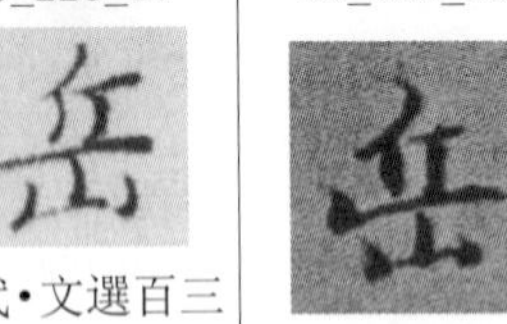
唐代•文選百三
23_228_17

唐代•文選百三
24_234_15

唐代•文選百三
25_240_16

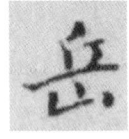

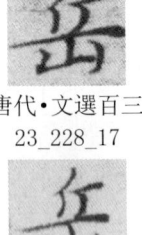

峨峩	炭	峙	岧	岷		
漢ガ呉ガ 訓けわしい	タン 訓すみ	呉ジ 訓そばたつ	漢チョウ 訓たかい	漢ビン呉ミン 訓—		
 唐代•文選五九 56_549_9 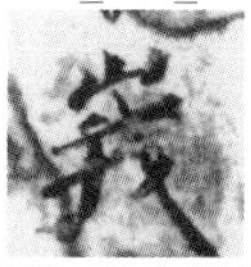 唐代•古文選前 4_47_3  唐代•古文選前 4_47_4  唐代•古文選前 8_92_50  唐代•古文選後 14_167_6	 唐代•文選百三 26_256_9  唐代•文選百三 27_257_13  唐代•文選百三 27_258_21	 唐代•文選四八 10_84_4  唐代•文選四八 10_84_26 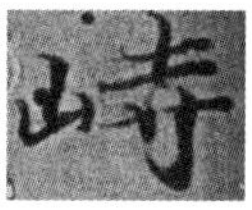 唐代•文選四八 16_148_4  唐代•文選四八 17_151_5	 唐代•文選五九 31_306_24  唐代•文選五九 31_308_2	 唐代•文選四八 1_3_19 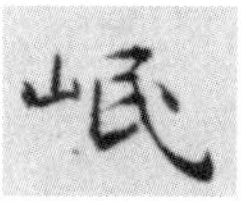 唐代•文選八八 3_17_23	 唐代•十輪經四 11_219_8  唐代•十輪經四 12_222_5	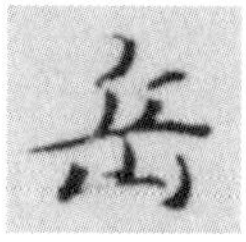 唐代•文選百三 40_398_22  唐代•文選百三 45_429_7  唐代•文選百三 45_429_14  唐代•文選百三 57_544_2  唐代•古文選後 2_24_6  唐代•古文選後 4_48_8  唐代•古文選後 13_149_1  唐代•十輪經四 11_216_11

峰

漢ホウ
訓みね

唐代・文選五九
31_303_1

唐代・文選五九
31_305_3

唐代・文選五九
31_306_15

唐代・文選五九
90_858_30

峻

シュン
訓たかい

唐代・文選五九
30_296_9

唐代・文選五九
88_846_3

唐代・文選五九
92_884_1

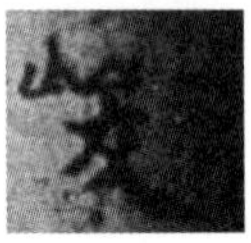
唐代・文選五九
92_886_4

唐代・古文選後
13_145_5

唐代・古文選後
24_285_4

崦

漢エン
訓—

唐代・文選五九
9_82_2

崎

漢キ
訓さき

唐代・文選八八
11_84_7

唐代・文選八八
11_85_1

唐代・文選八八
11_85_13

唐代・文選八八
11_85_27

崖

漢ガイ
訓がけ

唐代・文選五九
4_35_5

唐代・文選五九
4_35_16

唐代・文選五九
4_36_23

唐代・文選五九
39_392_10

唐代・文選五九
40_394_1

唐代・文選六八
26_262_7

唐代・文選六八
71_706_20

唐代・文選五九
4_37_2

崢

漢ソウ
訓—

唐代・文選五九
54_533_2

崩 崗 崔 崐

	崩	崗		崔		崐
	ホウ 訓くずれる	漢コウ呉コウ 訓おか		スイ漢サイ 訓—		漢コン呉コン 訓—

唐代•文選五九
58_560_16

唐代•文選五九
59_563_16

唐代•文選八八
21_192_16

唐代•文選百三
3_24_11

唐代•文選百三
3_25_19

唐代•文選百三
41_413_16

唐代•文選百三
65_622_22

唐代•春秋經傳
5_44_23

唐代•春秋經傳
13_133_17

唐代•春秋經傳
13_134_5

唐代•文選四八
18_159_19

唐代•文選四八
19_168_19

唐代•文選四八
19_169_17

唐代•文選五九
58_559_16

唐代•文選四八
24_221_4

唐代•文選四八
25_223_13

唐代•文選四八
25_223_17

唐代•文選四八
25_224_2

唐代•文選六八
69_689_5

唐代•文選六八
64_640_26

唐代•文選六八
2_26_6

唐代•春秋經傳
32_333_25

唐代•春秋經傳
33_344_10

唐代•春秋經傳
33_346_1

唐代•文選四八
30_268_6

唐代•文選五九
22_213_13

唐代•文選五九
111_1054_28

唐代•文選六八
41_418_12

唐代•文選五九
105_998_20

崑崙
唐代•文選五九
105_999_20

唐代•文選四八
34_303_1

唐代•文選四八
34_305_8

唐代•文選四八
34_306_22

唐代•文選四八
34_307_24

唐代•文選四八
34_308_26

唐代•文選四八
47_421_1

唐代•文選四八
47_422_4

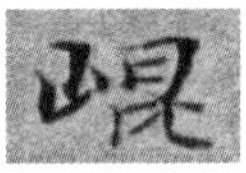
唐代•文選四八
47_423_8

唐代•文選四八
47_424_10

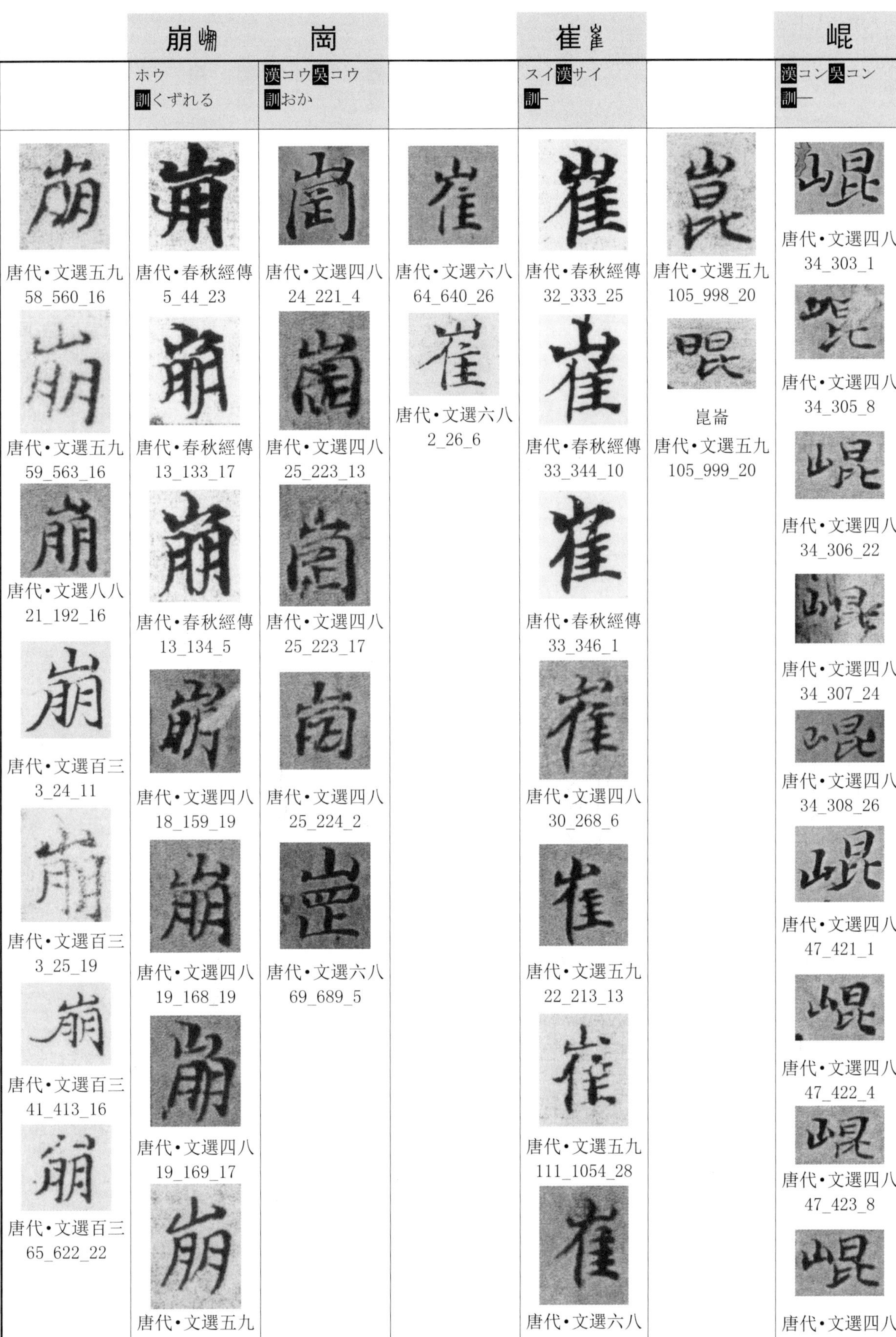

			崇	崤	崙	
			慣スウ漢シュウ 呉ス 訓あがめる	漢コウ 訓—	漢ロン呉リン 訓—	
 唐代·文選五九 47_461_18  唐代·文選五九 81_781_37  唐代·文選五九 94_899_23 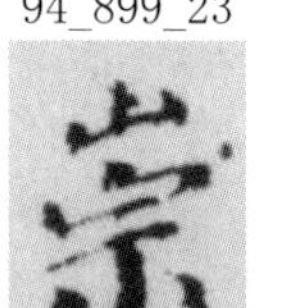 唐代·文選五九 97_921_13  唐代·文選六八 2_21_12  唐代·文選六八 2_23_22 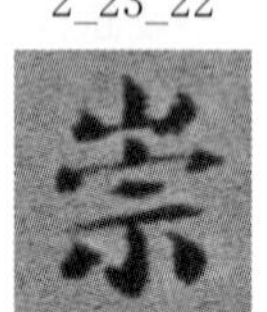 唐代·文選六八 40_399_5	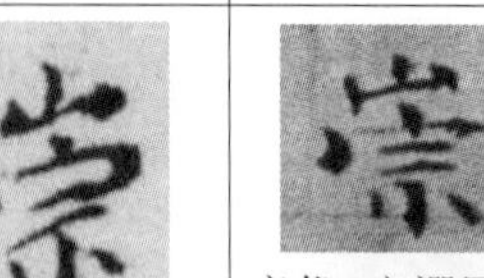 唐代·文選四八 26_228_26  唐代·文選四八 48_436_23  唐代·文選四八 48_438_1  唐代·文選四八 48_438_12 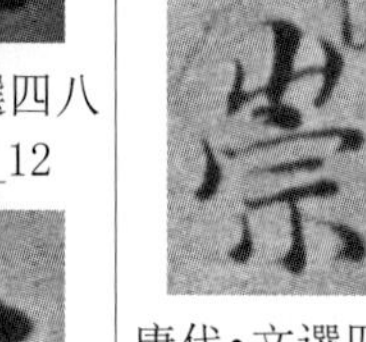 唐代·文選四八 48_439_2 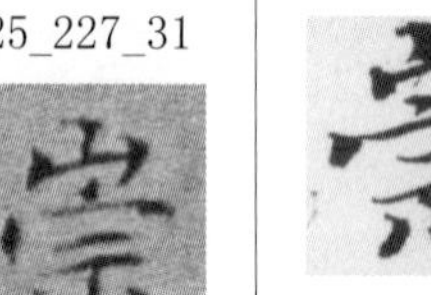 唐代·文選四八 48_440_16 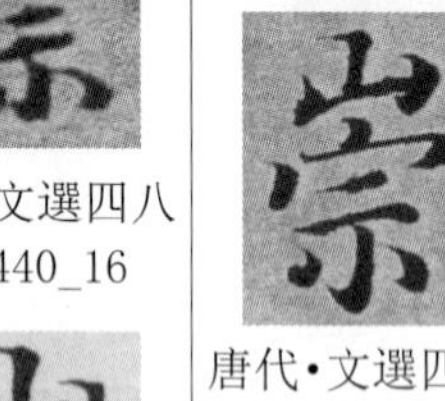 唐代·文選五九 80_775_4	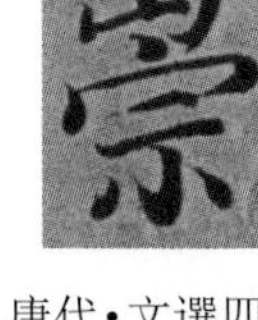 唐代·文選四八 25_224_8 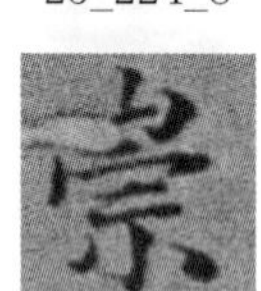 唐代·文選四八 25_225_10 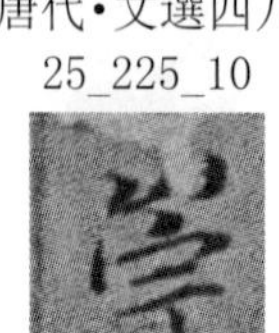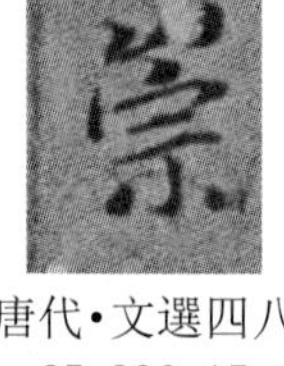 唐代·文選四八 25_226_15 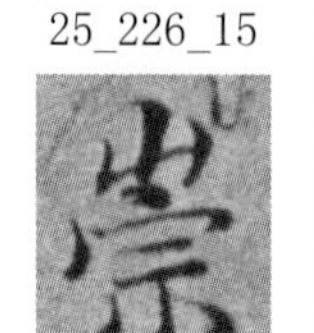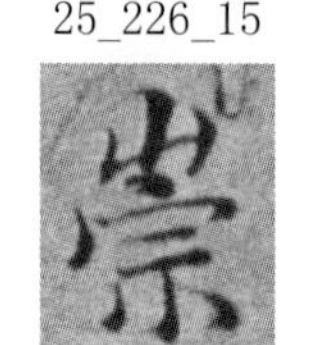 唐代·文選四八 25_227_31 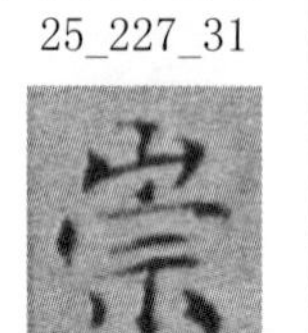 唐代·文選四八 26_228_23 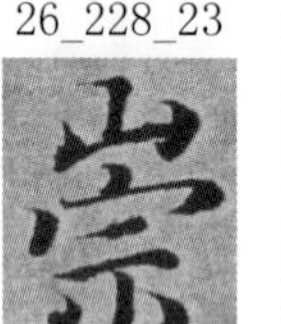 唐代·文選四八 48_435_2	 唐代·春秋經傳 2_12_21  唐代·春秋經傳 4_33_3  唐代·春秋經傳 4_33_6  唐代·春秋經傳 4_33_10  唐代·春秋經傳 4_34_5  唐代·春秋經傳 7_65_22  唐代·春秋經傳 7_66_3	 唐代·文選五九 45_451_5  唐代·文選五九 87_837_7  唐代·文選五九 88_840_5  唐代·文選五九 88_841_4  唐代·文選五九 88_842_7  唐代·文選五九 88_842_23  唐代·文選五九 88_845_21	 唐代·文選四八 34_306_23  唐代·文選四八 47_423_10	 唐代·文選百三 65_626_13  唐代·文選百三 67_647_8  唐代·古文選前 20_230_13  唐代·古文選前 21_247_13 唐代·十輪經八 3_57_3

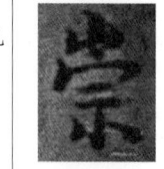

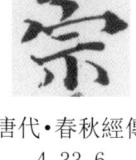

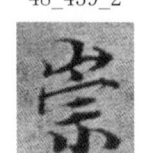

嵽	嵯嵳	嵫	崿	嵒		
漢テツ呉テチ 訓—	漢サ 訓—	漢シ慣ジ 訓さかしい	ガク 訓きし	漢ガン呉ガン 訓いわ		

嵽

唐代・文選五九
31_306_28

嵯嵳

唐代・文選五九
56_549_8

嵫

唐代・文選五九
9_82_3

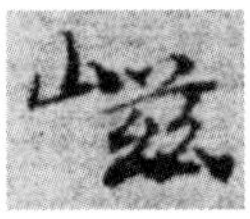
唐代・文選五九
105_998_3

崿

唐代・文選五九
4_35_6

唐代・文選五九
4_35_15

唐代・文選五九
4_36_5

唐代・文選五九
4_36_24

嵒

唐代・文選五九
74_710_1

唐代・文選五九
74_711_20

唐代・文選五九
74_712_3

唐代・古文選後
13_145_9

唐代・古文選後
13_149_3

唐代・古文選後
16_184_1

唐代・古文選後
18_206_10

唐代・古文選後
19_222_6

唐代・古文選後
24_281_46

唐代・古文選後
24_281_59

唐代・文選六八
39_396_9

唐代・文選八八
13_111_2

唐代・文選八八
13_113_19

唐代・文選百三
20_191_3

唐代・古文選前
18_209_1

唐代・古文選前
18_210_3

唐代・古文選後
11_121_5

巂	嶷	嶺	嶔	嶢	嶂	嶇
漢ケイ、スイ 訓まわり	漢ギ吳ギ 訓たかい	漢レイ吳リョウ 訓みね	漢キン、ケン、カン 訓そびえる	漢ギョウ吳ギョウ 訓けわしい	漢ショウ吳ショウ 訓みね	漢ク吳ク 訓けわしい
 唐代•文選八八 3_19_11	 唐代•文選五九 56_544_10  唐代•文選五九 109_1034_15	 中唐・風信帖 2_6_6  中唐・風信帖 3_14_2  唐代•春秋經傳 14_138_17  唐代•文選五九 88_843_1	 唐代•古文選後 16_188_14	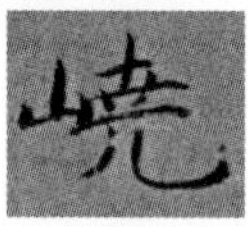 唐代•文選六八 6_65_10 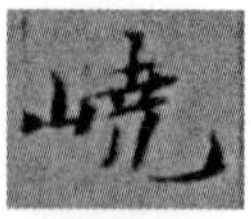 唐代•文選六八 6_67_10  唐代•文選六八 6_67_23  唐代•古文選後 22_256_6	 唐代•古文選後 18_208_19	 唐代•文選八八 11_84_8  唐代•文選八八 11_85_2 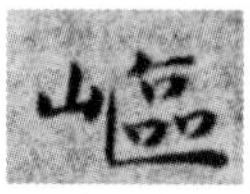 唐代•文選八八 11_85_17  唐代•文選八八 11_85_28  唐代•古文選後 16_188_13

巉

漢サン 呉ザン
訓―

唐代・文選五九
74_709_19

唐代・文選五九
74_711_16

唐代・文選五九
74_712_2

巍

漢ギ 呉ギ
訓たかい

唐代・古文選後
9_97_11

唐代・古文選後
12_136_7

巔

漢テン 呉テン
訓いただき

唐代・文選四八
6_42_16

唐代・古文選前
17_196_12

巖

ガン
訓けわしい

唐代・文選五九
31_310_17

唐代・文選五九
50_494_16

唐代・文選五九
65_626_18

唐代・文選五九
66_636_1

唐代・文選五九
79_759_4

唐代・文選五九
79_760_8

唐代・文選五九
79_762_12

唐代・文選五九
79_762_18

唐代・文選五九
80_763_22

唐代・文選六八
4_36_19

唐代・文選六八
6_65_5

唐代・文選六八
7_71_8

唐代・文選六八
48_480_8

唐代・文選六八
48_481_8

唐代・文選六八
48_481_21

唐代・文選六八
70_700_1

唐代・文選六八
70_701_13

唐代・文選六八
70_701_30

唐代・文選百三
21_205_6

唐代・古文選前
12_142_4

唐代・古文選前
20_236_3

巑

漢サン
訓―

唐代・文選五九
88_843_3

唐代・文選五九
88_844_3

唐代・文選五九
88_845_1

唐代・文選五九
88_845_30

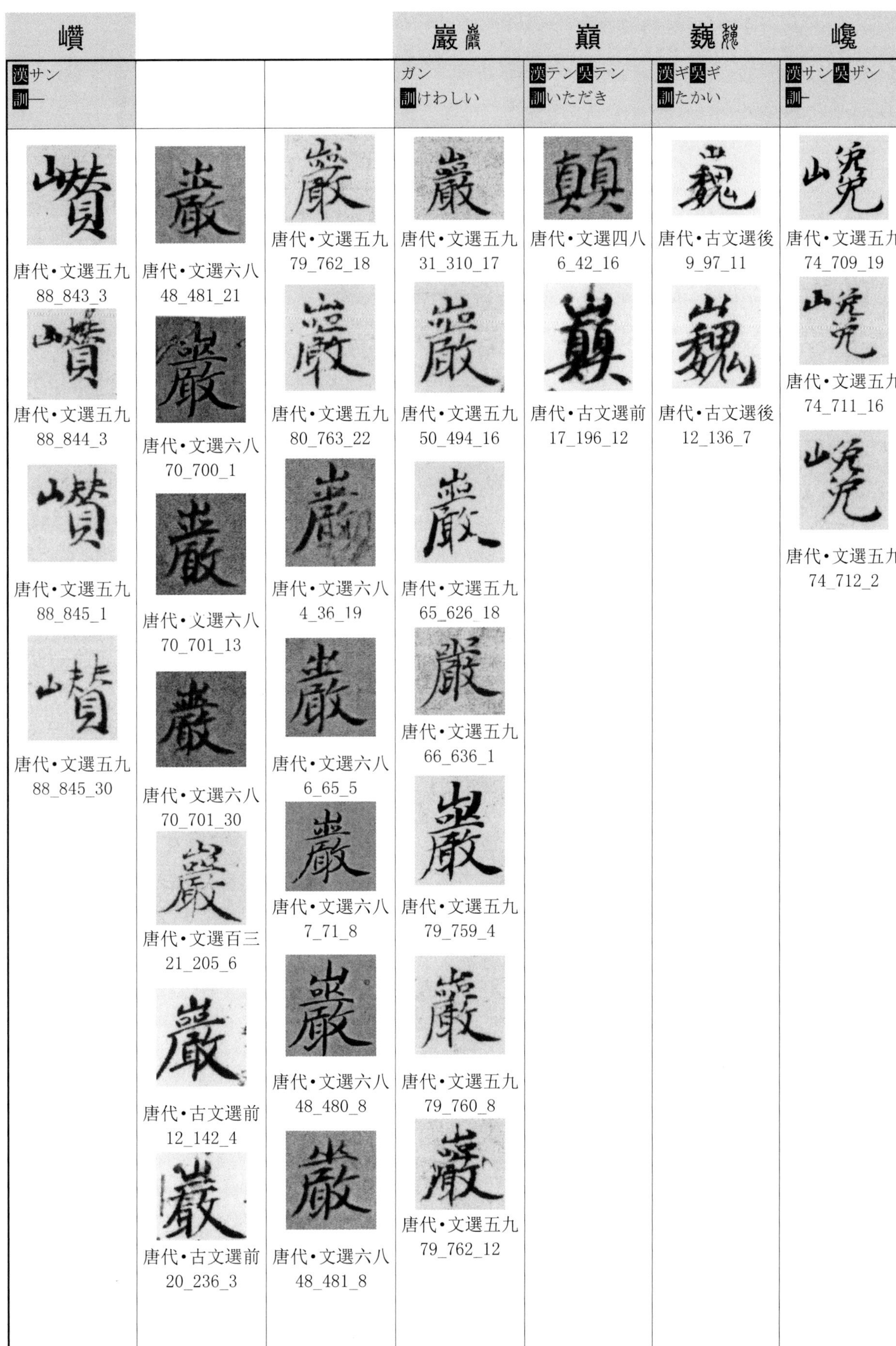

巘

慣ケン漢ゲン
訓けわしい

唐代·文選百三
81_768_4

唐代·文選百三
81_773_1

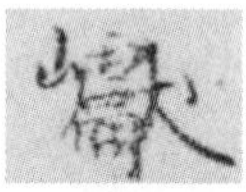

唐代·文選百三
81_773_14

唐代·文選百三
81_774_11

巾部

巾

漢キン
訓ふきん

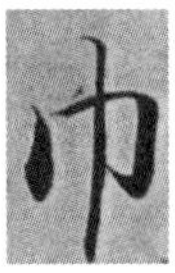
唐代・文選四八
37_334_17

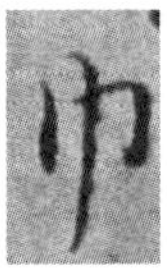
唐代・文選四八
37_335_9

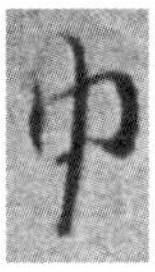
唐代・文選四八
37_335_19

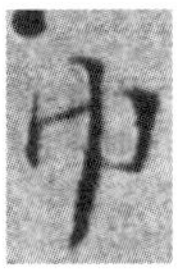
唐代・文選四八
38_336_17

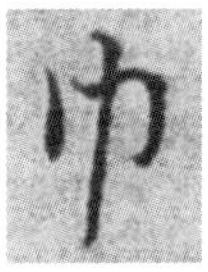
唐代・文選四八
38_337_11

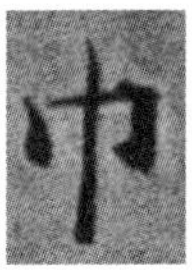
唐代・文選六八
11_109_2

唐代・文選六八
68_680_24

市

漢フツ、ハツ
訓ひざかけ

唐代・文選五九
83_800_14

唐代・文選五九
103_975_10

布

漢ホ吳フ
訓ぬの

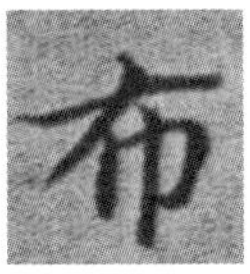
唐代・文選四八
20_186_14

唐代・文選四八
23_207_11

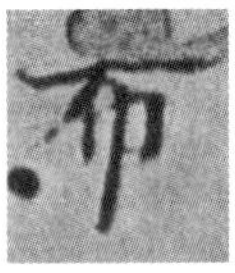
唐代・文選四八
45_407_19

唐代・文選五九
13_122_4

唐代・文選五九
80_769_16

唐代・文選六八
12_123_14

唐代・文選六八
21_216_20

唐代・文選六八
27_270_1

唐代・文選六八
28_282_12

唐代・文選六八
28_283_7

唐代・文選六八
31_318_7

唐代・文選六八
32_319_10

唐代・文選六八
32_319_26

唐代・文選六八
32_320_24

唐代・文選六八
51_518_17

唐代・文選六八
64_643_24

唐代・文選六八
65_653_13

唐代・文選六八
67_668_16

唐代・文選六八
68_678_10

唐代・文選百三
63_610_24

唐代・文選百三
67_639_9

唐代・文選百三
67_646_8

唐代・文選百三
87_824_20

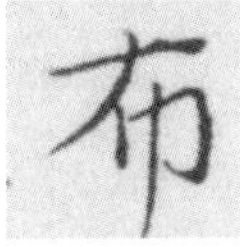
唐代・文選百三
87_829_13

唐代・十輪經四
18_347_16

唐代・十輪經八
4_79_15

唐代・十輪經九
8_151_15

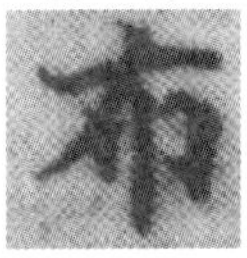
唐代・十輪經九
8_154_7

	市 漢シ 訓いち					
 唐代•文選百三 41_417_4 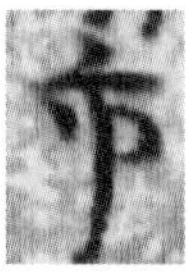 唐代•古文選前 19_222_40  唐代•文選六八 53_532_4	 唐代•春秋經傳 28_295_13  唐代•文選四八 31_281_17  唐代•文選五九 83_796_6  唐代•文選五九 83_797_18  唐代•文選六八 35_356_23  唐代•文選八八 21_188_13	 唐代•十輪經十 19_379_5	 唐代•十輪經九 18_345_6 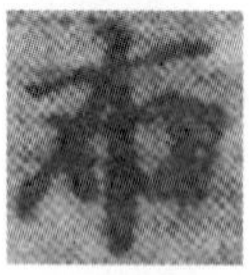 唐代•十輪經十 4_60_1  唐代•十輪經十 5_89_10 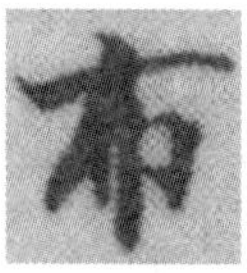 唐代•十輪經十 6_114_5  唐代•十輪經十 9_177_12  唐代•十輪經十 12_222_1  唐代•十輪經十 19_362_9	 唐代•十輪經九 10_182_14  唐代•十輪經九 10_186_7  唐代•十輪經九 10_188_8  唐代•十輪經九 10_191_13 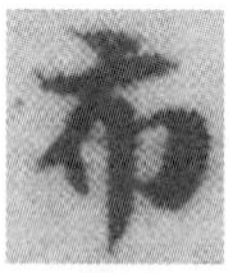 唐代•十輪經九 10_192_12  唐代•十輪經九 10_193_13  唐代•十輪經九 13_253_10	 唐代•十輪經九 9_162_16  唐代•十輪經九 9_163_11  唐代•十輪經九 9_165_1  唐代•十輪經九 9_169_14  唐代•十輪經九 9_172_10  唐代•十輪經九 9_173_2  唐代•十輪經九 9_175_12	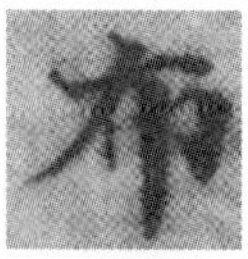 唐代•十輪經九 8_155_11 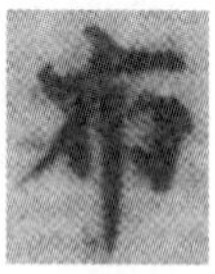 唐代•十輪經九 8_156_14  唐代•十輪經九 8_157_13 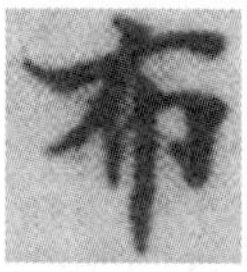 唐代•十輪經九 8_158_12 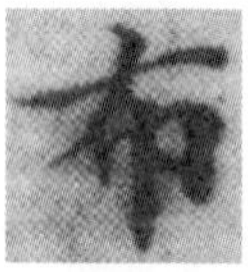 唐代•十輪經九 8_159_10  唐代•十輪經九 9_160_14  唐代•十輪經九 9_162_4

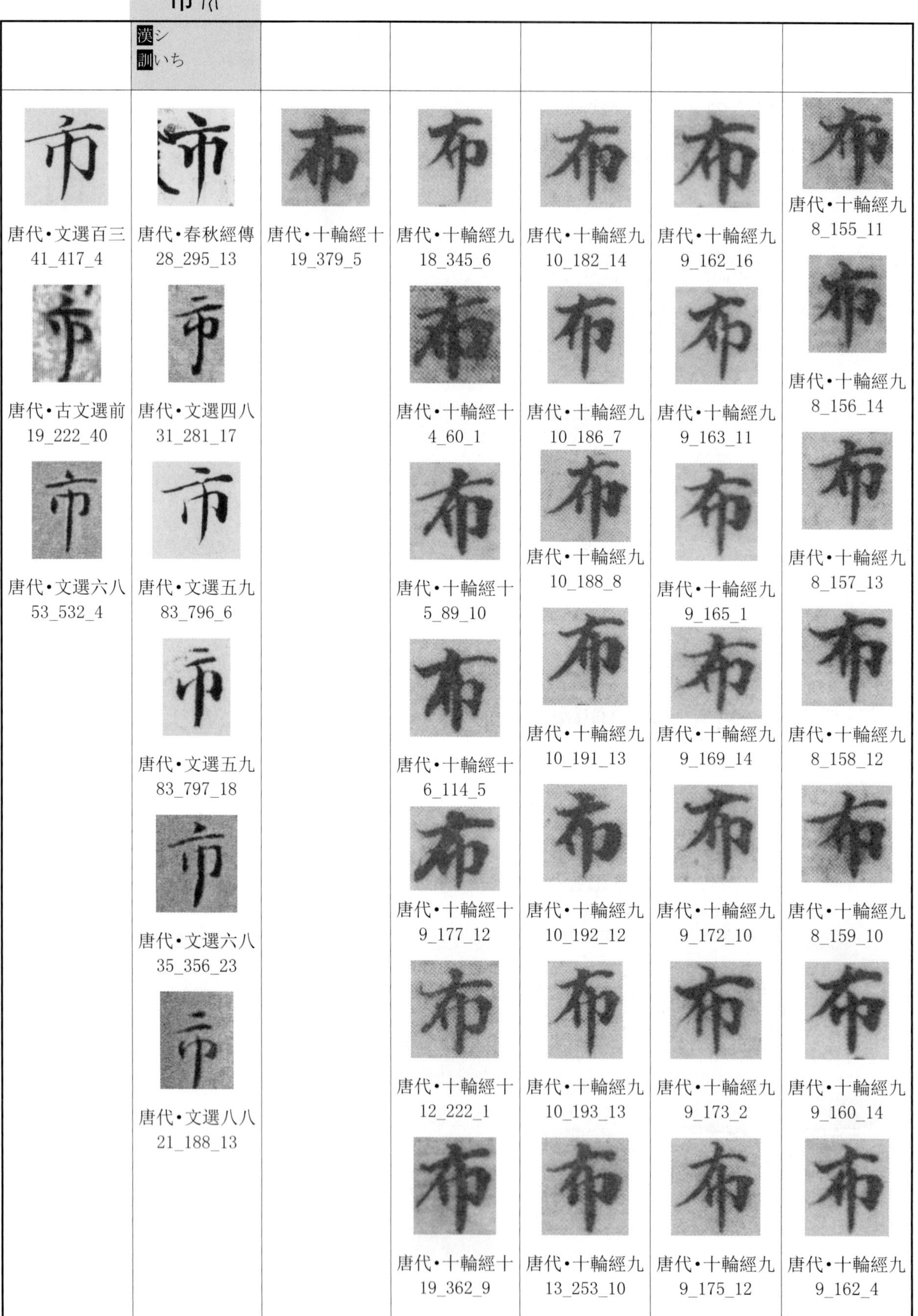

希

漢キ 呉ケ
訓まれ

初唐・聖武雜集
1_10_5

唐代・文選四八
47_426_2

唐代・文選四八
47_427_18

唐代・文選五九
31_310_22

唐代・文選五九
31_311_13

唐代・文選五九
31_311_20

唐代・文選五九
31_312_10

唐代・文選五九
63_604_1

唐代・文選五九
71_676_22

唐代・文選五九
71_682_8

唐代・文選五九
71_683_23

唐代・文選六八
17_172_6

唐代・古文選前
4_45_14

唐代・古文選後
21_244_16

唐代・古文選後
21_244_30

唐代・古文選後
25_291_4

唐代・十輪經四
4_63_3

唐代・十輪經八
7_140_3

唐代・十輪經八
9_178_7

唐代・十輪經八
12_233_4

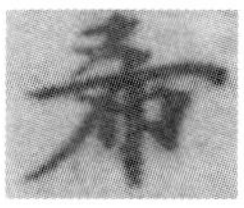
唐代・十輪經八
14_270_5

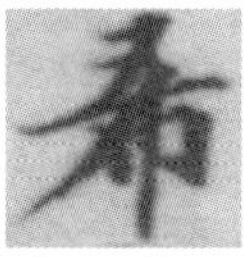
唐代・十輪經八
16_308_4

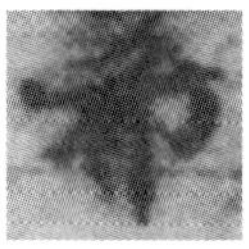
唐代・十輪經九
5_89_17

唐代・十輪經九
9_161_12

唐代・十輪經九
9_162_8

唐代・十輪經九
9_163_3

唐代・十輪經九
9_164_10

唐代・十輪經九
12_226_16

唐代・十輪經九
16_317_5

帙 帙

漢キツ
訓ふまき

唐代・古文選後
20_232_8

帛 帛

漢ハク
訓きぬ

唐代・春秋經傳
33_349_20

唐代・春秋經傳
33_350_6

唐代・文選五九
21_200_20

唐代・文選五九
24_233_23

	帝	帟			帥	帚
	漢テイ呉タイ 訓みかど	漢エキ 訓とばり			慣ソツ漢シュツ、スイ 訓ひきいる	慣ソウ漢シュウ 訓ほうき
 唐代•文選四八 15_135_11  唐代•文選四八 15_135_27  唐代•文選四八 15_137_5  唐代•文選四八 15_138_20  唐代•文選四八 16_139_13  唐代•文選四八 16_142_17  唐代•文選四八 16_143_13	 唐代•文選四八 1_1_11  唐代•文選四八 3_20_28  唐代•文選四八 10_83_9  唐代•文選四八 13_113_14  唐代•文選四八 14_130_7  唐代•文選四八 14_131_19  唐代•文選四八 15_132_16	 唐代•文選五九 19_188_18  唐代•文選五九 79_759_7  唐代•文選五九 79_762_22  唐代•文選五九 80_763_13	 唐代•文選百三 28_273_31  唐代•文選百三 54_520_4  唐代•文選百三 54_523_8  唐代•文選百三 54_523_10  唐代•文選百三 55_526_9  唐代•文選百三 68_658_18	 帥師救鄭 唐代•春秋經傳 30_312_13  荀林父帥 唐代•春秋經傳 31_319_14  將帥 唐代•春秋經傳 31_319_17  帥師伐邾 唐代•春秋經傳 33_340_3  唐代•文選百三 28_272_18  唐代•文選百三 34_336_6	 唐代•春秋經傳 2_8_11  唐代•春秋經傳 2_12_18  唐代•春秋經傳 3_30_1  唐代•春秋經傳 4_38_13  唐代•春秋經傳 4_39_4  元帥 唐代•春秋經傳 5_46_22  帥師 唐代•春秋經傳 30_309_14	 唐代•文選五九 43_425_23

唐代•文選五九 59_563_14	唐代•文選五九 56_546_6	唐代•文選五九 33_325_22	唐代•文選四八 36_328_22	唐代•文選四八 26_236_5	唐代•文選四八 19_169_16	唐代•文選四八 16_147_4

唐代•文選五九 59_563_30	唐代•文選五九 56_548_10	唐代•文選五九 41_402_12	唐代•文選四八 38_344_9	唐代•文選四八 26_239_15	唐代•文選四八 19_169_20	唐代•文選四八 17_157_8

唐代•文選五九 59_572_3	唐代•文選五九 58_559_7	唐代•文選五九 45_450_14	唐代•文選五九 2_13_17	唐代•文選四八 29_262_11	唐代•文選四八 19_172_18	唐代•文選四八 19_168_9

唐代•文選五九 60_579_8	唐代•文選五九 58_559_15	唐代•文選五九 46_454_21	唐代•文選五九 8_73_10	唐代•文選四八 35_312_5	唐代•文選四八 20_180_15	唐代•文選四八 19_168_18

唐代•文選五九 60_579_26	唐代•文選五九 58_560_15	唐代•文選五九 47_465_12	唐代•文選五九 21_205_1	唐代•文選四八 36_326_10	唐代•文選四八 20_184_2	唐代•文選四八 19_168_24

唐代•文選五九 60_580_11	唐代•文選五九 59_562_3	唐代•文選五九 49_484_13	唐代•文選五九 27_259_24	唐代•文選四八 36_327_10	唐代•文選四八 20_185_24	唐代•文選四八 19_169_7

唐代•文選五九 61_582_8	唐代•文選五九 59_562_26	唐代•文選五九 56_541_21	唐代•文選五九 33_325_16	唐代•文選四八 36_327_16	唐代•文選四八 26_234_26	唐代•文選四八 19_169_11

唐代•文選八八 23_205_13	唐代•文選六八 63_630_11	唐代•文選六八 19_192_9	唐代•文選五九 103_970_5	唐代•文選五九 78_747_11	唐代•文選五九 66_634_20	唐代•文選五九 61_583_24

唐代•文選八八 23_206_6	唐代•文選六八 64_640_2	唐代•文選六八 19_194_7	唐代•文選五九 103_972_12	唐代•文選五九 78_752_1	唐代•文選五九 66_638_11	唐代•文選五九 61_589_4

唐代•文選八八 23_208_2	唐代•文選六八 65_648_6	唐代•文選六八 22_221_23	唐代•文選五九 106_1003_5	唐代•文選五九 79_758_14	唐代•文選五九 67_647_16	唐代•文選五九 62_592_27

唐代•文選百三 1_7_18	唐代•文選六八 69_694_10	唐代•文選六八 42_424_6	唐代•文選五九 107_1015_4	唐代•文選五九 80_775_18	唐代•文選五九 74_711_2	唐代•文選五九 62_593_2

唐代•文選百三 1_7_21	唐代•文選八八 1_5_9	唐代•文選六八 42_424_24	唐代•文選五九 108_1021_27	唐代•文選五九 80_776_9	唐代•文選五九 74_711_5	唐代•文選五九 62_597_14

唐代•文選百三 3_18_31	唐代•文選八八 7_50_3	唐代•文選六八 44_441_21	唐代•文選五九 108_1023_24	唐代•文選五九 80_776_17	唐代•文選五九 77_741_23	唐代•文選五九 62_601_4

唐代•文選百三 3_21_11	唐代•文選八八 7_51_11	唐代•文選六八 63_629_1	唐代•文選六八 1_4_9	唐代•文選五九 81_779_11	唐代•文選五九 77_743_19	唐代•文選五九 63_607_13

唐代•文選百三 3_25_8
唐代•文選百三 3_25_29
唐代•文選百三 3_28_2
唐代•文選百三 3_28_8
唐代•文選百三 3_28_16
唐代•文選百三 4_32_7
唐代•文選百三 5_35_11
唐代•文選百三 5_40_5
唐代•文選百三 9_76_13
唐代•文選百三 11_102_34
唐代•文選百三 11_105_12
唐代•文選百三 17_158_4
唐代•文選百三 17_158_34
唐代•文選百三 17_159_2
唐代•文選百三 17_163_5
唐代•文選百三 17_163_19
唐代•文選百三 17_164_8
唐代•文選百三 24_231_4
唐代•文選百三 24_235_5
唐代•文選百三 25_245_18
唐代•文選百三 25_249_18
唐代•文選百三 30_294_16
唐代•文選百三 34_339_22
唐代•文選百三 35_344_23
唐代•文選百三 35_345_36
唐代•文選百三 35_346_6
唐代•文選百三 37_372_14
唐代•文選百三 38_378_29
唐代•文選百三 38_381_23
唐代•文選百三 38_382_30
唐代•文選百三 38_382_35
唐代•文選百三 38_383_4
唐代•文選百三 39_385_2
唐代•文選百三 41_416_10
唐代•文選百三 51_490_17
唐代•文選百三 53_509_21
唐代•文選百三 64_614_26
唐代•文選百三 65_623_18
唐代•文選百三 65_626_24
唐代•文選百三 65_626_33
唐代•文選百三 66_638_18
唐代•文選百三 67_643_5
唐代•文選百三 67_643_26
唐代•文選百三 70_678_7
唐代•文選百三 70_678_11
唐代•文選百三 70_678_28
唐代•文選百三 71_682_23
唐代•文選百三 72_694_2
唐代•文選百三 72_695_25

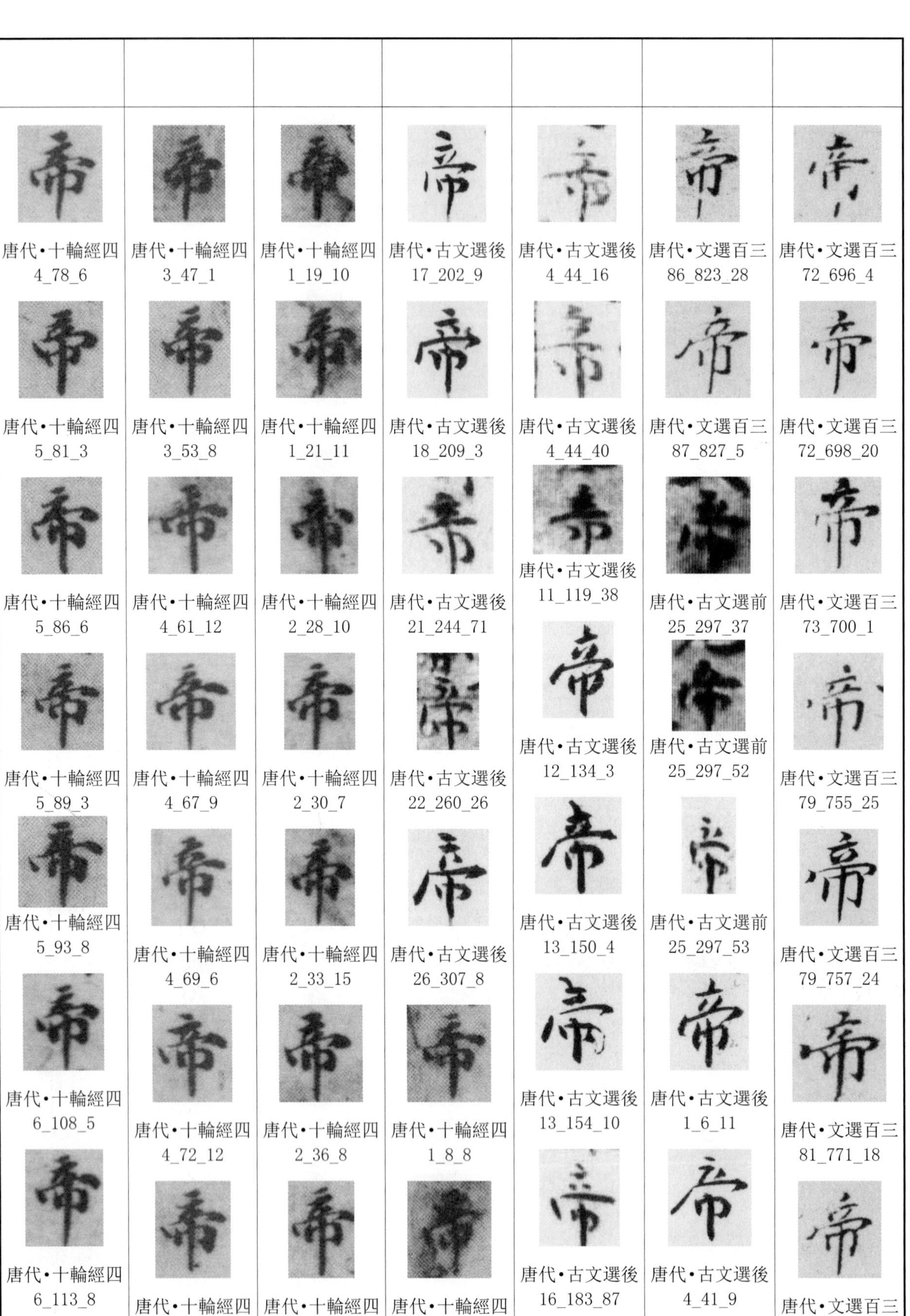

唐代•十輪經四 4_78_6	唐代•十輪經四 3_47_1	唐代•十輪經四 1_19_10	唐代•古文選後 17_202_9	唐代•古文選後 4_44_16	唐代•文選百三 86_823_28	唐代•文選百三 72_696_4
唐代•十輪經四 5_81_3	唐代•十輪經四 3_53_8	唐代•十輪經四 1_21_11	唐代•古文選後 18_209_3	唐代•古文選後 4_44_40	唐代•文選百三 87_827_5	唐代•文選百三 72_698_20
唐代•十輪經四 5_86_6	唐代•十輪經四 4_61_12	唐代•十輪經四 2_28_10	唐代•古文選後 21_244_71	唐代•古文選後 11_119_38	唐代•古文選前 25_297_37	唐代•文選百三 73_700_1
唐代•十輪經四 5_89_3	唐代•十輪經四 4_67_9	唐代•十輪經四 2_30_7	唐代•古文選後 22_260_26	唐代•古文選後 12_134_3	唐代•古文選前 25_297_52	唐代•文選百三 79_755_25
唐代•十輪經四 5_93_8	唐代•十輪經四 4_69_6	唐代•十輪經四 2_33_15	唐代•古文選後 26_307_8	唐代•古文選後 13_150_4	唐代•古文選前 25_297_53	唐代•文選百三 79_757_24
唐代•十輪經四 6_108_5	唐代•十輪經四 4_72_12	唐代•十輪經四 2_36_8	唐代•十輪經四 1_8_8	唐代•古文選後 13_154_10	唐代•古文選後 1_6_11	唐代•文選百三 81_771_18
唐代•十輪經四 6_113_8	唐代•十輪經四 4_74_14	唐代•十輪經四 2_38_8	唐代•十輪經四 1_12_12	唐代•古文選後 16_183_87	唐代•古文選後 4_41_9	唐代•文選百三 83_792_26

師

シ
訓もろもろ

唐代•春秋經傳 3_30_2
唐代•春秋經傳 4_31_8
唐代•春秋經傳 4_38_14
唐代•春秋經傳 4_39_5
唐代•春秋經傳 4_39_11
唐代•春秋經傳 4_40_34
唐代•春秋經傳 4_42_11
唐代•春秋經傳 5_45_17

初唐•金剛場經 1_3_5
初唐•大般若經 1_2_16
唐代•春秋經傳 1_7_12
唐代•春秋經傳 2_8_12
唐代•春秋經傳 2_9_19
唐代•春秋經傳 2_10_5
唐代•春秋經傳 2_12_19
唐代•春秋經傳 3_25_3

唐代•十輪經四 20_389_10
唐代•十輪經四 20_393_6
唐代•十輪經四 20_398_11
唐代•十輪經四 22_427_6
唐代•十輪經八 4_62_17
唐代•十輪經九 6_109_15

唐代•十輪經四 18_357_16
唐代•十輪經四 19_364_10
唐代•十輪經四 19_368_5
唐代•十輪經四 19_369_17
唐代•十輪經四 19_374_16
唐代•十輪經四 20_380_14
唐代•十輪經四 20_387_15

唐代•十輪經四 16_320_16
唐代•十輪經四 17_330_10
唐代•十輪經四 17_336_16
唐代•十輪經四 17_338_12
唐代•十輪經四 18_342_16
唐代•十輪經四 18_351_8
唐代•十輪經四 18_353_3

唐代•十輪經四 10_193_11
唐代•十輪經四 11_204_16
唐代•十輪經四 15_283_4
唐代•十輪經四 16_303_7
唐代•十輪經四 16_311_11
唐代•十輪經四 16_314_12
唐代•十輪經四 16_316_6

唐代•十輪經四 6_115_2
唐代•十輪經四 6_119_8
唐代•十輪經四 7_122_5
唐代•十輪經四 7_129_14
唐代•十輪經四 7_132_7
唐代•十輪經四 7_138_12
唐代•十輪經四 8_142_12

唐代•春秋經傳
6_54_2

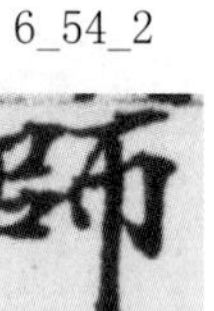
唐代•春秋經傳
6_62_2

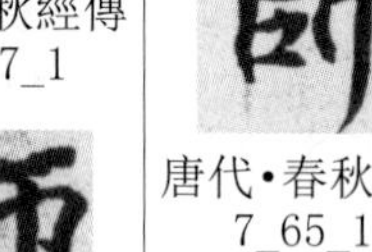
唐代•春秋經傳
7_65_17

唐代•春秋經傳
7_67_10

唐代•春秋經傳
7_70_1

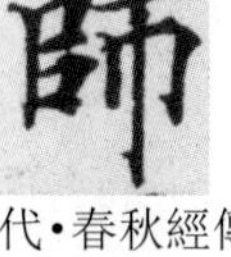

唐代•春秋經傳
13_130_9

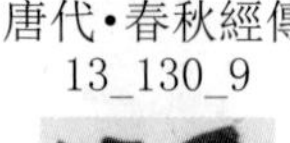

唐代•春秋經傳
15_159_6

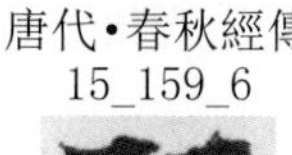

唐代•春秋經傳
15_159_11

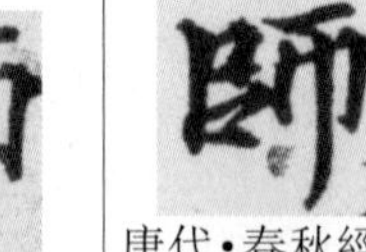
唐代•春秋經傳
21_222_9

唐代•春秋經傳
22_226_24

唐代•春秋經傳
22_227_1

唐代•春秋經傳
26_272_21

唐代•春秋經傳
27_274_30

唐代•春秋經傳
28_289_2

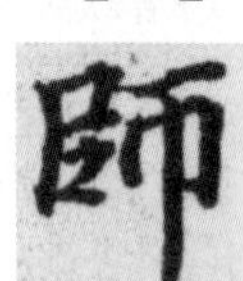
唐代•春秋經傳
28_293_2

唐代•春秋經傳
29_304_9

唐代•春秋經傳
30_307_2

唐代•春秋經傳
30_309_15

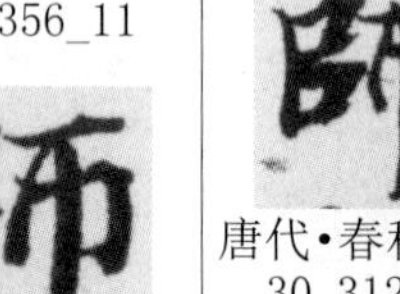
唐代•春秋經傳
30_312_14

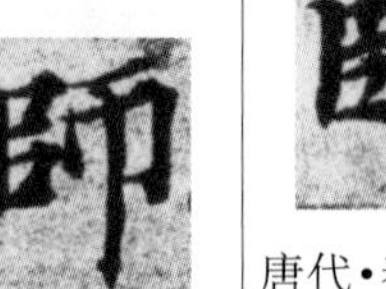
唐代•春秋經傳
31_319_3

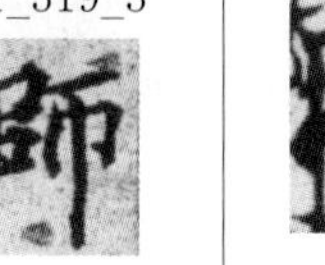
唐代•春秋經傳
31_319_10

唐代•春秋經傳
31_328_13

唐代•春秋經傳
32_336_26

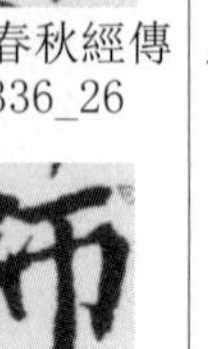
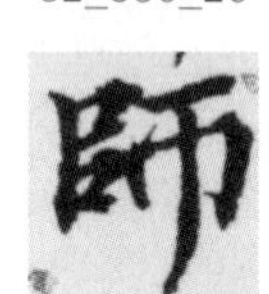

唐代•春秋經傳
33_340_4

唐代•春秋經傳
34_355_18

唐代•春秋經傳
34_356_11

唐代•春秋經傳
34_356_24

唐代•春秋經傳
34_358_7

唐代•春秋經傳
34_361_6

唐代•春秋經傳
35_362_1

唐代•文選四八
14_126_26

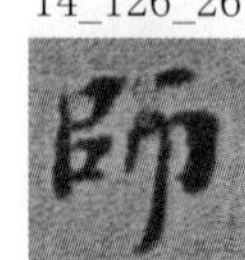
唐代•文選四八
17_154_17

唐代•文選四八
24_216_14

唐代•文選四八
31_280_28

唐代•文選四八
42_377_18

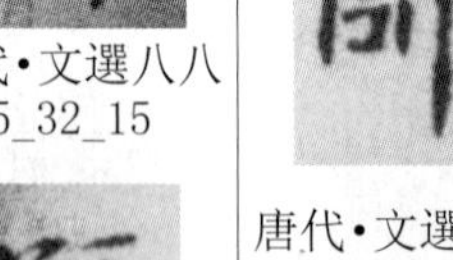
唐代•文選五九
35_343_8

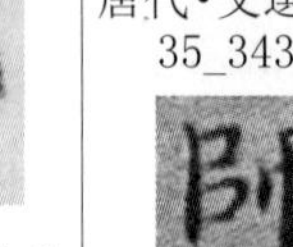
唐代•文選五九
53_527_3

唐代•文選五九
92_880_19

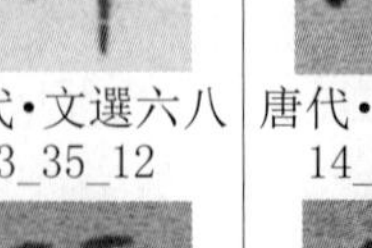
唐代•文選六八
3_35_12

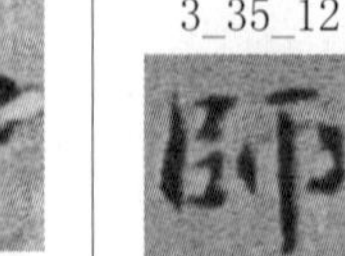
唐代•文選六八
24_244_19

唐代•文選六八
27_277_10

唐代•文選六八
42_423_7

唐代•文選六八
49_490_16

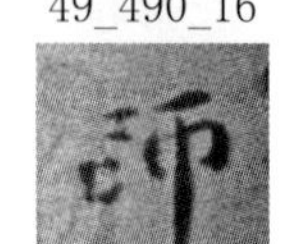
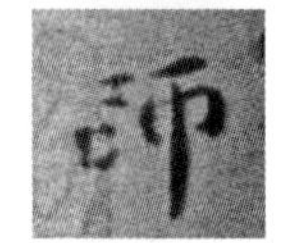
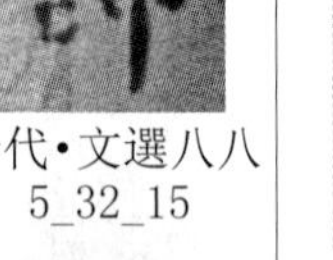
唐代•文選八八
5_32_15

唐代•文選八八
11_92_7

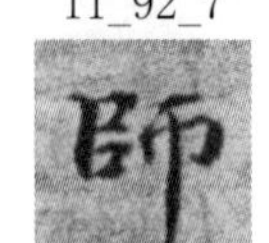
唐代•文選八八
13_106_14

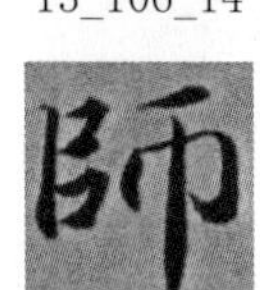
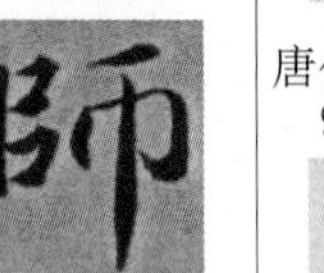
唐代•文選八八
18_158_2

唐代•文選八八
23_205_21

唐代•文選百三
1_6_1

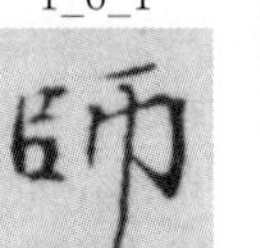
唐代•文選百三
13_122_36

唐代•文選百三
20_195_37

唐代•文選百三
26_254_34

唐代•文選百三
27_263_17

唐代•文選百三
27_270_7

唐代•文選百三
28_272_17

唐代•文選百三
28_273_28

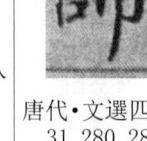

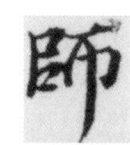

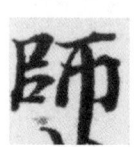

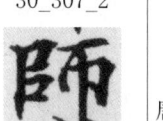

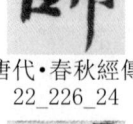

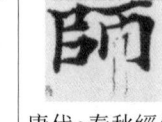

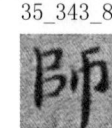

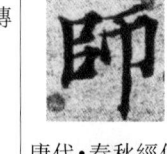

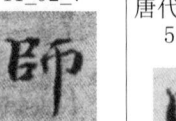

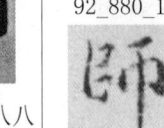

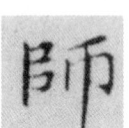

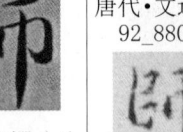

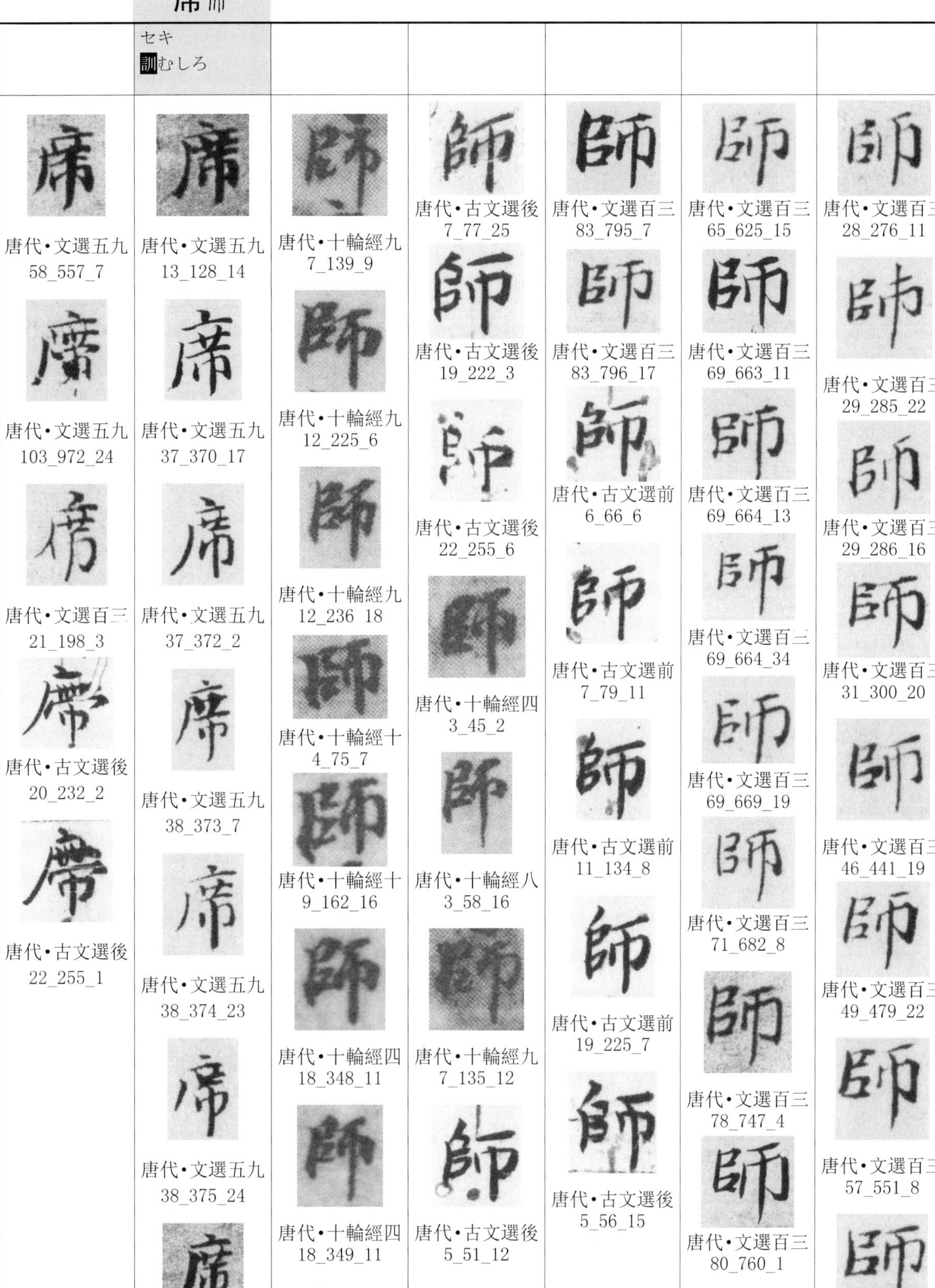

唐代・文選百三 28_276_11
唐代・文選百三 29_285_22
唐代・文選百三 29_286_16
唐代・文選百三 31_300_20
唐代・文選百三 46_441_19
唐代・文選百三 49_479_22
唐代・文選百三 57_551_8
唐代・文選百三 59_565_21

唐代・文選百三 65_625_15
唐代・文選百三 69_663_11
唐代・文選百三 69_664_13
唐代・文選百三 69_664_34
唐代・文選百三 69_669_19
唐代・文選百三 71_682_8
唐代・文選百三 78_747_4
唐代・文選百三 80_760_1

唐代・文選百三 83_795_7
唐代・文選百三 83_796_17
唐代・古文選前 6_66_6
唐代・古文選前 7_79_11
唐代・古文選前 11_134_8
唐代・古文選前 19_225_7
唐代・古文選後 5_56_15

唐代・古文選後 7_77_25
唐代・古文選後 19_222_3
唐代・古文選後 22_255_6
唐代・十輪經四 3_45_2
唐代・十輪經八 3_58_16
唐代・十輪經九 7_135_12
唐代・古文選後 5_51_12

唐代・十輪經九 7_139_9
唐代・十輪經九 12_225_6
唐代・十輪經九 12_236_18
唐代・十輪經十 4_75_7
唐代・十輪經十 9_162_16
唐代・十輪經四 18_348_11
唐代・十輪經四 18_349_11

席

セキ
訓むしろ

唐代・文選五九 13_128_14
唐代・文選五九 37_370_17
唐代・文選五九 37_372_2
唐代・文選五九 38_373_7
唐代・文選五九 38_374_23
唐代・文選五九 38_375_24
唐代・文選五九 58_556_1

唐代・文選五九 58_557_7
唐代・文選五九 103_972_24
唐代・文選百三 21_198_3
唐代・古文選後 20_232_2
唐代・古文選後 22_255_1

常 𢼸

漢ショウ 呉ジョウ
訓つね

- 中唐・風信帖 1_5_8
- 唐代・春秋經傳 5_50_15
- 唐代・春秋經傳 9_85_9
- 唐代・春秋經傳 34_351_27
- 唐代・文選四八 4_25_2
- 唐代・文選四八 4_26_1
- 唐代・文選四八 4_28_23

- 修帳 唐代・古文選後 16_188_1
- 唐代・文選六八 57_568_17

帳

チョウ
訓とばり

- 組帳 唐代・文選五九 47_468_11
- 組帳 唐代・文選五九 47_470_24
- 組帳 唐代・文選五九 47_470_30
- 組帳 唐代・文選五九 47_471_5
- 繫帳 唐代・文選五九 47_471_29
- 帳帷 唐代・文選五九 79_760_25
- 唐代・文選百三 61_591_32

- 唐代・文選六八 29_291_9
- 唐代・文選六八 29_292_14
- 唐代・文選六八 50_504_28
- 唐代・文選八八 15_127_14
- 唐代・古文選後 13_146_4
- 唐代・古文選後 22_256_5
- 唐代・十輪經十 8_159_15

- 唐代・文選六八 10_103_21
- 唐代・文選六八 19_194_28
- 唐代・文選六八 21_219_3
- 唐代・文選六八 25_249_14
- 唐代・文選六八 26_265_10
- 唐代・文選六八 27_266_17
- 唐代・文選六八 27_271_18

- 唐代・文選五九 74_710_2
- 唐代・文選五九 74_712_19
- 唐代・文選五九 79_759_2
- 唐代・文選五九 79_760_13
- 唐代・文選五九 80_763_26
- 唐代・文選五九 101_950_1
- 唐代・文選五九 101_951_20

帶

タイ
訓おび

- 唐代・文選五九 20_196_16
- 唐代・文選五九 25_239_2
- 唐代・文選五九 25_241_22
- 唐代・文選五九 27_271_3
- 唐代・文選五九 31_308_4
- 唐代・文選五九 47_471_1
- 唐代・文選五九 63_605_16

唐代•文選八八 10_76_19	唐代•文選八八 9_72_9	唐代•文選六八 69_685_14	唐代•文選五九 93_890_24	唐代•文選五九 66_630_29	唐代•文選五九 2_13_26	唐代•文選四八 10_89_13

唐代•文選八八 10_78_12	唐代•文選八八 9_72_12	唐代•文選八八 8_61_21	唐代•文選五九 103_969_29	唐代•文選五九 69_664_4	唐代•文選五九 11_109_27	唐代•文選四八 11_95_1

唐代•文選八八 11_87_15	唐代•文選八八 9_73_9	唐代•文選八八 9_65_21	唐代•文選六八 8_78_3	唐代•文選五九 69_665_10	唐代•文選五九 15_147_12	唐代•文選四八 11_97_13

唐代•文選百三 1_3_3	唐代•文選八八 9_74_8	唐代•文選八八 9_66_2	唐代•文選六八 15_161_24	唐代•文選五九 69_666_31	唐代•文選五九 21_208_3	唐代•文選四八 11_97_25

唐代•文選百三 1_7_27	唐代•文選八八 9_75_10	唐代•文選八八 9_70_14	唐代•文選六八 16_163_3	唐代•文選五九 69_667_29	唐代•文選五九 33_325_2	唐代•文選四八 20_185_16

唐代•文選百三 3_27_4	唐代•文選八八 9_75_21	唐代•文選八八 9_71_4	唐代•文選六八 18_182_9	唐代•文選五九 86_828_8	唐代•文選五九 40_398_13	唐代•文選四八 30_275_8

唐代•文選百三 5_43_14	唐代•文選八八 9_75_28	唐代•文選八八 9_71_9	唐代•文選六八 66_658_15	唐代•文選五九 88_838_13	唐代•文選五九 57_555_8	唐代•文選四八 31_281_23

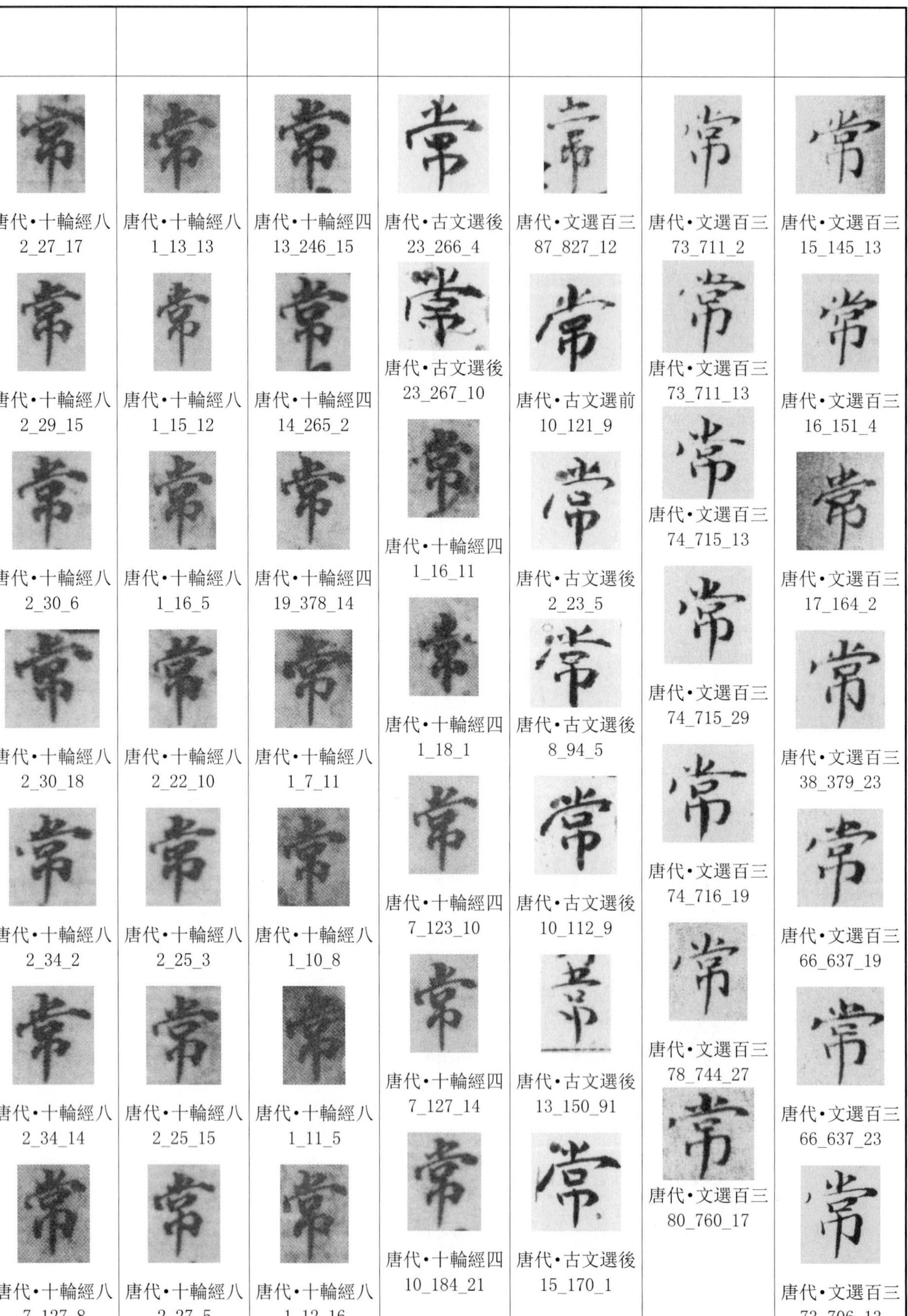

唐代•十輪經八 2_27_17	唐代•十輪經八 1_13_13	唐代•十輪經四 13_246_15	唐代•古文選後 23_266_4	唐代•文選百三 87_827_12	唐代•文選百三 73_711_2	唐代•文選百三 15_145_13
唐代•十輪經八 2_29_15	唐代•十輪經八 1_15_12	唐代•十輪經四 14_265_2	唐代•古文選後 23_267_10	唐代•古文選前 10_121_9	唐代•文選百三 73_711_13	唐代•文選百三 16_151_4
唐代•十輪經八 2_30_6	唐代•十輪經八 1_16_5	唐代•十輪經四 19_378_14	唐代•十輪經四 1_16_11	唐代•古文選後 2_23_5	唐代•文選百三 74_715_13	唐代•文選百三 17_164_2
唐代•十輪經八 2_30_18	唐代•十輪經八 2_22_10	唐代•十輪經八 1_7_11	唐代•十輪經四 1_18_1	唐代•古文選後 8_94_5	唐代•文選百三 74_715_29	唐代•文選百三 38_379_23
唐代•十輪經八 2_34_2	唐代•十輪經八 2_25_3	唐代•十輪經八 1_10_8	唐代•十輪經四 7_123_10	唐代•古文選後 10_112_9	唐代•文選百三 74_716_19	唐代•文選百三 66_637_19
唐代•十輪經八 2_34_14	唐代•十輪經八 2_25_15	唐代•十輪經八 1_11_5	唐代•十輪經四 7_127_14	唐代•古文選後 13_150_91	唐代•文選百三 78_744_27	唐代•文選百三 66_637_23
唐代•十輪經八 7_127_8	唐代•十輪經八 2_27_5	唐代•十輪經八 1_12_16	唐代•十輪經四 10_184_21	唐代•古文選後 15_170_1	唐代•文選百三 80_760_17	唐代•文選百三 73_706_13

唐代•十輪經八 16_321_13	唐代•十輪經八 15_286_5	唐代•十輪經八 13_251_7	唐代•十輪經八 13_241_8	唐代•十輪經八 11_206_8	唐代•十輪經八 9_168_11	唐代•十輪經八 7_129_17
唐代•十輪經八 17_323_12	唐代•十輪經八 15_289_7	唐代•十輪經八 14_278_9	唐代•十輪經八 13_243_17	唐代•十輪經八 11_207_3	唐代•十輪經八 9_169_6	唐代•十輪經八 7_130_12
唐代•十輪經八 17_324_3	唐代•十輪經八 16_308_16	唐代•十輪經八 14_281_1	唐代•十輪經八 13_244_12	唐代•十輪經八 11_208_10	唐代•十輪經八 9_170_14	唐代•十輪經八 7_132_2
唐代•十輪經八 17_327_7	唐代•十輪經八 16_316_6	唐代•十輪經八 14_281_13	唐代•十輪經八 13_246_3	唐代•十輪經八 11_209_5	唐代•十輪經八 9_171_9	唐代•十輪經八 7_132_14
唐代•十輪經八 18_347_7	唐代•十輪經八 16_318_19	唐代•十輪經八 15_283_4	唐代•十輪經八 13_246_15	唐代•十輪經八 11_211_4	唐代•十輪經八 9_173_7	唐代•十輪經八 7_134_12
唐代•十輪經八 18_354_17	唐代•十輪經八 16_319_11	唐代•十輪經八 15_283_16	唐代•十輪經八 13_248_10	唐代•十輪經八 11_211_12	唐代•十輪經八 9_173_15	唐代•十輪經八 7_135_4
唐代•十輪經八 18_357_9	唐代•十輪經八 16_321_1	唐代•十輪經八 15_285_14	唐代•十輪經八 13_248_18	唐代•十輪經八 11_214_7	唐代•十輪經八 11_203_15	唐代•十輪經八 9_166_3

唐代•十輪經八 18_358_4
唐代•十輪經八 18_359_10
唐代•十輪經八 18_360_6
唐代•十輪經八 18_362_4
唐代•十輪經八 18_362_12
唐代•十輪經八 19_365_6
唐代•十輪經八 20_392_11

唐代•十輪經八 20_395_5
唐代•十輪經八 20_395_17
唐代•十輪經八 20_397_7
唐代•十輪經八 20_398_1
唐代•十輪經八 20_399_16
唐代•十輪經八 20_400_7
唐代•十輪經八 21_403_7

唐代•十輪經八 22_432_3
唐代•十輪經八 22_434_13
唐代•十輪經八 22_435_8
唐代•十輪經八 22_436_14
唐代•十輪經八 22_437_10
唐代•十輪經八 22_439_7
唐代•十輪經八 22_439_15

唐代•十輪經九 1_3_7
唐代•十輪經九 2_22_9
唐代•十輪經九 2_30_12
唐代•十輪經九 2_33_5
唐代•十輪經九 2_33_17
唐代•十輪經九 2_35_7
唐代•十輪經九 2_36_2

唐代•十輪經九 2_38_1
唐代•十輪經九 2_38_9
唐代•十輪經九 3_41_7
唐代•十輪經九 4_61_5
唐代•十輪經九 4_70_17
唐代•十輪經九 4_73_9
唐代•十輪經九 4_74_4

唐代•十輪經九 4_75_11
唐代•十輪經九 4_76_6
唐代•十輪經九 4_78_3
唐代•十輪經九 4_78_11
唐代•十輪經九 7_124_21
唐代•十輪經九 7_125_14
唐代•十輪經九 7_127_3

唐代•十輪經九 7_130_14
唐代•十輪經九 7_131_8
唐代•十輪經九 7_132_14
唐代•十輪經九 7_134_8
唐代•十輪經九 7_135_3
唐代•十輪經九 7_137_1
唐代•十輪經九 11_200_8

唐代•文選六八
57_570_15

幄

漢アク呉アク
訓とばり

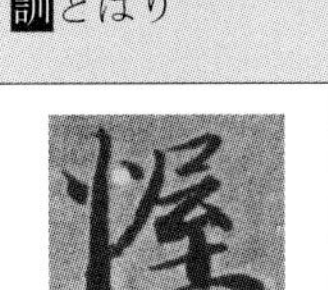
唐代•文選五九
19_187_7

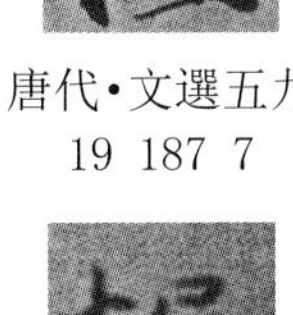
唐代•文選五九
19_189_20

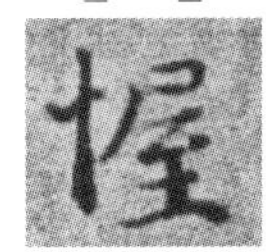
唐代•文選五九
19_190_21

唐代•文選五九
19_191_13

唐代•文選五九
79_762_25

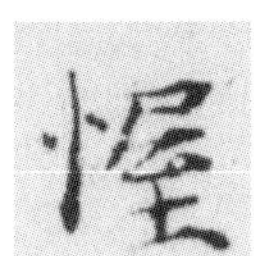
唐代•文選五九
80_763_28

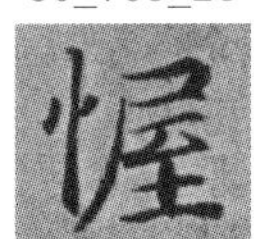
唐代•文選六八
57_568_2

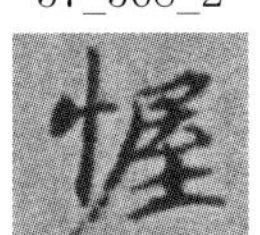
唐代•文選六八
57_569_9

韓

イ、キ
訓とばり

唐代•文選六八
57_569_24

帷

漢イ呉イ
訓とばり

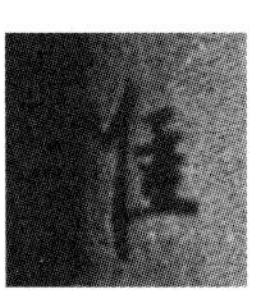

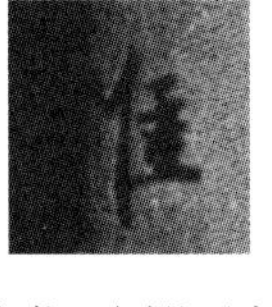

唐代•文選五九
19_188_22

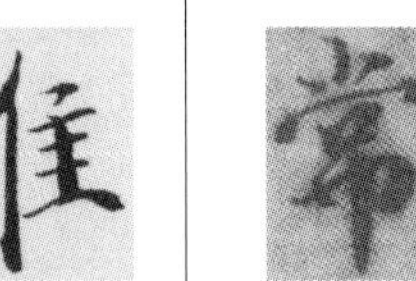
帷户
唐代•文選五九
51_509_11

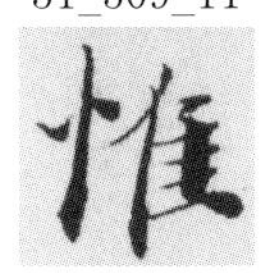
帷帟
唐代•文選五九
79_759_6

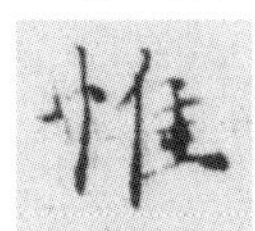
帳帷
唐代•文選五九
79_760_26

帷幄
唐代•文選五九
80_763_27

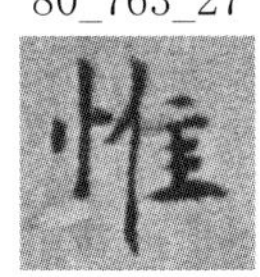
帷帳
唐代•文選六八
57_568_16

唐代•古文選前
5_54_4

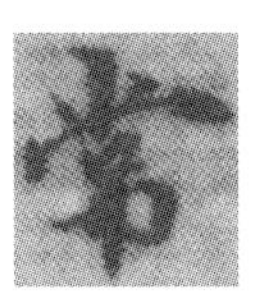
唐代•十輪經十
14_269_12

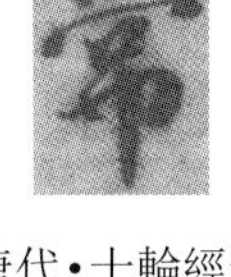
唐代•十輪經十
14_270_7

唐代•十輪經十
16_316_11

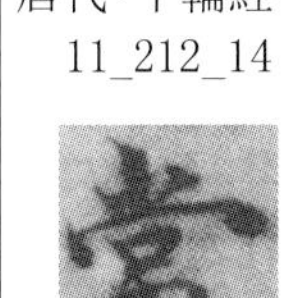
唐代•十輪經十
16_317_5

唐代•十輪經十
16_319_4

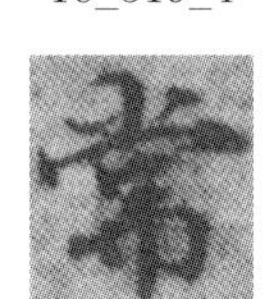
唐代•十輪經十
16_319_16

唐代•十輪經十
17_328_21

唐代•十輪經十
3_44_4

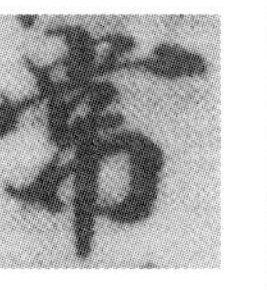
唐代•十輪經十
10_184_14

唐代•十輪經十
11_212_14

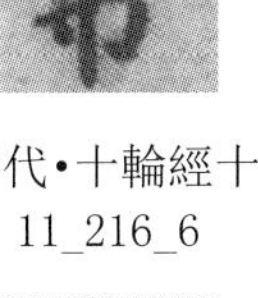
唐代•十輪經十
11_216_6

唐代•十輪經十
11_217_13

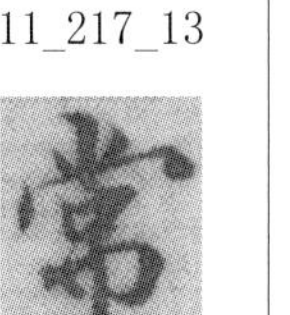
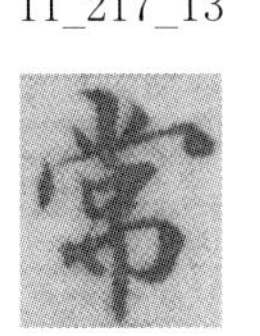
唐代•十輪經十
14_267_1

唐代•十輪經十
14_267_13

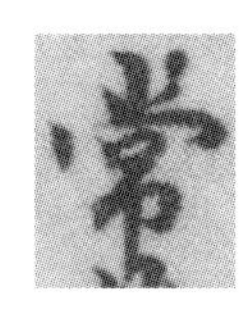
唐代•十輪經九
12_236_1

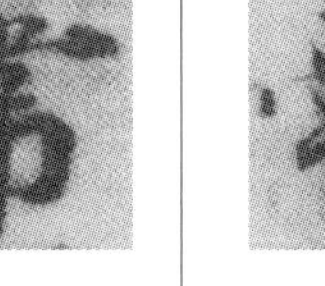
唐代•十輪經九
16_307_10

唐代•十輪經九
16_308_17

唐代•十輪經九
16_309_12

唐代•十輪經九
16_311_9

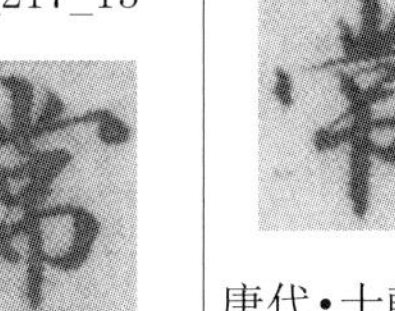
唐代•十輪經九
16_311_17

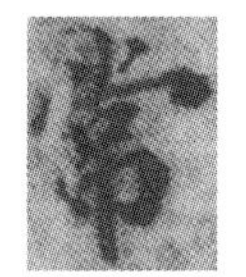
唐代•十輪經十
1_18_9

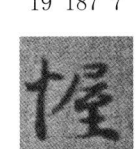

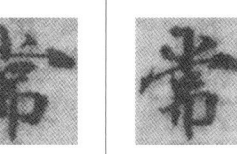

幡幡			幢幢	幘幘		幕幕
漢ハン呉ホン 訓はた			漢トウ呉ドウ 訓はた	漢サク 訓ずきん		漢バク呉マク 訓まく
 中唐•灌頂歷名 1_3_5  唐代•十輪經八 22_422_4	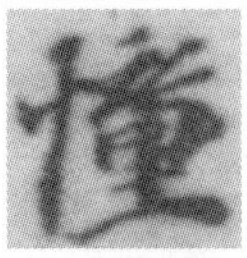 唐代•十輪經八 4_68_17 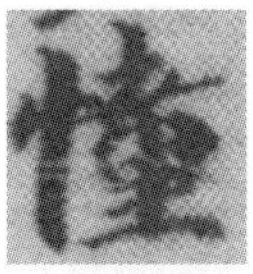 唐代•十輪經八 22_422_3  唐代•十輪經八 4_67_1	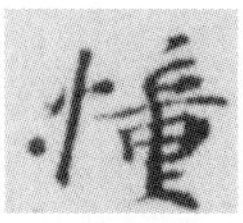 唐代•文選百三 35_344_31  唐代•文選百三 35_345_2  唐代•文選百三 35_345_19 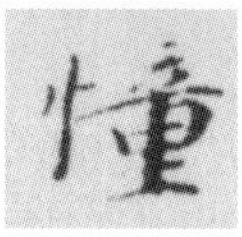 唐代•文選百三 35_346_15  唐代•十輪經四 9_172_11 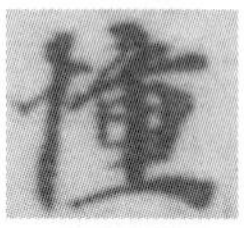 唐代•十輪經四 12_231_10  唐代•十輪經四 12_239_16  唐代•十輪經四 13_251_3	 中唐•七祖像贊 1_1_9  中唐•七祖像贊 1_7_8  中唐・風信帖 2_9_9  唐代•文選百三 35_342_15  唐代•文選百三 35_343_7  唐代•文選百三 35_343_26  唐代•文選百三 35_344_33	 唐代•文選五九 62_595_24	 幕音莫 唐代•文選六八 57_570_8  唐代•文選百三 34_339_29  唐代•文選百三 34_340_34  唐代•文選百三 33_323_8  唐代•古文選後 5_53_1  唐代•古文選後 15_177_8  幕帷 唐代•古文選後 18_216_12	 夕陰結空幕 唐代•文選五九 22_216_11  幕音莫 唐代•文選五九 22_217_16  唐代•文選五九 22_217_9  唐代•文選五九 22_218_14  幄幕 唐代•文選六八 57_568_3  幄幕 唐代•文選六八 57_569_10  幕亦帳 唐代•文選六八 57_569_14

彳部

行

漢コウ 唐アン 呉ギョウ
訓いく

初唐・法華義疏 1_9_7
初唐・金剛場經 1_6_4
初唐・大般若經 1_6_9
初唐・大般若經 1_6_13
晚唐・慶滋書狀 1_15_11
唐代・春秋經傳 1_4_23
唐代・春秋經傳 12_120_2
唐代・春秋經傳 24_247_17

唐代・春秋經傳 12_120_12
唐代・春秋經傳 12_121_3
唐代・春秋經傳 12_124_24
唐代・春秋經傳 13_134_11
唐代・春秋經傳 18_191_4
唐代・春秋經傳 21_214_10
唐代・春秋經傳 33_341_3

唐代・春秋經傳 25_256_17
唐代・春秋經傳 27_274_1
唐代・春秋經傳 27_284_2
唐代・春秋經傳 28_285_27
唐代・春秋經傳 31_321_2
唐代・春秋經傳 31_326_26
唐代・春秋經傳 38_404_8
唐代・春秋經傳 37_384_14

唐代・春秋經傳 34_352_5
唐代・春秋經傳 34_352_14
唐代・春秋經傳 35_370_17
唐代・春秋經傳 36_381_2
唐代・文選四八 8_64_19
唐代・文選四八 47_428_22
唐代・文選五九 2_18_7

唐代・文選四八 9_73_1
唐代・文選四八 9_74_13
唐代・文選四八 10_83_15
唐代・文選四八 10_89_1
唐代・文選四八 14_131_5
唐代・文選四八 14_131_7
唐代・文選四八 16_139_18

唐代・文選四八 17_154_16
唐代・文選四八 20_178_8
唐代・文選四八 30_275_24
唐代・文選四八 34_300_5
唐代・文選四八 38_337_24
唐代・文選四八 42_374_17
唐代・文選四八 44_401_17
唐代・文選五九 11_103_10

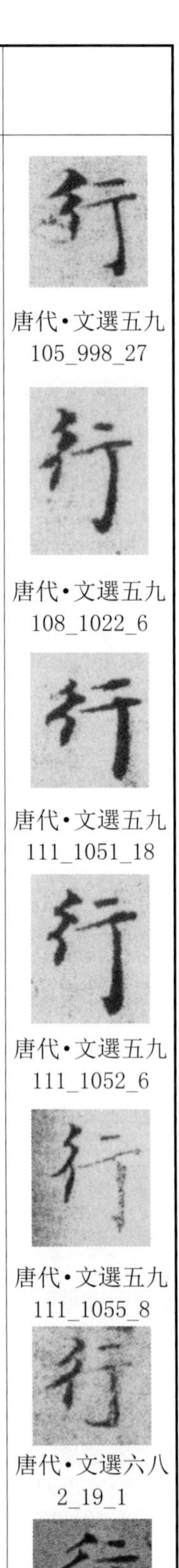
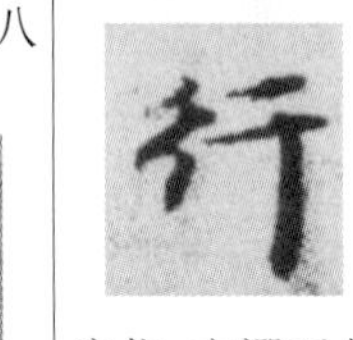

唐代·文選五九 105_998_27

唐代·文選五九 108_1022_6

唐代·文選五九 111_1051_18

唐代·文選五九 111_1052_6

唐代·文選五九 111_1055_8

唐代·文選六八 2_19_1

唐代·文選六八 9_102_8

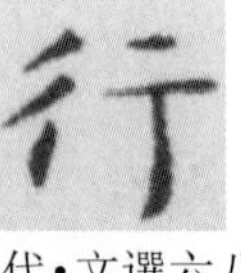
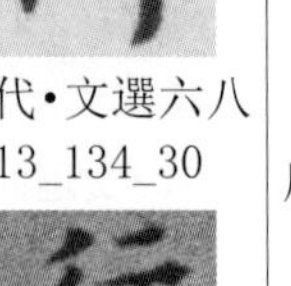
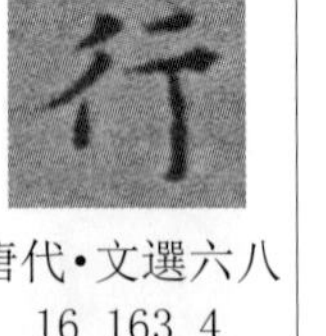
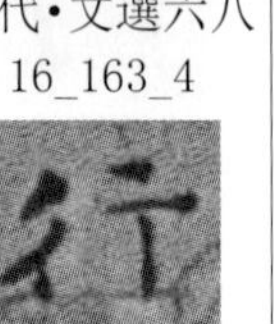
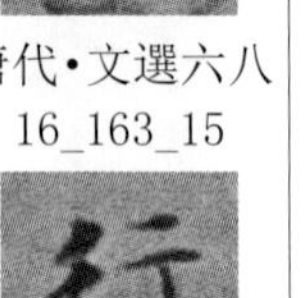

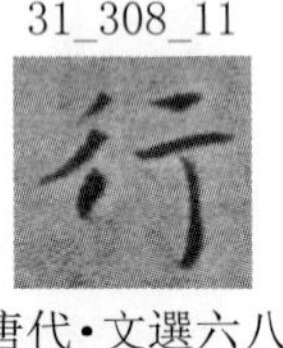
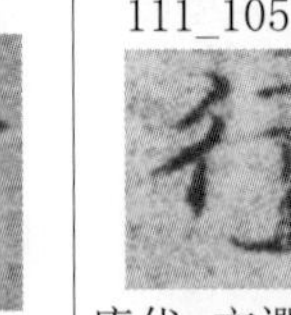
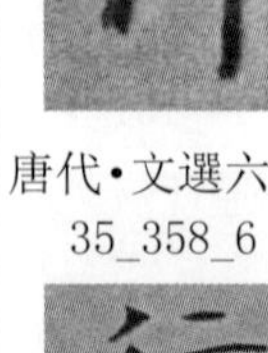
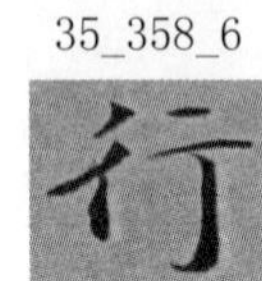

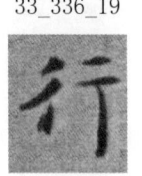

唐代·文選六八 13_134_30

唐代·文選六八 16_163_4

唐代·文選六八 16_163_15

唐代·文選六八 29_286_18

唐代·文選六八 31_308_11

唐代·文選六八 33_336_19

唐代·文選六八 35_358_6

唐代·文選六八 56_563_8

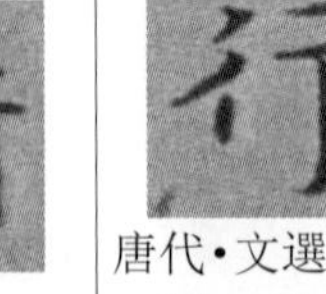
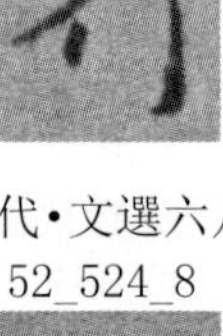
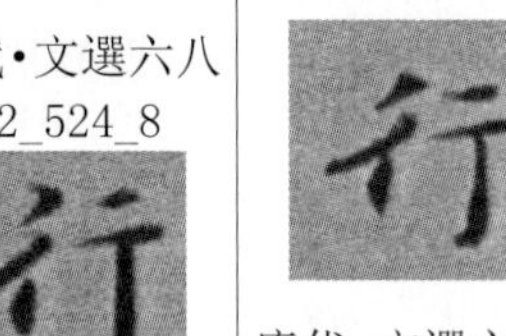
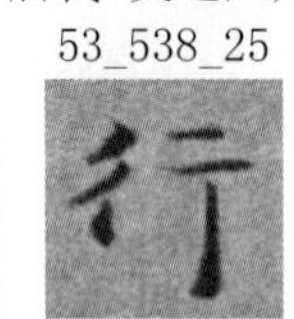
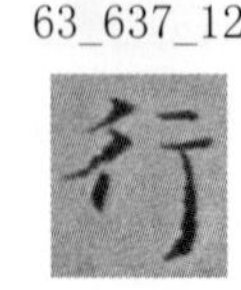
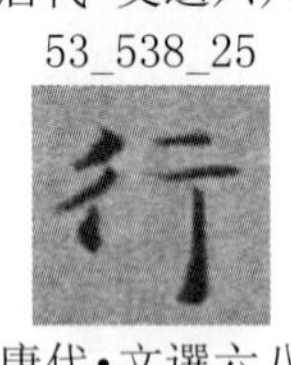
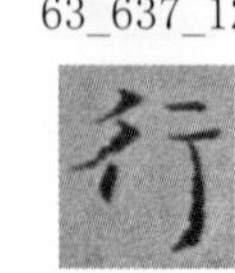
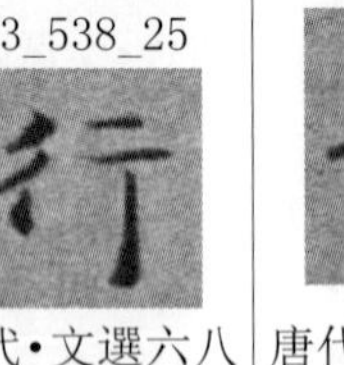
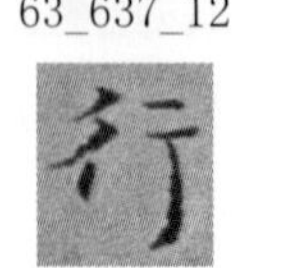

唐代·文選六八 37_377_21

唐代·文選六八 38_379_19

唐代·文選六八 38_381_18

唐代·文選六八 52_524_8

唐代·文選六八 53_526_14

唐代·文選六八 53_538_25

唐代·文選六八 63_637_12

唐代·文選六八 59_592_11

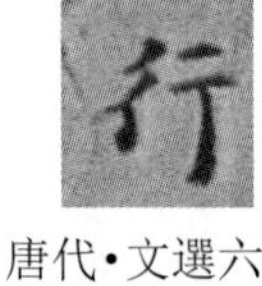

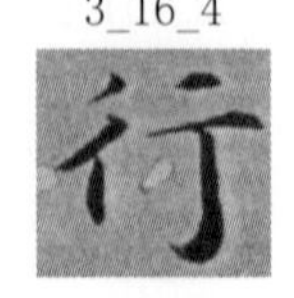
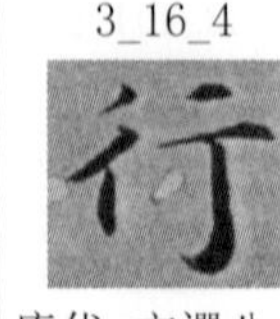

唐代·文選六八 56_564_10

唐代·文選六八 56_564_21

唐代·文選六八 57_565_10

唐代·文選六八 57_569_11

唐代·文選六八 59_585_6

唐代·文選六八 73_724_16

唐代·文選八八 3_16_4

唐代·文選八八 9_66_6

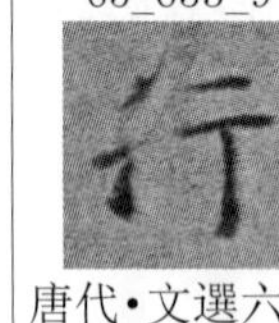
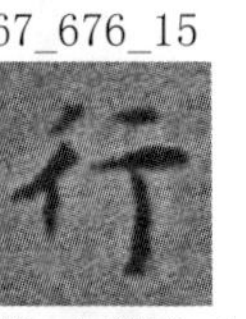
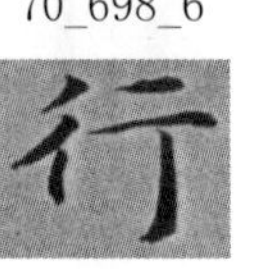

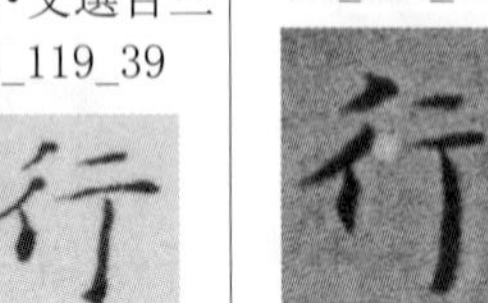

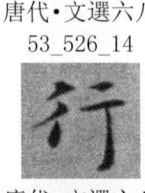

唐代·文選六八 64_641_7

唐代·文選六八 65_653_9

唐代·文選六八 67_676_15

唐代·文選六八 70_698_6

唐代·文選八八 16_136_2

唐代·文選八八 16_137_34

唐代·文選八八 20_174_16

唐代·文選八八 20_175_10

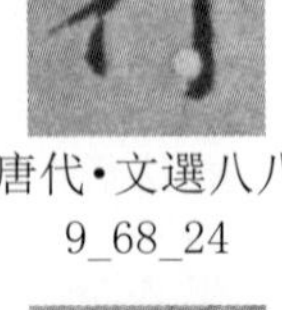
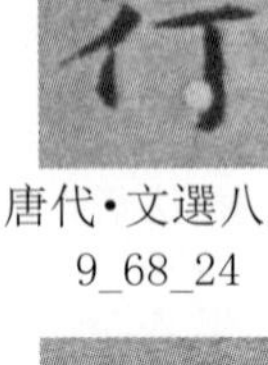

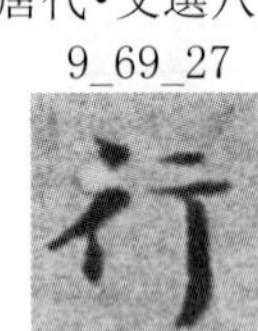
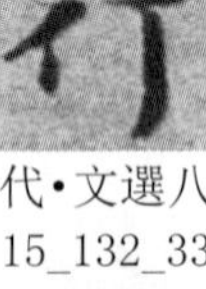

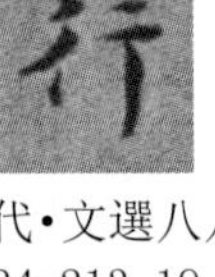

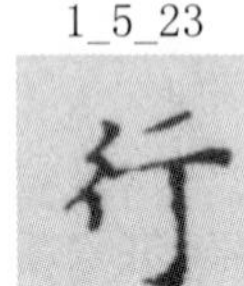
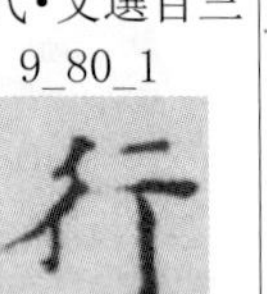

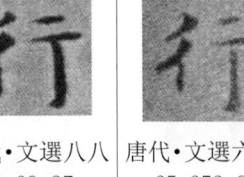

唐代·文選八八 9_68_24

唐代·文選八八 9_69_27

唐代·文選八八 15_132_33

唐代·文選八八 24_213_19

唐代·文選百三 1_5_23

唐代·文選百三 9_80_1

唐代·文選百三 13_119_39

唐代·文選百三 13_128_21

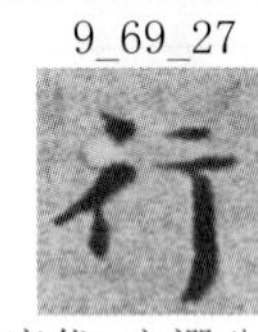

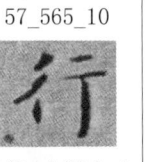

唐代·文選百三 7_68_9

唐代·文選百三 13_118_7

唐代·文選百三 15_139_17

唐代·文選百三 15_144_12

唐代·文選百三 16_151_26

唐代·文選百三 19_187_35

唐代·文選百三 20_195_26

唐代·文選百三 21_204_12

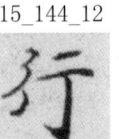

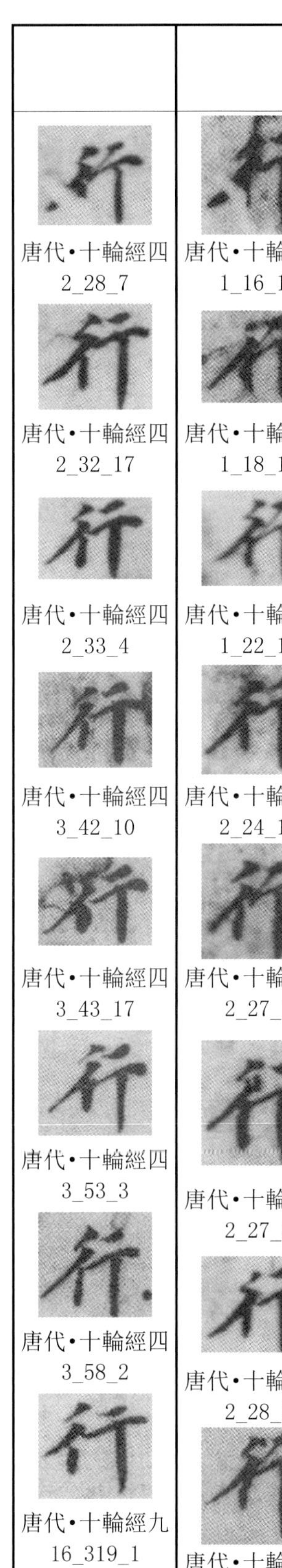 唐代·十輪經四 2_28_7	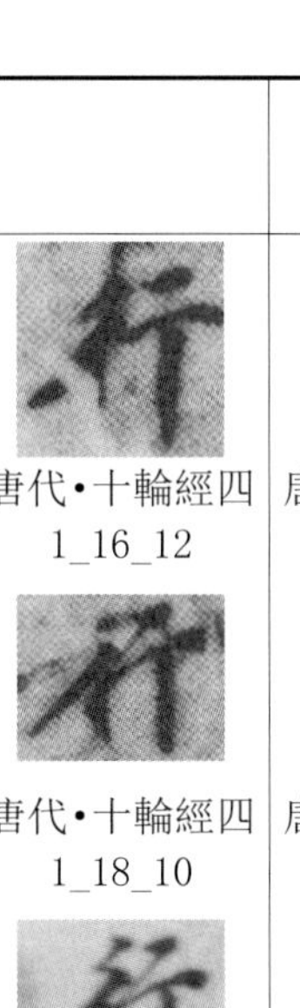 唐代·十輪經四 1_16_12	唐代·古文選後 25_296_12	唐代·古文選後 5_60_6	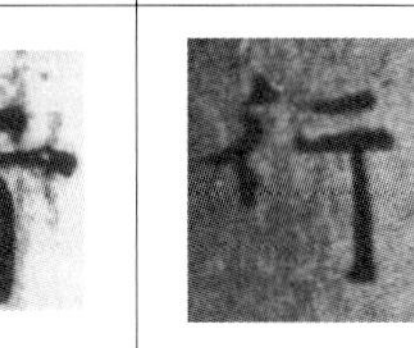 唐代·文選百三 75_721_24	 唐代·文選百三 47_449_5	 唐代·文選百三 24_233_14
唐代·十輪經四 2_32_17	唐代·十輪經四 1_18_10	唐代·十輪經四 1_4_12	唐代·古文選後 7_78_6	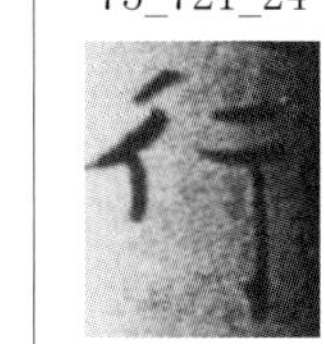 唐代·文選百三 75_722_1	 唐代·文選百三 49_467_20	 唐代·文選百三 28_276_26
唐代·十輪經四 2_33_4	唐代·十輪經四 1_22_13	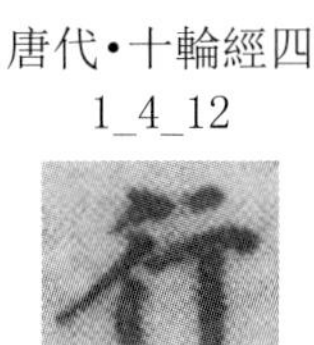 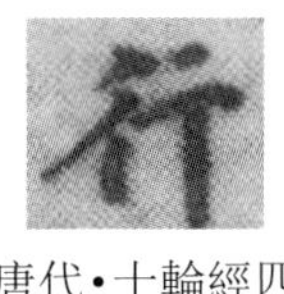 唐代·十輪經四 1_8_2	唐代·古文選後 8_94_3	 唐代·古文選前 6_68_1	 唐代·文選百三 51_490_21	 唐代·文選百三 36_356_13
唐代·十輪經四 3_42_10	唐代·十輪經四 2_24_13	  唐代·十輪經四 4_61_7	唐代·古文選後 9_100_3	 唐代·古文選前 13_148_3	 唐代·文選百三 75_719_14	 唐代·文選百三 37_370_17
唐代·十輪經四 3_43_17	唐代·十輪經四 2_27_1	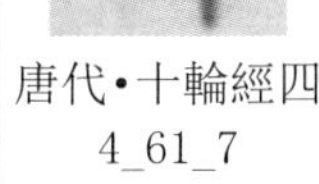  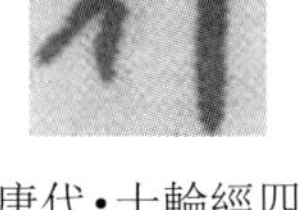 唐代·十輪經四 7_121_3	唐代·古文選後 16_186_6	 唐代·古文選前 21_246_12	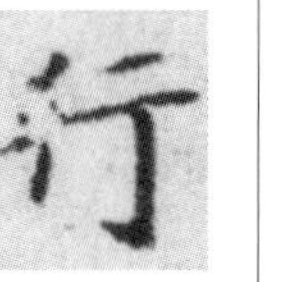 唐代·文選百三 58_561_17	 唐代·文選百三 39_388_24
唐代·十輪經四 3_53_3	唐代·十輪經四 2_27_8	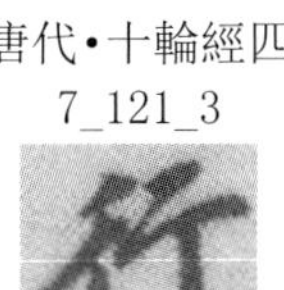 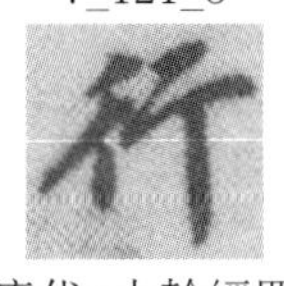 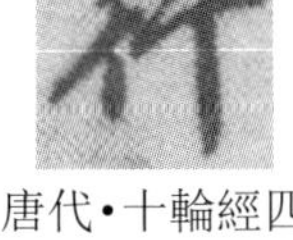 唐代·十輪經四 7_126_12	唐代·古文選後 17_201_19	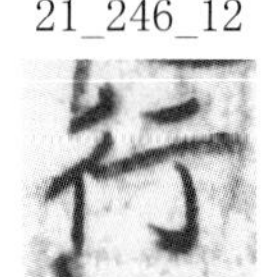 唐代·古文選後 10_111_14	 唐代·文選百三 69_667_23	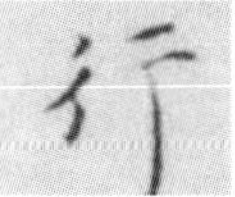 唐代·文選百三 40_399_1
唐代·十輪經四 3_58_2	唐代·十輪經四 2_28_3	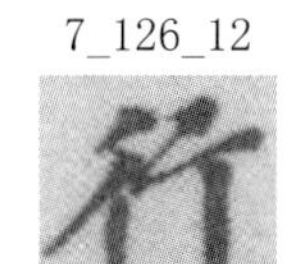  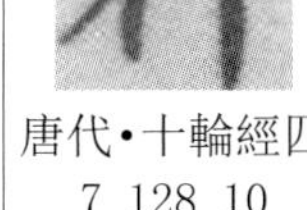 唐代·十輪經四 7_128_10	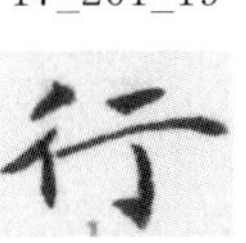 唐代·古文選後 22_264_2	 唐代·古文選後 14_163_3	 唐代·文選百三 73_705_26	 唐代·文選百三 40_402_2
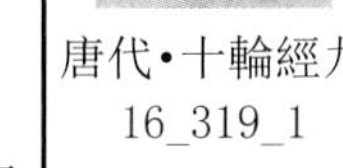 唐代·十輪經九 16_319_1	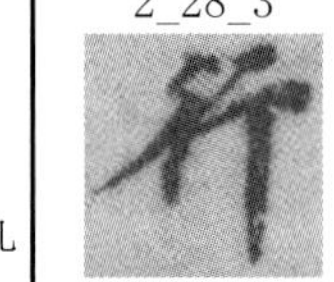 唐代·十輪經四 17_329_4	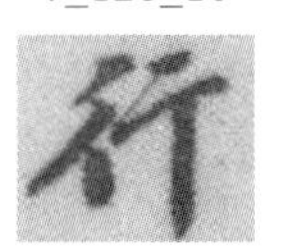  唐代·十輪經四 7_129_2	 唐代·古文選後 25_289_11	 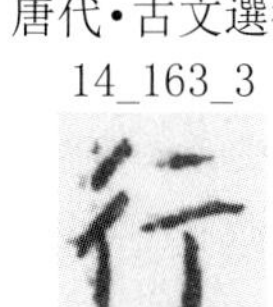 唐代·古文選後 15_179_7	 唐代·文選百三 74_716_3	 唐代·文選百三 74_717_5

唐代•十輪經九 10_188_7
唐代•十輪經九 10_191_12
唐代•十輪經九 10_192_11
唐代•十輪經九 10_193_12
唐代•十輪經九 10_197_15
唐代•十輪經九 14_260_10
唐代•十輪經九 15_286_11
唐代•十輪經九 15_288_1
唐代•十輪經九 7_135_18
唐代•十輪經九 8_140_24
唐代•十輪經九 8_154_6
唐代•十輪經九 9_160_13
唐代•十輪經九 9_172_9
唐代•十輪經九 9_175_11
唐代•十輪經九 9_178_9
唐代•十輪經九 10_186_6
唐代•十輪經九 6_101_10
唐代•十輪經九 6_105_17
唐代•十輪經九 6_109_4
唐代•十輪經九 6_112_5
唐代•十輪經九 7_123_3
唐代•十輪經九 7_125_12
唐代•十輪經九 7_128_5
唐代•十輪經九 7_129_25
唐代•十輪經九 1_19_2
唐代•十輪經九 2_36_1
唐代•十輪經九 2_38_15
唐代•十輪經九 3_57_8
唐代•十輪經九 4_76_5
唐代•十輪經九 4_78_17
唐代•十輪經九 5_92_2
唐代•十輪經九 5_96_8
唐代•十輪經八 19_363_1
唐代•十輪經八 19_381_10
唐代•十輪經八 20_397_18
唐代•十輪經八 20_400_13
唐代•十輪經八 21_419_7
唐代•十輪經八 22_421_6
唐代•十輪經八 22_437_9
唐代•十輪經八 22_440_5
唐代•十輪經八 14_270_2
唐代•十輪經八 15_283_15
唐代•十輪經八 15_286_11
唐代•十輪經八 16_305_10
唐代•十輪經八 16_321_12
唐代•十輪經八 17_324_9
唐代•十輪經八 17_343_10
唐代•十輪經八 18_360_5
唐代•十輪經八 10_199_12
唐代•十輪經八 11_209_4
唐代•十輪經八 11_212_1
唐代•十輪經八 12_230_10
唐代•十輪經八 12_233_1
唐代•十輪經八 13_246_14
唐代•十輪經八 13_249_6
唐代•十輪經八 14_267_11

役

漢エキ 呉ヤク
訓さきもり

唐代•春秋經傳 4_35_3
唐代•春秋經傳 7_63_17
唐代•春秋經傳 7_68_14
唐代•春秋經傳 25_261_11
唐代•春秋經傳 31_327_5
唐代•春秋經傳 36_378_31
唐代•春秋經傳 37_383_10
唐代•春秋經傳 37_384_1

唐代•十輪經十 14_276_11
唐代•十輪經十 14_276_16
唐代•十輪經十 15_296_3
唐代•十輪經十 16_317_4
唐代•十輪經十 19_363_14
唐代•十輪經十 19_376_7
唐代•十輪經十 19_380_11
唐代•十輪經十 20_387_5

唐代•十輪經十 10_185_14
唐代•十輪經十 10_197_3
唐代•十輪經十 10_197_25
唐代•十輪經十 11_210_13
唐代•十輪經十 11_211_12
唐代•十輪經十 11_219_4
唐代•十輪經十 11_219_13
唐代•十輪經十 12_223_3

唐代•十輪經十 10_181_6
唐代•十輪經十 10_182_1
唐代•十輪經十 10_182_14
唐代•十輪經十 10_183_1
唐代•十輪經十 10_183_3
唐代•十輪經十 10_183_5
唐代•十輪經十 10_184_7
唐代•十輪經十 9_169_14

唐代•十輪經九 18_348_9
唐代•十輪經九 18_353_3
唐代•十輪經九 19_365_1
唐代•十輪經九 22_423_15
唐代•十輪經十 1_13_1
唐代•十輪經十 1_14_16
唐代•十輪經十 1_16_14
唐代•十輪經十 1_18_2

唐代•十輪經九 11_200_9
唐代•十輪經九 12_221_1
唐代•十輪經九 12_221_5
唐代•十輪經九 12_222_5
唐代•十輪經九 12_223_4
唐代•十輪經九 12_223_8
唐代•十輪經九 12_235_12
唐代•十輪經九 13_256_6

唐代•十輪經十 4_73_15
唐代•十輪經十 4_75_13
唐代•十輪經十 4_78_13
唐代•十輪經十 5_82_8
唐代•十輪經十 5_83_11
唐代•十輪經十 5_85_15
唐代•十輪經十 6_109_5
唐代•十輪經十 8_144_6

		彷 漢ホウ 訓さまよう	征 漢セイ 訓うつ			

唐代•春秋經傳
39_405_16

唐代•春秋經傳
39_407_47

唐代•春秋經傳
39_408_26

唐代•春秋經傳
39_408_31

唐代•文選五九
27_263_22

唐代•文選五九
60_574_2

唐代•文選五九
86_825_17

唐代•文選五九
86_826_15

唐代•文選五九
86_829_24

唐代•文選五九
86_829_26

唐代•文選百三
75_718_9

唐代•古文選後
26_301_2

彷

漢ホウ
訓さまよう

唐代•古文選前
9_112_7

征

漢セイ
訓うつ

唐代•文選四八
3_20_25

唐代•文選五九
84_803_5

唐代•文選五九
93_894_9

唐代•文選五九
94_897_11

唐代•文選六八
1_11_6

唐代•文選六八
1_13_3

唐代•文選六八
21_208_3

唐代•文選六八
41_414_1

唐代•文選六八
64_640_13

唐代•文選六八
64_643_15

唐代•文選八八
3_12_6

唐代•文選八八
3_14_3

唐代•文選八八
21_185_7

唐代•文選八八
23_199_41

唐代•文選八八
23_199_48

唐代•文選百三
1_4_13

唐代•文選百三
34_339_16

唐代•文選百三
35_355_8

唐代•文選百三
36_356_14

唐代•文選百三
63_600_17

唐代•古文選前
21_243_6

唐代•古文選前
21_251_10

唐代•古文選後
3_31_9

唐代•古文選後
4_40_4

唐代•古文選後
5_51_2

唐代•古文選後
23_273_2

徂 徂

漢ソ
訓ゆく

唐代・文選四八
40_356_7

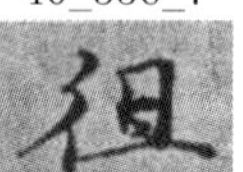
唐代・文選四八
40_357_2

唐代・文選四八
40_357_13

唐代・文選四八
40_357_23

唐代・文選六八
37_369_19

唐代・文選六八
64_640_12

唐代・文選百三
76_728_15

唐代・古文選前
23_270_12

彼 彼

ヒ
訓かれ

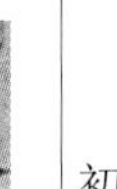
初唐・法華義疏
1_1_19

中唐・風信帖
2_6_5

晚唐・慶滋書狀
1_3_3

唐代・春秋經傳
7_70_5

唐代・文選四八
4_26_3

唐代・文選四八
7_60_7

唐代・文選四八
9_74_25

唐代・文選四八
26_229_4

唐代・文選四八
35_315_17

唐代・文選四八
40_363_1

唐代・文選四八
40_364_1

唐代・文選五九
4_32_2

唐代・文選五九
4_32_8

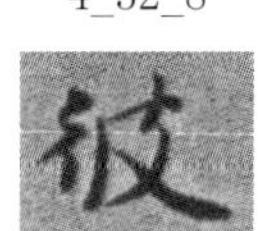
唐代・文選五九
17_167_6

唐代・文選五九
40_397_20

唐代・文選五九
41_400_14

唐代・文選五九
47_461_14

唐代・文選五九
59_571_8

唐代・文選五九
64_614_5

唐代・文選五九
88_839_29

唐代・文選五九
96_911_28

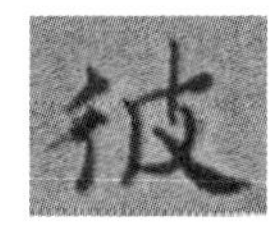
唐代・文選六八
15_150_17

唐代・文選六八
39_397_20

唐代・文選八八
21_183_10

唐代・文選八八
21_184_16

唐代・文選八八
21_185_10

唐代・文選百三
7_60_31

唐代・文選百三
7_61_8

唐代・文選百三
11_100_27

唐代・文選百三
45_436_9

唐代・文選百三
46_442_5

唐代・文選百三
61_593_38

唐代・文選百三
77_739_20

唐代・文選百三
77_740_7

唐代・文選百三
78_742_11

唐代・文選百三
80_761_15

唐代・文選百三
80_762_11

唐代・古文選前
12_143_6

唐代・古文選前
12_143_9

唐代・古文選前
13_152_13

唐代・古文選前
15_181_2

唐代・古文選前
15_182_3

唐代・古文選前
16_183_6

唐代・古文選前
16_183_13

唐代・古文選前
18_210_2

唐代・古文選前
21_244_6

唐代・古文選前
22_254_6

唐代・古文選前
22_263_4

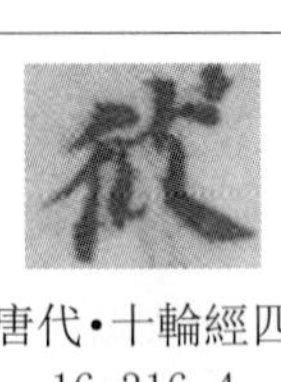 唐代•十輪經四 16_316_4	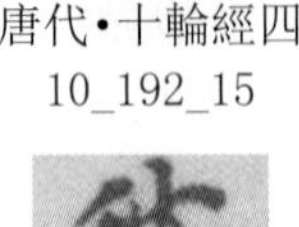 唐代•十輪經四 10_192_15	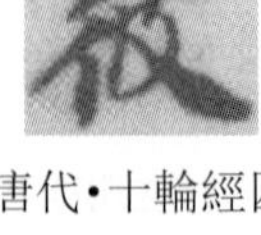 唐代•十輪經四 7_125_11	 唐代•十輪經四 4_75_12	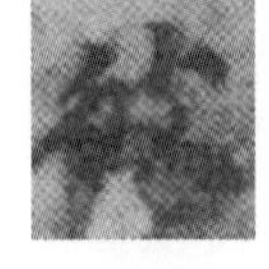 唐代•十輪經四 1_6_4	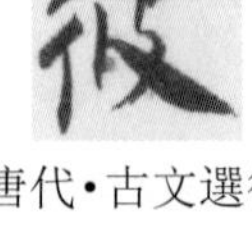 唐代•古文選後 6_64_8	 唐代•古文選前 24_282_5
 唐代•十輪經四 17_330_8	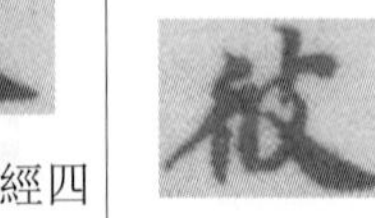 唐代•十輪經四 11_201_1	 唐代•十輪經四 7_128_6	 唐代•十輪經四 4_78_13	 唐代•十輪經四 1_21_9	 唐代•古文選後 11_124_10	唐代•古文選前 24_287_1
 唐代•十輪經四 17_338_10	 唐代•十輪經四 11_211_3	 唐代•十輪經四 9_164_4	 唐代•十輪經四 4_79_12	 唐代•十輪經四 2_28_8	 唐代•古文選後 11_131_4	唐代•古文選後 2_13_10
 唐代•十輪經四 18_348_5	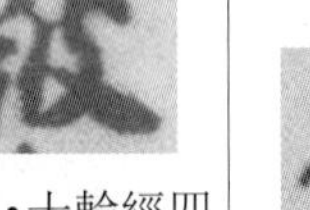 唐代•十輪經四 11_213_5	 唐代•十輪經四 9_167_3	 唐代•十輪經四 5_81_1	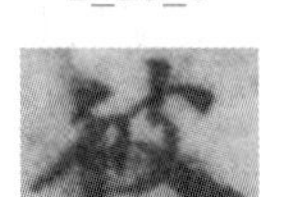 唐代•十輪經四 2_33_13	 唐代•古文選後 12_135_12	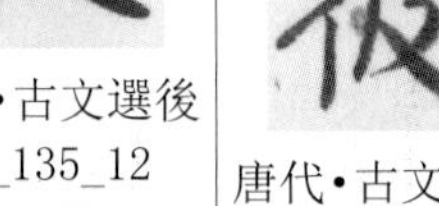 唐代•古文選後 2_16_4
 唐代•十輪經四 18_353_1	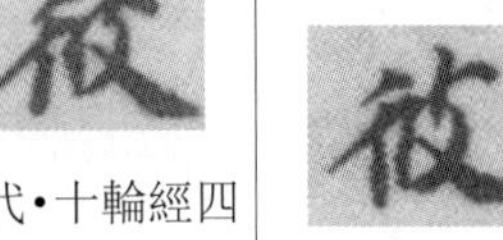 唐代•十輪經四 11_216_4	 唐代•十輪經四 9_173_2	 唐代•十輪經四 5_86_4	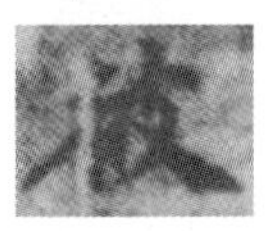 唐代•十輪經四 3_41_12	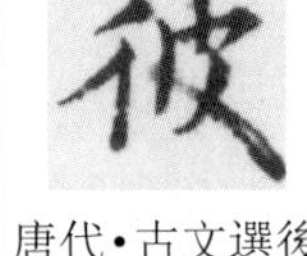 唐代•古文選後 15_171_7	 唐代•古文選後 3_31_4
 唐代•十輪經四 19_364_8	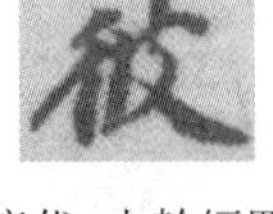 唐代•十輪經四 11_216_7	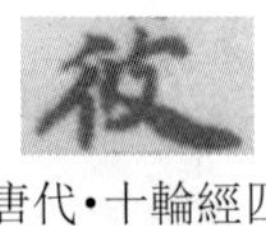 唐代•十輪經四 10_181_4	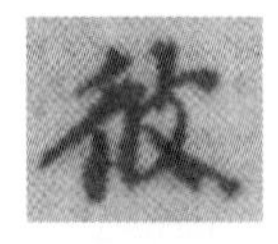 唐代•十輪經四 5_89_1	 唐代•十輪經四 4_66_5	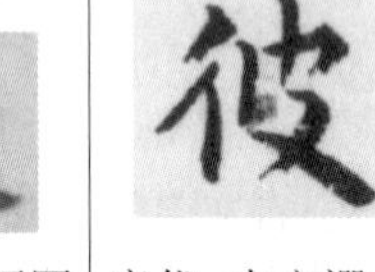 唐代•古文選後 17_200_4	 唐代•古文選後 3_32_14
 唐代•十輪經四 19_369_15	 唐代•十輪經四 15_294_16	 唐代•十輪經四 10_183_14	 唐代•十輪經四 6_114_17	 唐代•十輪經四 4_74_12	 唐代•古文選後 18_209_12	 唐代•古文選後 4_37_8
 唐代•十輪經四 20_380_12	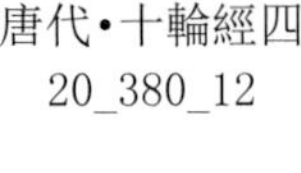 唐代•十輪經四 15_299_8	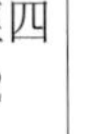 唐代•十輪經四 10_185_17	唐代•十輪經四 7_121_9	 唐代•十輪經四 4_75_4	 唐代•古文選後 20_230_13	 唐代•古文選後 5_52_8

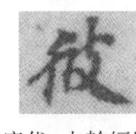

往 徃

オウ
訓ゆく

初唐•金剛場經 1_9_20
初唐•聖武雜集 1_3_2
晚唐•慶滋書狀 1_10_6
唐代•春秋經傳 2_10_12
唐代•春秋經傳 9_87_2
唐代•春秋經傳 34_360_1
唐代•春秋經傳 35_367_17
唐代•文選四八 10_87_13

唐代•十輪經十 19_376_12
唐代•十輪經十 19_380_16

唐代•十輪經十 19_366_16
唐代•十輪經十 19_368_1
唐代•十輪經十 19_368_15
唐代•十輪經十 19_369_12
唐代•十輪經十 19_370_12
唐代•十輪經十 19_371_16
唐代•十輪經十 19_372_17
唐代•十輪經十 19_374_1

唐代•十輪經十 5_86_10
唐代•十輪經十 5_87_11
唐代•十輪經十 6_110_14
唐代•十輪經十 8_151_7
唐代•十輪經十 17_322_9
唐代•十輪經十 19_364_2
唐代•十輪經十 19_365_5
唐代•十輪經十 19_366_2

唐代•十輪經九 8_141_14
唐代•十輪經九 11_215_11
唐代•十輪經九 11_217_1
唐代•十輪經九 11_218_8
唐代•十輪經九 12_222_1
唐代•十輪經九 12_235_17
唐代•十輪經九 22_420_17
唐代•十輪經十 3_44_6

唐代•十輪經八 12_228_7
唐代•十輪經八 14_265_5
唐代•十輪經八 15_303_6
唐代•十輪經八 17_341_6
唐代•十輪經八 19_379_5
唐代•十輪經八 21_417_2
唐代•十輪經九 1_16_15
唐代•十輪經九 3_55_4

唐代•十輪經四 20_389_8
唐代•十輪經四 22_430_9
唐代•十輪經四 22_430_15
唐代•十輪經四 22_431_9
唐代•十輪經四 22_431_15
唐代•十輪經八 6_115_3
唐代•十輪經八 8_153_8
唐代•十輪經八 10_191_8

唐代•古文選後 12_138_4
唐代•古文選後 20_229_9
唐代•古文選後 25_298_9
唐代•十輪經四 2_23_3
唐代•十輪經四 7_124_5
唐代•十輪經四 7_124_12
唐代•十輪經四 9_162_4
唐代•十輪經四 9_164_3

唐代•文選百三 72_697_19
唐代•文選百三 72_698_6
唐代•古文選前 1_11_12
唐代•古文選前 2_14_5
唐代•古文選前 10_122_6
唐代•古文選前 14_168_14
唐代•古文選前 15_178_29
唐代•古文選後 10_111_3

唐代•文選百三 22_210_7
唐代•文選百三 22_211_9
唐代•文選百三 22_211_14
唐代•文選百三 22_211_19
唐代•文選百三 22_211_24
唐代•文選百三 23_220_1
唐代•文選百三 23_224_16
唐代•文選百三 23_224_29

唐代•文選六八 47_467_9
唐代•文選六八 47_469_27
唐代•文選六八 47_470_5
唐代•文選六八 56_564_14
唐代•文選八八 7_49_29
唐代•文選百三 21_200_21
唐代•文選百三 21_201_27
唐代•文選百三 21_201_30

唐代•文選五九 109_1037_1
唐代•文選五九 110_1044_19
唐代•文選六八 4_47_5
唐代•文選六八 7_69_17
唐代•文選六八 7_70_2
唐代•文選六八 10_108_12
唐代•文選六八 11_110_17
唐代•文選六八 21_218_17

唐代•文選五九 40_395_17
唐代•文選五九 40_396_13
唐代•文選五九 40_397_17
唐代•文選五九 40_397_30
唐代•文選五九 41_399_3
唐代•文選五九 41_400_13
唐代•文選五九 75_718_22
唐代•文選五九 86_828_12

唐代•文選四八 11_99_8
唐代•文選四八 40_357_24
唐代•文選四八 49_441_15
唐代•文選四八 49_443_16
唐代•文選四八 49_444_21
唐代•文選五九 7_69_11
唐代•文選五九 19_179_5
唐代•文選五九 32_318_14

徊

漢カイ 呉ガイ
訓さまよう

唐代・文選五九 52_513_9

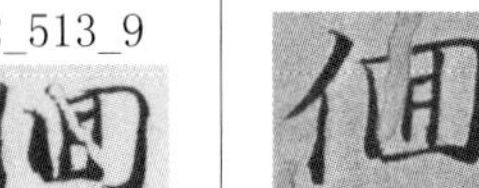
唐代・文選五九 71_685_3

唐代・文選五九 72_686_3

唐代・文選五九 72_687_29

唐代・文選五九 108_1021_14

唐代・古文選前 26_308_11

唐代・古文選後 10_110_6

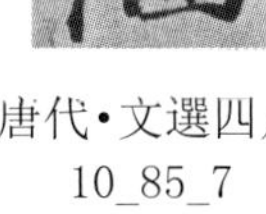
唐代・文選四八 6_41_17

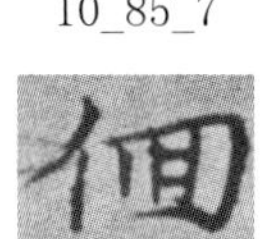
唐代・文選四八 10_85_7

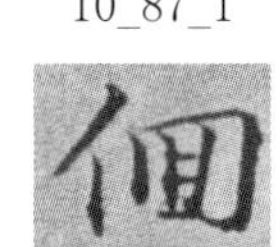
唐代・文選四八 10_87_1

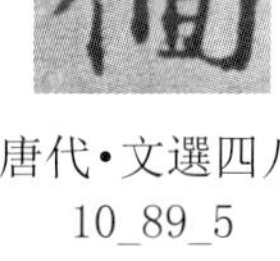
唐代・文選四八 10_89_5

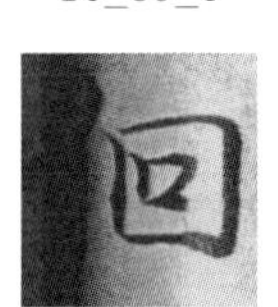
唐代・文選四八 38_342_13

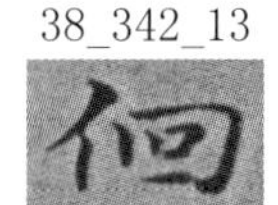
唐代・文選四八 38_344_1

唐代・文選五九 51_509_10

唐代・文選五九 52_511_18

唐代・古文選後 22_257_12

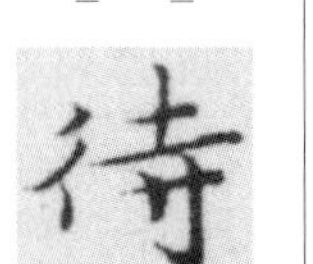
唐代・文選百三 75_719_30

唐代・古文選後 17_198_8

唐代・文選五九 55_539_12

唐代・文選五九 49_482_21

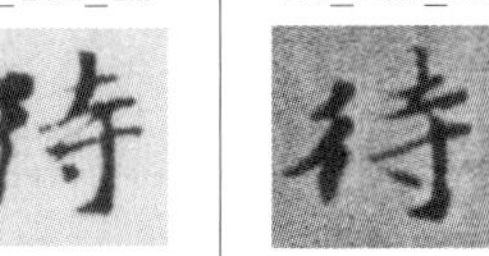
唐代・文選五九 57_555_21

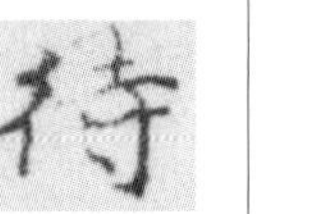
唐代・文選五九 68_657_9

唐代・文選五九 99_936_10

唐代・文選百三 39_396_32

唐代・文選百三 75_718_1

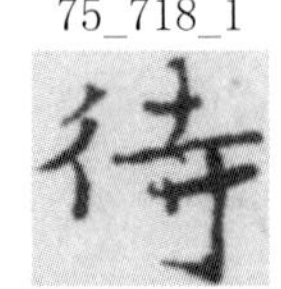
唐代・文選百三 75_719_12

唐代・文選五九 25_246_5

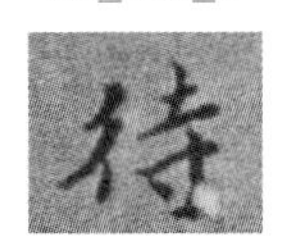
唐代・文選五九 26_252_23

唐代・文選五九 26_254_22

唐代・文選五九 27_268_24

唐代・文選五九 45_449_18

唐代・文選五九 49_482_16

唐代・文選五九 55_538_2

待 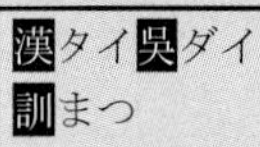

漢タイ 呉ダイ
訓まつ

唐代・春秋經傳 1_3_8

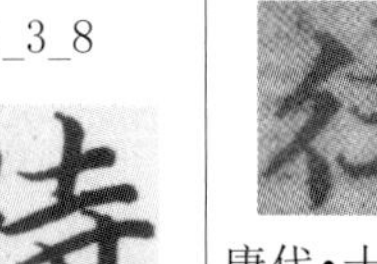
唐代・春秋經傳 7_69_15

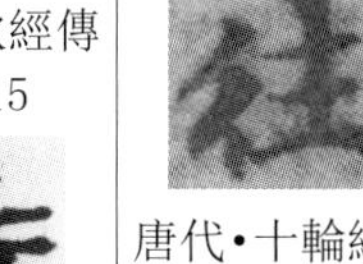
唐代・春秋經傳 36_376_25

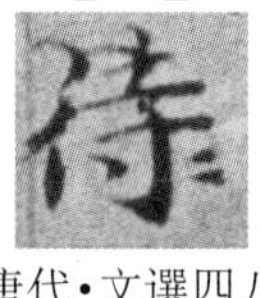
唐代・文選四八 39_347_15

唐代・文選五九 24_238_14

唐代・文選五九 24_238_29

唐代・文選五九 25_246_14

唐代・十輪經四 9_166_12

唐代・十輪經十 18_353_16

唐代・十輪經十 19_374_8

衍

エン
訓はびこる

唐代・文選五九
86_826_5

唐代・文選五九
86_827_25

唐代・文選五九
86_828_2

唐代・文選五九
86_828_27

唐代・文選五九
86_829_3

唐代・文選五九
86_829_3

唐代・文選八八
15_123_5

唐代・文選八八
15_124_12

唐代・文選八八
15_124_23

唐代・文選八八
10_81_5

徇

漢シュン 呉ジュン
訓となえる

唐代・古文選後
5_56_14

律

漢リツ 呉リチ
訓のり

唐代・春秋經傳
16_167_12

唐代・文選四八
27_241_15

唐代・文選四八
28_252_3

唐代・文選五九
42_412_16

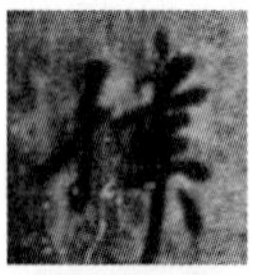
唐代・文選百三
71_688_24

唐代・文選百三
78_746_9

唐代・文選百三
78_747_7

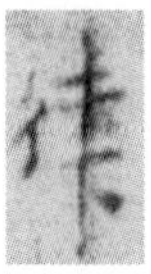
唐代・文選百三
78_747_9

唐代・文選百三
78_747_25

唐代・文選百三
78_747_31

唐代・文選百三
79_748_30

唐代・古文選後
12_143_5

唐代・古文選後
22_255_11

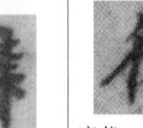

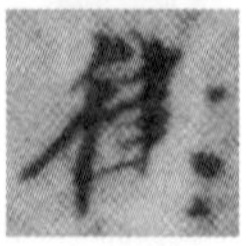
唐代・十輪經四
1_18_7

唐代・十輪經四
8_154_2

唐代・十輪經四
8_155_17

唐代・十輪經四
8_159_1

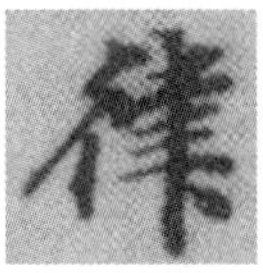
唐代・十輪經四
19_379_3

唐代・十輪經四
20_380_9

唐代・十輪經九
6_114_14

唐代・十輪經九
13_245_1

唐代・十輪經九
13_245_17

唐代・十輪經九
14_267_4

唐代・十輪經九
19_374_15

唐代・十輪經九
19_375_14

唐代・十輪經九
20_397_7

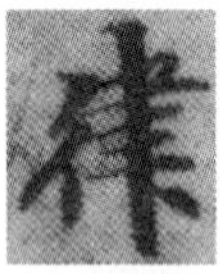
唐代・十輪經十
4_66_14

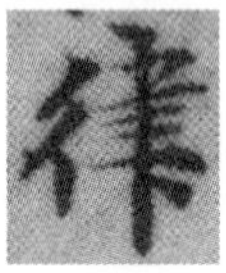
唐代・十輪經十
4_67_5

後 𢔶

慣ゴ 漢コウ 呉グ
訓おくれる

唐代•十輪經十
12_220_6

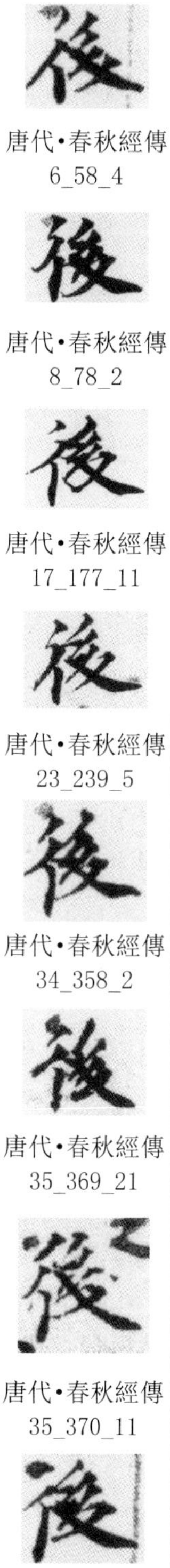

唐代•春秋經傳
6_58_4

唐代•春秋經傳
8_78_2

唐代•春秋經傳
17_177_11

唐代•春秋經傳
23_239_5

唐代•春秋經傳
34_358_2

唐代•春秋經傳
35_369_21

唐代•春秋經傳
35_370_11

唐代•春秋經傳
35_371_2

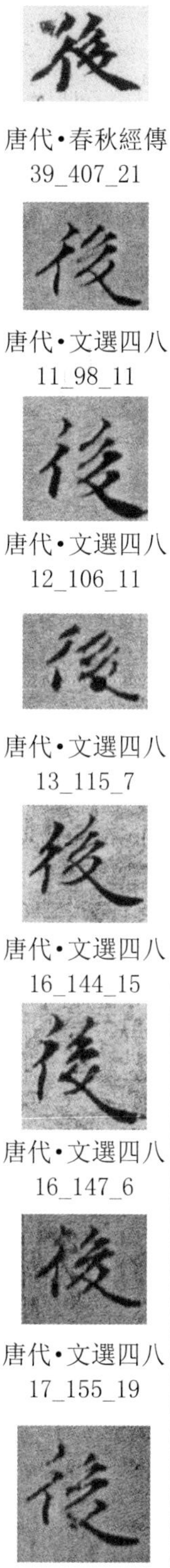

唐代•春秋經傳
39_407_21

唐代•文選四八
11_98_11

唐代•文選四八
12_106_11

唐代•文選四八
13_115_7

唐代•文選四八
16_144_15

唐代•文選四八
16_147_6

唐代•文選四八
17_155_19

唐代•文選四八
17_156_18

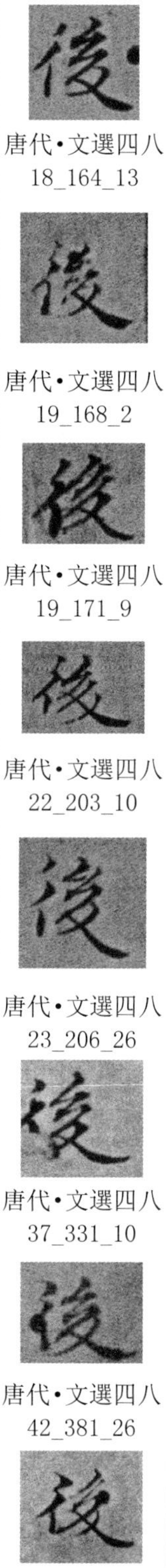

唐代•文選四八
18_164_13

唐代•文選四八
19_168_2

唐代•文選四八
19_171_9

唐代•文選四八
22_203_10

唐代•文選四八
23_206_26

唐代•文選四八
37_331_10

唐代•文選四八
42_381_26

唐代•文選四八
43_386_10

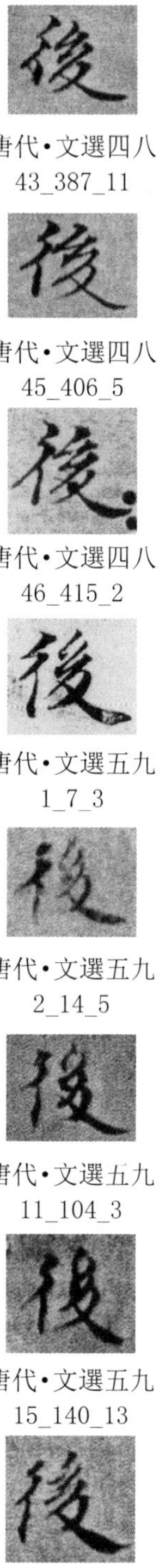

唐代•文選四八
43_387_11

唐代•文選四八
45_406_5

唐代•文選四八
46_415_2

唐代•文選五九
1_7_3

唐代•文選五九
2_14_5

唐代•文選五九
11_104_3

唐代•文選五九
15_140_13

唐代•文選五九
19_191_11

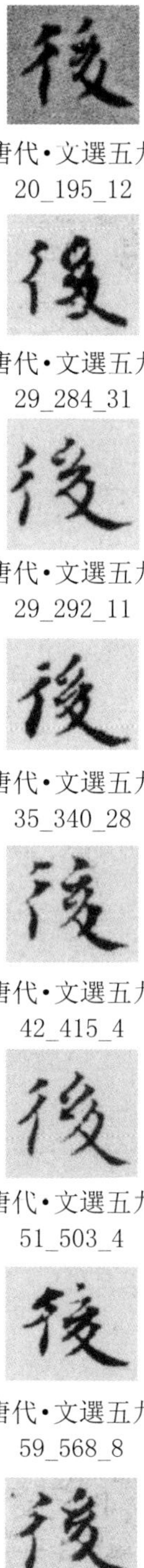

唐代•文選五九
20_195_12

唐代•文選五九
29_284_31

唐代•文選五九
29_292_11

唐代•文選五九
35_340_28

唐代•文選五九
42_415_4

唐代•文選五九
51_503_4

唐代•文選五九
59_568_8

唐代•文選五九
76_731_1

唐代•文選五九
76_731_25

唐代•文選五九
78_756_27

唐代•文選五九
83_799_20

唐代•文選五九
84_807_8

唐代•文選五九
92_887_11

唐代•文選五九
103_969_4

唐代•文選五九
104_985_1

唐代•文選五九
109_1033_3

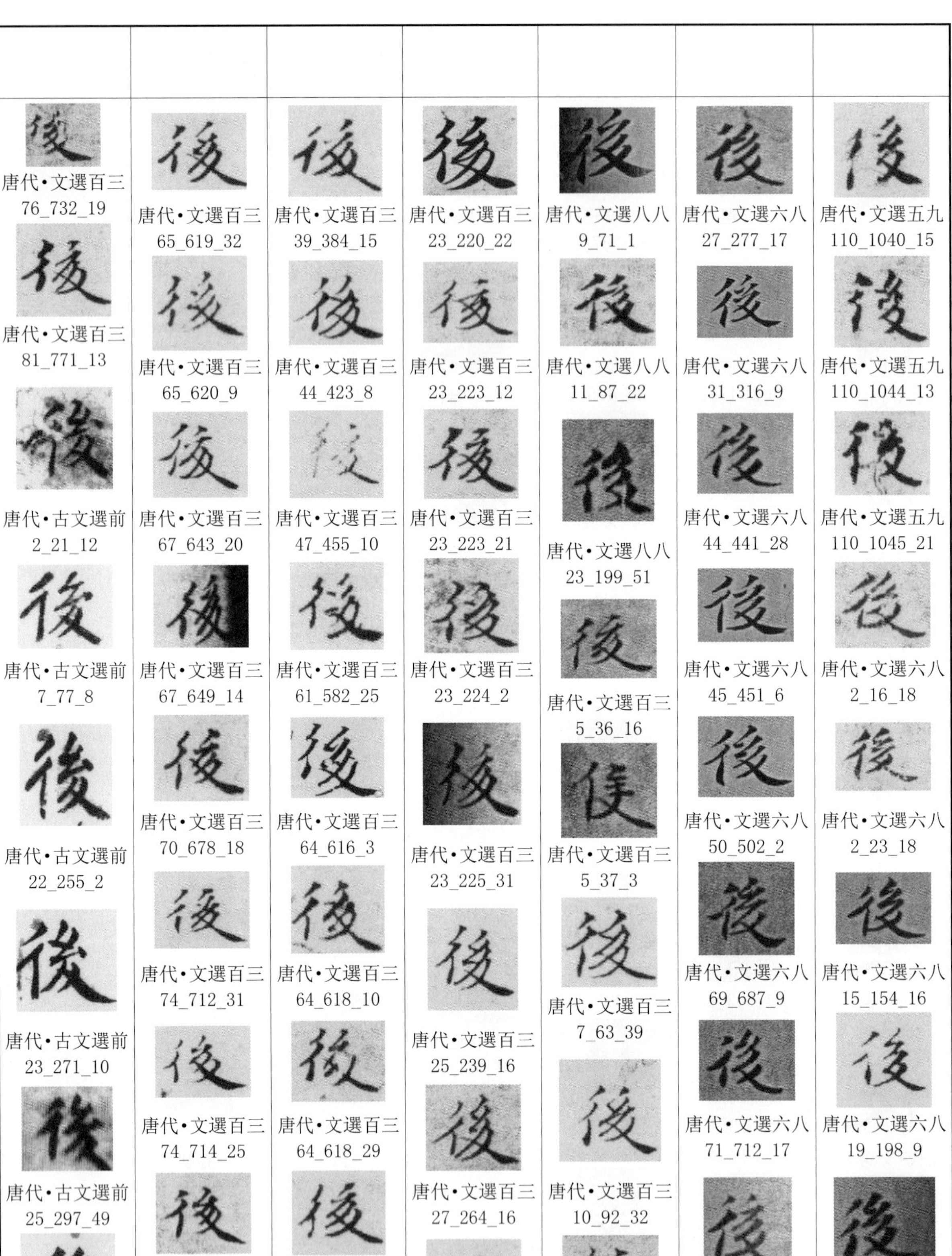

唐代•文選百三 76_732_19
唐代•文選百三 81_771_13
唐代•古文選前 2_21_12
唐代•古文選前 7_77_8
唐代•古文選前 22_255_2
唐代•古文選前 23_271_10
唐代•古文選前 25_297_49
唐代•古文選後 4_40_9

唐代•文選百三 65_619_32
唐代•文選百三 65_620_9
唐代•文選百三 67_643_20
唐代•文選百三 67_649_14
唐代•文選百三 70_678_18
唐代•文選百三 74_712_31
唐代•文選百三 74_714_25
唐代•文選百三 76_731_11

唐代•文選百三 39_384_15
唐代•文選百三 44_423_8
唐代•文選百三 47_455_10
唐代•文選百三 61_582_25
唐代•文選百三 64_616_3
唐代•文選百三 64_618_10
唐代•文選百三 64_618_29
唐代•文選百三 65_619_29

唐代•文選百三 23_220_22
唐代•文選百三 23_223_12
唐代•文選百三 23_223_21
唐代•文選百三 23_224_2
唐代•文選百三 23_225_31
唐代•文選百三 25_239_16
唐代•文選百三 27_264_16
唐代•文選百三 31_300_18

唐代•文選八八 9_71_1
唐代•文選八八 11_87_22
唐代•文選八八 23_199_51
唐代•文選百三 5_36_16
唐代•文選百三 5_37_3
唐代•文選百三 7_63_39
唐代•文選百三 10_92_32
唐代•文選百三 11_103_8

唐代•文選六八 27_277_17
唐代•文選六八 31_316_9
唐代•文選六八 44_441_28
唐代•文選六八 45_451_6
唐代•文選六八 50_502_2
唐代•文選六八 69_687_9
唐代•文選六八 71_712_17
唐代•文選八八 7_51_10

唐代•文選五九 110_1040_15
唐代•文選五九 110_1044_13
唐代•文選五九 110_1045_21
唐代•文選六八 2_16_18
唐代•文選六八 2_23_18
唐代•文選六八 15_154_16
唐代•文選六八 19_198_9
唐代•文選六八 27_276_26

	徒	很				
	漢ト呉ズ 訓かち	漢コン 訓もとる				
 唐代•文選五九 38_376_8	 唐代•春秋經傳 1_7_13	 唐代•文選八八 18_155_20	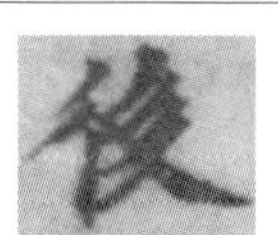 唐代•十輪經八 16_310_8	 唐代•十輪經四 19_378_10	 唐代•十輪經四 10_196_2	 唐代•古文選後 6_66_11
唐代•文選五九 39_379_1	 唐代•春秋經傳 10_102_5	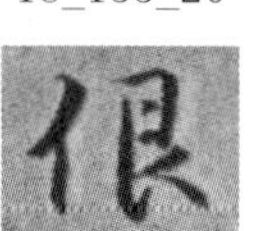 唐代•文選八八 18_155_25	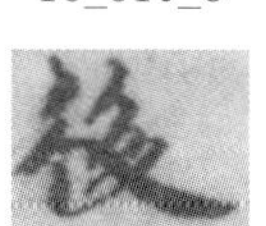 唐代•十輪經八 18_348_17	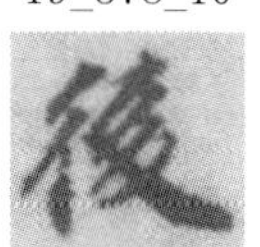 唐代•十輪經八 2_38_6	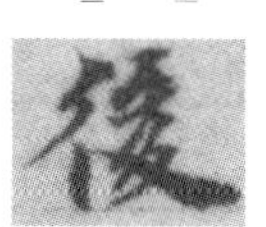 唐代•十輪經四 14_274_17	 唐代•古文選後 7_83_45
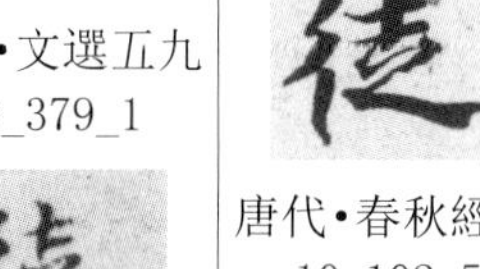 唐代•文選五九 39_379_24	 唐代•春秋經傳 36_378_27	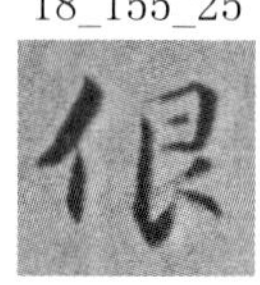 唐代•文選八八 18_156_25	 唐代•十輪經八 20_386_13	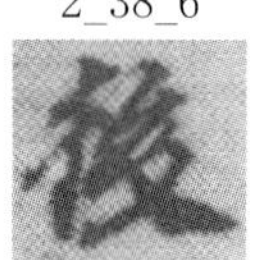 唐代•十輪經八 5_99_1	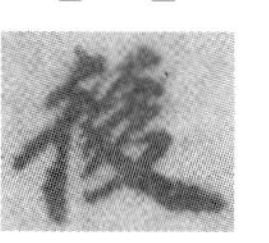 唐代•十輪經四 17_323_3	 唐代•古文選後 19_224_3
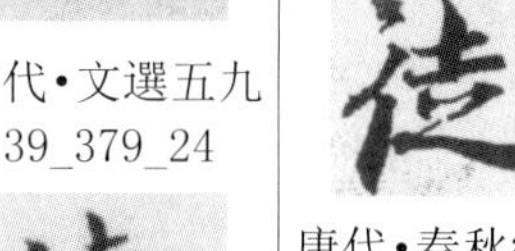 唐代•文選五九 42_413_12	 唐代•春秋經傳 36_378_29		 唐代•十輪經八 22_426_4	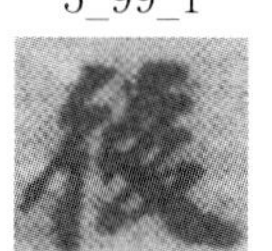 唐代•十輪經八 7_121_9	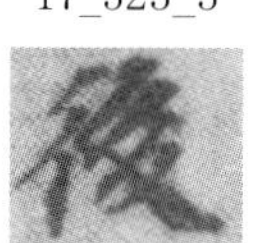 唐代•十輪經四 17_329_14	 唐代•古文選後 22_255_8
 唐代•文選五九 60_575_21	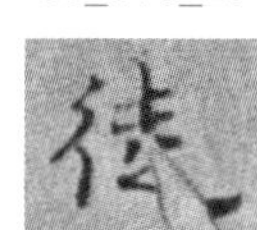 唐代•文選四八 28_248_1		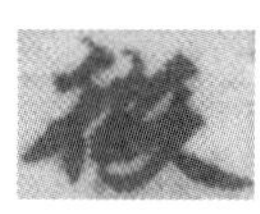 唐代•十輪經九 2_24_13	 唐代•十輪經八 8_160_4	 唐代•十輪經四 18_345_3	 唐代•古文選後 24_287_6
 唐代•文選五九 61_586_20	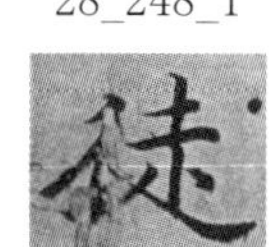 唐代•文選四八 45_409_21		 唐代•十輪經九 4_64_1	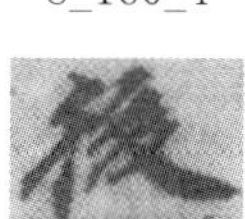 唐代•十輪經八 10_197_17	 唐代•十輪經四 18_360_3	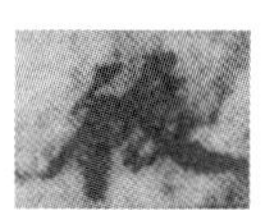 唐代•十輪經四 1_2_17
 唐代•文選五九 75_718_12	 唐代•文選五九 5_45_3		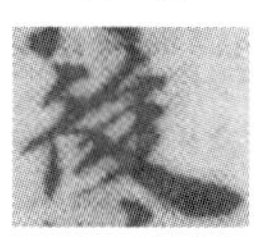 唐代•十輪經十 10_194_3	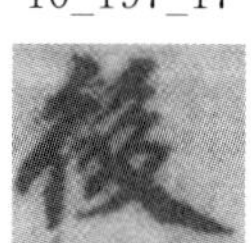 唐代•十輪經八 12_235_9	 唐代•十輪經四 19_363_14	 唐代•十輪經四 5_96_7
 唐代•文選五九 101_949_24	 唐代•文選五九 23_221_21		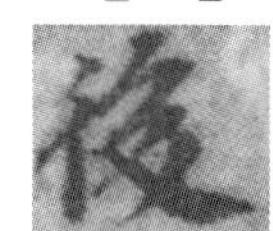 唐代•十輪經十 19_374_7	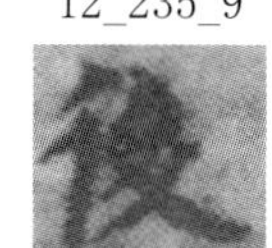 唐代•十輪經八 14_272_10	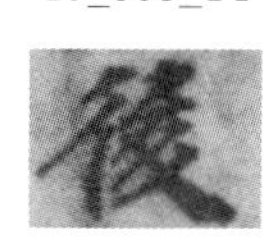 唐代•十輪經四 2_33_10	

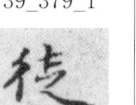

徑𢓭

漢ケイ
訓こみち

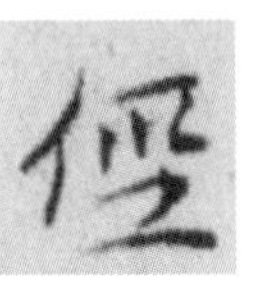
唐代・文選百三
36_360_7

唐代・古文選後
22_264_3

唐代・春秋經傳
38_396_27

唐代・文選五九
32_313_2

唐代・文選五九
32_314_6

唐代・文選五九
32_315_10

唐代・文選五九
32_315_25

唐代・文選五九
74_706_2

唐代・文選五九
97_923_20

唐代・文選五九
97_926_26

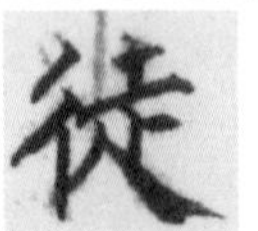
唐代・古文選後
3_31_6

唐代・古文選後
5_50_2

唐代・古文選後
7_77_6

唐代・古文選後
21_242_9

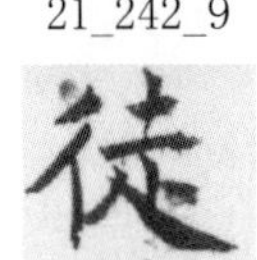
唐代・古文選後
26_310_6

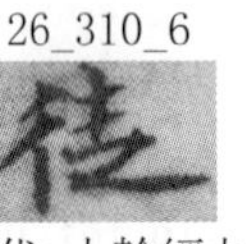
唐代・十輪經九
4_59_13

唐代・文選百三
71_682_9

唐代・文選百三
83_790_18

唐代・古文選前
6_74_2

唐代・古文選前
7_75_4

唐代・古文選前
7_77_14

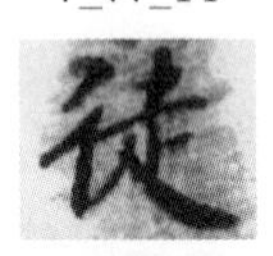
唐代・古文選前
11_129_14

唐代・古文選前
13_147_1

唐代・古文選前
13_148_11

唐代・文選百三
39_391_2

唐代・文選百三
39_393_12

唐代・文選百三
39_394_14

唐代・文選百三
39_395_27

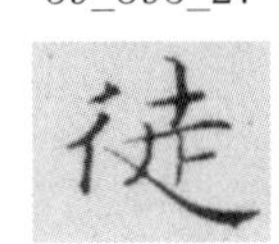
唐代・文選百三
39_396_30

唐代・文選百三
40_398_17

唐代・文選百三
48_461_40

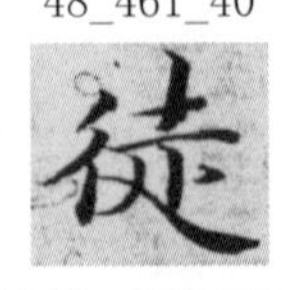
唐代・文選百三
54_519_11

唐代・文選六八
59_588_19

唐代・文選六八
59_589_5

唐代・文選六八
61_605_7

唐代・文選六八
67_672_1

唐代・文選八八
5_27_1

唐代・文選百三
7_68_30

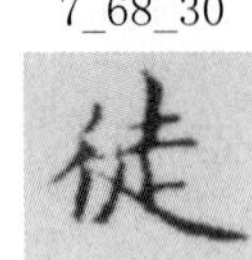
唐代・文選百三
8_70_27

唐代・文選百三
23_224_20

唐代・文選五九
101_951_13

唐代・文選五九
105_999_17

唐代・文選六八
10_106_12

唐代・文選六八
11_117_24

唐代・文選六八
31_318_5

唐代・文選六八
32_320_3

唐代・文選六八
32_320_18

唐代・文選六八
59_585_18

	徘		術			徐
	漢ハイ 訓さまよう		慣ジュツ漢シュツ 訓みち			呉ジョ 訓おもむろ
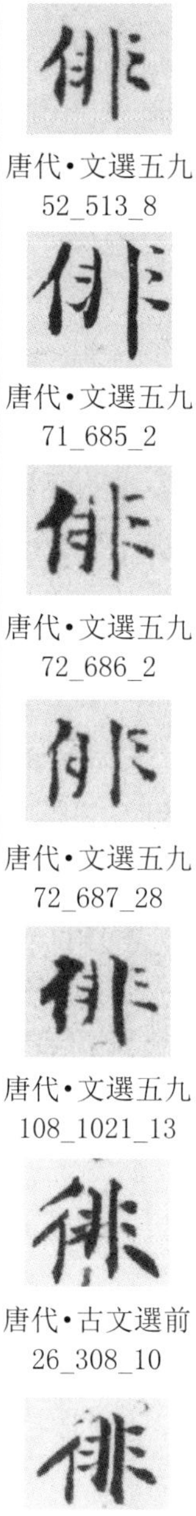 唐代•文選五九 52_513_8 唐代•文選五九 71_685_2 唐代•文選五九 72_686_2 唐代•文選五九 72_687_28 唐代•文選五九 108_1021_13 唐代•古文選前 26_308_10 唐代•古文選後 10_110_5	 唐代•文選四八 6_41_16 唐代•文選四八 10_85_6 唐代•文選四八 10_86_24 唐代•文選四八 10_89_4 唐代•文選四八 38_342_12 唐代•文選四八 38_343_27 唐代•文選五九 51_509_9 唐代•文選五九 52_511_17	 唐代•十輪經十 4_68_3 唐代•十輪經十 4_70_11 唐代•十輪經十 6_101_3	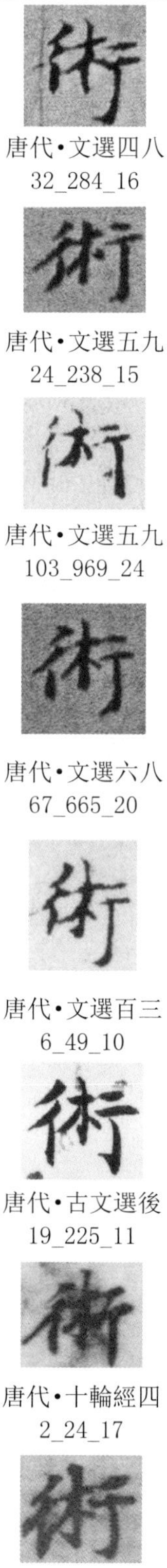 唐代•文選四八 32_284_16 唐代•文選五九 24_238_15 唐代•文選五九 103_969_24 唐代•文選六八 67_665_20 唐代•文選百三 6_49_10 唐代•古文選後 19_225_11 唐代•十輪經四 2_24_17 唐代•十輪經十 3_44_15	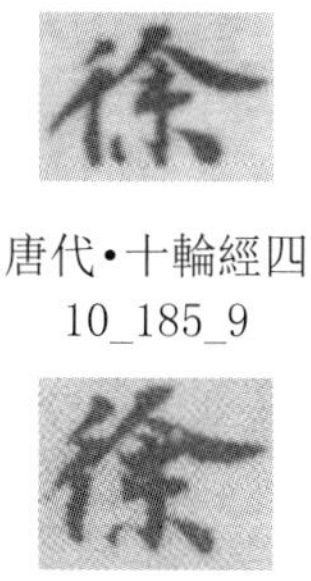 唐代•十輪經四 10_185_9 唐代•十輪經四 15_298_4	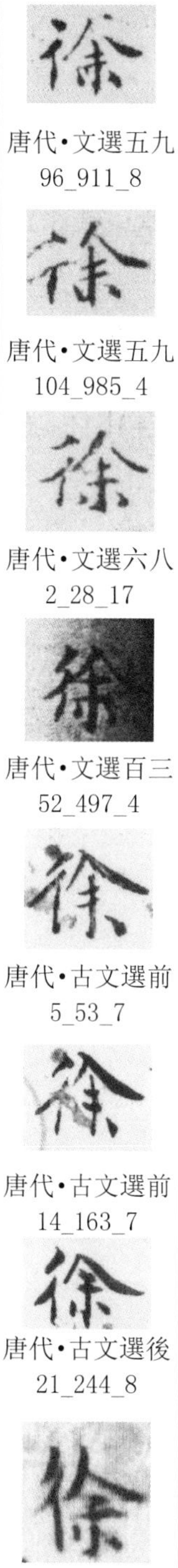 唐代•文選五九 96_911_8 唐代•文選五九 104_985_4 唐代•文選六八 2_28_17 唐代•文選百三 52_497_4 唐代•古文選前 5_53_7 唐代•古文選前 14_163_7 唐代•古文選後 21_244_8 唐代•古文選後 21_244_75	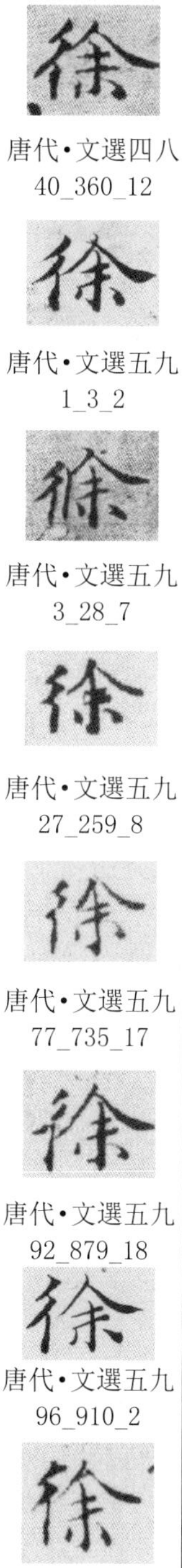 唐代•文選四八 40_360_12 唐代•文選五九 1_3_2 唐代•文選五九 3_28_7 唐代•文選五九 27_259_8 唐代•文選五九 77_735_17 唐代•文選五九 92_879_18 唐代•文選五九 96_910_2 唐代•文選五九 96_910_15

得

トク

訓 える

初唐・法華義疏
1_4_15

初唐・金剛場經
1_1_6

初唐・金剛場經
1_2_7

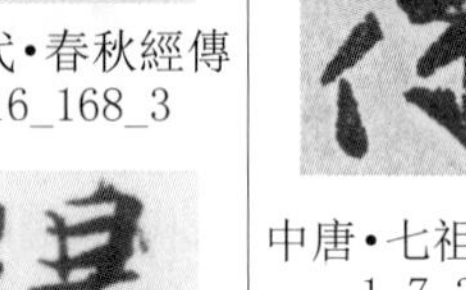

中唐・七祖像贊
1_7_3

晚唐・慶滋書狀
1_12_2

唐代・春秋經傳
3_21_18

唐代・春秋經傳
3_22_14

唐代・春秋經傳
4_40_2

唐代・春秋經傳
5_47_13

唐代・春秋經傳
6_58_25

唐代・春秋經傳
16_168_3

唐代・春秋經傳
21_218_18

唐代・春秋經傳
23_242_24

唐代・春秋經傳
35_369_22

唐代・春秋經傳
35_371_22

唐代・春秋經傳
36_375_1

唐代・春秋經傳
39_406_3

唐代・春秋經傳
39_408_8

唐代・文選四八
4_31_15

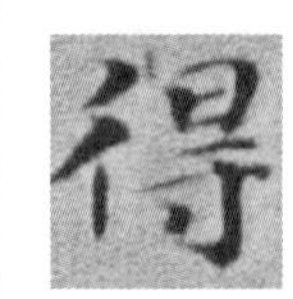

唐代・文選四八
6_46_10

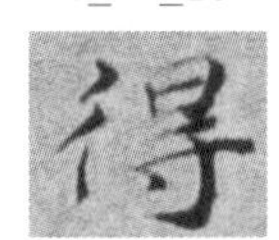

唐代・文選四八
10_88_7

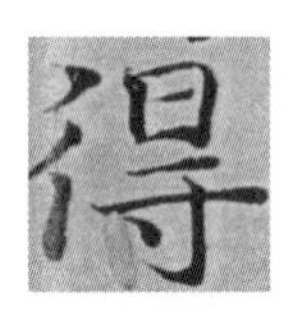

唐代・文選四八
10_89_19

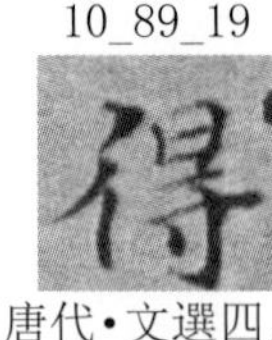

唐代・文選四八
12_100_13

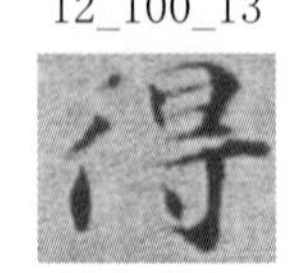

唐代・文選四八
12_106_4

唐代・文選四八
15_135_16

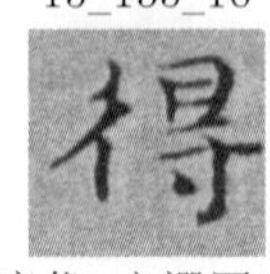

唐代・文選四八
15_136_4

唐代・文選四八
16_140_3

唐代・文選四八
26_238_8

唐代・文選四八
28_249_9

唐代・文選四八
34_304_8

唐代・文選四八
40_359_21

唐代・文選四八
44_396_10

唐代・文選四八
44_397_23

唐代・文選四八
46_413_14

唐代・文選五九
5_44_8

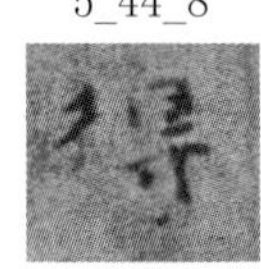

唐代・文選五九
5_50_11

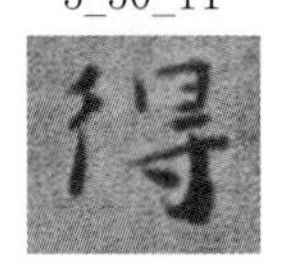

唐代・文選五九
6_57_14

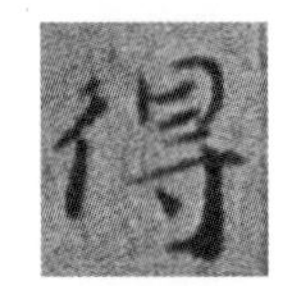

唐代・文選五九
7_61_7

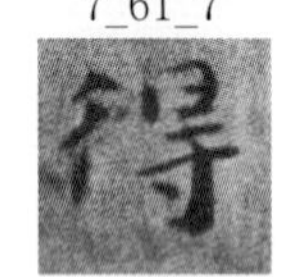

唐代・文選五九
7_63_22

唐代・文選五九
7_64_29

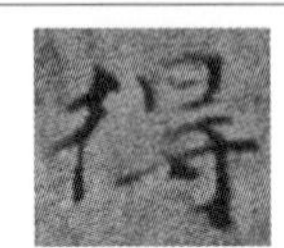

唐代・文選五九
9_82_24

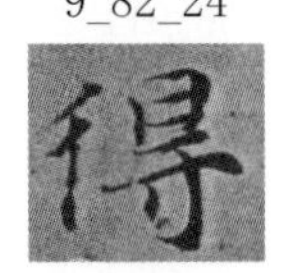

唐代・文選五九
9_85_3

唐代・文選五九
9_85_20

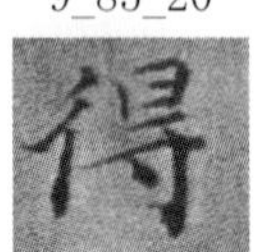

唐代・文選五九
9_86_2

唐代・文選五九
9_86_26

唐代・文選五九
9_88_7

唐代・文選五九
11_100_9

唐代・文選五九
13_124_20

唐代・文選五九
15_148_10

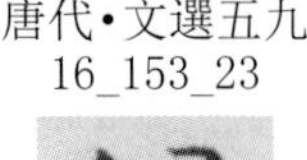

唐代・文選五九
16_153_23

唐代・文選五九
16_153_27

唐代・文選五九
16_154_6

唐代・文選五九
17_167_27

唐代・文選五九
25_250_28

唐代・文選五九
35_350_17

唐代・文選五九
35_351_14

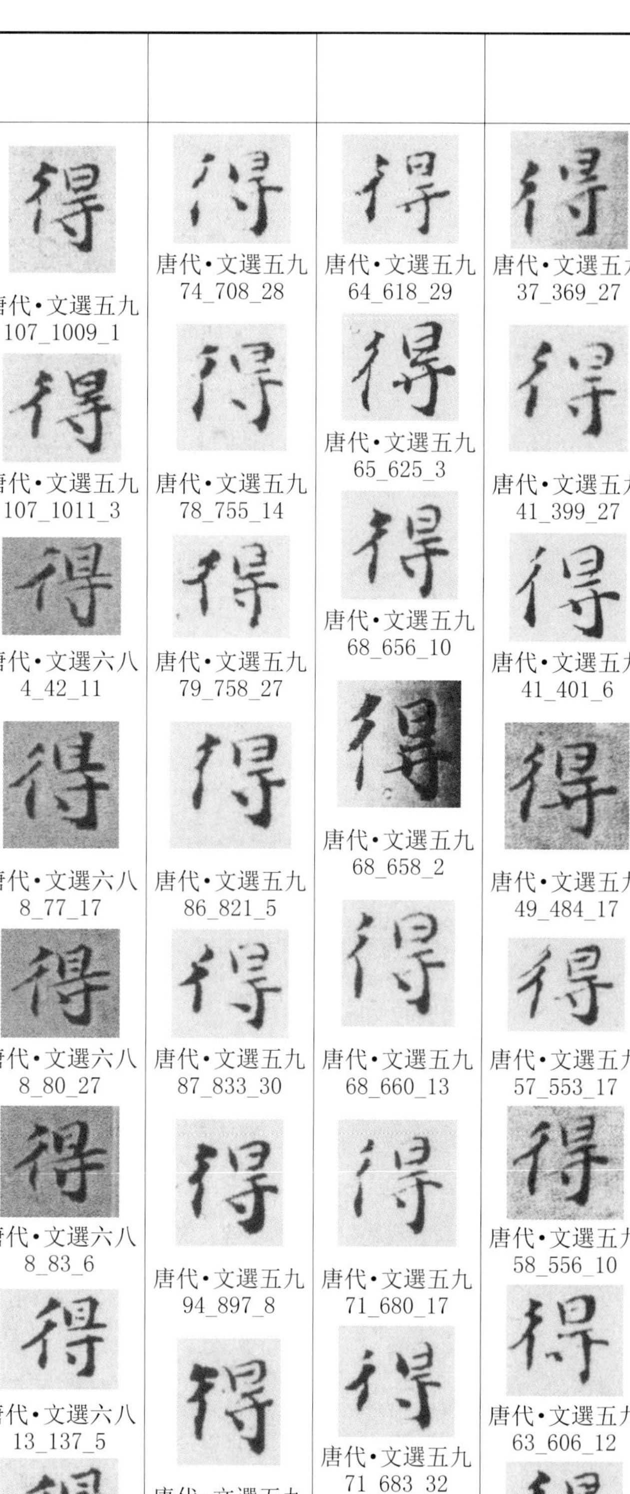

唐代•文選五九
37_369_27

唐代•文選五九
41_399_27

唐代•文選五九
41_401_6

唐代•文選五九
49_484_17

唐代•文選五九
57_553_17

唐代•文選五九
58_556_10

唐代•文選五九
63_606_12

唐代•文選五九
64_618_17

唐代•文選五九
64_618_29

唐代•文選五九
65_625_3

唐代•文選五九
68_656_10

唐代•文選五九
68_658_2

唐代•文選五九
68_660_13

唐代•文選五九
71_680_17

唐代•文選五九
71_683_32

唐代•文選五九
74_705_10

唐代•文選五九
74_708_28

唐代•文選五九
78_755_14

唐代•文選五九
79_758_27

唐代•文選五九
86_821_5

唐代•文選五九
87_833_30

唐代•文選五九
94_897_8

唐代•文選五九
99_937_24

唐代•文選五九
103_971_15

唐代•文選五九
107_1009_1

唐代•文選五九
107_1011_3

唐代•文選六八
4_42_11

唐代•文選六八
8_77_17

唐代•文選六八
8_80_27

唐代•文選六八
8_83_6

唐代•文選六八
13_137_5

唐代•文選六八
13_137_17

唐代•文選六八
13_137_24

唐代•文選六八
13_138_7

唐代•文選六八
16_166_10

唐代•文選六八
17_172_4

唐代•文選六八
19_198_18

唐代•文選六八
22_221_21

唐代•文選六八
23_233_20

唐代•文選六八
23_235_9

唐代•文選六八
23_238_10

唐代•文選六八
33_336_12

唐代•文選六八
36_360_1

唐代•文選六八
44_439_24

唐代•文選六八
44_444_4

唐代•文選六八
47_470_4

唐代•文選六八
48_482_3

唐代•文選六八
58_580_7

唐代•文選六八
66_663_4

唐代•文選六八
69_686_28

唐代•文選六八
69_691_8

唐代•文選八八
3_20_9

唐代•文選八八
9_66_12

唐代•文選八八
9_68_3

唐代•文選八八
9_69_30

唐代•文選八八
11_85_33

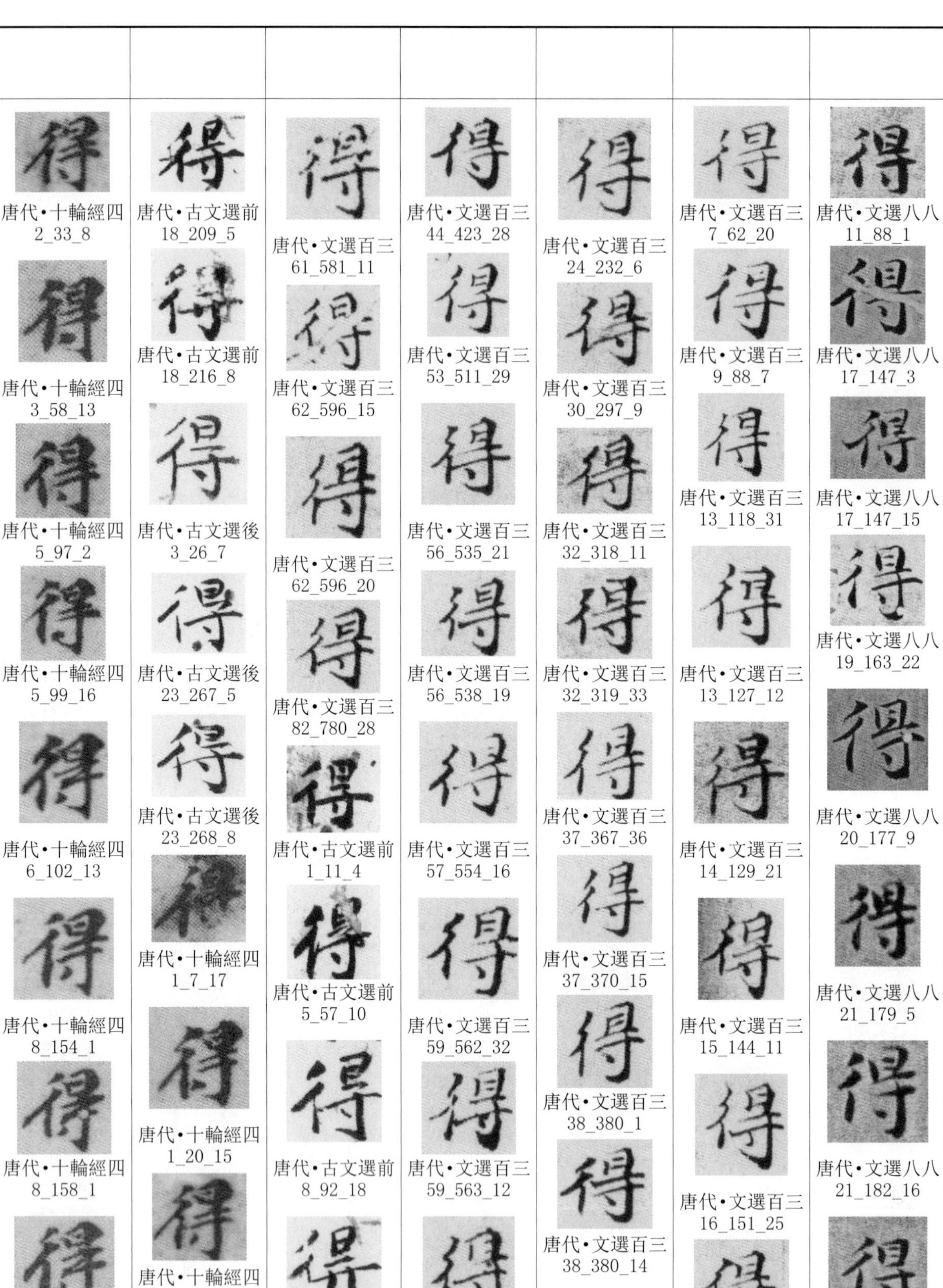
唐代•十輪經四 2_33_8
唐代•十輪經四 3_58_13
唐代•十輪經四 5_97_2
唐代•十輪經四 5_99_16
唐代•十輪經四 6_102_13
唐代•十輪經四 8_154_1
唐代•十輪經四 8_158_1
唐代•十輪經四 8_158_17
唐代•古文選前 18_209_5
唐代•古文選前 18_216_8
唐代•古文選後 3_26_7
唐代•古文選後 23_267_5
唐代•古文選後 23_268_8
唐代•十輪經四 1_7_17
唐代•十輪經四 1_20_15
唐代•十輪經四 2_32_6
唐代•文選百三 61_581_11
唐代•文選百三 62_596_15
唐代•文選百三 62_596_20
唐代•文選百三 82_780_28
唐代•古文選前 1_11_4
唐代•古文選前 5_57_10
唐代•古文選前 8_92_18
唐代•古文選前 17_202_5
唐代•文選百三 44_423_28
唐代•文選百三 53_511_29
唐代•文選百三 56_535_21
唐代•文選百三 56_538_19
唐代•文選百三 57_554_16
唐代•文選百三 59_562_32
唐代•文選百三 59_563_12
唐代•文選百三 60_574_15
唐代•文選百三 24_232_6
唐代•文選百三 30_297_9
唐代•文選百三 32_318_11
唐代•文選百三 32_319_33
唐代•文選百三 37_367_36
唐代•文選百三 37_370_15
唐代•文選百三 38_380_1
唐代•文選百三 38_380_14
唐代•文選百三 7_62_20
唐代•文選百三 9_88_7
唐代•文選百三 13_118_31
唐代•文選百三 13_127_12
唐代•文選百三 14_129_21
唐代•文選百三 15_144_11
唐代•文選百三 16_151_25
唐代•文選百三 16_153_11
唐代•文選八八 11_88_1
唐代•文選八八 17_147_3
唐代•文選八八 17_147_15
唐代•文選八八 19_163_22
唐代•文選八八 20_177_9
唐代•文選八八 21_179_5
唐代•文選八八 21_182_16
唐代•文選八八 21_184_3

唐代·十輪經八 7_140_14
唐代·十輪經八 8_156_9
唐代·十輪經八 9_162_15
唐代·十輪經八 9_163_10
唐代·十輪經八 9_164_1
唐代·十輪經八 9_164_13
唐代·十輪經八 9_165_4
唐代·十輪經八 9_165_16

唐代·十輪經八 9_168_3
唐代·十輪經八 9_168_12
唐代·十輪經八 9_169_7
唐代·十輪經八 9_170_7
唐代·十輪經八 9_170_15
唐代·十輪經八 9_171_10
唐代·十輪經八 9_174_11
唐代·十輪經八 9_179_1

唐代·十輪經八 10_194_5
唐代·十輪經八 11_201_6
唐代·十輪經八 11_201_14
唐代·十輪經八 11_202_8
唐代·十輪經八 11_202_16
唐代·十輪經八 11_203_11
唐代·十輪經八 11_205_17
唐代·十輪經八 11_206_9

唐代·十輪經八 11_207_4
唐代·十輪經八 11_208_3
唐代·十輪經八 11_208_11
唐代·十輪經八 11_209_6
唐代·十輪經八 11_212_8
唐代·十輪經八 11_215_15
唐代·十輪經八 12_231_5
唐代·十輪經八 12_238_3

唐代·十輪經八 12_238_15
唐代·十輪經八 12_239_6
唐代·十輪經八 12_240_1
唐代·十輪經八 12_240_9
唐代·十輪經八 13_241_4
唐代·十輪經八 13_243_9
唐代·十輪經八 13_244_1
唐代·十輪經八 13_244_13

唐代·十輪經八 13_245_14
唐代·十輪經八 13_246_4
唐代·十輪經八 13_246_16
唐代·十輪經八 13_249_13
唐代·十輪經八 13_252_15
唐代·十輪經八 14_268_6
唐代·十輪經八 14_275_3
唐代·十輪經八 14_275_15

唐代·十輪經八 14_276_6
唐代·十輪經八 14_277_2
唐代·十輪經八 14_277_10
唐代·十輪經八 14_278_5
唐代·十輪經八 14_280_10
唐代·十輪經八 14_281_2
唐代·十輪經八 14_281_14
唐代·十輪經八 15_282_13

從	徙					
慣ジュウ漢ショウ呉ジュ 訓したがう	シ 訓うつ					

從

初唐•法華義疏 1_7_11

中唐•金剛經題 1_7_10

唐代•春秋經傳 7_73_8

唐代•春秋經傳 10_105_3

唐代•春秋經傳 13_136_12

唐代•春秋經傳 17_173_18

唐代•春秋經傳 19_199_2

唐代•春秋經傳 19_200_21

徙

唐代•文選五九 47_467_11

唐代•文選五九 68_649_14

唐代•文選五九 78_746_5

唐代•文選八八 11_84_6

唐代•文選八八 11_85_26

唐代•文選百三 11_103_9

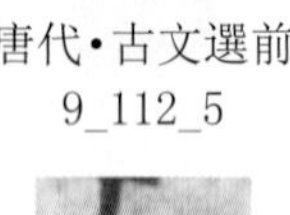

唐代•古文選前 9_112_5

唐代•古文選前 25_297_44

唐代•十輪經十 15_282_11

唐代•十輪經十 17_330_22

唐代•十輪經十 17_336_13

唐代•十輪經十 17_339_14

唐代•十輪經十 18_342_16

唐代•十輪經十 18_353_4

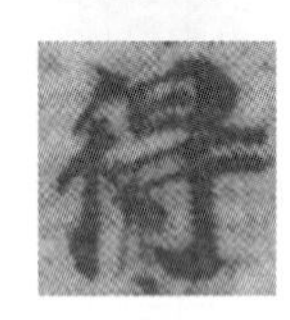

唐代•十輪經十 18_359_6

唐代•十輪經十 9_169_8

唐代•十輪經十 9_170_7

唐代•十輪經十 10_181_8

唐代•十輪經十 10_181_17

唐代•十輪經十 10_184_6

唐代•十輪經十 10_190_9

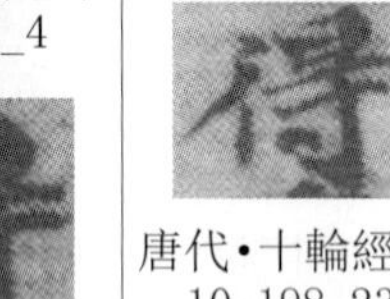

唐代•十輪經十 10_198_23

唐代•十輪經十 14_267_14

唐代•十輪經九 21_419_11

唐代•十輪經十 2_25_1

唐代•十輪經十 2_33_4

唐代•十輪經十 3_45_3

唐代•十輪經十 5_95_9

唐代•十輪經十 6_117_3

唐代•十輪經十 6_120_6

唐代•十輪經十 8_155_4

唐代•十輪經九 16_309_13

唐代•十輪經九 16_312_13

唐代•十輪經九 16_318_1

唐代•十輪經九 17_332_3

唐代•十輪經九 18_352_9

唐代•十輪經九 18_352_12

唐代•十輪經九 18_357_4

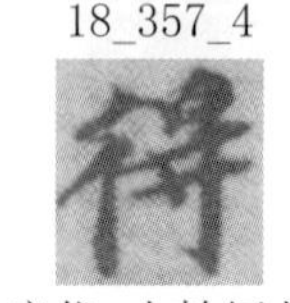

唐代•十輪經九 21_414_16

唐代•十輪經九 12_229_6

唐代•十輪經九 13_259_17

唐代•十輪經九 14_260_2

唐代•十輪經九 14_263_6

唐代•十輪經九 15_291_16

唐代•十輪經九 16_307_11

唐代•十輪經九 16_308_10

唐代•十輪經九 16_309_1

 唐代•文選六八 21_213_2	 唐代•文選五九 103_973_16	 唐代•文選五九 51_508_16	唐代•文選五九 32_315_18	 唐代•文選四八 36_329_17	 唐代•文選四八 3_17_9	 唐代•春秋經傳 22_229_18
 唐代•文選六八 21_218_11	 唐代•文選五九 103_974_17	 唐代•文選五九 53_517_22	 唐代•文選五九 35_342_30	 唐代•文選四八 42_381_24	 唐代•文選四八 6_45_15	 唐代•春秋經傳 28_285_35
 唐代•文選六八 25_247_9	 唐代•文選五九 103_975_29	 唐代•文選五九 72_686_5	 唐代•文選五九 44_434_25	 唐代•文選四八 46_412_26	 唐代•文選四八 12_110_27	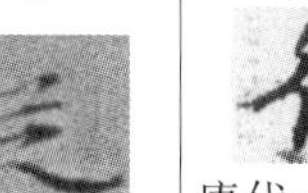 唐代•春秋經傳 28_295_3
 唐代•文選六八 28_280_5	 唐代•文選五九 106_1006_28	 唐代•文選五九 72_687_26	 唐代•文選五九 45_445_11	 唐代•文選五九 14_134_11	 唐代•文選四八 16_143_15	 唐代•春秋經傳 29_299_12
 唐代•文選六八 29_289_17	 唐代•文選五九 111_1059_13	 唐代•文選五九 85_815_2	 唐代•文選五九 45_446_16	 唐代•文選五九 14_136_2	 唐代•文選四八 28_258_10	 唐代•春秋經傳 35_363_21
唐代•文選六八 39_388_13	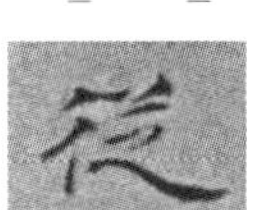 唐代•文選六八 8_77_27	 唐代•文選五九 85_817_19	 唐代•文選五九 46_452_9	 唐代•文選五九 17_166_10	 唐代•文選四八 28_258_23	 唐代•春秋經傳 36_375_5
 唐代•文選六八 48_479_6	 唐代•文選六八 13_142_7	 唐代•文選五九 97_919_22	 唐代•文選五九 46_453_24	 唐代•文選五九 22_217_11	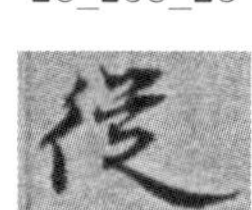 唐代•文選四八 29_259_18	 唐代•春秋經傳 37_386_10
 唐代•文選六八 53_527_20	 唐代•文選六八 17_180_4	 唐代•文選五九 103_970_30	 唐代•文選五九 46_456_7	 唐代•文選五九 32_314_12	 唐代•文選四八 30_274_7	 唐代•春秋經傳 38_398_9

唐代•十輪經九 12_239_12

唐代•十輪經九 14_262_12

唐代•十輪經九 14_271_12

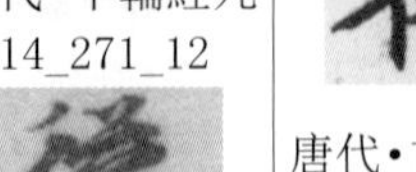
唐代•十輪經九 15_291_4

唐代•十輪經九 16_302_12

唐代•十輪經九 18_356_9

唐代•十輪經九 19_367_12

唐代•十輪經九 21_414_4

唐代•古文選後 15_175_4

唐代•古文選後 16_182_1

唐代•古文選後 16_192_3

唐代•古文選後 20_230_9

唐代•十輪經四 4_72_4

唐代•十輪經九 8_148_12

唐代•十輪經九 9_166_6

唐代•十輪經九 11_202_11

唐代•文選百三 79_754_26

唐代•文選百三 86_823_16

唐代•古文選前 10_117_10

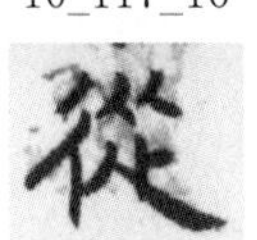
唐代•古文選前 12_137_2

唐代•古文選前 13_156_6

唐代•古文選後 4_42_8

唐代•古文選後 7_74_14

唐代•古文選後 9_101_12

唐代•文選百三 39_395_21

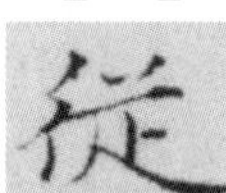
唐代•文選百三 55_531_4

唐代•文選百三 58_557_8

唐代•文選百三 58_561_28

唐代•文選百三 59_562_16

唐代•文選百三 61_587_4

唐代•文選百三 70_675_23

唐代•文選百三 70_676_29

唐代•文選百三 15_136_11

唐代•文選百三 15_139_2

唐代•文選百三 21_208_19

唐代•文選百三 24_232_21

唐代•文選百三 36_361_8

唐代•文選百三 37_363_31

唐代•文選百三 37_364_34

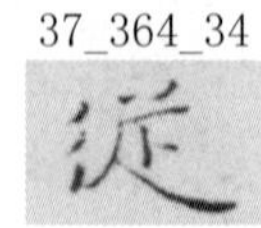
唐代•文選百三 39_395_1

唐代•文選百三 3_27_6

唐代•文選百三 3_28_20

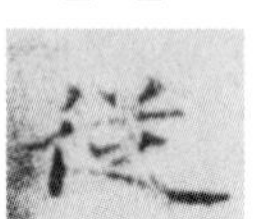
唐代•文選百三 3_28_24

唐代•文選百三 5_43_17

唐代•文選百三 5_44_14

唐代•文選百三 5_46_29

唐代•文選百三 5_47_11

唐代•文選百三 5_47_16

唐代•文選六八 57_578_3

唐代•文選六八 58_580_9

唐代•文選六八 62_623_2

唐代•文選六八 67_670_12

唐代•文選六八 73_729_2

唐代•文選八八 3_16_14

唐代•文選八八 3_16_21

唐代•文選八八 3_20_3

御　街

			御	街		
			漢ギョ呉ゴ 訓おん	慣ガイ漢カイ 訓まち		
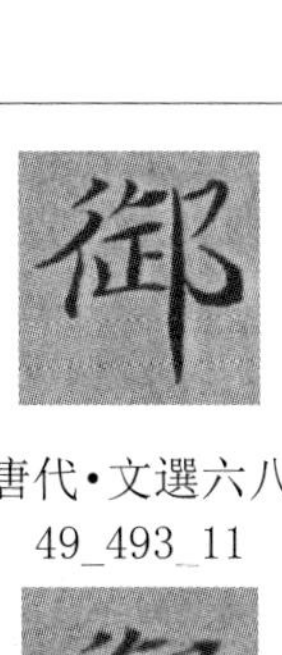 唐代•文選六八 49_493_11 唐代•文選六八 49_496_2 唐代•文選八八 20_175_1 唐代•文選八八 20_176_23 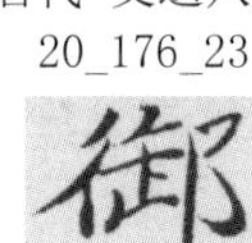 唐代•文選百三 41_406_1 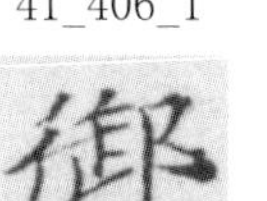 唐代•文選百三 41_410_26 唐代•文選百三 86_822_22	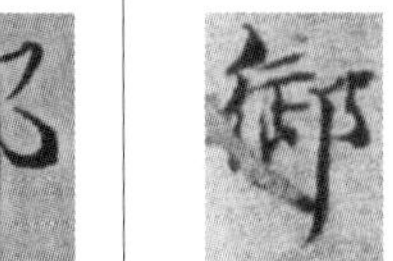  唐代•文選四八 48_437_6 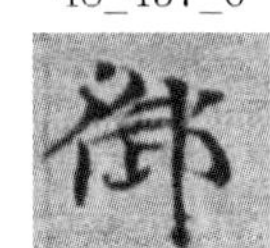 唐代•文選四八 49_444_25 唐代•文選五九 107_1010_12 唐代•文選五九 107_1011_9 唐代•文選五九 107_1012_8 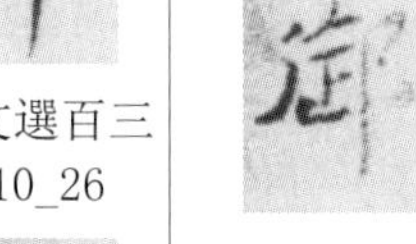 唐代•文選六八 13_138_5 唐代•文選六八 31_308_8	 唐代•春秋經傳 16_164_4  唐代•春秋經傳 19_200_16 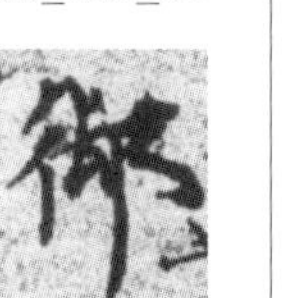 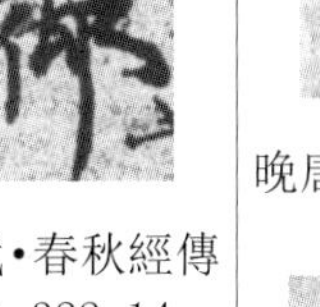 唐代•春秋經傳 31_322_14 唐代•文選四八 17_155_27 唐代•文選四八 46_417_7 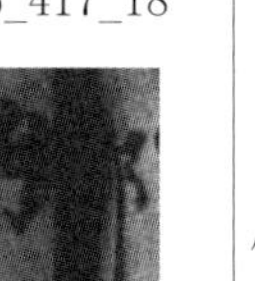 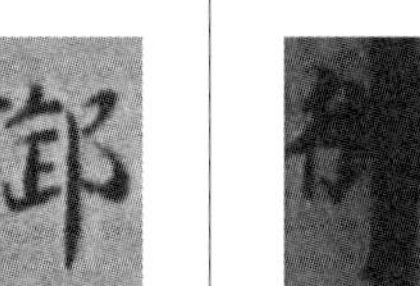  唐代•文選四八 46_417_18 唐代•文選四八 46_418_20	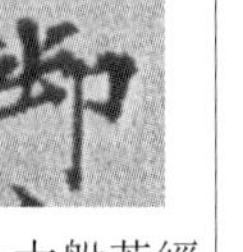 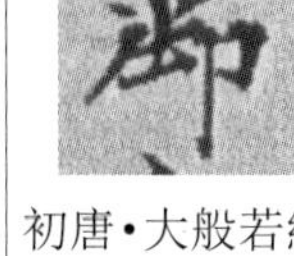 初唐•大般若經 2_32_4 中唐・風信帖 3_17_1 晚唐•慶滋書狀 1_4_9 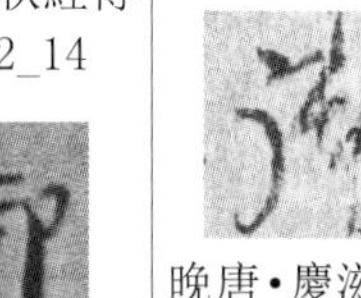 晚唐•慶滋書狀 1_7_11 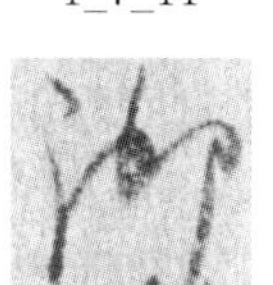 晚唐•慶滋書狀 1_17_4 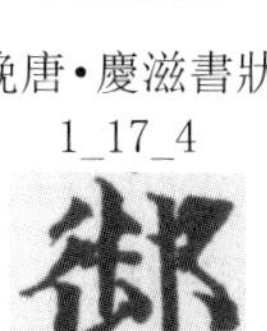  唐代•春秋經傳 5_45_6  唐代•春秋經傳 5_52_8	唐代•文選百三 63_607_7 唐代•文選百三 63_611_20 唐代•古文選後 20_239_9	 唐代•十輪經十 11_202_10   唐代•十輪經十 14_278_16 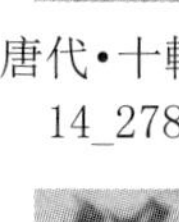  唐代•十輪經十 15_282_8  唐代•十輪經十 16_300_12 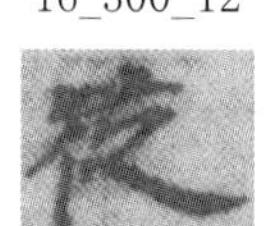 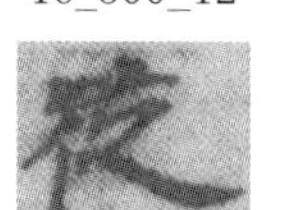 唐代•十輪經十 16_313_1	 唐代•十輪經十 1_3_12 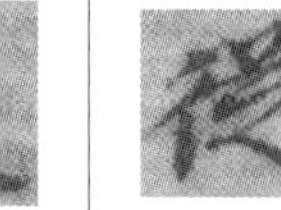 唐代•十輪經十 2_32_9 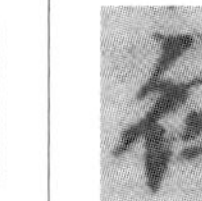 唐代•十輪經十 2_37_14  唐代•十輪經十 6_119_11 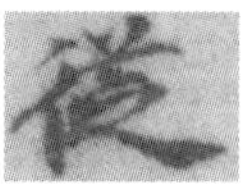 唐代•十輪經十 7_132_12  唐代•十輪經十 8_154_10  唐代•十輪經十 9_165_12  唐代•十輪經十 10_189_14

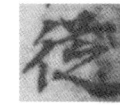

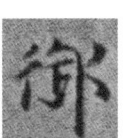

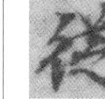

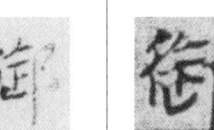

唐代•古文選前
5_59_3

唐代•古文選前
8_92_47

唐代•古文選前
12_142_10

唐代•古文選前
12_144_6

唐代•古文選前
15_172_3

唐代•古文選後
15_171_5

唐代•古文選後
15_172_14

復

漢フク慣フク
訓かえる

初唐•法華義疏
1_7_16

初唐•金剛場經
1_1_14

唐代•春秋經傳
3_21_19

唐代•春秋經傳
6_61_13

唐代•春秋經傳
6_62_9

唐代•春秋經傳
10_105_21

唐代•春秋經傳
13_136_2

唐代•春秋經傳
23_238_1

唐代•春秋經傳
23_239_11

唐代•春秋經傳
27_283_8

唐代•春秋經傳
35_366_4

唐代•春秋經傳
35_369_28

唐代•春秋經傳
35_372_13

唐代•春秋經傳
35_372_24

唐代•春秋經傳
37_391_22

唐代•春秋經傳
38_402_19

唐代•春秋經傳
39_405_11

唐代•文選四八
1_4_23

唐代•文選四八
4_27_11

唐代•文選四八
4_27_15

唐代•文選四八
5_34_8

唐代•文選五九
9_85_2

唐代•文選五九
9_86_25

唐代•文選五九
9_88_6

唐代•文選五九
10_97_26

唐代•文選五九
11_103_2

唐代•文選五九
12_113_2

唐代•文選五九
15_141_6

唐代•文選五九
15_144_18

唐代•文選五九
19_181_15

唐代•文選五九
25_250_29

唐代•文選五九
26_257_26

唐代•文選五九
29_283_3

唐代•文選五九
35_341_16

唐代•文選五九
37_369_26

唐代•文選五九
40_395_20

唐代•文選五九
40_397_2

唐代•文選五九
40_398_11

唐代•文選五九
40_398_25

唐代•文選五九
41_399_13

唐代•文選五九
41_400_21

唐代•文選五九
45_444_9

唐代•文選五九
55_539_2

唐代•文選五九
57_551_8

唐代•文選五九
58_556_9

唐代•文選五九
62_593_14

唐代•文選五九
62_596_26

唐代•文選五九
62_598_2

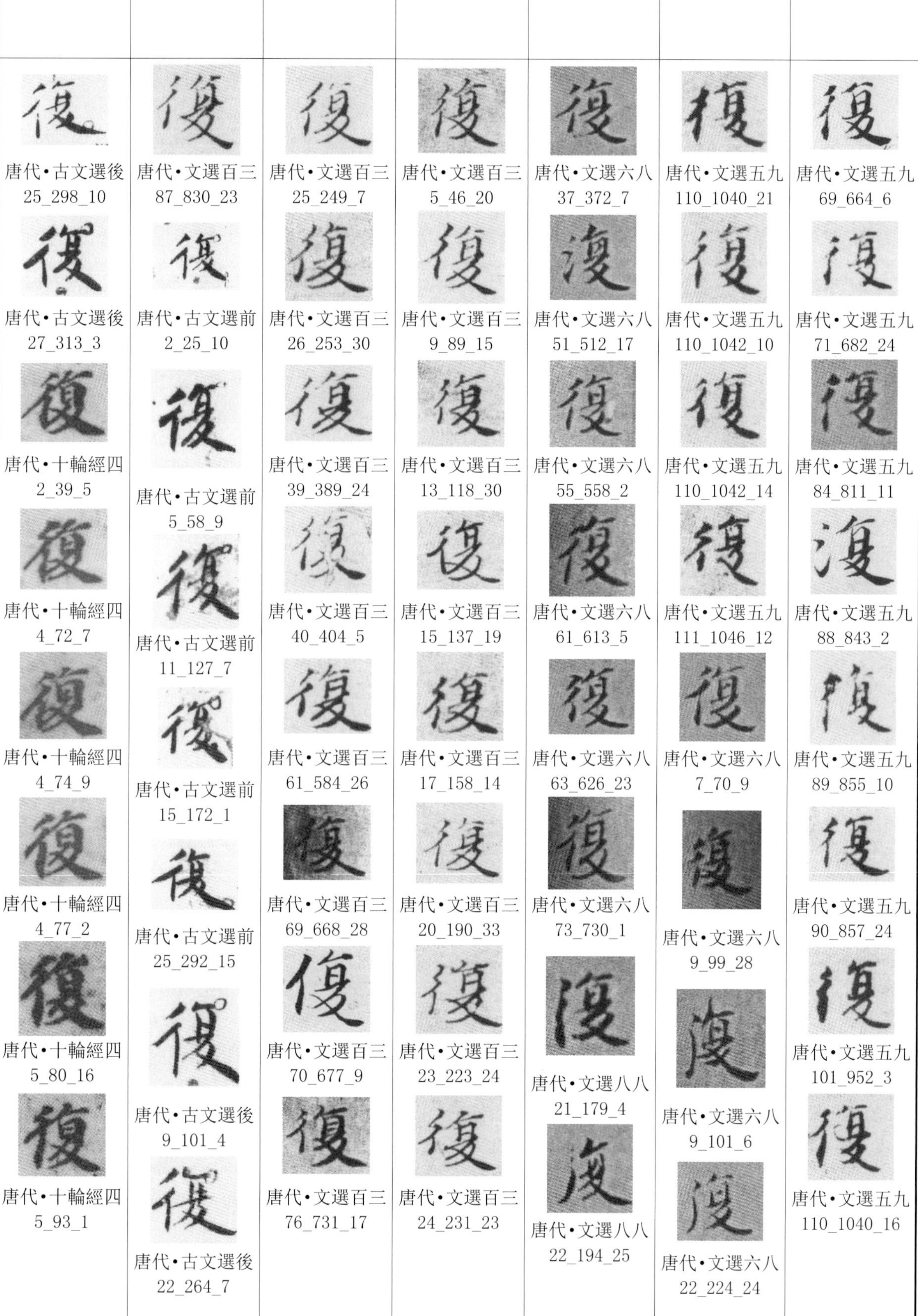

唐代•古文選後 25_298_10	唐代•文選百三 87_830_23	唐代•文選百三 25_249_7	唐代•文選百三 5_46_20	唐代•文選六八 37_372_7	唐代•文選五九 110_1040_21	唐代•文選五九 69_664_6
唐代•古文選後 27_313_3	唐代•古文選前 2_25_10	唐代•文選百三 26_253_30	唐代•文選百三 9_89_15	唐代•文選六八 51_512_17	唐代•文選五九 110_1042_10	唐代•文選五九 71_682_24
唐代•十輪經四 2_39_5	唐代•古文選前 5_58_9	唐代•文選百三 39_389_24	唐代•文選百三 13_118_30	唐代•文選六八 55_558_2	唐代•文選五九 110_1042_14	唐代•文選五九 84_811_11
唐代•十輪經四 4_72_7	唐代•古文選前 11_127_7	唐代•文選百三 40_404_5	唐代•文選百三 15_137_19	唐代•文選六八 61_613_5	唐代•文選五九 111_1046_12	唐代•文選五九 88_843_2
唐代•十輪經四 4_74_9	唐代•古文選前 15_172_1	唐代•文選百三 61_584_26	唐代•文選百三 17_158_14	唐代•文選六八 63_626_23	唐代•文選六八 7_70_9	唐代•文選五九 89_855_10
唐代•十輪經四 4_77_2	唐代•古文選前 25_292_15	唐代•文選百三 69_668_28	唐代•文選百三 20_190_33	唐代•文選六八 73_730_1	唐代•文選六八 9_99_28	唐代•文選五九 90_857_24
唐代•十輪經四 5_80_16	唐代•古文選後 9_101_4	唐代•文選百三 70_677_9	唐代•文選百三 23_223_24	唐代•文選八八 21_179_4	唐代•文選六八 9_101_6	唐代•文選五九 101_952_3
唐代•十輪經四 5_93_1	唐代•古文選後 22_264_7	唐代•文選百三 76_731_17	唐代•文選百三 24_231_23	唐代•文選八八 22_194_25	唐代•文選六八 22_224_24	唐代•文選五九 110_1040_16

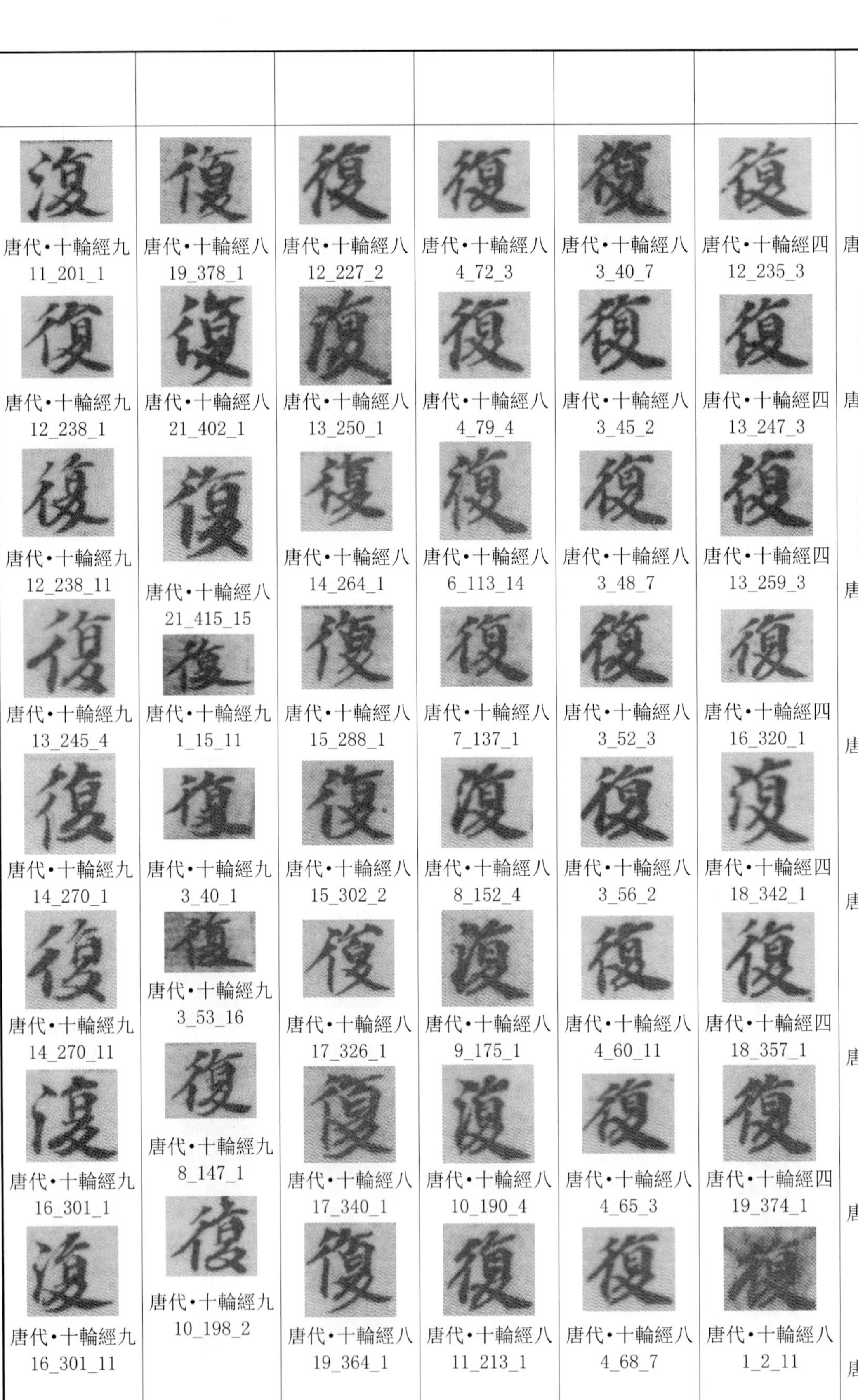

唐代•十輪經四 5_99_8
唐代•十輪經四 6_102_5
唐代•十輪經四 6_119_1
唐代•十輪經四 8_148_4
唐代•十輪經四 9_175_5
唐代•十輪經四 11_201_9
唐代•十輪經四 11_206_5
唐代•十輪經四 11_211_11

唐代•十輪經四 12_235_3
唐代•十輪經四 13_247_3
唐代•十輪經四 13_259_3
唐代•十輪經四 16_320_1
唐代•十輪經四 18_342_1
唐代•十輪經四 18_357_1
唐代•十輪經四 19_374_1
唐代•十輪經八 1_2_11

唐代•十輪經八 3_40_7
唐代•十輪經八 3_45_2
唐代•十輪經八 3_48_7
唐代•十輪經八 3_52_3
唐代•十輪經八 3_56_2
唐代•十輪經八 4_60_11
唐代•十輪經八 4_65_3
唐代•十輪經八 4_68_7

唐代•十輪經八 4_72_3
唐代•十輪經八 4_79_4
唐代•十輪經八 6_113_14
唐代•十輪經八 7_137_1
唐代•十輪經八 8_152_4
唐代•十輪經八 9_175_1
唐代•十輪經八 10_190_4
唐代•十輪經八 11_213_1

唐代•十輪經八 12_227_2
唐代•十輪經八 13_250_1
唐代•十輪經八 14_264_1
唐代•十輪經八 15_288_1
唐代•十輪經八 15_302_2
唐代•十輪經八 17_326_1
唐代•十輪經八 17_340_1
唐代•十輪經八 19_364_1

唐代•十輪經八 19_378_1
唐代•十輪經八 21_402_1
唐代•十輪經八 21_415_15
唐代•十輪經九 1_15_11
唐代•十輪經九 3_40_1
唐代•十輪經九 3_53_16
唐代•十輪經九 8_147_1
唐代•十輪經九 10_198_2

唐代•十輪經九 11_201_1
唐代•十輪經九 12_238_1
唐代•十輪經九 12_238_11
唐代•十輪經九 13_245_4
唐代•十輪經九 14_270_1
唐代•十輪經九 14_270_11
唐代•十輪經九 16_301_1
唐代•十輪經九 16_301_11

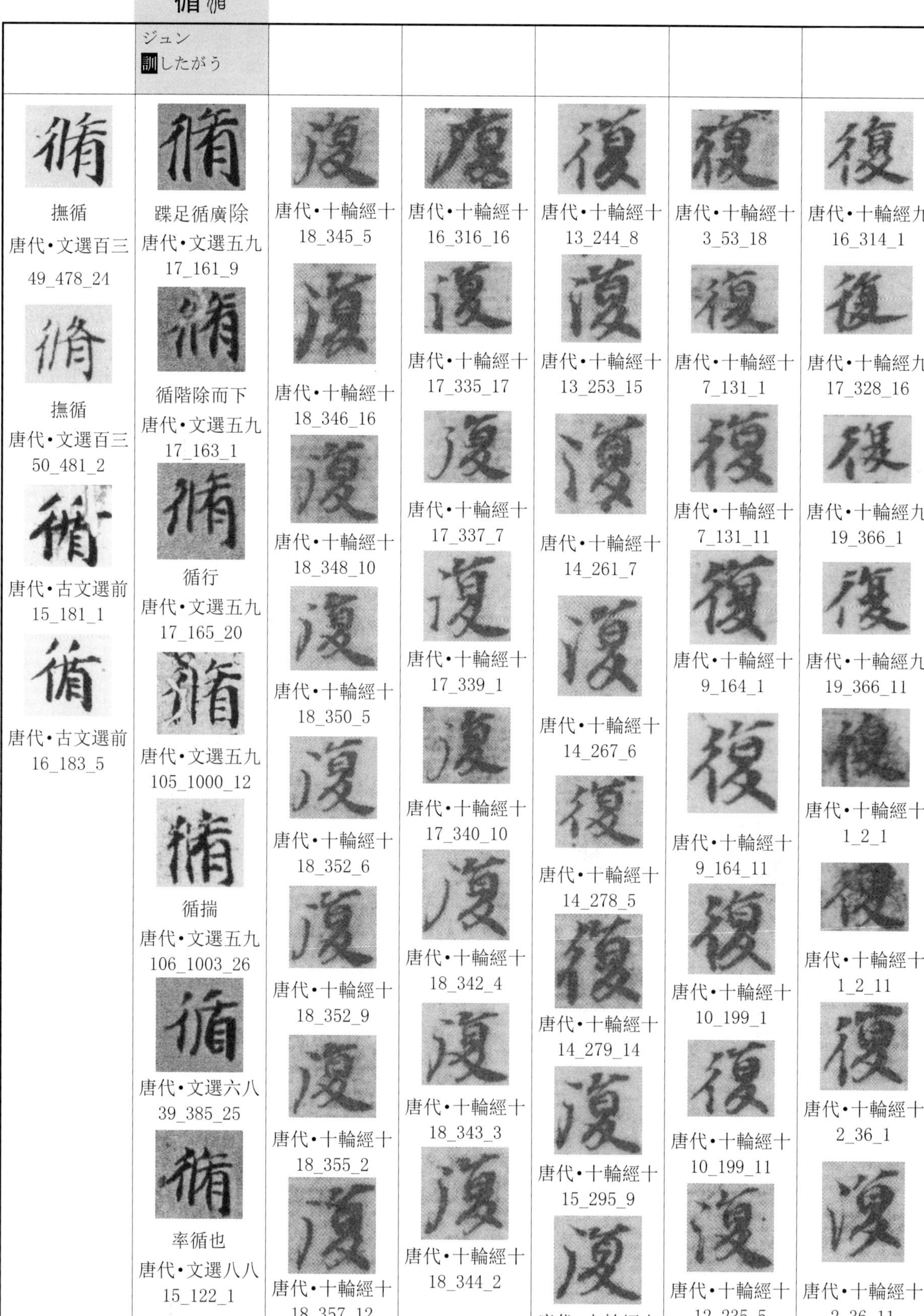

	循 ジュン 訓したがう					
撫循 唐代・文選百三 49_478_24	蹀足循廣除 唐代・文選五九 17_161_9	唐代・十輪經十 18_345_5	唐代・十輪經十 16_316_16	唐代・十輪經十 13_244_8	唐代・十輪經十 3_53_18	唐代・十輪經九 16_314_1
撫循 唐代・文選百三 50_481_2	循階除而下 唐代・文選五九 17_163_1	唐代・十輪經十 18_346_16	唐代・十輪經十 17_335_17	唐代・十輪經十 13_253_15	唐代・十輪經十 7_131_1	唐代・十輪經九 17_328_16
唐代・古文選前 15_181_1	循行 唐代・文選五九 17_165_20	唐代・十輪經十 18_348_10	唐代・十輪經十 17_337_7	唐代・十輪經十 14_261_7	唐代・十輪經十 7_131_11	唐代・十輪經九 19_366_1
唐代・古文選前 16_183_5	唐代・文選五九 105_1000_12	唐代・十輪經十 18_350_5	唐代・十輪經十 17_339_1	唐代・十輪經十 14_267_6	唐代・十輪經十 9_164_1	唐代・十輪經九 19_366_11
	循揣 唐代・文選五九 106_1003_26	唐代・十輪經十 18_352_6	唐代・十輪經十 17_340_10	唐代・十輪經十 14_278_5	唐代・十輪經十 9_164_11	唐代・十輪經十 1_2_1
	唐代・文選六八 39_385_25	唐代・十輪經十 18_352_9	唐代・十輪經十 18_342_4	唐代・十輪經十 14_279_14	唐代・十輪經十 10_199_1	唐代・十輪經十 1_2_11
	率循也 唐代・文選八八 15_122_1	唐代・十輪經十 18_355_2	唐代・十輪經十 18_343_3	唐代・十輪經十 15_295_9	唐代・十輪經十 10_199_11	唐代・十輪經十 2_36_1
		唐代・十輪經十 18_357_12	唐代・十輪經十 18_344_2	唐代・十輪經十 16_301_11	唐代・十輪經十 12_235_5	唐代・十輪經十 2_36_11

徨

漢コウ
訓さまよう

唐代・古文選前 9_112_8

微

漢ビ 呉ミ
訓ひそか

初唐・法華義疏 1_5_4

唐代・春秋經傳 12_123_1

唐代・文選四八 16_150_10

唐代・文選四八 18_167_5

唐代・文選五九 7_71_10

唐代・文選五九 10_96_7

唐代・文選五九 10_98_14

唐代・文選五九 11_109_17

唐代・文選五九 14_134_9

唐代・文選五九 14_135_10

唐代・文選五九 14_135_16

唐代・文選五九 23_229_5

唐代・文選五九 23_231_13

唐代・文選五九 41_409_13

唐代・文選五九 41_410_22

唐代・文選五九 41_411_23

唐代・文選五九 42_414_21

唐代・文選五九 51_500_25

唐代・文選五九 51_508_17

唐代・文選五九 53_517_23

唐代・文選五九 59_565_18

唐代・文選五九 59_566_15

唐代・文選五九 70_670_22

唐代・文選五九 91_870_2

唐代・文選五九 91_874_6

唐代・文選五九 92_876_27

唐代・文選五九 92_877_19

唐代・文選六八 3_29_23

唐代・文選六八 3_30_11

唐代・文選六八 3_30_15

唐代・文選六八 3_31_28

唐代・文選六八 3_32_5

唐代・文選六八 3_32_17

唐代・文選六八 3_33_15

唐代・文選六八 4_47_16

唐代・文選六八 6_54_4

唐代・文選六八 8_86_4

唐代・文選六八 12_124_4

唐代・文選六八 14_147_4

唐代・文選六八 14_148_2

唐代・文選六八 19_191_12

唐代・文選六八 21_213_9

唐代・文選六八 25_251_4

唐代・文選六八 26_263_18

唐代・文選六八 27_268_16

唐代・文選六八 28_281_1

唐代・文選六八 39_390_4

唐代・文選六八 48_480_3

唐代•文選六八
55_550_1

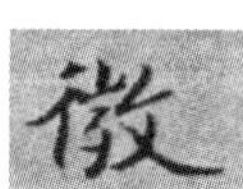
唐代•文選六八
55_552_28

唐代•文選六八
55_557_31

唐代•文選六八
56_561_8

唐代•文選六八
57_565_7

唐代•文選六八
57_578_10

唐代•文選六八
60_604_4

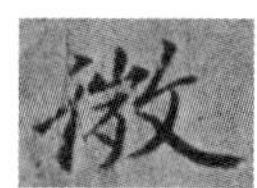
唐代•文選六八
62_623_9

唐代•文選六八
70_701_23

唐代•文選六八
71_702_3

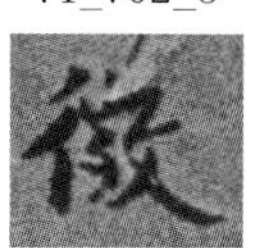
唐代•文選六八
71_713_8

唐代•文選六八
71_713_20

唐代•文選八八
13_108_10

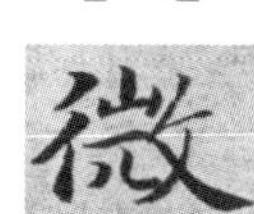
唐代•文選八八
15_131_12

唐代•文選八八
15_133_5

唐代•文選八八
16_134_3

唐代•文選百三
29_290_1

唐代•文選百三
45_426_9

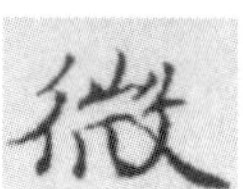
唐代•文選百三
45_428_18

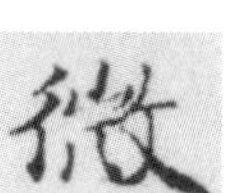
唐代•文選百三
45_429_5

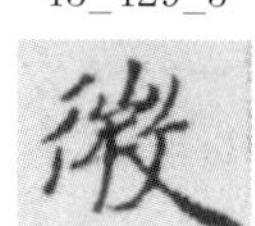
唐代•文選百三
57_543_19

唐代•文選百三
84_799_19

唐代•古文選前
5_57_3

唐代•古文選前
6_68_8

唐代•古文選前
7_76_10

唐代•古文選前
8_101_7

唐代•古文選前
9_106_2

唐代•古文選前
10_121_1

唐代•古文選前
11_127_1

唐代•古文選前
11_130_1

唐代•古文選前
14_165_27

唐代•古文選前
15_179_9

唐代•古文選前
15_179_26

唐代•古文選前
21_248_8

唐代•古文選前
25_291_12

唐代•古文選後
2_24_11

唐代•古文選後
3_28_6

唐代•古文選後
4_46_11

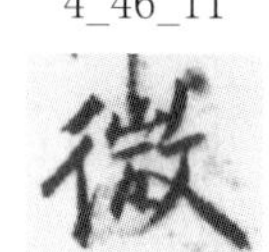
唐代•古文選後
10_116_12

唐代•古文選後
12_139_4

唐代•古文選後
19_218_15

唐代•古文選後
21_242_11

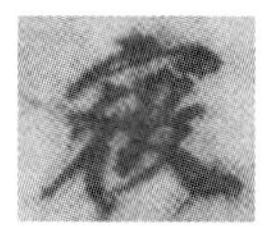
唐代•十輪經四
1_14_15

唐代•十輪經四
5_95_2

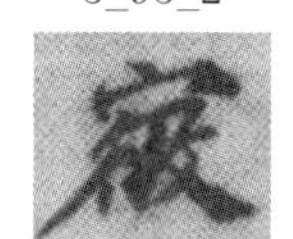
唐代•十輪經四
5_97_3

唐代•十輪經四
5_99_17

唐代•十輪經四
6_102_14

唐代•十輪經四
17_322_10

唐代•十輪經四
18_344_10

唐代•十輪經四
18_359_10

唐代•十輪經四
19_376_6

唐代•十輪經九
5_98_4

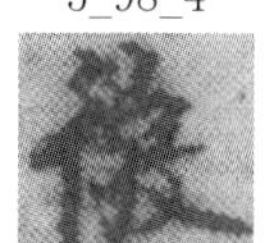
唐代•十輪經九
6_103_7

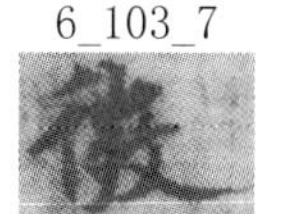
唐代•十輪經九
6_106_13

唐代•十輪經十
17_323_9

銜

漢カン 呉ガン
訓くつわ

唐代•春秋經傳
27_277_19

唐代•文選四八
18_162_17

唐代•文選四八
21_187_11

唐代•文選四八
21_189_17

唐代•文選四八
21_190_13

唐代•文選四八
21_191_16

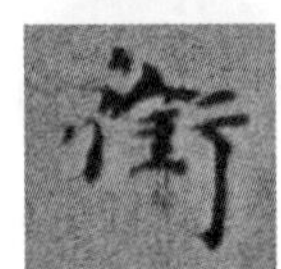
唐代•文選四八
21_192_3

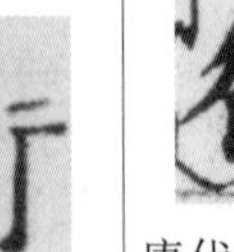
唐代•文選百三
84_803_4

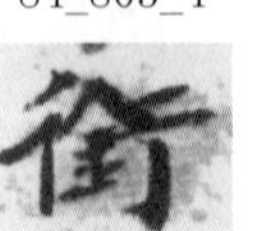
唐代•古文選前
1_8_7

德

トク
訓とく

初唐•大般若經
1_4_10

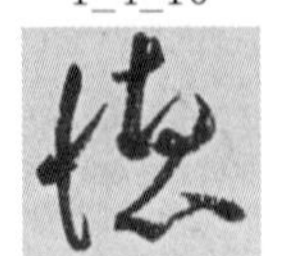
中唐・風信帖
2_10_3

唐代•春秋經傳
14_141_4

唐代•春秋經傳
14_141_13

唐代•春秋經傳
14_149_1

唐代•春秋經傳
15_150_5

唐代•春秋經傳
15_151_16

唐代•春秋經傳
15_154_2

唐代•春秋經傳
25_262_18

唐代•春秋經傳
26_265_9

唐代•春秋經傳
36_374_1

唐代•春秋經傳
37_385_12

唐代•春秋經傳
37_387_20

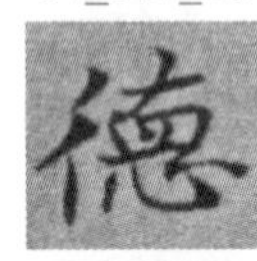
唐代•文選四八
8_68_15

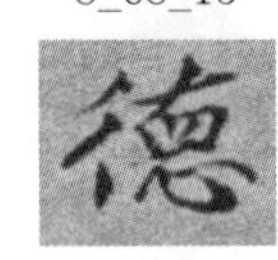
唐代•文選四八
8_68_24

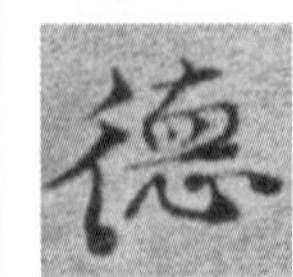
唐代•文選四八
12_108_12

唐代•文選四八
12_112_18

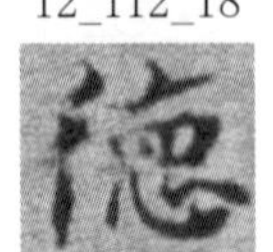
唐代•文選四八
13_116_7

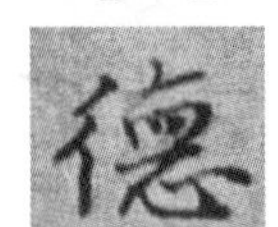
唐代•文選四八
13_119_26

唐代•文選四八
16_142_15

唐代•文選四八
16_144_28

唐代•文選四八
22_200_4

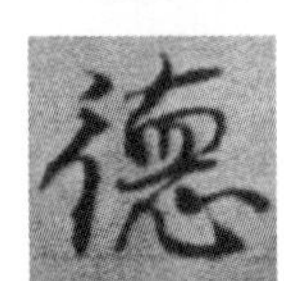
唐代•文選四八
26_230_12

唐代•文選四八
26_231_4

唐代•文選四八
26_231_22

唐代•文選四八
32_289_16

唐代•文選四八
34_302_14

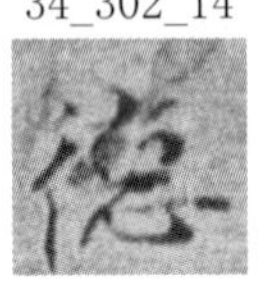
唐代•文選四八
35_317_4

唐代•文選四八
36_318_2

唐代•文選四八
48_432_14

唐代•文選五九
51_506_18

唐代•文選五九
56_548_19

唐代•文選五九
61_583_30

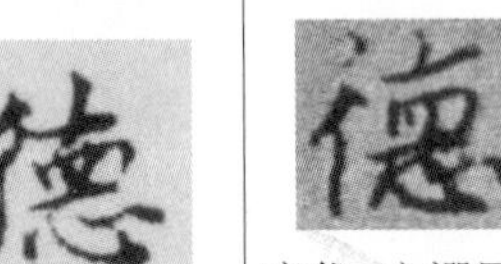
唐代•文選五九
61_587_7

唐代•文選五九
61_591_10

唐代•文選五九
78_745_25

唐代•文選五九
82_788_18

唐代•文選五九
83_799_2

唐代•文選五九
83_799_30

唐代•文選六八
1_3_8

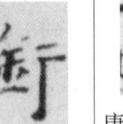

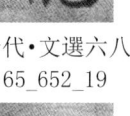

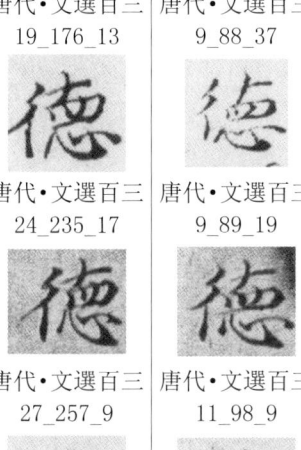

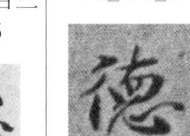

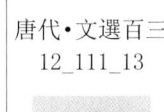

 唐代•文選百三 14_130_6	唐代•文選百三 6_52_9	 唐代•文選八八 21_189_9	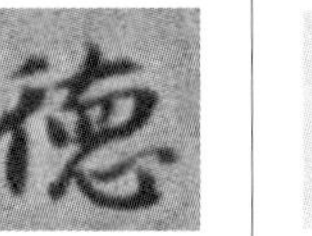 唐代•文選八八 17_142_14	 唐代•文選八八 1_4_8	 唐代•文選六八 64_643_25	 唐代•文選六八 11_121_11
 唐代•文選百三 16_150_24	唐代•文選百三 7_68_8	 唐代•文選八八 23_206_3	 唐代•文選八八 17_146_7	 唐代•文選八八 5_29_26	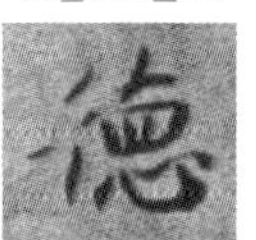 唐代•文選六八 65_652_19	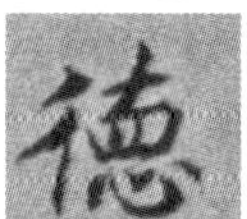 唐代•文選六八 22_220_4
唐代•文選百三 19_176_13	唐代•文選百三 9_88_37	 唐代•文選八八 23_207_10	 唐代•文選八八 18_158_17	 唐代•文選八八 7_47_24	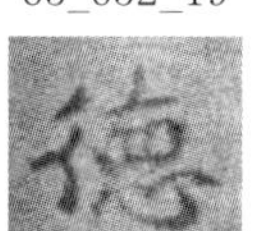 唐代•文選六八 65_653_14	 唐代•文選六八 31_308_10
唐代•文選百三 24_235_17	唐代•文選百三 9_89_19	 唐代•文選八八 24_213_16	 唐代•文選八八 18_159_17	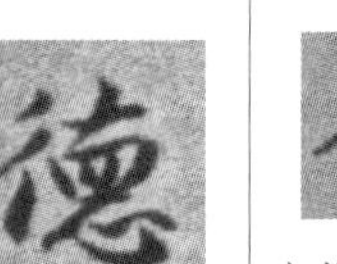 唐代•文選八八 7_50_8	 唐代•文選六八 67_666_14	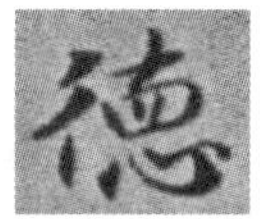 唐代•文選六八 46_459_29
唐代•文選百三 27_257_9	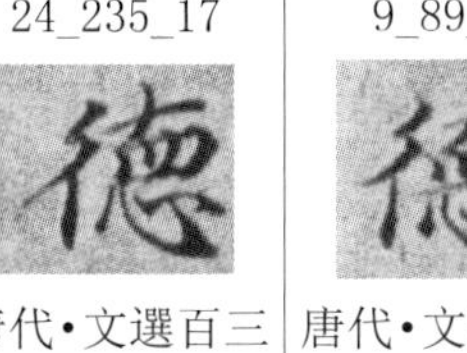 唐代•文選百三 11_98_9	 唐代•文選八八 24_214_4	 唐代•文選八八 19_160_6	 唐代•文選八八 14_116_17	 唐代•文選六八 67_667_4	 唐代•文選六八 61_613_8
唐代•文選百三 53_509_29	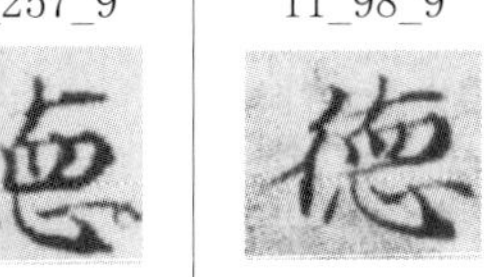 唐代•文選百三 12_111_9	 唐代•文選百三 3_18_18	 唐代•文選八八 19_172_2	 唐代•文選八八 14_117_34	 唐代•文選六八 67_668_2	 唐代•文選六八 64_639_16
唐代•文選百三 54_522_14	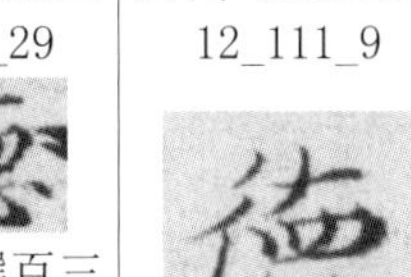 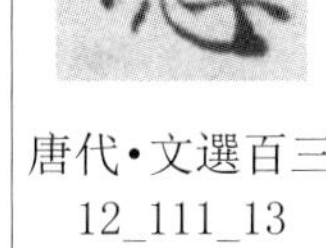 唐代•文選百三 12_111_13	 唐代•文選百三 5_39_25	 唐代•文選八八 20_176_4	 唐代•文選八八 14_118_28	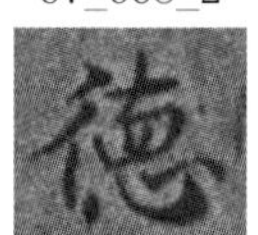 唐代•文選六八 69_683_17	 唐代•文選六八 64_641_17
唐代•文選百三 57_547_16	 唐代•文選百三 13_126_11	 唐代•文選百三 6_50_3	 唐代•文選八八 21_181_32	 唐代•文選八八 15_126_25	 唐代•文選六八 73_725_18	 唐代•文選六八 64_643_1

唐代•十輪經八 21_412_13	唐代•十輪經八 13_261_4	唐代•十輪經八 6_110_16	唐代•十輪經四 3_60_6	唐代•古文選後 13_153_4	唐代•古文選前 25_290_5	唐代•文選百三 59_570_1
唐代•十輪經八 21_416_9	唐代•十輪經八 14_264_12	唐代•十輪經八 6_114_9	唐代•十輪經四 14_277_16	唐代•古文選後 14_161_9	唐代•古文選前 25_294_2	唐代•文選百三 72_696_8
唐代•十輪經八 22_424_14	唐代•十輪經八 15_299_4	唐代•十輪經八 8_148_16	唐代•十輪經四 15_291_17	唐代•古文選後 18_210_4	唐代•古文選前 26_304_4	唐代•文選百三 73_700_4
唐代•十輪經九 1_12_9	唐代•十輪經八 15_302_13	唐代•十輪經八 8_152_15	唐代•十輪經四 17_328_17	唐代•古文選後 19_222_12	唐代•古文選後 2_21_12	唐代•古文選前 13_152_9
唐代•十輪經九 1_16_5	唐代•十輪經八 17_337_4	唐代•十輪經八 10_187_6	唐代•十輪經四 19_362_16	唐代•古文選後 21_252_1	唐代•古文選後 4_46_3	唐代•古文選前 19_221_2
唐代•十輪經九 2_23_6	唐代•十輪經八 17_340_12	唐代•十輪經八 10_190_15	唐代•十輪經四 21_410_14	唐代•十輪經四 2_32_13	唐代•古文選後 6_68_3	唐代•古文選前 19_222_3
唐代•十輪經九 3_50_13	唐代•十輪經八 19_375_4	唐代•十輪經八 12_224_4	唐代•十輪經八 1_2_16	唐代•十輪經四 2_40_6	唐代•古文選後 10_108_47	唐代•古文選前 22_260_8
唐代•十輪經九 3_54_10	唐代•十輪經八 19_378_12	唐代•十輪經八 12_227_13	唐代•十輪經八 5_81_4	唐代•十輪經四 3_41_17	唐代•古文選後 11_130_6	唐代•古文選前 24_279_1

徵

チョウ、チ

訓 しるし

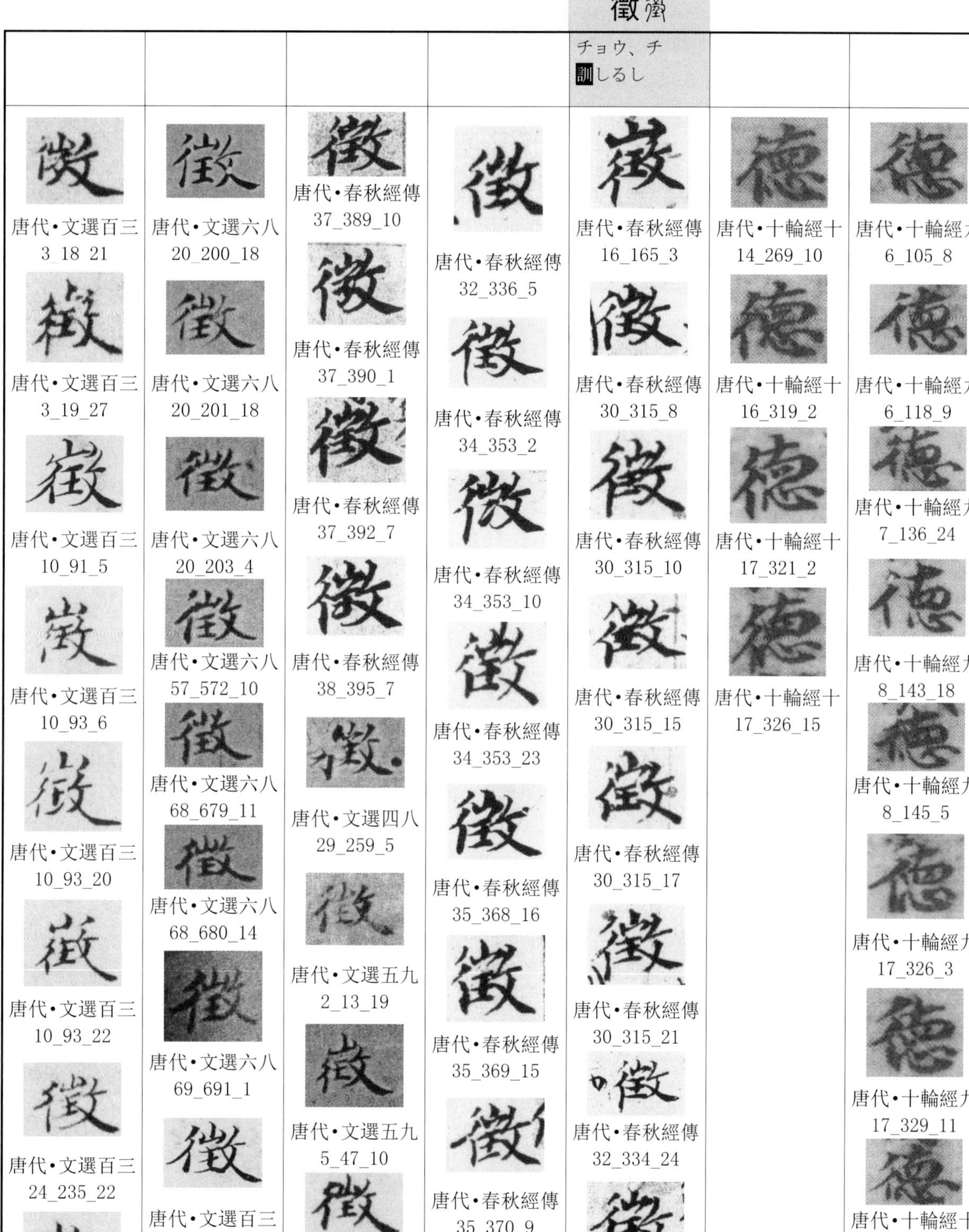

唐代•十輪經九 6_105_8
唐代•十輪經九 6_118_9
唐代•十輪經九 7_136_24
唐代•十輪經九 8_143_18
唐代•十輪經九 8_145_5
唐代•十輪經九 17_326_3
唐代•十輪經九 17_329_11
唐代•十輪經十 10_195_12

唐代•十輪經十 14_269_10
唐代•十輪經十 16_319_2
唐代•十輪經十 17_321_2
唐代•十輪經十 17_326_15

唐代•春秋經傳 16_165_3
唐代•春秋經傳 30_315_8
唐代•春秋經傳 30_315_10
唐代•春秋經傳 30_315_15
唐代•春秋經傳 30_315_17
唐代•春秋經傳 30_315_21
唐代•春秋經傳 32_334_24
唐代•春秋經傳 32_335_16

唐代•春秋經傳 32_336_5
唐代•春秋經傳 34_353_2
唐代•春秋經傳 34_353_10
唐代•春秋經傳 34_353_23
唐代•春秋經傳 35_368_16
唐代•春秋經傳 35_369_15
唐代•春秋經傳 35_370_9
唐代•春秋經傳 37_388_12

唐代•春秋經傳 37_389_10
唐代•春秋經傳 37_390_1
唐代•春秋經傳 37_392_7
唐代•春秋經傳 38_395_7
唐代•文選四八 29_259_5
唐代•文選五九 2_13_19
唐代•文選五九 5_47_10
唐代•文選五九 16_153_9
唐代•文選五九 77_743_9

唐代•文選六八 20_200_18
唐代•文選六八 20_201_18
唐代•文選六八 20_203_4
唐代•文選六八 57_572_10
唐代•文選六八 68_679_11
唐代•文選六八 68_680_14
唐代•文選六八 69_691_1
唐代•文選百三 2_15_17
唐代•文選百三 3_18_6

唐代•文選百三 3_18_21
唐代•文選百三 3_19_27
唐代•文選百三 10_91_5
唐代•文選百三 10_93_6
唐代•文選百三 10_93_20
唐代•文選百三 10_93_22
唐代•文選百三 24_235_22
唐代•文選百三 25_239_21

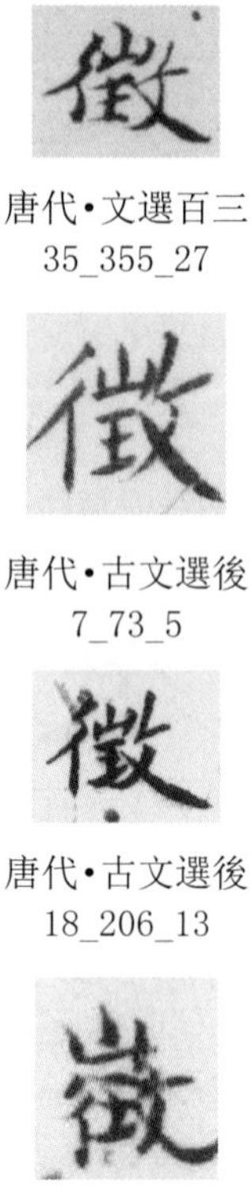

唐代・文選百三
35_355_27

唐代・古文選後
7_73_5

唐代・古文選後
18_206_13

唐代・古文選後
25_292_37

衝

漢ショウ
訓かなめ

唐代・文選百三
61_583_29

唐代・文選百三
85_806_23

唐代・文選百三
85_807_23

唐代・文選百三
85_808_13

唐代・文選百三
85_809_21

徹

漢テツ
訓とおる

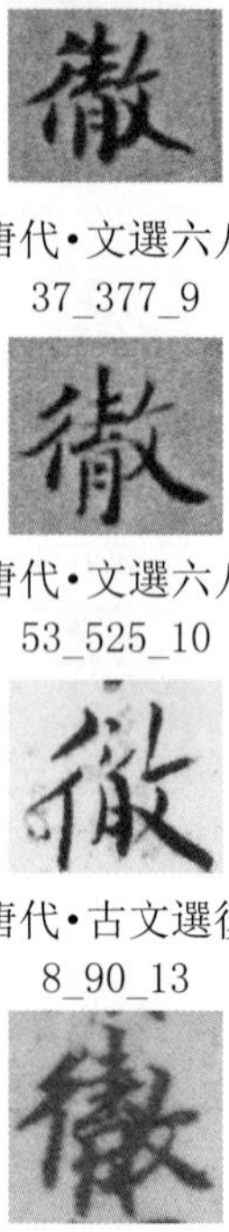

唐代・文選六八
37_377_9

唐代・文選六八
53_525_10

唐代・古文選後
8_90_13

唐代・十輪經八
18_346_15

衛

漢エイ 呉エ
訓まもる

唐代・春秋經傳
2_9_13

唐代・春秋經傳
2_19_9

唐代・春秋經傳
4_41_7

唐代・春秋經傳
24_252_20

唐代・春秋經傳
24_253_8

唐代・春秋經傳
25_254_13

唐代・春秋經傳
26_267_5

唐代・春秋經傳
26_270_1

唐代・春秋經傳
26_271_5

唐代・春秋經傳
26_272_4

唐代・春秋經傳
30_309_1

唐代・春秋經傳
30_311_16

唐代・春秋經傳
32_334_4

唐代・春秋經傳
32_338_1

唐代・春秋經傳
33_345_18

唐代・文選五九
29_284_12

唐代・文選五九
45_449_24

唐代・文選五九
90_864_16

唐代・文選五九
91_871_27

唐代・文選五九
99_937_21

唐代・文選百三
34_339_14

唐代・文選百三
45_438_6

唐代・文選百三
46_443_3

唐代・文選百三
47_446_2

唐代・文選百三
75_719_7

唐代・文選百三
79_756_21

唐代・文選百三
80_763_24

唐代・文選百三
81_765_1

唐代・文選百三
81_766_31

唐代・文選百三
81_770_7

唐代・古文選前
13_156_9

唐代・古文選前
14_162_2

唐代•古文選前
21_247_10

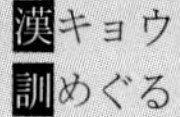

漢キョウ
訓めぐる

唐代•春秋經傳
39_406_13

唐代•春秋經傳
39_407_23

唐代•文選八八
19_164_10

唐代•文選八八
19_165_24

唐代•文選八八
19_166_3

唐代•文選八八
19_167_4

唐代•文選八八
19_167_29

唐代•文選八八
19_168_20

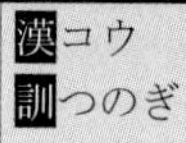

漢コウ
訓つのぎ

唐代•文選四八
5_35_3

唐代•文選四八
5_38_17

唐代•文選四八
8_72_3

唐代•文選四八
10_84_12

唐代•文選四八
24_211_22

唐代•文選四八
26_237_15

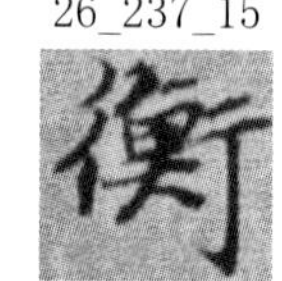
唐代•文選四八
27_241_7

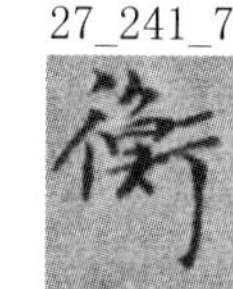
唐代•文選四八
33_294_3

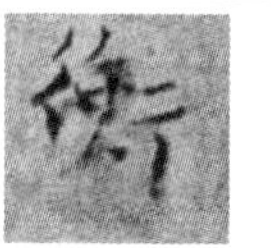
唐代•文選四八
33_297_1

唐代•文選四八
35_311_21

唐代•文選四八
40_355_21

唐代•文選五九
21_203_1

唐代•文選五九
21_204_16

唐代•文選五九
21_204_20

唐代•文選五九
21_206_23

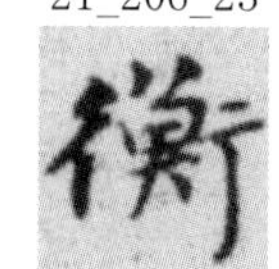
唐代•文選五九
21_206_29

唐代•文選五九
22_213_30

唐代•文選五九
27_271_5

唐代•文選五九
33_330_5

唐代•文選五九
36_357_3

唐代•文選五九
42_412_20

唐代•文選五九
48_473_5

唐代•文選五九
52_510_6

唐代•文選五九
51_509_6

唐代•文選五九
52_511_27

唐代•文選五九
63_604_11

唐代•文選五九
75_724_29

唐代•文選五九
78_749_3

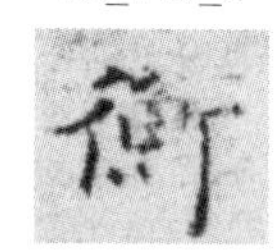
唐代•文選六八
2_17_12

唐代•文選六八
2_26_2

唐代•文選六八
18_182_20

唐代•文選六八
51_518_1

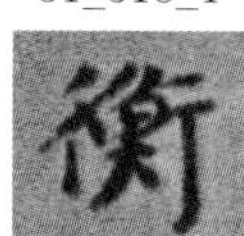
唐代•文選六八
58_583_7

唐代•文選六八
67_671_5

唐代•文選百三
7_57_13

唐代•文選百三
51_490_34

唐代•文選百三
53_508_18

唐代•文選百三
62_595_11

唐代·文選百三
78_741_4

唐代·文選百三
78_742_21

唐代·文選百三
78_745_16

唐代·古文選後
3_36_8

唐代·古文選後
10_110_14

唐代·古文選後
11_119_70

唐代·古文選後
17_202_12

徽

キ
訓つな

唐代·文選五九
49_480_9

唐代·文選五九
49_482_11

唐代·文選五九
49_482_23

唐代·文選五九
49_483_1

唐代·古文選後
8_93_2

唐代·古文選後
20_237_8

衢

漢ク
訓みち

唐代·古文選後
5_60_4

唐代·古文選後
24_279_5

彡部

形形

漢ケイ呉ギョウ
訓かたち

唐代•春秋經傳 14_144_15
唐代•春秋經傳 14_146_6
唐代•文選四八 3_18_14
唐代•文選四八 4_23_27
唐代•文選五九 3_29_21
唐代•文選五九 4_37_5
唐代•文選五九 4_38_8
唐代•文選五九 5_39_9

唐代•文選五九 5_39_29
唐代•文選五九 25_242_23
唐代•文選五九 66_639_30
唐代•文選五九 89_851_25
唐代•文選五九 105_994_1
唐代•文選六八 8_80_7
唐代•文選六八 8_80_24
唐代•文選六八 8_81_17

唐代•文選六八 8_82_1
唐代•文選六八 8_82_19
唐代•文選六八 9_96_2
唐代•文選六八 9_96_15
唐代•文選六八 9_97_12
唐代•文選六八 17_171_25
唐代•文選六八 22_222_13
唐代•文選六八 25_258_24

唐代•文選六八 29_298_19
唐代•文選六八 36_362_9
唐代•文選六八 37_366_5
唐代•文選六八 42_421_5
唐代•文選六八 45_456_7
唐代•文選六八 53_537_3
唐代•文選六八 53_538_10
唐代•文選六八 54_540_6

唐代•文選六八 54_544_4
唐代•文選六八 55_545_17
唐代•文選六八 55_554_23
唐代•文選六八 55_558_23
唐代•文選六八 61_616_13
唐代•文選百三 35_344_34
唐代•文選百三 81_773_3
唐代•文選百三 83_795_10

唐代•文選百三 84_798_26
唐代•文選百三 84_799_8
唐代•文選百三 84_799_23
唐代•古文選前 3_32_4
唐代•古文選前 12_146_15
唐代•古文選前 15_172_2
唐代•古文選前 26_301_11
唐代•古文選後 17_202_4

彫 彫

チョウ
訓 ほる

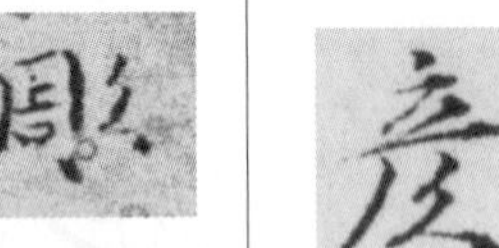
唐代・文選五九 3_28_18

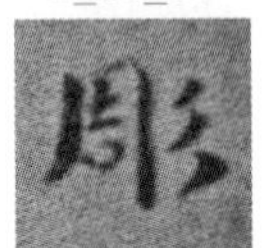
唐代・文選五九 19_189_18

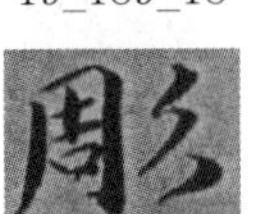
唐代・文選五九 48_475_4

唐代・文選五九 48_476_32

唐代・文選五九 94_906_3

唐代・文選五九 94_907_5

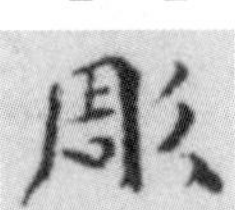
唐代・文選五九 94_908_1

唐代・文選五九 94_908_27

彦 彥

漢 ゲン 呉 ゲン
訓 ひこ

唐代・文選四八 1_4_26

唐代・文選四八 3_14_23

唐代・文選四八 26_237_21

唐代・文選四八 30_266_4

唐代・文選五九 42_417_8

唐代・古文選後 20_237_12

形 形

漢 トウ
訓 あか

唐代・文選百三 47_458_13

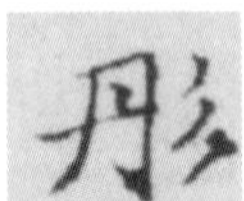
唐代・文選百三 48_461_39

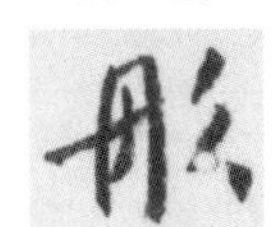
唐代・古文選前 21_243_3

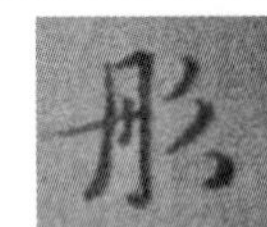
唐代・文選六八 49_495_22

唐代・文選六八 49_496_13

唐代・文選六八 49_496_27

唐代・文選百三 35_355_6

唐代・文選百三 35_355_24

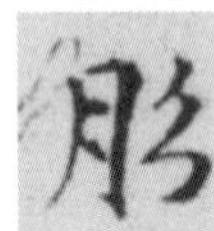
唐代・文選百三 36_357_16

唐代・文選百三 37_371_31

唐代・文選百三 47_458_2

唐代・文選五九 66_632_6

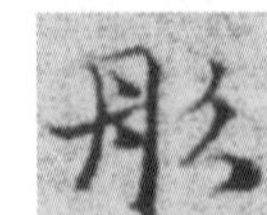
唐代・文選五九 66_634_2

唐代・文選五九 66_635_6

唐代・文選五九 66_635_22

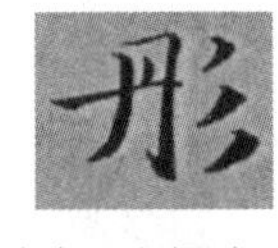
唐代・文選六八 40_399_20

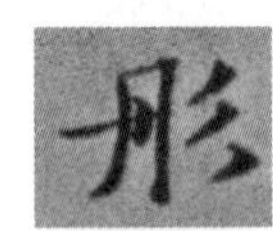
唐代・文選六八 40_401_23

唐代・文選六八 40_402_16

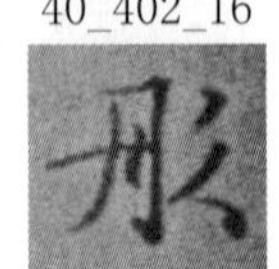
唐代・文選六八 49_495_16

唐代・十輪經八 17_326_14

唐代・十輪經八 19_364_13

唐代・十輪經八 21_402_14

唐代・十輪經九 1_2_14

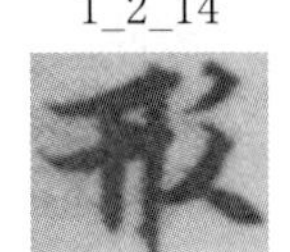
唐代・十輪經九 3_40_14

唐代・十輪經九 16_314_14

唐代・古文選後 18_205_14

唐代・十輪經四 9_166_10

唐代・十輪經八 6_100_12

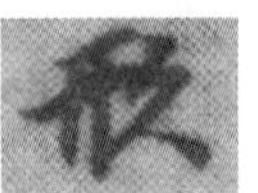
唐代・十輪經八 7_137_14

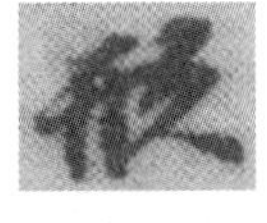
唐代・十輪經八 9_175_14

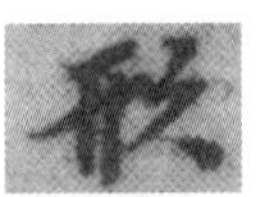
唐代・十輪經八 11_213_14

唐代・十輪經八 13_250_14

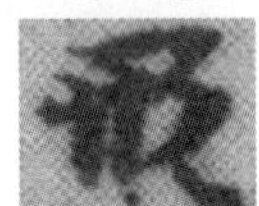
唐代・十輪經八 15_288_14

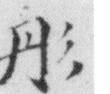

影	彰	彭		彩		
漢エイ呉ヨウ 訓かげ	漢ショウ呉ソウ 訓あや	漢ホウ 訓ー		サイ 訓いろどる		
唐代•文選四八 3_18_15	唐代•文選百三 5_35_4	唐代•文選五九 11_106_10	唐代•文選六八 56_562_25	唐代•文選五九 10_96_6	 唐代•文選六八 23_228_14	 唐代•文選六八 13_133_14
唐代•文選四八 4_23_28	唐代•文選百三 71_689_11	唐代•文選百三 65_624_1	唐代•文選百三 7_61_4	唐代•文選五九 43_420_11	 唐代•文選六八 23_230_15	 唐代•文選六八 13_134_8
唐代•文選五九 39_381_13	唐代•文選百三 72_694_10	唐代•文選百三 65_624_32	唐代•文選百三 7_66_2	唐代•文選五九 56_544_1	 唐代•文選六八 23_231_1	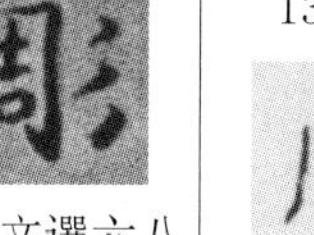 唐代•文選六八 13_136_9
唐代•文選五九 39_382_21	唐代•文選百三 72_694_18	唐代•文選百三 65_630_10	唐代•文選百三 81_772_15	唐代•文選六八 23_226_28	 唐代•文選六八 23_231_15	 唐代•文選六八 13_136_17
唐代•文選五九 39_383_19	 唐代•古文選後 6_68_5	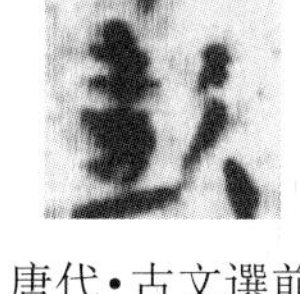 唐代•古文選前 20_239_33	 唐代•古文選後 15_177_1	唐代•文選六八 25_254_21	 唐代•文選六八 40_402_12	 唐代•文選六八 13_141_17
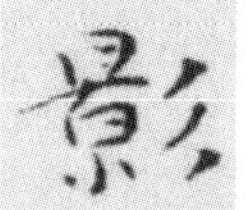 唐代•文選五九 39_383_29	 唐代•古文選後 17_202_6	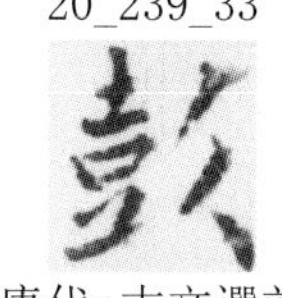 唐代•古文選前 21_244_8		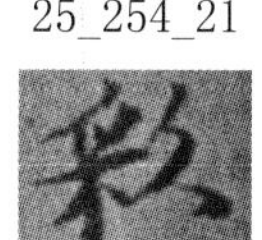 唐代•文選六八 25_256_25	 唐代•文選百三 58_557_17	 唐代•文選六八 20_204_9
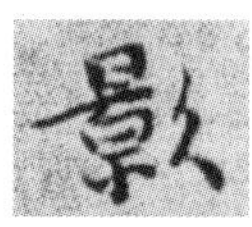 唐代•文選五九 45_441_18		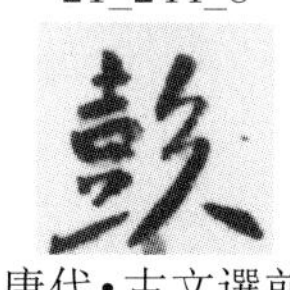 唐代•古文選前 21_248_11		 唐代•文選六八 49_496_11	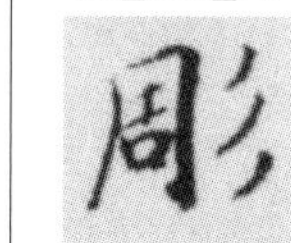 唐代•文選百三 69_667_27	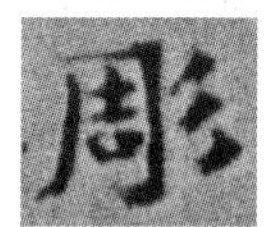 唐代•文選六八 21_207_22
 唐代•文選五九 45_441_26		 唐代•古文選後 23_276_8		 唐代•文選六八 51_518_22	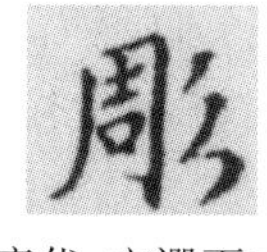 唐代•文選百三 82_778_20	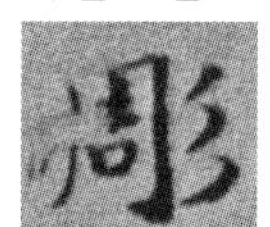 唐代•文選六八 21_208_13

鬱 

漢 ウツ
訓 しげる

唐代・文選五九
71_677_23

唐代・文選五九
107_1017_4

唐代・文選五九
107_1019_26

唐代・文選六八
8_81_14

唐代・文選六八
22_222_17

唐代・文選六八
53_538_24

唐代・文選六八
54_540_3

唐代・古文選前
26_301_12

唐代・文選六八
54_539_24

唐代・文選五九
58_559_21

唐代・文選五九
58_560_3

唐代・文選五九
59_563_17

唐代・文選五九
59_569_28

唐代・文選五九
60_577_4

唐代・文選五九
60_580_2

唐代・文選五九
68_654_15

唐代・文選五九
68_655_11

唐代・文選五九
90_858_29

唐代・文選五九
111_1058_12

唐代・文選五九
112_1062_2

唐代・文選五九
112_1063_14

唐代・文選五九
112_1063_22

唐代・古文選前
1_2_9

唐代・古文選前
2_15_9

唐代・古文選前
25_289_3

唐代・古文選後
9_102_10

唐代・十輪經九
1_20_14

唐代・十輪經十
15_282_4

夕部

夕

漢セキ
訓ゆう

唐代•文選五九 6_57_26
唐代•文選五九 7_59_9
唐代•文選五九 7_60_33
唐代•文選五九 9_82_21
唐代•文選五九 11_103_1
唐代•文選五九 11_103_17
唐代•文選五九 11_105_10

唐代•文選五九 19_179_16
唐代•文選五九 19_180_18
唐代•文選五九 19_181_10
唐代•文選五九 22_216_7
唐代•文選五九 22_218_17
唐代•文選五九 26_255_10
唐代•文選五九 27_260_5

唐代•文選五九 27_268_11
唐代•文選五九 37_368_13
唐代•文選五九 39_387_10
唐代•文選五九 44_434_12
唐代•文選五九 54_530_5
唐代•文選五九 54_531_5
唐代•文選五九 55_537_2

唐代•文選五九 100_947_25
唐代•文選六八 57_573_10
唐代•文選六八 57_574_11
唐代•文選百三 61_592_22
唐代•文選百三 61_593_8
唐代•古文選前 2_21_10
唐代•古文選前 15_182_13

唐代•古文選前 16_185_3
唐代•古文選前 23_275_6
唐代•古文選前 26_302_12
唐代•古文選後 3_32_1
唐代•古文選後 24_284_8
唐代•古文選後 25_296_4

外

漢ガイ 呉ゲ 唐ウイ
訓そと

唐代•春秋經傳 6_57_14
唐代•春秋經傳 7_66_14
唐代•春秋經傳 12_123_15
唐代•春秋經傳 27_274_20
唐代•春秋經傳 30_310_14
唐代•春秋經傳 35_371_4
唐代•文選四八 30_274_11
唐代•文選四八 43_388_5

唐代•文選百三 11_99_1	唐代•文選八八 19_165_25	唐代•文選八八 3_9_8	唐代•文選六八 64_642_3	唐代•文選六八 39_386_7	唐代•文選五九 110_1044_8	唐代•文選四八 44_395_9
唐代•文選百三 11_100_8	唐代•文選八八 19_166_4	唐代•文選八八 3_10_22	唐代•文選六八 64_642_7	唐代•文選六八 39_387_28	唐代•文選六八 1_7_19	唐代•文選四八 49_446_14
唐代•文選百三 23_218_19	唐代•文選八八 21_185_20	唐代•文選八八 3_11_11	唐代•文選六八 64_642_11	唐代•文選六八 39_388_3	唐代•文選六八 1_8_8	唐代•文選五九 5_44_14
唐代•文選百三 33_322_16	唐代•文選八八 22_193_9	唐代•文選八八 3_11_22	唐代•文選六八 65_644_8	唐代•文選六八 43_425_1	唐代•文選六八 1_9_22	唐代•文選五九 13_128_19
唐代•文選百三 46_442_31	唐代•文選八八 22_193_19	唐代•文選八八 15_123_2	唐代•文選六八 65_644_16	唐代•文選六八 45_452_6	唐代•文選六八 1_10_11	唐代•文選五九 15_142_14
唐代•文選百三 50_482_30	唐代•文選百三 7_68_19	唐代•文選八八 16_135_10	唐代•文選六八 65_644_23	唐代•文選六八 55_555_15	唐代•文選六八 1_10_22	唐代•文選五九 76_729_5
唐代•文選百三 53_509_34	唐代•文選百三 10_95_1	唐代•文選八八 16_137_8	唐代•文選六八 65_644_27	唐代•文選六八 64_639_2	唐代•文選六八 3_33_3	唐代•文選五九 81_778_26
唐代•文選百三 62_595_25	唐代•文選百三 11_96_15	唐代•文選八八 16_138_20	唐代•文選八八 3_8_18	唐代•文選六八 64_641_22	唐代•文選六八 17_168_2	唐代•文選五九 94_905_5

唐代・文選百三
80_762_25

唐代・文選百三
80_762_30

唐代・文選百三
81_771_34

唐代・文選百三
82_779_21

唐代・文選百三
82_780_19

唐代・古文選前
8_92_58

唐代・古文選前
19_220_13

唐代・古文選前
20_231_8

唐代・古文選前
20_235_6

唐代・古文選後
12_143_11

唐代・古文選後
14_168_3

唐代・十輪經八
4_61_9

唐代・十輪經八
4_65_14

唐代・十輪經九
4_60_2

唐代・十輪經十
4_71_8

夙

シュク
訓つつしむ

唐代・文選四八
38_338_8

唐代・文選四八
38_339_22

唐代・文選四八
38_341_4

唐代・文選四八
38_341_17

唐代・古文選前
22_264_7

唐代・古文選後
3_30_11

唐代・古文選後
20_230_6

多

タ
訓おおい

初唐・大般若經
1_1_7

初唐・大般若經
2_31_7

中唐・金剛經題
2_12_9

晚唐・慶滋書狀
1_2_6

唐代・春秋經傳
6_62_13

唐代・春秋經傳
7_63_8

唐代・春秋經傳
10_96_17

唐代・春秋經傳
11_109_11

唐代・春秋經傳
17_178_13

唐代・春秋經傳
31_325_10

唐代・春秋經傳
34_354_19

唐代・文選四八
7_55_5

唐代・文選四八
7_59_14

唐代・文選四八
9_79_10

唐代・文選四八
10_86_22

唐代・文選四八
10_87_19

唐代・文選四八
36_319_17

唐代・文選四八
46_410_8

唐代・文選四八
46_415_16

唐代・文選四八
46_416_12

唐代・文選四八
47_425_6

唐代・文選五九
4_36_20

唐代・文選五九
13_128_20

唐代・文選五九
13_130_8

唐代・文選五九
20_198_23

唐代・文選五九
20_198_27

唐代・文選五九
22_215_30

唐代・文選五九
34_335_7

唐代•文選百三 79_757_16	唐代•文選百三 29_281_4	唐代•文選百三 8_70_5	唐代•文選八八 3_11_24	唐代•文選六八 31_312_24	唐代•文選五九 71_685_1	唐代•文選五九 41_407_20

唐代•文選百三 83_794_9	唐代•文選百三 39_395_14	唐代•文選百三 8_72_38	唐代•文選八八 7_45_2	唐代•文選六八 32_320_28	唐代•文選五九 72_687_22	唐代•文選五九 45_441_27

唐代•文選百三 83_794_14	唐代•文選百三 48_462_18	唐代•文選百三 9_89_34	唐代•文選八八 7_45_20	唐代•文選六八 37_373_8	唐代•文選五九 86_822_4	唐代•文選五九 49_478_9

唐代•古文選前 4_44_5	唐代•文選百三 49_479_24	唐代•文選百三 13_123_5	唐代•文選八八 17_147_9	唐代•文選六八 42_423_13	唐代•文選五九 109_1030_3	唐代•文選五九 49_479_19

唐代•古文選前 4_49_2	唐代•文選百三 50_484_4	唐代•文選百三 13_123_11	唐代•文選八八 19_166_28	唐代•文選六八 45_449_22	唐代•文選六八 1_10_24	唐代•文選五九 49_479_27

唐代•古文選前 7_76_9	唐代•文選百三 50_485_1	唐代•文選百三 17_159_14	唐代•文選百三 1_6_30	唐代•文選六八 51_512_8	唐代•文選六八 16_162_28	唐代•文選五九 66_635_27

唐代•古文選前 7_79_5	唐代•文選百三 54_522_18	唐代•文選百三 24_230_22	唐代•文選百三 3_22_26	唐代•文選六八 59_598_20	唐代•文選六八 19_188_2	唐代•文選五九 68_649_1

夢

吳ム漢ボウ
訓ゆめ

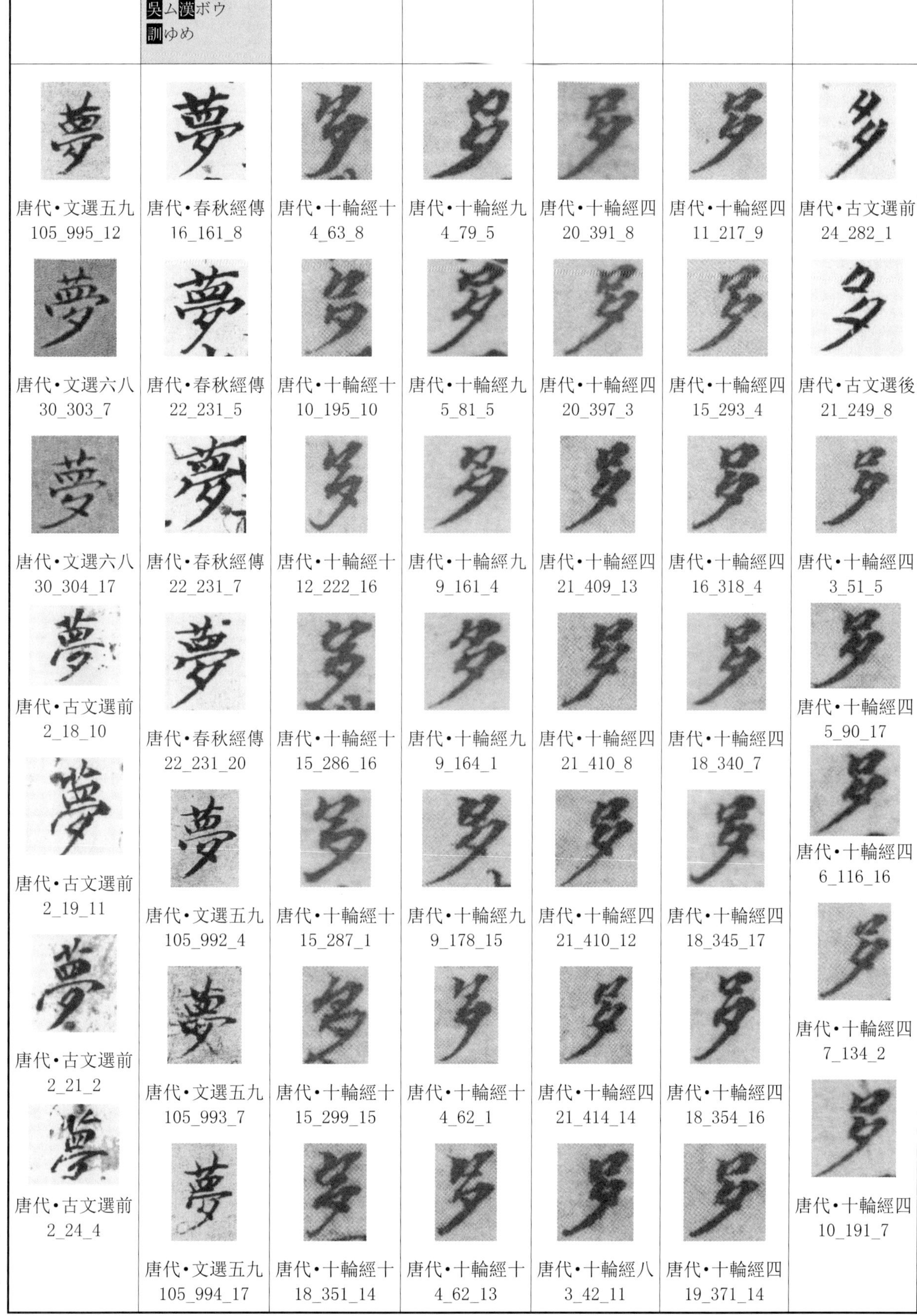

唐代•文選五九 105_995_12	唐代•春秋經傳 16_161_8	唐代•十輪經十 4_63_8	唐代•十輪經九 4_79_5	唐代•十輪經四 20_391_8	唐代•十輪經四 11_217_9	唐代•古文選前 24_282_1
唐代•文選六八 30_303_7	唐代•春秋經傳 22_231_5	唐代•十輪經十 10_195_10	唐代•十輪經九 5_81_5	唐代•十輪經四 20_397_3	唐代•十輪經四 15_293_4	唐代•古文選後 21_249_8
唐代•文選六八 30_304_17	唐代•春秋經傳 22_231_7	唐代•十輪經十 12_222_16	唐代•十輪經九 9_161_4	唐代•十輪經四 21_409_13	唐代•十輪經四 16_318_4	唐代•十輪經四 3_51_5
唐代•古文選前 2_18_10	唐代•春秋經傳 22_231_20	唐代•十輪經十 15_286_16	唐代•十輪經九 9_164_1	唐代•十輪經四 21_410_8	唐代•十輪經四 18_340_7	唐代•十輪經四 5_90_17
唐代•古文選前 2_19_11	唐代•文選五九 105_992_4	唐代•十輪經十 15_287_1	唐代•十輪經九 9_178_15	唐代•十輪經四 21_410_12	唐代•十輪經四 18_345_17	唐代•十輪經四 6_116_16
唐代•古文選前 2_21_2	唐代•文選五九 105_993_7	唐代•十輪經十 15_299_15	唐代•十輪經十 4_62_1	唐代•十輪經四 21_414_14	唐代•十輪經四 18_354_16	唐代•十輪經四 7_134_2
唐代•古文選前 2_24_4	唐代•文選五九 105_994_17	唐代•十輪經十 18_351_14	唐代•十輪經十 4_62_13	唐代•十輪經八 3_42_11	唐代•十輪經四 19_371_14	唐代•十輪經四 10_191_7

唐代•古文選前
2_25_13

唐代•古文選後
27_314_3

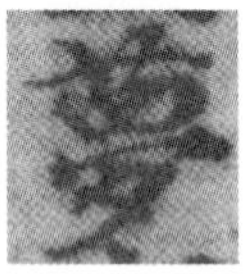
唐代•十輪經十
14_270_16

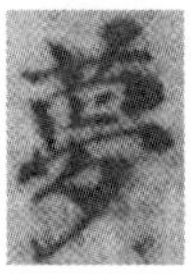
唐代•十輪經十
16_320_8

舞 𦏶

漢ブ呉ム
訓まう

唐代•春秋經傳
28_287_14

唐代•春秋經傳
28_288_4

唐代•文選四八
31_279_3

唐代•文選四八
32_286_18

唐代•文選五九
42_417_19

唐代•文選五九
48_473_6

唐代•文選五九
48_473_21

唐代•文選五九
48_474_13

唐代•文選五九
83_801_22

唐代•文選五九
84_802_17

唐代•文選五九
84_804_10

唐代•文選六八
4_44_14

唐代•文選六八
38_379_4

唐代•文選六八
49_487_18

唐代•文選六八
49_491_8

唐代•文選六八
51_518_2

唐代•文選六八
52_521_24

唐代•文選六八
52_522_6

唐代•文選六八
52_522_11

唐代•文選六八
53_532_17

唐代•文選六八
54_544_11

唐代•文選六八
55_557_26

唐代•文選六八
57_571_7

夂部

夏

漢カ 呉ゲ
訓なつ

唐代•春秋經傳 1_4_20

唐代•春秋經傳 2_17_30

唐代•春秋經傳 4_41_2

唐代•春秋經傳 7_66_17

唐代•春秋經傳 13_129_14

唐代•春秋經傳 13_137_9

唐代•春秋經傳 14_141_9

冬

トウ
訓ふゆ

唐代•春秋經傳 2_12_14

唐代•春秋經傳 5_44_16

唐代•春秋經傳 11_115_2

唐代•春秋經傳 12_124_13

唐代•春秋經傳 13_130_12

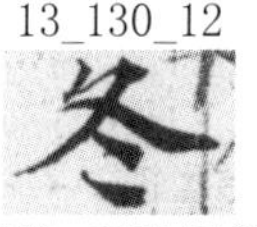
唐代•春秋經傳 13_133_14

唐代•春秋經傳 16_160_4

唐代•春秋經傳 18_187_16

唐代•春秋經傳 23_240_5

唐代•春秋經傳 24_243_14

唐代•春秋經傳 24_250_16

唐代•春秋經傳 25_254_5

唐代•春秋經傳 25_259_9

唐代•春秋經傳 26_269_18

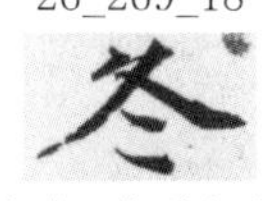
唐代•春秋經傳 27_276_14

唐代•春秋經傳 28_290_13

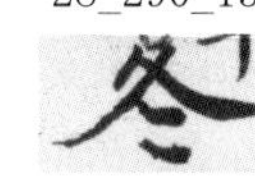
唐代•春秋經傳 29_301_16

唐代•春秋經傳 30_311_11

唐代•春秋經傳 31_320_3

唐代•春秋經傳 33_341_7

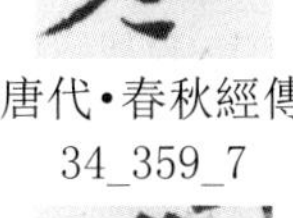
唐代•春秋經傳 34_359_7

唐代•春秋經傳 35_368_8

唐代•春秋經傳 37_387_22

唐代•文選五九 1_7_1

唐代•文選五九 19_185_22

唐代•文選五九 43_431_11

唐代•文選五九 44_436_19

唐代•文選五九 44_437_14

唐代•文選五九 66_635_8

唐代•文選五九 83_798_1

唐代•文選五九 109_1033_1

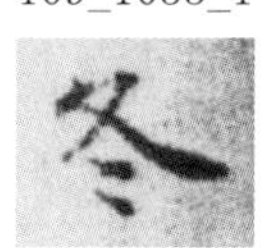
唐代•文選五九 109_1036_23

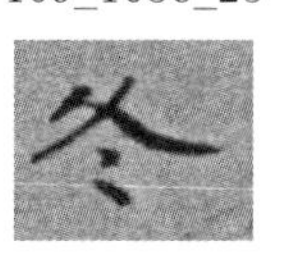
唐代•文選六八 17_179_8

唐代•文選六八 19_191_1

唐代•文選六八 41_408_13

唐代•文選六八 49_495_24

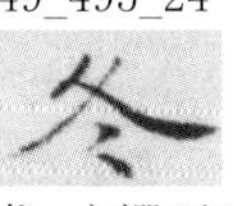
唐代•文選百三 48_461_41

唐代•文選百三 78_741_16

唐代•文選百三 82_779_17

唐代•古文選後 10_111_9

唐代•文選六八 40_402_18

唐代•春秋經傳 15_155_3

唐代•春秋經傳 18_184_19

唐代•春秋經傳 19_199_10

唐代•春秋經傳 22_231_11

唐代•春秋經傳 23_241_10

唐代•春秋經傳 24_246_9

唐代•春秋經傳 24_253_13

唐代•春秋經傳 25_254_21

唐代•春秋經傳 26_267_13

唐代•春秋經傳 26_272_9

唐代•春秋經傳 27_282_19

唐代•春秋經傳 28_294_10

唐代•春秋經傳 29_306_21

唐代•春秋經傳 30_316_1

唐代•春秋經傳 31_321_6

唐代•春秋經傳 31_322_5

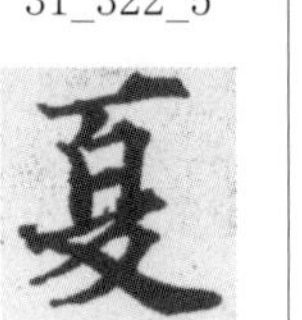
唐代•春秋經傳 32_332_18

唐代•春秋經傳 32_334_23

唐代•春秋經傳 32_335_15

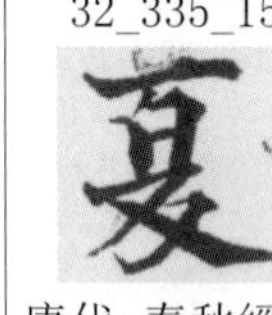
唐代•春秋經傳 33_344_5

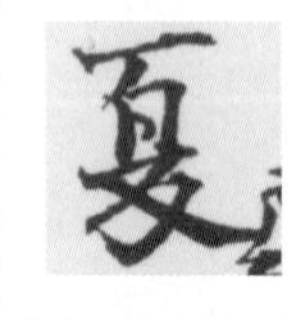
唐代•春秋經傳 34_352_10

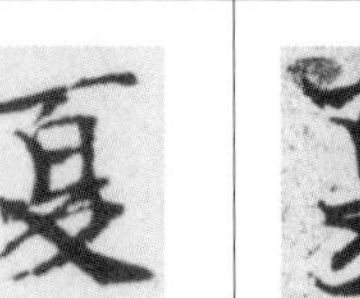
唐代•春秋經傳 34_354_11

唐代•春秋經傳 35_365_10

唐代•春秋經傳 35_368_15

唐代•春秋經傳 36_375_7

唐代•春秋經傳 37_388_4

唐代•春秋經傳 37_389_14

唐代•春秋經傳 37_389_20

唐代•春秋經傳 38_395_6

唐代•春秋經傳 38_403_5

唐代•春秋經傳 38_403_13

唐代•文選四八 4_21_25

唐代•文選四八 4_22_7

唐代•文選四八 16_140_11

唐代•文選四八 16_142_2

唐代•文選四八 16_145_24

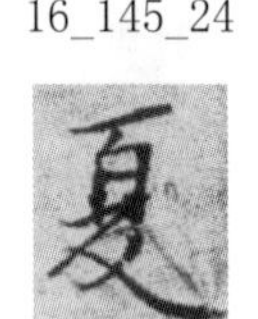
唐代•文選四八 16_146_12

唐代•文選四八 16_146_24

唐代•文選四八 22_203_2

唐代•文選四八 22_203_7

唐代•文選四八 47_421_7

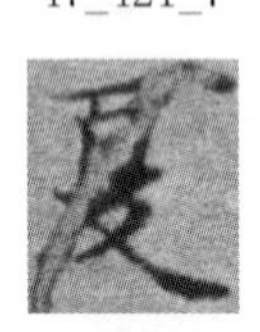
唐代•文選四八 47_423_22

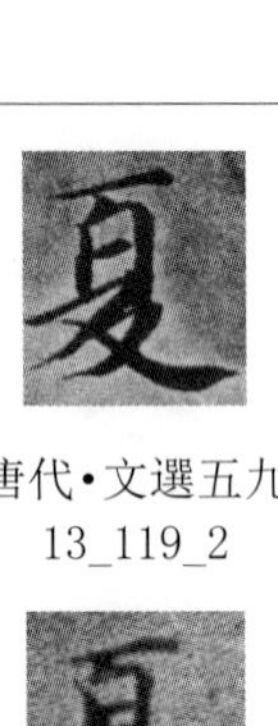
唐代•文選五九 13_119_2

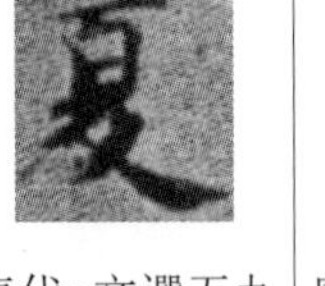
唐代•文選五九 13_121_4

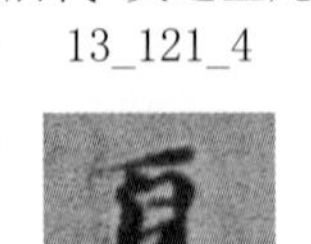

唐代•文選五九 14_136_19

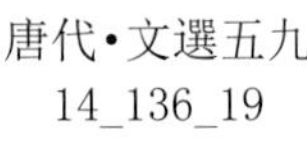

唐代•文選五九 22_214_2

唐代•文選五九 27_266_8

唐代•文選五九 27_267_11

唐代•文選五九 27_267_24

唐代•文選五九28_273_21
唐代•文選五九35_346_9
唐代•文選五九56_543_11
唐代•文選五九72_689_13
唐代•文選五九72_692_13
唐代•文選五九72_692_22
唐代•文選五九80_769_5

唐代•文選五九83_797_13
唐代•文選五九90_868_10
唐代•文選五九112_1063_6
唐代•文選六八19_191_4
唐代•文選六八20_201_13
唐代•文選六八41_409_5
唐代•文選六八41_410_13

唐代•文選六八41_411_3
唐代•文選六八41_411_12
唐代•文選六八41_411_29
唐代•文選六八60_600_8
唐代•文選六八60_601_26
唐代•文選六八60_603_16
唐代•文選八八11_86_18

唐代•文選八八11_87_7
唐代•文選百三1_3_1
唐代•文選白三1_3_21
唐代•文選百三1_11_1
唐代•文選百三4_30_2
唐代•文選百三4_34_10
唐代•文選百三5_35_18

唐代•文選百三5_35_32
唐代•文選百三5_36_5
唐代•文選百三5_36_11
唐代•文選百三5_36_25
唐代•文選百三5_36_32
唐代•文選百三5_37_2
唐代•文選百三5_38_2

唐代•文選百三5_40_26
唐代•文選百三5_41_12
唐代•文選百三5_43_8
唐代•文選百三5_44_5
唐代•文選百三5_44_15
唐代•文選百三5_45_11
唐代•文選百三6_49_4

唐代•文選百三6_49_12
唐代•文選百三6_49_26
唐代•文選百三6_51_15
唐代•文選百三6_53_10
唐代•文選百三7_63_13
唐代•文選百三7_67_16
唐代•文選百三16_149_5

				 唐代•古文選前 13_157_8	 唐代•文選百三 45_434_14	 唐代•文選百三 27_257_7
				 唐代•古文選後 5_53_8	 唐代•文選百三 51_492_6	 唐代•文選百三 34_336_17
				 唐代•古文選後 12_143_7	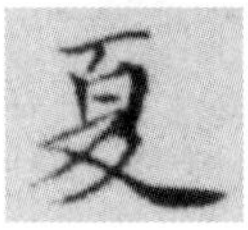 唐代•文選百三 68_655_23	 唐代•文選百三 34_337_13
				 唐代•古文選後 16_187_12	 唐代•文選百三 68_656_25	 唐代•文選百三 35_349_10
				 唐代•古文選後 19_218_1	 唐代•文選百三 74_712_15	 唐代•文選百三 35_349_21
					 唐代•文選百三 81_774_35	 唐代•文選百三 35_349_27
					 唐代•文選百三 81_775_29	 唐代•文選百三 45_433_9

广部

序 序

呉ジョ
訓かき

唐代・文選四八
18_161_20

唐代・文選四八
20_180_21

唐代・文選四八
25_222_7

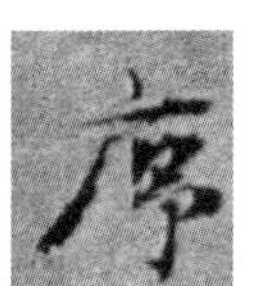
唐代・文選四八
34_303_13

唐代・文選四八
42_378_13

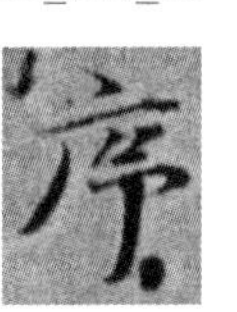
唐代・文選四八
47_427_24

唐代・文選五九
12_115_14

唐代・文選五九
12_117_18

唐代・文選五九
33_330_9

唐代・文選五九
34_334_8

唐代・文選五九
64_617_30

唐代・文選五九
70_672_12

唐代・文選五九
73_700_2

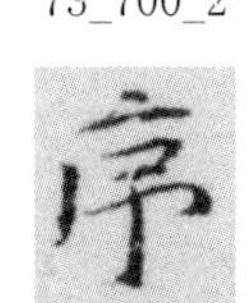
唐代・文選五九
77_736_7

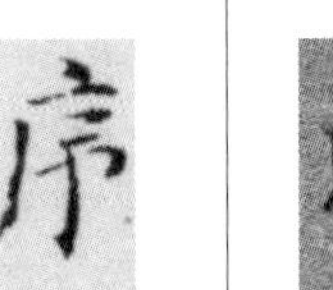
唐代・文選五九
94_899_27

唐代・文選六八
2_16_13

唐代・文選六八
2_19_29

唐代・文選六八
10_105_20

唐代・文選六八
30_302_20

唐代・文選六八
45_458_11

唐代・文選六八
46_459_25

唐代・文選八八
16_139_7

唐代・文選八八
23_199_8

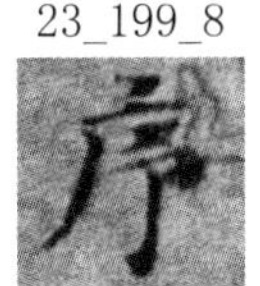
唐代・文選百三
1_1_8

唐代・文選百三
1_2_11

唐代・文選百三
1_3_9

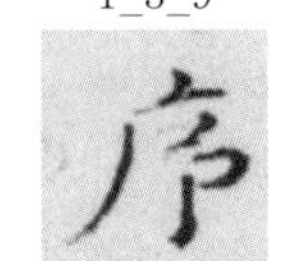
唐代・文選百三
42_420_11

唐代・文選百三
48_460_3

唐代・文選百三
86_822_15

唐代・古文選前
3_37_11

唐代・古文選前
6_74_9

唐代・古文選前
11_133_8

唐代・古文選後
14_159_4

唐代・古文選後
20_239_5

府 府

フ
訓くら

唐代・文選四八
42_382_25

唐代・文選四八
44_399_9

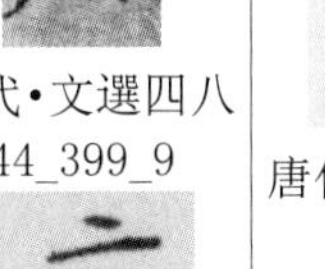
唐代・文選五九
37_372_17

唐代・文選五九
41_405_7

唐代・文選五九
50_491_23

唐代・文選五九
62_595_6

唐代・文選五九
62_596_29

唐代・文選五九
101_958_14

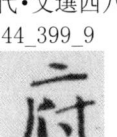

唐代•文選五九
21_207_30

唐代•文選五九
21_207_33

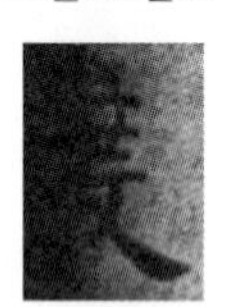
唐代•文選五九
21_208_28

唐代•文選五九
25_241_24

唐代•文選五九
30_297_12

唐代•文選五九
58_561_17

唐代•文選五九
76_729_1

唐代•文選五九
80_770_9

度

呉ド漢ト
訓たび

晚唐•慶滋書狀
1_10_11

唐代•春秋經傳
36_381_14

唐代•文選五九
3_24_21

唐代•文選五九
15_147_27

唐代•文選五九
15_148_23

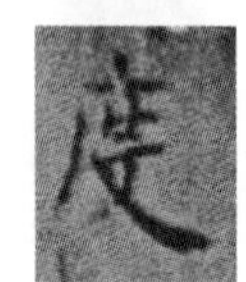
唐代•文選五九
17_160_17

唐代•文選五九
21_203_5

唐代•文選五九
21_207_19

庚

コウ
訓かのえ

初唐•大般若經
2_37_15

唐代•文選四八
12_103_28

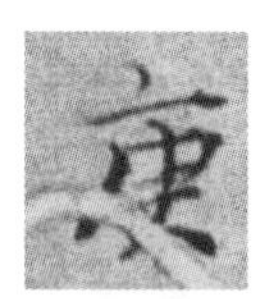
唐代•文選四八
27_246_11

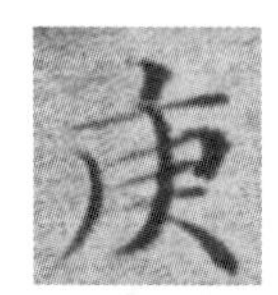
唐代•文選百三
5_40_20

唐代•文選百三
29_284_24

唐代•古文選前
17_202_2

唐代•古文選前
17_203_4

庖

漢ホウ
訓くりや

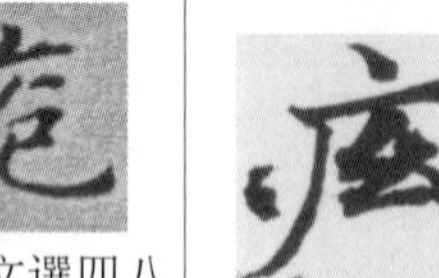
唐代•文選四八
13_118_15

底

漢テイ
訓そこ

唐代•春秋經傳
15_152_2

唐代•春秋經傳
15_152_5

唐代•
文選五九
65_625_10

唐代•文選五九
90_857_11

唐代•文選五九
93_891_10

唐代•文選六八
45_455_17

唐代•文選百三
25_237_20

唐代•文選百三
28_276_19

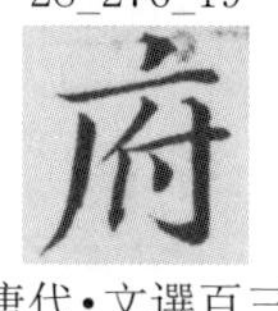
唐代•文選百三
34_339_1

唐代•文選百三
34_339_31

唐代•文選百三
34_340_2

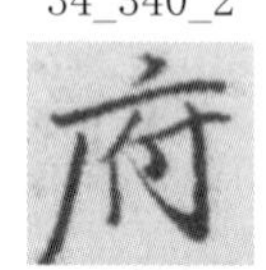
唐代•文選百三
34_340_35

唐代•文選百三
34_341_4

唐代•古文選後
14_164_6

唐代•文選五九
104_985_15

唐代•文選六八
25_259_17

唐代•文選六八
41_417_13

唐代•文選六八
43_425_29

唐代•文選六八
47_468_25

唐代•文選百三
2_12_9

唐代•文選百三
2_14_30

唐代•文選百三
2_15_5

庭

漢 テイ

訓 にわ

唐代•文選五九 83_798_26

唐代•文選五九 99_935_2

唐代•文選五九 99_936_13

唐代•文選五九 99_939_4

唐代•文選五九 109_1027_9

唐代•文選五九 111_1054_27

唐代•文選六八 3_30_6

唐代•文選六八 11_117_10

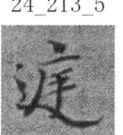

唐代•文選五九 39_379_12

唐代•文選五九 40_395_13

唐代•文選五九 42_414_14

唐代•文選五九 48_472_6

唐代•文選五九 48_474_22

唐代•文選五九 66_632_7

唐代•文選五九 66_634_3

唐代•文選五九 66_635_23

唐代•文選五九 21_211_1

唐代•文選五九 23_225_17

唐代•文選五九 33_329_7

唐代•文選五九 38_376_2

唐代•文選五九 38_377_8

唐代•文選五九 38_377_9

唐代•文選五九 38_378_3

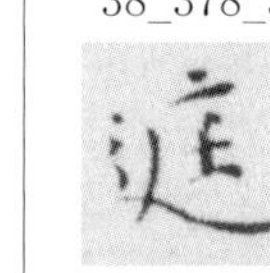

唐代•文選五九 38_378_13

唐代•春秋經傳 9_90_17

唐代•文選四八 23_210_1

唐代•文選四八 24_213_2

唐代•文選四八 24_213_5

唐代•文選四八 24_213_26

唐代•文選四八 24_214_2

唐代•文選五九 15_151_14

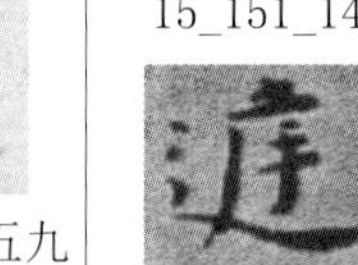

唐代•文選五九 17_165_23

唐代•文選百三 82_778_2

唐代•古文選前 8_92_23

唐代•古文選後 8_93_5

唐代•古文選後 12_133_31

唐代•古文選後 14_159_14

唐代•十輪經四 9_177_22

唐代•十輪經四 10_184_15

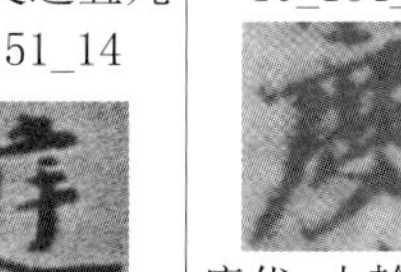

唐代•十輪經十 7_126_24

唐代•文選百三 3_28_13

唐代•文選百三 3_28_14

唐代•文選百三 7_68_26

唐代•文選百三 9_87_43

唐代•文選百三 46_442_27

唐代•文選百三 54_523_2

唐代•文選百三 65_622_26

唐代•文選百三 65_622_30

唐代•文選五九 81_778_1

唐代•文選五九 81_778_3

唐代•文選五九 81_781_34

唐代•文選五九 103_977_15

唐代•文選五九 103_978_18

唐代•文選五九 103_979_2

唐代•文選五九 103_980_2

唐代•文選六八 2_21_19

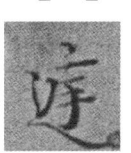

	庶庻	座	庫庫	庠庠		
	ショ 訓もろもろ	呉ザ 訓すわる	漢コ呉ク唐ク 訓くら	漢ショウ 訓まなびや		
 唐代・文選五九 94_906_6  唐代・文選六八 11_113_5  唐代・文選六八 15_158_22  唐代・文選六八 53_535_21  唐代・文選百三 64_616_9  唐代・文選百三 65_619_2  唐代・文選百三 65_620_11  唐代・古文選前 17_203_11	 唐代・春秋經傳 12_119_20  唐代・春秋經傳 12_120_3  唐代・春秋經傳 20_205_5  唐代・文選四八 50_449_27  唐代・文選五九 41_401_1  唐代・文選五九 41_403_26  唐代・文選五九 94_908_30	 初唐・聖武雜集 1_6_16  唐代・文選百三 21_205_35 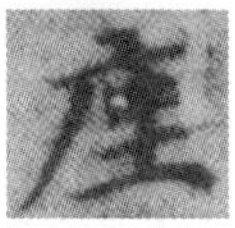 唐代・十輪經四 17_326_17	 唐代・文選四八 42_375_22  唐代・文選四八 42_376_10  唐代・文選五九 77_741_29  唐代・文選百三 25_245_24  唐代・古文選後 4_47_4	 唐代・古文選後 19_226_13	 唐代・古文選後 2_21_8  唐代・古文選後 4_43_2  唐代・古文選後 19_217_6  唐代・古文選後 20_237_1  唐代・古文選後 24_287_2  唐代・古文選後 26_307_2	 唐代・文選六八 43_433_12  唐代・文選六八 49_494_1  唐代・文選六八 49_496_14  唐代・文選六八 49_496_19  唐代・文選百三 21_197_37  唐代・古文選前 15_181_11  唐代・古文選前 16_184_9  唐代・古文選前 27_312_11

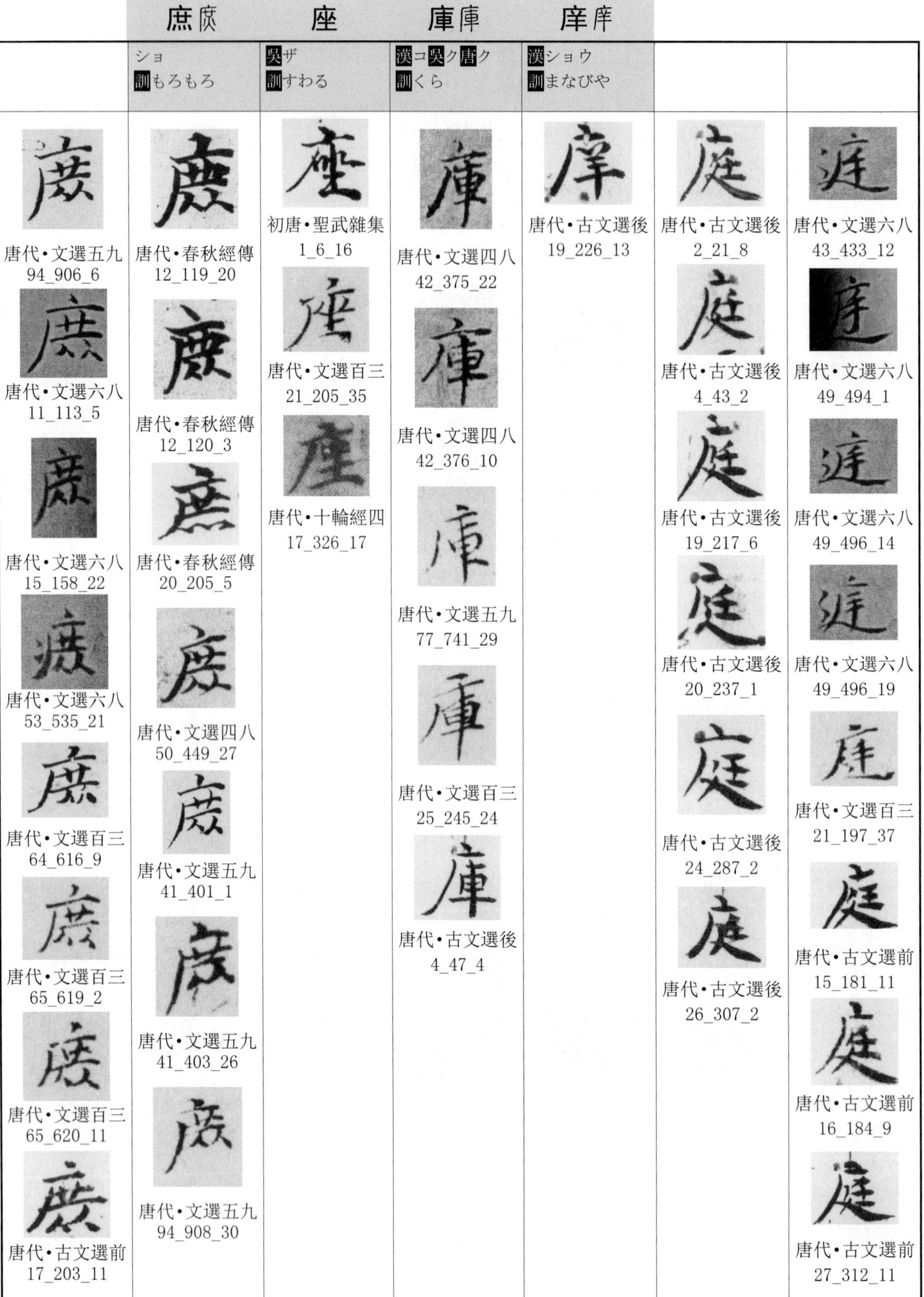

唐代•古文選前
21_247_3

唐代•古文選前
23_271_7

唐代•古文選前
24_278_4

唐代•古文選後
2_24_7

唐代•古文選後
11_128_3

唐代•古文選後
19_226_2

唐代•十輪經四
5_87_6

唐代•十輪經四
20_386_5

庾

ユ
訓くら

唐代•文選五九
37_371_8

唐代•文選百三
55_528_7

唐代•文選百三
56_533_30

唐代•文選百三
56_534_23

唐代•文選百三
56_537_23

唐代•古文選後
25_292_5

唐代•古文選後
25_292_23

唐代•十輪經十
15_299_14

唐代•古文選後
25_292_35

廊

ロウ
訓ひさし

唐代•文選四八
28_250_24

唐代•文選四八
28_252_1

唐代•文選四八
28_253_6

唐代•文選四八
28_254_23

唐代•文選四八
28_256_6

唐代•文選五九
9_86_22

康

コウ
訓ゆたか

唐代•春秋經傳
25_258_9

唐代•春秋經傳
28_291_23

唐代•春秋經傳
34_357_8

唐代•文選四八
11_98_25

唐代•文選四八
13_116_30

唐代•文選四八
16_143_21

唐代•文選四八
35_311_5

唐代•文選四八
49_447_11

唐代•文選四八
50_449_29

唐代•文選四八
50_450_27

唐代•文選四八
50_451_26

唐代•文選五九
8_73_20

唐代•文選五九
8_78_8

唐代•文選五九
17_162_14

唐代•文選五九
47_470_17

唐代•文選五九
64_623_23

唐代•文選五九
73_704_19

唐代•文選五九
77_741_25

唐代•文選五九
102_966_14

唐代•文選六八
19_189_17

唐代•文選六八
19_191_20

唐代•文選六八
19_194_2

秉繁弱之弓
唐代•文選六八
30_301_6

唐代•文選六八
30_304_2

廁	廂		庸			
シ 訓かわや	漢ショウ呉ソウ 訓ひさし		漢ヨウ 訓はたらく			
 唐代・文選四八 35_315_16  唐代・文選四八 35_317_27  唐代・文選五九 81_781_29	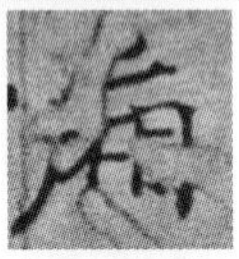 唐代・文選四八 28_252_16  唐代・文選六八 41_406_9  唐代・文選六八 41_406_28  唐代・文選六八 41_408_9	 唐代・文選百三 87_828_9  唐代・文選百三 87_829_29  唐代・文選百三 87_831_23  唐代・古文選後 14_161_7	 唐代・文選百三 18_169_2  唐代・文選百三 35_344_30  唐代・文選百三 39_386_8  唐代・文選百三 39_387_12  唐代・文選百三 39_388_12  唐代・文選百三 57_550_5  唐代・文選百三 57_552_33	 唐代・古文選前 19_229_11  唐代・古文選後 4_44_18  唐代・文選百三 47_451_3	 唐代・文選百三 4_32_5  唐代・文選百三 24_231_6  唐代・文選百三 24_235_4  唐代・文選百三 25_241_3  唐代・文選百三 25_245_20  唐代・文選百三 35_355_29  唐代・古文選前 19_229_4	 唐代・文選六八 67_675_8  唐代・文選六八 68_677_9  唐代・文選六八 68_677_23  唐代・文選八八 12_97_11  唐代・文選八八 21_186_5  唐代・文選八八 21_188_4 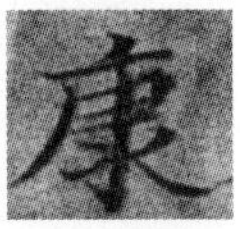 唐代・文選百三 1_7_30  唐代・文選百三 4_29_18

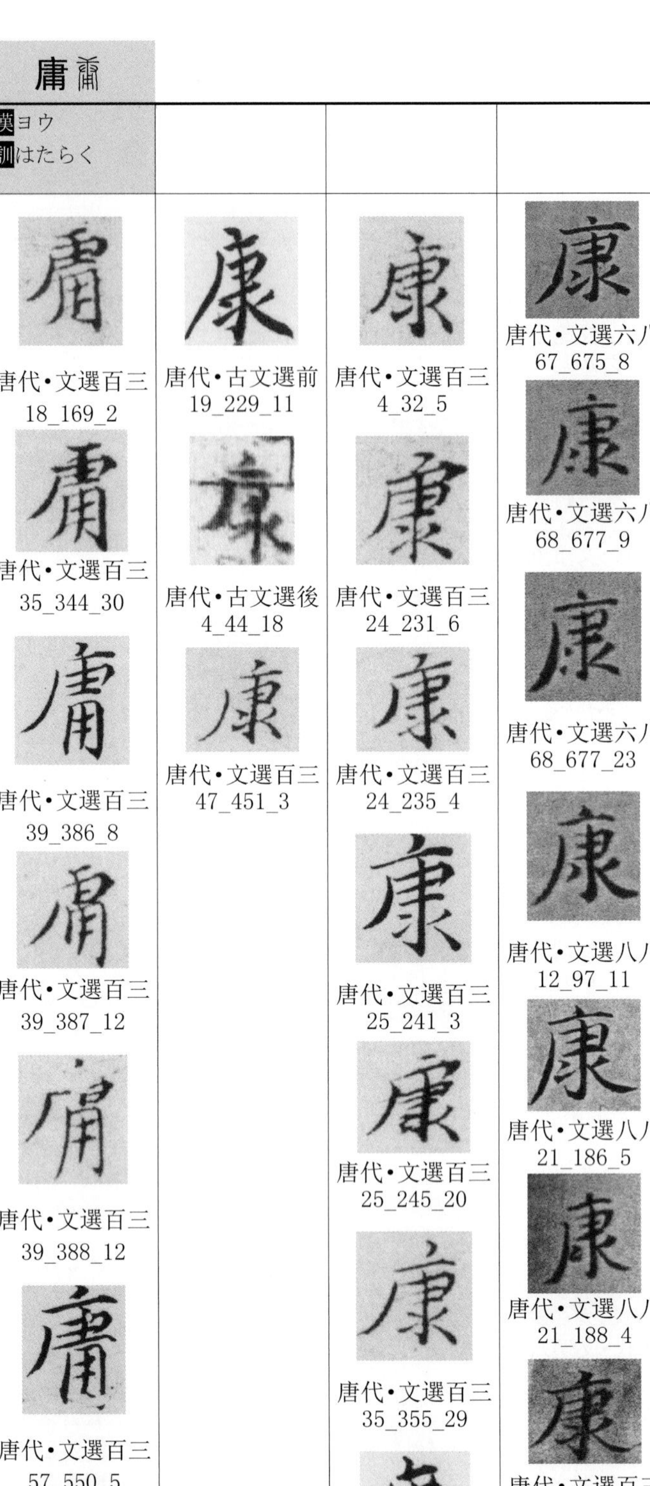

廌

漢チ
訓のり

唐代•文選百三
7_57_11

唐代•文選百三
16_149_11

唐代•文選百三
16_150_1

唐代•文選百三
53_508_16

唐代•文選百三
33_333_14

唐代•文選五九
109_1039_1

唐代•文選五九
110_1040_5

唐代•文選五九
110_1041_16

唐代•文選五九
110_1041_27

唐代•文選六八
14_148_9

唐代•文選六八
24_242_14

唐代•文選六八
39_391_24

唐代•文選百三
33_324_13

廉

レン
訓かど

唐代•文選四八
43_386_6

唐代•文選五九
16_157_29

唐代•文選五九
16_158_6

唐代•文選五九
23_228_6

唐代•文選五九
32_314_19

唐代•文選五九
50_495_18

唐代•文選五九
101_948_4

唐代•文選五九
109_1035_1

唐代•文選六八
73_728_14

唐代•文選八八
23_210_2

唐代•文選八八
24_211_29

唐代•文選八八
24_212_2

唐代•文選百三
71_691_3

唐代•文選百三
73_699_19

廓

カク
訓ひろい

唐代•文選五九
2_15_10

唐代•文選五九
2_18_16

唐代•文選五九
45_440_16

唐代•文選六八
8_75_5

唐代•文選六八
8_78_11

唐代•文選六八
73_726_16

唐代•文選六八
73_728_5

廏

キュウ
訓うまや

唐代•春秋經傳
34_354_30

唐代•文選百三
17_161_6

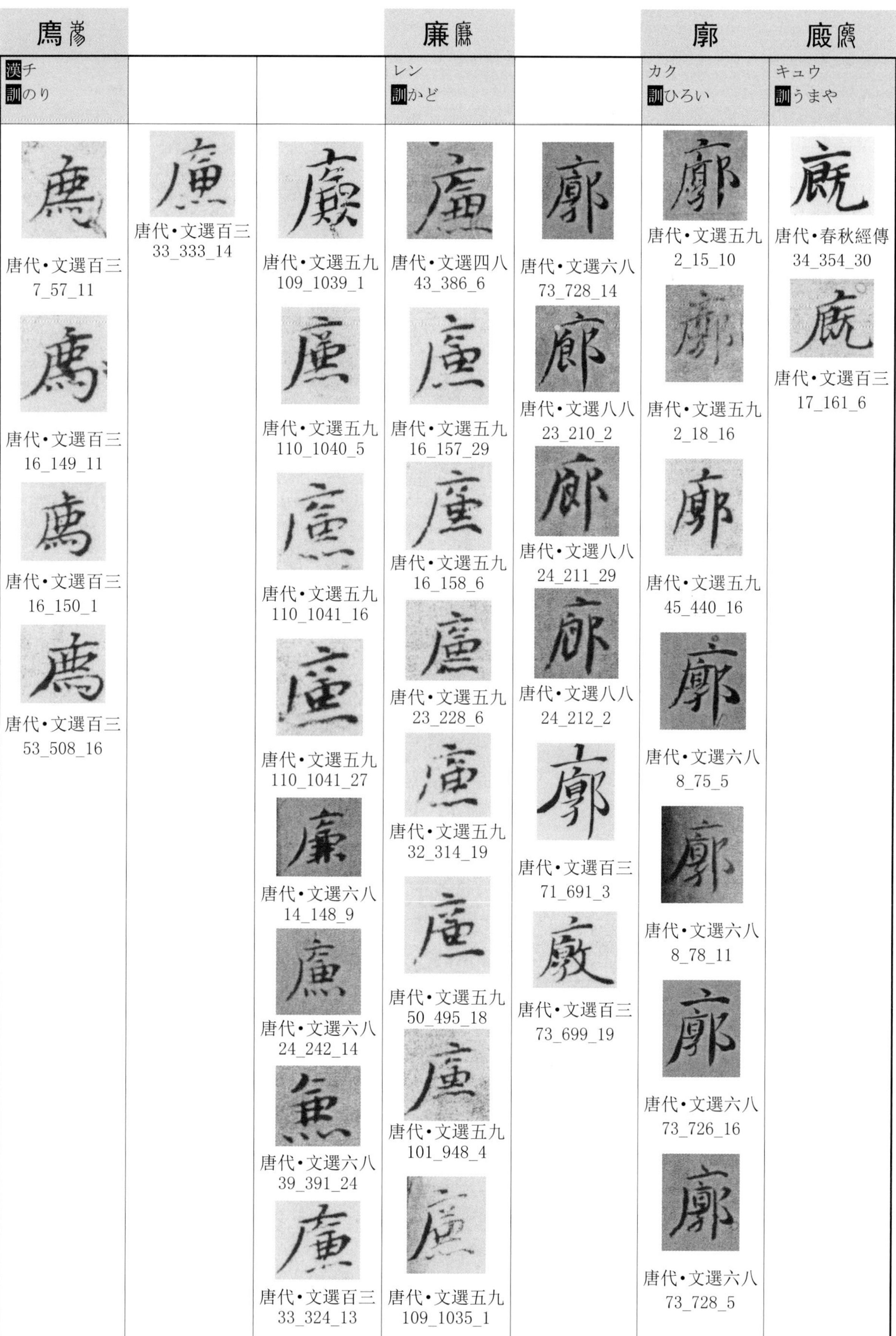

廣

コウ
訓ひろい

唐代•文選四八
4_23_12

唐代•文選四八
12_104_1

唐代•文選四八
14_126_13

唐代•文選四八
14_127_23

唐代•文選四八
15_133_7

唐代•文選四八
19_173_5

唐代•文選四八
24_216_10

唐代•文選四八
33_298_17

唐代•文選四八
33_299_14

唐代•文選四八
34_301_4

唐代•文選四八
34_301_9

唐代•文選四八
34_302_8

唐代•文選四八
47_421_6

唐代•文選四八
47_424_5

唐代•文選五九
5_42_27

唐代•文選五九
5_43_13

唐代•文選五九
17_161_10

唐代•文選五九
19_184_11

唐代•文選五九
30_293_6

唐代•文選五九
47_468_8

唐代•文選五九
47_470_12

唐代•文選五九
56_549_2

唐代•文選五九
68_657_2

唐代•文選五九
74_705_13

唐代•文選五九
74_709_1

唐代•文選五九
81_782_9

唐代•文選五九
82_787_5

唐代•文選五九
91_872_23

唐代•文選五九
106_1001_16

唐代•文選六八
1_6_24

唐代•文選六八
1_7_27

唐代•文選六八
1_9_2

唐代•文選六八
3_34_12

唐代•文選六八
6_56_5

唐代•文選六八
9_100_18

唐代•文選六八
11_116_17

唐代•文選六八
31_317_4

唐代•文選六八
34_340_10

唐代•文選六八
45_457_13

唐代•文選六八
45_458_14

唐代•文選六八
46_459_28

唐代•文選六八
46_459_30

唐代•文選六八
47_465_2

唐代•文選六八
49_497_12

唐代•文選六八
50_500_11

唐代•文選六八
53_526_9

唐代•文選六八
65_650_28

唐代•文選六八
69_690_20

唐代•文選六八
69_695_13

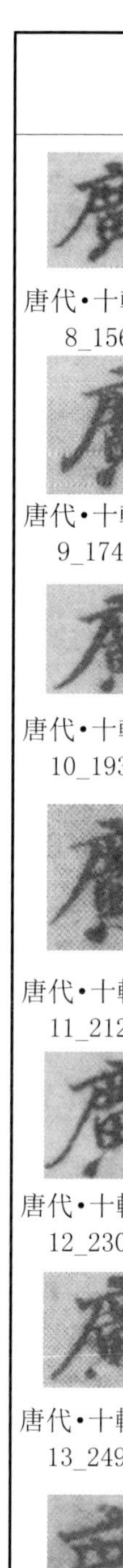

唐代•十輪經八
8_156_3

唐代•十輪經八
9_174_14

唐代•十輪經八
10_193_17

唐代•十輪經八
11_212_11

唐代•十輪經八
12_230_16

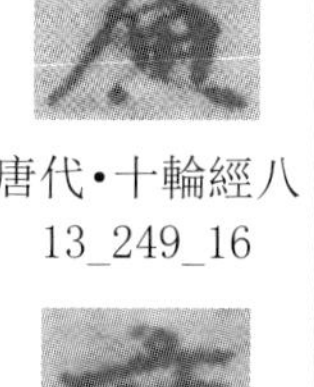

唐代•十輪經八
13_249_16

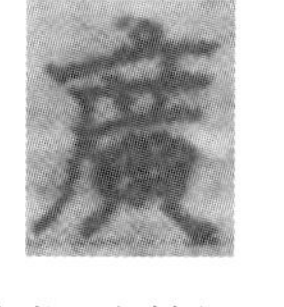

唐代•十輪經八
14_267_17

唐代•十輪經四
18_352_13

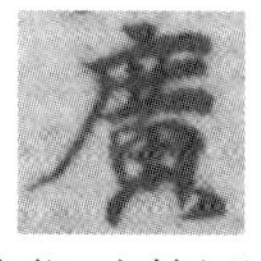

唐代•十輪經四
18_359_12

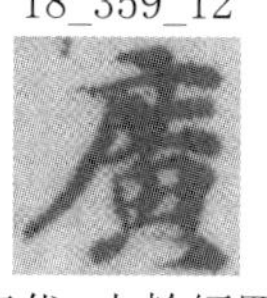

唐代•十輪經四
19_369_11

唐代•十輪經四
20_389_4

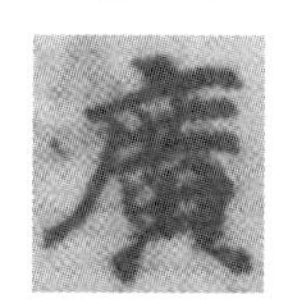

唐代•十輪經八
3_41_5

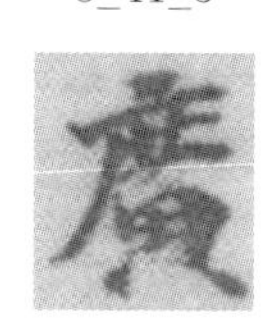

唐代•十輪經八
6_117_11

唐代•十輪經八
7_136_3

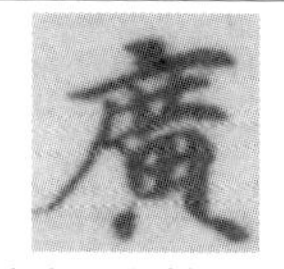

唐代•十輪經四
6_114_13

唐代•十輪經四
7_121_4

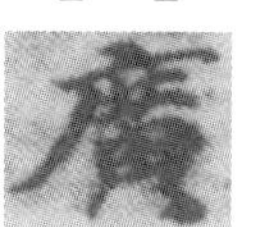

唐代•十輪經四
16_315_18

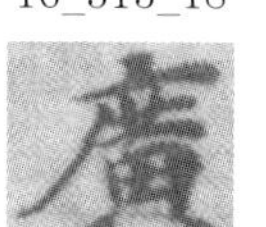

唐代•十輪經四
17_322_12

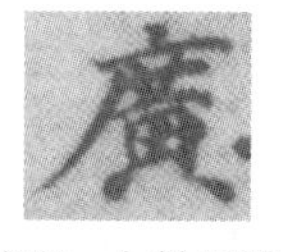

唐代•十輪經四
17_338_6

唐代•十輪經四
18_344_12

唐代•十輪經四
18_347_14

唐代•古文選前
15_179_25

唐代•古文選前
19_222_32

唐代•古文選前
19_222_38

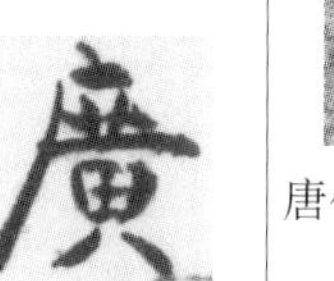

唐代•古文選前
25_291_3

唐代•古文選後
1_6_3

唐代•古文選後
20_236_11

唐代•古文選後
26_309_3

唐代•文選百三
6_49_8

唐代•文選百三
11_98_3

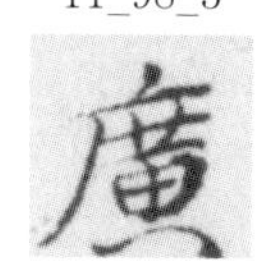

唐代•文選百三
51_495_26

唐代•文選百三
52_501_9

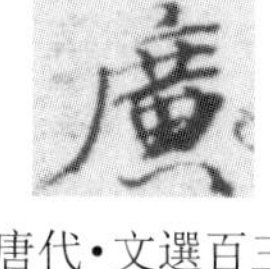

唐代•文選百三
60_574_19

唐代•古文選前
5_52_8

唐代•古文選前
15_179_8

唐代•文選八八
15_133_8

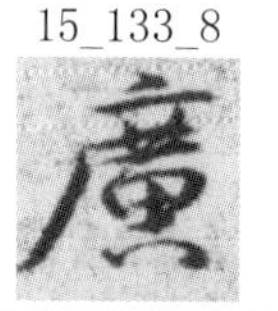

唐代•文選八八
19_170_35

唐代•文選八八
20_173_2

唐代•文選八八
20_176_17

唐代•文選八八
24_211_20

唐代•文選八八
24_212_6

唐代•文選百三
5_38_24

唐代•文選六八
70_696_5

唐代•文選六八
70_697_22

唐代•文選八八
3_7_24

唐代•文選八八
3_8_27

唐代•文選八八
3_10_2

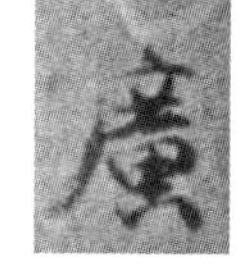

唐代•文選八八
5_32_5

唐代•文選八八
6_37_9

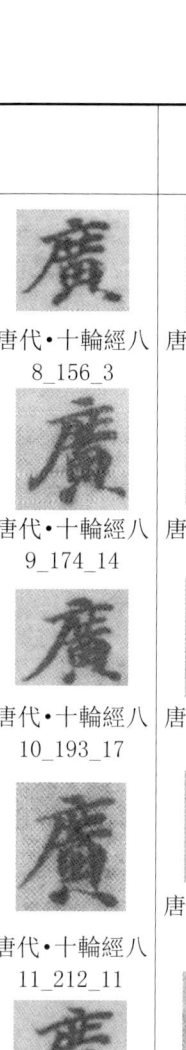

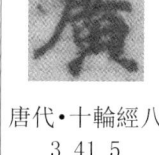

廟 𢋢　廖 𢊍

ビョウ
訓たまや

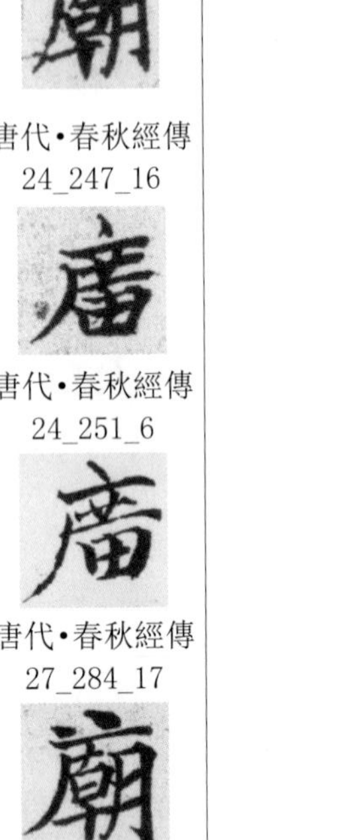

唐代•春秋經傳
17_179_11

唐代•春秋經傳
18_187_7

唐代•春秋經傳
24_247_16

唐代•春秋經傳
24_251_6

唐代•春秋經傳
27_284_17

唐代•春秋經傳
29_296_7

唐代•春秋經傳
33_349_14

漢リョウ呉リョウ
訓—

唐代•春秋經傳
25_262_1

唐代•春秋經傳
25_262_13

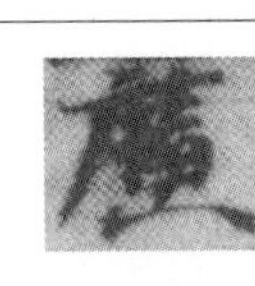

唐代•十輪經十
16_304_17

唐代•十輪經十
19_362_6

唐代•十輪經十
19_379_2

唐代•十輪經十
11_206_7

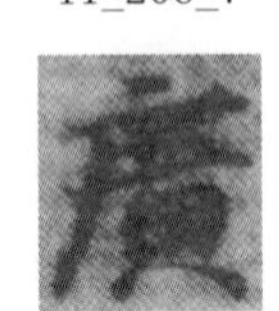

唐代•十輪經十
11_215_10

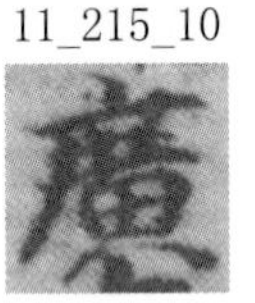

唐代•十輪經十
13_242_14

唐代•十輪經十
13_252_3

唐代•十輪經十
13_259_13

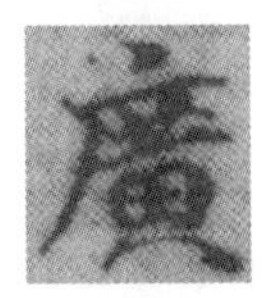

唐代•十輪經十
14_272_9

唐代•十輪經十
16_302_2

唐代•十輪經九
17_331_14

唐代•十輪經九
21_411_14

唐代•十輪經十
5_86_1

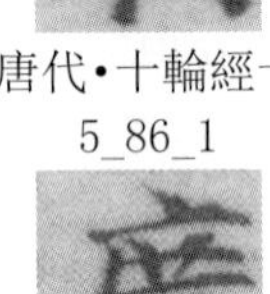

唐代•十輪經十
6_109_8

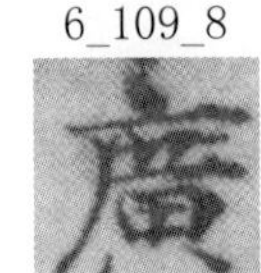

唐代•十輪經十
6_115_2

唐代•十輪經十
10_183_15

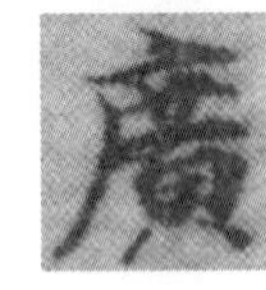

唐代•十輪經十
10_200_6

唐代•十輪經八
21_419_13

唐代•十輪經八
22_440_15

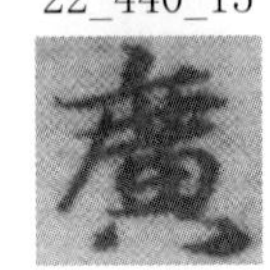

唐代•十輪經九
1_19_8

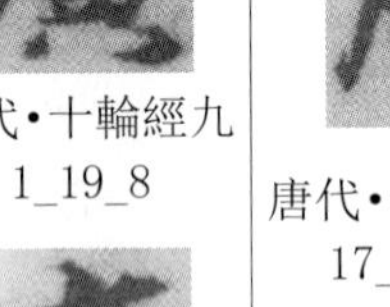

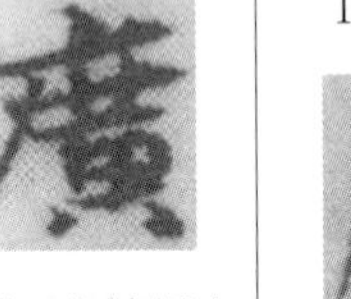

唐代•十輪經九
2_39_8

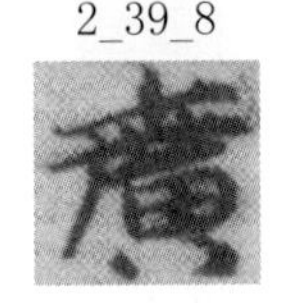

唐代•十輪經九
4_79_14

唐代•十輪經九
5_88_9

唐代•十輪經九
16_312_16

唐代•十輪經八
15_287_5

唐代•十輪經八
16_305_16

唐代•十輪經八
17_325_2

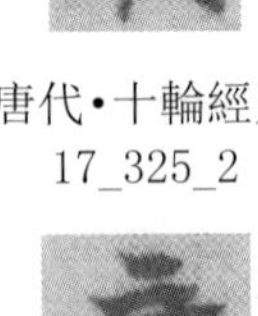

唐代•十輪經八
17_343_16

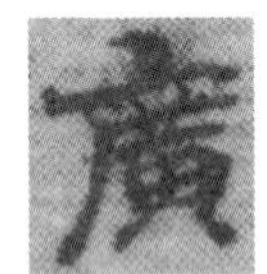

唐代•十輪經八
19_363_11

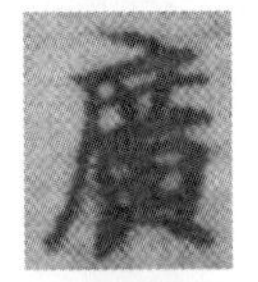

唐代•十輪經八
19_381_16

唐代•十輪經八
20_401_6

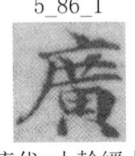

唐代・文選四八
28_251_1

唐代・文選四八
28_252_2

唐代・文選四八
28_252_18

唐代・文選四八
28_253_7

唐代・文選四八
28_255_5

唐代・文選四八
28_255_7

唐代・文選四八
28_256_7

唐代・文選四八
47_422_25

唐代・文選四八
48_440_4

唐代・文選六八
11_109_7

唐代・文選六八
51_511_4

唐代・文選百三
3_25_35

廢

漢 ハイ

訓 すたれる

唐代・春秋經傳
9_85_7

唐代・春秋經傳
11_116_18

唐代・春秋經傳
13_133_11

唐代・春秋經傳
13_133_27

唐代・春秋經傳
28_287_39

唐代・春秋經傳
29_300_8

唐代・文選五九
33_322_8

唐代・文選四八
6_43_14

唐代・文選五九
33_324_28

唐代・文選五九
60_580_1

唐代・文選五九
62_602_6

唐代・文選五九
84_811_5

唐代・文選五九
110_1044_6

唐代・文選六八
8_75_6

唐代・文選百三
17_155_22

唐代・文選百三
17_156_17

唐代・文選百三
24_230_18

唐代・文選百三
54_523_3

唐代・文選百三
70_678_24

唐代・文選百三
75_723_9

唐代・文選百三
76_727_23

唐代・古文選前
22_258_4

唐代・古文選後
4_41_5

唐代・十輪經四
3_51_2

唐代・十輪經四
5_90_14

唐代・十輪經四
6_116_13

唐代・十輪經四
16_318_1

唐代・十輪經四
18_340_4

唐代・十輪經四
18_354_13

唐代・十輪經四
19_371_11

唐代・十輪經四
20_391_5

唐代・十輪經四
20_396_15

唐代・十輪經四
21_419_13

唐代・十輪經十
14_271_4

唐代・十輪經十
16_320_13

唐代・十輪經十
18_357_11

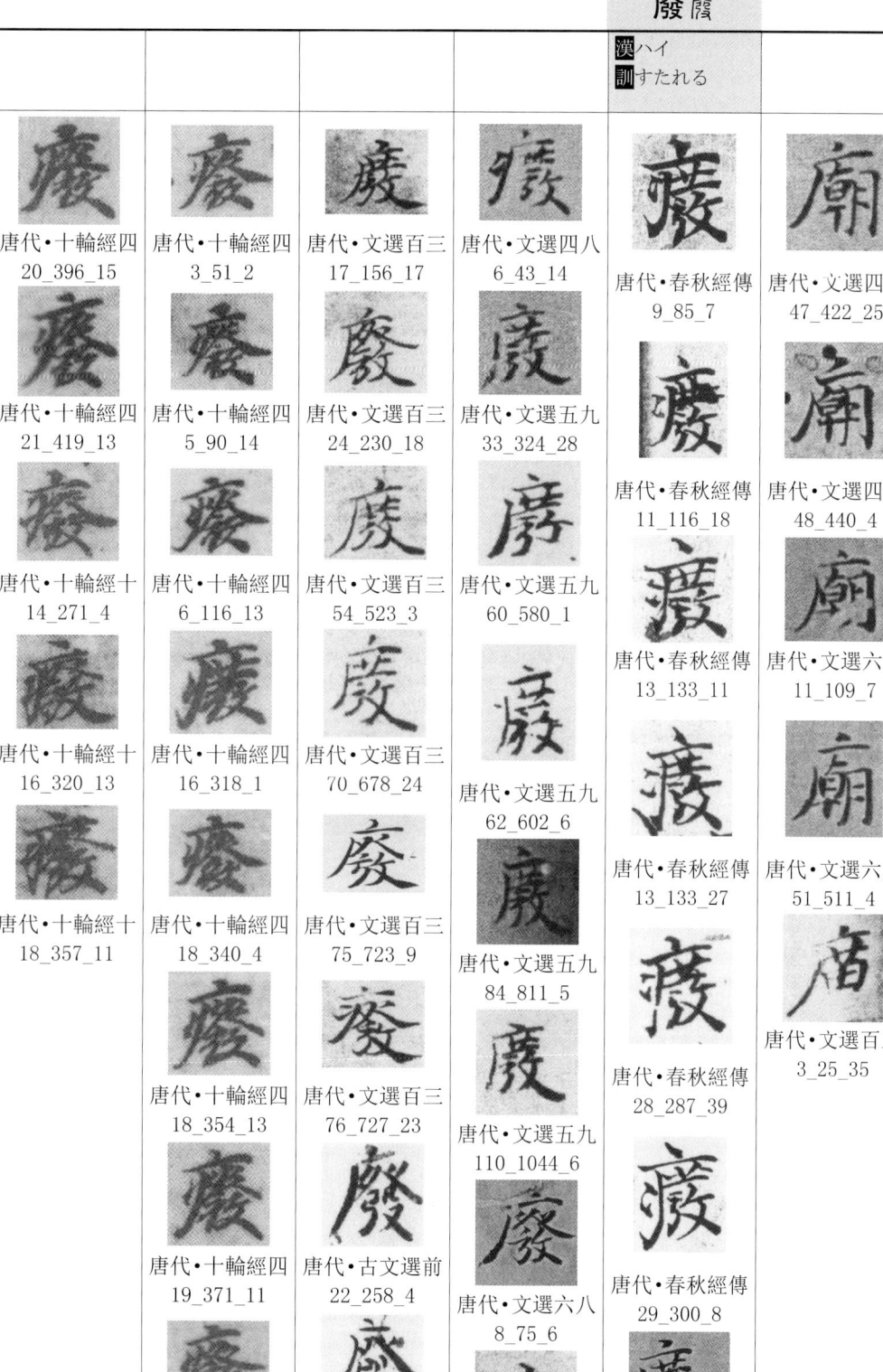

慶

漢ケイ呉キョウ
訓さいわい

初唐・大般若經
2_32_9

唐代・春秋經傳
37_393_12

唐代・春秋經傳
38_394_8

唐代・文選四八
11_99_20

唐代・文選五九
46_456_18

唐代・文選五九
47_458_5

唐代・文選五九
47_459_29

唐代・文選百三
17_167_12

唐代・古文選前
26_305_13

唐代・古文選後
11_124_6

廬

漢リョ呉ロ
訓いおり

唐代・文選四八
43_385_15

唐代・文選四八
48_436_10

唐代・文選五九
5_48_2

唐代・文選五九
5_49_11

唐代・文選五九
5_49_15

唐代・文選五九
5_49_23

唐代・文選五九
5_50_24

唐代・文選五九
5_49_29

唐代・文選五九
5_51_5

唐代・文選五九
13_123_2

唐代・文選五九
13_123_16

唐代・文選六八
23_227_24

唐代・文選百三
81_770_27

宀部

宇

ウ
訓のき

唐代•文選四八
26_233_21

唐代•文選五九
15_141_2

唐代•文選五九
15_142_22

唐代•文選五九
15_144_11

唐代•文選五九
62_599_25

唐代•文選五九
78_750_21

唐代•文選五九
78_750_30

唐代•文選五九
78_751_7

唐代•文選五九
78_752_7

唐代•文選五九
82_793_8

唐代•文選五九
100_947_30

唐代•文選五九
107_1018_17

唐代•文選六八
39_387_30

唐代•文選八八
23_210_4

唐代•文選百三
31_309_18

唐代•文選百三
34_340_9

唐代•文選百三
85_816_19

唐代•古文選後
13_144_3

唐代•古文選後
21_252_10

守

呉シュ、ス漢シュウ
訓まもる

唐代•春秋經傳
33_348_19

唐代•春秋經傳
33_349_12

唐代•文選四八
6_42_1

唐代•文選四八
18_158_10

唐代•文選五九
11_106_18

唐代•文選五九
11_108_8

唐代•文選五九
11_109_19

唐代•文選五九
12_112_24

唐代•文選五九
16_152_15

唐代•文選五九
35_350_25

唐代•文選五九
36_357_12

唐代•文選五九
45_449_29

唐代•文選五九
56_545_16

唐代•文選五九
56_546_14

唐代•文選五九
58_561_12

唐代•文選五九
63_606_10

唐代•文選五九
72_695_25

唐代•文選五九
72_698_29

唐代•文選五九
76_727_17

唐代•文選五九
76_731_7

唐代•文選五九
76_732_3

唐代·文選百三 65_625_11
唐代·文選百三 65_625_25
唐代·文選百三 65_625_28
唐代·文選百三 65_630_9
唐代·文選百三 66_635_10
唐代·文選百三 67_652_35
唐代·文選百三 68_658_25

唐代·文選百三 50_486_16
唐代·文選百三 53_514_1
唐代·文選百三 61_588_3
唐代·文選百三 61_590_1
唐代·文選百三 63_603_10
唐代·文選百三 63_609_25
唐代·文選百三 65_623_4

唐代·文選百三 36_357_25
唐代·文選百三 37_374_8
唐代·文選百三 38_380_7
唐代·文選百三 45_438_2
唐代·文選百三 46_441_24
唐代·文選百三 46_444_10
唐代·文選百三 46_445_12

唐代·文選百三 25_247_2
唐代·文選百三 25_247_7
唐代·文選百三 28_275_2
唐代·文選百三 28_278_14
唐代·文選百三 29_280_12
唐代·文選百三 29_280_28
唐代·文選百三 31_302_1

唐代·文選百三 6_54_9
唐代·文選百三 7_55_1
唐代·文選百三 15_135_4
唐代·文選百三 24_230_34
唐代·文選百三 24_231_29
唐代·文選百三 24_235_12
唐代·文選百三 25_242_4

唐代·文選五九 105_990_7
唐代·文選五九 105_991_12
唐代·文選六八 8_83_17
唐代·文選六八 63_635_11
唐代·文選百三 6_50_9
唐代·文選百三 6_52_29
唐代·文選百三 6_53_37

唐代·文選五九 76_732_17
唐代·文選五九 77_736_24
唐代·文選五九 77_738_2
唐代·文選五九 79_760_15
唐代·文選五九 102_965_11
唐代·文選五九 104_985_23
唐代·文選五九 105_988_14

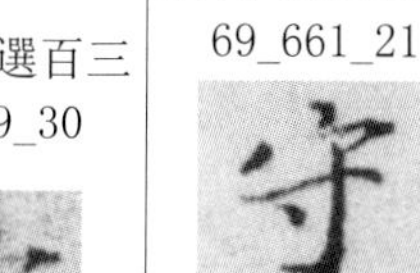
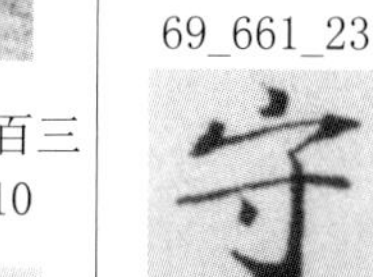
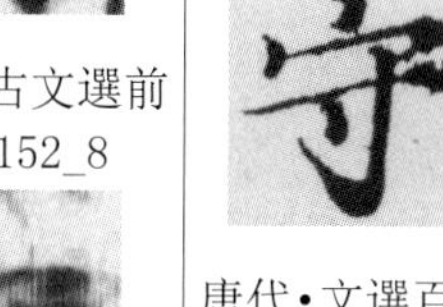
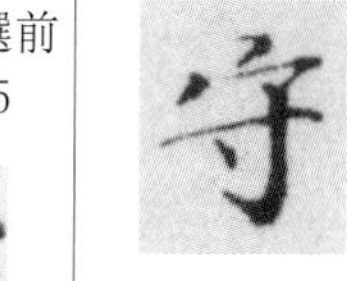

唐代•文選百三
69_661_11

唐代•文選百三
69_661_21

唐代•文選百三
69_661_23

唐代•文選百三
69_667_33

唐代•文選百三
71_680_2

唐代•文選百三
71_681_1

唐代•文選百三
71_683_12

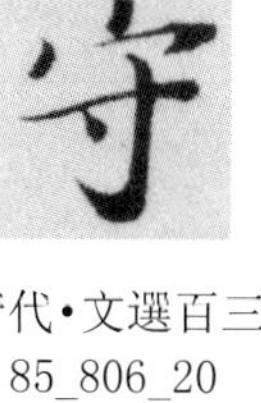

唐代•文選百三
85_806_20

唐代•文選百三
85_809_30

唐代•文選百三
86_823_10

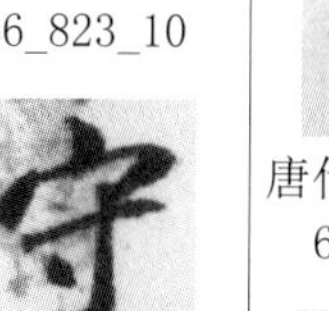

唐代•古文選前
11_131_9

唐代•古文選前
13_152_8

唐代•古文選前
19_222_15

唐代•古文選前
22_257_7

唐代•古文選後
5_55_1

唐代•古文選後
9_96_2

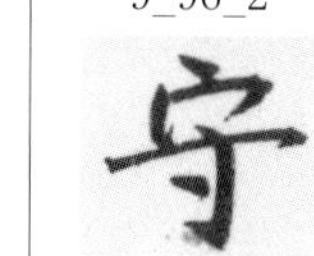

唐代•古文選後
24_280_12

唐代•古文選後
24_280_24

唐代•古文選後
24_281_65

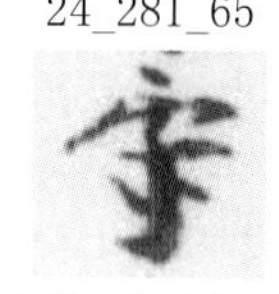

唐代•古文選後
25_292_22

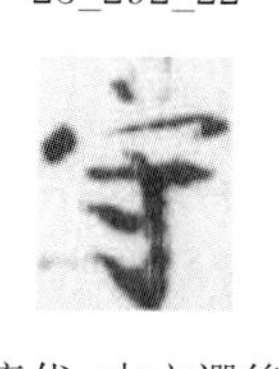

唐代•古文選後
25_292_34

唐代•古文選後
25_292_54

唐代•古文選後
25_293_6

唐代•古文選後
25_300_30

唐代•十輪經四
2_24_4

唐代•十輪經四
4_79_5

唐代•十輪經八
5_97_14

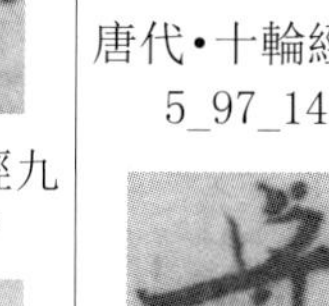

唐代•十輪經九
5_91_1

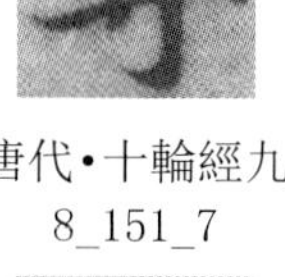

唐代•十輪經九
8_151_7

唐代•十輪經九
9_169_2

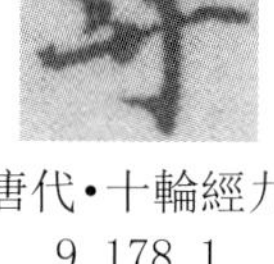

唐代•十輪經九
9_178_1

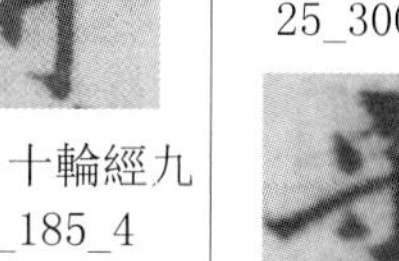

唐代•十輪經九
10_185_4

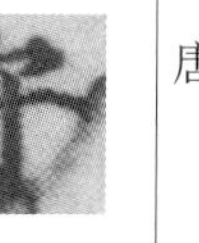

唐代•十輪經九
11_205_15

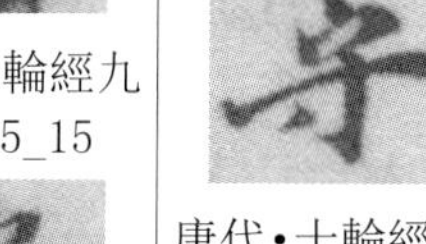

唐代•十輪經九
12_231_11

唐代•十輪經九
13_242_7

唐代•十輪經九
14_265_14

唐代•十輪經九
14_274_6

唐代•十輪經九
15_294_6

唐代•十輪經九
16_305_6

唐代•十輪經九
18_359_12

唐代•十輪經九
19_370_6

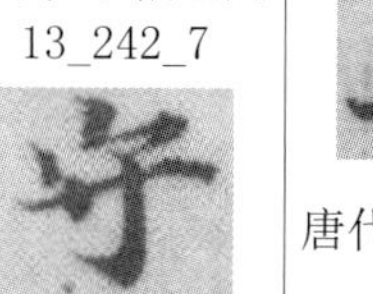

唐代•十輪經九
21_417_6

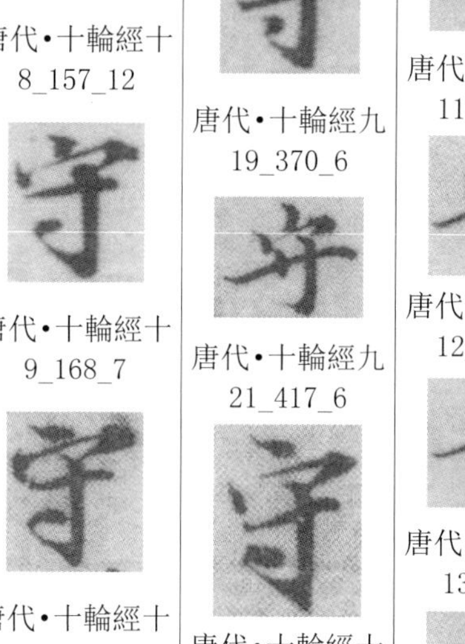

唐代•十輪經十
2_35_12

唐代•十輪經十
2_40_9

唐代•十輪經十
7_122_13

唐代•十輪經十
7_135_7

唐代•十輪經十
8_157_12

唐代•十輪經十
9_168_7

唐代•十輪經十
9_175_9

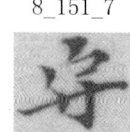

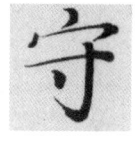

唐代・十輪經十
10_193_1

唐代・十輪經十
11_205_5

唐代・十輪經十
16_315_13

唐代・十輪經十
19_364_3

唐代・十輪經十
19_365_6

唐代・十輪經十
19_366_3

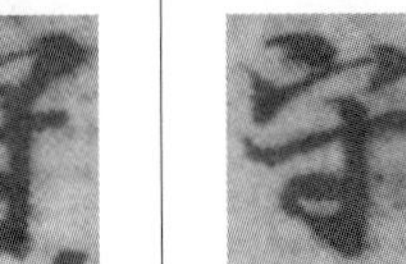
唐代・十輪經十
19_367_1

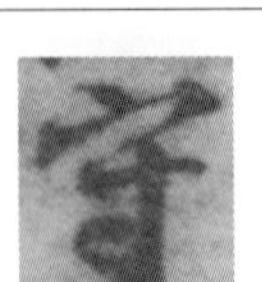
唐代・十輪經十
19_368_2

唐代・十輪經十
19_368_16

唐代・十輪經十
19_369_13

唐代・十輪經十
19_370_13

唐代・十輪經十
19_371_17

唐代・十輪經十
19_373_1

唐代・十輪經十
19_374_2

唐代・十輪經十
19_376_15

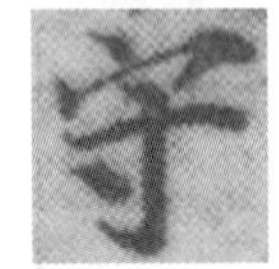

唐代・十輪經十
19_380_17

宅

漢タク
訓いえ

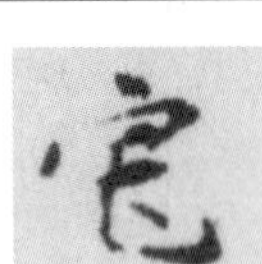
唐代・文選五九
61_588_17

唐代・文選五九
62_592_28

唐代・文選五九
109_1037_17

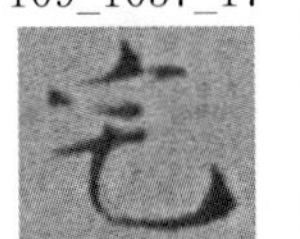

唐代・文選六八
5_52_10

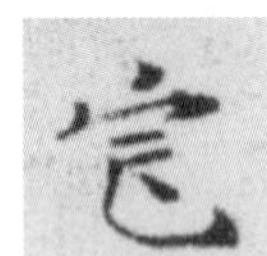
唐代・文選百三
4_32_17

唐代・古文選後
11_122_11

唐代・十輪經四
2_24_7

唐代・古文選後
19_228_11

唐代・十輪經九
8_154_1

安

アン
訓やすい

唐代・春秋經傳
22_231_12

唐代・春秋經傳
24_251_2

唐代・文選四八
1_3_14

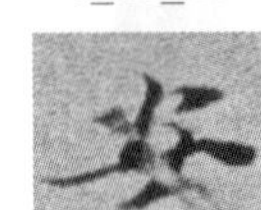
唐代・文選四八
6_48_16

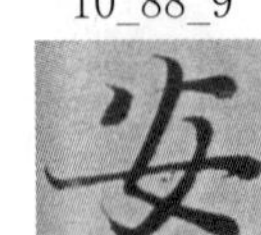
唐代・文選四八
10_88_9

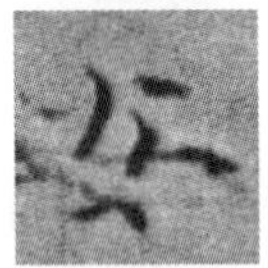
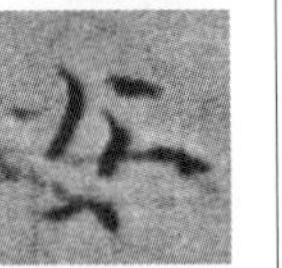
唐代・文選四八
10_89_18

唐代・文選四八
11_99_24

唐代・文選四八
12_101_2

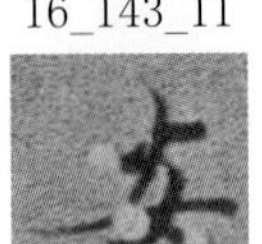
唐代・文選四八
14_127_2

唐代・文選四八
16_143_11

唐代・文選四八
20_178_14

唐代・文選四八
23_207_4

唐代・文選四八
24_217_19

唐代・文選四八
28_247_25

唐代・文選四八
28_250_18

唐代・文選四八
31_280_12

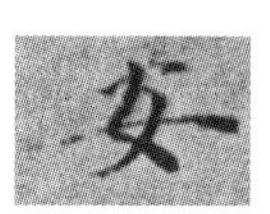
唐代•文選四八 34_304_7

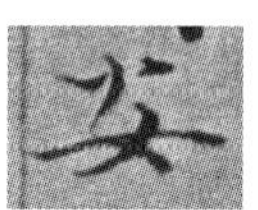
唐代•文選四八 36_319_22

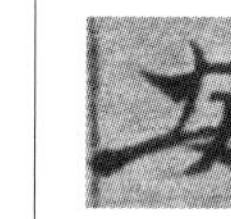
唐代•文選四八 36_322_28

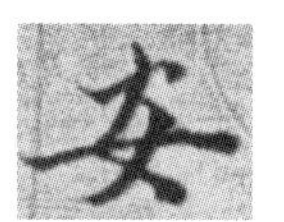
唐代•文選四八 41_367_20

唐代•文選四八 41_368_11

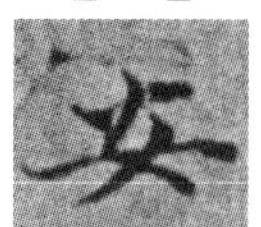
唐代•文選四八 43_389_9

唐代•文選五九 28_277_26

唐代•文選五九 35_346_7

唐代•文選五九 44_435_28

唐代•文選五九 45_450_30

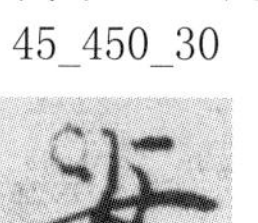

唐代•文選五九 45_451_24

唐代•文選五九 47_458_14

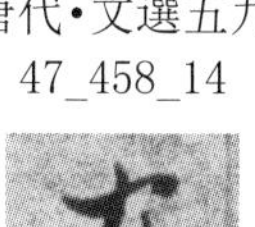
唐代•文選五九 49_481_12

唐代•文選五九 49_484_23

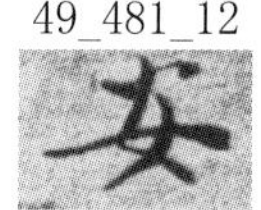
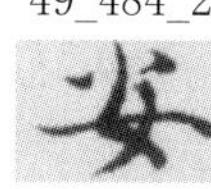
唐代•文選五九 56_550_6

唐代•文選五九 59_567_4

唐代•文選五九 61_589_6

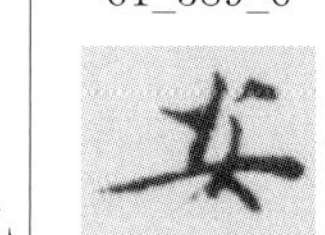
唐代•文選五九 62_596_3

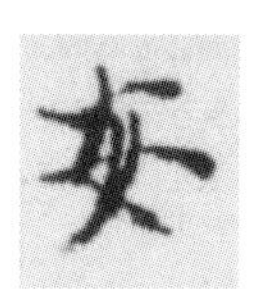
唐代•文選五九 65_624_9

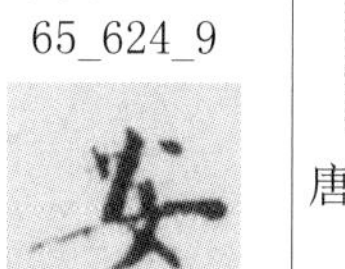
唐代•文選五九 65_624_22

唐代•文選五九 65_624_26

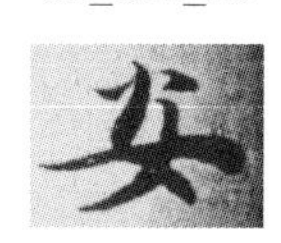
唐代•文選五九 68_658_1

唐代•文選五九 71_679_16

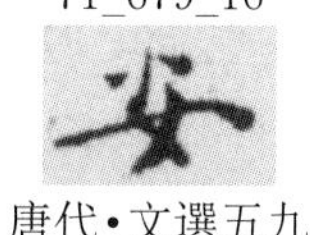
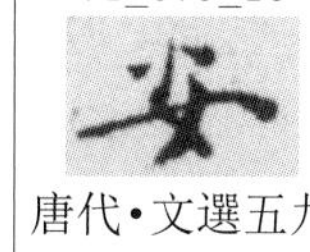
唐代•文選五九 72_688_3

唐代•文選五九 74_710_9

唐代•文選五九 75_719_2

唐代•文選五九 80_767_10

唐代•文選五九 80_773_8

唐代•文選五九 83_798_11

唐代•文選五九 86_831_9

唐代•文選五九 87_832_20

唐代•文選五九 87_832_26

唐代•文選五九 87_833_13

唐代•文選五九 88_844_20

唐代•文選五九 91_870_13

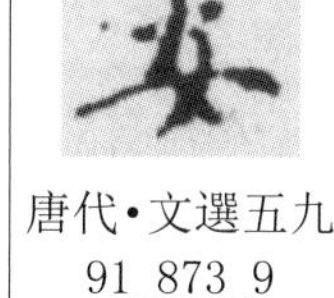
唐代•文選五九 91_872_1

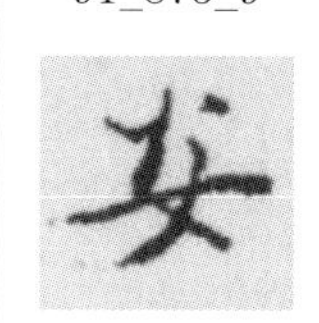
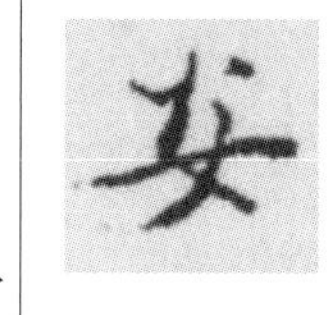
唐代•文選五九 91_873_9

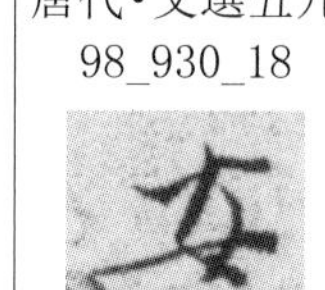
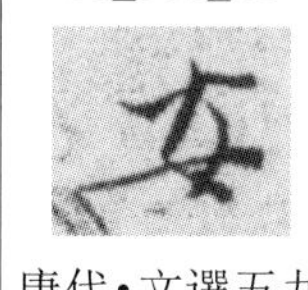
唐代•文選五九 98_930_18

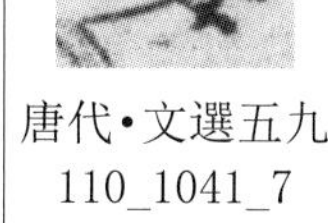
唐代•文選五九 110_1041_7

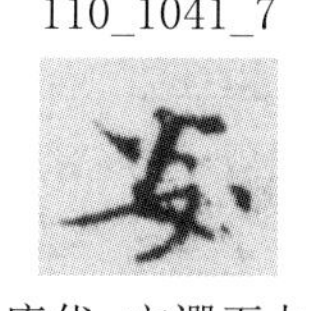

唐代•文選五九 112_1062_27

唐代•文選六八 4_37_8

唐代•文選六八 4_39_17

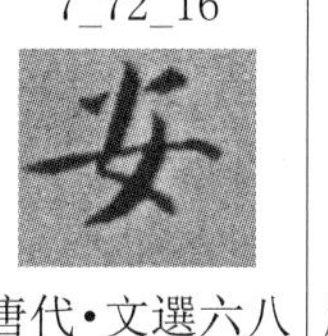
唐代•文選六八 7_72_16

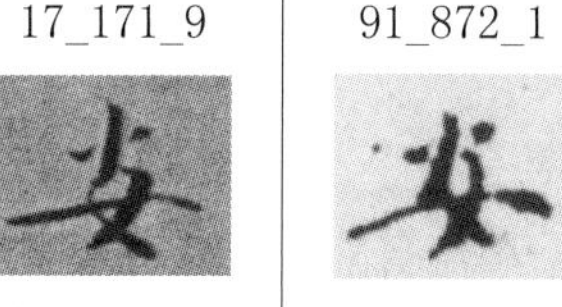
唐代•文選六八 17_171_9

唐代•文選六八 25_257_11

唐代•文選六八 35_346_6

唐代•文選六八 39_393_8

唐代•文選六八 47_466_13

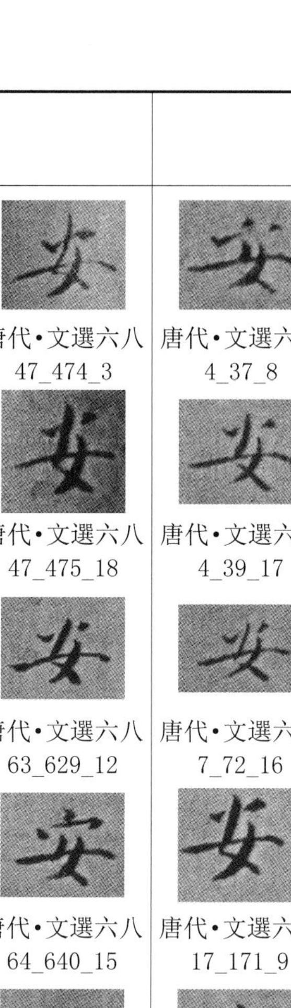
唐代•文選六八 47_474_3

唐代•文選六八 47_475_18

唐代•文選六八 63_629_12

唐代•文選六八 64_640_15

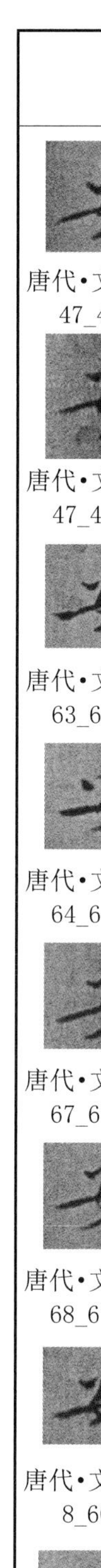
唐代•文選六八 67_671_19

唐代•文選六八 68_677_24

唐代•文選八八 8_60_23

唐代•文選八八 10_79_14

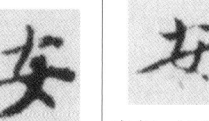

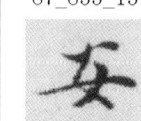

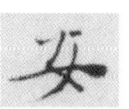

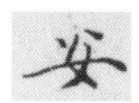

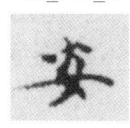

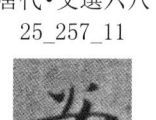

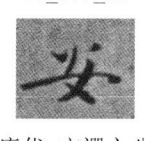

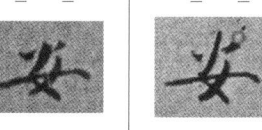

唐代•古文選前
24_285_9

唐代•古文選前
24_285_15

唐代•古文選後
4_44_9

唐代•古文選後
9_106_4

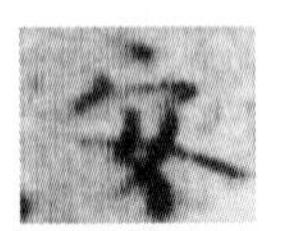
唐代•古文選後
10_108_24

唐代•古文選後
23_275_14

唐代•古文選後
24_281_53

唐代•古文選後
24_281_67

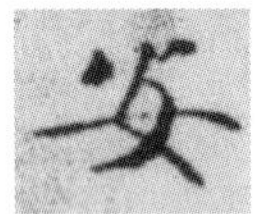
唐代•文選百三
69_664_5

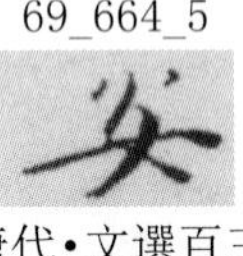
唐代•文選百三
83_792_21

唐代•文選百三
86_822_7

唐代•文選百三
87_824_7

唐代•古文選前
5_55_13

唐代•古文選前
10_121_14

唐代•古文選前
15_182_2

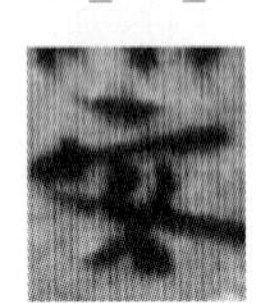
唐代•古文選前
19_222_20

唐代•文選百三
46_441_12

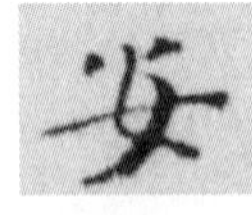
唐代•文選百三
50_484_18

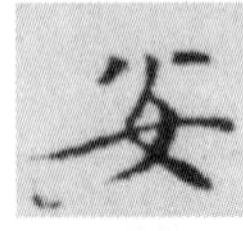
唐代•文選百三
55_531_7

唐代•文選百三
56_536_5

唐代•文選百三
57_551_13

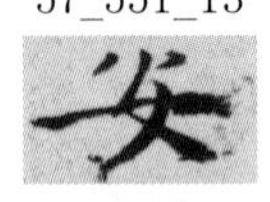
唐代•文選百三
60_579_12

唐代•文選百三
61_585_6

唐代•文選百三
61_586_8

唐代•文選百三
24_234_2

唐代•文選百三
24_234_17

唐代•文選百三
24_235_9

唐代•文選百三
25_239_19

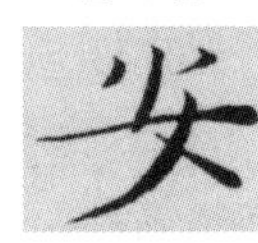
唐代•文選百三
33_334_26

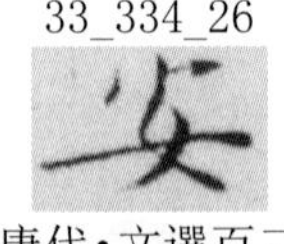
唐代•文選百三
34_336_13

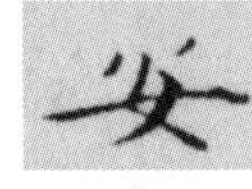
唐代•文選百三
34_337_9

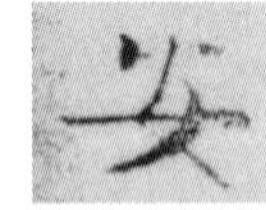
唐代•文選百三
45_434_16

唐代•文選百三
13_123_1

唐代•文選百三
18_169_18

唐代•文選百三
18_173_29

唐代•文選百三
19_181_21

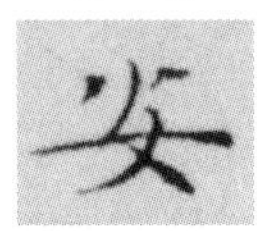
唐代•文選百三
22_212_7

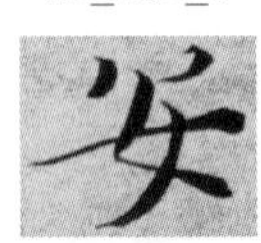
唐代•文選百三
23_221_10

唐代•文選百三
24_231_32

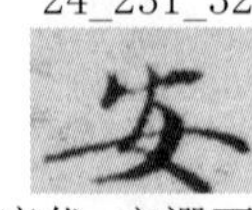
唐代•文選百三
24_233_5

唐代•文選八八
21_186_17

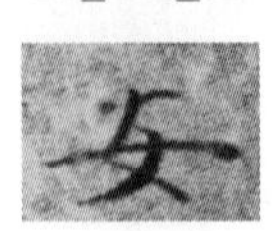
唐代•文選百三
1_5_18

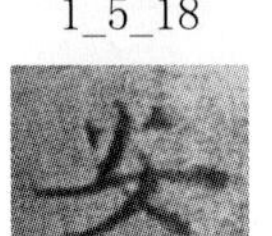
唐代•文選百三
1_8_8

唐代•文選百三
1_10_2

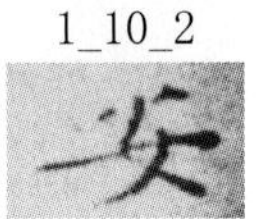
唐代•文選百三
3_25_33

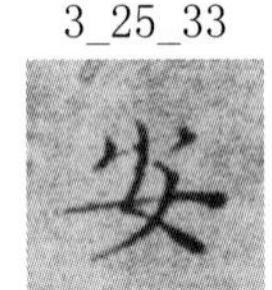
唐代•文選百三
11_106_22

唐代•文選百三
13_115_24

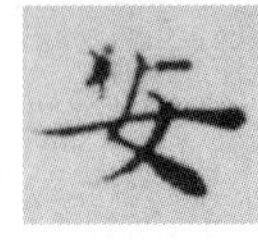
唐代•文選百三
13_122_7

唐代•文選八八
10_80_14

唐代•文選八八
11_84_11

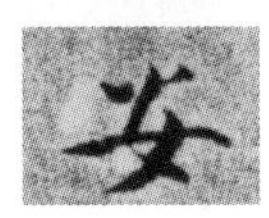
唐代•文選八八
11_86_1

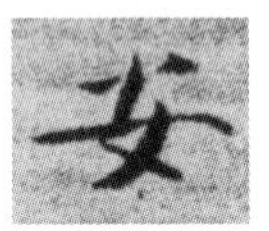
唐代•文選八八
11_88_2

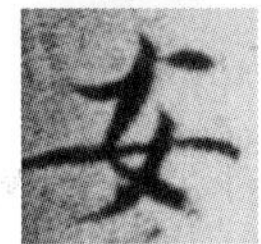
唐代•文選八八
11_92_15

唐代•文選八八
11_94_12

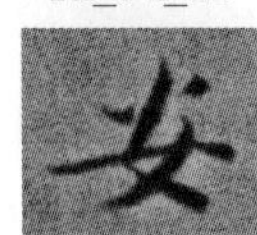
唐代•文選八八
20_175_9

唐代•文選八八
21_180_17

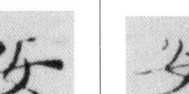

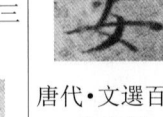

唐代•古文選後 26_311_3
唐代•古文選後 26_311_24
唐代•十輪經四 7_135_13
唐代•十輪經四 12_227_4
唐代•十輪經八 2_39_16
唐代•十輪經八 5_80_6
唐代•十輪經八 5_94_10
唐代•十輪經八 6_108_1

唐代•十輪經八 6_113_10
唐代•十輪經八 6_119_7
唐代•十輪經八 7_121_16
唐代•十輪經八 8_146_1
唐代•十輪經八 8_151_9
唐代•十輪經八 8_160_11
唐代•十輪經八 10_184_7
唐代•十輪經八 10_189_16

唐代•十輪經八 10_198_7
唐代•十輪經八 12_221_2
唐代•十輪經八 12_226_15
唐代•十輪經八 12_235_16
唐代•十輪經八 13_258_2
唐代•十輪經八 14_263_14
唐代•十輪經八 14_272_17
唐代•十輪經八 15_296_2

唐代•十輪經八 15_301_15
唐代•十輪經八 16_310_15
唐代•十輪經八 17_334_2
唐代•十輪經八 17_339_14
唐代•十輪經八 18_349_7
唐代•十輪經八 19_372_2
唐代•十輪經八 19_377_14
唐代•十輪經八 20_387_3

唐代•十輪經八 21_409_11
唐代•十輪經八 21_415_11
唐代•十輪經八 22_426_11
唐代•十輪經九 1_15_7
唐代•十輪經九 2_25_3
唐代•十輪經九 3_47_11
唐代•十輪經九 3_53_12
唐代•十輪經九 4_64_8

唐代•十輪經九 5_84_11
唐代•十輪經九 6_118_3
唐代•十輪經九 7_129_14
唐代•十輪經九 8_158_6
唐代•十輪經九 9_171_6
唐代•十輪經九 9_174_13
唐代•十輪經九 10_196_22
唐代•十輪經九 11_200_14
唐代•十輪經十 18_356_1

唐代•十輪經九 14_270_13
唐代•十輪經九 14_274_10
唐代•十輪經九 14_275_5
唐代•十輪經九 14_276_8
唐代•十輪經九 15_280_16
唐代•十輪經九 15_281_3
唐代•十輪經九 15_283_17
唐代•十輪經九 15_289_16
唐代•十輪經十 19_364_13

宋 完

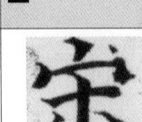

宋：漢ソウ　訓—

完：カン　訓まったい

唐代・春秋經傳 3_25_10

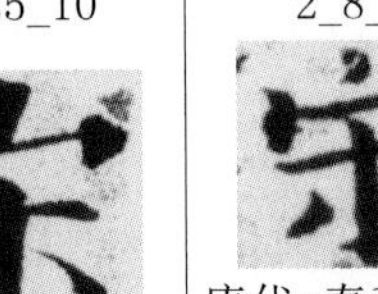
唐代・春秋經傳 3_29_13

唐代・春秋經傳 3_30_5

唐代・春秋經傳 4_37_19

唐代・春秋經傳 4_38_10

唐代・春秋經傳 4_39_10

唐代・春秋經傳 4_39_15

唐代・春秋經傳 4_41_5

唐代・春秋經傳 2_8_7

唐代・春秋經傳 2_9_1

唐代・春秋經傳 2_9_4

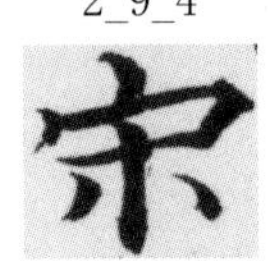
唐代・春秋經傳 2_9_9

唐代・春秋經傳 2_10_8

唐代・春秋經傳 2_13_2

唐代・春秋經傳 3_24_6

唐代・春秋經傳 3_25_5

唐代・文選百三 60_580_2

唐代・文選百三 61_585_24

唐代・文選百三 61_585_34

唐代・古文選後 5_55_3

唐代・古文選後 18_207_14

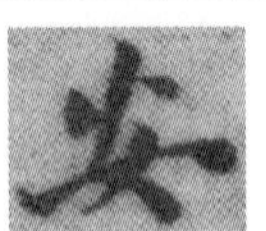
唐代・十輪經十 18_351_1

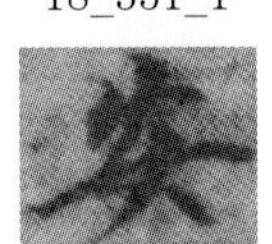
唐代・十輪經十 19_374_14

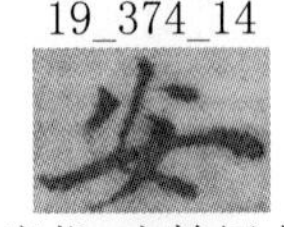
唐代・十輪經十 19_377_10

唐代・十輪經十 20_381_10

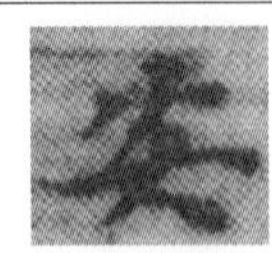
唐代・十輪經十 12_237_1

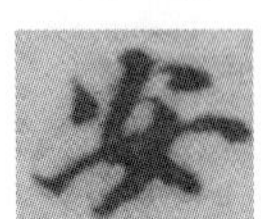
唐代・十輪經十 13_244_10

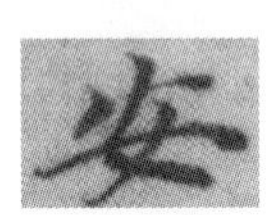
唐代・十輪經十 13_253_17

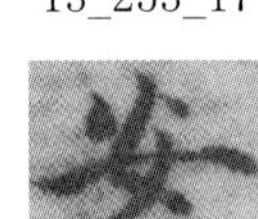
唐代・十輪經十 14_261_9

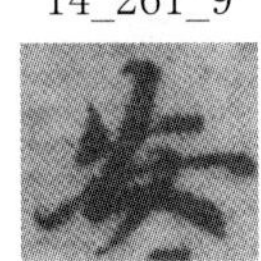
唐代・十輪經十 14_277_13

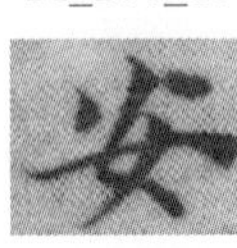
唐代・十輪經十 16_300_4

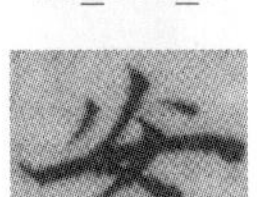
唐代・十輪經十 16_307_4

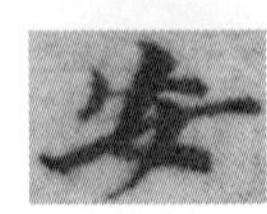
唐代・十輪經十 17_321_11

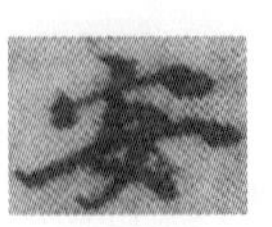
唐代・十輪經十 4_77_6

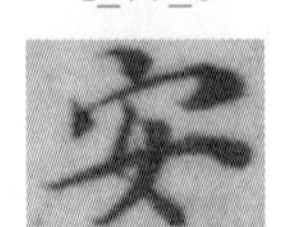
唐代・十輪經十 5_90_1

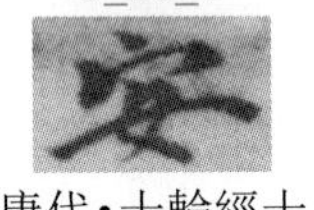
唐代・十輪經十 5_90_5

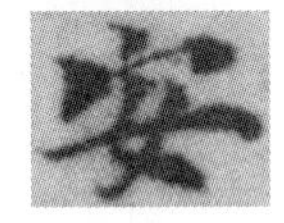
唐代・十輪經十 5_91_8

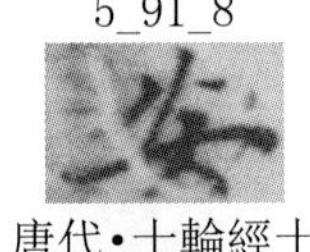
唐代・十輪經十 9_162_1

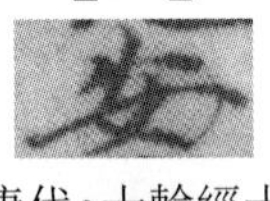
唐代・十輪經十 10_194_24

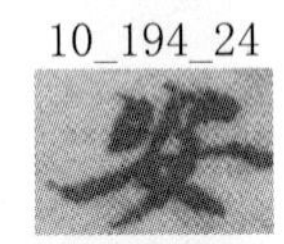
唐代・十輪經十 12_222_5

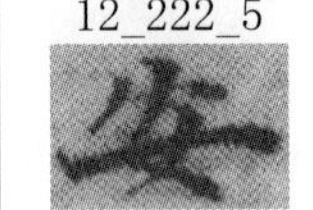
唐代・十輪經十 12_235_7

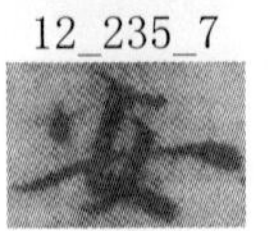
唐代・十輪經十 18_347_13

唐代・十輪經九 15_290_16

唐代・十輪經九 15_296_1

唐代・十輪經九 17_323_5

唐代・十輪經九 17_328_12

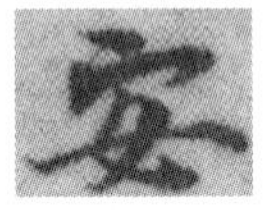
唐代・十輪經十 2_28_14

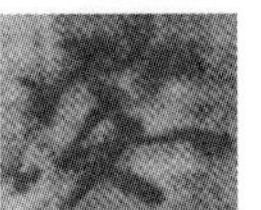
唐代・十輪經十 2_29_5

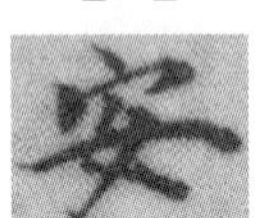
唐代・十輪經十 2_29_13

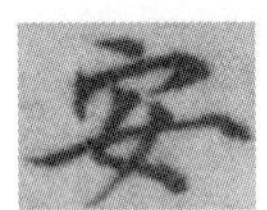
唐代・十輪經十 3_54_5

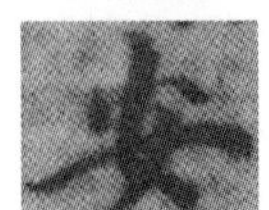
唐代・十輪經十 18_349_7

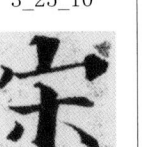

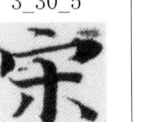

唐代•文選六八 13_133_19
唐代•文選六八 13_135_20
唐代•文選六八 19_197_29
唐代•文選六八 25_251_21
唐代•文選六八 51_509_4
唐代•文選六八 57_571_23
唐代•文選八八 18_159_19
唐代•文選百三 5_38_32
唐代•文選五九 76_728_3
唐代•文選五九 76_731_27
唐代•文選五九 76_732_23
唐代•文選五九 76_732_29
唐代•文選五九 80_766_11
唐代•文選五九 80_766_23
唐代•文選五九 88_850_3
唐代•文選六八 9_91_24
唐代•文選五九 25_247_6
唐代•文選五九 41_409_9
唐代•文選五九 41_411_20
唐代•文選五九 45_447_7
唐代•文選五九 53_526_25
唐代•文選五九 73_704_12
唐代•文選五九 74_707_1
唐代•文選五九 74_707_2
唐代•春秋經傳 32_336_25
唐代•春秋經傳 32_337_21
唐代•春秋經傳 34_355_14
唐代•春秋經傳 34_355_17
唐代•春秋經傳 36_376_13
唐代•文選四八 46_414_14
唐代•文選五九 16_155_6
唐代•文選五九 17_162_13
唐代•春秋經傳 18_192_12
唐代•春秋經傳 23_236_4
唐代•春秋經傳 26_269_23
唐代•春秋經傳 27_276_5
唐代•春秋經傳 30_308_22
唐代•春秋經傳 30_312_2
唐代•春秋經傳 30_317_12
唐代•春秋經傳 31_320_4
唐代•春秋經傳 6_60_14
唐代•春秋經傳 13_130_8
唐代•春秋經傳 15_155_13
唐代•春秋經傳 15_159_8
唐代•春秋經傳 15_159_10
唐代•春秋經傳 16_168_9
唐代•春秋經傳 16_169_13
唐代•春秋經傳 18_192_5
唐代•春秋經傳 4_41_17
唐代•春秋經傳 4_42_14
唐代•春秋經傳 5_44_39
唐代•春秋經傳 5_45_1
唐代•春秋經傳 5_45_16
唐代•春秋經傳 5_48_18
唐代•春秋經傳 6_56_2
唐代•春秋經傳 6_57_19

宗 宏

宗	宏
慣シュウ 漢ソウ 訓みたまや	漢コウ 訓ひろい

唐代•春秋經傳
7_70_6

唐代•春秋經傳
33_349_13

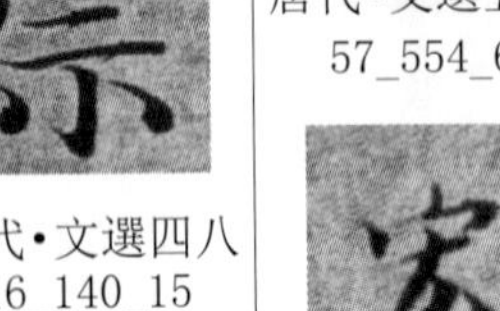
唐代•文選四八
16_140_15

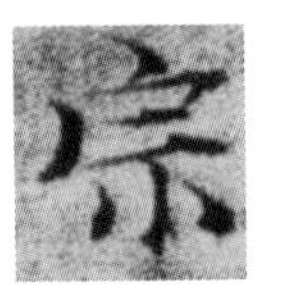
唐代•文選四八
16_141_20

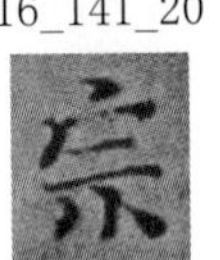
唐代•文選四八
19_168_13

唐代•文選四八
21_188_17

唐代•文選四八
28_255_6

唐代•文選四八
28_255_12

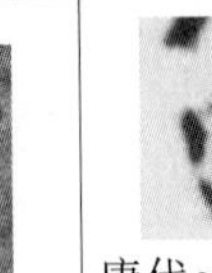
唐代•文選四八
19_168_11

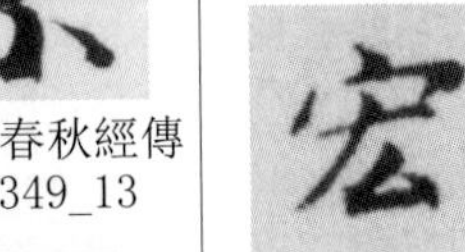
唐代•文選五九
57_554_6

唐代•文選八八
13_113_2

唐代•文選百三
81_770_8

唐代•古文選後
21_244_42

唐代•古文選後
16_183_85

唐代•古文選後
16_192_4

唐代•古文選前
6_74_11

唐代•古文選前
7_75_12

唐代•古文選前
7_78_5

唐代•古文選前
11_132_10

唐代•古文選前
11_135_12

唐代•古文選前
13_151_3

唐代•古文選後
15_175_5

唐代•古文選後
16_183_47

唐代•文選百三
79_748_1

唐代•文選百三
81_775_34

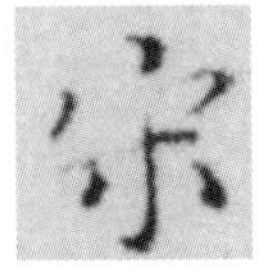
唐代•文選百三
84_801_19

唐代•文選百三
84_801_26

唐代•文選百三
84_803_18

唐代•文選百三
87_827_3

唐代•古文選前
2_17_8

唐代•古文選前
2_18_5

唐代•文選百三
65_631_16

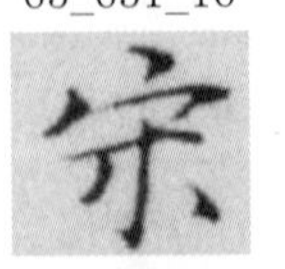
唐代•文選百三
67_642_13

唐代•文選百三
70_678_5

唐代•文選百三
71_682_27

唐代•文選百三
72_695_23

唐代•文選百三
77_734_3

唐代•文選百三
77_738_23

唐代•文選百三
78_742_8

唐代•文選百三
9_86_8

唐代•文選百三
41_410_17

唐代•文選百三
42_418_22

唐代•文選百三
54_521_17

唐代•文選百三
65_621_13

唐代•文選百三
65_625_3

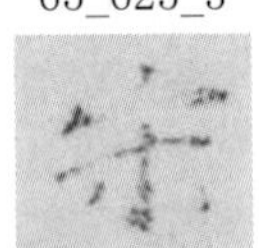
唐代•文選百三
65_628_10

唐代•文選百三
65_629_12

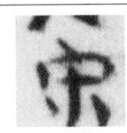

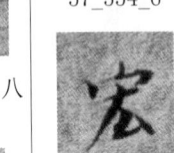

定

漢テイ 呉ジョウ
訓さだめる

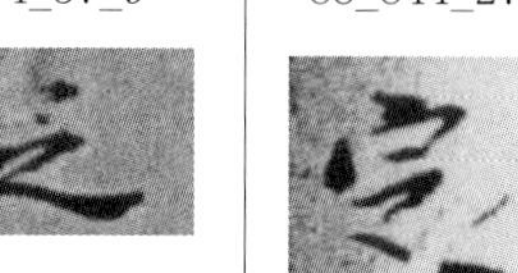

唐代•文選六八 4_37_9

唐代•文選六八 4_46_15

唐代•文選六八 53_527_3

唐代•文選六八 55_552_3

唐代•文選六八 67_673_24

唐代•文選八八 3_17_1

唐代•文選八八 3_19_5

唐代•文選八八 3_20_4

唐代•文選五九 88_844_27

唐代•文選五九 88_846_11

唐代•文選五九 93_891_12

唐代•文選五九 101_960_1

唐代•文選五九 111_1048_11

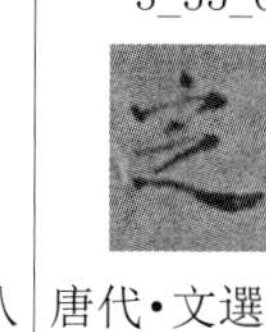

唐代•文選六八 3_35_6

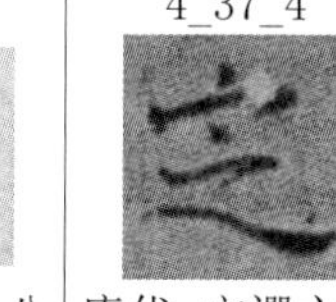

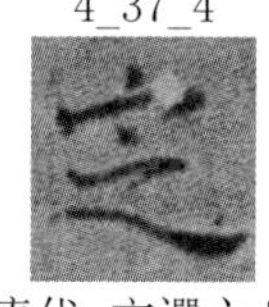

唐代•文選六八 4_37_4

唐代•文選六八 4_37_7

唐代•文選四八 20_177_22

唐代•文選五九 21_205_4

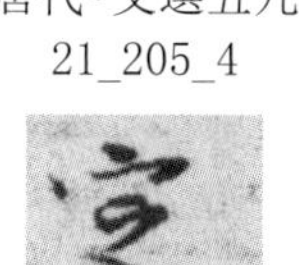

唐代•文選五九 23_223_24

唐代•文選五九 23_230_27

唐代•文選五九 72_688_4

唐代•文選五九 72_698_26

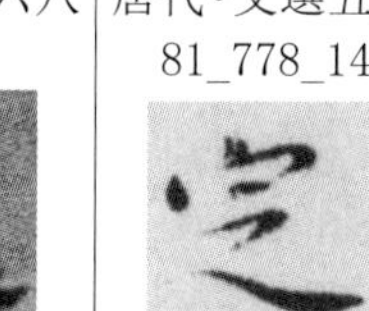

唐代•文選五九 81_778_14

唐代•文選五九 87_834_22

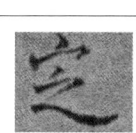

唐代•春秋經傳 3_21_4

唐代•春秋經傳 3_22_3

唐代•春秋經傳 14_139_8

唐代•春秋經傳 15_152_9

唐代•春秋經傳 15_153_5

唐代•春秋經傳 25_254_22

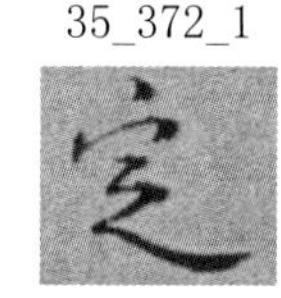

唐代•春秋經傳 35_372_1

唐代•文選四八 4_28_24

唐代•文選百三 5_36_21

唐代•文選五九 103_969_16

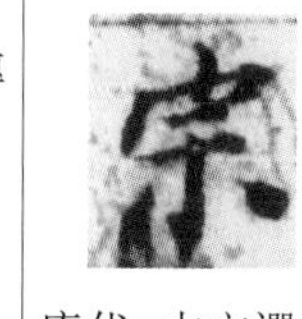

唐代•文選百三 5_43_32

唐代•古文選前 21_248_1

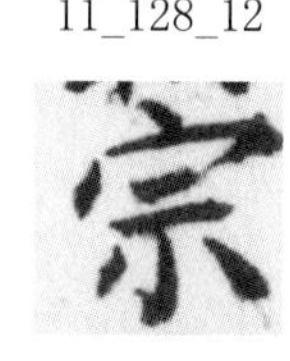

唐代•古文選後 11_128_12

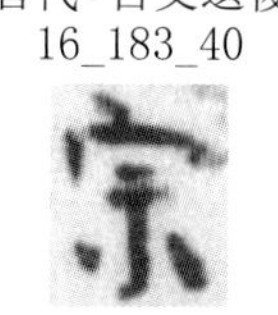

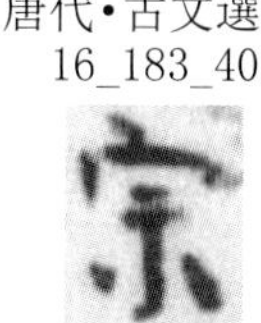

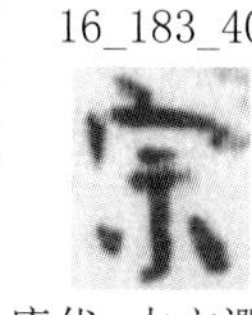

唐代•古文選後 16_183_40

唐代•古文選後 16_183_56

唐代•文選五九 91_870_10

唐代•文選五九 91_875_2

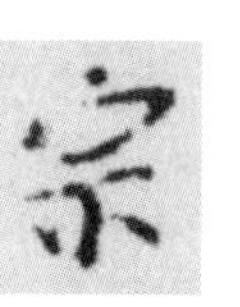

唐代•文選五九 91_875_11

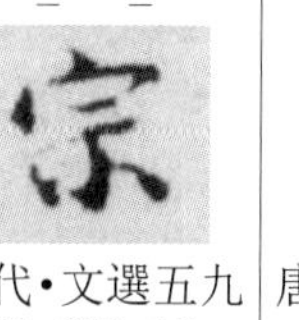

唐代•文選五九 91_875_17

唐代•文選五九 91_875_23

唐代•文選五九 93_890_26

唐代•文選五九 81_779_23

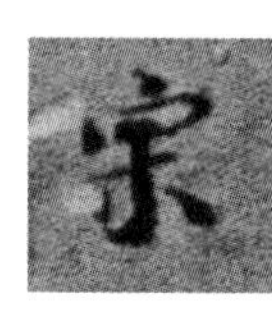

唐代•文選五九 5_47_8

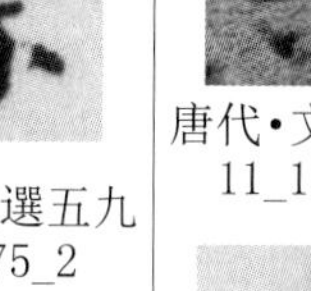

唐代•文選五九 11_101_28

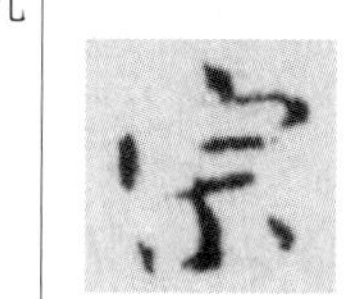

唐代•文選五九 42_415_9

唐代•文選五九 48_476_14

唐代•文選五九 56_541_7

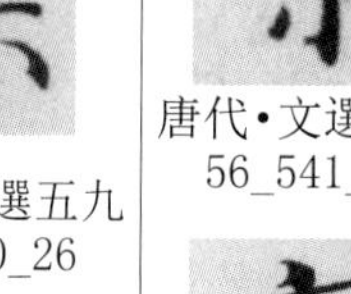

唐代•文選五九 56_541_19

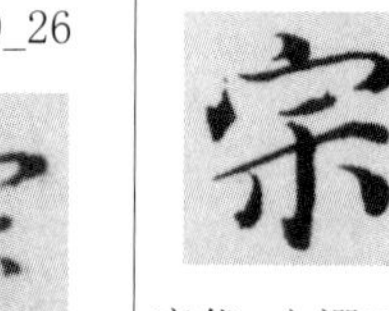

唐代•文選五九 90_869_23

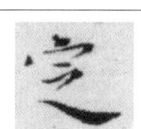

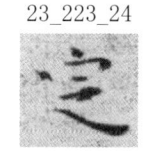

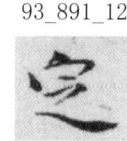

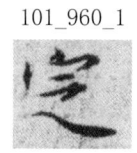

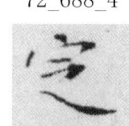

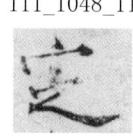

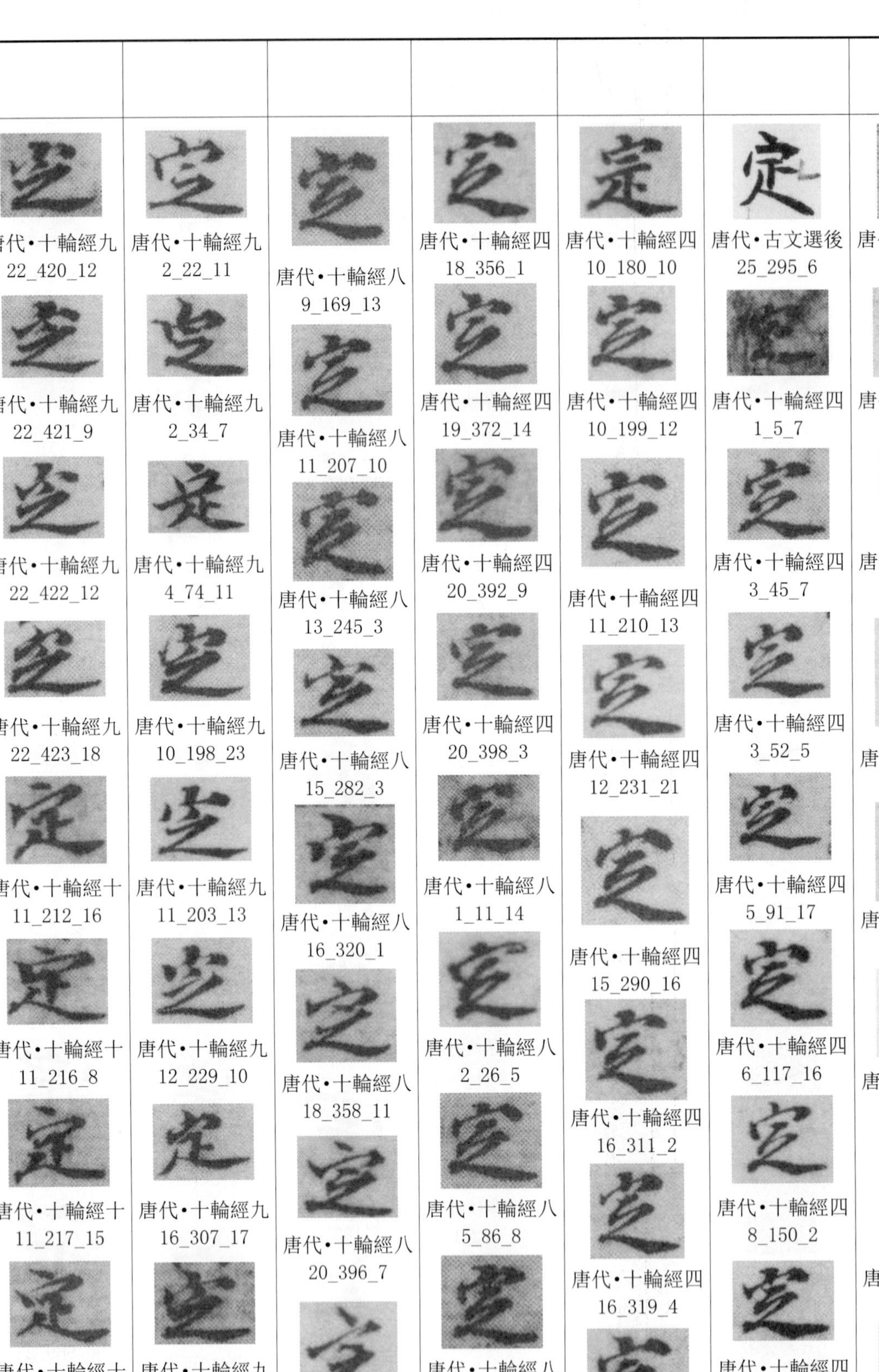

唐代·文選百三 5_46_26
唐代·文選百三 24_231_16
唐代·文選百三 25_249_6
唐代·文選百三 59_563_8
唐代·文選百三 82_779_11
唐代·古文選前 2_25_8
唐代·古文選後 4_44_39
唐代·古文選後 12_135_2

唐代·古文選後 25_295_6
唐代·十輪經四 1_5_7
唐代·十輪經四 3_45_7
唐代·十輪經四 3_52_5
唐代·十輪經四 5_91_17
唐代·十輪經四 6_117_16
唐代·十輪經四 8_150_2
唐代·十輪經四 9_164_17

唐代·十輪經四 10_180_10
唐代·十輪經四 10_199_12
唐代·十輪經四 11_210_13
唐代·十輪經四 12_231_21
唐代·十輪經四 15_290_16
唐代·十輪經四 16_311_2
唐代·十輪經四 16_319_4
唐代·十輪經四 18_341_7

唐代·十輪經四 18_356_1
唐代·十輪經四 19_372_14
唐代·十輪經四 20_392_9
唐代·十輪經四 20_398_3
唐代·十輪經八 1_11_14
唐代·十輪經八 2_26_5
唐代·十輪經八 5_86_8
唐代·十輪經八 7_131_2

唐代·十輪經八 9_169_13
唐代·十輪經八 11_207_10
唐代·十輪經八 13_245_3
唐代·十輪經八 15_282_3
唐代·十輪經八 16_320_1
唐代·十輪經八 18_358_11
唐代·十輪經八 20_396_7
唐代·十輪經八 22_435_15

唐代·十輪經九 2_22_11
唐代·十輪經九 2_34_7
唐代·十輪經九 4_74_11
唐代·十輪經九 10_198_23
唐代·十輪經九 11_203_13
唐代·十輪經九 12_229_10
唐代·十輪經九 16_307_17
唐代·十輪經九 21_419_12

唐代·十輪經九 22_420_12
唐代·十輪經九 22_421_9
唐代·十輪經九 22_422_12
唐代·十輪經九 22_423_18
唐代·十輪經十 11_212_16
唐代·十輪經十 11_216_8
唐代·十輪經十 11_217_15
唐代·十輪經十 12_225_14

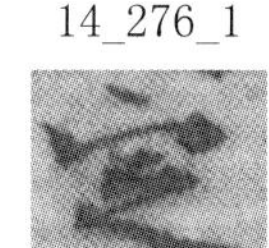
唐代•十輪經十
14_276_1

唐代•十輪經十
14_276_4

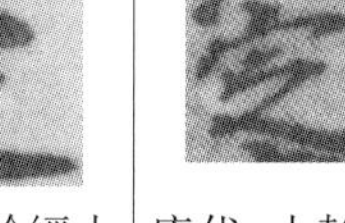
唐代•十輪經十
14_277_16

唐代•十輪經十
14_278_13

唐代•十輪經十
14_278_18

唐代•十輪經十
14_280_5

唐代•十輪經十
14_280_8

唐代•十輪經十
15_282_10

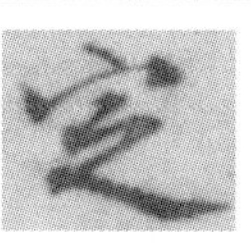
唐代•十輪經十
15_284_1

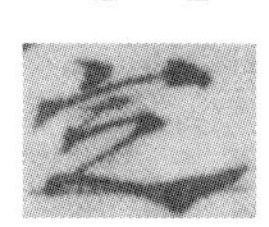
唐代•十輪經十
15_296_17

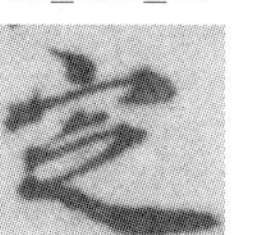
唐代•十輪經十
15_297_3

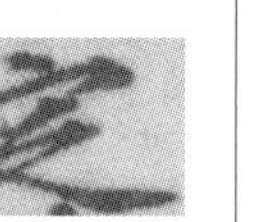
唐代•十輪經十
15_297_14

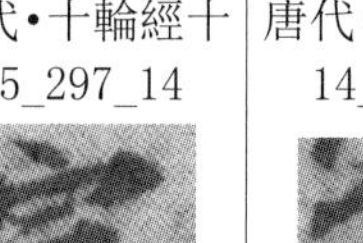
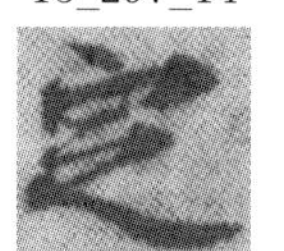
唐代•十輪經十
16_300_7

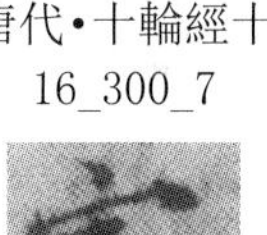
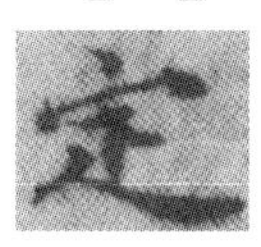
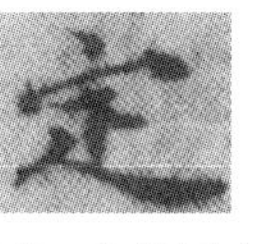
唐代•十輪經十
16_300_9

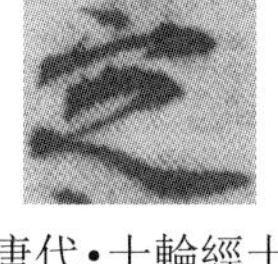
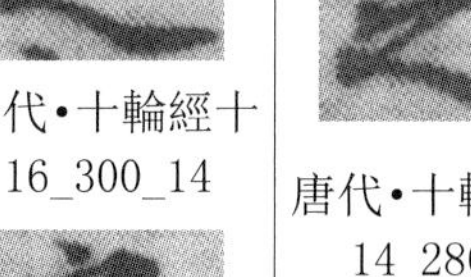
唐代•十輪經十
16_300_14

唐代•十輪經十
16_302_1

唐代•十輪經十
17_326_16

唐代•十輪經十
17_327_9

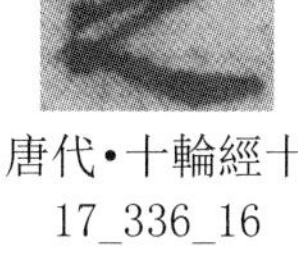
唐代•十輪經十
17_336_16

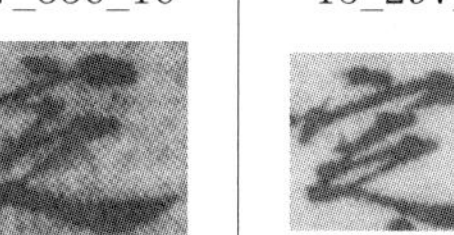
唐代•十輪經十
18_359_8

宙 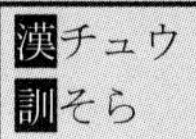 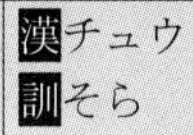

漢チュウ
訓そら

唐代•文選五九
15_141_3

唐代•文選五九
15_142_23

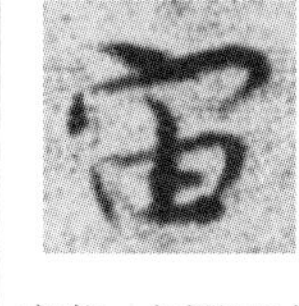
唐代•文選五九
15_144_12

唐代•文選五九
82_793_9

唐代•文選五九
107_1018_18

唐代•文選六八
39_388_1

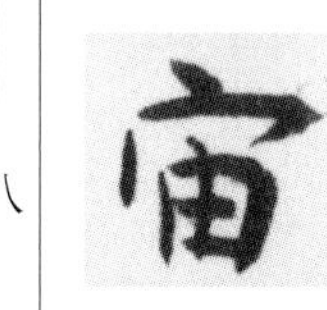
唐代•古文選後
13_144_4

宜 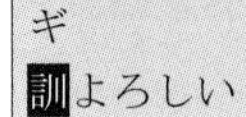

ギ
訓よろしい

初唐•法華義疏
1_4_3

初唐•法華義疏
1_6_17

唐代•春秋經傳
5_49_17

唐代•春秋經傳
17_175_6

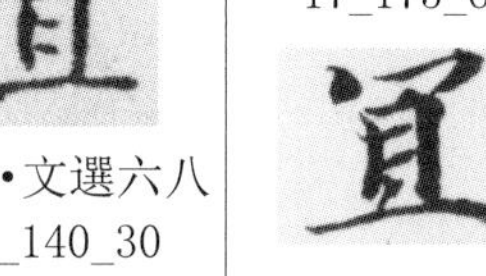
唐代•春秋經傳
20_208_4

唐代•春秋經傳
28_287_33

唐代•文選四八
31_283_9

唐代•文選五九
19_191_5

唐代•文選五九
51_500_9

唐代•文選五九
78_749_30

唐代•文選五九
83_800_30

唐代•文選六八
13_140_30

唐代•文選六八
27_267_11

唐代•文選六八
43_430_26

唐代•文選六八
56_560_1

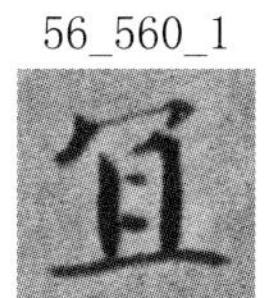
唐代•文選六八
56_561_2

唐代•文選八八
11_85_15

唐代•文選百三
17_167_34

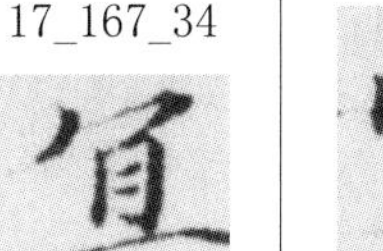
唐代•文選百三
33_322_22

唐代•文選百三
37_366_1

唐代•文選百三
65_624_3

唐代•文選百三
75_723_2

唐代•文選百三
76_726_6

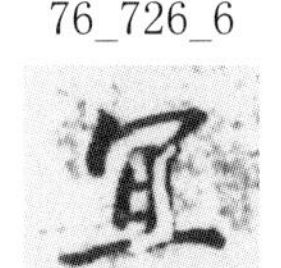
唐代•古文選前
3_37_7

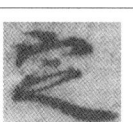

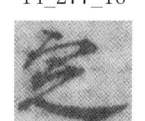

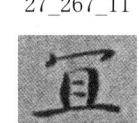

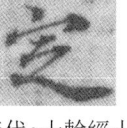

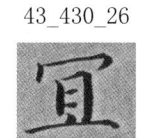

官

カン

訓つかさ

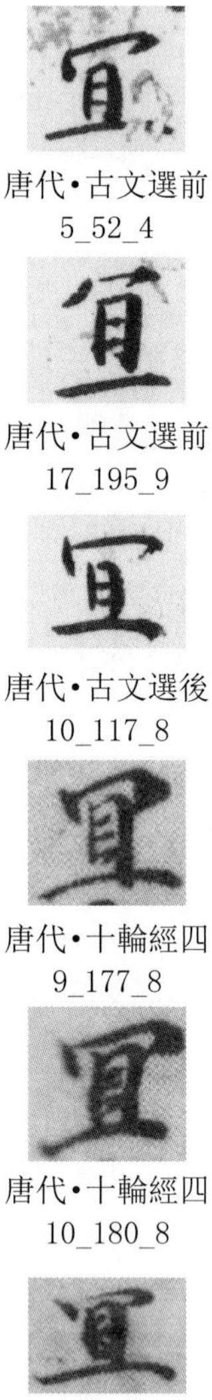

唐代・古文選前
5_52_4

唐代・古文選前
17_195_9

唐代・古文選後
10_117_8

唐代・十輪經四
9_177_8

唐代・十輪經四
10_180_8

唐代・十輪經九
11_211_16

唐代・春秋經傳
12_117_2

唐代・春秋經傳
12_121_5

唐代・春秋經傳
12_124_26

唐代・春秋經傳
12_126_11

唐代・春秋經傳
23_235_17

唐代・春秋經傳
32_333_7

唐代・文選四八
3_16_9

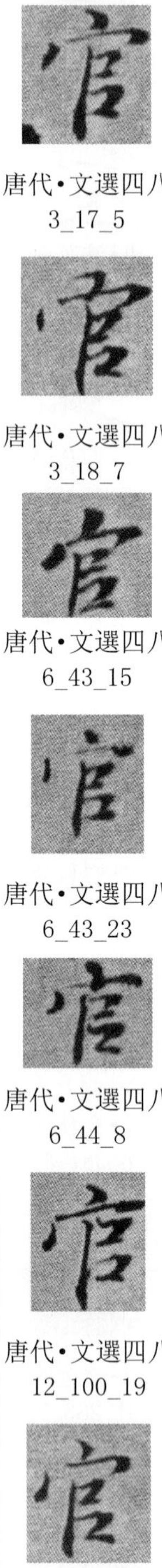

唐代・文選四八
3_17_5

唐代・文選四八
3_18_7

唐代・文選四八
6_43_15

唐代・文選四八
6_43_23

唐代・文選四八
6_44_8

唐代・文選四八
12_100_19

唐代・文選四八
12_106_17

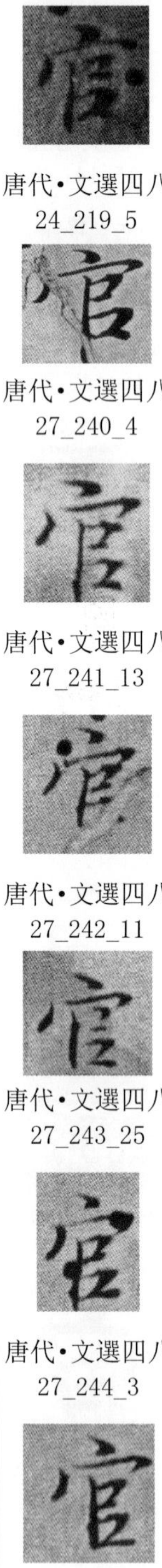

唐代・文選四八
24_219_5

唐代・文選四八
27_240_4

唐代・文選四八
27_241_13

唐代・文選四八
27_242_11

唐代・文選四八
27_243_25

唐代・文選四八
27_244_3

唐代・文選四八
27_245_2

唐代・文選四八
27_245_10

唐代・文選四八
27_245_12

唐代・文選四八
28_250_10

唐代・文選四八
28_254_5

唐代・文選四八
28_256_9

唐代・文選四八
29_259_24

唐代・文選四八
29_263_5

唐代・文選四八
29_264_17

唐代・文選四八
33_295_3

唐代・文選四八
35_312_17

唐代・文選四八
35_313_9

唐代・文選四八
38_342_11

唐代・文選四八
40_356_1

唐代・文選四八
46_417_21

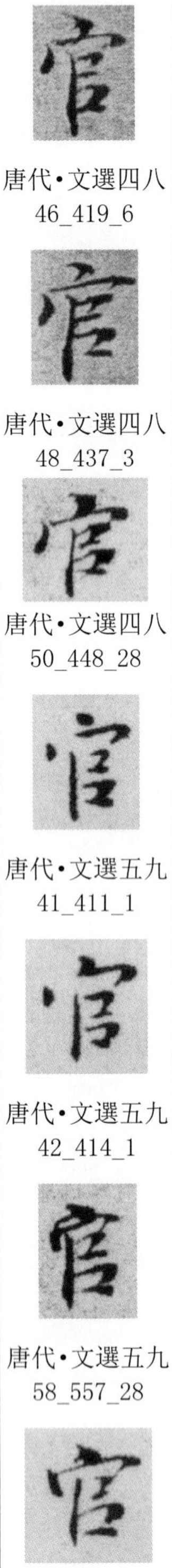

唐代・文選四八
46_419_6

唐代・文選四八
48_437_3

唐代・文選四八
50_448_28

唐代・文選五九
41_411_1

唐代・文選五九
42_414_1

唐代・文選五九
58_557_28

唐代・文選五九
62_595_5

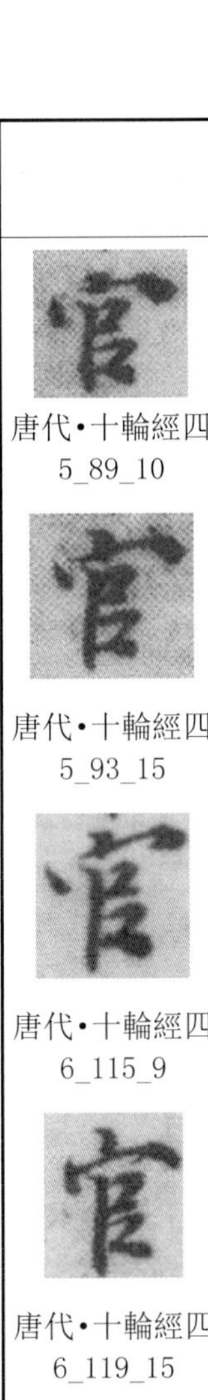
唐代·十輪經四
5_89_10

唐代·十輪經四
5_93_15

唐代·十輪經四
6_115_9

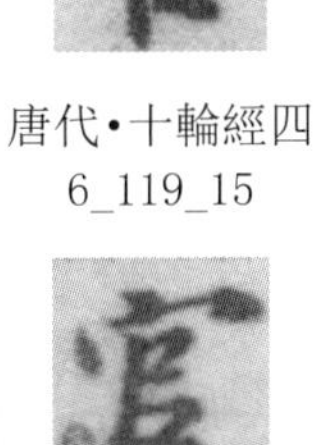
唐代·十輪經四
6_119_15

唐代·十輪經四
10_194_1

唐代·十輪經四
11_205_6

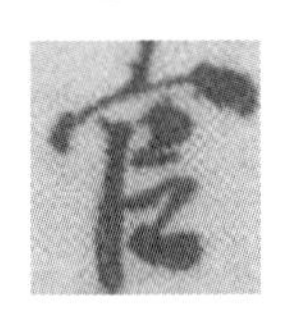
唐代·十輪經四
15_283_11

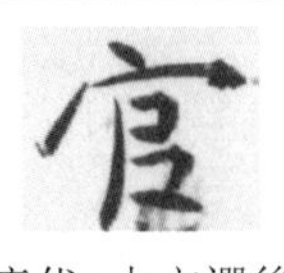
唐代·古文選後
23_273_4

唐代·古文選後
25_293_7

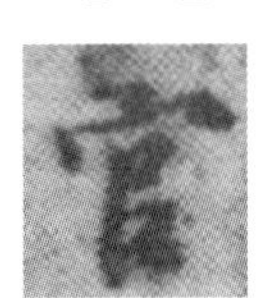
唐代·十輪經四
1_13_1

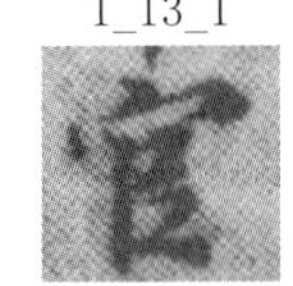
唐代·十輪經四
3_47_7

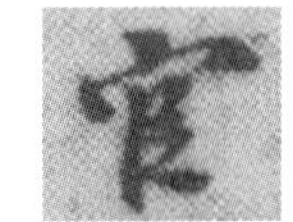
唐代·十輪經四
3_53_12

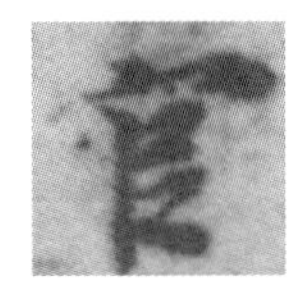
唐代·十輪經四
4_69_9

唐代·十輪經四
5_87_5

唐代·文選百三
81_776_20

唐代·文選百三
83_789_21

唐代·文選百三
83_793_30

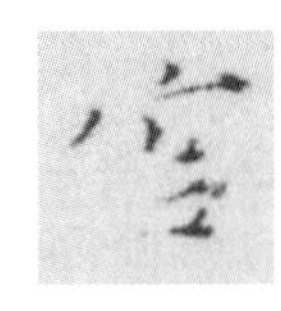
唐代·文選百三
87_827_23

唐代·古文選後
10_108_4

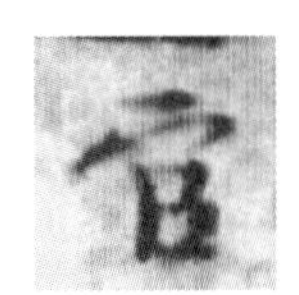
唐代·古文選後
10_108_39

唐代·古文選後
20_238_10

唐代·文選百三
45_428_13

唐代·文選百三
45_429_25

唐代·文選百三
47_448_2

唐代·文選百三
47_449_18

唐代·文選百三
47_449_33

唐代·文選百三
47_451_21

唐代·文選百三
64_618_21

唐代·文選百三
11_106_9

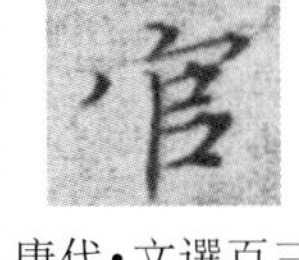
唐代·文選百三
11_106_33

唐代·文選百三
15_144_1

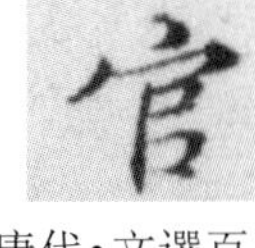
唐代·文選百三
16_151_19

唐代·文選百三
17_161_30

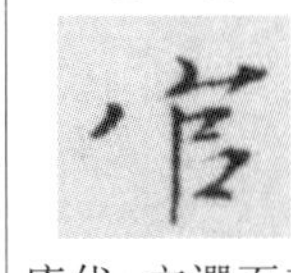
唐代·文選百三
35_353_16

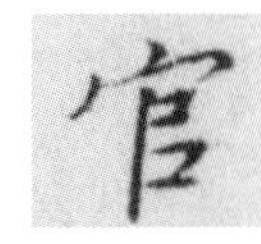
唐代·文選百三
37_367_4

唐代·文選五九
103_974_18

唐代·文選五九
104_982_1

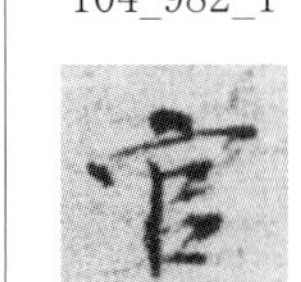
唐代·文選五九
105_999_3

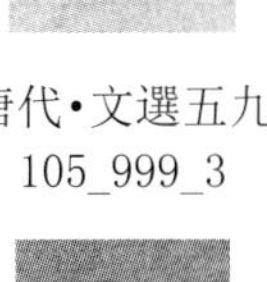
唐代·文選六八
24_245_17

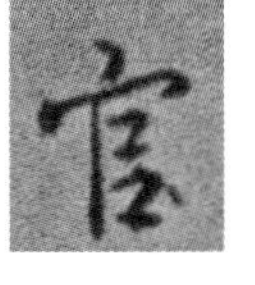
唐代·文選六八
66_662_4

唐代·文選百三
3_26_12

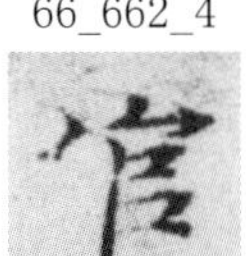
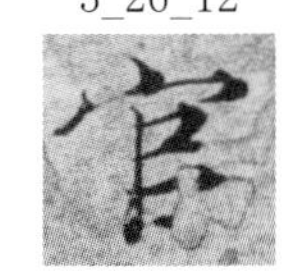
唐代·文選百三
11_104_2

唐代·文選五九
62_596_9

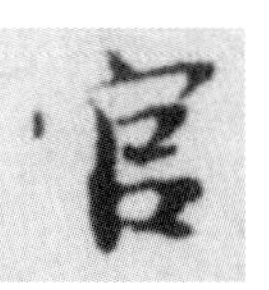
唐代·文選五九
62_596_28

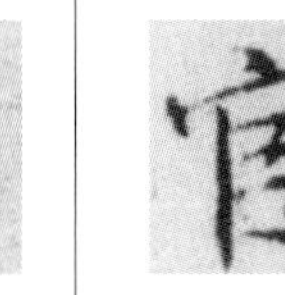
唐代·文選五九
76_731_9

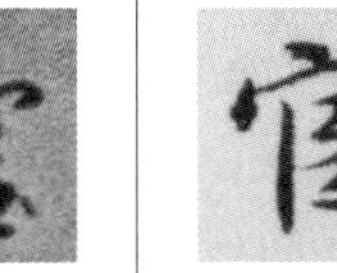
唐代·文選五九
82_790_16

唐代·文選五九
89_851_2

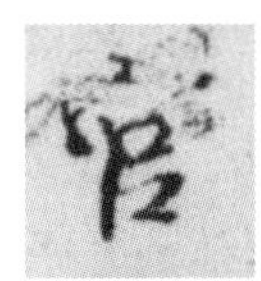
唐代·文選五九
103_972_4

唐代·文選五九
103_973_17

	宣	宓		宛		
	セン 訓あきらか	慣ヒツ漢ビツ 訓やすらか		エン 訓かがむ		
 唐代•春秋經傳 11_111_2	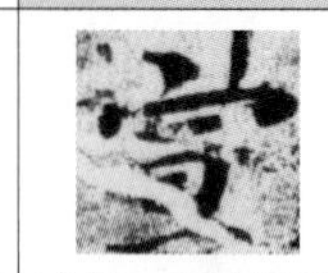 唐代•春秋經傳 1_1_7	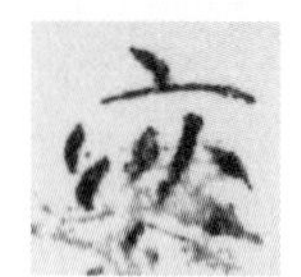 唐代•古文選前 11_135_9	 唐代•文選六八 29_298_15	 唐代•春秋經傳 2_12_5	 唐代•十輪經四 19_370_7	 唐代•十輪經四 16_303_14
唐代•春秋經傳 11_113_1	 唐代•春秋經傳 2_18_9	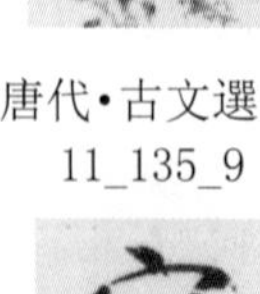 唐代•古文選前 12_145_2	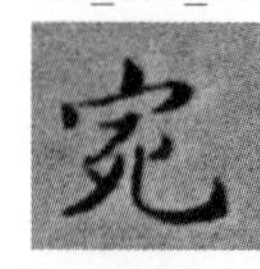 唐代•文選六八 29_298_21	唐代•文選五九 96_913_1	 唐代•十輪經四 19_375_6	 唐代•十輪經四 16_316_13
唐代•春秋經傳 17_178_12	 唐代•春秋經傳 4_36_8		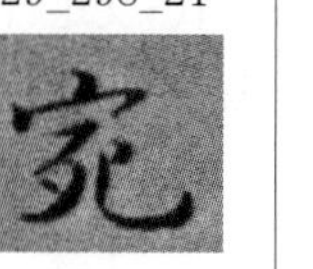 唐代•文選六八 30_300_9	唐代•文選五九 97_914_10	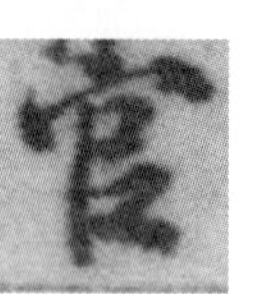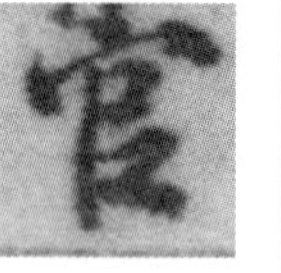 唐代•十輪經四 20_389_17	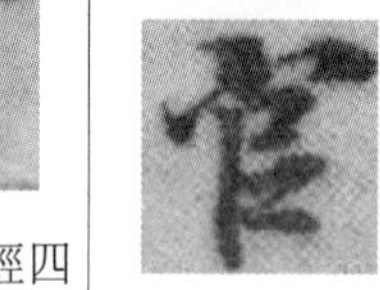 唐代•十輪經四 17_321_6
唐代•春秋經傳 28_288_22	 唐代•春秋經傳 9_85_16			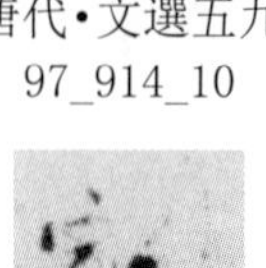 唐代•文選五九 97_914_28	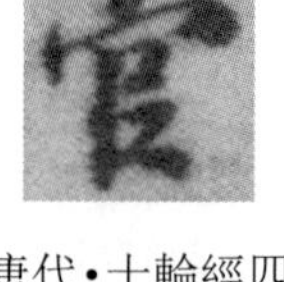 唐代•十輪經四 20_393_13	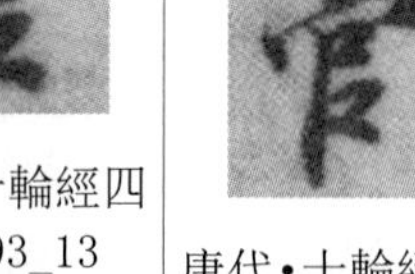 唐代•十輪經四 17_339_1
唐代•春秋經傳 31_322_31	 唐代•春秋經傳 10_96_1			 唐代•文選五九 97_915_7	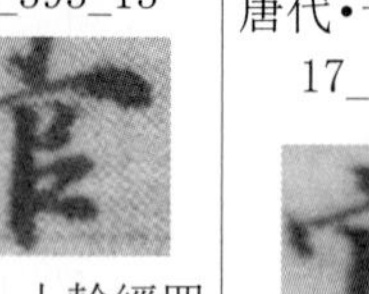 唐代•十輪經四 20_398_18	 唐代•十輪經四 18_343_6
 唐代•春秋經傳 31_323_6	 唐代•春秋經傳 10_105_16			 唐代•文選五九 97_915_18		 唐代•十輪經四 18_353_10
 唐代•文選四八 37_331_23	 唐代•春秋經傳 11_107_1			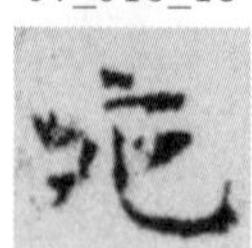 唐代•文選五九 97_916_8		 唐代•十輪經四 18_358_6
 唐代•文選五九 1_5_6	 唐代•春秋經傳 11_108_4			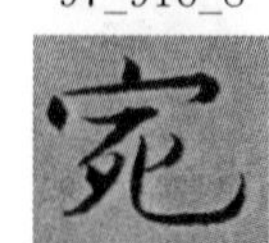 唐代•文選六八 29_294_12		

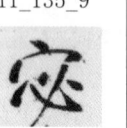

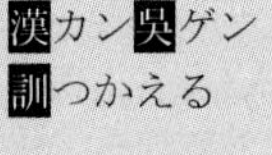

漢カン呉ゲン
訓つかえる

唐代•春秋經傳
10_98_13

唐代•春秋經傳
12_117_9

唐代•春秋經傳
12_118_4

唐代•春秋經傳
12_118_18

唐代•文選四八
27_242_26

唐代•文選五九
45_451_21

唐代•文選五九
49_483_10

唐代•十輪經十
5_87_2

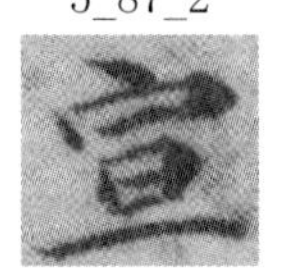
唐代•十輪經十
6_105_12

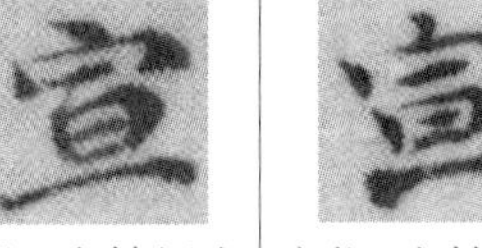
唐代•十輪經十
6_110_5

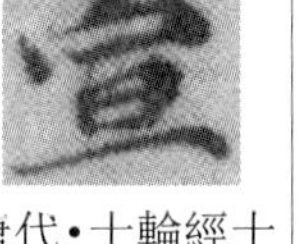
唐代•十輪經十
6_111_12

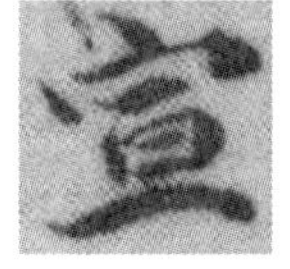
唐代•十輪經十
6_112_7

唐代•十輪經十
6_113_2

唐代•十輪經八
4_73_13

唐代•十輪經八
5_81_12

唐代•十輪經九
12_227_1

唐代•十輪經九
12_237_23

唐代•十輪經十
4_80_11

唐代•十輪經十
5_81_10

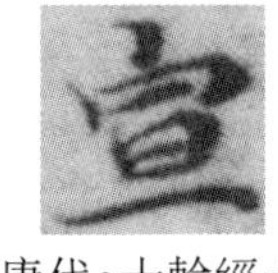
唐代•十輪經十
5_84_13

唐代•十輪經十
5_86_11

唐代•文選百三
56_541_21

唐代•文選百三
75_720_23

唐代•古文選後
7_83_43

唐代•古文選後
8_89_30

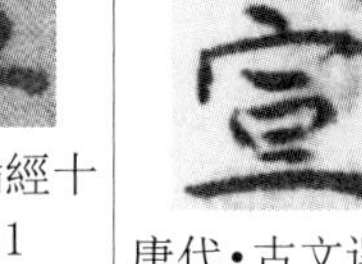
唐代•古文選後
11_119_8

唐代•古文選後
15_175_20

唐代•古文選後
21_241_12

唐代•古文選後
25_292_43

唐代•文選五九
102_964_16

唐代•文選五九
102_965_8

唐代•文選六八
1_1_11

唐代•文選六八
69_694_9

唐代•文選六八
70_699_9

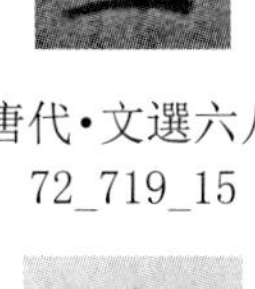
唐代•文選六八
72_719_15

唐代•文選八八
1_1_11

唐代•文選五九
74_707_4

唐代•文選五九
74_707_8

唐代•文選五九
74_707_14

唐代•文選五九
74_710_20

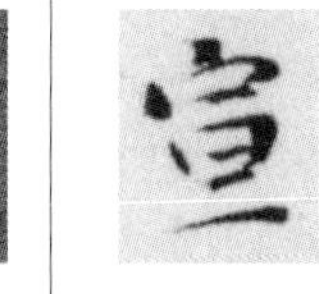
唐代•文選五九
77_737_29

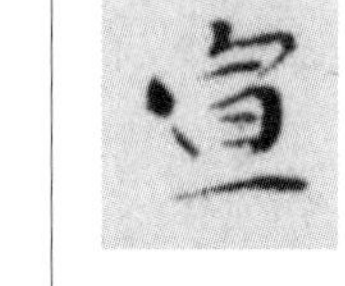
唐代•文選五九
85_816_17

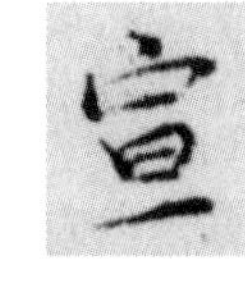
唐代•文選五九
94_896_2

唐代•文選五九
53_522_5

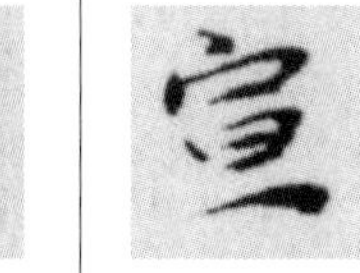
唐代•文選五九
56_545_13

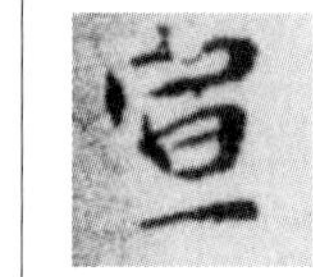
唐代•文選五九
56_546_11

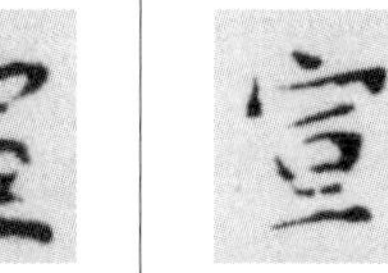
唐代•文選五九
64_618_14

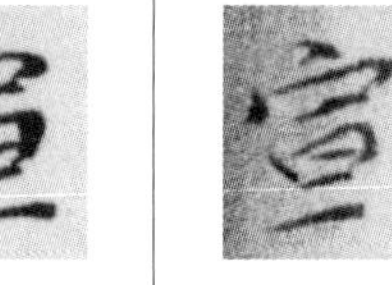
唐代•文選五九
66_638_6

唐代•文選五九
72_695_22

唐代•文選五九
73_704_15

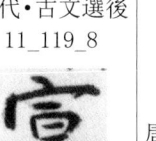

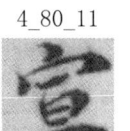

室

漢 シツ
訓 むろ

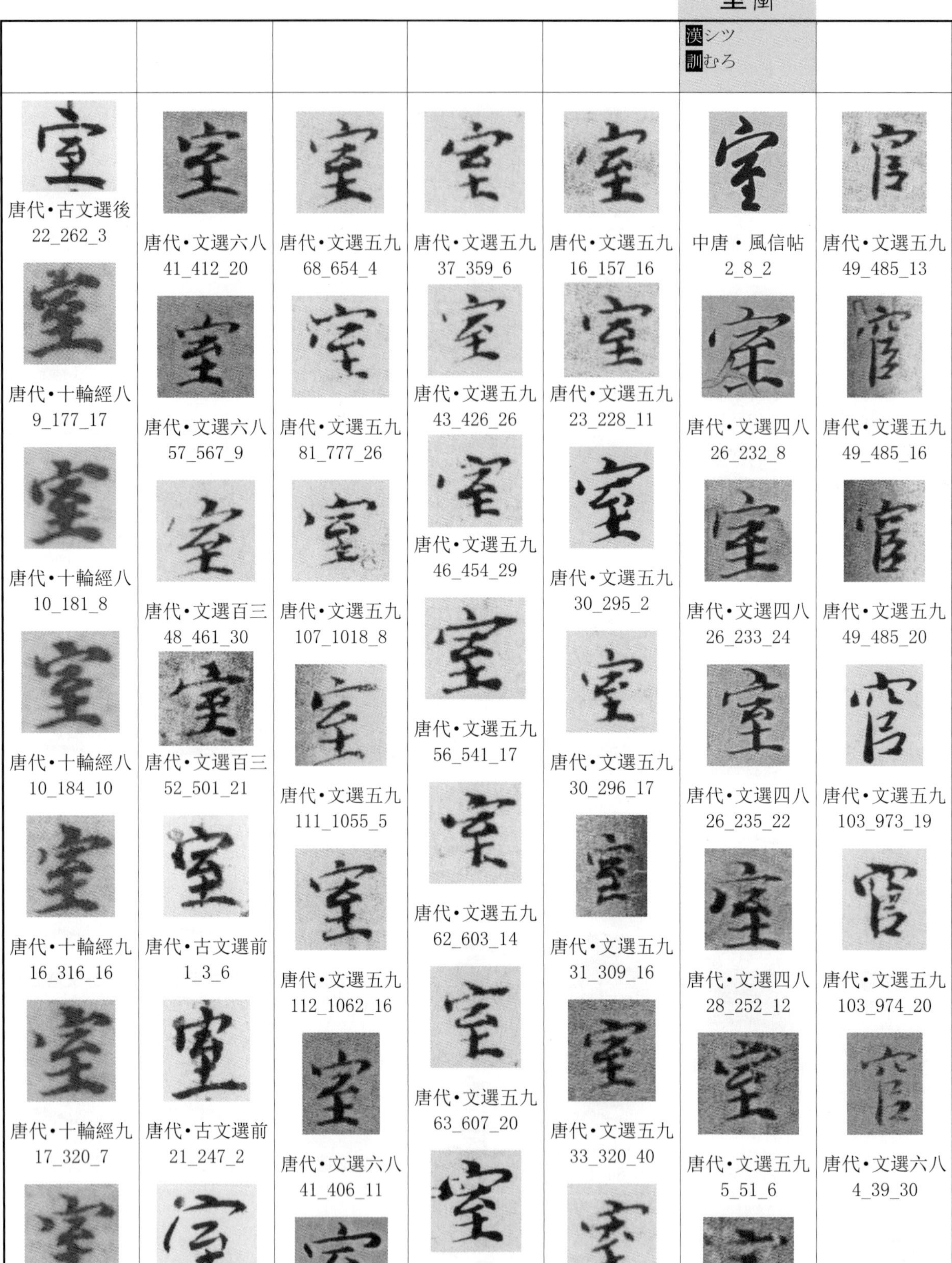

唐代•文選五九 49_485_13
唐代•文選五九 49_485_16
唐代•文選五九 49_485_20
唐代•文選五九 103_973_19
唐代•文選五九 103_974_20
唐代•文選六八 4_39_30

中唐・風信帖 2_8_2
唐代•文選四八 26_232_8
唐代•文選四八 26_233_24
唐代•文選四八 26_235_22
唐代•文選四八 28_252_12
唐代•文選五九 5_51_6
唐代•文選五九 11_101_29

唐代•文選五九 16_157_16
唐代•文選五九 23_228_11
唐代•文選五九 30_295_2
唐代•文選五九 30_296_17
唐代•文選五九 31_309_16
唐代•文選五九 33_320_40
唐代•文選五九 36_358_15

唐代•文選五九 37_359_6
唐代•文選五九 43_426_26
唐代•文選五九 46_454_29
唐代•文選五九 56_541_17
唐代•文選五九 62_603_14
唐代•文選五九 63_607_20
唐代•文選五九 68_652_5

唐代•文選五九 68_654_4
唐代•文選五九 81_777_26
唐代•文選五九 107_1018_8
唐代•文選五九 111_1055_5
唐代•文選五九 112_1062_16
唐代•文選六八 41_406_11
唐代•文選六八 41_409_2

唐代•文選六八 41_412_20
唐代•文選六八 57_567_9
唐代•文選百三 48_461_30
唐代•文選百三 52_501_21
唐代•古文選前 1_3_6
唐代•古文選前 21_247_2
唐代•古文選後 4_41_10

唐代•古文選後 22_262_3
唐代•十輪經八 9_177_17
唐代•十輪經八 10_181_8
唐代•十輪經八 10_184_10
唐代•十輪經九 16_316_16
唐代•十輪經九 17_320_7
唐代•十輪經九 17_323_8

宥

漢ユウ 呉ユウ
訓ゆるい

唐代•文選五九
60_573_12

唐代•文選百三
56_540_2

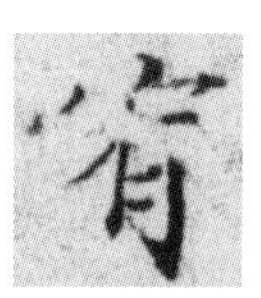
唐代•文選百三
56_542_8

唐代•文選百三
57_543_22

唐代•文選百三
57_543_25

唐代•古文選後
17_196_10

客

漢カク 呉キャク
訓まろうど

唐代•文選五九
25_243_7

唐代•文選五九
25_246_6

唐代•文選五九
25_249_10

唐代•文選五九
26_254_23

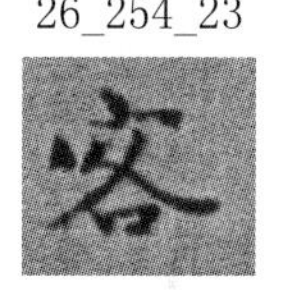
唐代•文選五九
26_257_10

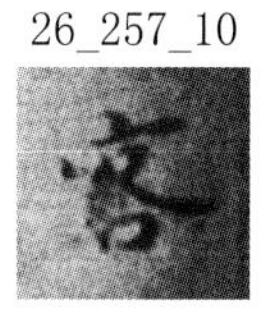
唐代•文選五九
31_309_30

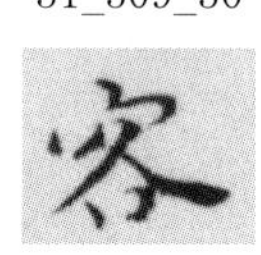
唐代•文選五九
43_431_16

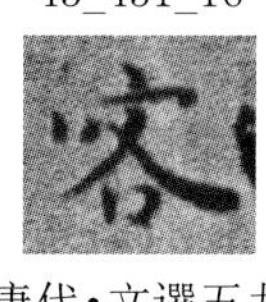
唐代•文選五九
53_518_21

唐代•文選五九
53_519_2

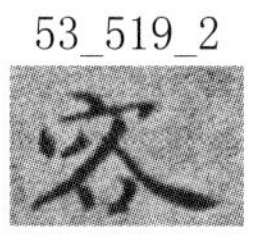
唐代•文選五九
53_526_16

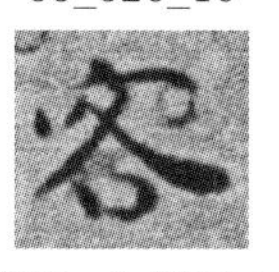
唐代•文選五九
53_527_15

唐代•文選五九
75_721_29

唐代•文選五九
85_814_22

唐代•文選五九
85_815_11

唐代•文選五九
90_861_1

唐代•文選五九
97_914_16

唐代•文選五九
104_986_14

唐代•文選五九
110_1040_12

唐代•文選五九
110_1041_3

唐代•文選五九
110_1042_3

唐代•文選五九
110_1042_13

唐代•文選五九
110_1044_1

唐代•文選五九
110_1044_17

唐代•文選五九
111_1050_7

唐代•文選五九
111_1053_6

唐代•文選五九
111_1054_23

唐代•文選五九
111_1057_32

唐代•文選五九
111_1058_2

唐代•文選六八
61_609_23

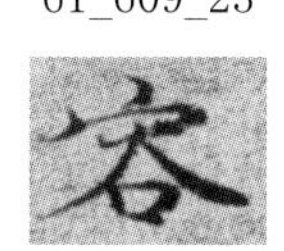
唐代•文選百三
27_271_4

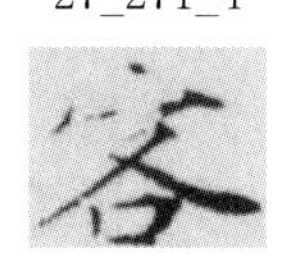
唐代•文選百三
29_287_34

唐代•文選百三
47_451_23

唐代•文選百三
47_451_31

唐代•文選百三
84_802_24

唐代•古文選後
8_84_5

唐代•古文選後
10_111_10

唐代•古文選後
10_115_11

唐代•古文選後
13_147_11

唐代•古文選後
16_181_5

唐代•古文選後
17_197_6

害

呉ガイ
訓そこなう

唐代•春秋經傳
14_148_10

唐代•春秋經傳
17_179_7

唐代•春秋經傳
26_273_23

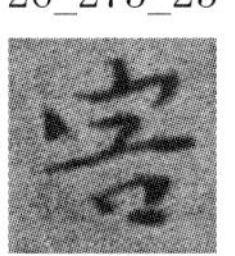
唐代•文選五九
2_14_10

唐代•文選五九
92_882_23

唐代•文選百三
9_82_34

唐代•文選百三
39_390_9

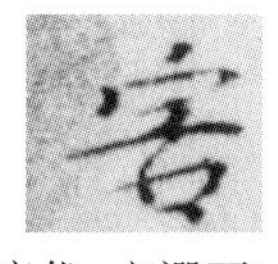
唐代•文選百三
39_393_3

家 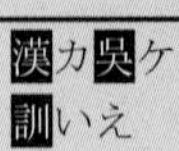 宸 

漢カ 呉ケ
訓いえ

漢シン 呉ジン
訓のき

唐代•春秋經傳
19_197_19

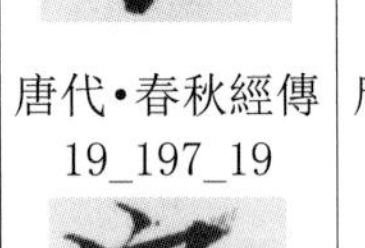
唐代•春秋經傳
19_198_17

唐代•春秋經傳
19_199_6

唐代•春秋經傳
19_200_11

唐代•春秋經傳
26_264_29

唐代•春秋經傳
33_345_8

唐代•春秋經傳
34_358_14

唐代•春秋經傳
10_99_12

唐代•春秋經傳
18_186_3

唐代•春秋經傳
18_192_8

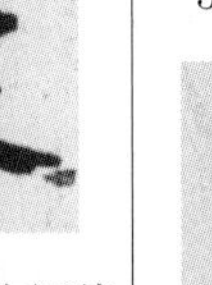
唐代•春秋經傳
18_192_17

唐代•春秋經傳
19_193_11

唐代•春秋經傳
19_195_7

唐代•春秋經傳
19_197_11

唐代•文選五九
58_558_1

唐代•文選五九
58_559_2

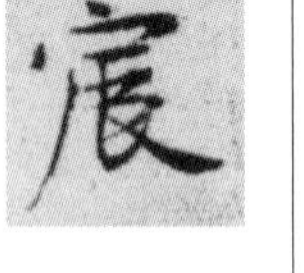
唐代•文選五九
58_561_25

唐代•文選五九
59_562_15

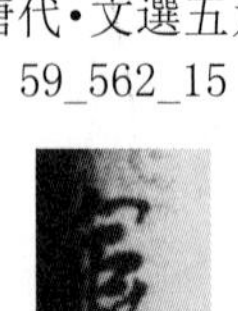
唐代•文選五九
59_562_25

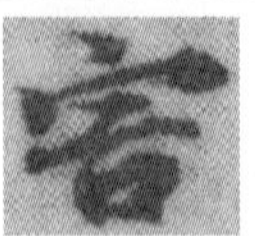
唐代•十輪經十
6_103_16

唐代•十輪經十
19_366_12

唐代•十輪經四
14_276_16

唐代•十輪經四
15_282_13

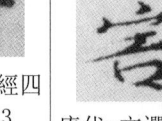

唐代•十輪經四
22_423_12

唐代•十輪經八
6_118_15

唐代•十輪經八
9_177_5

唐代•十輪經九
7_124_24

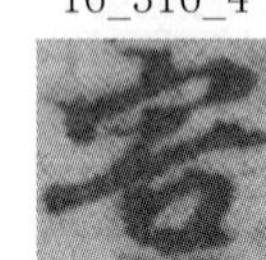
唐代•十輪經九
16_316_4

唐代•十輪經十
3_47_17

唐代•古文選前
2_14_13

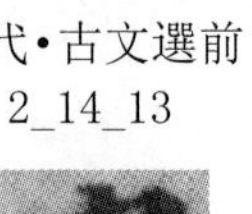

唐代•十輪經四
5_80_9

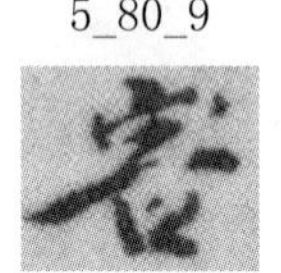
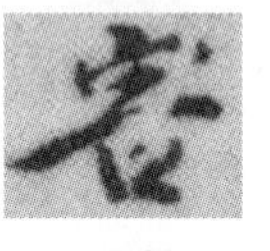
唐代•十輪經四
9_172_23

唐代•十輪經四
12_227_11

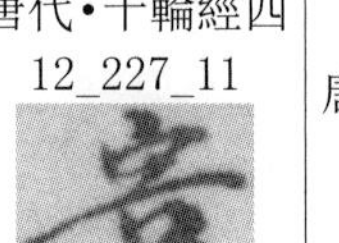
唐代•十輪經四
12_234_25

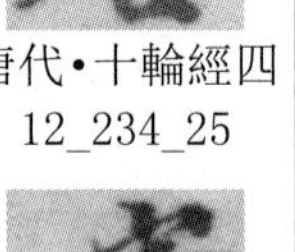
唐代•十輪經四
14_263_17

唐代•十輪經四
14_267_2

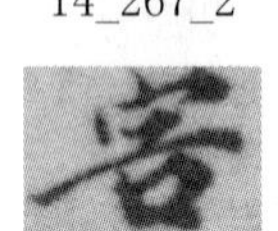
唐代•十輪經四
14_270_10

唐代•文選百三
39_393_7

唐代•文選百三
39_395_16

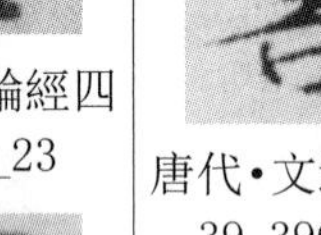
唐代•文選百三
39_396_28

唐代•文選百三
40_398_11

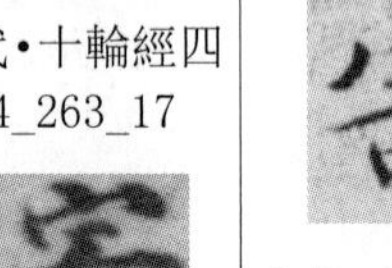
唐代•文選百三
57_555_11

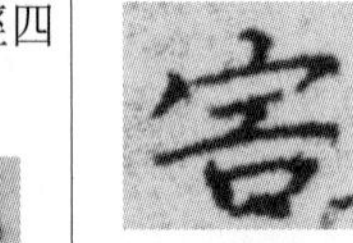
唐代•文選百三
58_559_14

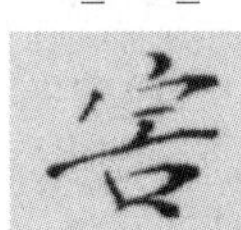
唐代•文選百三
62_598_1

唐代•文選百三
67_646_33

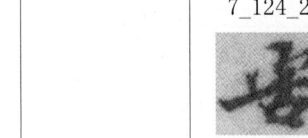

唐代•文選五九
90_867_13

唐代•文選五九
111_1054_2

唐代•文選六八
1_8_13

唐代•文選六八
1_13_28

唐代•文選六八
21_210_10

唐代•文選六八
25_246_29

唐代•文選六八
25_256_21

唐代•文選五九
68_651_26

唐代•文選五九
68_661_10

唐代•文選五九
72_691_16

唐代•文選五九
75_723_8

唐代•文選五九
80_763_12

唐代•文選五九
89_855_24

唐代•文選五九
90_860_8

唐代•文選五九
45_451_14

唐代•文選五九
46_455_14

唐代•文選五九
50_496_23

唐代•文選五九
53_523_29

唐代•文選五九
56_542_6

唐代•文選五九
56_544_5

唐代•文選五九
65_628_4

唐代•文選五九
37_366_17

唐代•文選五九
39_385_24

唐代•文選五九
39_387_2

唐代•文選五九
41_405_15

唐代•文選五九
42_413_10

唐代•文選五九
45_448_6

唐代•文選五九
45_449_2

唐代•文選四八
45_405_12

唐代•文選五九
6_56_5

唐代•文選五九
13_128_6

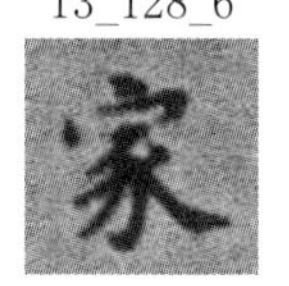
唐代•文選五九
18_177_13

唐代•文選五九
27_265_29

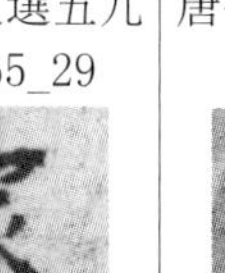
唐代•文選五九
29_284_20

唐代•文選五九
29_291_8

唐代•文選四八
14_128_16

唐代•文選四八
14_130_13

唐代•文選四八
17_152_16

唐代•文選四八
24_215_6

唐代•文選四八
33_295_20

唐代•文選四八
39_352_9

唐代•文選四八
39_352_10

唐代•春秋經傳
34_359_9

唐代•春秋經傳
35_362_6

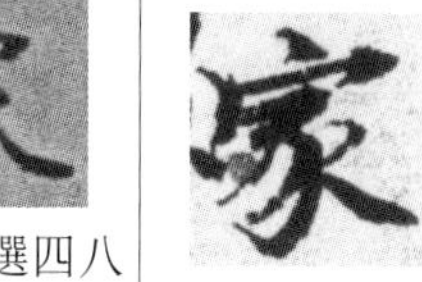
唐代•春秋經傳
35_362_17

唐代•文選四八
1_5_2

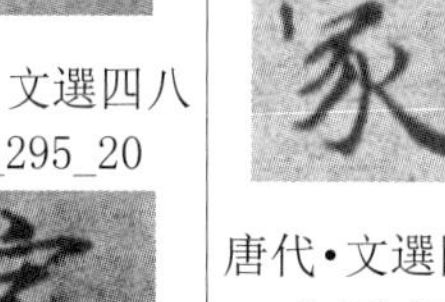
唐代•文選四八
7_56_22

唐代•文選四八
8_70_19

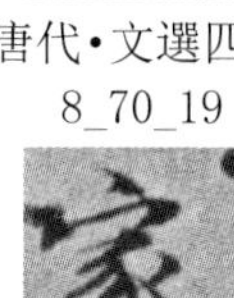
唐代•文選四八
10_83_20

唐代·文選百三
39_387_20

唐代·文選百三
40_399_29

唐代·文選百三
45_430_11

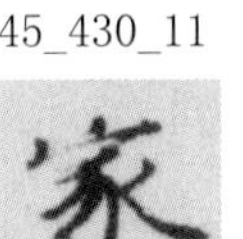
唐代·文選百三
47_447_7

唐代·文選百三
52_498_9

唐代·文選百三
53_513_6

唐代·文選百三
62_599_11

唐代·文選百三
27_259_6

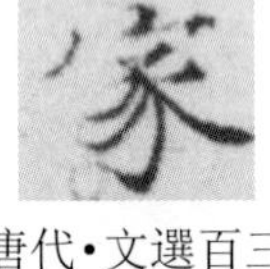
唐代·文選百三
30_298_33

唐代·文選百三
31_313_13

唐代·文選百三
33_328_15

唐代·文選百三
34_341_10

唐代·文選百三
35_350_30

唐代·文選百三
35_351_15

唐代·文選百三
17_164_13

唐代·文選百三
17_165_15

唐代·文選百三
17_167_8

唐代·文選百三
19_185_18

唐代·文選百三
20_195_30

唐代·文選百三
21_204_16

唐代·文選百三
26_255_24

唐代·文選百三
3_22_25

唐代·文選百三
3_23_21

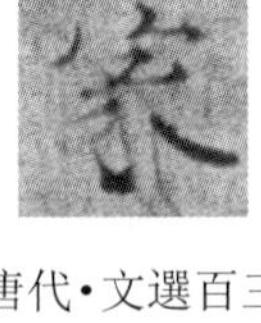
唐代·文選百三
5_35_33

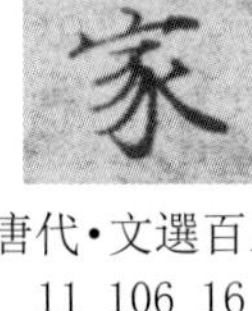
唐代·文選百三
11_106_16

唐代·文選百三
13_116_11

唐代·文選百三
15_135_12

唐代·文選百三
17_160_16

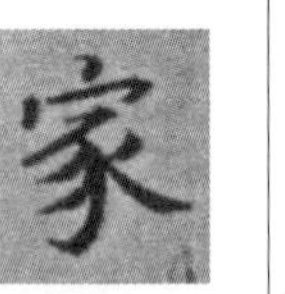
唐代·文選八八
10_78_27

唐代·文選八八
15_132_12

唐代·文選八八
21_185_4

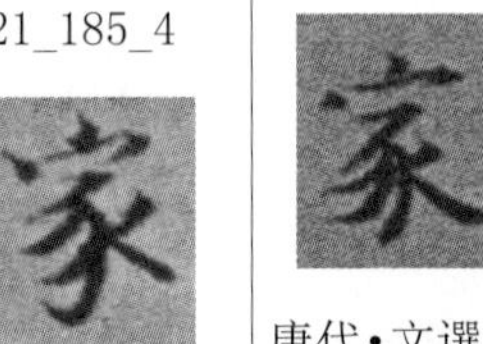
唐代·文選八八
22_194_14

唐代·文選八八
22_195_20

唐代·文選百三
2_14_39

唐代·文選百三
3_22_10

唐代·文選六八
56_559_20

唐代·文選六八
61_610_4

唐代·文選六八
69_686_27

唐代·文選六八
69_694_13

唐代·文選六八
72_720_5

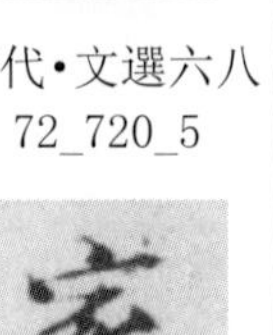
唐代·文選八八
3_9_13

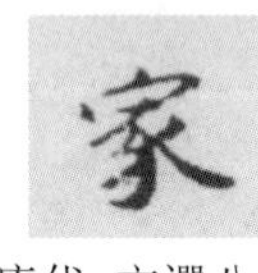
唐代·文選八八
3_14_29

唐代·文選六八
29_293_27

唐代·文選六八
32_323_27

唐代·文選六八
43_427_8

唐代·文選六八
45_447_1

唐代·文選六八
47_476_16

唐代·文選六八
51_507_19

唐代·文選六八
53_525_15

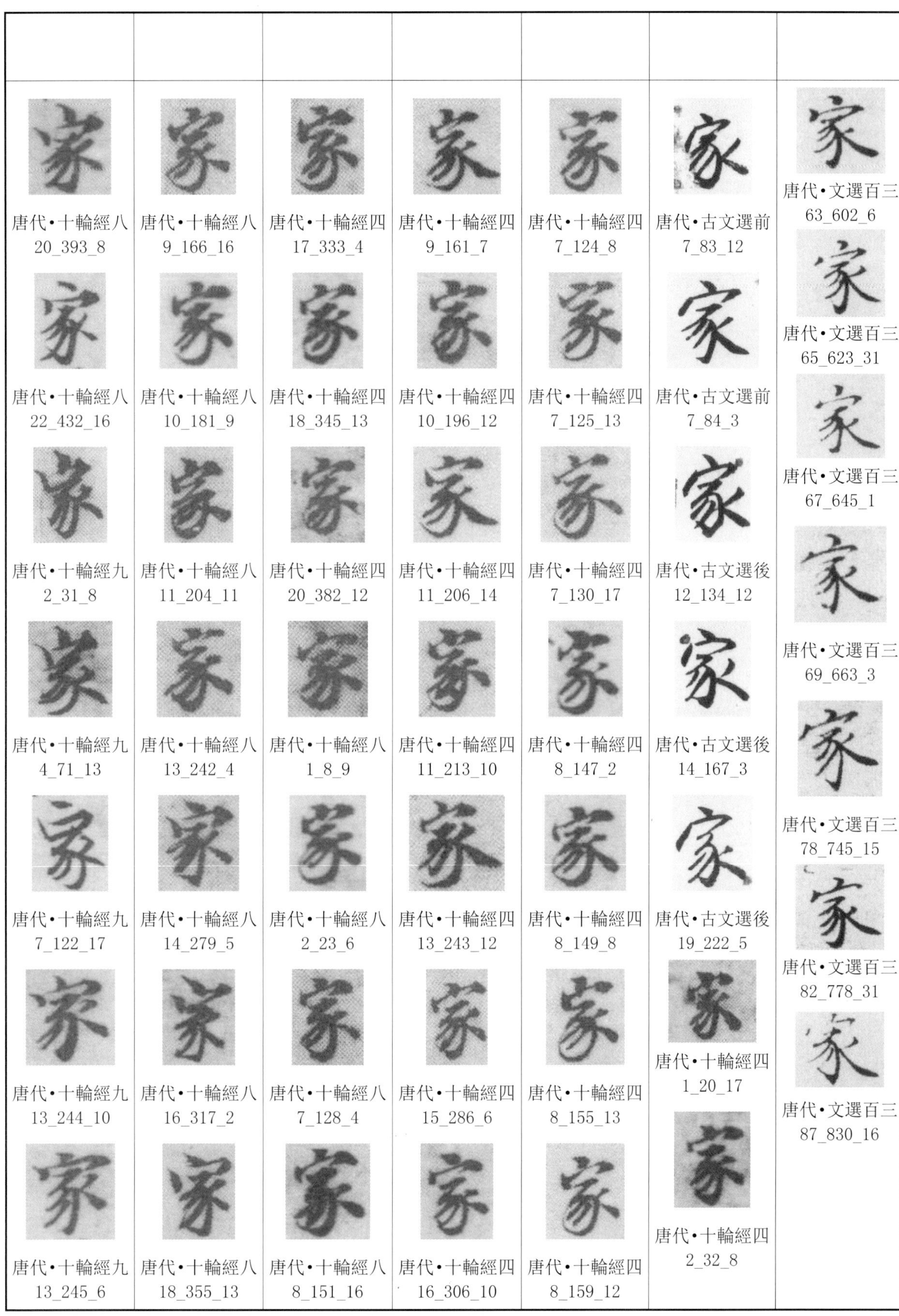

唐代·十輪經八 20_393_8
唐代·十輪經八 22_432_16
唐代·十輪經九 2_31_8
唐代·十輪經九 4_71_13
唐代·十輪經九 7_122_17
唐代·十輪經九 13_244_10
唐代·十輪經九 13_245_6

唐代·十輪經八 9_166_16
唐代·十輪經八 10_181_9
唐代·十輪經八 11_204_11
唐代·十輪經八 13_242_4
唐代·十輪經八 14_279_5
唐代·十輪經八 16_317_2
唐代·十輪經八 18_355_13

唐代·十輪經四 17_333_4
唐代·十輪經四 18_345_13
唐代·十輪經四 20_382_12
唐代·十輪經八 1_8_9
唐代·十輪經八 2_23_6
唐代·十輪經八 7_128_4
唐代·十輪經八 8_151_16

唐代·十輪經四 9_161_7
唐代·十輪經四 10_196_12
唐代·十輪經四 11_206_14
唐代·十輪經四 11_213_10
唐代·十輪經四 13_243_12
唐代·十輪經四 15_286_6
唐代·十輪經四 16_306_10

唐代·十輪經四 7_124_8
唐代·十輪經四 7_125_13
唐代·十輪經四 7_130_17
唐代·十輪經四 8_147_2
唐代·十輪經四 8_149_8
唐代·十輪經四 8_155_13
唐代·十輪經四 8_159_12

唐代·古文選前 7_83_12
唐代·古文選前 7_84_3
唐代·古文選後 12_134_12
唐代·古文選後 14_167_3
唐代·古文選後 19_222_5
唐代·十輪經四 1_20_17
唐代·十輪經四 2_32_8

唐代·文選百三 63_602_6
唐代·文選百三 65_623_31
唐代·文選百三 67_645_1
唐代·文選百三 69_663_3
唐代·文選百三 78_745_15
唐代·文選百三 82_778_31
唐代·文選百三 87_830_16

容

漢ヨウ
訓いれる

晩唐・慶滋書狀
1_13_2

唐代・春秋經傳
7_65_13

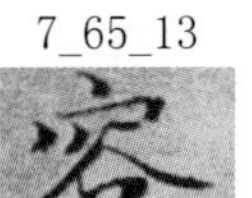
唐代・文選四八
31_277_24

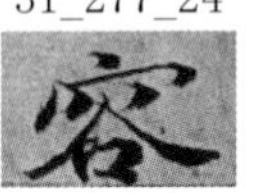
唐代・文選四八
31_283_18

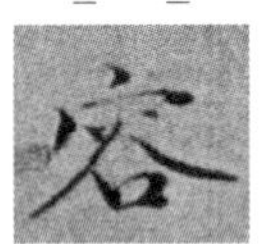
唐代・文選四八
32_288_7

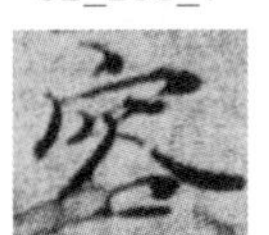
唐代・文選四八
46_414_8

唐代・文選五九
17_170_1

唐代・文選五九
17_171_25

唐代・古文選後
18_216_1

唐代・十輪經十
14_279_10

唐代・十輪經十
16_301_7

唐代・古文選後
11_119_5

唐代・古文選後
12_133_5

唐代・古文選後
13_144_14

唐代・古文選後
13_150_74

唐代・古文選後
15_169_12

唐代・古文選後
15_180_12

唐代・古文選後
17_195_14

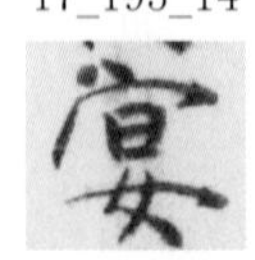
唐代・古文選後
21_244_3

唐代・文選五九
82_787_7

唐代・文選五九
99_938_15

唐代・文選五九
99_940_5

唐代・文選六八
47_472_3

唐代・文選六八
47_476_19

唐代・文選六八
47_478_15

唐代・古文選後
8_84_7

唐代・古文選後
9_99_40

宴

エン
訓くつろぐ

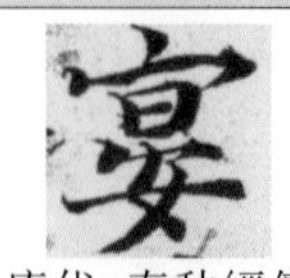
唐代・春秋經傳
9_92_17

唐代・文選四八
39_349_23

唐代・文選五九
53_521_5

唐代・文選五九
53_522_29

唐代・文選五九
53_523_26

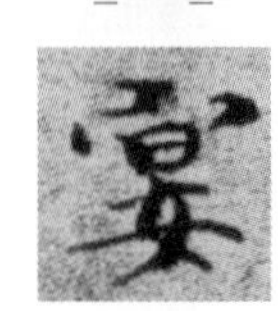
唐代・文選五九
58_557_3

唐代・文選五九
99_935_10

宵

漢ショウ呉ショウ
訓よい

唐代・文選五九
22_216_12

唐代・文選五九
22_218_18

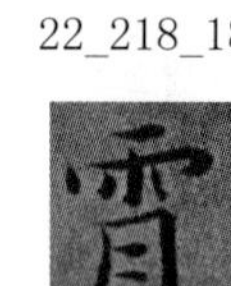

唐代・文選六八
68_682_2

唐代・文選六八
69_688_5

唐代・文選百三
27_260_10

唐代・古文選前
14_168_3

唐代・古文選前
23_276_3

唐代・十輪經九
14_267_3

唐代・十輪經九
14_267_9

唐代・十輪經九
17_320_8

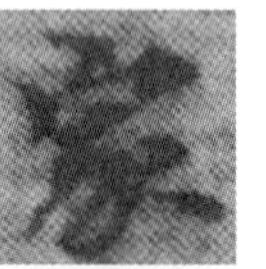
唐代・十輪經十
18_346_11

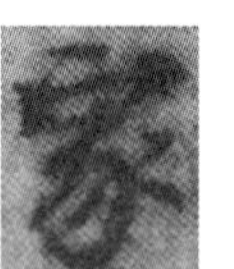
唐代・十輪經十
18_359_12

唐代・十輪經十
18_360_1

宰

サイ
訓ほふる

唐代•春秋經傳
8_74_2

唐代•春秋經傳
19_194_5

唐代•文選四八
23_209_12

唐代•文選四八
24_212_3

唐代•文選四八
24_212_7

唐代•文選四八
24_213_25

唐代•文選四八
43_389_17

唐代•古文選前
10_123_12

唐代•古文選前
12_139_13

唐代•古文選前
13_156_7

唐代•古文選前
14_161_3

唐代•古文選後
13_148_1

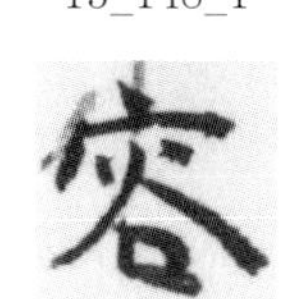
唐代•古文選後
14_160_3

唐代•古文選後
21_241_3

唐代•文選百三
21_199_23

唐代•文選百三
21_209_32

唐代•文選百三
46_444_15

唐代•文選百三
59_569_18

唐代•文選百三
59_570_17

唐代•古文選前
3_35_12

唐代•古文選前
5_56_14

唐代•古文選前
6_66_2

唐代•文選八八
14_115_31

唐代•文選百三
1_4_25

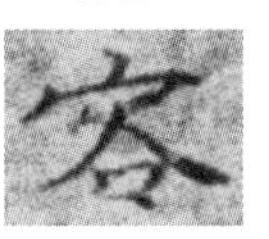
唐代•文選百三
1_5_6

唐代•文選百三
14_131_11

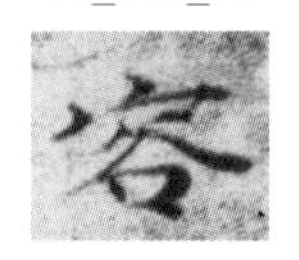
唐代•文選百三
14_133_3

唐代•文選百三
14_134_38

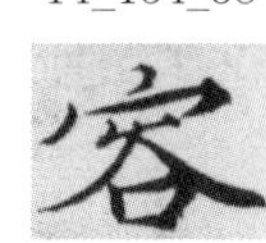
唐代•文選百三
20_194_8

唐代•文選百三
20_195_39

唐代•文選六八
27_279_20

唐代•文選六八
39_386_1

唐代•文選六八
39_387_18

唐代•文選六八
45_452_9

唐代•文選六八
55_552_26

唐代•文選八八
14_114_11

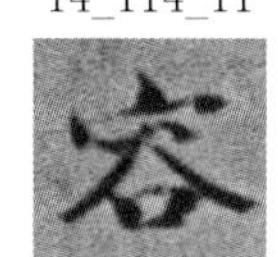
唐代•文選八八
14_114_18

唐代•文選八八
14_115_28

唐代•文選五九
85_814_10

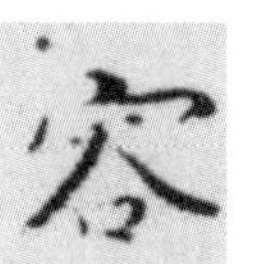
唐代•文選五九
85_817_8

唐代•文選五九
86_825_1

唐代•文選五九
109_1031_12

唐代•文選五九
111_1049_11

唐代•文選六八
27_272_16

唐代•文選六八
27_274_5

唐代•文選六八
27_274_22

唐代•文選五九
18_172_31

唐代•文選五九
39_389_27

唐代•文選五九
42_414_12

唐代•文選五九
49_480_10

唐代•文選五九
49_482_12

唐代•文選五九
77_736_4

唐代•文選五九
77_736_10

唐代•文選五九
77_738_23

宮

慣グウ 漢キュウ 呉ク 訓みや

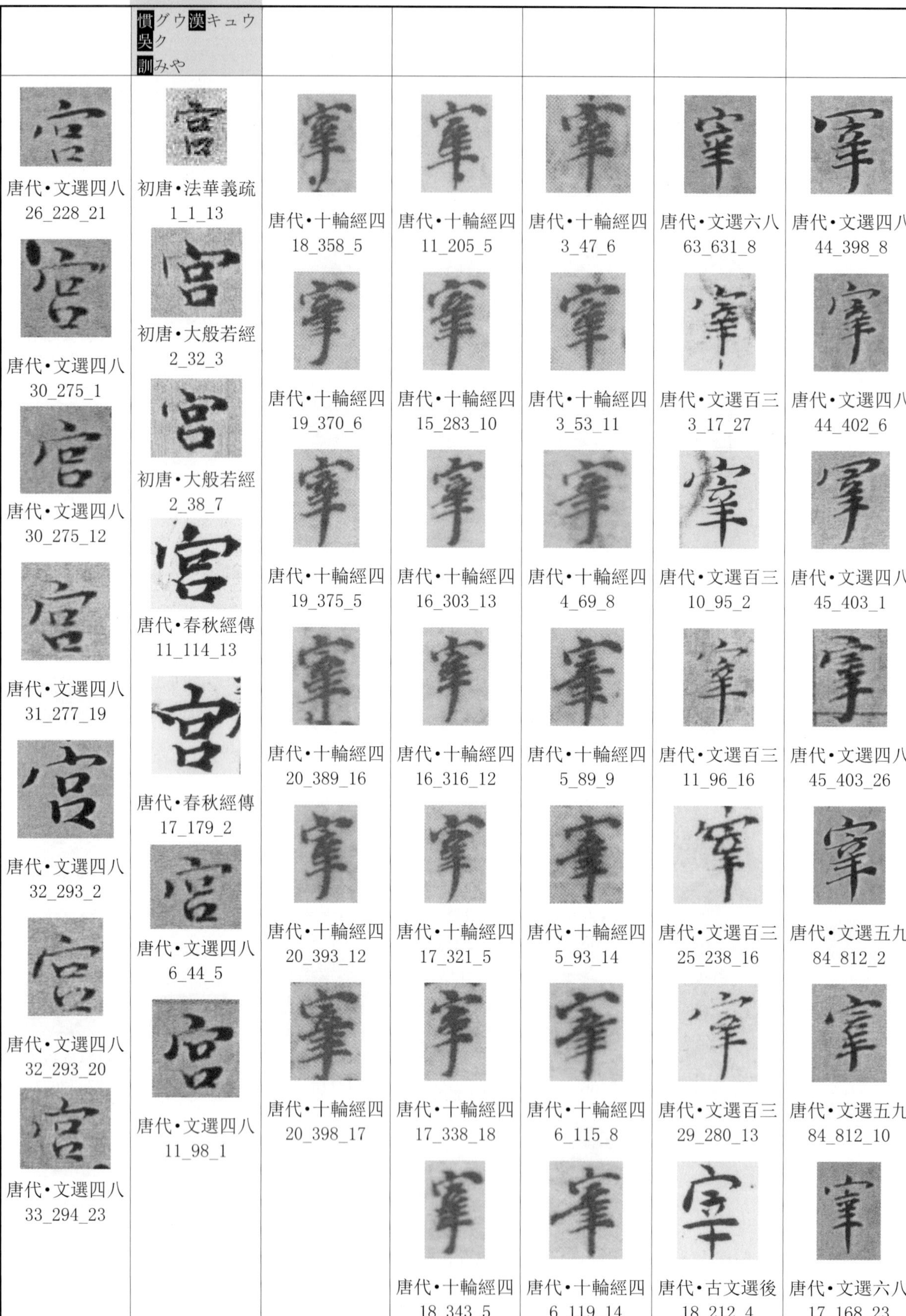

唐代•文選四八 26_228_21
唐代•文選四八 30_275_1
唐代•文選四八 30_275_12
唐代•文選四八 31_277_19
唐代•文選四八 32_293_2
唐代•文選四八 32_293_20
唐代•文選四八 33_294_23

初唐•法華義疏 1_1_13
初唐•大般若經 2_32_3
初唐•大般若經 2_38_7
唐代•春秋經傳 11_114_13
唐代•春秋經傳 17_179_2
唐代•文選四八 6_44_5
唐代•文選四八 11_98_1

唐代•十輪經四 18_358_5
唐代•十輪經四 19_370_6
唐代•十輪經四 19_375_5
唐代•十輪經四 20_389_16
唐代•十輪經四 20_393_12
唐代•十輪經四 20_398_17

唐代•十輪經四 11_205_5
唐代•十輪經四 15_283_10
唐代•十輪經四 16_303_13
唐代•十輪經四 16_316_12
唐代•十輪經四 17_321_5
唐代•十輪經四 17_338_18
唐代•十輪經四 18_343_5

唐代•十輪經四 3_47_6
唐代•十輪經四 3_53_11
唐代•十輪經四 4_69_8
唐代•十輪經四 5_89_9
唐代•十輪經四 5_93_14
唐代•十輪經四 6_115_8
唐代•十輪經四 6_119_14

唐代•文選六八 63_631_8
唐代•文選百三 3_17_27
唐代•文選百三 10_95_2
唐代•文選百三 11_96_16
唐代•文選百三 25_238_16
唐代•文選百三 29_280_13
唐代•古文選後 18_212_4

唐代•文選四八 44_398_8
唐代•文選四八 44_402_6
唐代•文選四八 45_403_1
唐代•文選四八 45_403_26
唐代•文選五九 84_812_2
唐代•文選五九 84_812_10
唐代•文選六八 17_168_23

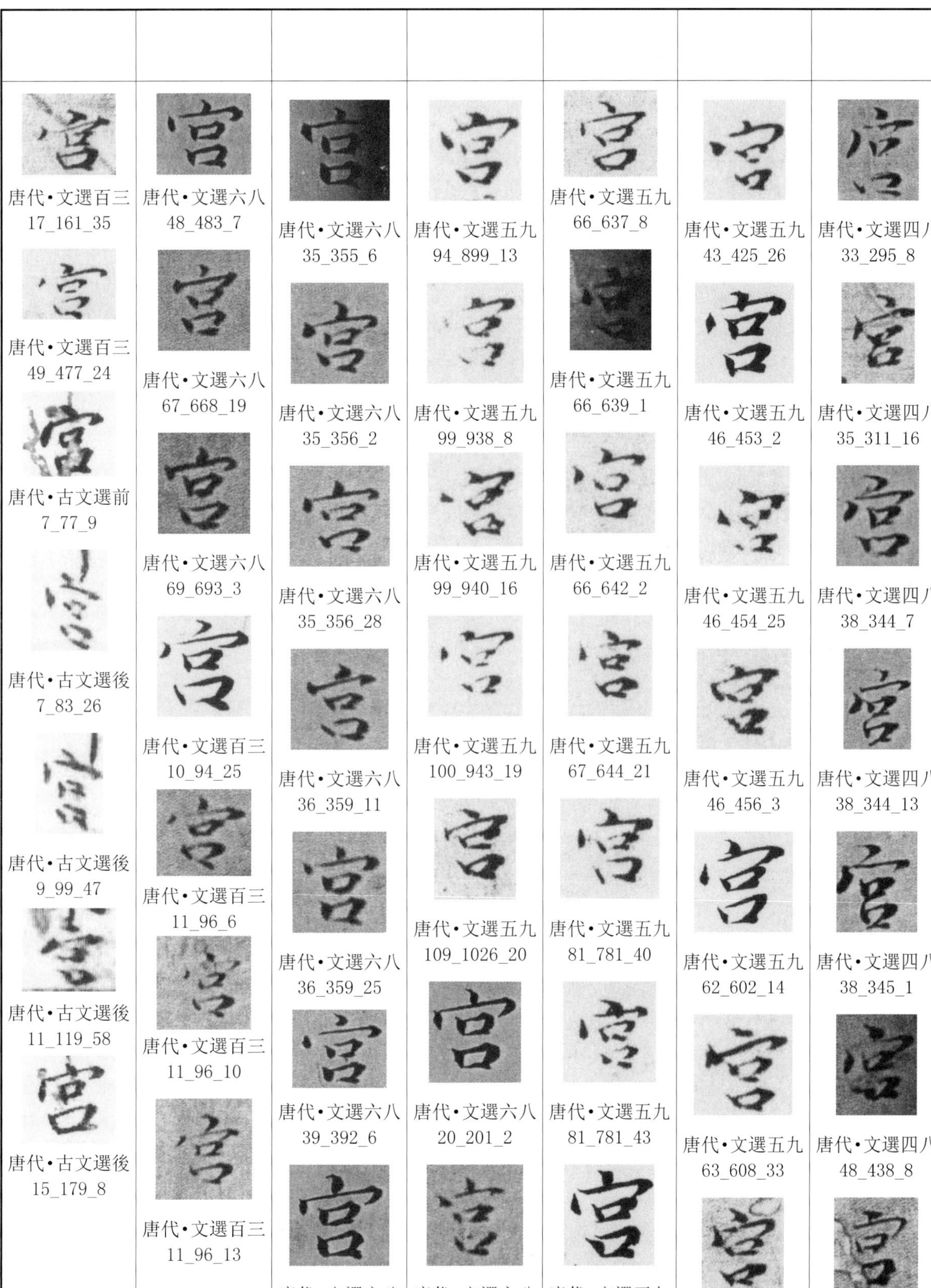

唐代•文選四八 33_295_8
唐代•文選四八 35_311_16
唐代•文選四八 38_344_7
唐代•文選四八 38_344_13
唐代•文選四八 38_345_1
唐代•文選四八 48_438_8
唐代•文選五九 15_148_3
唐代•文選五九 43_425_26
唐代•文選五九 46_453_2
唐代•文選五九 46_454_25
唐代•文選五九 46_456_3
唐代•文選五九 62_602_14
唐代•文選五九 63_608_33
唐代•文選五九 66_634_24
唐代•文選五九 66_637_8
唐代•文選五九 66_639_1
唐代•文選五九 66_642_2
唐代•文選五九 67_644_21
唐代•文選五九 81_781_40
唐代•文選五九 81_781_43
唐代•文選五九 94_898_11
唐代•文選五九 94_899_13
唐代•文選五九 99_938_8
唐代•文選五九 99_940_16
唐代•文選五九 100_943_19
唐代•文選五九 109_1026_20
唐代•文選六八 20_201_2
唐代•文選六八 20_202_8
唐代•文選六八 35_355_6
唐代•文選六八 35_356_2
唐代•文選六八 35_356_28
唐代•文選六八 36_359_11
唐代•文選六八 36_359_25
唐代•文選六八 39_392_6
唐代•文選六八 47_478_19
唐代•文選六八 48_483_7
唐代•文選六八 67_668_19
唐代•文選六八 69_693_3
唐代•文選百三 10_94_25
唐代•文選百三 11_96_6
唐代•文選百三 11_96_10
唐代•文選百三 11_96_13
唐代•文選百三 17_161_35
唐代•文選百三 49_477_24
唐代•古文選前 7_77_9
唐代•古文選後 7_83_26
唐代•古文選後 9_99_47
唐代•古文選後 11_119_58
唐代•古文選後 15_179_8

宿		寄		寇	寅	
漢シュク呉スク 訓やどる		キ 訓よる		漢コウ 訓あだする	漢イン呉イン 訓とら	
 初唐・法華義疏 1_5_1	 唐代・古文選前 14_167_4	 唐代・文選四八 1_1_17	 唐代・文選百三 84_798_8	 唐代・文選五九 91_871_11	 唐代・春秋經傳 28_292_1	 唐代・古文選後 16_183_25
 唐代・文選五九 10_98_20	 唐代・古文選後 9_105_3	 唐代・文選四八 8_66_6		 唐代・文選六八 15_150_1		 唐代・古文選後 17_195_7
 唐代・文選五九 11_99_15	 唐代・古文選後 21_248_8	 唐代・文選四八 8_69_3		 唐代・文選百三 36_358_5		 唐代・古文選後 20_236_10
 唐代・文選五九 11_101_13	 唐代・古文選後 25_291_7	 唐代・文選四八 8_69_12		 唐代・文選百三 55_528_10		 唐代・古文選後 22_262_2
 唐代・文選五九 11_101_25		 唐代・文選五九 35_351_24		 唐代・文選百三 56_537_25		
 唐代・文選五九 15_150_14		 唐代・文選五九 91_870_4		 唐代・文選百三 69_659_10		
 唐代・文選五九 38_375_19		 唐代・文選六八 3_33_30		 唐代・文選百三 69_662_32		
 唐代・文選五九 45_438_7				 唐代・文選百三 71_683_4		

唐代・文選五九 66_630_9

唐代・文選五九 66_630_22

唐代・文選五九 74_717_11

唐代・文選五九 101_952_13

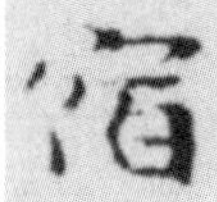
唐代・文選五九 101_955_9

唐代・文選五九 101_956_14

唐代・文選百三 31_300_22

唐代・古文選後 3_32_2

唐代・古文選後 8_85_13

唐代・古文選後 9_104_7

唐代・古文選後 17_199_12

唐代・古文選後 20_237_2

唐代・古文選後 25_295_2

寂

漢セキ 呉ジャク
訓さびしい

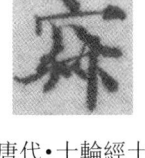

晩唐・慶滋書狀 1_17_6

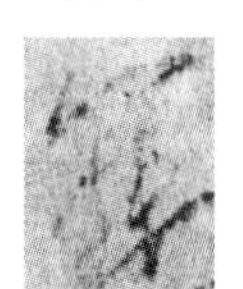
晩唐・慶滋書狀 1_18_7

唐代・文選五九 5_45_30

唐代・文選五九 19_187_4

唐代・文選五九 19_190_15

唐代・文選五九 33_326_13

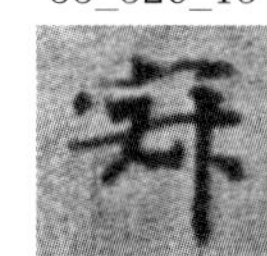
唐代・文選五九 33_327_15

唐代・文選五九 33_328_22

唐代・文選五九 35_343_14

唐代・文選五九 83_796_4

唐代・文選五九 83_801_17

唐代・文選五九 109_1037_7

唐代・文選六八 5_52_23

唐代・古文選後 16_184_7

唐代・古文選後 22_261_14

唐代・古文選後 26_305_13

唐代・十輪經四 10_180_17

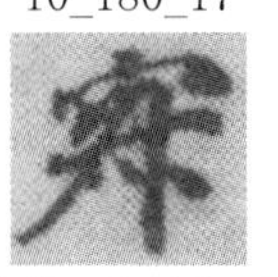
唐代・十輪經八 5_80_2

唐代・十輪經九 2_22_10

唐代・十輪經九 15_289_8

唐代・十輪經九 15_298_14

唐代・十輪經九 15_299_2

唐代・十輪經九 16_300_9

唐代・十輪經九 22_423_16

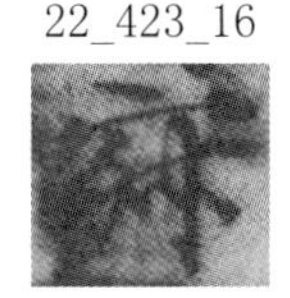
唐代・十輪經十 1_18_3

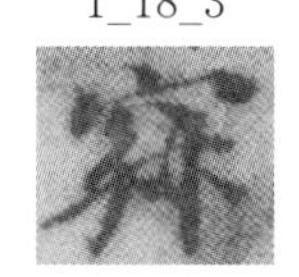
唐代・十輪經十 2_26_7

唐代・十輪經十 2_28_12

唐代・十輪經十 8_140_13

唐代・十輪經十 8_146_5

唐代・十輪經十 10_185_6

唐代・十輪經十 11_212_15

唐代・十輪經十 11_216_7

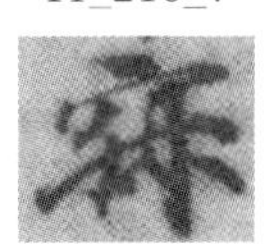
唐代・十輪經十 11_217_14

唐代・十輪經十 12_220_17

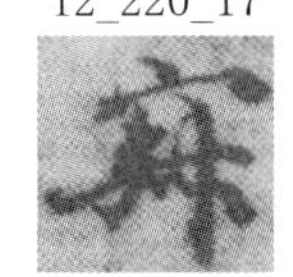
唐代・十輪經十 12_223_5

		寒 漢カン 訓さむい			密  慣ミツ漢ビツ 訓しげし	
 唐代・文選五九 73_702_26	 唐代・文選五九 22_214_4	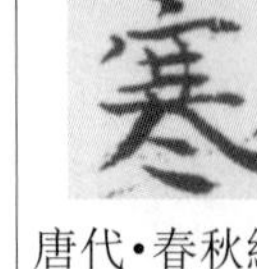 唐代・春秋經傳 22_226_7	 唐代・文選百三 50_485_25	 唐代・文選四八 42_373_7	 初唐・大般若經 2_33_13	 唐代・十輪經十 12_225_3
 唐代・文選五九 73_703_3	 唐代・文選五九 22_214_19	 唐代・文選五九 4_33_1	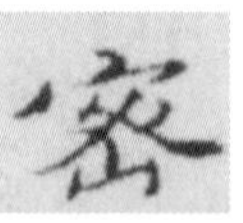 唐代・文選百三 51_487_31	 唐代・文選四八 42_383_3	 唐代・文選四八 16_142_13	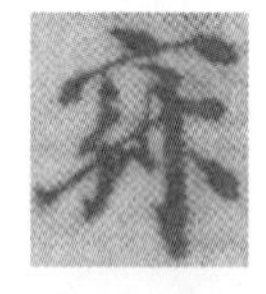 唐代・十輪經十 12_230_2
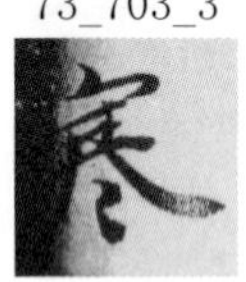 唐代・文選五九 74_714_5	 唐代・文選五九 22_215_7	唐代・文選五九 4_33_16	 唐代・古文選前 11_126_6	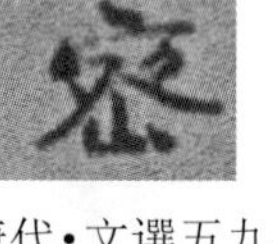 唐代・文選五九 24_238_7	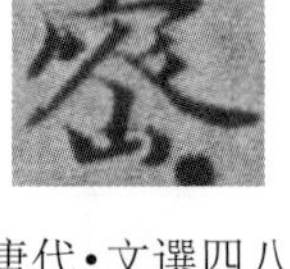 唐代・文選四八 30_266_18	 唐代・十輪經十 12_233_2
唐代・文選六八 15_158_27	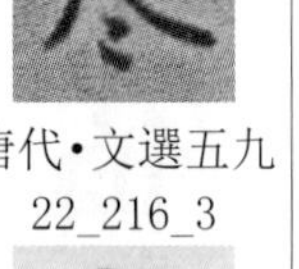 唐代・文選五九 22_216_3	唐代・文選五九 11_107_3	唐代・古文選後 15_177_2	唐代・文選五九 24_238_27	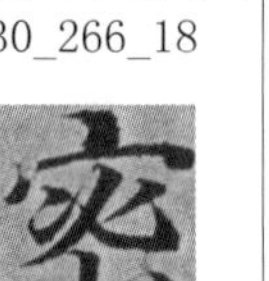 唐代・文選四八 41_370_1	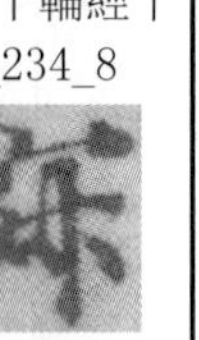 唐代・十輪經十 12_234_8
 唐代・文選六八 15_160_4	唐代・文選五九 44_432_26	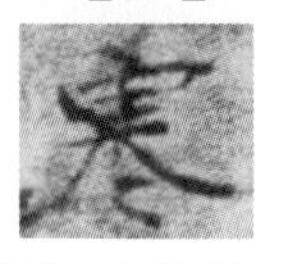 唐代・文選五九 11_108_14	 唐代・古文選後 16_188_9	唐代・文選五九 103_970_15	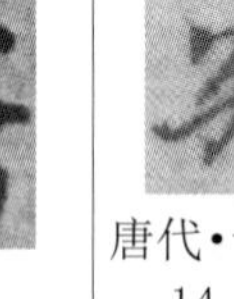 唐代・文選四八 41_371_10	 唐代・十輪經十 14_279_4
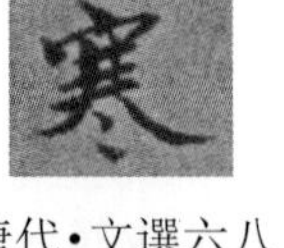 唐代・文選六八 15_160_20	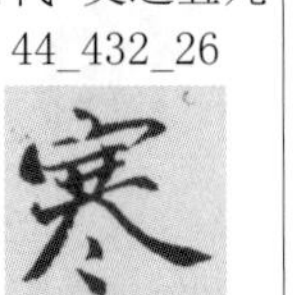 唐代・文選五九 44_436_20	 唐代・文選五九 11_108_18	 唐代・十輪經八 16_306_17	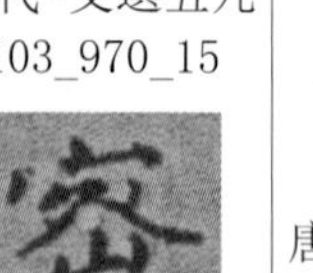 唐代・文選六八 15_152_16	 唐代・文選四八 42_377_21	唐代・十輪經十 16_301_1
 唐代・文選六八 15_161_8	唐代・文選五九 63_610_3	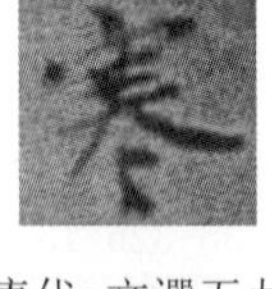 唐代・文選五九 11_109_30		唐代・文選六八 35_349_4	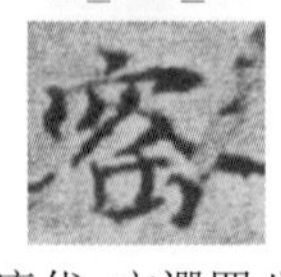 唐代・文選四八 42_377_23	
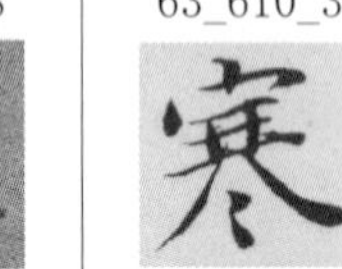 唐代・文選六八 16_167_16	 唐代・文選五九 73_700_4	 唐代・文選五九 22_212_8		唐代・文選百三 5_35_25		

富𡧥

慣フウ呉フ
訓とむ

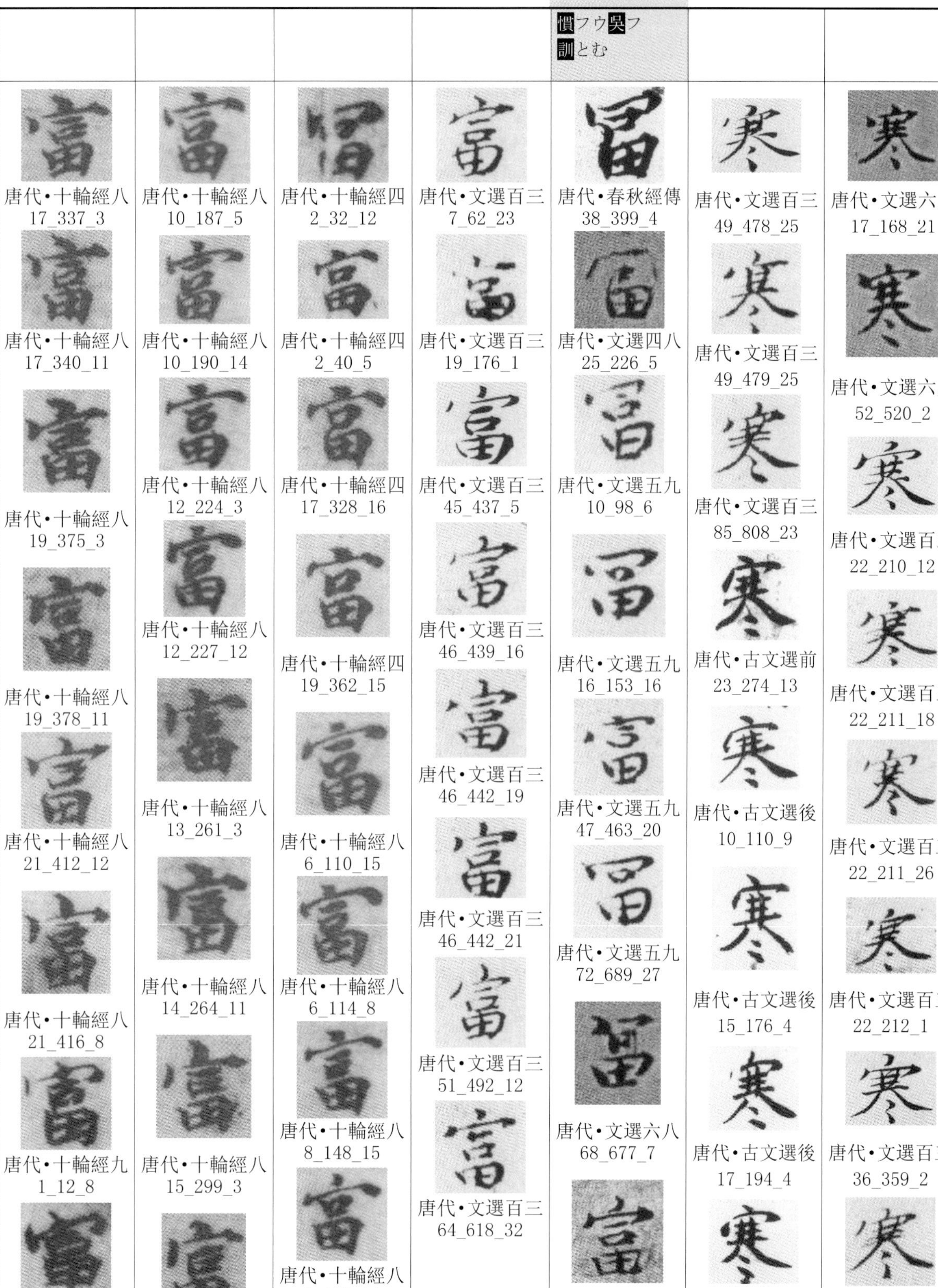

唐代•文選六八 17_168_21
唐代•文選六八 52_520_2
唐代•文選百三 22_210_12
唐代•文選百三 22_211_18
唐代•文選百三 22_211_26
唐代•文選百三 22_212_1
唐代•文選百三 36_359_2
唐代•文選百三 36_360_14

唐代•文選百三 49_478_25
唐代•文選百三 49_479_25
唐代•文選百三 85_808_23
唐代•古文選前 23_274_13
唐代•古文選後 10_110_9
唐代•古文選後 15_176_4
唐代•古文選後 17_194_4
唐代•古文選後 25_291_1

唐代•春秋經傳 38_399_4
唐代•文選四八 25_226_5
唐代•文選五九 10_98_6
唐代•文選五九 16_153_16
唐代•文選五九 47_463_20
唐代•文選五九 72_689_27
唐代•文選六八 68_677_7
唐代•文選百三 1_5_10

唐代•文選百三 7_62_23
唐代•文選百三 19_176_1
唐代•文選百三 45_437_5
唐代•文選百三 46_439_16
唐代•文選百三 46_442_19
唐代•文選百三 46_442_21
唐代•文選百三 51_492_12
唐代•文選百三 64_618_32

唐代•十輪經四 2_32_12
唐代•十輪經四 2_40_5
唐代•十輪經四 17_328_16
唐代•十輪經四 19_362_15
唐代•十輪經八 6_110_15
唐代•十輪經八 6_114_8
唐代•十輪經八 8_148_15
唐代•十輪經八 8_152_14

唐代•十輪經八 10_187_5
唐代•十輪經八 10_190_14
唐代•十輪經八 12_224_3
唐代•十輪經八 12_227_12
唐代•十輪經八 13_261_3
唐代•十輪經八 14_264_11
唐代•十輪經八 15_299_3
唐代•十輪經八 15_302_12

唐代•十輪經八 17_337_3
唐代•十輪經八 17_340_11
唐代•十輪經八 19_375_3
唐代•十輪經八 19_378_11
唐代•十輪經八 21_412_12
唐代•十輪經八 21_416_8
唐代•十輪經九 1_12_8
唐代•十輪經九 1_16_4

寘	寞		寐	寔	寓	
シ 訓おく	漢バク呉マク 訓さびしい		漢ビ 訓ねる	漢ショク 訓まことに	慣グウ漢ゲ、ギョ 訓よる	
 唐代•春秋經傳 8_74_11	 唐代•文選五九 83_796_5  唐代•文選五九 83_801_18  唐代•古文選後 22_262_1	 唐代•文選百三 8_71_21  唐代•古文選前 15_173_12	 唐代•春秋經傳 9_88_1  唐代•文選五九 27_264_6  唐代•文選五九 105_992_5  唐代•文選五九 105_993_24  唐代•文選五九 105_995_13  唐代•文選五九 107_1015_11  唐代•古文選前 2_24_2	 唐代•文選百三 80_759_20  唐代•文選百三 80_761_9  唐代•古文選前 21_245_11  唐代•古文選前 23_276_11  唐代•古文選後 2_21_13  唐代•古文選後 7_75_16  唐代•古文選後 18_207_9  唐代•古文選後 21_247_13	 御寓 初唐•大般若經 2_32_5  唐代•文選五九 78_748_9  唐代•文選五九 78_750_27 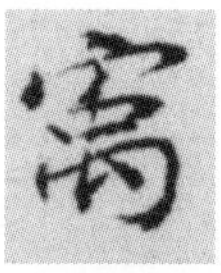 唐代•文選五九 78_752_5  唐代•文選五九 78_753_4	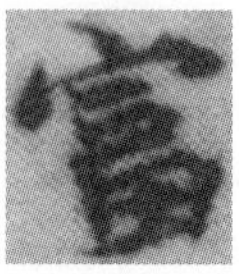 唐代•十輪經九 3_50_12 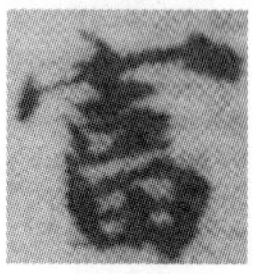 唐代•十輪經九 3_54_9 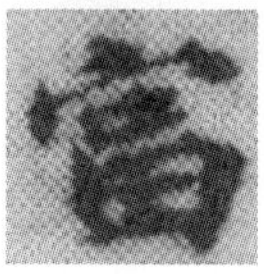 唐代•十輪經九 6_110_5 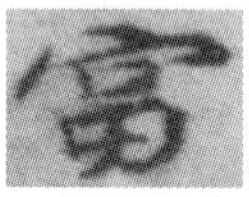 唐代•十輪經九 7_127_5 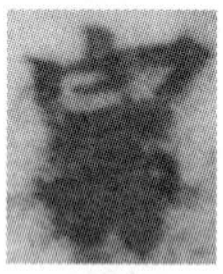 唐代•十輪經九 17_326_2  唐代•十輪經九 17_329_10 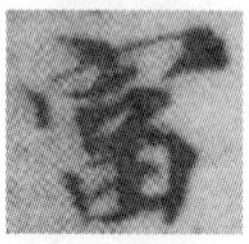 唐代•十輪經十 3_57_3

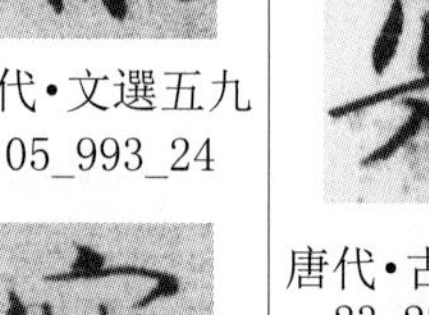

察

漢サツ呉セチ
訓しる

唐代・文選八八
5_32_2

唐代・文選八八
23_204_19

唐代・文選百三
29_284_8

唐代・文選百三
64_614_34

唐代・文選百三
85_814_10

唐代・古文選前
2_15_12

唐代・古文選前
8_92_7

唐代・古文選前
12_141_8

唐代・文選百三
50_484_7

寡欲
唐代・文選百三
50_485_8

唐代・古文選前
13_154_20

唐代・古文選後
5_60_8

唐代・古文選後
7_81_4

唐代・古文選後
26_304_4

唐代・古文選前
4_38_11

寡少
唐代・文選百三
29_291_19

以寡擊衆
唐代・文選百三
36_359_18

唐代・文選百三
29_290_16

唐代・文選百三
50_481_15

唐代・文選百三
50_483_5

唐代・文選百三
13_123_7

寡少
唐代・文選五九
31_310_5

寡欲
唐代・文選五九
31_311_28

唐代・文選百三
5_39_7

唐代・文選百三
9_87_3

唐代・文選百三
13_120_11

唐代・文選百三
13_122_4

寡

カ
訓やもめ

唐代・春秋經傳
7_65_2

唐代・春秋經傳
37_387_19

唐代・春秋經傳
37_392_15

唐代・春秋經傳
37_393_13

唐代・春秋經傳
38_394_9

寡欲
唐代・文選五九
31_308_5

唐代・文選五九
60_573_15

唐代・文選五九
60_577_10

唐代・文選六八
27_274_6

唐代・文選八八
24_212_5

唐代・古文選前
5_53_2

寛

カン
訓ひろい

唐代・春秋經傳
7_65_11

唐代・文選四八
14_127_22

唐代・文選五九
4_33_19

唐代・文選五九
4_34_7

唐代・文選五九
59_570_9

唐代・文選五九
59_571_13

唐代・文選五九
59_572_8

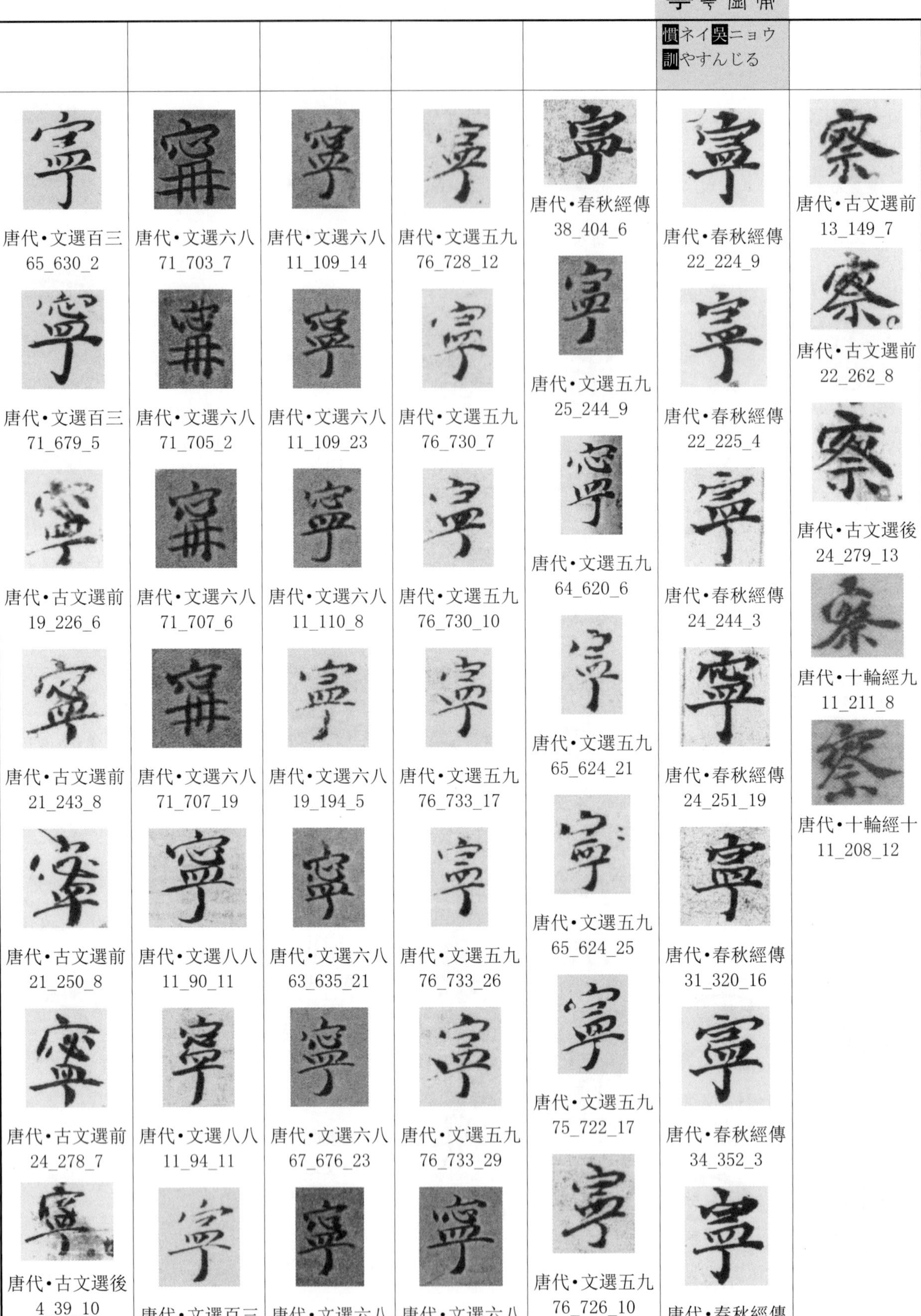

唐代・古文選前
13_149_7

唐代・古文選前
22_262_8

唐代・古文選後
24_279_13

唐代・十輪經九
11_211_8

唐代・十輪經十
11_208_12

寧

慣ネイ 呉ニョウ
訓やすんじる

唐代・春秋經傳
22_224_9

唐代・春秋經傳
22_225_4

唐代・春秋經傳
24_244_3

唐代・春秋經傳
24_251_19

唐代・春秋經傳
31_320_16

唐代・春秋經傳
34_352_3

唐代・春秋經傳
35_370_15

唐代・春秋經傳
38_404_6

唐代・文選五九
25_244_9

唐代・文選五九
64_620_6

唐代・文選五九
65_624_21

唐代・文選五九
65_624_25

唐代・文選五九
75_722_17

唐代・文選五九
76_726_10

唐代・文選五九
76_728_12

唐代・文選五九
76_730_7

唐代・文選五九
76_730_10

唐代・文選五九
76_733_17

唐代・文選五九
76_733_26

唐代・文選五九
76_733_29

唐代・文選六八
10_107_5

唐代・文選六八
11_109_14

唐代・文選六八
11_109_23

唐代・文選六八
11_110_8

唐代・文選六八
19_194_5

唐代・文選六八
63_635_21

唐代・文選六八
67_676_23

唐代・文選六八
69_683_25

唐代・文選六八
71_703_7

唐代・文選六八
71_705_2

唐代・文選六八
71_707_6

唐代・文選六八
71_707_19

唐代・文選八八
11_90_11

唐代・文選八八
11_94_11

唐代・文選百三
65_625_4

唐代・文選百三
65_630_2

唐代・文選百三
71_679_5

唐代・古文選前
19_226_6

唐代・古文選前
21_243_8

唐代・古文選前
21_250_8

唐代・古文選前
24_278_7

唐代・古文選後
4_39_10

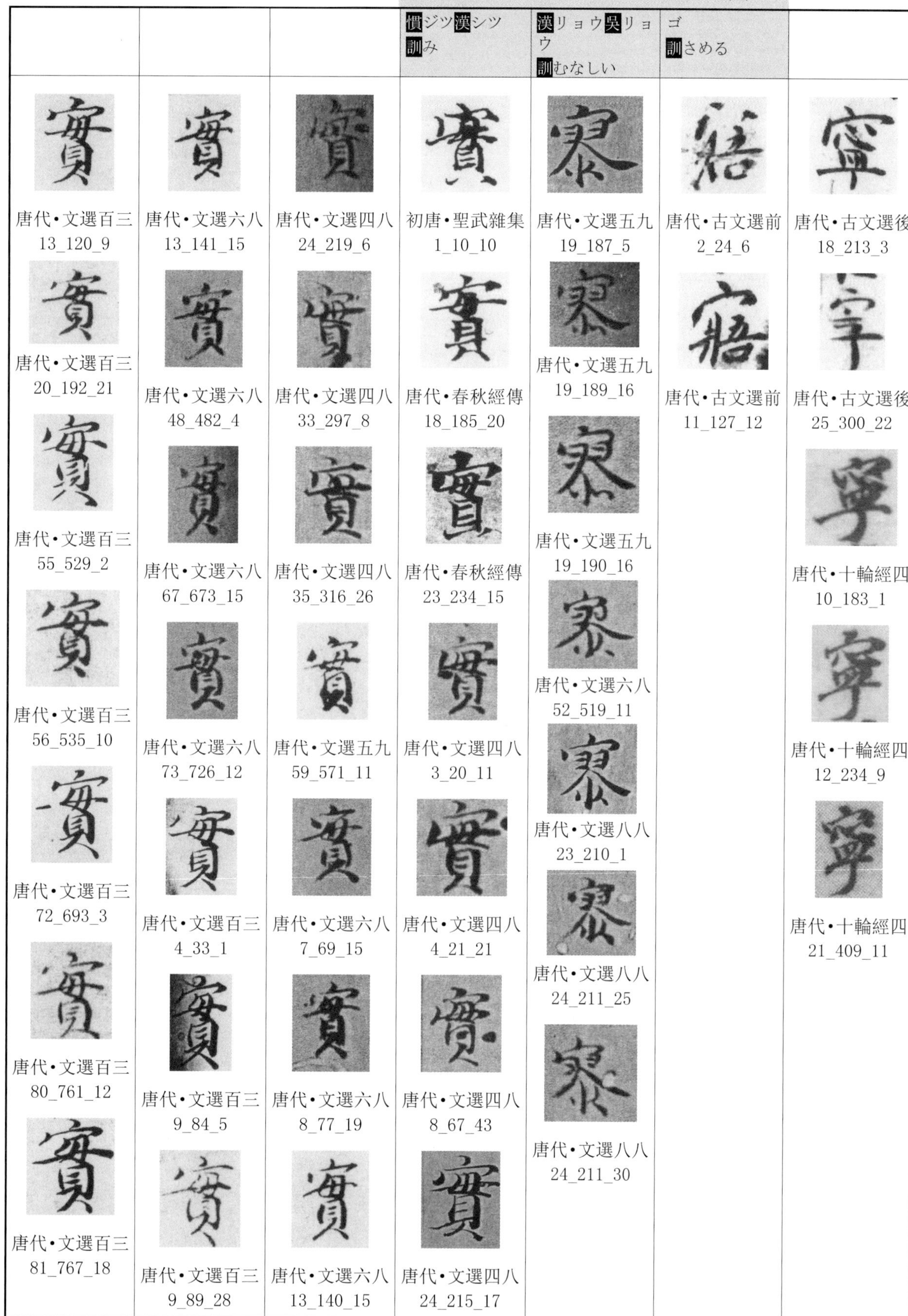

			實	寥	寤	
			慣ジツ漢シツ 訓み	漢リョウ呉リョウ 訓むなしい	ゴ 訓さめる	
唐代・文選百三 13_120_9	唐代・文選六八 13_141_15	唐代・文選四八 24_219_6	初唐・聖武雜集 1_10_10	唐代・文選五九 19_187_5	唐代・古文選前 2_24_6	唐代・古文選後 18_213_3
唐代・文選百三 20_192_21	唐代・文選六八 48_482_4	唐代・文選四八 33_297_8	唐代・春秋經傳 18_185_20	唐代・文選五九 19_189_16	唐代・古文選前 11_127_12	唐代・古文選後 25_300_22
唐代・文選百三 55_529_2	唐代・文選六八 67_673_15	唐代・文選四八 35_316_26	唐代・春秋經傳 23_234_15	唐代・文選五九 19_190_16		唐代・十輪經四 10_183_1
唐代・文選百三 56_535_10	唐代・文選六八 73_726_12	唐代・文選五九 59_571_11	唐代・文選四八 3_20_11	唐代・文選六八 52_519_11		唐代・十輪經四 12_234_9
唐代・文選百三 72_693_3	唐代・文選百三 4_33_1	唐代・文選六八 7_69_15	唐代・文選四八 4_21_21	唐代・文選八八 23_210_1		唐代・十輪經四 21_409_11
唐代・文選百三 80_761_12	唐代・文選百三 9_84_5	唐代・文選六八 8_77_19	唐代・文選四八 8_67_43	唐代・文選八八 24_211_25		
唐代・文選百三 81_767_18	唐代・文選百三 9_89_28	唐代・文選六八 13_140_15	唐代・文選四八 24_215_17	唐代・文選八八 24_211_30		

唐代•十輪經九 10_187_7
唐代•十輪經九 10_190_5
唐代•十輪經九 10_199_22
唐代•十輪經九 11_200_23
唐代•十輪經九 13_250_10
唐代•十輪經九 14_269_23
唐代•十輪經九 15_283_8
唐代•十輪經八 15_299_6
唐代•十輪經八 15_302_15
唐代•十輪經八 17_337_6
唐代•十輪經八 17_340_14
唐代•十輪經八 19_375_6
唐代•十輪經八 19_378_14
唐代•十輪經八 21_412_15
唐代•十輪經八 10_190_17
唐代•十輪經八 12_224_6
唐代•十輪經八 12_227_15
唐代•十輪經八 12_231_17
唐代•十輪經八 13_261_6
唐代•十輪經八 14_264_14
唐代•十輪經八 14_268_18
唐代•十輪經四 10_194_16
唐代•十輪經四 19_377_6
唐代•十輪經八 6_111_1
唐代•十輪經八 6_114_11
唐代•十輪經八 8_149_1
唐代•十輪經八 8_152_17
唐代•十輪經八 10_187_8
唐代•十輪經四 3_58_7
唐代•十輪經四 4_76_3
唐代•十輪經四 4_78_1
唐代•十輪經四 5_97_6
唐代•十輪經四 6_100_3
唐代•十輪經四 6_102_17
唐代•十輪經四 7_121_17
唐代•古文選後 18_207_2
唐代•古文選後 20_235_13
唐代•古文選後 24_282_5
唐代•十輪經四 1_16_2
唐代•十輪經四 2_27_9
唐代•十輪經四 2_27_17
唐代•十輪經四 2_37_10
唐代•文選百三 81_772_25
唐代•文選百三 84_800_6
唐代•古文選前 1_11_8
唐代•古文選前 9_109_7
唐代•古文選前 25_292_8
唐代•古文選後 6_66_12
唐代•古文選後 7_74_2

唐代・文選五九
81_779_1

唐代・文選百三
4_30_7

唐代・古文選前
2_19_9

唐代・古文選前
25_299_11

唐代・古文選後
4_38_14

唐代・古文選後
6_62_9

寑

シン
訓ねる

唐代・春秋經傳
9_87_3

唐代・文選五九
20_192_5

唐代・文選五九
20_194_10

唐代・文選五九
20_194_27

唐代・文選五九
34_335_18

唐代・文選五九
62_603_22

唐代・文選六八
66_658_23

審

シン
訓つまびらか

唐代・文選八八
9_69_31

唐代・文選百三
33_323_20

唐代・十輪經四
9_178_11

唐代・十輪經九
11_211_1

唐代・十輪經十
11_208_9

唐代・十輪經十
1_9_4

唐代・十輪經十
1_12_10

唐代・十輪經十
1_14_8

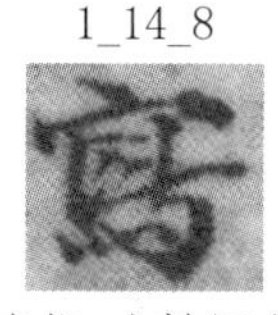
唐代・十輪經十
1_16_6

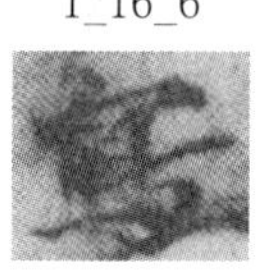
唐代・十輪經十
2_24_2

寫

シャ
訓うつす

初唐・大般若經
2_35_4

晚唐・慶滋書狀
1_5_5

晚唐・慶滋書狀
1_8_8

晚唐・慶滋書狀
1_12_4

唐代・文選五九
26_254_26

唐代・文選五九
109_1026_6

唐代・古文選前
19_219_6

唐代・十輪經十
2_22_6

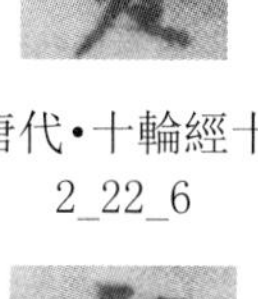

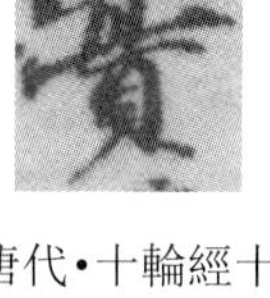
唐代・十輪經十
2_27_16

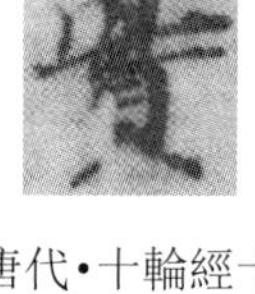
唐代・十輪經十
4_78_1

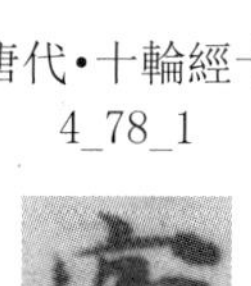
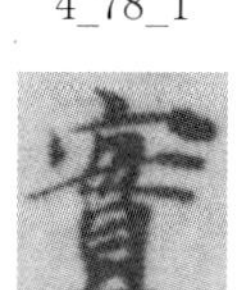

唐代・十輪經十
5_94_5

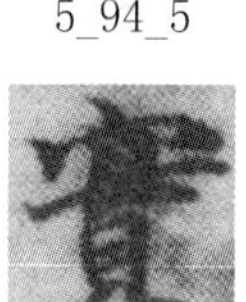

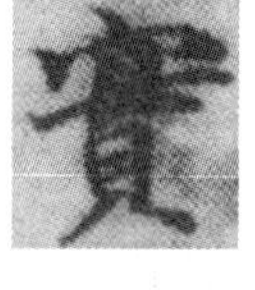
唐代・十輪經十
5_99_3

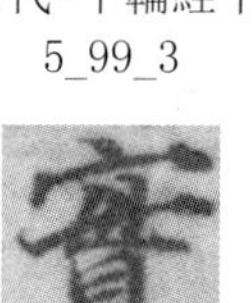
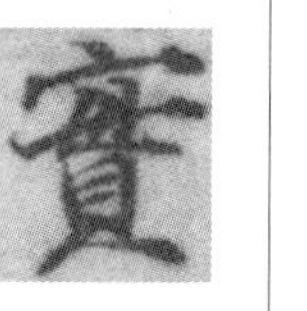
唐代・十輪經十
15_295_4

唐代・十輪經十
16_303_10

唐代・十輪經九
17_326_5

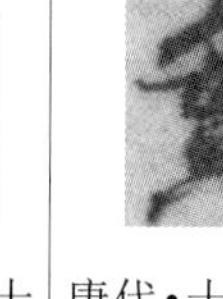
唐代・十輪經九
17_329_13

唐代・十輪經九
18_341_7

唐代・十輪經九
19_362_16

唐代・十輪經九
19_363_23

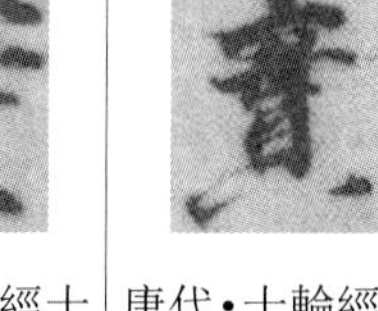
唐代・十輪經九
20_393_7

唐代・十輪經十
1_18_6

寵 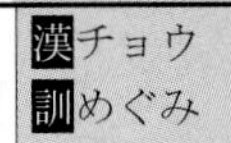

漢チョウ
訓めぐみ

中唐・七祖像贊
1_14_4

唐代・春秋經傳
2_17_12

唐代・春秋經傳
17_178_4

唐代・春秋經傳
33_344_13

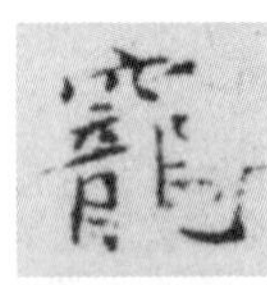
唐代・文選五九
99_937_15

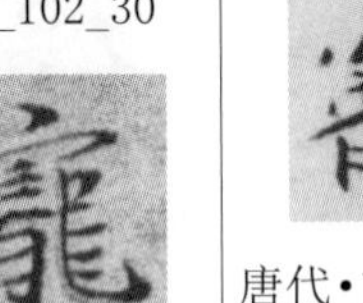
唐代・文選五九
99_940_11

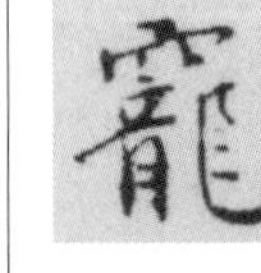
唐代・文選五九
100_944_17

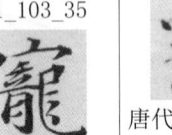

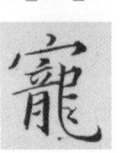

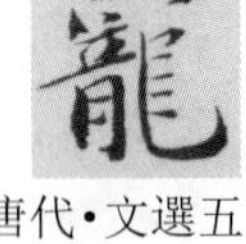
唐代・文選五九
99_941_4

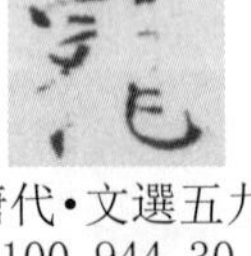
唐代・文選五九
100_944_30

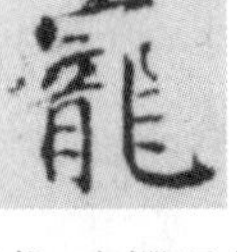
唐代・文選五九
100_947_20

唐代・文選五九
102_962_15

唐代・文選百三
11_101_3

唐代・文選百三
11_102_30

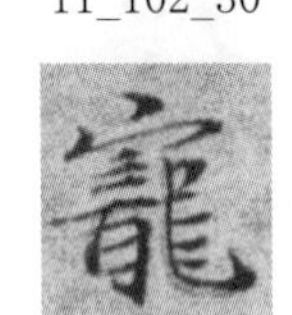

唐代・文選百三
11_102_36

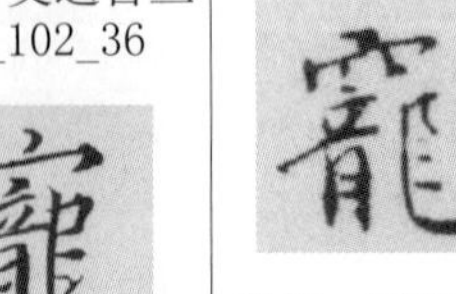
唐代・文選百三
37_375_5

唐代・文選百三
11_103_35

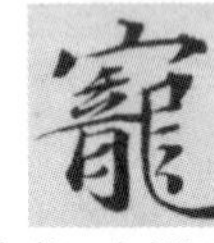
唐代・文選百三
39_384_7

唐代・文選百三
39_385_15

唐代・文選百三
39_385_23

唐代・文選百三
63_613_7

唐代・文選百三
65_619_5

唐代・文選百三
71_689_9

唐代・文選百三
72_694_16

唐代・文選百三
87_825_7

唐代・文選百三
87_827_9

唐代・古文選後
1_9_6

寶 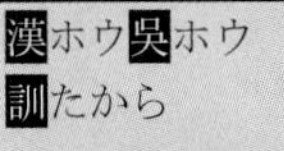

漢ホウ呉ホウ
訓たから

初唐・金剛場經
1_10_9

初唐・聖武雜集
1_5_4

初唐・聖武雜集
1_9_17

中唐・金剛經題
2_9_8

中唐・七祖像贊
1_1_8

中唐・七祖像贊
1_7_7

中唐・灌頂歷名
1_4_2

唐代・文選四八
8_64_10

唐代・文選四八
21_191_1

唐代・文選四八
34_305_12

唐代・文選四八
40_358_8

唐代・文選四八
40_361_6

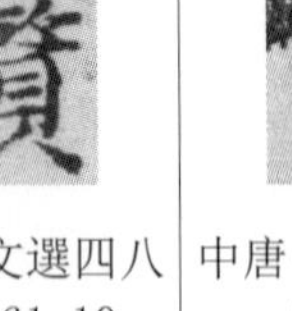
唐代・文選四八
40_361_10

唐代・文選四八
40_362_8

唐代・文選四八
40_362_14

唐代・文選四八
40_362_20

唐代・文選四八
40_362_24

唐代・文選五九
90_865_28

唐代・文選六八
16_167_2

唐代・文選六八
22_221_24

唐代・文選六八
25_251_1

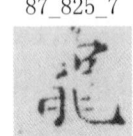

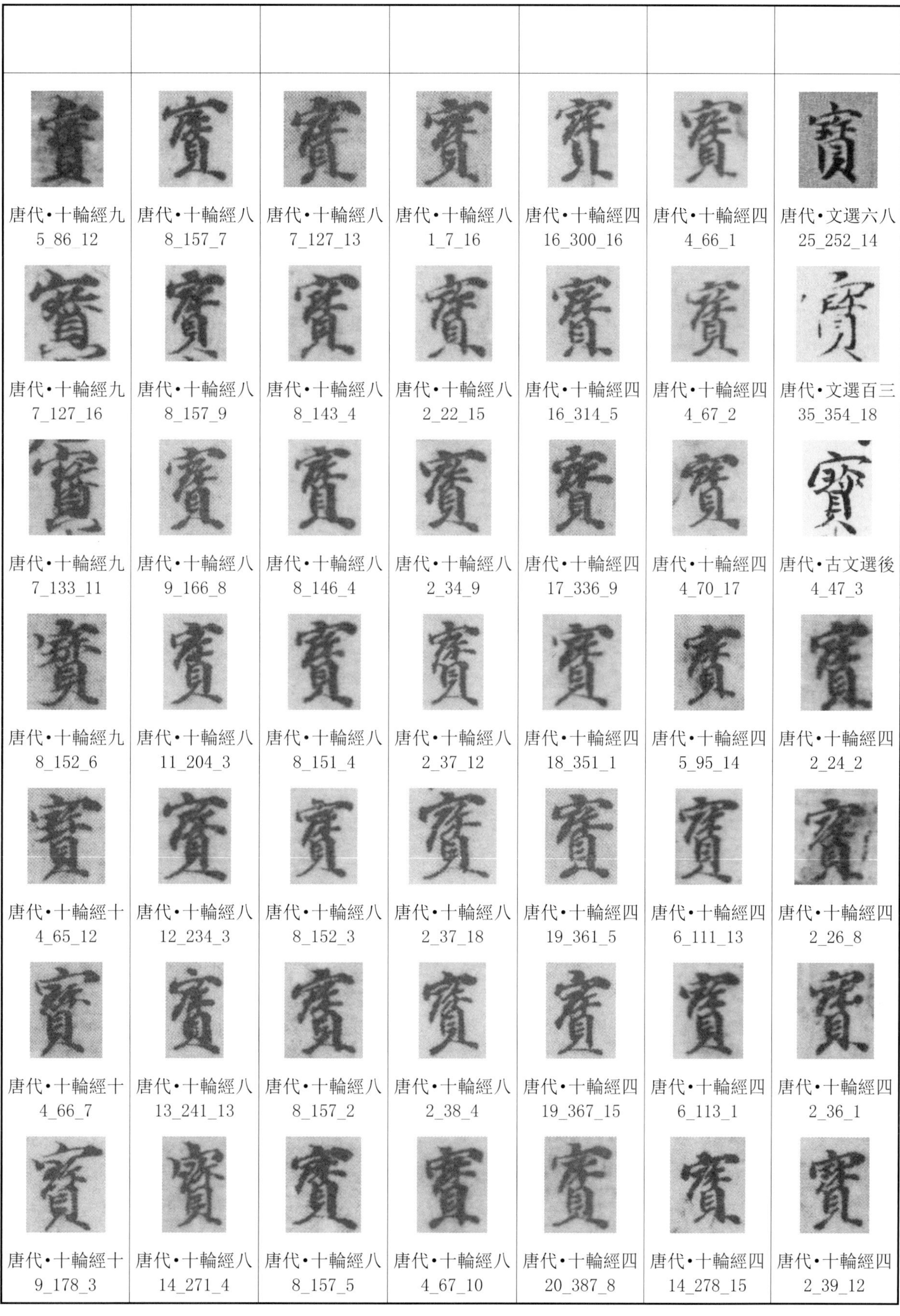

唐代•十輪經九 5_86_12	唐代•十輪經八 8_157_7	唐代•十輪經八 7_127_13	唐代•十輪經八 1_7_16	唐代•十輪經四 16_300_16	唐代•十輪經四 4_66_1	唐代•文選六八 25_252_14
唐代•十輪經九 7_127_16	唐代•十輪經八 8_157_9	唐代•十輪經八 8_143_4	唐代•十輪經八 2_22_15	唐代•十輪經四 16_314_5	唐代•十輪經四 4_67_2	唐代•文選百三 35_354_18
唐代•十輪經九 7_133_11	唐代•十輪經八 9_166_8	唐代•十輪經八 8_146_4	唐代•十輪經八 2_34_9	唐代•十輪經四 17_336_9	唐代•十輪經四 4_70_17	唐代•古文選後 4_47_3
唐代•十輪經九 8_152_6	唐代•十輪經八 11_204_3	唐代•十輪經八 8_151_4	唐代•十輪經八 2_37_12	唐代•十輪經四 18_351_1	唐代•十輪經四 5_95_14	唐代•十輪經四 2_24_2
唐代•十輪經十 4_65_12	唐代•十輪經八 12_234_3	唐代•十輪經八 8_152_3	唐代•十輪經八 2_37_18	唐代•十輪經四 19_361_5	唐代•十輪經四 6_111_13	唐代•十輪經四 2_26_8
唐代•十輪經十 4_66_7	唐代•十輪經八 13_241_13	唐代•十輪經八 8_157_2	唐代•十輪經八 2_38_4	唐代•十輪經四 19_367_15	唐代•十輪經四 6_113_1	唐代•十輪經四 2_36_1
唐代•十輪經十 9_178_3	唐代•十輪經八 14_271_4	唐代•十輪經八 8_157_5	唐代•十輪經八 4_67_10	唐代•十輪經四 20_387_8	唐代•十輪經四 14_278_15	唐代•十輪經四 2_39_12

彐部

彘 	彙	彝 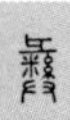
漢テイ 訓いのこ	イ 訓はりねずみ	イ 訓つね
 唐代•文選百三 27_270_4	 唐代•文選百三 30_296_7	 唐代•古文選後 13_152_13

尸部

尸

シ
訓しかばね

唐代•春秋經傳
27_284_1

唐代•春秋經傳
28_287_12

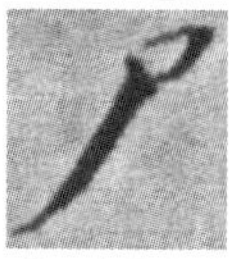
唐代•文選四八
8_63_25

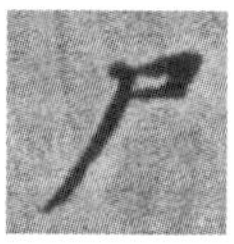
唐代•文選五九
9_80_19

唐代•文選五九
35_344_2

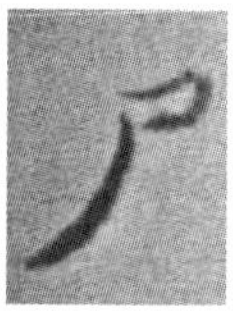
唐代•文選六八
49_494_5

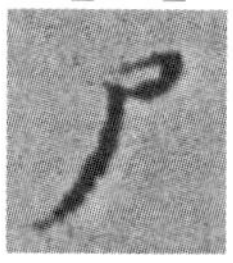
唐代•文選八八
12_100_12

唐代•文選百三
52_500_8

唐代•文選百三
52_501_24

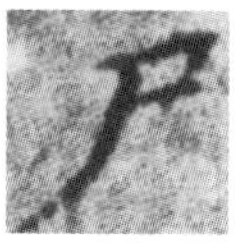
唐代•文選百三
52_503_10

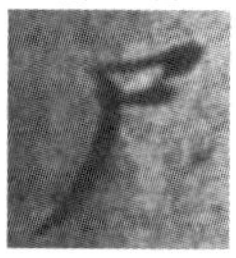
唐代•文選百三
75_721_21

唐代•文選百三
79_755_31

唐代•古文選後
6_63_8

唐代•古文選後
7_75_6

唐代•十輪經四
2_26_16

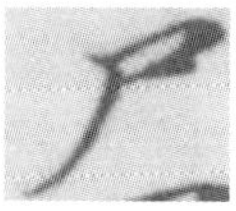
唐代•十輪經四
8_154_14

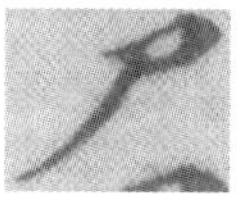
唐代•十輪經八
5_80_4

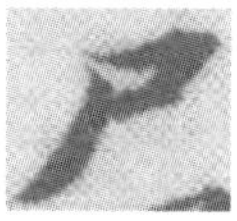
唐代•十輪經九
14_269_4

唐代•十輪經十
19_370_3

尺

漢セキ呉シャク
訓ものさし

唐代•文選四八
40_359_12

唐代•文選四八
49_442_10

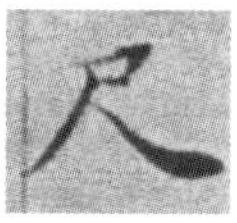
唐代•文選四八
49_443_26

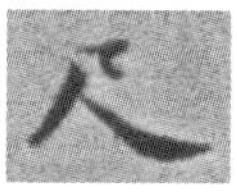
唐代•文選五九
25_241_23

唐代•文選五九
57_552_27

唐代•文選五九
66_635_10

唐代•文選五九
75_718_17

唐代•文選五九
112_1061_20

唐代•文選六八
15_151_5

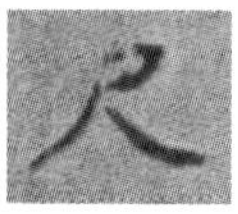
唐代•文選六八
15_151_12

唐代•文選六八
29_290_13

唐代•文選百三
5_35_29

唐代•文選百三
47_456_19

唐代•古文選後
25_299_5

尻

漢コウ呉コウ
訓しり

唐代•文選五九
48_476_30

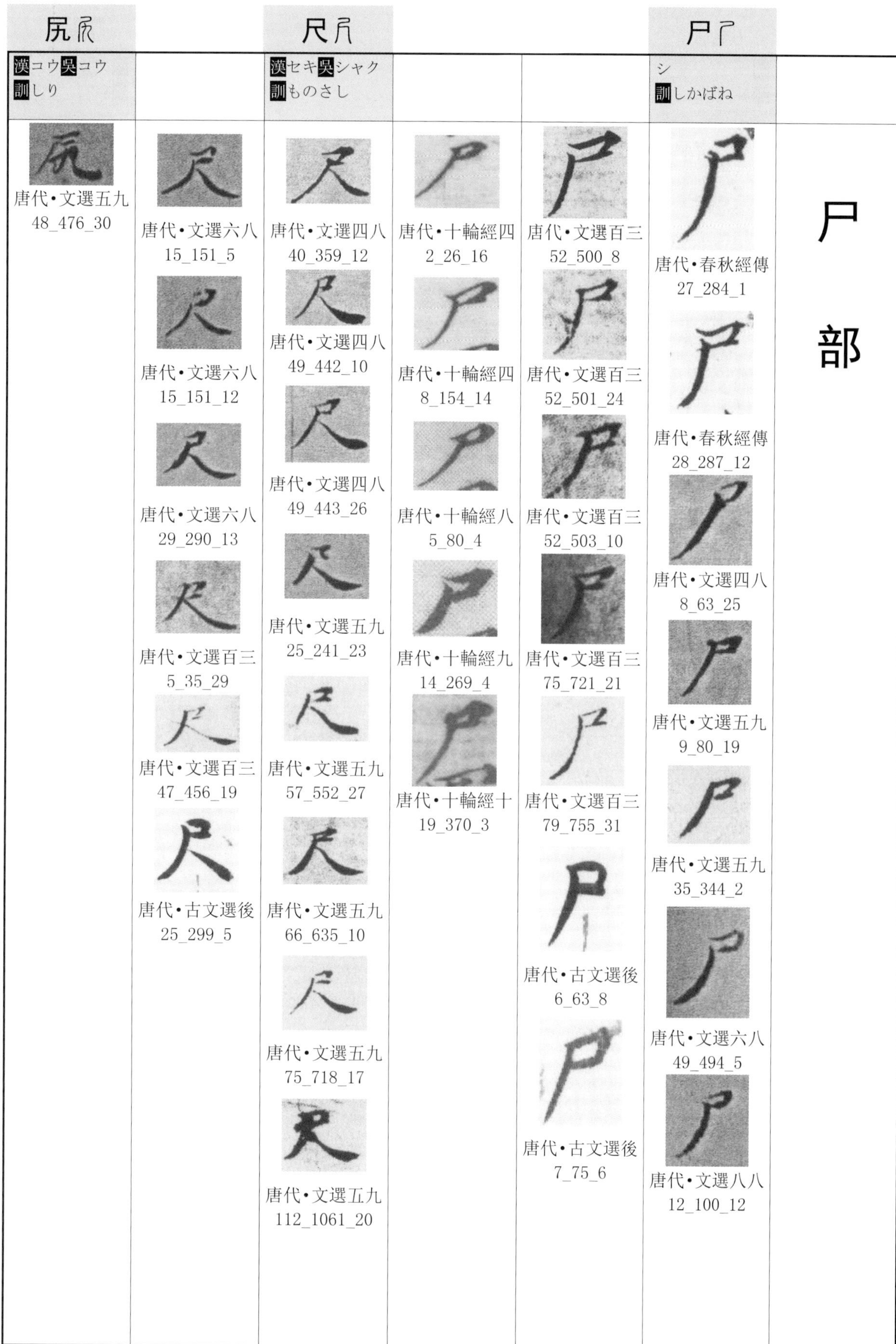

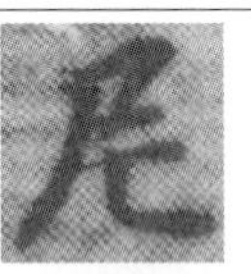

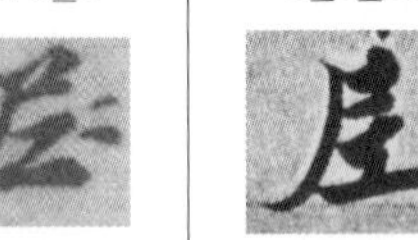

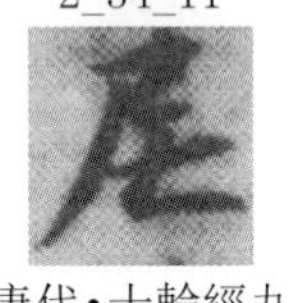

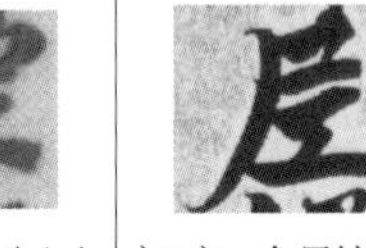

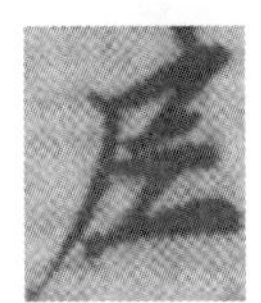

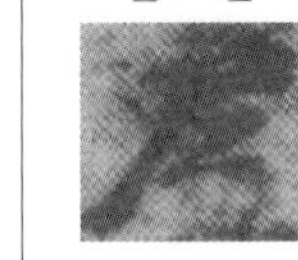
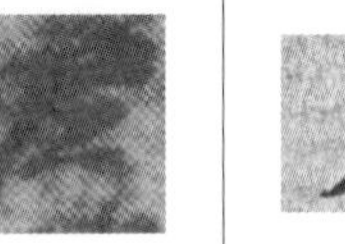

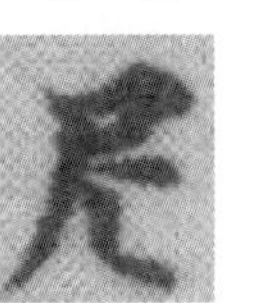

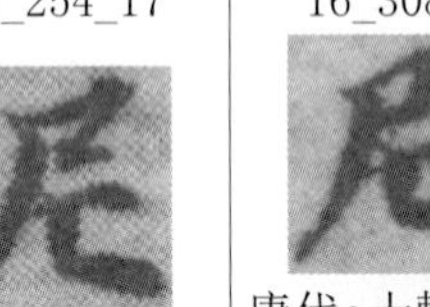
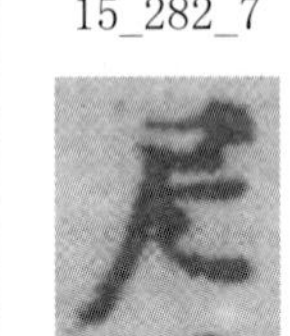

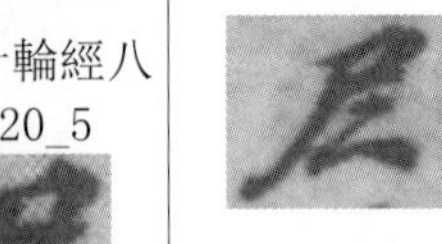

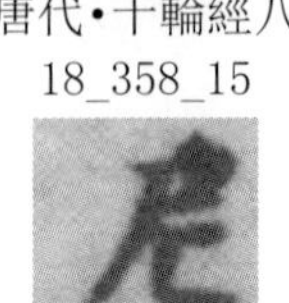

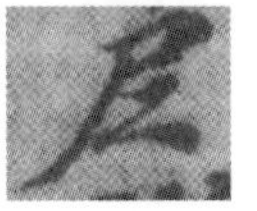

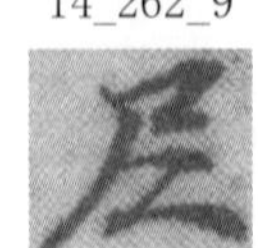

尼

漢ジ吳ニ
訓あま

初唐·金剛場經 1_1_13
初唐·金剛場經 1_2_17
初唐·金剛場經 1_7_6
初唐·金剛場經 1_9_12
唐代·文選六八 63_632_14
唐代·十輪經八 1_12_1
唐代·十輪經八 2_26_9
唐代·十輪經八 7_131_6

唐代·十輪經八 9_170_1
唐代·十輪經八 11_207_13
唐代·十輪經八 11_207_15
唐代·十輪經八 13_245_8
唐代·十輪經八 15_282_7
唐代·十輪經八 16_320_5
唐代·十輪經八 18_358_15
唐代·十輪經八 20_396_11

唐代·十輪經八 22_436_1
唐代·十輪經九 2_34_11
唐代·十輪經九 4_74_15
唐代·十輪經九 7_133_10
唐代·十輪經九 16_308_4
唐代·十輪經十 11_201_8
唐代·十輪經十 11_207_9
唐代·十輪經十 11_210_9

唐代·十輪經十 12_236_7
唐代·十輪經十 13_243_17
唐代·十輪經十 13_245_10
唐代·十輪經十 13_253_6
唐代·十輪經十 13_254_17
唐代·十輪經十 14_260_15
唐代·十輪經十 14_262_9
唐代·十輪經十 14_273_11

唐代·十輪經十 16_306_1
唐代·十輪經十 16_308_4
唐代·十輪經十 17_337_5
唐代·十輪經十 17_338_16

尾

漢ビ
訓お

唐代·文選四八 11_98_3
唐代·文選五九 106_1003_1
唐代·文選六八 10_107_7
唐代·文選六八 11_109_28
唐代·文選六八 11_110_11
唐代·文選六八 11_110_22
唐代·文選六八 11_111_9
唐代·文選六八 36_362_2

唐代·文選六八 51_514_9
唐代·文選百三 61_582_6
唐代·文選百三 61_582_27
唐代·文選百三 61_583_6

局 局

漢キョク 呉ゴク

訓つぼね

唐代•文選八八 13_106_19

居 居

漢キョ 呉コ

訓いる

初唐•聖武雜集 1_6_13

唐代•春秋經傳 10_103_7

唐代•春秋經傳 10_103_10

唐代•文選四八 1_7_23

唐代•文選四八 3_20_13

唐代•文選四八 5_38_14

唐代•文選四八 8_71_17

唐代•文選四八 10_85_8

唐代•文選四八 10_86_9

唐代•文選四八 10_87_4

唐代•文選四八 10_87_22

唐代•文選四八 10_89_6

唐代•文選四八 15_137_18

唐代•文選四八 20_176_20

唐代•文選四八 28_253_11

唐代•文選四八 42_372_15

唐代•文選五九 6_56_21

唐代•文選五九 13_124_17

唐代•文選五九 13_131_9

唐代•文選五九 14_135_7

唐代•文選五九 27_270_23

唐代•文選五九 29_283_24

唐代•文選五九 29_292_20

唐代•文選五九 30_296_20

唐代•文選五九 31_306_6

唐代•文選五九 34_334_24

唐代•文選五九 35_347_14

唐代•文選五九 36_356_5

唐代•文選五九 36_357_6

唐代•文選五九 36_357_27

唐代•文選五九 36_358_17

唐代•文選五九 43_427_25

唐代•文選五九 43_429_12

唐代•文選五九 45_451_16

唐代•文選五九 58_561_26

唐代•文選五九 64_612_7

唐代•文選五九 65_627_12

唐代•文選五九 66_635_20

唐代•文選五九 78_755_11

唐代•文選五九 93_893_10

唐代•文選五九 94_901_22

唐代•文選五九 99_938_5

唐代•文選五九 100_943_16

唐代•文選五九 111_1058_4

唐代•文選五九 112_1062_14

唐代•文選六八 3_30_2

唐代•文選六八 3_34_24

唐代•文選六八 4_36_20

唐代·文選六八 4_42_13
唐代·文選六八 5_52_32
唐代·文選六八 6_54_8
唐代·文選六八 6_56_9
唐代·文選六八 6_61_12
唐代·文選六八 16_164_6
唐代·文選六八 16_165_15
唐代·文選六八 16_167_22

唐代·文選六八 21_207_27
唐代·文選六八 27_279_16
唐代·文選六八 29_297_18
唐代·文選六八 35_357_15
唐代·文選六八 35_357_20
唐代·文選六八 41_418_8
唐代·文選六八 45_455_18
唐代·文選六八 45_456_6

唐代·文選六八 48_479_9
唐代·文選六八 48_481_3
唐代·文選六八 48_481_13
唐代·文選六八 53_525_2
唐代·文選六八 65_656_2
唐代·文選六八 65_657_25
唐代·文選六八 66_658_17
唐代·文選八八 11_86_2

唐代·文選八八 11_86_13
唐代·文選八八 19_167_30
唐代·文選百三 5_38_13
唐代·文選百三 13_120_4
唐代·文選百三 13_121_17
唐代·文選百三 13_122_44
唐代·文選百三 14_129_15
唐代·文選百三 14_130_28

唐代·文選百三 14_130_34
唐代·文選百三 15_141_4
唐代·文選百三 15_143_31
唐代·文選百三 15_143_34
唐代·文選百三 15_144_5
唐代·文選百三 15_144_17
唐代·文選百三 15_145_15
唐代·文選百三 15_145_17

唐代·文選百三 16_151_16
唐代·文選百三 19_181_26
唐代·文選百三 23_219_19
唐代·文選百三 23_220_4
唐代·文選百三 25_248_28
唐代·文選百三 28_277_2
唐代·文選百三 29_284_19
唐代·文選百三 30_297_3

唐代·文選百三 30_297_34
唐代·文選百三 37_368_19
唐代·文選百三 67_643_13
唐代·文選百三 67_643_22
唐代·文選百三 67_643_30
唐代·文選百三 73_710_11
唐代·文選百三 74_715_1
唐代·文選百三 76_731_6

届 𡱈

カイ
訓とどける

唐代・文選六八 6_54_2
唐代・文選六八 6_55_18
唐代・文選六八 6_55_30
唐代・古文選後 12_140_10

唐代・丨輪經八 16_306_11
唐代・十輪經八 18_344_11
唐代・十輪經八 19_382_11
唐代・十輪經八 21_420_8
唐代・十輪經九 1_20_3
唐代・十輪經九 3_58_9
唐代・十輪經九 7_139_12
唐代・十輪經九 17_332_9

唐代・十輪經四 20_390_1
唐代・十輪經四 20_393_14
唐代・十輪經四 20_399_1
唐代・十輪經八 6_118_5
唐代・十輪經八 8_156_15
唐代・十輪經八 10_194_11
唐代・十輪經八 12_231_11
唐代・十輪經八 14_268_12

唐代・十輪經四 16_303_15
唐代・十輪經四 16_316_14
唐代・十輪經四 17_321_7
唐代・十輪經四 17_339_2
唐代・十輪經四 18_353_11
唐代・十輪經四 18_358_7
唐代・十輪經四 19_370_8
唐代・十輪經四 19_375_7

唐代・十輪經四 5_93_16
唐代・十輪經四 6_115_10
唐代・十輪經四 6_119_16
唐代・十輪經四 7_123_3
唐代・十輪經四 7_123_16
唐代・十輪經四 10_194_2
唐代・十輪經四 11_205_7
唐代・十輪經四 15_283_12

唐代・古文選後 24_281_48
唐代・十輪經四 1_13_5
唐代・十輪經四 3_47_11
唐代・十輪經四 4_69_10
唐代・十輪經四 4_73_4
唐代・十輪經四 4_75_6
唐代・十輪經四 4_78_15
唐代・十輪經四 5_89_11

唐代・文選百三 76_732_4
唐代・文選百三 80_763_5
唐代・文選百三 81_775_33
唐代・古文選前 15_182_4
唐代・古文選前 16_183_14
唐代・古文選前 24_281_15
唐代・古文選後 18_212_7
唐代・古文選後 23_266_5

屈

漢クツ
訓まがる

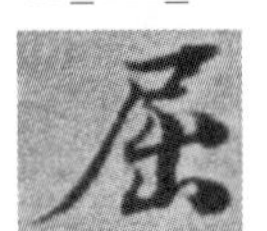

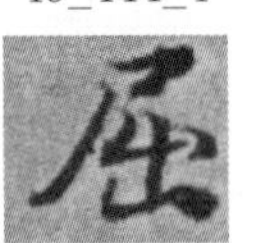

唐代・春秋經傳 11_112_2

唐代・文選四八 37_333_23

唐代・文選四八 37_334_1

唐代・文選四八 49_441_12

唐代・文選四八 49_442_13

唐代・文選四八 49_444_4

唐代・文選四八 49_444_18

唐代・文選四八 49_445_22

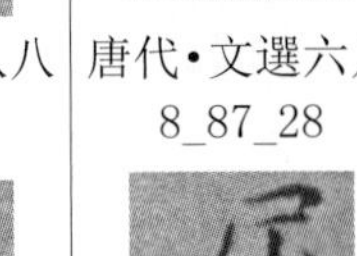

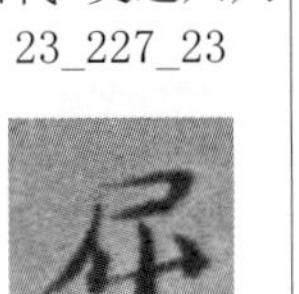
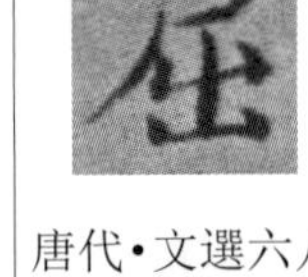
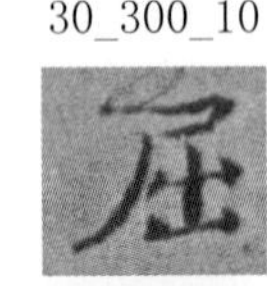

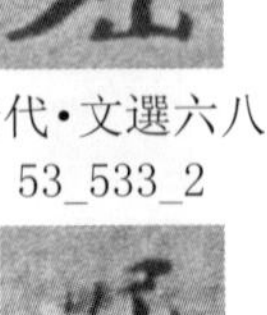

唐代・文選四八 49_446_8

唐代・文選五九 74_713_13

唐代・文選六八 8_87_28

唐代・文選六八 23_227_23

唐代・文選六八 30_300_10

唐代・文選六八 45_449_6

唐代・文選六八 53_533_2

唐代・文選八八 5_23_32

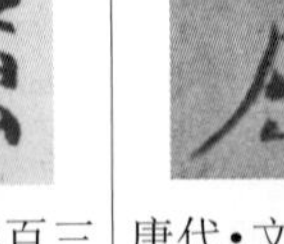
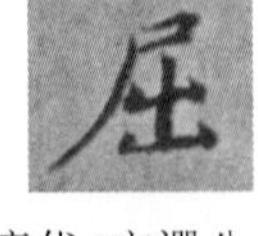
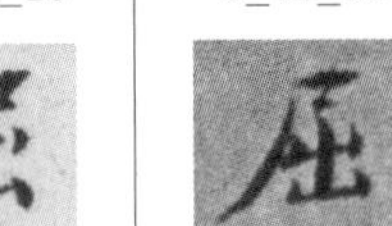
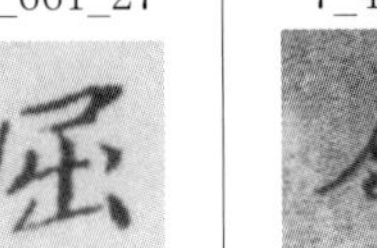

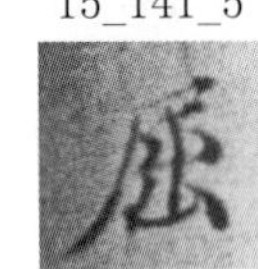

唐代・文選八八 6_39_5

唐代・文選八八 6_41_1

唐代・文選八八 6_41_15

唐代・文選八八 7_42_26

唐代・文選百三 1_7_3

唐代・文選百三 15_141_5

唐代・文選百三 15_144_3

唐代・文選百三 15_146_1

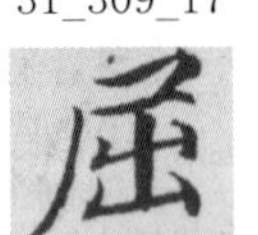

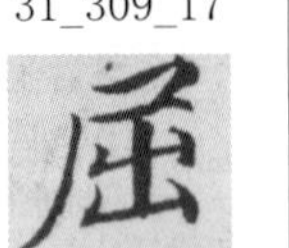
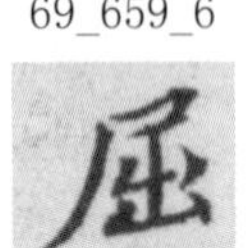

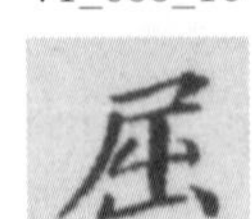

唐代・文選百三 31_309_17

唐代・文選百三 69_659_6

唐代・文選百三 69_660_15

唐代・文選百三 69_661_27

唐代・文選百三 69_661_38

唐代・文選百三 69_662_26

唐代・文選百三 71_683_16

唐代・文選百三 82_778_10

唐代・古文選後 19_220_3

屍

シ
訓しかばね

唐代・文選百三 20_196_29

唐代・文選百三 52_503_8

屋

オク
訓や

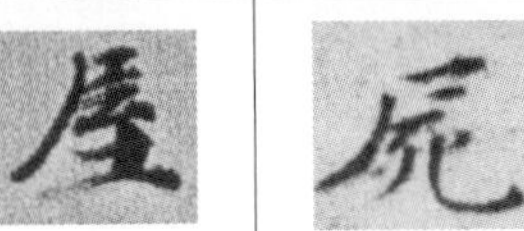

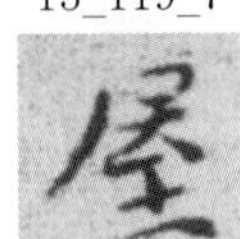

初唐・大般若經 2_33_15

唐代・春秋經傳 26_264_26

唐代・春秋經傳 26_265_12

唐代・文選五九 13_119_7

唐代・文選五九 23_227_19

唐代・文選五九 91_873_29

唐代・文選六八 39_392_10

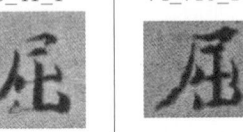

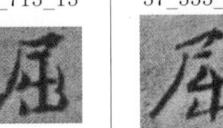

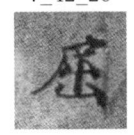

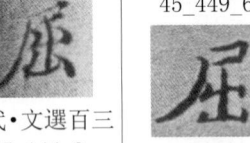

屠	屙	展		屏		
漢ト漢チョ 訓さく	漢ア 訓—	テン 訓ころがる		漢ヘイ呉ビョウ 訓しりぞく		

屠

唐代•文選百二 67_651_5

唐代•文選百三 67_651_10

唐代•文選百三 67_652_2

唐代•文選百三 68_653_3

唐代•文選百三 68_653_6

唐代•十輪經四 22_423_1

唐代•十輪經四 22_426_7

唐代•十輪經四 22_427_1

屙

唐代•古文選後 26_303_14

展

唐代•文選五九 34_336_2

唐代•文選六八 53_532_6

唐代•文選八八 20_174_8

唐代•古文選前 19_224_12

唐代•古文選後 23_268_9

唐代•文選五九 30_294_4

唐代•文選六八 43_429_17

唐代•古文選前 14_158_7

唐代•古文選後 1_10_6

唐代•古文選後 18_213_7

屏

唐代•春秋經傳 12_122_8

唐代•春秋經傳 12_125_13

唐代•春秋經傳 12_125_22

唐代•春秋經傳 12_126_14

唐代•文選四八 2_11_14

唐代•文選五九 29_291_18

唐代•文選五九 30_293_26

唐代•古文選後 16_185_3

唐代•古文選前 3_29_10

唐代•文選五九 109_1029_13

唐代•文選六八 39_393_17

唐代•文選六八 39_394_7

唐代•文選六八 42_419_21

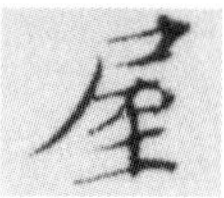
唐代•文選百三 31_307_16

唐代•文選百三 31_312_14

唐代•文選百三 31_313_41

唐代•文選百三 48_461_29

層		履	屣		屢	
漢ソウ 訓かどの		リ 訓はく	シ 訓くつ		漢ル呉ル 訓しばしば	
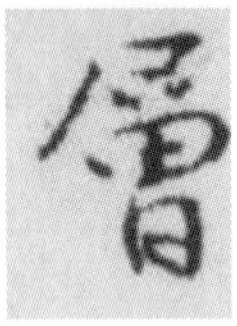 唐代•文選五九 70_668_7  唐代•文選百三 48_465_12	 唐代•文選六八 26_263_2  唐代•文選六八 53_527_5  唐代•文選六八 57_567_16  唐代•古文選前 8_100_14  唐代•古文選前 22_257_11  唐代•古文選後 18_212_14	 唐代•文選四八 16_145_4  唐代•文選五九 103_972_6  唐代•文選五九 111_1047_14  唐代•文選五九 111_1050_11  唐代•文選五九 111_1050_25  唐代•文選五九 111_1051_1  唐代•文選五九 111_1051_22  唐代•文選五九 111_1052_19	 唐代•文選五九 48_473_13	 唐代•文選五九 103_980_22  唐代 • 文選 六八 68_678_16  唐代•文選六八 68_680_9  唐代•文選百三 35_354_10  唐代•文選百三 36_356_33  唐代•古文選後 23_267_4	 晩唐•慶滋書狀 1_16_1  唐代•文選五九 27_270_2  唐代•文選五九 28_274_4  唐代•文選五九 75_718_5 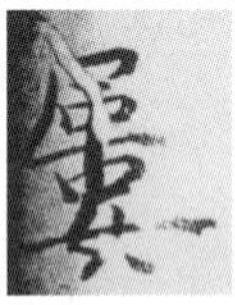 唐代•文選五九 103_976_13 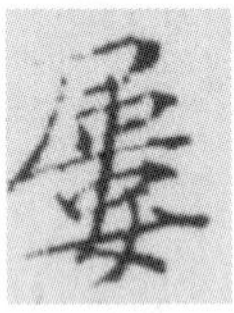 唐代•文選五九 103_980_13 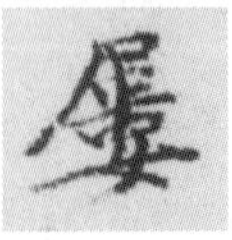 唐代•文選五九 104_985_12	 唐代•十輪經四 22_431_11 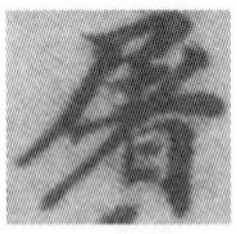 唐代•十輪經四 22_431_17

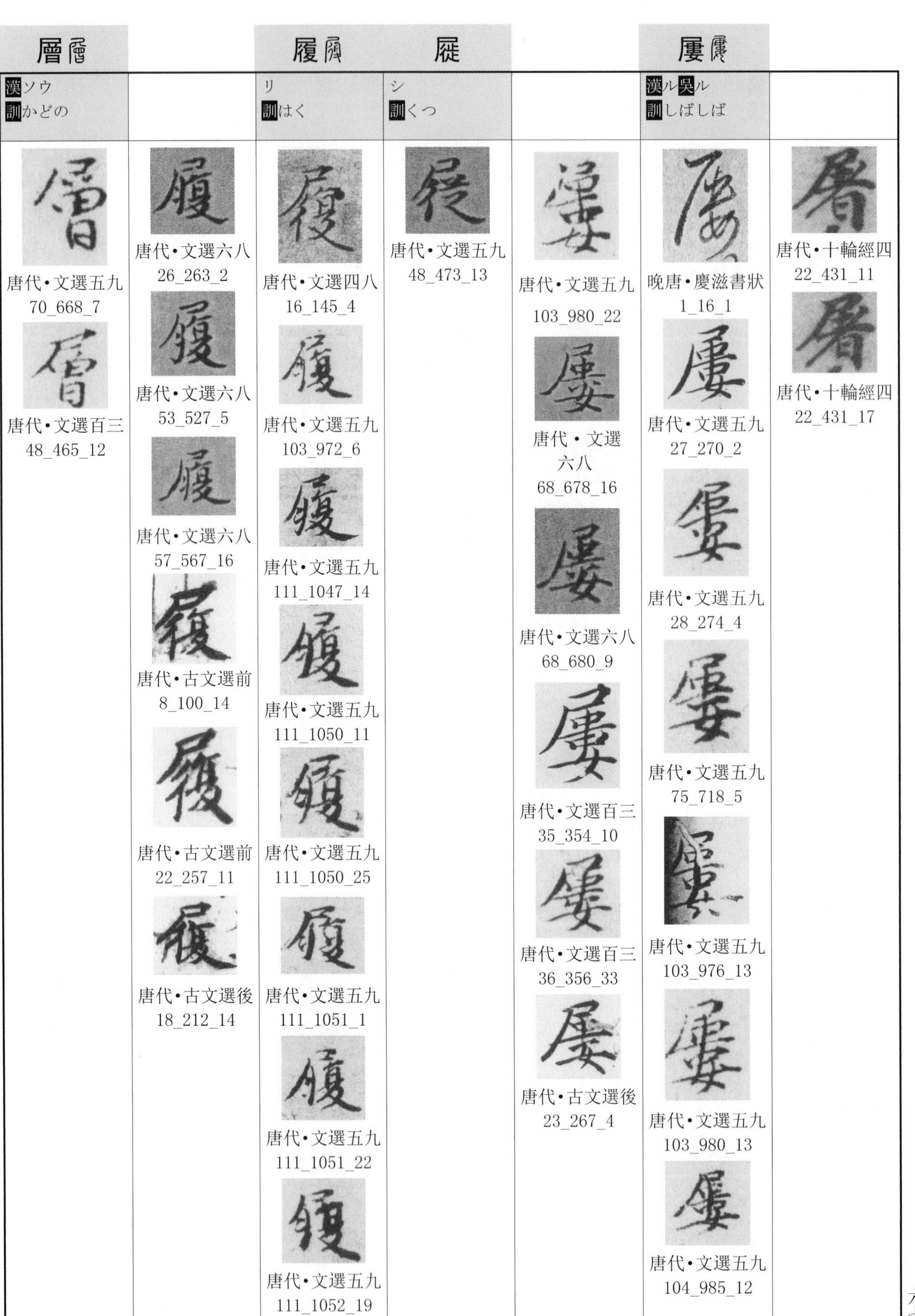

屩

漢キャク
訓くつ

唐代•古文選後
19_228_4

屬

吳ゾク漢ショク
訓やから

唐代•春秋經傳
3_20_20

唐代•春秋經傳
8_75_13

唐代•春秋經傳
12_126_12

唐代•春秋經傳
13_135_4

唐代•春秋經傳
38_403_9

唐代•春秋經傳
39_408_5

唐代•文選四八
8_63_23

唐代•文選四八
10_87_17

唐代•文選四八
25_223_3

唐代•文選四八
41_367_15

唐代•文選四八
43_386_18

唐代•文選五九
1_10_22

唐代•文選五九
1_11_18

唐代•文選五九
22_214_22

唐代•文選五九
29_280_7

唐代•文選五九
39_380_6

唐代•文選五九
39_382_15

唐代•文選五九
39_383_8

唐代•文選五九
39_383_13

唐代•文選五九
42_412_9

唐代•文選五九
47_471_26

唐代•文選五九
53_516_12

唐代•文選五九
62_596_10

唐代•文選五九
53_527_30

唐代•文選五九
74_707_13

唐代•文選五九
74_716_9

唐代•文選五九
81_781_46

唐代•文選五九
85_817_6

唐代•文選五九
93_891_27

唐代•文選五九
103_972_5

唐代•文選五九
103_967_11

唐代•文選五九
105_998_16

唐代•文選六八
1_12_14

唐代•文選六八
25_248_18

唐代•文選六八
37_368_30

唐代•文選六八
41_410_30

唐代•文選六八
43_429_22

唐代•文選六八
44_443_17

唐代•文選六八
50_504_27

唐代•文選八八
3_13_14

唐代•文選八八
3_19_9

唐代•文選八八
4_21_24

唐代•文選百三
3_19_4

唐代•文選百三
25_244_2

唐代•文選百三
25_248_17

		 唐代•十輪經八 17_335_11  唐代•十輪經八 19_373_12  唐代•十輪經八 21_411_4  唐代•十輪經九 1_10_17  唐代•十輪經九 3_49_4  唐代•十輪經九 17_324_10  唐代•十輪經九 17_328_7	 唐代•十輪經四 14_273_14  唐代•十輪經八 6_109_7  唐代•十輪經八 8_147_7  唐代•十輪經八 10_185_13  唐代•十輪經八 10_189_11  唐代•十輪經八 12_222_12  唐代•十輪經八 13_259_12  唐代•十輪經八 15_297_12	 唐代•十輪經四 12_232_8  唐代•十輪經四 12_236_1 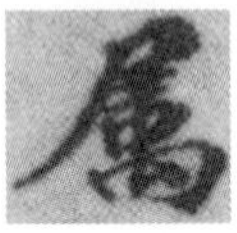 唐代•十輪經四 13_24  唐代•十輪經四 13_248_1  唐代•十輪經四 13_256_8  唐代•十輪經四 14_260_1  唐代•十輪經四 14_268_8  唐代•十輪經四 14_271_8	 唐代•文選百三 82_781_20  唐代•古文選前 19_223_8  唐代•古文選後 20_235_1  唐代•古文選後 22_254_3  唐代•古文選後 23_273_5  唐代•十輪經四 5_83_6  唐代•十輪經四 12_223_12 4_8	 唐代•文選百三 25_250_1  唐代•文選百三 29_280_15  唐代•文選百三 35_351_12 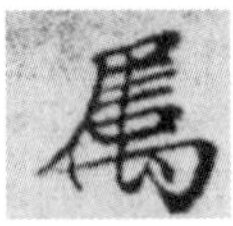 唐代•文選百三 46_441_14  唐代•文選百三 54_516_29  唐代•文選百三 55_527_13  唐代•文選百三 60_580_18  唐代•文選百三 73_709_16

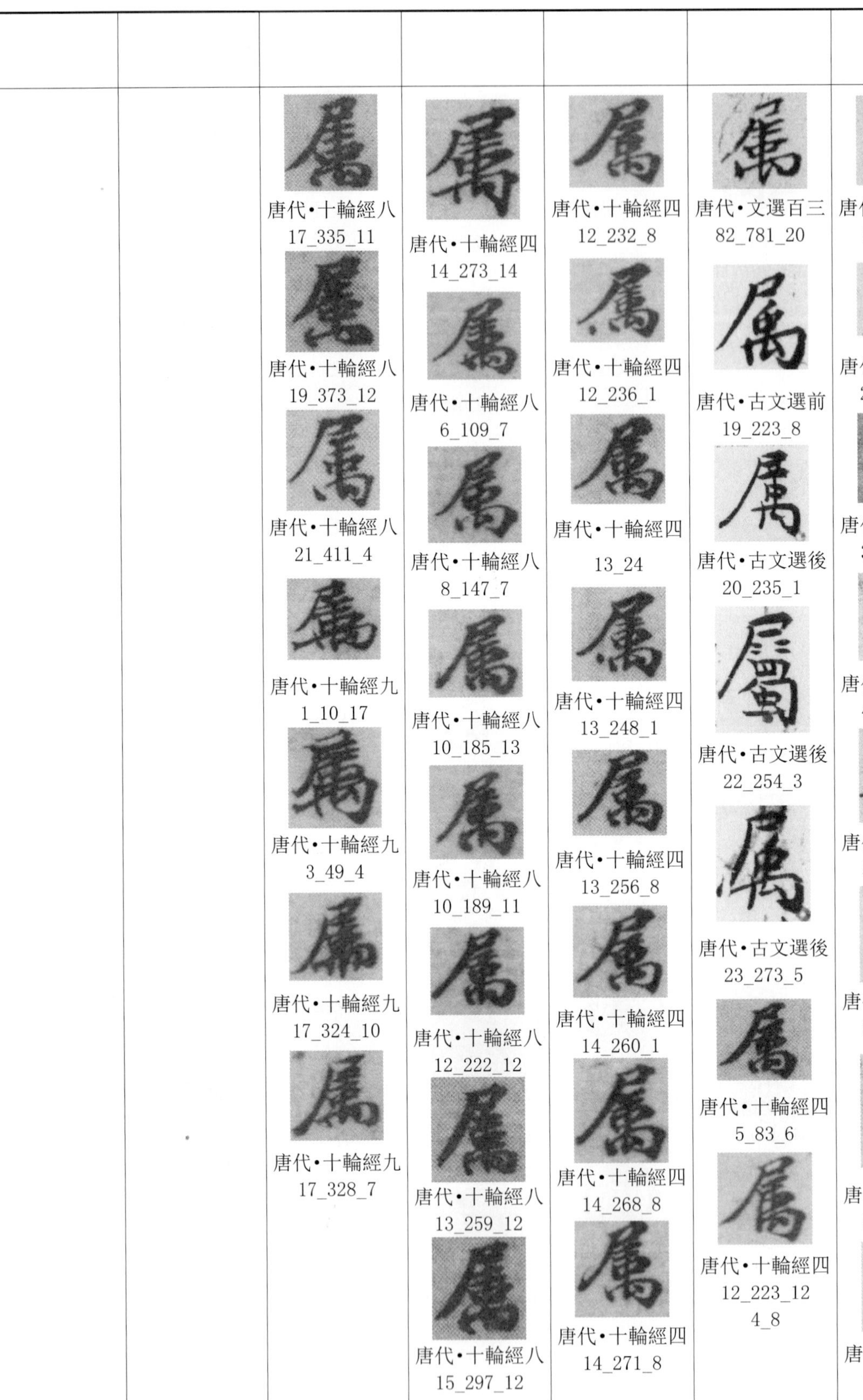

己部

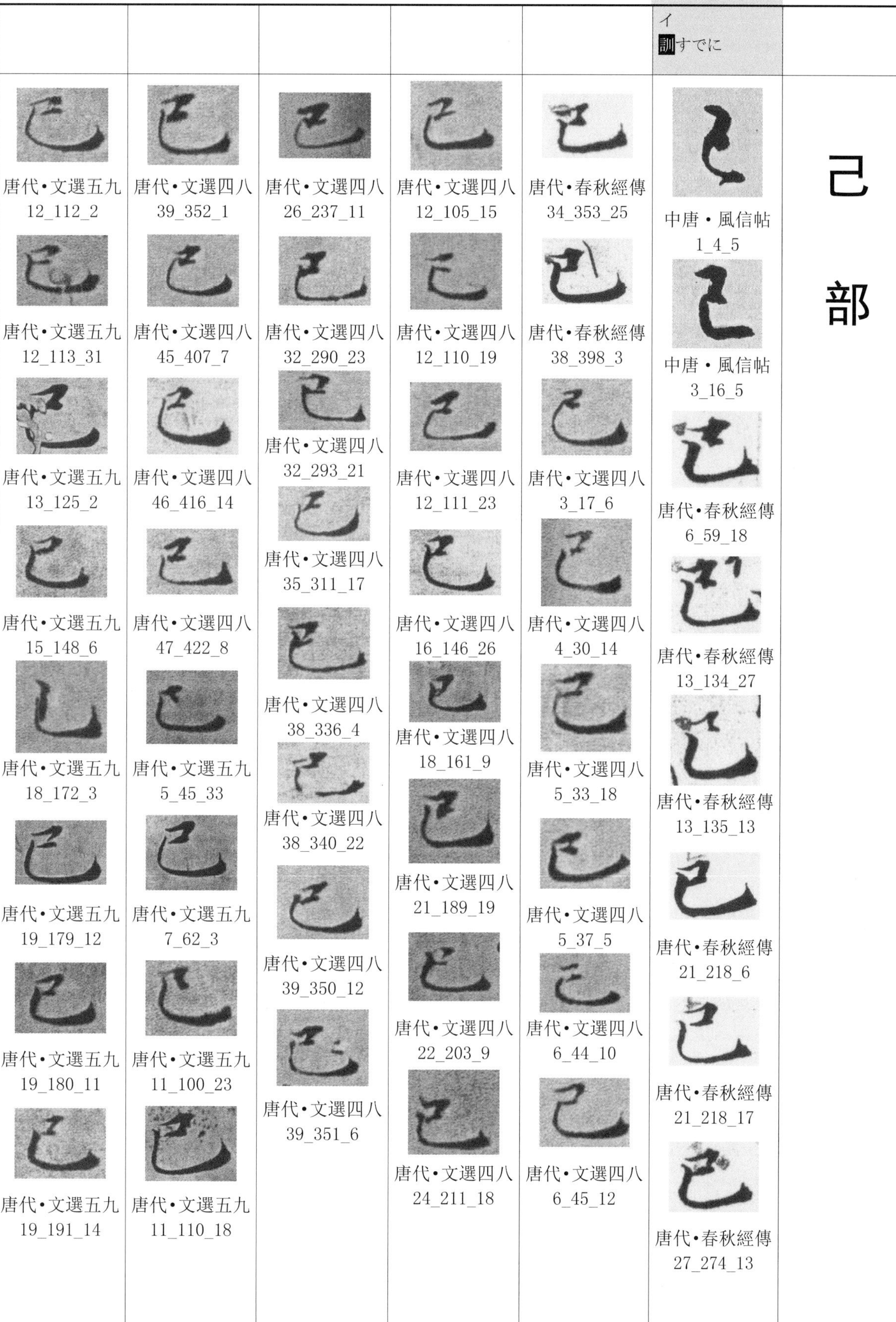

已

イ

訓すでに

中唐・風信帖 1_4_5

中唐・風信帖 3_16_5

唐代•春秋經傳 6_59_18

唐代•春秋經傳 13_134_27

唐代•春秋經傳 13_135_13

唐代•春秋經傳 21_218_6

唐代•春秋經傳 21_218_17

唐代•春秋經傳 27_274_13

唐代•春秋經傳 34_353_25

唐代•春秋經傳 38_398_3

唐代•文選四八 3_17_6

唐代•文選四八 4_30_14

唐代•文選四八 5_33_18

唐代•文選四八 5_37_5

唐代•文選四八 6_44_10

唐代•文選四八 6_45_12

唐代•文選四八 12_105_15

唐代•文選四八 12_110_19

唐代•文選四八 12_111_23

唐代•文選四八 16_146_26

唐代•文選四八 18_161_9

唐代•文選四八 21_189_19

唐代•文選四八 22_203_9

唐代•文選四八 24_211_18

唐代•文選四八 26_237_11

唐代•文選四八 32_290_23

唐代•文選四八 32_293_21

唐代•文選四八 35_311_17

唐代•文選四八 38_336_4

唐代•文選四八 38_340_22

唐代•文選四八 39_350_12

唐代•文選四八 39_351_6

唐代•文選四八 39_352_1

唐代•文選四八 45_407_7

唐代•文選四八 46_416_14

唐代•文選四八 47_422_8

唐代•文選五九 5_45_33

唐代•文選五九 7_62_3

唐代•文選五九 11_100_23

唐代•文選五九 11_110_18

唐代•文選五九 12_112_2

唐代•文選五九 12_113_31

唐代•文選五九 13_125_2

唐代•文選五九 15_148_6

唐代•文選五九 18_172_3

唐代•文選五九 19_179_12

唐代•文選五九 19_180_11

唐代•文選五九 19_191_14

唐代•文選六八 35_353_11	唐代•文選六八 1_1_2	唐代•文選五九 97_920_14	唐代•文選五九 92_883_13	唐代•文選五九 68_654_14	唐代•文選五九 46_452_2	唐代•文選五九 23_232_2
唐代•文選六八 44_439_26	唐代•文選六八 1_4_16	唐代•文選五九 97_921_22	唐代•文選五九 92_883_21	唐代•文選五九 73_699_31	唐代•文選五九 48_477_24	唐代•文選五九 24_233_12
唐代•文選六八 55_548_26	唐代•文選六八 10_108_26	唐代•文選五九 98_927_21	唐代•文選五九 93_890_22	唐代•文選五九 74_716_4	唐代•文選五九 52_510_15	唐代•文選五九 26_258_4
唐代•文選六八 55_552_15	唐代•文選六八 17_176_8	唐代•文選五九 98_931_28	唐代•文選五九 94_906_2	唐代•文選五九 76_733_10	唐代•文選五九 54_534_26	唐代•文選五九 27_259_20
唐代•文選六八 70_701_15	唐代•文選六八 27_277_28	唐代•文選五九 101_951_21	唐代•文選五九 94_907_30	唐代•文選五九 80_773_7	唐代•文選五九 55_535_10	唐代•文選五九 27_261_2
唐代•文選八八 1_1_2	唐代•文選六八 29_290_14	唐代•文選五九 102_962_29	唐代•文選五九 94_908_19	唐代•文選五九 84_804_16	唐代•文選五九 62_598_12	唐代•文選五九 27_270_1
唐代•文選八八 1_5_17	唐代•文選六八 34_342_16	唐代•文選五九 105_995_8	唐代•文選五九 94_908_26	唐代•文選五九 90_861_17	唐代•文選五九 62_602_3	唐代•文選五九 31_309_22
唐代•文選八八 5_31_7	唐代•文選六八 66_660_12	唐代•文選五九 111_1046_22	唐代•文選五九 96_909_16	唐代•文選五九 110_1045_25	唐代•文選五九 91_871_13	唐代•文選五九 40_398_4

唐代•十輪經八 6_112_2

唐代•十輪經八 8_150_2

唐代•十輪經八 10_188_9

唐代•十輪經八 12_225_7

唐代•十輪經八 14_262_7

唐代•十輪經八 15_300_7

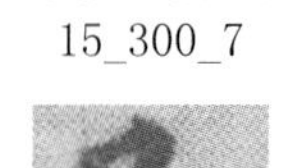

唐代•十輪經八 17_338_7

唐代•十輪經八 19_376_7

唐代•十輪經四 4_79_10

唐代•十輪經四 9_170_2

唐代•十輪經四 12_220_5

唐代•十輪經四 12_222_11

唐代•十輪經四 15_299_13

唐代•十輪經四 17_334_7

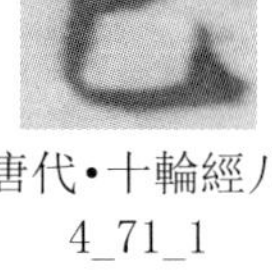

唐代•十輪經八 4_71_1

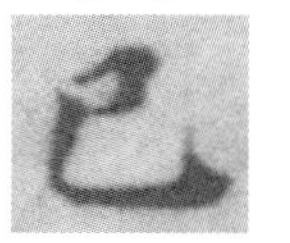

唐代•十輪經四 4_73_12

唐代•古文選前 1_4_1

唐代•古文選前 1_4_5

唐代•古文選前 1_11_7

唐代•古文選前 20_230_12

唐代•古文選後 16_189_14

唐代•古文選後 26_310_2

唐代•十輪經四 2_32_9

唐代•文選百三 86_822_4

唐代•文選百三 45_426_4

唐代•文選百三 45_430_14

唐代•文選百三 48_460_1

唐代•文選百三 64_614_17

唐代•文選百三 81_764_22

唐代•文選百三 81_767_4

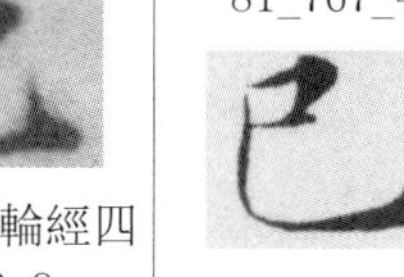

唐代•文選百三 85_806_25

唐代•文選百三 29_285_26

唐代•文選八八 22_196_13

唐代•文選八八 23_209_9

唐代•文選百三 3_21_30

唐代•文選百三 14_130_36

唐代•文選百三 23_223_23

唐代•文選百三 37_369_11

唐代•文選百三 85_810_5

唐代•文選八八 14_116_15

唐代•文選八八 14_117_7

唐代•文選八八 17_149_4

唐代•文選八八 17_151_6

唐代•文選八八 17_151_23

唐代•文選八八 18_156_1

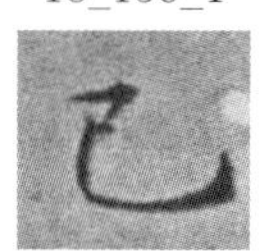

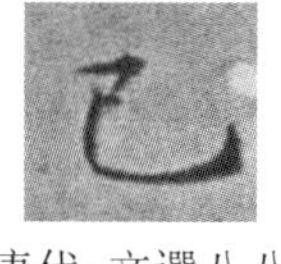

唐代•文選八八 18_156_30

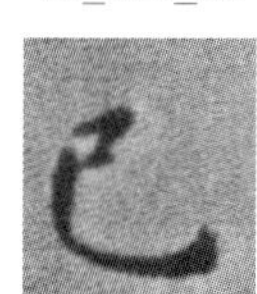

唐代•文選八八 24_213_17

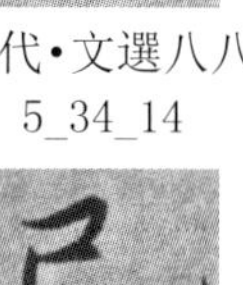

唐代•文選八八 5_34_14

唐代•文選八八 7_45_6

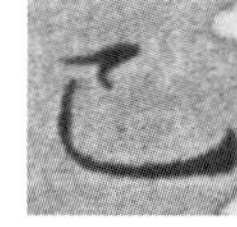

唐代•文選八八 7_46_10

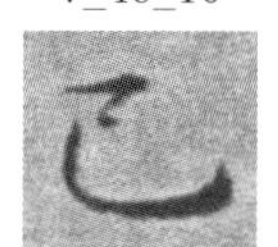

唐代•文選八八 7_55_14

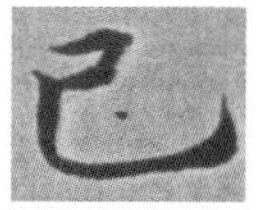

唐代•文選八八 9_67_1

唐代•文選八八 9_68_35

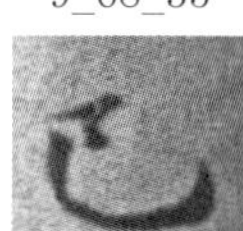

唐代•文選八八 13_110_8

唐代•文選八八 22_196_8

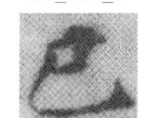

己

漢キ 呉コ

訓おのれ

唐代・十輪經八 21_413_16
唐代・十輪經九 1_13_12
唐代・十輪經九 3_51_17
唐代・十輪經九 17_327_5
唐代・十輪經十 6_114_3
唐代・十輪經十 6_115_10
唐代・十輪經十 15_296_13
唐代・十輪經十 16_302_13

唐代・十輪經十 17_336_11
唐代・十輪經十 20_382_8

唐代・春秋經傳 9_95_11
唐代・春秋經傳 16_161_12
唐代・春秋經傳 20_207_16
唐代・春秋經傳 28_290_16
唐代・春秋經傳 32_333_10
唐代・文選四八 10_82_2
唐代・文選五九 12_112_18
唐代・文選五九 12_112_23

唐代・文選五九 12_114_13
唐代・文選六八 9_102_11
唐代・文選六八 25_259_2
唐代・文選六八 59_592_16
唐代・文選百三 14_134_44
唐代・文選百三 15_135_25
唐代・文選百三 15_137_18
唐代・文選百三 15_137_26

唐代・文選百三 15_139_19
唐代・文選百三 30_298_27
唐代・文選百三 39_387_9
唐代・文選百三 39_388_21
唐代・文選百三 39_389_17
唐代・文選百三 40_399_5
唐代・古文選前 20_238_5
唐代・古文選後 13_148_3

唐代・古文選後 16_190_8
唐代・古文選後 21_252_3
唐代・十輪經四 5_87_4
唐代・十輪經四 15_295_3
唐代・十輪經八 9_177_15
唐代・十輪經九 8_154_17
唐代・十輪經九 9_170_5
唐代・十輪經九 9_170_13

唐代・十輪經九 9_171_3
唐代・十輪經九 9_171_11
唐代・十輪經九 16_316_14
唐代・十輪經九 21_419_3
唐代・十輪經十 9_169_6
唐代・十輪經十 9_171_5

巷

漢コウ
訓ちまた

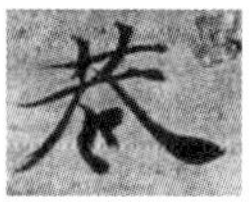
唐代•文選五九
13_126_25

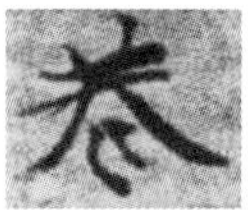
唐代•文選五九
13_128_12

唐代•文選五九
13_130_19

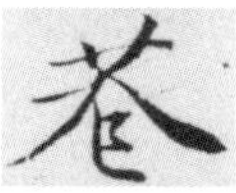
唐代•文選百三
63_607_9

唐代•文選百三
63_609_16

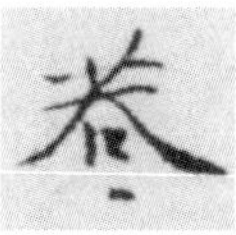
唐代•文選百三
63_611_21

唐代•古文選前
13_153_6

巴

ハ
訓ともえ

唐代•文選六八
43_429_13

唐代•文選八八
6_37_7

唐代•文選八八
8_58_6

唐代•文選八八
8_58_14

唐代•文選八八
8_59_26

唐代•文選八八
8_60_3

唐代•文選八八
8_61_1

唐代•文選八八
17_144_29

巳

漢シ
訓み

唐代•春秋經傳
27_284_12

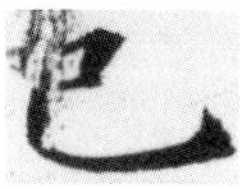
唐代•春秋經傳
32_333_11

唐代•春秋經傳
32_335_13

弓部

弓 弓

漢現キュウ
訓ゆみ

唐代•文選四八 4_29_2

唐代•文選五九 17_165_14

唐代•文選六八 30_301_10

唐代•文選六八 30_302_28

唐代•文選六八 30_304_13

唐代•文選六八 35_346_20

唐代•文選六八 44_441_23

唐代•文選百三 10_90_10

唐代•文選百三 10_92_27

唐代•文選百三 10_94_17

唐代•文選百三 67_648_21

唐代•文選百三 82_781_26

唐代•古文選前 1_8_11

唐代•古文選前 21_243_4

唐代•古文選後 15_171_2

唐代•十輪經四 9_165_14

唐代•十輪經四 9_167_12

唐代•十輪經四 9_168_14

唐代•十輪經四 9_174_11

唐代•十輪經四 9_178_10

引 引

イン
訓ひく

唐代•春秋經傳 29_302_14

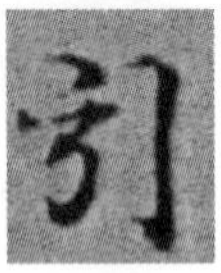
唐代•文選四八 17_151_25

唐代•文選四八 20_184_19

唐代•文選四八 44_396_12

唐代•文選五九 28_276_5

唐代•文選五九 28_278_29

唐代•文選五九 29_281_9

唐代•文選五九 58_561_23

唐代•文選五九 77_741_10

唐代•文選五九 88_842_20

唐代•文選五九 94_899_26

唐代•文選六八 24_241_8

唐代•文選六八 34_343_12

唐代•文選六八 45_450_27

唐代•文選百三 9_82_27

唐代•文選百三 10_95_10

唐代•文選百三 25_239_5

唐代•文選百三 60_580_30

唐代•文選百三 61_592_16

唐代•文選百三 61_593_2

唐代•文選百三 70_673_6

弘

漢コウ 呉グ
訓ひろし

中唐•灌頂歷名
1_1_1

中唐•灌頂歷名
1_5_1

唐代•文選五九
57_555_20

唐代•文選五九
66_632_9

唐代•文選五九
66_634_12

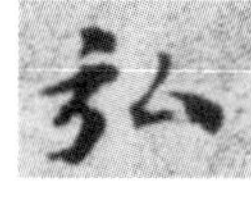
唐代•文選五九
66_636_6

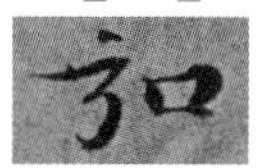
唐代•文選六八
11_121_13

唐代•文選六八
12_123_16

唐代•文選六八
25_259_20

唐代•文選百三
76_729_7

唐代•古文選前
8_92_46

唐代•古文選前
24_282_8

唐代•古文選後
2_14_13

弗

漢フツ 呉ホツ
訓あらず

唐代•春秋經傳
4_34_7

唐代•春秋經傳
19_196_2

唐代•春秋經傳
20_211_11

唐代•春秋經傳
21_221_14

唐代•春秋經傳
26_265_21

唐代•春秋經傳
31_324_15

唐代•文選百三
40_402_24

唐代•十輪經十
14_264_9

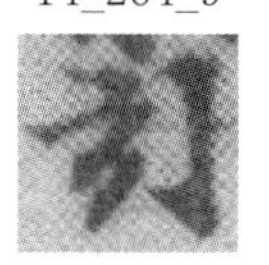
唐代•十輪經十
14_271_17

唐代•十輪經十
16_304_8

唐代•十輪經十
16_307_7

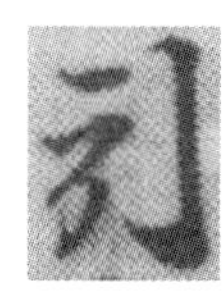
唐代•十輪經十
16_310_8

唐代•十輪經十
13_244_13

唐代•十輪經十
13_246_7

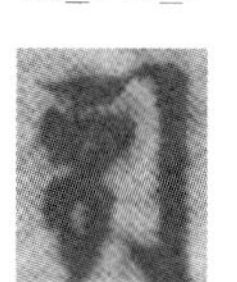
唐代•十輪經十
13_251_11

唐代•十輪經十
13_254_3

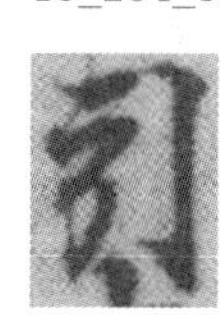
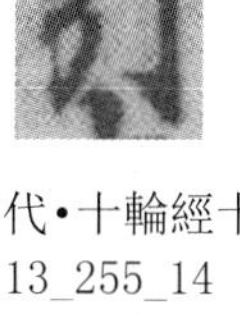
唐代•十輪經十
13_255_14

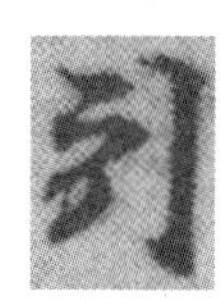
唐代•十輪經十
13_259_4

唐代•十輪經十
14_261_12

唐代•十輪經九
8_157_17

唐代•十輪經十
10_199_14

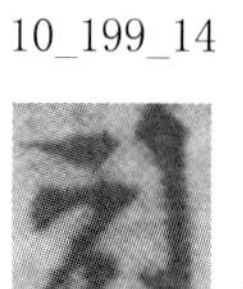
唐代•十輪經十
11_205_15

唐代•十輪經十
12_227_2

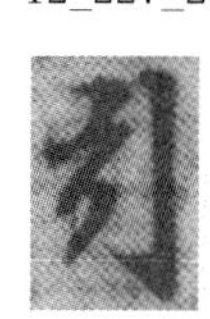
唐代•十輪經十
12_235_10

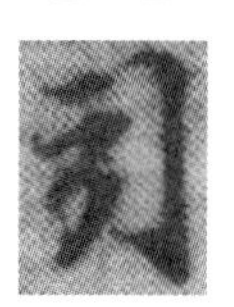
唐代•十輪經十
12_237_12

唐代•十輪經十
13_242_5

唐代•文選百三
70_674_16

唐代•文選百三
70_675_10

唐代•文選百三
74_712_8

唐代•古文選前
6_67_6

唐代•古文選後
16_186_10

唐代•古文選後
17_201_17

唐代•十輪經九
8_157_1

弭

漢ビ 呉ミ
訓ゆはず

唐代・文選百三
23_220_21

唐代・文選百三
23_222_19

唐代・文選百三
23_223_2

唐代・文選百三
23_225_14

唐代・文選百三
25_244_6

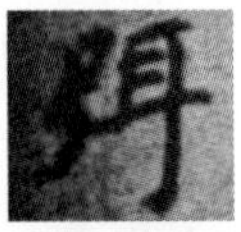
唐代・文選百三
25_246_29

唐代・古文選後
4_39_11

唐代・古文選後
17_198_1

唐代・古文選前
1_8_12

弩

漢ド
訓いしゆみ

唐代・文選六八
35_346_13

唐代・文選六八
44_444_20

唐代・文選百三
30_295_17

唐代・文選百三
67_647_27

唐代・文選百三
67_649_22

唐代・文選百三
67_650_1

唐代・文選百三
82_781_27

唐代・文選百三
29_287_19

唐代・文選百三
46_444_8

唐代・古文選前
1_5_9

唐代・古文選前
19_225_3

弦

呉ゲン 漢カン
訓つる

唐代・文選四八
4_26_4

唐代・文選四八
4_28_4

唐代・文選四八
4_29_3

唐代・文選四八
4_29_10

唐代・文選六八
8_82_2

唐代・文選八八
3_7_17

唐代・文選百三
25_249_32

唐代・文選百三
27_264_12

弛

漢チ 呉チ
訓ゆるむ

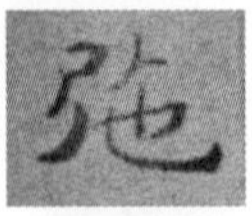
唐代・文選六八
37_374_13

唐代・文選六八
55_550_7

唐代・文選六八
55_553_26

唐代・古文選後
11_131_7

唐代・文選八八
17_142_17

唐代・文選百三
5_42_4

唐代・文選百三
5_48_22

唐代・古文選前
22_260_6

唐代・古文選前
25_290_2

唐代・古文選後
11_127_5

唐代・古文選後
25_292_18

唐代・十輪經九
7_138_21

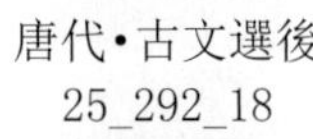

弱

漢ジョク 呉ニャク
訓たわむ

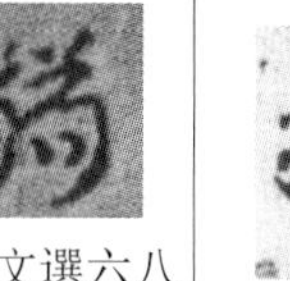
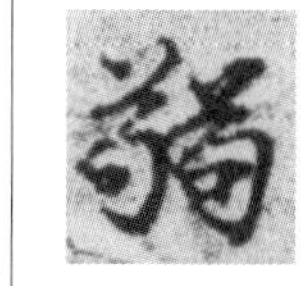
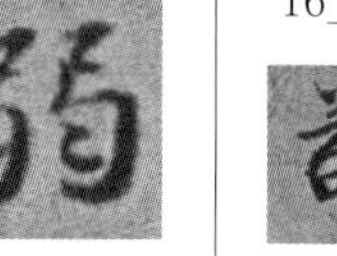
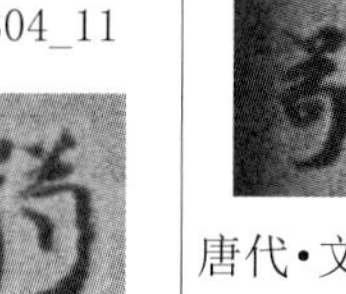
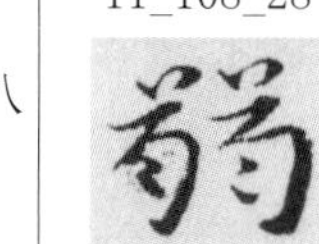
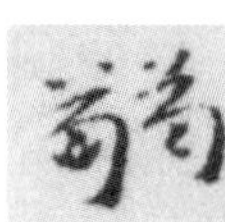
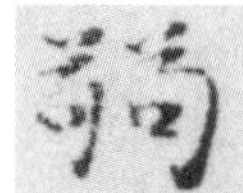

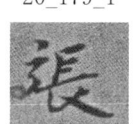

唐代•春秋經傳 7_71_22
唐代•文選四八 16_150_11
唐代•文選四八 18_167_6
唐代•文選四八 44_398_1
唐代•文選五九 11_108_28
唐代•文選五九 37_359_14
唐代•文選五九 37_362_28
唐代•文選五九 59_563_27

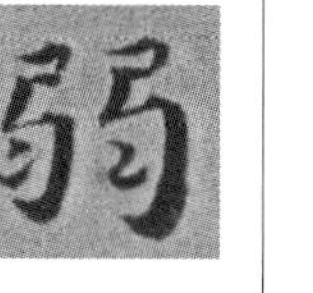
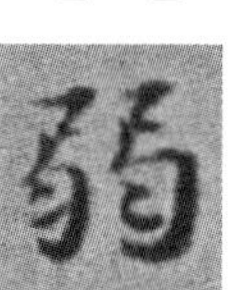
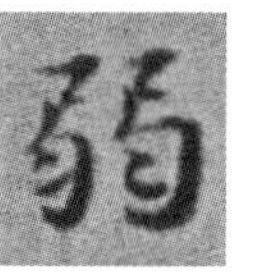
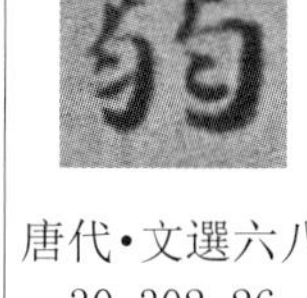

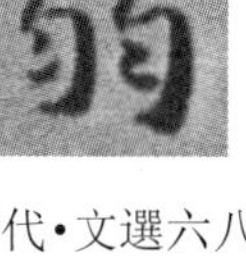

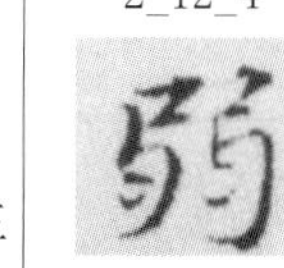

唐代•文選六八 15_151_8
唐代•文選六八 30_301_8
唐代•文選六八 30_302_26
唐代•文選六八 30_304_11
唐代•文選八八 17_143_26
唐代•文選百三 2_12_4
唐代•文選百三 10_91_19

唐代•文選百三 10_90_1
唐代•文選百三 10_93_11
唐代•文選百三 25_237_13
唐代•文選百三 29_290_2
唐代•文選百三 29_290_17
唐代•文選百三 49_478_6
唐代•文選百三 49_478_14

唐代•文選百三 71_683_30
唐代•文選百三 50_483_1
唐代•古文選後 7_81_5

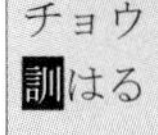

張

チョウ
訓はる

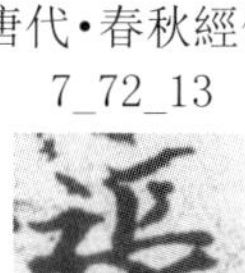

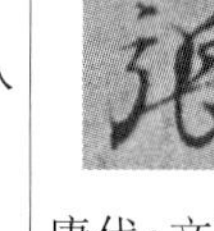

初唐•大般若經 2_38_6
唐代•春秋經傳 4_37_20
唐代•春秋經傳 7_72_13
唐代•春秋經傳 25_260_16
唐代•春秋經傳 28_285_19
唐代•春秋經傳 29_301_14
唐代•文選四八 4_23_24
唐代•文選四八 5_40_26

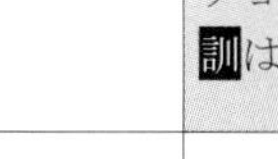

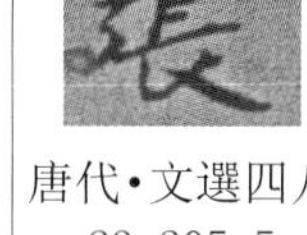
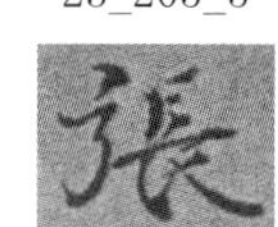
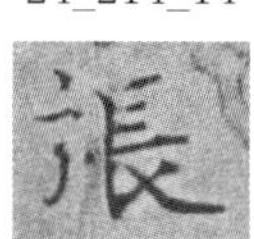

唐代•文選四八 7_57_14
唐代•文選四八 8_64_5
唐代•文選四八 12_107_15
唐代•文選四八 16_146_2
唐代•文選四八 20_179_1
唐代•文選四八 23_205_5
唐代•文選四八 24_214_14
唐代•文選四八 28_249_18

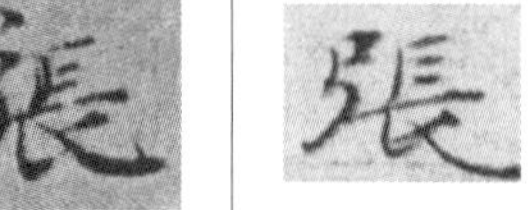

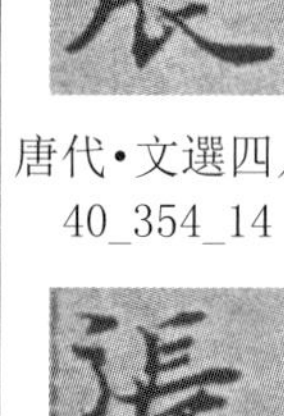
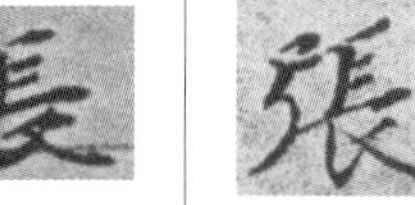
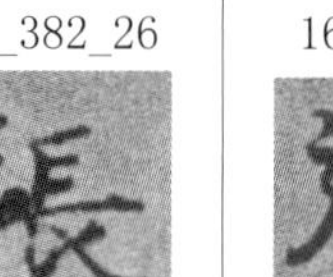

唐代•文選四八 34_302_3
唐代•文選四八 36_328_16
唐代•文選四八 40_354_14
唐代•文選四八 42_382_26
唐代•文選四八 45_407_9
唐代•文選四八 46_415_18
唐代•文選四八 48_436_11
唐代•文選四八 48_439_11

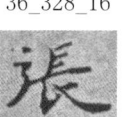

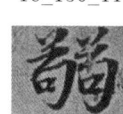

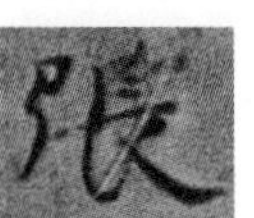
唐代•文選五九
3_21_29

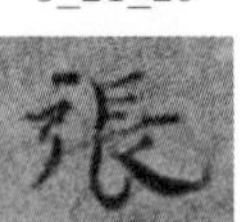
唐代•文選五九
5_39_4

唐代•文選五九
5_43_3

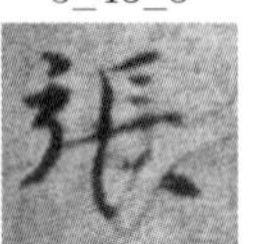
唐代•文選五九
6_53_17

唐代•文選五九
9_82_27

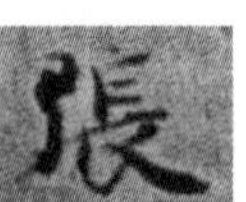
唐代•文選五九
11_100_16

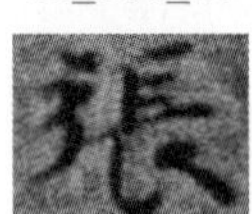
唐代•文選五九
13_121_21

唐代•文選五九
13_127_15

唐代•文選五九
14_132_8

唐代•文選五九
15_139_22

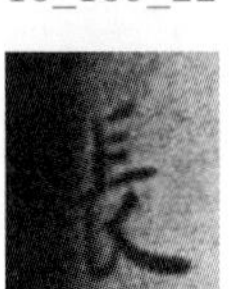
唐代•文選五九
21_208_20

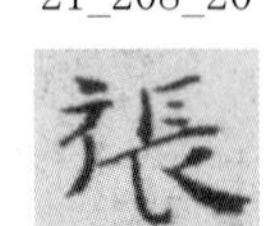
唐代•文選五九
23_227_31

唐代•文選五九
23_228_8

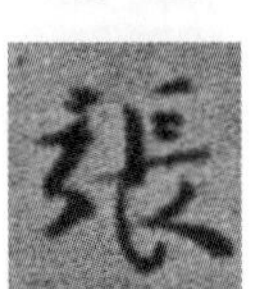
唐代•文選五九
26_253_19

唐代•文選五九
29_283_16

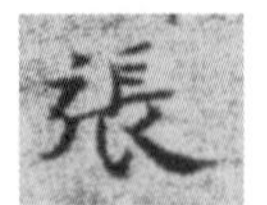
唐代•文選五九
31_307_3

唐代•文選五九
33_320_35

唐代•文選五九
33_330_4

唐代•文選五九
36_358_28

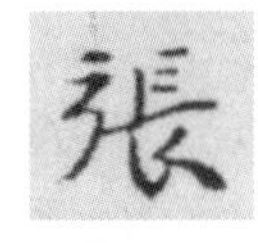
唐代•文選五九
37_368_14

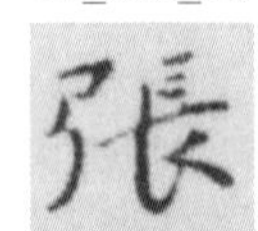
唐代•文選五九
38_377_29

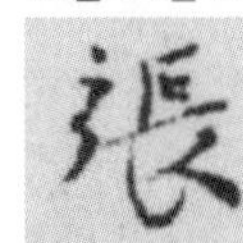
唐代•文選五九
43_421_20

唐代•文選五九
44_435_4

唐代•文選五九
47_458_13

唐代•文選五九
48_473_4

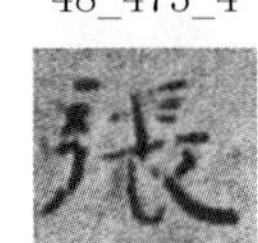
唐代•文選五九
49_481_24

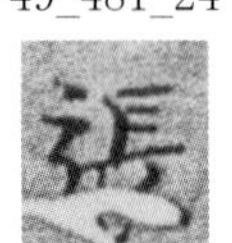
唐代•文選五九
49_484_8

唐代•文選五九
49_485_23

唐代•文選五九
51_508_12

唐代•文選五九
53_519_18

唐代•文選五九
58_556_25

唐代•文選五九
59_565_19

唐代•文選五九
59_566_20

唐代•文選五九
62_597_6

唐代•文選五九
64_619_12

唐代•文選五九
66_630_17

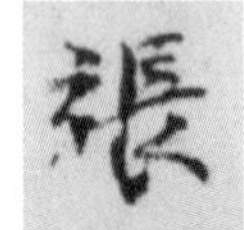
唐代•文選五九
67_647_22

唐代•文選五九
69_667_13

唐代•文選五九
72_687_4

唐代•文選五九
72_698_4

唐代•文選五九
74_707_24

唐代•文選五九
75_718_24

唐代•文選五九
75_724_28

唐代•文選五九
77_742_15

唐代•文選五九
78_746_10

唐代•文選五九
78_752_8

唐代•文選五九
82_791_12

唐代•文選五九
88_840_13

唐代•文選五九
89_851_23

唐代•文選五九
90_862_7

唐代•文選五九
97_915_15

唐代•文選五九
101_948_9

唐代•文選五九
103_971_12

唐代•文選五九
105_987_20

唐代•文選五九
107_1007_25

唐代•文選五九
109_1029_9

唐代•文選五九
111_1057_20

唐代•文選六八
1_6_4

唐代•文選六八
1_7_21

唐代•文選六八
1_9_24

唐代•文選六八
2_17_11

唐代•文選六八
2_26_1

唐代•文選六八
3_33_7

唐代•文選六八
5_53_2

唐代•文選六八
6_55_33

唐代•文選六八
8_83_7

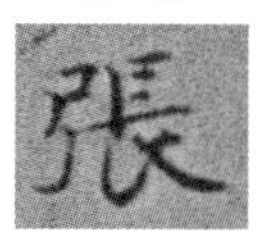
唐代•文選六八
11_117_21

唐代•文選六八
11_120_9

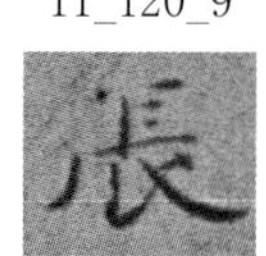
唐代•文選六八
12_123_10

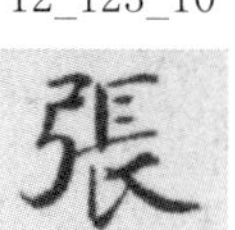
唐代•文選六八
13_133_7

唐代•文選六八
15_157_13

唐代•文選六八
18_182_19

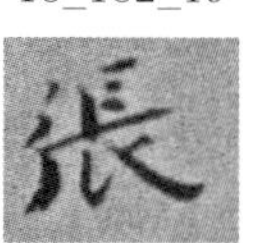
唐代•文選六八
18_184_18

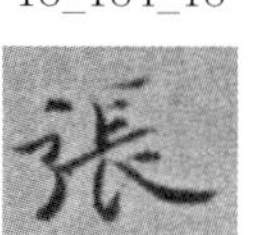
唐代•文選六八
18_184_28

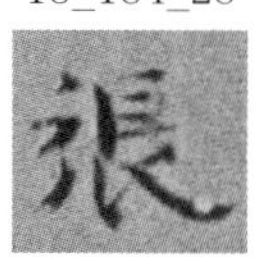
唐代•文選六八
20_203_5

唐代•文選六八
23_226_17

唐代•文選六八
25_259_25

唐代•文選六八
26_262_26

唐代•文選六八
27_268_8

唐代•文選六八
29_299_31

唐代•文選六八
31_312_1

唐代•文選六八
33_326_24

唐代•文選六八
33_335_9

唐代•文選六八
33_336_16

唐代•文選六八
34_344_11

唐代•文選六八
35_348_14

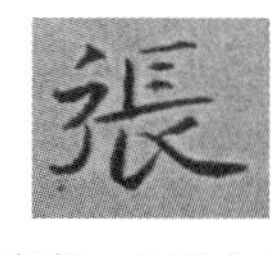
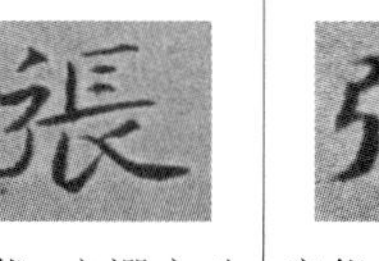
唐代•文選六八
35_350_3

唐代•文選六八
40_403_3

唐代•文選六八
41_407_1

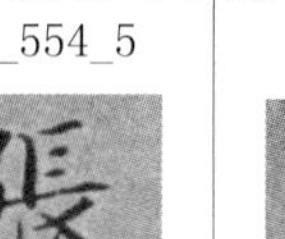
唐代•文選六八
46_463_11

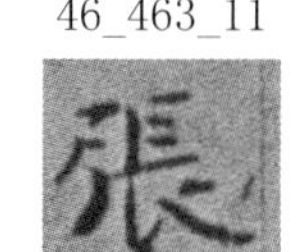
唐代•文選六八
47_466_5

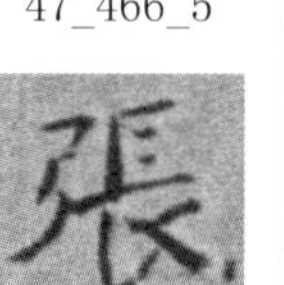
唐代•文選六八
51_517_13

唐代•文選六八
52_520_12

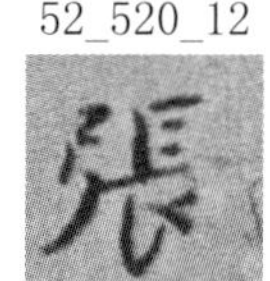
唐代•文選六八
53_525_3

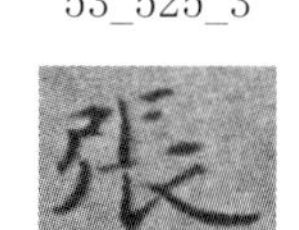
唐代•文選六八
55_549_10

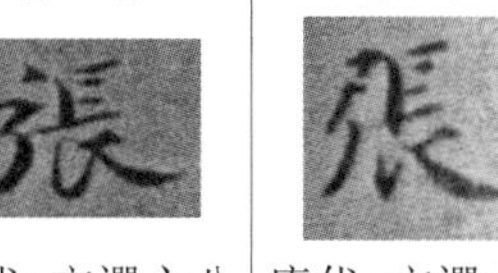
唐代•文選六八
55_551_12

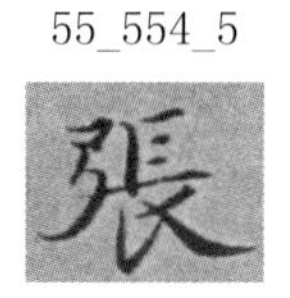
唐代•文選六八
55_554_5

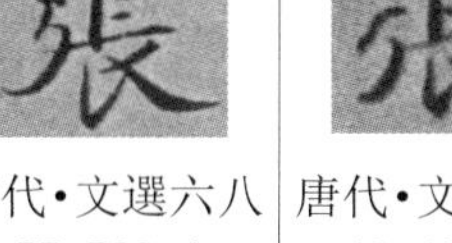
唐代•文選六八
57_568_4

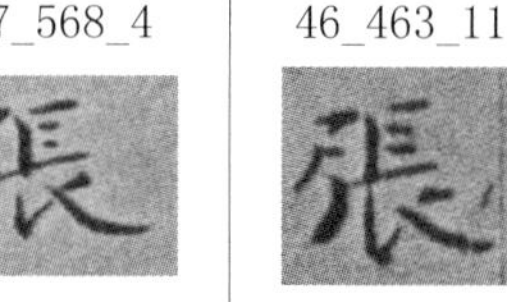
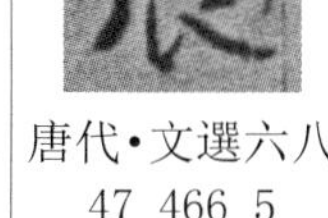
唐代•文選六八
57_569_18

唐代•文選六八
58_583_6

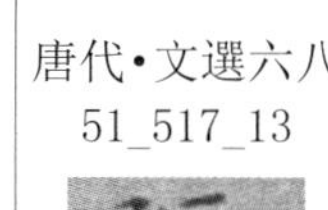
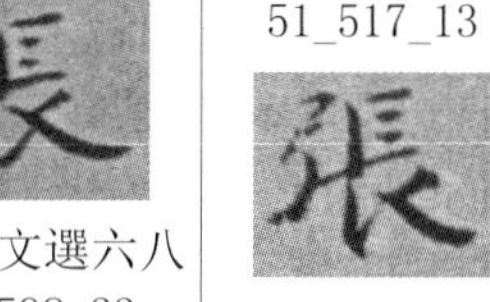
唐代•文選六八
59_598_23

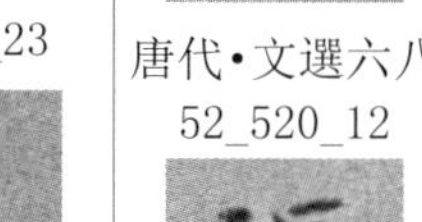
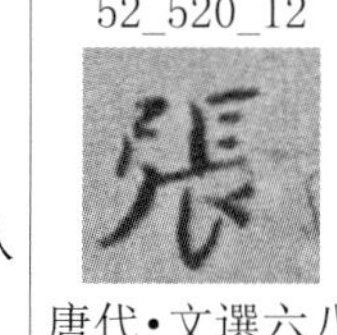
唐代•文選六八
60_603_7

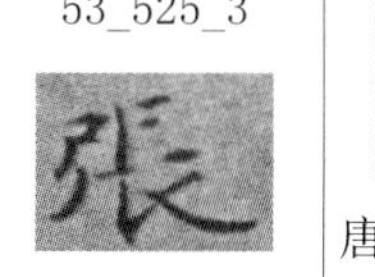
唐代•文選六八
63_632_12

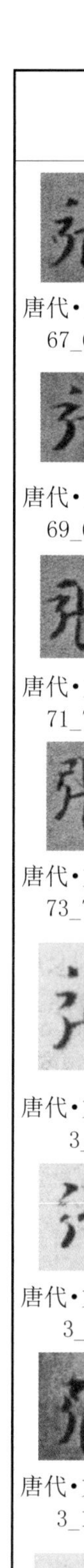
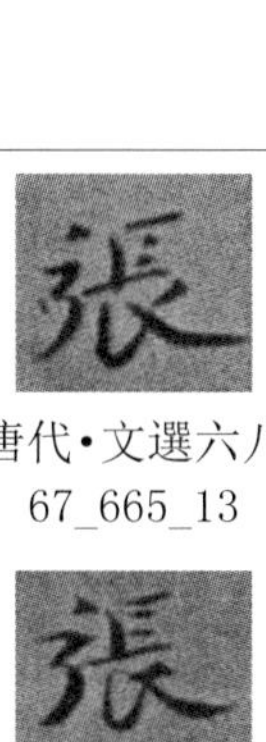
唐代•文選六八
67_665_13

唐代•文選六八
69_687_28

唐代•文選六八
71_707_16

唐代•文選六八
73_728_11

唐代•文選八八
3_7_5

唐代•文選八八
3_8_21

唐代•文選八八
3_10_25

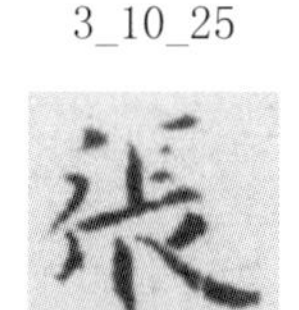
唐代•文選八八
3_18_6

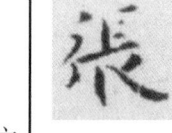

唐代·文選八八 3_20_18
唐代·文選八八 5_23_28
唐代·文選八八 7_51_5
唐代·文選八八 7_55_27
唐代·文選八八 9_74_4
唐代·文選八八 10_81_8
唐代·文選八八 11_91_1
唐代·文選八八 12_97_4

唐代·文選八八 15_129_5
唐代·文選八八 17_140_13
唐代·文選八八 17_142_24
唐代·文選八八 18_156_21
唐代·文選八八 19_165_16
唐代·文選八八 19_167_1
唐代·文選八八 19_169_4
唐代·文選八八 20_174_13

唐代·文選八八 21_184_27
唐代·文選八八 21_191_20
唐代·文選八八 23_200_13
唐代·文選百三 3_28_29
唐代·文選百三 7_55_6
唐代·文選百三 8_73_4
唐代·文選百三 10_93_29
唐代·文選百三 12_109_32

唐代·文選百三 13_127_24
唐代·文選百三 17_155_15
唐代·文選百三 19_183_8
唐代·文選百三 21_209_27
唐代·文選百三 22_211_34
唐代·文選百三 25_250_13
唐代·文選百三 29_279_25
唐代·文選百三 30_297_39

唐代·文選百三 33_328_21
唐代·文選百三 35_353_6
唐代·文選百三 38_382_42
唐代·文選百三 41_414_27
唐代·文選百三 46_440_29
唐代·文選百三 47_455_18
唐代·文選百三 48_461_45
唐代·文選百三 49_477_42

唐代·文選百三 50_480_24
唐代·文選百三 53_510_5
唐代·文選百三 53_511_1
唐代·文選百三 55_532_28
唐代·文選百三 57_547_28
唐代·文選百三 60_578_23
唐代·文選百三 61_586_1
唐代·文選百三 61_592_5

唐代·文選百三 62_596_21
唐代·文選百三 63_605_5
唐代·文選百三 67_639_24
唐代·文選百三 71_688_28
唐代·文選百三 73_699_5
唐代·文選百三 76_726_28
唐代·文選百三 79_752_29
唐代·文選百三 82_779_5

粥

シュク
訓かゆ

唐代•文選百三
67_647_13

唐代•古文選前
22_254_8

唐代•古文選後
2_15_10

弼

漢ヒツ
訓すけ

唐代•文選四八
26_236_8

唐代•文選四八
26_236_13

唐代•文選四八
26_238_3

唐代•文選四八
26_238_16

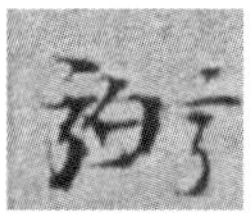
唐代•文選四八
26_239_19

唐代•文選四八
50_450_22

唐代•古文選後
1_8_12

唐代•文選八八
19_161_17

唐代•文選百三
50_482_34

唐代•文選百三
69_661_5

唐代•文選百三
69_662_31

唐代•文選百三
75_721_12

唐代•文選百三
82_781_3

唐代•十輪經四
17_331_12

唐代•十輪經四
19_365_12

唐代•文選五九
80_765_25

唐代•文選五九
91_871_8

唐代•文選八八
7_48_2

唐代•文選八八
7_50_16

唐代•文選八八
7_50_36

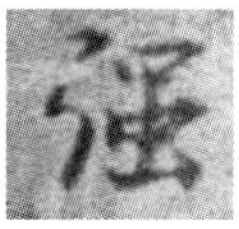
唐代•文選八八
7_51_12

唐代•文選八八
18_158_5

唐代•文選八八
19_160_28

強

漢キョウ呉ゴウ
訓つよい

唐代•春秋經傳
7_70_15

唐代•春秋經傳
24_246_5

唐代•春秋經傳
29_305_5

唐代•春秋經傳
35_371_15

唐代•春秋經傳
37_383_20

唐代•文選四八
17_153_1

唐代•文選四八
18_159_22

唐代•文選四八
18_160_2

唐代•文選百三
84_797_32

唐代•古文選前
23_273_20

唐代•古文選後
21_244_64

唐代•古文選後
26_307_3

唐代•十輪經四
9_168_13

彎				彌	彊	彈
ワン 訓ひく				漢ビ呉ミ 訓とめる	漢キョウ呉ゴウ 訓つよい	呉ダン漢タン 訓ひく
 唐代•十輪經四 9_178_9	 唐代•文選百三 55_529_8	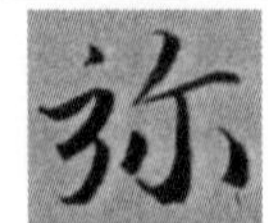 唐代•文選六八 31_311_9	 唐代•文選四八 33_299_2	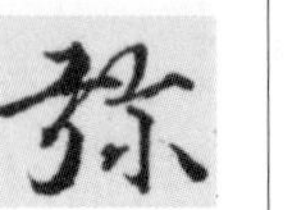 初唐•聖武雜集 1_9_4	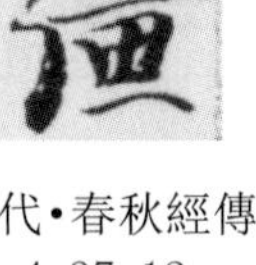 唐代•春秋經傳 4_37_12	 唐代•春秋經傳 7_73_11
	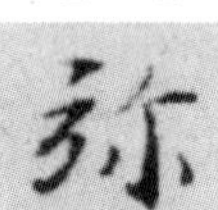 唐代•文選百三 56_537_30	 唐代•文選六八 31_312_12	 唐代•文選四八 34_301_6	 中唐•灌頂歷名 1_7_8	 唐代•春秋經傳 14_138_10	 唐代•文選四八 41_371_16
	 唐代•文選百三 85_810_18	 唐代•文選六八 62_620_25	 唐代•文選四八 34_302_19	 唐代•春秋經傳 9_92_4	 唐代•春秋經傳 29_299_8	 唐代•文選六八 20_200_17
	 唐代•文選百三 85_812_4	 唐代•文選百三 9_86_15	 唐代•文選五九 17_166_6	 提彌明 唐代•春秋經傳 9_95_17	 唐代•古文選後 7_81_1	 唐代•文選六八 20_203_15
	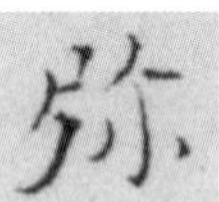 唐代•文選百三 85_812_5	 唐代•文選百三 9_87_2	 唐代•文選五九 17_168_6	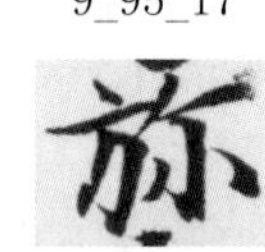 唐代•春秋經傳 17_172_2		
	 唐代•文選百三 85_816_3	 唐代•文選百三 21_199_6	 唐代•文選五九 17_168_12	 唐代•文選四八 10_87_8		
	 唐代•古文選前 10_115_10	 唐代•文選百三 49_470_5	 唐代•文選五九 20_196_4	 唐代•文選四八 10_88_3		
	 唐代•古文選前 23_267_11	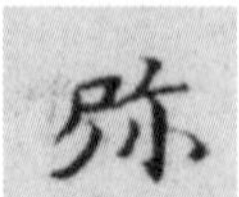 唐代•文選百三 49_471_16	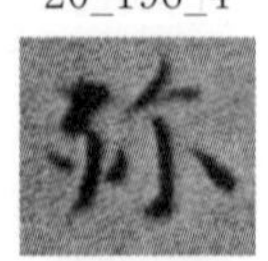 唐代•文選五九 20_198_22	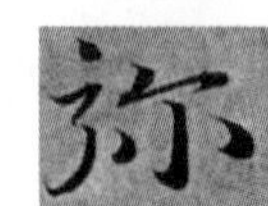 唐代•文選四八 33_298_16		

臧克和◎主編

日藏唐代漢字鈔本字形表

第五册

華東師範大學出版社

子部

子

シ唐ス
訓こ

初唐•金剛場經
1_3_8

初唐•大般若經
2_37_8

唐代•春秋經傳
1_2_14

唐代•春秋經傳
1_7_20

唐代•春秋經傳
1_7_26

唐代•春秋經傳
2_14_9

唐代•春秋經傳
2_16_17

唐代•春秋經傳
2_17_8

唐代•春秋經傳
2_18_1

唐代•春秋經傳
3_20_11

唐代•春秋經傳
3_21_22

唐代•春秋經傳
3_29_8

唐代•春秋經傳
4_36_9

唐代•春秋經傳
4_38_9

唐代•春秋經傳
4_39_1

唐代•春秋經傳
5_44_31

唐代•春秋經傳
5_45_11

唐代•春秋經傳
5_49_11

唐代•春秋經傳
6_53_3

唐代•春秋經傳
6_54_6

唐代•春秋經傳
6_58_13

唐代•春秋經傳
7_71_5

唐代•春秋經傳
8_77_9

唐代•春秋經傳
9_86_1

唐代•春秋經傳
10_96_2

唐代•春秋經傳
10_105_7

唐代•春秋經傳
10_105_17

唐代•春秋經傳
11_107_2

唐代•春秋經傳
11_107_8

唐代•春秋經傳
11_108_1

唐代•春秋經傳
11_108_5

唐代•春秋經傳
11_109_22

唐代•春秋經傳
11_111_3

唐代•春秋經傳
11_113_2

唐代•春秋經傳
11_113_8

唐代•春秋經傳
11_114_7

唐代•春秋經傳
11_116_3

唐代•春秋經傳
11_116_16

唐代•春秋經傳
12_118_21

唐代•春秋經傳
12_119_4

唐代•春秋經傳
12_119_6

唐代•春秋經傳
12_119_8

唐代•春秋經傳
12_119_15

唐代•春秋經傳
12_119_21

唐代•春秋經傳
12_120_4

唐代•春秋經傳
12_120_6

唐代•春秋經傳
12_121_1

唐代•春秋經傳
12_122_7

唐代•春秋經傳 20_207_11
唐代•春秋經傳 20_207_18
唐代•春秋經傳 20_210_1
唐代•春秋經傳 20_210_4
唐代•春秋經傳 20_210_7
唐代•春秋經傳 20_210_12
唐代•春秋經傳 20_210_14
唐代•春秋經傳 20_210_19
唐代•春秋經傳 20_212_7
唐代•春秋經傳 20_213_2
唐代•春秋經傳 20_213_6
唐代•春秋經傳 21_216_6
唐代•春秋經傳 21_216_15
唐代•春秋經傳 21_216_18
唐代•春秋經傳 21_217_1
唐代•春秋經傳 21_217_11
唐代•春秋經傳 21_218_1
唐代•春秋經傳 21_218_14
唐代•春秋經傳 21_219_1
唐代•春秋經傳 21_221_10
唐代•春秋經傳 22_223_1
唐代•春秋經傳 22_230_10
唐代•春秋經傳 22_230_14
唐代•春秋經傳 22_232_3
唐代•春秋經傳 23_234_19
唐代•春秋經傳 23_235_4
唐代•春秋經傳 23_235_22
唐代•春秋經傳 23_235_25
唐代•春秋經傳 23_238_11
唐代•春秋經傳 23_239_2
唐代•春秋經傳 23_240_7
唐代•春秋經傳 24_243_19
唐代•春秋經傳 24_251_30
唐代•春秋經傳 25_255_1
唐代•春秋經傳 25_255_7
唐代•春秋經傳 25_256_19
唐代•春秋經傳 25_261_18
唐代•春秋經傳 25_261_23
唐代•春秋經傳 25_262_7
唐代•春秋經傳 26_271_8
唐代•春秋經傳 27_275_18
唐代•春秋經傳 27_276_4
唐代•春秋經傳 27_277_21
唐代•春秋經傳 27_283_1
唐代•春秋經傳 28_285_24
唐代•春秋經傳 28_288_13
唐代•春秋經傳 28_290_1
唐代•春秋經傳 29_297_16
唐代•春秋經傳 29_300_20
唐代•春秋經傳 30_308_12
唐代•春秋經傳 30_312_7
唐代•春秋經傳 30_316_4
唐代•春秋經傳 31_322_2
唐代•春秋經傳 31_324_8
唐代•春秋經傳 31_325_4
唐代•春秋經傳 31_327_1

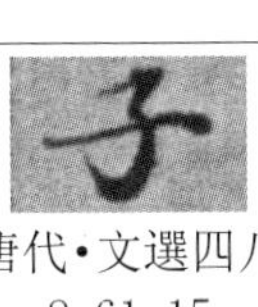
唐代•文選四八 8_61_15

唐代•文選四八 8_62_10

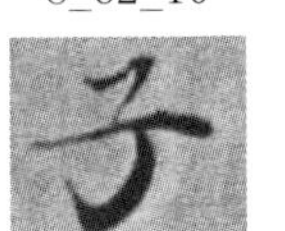
唐代•文選四八 8_63_26

唐代•文選四八 8_65_23

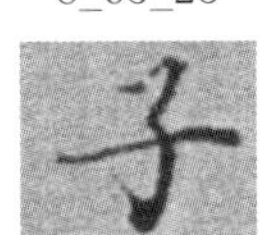
唐代•文選四八 8_68_6

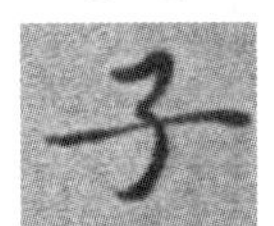
唐代•文選四八 8_68_19

唐代•文選四八 9_74_16

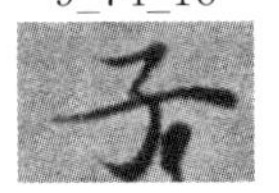
唐代•文選四八 9_76_10

唐代•文選四八 6_42_8

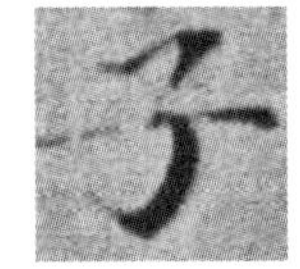
唐代•文選四八 3_20_4

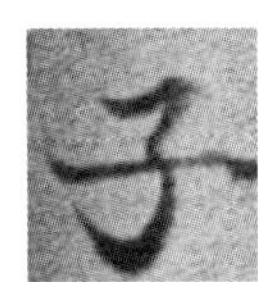
唐代•文選四八 4_30_17

唐代•文選四八 5_36_5

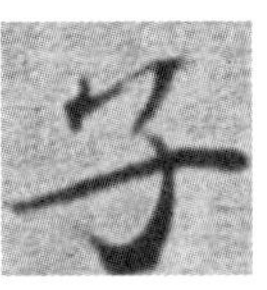
唐代•文選四八 5_37_4

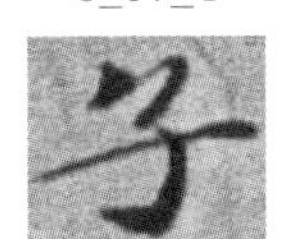
唐代•文選四八 5_37_8

唐代•文選四八 5_38_12

唐代•文選四八 7_58_3

唐代•春秋經傳 36_382_23

唐代•春秋經傳 37_388_1

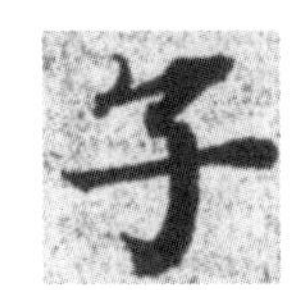
唐代•春秋經傳 37_389_13

唐代•春秋經傳 37_391_9

唐代•春秋經傳 39_408_13

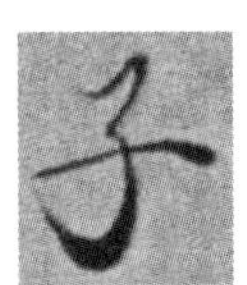
唐代•文選四八 2_10_1

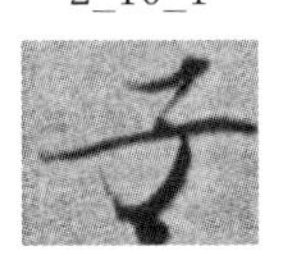
唐代•文選四八 3_19_13

唐代•春秋經傳 35_369_12

唐代•春秋經傳 35_370_22

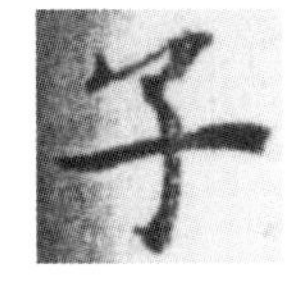
唐代•春秋經傳 35_372_21

唐代•春秋經傳 36_373_7

唐代•春秋經傳 36_373_12

唐代•春秋經傳 36_376_10

唐代•春秋經傳 36_376_14

唐代•春秋經傳 36_376_17

唐代•春秋經傳 34_359_8

唐代•春秋經傳 34_360_6

唐代•春秋經傳 34_360_12

唐代•春秋經傳 34_360_15

唐代•春秋經傳 35_362_5

唐代•春秋經傳 35_365_12

唐代•春秋經傳 35_368_21

唐代•春秋經傳 35_369_8

唐代•春秋經傳 33_347_10

唐代•春秋經傳 34_354_8

唐代•春秋經傳 34_354_18

唐代•春秋經傳 34_355_4

唐代•春秋經傳 34_357_16

唐代•春秋經傳 34_357_22

唐代•春秋經傳 34_358_13

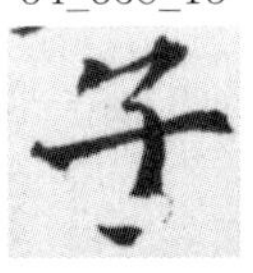
唐代•春秋經傳 34_358_20

唐代•春秋經傳 32_329_6

唐代•春秋經傳 32_330_18

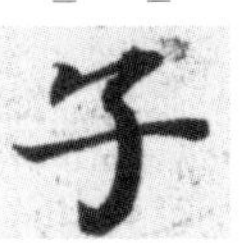
唐代•春秋經傳 32_338_19

唐代•春秋經傳 32_339_5

唐代•春秋經傳 32_339_20

唐代•春秋經傳 32_339_23

唐代•春秋經傳 33_342_26

唐代•文選五九 78_747_17
唐代•文選五九 78_749_6
唐代•文選五九 78_755_9
唐代•文選五九 78_757_14
唐代•文選五九 82_788_21
唐代•文選五九 82_793_14
唐代•文選五九 82_794_20

唐代•文選五九 83_798_4
唐代•文選五九 84_803_16
唐代•文選五九 84_808_20
唐代•文選五九 86_820_2
唐代•文選五九 86_820_5
唐代•文選五九 86_826_13
唐代•文選五九 86_827_6

唐代•文選五九 86_831_4
唐代•文選五九 88_838_9
唐代•文選五九 88_838_12
唐代•文選五九 90_865_12
唐代•文選五九 90_866_25
唐代•文選五九 91_872_5
唐代•文選五九 91_874_4

唐代•文選五九 92_881_4
唐代•文選五九 92_885_13
唐代•文選五九 93_890_6
唐代•文選五九 94_903_19
唐代•文選五九 94_906_13
唐代•文選五九 99_937_22
唐代•文選五九 101_953_13

唐代•文選五九 101_954_2
唐代•文選五九 101_954_14
唐代•文選五九 103_979_25
唐代•文選五九 103_980_1
唐代•文選五九 104_985_8
唐代•文選五九 105_989_13
唐代•文選五九 105_989_16

唐代•文選五九 105_993_5
唐代•文選五九 105_993_19
唐代•文選五九 106_1002_3
唐代•文選五九 107_1017_13
唐代•文選五九 108_1020_14
唐代•文選五九 108_1024_3
唐代•文選五九 109_1026_21

唐代•文選五九 109_1026_28
唐代•文選五九 109_1027_4
唐代•文選五九 109_1027_11
唐代•文選五九 109_1034_7
唐代•文選五九 109_1034_20
唐代•文選五九 109_1034_30
唐代•文選五九 109_1035_7

唐代•文選五九
110_1045_6

唐代•文選五九
111_1054_10

唐代•文選五九
111_1059_10

唐代•文選六八
1_1_8

唐代•文選六八
1_6_27

唐代•文選六八
2_14_11

唐代•文選六八
2_15_4

唐代•文選六八
2_16_25

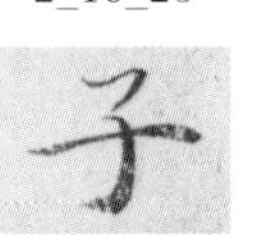
唐代•文選六八
2_24_2

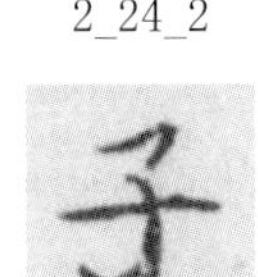
唐代•文選六八
3_29_21

唐代•文選六八
3_29_24

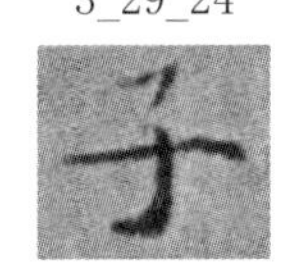
唐代•文選六八
4_36_11

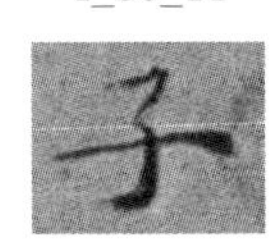
唐代•文選六八
4_38_15

唐代•文選六八
4_41_15

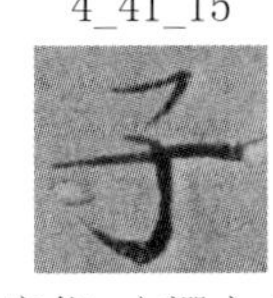
唐代•文選六八
4_47_1

唐代•文選六八
6_54_5

唐代•文選六八
6_54_12

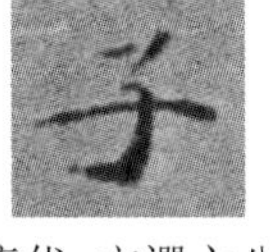
唐代•文選六八
6_57_5

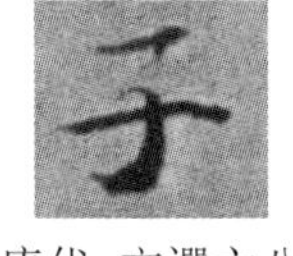
唐代•文選六八
6_61_7

唐代•文選六八
7_71_1

唐代•文選六八
8_81_3

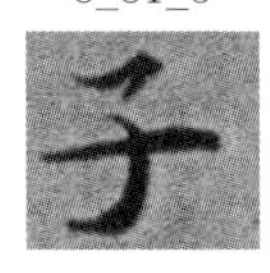
唐代•文選六八
8_84_14

唐代•文選六八
8_86_5

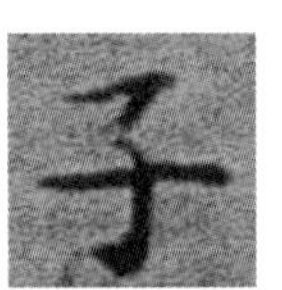
唐代•文選六八
9_96_13

唐代•文選六八
9_102_6

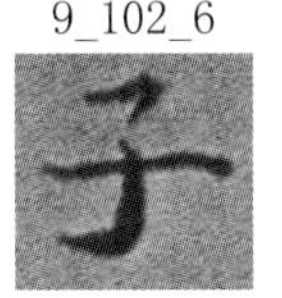
唐代•文選六八
10_108_3

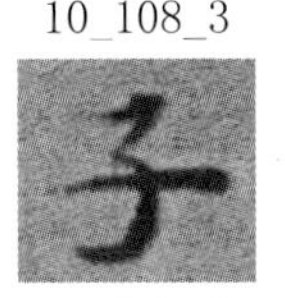
唐代•文選六八
10_108_15

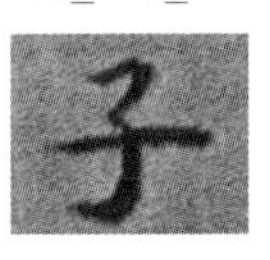
唐代•文選六八
10_108_17

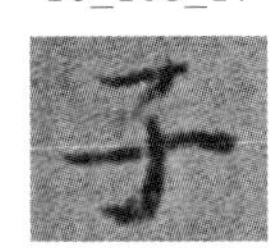
唐代•文選六八
11_110_15

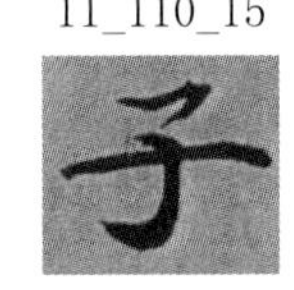
唐代•文選六八
11_111_19

唐代•文選六八
11_114_11

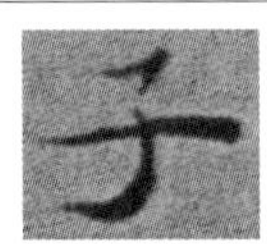
唐代•文選六八
11_117_3

唐代•文選六八
12_124_5

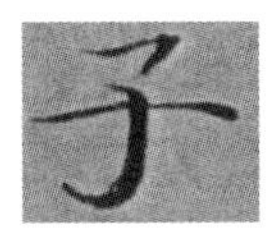
唐代•文選六八
12_124_8

唐代•文選六八
12_127_22

唐代•文選六八
13_132_7

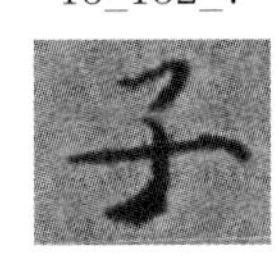
唐代•文選六八
15_150_4

唐代•文選六八
15_150_25

唐代•文選六八
17_173_24

唐代•文選六八
19_198_29

唐代•文選六八
21_212_17

唐代•文選六八
21_213_10

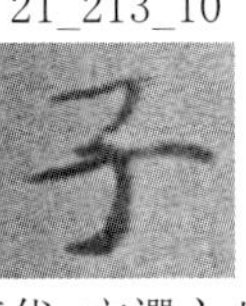
唐代•文選六八
21_215_1

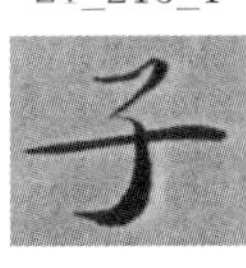
唐代•文選六八
21_217_3

唐代•文選六八
21_218_10

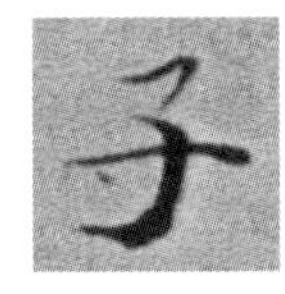
唐代•文選六八
21_218_13

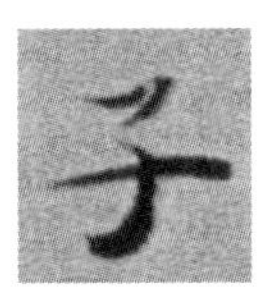
唐代•文選六八
22_221_14

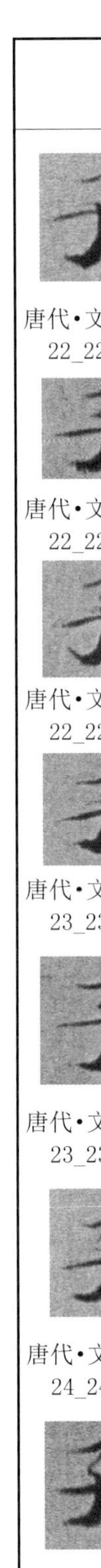
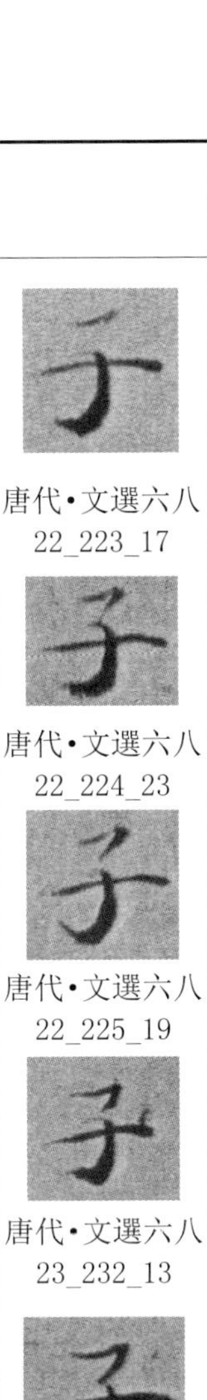
唐代•文選六八
22_223_17

唐代•文選六八
22_224_23

唐代•文選六八
22_225_19

唐代•文選六八
23_232_13

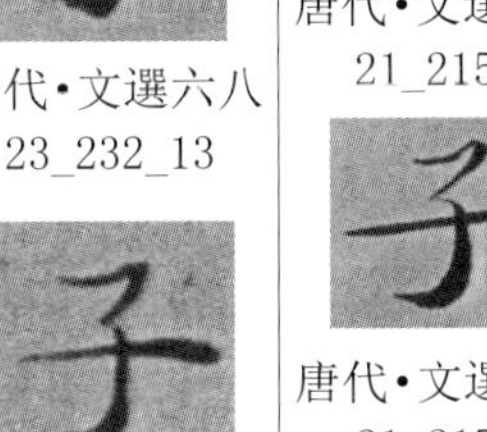
唐代•文選六八
23_233_14

唐代•文選六八
24_242_13

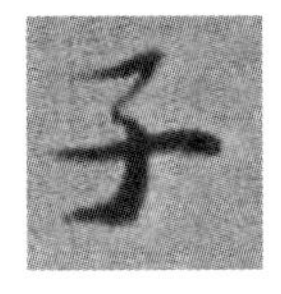
唐代•文選六八
24_245_27

唐代•文選百三 3_17_19
唐代•文選百三 3_18_24
唐代•文選百三 3_18_29
唐代•文選百三 3_21_14
唐代•文選百三 3_24_3
唐代•文選百三 3_26_11
唐代•文選百三 3_26_32

唐代•文選八八 19_166_19
唐代•文選八八 19_167_34
唐代•文選八八 20_175_31
唐代•文選八八 21_180_12
唐代•文選八八 21_181_31
唐代•文選八八 21_191_2
唐代•文選百三 3_16_1

唐代•文選八八 15_132_6
唐代•文選八八 17_142_8
唐代•文選八八 17_143_16
唐代•文選八八 17_143_24
唐代•文選八八 17_148_5
唐代•文選八八 17_152_12
唐代•文選八八 18_157_8

唐代•文選八八 3_7_27
唐代•文選八八 5_30_7
唐代•文選八八 7_45_11
唐代•文選八八 9_67_15
唐代•文選八八 12_98_20
唐代•文選八八 13_112_8
唐代•文選八八 13_112_13

唐代•文選六八 71_709_23
唐代•文選六八 71_713_5
唐代•文選六八 71_713_9
唐代•文選六八 71_714_1
唐代•文選六八 72_715_3
唐代•文選六八 73_729_3
唐代•文選八八 1_2_8

唐代•文選六八 67_673_22
唐代•文選六八 68_677_13
唐代•文選六八 69_683_12
唐代•文選六八 71_702_27
唐代•文選六八 71_703_8
唐代•文選六八 71_704_15
唐代•文選六八 71_705_26

唐代•文選六八 62_618_4
唐代•文選六八 62_622_7
唐代•文選六八 62_623_10
唐代•文選六八 63_624_1
唐代•文選六八 63_628_3
唐代•文選六八 64_641_15
唐代•文選六八 65_657_3
唐代•文選六八 67_664_11

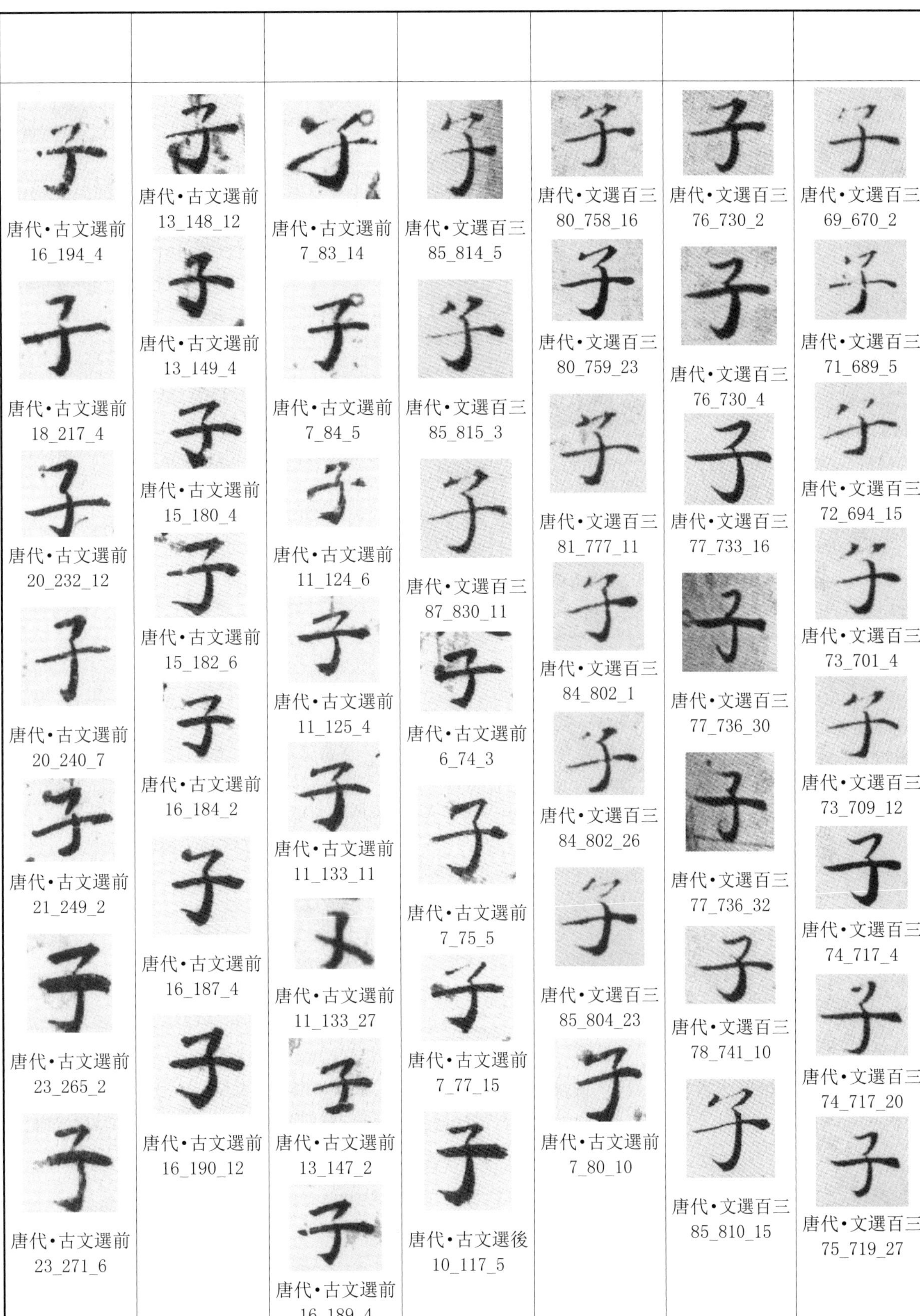

唐代•古文選前 16_194_4
唐代•古文選前 18_217_4
唐代•古文選前 20_232_12
唐代•古文選前 20_240_7
唐代•古文選前 21_249_2
唐代•古文選前 23_265_2
唐代•古文選前 23_271_6
唐代•古文選前 13_148_12
唐代•古文選前 13_149_4
唐代•古文選前 15_180_4
唐代•古文選前 15_182_6
唐代•古文選前 16_184_2
唐代•古文選前 16_187_4
唐代•古文選前 16_190_12
唐代•古文選前 7_83_14
唐代•古文選前 7_84_5
唐代•古文選前 11_124_6
唐代•古文選前 11_125_4
唐代•古文選前 11_133_11
唐代•古文選前 11_133_27
唐代•古文選前 13_147_2
唐代•古文選前 16_189_4
唐代•文選百三 85_814_5
唐代•文選百三 85_815_3
唐代•文選百三 87_830_11
唐代•古文選前 6_74_3
唐代•古文選前 7_75_5
唐代•古文選前 7_77_15
唐代•古文選後 10_117_5
唐代•文選百三 80_758_16
唐代•文選百三 80_759_23
唐代•文選百三 81_777_11
唐代•文選百三 84_802_1
唐代•文選百三 84_802_26
唐代•文選百三 85_804_23
唐代•古文選前 7_80_10
唐代•文選百三 76_730_2
唐代•文選百三 76_730_4
唐代•文選百三 77_733_16
唐代•文選百三 77_736_30
唐代•文選百三 77_736_32
唐代•文選百三 78_741_10
唐代•文選百三 85_810_15
唐代•文選百三 69_670_2
唐代•文選百三 71_689_5
唐代•文選百三 72_694_15
唐代•文選百三 73_701_4
唐代•文選百三 73_709_12
唐代•文選百三 74_717_4
唐代•文選百三 74_717_20
唐代•文選百三 75_719_27

唐代•古文選前 25_297_19
唐代•古文選前 26_306_5
唐代•古文選後 1_9_4
唐代•古文選後 1_12_10
唐代•古文選後 2_14_2
唐代•古文選後 2_16_10
唐代•古文選後 2_17_4

唐代•古文選後 2_20_10
唐代•古文選後 3_29_30
唐代•古文選後 5_60_11
唐代•古文選後 7_79_11
唐代•古文選後 7_83_39
唐代•古文選後 8_84_2
唐代•古文選後 8_89_21

唐代•古文選後 8_91_10
唐代•古文選後 9_96_13
唐代•古文選後 9_99_30
唐代•古文選後 10_108_35
唐代•古文選後 10_109_12
唐代•古文選後 10_115_8
唐代•古文選後 22_264_10

唐代•古文選後 11_119_4
唐代•古文選後 11_119_32
唐代•古文選後 11_119_45
唐代•古文選後 16_183_73
唐代•古文選後 19_221_3
唐代•古文選後 22_259_20
唐代•古文選後 22_260_10
唐代•十輪經四 12_230_7

唐代•古文選後 23_273_15
唐代•古文選後 23_276_7
唐代•古文選後 24_282_7
唐代•古文選後 26_308_14
唐代•十輪經四 1_10_15
唐代•十輪經四 2_35_12
唐代•十輪經四 3_42_4

唐代•十輪經四 3_45_5
唐代•十輪經四 3_46_3
唐代•十輪經四 5_93_5
唐代•十輪經四 7_133_11
唐代•十輪經四 7_138_5
唐代•十輪經四 8_144_6
唐代•十輪經四 8_152_1

唐代•十輪經四 9_162_2
唐代•十輪經四 10_183_25
唐代•十輪經四 10_197_7
唐代•十輪經四 11_207_9
唐代•十輪經四 11_215_6
唐代•十輪經四 12_228_4
唐代•十輪經十 19_361_2

孔

漢コウ呉ク
訓あな

唐代•春秋經傳 11_109_21
唐代•春秋經傳 17_178_8
唐代•春秋經傳 31_320_15
唐代•春秋經傳 31_325_3
唐代•春秋經傳 34_352_2
唐代•文選四八 6_48_15
唐代•文選四八 14_127_1
唐代•文選四八 14_130_15
唐代•文選四八 23_207_3

唐代•十輪經十 19_375_1
唐代•十輪經十 16_312_7
唐代•十輪經十 10_199_5
唐代•十輪經十 6_118_9
唐代•十輪經九 19_366_5

唐代•十輪經十 13_248_7
唐代•十輪經十 13_257_14
唐代•十輪經十 14_268_11
唐代•十輪經十 14_271_8
唐代•十輪經十 15_283_12
唐代•十輪經十 16_303_15
唐代•十輪經十 16_318_3

唐代•十輪經十 7_136_2
唐代•十輪經十 8_153_12
唐代•十輪經十 9_162_17
唐代•十輪經十 9_164_5
唐代•十輪經十 9_178_13
唐代•十輪經十 10_188_16
唐代•十輪經十 12_239_12

唐代•十輪經九 21_413_6
唐代•十輪經十 1_2_5
唐代•十輪經十 2_31_11
唐代•十輪經十 2_36_5
唐代•十輪經十 3_41_8
唐代•十輪經十 4_74_15
唐代•十輪經十 7_131_5

唐代•十輪經九 16_301_5
唐代•十輪經九 16_306_2
唐代•十輪經九 16_310_9
唐代•十輪經九 16_314_5
唐代•十輪經九 17_324_8
唐代•十輪經九 18_355_12
唐代•十輪經九 19_371_2

唐代•十輪經九 11_201_5
唐代•十輪經九 12_227_7
唐代•十輪經九 12_238_5
唐代•十輪經九 13_243_1
唐代•十輪經九 14_261_14
唐代•十輪經九 14_270_5
唐代•十輪經九 14_275_2

唐代•文選百三 45_434_15

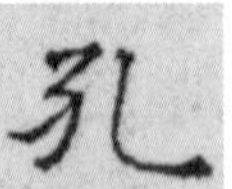
唐代•文選百三 53_508_13

唐代•文選百三 55_531_6

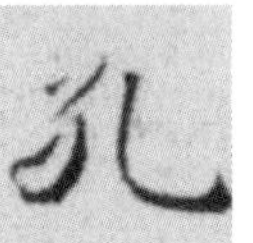
唐代•文選百三 56_536_4

唐代•文選百三 57_551_12

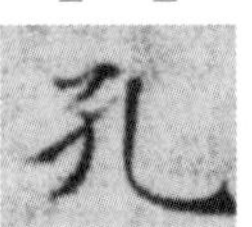
唐代•文選百三 68_655_17

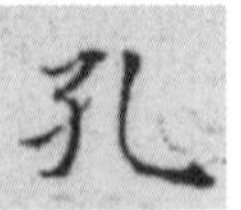
唐代•文選百三 69_664_4

唐代•文選百三 81_772_7

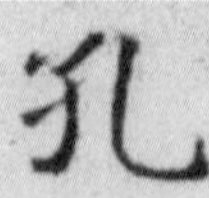
唐代•文選百三 15_137_14

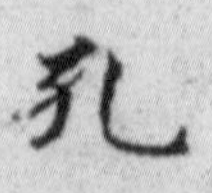
唐代•文選百三 15_138_15

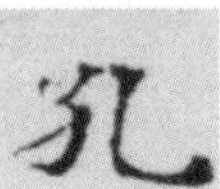
唐代•文選百三 15_142_31

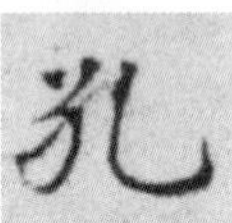
唐代•文選百三 18_173_28

唐代•文選百三 22_212_6

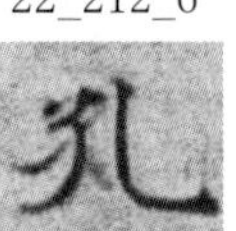
唐代•文選百三 27_258_23

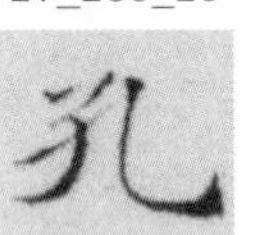
唐代•文選百三 34_336_26

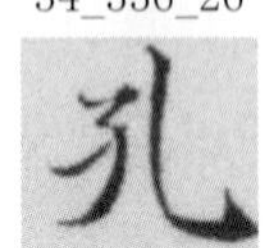
唐代•文選百三 39_387_24

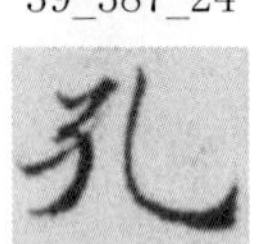
唐代•文選百三 44_423_6

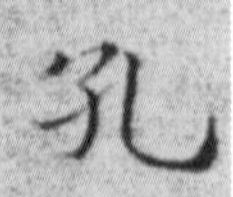
唐代•文選百三 5_48_16

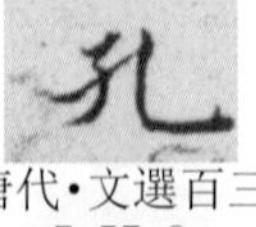
唐代•文選百三 7_57_9

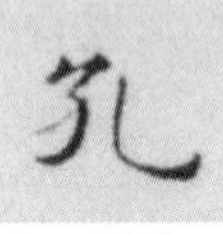
唐代•文選百三 7_62_34

唐代•文選百三 7_67_12

唐代•文選百三 9_79_52

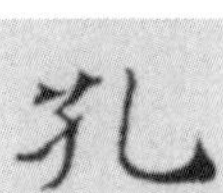
唐代•文選百三 9_87_31

唐代•文選百三 11_106_21

唐代•文選百三 13_115_23

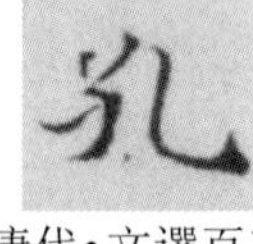
唐代•文選百三 13_122_6

唐代•文選六八 50_499_8

唐代•文選六八 63_629_11

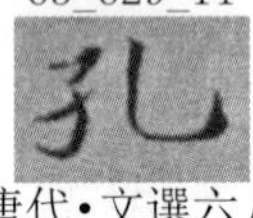
唐代•文選六八 64_640_14

唐代•文選六八 67_669_12

唐代•文選六八 67_673_21

唐代•文選六八 67_674_11

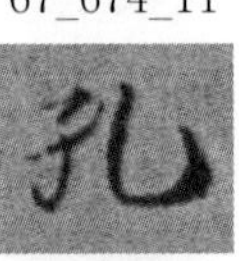
唐代•文選六八 68_677_12

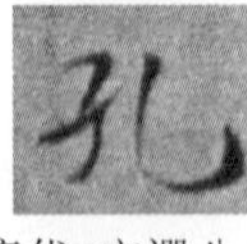
唐代•文選八八 21_180_16

唐代•文選百三 4_34_20

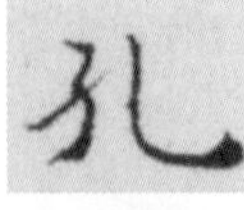
唐代•文選五九 81_779_12

唐代•文選五九 88_844_19

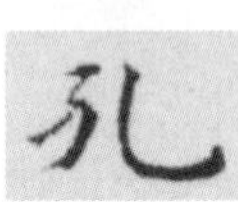
唐代•文選五九 90_865_11

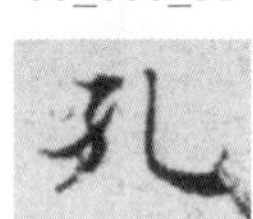
唐代•文選五九 111_1054_9

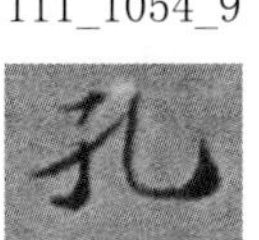
唐代•文選六八 7_72_15

唐代•文選六八 21_218_9

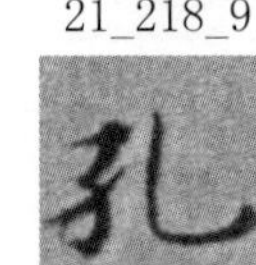
唐代•文選六八 22_221_19

唐代•文選六八 25_257_10

唐代•文選六八 35_346_5

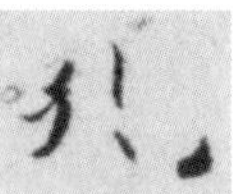
唐代•文選五九 29_287_13

唐代•文選五九 44_437_10

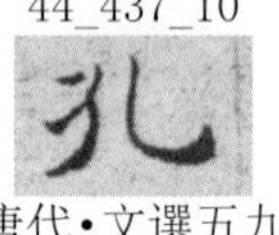
唐代•文選五九 45_449_4

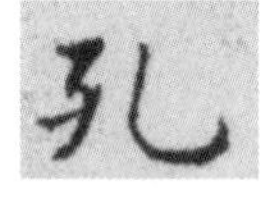
唐代•文選五九 47_463_5

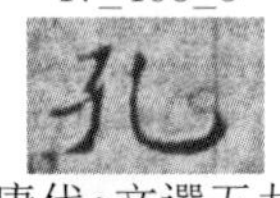
唐代•文選五九 49_481_11

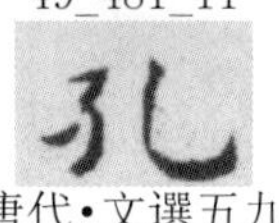
唐代•文選五九 59_567_3

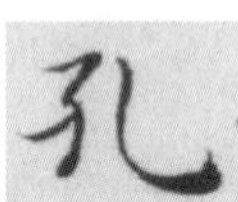
唐代•文選五九 64_617_2

唐代•文選五九 74_710_8

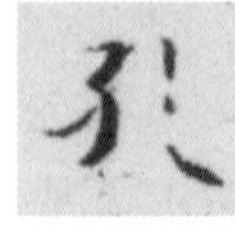
唐代•文選五九 80_767_9

唐代•文選四八 24_217_18

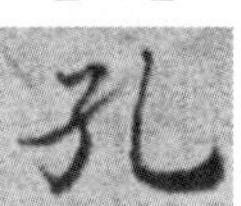
唐代•文選四八 31_280_11

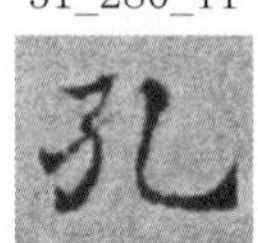
唐代•文選四八 32_289_10

唐代•文選四八 36_319_21

唐代•文選四八 37_331_5

唐代•文選四八 39_347_2

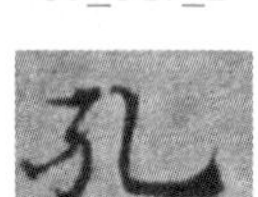
唐代•文選四八 39_348_5

唐代•文選四八 43_389_8

唐代•文選四八 45_405_14

唐代・古文選後 6_71_13
唐代・古文選後 14_164_7
唐代・古文選後 15_175_13
唐代・古文選後 16_184_14
唐代・古文選後 16_192_11
唐代・十輪經十 15_281_8
唐代・十輪經十 15_284_5

字

吳 ジ
訓 あざ

唐代・春秋經傳 2_9_5
唐代・春秋經傳 24_249_11
唐代・春秋經傳 27_275_11
唐代・春秋經傳 28_286_1
唐代・春秋經傳 32_339_18
唐代・春秋經傳 32_339_27
唐代・文選四八 11_96_15

唐代・文選四八 12_110_24
唐代・文選四八 14_123_12
唐代・文選四八 16_142_11
唐代・文選四八 16_145_5
唐代・文選四八 20_177_12
唐代・文選四八 20_181_16
唐代・文選四八 21_188_15

唐代・文選四八 22_194_14
唐代・文選四八 31_279_17
唐代・文選四八 34_300_21
唐代・文選四八 43_385_12
唐代・文選五九 3_28_22
唐代・文選五九 4_35_11
唐代・文選五九 7_60_12

唐代・文選五九 7_67_12
唐代・文選五九 13_121_14
唐代・文選五九 19_183_30
唐代・文選五九 23_227_5
唐代・文選五九 41_409_14
唐代・文選五九 53_522_24
唐代・文選五九 56_542_15

唐代・文選五九 57_553_5
唐代・文選五九 78_751_1
唐代・文選五九 88_843_13
唐代・文選五九 99_936_25
唐代・文選五九 102_966_8
唐代・文選五九 104_985_6
唐代・文選八八 11_94_25

唐代・文選五九 107_1010_24
唐代・文選五九 107_1011_5
唐代・文選五九 109_1035_2
唐代・文選六八 5_48_21
唐代・文選六八 8_87_22
唐代・文選六八 12_126_5
唐代・文選六八 12_127_28

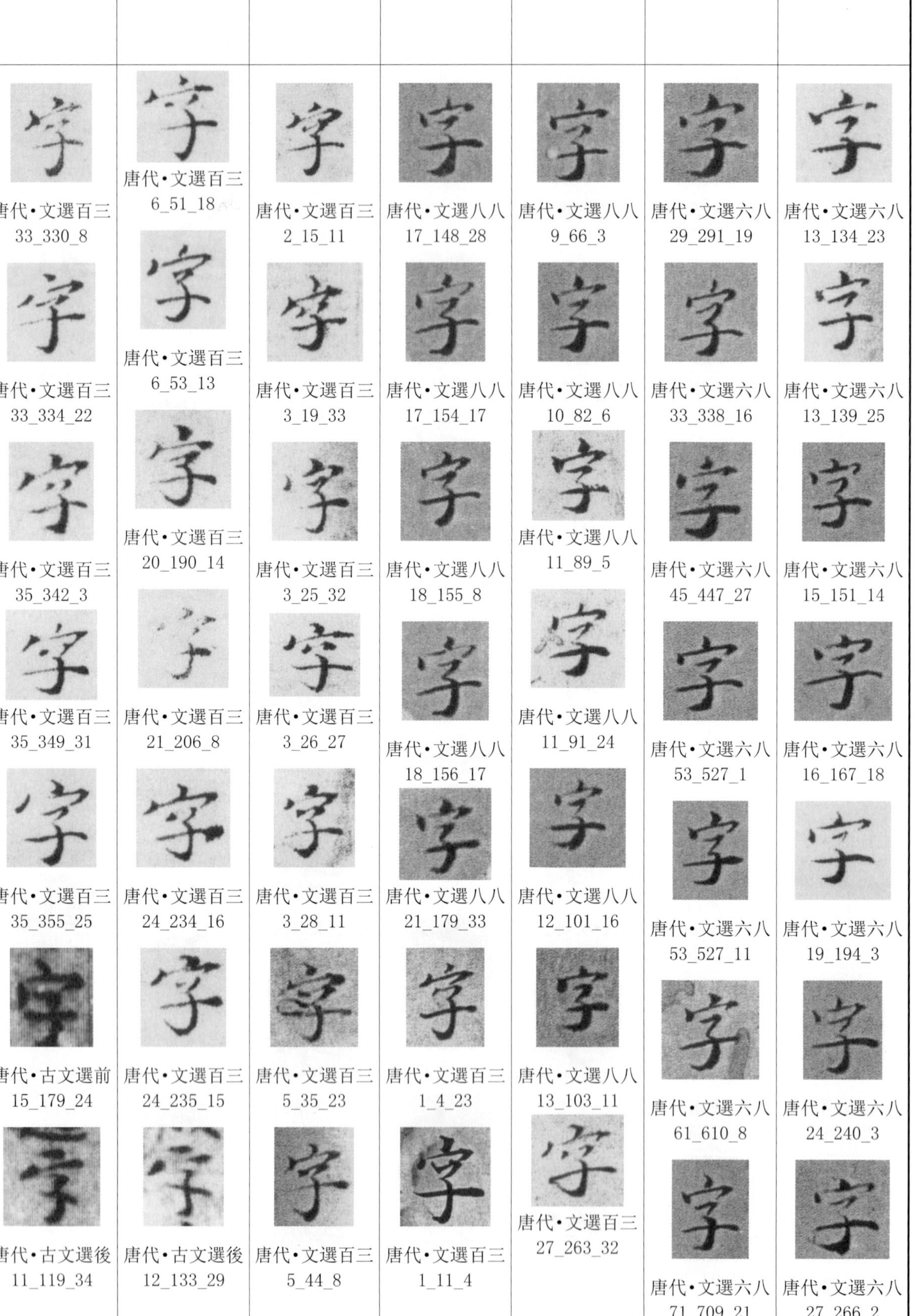

唐代•文選百三 33_330_8
唐代•文選百三 33_334_22
唐代•文選百三 35_342_3
唐代•文選百三 35_349_31
唐代•文選百三 35_355_25
唐代•古文選前 15_179_24
唐代•古文選後 11_119_34
唐代•文選百三 6_51_18
唐代•文選百三 6_53_13
唐代•文選百三 20_190_14
唐代•文選百三 21_206_8
唐代•文選百三 24_234_16
唐代•文選百三 24_235_15
唐代•古文選後 12_133_29
唐代•文選百三 2_15_11
唐代•文選百三 3_19_33
唐代•文選百三 3_25_32
唐代•文選百三 3_26_27
唐代•文選百三 3_28_11
唐代•文選百三 5_35_23
唐代•文選百三 5_44_8
唐代•文選八八 17_148_28
唐代•文選八八 17_154_17
唐代•文選八八 18_155_8
唐代•文選八八 18_156_17
唐代•文選八八 21_179_33
唐代•文選百三 1_4_23
唐代•文選百三 1_11_4
唐代•文選八八 9_66_3
唐代•文選八八 10_82_6
唐代•文選八八 11_89_5
唐代•文選八八 11_91_24
唐代•文選八八 12_101_16
唐代•文選八八 13_103_11
唐代•文選百三 27_263_32
唐代•文選六八 29_291_19
唐代•文選六八 33_338_16
唐代•文選六八 45_447_27
唐代•文選六八 53_527_1
唐代•文選六八 53_527_11
唐代•文選六八 61_610_8
唐代•文選六八 71_709_21
唐代•文選六八 13_134_23
唐代•文選六八 13_139_25
唐代•文選六八 15_151_14
唐代•文選六八 16_167_18
唐代•文選六八 19_194_3
唐代•文選六八 24_240_3
唐代•文選六八 27_266_2

唐代•古文選後 16_183_54
唐代•古文選後 21_244_29
唐代•古文選後 21_244_66
唐代•古文選後 26_311_18
唐代•十輪經四 21_401_16
唐代•十輪經九 15_286_8

存

漢ソウ吳ゾウ
訓たもつ

唐代•春秋經傳 5_50_16
唐代•春秋經傳 10_99_6
唐代•春秋經傳 20_208_5
唐代•春秋經傳 33_347_13
唐代•春秋經傳 39_405_5
唐代•文選五九 5_41_3
唐代•文選五九 5_45_27
唐代•文選五九 11_110_17

唐代•文選五九 33_325_3
唐代•文選五九 40_396_5
唐代•文選五九 40_397_16
唐代•文選五九 40_398_21
唐代•文選五九 41_400_4
唐代•文選五九 41_400_31
唐代•文選五九 47_469_24
唐代•文選五九 87_833_22

唐代•文選五九 105_992_10
唐代•文選五九 105_994_13
唐代•文選五九 105_995_18
唐代•文選六八 1_3_10
唐代•文選八八 1_4_10
唐代•文選八八 3_17_3
唐代•文選八八 3_20_5
唐代•文選八八 15_132_21

唐代•文選百三 1_9_25
唐代•文選百三 19_188_20
唐代•文選百三 19_189_32
唐代•文選百三 21_200_1
唐代•文選百三 38_380_16
唐代•文選百三 51_491_7
唐代•文選百三 51_494_6
唐代•文選百三 54_522_7

唐代•文選百三 56_535_23
唐代•文選百三 56_538_20
唐代•文選百三 57_553_24
唐代•文選百三 63_605_24
唐代•文選百三 71_687_3
唐代•文選百三 71_688_11
唐代•文選百三 87_825_6
唐代•文選百三 87_827_8

唐代•文選百三 87_831_11
唐代•古文選前 15_178_30
唐代•古文選後 2_21_5
唐代•古文選後 9_100_13
唐代•古文選後 10_117_2
唐代•十輪經八 2_36_3
唐代•十輪經八 3_41_15

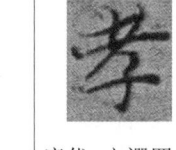

孝

漢コウ呉キョウ
訓ー

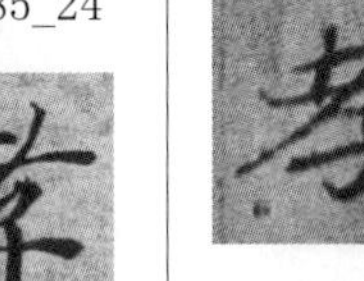
唐代•文選四八
17_155_25

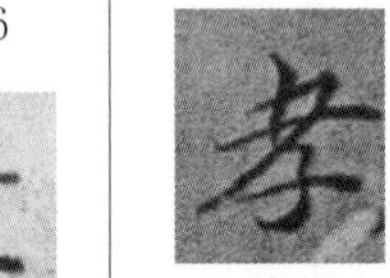
唐代•文選四八
17_156_21

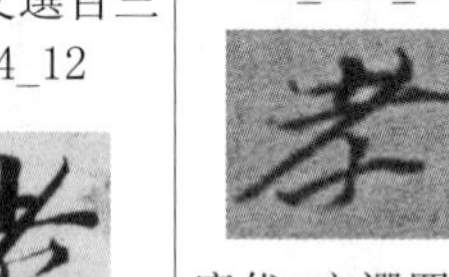
唐代•文選四八
19_168_6

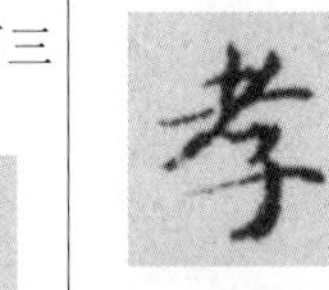
唐代•文選四八
19_169_4

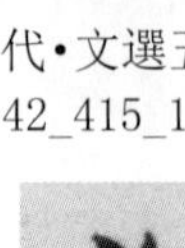
唐代•文選四八
25_226_12

唐代•文選五九
42_415_10

唐代•文選五九
99_937_9

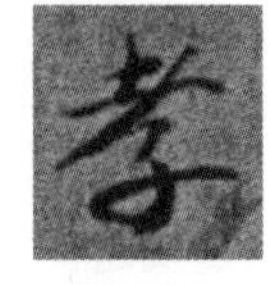
唐代•文選六八
69_685_24

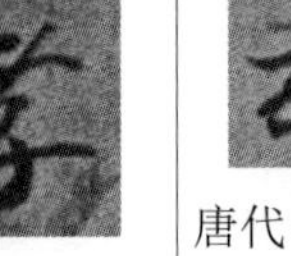
唐代•文選百三
1_11_5

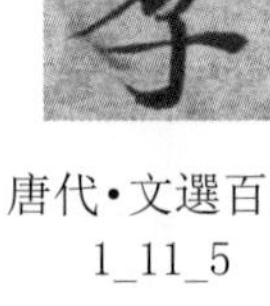
唐代•文選百三
8_74_6

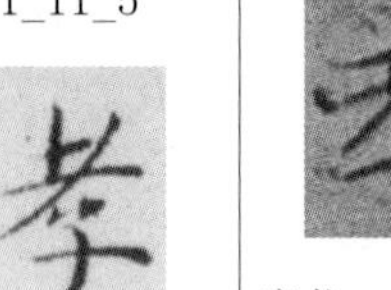
唐代•文選百三
8_74_12

唐代•文選百三
9_76_1

唐代•文選百三
9_76_17

唐代•文選百三
9_77_11

唐代•文選百三
9_77_35

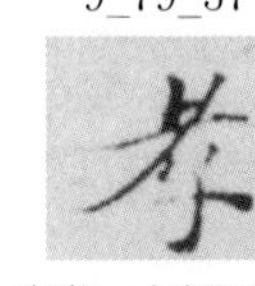
唐代•文選百三
9_78_7

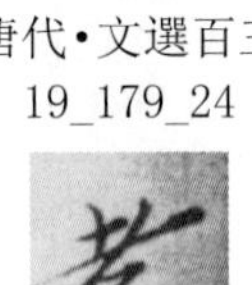
唐代•文選百三
9_78_26

唐代•文選百三
9_79_13

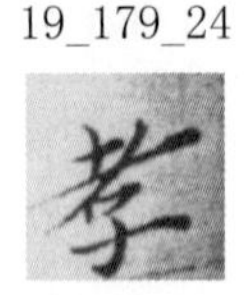

唐代•文選百三
9_79_57

唐代•文選百三
19_179_24

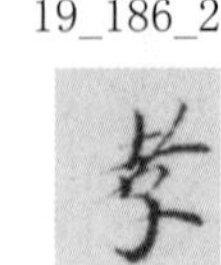
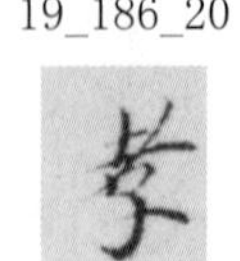
唐代•文選百三
19_186_20

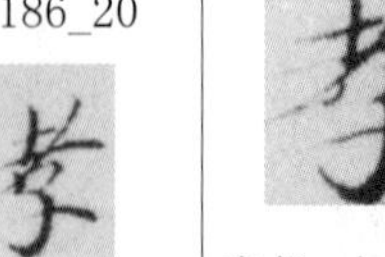
唐代•文選百三
19_187_28

唐代•文選百三
19_187_32

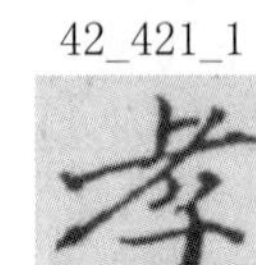
唐代•文選百三
42_421_1

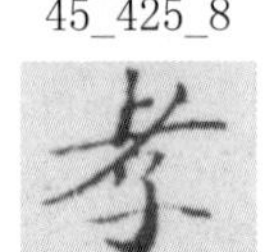
唐代•文選百三
45_425_8

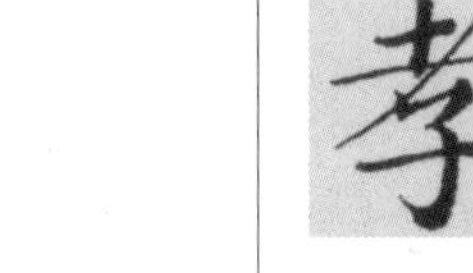

唐代•文選百三
71_684_9

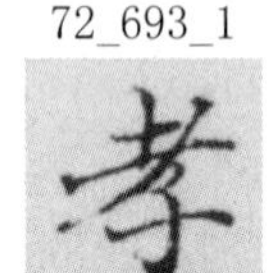
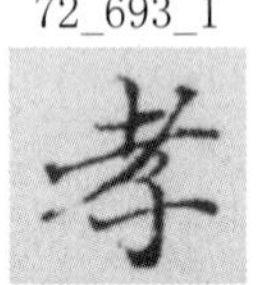
唐代•文選百三
72_693_1

唐代•文選百三
73_700_26

唐代•古文選前
15_180_3

唐代•古文選前
16_189_3

孚

フ
訓とりこ

唐代•文選百三
31_313_15

唐代•古文選後
17_196_3

孟

慣モウ漢ボウ呉ニョウ
訓かしら

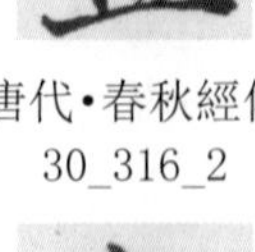
唐代•春秋經傳
30_316_2

唐代•春秋經傳
34_357_14

唐代•文選四八
8_62_9

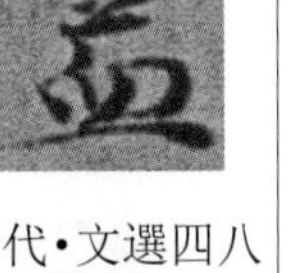
唐代•文選四八
19_170_11

唐代•文選四八
24_211_4

唐代•文選四八
37_330_11

唐代•文選四八
46_411_13

唐代•文選四八
48_436_12

唐代•文選五九
13_119_1

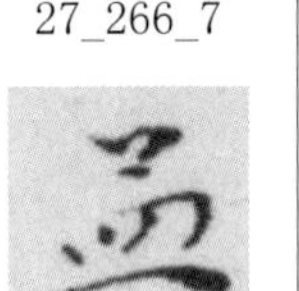
唐代•文選五九
27_266_7

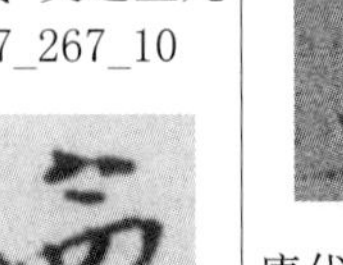
唐代•文選五九
27_267_10

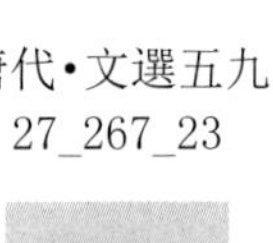
唐代•文選五九
27_267_23

唐代•文選五九
28_273_20

唐代•文選五九
44_436_18

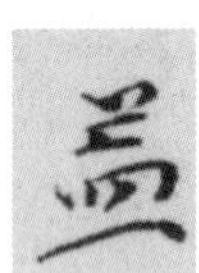
唐代•文選五九
64_617_17

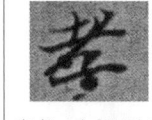

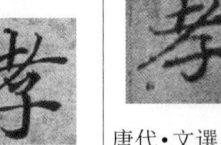

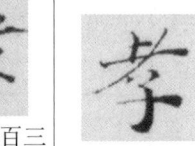

季

キ
訓おさない

唐代•春秋經傳 12_125_23
唐代•春秋經傳 12_126_15
唐代•春秋經傳 16_167_14
唐代•春秋經傳 32_338_18
唐代•春秋經傳 32_339_4
唐代•春秋經傳 32_339_19
唐代•春秋經傳 33_341_1

唐代•春秋經傳 1_4_21
唐代•春秋經傳 2_17_31
唐代•春秋經傳 8_75_18
唐代•春秋經傳 8_76_10
唐代•春秋經傳 8_78_6
唐代•春秋經傳 12_122_9
唐代•春秋經傳 12_125_14

唐代•文選百三 61_592_6
唐代•文選百三 62_596_22
唐代•文選百三 63_608_22
唐代•古文選前 20_239_11
唐代•古文選前 20_239_31
唐代•古文選前 20_240_1
唐代•古文選後 5_56_1

唐代•文選八八 16_138_5
唐代•文選百三 7_58_10
唐代•文選百三 27_262_32
唐代•文選百三 49_467_8
唐代•文選百三 61_586_2
唐代•文選百三 61_587_24
唐代•文選百三 61_588_5

唐代•文選六八 61_607_4
唐代•文選六八 61_609_1
唐代•文選八八 7_45_10
唐代•文選八八 12_97_10
唐代•文選八八 13_112_7
唐代•文選八八 15_132_5
唐代•文選八八 16_138_1

唐代•文選五九 89_851_8
唐代•文選五九 89_851_11
唐代•文選五九 110_1045_13
唐代•文選六八 17_178_14
唐代•文選六八 35_355_14
唐代•文選六八 37_367_13
唐代•文選六八 42_423_18

唐代•文選五九 76_725_9
唐代•文選五九 76_727_19
唐代•文選五九 76_732_19
唐代•文選五九 78_749_5
唐代•文選五九 88_848_12
唐代•文選五九 88_848_15
唐代•文選五九 88_850_5

唐代•春秋經傳
34_357_21

唐代•春秋經傳
34_358_18

唐代•文選四八
3_20_9

唐代•文選四八
4_22_10

唐代•文選五九
42_412_24

唐代•文選五九
99_934_5

唐代•文選五九
106_1002_1

唐代•文選六八
20_201_12

唐代•文選八八
7_55_18

唐代•文選百三
6_51_19

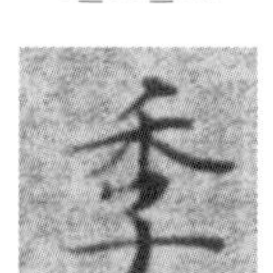
唐代•文選百三
11_101_17

唐代•文選百三
17_167_18

唐代•文選百三
19_180_22

唐代•文選百三
47_451_6

唐代•文選百三
73_709_14

唐代•文選百三
73_710_7

唐代•文選百三
74_714_27

唐代•古文選前
19_224_13

唐代•古文選後
17_193_1

孤

漢コ
訓みなしご

唐代•文選五九
9_91_6

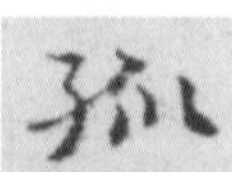
唐代•文選五九
10_93_27

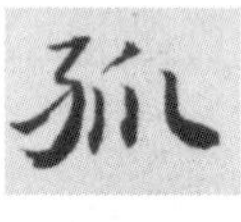
唐代•文選五九
39_380_9

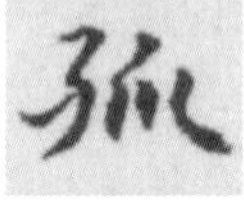
唐代•文選五九
39_381_12

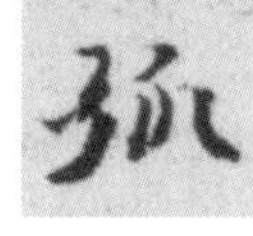
唐代•文選五九
39_382_2

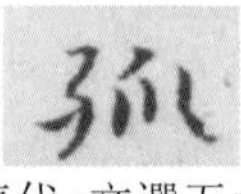
唐代•文選五九
39_383_18

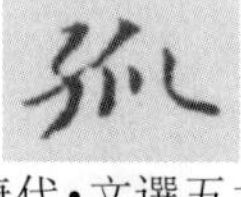
唐代•文選五九
43_431_21

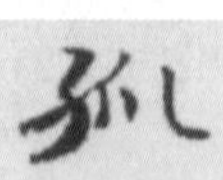
唐代•文選五九
44_436_5

唐代•文選六八
13_139_21

唐代•文選八八
17_140_1

唐代•文選八八
17_141_19

唐代•文選八八
17_145_6

唐代•文選百三
23_217_10

唐代•文選百三
23_218_11

唐代•文選百三
23_219_29

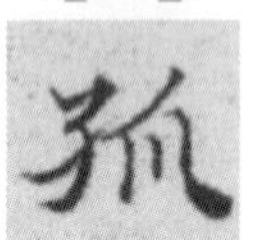
唐代•文選百三
23_228_6

唐代•文選百三
36_357_26

唐代•文選百三
37_374_9

唐代•文選百三
38_379_25

唐代•文選百三
38_380_9

唐代•文選百三
71_686_14

唐代•文選百三
71_688_7

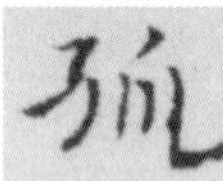
唐代•文選百三
74_714_12

唐代•文選百三
83_796_1

唐代•文選百三
87_828_11

唐代•文選百三
87_830_6

唐代•文選百三
87_830_27

唐代•文選百三
87_831_7

唐代•古文選後
5_60_12

孫

ソン
訓まご

唐代•春秋經傳 1_4_22
唐代•春秋經傳 12_123_16
唐代•春秋經傳 14_139_12
唐代•春秋經傳 14_139_18
唐代•春秋經傳 17_175_1
唐代•春秋經傳 23_235_10
唐代•春秋經傳 23_242_23
唐代•春秋經傳 24_253_9

唐代•春秋經傳 26_267_8
唐代•春秋經傳 26_271_6
唐代•春秋經傳 29_306_23
唐代•春秋經傳 31_326_28
唐代•春秋經傳 32_337_2
唐代•春秋經傳 32_339_30
唐代•春秋經傳 33_341_2
唐代•春秋經傳 33_341_9

唐代•春秋經傳 35_366_26
唐代•春秋經傳 35_370_14
唐代•春秋經傳 36_377_15
唐代•春秋經傳 38_404_5
唐代•文選四八 6_53_3
唐代•文選四八 16_142_19
唐代•文選四八 16_144_23
唐代•文選四八 19_168_16

唐代•文選四八 19_174_15
唐代•文選四八 20_177_2
唐代•文選四八 20_177_10
唐代•文選四八 21_187_10
唐代•文選四八 21_188_6
唐代•文選四八 21_188_13
唐代•文選四八 21_188_21
唐代•文選四八 21_189_25

唐代•文選四八 34_307_10
唐代•文選四八 34_307_17
唐代•文選四八 43_387_14
唐代•文選五九 16_153_19
唐代•文選五九 17_170_28
唐代•文選五九 49_481_20
唐代•文選五九 50_494_9
唐代•文選五九 56_548_16

唐代•文選五九 57_555_19
唐代•文選五九 65_626_2
唐代•文選五九 76_728_15
唐代•文選五九 77_735_6
唐代•文選五九 77_737_5
唐代•文選五九 77_738_14
唐代•文選五九 78_751_9
唐代•文選五九 78_751_21

唐代•文選五九 78_756_21
唐代•文選五九 82_783_3
唐代•文選五九 82_788_22
唐代•文選五九 84_812_16
唐代•文選五九 84_813_14
唐代•文選五九 94_906_12
唐代•文選五九 105_991_20
唐代•文選六八 8_81_1

孳

漢シ 呉ジ
訓しげる

唐代・文選百三
47_453_10

孰

呉シュク
訓にる

唐代・古文選後
6_72_14

唐代・古文選後
21_248_6

唐代・古文選後
24_279_11

唐代・文選百三
15_138_38

唐代・文選百三
19_184_9

唐代・文選百三
19_188_14

唐代・文選百三
57_550_2

唐代・古文選前
4_45_1

唐代・古文選前
23_269_11

唐代・古文選後
5_55_13

唐代・古文選後
6_62_14

唐代・春秋經傳
6_54_29

唐代・文選四八
39_346_2

唐代・文選四八
48_430_8

唐代・文選四八
48_434_20

唐代・文選五九
7_62_19

唐代・文選五九
36_357_26

唐代・文選六八
4_36_6

唐代・文選百三
15_138_36

唐代・古文選後
13_150_80

唐代・古文選後
23_273_14

唐代・文選百三
20_195_36

唐代・文選百三
48_465_14

唐代・文選百三
49_466_21

唐代・文選百三
54_521_10

唐代・文選百三
75_720_19

唐代・文選百三
78_741_9

唐代・文選百三
85_815_2

唐代・古文選前
20_240_11

唐代・文選六八
33_333_8

唐代・文選八八
19_170_27

唐代・文選八八
19_170_29

唐代・文選百三
5_35_37

唐代・文選百三
9_76_20

唐代・文選百三
17_160_27

唐代・文選百三
18_175_9

唐代・文選百三
19_185_17

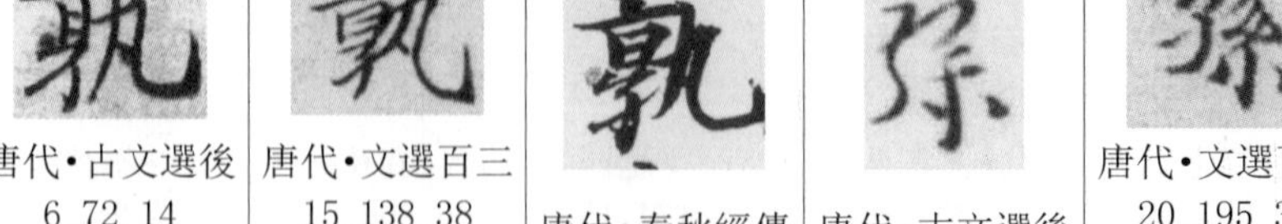

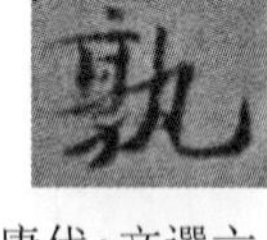

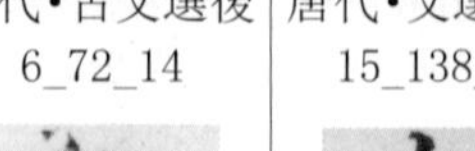

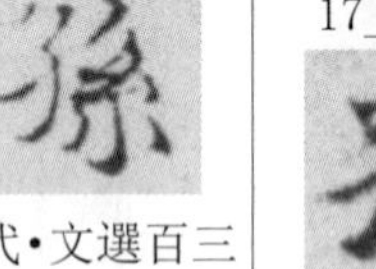

學

吳ガク
訓まなぶ

中唐・灌頂歴名 1_4_4
唐代・文選四八 32_291_25
唐代・文選四八 44_391_16
唐代・文選四八 44_391_23
唐代・文選四八 45_406_9
唐代・文選五九 41_409_19
唐代・文選五九 41_410_8

唐代・文選五九 42_412_5
唐代・文選五九 49_483_6
唐代・文選五九 49_485_26
唐代・文選五九 49_488_6
唐代・文選五九 49_488_23
唐代・文選五九 49_488_25
唐代・文選五九 74_706_26

唐代・文選五九 84_805_10
唐代・文選五九 103_967_4
唐代・文選六八 52_523_13
唐代・文選百三 5_44_13
唐代・文選百三 56_539_8
唐代・文選百三 56_540_17
唐代・古文選前 7_79_9

唐代・古文選後 9_99_32
唐代・古文選後 16_183_63
唐代・十輪經四 2_33_1
唐代・十輪經四 2_33_3
唐代・十輪經四 2_40_15
唐代・十輪經四 2_40_17
唐代・十輪經四 3_41_9

唐代・十輪經四 8_154_13
唐代・十輪經四 17_329_5
唐代・十輪經四 17_329_7
唐代・十輪經四 19_363_5
唐代・十輪經四 19_363_7
唐代・十輪經八 4_61_12
唐代・十輪經八 4_65_17

唐代・十輪經八 6_115_5
唐代・十輪經八 8_153_10
唐代・十輪經八 12_228_9
唐代・十輪經八 14_265_7
唐代・十輪經八 15_303_8
唐代・十輪經八 19_379_7
唐代・十輪經十 17_329_9

唐代・十輪經八 21_417_4
唐代・十輪經九 1_16_17
唐代・十輪經九 3_55_6
唐代・十輪經九 19_379_9
唐代・十輪經十 3_51_10
唐代・十輪經十 4_61_8
唐代・十輪經十 4_66_11

唐代•十輪經十
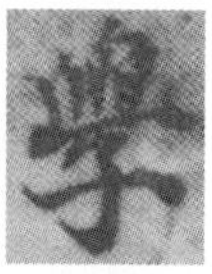
4_67_2

唐代•十輪經十
4_71_11

唐代•十輪經十
5_81_1

唐代•十輪經十
6_108_8

唐代•十輪經十
6_113_15

唐代•十輪經十
6_115_1

唐代•十輪經十
6_116_12

孺 

漢ジュ
訓ものみご

唐代•文選五九
42_413_23

唐代•文選五九
104_985_7

孽

漢ゲツ呉ゲチ
訓ひこばえ

唐代•文選六八
41_413_18

女部

女

漢ジョ呉ニョ慣ニョウ

訓おんな

唐代•春秋經傳 1_3_1
唐代•春秋經傳 2_14_14
唐代•春秋經傳 12_122_23
唐代•春秋經傳 17_176_5
唐代•春秋經傳 22_230_12
唐代•春秋經傳 22_232_15
唐代•春秋經傳 23_234_6
唐代•春秋經傳 23_242_15
唐代•春秋經傳 24_248_5

唐代•春秋經傳 24_249_6
唐代•春秋經傳 24_250_23
唐代•春秋經傳 31_322_10
唐代•文選四八 5_38_3
唐代•文選五九 15_146_8
唐代•文選五九 15_148_20
唐代•文選五九 15_150_4
唐代•文選五九 15_150_11
唐代•文選五九 20_194_17

唐代•文選五九 16_152_9
唐代•文選五九 17_167_20
唐代•文選五九 17_168_29
唐代•文選五九 17_170_12
唐代•文選五九 18_172_1
唐代•文選五九 18_173_16
唐代•文選五九 18_177_8
唐代•文選五九 19_190_8
唐代•文選六八 49_489_12

唐代•文選五九 20_195_6
唐代•文選五九 43_425_20
唐代•文選五九 48_473_28
唐代•文選五九 52_511_1
唐代•文選五九 69_666_1
唐代•文選五九 101_953_7
唐代•文選六八 13_134_4
唐代•文選六八 14_145_26
唐代•文選六八 19_192_10

唐代•文選六八 27_278_18
唐代•文選六八 27_278_24
唐代•文選六八 31_308_27
唐代•文選六八 45_458_2
唐代•文選六八 46_459_3
唐代•文選六八 46_459_11
唐代•文選六八 46_462_22
唐代•文選六八 47_471_2
唐代•古文選前 13_151_9

唐代•文選六八 51_509_12
唐代•文選六八 57_571_14
唐代•文選六八 64_640_11
唐代•文選八八 12_98_26
唐代•文選八八 12_99_7
唐代•文選百三 48_462_25
唐代•文選百三 57_546_29
唐代•文選百三 71_684_8
唐代•古文選前 2_17_2

唐代・古文選前
2_19_14

唐代・古文選前
4_40_4

唐代・古文選前
6_66_5

唐代・古文選前
6_71_1

唐代・古文選前
7_88_2

唐代・古文選前
10_118_7

唐代・古文選前
11_136_5

唐代・古文選前
14_159_5

唐代・古文選後
3_32_12

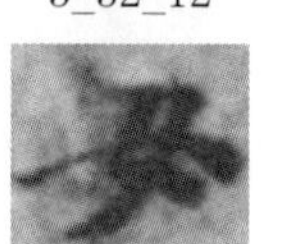
唐代・十輪經四
2_24_11

唐代・十輪經四
7_131_2

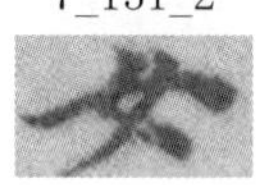
唐代・十輪經四
17_325_12

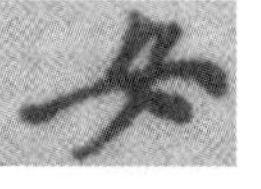
唐代・十輪經四
21_414_3

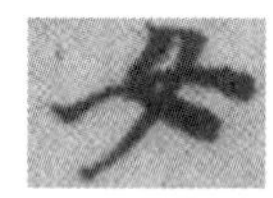
唐代・十輪經四
21_414_7

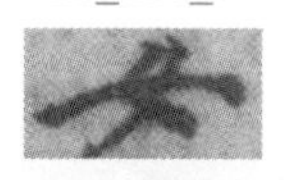
唐代・十輪經八
10_194_16

唐代・十輪經九
17_332_14

奴

漢ド呉ヌ
訓やっこ

唐代・文選四八
9_76_6

唐代・文選五九
37_365_25

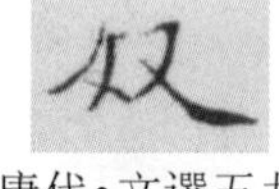
唐代・文選五九
99_940_2

唐代・文選八八
17_140_3

唐代・文選八八
17_141_28

唐代・文選八八
17_142_11

唐代・文選八八
17_145_11

唐代・文選八八
19_161_33

唐代・文選百三
31_305_26

唐代・文選百三
34_339_18

唐代・文選百三
35_353_19

唐代・文選百三
47_455_16

唐代・文選百三
49_477_37

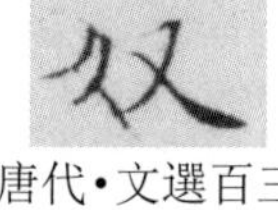
唐代・文選百三
67_647_15

唐代・文選百三
68_657_1

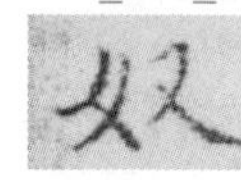
唐代・文選百三
83_793_2

唐代・十輪經九
8_153_15

如

漢ジョ呉ニョ
訓したがう

初唐・法華義疏
1_3_13

初唐・法華義疏
1_6_12

初唐・法華義疏
1_9_24

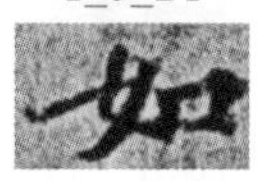
初唐・大般若經
1_3_12

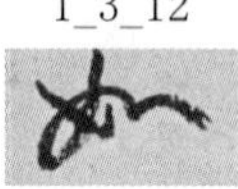
中唐・風信帖
1_5_4

晚唐・慶滋書狀
1_14_4

唐代・春秋經傳
2_14_11

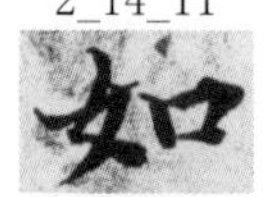
唐代・春秋經傳
2_18_2

唐代・春秋經傳
3_22_9

唐代・春秋經傳
8_81_13

唐代・春秋經傳
9_90_7

唐代・春秋經傳
16_163_5

唐代・春秋經傳
16_163_16

唐代・春秋經傳
18_186_17

唐代・春秋經傳
19_193_16

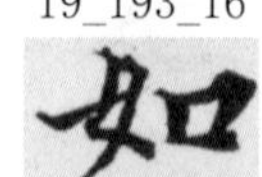
唐代・春秋經傳
23_241_8

唐代・春秋經傳
24_245_6

唐代・春秋經傳
27_283_3

唐代・春秋經傳
29_306_9

唐代・春秋經傳
29_306_19

唐代・春秋經傳
29_306_26

唐代・春秋經傳
32_331_6

唐代・春秋經傳
32_332_12

唐代・春秋經傳
32_335_2

唐代・春秋經傳
32_337_5

唐代・春秋經傳
33_341_5

唐代・春秋經傳
33_341_12

唐代•春秋經傳 33_343_6

唐代•春秋經傳 33_350_25

唐代•春秋經傳 34_351_20

唐代•春秋經傳 34_358_15

唐代•春秋經傳 34_359_10

唐代•春秋經傳 37_385_14

唐代•春秋經傳 38_402_3

唐代•文選四八 4_29_1

唐代•文選四八 4_32_15

唐代•文選四八 6_41_2

唐代•文選四八 9_75_12

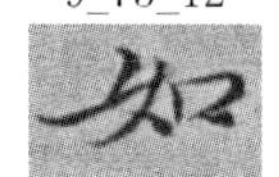
唐代•文選四八 10_82_4

唐代•文選四八 10_83_11

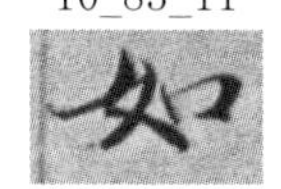
唐代•文選四八 10_83_23

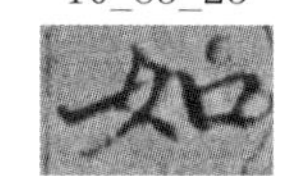
唐代•文選四八 17_151_21

唐代•文選四八 26_229_3

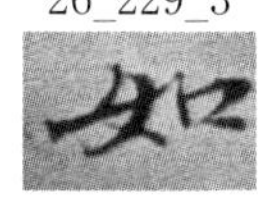
唐代•文選四八 26_231_13

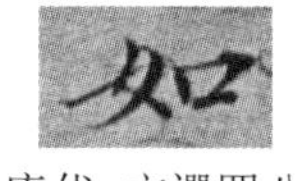
唐代•文選四八 28_247_9

唐代•文選四八 29_263_1

唐代•文選四八 32_291_27

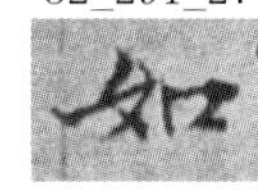
唐代•文選四八 43_387_19

唐代•文選四八 44_396_17

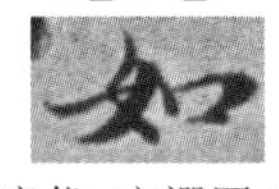
唐代•文選四八 49_444_15

唐代•文選四八 49_444_27

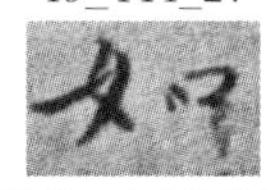
唐代•文選五九 6_54_16

唐代•文選五九 7_60_11

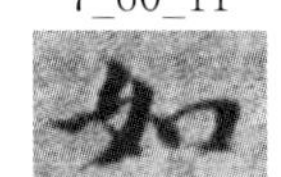
唐代•文選五九 13_121_13

唐代•文選五九 15_141_8

唐代•文選五九 15_144_14

唐代•文選五九 16_157_7

唐代•文選五九 18_175_23

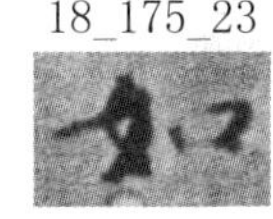
唐代•文選五九 19_183_21

唐代•文選五九 21_203_9

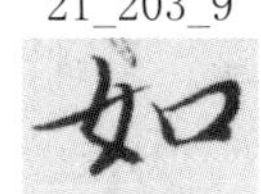
唐代•文選五九 27_266_14

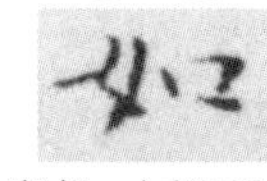
唐代•文選五九 27_268_14

唐代•文選五九 29_284_5

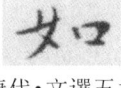

唐代•文選五九 38_374_24

唐代•文選五九 39_390_26

唐代•文選五九 39_391_3

唐代•文選五九 47_462_16

唐代•文選五九 47_464_3

唐代•文選五九 49_479_20

唐代•文選五九 50_493_8

唐代•文選五九 50_494_23

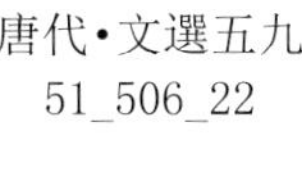
唐代•文選五九 51_506_22

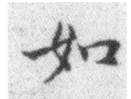

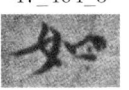

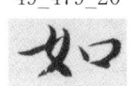

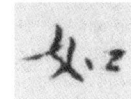

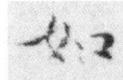

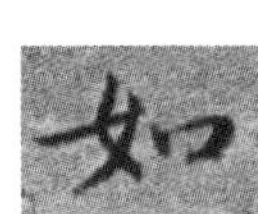
唐代•文選五九 53_517_20

唐代•文選五九 53_526_6

唐代•文選五九 54_532_11

唐代•文選五九 59_571_1

唐代•文選五九 59_571_23

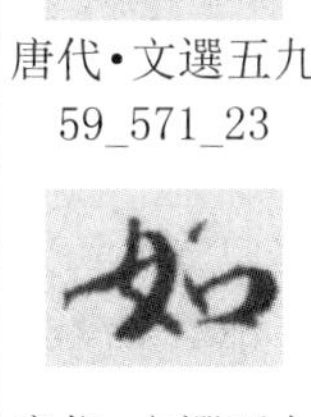
唐代•文選五九 60_574_11

唐代•文選五九 60_575_8

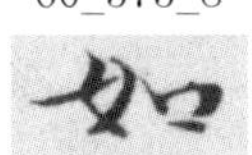
唐代•文選五九 60_577_25

唐代•文選五九 62_597_25

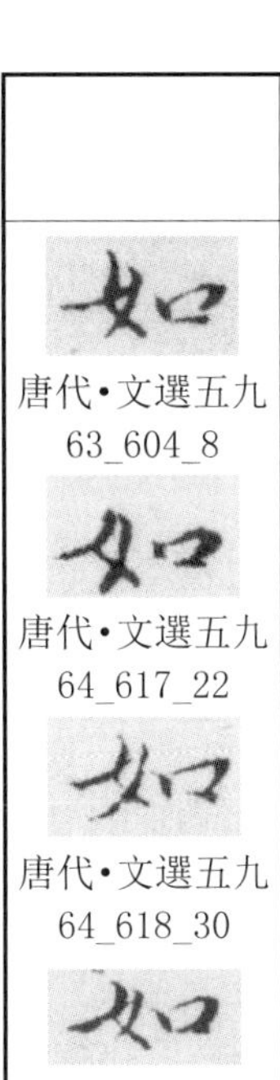
唐代•文選五九 63_604_8

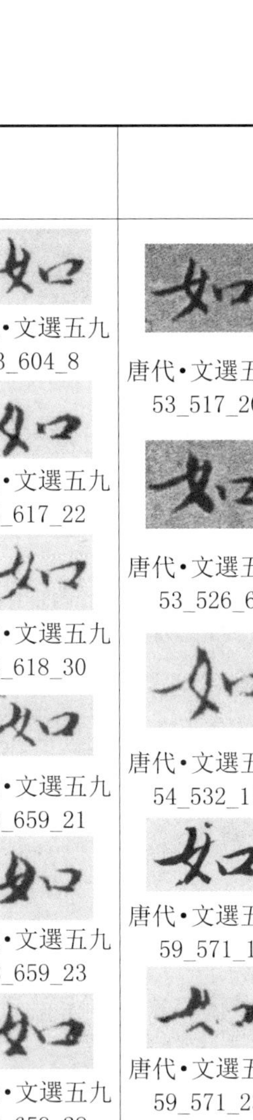
唐代•文選五九 64_617_22

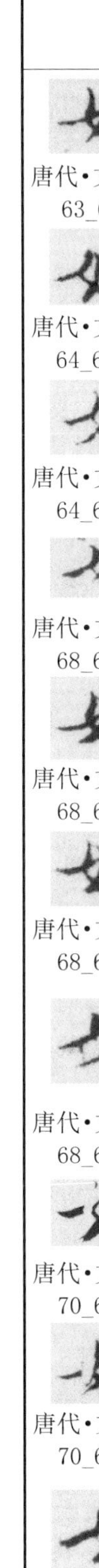
唐代•文選五九 64_618_30

唐代•文選五九 68_659_21

唐代•文選五九 68_659_23

唐代•文選五九 68_659_28

唐代•文選五九 68_660_28

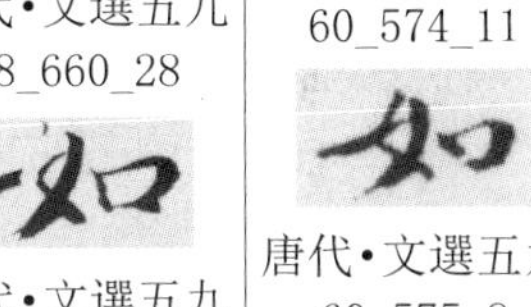
唐代•文選五九 70_668_21

唐代•文選五九 70_669_13

唐代•文選五九 70_669_19

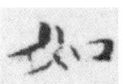

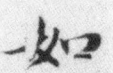

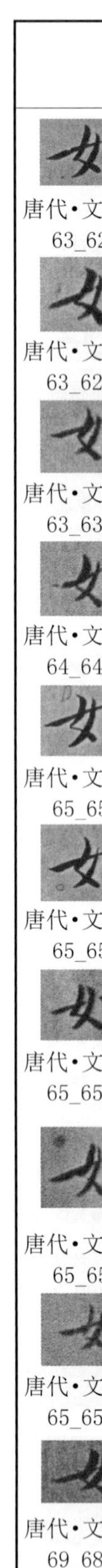
唐代•文選六八
63_625_2
唐代•文選六八
63_626_20
唐代•文選六八
63_636_14
唐代•文選六八
64_643_17
唐代•文選六八
65_652_1
唐代•文選六八
65_652_5
唐代•文選六八
65_652_20
唐代•文選六八
65_653_4
唐代•文選六八
65_654_21
唐代•文選六八
69_687_16

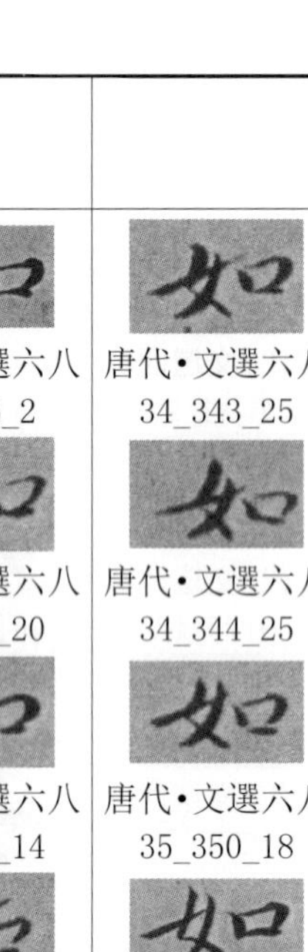
唐代•文選六八
34_343_25
唐代•文選六八
34_344_25
唐代•文選六八
35_350_18
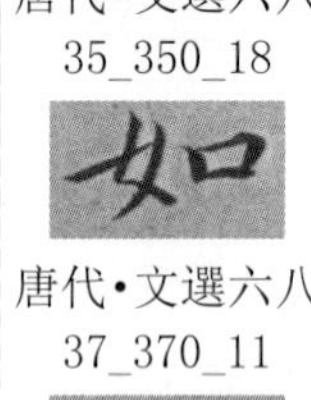
唐代•文選六八
37_370_11
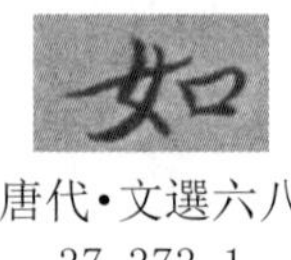
唐代•文選六八
37_373_1
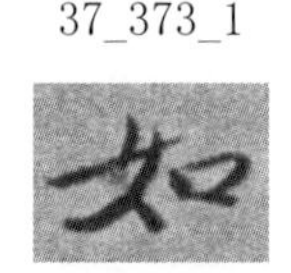
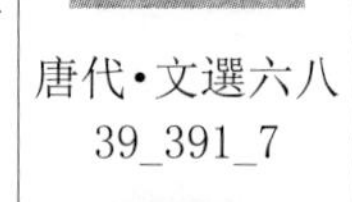
唐代•文選六八
39_391_7

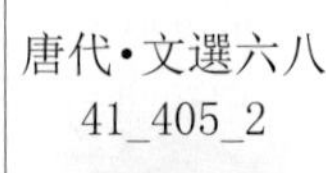
唐代•文選六八
41_405_2

唐代•文選六八
54_542_6
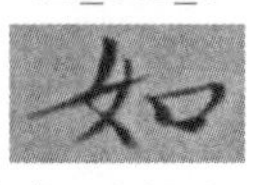
唐代•文選六八
60_599_11

唐代•文選六八
15_154_28
唐代•文選六八
16_167_17
唐代•文選六八
21_208_24
唐代•文選六八
21_210_3
唐代•文選六八
26_262_12
唐代•文選六八
27_266_5
唐代•文選六八
29_291_2
唐代•文選六八
29_291_28
唐代•文選六八
31_308_13
唐代•文選六八
53_538_27

唐代•文選六八
5_48_20

唐代•文選六八
7_69_10
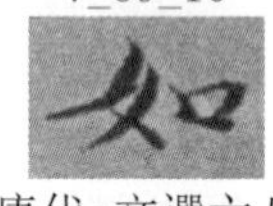
唐代•文選六八
8_81_24

唐代•文選六八
8_85_8
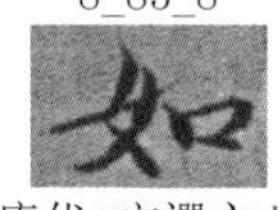
唐代•文選六八
9_92_4

唐代•文選六八
11_122_8
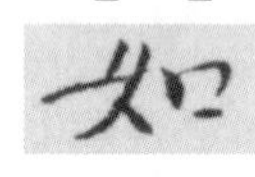
唐代•文選六八
13_140_16
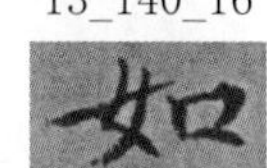
唐代•文選六八
14_148_16
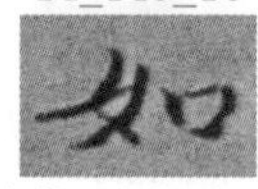
唐代•文選六八
15_154_14

唐代•文選五九
101_960_16
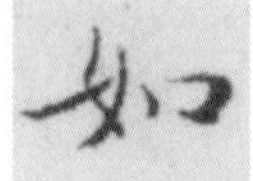
唐代•文選五九
103_980_17
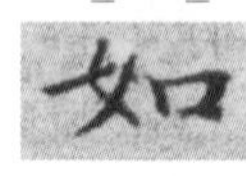
唐代•文選五九
105_989_24
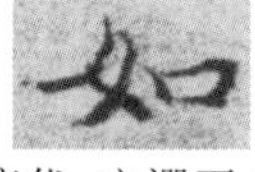
唐代•文選五九
105_994_8

唐代•文選五九
107_1007_29

唐代•文選五九
110_1042_22

唐代•文選五九
111_1046_13

唐代•文選六八
4_42_2
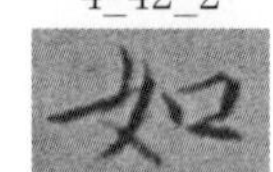
唐代•文選六八
4_42_5

唐代•文選六八
29_299_11

唐代•文選五九
90_857_22

唐代•文選五九
90_858_21

唐代•文選五九
92_880_16

唐代•文選五九
94_897_18

唐代•文選五九
97_919_23

唐代•文選五九
97_923_11

唐代•文選五九
101_959_20

唐代•文選五九
101_960_4

唐代•文選六八
15_152_30

唐代•文選五九
71_683_6
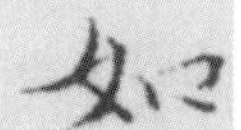
唐代•文選五九
72_698_11

唐代•文選五九
78_751_29

唐代•文選五九
80_776_11
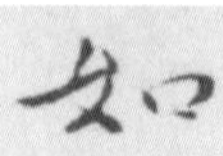
唐代•文選五九
80_776_24
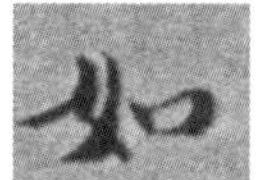
唐代•文選五九
84_812_22

唐代•文選五九
89_856_9

唐代•文選五九
90_857_14

唐代•文選五九
99_942_22

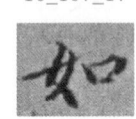

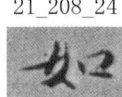

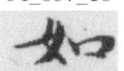

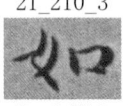

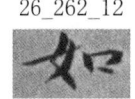

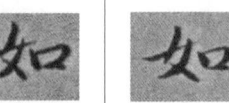

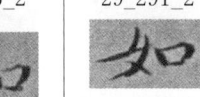

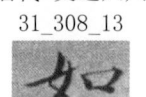

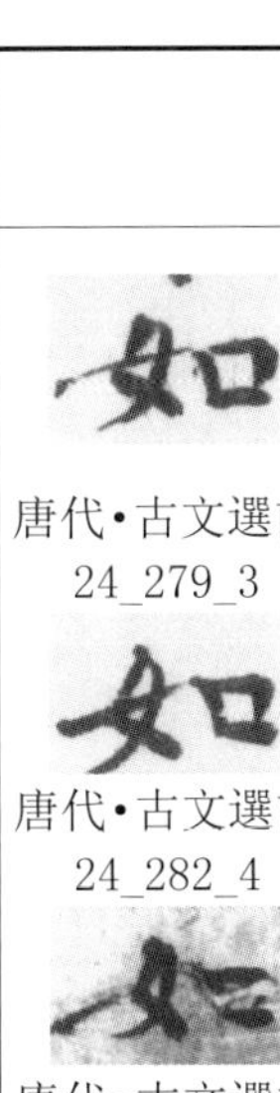 唐代•古文選前 24_279_3 唐代•古文選前 24_282_4 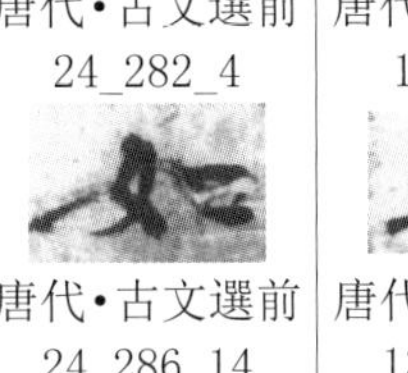 唐代•古文選前 24_286_14  唐代•古文選前 26_305_3 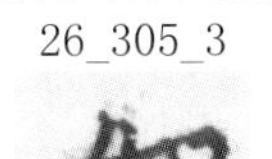 唐代•古文選後 3_27_1  唐代•古文選後 3_27_3  唐代•古文選後 4_43_9  唐代•古文選後 7_77_19  唐代•古文選後 7_79_14  唐代•十輪經四 10_190_6	 唐代•古文選前 11_128_13  唐代•古文選前 11_129_3  唐代•古文選前 13_152_12  唐代•古文選前 16_190_13  唐代•古文選前 16_191_1  唐代•古文選前 22_256_13 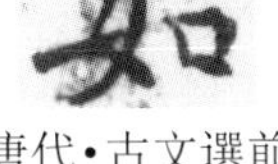 唐代•古文選前 22_262_1  唐代•古文選前 23_271_13  唐代•古文選前 24_277_11	唐代•文選百三 48_461_11  唐代•文選百三 49_469_20  唐代•文選百三 49_469_26 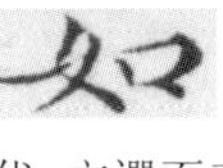 唐代•文選百三 49_473_19 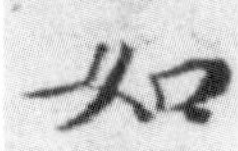 唐代•文選百三 50_480_9 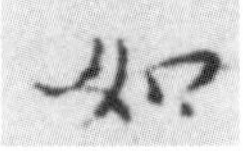 唐代•文選百三 50_481_4  唐代•文選百三 60_577_12  唐代•文選百三 62_594_2 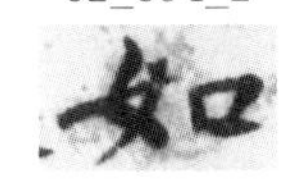 唐代•古文選前 1_8_1  唐代•古文選前 3_26_3	唐代•文選百三 30_296_27  唐代•文選百三 30_298_8  唐代•文選百三 31_306_7  唐代•文選百三 35_344_35  唐代•文選百三 41_417_11  唐代•文選百三 42_419_13 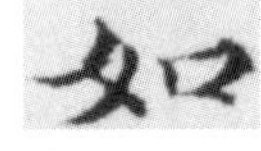 唐代•文選百三 47_446_11  唐代•文選百三 47_459_33 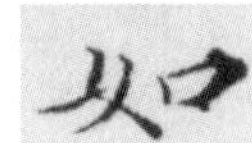 唐代•文選百三 47_459_37 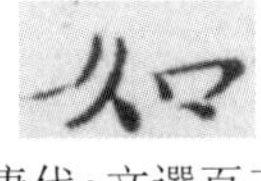 唐代•文選百三 48_460_22	唐代•文選百三 7_60_30  唐代•文選百三 7_61_7  唐代•文選百三 7_66_8  唐代•文選百三 9_80_9  唐代•文選百三 9_81_3 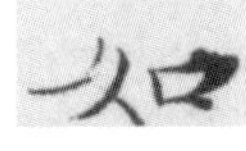 唐代•文選百三 9_82_5  唐代•文選百三 9_89_4  唐代•文選百三 11_108_14  唐代•文選百三 12_109_28 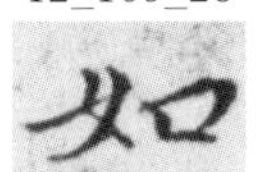 唐代•文選百三 12_110_9	 唐代•文選八八 17_152_15  唐代•文選八八 18_155_7  唐代•文選八八 19_162_17  唐代•文選八八 21_182_10  唐代•文選八八 23_206_18  唐代•文選八八 24_214_3  唐代•文選百三 7_58_6  唐代•文選百三 7_60_20 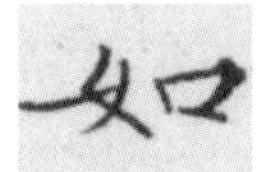 唐代•文選百三 7_60_24	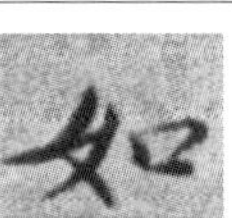 唐代•文選八八 5_25_22 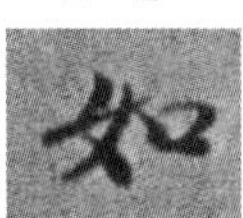 唐代•文選八八 8_61_9 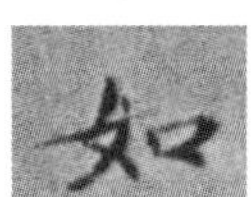 唐代•文選八八 9_63_10  唐代•文選八八 9_63_17  唐代•文選八八 9_69_21  唐代•文選八八 10_79_8  唐代•文選八八 13_110_12  唐代•文選八八 15_126_19  唐代•文選八八 17_142_20

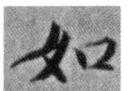

妃

ヒ
訓きさき

唐代•春秋經傳
16_166_14

唐代•春秋經傳
17_175_20

唐代•春秋經傳
17_176_9

唐代•文選四八
11_93_21

唐代•古文選前
10_118_1

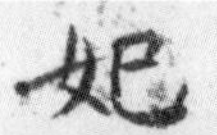
唐代•古文選前
11_135_10

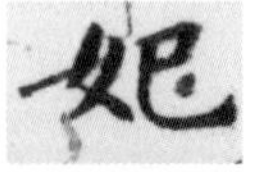
唐代•古文選前
12_145_3

妄

漢ボウ呉モウ
訓みだり

唐代•古文選後
21_242_1

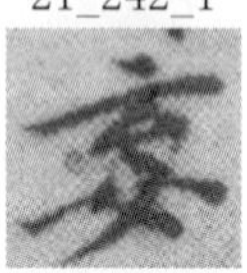
唐代•十輪經四
3_58_3

唐代•十輪經四
7_131_12

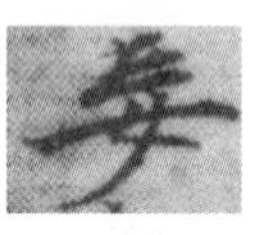
唐代•十輪經九
4_61_1

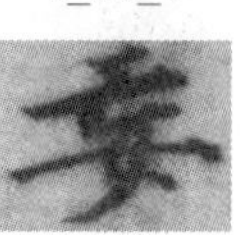
唐代•十輪經九
5_93_11

唐代•十輪經九
7_130_23

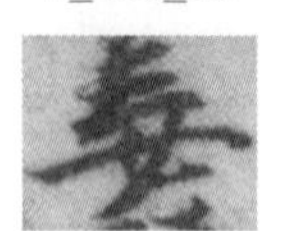
唐代•十輪經九
7_131_24

唐代•十輪經八
22_425_14

唐代•十輪經十
17_331_3

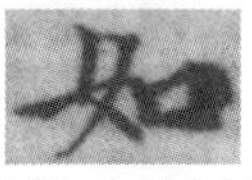
唐代•十輪經十
17_333_3

唐代•十輪經十
19_376_17

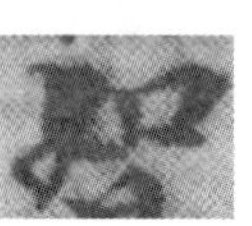
唐代•十輪經十
19_378_15

唐代•十輪經八
20_385_11

唐代•十輪經八
20_386_6

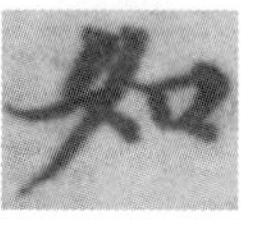
唐代•十輪經八
20_393_5

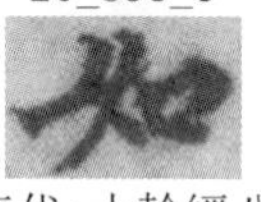
唐代•十輪經八
20_401_8

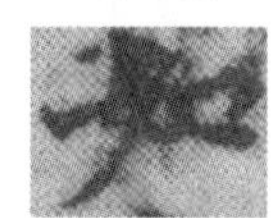
唐代•十輪經八
21_420_13

唐代•十輪經八
22_424_3

唐代•十輪經八
22_425_2

唐代•十輪經八
22_432_13

唐代•十輪經八
19_363_13

唐代•十輪經八
16_310_1

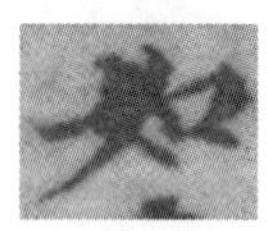
唐代•十輪經八
16_316_16

唐代•十輪經八
17_325_4

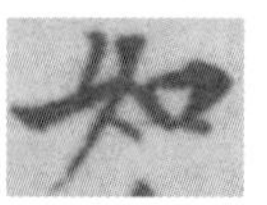
唐代•十輪經八
18_345_9

唐代•十輪經八
18_347_15

唐代•十輪經八
18_348_10

唐代•十輪經八
18_355_10

唐代•十輪經八
20_385_3

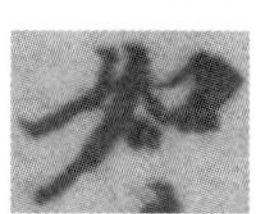
唐代•十輪經八
12_234_7

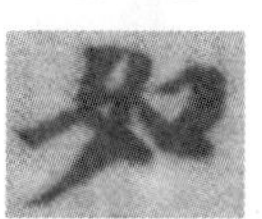
唐代•十輪經八
12_235_2

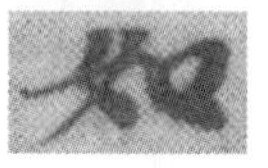
唐代•十輪經八
13_242_1

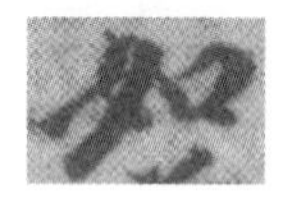
唐代•十輪經八
13_249_18

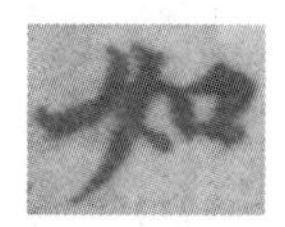
唐代•十輪經八
14_271_8

唐代•十輪經八
14_272_3

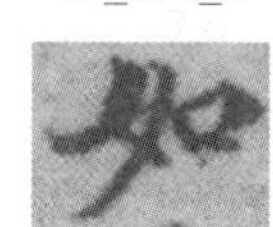
唐代•十輪經八
14_279_2

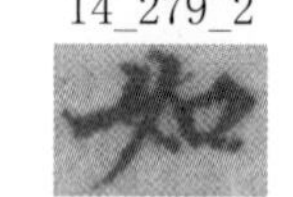
唐代•十輪經八
15_287_7

唐代•十輪經八
16_309_7

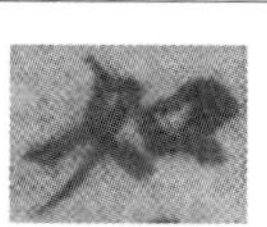
唐代•十輪經八
7_139_10

唐代•十輪經八
8_159_3

唐代•十輪經八
8_159_15

唐代•十輪經八
9_166_13

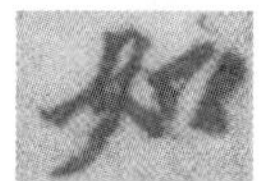
唐代•十輪經八
9_174_16

唐代•十輪經八
10_196_15

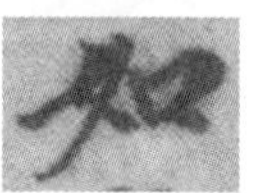
唐代•十輪經八
10_197_10

唐代•十輪經八
11_204_8

唐代•十輪經八
11_212_13

好

漢 コウ
訓 このむ

唐代•春秋經傳
2_11_11

唐代•春秋經傳
26_272_7

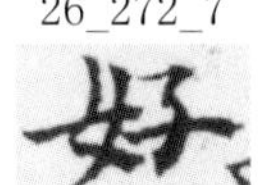
唐代•春秋經傳
33_350_17

唐代•文選四八
8_62_28

唐代•文選四八
8_67_24

唐代•文選四八
34_305_22

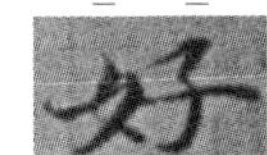
唐代•文選四八
38_343_20

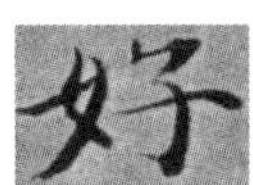
唐代•文選五九
14_134_14

唐代•文選五九
14_136_8

唐代•文選五九
14_136_11

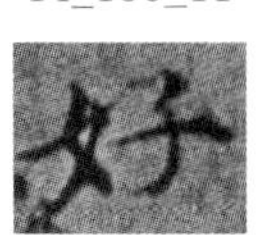
唐代•文選五九
14_137_3

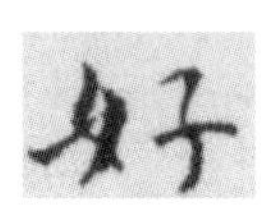
唐代•文選五九
38_375_20

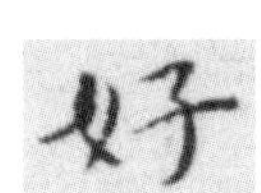
唐代•文選五九
41_409_18

唐代•文選五九
42_412_4

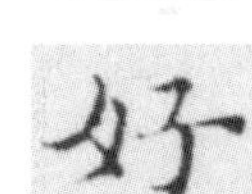
唐代•文選五九
97_926_14

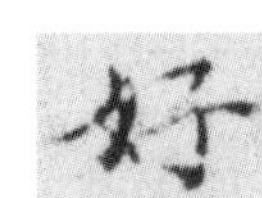
唐代•文選五九
103_967_3

唐代•文選六八
4_41_5

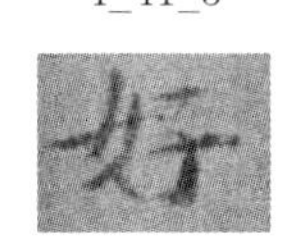
唐代•文選六八
4_43_8

唐代•文選六八
11_120_17

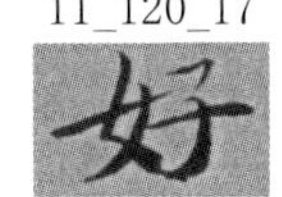
唐代•文選六八
28_281_5

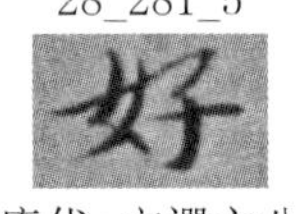
唐代•文選六八
28_282_22

唐代•文選六八
35_357_10

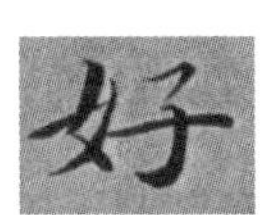
唐代•文選六八
47_467_3

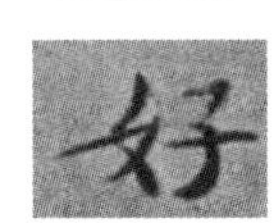
唐代•文選六八
47_468_20

唐代•文選六八
47_470_11

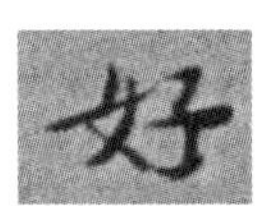
唐代•文選六八
47_470_14

唐代•文選六八
55_555_17

唐代•文選六八
55_556_5

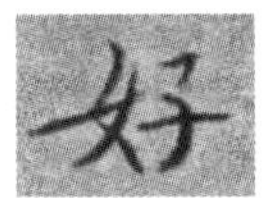
唐代•文選六八
55_557_13

唐代•文選六八
55_558_12

唐代•文選六八
56_564_5

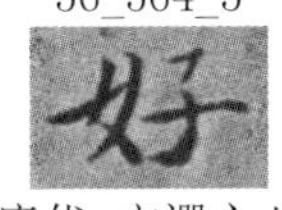
唐代•文選六八
61_609_15

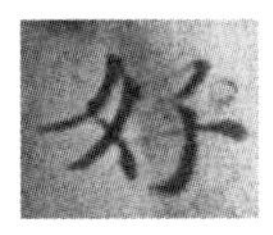
唐代•文選百三
5_44_12

唐代•文選百三
9_81_1

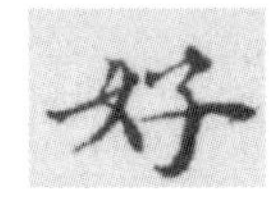
唐代•文選百三
9_82_3

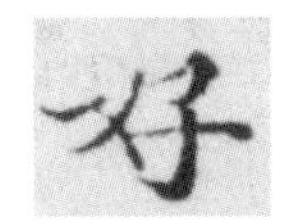
唐代•文選百三
13_118_2

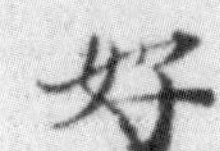
唐代•文選百三
20_192_22

唐代•文選百三
27_260_6

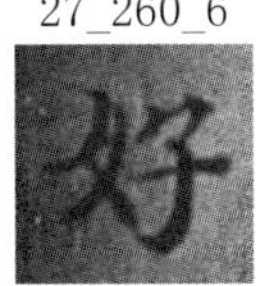
唐代•文選百三
27_267_8

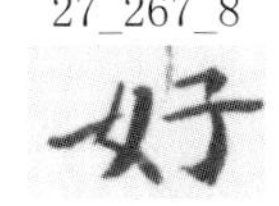
唐代•古文選前
3_26_14

唐代•古文選前
4_41_6

唐代•古文選前
6_74_4

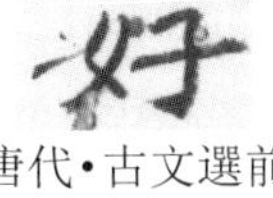
唐代•古文選前
7_76_14

唐代•古文選前
7_80_1

唐代•古文選前
7_80_12

唐代•古文選前
13_149_11

唐代•古文選後
5_52_9

唐代•古文選後
7_74_7

唐代•古文選後
8_87_4

唐代•古文選後
15_169_13

唐代•古文選後
16_183_62

唐代•古文選後
22_259_21

唐代•十輪經四
1_18_9

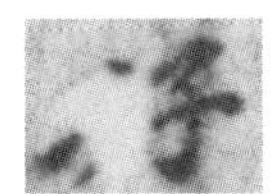
唐代•十輪經四
2_23_9

唐代•十輪經四
3_42_9

唐代•十輪經四
19_379_5

唐代•十輪經十
20_384_2

				妙	妓	妍
				呉ミョウ漢ビョウ 訓わかい	漢キ呉ギ 訓わざおぎ	慣ケン漢ゲン呉ゲン 訓うつくしい
 唐代•文選百三 11_104_5	唐代•文選六八 39_388_9	唐代•文選六八 11_121_8	唐代•文選五九 40_397_3	初唐•法華義疏 1_2_2	唐代•文選五九 84_805_19	唐代•文選五九 31_299_6
 唐代•文選百三 11_106_12	 唐代•文選六八 43_426_28	 唐代•文選六八 12_123_31	唐代•文選五九 41_407_15	初唐•法華義疏 1_4_12	唐代•文選六八 49_485_2	
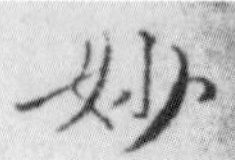 唐代•文選百三 45_435_11	 唐代•文選六八 49_485_1	 唐代•文選六八 21_212_15	唐代•文選五九 80_764_3	中唐・風信帖 1_3_4	唐代•文選六八 49_489_10	
 唐代•文選百三 72_696_24	 唐代•文選六八 49_489_9	 唐代•文選六八 25_251_3	唐代•文選五九 84_808_30	唐代•文選五九 32_316_6		
 唐代•文選百三 72_696_25	 唐代•文選六八 49_490_6	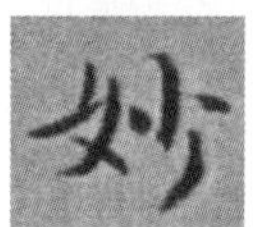 唐代•文選六八 25_252_17	唐代•文選六八 3_31_29	唐代•文選五九 32_318_5		
 唐代•古文選前 3_33_13	 唐代•文選六八 55_546_10	 唐代•文選六八 27_268_17	唐代•文選六八 3_32_6	唐代•文選五九 32_318_9		
 唐代•古文選前 24_284_12	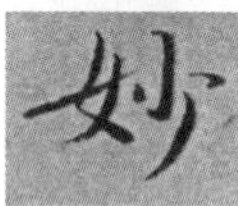 唐代•文選六八 57_577_17	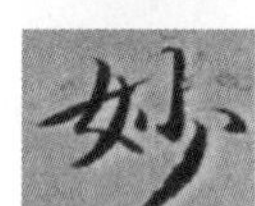 唐代•文選六八 28_280_1	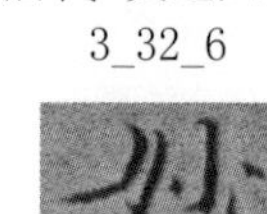 唐代•文選六八 11_120_20	唐代•文選五九 32_318_22		
 唐代•古文選後 20_233_3	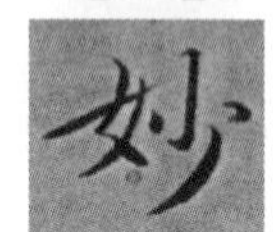 唐代•文選六八 61_605_12	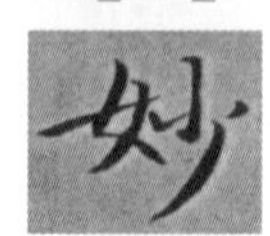 唐代•文選六八 48_479_2	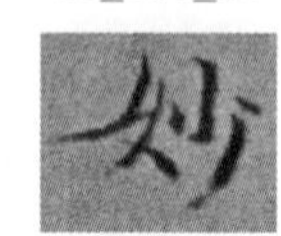 唐代•文選六八 12_123_29	 唐代•文選五九 33_319_19		

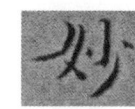

妒

漢ト
訓ねたむ

唐代·文選百三
39_390_12

唐代·文選百三
39_391_7

唐代·文選百三
39_393_10

唐代·文選百三
39_394_12

唐代·文選百三
39_395_26

唐代·文選百三
39_396_27

唐代·文選百三
39_397_25

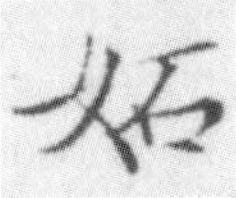
唐代·文選百三
40_398_15

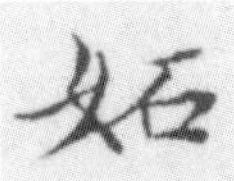
唐代·文選百三
40_398_28

姒

漢シ 呉ジ
訓あね

唐代·文選四八
16_142_8

妨

ホウ 慣ボウ
訓さまたげる

唐代·古文選後
19_219_3

姊

シ
訓あね

唐代·春秋經傳
12_122_26

妖

ヨウ
訓なまめく

唐代·文選六八
11_115_11

唐代·文選六八
11_117_7

唐代·文選六八
11_119_27

唐代·文選六八
11_120_3

唐代·文選六八
11_120_16

唐代·文選六八
11_120_28

唐代·古文選前
4_43_12

唐代·古文選前
4_40_6

唐代·十輪經八
14_271_2

唐代·十輪經八
20_383_8

唐代·十輪經八
16_307_7

唐代·十輪經八
18_345_8

唐代·十輪經九
9_178_18

唐代·十輪經九
12_237_3

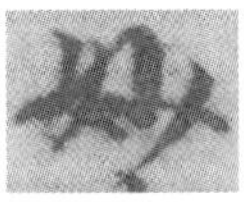
唐代·十輪經十
2_30_3

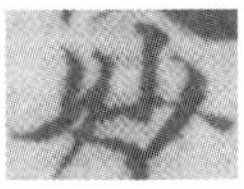
唐代·十輪經十
10_194_4

唐代·十輪經十
13_250_1

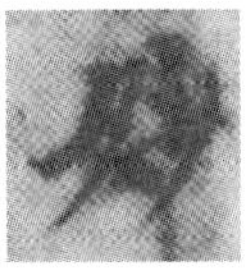
唐代·十輪經四
1_7_7

唐代·十輪經四
13_243_4

唐代·十輪經四
7_134_5

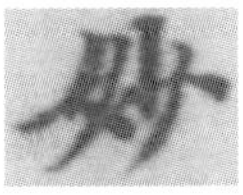
唐代·十輪經八
4_67_8

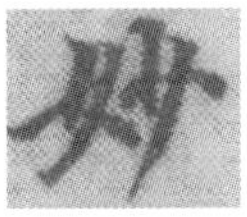
唐代·十輪經八
5_83_8

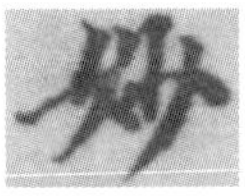
唐代·十輪經八
12_232_5

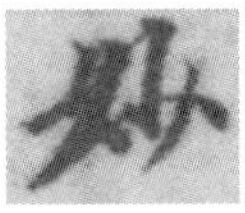
唐代·十輪經八
12_234_1

唐代·十輪經八
14_269_5

			妻	姑	妤	
			漢セイ 呉サイ 訓つま	漢コ 訓しゅうとめ	ヨ 訓ー	
唐代•十輪經八 19_373_9	唐代•十輪經八 8_147_4	唐代•文選六八 22_224_8	唐代•春秋經傳 16_167_17	唐代•春秋經傳 1_4_9	唐代•文選五九 99_942_11	唐代•文選百三 40_399_19
唐代•十輪經八 21_411_1	唐代•十輪經八 9_177_16	唐代•文選百三 9_80_21	唐代•春秋經傳 23_234_7	唐代•春秋經傳 7_71_13	唐代•文選五九 100_943_9	唐代•文選百三 40_404_31
唐代•十輪經九 1_10_14	唐代•十輪經八 10_184_9	唐代•文選百三 9_82_1	唐代•春秋經傳 31_322_16	唐代•文選六八 35_357_30	唐代•文選五九 100_944_28	唐代•文選百三 62_595_7
唐代•十輪經九 3_49_1	唐代•十輪經八 10_185_10	唐代•文選百三 9_82_18	唐代•文選五九 27_265_8	唐代•文選六八 35_358_8	唐代•文選五九 109_1026_13	唐代•文選百三 62_596_29
唐代•十輪經九 8_153_13	唐代•十輪經八 12_222_9	唐代•古文選前 13_147_7	唐代•文選五九 37_366_2	唐代•文選百三 73_708_20	唐代•文選六八 39_393_25	唐代•十輪經四 3_56_12
唐代•十輪經九 16_316_15	唐代•十輪經八 13_259_9	唐代•古文選後 5_60_7	唐代•文選五九 43_426_21	唐代•文選百三 74_714_14		唐代•十輪經四 5_84_3
唐代•十輪經九 17_323_7	唐代•十輪經八 15_297_9	唐代•十輪經四 2_24_8	唐代•文選五九 62_603_25	唐代•文選百三 76_731_3		唐代•十輪經九 9_160_6
唐代•十輪經九 17_324_7	唐代•十輪經八 17_335_8	唐代•十輪經八 6_109_4	唐代•文選六八 22_223_34			唐代•十輪經九 11_212_10

姓

漢セイ 呉ショウ

訓かばね

唐代・十輪經十 9_178_12

唐代・春秋經傳 16_161_6
唐代・春秋經傳 17_175_5
唐代・春秋經傳 17_176_3
唐代・春秋經傳 28_291_6
唐代・春秋經傳 33_349_7
唐代・文選四八 15_136_6
唐代・文選四八 16_142_9
唐代・文選四八 16_145_2
唐代・文選四八 20_185_7

唐代・文選四八 34_305_21
唐代・文選四八 41_368_22
唐代・文選五九 61_581_1
唐代・文選五九 87_834_2
唐代・文選五九 90_865_2
唐代・文選五九 94_900_23
唐代・文選六八 1_1_17
唐代・文選六八 1_9_30
唐代・文選六八 35_356_29

唐代・文選八八 1_2_5
唐代・文選八八 3_10_31
唐代・文選八八 5_29_1
唐代・文選八八 6_39_3
唐代・文選八八 7_42_24
唐代・文選八八 11_95_14
唐代・文選八八 22_196_1
唐代・文選百三 25_250_23
唐代・文選百三 26_256_3

唐代・文選百三 27_259_8
唐代・文選百三 29_282_13
唐代・文選百三 47_450_4
唐代・文選百三 56_533_19
唐代・文選百三 56_534_13
唐代・文選百三 57_547_1
唐代・文選百三 57_548_8
唐代・文選百三 75_720_21
唐代・十輪經四 4_66_3

唐代・十輪經四 4_71_2
唐代・十輪經四 6_111_15
唐代・十輪經八 1_8_1
唐代・十輪經八 2_22_17
唐代・十輪經八 7_127_15
唐代・十輪經八 9_166_10
唐代・十輪經八 11_204_5
唐代・十輪經八 14_278_16

唐代・十輪經八 16_316_13
唐代・十輪經八 18_355_7
唐代・十輪經八 20_393_2
唐代・十輪經八 22_432_10
唐代・十輪經九 2_31_2
唐代・十輪經九 4_71_7
唐代・十輪經八 13_241_15

委

イ

訓したがう

初唐・法華義疏
1_1_10

唐代・文選五九
52_513_16

唐代・文選五九
52_514_12

唐代・文選五九
52_515_23

唐代・文選五九
53_517_5

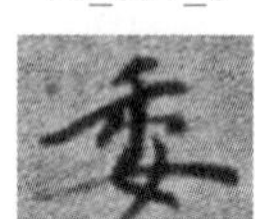
唐代・文選五九
53_517_16

唐代・文選五九
53_518_26

唐代・文選五九
76_733_1

唐代・文選八八
13_105_5

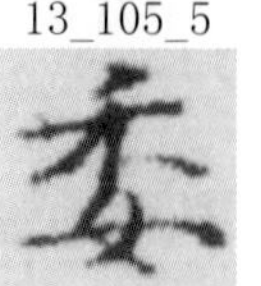
唐代・文選百三
59_562_29

唐代・文選百三
79_754_3

唐代・文選百三
79_755_30

唐代・文選百三
79_757_17

唐代・古文選前
17_200_12

唐代・古文選前
19_228_11

妾

ショウ

訓めかけ

唐代・春秋經傳
12_120_5

唐代・春秋經傳
16_160_15

唐代・春秋經傳
16_164_8

唐代・文選四八
4_30_3

唐代・文選五九
43_426_23

唐代・古文選前
13_153_8

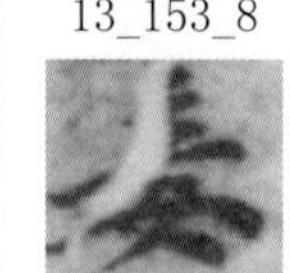
唐代・十輪經四
2_24_9

始

シ

訓はじめる

初唐・法華義疏
1_9_16

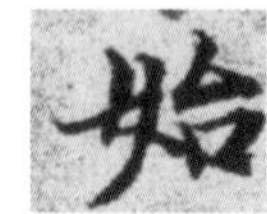
唐代・春秋經傳
23_235_3

唐代・春秋經傳
26_271_11

唐代・春秋經傳
26_272_5

唐代・春秋經傳
29_301_23

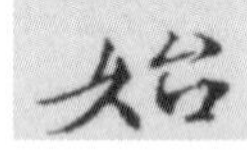
唐代・文選四八
1_4_7

唐代・文選四八
4_24_11

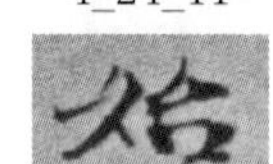
唐代・文選四八
6_53_5

唐代・文選四八
12_107_19

唐代・文選四八
12_109_4

唐代・文選四八
12_111_2

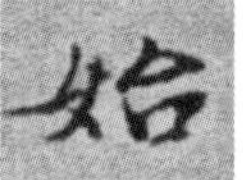
唐代・文選四八
12_112_1

唐代・文選四八
12_112_10

唐代・文選四八
13_114_3

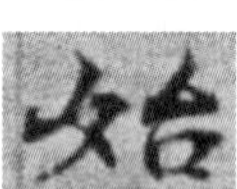
唐代・文選四八
13_115_28

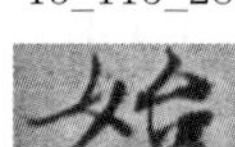
唐代・文選四八
13_119_17

唐代・文選四八
14_131_11

唐代・文選四八
15_133_9

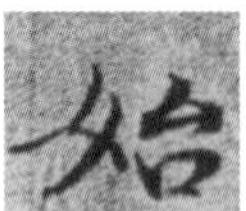
唐代・文選四八
16_144_18

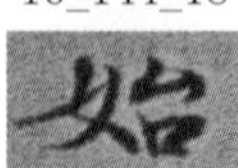
唐代・文選四八
17_154_2

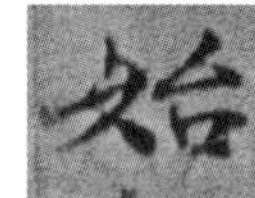
唐代・文選四八
17_156_19

唐代・文選四八
17_157_14

唐代・文選四八
20_184_14

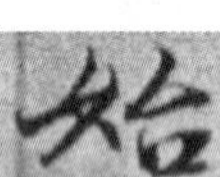
唐代・文選四八
27_246_15

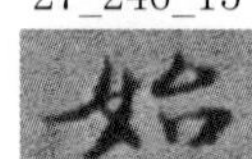
唐代・文選五九
25_244_8

唐代・文選五九
39_389_22

唐代・文選五九
41_407_29

唐代・文選五九
42_413_17

唐代・文選五九
50_493_1

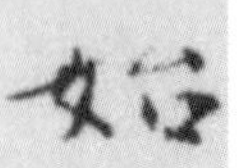
唐代・文選五九
50_496_13

唐代・文選五九
56_540_1

唐代・文選五九
61_589_5

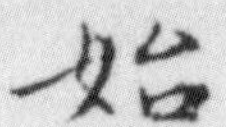
唐代・文選五九
62_594_13

唐代・文選五九
62_595_14

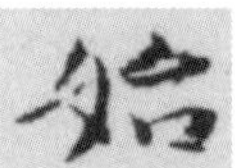
唐代・文選五九
73_699_22

唐代・文選五九
75_721_1

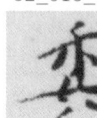

姝	娃	姞
シュ 訓うつくしい	漢アイ呉エ 訓どんぐりまなこ	漢キツ呉ギチ 訓つつしむ

姝

唐代・古文選前 4_47_14

娃

唐代・文選五九 94_898_10

唐代・文選五九 94_899_11

姞

唐代・春秋經傳 16_161_2

唐代・春秋經傳 17_174_14

唐代・春秋經傳 17_175_4

唐代・春秋經傳 17_175_12

唐代・春秋經傳 17_176_2

唐代・春秋經傳 17_176_23

唐代・古文選前 3_28_13

唐代・古文選前 20_231_6

唐代・古文選前 25_291_9

唐代・古文選後 9_105_14

唐代・古文選後 11_123_1

唐代・古文選後 12_132_4

唐代・古文選後 13_150_61

唐代・文選百三 41_412_22

唐代・文選百三 16_154_19

唐代・文選百三 18_174_2

唐代・文選百三 20_195_27

唐代・文選百三 20_196_40

唐代・文選百三 21_197_21

唐代・文選百三 21_198_8

唐代・文選百三 30_297_8

唐代・文選百三 64_618_28

唐代・文選八八 20_176_1

唐代・文選八八 22_198_3

唐代・文選八八 23_199_12

唐代・文選百三 1_6_12

唐代・文選百三 5_44_17

唐代・文選百三 6_49_19

唐代・文選百三 8_74_1

唐代・文選百三 9_75_3

唐代・文選百三 8_74_13

唐代・文選五九 88_849_21

唐代・文選五九 98_929_11

唐代・文選五九 98_931_29

唐代・文選六八 9_99_29

唐代・文選六八 9_101_7

唐代・文選六八 27_277_20

唐代・文選八八 9_75_24

唐代・文選八八 10_76_1

唐代・文選八八 20_175_27

姦

漢カン
訓みだら

唐代•春秋經傳
14_144_8

唐代•春秋經傳
15_151_1

唐代•文選六八
33_327_4

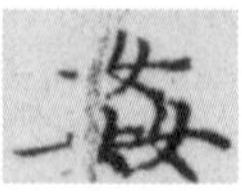
唐代•文選百三
59_567_3

唐代•古文選後
12_138_14

娜

漢ダ呉ナ
訓たおやか

唐代•古文選前
10_123_14

姣

漢コウ呉キョウ
訓うつくしい

唐代•文選六八
11_121_1

唐代•文選六八
50_502_3

唐代•文選六八
51_506_2

唐代•文選六八
51_506_21

姜

漢キョウ
訓—

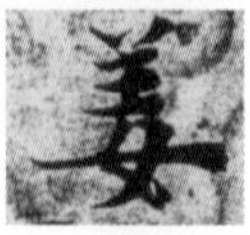
唐代•春秋經傳
1_4_2

唐代•春秋經傳
2_16_5

唐代•文選百三
21_204_24

唐代•古文選後
11_130_10

唐代•古文選前
8_97_3

姿

シ
訓すがた

唐代•文選四八
46_410_2

唐代•文選四八
46_414_3

唐代•文選四八
46_415_7

唐代•文選四八
46_416_3

唐代•文選百三
20_195_41

唐代•古文選前
3_28_5

唐代•古文選前
24_281_6

姽

漢キ呉ギ
訓よい

唐代•古文選前
5_51_6

娑

サ漢シャ
訓ー

唐代•文選四八
31_283_15

唐代•文選四八
32_284_14

唐代•文選四八
32_286_17

唐代•文選四八
32_288_6

唐代•古文選前
5_51_14

娥

漢ガ呉ガ
訓みめよい

唐代•文選五九
51_497_9

唐代•文選五九
69_665_26

唐代•文選五九
84_806_17

唐代•文選五九
84_807_31

娟

漢ケン呉エン
訓うつくしい

唐代•文選五九
51_497_6

唐代•文選五九
51_498_23

唐代•文選五九
51_499_5

唐代•文選五九
51_499_21

唐代•文選五九
51_500_15

唐代•古文選前
4_49_8

唐代•古文選前
8_92_55

娉

漢ヘイ漢ホウ
訓めとる

唐代•文選五九
99_939_16

姬

キ
訓ひめ

唐代•春秋經傳
34_354_12

唐代•文選四八
40_364_4

唐代•文選五九
61_590_27

唐代•春秋經傳
23_242_7

唐代•春秋經傳
24_243_21

唐代•春秋經傳
24_244_2

唐代•春秋經傳
24_246_1

唐代•春秋經傳
24_248_14

唐代•春秋經傳
24_251_17

唐代•春秋經傳
31_321_7

唐代•春秋經傳
31_322_6

唐代•春秋經傳
11_115_17

唐代•春秋經傳
12_122_4

唐代•春秋經傳
12_122_13

唐代•春秋經傳
12_122_20

唐代•春秋經傳
12_123_3

唐代•春秋經傳
12_123_18

唐代•春秋經傳
17_174_13

唐代•春秋經傳
17_175_8

姱

漢カ、コ
訓うつくしい

唐代•文選五九
23_220_3

唐代•文選五九
109_1031_11

唐代•文選百三
47_447_13

唐代•文選百三
47_447_16

婪

漢ラン
訓むさぼる

唐代•文選百三
46_439_1

唐代•文選百三
46_440_24

唐代•文選百三
46_443_29

唐代•文選百三
46_443_31

唐代•文選百三
46_444_22

唐代•文選百三
46_445_1

唐代•文選百三
47_446_8

唐代•文選百三
47_446_30

娶

漢シュウ
訓めとる

唐代•春秋經傳
1_3_5

唐代•春秋經傳
16_170_2

唐代•春秋經傳
17_171_14

唐代•春秋經傳
22_229_4

唐代•文選六八
39_387_25

唐代•古文選前
22_258_8

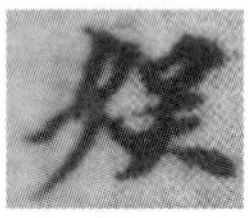

唐代•十輪經四
21_419_9

娛

漢ゴ呉グ
訓たのしむ

唐代•文選四八
31_278_17

唐代•文選四八
31_281_32

唐代•文選五九
53_524_8

唐代•文選五九
64_616_7

唐代•文選五九
64_617_26

唐代•文選六八
11_115_6

唐代•文選六八
21_211_1

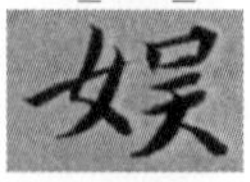

唐代•文選六八
28_284_11

唐代•文選六八
39_386_4

婀

漢ア呉ア
訓たおやか

唐代•古文選前
10_123_13

	婆	婚	婢	媧	婁	婕
	吳バ 訓ばば	コン 訓えんぐみ	漢ヒ 訓はしため	漢カ、カイ 訓—	漢ロウ 訓つなぐ	漢ショウ吳ショウ 訓うつくしい
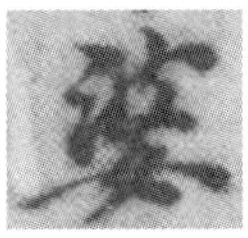 唐代•十輪經四 1_14_3	 初唐•金剛場經 1_4_9	 唐代•春秋經傳 24_246_7	 唐代•文選百三 28_272_23	 唐代•古文選前 14_159_6	 唐代•文選六八 42_422_4	 唐代•文選五九 99_942_10
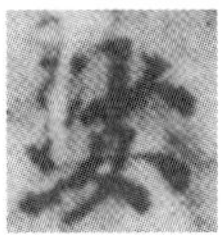 唐代•十輪經四 1_19_17	 唐代•文選四八 31_283_14	 唐代•春秋經傳 24_246_22	 唐代•文選百三 69_670_6		 唐代•文選六八 42_423_22	 唐代•文選五九 100_943_8
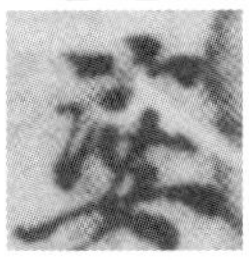 唐代•十輪經四 1_21_15	 唐代•文選四八 32_284_13	 唐代•春秋經傳 24_250_12	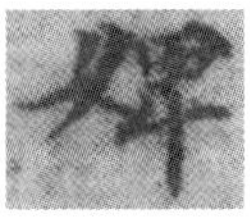 唐代•十輪經九 8_153_16		 唐代•文選六八 42_424_22	 唐代•文選五九 100_944_27
 唐代•十輪經四 2_28_17	 唐代•文選四八 32_286_16	 唐代•春秋經傳 35_370_24			 唐代•文選六八 43_426_1	 唐代•文選五九 109_1026_12
 唐代•十輪經四 2_30_14	 唐代•文選四八 32_287_8	 唐代•文選六八 71_707_4				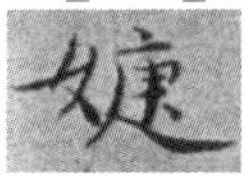 唐代•文選六八 39_393_24
 唐代•十輪經四 2_34_5	 唐代•文選四八 32_288_5					
 唐代•十輪經四 2_38_15	 唐代•古文選前 5_51_13					
 唐代•十輪經四 3_48_9	 唐代•十輪經四 1_8_15					

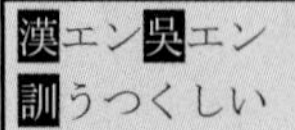

婉

漢エン呉エン
訓うつくしい

唐代•文選四八
21_192_6

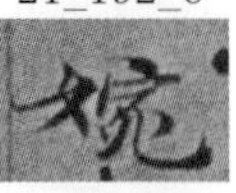
唐代•文選四八
21_193_16

唐代•文選四八
22_194_19

唐代•文選四八
22_196_11

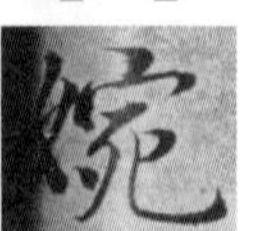
唐代•文選四八
38_342_8

唐代•文選四八
38_343_6

唐代•文選四八
38_343_16

唐代•文選四八
38_343_25

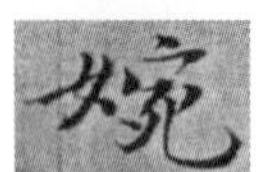
唐代•文選四八
38_345_8

唐代•十輪經四
22_427_16

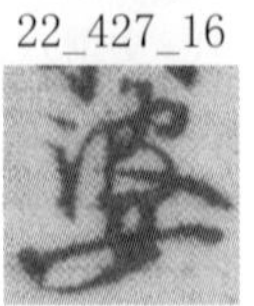
唐代•十輪經九
6_109_17

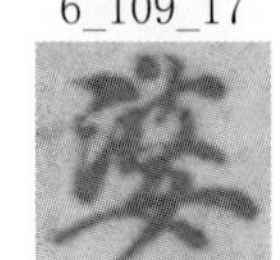
唐代•十輪經四
20_394_2

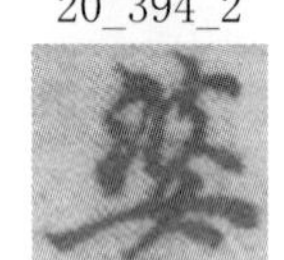
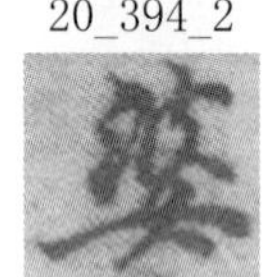
唐代•十輪經四
20_399_7

唐代•十輪經四
18_353_17

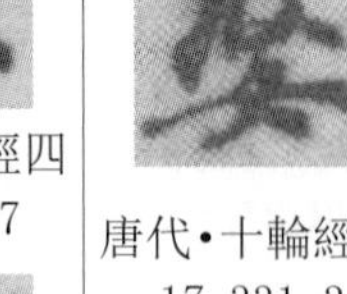
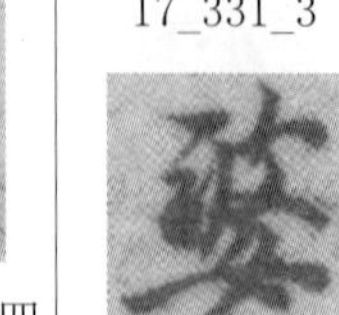
唐代•十輪經四
19_368_15

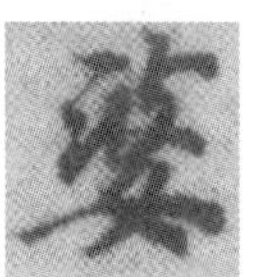
唐代•十輪經四
19_370_14

唐代•十輪經四
19_375_13

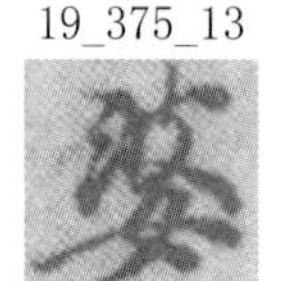
唐代•十輪經四
20_381_7

唐代•十輪經四
20_388_8

唐代•十輪經四
20_390_7

唐代•十輪經四
18_358_13

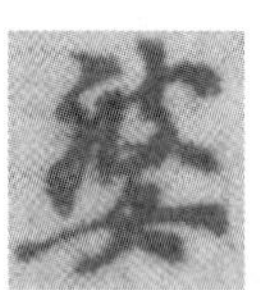
唐代•十輪經四
17_331_3

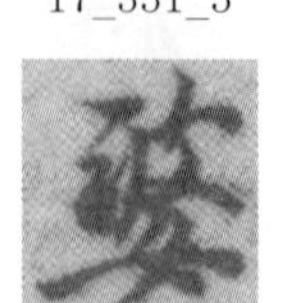
唐代•十輪經四
17_337_10

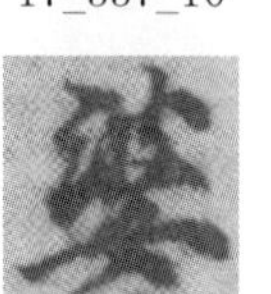
唐代•十輪經四
17_339_8

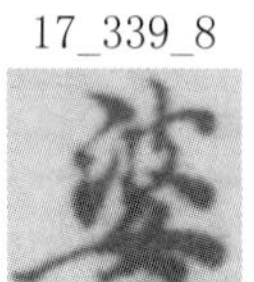
唐代•十輪經四
18_343_13

唐代•十輪經四
18_352_1

唐代•十輪經四
19_365_3

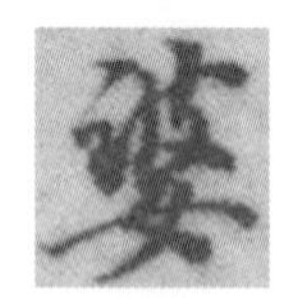
唐代•十輪經四
16_317_4

唐代•十輪經四
11_216_17

唐代•十輪經四
11_219_6

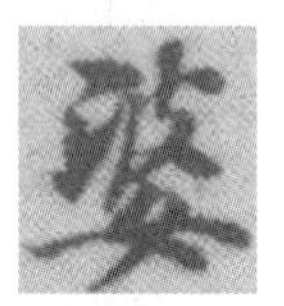
唐代•十輪經四
15_284_1

唐代•十輪經四
16_304_4

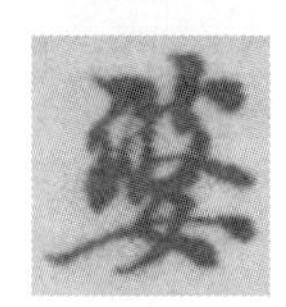
唐代•十輪經四
16_312_4

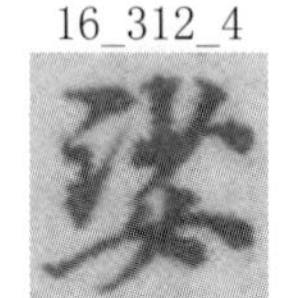
唐代•十輪經四
16_315_6

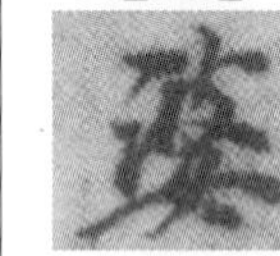
唐代•十輪經四
17_321_13

唐代•十輪經四
6_115_16

唐代•十輪經四
6_120_5

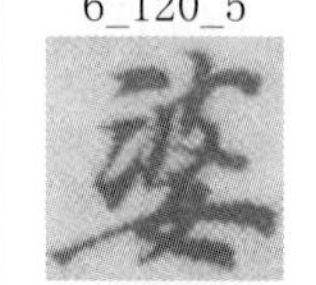
唐代•十輪經四
7_130_8

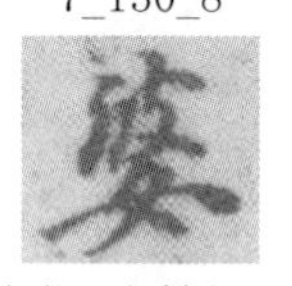
唐代•十輪經四
7_132_17

唐代•十輪經四
7_139_5

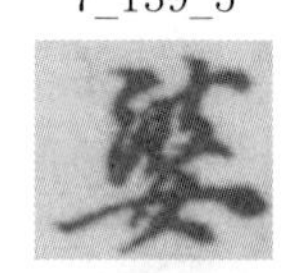
唐代•十輪經四
8_143_5

唐代•十輪經四
10_194_8

唐代•十輪經四
11_205_13

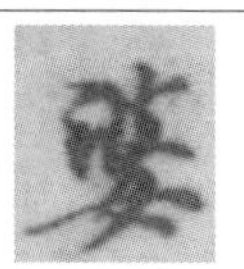
唐代•十輪經四
4_62_2

唐代•十輪經四
4_68_2

唐代•十輪經四
4_69_16

唐代•十輪經四
5_81_13

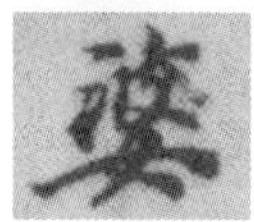
唐代•十輪經四
5_89_17

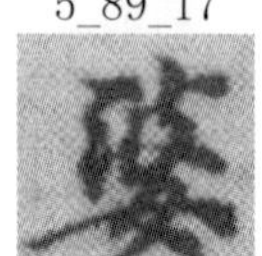
唐代•十輪經四
5_94_5

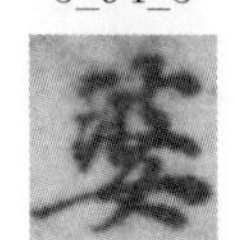
唐代•十輪經四
6_108_15

唐代•十輪經四
6_114_1

唐代・文選六八
47_472_4

唐代・文選六八
47_473_24

唐代・文選六八
47_474_5

唐代・文選六八
47_474_14

唐代・文選六八
47_475_17

唐代・文選六八
47_476_11

唐代・文選六八
47_477_1

唐代・古文選前
3_35_13

唐代・古文選前
8_89_6

唐代・古文選後
23_268_11

婦

漢 フ
訓 よめ

唐代・春秋經傳
1_4_1

唐代・春秋經傳
1_4_7

唐代・春秋經傳
2_16_4

唐代・春秋經傳
8_74_15

唐代・文選四八
2_9_5

唐代・文選四八
2_10_11

唐代・文選四八
2_11_23

唐代・文選四八
3_15_4

唐代・文選四八
4_24_6

唐代・文選四八
8_67_11

唐代・文選五九
17_167_22

唐代・文選五九
21_200_17

唐代・文選五九
42_416_2

唐代・文選五九
42_417_11

唐代・文選五九
42_417_18

唐代・文選五九
43_424_9

唐代・文選五九
43_427_9

唐代・文選五九
43_428_13

唐代・文選五九
51_499_11

唐代・文選五九
62_595_27

唐代・文選五九
99_934_20

唐代・文選五九
101_948_21

唐代・文選五九
101_960_9

唐代・文選五九
102_961_19

唐代・文選五九
108_1020_4

唐代・文選五九
108_1021_19

唐代・文選五九
108_1023_5

唐代・文選六八
50_504_4

唐代・文選六八
50_504_13

唐代・文選六八
51_507_2

唐代・文選六八
57_568_11

唐代・文選百三
21_204_28

唐代・文選百三
63_609_17

唐代・古文選前
2_23_10

嫉

漢シツ
訓ねたむ

唐代•文選百三
40_398_14

唐代•文選百三
40_398_27

唐代•文選百三
40_404_30

唐代•文選百三
62_594_5

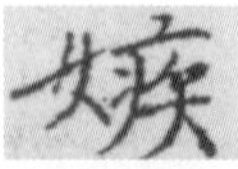
唐代•文選百三
62_595_1

唐代•文選百三
62_595_8

唐代•文選百三
62_596_28

唐代•文選百三
62_597_26

唐代•文選百三
62_598_4

嫌

漢ケン呉ゲン
訓きらう

唐代•春秋經傳
13_136_6

唐代•春秋經傳
24_250_7

唐代•春秋經傳
34_354_5

媚

ビ
訓よい

唐代•春秋經傳
16_163_3

唐代•春秋經傳
16_163_8

唐代•文選五九
51_500_18

唐代•文選六八
27_278_29

唐代•文選百三
15_148_2

唐代•文選百三
16_150_17

唐代•文選百三
17_156_2

唐代•古文選前
8_97_14

媯

慣ギ漢キ呉キ
訓—

唐代•春秋經傳
16_167_1

媮

漢トウ
訓ねるがしこい

唐代•古文選前
22_260_4

媠

慣ダ
訓うるわしい

唐代•文選六八
55_554_25

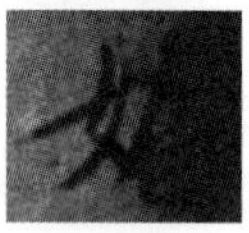
唐代•文選六八
55_555_11

唐代•文選六八
55_555_20

唐代•文選六八
55_558_27

唐代•文選六八
56_559_13

媒

漢バイ
訓なこうど

唐代•文選五九
28_277_5

唐代•文選六八
4_43_6

唐代•古文選前
9_105_10

嫕	嫮	嫚	嫣	嫋	嫁	
エイ 訓しとやか	漢コ呉ゴ 訓おとめ	エン呉マン 訓あなどる	漢エン呉エン 訓にっこり	漢ジョク、ジャク、デキ 訓たおやか	漢カ呉ケ 訓よめ	
 唐代•古文選前 5_56_5	 唐代•文選五九 23_220_1	 唐代•古文選前 21_249_9  唐代•古文選前 21_250_3  唐代•古文選前 22_263_3	 唐代•古文選前 7_87_4	 唐代•文選五九 37_363_21 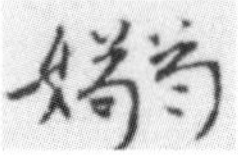 唐代•文選五九 37_364_11  唐代•文選五九 37_365_4  唐代•文選五九 37_365_23	 唐代•文選五九 13_121_6  唐代•文選五九 15_150_5  唐代•文選五九 35_347_22  唐代•文選五九 99_939_31  唐代•文選百三 40_401_20	 唐代•十輪經四 2_34_14  唐代•十輪經四 3_56_11  唐代•十輪經四 5_84_2  唐代•十輪經四 5_86_13 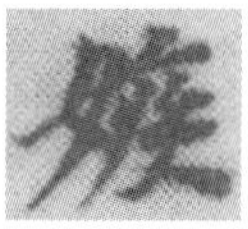 唐代•十輪經八 9_177_3  唐代•十輪經九 9_160_5  唐代•十輪經九 11_212_9 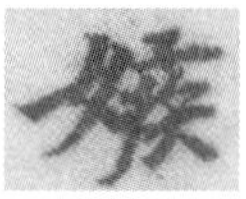 唐代•十輪經九 16_316_2

嬰	嬙	嫿	嬉	嫷	嫡
漢エイ 訓めぐらす	漢ショウ、ショク 訓—	漢カク吳ワク 訓しとやか	キ 訓たのしむ	慣ダ 訓うるわしい	吳チャク漢テキ 訓よつぎ

嬰

唐代•文選百三
5_42_2

唐代•文選百三
5_43_10

唐代•文選百三
5_45_1

唐代•文選百三
5_45_13

唐代•文選百三
5_46_13

唐代•文選百三
5_47_10

唐代•文選百三
5_48_10

唐代•春秋經傳
36_376_18

唐代•文選四八
18_160_15

唐代•文選四八
18_161_8

唐代•文選四八
18_164_20

唐代•文選四八
18_165_2

唐代•文選五九
78_747_18

唐代•文選五九
112_1063_8

嬙

唐代•古文選前
4_42_8

嫿

婉嫿
唐代•古文選前
5_51_7

嬉

唐代•文選四八
31_278_16

唐代•文選四八
31_280_22

唐代•文選四八
31_281_31

唐代•文選六八
6_63_7

唐代•文選六八
6_64_18

唐代•古文選前
9_103_1

嫷

唐代•古文選前
3_36_6

嫡

唐代•春秋經傳
12_117_12

唐代•春秋經傳
12_124_5

唐代•春秋經傳
12_126_20

孌 

漢レン 呉レン
訓うつくしい

唐代•文選四八
38_342_9

唐代•文選四八
38_343_19

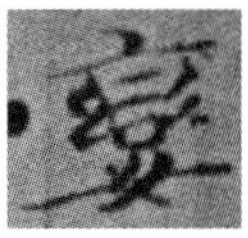
唐代•文選四八
38_343_26

唐代•文選四八
38_345_9

嬿 

エン
訓しとやか

唐代•文選六八
47_475_16

唐代•文選六八
47_476_7

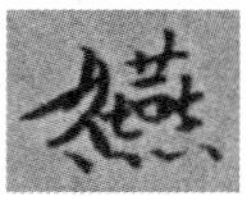
唐代•文選六八
47_476_17

唐代•文選六八
47_476_28

唐代•文選六八
47_478_17

唐代•古文選後
23_268_10

唐代•文選百三
6_49_6

唐代•古文選後
2_20_14

幺部

幻

吴ゲン漢カン
訓まぼろし

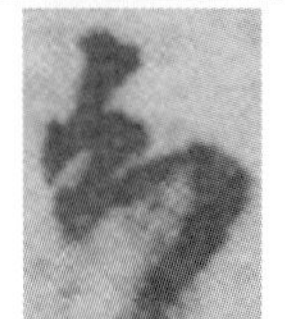
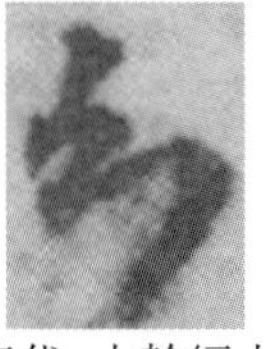
唐代•十輪經十
15_295_1

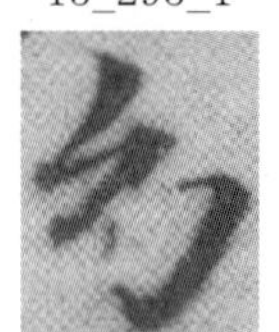
唐代•十輪經十
16_303_7

幼

吴ヨウ漢ユウ
訓おさない

唐代•文選五九
75_721_11

唐代•文選八八
16_139_12

唐代•文選八八
17_141_18

唐代•文選百三
63_607_6

唐代•文選百三
63_608_20

唐代•文選百三
63_611_15

幽

漢ユウ
訓くらい

唐代•春秋經傳
35_362_11

唐代•春秋經傳
35_364_2

唐代•文選四八
2_9_9

唐代•文選四八
2_10_23

唐代•文選四八
7_58_18

唐代•文選五九
1_12_26

唐代•文選五九
6_54_10

唐代•文選五九
6_54_27

唐代•文選五九
13_131_10

唐代•文選五九
24_236_1

唐代•文選五九
24_238_6

唐代•文選五九
30_294_12

唐代•文選五九
36_356_4

唐代•文選五九
36_357_5

唐代•文選五九
36_358_16

唐代•文選五九
40_393_11

唐代•文選五九
85_814_21

唐代•文選五九
85_815_10

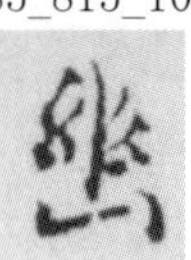
唐代•文選五九
90_858_13

唐代•文選五九
99_940_12

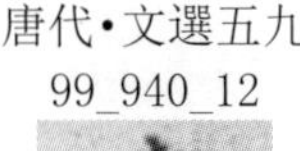

唐代•文選五九
109_1026_22

唐代•文選五九
109_1029_28

唐代•文選六八
3_30_12

唐代•文選六八
3_33_12

唐代•文選六八
5_51_12

唐代•文選六八
5_52_16

唐代•文選六八
5_53_7

唐代•文選六八
27_269_11

唐代•文選六八
27_270_20

唐代•文選六八
27_270_25

唐代•文選六八
27_271_15

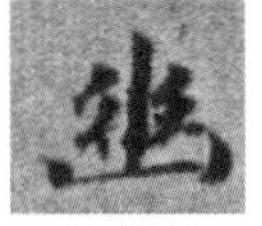
唐代•文選六八
27_271_23

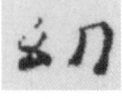

幾

キ
訓 いく

唐代•文選五九
35_343_5

唐代•文選五九
99_937_26

唐代•文選百三
34_336_30

唐代•古文選後
20_233_5

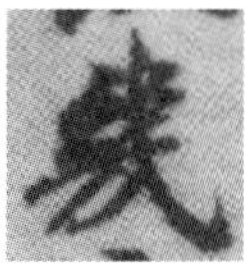
唐代•十輪經四
21_406_7

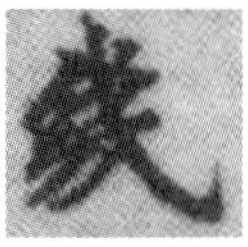
唐代•十輪經四
21_409_4

唐代•古文選前
10_123_9

唐代•古文選前
16_190_7

唐代•古文選前
24_285_11

唐代•古文選後
14_166_2

唐代•古文選後
26_304_12

唐代•十輪經八
4_70_5

唐代•文選八八
21_182_3

唐代•文選百三
60_577_24

唐代•文選百三
67_647_24

唐代•文選百三
67_648_14

唐代•文選百三
67_650_8

唐代•文選百三
79_750_14

唐代•古文選前
5_51_9

唐代•古文選前
8_101_8

唐代•文選六八
27_272_8

唐代•文選六八
27_272_10

唐代•文選六八
55_555_3

唐代•文選六八
55_556_23

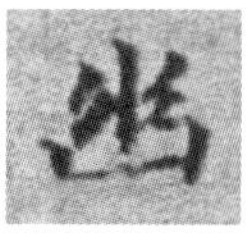
唐代•文選六八
55_557_15

唐代•文選六八
56_559_3

唐代•文選六八
70_701_12

唐代•文選六八
71_703_2

巛部

巢 

漢ソウ
訓す

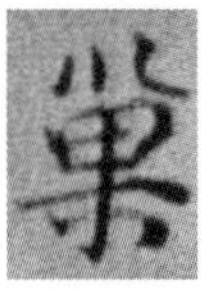
唐代·文選四八
6_42_11

唐代·文選四八
6_42_17

唐代·文選五九
68_659_6

唐代·文選五九
68_659_12

唐代·文選五九
78_754_17

唐代·文選五九
78_755_1

唐代·文選六八
10_106_9

唐代·文選六八
15_159_4

唐代·文選六八
15_161_25

唐代·文選六八
16_164_3

唐代·文選六八
16_164_5

唐代·文選六八
16_165_22

唐代·文選六八
65_656_1

唐代·文選六八
65_657_24

唐代·文選六八
65_657_26

唐代·文選六八
66_658_8

唐代·文選六八
66_658_21

唐代·文選六八
66_659_3

唐代·古文選後
15_177_7

唐代·古文選後
21_247_3

王部

王

オウ

訓かしら

初唐•法華義疏 1_1_14

初唐•法華義疏 1_9_14

唐代•春秋經傳 1_2_5

唐代•春秋經傳 2_14_5

唐代•春秋經傳 4_38_5

唐代•春秋經傳 5_44_22

唐代•春秋經傳 12_127_5

唐代•春秋經傳 13_128_21

唐代•春秋經傳 38_400_4

唐代•春秋經傳 13_133_16

唐代•春秋經傳 13_133_25

唐代•春秋經傳 14_139_9

唐代•春秋經傳 14_139_11

唐代•春秋經傳 14_139_17

唐代•春秋經傳 15_152_8

唐代•春秋經傳 15_152_21

唐代•春秋經傳 15_153_4

唐代•春秋經傳 18_182_5

唐代•春秋經傳 21_221_4

唐代•春秋經傳 21_221_8

唐代•春秋經傳 21_222_4

唐代•春秋經傳 22_226_20

唐代•春秋經傳 22_226_27

唐代•春秋經傳 22_227_7

唐代•春秋經傳 23_238_9

唐代•春秋經傳 25_254_23

唐代•春秋經傳 25_258_16

唐代•春秋經傳 25_259_14

唐代•春秋經傳 25_259_21

唐代•春秋經傳 25_260_13

唐代•春秋經傳 25_261_22

唐代•春秋經傳 27_277_2

唐代•春秋經傳 27_277_12

唐代•春秋經傳 29_306_5

唐代•春秋經傳 30_315_5

唐代•春秋經傳 30_316_8

唐代•春秋經傳 32_338_15

唐代•春秋經傳 32_338_17

唐代•春秋經傳 32_339_3

唐代•春秋經傳 32_339_12

唐代•春秋經傳 34_357_20

唐代•春秋經傳 35_365_7

唐代•春秋經傳 36_376_21

唐代•春秋經傳 36_376_24

唐代•春秋經傳 37_387_1

唐代•春秋經傳 37_387_8

唐代•春秋經傳 37_387_15

唐代•春秋經傳 37_392_2

唐代•春秋經傳 38_395_1

唐代·文選四八 4_31_4
唐代·文選四八 6_52_22
唐代·文選四八 8_62_13
唐代·文選四八 9_74_21
唐代·文選四八 11_98_16
唐代·文選四八 12_103_7
唐代·文選四八 12_108_19
唐代·文選六八 60_602_9

唐代·文選四八 12_112_8
唐代·文選四八 12_112_19
唐代·文選四八 13_113_15
唐代·文選四八 13_115_24
唐代·文選四八 13_118_19
唐代·文選四八 14_129_2
唐代·文選四八 14_130_20
唐代·文選四八 14_131_9

唐代·文選四八 15_132_12
唐代·文選四八 15_134_7
唐代·文選四八 16_150_18
唐代·文選四八 17_155_26
唐代·文選四八 17_156_26
唐代·文選四八 18_164_23
唐代·文選四八 18_164_49
唐代·文選四八 20_180_1

唐代·文選四八 20_181_7
唐代·文選四八 20_182_14
唐代·文選四八 21_189_3
唐代·文選四八 24_217_11
唐代·文選四八 25_222_3
唐代·文選四八 26_234_6
唐代·文選四八 26_235_3
唐代·文選四八 26_237_4

唐代·文選四八 26_238_13
唐代·文選四八 27_245_11
唐代·文選四八 29_259_1
唐代·文選四八 32_285_25
唐代·文選四八 34_309_3
唐代·文選四八 36_320_14
唐代·文選四八 36_322_15
唐代·文選四八 36_326_14

唐代·文選四八 36_327_2
唐代·文選四八 36_328_10
唐代·文選四八 36_328_20
唐代·文選四八 36_328_25
唐代·文選四八 36_329_6
唐代·文選四八 37_334_6
唐代·文選四八 46_417_9
唐代·文選四八 47_422_16

唐代·文選四八 47_428_10
唐代·文選四八 48_434_23
唐代·文選四八 48_439_14
唐代·文選五九 1_2_2
唐代·文選五九 1_4_2
唐代·文選五九 1_6_2
唐代·文選五九 7_63_4
唐代·文選六八 63_636_3

唐代•文選五九 62_592_8
唐代•文選五九 63_608_21
唐代•文選五九 64_615_14
唐代•文選五九 66_633_30
唐代•文選五九 67_643_1
唐代•文選五九 72_689_19
唐代•文選五九 72_690_16
唐代•文選五九 74_712_27
唐代•文選五九 78_747_16
唐代•文選五九 78_749_12
唐代•文選五九 79_758_15
唐代•文選五九 80_772_14
唐代•文選五九 80_775_13
唐代•文選五九 85_816_5
唐代•文選五九 86_820_9
唐代•文選五九 86_821_23
唐代•文選五九 86_827_7
唐代•文選五九 86_830_2
唐代•文選五九 86_831_8
唐代•文選五九 87_833_26
唐代•文選五九 87_834_3
唐代•文選五九 87_835_3
唐代•文選五九 87_835_13
唐代•文選五九 87_835_23
唐代•文選五九 89_853_9
唐代•文選五九 90_860_6
唐代•文選五九 91_875_5
唐代•文選五九 91_875_14
唐代•文選五九 92_876_6
唐代•文選五九 92_881_9
唐代•文選五九 92_886_30
唐代•文選五九 93_892_15
唐代•文選五九 97_921_15
唐代•文選五九 98_929_7
唐代•文選五九 99_933_2
唐代•文選五九 99_934_2
唐代•文選五九 99_936_14
唐代•文選五九 101_953_18
唐代•文選五九 101_953_25
唐代•文選五九 101_954_6
唐代•文選五九 103_968_1
唐代•文選五九 103_969_8
唐代•文選五九 103_974_10
唐代•文選五九 103_977_20
唐代•文選五九 105_990_24
唐代•文選五九 107_1009_4
唐代•文選五九 107_1010_8
唐代•文選五九 107_1010_18
唐代•文選五九 107_1010_21
唐代•文選五九 107_1010_29
唐代•文選五九 107_1012_4
唐代•文選五九 109_1034_14
唐代•文選五九 110_1040_23
唐代•文選六八 2_19_25
唐代•文選六八 2_21_4
唐代•文選六八 2_21_11

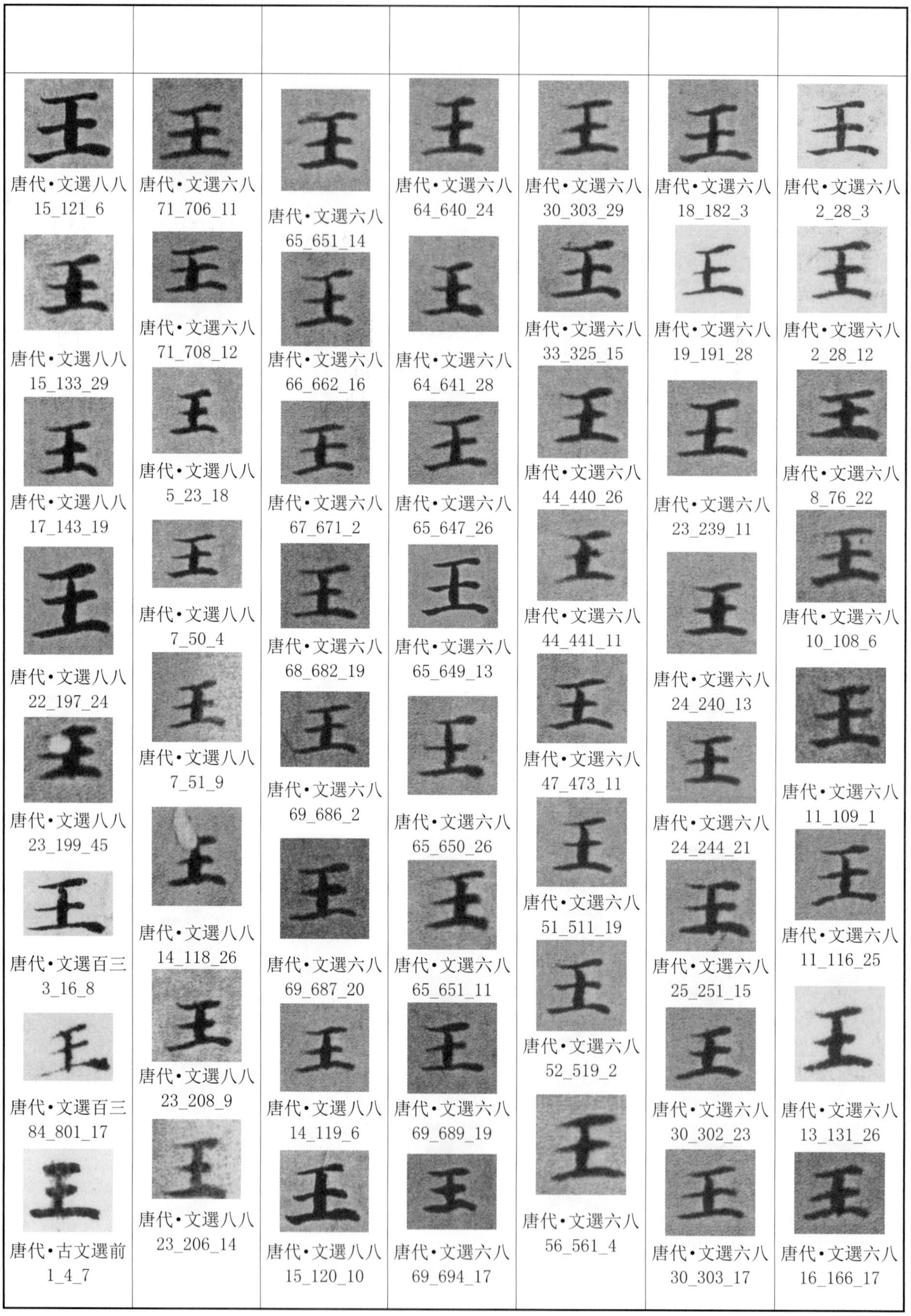

唐代·文選六八 2_28_3
唐代·文選六八 2_28_12
唐代·文選六八 8_76_22
唐代·文選六八 10_108_6
唐代·文選六八 11_109_1
唐代·文選六八 11_116_25
唐代·文選六八 13_131_26
唐代·文選六八 16_166_17

唐代·文選六八 18_182_3
唐代·文選六八 19_191_28
唐代·文選六八 23_239_11
唐代·文選六八 24_240_13
唐代·文選六八 24_244_21
唐代·文選六八 25_251_15
唐代·文選六八 30_302_23
唐代·文選六八 30_303_17

唐代·文選六八 30_303_29
唐代·文選六八 33_325_15
唐代·文選六八 44_440_26
唐代·文選六八 44_441_11
唐代·文選六八 47_473_11
唐代·文選六八 51_511_19
唐代·文選六八 52_519_2
唐代·文選六八 56_561_4

唐代·文選六八 64_640_24
唐代·文選六八 64_641_28
唐代·文選六八 65_647_26
唐代·文選六八 65_649_13
唐代·文選六八 65_650_26
唐代·文選六八 65_651_11
唐代·文選六八 69_689_19
唐代·文選六八 69_694_17

唐代·文選六八 65_651_14
唐代·文選六八 66_662_16
唐代·文選六八 67_671_2
唐代·文選六八 68_682_19
唐代·文選六八 69_686_2
唐代·文選六八 69_687_20
唐代·文選八八 14_119_6
唐代·文選八八 15_120_10

唐代·文選六八 71_706_11
唐代·文選六八 71_708_12
唐代·文選八八 5_23_18
唐代·文選八八 7_50_4
唐代·文選八八 7_51_9
唐代·文選八八 14_118_26
唐代·文選八八 23_208_9
唐代·文選八八 23_206_14

唐代·文選八八 15_121_6
唐代·文選八八 15_133_29
唐代·文選八八 17_143_19
唐代·文選八八 22_197_24
唐代·文選八八 23_199_45
唐代·文選百三 3_16_8
唐代·文選百三 84_801_17
唐代·古文選前 1_4_7

唐代•古文選前 1_11_9
唐代•古文選前 2_18_3
唐代•古文選前 2_20_12
唐代•古文選前 2_20_13
唐代•古文選前 2_25_15
唐代•古文選前 4_38_3
唐代•古文選前 22_260_2
唐代•古文選前 22_262_4

唐代•古文選前 4_46_11
唐代•古文選前 7_75_10
唐代•古文選前 7_77_3
唐代•古文選前 7_77_11
唐代•古文選前 7_80_8
唐代•古文選前 11_132_7
唐代•古文選前 11_133_33
唐代•古文選前 11_133_39

唐代•古文選前 11_133_45
唐代•古文選前 11_136_2
唐代•古文選前 12_145_6
唐代•古文選前 13_149_5
唐代•古文選前 13_153_13
唐代•古文選前 13_154_16
唐代•古文選前 14_167_8
唐代•古文選前 15_179_41

唐代•古文選前 17_200_11
唐代•古文選前 17_203_13
唐代•古文選前 18_207_13
唐代•古文選前 18_211_7
唐代•古文選前 20_239_38
唐代•古文選前 20_240_4
唐代•古文選前 20_240_9
唐代•古文選前 20_240_12

唐代•古文選前 21_245_7
唐代•古文選前 21_247_1
唐代•古文選前 22_253_14
唐代•古文選前 22_255_6
唐代•古文選前 22_256_2
唐代•古文選前 22_257_4
唐代•古文選後 2_19_1

唐代•古文選前 22_263_16
唐代•古文選前 23_266_12
唐代•古文選前 23_269_2
唐代•古文選前 23_271_12
唐代•古文選後 1_3_4
唐代•古文選後 1_6_9
唐代•古文選後 5_49_14

唐代•古文選後 5_49_15
唐代•古文選後 8_89_28
唐代•古文選後 9_99_42
唐代•古文選後 11_120_12
唐代•古文選後 12_133_27
唐代•古文選後 12_133_33
唐代•古文選後 12_133_40
唐代•古文選後 13_144_9

唐代•古文選後 13_150_45
唐代•古文選後 15_172_12
唐代•古文選後 17_203_4
唐代•古文選後 18_212_3
唐代•古文選後 20_233_7
唐代•古文選後 21_244_51
唐代•古文選後 24_282_1
唐代•古文選後 25_292_2

唐代•古文選後 25_292_17
唐代•十輪經四 4_67_14
唐代•十輪經四 5_81_8
唐代•十輪經四 5_86_11
唐代•十輪經四 5_89_8
唐代•十輪經四 5_93_13
唐代•十輪經四 6_108_10
唐代•十輪經四 6_113_13

唐代•十輪經四 6_115_7
唐代•十輪經四 6_119_13
唐代•十輪經四 7_130_3
唐代•十輪經四 7_132_12
唐代•十輪經四 7_138_17
唐代•十輪經四 8_142_17
唐代•十輪經四 8_146_14
唐代•十輪經四 8_149_3

唐代•十輪經四 8_155_8
唐代•十輪經四 9_161_2
唐代•十輪經四 9_162_11
唐代•十輪經四 9_163_5
唐代•十輪經四 9_166_18
唐代•十輪經四 9_168_3
唐代•十輪經四 9_169_17
唐代•十輪經四 9_175_4

唐代•十輪經四 9_178_15
唐代•十輪經四 10_182_4
唐代•十輪經四 10_185_4
唐代•十輪經四 10_186_9
唐代•十輪經四 10_190_11
唐代•十輪經四 10_193_16
唐代•十輪經四 11_205_4
唐代•十輪經四 11_215_15

唐代•十輪經四 11_218_12
唐代•十輪經四 12_221_14
唐代•十輪經四 13_253_9
唐代•十輪經四 14_272_14
唐代•十輪經四 14_273_6
唐代•十輪經四 14_273_10
唐代•十輪經四 14_278_4
唐代•十輪經四 15_283_9

唐代•十輪經四 15_291_13
唐代•十輪經四 15_292_9
唐代•十輪經四 15_292_11
唐代•十輪經四 15_293_10
唐代•十輪經四 15_294_2
唐代•十輪經四 15_299_17
唐代•十輪經四 16_300_1
唐代•十輪經四 16_301_4

玉王

漢ギョク呉ゴク
訓たま

唐代•文選四八 34_306_19
唐代•文選四八 34_307_6
唐代•文選四八 34_309_6
唐代•文選四八 34_309_16
唐代•文選四八 40_360_5
唐代•文選四八 40_362_9
唐代•文選四八 40_362_15
唐代•文選四八 44_402_3

唐代•春秋經傳 33_349_19
唐代•春秋經傳 33_350_5
唐代•文選四八 32_288_20
唐代•文選四八 32_289_18
唐代•文選四八 32_290_51
唐代•文選四八 32_291_5
唐代•文選四八 34_305_6
唐代•文選四八 34_306_7

唐代•十輪經八 21_411_17
唐代•十輪經九 1_11_13
唐代•十輪經九 3_49_17
唐代•十輪經九 6_110_10
唐代•十輪經九 17_325_6
唐代•十輪經十 9_162_18
唐代•十輪經十 13_250_4

唐代•十輪經八 3_59_1
唐代•十輪經八 6_110_3
唐代•十輪經八 8_148_3
唐代•十輪經八 10_186_9
唐代•十輪經八 12_223_8
唐代•十輪經八 13_260_8
唐代•十輪經八 15_298_8
唐代•十輪經八 17_336_7
唐代•十輪經八 19_374_8

唐代•十輪經四 20_381_2
唐代•十輪經四 20_388_3
唐代•十輪經四 20_389_15
唐代•十輪經四 20_393_11
唐代•十輪經四 20_398_16
唐代•十輪經四 22_427_11
唐代•十輪經四 22_431_23
唐代•十輪經八 2_37_7

唐代•十輪經四 18_343_4
唐代•十輪經四 18_351_13
唐代•十輪經四 18_353_8
唐代•十輪經四 18_358_4
唐代•十輪經四 19_364_15
唐代•十輪經四 19_368_10
唐代•十輪經四 19_370_5
唐代•十輪經四 19_375_4

唐代•十輪經四 16_303_12
唐代•十輪經四 16_311_16
唐代•十輪經四 16_315_1
唐代•十輪經四 16_316_11
唐代•十輪經四 17_321_4
唐代•十輪經四 17_330_15
唐代•十輪經四 17_337_5
唐代•十輪經四 17_338_17

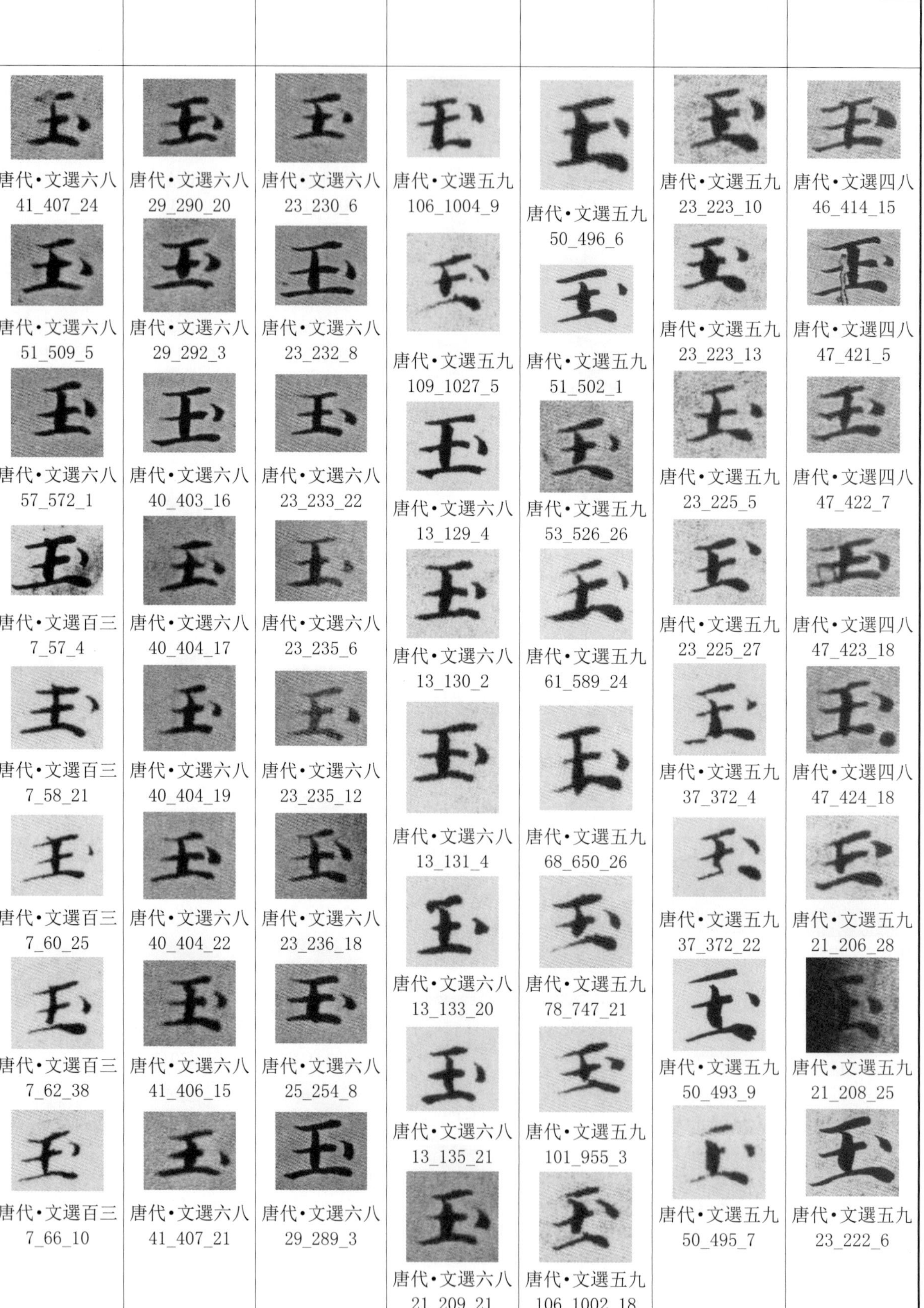

唐代•文選六八 41_407_24
唐代•文選六八 51_509_5
唐代•文選六八 57_572_1
唐代•文選百三 7_57_4
唐代•文選百三 7_58_21
唐代•文選百三 7_60_25
唐代•文選百三 7_62_38
唐代•文選百三 7_66_10

唐代•文選六八 29_290_20
唐代•文選六八 29_292_3
唐代•文選六八 40_403_16
唐代•文選六八 40_404_17
唐代•文選六八 40_404_19
唐代•文選六八 40_404_22
唐代•文選六八 41_406_15
唐代•文選六八 41_407_21

唐代•文選六八 23_230_6
唐代•文選六八 23_232_8
唐代•文選六八 23_233_22
唐代•文選六八 23_235_6
唐代•文選六八 23_235_12
唐代•文選六八 23_236_18
唐代•文選六八 25_254_8
唐代•文選六八 29_289_3

唐代•文選五九 106_1004_9
唐代•文選五九 109_1027_5
唐代•文選六八 13_129_4
唐代•文選六八 13_130_2
唐代•文選六八 13_131_4
唐代•文選六八 13_133_20
唐代•文選六八 13_135_21
唐代•文選六八 21_209_21

唐代•文選五九 50_496_6
唐代•文選五九 51_502_1
唐代•文選五九 53_526_26
唐代•文選五九 61_589_24
唐代•文選五九 68_650_26
唐代•文選五九 78_747_21
唐代•文選五九 101_955_3
唐代•文選五九 106_1002_18

唐代•文選五九 23_223_10
唐代•文選五九 23_223_13
唐代•文選五九 23_225_5
唐代•文選五九 23_225_27
唐代•文選五九 37_372_4
唐代•文選五九 37_372_22
唐代•文選五九 50_493_9
唐代•文選五九 50_495_7

唐代•文選四八 46_414_15
唐代•文選四八 47_421_5
唐代•文選四八 47_422_7
唐代•文選四八 47_423_18
唐代•文選四八 47_424_18
唐代•文選五九 21_206_28
唐代•文選五九 21_208_25
唐代•文選五九 23_222_6

珍

チン
訓たから

初唐・聖武雜集
1_9_12

唐代・文選五九
48_475_2

唐代・文選五九
48_476_8

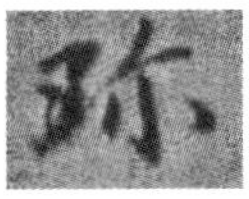
唐代・文選五九
48_477_23

唐代・文選五九
58_557_11

唐代・文選六八
15_149_19

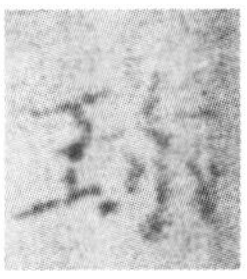
唐代・文選百三
1_8_25

唐代・文選百三
19_176_22

玷

漢テン呉テン
訓きず

唐代・文選百三
39_389_14

玩

漢ガン呉ガン
訓もてあそぶ

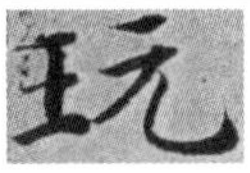
唐代・文選四八
33_296_1

唐代・文選四八
33_297_14

唐代・文選四八
33_297_16

唐代・文選四八
33_297_25

唐代・古文選前
14_160_2

唐代・古文選前
17_201_3

唐代・古文選後
11_130_11

唐代・古文選後
13_147_14

唐代・古文選後
18_210_2

唐代・古文選後
21_245_14

唐代・古文選前
7_76_1

唐代・古文選前
7_78_6

唐代・古文選前
7_81_12

唐代・古文選前
9_106_14

唐代・古文選前
10_123_1

唐代・古文選前
11_132_11

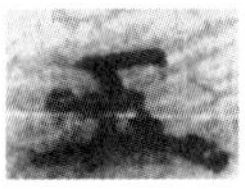
唐代・古文選前
11_135_13

唐代・古文選前
13_151_4

唐代・古文選前
2_20_5

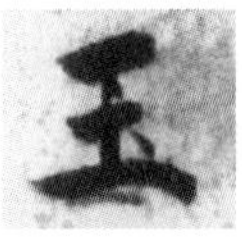
唐代・古文選前
2_21_6

唐代・古文選前
3_26_7

唐代・古文選前
4_38_16

唐代・古文選前
4_48_6

唐代・古文選前
6_65_10

唐代・古文選前
6_74_12

唐代・古文選前
7_75_13

唐代・文選百三
9_86_9

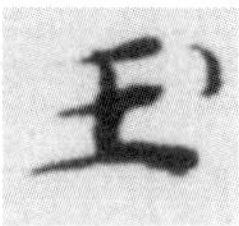
唐代・文選百三
9_88_22

唐代・文選百三
78_742_3

唐代・古文選前
1_4_10

唐代・古文選前
2_17_9

唐代・古文選前
2_18_6

唐代・古文選前
2_18_14

唐代・古文選前
2_19_8

珠	珪	珥	珉	珊	玲	
シュ 訓たま	漢ケイ 訓たま	漢ジン呉ニン 訓みみだま	漢ビン呉ミン 訓―	サン 訓さんち	漢レイ 訓―	
唐代・文選四八 32_290_22 唐代・文選四八 32_291_13 唐代・文選四八 34_305_2 唐代・文選五九 51_501_17 唐代・文選五九 51_502_9 唐代・文選五九 51_502_12 唐代・文選五九 67_643_10 唐代・文選五九 101_955_2	唐代・文選四八 16_143_5 唐代・文選百三 4_32_22 唐代・文選百三 5_35_2 唐代・古文選前 19_226_5 唐代・古文選前 26_310_13	唐代・文選四八 30_267_3 唐代・文選四八 30_268_13 唐代・文選四八 30_269_18 唐代・文選四八 30_271_2 唐代・文選四八 30_271_18 唐代・文選四八 30_272_22 唐代・文選五九 43_418_15 唐代・古文選前 8_99_5	唐代・文選四八 34_303_8 唐代・文選四八 34_306_13 唐代・文選四八 34_308_5 唐代・文選四八 34_309_12	唐代・古文選前 5_53_14 唐代・古文選前 5_54_1	唐代・文選五九 66_640_16 唐代・文選五九 66_641_16 唐代・文選五九 67_644_4 唐代・文選五九 67_644_26	唐代・文選百三 19_179_16 唐代・文選百三 19_188_24 唐代・古文選後 9_102_8 唐代・古文選後 21_250_10 唐代・十輪經八 4_67_9 唐代・十輪經十 4_60_9 唐代・十輪經十 9_178_2

珩 琊

漢コウ
訓おびだま

ヤ
訓—

珩

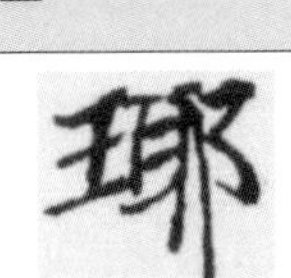
唐代・文選四八 8_63_18

琊

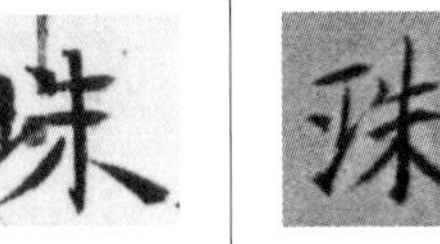
唐代・春秋經傳 30_308_1

唐代・文選五九 42_412_1

唐代・文選五九 88_846_20

唐代・文選五九 88_847_21

唐代・文選五九 88_850_12

唐代・古文選後 24_286_13

唐代・十輪經四 2_36_15

唐代・十輪經四 2_37_14

唐代・十輪經八 4_66_15

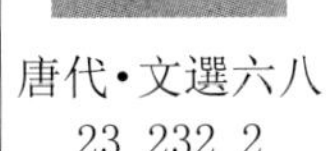
真珠
唐代・十輪經八 22_422_9

唐代・文選六八 51_509_14

唐代・文選百三 7_62_15

唐代・文選百三 7_66_9

唐代・文選百三 47_458_3

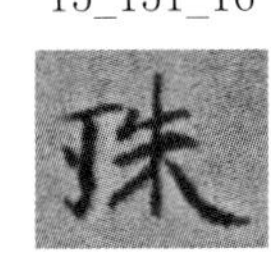
唐代・文選百三 47_458_14

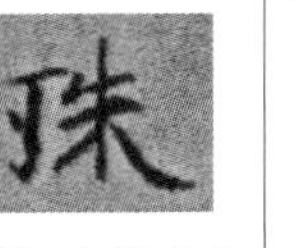
唐代・古文選前 8_100_5

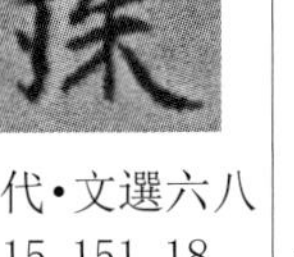
唐代・古文選前 10_117_5

唐代・古文選後 10_113_6

唐代・文選六八 23_229_26

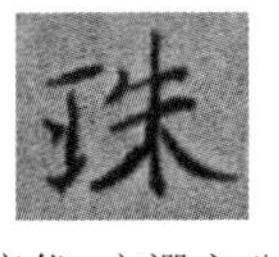
唐代・文選六八 23_232_2

唐代・文選六八 23_233_2

唐代・文選六八 23_234_12

唐代・文選六八 23_234_22

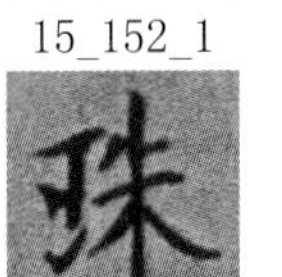
唐代・文選六八 26_262_6

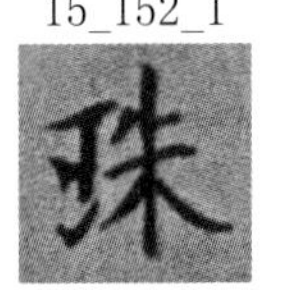
唐代・文選六八 45_455_25

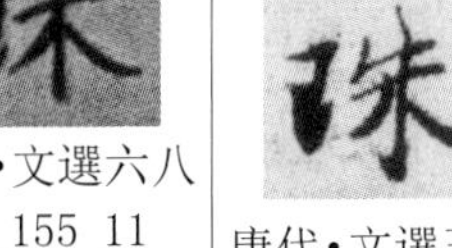
唐代・文選六八 45_456_30

唐代・文選五九 111_1051_4

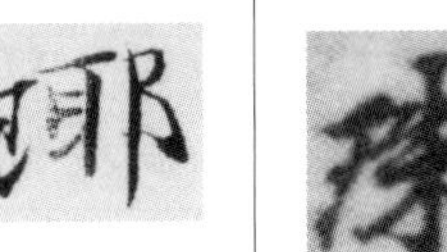
唐代・文選六八 15_149_16

唐代・文選六八 15_151_16

唐代・文選六八 15_151_18

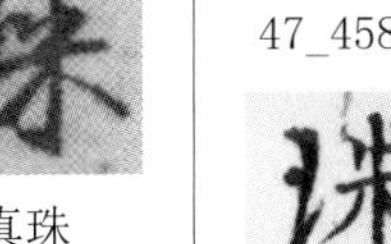
唐代・文選六八 15_151_28

唐代・文選六八 15_152_1

唐代・文選六八 15_155_11

唐代・文選六八 15_156_8

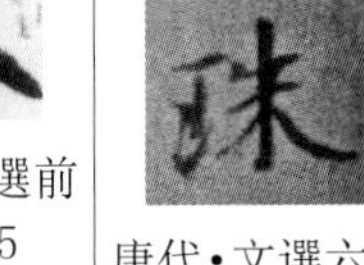
唐代・文選五九 108_1024_13

唐代・文選五九 109_1026_3

唐代・文選五九 109_1027_18

唐代・文選五九 109_1028_17

唐代・文選五九 109_1029_19

唐代・文選五九 111_1047_13

唐代・文選五九 111_1050_10

唐代・文選五九 111_1050_30

唐代•文選百三
42_420_6

唐代•文選百三
42_422_13

斑

ハン
訓まだら

唐代•文選百三
7_57_22

唐代•文選百三
13_116_49

唐代•文選百三
13_117_18

唐代•文選百三
13_118_22

唐代•文選百三
13_119_8

唐代•文選百三
17_158_10

唐代•文選百三
20_192_6

唐代•文選百三
42_418_6

唐代•文選百三
42_419_26

唐代•文選六八
42_424_13

唐代•文選六八
65_652_10

唐代•文選百三
3_27_7

唐代•文選百三
3_28_32

唐代•文選百三
5_43_22

唐代•文選百三
63_600_28

唐代•文選百三
63_601_22

唐代•文選百三
64_615_23

唐代•文選百三
65_620_3

唐代•文選五九
100_944_26

唐代•文選五九
109_1026_11

唐代•文選六八
37_367_5

唐代•文選六八
37_368_2

唐代•文選六八
37_368_11

唐代•文選六八
37_368_24

唐代•文選六八
39_393_23

唐代•文選六八
42_421_6

唐代•文選六八
42_424_11

班班

漢ハン
訓わける

唐代•文選四八
5_39_14

唐代•文選四八
17_154_8

唐代•文選四八
20_175_15

唐代•文選四八
26_233_1

唐代•文選五九
33_323_17

唐代•文選五九
58_561_20

唐代•文選五九
72_698_23

唐代•文選五九
97_924_9

唐代•文選五九
99_942_9

唐代•文選五九
100_943_7

唐代•文選六八
27_266_18

唐代•古文選前
6_65_7

唐代•古文選前
9_107_1

珮

漢ハイ
訓おびだま

唐代•文選四八
8_61_1

唐代•文選四八
8_62_5

唐代•文選四八
8_63_15

唐代•文選四八
8_64_9

唐代•文選四八
45_408_3

唐代•文選五九
67_648_16

唐代•文選五九
68_650_25

唐代•文選六八
22_221_1

唐代•文選六八
26_264_5

理理

リ
訓すじ

初唐・法華義疏 1_6_9
唐代・文選四八 1_6_16
唐代・文選四八 4_24_4
唐代・文選四八 17_151_7
唐代・文選四八 20_186_24
唐代・文選四八 28_256_2
唐代・文選四八 28_256_16
唐代・文選四八 43_384_4
唐代・文選四八 46_419_3

唐代・文選四八 48_434_15
唐代・文選五九 7_64_30
唐代・文選五九 7_66_16
唐代・文選五九 9_83_25
唐代・文選五九 9_89_16
唐代・文選五九 34_331_12
唐代・文選五九 35_342_15
唐代・文選五九 35_349_30
唐代・文選五九 35_350_23

唐代・文選五九 35_351_20
唐代・文選五九 40_396_1
唐代・文選五九 40_397_4
唐代・文選五九 40_398_16
唐代・文選五九 41_399_16
唐代・文選五九 41_399_23
唐代・文選五九 41_400_23
唐代・文選五九 41_407_13
唐代・文選五九 45_446_26

唐代・文選五九 49_482_5
唐代・文選五九 63_604_16
唐代・文選五九 71_676_3
唐代・文選五九 71_676_15
唐代・文選五九 92_877_15
唐代・文選六八 2_16_17
唐代・文選六八 8_85_23
唐代・文選六八 39_398_2
唐代・文選六八 55_558_4

唐代・文選六八 67_673_19
唐代・文選八八 7_50_27
唐代・文選八八 11_93_3
唐代・文選八八 12_97_15
唐代・文選八八 12_101_22
唐代・文選八八 15_124_26
唐代・文選八八 20_176_14
唐代・文選八八 22_194_27
唐代・文選百三 1_9_28

唐代・文選百三 20_190_1
唐代・文選百三 23_229_25
唐代・文選百三 37_364_36
唐代・文選百三 67_648_10
唐代・文選百三 72_695_29
唐代・文選百三 72_696_10
唐代・文選百三 73_699_24
唐代・文選百三 73_700_5
唐代・文選百三 73_711_18

唐代・文選百三 74_713_26
唐代・文選百三 77_739_10
唐代・古文選前 20_233_8
唐代・古文選前 25_292_3
唐代・古文選後 1_12_2
唐代・古文選後 4_48_14
唐代・古文選後 14_162_10
唐代・古文選後 17_196_13
唐代・古文選後 21_241_11

	琴	琵	琉	珶	琅	
	漢キン呉ゴン 訓こと	漢ヒ呉ビ 訓—	漢リュウ呉ル 訓—	漢テイ呉ダイ 訓—	漢ロウ呉ロウ 訓—	
 唐代•文選六八 49_497_1  唐代•文選六八 49_498_24  唐代•文選六八 65_656_13  唐代•文選百三 9_80_11  唐代•文選百三 9_81_6  唐代•文選百三 9_82_8  唐代•文選百三 9_82_15	 唐代•文選四八 41_371_18  唐代•文選五九 6_52_5  唐代•文選五九 53_524_4  唐代•文選五九 53_525_6  唐代•文選五九 53_526_8  唐代•文選五九 53_526_15  唐代•文選五九 99_936_28  唐代•文選六八 44_442_17	 唐代•文選六八 33_333_10	 唐代•十輪經四 2_37_4	 唐代•古文選前 9_108_5	 唐代•春秋經傳 30_307_20 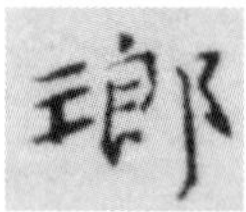 唐代•文選五九 41_411_24  唐代•文選五九 88_846_19  唐代•文選五九 88_847_20  唐代•文選五九 88_849_27 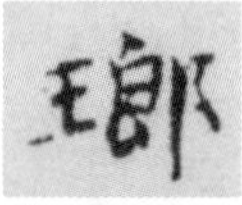 唐代•文選五九 88_850_9  唐代•文選百三 24_235_18	 唐代•古文選後 25_296_11 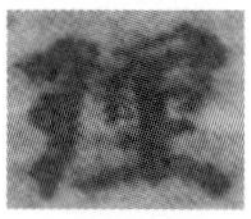 唐代•十輪經十 19_372_9

琛	琰	琱	琨	琦	琖	琶
漢チン呉シン 訓—	エン 訓—	チョウ 訓ほる	コン 訓—	漢キ 訓めずらしい	漢サン呉セン 訓さかずき	ハ 訓がっき
 唐代・古文選後 18_208_8	 唐代・文選五九 39_381_6  唐代・文選五九 48_477_9	 唐代・文選六八 21_207_20 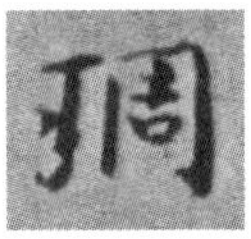 唐代・文選六八 21_209_24  唐代・文選六八 23_230_13  唐代・文選六八 23_231_17	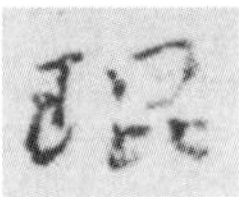 唐代・文選五九 1_12_14	 唐代・文選五九 29_287_10	 唐代・文選六八 21_209_22	 唐代・文選六八 33_333_11

瑜

ユ
訓—

唐代•文選四八
32_288_22

唐代•文選四八
32_290_6

唐代•文選四八
32_290_15

唐代•文選四八
32_290_39

唐代•文選四八
32_290_44

唐代•文選四八
32_291_1

唐代•文選四八
32_291_9

瑰

漢カイ
訓めずらしい

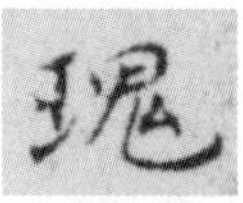
唐代•文選五九
35_349_24

唐代•古文選前
3_28_4

唐代•古文選前
8_97_2

唐代•文選六八
68_681_4

唐代•文選六八
69_687_2

唐代•文選六八
69_687_5

唐代•文選六八
69_687_27

唐代•文選六八
69_692_16

唐代•文選八八
6_41_21

唐代•文選八八
23_201_21

唐代•文選百三
48_464_3

瑞

呉ズイ
訓しるし

唐代•文選四八
25_223_10

唐代•文選五九
61_590_6

唐代•文選五九
62_592_4

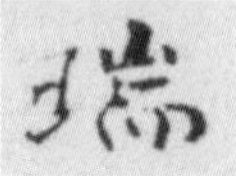
唐代•文選五九
62_593_8

唐代•文選六八
10_104_3

唐代•文選六八
63_626_2

唐代•文選六八
63_637_16

唐代•文選六八
68_679_18

唐代•文選百三
9_83_12

瑟

漢シツ
訓おおごと

唐代•文選六八
49_497_2

唐代•文選六八
49_498_26

唐代•文選百三
9_80_10

唐代•文選百三
9_81_5

唐代•文選百三
9_82_7

唐代•文選百三
9_82_16

唐代•文選百三
9_83_11

琚

漢キョ呉コ
訓—

唐代•文選四八
8_63_20

唐代•古文選前
8_99_10

瑶		瑣	璉	瑱	瑋	瑕
ヨウ 訓たま		漢サ呉サ 訓くず	レン 訓つらなる	漢テン呉テン 訓—	イ 訓うつくしい	漢カ 訓きず
 唐代•文選四八 34_303_6  唐代•文選四八 34_306_6  唐代•文選四八 34_307_5  唐代•文選四八 34_308_4  唐代•文選四八 34_309_5  唐代•文選五九 27_269_9  唐代•文選五九 27_270_14  唐代•文選五九 27_271_28	 唐代•文選百三 31_308_30  唐代•文選百三 31_309_35	 唐代•文選五九 51_502_4  唐代•文選五九 51_502_16  唐代•文選五九 51_502_20  唐代•文選五九 51_503_19  唐代•文選五九 51_503_26  唐代•文選八八 13_105_6  唐代•文選八八 13_106_27  唐代•文選百三 31_303_12	 唐代•古文選後 10_108_48	 唐代•文選五九 37_372_5	 唐代•古文選前 3_28_6	 唐代•春秋經傳 17_171_19  唐代•春秋經傳 17_172_10  唐代•文選四八 32_290_9  唐代•文選百三 59_569_21  唐代•古文選後 19_220_9

璀

漢サイ
訓—

唐代・古文選前
8_99_2

璜

漢コウ
訓おびだま

唐代・文選四八
8_63_19

瑾

漢キン
訓—

唐代・文選六八
36_364_2

唐代・文選百三
10_92_39

唐代・文選百三
24_235_8

瑩

漢エイ
訓あきらか

唐代・古文選前
3_31_10

璃

漢リ 呉リ
訓—

唐代・文選四八
8_63_21

唐代・十輪經四
2_37_5

唐代・文選五九
38_375_23

唐代・文選六八
51_512_19

唐代・文選六八
51_512_28

唐代・古文選前
8_99_6

唐代・文選五九
27_272_16

唐代・文選五九
27_272_27

唐代・文選五九
28_274_20

唐代・文選五九
37_370_16

唐代・文選五九
37_372_1

唐代・文選五九
38_373_6

唐代・文選五九
38_373_28

唐代・文選五九
38_374_26

璩

漢キョ 呉ゴ
訓—

唐代・文選五九
48_477_5

唐代・古文選後
21_244_57

璠

漢ハン 呉ボン
訓—

唐代・文選四八
40_358_12

唐代・文選四八
40_360_3

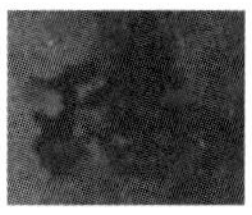
唐代・文選四八
40_362_7

唐代・文選五九
106_1001_3

唐代・文選五九
106_1002_10

唐代・文選五九
106_1002_16

唐代・文選五九
106_1002_22

唐代・文選五九
106_1003_10

唐代・文選八八
18_156_5

唐代・文選八八
21_179_18

唐代・文選百三
67_644_22

璞

漢ハク
訓あらたま

唐代・文選四八
49_443_21

唐代・文選五九
9_85_10

唐代・文選五九
33_323_5

唐代・文選六八
19_186_18

唐代・文選六八
19_186_19

唐代・文選六八
23_233_21

唐代・文選八八
12_98_1

唐代・文選八八
17_154_5

璟

漢ケイ 呉キョウ
訓—

中唐・七祖像贊
1_11_4

璇

漢セン
訓—

唐代・文選五九
21_206_25

唐代・文選百三
6_53_12

唐代・古文選前
1_3_5

璫

漢トウ呉トウ
訓みみだま

唐代•古文選前
14_166_10

環

漢カン
訓たまき

唐代•文選四八
25_227_5

唐代•文選四八
45_404_20

唐代•文選五九
23_224_8

唐代•文選百三
30_295_12

唐代•古文選前
23_275_1

璵

ヨ
訓—

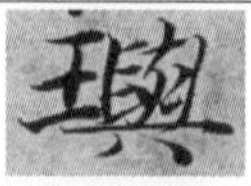
唐代•文選四八
40_358_11

唐代•文選四八
40_360_2

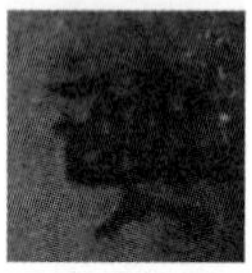
唐代•文選四八
40_362_6

唐代•文選五九
106_1001_2

唐代•文選五九
106_1002_9

唐代•文選五九
106_1002_15

唐代•文選五九
106_1002_21

唐代•文選五九
106_1003_7

璧

漢ヘキ
訓たま

唐代•文選四八
18_162_18

唐代•文選四八
21_187_12

唐代•文選四八
21_189_18

唐代•文選四八
21_190_14

唐代•文選四八
21_190_26

唐代•文選四八
21_192_4

唐代•文選四八
40_359_13

唐代•文選百三
1_6_5

唐代•文選百三
7_62_19

唐代•文選六八
67_668_9

瓊

漢ケイ
訓たま

唐代•文選四八
4_31_16

唐代•文選四八
47_421_4

唐代•文選四八
47_423_16

唐代•文選四八
47_424_17

唐代•文選五九
28_274_24

唐代•文選五九
38_373_15

唐代•文選五九
57_551_10

唐代•文選五九
57_554_15

唐代•文選五九
57_555_27

唐代•文選五九
57_555_30

唐代•文選五九
58_556_18

唐代•文選五九
58_556_28

唐代•文選五九
58_557_9

唐代•文選五九
58_557_22

唐代•古文選前
9_108_4

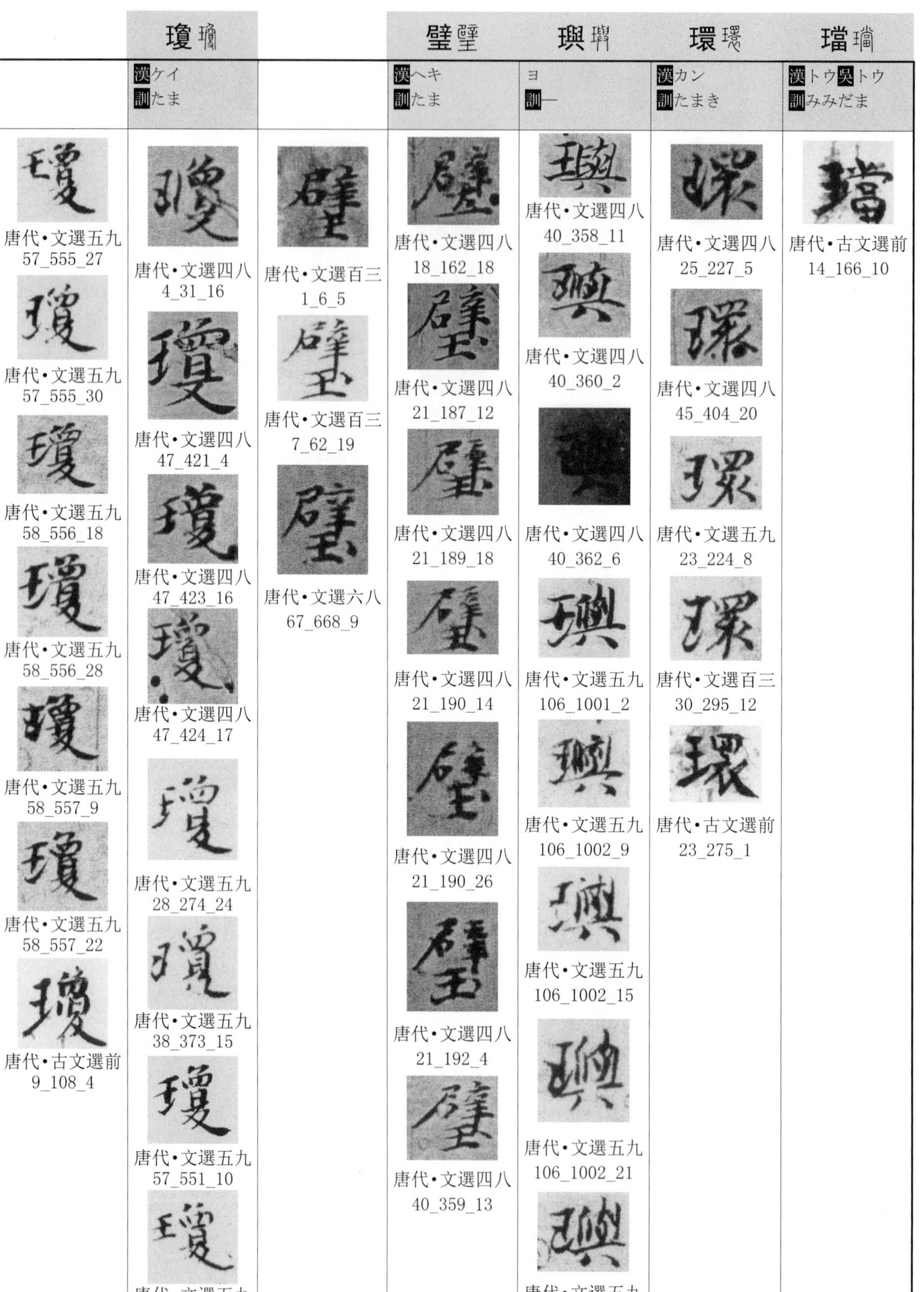

璽

シ 慣ジ
訓しるし

唐代・文選五九
77_740_5

唐代・文選五九
77_742_26

唐代・文選五九
77_742_28

唐代・文選五九
78_746_3

唐代・文選五九
78_746_15

唐代・文選五九
78_747_22

唐代・古文選後
2_19_8

瓏

漢ロウ
訓—

唐代・文選五九
66_640_17

唐代・文選五九
66_641_17

唐代・文選五九
67_644_8

唐代・文選五九
67_644_27

瓚

漢サン
訓—

唐代・文選四八
22_194_3

唐代・文選五九
91_873_19

唐代・文選百三
65_623_2

唐代・文選百三
65_623_30

唐代・文選百三
65_624_31

唐代・文選百三
65_626_19

唐代・文選百三
65_632_33

唐代・文選百三
66_638_33

唐代・文選百三
68_653_12

唐代・文選百三
69_665_26

唐代・文選百三
69_670_22

唐代・文選百三
70_674_25

唐代・文選百三
71_680_4

唐代・文選百三
71_683_10

唐代・文選百三
71_685_19

唐代・文選百三
71_689_4

唐代・文選百三
73_711_5

唐代・文選百三
76_727_12

唐代・文選百三
77_737_3

唐代・文選百三
78_745_27

唐代・文選百三
80_759_17

唐代・文選百三
85_804_5

唐代・文選百三
87_830_8

唐代・文選百三
87_833_12

瓛

漢カン 呉ガン
訓—

唐代・文選五九
9 86 9

无部

既

漢キ
訓すでに

初唐•聖武雜集 1_2_3
唐代•春秋經傳 3_21_12
唐代•春秋經傳 6_59_26
唐代•春秋經傳 10_101_6
唐代•春秋經傳 11_114_20
唐代•春秋經傳 13_134_12
唐代•春秋經傳 16_163_18
唐代•春秋經傳 24_246_18

唐代•春秋經傳 28_290_6
唐代•春秋經傳 31_327_18
唐代•春秋經傳 33_342_4
唐代•春秋經傳 36_378_13
唐代•春秋經傳 37_387_2
唐代•春秋經傳 39_406_6
唐代•春秋經傳 39_407_14
唐代•文選四八 12_106_1

唐代•文選四八 16_140_13
唐代•文選四八 16_147_9
唐代•文選四八 20_177_21
唐代•文選四八 34_307_14
唐代•文選四八 37_334_16
唐代•文選四八 37_335_2
唐代•文選四八 42_374_16
唐代•文選四八 42_379_3

唐代•文選四八 44_398_6
唐代•文選四八 44_402_21
唐代•文選四八 45_403_24
唐代•文選四八 46_413_13
唐代•文選五九 8_74_8
唐代•文選五九 11_99_12
唐代•文選五九 11_104_1
唐代•文選五九 13_124_24

唐代•文選五九 14_132_16
唐代•文選五九 15_142_29
唐代•文選五九 19_183_15
唐代•文選五九 20_197_18
唐代•文選五九 23_232_1
唐代•文選五九 28_278_4
唐代•文選五九 31_301_18
唐代•文選五九 35_339_1

唐代•文選五九 35_340_19
唐代•文選五九 38_375_12
唐代•文選五九 47_460_5
唐代•文選五九 52_511_29
唐代•文選五九 57_551_3
唐代•文選五九 59_563_15
唐代•文選五九 63_608_23
唐代•文選五九 64_620_1

唐代·古文選前
21_246_3

唐代·古文選前
22_262_9

唐代·古文選前
23_275_5

唐代·古文選前
24_287_6

唐代·古文選後
1_5_11

唐代·古文選後
4_44_38

唐代·古文選後
4_45_7

唐代·古文選後
7_73_4

唐代·古文選前
4_43_11

唐代·古文選前
5_51_5

唐代·古文選前
5_58_2

唐代·古文選前
12_138_8

唐代·古文選前
17_204_4

唐代·古文選前
17_204_8

唐代·古文選前
18_211_5

唐代·古文選前
19_229_9

唐代·文選百三
45_428_8

唐代·文選百三
49_468_9

唐代·文選百三
53_509_25

唐代·文選百三
71_689_10

唐代·文選百三
73_704_8

唐代·文選百三
76_729_3

唐代·文選百三
84_799_1

唐代·古文選前
3_27_12

唐代·文選百三
20_194_6

唐代·文選百三
21_197_4

唐代·文選百三
29_285_25

唐代·文選百三
31_304_3

唐代·文選百三
31_305_9

唐代·文選百三
31_308_8

唐代·文選百三
31_309_38

唐代·文選百三
45_426_3

唐代·文選六八
49_486_24

唐代·文選六八
49_488_1

唐代·文選六八
55_557_27

唐代·文選六八
56_560_13

唐代·文選六八
61_613_1

唐代·文選百三
5_48_3

唐代·文選百三
10_90_11

唐代·文選百三
13_127_5

唐代·文選五九
110_1045_24

唐代·文選六八
9_94_3

唐代·文選六八
10_103_8

唐代·文選六八
17_175_7

唐代·文選六八
19_186_1

唐代·文選六八
21_208_17

唐代·文選六八
37_372_4

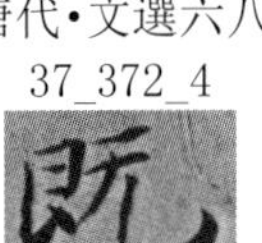

唐代·文選六八
48_482_15

唐代·文選五九
65_624_1

唐代·文選五九
69_664_1

唐代·文選五九
71_685_18

唐代·文選五九
80_771_7

唐代·文選五九
84_807_5

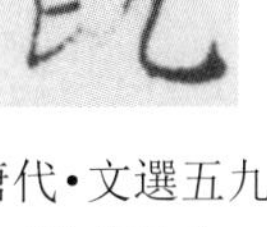

唐代·文選五九
90_857_1

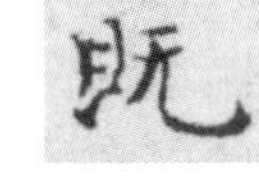

唐代·文選五九
104_986_4

唐代·文選五九
105_995_2

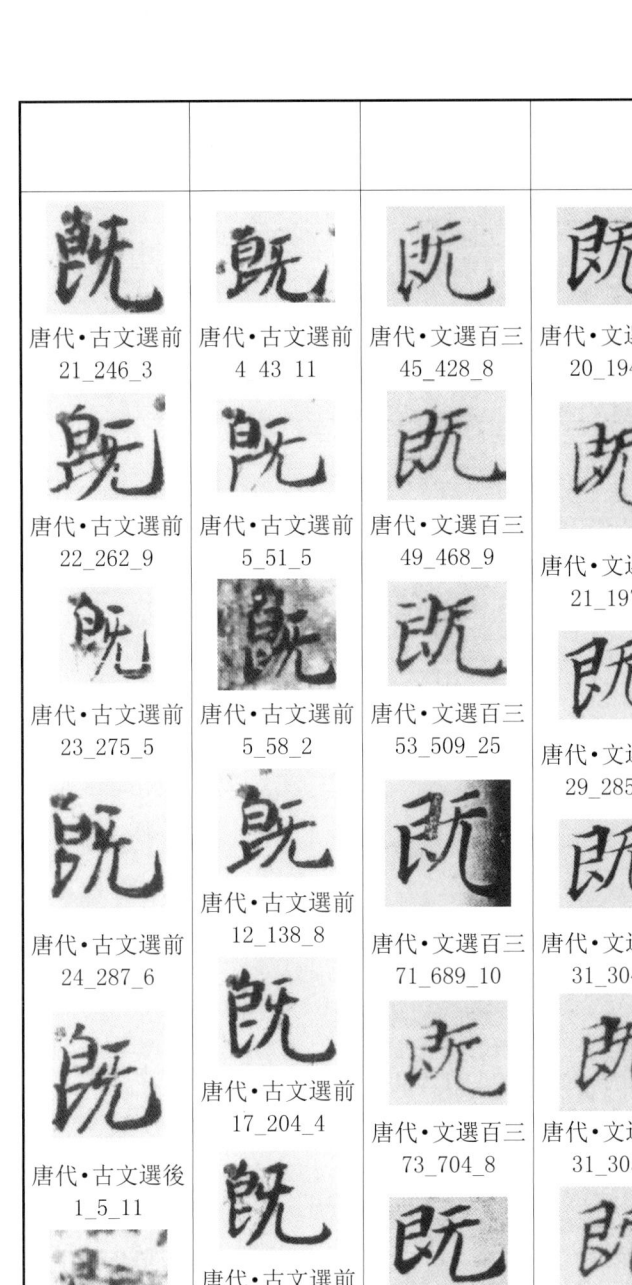

				 唐代•十輪經八 17_338_4  唐代•十輪經八 19_376_4  唐代•十輪經八 21_413_13  唐代•十輪經九 1_13_9 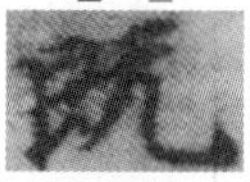 唐代•十輪經九 3_51_14  唐代•十輪經九 17_327_2	 唐代•十輪經四 11_201_2  唐代•十輪經四 17_334_4 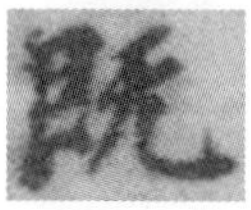 唐代•十輪經八 6_111_16  唐代•十輪經八 8_149_16  唐代•十輪經八 10_188_6  唐代•十輪經八 12_225_4  唐代•十輪經八 14_262_4  唐代•十輪經八 15_300_4	 唐代•古文選後 7_73_8  唐代•古文選後 7_77_27  唐代•古文選後 10_116_5  唐代•古文選後 11_121_13  唐代•古文選後 11_127_9  唐代•古文選後 12_141_13  唐代•古文選後 13_153_13  唐代 • 古文 s 選後 17_202_7

木部

木

漢ボク 呉モク
訓き

唐代・文選四八 12_104_28
唐代・文選四八 12_112_17
唐代・文選四八 47_423_3
唐代・文選五九 12_116_27
唐代・文選五九 13_119_4
唐代・文選五九 13_120_26
唐代・文選五九 13_123_10
唐代・文選五九 26_256_21

唐代・文選五九 29_283_12
唐代・文選五九 31_299_9
唐代・文選五九 31_301_1
唐代・文選五九 31_301_17
唐代・文選五九 31_302_8
唐代・文選五九 31_302_10
唐代・文選五九 31_303_17
唐代・文選五九 37_365_9

唐代・文選五九 38_377_12
唐代・文選五九 39_386_19
唐代・文選五九 40_394_12
唐代・文選五九 47_459_7
唐代・文選五九 53_516_1
唐代・文選五九 53_516_30
唐代・文選五九 61_591_9
唐代・文選五九 72_694_4

唐代・文選五九 73_701_20
唐代・文選五九 73_702_14
唐代・文選五九 73_703_11
唐代・文選五九 73_703_19
唐代・文選五九 74_715_13
唐代・文選五九 80_772_12
唐代・文選五九 84_806_2
唐代・文選五九 84_810_4

唐代・文選五九 84_811_9
唐代・文選五九 89_853_29
唐代・文選五九 90_868_24
唐代・文選五九 97_921_28
唐代・文選六八 7_72_10
唐代・文選六八 11_113_2
唐代・文選六八 16_163_22
唐代・文選六八 18_183_2

唐代・文選六八 18_183_14
唐代・文選六八 19_196_18
唐代・文選六八 19_196_21
唐代・文選六八 19_199_2
唐代・文選六八 31_313_14
唐代・文選六八 31_313_29
唐代・文選六八 38_384_10
唐代・文選六八 38_384_22

末 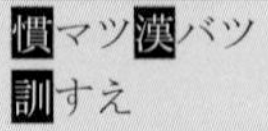

慣マツ 漢バツ
訓すえ

唐代•文選百三
17_163_7

唐代•文選百三
45_427_4

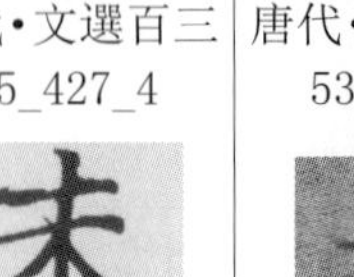
唐代•文選百三
45_433_3

唐代•文選百三
56_539_7

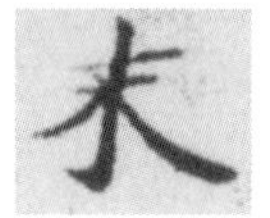
唐代•文選百三
56_540_16

唐代•文選百三
66_635_8

唐代•文選百三
73_701_12

唐代•文選百三
73_703_5

唐代•文選五九
51_501_3

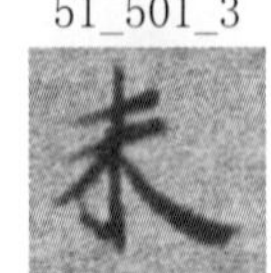
唐代•文選五九
53_516_8

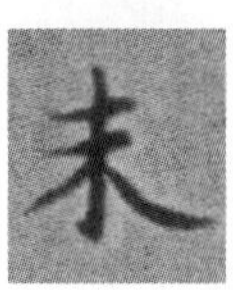
唐代•文選六八
8_85_30

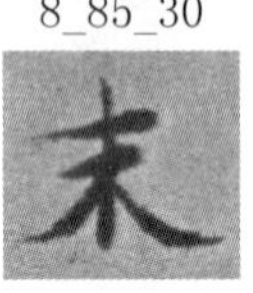
唐代•文選六八
57_576_6

唐代•文選六八
58_580_4

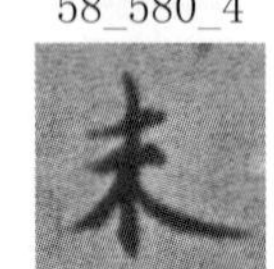
唐代•文選八八
12_101_30

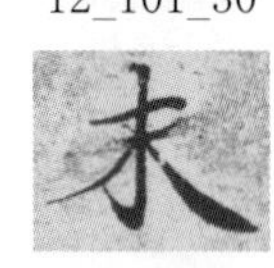
唐代•文選百三
17_162_3

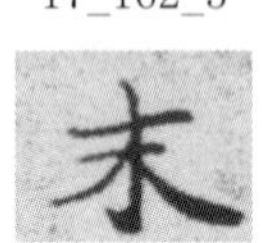
唐代•文選百三
17_162_20

唐代•文選四八
3_14_1

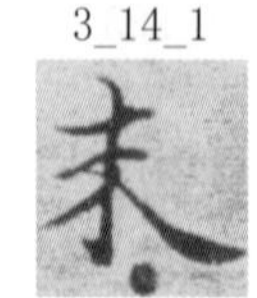
唐代•文選四八
3_14_12

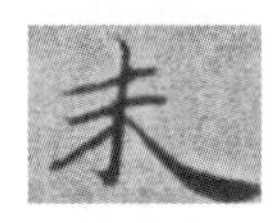
唐代•文選四八
3_15_20

唐代•文選四八
4_27_23

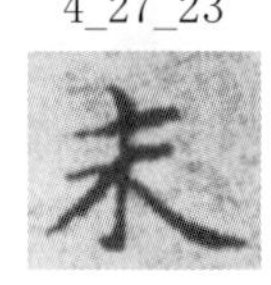
唐代•文選四八
16_150_8

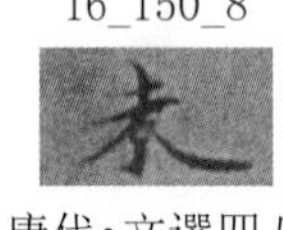
唐代•文選四八
23_210_15

唐代•文選五九
22_214_3

唐代•文選五九
51_497_1

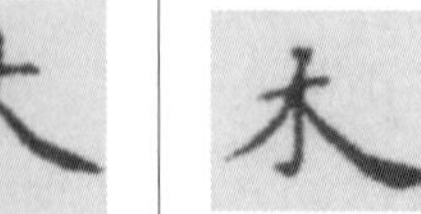
唐代•文選百三
85_805_18

唐代•古文選前
17_204_10

唐代•古文選後
3_33_10

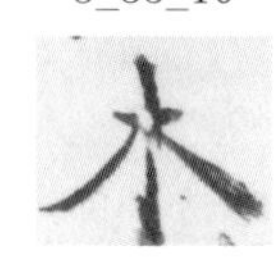
唐代•古文選後
9_102_9

唐代•十輪經八
3_43_11

唐代•文選百三
63_604_26

唐代•文選百三
63_605_15

唐代•文選百三
69_670_3

唐代•文選百三
81_770_29

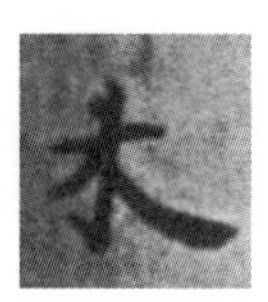
唐代•文選百三
81_773_30

唐代•文選百三
81_775_15

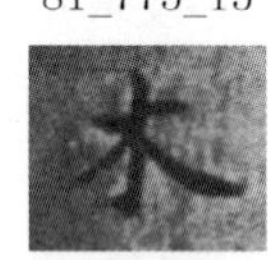
唐代•文選百三
83_793_20

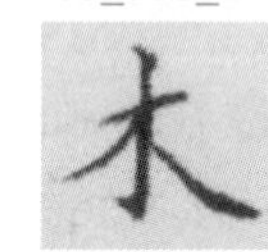
唐代•文選百三
84_803_3

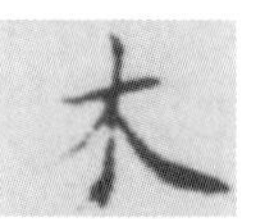
唐代•文選百三
53_511_4

唐代•文選百三
53_511_12

唐代•文選百三
54_516_19

唐代•文選百三
54_516_27

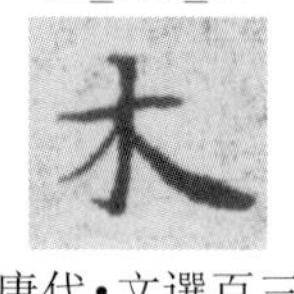
唐代•文選百三
54_518_9

唐代•文選百三
57_547_33

唐代•文選百三
63_603_4

唐代•文選百三
63_604_15

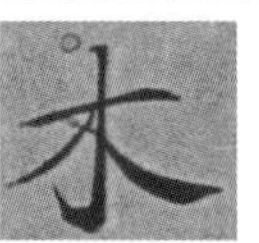
唐代•文選六八
43_432_6

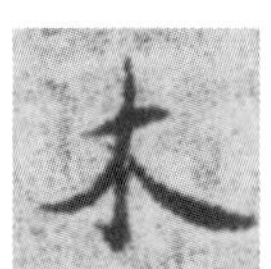
唐代•文選八八
19_167_8

唐代•文選百三
30_299_7

唐代•文選百三
31_301_33

唐代•文選百三
31_305_5

唐代•文選百三
31_312_17

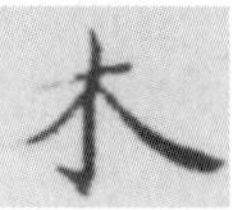
唐代•文選百三
31_313_31

唐代•文選百三
52_505_23

唐代•文選百三 81_771_23
唐代•文選百三 86_819_15
唐代•古文選前 13_157_5
唐代•古文選前 20_231_1
唐代•古文選前 24_284_9
唐代•古文選前 27_314_12

唐代•春秋經傳 2_18_14
唐代•春秋經傳 10_99_2
唐代•春秋經傳 10_105_18
唐代•春秋經傳 13_128_10
唐代•春秋經傳 13_133_18
唐代•春秋經傳 13_134_6
唐代•春秋經傳 15_154_7
唐代•春秋經傳 15_154_13

唐代•春秋經傳 23_240_11
唐代•春秋經傳 23_240_24
唐代•春秋經傳 30_308_14
唐代•春秋經傳 32_333_16
唐代•春秋經傳 38_400_9
唐代•春秋經傳 39_406_2
唐代•春秋經傳 39_408_7

唐代•文選四八 8_62_2
唐代•文選四八 12_110_21
唐代•文選四八 32_290_46
唐代•文選四八 38_340_19
唐代•文選四八 42_379_13
唐代•文選四八 42_380_5
唐代•文選五九 11_102_17
唐代•文選五九 11_103_16

唐代•文選五九 11_103_19
唐代•文選五九 11_105_9
唐代•文選五九 11_106_12
唐代•文選五九 19_183_19
唐代•文選五九 23_232_7
唐代•文選五九 24_233_6
唐代•文選五九 25_246_7
唐代•文選五九 26_257_27

唐代•文選五九 26_258_9
唐代•文選五九 27_259_15
唐代•文選五九 27_269_11
唐代•文選五九 28_273_23
唐代•文選五九 33_322_6
唐代•文選五九 33_324_26
唐代•文選五九 35_351_13
唐代•文選五九 37_368_5

唐代•文選五九 47_458_18
唐代•文選五九 54_529_21
唐代•文選五九 54_530_15
唐代•文選五九 55_535_3
唐代•文選五九 55_536_22
唐代•文選五九 56_545_7
唐代•文選五九 70_671_9
唐代•文選五九 71_676_2

唐代·文選五九 71_683_18
唐代·文選五九 76_730_25
唐代·文選五九 76_731_3
唐代·文選五九 78_752_20
唐代·文選五九 84_805_15
唐代·文選五九 87_834_13
唐代·文選五九 93_893_4
唐代·文選五九 101_960_2

唐代·文選五九 105_998_29
唐代·文選五九 109_1030_17
唐代·文選五九 109_1031_25
唐代·文選五九 111_1047_11
唐代·文選五九 111_1050_23
唐代·文選五九 111_1051_28
唐代·文選六八 2_19_30
唐代·文選六八 7_68_18

唐代·文選六八 7_69_16
唐代·文選六八 8_77_16
唐代·文選六八 8_83_21
唐代·文選六八 8_84_16
唐代·文選六八 8_85_12
唐代·文選六八 8_85_28
唐代·文選六八 9_89_14
唐代·文選六八 9_92_9

唐代·文選六八 9_97_7
唐代·文選六八 21_214_5
唐代·文選六八 23_237_3
唐代·文選六八 28_281_8
唐代·文選六八 39_390_11
唐代·文選六八 39_391_13
唐代·文選六八 43_425_5
唐代·文選六八 48_480_10

唐代·文選六八 48_484_4
唐代·文選六八 49_487_8
唐代·文選六八 55_547_1
唐代·文選六八 55_547_16
唐代·文選六八 57_574_3
唐代·文選六八 58_579_6
唐代·文選六八 58_580_6
唐代·文選六八 59_593_12

唐代·文選六八 59_593_25
唐代·文選六八 60_603_21
唐代·文選六八 61_605_9
唐代·文選六八 61_608_1
唐代·文選六八 62_619_25
唐代·文選六八 63_636_10
唐代·文選六八 70_696_4
唐代·文選六八 70_696_10

唐代·文選六八 70_698_18
唐代·文選六八 70_698_27
唐代·文選八八 7_42_13
唐代·文選八八 8_60_9
唐代·文選八八 15_131_7
唐代·文選八八 15_133_6
唐代·文選八八 15_133_26
唐代·文選八八 21_181_26

唐代•古文選前 6_69_10
唐代•古文選前 7_88_11
唐代•古文選前 9_113_13
唐代•古文選前 10_123_5
唐代•古文選前 12_141_7
唐代•古文選前 13_154_11
唐代•古文選前 25_297_59
唐代•古文選前 27_312_8

唐代•文選百三 85_809_32
唐代•古文選前 1_9_13
唐代•古文選前 1_10_4
唐代•古文選前 2_22_10
唐代•古文選前 3_28_2
唐代•古文選前 5_57_7
唐代•古文選前 6_66_12
唐代•古文選前 6_67_14

唐代•文選百三 57_543_18
唐代•文選百三 57_543_20
唐代•文選百三 57_549_7
唐代•文選百三 66_638_21
唐代•文選百三 75_719_28
唐代•文選百三 75_724_20
唐代•文選百三 78_746_12
唐代•文選百三 85_806_21

唐代•文選百三 45_429_28
唐代•文選百三 45_430_21
唐代•文選百三 45_431_1
唐代•文選百三 45_431_17
唐代•文選百三 45_431_23
唐代•文選百三 52_499_32
唐代•文選百三 52_504_7
唐代•文選百三 52_505_7

唐代•文選百三 25_249_5
唐代•文選百三 26_254_5
唐代•文選百三 37_370_14
唐代•文選百三 37_375_7
唐代•文選百三 38_380_25
唐代•文選百三 41_407_4
唐代•文選百三 42_422_5
唐代•文選百三 44_424_4

唐代•文選百三 7_67_23
唐代•文選百三 13_115_2
唐代•文選百三 18_171_25
唐代•文選百三 18_174_14
唐代•文選百三 23_220_20
唐代•文選百三 23_223_19
唐代•文選百三 24_231_15
唐代•文選百三 25_244_5

唐代•文選八八 22_197_27
唐代•文選八八 23_208_18
唐代•文選八八 23_209_3
唐代•文選百三 1_6_26
唐代•文選百三 1_7_14
唐代•文選百三 3_22_23
唐代•文選百三 3_24_5
唐代•文選百三 5_46_2

本

ホン
訓 もと

唐代•春秋經傳 29_301_15

唐代•春秋經傳 38_404_19

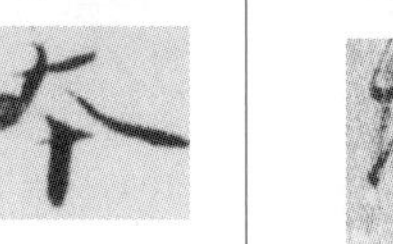
唐代•文選四八 1_8_17

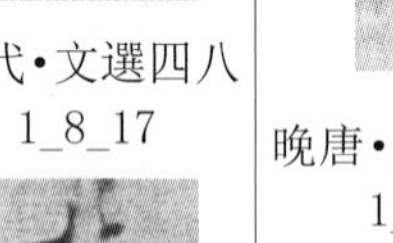
唐代•文選四八 7_56_23

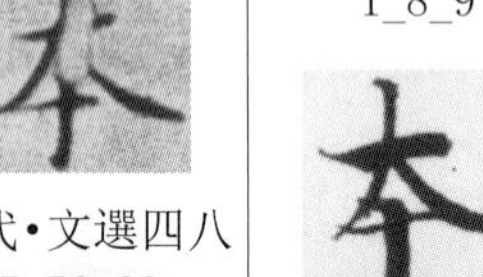
唐代•文選四八 13_113_22

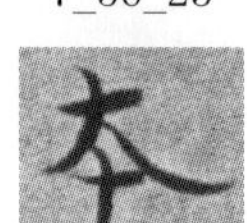
唐代•文選四八 33_295_24

唐代•文選四八 39_352_14

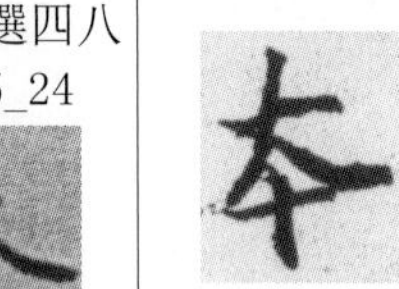
唐代•文選五九 7_63_9

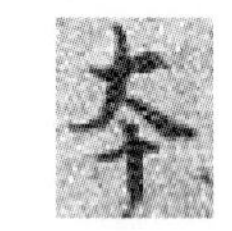
初唐•法華義疏 1_1_20

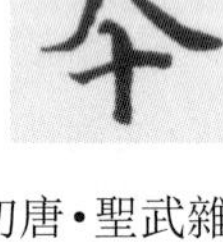
初唐•聖武雜集 1_6_10

晚唐•慶滋書狀 1_8_9

唐代•春秋經傳 4_37_21

唐代•春秋經傳 7_72_14

唐代•春秋經傳 25_260_17

唐代•春秋經傳 28_285_20

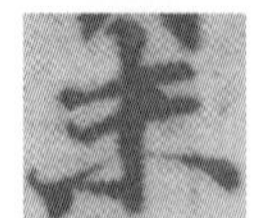
唐代•十輪經十 13_255_15

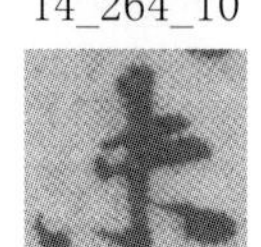
唐代•十輪經十 14_264_10

唐代•十輪經十 16_310_9

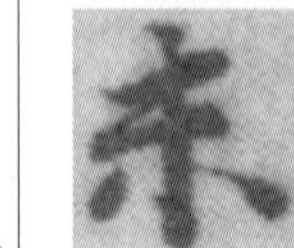
唐代•十輪經四 18_357_7

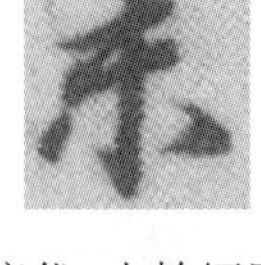
唐代•十輪經四 19_374_7

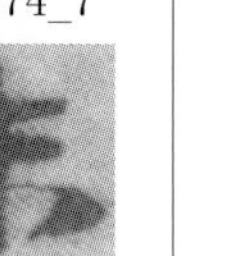
唐代•十輪經十 3_50_12

唐代•十輪經十 3_57_11

唐代•十輪經十 4_80_8

唐代•十輪經十 6_107_11

唐代•十輪經十 12_237_13

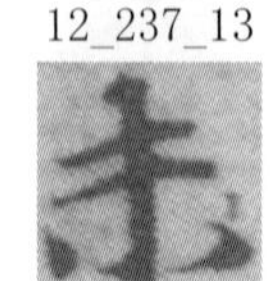
唐代•十輪經十 13_246_8

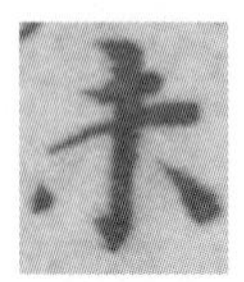
唐代•十輪經四 14_274_3

唐代•十輪經四 15_282_16

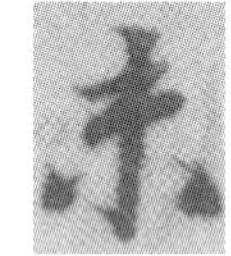
唐代•十輪經四 15_289_6

唐代•十輪經四 16_300_6

唐代•十輪經四 16_309_9

唐代•十輪經四 16_320_7

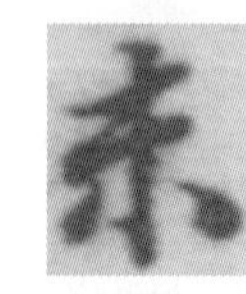
唐代•十輪經四 18_342_7

唐代•古文選後 22_257_14

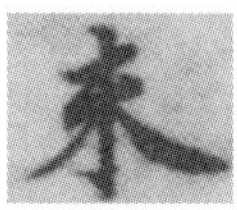
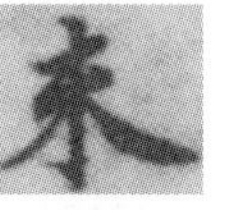
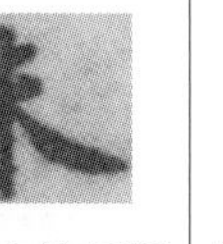
唐代•十輪經四 2_37_16

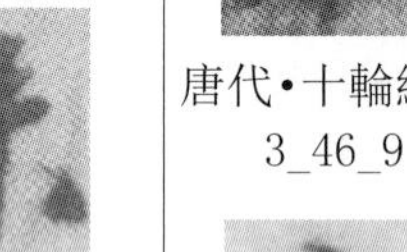
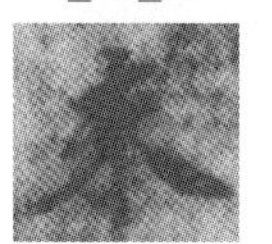
唐代•十輪經四 3_46_9

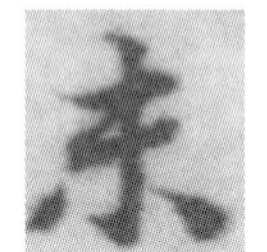

唐代•十輪經四 10_193_6

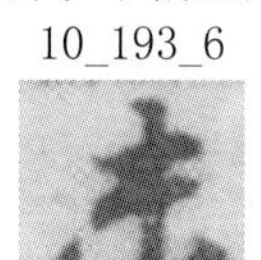
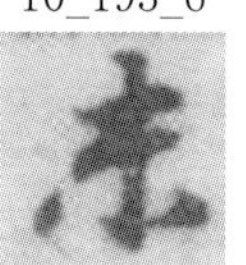

唐代•十輪經四 10_199_1

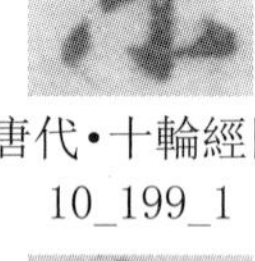

唐代•十輪經四 11_204_11

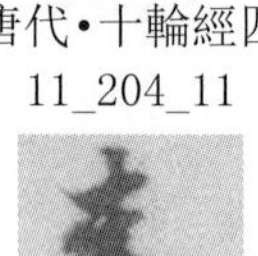
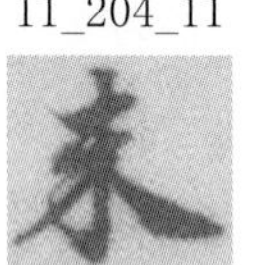
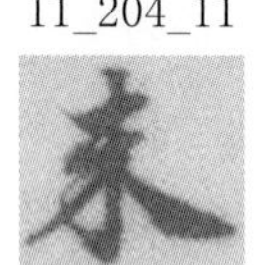
唐代•十輪經四 11_209_3

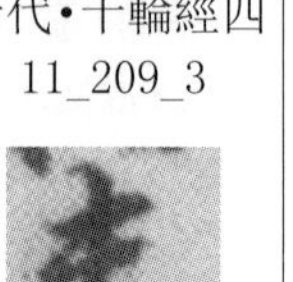
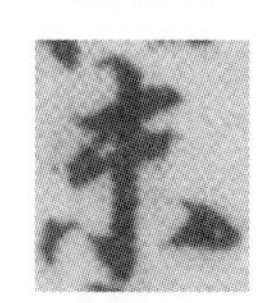
唐代•十輪經四 13_246_17

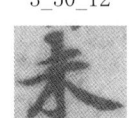

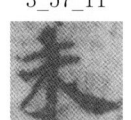

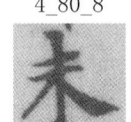

唐代•古文選後 4_42_3

唐代•古文選後 5_50_9

唐代•古文選後 6_67_11

唐代•古文選後 9_100_9

唐代•古文選後 9_105_13

唐代•古文選後 15_172_7

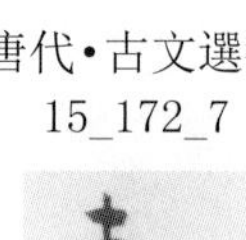
唐代•古文選後 16_185_10

唐代•古文選後 17_202_3

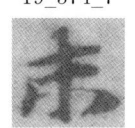

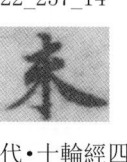

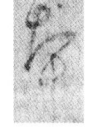

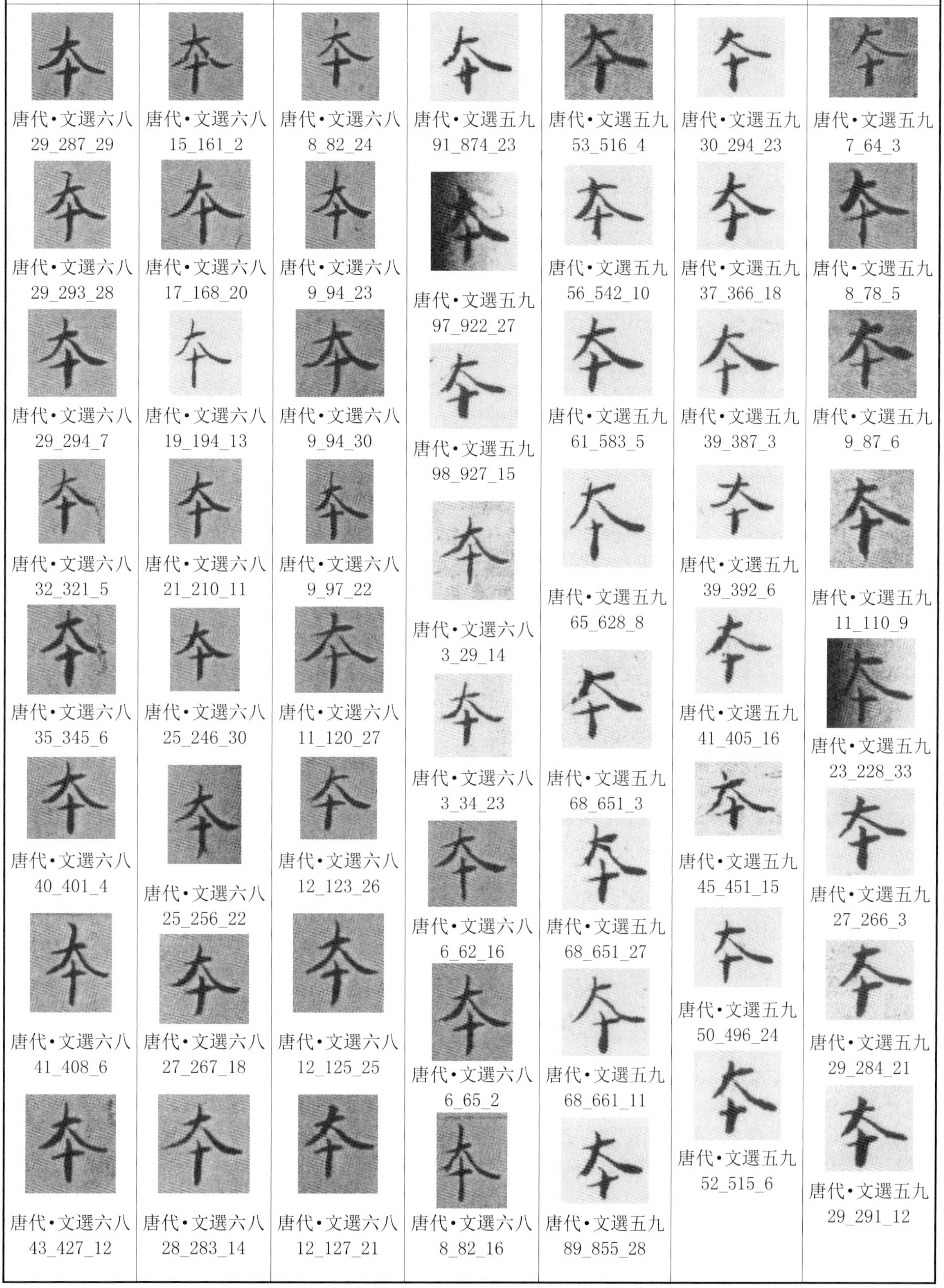

唐代•文選六八 29_287_29
唐代•文選六八 29_293_28
唐代•文選六八 29_294_7
唐代•文選六八 32_321_5
唐代•文選六八 35_345_6
唐代•文選六八 40_401_4
唐代•文選六八 41_408_6
唐代•文選六八 43_427_12

唐代•文選六八 15_161_2
唐代•文選六八 17_168_20
唐代•文選六八 19_194_13
唐代•文選六八 21_210_11
唐代•文選六八 25_246_30
唐代•文選六八 25_256_22
唐代•文選六八 27_267_18
唐代•文選六八 28_283_14

唐代•文選六八 8_82_24
唐代•文選六八 9_94_23
唐代•文選六八 9_94_30
唐代•文選六八 9_97_22
唐代•文選六八 11_120_27
唐代•文選六八 12_123_26
唐代•文選六八 12_125_25
唐代•文選六八 12_127_21

唐代•文選五九 91_874_23
唐代•文選五九 97_922_27
唐代•文選五九 98_927_15
唐代•文選六八 3_29_14
唐代•文選六八 3_34_23
唐代•文選六八 6_62_16
唐代•文選六八 6_65_2
唐代•文選六八 8_82_16

唐代•文選五九 53_516_4
唐代•文選五九 56_542_10
唐代•文選五九 61_583_5
唐代•文選五九 65_628_8
唐代•文選五九 68_651_3
唐代•文選五九 68_651_27
唐代•文選五九 68_661_11
唐代•文選五九 89_855_28

唐代•文選五九 30_294_23
唐代•文選五九 37_366_18
唐代•文選五九 39_387_3
唐代•文選五九 39_392_6
唐代•文選五九 41_405_16
唐代•文選五九 45_451_15
唐代•文選五九 50_496_24
唐代•文選五九 52_515_6

唐代•文選五九 7_64_3
唐代•文選五九 8_78_5
唐代•文選五九 9_87_6
唐代•文選五九 11_110_9
唐代•文選五九 23_228_33
唐代•文選五九 27_266_3
唐代•文選五九 29_284_21
唐代•文選五九 29_291_12

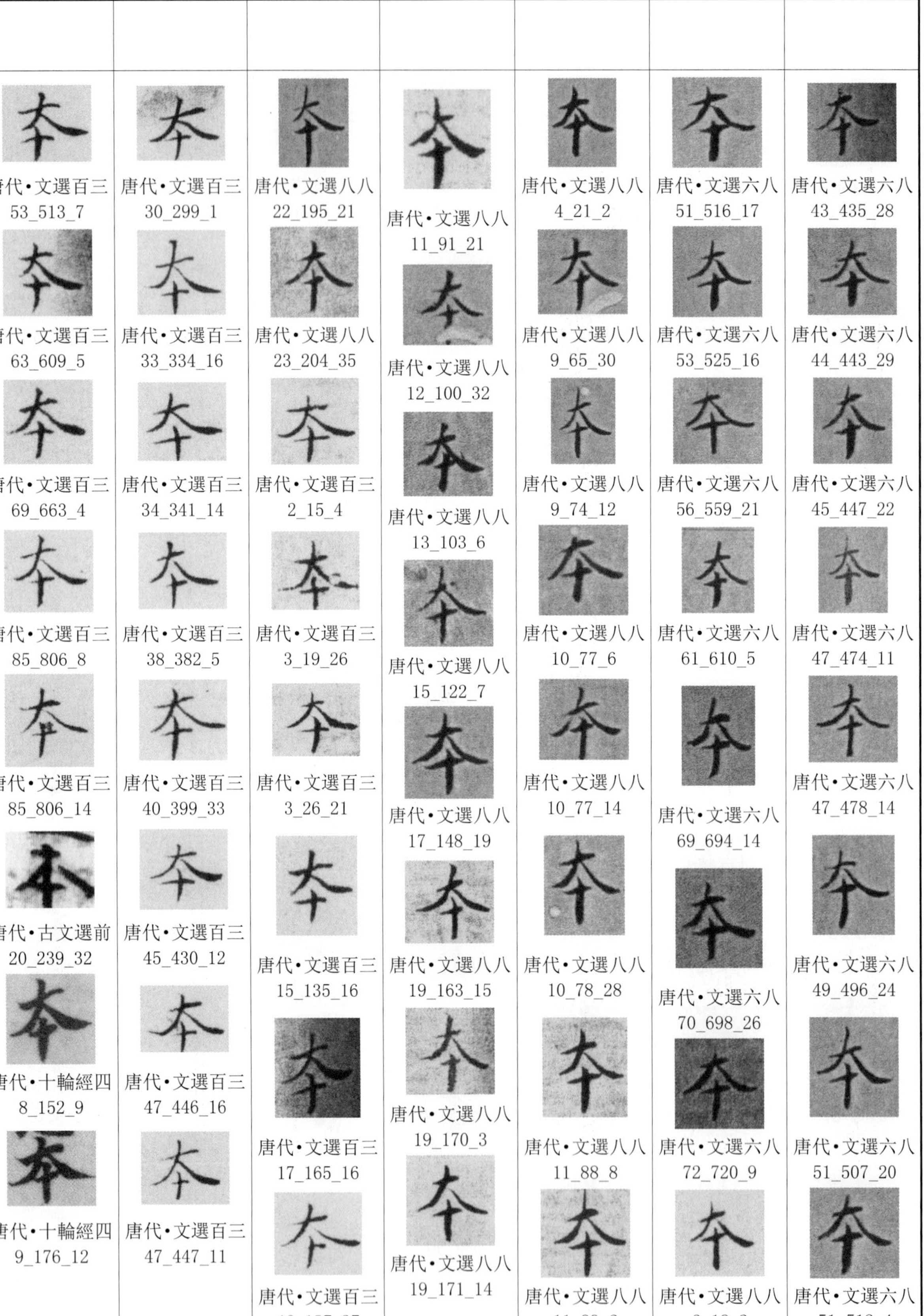

唐代•文選百三 53_513_7
唐代•文選百三 63_609_5
唐代•文選百三 69_663_4
唐代•文選百三 85_806_8
唐代•文選百三 85_806_14
唐代•古文選前 20_239_32
唐代•十輪經四 8_152_9
唐代•十輪經四 9_176_12

唐代•文選百三 30_299_1
唐代•文選百三 33_334_16
唐代•文選百三 34_341_14
唐代•文選百三 38_382_5
唐代•文選百三 40_399_33
唐代•文選百三 45_430_12
唐代•文選百三 47_446_16
唐代•文選百三 47_447_11

唐代•文選八八 22_195_21
唐代•文選八八 23_204_35
唐代•文選百三 2_15_4
唐代•文選百三 3_19_26
唐代•文選百三 3_26_21
唐代•文選百三 15_135_16
唐代•文選百三 17_165_16
唐代•文選百三 19_187_37

唐代•文選八八 11_91_21
唐代•文選八八 12_100_32
唐代•文選八八 13_103_6
唐代•文選八八 15_122_7
唐代•文選八八 17_148_19
唐代•文選八八 19_163_15
唐代•文選八八 19_170_3
唐代•文選八八 19_171_14

唐代•文選八八 4_21_2
唐代•文選八八 9_65_30
唐代•文選八八 9_74_12
唐代•文選八八 10_77_6
唐代•文選八八 10_77_14
唐代•文選八八 10_78_28
唐代•文選八八 11_88_8
唐代•文選八八 11_89_2

唐代•文選六八 51_516_17
唐代•文選六八 53_525_16
唐代•文選六八 56_559_21
唐代•文選六八 61_610_5
唐代•文選六八 69_694_14
唐代•文選六八 70_698_26
唐代•文選六八 72_720_9
唐代•文選八八 3_18_2

唐代•文選六八 43_435_28
唐代•文選六八 44_443_29
唐代•文選六八 45_447_22
唐代•文選六八 47_474_11
唐代•文選六八 47_478_14
唐代•文選六八 49_496_24
唐代•文選六八 51_507_20
唐代•文選六八 51_512_4

		朱	朴	朽	札	
		漢シュ 訓あかい	ハク 慣ボク 漢ハク 訓すなお	漢キュウ 訓くちる	漢サツ 訓ふだ	
唐代•文選五九 66_641_4	唐代•文選五九 45_439_4	唐代•文選四八 19_174_8	唐代•文選四八 22_204_19	晚唐•慶滋書狀 1_2_3	唐代•文選百三 31_313_32	唐代•十輪經八 3_53_11
唐代•文選五九 67_643_17	唐代•文選五九 45_440_24	唐代•文選四八 24_220_17	唐代•文選六八 73_725_7	唐代•文選六八 9_96_4	唐代•文選百三 31_314_13	唐代•十輪經八 3_58_7
唐代•文選五九 67_644_18	唐代•文選五九 45_441_5	唐代•文選四八 25_222_26	唐代•文選百三 31_311_15	唐代•文選六八 9_97_10	唐代•文選百三 54_516_20	唐代•十輪經九 6_99_16
唐代•文選五九 97_926_6	唐代•文選五九 61_585_1	唐代•文選四八 25_223_8	唐代•古文選前 24_282_14	唐代•文選六八 9_98_1		唐代•十輪經九 6_105_10
唐代•文選五九 108_1025_12	唐代•文選五九 61_589_1	唐代•文選四八 25_227_3		唐代•文選六八 11_118_14		唐代•十輪經九 6_118_11
唐代•文選五九 108_1025_23	唐代•文選五九 61_589_11	唐代•文選四八 43_385_10				唐代•十輪經九 11_201_15
唐代•文選六八 15_155_22	唐代•文選五九 62_603_19	唐代•文選五九 45_440_8				唐代•十輪經十 2_25_17
唐代•文選六八 33_333_24	唐代•文選五九 66_642_19					

杜

慣ド漢ト呉ズ
訓やまなし

唐代•文選百三
29_291_22

唐代•文選百三
31_306_19

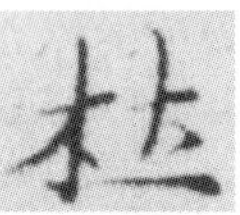
唐代•文選百三
46_440_15

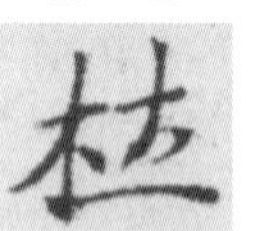
唐代•文選百三
53_507_26

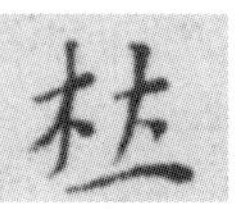
唐代•文選百三
69_661_1

唐代•文選百三
71_682_12

唐代•文選百三
75_718_17

唐代•文選百三
75_725_17

唐代•文選六八
19_191_19

唐代•文選六八
19_194_1

唐代•文選六八
27_270_15

唐代•文選六八
27_272_12

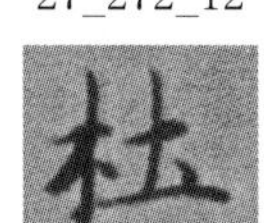
唐代•文選六八
32_323_5

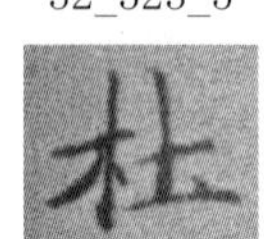
唐代•文選六八
37_374_6

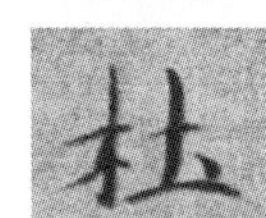
唐代•文選六八
55_557_17

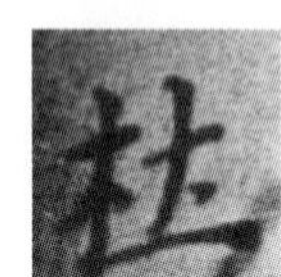
唐代•文選百三
25_246_20

唐代•文選五九
28_277_28

唐代•文選五九
32_315_5

唐代•文選五九
54_531_7

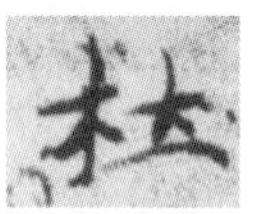
唐代•文選五九
79_762_15

唐代•文選五九
82_793_25

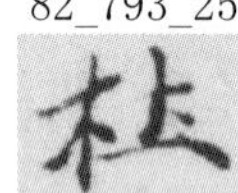
唐代•文選五九
83_799_11

唐代•文選五九
92_881_23

唐代•文選五九
97_925_18

唐代•春秋經傳
1_1_11

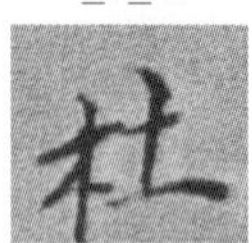
唐代•文選四八
14_125_9

唐代•文選四八
30_274_15

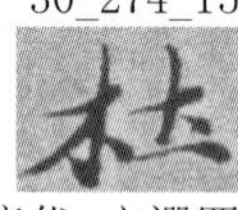
唐代•文選四八
32_290_28

唐代•文選五九
8_73_19

唐代•文選五九
9_81_4

唐代•文選五九
27_260_9

唐代•文選五九
27_271_4

唐代•古文選後
1_2_3

唐代•古文選後
8_86_8

唐代•古文選後
15_169_7

唐代•古文選後
17_195_6

唐代•古文選後
25_289_6

唐代•文選六八
71_705_21

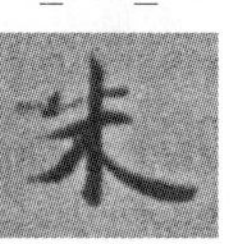
唐代•文選八八
5_22_7

唐代•文選百三
35_344_13

唐代•古文選前
4_49_13

唐代•古文選前
7_85_13

唐代•古文選前
14_163_4

唐代•古文選前
16_190_3

唐代•古文選前
21_242_11

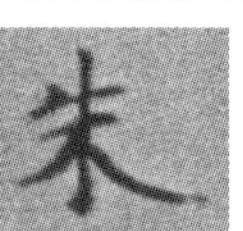
唐代•文選六八
40_401_19

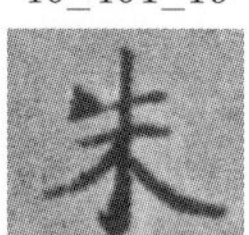
唐代•文選六八
43_425_21

唐代•文選六八
43_428_7

唐代•文選六八
57_570_19

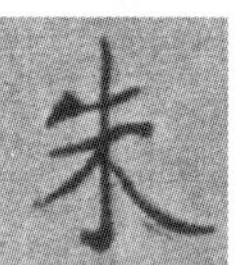
唐代•文選六八
57_571_11

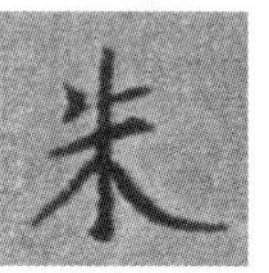
唐代•文選六八
57_571_17

唐代•文選百三
32_316_12

	束	杕	杖		材	
	吳ソク 訓たば	漢テイ吳ダイ 訓—	ジョウ 訓てこ		吳ザイ漢サイ 訓まるた	
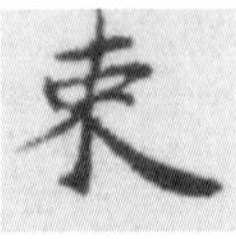 唐代・文選百三 61_582_3  唐代・古文選前 15_179_6 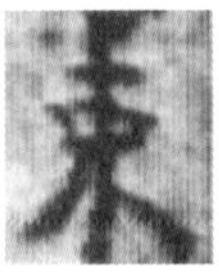 唐代・古文選前 15_179_22	 唐代・文選五九 24_236_20  唐代・文選六八 27_266_24  唐代・文選六八 71_707_10  唐代・文選八八 17_144_25  唐代・文選八八 17_145_8  唐代・文選百三 61_581_25  唐代・古文選前 7_86_12	 唐代・文選五九 97_925_16	 唐代・文選百三 35_353_26  唐代・十輪經四 8_147_10  唐代・十輪經四 10_197_16 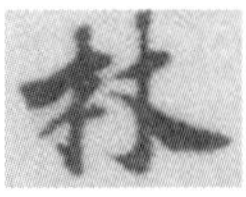 唐代・十輪經四 11_208_1 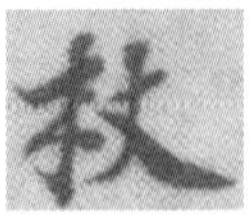 唐代・十輪經四 15_288_4  唐代・十輪經四 16_308_7	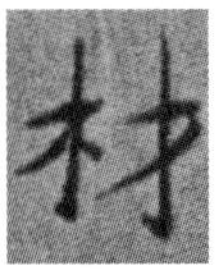 唐代・文選六八 49_486_7 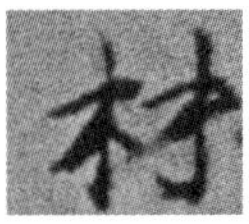 唐代・文選六八 73_725_12 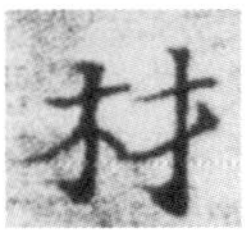 唐代・文選百三 4_29_9 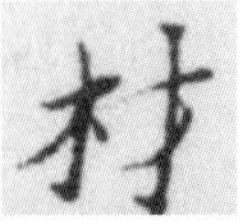 唐代・文選百三 13_127_30  唐代・文選百三 20_196_16  唐代・文選百三 79_756_13  唐代・古文選前 24_282_7	 唐代・文選四八 28_256_18  唐代・文選四八 47_422_27  唐代・文選四八 47_424_20  唐代・文選四八 47_425_10 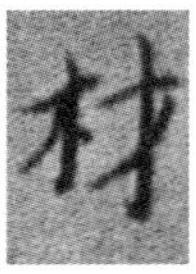 唐代・文選五九 33_320_10  唐代・文選六八 4_39_10  唐代・文選六八 49_486_2	 唐代・文選百三 85_808_10 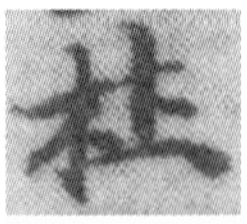 唐代・十輪經十 10_195_9

杓

漢シャク
訓ひしゃく

唐代•文選五九 21_204_11

李

リ
訓すもも

唐代•文選四八 1_1_6
唐代•文選四八 1_6_1
唐代•文選四八 2_9_11
唐代•文選四八 3_14_3
唐代•文選四八 3_14_26
唐代•文選四八 3_19_7
唐代•文選四八 4_26_7

唐代•文選四八 4_30_9
唐代•文選四八 4_31_7
唐代•文選四八 4_32_5
唐代•文選四八 5_36_11
唐代•文選四八 5_39_11
唐代•文選四八 6_42_4
唐代•文選四八 6_45_7

唐代•文選四八 6_48_4
唐代•文選四八 6_49_27
唐代•文選四八 6_52_4
唐代•文選四八 7_55_8
唐代•文選四八 7_57_11
唐代•文選四八 8_61_8
唐代•文選四八 8_66_10

唐代•文選四八 8_68_1
唐代•文選四八 9_74_1
唐代•文選四八 10_81_8
唐代•文選四八 10_83_2
唐代•文選四八 10_86_1
唐代•文選四八 10_90_8
唐代•文選四八 11_93_22

唐代•文選四八 12_102_9
唐代•文選四八 12_109_6
唐代•文選四八 13_113_4
唐代•文選四八 13_114_13
唐代•文選四八 14_122_25
唐代•文選四八 14_124_6
唐代•文選四八 14_129_7

唐代•文選四八 15_135_2
唐代•文選四八 16_141_3
唐代•文選四八 16_148_7
唐代•文選四八 17_151_9
唐代•文選四八 17_153_9
唐代•文選四八 18_161_4
唐代•文選四八 18_167_11

唐代·文選四八 44_392_15

唐代·文選四八 44_394_6

唐代·文選四八 44_399_1

唐代·文選四八 45_405_9

唐代·文選四八 46_410_9

唐代·文選四八 47_422_1

唐代·文選四八 47_426_5

唐代·文選四八 48_431_3

唐代·文選四八 48_435_9

唐代·文選四八 49_442_4

唐代·文選四八 49_445_17

唐代·文選四八 50_448_1

唐代·文選五九 2_16_1

唐代·文選五九 3_20_1

唐代·文選五九 3_23_8

唐代·文選五九 3_25_8

唐代·文選五九 3_28_3

唐代·文選五九 3_31_9

唐代·文選五九 4_35_7

唐代·文選五九 4_36_9

唐代·文選五九 4_38_2

唐代·文選五九 5_41_6

唐代·文選五九 5_49_1

唐代·文選五九 6_52_2

唐代·文選五九 6_58_7

唐代·文選五九 7_60_13

唐代·文選五九 7_62_6

唐代·文選五九 7_65_10

唐代·文選五九 7_67_8

唐代·文選五九 7_71_4

唐代·文選五九 9_80_2

唐代·文選五九 9_84_4

唐代·文選五九 9_85_6

唐代·文選五九 9_91_11

唐代·文選五九 10_93_15

唐代·文選五九 10_95_3

唐代·文選五九 11_107_6

唐代·文選五九 11_111_5

唐代·文選五九 12_116_12

唐代·文選五九 13_120_1

唐代·文選五九 13_127_9

唐代·文選五九 14_132_5

唐代·文選五九 14_135_3

唐代·文選五九 14_136_15

唐代·文選五九 14_138_1

唐代·文選五九 15_141_9

唐代·文選五九 15_146_13

唐代·文選五九 16_157_1

唐代·文選五九 16_158_11

唐代•文選五九 72_698_1	唐代•文選五九 69_665_1	唐代•文選五九 66_641_6	唐代•文選五九 64_616_11	唐代•文選五九 61_591_24	唐代•文選五九 56_550_26	唐代•文選五九 52_514_5

唐代•文選五九 73_701_1	唐代•文選五九 70_671_11	唐代•文選五九 67_646_2	唐代•文選五九 64_621_1	唐代•文選五九 62_594_4	唐代•文選五九 57_552_1	唐代•文選五九 53_519_12

唐代•文選五九 73_704_7	唐代•文選五九 70_675_2	唐代•文選五九 68_649_4	唐代•文選五九 65_625_11	唐代•文選五九 62_599_3	唐代•文選五九 58_558_11	唐代•文選五九 53_521_10

唐代•文選五九 74_710_5	唐代•文選五九 71_677_2	唐代•文選五九 68_651_12	唐代•文選五九 65_627_16	唐代•文選五九 62_603_4	唐代•文選五九 59_565_1	唐代•文選五九 53_526_2

唐代•文選五九 74_716_11	唐代•文選五九 71_682_2	唐代•文選五九 68_652_11	唐代•文選五九 65_629_9	唐代•文選五九 63_610_8	唐代•文選五九 59_571_3	唐代•文選五九 54_530_7
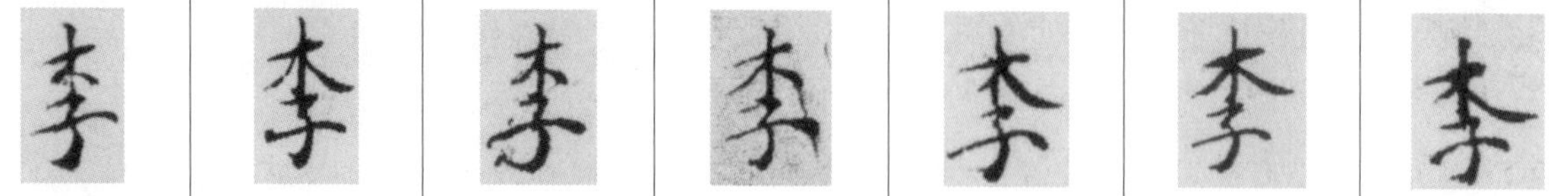						
唐代•文選五九 75_720_2	唐代•文選五九 71_685_4	唐代•文選五九 68_655_5	唐代•文選五九 66_633_1	唐代•文選五九 64_613_9	唐代•文選五九 60_579_1	唐代•文選五九 56_540_9

唐代•文選五九 75_723_5	唐代•文選五九 72_689_2	唐代•文選五九 68_660_23	唐代•文選五九 66_637_4	唐代•文選五九 64_614_26	唐代•文選五九 61_585_3	唐代•文選五九 56_548_1

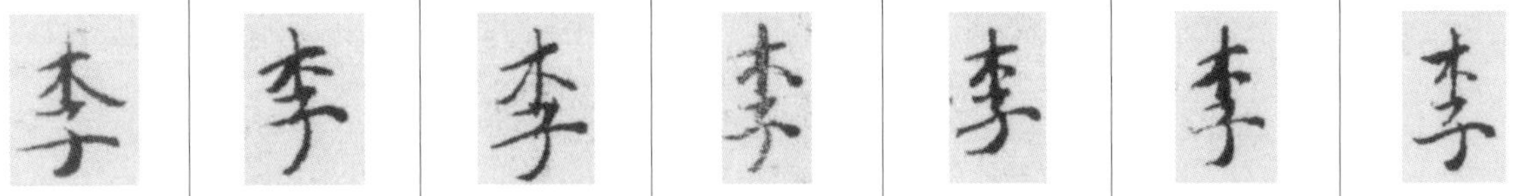						
唐代•文選六八 1_5_11	唐代•文選五九 109_1039_11	唐代•文選五九 107_1017_8	唐代•文選五九 105_996_8	唐代•文選五九 102_964_9	唐代•文選五九 99_934_13	唐代•文選五九 97_920_9
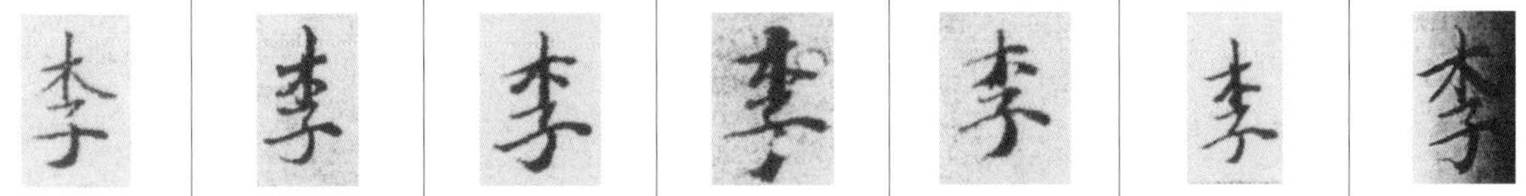						
唐代•文選六八 3_30_7	唐代•文選五九 110_1043_7	唐代•文選五九 107_1019_5	唐代•文選五九 105_999_23	唐代•文選五九 102_965_1	唐代•文選五九 99_935_11	唐代•文選五九 97_923_17

唐代•文選六八 3_35_8	唐代•文選五九 111_1048_4	唐代•文選五九 108_1020_10	唐代•文選五九 106_1001_4	唐代•文選五九 103_968_11	唐代•文選五九 99_941_8	唐代•文選五九 97_924_6

唐代•文選六八 4_38_11	唐代•文選五九 111_1053_11	唐代•文選五九 108_1025_4	唐代•文選五九 106_1005_5	唐代•文選五九 104_981_10	唐代•文選五九 101_950_8	唐代•文選五九 97_924_18

唐代•文選六八 4_41_11	唐代•文選五九 111_1059_3	唐代•文選五九 109_1031_5	唐代•文選五九 107_1009_15	唐代•文選五九 104_984_9	唐代•文選五九 101_953_3	唐代•文選五九 97_926_16

唐代•文選六八 4_45_27	唐代•文選五九 112_1063_18	唐代•文選五九 109_1034_3	唐代•文選五九 107_1014_11	唐代•文選五九 105_989_3	唐代•文選五九 101_956_4	唐代•文選五九 98_928_7

唐代•文選六八 4_47_8	唐代•文選六八 1_4_2	唐代•文選五九 109_1036_19	唐代•文選五九 107_1016_14	唐代•文選五九 105_993_1	唐代•文選五九 101_958_9	唐代•文選五九 99_933_12

唐代•文選六八 53_535_29	唐代•文選六八 50_503_7	唐代•文選六八 48_481_5	唐代•文選六八 45_451_13	唐代•文選六八 43_434_9	唐代•文選六八 41_413_6	唐代•文選六八 39_393_5

唐代•文選六八 53_537_7	唐代•文選六八 51_509_1	唐代•文選六八 49_485_7	唐代•文選六八 45_454_7	唐代•文選六八 43_437_1	唐代•文選六八 41_416_2	唐代•文選六八 39_397_5

唐代•文選六八 54_541_3	唐代•文選六八 51_517_10	唐代•文選六八 49_488_25	唐代•文選六八 45_458_6	唐代•文選六八 43_438_8	唐代•文選六八 41_418_9	唐代•文選六八 40_400_6

唐代•文選六八 54_544_8	唐代•文選六八 52_523_5	唐代•文選六八 49_490_8	唐代•文選六八 46_461_9	唐代•文選六八 45_445_7	唐代•文選六八 42_420_3	唐代•文選六八 40_401_3

唐代•文選六八 55_547_7	唐代•文選六八 53_526_6	唐代•文選六八 49_494_2	唐代•文選六八 46_464_11	唐代•文選六八 45_447_5	唐代•文選六八 42_422_9	唐代•文選六八 40_404_2

唐代•文選六八 55_551_9	唐代•文選六八 53_530_3	唐代•文選六八 49_497_9	唐代•文選六八 47_468_2	唐代•文選六八 45_449_2	唐代•文選六八 43_429_3	唐代•文選六八 41_409_8

唐代•文選六八 56_560_7	唐代•文選六八 53_534_3	唐代•文選六八 50_500_8	唐代•文選六八 47_472_10	唐代•文選六八 45_450_15	唐代•文選六八 43_432_9	唐代•文選六八 41_410_5

唐代•文選八八 1_6_12
唐代•文選八八 5_23_2
唐代•文選八八 5_31_8
唐代•文選八八 6_37_22
唐代•文選八八 6_41_30
唐代•文選八八 7_45_7
唐代•文選八八 7_49_3

唐代•文選八八 7_55_2
唐代•文選八八 9_67_10
唐代•文選八八 9_74_20
唐代•文選八八 10_76_14
唐代•文選八八 11_91_26
唐代•文選八八 12_98_15
唐代•文選八八 13_106_4

唐代•文選八八 13_112_3
唐代•文選八八 14_116_12
唐代•文選八八 15_121_8
唐代•文選八八 15_132_1
唐代•文選八八 18_155_15
唐代•文選八八 18_159_4
唐代•文選八八 19_161_27

唐代•文選八八 20_173_8
唐代•文選八八 20_178_12
唐代•文選八八 21_181_17
唐代•文選八八 21_186_7
唐代•文選八八 21_191_7
唐代•文選八八 23_199_2
唐代•文選八八 23_201_13

唐代•文選八八 23_204_1
唐代•文選八八 24_211_5
唐代•文選百三 2_12_10
唐代•文選百三 3_16_10
唐代•文選百三 3_20_6
唐代•文選百三 3_22_14
唐代•文選百三 3_25_1

唐代•文選百三 3_26_5
唐代•文選百三 3_27_10
唐代•文選百三 4_33_5
唐代•文選百三 5_38_4
唐代•文選百三 5_42_11
唐代•文選百三 5_48_26
唐代•文選百三 6_51_4

唐代•文選百三 7_57_6
唐代•文選百三 7_62_2
唐代•文選百三 7_67_3
唐代•文選百三 8_69_6
唐代•文選百三 8_70_23
唐代•文選百三 8_71_9
唐代•文選百三 9_76_5

唐代•文選百三 75_721_30

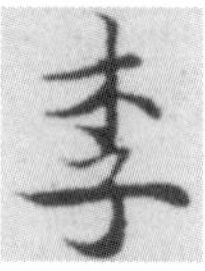
唐代•文選百三 75_724_4

唐代•文選百三 76_729_9

唐代•文選百三 77_735_4

唐代•文選百三 78_741_5

唐代•文選百三 78_746_14

唐代•文選百三 79_748_26

唐代•文選百三 79_750_6

唐代•文選百三 80_762_2

唐代•文選百三 81_764_4

唐代•文選百三 81_769_10

唐代•文選百三 81_774_25

唐代•文選百三 81_777_7

唐代•文選百三 82_780_2

唐代•文選百三 82_780_5

唐代•文選百三 82_782_8

唐代•文選百三 83_785_9

唐代•文選百三 83_788_16

唐代•文選百三 83_792_3

唐代•文選百三 83_793_34

唐代•文選百三 83_796_4

唐代•文選百三 84_800_9

唐代•文選百三 85_807_3

唐代•文選百三 85_811_2

唐代•文選百三 85_813_10

唐代•文選百三 86_819_4

唐代•文選百三 86_819_25

唐代•文選百三 86_821_9

唐代•文選百三 87_826_5

唐代•文選百三 87_828_14

杒 杒

漢ジン呉ニン
訓—

唐代•文選百三 63_605_17

枉 枉

オウ
訓まがる

中唐・風信帖 3_16_3

唐代•文選百三 23_228_12

唐代•文選百三 64_618_36

唐代•古文選後 4_46_9

唐代•古文選後 17_198_4

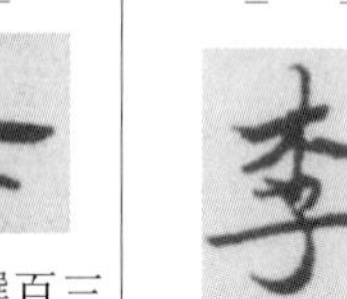

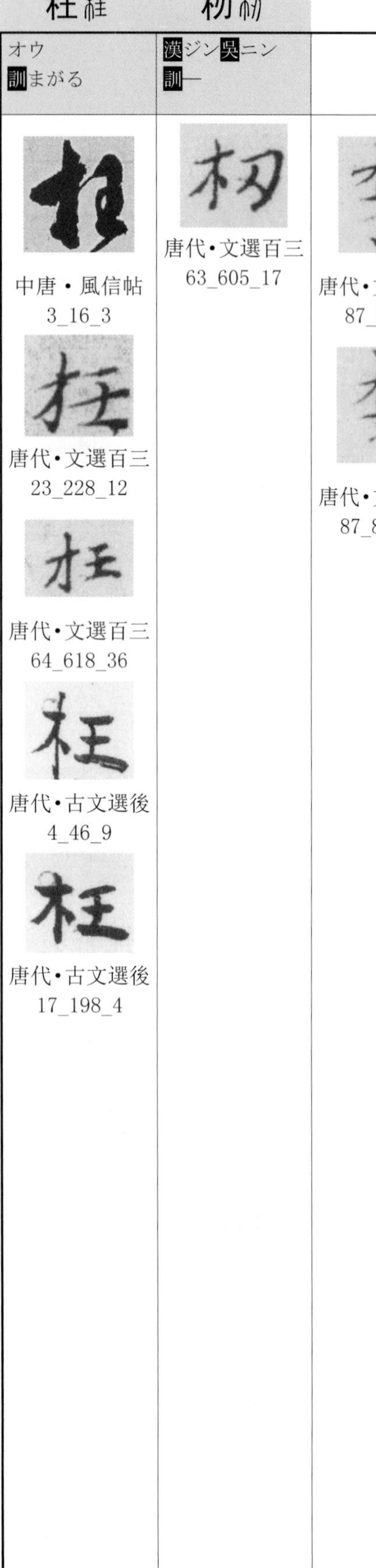

林 𣏟

リン
訓はやし

初唐•金剛場經
1_10_10

初唐•聖武雜集
1_10_2

唐代•春秋經傳
2_10_1

唐代•春秋經傳
2_12_11

唐代•春秋經傳
3_24_21

唐代•春秋經傳
3_30_9

唐代•春秋經傳
4_31_5

唐代•春秋經傳
4_31_20

唐代•春秋經傳
4_35_1

唐代•春秋經傳
14_145_7

唐代•春秋經傳
24_252_10

唐代•春秋經傳
30_309_12

唐代•春秋經傳
31_318_19

唐代•春秋經傳
31_319_12

唐代•文選四八
1_7_17

唐代•文選四八
3_20_15

唐代•文選四八
5_38_4

唐代•文選四八
6_42_3

唐代•文選四八
6_43_3

唐代•文選四八
6_43_22

唐代•文選四八
31_279_18

唐代•文選四八
31_283_17

唐代•文選四八
32_285_9

唐代•文選四八
32_286_21

唐代•文選四八
32_286_26

唐代•文選四八
32_287_4

唐代•文選四八
32_287_19

唐代•文選四八
32_287_22

唐代•文選四八
47_421_10

唐代•文選五九
3_25_6

唐代•文選五九
7_61_5

唐代•文選五九
8_74_27

唐代•文選五九
9_79_13

唐代•文選五九
9_81_26

唐代•文選五九
9_82_17

唐代•文選五九
9_83_16

唐代•文選五九
11_102_15

唐代•文選五九
13_120_5

唐代•文選五九
13_124_5

唐代•文選五九
19_184_1

唐代•文選五九
23_227_32

唐代•文選五九
31_302_11

唐代•文選五九
36_353_6

唐代•文選五九
39_390_19

唐代•文選五九
39_392_15

唐代•文選五九
40_393_10

唐代•文選五九
40_394_11

唐代•文選五九
51_498_17

唐代•文選五九
53_522_25

唐代•文選五九
58_559_22

唐代•文選五九
58_560_4

唐代•文選五九
59_563_18

唐代•文選五九
59_569_29

唐代•文選五九
60_577_5

唐代•文選五九
60_580_3

唐代•文選五九
66_637_13

唐代•文選五九
68_656_5

唐代•文選五九
84_806_1

唐代•文選五九
84_810_2

唐代•文選五九
84_811_13

唐代•文選五九
88_844_1

唐代•文選五九
90_858_12

唐代•文選五九
105_989_7

枝

シ漢キ 訓えだ						
 唐代·文選四八 4_31_18	 唐代·古文選後 13_150_42	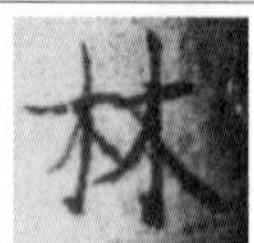 唐代·文選百三 83_794_7	唐代·文選百三 46_440_16	 唐代·文選六八 43_433_19	 唐代·文選六八 19_186_11	 唐代·文選六八 2_20_22
 唐代·文選四八 5_39_4	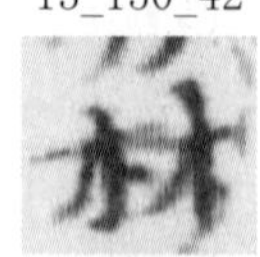 唐代·古文選後 13_150_69	 唐代·古文選前 1_2_10	 唐代·文選百三 47_449_28	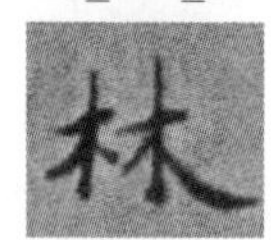 唐代·文選六八 44_444_14	 唐代·文選六八 21_206_16	 唐代·文選六八 2_21_8
 唐代·文選四八 6_41_9	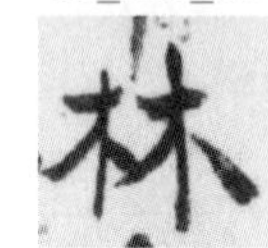 唐代·古文選後 15_176_12	 唐代·古文選前 12_140_3	 唐代·文選百三 47_457_22	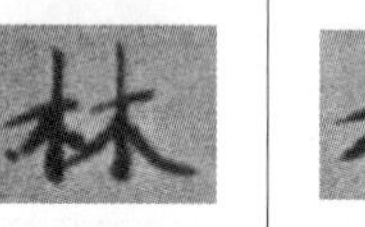 唐代·文選六八 57_566_8	 唐代·文選六八 25_253_14	 唐代·文選六八 2_23_13
 唐代·文選四八 47_423_5	 唐代·古文選後 16_191_2	 唐代·古文選前 16_186_13	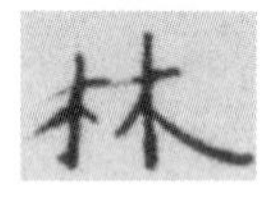 唐代·文選百三 48_460_23	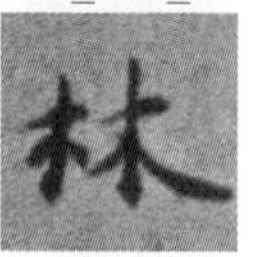 唐代·文選八八 10_82_7	 唐代·文選六八 31_313_7	 唐代·文選六八 6_58_13
 唐代·文選五九 13_122_1	 唐代·古文選後 22_255_4	 唐代·古文選前 18_210_6	 唐代·文選百三 48_462_5	 唐代·文選八八 12_101_17	 唐代·文選六八 34_339_23	 唐代·文選六八 13_133_10
 唐代·文選五九 33_320_16	 唐代·古文選後 24_288_3	 唐代·古文選前 19_218_10	 唐代·文選百三 80_762_28	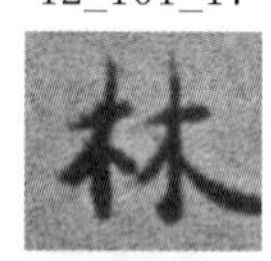 唐代·文選八八 21_180_1	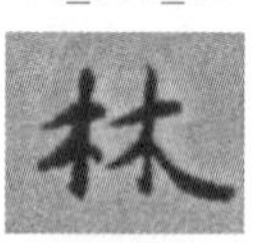 唐代·文選六八 37_368_7	 唐代·文選六八 15_161_22
 唐代·文選五九 38_376_7	 唐代·古文選後 26_302_11	 唐代·古文選前 24_283_18	 唐代·文選百三 83_791_17	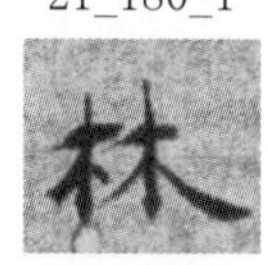 唐代·文選八八 23_204_25	 唐代·文選六八 37_370_5	 唐代·文選六八 16_164_20
 唐代·文選五九 38_377_19	 唐代·十輪經四 17_324_9	 唐代·古文選後 7_75_4	 唐代·文選百三 83_792_15	 唐代·文選百三 17_160_22	 唐代·文選六八 43_432_8	 唐代·文選六八 16_165_7
	 唐代·十輪經四 17_324_12	 唐代·古文選後 13_150_6	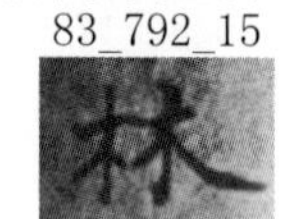 唐代·文選百三 83_793_22	 唐代·文選百三 21_206_9	 唐代·文選六八 43_433_17	 唐代·文選六八 16_165_24

果　枇　杯

果：カ　訓はたす

枇：漢ヒ　呉ビ　訓くし

杯：漢ハイ　訓さかずき

唐代•文選百三 74_717_2
唐代•文選百三 75_720_28
唐代•文選百三 75_721_6
唐代•十輪經四 1_3_3
唐代•十輪經四 1_17_17
唐代•十輪經四 2_33_12
唐代•十輪經四 3_58_15
唐代•十輪經四 5_96_10

唐代•文選百三 31_308_32
唐代•文選百三 37_374_1
唐代•文選百三 38_379_12
唐代•文選百三 38_379_14
唐代•文選百三 66_633_8
唐代•文選百三 66_637_2
唐代•文選百三 66_637_4
唐代•文選百三 67_639_27

唐代•文選四八 42_382_1
唐代•文選四八 43_388_7
唐代•文選五九 51_503_28
唐代•文選六八 59_595_9
唐代•文選六八 59_596_12
唐代•文選六八 59_596_14
唐代•文選六八 59_598_26
唐代•文選八八 13_106_29

初唐•法華義疏 1_4_20
初唐•法華義疏 1_6_6
初唐•法華義疏 1_7_10
初唐•法華義疏 1_8_12
初唐•聖武雜集 1_9_8
唐代•春秋經傳 5_50_5
唐代•春秋經傳 5_51_6
唐代•春秋經傳 5_51_8

唐代•文選五九 94_904_13
唐代•文選六八 37_369_26

唐代•文選五九 8_77_2
唐代•文選五九 8_78_26
唐代•文選五九 37_372_23
唐代•文選五九 86_821_1
唐代•古文選後 8_94_2
唐代•古文選後 17_201_21
唐代•古文選後 25_289_10

唐代•文選五九 39_379_22
唐代•文選五九 40_395_15
唐代•文選五九 52_515_13
唐代•文選五九 66_636_15
唐代•古文選後 8_87_8
唐代•十輪經八 3_43_14

唐代•十輪經四 10_196_5
唐代•十輪經四 17_323_6
唐代•十輪經四 17_329_16
唐代•十輪經四 18_345_6
唐代•十輪經四 18_360_6
唐代•十輪經四 19_361_8
唐代•十輪經四 19_363_16
唐代•十輪經四 19_378_13

唐代•十輪經四 21_402_10
唐代•十輪經八 2_32_13
唐代•十輪經八 5_96_16
唐代•十輪經八 5_98_14
唐代•十輪經八 6_106_15
唐代•十輪經八 7_136_1
唐代•十輪經八 8_144_15
唐代•十輪經八 9_174_12

唐代•十輪經八 10_183_5
唐代•十輪經八 11_212_9
唐代•十輪經八 11_219_16
唐代•十輪經八 13_249_14
唐代•十輪經八 13_256_16
唐代•十輪經八 15_287_3
唐代•十輪經八 15_294_16
唐代•十輪經八 17_324_17

唐代•十輪經八 19_363_9
唐代•十輪經八 19_370_16
唐代•十輪經八 20_401_4
唐代•十輪經八 21_408_8
唐代•十輪經八 22_440_13
唐代•十輪經九 1_8_8
唐代•十輪經九 2_39_6
唐代•十輪經九 3_46_8

唐代•十輪經九 4_79_12
唐代•十輪經九 5_83_16
唐代•十輪經九 5_89_6
唐代•十輪經九 5_90_11
唐代•十輪經九 6_105_5
唐代•十輪經九 6_118_17
唐代•十輪經九 9_161_16
唐代•十輪經九 9_162_13

唐代•十輪經九 9_163_8
唐代•十輪經九 10_197_11
唐代•十輪經九 13_259_7
唐代•十輪經九 14_277_8
唐代•十輪經九 15_280_5
唐代•十輪經九 16_312_14
唐代•十輪經九 17_322_2
唐代•十輪經九 17_338_3

唐代•十輪經九 18_351_16
唐代•十輪經十 3_56_2
唐代•十輪經十 5_87_14
唐代•十輪經十 6_110_17
唐代•十輪經十 10_181_9
唐代•十輪經十 12_239_7
唐代•十輪經十 13_248_2
唐代•十輪經十 13_257_9

唐代•十輪經十 14_266_4
唐代•十輪經十 16_312_3
唐代•十輪經十 17_329_25
唐代•十輪經十 18_342_3
唐代•十輪經十 18_343_2
唐代•十輪經十 18_344_1
唐代•十輪經十 18_345_4

杳

漢ヨウ 呉ヨウ
訓くらい

唐代•文選五九 25_248_1
唐代•文選五九 25_250_8
唐代•文選五九 25_251_23
唐代•文選五九 26_252_27
唐代•文選五九 26_253_22
唐代•文選六八 4_45_7
唐代•文選六八 55_548_10

東

漢トウ
訓ひがし

中唐•七祖像贊 1_8_4
中唐•七祖像贊 1_12_5
中唐•七祖像贊 1_14_5
中唐 • 風信帖 2_7_4
中唐 • 風信帖 3_14_1
唐代•春秋經傳 2_12_8
唐代•春秋經傳 3_22_5

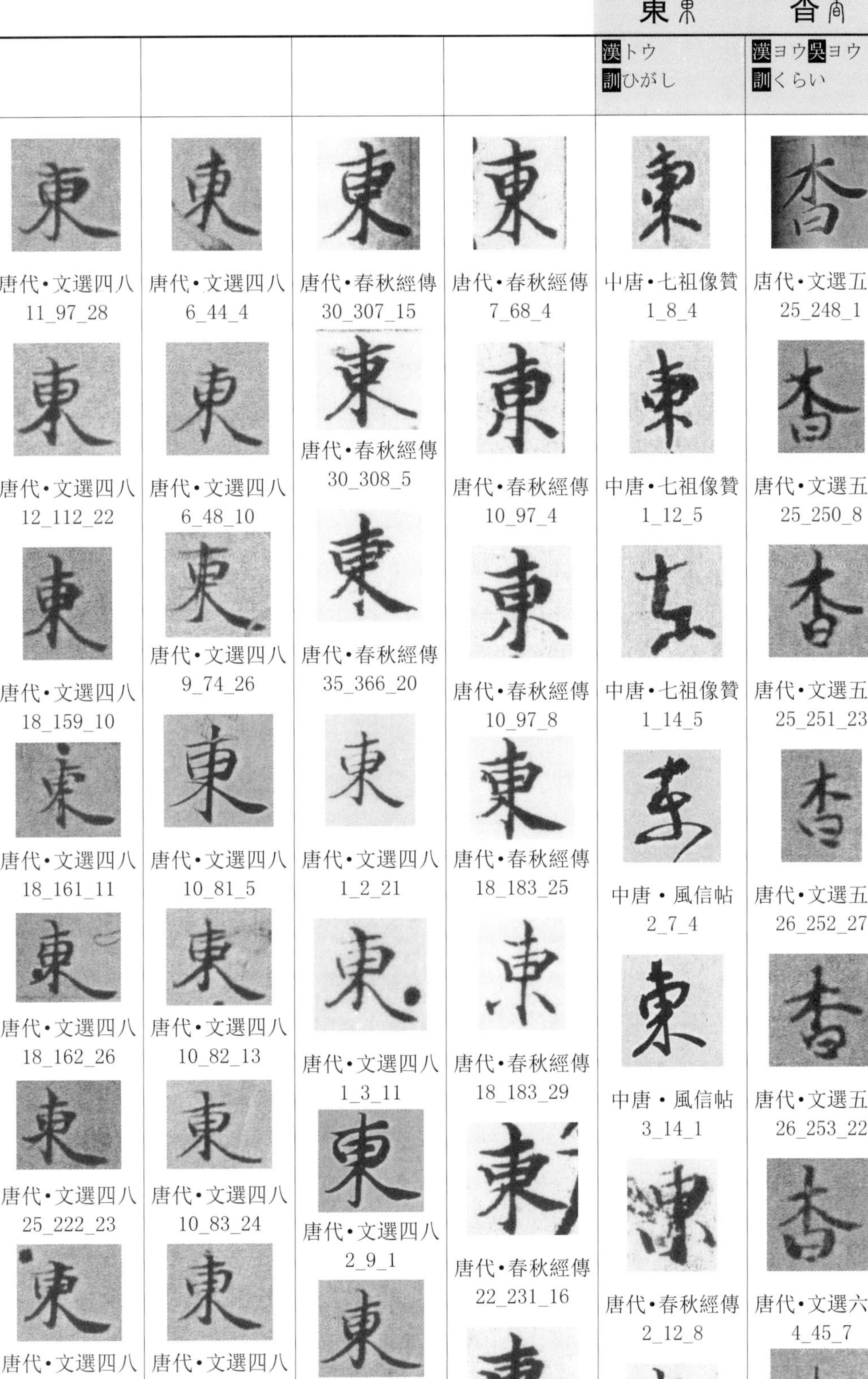

唐代•春秋經傳 7_68_4
唐代•春秋經傳 10_97_4
唐代•春秋經傳 10_97_8
唐代•春秋經傳 18_183_25
唐代•春秋經傳 18_183_29
唐代•春秋經傳 22_231_16
唐代•春秋經傳 26_268_15

唐代•春秋經傳 30_307_15
唐代•春秋經傳 30_308_5
唐代•春秋經傳 35_366_20
唐代•文選四八 1_2_21
唐代•文選四八 1_3_11
唐代•文選四八 2_9_1
唐代•文選四八 2_12_17

唐代•文選四八 6_44_4
唐代•文選四八 6_48_10
唐代•文選四八 9_74_26
唐代•文選四八 10_81_5
唐代•文選四八 10_82_13
唐代•文選四八 10_83_24
唐代•文選四八 10_84_25

唐代•文選四八 11_97_28
唐代•文選四八 12_112_22
唐代•文選四八 18_159_10
唐代•文選四八 18_161_11
唐代•文選四八 18_162_26
唐代•文選四八 25_222_23
唐代•文選四八 26_228_20

唐代•文選四八 28_252_14
唐代•文選四八 28_252_26
唐代•文選四八 29_261_9
唐代•文選四八 30_273_7
唐代•文選四八 30_274_22
唐代•文選四八 30_275_11
唐代•文選四八 31_277_18

唐代•文選四八 33_295_7
唐代•文選四八 35_311_15
唐代•文選四八 35_311_29
唐代•文選四八 40_356_8
唐代•文選四八 40_357_3
唐代•文選四八 40_357_14
唐代•文選四八 41_370_9

唐代•文選四八 42_379_1
唐代•文選四八 42_380_7
唐代•文選四八 42_382_4
唐代•文選四八 42_383_15
唐代•文選四八 44_400_24
唐代•文選四八 49_441_3
唐代•文選五九 6_55_5

唐代•文選五九 6_56_6
唐代•文選五九 9_84_18
唐代•文選五九 14_134_12
唐代•文選五九 14_135_25
唐代•文選五九 16_158_9
唐代•文選五九 19_183_3
唐代•文選五九 32_317_11

唐代•文選五九 36_357_25
唐代•文選五九 39_388_13
唐代•文選五九 39_389_24
唐代•文選五九 42_417_14
唐代•文選五九 44_437_2
唐代•文選五九 44_437_18
唐代•文選五九 45_438_3

唐代•文選五九 45_438_12
唐代•文選五九 45_448_10
唐代•文選五九 45_450_22
唐代•文選五九 45_451_3
唐代•文選五九 45_451_8
唐代•文選五九 46_452_3
唐代•文選五九 46_452_6

唐代•文選五九 51_497_3
唐代•文選五九 51_500_11
唐代•文選五九 51_501_5
唐代•文選五九 51_503_24
唐代•文選五九 61_587_21
唐代•文選五九 62_593_16
唐代•文選五九 62_594_7

唐代•文選六八 44_439_16	唐代•文選六八 19_196_6	唐代•文選五九 104_986_29	唐代•文選五九 98_927_19	唐代•文選五九 88_847_23	唐代•文選五九 76_731_14	唐代•文選五九 62_595_8
唐代•文選六八 55_547_10	唐代•文選六八 19_196_16	唐代•文選五九 105_996_1	唐代•文選五九 98_930_19	唐代•文選五九 88_848_5	唐代•文選五九 76_733_20	唐代•文選五九 66_642_1
唐代•文選六八 65_646_6	唐代•文選六八 35_355_7	唐代•文選五九 105_998_17	唐代•文選五九 103_968_6	唐代•文選五九 88_848_22	唐代•文選五九 78_751_26	唐代•文選五九 67_644_10
唐代•文選六八 65_646_22	唐代•文選六八 35_357_16	唐代•文選五九 111_1060_21	唐代•文選五九 103_969_12	唐代•文選五九 88_849_13	唐代•文選五九 78_756_9	唐代•文選五九 70_675_5
唐代•文選六八 68_679_12	唐代•文選六八 36_360_3	唐代•文選六八 16_163_10	唐代•文選五九 103_971_1	唐代•文選五九 90_866_17	唐代•文選五九 81_778_11	唐代•文選五九 76_727_5
唐代•文選六八 69_694_21	唐代•文選六八 36_360_8	唐代•文選六八 17_169_2	唐代•文選五九 103_972_17	唐代•文選五九 97_916_5	唐代•文選五九 84_806_18	唐代•文選五九 76_729_10
唐代•文選六八 70_701_3	唐代•文選六八 38_382_12	唐代•文選六八 17_174_9	唐代•文選五九 103_974_12	唐代•文選五九 97_918_1	唐代•文選五九 88_846_17	唐代•文選五九 76_730_23

呉マイ漢バイ
訓むち

唐代•文選五九
89_853_6

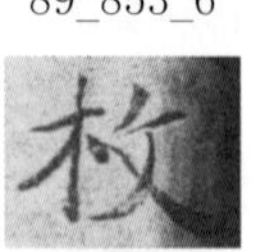
唐代•文選六八
2_25_2

唐代•文選六八
17_176_10

唐代•文選六八
27_277_30

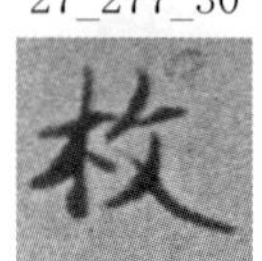
唐代•文選六八
35_353_13

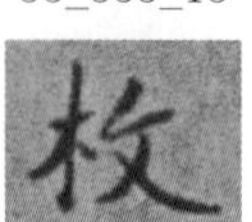
唐代•文選六八
47_468_22

唐代•文選六八
55_552_17

唐代•文選百三
61_584_1

唐代•古文選後
25_297_7

唐代•古文選前
15_175_1

唐代•古文選後
2_24_5

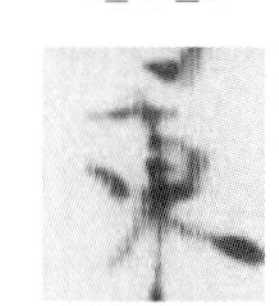
唐代•古文選後
13_150_33

唐代•古文選後
18_209_13

唐代•古文選後
24_281_30

唐代•古文選後
24_281_41

唐代•古文選後
25_292_39

唐代•文選百三
79_751_49

唐代•文選百三
79_753_8

唐代•文選百三
83_792_7

唐代•古文選前
7_83_11

唐代•古文選前
7_84_2

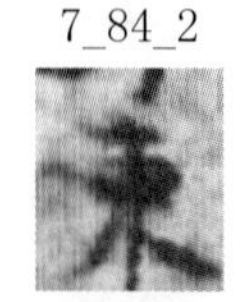
唐代•古文選前
11_133_31

唐代•古文選前
12_137_7

唐代•文選百三
60_580_25

唐代•文選百三
65_622_20

唐代•文選百三
65_632_20

唐代•文選百三
66_636_7

唐代•文選百三
72_693_13

唐代•文選百三
79_749_11

唐代•文選百三
79_751_30

唐代•文選百三
29_283_9

唐代•文選百三
29_284_5

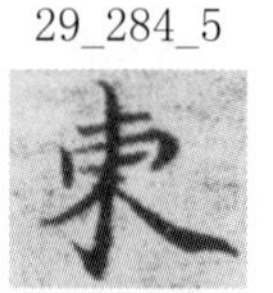
唐代•文選百三
30_294_27

唐代•文選百三
31_314_21

唐代•文選百三
33_323_29

唐代•文選百三
35_343_28

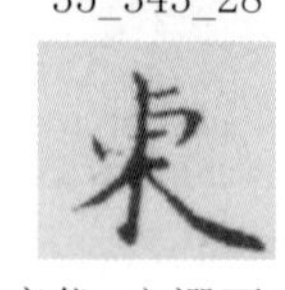
唐代•文選百三
47_449_21

唐代•文選八八
5_22_15

唐代•文選八八
5_25_5

唐代•文選八八
11_90_2

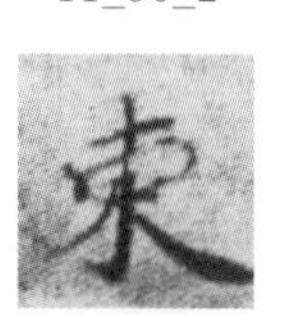
唐代•文選百三
12_113_4

唐代•文選百三
17_161_34

唐代•文選百三
28_275_12

唐代•文選百三
28_276_23

	松	枌	板	析	杵	
	漢ショウ 訓まつ	漢フン呉フン 訓むなぎ	ハン慣バン 訓いた	漢セキ呉シャク 訓さく	ショ 訓きね	
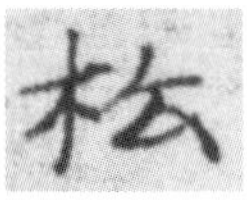 唐代•文選百三 78_744_16	 唐代•文選五九 86_823_5	 唐代•古文選前 20_236_5	 唐代•春秋經傳 36_379_17	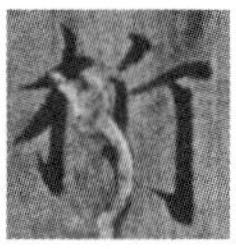 唐代•文選五九 17_159_2	 唐代•文選五九 23_226_9	 唐代•古文選前 1_8_8
 唐代•古文選前 8_90_3	 唐代•文選五九 112_1063_24		 唐代•文選四八 30_269_9	 唐代•文選五九 28_275_9	 唐代•文選五九 23_227_10	
	 唐代•文選百三 31_311_4		 唐代•文選五九 43_418_28	 唐代•文選五九 29_279_18	 唐代•文選五九 23_231_8	
	 唐代•文選百三 31_312_16		 唐代•文選五九 43_419_7	 唐代•文選六八 14_147_3		
	 唐代•文選百三 32_317_25		 唐代•文選六八 40_401_17	 唐代•文選六八 14_148_11		
	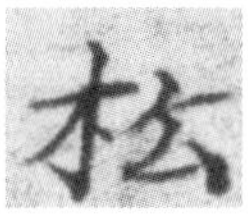 唐代•文選百三 32_318_7		 唐代•文選百三 30_297_5	 唐代•文選百三 84_802_4		
	 唐代•文選百三 53_513_17			 唐代•古文選後 19_217_9		
	 唐代•文選百三 78_741_18			 唐代•古文選後 26_302_7		

枕

慣チン漢シン呉シン
訓まくら

唐代•文選五九
60_574_26

杼

漢チョ
訓ひ

唐代•春秋經傳
33_344_11

唐代•文選五九
18_174_1

唐代•文選五九
18_175_14

唐代•文選五九
18_178_2

柑

漢カン呉カン
訓みかん

當作拑秣
唐代•文選百三
84_800_7

當作拑秣
唐代•文選百三
84_802_15

當作拑秣
唐代•文選百三
85_804_29

當作拑秣
唐代•文選百三
85_805_26

某

漢ボウ
訓それがし

唐代•春秋經傳
33_348_16

唐代•春秋經傳
33_349_2

唐代•春秋經傳
33_349_4

唐代•春秋經傳
33_349_9

唐代•文選百三
13_121_32

枯

漢コ
訓かれる

唐代•文選五九
3_29_13

唐代•文選六八
11_113_1

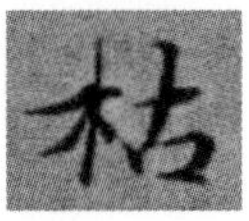
唐代•文選六八
11_120_14

唐代•文選八八
17_149_10

唐代•文選八八
17_152_16

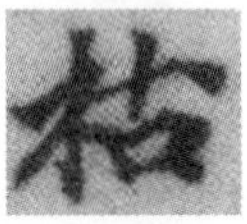
唐代•十輪經八
3_51_12

唐代•十輪經八
3_53_14

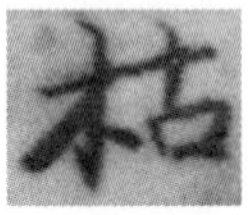
唐代•十輪經九
5_86_1

唐代•十輪經九
7_128_14

唐代•十輪經十
13_241_9

柄

漢ヘイ呉ヒョウ
訓え

唐代•文選六八
29_298_28

柏	柵	柬	枳	柘	柩	柯
漢ハク呉ヒャク 訓ひのき	漢サク漢サン 訓やらい	漢カン呉ケン 訓えらぶ	キ 訓からたち	シャ 訓やまぐわ	漢キュウ 訓ひつぎ	カ 訓え
 唐代・文選五九 66_638_13  唐代・文選五九 112_1063_25  唐代・文選百三 77_740_1  唐代・文選百三 78_744_17  唐代・文選百三 78_745_3	 唐代・文選八八 19_167_9	 唐代・文選百三 3_21_9  唐代・文選百三 11_103_2	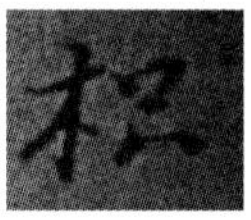 唐代・文選四八 18_165_12	 唐代・文選五九 74_714_3  唐代・文選五九 74_715_12	 唐代・春秋經傳 29_302_15  唐代・春秋經傳 29_302_26  唐代・文選百三 20_194_4  唐代・文選百三 20_196_33  唐代・文選百三 21_197_14  唐代・文選百三 21_198_24  唐代・文選百三 21_199_16  唐代・文選百三 79_757_8	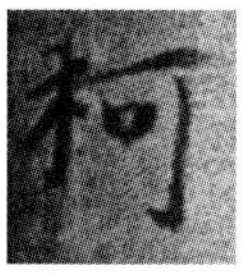 唐代・文選五九 3_28_19  唐代・文選八八 6_36_14  唐代・文選八八 19_164_12  唐代・文選八八 19_168_4  唐代・文選八八 19_168_13

		染	柿	柱	柳	柝
		漢ゼン慣セン 訓そめる	漢シ 訓かき	慣チュウ漢チュ 訓はしら	漢リュウ 訓やなぎ	漢タク呉タク 訓わける
 唐代•十輪經八 21_415_5	 唐代•十輪經四 12_234_3	 唐代•春秋經傳 19_196_13	唐代•文選百三 31_312_22	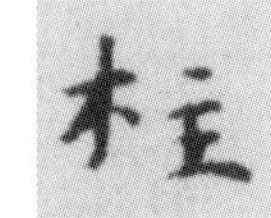 唐代•文選五九 16_158_16	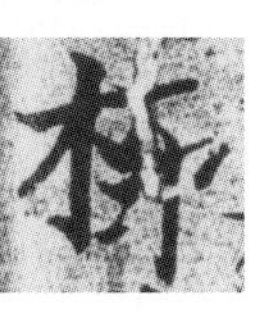 唐代•春秋經傳 31_328_15	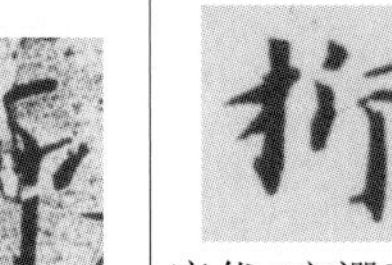 唐代•文選五九 70_672_26
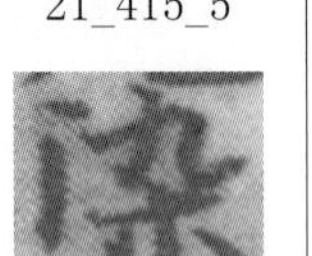 唐代•十輪經九 7_133_4	 唐代•十輪經四 13_243_17	 唐代•文選四八 19_170_21	 唐代•文選百三 31_312_36	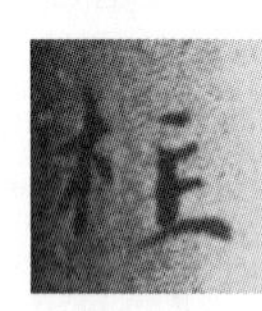 唐代•文選五九 23_228_21	 唐代•春秋經傳 31_328_17	 唐代•文選百三 81_769_3
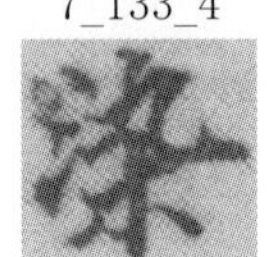 唐代•十輪經九 9_179_5	 唐代•十輪經四 13_246_10	 唐代•文選五九 23_229_12	 唐代•文選百三 31_313_14	 唐代•文選六八 15_151_19	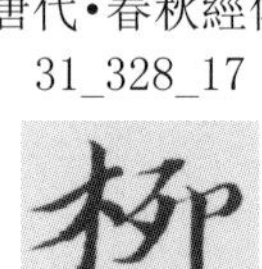 唐代•文選五九 64_612_26	 唐代•文選百三 81_770_30
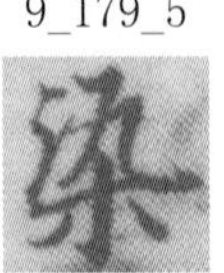 唐代•十輪經九 10_185_15	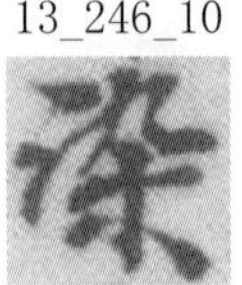 唐代•十輪經四 13_246_23	 唐代•文選百三 15_142_42	 唐代•文選百三 31_313_30	 唐代•文選六八 15_152_2	 唐代•文選五九 64_615_1	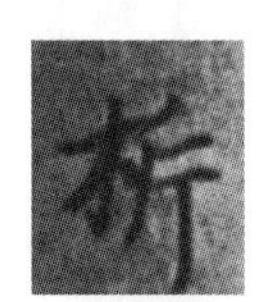 唐代•文選百三 81_773_28
 唐代•十輪經九 10_193_8	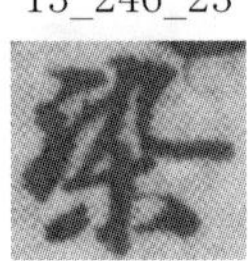 唐代•十輪經四 13_255_3	 唐代•文選百三 15_143_13	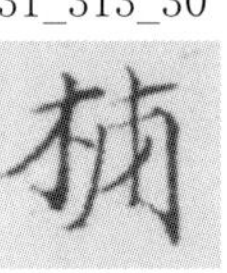 唐代•文選百三 31_314_8	 唐代•文選六八 40_400_1	 唐代•古文選後 22_254_13	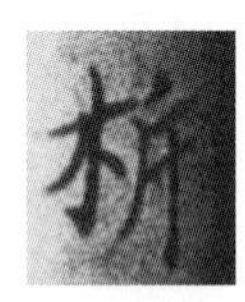 唐代•文選百三 81_774_15
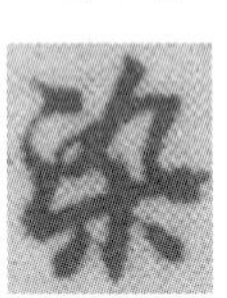 唐代•十輪經九 14_269_9	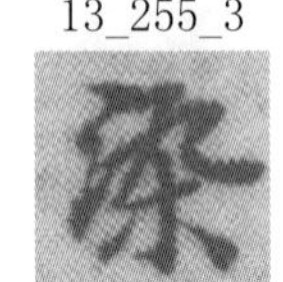 唐代•十輪經四 19_361_10	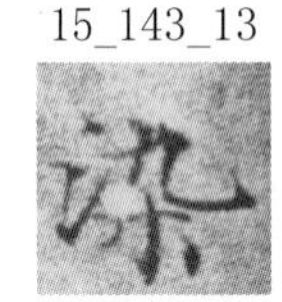 唐代•文選百三 15_145_2	 唐代•文選百三 53_513_16	 唐代•文選六八 40_400_19	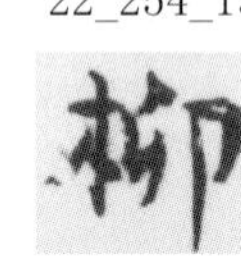 唐代•古文選後 24_286_1	 唐代•文選百三 81_775_12
 唐代•十輪經九 15_285_8	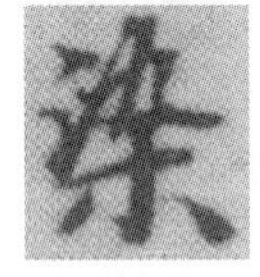 唐代•十輪經八 21_403_17	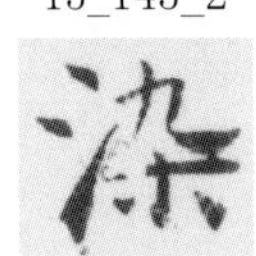 唐代•古文選後 25_289_5	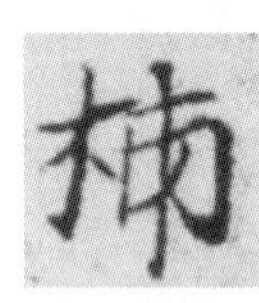 唐代•文選百三 54_516_18	 唐代•文選六八 40_401_9		
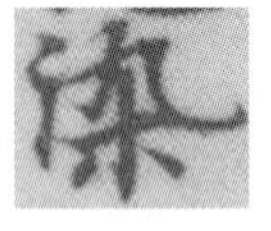 唐代•十輪經九 15_298_10	 唐代•十輪經八 21_410_2	 唐代•十輪經四 12_227_17				

栲		桂桂		柔柔	枷枷	
慣ゴウ 漢コウ 訓ぬるで		漢ケイ 訓かつら		慣ニュウ 漢ジュウ 訓やわらかい	漢カ 訓からざお	
栲 通拷 唐代・十輪經四 8_147_13	桂 唐代・文選六八 34_339_4	桂 唐代・文選五九 15_147_4	柔 唐代・十輪經九 7_134_10	柔 唐代・文選四八 14_120_22	枷 唐代・文選百三 63_605_19	枷 唐代・十輪經九 19_361_4
栲 通拷 唐代・十輪經四 20_383_5	桂 唐代・古文選前 9_103_8	桂 唐代・文選五九 38_376_6		柔 唐代・古文選前 8_97_10	枷 唐代・十輪經四 7_137_8	枷 唐代・十輪經九 19_364_2
		桂 唐代・文選五九 38_377_18		柔 唐代・古文選前 16_184_6		枷 唐代・十輪經十 9_163_17
		桂 唐代・文選五九 38_378_17		柔 唐代・古文選前 17_204_1		枷 唐代・十輪經十 11_209_15
		桂 唐代・文選五九 39_379_21		柔 唐代・古文選前 17_204_9		枷 唐代・十輪經十 11_211_8
		桂 唐代・文選五九 40_395_14		柔 唐代・古文選後 18_210_12		
		桂 唐代・文選六八 16_163_24		柔 唐代・十輪經八 17_339_8		
		桂 舉挂輕罾 唐代・文選六八 33_337_5

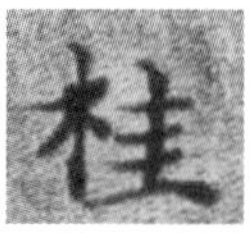

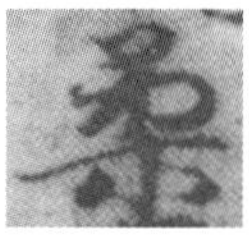

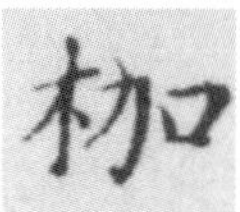

柴

漢サイ
訓しば

唐代•文選百三
31_302_13

栗

漢リツ
訓くり

唐代•春秋經傳
37_390_5

唐代•春秋經傳
37_390_11

桓

漢カン
訓むくろじ

唐代•古文選前
15_175_11

唐代•古文選後
5_50_13

唐代•春秋經傳
27_277_14

唐代•文選四八
19_168_17

唐代•文選五九
78_749_26

唐代•文選五九
110_1045_5

唐代•文選六八
71_705_9

唐代•文選百三
49_470_26

唐代•文選百三
49_471_26

唐代•文選百三
61_585_26

唐代•春秋經傳
15_157_25

唐代•春秋經傳
18_187_11

唐代•春秋經傳
25_256_18

唐代•春秋經傳
25_259_11

唐代•春秋經傳
25_259_19

唐代•春秋經傳
26_271_7

唐代•春秋經傳
27_275_17

唐代•春秋經傳
27_277_4

栱

漢キョウ呉ク
訓くい

唐代•文選百三
63_604_29

栽

漢サイ呉サイ
訓うえる

唐代•文選五九
31_300_30

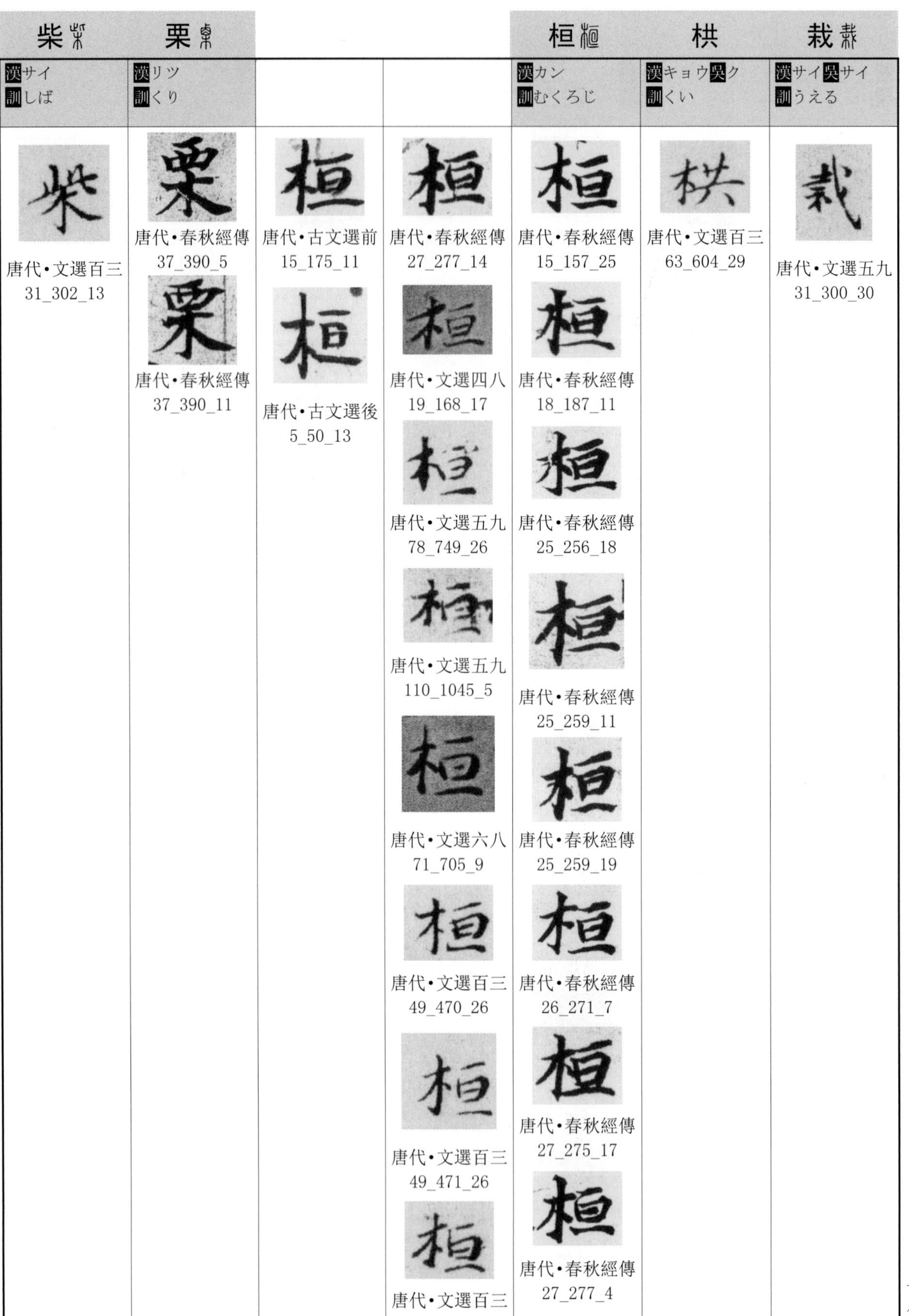

桀

漢 ケツ
訓 ねぐら

唐代•春秋經傳
14_148_21

唐代•文選五九
35_340_9

桀溺
唐代•文選五九
35_344_13

桃

漢 トウ
訓 もも

唐代•春秋經傳
10_104_16

唐代•文選五九
97_923_16

唐代•文選五九
97_924_17

唐代•文選五九
97_926_15

栝

漢 カツ
訓 びゃくしん

唐代•文選百三
81_776_5

唐代•文選百三
86_818_8

唐代•文選百二
86_819_17

唐代•文選百三
86_820_2

梠

漢 リョ
訓 ひさし

唐代•文選百三
31_311_1

唐代•文選百三
31_311_19

唐代•文選百三
31_312_13

唐代•文選百三
31_313_5

唐代•文選百三
31_314_15

唐代•文選百三
31_314_25

唐代•文選百三
32_317_24

唐代•文選百三
32_319_28

桐

漢 ドウ、トウ
訓 きり

唐代•文選四八
43_384_6

唐代•文選四八
43_386_2

唐代•文選四八
43_386_25

唐代•文選四八
43_387_9

唐代•文選四八
43_387_20

唐代•文選四八
43_388_1

唐代•古文選後
15_180_4

株

漢 シュ、チュ
訓 かぶ

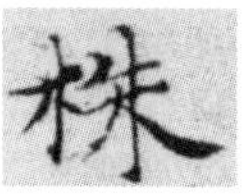
唐代•文選五九
66_637_21

桎

漢 シツ
訓 あしかせ

唐代•文選百三
63_604_27

校

漢コウ 呉キョウ
訓かせ

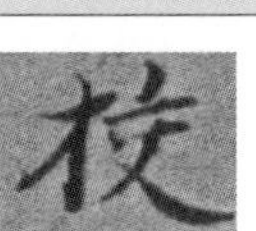
唐代・文選四八
20_178_11

唐代・文選五九
35_342_9

唐代・文選五九
35_344_25

唐代・文選五九
62_595_1

唐代・文選百三
67_643_1

案

アン
訓つくえ

唐代・文選四八
1_3_3

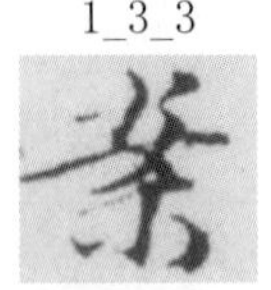
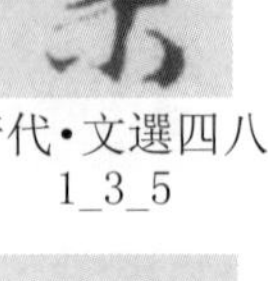
唐代・文選四八
1_3_5

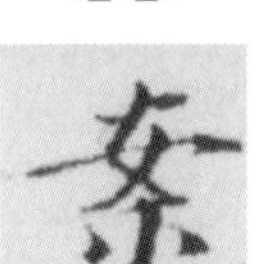
唐代・文選四八
1_8_10

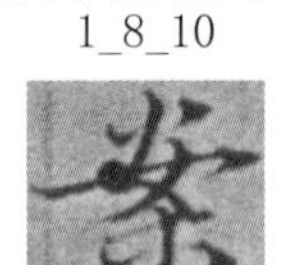
唐代・文選四八
2_11_19

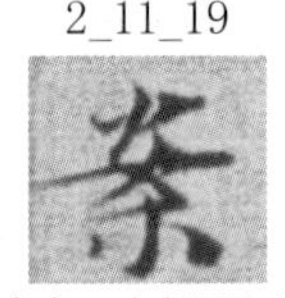
唐代・文選四八
7_56_20

唐代・文選四八
14_128_13

唐代・文選四八
17_152_14

唐代・文選四八
19_171_8

唐代・文選四八
24_215_3

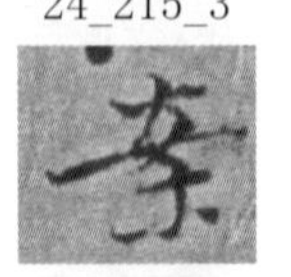
唐代・文選四八
33_295_18

唐代・文選四八
39_352_7

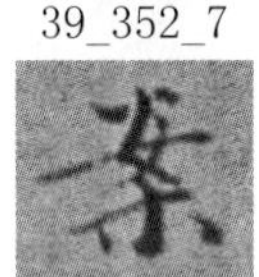
唐代・文選五九
4_36_31

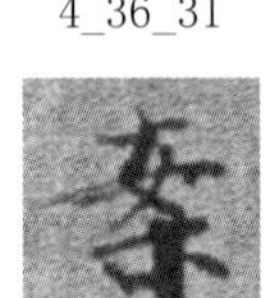
唐代・文選五九
11_110_5

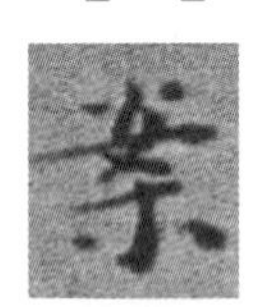
唐代・文選五九
17_165_18

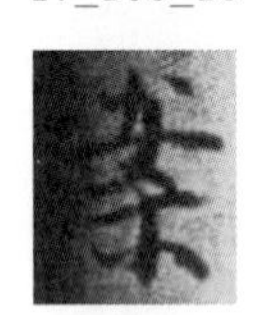
唐代・文選五九
23_228_31

唐代・文選五九
27_265_26

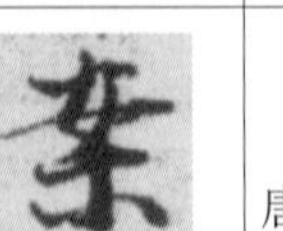
唐代・文選五九
29_284_15

唐代・文選五九
29_291_6

唐代・文選五九
30_294_18

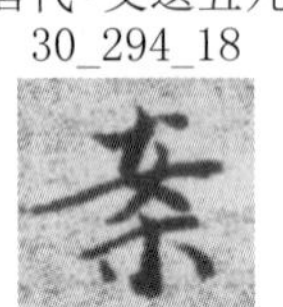
唐代・文選五九
31_307_23

唐代・文選五九
37_366_11

唐代・文選五九
39_386_32

唐代・文選五九
39_392_2

唐代・文選五九
41_405_13

唐代・文選五九
50_496_21

唐代・文選五九
56_542_2

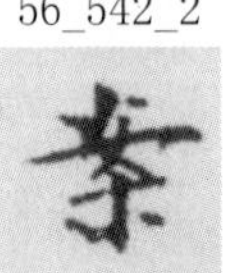
唐代・文選五九
57_553_12

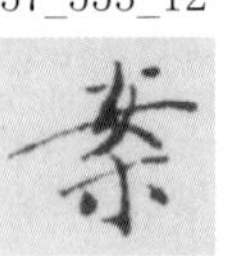
唐代・文選五九
65_628_1

唐代・文選五九
68_651_23

唐代・文選五九
68_661_8

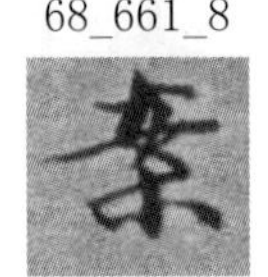
唐代・文選五九
84_809_23

唐代・文選五九
89_855_20

唐代・文選五九
90_859_3

唐代・文選五九
97_918_28

唐代・文選五九
98_927_11

唐代・文選五九
105_988_2

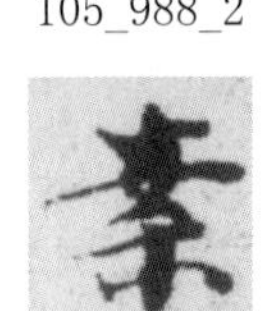
唐代・文選五九
111_1052_25

唐代・文選六八
3_29_10

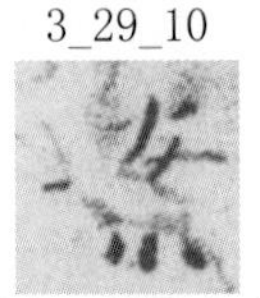
唐代・文選六八
3_34_19

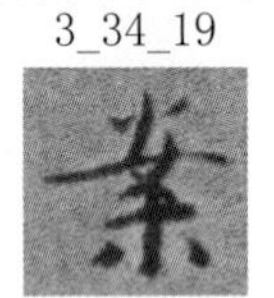
唐代・文選六八
6_62_9

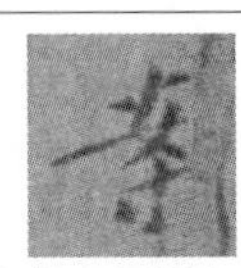
唐代・文選六八
6_64_30

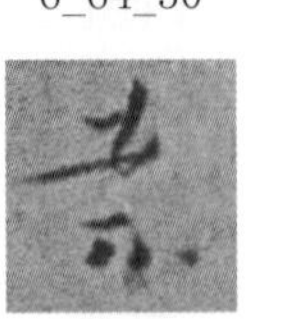
唐代・文選六八
8_85_26

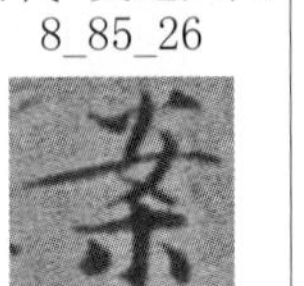
唐代・文選六八
11_120_23

唐代・文選六八
12_123_20

唐代・文選六八
12_127_19

唐代・文選六八
17_168_12

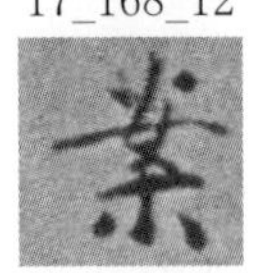
唐代・文選六八
21_210_8

唐代・文選六八
21_216_26

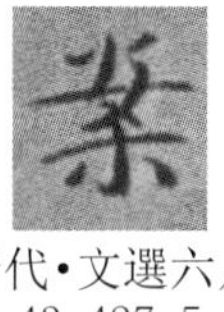

唐代•文選六八
23_231_12

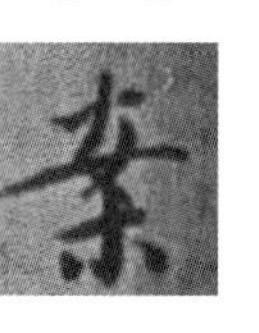

唐代•文選六八
25_246_24

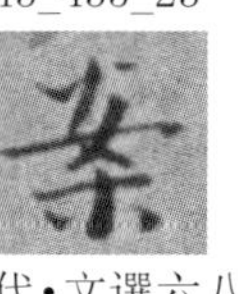

唐代•文選六八
28_283_10

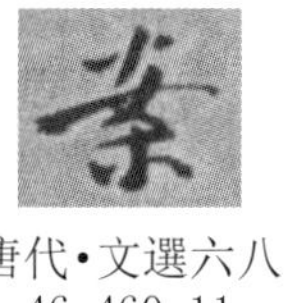
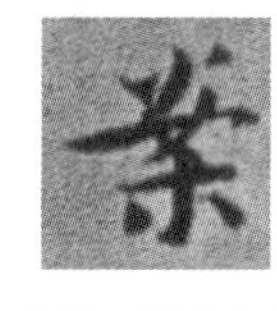

唐代•文選六八
29_287_20

唐代•文選六八
29_293_22

唐代•文選六八
32_321_1

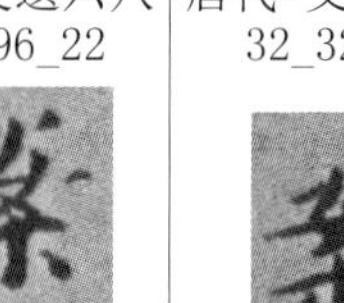

唐代•文選六八
35_345_2

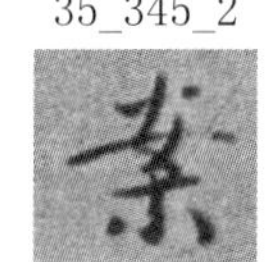

唐代•文選六八
41_407_29

唐代•文選六八
43_427_5

唐代•文選六八
43_435_23

唐代•文選六八
45_447_18

唐代•文選六八
46_460_11

唐代•文選六八
47_478_12

唐代•文選六八
49_496_22

唐代•文選六八
51_507_17

唐代•文選六八
51_516_8

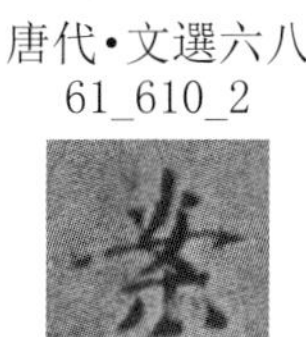
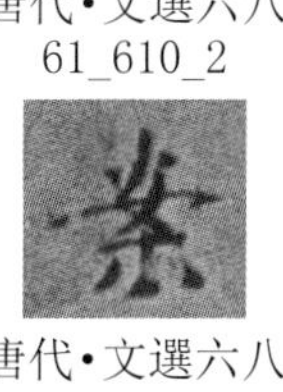
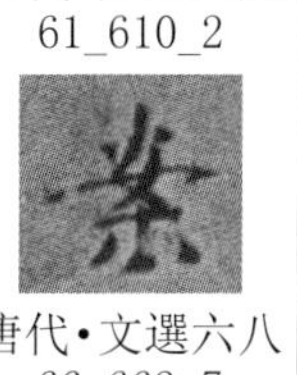
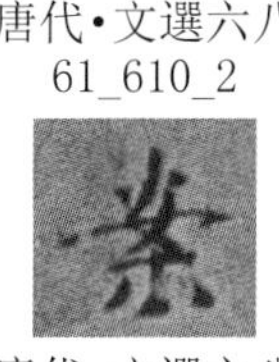
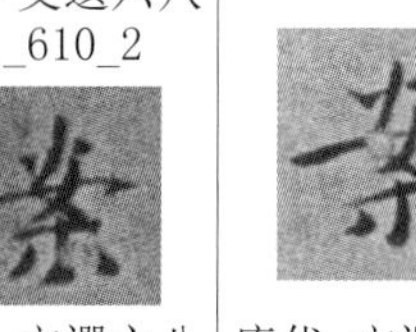

唐代•文選六八
53_525_13

唐代•文選六八
54_543_19

唐代•文選六八
56_559_10

唐代•文選六八
57_570_12

唐代•文選六八
57_577_6

唐代•文選六八
59_589_14

唐代•文選六八
61_610_2

唐代•文選六八
66_663_7

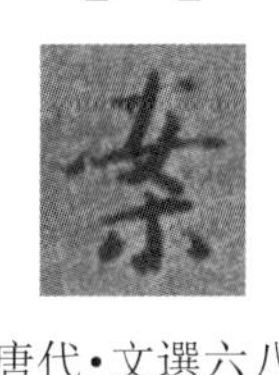
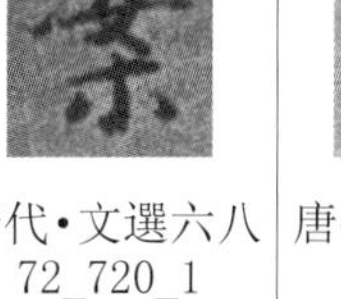
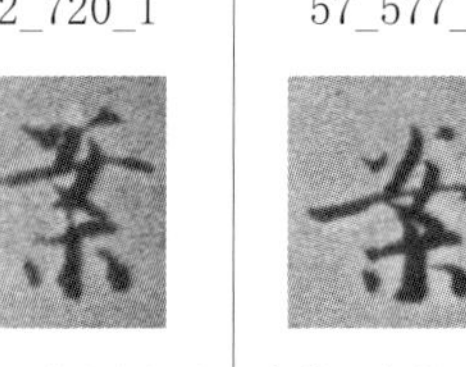
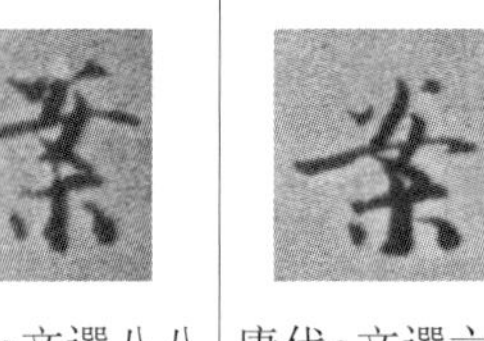
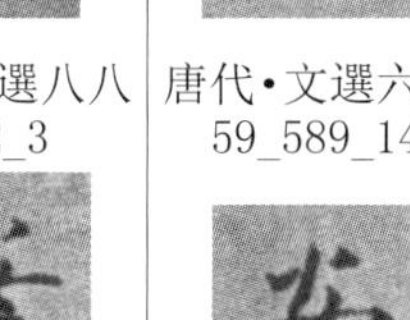
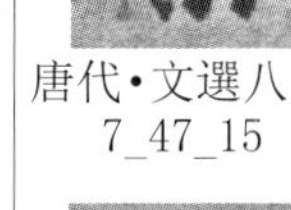

唐代•文選六八
67_666_8

唐代•文選六八
67_674_20

唐代•文選六八
70_698_16

唐代•文選六八
71_709_15

唐代•文選六八
72_720_1

唐代•文選八八
5_32_3

唐代•文選八八
7_47_15

唐代•文選八八
9_65_19

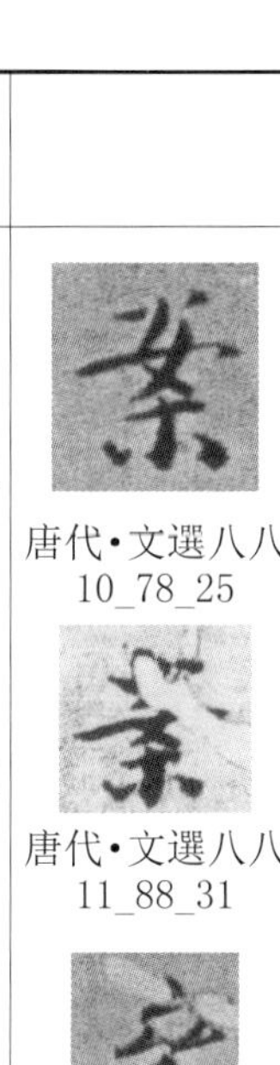

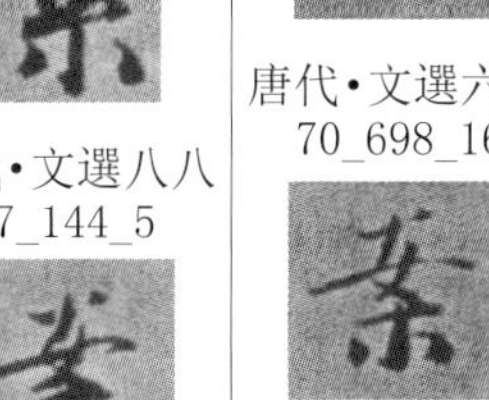
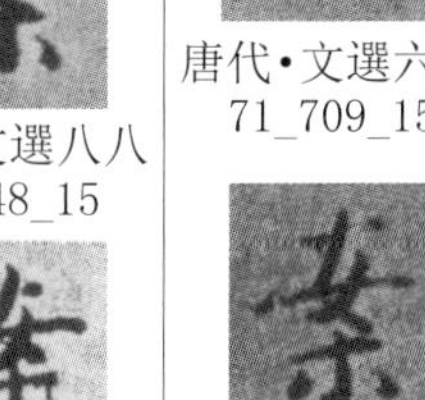

唐代•文選八八
10_78_25

唐代•文選八八
11_88_31

唐代•文選八八
17_144_5

唐代•文選八八
17_148_15

唐代•文選八八
19_163_11

唐代•文選八八
22_195_18

唐代•文選八八
23_204_20

唐代•文選百三
2_14_23

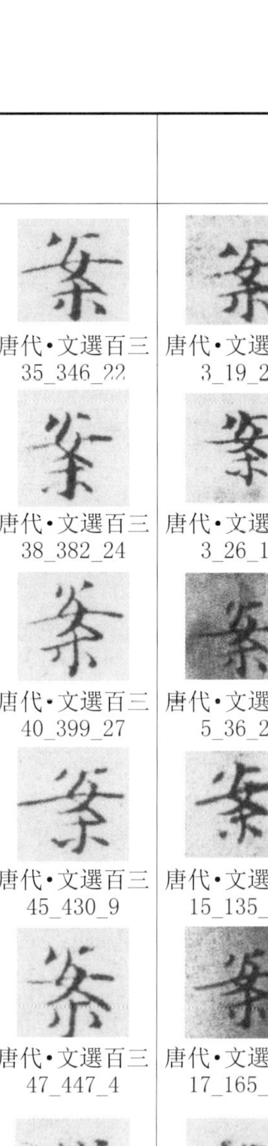
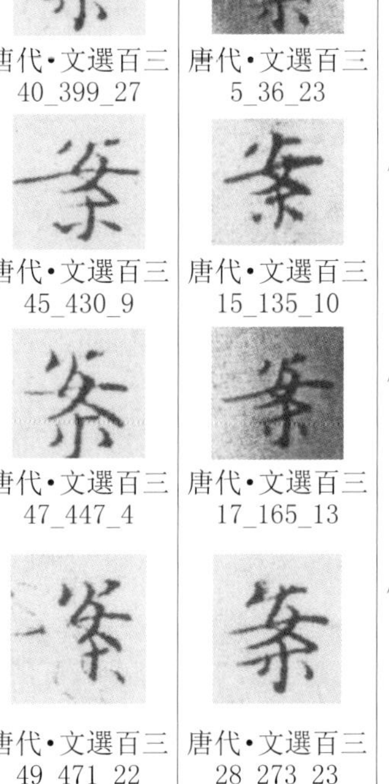

唐代•文選百三
3_19_21

唐代•文選百三
3_26_16

唐代•文選百三
5_36_23

唐代•文選百三
15_135_10

唐代•文選百三
17_165_13

唐代•文選百三
28_273_23

唐代•文選百三
30_298_31

唐代•文選百三
68_658_13

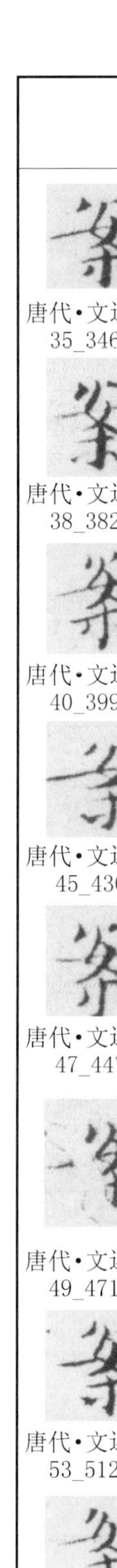

唐代•文選百三
35_346_22

唐代•文選百三
38_382_24

唐代•文選百三
40_399_27

唐代•文選百三
45_430_9

唐代•文選百三
47_447_4

唐代•文選百三
49_471_22

唐代•文選百三
53_512_32

唐代•文選百三
67_650_22

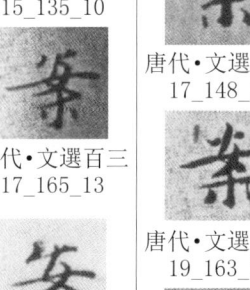

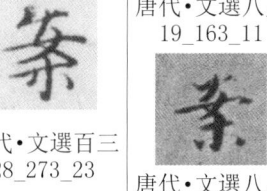

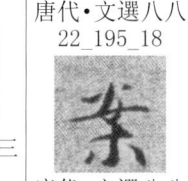

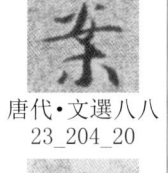

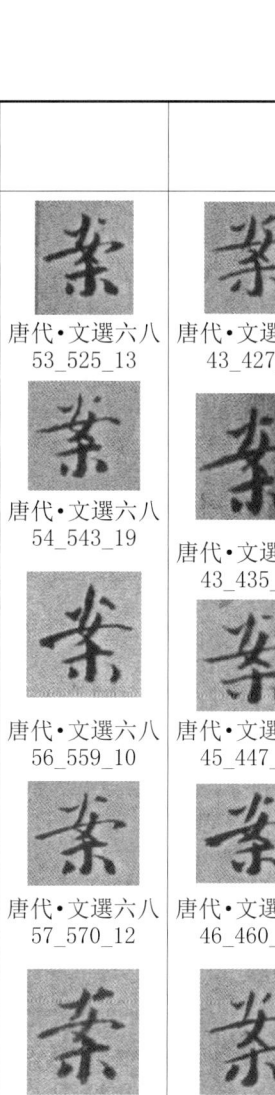

根 𣏚

コン

訓 ね

唐代・文選百三
69_663_1

唐代・文選百三
69_671_32

唐代・文選百三
73_705_32

唐代・文選百三
80_761_7

唐代・文選百三
85_806_6

唐代・古文選前
18_206_8

初唐・法華義疏
1_5_7

唐代・春秋經傳
30_307_11

唐代・春秋經傳
30_307_13

唐代・春秋經傳
30_317_2

唐代・文選五九
47_466_1

唐代・文選六八
41_409_15

唐代・文選六八
67_671_16

唐代・十輪經四
1_1_15

唐代・十輪經四
1_14_14

唐代・十輪經四
3_50_4

唐代・十輪經四
4_71_6

唐代・十輪經四
5_95_1

唐代・十輪經四
8_152_8

唐代・十輪經四
10_181_11

唐代・十輪經四
11_200_5

唐代・十輪經四
11_209_16

唐代・十輪經四
15_285_16

唐代・十輪經四
15_290_2

唐代・十輪經四
16_306_3

唐代・十輪經四
16_310_5

唐代・十輪經四
17_322_9

唐代・十輪經四
18_344_9

唐代・十輪經四
18_359_9

唐代・十輪經四
19_376_5

唐代・十輪經四
20_395_17

唐代・十輪經八
1_15_11

唐代・十輪經八
2_29_14

唐代・十輪經八
3_43_12

唐代・十輪經八
3_53_10

唐代・十輪經八
3_58_6

唐代・十輪經八
5_82_13

唐代・十輪經八
6_102_11

唐代・十輪經八
6_112_8

唐代・十輪經八
7_134_11

唐代・十輪經八
7_140_12

唐代・十輪經八
8_150_8

唐代・十輪經八
9_173_6

唐代・十輪經八
9_178_16

唐代・十輪經八
10_188_15

唐代・十輪經八
11_211_3

唐代・十輪經八
11_215_13

唐代・十輪經八
12_225_13

唐代・十輪經八
13_248_9

唐代・十輪經八
13_252_13

唐代・十輪經八
14_262_13

唐代・十輪經八
15_285_13

唐代・十輪經八
15_290_13

唐代・十輪經八
15_300_13

桑

ソウ
訓くわ

唐代•春秋經傳 10_96_10
唐代•春秋經傳 10_96_14
唐代•春秋經傳 10_102_14
唐代•文選四八 26_236_3
唐代•文選四八 26_237_9
唐代•文選四八 26_239_10
唐代•文選四八 27_246_12
唐代•文選四八 34_304_20

唐代•十輪經十 6_110_1
唐代•十輪經十 7_129_9
唐代•十輪經十 7_130_15
唐代•十輪經十 12_220_2
唐代•十輪經十 12_224_5

唐代•十輪經十 3_50_11
唐代•十輪經十 3_54_17
唐代•十輪經十 3_57_6
唐代•十輪經十 3_57_10
唐代•十輪經十 4_78_12
唐代•十輪經十 4_80_7
唐代•十輪經十 6_105_6
唐代•十輪經十 6_107_10

唐代•十輪經九 15_288_5
唐代•十輪經九 16_311_8
唐代•十輪經九 16_317_14
唐代•十輪經九 17_327_11
唐代•十輪經九 19_361_3
唐代•十輪經九 19_378_9
唐代•十輪經九 20_399_16
唐代•十輪經十 2_25_16

唐代•十輪經九 3_52_6
唐代•十輪經九 4_78_2
唐代•十輪經九 6_105_9
唐代•十輪經九 6_118_10
唐代•十輪經九 11_219_5
唐代•十輪經九 11_219_14
唐代•十輪經九 12_234_2
唐代•十輪經九 12_234_11

唐代•十輪經八 21_414_5
唐代•十輪經八 22_423_13
唐代•十輪經八 22_439_6
唐代•十輪經九 1_4_5
唐代•十輪經九 1_14_1
唐代•十輪經九 2_22_5
唐代•十輪經九 2_37_16
唐代•十輪經九 3_42_6

唐代•十輪經八 17_323_11
唐代•十輪經八 17_328_13
唐代•十輪經八 17_338_13
唐代•十輪經八 18_362_3
唐代•十輪經八 19_366_12
唐代•十輪經八 19_376_13
唐代•十輪經八 20_399_15
唐代•十輪經八 21_404_5

梧	棻		梵	械		
ゴ 訓あおぎり	フン 訓—		漢フウ呉ボウ 訓—	漢カイ 訓かせ		
 唐代・文選五九 70_672_10  唐代・古文選後 26_307_14	 唐代・文選五九 35_341_15  唐代・文選五九 35_341_25	 唐代・十輪經九 17_333_8  唐代・十輪經十 4_61_11  唐代・十輪經十 20_382_4 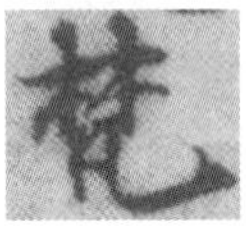 唐代・十輪經十 20_384_13	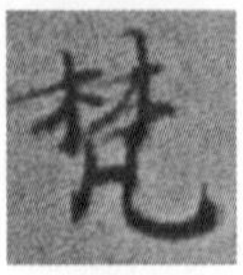 唐代・文選五九 8_75_8  唐代・十輪經四 2_28_2  唐代・十輪經四 2_28_6  唐代・十輪經四 9_162_13 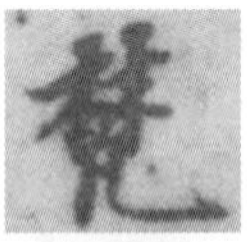 唐代・十輪經八 10_195_8  唐代・十輪經八 18_346_12  唐代・十輪經九 7_129_24	 唐代・文選百三 53_514_4 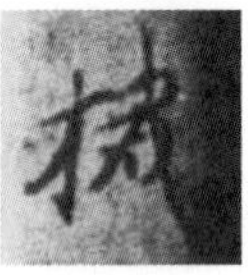 唐代・文選百三 53_515_5  唐代・文選百三 54_516_5  唐代・文選百三 54_516_22  唐代・文選百三 54_516_36  唐代・文選百三 63_605_18	 唐代・文選五九 97_924_1  唐代・文選五九 97_926_27  唐代・文選六八 49_492_15	 唐代・文選四八 36_318_9  唐代・文選四八 36_320_21  唐代・文選四八 36_321_10  唐代・文選四八 36_322_9 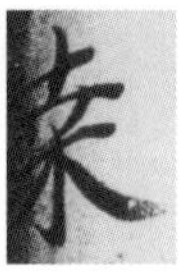 唐代・文選五九 74_714_2  唐代・文選五九 74_715_11  唐代・文選五九 97_925_11

梓	桷	桴	梟	梅	梨	梏
シ 訓あずさ	カク 訓たるき	漢フ 訓むね	キョウ 訓ふくろう	漢バイ 訓うめ	リ 訓なし	漢コク呉カク 訓てかせ
 唐代•文選四八 26_236_4  唐代•文選四八 26_237_10  唐代•文選四八 26_239_11  唐代•文選四八 36_318_11  唐代•文選四八 36_320_23  唐代•文選四八 36_321_12  唐代•文選四八 36_322_10	 唐代•文選百三 31_311_2  唐代•文選百三 31_311_24  唐代•文選百三 31_313_8  唐代•文選百三 31_313_40  唐代•文選百三 32_319_29	 唐代•文選六八 20_205_15  唐代•古文選後 25_289_14	 唐代•古文選後 6_72_7	 唐代•文選八八 20_178_8	 唐代•文選六八 21_216_30  唐代•古文選後 24_288_6	 唐代•文選百三 63_604_28

梯 梁

梯	梁
漢テイ 呉タイ 訓はしご	リョウ 訓はし

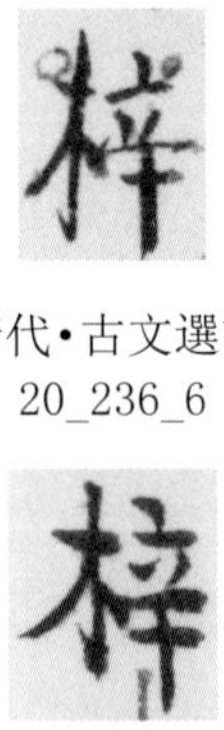
唐代・古文選前 20_236_6
唐代・古文選前 24_282_6

梯

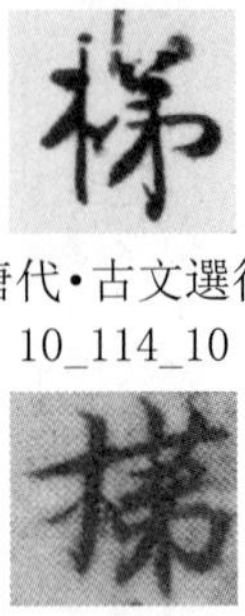
唐代・古文選後 10_114_10
唐代・十輪經九 6_100_11

梁

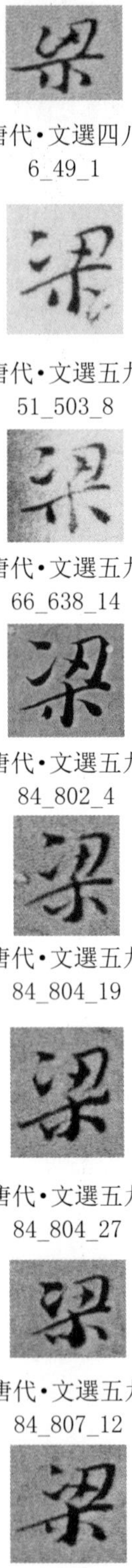
唐代・文選四八 6_49_1
唐代・文選五九 51_503_8
唐代・文選五九 66_638_14
唐代・文選五九 84_802_4
唐代・文選五九 84_804_19
唐代・文選五九 84_804_27
唐代・文選五九 84_807_12
唐代・文選五九 84_809_3

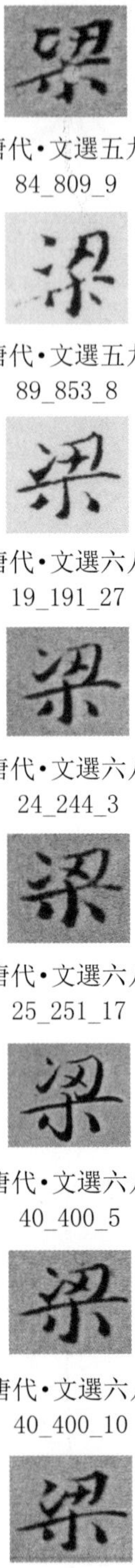
唐代・文選五九 84_809_9
唐代・文選五九 89_853_8
唐代・文選六八 19_191_27
唐代・文選六八 24_244_3
唐代・文選六八 25_251_17
唐代・文選六八 40_400_5
唐代・文選六八 40_400_10
唐代・文選六八 40_400_21

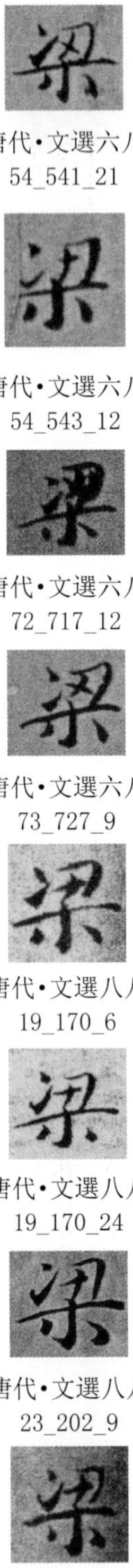
唐代・文選六八 54_541_21
唐代・文選六八 54_543_12
唐代・文選六八 72_717_12
唐代・文選六八 73_727_9
唐代・文選八八 19_170_6
唐代・文選八八 19_170_24
唐代・文選八八 23_202_9
唐代・文選八八 23_207_1

唐代・文選百三 3_25_12
唐代・文選百三 16_152_17
唐代・文選百三 17_167_19
唐代・文選百三 23_228_44
唐代・文選百三 31_303_3
唐代・文選百三 31_307_19
唐代・文選百三 31_309_20
唐代・文選百三 35_355_4

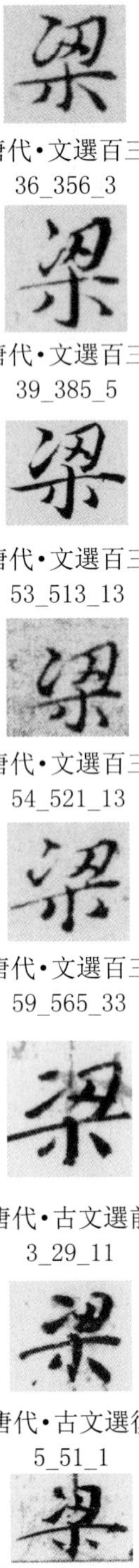
唐代・文選百三 36_356_3
唐代・文選百三 39_385_5
唐代・文選百三 53_513_13
唐代・文選百三 54_521_13
唐代・文選百三 59_565_33
唐代・古文選前 3_29_11
唐代・古文選後 5_51_1
唐代・古文選後 9_104_14

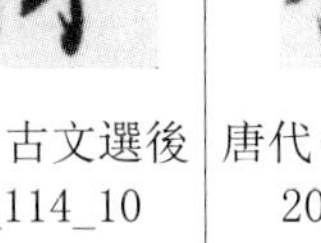
唐代•古文選前
20_236_6

唐代•古文選前
24_282_6

梯

漢テイ 呉タイ
訓はしご

唐代•古文選後
10_114_10

唐代•十輪經九
6_100_11

梁

リョウ
訓はし

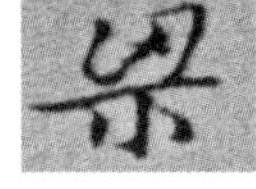
唐代•文選四八
6_49_1

唐代•文選五九
51_503_8

唐代•文選五九
66_638_14

唐代•文選五九
84_802_4

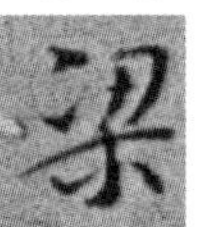
唐代•文選五九
84_804_19

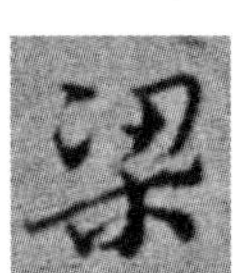
唐代•文選五九
84_804_27

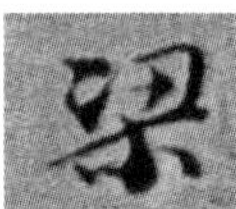
唐代•文選五九
84_807_12

唐代•文選五九
84_809_3

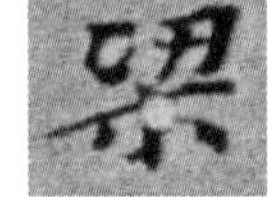
唐代•文選五九
84_809_9

唐代•文選五九
89_853_8

唐代•文選六八
19_191_27

唐代•文選六八
24_244_3

唐代•文選六八
25_251_17

唐代•文選六八
40_400_5

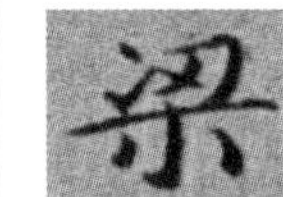
唐代•文選六八
40_400_10

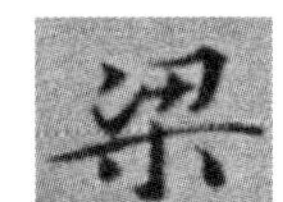
唐代•文選六八
40_400_21

唐代•文選六八
54_541_21

唐代•文選六八
54_543_12

唐代•文選六八
72_717_12

唐代•文選六八
73_727_9

唐代•文選八八
19_170_6

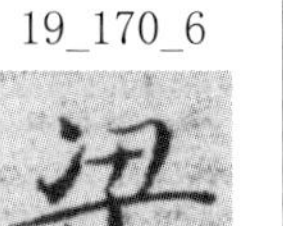
唐代•文選八八
19_170_24

唐代•文選八八
23_202_9

唐代•文選八八
23_207_1

唐代•文選百三
3_25_12

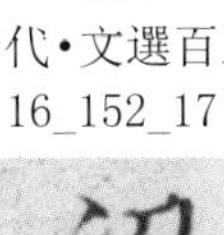
唐代•文選百三
16_152_17

唐代•文選百三
17_167_19

唐代•文選百三
23_228_44

唐代•文選百三
31_303_3

唐代•文選百三
31_307_19

唐代•文選百三
31_309_20

唐代•文選百三
35_355_4

唐代•文選百三
36_356_3

唐代•文選百三
39_385_5

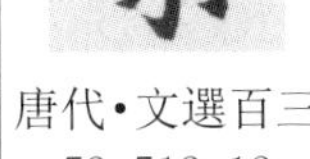
唐代•文選百三
53_513_13

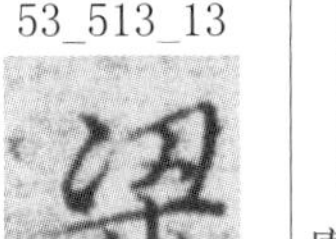
唐代•文選百三
54_521_13

唐代•文選百三
59_565_33

唐代•古文選前
3_29_11

唐代•古文選後
9_104_14

棟

漢トウ
訓むね

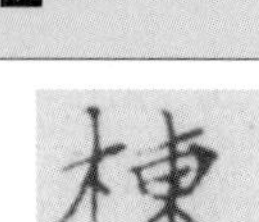
唐代•文選百三
21_209_23

唐代•文選百三
31_303_4

唐代•文選百三
31_307_20

唐代•文選百三
31_309_22

植

漢ショク、チ
訓うえる

唐代•古文選前
11_133_60

唐代•古文選前
17_199_14

唐代•古文選前
18_210_9

唐代•古文選前
25_298_2

唐代•古文選前
27_315_11

唐代•古文選後
24_287_8

唐代•文選六八
63_630_19

唐代•文選八八
15_126_14

唐代•文選百三
9_87_6

唐代•文選百三
47_458_1

唐代•文選百三
48_460_25

唐代•文選百三
48_461_36

唐代•文選百三
48_462_6

唐代•古文選前
11_133_18

唐代•文選五九
36_354_19

唐代•文選五九
43_431_1

唐代•文選五九
52_511_4

唐代•文選五九
67_647_29

唐代•文選五九
94_903_6

唐代•文選五九
101_954_21

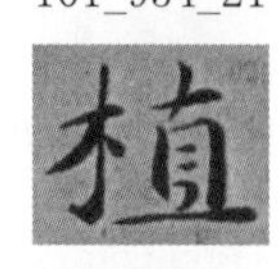
唐代•文選六八
43_427_19

唐代•文選六八
43_431_10

唐代•春秋經傳
6_60_19

唐代•春秋經傳
6_60_22

唐代•文選四八
18_163_11

唐代•文選五九
17_167_10

唐代•文選五九
17_170_6

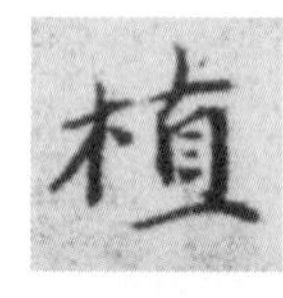
唐代•文選五九
29_283_10

唐代•文選五九
29_284_1

唐代•文選五九
31_299_5

棋

漢キ吳ギ
訓ご

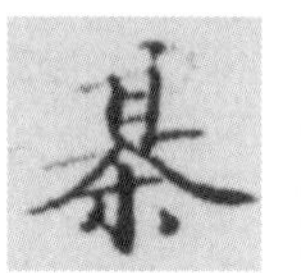

唐代•文選百三
49_466_9

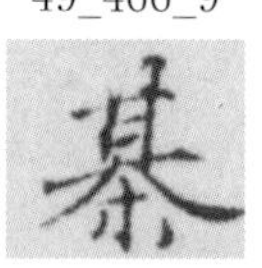
唐代•文選百三
49_466_24

唐代•古文選後
5_54_4

唐代•古文選後
16_184_12

唐代•古文選後
21_244_22

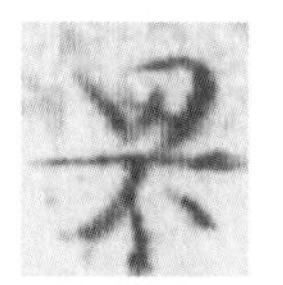
唐代•古文選後
21_244_59

唐代•古文選後
26_306_41

唐代•古文選後
26_311_11

唐代•古文選後
5_51_1

唐代・文選六八
18_184_16

唐代・文選六八
18_184_22

唐代・文選六八
43_429_14

唐代・古文選前
9_114_2

唐代・文選六八
17_177_14

唐代・文選六八
18_181_3

唐代・文選六八
18_182_27

唐代・文選六八
18_183_20

唐代・文選六八
18_183_22

唐代・文選六八
18_183_25

唐代・文選六八
18_184_2

唐代・文選六八
18_184_11

椒

ショウ
訓はじかみ

唐代・春秋經傳
7_68_17

唐代・春秋經傳
7_70_18

唐代・春秋經傳
20_210_6

唐代・春秋經傳
21_214_4

唐代・春秋經傳
21_218_12

唐代・春秋經傳
21_218_19

唐代・春秋經傳
22_224_13

唐代・文選六八
16_163_25

棐

ヒ
訓ゆだめ

唐代・春秋經傳
2_9_21

唐代・春秋經傳
2_11_14

唐代・春秋經傳
3_30_8

唐代・文選六八
16_165_3

唐代・文選百三
13_119_28

唐代・文選百三
25_238_11

唐代・古文選前
24_286_2

唐代・古文選後
10_111_2

唐代・古文選後
26_304_13

棲

漢セイ
訓すむ

唐代・文選四八
6_41_7

唐代・文選五九
7_64_12

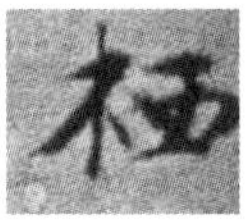
唐代・文選五九
9_82_13

唐代・文選五九
33_324_6

唐代・文選五九
44_435_3

唐代・文選五九
44_435_30

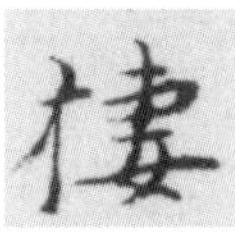
唐代・文選五九
68_653_17

唐代・文選五九
97_925_9

棼

漢フン
訓むなぎ

唐代・春秋經傳
22_223_15

唐代・春秋經傳
22_224_11

唐代・春秋經傳
22_227_15

唐代・春秋經傳
31_328_16

棓	椑	椎	棰	棘	棠	棹
漢ホウ呉ボウ 訓ぼう	漢ヘイ呉バイ 訓たる	漢ツイ、スイ呉スイ 訓つち	漢スイ呉スイ 訓むち	漢キョク 訓いばら	漢トウ呉ドウ 訓やまなし	漢トウ 訓さお
 唐代•文選百三 52_502_9	 唐代•古文選後 24_287_10	 唐代•文選八八 8_59_5	 唐代•文選百三 52_501_14	 唐代•春秋經傳 4_39_9	 唐代•文選五九 64_618_2	 唐代•古文選後 17_198_2
 唐代•文選百三 52_502_10		 唐代•文選八八 8_61_4		 唐代•春秋經傳 4_40_16	 唐代•文選百三 57_545_1	 唐代•古文選後 26_308_13
				 唐代•春秋經傳 5_45_15	 唐代•文選百三 57_545_22	
				 唐代•春秋經傳 7_68_12	 唐代•文選百三 57_547_5	
				 唐代•文選五九 60_574_29	 唐代•文選百三 57_547_32	
				 唐代•古文選前 26_305_11	 唐代•古文選後 24_287_5	
				 唐代•古文選後 7_78_8		
				 唐代•古文選後 22_262_18		

棄

キ

訓 すてる

唐代•春秋經傳 6_61_10
唐代•春秋經傳 6_61_20
唐代•春秋經傳 6_62_7
唐代•春秋經傳 7_63_9
唐代•春秋經傳 9_89_11
唐代•春秋經傳 9_94_11
唐代•春秋經傳 22_231_3

唐代•春秋經傳 23_236_18
唐代•文選四八 46_413_18
唐代•文選五九 5_44_12
唐代•文選五九 52_515_24
唐代•文選五九 72_693_27
唐代•文選五九 76_726_21
唐代•文選五九 76_731_8

唐代•文選五九 76_733_13
唐代•文選五九 100_943_25
唐代•文選五九 100_945_14
唐代•文選五九 101_949_21
唐代•文選六八 8_74_1
唐代•文選六八 8_77_25
唐代•文選八八 7_49_19

唐代•文選八八 16_137_11
唐代•文選八八 17_151_21
唐代•文選八八 17_152_4
唐代•文選百三 13_127_18
唐代•文選百三 37_364_3
唐代•文選百三 44_424_7
唐代•文選百三 45_425_28

唐代•文選百三 56_542_21
唐代•文選百三 69_663_14
唐代•文選百三 69_664_28
唐代•文選百三 69_665_3
唐代•文選百三 79_757_18
唐代•古文選前 9_110_5
唐代•古文選前 26_302_6

唐代•古文選前 26_309_5
唐代•十輪經四 2_36_4
唐代•十輪經四 2_39_16
唐代•十輪經四 4_74_6
唐代•十輪經四 8_154_10
唐代•十輪經四 8_159_4
唐代•十輪經四 10_191_17

唐代•十輪經九 14_279_8
唐代•十輪經十 18_359_10

(continued)

唐代•文選五九
62_596_16

唐代•文選五九
74_716_5

唐代•文選五九
81_778_17

唐代•文選六八
9_89_9

唐代•文選六八
9_90_16

唐代•文選六八
9_92_30

唐代•文選六八
9_95_6

唐代•文選六八
9_100_4

極

漢キョク 呉ゴク
訓むね

初唐•大般若經
2_34_4

初唐•聖武雜集
1_9_6

晚唐•慶滋書狀
1_10_8

唐代•春秋經傳
17_178_6

唐代•文選四八
3_15_14

唐代•文選四八
12_103_2

唐代•文選五九
4_35_2

唐代•文選五九
6_52_14

楗

漢ケン
訓かんぬき

唐代•文選八八
7_46_5

棣

漢テイ
訓にわざくら

唐代•文選五九
64_618_3

棨

漢ケイ
訓はたぼこ

唐代•文選五九
62_603_3

唐代•文選五九
63_605_18

唐代•文選五九
63_605_29

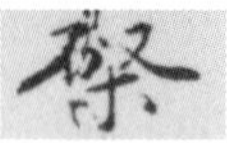
唐代•文選五九
63_606_16

唐代•文選五九
63_606_27

唐代•文選五九
63_607_27

唐代•文選五九
63_609_8

(continued)

唐代•文選百三
20_195_16

唐代•文選百三
20_196_31

唐代•文選百三
79_755_14

唐代•文選百三
79_756_12

唐代•文選百三
79_756_33

唐代•文選百三
79_757_6

棺

カン
訓ひつぎ

唐代•春秋經傳
35_363_2

唐代•春秋經傳
35_363_18

唐代•文選四八
18_164_1

唐代•文選四八
18_166_16

唐代•文選百三
1_9_2

唐代•文選百三
19_180_6

唐代•文選百三
19_183_34

唐代•文選百三
19_189_1

楚 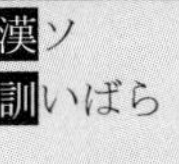 椹

唐代•春秋經傳 5_44_37

唐代•春秋經傳 5_44_41

唐代•春秋經傳 7_68_15

唐代•春秋經傳 7_70_9

唐代•春秋經傳 7_72_8

唐代•春秋經傳 13_129_7

唐代•春秋經傳 13_129_15

唐代•春秋經傳 13_137_10

楚

漢ソ
訓いばら

唐代•春秋經傳 1_7_25

唐代•春秋經傳 3_28_1

唐代•春秋經傳 3_28_8

唐代•春秋經傳 3_29_7

唐代•春秋經傳 3_30_13

唐代•春秋經傳 4_37_10

唐代•春秋經傳 4_41_15

唐代•春秋經傳 4_42_18

椹

漢チン呉チン
訓あてぎ

唐代•文選百三 54_518_10

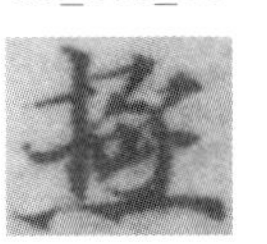

唐代•十輪經四 2_33_11

唐代•十輪經四 17_329_15

唐代•十輪經四 19_363_15

唐代•十輪經九 5_93_6

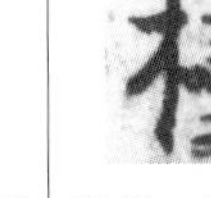
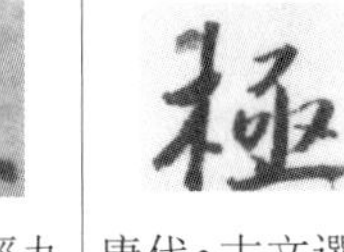

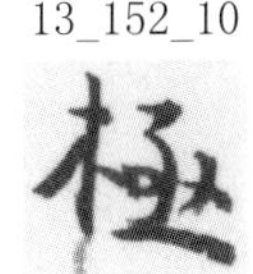

唐代•古文選後 2_22_14

唐代•古文選後 8_95_4

唐代•古文選後 10_117_11

唐代•古文選後 12_137_11

唐代•古文選後 13_152_10

唐代•古文選後 16_189_4

唐代•古文選後 18_213_4

唐代•古文選後 23_268_1

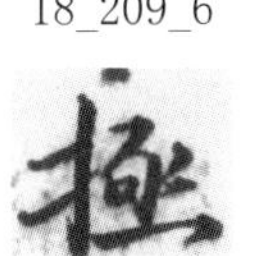

唐代•文選百三 37_364_16

唐代•古文選前 3_33_11

唐代•古文選前 4_42_6

唐代•古文選前 4_47_7

唐代•古文選前 18_209_6

唐代•古文選前 18_212_14

唐代•古文選前 18_214_17

唐代•古文選後 23_275_11

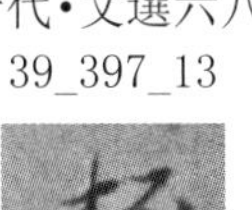
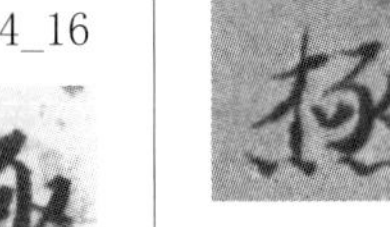
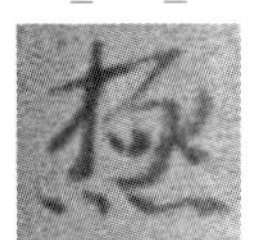

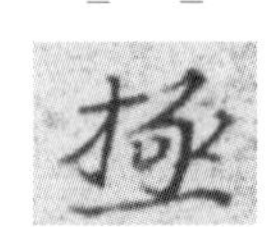

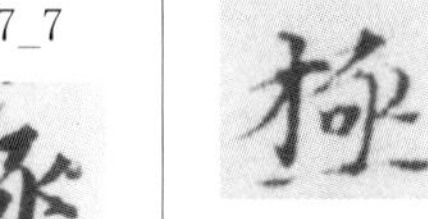

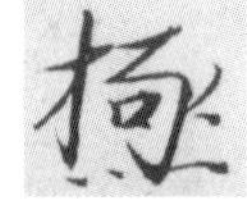

唐代•文選六八 39_397_13

唐代•文選六八 49_487_12

唐代•文選六八 51_514_10

唐代•文選百三 17_156_13

唐代•文選百三 19_179_15

唐代•文選百三 36_362_5

唐代•文選百三 37_364_8

唐代•文選百三 69_662_18

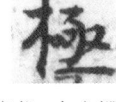

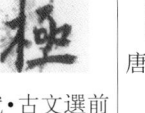

唐代•文選五九
37_371_20

唐代•文選五九
38_373_3

唐代•文選五九
38_377_4

唐代•文選五九
39_388_6

唐代•文選五九
39_389_18

唐代•文選五九
41_403_14

唐代•文選五九
43_426_6

唐代•文選五九
45_440_13

唐代•文選五九
25_250_4

唐代•文選五九
27_267_6

唐代•文選五九
27_270_7

唐代•文選五九
28_277_2

唐代•文選五九
33_327_11

唐代•文選五九
37_364_8

唐代•文選五九
37_365_12

唐代•文選五九
37_367_12

唐代•文選五九
7_62_9

唐代•文選五九
10_92_19

唐代•文選五九
10_95_8

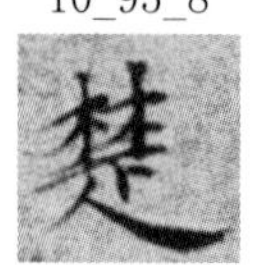
唐代•文選五九
11_111_21

唐代•文選五九
16_152_1

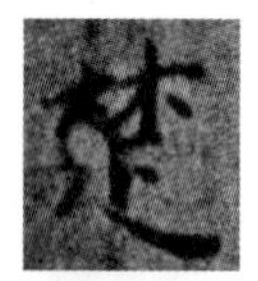
唐代•文選五九
17_160_1

唐代•文選五九
18_175_25

唐代•文選五九
23_219_11

唐代•文選四八
35_315_3

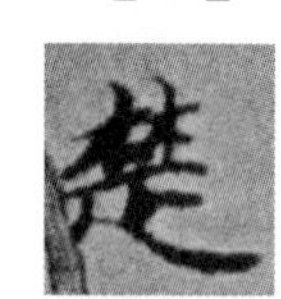
唐代•文選四八
45_406_15

唐代•文選四八
45_407_21

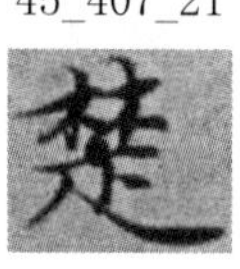
唐代•文選四八
47_426_19

唐代•文選四八
47_427_22

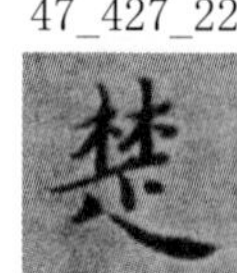
唐代•文選五九
2_16_4

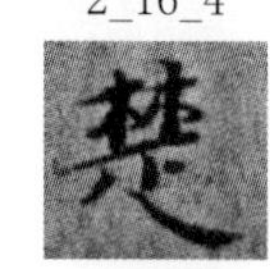
唐代•文選五九
3_20_4

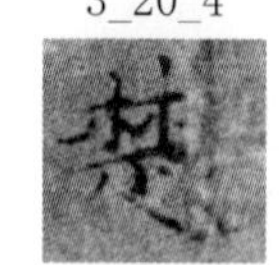
唐代•文選五九
3_25_11

唐代•文選四八
18_162_2

唐代•文選四八
18_162_10

唐代•文選四八
18_166_2

唐代•文選四八
20_181_1

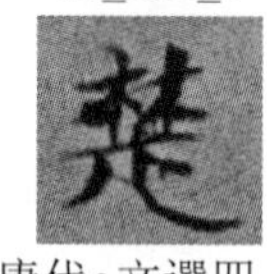
唐代•文選四八
21_193_9

唐代•文選四八
25_222_5

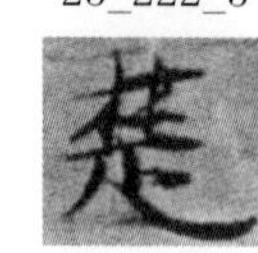
唐代•文選四八
28_251_11

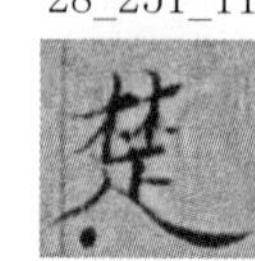
唐代•文選四八
32_285_17

唐代•春秋經傳
37_393_15

唐代•春秋經傳
38_403_22

唐代•春秋經傳
39_406_1

唐代•春秋經傳
39_407_4

唐代•春秋經傳
39_407_12

唐代•春秋經傳
39_408_12

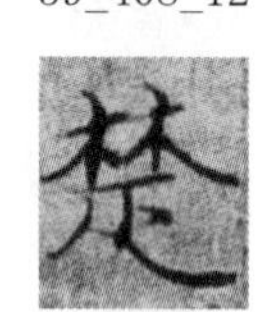
唐代•文選四八
16_141_6

唐代•文選四八
16_149_15

唐代•春秋經傳
36_375_6

唐代•春秋經傳
36_375_8

唐代•春秋經傳
36_376_1

唐代•春秋經傳
36_376_7

唐代•春秋經傳
36_377_3

唐代•春秋經傳
36_377_20

唐代•春秋經傳
37_387_23

唐代•春秋經傳
37_391_1

唐代•文選五九
50_495_1

唐代•文選五九
52_515_19

唐代•文選五九
53_528_15

唐代•文選五九
57_554_20

唐代•文選五九
61_586_13

唐代•文選五九
61_589_20

唐代•文選五九
66_642_14

唐代•文選五九
67_643_5

唐代•文選五九
70_672_2

唐代•文選五九
70_673_13

唐代•文選五九
73_700_10

唐代•文選五九
73_701_14

唐代•文選五九
73_701_18

唐代•文選五九
73_702_10

唐代•文選五九
73_703_18

唐代•文選五九
74_717_22

唐代•文選五九
75_723_16

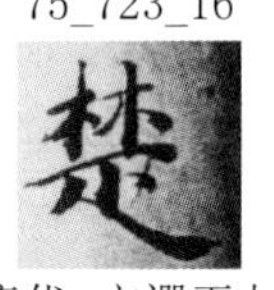
唐代•文選五九
78_754_3

唐代•文選五九
78_757_5

唐代•文選五九
78_757_18

唐代•文選五九
78_757_24

唐代•文選五九
79_758_20

唐代•文選五九
79_758_25

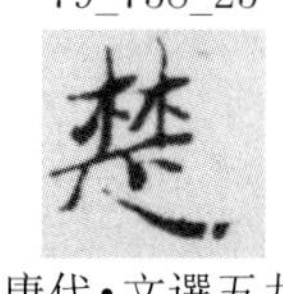
唐代•文選五九
80_770_25

唐代•文選五九
81_777_25

唐代•文選五九
83_798_2

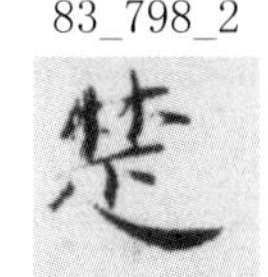
唐代•文選五九
83_800_25

唐代•文選五九
83_800_29

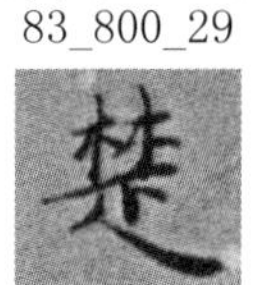
唐代•文選五九
84_803_19

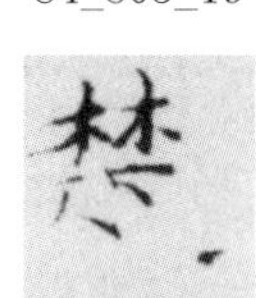
唐代•文選五九
85_815_16

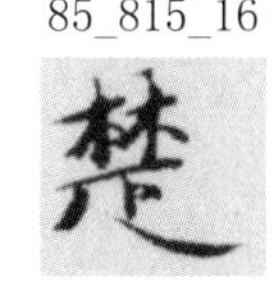
唐代•文選五九
86_822_13

唐代•文選五九
86_826_20

唐代•文選五九
88_838_11

唐代•文選五九
88_841_27

唐代•文選五九
89_852_13

唐代•文選五九
90_861_14

唐代•文選五九
92_881_3

唐代•文選五九
93_895_2

唐代•文選五九
97_917_10

唐代•文選五九
97_921_5

唐代•文選五九
97_925_4

唐代•文選五九
101_953_10

唐代•文選五九
101_953_16

唐代•文選五九
103_978_7

唐代•文選五九
105_990_26

唐代•文選五九
106_1001_7

唐代•文選五九
107_1015_12

唐代•文選五九
108_1025_7

唐代•文選五九
109_1031_8

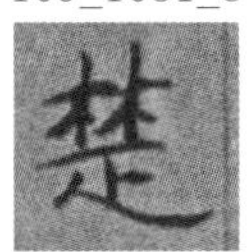
唐代•文選六八
10_108_5

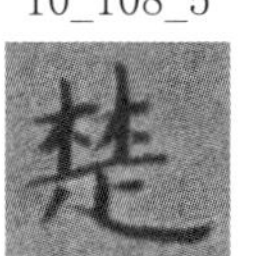
唐代•文選六八
10_108_21

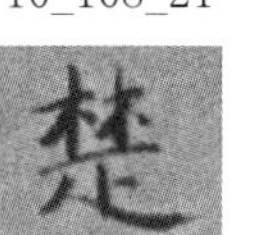
唐代•文選六八
14_147_13

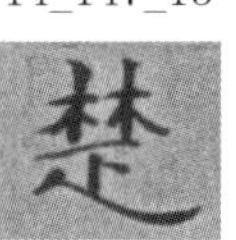
唐代•文選六八
23_233_16

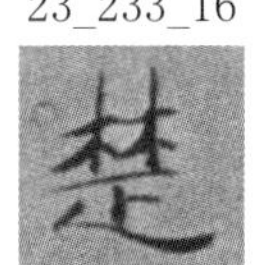
唐代•文選六八
23_233_24

唐代•文選六八
27_273_14

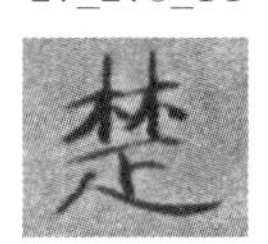
唐代•文選六八
27_273_18

唐代•古文選前
20_239_36

唐代•古文選前
21_252_12

唐代•十輪經四
7_137_11

唐代•十輪經四
10_197_17

唐代•十輪經四
11_208_2

唐代•十輪經四
15_288_5

唐代•十輪經四
16_308_8

唐代•十輪經四
20_383_6

唐代•文選百三
84_801_15

唐代•文選百三
87_829_9

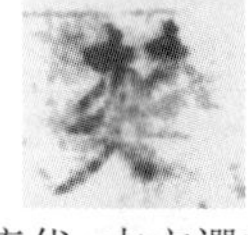
唐代•古文選前
2_18_1

唐代•古文選前
7_75_8

唐代•古文選前
7_82_6

唐代•古文選前
11_132_6

唐代•古文選前
11_136_1

唐代•古文選前
13_153_4

唐代•文選百三
37_366_14

唐代•文選百三
39_392_10

唐代•文選百三
46_443_19

唐代•文選百三
47_450_8

唐代•文選百三
49_479_13

唐代•文選百三
50_480_27

唐代•文選百三
51_489_16

唐代•文選百三
83_796_16

唐代•文選百三
5_47_20

唐代•文選百三
15_138_30

唐代•文選百三
27_271_27

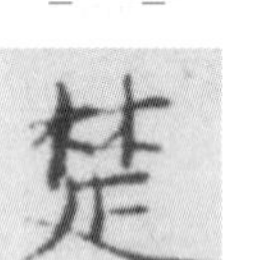
唐代•文選百三
28_272_4

唐代•文選百三
35_348_9

唐代•文選百三
35_349_11

唐代•文選百三
35_349_24

唐代•文選百三
35_353_25

唐代•文選六八
53_530_6

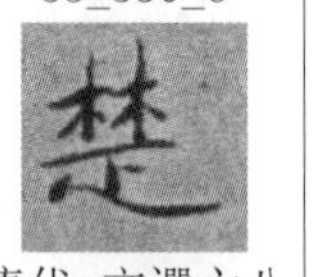
唐代•文選六八
55_548_6

唐代•文選六八
55_555_13

唐代•文選六八
56_560_10

唐代•文選六八
61_612_18

唐代•文選六八
67_664_10

唐代•文選六八
73_729_9

唐代•文選八八
5_23_6

唐代•文選六八
44_442_2

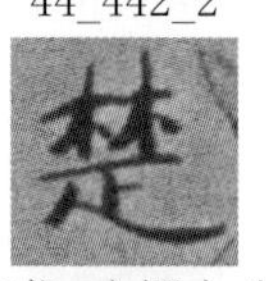
唐代•文選六八
44_442_16

唐代•文選六八
44_442_27

唐代•文選六八
47_468_5

唐代•文選六八
47_473_2

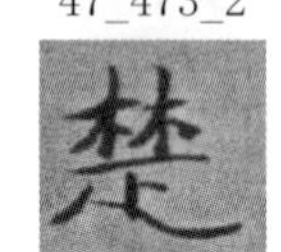
唐代•文選六八
47_473_13

唐代•文選六八
49_493_5

唐代•文選六八
51_511_21

唐代•文選六八
29_295_9

唐代•文選六八
30_302_16

唐代•文選六八
30_302_22

唐代•文選六八
30_303_16

唐代•文選六八
30_303_27

唐代•文選六八
34_342_18

唐代•文選六八
43_432_12

唐代•文選六八
43_437_4

業

呉ゴウ 漢ギョウ
訓わざ

初唐・聖武雜集
1_2_7

初唐・聖武雜集
1_8_3

唐代・春秋經傳
37_387_12

唐代・文選四八
44_392_24

唐代・文選五九
7_69_27

唐代・文選五九
58_559_25

唐代・文選五九
58_560_7

唐代・文選五九
59_563_21

唐代・文選五九
78_756_30

唐代・文選五九
81_781_50

唐代・文選五九
84_808_15

唐代・文選五九
92_884_5

唐代・文選五九
92_887_14

唐代・文選五九
94_900_6

唐代・文選五九
94_902_5

唐代・文選八八
6_39_10

唐代・文選八八
6_41_7

唐代・文選八八
7_43_4

唐代・文選八八
13_111_7

唐代・文選八八
13_112_15

唐代・文選八八
13_113_35

唐代・文選八八
21_190_11

唐代・文選八八
22_195_6

唐代・文選百三
5_42_6

唐代・文選百三
5_43_38

唐代・文選百三
17_163_15

唐代・文選百三
19_185_19

唐代・文選百三
73_699_28

唐代・文選百三
73_700_10

唐代・古文選前
23_273_18

唐代・古文選前
25_294_4

唐代・古文選後
9_98_3

唐代・古文選後
17_204_11

唐代・十輪經四
1_21_8

唐代・十輪經四
4_71_14

唐代・十輪經四
16_302_17

唐代・十輪經四
16_305_7

唐代・十輪經四
17_333_7

唐代・十輪經四
21_404_11

唐代・十輪經四
21_409_10

唐代・十輪經四
21_411_11

唐代・十輪經四
21_417_7

唐代・十輪經四
22_422_3

唐代・十輪經四
22_426_12

唐代・十輪經四
22_429_5

唐代・十輪經八
1_1_11

唐代・十輪經八
2_31_11

唐代・十輪經八
2_33_6

唐代・十輪經八
3_49_16

唐代·十輪經八 5_84_5
唐代·十輪經八 5_90_14
唐代·十輪經八 5_95_17
唐代·十輪經八 5_96_12
唐代·十輪經八 5_97_11
唐代·十輪經八 6_104_4
唐代·十輪經八 8_142_5

唐代·十輪經八 9_180_10
唐代·十輪經八 11_217_6
唐代·十輪經八 13_254_6
唐代·十輪經八 15_292_6
唐代·十輪經八 17_330_6
唐代·十輪經八 19_368_6
唐代·十輪經八 21_405_15

唐代·十輪經九 1_1_11
唐代·十輪經九 1_5_15
唐代·十輪經九 3_43_16
唐代·十輪經九 5_82_17
唐代·十輪經九 5_83_12
唐代·十輪經九 5_85_8
唐代·十輪經九 5_89_2

唐代·十輪經九 5_90_6
唐代·十輪經九 5_91_5
唐代·十輪經九 5_96_11
唐代·十輪經九 6_99_11
唐代·十輪經九 6_101_13
唐代·十輪經九 6_104_14
唐代·十輪經九 6_106_3

唐代·十輪經九 6_109_7
唐代·十輪經九 6_112_8
唐代·十輪經九 6_114_3
唐代·十輪經九 6_117_8
唐代·十輪經九 6_117_16
唐代·十輪經九 6_119_9
唐代·十輪經九 7_126_18

唐代·十輪經九 7_134_25
唐代·十輪經九 8_144_5
唐代·十輪經九 13_248_11
唐代·十輪經九 14_277_13
唐代·十輪經九 15_286_2
唐代·十輪經九 16_319_8
唐代·十輪經九 17_335_8

唐代·十輪經九 17_336_1
唐代·十輪經九 17_336_7
唐代·十輪經九 17_336_13
唐代·十輪經九 17_338_8
唐代·十輪經九 18_343_10
唐代·十輪經九 18_348_3
唐代·十輪經九 18_353_14

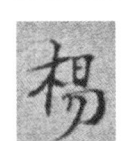

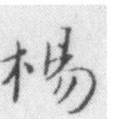

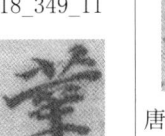

唐代•十輪經九 18_354_8

唐代•十輪經十 4_68_4

唐代•十輪經十 4_70_12

唐代•十輪經十 12_238_1

唐代•十輪經十 12_238_13

唐代•十輪經十 13_246_13

唐代•十輪經十 13_247_8

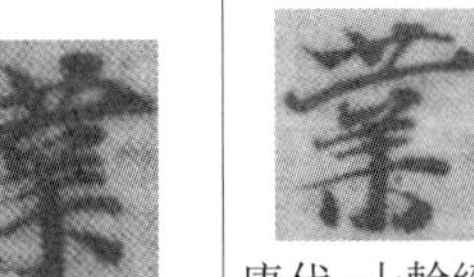
唐代•十輪經十 13_256_3

唐代•十輪經十 13_256_15

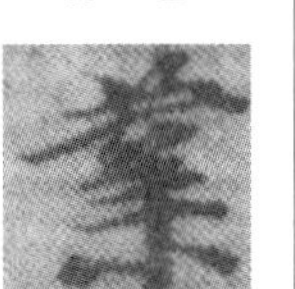
唐代•十輪經十 14_264_15

唐代•十輪經十 14_265_10

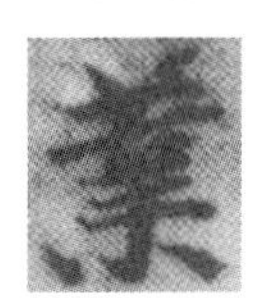
唐代•十輪經十 16_310_14

唐代•十輪經十 16_311_9

唐代•十輪經十 18_347_17

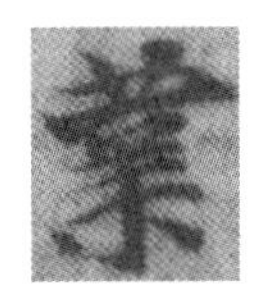
唐代•十輪經十 18_349_11

唐代•十輪經十 18_351_5

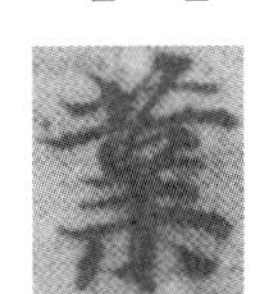
唐代•十輪經十 18_354_6

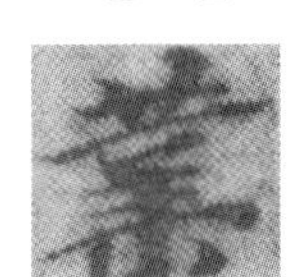
唐代•十輪經十 18_355_1

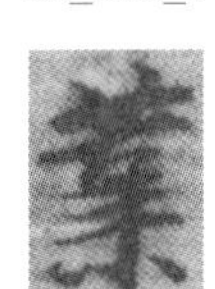
唐代•十輪經十 18_359_1

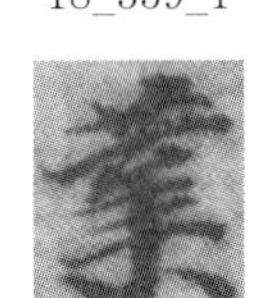
唐代•十輪經十 19_367_13

楨 𣗳

漢テイ
訓ねずみもち

唐代•春秋經傳 36_379_20

唐代•文選四八 35_314_16

楊 楊

ヨウ
訓やなぎ

唐代•春秋經傳 4_32_1

唐代•春秋經傳 4_32_7

唐代•春秋經傳 4_36_1

唐代•春秋經傳 21_216_20

唐代•春秋經傳 21_217_12

唐代•春秋經傳 21_218_15

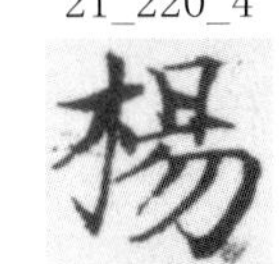
唐代•春秋經傳 21_220_4

唐代•春秋經傳 21_220_16

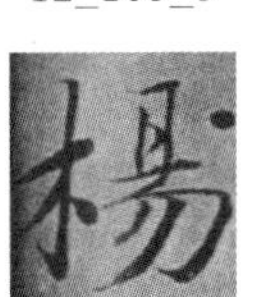
唐代•春秋經傳 23_235_23

唐代•文選四八 12_109_9

唐代•文選四八 20_183_8

唐代•文選四八 23_210_18

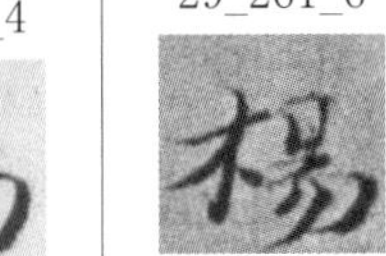
唐代•文選四八 24_214_24

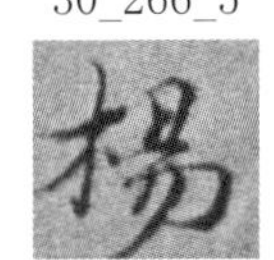
唐代•文選四八 29_261_6

唐代•文選四八 30_266_5

唐代•文選四八 32_285_4

唐代•文選五九 15_147_5

唐代•文選五九 15_150_23

唐代•文選五九 35_346_17

唐代•文選五九 35_346_20

唐代•文選五九 46_455_20

唐代•文選五九 72_686_11

唐代•文選五九 74_705_4

唐代•文選五九 74_705_21

榆	楯	槐	楞
ユ 訓にれ	呉ジュウ 訓たて	漢カイ 訓えんじゅ	ロウ、リョウ 訓かど

榆

唐代•文選四八 6_42_14

唐代•文選五九 68_659_9

唐代•文選五九 78_754_20

唐代•文選五九 97_924_2

唐代•文選五九 97_925_12

唐代•文選五九 97_926_4

唐代•文選五九 97_926_28

唐代•文選八八 3_20_14

楯

唐代•文選六八 40_401_6

唐代•文選六八 40_401_12

唐代•文選六八 40_401_28

唐代•文選六八 40_402_24

槐

唐代•春秋經傳 9_90_11

唐代•春秋經傳 9_90_14

唐代•文選五九 21_211_2

唐代•文選五九 21_211_10

楞

唐代•十輪經十 17_338_7

楊

唐代•文選百三 13_126_10

唐代•文選百三 19_185_15

唐代•文選百三 24_231_10

唐代•文選百三 25_239_1

唐代•文選百三 25_248_30

唐代•文選百三 81_777_10

唐代•古文選後 4_44_27

唐代•古文選後 11_119_47

唐代•文選六八 45_454_10

唐代•文選六八 49_489_15

唐代•文選六八 51_507_14

唐代•文選六八 55_555_2

唐代•文選六八 55_556_14

唐代•文選六八 55_558_14

唐代•文選六八 57_575_18

唐代•文選六八 70_700_24

唐代•文選五九 97_915_2

唐代•文選五九 109_1034_26

唐代•文選六八 3_29_4

唐代•文選六八 8_81_18

揚輝 唐代•文選六八 25_253_7

唐代•文選六八 37_378_4

唐代•文選六八 38_379_11

唐代•文選六八 44_440_12

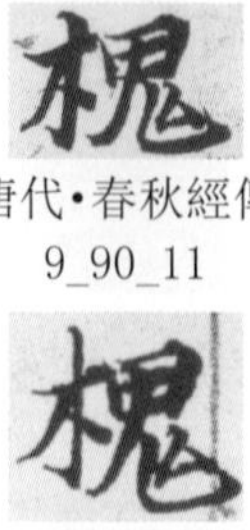

榛	椽	楣	楹	概	楥	
漢シン呉シン 訓はしばみ	漢テン 訓たるき	漢ビ呉ミ 訓のき	漢エイ呉ヨウ 訓はしら	慣ガイ漢カイ呉カイ 訓とかき	エン 訓まがき	
 唐代・文選六八 31_311_1	 唐代・文選六八 40_402_4	 唐代・文選百三 31_311_20	 唐代・文選五九 16_156_5	 唐代・文選百三 71_692_8	 唐代・文選五九 29_284_4	 唐代・文選八八 5_22_5
 唐代・文選六八 31_313_6	 唐代・文選百三 31_312_15		 唐代・文選五九 16_158_1	 唐代・文選百三 72_698_30	 唐代・文選五九 29_284_11	
 唐代・文選六八 31_315_9	 唐代・文選百三 31_314_1		 唐代・文選五九 16_158_15	 唐代・文選百三 73_700_17	 唐代・文選五九 36_354_20	
 唐代・古文選後 7_78_10	 唐代・古文選後 16_183_69		 唐代・文選五九 23_226_7	 唐代・文選百三 73_700_19		
			 唐代・文選五九 23_228_20	 唐代・文選百三 73_700_24		

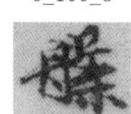

			槃	榻	榦	構
			漢ハン呉バン 訓たらい	漢トウ呉トウ 訓こしかけ	カン 訓みき	漢コウ 訓かまえる
 唐代・十輪經九 10_182_10 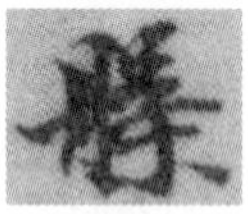 唐代・十輪經十 6_108_16  唐代・十輪經十 8_141_1  唐代・十輪經十 8_146_10	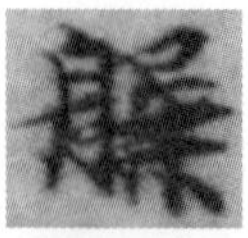 唐代・十輪經九 5_88_6  唐代・十輪經九 5_97_2 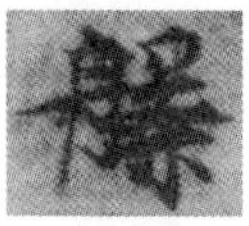 唐代・十輪經九 6_100_8  唐代・十輪經九 6_102_4 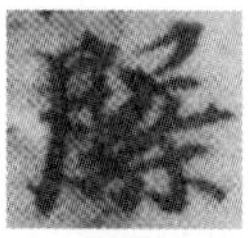 唐代・十輪經九 6_104_3 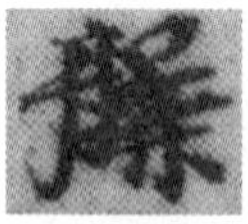 唐代・十輪經九 6_108_6  唐代・十輪經九 9_171_15 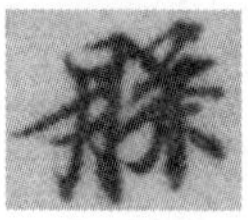 唐代・十輪經九 9_175_4	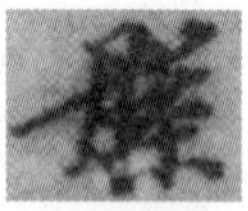 唐代・十輪經八 12_235_8 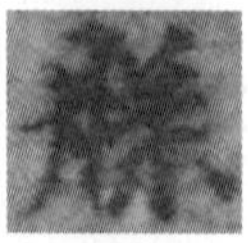 唐代・十輪經八 14_272_9 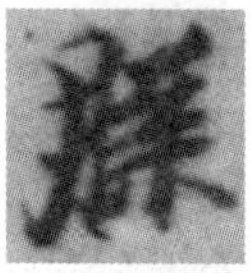 唐代・十輪經八 16_310_7  唐代・十輪經八 18_348_16  唐代・十輪經八 20_386_12  唐代・十輪經八 22_426_3  唐代・十輪經九 2_24_12  唐代・十輪經九 4_63_17	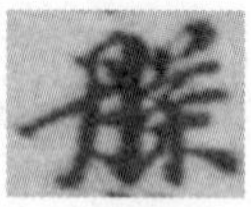 唐代・十輪經四 14_263_11  唐代・十輪經八 5_84_15 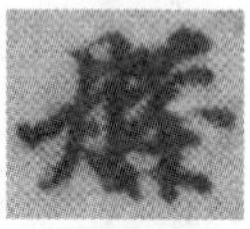 唐代・十輪經八 5_87_4  唐代・十輪經八 5_88_2  唐代・十輪經八 5_93_3 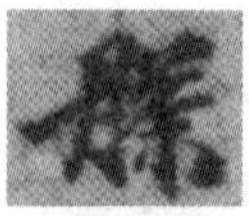 唐代・十輪經八 7_121_8 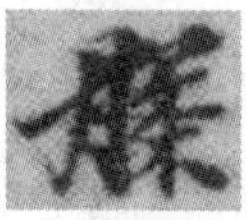 唐代・十輪經八 8_160_3 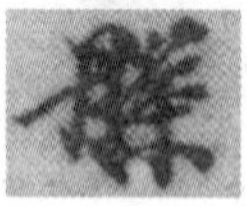 唐代・十輪經八 10_197_16	 唐代・文選五九 104_984_3  唐代・文選五九 104_986_22  唐代・文選五九 105_987_13  唐代・文選五九 105_987_26	 唐代・春秋經傳 36_379_18	 唐代・文選四八 47_421_8  唐代・文選四八 47_424_7 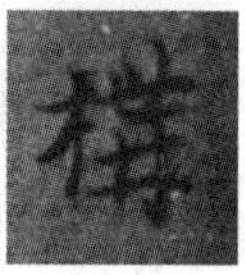 唐代・文選五九 5_49_6  唐代・文選六八 57_566_27  唐代・文選百三 60_573_9

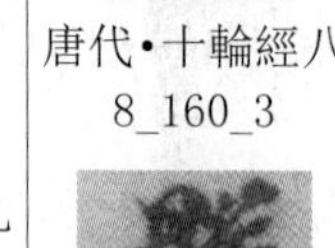

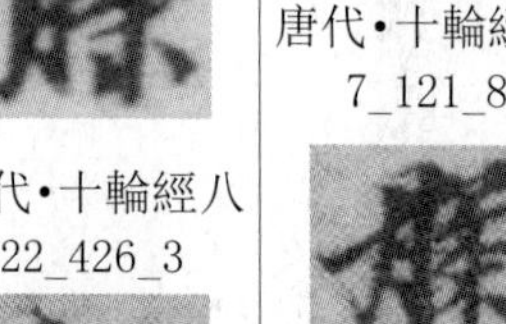

榮

慣エイ漢エイ呉ヨウ
訓さかえる

唐代・文選五九
47_463_22

唐代・文選五九
71_676_12

唐代・文選五九
72_689_23

唐代・文選五九
72_690_3

唐代・文選六八
11_113_4

唐代・文選六八
43_428_8

唐代・文選六八
57_570_5

中唐・七祖像賛
1_2_4

中唐・七祖像賛
1_4_3

中唐・七祖像賛
1_6_3

唐代・文選四八
23_210_8

唐代・文選四八
25_225_18

唐代・文選四八
34_310_13

唐代・文選五九
10_98_5

唐代・文選五九
29_287_5

榜

漢ホウ呉ビョウ
訓ゆだめ

唐代・古文選後
25_296_9

槨

カク
訓ひつぎ

唐代・文選五九
112_1061_24

唐代・文選百三
19_183_35

榴

漢リュウ
訓ざくろ

唐代・古文選後
24_288_1

榱

スイ
訓たるき

唐代・文選五九
84_807_14

唐代・文選六八
40_400_3

唐代・文選六八
40_402_3

唐代・文選六八
40_402_28

唐代・文選百三
31_311_25

唐代・古文選後
8_92_2

槄

トウ
訓—

夏槄
唐代・文選百三
35_349_22

槿

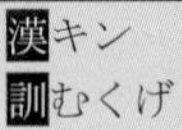

漢キン
訓むくげ

唐代•文選五九
30_298_3

唐代•文選五九
31_299_28

唐代•文選五九
31_300_32

唐代•古文選前
6_69_2

唐代•古文選前
20_232_8

唐代•十輪經十
19_372_11

唐代•文選八八
16_136_3

唐代•文選八八
17_141_22

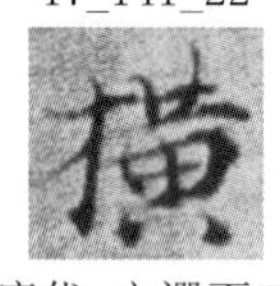
唐代•文選百三
5_40_13

唐代•文選百三
5_40_19

唐代•文選百三
47_449_16

唐代•文選百三
83_785_3

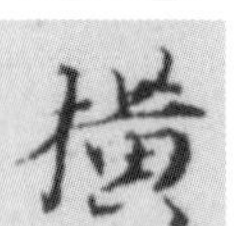
唐代•文選百三
85_805_19

唐代•古文選前
3_31_1

横 橫

漢コウ呉オウ
訓よこ

唐代•文選五九
25_244_32

唐代•文選五九
43_419_6

唐代•文選六八
25_254_10

唐代•文選六八
38_379_9

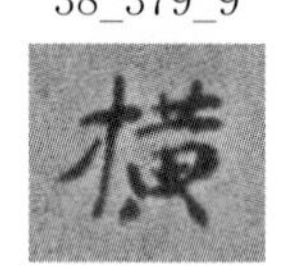
唐代•文選六八
38_384_9

唐代•文選六八
39_394_12

唐代•文選八八
16_138_3

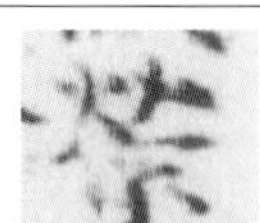
唐代•古文選後
12_133_18

唐代•古文選後
18_214_7

唐代•古文選後
25_290_10

唐代•十輪經八
4_76_16

唐代•十輪經八
5_83_15

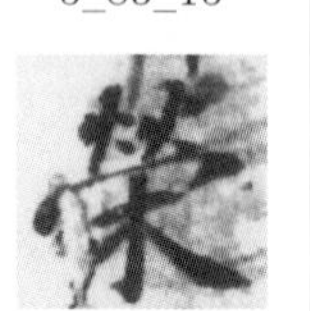
唐代•古文選前
11_128_3

唐代・古文選

唐代•文選百三
24_234_7

唐代•文選百三
38_381_15

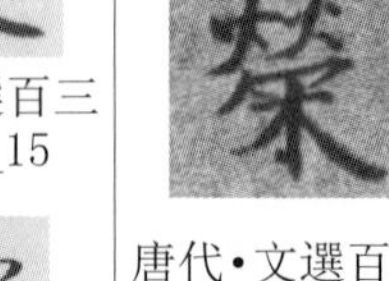

唐代•文選百三
39_384_8

唐代•文選百三
39_385_16

唐代•文選百三
39_385_24

唐代•古文選前
8_89_10
後2_18_8

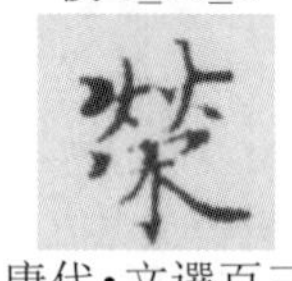
唐代•文選百三
19_179_34

唐代•文選百三
23_227_11

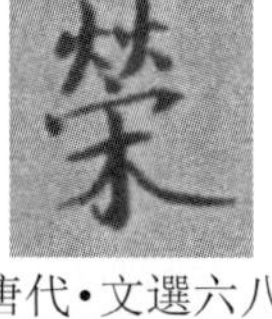
唐代•文選六八
43_429_24

唐代•文選百三
1_3_13

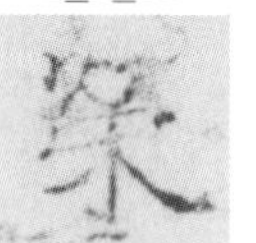
唐代•文選百三
2_13_1

唐代•文選百三
3_16_14

唐代•文選百三
3_20_10

唐代•文選百三
19_176_6

唐代•文選百三
19_178_12

		樓	樗	槭	標	樞
		漢ロウ 訓たかどの	漢チョ 訓ごんずい	ショク 訓かえで	ヒョウ、ヘウ 訓しるし	慣スウ漢シュ 訓とぼそ
 唐代•文選五九 52_511_13	 唐代•文選五九 25_249_2	 初唐•金剛場經 1_4_14	 唐代•文選六八 29_287_1	 唐代•文選五九 3_27_4	 唐代•文選五九 88_841_10	 唐代•文選四八 17_155_5
 唐代•文選五九 68_653_3	 唐代•文選五九 26_252_20	 唐代•文選五九 17_162_29	 唐代•文選百三 39_394_1	 唐代•文選五九 3_28_17		
 唐代•文選五九 90_859_13	 唐代•文選五九 26_254_16	 唐代•文選五九 25_243_2		 唐代•文選五九 3_28_30		
 唐代•文選五九 90_861_23	 唐代•文選五九 29_280_30	 唐代•文選五九 25_244_24		 唐代•文選五九 3_29_25		
 唐代•文選五九 90_862_26	 唐代•文選五九 31_309_25	 唐代•文選五九 25_244_27		 唐代•文選五九 3_30_7		
 唐代•文選五九 108_1020_1	 唐代•文選五九 42_417_27	 唐代•文選五九 25_245_8				
 唐代•文選五九 108_1021_9	 唐代•文選五九 43_419_32	 唐代•文選五九 25_245_12				
 唐代•文選五九 108_1023_3	 唐代•文選五九 50_493_5	 唐代•文選五九 25_246_2				

唐代・文選六八
40_399_16

唐代・文選六八
57_566_13

唐代・文選六八
57_566_20

樂

ラク、ガク
訓たのしい

初唐・聖武雜集
1_9_7

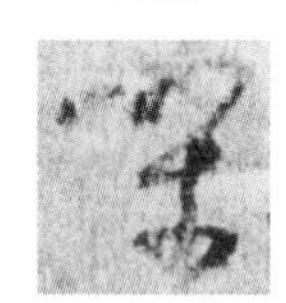
晚唐・慶滋書狀
1_10_9

唐代・春秋經傳
5_45_4

唐代・春秋經傳
5_46_7

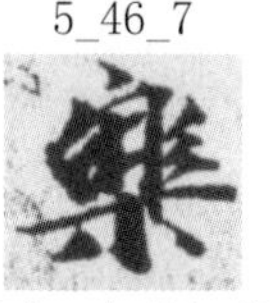
唐代・春秋經傳
5_46_9

唐代・春秋經傳
28_287_35

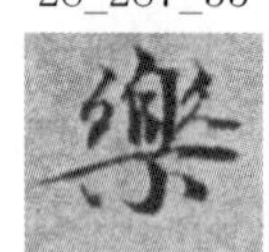
唐代・文選四八
31_279_13

唐代・文選四八
31_280_17

唐代・文選四八
31_281_28

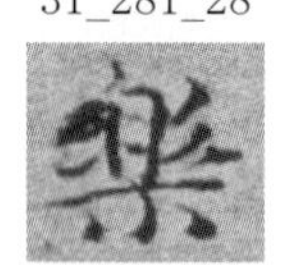
唐代・文選四八
34_304_16

唐代・文選四八
46_411_26

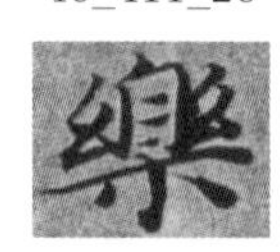
唐代・文選五九
15_141_5

唐代・文選五九
15_143_6

唐代・文選五九
15_144_17

唐代・文選五九
15_144_27

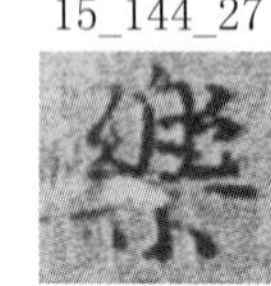
唐代・文選五九
15_145_18

唐代・文選五九
19_183_18

唐代・文選五九
19_184_15

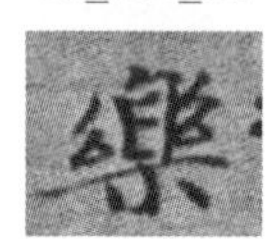
唐代・文選五九
19_185_2

唐代・文選五九
19_186_19

唐代・文選五九
30_293_3

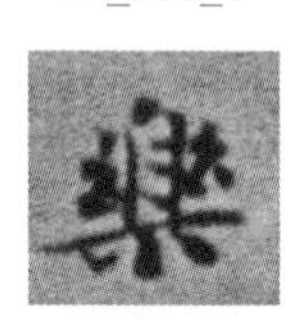
唐代・文選五九
33_319_13

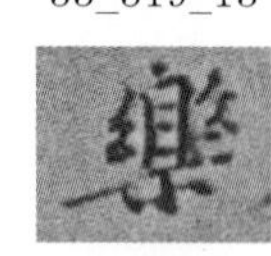
唐代・文選五九
33_324_16

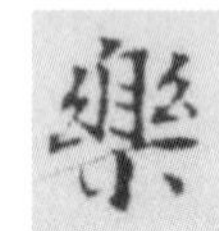
唐代・文選五九
34_333_23

唐代・文選五九
34_338_9

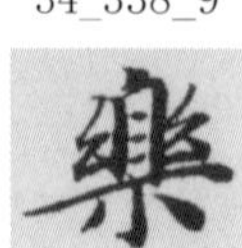
唐代・文選五九
35_346_2

唐代・文選五九
35_347_23

唐代・文選五九
35_350_19

唐代・文選五九
37_372_16

唐代・文選五九
47_468_6

唐代・文選五九
47_469_10

唐代・文選五九
47_469_28

唐代・文選五九
48_473_29

唐代・文選五九
53_523_27

唐代・文選五九
82_787_8

唐代・文選五九
84_803_29

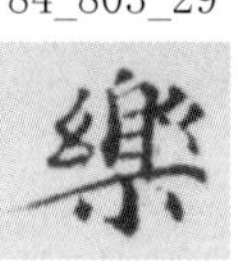
唐代・文選五九
85_817_21

唐代・文選五九
86_829_4

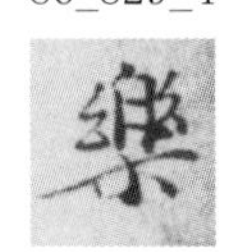
唐代・文選五九
86_829_21

唐代・文選五九
99_941_12

唐代・文選五九
100_947_15

唐代・文選五九
101_958_13

唐代・文選六八
4_39_19

唐代・文選六八
4_42_18

唐代・文選六八
28_285_24

唐代・文選六八
39_387_13

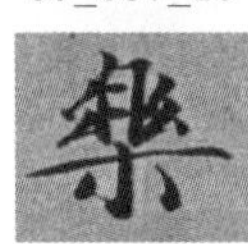
唐代・文選六八
39_390_8

唐代・文選六八
39_391_19

唐代·古文選後 19_217_8	唐代·古文選後 8_93_13	唐代·文選百三 11_103_23	唐代·文選八八 23_199_30	唐代·文選六八 68_677_22	唐代·文選六八 55_553_23	唐代·文選六八 43_437_15
唐代·古文選後 20_235_4	唐代·古文選後 9_100_7	唐代·文選白三 19_181_24	唐代·文選八八 23_199_53	唐代·文選六八 68_677_26	唐代·文選六八 58_581_9	唐代·文選六八 47_468_24
唐代·古文選後 21_244_4	唐代·古文選後 10_115_12	唐代·文選百三 28_276_18	唐代·文選八八 23_201_8	唐代·文選六八 68_678_2	唐代·文選六八 59_585_5	唐代·文選六八 48_484_3
唐代·古文選後 21_250_4	唐代·古文選後 16_183_2	唐代·古文選前 1_2_12	唐代·文選八八 23_203_4	唐代·文選六八 69_690_26	唐代·文選六八 59_585_10	唐代·文選六八 49_488_18
唐代·古文選後 21_251_4	唐代·古文選後 16_183_22	唐代·古文選前 2_24_13	唐代·文選八八 24_211_8	唐代·文選八八 11_88_3	唐代·文選六八 67_674_2	唐代·文選六八 49_489_13
唐代·古文選後 26_307_4	唐代·古文選後 16_183_80	唐代·古文選前 4_45_9	唐代·文選百三 11_101_1	唐代·文選八八 21_188_5	唐代·文選六八 67_675_2	唐代·文選六八 49_491_12
唐代·十輪經四 1_18_2	唐代·古文選後 17_196_5	唐代·古文選前 15_178_18	唐代·文選百三 11_102_15	唐代·文選八八 22_198_11	唐代·文選六八 67_676_6	唐代·文選六八 55_548_21
唐代·十輪經四 1_21_5	唐代·古文選後 17_198_9	唐代·古文選後 3_33_3	唐代·文選百三 11_102_21	唐代·文選八八 23_199_19	唐代·文選六八 67_676_14	唐代·文選六八 55_549_18

唐代·十輪經四 2_29_7
唐代·十輪經四 2_31_3
唐代·十輪經四 2_34_16
唐代·十輪經四 2_40_7
唐代·十輪經四 4_63_16
唐代·十輪經四 5_82_11
唐代·十輪經四 5_82_15
唐代·十輪經四 5_86_17
唐代·十輪經四 7_123_13
唐代·十輪經四 9_174_21
唐代·十輪經四 12_229_25
唐代·十輪經四 13_243_5
唐代·十輪經四 13_243_25
唐代·十輪經四 14_263_12
唐代·十輪經四 18_348_2
唐代·十輪經四 19_378_15
唐代·十輪經八 2_39_17
唐代·十輪經八 5_87_13
唐代·十輪經八 5_94_11
唐代·十輪經八 6_108_2
唐代·十輪經八 6_113_13
唐代·十輪經八 6_119_10
唐代·十輪經八 7_121_17
唐代·十輪經八 8_146_2
唐代·十輪經八 8_151_12
唐代·十輪經八 8_160_12
唐代·十輪經八 10_184_8
唐代·十輪經八 10_190_3
唐代·十輪經八 10_198_8
唐代·十輪經八 12_221_3
唐代·十輪經八 12_227_1
唐代·十輪經八 12_235_17
唐代·十輪經八 13_258_3
唐代·十輪經八 14_263_17
唐代·十輪經八 14_273_1
唐代·十輪經八 15_296_3
唐代·十輪經八 15_302_1
唐代·十輪經八 16_310_16
唐代·十輪經八 17_334_3
唐代·十輪經八 17_339_17
唐代·十輪經八 18_345_15
唐代·十輪經八 18_349_8
唐代·十輪經八 19_372_3
唐代·十輪經八 19_377_17
唐代·十輪經八 20_387_4
唐代·十輪經八 21_409_12
唐代·十輪經八 21_415_14
唐代·十輪經八 22_423_3
唐代·十輪經八 22_426_12
唐代·十輪經九 1_15_10
唐代·十輪經九 2_21_12
唐代·十輪經九 2_25_4
唐代·十輪經九 3_47_12
唐代·十輪經九 3_53_15
唐代·十輪經九 4_60_13
唐代·十輪經九 4_64_9

唐代•十輪經十 9_177_6
唐代•十輪經十 10_182_9
唐代•十輪經十 11_212_6
唐代•十輪經十 11_212_12
唐代•十輪經十 11_217_5
唐代•十輪經十 11_217_11
唐代•十輪經十 15_283_2
唐代•十輪經十 15_283_17

唐代•十輪經十 7_128_16
唐代•十輪經十 7_139_11
唐代•十輪經十 8_144_15
唐代•十輪經十 8_159_25
唐代•十輪經十 9_169_10
唐代•十輪經十 9_170_9
唐代•十輪經十 9_171_9
唐代•十輪經十 9_172_8

唐代•十輪經十 5_91_14
唐代•十輪經十 5_92_13
唐代•十輪經十 5_94_7
唐代•十輪經十 6_105_3
唐代•十輪經十 6_109_4
唐代•十輪經十 6_109_12
唐代•十輪經十 6_114_4
唐代•十輪經十 6_115_11

唐代•十輪經九 21_406_1
唐代•十輪經九 22_420_23
唐代•十輪經九 22_421_3
唐代•十輪經十 3_59_17
唐代•十輪經十 5_85_14
唐代•十輪經十 5_89_4
唐代•十輪經十 5_89_16
唐代•十輪經十 5_90_15

唐代•十輪經九 11_200_15
唐代•十輪經九 12_234_18
唐代•十輪經九 15_285_2
唐代•十輪經九 17_323_6
唐代•十輪經九 17_328_15
唐代•十輪經九 20_383_8
唐代•十輪經九 20_384_9
唐代•十輪經九 21_404_16

唐代•十輪經九 8_158_7
唐代•十輪經九 9_171_7
唐代•十輪經九 9_174_14
唐代•十輪經九 9_179_13
唐代•十輪經九 10_182_2
唐代•十輪經九 10_196_12
唐代•十輪經九 10_196_23
唐代•十輪經九 10_197_2

唐代•十輪經九 5_84_12
唐代•十輪經九 7_123_9
唐代•十輪經九 7_124_22
唐代•十輪經九 7_125_9
唐代•十輪經九 7_130_15
唐代•十輪經九 8_140_21
唐代•十輪經九 8_142_14
唐代•十輪經九 8_155_8

		樹	樛	樊		
		呉ジュ 訓うえる	漢キュウ呉ク 訓まがる	漢ハン 訓かこむ		
 唐代•文選六八 66_658_19  唐代•文選百三 19_180_12  唐代•文選百三 57_544_23  唐代•文選百三 57_546_8  唐代•文選百三 57_547_25  唐代•文選百三 57_548_14  唐代•古文選後 12_140_1  唐代•古文選後 18_205_12	 唐代•文選五九 38_378_18  唐代•文選五九 55_538_14  唐代•文選五九 66_637_18  唐代•文選五九 66_639_14  唐代•文選五九 89_852_4  唐代•文選五九 89_855_9  唐代•文選六八 16_164_18  唐代•文選六八 43_431_24	 唐代•春秋經傳 9_91_1  唐代•文選四八 4_31_17  唐代•文選五九 13_119_8  唐代•文選五九 29_282_3  唐代•文選五九 29_283_1  唐代•文選五九 29_283_11  唐代•文選五九 29_283_28  唐代•文選五九 31_299_2	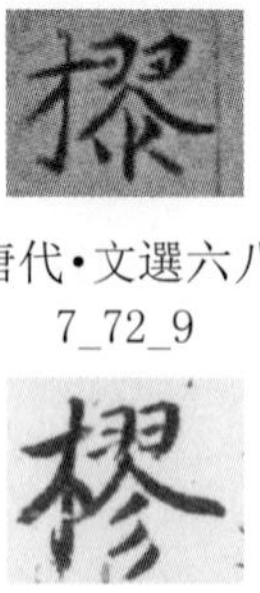 唐代•文選六八 7_72_9 唐代•古文選後 3_33_9	 唐代•文選五九 81_782_6  唐代•文選五九 82_784_21 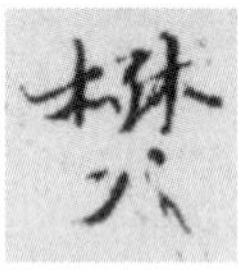 唐代•文選五九 82_785_26  唐代•文選五九 82_786_29  秦焚之 唐代•文選八八 22_194_19 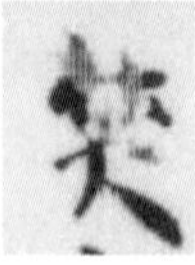 唐代•古文選後 26_311_19	 唐代•十輪經十 20_381_11	 唐代•十輪經十 15_284_9  唐代•十輪經十 15_284_14 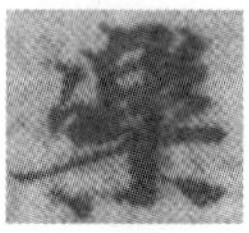 唐代•十輪經十 18_356_9 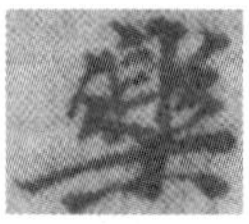 唐代•十輪經十 18_356_13 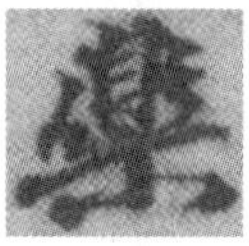 唐代•十輪經十 18_356_17 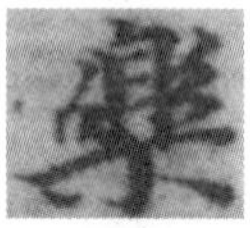 唐代•十輪經十 19_364_14 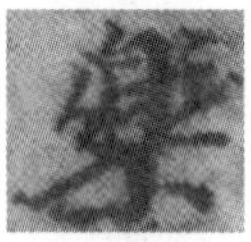 唐代•十輪經十 19_374_15 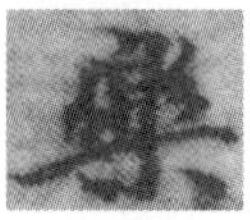 唐代•十輪經十 19_377_11

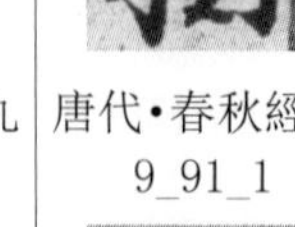

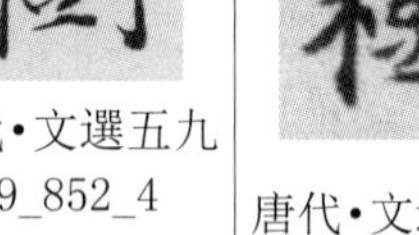

唐代·文選百三
31_302_11

唐代·文選百三
31_301_4

樵

漢ショウ呉ソウ
訓たきぎ

唐代·文選五九
29_286_1

唐代·文選五九
29_287_21

唐代·文選五九
29_288_12

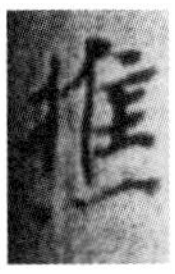

唐代·文選五九
29_288_19

唐代·文選五九
29_290_15

唐代·文選百三
30_299_11

唐代·文選百三
31_300_16

橋

漢キョウ
訓はし

唐代·文選八八
19_170_5

唐代·文選八八
19_170_25

唐代·文選百三
47_450_17

橐

タク
訓ふくろ

唐代·春秋經傳
10_101_2

橽

漢タツ呉タチ
訓みずこし

唐代·十輪經四
15_288_6

唐代·十輪經八
22_422_13

唐代·古文選後
24_287_3

唐代·十輪經四
19_361_7

唐代·十輪經四
19_361_9

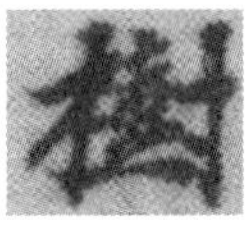

唐代·十輪經四
19_361_11

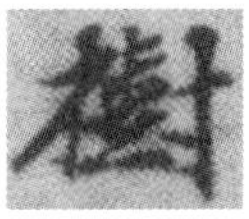

唐代·十輪經四
19_361_13

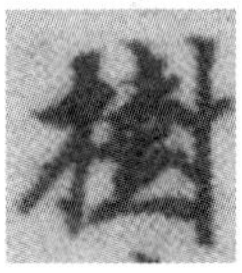

唐代·十輪經四
19_361_16

唐代·十輪經八
8_157_6

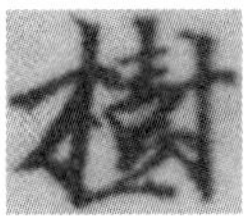

唐代·十輪經八
22_421_5

樽

漢ソン 呉ソン
訓たる

唐代・文選五九
37_371_4

唐代・文選五九
37_372_21

唐代・文選五九
38_374_5

唐代・文選五九
38_375_28

唐代・文選五九
104_984_8

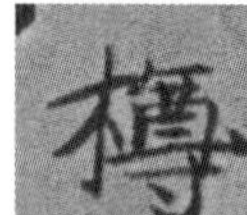
唐代・文選六八
20_204_6

唐代・文選六八
21_209_15

唐代・文選六八
21_209_10

唐代・文選百三
33_326_16

唐代・古文選後
22_255_2

唐代・古文選後
27_313_10

機

漢キ
訓はた

初唐・法華義疏
1_5_15

初唐・法華義疏
1_8_18

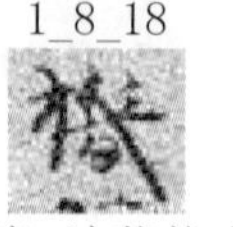
初唐・法華義疏
1_9_21

中唐・金剛經題
2_12_6

唐代・文選四八
5_33_16

唐代・文選四八
5_34_7

唐代・文選四八
6_43_12

唐代・文選四八
10_86_5

唐代・文選四八
10_87_15

唐代・文選四八
11_96_7

唐代・文選四八
11_97_17

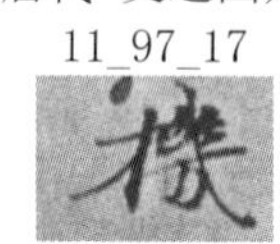
唐代・文選四八
11_98_7

唐代・文選四八
11_98_10

唐代・文選四八
11_99_10

唐代・文選四八
20_182_23

唐代・文選四八
21_193_7

唐代・文選四八
23_210_21

唐代・文選四八
24_214_11

唐代・文選四八
24_218_17

唐代・文選四八
24_221_11

唐代・文選四八
25_223_19

唐代・文選四八
25_227_43

唐代・文選四八
26_230_10

唐代・文選四八
26_231_12

唐代・文選四八
26_235_12

唐代・文選四八
26_238_7

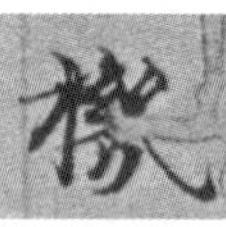
唐代・文選四八
26_238_21

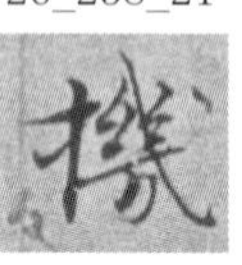
唐代・文選四八
27_243_18

唐代・文選四八
28_249_24

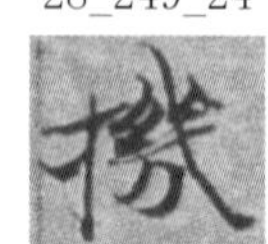
唐代・文選四八
28_258_22

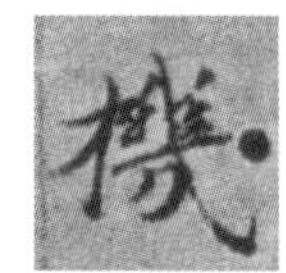
唐代・文選四八
30_266_17

唐代・文選四八
30_275_13

唐代・文選四八
31_277_4

唐代・文選四八
33_295_5

唐代・文選四八
33_298_9

唐代・文選四八
34_307_1

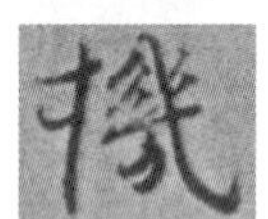
唐代・文選四八
34_309_11

唐代・文選四八
35_311_13

唐代・文選四八
35_313_7

唐代・文選四八
35_317_11

檟 檟

漢 カ
訓 ひさぎ

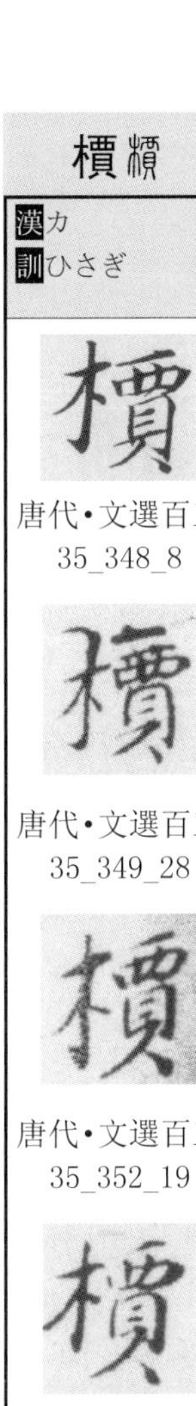

唐代•文選百三
35_348_8

唐代•文選百三
35_349_28

唐代•文選百三
35_352_19

唐代•文選百三
35_353_24

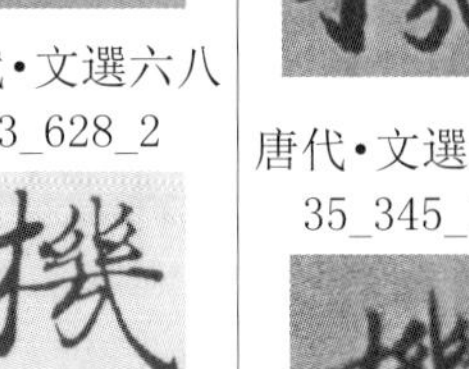

唐代•文選六八
63_628_2

唐代•文選百三
31_304_1

唐代•文選百三
31_305_7

唐代•文選百三
31_307_35

唐代•文選百三
31_308_10

唐代•文選百三
63_609_21

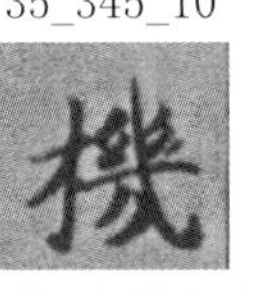

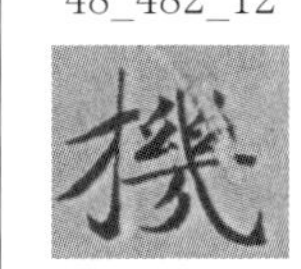

唐代•文選六八
35_345_10

唐代•文選六八
35_346_12

唐代•文選六八
39_392_2

唐代•文選六八
43_438_7

唐代•文選六八
44_444_19

唐代•文選六八
48_482_12

唐代•文選六八
58_581_2

唐代•文選六八
60_604_9

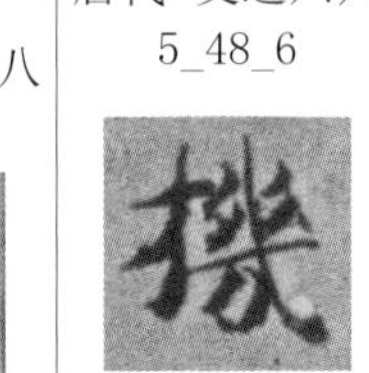

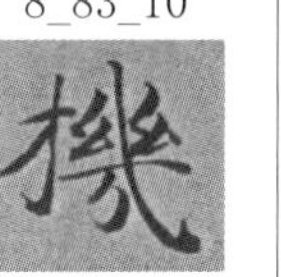
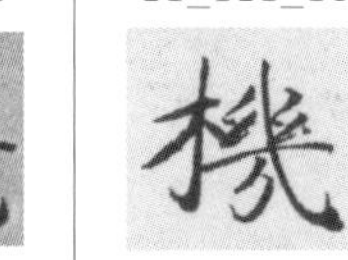

唐代•文選六八
5_48_6

唐代•文選六八
5_48_9

唐代•文選六八
7_70_22

唐代•文選六八
8_83_10

唐代•文選六八
11_111_18

唐代•文選六八
13_132_6

唐代•文選六八
21_217_2

唐代•文選六八
28_283_19

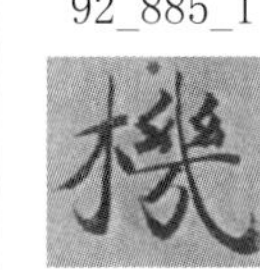
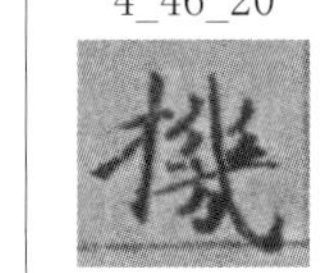
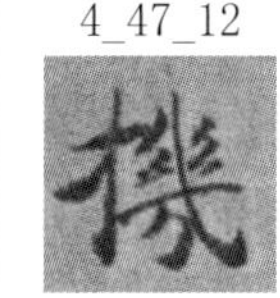

唐代•文選五九
53_519_16

唐代•文選五九
54_531_27

唐代•文選五九
83_800_11

唐代•文選五九
88_844_12

唐代•文選五九
92_885_1

唐代•文選六八
4_46_20

唐代•文選六八
4_47_12

唐代•文選六八
4_47_15

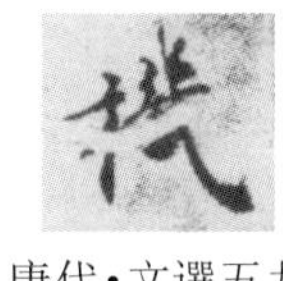

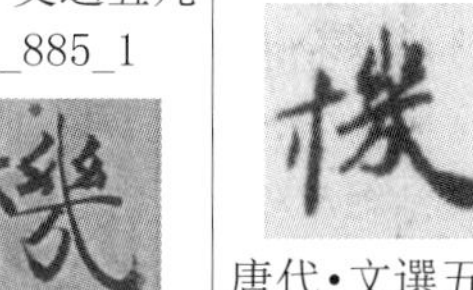

唐代•文選五九
10_92_3

唐代•文選五九
10_95_19

唐代•文選五九
18_175_13

唐代•文選五九
19_182_16

唐代•文選五九
19_188_13

唐代•文選五九
21_206_27

唐代•文選五九
26_256_5

唐代•文選五九
42_417_5

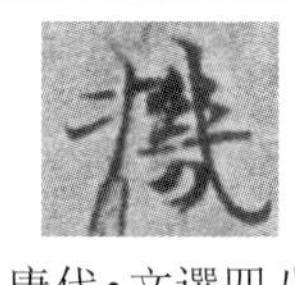
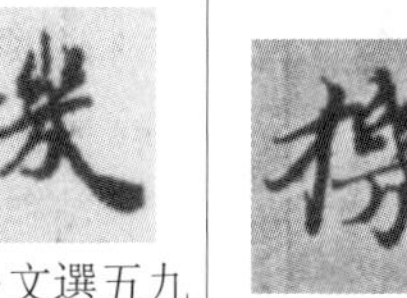

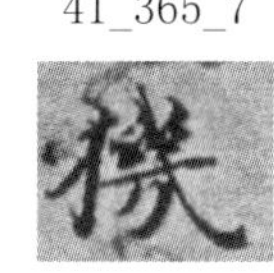

唐代•文選四八
36_322_7

唐代•文選四八
36_322_11

唐代•文選四八
36_325_10

唐代•文選四八
36_326_4

唐代•文選四八
36_328_5

唐代•文選四八
38_344_15

唐代•文選四八
41_365_7

唐代•文選四八
47_422_12

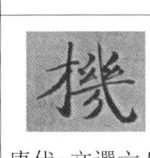

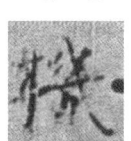

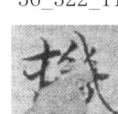

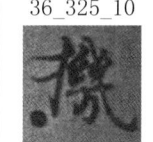

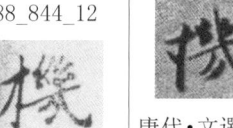

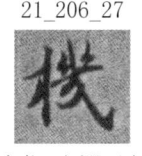

櫂	檻	櫃	檀	檢	檄	櫛
漢トウ 訓かじ	漢カン 訓おり	漢キ呉キ 訓ひつ	漢タン呉ダン 訓まゆみ	ケン 訓ふう	慣ゲキ漢ケキ 訓ふれぶみ	漢シツ 訓くし
 唐代・古文選後 25_297_11	 唐代・文選四八 30_269_3  唐代・文選五九 43_418_2  唐代・文選五九 43_418_26  唐代・文選五九 51_504_8  唐代・文選六八 40_403_8  唐代・文選六八 49_496_8	 以為櫃之用也 唐代・文選百三 31_307_27	 唐代・文選五九 89_852_5  唐代・文選五九 89_853_16  唐代・文選五九 89_854_8  唐代・文選五九 89_854_24	 唐代・十輪經四 7_127_4	 唐代・文選八八 7_55_20  唐代・古文選後 5_56_4	 唐代・文選五九 94_903_25

櫬

漢シン呉シン
訓ひつぎ

唐代•文選四八
18_160_17

唐代•文選四八
18_162_25

唐代•文選四八
18_164_3

唐代•文選四八
18_166_1

唐代•文選四八
18_166_15

櫩

漢エン呉エン
訓ひさし

唐代•文選五九
16_156_4

唐代•文選五九
16_157_27

唐代•文選五九
23_227_21

唐代•文選五九
23_228_3

唐代•文選五九
23_228_26

唐代•文選五九
23_229_3

唐代•文選五九
43_419_3

櫨

漢ロ呉ロ
訓こうろ

唐代•文選百三
31_307_40

櫪

漢レキ呉リャク
訓かいおけ

唐代•文選百三
32_319_16

唐代•文選百三
53_515_9

唐代•文選百三
85_805_16

櫟

漢レキ
訓くぬぎ

唐代•春秋經傳
36_373_11

櫋

漢ベン呉メン
訓のきずけ

唐代•文選百三
31_314_24

櫝

漢トク
訓ひつ

唐代•文選百三
79_756_9

欒	欑	欄			權	櫳
漢ラン呉ラン 訓おうち	漢サン呉サン 訓あつまる	漢ラン呉ラン 訓てすり			漢ケン呉ゴン 訓おもり	漢ロウ 訓おり
唐代・文選五九 89_852_6	唐代・春秋經傳 35_367_13	唐代・文選四八 30_269_6	唐代・文選五九 82_783_4	唐代・文選五九 77_737_6	唐代・春秋經傳 18_186_5	唐代・文選五九 16_156_10
唐代・文選五九 89_853_17	唐代・春秋經傳 35_368_3	唐代・文選四八 30_271_16	字季權 唐代・文選百三 6_51_20	唐代・文選五九 77_737_21	唐代・春秋經傳 19_200_6	唐代・文選五九 16_157_14
唐代・文選五九 89_854_12	唐代・春秋經傳 37_384_7	唐代・文選五九 23_226_2	唐代・文選百三 46_441_2	唐代・文選五九 77_738_15	唐代・春秋經傳 19_200_12	唐代・文選五九 16_157_22
唐代・文選五九 89_854_25		唐代・文選五九 23_228_34	唐代・古文選前 8_92_71	唐代・文選五九 78_751_28	唐代・文選四八 20_177_3	唐代・文選五九 16_158_7
唐代・文選百三 60_576_23		唐代・文選五九 51_504_7	唐代・古文選前 8_97_1	唐代・文選五九 78_757_15	唐代・文選四八 20_177_11	唐代・文選五九 51_501_18
		唐代・文選六八 40_403_7		唐代・文選五九 109_1039_4	唐代・文選四八 20_178_22	唐代・文選五九 51_502_10
				唐代・文選五九 110_1041_30	唐代・文選四八 20_180_12	唐代・文選五九 51_503_22
					唐代・文選五九 77_735_7	

支部

支 𣁉

シ
訓ささえる

唐代•文選五九
86_820_23

唐代•文選六八
72_719_4

唐代•文選八八
21_186_20

唐代•文選八八
21_188_14

唐代•十輪經四
3_50_17

唐代•十輪經四
5_90_12

唐代•十輪經四
6_107_9

唐代•十輪經四
6_116_11

唐代•十輪經四
7_137_14

唐代•十輪經四
8_148_9

唐代•十輪經四
16_317_16

唐代•十輪經四
18_340_2

唐代•十輪經四
18_354_11

唐代•十輪經四
19_371_9

唐代•十輪經四
20_383_11

唐代•十輪經四
20_391_3

唐代•十輪經四
20_396_13

唐代•十輪經八
3_47_12

唐代•十輪經八
4_73_6

唐代•十輪經八
4_74_13

唐代•十輪經八
6_112_11

唐代•十輪經八
8_150_11

唐代•十輪經八
10_188_18

唐代•十輪經八
12_225_16

唐代•十輪經八
14_262_16

唐代•十輪經八
15_300_16

唐代•十輪經八
17_338_16

唐代•十輪經八
19_376_16

唐代•十輪經八
21_414_8

唐代•十輪經十
12_224_11

唐代•十輪經十
12_224_15

唐代•十輪經十
12_226_14

唐代•十輪經九
19_379_10

唐代•十輪經九
20_380_2

唐代•十輪經九
21_401_2

唐代•十輪經九
21_401_12

唐代•十輪經十
1_17_5

唐代•十輪經十
3_55_6

唐代•十輪經十
3_55_10

唐代•十輪經十
8_149_13

攲 𢻰

キ
訓はさみとる

唐代•文選八八
11_85_5

犬部

犬

ケン
訓いね

唐代・春秋經傳
9_94_7

唐代・春秋經傳
9_94_14

唐代・春秋經傳
9_95_9

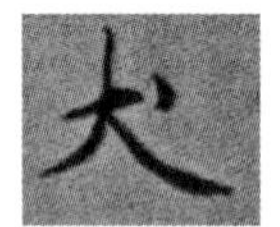
唐代・文選六八
14_143_13

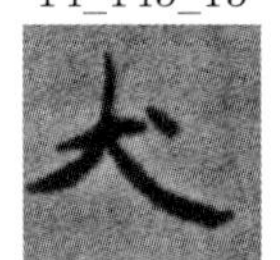
唐代・文選六八
14_145_2

唐代・文選六八
33_326_2

唐代・文選百三
19_187_13

唐代・文選百三
50_481_10

唐代・文選百三
50_482_23

唐代・文選百三
50_483_21

唐代・文選百三
50_483_32

唐代・文選百三
50_485_16

唐代・古文選前
22_258_9

唐代・古文選前
27_313_8

犯

漢ハン呉ボン
訓おかす

唐代・文選五九
94_902_10

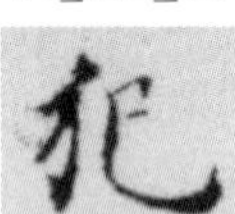
唐代・文選五九
94_903_14

唐代・文選五九
94_905_11

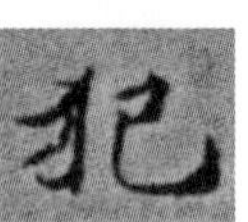
唐代・文選六八
47_471_5

唐代・文選六八
61_616_8

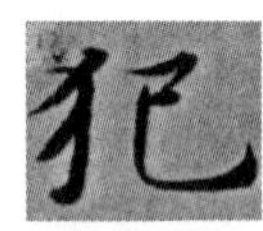
唐代・文選八八
16_135_3

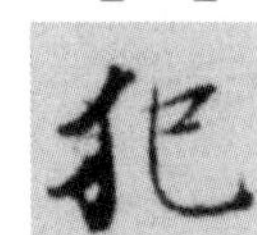
唐代・文選百三
24_235_3

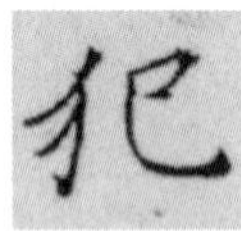
唐代・文選百三
57_553_29

唐代・文選百三
61_590_29

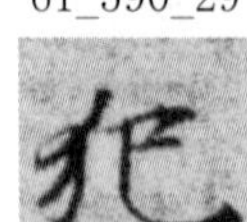
唐代・文選百三
80_760_20

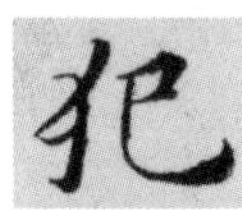
唐代・文選百三
82_782_6

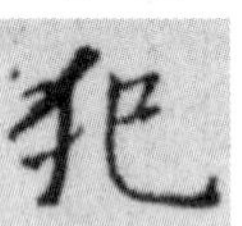
唐代・文選百三
83_784_3

唐代・古文選前
6_65_2

唐代・古文選前
26_303_7

唐代・古文選後
1_11_1

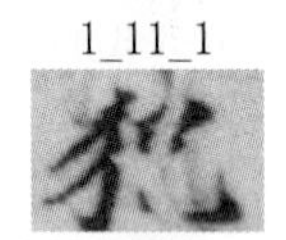
唐代・十輪經四
2_26_15

唐代・十輪經四
8_141_12

唐代・十輪經四
8_152_15

唐代・十輪經四
8_159_15

唐代・十輪經四
8_160_8

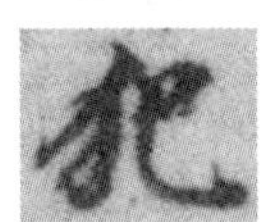
唐代・十輪經四
10_199_7

唐代・十輪經四
11_209_9

唐代・十輪經四
15_289_12

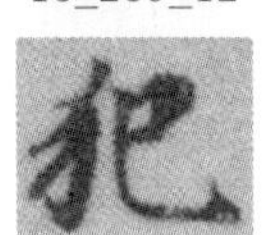
唐代・十輪經四
15_292_3

唐代・十輪經四
15_295_7

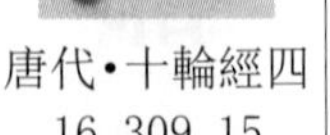
唐代・十輪經四
16_309_15

唐代・十輪經八
5_98_7

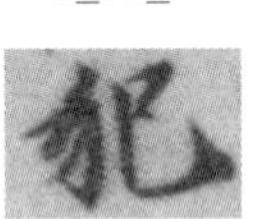
唐代・十輪經九
13_253_8

唐代・十輪經十
19_370_8

漢キョウ
訓くるう

唐代•春秋經傳
5_48_8

唐代•春秋經傳
5_48_16

唐代•春秋經傳
5_49_9

唐代•文選五九
13_129_24

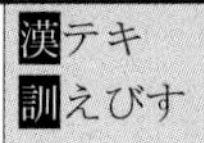

漢テキ
訓えびす

唐代•春秋經傳
12_123_7

唐代•春秋經傳
12_123_14

唐代•春秋經傳
13_130_3

唐代•春秋經傳
18_185_22

唐代•春秋經傳
18_186_10

唐代•春秋經傳
25_255_14

唐代•春秋經傳
25_259_7

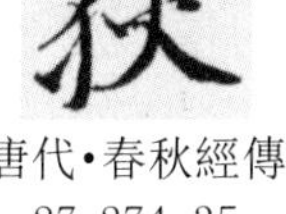
唐代•春秋經傳
27_274_35

唐代•春秋經傳
27_275_22

唐代•春秋經傳
28_289_4

唐代•春秋經傳
28_294_6

唐代•春秋經傳
35_367_11

唐代•春秋經傳
35_367_22

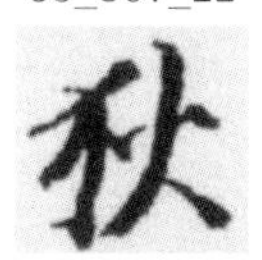
唐代•春秋經傳
35_368_5

唐代•春秋經傳
37_383_3

唐代•春秋經傳
37_383_8

唐代•春秋經傳
37_383_16

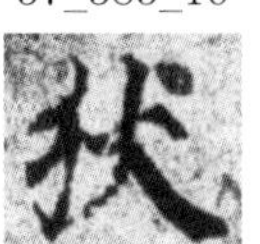
唐代•春秋經傳
37_384_3

唐代•春秋經傳
37_384_10

唐代•春秋經傳
37_385_3

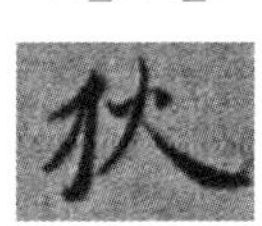
唐代•文選五九
17_160_22

唐代•文選五九
29_279_20

唐代•文選六八
13_131_22

唐代•文選六八
14_148_13

唐代•文選六八
19_190_1

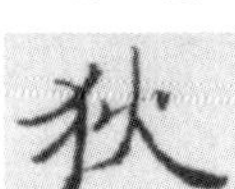
唐代•文選六八
19_192_12

唐代•文選六八
19_192_29

唐代•文選八八
5_30_11

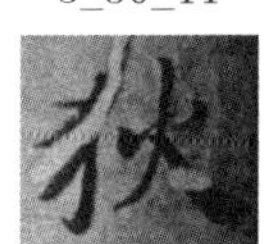
唐代•文選八八
7_52_11

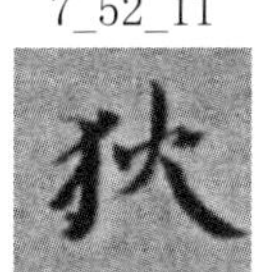
唐代•文選八八
8_56_11

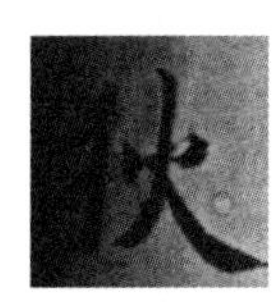
唐代•文選八八
15_129_16

唐代•文選八八
19_167_13

唐代•文選八八
21_181_10

唐代•文選百三
27_265_28

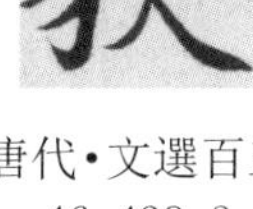
唐代•文選百三
46_439_3

唐代•文選百三
46_440_2

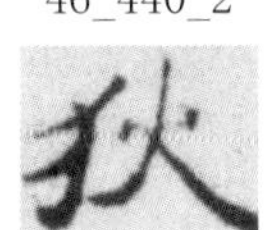
唐代•文選百三
47_446_10

唐代•文選百三
62_599_5

唐代•文選百三
63_602_1

唐代•文選百三
63_605_1

唐代•文選百三
82_783_23

唐代•古文選後
4_47_10

唐代•古文選後
6_61_5

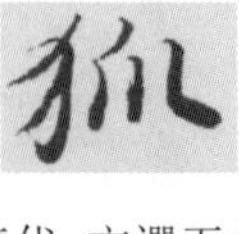
唐代・文選五九
75_723_2

唐代・文選五九
75_724_7

唐代・文選六八
32_324_18

唐代・文選六八
33_325_21

唐代・文選六八
33_326_28

唐代・文選百三
73_708_18

唐代・文選百三
76_729_1

唐代・文選百三
76_730_19

狐

漢コ
訓きつね

唐代・春秋經傳
11_110_2

唐代・文選五九
7_62_12

唐代・文選五九
43_430_7

唐代・文選五九
43_431_7

唐代・文選五九
43_431_19

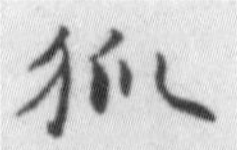
唐代・文選五九
44_432_7

唐代・文選五九
44_432_29

唐代・文選五九
44_433_2

狗

漢コウ 呉ク
訓いぬ

唐代・十輪經四
2_27_7

狎

漢コウ
訓ならす

唐代・春秋經傳
36_376_4

唐代・古文選前
2_20_2

唐代・古文選前
2_23_12

唐代・古文選前
3_26_2

唐代・古文選前
4_46_14

唐代・古文選前
4_47_2

唐代・古文選前
12_146_2

唐代・十輪經十
15_281_13

狀

呉ジョウ
訓かたち

中唐・風信帖
3_12_6

中唐・風信帖
3_18_4

中唐・風信帖
4_22_4

唐代・春秋經傳
20_211_5

唐代・文選五九
90_857_26

唐代・文選六八
69_685_12

唐代・文選八八
24_211_14

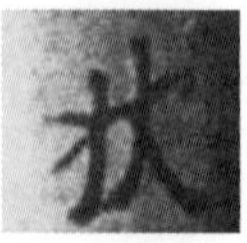
唐代・文選百三
60_572_13

狁

イン
訓—

唐代・古文選後
7_76_7

	猜	狼	狹		狡	
	漢サイ 訓ねたむ	ロウ 訓おおかみ	慣キョウ漢コウ 訓せまい		漢コウ呉キョウ 訓はしこい	
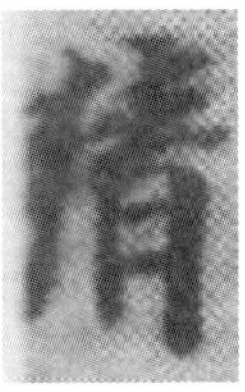 唐代•十輪經八 11_220_15 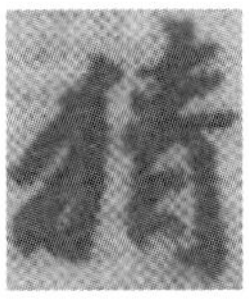 唐代•十輪經八 13_252_8  唐代•十輪經八 13_257_14  唐代•十輪經八 15_290_8  唐代•十輪經八 15_295_15  唐代•十輪經八 17_328_8  唐代•十輪經八 19_366_7	 唐代•文選百三 59_567_16  唐代•文選百三 59_569_7  唐代•文選百三 60_571_6  唐代•十輪經四 5_83_13  唐代•十輪經八 6_107_14  唐代•十輪經八 8_145_14  唐代•十輪經八 10_184_3  唐代•十輪經八 11_215_8	 唐代•春秋經傳 20_211_8  唐代•春秋經傳 20_212_6  唐代•春秋經傳 20_212_12	 唐代•文選六八 6_66_1 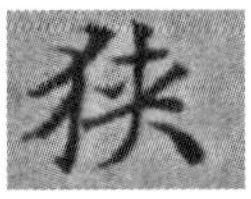 唐代•文選六八 6_67_26	 唐代•古文選後 4_47_11	 唐代•春秋經傳 5_48_9  唐代•春秋經傳 5_48_17  唐代•文選六八 32_324_20  唐代•文選六八 33_326_4  唐代•文選六八 33_326_8  唐代•文選六八 33_326_20  唐代•文選六八 33_327_3  唐代•文選百三 58_557_1	 唐代•文選百三 76_731_1  唐代•古文選前 9_110_12

唐代・十輪經八
17_333_15

唐代・十輪經八
19_371_15

唐代・十輪經八
21_409_7

唐代・十輪經九
1_9_7

唐代・十輪經九
3_47_7

唐代・十輪經九
17_323_1

猗

イ
訓ああ

唐代・文選五九
106_1006_2

唐代・古文選後
20_240_11

猛

慣モウ 漢ボウ
訓たけし

中唐・金剛經題
1_7_3

唐代・春秋經傳
9_94_6

唐代・春秋經傳
9_94_16

唐代・文選五九
44_434_19

唐代・文選六八
21_207_10

唐代・文選六八
34_344_19

唐代・文選六八
35_353_3

唐代・文選六八
37_365_30

唐代・文選六八
37_366_3

唐代・文選六八
47_465_15

唐代・文選六八
59_597_3

唐代・文選六八
59_597_12

唐代・文選六八
60_599_26

唐代・文選百三
33_333_10

唐代・文選百三
47_455_23

唐代・文選百三
49_472_5

唐代・文選百三
68_653_15

唐代・文選百三
71_685_11

唐代・文選百三
77_734_6

唐代・文選百三
77_739_1

唐代・文選百三
85_817_19

唐代・十輪經四
13_241_22

唐代・十輪經八
3_54_8

唐代・十輪經九
17_335_1

唐代・十輪經九
18_342_10

唐代・十輪經九
18_347_2

唐代・十輪經九
18_348_17

唐代・十輪經九
18_349_16

唐代・十輪經九
18_350_7

唐代・十輪經九
18_350_15

唐代・十輪經九
18_351_7

唐代・十輪經九
18_352_2

唐代・十輪經九
18_352_14

唐代・十輪經九
18_353_5

唐代・十輪經九
18_353_17

唐代・十輪經九
18_354_11

唐代・十輪經九
19_361_16

猒

エン、ヨウ
訓 あきる

唐代・文選五九 43_427_3
唐代・文選五九 53_520_17
唐代・十輪經四 3_57_4
唐代・十輪經八 1_16_1
唐代・十輪經八 1_16_15
唐代・十輪經八 2_30_4
唐代・十輪經八 2_30_16
唐代・十輪經八 2_33_9

唐代・十輪經八 2_34_12
唐代・十輪經八 2_35_12
唐代・十輪經八 7_135_2
唐代・十輪經八 7_135_14
唐代・十輪經八 9_173_13
唐代・十輪經八 9_174_8
唐代・十輪經八 11_211_10
唐代・十輪經八 11_212_5

唐代・十輪經八 13_248_16
唐代・十輪經八 13_249_10
唐代・十輪經八 15_286_3
唐代・十輪經八 15_286_15
唐代・十輪經八 17_324_1
唐代・十輪經八 17_324_13
唐代・十輪經八 18_362_10
唐代・十輪經八 19_363_5

唐代・十輪經八 20_400_5
唐代・十輪經八 20_400_17
唐代・十輪經八 22_439_13
唐代・十輪經八 22_440_9
唐代・十輪經九 2_38_7
唐代・十輪經九 2_39_2
唐代・十輪經九 4_78_9
唐代・十輪經九 4_79_8

唐代・十輪經九 16_311_15
唐代・十輪經九 16_312_10
唐代・十輪經九 19_361_24
唐代・十輪經十 5_84_15
唐代・十輪經十 5_88_1
唐代・十輪經十 6_107_16
唐代・十輪經十 6_108_9
唐代・十輪經十 6_111_4

唐代・十輪經十 10_187_9
唐代・十輪經十 14_269_14
唐代・十輪經十 16_319_6

猾

漢 カツ
訓 わるがしこい

唐代・文選百三 45_433_8
唐代・文選百三 45_434_13
唐代・文選百三 57_555_1
唐代・文選百三 57_556_24
唐代・文選百三 58_557_2
唐代・文選百三 58_557_29
唐代・文選百三 58_558_12

				猶	猴	猥
				漢ユウ 訓ためらう	漢コウ 訓さる	漢ワイ 訓みだり
 唐代•文選五九 5_49_5	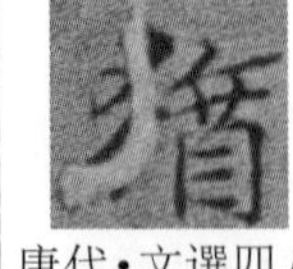 唐代•文選四八 23_207_17	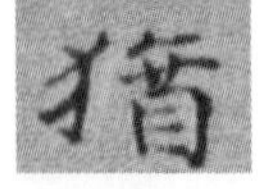 唐代•文選四八 6_43_6	 唐代•春秋經傳 13_128_16	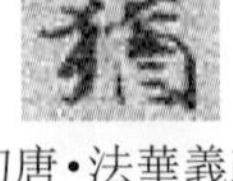 初唐•法華義疏 1_8_7	 唐代•文選五九 39_386_16	 唐代•古文選前 26_311_6
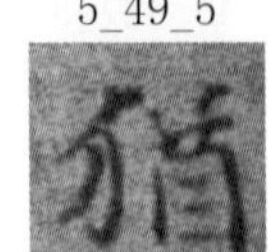 唐代•文選五九 15_149_27	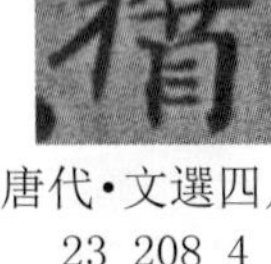 唐代•文選四八 23_208_4	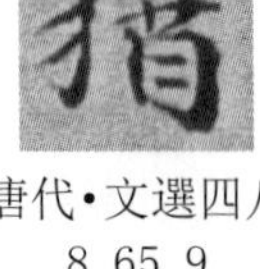 唐代•文選四八 8_65_9	唐代•春秋經傳 19_198_2	初唐•聖武雜集 1_2_18		 唐代•十輪經四 3_55_3
唐代•文選五九 18_176_22	唐代•文選四八 34_300_25	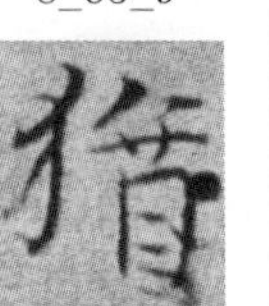 唐代•文選四八 11_95_11	 唐代•春秋經傳 21_215_3	初唐•聖武雜集 1_6_1		
 唐代•文選五九 20_198_26	唐代•文選四八 37_335_20	唐代•文選四八 12_107_23	 唐代•春秋經傳 25_257_21	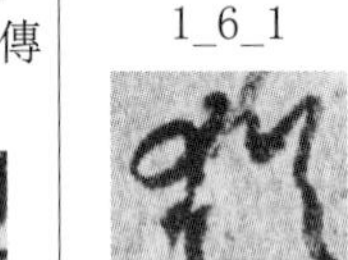 晚唐•慶滋書狀 1_9_11		
唐代•文選五九 24_238_3	 唐代•文選四八 40_364_13	唐代•文選四八 14_128_1	唐代•春秋經傳 28_286_21	 唐代•春秋經傳 6_53_8		
 唐代•文選五九 25_251_18	唐代•文選四八 40_364_20	 唐代•文選四八 17_155_10	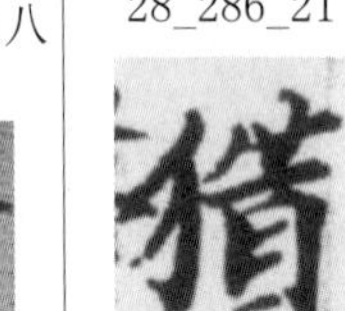 唐代•春秋經傳 28_287_20	 唐代•春秋經傳 6_60_11		
 唐代•文選五九 26_257_25	唐代•文選四八 48_434_17	唐代•文選四八 22_201_5	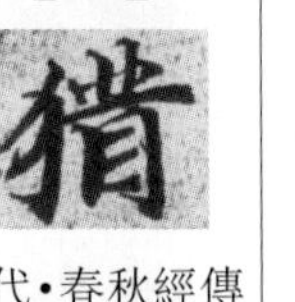 唐代•春秋經傳 37_387_16	 唐代•春秋經傳 7_63_14		
 唐代•文選五九 26_258_8	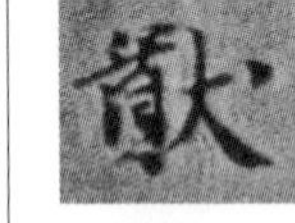 唐代•文選五九 5_43_10	 唐代•文選四八 23_205_21	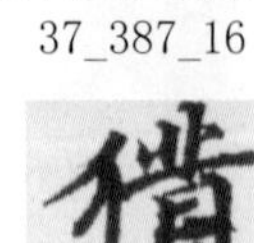 唐代•春秋經傳 38_394_15	 唐代•春秋經傳 9_85_13		

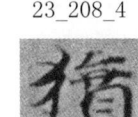

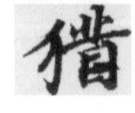

唐代•文選百三 9_84_8
唐代•文選百三 15_147_5
唐代•文選百三 16_151_21
唐代•文選百三 17_156_10
唐代•文選百三 18_173_6
唐代•文選百三 19_181_30
唐代•文選百三 21_206_3
唐代•文選百三 21_207_8
唐代•文選八八 15_131_11
唐代•文選八八 15_132_19
唐代•文選八八 15_133_4
唐代•文選八八 18_157_2
唐代•文選八八 23_209_6
唐代•文選八八 23_210_8
唐代•文選八八 24_213_25
唐代•文選百三 5_48_31
唐代•文選六八 69_695_18
唐代•文選六八 71_705_16
唐代•文選八八 7_49_8
唐代•文選八八 9_63_7
唐代•文選八八 9_63_14
唐代•文選八八 9_68_16
唐代•文選八八 9_69_3
唐代•文選八八 15_124_8
唐代•文選五九 110_1042_21
唐代•文選五九 111_1046_11
唐代•文選六八 27_266_22
唐代•文選六八 27_270_22
唐代•文選六八 28_282_17
唐代•文選六八 40_404_7
唐代•文選六八 40_404_21
唐代•文選六八 55_549_14
唐代•文選五九 71_685_9
唐代•文選五九 76_726_7
唐代•文選五九 76_726_14
唐代•文選五九 89_855_16
唐代•文選五九 92_877_6
唐代•文選五九 101_957_13
唐代•文選五九 101_959_17
唐代•文選五九 102_962_22
唐代•文選五九 57_555_29
唐代•文選五九 59_570_8
唐代•文選五九 59_571_12
唐代•文選五九 60_577_8
唐代•文選五九 64_615_17
唐代•文選五九 68_656_22
唐代•文選五九 68_656_30
唐代•文選五九 70_671_8
唐代•文選五九 28_274_22
唐代•文選五九 30_296_18
唐代•文選五九 31_299_1
唐代•文選五九 49_485_14
唐代•文選五九 53_518_17
唐代•文選五九 54_529_8
唐代•文選五九 54_529_15
唐代•文選五九 55_536_8

猷 楷

漢ユウ
訓はかる

唐代·古文選後
18_211_3

唐代·文選四八
8_66_3

唐代·文選四八
8_67_7

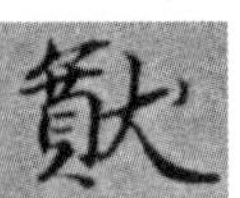
唐代·文選四八
8_68_14

唐代·古文選前
17_201_8

唐代·古文選前
18_211_8

唐代·古文選前
24_279_14

唐代·古文選後
11_119_9

唐代·古文選後
15_172_6

唐代·十輪經四
10_183_21

唐代·十輪經四
19_378_4

唐代·十輪經九
10_189_2

唐代·十輪經十
9_162_14

唐代·古文選後
26_309_2

唐代·十輪經四
1_17_6

唐代·十輪經四
8_142_6

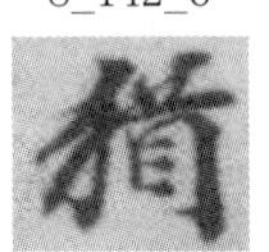
唐代·十輪經四
8_150_17

唐代·十輪經四
8_154_4

唐代·十輪經四
8_154_16

唐代·十輪經四
8_159_7

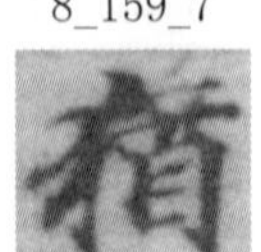
唐代·十輪經十
15_281_1

唐代·文選百三
62_596_12

唐代·文選百三
69_661_17

唐代·文選百三
82_783_34

唐代·文選百三
83_786_33

唐代·古文選前
9_110_9

唐代·古文選後
9_100_8

唐代·古文選後
21_247_1

唐代·古文選後
23_276_10

唐代·文選百三
57_546_5

唐代·文選百三
59_563_18

唐代·文選百三
60_574_32

唐代·文選百三
60_575_22

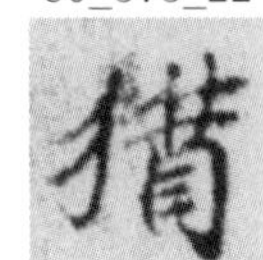
唐代·文選百三
60_577_28

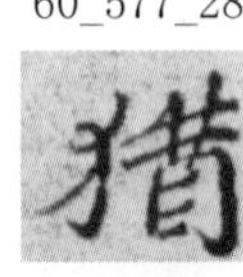
唐代·文選百三
60_578_10

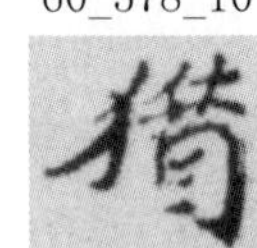
唐代·文選百三
60_579_7

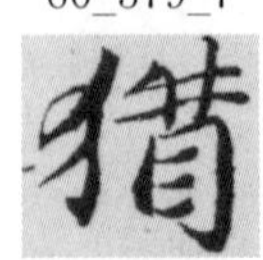
唐代·文選百三
61_593_37

唐代·文選百三
23_216_57

唐代·文選百三
23_223_17

唐代·文選百三
29_279_35

唐代·文選百三
40_403_11

唐代·文選百三
49_467_27

唐代·文選百三
53_510_10

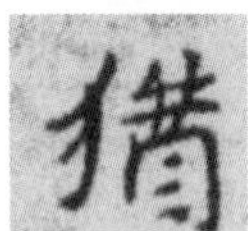
唐代·文選百三
56_542_4

唐代·文選百三
82_779_10

猿

漢エン
訓さる

唐代•文選五九
39_385_1

唐代•文選五九
39_385_20

唐代•文選五九
39_386_17

獒

漢ゴウ
訓おおいぬ

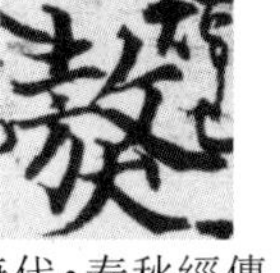
唐代•春秋經傳
9_93_12

唐代•春秋經傳
9_94_5

獄

吳ゴク漢ギョウ
訓ひとや

唐代•文選四八
46_419_4

唐代•文選五九
35_342_16

唐代•文選百三
24_232_32

唐代•文選百三
25_239_6

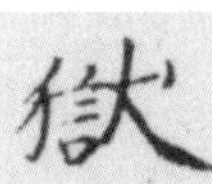
唐代•文選百三
37_367_33

唐代•文選百三
37_369_13

唐代•文選百三
37_370_22

唐代•文選百三
37_371_3

唐代•文選百三
38_379_2

唐代•文選百三
60_577_26

唐代•文選百三
60_578_28

唐代•文選百三
63_606_5

唐代•文選百三
63_609_33

唐代•文選百三
86_823_22

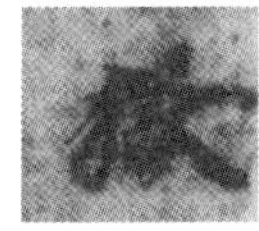
唐代•十輪經四
1_3_15

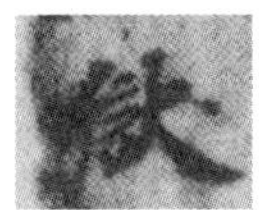
唐代•十輪經四
1_5_13

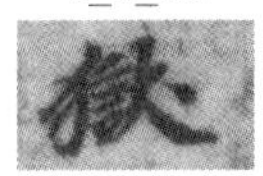
唐代•十輪經四
1_9_11

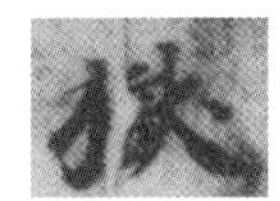
唐代•十輪經四
3_45_13

唐代•十輪經四
3_52_10

唐代•十輪經四
5_92_5

唐代•十輪經四
6_118_4

唐代•十輪經四
7_137_7

唐代•十輪經四
8_141_2

唐代•十輪經四
8_148_2

唐代•十輪經四
8_150_8

唐代•十輪經四
11_200_1

唐代•十輪經四
11_208_9

唐代•十輪經四
11_211_2

唐代•十輪經四
11_218_15

唐代•十輪經四
12_221_11

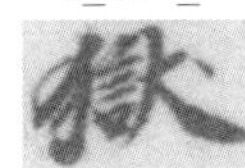
唐代•十輪經四
12_231_25

唐代•十輪經四
14_267_18

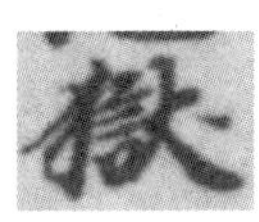
唐代•十輪經四
14_270_5

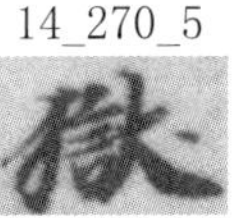
唐代•十輪經四
14_270_24

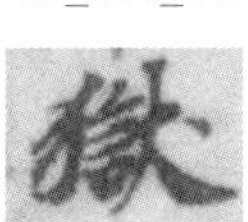
唐代•十輪經四
10_198_7

唐代•十輪經四
15_291_5

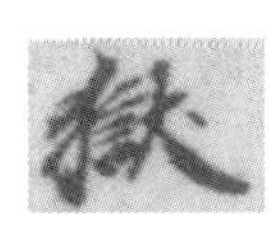
唐代•十輪經四
16_308_15

唐代•十輪經四
16_311_8

唐代•十輪經四
16_319_9

唐代•十輪經四
18_341_12

唐代•十輪經四
18_356_6

唐代•十輪經四
19_373_3

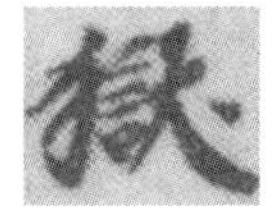
唐代•十輪經四
15_288_12

唐代•十輪經四
20_398_8

唐代•十輪經四
20_392_14

唐代•十輪經八
3_49_4

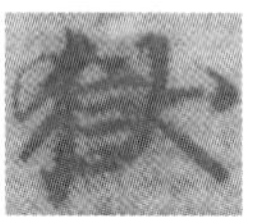
唐代•十輪經十
18_346_7

獠

リュウ
訓かり

唐代•文選六八
31_318_4

唐代•文選六八
32_319_3

唐代•文選六八
32_320_8

唐代•文選六八
37_376_1

唐代•文選六八
37_377_17

獲

漢カク呉キャク
訓える

唐代•春秋經傳
4_39_14

唐代•春秋經傳
4_40_8

唐代•春秋經傳
4_40_28

唐代•春秋經傳
4_41_18

唐代•春秋經傳
5_46_6

唐代•春秋經傳
5_46_24

唐代•春秋經傳
5_46_31

唐代•春秋經傳
5_47_3

唐代•春秋經傳
5_47_11

唐代•春秋經傳
5_49_8

唐代•春秋經傳
22_227_10

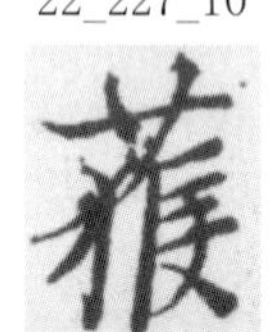
唐代•春秋經傳
23_240_20

唐代•春秋經傳
27_274_12

唐代•春秋經傳
28_295_7

唐代•文選四八
12_112_26

唐代•春秋經傳
38_403_16

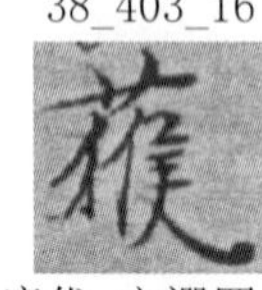
唐代•文選四八
15_137_16

唐代•文選五九
3_20_22

唐代•文選五九
3_21_8

唐代•文選五九
60_573_11

唐代•文選五九
76_732_26

唐代•文選六八
68_679_1

唐代•文選八八
15_128_2

唐代•文選八八
17_142_31

唐代•文選百三
34_339_21

唐代•文選百三
37_375_3

唐代•文選百三
38_379_32

唐代•文選百三
57_550_8

唐代•文選百三
61_586_7

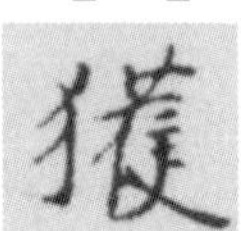
唐代•文選百三
63_600_21

公孫玃
唐代•文選百三
54_521_11

唐代•文選百三
75_718_10

唐代•古文選前
1_11_5

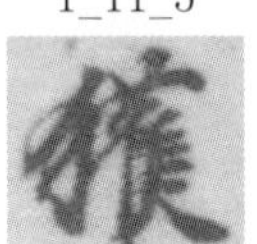
唐代•十輪經四
8_149_15

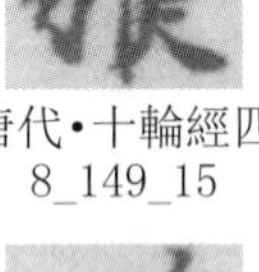
唐代•十輪經四
13_243_22

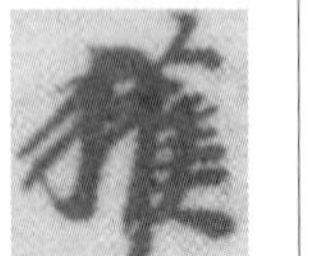
唐代•十輪經四
21_409_8

唐代•十輪經四
21_411_9

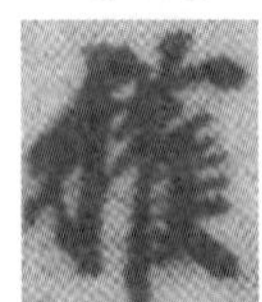
唐代•十輪經四
21_415_12

唐代•十輪經四
22_420_8

唐代•十輪經四 22_422_1
唐代•十輪經四 22_424_15
唐代•十輪經四 22_426_10
唐代•十輪經四 22_429_3
唐代•十輪經八 5_94_6
唐代•十輪經九 11_203_8
唐代•十輪經四 21_417_5

唐代•十輪經八 5_98_9
唐代•十輪經九 7_136_21
唐代•十輪經九 12_229_5
唐代•十輪經十 17_326_22
唐代•十輪經十 17_332_10

獨

吴ドク 漢トク
訓ひとり

唐代•春秋經傳 20_209_6
唐代•春秋經傳 23_237_4
唐代•春秋經傳 38_394_6
唐代•文選五九 8_76_24
唐代•文選五九 8_77_9
唐代•文選五九 8_78_22
唐代•文選五九 8_78_24
唐代•文選五九 9_91_8

唐代•文選五九 10_94_1
唐代•文選五九 39_382_4
唐代•文選五九 45_439_6
唐代•文選五九 45_440_20
唐代•文選五九 45_441_22
唐代•文選五九 46_454_3
唐代•文選五九 47_458_6
唐代•文選五九 100_947_18

唐代•文選五九 101_949_4
唐代•文選五九 101_949_19
唐代•文選五九 109_1035_10
唐代•文選六八 4_43_18
唐代•文選六八 4_45_3
唐代•文選六八 8_83_16
唐代•文選六八 9_101_2
唐代•文選六八 51_513_12

唐代•文選八八 17_148_31
唐代•文選百三 15_141_1
唐代•文選百三 15_145_10
唐代•文選百三 36_358_2
唐代•文選百三 38_379_27
唐代•文選百三 47_449_4
唐代•文選百三 69_667_22
唐代•文選百三 69_668_25

唐代•古文選前 4_45_7
唐代•古文選前 6_72_7
唐代•古文選前 10_119_5
唐代•古文選後 23_270_2
唐代•古文選後 25_291_3
唐代•十輪經四 17_333_14
唐代•十輪經四 17_334_13
唐代•十輪經四 18_347_1

唐代•十輪經九
12_229_17

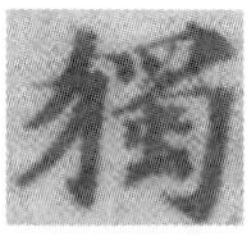
唐代•十輪經九
12_230_8

唐代•十輪經九
12_231_1

唐代•十輪經九
13_240_13

唐代•十輪經九
13_241_4

唐代•十輪經九
13_241_14

唐代•十輪經九
13_247_1

唐代•十輪經九
13_250_7

唐代•十輪經九
14_264_4

唐代•十輪經九
14_264_12

唐代•十輪經九
14_265_4

唐代•十輪經九
14_272_13

唐代•十輪經九
14_273_3

唐代•十輪經九
14_273_13

唐代•十輪經九
15_281_9

唐代•十輪經九
15_283_5

唐代•十輪經九
15_292_13

唐代•十輪經九
15_293_4

唐代•十輪經九
15_293_14

唐代•十輪經九
16_303_12

唐代•十輪經九
16_304_4

唐代•十輪經九
16_304_14

唐代•十輪經九
17_339_7

唐代•十輪經九
18_341_4

唐代•十輪經九
18_358_1

唐代•十輪經九
18_358_9

唐代•十輪經九
18_359_2

唐代•十輪經九
19_368_12

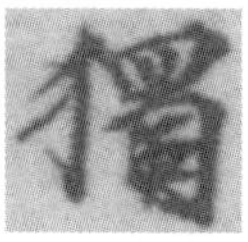
唐代•十輪經九
19_369_2

唐代•十輪經九
19_369_12

唐代•十輪經九
20_391_8

唐代•十輪經九
20_393_4

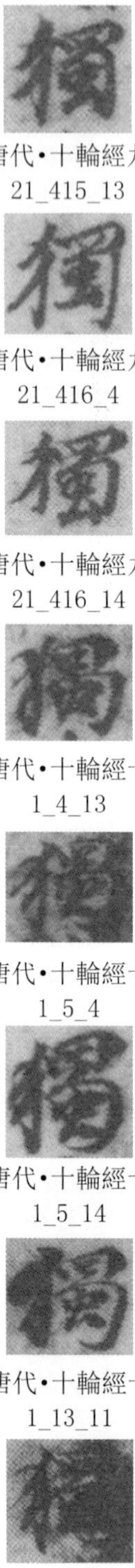
唐代•十輪經九
21_415_13
唐代•十輪經九
21_416_4
唐代•十輪經九
21_416_14
唐代•十輪經十
1_4_13
唐代•十輪經十
1_5_4
唐代•十輪經十
1_5_14
唐代•十輪經十
1_13_11
唐代•十輪經十
1_20_8

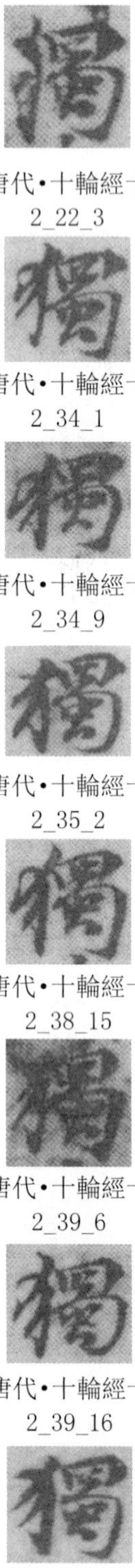
唐代•十輪經十
2_22_3
唐代•十輪經十
2_34_1
唐代•十輪經十
2_34_9
唐代•十輪經十
2_35_2
唐代•十輪經十
2_38_15
唐代•十輪經十
2_39_6
唐代•十輪經十
2_39_16
唐代•十輪經十
3_46_5

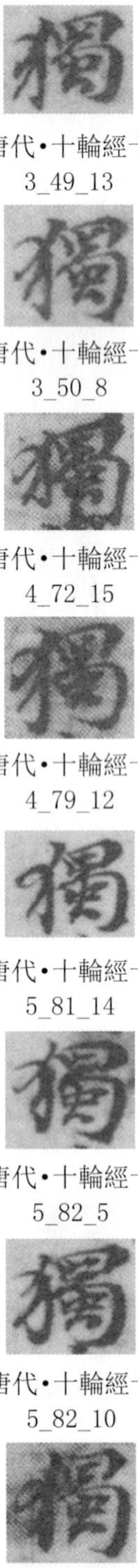
唐代•十輪經十
3_49_13
唐代•十輪經十
3_50_8
唐代•十輪經十
4_72_15
唐代•十輪經十
4_79_12
唐代•十輪經十
5_81_14
唐代•十輪經十
5_82_5
唐代•十輪經十
5_82_10
唐代•十輪經十
5_97_2

獫 

ケン

訓-

唐代·古文選後 7_76_6 | 唐代·十輪經十 18_349_14 | 唐代·十輪經十 10_197_22 | 唐代·十輪經十 9_168_17 | 唐代·十輪經十 8_152_11 | 唐代·十輪經十 7_122_3 | 唐代·十輪經十 5_98_16

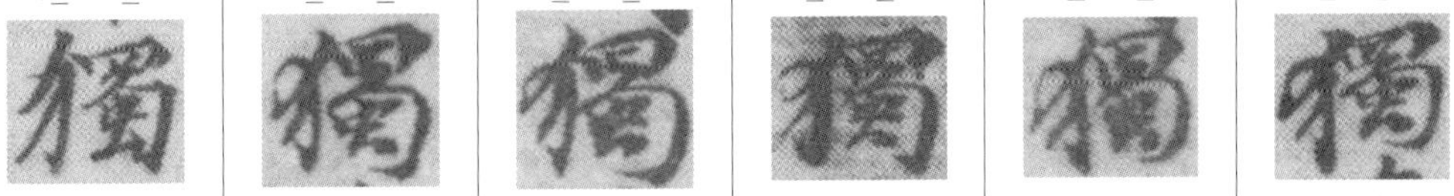

唐代·十輪經九 10_184_11 | 唐代·十輪經十 11_203_11 | 唐代·十輪經十 9_173_14 | 唐代·十輪經十 8_156_1 | 唐代·十輪經十 7_133_13 | 唐代·十輪經十 6_102_5

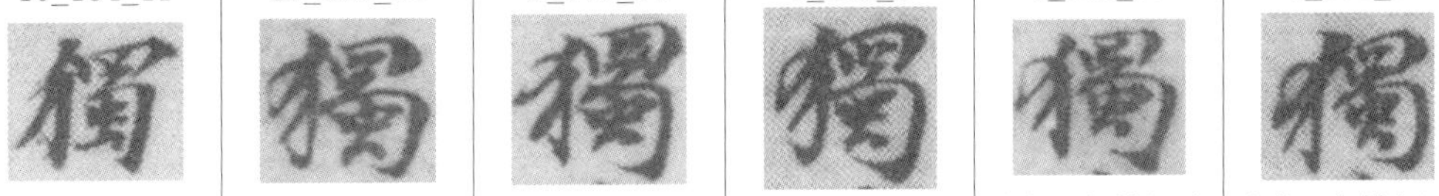

唐代·十輪經九 10_187_4 | 唐代·十輪經十 11_204_2 | 唐代·十輪經十 9_174_6 | 唐代·十輪經十 8_156_9 | 唐代·十輪經十 7_134_4 | 唐代·十輪經十 6_106_8

唐代·十輪經九 10_190_2 | 唐代·十輪經十 11_204_12 | 唐代·十輪經十 9_174_16 | 唐代·十輪經十 8_157_2 | 唐代·十輪經十 7_134_14 | 唐代·十輪經十 6_106_13

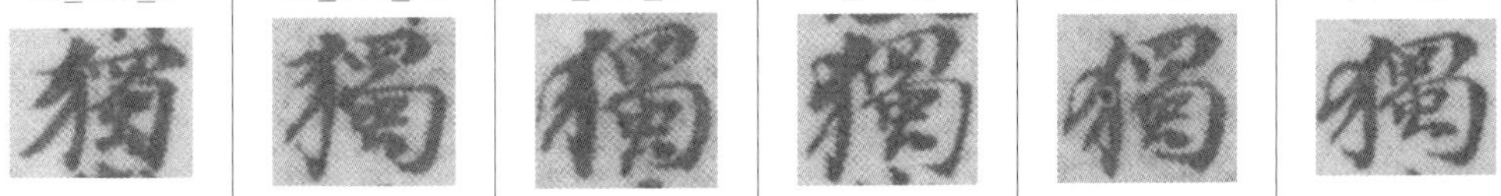

唐代·十輪經九 10_199_17 | 唐代·十輪經十 16_314_2 | 唐代·十輪經十 10_188_12 | 唐代·十輪經十 8_159_4 | 唐代·十輪經十 7_138_17 | 唐代·十輪經十 6_107_7

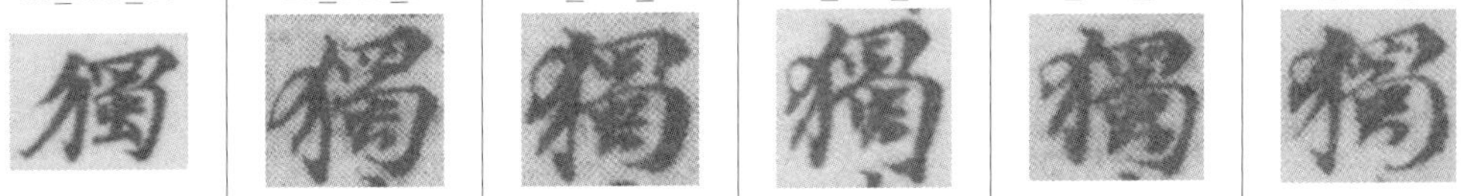

唐代·十輪經九 11_204_4 | 唐代·十輪經十 16_314_10 | 唐代·十輪經十 10_191_6 | 唐代·十輪經十 9_166_13 | 唐代·十輪經十 7_139_6 | 唐代·十輪經十 6_112_10

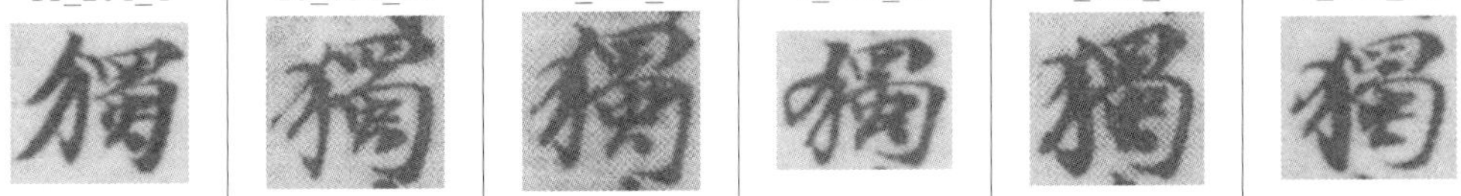

唐代·十輪經九 11_204_12 | 唐代·十輪經十 16_315_3 | 唐代·十輪經十 10_191_14 | 唐代·十輪經十 9_167_4 | 唐代·十輪經十 8_140_9 | 唐代·十輪經十 7_121_3

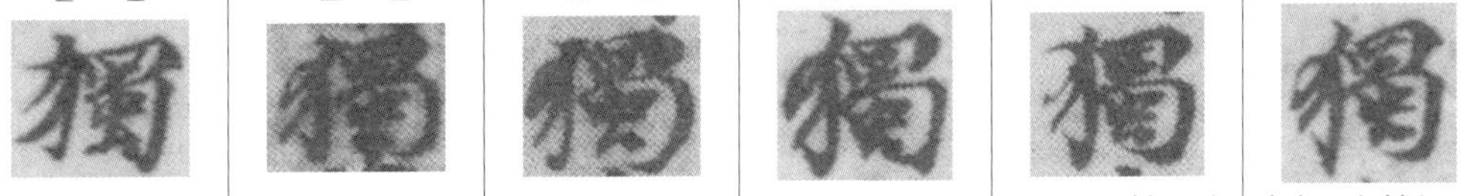

唐代·十輪經九 11_205_5 | 唐代·十輪經十 17_331_24 | 唐代·十輪經十 10_192_7 | 唐代·十輪經十 9_167_14 | 唐代·十輪經十 8_143_8 | 唐代·十輪經十 7_121_11

	獸			獵	獷	獯
	慣ジュウ 訓けもの			リョウ 訓かり	漢コウ 訓—	クン 訓—
唐代•文選六八 33_338_2	唐代•春秋經傳 14_146_5	唐代•古文選前 1_8_6	唐代•文選六八 32_319_14	唐代•春秋經傳 10_96_12	唐代•十輪經四 3_43_3	唐代•文選百三 67_644_31
唐代•文選六八 35_350_2	唐代•文選五九 12_116_29		唐代•文選六八 35_352_14	唐代•春秋經傳 36_377_10	唐代•十輪經九 9_160_2	唐代•文選百三 67_645_27
唐代•文選六八 35_351_20	唐代•文選五九 105_991_14		唐代•文選六八 37_371_10	唐代•春秋經傳 36_377_14		唐代•文選百三 67_646_19
唐代•文選六八 37_365_31	唐代•文選六八 24_242_28		唐代•文選六八 37_377_18	唐代•文選六八 11_116_6		唐代•文選百三 82_782_2
唐代•文選六八 37_366_4	唐代•文選六八 31_316_6		唐代•文選六八 39_388_7	唐代•文選六八 28_284_8		唐代•文選百三 83_784_17
唐代•文選六八 37_368_26	唐代•文選六八 33_333_1		唐代•文選六八 39_389_16	唐代•文選六八 28_285_20		唐代•文選百三 83_784_26
唐代•文選六八 37_370_10	唐代•文選六八 33_334_5		唐代•文選六八 49_486_19	唐代•文選六八 29_286_9		
唐代•文選六八 37_372_3	唐代•文選六八 33_336_10		唐代•古文選前 1_7_11	唐代•文選六八 32_319_4		

唐代・文選六八
37_372_21

唐代・文選六八
37_372_27

唐代・文選百三
7_55_3

唐代・文選百三
46_444_12

唐代・古文選前
1_10_3

唐代・古文選前
17_205_5

唐代・古文選前
22_259_6

唐代・古文選前
24_283_12

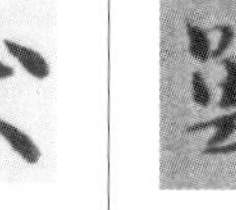

唐代・古文選後
9_104_11

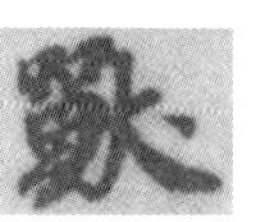
唐代・十輪經八
3_59_9

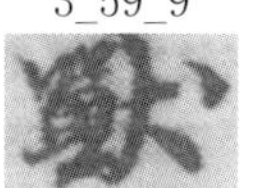
唐代・十輪經十
9_162_25

唐代・十輪經十
9_178_7

獺

慣ダツ漢タツ
訓かわうそ

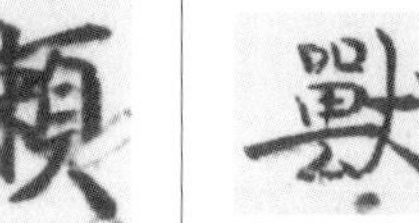
唐代・古文選前
16_185_10

獻

漢ケン呉コン
訓たてまつる

晩唐・慶滋書狀
1_1_9

唐代・春秋經傳
14_142_16

唐代・春秋經傳
18_191_8

唐代・春秋經傳
30_316_3

唐代・春秋經傳
34_357_15

唐代・文選四八
18_167_4

唐代・文選四八
19_169_5

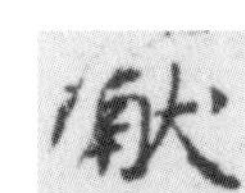
唐代・文選五九
35_341_17

唐代・文選五九
77_743_18

唐代・文選五九
82_794_3

唐代・文選五九
85_818_8

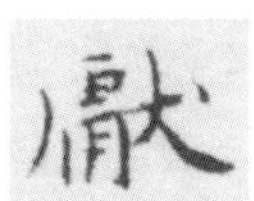
唐代・文選五九
85_819_26

唐代・文選五九
86_820_6

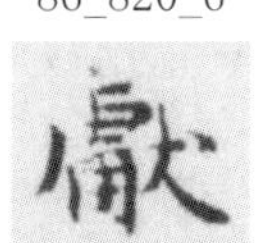
唐代・文選五九
86_821_7

唐代・文選六八
63_630_10

唐代・文選八八
16_136_17

唐代・文選百三
15_147_9

唐代・文選百三
16_150_6

唐代・文選百三
16_153_27

唐代・文選百三
16_154_11

唐代・文選百三
17_156_15

唐代・古文選前
14_166_5

唐代・古文選前
25_296_1

唐代・古文選前
25_297_11

唐代・古文選前
25_297_64

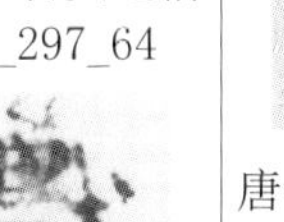
唐代・古文選前
27_314_5

唐代・古文選後
6_63_6

唐代・古文選後
17_195_10

唐代・古文選後
19_228_5

唐代・古文選後
20_236_5

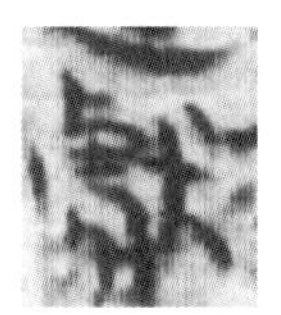
唐代・古文選後
22_260_25

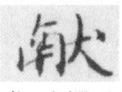

歹部

死

シ

訓 しぬ

唐代・春秋經傳 4_40_6

唐代・春秋經傳 4_40_32

唐代・春秋經傳 5_46_26

唐代・春秋經傳 9_90_8

唐代・春秋經傳 9_90_13

唐代・春秋經傳 9_95_19

唐代・春秋經傳 13_128_1

唐代・春秋經傳 13_132_17

唐代・春秋經傳 13_136_8

唐代・春秋經傳 17_171_3

唐代・春秋經傳 17_180_3

唐代・春秋經傳 17_180_6

唐代・春秋經傳 20_213_14

唐代・春秋經傳 27_283_24

唐代・春秋經傳 30_313_19

唐代・春秋經傳 32_329_16

唐代・文選四八 10_91_1

唐代・文選四八 18_167_1

唐代・文選四八 43_386_17

唐代・文選四八 43_387_24

唐代・文選五九 7_62_13

唐代・文選五九 32_317_28

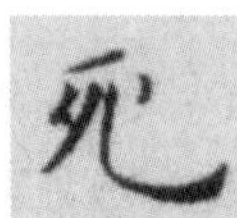
唐代・文選五九 35_343_6

唐代・文選五九 48_476_24

唐代・文選五九 111_1046_17

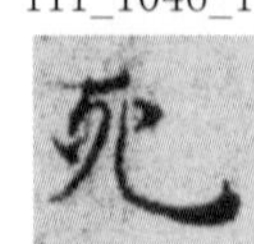
唐代・文選五九 111_1047_6

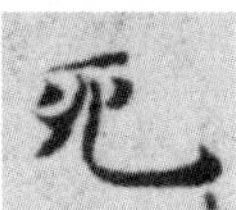
唐代・文選五九 111_1050_17

唐代・文選六八 10_108_25

唐代・文選六八 11_109_16

唐代・文選六八 22_225_21

唐代・文選六八 23_234_31

唐代・文選六八 36_361_9

唐代・文選六八 45_446_4

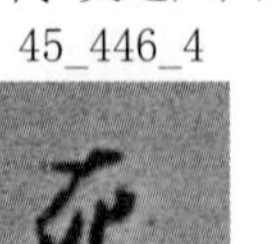
唐代・文選六八 58_584_17

唐代・文選六八 59_587_11

唐代・文選百三 1_9_16

唐代・文選百三 2_14_19

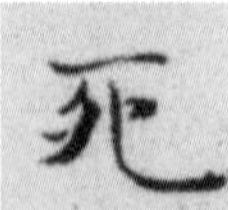
唐代・文選百三 13_116_40

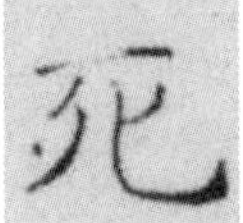
唐代・文選百三 19_180_28

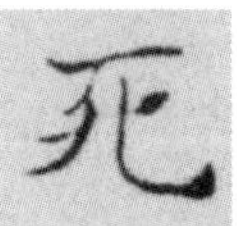
唐代・文選百三 19_182_4

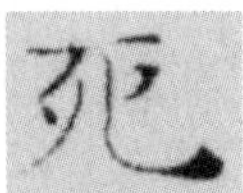
唐代・文選百三 19_189_23

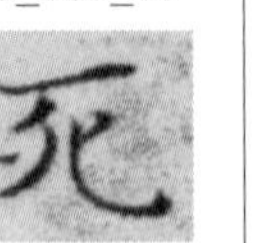
唐代・文選百三 20_191_12

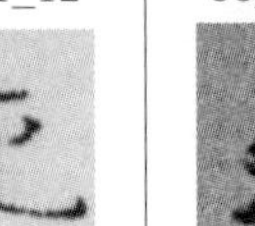
唐代・文選百三 21_202_4

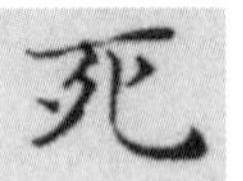
唐代・文選百三 21_208_14

唐代・文選百三 23_218_40

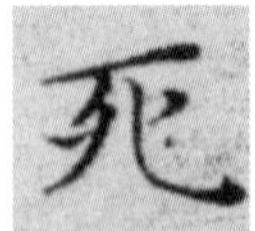
唐代・文選百三 23_228_13

唐代・文選百三 27_262_30

唐代・文選百三 37_371_6

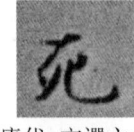

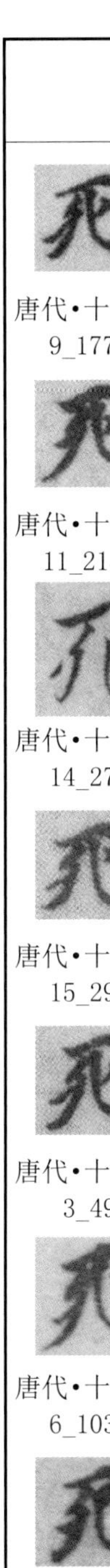
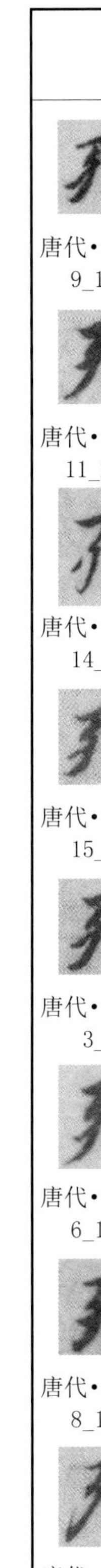
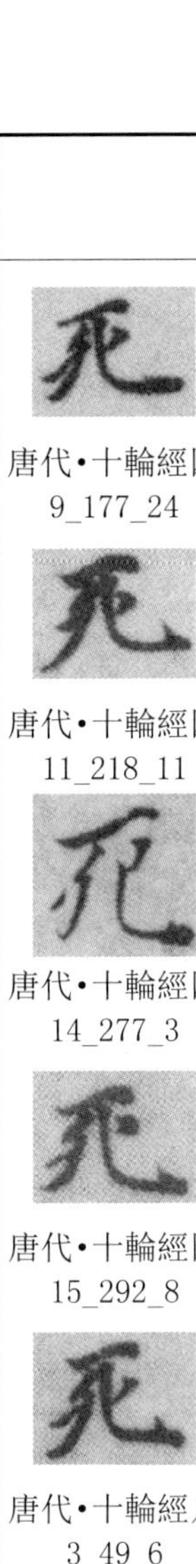
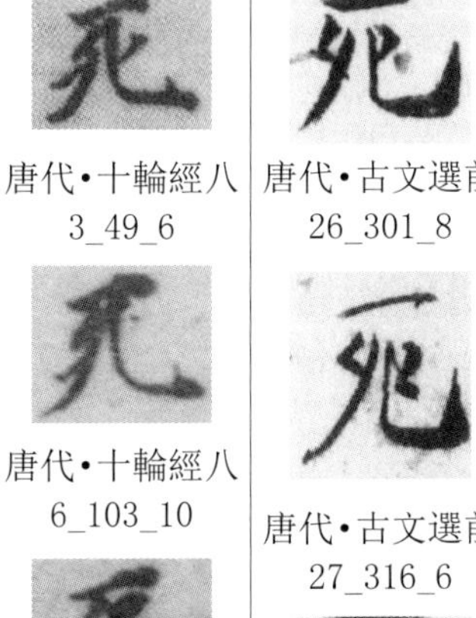
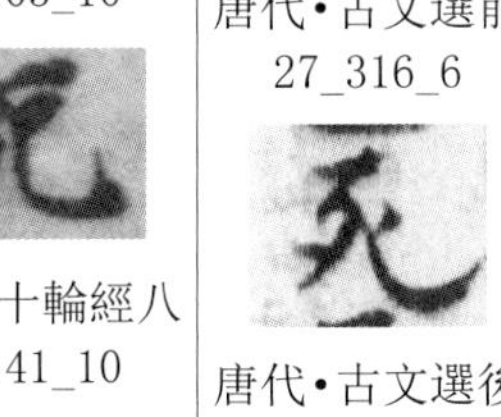
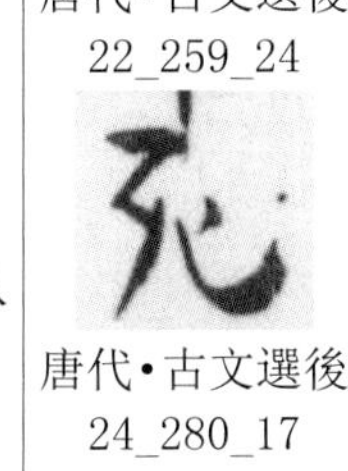
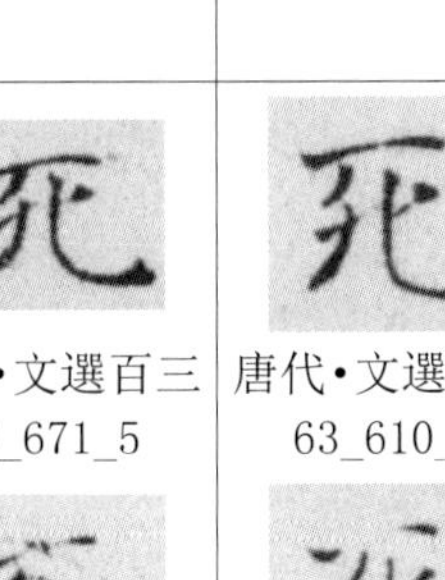
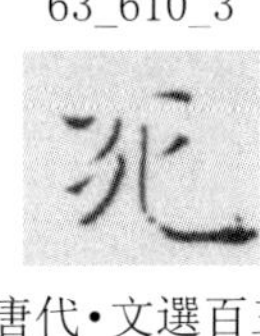

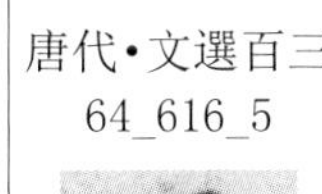

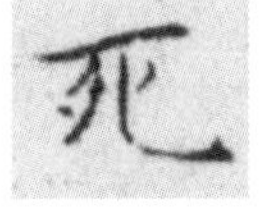
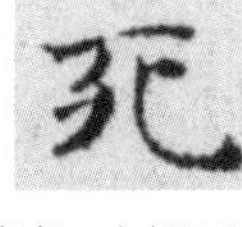
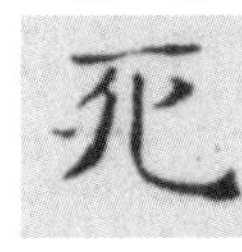

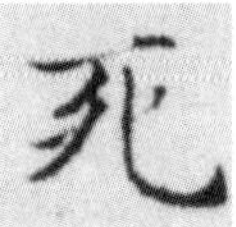
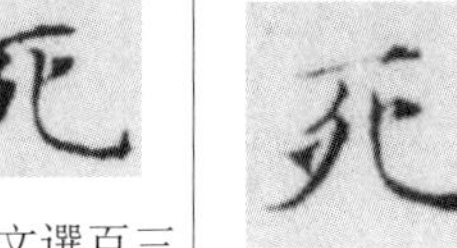

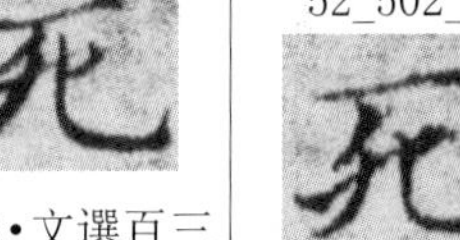
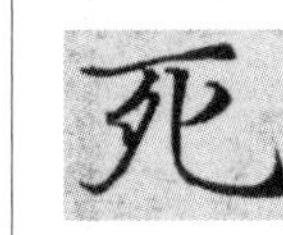
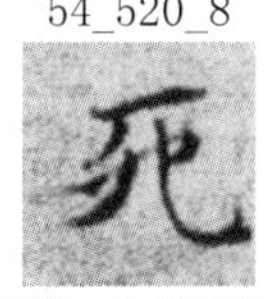
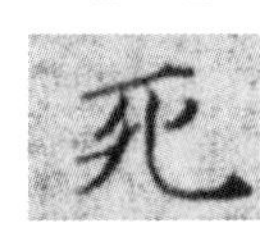
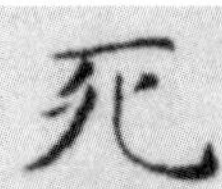
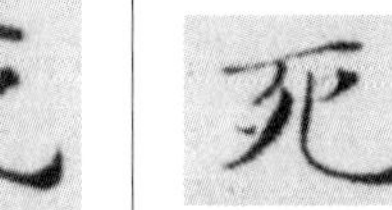
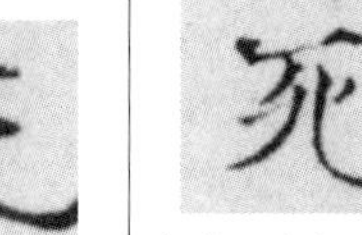
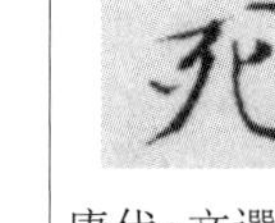
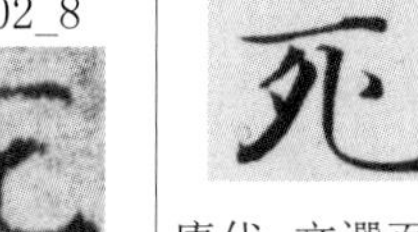
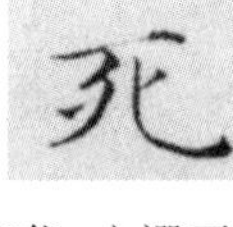
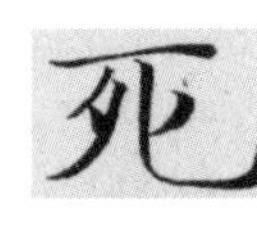
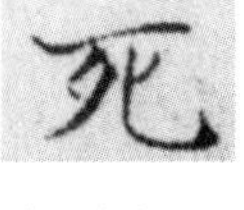

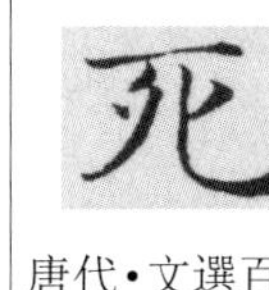

唐代•十輪經四 9_177_24	唐代•文選百三 86_822_33	唐代•文選百三 69_671_5	唐代•文選百三 63_610_3	唐代•文選百三 54_523_28	唐代•文選百三 42_421_11	唐代•文選百三 38_379_4
唐代•十輪經四 11_218_11	唐代•文選百三 86_823_26	唐代•文選百三 69_671_16	唐代•文選百三 63_611_13	唐代•文選百三 55_524_22	唐代•文選百三 44_423_26	唐代•文選百三 38_380_29
唐代•十輪經四 14_277_3	唐代•文選百三 87_834_4	唐代•文選百三 70_673_9	唐代•文選百三 64_616_5	唐代•文選百三 55_526_24	唐代•文選百三 51_492_8	唐代•文選百三 38_381_5
唐代•十輪經四 15_292_8	唐代•古文選前 11_133_40	唐代•文選百三 70_675_24	唐代•文選百三 64_618_41	唐代•文選百三 56_536_19	唐代•文選百三 52_502_8	唐代•文選百三 39_389_22
唐代•十輪經八 3_49_6	唐代•古文選前 26_301_8	唐代•文選百三 71_683_22	唐代•文選百三 64_618_47	唐代•文選百三 60_579_5	唐代•文選百三 52_505_19	唐代•文選百三 41_408_6
唐代•十輪經八 6_103_10	唐代•古文選前 27_316_6	唐代•文選百三 73_711_8	唐代•文選百三 65_620_16	唐代•文選百三 61_583_23	唐代•文選百三 54_520_8	唐代•文選百三 41_411_25
唐代•十輪經八 8_141_10	唐代•古文選後 22_259_24	唐代•文選百三 79_755_2	唐代•文選百三 65_626_22	唐代•文選百三 61_591_13	唐代•文選百三 54_522_5	唐代•文選百三 41_417_10
唐代•十輪經八 9_179_14	唐代•古文選後 24_280_17	唐代•文選百三 79_755_28	唐代•文選百三 69_668_1	唐代•文選百三 63_606_3	唐代•文選百三 54_523_19	唐代•文選百三 42_419_12

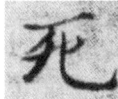

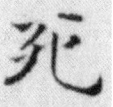

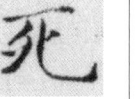

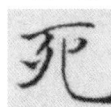

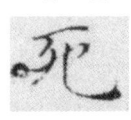

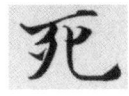

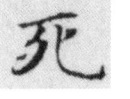

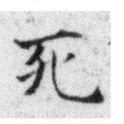

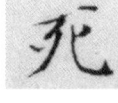

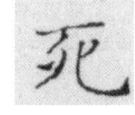

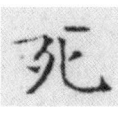

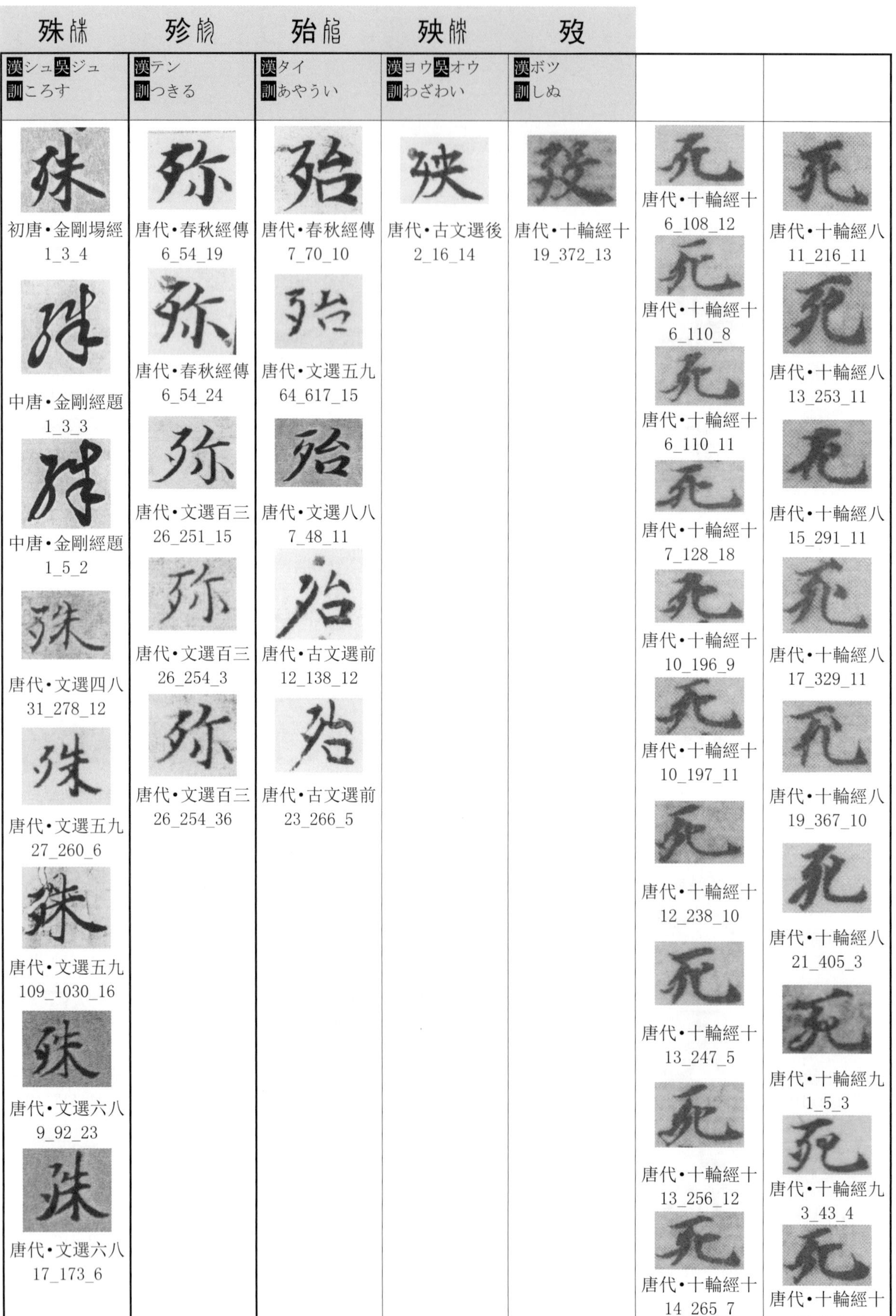

殊	殄	殆	殃	歿		
漢シュ呉ジュ 訓ころす	漢テン 訓つきる	漢タイ 訓あやうい	漢ヨウ呉オウ 訓わざわい	漢ボツ 訓しぬ		
初唐・金剛場經 1_3_4	唐代・春秋經傳 6_54_19	唐代・春秋經傳 7_70_10	唐代・古文選後 2_16_14	唐代・十輪經十 19_372_13	唐代・十輪經十 6_108_12	唐代・十輪經八 11_216_11
中唐・金剛經題 1_3_3	唐代・春秋經傳 6_54_24	唐代・文選五九 64_617_15			唐代・十輪經十 6_110_8	唐代・十輪經八 13_253_11
中唐・金剛經題 1_5_2	唐代・文選百三 26_251_15	唐代・文選八八 7_48_11			唐代・十輪經十 6_110_11	唐代・十輪經八 15_291_11
唐代・文選四八 31_278_12	唐代・文選百三 26_254_3	唐代・古文選前 12_138_12			唐代・十輪經十 7_128_18	唐代・十輪經八 17_329_11
唐代・文選五九 27_260_6	唐代・文選百三 26_254_36	唐代・古文選前 23_266_5			唐代・十輪經十 10_196_9	唐代・十輪經八 19_367_10
唐代・文選五九 109_1030_16					唐代・十輪經十 10_197_11	唐代・十輪經八 21_405_3
唐代・文選六八 9_92_23					唐代・十輪經十 12_238_10	唐代・十輪經九 1_5_3
唐代・文選六八 17_173_6					唐代・十輪經十 13_247_5	唐代・十輪經九 3_43_4
					唐代・十輪經十 13_256_12	唐代・十輪經十 16_311_6
					唐代・十輪經十 14_265_7	

殖

漢ショク
訓くさる

初唐•法華義疏 1_5_2

唐代•文選五九 29_282_7

唐代•文選六八 43_430_17

唐代•古文選前 17_199_2

唐代•十輪經四 2_23_14

殑

漢キョウ呉ゴウ
訓—

唐代•十輪經四 9_172_2

唐代•十輪經四 12_231_2

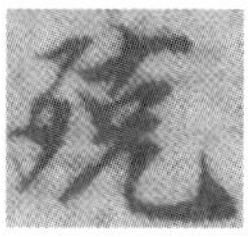
唐代•十輪經十 4_69_11

唐代•十輪經十 17_333_14

殉

呉ジュウ
訓したがう

唐代•文選百三 70_673_10

唐代•文選百三 70_675_26

唐代•文選百三 70_676_16

唐代•文選百三 70_676_32

唐代•文選百三 71_681_4

唐代•十輪經九 8_157_7

唐代•十輪經九 17_330_6

唐代•十輪經八 14_266_8

唐代•十輪經八 16_304_8

唐代•十輪經八 17_342_8

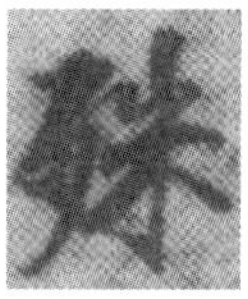
唐代•十輪經八 19_380_8

唐代•十輪經八 21_418_4

唐代•十輪經九 1_17_17

唐代•十輪經九 3_56_6

唐代•十輪經九 6_105_3

唐代•古文選前 12_141_11

唐代•古文選前 14_164_6

唐代•古文選後 4_48_11

唐代•十輪經八 5_98_12

唐代•十輪經八 6_116_4

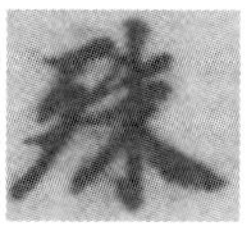
唐代•十輪經八 8_154_11

唐代•十輪經八 10_192_10

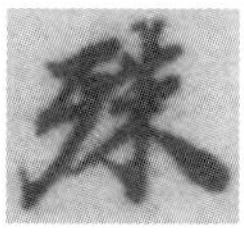
唐代•十輪經八 12_229_9

唐代•文選六八 19_186_2

唐代•文選六八 32_324_2

唐代•文選六八 43_428_1

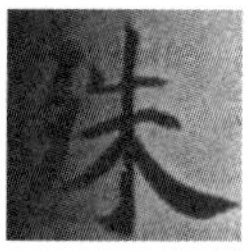
唐代•文選八八 15_129_17

唐代•文選百三 35_342_13

唐代•文選百三 63_613_3

唐代•文選百三 64_615_11

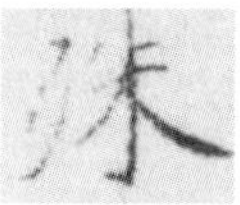
唐代•文選百三 87_832_4

殘

漢サン呉ザン
訓のこる

唐代・春秋經傳
6_55_22

唐代・文選百三
46_443_34

唐代・十輪經四
5_80_8

殞

イン、ウン
訓しぬ

唐代・文選百三
18_172_2

唐代・文選百三
27_269_1

唐代・文選百三
27_271_5

唐代・文選百三
28_272_12

唐代・文選百三
59_565_2

唐代・文選百三
86_820_8

殤

ショウ
訓わかじに

唐代・古文選後
23_276_6

殪

漢エイ
訓たおす

唐代・春秋經傳
25_257_17

唐代・春秋經傳
25_257_18

唐代・春秋經傳
25_258_4

殫

タン
訓たおす

唐代・古文選前
3_32_3

殯

ヒン
訓かりもがり

唐代・春秋經傳
13_134_7

唐代・春秋經傳
13_134_13

唐代・春秋經傳
29_302_16

唐代・文選五九
111_1054_21

唐代・文選百三
19_178_4

唐代・文選百三
21_197_24

唐代・文選百三
21_197_31

殲

セン
訓つくす

唐代・文選百三
29_283_31

唐代・文選百三
33_333_12

唐代・文選百三
33_333_27

牙部

牙 

漢ガ吳ゲ

訓きば

唐代·文選四八
17_152_1

唐代·文選六八
35_346_14

唐代·文選六八
35_350_4

唐代·文選六八
37_368_28

唐代·文選百三
37_376_11

唐代·文選百三
38_378_11

唐代·文選百三
38_381_27

唐代·文選百三
45_429_1

唐代·文選百三
63_613_10

唐代·文選百三
64_615_15

唐代·文選百三
87_824_3

唐代·古文選後
5_51_4

唐代·十輪經四
9_163_11

唐代·十輪經四
9_164_7

唐代·十輪經四
10_186_7

唐代·十輪經四
10_186_15

唐代·十輪經四
10_188_4

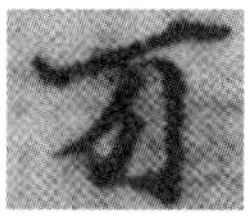
唐代·十輪經九
8_156_10

戈部

戈

カ
訓ほこ

唐代·文選四八
3_20_22

唐代·文選五九
37_365_30

唐代·文選五九
78_746_26

唐代·文選六八
32_321_13

唐代·文選六八
32_322_19

唐代·文選六八
32_324_10

唐代·文選六八
44_443_25

唐代·文選百三
47_457_20

唐代·文選百三
48_460_18

唐代·文選百三
48_460_33

唐代·文選百三
83_792_12

唐代·古文選後
3_25_14

戊

慣ボ漢ボウ
訓つちのえ

唐代·春秋經傳
21_222_22

唐代·春秋經傳
28_288_12

唐代·古文選前
20_240_13

戎

漢ジュウ
訓つわもの

唐代·春秋經傳
5_50_3

唐代·春秋經傳
12_120_11

唐代·春秋經傳
13_129_13

唐代·春秋經傳
14_138_1

唐代·春秋經傳
25_258_5

唐代·文選五九
75_722_8

唐代·文選五九
90_863_8

唐代·文選五九
90_864_23

唐代·文選五九
90_865_5

唐代·文選五九
90_866_29

唐代·文選五九
90_867_27

唐代·文選百三
45_433_7

唐代·文選百三
54_516_23

唐代·文選百三
54_519_8

唐代·古文選後
5_54_12

唐代·古文選後
4_47_9

唐代·古文選後
22_254_9

戌

漢ジュツ
訓いぬ

丙戌
唐代•春秋經傳
13_131_1

戊戌
唐代•春秋經傳
21_222_23

戍

慣ジュ漢シュ
訓まもる

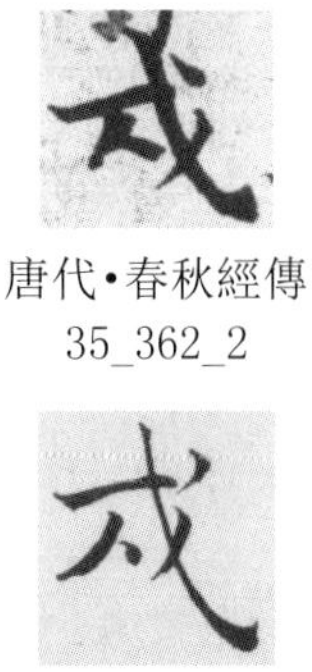

唐代•春秋經傳
35_362_2

唐代•文選百三
67_651_2

成

漢セイ呉ジョウ
訓なる

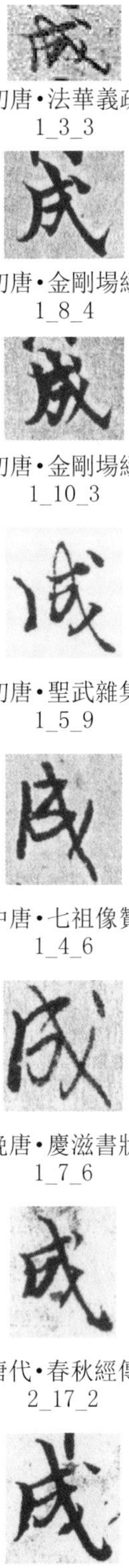

初唐•法華義疏
1_3_3

初唐•金剛場經
1_8_4

初唐•金剛場經
1_10_3

初唐•聖武雜集
1_5_9

中唐•七祖像贊
1_4_6

晚唐•慶滋書狀
1_7_6

唐代•春秋經傳
2_17_2

唐代•春秋經傳
3_22_12

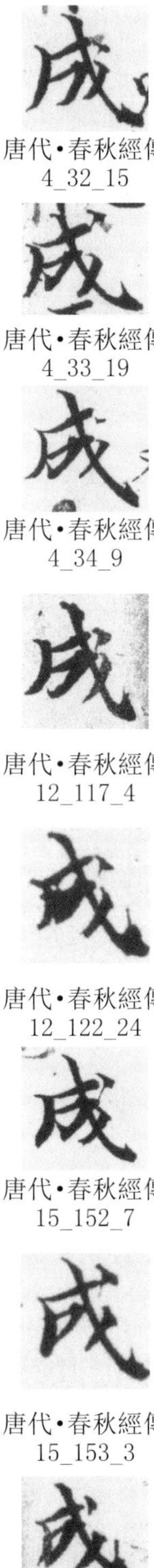

唐代•春秋經傳
4_32_15

唐代•春秋經傳
4_33_19

唐代•春秋經傳
4_34_9

唐代•春秋經傳
12_117_4

唐代•春秋經傳
12_122_24

唐代•春秋經傳
15_152_7

唐代•春秋經傳
15_153_3

唐代•春秋經傳
21_222_6

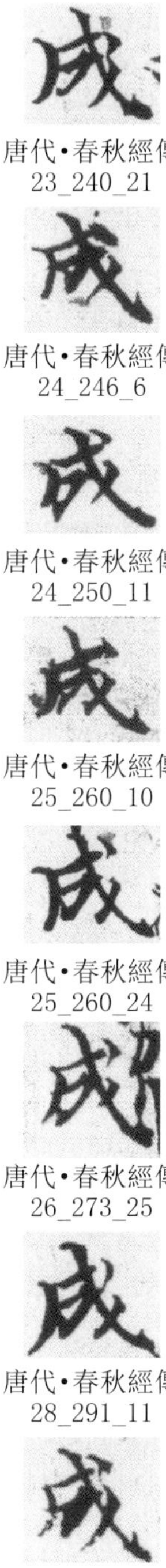

唐代•春秋經傳
23_240_21

唐代•春秋經傳
24_246_6

唐代•春秋經傳
24_250_11

唐代•春秋經傳
25_260_10

唐代•春秋經傳
25_260_24

唐代•春秋經傳
26_273_25

唐代•春秋經傳
28_291_11

唐代•春秋經傳
28_292_8

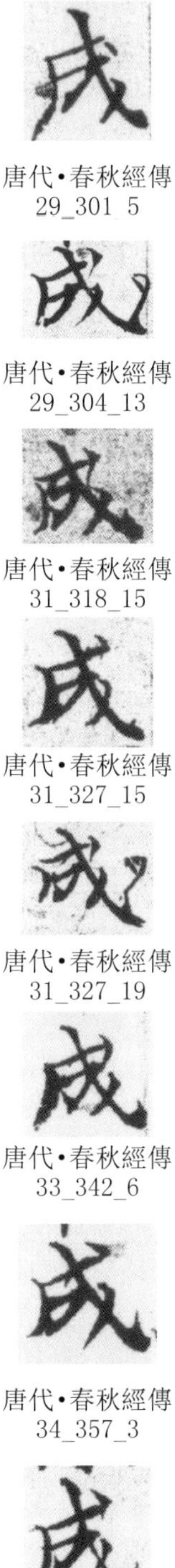

唐代•春秋經傳
29_301_5

唐代•春秋經傳
29_304_13

唐代•春秋經傳
31_318_15

唐代•春秋經傳
31_327_15

唐代•春秋經傳
31_327_19

唐代•春秋經傳
33_342_6

唐代•春秋經傳
34_357_3

唐代•春秋經傳
35_371_36

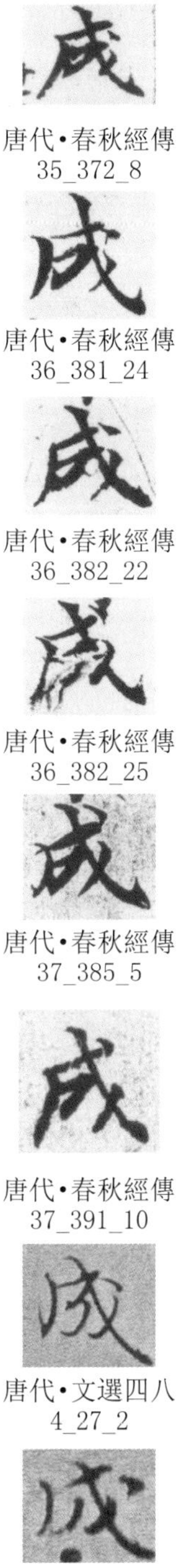

唐代•春秋經傳
35_372_8

唐代•春秋經傳
36_381_24

唐代•春秋經傳
36_382_22

唐代•春秋經傳
36_382_25

唐代•春秋經傳
37_385_5

唐代•春秋經傳
37_391_10

唐代•文選四八
4_27_2

唐代•文選四八
7_60_16

唐代•文選四八
8_68_26

唐代•文選四八
10_90_5

唐代•文選四八
10_91_7

唐代•文選四八
11_95_13

唐代•文選四八
13_114_11

唐代•文選四八
13_118_6

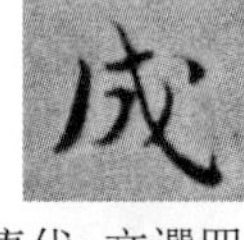
唐代•文選四八
14_121_16

唐代•文選四八
14_123_10

唐代•文選四八
31_280_10

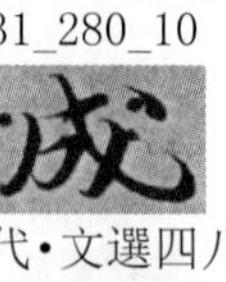
唐代•文選四八
35_315_15

唐代•文選四八
35_316_12

唐代•文選四八
35_317_23

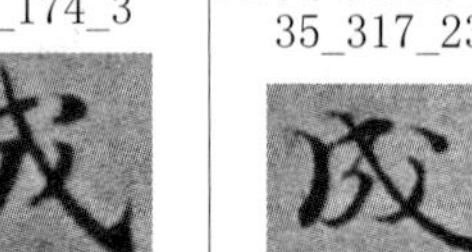
唐代•文選四八
44_402_26

唐代•文選四八
47_424_26

唐代•文選四八
48_432_20

唐代•文選四八
48_432_22

唐代•文選五九
2_16_26

唐代•文選五九
15_147_6

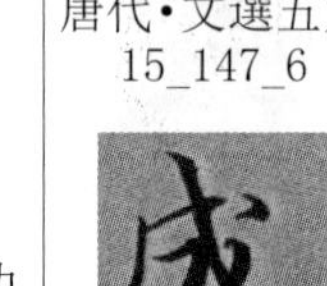
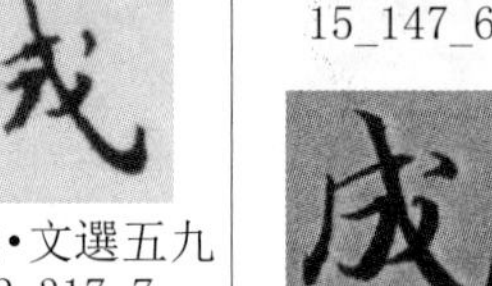
唐代•文選五九
18_174_3

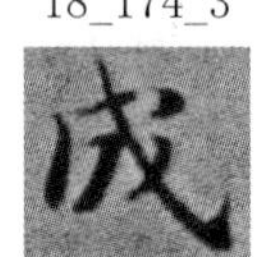
唐代•文選五九
18_175_18

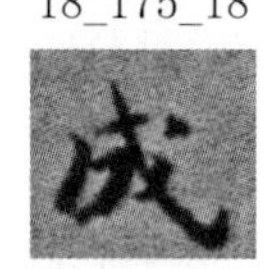
唐代•文選五九
18_176_17

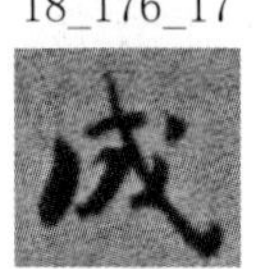
唐代•文選五九
18_178_19

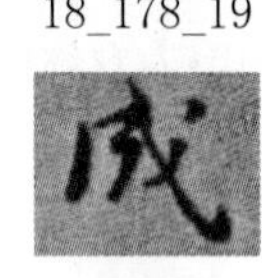
唐代•文選五九
22_215_1

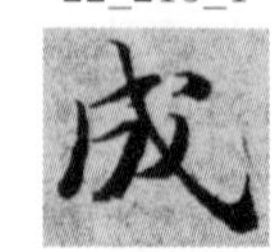
唐代•文選五九
23_232_3

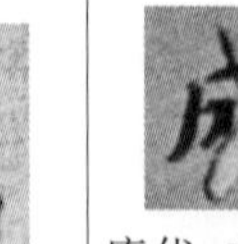
唐代•文選五九
24_233_13

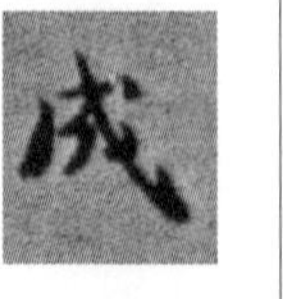
唐代•文選五九
25_242_25

唐代•文選五九
32_317_7

唐代•文選五九
43_420_15

唐代•文選五九
43_422_19

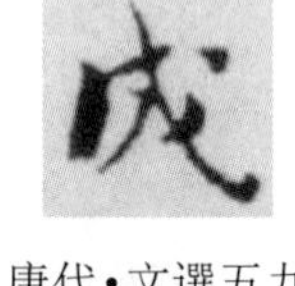
唐代•文選五九
43_425_9

唐代•文選五九
45_451_32

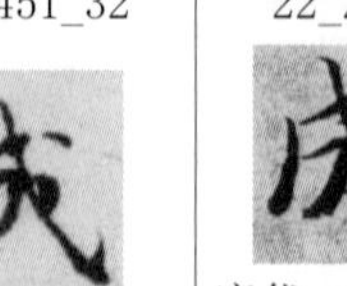

唐代•文選五九
47_465_11

唐代•文選五九
49_485_11

唐代•文選五九
49_485_31

唐代•文選五九
49_488_17

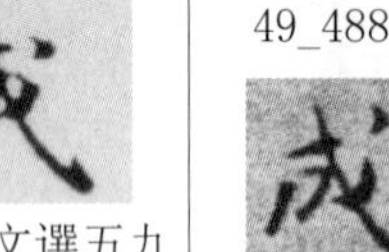

唐代•文選五九
49_489_4

唐代•文選五九
56_545_14

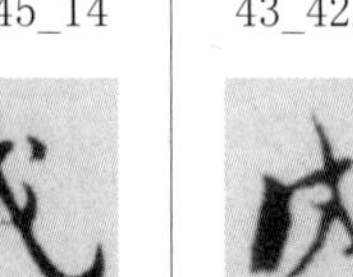
唐代•文選五九
61_587_24

唐代•文選五九
63_608_26

唐代•文選五九
66_633_6

唐代•文選五九
69_664_9

唐代•文選五九
69_666_4

唐代•文選五九
70_668_3

唐代•文選五九
71_677_5

唐代•文選五九
75_721_4

唐代•文選五九
79_761_7

唐代•文選五九
94_896_19

唐代•文選五九
97_923_18

唐代•文選五九
97_925_2

唐代•文選五九
97_926_24

唐代•文選五九
101_953_11

唐代•文選五九
101_953_17

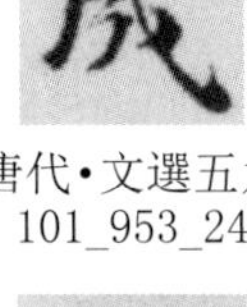
唐代•文選五九
101_953_24

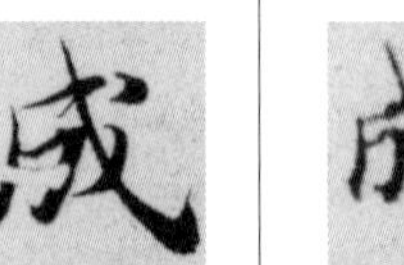
通城
唐代•文選五九
102_964_4

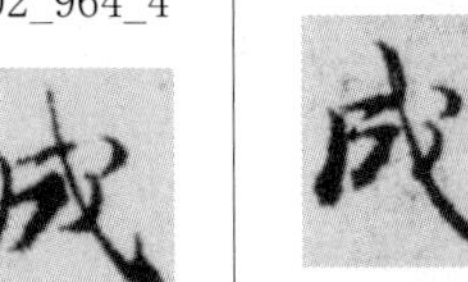
通城
唐代•文選五九
102_964_17

唐代•文選五九
103_977_19

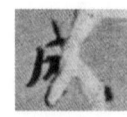

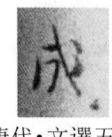

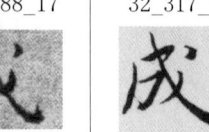

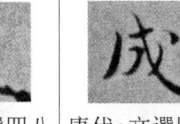

唐代•古文選後
12_133_25

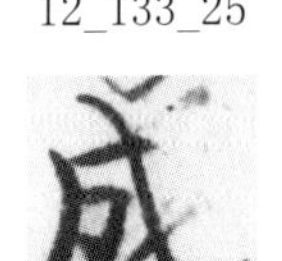
唐代•古文選後
22_257_10

唐代•古文選後
25_295_11

唐代•古文選後
26_311_4

唐代•古文選後
26_311_25

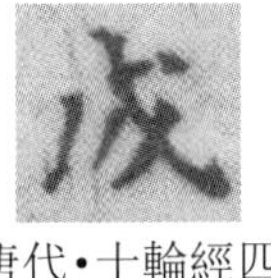
唐代•十輪經四
3_49_8

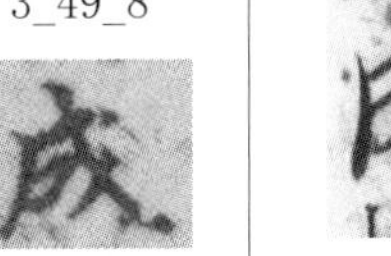
唐代•十輪經四
3_49_12

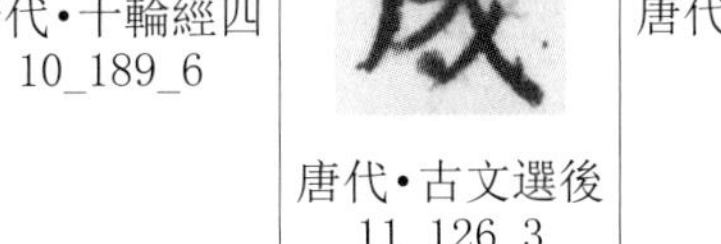
唐代•十輪經四
10_189_6

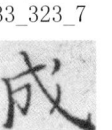

唐代•古文選前
8_92_27

唐代•古文選前
15_179_40

唐代•古文選前
24_288_6

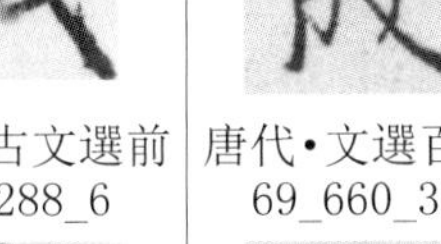
唐代•古文選前
24_288_14

唐代•古文選前
25_291_6

唐代•古文選後
6_65_3

唐代•古文選後
7_78_9

唐代•古文選後
11_126_3

唐代•文選百三
17_158_3

唐代•文選百三
33_323_7

唐代•文選百三
69_660_36

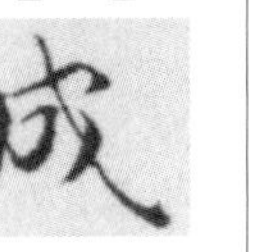
唐代•文選百三
73_709_13

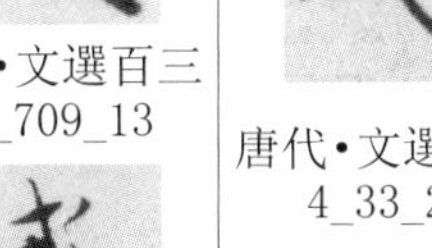
唐代•文選百三
83_791_16

唐代•文選百三
83_794_6

唐代•文選百三
83_794_21

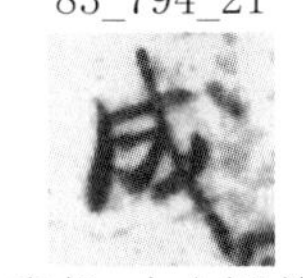
唐代•古文選前
1_2_8

唐代•文選六八
71_711_16

唐代•文選八八
10_79_4

唐代•文選八八
10_80_7

唐代•文選百三
4_33_21

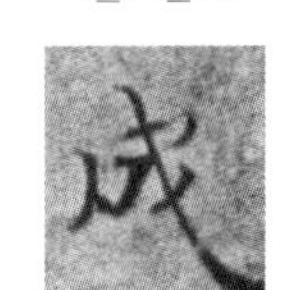
唐代•文選百三
5_35_6

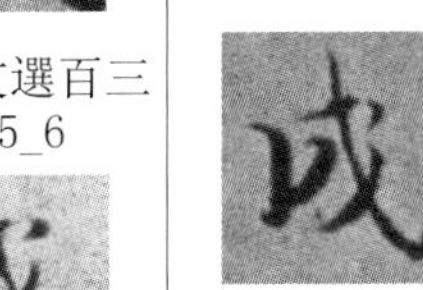
唐代•文選百三
5_38_34

唐代•文選百三
7_58_16

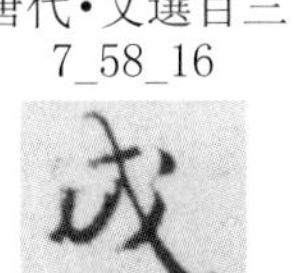
唐代•文選百三
16_153_31

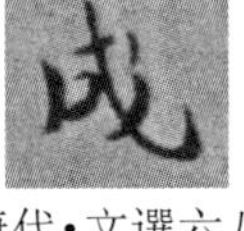
唐代•文選六八
43_433_18

唐代•文選六八
58_583_1

唐代•文選六八
58_584_6

唐代•文選六八
61_617_8

唐代•文選六八
62_618_26

唐代•文選六八
62_621_11

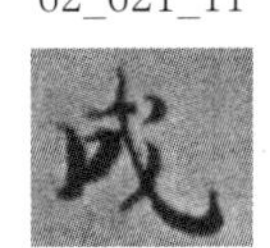

唐代•文選六八
65_646_16

唐代•文選六八
71_708_25

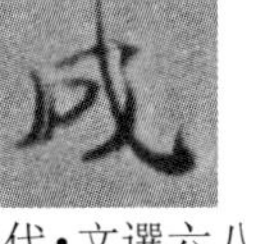
唐代•文選六八
24_245_4

唐代•文選六八
24_245_9

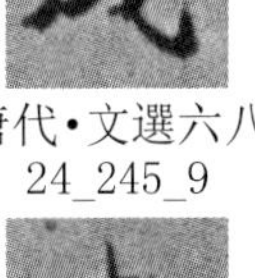

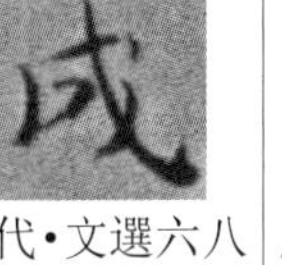
唐代•文選六八
25_250_5

唐代•文選六八
26_265_9

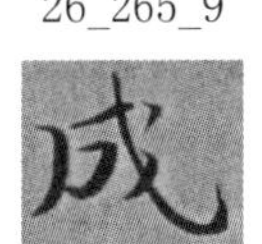
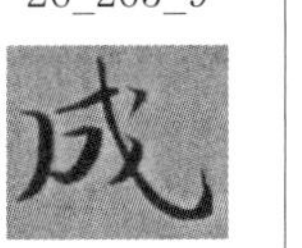
唐代•文選六八
37_371_4

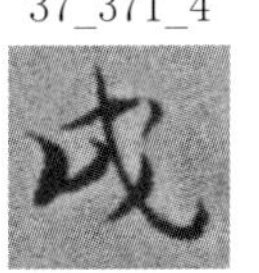
唐代•文選六八
37_373_5

唐代•文選六八
43_432_7

唐代•文選六八
43_433_16

唐代•文選六八
19_191_6

唐代•文選六八
19_195_8

唐代•文選六八
19_199_17

唐代•文選六八
20_200_13

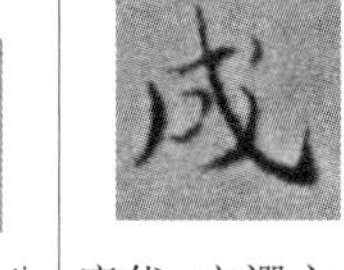
唐代•文選六八
20_202_27

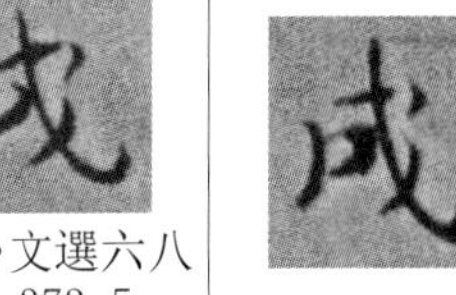
唐代•文選六八
21_207_16

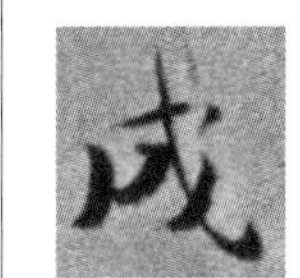
唐代•文選六八
22_222_19

唐代•文選六八
22_224_11

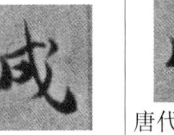

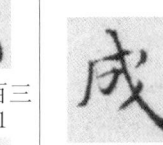

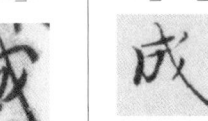

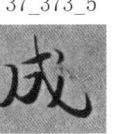

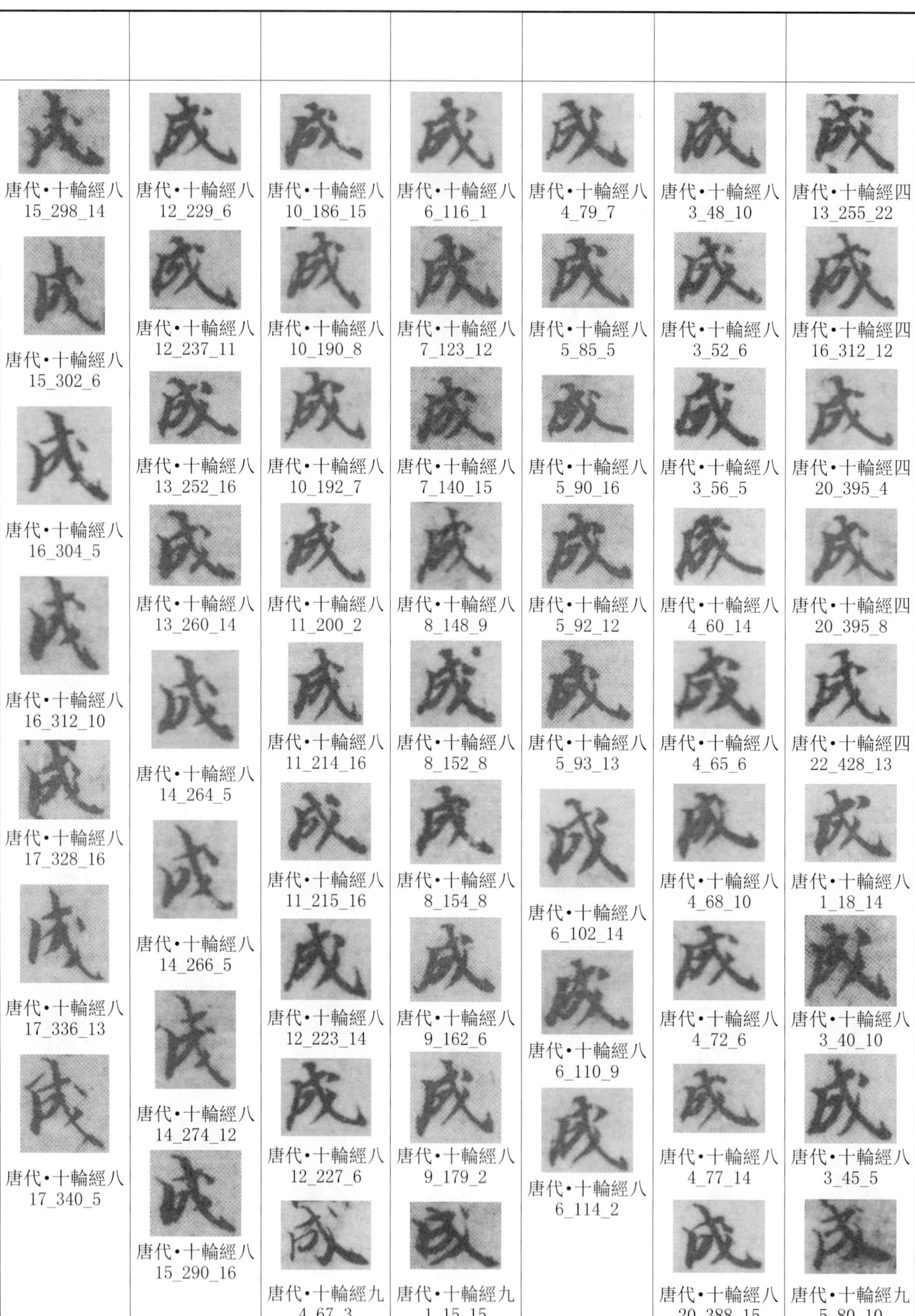

唐代•十輪經四 13_255_22
唐代•十輪經四 16_312_12
唐代•十輪經四 20_395_4
唐代•十輪經四 20_395_8
唐代•十輪經四 22_428_13
唐代•十輪經八 1_18_14
唐代•十輪經八 3_40_10
唐代•十輪經八 3_45_5
唐代•十輪經九 5_80_10

唐代•十輪經八 3_48_10
唐代•十輪經八 3_52_6
唐代•十輪經八 3_56_5
唐代•十輪經八 4_60_14
唐代•十輪經八 4_65_6
唐代•十輪經八 4_68_10
唐代•十輪經八 4_72_6
唐代•十輪經八 4_77_14
唐代•十輪經八 20_388_15

唐代•十輪經八 4_79_7
唐代•十輪經八 5_85_5
唐代•十輪經八 5_90_16
唐代•十輪經八 5_92_12
唐代•十輪經八 5_93_13
唐代•十輪經八 6_102_14
唐代•十輪經八 6_110_9
唐代•十輪經八 6_114_2

唐代•十輪經八 6_116_1
唐代•十輪經八 7_123_12
唐代•十輪經八 7_140_15
唐代•十輪經八 8_148_9
唐代•十輪經八 8_152_8
唐代•十輪經八 8_154_8
唐代•十輪經八 9_162_6
唐代•十輪經八 9_179_2
唐代•十輪經九 1_15_15

唐代•十輪經八 10_186_15
唐代•十輪經八 10_190_8
唐代•十輪經八 10_192_7
唐代•十輪經八 11_200_2
唐代•十輪經八 11_214_16
唐代•十輪經八 11_215_16
唐代•十輪經八 12_223_14
唐代•十輪經八 12_227_6
唐代•十輪經九 4_67_3

唐代•十輪經八 12_229_6
唐代•十輪經八 12_237_11
唐代•十輪經八 13_252_16
唐代•十輪經八 13_260_14
唐代•十輪經八 14_264_5
唐代•十輪經八 14_266_5
唐代•十輪經八 14_274_12
唐代•十輪經八 15_290_16

唐代•十輪經八 15_298_14
唐代•十輪經八 15_302_6
唐代•十輪經八 16_304_5
唐代•十輪經八 16_312_10
唐代•十輪經八 17_328_16
唐代•十輪經八 17_336_13
唐代•十輪經八 17_340_5

戒

漢カイ
訓いましめる

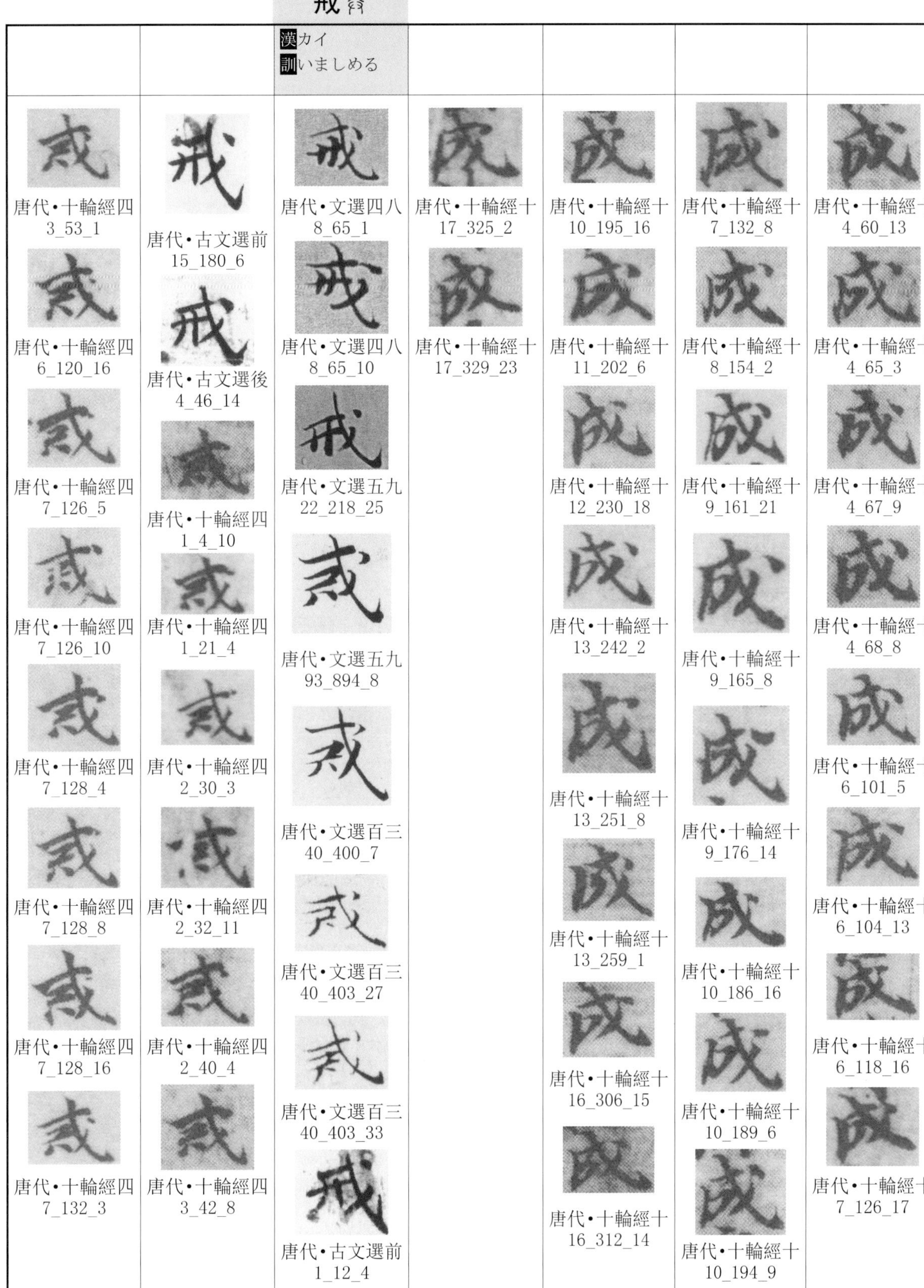

唐代・十輪經四 3_53_1
唐代・十輪經四 6_120_16
唐代・十輪經四 7_126_5
唐代・十輪經四 7_126_10
唐代・十輪經四 7_128_4
唐代・十輪經四 7_128_8
唐代・十輪經四 7_128_16
唐代・十輪經四 7_132_3

唐代・古文選前 15_180_6
唐代・古文選後 4_46_14
唐代・十輪經四 1_4_10
唐代・十輪經四 1_21_4
唐代・十輪經四 2_30_3
唐代・十輪經四 2_32_11
唐代・十輪經四 2_40_4
唐代・十輪經四 3_42_8

唐代・文選四八 8_65_1
唐代・文選四八 8_65_10
唐代・文選五九 22_218_25
唐代・文選五九 93_894_8
唐代・文選百三 40_400_7
唐代・文選百三 40_403_27
唐代・文選百三 40_403_33
唐代・古文選前 1_12_4

唐代・十輪經十 17_325_2
唐代・十輪經十 17_329_23

唐代・十輪經十 10_195_16
唐代・十輪經十 11_202_6
唐代・十輪經十 12_230_18
唐代・十輪經十 13_242_2
唐代・十輪經十 13_251_8
唐代・十輪經十 13_259_1
唐代・十輪經十 16_306_15
唐代・十輪經十 16_312_14

唐代・十輪經十 7_132_8
唐代・十輪經十 8_154_2
唐代・十輪經十 9_161_21
唐代・十輪經十 9_165_8
唐代・十輪經十 9_176_14
唐代・十輪經十 10_186_16
唐代・十輪經十 10_189_6
唐代・十輪經十 10_194_9

唐代・十輪經十 4_60_13
唐代・十輪經十 4_65_3
唐代・十輪經十 4_67_9
唐代・十輪經十 4_68_8
唐代・十輪經十 6_101_5
唐代・十輪經十 6_104_13
唐代・十輪經十 6_118_16
唐代・十輪經十 7_126_17

唐代•十輪經四 7_134_1
唐代•十輪經四 7_139_16
唐代•十輪經四 8_141_14
唐代•十輪經四 8_143_16
唐代•十輪經四 8_144_10
唐代•十輪經四 8_150_12
唐代•十輪經四 8_151_11
唐代•十輪經四 8_153_4

唐代•十輪經四 14_275_11
唐代•十輪經四 14_275_14
唐代•十輪經四 14_276_1
唐代•十輪經四 15_281_3
唐代•十輪經四 17_328_15
唐代•十輪經四 17_332_1
唐代•十輪經四 17_332_13
唐代•十輪經四 17_334_1

唐代•十輪經四 19_362_14
唐代•十輪經八 4_68_16
唐代•十輪經八 5_86_2
唐代•十輪經八 6_110_14
唐代•十輪經八 6_114_7
唐代•十輪經八 8_148_14
唐代•十輪經八 8_152_13
唐代•十輪經八 10_187_4

唐代•十輪經八 10_190_13
唐代•十輪經八 12_224_2
唐代•十輪經八 12_227_11
唐代•十輪經八 13_261_2
唐代•十輪經八 14_264_10
唐代•十輪經八 15_299_2
唐代•十輪經八 15_302_11
唐代•十輪經八 17_337_2

唐代•十輪經八 17_340_10
唐代•十輪經八 19_375_2
唐代•十輪經八 19_378_10
唐代•十輪經八 21_412_11
唐代•十輪經八 21_416_7
唐代•十輪經九 1_12_7
唐代•十輪經九 1_16_3
唐代•十輪經九 3_50_11

唐代•十輪經九 3_54_8
唐代•十輪經九 12_238_14
唐代•十輪經九 13_242_12
唐代•十輪經九 13_243_5
唐代•十輪經九 13_244_5
唐代•十輪經九 13_245_3
唐代•十輪經九 13_245_14
唐代•十輪經九 13_246_5

唐代•十輪經九 13_246_12
唐代•十輪經九 13_247_11
唐代•十輪經九 13_251_3
唐代•十輪經九 13_253_1
唐代•十輪經九 13_253_7
唐代•十輪經九 13_253_9
唐代•十輪經九 13_255_7
唐代•十輪經九 13_256_10

唐代•十輪經九 13_257_9
唐代•十輪經九 13_257_17
唐代•十輪經九 13_258_7
唐代•十輪經九 13_258_16
唐代•十輪經九 13_259_12
唐代•十輪經九 14_260_6
唐代•十輪經九 14_260_14
唐代•十輪經九 14_261_7

唐代•十輪經九 14_262_7
唐代•十輪經九 14_267_12
唐代•十輪經九 14_268_25
唐代•十輪經九 14_269_18
唐代•十輪經九 17_326_1
唐代•十輪經九 17_329_9
唐代•十輪經九 17_336_5
唐代•十輪經九 18_345_11

唐代•十輪經九 18_345_13
唐代•十輪經十 5_89_7
唐代•十輪經十 5_90_10
唐代•十輪經十 6_114_14
唐代•十輪經十 12_222_4
唐代•十輪經十 18_356_8

我

ガ

訓われ

初唐•大般若經 1_3_13
中唐•金剛經題 1_1_2
中唐・風信帖 2_7_9
唐代•春秋經傳 4_33_1
唐代•春秋經傳 6_53_16
唐代•春秋經傳 7_65_1
唐代•春秋經傳 11_108_9
唐代•春秋經傳 11_109_3

唐代•春秋經傳 19_193_15
唐代•春秋經傳 28_290_19
唐代•春秋經傳 32_331_17
唐代•春秋經傳 33_343_11
唐代•春秋經傳 36_374_16
唐代•文選四八 8_67_17
唐代•文選四八 8_69_5
唐代•文選四八 9_75_6

唐代•文選四八 10_80_19
唐代•文選四八 21_190_21
唐代•文選四八 22_200_16
唐代•文選四八 25_222_20
唐代•文選四八 26_232_6
唐代•文選四八 26_233_12
唐代•文選四八 26_235_20
唐代•文選四八 28_248_7

唐代•文選四八 28_248_11
唐代•文選四八 37_334_14
唐代•文選四八 37_334_18
唐代•文選四八 39_349_25
唐代•文選四八 40_353_3
唐代•文選四八 40_354_2
唐代•文選四八 40_355_1
唐代•文選四八 40_355_4

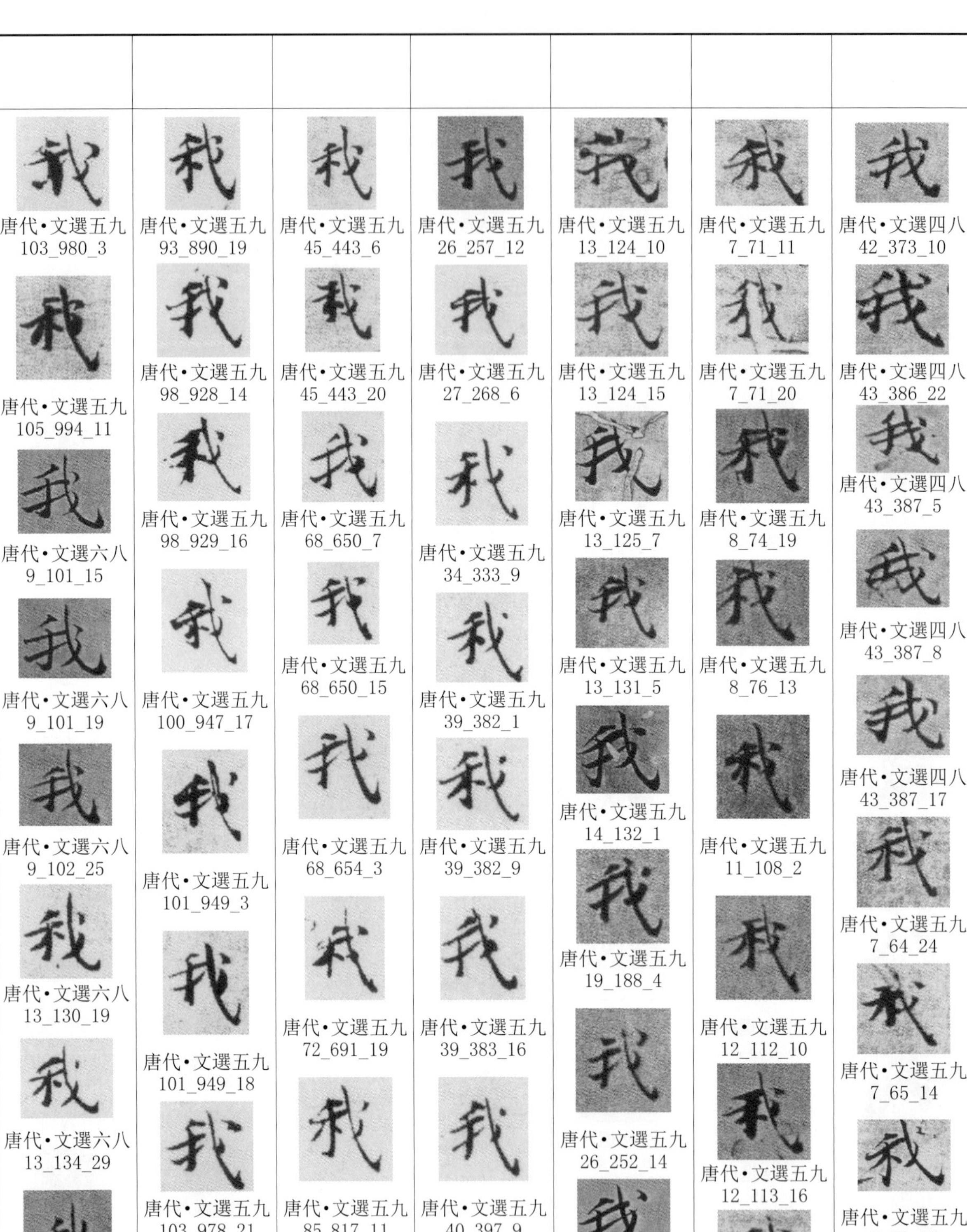

唐代·文選五九 103_980_3
唐代·文選五九 105_994_11
唐代·文選六八 9_101_15
唐代·文選六八 9_101_19
唐代·文選六八 9_102_25
唐代·文選六八 13_130_19
唐代·文選六八 13_134_29
唐代·文選六八 16_166_11

唐代·文選五九 93_890_19
唐代·文選五九 98_928_14
唐代·文選五九 98_929_16
唐代·文選五九 100_947_17
唐代·文選五九 101_949_3
唐代·文選五九 101_949_18
唐代·文選五九 103_978_21
唐代·文選五九 103_978_30

唐代·文選五九 45_443_6
唐代·文選五九 45_443_20
唐代·文選五九 68_650_7
唐代·文選五九 68_650_15
唐代·文選五九 68_654_3
唐代·文選五九 72_691_19
唐代·文選五九 85_817_11
唐代·文選五九 90_865_1

唐代·文選五九 26_257_12
唐代·文選五九 27_268_6
唐代·文選五九 34_333_9
唐代·文選五九 39_382_1
唐代·文選五九 39_382_9
唐代·文選五九 39_383_16
唐代·文選五九 40_397_9
唐代·文選五九 44_436_3

唐代·文選五九 13_124_10
唐代·文選五九 13_124_15
唐代·文選五九 13_125_7
唐代·文選五九 13_131_5
唐代·文選五九 14_132_1
唐代·文選五九 19_188_4
唐代·文選五九 26_252_14
唐代·文選五九 26_255_2

唐代·文選五九 7_71_11
唐代·文選五九 7_71_20
唐代·文選五九 8_74_19
唐代·文選五九 8_76_13
唐代·文選五九 11_108_2
唐代·文選五九 12_112_10
唐代·文選五九 12_113_16
唐代·文選五九 13_123_11

唐代·文選四八 42_373_10
唐代·文選四八 43_386_22
唐代·文選四八 43_387_5
唐代·文選四八 43_387_8
唐代·文選四八 43_387_17
唐代·文選五九 7_64_24
唐代·文選五九 7_65_14
唐代·文選五九 7_70_17

唐代•文選百三 27_259_4

唐代•文選百三 27_265_2

唐代•文選百三 45_436_6

唐代•文選百三 50_484_6

唐代•文選百三 54_519_10

唐代•文選百三 54_520_3

唐代•文選百三 55_528_5

唐代•文選百三 56_539_5

唐代•文選百三 16_152_30

唐代•文選百三 17_166_6

唐代•文選百三 17_168_21

唐代•文選百三 21_209_36

唐代•文選百三 22_214_1

唐代•文選百三 22_216_7

唐代•文選百三 23_219_37

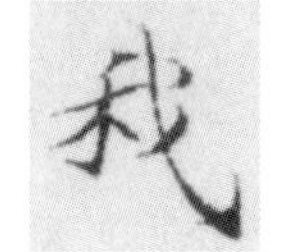
唐代•文選百三 23_224_19

唐代•文選百三 13_115_43

唐代•文選百三 13_116_6

唐代•文選百三 13_118_3

唐代•文選百三 13_118_13

唐代•文選百三 13_122_3

唐代•文選百三 15_136_1

唐代•文選百三 15_138_4

唐代•文選百三 15_138_6

唐代•文選八八 17_152_5

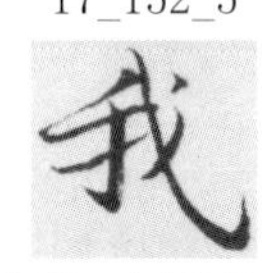
唐代•文選百三 8_71_6

唐代•文選百三 8_72_1

唐代•文選百三 8_72_30

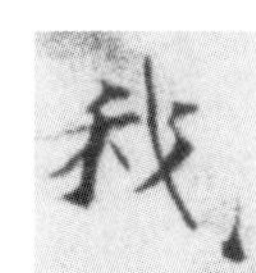
唐代•文選百三 8_74_30

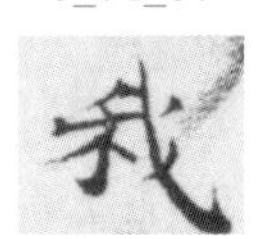
唐代•文選百三 9_88_3

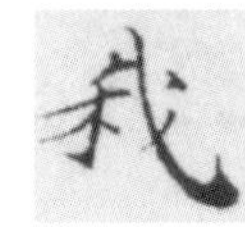
唐代•文選百三 9_89_13

唐代•文選百三 10_92_25

唐代•文選六八 72_715_11

唐代•文選六八 72_717_11

唐代•文選六八 72_717_15

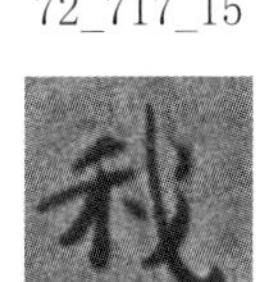
唐代•文選六八 72_718_10

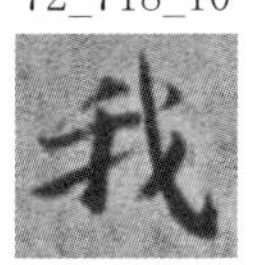
唐代•文選八八 8_59_23

唐代•文選八八 9_69_26

唐代•文選八八 15_127_3

唐代•文選八八 16_137_4

唐代•文選六八 47_472_7

唐代•文選六八 48_479_7

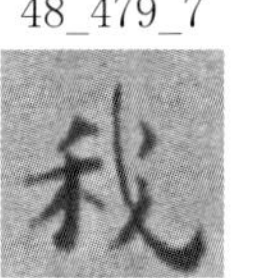

唐代•文選六八 56_564_6

唐代•文選六八 57_578_4

唐代•文選六八 62_623_3

唐代•文選六八 65_652_3

唐代•文選六八 65_652_18

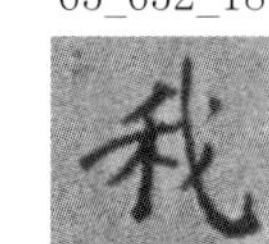
唐代•文選六八 66_660_8

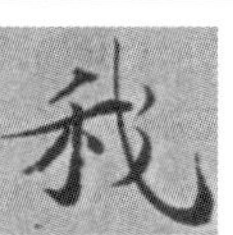
唐代•文選六八 21_213_3

唐代•文選六八 22_224_2

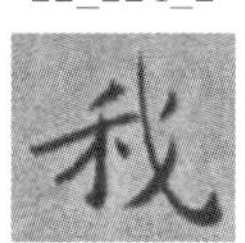
唐代•文選六八 22_224_21

唐代•文選六八 28_280_6

唐代•文選六八 35_358_18

唐代•文選六八 37_367_19

唐代•文選六八 39_386_16

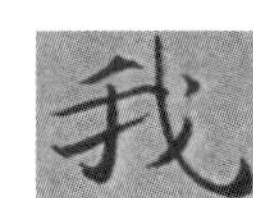
唐代•文選六八 39_389_1

唐代•古文選後 3_33_4

唐代•古文選後 4_47_2

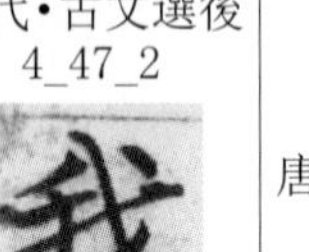
唐代•古文選後 4_48_1

唐代•古文選後 4_48_5

唐代•古文選後 5_60_14

唐代•古文選後 6_67_10

唐代•古文選後 7_77_10

唐代•古文選後 9_97_4

唐代•古文選後 1_11_11

唐代•古文選後 2_13_3

唐代•古文選後 2_17_10

唐代•古文選後 2_17_15

唐代•古文選後 2_18_7

唐代•古文選後 2_18_9

唐代•古文選後 3_31_8

唐代•古文選前 23_271_11

唐代•古文選前 24_280_12

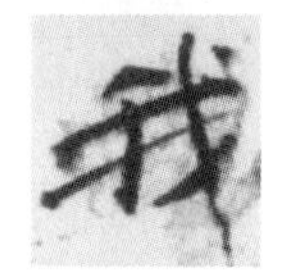
唐代•古文選後 1_4_1

唐代•古文選後 1_8_11

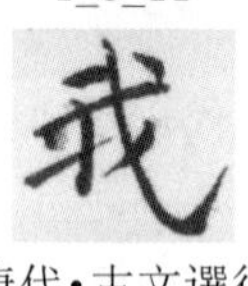
唐代•古文選後 1_10_12

唐代•古文選後 1_11_2

唐代•古文選後 1_11_9

唐代•古文選前 21_248_5

唐代•古文選前 21_252_14

唐代•古文選前 22_257_3

唐代•古文選前 22_260_1

唐代•古文選前 22_262_3

唐代•古文選前 22_263_15

唐代•古文選前 23_266_11

唐代•古文選前 23_269_1

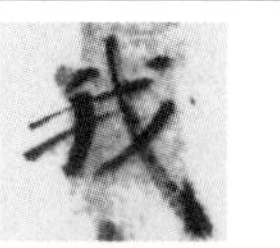
唐代•古文選前 11_128_12

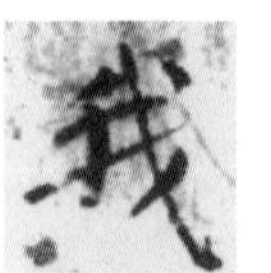
唐代•古文選前 14_158_2

唐代•古文選前 17_200_10

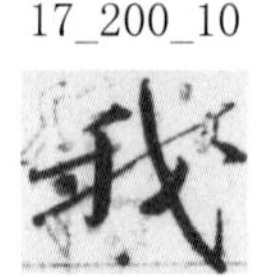
唐代•古文選前 17_200_14

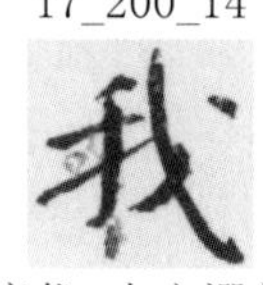
唐代•古文選前 18_207_12

唐代•古文選前 19_223_5

唐代•古文選前 21_242_3

唐代•古文選前 21_245_13

唐代•文選百三 83_788_9

唐代•文選百三 83_788_13

唐代•文選百三 83_789_11

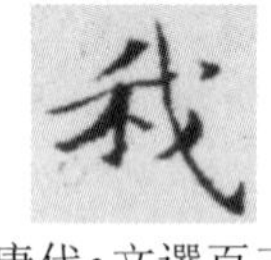
唐代•文選百三 83_789_15

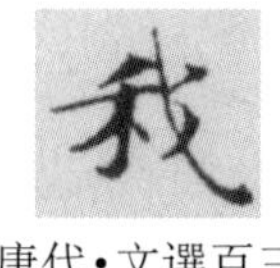
唐代•文選百三 83_789_19

唐代•文選百三 83_791_4

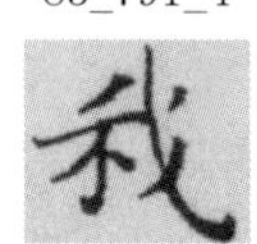
唐代•文選百三 83_791_9

唐代•古文選前 9_109_13

唐代•文選百三 57_544_1

唐代•文選百三 59_569_36

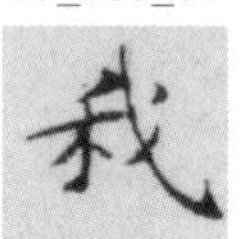
唐代•文選百三 59_570_3

唐代•文選百三 61_589_5

唐代•文選百三 73_703_21

唐代•文選百三 73_704_7

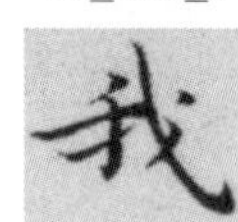
唐代•文選百三 75_724_17

唐代•文選百三 83_784_4

唐代•十輪經四 20_380_6
唐代•十輪經四 20_382_4
唐代•十輪經四 20_382_8
唐代•十輪經四 20_383_17
唐代•十輪經八 8_158_2
唐代•十輪經八 8_158_3
唐代•十輪經九 4_61_9
唐代•十輪經九 4_61_10
唐代•十輪經四 14_263_15
唐代•十輪經四 14_265_1
唐代•十輪經四 14_270_1
唐代•十輪經四 14_275_2
唐代•十輪經四 15_286_2
唐代•十輪經四 16_306_6
唐代•十輪經四 18_345_9
唐代•十輪經四 19_362_9
唐代•十輪經四 12_229_2
唐代•十輪經四 12_234_8
唐代•十輪經四 12_239_3
唐代•十輪經四 12_239_21
唐代•十輪經四 13_241_11
唐代•十輪經四 13_246_1
唐代•十輪經四 13_253_16
唐代•十輪經四 13_258_15
唐代•十輪經四 10_196_8
唐代•十輪經四 11_202_2
唐代•十輪經四 11_202_12
唐代•十輪經四 11_206_10
唐代•十輪經四 11_212_4
唐代•十輪經四 11_212_14
唐代•十輪經四 12_227_8
唐代•十輪經四 12_227_22
唐代•十輪經四 6_100_12
唐代•十輪經四 6_103_9
唐代•十輪經四 7_133_9
唐代•十輪經四 8_145_8
唐代•十輪經四 8_146_9
唐代•十輪經四 9_169_6
唐代•十輪經四 9_169_10
唐代•十輪經四 10_188_1
唐代•古文選後 24_277_12
唐代•古文選後 26_308_9
唐代•十輪經四 1_20_8
唐代•十輪經四 1_20_11
唐代•十輪經四 2_32_3
唐代•十輪經四 2_39_9
唐代•十輪經四 4_72_2
唐代•十輪經四 5_97_15
唐代•古文選後 10_110_8
唐代•古文選後 11_129_5
唐代•古文選後 13_155_1
唐代•古文選後 14_167_1
唐代•古文選後 21_251_11
唐代•古文選後 23_266_2
唐代•古文選後 23_268_12
唐代•古文選後 23_275_3

或

吳ワク
訓くに

唐代•十輪經九 5_91_15
唐代•十輪經九 5_92_6
唐代•十輪經九 8_144_1
唐代•十輪經十 2_28_6
唐代•十輪經十 15_295_7
唐代•十輪經十 19_378_11
唐代•十輪經十 19_380_13

初唐•法華義疏 1_7_24
晚唐•慶滋書狀 1_2_2
晚唐•慶滋書狀 1_2_5
唐代•春秋經傳 17_177_3
唐代•春秋經傳 26_269_14
唐代•文選四八 9_76_2
唐代•文選四八 22_197_5
唐代•文選四八 24_212_8

唐代•文選四八 27_240_1
唐代•文選四八 27_242_14
唐代•文選四八 27_242_16
唐代•文選四八 27_244_12
唐代•文選四八 44_392_19
唐代•文選四八 44_392_25
唐代•文選五九 16_154_8
唐代•文選五九 17_164_27

唐代•文選五九 23_221_11
唐代•文選五九 68_653_16
唐代•文選五九 72_692_16
唐代•文選五九 76_730_4
唐代•文選五九 76_730_27
唐代•文選五九 76_733_21
唐代•文選五九 90_861_25
唐代•文選五九 90_861_27

唐代•文選五九 91_873_25
唐代•文選五九 111_1055_13
唐代•文選五九 111_1055_15
唐代•文選六八 4_43_4
唐代•文選六八 11_120_1
唐代•文選六八 16_167_19
唐代•文選六八 18_184_14
唐代•文選六八 26_264_8

唐代•文選六八 26_264_10
唐代•文選六八 31_308_22
唐代•文選六八 33_338_17
唐代•文選六八 34_339_10
唐代•文選六八 37_365_19
唐代•文選六八 45_456_17
唐代•文選六八 53_532_9
唐代•文選六八 55_549_6

唐代•文選六八 59_589_3
唐代•文選六八 66_659_14
唐代•文選八八 10_76_9
唐代•文選八八 12_101_1
唐代•文選八八 15_122_6
唐代•文選百三 7_67_32
唐代•文選百三 9_87_15
唐代•文選百三 28_278_3

唐代·文選百三
33_324_26

唐代·文選百三
37_364_14

唐代·文選百三
38_379_20

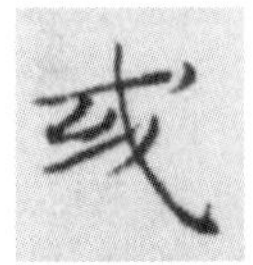
唐代·文選百三
38_382_12

唐代·文選百三
40_400_6

唐代·文選百三
40_403_26

唐代·文選百三
42_422_7

唐代·文選百三
48_461_16

唐代·文選百三
67_649_28

唐代·文選百三
79_756_6

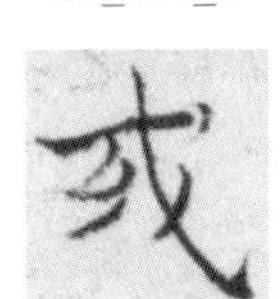
唐代·文選百三
84_803_29

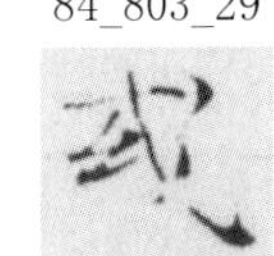
唐代·文選百三
85_807_24

唐代·古文選前
10_116_8

唐代·古文選前
10_116_12

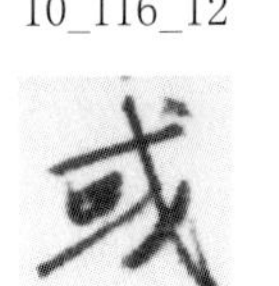
唐代·古文選前
10_117_6

唐代·古文選前
10_117_2

唐代·古文選前
15_178_12

唐代·古文選前
15_182_8

唐代·古文選後
4_38_5

唐代·古文選後
4_38_7

唐代·十輪經四
3_49_6

唐代·十輪經四
3_49_10

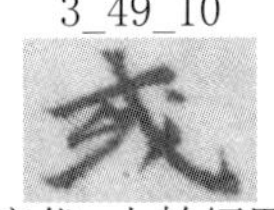
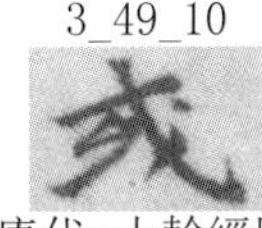
唐代·十輪經四
7_135_15

唐代·十輪經四
7_136_10

唐代·十輪經四
7_137_4

唐代·十輪經四
7_137_12

唐代·十輪經四
7_137_16

唐代·十輪經四
8_141_11

唐代·十輪經四
8_141_15

唐代·十輪經四
8_147_16

唐代·十輪經四
8_148_3

唐代·十輪經四
8_148_7

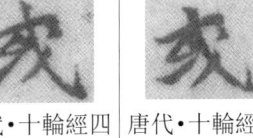

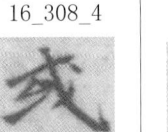

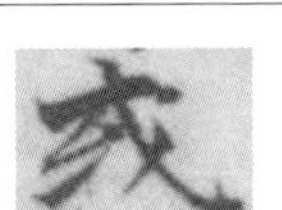
唐代·十輪經四
8_148_11

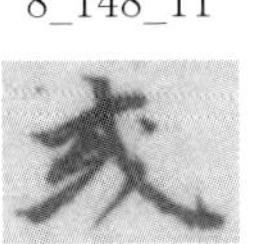
唐代·十輪經四
10_197_13

唐代·十輪經四
10_198_4

唐代·十輪經四
11_207_15

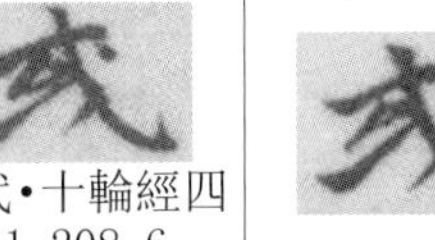
唐代·十輪經四
11_208_6

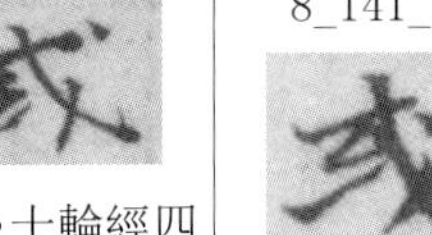
唐代·十輪經四
14_276_14

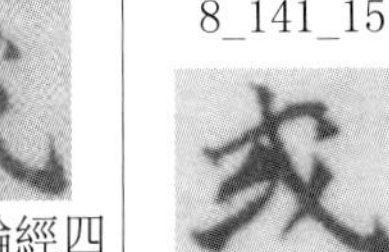
唐代·十輪經四
15_288_1

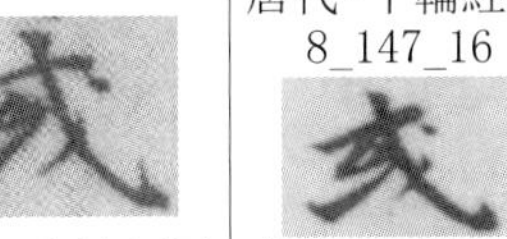
唐代·十輪經四
15_288_9

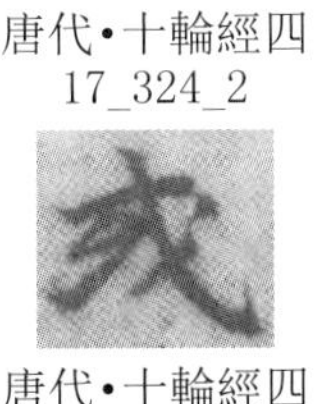
唐代·十輪經四
16_308_4

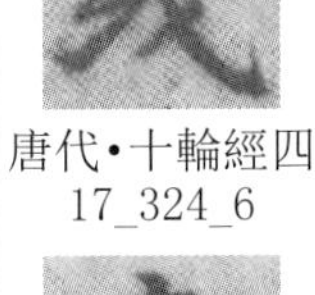
唐代·十輪經四
16_308_12

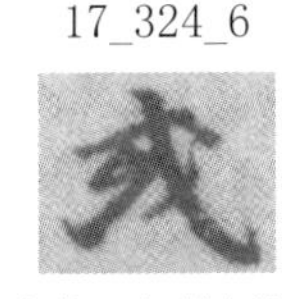
唐代·十輪經四
17_324_2

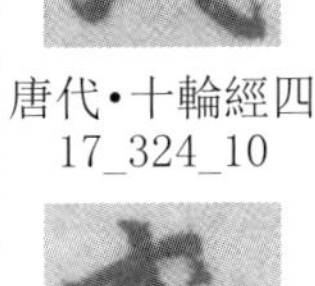
唐代·十輪經四
17_324_6

唐代·十輪經四
17_324_10

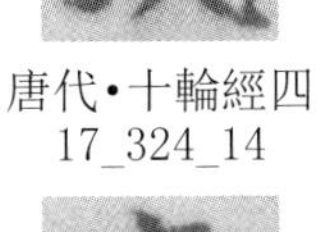
唐代·十輪經四
17_324_14

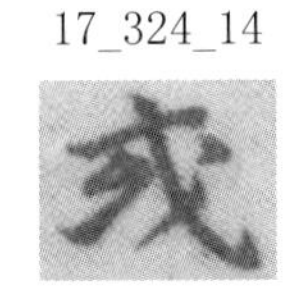
唐代·十輪經四
17_325_1

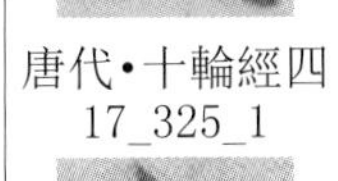
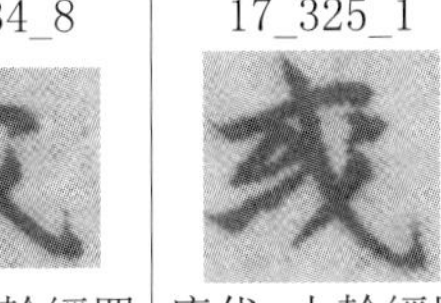
唐代·十輪經四
17_325_5

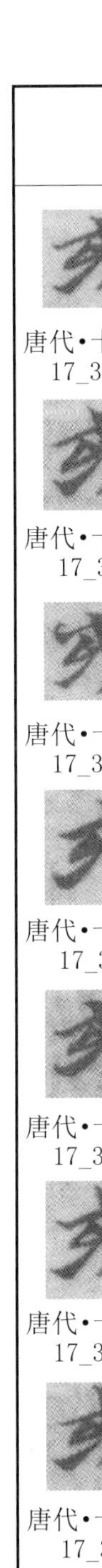
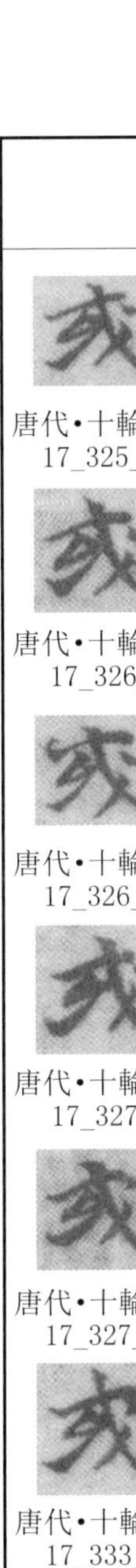
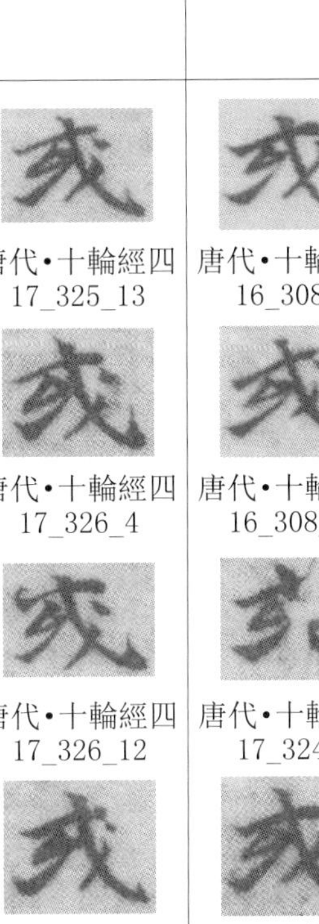
唐代·十輪經四
17_325_13

唐代·十輪經四
17_326_4

唐代·十輪經四
17_326_12

唐代·十輪經四
17_327_3

唐代·十輪經四
17_327_11

唐代·十輪經四
17_333_13

唐代·十輪經四
17_334_8

唐代·十輪經四
17_334_12

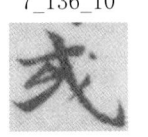

唐代•十輪經十
3_53_17
唐代•十輪經十
3_58_13
唐代•十輪經十
4_66_8
唐代•十輪經十
4_66_16
唐代•十輪經十
4_67_11
唐代•十輪經十
6_101_16
唐代•十輪經十
6_102_3
唐代•十輪經十
6_102_7
唐代•十輪經十
3_46_7
唐代•十輪經十
3_46_11
唐代•十輪經十
3_46_13
唐代•十輪經十
3_46_15
唐代•十輪經十
3_47_3
唐代•十輪經十
3_51_11
唐代•十輪經十
3_52_2
唐代•十輪經十
3_53_9
唐代•十輪經九
12_235_14
唐代•十輪經十
1_13_2
唐代•十輪經十
1_14_17
唐代•十輪經十
3_43_10
唐代•十輪經十
3_43_14
唐代•十輪經十
3_43_18
唐代•十輪經十
3_45_15
唐代•十輪經十
3_46_3
唐代•十輪經九
11_208_6
唐代•十輪經九
11_208_11
唐代•十輪經九
11_208_15
唐代•十輪經九
11_209_1
唐代•十輪經九
11_209_5
唐代•十輪經九
11_209_9
唐代•十輪經九
12_221_14
唐代•十輪經九
12_222_14
唐代•十輪經九
6_107_8
唐代•十輪經九
6_107_12
唐代•十輪經九
6_111_3
唐代•十輪經九
6_111_7
唐代•十輪經九
11_206_12
唐代•十輪經九
11_207_3
唐代•十輪經九
11_207_11
唐代•十輪經九
11_208_2
通惑
唐代•十輪經四
20_380_1
唐代•十輪經四
20_395_2
唐代•十輪經四
20_395_6
通惑
唐代•十輪經四
21_414_13
唐代•十輪經九
5_97_8
唐代•十輪經九
6_102_10
唐代•十輪經九
6_107_4
唐代•十輪經九
6_107_6
唐代•十輪經四
17_334_16
唐代•十輪經四
18_346_6
唐代•十輪經四
18_346_14
唐代•十輪經四
18_347_5
唐代•十輪經四
19_365_15
唐代•十輪經四
19_366_1
唐代•十輪經四
19_366_5
唐代•十輪經四
19_366_9

威

イ
訓おどす

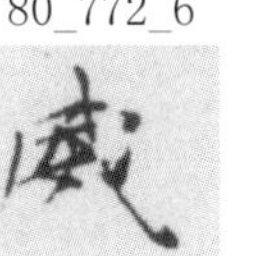

- 唐代•文選五九 73_699_4
- 唐代•文選五九 74_709_14
- 唐代•文選五九 74_711_27
- 唐代•文選五九 74_713_9
- 唐代•文選五九 78_750_11
- 唐代•文選五九 80_772_6
- 唐代•文選五九 82_790_27
- 唐代•文選六八 1_5_18

- 唐代•古文選後 14_159_3

- 唐代•文選八八 23_205_28
- 唐代•文選百三 55_529_10
- 唐代•文選百三 56_535_25
- 唐代•文選百三 79_752_11
- 唐代•古文選前 13_156_1
- 唐代•古文選前 20_232_5
- 唐代•古文選後 11_126_8
- 唐代•古文選後 12_142_2

咸

漢カン呉ゲン、カン
訓みな

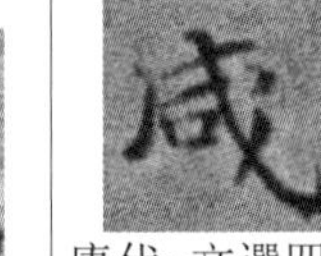
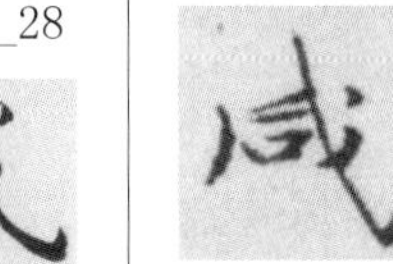
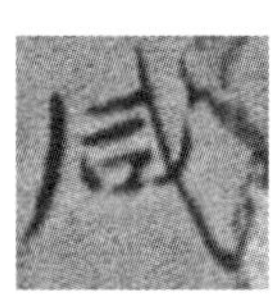

- 唐代•文選四八 17_156_11
- 唐代•文選五九 16_152_18
- 唐代•文選五九 24_237_16
- 唐代•文選五九 44_435_24
- 唐代•文選五九 62_598_11
- 唐代•文選五九 74_711_18
- 唐代•文選五九 74_711_22
- 唐代•文選八八 15_128_1

- 唐代•十輪經十 15_298_10
- 唐代•十輪經十 15_299_5

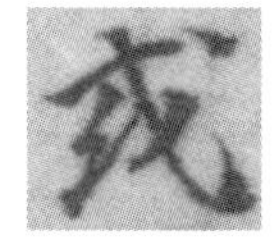
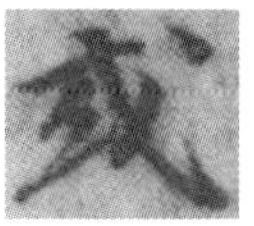
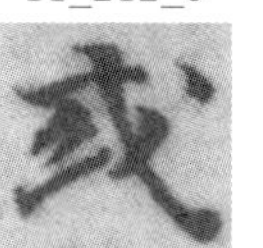
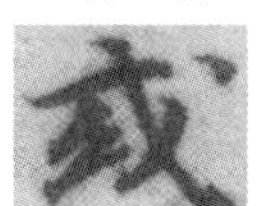

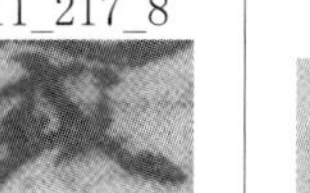
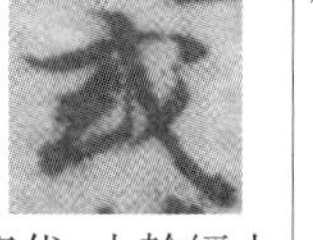
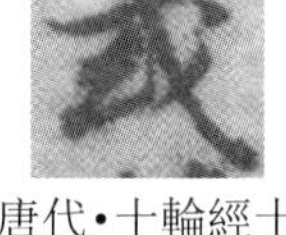
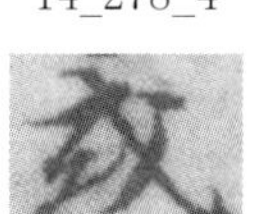

- 唐代•十輪經十 11_212_7
- 唐代•十輪經十 11_212_9
- 唐代•十輪經十 11_217_4
- 唐代•十輪經十 11_217_6
- 唐代•十輪經十 11_217_8
- 唐代•十輪經十 14_277_17
- 唐代•十輪經十 14_278_4
- 唐代•十輪經十 15_297_17
- 唐代•十輪經十 15_298_5

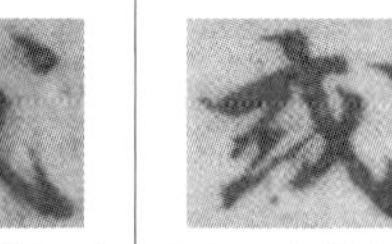
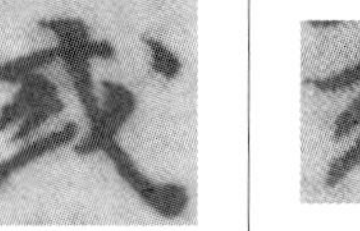
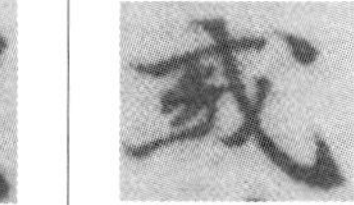
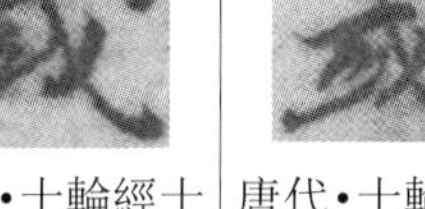

- 唐代•十輪經十 6_102_11
- 唐代•十輪經十 6_102_13
- 唐代•十輪經十 6_102_15
- 唐代•十輪經十 6_103_2
- 唐代•十輪經十 6_110_3
- 唐代•十輪經十 6_111_10
- 唐代•十輪經十 6_112_5
- 唐代•十輪經十 6_112_17
- 唐代•十輪經十 11_212_5

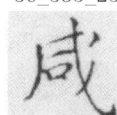

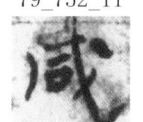

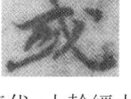

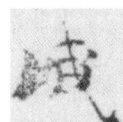

戚 䖨

漢 セキ
訓 みうち

自詒伊戚
唐代•春秋經傳
11_109_1

大戚
唐代•春秋經傳
20_213_11

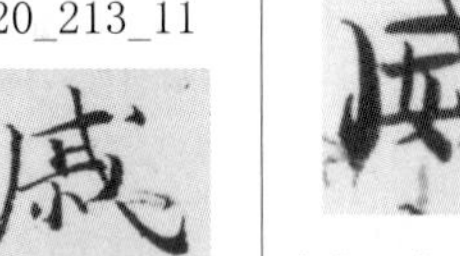
唐代•文選五九
27_262_10

唐代•文選五九
27_266_4

唐代•文選五九
27_266_6

唐代•文選六八
71_707_7

唐代•文選六八
71_707_20

唐代•古文選後
7_77_5

唐代•古文選後
14_168_4

唐代•古文選後
24_285_7

唐代•十輪經四
8_146_3

唐代•十輪經四
9_166_8

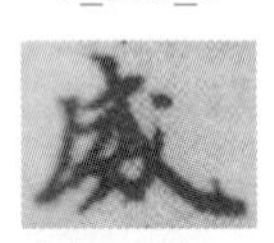
唐代•十輪經四
10_180_14

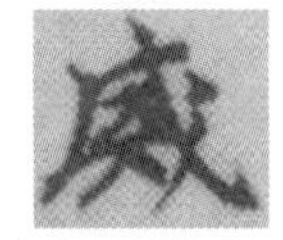
唐代•十輪經八
5_82_2

唐代•十輪經九
8_145_4

唐代•文選百三
82_782_7

唐代•文選百三
83_784_6

唐代•古文選後
2_22_3

唐代•古文選後
4_48_12

唐代•古文選後
5_52_7

唐代•古文選後
6_65_6

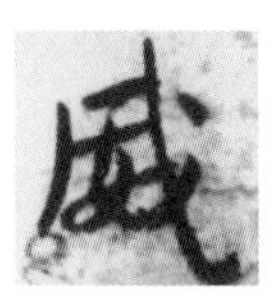
唐代•古文選後
12_139_12

唐代•文選百三
27_266_34

唐代•文選百三
35_349_17

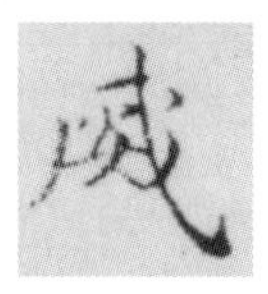
唐代•文選百三
49_475_3

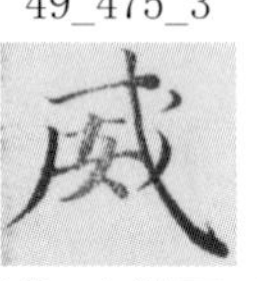
唐代•文選百三
49_475_10

唐代•文選百三
49_477_12

唐代•文選百三
49_478_11

唐代•文選百三
54_517_7

唐代•文選百三
54_518_21

唐代•文選百三
6_51_17

唐代•文選百三
6_52_22

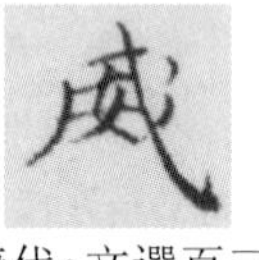
唐代•文選百三
6_53_15

唐代•文選百三
6_53_29

唐代•文選百三
7_68_2

唐代•文選百三
27_260_2

唐代•文選百三
27_262_11

唐代•文選百三
27_263_37

唐代•文選六八
60_600_3

唐代•文選六八
64_638_7

唐代•文選六八
64_641_20

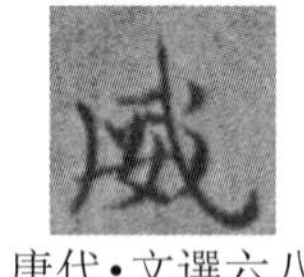
唐代•文選六八
64_643_30

唐代•文選六八
68_682_11

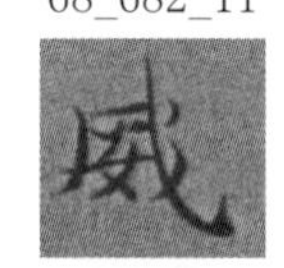
唐代•文選六八
69_689_11

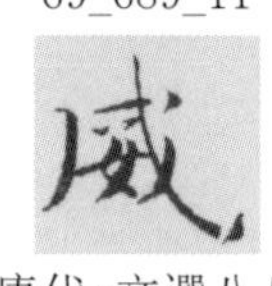
唐代•文選八八
1_6_21

唐代•文選八八
3_9_14

唐代•文選六八
1_8_14

唐代•文選六八
18_181_13

唐代•文選六八
27_275_2

唐代•文選六八
27_278_14

唐代•文選六八
29_297_23

唐代•文選六八
33_325_7

唐代•文選六八
35_351_22

唐代•文選六八
60_599_3

截

漢セツ
訓たつ

唐代•文選五九
59_567_25

唐代•文選六八
23_237_9

唐代•文選六八
24_241_4

唐代•文選六八
24_241_18

唐代•文選六八
24_242_8

唐代•十輪經四
20_383_10

戡

漢カン漢チン
訓さす

唐代•文選五九
80_767_7

唐代•文選五九
80_767_13

唐代•文選五九
80_767_18

唐代•文選百三
59_565_9

唐代•文選百三
59_565_34

唐代•文選百三
59_566_36

唐代•古文選後
10_110_2

戢

シュウ
訓おさめる

唐代•文選五九
71_676_20

唐代•文選五九
71_677_18

唐代•文選五九
71_681_12

唐代•文選五九
71_681_16

唐代•文選五九
71_682_6

唐代•文選五九
71_683_16

唐代•文選百三
59_564_7

唐代•文選五九
63_605_30

唐代•文選五九
63_608_2

唐代•文選百三
13_126_23

唐代•文選百三
13_127_35

唐代•文選百三
13_128_33

戟

慣ゲキ
訓ほこ

唐代•春秋經傳
5_49_4

唐代•春秋經傳
10_102_1

唐代•文選五九
35_345_10

唐代•文選五九
35_346_15

唐代•文選五九
35_346_26

唐代•文選五九
35_347_13

唐代•文選五九
63_605_19

唐代•文選八八
11_86_21

唐代•文選八八
11_88_26

唐代•古文選後
20_237_10

戮 𢧵

リュウ漢リク
訓ころす

唐代•春秋經傳
5_51_13

唐代•春秋經傳
37_393_6

唐代•文選五九
92_881_22

唐代•古文選後
7_74_12

戰 戰

セン
訓たたかう

唐代•春秋經傳
2_19_20

唐代•春秋經傳
4_39_6

唐代•春秋經傳
5_45_12

唐代•春秋經傳
5_51_20

唐代•春秋經傳
5_52_14

唐代•春秋經傳
22_223_6

唐代•春秋經傳
25_257_6

唐代•文選四八
42_377_14

唐代•文選五九
59_566_17

唐代•文選五九
72_688_7

唐代•文選五九
72_690_7

唐代•文選五九
72_690_19

唐代•文選五九
72_691_13

唐代•文選五九
72_692_25

唐代•文選五九
77_740_10

唐代•文選五九
78_745_14

唐代•文選五九
78_746_22

唐代•文選五九
80_766_3

唐代•文選五九
80_766_25

唐代•文選五九
80_770_26

唐代•文選六八
19_191_23

唐代•文選六八
23_239_4

唐代•文選六八
24_240_4

唐代•文選六八
25_251_8

唐代•文選六八
36_361_4

唐代•文選六八
59_593_16

唐代•文選八八
17_143_9

唐代•文選八八
19_161_3

唐代•文選八八
21_185_8

唐代•文選百三
27_262_22

唐代•文選百三
27_264_5

唐代•文選百三
27_265_13

唐代•文選百三
36_359_13

唐代•文選百三
41_405_14

唐代•文選百三
41_410_19

唐代•文選百三
49_472_14

唐代•文選百三
53_511_7

唐代•文選百三
54_518_27

唐代•文選百三
54_518_32

唐代•文選百三
61_586_13

唐代•文選百三
63_608_10

唐代•文選百三
69_660_17

戴

タイ
訓いただく

中唐・風信帖
1_3_7

唐代•春秋經傳
15_157_24

唐代•文選四八
37_331_21

唐代•文選六八
38_383_2

唐代•文選六八
51_507_26

唐代•文選百三
13_122_22

唐代•古文選前
8_99_11

唐代•古文選後
15_175_7

唐代•古文選後
21_247_12

唐代•文選五九
34_338_7

唐代•文選五九
97_914_9

唐代•文選六八
45_454_4

唐代•文選百三
7_58_1

唐代•古文選前
10_116_9

唐代•古文選後
9_100_5

唐代•古文選後
16_192_6

戲

慣ギ呉ゲ漢キ
訓たわむれる

唐代•春秋經傳
31_321_14

唐代•春秋經傳
34_354_23

唐代•文選四八
31_280_23

唐代•文選四八
32_284_11

唐代•文選四八
44_392_12

唐代•文選五九
31_300_16

唐代•文選五九
34_336_3

唐代•文選五九
34_336_21

唐代•十輪經四
5_88_8

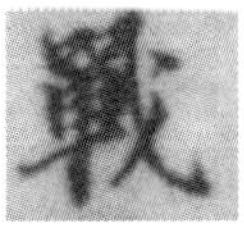
唐代•十輪經八
4_63_8

唐代•十輪經八
6_118_17

唐代•文選百三
69_668_26

唐代•文選百三
81_767_6

唐代•文選百三
85_808_14

唐代•文選百三
85_809_22

唐代•文選百三
85_809_36

唐代•古文選後
5_55_5

唐代•古文選後
21_251_5

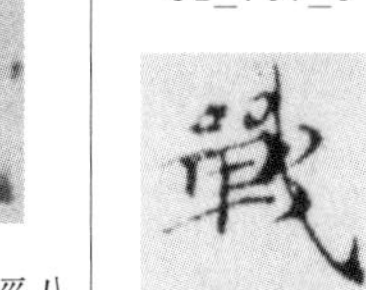

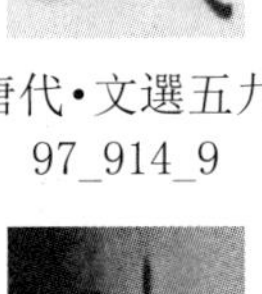

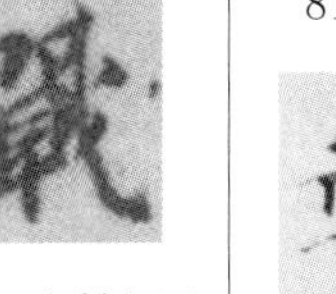

比部

比 𠤎

漢ヒ 吳ビ
訓くらべる

唐代•春秋經傳 22_229_14

唐代•春秋經傳 23_234_9

唐代•春秋經傳 23_234_11

唐代•春秋經傳 33_343_20

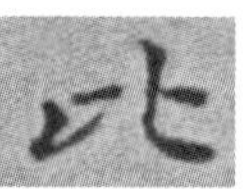
唐代•文選四八 4_23_3

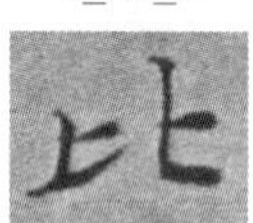
唐代•文選四八 26_230_9

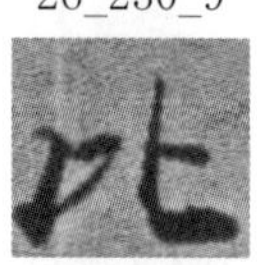
唐代•文選四八 29_262_5

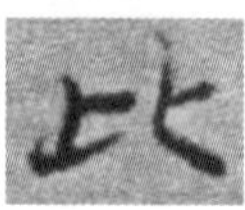
唐代•文選四八 32_289_15

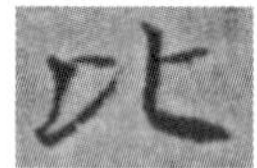
唐代•文選四八 34_309_20

唐代•文選四八 34_309_22

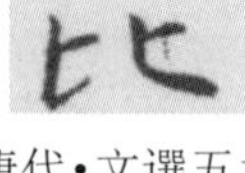
唐代•文選五九 27_272_25

唐代•文選五九 28_273_30

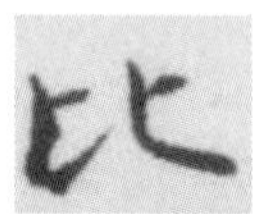
唐代•文選五九 28_274_2

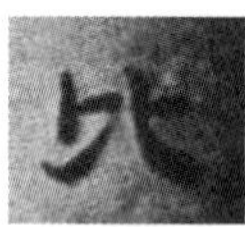
唐代•文選五九 59_563_4

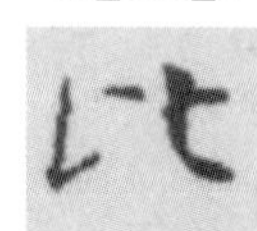
唐代•文選五九 60_577_2

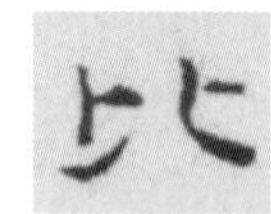
唐代•文選五九 79_758_12

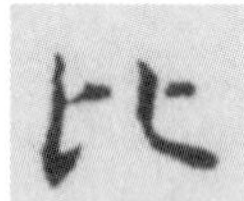
唐代•文選五九 82_789_14

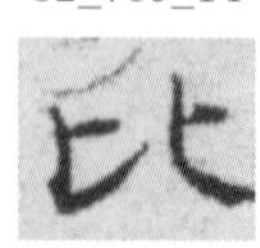
唐代•文選五九 101_948_15

唐代•文選六八 31_307_21

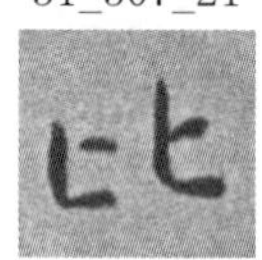
唐代•文選六八 55_546_13

唐代•文選六八 63_627_5

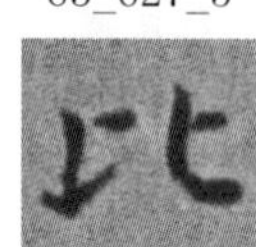
唐代•文選八八 8_59_24

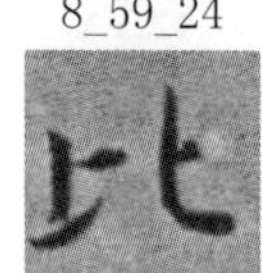
唐代•文選八八 14_116_16

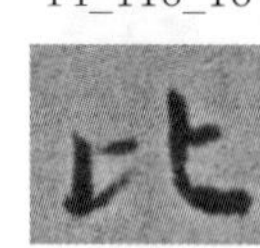
唐代•文選八八 14_117_30

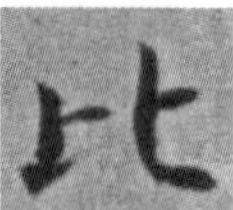
唐代•文選八八 14_117_35

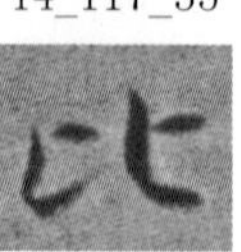
唐代•文選八八 18_159_11

唐代•文選百三 23_219_3

唐代•文選百三 28_277_17

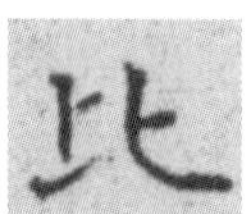
唐代•文選百三 28_277_23

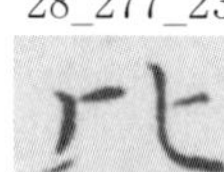
唐代•文選百三 48_460_34

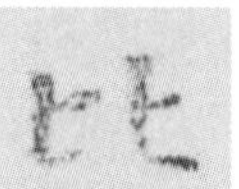
唐代•文選百三 55_532_14

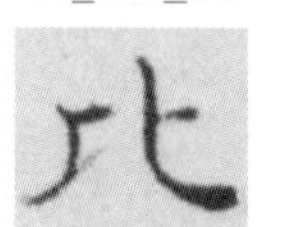
唐代•文選百三 56_542_34

唐代•古文選前 4_43_5

唐代•古文選後 1_3_11

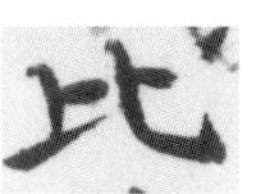
唐代•古文選後 20_237_11

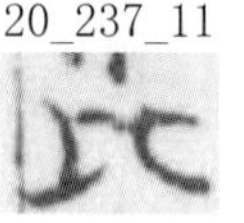
唐代•古文選後 22_262_15

唐代•古文選後 23_272_3

毗

漢ヒ 吳ビ
訓へそ

唐代•文選四八 49_447_5

唐代•文選四八 50_448_16

唐代•文選四八 50_448_20

唐代•文選四八 50_450_6

唐代•文選四八 50_451_3

唐代•十輪經十 3_58_6

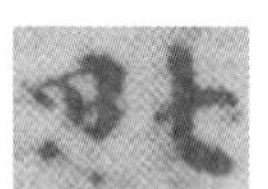
唐代•十輪經十 3_58_10

瓦部

瓦

ガ
訓かわら

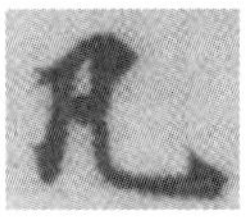

瓦礫
唐代•十輪經八
3_43_8

瓶

漢ヘイ唐ビン
訓かめ

唐代•文選百三
33_322_1

唐代•文選百三
33_326_17

唐代•文選百三
33_327_31

唐代•文選百三
33_329_10

唐代•文選百三
51_496_15

唐代•文選百三
52_499_6

甄

ケン、シン
訓すえ

唐代•文選五九
35_341_8

唐代•文選百三
73_706_18

唐代•文選百三
73_708_1

唐代•文選百三
74_713_7

唐代•文選百三
74_713_27

唐代•文選百三
74_716_8

甌

漢オウ
訓ほとぎ

唐代•古文選後
26_301_14

甑

呉ソウ
訓こしき

唐代•文選百三
81_773_5

甒

漢ブ呉ム
訓かめ

唐代•文選百三
33_322_2

唐代•文選百三
33_324_22

唐代•文選百三
33_326_18

唐代•文選百三
33_328_5

唐代•文選百三
33_329_11

止部

止 𣥂

シ
訓とまる

中唐・風信帖
1_3_2

唐代•春秋經傳
15_152_4

唐代•春秋經傳
24_245_13

唐代•春秋經傳
24_246_20

唐代•春秋經傳
27_279_6

唐代•春秋經傳
27_281_5

唐代•春秋經傳
28_287_23

唐代•春秋經傳
37_387_4

唐代•文選四八
10_82_11

唐代•文選四八
10_83_17

唐代•文選四八
10_83_25

唐代•文選四八
10_84_5

唐代•文選四八
14_121_25

唐代•文選四八
36_320_27

唐代•文選四八
36_321_16

唐代•文選四八
44_401_9

唐代•文選四八
46_413_24

唐代•文選五九
12_113_5

唐代•文選五九
47_460_8

唐代•文選五九
47_460_18

唐代•文選五九
49_487_3

唐代•文選五九
54_530_16

唐代•文選五九
54_532_16

唐代•文選五九
55_536_23

唐代•文選五九
94_901_23

唐代•文選六八
26_262_25

唐代•文選六八
37_376_16

唐代•文選六八
46_463_6

唐代•文選八八
18_156_31

唐代•文選八八
18_157_10

唐代•文選八八
21_183_14

唐代•文選八八
22_196_14

唐代•文選百三
1_5_24

唐代•文選百三
13_119_40

唐代•文選百三
23_223_5

唐代•文選百三
23_223_20

唐代•文選百三
27_266_16

唐代•文選百三
29_287_8

唐代•文選百三
47_451_19

唐代•文選百三
57_547_2

唐代•古文選前
1_13_11

唐代•古文選前
7_81_6

唐代•古文選前
10_122_2

唐代•古文選前
20_234_14

唐代•古文選前
26_311_11

唐代•十輪經四
7_123_17

唐代•十輪經四
8_146_2

唐代•十輪經八
2_36_2

正

漢セイ呉ショウ
訓ただしい

唐代・十輪經八 3_41_14
唐代・十輪經八 4_79_12
唐代・十輪經九 10_198_10
唐代・十輪經九 18_344_13
唐代・十輪經九 19_363_18
唐代・十輪經九 22_423_17
唐代・十輪經十 17_338_13
唐代・十輪經十 17_340_7

初唐・金剛場經 1_10_4
晩唐・慶滋書状 1_5_4
唐代・春秋經傳 1_2_6
唐代・春秋經傳 2_14_6
唐代・春秋經傳 11_107_10
唐代・春秋經傳 12_127_6
唐代・春秋經傳 18_182_6
唐代・春秋經傳 21_217_9

唐代・春秋經傳 29_298_1
唐代・春秋經傳 29_306_6
唐代・春秋經傳 33_345_10
唐代・春秋經傳 35_365_8
唐代・文選四八 20_182_16
唐代・文選四八 21_190_4
唐代・文選四八 25_224_9
唐代・文選四八 25_225_11

唐代・文選四八 25_226_16
唐代・文選四八 25_227_32
唐代・文選四八 26_228_24
唐代・文選四八 26_229_1
唐代・文選四八 31_277_11
唐代・文選四八 35_311_2
唐代・文選四八 35_312_25
唐代・文選四八 35_317_16

唐代・文選四八 37_331_17
唐代・文選四八 38_344_20
唐代・文選四八 40_353_13
唐代・文選四八 40_355_24
唐代・文選四八 41_367_6
唐代・文選四八 41_368_4
唐代・文選四八 41_368_14
唐代・文選四八 47_420_2

唐代・文選五九 16_152_31
唐代・文選五九 31_303_3
唐代・文選五九 44_437_4
唐代・文選五九 45_449_15
唐代・文選五九 46_453_22
唐代・文選五九 47_459_14
唐代・文選五九 52_511_16
唐代・文選五九 59_568_20

唐代・文選五九 73_700_11
唐代・文選五九 78_750_10
唐代・文選五九 81_778_19
唐代・文選五九 88_848_4
唐代・文選五九 105_990_12
唐代・文選五九 108_1021_12
唐代・文選六八 2_20_2
唐代・文選六八 2_23_4

唐代•十輪經八 7_121_10	唐代•十輪經四 18_349_14	唐代•古文選後 19_225_7	唐代•古文選前 20_231_11	唐代•文選百三 59_562_21	唐代•文選百三 15_141_2	唐代•文選六八 56_561_14
唐代•十輪經八 8_151_6	唐代•十輪經八 4_70_13	唐代•古文選後 20_231_8	唐代•古文選前 23_266_1	唐代•文選百三 59_567_7	唐代•文選百三 15_142_19	唐代•文選六八 63_630_4
唐代•十輪經八 8_160_5	唐代•十輪經八 4_71_12	唐代•十輪經四 1_17_4	唐代•古文選後 8_85_14	唐代•文選百三 65_626_4	唐代•文選百三 15_146_28	唐代•文選六八 67_669_5
唐代•十輪經八 10_189_13	唐代•十輪經八 4_73_15	唐代•十輪經四 2_39_10	唐代•古文選後 10_110_4	唐代•文選百三 70_674_19	唐代•文選百三 45_429_22	唐代•文選六八 67_674_23
唐代•十輪經八 10_198_1	唐代•十輪經八 5_80_8	唐代•十輪經四 6_105_11	唐代•古文選後 11_120_2	唐代•文選百三 73_710_20	唐代•文選百三 57_556_3	唐代•文選六八 73_723_5
唐代•十輪經八 12_226_12	唐代•十輪經八 5_81_14	唐代•十輪經四 8_147_6	唐代•古文選後 12_134_11	唐代•文選百三 73_710_27	唐代•文選百三 57_556_20	唐代•文選百三 2_15_16
唐代•十輪經八 12_233_2	唐代•十輪經八 5_85_17	唐代•十輪經四 11_202_8	唐代•古文選後 12_136_4	唐代•文選百三 74_715_8	唐代•文選百三 58_558_32	唐代•文選百三 3_18_5
唐代•十輪經八 12_235_10	唐代•十輪經八 6_113_7	唐代•十輪經四 11_212_10	唐代•古文選後 18_205_2	唐代•古文選前 5_55_5	唐代•文選百三 58_560_23	唐代•文選百三 3_18_16

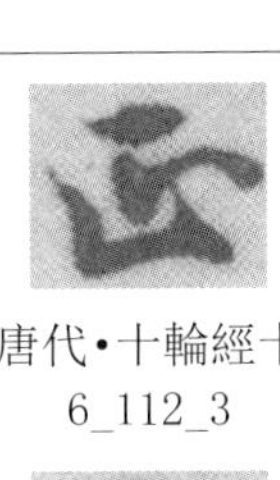

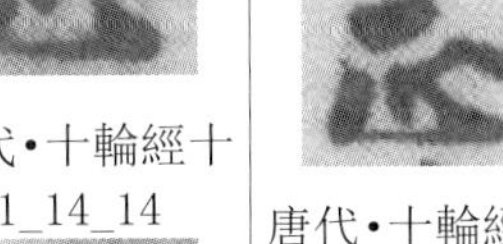
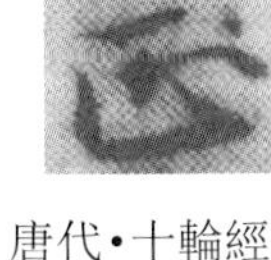
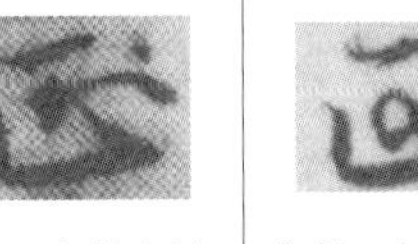
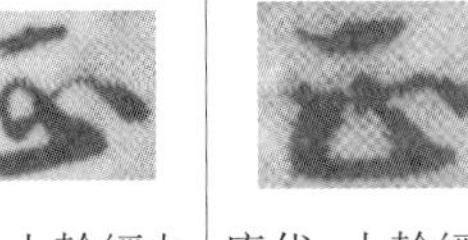
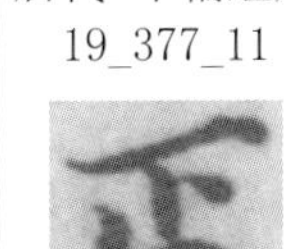
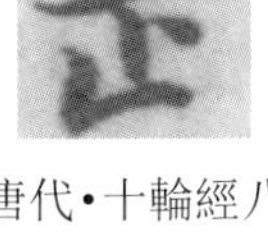
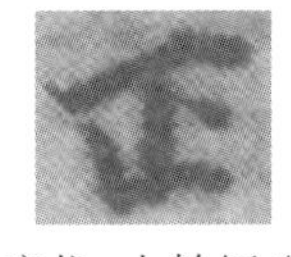
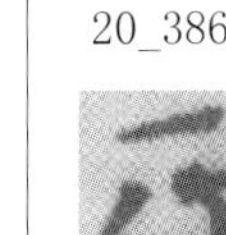
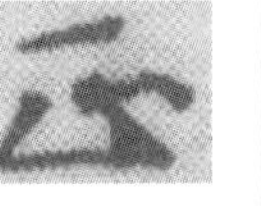
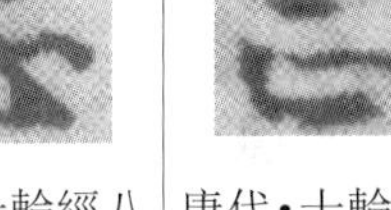

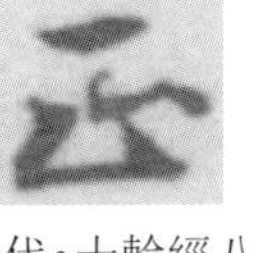

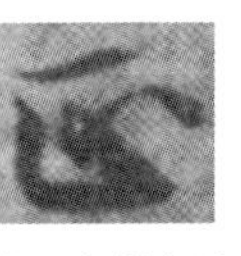

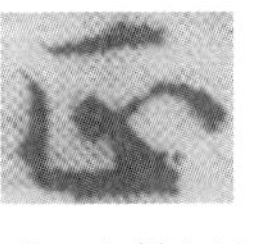
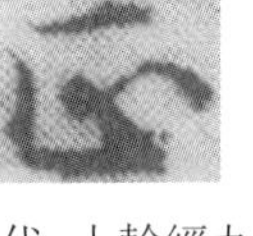
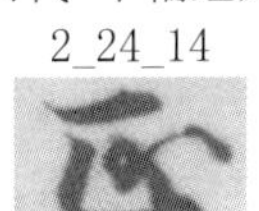
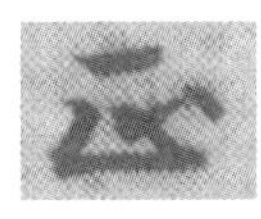
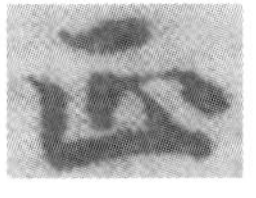
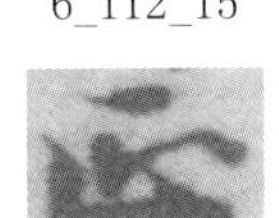
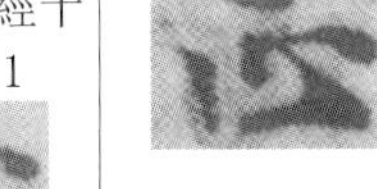
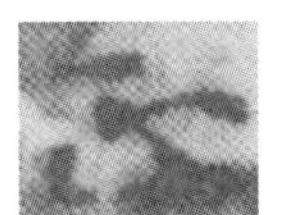
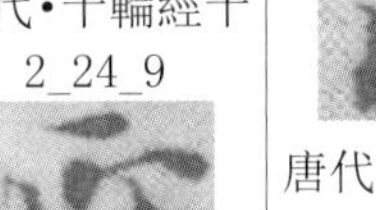
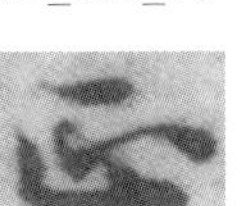
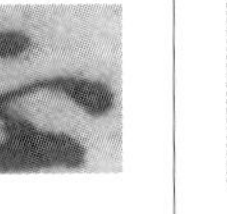
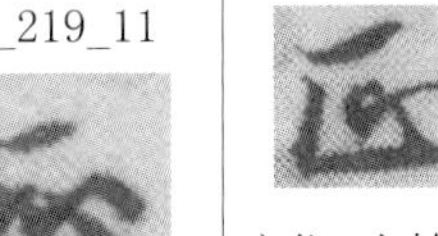
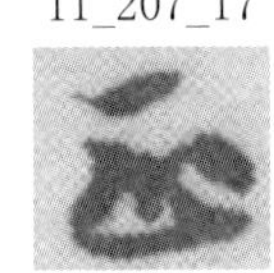
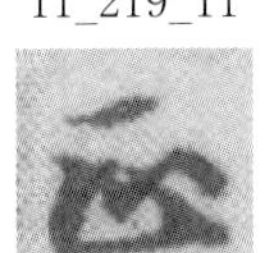
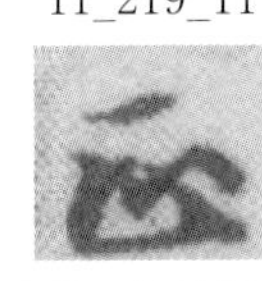
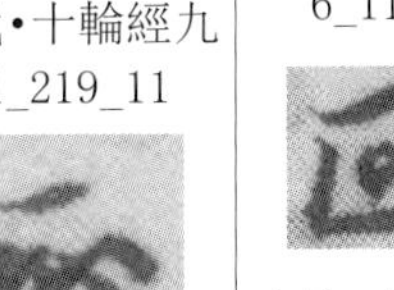
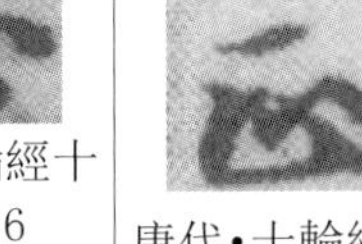

唐代·十輪經八 14_263_11
唐代·十輪經八 14_270_3
唐代·十輪經八 14_272_11
唐代·十輪經八 15_301_12
唐代·十輪經八 16_309_5
唐代·十輪經八 16_310_9
唐代·十輪經八 17_339_11
唐代·十輪經十 19_380_10

唐代·十輪經八 18_349_1
唐代·十輪經八 19_377_11
唐代·十輪經八 20_386_14
唐代·十輪經八 21_415_8
唐代·十輪經八 22_426_5
唐代·十輪經九 1_15_4
唐代·十輪經九 2_24_14
唐代·十輪經九 3_44_14

唐代·十輪經九 3_53_9
唐代·十輪經九 4_64_2
唐代·十輪經九 5_82_8
唐代·十輪經九 5_92_10
唐代·十輪經九 5_98_12
唐代·十輪經九 6_103_15
唐代·十輪經九 6_111_15
唐代·十輪經九 6_113_8

唐代·十輪經九 6_115_6
唐代·十輪經九 6_116_7
唐代·十輪經九 11_206_10
唐代·十輪經九 11_207_1
唐代·十輪經九 11_207_9
唐代·十輪經九 11_207_17
唐代·十輪經九 11_219_11
唐代·十輪經九 12_223_15

唐代·十輪經九 12_227_3
唐代·十輪經九 12_237_25
唐代·十輪經九 17_328_9
唐代·十輪經九 19_377_8
唐代·十輪經九 20_398_16
唐代·十輪經十 1_9_13
唐代·十輪經十 1_12_1
唐代·十輪經十 1_12_16

唐代·十輪經十 1_13_16
唐代·十輪經十 1_14_14
唐代·十輪經十 1_15_14
唐代·十輪經十 1_16_12
唐代·十輪經十 2_24_9
唐代·十輪經十 3_54_11
唐代·十輪經十 4_64_9
唐代·十輪經十 6_105_14

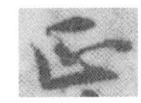

唐代·十輪經十 6_112_3
唐代·十輪經十 6_112_15
唐代·十輪經十 7_128_11
唐代·十輪經十 12_223_17
唐代·十輪經十 15_282_12
唐代·十輪經十 17_322_4
唐代·十輪經十 18_346_14
唐代·十輪經十 18_353_6

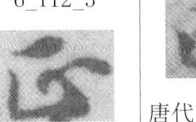

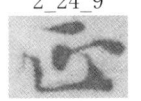

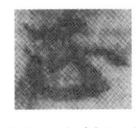

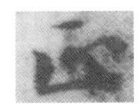

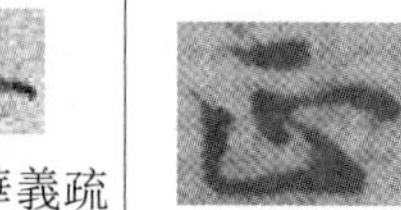

此

シ

訓ここ

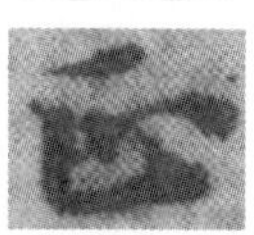

唐代・十輪經十 18_353_10

唐代・十輪經十 18_354_15

唐代・十輪經十 19_363_13

唐代・十輪經十 19_376_6

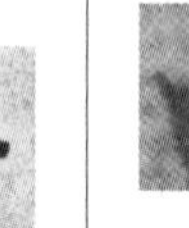

初唐・法華義疏 1_1_7

初唐・法華義疏 1_3_17

初唐・法華義疏 1_4_5

初唐・法華義疏 1_7_12

初唐・金剛場經 1_9_17

中唐・金剛經題 1_3_11

中唐・風信帖 2_11_3

中唐・風信帖 2_11_5

中唐・風信帖 4_20_3

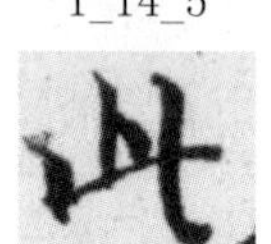

中唐・風信帖 4_21_5

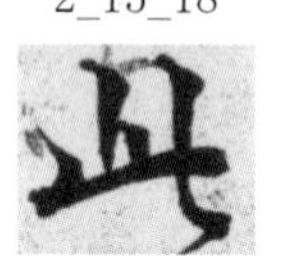

晚唐・慶滋書狀 1_14_5

唐代・春秋經傳 2_15_18

唐代・春秋經傳 9_90_5

唐代・春秋經傳 19_193_17

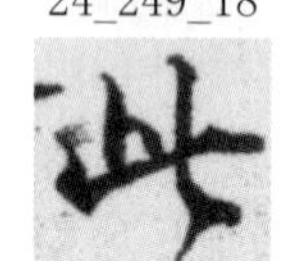

唐代・春秋經傳 22_226_13

唐代・春秋經傳 24_249_18

唐代・春秋經傳 25_261_14

唐代・春秋經傳 25_258_24

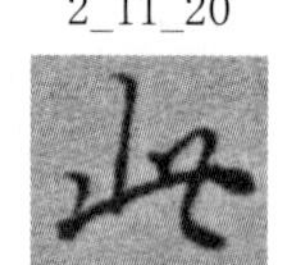

唐代・春秋經傳 27_275_8

唐代・文選四八 2_11_20

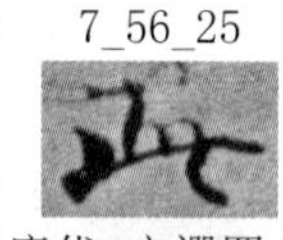

唐代・文選四八 2_12_10

唐代・文選四八 7_56_25

唐代・文選四八 8_64_24

唐代・文選四八 8_65_19

唐代・文選四八 11_99_27

唐代・文選四八 8_71_13

唐代・文選四八 10_89_15

唐代・文選四八 12_105_3

唐代・文選四八 14_128_8

唐代・文選四八 20_182_20

唐代・文選四八 22_195_23

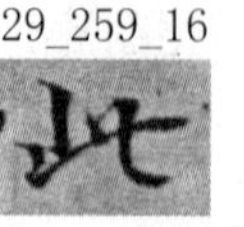

唐代・文選四八 26_228_1

唐代・文選四八 29_259_16

唐代・文選四八 29_259_23

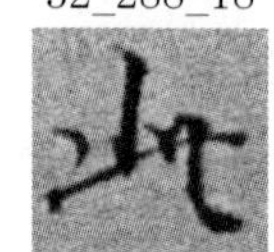

唐代・文選四八 34_304_15

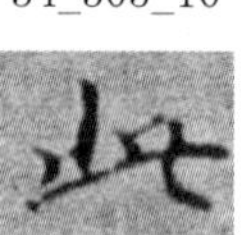

唐代・文選四八 32_288_18

唐代・文選四八 34_305_10

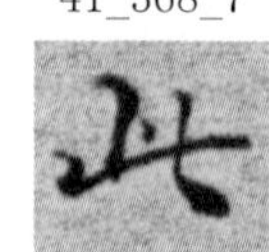

唐代・文選四八 36_322_21

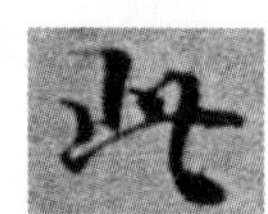

唐代・文選四八 41_368_7

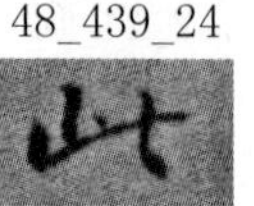

唐代・文選四八 46_412_4

唐代・文選四八 48_439_24

唐代・文選五九 6_57_13

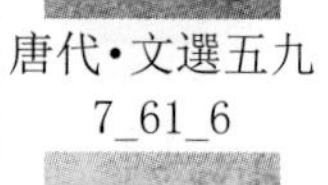

唐代・文選五九 5_39_20

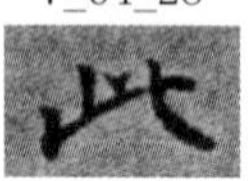

唐代・文選五九 6_53_24

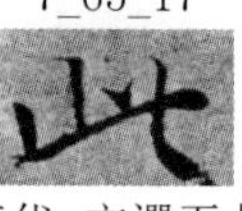

唐代・文選五九 7_61_6

唐代・文選五九 7_64_28

唐代・文選五九 7_65_17

唐代・文選五九 7_70_12

唐代・文選五九 9_85_4

唐代・文選五九 9_85_21

唐代・文選五九 9_86_4

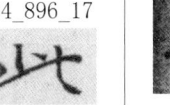

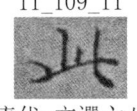

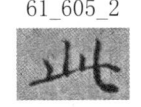

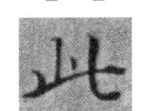

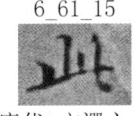

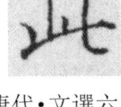

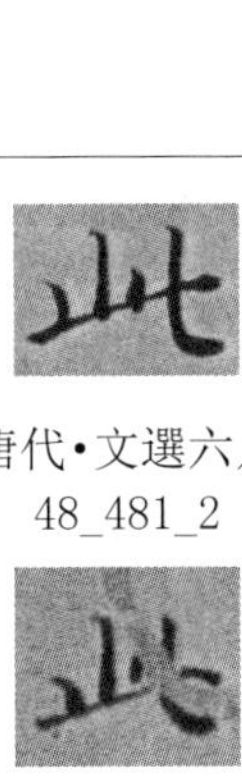
唐代•文選六八 48_481_2

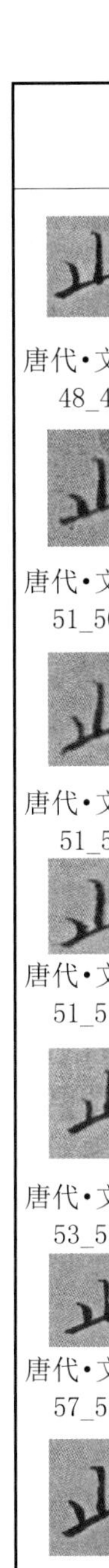
唐代•文選六八 51_505_22

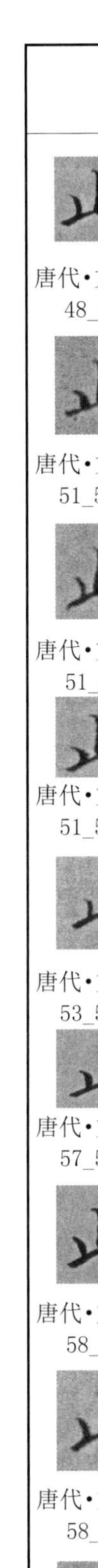
唐代•文選六八 51_512_6

唐代•文選六八 51_512_30

唐代•文選六八 53_531_12

唐代•文選六八 57_577_13

唐代•文選六八 58_579_8

唐代•文選六八 58_580_1

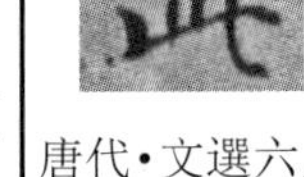
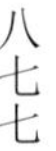
唐代•文選六八 58_584_24

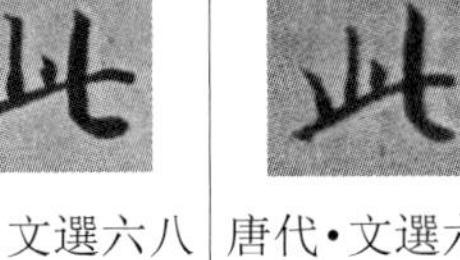
唐代•文選六八 27_279_19

唐代•文選六八 28_281_10

唐代•文選六八 28_285_26

唐代•文選六八 29_298_1

唐代•文選六八 37_368_18

唐代•文選六八 39_388_5

唐代•文選六八 39_391_2

唐代•文選六八 39_391_8

唐代•文選六八 47_478_18

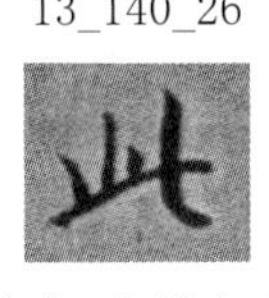
唐代•文選六八 13_140_26

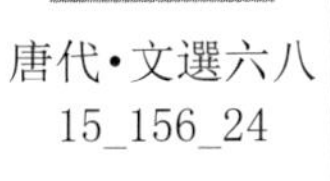
唐代•文選六八 15_156_24

唐代•文選六八 19_190_11

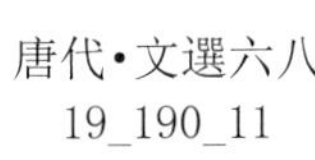

唐代•文選六八 20_203_16

唐代•文選六八 21_210_14

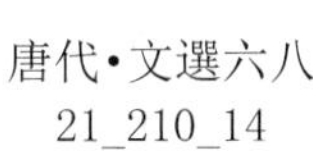
唐代•文選六八 21_212_11

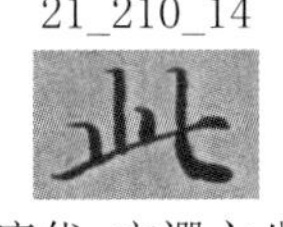
唐代•文選六八 21_214_7

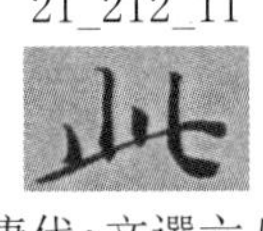
唐代•文選六八 23_239_28

唐代•文選六八 24_240_23

唐代•文選六八 4_41_8

唐代•文選六八 6_61_15

唐代•文選六八 8_85_9

唐代•文選六八 9_92_5

唐代•文選六八 9_97_17

唐代•文選六八 11_109_11

唐代•文選六八 11_122_9

唐代•文選六八 61_605_2

唐代•文選六八 61_607_15

唐代•文選六八 61_607_22

唐代•文選五九 105_993_11

唐代•文選五九 105_998_11

唐代•文選五九 109_1027_28

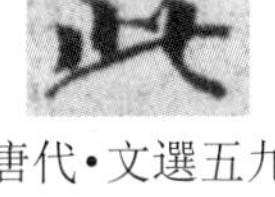
唐代•文選五九 109_1028_9

唐代•文選五九 111_1046_14

唐代•文選五九 112_1062_15

唐代•文選五九 112_1062_28

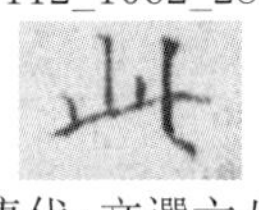
唐代•文選六八 3_32_22

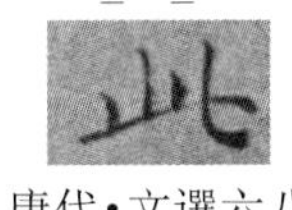
唐代•文選六八 11_122_21

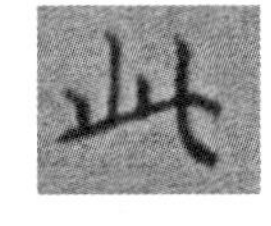
唐代•文選六八 12_126_1

唐代•文選五九 93_895_30

唐代•文選五九 94_896_17

唐代•文選五九 94_907_18

唐代•文選五九 99_934_17

唐代•文選五九 99_940_17

唐代•文選五九 100_944_23

唐代•文選五九 100_947_1

唐代•文選五九 101_959_21

唐代•文選五九 103_974_9

唐代•文選五九 110_1043_1

唐代•文選五九 88_839_16

唐代•文選五九 88_845_24

唐代•文選五九 88_846_12

唐代•文選五九 89_854_30

唐代•文選五九 90_869_3

唐代•文選五九 91_872_9

唐代•文選五九 92_878_6

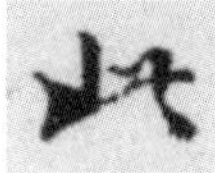
唐代•文選五九 92_883_10

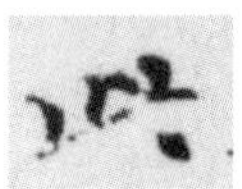
唐代•文選五九 93_890_28

唐代•文選百三 41_412_21
唐代•文選百三 45_436_2
唐代•文選百三 47_446_6
唐代•文選百三 50_481_5
唐代•文選百三 51_494_28
唐代•文選百三 55_524_24
唐代•文選百三 60_579_2
唐代•文選百三 65_619_4
唐代•文選百三 73_704_14
唐代•文選百三 73_704_24
唐代•文選百三 39_393_14
唐代•文選百三 39_395_4
唐代•文選百三 39_396_2
唐代•文選百三 39_397_3
唐代•文選百三 40_403_1
唐代•文選百三 36_357_14
唐代•文選百三 56_534_19
唐代•文選百三 57_554_18
唐代•文選百三 59_566_26
唐代•文選百三 17_155_1
唐代•文選百三 19_189_10
唐代•文選百三 23_218_37
唐代•文選百三 23_223_27
唐代•文選百三 24_230_20
唐代•文選百三 24_233_9
唐代•文選百三 25_246_11
唐代•文選百三 33_329_17
唐代•文選百三 38_380_8
唐代•文選八八 23_201_24
唐代•文選百三 5_36_9
唐代•文選百三 6_54_6
唐代•文選百三 9_82_20
唐代•文選百三 9_87_39
唐代•文選百三 13_118_33
唐代•文選百三 13_128_7
唐代•文選百三 15_138_35
唐代•文選百三 13_116_46
唐代•文選八八 11_95_7
唐代•文選八八 12_100_30
唐代•文選八八 13_110_13
唐代•文選八八 14_119_7
唐代•文選八八 15_126_20
唐代•文選八八 17_142_21
唐代•文選八八 21_183_4
唐代•文選八八 21_185_2
唐代•文選八八 23_200_10
唐代•文選六八 71_705_28
唐代•文選八八 5_34_15
唐代•文選八八 6_39_11
唐代•文選八八 8_57_5
唐代•文選八八 8_60_6
唐代•文選八八 8_60_25
唐代•文選八八 9_63_11
唐代•文選八八 9_64_5
唐代•文選八八 11_87_12
唐代•文選六八 62_619_7
唐代•文選六八 62_619_22
唐代•文選六八 62_622_10
唐代•文選六八 64_643_18
唐代•文選六八 66_660_2
唐代•文選六八 69_687_1
唐代•文選六八 69_687_26
唐代•文選六八 69_693_5
唐代•文選六八 71_703_6

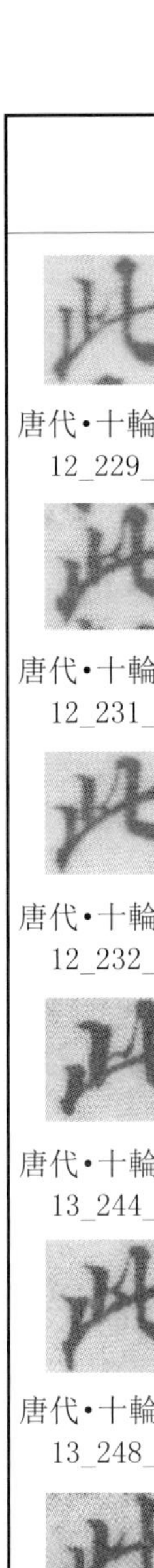
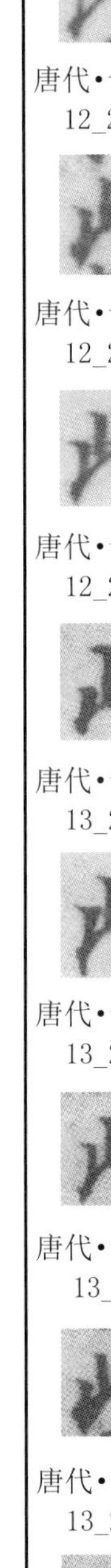
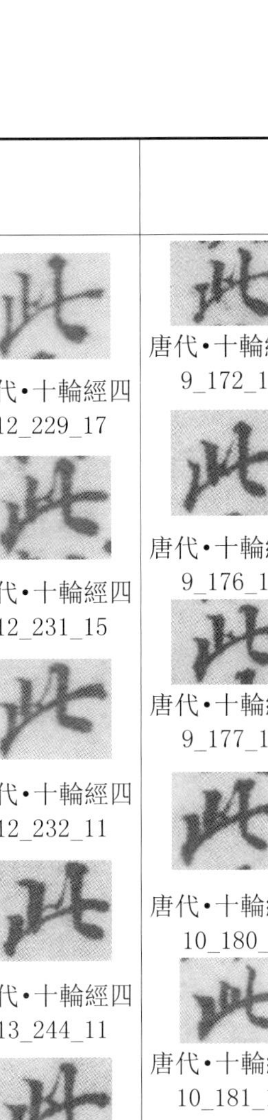
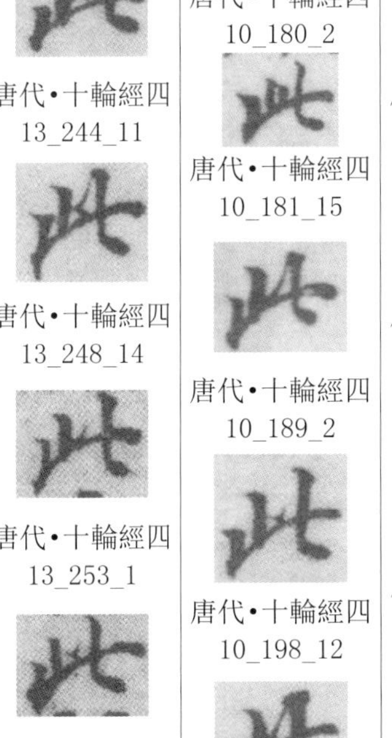
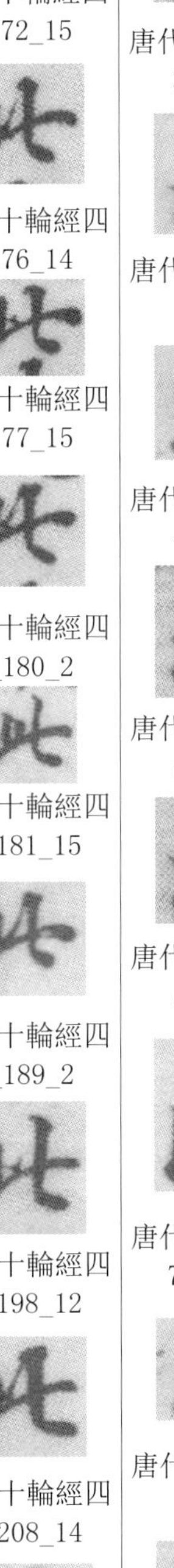
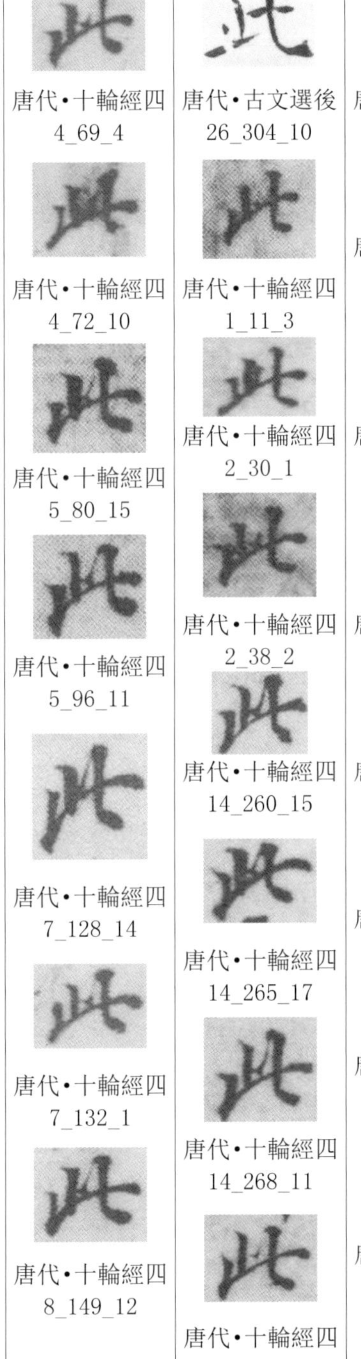
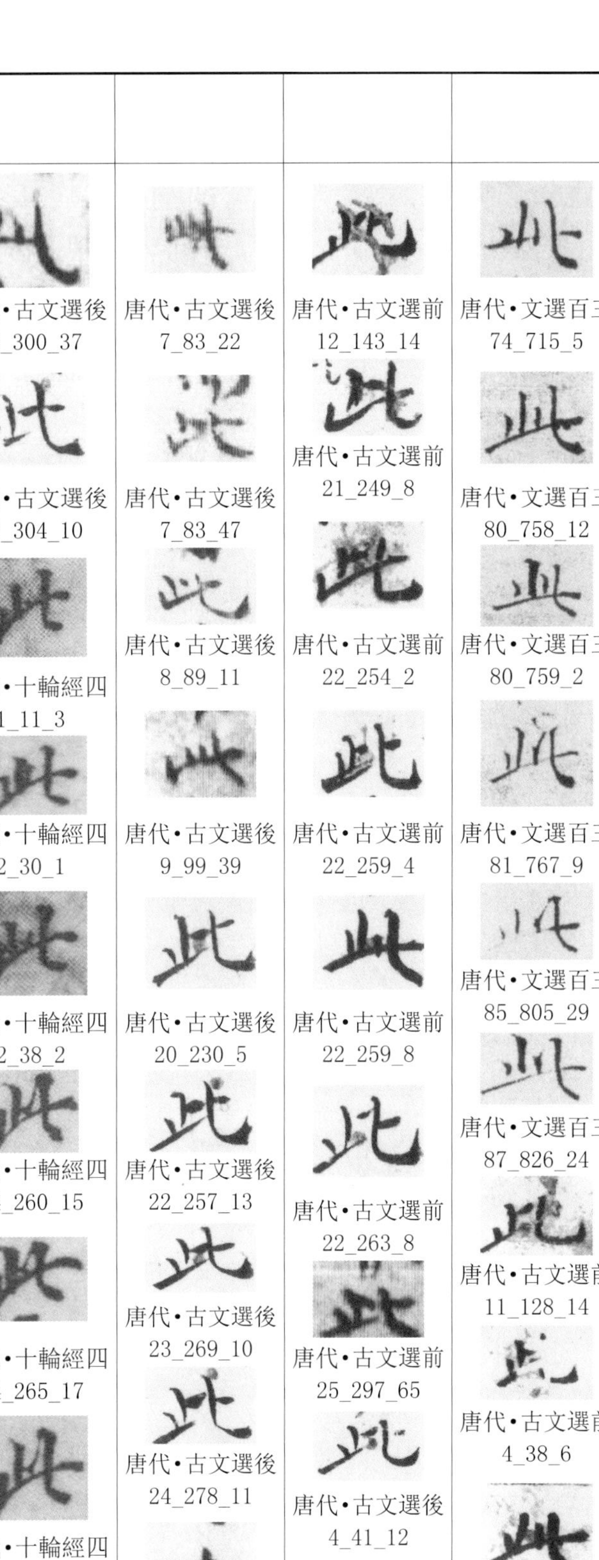
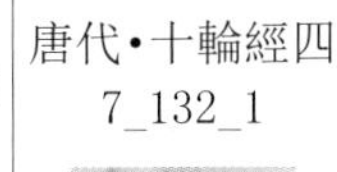
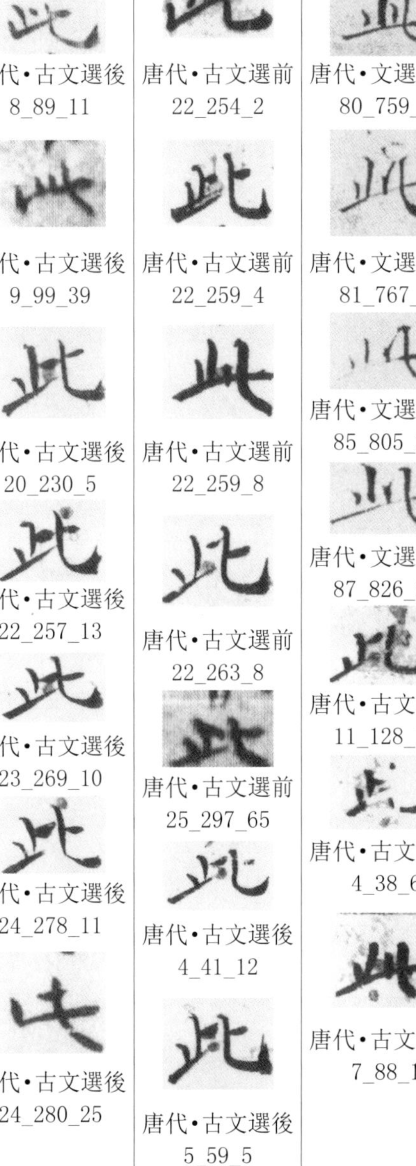

唐代•十輪經四 12_229_17	唐代•十輪經四 9_172_15	唐代•十輪經四 3_46_12	唐代•古文選後 25_300_37	唐代•古文選後 7_83_22	唐代•古文選前 12_143_14	唐代•文選百三 74_715_5
唐代•十輪經四 12_231_15	唐代•十輪經四 9_176_14	唐代•十輪經四 4_69_4	唐代•古文選後 26_304_10	唐代•古文選後 7_83_47	唐代•古文選前 21_249_8	唐代•文選百三 80_758_12
唐代•十輪經四 12_232_11	唐代•十輪經四 9_177_15	唐代•十輪經四 4_72_10	唐代•十輪經四 1_11_3	唐代•古文選後 8_89_11	唐代•古文選前 22_254_2	唐代•文選百三 80_759_2
唐代•十輪經四 13_244_11	唐代•十輪經四 10_180_2	唐代•十輪經四 5_80_15	唐代•十輪經四 2_30_1	唐代•古文選後 9_99_39	唐代•古文選前 22_259_4	唐代•文選百三 81_767_9
唐代•十輪經四 13_248_14	唐代•十輪經四 10_181_15	唐代•十輪經四 5_96_11	唐代•十輪經四 2_38_2	唐代•古文選後 20_230_5	唐代•古文選前 22_259_8	唐代•文選百三 85_805_29
唐代•十輪經四 13_253_1	唐代•十輪經四 10_189_2	唐代•十輪經四 7_128_14	唐代•十輪經四 14_260_15	唐代•古文選後 22_257_13	唐代•古文選前 22_263_8	唐代•文選百三 87_826_24
唐代•十輪經四 13_255_15	唐代•十輪經四 10_198_12	唐代•十輪經四 7_132_1	唐代•十輪經四 14_265_17	唐代•古文選後 23_269_10	唐代•古文選前 25_297_65	唐代•古文選前 11_128_14
唐代•十輪經四 13_256_11	唐代•十輪經四 11_208_14	唐代•十輪經四 8_149_12	唐代•十輪經四 14_268_11	唐代•古文選後 24_278_11	唐代•古文選後 4_41_12	唐代•古文選前 4_38_6
	唐代•十輪經四 12_224_14		唐代•十輪經四 14_271_14	唐代•古文選後 24_280_25	唐代•古文選後 5_59_5	唐代•古文選前 7_88_1

步

漢ホ 吳ブ 唐フ
訓あるく

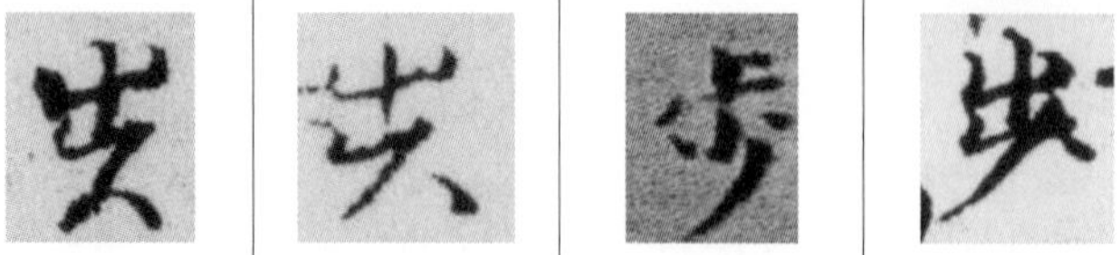

唐代•文選五九 111_1052_20
唐代•文選五九 63_606_21
唐代•文選五九 17_165_19
唐代•春秋經傳 35_371_24

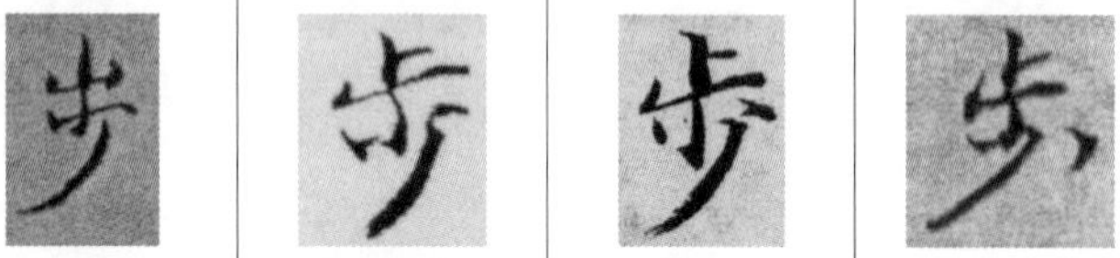

唐代•文選六八 6_61_21
唐代•文選五九 71_681_25
唐代•文選五九 23_222_12
唐代•文選四八 31_281_13

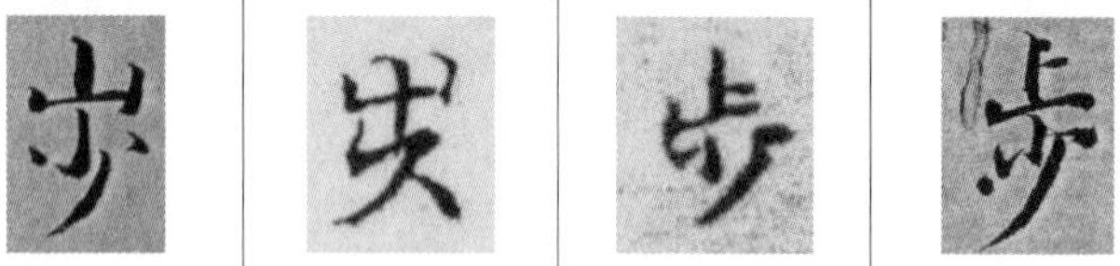

唐代•文選六八 21_217_5
唐代•文選五九 92_882_15
唐代•文選五九 23_225_14
唐代•文選四八 44_398_3

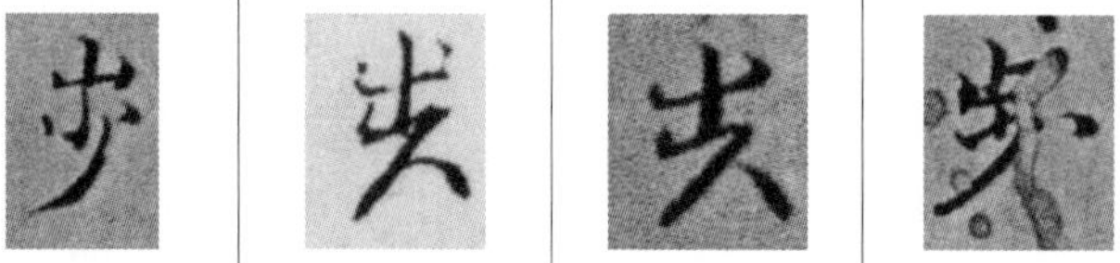

唐代•文選六八 21_219_4
唐代•文選五九 99_934_10
唐代•文選五九 25_244_30
唐代•文選四八 44_401_16

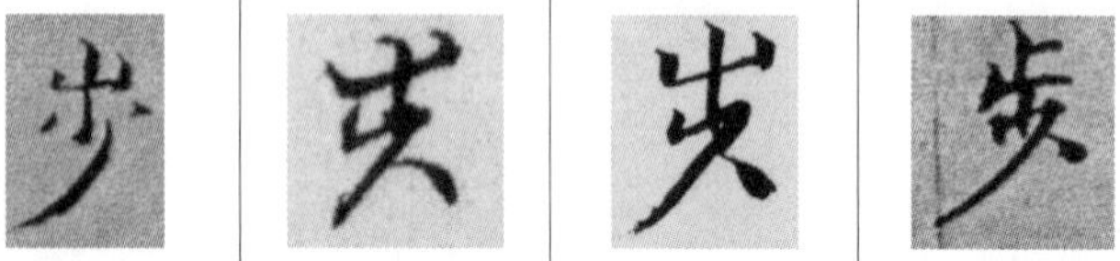

唐代•文選六八 22_220_14
唐代•文選五九 107_1007_15
唐代•文選五九 37_359_12
唐代•文選四八 44_402_19

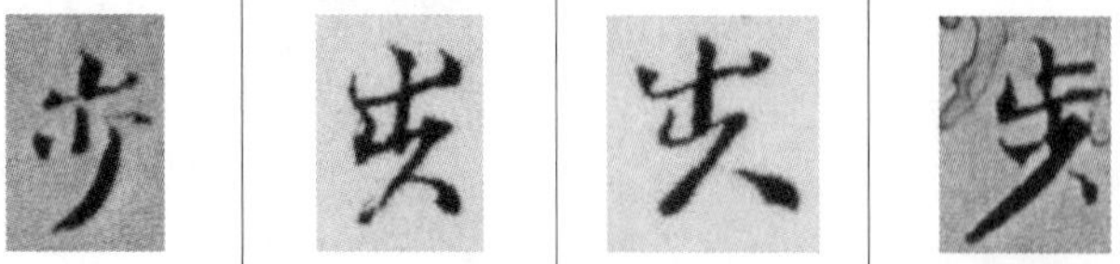

唐代•文選六八 22_221_2
唐代•文選五九 108_1022_10
唐代•文選五九 37_362_14
唐代•文選四八 45_408_18

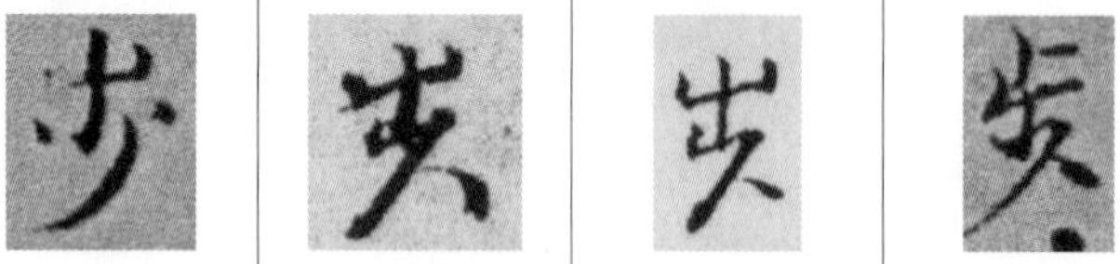

唐代•文選六八 22_221_11
唐代•文選五九 111_1051_23
唐代•文選五九 56_550_23
唐代•文選四八 49_444_3

唐代•十輪經十 16_315_16

唐代•十輪經十 17_324_4

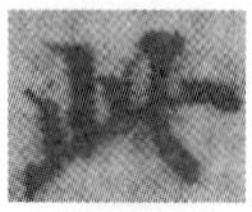

唐代•十輪經十 18_353_9

唐代•十輪經十 19_361_6

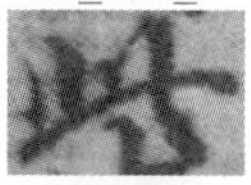

唐代•十輪經十 19_362_15

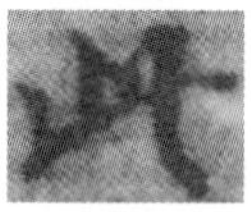

唐代•十輪經十 19_375_7

唐代•十輪經十 19_379_11

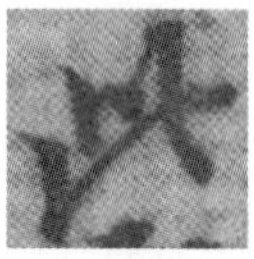

唐代•十輪經十 14_278_17

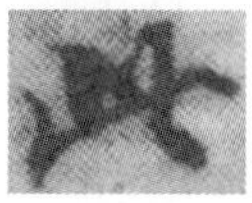

唐代•十輪經十 14_280_7

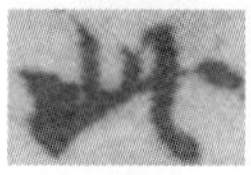

唐代•十輪經十 15_282_9

唐代•十輪經十 15_297_2

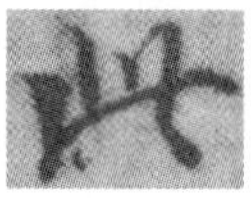

唐代•十輪經十 16_300_6

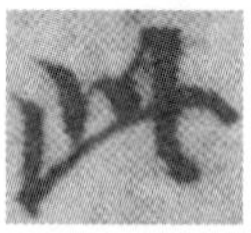

唐代•十輪經十 16_300_13

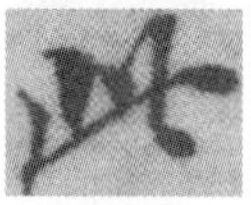

唐代•十輪經十 16_306_17

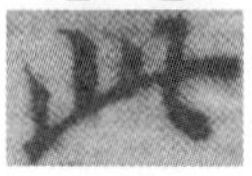

唐代•十輪經十 16_308_14

唐代•十輪經十 16_312_16

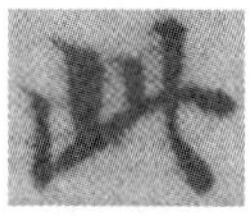

唐代•十輪經十 10_193_9

唐代•十輪經十 11_202_8

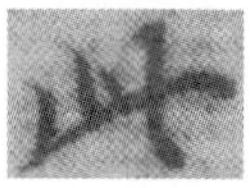

唐代•十輪經十 12_228_12

唐代•十輪經十 12_233_12

唐代•十輪經十 13_248_17

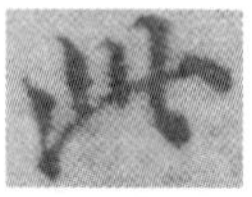

唐代•十輪經十 14_266_8

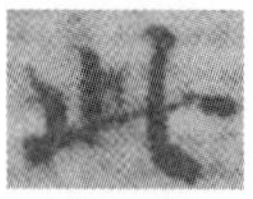

唐代•十輪經十 14_276_3

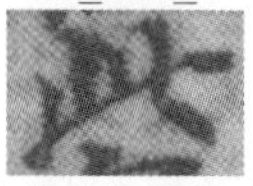

唐代•十輪經十 14_277_15

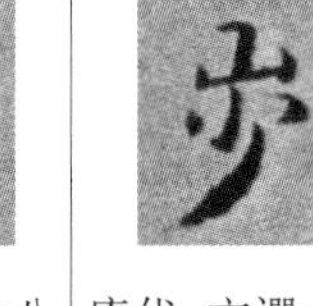

唐代•文選六八 23_227_27
唐代•文選六八 27_272_18
唐代•文選六八 29_293_2
唐代•文選六八 31_309_13
唐代•文選六八 42_424_30
唐代•文選六八 45_456_14
唐代•文選六八 46_464_4

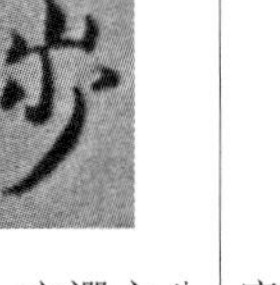

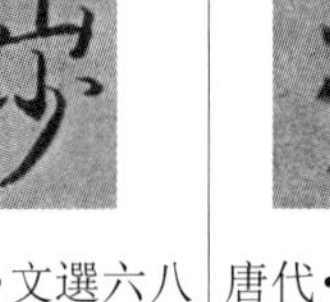

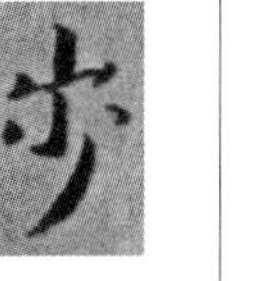

唐代•文選六八 51_509_15
唐代•文選六八 51_510_10
唐代•文選六八 52_524_13
唐代•文選六八 55_550_2
唐代•文選六八 55_553_2
唐代•文選六八 59_595_14
唐代•文選六八 59_597_5

唐代•文選六八 60_599_22
唐代•文選八八 11_83_2
唐代•文選八八 12_99_32
唐代•文選八八 12_101_29
唐代•文選百三 25_238_3
唐代•文選百三 33_327_32
唐代•文選百三 52_503_16

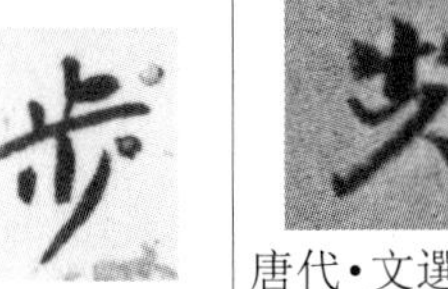
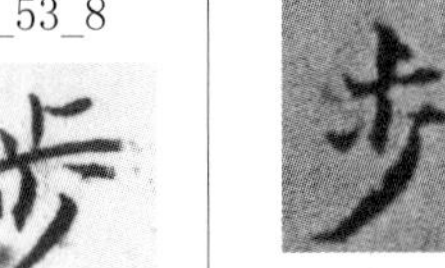

唐代•文選百三 67_645_24
唐代•古文選前 3_35_2
唐代•古文選前 5_53_8
唐代•古文選前 8_101_14
唐代•古文選前 9_114_7
唐代•古文選前 10_121_2
唐代•古文選後 22_261_1

武 [ligature]

漢 ブ 呉 ム
訓 たけし

唐代•春秋經傳 11_114_12
唐代•春秋經傳 15_152_20
唐代•春秋經傳 15_156_13
唐代•春秋經傳 15_157_2
唐代•春秋經傳 15_158_2
唐代•春秋經傳 15_158_13
唐代•春秋經傳 15_159_14
唐代•春秋經傳 19_201_6

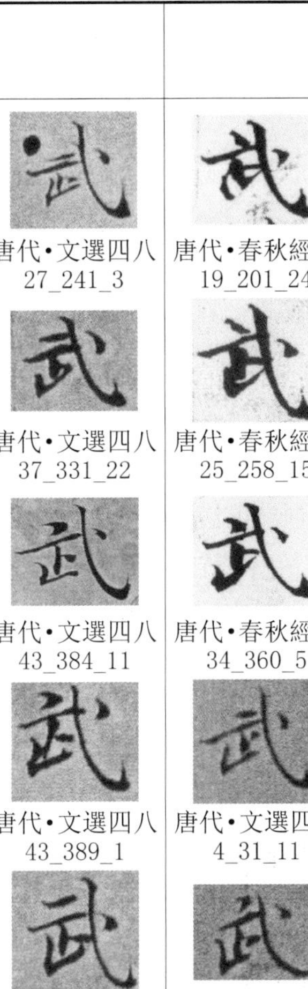
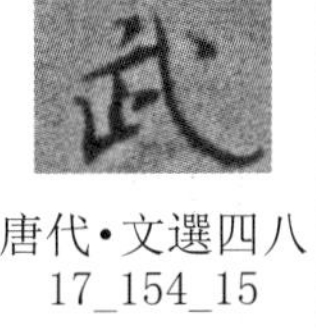
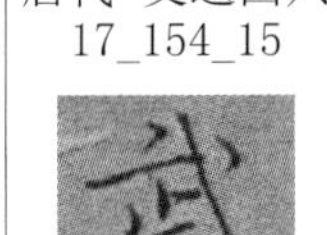
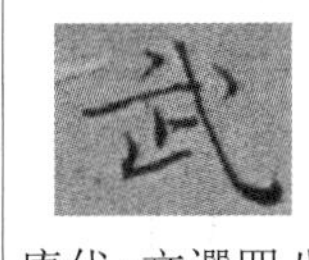
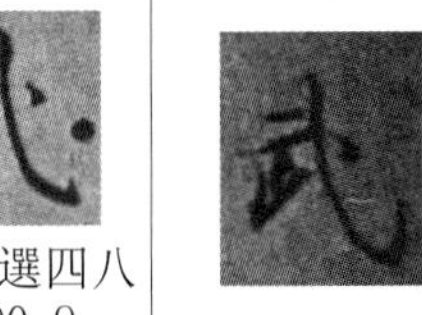

唐代•春秋經傳 19_201_24
唐代•春秋經傳 25_258_15
唐代•春秋經傳 34_360_5
唐代•文選四八 4_31_11
唐代•文選四八 17_154_15
唐代•文選四八 18_162_13
唐代•文選四八 20_184_1
唐代•文選四八 20_185_23

唐代•文選四八 27_241_3
唐代•文選四八 37_331_22
唐代•文選四八 43_384_11
唐代•文選四八 43_389_1
唐代•文選四八 43_389_15
唐代•文選四八 43_389_20
唐代•文選四八 43_390_9
唐代•文選五九 1_1_3

唐代•文選五九 8_73_9
唐代•文選五九 15_147_7
唐代•文選五九 15_149_19
唐代•文選五九 42_415_11
唐代•文選五九 46_454_20
唐代•文選五九 56_548_8
唐代•文選五九 56_549_16
唐代•文選五九 56_549_20
唐代•文選五九 58_559_14
唐代•文選五九 58_560_14
唐代•文選五九 59_562_2
唐代•文選五九 59_563_13
唐代•文選五九 62_597_28
唐代•文選五九 66_634_19
唐代•文選五九 66_638_10
唐代•文選五九 74_711_7
唐代•文選五九 77_735_3
唐代•文選五九 77_736_21
唐代•文選五九 77_736_30
唐代•文選五九 77_737_10
唐代•文選五九 77_741_28
唐代•文選五九 78_756_25
唐代•文選五九 82_783_6
唐代•文選五九 82_783_24
唐代•文選五九 82_784_11
唐代•文選五九 82_785_24
唐代•文選五九 82_785_32
唐代•文選五九 82_786_24
唐代•文選五九 84_812_12
唐代•文選五九 86_824_2
唐代•文選五九 86_829_29
唐代•文選五九 91_871_18
唐代•文選五九 91_872_15
唐代•文選五九 99_937_10
唐代•文選五九 102_966_13
唐代•文選五九 103_972_11
唐代•文選五九 110_1041_6
唐代•文選六八 1_4_8
唐代•文選六八 1_5_3
唐代•文選六八 1_5_19
唐代•文選六八 1_8_15
唐代•文選六八 31_318_8
唐代•文選六八 32_319_17
唐代•文選六八 65_647_8
唐代•文選六八 65_648_23
唐代•文選八八 1_5_8
唐代•文選八八 1_6_3
唐代•文選八八 1_6_22
唐代•文選八八 3_9_15
唐代•文選百三 1_7_17
唐代•文選百三 3_18_1
唐代•文選百三 3_21_10
唐代•文選百三 3_25_6
唐代•文選百三 3_25_28
唐代•文選百三 3_28_15

	歳嵗 漢セイ呉サイ 訓とし	岐 漢キ 訓むつゆび				
 唐代・文選五九 2_19_3	 初唐・金剛場經 1_8_1	 唐代・文選五九 64_623_19	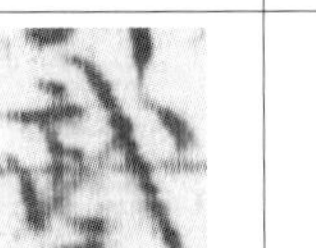 唐代・古文選後 21_244_39	 唐代・古文選後 1_1_7	 唐代・文選百三 47_446_13	 唐代・文選百三 9_76_12
 唐代・文選五九 3_20_7	 初唐・大般若經 2_37_5	 唐代・文選五九 71_684_15	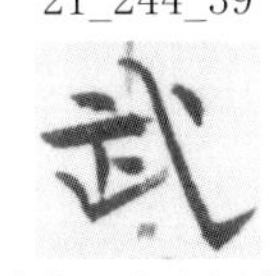 唐代・古文選後 22_256_7	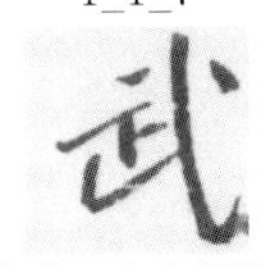 唐代・古文選後 1_4_7	 唐代・文選百三 49_471_2	 唐代・文選百三 11_102_33
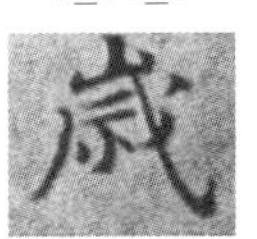 唐代・文選五九 3_20_16	 唐代・春秋經傳 26_265_2	 唐代・文選五九 71_685_24		 唐代・古文選後 11_123_4	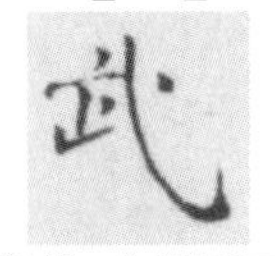 唐代・文選百三 67_643_4	 唐代・文選百三 17_158_33
 唐代・文選五九 3_21_2	 唐代・春秋經傳 26_265_16	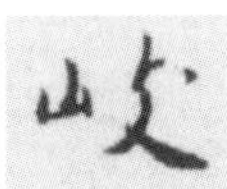 唐代・文選五九 72_686_27		 唐代・古文選後 13_150_3	 唐代・文選百三 67_643_25	 唐代・文選百三 17_159_1
 唐代・文選五九 27_267_1	 唐代・春秋經傳 26_265_31	 唐代・文選五九 72_687_19		 唐代・古文選後 15_172_2	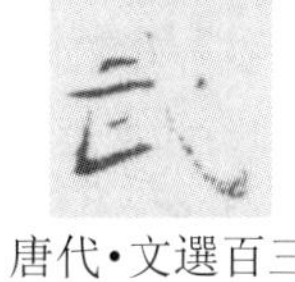 唐代・文選百三 77_736_13	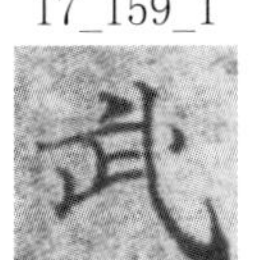 唐代・文選百三 17_163_4
 唐代・文選五九 27_267_20	 唐代・文選四八 6_49_25	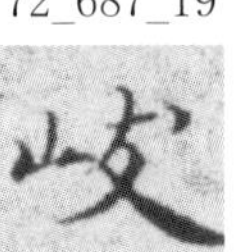 唐代・文選百三 23_228_33		 唐代・古文選後 15_173_4	 唐代・文選百三 82_780_10	 唐代・文選百三 25_245_23
 唐代・文選五九 27_268_15	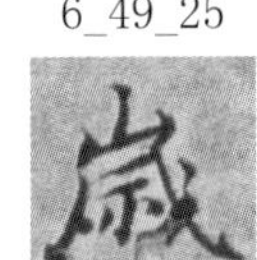 唐代・文選四八 43_388_15	 唐代・文選百三 23_228_43		 唐代・古文選後 18_211_14	 唐代・古文選前 11_133_23	 唐代・文選百三 33_328_7
 唐代・文選五九 27_269_7	 唐代・文選五九 2_16_7	 岐路 唐代・古文選後 23_274_4		 唐代・古文選後 19_225_10	 唐代・古文選前 19_220_11	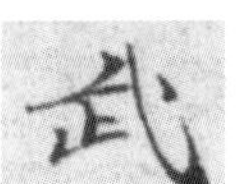 唐代・文選百三 46_441_11

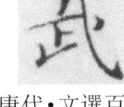

歸				歷		
キ 訓かえる				漢レキ呉リャク 訓へる		
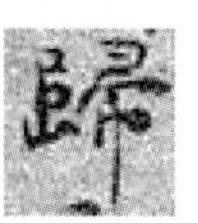 初唐・法華義疏 1_4_10	 唐代・古文選前 19_227_7	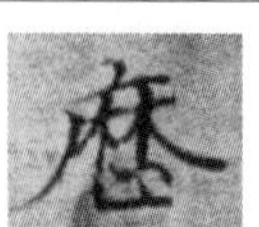 唐代・文選百三 11_99_3	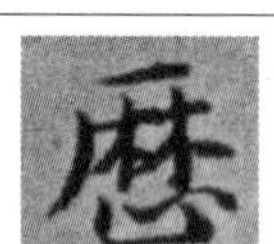 唐代・文選六八 52_519_5	 初唐・法華義疏 1_8_23	 唐代・文選百三 67_644_24	 唐代・文選五九 45_439_1
 唐代・春秋經傳 4_39_2	 唐代・古文選前 21_245_3	 唐代・文選百三 32_316_2	 唐代・文選六八 52_519_8	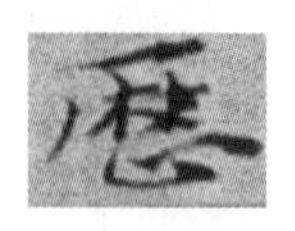 唐代・文選四八 9_77_14	 唐代・文選百三 84_803_22	 唐代・文選五九 47_459_17
 唐代・春秋經傳 5_44_32	 唐代・古文選後 13_154_2	 唐代・文選百三 32_317_13	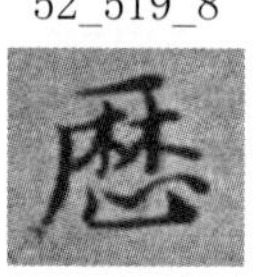 唐代・文選六八 61_615_28	 唐代・文選四八 12_105_17	 唐代・古文選前 2_16_6	 唐代・文選五九 109_1028_30
 唐代・春秋經傳 6_57_10	 唐代・古文選後 24_281_33	 唐代・文選百三 36_360_2	 唐代・文選八八 7_44_10	 唐代・文選四八 12_108_14	 唐代・古文選前 17_195_7	 唐代・文選五九 110_1045_20
 唐代・春秋經傳 6_58_27		 唐代・文選百三 53_514_5	 唐代・文選八八 7_45_18	 唐代・文選五九 29_279_28	 唐代・古文選前 23_270_9	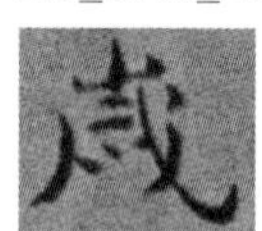 唐代・文選六八 10_108_29
 唐代・春秋經傳 18_185_3		 唐代・文選百三 55_530_14	 唐代・文選百三 3_21_35	 唐代・文選五九 48_473_9	 唐代・古文選後 25_290_14	 唐代・文選百三 39_387_10
 唐代・春秋經傳 18_192_18		 唐代・古文選前 13_147_14	 唐代・文選百三 6_51_21	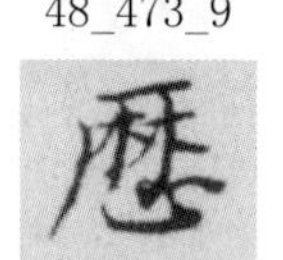 唐代・文選五九 94_901_4	 唐代・古文選後 26_305_3	 唐代・文選百三 84_801_1
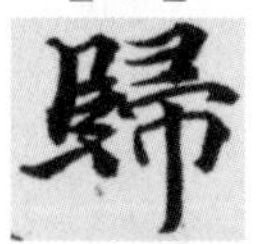 唐代・春秋經傳 19_199_19		 唐代・古文選前 13_155_11	 唐代・文選百三 8_73_19	 唐代・文選六八 51_517_4		

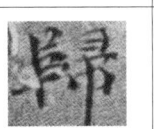

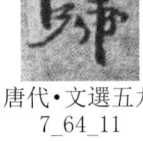

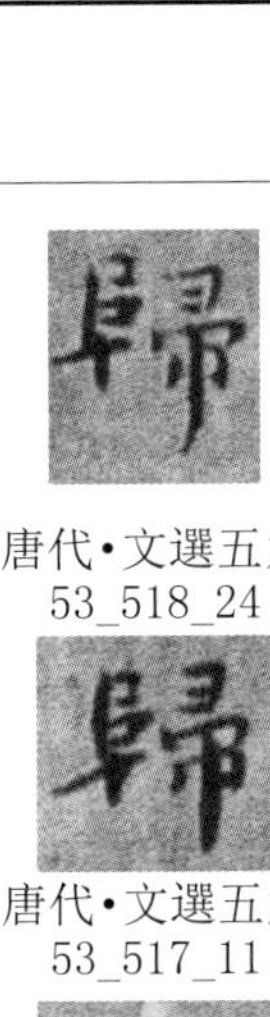
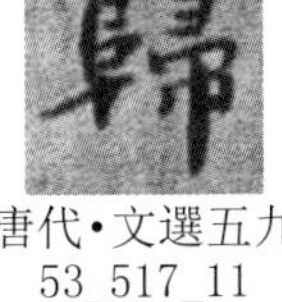
唐代•文選五九
53_518_24

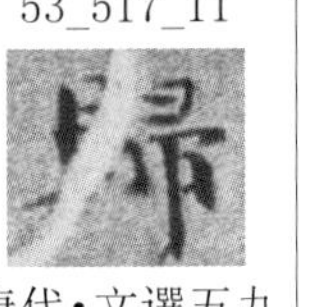
唐代•文選五九
53_517_11

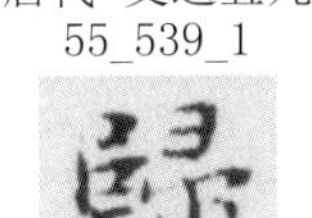
唐代•文選五九
55_539_1

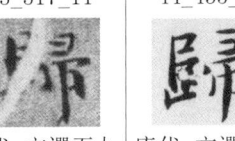

唐代•文選五九
63_608_28

唐代•文選五九
76_731_12

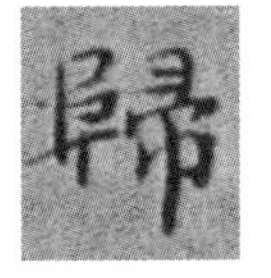
唐代•文選五九
84_805_22

唐代•文選五九
94_899_25

唐代•文選五九
94_907_21

唐代•文選五九
34_333_25

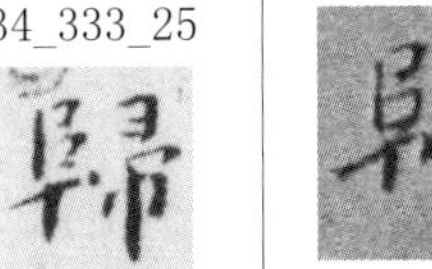
唐代•文選五九
44_435_16

唐代•文選五九
52_513_13

唐代•文選五九
52_514_9

唐代•文選五九
52_515_9

唐代•文選五九
53_516_3

唐代•文選五九
53_516_7

唐代•文選五九
13_126_1

唐代•文選五九
14_132_10

唐代•文選五九
18_177_11

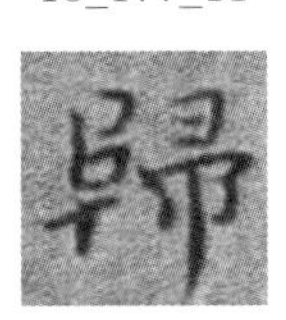
唐代•文選五九
19_190_13

唐代•文選五九
23_232_8

唐代•文選五九
27_260_17

唐代•文選五九
33_326_7

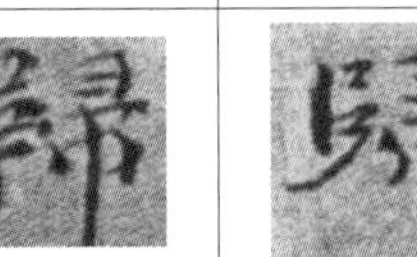
唐代•文選五九
7_64_11

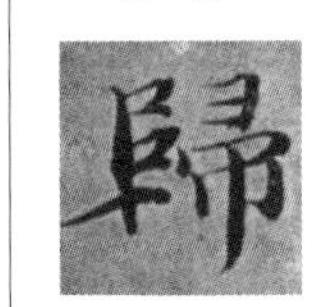
唐代•文選五九
9_79_10

唐代•文選五九
9_81_22

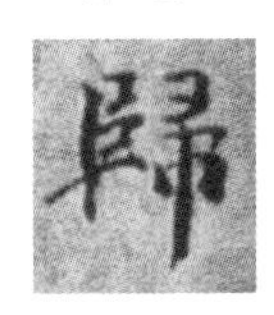
唐代•文選五九
9_82_22

唐代•文選五九
9_83_11

唐代•文選五九
11_103_4

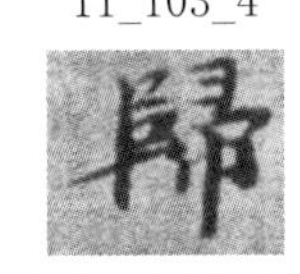
唐代•文選五九
11_105_12

唐代•文選五九
11_106_15

唐代•文選四八
12_106_8

唐代•文選四八
21_187_15

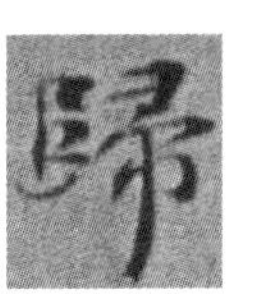
唐代•文選四八
21_190_20

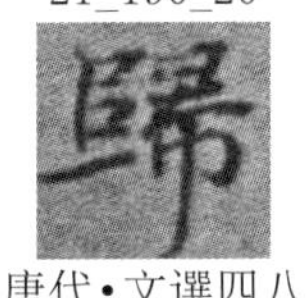
唐代•文選四八
22_196_4

唐代•文選四八
26_238_9

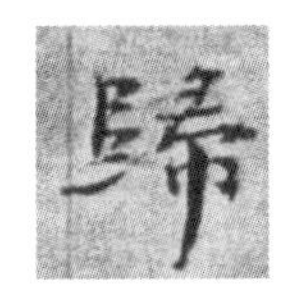
唐代•文選四八
38_336_25

唐代•文選四八
42_380_24

唐代•文選五九
7_61_2

唐代•春秋經傳
33_341_10

唐代•春秋經傳
33_343_14

唐代•春秋經傳
35_366_27

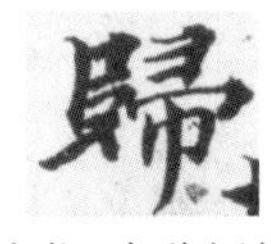
唐代•春秋經傳
38_399_14

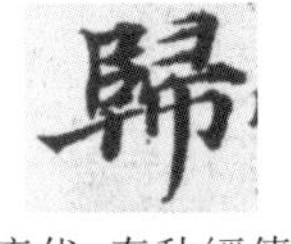
唐代•春秋經傳
38_403_2

唐代•春秋經傳
39_405_20

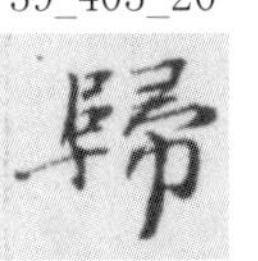
唐代•文選四八
1_6_20

唐代•文選四八
3_16_12

唐代•春秋經傳
22_232_9

唐代•春秋經傳
23_237_16

唐代•春秋經傳
23_242_16

唐代•春秋經傳
31_327_23

唐代•春秋經傳
32_331_16

唐代•春秋經傳
32_337_3

唐代•春秋經傳
32_337_13

唐代•春秋經傳
33_340_1

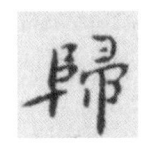

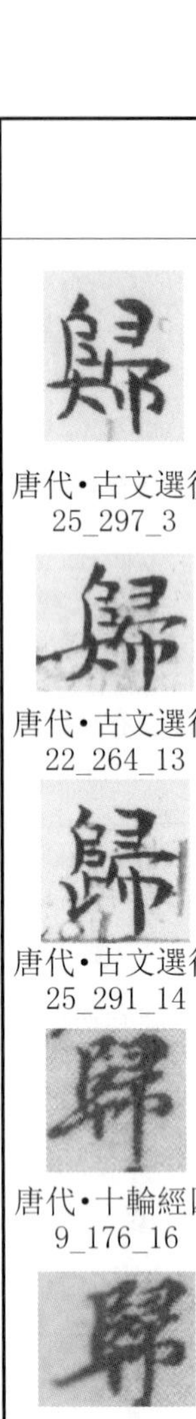

唐代•古文選後
25_297_3

唐代•古文選後
22_264_13

唐代•古文選後
25_291_14

唐代•十輪經四
9_176_16

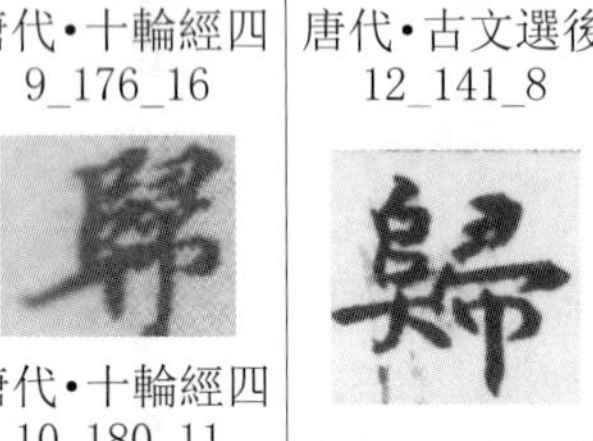

唐代•十輪經四
10_180_11

唐代•十輪經四
10_196_7

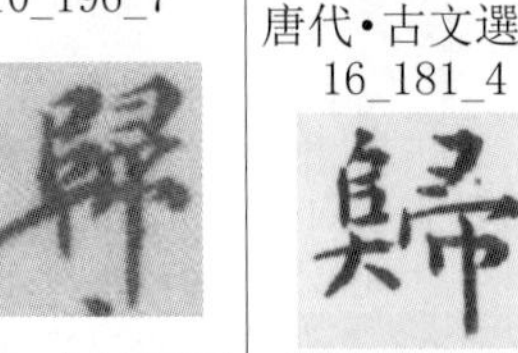

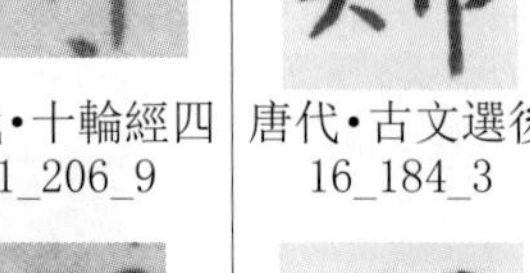

唐代•十輪經四
11_206_9

唐代•十輪經四
14_278_2

唐代•古文選前
25_298_8

唐代•古文選後
8_94_14

唐代•古文選後
10_118_4

唐代•古文選後
12_141_8

唐代•古文選後
15_178_1

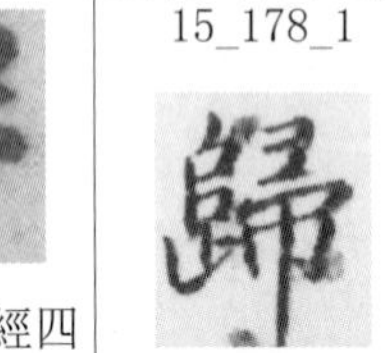

唐代•古文選後
16_181_4

唐代•古文選後
16_184_3

唐代•古文選後
17_197_5

唐代•文選百三
42_418_1

唐代•文選百三
42_419_14

唐代•文選百三
79_753_23

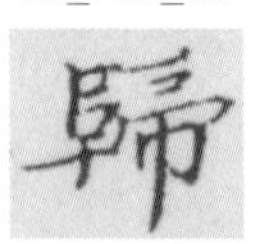

唐代•文選百三
79_755_6

唐代•文選百三
79_757_10

唐代•古文選前
12_137_6

唐代•古文選前
15_174_13

唐代•古文選前
25_293_5

唐代•文選八八
11_90_3

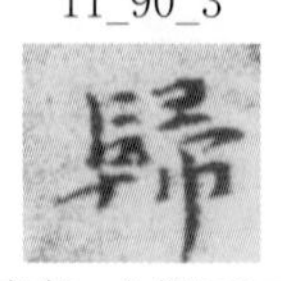

唐代•文選百三
3_23_15

唐代•文選百三
13_116_4

唐代•文選百三
13_116_24

唐代•文選百三
20_194_11

唐代•文選百三
21_199_28

唐代•文選百三
26_254_1

唐代•文選百三
27_265_30

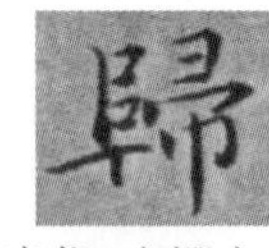

唐代•文選六八
43_437_12

唐代•文選六八
43_437_18

唐代•文選六八
50_499_13

唐代•文選六八
52_523_19

唐代•文選六八
71_708_16

唐代•文選六八
71_709_10

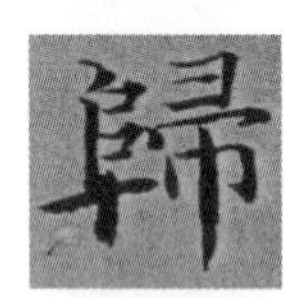

唐代•文選六八
73_729_5

唐代•文選八八
5_25_6

唐代•文選五九
105_1000_3

唐代•文選五九
105_1000_9

唐代•文選六八
2_23_3

唐代•文選六八
30_301_3

唐代•文選六八
30_302_30

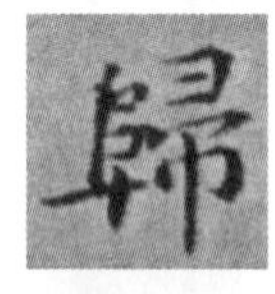

唐代•文選六八
30_303_15

唐代•文選六八
30_304_5

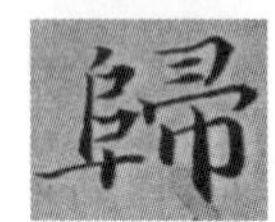

唐代•文選六八
43_436_12

唐代•文選五九
94_908_5

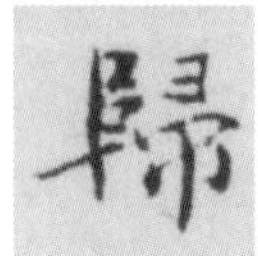

唐代•文選五九
96_909_7

唐代•文選五九
98_928_3

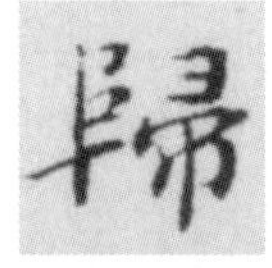

唐代•文選五九
98_930_2

唐代•文選五九
98_931_12

唐代•文選五九
98_932_3

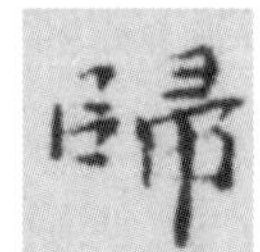

唐代•文選五九
104_983_19

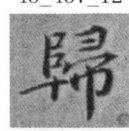

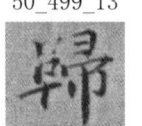

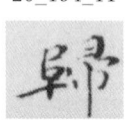

唐代•十輪經四
15_286_1

唐代•十輪經四
20_382_7

唐代•十輪經九
7_132_22

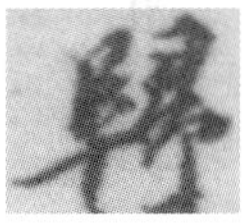
唐代•十輪經九
19_364_17

唐代•十輪經十
4_66_3

唐代•十輪經十
18_355_17

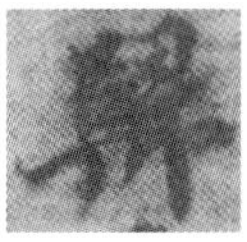
唐代•十輪經十
18_358_14

唐代•十輪經四
14_278_12

唐代•十輪經四
16_306_5

唐代•十輪經十
19_367_10

攴部

收

漢シュウ
訓おさめる

唐代•春秋經傳
22_233_2

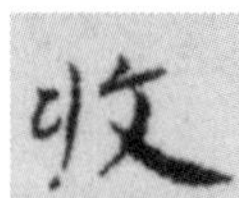
唐代•文選五九
35_342_3

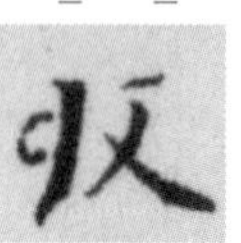
唐代•文選五九
35_342_21

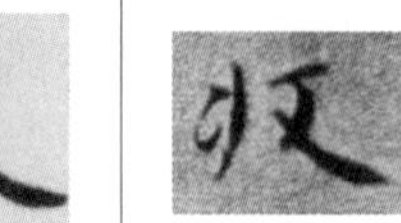
唐代•文選五九
53_518_13

唐代•文選五九
80_764_13

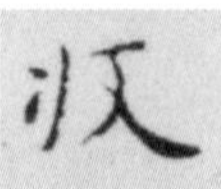
唐代•文選五九
80_770_28

唐代•文選六八
17_178_2

唐代•文選六八
17_179_1

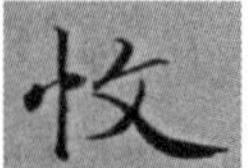
唐代•文選六八
37_373_16

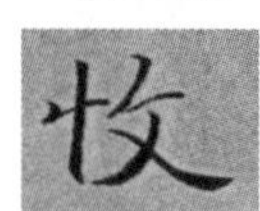
唐代•文選六八
55_551_2

唐代•文選百三
31_305_17

唐代•文選百三
35_349_15

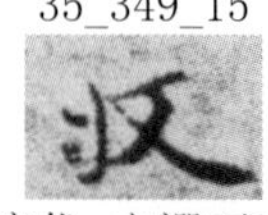
唐代•文選百三
52_502_16

唐代•文選百三
61_581_8

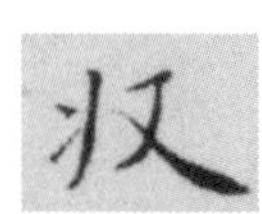
唐代•文選百三
71_687_17

唐代•文選百三
71_688_34

唐代•文選百三
87_832_8

唐代•古文選前
9_110_14

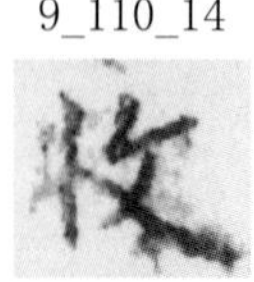
唐代•古文選前
14_158_9

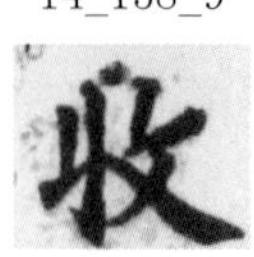
唐代•古文選後
15_176_13

以鼻收
唐代•十輪經四
15_298_17

攻

漢コウ
訓せめる

唐代•春秋經傳
9_91_15

唐代•春秋經傳
15_158_1

唐代•春秋經傳
21_221_3

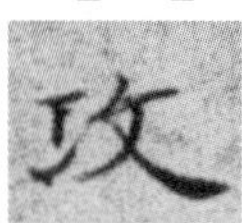
唐代•文選百三
27_271_25

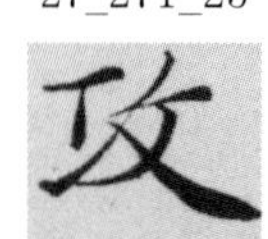
唐代•文選百三
33_321_2

唐代•文選百三
33_322_20

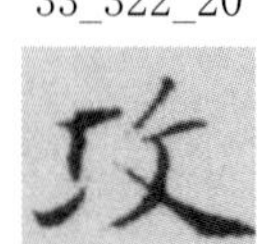
唐代•文選百三
33_325_20

唐代•文選百三
33_328_30

唐代•文選百三
33_332_22

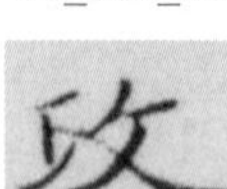
唐代•文選百三
47_449_17

唐代•文選百三
47_449_31

唐代•文選百三
47_459_16

唐代•文選百三
50_485_26

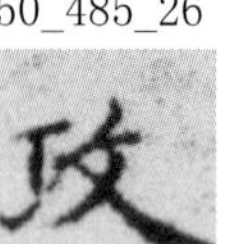
唐代•文選百三
51_487_9

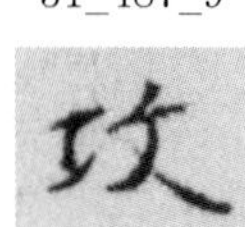
唐代•文選百三
51_487_32

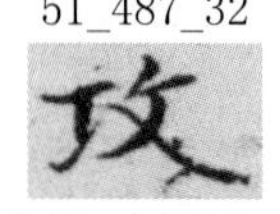
唐代•文選百三
52_498_35

唐代•文選百三
52_502_1

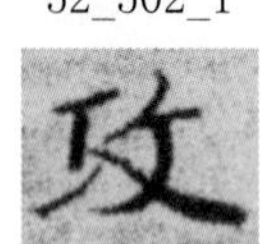
唐代•文選百三
52_505_5

唐代•文選百三
61_587_9

唐代•文選百三
65_622_15

唐代•文選百三
67_651_21

唐代•文選百三
75_720_7

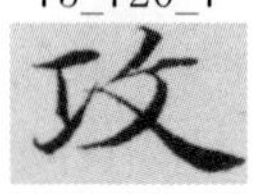
唐代•文選百三
85_806_24

唐代•文選百三
85_807_15

放

ホウ
訓はなす

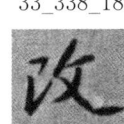

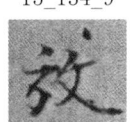

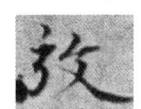

唐代•春秋經傳 1_5_5

唐代•春秋經傳 1_5_14

唐代•春秋經傳 2_19_4

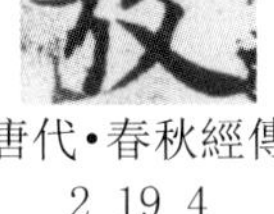
唐代•春秋經傳 33_348_9

唐代•春秋經傳 34_354_14

唐代•文選四八 15_134_9

唐代•文選四八 28_252_5

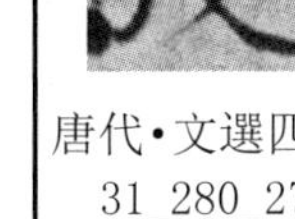
唐代•文選四八 31_280_27

唐代•古文選後 2_14_3

唐代•古文選後 2_22_5

唐代•古文選後 13_150_47

唐代•文選百三 38_382_13

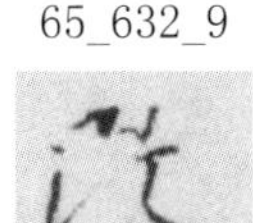
唐代•文選百三 65_632_9

唐代•文選百三 73_709_4

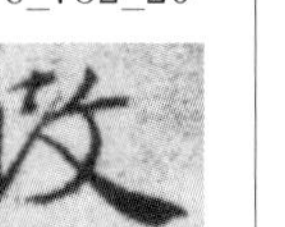
唐代•文選百三 76_732_20

唐代•文選百三 78_744_29

唐代•古文選前 3_35_11

唐代•古文選前 19_229_2

唐代•古文選前 26_302_13

唐代•文選五九 51_507_3

唐代•文選五九 68_651_10

唐代•文選五九 74_707_3

唐代•文選六八 2_19_11

唐代•文選六八 33_338_18

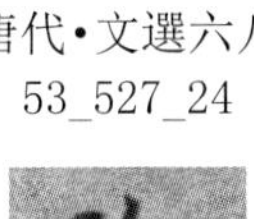
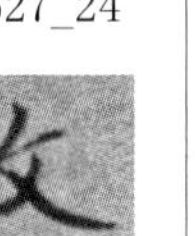

唐代•文選六八 53_527_24

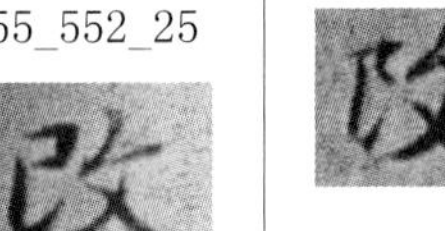

唐代•文選六八 55_552_25

唐代•文選六八 55_554_10

唐代•春秋經傳 31_324_3

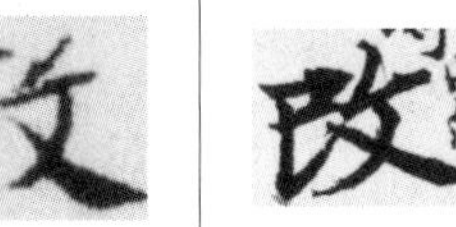
唐代•春秋經傳 33_347_38

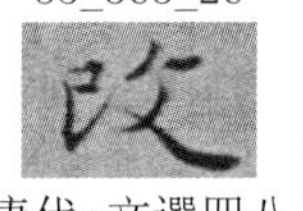
唐代•春秋經傳 35_363_26

唐代•文選四八 14_130_24

唐代•文選四八 17_156_8

唐代•文選四八 46_418_6

唐代•文選四八 46_418_10

唐代•文選五九 5_40_2

改

カイ
訓あらためる

唐代•春秋經傳 8_79_8

唐代•春秋經傳 8_80_7

唐代•春秋經傳 9_85_15

唐代•春秋經傳 12_127_13

唐代•春秋經傳 13_133_2

唐代•春秋經傳 15_154_8

唐代•春秋經傳 20_204_4

唐代•春秋經傳 23_239_14

唐代•文選百三 85_810_3

政

漢セイ呉ショウ
訓まつりごと

唐代•文選六八
67_668_17

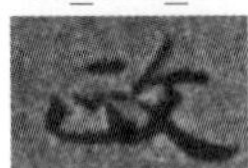
唐代•文選六八
69_683_2

唐代•文選八八
15_131_5

唐代•文選八八
15_132_18

唐代•文選八八
15_133_24

唐代•文選八八
21_187_8

唐代•文選八八
22_194_8

唐代•文選百三
3_19_16

唐代•文選五九
59_572_5

唐代•文選五九
60_573_16

唐代•文選五九
60_577_11

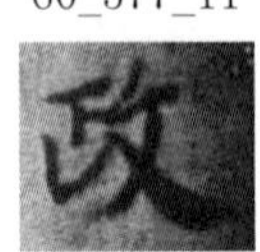
唐代•文選五九
62_601_8

唐代•文選五九
93_892_2

唐代•文選五九
99_939_20

唐代•文選六八
18_182_5

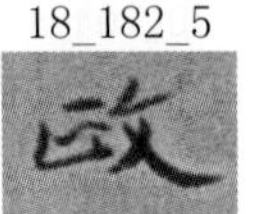
唐代•文選六八
59_588_17

唐代•文選四八
12_111_11

唐代•文選四八
19_172_6

唐代•文選四八
48_436_20

唐代•文選四八
48_440_21

唐代•文選五九
25_240_16

唐代•文選五九
56_541_9

唐代•文選五九
59_570_10

唐代•文選五九
59_571_14

唐代•春秋經傳
4_36_11

唐代•春秋經傳
5_44_8

唐代•春秋經傳
5_50_25

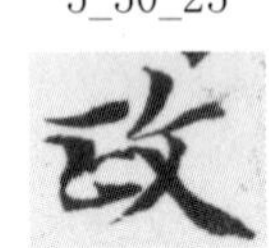
唐代•春秋經傳
6_53_5

唐代•春秋經傳
6_53_18

唐代•春秋經傳
12_119_17

唐代•春秋經傳
21_214_7

唐代•春秋經傳
29_300_2

唐代•古文選前
22_258_14

唐代•古文選前
24_281_7

唐代•古文選後
8_88_7

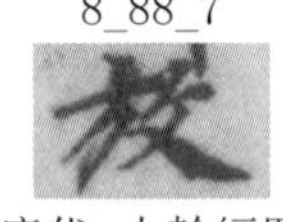
唐代•十輪經四
14_270_16

唐代•十輪經四
14_272_6

唐代•十輪經九
7_121_24

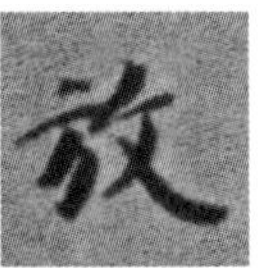
唐代•文選八八
16_137_20

唐代•文選八八
16_138_27

唐代•文選百三
31_307_41

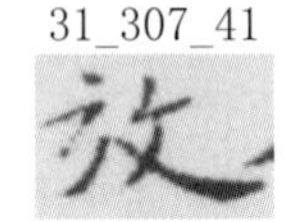
唐代•文選百三
31_308_6

唐代•文選百三
39_395_15

唐代•文選百三
55_526_8

唐代•文選百三
55_526_13

唐代•古文選前
5_52_12

唐代•文選四八
32_288_10

唐代•文選四八
32_288_16

唐代•文選六八
2_19_17

唐代•文選六八
48_483_9

唐代•文選六八
49_486_25

唐代•文選六八
51_505_14

唐代•文選六八
61_612_21

唐代•文選八八
16_136_5

故 𢻹

コ

訓 ころす

唐代•文選百三 3_28_12
唐代•文選百三 5_38_3
唐代•文選百三 5_41_14
唐代•文選百三 13_115_21
唐代•文選百三 25_239_4
唐代•文選百三 33_328_10
唐代•文選百三 49_467_22
唐代•文選百三 49_470_16
唐代•文選百三 49_473_1
唐代•文選百三 55_531_5
唐代•文選百三 57_548_6
唐代•古文選前 19_218_2
唐代•古文選前 21_246_6
唐代•古文選後 11_125_2
初唐•大般若經 1_5_5
初唐•大般若經 1_5_13
中唐•金剛經題 1_7_1
中唐•金剛經題 2_14_8
唐代•春秋經傳 1_7_14
唐代•春秋經傳 2_15_26
唐代•春秋經傳 2_17_17
唐代•春秋經傳 2_18_18
唐代•春秋經傳 3_23_9
唐代•春秋經傳 3_23_16
唐代•春秋經傳 4_37_6
唐代•春秋經傳 4_42_26
唐代•春秋經傳 5_46_34
唐代•春秋經傳 5_47_12
唐代•春秋經傳 6_54_3
唐代•春秋經傳 6_59_20
唐代•春秋經傳 8_76_3
唐代•春秋經傳 8_78_25
唐代•春秋經傳 10_102_11
唐代•春秋經傳 11_116_17
唐代•春秋經傳 12_125_15
唐代•春秋經傳 12_125_26
唐代•春秋經傳 12_126_10
唐代•春秋經傳 14_145_1
唐代•春秋經傳 15_155_11
唐代•春秋經傳 16_165_11
唐代•春秋經傳 17_172_16
唐代•春秋經傳 17_176_14
唐代•春秋經傳 18_183_14
唐代•春秋經傳 19_200_23
唐代•春秋經傳 19_201_25
唐代•春秋經傳 22_233_13
唐代•春秋經傳 23_240_22
唐代•春秋經傳 24_247_22
唐代•春秋經傳 24_248_9
唐代•春秋經傳 24_249_23
唐代•春秋經傳 24_251_20
唐代•春秋經傳 25_254_19
唐代•春秋經傳 25_260_6
唐代•春秋經傳 26_264_9
唐代•春秋經傳 27_274_3
唐代•春秋經傳 27_275_20
唐代•春秋經傳 27_280_9
唐代•春秋經傳 27_281_8
唐代•春秋經傳 28_286_16

唐代•春秋經傳 28_288_2
唐代•春秋經傳 28_291_13
唐代•春秋經傳 29_297_4
唐代•春秋經傳 30_310_15
唐代•春秋經傳 30_313_20
唐代•春秋經傳 31_318_16
唐代•春秋經傳 31_327_6
唐代•春秋經傳 32_336_16
唐代•春秋經傳 32_338_11

唐代•春秋經傳 33_342_8
唐代•春秋經傳 33_343_13
唐代•春秋經傳 33_344_4
唐代•春秋經傳 33_350_20
唐代•春秋經傳 34_354_15
唐代•春秋經傳 34_356_16
唐代•春秋經傳 34_359_14
唐代•春秋經傳 34_359_24
唐代•春秋經傳 35_363_13

唐代•春秋經傳 35_366_7
唐代•春秋經傳 35_367_20
唐代•春秋經傳 35_370_4
唐代•春秋經傳 35_371_19
唐代•春秋經傳 35_372_19
唐代•春秋經傳 37_383_21
唐代•春秋經傳 37_388_7
唐代•春秋經傳 38_394_12
唐代•春秋經傳 38_403_19

唐代•春秋經傳 39_408_6
唐代•文選四八 1_5_5
唐代•文選四八 1_8_5
唐代•文選四八 4_21_15
唐代•文選四八 4_22_16
唐代•文選四八 6_42_2
唐代•文選四八 6_43_2
唐代•文選四八 6_43_21
唐代•文選四八 6_52_11

唐代•文選四八 9_79_15
唐代•文選四八 10_80_3
唐代•文選四八 10_84_15
唐代•文選四八 10_84_23
唐代•文選四八 11_99_21
唐代•文選四八 12_108_13
唐代•文選四八 13_113_26
唐代•文選四八 14_121_11
唐代•文選四八 15_132_9

唐代•文選四八 15_133_13
唐代•文選四八 16_147_7
唐代•文選四八 21_190_6
唐代•文選四八 21_191_14
唐代•文選四八 22_195_14
唐代•文選四八 22_203_18
唐代•文選四八 24_212_24
唐代•文選四八 25_227_50
唐代•文選四八 26_235_17

唐代•文選四八 26_239_6
唐代•文選四八 27_242_7
唐代•文選四八 28_253_17
唐代•文選四八 29_263_8
唐代•文選四八 36_322_19
唐代•文選四八 36_326_9
唐代•文選四八 36_329_10
唐代•文選四八 37_332_1
唐代•文選四八 38_344_19

唐代•文選六八 58_580_5

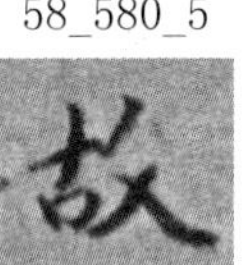
唐代•文選六八 58_584_22

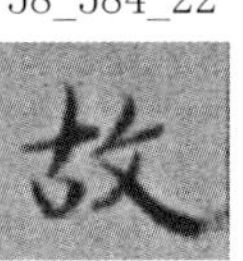
唐代•文選六八 59_585_4

唐代•文選六八 59_589_19

唐代•文選六八 60_601_16

唐代•文選六八 61_607_27

唐代•文選六八 63_631_5

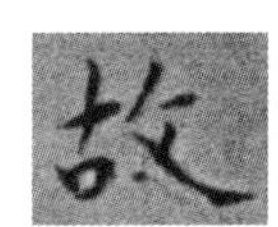
唐代•文選六八 66_658_26

唐代•文選六八 67_674_3

唐代•文選六八 68_681_6

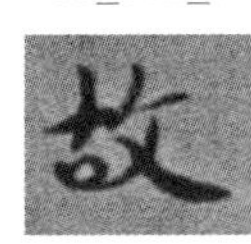
唐代•文選六八 71_708_26

唐代•文選六八 71_712_18

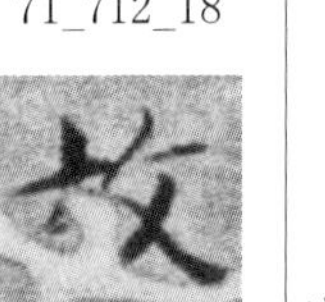
唐代•文選八八 7_49_18

唐代•文選八八 9_64_28

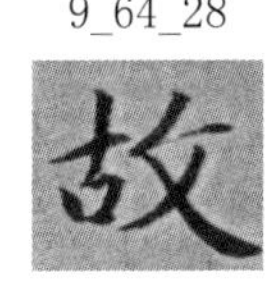
唐代•文選八八 9_73_6

唐代•文選八八 9_75_18

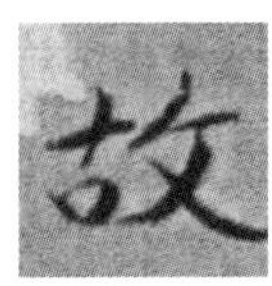
唐代•文選八八 10_78_19

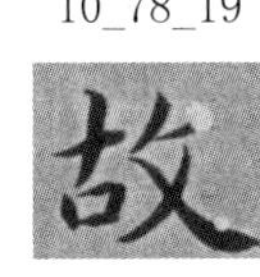
唐代•文選八八 14_114_6

唐代•文選八八 14_118_10

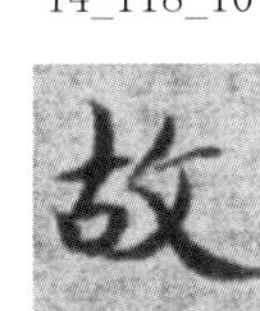
唐代•文選八八 15_132_10

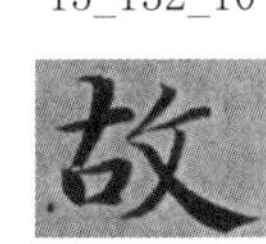
唐代•文選八八 18_157_27

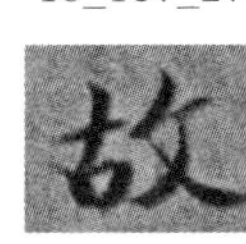
唐代•文選八八 18_159_26

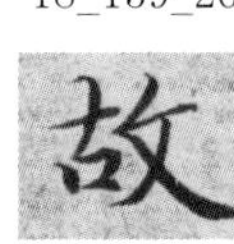
唐代•文選八八 19_164_5

唐代•文選八八 22_194_28

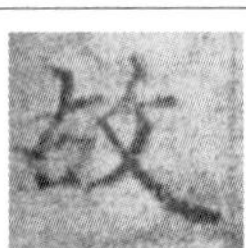
唐代•文選百三 1_8_7

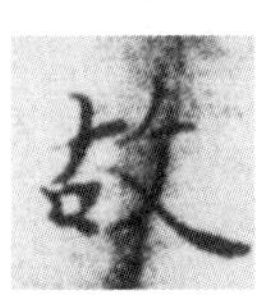
唐代•文選百三 3_18_19

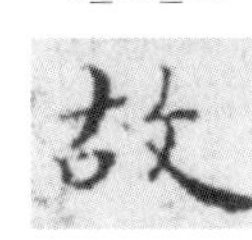
唐代•文選百三 4_34_38

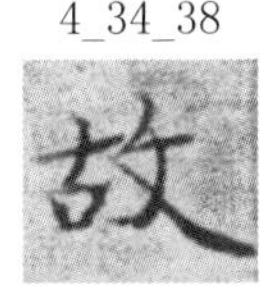
唐代•文選百三 5_48_5

唐代•文選百三 6_49_21

唐代•文選百三 9_88_8

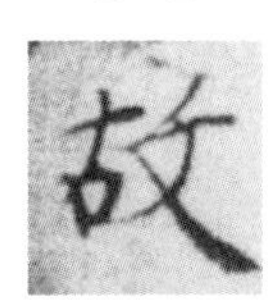
唐代•文選百三 13_124_8

唐代•文選百三 18_174_11

唐代•文選百三 14_129_5

唐代•文選百三 19_187_38

唐代•文選百三 23_219_13

唐代•文選百三 23_224_9

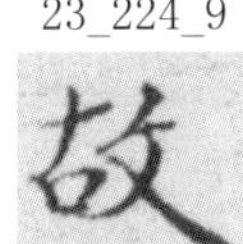
唐代•文選百三 24_233_4

唐代•文選百三 25_242_1

唐代•文選百三 27_259_2

唐代•文選百三 32_318_19

唐代•文選百三 29_284_6

唐代•文選百三 30_296_30

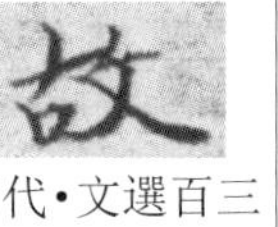
唐代•文選百三 32_318_28

唐代•文選百三 32_319_32

唐代•文選百三 35_352_4

唐代•文選百三 36_360_10

唐代•文選百三 39_397_27

唐代•文選百三 49_468_12

唐代•文選百三 45_429_26

唐代•文選百三 46_441_31

唐代•文選百三 53_509_30

唐代•文選百三 56_538_18

唐代•文選百三 58_558_4

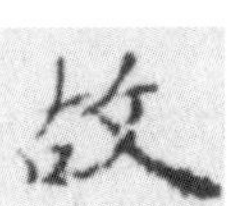
唐代•文選百三 59_563_9

唐代•文選百三 60_573_7

唐代•文選百三 65_626_14

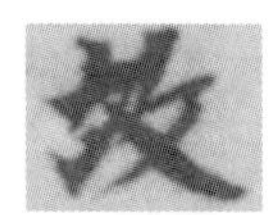
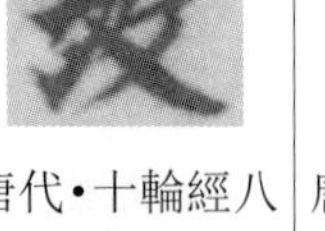
唐代•十輪經八 22_428_10

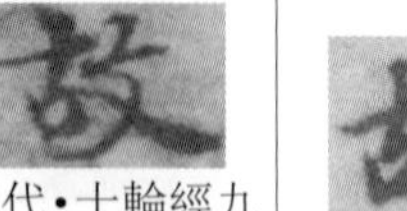
唐代•十輪經九 1_5_8

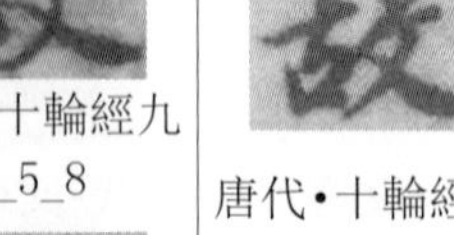
唐代•十輪經八 12_237_15

唐代•十輪經八 14_274_16

唐代•十輪經八 16_312_14

唐代•十輪經八 18_351_7

唐代•十輪經八 20_389_2

唐代•十輪經八 21_405_8

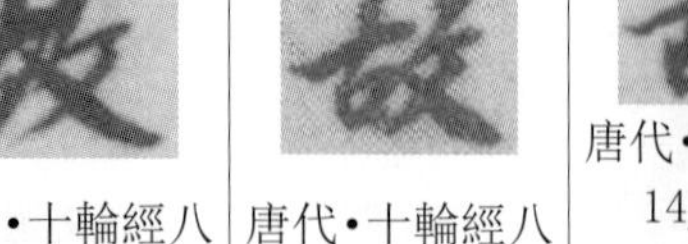
唐代•十輪經八 9_162_10

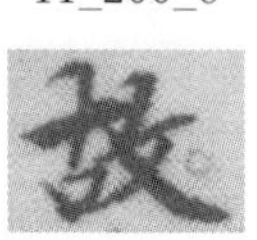

唐代•十輪經八 11_200_6

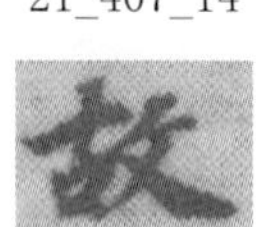
唐代•十輪經八 21_407_14

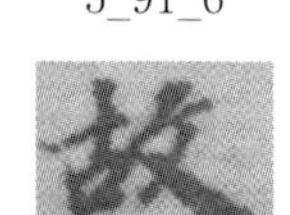
唐代•十輪經八 5_91_6

唐代•十輪經八 5_97_2

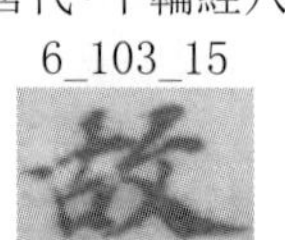
唐代•十輪經八 6_103_15

唐代•十輪經八 6_106_4

唐代•十輪經八 7_123_16

唐代•十輪經四 14_270_8

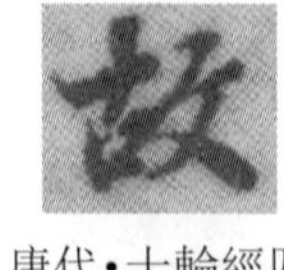
唐代•十輪經四 21_413_10

唐代•十輪經四 21_418_2

唐代•十輪經四 22_422_15

唐代•十輪經四 11_213_12

唐代•十輪經四 12_220_9

唐代•十輪經四 13_243_14

唐代•十輪經四 13_258_14

唐代•十輪經四 14_263_14

唐代•古文選後 8_89_22

唐代•古文選後 22_259_27

唐代•古文選後 24_281_47

唐代•古文選後 25_300_31

唐代•十輪經四 8_159_6

唐代•十輪經四 8_160_16

唐代•十輪經四 10_181_25

唐代•十輪經四 10_191_14

唐代•古文選前 11_131_15

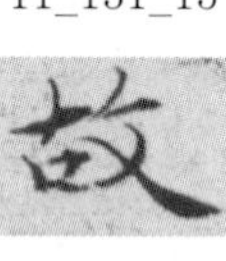
唐代•文選百三 86_822_39

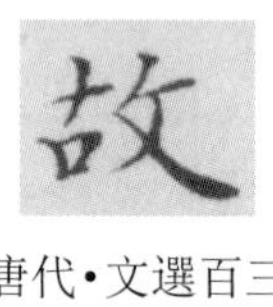
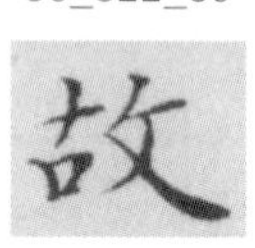
唐代•文選百三 87_831_1

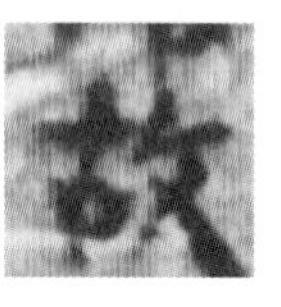
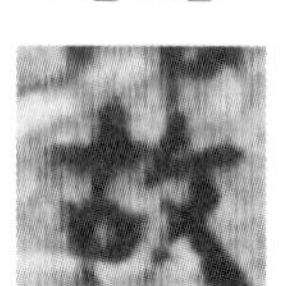
唐代•古文選前 15_179_53

唐代•古文選前 19_227_2

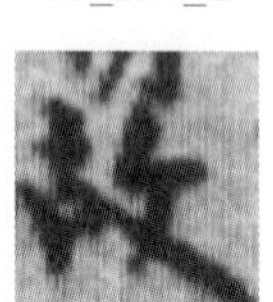
唐代•古文選前 25_297_61

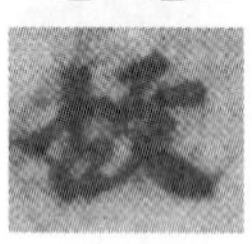
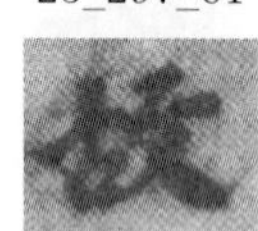
唐代•十輪經四 1_4_6

唐代•十輪經四 7_127_10

唐代•文選百三 73_709_17

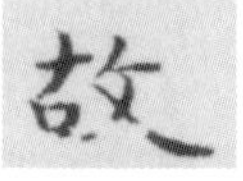
唐代•文選百三 73_711_9

唐代•文選百三 74_712_7

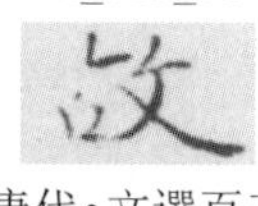
唐代•文選百三 74_712_38

唐代•文選百三 79_751_51

唐代•文選百三 80_759_5

唐代•文選百三 80_760_21

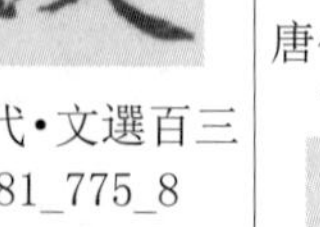
唐代•文選百三 81_775_8

唐代•文選百三 81_776_11

唐代•文選百三 63_603_15

唐代•文選百三 63_610_13

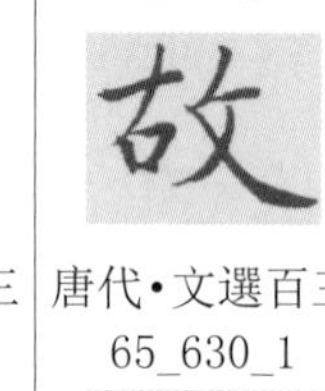
唐代•文選百三 64_618_42

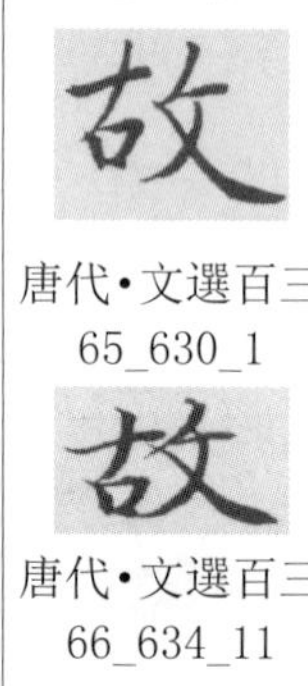
唐代•文選百三 65_630_1

唐代•文選百三 66_634_11

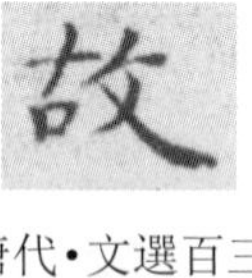
唐代•文選百三 66_638_7

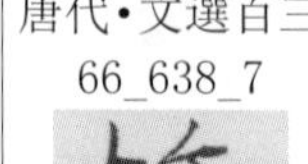
唐代•文選百三 71_679_4

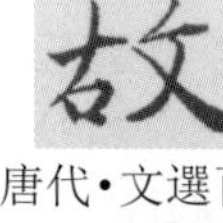

唐代•文選百三 72_694_20

唐代•文選百三 73_704_15

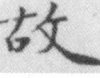

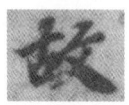

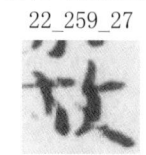

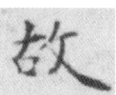

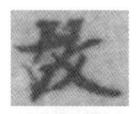

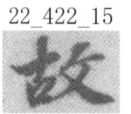

敖

漢ゴウ
訓あそぶ

唐代•春秋經傳 7_71_1
唐代•春秋經傳 7_72_11
唐代•春秋經傳 20_212_1
唐代•春秋經傳 21_215_7
唐代•春秋經傳 21_219_11
唐代•春秋經傳 22_223_4
唐代•春秋經傳 22_228_15
唐代•春秋經傳 22_229_2

唐代•十輪經十 16_316_2
唐代•十輪經十 12_237_6
唐代•十輪經十 14_266_10
唐代•十輪經十 15_285_9
唐代•十輪經十 16_308_16

唐代•十輪經十 9_170_10
唐代•十輪經十 9_171_10
唐代•十輪經十 9_172_9
唐代•十輪經十 9_172_15
唐代•十輪經十 9_176_8
唐代•十輪經十 9_177_10
唐代•十輪經十 9_179_12
唐代•十輪經十 10_182_13
唐代•十輪經十 12_233_14

唐代•十輪經九 10_190_17
唐代•十輪經九 11_200_1
唐代•十輪經九 15_287_3
唐代•十輪經十 3_45_6
唐代•十輪經十 4_79_6
唐代•十輪經十 5_85_9
唐代•十輪經十 5_88_14
唐代•十輪經十 8_142_5
唐代•十輪經十 8_147_7
唐代•十輪經十 9_169_11

唐代•十輪經九 9_170_10
唐代•十輪經九 9_170_18
唐代•十輪經九 9_171_8
唐代•十輪經九 9_171_16
唐代•十輪經九 9_173_15
唐代•十輪經九 9_174_7
唐代•十輪經九 9_174_15
唐代•十輪經九 9_175_5
唐代•十輪經九 9_175_17
唐代•十輪經九 10_183_2

唐代•十輪經九 5_87_5
唐代•十輪經九 5_87_13
唐代•十輪經九 5_88_8
唐代•十輪經九 5_89_9
唐代•十輪經九 6_112_15
唐代•十輪經九 6_119_4
唐代•十輪經九 8_156_11
唐代•十輪經九 8_157_10
唐代•十輪經九 8_158_9
唐代•十輪經九 8_159_7

唐代•十輪經九 1_7_14
唐代•十輪經九 2_27_2
唐代•十輪經九 3_43_9
唐代•十輪經九 3_45_14
唐代•十輪經九 4_67_7
唐代•十輪經九 5_84_16
唐代•十輪經九 5_85_15
唐代•十輪經九 5_86_6
唐代•十輪經九 5_86_14

唐代•春秋經傳
22_229_16

唐代•春秋經傳
36_377_17

唐代•春秋經傳
36_382_15

唐代•文選五九
9_84_17

效

漢コウ
訓きく

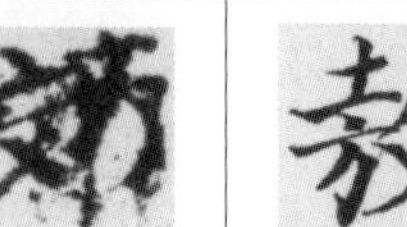
唐代•春秋經傳
19_196_9

唐代•春秋經傳
31_323_4

唐代•文選五九
84_807_30

唐代•文選五九
93_892_22

唐代•文選六八
67_672_6

唐代•文選六八
71_706_1

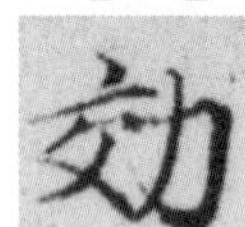
唐代•文選百三
24_232_26

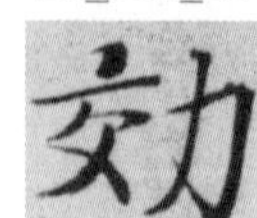
唐代•文選百三
36_362_3

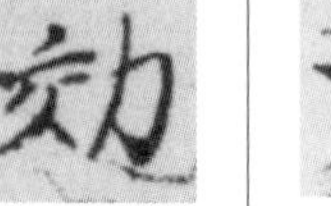
唐代•文選百三
37_365_7

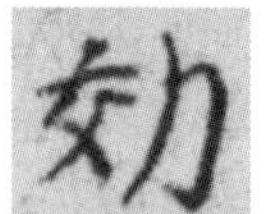
唐代•文選百三
78_746_1

唐代•文選百三
86_821_3

唐代•古文選前
14_166_2

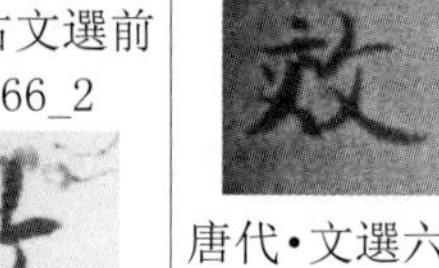
唐代•古文選後
21_243_2

教

吳キョウ
訓おしえる

初唐•法華義疏
1_4_7

初唐•法華義疏
1_9_5

初唐•金剛場經
1_10_6

中唐•金剛經題
2_12_2

唐代•文選四八
13_117_21

唐代•文選五九
34_333_10

唐代•文選五九
41_402_17

唐代•文選五九
105_989_20

唐代•文選六八
39_386_17

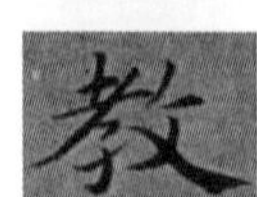
唐代•文選六八
70_696_8

唐代•文選六八
70_697_21

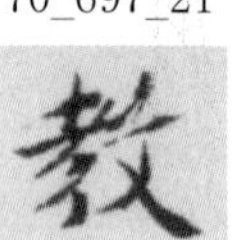
唐代•文選八八
3_16_8

唐代•文選八八
15_131_6

唐代•文選八八
15_133_25

唐代•文選八八
17_142_15

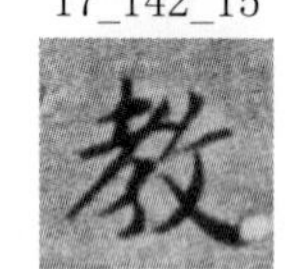
唐代•文選八八
21_187_9

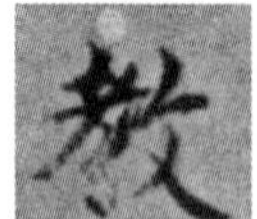
唐代•文選八八
22_194_9

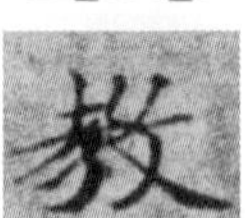
唐代•文選百三
5_41_15

唐代•文選百三
12_109_38

唐代•文選百三
40_401_24

唐代•文選百三
73_705_5

唐代•文選百三
73_705_8

唐代•文選百三
73_705_11

唐代•古文選後
11_127_4

唐代•古文選後
14_165_9

唐代•古文選後
20_234_3

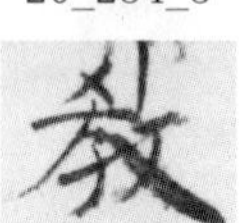
唐代•古文選後
21_242_8

唐代•十輪經四
2_29_17

唐代•十輪經四
2_31_13

唐代•十輪經四
2_35_9

唐代•十輪經四
3_44_14

唐代•十輪經四
8_153_12

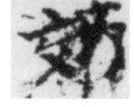

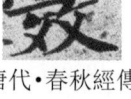

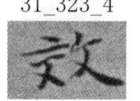

救

漢キュウ 慣グ 呉ク
訓すくう

唐代•十輪經十 3_48_7
唐代•十輪經十 6_104_7

唐代•文選百三 61_590_15
唐代•文選百三 84_799_4
唐代•文選百三 84_799_29
唐代•文選百三 85_808_1
唐代•文選百三 85_809_3
唐代•古文選前 19_224_14
唐代•古文選前 23_269_9
唐代•十輪經四 21_403_9

唐代•春秋經傳 24_252_12
唐代•春秋經傳 30_312_15
唐代•春秋經傳 31_328_7
唐代•春秋經傳 34_361_2
唐代•文選六八 12_127_16
唐代•文選百三 24_232_5
唐代•文選百三 34_335_2
唐代•文選百三 45_436_5

唐代•春秋經傳 2_8_13
唐代•春秋經傳 2_8_17
唐代•春秋經傳 2_10_6
唐代•春秋經傳 3_30_3
唐代•春秋經傳 3_30_16
唐代•春秋經傳 4_33_8
唐代•春秋經傳 7_66_21
唐代•春秋經傳 7_68_18

唐代•十輪經十 3_51_6
唐代•十輪經十 4_64_15
唐代•十輪經十 7_127_12
唐代•十輪經十 7_129_11
唐代•十輪經十 7_130_17

唐代•十輪經八 17_331_9
唐代•十輪經八 19_369_9
唐代•十輪經八 21_407_1
唐代•十輪經九 1_7_1
唐代•十輪經九 3_45_1
唐代•十輪經九 4_64_15
唐代•十輪經九 7_138_12
唐代•十輪經九 17_320_12

唐代•十輪經四 8_158_11
唐代•十輪經四 19_366_2
唐代•十輪經八 6_105_8
唐代•十輪經八 8_143_8
唐代•十輪經八 10_181_13
唐代•十輪經八 11_218_9
唐代•十輪經八 13_255_9
唐代•十輪經八 15_293_9

敘

吳ジョ
訓ついず

唐代•文選四八
8_67_16

唐代•文選四八
12_108_15

唐代•文選五九
37_370_2

唐代•文選五九
49_481_8

唐代•文選五九
53_520_13

唐代•文選百三
18_169_23

唐代•古文選後
1_8_6

唐代•古文選後
24_283_9

敏

漢ビン吳ミン
訓つとめる

唐代•文選四八
46_415_25

唐代•文選五九
1_11_16

唐代•文選百三
77_735_1

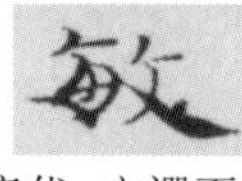
唐代•文選百三
77_738_11

唐代•十輪經四
5_97_13

唐代•十輪經四
6_100_10

唐代•十輪經四
6_103_7

敗

漢ハイ吳バイ
訓やぶる

唐代•文選百三
61_584_7

唐代•文選百三
61_591_3

唐代•文選百三
71_682_11

唐代•文選百三
86_822_28

唐代•古文選後
5_56_8

唐代•十輪經四
5_88_17

唐代•文選百三
41_407_6

唐代•文選百三
41_407_10

唐代•文選百三
41_411_3

唐代•文選百三
41_411_14

唐代•文選百三
41_411_18

唐代•文選百三
41_413_19

唐代•文選百三
41_415_5

唐代•文選百三
41_415_17

唐代•文選百三
55_526_4

唐代•文選五九
80_765_15

唐代•文選五九
80_766_26

唐代•文選五九
88_842_3

唐代•文選五九
90_869_1

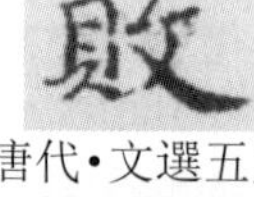
唐代•文選五九
92_878_16

唐代•文選百三
27_262_27

唐代•文選百三
28_273_13

唐代•文選百三
29_281_24

唐代•文選百三
41_406_7

唐代•春秋經傳
4_39_12

唐代•春秋經傳
5_46_1

唐代•春秋經傳
6_54_4

唐代•春秋經傳
6_54_17

唐代•春秋經傳
23_238_8

唐代•春秋經傳
31_328_11

唐代•春秋經傳
34_356_9

唐代•文選四八
42_377_16

唐代•文選五九
2_13_10

敕

漢チョク
訓いましめる

唐代•文選五九
53_528_23

唐代•文選五九
74_717_32

唐代•十輪經四
9_162_16

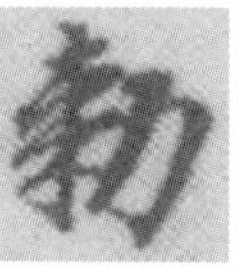
唐代•十輪經四
11_218_13

唐代•十輪經四
12_221_16

唐代•十輪經四
16_300_10

敝

漢ヘイ
訓やぶれる

唐代•古文選後 4_44_37

唐代•十輪經九 12_224_17

敢

カン
訓あえてする

唐代•春秋經傳 6_59_22

唐代•春秋經傳 16_165_2

唐代•春秋經傳 24_250_30

唐代•春秋經傳 33_349_15

唐代•文選四八 28_248_2

唐代•文選四八 28_248_9

唐代•文選四八 37_333_1

唐代•文選五九 11_108_23

唐代•文選五九 15_139_12

唐代•文選五九 46_454_7

唐代•文選五九 60_576_25

唐代•文選百三 22_214_23

唐代•文選百三 22_214_30

唐代•文選百三 45_427_5

唐代•文選百三 45_429_21

唐代•文選百三 45_429_29

唐代•文選百三 45_430_4

唐代•文選百三 73_702_2

唐代•文選百三 73_704_16

唐代•文選百三 75_721_7

唐代•古文選前 13_154_12

唐代•古文選前 26_309_3

唐代•古文選後 2_21_10

唐代•古文選後 4_39_8

唐代•十輪經八 4_60_2

唐代•十輪經八 4_62_9

散

サン
訓ちらす

唐代•文選四八 11_97_11

唐代•文選四八 30_274_20

唐代•文選四八 30_275_6

唐代•文選五九 2_13_24

唐代•文選五九 11_100_1

唐代•文選五九 15_151_25

唐代•文選五九 65_625_5

唐代•文選五九 65_626_25

唐代•文選五九 65_627_21

唐代•文選五九 68_656_24

唐代•文選五九 70_669_1

唐代•文選五九 70_669_17

唐代•文選五九 70_670_19

唐代•文選六八 15_149_2

唐代•文選六八 15_153_3

唐代•文選六八 19_187_4

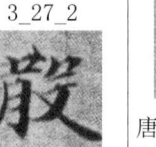

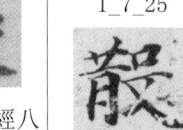

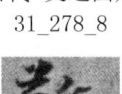

唐代•文選六八 19_188_18

唐代•文選六八 19_189_10

唐代•文選六八 24_243_11

唐代•文選六八 24_244_11

唐代•文選六八 25_246_7

唐代•文選六八 29_287_17

唐代•文選六八 31_318_11

唐代•文選六八 32_319_28

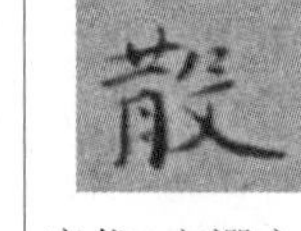
唐代•文選六八 32_320_26

唐代•文選六八 49_486_26

唐代•文選六八 52_521_20

唐代•文選六八 54_542_5

唐代•文選六八 55_549_17

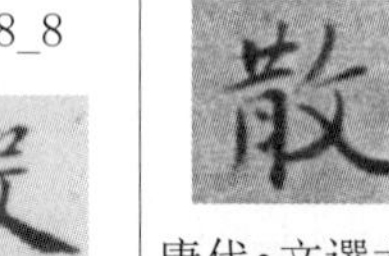
唐代•文選六八 55_556_21

唐代•文選六八 67_675_1

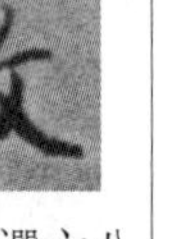
唐代•文選六八 67_676_3

唐代•文選六八 68_678_9

唐代•文選六八 70_701_7

唐代•文選百三 1_7_25

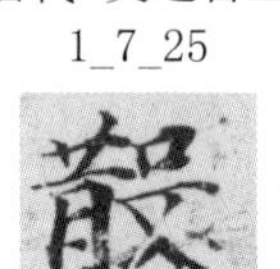

唐代•文選百三 3_27_2

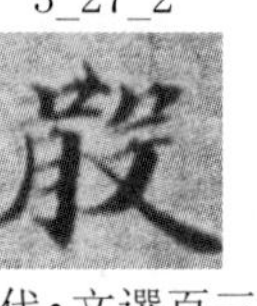

唐代•文選百三 27_258_8

唐代•文選百三 34_337_22

唐代•文選百三 47_459_32

唐代•古文選前 12_141_4

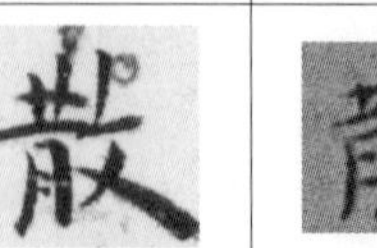
唐代•古文選後 9_103_11

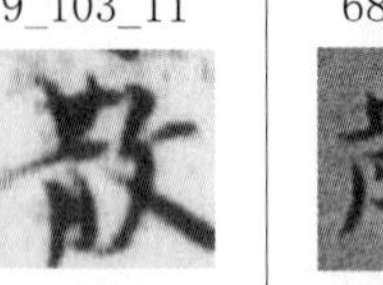
唐代•古文選後 13_150_89

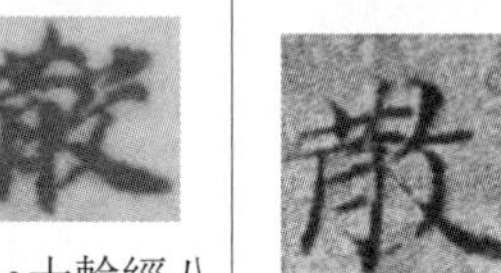
唐代•十輪經八 2_32_5

唐代•十輪經八 3_55_10

唐代•十輪經八 3_58_10

唐代•十輪經八 4_64_12

唐代•十輪經八 4_66_8

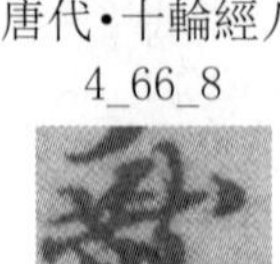
唐代•十輪經十 4_63_9

敬

漢ケイ 呉キョウ
訓うやまう

初唐•金剛場經 1_9_5

初唐•大般若經 2_35_3

唐代•春秋經傳 9_88_19

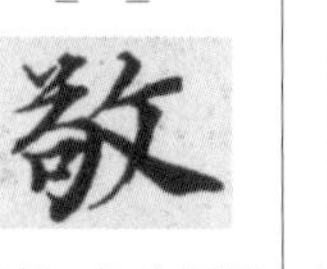
唐代•春秋經傳 28_291_2

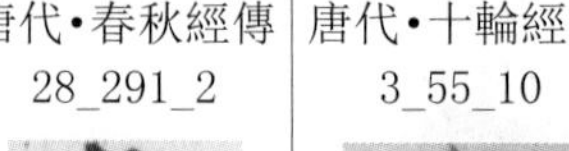
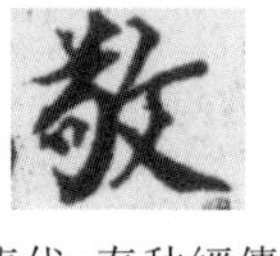
唐代•春秋經傳 28_291_4

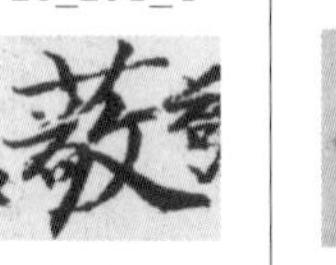
唐代•春秋經傳 29_301_18

唐代•文選四八 6_46_28

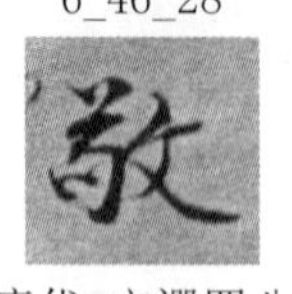
唐代•文選四八 28_247_11

唐代•文選四八 28_250_3

唐代•文選四八 28_250_16

唐代•文選四八 31_278_2

唐代•文選四八 31_278_8

唐代•文選四八 36_320_26

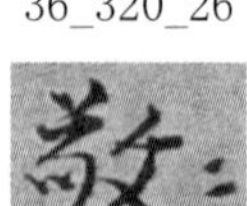
唐代•文選四八 36_321_15

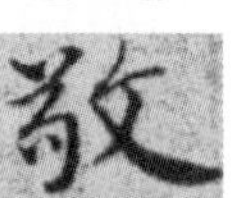
唐代•文選五九 45_449_8

唐代•文選五九 57_554_23

唐代•文選五九 92_881_12

唐代•文選六八 4_40_12

唐代•文選六八 12_128_10

唐代•文選六八 13_132_1

唐代•文選八八 7_43_16

唐代•文選百三 10_92_12

唐代•文選百三 14_134_4

唐代•文選百三 21_204_23

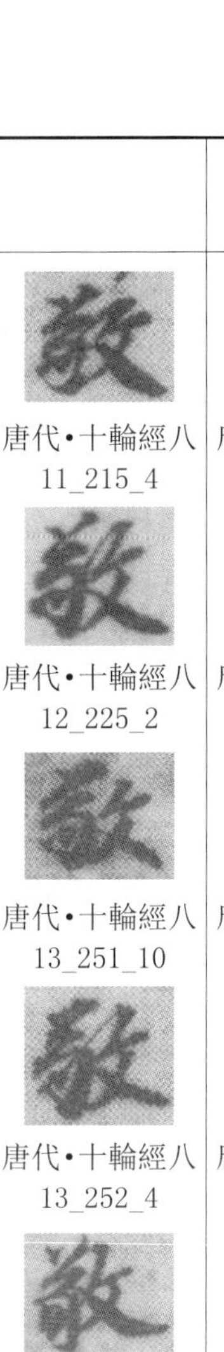 唐代•十輪經八 11_215_4	唐代•十輪經四 17_336_7	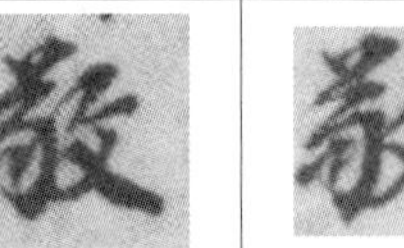 唐代•十輪經四 14_278_13	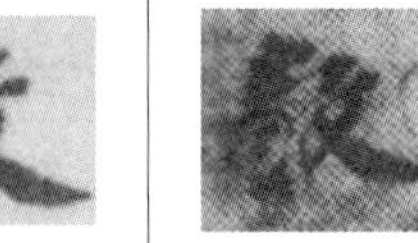 唐代•十輪經四 12_238_10	唐代•十輪經四 3_60_12	 唐代•古文選後 20_234_6	 唐代•文選百三 57_547_23
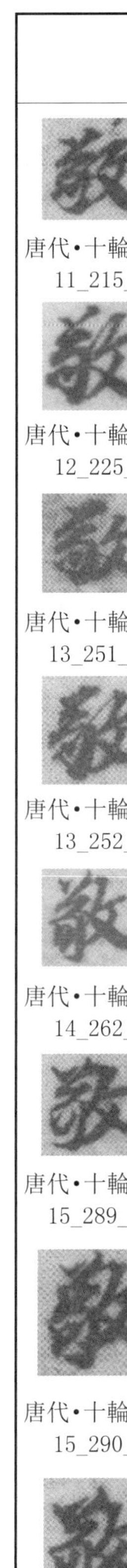 唐代•十輪經八 12_225_2	唐代•十輪經四 18_350_16	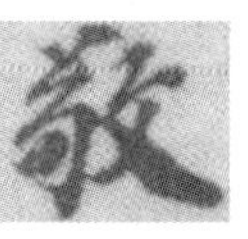 唐代•十輪經四 15_282_8	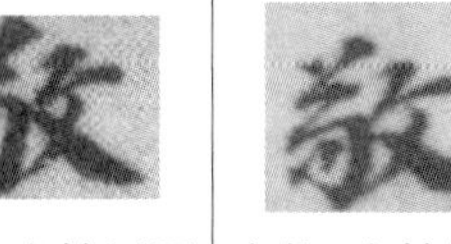 唐代•十輪經四 13_243_10	唐代•十輪經四 4_63_10	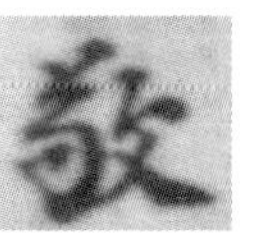 唐代•十輪經四 1_22_3	 唐代•文選百三 77_738_14
唐代•十輪經八 13_251_10	唐代•十輪經四 19_367_13	 唐代•十輪經四 15_287_13	唐代•十輪經四 13_245_3	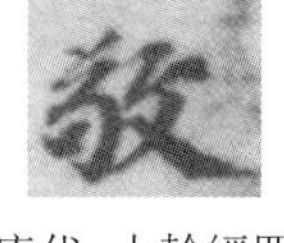 唐代•十輪經四 4_66_17	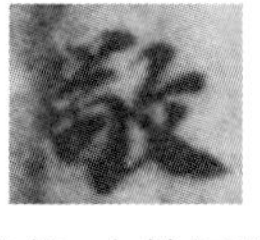 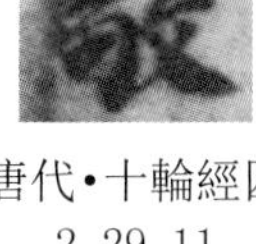 唐代•十輪經四 2_29_11	 唐代•文選百三 77_739_12
唐代•十輪經八 13_252_4	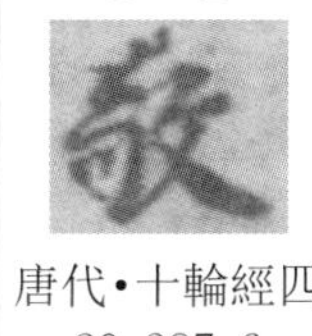 唐代•十輪經四 20_387_6	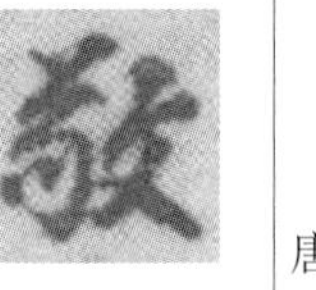 唐代•十輪經四 15_299_4	唐代•十輪經四 13_246_4	 唐代•十輪經四 6_111_7	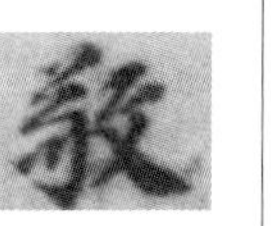 唐代•十輪經四 2_31_6	 唐代•古文選前 16_187_7
唐代•十輪經八 14_262_2	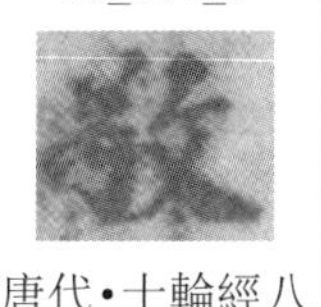 唐代•十輪經八 6_111_14	 唐代•十輪經四 16_300_14	唐代•十輪經四 13_250_9	 唐代•十輪經四 6_112_16	 唐代•十輪經四 2_35_3	 唐代•古文選前 16_193_2
唐代•十輪經八 15_289_10	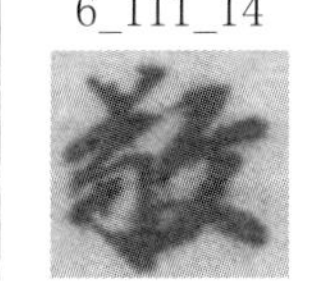 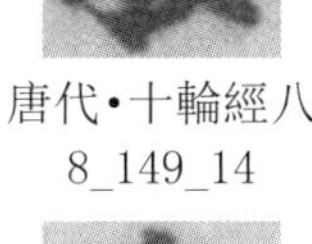 唐代•十輪經八 8_149_14	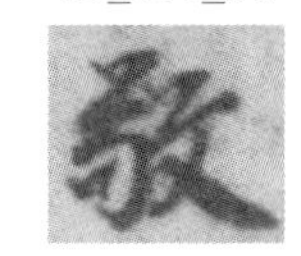 唐代•十輪經四 16_302_11	唐代•十輪經四 13_257_3	 唐代•十輪經四 10_192_7	 唐代•十輪經四 3_44_8	 唐代•古文選後 8_84_3
唐代•十輪經八 15_290_4	 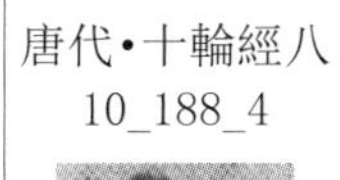 唐代•十輪經八 10_188_4	 唐代•十輪經四 16_307_17	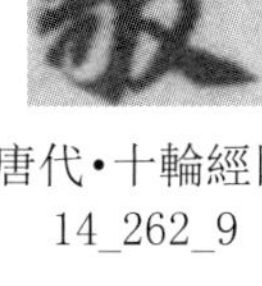 唐代•十輪經四 14_262_9	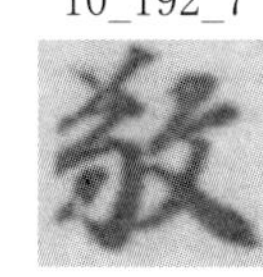 唐代•十輪經四 12_226_10	 唐代•十輪經四 3_56_4	 唐代•古文選後 10_115_9
唐代•十輪經八 15_293_5	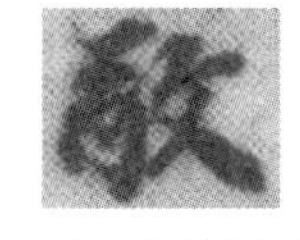 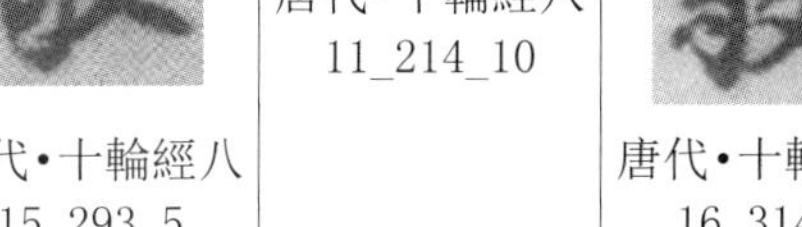 唐代•十輪經八 11_214_10	 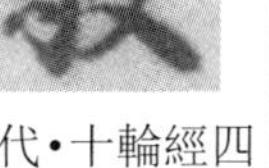 唐代•十輪經四 16_314_3	 唐代•十輪經四 14_269_3	  唐代•十輪經四 12_233_4	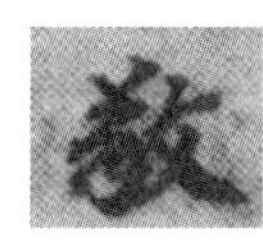 唐代•十輪經四 3_59_13	 唐代•古文選後 10_118_7

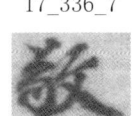

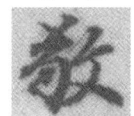

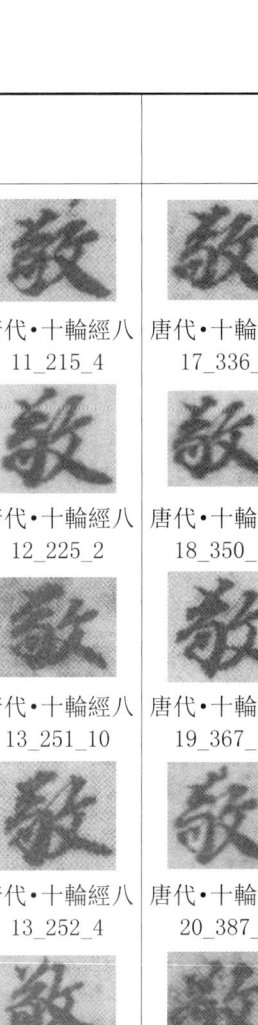

敦 敝

トン
訓あつい

唐代•文選百三
36_357_23

唐代•文選百三
36_362_1

唐代•文選百三
37_366_3

唐代•文選百三
37_367_27

唐代•文選百三
37_372_1

唐代•文選百三
38_378_5

唐代•文選百三
38_380_4

唐代•文選百三
38_381_26

唐代•文選百三
25_248_4

唐代•文選百三
33_329_3

唐代•文選百三
35_350_16

唐代•文選百三
35_350_29

唐代•文選百三
35_352_8

唐代•文選百三
35_354_4

唐代•文選百三
36_357_10

唐代•文選百三
36_357_18

唐代•文選五九
37_367_8

唐代•文選五九
37_369_28

唐代•文選五九
38_375_17

唐代•文選五九
49_481_7

唐代•文選百三
23_228_3

唐代•文選百三
24_230_31

唐代•文選百三
24_231_27

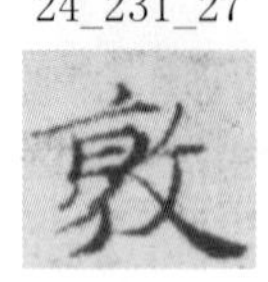
唐代•文選百三
24_232_24

漢ヘイ
訓やぶれる

唐代•文選五九
66_632_10

唐代•文選五九
66_634_13

唐代•文選五九
66_635_9

唐代•文選五九
66_636_7

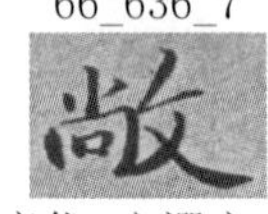
唐代•文選六八
39_392_8

唐代•文選六八
39_393_15

唐代•文選六八
39_395_17

唐代•文選六八
39_396_6

唐代•十輪經九
11_213_17

唐代•十輪經九
12_224_10

唐代•十輪經九
12_236_3

唐代•十輪經九
17_326_18

唐代•十輪經十
4_65_10

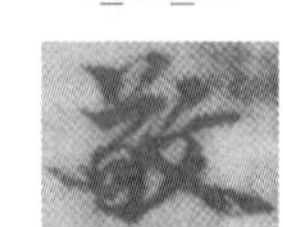
唐代•十輪經十
4_66_5

唐代•十輪經八
21_413_11

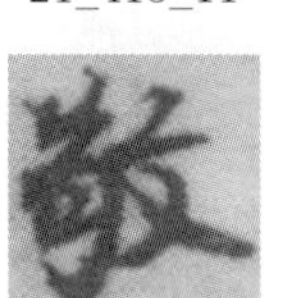
唐代•十輪經九
1_13_7

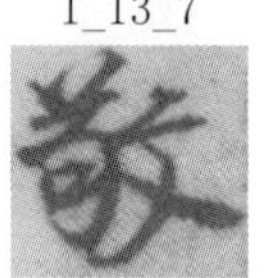
唐代•十輪經九
3_51_12

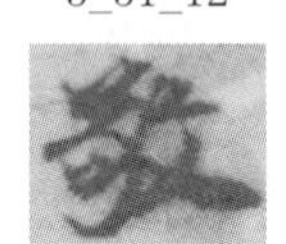
唐代•十輪經九
7_124_12

唐代•十輪經九
7_126_12

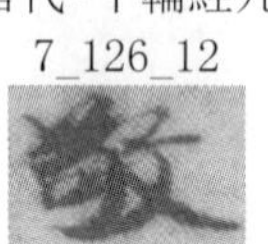
唐代•十輪經九
7_134_18

唐代•十輪經九
7_136_12

唐代•十輪經九
11_210_7

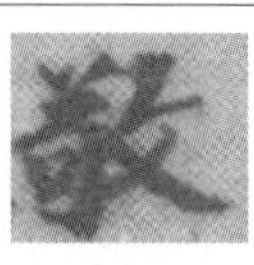
唐代•十輪經八
15_300_2

唐代•十輪經八
16_309_2

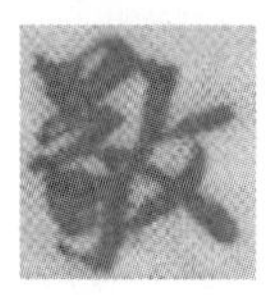
唐代•十輪經八
17_327_10

唐代•十輪經八
17_328_4

唐代•十輪經八
17_338_2

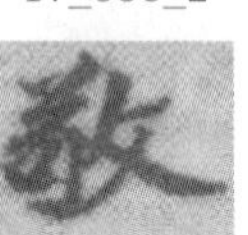
唐代•十輪經八
19_365_9

唐代•十輪經八
19_366_3

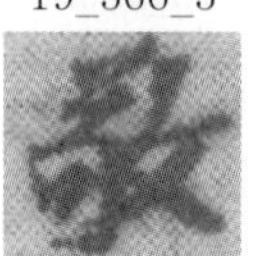
唐代•十輪經八
19_376_2

數

慣スウ 漢ス
訓かず

唐代•春秋經傳 16_165_22

唐代•春秋經傳 25_257_5

唐代•春秋經傳 36_379_6

唐代•文選五九 21_207_21

唐代•文選五九 45_445_1

唐代•文選五九 45_445_9

唐代•文選五九 45_445_17

唐代•文選五九 45_445_20

敷

フ
訓しく

唐代•文選六八 11_121_9

唐代•文選六八 12_123_13

唐代•古文選後 13_153_2

唐代•十輪經四 17_327_1

唐代•十輪經八 4_76_15

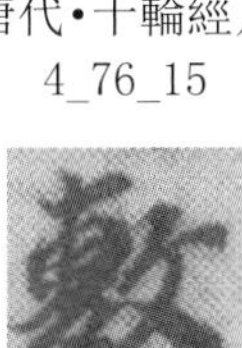
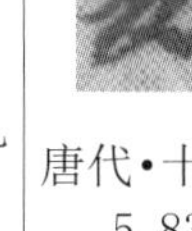
唐代•十輪經八 5_83_14

唐代•文選百三 81_776_32

唐代•文選百三 81_777_21

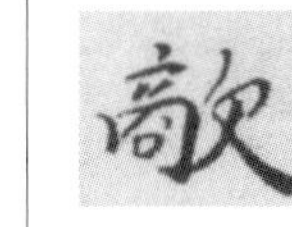
唐代•文選百三 82_778_4

唐代•文選百三 85_809_34

唐代•文選百三 86_822_31

唐代•十輪經八 3_47_9

唐代•十輪經八 4_64_4

唐代•十輪經十 19_366_8

唐代•文選百三 47_459_7

唐代•文選百三 53_508_23

唐代•文選百三 66_636_29

唐代•文選百三 69_660_30

唐代•文選百三 69_671_28

唐代•文選百三 70_673_5

唐代•文選百三 75_721_13

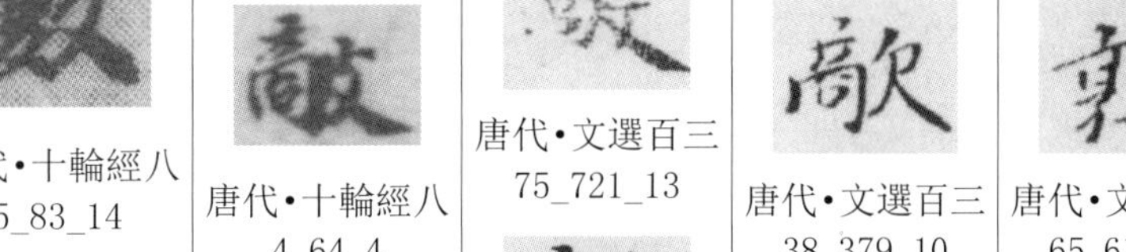

唐代•文選百三 81_776_31

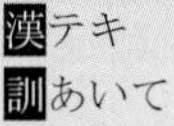

敵

漢テキ
訓あいて

唐代•春秋經傳 5_51_4

唐代•文選六八 59_596_10

唐代•文選六八 61_608_7

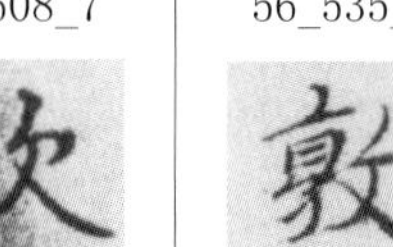
唐代•文選百三 7_59_10

唐代•文選百三 20_196_17

唐代•文選百三 31_305_14

唐代•文選百三 38_379_10

唐代•文選百三 41_416_3

唐代•文選百三 52_499_1

唐代•文選百三 55_525_2

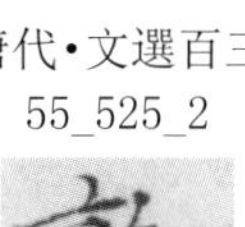

唐代•文選百三 56_535_8

唐代•文選百三 56_538_1

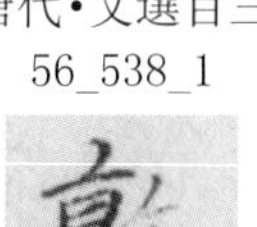

唐代•文選百三 57_552_12

唐代•文選百三 63_611_11

唐代•文選百三 65_619_31

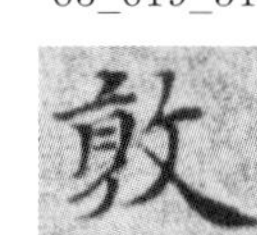
唐代•文選百三 86_823_8

唐代•文選百三 38_383_6

唐代•文選百三 40_403_22

唐代•文選百三 40_403_30

唐代•文選百三 40_404_25

唐代•文選百三 50_480_36

唐代•文選百三 51_494_2

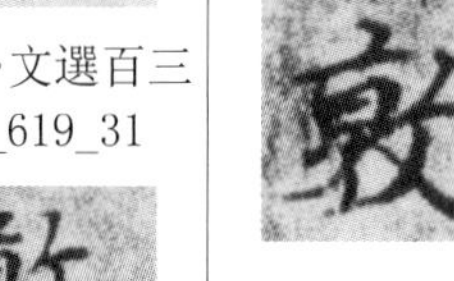
唐代•文選百三 52_504_11

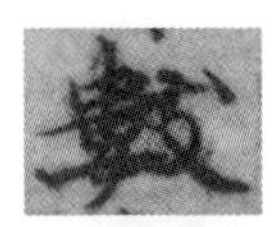
唐代•十輪經九
5_98_7

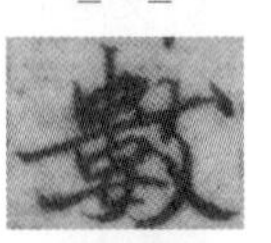
唐代•十輪經九
6_103_10

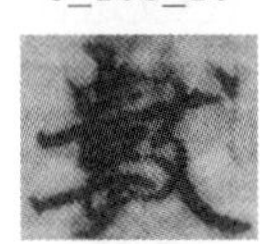
唐代•十輪經九
6_106_15

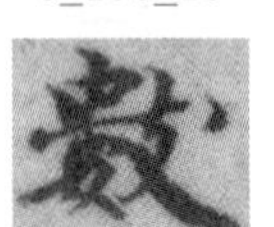
唐代•十輪經十
10_185_10

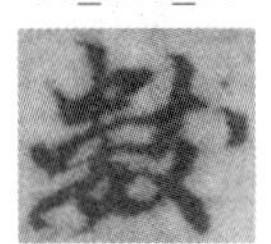
唐代•十輪經十
15_291_14

唐代•十輪經四
7_124_4

唐代•十輪經四
20_382_14

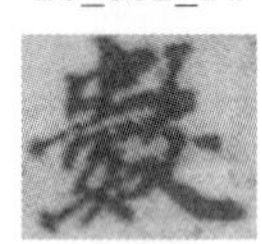
唐代•十輪經四
20_382_15

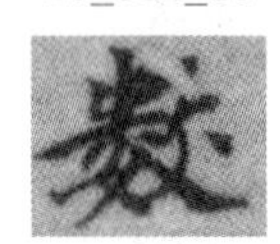
唐代•十輪經四
21_408_4

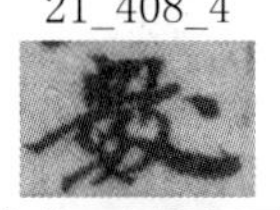
唐代•十輪經四
21_411_17

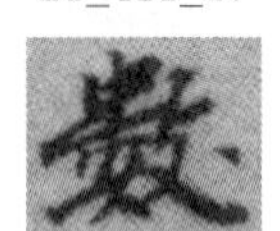
唐代•十輪經四
21_416_2

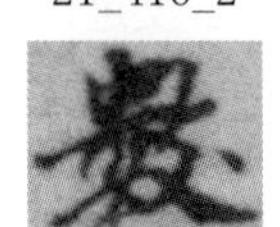
唐代•十輪經四
22_425_5

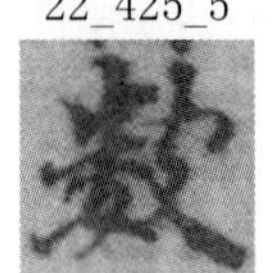
唐代•十輪經十
15_292_13

唐代•文選百三
36_357_5

唐代•文選百三
57_554_32

唐代•文選百三
61_582_12

唐代•古文選後
9_99_36

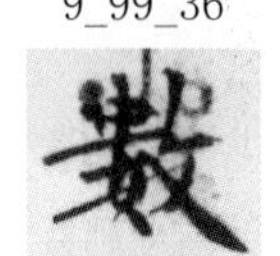
唐代•古文選後
11_130_4

唐代•古文選後
15_170_3

唐代•十輪經四
7_124_3

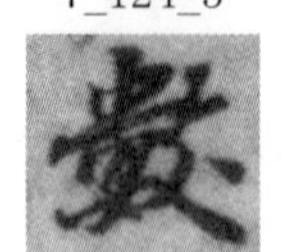
唐代•十輪經四
22_420_15

唐代•文選百三
34_338_2

唐代•文選百三
34_340_7

唐代•文選百三
34_340_32

唐代•文選百三
35_347_8

唐代•文選百三
35_347_11

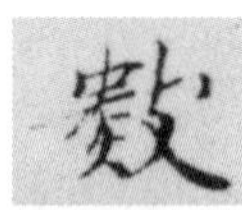
唐代•文選百三
35_350_26

唐代•文選百三
36_356_34

唐代•文選百三
83_793_11

唐代•文選百三
24_232_12

唐代•文選百三
24_232_17

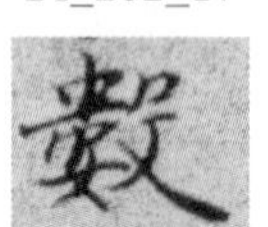
唐代•文選百三
26_255_18

唐代•文選百三
26_255_28

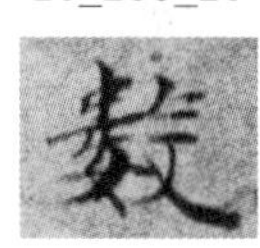
唐代•文選百三
27_259_10

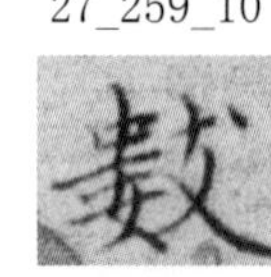
唐代•文選百三
27_259_34

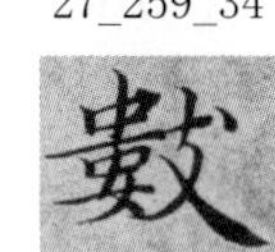
唐代•文選百三
27_269_9

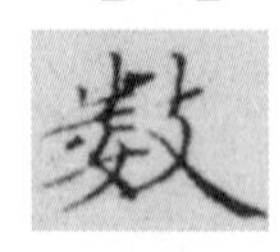
唐代•文選百三
28_272_30

唐代•文選五九
100_946_4

唐代•文選五九
100_947_28

唐代•文選五九
101_948_26

唐代•文選五九
103_970_9

唐代•文選六八
22_221_10

唐代•文選六八
35_358_5

唐代•文選六八
64_640_22

唐代•文選六八
68_680_10

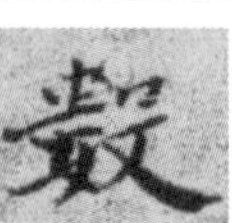
唐代•文選五九
45_446_7

唐代•文選五九
45_446_15

唐代•文選五九
53_528_6

唐代•文選五九
59_567_17

唐代•文選五九
59_568_2

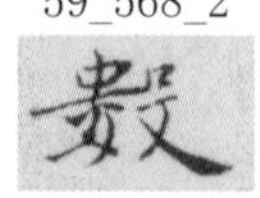
唐代•文選五九
62_595_19

唐代•文選五九
86_831_12

唐代•文選五九
99_937_29

變	斃			斂		整
ヘン 訓かわる	漢ヘイ 訓たおれる			レン 訓おさめる		漢セイ 訓ととのえる
唐代•春秋經傳 26_264_15	唐代•春秋經傳 7_70_12	唐代•古文選前 6_66_1	唐代•文選百三 19_182_21	唐代•春秋經傳 7_73_2	唐代•文選百三 10_93_33	唐代•文選五九 20_196_14
唐代•春秋經傳 29_302_6	唐代•文選百三 69_666_10		唐代•文選百三 19_182_24	唐代•春秋經傳 24_243_12	唐代•文選百三 83_788_3	唐代•文選五九 23_221_15
唐代•文選四八 19_171_4	唐代•文選百三 69_670_5		唐代•文選百三 19_182_29	唐代•文選五九 71_682_7	唐代•古文選前 6_65_12	唐代•文選五九 23_221_25
唐代•文選四八 38_343_10	唐代•文選百三 69_671_15		唐代•文選百三 19_183_1	唐代•文選五九 71_682_20	唐代•古文選後 6_64_4	唐代•文選五九 70_673_11
唐代•文選四八 48_434_2			唐代•文選百三 19_189_3	唐代•文選五九 106_1002_11	唐代•古文選後 20_238_5	唐代•文選六八 12_126_2
唐代•文選五九 4_37_6			唐代•文選百三 23_223_3	唐代•文選百三 1_9_4		唐代•文選六八 12_127_25
唐代•文選五九 4_38_9			唐代•文選百三 52_501_4	唐代•文選百三 19_177_11		唐代•文選六八 55_558_3
			唐代•文選百三 52_502_17	唐代•文選百三 19_180_8		
			唐代•文選百三 52_503_19	唐代•文選百三 19_180_30		

		 唐代•文選百三 84_797_28	 唐代•文選百三 14_131_8	 唐代•文選六八 55_554_8	 唐代•文選六八 19_195_4	 唐代•文選五九 5_39_10
		 唐代•文選百三 84_798_25	 唐代•文選百三 14_132_28	 唐代•文選六八 71_706_26	 唐代•文選六八 19_199_11	 唐代•文選五九 5_40_1
		 唐代•文選百三 84_799_10	 唐代•文選百三 15_145_12	 唐代•文選八八 8_58_3	 唐代•文選六八 20_200_5	 唐代•文選五九 65_624_15
		 唐代•文選百三 84_799_22	 唐代•文選百三 21_209_31	 唐代•文選八八 8_60_10	 唐代•文選六八 42_421_2	 唐代•文選五九 83_796_8
		 唐代•古文選前 18_206_11	 唐代•文選百三 23_216_48	 唐代•文選八八 8_61_17	 唐代•文選六八 55_545_11	 唐代•文選五九 101_950_7
		 唐代•古文選後 13_156_1	 唐代•文選百三 78_744_30	 唐代•文選八八 9_75_3	 唐代•文選六八 55_549_19	 唐代•文選六八 11_121_4
		 唐代•古文選後 18_214_5	 唐代•文選百三 83_795_9	 唐代•文選八八 10_78_15	 唐代•文選六八 55_552_23	 唐代•文選六八 17_173_2

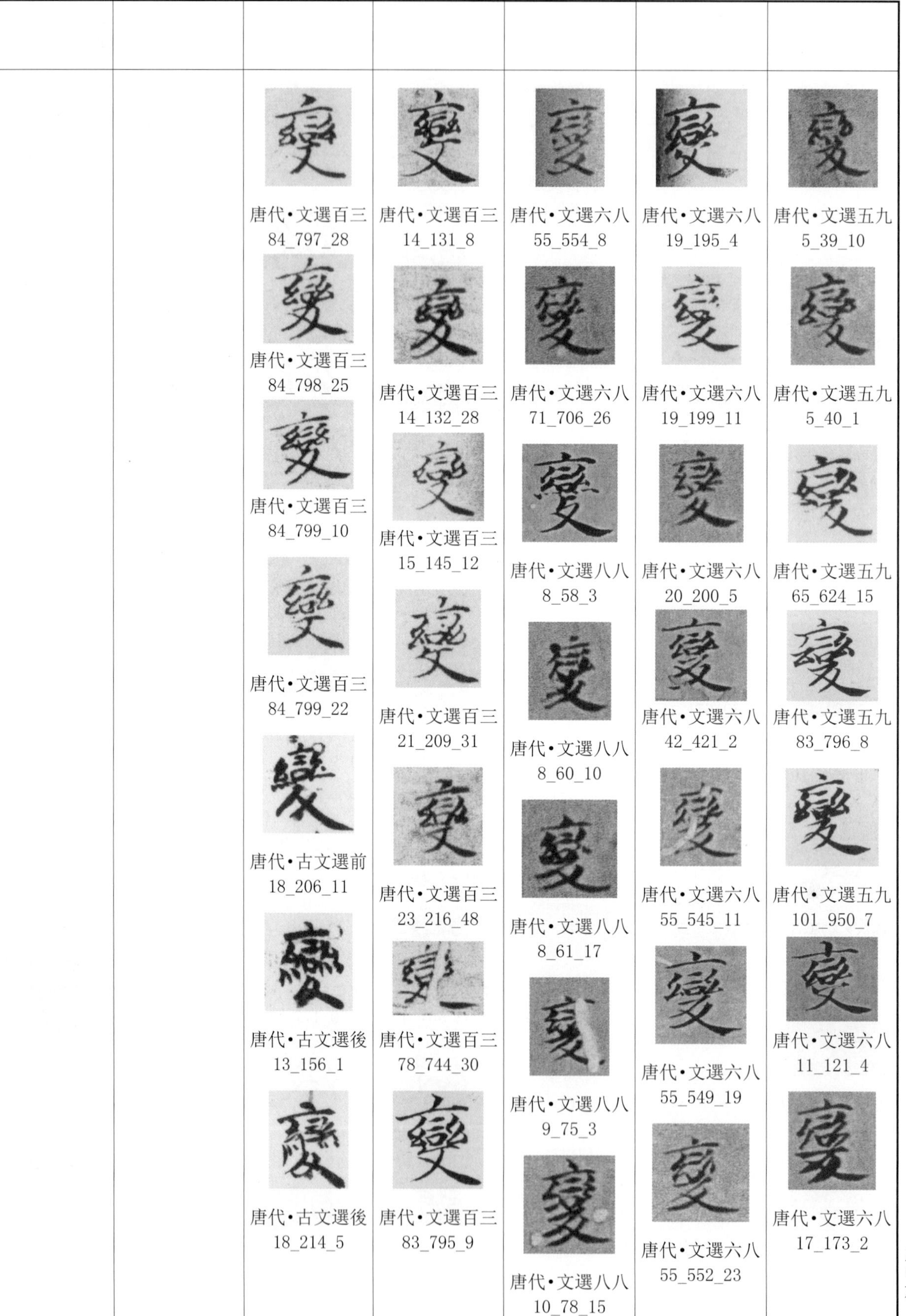

日部

日 日

漢ジツ 呉ニチ
訓ひ

初唐・大般若經 2_33_3
初唐・大般若經 2_37_14
初唐・聖武雜集 1_2_16
初唐・聖武雜集 1_5_13
中唐・灌頂歷名 1_1_10
中唐・灌頂歷名 1_5_10
中唐・風信帖 3_13_5
中唐・風信帖 4_23_5

晚唐・慶滋書狀 1_15_2
晚唐・慶滋書狀 1_18_5
唐代・春秋經傳 5_47_5
唐代・春秋經傳 6_53_10
唐代・春秋經傳 10_105_15
唐代・春秋經傳 11_114_19
唐代・春秋經傳 13_128_14
唐代・春秋經傳 28_285_11

唐代・春秋經傳 28_287_6
唐代・春秋經傳 28_290_11
唐代・春秋經傳 28_292_2
唐代・春秋經傳 29_303_7
唐代・春秋經傳 30_311_8
唐代・春秋經傳 32_332_23
唐代・春秋經傳 36_379_2
唐代・春秋經傳 36_381_26

唐代・文選四八 3_20_19
唐代・文選四八 9_76_20
唐代・文選四八 30_266_16
唐代・文選四八 31_282_3
唐代・文選四八 35_315_18
唐代・文選四八 35_317_1
唐代・文選四八 35_317_7
唐代・文選四八 35_317_29

唐代・文選四八 42_372_12
唐代・文選五九 6_57_25
唐代・文選五九 7_59_8
唐代・文選五九 7_64_6
唐代・文選五九 9_79_5
唐代・文選五九 9_80_11
唐代・文選五九 9_80_15
唐代・文選五九 9_81_29

唐代・文選五九 9_83_6
唐代・文選五九 15_146_4
唐代・文選五九 15_147_24
唐代・文選五九 15_150_2
唐代・文選五九 15_151_4
唐代・文選五九 15_151_8
唐代・文選五九 16_156_2
唐代・文選五九 17_167_26

唐代•文選五九 18_175_16
唐代•文選五九 18_177_3
唐代•文選五九 21_205_28
唐代•文選五九 21_206_11
唐代•文選五九 21_206_17
唐代•文選五九 21_206_32
唐代•文選五九 21_207_6
唐代•文選五九 21_210_1
唐代•文選五九 25_242_9
唐代•文選五九 25_248_5
唐代•文選五九 25_250_7
唐代•文選五九 25_251_25
唐代•文選五九 26_256_27
唐代•文選五九 26_257_19
唐代•文選五九 27_260_4
唐代•文選五九 39_388_1
唐代•文選五九 39_389_14
唐代•文選五九 39_391_2
唐代•文選五九 40_394_5
唐代•文選五九 40_395_1
唐代•文選五九 41_401_4
唐代•文選五九 41_402_22
唐代•文選五九 41_403_5
唐代•文選五九 41_403_9
唐代•文選五九 41_403_29
唐代•文選五九 41_404_3
唐代•文選五九 44_433_12
唐代•文選五九 44_434_10
唐代•文選五九 45_438_20
唐代•文選五九 46_457_15
唐代•文選五九 47_466_11
唐代•文選五九 47_468_3
唐代•文選五九 51_505_13
唐代•文選五九 51_506_7
唐代•文選五九 51_506_12
唐代•文選五九 51_506_23
唐代•文選五九 51_507_13
唐代•文選五九 51_507_19
唐代•文選五九 51_507_26
唐代•文選五九 52_510_23
唐代•文選五九 53_521_4
唐代•文選五九 53_523_25
唐代•文選五九 53_524_19
唐代•文選五九 56_545_18
唐代•文選五九 59_563_6
唐代•文選五九 59_564_7
唐代•文選五九 59_565_17
唐代•文選五九 59_566_5
唐代•文選五九 66_636_16
唐代•文選五九 66_638_2
唐代•文選五九 72_697_5
唐代•文選五九 72_698_13
唐代•文選五九 73_699_25
唐代•文選五九 81_777_22
唐代•文選五九 81_778_4
唐代•文選五九 81_778_6

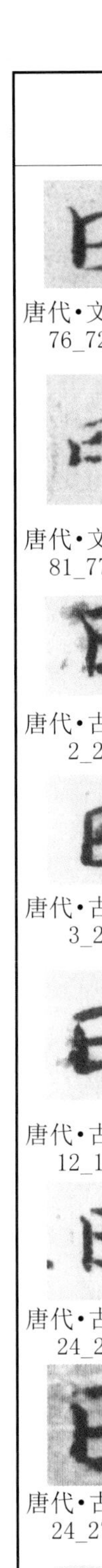
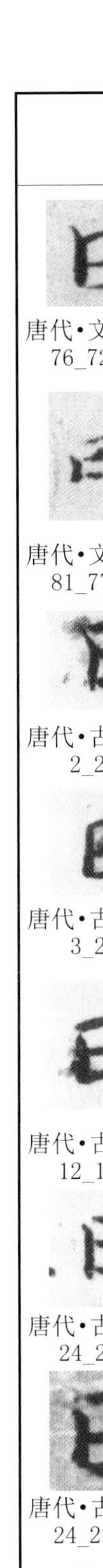
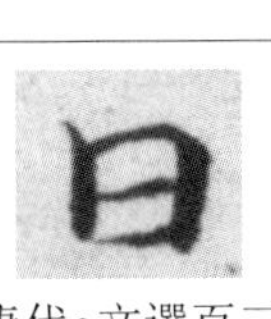
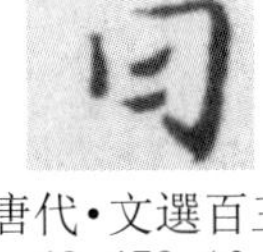

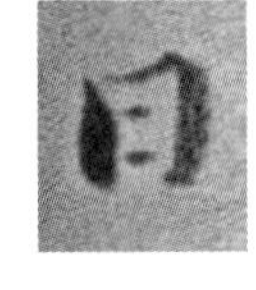
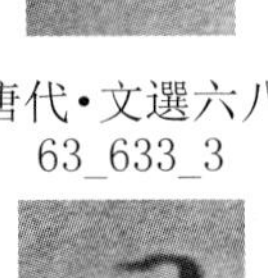
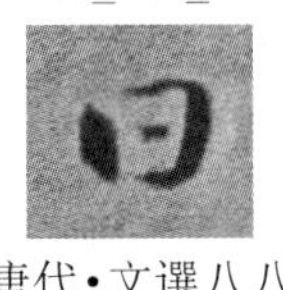
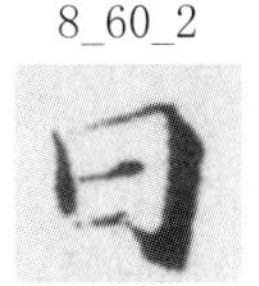
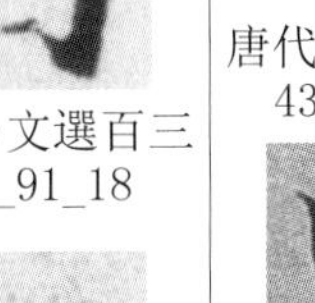

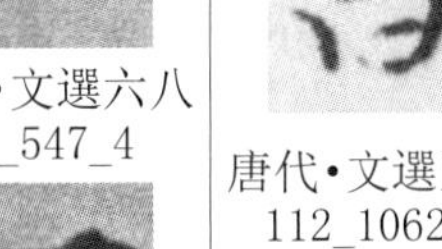
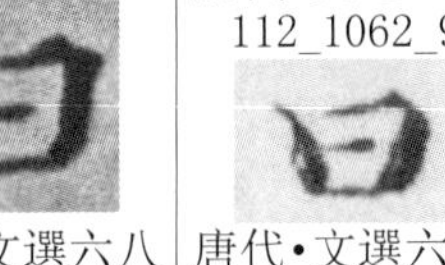

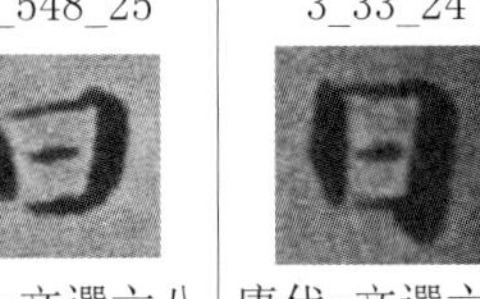
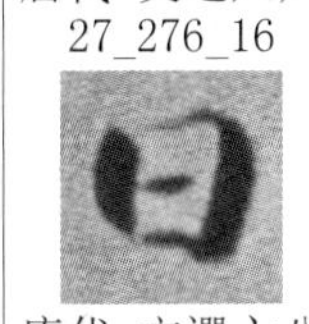

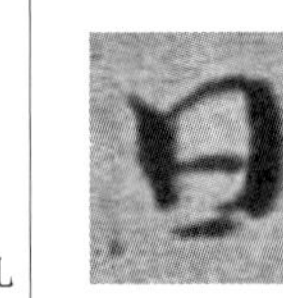
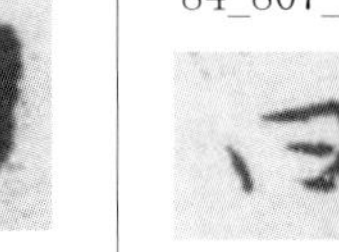

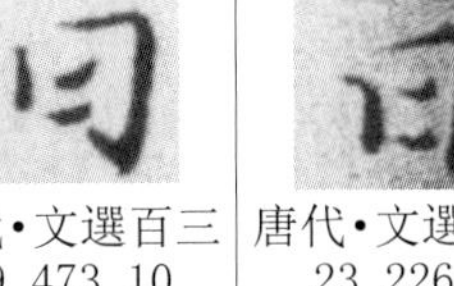

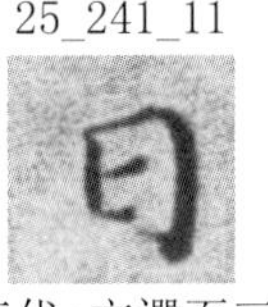

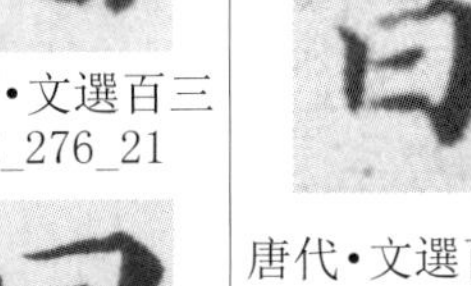
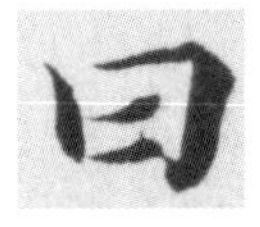
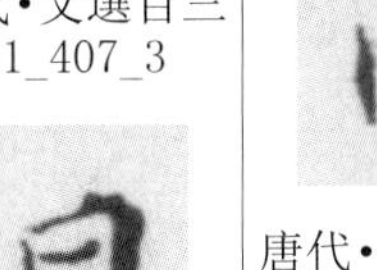
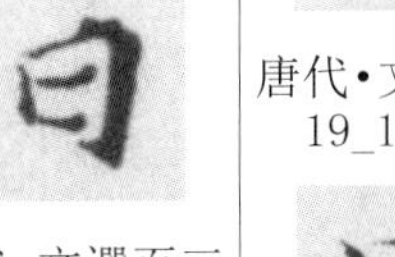

唐代•文選百三 76_726_25	唐代•文選百三 49_473_10	唐代•文選百三 23_226_4	唐代•文選六八 63_633_3	唐代•文選六八 31_306_9	唐代•文選五九 105_996_12	唐代•文選五九 82_794_9
唐代•文選百三 81_772_31	唐代•文選百三 49_474_7	唐代•文選百三 25_241_11	唐代•文選八八 8_60_2	唐代•文選六八 43_429_2	唐代•文選五九 105_998_4	唐代•文選五九 84_807_17
唐代•古文選前 2_20_9	唐代•文選百三 49_474_30	唐代•文選百三 27_264_7	唐代•文選百三 10_91_18	唐代•文選六八 43_431_22	唐代•文選五九 111_1052_3	唐代•文選五九 87_833_7
唐代•古文選前 3_29_6	唐代•文選百三 51_493_28	唐代•文選百三 28_276_21	唐代•文選百三 17_158_13	唐代•文選六八 55_547_4	唐代•文選五九 112_1062_9	唐代•文選五九 89_856_1
唐代•古文選前 12_138_7	唐代•文選百三 65_629_11	唐代•文選百三 41_407_3	唐代•文選百三 19_188_22	唐代•文選六八 55_548_9	唐代•文選六八 3_31_13	唐代•文選五九 93_895_9
唐代•古文選前 24_277_1	唐代•文選百三 69_662_22	唐代•文選百三 41_411_12	唐代•文選百三 22_210_6	唐代•文選六八 55_548_25	唐代•文選六八 3_33_24	唐代•文選五九 97_919_26
唐代•古文選前 24_277_15	唐代•文選百三 72_697_20	唐代•文選百三 41_417_1	唐代•文選百三 22_211_8	唐代•文選六八 62_620_17	唐代•文選六八 27_276_16	唐代•文選五九 97_920_12
唐代•古文選前 24_282_3	唐代•文選百三 72_698_7	唐代•文選百三 49_472_4	唐代•文選百三 22_211_16	唐代•文選六八 63_632_2	唐代•文選六八 28_285_10	唐代•文選五九 97_921_23

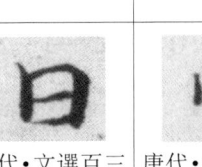

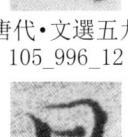

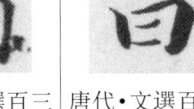

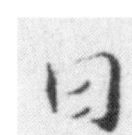

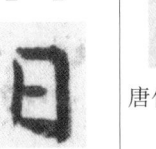

曰

エツ
訓 いう

唐代・春秋經傳 3_27_14
唐代・春秋經傳 4_32_20
唐代・春秋經傳 5_49_12
唐代・春秋經傳 5_52_15
唐代・春秋經傳 6_58_12
唐代・春秋經傳 6_59_6
唐代・春秋經傳 6_61_3
唐代・春秋經傳 6_62_21

唐代・十輪經四 21_407_11
唐代・十輪經十 14_278_2
唐代・十輪經十 14_278_9
唐代・十輪經十 15_298_3
唐代・十輪經十 15_298_8
唐代・十輪經十 15_299_3
唐代・十輪經十 16_309_7

唐代・十輪經四 22_428_17
唐代・十輪經八 3_50_12
唐代・十輪經八 4_75_12
唐代・十輪經九 11_203_10
唐代・十輪經九 12_229_7
唐代・十輪經十 12_240_5
唐代・十輪經十 13_258_7
唐代・十輪經十 14_263_8

唐代・十輪經四 18_340_8
唐代・十輪經四 18_355_1
唐代・十輪經四 19_371_15
唐代・十輪經四 20_391_9
唐代・十輪經四 20_397_4
唐代・十輪經四 21_406_3
唐代・十輪經四 22_423_9

唐代・古文選後 23_271_13
唐代・古文選後 26_305_7
唐代・古文選後 26_312_5
唐代・古文選後 27_313_13
唐代・十輪經四 3_51_6
唐代・十輪經四 5_91_1
唐代・十輪經四 6_116_17
唐代・十輪經四 16_318_5

唐代・古文選後 9_100_2
唐代・古文選後 10_112_6
唐代・古文選後 12_135_13
唐代・古文選後 15_175_3
唐代・古文選後 15_178_7
唐代・古文選後 16_192_2
唐代・古文選後 18_207_13
唐代・古文選後 20_231_15

唐代・古文選前 25_294_7
唐代・古文選前 26_311_13
唐代・古文選後 1_6_12
唐代・古文選後 4_40_2
唐代・古文選後 5_52_13
唐代・古文選後 6_61_13
唐代・古文選後 6_64_12
唐代・古文選後 8_95_2

唐代•春秋經傳 7_63_19
唐代•春秋經傳 7_64_10
唐代•春秋經傳 7_68_20
唐代•春秋經傳 7_70_4
唐代•春秋經傳 8_76_11
唐代•春秋經傳 8_79_1
唐代•春秋經傳 8_79_14
唐代•春秋經傳 8_80_13
唐代•春秋經傳 8_83_5
唐代•春秋經傳 8_83_7
唐代•春秋經傳 9_92_14
唐代•春秋經傳 9_94_10
唐代•春秋經傳 10_98_12
唐代•春秋經傳 10_102_12
唐代•春秋經傳 10_106_11
唐代•春秋經傳 11_107_3
唐代•春秋經傳 11_108_6
唐代•春秋經傳 12_122_11
唐代•春秋經傳 14_141_2
唐代•春秋經傳 16_160_16
唐代•春秋經傳 16_161_16
唐代•春秋經傳 16_164_7
唐代•春秋經傳 16_166_6
唐代•春秋經傳 16_166_15
唐代•春秋經傳 17_174_10
唐代•春秋經傳 17_176_15
唐代•春秋經傳 17_180_1
唐代•春秋經傳 18_185_11
唐代•春秋經傳 19_193_12
唐代•春秋經傳 19_197_20
唐代•春秋經傳 19_199_15
唐代•春秋經傳 19_201_3
唐代•春秋經傳 20_205_8
唐代•春秋經傳 20_208_1
唐代•春秋經傳 20_212_5
唐代•春秋經傳 21_214_3
唐代•春秋經傳 22_226_10
唐代•春秋經傳 22_227_2
唐代•春秋經傳 23_236_9
唐代•春秋經傳 23_236_17
唐代•春秋經傳 23_239_1
唐代•春秋經傳 23_240_23
唐代•春秋經傳 24_243_7
唐代•春秋經傳 24_248_11
唐代•春秋經傳 24_249_26
唐代•春秋經傳 25_256_20
唐代•春秋經傳 25_258_3
唐代•春秋經傳 25_262_16
唐代•春秋經傳 26_264_23
唐代•春秋經傳 26_268_6
唐代•春秋經傳 26_273_4
唐代•春秋經傳 26_273_9
唐代•春秋經傳 38_400_5
唐代•春秋經傳 38_400_17
唐代•春秋經傳 38_403_21
唐代•文選四八 1_1_8

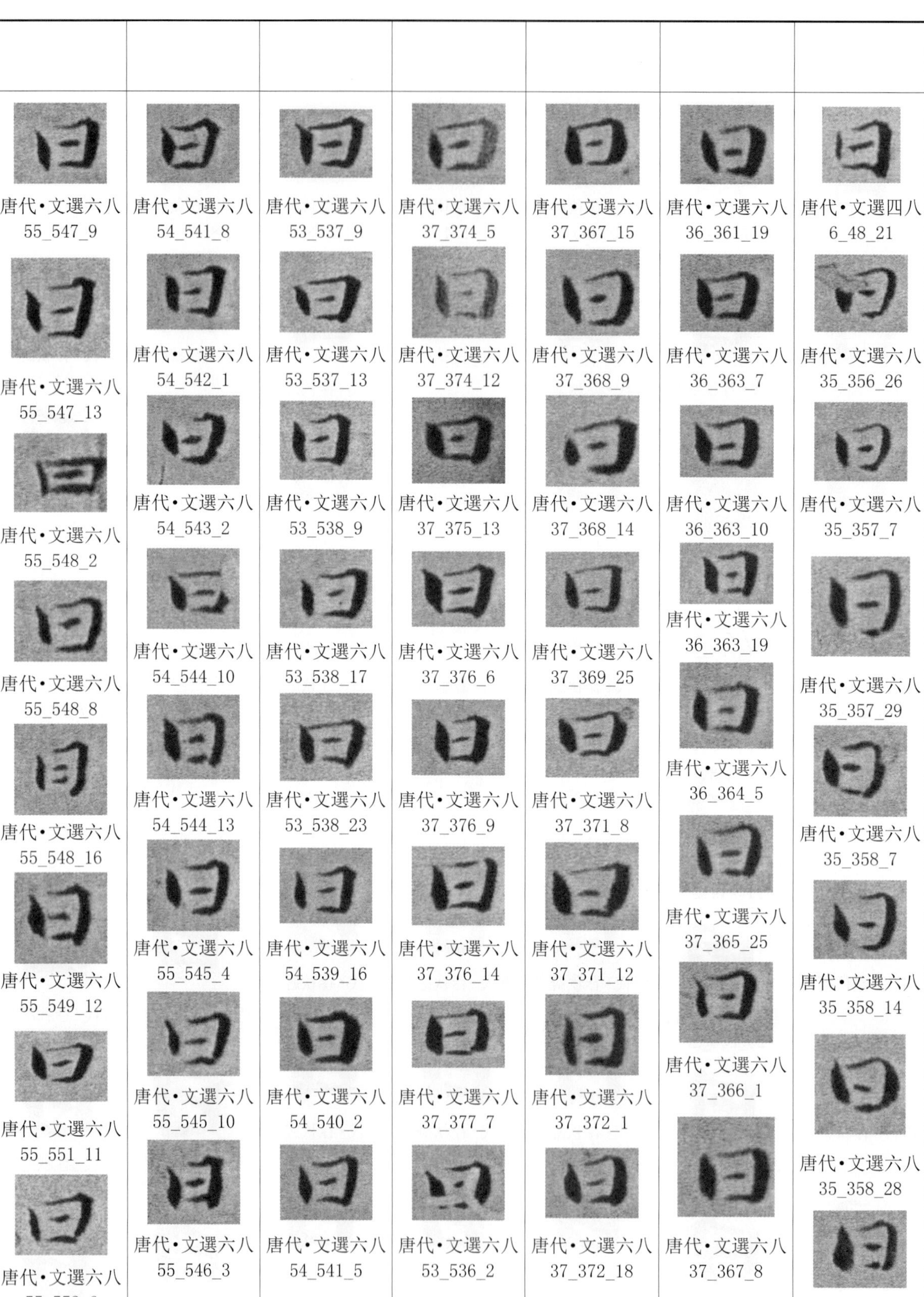

唐代•文選四八 6_48_21
唐代•文選六八 35_356_26
唐代•文選六八 35_357_7
唐代•文選六八 35_357_29
唐代•文選六八 35_358_7
唐代•文選六八 35_358_14
唐代•文選六八 35_358_28
唐代•文選六八 36_359_8
唐代•文選六八 36_361_19
唐代•文選六八 36_363_7
唐代•文選六八 36_363_10
唐代•文選六八 36_363_19
唐代•文選六八 36_364_5
唐代•文選六八 37_365_25
唐代•文選六八 37_366_1
唐代•文選六八 37_367_8
唐代•文選六八 37_367_15
唐代•文選六八 37_368_9
唐代•文選六八 37_368_14
唐代•文選六八 37_369_25
唐代•文選六八 37_371_8
唐代•文選六八 37_371_12
唐代•文選六八 37_372_1
唐代•文選六八 37_372_18
唐代•文選六八 37_374_5
唐代•文選六八 37_374_12
唐代•文選六八 37_375_13
唐代•文選六八 37_376_6
唐代•文選六八 37_376_9
唐代•文選六八 37_376_14
唐代•文選六八 37_377_7
唐代•文選六八 53_536_2
唐代•文選六八 53_537_9
唐代•文選六八 53_537_13
唐代•文選六八 53_538_9
唐代•文選六八 53_538_17
唐代•文選六八 53_538_23
唐代•文選六八 54_539_16
唐代•文選六八 54_540_2
唐代•文選六八 54_541_5
唐代•文選六八 54_541_8
唐代•文選六八 54_542_1
唐代•文選六八 54_543_2
唐代•文選六八 54_544_10
唐代•文選六八 54_544_13
唐代•文選六八 55_545_4
唐代•文選六八 55_545_10
唐代•文選六八 55_546_3
唐代•文選六八 55_547_9
唐代•文選六八 55_547_13
唐代•文選六八 55_548_2
唐代•文選六八 55_548_8
唐代•文選六八 55_548_16
唐代•文選六八 55_549_12
唐代•文選六八 55_551_11
唐代•文選六八 55_552_6

唐代•文選百三 2_12_12
唐代•文選百三 2_13_7
唐代•文選百三 2_14_13
唐代•文選百三 3_16_12
唐代•文選百三 3_17_5
唐代•文選百三 3_17_36
唐代•文選百三 3_20_8
唐代•文選百三 3_20_16

唐代•文選八八 24_211_10
唐代•文選八八 24_212_1
唐代•文選八八 24_212_10
唐代•文選八八 24_212_27
唐代•文選八八 24_214_11
唐代•文選八八 24_216_4
唐代•文選百三 1_3_11
唐代•文選百三 1_3_19

唐代•文選六八 67_674_10
唐代•文選六八 67_675_11
唐代•文選六八 67_676_2
唐代•文選六八 67_676_13
唐代•文選六八 68_677_1
唐代•文選六八 68_677_11
唐代•文選八八 23_205_23
唐代•文選八八 24_211_7

唐代•文選六八 67_667_10
唐代•文選六八 67_667_13
唐代•文選六八 67_668_8
唐代•文選六八 67_670_7
唐代•文選六八 67_670_10
唐代•文選六八 67_670_17
唐代•文選六八 67_671_6
唐代•文選六八 67_672_11

唐代•文選六八 66_661_14
唐代•文選六八 66_662_7
唐代•文選六八 66_662_28
唐代•文選六八 67_664_6
唐代•文選六八 67_664_13
唐代•文選六八 67_664_21
唐代•文選六八 67_665_15
唐代•文選六八 67_665_25

唐代•文選六八 65_653_10
唐代•文選六八 65_656_7
唐代•文選六八 65_656_15
唐代•文選六八 65_657_19
唐代•文選六八 66_658_7
唐代•文選六八 66_659_2
唐代•文選六八 66_659_21
唐代•文選六八 66_661_11

唐代•文選六八 65_647_16
唐代•文選六八 65_648_19
唐代•文選六八 65_650_4
唐代•文選六八 65_650_7
唐代•文選六八 65_650_17
唐代•文選六八 65_651_10
唐代•文選六八 65_652_9
唐代•文選六八 65_652_17

唐代•文選百三 83_796_23
唐代•文選百三 84_797_34
唐代•文選百三 84_798_21
唐代•文選百三 84_799_16
唐代•文選百三 84_800_11
唐代•文選百三 84_800_18
唐代•文選百三 84_801_14
唐代•文選百三 84_801_33

唐代•文選百三 84_802_10
唐代•文選百三 84_803_1
唐代•文選百三 84_803_10
唐代•文選百三 84_803_30
唐代•文選百三 85_805_2
唐代•文選百三 85_805_25
唐代•文選百三 85_807_5
唐代•文選百三 85_807_11

唐代•文選百三 85_808_5
唐代•文選百三 85_809_20
唐代•文選百三 85_811_4
唐代•文選百三 85_811_9
唐代•文選百三 85_811_16
唐代•文選百三 85_811_28
唐代•文選百三 85_813_12
唐代•文選百三 85_814_4

唐代•文選百三 85_814_17
唐代•文選百三 85_815_7
唐代•文選百三 85_815_21
唐代•文選百三 85_816_25
唐代•文選百三 86_819_6
唐代•文選百三 86_819_13
唐代•文選百三 86_819_16
唐代•文選百三 86_819_20

唐代•文選百三 86_819_28
唐代•文選百三 86_821_11
唐代•文選百三 86_822_19
唐代•文選百三 87_824_28
唐代•文選百三 87_826_7
唐代•文選百三 87_826_12
唐代•文選百三 87_826_23
唐代•文選百三 87_827_28

唐代•文選百三 87_829_1
唐代•文選百三 87_829_22
唐代•文選百三 87_831_18
唐代•文選百三 87_833_8
唐代•文選百三 87_833_18
唐代•文選百三 87_834_28
唐代•古文選前 2_20_14
唐代•古文選前 2_21_8

唐代•古文選前 3_26_1
唐代•古文選前 3_26_8
唐代•古文選前 4_38_4
唐代•古文選前 4_39_1
唐代•古文選前 7_75_14
唐代•古文選前 7_78_8
唐代•古文選前 7_80_9
唐代•古文選前 7_81_13

唐代•古文選後 26_306_44	唐代•古文選後 21_244_62	唐代•古文選後 12_133_23	唐代•古文選後 7_76_1	唐代•古文選前 20_239_19	唐代•古文選前 12_146_13	唐代•古文選前 11_127_10
唐代•古文選後 26_311_9	唐代•古文選後 26_306_23	唐代•古文選後 13_150_18	唐代•古文選後 7_83_10	唐代•古文選前 21_241_10	唐代•古文選前 13_150_14	唐代•古文選前 11_133_15
唐代•古文選後 26_311_14	唐代•古文選後 22_259_11	唐代•古文選後 13_150_58	唐代•古文選後 8_89_10	唐代•古文選前 23_273_8	唐代•古文選前 13_154_17	唐代•古文選前 11_133_42
唐代•十輪經四 9_171_5	唐代•古文選後 22_260_14	唐代•古文選後 13_150_87	唐代•古文選後 9_99_13	唐代•古文選後 3_29_10	唐代•古文選前 13_154_27	唐代•古文選前 11_135_8
唐代•十輪經四 9_175_8	唐代•古文選後 24_281_11	唐代•古文選後 16_183_20	唐代•古文選後 10_108_21	唐代•古文選後 4_44_13	唐代•古文選前 15_179_12	唐代•古文選前 11_136_14
唐代•十輪經四 10_182_8	唐代•古文選後 24_281_57	唐代•古文選後 16_183_43	唐代•古文選後 11_119_27	唐代•古文選後 6_70_6	唐代•古文選前 15_179_13	唐代•古文選前 12_143_1
唐代•十輪經四 10_185_12	唐代•古文選後 25_292_47	唐代•古文選後 21_244_20	唐代•古文選後 11_119_61	唐代•古文選後 6_72_2	唐代•古文選前 15_180_12	唐代•古文選前 12_144_9
唐代•十輪經四 10_186_3	唐代•古文選後 25_300_17	唐代•古文選後 21_244_55	唐代•古文選後 12_133_16	唐代•古文選後 6_72_6	唐代•古文選前 20_239_14	唐代•古文選前 12_145_1
	唐代•古文選後 26_306_17					

早 

漢ソウ慣サツ
訓はやい

唐代•春秋經傳 9_87_12

唐代•春秋經傳 17_172_5

唐代•文選四八 38_341_5

唐代•文選四八 38_341_20

唐代•文選四八 44_399_5

唐代•文選五九 11_100_19

唐代•文選五九 11_101_11

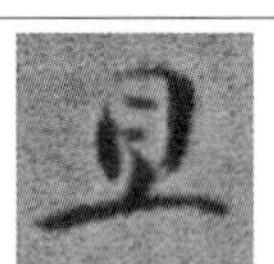
唐代•文選八八 21_180_23

唐代•文選百三 68_657_2

唐代•文選百三 82_778_28

唐代•古文選後 14_162_6

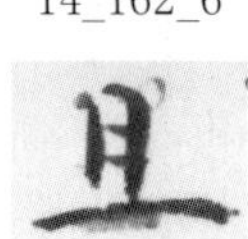
唐代•古文選後 18_212_6

唐代•古文選後 21_245_2

唐代•十輪經四 14_272_11

唐代•文選五九 35_350_20

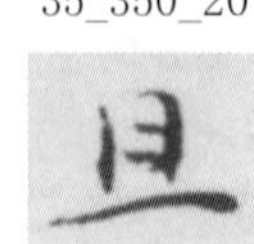
唐代•文選五九 86_827_21

唐代•文選五九 96_911_2

唐代•文選五九 100_947_24

唐代•文選六八 44_439_18

唐代•文選六八 69_686_21

唐代•文選八八 1_1_9

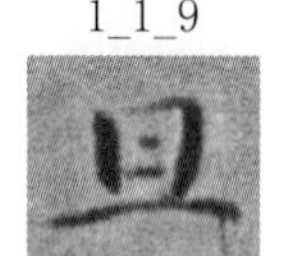
唐代•文選八八 21_179_28

旦

タン
訓あした

唐代•文選五九 9_82_19

唐代•文選五九 12_113_1

唐代•文選五九 12_113_18

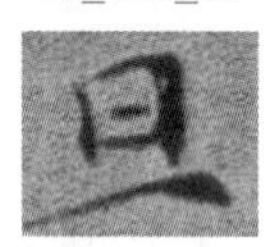
唐代•文選五九 12_113_29

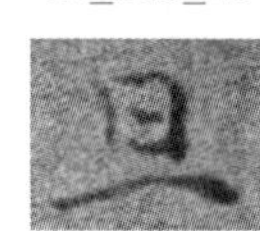
唐代•文選五九 15_149_17

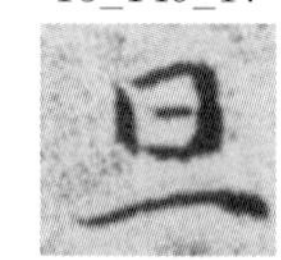
唐代•文選五九 23_230_24

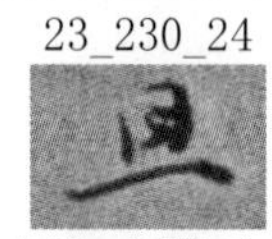
唐代•文選五九 26_253_7

唐代•文選五九 27_268_10

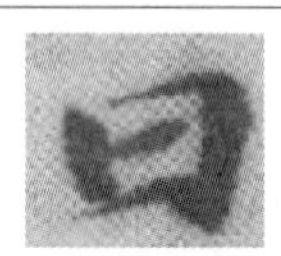
唐代•十輪經九 12_232_8

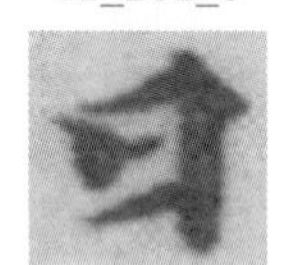
唐代•十輪經九 19_360_9

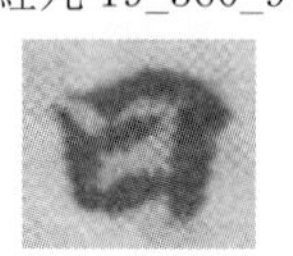
唐代•十輪經九 21_418_1

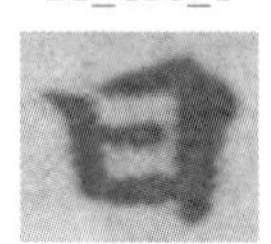
唐代•十輪經十 7_123_9

唐代•十輪經十 8_158_9

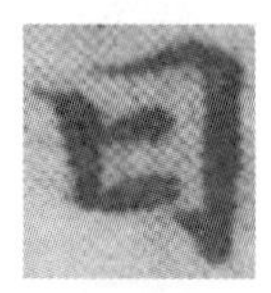
唐代•十輪經十 10_193_14

唐代•十輪經十 17_324_9

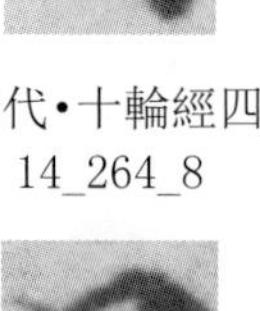
唐代•十輪經四 14_264_8

唐代•十輪經四 14_269_7

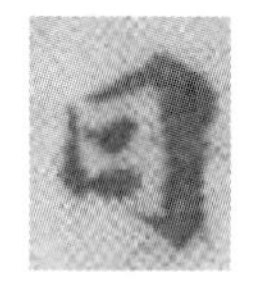
唐代•十輪經四 15_293_11

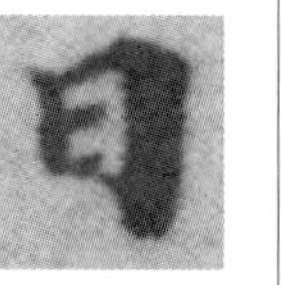
唐代•十輪經四 22_429_13

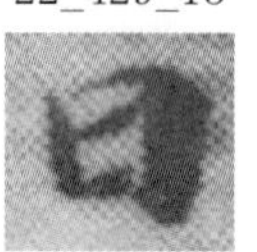
唐代•十輪經九 10_195_17

唐代•十輪經九 14_266_11

唐代•十輪經九 15_295_2

唐代•十輪經四 10_187_6

唐代•十輪經四 12_228_8

唐代•十輪經四 12_233_8

唐代•十輪經四 12_240_8

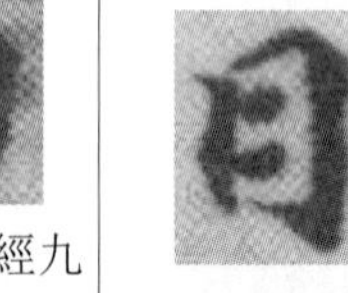
唐代•十輪經四 13_245_7

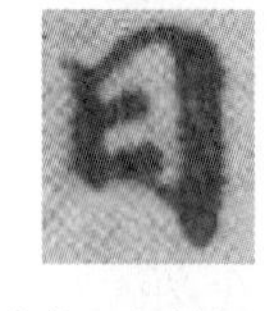
唐代•十輪經四 13_252_8

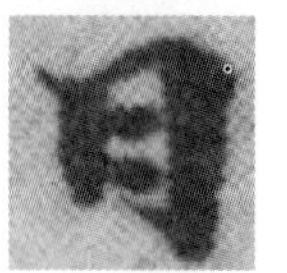
唐代•十輪經四 13_257_7

曲

漢キョク
訓まがる

唐代•文選五九 18_177_22
唐代•文選五九 26_258_3
唐代•文選五九 39_387_8
唐代•文選五九 39_390_24
唐代•文選五九 39_391_20
唐代•文選五九 52_514_2
唐代•文選五九 52_514_19

唐代•文選五九 53_517_4
唐代•文選五九 62_603_23
唐代•文選五九 75_719_13
唐代•文選五九 75_722_3
唐代•文選五九 93_893_26
唐代•文選六八 23_226_10
唐代•文選八八 21_180_22

唐代•文選百三 1_5_12
唐代•文選百三 2_13_10
唐代•古文選後 24_278_14

唐代•春秋經傳 2_19_23
唐代•文選四八 22_203_23
唐代•文選四八 30_271_15
唐代•文選五九 13_130_21
唐代•文選五九 43_420_16
唐代•文選五九 43_422_20
唐代•文選五九 45_442_4
唐代•文選五九 45_443_8

唐代•文選五九 48_474_14
唐代•文選五九 50_495_5
唐代•文選五九 51_499_8
唐代•文選五九 53_524_5
唐代•文選五九 53_525_11
唐代•文選五九 53_526_23
唐代•文選五九 53_527_10
唐代•文選五九 53_528_16

唐代•文選五九 74_711_30
唐代•文選五九 74_712_11
唐代•文選五九 74_713_14
唐代•文選五九 85_816_9
唐代•文選五九 88_841_14
唐代•文選五九 88_841_20
唐代•文選五九 90_862_15
唐代•文選五九 97_925_27

唐代•文選五九 110_1043_4
唐代•文選五九 110_1045_27
唐代•文選五九 111_1046_20
唐代•文選五九 111_1047_2
唐代•文選六八 38_383_15
唐代•文選六八 49_490_7
唐代•文選六八 49_492_11
唐代•文選六八 49_492_20

曳

漢エイ
訓ひく

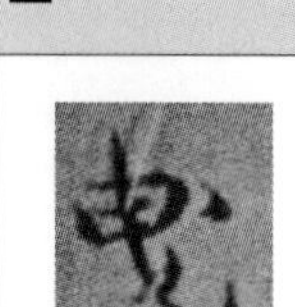
唐代•文選六八
11_109_27

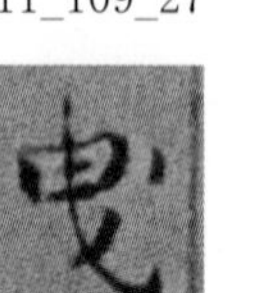
唐代•文選六八
11_110_10

唐代•文選六八
11_110_21

唐代•文選六八
32_324_16

唐代•文選六八
33_327_6

唐代•文選六八
36_359_17

唐代•古文選前
8_101_1

旬

吳ジュン漢シュン
訓しゅん

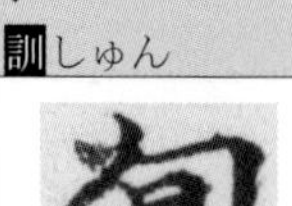
唐代•春秋經傳
36_381_22

唐代•春秋經傳
36_381_28

唐代•文選五九
42_415_6

唐代•文選百三
69_659_2

唐代•文選百三
69_662_20

旨

シ
訓むね

唐代•文選六八
19_193_2

唐代•文選八八
23_208_20

唐代•文選八八
24_212_28

唐代•古文選前
27_314_10

唐代•古文選後
8_92_8

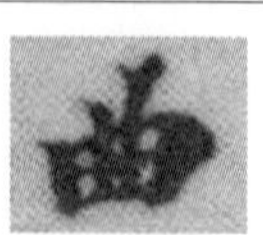
唐代•十輪經四
5_95_5

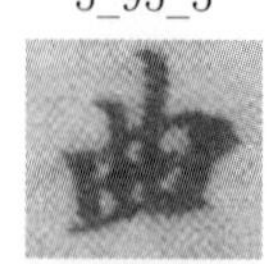
唐代•十輪經四
7_131_10

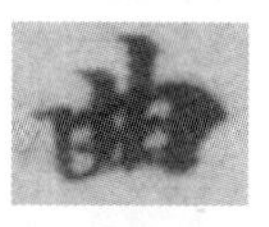
唐代•十輪經四
10_195_8

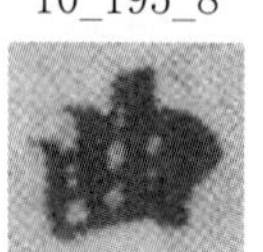
唐代•十輪經四
19_376_13

唐代•古文選後
8_93_4

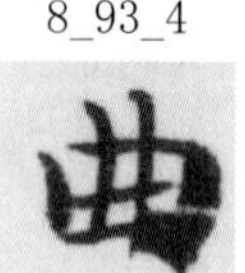
唐代•古文選後
17_201_5

唐代•古文選後
17_201_14

唐代•古文選後
22_257_1

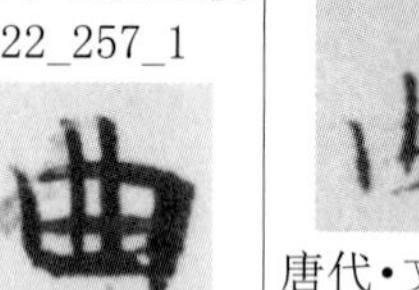
唐代•古文選後
24_285_2

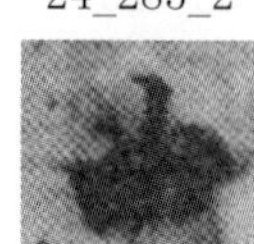
唐代•十輪經四
1_2_6

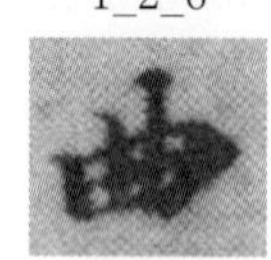
唐代•十輪經四
1_15_5

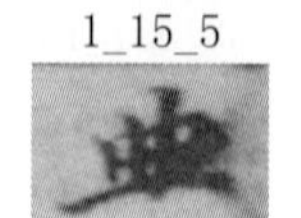
唐代•十輪經四
4_61_1

唐代•文選百三
23_216_22

唐代•文選百三
35_344_11

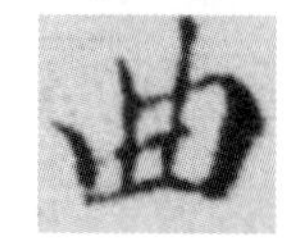
唐代•文選百三
58_558_18

唐代•文選百三
59_562_30

唐代•文選百三
71_682_16

唐代•文選百三
71_684_22

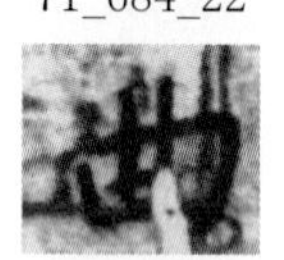
唐代•古文選前
1_1_10

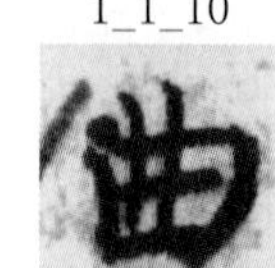
唐代•古文選前
16_193_14

唐代•文選六八
49_493_7

唐代•文選六八
52_519_19

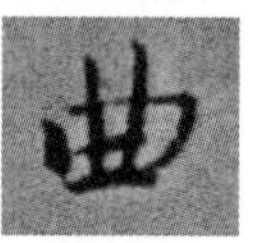
唐代•文選六八
52_522_7

唐代•文選百三
9_86_14

唐代•文選百三
9_87_42

唐代•文選百三
9_89_5

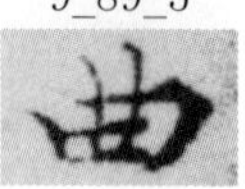
唐代•文選百三
9_89_27

唐代•文選百三
15_139_21

旰

カン
訓くれる

唐代・文選六八
32_321_16

唐代・文選六八
32_323_9

唐代・文選六八
39_393_1

唐代・古文選後
6_62_6

旱

カン
訓ひでり

唐代・春秋經傳
26_269_2

唐代・春秋經傳
26_269_6

唐代・春秋經傳
29_301_20

唐代・文選八八
17_149_11

唐代・文選八八
17_150_9

唐代・文選八八
17_152_17

昊

漢コウ
訓そら

唐代・文選五九
80_775_15

唐代・文選五九
86_827_18

唐代・文選六八
64_639_10

唐代・文選六八
64_642_24

唐代・古文選後
2_22_11

唐代・古文選後
8_90_1

唐代・古文選後
11_125_13

唐代・古文選後
24_280_6

昔

漢セキ呉シャク
訓むかし

唐代・春秋經傳
5_52_17

唐代・春秋經傳
6_53_7

唐代・春秋經傳
14_141_8

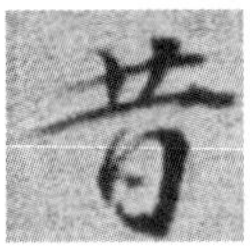
唐代・文選四八
3_19_16

唐代・文選四八
5_36_1

唐代・文選四八
15_135_8

唐代・文選四八
16_139_10

唐代・文選四八
30_273_1

唐代・文選四八
39_352_19

唐代・文選四八
44_391_6

唐代・文選五九
19_179_9

唐代・文選五九
19_180_25

唐代・文選五九
25_239_5

唐代・文選五九
25_240_11

唐代・文選五九
33_322_1

唐代・文選五九
33_325_20

唐代・文選五九
41_399_4

唐代・文選五九
56_547_2

唐代・文選五九
84_806_14

唐代・文選五九
90_863_10

唐代・文選五九
101_952_14

唐代・文選五九 101_955_10
唐代・文選五九 103_973_15
唐代・文選五九 105_988_8
唐代・文選五九 110_1040_29
唐代・文選五九 111_1052_2
唐代・文選五九 111_1052_16
唐代・文選六八 2_25_1

唐代・文選六八 11_117_28
唐代・文選六八 19_192_8
唐代・文選六八 26_262_22
唐代・文選六八 36_359_9
唐代・文選六八 44_443_21
唐代・文選八八 10_80_19
唐代・文選八八 11_83_13

唐代・文選百三 12_114_1
唐代・文選百三 13_115_16
唐代・文選百三 13_116_20
唐代・文選百三 41_405_10
唐代・文選百三 49_473_34
唐代・文選百三 51_489_2
唐代・文選百三 51_493_19

唐代・文選百三 81_767_13
唐代・文選百三 81_774_32
唐代・文選百三 81_775_26
唐代・古文選前 15_178_33
唐代・古文選前 20_230_5
唐代・古文選後 11_120_10
唐代・古文選後 12_138_13

唐代・古文選後 15_172_10
唐代・古文選後 18_211_8
唐代・古文選後 20_229_4
唐代・十輪經四 15_291_10

昆

コン
訓むし

唐代・春秋經傳 10_105_5
唐代・文選五九 39_390_12
唐代・文選五九 105_996_7
唐代・文選五九 105_999_20
唐代・文選五九 105_999_22
唐代・文選百三 30_295_8
唐代・文選百三 30_295_13

唐代・文選百三 64_616_4
唐代・文選百三 64_618_11
唐代・文選百三 64_618_30
唐代・文選百三 65_619_30
唐代・古文選後 7_76_10
唐代・古文選後 19_224_4

明

慣メイ 唐ミン 呉ミョウ
訓あかる

初唐・法華義疏 1_8_1
初唐・法華義疏 1_8_8
初唐・聖武雜集 1_5_12
中唐・七祖像贊 1_2_9
唐代・春秋經傳 1_3_13
唐代・春秋經傳 4_37_15
唐代・春秋經傳 5_47_8
唐代・春秋經傳 7_72_25

唐代・十輪經八 16_319_1
唐代・十輪經八 18_357_11
唐代・十輪經八 20_395_7
唐代・十輪經八 22_434_15

昇

ショウ
訓のぼる

唐代・十輪經八 1_10_10
唐代・十輪經八 2_25_5
唐代・十輪經八 7_130_2
唐代・十輪經八 9_168_13
唐代・十輪經八 11_206_10
唐代・十輪經八 13_244_2
唐代・十輪經八 14_281_3

唐代・文選百三 6_49_20
唐代・文選百三 30_297_30
唐代・文選百三 50_484_30
唐代・文選百三 74_713_12
唐代・文選百三 76_729_8
唐代・文選百三 76_731_19
唐代・文選百三 77_733_11

唐代・文選五九 84_812_13
唐代・文選五九 86_824_3
唐代・文選五九 86_829_30
唐代・文選五九 87_832_6
唐代・文選五九 98_930_25
唐代・文選六八 39_395_18
唐代・文選百三 5_44_18

唐代・文選五九 77_737_11
唐代・文選五九 77_744_7
唐代・文選五九 78_756_26
唐代・文選五九 82_783_7
唐代・文選五九 82_784_12
唐代・文選五九 82_785_9
唐代・文選五九 82_785_33

昌

ショウ
訓さかん

唐代・文選四八 14_122_22
唐代・文選五九 60_573_24
唐代・文選五九 61_590_28
唐代・文選五九 74_711_8
唐代・文選五九 77_735_4
唐代・文選五九 77_736_22
唐代・文選五九 77_737_1

唐代•春秋經傳
9_92_5

唐代•春秋經傳
9_93_14

唐代•春秋經傳
9_95_18

唐代•春秋經傳
11_115_8

唐代•春秋經傳
15_150_8

唐代•春秋經傳
15_151_15

唐代•春秋經傳
24_250_14

唐代•春秋經傳
24_252_17

唐代•春秋經傳
33_347_28

唐代•春秋經傳
39_407_2

唐代•春秋經傳
39_407_41

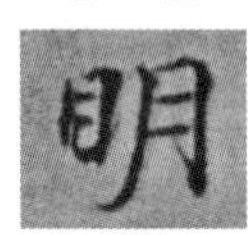
唐代•文選四八
8_71_7

唐代•文選四八
13_116_5

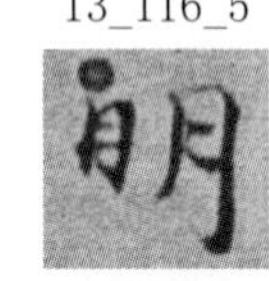
唐代•文選四八
13_117_4

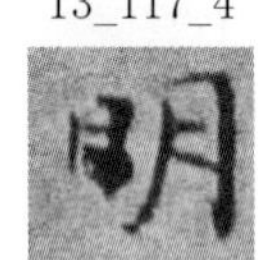
唐代•文選四八
13_119_24

唐代•文選四八
18_166_25

唐代•文選四八
22_194_1

唐代•文選四八
24_212_18

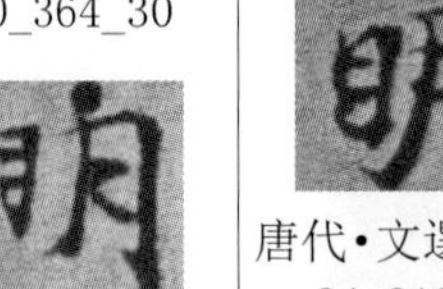
唐代•文選四八
24_218_5

唐代•文選四八
25_222_1

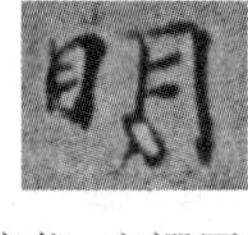
唐代•文選四八
25_227_18

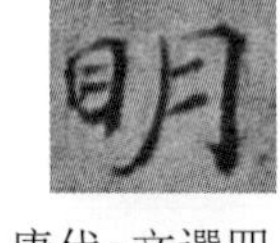
唐代•文選四八
29_265_2

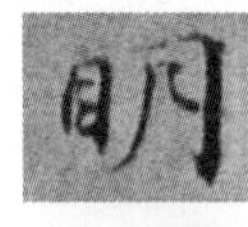
唐代•文選四八
29_265_15

唐代•文選四八
32_291_20

唐代•文選四八
32_292_9

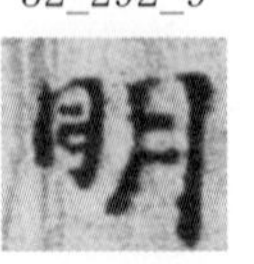
唐代•文選四八
40_364_30

唐代•文選四八
41_365_13

唐代•文選四八
48_432_1

唐代•文選四八
48_433_25

唐代•文選四八
48_436_8

唐代•文選四八
50_449_19

唐代•文選四八
50_450_20

唐代•文選五九
5_47_3

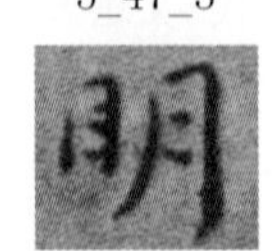
唐代•文選五九
6_54_1

唐代•文選五九
6_56_4

唐代•文選五九
9_90_3

唐代•文選五九
11_100_6

唐代•文選五九
12_118_3

唐代•文選五九
15_149_16

唐代•文選五九
19_181_13

唐代•文選五九
27_266_13

唐代•文選五九
27_267_17

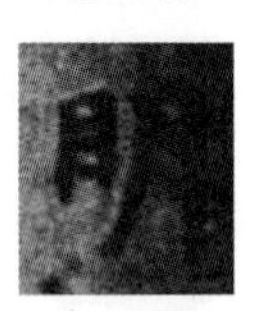
唐代•文選五九
27_269_2

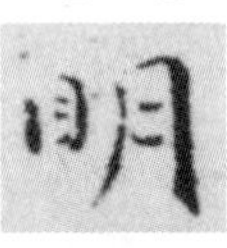
唐代•文選五九
29_287_14

唐代•文選五九
45_447_2

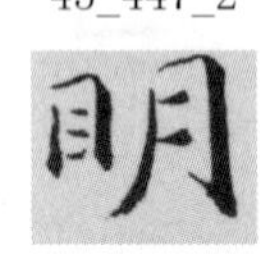
唐代•文選五九
50_492_2

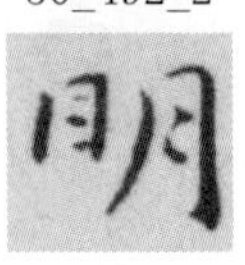
唐代•文選五九
51_500_17

唐代•文選五九
51_508_9

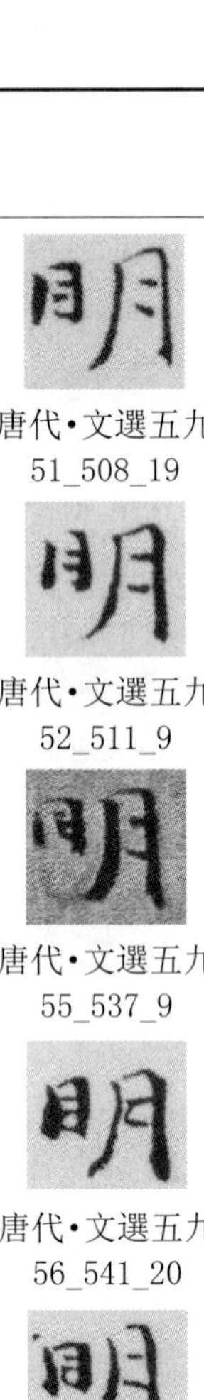
唐代•文選五九
51_508_19

唐代•文選五九
52_511_9

唐代•文選五九
55_537_9

唐代•文選五九
56_541_20

唐代•文選五九
56_546_5

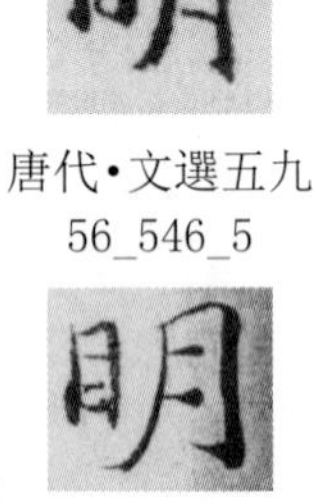
唐代•文選五九
56_547_5

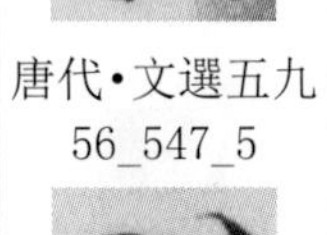
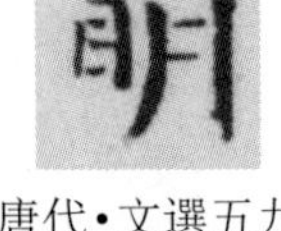
唐代•文選五九
56_548_5

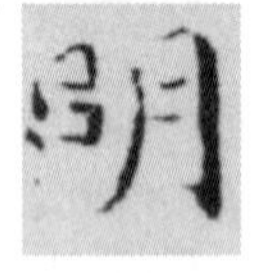
唐代•文選五九
56_548_22

唐代•文選五九 56_550_11
唐代•文選五九 58_560_23
唐代•文選五九 59_572_2
唐代•文選五九 60_578_11
唐代•文選五九 60_579_7
唐代•文選五九 60_579_25
唐代•文選五九 61_581_13
唐代•文選五九 61_582_7

唐代•文選五九 61_583_23
唐代•文選五九 61_583_28
唐代•文選五九 61_589_3
唐代•文選五九 62_593_1
唐代•文選五九 62_597_13
唐代•文選五九 62_600_11
唐代•文選五九 62_601_3
唐代•文選五九 62_601_16

唐代•文選五九 62_602_9
唐代•文選五九 63_607_12
唐代•文選五九 66_638_7
唐代•文選五九 66_641_18
唐代•文選五九 68_651_9
唐代•文選五九 70_671_2
唐代•文選五九 70_672_6
唐代•文選五九 72_693_19

唐代•文選五九 74_705_9
唐代•文選五九 74_706_25
唐代•文選五九 74_708_27
唐代•文選五九 76_725_20
唐代•文選五九 78_750_9
唐代•文選五九 82_787_16
唐代•文選五九 82_789_34
唐代•文選五九 82_790_8

唐代•文選五九 91_870_5
唐代•文選五九 91_870_15
唐代•文選五九 92_876_12
唐代•文選五九 92_881_8
唐代•文選五九 100_943_3
唐代•文選五九 103_978_27
唐代•文選五九 103_979_6
唐代•文選五九 103_980_8

唐代•文選五九 107_1015_3
唐代•文選五九 108_1021_5
唐代•文選五九 108_1022_16
唐代•文選六八 2_14_9
唐代•文選六八 2_23_15
唐代•文選六八 8_76_20
唐代•文選六八 27_268_19
唐代•文選六八 42_423_24

唐代•文選六八 42_423_30
唐代•文選六八 43_431_26
唐代•文選六八 51_510_20
唐代•文選六八 51_513_23
唐代•文選六八 52_521_5
唐代•文選六八 63_633_1
唐代•文選六八 63_633_13
唐代•文選六八 67_667_6

唐代•文選百三 72_694_6	唐代•文選百三 51_490_16	唐代•文選百三 17_163_37	唐代•文選百三 6_53_2	唐代•文選八八 21_184_6	唐代•文選六八 73_722_21	唐代•文選六八 67_668_14
唐代•文選百三 72_694_11	唐代•文選百三 54_523_6	唐代•文選百三 20_193_23	唐代•文選百三 7_58_32	唐代•文選八八 24_211_13	唐代•文選八八 20_178_3	唐代•文選六八 69_684_7
唐代•文選百三 72_694_19	唐代•文選百三 61_583_10	唐代•文選百三 21_199_9	唐代•文選百三 8_72_20	唐代•文選百三 5_36_10	唐代•文選八八 21_179_8	唐代•文選六八 69_687_24
唐代•文選百三 72_696_29	唐代•文選百三 63_612_1	唐代•文選百三 35_346_12	唐代•文選百三 9_77_23	唐代•文選百三 5_37_18	唐代•文選八八 21_179_29	唐代•文選六八 70_699_11
唐代•文選百三 72_697_13	唐代•文選百三 64_614_10	唐代•文選百三 38_382_34	唐代•文選百三 9_82_23	唐代•文選百三 5_38_16	唐代•文選八八 21_180_26	唐代•文選六八 70_700_22
唐代•文選百三 72_697_27	唐代•文選百三 64_614_32	唐代•文選百三 41_416_9	唐代•文選百三 11_98_21	唐代•文選百三 5_39_23	唐代•文選八八 21_181_1	唐代•文選六八 70_701_9
唐代•文選百三 72_698_5	唐代•文選百三 64_615_2	唐代•文選百三 49_471_19	唐代•文選百三 11_99_10	唐代•文選百三 5_41_6	唐代•文選八八 21_181_27	唐代•文選六八 71_702_25
唐代•文選百三 72_698_17	唐代•文選百三 72_693_8	唐代•文選百三 49_474_34	唐代•文選百三 12_113_14	唐代•文選百三 5_47_14	唐代•文選八八 21_182_18	唐代•文選六八 73_721_2

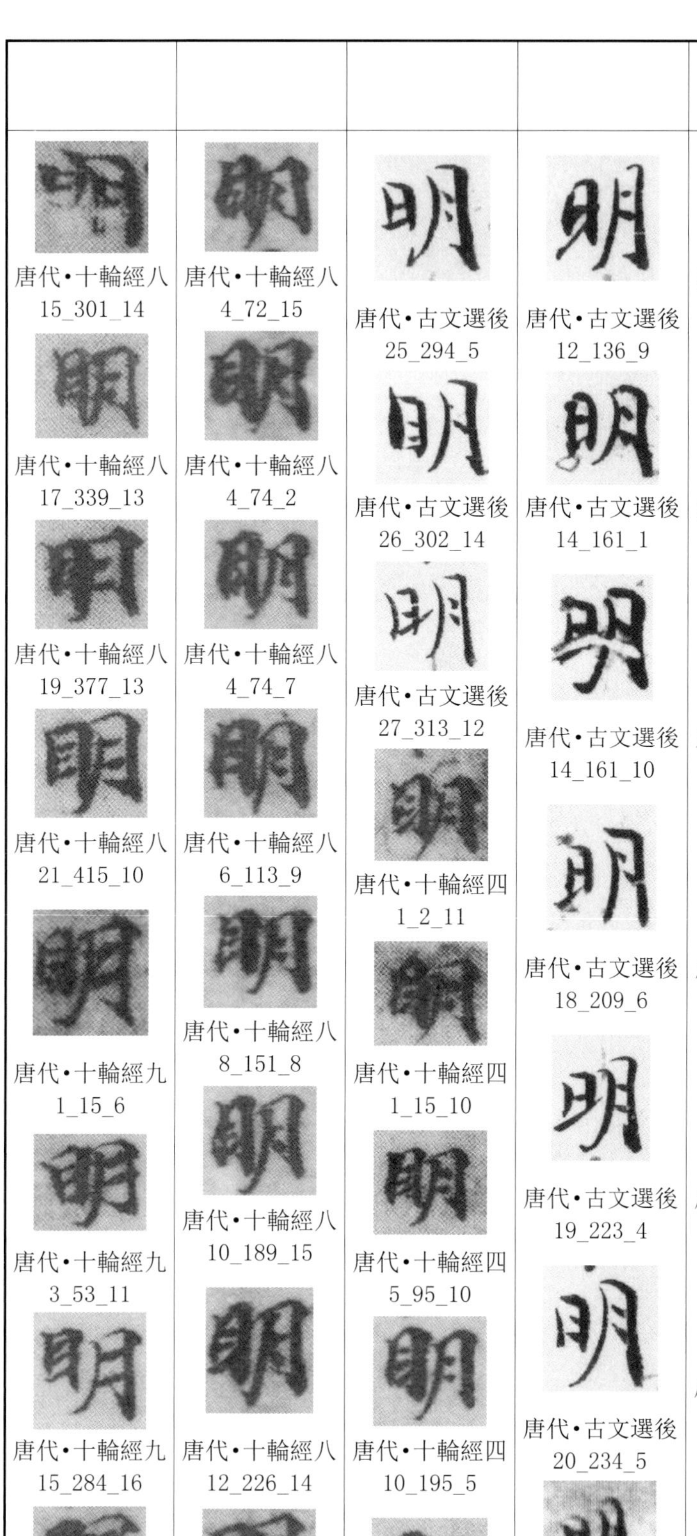

唐代•十輪經八 15_301_14
唐代•十輪經八 17_339_13
唐代•十輪經八 19_377_13
唐代•十輪經八 21_415_10
唐代•十輪經九 1_15_6
唐代•十輪經九 3_53_11
唐代•十輪經九 15_284_16
唐代•十輪經九 17_328_11

唐代•十輪經八 4_72_15
唐代•十輪經八 4_74_2
唐代•十輪經八 4_74_7
唐代•十輪經八 6_113_9
唐代•十輪經八 8_151_8
唐代•十輪經八 10_189_15
唐代•十輪經八 12_226_14
唐代•十輪經八 14_263_13

唐代•古文選後 25_294_5
唐代•古文選後 26_302_14
唐代•古文選後 27_313_12
唐代•十輪經四 1_2_11
唐代•十輪經四 1_15_10
唐代•十輪經四 5_95_10
唐代•十輪經四 10_195_5
唐代•十輪經四 19_377_1

唐代•古文選後 12_136_9
唐代•古文選後 14_161_1
唐代•古文選後 14_161_10
唐代•古文選後 18_209_6
唐代•古文選後 19_223_4
唐代•古文選後 20_234_5
唐代•古文選後 21_244_70

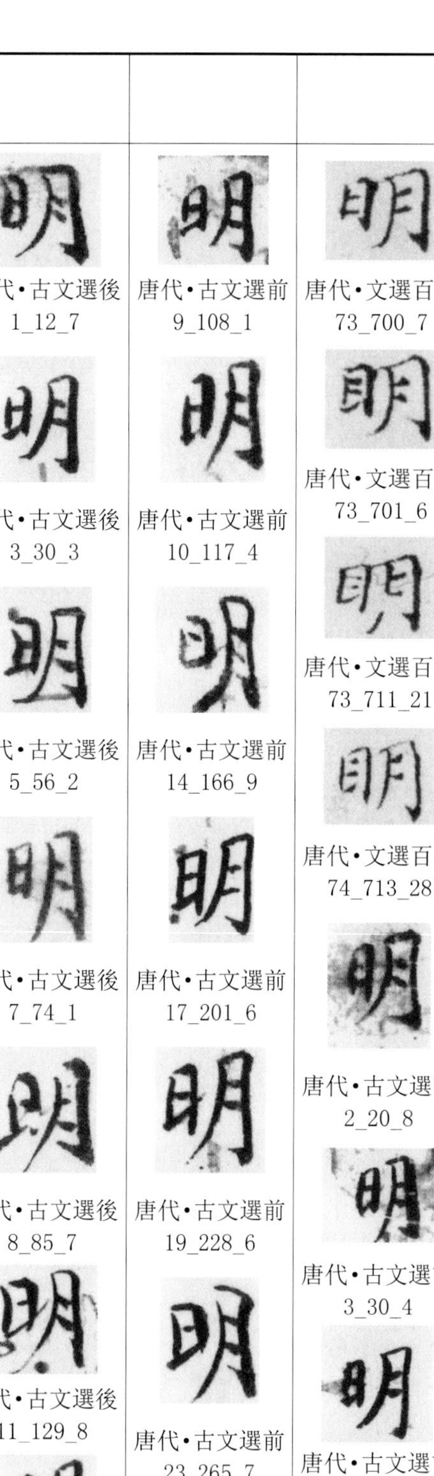

唐代•古文選後 1_12_7
唐代•古文選後 3_30_3
唐代•古文選後 5_56_2
唐代•古文選後 7_74_1
唐代•古文選後 8_85_7
唐代•古文選後 11_129_8
唐代•古文選後 12_135_9

唐代•古文選前 9_108_1
唐代•古文選前 10_117_4
唐代•古文選前 14_166_9
唐代•古文選前 17_201_6
唐代•古文選前 19_228_6
唐代•古文選前 23_265_7
唐代•古文選前 26_307_5

唐代•文選百三 73_700_7
唐代•文選百三 73_701_6
唐代•文選百三 73_711_21
唐代•文選百三 74_713_28
唐代•古文選前 2_20_8
唐代•古文選前 3_30_4
唐代•古文選前 8_92_64
唐代•古文選前 8_100_4

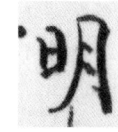

昏

コン
訓くれ

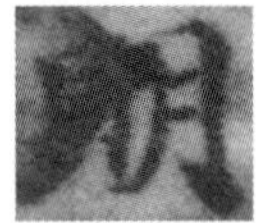
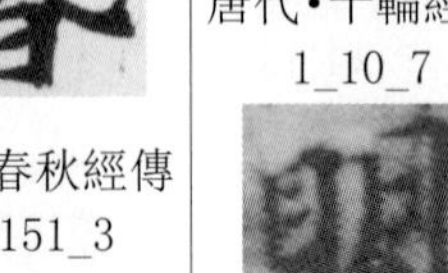
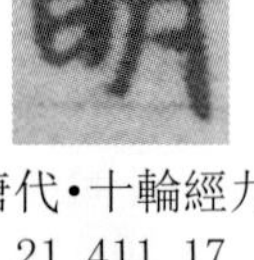
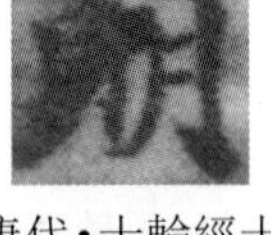

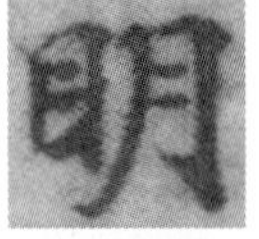

唐代•十輪經九 21_411_17

唐代•十輪經十 1_10_7

唐代•十輪經十 1_11_3

唐代•十輪經十 4_75_6

唐代•十輪經十 11_208_14

唐代•十輪經十 14_264_1

唐代•十輪經十 16_309_17

唐代•十輪經十 17_340_5

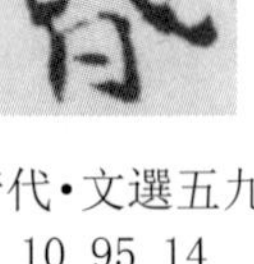

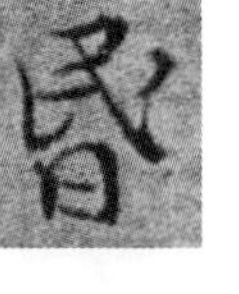
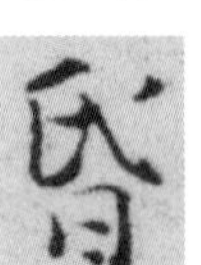

唐代•春秋經傳 14_148_23

唐代•春秋經傳 15_151_3

唐代•文選五九 10_95_14

唐代•文選五九 11_104_10

唐代•文選五九 21_204_8

唐代•文選五九 27_264_2

唐代•文選五九 44_437_6

唐代•文選五九 45_438_21

唐代•文選五九 45_438_29

唐代•文選五九 58_558_6

唐代•文選五九 59_563_24

唐代•文選五九 59_570_1

唐代•文選五九 62_602_7

唐代•文選百三 27_257_8

唐代•古文選後 19_223_10

唐代•十輪經八 4_72_16

曶

漢コツ呉コチ
訓よあけ

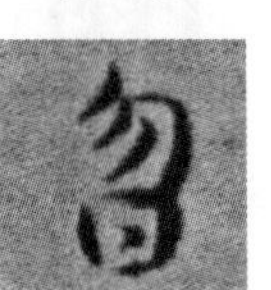

唐代•文選八八 20_177_5

唐代•文選八八 20_178_7

唐代•文選八八 20_178_24

唐代•文選八八 21_179_27

唐代•文選八八 21_181_12

唐代•文選八八 21_181_24

易

イ漢エキ
訓とかげ

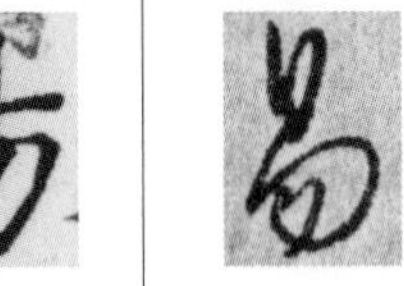

晚唐•慶滋書狀 1_12_6

變易字下同
唐代•春秋經傳 5_51_11

唐代•春秋經傳 5_51_15

唐代•春秋經傳 5_51_17

唐代•春秋經傳 23_240_1

唐代•春秋經傳 25_263_5

唐代•春秋經傳 26_264_6

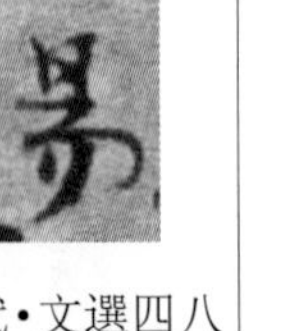

唐代•春秋經傳 30_317_5

唐代•文選四八 12_102_13

唐代•文選四八 12_102_15

唐代•文選四八 12_103_16

唐代•文選四八 13_113_21

唐代•文選四八 13_114_17

唐代•文選四八 13_115_11

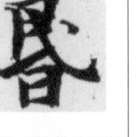

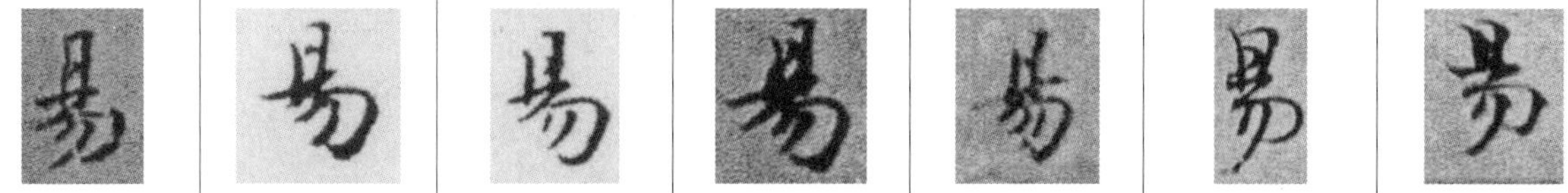						
唐代•文選六八 66_662_6	唐代•文選五九 83_800_20	唐代•文選五九 40_394_19	唐代•文選五九 19_186_4	唐代•文選五九 2_17_14	唐代•文選四八 35_316_19	唐代•文選四八 13_117_30

唐代•文選六八 67_676_18	唐代•文選六八 4_36_25	唐代•文選五九 60_580_24	唐代•文選五九 21_206_15	唐代•文選五九 2_17_26	唐代•文選四八 40_359_23	唐代•文選四八 14_121_12

唐代•文選六八 68_677_17	唐代•文選六八 4_37_22	唐代•文選五九 70_672_21	唐代•文選五九 27_264_8	唐代•文選五九 5_49_18	唐代•文選四八 44_391_26	唐代•文選四八 14_130_22

唐代•文選六八 69_690_8	唐代•文選六八 9_92_14	唐代•文選五九 78_745_11	唐代•文選五九 27_268_29	唐代•文選五九 9_86_10	唐代•文選四八 44_395_10	唐代•文選四八 14_131_22

唐代•文選六八 73_724_7	唐代•文選六八 9_92_27	唐代•文選五九 79_760_14	唐代•文選五九 33_324_14	唐代•文選五九 19_181_24	唐代•文選四八 44_400_1	唐代•文選四八 20_184_5

唐代•文選八八 8_61_18	唐代•文選六八 42_419_17	唐代•文選五九 83_797_20	唐代•文選五九 40_393_2	唐代•文選五九 19_184_19	唐代•文選四八 44_401_26	唐代•文選四八 22_200_13

唐代•文選八八 10_78_16	唐代•文選百三 15_137_35	唐代•文選六八 12_126_11	唐代•文選五九 40_393_18	唐代•文選五九 19_185_6	唐代•文選四八 49_442_8	唐代•文選四八 32_293_7

春

シュウ
訓はる

唐代・春秋經傳 1_2_4
唐代・春秋經傳 2_14_4
唐代・春秋經傳 4_33_4
唐代・春秋經傳 4_38_4
唐代・春秋經傳 5_44_28
唐代・春秋經傳 12_127_4
唐代・春秋經傳 13_132_4
唐代・春秋經傳 18_182_4

旻

漢ビン 呉ミン
訓あきぞら

唐代・文選百三 48_463_24

唐代・文選百三 84_801_34
唐代・古文選前 18_207_9
唐代・古文選後 14_164_3
唐代・古文選後 26_303_5
唐代・古文選後 26_312_8
唐代・十輪經四 2_23_8

唐代・文選百三 54_520_7
唐代・文選百三 54_522_4
唐代・文選百三 54_522_8
唐代・文選百三 55_525_28
唐代・文選百三 55_526_23
唐代・文選百三 78_747_1
唐代・文選百三 85_811_7

唐代・文選百三 40_399_7
唐代・文選百三 45_430_22
唐代・文選百三 45_431_2
唐代・文選百三 45_431_18
唐代・文選百三 45_431_24
唐代・文選百三 45_431_30
唐代・文選百三 45_432_6

唐代・文選百三 17_167_1
唐代・文選百三 22_211_4
唐代・文選百三 37_363_1
唐代・文選百三 39_396_21
唐代・文選百三 39_397_6
唐代・文選百三 40_398_5
唐代・文選百三 73_709_8

唐代・文選八八 16_139_2
唐代・文選八八 17_144_2
唐代・文選百三 10_91_24
唐代・文選百三 14_131_10
唐代・文選百三 14_133_2
唐代・文選百三 14_134_16
唐代・文選百三 14_134_37

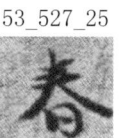

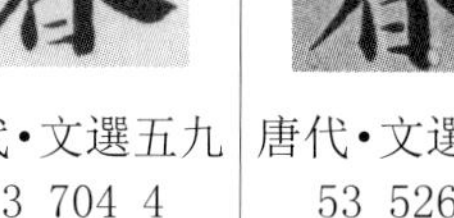 唐代•文選五九 73_704_4	 唐代•文選五九 53_526_1	 唐代•文選四八 50_448_25	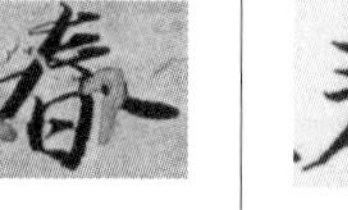 唐代•文選四八 35_314_2	唐代•春秋經傳 35_365_6	 唐代•春秋經傳 27_282_4	 唐代•春秋經傳 18_188_4
唐代•文選五九 74_705_24	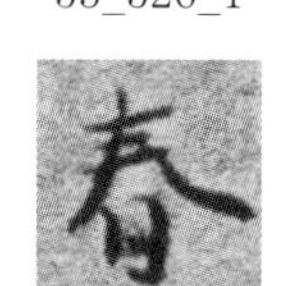 唐代•文選五九 53_527_25	唐代•文選五九 13_131_15	唐代•文選四八 35_314_11	唐代•春秋經傳 36_373_5	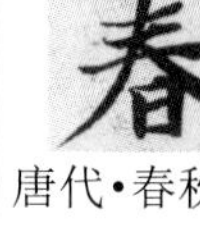 唐代•春秋經傳 28_294_4	 唐代•春秋經傳 23_241_6
唐代•文選五九 74_706_3	唐代•文選五九 53_528_13	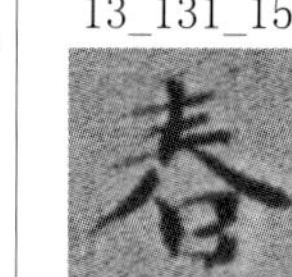 唐代•文選五九 14_133_5	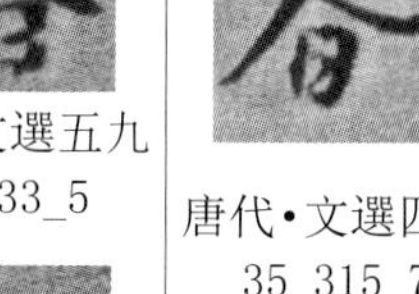 唐代•文選四八 35_315_7	唐代•春秋經傳 39_410_1	 唐代•春秋經傳 29_306_4	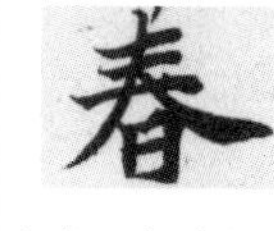 唐代•春秋經傳 24_245_4
唐代•文選五九 74_706_9	唐代•文選五九 61_585_6	唐代•文選五九 17_162_7	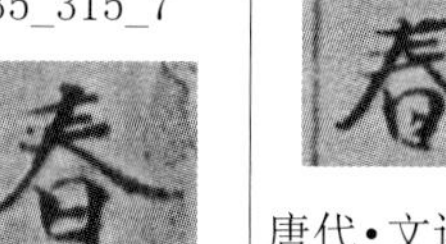 唐代•文選四八 41_371_7	唐代•文選四八 4_26_12	 唐代•春秋經傳 30_313_23	 唐代•春秋經傳 24_249_19
唐代•文選五九 74_707_11	唐代•文選五九 61_590_17	唐代•文選五九 37_364_5	唐代•文選四八 45_405_7	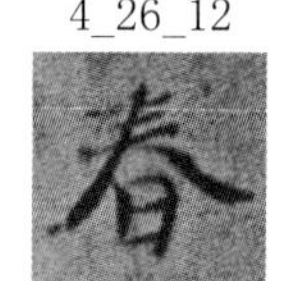 唐代•文選四八 17_156_15	 唐代•春秋經傳 30_315_4	唐代•春秋經傳 24_253_4
 唐代•文選五九 74_708_16	唐代•文選五九 64_621_12	 唐代•文選五九 37_365_15	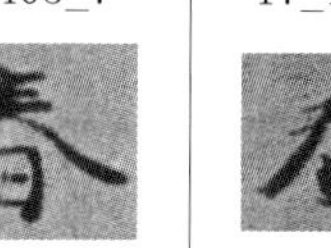 唐代•文選四八 45_407_5	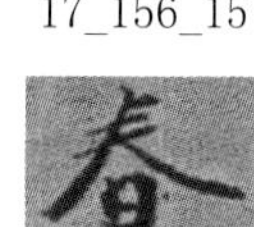 唐代•文選四八 20_180_17	 唐代•春秋經傳 32_331_4	唐代•春秋經傳 25_254_11
 唐代•文選五九 75_724_1	唐代•文選五九 68_654_17	 唐代•文選五九 37_366_19	唐代•文選四八 45_408_13	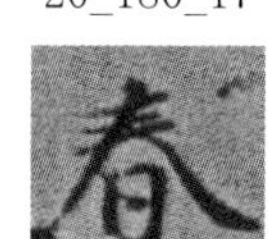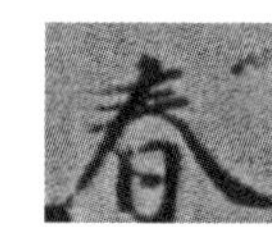 唐代•文選四八 22_195_3	 唐代•春秋經傳 33_343_4	唐代•春秋經傳 26_267_4
 唐代•文選五九 77_742_31	 唐代•文選五九 69_665_22	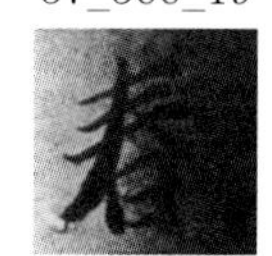 唐代•文選五九 47_468_13	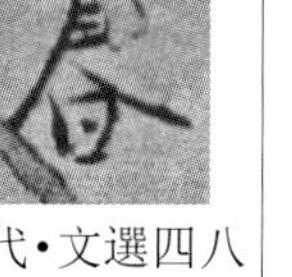 唐代•文選四八 45_409_19	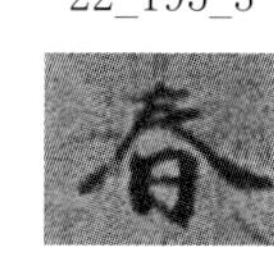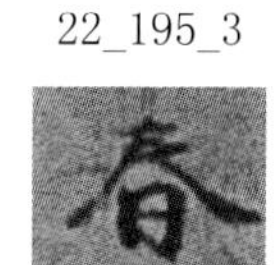 唐代•文選四八 25_226_7	 唐代•春秋經傳 33_347_29	 唐代•春秋經傳 26_271_4

昧 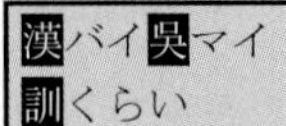

漢バイ 呉マイ
訓くらい

中唐・金剛經題
1_2_4

中唐・金剛經題
1_2_11

唐代・文選五九
10_95_15

唐代・文選五九
10_97_15

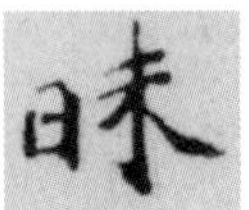
唐代・文選五九
96_911_1

唐代・文選五九
105_1000_1

唐代・文選八八
20_177_8

唐代・文選八八
21_179_3

唐代・古文選前
8_90_2

唐代・古文選前
11_127_13

唐代・古文選前
13_157_3

唐代・古文選前
17_205_3

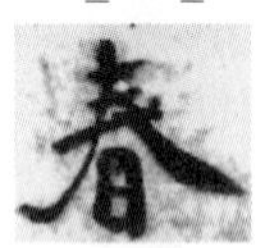
唐代・古文選前
26_304_19

唐代・古文選後
7_81_8

唐代・古文選後
10_111_4

唐代・古文選後
25_290_9

唐代・文選百三
7_58_7

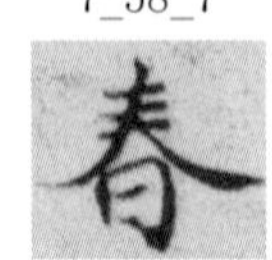
唐代・文選百三
12_114_14

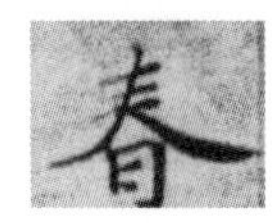
唐代・文選百三
23_218_17

唐代・文選百三
41_413_9

唐代・文選百三
42_419_1

唐代・文選百三
47_448_10

唐代・文選百三
47_453_6

唐代・文選百三
54_521_31

唐代・文選六八
45_445_12

唐代・文選六八
59_597_6

唐代・文選六八
61_615_2

唐代・文選六八
65_652_6

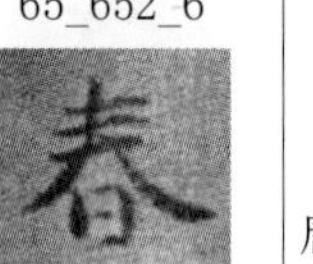
唐代・文選六八
65_653_12

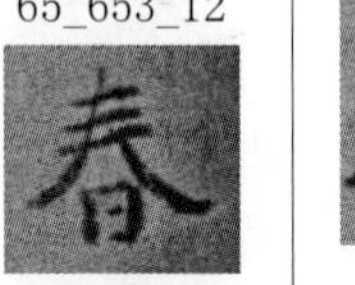
唐代・文選六八
65_654_22

唐代・文選六八
67_676_24

唐代・文選百三
4_29_12

唐代・文選六八
19_193_19

唐代・文選六八
19_197_8

唐代・文選六八
19_199_1

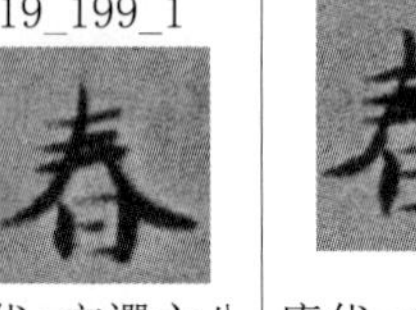
唐代・文選六八
31_306_19

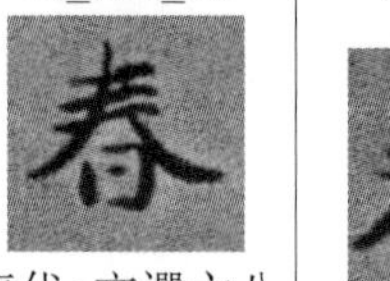
唐代・文選六八
35_347_3

唐代・文選六八
35_357_5

唐代・文選六八
36_359_6

唐代・文選六八
44_440_22

唐代・文選五九
96_913_6

唐代・文選五九
101_949_26

唐代・文選五九
111_1050_3

唐代・文選六八
8_76_17

唐代・文選六八
9_91_7

唐代・文選六八
15_156_1

唐代・文選六八
19_189_13

唐代・文選六八
19_190_12

唐代・文選五九
80_765_19

唐代・文選五九
90_860_1

唐代・文選五九
90_860_24

唐代・文選五九
90_861_11

唐代・文選五九
94_905_24

唐代・文選五九
94_907_24

唐代・文選五九
94_908_24

唐代・文選五九
96_909_14

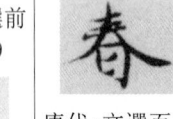

是 시

慣ゼ 漢シ
訓これ

唐代·文選八八 21_180_13
唐代·文選八八 21_180_21
唐代·文選八八 21_182_12
唐代·文選百三 73_703_13
唐代·文選百三 73_703_23
唐代·古文選後 14_162_5

初唐·法華義疏 1_1_8
初唐·法華義疏 1_2_9
初唐·法華義疏 1_8_20
初唐·金剛場經 1_1_7
初唐·金剛場經 1_2_14
初唐·大般若經 1_4_14
初唐·大般若經 2_22_7
初唐·大般若經 2_25_3

初唐·大般若經 2_26_2
初唐·大般若經 2_27_11
初唐·大般若經 2_28_10
初唐·大般若經 2_30_2
中唐·金剛經題 1_1_11
中唐·金剛經題 1_4_19
中唐·金剛經題 2_9_6
唐代·春秋經傳 4_36_3

唐代·春秋經傳 6_54_27
唐代·春秋經傳 8_81_14
唐代·春秋經傳 11_116_9
唐代·春秋經傳 12_120_17
唐代·春秋經傳 16_162_11
唐代·春秋經傳 16_163_6
唐代·春秋經傳 17_176_11
唐代·春秋經傳 19_201_22

唐代·春秋經傳 20_210_18
唐代·春秋經傳 20_212_10
唐代·春秋經傳 22_228_6
唐代·春秋經傳 32_329_10
唐代·春秋經傳 32_330_4
唐代·春秋經傳 34_354_6
唐代·春秋經傳 37_384_13
唐代·春秋經傳 39_405_26

唐代·文選四八 1_4_18
唐代·文選四八 1_6_17
唐代·文選四八 2_11_22
唐代·文選四八 4_21_13
唐代·文選四八 4_22_2
唐代·文選四八 12_103_3
唐代·文選四八 12_111_13
唐代·文選四八 13_119_16

唐代·文選四八 14_122_15
唐代·文選四八 14_130_4
唐代·文選四八 20_175_23
唐代·文選四八 20_182_6
唐代·文選四八 22_199_19
唐代·文選四八 22_199_24
唐代·文選四八 22_203_13
唐代·文選四八 24_217_22

唐代·文選四八 27_243_26
唐代·文選四八 27_244_26
唐代·文選四八 28_251_6
唐代·文選四八 28_253_20
唐代·文選四八 28_254_24
唐代·文選四八 28_256_19
唐代·文選四八 30_266_15
唐代·文選四八 32_285_27

唐代·文選四八 36_320_29
唐代·文選四八 36_321_18
唐代·文選四八 36_322_6
唐代·文選四八 36_325_3
唐代·文選四八 41_368_13
唐代·文選四八 42_381_22
唐代·文選四八 44_392_8

唐代·文選四八 45_406_14
唐代·文選四八 48_434_18
唐代·文選四八 49_444_19
唐代·文選四八 49_445_5
唐代·文選四八 50_448_15
唐代·文選五九 7_64_10
唐代·文選五九 8_75_2
唐代·文選五九 15_151_7

唐代·文選五九 25_239_9
唐代·文選五九 25_240_29
唐代·文選五九 25_242_2
唐代·文選五九 25_242_18
唐代·文選五九 25_246_11
唐代·文選五九 36_358_3
唐代·文選五九 47_459_26
唐代·文選五九 58_561_5

唐代·文選五九 61_581_27
唐代·文選五九 63_604_9
唐代·文選五九 68_653_28
唐代·文選五九 68_654_2
唐代·文選五九 76_734_11
唐代·文選五九 77_737_20
唐代·文選五九 77_744_26
唐代·文選五九 82_788_23

唐代·文選五九 84_806_29
唐代·文選五九 87_834_15
唐代·文選五九 87_835_16
唐代·文選五九 90_868_26
唐代·文選五九 91_872_12
唐代·文選五九 91_873_17
唐代·文選五九 101_955_23
唐代·文選五九 103_971_6

唐代·文選五九 109_1037_13
唐代·文選五九 110_1042_6
唐代·文選五九 110_1042_16
唐代·文選六八 1_11_1
唐代·文選六八 1_12_20
唐代·文選六八 2_16_21
唐代·文選六八 3_31_17
唐代·文選六八 4_46_18

唐代•文選百三 25_248_5

唐代•文選百三 31_302_29
唐代•文選百三 39_397_4

唐代•文選百三 40_401_5

唐代•文選百三 41_408_1

唐代•文選百三 41_411_20
唐代•文選百三 54_522_34
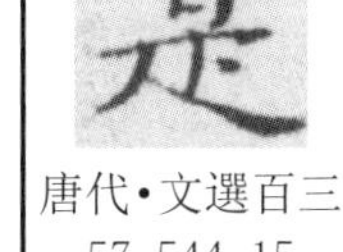
唐代•文選百三 57_544_15
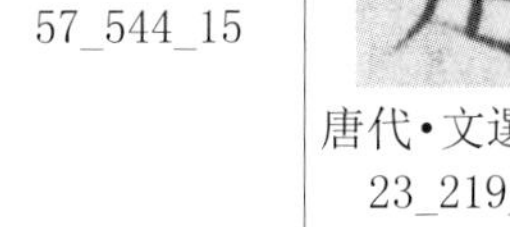

唐代•文選百三 16_153_4
唐代•文選百三 17_157_13
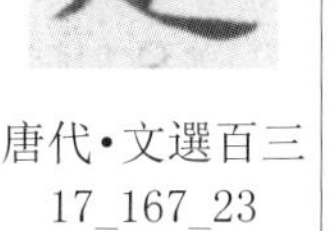
唐代•文選百三 17_167_23
唐代•文選百三 18_174_4
唐代•文選百三 19_184_10

唐代•文選百三 19_189_29
唐代•文選百三 20_190_37

唐代•文選百三 23_219_15

唐代•文選八八 14_117_10
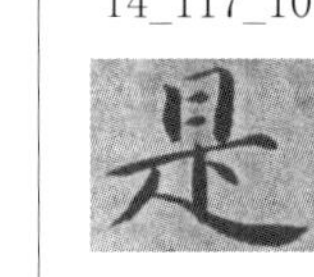
唐代•文選八八 15_122_12
唐代•文選八八 24_214_23

唐代•文選百三 1_9_22
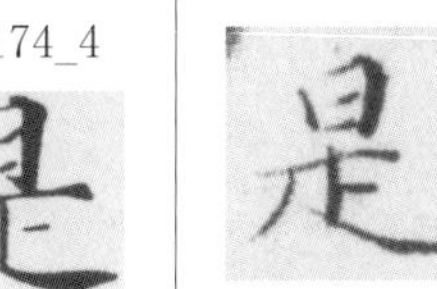

唐代•文選百三 8_72_5
唐代•文選百三 11_99_17

唐代•文選百三 11_102_32

唐代•文選百三 13_123_21

唐代•文選八八 3_13_20

唐代•文選八八 6_37_12
唐代•文選八八 8_57_13

唐代•文選八八 8_60_8

唐代•文選八八 11_87_13
唐代•文選八八 12_99_29

唐代•文選八八 12_100_27

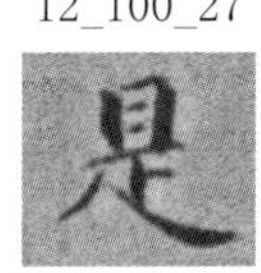

唐代•文選八八 14_117_1

唐代•文選六八 55_546_16

唐代•文選六八 59_585_13
唐代•文選六八 62_620_20
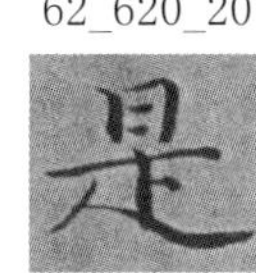
唐代•文選六八 66_660_25
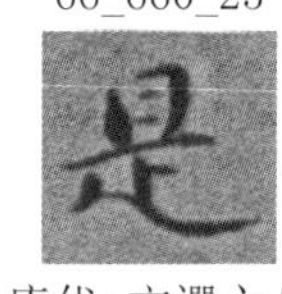
唐代•文選六八 71_705_29
唐代•文選六八 71_713_18
唐代•文選六八 72_718_6
唐代•文選八八 3_12_1

唐代•文選六八 20_204_2

唐代•文選六八 25_252_13
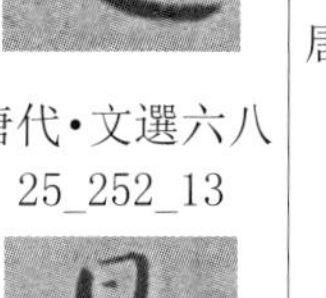
唐代•文選六八 31_310_14

唐代•文選六八 34_344_3
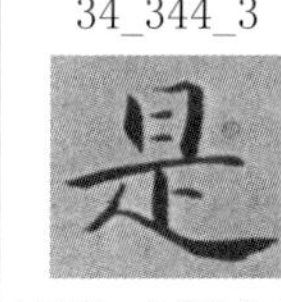
唐代•文選六八 35_348_25
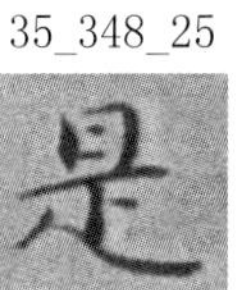

唐代•文選六八 36_359_2
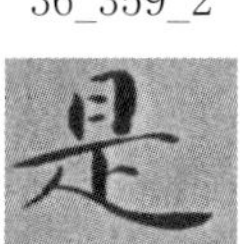
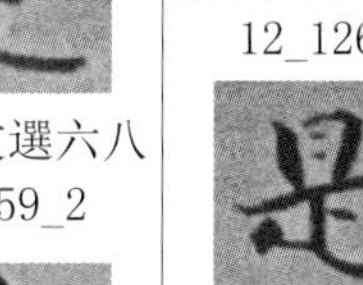
唐代•文選六八 37_373_11

唐代•文選六八 43_436_4

唐代•文選六八 6_55_16
唐代•文選六八 7_70_20
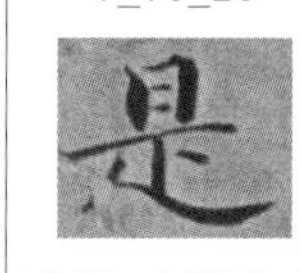
唐代•文選六八 8_86_13
唐代•文選六八 8_88_22
唐代•文選六八 9_93_3
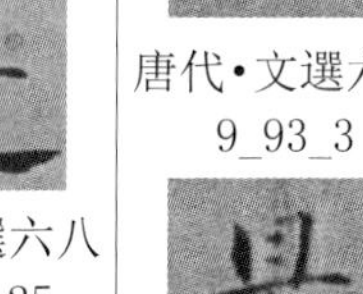
唐代•文選六八 12_126_9

唐代•文選六八 16_162_27

唐代•文選六八 19_198_21

 唐代•古文選後 2_19_3	 唐代•古文選前 22_259_1	 唐代•古文選前 14_158_6	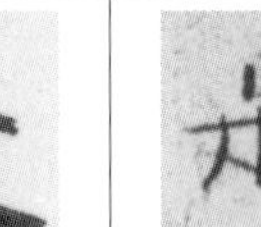 唐代•古文選前 8_102_7	 唐代•文選百三 81_766_10	 唐代•文選百三 74_712_2	 唐代•文選百三 57_550_3
唐代•古文選後 2_20_13	 唐代•古文選前 22_261_1	 唐代•古文選前 14_162_4	 唐代•古文選前 9_111_14	 唐代•文選百三 81_774_33	 唐代•文選百三 74_716_16	 唐代•文選百三 57_554_12
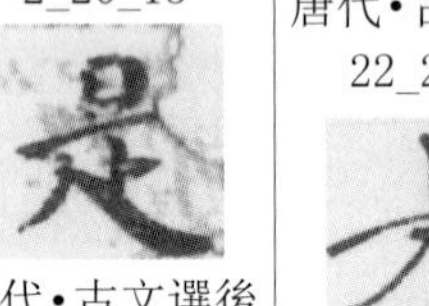 唐代•古文選後 2_22_1	 唐代•古文選前 22_261_5	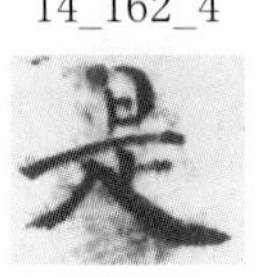 唐代•古文選前 14_168_8	 唐代•古文選前 11_125_2	 唐代•文選百三 86_820_12	 唐代•文選百三 74_716_23	 唐代•文選百三 60_578_6
 唐代•古文選後 3_35_9	 唐代•古文選前 22_262_7	 唐代•古文選前 21_251_9	 唐代•古文選前 11_132_5	 唐代•文選百三 86_823_2	 唐代•文選百三 76_726_8	 唐代•文選百三 61_588_8
 唐代•古文選後 4_37_13	 唐代•古文選前 26_305_6	 唐代•古文選前 22_253_5	 唐代•古文選前 12_140_10	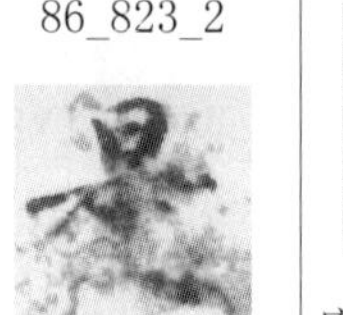 唐代•古文選前 1_6_8	 唐代•文選百三 77_736_31	 唐代•文選百三 64_618_25
 唐代•古文選後 6_62_4	 唐代•古文選前 26_308_6	 唐代•古文選前 22_258_3	 唐代•古文選前 12_145_12	 唐代•古文選前 1_7_8	 唐代•文選百三 80_763_25	 唐代•文選百三 66_637_30
 唐代•古文選後 7_78_1	 唐代•古文選後 1_10_9	 唐代•古文選前 22_258_7	 唐代•古文選前 13_150_1	 唐代•古文選前 2_25_5	 唐代•文選百三 81_764_2	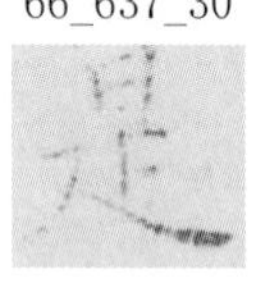 唐代•文選百三 71_688_1
 唐代•古文選後 13_154_8	 唐代•古文選後 1_12_5	 唐代•古文選前 22_258_13	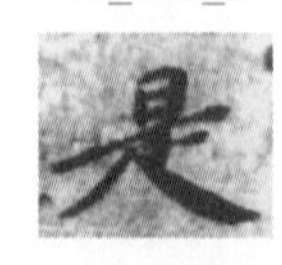 唐代•古文選前 13_156_16	 唐代•古文選前 6_65_5	 唐代•文選百三 81_765_3	 唐代•文選百三 71_688_9

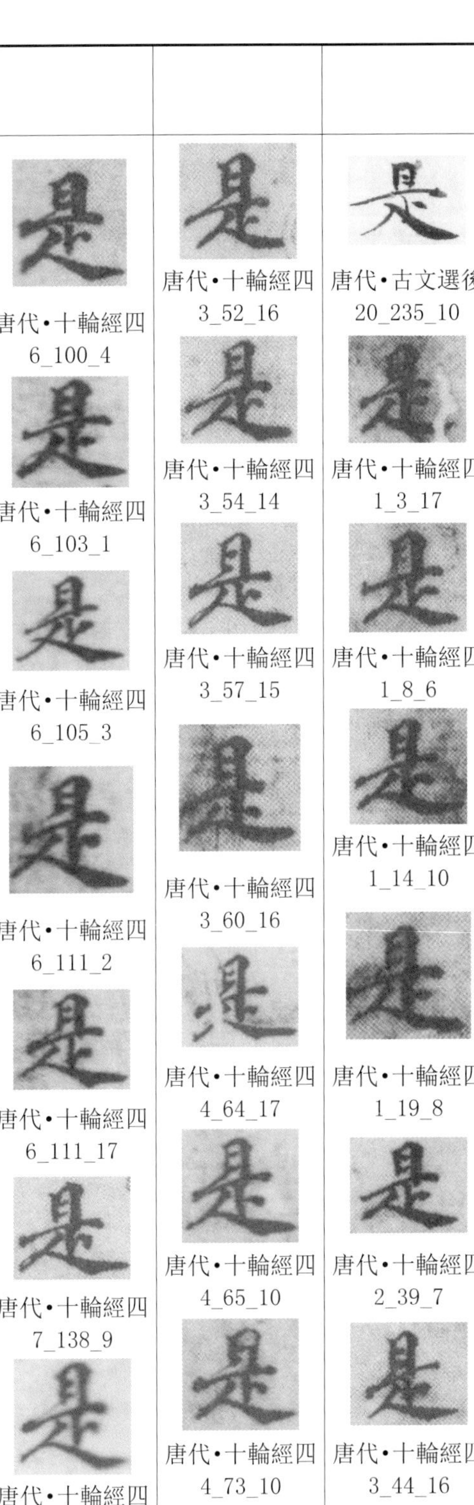

唐代·古文選後 20_235_10

唐代·十輪經四 1_3_17

唐代·十輪經四 1_8_6

唐代·十輪經四 1_14_10

唐代·十輪經四 1_19_8

唐代·十輪經四 2_39_7

唐代·十輪經四 3_44_16

唐代·十輪經四 3_48_16

唐代·十輪經四 3_52_16

唐代·十輪經四 3_54_14

唐代·十輪經四 3_57_15

唐代·十輪經四 3_60_16

唐代·十輪經四 4_64_17

唐代·十輪經四 4_65_10

唐代·十輪經四 4_73_10

唐代·十輪經四 5_97_7

唐代·十輪經四 6_100_4

唐代·十輪經四 6_103_1

唐代·十輪經四 6_105_3

唐代·十輪經四 6_111_2

唐代·十輪經四 6_111_17

唐代·十輪經四 7_138_9

唐代·十輪經四 8_140_7

唐代·十輪經四 8_142_9

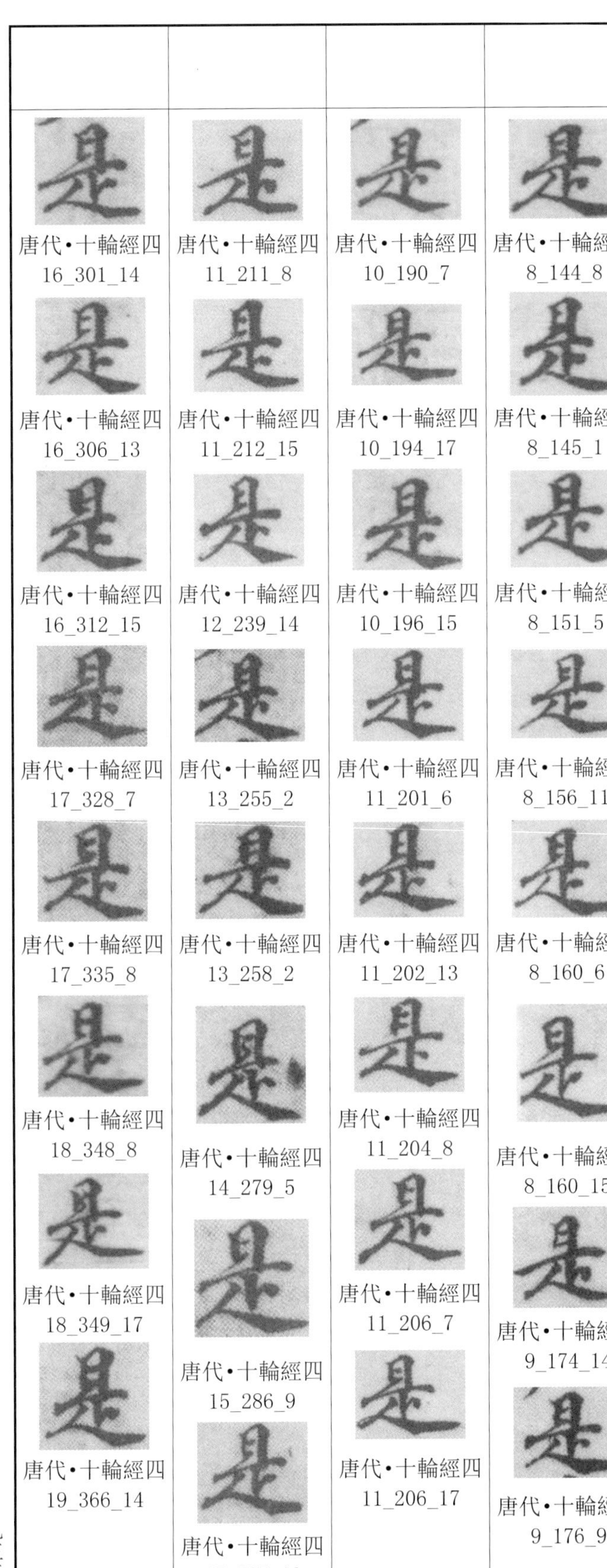

唐代·十輪經四 8_144_8

唐代·十輪經四 8_145_1

唐代·十輪經四 8_151_5

唐代·十輪經四 8_156_11

唐代·十輪經四 8_160_6

唐代·十輪經四 8_160_15

唐代·十輪經四 9_174_14

唐代·十輪經四 9_176_9

唐代·十輪經四 10_190_7

唐代·十輪經四 10_194_17

唐代·十輪經四 10_196_15

唐代·十輪經四 11_201_6

唐代·十輪經四 11_202_13

唐代·十輪經四 11_204_8

唐代·十輪經四 11_206_7

唐代·十輪經四 11_206_17

唐代·十輪經四 11_211_8

唐代·十輪經四 11_212_15

唐代·十輪經四 12_239_14

唐代·十輪經四 13_255_2

唐代·十輪經四 13_258_2

唐代·十輪經四 14_279_5

唐代·十輪經四 15_286_9

唐代·十輪經四 15_297_13

唐代·十輪經四 16_301_14

唐代·十輪經四 16_306_13

唐代·十輪經四 16_312_15

唐代·十輪經四 17_328_7

唐代·十輪經四 17_335_8

唐代·十輪經四 18_348_8

唐代·十輪經四 18_349_17

唐代·十輪經四 19_366_14

映 冒

漢エイ呉ヨウ
訓うつる

唐代•文選五九
51_497_2

唐代•文選五九
51_500_10

唐代•文選五九
51_501_4

唐代•文選五九
61_584_13

唐代•文選五九
62_592_25

唐代•文選五九
66_641_3

唐代•文選五九
90_857_9

漢ボウ呉モウ
訓おおう

唐代•文選五九
53_520_6

唐代•文選六八
38_383_4

唐代•文選百三
83_786_4

唐代•古文選前
27_315_6

唐代•古文選後
8_86_10

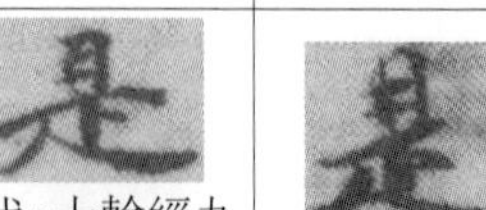
唐代•十輪經九
14_269_17

唐代•十輪經九
15_280_10

唐代•十輪經九
15_281_2

唐代•十輪經九
15_289_10

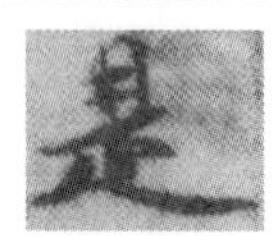
唐代•十輪經九
6_118_12

唐代•十輪經九
6_119_3

唐代•十輪經九
8_154_3

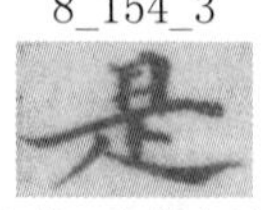
唐代•十輪經九
9_165_14

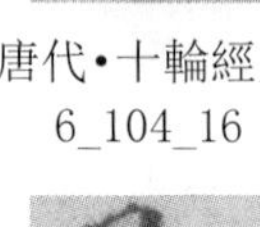
唐代•十輪經九
9_175_15

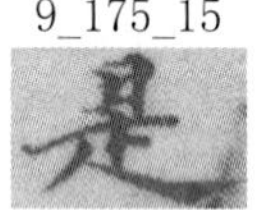
唐代•十輪經九
10_182_17

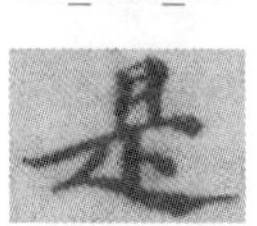
唐代•十輪經九
10_186_9

唐代•十輪經九
10_190_16

唐代•十輪經九
14_260_15

唐代•十輪經九
6_100_1

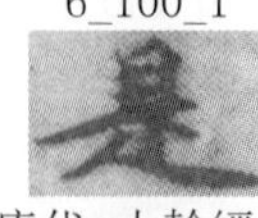
唐代•十輪經九
6_100_5

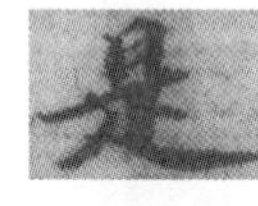
唐代•十輪經九
6_104_6

唐代•十輪經九
6_104_16

唐代•十輪經九
6_112_14

唐代•十輪經九
6_113_17

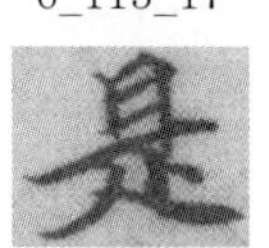
唐代•十輪經九
6_115_3

唐代•十輪經九
6_118_1

唐代•十輪經九
13_246_6

唐代•十輪經九
5_89_8

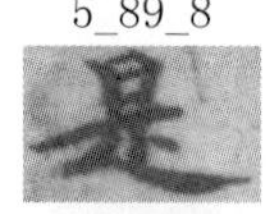
唐代•十輪經九
5_90_3

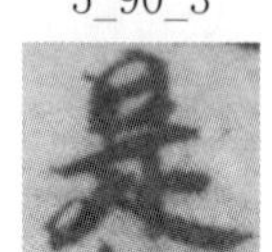
唐代•十輪經九
5_91_16

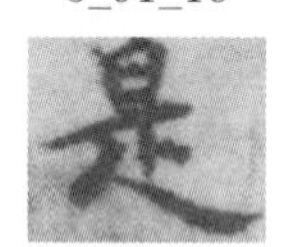
唐代•十輪經九
5_92_17

唐代•十輪經九
5_93_5

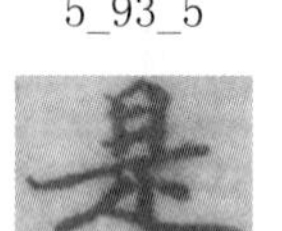
唐代•十輪經九
5_93_9

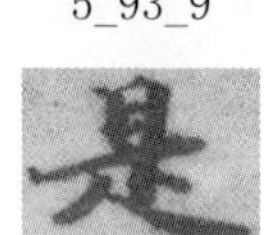
唐代•十輪經九
6_99_3

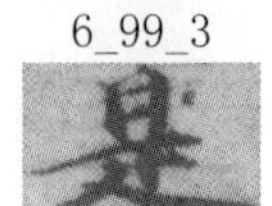
唐代•十輪經九
6_99_13

唐代•十輪經九
13_245_16

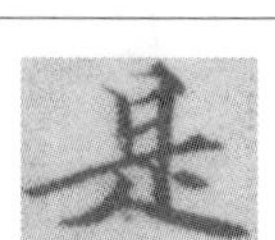
唐代•十輪經九
2_22_13

唐代•十輪經九
2_25_12

唐代•十輪經九
2_31_12

唐代•十輪經九
4_61_14

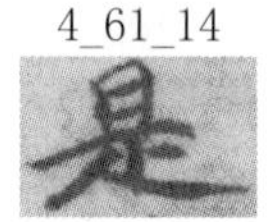
唐代•十輪經九
4_65_15

唐代•十輪經九
4_71_17

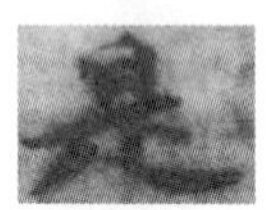
唐代•十輪經九
5_80_13

唐代•十輪經九
5_83_9

唐代•十輪經九
12_227_8

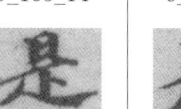

星

漢セイ 呉ショウ
訓ほし

唐代・文選五九 108_1024_12
唐代・文選五九 109_1028_16
唐代・文選五九 109_1028_22
唐代・文選六八 32_322_10
唐代・文選百三 8_72_24
唐代・古文選後 18_211_1

唐代・文選四八 4_21_19
唐代・文選四八 4_22_20
唐代・文選四八 4_25_1
唐代・文選四八 4_25_19
唐代・文選四八 38_338_6
唐代・文選四八 38_339_15
唐代・文選四八 38_339_20

唐代・文選四八 38_340_15
唐代・文選四八 38_340_18
唐代・文選四八 38_341_15
唐代・文選四八 42_372_9
唐代・文選五九 15_150_22
唐代・文選五九 16_152_11
唐代・文選五九 17_170_16

唐代・文選五九 18_176_29
唐代・文選五九 20_194_4
唐代・文選五九 21_205_10
唐代・文選五九 21_206_4
唐代・文選五九 21_207_9
唐代・文選五九 21_210_5
唐代・文選五九 27_259_18

唐代・文選五九 45_438_14
唐代・文選五九 61_585_17
唐代・文選五九 61_591_30
唐代・文選五九 82_794_11
唐代・文選五九 108_1022_19
唐代・文選六八 29_297_12
唐代・文選六八 29_298_32

唐代・文選六八 30_300_26
唐代・文選六八 41_415_14
唐代・文選六八 41_416_18
唐代・文選六八 41_416_27
唐代・文選六八 68_682_1
唐代・文選六八 69_683_27
唐代・文選六八 69_684_25

唐代・文選六八 69_685_3
唐代・文選六八 69_685_6
唐代・文選六八 69_685_10
唐代・文選六八 69_687_4
唐代・文選六八 69_687_6
唐代・文選百三 47_458_4
唐代・文選百三 47_458_15

	昭	昵	昂	曷	昨	
	ショウ 訓あきらか	漢ジツ 訓ちかづく	慣コウ漢ゴウ 訓あがる	漢カツ 訓なに	漢サク 訓きのう	

唐代•文選四八
30_274_2

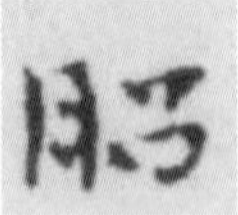
唐代•文選五九
34_333_17

唐代•文選五九
43_418_20

唐代•文選五九
45_447_6

唐代•文選五九
54_532_28

唐代•文選五九
58_559_24

唐代•文選五九
58_560_6

唐代•文選五九
59_563_20

唐代•春秋經傳
3_24_10

唐代•春秋經傳
4_40_11

唐代•春秋經傳
5_50_4

唐代•春秋經傳
15_156_10

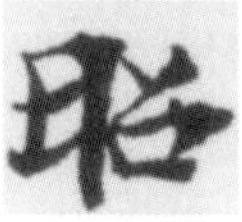
唐代•春秋經傳
15_157_10

唐代•春秋經傳
30_317_8

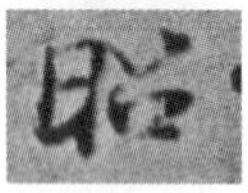
唐代•文選四八
17_156_24

唐代•文選四八
30_268_22

唐代•文選五九
17_169_10

唐代•文選五九
17_170_25

唐代•文選五九
17_171_30

唐代•文選五九
18_172_12

唐代•古文選後
23_269_4

唐代•十輪經十
15_281_15

唐代•文選八八
17_149_1

唐代•文選八八
17_151_18

唐代•古文選前
23_266_13

唐代•春秋經傳
28_287_5

唐代•文選五九
72_698_12

唐代•文選百三
47_459_35

唐代•文選百三
48_461_12

唐代•古文選前
1_8_2

唐代•古文選前
18_206_10

唐代•古文選前
23_275_3

唐代•古文選後
3_30_9

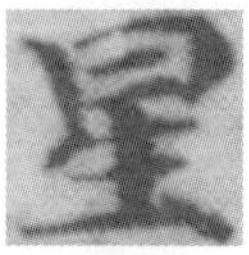
唐代•十輪經十
15_281_16

唐代·文選五九
62_599_1

唐代·文選五九
62_600_10

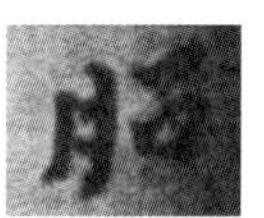
唐代·文選五九
62_601_15

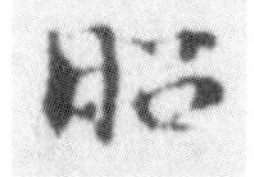
唐代·文選五九
63_605_24

唐代·文選五九
68_651_8

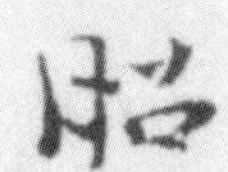
唐代·文選五九
82_788_16

唐代·文選五九
82_789_8

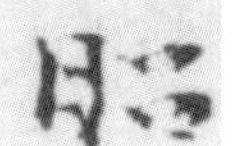
唐代·文選五九
82_789_16

唐代·文選五九
82_789_24

唐代·文選五九
82_789_32

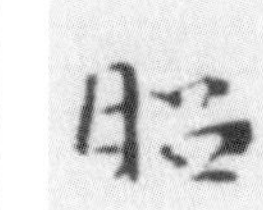
唐代·文選五九
82_790_13

唐代·文選五九
97_914_14

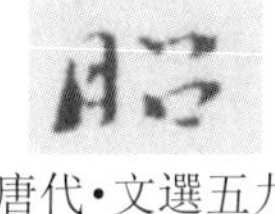
唐代·文選五九
99_936_26

唐代·文選五九
99_939_29

唐代·文選五九
100_943_12

唐代·文選六八
2_14_8

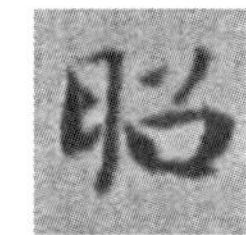
唐代·文選六八
39_387_7

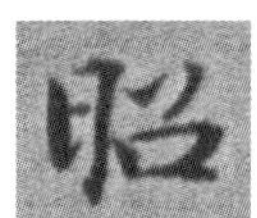
唐代·文選六八
49_485_14

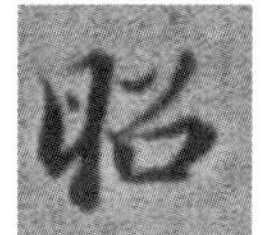
唐代·文選六八
49_486_5

唐代·文選六八
63_634_9

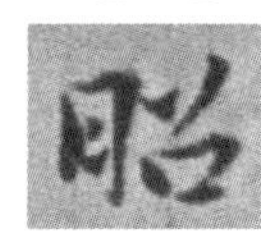
唐代·文選六八
64_639_18

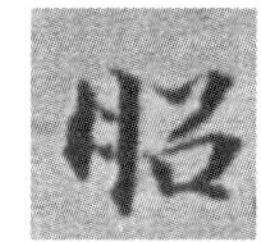
唐代·文選八八
9_68_12

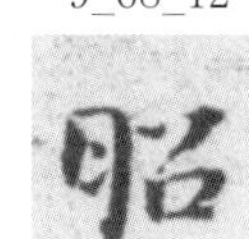
唐代·文選八八
11_91_11

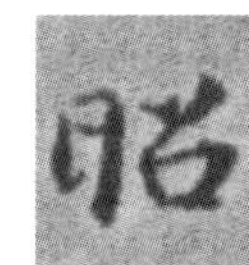
唐代·文選八八
12_97_19

唐代·文選八八
20_178_5

唐代·文選百三
5_46_17

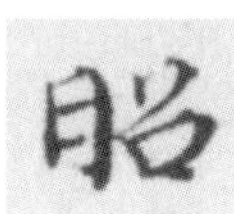
唐代·文選百三
16_152_1

唐代·文選百三
71_691_10

唐代·文選百三
72_696_28

唐代·古文選後
18_210_1

唐代·古文選後
18_211_11

唐代·古文選後
20_235_8

時 

呉ジ漢シ
訓とき

初唐·法華義疏
1_6_15

初唐·金剛場經
1_1_1

初唐·金剛場經
1_3_2

初唐·大般若經
1_3_2

唐代·春秋經傳
2_17_10

唐代·春秋經傳
28_286_2

唐代·春秋經傳
29_304_2

唐代·春秋經傳
35_369_25

唐代·春秋經傳
35_371_34

唐代·春秋經傳
36_378_6

唐代·春秋經傳
37_391_17

唐代·春秋經傳
38_401_16

唐代·文選四八
5_34_20

唐代·文選四八
6_43_16

唐代·文選四八
6_49_16

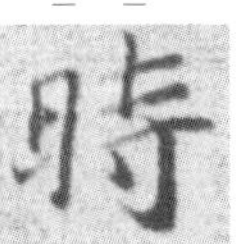
唐代·文選四八
7_56_11

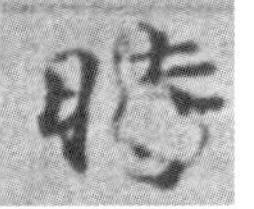
唐代·文選四八
11_97_15

唐代·文選四八
16_150_9

唐代·文選四八
20_177_25

唐代·文選四八
24_217_13

唐代·文選四八
25_227_44

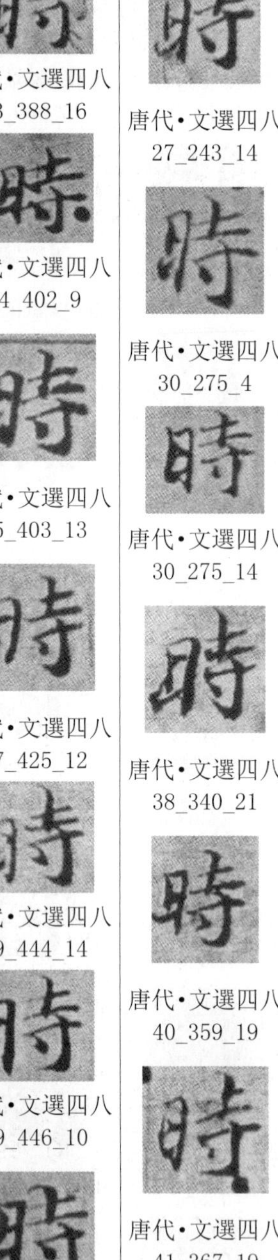

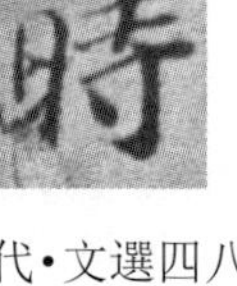

唐代·文選四八
27_243_14

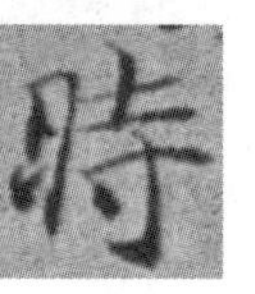

唐代·文選四八
30_275_4

唐代·文選四八
30_275_14

唐代·文選四八
38_340_21

唐代·文選四八
40_359_19

唐代·文選四八
41_367_19

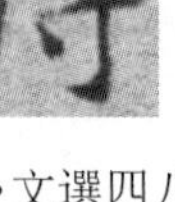

唐代·文選四八
43_385_20

唐代·文選四八
43_388_16

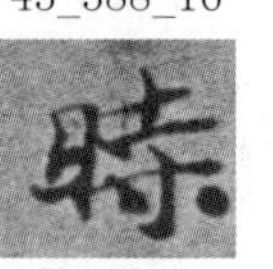

唐代·文選四八
44_402_9

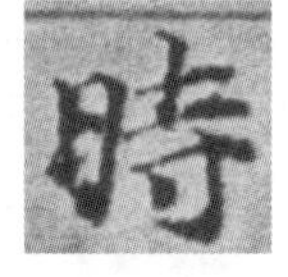

唐代·文選四八
45_403_13

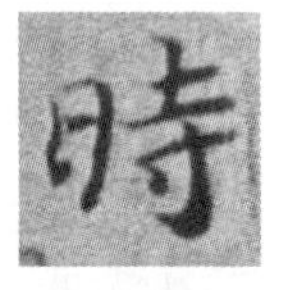

唐代·文選四八
47_425_12

唐代·文選四八
49_444_14

唐代·文選四八
49_446_10

唐代·文選四八
49_446_22

唐代·文選四八
50_451_5

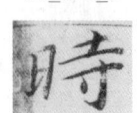

唐代·文選五九
1_9_1

唐代·文選五九
3_22_15

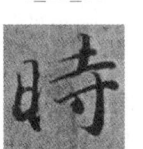

唐代·文選五九
4_37_8

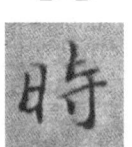

唐代·文選五九
4_38_20

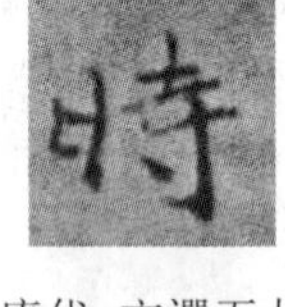

唐代·文選五九
5_39_12

唐代·文選五九
5_40_5

唐代·文選五九
7_69_9

唐代·文選五九
10_94_17

唐代·文選五九
10_96_10

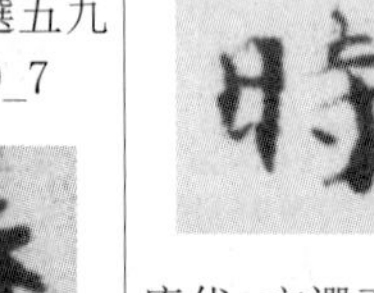

唐代·文選五九
10_97_25

唐代·文選五九
11_101_12

唐代·文選五九
12_114_10

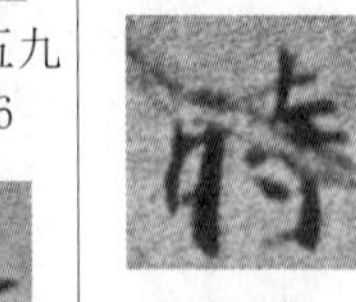

唐代·文選五九
13_120_24

唐代·文選五九
13_121_27

唐代·文選五九
15_151_23

唐代·文選五九
19_179_7

唐代·文選五九
21_207_4

唐代·文選五九
21_209_23

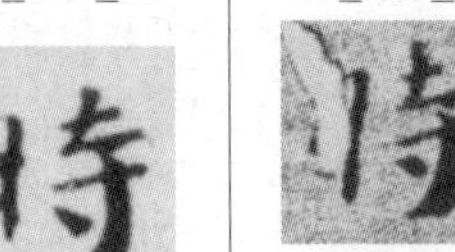

唐代·文選五九
23_224_16

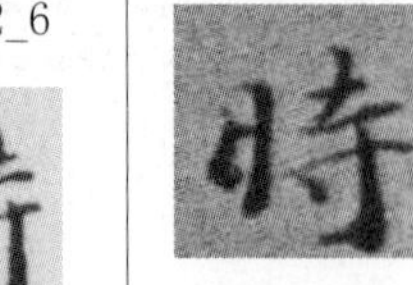

唐代·文選五九
25_245_15

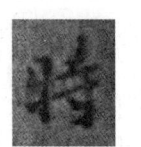

唐代·文選五九
26_257_14

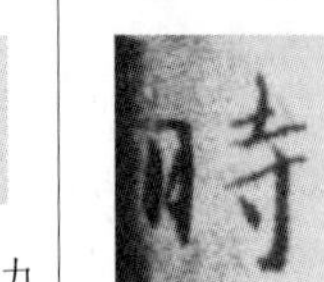

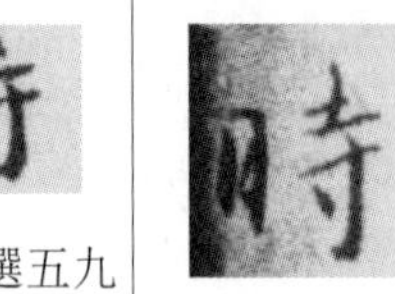

唐代·文選五九
27_268_25

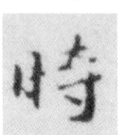

唐代·文選五九
28_273_22

唐代·文選五九
34_332_8

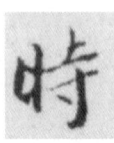

唐代·文選五九
34_334_10

唐代·文選五九
35_342_6

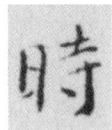

唐代·文選五九
35_351_2

唐代·文選五九
37_369_25

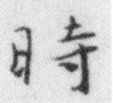

唐代·文選五九
38_378_9

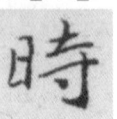

唐代·文選五九
39_385_5

唐代·文選五九
39_391_5

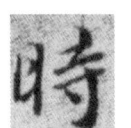

唐代·文選五九
45_438_22

唐代·文選五九
47_466_4

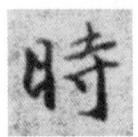

唐代·文選五九
49_490_17

唐代•文選五九
51_501_13

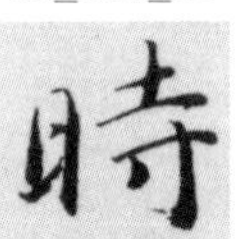
唐代•文選五九
51_504_19

唐代•文選五九
53_516_13

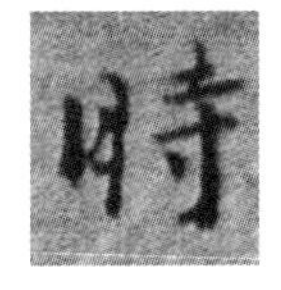
唐代•文選五九
53_516_27

唐代•文選五九
56_545_21

唐代•文選五九
59_572_1

唐代•文選五九
61_582_9

唐代•文選五九
61_585_15

唐代•文選五九
62_593_7

唐代•文選五九
64_623_12

唐代•文選五九
67_647_19

唐代•文選五九
73_700_1

唐代•文選五九
75_721_6

唐代•文選五九
75_721_14

唐代•文選五九
76_731_4

唐代•文選五九
76_732_11

唐代•文選五九
77_737_27

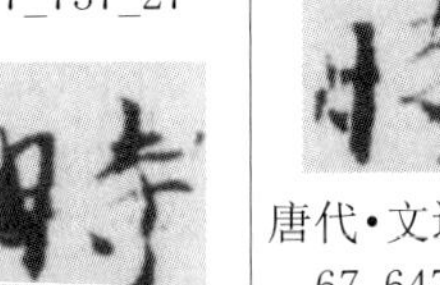
唐代•文選五九
78_755_15

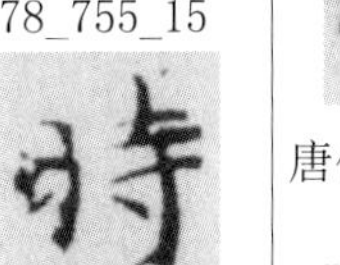
唐代•文選五九
78_755_20

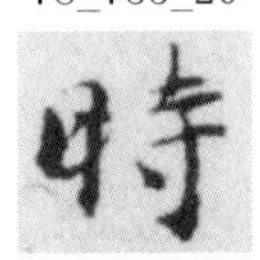
唐代•文選五九
80_766_20

唐代•文選五九
80_768_28

唐代•文選五九
82_783_22

唐代•文選五九
83_801_10

唐代•文選五九
87_834_9

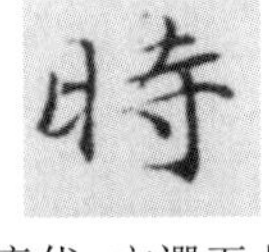
唐代•文選五九
90_868_17

唐代•文選五九
91_871_5

唐代•文選五九
94_902_9

唐代•文選五九
94_905_9

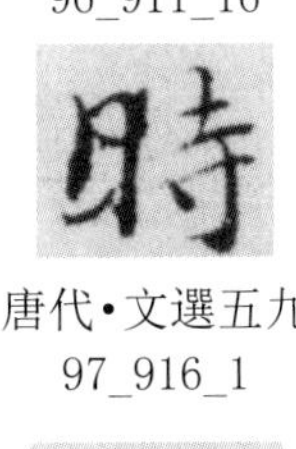
唐代•文選五九
96_911_16

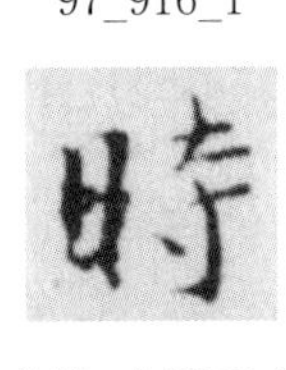
唐代•文選五九
97_916_1

唐代•文選五九
100_947_13

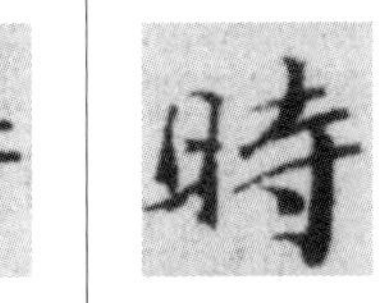
唐代•文選五九
101_952_2

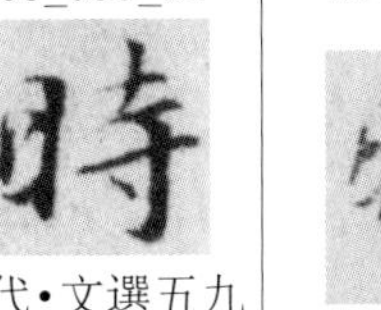
唐代•文選五九
101_952_6

唐代•文選五九
101_957_14

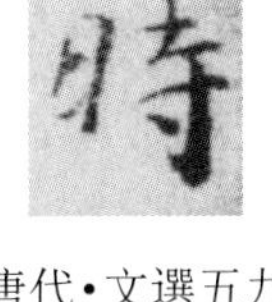
唐代•文選五九
103_972_13

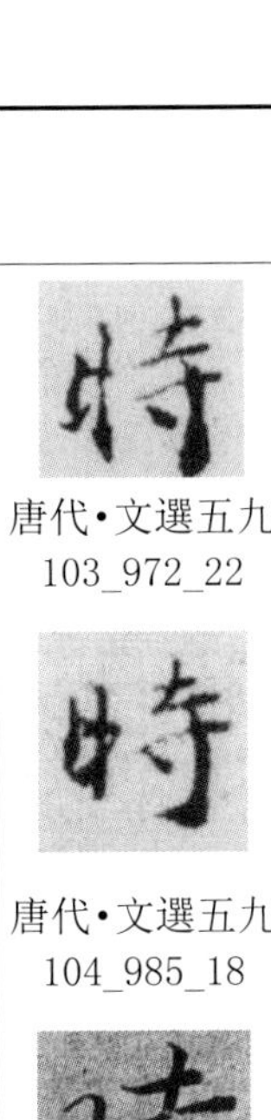
唐代•文選五九
103_972_22

唐代•文選五九
104_985_18

唐代•文選五九
105_988_11

唐代•文選五九
105_990_1

唐代•文選五九
105_999_31

唐代•文選五九
110_1040_10

唐代•文選五九
111_1046_8

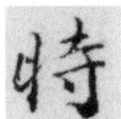

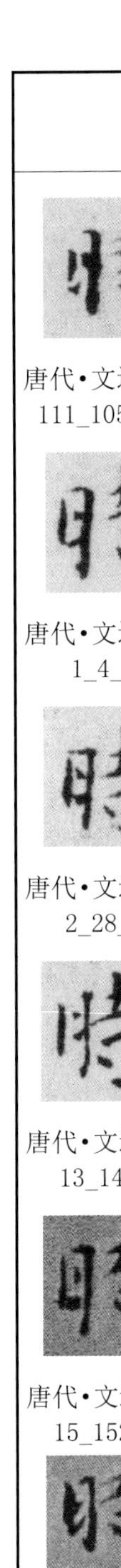
唐代•文選五九
111_1052_17

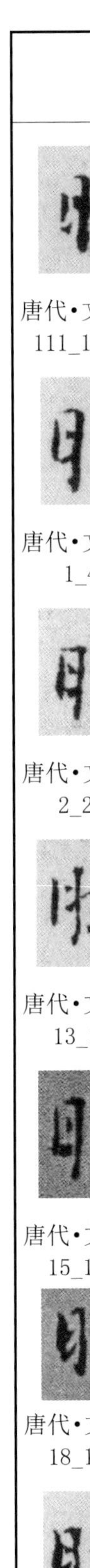
唐代•文選六八
1_4_19

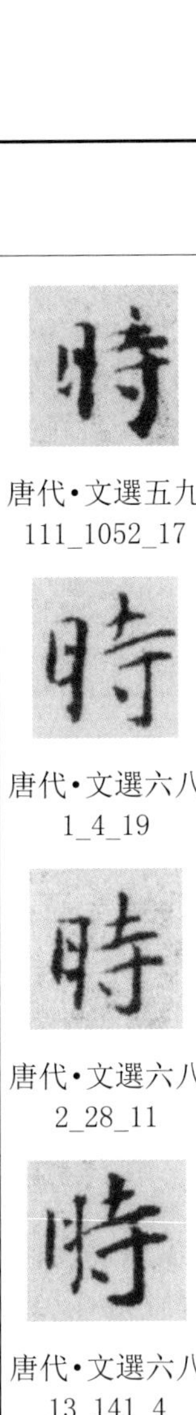
唐代•文選六八
2_28_11

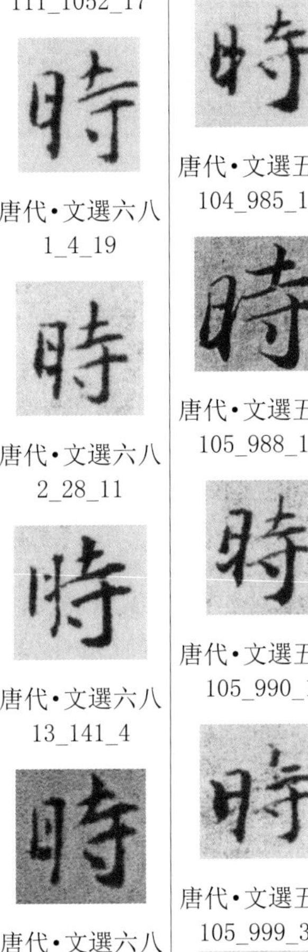
唐代•文選六八
13_141_4

唐代•文選六八
15_152_18

唐代•文選六八
18_185_17

唐代•文選六八
19_188_23

唐代•文選百三 19_178_2
唐代•文選百三 19_180_32
唐代•文選百三 19_189_5
唐代•文選百三 23_216_46
唐代•文選百三 23_219_17
唐代•文選百三 27_265_15
唐代•文選百三 35_344_28
唐代•文選百三 12_113_15
唐代•文選百三 13_116_5
唐代•文選百三 13_116_25
唐代•文選百三 13_116_41
唐代•文選百三 13_128_9
唐代•文選百三 14_134_47
唐代•文選百三 18_174_6
唐代•文選八八 11_95_9
唐代•文選八八 13_109_15
唐代•文選八八 13_110_4
唐代•文選八八 16_135_2
唐代•文選八八 23_201_25
唐代•文選百三 6_49_22
唐代•文選百三 10_93_18
唐代•文選六八 71_712_12
唐代•文選六八 73_724_14
唐代•文選八八 1_5_20
唐代•文選八八 5_28_22
唐代•文選八八 6_36_20
唐代•文選八八 9_75_4
唐代•文選八八 11_83_21
唐代•文選六八 64_643_5
唐代•文選六八 66_658_12
唐代•文選六八 66_658_27
唐代•文選六八 66_663_3
唐代•文選六八 69_683_5
唐代•文選六八 69_684_8
唐代•文選六八 71_705_17
唐代•文選六八 42_424_25
唐代•文選六八 50_501_17
唐代•文選六八 56_563_1
唐代•文選六八 60_603_4
唐代•文選六八 62_622_12
唐代•文選六八 64_640_6
唐代•文選六八 64_642_25
唐代•文選六八 19_193_20
唐代•文選六八 19_194_8
唐代•文選六八 19_199_15
唐代•文選六八 20_200_10
唐代•文選六八 20_202_18
唐代•文選六八 40_402_25
唐代•文選六八 42_424_7

唐代•文選百三 37_367_29

唐代•文選百三 38_383_12

唐代•文選百三 41_414_7

唐代•文選百三 41_416_11

唐代•文選百三 45_429_15

唐代•文選百三 49_467_15

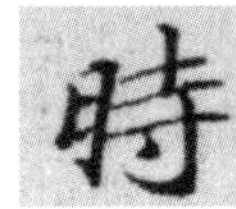
唐代•文選百三 51_491_9

唐代•文選百三 51_493_13

唐代•文選百三 51_493_20

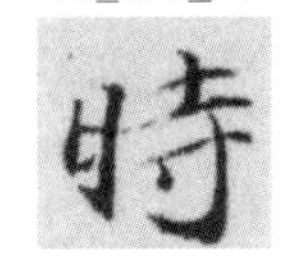
唐代•文選百三 55_524_26

唐代•文選百三 59_565_24

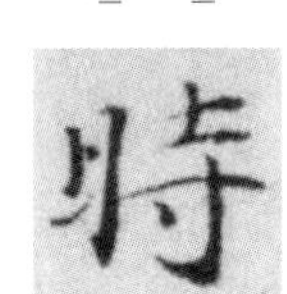
唐代•文選百三 65_625_13

唐代•文選百三 66_638_1

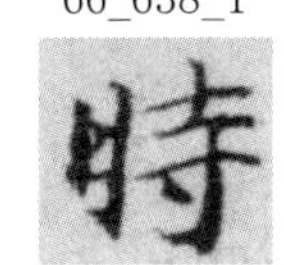
唐代•文選百三 81_772_24

唐代•文選百三 81_775_3

唐代•文選百三 81_777_3

唐代•古文選前 1_12_6

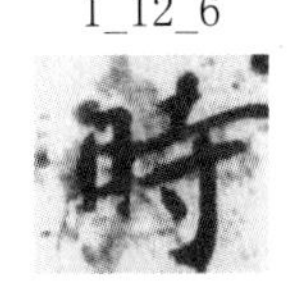
唐代•古文選前 5_56_13

唐代•古文選前 13_150_2

唐代•古文選前 13_157_1

唐代•古文選前 17_195_5

唐代•古文選前 17_205_14

唐代•古文選前 19_219_13

唐代•古文選前 19_228_8

唐代•古文選前 23_269_3

唐代•古文選前 23_272_13

唐代•古文選前 26_305_4

唐代•古文選後 1_1_5

唐代•古文選後 1_4_13

唐代•古文選後 1_9_15

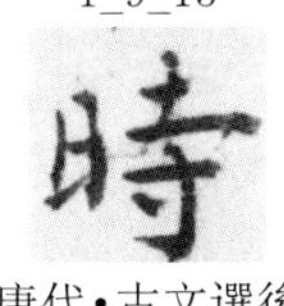
唐代•古文選後 1_12_11

唐代•古文選後 4_45_3

唐代•古文選後 8_89_16

唐代•古文選後 11_125_3

唐代•古文選後 14_168_8

唐代•古文選後 15_170_13

唐代•古文選後 16_183_31

唐代•古文選後 16_185_9

唐代•古文選後 17_195_11

唐代•古文選後 19_224_15

唐代•古文選後 21_244_35

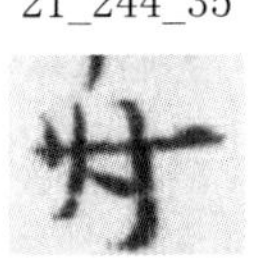
唐代•古文選後 21_244_72

唐代•古文選後 22_260_21

唐代•古文選後 23_267_2

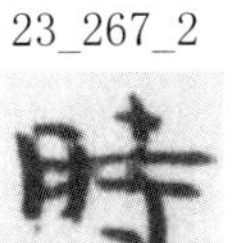
唐代•古文選後 24_281_58

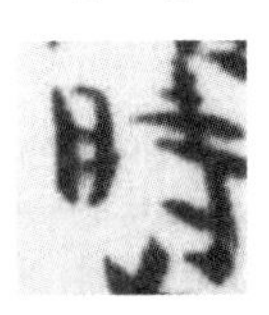
唐代•古文選後 25_292_49

唐代•古文選後 27_313_6

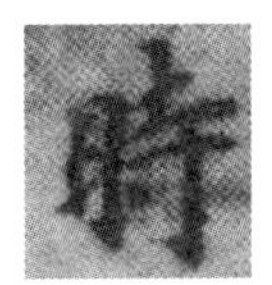
唐代•十輪經四 1_10_2

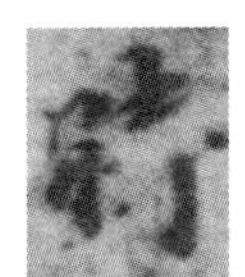
唐代•十輪經四 4_61_10

唐代·十輪經八
13_258_16
唐代·十輪經八
13_260_1
唐代·十輪經八
15_296_15
唐代·十輪經八
15_298_1
唐代·十輪經八
17_334_15
唐代·十輪經八
17_335_17
唐代·十輪經八
19_372_15
唐代·十輪經八
19_374_1
唐代·十輪經八
21_410_7
唐代·十輪經八
21_411_10
唐代·十輪經九
1_10_3
唐代·十輪經九
1_11_6
唐代·十輪經九
3_48_7
唐代·十輪經九
3_49_10
唐代·十輪經九
6_119_12
唐代·十輪經九
8_154_9
唐代·十輪經九
9_178_16
唐代·十輪經九
10_195_7
唐代·十輪經九
11_212_7
唐代·十輪經九
12_221_15
唐代·十輪經九
12_222_15
唐代·十輪經九
12_231_14
唐代·十輪經九
12_235_15
唐代·十輪經九
14_266_1
唐代·十輪經九
15_289_5
唐代·十輪經九
15_294_9
唐代·十輪經九
17_323_14
唐代·十輪經九
17_324_16
唐代·十輪經九
18_359_15
唐代·十輪經九
21_417_9
唐代·十輪經十
2_23_11
唐代·十輪經十
7_122_16
唐代·十輪經十
8_157_15
唐代·十輪經十
10_193_4
唐代·十輪經十
12_240_7
唐代·十輪經十
13_248_15
唐代·十輪經十
13_258_9
唐代·十輪經十
15_286_4
唐代·十輪經十
15_294_3
唐代·十輪經十
17_323_16
唐代·十輪經十
17_333_8
唐代·十輪經十
18_360_3
唐代·十輪經十
19_371_10
唐代·十輪經十
19_372_7
唐代·十輪經十
19_373_6
唐代·十輪經十
19_377_12
唐代·十輪經十
20_382_1

晉

シン

訓すすむ

唐代•春秋經傳 1_5_4

唐代•春秋經傳 2_8_8

唐代•春秋經傳 2_9_18

唐代•春秋經傳 2_10_4

唐代•春秋經傳 2_12_15

唐代•春秋經傳 2_12_22

唐代•春秋經傳 2_18_24

唐代•春秋經傳 3_23_23

唐代•春秋經傳 3_24_19

唐代•春秋經傳 3_25_8

唐代•春秋經傳 3_25_16

唐代•春秋經傳 3_27_15

唐代•春秋經傳 3_29_5

唐代•春秋經傳 3_29_14

唐代•春秋經傳 4_31_7

唐代•春秋經傳 4_31_27

唐代•春秋經傳 4_32_2

唐代•春秋經傳 4_32_8

唐代•春秋經傳 4_32_12

唐代•春秋經傳 4_34_10

唐代•春秋經傳 4_36_4

唐代•春秋經傳 4_41_1

唐代•春秋經傳 4_41_3

唐代•春秋經傳 4_42_4

唐代•春秋經傳 5_43_6

唐代•春秋經傳 7_65_19

唐代•春秋經傳 7_66_12

唐代•春秋經傳 7_66_18

唐代•春秋經傳 7_67_15

唐代•春秋經傳 7_69_16

唐代•春秋經傳 7_72_16

唐代•春秋經傳 9_86_14

唐代•春秋經傳 9_91_6

唐代•春秋經傳 10_97_20

唐代•春秋經傳 10_105_22

唐代•春秋經傳 11_114_4

唐代•春秋經傳 11_116_10

唐代•春秋經傳 13_136_16

唐代•春秋經傳 13_136_26

唐代•春秋經傳 15_155_10

唐代•春秋經傳 17_173_17

唐代•春秋經傳 17_179_14

唐代•春秋經傳 24_252_5

唐代•春秋經傳 24_252_8

唐代•春秋經傳 24_252_19

唐代•春秋經傳 24_253_5

唐代•春秋經傳 25_254_12

唐代•春秋經傳 25_255_16

唐代•春秋經傳 25_256_11

唐代•春秋經傳 25_259_5

唐代•春秋經傳 26_269_21

唐代•春秋經傳 26_271_16

唐代•春秋經傳 27_275_2

唐代•春秋經傳 27_275_15

唐代•春秋經傳 27_276_1

唐代•春秋經傳 27_278_11
唐代•春秋經傳 27_279_4
唐代•春秋經傳 28_289_1
唐代•春秋經傳 28_294_8
唐代•春秋經傳 28_294_12
唐代•春秋經傳 28_295_5
唐代•春秋經傳 29_299_14
唐代•春秋經傳 29_304_6
唐代•春秋經傳 29_305_2
唐代•春秋經傳 30_308_20
唐代•春秋經傳 30_309_10
唐代•春秋經傳 30_310_4
唐代•春秋經傳 30_312_10
唐代•春秋經傳 31_318_17
唐代•春秋經傳 31_319_19
唐代•春秋經傳 31_328_4
唐代•春秋經傳 32_330_5
唐代•春秋經傳 32_330_16
唐代•春秋經傳 32_337_19
唐代•春秋經傳 34_355_10
唐代•春秋經傳 34_360_18
唐代•春秋經傳 35_367_8
唐代•春秋經傳 35_367_15
唐代•春秋經傳 35_371_41
唐代•春秋經傳 36_373_15
唐代•春秋經傳 36_374_12
唐代•春秋經傳 36_376_3
唐代•春秋經傳 36_382_20
唐代•春秋經傳 37_383_14
唐代•春秋經傳 37_391_6
唐代•春秋經傳 39_406_16
唐代•春秋經傳 39_407_25
唐代•文選四八 4_22_19
唐代•文選四八 9_75_25
唐代•文選四八 12_100_10
唐代•文選四八 12_105_23
唐代•文選四八 12_108_10
唐代•文選四八 20_183_2
唐代•文選四八 20_185_6
唐代•文選四八 20_185_22
唐代•文選四八 20_186_23
唐代•文選四八 21_189_1
唐代•文選四八 21_190_22
唐代•文選四八 22_196_5
唐代•文選四八 23_210_10
唐代•文選四八 24_214_8
唐代•文選四八 25_225_20
唐代•文選四八 34_303_14
唐代•文選四八 34_310_15
唐代•文選五九 11_107_12
唐代•文選五九 21_204_17
唐代•文選五九 21_211_17
唐代•文選五九 29_287_7
唐代•文選五九 66_637_7
唐代•文選五九 66_641_9
唐代•文選五九 68_649_7

唐代·文選五九 77_741_21
唐代·文選五九 82_785_16
唐代·文選五九 82_795_18
唐代·文選五九 87_832_5
唐代·文選五九 88_842_2
唐代·文選五九 90_867_12
唐代·文選五九 90_868_16

唐代·文選五九 90_869_10
唐代·文選五九 91_870_20
唐代·文選五九 92_876_1
唐代·文選五九 111_1059_23
唐代·文選六八 27_273_10
唐代·文選六八 27_273_17
唐代·文選六八 27_278_15
唐代·文選六八 67_664_14

唐代·文選百三 1_3_16
唐代·文選百三 2_13_4
唐代·文選百三 3_17_2
唐代·文選百三 3_20_13
唐代·文選百三 6_51_10
唐代·文選百三 6_52_17
唐代·文選百三 6_53_25
唐代·文選百三 13_119_17

唐代·文選百三 19_178_15
唐代·文選百三 19_179_37
唐代·文選百三 23_227_14
唐代·文選百三 24_230_11
唐代·文選百三 24_234_10
唐代·文選百三 25_240_18
唐代·文選百三 25_241_12
唐代·文選百三 25_245_11

唐代·文選百三 25_250_20
唐代·文選百三 27_259_5
唐代·文選百三 27_261_10
唐代·文選百三 27_263_26
唐代·文選百三 29_281_12
唐代·文選百三 31_301_1
唐代·文選百三 34_335_15
唐代·文選百三 35_352_11

唐代·文選百三 35_354_20
唐代·文選百三 35_355_20
唐代·文選百三 36_359_10
唐代·文選百三 38_377_16
唐代·文選百三 38_381_18
唐代·文選百三 48_465_7
唐代·文選百三 53_507_11
唐代·文選百三 61_587_12

唐代·文選百三 61_587_15
唐代·文選百三 61_589_26
唐代·文選百三 73_708_10
唐代·文選百三 74_714_8
唐代·文選百三 76_729_5
唐代·文選百三 76_730_6
唐代·文選百三 76_731_13
唐代·文選百三 76_732_13

唐代・文選百三 77_733_7
唐代・文選百三 83_796_12
唐代・文選百三 86_821_5
唐代・古文選前 19_225_6
唐代・古文選後 4_44_14
唐代・古文選後 4_45_4
唐代・古文選後 6_61_1
唐代・古文選後 11_125_6

唐代・古文選後 12_133_20
唐代・古文選後 12_135_6
唐代・古文選後 13_150_2
唐代・古文選後 13_150_55
唐代・古文選後 13_150_83
唐代・古文選後 13_155_2
唐代・古文選後 16_183_30
唐代・古文選後 24_284_5

晏

漢アン
訓はれ

唐代・文選四八 11_98_17
唐代・文選四八 26_234_7
唐代・文選四八 26_235_4
唐代・文選五九 53_522_18
唐代・文選五九 59_565_20
唐代・文選五九 75_723_21
唐代・文選六八 15_150_28
唐代・文選六八 15_157_12

唐代・文選八八 10_79_7
唐代・文選八八 10_79_13
唐代・文選百三 12_111_5
唐代・文選百三 16_152_13
唐代・文選百三 16_152_33
唐代・文選百三 53_510_6
唐代・古文選後 4_39_9
唐代・古文選後 6_62_8

書

ショ
訓かく

中唐・風信帖 1_1_4
中唐・風信帖 3_16_4
中唐・風信帖 3_18_3
晚唐・慶滋書狀 1_7_4
晚唐・慶滋書狀 1_12_3
唐代・春秋經傳 1_4_14
唐代・春秋經傳 4_40_31

唐代・春秋經傳 5_46_19
唐代・春秋經傳 10_106_10
唐代・春秋經傳 11_110_8
唐代・春秋經傳 18_186_1
唐代・春秋經傳 19_199_14
唐代・春秋經傳 19_200_24
唐代・春秋經傳 20_203_8

唐代・春秋經傳 20_203_26
唐代・春秋經傳 20_204_16
唐代・春秋經傳 23_242_14
唐代・春秋經傳 24_243_6
唐代・春秋經傳 24_246_14
唐代・春秋經傳 24_247_23
唐代・春秋經傳 24_248_10

唐代•春秋經傳
24_249_25

唐代•春秋經傳
25_258_2

唐代•春秋經傳
25_258_8

唐代•春秋經傳
25_260_8

唐代•春秋經傳
26_269_5

唐代•春秋經傳
26_269_9

唐代•春秋經傳
27_280_15

唐代•春秋經傳
27_282_15

唐代•春秋經傳
28_285_13

唐代•春秋經傳
28_286_17

唐代•春秋經傳
29_304_1

唐代•春秋經傳
30_310_16

唐代•春秋經傳
30_314_2

唐代•春秋經傳
30_315_20

唐代•春秋經傳
31_319_7

唐代•春秋經傳
32_333_5

唐代•春秋經傳
33_345_19

唐代•春秋經傳
33_346_22

唐代•春秋經傳
34_351_19

唐代•春秋經傳
35_370_5

唐代•春秋經傳
38_403_20

唐代•春秋經傳
38_404_12

唐代•文選四八
4_24_19

唐代•文選四八
5_40_3

唐代•文選四八
6_48_8

唐代•文選四八
7_58_4

唐代•文選四八
8_67_3

唐代•文選四八
11_99_3

唐代•文選四八
12_110_25

唐代•文選四八
13_115_14

唐代•文選四八
14_121_14

唐代•文選四八
14_126_19

唐代•文選四八
15_135_6

唐代•文選四八
16_139_8

唐代•文選四八
17_154_11

唐代•文選四八
18_158_16

唐代•文選四八
18_158_25

唐代•文選四八
19_168_4

唐代•文選四八
19_171_11

唐代•文選四八
20_175_18

唐代•文選四八
20_176_2

唐代•文選四八
20_181_17

唐代•文選四八
21_189_9

唐代•文選四八
21_193_19

唐代•文選四八
22_200_8

唐代•文選四八
23_206_18

唐代•文選四八
23_206_28

唐代•文選四八
23_207_7

唐代•文選四八
23_210_11

唐代•文選五九
21_204_5

唐代•文選五九
21_204_27

唐代•文選五九
21_205_17

唐代•文選五九
21_209_29

唐代•文選五九
29_284_29

唐代•文選五九
29_287_8

唐代•文選五九
29_292_13

唐代•文選五九
33_320_23

唐代•文選五九
33_323_16

唐代•文選五九
33_323_19

唐代•文選五九
34_338_5

唐代•文選五九
35_340_15

唐代•文選五九
35_342_10

唐代•文選五九
35_344_9

唐代•文選五九
35_344_26

唐代•文選五九
41_406_14

唐代•文選五九
41_409_10

唐代•文選五九
41_411_21

唐代•文選五九
42_412_12

唐代•文選五九
42_414_23

唐代•文選五九
42_415_16

唐代•文選五九
43_418_22

唐代•文選五九
43_421_23

唐代•文選五九
43_427_17

唐代•文選五九
45_449_22

唐代•文選五九
46_453_8

唐代•文選五九
46_454_18

唐代•文選五九
46_457_9

唐代•文選五九
46_457_13

唐代•文選五九
47_458_11

唐代•文選五九
47_465_9

唐代•文選五九
48_477_10

唐代•文選五九
49_481_5

唐代•文選五九
49_484_6

唐代•文選五九
51_503_6

唐代•文選五九
53_522_1

唐代•文選五九
56_540_4

唐代•文選五九
56_540_16

唐代•文選五九
56_541_3

唐代•文選五九
56_542_11

唐代•文選五九
56_544_19

唐代•文選五九
56_546_1

唐代•文選五九
57_552_14

唐代•文選五九
57_552_20

唐代•文選五九
57_553_24

唐代•文選五九
57_554_18

唐代•文選五九
57_555_17

唐代•文選五九
58_560_1

唐代•文選五九
59_565_5

唐代•文選五九 99_936_3
唐代•文選五九 99_937_7
唐代•文選五九 103_967_9
唐代•文選五九 103_969_6
唐代•文選五九 103_972_3
唐代•文選五九 104_982_6
唐代•文選五九 104_982_29
唐代•文選五九 104_985_2
唐代•文選五九 104_986_28
唐代•文選五九 107_1010_6
唐代•文選五九 109_1026_10
唐代•文選五九 109_1034_10
唐代•文選五九 110_1043_11
唐代•文選五九 111_1048_8
唐代•文選五九 112_1063_4
唐代•文選六八 5_52_8
唐代•文選六八 7_72_19
唐代•文選六八 9_90_13
唐代•文選六八 11_116_20
唐代•文選六八 13_129_10
唐代•文選六八 17_179_21
唐代•文選六八 17_180_3
唐代•文選六八 19_194_15
唐代•文選六八 21_206_1
唐代•文選六八 21_218_7
唐代•文選六八 22_220_30
唐代•文選六八 22_221_15
唐代•文選六八 25_257_14
唐代•文選六八 25_258_10
唐代•文選六八 25_259_5
唐代•文選六八 26_262_9
唐代•文選六八 32_319_23
唐代•文選六八 35_346_9
唐代•文選六八 36_363_17
唐代•文選六八 39_398_3
唐代•文選六八 49_485_11
唐代•文選六八 51_510_27
唐代•文選六八 53_527_12
唐代•文選六八 60_601_3
唐代•文選六八 60_601_23
唐代•文選六八 63_629_15
唐代•文選六八 63_635_23
唐代•文選六八 64_640_1
唐代•文選六八 65_652_13
唐代•文選六八 66_661_13
唐代•文選六八 67_673_26
唐代•文選六八 67_676_10
唐代•文選六八 68_679_8
唐代•文選六八 69_694_8

唐代•文選百三 11_105_10	唐代•文選百三 7_67_8	唐代•文選百三 5_45_8	唐代•文選百三 4_34_23	唐代•文選百三 3_17_3	唐代•文選八八 21_180_7	唐代•文選六八 70_697_15
唐代•文選百三 11_106_25	唐代•文選百三 9_76_10	唐代•文選百三 6_49_29	唐代•文選百三 5_38_9	唐代•文選百三 3_17_24	唐代•文選八八 21_192_20	唐代•文選六八 70_700_20
唐代•文選百三 11_108_4	唐代•文選百三 9_81_26	唐代•文選百三 6_51_11	唐代•文選百三 5_39_18	唐代•文選百三 3_17_34	唐代•文選八八 23_204_32	唐代•文選六八 71_706_7
唐代•文選百三 13_115_28	唐代•文選百三 9_81_31	唐代•文選百三 6_52_18	唐代•文選百三 5_40_1	唐代•文選百三 3_20_1	唐代•文選百三 1_3_17	唐代•文選八八 9_74_25
唐代•文選百三 13_119_18	唐代•文選百三 10_92_34	唐代•文選百三 6_53_26	唐代•文選百三 5_43_4	唐代•文選百三 3_20_14	唐代•文選百三 1_7_6	唐代•文選八八 10_82_15
唐代•文選百三 13_122_11	唐代•文選百三 11_96_2	唐代•文選百三 6_54_1	唐代•文選百三 5_43_26	唐代•文選百三 3_20_21	唐代•文選百三 2_13_5	唐代•文選八八 10_82_25
唐代•文選百三 13_126_13	唐代•文選百三 11_98_4	唐代•文選百三 6_54_15	唐代•文選百三 5_44_1	唐代•文選百三 4_33_11	唐代•文選百三 3_16_5	唐代•文選八八 19_165_3

唐代·文選百三 47_449_12
唐代·文選百三 47_455_12
唐代·文選百三 47_459_25
唐代·文選百三 48_460_28
唐代·文選百三 48_463_18
唐代·文選百三 49_468_23
唐代·文選百三 49_473_27

唐代·文選百三 49_473_32
唐代·文選百三 49_477_4
唐代·文選百三 53_509_18
唐代·文選百三 54_521_7
唐代·文選百三 55_531_11
唐代·文選百三 56_542_30
唐代·文選百三 57_551_1

唐代·文選百三 61_591_22
唐代·文選百三 63_604_2
唐代·文選百三 64_618_5
唐代·文選百三 65_621_14
唐代·文選百三 65_623_25
唐代·文選百三 65_632_1
唐代·文選百三 67_642_14

唐代·文選百三 67_651_19
唐代·文選百三 69_664_9
唐代·文選百三 71_682_28
唐代·文選百三 72_696_15
唐代·文選百三 73_707_15
唐代·文選百三 75_719_5
唐代·文選百三 79_755_22

唐代·文選百三 81_771_15
唐代·文選百三 81_772_11
唐代·文選百三 82_780_11
唐代·文選百三 82_782_13
唐代·文選百三 82_783_18
唐代·文選百三 83_786_1
唐代·文選百三 83_787_11

唐代·文選百三 83_792_18
唐代·文選百三 84_800_14
唐代·文選百三 84_803_13
唐代·文選百三 87_829_4
唐代·古文選前 20_239_17
唐代·古文選前 26_309_11
唐代·古文選後 11_119_25

唐代·古文選後 12_133_21
唐代·古文選後 16_183_48
唐代·古文選後 19_228_2
唐代·古文選後 25_299_1
唐代·古文選後 26_311_12
唐代·十輪經四 1_22_15
唐代·十輪經十 1_9_3

曹 𣍘	晤 晤
漢ソウ呉ゾウ 訓つかさ	ゴ 訓あきらか

唐代•十輪經十 1_12_9
唐代•十輪經十 1_14_7
唐代•十輪經十 1_16_5
唐代•十輪經十 2_24_1
唐代•十輪經十 4_70_6

晤

唐代•文選四八 40_363_7
唐代•文選四八 40_364_7
唐代•文選四八 40_364_12
唐代•文選四八 40_364_24
唐代•文選四八 40_364_29

曹

唐代•春秋經傳 2_9_15
唐代•春秋經傳 3_23_17
唐代•春秋經傳 13_130_11
唐代•春秋經傳 15_159_5
唐代•春秋經傳 15_159_12
唐代•春秋經傳 26_270_5
唐代•春秋經傳 30_309_5

唐代•文選四八 2_9_14
唐代•文選四八 4_30_16
唐代•文選四八 5_37_7
唐代•文選四八 9_74_15
唐代•文選四八 9_76_9
唐代•文選四八 18_163_10
唐代•文選四八 19_171_23

唐代•文選四八 20_176_26
唐代•文選四八 30_268_19
唐代•文選四八 40_360_8
唐代•文選五九 1_3_4
唐代•文選五九 9_81_13
唐代•文選五九 16_155_8
唐代•文選五九 17_167_9

曹子建 唐代•文選五九 27_259_4
唐代•文選五九 31_299_4
唐代•文選五九 37_372_13
唐代•文選五九 43_430_13
唐代•文選五九 52_511_3
唐代•文選五九 64_617_5
唐代•文選五九 64_623_8

唐代•文選五九 80_765_10
唐代•文選五九 94_903_5
唐代•文選五九 96_910_4
唐代•文選五九 96_910_17
唐代•文選五九 96_911_14
唐代•文選五九 101_954_20
唐代•文選五九 104_985_29

曼	晦		晨	晡		
漢バン 呉マン 訓ひく	漢カイ 訓みそか		漢シン 訓あした	漢ホ 訓ひぐれ		
 曼殊薩 中唐・金剛經題 1_3_2  唐代・文選五九 77_736_3  唐代・文選五九 77_736_9  唐代・文選五九 77_738_22  唐代・文選五九 85_814_9  唐代・文選五九 85_817_7	 唐代・文選五九 27_266_12  唐代・文選五九 27_267_16	 唐代・古文選前 16_183_3  唐代・古文選前 16_185_7  唐代・古文選前 16_191_4  唐代・古文選前 16_194_11  唐代・古文選後 16_186_8  唐代・古文選後 23_274_1  唐代・古文選後 25_295_4	 唐代・春秋經傳 9_87_1  唐代・文選四八 7_55_14  唐代・文選五九 19_181_14  唐代・文選五九 103_980_27  唐代・文選六八 68_681_11  唐代・文選六八 69_686_20  唐代・文選六八 69_688_3	 唐代・古文選前 2_21_9	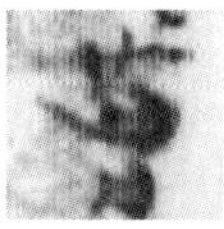 唐代・古文選前 11_133_17  唐代・古文選後 3_29_29 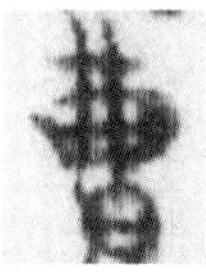 唐代・古文選後 8_89_13  唐代・古文選後 22_260_9	 唐代・文選六八 2_15_3  唐代・文選六八 2_24_1  唐代・文選六八 24_241_6  唐代・文選百三 9_87_5  唐代・文選百三 13_126_5  唐代・古文選前 11_133_10  唐代・古文選前 25_297_18

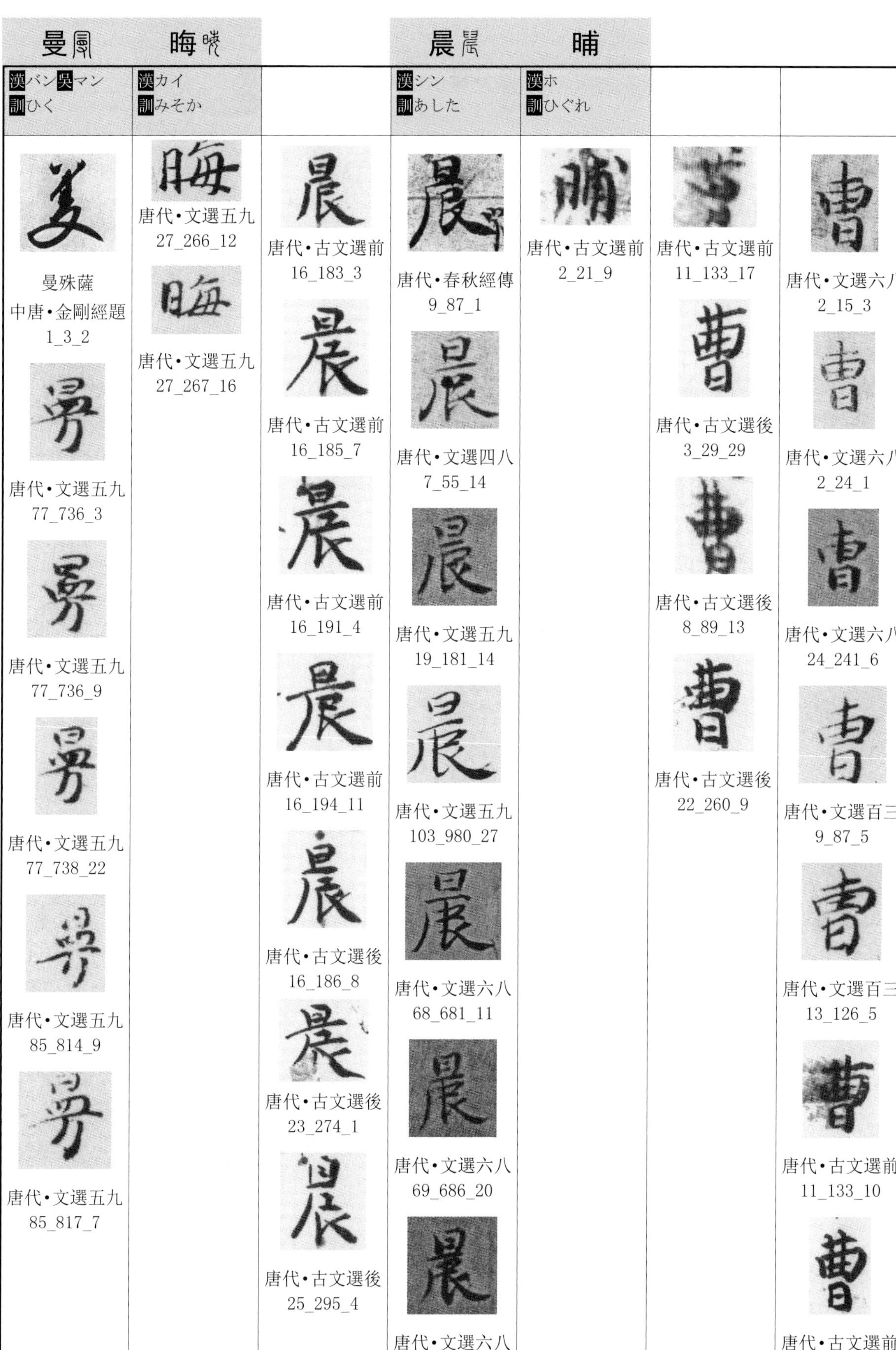

晝			冕		晚	
漢チュウ 訓ひる			漢ベン呉メン 訓かんむり		漢バン 訓くれ	

唐代・文選五九
7_60_29

唐代・文選五九
9_80_22

唐代・文選五九
27_263_24

唐代・文選五九
104_982_8

唐代・文選六八
8_81_25

唐代・文選百三
38_378_16

唐代・文選百三
38_382_9

唐代・古文選後
13_145_11

唐代・古文選後
2_17_12

唐代・文選五九
81_781_5

唐代・文選六八
24_243_10

唐代・文選六八
24_244_10

唐代・文選六八
24_244_24

唐代・文選六八
24_245_19

唐代・文選六八
25_246_20

唐代・文選六八
29_299_3

唐代・文選百三
81_772_13

唐代・文選四八
25_224_11

唐代・文選四八
25_226_27

唐代・文選四八
26_228_4

唐代・文選五九
60_580_20

唐代・文選五九
80_774_20

唐代・文選五九
80_776_6

唐代・文選五九
81_781_16

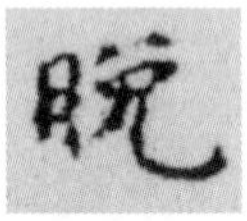
唐代・文選五九
104_983_15

唐代・文選五九
7_59_12

唐代・文選五九
7_59_15

唐代・文選五九
7_64_7

唐代・文選五九
11_103_20

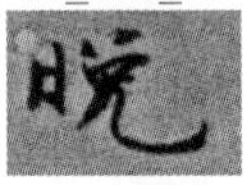
唐代・文選五九
25_251_26

唐代・文選五九
39_387_13

唐代・文選五九
39_390_30

唐代・文選五九
39_391_22

唐代・文選五九
104_981_5

唐代・文選五九
86_824_30

唐代・春秋經傳
25_261_19

唐代•文選百三
36_360_15

唐代•古文選後
8_91_1

暑

ジョ
訓あつい

唐代•春秋經傳
22_226_8

唐代•文選百三
22_210_10

唐代•文選百三
22_211_21

唐代•文選百三
22_211_23

唐代•文選百三
22_212_2

唐代•文選百三
36_359_3

唐代•古文選前
23_274_14

睹

漢ショ呉ジョ
訓あけもの

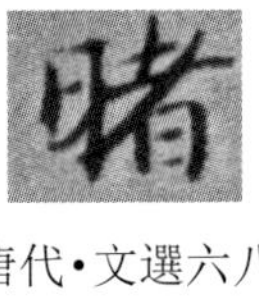
唐代•文選六八
18_184_1

唐代•文選百三
17_155_21

唐代•古文選後
11_121_6

替

呉タイ漢テイ
訓やめる

唐代•春秋經傳
2_16_18

唐代•文選八八
22_193_28

唐代•文選百三
15_147_10

唐代•文選百三
16_149_14

唐代•文選百三
16_150_4

唐代•文選百三
16_154_15

唐代•文選百三
17_155_9

晴

漢セイ
訓はれる

唐代•文選五九
14_135_13

唐代•文選五九
90_857_5

唐代•文選百三
81_769_8

唐代•文選百三
81_770_15

唐代•文選百三
38_381_32

唐代•文選百三
81_771_26

唐代•古文選前
25_299_4

唐代•十輪經四
21_419_10

唐代•十輪經十
18_357_4

		智	晢			最
		チ 訓ちえ	漢セキ呉シャク 訓あきれる			サイ 訓もっとも
 唐代・文選百三 56_535_15	 唐代・文選六八 4_37_15	 中唐・七祖像贊 1_8_3	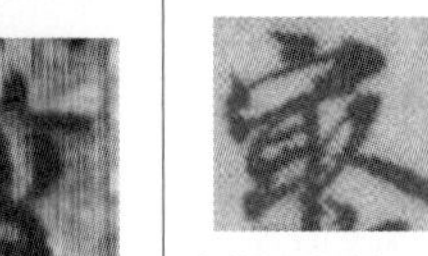 唐代・古文選前 15_179_23	 唐代・十輪經十 10_184_16	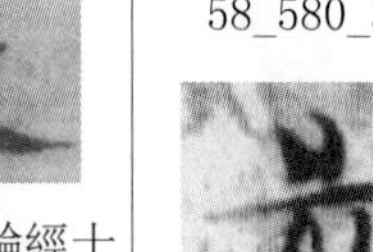 唐代・文選六八 58_580_3	 中唐・七祖像贊 1_1_3
 唐代・文選百三 61_587_2	 唐代・文選八八 20_175_19	 唐代・文選四八 50_449_8		 唐代・十輪經十 3_52_6	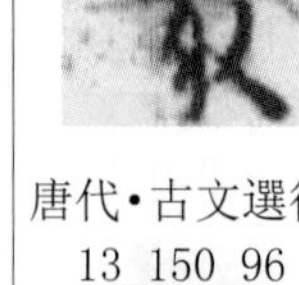 唐代・古文選後 13_150_96	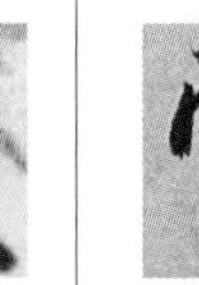 中唐・灌頂歷名 1_3_2
 唐代・文選百三 61_588_17	 唐代・文選百三 33_327_25	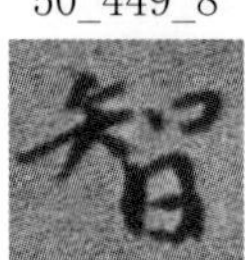 唐代・文選五九 19_184_21		 唐代・十輪經十 15_282_15	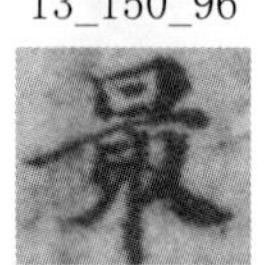 唐代・十輪經四 2_33_9	 唐代・春秋經傳 37_383_19
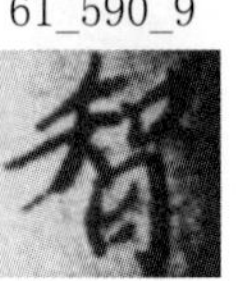 唐代・文選百三 61_590_9	 唐代・文選百三 34_340_15	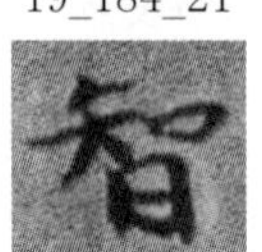 唐代・文選五九 19_185_8		 唐代・十輪經十 18_344_16	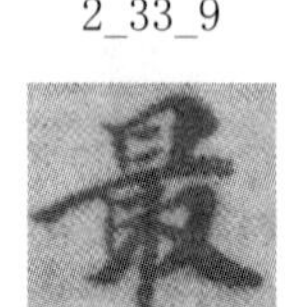 唐代・十輪經四 17_329_13	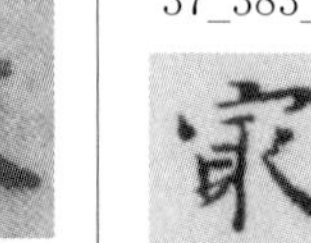 唐代・文選五九 27_268_3
 唐代・文選百三 61_590_12	 唐代・文選百三 45_432_8	 唐代・文選五九 40_393_20			 唐代・十輪經四 19_363_13	 唐代・文選五九 78_755_29
 唐代・文選百三 61_591_4	 唐代・文選百三 49_471_13	 唐代・文選五九 41_406_5			 唐代・十輪經九 7_139_23	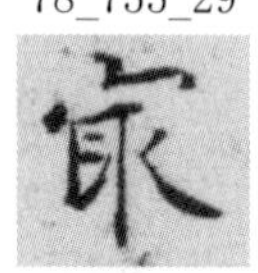 唐代・文選五九 79_762_1
 唐代・文選百三 61_591_10	 唐代・文選百三 51_495_4	 唐代・文選五九 41_407_1			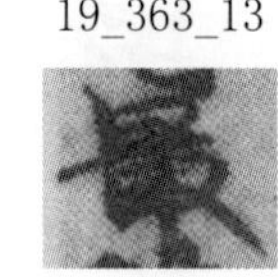 唐代・十輪經九 8_143_23	 唐代・文選五九 79_762_34
唐代・文選百三 61_592_14	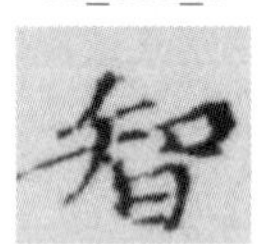 唐代・文選百三 51_495_19	 唐代・文選五九 41_407_27				

唐代•文選百三 61_592_34
唐代•古文選前 26_304_15
唐代•古文選後 1_11_17
唐代•古文選後 19_227_10
唐代•古文選後 21_243_1
唐代•十輪經四 10_184_1
唐代•十輪經四 11_200_12
唐代•十輪經四 11_210_6

唐代•十輪經四 13_251_8
唐代•十輪經四 15_290_9
唐代•十輪經四 15_293_6
唐代•十輪經四 15_295_4
唐代•十輪經四 16_310_12
唐代•十輪經八 2_32_2
唐代•十輪經八 5_93_11
唐代•十輪經八 6_117_12

唐代•十輪經八 8_156_4
唐代•十輪經八 10_193_18
唐代•十輪經八 12_230_17
唐代•十輪經八 14_268_1
唐代•十輪經八 16_305_17
唐代•十輪經八 17_343_17
唐代•十輪經八 19_381_17
唐代•十輪經八 20_384_11

唐代•十輪經八 21_419_14
唐代•十輪經九 1_19_9
唐代•十輪經九 7_126_8
唐代•十輪經九 7_130_12
唐代•十輪經九 7_136_8
唐代•十輪經九 7_137_25
唐代•十輪經九 7_139_25
唐代•十輪經九 8_143_25
唐代•十輪經九 8_157_9

唐代•十輪經九 9_164_15
唐代•十輪經九 10_196_8
唐代•十輪經九 12_233_1
唐代•十輪經九 14_268_1
唐代•十輪經九 15_296_21
唐代•十輪經九 17_331_15
唐代•十輪經九 19_361_21
唐代•十輪經九 19_363_1

唐代•十輪經九 22_421_23
唐代•十輪經十 3_56_6
唐代•十輪經十 4_69_9
唐代•十輪經十 4_71_3
唐代•十輪經十 4_77_13
唐代•十輪經十 4_78_8
唐代•十輪經十 7_128_23
唐代•十輪經十 7_129_21

唐代•十輪經十 10_195_15
唐代•十輪經十 12_226_12
唐代•十輪經十 14_263_7
唐代•十輪經十 16_309_6
唐代•十輪經十 17_321_3
唐代•十輪經十 17_327_18

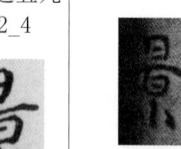

				景 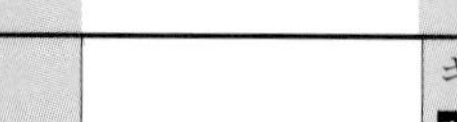		晷 
				漢ケイ 訓ひかり		キ 訓ひかげ
 唐代・文選六八 1_5_2	 唐代・文選五九 66_630_15	 唐代・文選五九 41_409_15	 唐代・文選五九 27_261_1	 唐代・文選四八 20_181_9	 唐代・古文選前 18_206_9	 唐代・文選四八 40_358_6
唐代・文選六八 22_222_5	唐代・文選五九 72_698_5	唐代・文選五九 45_439_10	唐代・文選五九 39_380_10	唐代・文選四八 30_270_20	 唐代・古文選後 11_123_12	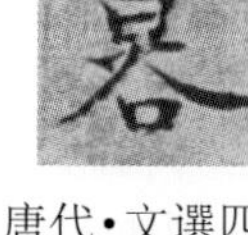 唐代・文選四八 40_360_20
 唐代・文選六八 25_253_6	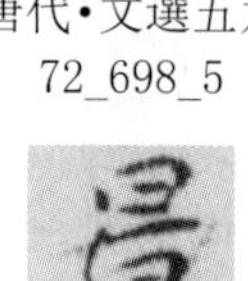 唐代・文選五九 75_724_4	 唐代・文選五九 45_440_18	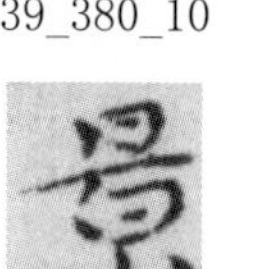 唐代・文選五九 39_382_5	 唐代・文選四八 40_360_22	 唐代・古文選後 12_142_13	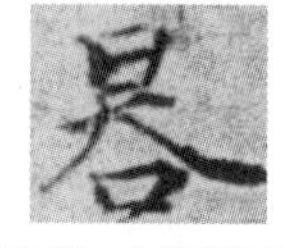 唐代・文選四八 40_361_8
 唐代・文選六八 25_254_16	 唐代・文選五九 82_792_4	 唐代・文選五九 45_441_17	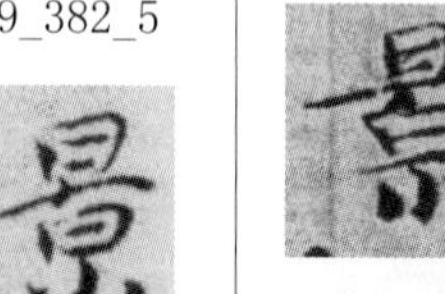 唐代・文選五九 39_382_19	 唐代・文選四八 42_378_21		唐代・文選五九 21_203_6
 唐代・文選六八 30_305_7	唐代・文選五九 90_863_14	唐代・文選五九 53_524_30	 唐代・文選五九 39_383_28	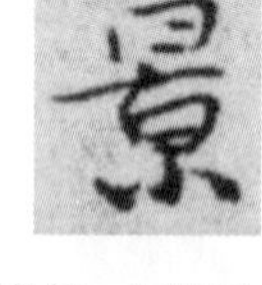 唐代・文選五九 21_206_12		 唐代・文選五九 21_206_10
唐代・文選六八 31_306_8	 唐代・文選五九 90_865_23	唐代・文選五九 56_541_27	唐代・文選五九 39_389_9	 唐代・文選五九 26_258_2		 唐代・文選五九 21_206_31
唐代・文選六八 31_306_10	唐代・文選五九 109_1035_3	 唐代・文選五九 58_558_2	 唐代・文選五九 41_409_2	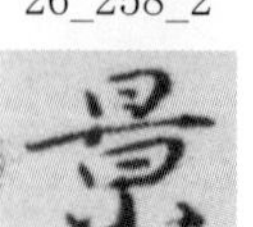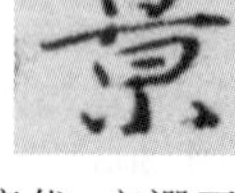 唐代・文選五九 27_259_13		 唐代・文選五九 21_208_10
						 唐代・古文選後 25_295_9

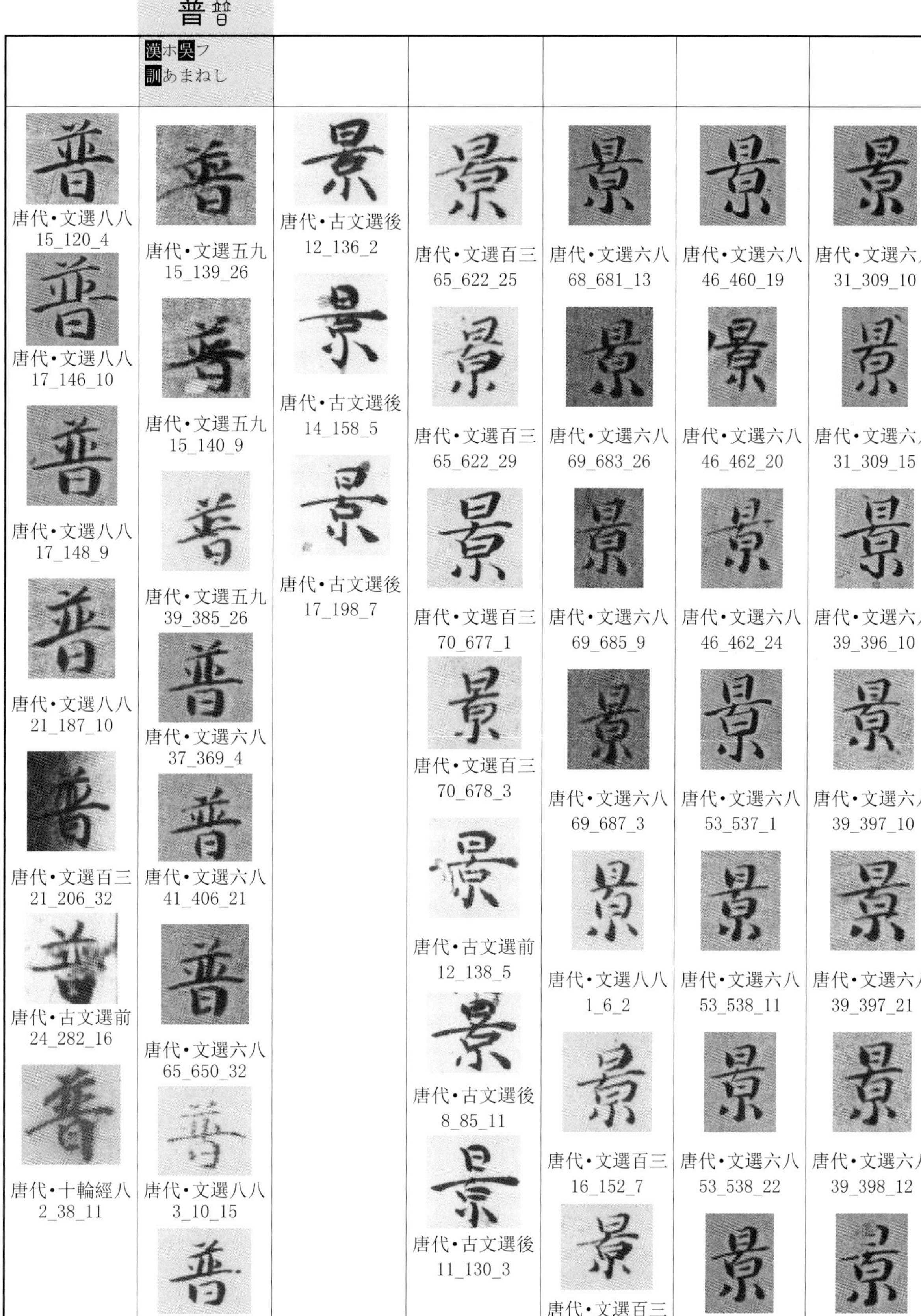

唐代•文選六八 31_309_10
唐代•文選六八 31_309_15
唐代•文選六八 39_396_10
唐代•文選六八 39_397_10
唐代•文選六八 39_397_21
唐代•文選六八 39_398_12
唐代•文選六八 41_416_14

唐代•文選六八 46_460_19
唐代•文選六八 46_462_20
唐代•文選六八 46_462_24
唐代•文選六八 53_537_1
唐代•文選六八 53_538_11
唐代•文選六八 53_538_22
唐代•文選六八 54_539_23

唐代•文選六八 68_681_13
唐代•文選六八 69_683_26
唐代•文選六八 69_685_9
唐代•文選六八 69_687_3
唐代•文選八八 1_6_2
唐代•文選百三 16_152_7
唐代•文選百三 16_152_24

唐代•文選百三 65_622_25
唐代•文選百三 65_622_29
唐代•文選百三 70_677_1
唐代•文選百三 70_678_3
唐代•古文選前 12_138_5
唐代•古文選後 8_85_11
唐代•古文選後 11_130_3

唐代•古文選後 12_136_2
唐代•古文選後 14_158_5
唐代•古文選後 17_198_7

普 𣈆

漢ホ 呉フ
訓あまねし

唐代•文選五九 15_139_26
唐代•文選五九 15_140_9
唐代•文選五九 39_385_26
唐代•文選六八 37_369_4
唐代•文選六八 41_406_21
唐代•文選六八 65_650_32
唐代•文選八八 3_10_15
唐代•文選八八 3_15_26

唐代•文選八八 15_120_4
唐代•文選八八 17_146_10
唐代•文選八八 17_148_9
唐代•文選八八 21_187_10
唐代•文選百三 21_206_32
唐代•古文選前 24_282_16
唐代•十輪經八 2_38_11

唐代•十輪經十 9_176_1
唐代・十輪
唐代•十輪經十 10_191_8
唐代•十輪經十 11_203_13
唐代•十輪經十 11_215_14
唐代•十輪經十 11_218_3
唐代•十輪經十 11_219_6
唐代•十輪經十 8_145_16
唐代•十輪經十 8_160_8
唐代•十輪經十 9_166_15
唐代•十輪經十 9_170_1
唐代•十輪經十 9_171_17
唐代•十輪經十 9_173_16
經十 9_177_3
唐代•十輪經十 10_182_6
唐代•十輪經十 2_26_6
唐代•十輪經十 2_34_3
唐代•十輪經十 2_38_17
唐代•十輪經十 7_121_5
唐代•十輪經十 7_133_15
唐代•十輪經十 8_144_12
唐代•十輪經十 8_156_3
唐代•十輪經九 16_303_14
唐代•十輪經九 18_344_14
唐代•十輪經九 18_347_5
唐代•十輪經九 18_349_3
唐代•十輪經九 18_358_3
唐代•十輪經九 19_368_14
唐代•十輪經九 21_415_15
唐代•十輪經十 1_4_15
唐代•十輪經九 13_251_12
唐代•十輪經九 13_253_2
唐代•十輪經九 13_255_8
唐代•十輪經九 13_256_11
唐代•十輪經九 14_264_6
唐代•十輪經九 14_272_15
唐代•十輪經九 15_284_17
唐代•十輪經九 15_292_15
唐代•十輪經九 9_174_16
唐代•十輪經九 9_176_9
唐代•十輪經九 9_179_15
唐代•十輪經九 10_180_8
唐代•十輪經九 10_183_11
唐代•十輪經九 11_204_6
唐代•十輪經九 12_230_2
唐代•十輪經九 13_240_15
唐代•十輪經八 2_39_6
唐代•十輪經九 8_149_14
唐代•十輪經九 8_155_15
唐代•十輪經九 9_167_8
唐代•十輪經九 9_172_2
唐代•十輪經九 9_173_8
唐代•十輪經九 9_173_16
唐代•十輪經九 9_174_8

會

漢カイ呉エ
訓あう

初唐・法華義疏 1_9_23
中唐・金剛經題 1_4_8
中唐・金剛經題 1_5_12
中唐・風信帖 2_8_5
唐代・春秋經傳 1_6_9
唐代・春秋經傳 2_9_17
唐代・春秋經傳 2_10_13

唐代・十輪經四 7_125_4
唐代・十輪經四 14_274_4
唐代・十輪經四 16_300_7
唐代・十輪經十 18_357_8

唐代・古文選前 13_155_3
唐代・古文選前 22_262_5
唐代・古文選前 22_264_5
唐代・古文選前 23_272_1
唐代・古文選前 24_277_13
唐代・古文選後 16_187_7
唐代・十輪經四 5_85_17

唐代・文選百三 18_174_13
唐代・文選百三 18_174_23
唐代・文選百三 59_564_5
唐代・文選百三 59_565_7
唐代・文選百三 59_566_9
唐代・古文選前 6_64_12
唐代・古文選前 13_154_8

唐代・文選六八 28_285_13
唐代・文選百三 1_4_9
唐代・文選百三 9_77_26
唐代・文選百三 9_77_38
唐代・文選百三 9_79_16
唐代・文選百三 9_79_49
唐代・文選百三 18_171_24

曾

慣ソ、ゾ漢ソウ
呉ゾウ
訓かさねる

唐代・春秋經傳 13_133_34
唐代・文選四八 11_97_8
唐代・文選四八 19_169_22
唐代・文選五九 2_16_13
唐代・文選五九 17_161_15
唐代・文選六八 8_85_13
唐代・文選六八 22_222_22

唐代・十輪經十 12_225_7
唐代・十輪經十 12_221_14
唐代・十輪經十 12_223_11
唐代・十輪經十 12_230_6
唐代・十輪經十 16_314_4

 唐代•文選五九 47_464_14	 唐代•文選五九 7_66_17	 唐代•春秋經傳 35_368_1	 唐代•春秋經傳 30_317_17	 唐代•春秋經傳 26_272_11	  唐代•春秋經傳 3_25_18	唐代•春秋經傳 2_11_9
唐代•文選五九 47_466_26	唐代•文選五九 16_152_14	唐代•春秋經傳 37_384_5	唐代•春秋經傳 31_318_10	唐代•春秋經傳 26_273_10	唐代•春秋經傳 3_30_6	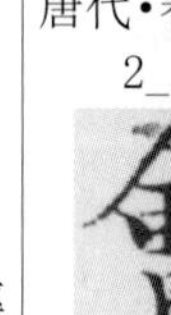  唐代•春秋經傳 2_11_12
 唐代•文選六八 31_316_10	 唐代•文選五九 17_167_29	 唐代•文選四八 1_2_23	 唐代•春秋經傳 34_351_13	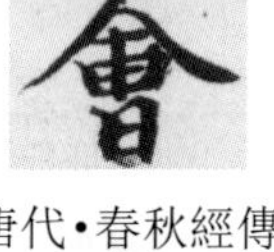 唐代•春秋經傳 27_276_13	 唐代•春秋經傳 8_77_3	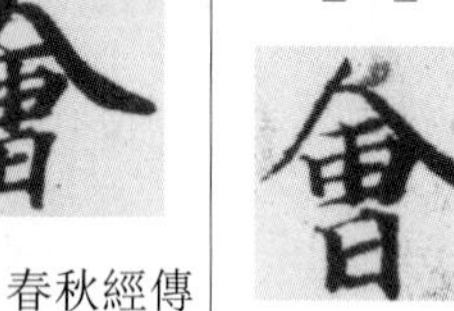 唐代•春秋經傳 2_18_8
 唐代•文選六八 31_317_22	 唐代•文選五九 17_169_4	 唐代•文選四八 4_28_1	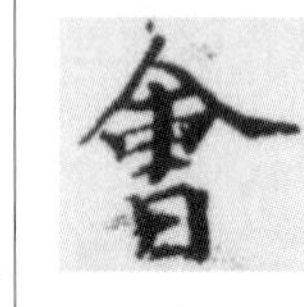 唐代•春秋經傳 34_351_16	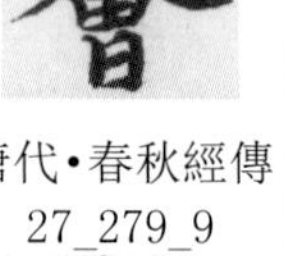 唐代•春秋經傳 27_279_9	  唐代•春秋經傳 8_78_8	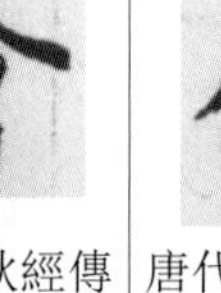 唐代•春秋經傳 2_18_17
唐代•文選六八 44_439_12	唐代•文選五九 19_179_6	唐代•文選四八 4_28_5	唐代•春秋經傳 34_361_1	唐代•春秋經傳 27_282_8	  唐代•春秋經傳 13_137_1	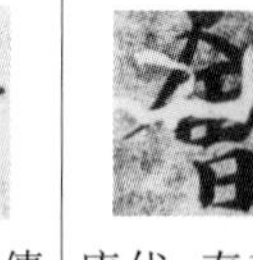 唐代•春秋經傳 3_20_23
 唐代•文選六八 71_709_1	 唐代•文選五九 19_180_13	 唐代•文選四八 9_76_19	 唐代•春秋經傳 35_366_29	唐代•春秋經傳 28_294_11	 唐代•春秋經傳 26_267_15	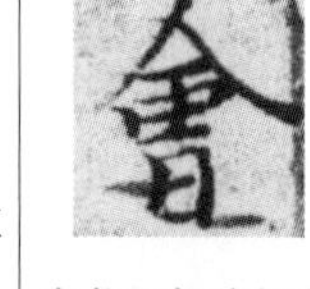 唐代•春秋經傳 3_21_15
 唐代•文選六八 71_712_10	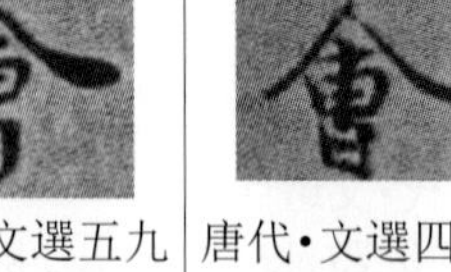 唐代•文選五九 19_190_25	唐代•文選四八 18_159_12	 唐代•春秋經傳 35_367_10	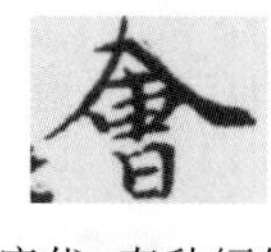 唐代•春秋經傳 29_298_24	 唐代•春秋經傳 26_269_20	 唐代•春秋經傳 3_22_15
唐代•文選百三 68_655_9	 唐代•文選五九 47_460_3	 唐代•文選五九 5_40_14	 唐代•春秋經傳 35_367_18	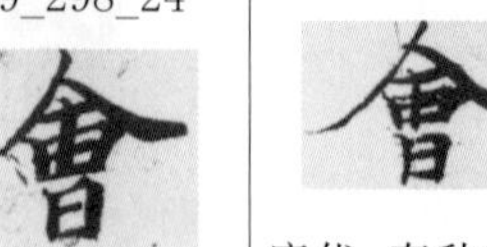 唐代•春秋經傳 30_309_7	 唐代•春秋經傳 26_271_15	

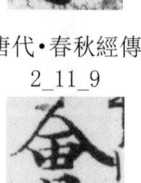

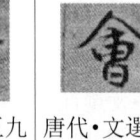

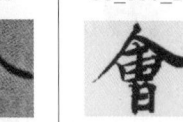

唐代・古文選前
2_14_7

唐代・古文選前
14_165_15

唐代・古文選前
21_245_5

唐代・古文選後
3_26_8

唐代・古文選後
3_30_6

唐代・古文選後
8_91_8

唐代・古文選後
10_114_5

唐代・古文選後
12_133_6

唐代・古文選後
13_145_2

唐代・古文選後
15_169_14

唐代・古文選後
19_221_6

唐代・古文選後
23_267_7

唐代・古文選後
23_271_12

唐代・古文選後
25_298_2

唐代・十輪經十
17_333_11

唐代・十輪經十
20_382_11

暗

漢アン
訓くらい

唐代・文選四八
48_433_27

唐代・文選五九
10_97_11

唐代・文選五九
10_97_14

唐代・文選五九
39_390_21

唐代・文選五九
44_435_7

唐代・文選五九
90_858_20

唐代・文選五九
93_895_26

唐代・十輪經八
4_69_17

唐代・十輪經八
4_71_3

唐代・十輪經八
4_72_17

唐代・十輪經八
4_74_3

唐代・十輪經十
1_10_9

唐代・十輪經十
13_258_1

唐代・十輪經十
14_264_3

唐代・十輪經十
16_310_2

暉

キ
訓ひかり

唐代・文選五九
10_95_28

唐代・文選五九
56_543_3

唐代・文選五九
63_606_6

唐代・文選五九
66_631_3

唐代・文選五九
69_662_10

唐代・文選五九
72_696_3

唐代・文選五九
77_737_26

唐代・文選五九
77_739_3

唐代・文選五九
87_836_3

唐代・文選五九
93_891_25

唐代・文選五九
96_912_3

唐代・文選五九
99_935_3

唐代・文選五九
107_1016_23

唐代・文選五九
107_1019_18

唐代・古文選前
25_294_5

唐代・古文選後
11_121_12

唐代・古文選後
13_145_4

唐代・古文選後
20_240_15

唐代・古文選後
26_306_14

	暮	暯	朅			暇
	漢ボ 訓くれる	漢バク 呉マク 訓くらい	漢ケツ 訓さる			漢カ 訓ひま
唐代•文選五九 74_717_10	唐代•文選五九 2_19_5	唐代•文選五九 49_478_17	唐代•十輪經四 11_216_15	唐代•古文選前 24_282_2	唐代•文選六八 39_387_1	唐代•文選五九 34_332_4
唐代•文選五九 92_885_3	唐代•文選五九 3_20_19		唐代•十輪經四 11_219_4	唐代•十輪經四 14_279_13	唐代•文選六八 39_387_9	唐代•文選五九 34_333_11
唐代•文選六八 55_548_27	唐代•文選五九 3_21_5			唐代•十輪經十 12_238_3	唐代•文選六八 39_387_19	唐代•文選五九 34_333_19
唐代•古文選後 17_195_1	唐代•文選五九 7_60_17			唐代•十輪經十 13_256_5	唐代•文選六八 39_391_1	唐代•文選五九 34_334_16
唐代•古文選後 27_313_1	唐代•文選五九 44_434_23			唐代•十輪經十 14_264_17	唐代•文選六八 39_391_14	唐代•文選五九 34_334_19
	唐代•文選五九 45_439_2			唐代•十輪經十 16_310_16	唐代•文選六八 43_436_7	唐代•文選六八 21_214_6
	唐代•文選五九 74_714_1				唐代•文選六八 48_481_1	唐代•文選六八 28_281_9
					唐代•文選六八 58_579_7	唐代•文選六八 33_336_8
					唐代•文選八八 9_68_29	唐代•文選六八 39_386_2

曄

ヨウ
訓かがやく

唐代・文選四八
19_168_1

唐代・文選四八
23_206_25

唐代・文選五九
29_292_10

范曄
唐代・文選五九
51_503_3

唐代・文選五九
103_969_3

唐代・文選百三
5_43_33

唐代・文選百三
10_92_30

唐代・文選百三
39_384_13

唐代・文選百三
81_771_11

唐代・古文選後
16_183_53

嘗

漢ショウ呉ジョウ
訓なめる

唐代・春秋經傳
19_193_19

唐代・春秋經傳
19_196_17

唐代・文選四八
35_312_29

唐代・文選四八
43_387_16

唐代・文選五九
33_322_7

唐代・文選五九
33_324_27

唐代・文選五九
47_458_19

唐代・文選五九
110_1045_14

唐代・文選六八
36_360_18

唐代・文選六八
61_607_5

唐代・文選六八
61_609_2

唐代・文選八八
9_68_5

唐代・文選百三
5_46_3

唐代・文選百三
41_407_5

唐代・文選百三
57_546_17

唐代・文選百三
63_608_23

唐代・古文選前
15_179_37

暢

チョウ
訓のびる

唐代・文選五九
60_578_7

唐代・文選五九
61_583_10

唐代・文選百三
20_192_2

唐代・文選百三
20_193_15

唐代・文選百三
25_245_9

唐代・古文選前
4_46_6

唐代・古文選前
26_304_18

唐代・古文選後
10_116_7

暨

漢キ
訓およぶ

唐代・古文選後
4_41_8

唐代・古文選後
14_165_11

暦

漢レキ呉リャク
訓こよみ

中唐・灌頂歷名
1_2_10

中唐・灌頂歷名
1_6_7

唐代・文選四八
20_180_20

曉

慣ギョウ漢キョウ
訓あかつき

唐代・文選五九
19_186_10

唐代・文選五九
109_1030_18

唐代・文選五九
109_1031_26

唐代・文選五九
82_793_10

唐代・文選五九
97_919_14

唐代・十輪經四
7_124_11

唐代・十輪經十
14_271_3

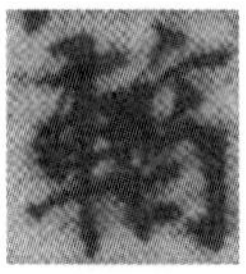
唐代・十輪經十
16_320_12

暫

呉ザン
訓しばらく

中唐・風信帖
2_10_9

中唐・風信帖
4_19_6

晚唐・慶滋書狀
1_15_8

唐代・文選五九
5_44_30

唐代・文選五九
13_125_14

唐代・文選五九
31_307_1

唐代・文選五九
70_674_6

唐代・文選八八
18_157_22

唐代・文選百三
50_483_4

唐代・古文選前
20_233_5

唐代・古文選後
2_13_5

唐代・古文選後
7_80_9

唐代・十輪經十
4_61_1

暴

呉ボウ慣バク
訓あばく

唐代・春秋經傳
14_149_16

唐代・文選四八
18_160_3

唐代・文選五九
39_386_27

唐代・文選五九
60_576_1

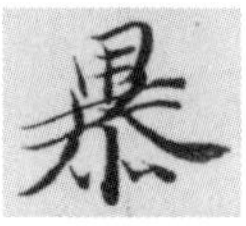
唐代・文選五九
71_676_28

唐代・文選五九
71_680_19

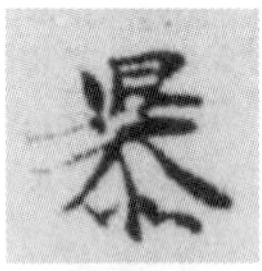
唐代・文選五九
76_730_6

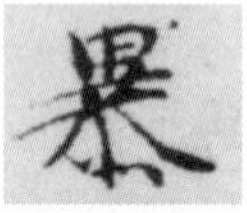
唐代・文選五九
76_733_25

暝

慣メイ漢ベイ呉ミョウ
訓くらい

唐代・文選八八
21_182_11

暾

トン
訓あさひ

唐代•文選五九 39_388_2
唐代•文選五九 39_388_9
唐代•文選五九 39_389_28
唐代•文選五九 39_390_10
唐代•文選五九 39_391_10

曙

漢ショ
訓あけぼの

唐代•古文選前 6_73_7
唐代•古文選前 15_174_4
唐代•古文選後 19_223_6

曖

アイ
訓くらい

唐代•文選五九 10_94_11
唐代•文選五九 10_95_12
唐代•文選五九 10_96_3
唐代•文選五九 10_97_2
唐代•文選五九 10_97_9
唐代•文選五九 93_895_27
唐代•古文選後 25_296_6

曠

コウ
訓あきらか

唐代•文選四八 3_19_4
唐代•文選四八 3_20_14
唐代•文選四八 4_23_15
唐代•文選四八 4_24_22
唐代•文選五九 3_31_4
唐代•文選五九 4_32_9
唐代•文選五九 4_32_14
唐代•文選五九 4_33_17

唐代•文選五九 17_169_14
唐代•文選五九 17_171_10
唐代•文選五九 17_171_12
唐代•文選五九 18_172_16
唐代•文選五九 18_178_15
唐代•文選五九 30_293_1
唐代•文選五九 30_293_9

唐代•文選五九 30_293_20
唐代•文選五九 53_527_4
唐代•文選五九 99_934_23
唐代•文選六八 9_99_19
唐代•文選百三 50_480_21
唐代•古文選前 8_98_6
唐代•古文選後 25_294_4

曜

ヨウ
訓ひかり

唐代•文選四八 25_224_6
唐代•文選四八 25_227_17
唐代•文選四八 25_227_27
唐代•文選四八 25_227_51
唐代•文選五九 47_460_22
唐代•文選五九 47_463_26
唐代•文選五九 59_566_2
唐代•文選五九 66_638_4

			曬	曝		
			シ漢サイ 訓さらす	漢ホク呉ボク慣バク 訓さらす		
			 唐代·文選五九 17_163_25  唐代·文選五九 17_164_16	 唐代·文選五九 71_681_24  唐代·文選五九 71_682_13  唐代·文選五九 71_683_9  唐代·文選五九 71_684_5  唐代·文選五九 92_878_7  唐代·文選五九 92_882_14  唐代·文選五九 92_883_16	 唐代·文選百三 6_50_2  唐代·文選百三 6_52_8  唐代·古文選前 3_35_6  唐代·古文選前 8_89_11  唐代·古文選後 7_77_4  唐代·古文選後 11_124_2  唐代·古文選後 14_157_11	 唐代·文選六八 27_274_26  唐代·文選六八 32_322_8  唐代·文選六八 32_324_7  唐代·文選六八 43_429_1  唐代·文選六八 43_431_20  唐代·文選六八 63_632_1  唐代·文選六八 63_634_7 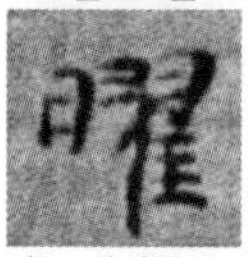 唐代·文選八八 21_182_20

水部

水

スイ

訓みず

唐代・春秋經傳 14_138_12
唐代・春秋經傳 14_147_2
唐代・春秋經傳 21_222_16
唐代・春秋經傳 29_298_9
唐代・春秋經傳 33_340_22
唐代・春秋經傳 33_342_18
唐代・春秋經傳 34_361_11
唐代・文選四八 1_4_21

唐代・文選四八 1_7_2
唐代・文選四八 1_8_1
唐代・文選四八 6_48_19
唐代・文選四八 6_49_4
唐代・文選四八 6_50_13
唐代・文選四八 7_58_21
唐代・文選四八 7_59_6
唐代・文選四八 10_81_2

唐代・文選四八 10_82_22
唐代・文選四八 10_83_14
唐代・文選四八 16_142_26
唐代・文選四八 16_144_27
唐代・文選四八 19_173_1
唐代・文選四八 22_203_5
唐代・文選五九 3_24_3
唐代・文選五九 4_32_20

唐代・文選五九 12_115_18
唐代・文選五九 29_283_7
唐代・文選五九 30_298_14
唐代・文選五九 31_299_15
唐代・文選五九 31_300_18
唐代・文選五九 31_300_27
唐代・文選五九 33_326_4
唐代・文選五九 37_362_8

唐代・文選五九 39_386_10
唐代・文選五九 39_386_26
唐代・文選五九 53_516_5
唐代・文選五九 55_535_9
唐代・文選五九 55_535_27
唐代・文選五九 59_567_11
唐代・文選五九 59_569_20
唐代・文選五九 64_611_12

唐代・文選五九 64_612_21
唐代・文選五九 69_667_23
唐代・文選五九 71_679_24
唐代・文選五九 71_680_21
唐代・文選五九 74_705_27
唐代・文選五九 74_706_11
唐代・文選五九 74_713_11
唐代・文選五九 78_756_16

唐代•文選五九 82_784_7

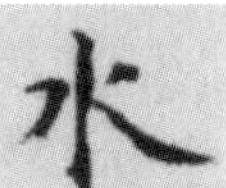

唐代•文選五九 82_784_7

唐代•文選五九 88_840_28

唐代•文選五九 89_853_20

唐代•文選五九 90_867_9

唐代•文選五九 90_867_20

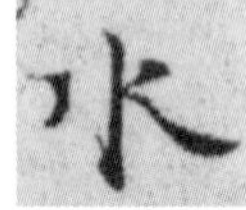

唐代•文選五九 107_1008_5

唐代•文選六八 6_56_13

唐代•文選六八 6_57_12

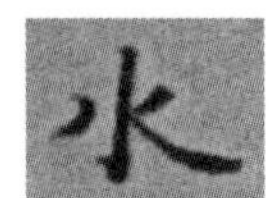

唐代•文選六八 6_57_26

唐代•文選六八 6_58_2

唐代•文選六八 15_156_16

唐代•文選六八 16_162_24

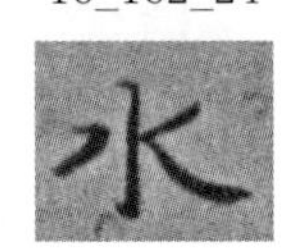

唐代•文選六八 16_167_7

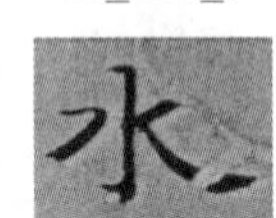

唐代•文選六八 23_238_1

唐代•文選六八 23_239_21

唐代•文選六八 31_313_2

唐代•文選六八 43_432_2

唐代•文選六八 43_433_5

唐代•文選六八 43_435_19

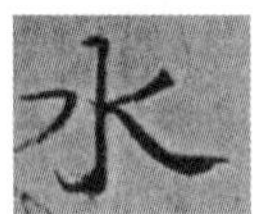

唐代•文選六八 45_445_2

唐代•文選六八 45_447_24

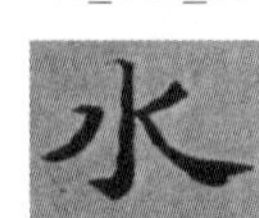

唐代•文選六八 45_451_11

唐代•文選六八 45_453_24

唐代•文選六八 45_455_16

唐代•文選六八 45_456_4

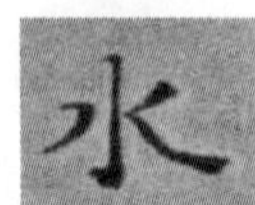

唐代•文選六八 45_457_2

唐代•文選六八 45_457_7

唐代•文選六八 45_458_4

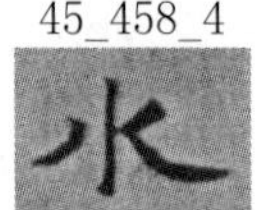

唐代•文選六八 46_459_12

唐代•文選六八 46_462_1

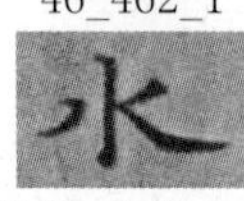

唐代•文選六八 46_462_15

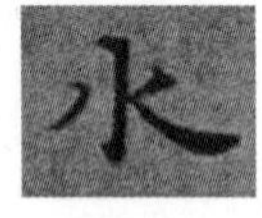

唐代•文選六八 69_689_17

唐代•文選六八 71_706_16

唐代•文選八八 10_80_22

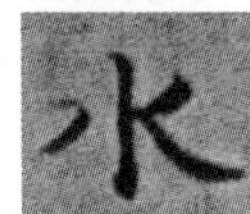

唐代•文選八八 10_82_1

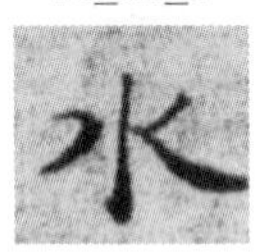

唐代•文選八八 11_83_16

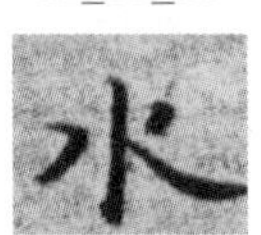

唐代•文選八八 11_83_28

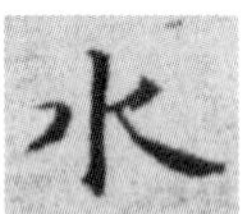

唐代•文選八八 11_85_31

唐代•文選八八 11_86_12

唐代•文選八八 11_88_7

唐代•文選八八 11_89_10

唐代•文選八八 11_89_17

唐代•文選八八 11_91_35

唐代•文選八八 11_93_4

唐代•文選八八 11_94_38

唐代•文選八八 12_98_30

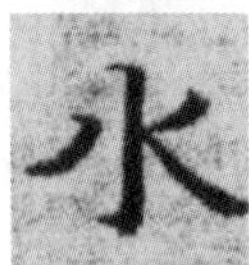

唐代•文選八八 19_165_11

唐代•文選八八 19_165_20

唐代•文選八八 19_165_30

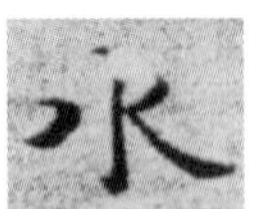

唐代•文選八八 19_167_10

唐代•文選八八 19_170_1

唐代•文選八八 19_170_30

唐代•文選八八 24_212_9

唐代•文選百三 7_55_19

唐代•文選百三 7_59_16

唐代•文選百三 7_60_13

永

漢エイ 呉ヨウ
訓ながい

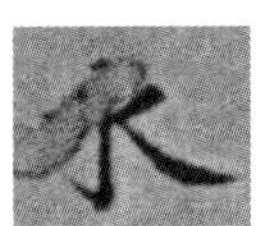
唐代•文選六八
17_171_15

唐代•文選八八
11_90_10

唐代•文選八八
11_94_9

唐代•文選百三
19_177_7

唐代•文選百三
19_179_28

唐代•文選百三
21_200_3

唐代•文選百三
21_201_20

唐代•文選百三
21_202_24

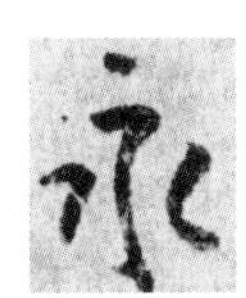
晚唐•慶滋書狀
1_3_7

唐代•文選五九
25_245_17

唐代•文選五九
32_313_3

唐代•文選五九
33_320_31

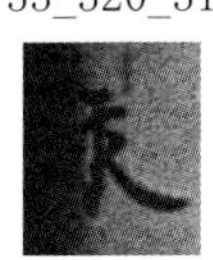
唐代•文選五九
33_327_23

唐代•文選五九
36_354_5

唐代•文選五九
46_457_11

唐代•文選六八
4_41_9

唐代•十輪經九
21_402_10

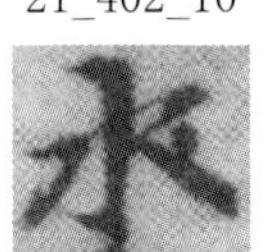
唐代•十輪經十
10_196_16

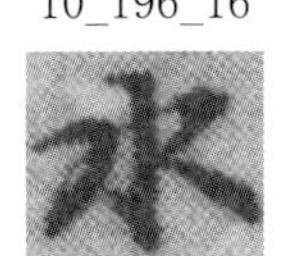
唐代•十輪經十
10_198_18

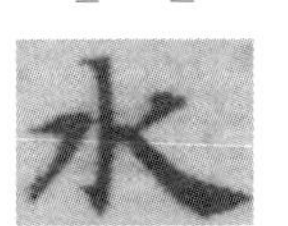
唐代•十輪經十
13_241_7

唐代•十輪經十
13_248_12

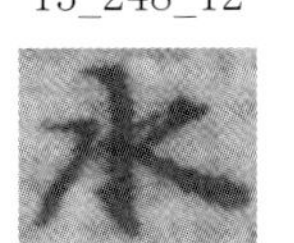
唐代•十輪經十
13_250_12

唐代•古文選後
22_257_5

唐代•古文選後
24_281_15

唐代•古文選後
24_281_23

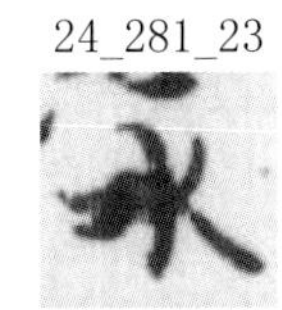
唐代•古文選後
24_281_40

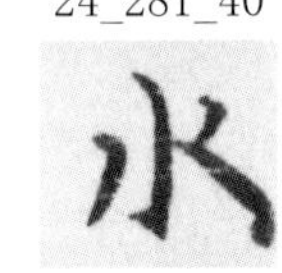
唐代•古文選後
26_308_2

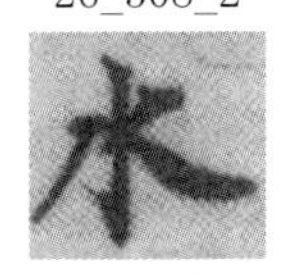
唐代•十輪經八
3_51_6

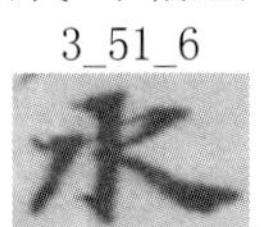
唐代•十輪經九
19_365_4

唐代•十輪經九
20_381_1

唐代•古文選前
11_135_4

唐代•古文選前
14_161_11

唐代•古文選前
24_288_4

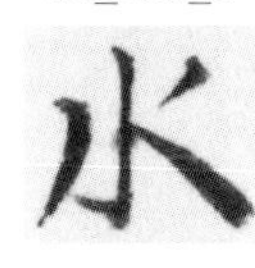
唐代•古文選後
9_104_8

唐代•古文選後
17_201_6

唐代•古文選後
17_201_15

唐代•古文選後
17_201_18

唐代•古文選後
18_208_10

唐代•文選百三
61_592_17

唐代•文選百三
61_593_3

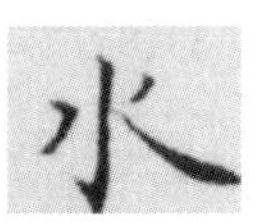
唐代•文選百三
67_640_28

唐代•文選百三
72_695_2

唐代•文選百三
72_695_8

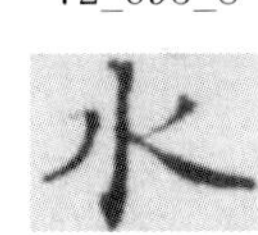
唐代•文選百三
79_751_27

唐代•文選百三
81_773_22

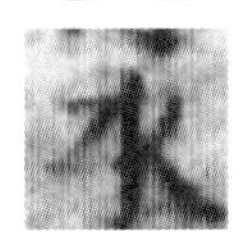
唐代•古文選前
11_133_56

唐代•文選百三
23_229_13

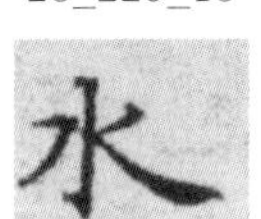
唐代•文選百三
24_230_5

唐代•文選百三
25_246_5

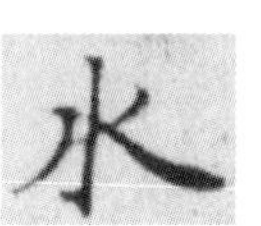
唐代•文選百三
30_297_11

唐代•文選百三
49_468_18

唐代•文選百三
61_587_16

唐代•文選百三
61_590_7

唐代•文選百三
61_590_16

氾	汁					
漢ハン 訓ひろがる	漢ジュウ、シュウ 訓しる					
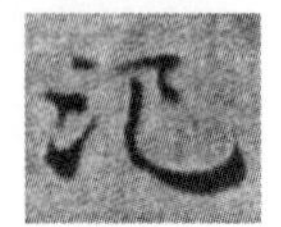 唐代•文選五九 15_139_4  唐代•文選五九 97_921_12  唐代•文選五九 105_998_18  唐代•文選五九 105_999_13	 唐代•文選四八 39_347_23  唐代•文選四八 39_349_2  唐代•文選五九 23_231_14 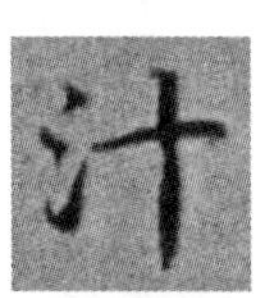 唐代•文選六八 17_170_20 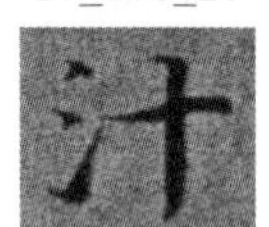 唐代•文選六八 69_690_27	唐代•十輪經十 16_309_9 唐代•十輪經十 17_328_14	 唐代•十輪經九 8_143_1  唐代•十輪經九 15_285_11  唐代•十輪經九 19_365_17  唐代•十輪經九 22_422_14 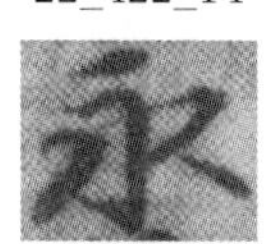 唐代•十輪經十 12_233_16 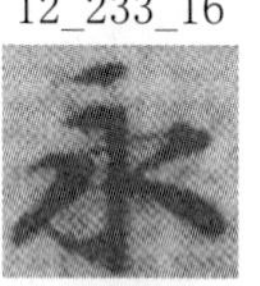 唐代•十輪經十 12_234_7 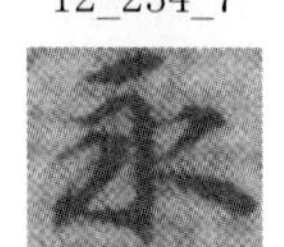 唐代•十輪經十 12_234_15 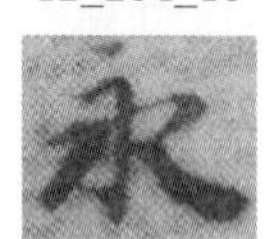 唐代•十輪經十 14_263_10	 唐代•古文選後 9_100_1  唐代•古文選後 17_203_7  唐代•古文選後 19_223_11  唐代•古文選後 25_300_27  唐代•古文選後 26_304_11  唐代•十輪經四 3_59_4  唐代•十輪經八 3_49_9  唐代•十輪經九 5_87_8	 唐代•文選百三 81_771_20  唐代•古文選前 10_115_3  唐代•古文選前 14_165_17  唐代•古文選前 18_213_4  唐代•古文選前 20_230_15  唐代•古文選前 22_255_14  唐代•古文選前 26_310_10  唐代•古文選後 4_43_5	 唐代•文選百三 27_270_35  唐代•文選百三 65_621_17  唐代•文選百三 65_629_2  唐代•文選百三 65_632_12  唐代•文選百三 66_635_5  唐代•文選百三 66_638_15  唐代•文選百三 71_682_31  唐代•文選百三 80_763_6

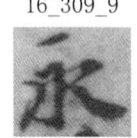

汗

漢カン
訓あせ

唐代•文選五九 23_229_11
唐代•文選五九 23_230_16
唐代•文選五九 23_230_22
唐代•文選五九 25_244_14
唐代•文選六八 38_379_25

污

漢オ漢ワ
訓けがす

唐代•文選五九 67_646_12
唐代•文選百三 15_143_29

江

漢コウ呉コウ
訓え

唐代•春秋經傳 16_170_4
唐代•春秋經傳 22_231_10
唐代•文選四八 1_1_4
唐代•文選四八 1_2_12
唐代•文選四八 1_2_20
唐代•文選四八 1_3_2
唐代•文選四八 1_3_4
唐代•文選四八 1_3_6

唐代•文選四八 1_3_8
唐代•文選四八 1_3_21
唐代•文選四八 1_4_17
唐代•文選四八 1_5_11
唐代•文選四八 1_7_1
唐代•文選四八 1_7_24
唐代•文選四八 1_8_8
唐代•文選四八 21_192_11

唐代•文選四八 22_196_1
唐代•文選四八 34_305_4
唐代•文選四八 36_324_17
唐代•文選四八 43_385_16
唐代•文選五九 3_26_6
唐代•文選五九 25_249_7
唐代•文選五九 26_254_21
唐代•文選五九 30_295_10

唐代•文選五九 41_411_8
唐代•文選五九 43_423_11
唐代•文選五九 43_426_10
唐代•文選五九 43_429_13
唐代•文選五九 69_663_8
唐代•文選五九 71_680_3
唐代•文選五九 74_706_1
唐代•文選五九 78_751_25

唐代•文選五九 80_769_4
唐代•文選五九 80_770_1
唐代•文選五九 80_773_28
唐代•文選五九 82_784_27
唐代•文選五九 82_785_12
唐代•文選五九 85_814_24
唐代•文選五九 85_816_3

汲 汜 汎

汲

チュウ
訓くむ

唐代•文選五九
30_297_24

唐代•文選五九
31_299_14

唐代•文選五九
31_299_21

唐代•文選五九
31_300_26

唐代•文選百三
6_49_15

唐代•文選百三
30_294_4

唐代•文選百三
30_295_29

唐代•文選百三
30_297_10

汜

漢シ
訓—

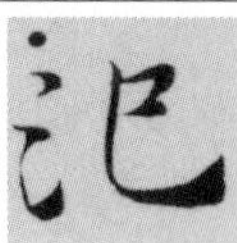
唐代•文選四八
1_1_5

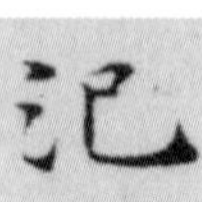
唐代•文選四八
1_2_14

唐代•文選四八
1_4_20

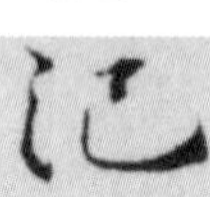
唐代•文選四八
1_5_12

唐代•文選四八
1_5_24

唐代•文選八八
10_81_3

唐代•文選八八
11_83_23

唐代•古文選後
15_180_9

汎

漢ヘン、ホウ、フウ
訓ただよう

唐代•文選五九
7_70_11

唐代•文選五九
8_72_9

唐代•文選五九
8_75_6

唐代•文選五九
14_137_5

唐代•文選五九
106_1005_2

唐代•文選六八
20_205_13

唐代•文選六八
20_205_19

唐代•古文選前
20_231_12

唐代•古文選後
3_25_11

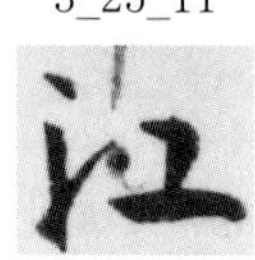
唐代•古文選後
25_297_13

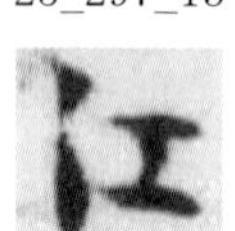
唐代•古文選後
25_300_21

唐代•古文選後
26_308_4

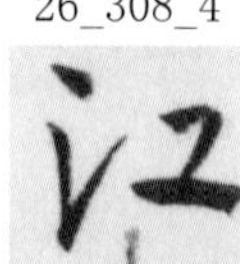
唐代•古文選後
26_310_4

唐代•文選六八
44_443_27

唐代•文選八八
3_18_1

唐代•文選八八
11_89_13

唐代•文選八八
19_165_28

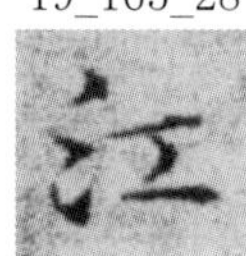
唐代•文選八八
19_166_6

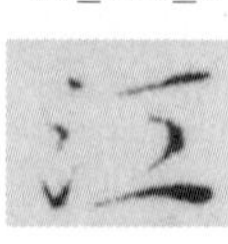
唐代•文選百三
31_314_20

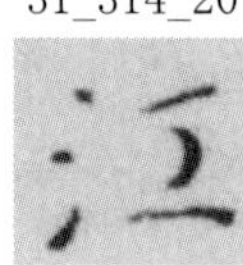
唐代•文選百三
35_345_21

唐代•古文選前
14_166_6

唐代•文選五九
106_1005_12

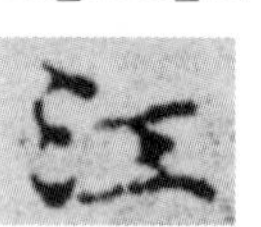
唐代•文選五九
107_1007_7

唐代•文選五九
107_1008_26

唐代•文選六八
15_161_19

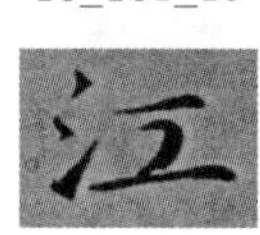
唐代•文選六八
17_169_1

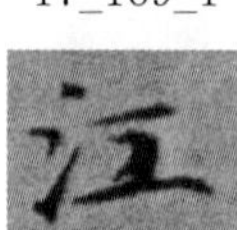
唐代•文選六八
17_170_25

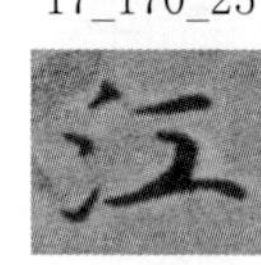
唐代•文選六八
17_174_8

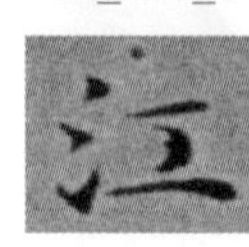
唐代•文選六八
25_258_12

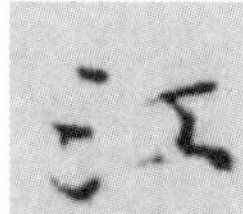
唐代•文選五九
85_816_14

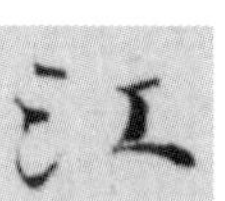
唐代•文選五九
85_817_15

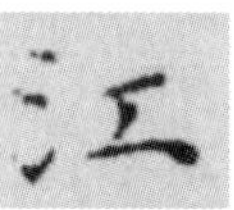
唐代•文選五九
90_869_18

唐代•文選五九
91_872_27

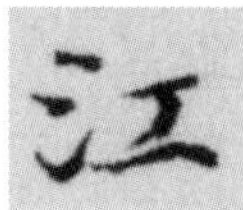
唐代•文選五九
97_916_4

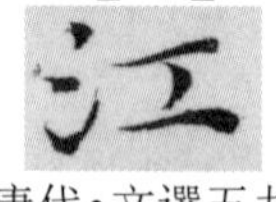
唐代•文選五九
97_917_5

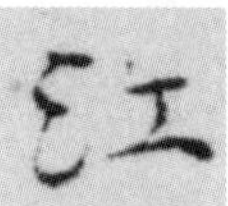
唐代•文選五九
97_918_15

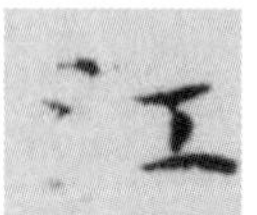
唐代•文選五九
97_922_13

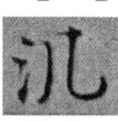

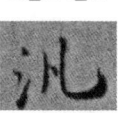

唐代・文選百三
30_297_33

唐代・文選百三
48_464_23

唐代・文選百三
49_469_7

池

漢チ
訓いけ

唐代・文選四八
47_428_17

唐代・文選四八
47_428_24

唐代・文選五九
67_648_14

唐代・文選五九
68_650_10

唐代・文選五九
68_651_17

唐代・文選五九
84_811_12

唐代・文選五九
89_853_19

唐代・文選五九
108_1021_30

唐代・文選五九
110_1043_5

唐代・文選五九
110_1045_28

唐代・文選五九
111_1046_21

唐代・文選五九
111_1047_3

唐代・文選六八
16_165_10

唐代・文選六八
43_433_14

唐代・古文選後
8_86_12

唐代・古文選後
16_187_10

唐代・古文選後
24_285_10

唐代・十輪經八
8_157_8

唐代・十輪經十
12_240_13

唐代・十輪經十
12_240_15

汝

漢ジョ
訓なんじ

唐代・春秋經傳
16_162_18

唐代・春秋經傳
38_394_5

唐代・文選四八
22_199_22

唐代・文選四八
22_199_25

唐代・文選四八
29_262_15

唐代・文選四八
36_327_20

唐代・文選四八
36_328_3

唐代・文選五九
20_197_11

唐代・文選五九
48_476_21

唐代・文選五九
48_476_28

唐代・文選五九
76_726_22

唐代・文選五九
76_727_14

唐代・文選五九
76_731_30

唐代・文選五九
76_732_14

唐代・文選五九
86_828_10

唐代・文選五九
92_889_1

唐代・文選五九
101_954_11

唐代・文選八八
9_64_14

唐代・文選八八
9_68_31

唐代・文選百三
5_47_25

唐代・文選百三
11_105_17

唐代・文選百三
13_121_20

唐代・文選百三
16_151_15

唐代・文選百三
16_151_20

唐代・文選百三
17_159_5

唐代・文選百三
23_220_2

唐代・文選百三
23_220_7

唐代・文選百三
76_726_9

唐代・古文選前
12_143_2

唐代・十輪經四
9_164_1

唐代・十輪經四
9_164_13

唐代・十輪經四
9_177_1

唐代・十輪經四
10_185_13

唐代・十輪經四
10_186_6

唐代・十輪經四
10_188_7

唐代・十輪經四
12_227_12

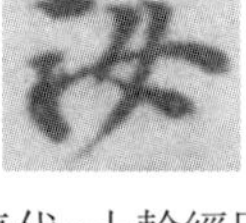
唐代・十輪經四
12_234_22

唐代・十輪經四
12_239_8

唐代・十輪經四
13_255_9

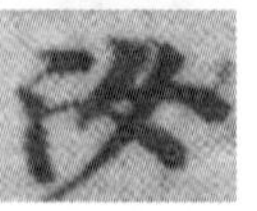
唐代・十輪經四
13_258_1

唐代・十輪經四
14_263_1

唐代・十輪經四
14_263_18

唐代・十輪經四
14_270_11

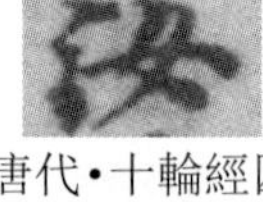
唐代・十輪經四
14_270_17

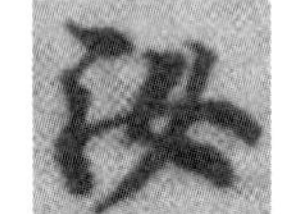
唐代・十輪經四
21_405_11

唐代・十輪經四
21_408_16

唐代・十輪經十
19_361_17

唐代・十輪經十
19_362_2

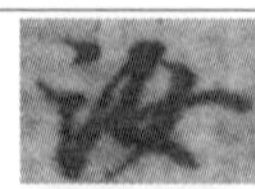
唐代・十輪經十
19_363_16

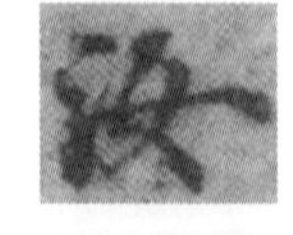
唐代・十輪經十
19_376_9

求

漢キュウ呉グ
訓もとめる

晩唐・慶滋書狀
1_4_5

唐代・春秋經傳
4_32_14

唐代・春秋經傳
4_33_18

唐代・春秋經傳
21_215_4

唐代・春秋經傳
25_255_3

唐代・春秋經傳
35_371_8

唐代・春秋經傳
36_382_24

唐代・春秋經傳
37_386_3

唐代・文選四八
49_442_15

唐代・文選五九
11_109_26

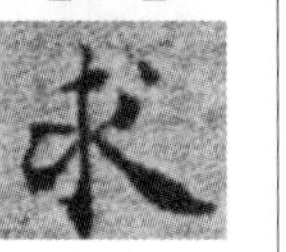
唐代・文選五九
15_144_20

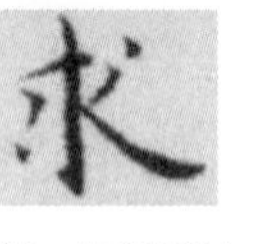
唐代・文選五九
16_153_29

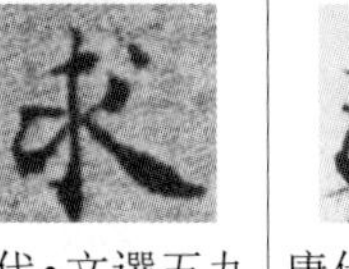
唐代・文選五九
30_294_11

唐代・文選五九
32_313_5

唐代・文選五九
32_314_10

唐代・文選五九
32_315_14

唐代・文選五九
33_319_3

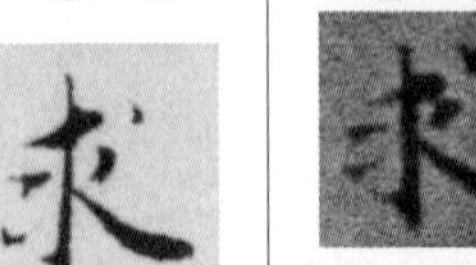
唐代・文選五九
71_682_29

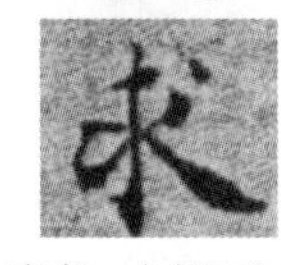
唐代・文選五九
74_717_29

唐代・文選五九
81_781_4

唐代・文選五九
84_808_11

唐代・文選五九
91_871_16

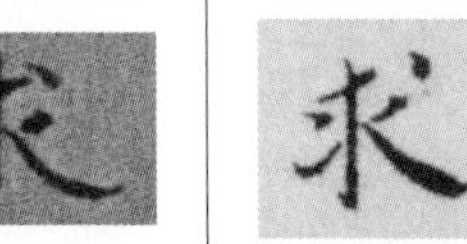
唐代・文選六八
4_40_18

唐代・文選六八
4_40_23

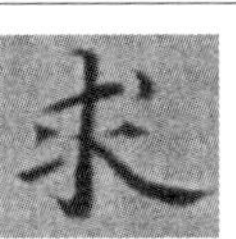
唐代•文選六八
8_82_13

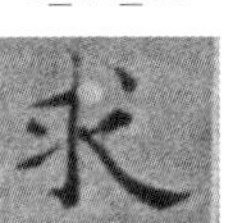
唐代•文選六八
8_83_1

唐代•文選六八
34_341_7

唐代•文選六八
35_358_9

唐代•文選六八
46_459_6

唐代•文選六八
47_470_23

唐代•文選六八
47_471_8

唐代•文選六八
47_473_26

唐代•文選六八
47_474_12

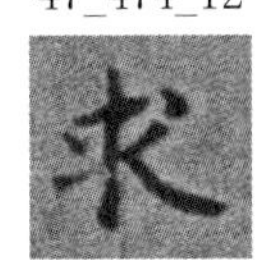
唐代•文選六八
67_665_2

唐代•文選百三
9_87_8

唐代•文選百三
15_136_2

唐代•文選百三
15_138_3

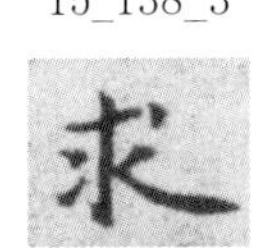
唐代•文選百三
15_138_7

唐代•文選百三
15_139_22

唐代•文選百三
39_387_16

唐代•文選百三
39_389_29

唐代•文選百三
48_465_18

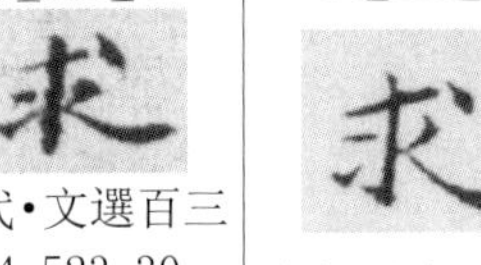
唐代•文選百三
54_523_30

唐代•文選百三
70_675_16

唐代•文選百三
71_684_25

唐代•古文選前
6_73_4

唐代•古文選前
24_279_5

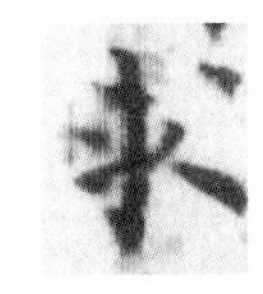
唐代•古文選後
22_259_34

唐代•古文選後
26_309_12

唐代•十輪經四
1_22_8

唐代•十輪經四
2_25_13

唐代•十輪經四
3_55_13

唐代•十輪經四
10_191_4

唐代•十輪經四
11_202_5

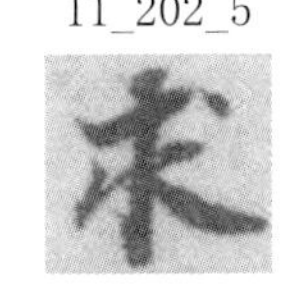
唐代•十輪經四
11_212_7

唐代•十輪經四
12_220_14

唐代•十輪經八
1_15_15

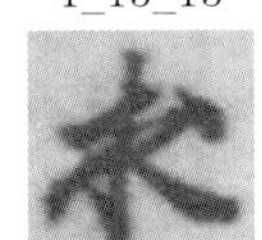
唐代•十輪經八
2_30_1

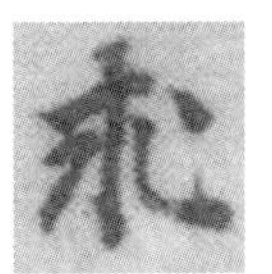
唐代•十輪經八
6_116_9

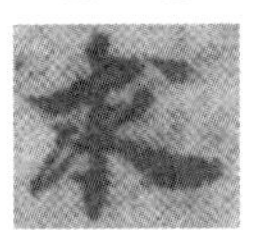
唐代•十輪經八
7_134_15

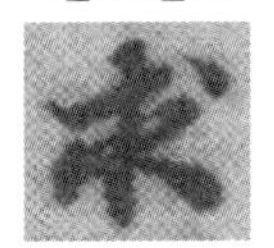
唐代•十輪經八
7_140_4

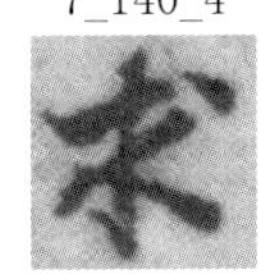
唐代•十輪經八
8_154_16

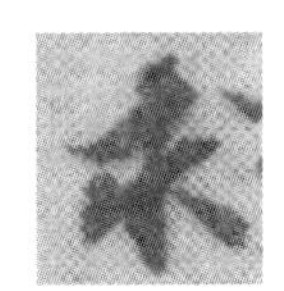
唐代•十輪經八
9_173_10

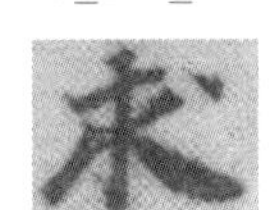
唐代•十輪經八
9_178_8

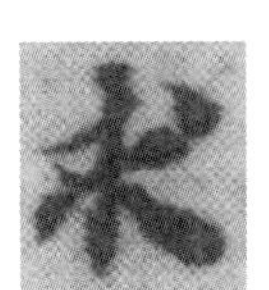
唐代•十輪經八
11_211_7

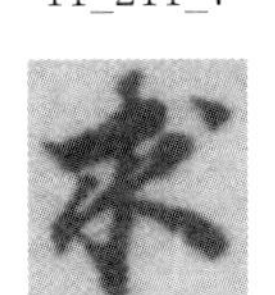
唐代•十輪經八
12_229_14

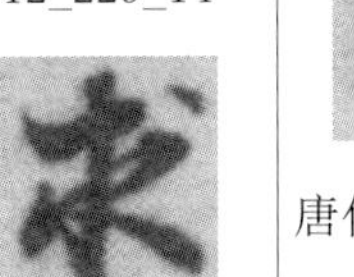
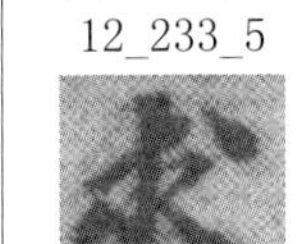
唐代•十輪經八
12_233_5

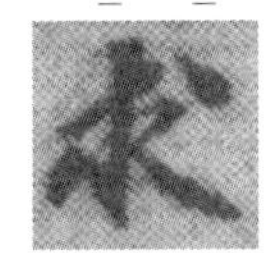
唐代•十輪經八
13_248_13

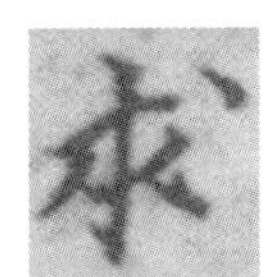
唐代•十輪經八
14_266_13

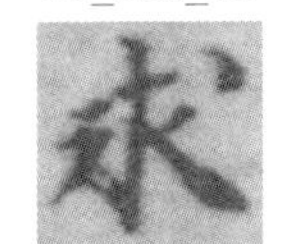
唐代•十輪經八
14_270_6

唐代•十輪經八
15_285_17

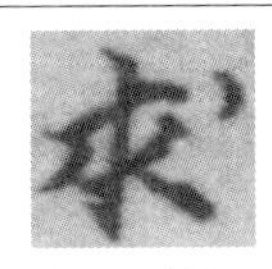
唐代•十輪經八
16_304_13

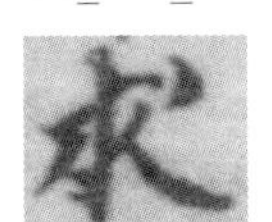
唐代•十輪經八
16_308_5

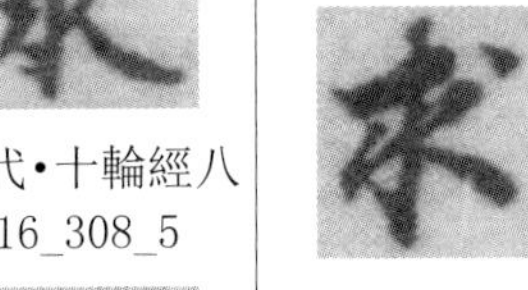
唐代•十輪經八
17_323_15

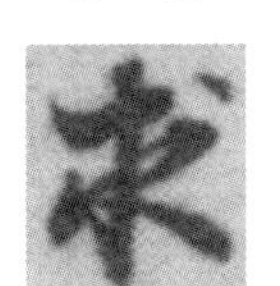
唐代•十輪經八
17_342_13

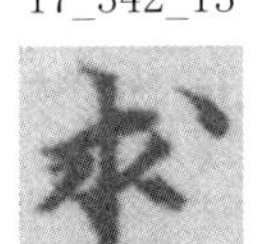
唐代•十輪經八
18_362_7

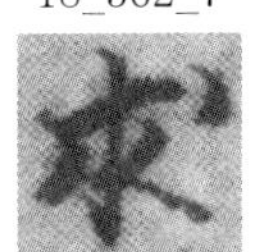
唐代•十輪經八
19_380_13

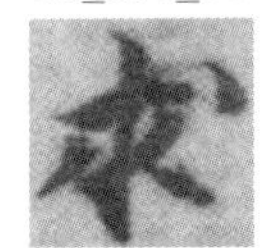
唐代•十輪經八
20_400_2

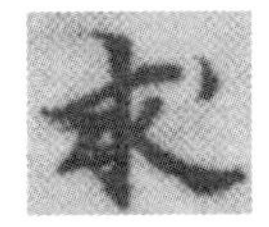
唐代•十輪經八
21_418_9

汪

オウ
訓おおきい

唐代・文選八八
3_8_12

唐代・文選八八
3_8_26

唐代・文選六八
1_6_2

唐代・文選六八
1_6_9

唐代・文選六八
1_6_21

唐代・文選六八
1_7_9

唐代・文選六八
1_7_26

唐代・文選六八
70_697_12

唐代・文選八八
3_7_3

唐代・文選八八
3_7_21

唐代・十輪經九
5_92_7

唐代・十輪經十
18_346_1

唐代・十輪經十
8_159_22

唐代・十輪經十
1_16_16

唐代・十輪經十
1_17_7

唐代・十輪經十
1_17_11

唐代・十輪經十
3_56_16

唐代・十輪經十
6_108_14

唐代・十輪經十
7_128_9

唐代・十輪經十
17_331_16

唐代・十輪經九
12_226_17

唐代・十輪經九
16_311_12

唐代・十輪經九
16_317_6

唐代・十輪經九
17_330_11

唐代・十輪經九
21_419_14

唐代・十輪經九
22_420_8

唐代・十輪經十
1_9_16

唐代・十輪經十
1_10_11

唐代・十輪經九
7_137_10

唐代・十輪經九
8_155_1

唐代・十輪經九
9_161_13

唐代・十輪經九
9_162_9

唐代・十輪經九
9_163_4

唐代・十輪經九
9_164_11

唐代・十輪經九
10_197_9

唐代・十輪經九
11_213_4

唐代・十輪經八
22_439_10

唐代・十輪經九
1_18_5

唐代・十輪經九
2_38_4

唐代・十輪經九
3_56_11

唐代・十輪經九
4_78_6

唐代・十輪經九
5_90_1

唐代・十輪經九
6_115_13

沐

漢ボク 呉モク
訓あらう

唐代・文選五九
46_457_1

唐代・文選五九
47_458_17

唐代・文選五九
47_459_5

唐代・文選五九
47_460_16

唐代・文選五九
94_903_1

唐代・文選五九
94_903_22

唐代・文選五九
94_904_5

唐代・文選五九
94_905_21

沛

ハイ
訓たおれる

唐代・文選五九
47_467_13

唐代・文選百三
5_45_14

唐代・文選百三
5_46_7

唐代・古文選後
2_23_8

汧

ケン
訓さわ

唐代・文選百三
86_822_2

唐代・文選百三
86_822_10

唐代・文選百三
86_823_5

唐代・文選百三
86_823_11

唐代・古文選後
6_68_15

唐代・文選百三
86_821_1

唐代・文選百三
63_609_32

唐代・文選百三
56_537_20

唐代・文選百三
57_553_25

唐代・文選百三
56_538_9

唐代・文選百三
61_593_33

唐代・文選百三
62_596_4

唐代・文選百三
63_605_25

唐代・文選百三
63_609_26

唐代・文選百三
29_287_17

唐代・文選百三
45_436_3

唐代・文選百三
46_444_6

唐代・文選百三
51_492_37

唐代・文選百三
55_528_6

唐代・文選百三
56_534_20

唐代・文選百三
63_606_4

唐代・文選百三
24_231_25

唐代・文選百三
25_242_2

唐代・文選百三
25_247_4

唐代・文選百三
25_249_23

唐代・文選百三
25_249_30

唐代・文選百三
29_286_1

唐代・文選百三
37_367_32

唐代・文選百三
1_1_1

唐代・文選百三
23_227_1

唐代・文選百三
23_227_19

唐代・文選百三
23_228_31

唐代・文選百三
23_229_1

唐代・文選百三
23_229_5

唐代・文選百三
23_229_38

唐代・文選百三
24_230_4

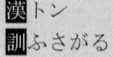

			沙	沌	汰	
			呉シャ漢サ 訓みぎわ	漢トン 訓ふさがる	タイ慣タ 訓よなげる	

唐代・十輪經四
4_69_14

唐代・十輪經四
5_81_11

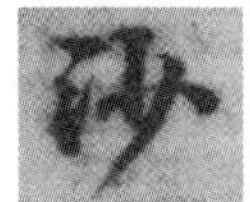
唐代・十輪經四
5_89_15

唐代・十輪經四
5_94_3

唐代・十輪經四
6_108_13

唐代・十輪經四
6_113_16

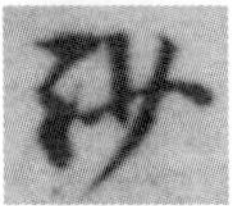
唐代・十輪經四
6_115_14

唐代・十輪經四
6_120_3

唐代・古文選後
10_113_8

唐代・古文選後
14_166_1

唐代・古文選後
24_287_4

唐代・十輪經四
1_13_15

唐代・十輪經四
2_27_11

唐代・十輪經四
2_27_15

唐代・十輪經四
3_48_4

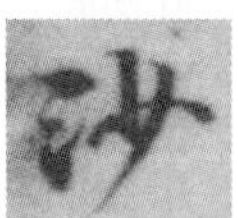
唐代・十輪經四
4_67_17

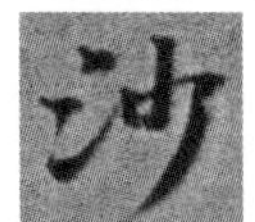
唐代・文選五九
22_214_29

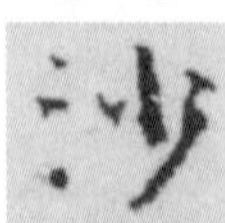
唐代・文選五九
75_721_21

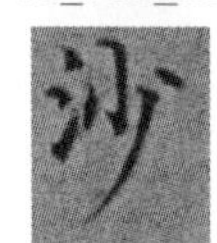
唐代・文選六八
5_52_5

唐代・文選六八
15_154_10

唐代・文選六八
25_259_23

唐代・文選百三
13_126_38

唐代・文選百三
13_128_6

唐代・文選百三
14_129_4

初唐・聖武雜集
1_7_3

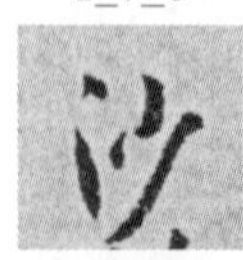
中唐・灌頂歷名
1_7_7

唐代・文選四八
18_159_16

唐代・文選四八
19_170_2

唐代・文選四八
19_170_17

唐代・文選五九
22_212_3

唐代・文選五九
22_213_9

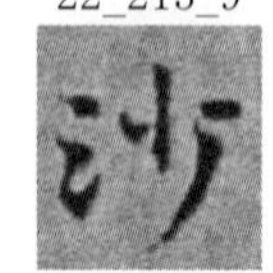
唐代・文選五九
22_213_19

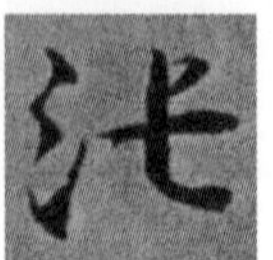
唐代・文選六八
9_89_13

唐代・文選六八
9_91_20

唐代・文選六八
9_92_8

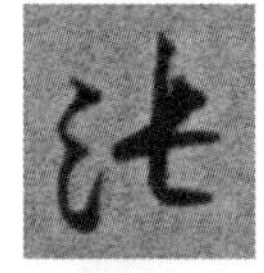
唐代・文選六八
9_93_14

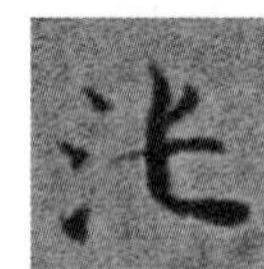
唐代・文選六八
9_94_25

唐代・文選六八
9_95_13

唐代・春秋經傳
22_224_1

唐代・春秋經傳
22_224_17

唐代・春秋經傳
22_225_9

唐代・文選五九
104_981_6

唐代・文選五九
104_982_17

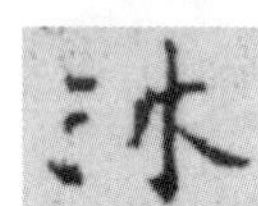
唐代・文選五九
104_983_18

唐代・古文選前
3_36_12

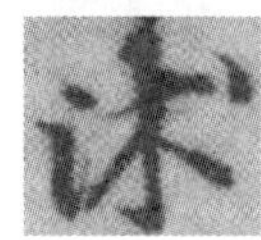
唐代・十輪經十
10_196_17

沖 沚

沖	沚
漢チュウ 訓おき	シ 訓なぎさ

唐代•文選四八 33_299_3

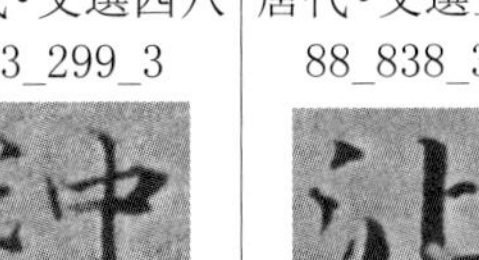
唐代•文選四八 34_300_20

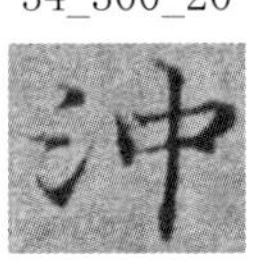
唐代•文選四八 34_300_24

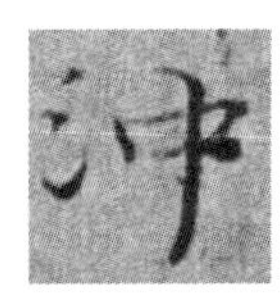
唐代•文選四八 34_301_18

唐代•文選五九 43_421_10

唐代•古文選後 11_130_8

唐代•文選五九 88_838_30

唐代•文選六八 46_461_2

唐代•文選六八 46_462_3

唐代•文選六八 46_462_14

唐代•文選六八 46_463_4

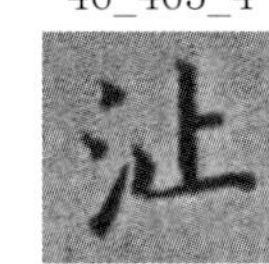
唐代•文選六八 46_463_14

唐代•古文選前 14_162_7

唐代•十輪經四 22_427_14

唐代•十輪經十 4_69_13

唐代•十輪經十 17_333_16

唐代•十輪經四 19_368_13

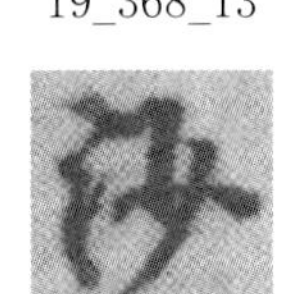
唐代•十輪經四 19_370_12

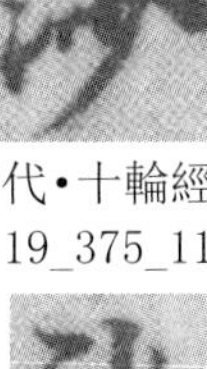
唐代•十輪經四 19_375_11

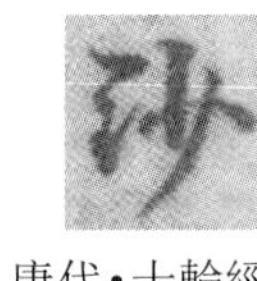
唐代•十輪經四 20_381_5

唐代•十輪經四 20_388_6

唐代•十輪經四 20_390_5

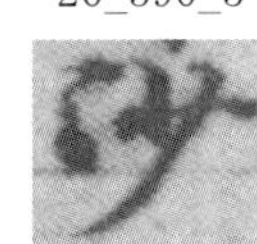
唐代•十輪經四 20_393_18

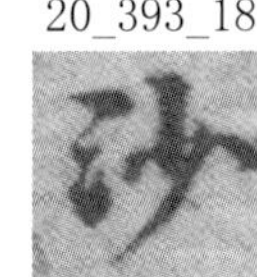
唐代•十輪經四 20_399_5

唐代•十輪經四 17_331_1

唐代•十輪經四 17_337_8

唐代•十輪經四 17_339_6

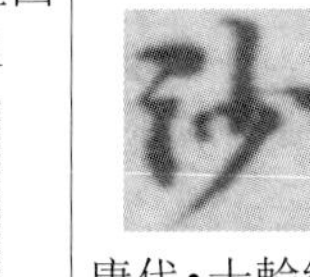
唐代•十輪經四 18_343_11

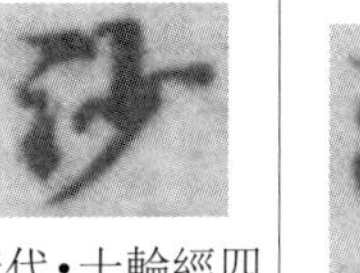
唐代•十輪經四 18_351_16

唐代•十輪經四 18_353_15

唐代•十輪經四 18_358_11

唐代•十輪經四 19_365_1

唐代•十輪經四 11_205_11

唐代•十輪經四 12_231_4

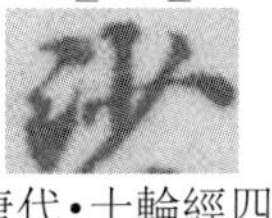
唐代•十輪經四 15_283_16

唐代•十輪經四 16_304_2

唐代•十輪經四 16_312_2

唐代•十輪經四 16_315_4

唐代•十輪經四 16_317_2

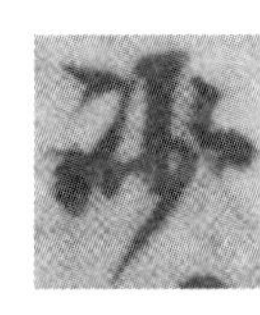
唐代•十輪經四 17_321_11

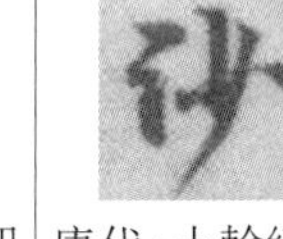
唐代•十輪經四 7_130_6

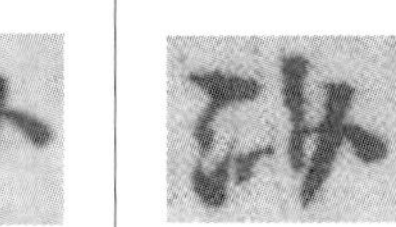
唐代•十輪經四 7_132_15

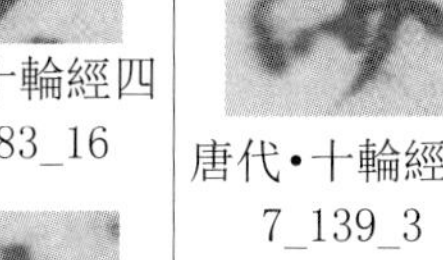
唐代•十輪經四 7_139_3

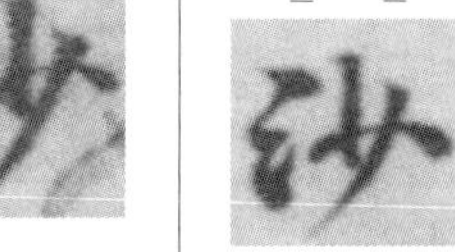
唐代•十輪經四 8_143_3

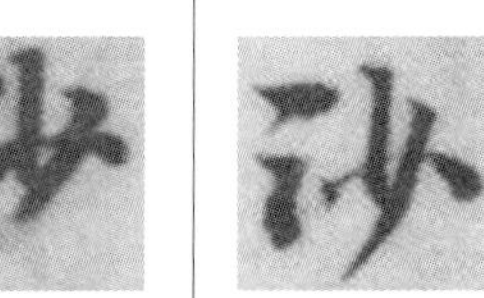
唐代•十輪經四 8_157_13

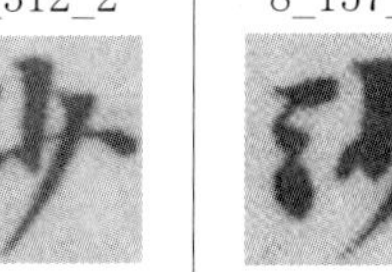
唐代•十輪經四 9_166_6

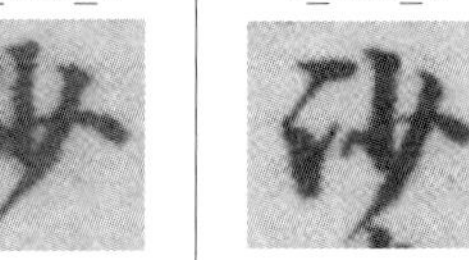
唐代•十輪經四 9_172_4

唐代•十輪經四 10_194_6

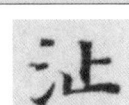

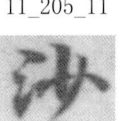

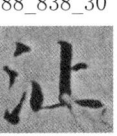

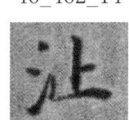

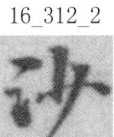

	泛	汾	沂	沃	汭	汨
	漢ハン、ホウ 訓うかぶ	漢フン 訓—	ギン漢ギ慣キ 訓ふち	漢オク慣ヨク 訓そそぐ	漢ゼイ 訓いりえ	漢ベキ 訓しずむ
 唐代•古文選後 24_285_11	 唐代•文選五九 6_57_7  唐代•文選五九 8_75_26  唐代•文選五九 15_139_25  唐代•文選五九 107_1008_10  唐代•文選六八 5_50_12  唐代•文選六八 21_209_27  唐代•文選八八 19_161_1 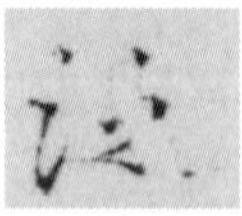 唐代•文選百三 39_395_6	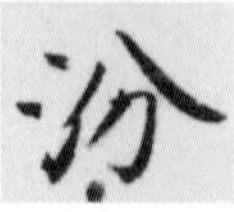 唐代•古文選後 11_124_12	 唐代•春秋經傳 36_377_12  唐代•春秋經傳 36_377_19  唐代•文選五九 42_412_2  唐代•古文選後 12_140_14  唐代•古文選後 24_282_10	 唐代•文選五九 19_186_24  唐代•文選五九 19_188_10 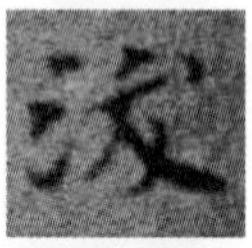 唐代•文選五九 19_189_30  唐代•文選五九 19_191_21	 唐代•春秋經傳 29_298_7  唐代•文選四八 6_47_15  唐代•文選四八 6_48_14  唐代•文選四八 6_48_22  唐代•文選四八 6_49_23  唐代•文選四八 6_50_16	 唐代•古文選前 16_186_6

沒

漢ボツ 慣モツ
訓もぐる

唐代•春秋經傳 38_404_15

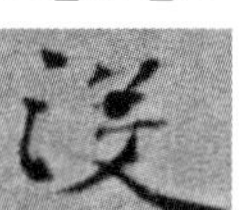
唐代•文選四八 4_25_4

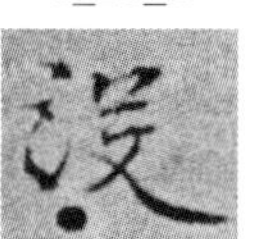
唐代•文選四八 15_132_3

唐代•文選四八 38_340_20

唐代•文選五九 1_12_10

唐代•文選五九 54_534_3

唐代•文選五九 54_534_11

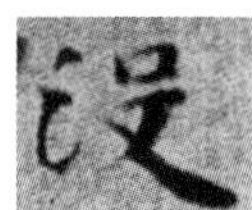
唐代•文選五九 55_537_5

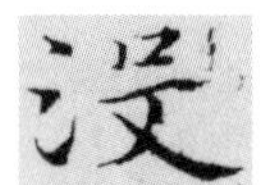
唐代•文選五九 90_859_11

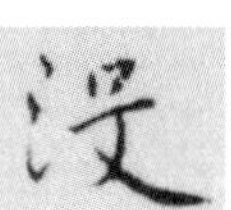
唐代•文選五九 90_861_28

唐代•文選五九 90_867_5

唐代•文選五九 90_869_12

唐代•文選五九 107_1007_16

唐代•文選六八 12_126_24

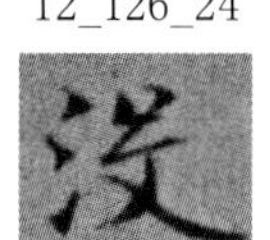
唐代•文選六八 35_347_28

唐代•文選六八 35_348_20

唐代•文選六八 44_440_8

唐代•文選六八 53_534_2

唐代•文選八八 11_93_13

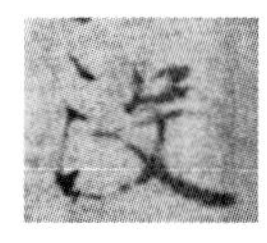
唐代•文選百三 1_8_28

唐代•文選百三 19_180_2

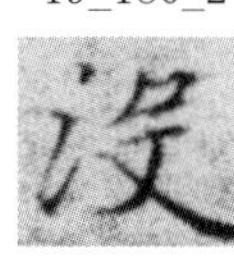
唐代•文選百三 27_265_12

唐代•文選百三 52_503_13

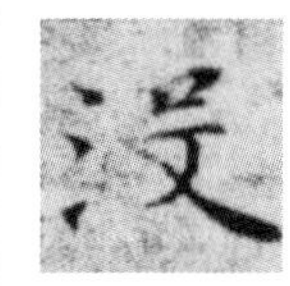
唐代•文選百三 54_518_30

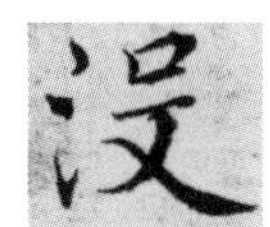
唐代•文選百三 60_575_20

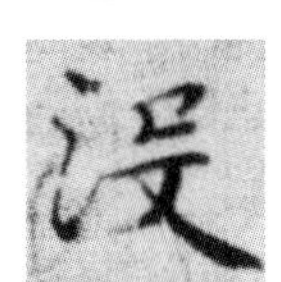
唐代•文選百三 60_578_8

唐代•文選百三 69_662_29

唐代•文選百三 69_671_26

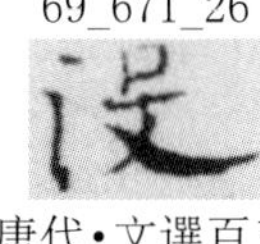
唐代•文選百三 79_751_19

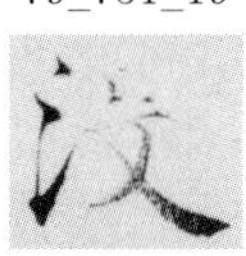
唐代•文選百三 87_832_15

唐代•文選百三 87_834_5

唐代•古文選後 2_22_9

唐代•十輪經四 6_110_12

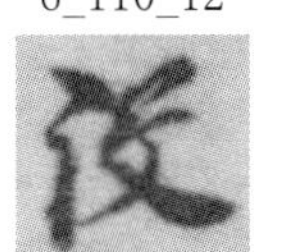
唐代•十輪經八 6_103_8

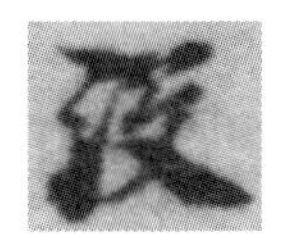
唐代•十輪經八 8_141_8

唐代•十輪經八 9_179_12

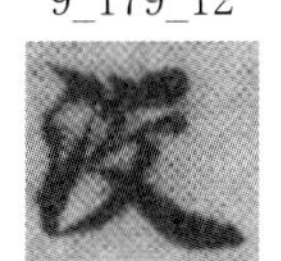
唐代•十輪經八 11_216_9

唐代•十輪經八 13_253_9

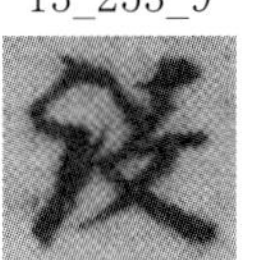
唐代•十輪經八 15_291_9

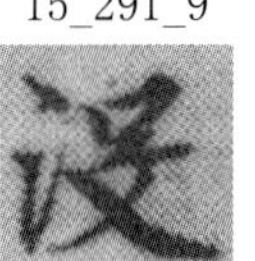
唐代•十輪經八 17_329_9

唐代•十輪經八 19_367_8

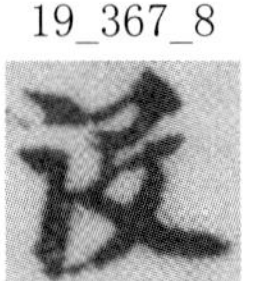
唐代•十輪經八 21_405_1

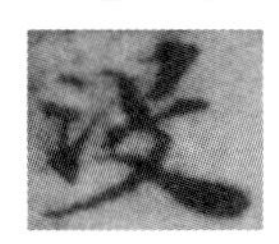
唐代•十輪經九 1_5_1

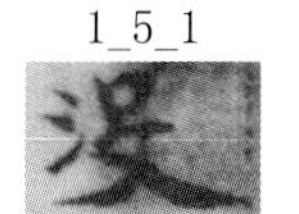
唐代•十輪經九 3_43_2

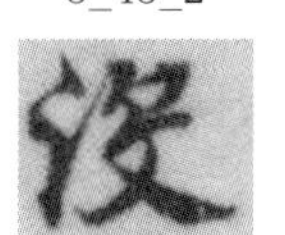
唐代•十輪經九 12_225_2

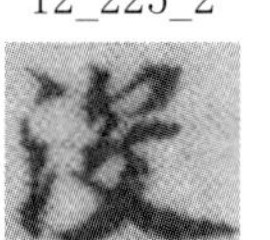
唐代•十輪經九 16_318_12

汴

漢ヘン 呉ベン
訓—

唐代•文選百三 71_690_2

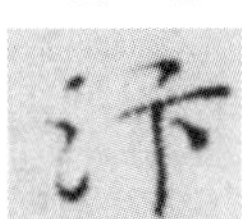
唐代•文選百三 72_695_1

唐代•文選百三 72_695_7

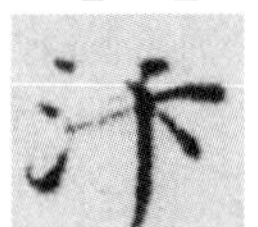
唐代•文選百三 72_698_27

沈

吳ジン 漢チン 訓しずむ

唐代・文選四八
1_6_10

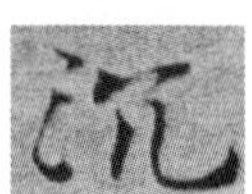
唐代・文選四八
3_20_12

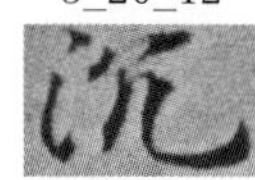
唐代・文選四八
4_21_22

唐代・文選五九
1_5_1

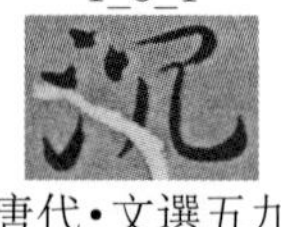
唐代・文選五九
20_195_16

唐代・文選五九
20_196_17

唐代・文選五九
20_197_4

唐代・文選五九
20_198_11

唐代・文選五九
39_389_10

唐代・文選五九
41_409_7

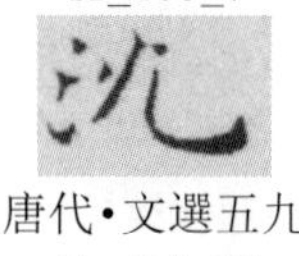
唐代・文選五九
41_411_18

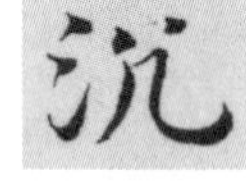
唐代・文選五九
64_613_2

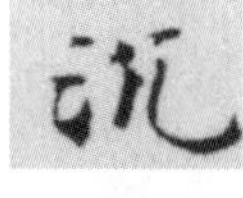
唐代・文選五九
64_613_12

唐代・文選五九
65_626_8

唐代・文選五九
66_635_1

唐代・文選五九
66_641_2

唐代・文選五九
67_644_30

唐代・文選五九
73_704_10

唐代・文選五九
102_966_1

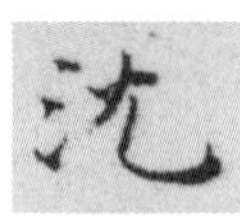
唐代・文選五九
102_966_6

唐代・文選五九
103_973_3

唐代・文選五九
107_1013_1

唐代・文選五九
109_1038_1

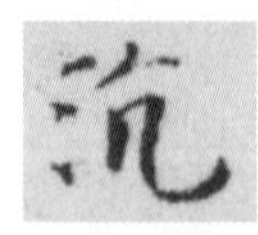
唐代・文選六八
1_7_8

唐代・文選六八
12_125_2

唐代・文選六八
12_125_13

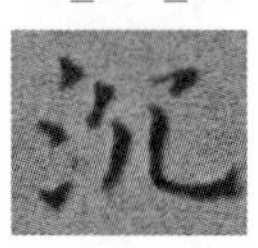
唐代・文選六八
12_126_23

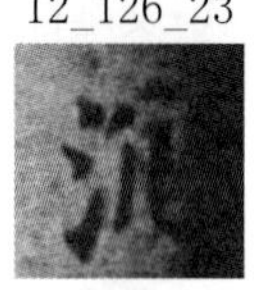
今作沉
唐代・文選六八
19_196_11

今作沉
唐代・文選六八
19_196_29

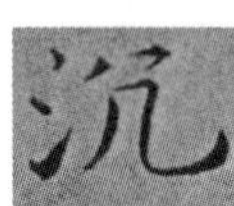
唐代・文選六八
45_445_1

唐代・文選六八
53_536_10

唐代・文選六八
70_696_1

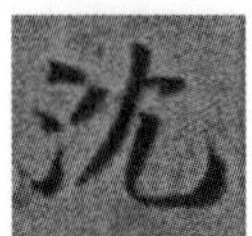
唐代・文選六八
70_698_12

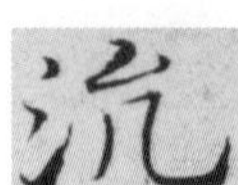
唐代・文選八八
11_89_21

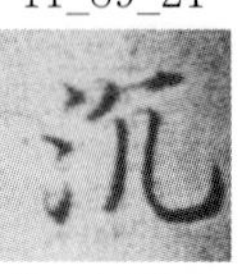
唐代・文選八八
11_93_12

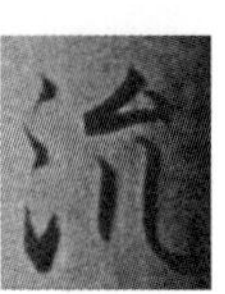
唐代・文選八八
21_189_2

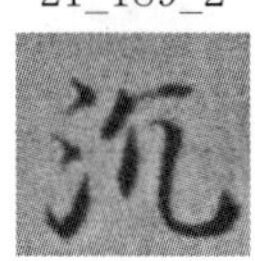
唐代・文選八八
22_193_15

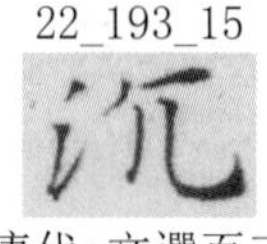
唐代・文選百三
31_306_33

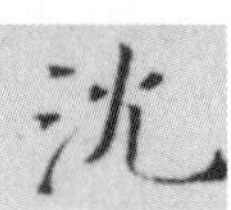
唐代・文選百三
65_621_10

唐代・文選百三
65_631_13

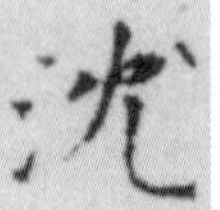
唐代・文選百三
67_642_10

唐代・文選百三
69_665_29

唐代・文選百三
69_668_3

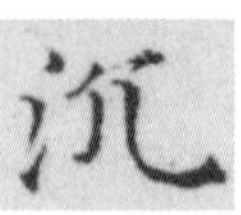
唐代・文選百三
69_670_26

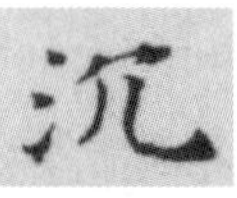
唐代・文選百三
69_671_23

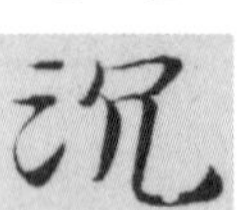
唐代・文選百三
77_734_7

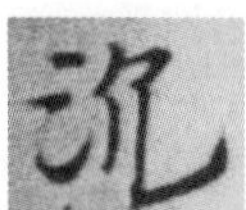
唐代・文選百三
77_736_20

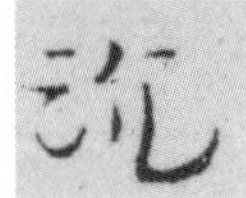
唐代・文選百三
77_738_5

唐代・古文選後
10_113_2

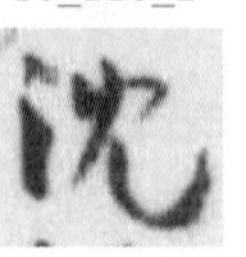
唐代・古文選後
16_183_44

唐代・古文選後
21_250_15

唐代・古文選後
22_253_2

唐代・古文選後
26_311_31

沆

漢コウ
訓ひろい

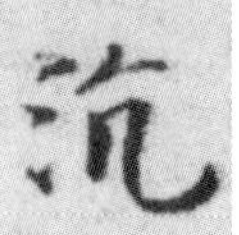
唐代•文選八八
3_8_11

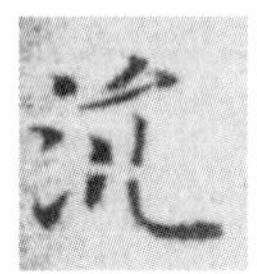
唐代•文選八八
11_92_11

決

漢ケツ呉ケチ
訓きめる

唐代•文選四八
1_4_22

唐代•文選四八
1_5_15

唐代•文選四八
1_8_13

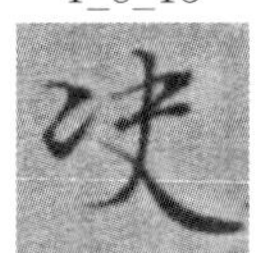
唐代•文選四八
2_12_2

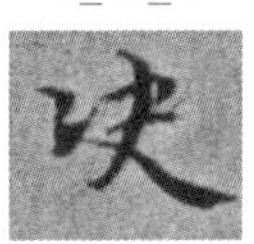
唐代•文選四八
4_23_19

唐代•文選四八
5_38_1

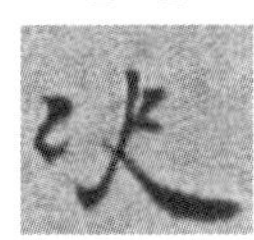
唐代•文選四八
5_40_22

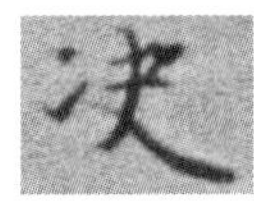
唐代•文選四八
6_46_14

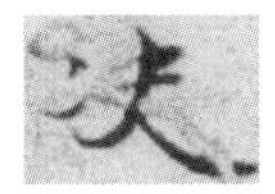
唐代•文選四八
7_56_14

唐代•文選四八
8_67_48

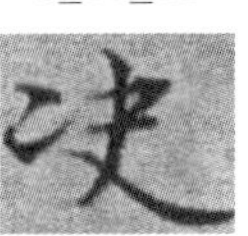
唐代•文選四八
9_77_11

唐代•文選四八
11_93_14

唐代•文選四八
12_107_7

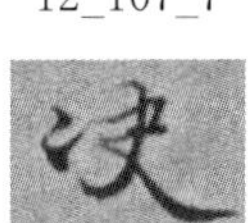
唐代•文選四八
14_122_20

唐代•文選四八
14_127_11

唐代•文選四八
15_134_3

唐代•文選四八
15_137_13

唐代•文選四八
16_145_23

唐代•文選四八
16_150_26

唐代•文選四八
18_159_21

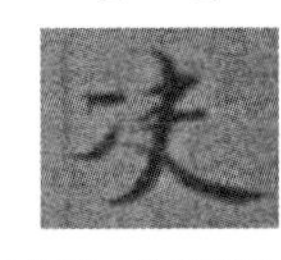
唐代•文選四八
18_165_24

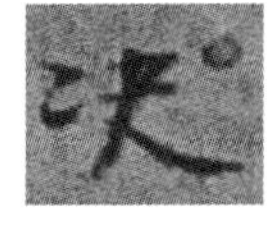
唐代•文選四八
19_173_25

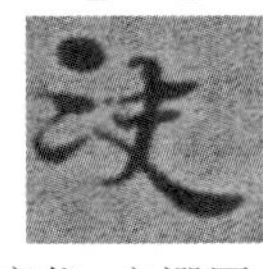
唐代•文選四八
22_196_10

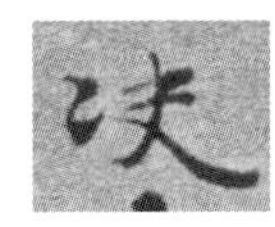
唐代•文選四八
32_287_7

唐代•文選四八
24_219_14

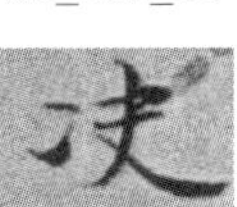
唐代•文選四八
26_234_10

唐代•文選四八
28_249_13

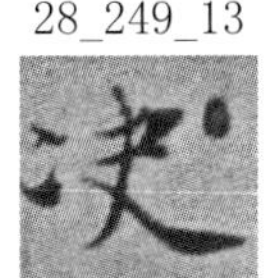
唐代•文選四八
28_258_13

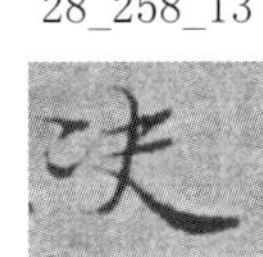
唐代•文選四八
30_270_17

唐代•文選四八
30_275_21

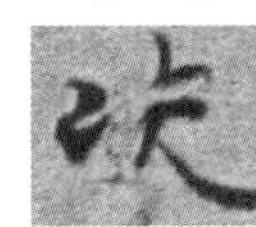
唐代•文選四八
31_281_4

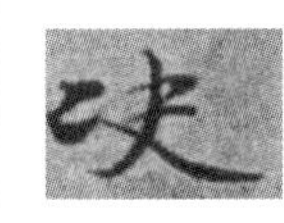
唐代•文選四八
37_333_12

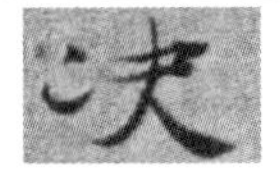
唐代•文選四八
34_301_22

唐代•文選四八
36_321_25

唐代•文選四八
38_341_8

唐代•文選四八
39_349_8

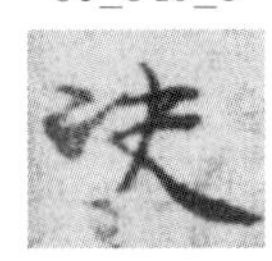
唐代•文選四八
40_361_12

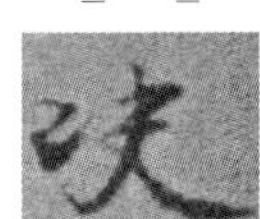
唐代•文選四八
42_381_20

唐代•文選四八
42_382_19

唐代•文選四八
45_404_5

唐代•文選四八
48_439_6

唐代•文選四八
45_408_16

唐代•文選四八
48_433_5

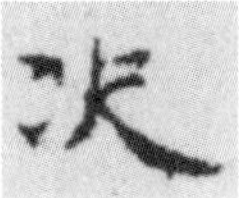
唐代•文選五九
98_930_23

唐代•文選四八
49_445_10

唐代•文選五九
100_944_6

唐代•文選五九
100_947_27

唐代•文選五九
101_951_4

唐代•文選四八
50_451_2

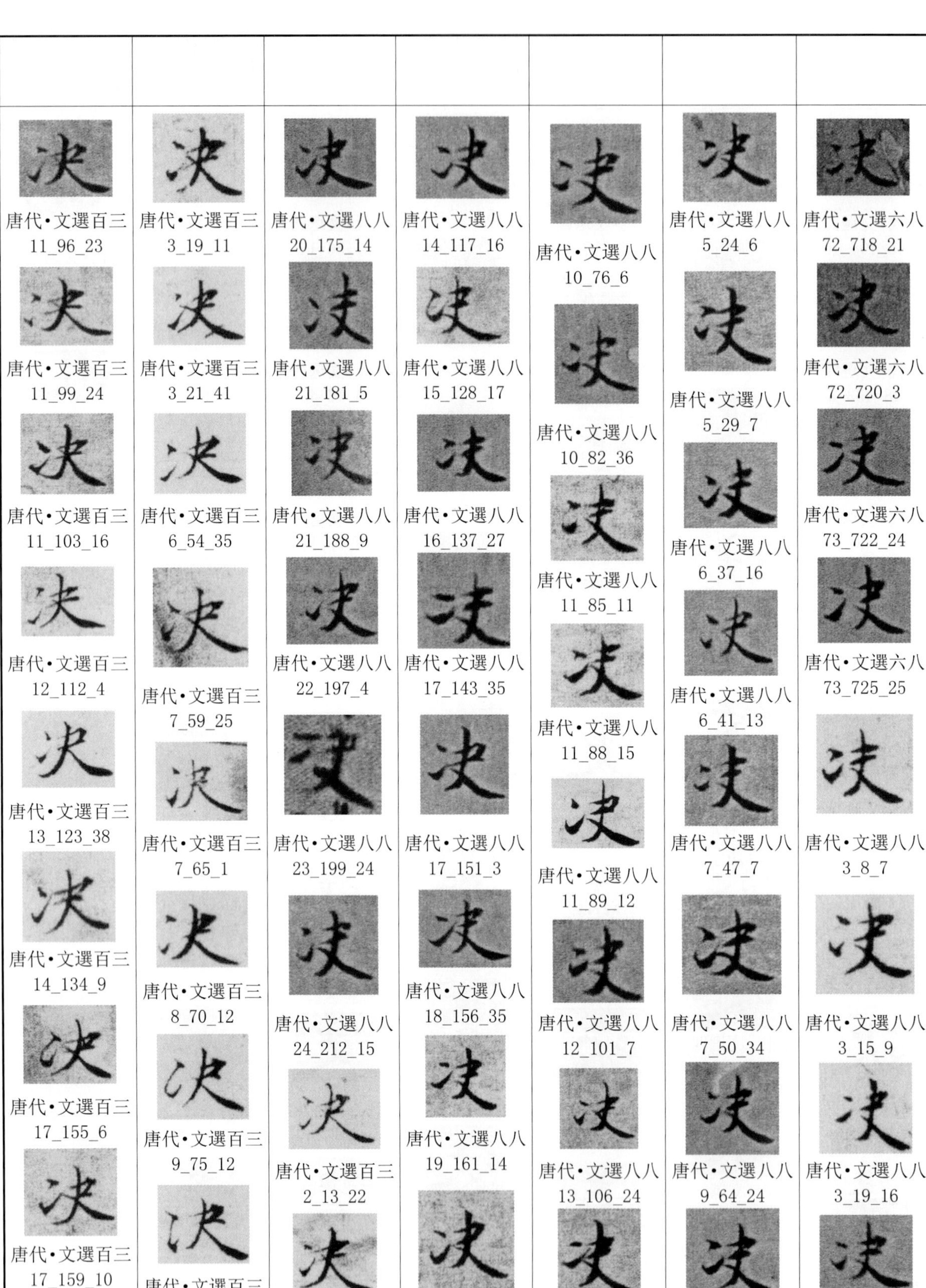

唐代•文選六八 72_718_21
唐代•文選六八 72_720_3
唐代•文選六八 73_722_24
唐代•文選六八 73_725_25
唐代•文選八八 3_8_7
唐代•文選八八 3_15_9
唐代•文選八八 3_19_16
唐代•文選八八 4_21_33

唐代•文選八八 5_24_6
唐代•文選八八 5_29_7
唐代•文選八八 6_37_16
唐代•文選八八 6_41_13
唐代•文選八八 7_47_7
唐代•文選八八 7_50_34
唐代•文選八八 9_64_24
唐代•文選八八 9_69_9

唐代•文選八八 10_76_6
唐代•文選八八 10_82_36
唐代•文選八八 11_85_11
唐代•文選八八 11_88_15
唐代•文選八八 11_89_12
唐代•文選八八 12_101_7
唐代•文選八八 13_106_24
唐代•文選八八 13_113_7

唐代•文選八八 14_117_16
唐代•文選八八 15_128_17
唐代•文選八八 16_137_27
唐代•文選八八 17_143_35
唐代•文選八八 17_151_3
唐代•文選八八 18_156_35
唐代•文選八八 19_161_14
唐代•文選八八 19_167_22

唐代•文選八八 20_175_14
唐代•文選八八 21_181_5
唐代•文選八八 21_188_9
唐代•文選八八 22_197_4
唐代•文選八八 23_199_24
唐代•文選八八 24_212_15
唐代•文選百三 2_13_22
唐代•文選百三 2_14_27

唐代•文選百三 3_19_11
唐代•文選百三 3_21_41
唐代•文選百三 6_54_35
唐代•文選百三 7_59_25
唐代•文選百三 7_65_1
唐代•文選百三 8_70_12
唐代•文選百三 9_75_12
唐代•文選百三 9_79_28

唐代•文選百三 11_96_23
唐代•文選百三 11_99_24
唐代•文選百三 11_103_16
唐代•文選百三 12_112_4
唐代•文選百三 13_123_38
唐代•文選百三 14_134_9
唐代•文選百三 17_155_6
唐代•文選百三 17_159_10

唐代•文選百三
87_834_13

唐代•十輪經四
8_150_1

唐代•十輪經四
10_199_11

唐代•十輪經四
11_210_12

唐代•十輪經四
15_290_15

唐代•十輪經四
16_311_1

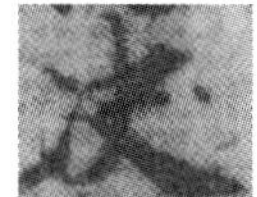
唐代•十輪經十
18_359_7

沬

漢バイ
訓—

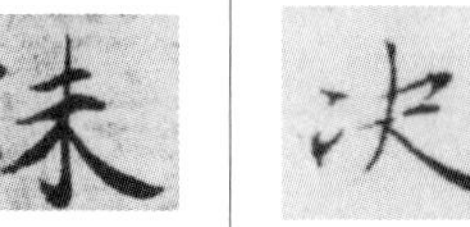
唐代•文選八八
19_164_8

沬若水
唐代•文選八八
19_165_9

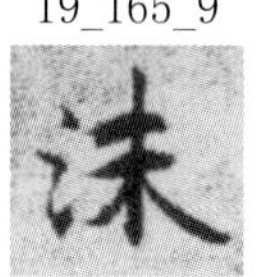
唐代•文選八八
19_165_19

沫

慣マツ漢バツ
訓あわ

唐代•文選六八
37_378_7

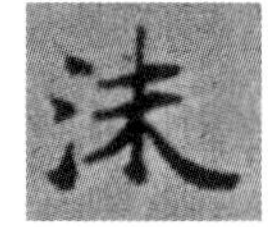
唐代•文選六八
38_379_14

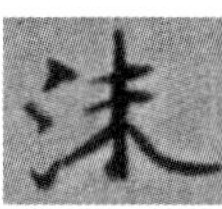
唐代•文選六八
38_380_2

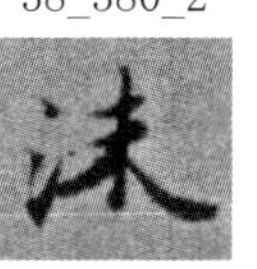
唐代•文選六八
38_380_20

唐代•文選六八
38_381_25

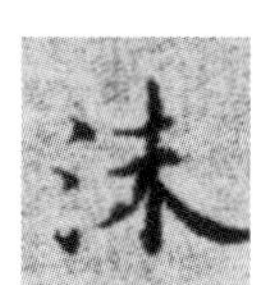
唐代•文選八八
19_167_25

唐代•古文選後
3_36_4

法

慣ハッ、ホッ漢ホウ呉ホウ
訓のり

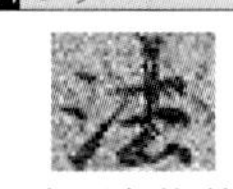
初唐•法華義疏
1_1_1

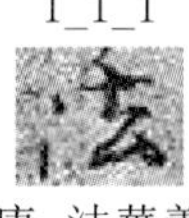
初唐•法華義疏
1_2_3

初唐•金剛場經
1_2_10

初唐•金剛場經
1_3_1

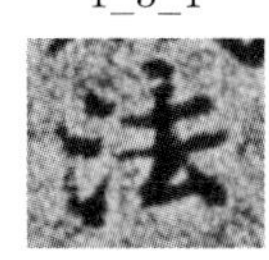
初唐•大般若經
1_2_15

初唐•大般若經
1_5_9

初唐•大般若經
1_8_13

初唐•大般若經
1_9_2

初唐•大般若經
1_20_5

初唐•大般若經
2_24_1

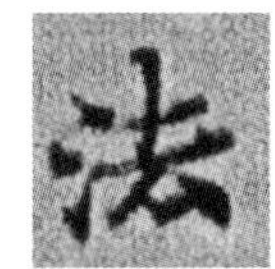
初唐•大般若經
2_26_13

初唐•大般若經
2_29_4

初唐•聖武雜集
1_9_1

中唐•金剛經題
1_1_5

中唐•金剛經題
2_11_8

中唐•金剛經題
2_12_1

中唐•七祖像贊
1_3_3

中唐・風信帖
1_5_1

中唐・風信帖
2_9_1

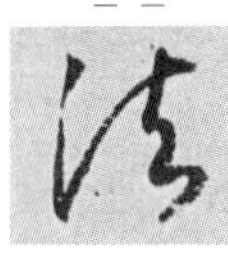
中唐・風信帖
2_9_8

中唐・風信帖
3_14_5

中唐・風信帖
4_19_4

晚唐•慶滋書狀
1_9_2

中唐・風信帖
4_20_4

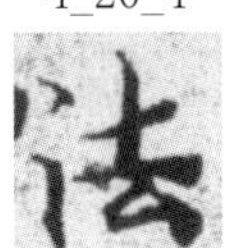
唐代•春秋經傳
5_44_4

唐代•春秋經傳
11_110_9

唐代•春秋經傳
11_111_11

唐代•春秋經傳
11_111_17

唐代•春秋經傳
31_326_8

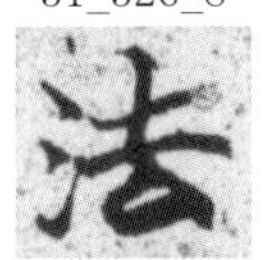
唐代•春秋經傳
31_326_21

唐代•春秋經傳
33_346_17

唐代•十輪經四 5_98_8
唐代•十輪經四 6_101_1
唐代•十輪經四 6_101_5
唐代•十輪經四 6_102_12
唐代•十輪經四 6_103_15
唐代•十輪經四 6_104_2
唐代•十輪經四 6_105_12
唐代•十輪經四 6_106_11

唐代•十輪經四 2_39_11
唐代•十輪經四 3_43_11
唐代•十輪經四 3_58_8
唐代•十輪經四 4_65_15
唐代•十輪經四 4_70_14
唐代•十輪經四 4_75_17
唐代•十輪經四 4_77_15
唐代•十輪經四 5_98_4

唐代•古文選後 5_58_9
唐代•十輪經四 1_5_3
唐代•十輪經四 1_7_10
唐代•十輪經四 1_17_5
唐代•十輪經四 1_20_9
唐代•十輪經四 1_20_12
唐代•十輪經四 2_27_4
唐代•十輪經四 2_32_4

唐代•文選百三 66_637_24
唐代•文選百三 73_704_22
唐代•文選百三 73_705_28
唐代•文選百三 78_747_26
唐代•文選百三 79_748_32
唐代•文選百三 79_748_35
唐代•文選百三 85_815_5
唐代•古文選前 4_44_4

唐代•文選百三 35_353_15
唐代•文選百三 37_367_12
唐代•文選百三 38_379_18
唐代•文選百三 47_453_17
唐代•文選百三 47_459_12
唐代•文選百三 48_460_38
唐代•文選百三 50_486_12
唐代•文選百三 58_559_8

唐代•文選六八 13_141_27
唐代•文選八八 10_78_17
唐代•文選八八 13_110_1
唐代•文選八八 13_113_26
唐代•文選八八 14_114_3
唐代•文選百三 7_67_28
唐代•文選百三 17_156_1
唐代•文選百三 17_156_21

唐代•文選四八 4_22_21
唐代•文選四八 13_117_17
唐代•文選四八 13_119_4
唐代•文選四八 14_131_3
唐代•文選五九 16_155_7
唐代•文選五九 58_561_16
唐代•文選五九 60_577_22
唐代•文選五九 78_750_7
唐代•文選六八 13_137_1

唐代•十輪經八 3_53_6
唐代•十輪經八 3_58_2
唐代•十輪經八 4_61_1
唐代•十輪經八 4_69_3
唐代•十輪經八 4_73_16
唐代•十輪經八 4_74_5
唐代•十輪經八 5_81_15
唐代•十輪經八 5_82_1
唐代•十輪經八 5_90_6
唐代•十輪經八 5_92_9
唐代•十輪經八 6_104_16
唐代•十輪經八 6_110_12
唐代•十輪經八 6_114_5
唐代•十輪經八 6_115_9
唐代•十輪經八 6_115_17
唐代•十輪經八 6_116_7
唐代•十輪經八 6_116_14
唐代•十輪經八 7_121_5
唐代•十輪經八 7_121_11
唐代•十輪經八 7_128_9
唐代•十輪經八 7_128_13
唐代•十輪經八 7_129_16
唐代•十輪經八 7_133_16
唐代•十輪經八 7_139_11
唐代•十輪經八 7_140_6
唐代•十輪經八 8_142_17
唐代•十輪經八 8_148_12
唐代•十輪經八 8_152_11
唐代•十輪經八 8_154_6
唐代•十輪經八 8_154_14
唐代•十輪經八 8_155_4
唐代•十輪經八 8_159_18
唐代•十輪經八 8_160_6
唐代•十輪經八 9_167_3
唐代•十輪經八 9_167_7
唐代•十輪經八 9_168_10
唐代•十輪經八 9_172_10
唐代•十輪經八 9_178_10
唐代•十輪經八 10_181_5
唐代•十輪經八 10_187_2
唐代•十輪經八 10_190_11
唐代•十輪經八 10_192_5
唐代•十輪經八 10_192_13
唐代•十輪經八 10_193_2
唐代•十輪經八 10_197_13
唐代•十輪經八 10_198_2
唐代•十輪經八 11_204_16
唐代•十輪經八 11_205_3
唐代•十輪經八 11_206_7
唐代•十輪經八 11_210_7
唐代•十輪經八 11_218_1
唐代•十輪經八 12_223_17
唐代•十輪經八 12_227_9
唐代•十輪經八 12_229_4
唐代•十輪經八 12_229_12
唐代•十輪經八 12_230_1

法
唐代•十輪經九 11_207_2
唐代•十輪經九 11_207_10
唐代•十輪經九 11_208_1
唐代•十輪經九 11_208_5
唐代•十輪經九 11_208_10
唐代•十輪經九 11_208_14
唐代•十輪經九 11_208_18
唐代•十輪經九 11_209_4
唐代•十輪經九 11_209_8
唐代•十輪經九 11_209_12
唐代•十輪經九 11_210_4
唐代•十輪經九 11_212_6
唐代•十輪經九 11_215_8
唐代•十輪經九 11_215_16
唐代•十輪經九 11_216_3
唐代•十輪經九 11_216_15
唐代•十輪經九 11_217_6
唐代•十輪經九 11_217_10
唐代•十輪經九 11_218_5
唐代•十輪經九 11_218_13
唐代•十輪經九 11_218_17
唐代•十輪經九 11_219_12
唐代•十輪經九 12_223_16
唐代•十輪經九 12_225_5
唐代•十輪經九 12_225_13
唐代•十輪經九 12_226_5
唐代•十輪經九 12_227_4
唐代•十輪經九 12_227_17
唐代•十輪經九 12_233_4
唐代•十輪經九 12_233_25
唐代•十輪經九 12_234_5
唐代•十輪經九 12_236_5
唐代•十輪經九 12_236_17
唐代•十輪經九 12_237_4
唐代•十輪經九 12_237_26
唐代•十輪經九 14_268_5
唐代•十輪經九 15_284_14
唐代•十輪經九 16_300_2
唐代•十輪經九 16_310_13
唐代•十輪經九 16_317_8
唐代•十輪經九 17_320_4
唐代•十輪經九 17_325_15
唐代•十輪經九 17_329_7
唐代•十輪經九 17_330_1
唐代•十輪經九 17_330_9
唐代•十輪經九 17_330_16
唐代•十輪經十 1_9_14
唐代•十輪經十 1_12_2
唐代•十輪經十 1_13_17
唐代•十輪經十 1_15_15
唐代•十輪經十 2_24_10
唐代•十輪經十 2_27_9
唐代•十輪經十 2_28_2
唐代•十輪經十 3_51_5
唐代•十輪經十 3_53_7
唐代•十輪經十 4_64_10
唐代•十輪經十 7_128_12

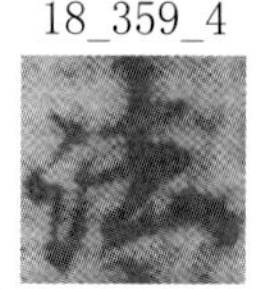
唐代•十輪經十 18_359_4
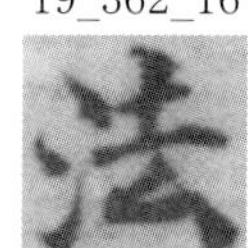
唐代•十輪經十 18_359_13
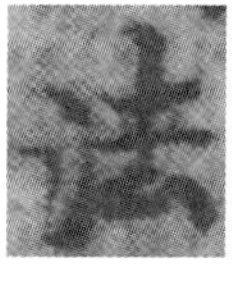
唐代•十輪經十 19_361_13
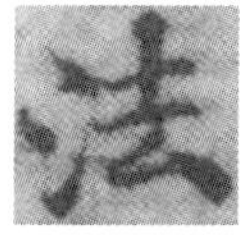
唐代•十輪經十 19_362_16
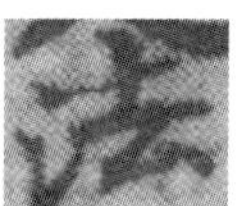
唐代•十輪經十 19_364_6
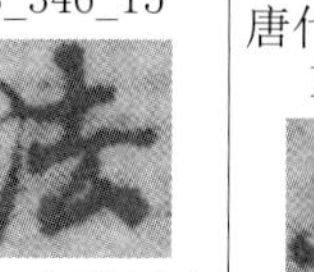
唐代•十輪經十 19_375_8
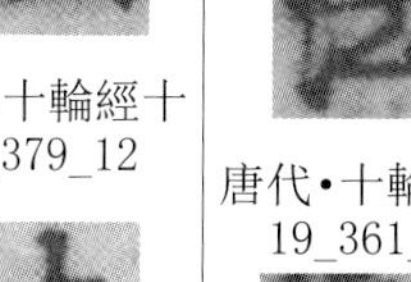
唐代•十輪經十 19_377_3
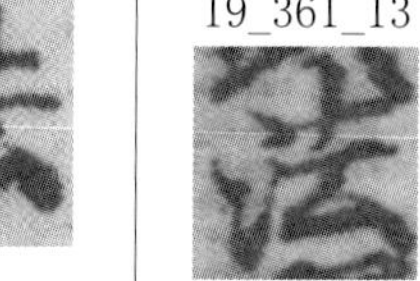
唐代•十輪經十 19_378_17

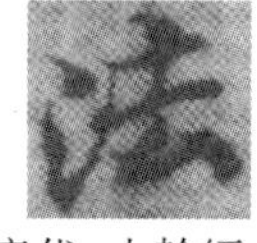
唐代•十輪經十 18_346_15
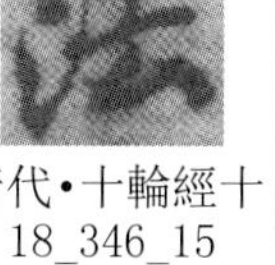
唐代•十輪經十 18_356_16

唐代•十輪經十 19_379_12
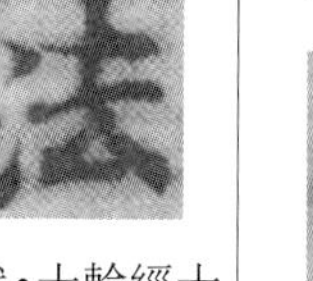
唐代•十輪經十 20_381_3

泄

エイ漢セツ
訓もれる

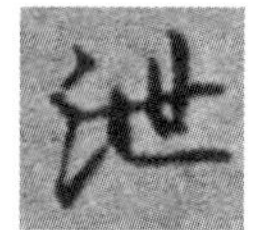
唐代•文選六八 55_548_17
唐代•文選六八 55_549_8

河

漢カ呉ガ
訓かわ

唐代•春秋經傳 2_19_22

唐代•春秋經傳 7_66_13

唐代•春秋經傳 7_67_16
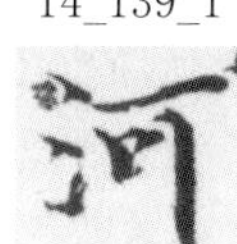
唐代•春秋經傳 10_97_3

唐代•春秋經傳 14_139_1

唐代•春秋經傳 14_139_6
唐代•春秋經傳 15_152_17
唐代•春秋經傳 25_256_6

唐代•春秋經傳 34_361_13

唐代•文選四八 6_48_2
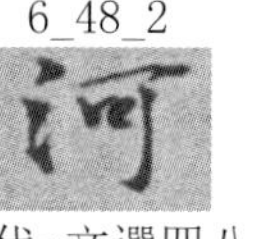
唐代•文選四八 6_50_21
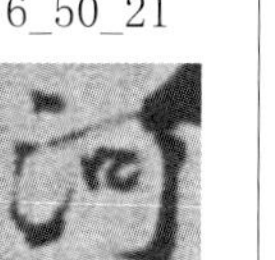
唐代•文選四八 6_50_26
唐代•文選四八 6_50_28

唐代•文選四八 6_51_2
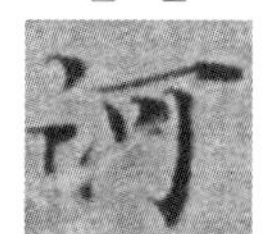
唐代•文選四八 7_60_8

唐代•文選四八 29_261_8

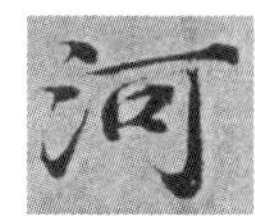
唐代•文選四八 41_366_6
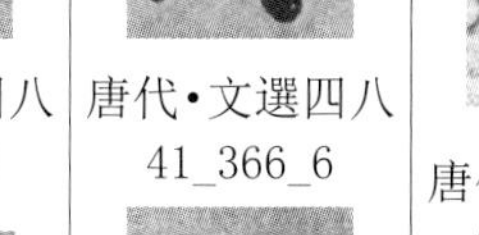
唐代•文選四八 41_367_10

唐代•文選四八 41_367_23

唐代•文選四八 41_369_4
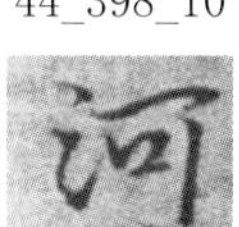
唐代•文選四八 42_382_11
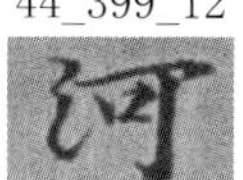
唐代•文選四八 44_398_10
唐代•文選四八 44_399_12
唐代•文選四八 44_401_6

唐代•文選四八 45_403_5

唐代•文選四八 45_403_8
唐代•文選四八 45_403_15
唐代•文選四八 45_403_20
唐代•文選四八 45_404_2
唐代•文選五九 3_23_2
唐代•文選五九 3_23_15
唐代•文選五九 3_24_13

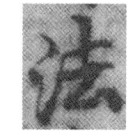

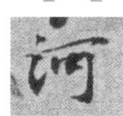

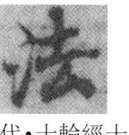

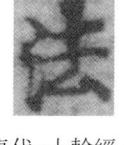

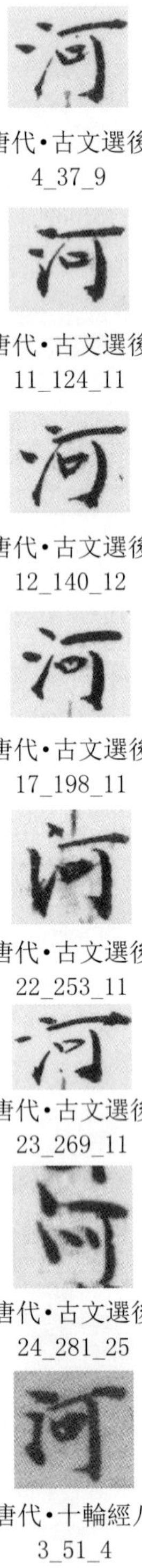

唐代•古文選後 4_37_9
唐代•古文選後 11_124_11
唐代•古文選後 12_140_12
唐代•古文選後 17_198_11
唐代•古文選後 22_253_11
唐代•古文選後 23_269_11
唐代•古文選後 24_281_25
唐代•十輪經八 3_51_4

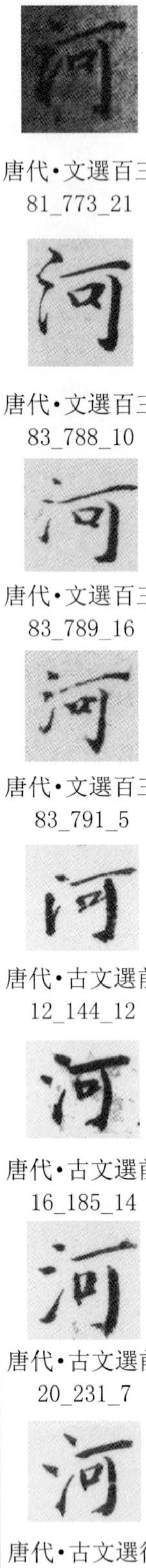

唐代•文選百三 81_773_21
唐代•文選百三 83_788_10
唐代•文選百三 83_789_16
唐代•文選百三 83_791_5
唐代•古文選前 12_144_12
唐代•古文選前 16_185_14
唐代•古文選前 20_231_7
唐代•古文選後 2_14_8

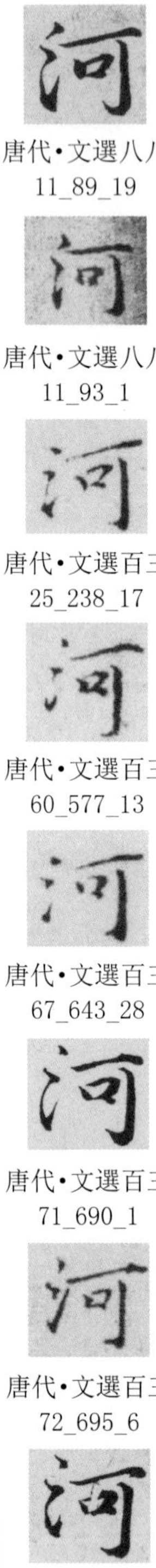

唐代•文選八八 11_89_19
唐代•文選八八 11_93_1
唐代•文選百三 25_238_17
唐代•文選百三 60_577_13
唐代•文選百三 67_643_28
唐代•文選百三 71_690_1
唐代•文選百三 72_695_6
唐代•文選百三 81_768_8

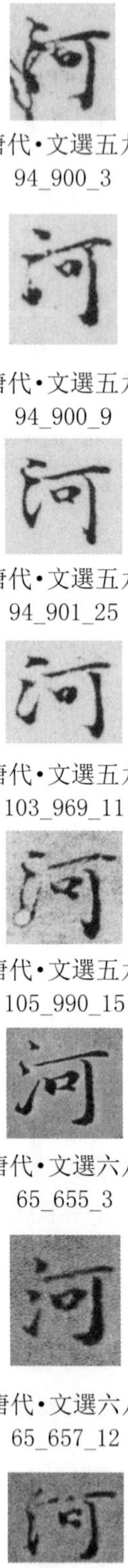

唐代•文選五九 94_900_3
唐代•文選五九 94_900_9
唐代•文選五九 94_901_25
唐代•文選五九 103_969_11
唐代•文選五九 105_990_15
唐代•文選六八 65_655_3
唐代•文選六八 65_657_12
唐代•文選六八 66_660_17

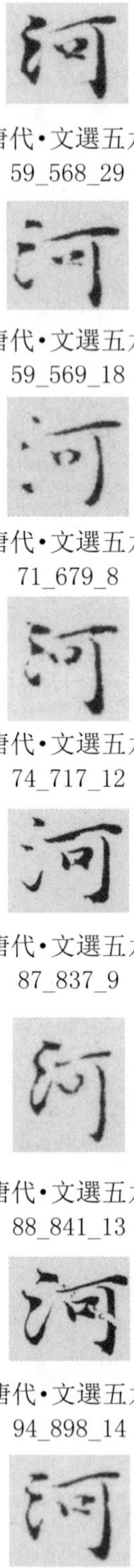

唐代•文選五九 59_568_29
唐代•文選五九 59_569_18
唐代•文選五九 71_679_8
唐代•文選五九 74_717_12
唐代•文選五九 87_837_9
唐代•文選五九 88_841_13
唐代•文選五九 94_898_14
唐代•文選五九 94_899_15

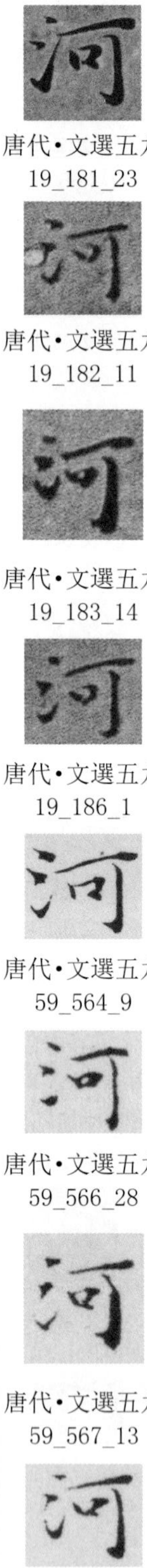

唐代•文選五九 19_181_23
唐代•文選五九 19_182_11
唐代•文選五九 19_183_14
唐代•文選五九 19_186_1
唐代•文選五九 59_564_9
唐代•文選五九 59_566_28
唐代•文選五九 59_567_13
唐代•文選五九 59_567_24

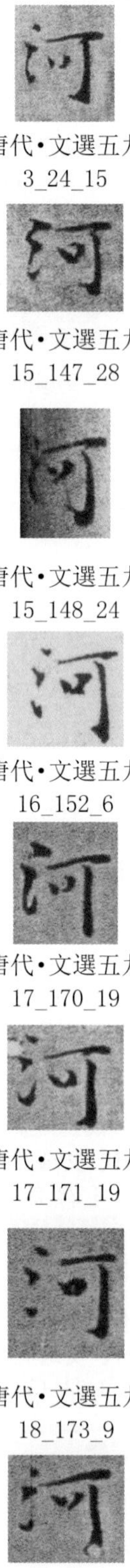

唐代•文選五九 3_24_15
唐代•文選五九 15_147_28
唐代•文選五九 15_148_24
唐代•文選五九 16_152_6
唐代•文選五九 17_170_19
唐代•文選五九 17_171_19
唐代•文選五九 18_173_9
唐代•文選五九 18_173_20

	油	沮	沾			
	漢ユウ 呉ユ 訓あぶら	漢ショ 呉ソ 訓はばむ	テン、セン、チョウ 訓ます			
唐代•十輪經四 22_430_3	唐代•文選六八 55_553_14 唐代•古文選前 16_183_11 唐代•十輪經四 21_404_9 唐代•十輪經四 21_405_7 唐代•十輪經四 21_405_17 唐代•十輪經四 21_406_16 唐代•十輪經四 21_408_3 唐代•十輪經四 21_416_14	唐代•文選四八 16_149_5 唐代•文選四八 23_206_29 唐代•文選五九 35_339_3 唐代•文選五九 35_340_8 唐代•文選五九 35_343_23 唐代•文選五九 35_344_12 唐代•文選五九 35_347_6 唐代•文選百三 54_522_26	唐代•文選五九 23_230_17 唐代•文選五九 53_518_6 唐代•文選五九 64_614_17 唐代•文選五九 64_615_23 唐代•文選五九 94_905_17 唐代•文選五九 94_905_22	唐代•十輪經十 13_241_2	唐代•十輪經八 17_329_12 唐代•十輪經八 19_367_11 唐代•十輪經八 21_405_4 唐代•十輪經九 1_5_4 唐代•十輪經九 3_43_5 唐代•十輪經九 7_128_18 唐代•十輪經九 16_318_15 唐代•十輪經十 12_240_17	唐代•十輪經八 4_78_4 唐代•十輪經八 5_86_9 唐代•十輪經八 6_103_11 唐代•十輪經八 8_141_11 唐代•十輪經八 9_179_15 唐代•十輪經八 11_216_12 唐代•十輪經八 13_253_12 唐代•十輪經八 15_291_12

冷

漢レイ呉リョウ
訓きよらか

唐代•文選五九
65_626_12

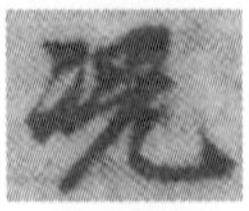
唐代•十輪經四
20_400_10

唐代•十輪經四
21_402_3

唐代•十輪經九
10_194_11

唐代•文選百三
62_599_9

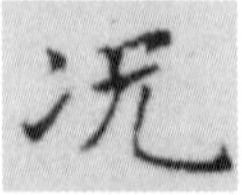
唐代•文選百三
63_601_6

唐代•文選百三
63_602_4

唐代•古文選後
7_76_14

唐代•十輪經四
8_148_15

唐代•十輪經四
8_151_9

唐代•十輪經四
8_160_7

唐代•十輪經四
11_214_4

唐代•文選五九
111_1046_16

唐代•文選六八
11_114_1

唐代•文選八八
9_63_20

唐代•文選八八
17_153_5

唐代•文選八八
18_157_6

唐代•文選百三
26_253_23

唐代•文選百三
40_402_26

唐代•文選百三
57_552_6

況

漢キョウ
訓いわんや

唐代•春秋經傳
19_198_11

唐代•春秋經傳
37_387_18

唐代•文選四八
23_206_1

唐代•文選四八
23_208_10

唐代•文選四八
48_429_14

唐代•文選五九
33_327_9

唐代•文選五九
107_1018_13

唐代•文選五九
110_1043_2

唐代•文選百三
11_103_19

唐代•文選百三
11_103_32

泱

オウ
訓—

唐代•文選六八
5_53_16

唐代•文選六八
6_55_2

唐代•文選六八
6_55_23

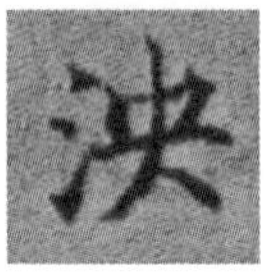
唐代•文選六八
6_56_3

泱彼樂都
唐代•文選百三
11_100_26

泱泱乎
唐代•文選百三
11_101_21

唐代•文選百三
11_102_27

注 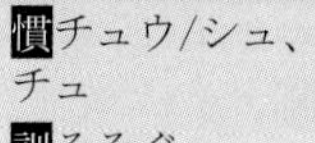

慣チュウ/シュ、チュ
訓そそぐ

唐代•文選四八
21_189_22

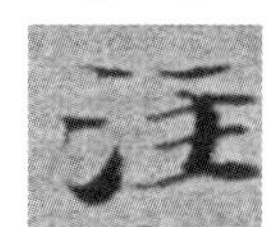
唐代•文選四八
28_254_10

唐代•文選四八
29_262_23

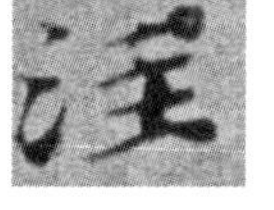
唐代•文選四八
29_263_17

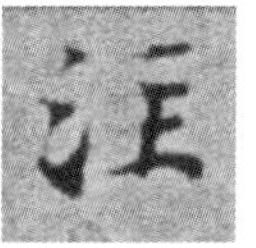
唐代•文選四八
30_269_1

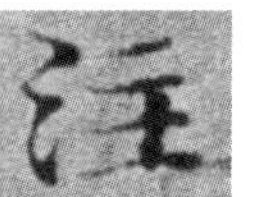
唐代•文選四八
30_272_17

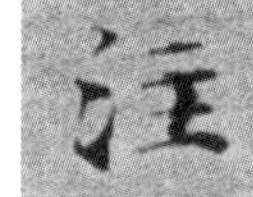
唐代•文選四八
32_290_32

唐代•文選四八
44_400_10

唐代•文選四八
48_436_17

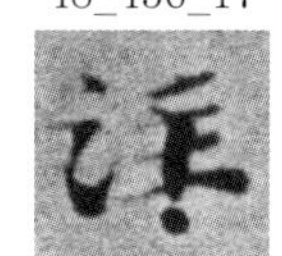
唐代•文選四八
49_443_24

唐代•文選五九
9_86_11

唐代•文選五九
10_95_10

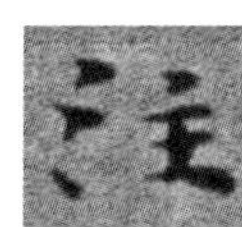
唐代•文選五九
17_167_13

唐代•文選五九
17_170_9

唐代•文選五九
19_183_25

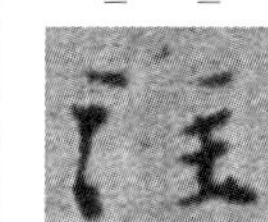
唐代•文選五九
22_213_17

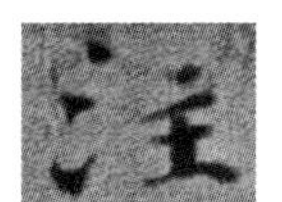
唐代•文選五九
22_214_17

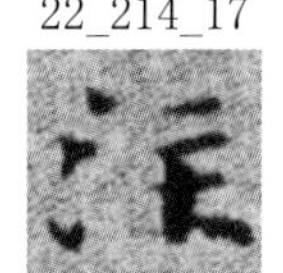
唐代•文選五九
23_220_17

唐代•文選五九
27_260_14

唐代•文選五九
27_264_17

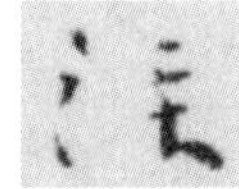
唐代•文選五九
39_389_17

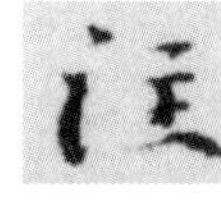
唐代•文選五九
43_418_23

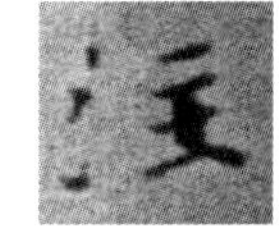
唐代•文選五九
49_487_15

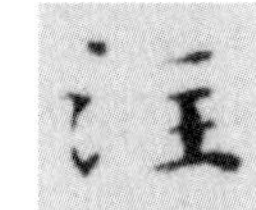
唐代•文選五九
50_495_3

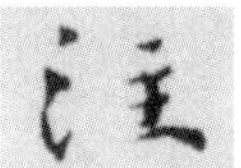
唐代•文選五九
52_515_21

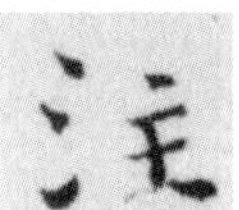
唐代•文選五九
54_531_12

唐代•文選五九
57_552_21

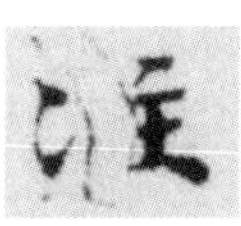
唐代•文選五九
59_567_8

唐代•文選五九
63_605_27

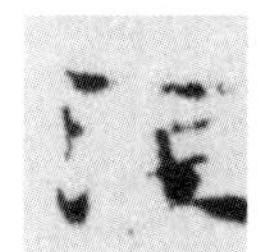
唐代•文選五九
63_610_15

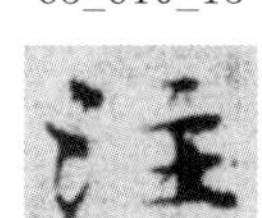
唐代•文選五九
66_641_14

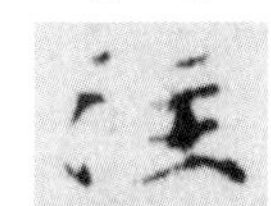
唐代•文選五九
74_705_29

唐代•文選五九
79_762_16

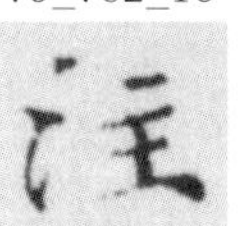
唐代•文選五九
81_779_13

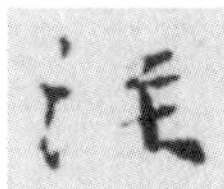
唐代•文選五九
81_779_26

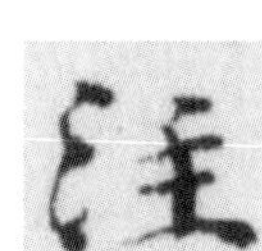
唐代•文選五九
82_784_9

唐代•文選五九
82_793_30

唐代•文選五九
85_819_16

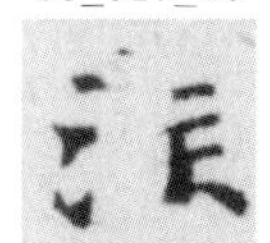
唐代•文選五九
86_823_19

唐代•文選五九
90_860_10

唐代•文選五九
98_930_7

唐代•文選五九
105_990_28

唐代•文選六八
2_14_14

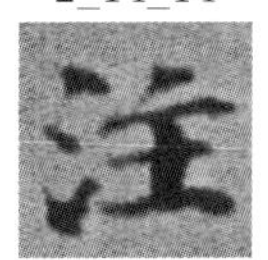
唐代•文選六八
8_87_10

唐代•文選六八
13_133_12

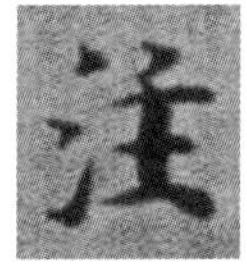
唐代•文選六八
14_143_11

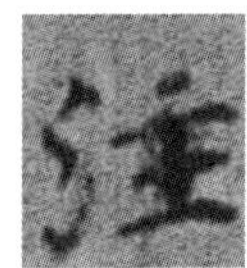
唐代•文選六八
15_150_26

唐代•文選六八
17_176_2

泜

漢テイ 呉タイ
訓—

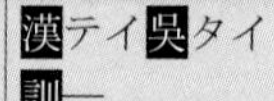
唐代•文選五九
88_839_2

泣

キュウ

訓なく

唐代・文選百三
23_218_33

唐代・文選百三
23_220_14

唐代・文選百三
48_463_3

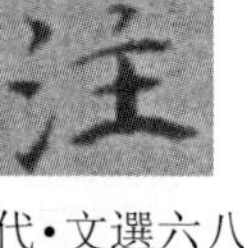
唐代・文選百三
48_463_22

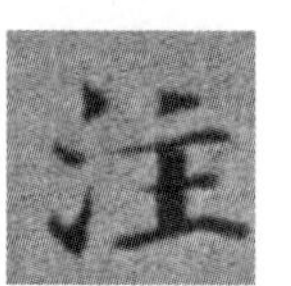
唐代・文選百三
63_609_19

唐代・春秋經傳
21_214_16

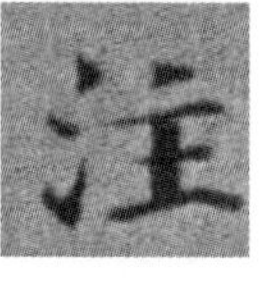
唐代・文選四八
6_52_21

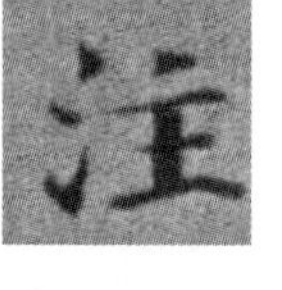
唐代・文選五九
18_175_20

唐代・文選五九
64_622_21

唐代・文選八八
17_143_6

唐代・文選八八
17_145_16

唐代・文選八八
17_151_27

唐代・文選百三
23_217_12

唐代・文選百三
81_776_21

唐代・文選百三
85_808_11

唐代・古文選後
24_281_17

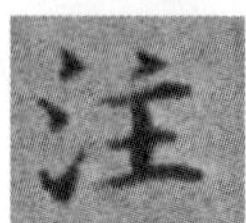
唐代・十輪經八
4_78_10

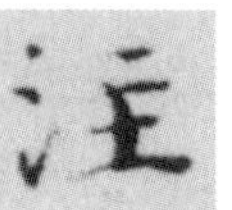
唐代・文選百三
51_490_2

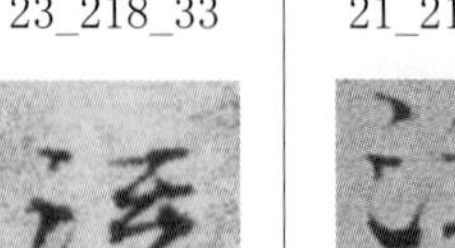
唐代・文選百三
52_497_11

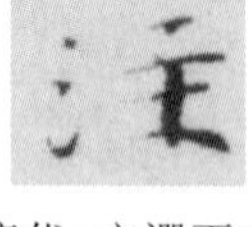
唐代・文選百三
54_518_5

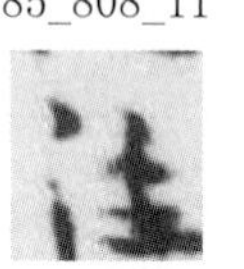
唐代・文選百三
56_536_11

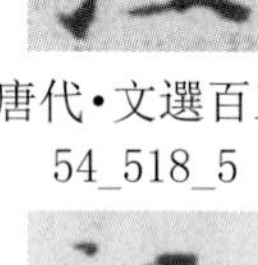
唐代・文選百三
57_543_10

唐代・文選百三
57_546_23

唐代・文選百三
71_687_13

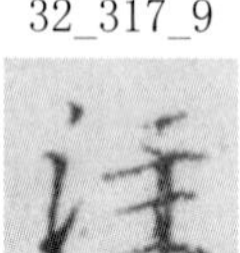
唐代・文選百三
73_707_17

唐代・文選百三
23_222_15

唐代・文選百三
25_246_26

唐代・文選百三
29_291_23

唐代・文選百三
30_296_4

唐代・文選百三
32_317_9

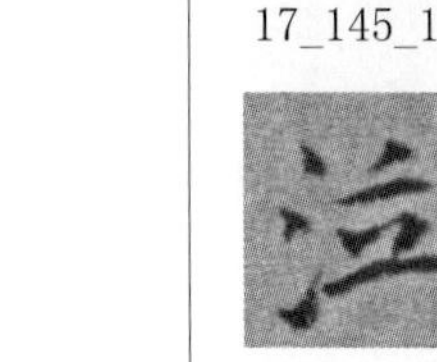
唐代・文選百三
41_413_26

唐代・文選百三
47_450_20

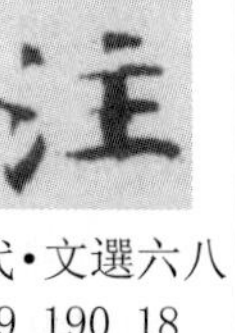
唐代・文選百三
48_460_4

唐代・文選六八
47_473_15

唐代・文選六八
51_511_23

唐代・文選六八
57_566_10

唐代・文選百三
8_69_31

唐代・文選百三
11_106_26

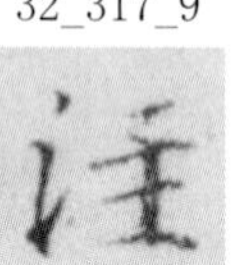
唐代・文選百三
13_119_1

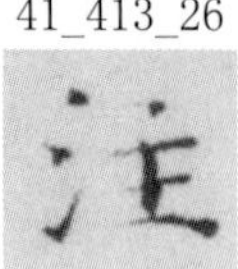
唐代・文選百三
15_142_32

唐代・文選百三
18_173_35

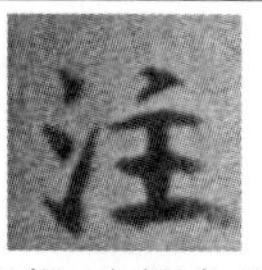
唐代・文選六八
17_176_14

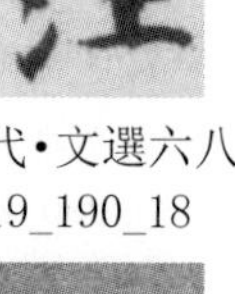
唐代・文選六八
19_190_18

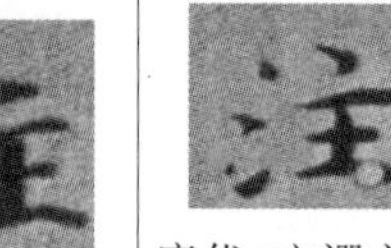
唐代・文選六八
25_254_4

唐代・文選六八
31_312_10

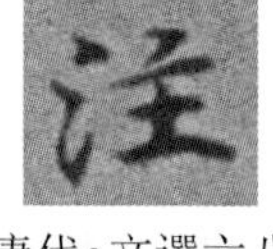
唐代・文選六八
32_323_7

唐代・文選六八
36_363_18

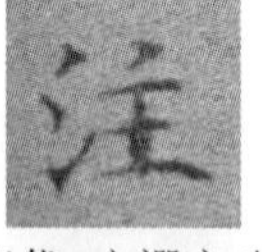
唐代・文選六八
37_374_11

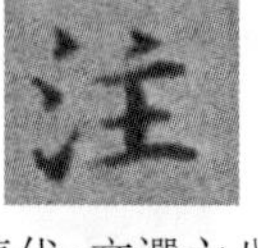
唐代・文選六八
42_422_16

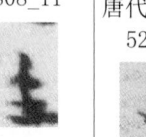

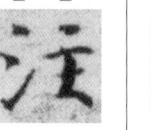

波

ハ
訓なみ

唐代•文選五九 8_72_20
唐代•文選五九 38_376_4
唐代•文選五九 38_377_10
唐代•文選五九 38_378_5
唐代•文選五九 39_379_16
唐代•文選五九 54_531_6
唐代•文選五九 54_531_23
唐代•文選五九 54_532_6

初唐•大般若經 1_1_4
初唐•大般若經 2_31_4
初唐•聖武雜集 1_10_8
唐代•文選四八 44_394_5
唐代•文選四八 44_396_23
唐代•文選四八 44_397_21
唐代•文選五九 2_13_15
唐代•文選五九 2_14_2

沸

ヒ慣フツ
訓わく

唐代•文選八八 11_83_17
唐代•文選百三 47_454_24
唐代•文選百三 47_457_5

唐代•文選六八 19_197_1
唐代•文選六八 19_198_20
唐代•文選六八 20_204_14
唐代•文選六八 21_206_14
唐代•文選六八 21_208_27
唐代•文選六八 21_210_6
唐代•文選八八 10_81_1

泥

漢デイ
訓どろ

唐代•文選百三 27_259_13
唐代•古文選前 25_293_12
唐代•古文選後 10_113_4
唐代•十輪經九 7_129_12

唐代•文選四八 19_170_4
唐代•文選四八 19_173_9
唐代•文選四八 19_174_1
唐代•文選五九 64_613_7
唐代•文選五九 64_614_10
唐代•文選五九 64_614_15
唐代•文選五九 64_614_22
唐代•文選百三 27_258_29

泳

漢エイ
訓およぐ

唐代•文選四八 33_298_14
唐代•文選四八 33_299_16
唐代•文選四八 34_300_7
唐代•文選四八 34_302_6
唐代•古文選後 18_206_9

治

漢チ 呉ジ
訓おさめる

唐代·春秋經傳
12_119_13

唐代·春秋經傳
18_189_18

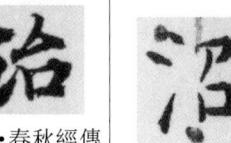

唐代·春秋經傳
18_190_9

唐代·春秋經傳
18_190_20

唐代·春秋經傳
18_191_1

唐代·春秋經傳
23_238_14

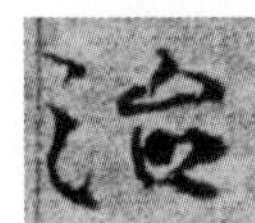
唐代·文選四八
16_142_25

唐代·文選六八
69_693_4

唐代·古文選前
19_218_6

唐代·古文選後
24_288_11

沼

ショウ
訓ぬま

唐代·文選四八
47_425_19

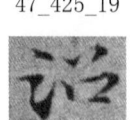

唐代·文選四八
47_426_18

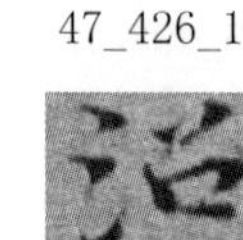
唐代·文選四八
47_428_13

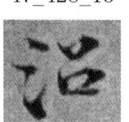

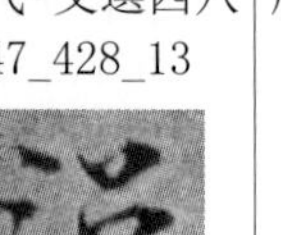
唐代·文選四八
47_428_16

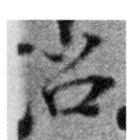

唐代·文選四八
47_428_29

唐代·文選五九
70_675_26

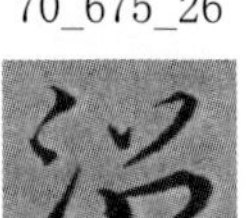
唐代·文選六八
43_432_4

唐代·文選六八
43_433_11

唐代·十輪經九
9_178_12

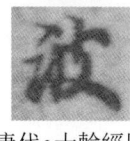

唐代·十輪經十
12_222_13

唐代·十輪經四
20_384_11

唐代·十輪經九
4_79_2

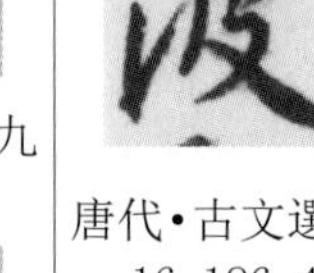
唐代·古文選前
16_186_4

唐代·古文選後
9_103_5

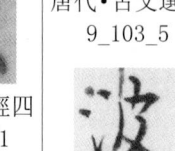

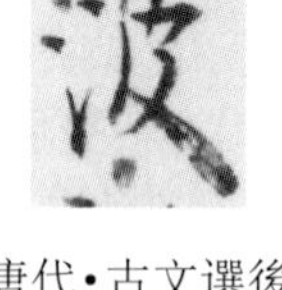
唐代·古文選後
9_105_5

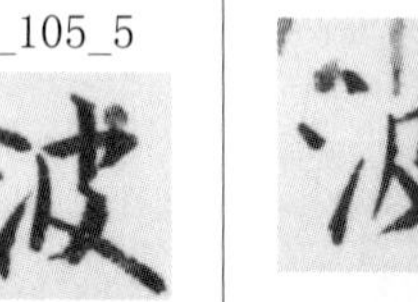
唐代·古文選後
19_217_10

唐代·古文選後
21_249_3

唐代·古文選後
24_286_11

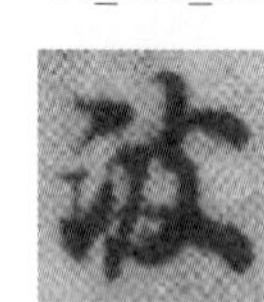
唐代·十輪經四
5_85_11

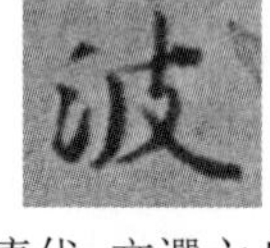
唐代·文選六八
44_440_17

唐代·古文選前
5_54_11

唐代·古文選前
8_92_15

唐代·古文選前
9_106_3

唐代·古文選前
10_120_14

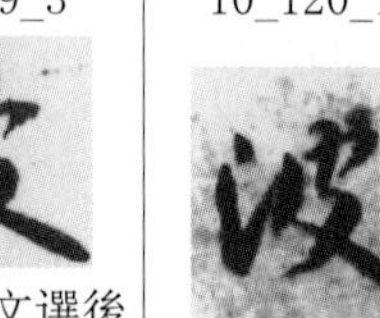
唐代·古文選前
14_158_14

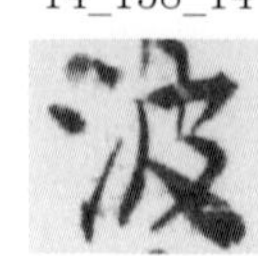
唐代·古文選後
8_87_3

唐代·文選五九
54_532_19

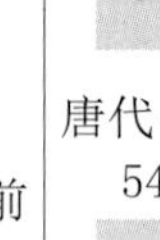
唐代·文選五九
54_533_1

唐代·文選五九
54_533_12

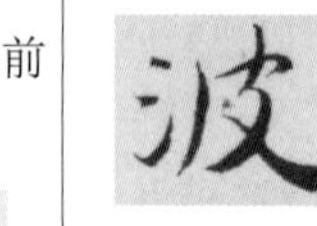
唐代·文選五九
80_771_9

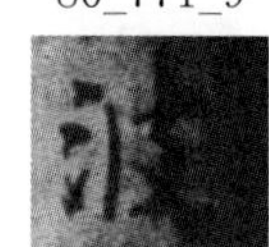
唐代·文選五九
80_773_5

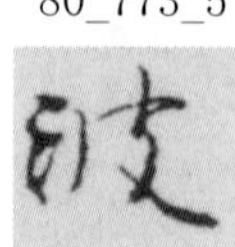
唐代·文選五九
80_774_1

唐代·文選五九
107_1008_13

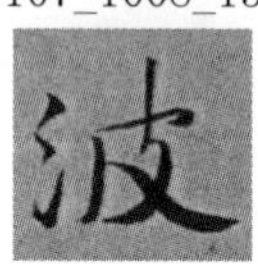
唐代·文選六八
23_237_8

泉

漢 セン
訓 いずみ

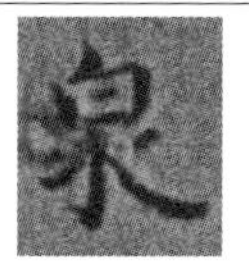
唐代・文選六八
70_697_19

唐代・古文選後
24_286_6

唐代・文選五九
74_708_19

唐代・文選五九
93_891_5

唐代・文選六八
23_234_5

唐代・文選六八
45_450_2

唐代・文選六八
45_451_1

唐代・文選六八
69_686_15

唐代・文選百三
21_199_30

唐代・文選五九
46_453_27

唐代・文選五九
46_454_24

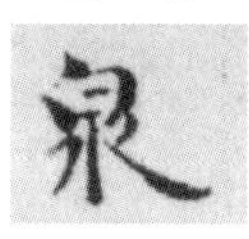
唐代・文選五九
46_455_10

唐代・文選五九
46_455_23

唐代・文選五九
66_634_23

唐代・文選五九
66_641_12

唐代・文選五九
68_658_9

唐代・文選五九
73_704_6

唐代・文選五九
3_30_25

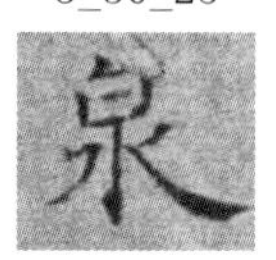
唐代・文選五九
4_32_4

唐代・文選五九
4_33_8

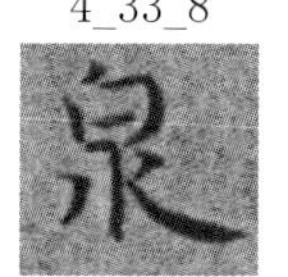
唐代・文選五九
4_33_10

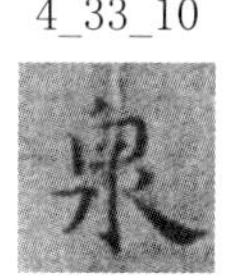
唐代・文選五九
4_33_26

唐代・文選五九
37_362_7

唐代・文選五九
46_453_1

唐代・文選五九
46_453_18

冶鑄
唐代・文選六八
23_238_16

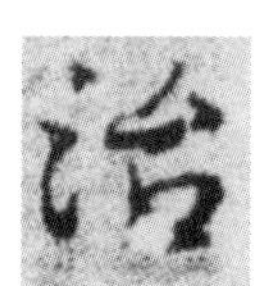
唐代・文選五九
111_1048_23

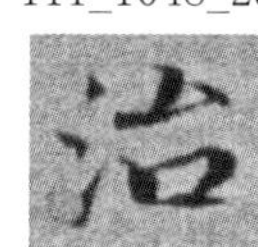
唐代・文選六八
27_273_19

唐代・文選八八
11_87_10

唐代・文選八八
12_99_2

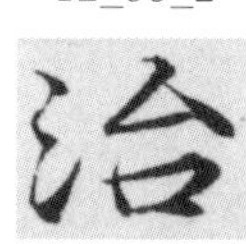
唐代・文選百三
6_50_12

唐代・古文選後
17_202_5

唐代・文選四八
42_382_3

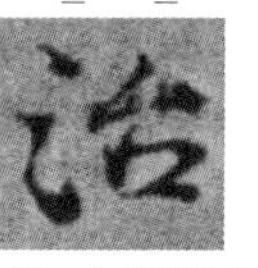
唐代・文選四八
42_382_10

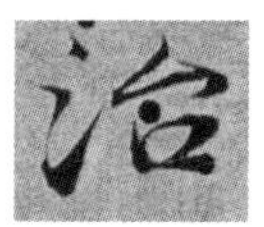
唐代・文選四八
48_430_12

唐代・文選四八
48_432 26

唐代・文選四八
48_433_10

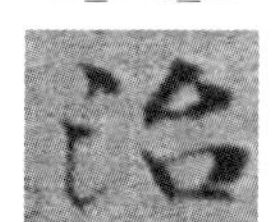
唐代・文選五九
12_115_17

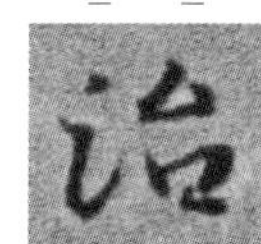
唐代・文選五九
33_330_18

唐代・文選五九
82_784_14

唐代・文選四八
13_115_6

唐代・文選四八
41_371_13

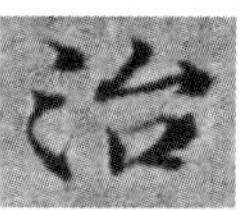
唐代・文選四八
42_372_4

唐代・文選四八
42_372_24

唐代・文選四八
42_374_14

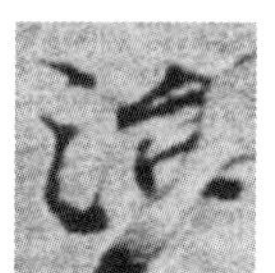
唐代・文選四八
42_378_24

唐代・文選四八
42_381_16

泚	洌	洧		洒		洪
漢セイ呉サイ 訓きよい	漢レツ 訓きよい	イ 訓—		慣シャ漢サイ 訓あらう		漢コウ 訓おおみず
 唐代•文選五九 63_610_7  唐代•文選五九 64_611_6 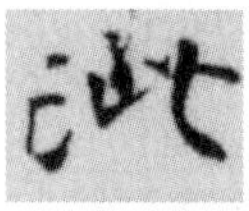 唐代•文選五九 64_611_11 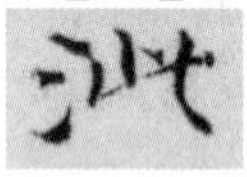 唐代•文選五九 64_611_22  唐代•文選五九 64_612_19	 唐代•文選五九 3_31_2  唐代•文選五九 4_32_1  唐代•文選五九 4_32_19  唐代•文選五九 4_32_30	 唐代•古文選前 13_156_12	 唐代•文選百三 14_134_2	 唐代•文選四八 27_246_19  唐代•文選四八 28_247_8  唐代•文選五九 15_151_11 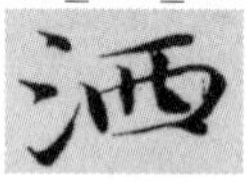 唐代•文選五九 62_599_2 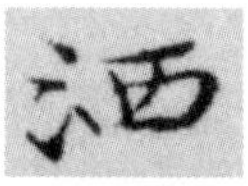 唐代•文選五九 62_599_18  唐代•文選五九 62_600_12  唐代•文選百三 14_132_26  唐代•文選百三 14_133_40	 唐代•古文選後 11_120_5  唐代•古文選後 17_203_9	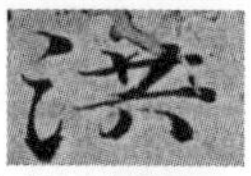 唐代•文選四八 44_394_4  唐代•文選四八 44_396_22  唐代•文選八八 10_80_21  唐代•文選八八 11_83_9  唐代•文選八八 11_87_2 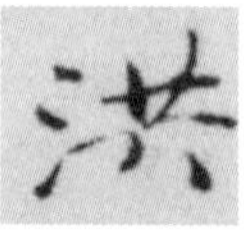 唐代•文選百三 67_640_27  唐代•古文選前 18_212_3  唐代•古文選前 25_290_13

			洗	洩		洞
			漢セン漢セイ 訓あらう	漢エイ、セツ 訓のびる		慣ドウ漢トウ 訓つらぬく
 唐代•文選六八 66_659_10	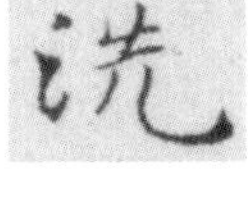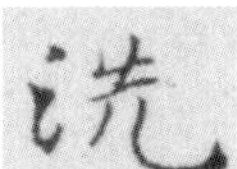 唐代•文選五九 39_386_23	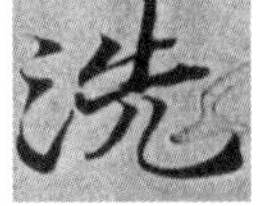 唐代•文選四八 27_245_16	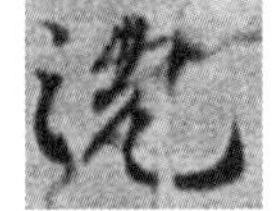 唐代•文選四八 5_38_23	 唐代•春秋經傳 17_172_7	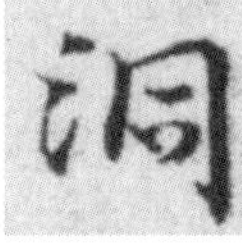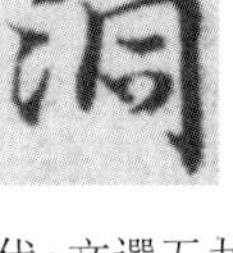 唐代•文選五九 109_1031_20	唐代•文選五九 38_376_1
唐代•文選百三 14_131_6	唐代•文選五九 53_524_12	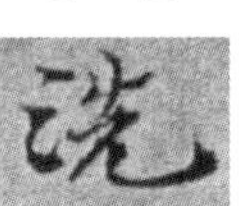 唐代•文選四八 28_249_6	唐代•文選四八 6_43_8	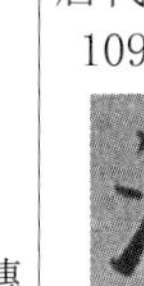 唐代•春秋經傳 17_173_2	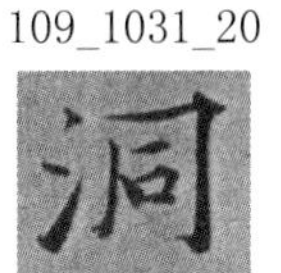 唐代•文選六八 6_58_9	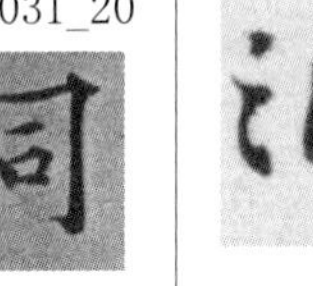 唐代•文選五九 38_377_7
唐代•文選百三 14_134_12	唐代•文選五九 62_601_17	唐代•文選四八 28_249_14	 唐代•文選四八 11_97_21	 唐代•春秋經傳 30_313_7	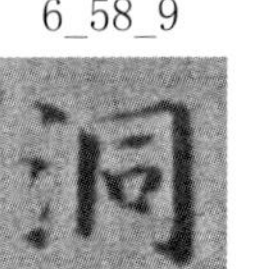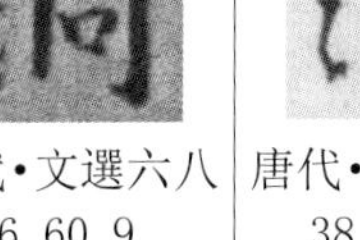 唐代•文選六八 6_60_9	唐代•文選五九 38_378_2
唐代•文選百三 14_134_25	唐代•文選六八 13_130_22	唐代•文選四八 28_249_26	 唐代•文選四八 24_218_21	 唐代•春秋經傳 30_313_9	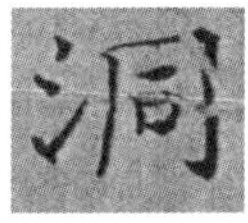 唐代•文選六八 49_493_15	唐代•文選五九 38_378_12
	唐代•文選六八 13_130_25	唐代•文選四八 30_275_18	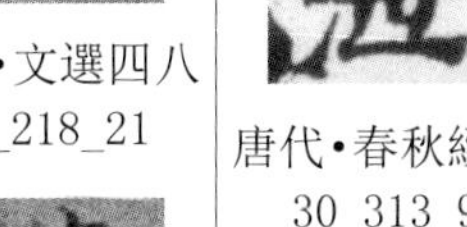 唐代•文選四八 25_225_7	 唐代•春秋經傳 31_322_25	 唐代•文選六八 49_496_25	唐代•文選五九 39_379_11
	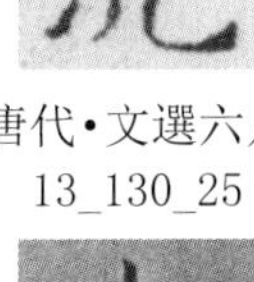 唐代•文選六八 65_655_6	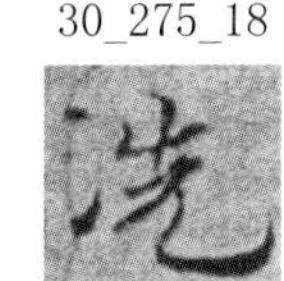 唐代•文選四八 31_277_8	唐代•文選四八 25_227_48	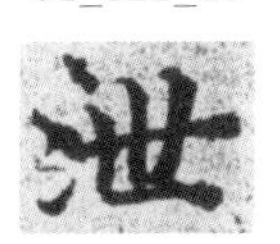 唐代•春秋經傳 31_325_1	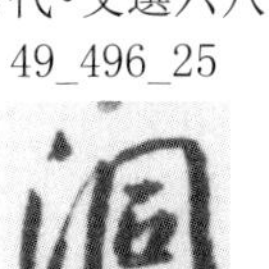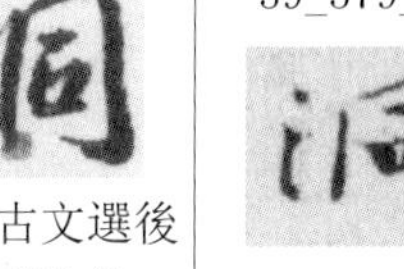 唐代•古文選後 12_137_6	唐代•文選五九 40_395_12
	唐代•文選六八 65_656_8	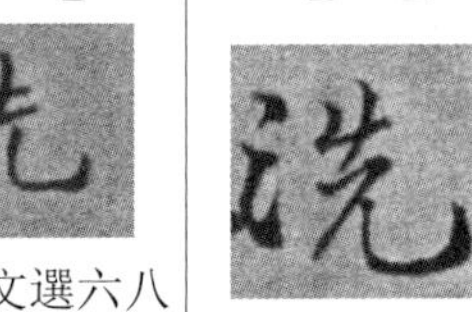 唐代•文選四八 33_295_9	唐代•文選四八 27_243_8	 唐代•春秋經傳 31_325_17	 唐代•古文選後 26_307_1	 唐代•文選五九 109_1030_14
	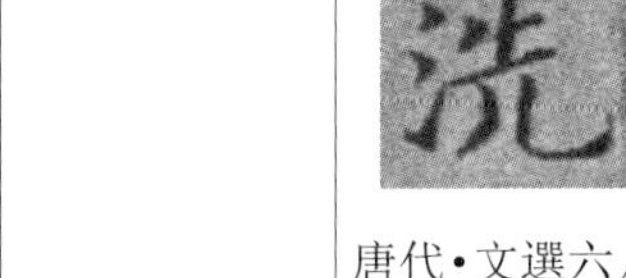 唐代•文選六八 65_657_14	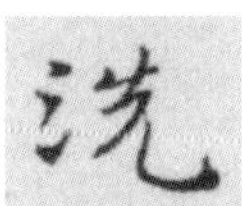 唐代•文選五九 39_386_5	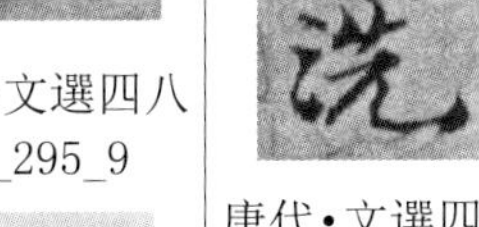 唐代•文選四八 27_244_19	 唐代•文選六八 55_549_13		 唐代•文選五九 109_1031_16

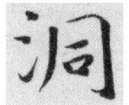

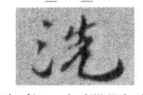

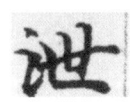

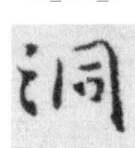

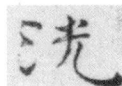

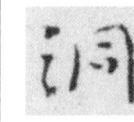

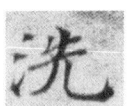

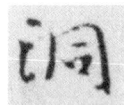

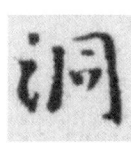

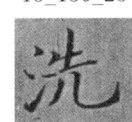

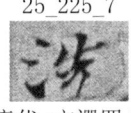

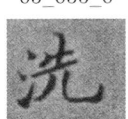

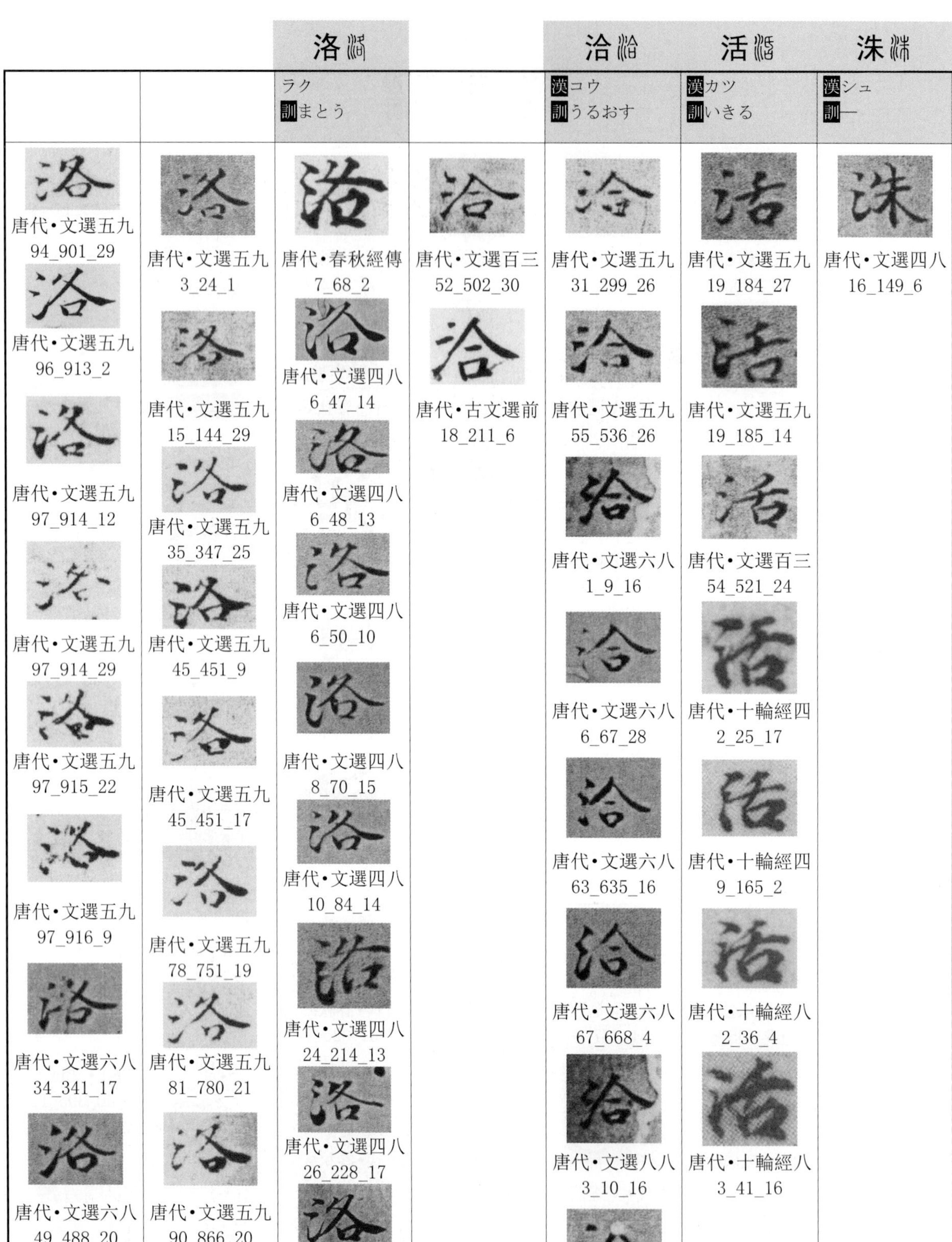

洙

漢シュ
訓—

唐代・文選四八 16_149_6

活

漢カツ
訓いきる

唐代・文選五九 19_184_27
唐代・文選五九 19_185_14
唐代・文選百三 54_521_24
唐代・十輪經四 2_25_17
唐代・十輪經四 9_165_2
唐代・十輪經八 2_36_4
唐代・十輪經八 3_41_16

洽

漢コウ
訓うるおす

唐代・文選五九 31_299_26
唐代・文選五九 55_536_26
唐代・文選六八 1_9_16
唐代・文選六八 6_67_28
唐代・文選六八 63_635_16
唐代・文選六八 67_668_4
唐代・文選八八 3_10_16
唐代・文選八八 21_187_11
唐代・文選百三 52_502_30
唐代・古文選前 18_211_6

洛

ラク
訓まとう

唐代・春秋經傳 7_68_2
唐代・文選四八 6_47_14
唐代・文選四八 6_48_13
唐代・文選四八 6_50_10
唐代・文選四八 8_70_15
唐代・文選四八 10_84_14
唐代・文選四八 24_214_13
唐代・文選四八 26_228_17
唐代・文選五九 3_23_7
唐代・文選五九 3_24_1
唐代・文選五九 15_144_29
唐代・文選五九 35_347_25
唐代・文選五九 45_451_9
唐代・文選五九 45_451_17
唐代・文選五九 78_751_19
唐代・文選五九 81_780_21
唐代・文選五九 90_866_20
唐代・文選五九 90_869_14
唐代・文選五九 94_901_29
唐代・文選五九 96_913_2
唐代・文選五九 97_914_12
唐代・文選五九 97_914_29
唐代・文選五九 97_915_22
唐代・文選五九 97_916_9
唐代・文選六八 34_341_17
唐代・文選六八 49_488_20
唐代・文選六八 59_585_12

洲

漢シュウ呉ス
訓す

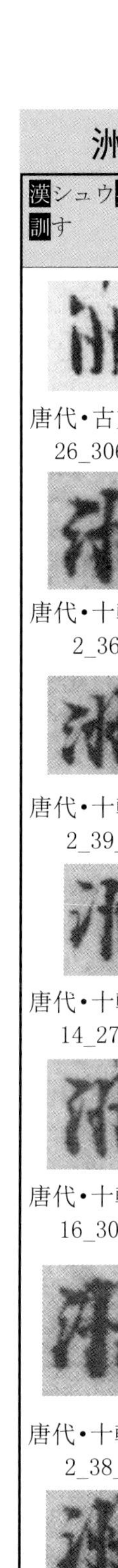

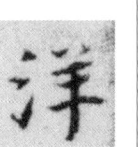

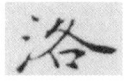

唐代·古文選後 26_306_20

唐代·十輪經四 2_36_2

唐代·十輪經四 2_39_13

唐代·十輪經四 14_278_7

唐代·十輪經四 16_301_7

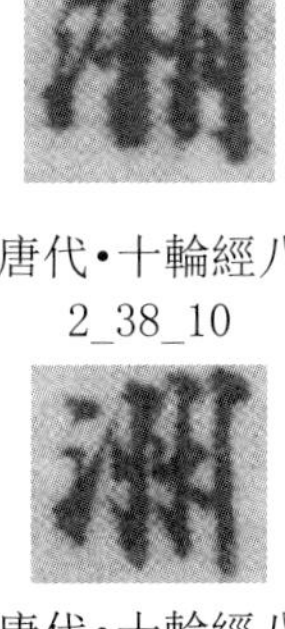

唐代·十輪經八 2_38_10

唐代·十輪經八 3_51_1

唐代·十輪經十 13_249_14

洋

ヨウ漢ショウ
訓なだ

唐代·文選八八 3_11_5

唐代·文選八八 17_146_8

唐代·文選八八 17_148_7

唐代·文選八八 17_148_21

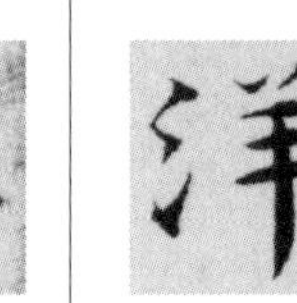

唐代·文選六八 1_8_4

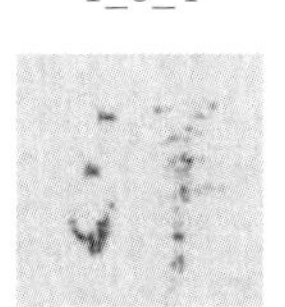

唐代·文選六八 1_9_13

唐代·文選六八 1_10_5

唐代·文選六八 1_10_19

唐代·文選八八 3_9_4

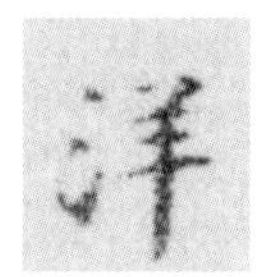

唐代·文選八八 3_10_13

唐代·文選八八 3_11_19

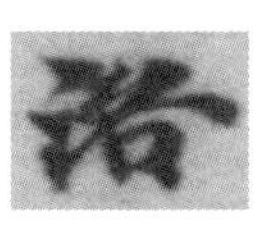

唐代·十輪經八 4_64_8

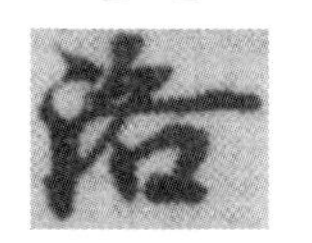

唐代·十輪經十 20_385_15

唐代·十輪經十 20_386_1

唐代·古文選後 11_119_51

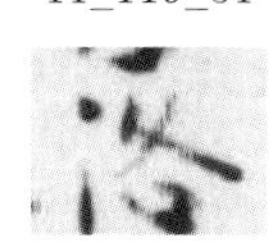

唐代·古文選後 13_150_20

唐代·古文選後 18_215_14

唐代·古文選後 22_260_30

唐代·古文選後 22_261_8

唐代·古文選後 22_261_11

唐代·十輪經八 4_63_5

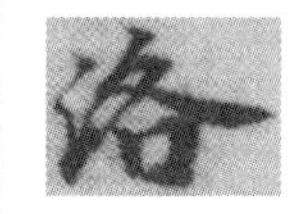

唐代·十輪經十 20_385_9

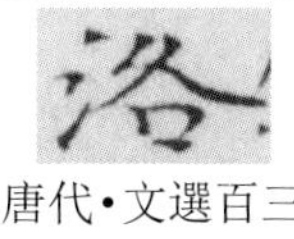

唐代·文選百三 79_751_25

唐代·文選百三 81_774_17

唐代·文選百三 83_788_14

唐代·文選百三 83_791_10

唐代·古文選前 9_112_1

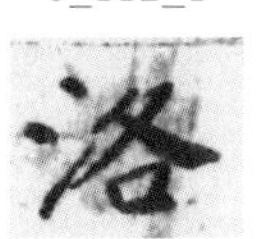

唐代·古文選前 11_133_2

唐代·古文選前 11_134_11

唐代·古文選前 12_140_7

唐代·古文選前 12_144_13

唐代·文選八八 7_47_11

唐代·文選八八 16_138_9

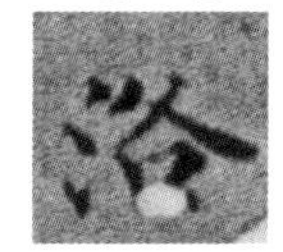

唐代·文選八八 23_199_32

唐代·文選百三 24_230_13

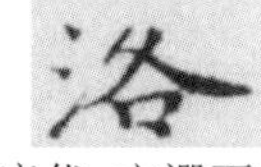

唐代·文選百三 67_643_9

唐代·文選百三 67_648_4

唐代·文選百三 67_650_15

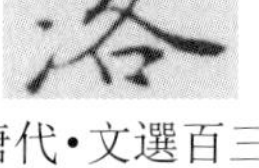

唐代·文選百三 67_650_17

唐代·文選百三 79_749_6

浦

漢ホ
訓うら

唐代・古文選前
2_18_12

唐代・古文選後
21_251_2

泰

タイ
訓やすい

唐代・古文選後
13_150_60

唐代・古文選後
19_219_11

唐代・十輪經四
7_135_14

唐代・文選六八
65_646_2

唐代・文選六八
65_649_5

唐代・文選六八
69_683_20

唐代・文選六八
69_683_24

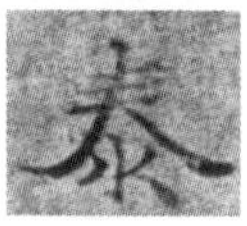
唐代・文選百三
1_6_11

唐代・古文選前
5_51_1

唐代・古文選前
18_211_10

唐代・古文選後
13_144_8

中唐・七祖像贊
1_3_2

中唐・七祖像贊
1_5_2

唐代・春秋經傳
28_292_13

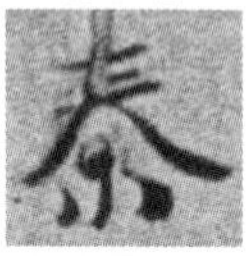
唐代・文選四八
49_443_7

唐代・文選四八
49_443_14

唐代・文選五九
62_598_13

唐代・文選五九
62_602_4

唐代・文選六八
16_162_19

浹

ショウ
訓あまねし

唐代・文選八八
13_104_7

浙

漢セツ
訓—

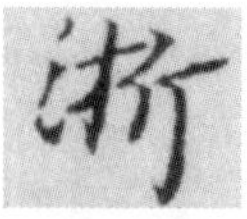
唐代・文選四八
1_4_16

唐代・文選四八
1_5_10

唐代・文選四八
1_5_20

唐代・文選四八
1_6_26

唐代・文選四八
1_8_7

唐代・文選四八
1_8_18

唐代・文選四八
1_8_20

津

シン
訓つ

唐代・文選五九
71_679_9

唐代・文選百三
81_776_16

唐代・古文選後
25_296_3

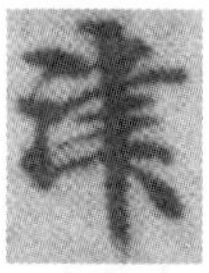
唐代・十輪經八
3_51_8

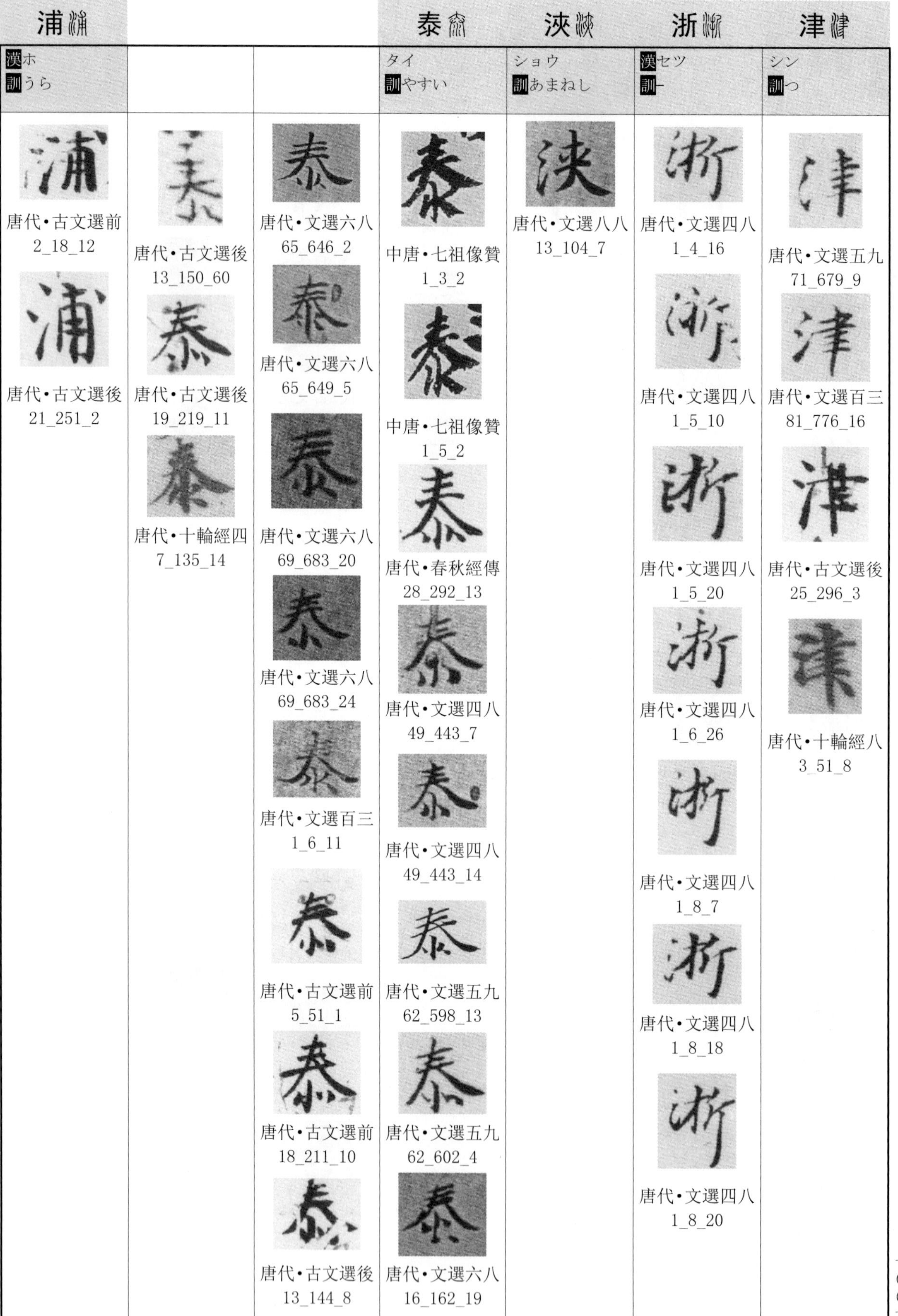

涇

漢ケイ
訓ながれ

唐代・文選五九
74_709_7

唐代・文選百三
25_249_19

唐代・文選百三
34_336_10

消

ショウ
訓きえる

唐代・文選四八
4_23_9

唐代・文選四八
4_24_20

唐代・文選四八
48_430_10

唐代・文選四八
48_432_6

唐代・文選五九
10_97_22

唐代・文選六八
8_76_9

涉

漢ショウ
訓わたる

唐代・文選四八
1_3_23

唐代・文選四八
35_313_16

唐代・古文選前
1_9_5

唐代・古文選後
3_36_13

涅

慣ネツ漢デツ
訓くろつち

唐代・文選四八
18_167_8

唐代・文選四八
19_170_19

唐代・文選四八
19_173_4

唐代・文選四八
19_173_8

唐代・文選四八
19_173_20

唐代・文選四八
19_173_26

唐代・文選百三
15_140_7

唐代・文選百三
15_142_8

唐代・文選百三
15_142_39

唐代・文選百三
15_146_13

唐代・古文選前
16_192_9

唐代・十輪經四
14_263_10

唐代・十輪經八
5_84_14

唐代・十輪經八
5_87_3

唐代・十輪經八
5_88_1

唐代・十輪經八
5_93_2

唐代・十輪經八
7_121_7

唐代・十輪經八
8_160_2

唐代・十輪經八
10_197_15

唐代・十輪經八
12_235_7

唐代・十輪經八
14_272_8

唐代・十輪經八
16_310_6

唐代・十輪經八
18_348_15

唐代・十輪經八
20_386_11

唐代・十輪經八
22_426_2

唐代・十輪經九
2_24_11

唐代・十輪經九
4_63_16

唐代・十輪經九
5_88_5

唐代・十輪經九
5_97_1

唐代・十輪經九
5_98_16

唐代・十輪經九
6_100_7

唐代・十輪經九
6_102_3

唐代・十輪經九
6_104_2

唐代・十輪經九
6_108_5

唐代・十輪經九
9_171_14

唐代・十輪經九
9_175_3

唐代・十輪經九
10_182_9

唐代・十輪經十
6_108_15

唐代・十輪經十
8_140_17

唐代・十輪經十
8_146_9

涓

ケン
訓しずく

唐代・文選六八
49_490_17

浩

漢コウ
訓ひろい

唐代・文選五九
93_894_1

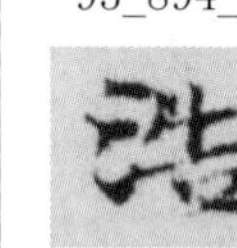

唐代・文選五九
93_895_12

唐代・文選五九
94_896_27

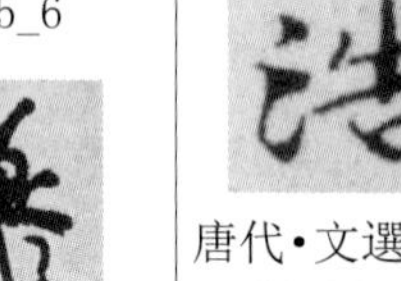

唐代・文選五九
94_897_5

唐代・文選五九
94_897_27

海

カイ
訓うみ

初唐・法華義疏
1_1_18

初唐・大般若經
2_33_11

中唐・風信帖
1_5_6

中唐・風信帖
3_12_5

唐代・春秋經傳
18_183_26

唐代・文選四八
1_4_3

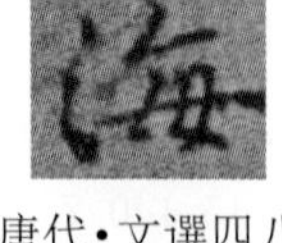

唐代・文選四八
17_154_20

唐代・文選四八
20_185_1

唐代・文選四八
23_206_3

唐代・文選四八
23_206_12

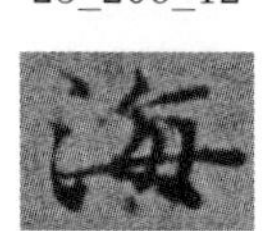

唐代・文選四八
23_206_22

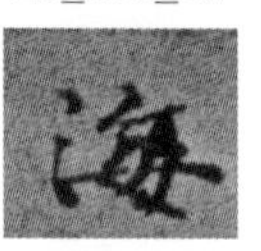

唐代・文選四八
23_207_1

唐代・文選四八
23_208_12

唐代・文選五九
12_115_3

唐代・文選五九
12_115_12

唐代・文選五九
12_116_17

唐代・文選五九
13_126_11

唐代・文選五九
14_137_13

唐代・文選五九
14_138_13

唐代・文選五九
14_138_16

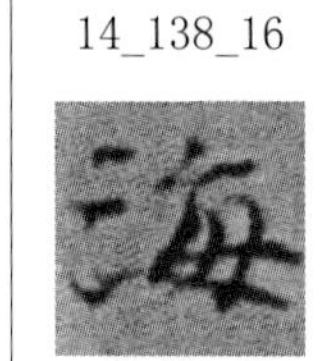

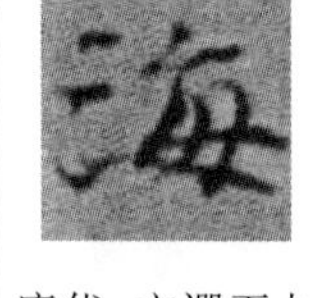

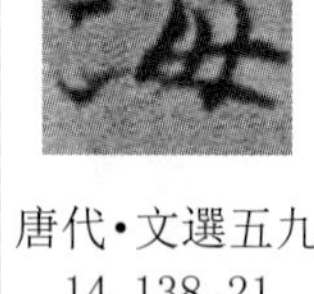

唐代・文選五九
14_138_21

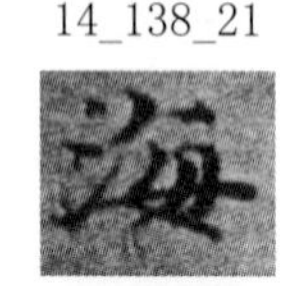

唐代・文選五九
15_140_18

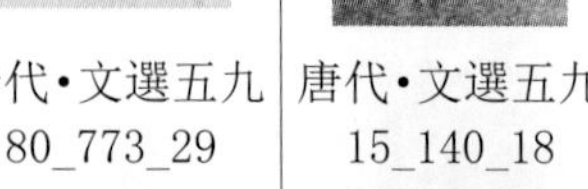

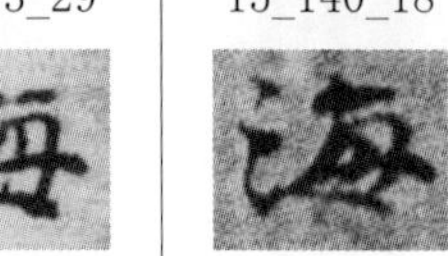

唐代・文選五九
15_142_12

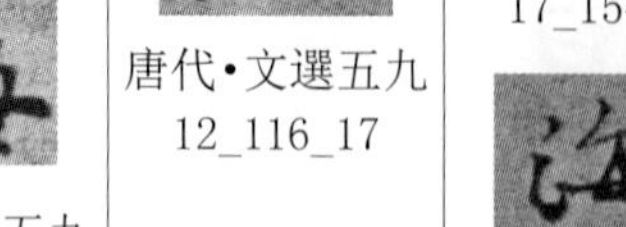

唐代・文選五九
15_143_26

唐代・文選五九
60_580_6

唐代・文選五九
64_617_9

唐代・文選五九
71_680_4

唐代・文選五九
76_729_4

唐代・文選五九
80_771_6

唐代・文選五九
80_773_29

唐代・文選五九
88_847_18

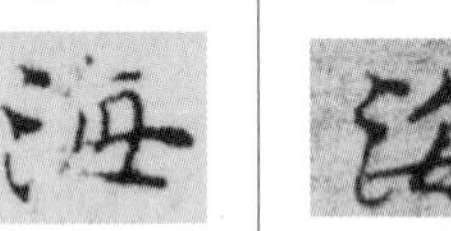

唐代・文選五九
93_892_26

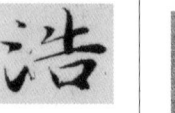

浴

ヨク
訓あびる

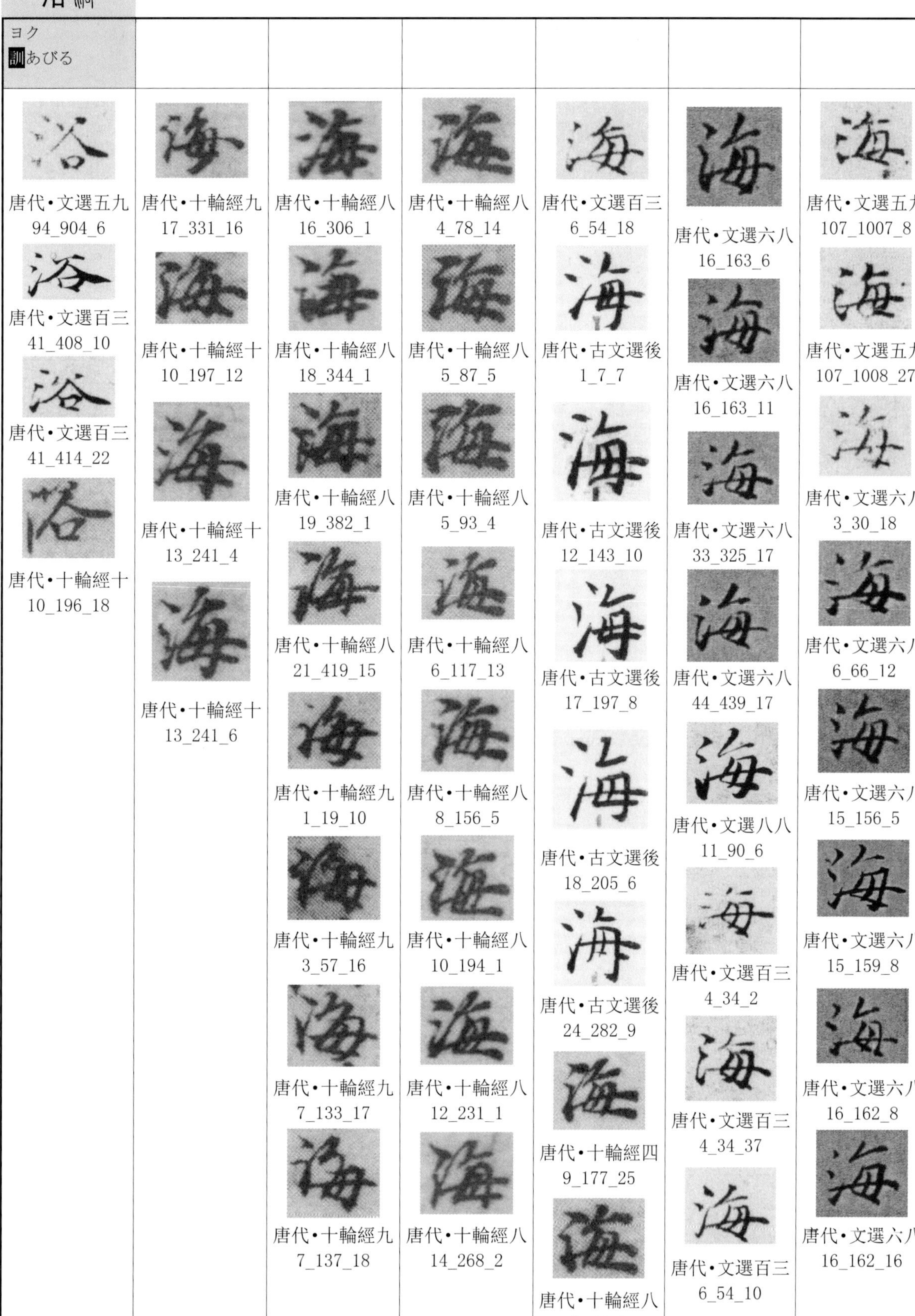

唐代•文選五九 94_904_6
唐代•文選百三 41_408_10
唐代•文選百三 41_414_22
唐代•十輪經十 10_196_18

唐代•十輪經九 17_331_16
唐代•十輪經十 10_197_12
唐代•十輪經十 13_241_4
唐代•十輪經十 13_241_6

唐代•十輪經八 16_306_1
唐代•十輪經八 18_344_1
唐代•十輪經八 19_382_1
唐代•十輪經八 21_419_15
唐代•十輪經九 1_19_10
唐代•十輪經九 3_57_16
唐代•十輪經九 7_133_17
唐代•十輪經九 7_137_18

唐代•十輪經八 4_78_14
唐代•十輪經八 5_87_5
唐代•十輪經八 5_93_4
唐代•十輪經八 6_117_13
唐代•十輪經八 8_156_5
唐代•十輪經八 10_194_1
唐代•十輪經八 12_231_1
唐代•十輪經八 14_268_2

唐代•文選百三 6_54_18
唐代•古文選後 1_7_7
唐代•古文選後 12_143_10
唐代•古文選後 17_197_8
唐代•古文選後 18_205_6
唐代•古文選後 24_282_9
唐代•十輪經四 9_177_25
唐代•十輪經八 3_51_5

唐代•文選六八 16_163_6
唐代•文選六八 16_163_11
唐代•文選六八 33_325_17
唐代•文選六八 44_439_17
唐代•文選八八 11_90_6
唐代•文選百三 4_34_2
唐代•文選百三 4_34_37
唐代•文選百三 6_54_10

唐代•文選五九 107_1007_8
唐代•文選五九 107_1008_27
唐代•文選六八 3_30_18
唐代•文選六八 6_66_12
唐代•文選六八 15_156_5
唐代•文選六八 15_159_8
唐代•文選六八 16_162_8
唐代•文選六八 16_162_16

浮 

漢フ
訓うく

唐代•文選五九 8_72_16

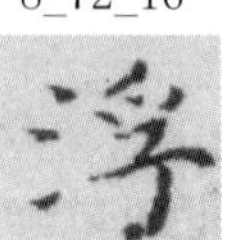
唐代•文選五九 10_92_23

唐代•文選五九 71_678_7

唐代•文選五九 97_920_8

唐代•文選五九 105_997_22

唐代•文選五九 105_997_24

唐代•文選六八 21_208_22

唐代•文選六八 20_204_11

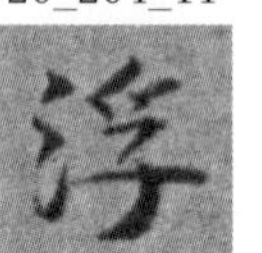
唐代•文選六八 21_209_25

唐代•古文選前 15_172_9

唐代•古文選前 24_286_4

唐代•古文選後 7_79_1

唐代•古文選後 17_199_2

唐代•古文選後 19_217_11

流

漢リュウ呉ル
訓ながれる

唐代•文選四八 10_81_1

唐代•文選四八 10_82_6

唐代•文選四八 10_82_21

唐代•文選四八 10_83_13

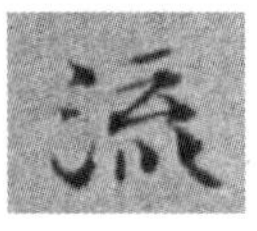
唐代•文選四八 10_84_18

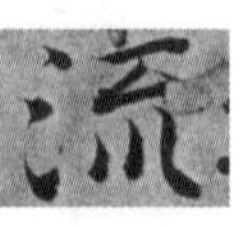
唐代•文選四八 45_404_23

唐代•文選四八 45_406_3

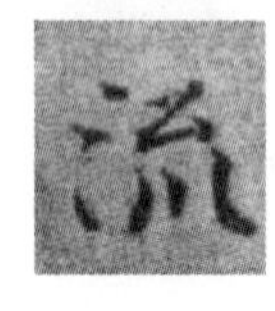
唐代•文選五九 4_33_9

唐代•文選五九 4_33_25

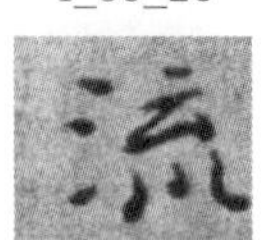
唐代•文選五九 4_34_1

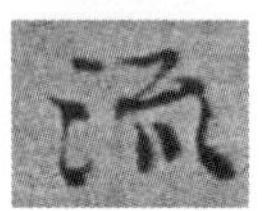
唐代•文選五九 8_72_10

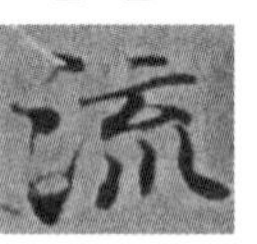
唐代•文選五九 14_137_10

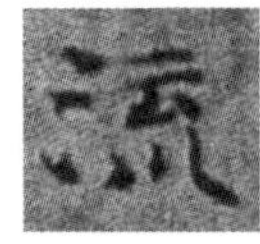
唐代•文選五九 15_140_14

唐代•文選五九 29_282_6

唐代•文選五九 29_283_6

唐代•文選五九 36_354_18

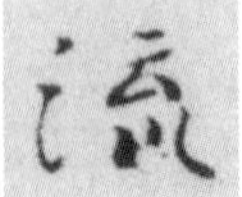
唐代•文選五九 52_511_14

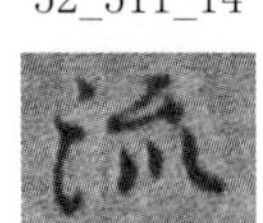
唐代•文選五九 53_516_6

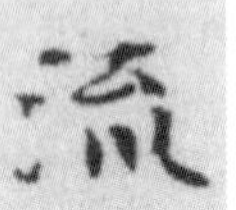
唐代•文選五九 54_532_9

唐代•文選五九 59_566_10

唐代•文選五九 59_567_15

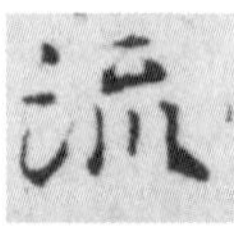
唐代•文選五九 59_567_26

唐代•文選五九 59_568_12

唐代•文選五九 59_569_25

唐代•文選五九 62_601_9

唐代•文選五九 63_610_4

唐代•文選五九 64_611_13

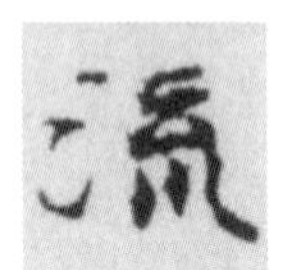
唐代•文選五九 64_612_22

唐代•文選五九 64_620_7

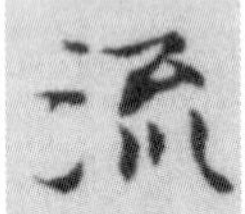
唐代•文選五九 65_624_17

唐代•文選五九 71_676_26

唐代•文選五九 71_678_10

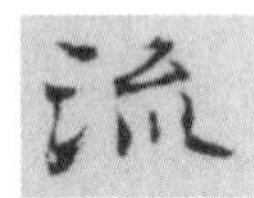
唐代•文選五九 71_679_1

唐代•文選五九 71_683_8

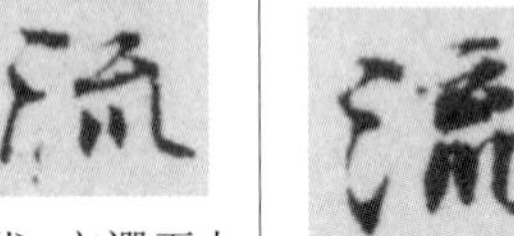
唐代•文選五九 71_683_31

唐代•文選五九 73_704_3

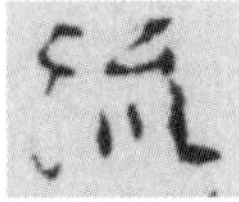
唐代•文選五九 74_708_14

唐代•文選五九 74_713_12

唐代•文選五九 78_750_13

唐代•文選五九 80_771_12

唐代•文選五九 80_773_10

唐代•文選五九 80_774_15

唐代•文選五九 92_884_4

唐代•文選五九 92_886_15

唐代•文選五九 92_887_9

唐代•文選五九 97_917_6

唐代•文選五九 105_990_19

唐代•文選五九 110_1041_4

唐代•文選六八 1_10_7

唐代•文選六八 1_11_8

唐代•文選六八 1_13_5

唐代•文選六八 1_13_19

唐代•文選六八 5_52_4

唐代•文選六八 11_112_11

唐代•文選六八 11_118_11

唐代•文選六八 24_243_8

唐代•文選六八 24_244_8

唐代•文選六八 24_245_23

唐代•文選六八 25_246_19

唐代•文選六八 25_247_1

唐代•文選六八 25_253_5

唐代•文選六八 27_269_13

唐代•文選六八 38_379_26

唐代•文選六八 39_394_13

唐代•文選六八 41_416_17

唐代•文選六八 41_416_26

唐代•文選六八 49_489_19

唐代•文選六八 51_516_22

唐代•文選六八 51_518_13

唐代•文選六八 52_521_15

唐代•文選六八 52_521_19

唐代•文選六八 56_560_5

唐代•文選六八 56_561_22

唐代•文選六八 56_562_21

唐代•文選六八 57_572_9

唐代•文選六八 67_669_6

唐代•文選六八 67_670_13

唐代•文選六八 67_670_18

唐代•文選六八 67_671_18

唐代•文選八八 3_11_7

唐代•文選八八 3_12_8

唐代•文選八八 3_14_5

唐代•文選八八 3_14_20

唐代•文選八八 3_16_3

唐代•文選八八 11_94_24

唐代•文選八八 13_108_16

唐代•文選八八 15_131_9

唐代•文選八八 15_132_15

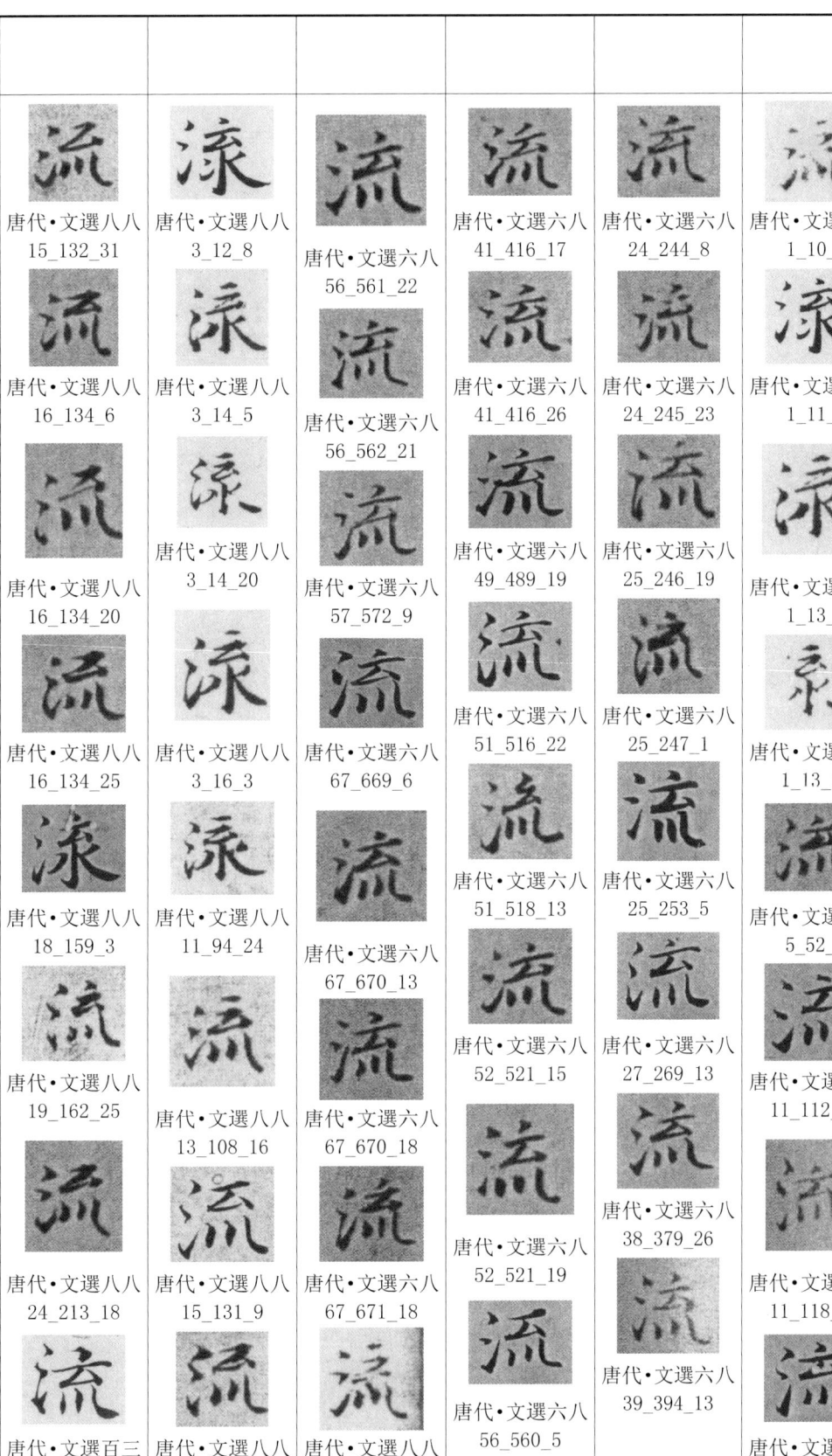

唐代•文選八八 15_132_31

唐代•文選八八 16_134_6

唐代•文選八八 16_134_20

唐代•文選八八 16_134_25

唐代•文選八八 18_159_3

唐代•文選八八 19_162_25

唐代•文選八八 24_213_18

唐代•文選百三 7_61_5

 唐代•十輪經九 19_361_12 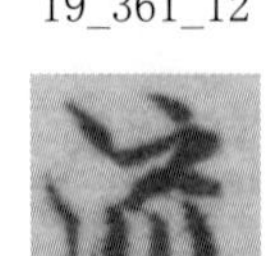 唐代•十輪經十 5_87_6 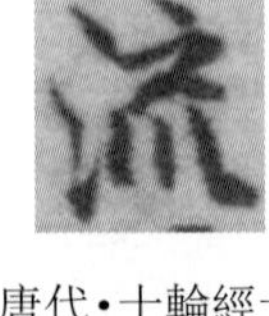 唐代•十輪經十 6_110_9 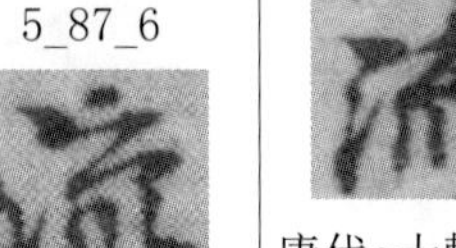 唐代•十輪經十 18_342_2 唐代•十輪經十 19_362_8 唐代•十輪經十 19_379_4	 唐代•十輪經四 18_347_15 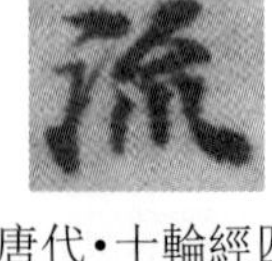 唐代•十輪經四 21_405_9  唐代•十輪經八 4_78_2 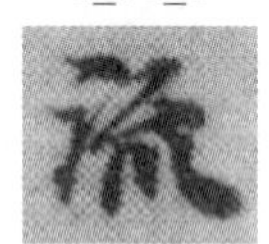 唐代•十輪經八 5_85_14 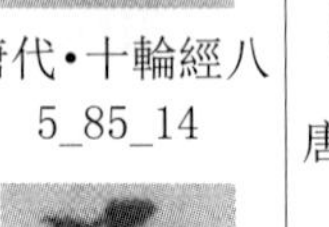 唐代•十輪經八 9_176_8 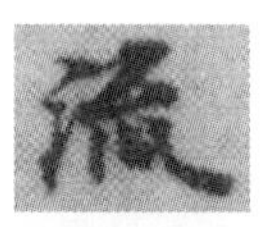 唐代•十輪經九 4_65_6  唐代•十輪經九 15_288_9  唐代•十輪經九 16_315_7 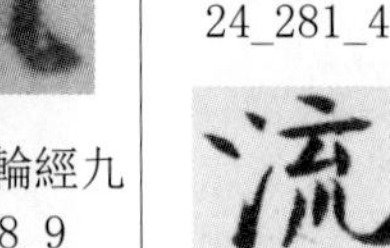 	 唐代•古文選後 17_198_12 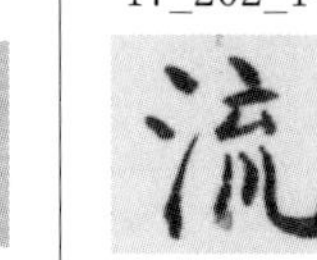 唐代•古文選後 17_202_14 唐代•古文選後 19_217_2 唐代•古文選後 19_226_7 唐代•古文選後 24_281_32 唐代•古文選後 24_281_43 唐代•古文選後 26_301_19 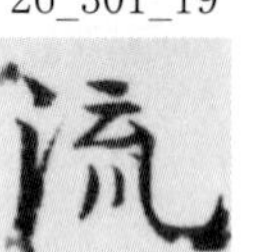 唐代•古文選後 26_308_6	唐代•古文選後 1_2_14 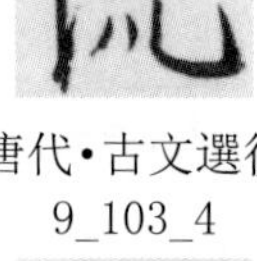 唐代•古文選後 3_36_5 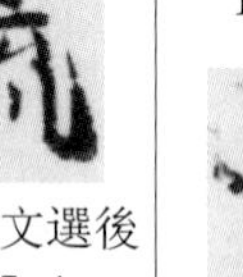 唐代•古文選後 9_103_4 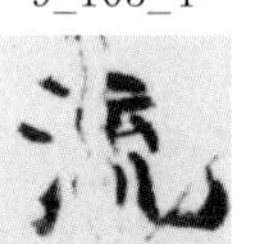 唐代•古文選後 9_105_4 唐代•古文選後 13_156_5 唐代•古文選後 14_165_14 唐代•古文選後 16_181_12 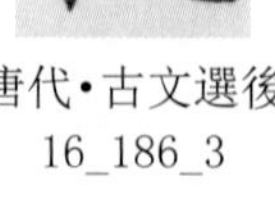 唐代•古文選後 16_186_3	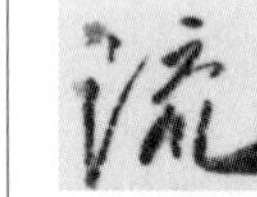 唐代•古文選前 10_116_11 唐代•古文選前 10_122_11 唐代•古文選前 11_127_5  唐代•古文選前 12_140_4  唐代•古文選前 14_165_8 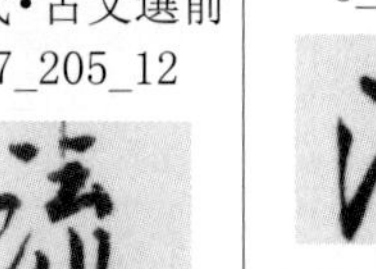 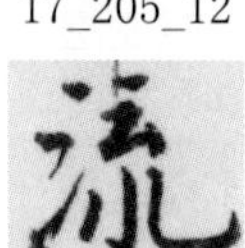 唐代•古文選前 17_205_12 唐代•古文選前 20_232_9 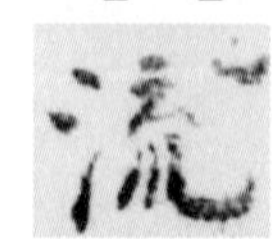 唐代•古文選前 23_276_4	 唐代•文選百三 42_421_5   唐代•文選百三 47_458_5  唐代•文選百三 47_459_1  唐代•文選百三 47_459_34 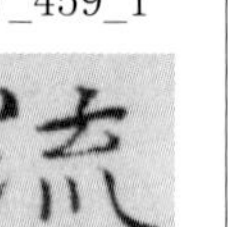 唐代•文選百三 48_461_14 唐代•古文選前 5_54_10 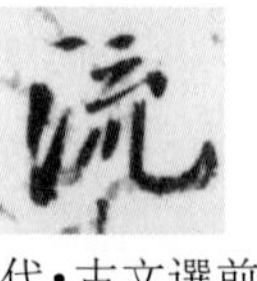 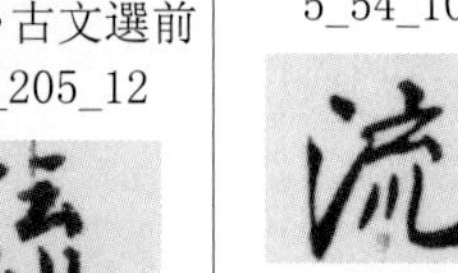 唐代•古文選前 8_91_3 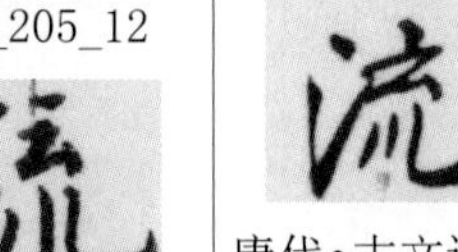 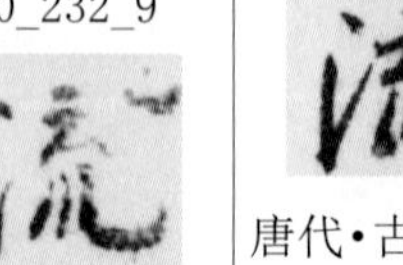 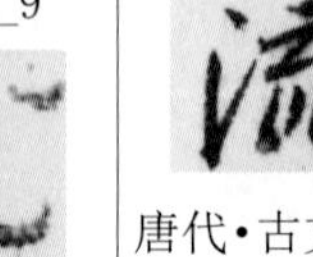 唐代•古文選前 9_114_11	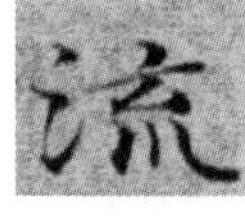 唐代•文選百三 11_98_10 唐代•文選百三 26_256_4 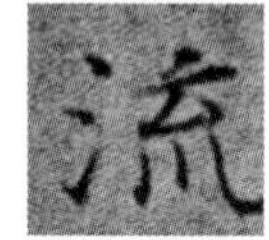 唐代•文選百三 27_257_1  唐代•文選百三 27_258_4 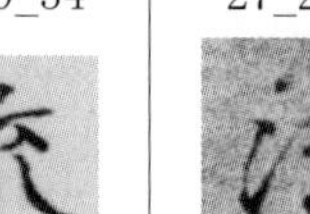 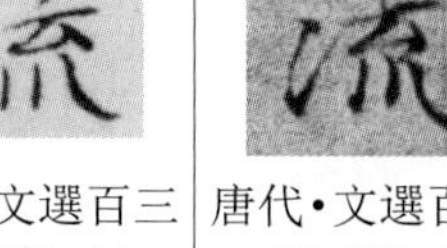 唐代•文選百三 27_258_7  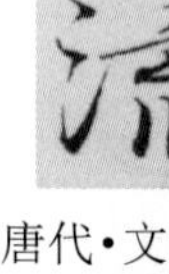 唐代•文選百三 41_409_2 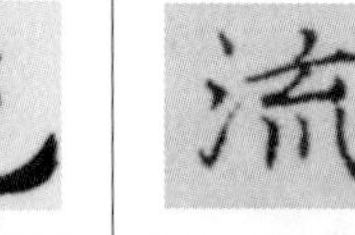  唐代•文選百三 41_412_2 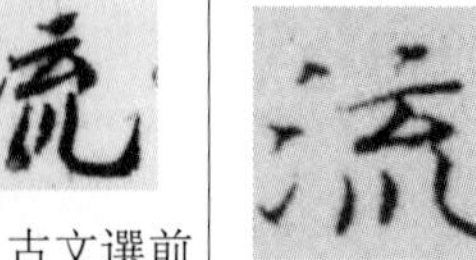 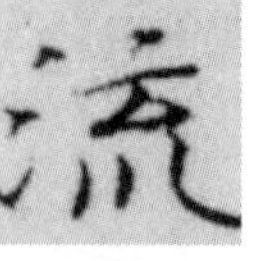 唐代•文選百三 41_415_20

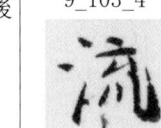

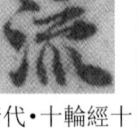

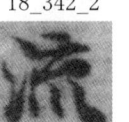

涘	浚	浸		浪		涕
漢シ 訓みぎわ	シュン 訓さらう	シン 訓ひたす		ロウ 唐ラン 訓なみ		漢テイ 訓なみだ
唐代・古文選前 16_186_2	唐代・文選百三 33_321_6	唐代・文選五九 59_566_14	唐代・文選百三 79_748_18	唐代・文選五九 31_300_3	唐代・文選百三 21_204_31	唐代・文選五九 18_175_21
	唐代・文選百三 33_325_23	唐代・文選五九 91_871_10	唐代・古文選前 14_165_11	唐代・文選五九 67_647_8	唐代・文選百三 21_205_13	唐代・文選五九 62_596_22
	唐代・古文選後 19_223_3	唐代・文選八八 15_123_3		唐代・文選六八 29_299_16	唐代・文選百三 21_207_4	唐代・文選五九 64_620_10
		唐代・文選八八 15_124_6		唐代・文選六八 37_365_13	唐代・古文選前 6_73_3	唐代・文選五九 64_622_5
		唐代・文選八八 15_124_21		唐代・文選六八 47_466_3	唐代・古文選前 14_165_5	唐代・文選五九 65_624_18
		唐代・文選八八 15_125_6		唐代・文選百三 27_266_12		唐代・文選六八 39_394_9
		唐代・古文選後 18_206_3		唐代・文選百三 36_356_26		唐代・文選八八 17_153_4
		唐代・十輪經十 13_250_13		唐代・文選百三 55_525_21		唐代・文選百三 21_203_9

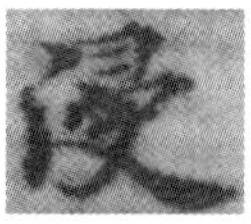

清

吳ショウ 漢セイ
唐シン
訓きよい

初唐•大般若經
2_22_3

初唐•大般若經
2_24_13

唐代•文選四八
6_47_13

唐代•文選四八
11_99_22

唐代•文選四八
27_240_5

唐代•文選四八
27_243_3

唐代•文選四八
27_244_4

唐代•文選四八
27_245_1

唐代•文選四八
28_251_3

唐代•文選四八
28_256_13

唐代•文選四八
33_296_3

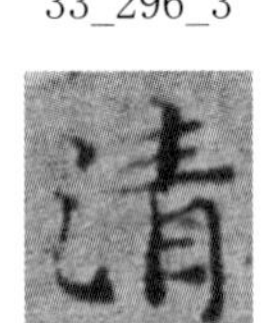
唐代•文選四八
33_298_4

唐代•文選四八
39_349_6

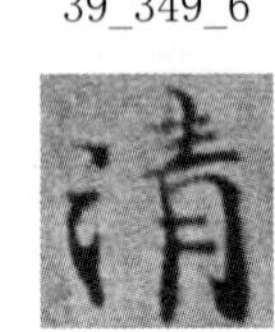
唐代•文選四八
39_350_13

唐代•文選四八
39_351_7

唐代•文選四八
39_352_2

唐代•文選四八
48_435_6

唐代•文選四八
48_440_8

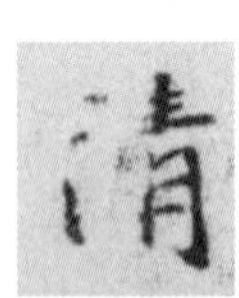
唐代•文選五九
1_11_12

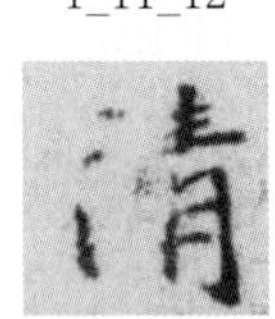
唐代•文選五九
1_11_15

唐代•文選五九
3_31_3

唐代•文選五九
4_32_21

唐代•文選五九
4_34_3

唐代•文選五九
5_42_16

唐代•文選五九
6_52_9

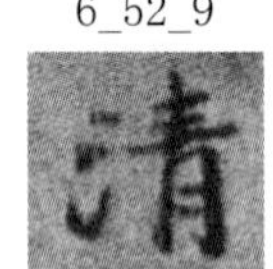
唐代•文選五九
7_59_18

唐代•文選五九
8_72_13

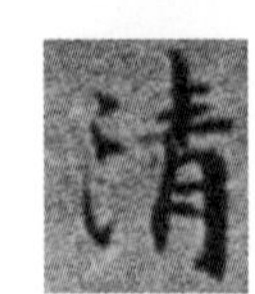
唐代•文選五九
11_100_5

唐代•文選五九
14_136_30

唐代•文選五九
17_169_15

唐代•文選五九
17_171_24

唐代•文選五九
18_172_30

唐代•文選五九
29_292_1

唐代•文選五九
29_292_21

唐代•文選五九
30_293_19

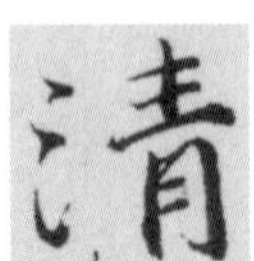
唐代•文選五九
37_370_18

唐代•文選五九
53_524_29

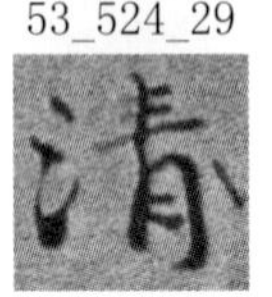
唐代•文選五九
55_535_2

唐代•文選五九
59_564_11

唐代•文選五九
59_566_25

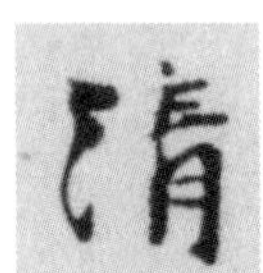
唐代•文選五九
59_568_4

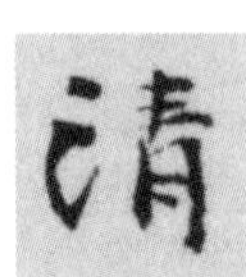
唐代•文選五九
59_569_22

唐代•文選五九
60_574_14

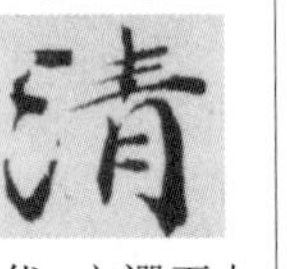
唐代•文選五九
63_610_6

唐代•文選五九
64_611_7

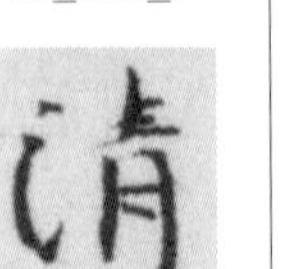
唐代•文選五九
64_612_18

唐代•文選五九
65_626_11

唐代•文選五九
68_649_2

唐代•文選五九
80_774_5

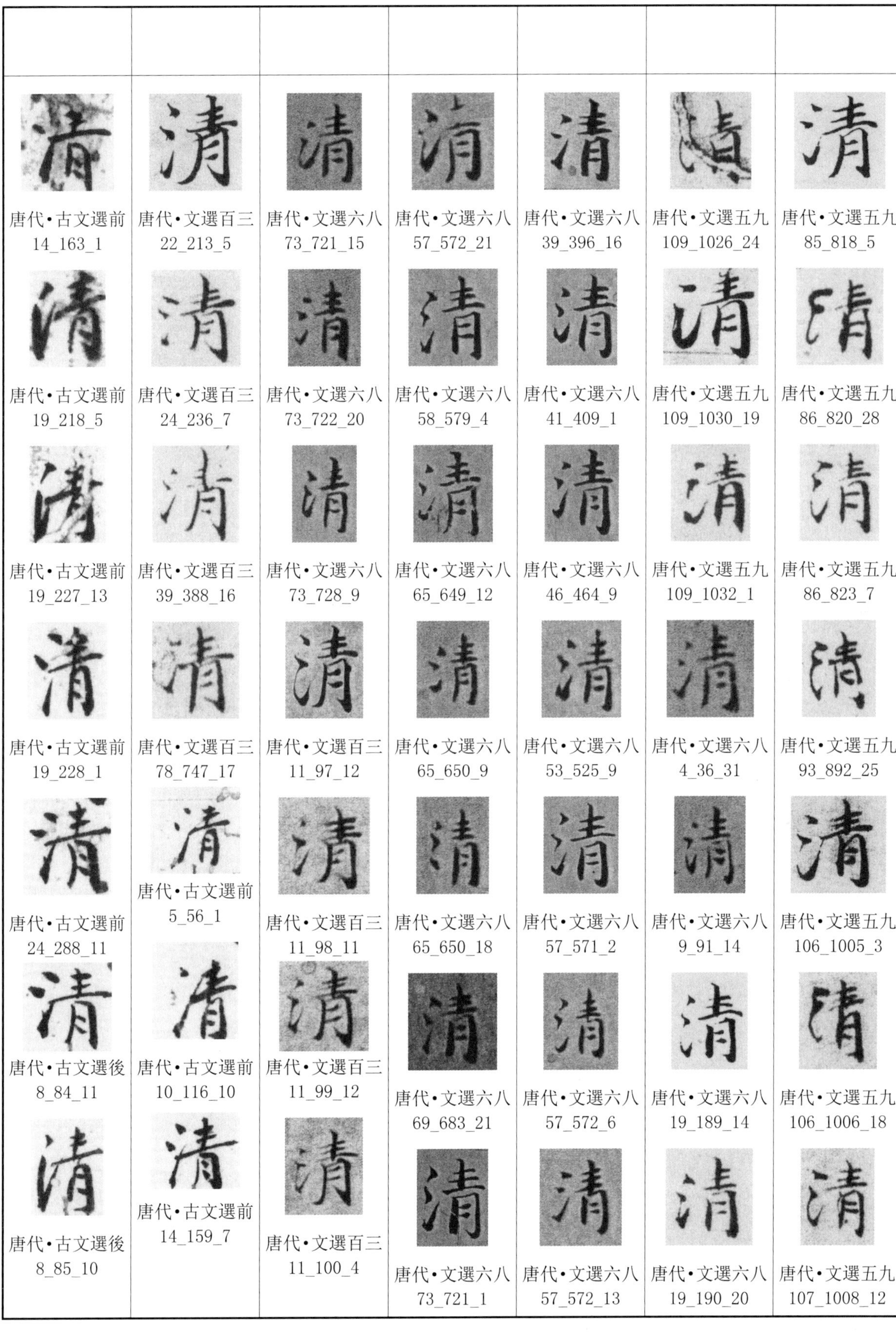

唐代•古文選前 14_163_1	唐代•文選百三 22_213_5	唐代•文選六八 73_721_15	唐代•文選六八 57_572_21	唐代•文選六八 39_396_16	唐代•文選五九 109_1026_24	唐代•文選五九 85_818_5
唐代•古文選前 19_218_5	唐代•文選百三 24_236_7	唐代•文選六八 73_722_20	唐代•文選六八 58_579_4	唐代•文選六八 41_409_1	唐代•文選五九 109_1030_19	唐代•文選五九 86_820_28
唐代•古文選前 19_227_13	唐代•文選百三 39_388_16	唐代•文選六八 73_728_9	唐代•文選六八 65_649_12	唐代•文選六八 46_464_9	唐代•文選五九 109_1032_1	唐代•文選五九 86_823_7
唐代•古文選前 19_228_1	唐代•文選百三 78_747_17	唐代•文選百三 11_97_12	唐代•文選六八 65_650_9	唐代•文選六八 53_525_9	唐代•文選六八 4_36_31	唐代•文選五九 93_892_25
唐代•古文選前 24_288_11	唐代•古文選前 5_56_1	唐代•文選百三 11_98_11	唐代•文選六八 65_650_18	唐代•文選六八 57_571_2	唐代•文選六八 9_91_14	唐代•文選五九 106_1005_3
唐代•古文選後 8_84_11	唐代•古文選前 10_116_10	唐代•文選百三 11_99_12	唐代•文選六八 69_683_21	唐代•文選六八 57_572_6	唐代•文選六八 19_189_14	唐代•文選五九 106_1006_18
唐代•古文選後 8_85_10	唐代•古文選前 14_159_7	唐代•文選百三 11_100_4	唐代•文選六八 73_721_1	唐代•文選六八 57_572_13	唐代•文選六八 19_190_20	唐代•文選五九 107_1008_12

渚 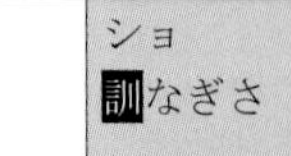

ショ
訓なぎさ

唐代•文選五九 96_911_5

唐代•文選六八 46_463_16

唐代•古文選前 10_117_1

唐代•古文選後 3_32_4

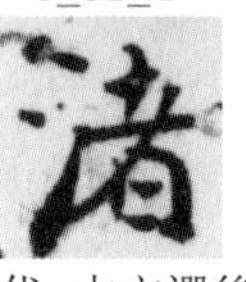
唐代•古文選後 15_177_13

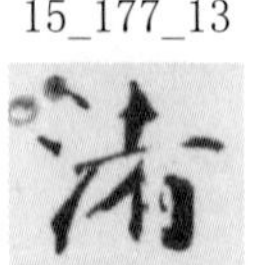
唐代•古文選後 16_188_6

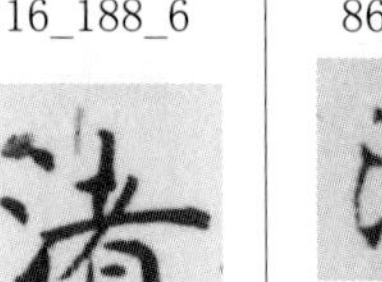
唐代•古文選後 17_198_5

唐代•古文選後 26_306_4

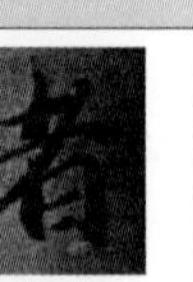
唐代•文選五九 17_169_13

唐代•文選五九 17_171_21

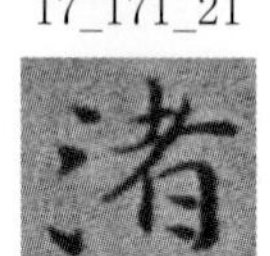
唐代•文選五九 18_173_6

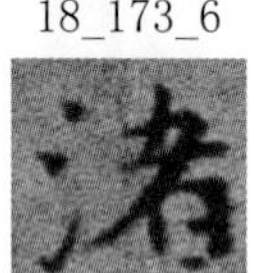
唐代•文選五九 18_173_26

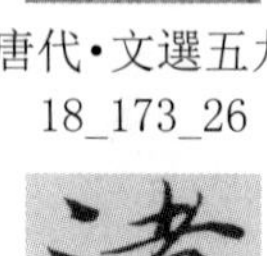
唐代•文選五九 86_826_2

唐代•文選五九 86_827_2

唐代•文選五九 86_827_11

唐代•文選五九 86_829_28

唐代•十輪經九 11_200_10

唐代•十輪經九 14_268_23

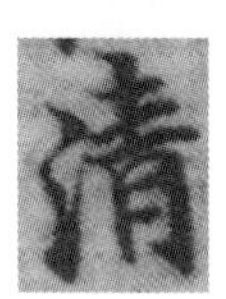
唐代•十輪經十 17_321_13

唐代•十輪經八 21_415_1

唐代•十輪經九 1_9_11

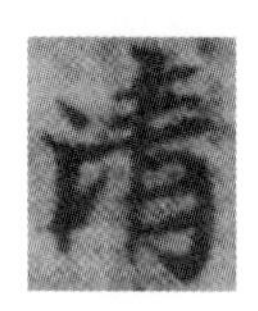
唐代•十輪經九 1_14_14

唐代•十輪經九 3_41_13

唐代•十輪經九 3_47_15

唐代•十輪經九 3_53_2

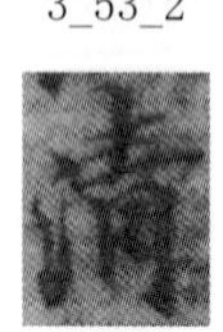
唐代•十輪經十 18_359_14

唐代•十輪經四 14_272_10

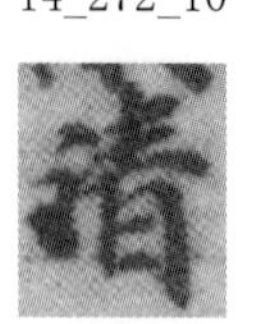
唐代•十輪經四 17_329_17

唐代•十輪經四 17_332_2

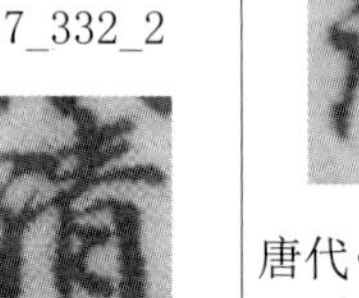
唐代•十輪經四 19_363_17

唐代•十輪經八 18_346_14

唐代•十輪經八 21_403_13

唐代•十輪經八 21_409_15

唐代•古文選後 23_267_1

唐代•古文選後 25_290_6

唐代•十輪經四 3_54_5

唐代•十輪經四 4_62_12

唐代•十輪經四 4_65_5

唐代•十輪經四 8_157_7

唐代•十輪經四 10_184_10

唐代•古文選後 8_87_2

唐代•古文選後 8_91_2

唐代•古文選後 8_93_6

唐代•古文選後 9_102_13

唐代•古文選後 15_178_11

唐代•古文選後 16_187_11

唐代•古文選後 20_240_14

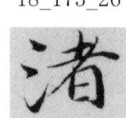

涯

漢ガイ
訓きし

唐代・文選四八
1_7_4

唐代・文選五九
4_36_2

唐代・文選五九
4_37_4

唐代・文選八八
15_122_4

淅

漢セキ
訓よなげる

唐代・文選四八
1_3_1

唐代・文選四八
1_3_7

唐代・古文選後
7_80_13

唐代・十輪經四
4_63_13

唐代・十輪經四
5_80_5

唐代・十輪經四
5_87_10

唐代・十輪經四
7_129_11

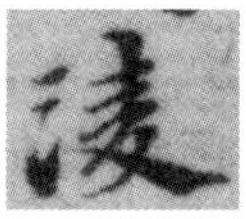
唐代・十輪經四
14_276_13

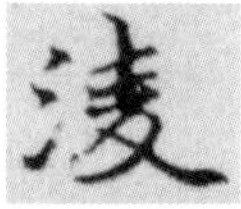
唐代・文選百三
50_482_36

唐代・文選百三
50_484_5

唐代・文選百三
50_485_6

唐代・古文選前
10_120_13

唐代・古文選前
14_168_11

唐代・古文選前
16_186_3

唐代・古文選後
26_306_52

唐代・文選五九
79_758_19

唐代・文選六八
43_434_1

唐代・文選六八
53_529_11

唐代・文選六八
53_532_19

唐代・文選六八
61_614_4

唐代・文選六八
61_615_5

唐代・文選六八
61_616_5

唐代・文選百三
50_481_14

淩

リョウ
訓しのぐ

唐代・文選四八
6_41_13

唐代・文選四八
6_42_19

唐代・文選四八
21_192_10

唐代・文選五九
60_580_7

唐代・文選五九
68_658_3

唐代・文選五九
68_659_14

唐代・文選五九
78_754_2

唐代・文選五九
78_755_3

唐代・十輪經四
2_36_3

唐代・十輪經四
2_39_14

混

漢コン
訓まぜる

唐代•文選五九
59_568_9

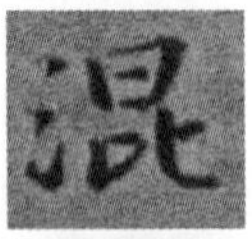
唐代•文選六八
9_91_19

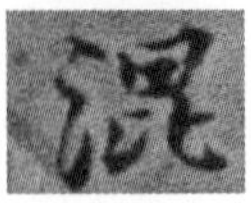
唐代•文選六八
9_92_7

唐代•文選八八
10_82_40

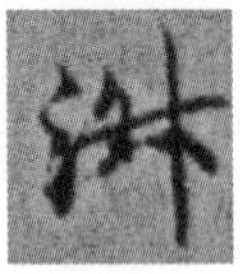
唐代•文選六八
21_206_21

唐代•古文選前
24_281_5

淑

シュク
訓きよい

唐代•文選四八
40_364_3

唐代•文選五九
92_888_7

唐代•文選五九
93_890_9

唐代•文選五九
93_891_20

唐代•文選五九
93_893_22

唐代•文選五九
94_896_23

唐代•古文選前
9_104_13

渠

漢キョ
訓みぞ

唐代•文選六八
23_229_12

唐代•文選六八
53_527_13

唐代•文選百三
29_283_33

唐代•古文選後
9_103_3

淺

漢セン
訓あさい

中唐•金剛經題
2_13_2

唐代•春秋經傳
38_401_22

唐代•文選百三
57_549_4

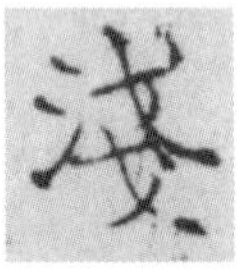
唐代•文選百三
57_553_28

唐代•古文選前
27_314_11

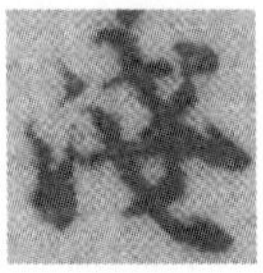
唐代•十輪經十
6_113_8

淒

漢セイ呉サイ
訓つめたい

唐代•古文選後
17_193_11

淹

エン
訓ひたす

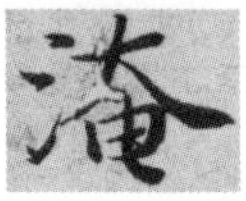
唐代•文選五九
21_203_4

唐代•文選五九
21_207_15

唐代•文選五九
38_377_22

唐代•文選六八
15_160_18

唐代•文選百三
21_206_35

唐代•文選百三
39_397_21

淮

慣ワイ 漢カイ 呉エ
訓ー

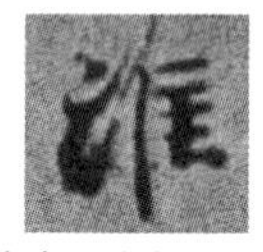
唐代・文選四八 17_154_22

唐代・文選四八 27_241_5

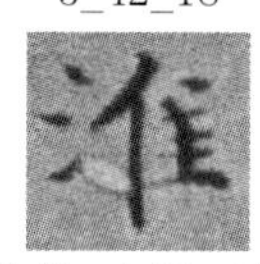
唐代・文選四八 39_346_9

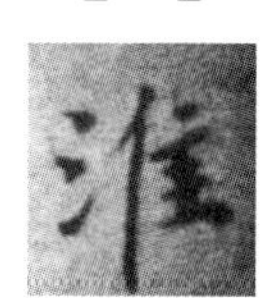
唐代・文選四八 40_359_4

唐代・文選四八 40_360_24

唐代・文選五九 5_42_18

唐代・文選五九 22_214_14

唐代・文選五九 51_506_13

唐代・文選五九 64_622_11

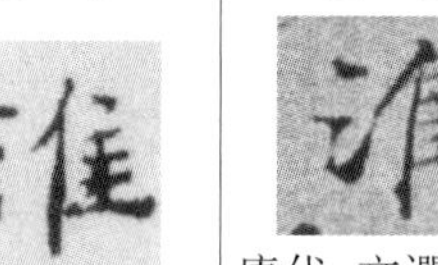
唐代・文選五九 67_646_5

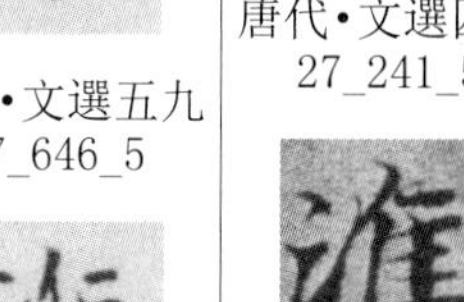
唐代・文選五九 72_686_7

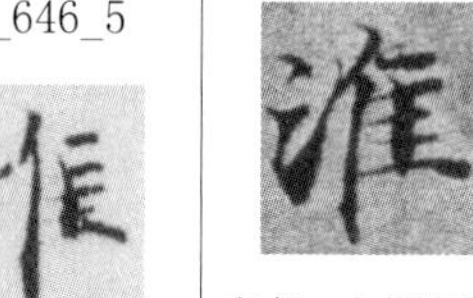
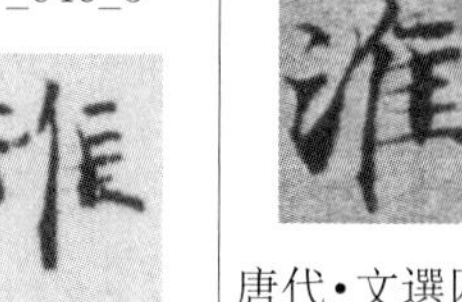
唐代・文選五九 80_770_2

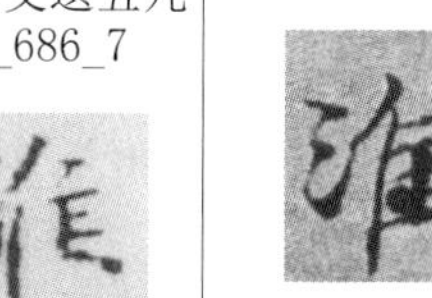
唐代・文選五九 84_803_14

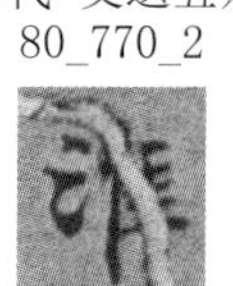
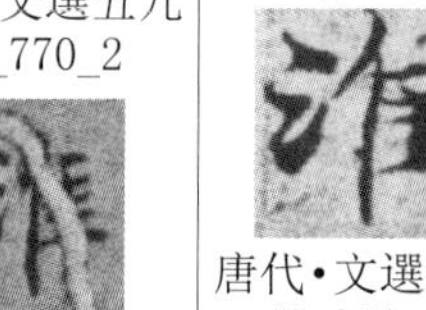
唐代・文選五九 86_831_2

唐代・文選五九 86_831_6

唐代・文選五九 88_843_8

唐代・文選五九 88_846_13

唐代・文選五九 90_866_23

唐代・文選五九 94_903_17

唐代・文選五九 107_1017_11

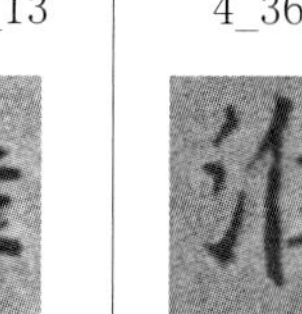

唐代・文選六八 4_36_9

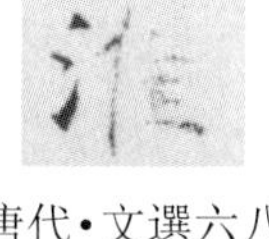
唐代・文選六八 15_150_23

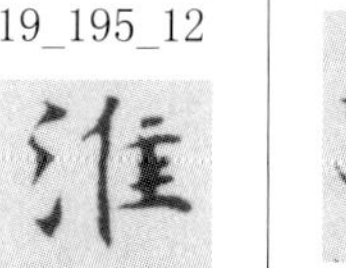
唐代・文選六八 19_195_12

唐代・文選六八 19_198_27

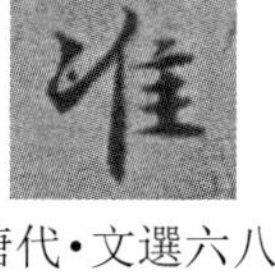
唐代・文選六八 33_329_22

唐代・文選六八 49_491_13

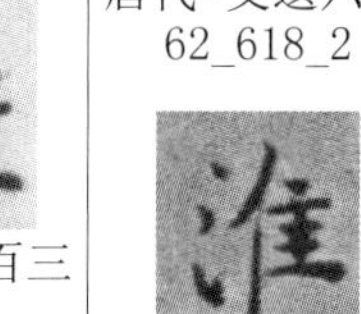

唐代・文選六八 62_618_2

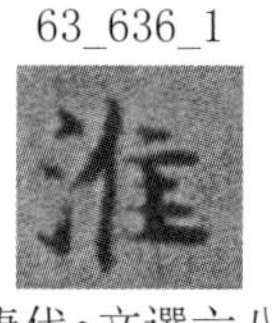
唐代・文選六八 63_636_1

唐代・文選六八 71_704_13

唐代・文選八八 7_54_4

唐代・文選百三 6_50_10

唐代・文選百三 6_52_26

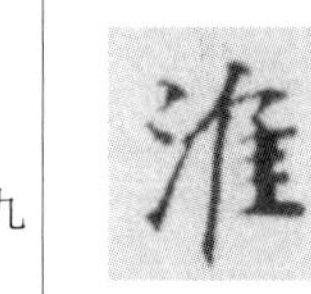
唐代・文選百三 6_53_34

唐代・文選百三 6_54_21

唐代・文選百三 7_55_18

唐代・文選百三 7_55_26

唐代・文選百三 7_62_6

唐代・文選百三 40_401_13

唐代・文選百三 80_762_12

唐代・古文選後 10_111_12

淪

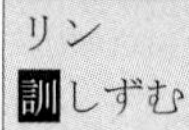
リン
訓しずむ

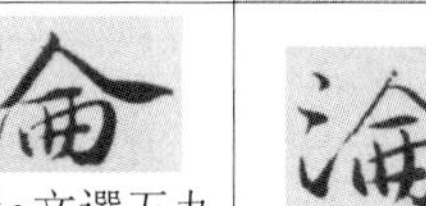
唐代・文選五九 54_530_6

唐代・文選五九 54_531_25

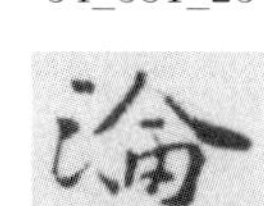
唐代・文選五九 54_532_18

唐代・文選五九 54_534_2

唐代・文選五九 55_536_7

唐代・文選五九 55_537_3

唐代・文選五九 58_558_8

唐代・文選五九 59_563_26

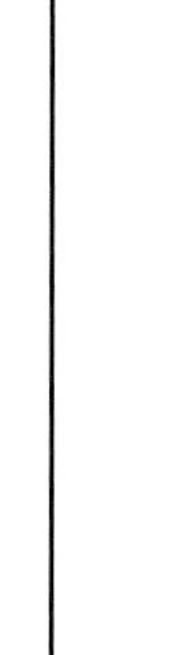
唐代・文選五九 90_863_15

唐代・文選五九 90_867_4

唐代・文選五九 90_867_14

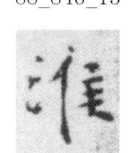

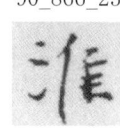

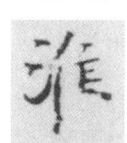

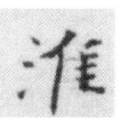

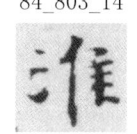

淫

イン
訓ひたす

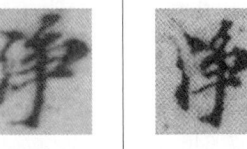

唐代•春秋經傳
16_167_13

唐代•春秋經傳
22_230_7

唐代•春秋經傳
30_313_14

唐代•春秋經傳
31_323_1

唐代•春秋經傳
34_354_13

唐代•春秋經傳
35_370_23

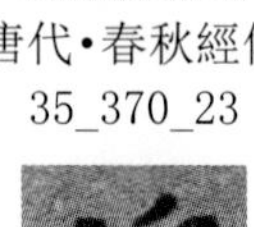
唐代•文選五九
19_183_17

唐代•文選五九
94_903_23

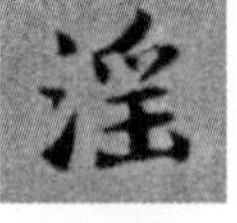
唐代•文選六八
37_371_14

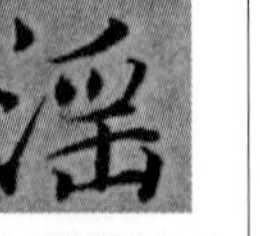
唐代•文選六八
48_484_2

唐代•文選六八
49_491_3

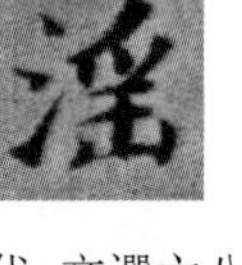
唐代•文選六八
49_492_26

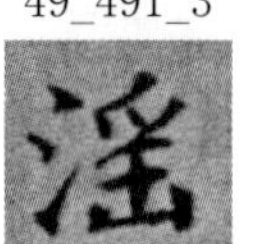
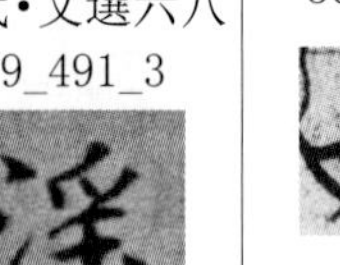
唐代•文選六八
49_493_6

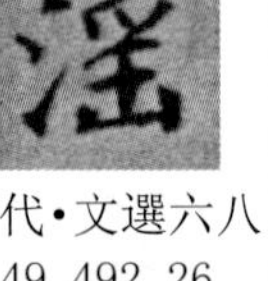
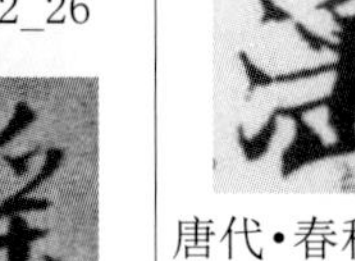
唐代•文選六八
72_715_7

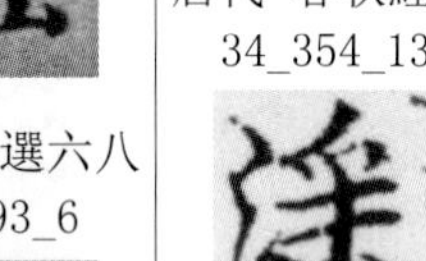
唐代•文選八八
15_123_4

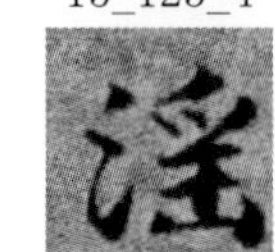
唐代•文選八八
15_124_7

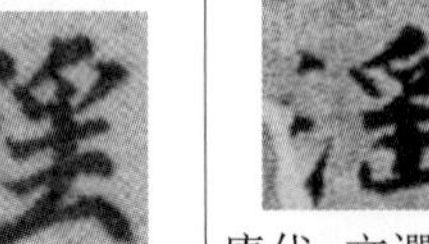
唐代•文選八八
15_124_22

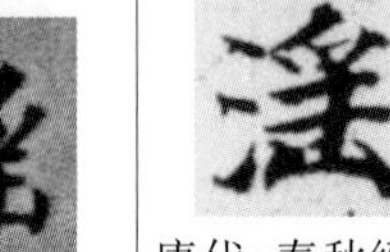
唐代•古文選前
21_241_2

唐代•古文選後
2_15_6

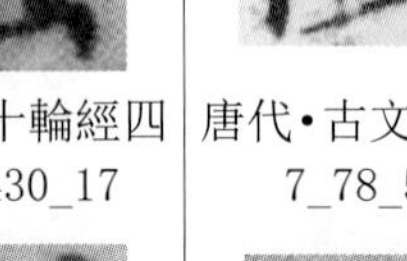
唐代•古文選後
7_78_5

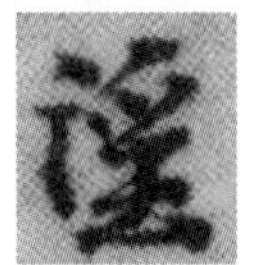

唐代•十輪經四
21_413_13

唐代•十輪經四
21_414_2

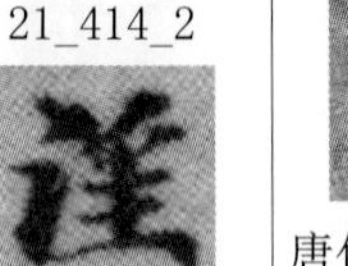
唐代•十輪經四
21_417_2

唐代•十輪經四
21_414_6

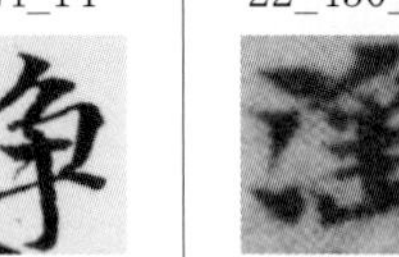
唐代•十輪經四
22_421_11

唐代•十輪經四
22_430_11

唐代•十輪經四
22_430_17

唐代•十輪經八
10_195_2

唐代•十輪經九
17_333_2

淨

漢セイ呉ジョウ
訓きよい

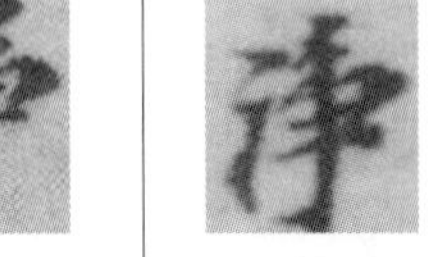

初唐•金剛場經
1_9_22

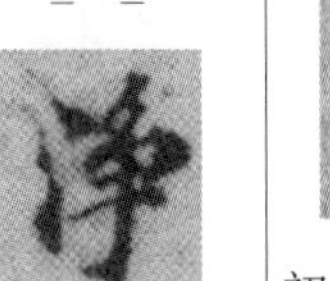
初唐•大般若經
2_22_4

初唐•大般若經
2_24_14

初唐•聖武雜集
1_8_5

唐代•文選六八
13_130_28

唐代•十輪經四
3_54_6

唐代•十輪經四
4_62_13

唐代•十輪經四
4_65_6

唐代•十輪經四
5_96_1

唐代•十輪經四
10_184_11

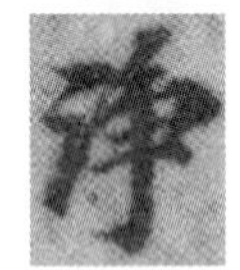
唐代•十輪經四
15_298_1

唐代•十輪經四
17_325_9

唐代•十輪經四
17_330_1

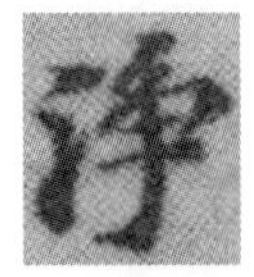
唐代•十輪經四
17_332_3

唐代•十輪經四
19_364_1

唐代•十輪經八
4_68_15

唐代•十輪經八
10_196_14

唐代•十輪經八
12_233_7

唐代•十輪經八
14_270_8

唐代•十輪經八
21_403_14

唐代•十輪經八
21_409_16

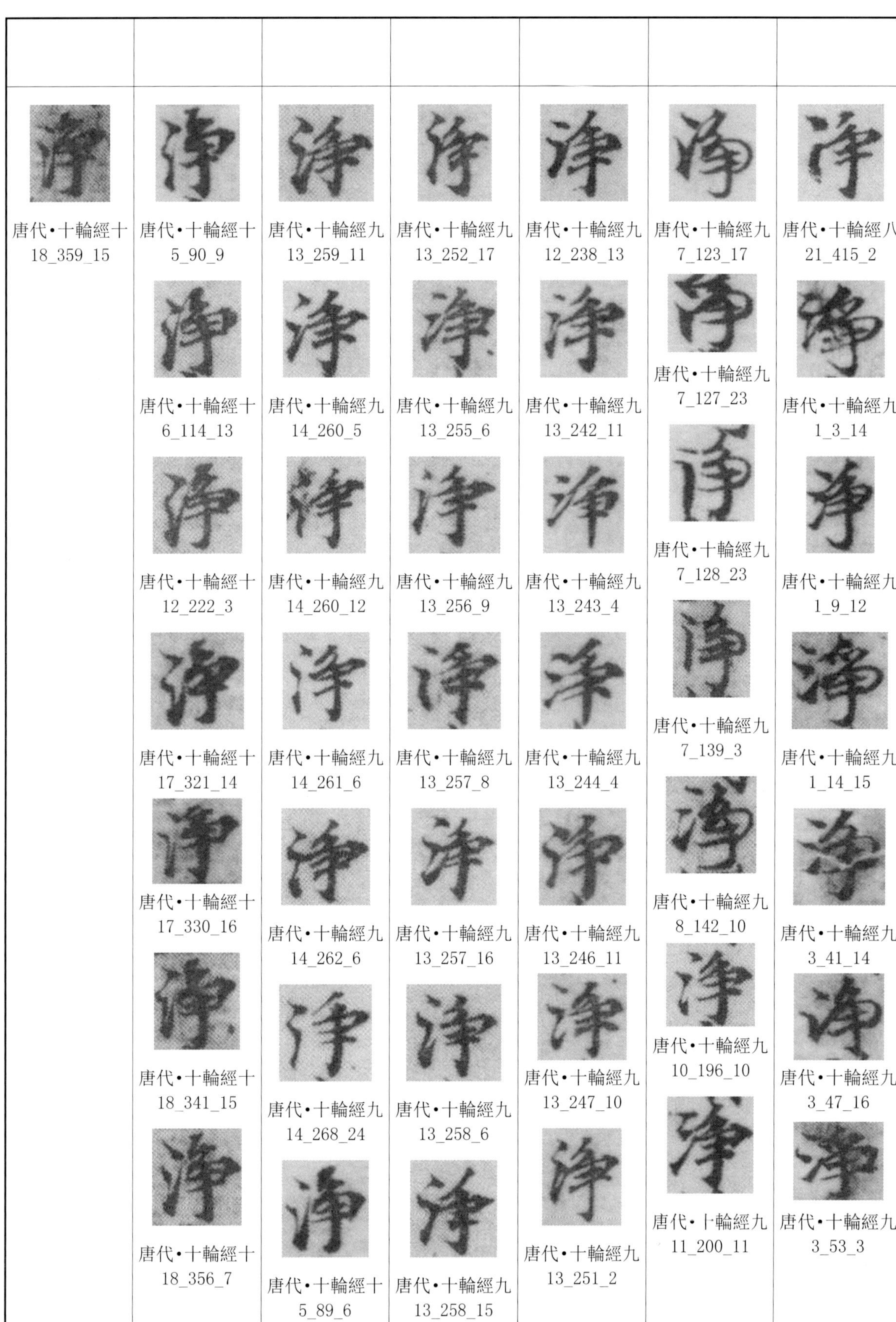

唐代•十輪經八
21_415_2

唐代•十輪經九
1_3_14

唐代•十輪經九
1_9_12

唐代•十輪經九
1_14_15

唐代•十輪經九
3_41_14

唐代•十輪經九
3_47_16

唐代•十輪經九
3_53_3

唐代•十輪經九
7_123_17

唐代•十輪經九
7_127_23

唐代•十輪經九
7_128_23

唐代•十輪經九
7_139_3

唐代•十輪經九
8_142_10

唐代•十輪經九
10_196_10

唐代•十輪經九
11_200_11

唐代•十輪經九
12_238_13

唐代•十輪經九
13_242_11

唐代•十輪經九
13_243_4

唐代•十輪經九
13_244_4

唐代•十輪經九
13_246_11

唐代•十輪經九
13_247_10

唐代•十輪經九
13_251_2

唐代•十輪經九
13_252_17

唐代•十輪經九
13_255_6

唐代•十輪經九
13_256_9

唐代•十輪經九
13_257_8

唐代•十輪經九
13_257_16

唐代•十輪經九
13_258_6

唐代•十輪經九
13_258_15

唐代•十輪經九
13_259_11

唐代•十輪經九
14_260_5

唐代•十輪經九
14_260_12

唐代•十輪經九
14_261_6

唐代•十輪經九
14_262_6

唐代•十輪經九
14_268_24

唐代•十輪經十
5_89_6

唐代•十輪經十
5_90_9

唐代•十輪經十
6_114_13

唐代•十輪經十
12_222_3

唐代•十輪經十
17_321_14

唐代•十輪經十
17_330_16

唐代•十輪經十
18_341_15

唐代•十輪經十
18_356_7

唐代•十輪經十
18_359_15

深	淡	淤	液	淳		涼
シン 訓ふかい	エン漢タン 訓あわい	漢ヨ呉オ 訓どろ	漢エキ 訓しる	漢シュン呉ジュン 訓そそぐ		漢リョウ 訓すずしい

深

初唐•大般若經
2_34_8

初唐•聖武雜集
1_9_10

中唐•金剛經題
2_14_6

唐代•春秋經傳
5_44_5

唐代•春秋經傳
34_356_14

唐代•文選四八
2_13_2

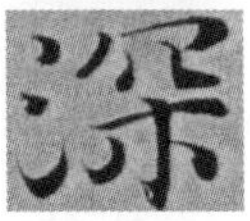
唐代•文選四八
6_52_3

唐代•文選四八
6_53_15

淡

唐代•文選四八
27_246_1

唐代•文選四八
28_247_19

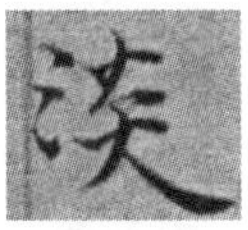
唐代•文選四八
28_247_24

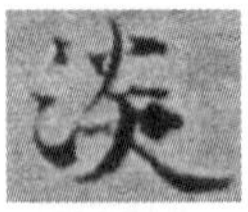
唐代•文選四八
28_249_3

唐代•文選五九
41_404_8

唐代•古文選後
24_285_12

淤

唐代•十輪經九
7_129_11

液

唐代•十輪經十
15_281_12

淳

唐代•文選五九
19_183_22

唐代•文選六八
26_262_13

唐代•文選百三
31_306_8

唐代•古文選後
11_124_1

唐代•十輪經四
5_95_17

唐代•十輪經八
16_308_6

唐代•古文選後
9_105_10

涼

唐代•文選五九
76_730_15

唐代•文選六八
34_342_13

唐代•文選六八
41_412_21

唐代•文選百三
82_779_16

唐代•文選百三
82_780_14

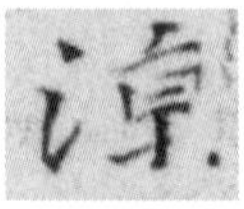
唐代•文選百三
82_781_14

唐代•古文選前
23_275_11

唐代•古文選後
8_90_11

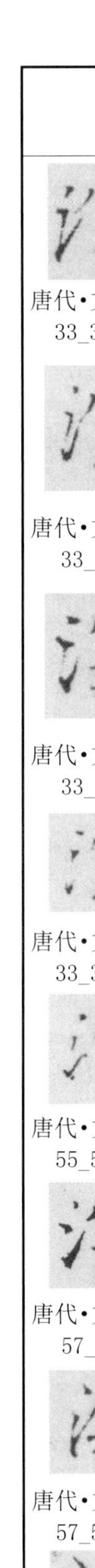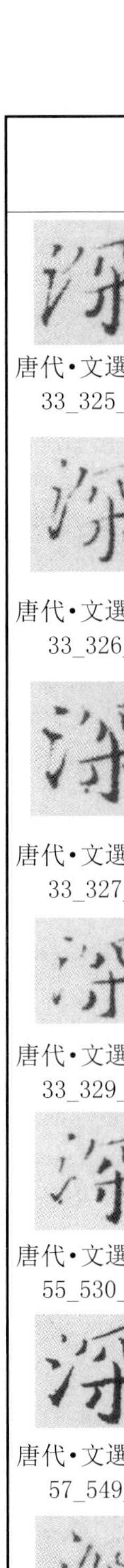唐代•文選百三 33_325_24	唐代•文選八八 11_92_12	唐代•文選六八 43_433_8	唐代•文選六八 1_6_23	唐代•文選五九 67_645_2	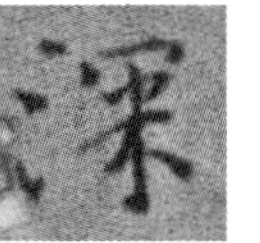唐代•文選五九 20_198_19	唐代•文選四八 34_301_19
唐代•文選百三 33_326_2	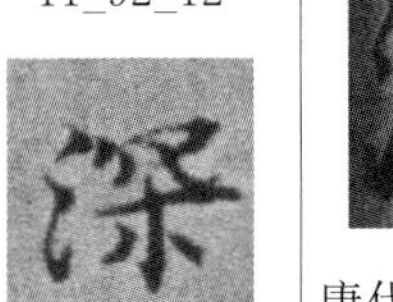唐代•文選八八 24_211_26	唐代•文選六八 43_434_6	唐代•文選六八 1_7_2	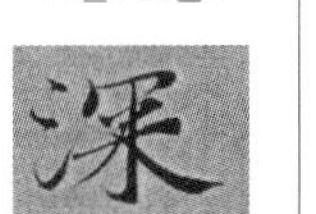唐代•文選五九 84_812_3	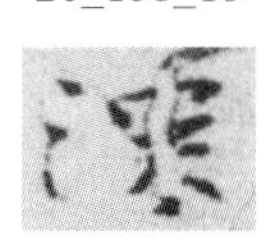唐代•文選五九 23_228_14	唐代•文選四八 34_302_21
唐代•文選百三 33_327_1	唐代•文選八八 24_213_20	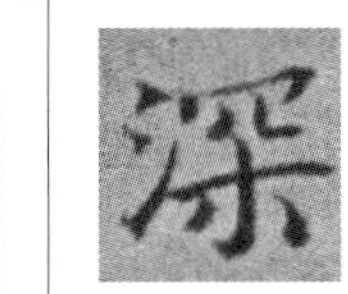唐代•文選六八 45_445_18	唐代•文選六八 1_7_29	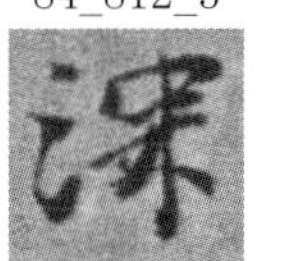唐代•文選五九 84_813_6	唐代•文選五九 37_363_2	唐代•文選五九 4_33_29
唐代•文選百三 33_329_20	唐代•文選百三 1_9_23	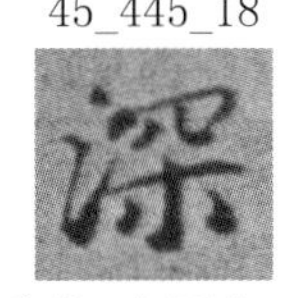唐代•文選六八 45_451_3	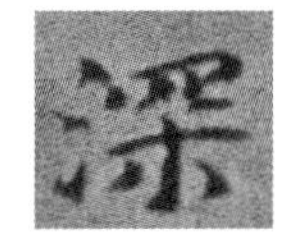唐代•文選六八 6_60_11	唐代•文選五九 85_814_11	唐代•文選五九 39_390_20	唐代•文選五九 13_127_2
唐代•文選百三 55_530_22	唐代•文選百三 19_189_30	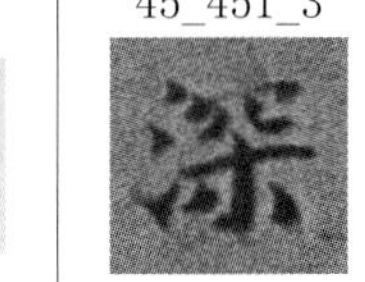唐代•文選六八 70_698_13	唐代•文選六八 6_64_27	唐代•文選五九 102_963_12	唐代•文選五九 40_394_13	唐代•文選五九 13_130_12
唐代•文選百三 57_549_2	唐代•文選百三 20_192_30	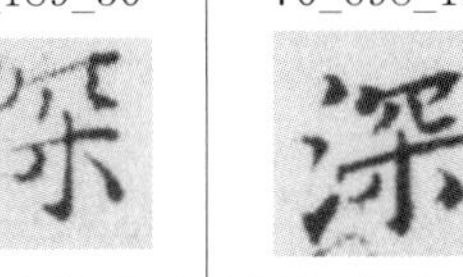唐代•文選八八 3_7_23	唐代•文選六八 12_126_17	唐代•文選五九 109_1031_21	唐代•文選五九 65_625_8	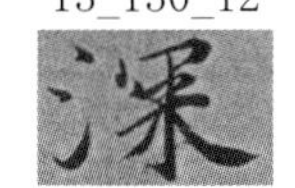唐代•文選五九 20_196_2
唐代•文選百三 57_552_14	唐代•文選百三 23_223_30	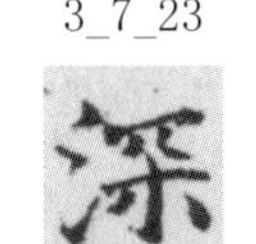唐代•文選八八 3_8_2	唐代•文選六八 27_271_27	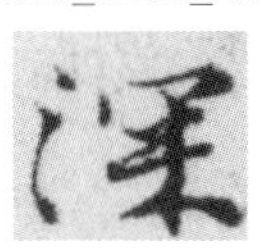唐代•文選五九 109_1031_23	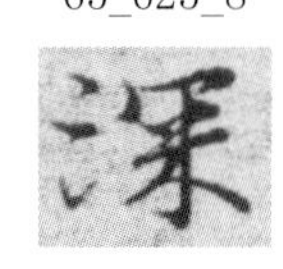唐代•文選五九 66_634_30	唐代•文選五九 20_197_6
唐代•文選百三 57_553_23	唐代•文選百三 31_306_2	唐代•文選八八 3_8_29	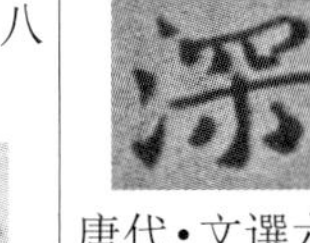唐代•文選六八 41_411_10	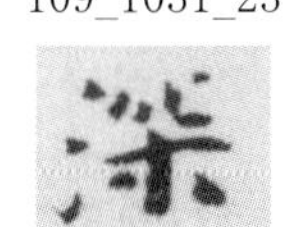唐代•文選六八 1_6_11	唐代•文選五九 66_641_1	唐代•文選五九 20_197_19

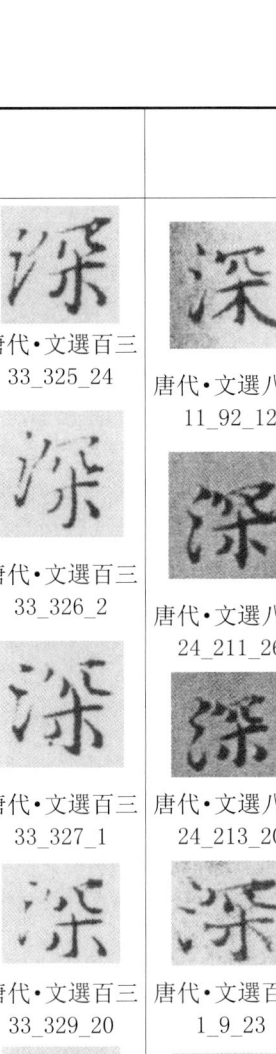

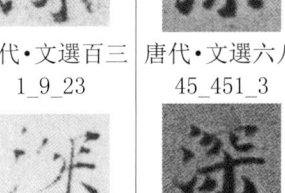

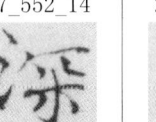

淥	淚					
ロク漢リョク 訓こす	ルイ漢レイ 訓なみだ					
唐代•古文選前 8_92_14	唐代•文選五九 65_624_19 唐代•文選八八 18_157_5 唐代•文選百三 21_207_5 唐代•古文選前 14_165_7	唐代•十輪經九 11_210_5 唐代•十輪經九 12_224_8 唐代•十輪經九 17_326_16 唐代•十輪經九 17_331_13 唐代•十輪經十 3_51_4 唐代•十輪經十 5_86_14 唐代•十輪經十 10_194_2	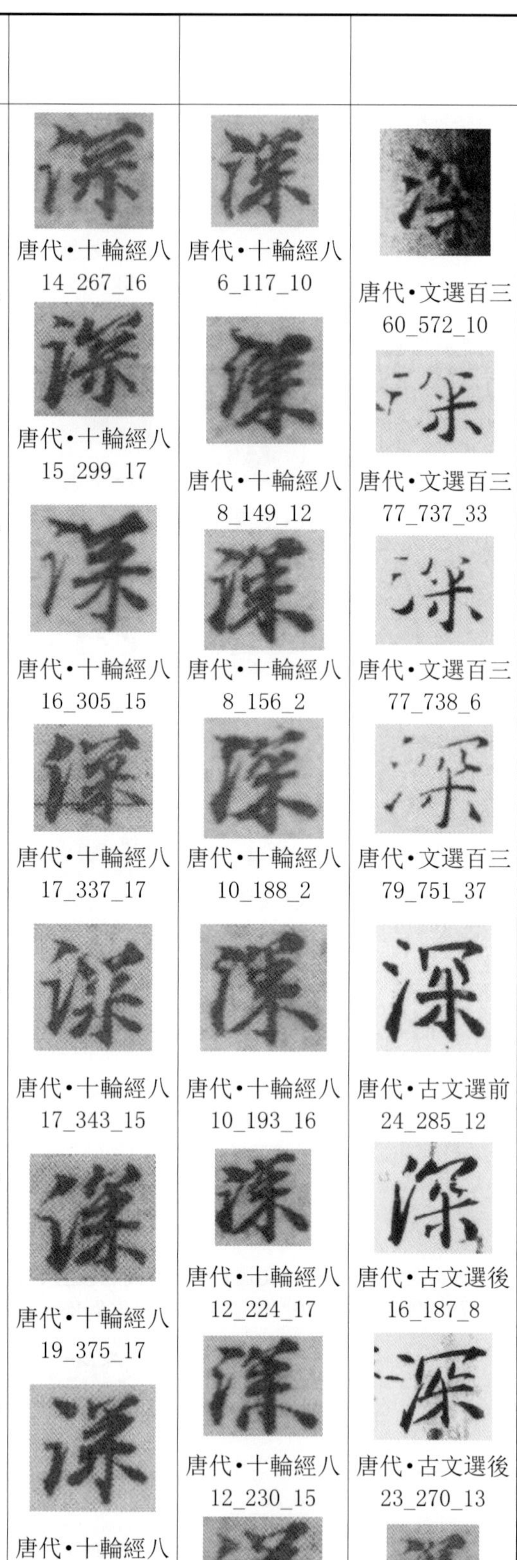 唐代•十輪經八 19_381_15 唐代•十輪經八 21_419_12 唐代•十輪經九 1_13_5 唐代•十輪經九 1_19_7 唐代•十輪經九 3_51_10 唐代•十輪經九 7_133_15 唐代•十輪經九 12_236_8	唐代•十輪經八 14_267_16 唐代•十輪經八 15_299_17 唐代•十輪經八 16_305_15 唐代•十輪經八 17_337_17 唐代•十輪經八 17_343_15 唐代•十輪經八 19_375_17 唐代•十輪經八 21_413_9	唐代•十輪經八 6_117_10 唐代•十輪經八 8_149_12 唐代•十輪經八 8_156_2 唐代•十輪經八 10_188_2 唐代•十輪經八 10_193_16 唐代•十輪經八 12_224_17 唐代•十輪經八 12_230_15 唐代•十輪經八 13_261_17	唐代•文選百三 60_572_10 唐代•文選百三 77_737_33 唐代•文選百三 77_738_6 唐代•文選百三 79_751_37 唐代•古文選前 24_285_12 唐代•古文選後 16_187_8 唐代•古文選後 23_270_13 唐代•十輪經八 6_111_12

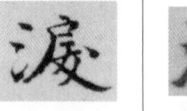

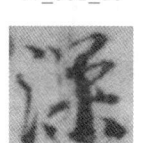

淄

シ
訓くろ

- 唐代•文選四八 35_314_19
- 唐代•文選百三 15_140_9

湊

漢ソウ
訓みなと

- 唐代•文選六八 30_303_23

湛

漢タン 漢チン 漢セン
訓たたえる

- 唐代•文選五九 35_346_11
- 唐代•文選五九 41_411_9
- 唐代•文選六八 1_5_22
- 唐代•文選六八 1_7_6
- 唐代•文選六八 1_7_24
- 唐代•文選六八 1_8_16
- 唐代•文選六八 70_697_10
- 唐代•文選八八 3_8_9
- 唐代•文選八八 3_8_24
- 唐代•文選八八 3_9_16
- 唐代•文選百三 1_4_1
- 唐代•文選百三 1_9_8
- 唐代•文選百三 1_11_3
- 唐代•文選百三 2_13_9
- 唐代•文選百三 3_17_7
- 唐代•文選百三 3_20_18
- 唐代•文選百三 3_21_33
- 唐代•文選百三 7_59_1
- 唐代•文選百三 7_66_5
- 唐代•文選百三 8_70_33
- 唐代•文選百三 8_73_8
- 唐代•文選百三 11_98_32
- 唐代•文選百三 13_116_32
- 唐代•文選百三 13_116_39
- 唐代•文選百三 13_119_33
- 唐代•文選百三 14_130_41
- 唐代•文選百三 18_174_7
- 唐代•文選百三 19_178_20
- 唐代•文選百三 19_179_42
- 唐代•文選百三 19_182_1
- 唐代•文選百三 19_183_15
- 唐代•文選百三 19_188_18
- 唐代•文選百三 19_189_15
- 唐代•文選百三 20_191_9
- 唐代•文選百三 20_193_2
- 唐代•文選百三 21_205_20
- 唐代•文選百三 21_209_39
- 唐代•文選百三 23_216_53
- 唐代•文選百三 23_219_32

湯

漢トウ
訓ゆ

唐代•文選六八
31_307_2

唐代•文選六八
55_555_22

唐代•文選六八
65_648_22

唐代•文選百三
48_461_4

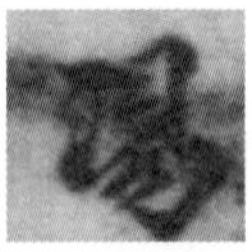
唐代•十輪經四
2_25_9

減

慣ゲン漢カン
訓へる

唐代•文選四八
48_432_7

唐代•文選八八
23_203_7

唐代•文選八八
23_205_2

唐代•文選八八
23_205_11

唐代•文選八八
23_207_15

唐代•文選百三
59_562_12

唐代•古文選前
7_84_13

唐代•十輪經十
2_26_12

渤

漢ホツ慣ボツ
訓—

唐代•文選五九
88_847_17

唐代•文選五九
106_1004_16

唐代•文選五九
106_1005_16

唐代•文選五九
106_1006_29

唐代•文選五九
107_1007_14

唐代•文選五九
107_1008_2

湘

漢ショウ
訓—

唐代•古文選前
10_117_12

唐代•古文選後
3_25_12

唐代•古文選後
26_307_7

湳

漢ダン呉ナン
訓—

唐代•古文選後
6_68_2

湖

漢コ
訓みずうみ

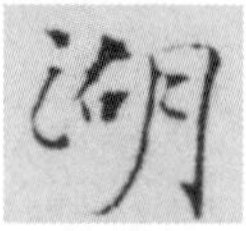
唐代•文選四八
1_7_26

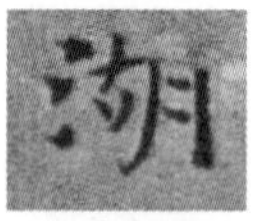
唐代•文選五九
25_245_9

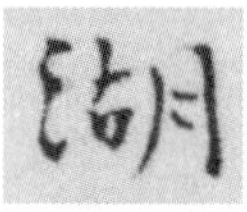
唐代•文選五九
38_378_14

唐代•文選五九
93_891_7

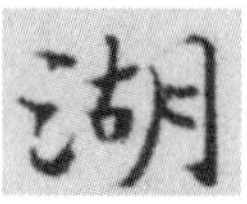
唐代•文選五九
106_1005_13

唐代•古文選前
20_235_10

渫

漢セツ
訓さらう

唐代•文選六八
55_547_2

唐代•文選六八
55_547_17

唐代•文選六八
55_548_3

唐代•文選六八
55_549_2

唐代•文選六八
59_591_24

湍	渭		渴		温	測
タン 訓はやせ	イ 訓ー		慣カツ漢ケツ、カツ 訓かわく		漢オン、ウン 訓あたたかい	慣ソク 訓はかる
 唐代・文選六八 6_58_1  唐代・古文選前 9_104_4	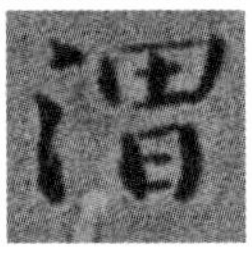 唐代・文選六八 71_708_7  唐代・文選百三 24_230_10  唐代・古文選後 7_79_3	 唐代・文選四八 39_351_17  唐代・文選百三 85_813_1  唐代・文選百三 85_817_7  唐代・古文選後 3_27_2  唐代・古文選後 10_118_13  唐代・十輪經四 12_229_5	 唐代・文選四八 4_30_6  唐代・文選四八 4_31_23  唐代・文選四八 4_32_17  唐代・文選四八 39_346_4  唐代・文選四八 39_347_14  唐代・文選四八 39_348_18  唐代・文選四八 39_350_2  唐代・文選四八 39_350_23	 唐代・文選百三 76_728_14  唐代・文選百三 76_730_18  唐代・文選百三 76_732_18  唐代・文選百三 77_734_9  唐代・文選百三 77_738_9  唐代・古文選前 3_31_7  唐代・古文選前 4_48_3	 唐代・文選四八 32_289_20  唐代・文選四八 32_291_11  唐代・文選五九 43_430_9 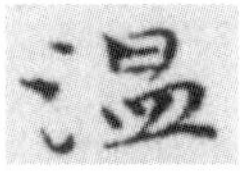 唐代・文選五九 44_432_13 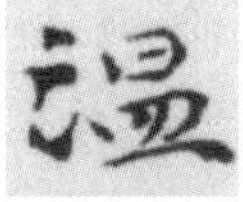 唐代・文選五九 44_432_19  唐代・文選六八 41_408_10  唐代・文選六八 41_412_13  唐代・文選百三 73_709_3	 唐代・文選六八 73_725_17  唐代・文選百三 7_66_20  唐代・文選百三 7_68_25  唐代・古文選前 3_27_7  唐代・古文選後 6_70_12  唐代・十輪經十 10_194_15

滑

漢カツ、コツ

訓なめらか、すべる

唐代•春秋經傳 29_298_6

唐代•春秋經傳 29_298_8

唐代•文選四八 38_342_1

唐代•文選五九 37_359_9

唐代•文選五九 37_360_17

唐代•文選五九 37_361_15

唐代•文選六八 21_212_1

唐代•文選五九 37_362_10

唐代•文選百三 12_109_19

唐代•文選百三 65_622_16

唐代•文選百三 65_625_29

唐代•文選百三 65_626_2

唐代•文選百三 66_636_1

唐代•文選百三 66_636_13

唐代•文選百三 66_638_9

唐代•文選百三 67_639_18

唐代•文選百三 67_640_6

唐代•文選百三 67_640_23

唐代•文選百三 67_643_31

唐代•文選百三 71_680_5

唐代•文選百三 71_683_5

唐代•文選百三 80_760_8

唐代•文選百三 80_761_19

唐代•文選百三 80_763_17

唐代•文選百三 81_764_18

唐代•文選百三 81_765_6

唐代•文選百三 81_765_14

唐代•文選百三 81_774_30

唐代•文選百三 84_798_5

淵

エン

訓ふち

唐代•文選四八 11_96_17

唐代•文選四八 44_395_25

唐代•文選五九 5_47_2

唐代•文選五九 6_56_3

唐代•文選五九 9_90_2

唐代•文選五九 12_118_2

唐代•文選五九 65_626_14

唐代•文選六八 23_233_7

唐代•文選六八 25_253_13

唐代•文選六八 45_448_9

唐代•文選六八 45_449_11

唐代•文選六八 69_688_14

唐代•文選六八 69_690_19

唐代•文選百三 1_4_11

唐代•文選百三 5_38_25

唐代•文選百三 20_191_18

唐代•文選百三 20_192_17

唐代•文選百三 20_192_29

唐代•文選百三 21_208_13

唐代•古文選後 11_130_7

唐代•古文選後 12_138_1

唐代•古文選後 18_210_14

唐代•古文選後 19_228_10

渝

ユ
訓かわる

唐代・文選四八 18_167_10
唐代・文選四八 19_171_3
唐代・文選四八 19_174_6
唐代・古文選前 16_192_12
唐代・古文選後 11_121_14

湓

フン漢ホン呉ボン
訓—

唐代・文選八八 10_81_6
唐代・文選八八 10_81_11
唐代・文選八八 10_81_24
唐代・文選八八 10_82_19
唐代・文選八八 10_82_38

渡

漢ト
訓わたる

唐代・文選五九 90_869_17

游

漢ユウ
訓およぐ

唐代・文選四八 1_1_3
唐代・文選四八 3_16_8
唐代・文選四八 3_17_4
唐代・文選四八 3_18_6
唐代・文選四八 5_36_6
唐代・文選四八 10_83_22
唐代・文選四八 30_266_21
唐代・文選四八 30_268_2

唐代・文選四八 32_288_9
唐代・文選四八 32_288_15
唐代・文選四八 33_299_18
唐代・文選四八 34_302_7
唐代・文選四八 34_302_11
唐代・文選四八 43_389_13
唐代・文選四八 43_389_28
唐代・文選四八 44_391_4

唐代・文選四八 47_425_15
唐代・文選四八 47_426_8
唐代・文選四八 48_429_22
唐代・文選五九 2_19_6
唐代・文選五九 7_60_31
唐代・文選五九 7_71_15
唐代・文選五九 9_85_11
唐代・文選五九 10_97_16

唐代・文選五九 25_244_3
唐代・文選五九 32_314_14
唐代・文選五九 32_315_20
唐代・文選五九 32_317_9
唐代・文選五九 33_322_3
唐代・文選五九 33_323_6
唐代・文選五九 33_323_12
唐代・文選五九 33_324_19

唐代•文選五九
33_325_21

唐代•文選五九
34_331_24

唐代•文選五九
36_353_15

唐代•文選五九
37_360_7

唐代•文選五九
37_367_1

唐代•文選五九
37_369_18

唐代•文選五九
38_378_24

唐代•文選五九
39_379_10

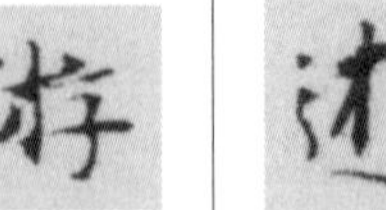
唐代•文選五九
41_402_26

唐代•文選五九
41_403_8

唐代•文選五九
41_404_2

唐代•文選五九
53_518_22

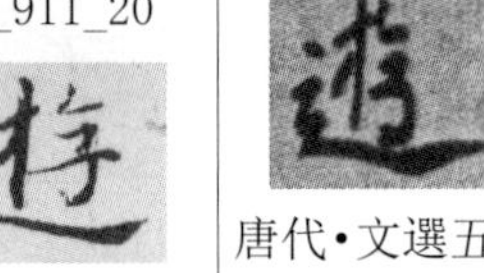
唐代•文選五九
53_519_3

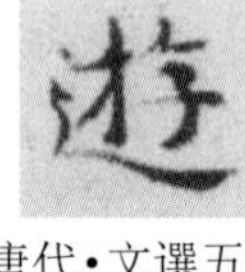
唐代•文選五九
75_723_14

唐代•文選五九
86_826_4

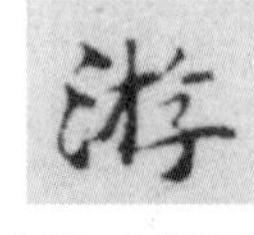
唐代•文選五九
86_827_24

唐代•文選五九
86_827_29

唐代•文選五九
86_828_13

唐代•文選五九
86_829_20

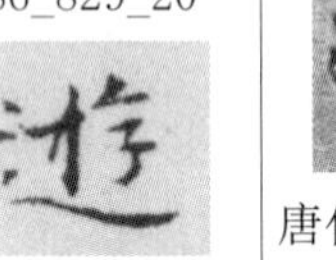
唐代•文選五九
96_911_20

唐代•文選五九
96_913_5

唐代•文選五九
97_914_8

唐代•文選五九
97_926_20

唐代•文選五九
107_1007_5

唐代•文選五九
107_1008_1

唐代•文選五九
108_1020_7

唐代•文選五九
108_1022_7

唐代•文選五九
108_1024_5

唐代•文選五九
111_1046_27

唐代•文選六八
11_115_2

唐代•文選六八
11_116_9

唐代•文選六八
15_155_2

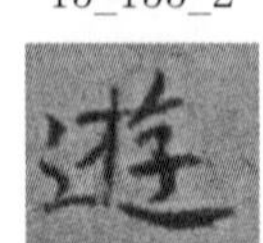
唐代•文選六八
16_163_8

唐代•文選六八
28_284_7

唐代•文選六八
28_285_19

唐代•文選六八
30_304_14

唐代•文選六八
45_458_1

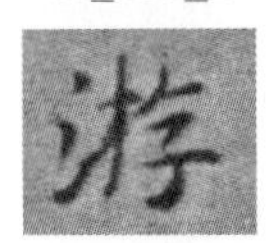
唐代•文選六八
46_459_2

唐代•文選六八
46_459_10

唐代•文選六八
47_471_1

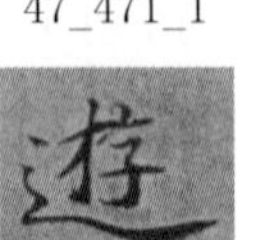
唐代•文選六八
48_482_16

唐代•文選六八
57_578_6

唐代•文選六八
58_579_9

唐代•文選六八
58_580_2

唐代•文選六八
58_584_14

唐代•文選六八
61_605_4

唐代•文選六八
61_611_3

唐代•文選六八
61_612_10

唐代•文選六八
61_612_22

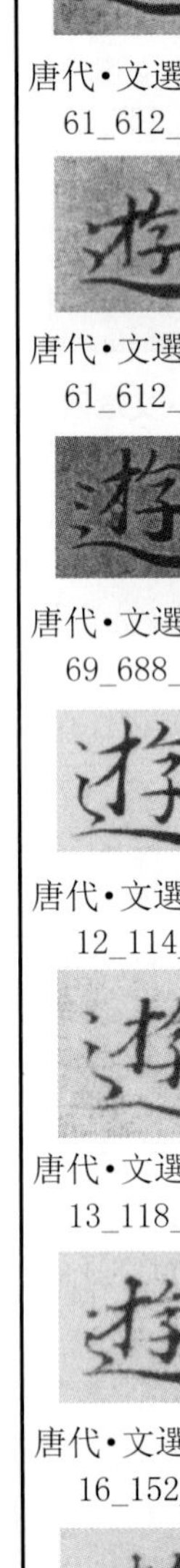
唐代•文選六八
69_688_10

唐代•文選百三
12_114_3

唐代•文選百三
13_118_27

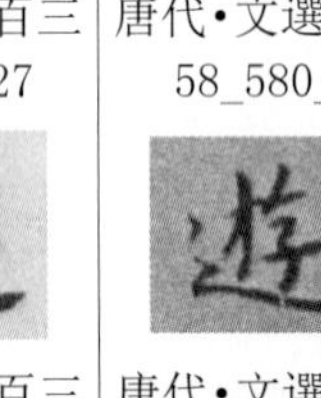
唐代•文選百三
16_152_9

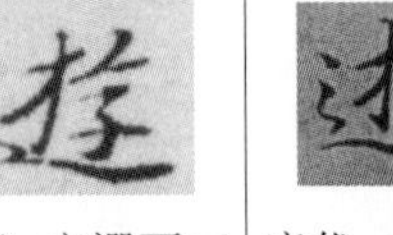
唐代•文選百三
51_490_26

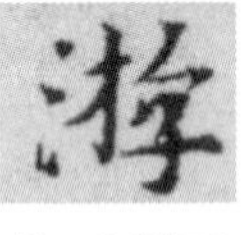
唐代•文選百三
83_786_25

渾

漢コン
訓にごる

唐代•春秋經傳
7_68_7

唐代•春秋經傳
13_129_11

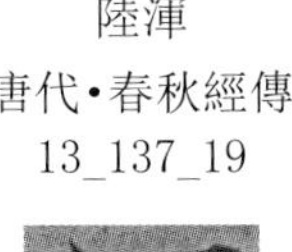
陸渾
唐代•春秋經傳
13_137_19

唐代•文選六八
9_89_12

唐代•文選六八
9_93_12

唐代•文選六八
9_94_21

唐代•文選六八
9_95_12

唐代•文選百三
20_190_29

滋

慣ジ漢シ呉シ
訓しげる

唐代•文選五九
21_210_11

唐代•文選五九
21_211_5

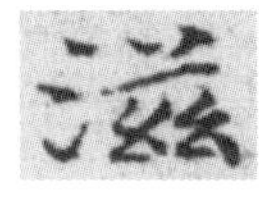
唐代•文選五九
21_211_26

唐代•文選六八
18_185_22

唐代•文選六八
19_187_7

唐代•文選六八
19_187_18

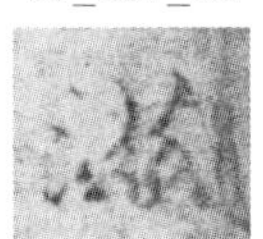
唐代•文選百三
1_8_23

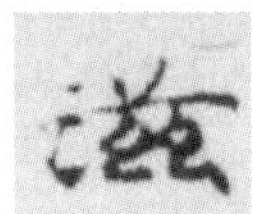
唐代•文選百三
19_179_14

唐代•古文選後
21_250_5

唐代•古文選後
22_259_23

唐代•古文選後
22_264_9

唐代•古文選後
24_283_14

唐代•古文選後
26_307_10

唐代•十輪經八
3_42_15

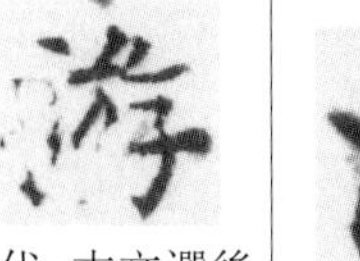
唐代•古文選後
10_109_13

唐代•古文選後
14_163_11

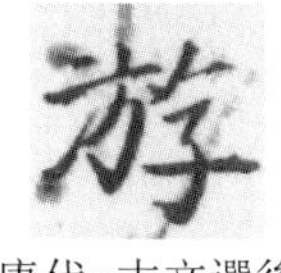
唐代•古文選後
16_183_3

唐代•古文選後
16_183_23

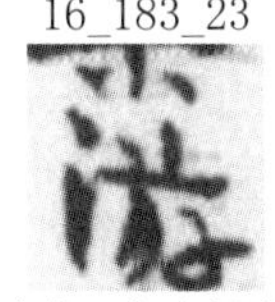
唐代•古文選後
16_183_81

唐代•古文選後
16_189_6

唐代•古文選後
21_244_5

唐代•古文選前
19_218_4

唐代•古文選前
22_258_6

唐代•古文選前
23_274_8

唐代•古文選前
24_281_14

唐代•古文選後
3_35_2

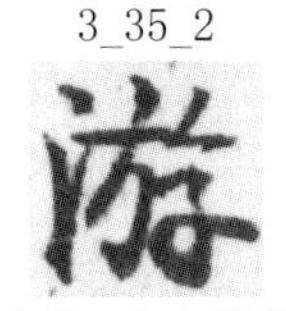
唐代•古文選後
8_84_13

唐代•古文選後
9_100_4

唐代•古文選後
9_104_12

唐代•古文選前
1_1_4

唐代•古文選前
2_18_7

唐代•古文選前
3_36_1

唐代•古文選前
8_89_8

唐代•古文選前
8_100_11

唐代•古文選前
10_118_6

唐代•古文選前
13_155_5

唐代•古文選前
15_182_9

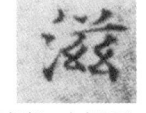

漭	溝	溱	湧	滑	湄	渥
漢ボウ呉モウ 訓ひろい	漢コウ 訓みぞ	シン 訓いたる	漢ヨウ慣ユウ 訓わく	ショ 訓したむ	漢ビ 訓ほとり	アク 訓うるおう
 唐代・文選六八 5_53_17  唐代・文選六八 6_55_3  唐代・文選六八 6_55_27  唐代・文選六八 6_56_4  唐代・古文選前 1_9_6	 唐代・文選百三 33_326_4  唐代・文選百三 33_327_3	 唐代・古文選前 13_156_10	 唐代・文選六八 69_686_16	 唐代・文選五九 37_372_11	 唐代・古文選後 24_284_13	 唐代・文選四八 30_269_14  唐代・古文選前 4_40_13

滅

慣メツ 漢ベツ
訓ほろびる

唐代•文選五九 10_97_23

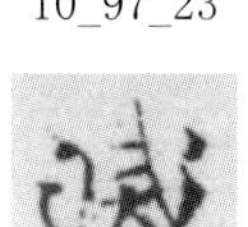
唐代•文選五九 81_777_6

唐代•文選五九 83_798_6

唐代•文選五九 83_798_22

唐代•文選五九 92_882_28

唐代•文選五九 107_1014_8

唐代•文選五九 111_1047_12

唐代•文選五九 111_1050_24

唐代•春秋經傳 28_289_9

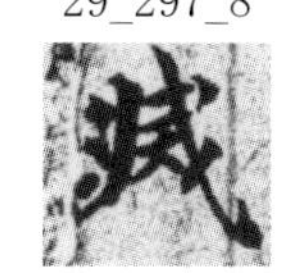
唐代•春秋經傳 29_297_8

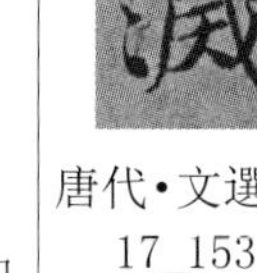
唐代•春秋經傳 37_390_20

唐代•文選四八 17_153_6

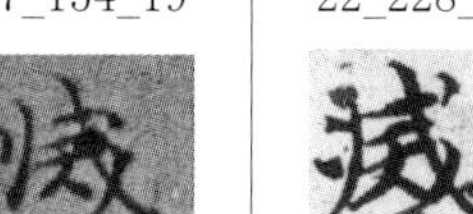
唐代•文選四八 17_154_19

唐代•文選四八 17_157_5

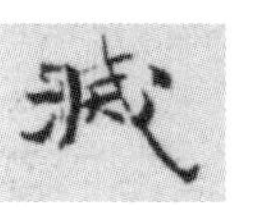
唐代•文選五九 10_94_15

唐代•文選五九 10_96_20

初唐•大般若經 2_28_7

初唐•大般若經 2_29_16

唐代•春秋經傳 7_72_9

唐代•春秋經傳 20_211_14

唐代•春秋經傳 22_228_13

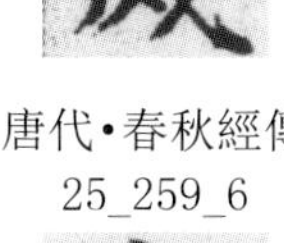
唐代•春秋經傳 25_258_22

唐代•春秋經傳 25_259_6

唐代•春秋經傳 26_265_18

源

漢ゲン
訓みなもと

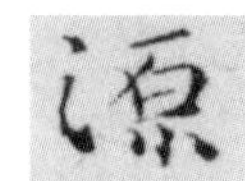
唐代•文選四八 1_3_10

唐代•文選五九 35_341_2

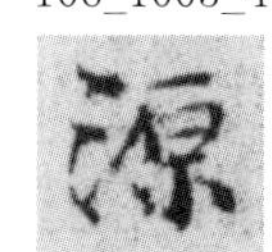
唐代•文選五九 106_1005_4

唐代•文選五九 106_1006_19

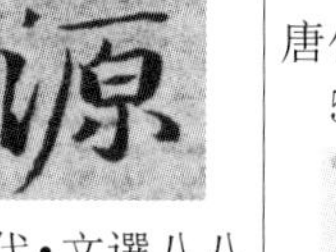
唐代•文選八八 11_87_4

唐代•文選八八 11_89_7

唐代•古文選前 25_291_5

唐代•十輪經九 7_133_18

漠

漢バク
訓すなはら

唐代•文選六八 5_52_24

唐代•文選六八 5_53_6

唐代•文選六八 15_154_11

漠北
唐代•文選百三 50_482_21

唐代•古文選前 24_280_2

唐代•文選五九 33_328_11

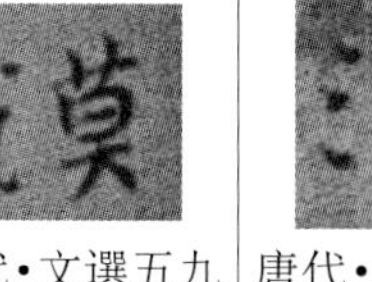
唐代•文選五九 33_328_23

唐代•文選五九 35_343_16

唐代•文選五九 52_513_1

漠北
唐代•文選五九 75_721_22

唐代•文選六八 5_51_10

唐代•文選六八 5_52_1

唐代•文選五九 5_41_5

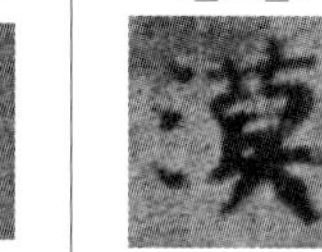
唐代•文選五九 5_42_14

唐代•文選五九 5_43_12

唐代•文選五九 5_43_21

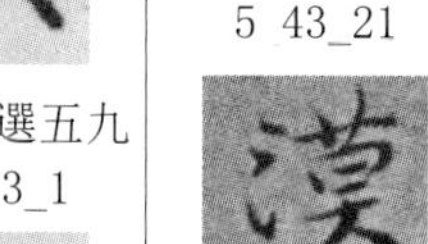
唐代•文選五九 5_44_22

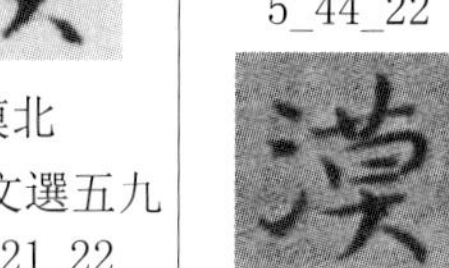
唐代•文選五九 5_45_8

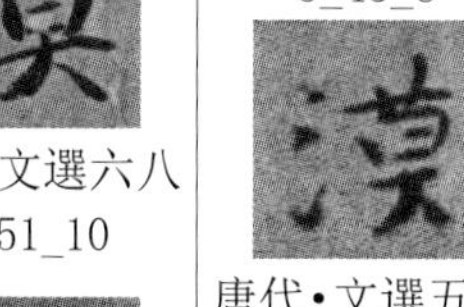
唐代•文選五九 5_45_31

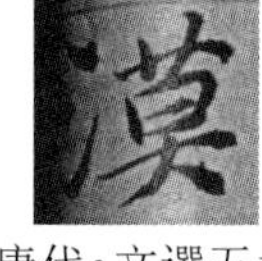
唐代•文選五九 33_327_1

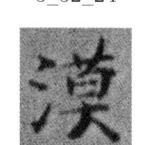

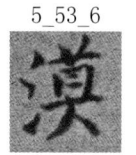

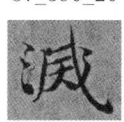

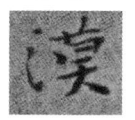

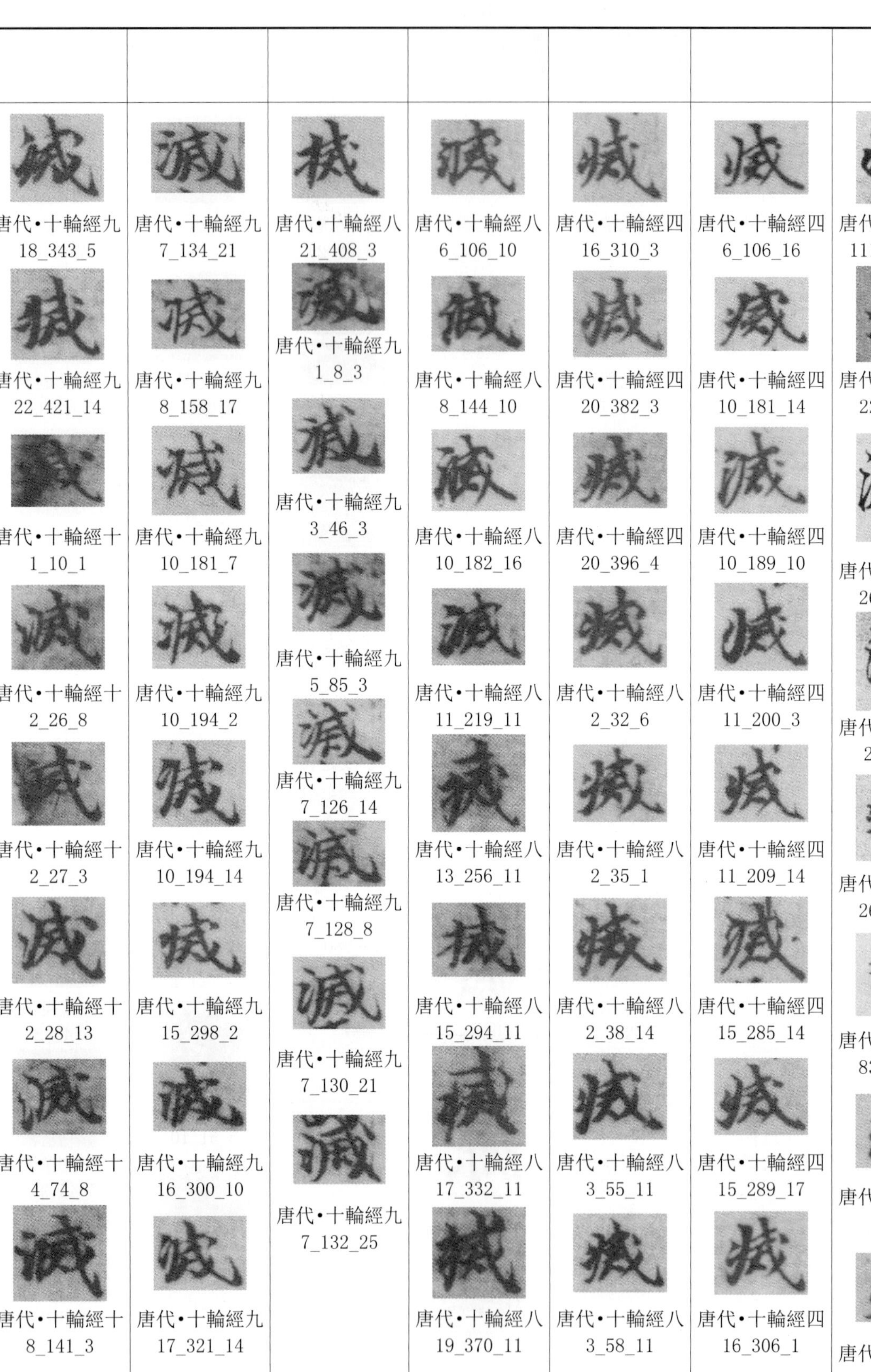

唐代•十輪經九 18_343_5
唐代•十輪經九 22_421_14
唐代•十輪經十 1_10_1
唐代•十輪經十 2_26_8
唐代•十輪經十 2_27_3
唐代•十輪經十 2_28_13
唐代•十輪經十 4_74_8
唐代•十輪經十 8_141_3

唐代•十輪經九 7_134_21
唐代•十輪經九 8_158_17
唐代•十輪經九 10_181_7
唐代•十輪經九 10_194_2
唐代•十輪經九 10_194_14
唐代•十輪經九 15_298_2
唐代•十輪經九 16_300_10
唐代•十輪經九 17_321_14

唐代•十輪經八 21_408_3
唐代•十輪經九 1_8_3
唐代•十輪經九 3_46_3
唐代•十輪經九 5_85_3
唐代•十輪經九 7_126_14
唐代•十輪經九 7_128_8
唐代•十輪經九 7_130_21
唐代•十輪經九 7_132_25

唐代•十輪經八 6_106_10
唐代•十輪經八 8_144_10
唐代•十輪經八 10_182_16
唐代•十輪經八 11_219_11
唐代•十輪經八 13_256_11
唐代•十輪經八 15_294_11
唐代•十輪經八 17_332_11
唐代•十輪經八 19_370_11

唐代•十輪經四 16_310_3
唐代•十輪經四 20_382_3
唐代•十輪經四 20_396_4
唐代•十輪經八 2_32_6
唐代•十輪經八 2_35_1
唐代•十輪經八 2_38_14
唐代•十輪經八 3_55_11
唐代•十輪經八 3_58_11

唐代•十輪經四 6_106_16
唐代•十輪經四 10_181_14
唐代•十輪經四 10_189_10
唐代•十輪經四 11_200_3
唐代•十輪經四 11_209_14
唐代•十輪經四 15_285_14
唐代•十輪經四 15_289_17
唐代•十輪經四 16_306_1

唐代•文選五九 111_1051_29
唐代•文選八八 22_194_22
唐代•文選百三 26_251_16
唐代•文選百三 26_254_4
唐代•文選百三 26_255_26
唐代•文選百三 83_796_27
唐代•十輪經四 3_50_8
唐代•十輪經四 4_71_4

溪	滔	準	滌			
漢ケイ 訓たに	トウ 訓はびこる	慣ジュウ漢セツ 訓たいらか	漢テキ呉ジョウ 慣デキ 訓あらう			
唐代・文選五九 35_352_12	唐代・文選四八 36_324_15	唐代・文選五九 25_239_3	唐代・文選五九 62_599_19	唐代・十輪經十 15_297_12	唐代・十輪經十 14_263_12	唐代・十輪經十 8_141_7
唐代・文選五九 73_704_2		唐代・文選五九 25_241_27	唐代・文選五九 62_601_18	唐代・十輪經十 16_309_11	唐代・十輪經十 14_265_14	唐代・十輪經十 8_146_11
唐代・文選五九 74_707_20		唐代・文選五九 81_778_16	唐代・文選六八 12_128_11	唐代・十輪經十 16_311_13	唐代・十輪經十 14_275_15	唐代・十輪經十 12_234_9
唐代・文選五九 74_708_11			唐代・文選六八 13_130_21	唐代・十輪經十 17_327_8	唐代・十輪經十 14_276_13	唐代・十輪經十 12_238_17
唐代・文選六八 6_58_10			唐代・文選六八 13_131_20	唐代・十輪經十 17_330_8	唐代・十輪經十 14_277_12	唐代・十輪經十 13_241_11
唐代・文選六八 6_62_17			唐代・文選六八 66_659_16	唐代・十輪經十 18_353_13	唐代・十輪經十 15_281_17	唐代・十輪經十 13_247_12
				唐代・十輪經十 19_370_18	唐代・十輪經十 15_295_14	唐代・十輪經十 13_257_2
					唐代・十輪經十 15_296_15	唐代・十輪經十 13_258_13

溜

漢リュウ
訓したたる

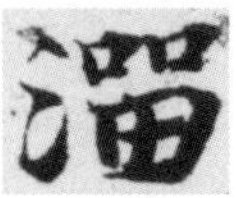
唐代•春秋經傳
8_77_15

滂

ホウ慣ボウ
訓ひろい

唐代•文選四八
46_411_8

唐代•文選五九
74_717_20

唐代•文選五九
76_732_10

唐代•文選五九
76_732_20

唐代•文選五九
76_733_5

唐代•古文選後
1_2_13

唐代•古文選後
13_156_4

溢

漢イツ
訓あふれる

唐代•文選五九
86_828_3

唐代•文選五九
86_828_14

唐代•文選六八
1_8_5

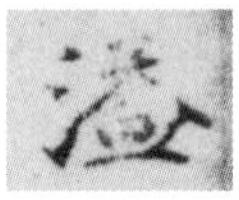
唐代•文選六八
1_10_6

唐代•文選六八
1_10_20

唐代•文選六八
55_548_18

唐代•文選六八
55_548_23

唐代•文選八八
3_9_5

唐代•文選八八
15_124_13

唐代•文選八八
3_10_14

唐代•文選八八
3_11_6

唐代•文選八八
3_11_20

唐代•文選八八
10_81_12

唐代•文選八八
10_82_30

唐代•文選八八
11_83_26

唐代•文選八八
15_123_6

唐代•文選八八
15_124_24

唐代•文選八八
17_148_8

唐代•古文選後
9_104_2

唐代•十輪經八
4_78_6

唐代•十輪經八
5_86_13

溯

ソ
訓さかのぼる

唐代•古文選前
15_172_8

溺

漢デキ
訓おぼれる

唐代•文選五九
35_339_4

唐代•文選五九
35_340_10

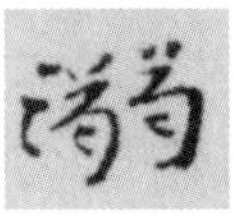
唐代•文選五九
35_343_27

唐代•文選五九
35_344_14

唐代•文選五九
35_347_7

唐代•文選五九
80_764_8

唐代•文選五九
80_766_9

唐代•文選五九
80_766_30

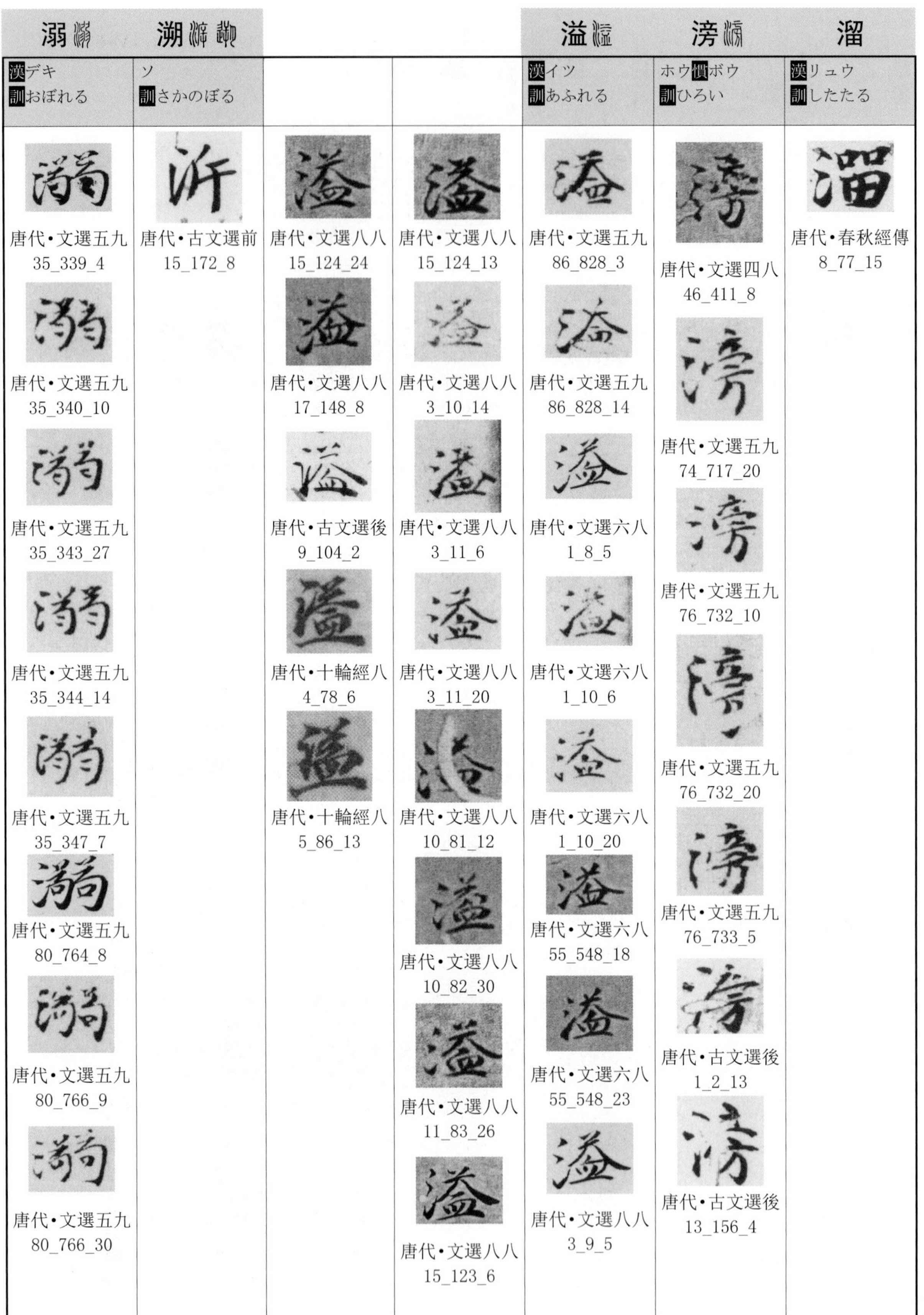

唐代•文選五九
80_770_4

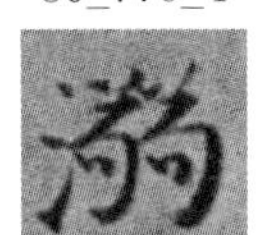
唐代•文選六八
12_125_14

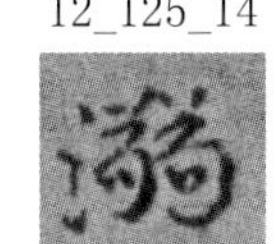
唐代•文選六八
12_125_19

唐代•文選八八
21_189_3

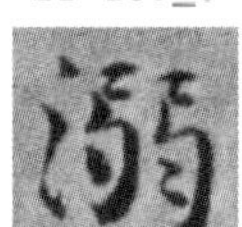
唐代•文選八八
22_193_6

唐代•文選八八
22_193_16

唐代•古文選前
11_133_53

唐代•古文選前
20_232_14

滎

漢ケイ、エイ
訓—

唐代•文選百三
24_234_19

唐代•文選百三
70_678_12

漬

漢シ
訓ひたす

唐代•文選六八
19_198_6

唐代•文選八八
15_124_10

漢

カン
訓—

唐代•春秋經傳
16_167_11

唐代•文選四八
5_40_2

唐代•文選四八
15_135_5

唐代•文選四八
16_139_7

唐代•文選四八
17_154_10

唐代•文選四八
18_160_18

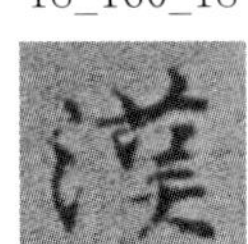
唐代•文選四八
18_161_14

唐代•文選四八
18_164_32

唐代•文選四八
19_168_3

唐代•文選四八
19_171_10

唐代•文選四八
20_175_17

唐代•文選四八
20_176_1

唐代•文選四八
21_193_18

唐代•文選四八
22_200_7

唐代•文選四八
23_206_27

唐代•文選四八
24_216_7

唐代•文選四八
27_240_12

唐代•文選四八
28_247_20

唐代•文選四八
29_262_21

唐代•文選四八
30_268_23

唐代•文選四八
33_299_12

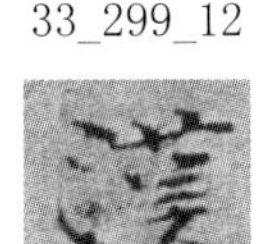
唐代•文選四八
34_305_5

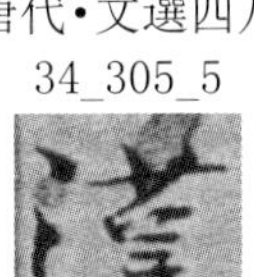
唐代•文選四八
36_324_18

唐代•文選四八
43_385_7

唐代•文選四八
44_400_22

唐代•文選四八
44_401_3

唐代•文選四八
46_418_7

唐代•文選四八
48_431_6

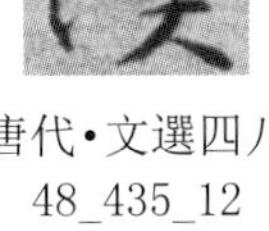
唐代•文選四八
48_435_12

唐代•文選四八
48_437_2

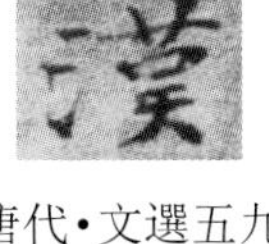
唐代•文選五九
13_127_12

唐代•文選五九
15_150_16

唐代•文選八八 5_31_13
唐代•文選八八 6_37_10
唐代•文選八八 10_82_14
唐代•文選八八 10_82_24
唐代•文選八八 19_165_2
唐代•文選八八 21_184_11
唐代•文選八八 21_192_19
唐代•文選八八 22_194_21
唐代•文選六八 63_631_2
唐代•文選六八 63_635_22
唐代•文選六八 65_652_12
唐代•文選六八 69_694_7
唐代•文選六八 71_712_14
唐代•文選八八 1_4_1
唐代•文選八八 1_5_15
唐代•文選六八 45_458_13
唐代•文選六八 45_458_21
唐代•文選六八 46_459_27
唐代•文選六八 49_485_10
唐代•文選六八 51_510_26
唐代•文選六八 54_541_9
唐代•文選六八 63_630_9
唐代•文選五九 62_597_26
唐代•文選五九 62_603_16
唐代•文選五九 63_605_1
唐代•文選五九 63_605_25
唐代•文選五九 66_633_4
唐代•文選五九 66_637_22
唐代•文選五九 72_698_21
唐代•文選五九 74_705_17
唐代•文選五九 43_418_21
唐代•文選五九 43_427_16
唐代•文選五九 45_449_21
唐代•文選五九 46_453_7
唐代•文選五九 46_454_17
唐代•文選五九 46_455_13
唐代•文選五九 46_457_8
唐代•文選五九 47_458_10
唐代•文選五九 21_204_26
唐代•文選五九 21_205_16
唐代•文選五九 21_209_28
唐代•文選五九 29_292_12
唐代•文選五九 33_323_15
唐代•文選五九 35_340_14
唐代•文選五九 39_380_8
唐代•文選五九 39_383_10
唐代•文選五九 16_152_24
唐代•文選五九 17_166_2
唐代•文選五九 17_167_8
唐代•文選五九 17_168_21
唐代•文選五九 19_182_13
唐代•文選五九 19_183_2
唐代•文選五九 19_183_23
唐代•文選五九 21_204_4

	滿  漢バン呉マン 訓みちる					
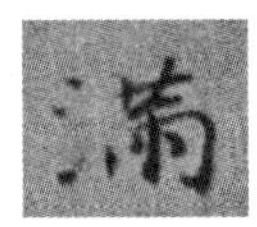 唐代•文選五九 24_237_32	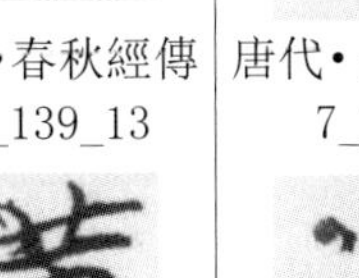 唐代•春秋經傳 14_139_13	 唐代•古文選後 7_75_7	 唐代•文選百三 84_803_12	 唐代•文選百三 81_771_14	 唐代•文選百三 61_591_21	 唐代•文選百三 47_453_8
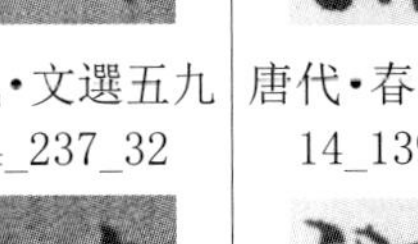 唐代•文選五九 24_238_20	 唐代•春秋經傳 14_139_19	 唐代•古文選後 17_204_4	 唐代•文選百三 87_829_3	 唐代•文選百三 81_772_22	 唐代•文選百三 67_642_19	 唐代•文選百三 47_455_11
 唐代•文選五九 26_258_5	 唐代•春秋經傳 25_261_20	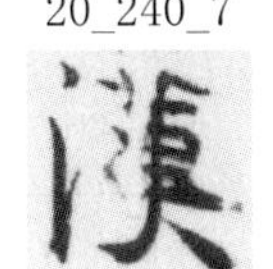 唐代•古文選後 20_240_7	 唐代•古文選前 10_118_3	 唐代•文選百三 81_776_13	 唐代•文選百三 67_643_21	 唐代•文選百三 47_459_24
 唐代•文選五九 27_259_16	 唐代•文選四八 2_12_24	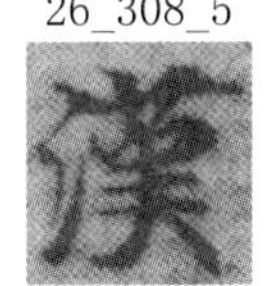 唐代•古文選後 26_308_5	 唐代•古文選前 20_239_16	 唐代•文選百三 82_783_17	 唐代•文選百三 67_651_18	 唐代•文選百三 49_473_26
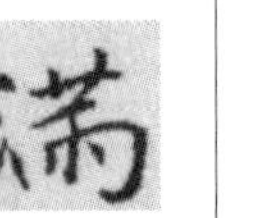 唐代•文選五九 27_261_3	 唐代•文選四八 22_203_6	唐代•十輪經十 18_345_3	 唐代•古文選前 21_250_14	 唐代•文選百三 83_785_13	 唐代•文選百三 72_693_15	 唐代•文選百三 49_477_3
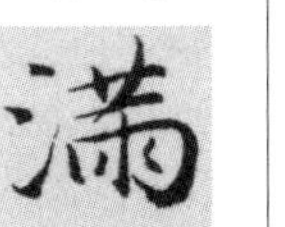 唐代•文選五九 37_371_2	 唐代•文選四八 34_300_18		 唐代•古文選前 21_251_6	 唐代•文選百三 83_787_10	 唐代•文選百三 75_719_4	 唐代•文選百三 50_482_3
 唐代•文選五九 44_434_1	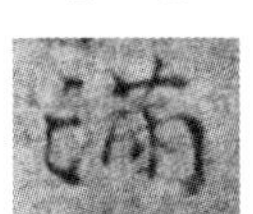 唐代•文選五九 9_79_3		 唐代•古文選前 22_264_1	 唐代•文選百三 83_792_17	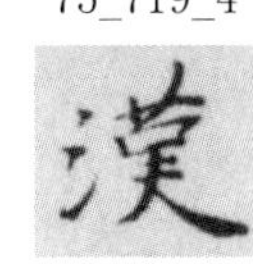 唐代•文選百三 79_755_21	 唐代•文選百三 53_509_17
 唐代•文選五九 44_435_20	 唐代•文選五九 16_158_20		唐代•古文選後 1_5_4	唐代•文選百三 84_800_13	 唐代•文選百三 81_770_10	 唐代•文選百三 54_521_6

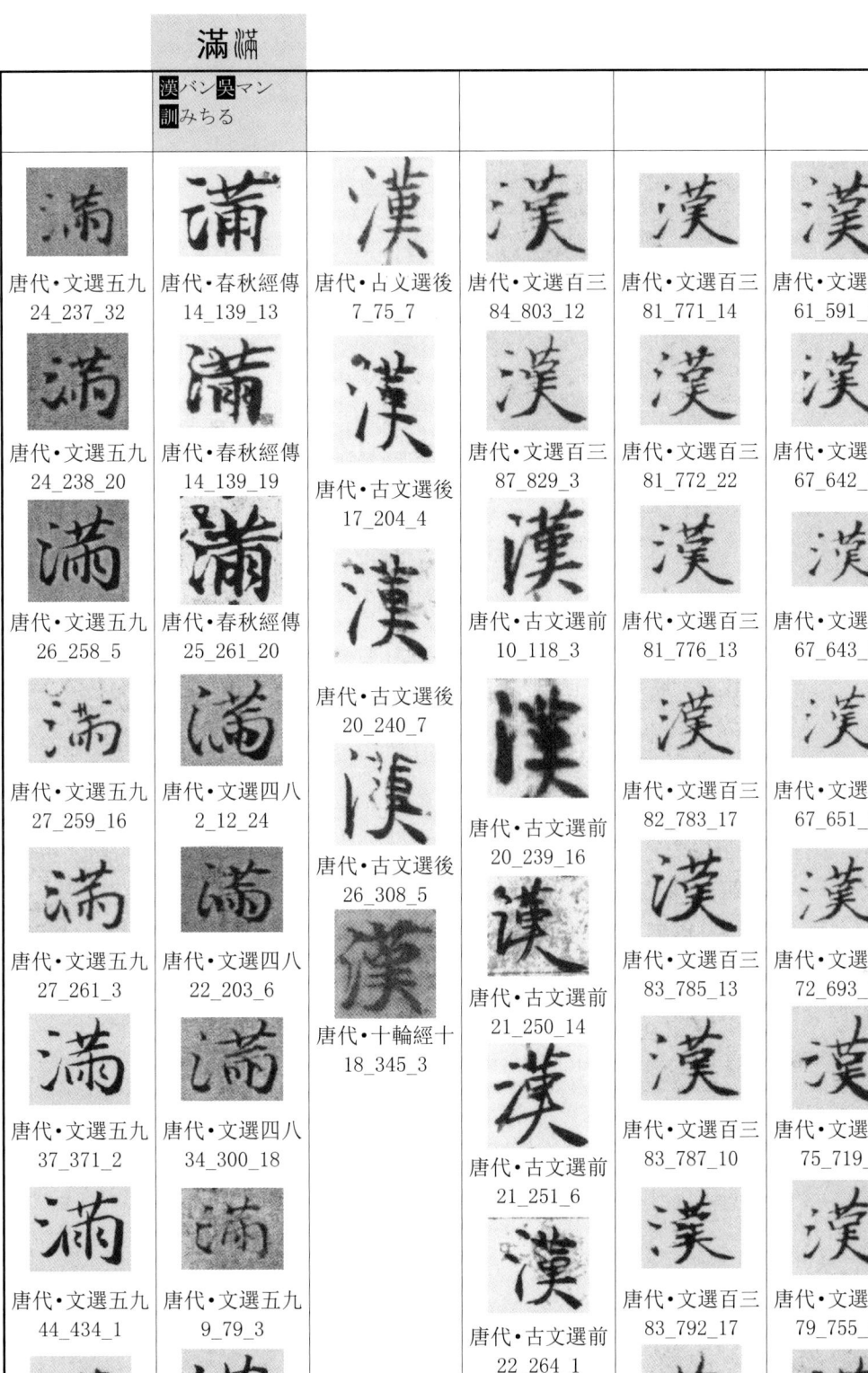

唐代•文選五九	唐代•文選六八	唐代•十輪經四	唐代•十輪經八	唐代•十輪經八	唐代•十輪經九	唐代•十輪經十
唐代•文選五九 45_448_8	唐代•文選六八 11_117_13	唐代•十輪經四 18_346_5	唐代•十輪經八 5_87_1	唐代•十輪經八 17_338_15	唐代•十輪經九 3_52_8	唐代•十輪經十 11_205_17
唐代•文選五九 48_477_7	當作苞蒲 唐代•文選八八 3_20_17	唐代•十輪經四 21_408_5	唐代•十輪經八 5_92_17	唐代•十輪經八 18_346_5	唐代•十輪經九 6_113_5	唐代•十輪經十 11_209_1
唐代•文選五九 49_479_10	當作苞蒲 唐代•文選八八 4_21_11	唐代•十輪經四 21_408_13	唐代•十輪經八 6_112_10	唐代•十輪經八 19_376_15	唐代•十輪經九 6_115_1	唐代•十輪經十 13_242_7
唐代•文選五九 51_505_20	唐代•文選百三 21_207_19	唐代•十輪經四 21_415_7	唐代•十輪經八 8_150_10	唐代•十輪經八 21_414_7	唐代•十輪經九 6_116_12	唐代•十輪經十 13_251_13
唐代•文選五九 51_507_28	唐代•文選百三 23_221_6	唐代•十輪經四 22_420_3	唐代•十輪經八 10_188_17	唐代•十輪經八 22_421_1	唐代•十輪經九 7_137_15	唐代•十輪經十 13_258_3
唐代•文選五九 56_548_17	唐代•文選百三 23_224_13	唐代•十輪經四 22_424_10	唐代•十輪經八 12_225_15	唐代•十輪經八 22_424_16	唐代•十輪經九 14_269_12	唐代•十輪經十 13_259_6
唐代•文選五九 96_913_8	唐代•文選百三 23_224_23	唐代•十輪經八 4_70_15	唐代•十輪經八 14_262_15	唐代•十輪經九 1_14_3	唐代•十輪經九 17_327_13	唐代•十輪經十 14_272_2
唐代•文選五九 111_1053_5	唐代•文選百三 52_500_9	唐代•十輪經八 4_78_11	唐代•十輪經八 15_300_15	唐代•十輪經九 2_23_8	唐代•十輪經十 10_199_16	唐代•十輪經十 15_290_3

唐代•十輪經十
15_291_6

唐代•十輪經十
15_293_8

唐代•十輪經十
16_304_10

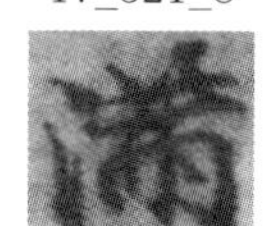
唐代•十輪經十
17_321_8

唐代•十輪經十
17_331_9

漆 

漢シツ
訓うるし

唐代•春秋經傳
7_64_5

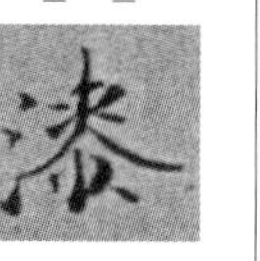
唐代•文選六八
49_496_17

唐代•古文選前
24_282_11

漸 

吳ゼン
訓すすむ

初唐•法華義疏
1_9_8

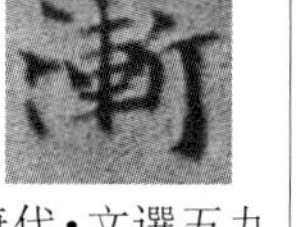
唐代•春秋經傳
20_204_14

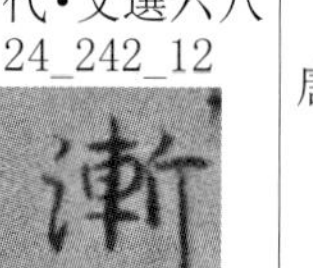
唐代•文選四八
4_29_7

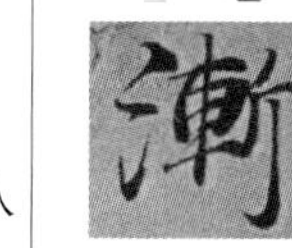
唐代•文選四八
22_203_11

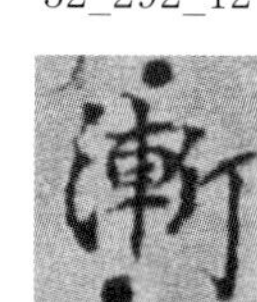
唐代•文選四八
32_292_12

唐代•文選四八
32_293_10

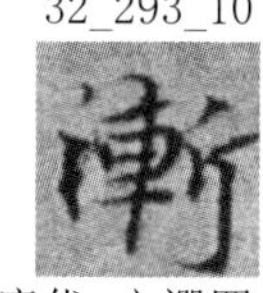
唐代•文選四八
33_294_13

唐代•文選五九
2_18_25

唐代•文選五九
8_74_14

唐代•文選五九
43_421_18

唐代•文選六八
23_238_3

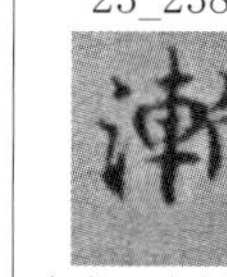
唐代•文選六八
24_242_12

唐代•文選六八
24_243_4

唐代•文選八八
11_91_23

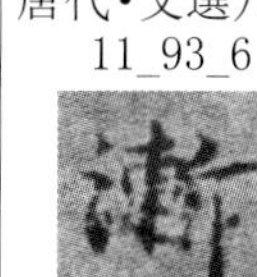
唐代•文選八八
11_93_6

唐代•文選八八
15_124_9

唐代•文選百三
10_91_29

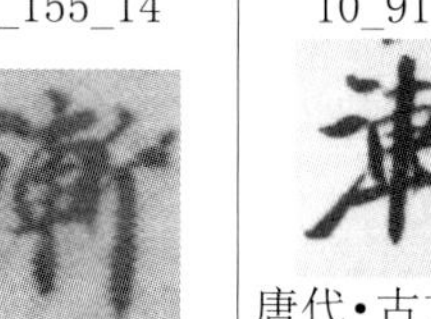
唐代•古文選前
22_254_11

唐代•古文選後
14_165_13

唐代•十輪經四
14_277_17

唐代•十輪經四
14_278_1

唐代•十輪經八
4_78_7

唐代•十輪經八
5_86_14

唐代•十輪經八
6_117_6

唐代•十輪經八
8_155_14

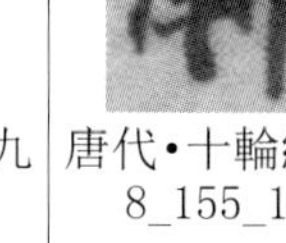
唐代•十輪經八
10_193_12

唐代•十輪經八
12_230_11

唐代•十輪經八
14_267_12

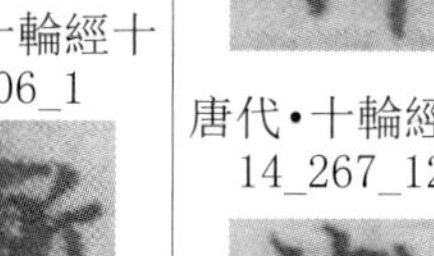
唐代•十輪經八
16_305_11

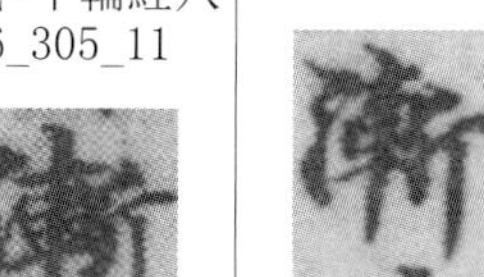
唐代•十輪經八
17_343_11

唐代•十輪經八
19_381_11

唐代•十輪經八
21_419_8

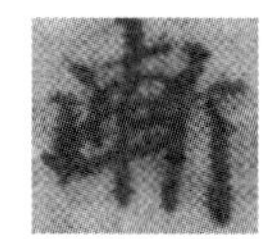
唐代•十輪經九
1_19_3

唐代•十輪經九
3_57_9

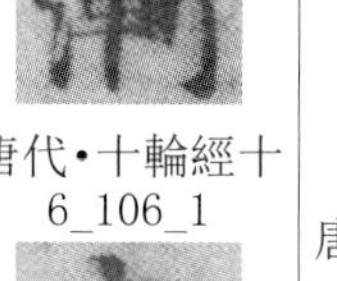
唐代•十輪經九
17_331_9

唐代•十輪經十
6_106_1

唐代•十輪經十
6_113_13

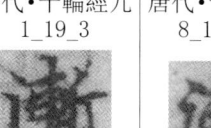

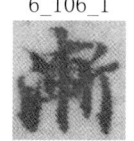

滸	漁		漫	滯	漂	漱
漢コ 訓ほとり	慣リョウ 漢ギョ 訓すなどる		漢バン 呉マン 訓ひろい	慣タイ 漢テイ 訓とどこおる	ヒョウ 訓ただよう	ソウ 漢シュウ 訓すすぐ
唐代・春秋經傳 22_223_9	唐代・文選五九 33_323_25	唐代・古文選前 18_211_11	唐代・文選五九 25_248_6	唐代・文選五九 85_814_23	唐代・文選六八 41_410_15	唐代・文選五九 3_25_14
唐代・春秋經傳 22_223_11			唐代・文選五九 26_252_7	唐代・文選五九 85_817_13	唐代・古文選後 3_36_3	
唐代・古文選前 9_104_1			唐代・文選五九 26_253_5	唐代・文選百三 31_306_34	唐代・十輪經八 9_176_10	
唐代・古文選後 4_37_10			唐代・文選五九 26_253_26	唐代・古文選前 2_15_13	唐代・十輪經九 16_315_9	
			唐代・文選五九 31_305_12	唐代・古文選後 19_220_8	唐代・十輪經九 19_361_8	
			唐代・文選五九 70_669_2			
			唐代・文選五九 70_670_6			
			唐代・文選五九 70_670_20

	漏		演	滴	漳	漉
	漢ロウ呉ル 訓もれる		エン 訓ながれる	漢テキ 訓しずく、したたる	ショウ 訓—	ロク 訓こす
 唐代•文選六八 21_207_2	 唐代•文選五九 54_531_2	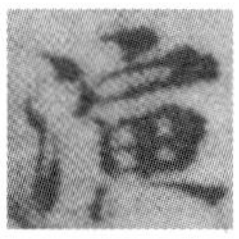 唐代•十輪經十 1_16_9	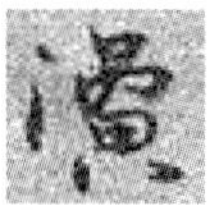 初唐•法華義疏 1_4_4	 唐代•文選五九 55_535_12	 唐代•春秋經傳 21_222_11	 唐代•文選八八 11_94_31
 唐代•文選六八 31_315_16	 唐代•文選五九 54_531_28	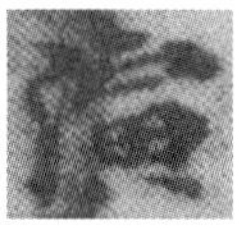 唐代•十輪經十 2_24_5	 唐代•文選六八 11_115_7		 唐代•春秋經傳 21_222_13	
 唐代•文選六八 31_317_14	 唐代•文選五九 54_532_22		 唐代•文選六八 11_116_16		 唐代•春秋經傳 21_222_15	
 唐代•文選六八 31_317_29	 唐代•文選五九 54_532_30		 唐代•文選六八 11_119_23			
 唐代•文選百三 81_770_16	 唐代•文選五九 54_533_9		 唐代•十輪經九 11_212_2			
 唐代•文選百三 81_770_19	 唐代•文選五九 55_535_13		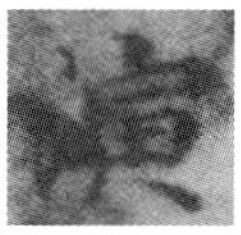 唐代•十輪經十 1_9_9			
 唐代•十輪經四 3_59_7	 唐代•文選五九 55_535_26		 唐代•十輪經十 1_12_13			
 唐代•十輪經八 4_75_2	 唐代•文選五九 55_536_31		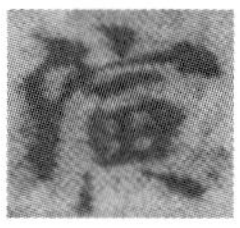 唐代•十輪經十 1_14_11			

潮

漢チョウ
訓しお

唐代•文選五九
53_521_1

唐代•古文選後
26_302_1

澌

シ
訓ちる

唐代•文選八八
11_89_20

唐代•文選八八
11_94_28

唐代•文選百三
39_388_17

唐代•文選百三
39_389_8

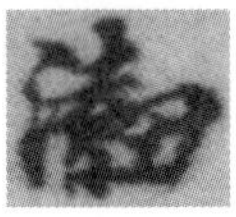
唐代•十輪經八
12_232_7

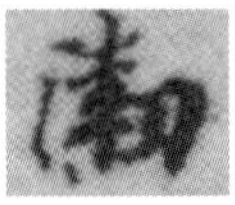
唐代•十輪經八
12_233_17

唐代•十輪經八
14_269_7

唐代•十輪經八
14_271_1

潔

漢ケツ
訓いさぎよい

唐代•文選四八
8_67_28

唐代•文選五九
60_574_16

唐代•文選五九
99_942_21

唐代•文選六八
27_266_8

唐代•文選百三
7_59_5

唐代•文選百三
39_386_2

唐代•文選百三
39_387_5

漿

漢ショウ
訓しる

唐代•文選五九
85_819_20

唐代•十輪經九
20_390_3

唐代•十輪經九
21_412_2

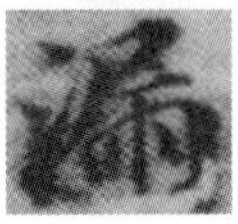
唐代•十輪經十
1_17_3

唐代•十輪經十
6_116_2

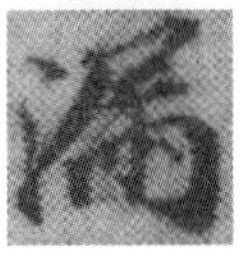
唐代•十輪經十
12_228_9

唐代•十輪經十
12_228_11

唐代•十輪經九
11_208_13

唐代•十輪經九
11_208_17

唐代•十輪經九
14_276_12

唐代•十輪經九
15_284_7

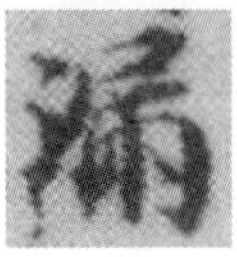
唐代•十輪經九
15_297_17

唐代•十輪經九
17_337_15

唐代•十輪經九
18_344_7

唐代•十輪經九
19_362_9

潭

漢ジン 漢タン
訓ふち

唐代・文選五九 39_384_9
唐代・文選五九 39_385_16
唐代・文選五九 39_387_4
唐代・古文選前 20_236_1
唐代・古文選後 17_194_5

潛

漢セン
訓ひそむ

唐代・文選四八 20_182_12
唐代・文選四八 34_300_4
唐代・文選四八 44_394_1
唐代・文選四八 44_395_14
唐代・文選四八 44_396_18
唐代・文選四八 44_397_17
唐代・文選四八 49_445_26
唐代・文選五九 5_47_6

唐代・文選五九 12_116_32
唐代・文選五九 71_677_13
唐代・文選五九 109_1026_18
唐代・文選五九 110_1040_25
唐代・文選六八 6_64_26
唐代・文選六八 17_169_4
唐代・文選六八 17_171_6
唐代・文選六八 17_174_21

唐代・文選六八 69_690_10
唐代・文選百三 33_332_18
唐代・文選百三 33_332_21
唐代・文選百三 33_333_21
唐代・文選百三 50_485_23
唐代・文選百三 51_487_27
唐代・古文選前 9_108_11
唐代・古文選前 14_166_12

唐代・古文選後 8_86_13
唐代・古文選後 12_139_7
唐代・古文選後 13_156_8

濈

漢ソウ 呉ジョウ
訓やわらぐ

唐代・文選六八 53_533_13
唐代・文選六八 53_534_6
唐代・文選六八 53_535_24
唐代・文選六八 53_536_8

澗

漢カン 呉ケン
訓たに

唐代・文選五九 30_297_22
唐代・文選五九 30_298_10
唐代・文選五九 30_298_13
唐代・文選五九 31_299_17
唐代・文選五九 31_300_14
唐代・文選五九 65_625_9
唐代・文選五九 65_626_19
唐代・文選五九 89_856_3

潘
漢ハン
訓うずまき
唐代・文選四八 11_99_23
唐代・文選四八 12_101_1
唐代・文選四八 40_354_20
唐代・文選四八 41_367_5
唐代・文選四八 47_420_1
唐代・文選五九 8_72_3
唐代・文選五九 35_346_6
唐代・文選五九 43_418_6
澳
漢イク呉オク
訓くま
唐代・文選五九 87_837_10
唐代・文選五九 88_839_11
唐代・文選五九 88_840_9
唐代・文選五九 88_841_19
唐代・古文選後 25_297_14
潰
漢カイ呉エ
訓ついえる
唐代・文選百三 65_623_8
唐代・文選百三 67_651_6
唐代・文選百三 67_652_16
唐代・文選百三 67_652_21
唐代・文選百三 68_653_4
唐代・文選百三 68_653_8
唐代・古文選前 10_122_14
唐代・古文選後 18_210_6
唐代・十輪經八 3_51_9
唐代・十輪經九 22_422_2
唐代・文選六八 69_684_1
唐代・文選八八 3_10_11
唐代・文選八八 3_11_3
唐代・文選八八 15_125_7
唐代・文選百三 7_61_6
唐代・文選百三 7_63_2
唐代・文選百三 7_64_18
唐代・古文選前 4_48_4
潤
漢ジュン
訓うるおう
唐代・文選四八 32_288_23
唐代・文選四八 32_290_1
唐代・文選四八 32_291_12
唐代・文選五九 14_135_21
唐代・文選五九 21_211_27
唐代・文選六八 1_9_11
唐代・文選六八 1_10_3
唐代・文選六八 17_179_23
唐代・文選五九 90_857_10
唐代・文選五九 90_858_2
唐代・文選五九 90_858_19
唐代・文選五九 90_859_6
唐代・古文選後 3_36_14
唐代・古文選後 16_187_5

唐代•古文選後
25_292_24

唐代•文選四八
39_349_19

唐代•文選五九
54_533_25

唐代•文選五九
90_857_8

唐代•文選六八
3_35_4

唐代•文選六八
4_37_1

唐代•古文選後
8_85_9

唐代•古文選後
11_123_14

唐代•古文選後
20_238_2

澄

漢チョウ
訓すむ

中唐•七祖像贊
1_1_4

中唐•七祖像贊
1_9_3

中唐•七祖像贊
1_12_4

中唐•灌頂歷名
1_3_3

唐代•文選四八
38_345_16

唐代•文選四八
39_346_14

唐代•文選四八
39_348_1

唐代•文選四八
39_349_5

潯

呉ジン
訓ふち

唐代•古文選後
22_257_6

澈

漢テツ
訓きよい

唐代•文選五九
4_34_4

唐代•文選百三
87_824_6

唐代•古文選後
4_44_8

唐代•古文選後
24_281_52

唐代•古文選後
24_281_66

唐代•文選五九
56_550_5

唐代•文選五九
88_844_8

唐代•文選五九
105_990_11

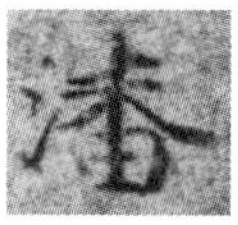
唐代•文選百三
1_5_17

唐代•文選百三
1_10_1

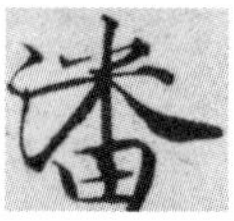
唐代•文選百三
24_234_1

唐代•文選百三
24_234_14

唐代•文選百三
86_822_6

濃		濊	濩	濛	澣	潑
漢ジョウ慣ノウ 訓こい		漢ワイ、カツ 訓けがれる	漢カク、コ 訓にる	慣モウ 訓こさめ	漢カン 訓あらう	漢ハツ 訓とびちる
 中唐・灌頂歷名 1_4_13  唐代・文選六八 15_156_15	 唐代・文選八八 3_8_16  唐代・文選八八 3_8_28	 唐代・文選六八 1_6_3  唐代・文選六八 1_6_10  唐代・文選六八 1_6_22  唐代・文選六八 1_7_15  唐代・文選六八 1_7_28  唐代・文選六八 70_697_13  唐代・文選八八 3_7_4  唐代・文選八八 3_7_22	 唐代・文選百三 30_296_21	 唐代・文選五九 70_668_20  唐代・文選五九 70_669_9  唐代・文選五九 70_669_14  唐代・文選五九 70_670_3  唐代・文選五九 70_670_18  唐代・古文選前 17_198_1	 唐代・文選五九 53_522_20  唐代・文選五九 53_523_3  唐代・文選五九 53_523_11  唐代・文選五九 53_524_10  唐代・文選八八 12_98_27	 唐代・文選百三 48_461_8

澤

漢 タク
訓 さわ

唐代•春秋經傳 14_145_5

唐代•春秋經傳 22_231_8

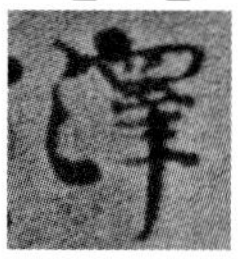
唐代•文選四八 22_203_3

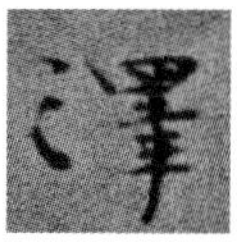
唐代•文選四八 23_205_12

唐代•文選四八 23_208_3

唐代•文選四八 32_290_3

唐代•文選四八 39_347_24

唐代•文選四八 39_349_3

唐代•文選五九 11_106_11

唐代•文選五九 19_191_24

唐代•文選五九 64_615_22

唐代•文選五九 85_816_8

唐代•文選五九 88_848_17

唐代•文選五九 88_848_29

唐代•文選五九 88_849_12

唐代•文選五九 88_850_25

唐代•文選五九 89_851_13

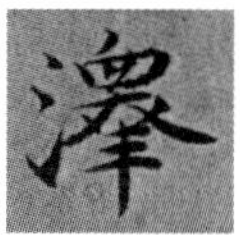
唐代•文選六八 11_112_9

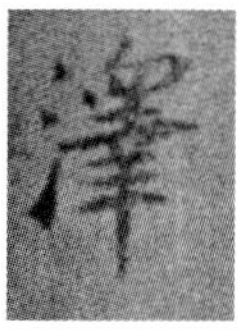
唐代•文選六八 11_118_4

唐代•文選六八 11_118_8

唐代•文選六八 16_167_6

唐代•文選六八 30_304_19

唐代•文選六八 31_312_26

唐代•文選六八 31_313_11

唐代•文選六八 55_551_8

唐代•文選六八 55_552_14

唐代•文選六八 55_553_11

唐代•文選六八 55_553_15

唐代•文選六八 64_638_2

唐代•文選六八 65_652_4

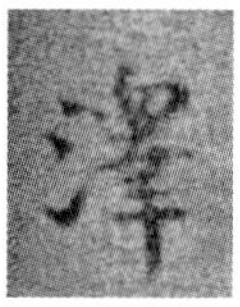
唐代•文選六八 65_653_15

唐代•文選六八 65_654_25

唐代•文選六八 69_686_11

唐代•文選八八 15_125_9

唐代•文選八八 20_175_7

澡

漢 ソウ
訓 あらう

唐代•古文選後 19_228_7

潞

漢 ル 呉 ロ
訓 —

唐代•春秋經傳 37_383_17

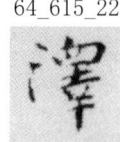

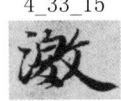

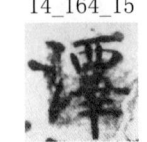

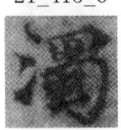

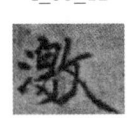

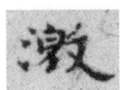

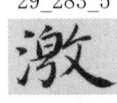

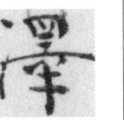

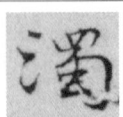

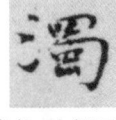

	激	澨 		濁		
	慣ゲキ漢ケキ 訓はげしい	漢セイ呉ゼイ 訓みぎわ		慣ダク漢タク呉ジョク 訓にごる		
 唐代•文選五九 31_300_13  唐代•文選五九 36_354_17  唐代•文選六八 2_17_10 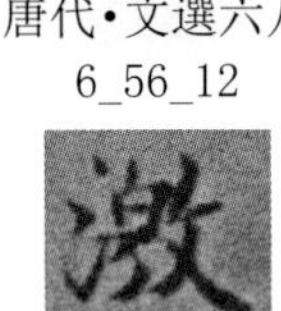 唐代•文選六八 2_25_11 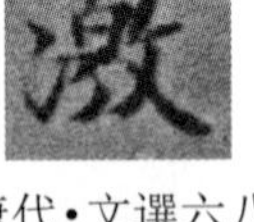 唐代•文選六八 6_56_12  唐代•文選六八 6_57_11 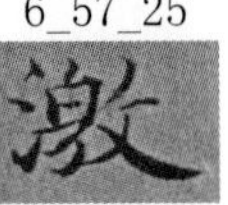 唐代•文選六八 6_57_25 唐代•文選六八 11_113_9	唐代•文選四八 7_58_24 唐代•文選五九 3_31_1 唐代•文選五九 4_33_12 唐代•文選五九 4_33_15 唐代•文選五九 29_282_5 唐代•文選五九 29_283_5  唐代•文選五九 30_297_21 唐代•文選五九 30_298_9	 唐代•春秋經傳 21_222_12 唐代•春秋經傳 21_222_14	 唐代•文選五九 62_601_20 唐代•文選百三 15_143_23  唐代•十輪經八 2_39_4 唐代•十輪經八 21_404_1 唐代•十輪經八 21_410_3 唐代•十輪經八 21_415_6 唐代•十輪經九 1_20_10 唐代•十輪經十 9_163_18	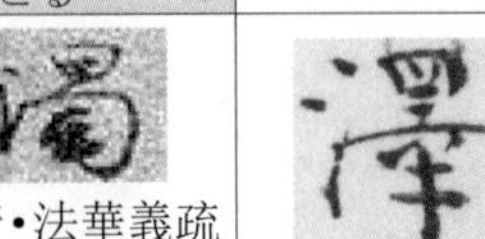  初唐•法華義疏 1_5_11  唐代•文選五九 59_564_8 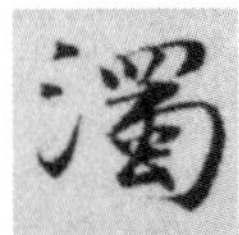 唐代•文選五九 59_566_27  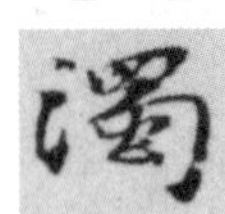  唐代•文選五九 59_568_5    唐代•文選五九 59_568_28 唐代•文選五九 59_569_17   唐代•文選五九 59_570_2 唐代•文選五九 62_600_13	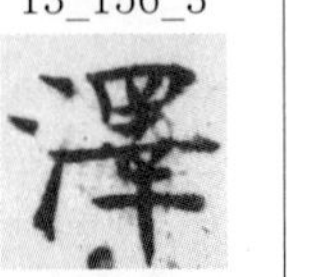 唐代•古文選後 8_90_5 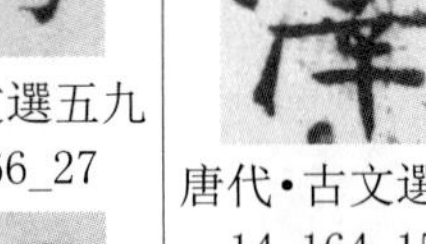 唐代•古文選後 13_156_3 唐代•古文選後 14_164_15 唐代•古文選後 18_214_9	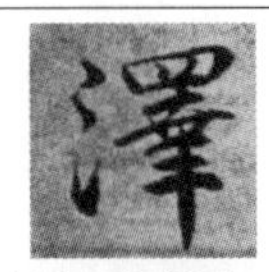 唐代•文選八八 23_210_12 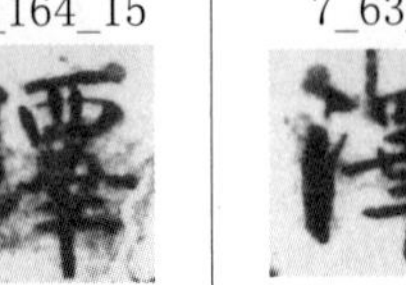 唐代•文選八八 24_213_28 唐代•文選百三 7_63_4  唐代•古文選前 3_36_14  唐代•古文選前 8_92_41 唐代•古文選前 26_305_2 唐代•古文選前 26_308_14

濡	濫	澥	澶		澹	
漢ジュ呉ニュ 訓うるおう	ラン漢カン 訓ひろがる	漢カイ呉ゲ 訓—	漢セン呉ゼン 訓—		漢タン 訓たゆとう	
 唐代・文選五九 64_614_18 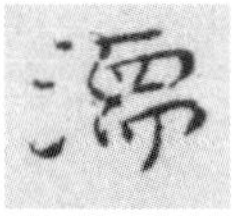 唐代・文選五九 64_615_24  唐代・文選六八 1_8_3  唐代・文選六八 1_10_2  唐代・文選八八 3_9_3  唐代・文選八八 3_11_2  唐代・文選百三 85_807_1 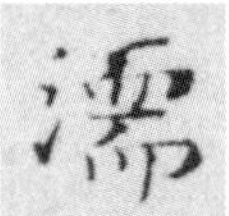 唐代・文選百三 85_807_25	 唐代・文選四八 20_182_1  唐代・文選四八 20_182_11  唐代・文選八八 10_81_4  唐代・文選八八 11_83_24  唐代・古文選後 24_286_5	 唐代・文選五九 106_1004_17  唐代・文選五九 106_1005_17  唐代・文選五九 106_1006_30  唐代・文選五九 107_1007_18  唐代・文選五九 107_1008_3	 唐代・文選五九 31_305_11	 唐代・文選八八 11_89_22  唐代・文選八八 11_91_34  唐代・文選八八 11_92_14  唐代・文選八八 11_94_32  唐代・古文選前 5_55_14	 唐代・文選四八 28_248_20  唐代・文選五九 5_40_16  唐代・文選五九 5_42_10  唐代・文選五九 5_44_3  唐代・文選五九 5_44_28  唐代・文選五九 5_45_19  唐代・文選五九 36_357_10  唐代・文選六八 43_437_9	 唐代・文選六八 54_540_12  唐代・文選六八 54_542_2  唐代・文選六八 54_542_12  唐代・文選六八 54_543_3  唐代・文選六八 59_593_4  唐代・古文選後 24_286_10

	濟	濞	濮	濕	濬	
	漢セイ呉サイ 訓すむ	ヒ 訓—	ホク慣ボク 訓—	シュウ慣シツ 訓しめる	シュン 訓さらう	
 唐代•文選四八 14_127_18	 唐代•春秋經傳 1_7_1	 唐代•文選五九 39_385_25	 唐代•文選百三 65_625_8	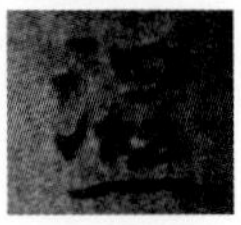 唐代•文選五九 7_69_2	 唐代•文選四八 21_189_4	 唐代•文選百三 85_808_32
 唐代•文選四八 18_159_28	 唐代•春秋經傳 3_23_2	 唐代•文選五九 39_386_25	 唐代•文選百三 65_630_6	 唐代•文選五九 7_69_7	 唐代•文選四八 21_189_11	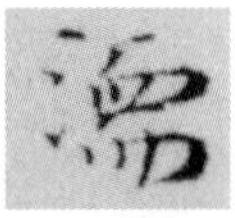 唐代•文選百三 85_810_6
 唐代•文選四八 20_186_20	 唐代•春秋經傳 3_23_14	 唐代•文選五九 39_387_6	 唐代•文選百三 65_632_22	 唐代•文選六八 24_241_21	 唐代•古文選前 20_235_15	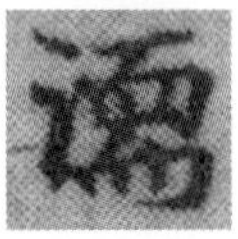 唐代•十輪經八 17_339_9
 唐代•文選四八 24_219_21	 唐代•春秋經傳 32_331_18		 唐代•文選百三 65_632_29	 唐代•文選六八 24_243_5		 唐代•十輪經八 18_347_9
 唐代•文選四八 25_227_6	 唐代•春秋經傳 33_343_15		 唐代•文選百三 71_679_9			
 唐代•文選四八 26_234_17	 唐代•文選四八 4_28_15					
 唐代•文選四八 28_258_20	 唐代•文選四八 6_46_21					
 唐代•文選四八 32_287_14	 唐代•文選四八 10_88_14					

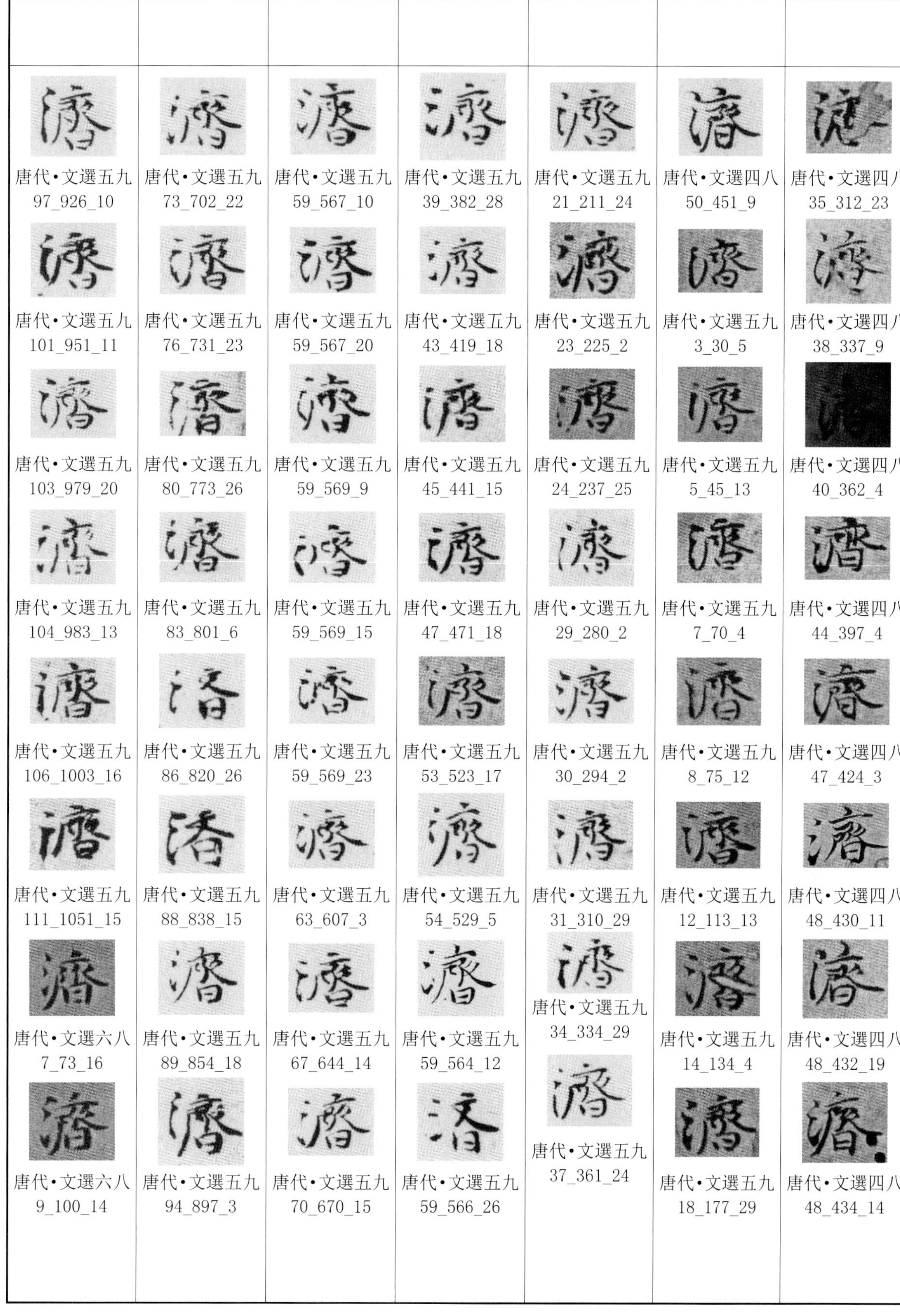

唐代•文選四八 35_312_23
唐代•文選四八 38_337_9
唐代•文選四八 40_362_4
唐代•文選四八 44_397_4
唐代•文選四八 47_424_3
唐代•文選四八 48_430_11
唐代•文選四八 48_432_19
唐代•文選四八 48_434_14
唐代•文選四八 50_451_9
唐代•文選五九 3_30_5
唐代•文選五九 5_45_13
唐代•文選五九 7_70_4
唐代•文選五九 8_75_12
唐代•文選五九 12_113_13
唐代•文選五九 14_134_4
唐代•文選五九 18_177_29
唐代•文選五九 21_211_24
唐代•文選五九 23_225_2
唐代•文選五九 24_237_25
唐代•文選五九 29_280_2
唐代•文選五九 30_294_2
唐代•文選五九 31_310_29
唐代•文選五九 34_334_29
唐代•文選五九 37_361_24
唐代•文選五九 39_382_28
唐代•文選五九 43_419_18
唐代•文選五九 45_441_15
唐代•文選五九 47_471_18
唐代•文選五九 53_523_17
唐代•文選五九 54_529_5
唐代•文選五九 59_564_12
唐代•文選五九 59_566_26
唐代•文選五九 59_567_10
唐代•文選五九 59_567_20
唐代•文選五九 59_569_9
唐代•文選五九 59_569_15
唐代•文選五九 59_569_23
唐代•文選五九 63_607_3
唐代•文選五九 67_644_14
唐代•文選五九 70_670_15
唐代•文選五九 73_702_22
唐代•文選五九 76_731_23
唐代•文選五九 80_773_26
唐代•文選五九 83_801_6
唐代•文選五九 86_820_26
唐代•文選五九 88_838_15
唐代•文選五九 89_854_18
唐代•文選五九 94_897_3
唐代•文選五九 97_926_10
唐代•文選五九 101_951_11
唐代•文選五九 103_979_20
唐代•文選五九 104_983_13
唐代•文選五九 106_1003_16
唐代•文選五九 111_1051_15
唐代•文選六八 7_73_16
唐代•文選六八 9_100_14

唐代•文選百三 67_649_30	唐代•文選百三 29_287_25	唐代•文選百三 5_37_11	唐代•文選八八 8_60_16	唐代•文選六八 50_501_26	唐代•文選六八 37_377_6	唐代•文選六八 14_146_6
唐代•文選百三 67_649_36	唐代•文選百三 31_309_9	唐代•文選百三 7_65_16	唐代•文選八八 11_85_23	唐代•文選六八 54_539_15	唐代•文選六八 38_381_2	唐代•文選六八 17_177_11
唐代•文選百三 67_652_28	唐代•文選百三 34_337_7	唐代•文選百三 9_79_39	唐代•文選八八 11_88_24	唐代•文選六八 57_567_13	唐代•文選六八 39_385_15	唐代•文選六八 21_208_7
唐代•文選百三 83_784_24	唐代•文選百三 37_364_32	唐代•文選百三 11_99_35	唐代•文選八八 14_115_9	唐代•文選六八 57_576_21	唐代•文選六八 43_426_11	唐代•文選六八 28_283_2
唐代•文選百三 85_809_19	唐代•文選百三 37_375_4	唐代•文選百三 14_134_23	唐代•文選八八 14_117_27	唐代•文選六八 63_626_6	唐代•文選六八 45_453_19	唐代•文選六八 31_317_27
唐代•文選百三 85_811_27	唐代•文選百三 38_380_17	唐代•文選百三 17_163_34	唐代•文選八八 16_138_18	唐代•文選六八 66_659_20	唐代•文選六八 45_456_26	唐代•文選六八 33_336_22
唐代•文選百三 87_831_17	唐代•文選百三 39_388_10	唐代•文選百三 20_193_12	唐代•文選八八 17_144_17	唐代•文選六八 70_698_10	唐代•文選六八 49_495_28	唐代•文選六八 34_339_16
唐代•文選百三 87_834_27	唐代•文選百三 44_424_17	唐代•文選百三 21_198_35	唐代•文選八八 22_197_16	唐代•文選八八 5_24_15	唐代•文選六八 50_499_21	唐代•文選六八 37_375_12

瀍

漢テン呉デン
訓おさめる

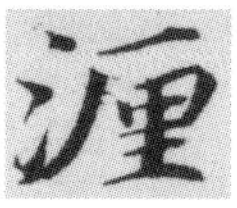
唐代·文選百三
79_749_5

唐代·文選百三
79_751_24

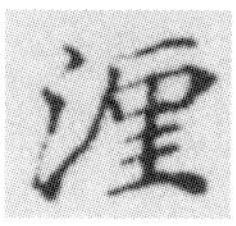
唐代·文選百三
79_752_19

瀑

漢ホウ呉ボウ
訓にわかあめ

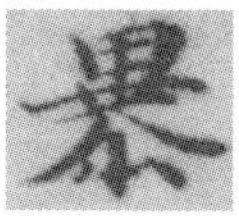
唐代·十輪經九
15_288_8

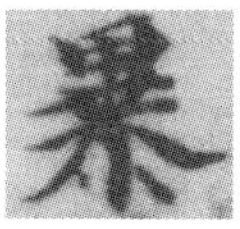
唐代·十輪經九
19_361_11

濯

漢タク
訓あらう

唐代·文選五九
39_384_6

唐代·文選五九
39_385_12

唐代·文選五九
39_386_22

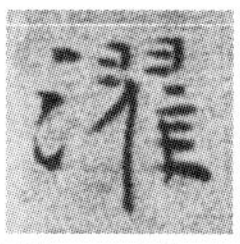
唐代·文選五九
53_524_13

唐代·文選六八
47_469_23

唐代·古文選前
19_218_11

唐代·古文選後
10_114_6

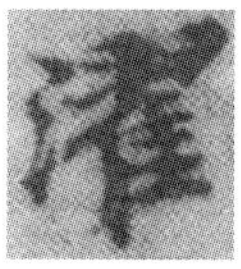
唐代·十輪經十
10_198_14

瀁

ヨウ
訓—

唐代·文選五九
16_153_2

唐代·古文選後
4_37_2

唐代·古文選後
7_79_4

濱

ヒン
訓はま

唐代·文選六八
45_458_5

唐代·文選六八
65_655_4

唐代·文選六八
66_659_7

唐代·文選六八
66_659_22

唐代·文選八八
15_122_3

唐代·古文選前
10_118_4

唐代·古文選後
1_7_8

唐代·古文選後
2_14_10

唐代·古文選前
11_134_10

唐代·古文選前
19_223_13

唐代·古文選後
1_8_7

唐代·古文選後
4_38_2

唐代·古文選後
7_83_9

唐代·古文選後
19_218_6

唐代·十輪經十
3_48_8

唐代·十輪經十
6_104_8

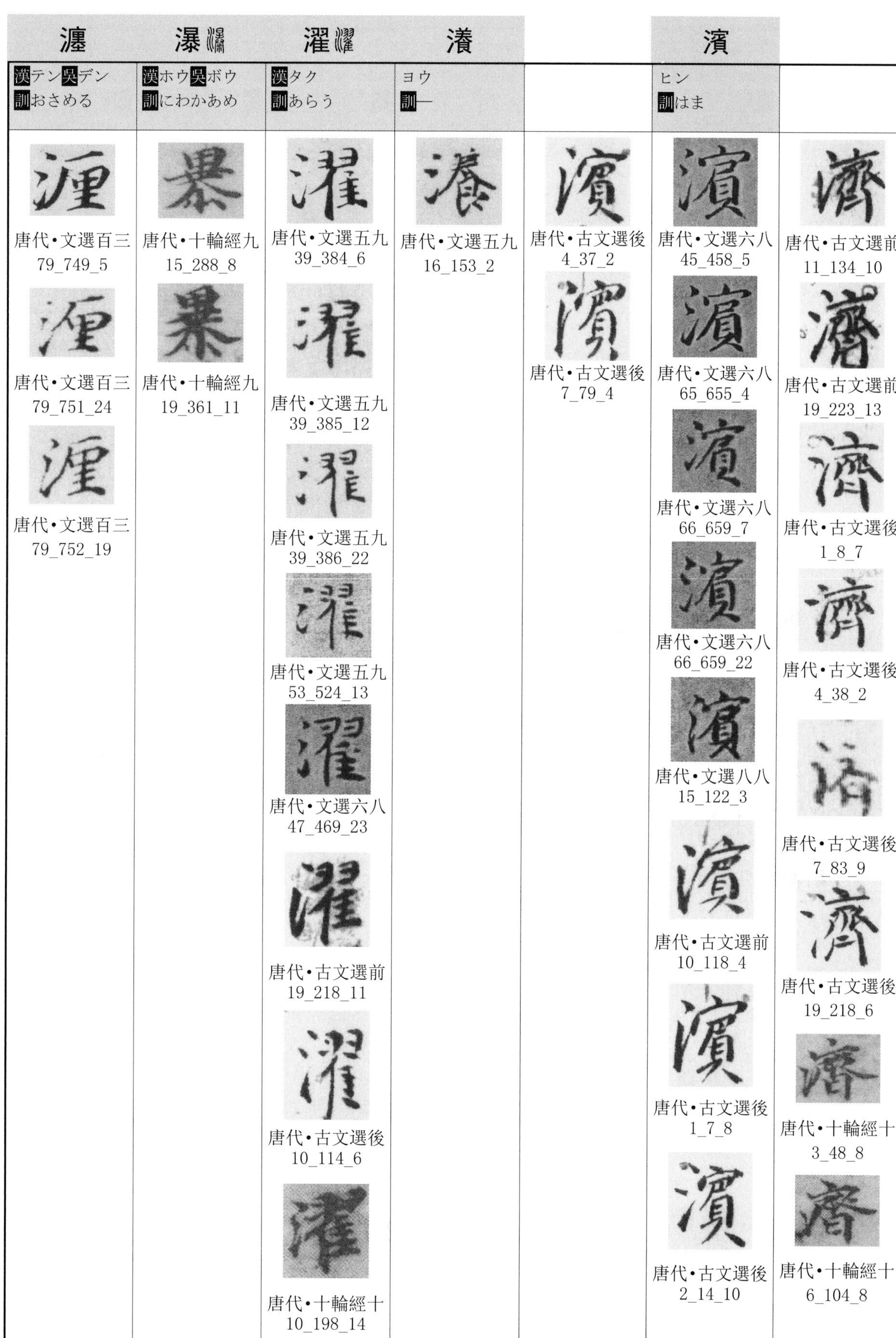

灑	瀾	瀶		灌	瀨	瀟
漢サイ、サ慣シャ 訓そそぐ	ラン 訓なみ	リン 訓さむい		カン 訓そそぐ	ライ 訓せ	ショウ 訓きよい
 唐代・文選五九 69_664_2  唐代・文選五九 69_667_5  唐代・文選五九 69_667_22  唐代・文選八八 11_91_7  唐代・文選八八 11_91_14  唐代・文選八八 11_94_18  唐代・古文選前 1_10_13  唐代・古文選後 18_214_8	 唐代・文選五九 38_376_5  唐代・文選五九 38_377_26  唐代・文選五九 38_378_6  唐代・文選五九 39_379_17  唐代・文選五九 106_1006_3  唐代・古文選前 5_54_14  唐代・古文選前 24_288_9  唐代・古文選後 17_199_1	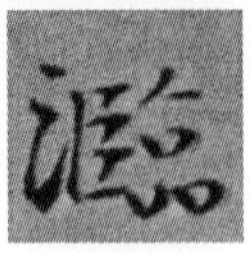 唐代・文選六八 41_410_14	 唐代・文選百三 61_593_4 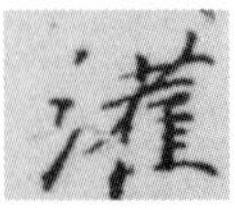 唐代・文選百三 61_587_18	 中唐・灌頂歴名 1_2_6  中唐・灌頂歴名 1_6_3  唐代・文選六八 16_162_23 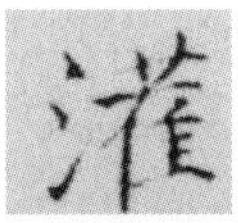 唐代・文選百三 47_459_6  唐代・文選百三 48_461_7  唐代・文選百三 61_582_1  唐代・文選百三 61_592_18	 唐代・文選五九 36_353_2  唐代・古文選前 9_104_5	 唐代・古文選後 26_307_6

手部

手 𠂢

吳シュ**慣**ス**漢**シュウ
訓て

唐代·春秋經傳
8_75_21

唐代·文選四八
10_90_1

唐代·文選四八
18_164_11

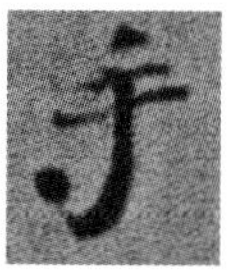
唐代·文選四八
21_191_11

唐代·文選四八
31_282_7

唐代·文選五九
18_175_9

唐代·文選五九
24_235_18

唐代·文選五九
24_238_25

唐代·文選六八
22_225_4

唐代·文選六八
36_362_12

唐代·文選六八
37_366_13

唐代·文選六八
46_464_7

唐代·文選六八
56_563_6

唐代·文選六八
56_564_8

唐代·文選八八
12_99_21

唐代·文選八八
12_100_19

唐代·文選百三
13_117_3

唐代·文選百三
13_118_5

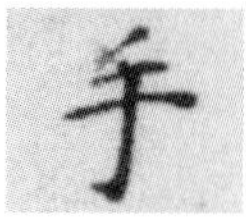
唐代·文選百三
13_118_25

唐代·文選百三
41_417_5

唐代·文選百三
42_418_26

唐代·文選百三
42_418_34

唐代·文選百三
42_419_33

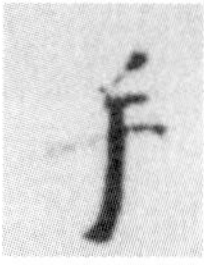
唐代·文選百三
42_420_18

唐代·古文選後
24_283_13

唐代·古文選後
25_297_6

唐代·古文選後
26_312_7

唐代·十輪經八
4_63_14

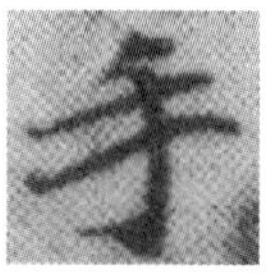
唐代·十輪經九
8_152_16

唐代·十輪經十
19_362_1

扎

漢サツ、アツ
訓ぬく

唐代·文選五九
18_175_10

打

慣ダ 漢テイ 呉チョウ
訓うつ

唐代•文選六八
33_328_25

唐代•文選百三
81_775_13

扶

漢フ、ホ
訓たすける

晚唐•慶滋書狀
1_10_3

唐代•春秋經傳
9_93_6

唐代•文選五九
13_119_9

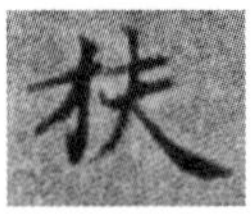
唐代•文選五九
13_120_10

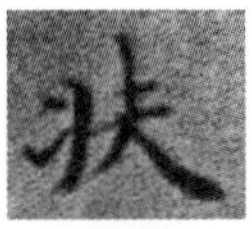
唐代•文選五九
13_120_14

唐代•文選五九
13_121_30

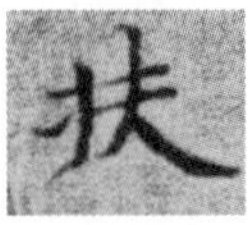
唐代•文選五九
13_124_7

唐代•文選五九
26_256_20

唐代•文選五九
61_589_17

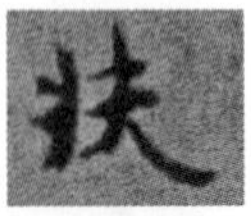
唐代•文選六八
9_94_18

唐代•文選六八
15_150_8

唐代•文選六八
59_589_9

唐代•文選六八
61_608_22

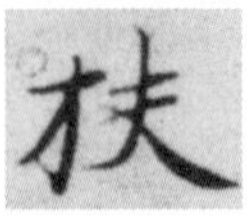
唐代•文選百三
24_230_27

唐代•文選百三
25_242_8

唐代•文選百三
25_247_9

唐代•文選百三
37_371_16

唐代•文選百三
56_536_31

唐代•文選百三
63_607_3

唐代•文選百三
63_608_17

唐代•古文選前
21_247_8

唐代•古文選後
15_180_5

扼

漢アク 呉ヤク
訓—

唐代•文選百三
78_745_17

唐代•十輪經九
15_288_11

技

呉ギ
訓わざ

唐代•文選六八
49_487_14

唐代•文選六八
49_488_21

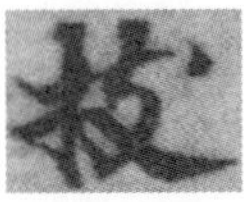
唐代•十輪經十
3_44_14

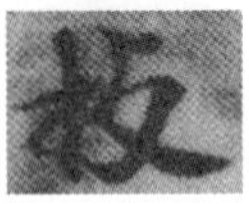
唐代•十輪經十
4_68_2

唐代•十輪經十
4_70_10

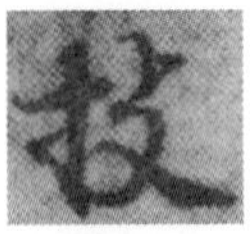
唐代•十輪經十
6_101_2

批

ヘイ 漢ヒ 呉ビ 慣ヒ
訓うつ

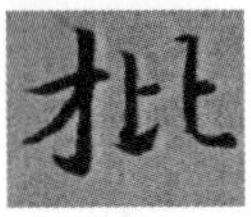
唐代•文選六八
37_366_21

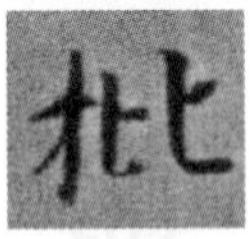
唐代•文選六八
37_369_3

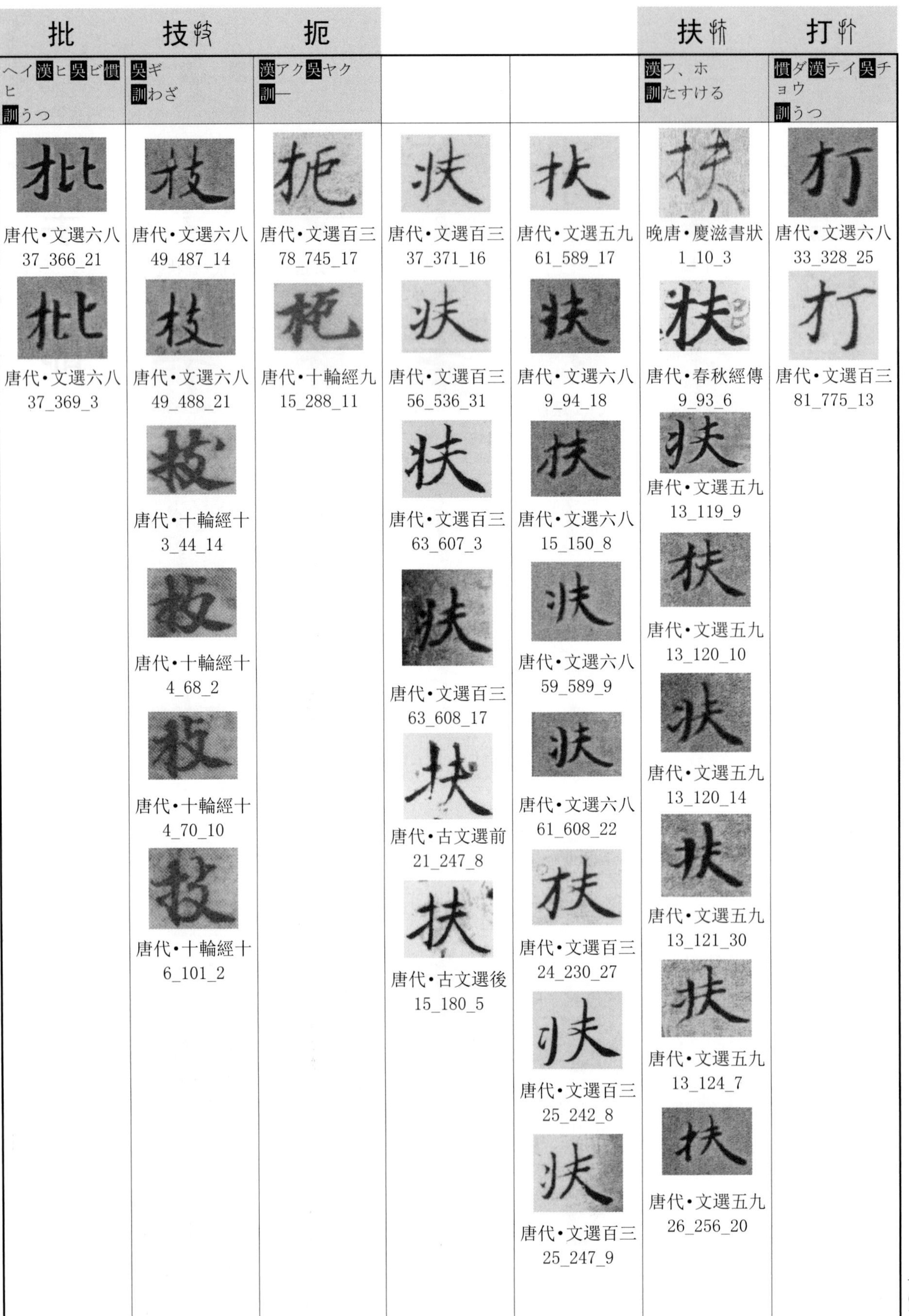

	投	抛	抑		折	拒
	漢トウ 訓なげる	漢ホウ 訓なげつつ	漢ヨク 訓おさえる		漢セツ 訓おる	漢キョ 訓こばむ
唐代•文選六八 71_709_6	唐代•文選五九 1_12_12	抛石 唐代•文選百三 53_511_9	晩唐•慶滋書狀 1_11_6	唐代•文選五九 27_272_1	唐代•文選四八 6_42_18	唐代•文選五九 74_711_13
唐代•文選八八 11_93_14	唐代•文選五九 2_13_11		唐代•春秋經傳 38_396_11	唐代•文選五九 28_278_11	唐代•文選五九 17_160_20	唐代•文選五九 80_764_7
唐代•文選百三 13_127_17	唐代•文選五九 35_341_24		唐代•春秋經傳 38_396_24	唐代•文選五九 68_659_13	唐代•文選五九 17_161_1	唐代•文選五九 80_765_7
唐代•文選百三 13_128_3	唐代•文選五九 35_343_4		唐代•文選百三 21_203_5	唐代•文選五九 78_755_2	唐代•文選五九 27_269_13	唐代•文選五九 80_769_30
唐代•文選百三 71_681_2	唐代•文選五九 35_343_18		唐代•文選百三 21_206_2	唐代•文選百三 63_611_3	唐代•文選五九 27_270_10	唐代•文選百三 65_625_24
唐代•文選百三 71_683_19	唐代•文選五九 77_742_27		唐代•文選百三 39_391_11	唐代•古文選後 25_293_13	唐代•文選五九 27_271_6	
唐代•文選百三 83_791_18	唐代•文選六八 44_439_14		唐代•文選百三 39_396_16		唐代•文選五九 28_273_17	
唐代•文選百三 83_793_5	唐代•文選六八 71_704_5					

拔	抒	把			抗	
慣バツ 漢ハツ 訓ぬく	漢ショ 慣ジョ 訓くむ	漢ハ 訓つか			コウ 訓あげる	

唐代•文選四八
28_258_5

唐代•文選四八
29_259_14

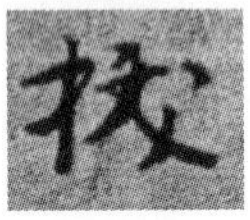
唐代•文選五九
49_482_7

唐代•文選六八
12_126_20

唐代•文選六八
45_453_28

唐代•文選百三
19_184_3

唐代•文選百三
19_188_1

唐代•文選百三
20_190_20

唐代•文選五九
18_177_16

唐代•文選五九
38_373_13

唐代•文選百三
36_356_35

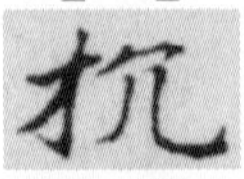
唐代•文選百三
65_623_9

唐代•古文選前
9_108_3

唐代•古文選前
14_164_14

唐代•古文選前
15_175_7

唐代•古文選後
4_40_11

唐代•十輪經八
4_62_11

唐代•文選六八
46_464_5

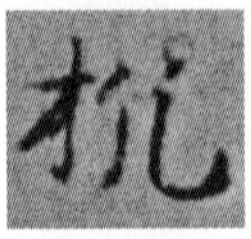
唐代•文選六八
47_465_5

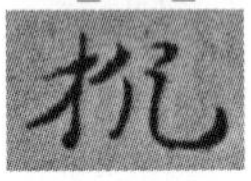
唐代•文選六八
47_465_18

唐代•文選六八
47_466_1

唐代•文選六八
61_611_7

唐代•文選六八
61_613_9

唐代•文選百三
35_354_11

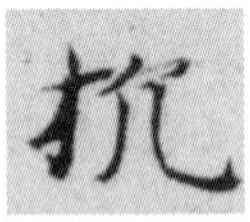
唐代•文選百三
36_356_24

唐代•文選六八
29_294_17

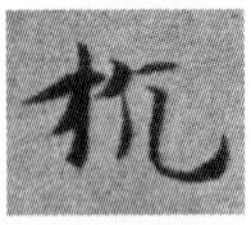
唐代•文選六八
29_299_14

唐代•文選六八
30_300_2

唐代•文選六八
36_362_11

唐代•文選六八
36_363_11

唐代•文選六八
36_364_11

唐代•文選六八
37_365_11

唐代•文選六八
37_366_8

唐代•文選百三
83_794_18

唐代•古文選後
5_58_4

唐代•古文選後
9_106_7

唐代•古文選後
21_249_10

唐代•古文選後
25_291_5

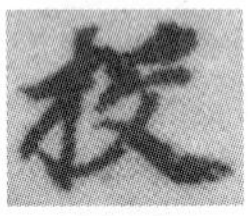
唐代•十輪經八
3_47_4

拘

ク慣コウ
訓とどめる

唐代・春秋經傳
23_238_5

唐代・文選八八
13_107_1

唐代・文選八八
13_108_9

拖

タ
訓ひく

唐代・文選百三
28_274_5

唐代・文選百三
28_277_10

唐代・文選百三
29_279_19

拊

漢フ
訓なでる

唐代・文選四八
5_39_1

唐代・文選四八
5_40_23

唐代・文選四八
6_41_4

唐代・文選百三
21_206_16

唐代・文選百三
50_480_3

唐代・文選百三
85_812_14

唐代・文選百三
85_816_17

唐代・古文選前
24_280_4

唐代・古文選後
22_258_1

抽

漢チュウ
訓ぬく

唐代・文選五九
53_525_7

唐代・文選五九
53_528_21

唐代・文選五九
54_529_7

唐代・文選六八
35_358_22

唐代・文選六八
36_361_24

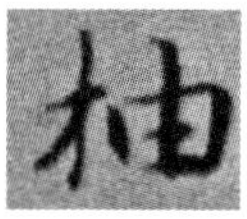
唐代・文選六八
36_364_29

唐代・文選六八
45_452_17

唐代・古文選前
17_205_4

押

漢オウ、コウ
訓おす

唐代・文選六八
51_505_6

唐代・文選百三
42_418_37

唐代・文選百三
69_660_19

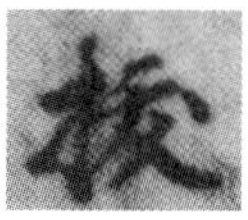
唐代・十輪經四
1_8_3

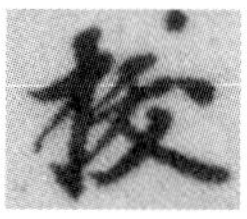
唐代・十輪經四
9_164_5

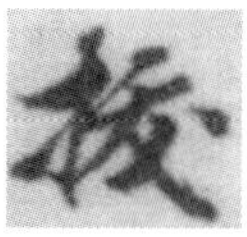
唐代・十輪經四
10_186_14

唐代・十輪經九
7_129_1

招

[漢]ショウ[漢]キョウ
[訓]まねく

唐代•文選四八
23_209_9

唐代•文選四八
24_211_8

唐代•文選四八
24_212_29

唐代•文選四八
24_213_18

唐代•文選五九
23_219_6

唐代•文選五九
23_220_8

唐代•文選五九
23_220_28

唐代•文選五九
23_222_2

拙

[漢]セツ
[訓]つたない

唐代•文選五九
105_995_21

唐代•文選六八
55_558_6

唐代•古文選前
20_235_7

唐代•古文選後
1_2_6

唐代•古文選後
19_220_11

拂

[漢]フツ[呉]ホツ
[訓]はらう

唐代•文選五九
36_358_2

唐代•文選五九
112_1061_23

唐代•文選六八
18_182_28

唐代•文選六八
33_327_16

唐代•文選六八
33_328_24

唐代•文選六八
55_551_6

唐代•古文選前
5_53_10

拉

[漢]ロウ[唐]ラ[慣]ラツ
[訓]くだく

唐代•文選六八
37_367_2

唐代•文選六八
37_369_14

唐代•文選六八
37_369_29

唐代•古文選後
2_23_9

唐代•古文選後
19_227_9

唐代•古文選後
24_279_10

抱

[漢]ホウ
[訓]いだく

唐代•文選四八
22_204_18

唐代•文選五九
34_335_14

唐代•文選五九
45_439_9

唐代•文選五九
45_440_17

唐代•文選五九
45_441_25

唐代•文選百三
23_224_26

唐代•古文選前
19_223_12

唐代•古文選前
25_298_6

拭

漢ショク 呉シキ
訓ぬぐう

唐代•文選百三 21_206_24

唐代•文選百三 1_6_20

唐代•文選百三 27_262_8

唐代•文選百三 34_339_24

唐代•古文選前 27_314_1

拜

漢ハイ
訓おがむ

唐代•春秋經傳 3_22_11

唐代•文選四八 30_268_17

唐代•文選四八 35_311_7

唐代•文選五九 16_153_13

唐代•文選五九 91_872_13

唐代•文選六八 71_706_23

唐代•文選百三 3_17_13

唐代•文選六八 1_12_5

唐代•文選六八 2_19_7

唐代•文選八八 3_13_5

唐代•文選八八 3_15_25

唐代•文選八八 3_16_12

唐代•古文選前 8_98_12

唐代•古文選後 1_2_9

唐代•古文選後 22_256_9

披

ヒ
訓ひらく

中唐・風信帖 1_2_1

中唐・風信帖 3_16_2

中唐・風信帖 4_20_1

中唐・風信帖 4_20_6

唐代•文選五九 27_270_26

唐代•文選五九 36_356_6

唐代•文選五九 36_358_1

唐代•文選五九 86_821_16

唐代•文選六八 30_300_24

唐代•文選八八 3_20_7

唐代•文選八八 7_50_11

唐代•文選百三 10_91_1

唐代•文選百三 10_92_24

唐代•文選百三 10_94_14

唐代•文選百三 14_130_14

唐代•十輪經四 21_418_17

唐代•文選五九 29_292_3

唐代•文選五九 30_294_10

唐代•文選六八 2_21_22

唐代•文選六八 22_225_6

唐代•文選六八 29_296_24

唐代•文選六八 29_297_10

唐代•文選六八 29_298_24

唐代•文選六八 29_299_18

持

漢チ 呉ジ
訓もつ

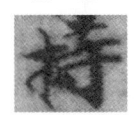

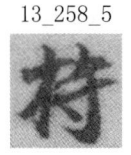

唐代・文選四八 30_268_15
唐代・文選五九 37_361_8
唐代・文選五九 41_401_2
唐代・文選五九 41_405_17
唐代・文選五九 88_840_4
唐代・文選六八 36_360_22
唐代・文選六八 39_385_2
唐代・文選百三 23_220_6
唐代・文選百三 35_355_34
唐代・文選百三 41_416_16
唐代・文選百三 42_418_36
唐代・文選百三 42_420_19
唐代・古文選前 6_64_10
唐代・古文選前 9_111_12
唐代・古文選後 27_314_2
唐代・十輪經四 5_99_1
唐代・十輪經四 6_101_15
唐代・十輪經四 6_104_12
唐代・十輪經四 7_128_15
唐代・十輪經四 7_132_2
唐代・十輪經四 7_133_16
唐代・十輪經四 8_151_10
唐代・十輪經四 9_165_13
唐代・十輪經四 9_167_11
唐代・十輪經四 9_174_10
唐代・十輪經四 14_275_10
唐代・十輪經九 6_117_5
唐代・十輪經九 8_140_18
唐代・十輪經九 8_144_18
唐代・十輪經九 13_252_16
唐代・十輪經九 13_253_6
唐代・十輪經九 13_255_5
唐代・十輪經九 13_256_8
唐代・十輪經九 13_257_7
唐代・十輪經九 13_257_15
唐代・十輪經九 13_258_5
唐代・十輪經九 13_258_14
唐代・十輪經九 13_259_10
唐代・十輪經九 14_260_4
唐代・十輪經九 14_260_13

唐代・十輪經九 14_268_22
唐代・十輪經九 14_269_15
唐代・十輪經九 18_345_10
唐代・十輪經十 6_114_12
唐代・十輪經十 17_326_12
唐代・十輪經十 19_361_5
唐代・十輪經十 19_362_5
唐代・十輪經十 19_378_14

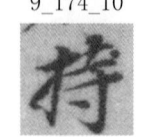

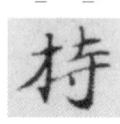

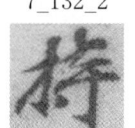

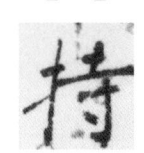

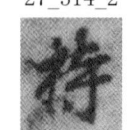

拷

漢コウ 慣ゴウ
訓うつ

唐代・十輪經四 7_137_10

	指	挑	拾	括	挺	拱
	シ 訓ゆび	漢キョウ 訓はねあげる	漢シュウ呉ジュウ 訓ひろう	漢カツ 訓くくる	漢テイ呉チョウ 訓ぬく	漢キョウ 訓こまぬく
 唐代•文選五九 62_596_13	 唐代•春秋經傳 19_193_2	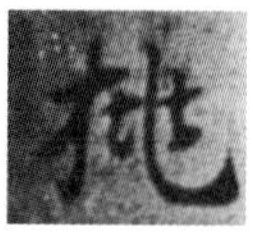 唐代•文選百三 69_668_23	 唐代•文選五九 7_68_22	 唐代•春秋經傳 12_121_12	 唐代•古文選前 17_198_10	 唐代•文選百三 47_450_37
 唐代•文選五九 94_902_3	 唐代•春秋經傳 19_193_6	 唐代•文選百三 69_672_4	 唐代•古文選前 10_117_7	 唐代•春秋經傳 12_121_16	 唐代•古文選後 8_90_8	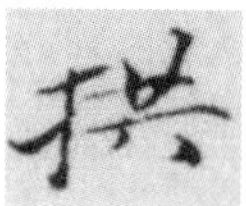 唐代•文選百三 67_649_27
 唐代•文選六八 1_1_14	 唐代•春秋經傳 19_196_6	 唐代•十輪經四 6_107_12		 唐代•文選四八 4_26_6		
 唐代•文選八八 1_2_2	 唐代•春秋經傳 19_196_14	 唐代•十輪經四 11_203_8		 唐代•文選四八 4_27_25		
 唐代•文選百三 47_450_16	 唐代•春秋經傳 30_315_26			 唐代•文選四八 4_28_9		
 唐代•古文選前 9_108_10	 唐代•文選四八 9_78_5			 唐代•文選四八 4_29_6		
 唐代•古文選後 6_64_11	 唐代•文選五九 25_244_18					
	 唐代•文選五九 46_454_8					

唐代•古文選後
4_40_1

唐代•古文選後
17_198_6

唐代•古文選後
25_294_12

唐代•古文選後
26_301_6

拯

漢ショウ 慣ジョウ
訓すくう

拯民
唐代•文選六八
12_125_1

出溺爲拯
唐代•文選六八
12_125_10

拯之
唐代•文選六八
12_125_21

唐代•文選六八
12_126_27

拯救
唐代•文選六八
12_127_7

唐代•文選六八
12_127_15

唐代•文選八八
21_188_16

唐代•文選八八
22_193_8

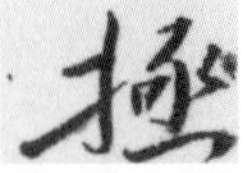
唐代•古文選前
20_232_13

捕

漢ホ 呉ブ
訓とらえる

唐代•古文選前
16_186_9

振

シン
訓ふる

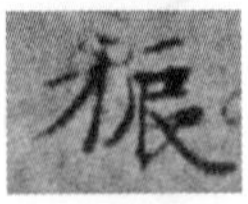
唐代•文選四八
33_297_9

唐代•文選五九
3_25_5

唐代•文選五九
3_26_25

唐代•文選五九
17_159_4

唐代•文選五九
17_160_12

唐代•文選五九
22_213_11

唐代•文選五九
22_215_3

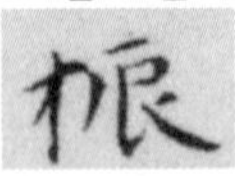
唐代•文選五九
40_394_15

唐代•文選五九
70_671_3

唐代•文選五九
70_672_16

唐代•文選五九
70_673_10

唐代•文選五九
70_674_1

唐代•文選五九
103_977_23

唐代•文選六八
33_328_27

唐代•文選六八
33_330_3

唐代•文選六八
33_330_6

唐代•文選六八
33_330_13

唐代•文選六八
50_500_3

唐代•文選六八
50_501_1

唐代•文選六八
50_501_28

唐代•文選六八
50_503_1

唐代•文選六八
57_573_4

唐代•文選六八
57_576_23

唐代•文選百三
7_57_5

挫	挹	捐	捎	挟		
慣ザ漢サ 訓くじく	ユウ 訓くむ	エン 訓すてる	呉ショウ 訓とる	漢キョウ 訓はさむ		
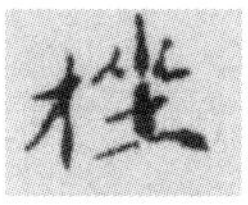 唐代•文選五九 32_314_18  唐代•文選六八 35_356_17	 唐代•文選四八 33_298_18  唐代•文選四八 34_300_10  唐代•文選四八 34_301_15 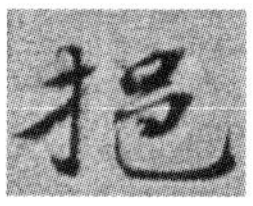 唐代•文選四八 34_301_23	 唐代•文選五九 100_943_26	 唐代•文選六八 33_327_11  唐代•文選六八 33_328_14  唐代•文選六八 33_329_3	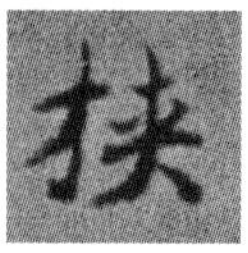 唐代•文選六八 30_302_7  唐代•文選百三 49_479_2  唐代•文選百三 50_480_10  唐代•文選百三 50_480_16  唐代•文選百三 51_492_23	 唐代•古文選前 3_34_4  唐代•古文選前 9_105_3  唐代•古文選前 19_219_1  唐代•古文選前 20_232_6  唐代•古文選前 23_275_13  唐代•古文選後 11_131_11  唐代•古文選後 12_141_14  唐代•古文選後 13_145_13	 唐代•文選百三 7_58_23  唐代•文選百三 7_60_27  唐代•文選百三 45_435_5  唐代•文選百三 71_686_11  唐代•文選百三 71_687_16  唐代•文選百三 71_688_5  唐代•文選百三 71_688_31  唐代•文選百三 87_831_5

捶

スイ
訓むちうつ

唐代・文選四八
30_269_19

唐代・文選六八
51_512_21

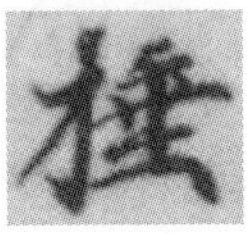
唐代・十輪經四
8_147_12

捺

慣ナツ漢ダツ
訓おす

唐代・十輪經十
20_385_14

措

ソ
訓おく

唐代・文選六八
42_421_10

唐代・文選六八
43_425_23

唐代・文選六八
43_426_21

掛

漢カイ慣カ
訓かける

唐代・古文選後
1_9_10

唐代・十輪經四
15_281_12

唐代・文選百三
77_735_16

唐代・文選百三
77_737_13

唐代・文選百三
77_737_25

唐代・文選百三
77_738_3

拳

漢ケン呉ゲン
訓こぶし

唐代・文選五九
23_224_2

唐代・文選六八
36_363_4

唐代・文選六八
36_364_25

唐代・文選六八
37_365_20

唐代・文選六八
37_366_19

唐代・文選百三
77_734_5

唐代・文選百三
77_736_4

挈

漢ケツ
訓ひっさげる

唐代・文選百三
13_117_23

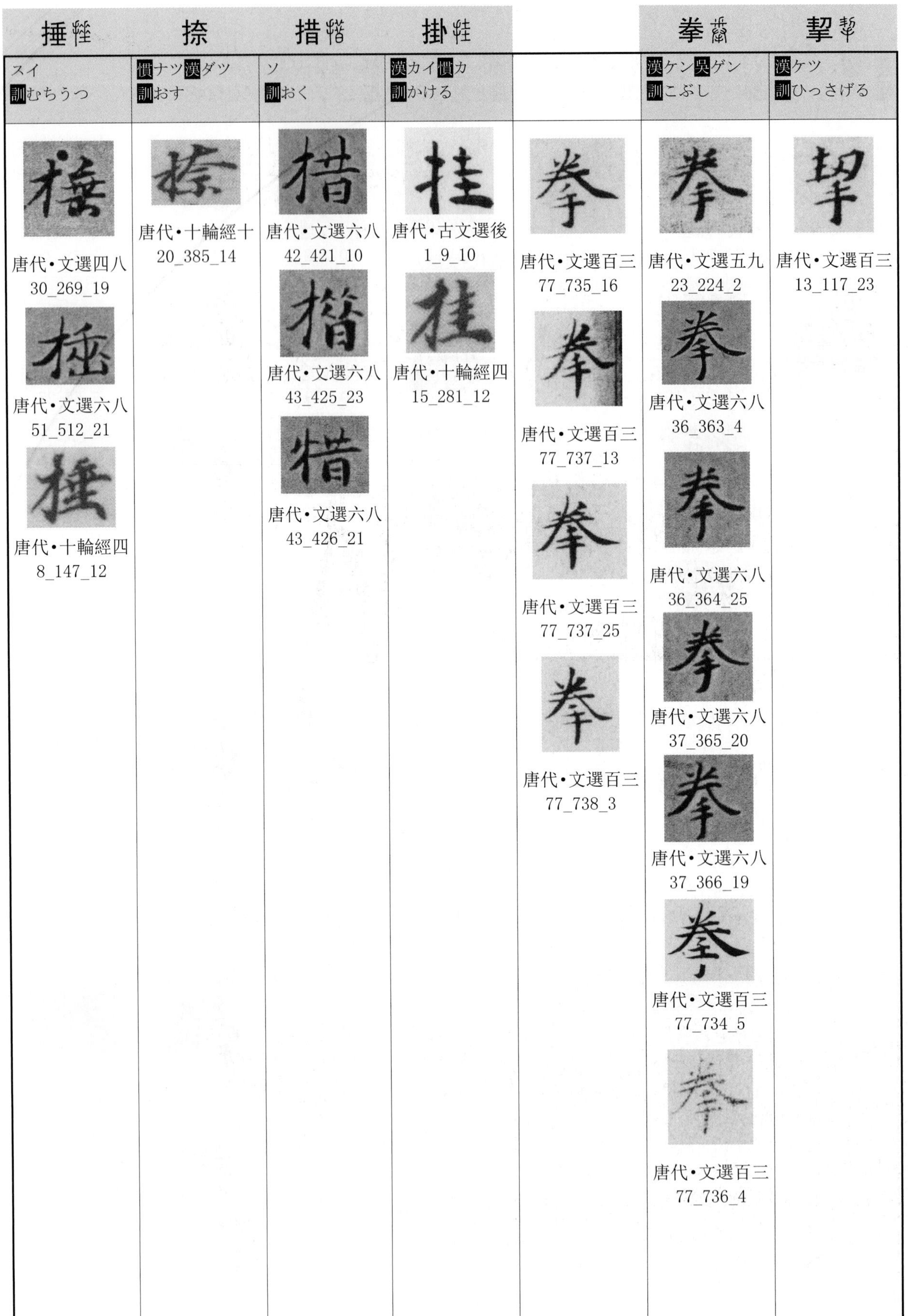

推

慣スイ漢タイ
訓おす

中唐・風信帖
1 5 7

唐代・文選六八
6_57_13

唐代・文選六八
27_276_21

超驤推阿
唐代・文選六八
53_530_11

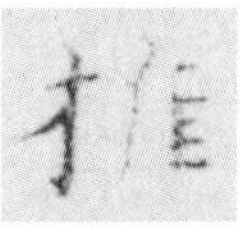
唐代・文選百三
25_246_14

唐代・文選百三
36_362_4

唐代・古文選後
22_253_3

捫

呉モン
訓なでる

唐代・文選五九
37_360_3

唐代・文選五九
37_361_7

唐代・文選五九
37_361_19

唐代・文選五九
37_363_8

掉

漢チョウ慣トウ
訓ふるう

唐代・文選六八
11_110_28

唐代・文選六八
11_111_8

排

漢ハイ
訓—

唐代・文選六八
51_509_18

唐代・文選六八
53_528_16

唐代・文選六八
54_544_1

唐代・文選六八
55_546_4

捷

ショウ
訓かつ

唐代・文選六八
30_301_1

唐代・文選六八
30_302_14

唐代・文選六八
30_303_13

唐代・文選六八
30_304_27

唐代・文選六八
30_305_2

唐代・文選六八
33_326_9

唐代・文選六八
53_525_21

唐代・文選六八
53_528_1

掩

エン
訓おおう

初唐・法華義疏
1_5_18

唐代・文選六八
33_326_19

唐代・文選六八
33_327_7

唐代・文選百三
29_287_27

唐代・古文選前
4_43_3

唐代・古文選前
14_165_4

唐代・古文選後
6_72_13

唐代・古文選後
18_208_5

授	捻	採			捨	
吳ジュ 訓さずける	慣ネン漢ジョウ 訓ひねる	サイ 訓とる			シャ 訓すてる	
初唐•聖武雜集 1_10_16 唐代•春秋經傳 36_378_25 唐代•文選四八 20_178_21 唐代•文選四八 23_206_30 唐代•文選四八 37_331_13 唐代•文選百三 16_151_7 唐代•文選百三 37_366_7 唐代•文選百三 37_367_1	唐代•十輪經四 9_168_15	唐代•文選六八 6_60_20 唐代•文選六八 15_151_27 唐代•文選六八 45_453_1 唐代•古文選前 15_181_6	唐代•十輪經九 11_200_3 唐代•十輪經九 12_237_15 唐代•十輪經九 21_419_2 唐代•十輪經九 22_421_10 唐代•十輪經十 4_60_6 唐代•十輪經十 5_90_4 唐代•十輪經十 5_91_3 唐代•十輪經十 5_92_2 唐代•十輪經十 5_92_18	唐代•十輪經四 8_154_11 唐代•十輪經四 8_159_5 唐代•十輪經四 10_183_3 唐代•十輪經四 10_192_1 唐代•十輪經八 5_86_4 唐代•十輪經九 9_170_7 唐代•十輪經九 9_173_12 唐代•十輪經九 10_188_11 唐代•十輪經十 9_177_16	唐代•古文選前 20_236_9 唐代•古文選後 14_163_4 唐代•十輪經四 2_36_5 唐代•十輪經四 2_39_17 唐代•十輪經四 4_74_7 唐代•十輪經四 4_76_16 唐代•十輪經四 4_79_4 唐代•十輪經四 7_122_13 唐代•十輪經十 18_359_11	唐代•文選百三 37_368_32

唐代•文選八八
6_38_9

唐代•文選百三
1_5_27

唐代•文選百三
13_119_43

唐代•古文選前
6_66_13

唐代•古文選前
9_105_12

唐代•古文選前
14_163_11

唐代•古文選後
8_87_11

唐代•古文選後
19_224_13

接

ショウ慣セツ
訓つぐ

唐代•春秋經傳
33_350_19

唐代•文選五九
14_132_17

唐代•文選五九
99_938_13

唐代•文選五九
104_986_12

唐代•文選六八
19_191_3

唐代•文選六八
30_303_26

唐代•文選六八
30_304_29

唐代•文選六八
53_528_18

掊

漢ホウ呉フ
訓かく

唐代•文選百三
52_501_1

唐代•文選百三
52_501_13

唐代•文選百三
52_503_15

唐代•文選百三
52_504_20

唐代•文選百三
52_504_26

掖

漢エキ
訓わきばさむ

唐代•文選五九
99_935_1

唐代•文選五九
99_936_12

唐代•文選五九
99_939_3

掠

リャク漢リョウ
訓かすめる

唐代•文選八八
17_141_25

唐代•文選八八
17_145_4

唐代•古文選後
15_170_7

唐代•古文選後
15_176_3

唐代•古文選後
22_255_10

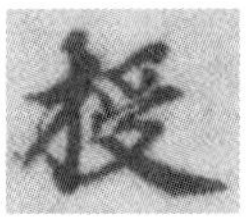
唐代•十輪經四
9_162_14

唐代•文選百三
53_507_22

唐代•文選百三
66_635_1

唐代•文選百三
80_758_4

唐代•文選百三
80_759_11

唐代•古文選前
6_68_13

唐代•古文選前
21_250_13

唐代•古文選後
2_18_13

唐代•古文選後
3_25_3

掌	掣	掘	掇	掃	探	掞
漢ショウ 訓たなごころ	漢セイ漢セツ 訓ひく	漢クツ 訓ほる	漢テツ、タツ 訓とる	漢ソウ 訓はく	タン 訓さぐる	エン 訓そぐ
 唐代•春秋經傳 12_120_8  唐代•春秋經傳 12_125_17  唐代•春秋經傳 36_378_30  唐代•文選四八 29_264_13  唐代•文選四八 46_418_22  唐代•文選五九 48_476_4  唐代•文選五九 66_635_11	 唐代•十輪經八 3_47_5	 唐代•文選五九 112_1061_13  唐代•文選百三 33_323_3  唐代•文選百三 33_328_18  唐代•文選百三 33_328_24  唐代•文選百三 52_498_28  唐代•文選百三 52_499_3	 唐代•文選五九 7_67_5  唐代•文選五九 7_68_21  唐代•文選五九 7_69_13  唐代•文選五九 7_69_20  唐代•文選五九 7_69_32  唐代•文選五九 7_70_6	 唐代•文選五九 15_151_12  唐代•文選五九 43_428_7	 唐代•文選六八 12_124_11  唐代•文選六八 12_126_6  唐代•文選六八 12_126_12  唐代•文選六八 12_126_19  唐代•文選六八 12_127_3  唐代•文選六八 34_340_3  唐代•文選六八 34_341_19  唐代•古文選後 16_190_7	 唐代•文選四八 21_193_24

提

漢テイ呉ダイ
訓さげる

中唐·金剛經題
1_7_6

晚唐·慶滋書狀
1_9_8

唐代·春秋經傳
9_92_3

唐代·春秋經傳
9_95_16

唐代·文選五九
23_220_20

唐代·文選百三
13_117_22

唐代·十輪經四
10_184_24

唐代·十輪經四
11_202_11

揩

カイ漢カツ
訓する

唐代·文選五九
78_746_8

揊

漢ヒョク呉ヒキ
訓うつ

唐代·文選百三
21_206_13

唐代·十輪經四
14_269_1

唐代·十輪經八
21_420_14

唐代·十輪經四
12_226_8

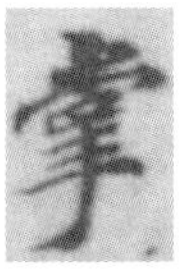
唐代·十輪經四
12_233_2

唐代·十輪經四
12_238_8

唐代·十輪經四
13_245_1

唐代·十輪經四
13_250_7

唐代·十輪經四
13_257_1

唐代·十輪經四
14_262_7

唐代·文選六八
37_367_9

唐代·文選六八
37_367_17

唐代·文選六八
37_368_16

唐代·文選六八
39_395_19

唐代·文選百三
20_195_11

唐代·文選百三
41_413_31

唐代·古文選後
3_31_5

唐代·文選五九
66_637_3

唐代·文選五九
66_639_22

唐代·文選五九
66_640_1

唐代·文選五九
67_647_20

唐代·文選五九
75_718_18

唐代·文選六八
24_244_20

唐代·文選六八
37_367_1

揚

ヨウ
訓 あげる

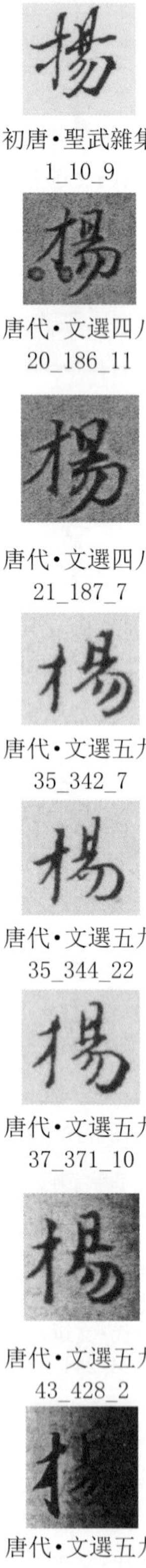

初唐•聖武雜集 1_10_9
唐代•文選四八 20_186_11
唐代•文選四八 21_187_7
唐代•文選五九 35_342_7
唐代•文選五九 35_344_22
唐代•文選五九 37_371_10
唐代•文選五九 43_428_2
唐代•文選五九 47_468_12

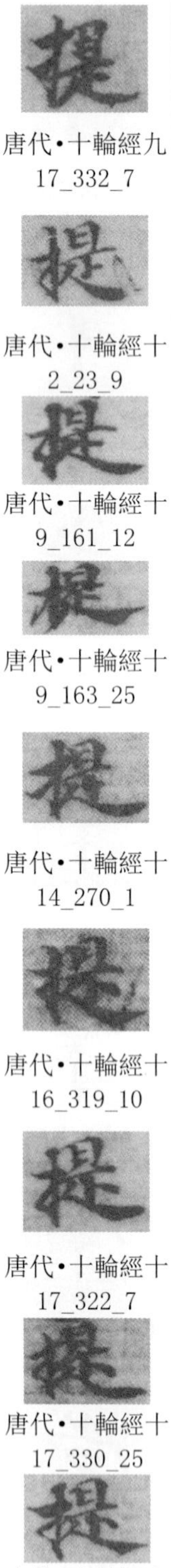

唐代•十輪經九 17_332_7
唐代•十輪經十 2_23_9
唐代•十輪經十 9_161_12
唐代•十輪經十 9_163_25
唐代•十輪經十 14_270_1
唐代•十輪經十 16_319_10
唐代•十輪經十 17_322_7
唐代•十輪經十 17_330_25
唐代•十輪經十 18_352_3

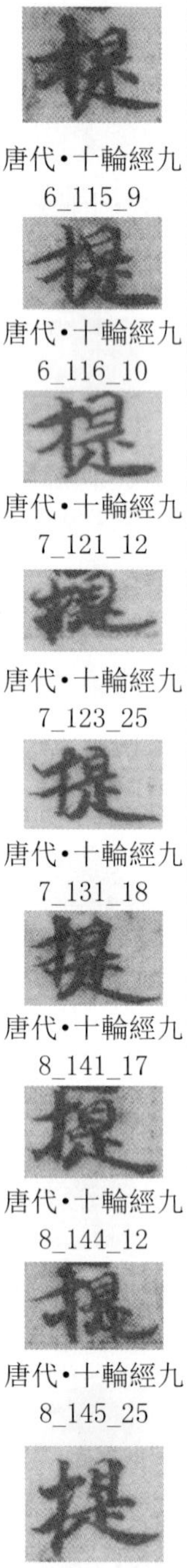

唐代•十輪經九 6_115_9
唐代•十輪經九 6_116_10
唐代•十輪經九 7_121_12
唐代•十輪經九 7_123_25
唐代•十輪經九 7_131_18
唐代•十輪經九 8_141_17
唐代•十輪經九 8_144_12
唐代•十輪經九 8_145_25
唐代•十輪經九 16_312_3

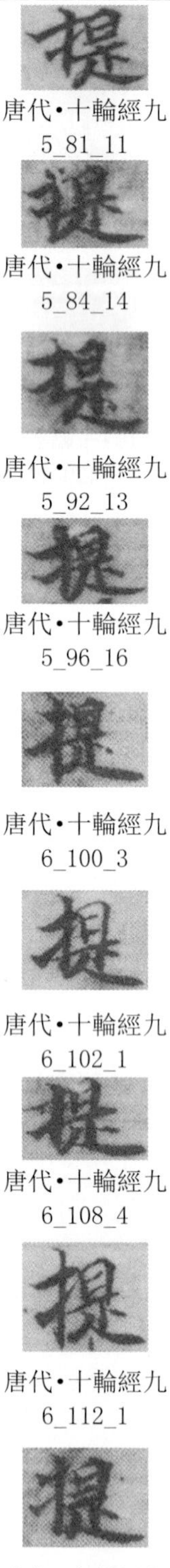

唐代•十輪經九 5_81_11
唐代•十輪經九 5_84_14
唐代•十輪經九 5_92_13
唐代•十輪經九 5_96_16
唐代•十輪經九 6_100_3
唐代•十輪經九 6_102_1
唐代•十輪經九 6_108_4
唐代•十輪經九 6_112_1
唐代•十輪經九 6_113_11

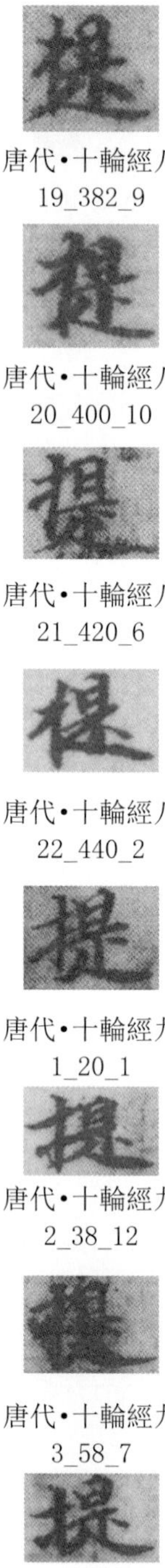

唐代•十輪經八 19_382_9
唐代•十輪經八 20_400_10
唐代•十輪經八 21_420_6
唐代•十輪經八 22_440_2
唐代•十輪經九 1_20_1
唐代•十輪經九 2_38_12
唐代•十輪經九 3_58_7
唐代•十輪經九 4_78_14

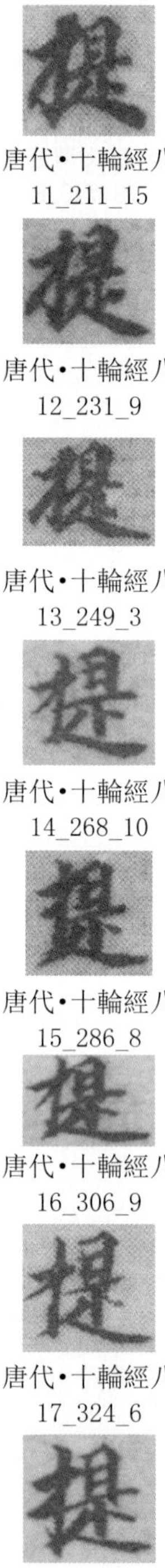

唐代•十輪經八 11_211_15
唐代•十輪經八 12_231_9
唐代•十輪經八 13_249_3
唐代•十輪經八 14_268_10
唐代•十輪經八 15_286_8
唐代•十輪經八 16_306_9
唐代•十輪經八 17_324_6
唐代•十輪經八 18_344_9

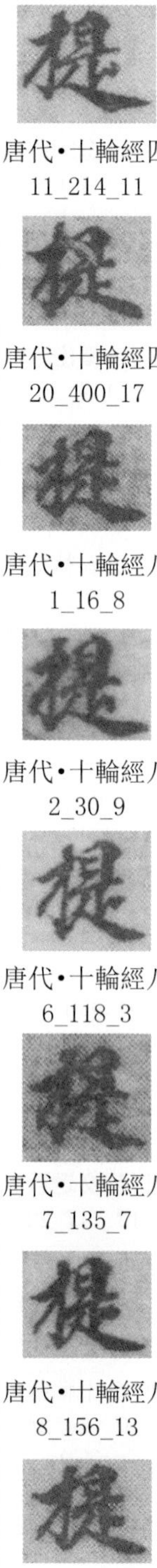

唐代•十輪經四 11_214_11
唐代•十輪經四 20_400_17
唐代•十輪經八 1_16_8
唐代•十輪經八 2_30_9
唐代•十輪經八 6_118_3
唐代•十輪經八 7_135_7
唐代•十輪經八 8_156_13
唐代•十輪經八 9_174_1

唐代•文選五九 61_587_28

唐代•文選五九 93_891_4

唐代•文選六八 51_508_6

唐代•文選六八 52_521_27

唐代•文選六八 57_573_1

唐代•文選六八 61_610_12

唐代•文選八八 23_203_3

唐代•文選百三 13_126_17

唐代•文選百三 13_127_27

唐代•文選百三 13_128_28

唐代•文選百三 17_162_19

唐代•文選百三 20_192_12

唐代•文選百三 59_564_4

唐代•文選百三 59_565_6

唐代•文選百三 59_565_27

唐代•文選百三 59_566_35

唐代•古文選前 6_63_14

唐代•古文選前 10_119_7

唐代•古文選前 11_131_5

唐代•古文選後 3_36_1

唐代•古文選後 6_65_13

唐代•古文選後 11_126_2

唐代•古文選後 19_225_13

唐代•古文選後 22_253_8

唐代•古文選後 25_289_13

唐代•古文選後 15_179_4

唐代•十輪經八 5_96_5

唐代•十輪經九 5_83_5

揖

ユウ、シュウ

訓えしゃく

唐代•文選五九 54_532_12

唐代•文選五九 111_1057_27

唐代•文選六八 1_6_6

唐代•文選六八 13_133_8

唐代•文選八八 3_7_6

唐代•文選八八 3_18_7

唐代•文選八八 3_20_19

唐代•文選八八 5_23_29

唐代•文選八八 7_55_28

唐代•文選八八 9_74_5

唐代•文選八八 10_81_9

唐代•文選八八 11_91_2

唐代•文選八八 12_97_5

唐代•文選八八 17_140_14

唐代•文選八八 17_142_25

唐代•文選八八 18_156_22

唐代•文選八八 19_165_17

唐代•文選八八 19_167_2

唐代•文選八八 19_169_5

唐代•文選八八 23_200_14

唐代•古文選前 20_235_2

		援	搜	插	揣	揭
		漢エン 訓ひく	漢ショウ、ソウ 慣ソウ 訓さがす	ソウ 訓さす	スイ慣シ 訓はかる	漢ケイ 訓かかげる
 唐代・古文選前 12_142_9	 唐代・文選六八 45_450_12	 唐代・春秋經傳 35_371_16	 唐代・文選五九 90_865_29	 唐代・文選五九 30_298_2	 唐代・文選五九 106_1003_27	 中唐・風信帖 1_2_5
 唐代・古文選後 5_51_14	 唐代・文選六八 45_450_26	 唐代・文選五九 29_282_8	 唐代・文選六八 34_339_22	 唐代・文選五九 30_298_18		 唐代・文選六八 41_413_17
	 唐代・文選六八 69_685_26	 唐代・文選五九 29_283_14	 唐代・文選六八 34_341_4	 唐代・文選五九 31_299_24		 唐代・十輪經十 20_385_10
	 唐代・文選百三 38_379_29	 唐代・文選五九 37_360_21	 唐代・文選六八 34_341_11	 唐代・文選五九 31_300_31		
	 唐代・文選百三 83_796_2	 唐代・文選五九 39_379_4	 唐代・文選百三 24_231_12	 唐代・文選百三 52_503_29		
	 唐代・文選百三 84_797_26	 唐代・文選五九 83_799_8	 唐代・文選百三 25_249_1			
	 唐代・文選百三 84_799_3	 唐代・文選五九 83_800_2				
	 唐代・文選百三 84_799_26	 唐代・文選六八 45_448_7				

掾

エン漢テン
訓ふち

中唐・灌頂歴名
1_3_8

唐代・文選四八
46_411_6

唐代・文選百三
1_6_10

唐代・文選百三
2_13_17

唐代・文選百三
2_14_5

唐代・文選百三
2_14_32

唐代・文選百三
2_14_36

唐代・文選百三
2_15_9

搔

ソウ
訓かく

唐代・文選五九
28_275_10

唐代・文選五九
28_278_19

唐代・文選五九
29_279_22

揆

漢キ
訓はかる

唐代・文選五九
80_775_3

唐代・文選五九
81_777_19

唐代・文選五九
81_777_30

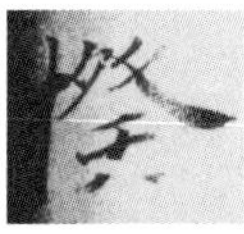
唐代・文選五九
103_976_6

唐代・文選五九
103_978_17

唐代・文選五九
103_979_1

握

漢アク
訓にぎる

唐代・文選八八
13_106_9

唐代・文選八八
13_106_16

揮

キ
訓ふるう

唐代・文選百三
21_205_12

唐代・文選百三
21_204_30

唐代・文選百三
21_206_23

唐代・文選百三
21_207_7

唐代・文選百三
83_787_32

唐代・古文選後
12_140_6

唐代・古文選後
24_286_14

唐代・文選六八
52_520_15

唐代・文選六八
53_530_21

唐代・文選六八
53_531_19

唐代・文選六八
53_533_4

唐代・文選六八
61_616_17

唐代・文選六八
62_618_29

唐代・文選百三
21_203_11

唐代・文選五九
34_333_29

唐代・文選六八
49_497_4

唐代・文選六八
49_498_3

唐代・文選六八
49_498_16

唐代・文選六八
50_499_11

唐代・文選六八
51_516_21

唐代・文選六八
53_530_1

	損	揜	搏	摸	搢	
	ソン 訓そこなう	エン 訓おおう	ハク 訓うつ	漢バク呉マク慣モ 訓さぐる	シン 訓はさむ	
 唐代•十輪經十 19_365_14	 唐代•文選六八 8_77_30  唐代•文選六八 9_94_12  唐代•文選六八 73_724_9  唐代•十輪經四 1_19_7  唐代•十輪經四 4_71_3  唐代•十輪經四 15_282_12  唐代•十輪經四 21_402_16 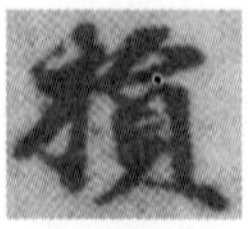 唐代•十輪經四 21_402_17	 唐代•文選四八 32_290_8  唐代•文選六八 32_324_19  唐代•文選六八 33_326_17	 唐代•春秋經傳 9_94_1	 唐代•文選百三 56_537_4	 唐代•文選六八 30_302_5  唐代•文選六八 30_302_13	 唐代•文選百三 10_93_17  唐代•文選百三 10_94_11

搦 𢹀	捲		摛 𢹀			搖 𢹀
慣ジャク漢ダク 呉ニャク 訓からめる	ケン 訓—		漢チ呉チ 訓しく			ヨウ 訓ゆれる
 唐代•文選六八 37_369_30	 唐代•文選六八 37_365_15	 唐代•文選百三 24_236_5	 唐代•文選四八 45_405_4  唐代•文選四八 45_406_26  唐代•文選四八 45_407_3  唐代•文選四八 45_407_18  唐代•文選百三 7_56_11  唐代•文選百三 7_58_4  唐代•文選百三 7_59_12  唐代•文選百三 7_59_28	 唐代•文選八八 11_91_36  唐代•文選八八 11_93_15  唐代•文選百三 62_594_6  唐代•文選百三 62_595_16  唐代•文選百三 62_597_4  唐代•文選百三 62_598_5  唐代•古文選前 6_65_6	 唐代•文選六八 49_487_3  唐代•文選六八 51_508_2  唐代•文選六八 51_509_16  唐代•文選六八 51_510_11  唐代•文選六八 51_512_11  唐代•文選六八 51_513_7  唐代•文選六八 51_515_15  唐代•文選六八 51_516_18	 唐代•文選五九 37_365_8  唐代•文選五九 45_450_2  唐代•文選六八 15_150_9  唐代•文選六八 29_296_25  唐代•文選六八 29_297_11  唐代•文選六八 29_298_25  唐代•文選六八 29_299_25 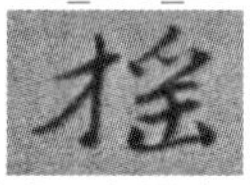 唐代•文選六八 30_300_25

摘	摝			摧	摶	搴
漢テキ、タク呉チャク 訓つむ	ロク 訓ふる			漢サイ 訓くだく	漢タン 訓まるい	ケン 訓とる

摘

唐代•文選四八
45_409_2

摝

唐代•文選百三
31_307_39

摧

唐代•十輪經八
17_332_10

唐代•十輪經八
19_370_10

唐代•十輪經八
21_408_2

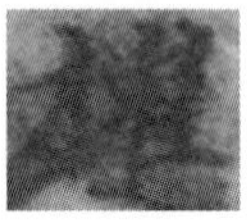

唐代•十輪經九
1_8_2

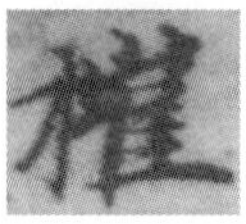

唐代•十輪經九
3_46_2

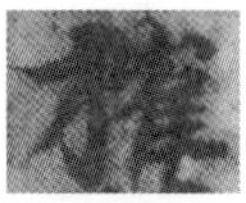

唐代•十輪經九
8_145_9

唐代•十輪經九
17_321_13

唐代•十輪經十
4_71_4

唐代•十輪經八
3_44_7

唐代•十輪經八
3_45_11

唐代•十輪經八
6_106_9

唐代•十輪經八
8_144_9

唐代•十輪經八
10_182_15

唐代•十輪經八
11_219_10

唐代•十輪經八
13_256_10

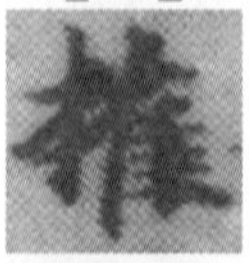

唐代•十輪經八
15_294_10

唐代•文選六八
37_367_4

唐代•文選六八
37_369_18

唐代•文選百三
63_607_1

唐代•文選百三
63_611_1

唐代•古文選後
10_112_7

唐代•十輪經四
3_50_5

唐代•十輪經四
20_396_1

唐代•十輪經八
2_32_3

摶

唐代•文選六八
15_150_7

搴

唐代•文選六八
16_163_18

唐代•文選六八
16_167_21

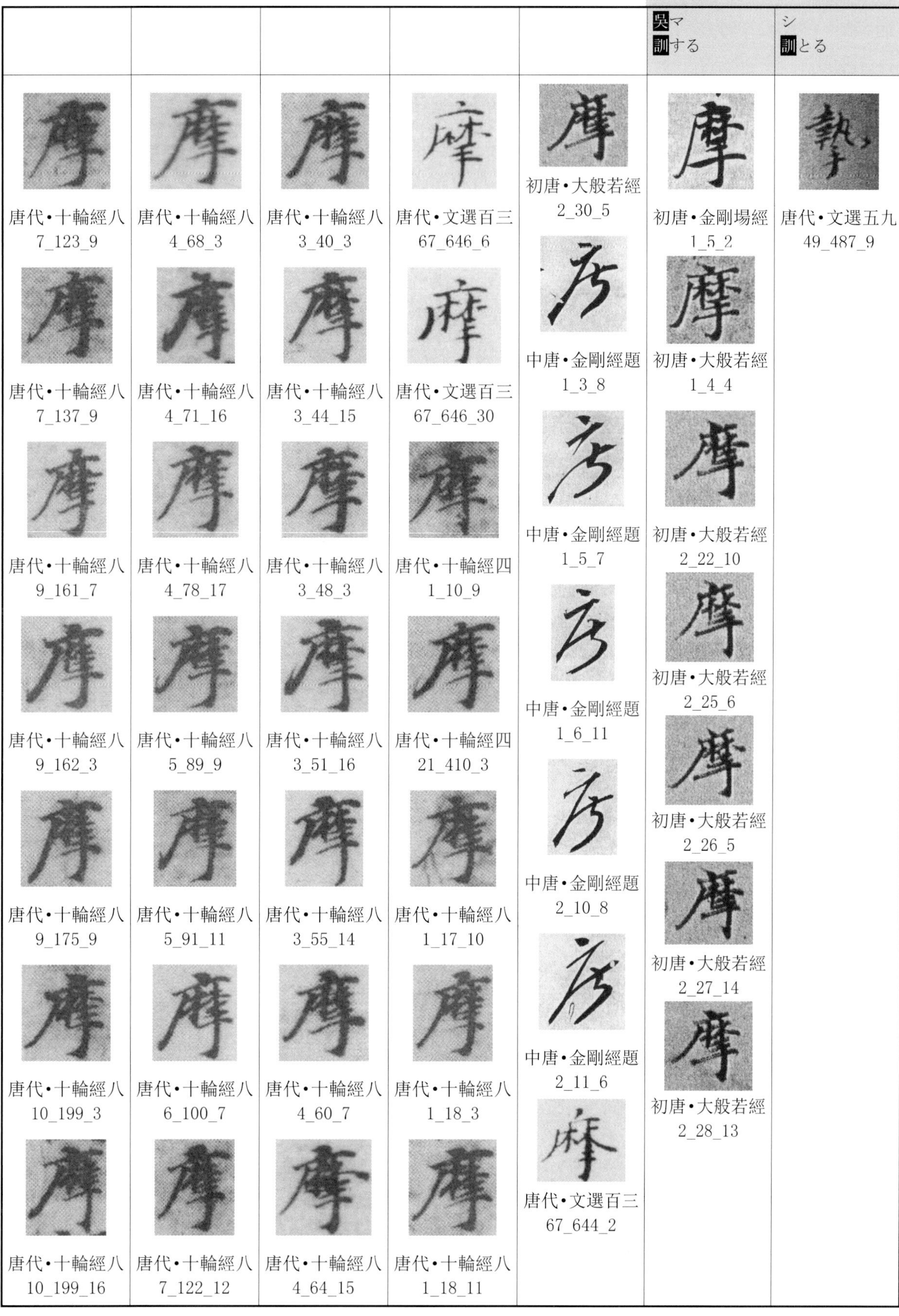

					摩	摯
					呉マ 訓する	シ 訓とる
唐代・十輪經八 7_123_9	唐代・十輪經八 4_68_3	唐代・十輪經八 3_40_3	唐代・文選百三 67_646_6	初唐・大般若經 2_30_5	初唐・金剛場經 1_5_2	唐代・文選五九 49_487_9
唐代・十輪經八 7_137_9	唐代・十輪經八 4_71_16	唐代・十輪經八 3_44_15	唐代・文選百三 67_646_30	中唐・金剛經題 1_3_8	初唐・大般若經 1_4_4	
唐代・十輪經八 9_161_7	唐代・十輪經八 4_78_17	唐代・十輪經八 3_48_3	唐代・十輪經四 1_10_9	中唐・金剛經題 1_5_7	初唐・大般若經 2_22_10	
唐代・十輪經八 9_162_3	唐代・十輪經八 5_89_9	唐代・十輪經八 3_51_16	唐代・十輪經四 21_410_3	中唐・金剛經題 1_6_11	初唐・大般若經 2_25_6	
唐代・十輪經八 9_175_9	唐代・十輪經八 5_91_11	唐代・十輪經八 3_55_14	唐代・十輪經八 1_17_10	中唐・金剛經題 2_10_8	初唐・大般若經 2_26_5	
唐代・十輪經八 10_199_3	唐代・十輪經八 6_100_7	唐代・十輪經八 4_60_7	唐代・十輪經八 1_18_3	中唐・金剛經題 2_11_6	初唐・大般若經 2_27_14	
唐代・十輪經八 10_199_16	唐代・十輪經八 7_122_12	唐代・十輪經八 4_64_15	唐代・十輪經八 1_18_11	唐代・文選百三 67_644_2	初唐・大般若經 2_28_13	

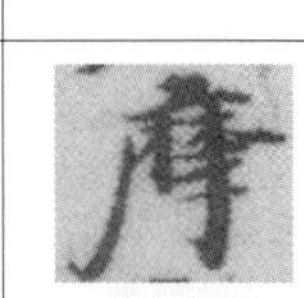
唐代•十輪經九
14_267_23

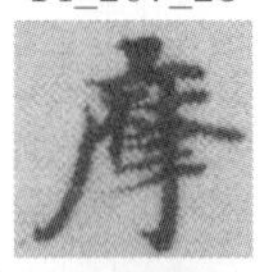
唐代•十輪經九
14_270_8

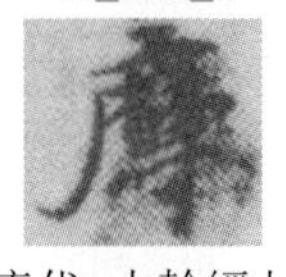
唐代•十輪經九
14_271_5

唐代•十輪經九
15_282_11

唐代•十輪經九
15_290_11

唐代•十輪經九
15_292_3

唐代•十輪經九
15_297_22

唐代•十輪經九
14_263_10

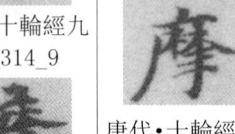

唐代•十輪經九
16_301_8

唐代•十輪經九
16_302_5

唐代•十輪經九
16_314_9

唐代•十輪經九
18_340_11

唐代•十輪經九
18_355_16

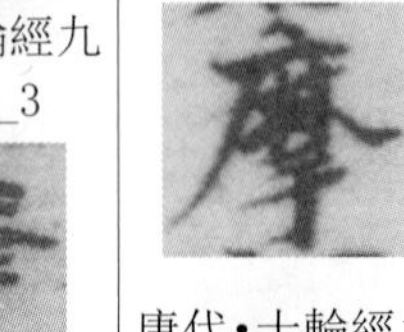
唐代•十輪經九
18_357_8

唐代•十輪經九
19_362_23

唐代•十輪經九
19_364_23

唐代•十輪經九
19_366_8

唐代•十輪經九
19_367_5

唐代•十輪經九
20_392_11

唐代•十輪經九
21_413_10

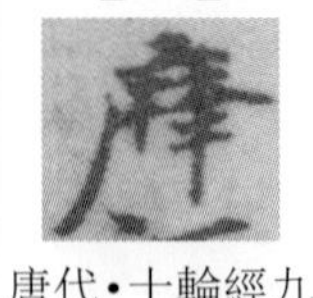
唐代•十輪經九
21_415_3

唐代•十輪經九
21_417_1

唐代•十輪經九
22_423_23

唐代•十輪經十
1_2_8

唐代•十輪經十
1_3_5

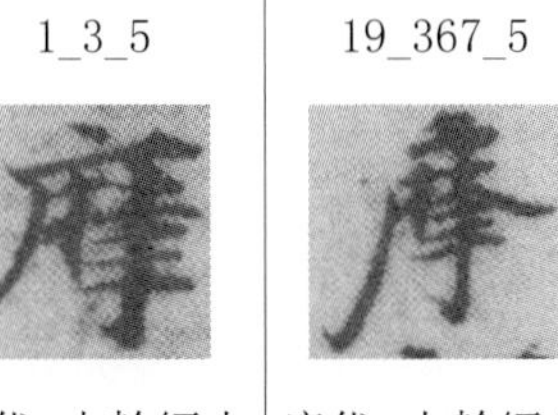
唐代•十輪經十
2_21_11

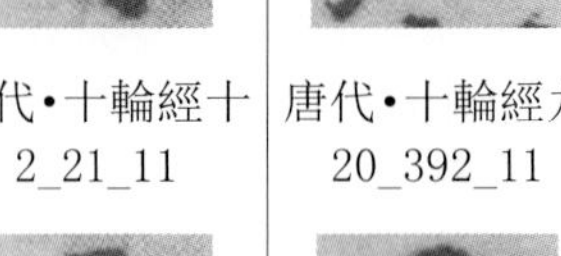
唐代•十輪經十
2_31_15

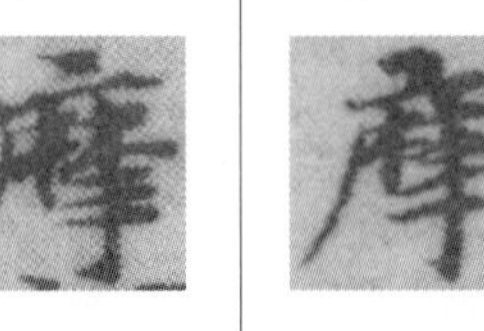
唐代•十輪經十
2_33_8

唐代•十輪經十
2_36_8

唐代•十輪經十
2_37_7

唐代•十輪經十
3_58_4

唐代•十輪經十
4_68_15

唐代•十輪經十
4_69_16

唐代•十輪經十
5_98_6

唐代•十輪經十
6_118_13

唐代•十輪經十
6_120_10

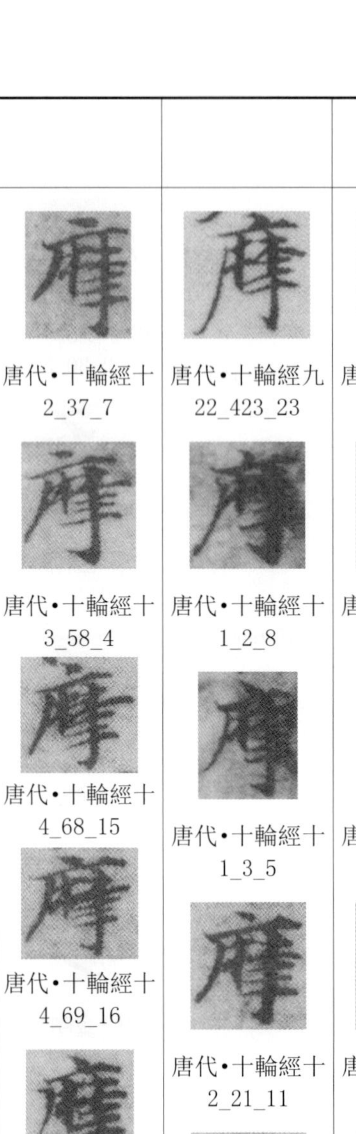
唐代•十輪經十
7_127_23

唐代•十輪經十
7_131_8

唐代•十輪經十
7_132_5

唐代•十輪經十
8_143_16

唐代•十輪經十
8_144_9

唐代•十輪經十
8_145_13

唐代•十輪經十
8_153_16

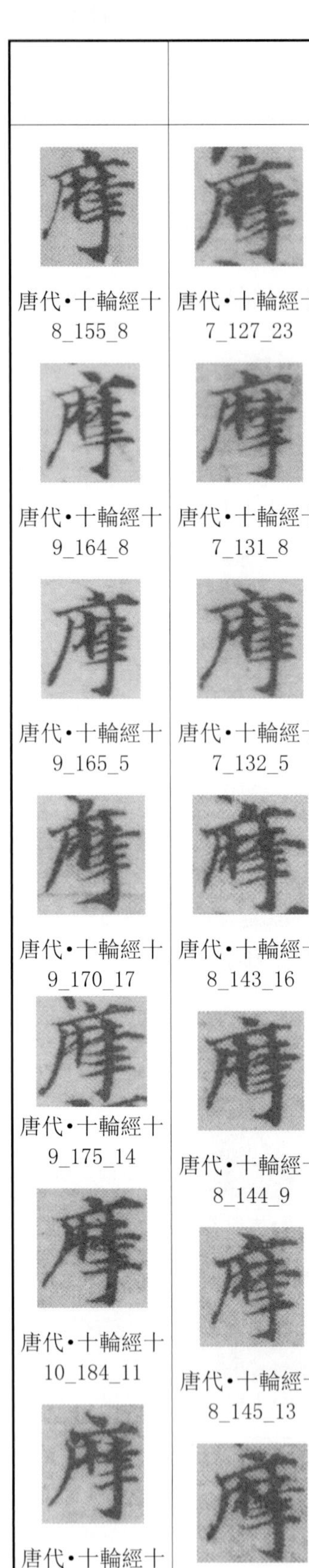
唐代•十輪經十
8_155_8

唐代•十輪經十
9_164_8

唐代•十輪經十
9_165_5

唐代•十輪經十
9_170_17

唐代•十輪經十
9_175_14

唐代•十輪經十
10_184_11

唐代•十輪經十
10_189_3

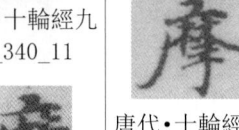

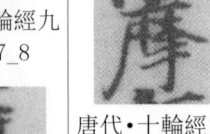

擱	撲	撓	撻			
一日本國字 訓まま	慣ボク漢ハク 訓うつ	漢ドウ、コウ、ジョウ、キョウ 訓たわめる	漢タツ 訓むちうつ			

擱

唐代・文選百三
53_507_20

唐代・文選百三
53_508_3

唐代・文選百三
53_508_9

撲

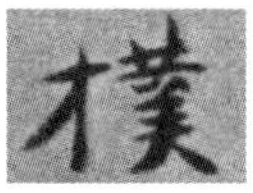
唐代・文選六八
23_238_21

唐代・十輪經四
15_297_1

撓

唐代・文選六八
35_356_10

唐代・文選百三
71_681_9

唐代・文選百三
71_682_10

唐代・文選百三
71_682_15

唐代・文選百三
71_683_15

唐代・文選百三
71_683_29

唐代・文選百三
71_684_7

撻

唐代・文選六八
35_356_21

唐代・十輪經四
10_198_1

唐代・十輪經四
11_208_3

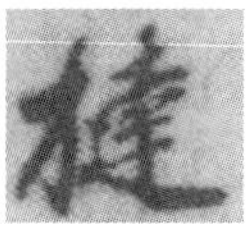
唐代・十輪經四
16_308_9

唐代・十輪經十
14_262_4

唐代・十輪經十
14_271_13

唐代・十輪經十
14_273_6

唐代・十輪經十
16_304_4

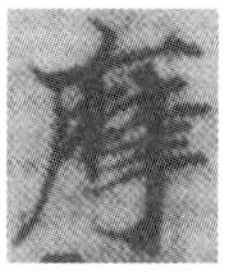
唐代・十輪經十
16_305_14

唐代・十輪經十
16_306_12

唐代・十輪經十
16_307_16

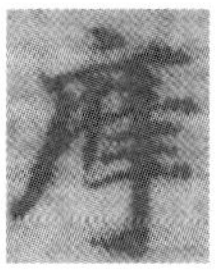
唐代・十輪經十
12_233_8

唐代・十輪經十
12_236_2

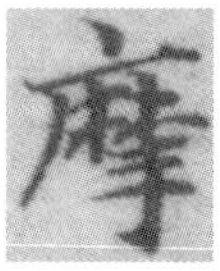
唐代・十輪經十
13_243_12

唐代・十輪經十
13_245_5

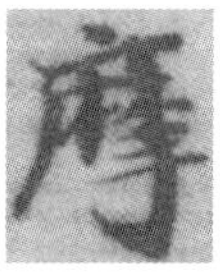
唐代・十輪經十
13_253_1

唐代・十輪經十
13_254_12

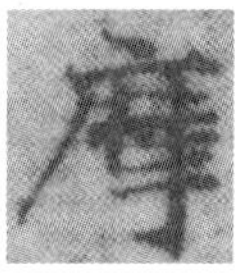
唐代・十輪經十
14_260_10

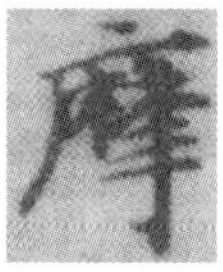
唐代・十輪經十
10_190_13

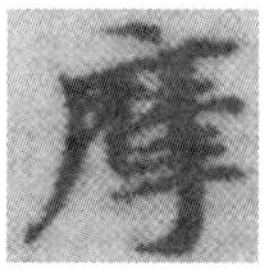
唐代・十輪經十
10_199_8

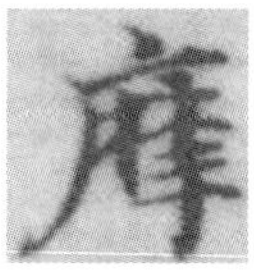
唐代・十輪經十
11_201_3

唐代・十輪經十
11_202_3

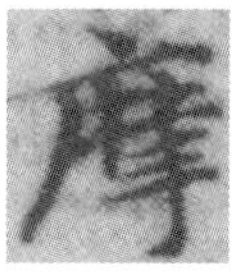
唐代・十輪經十
11_205_11

唐代・十輪經十
11_207_4

唐代・十輪經十
11_210_4

撰

セン漢サン呉セン漢サン
訓そろえる

唐代・文選六八
2_14_12

播

唐代・文選五九
92_885_6

唐代・文選六八
64_638_3

唐代・文選百三
55_527_11

唐代・古文選前
17_197_6

唐代・古文選前
17_199_10

唐代・古文選前
19_227_12

唐代・古文選後
5_58_1

唐代・古文選後
12_138_5

ハ
訓ばん

唐代・春秋經傳
35_371_38

唐代・文選四八
23_206_5

唐代・文選四八
23_206_37

唐代・文選四八
23_207_10

唐代・文選四八
23_208_17

唐代・文選四八
43_385_1

唐代・文選五九
10_92_13

唐代・文選五九
49_482_10

撫

唐代・文選百三
50_481_1

唐代・古文選前
2_25_6

唐代・古文選後
25_290_1

唐代・古文選後
25_292_3

唐代・古文選後
25_292_15

唐代・文選八八
20_173_5

唐代・文選八八
20_176_22

唐代・文選百三
23_217_9

唐代・文選百三
23_218_10

唐代・文選百三
23_218_31

唐代・文選百三
23_220_5

唐代・文選百三
49_478_23

唐代・文選百三
50_480_32

唐代・文選四八
48_429_23

唐代・文選五九
15_142_10

唐代・文選五九
84_805_28

唐代・文選六八
38_382_6

唐代・文選六八
39_385_1

唐代・文選六八
39_385_24

唐代・文選六八
49_498_20

唐代・文選六八
52_524_2

慣ブ漢フ
訓なでる

唐代・文選四八
5_40_6

唐代・文選四八
5_40_25

唐代・文選四八
23_209_10

唐代・文選四八
24_211_16

唐代・文選四八
24_213_22

唐代・文選四八
31_279_1

唐代・文選四八
47_425_20

唐代・文選四八
47_427_13

擔

漢タン
訓になう

唐代・文選五九
9_87_24

唐代・文選五九
9_88_2

唐代・文選五九
91_873_30

唐代・古文選後
11_131_10

唐代・十輪經九
21_419_5

唐代・十輪經九
22_421_12

擐

漢カン
訓つらぬく

初唐・大般若經
1_4_8

初唐・大般若經
1_4_16

擇

漢タク
訓えらぶ

唐代・文選四八
24_217_7

唐代・文選四八
24_219_8

唐代・文選四八
24_220_6

唐代・文選四八
28_256_11

唐代・古文選前
1_12_7

唐代・古文選後
8_89_14

唐代・古文選後
8_89_17

操

漢ソウ
訓あやつる

唐代・文選四八
20_177_1

唐代・文選五九
61_587_8

唐代・文選五九
64_617_6

唐代・文選五九
80_765_11

唐代・文選五九
80_768_23

唐代・文選六八
65_656_14

唐代・文選百三
20_193_22

唐代・文選百三
21_198_39

唐代・文選百三
16_152_28

唐代・文選百三
16_153_3

唐代・文選百三
29_285_5

唐代・文選百三
29_290_20

唐代・文選百三
29_292_12

唐代・文選百三
46_440_35

唐代・文選百三
81_775_7

唐代・古文選前
6_71_11

據

漢キョ 呉コ
訓よる

唐代・春秋經傳
27_274_25

唐代・文選五九
10_93_4

唐代・文選五九
61_586_1

唐代・文選五九
103_972_28

唐代・文選六八
19_197_18

唐代・文選六八
19_198_14

唐代・文選六八
53_527_10

唐代・文選百三
16_152_19

擣			擊	擗	擁	擅
漢トウ 訓つく			慣ゲキ漢ケキ 訓うつ	漢ヘキ 訓うつ	ヨウ 訓いだく	漢セン 訓しめる
 唐代•文選四八 9_75_13  唐代•文選五九 21_200_1  唐代•文選五九 21_200_10  唐代•文選五九 21_200_19  唐代•文選五九 23_220_29  唐代•文選五九 23_225_20	 唐代•文選百三 81_770_23  唐代•文選百三 81_770_28 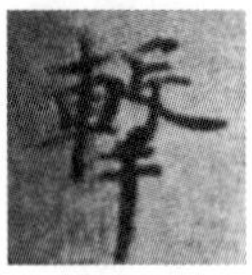 唐代•文選百三 81_773_32	 唐代•文選百三 5_43_18  唐代•文選百三 5_46_30  唐代•文選百三 5_47_12  唐代•文選百三 36_359_19  唐代•文選百三 61_584_2  唐代•文選百三 61_590_23  唐代•文選百三 81_769_5	 唐代•文選四八 42_377_1  唐代•文選五九 70_672_25  唐代•文選五九 76_725_3  唐代•文選六八 23_239_22  唐代•文選六八 33_328_15  唐代•文選六八 37_369_27  唐代•文選六八 52_519_6	 唐代•古文選後 22_262_11	 唐代•十輪經四 4_72_8  唐代•十輪經四 4_74_10	 唐代•文選五九 99_937_14 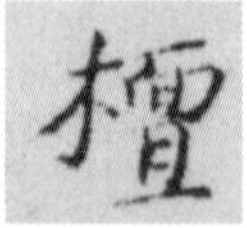 唐代•文選百三 29_280_4  唐代•文選百三 29_280_7

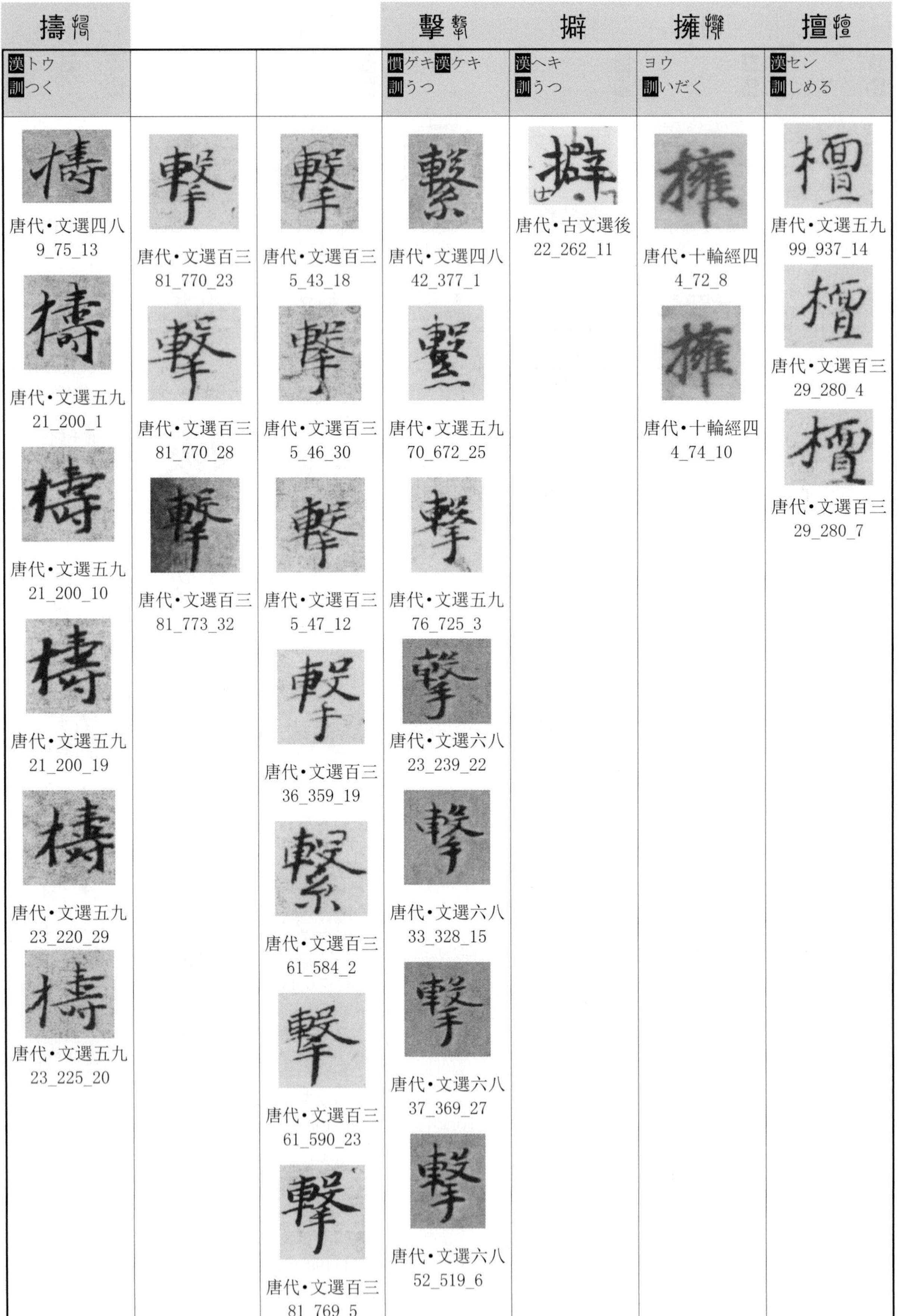

擬

ギ
訓なぞらえる

中唐・風信帖
1_5_9

唐代•文選五九
10_95_20

唐代•文選五九
19_182_17

擲

漢テキ呉ジャク
訓なげうつ

唐代•文選五九
13_131_17

唐代•文選五九
14_133_16

唐代•文選五九
14_133_24

唐代•文選五九
27_270_3

唐代•文選五九
27_272_8

唐代•文選五九
28_274_5

唐代•文選五九
29_280_8

唐代•文選百三
13_127_19

擯

ヒン
訓しりぞける

唐代•十輪經四
3_57_8

擢

慣テキ漢タク
訓ぬく

唐代•文選四八
28_257_1

唐代•文選四八
28_258_4

唐代•文選四八
28_258_14

唐代•文選五九
18_175_7

唐代•文選五九
69_667_2

唐代•文選六八
45_451_10

唐代•文選六八
45_453_10

唐代•文選六八
45_452_16

唐代•文選六八
45_453_27

唐代•文選百三
4_29_8

擾

漢ジョウ
訓みだれる

唐代•文選五九
70_674_8

唐代•文選五九
70_675_18

唐代•文選五九
70_675_24

唐代•文選五九
71_676_6

唐代•文選百三
69_663_13

唐代•文選百三
69_664_19

唐代•文選百三
69_668_14

唐代•文選百三
69_665_18

唐代•古文選前
2_22_8

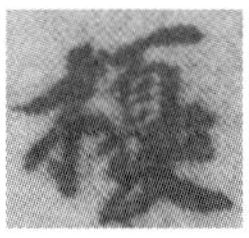

唐代•十輪經八
7_139_4

唐代•十輪經八
9_177_12

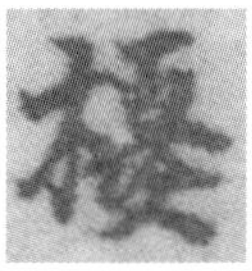

唐代•十輪經九
13_252_8

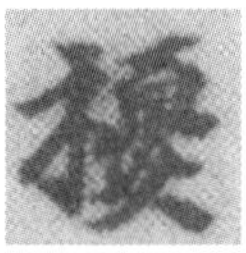

唐代•十輪經九
16_316_11

唐代•十輪經十
3_57_8

攝

ショウ慣セツ漢
ジョウ
訓おさめる

唐代・十輪經十 6_104_11
唐代・十輪經十 6_116_6
唐代・十輪經十 9_176_11
唐代・十輪經十 9_177_14
唐代・十輪經十 10_182_17
唐代・十輪經十 10_183_4
唐代・十輪經十 10_183_8

唐代・十輪經四 17_327_5
唐代・十輪經四 17_327_13
唐代・十輪經八 8_158_7
唐代・十輪經八 20_383_12
唐代・十輪經九 9_179_9
唐代・十輪經十 1_17_15
唐代・十輪經十 3_48_11

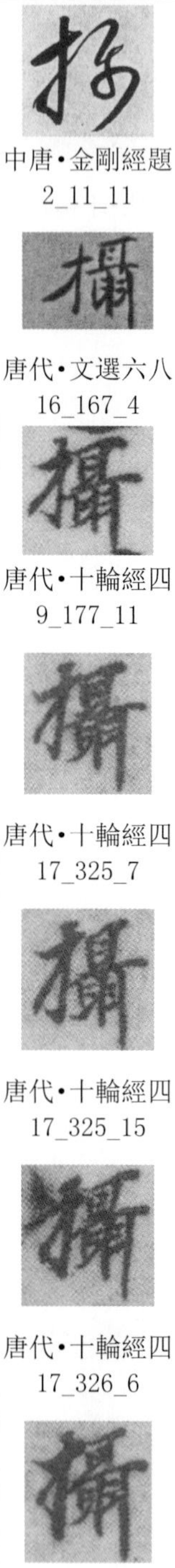

中唐・金剛經題 2_11_11
唐代・文選六八 16_167_4
唐代・十輪經四 9_177_11
唐代・十輪經四 17_325_7
唐代・十輪經四 17_325_15
唐代・十輪經四 17_326_6
唐代・十輪經四 17_326_14

攘

漢ジョウ
訓はらう

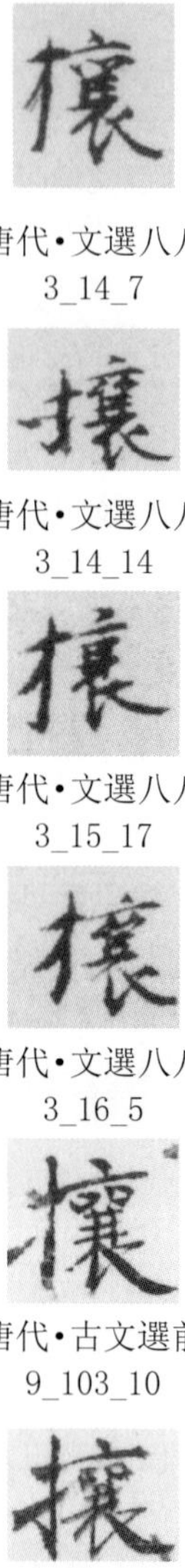

唐代・文選八八 3_14_7
唐代・文選八八 3_14_14
唐代・文選八八 3_15_17
唐代・文選八八 3_16_5
唐代・古文選前 9_103_10
唐代・古文選後 1_2_10

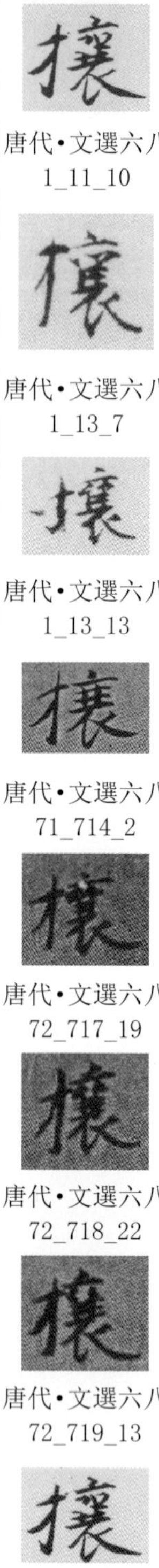

唐代・文選六八 1_11_10
唐代・文選六八 1_13_7
唐代・文選六八 1_13_13
唐代・文選六八 71_714_2
唐代・文選六八 72_717_19
唐代・文選六八 72_718_22
唐代・文選六八 72_719_13
唐代・文選八八 3_12_10

攀

ハン
訓よじる

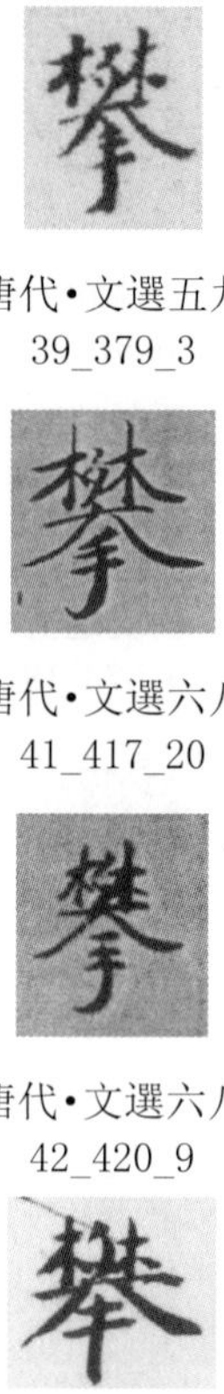

唐代・文選五九 39_379_3
唐代・文選六八 41_417_20
唐代・文選六八 42_420_9
唐代・古文選後 16_188_7

中唐・風信帖 2_6_4
唐代・文選四八 47_427_2
唐代・文選五九 37_363_9
唐代・文選五九 38_376_9
唐代・文選五九 38_377_17
唐代・文選五九 39_379_26
唐代・文選六八 7_71_2

攬

漢 ラン
訓 とる

唐代·古文選前
11_124_5

唐代·古文選前
15_175_3

攪 [seal-script form]

漢 コウ 慣 カク
訓 みだす

唐代·文選六八
30_303_11

唐代·文選六八
72_716_2

唐代·文選六八
72_717_14

唐代·文選六八
72_718_17

唐代·文選六八
72_719_5

攣 [seal-script form]

レン
訓 ひく

唐代·古文選前
13_147_10

攢

サン
訓 あつまる

唐代·文選百三
83_791_14

唐代·文選百三
83_793_16

唐代·文選百三
83_793_28

攜 [seal-script form]

漢 ケイ
訓 たずさえる

唐代·文選百三
13_118_4

唐代·文選百三
13_118_24

唐代·文選百三
63_607_5

唐代·文選百三
63_608_19

唐代·文選百三
63_611_17

唐代·古文選前
10_118_2

唐代·古文選後
24_283_12

唐代·文選五九
27_262_5

唐代·文選五九
27_264_19

唐代·文選五九
27_265_4

唐代·文選六八
51_506_16

唐代·文選六八
56_563_5

唐代·文選六八
56_564_7

唐代·文選百三
13_117_2

唐代·文選四八
10_89_20

唐代·文選四八
31_282_6

唐代·文選五九
23_219_7

唐代·文選五九
23_220_9

唐代·文選五九
23_220_19

唐代·文選五九
23_221_4

唐代·文選五九
23_222_3

牛部

牛

漢ギュウ呉ゴ
訓うし

唐代・春秋經傳 7_63_1
唐代・春秋經傳 12_127_9
唐代・春秋經傳 12_127_15
唐代・春秋經傳 13_128_5
唐代・春秋經傳 13_132_14
唐代・春秋經傳 13_136_7
唐代・春秋經傳 38_396_18

唐代・春秋經傳 38_397_6
唐代・春秋經傳 38_398_1
唐代・文選四八 44_391_1
唐代・文選五九 15_146_7
唐代・文選五九 15_150_7
唐代・文選五九 15_150_10
唐代・文選五九 17_167_16

唐代・文選五九 17_168_28
唐代・文選五九 17_170_14
唐代・文選五九 18_173_18
唐代・文選五九 18_176_28
唐代・文選五九 19_190_7
唐代・文選五九 20_194_3
唐代・文選五九 20_194_29

唐代・文選五九 20_197_14
唐代・文選五九 21_205_14
唐代・文選五九 44_433_14
唐代・文選五九 44_434_15
唐代・文選五九 44_435_10
唐代・文選五九 52_510_26
唐代・文選五九 76_730_5

唐代・文選五九 76_730_13
唐代・文選五九 76_733_24
唐代・文選五九 76_734_1
唐代・文選六八 13_135_11
唐代・文選六八 23_239_19
唐代・文選六八 24_240_15
唐代・文選六八 36_359_19

唐代・文選八八 5_33_5
唐代・文選八八 19_166_2
唐代・文選百三 12_114_17
唐代・文選百三 18_171_9
唐代・文選百三 36_359_15
唐代・文選百三 61_581_14
唐代・文選百三 61_582_17

牧

漢ボク 呉モク
訓まき

唐代•文選五九
109_1034_28

唐代•文選八八
5_30_9

唐代•文選八八
5_34_1

唐代•文選百三
6_50_4

唐代•文選百三
29_281_31

唐代•文選百三
35_350_14

唐代•文選百三
37_363_35

唐代•文選百三
42_418_20

唐代•春秋經傳
14_142_22

唐代•春秋經傳
14_143_5

唐代•文選五九
41_402_6

唐代•文選五九
44_435_8

唐代•文選五九
56_548_26

唐代•文選五九
91_870_6

唐代•文選五九
91_870_16

唐代•文選五九
92_876_13

牢

漢ロウ
訓ひとや

唐代•十輪經四
11_208_8

唐代•十輪經四
15_288_11

唐代•十輪經四
16_308_14

唐代•十輪經八
3_49_3

唐代•十輪經十
18_346_6

唐代•文選六八
41_405_30

唐代•文選百三
38_377_9

唐代•文選百三
38_378_21

唐代•文選百三
67_643_15

唐代•十輪經四
7_137_6

唐代•十輪經四
8_148_1

唐代•十輪經四
10_198_6

牡

慣ボ 漢ボウ
訓おす

唐代•文選五九
47_460_21

唐代•文選五九
47_461_16

唐代•文選五九
47_463_4

唐代•文選五九
47_463_9

唐代•文選五九
47_463_16

唐代•古文選前
21_242_14

牟

漢ボウ 呉ム
訓なく

唐代•春秋經傳
1_6_23

唐代•春秋經傳
4_31_15

唐代•春秋經傳
30_307_12

唐代•春秋經傳
30_307_14

唐代•春秋經傳
30_308_6

唐代•春秋經傳
30_317_3

唐代•文選百三
24_234_22

唐代•文選百三
61_582_26

唐代•古文選前
10_119_3

唐代•十輪經四
22_423_15

唐代•文選百三
58_559_18

唐代•文選百三
58_561_24

唐代•古文選後
4_48_9

唐代•古文選後
18_213_2

唐代•古文選後
25_294_6

物 物

慣モツ 漢ブツ 呉モチ

訓もの

初唐•法華義疏
1_8_17

晚唐•慶滋書狀
1_11_10

唐代•春秋經傳
14_142_6

唐代•春秋經傳
14_142_14

唐代•春秋經傳
14_143_11

唐代•春秋經傳
14_143_15

唐代•春秋經傳
14_143_21

唐代•春秋經傳
14_144_13

唐代•春秋經傳
14_146_9

唐代•春秋經傳
36_380_11

唐代•春秋經傳
38_402_6

唐代•文選四八
4_27_1

唐代•文選四八
8_64_13

唐代•文選四八
8_64_25

唐代•文選四八
12_103_23

唐代•文選四八
13_116_11

唐代•文選四八
13_119_14

唐代•文選四八
14_120_2

唐代•文選四八
20_184_12

唐代•文選四八
48_433_23

唐代•文選五九
4_37_13

唐代•文選五九
4_38_26

唐代•文選五九
5_39_8

唐代•文選五九
5_44_15

唐代•文選五九
7_70_15

唐代•文選五九
8_76_17

唐代•文選五九
9_83_1

唐代•文選五九
9_84_14

唐代•文選五九
14_135_23

唐代•文選五九
27_262_7

唐代•文選五九
27_264_26

唐代•文選五九
27_265_13

唐代•文選五九
33_324_1

唐代•文選五九
37_370_7

唐代•文選五九
40_397_8

唐代•文選五九
41_399_15

唐代•文選五九
43_428_3

唐代•文選五九
43_429_10

唐代•文選五九
44_436_13

唐代•文選五九
57_553_6

唐代•文選五九
64_612_4

唐代•文選五九
68_655_1

唐代•文選五九
68_656_12

唐代•文選五九
72_693_24

唐代•文選五九
82_787_11

唐代•文選五九
82_789_18

唐代•文選五九
82_790_3

唐代•文選五九
82_790_20

唐代·古文選前 24_284_14
唐代·古文選前 25_292_1
唐代·古文選後 2_17_8
唐代·古文選後 12_142_1
唐代·古文選後 17_203_6
唐代·古文選後 19_224_10
唐代·古文選後 21_241_7

唐代·古文選前 18_210_10
唐代·古文選前 18_212_13
唐代·古文選前 18_214_16
唐代·古文選前 18_216_4
唐代·古文選前 19_223_14
唐代·古文選前 19_226_10
唐代·古文選前 20_236_11
唐代·古文選前 23_276_13

唐代·文選百三 67_648_9
唐代·文選百三 71_691_8
唐代·文選百三 72_696_12
唐代·文選百三 73_700_6
唐代·古文選前 15_180_20
唐代·古文選前 17_202_4
唐代·古文選前 17_203_5
唐代·古文選前 18_209_4

唐代·文選八八 15_126_11
唐代·文選八八 17_146_11
唐代·文選百三 14_129_16
唐代·文選百三 15_145_1
唐代·文選百三 35_349_13
唐代·文選百三 49_475_6
唐代·文選百三 53_511_8
唐代·文選百三 59_570_18

唐代·文選六八 13_140_27
唐代·文選六八 15_151_24
唐代·文選六八 17_173_11
唐代·文選六八 19_191_16
唐代·文選六八 51_513_2
唐代·文選六八 61_612_8
唐代·文選六八 61_612_15
唐代·文選八八 15_125_3

唐代·文選六八 4_38_8
唐代·文選六八 4_40_25
唐代·文選六八 4_44_6
唐代·文選六八 4_45_15
唐代·文選六八 4_46_4
唐代·文選六八 8_77_10
唐代·文選六八 8_83_13
唐代·文選六八 9_90_2

唐代·文選五九 82_790_25
唐代·文選五九 84_805_3
唐代·文選五九 92_883_7
唐代·文選五九 98_932_19
唐代·文選五九 100_947_2
唐代·文選五九 107_1018_12
唐代·文選六八 2_20_26
唐代·文選六八 3_33_2

唐代•古文選後
24_278_1

唐代•古文選後
26_303_9

唐代•十輪經四
2_24_3

唐代•十輪經四
5_85_12

唐代•十輪經四
5_85_16

唐代•十輪經四
7_136_17

唐代•十輪經四
8_158_7

唐代•十輪經四
17_323_14

唐代•十輪經四
17_324_5

唐代•十輪經四
17_324_13

唐代•十輪經四
17_325_4

唐代•十輪經四
17_328_5

唐代•十輪經四
17_328_13

唐代•十輪經四
18_360_14

唐代•十輪經四
19_362_8

唐代•十輪經八
12_232_8

唐代•十輪經八
14_269_8

唐代•十輪經八
16_307_8

唐代•十輪經九
2_21_4

唐代•十輪經九
9_161_2

唐代•十輪經九
9_163_16

唐代•十輪經九
10_188_17

唐代•十輪經十
9_178_5

唐代•十輪經十
9_180_15

牲 牲

漢現セイ呉ショウ
訓いけにえ

唐代•春秋經傳
13_128_8

特 特

漢トク呉ドク
訓おうし

唐代•春秋經傳
5_47_2

唐代•春秋經傳
33_347_2

唐代•春秋經傳
39_407_38

唐代•文選四八
46_415_1

唐代•文選五九
104_986_19

唐代•文選八八
13_105_4

唐代•文選百三
65_628_11

唐代•古文選後
25_292_29

唐代•十輪經八
1_5_14

唐代•十輪經八
1_7_2

唐代•十輪經八
1_19_14

唐代•十輪經八
2_20_17

唐代•十輪經八
2_22_3

唐代•十輪經八
7_124_13

唐代•十輪經八
7_125_16

唐代•十輪經八
9_163_7

唐代•十輪經八
9_164_10

唐代•十輪經八
9_165_13

唐代•十輪經八
11_201_3

唐代•十輪經八
11_202_5

唐代•十輪經八
11_203_8

唐代•十輪經八
12_238_12

唐代·十輪經八
12_239_15

唐代·十輪經八
13_241_1

唐代·十輪經八
14_275_12

唐代·十輪經八
14_276_15

唐代·十輪經八
14_278_2

唐代·十輪經八
16_314_14

唐代·十輪經八
16_315_16

唐代·十輪經八
18_352_4

唐代·十輪經八
18_353_7

唐代·十輪經八
18_354_10

唐代·十輪經八
20_389_16

唐代·十輪經八
20_391_2

唐代·十輪經八
20_392_4

唐代·十輪經八
22_430_10

唐代·十輪經八
22_431_13

唐代·十輪經九
2_27_16

唐代·十輪經九
2_29_2

唐代·十輪經九
2_30_5

唐代·十輪經九
4_68_4

唐代·十輪經九
4_69_7

唐代·十輪經九
5_93_2

唐代·十輪經八
16_313_11

唐代·十輪經九
7_122_10

唐代·十輪經九
11_215_2

唐代·十輪經九
11_216_9

唐代·十輪經九
11_217_16

唐代·十輪經九
4_70_10

唐代·十輪經八
22_429_7

牽

ケン
訓ひきづな

唐代·春秋經傳
38_396_17

唐代·春秋經傳
38_397_7

唐代·文選五九
15_149_5

唐代·文選五九
15_150_6

唐代·文選五九
17_167_15

唐代·文選五九
17_170_13

唐代·文選五九
18_173_17

唐代·文選五九
20_197_13

唐代·文選五九
21_205_13

唐代·文選五九
56_549_21

唐代·文選五九
76_730_12

唐代·文選五九
76_733_30

唐代·文選五九
105_995_20

唐代·文選六八
33_325_27

唐代·文選八八
5_33_9

唐代·文選八八
13_107_3

唐代·古文選前
10_119_2

唐代·古文選前
25_292_5

犧

慣ギ 漢キ
訓いけにえ

唐代・文選四八
13_113_25

唐代・文選四八
13_115_21

唐代・文選四八
13_116_15

唐代・文選六八
65_648_4

唐代・古文選前
1_3_3

犗

カイ
訓つよい

唐代・文選六八
44_439_7

犒

漢コウ
訓ねぎらう

唐代・古文選前
19_225_5

犍

漢ケン
訓うし

唐代・文選四八
28_252_19

唐代・文選六八
24_240_14

唐代・文選六八
24_242_25

犀

漢セイ 呉サイ
訓さい

唐代・春秋經傳
7_63_5

唐代・文選六八
23_228_13

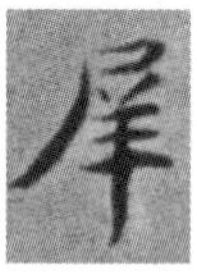

唐代・文選六八
23_229_10

唐代・文選六八
23_229_17

唐代・文選六八
23_230_10

唐代・文選六八
23_230_20

唐代・文選六八
23_237_1

犁

リ 漢レイ
訓すき

唐代・文選六八
41_406_26

唐代・文選六八
41_411_21

毛部

毛

慣モウ 漢ボウ 呉モウ
訓け

唐代・文選四八 1_2_9
唐代・文選四八 2_11_3
唐代・文選四八 6_52_15
唐代・文選四八 8_61_11
唐代・文選四八 9_75_3
唐代・文選四八 9_76_24
唐代・文選四八 10_90_11
唐代・文選四八 10_91_9

唐代・文選四八 10_92_5
唐代・文選四八 14_125_17
唐代・文選四八 14_126_1
唐代・文選四八 16_141_15
唐代・文選四八 16_148_10
唐代・文選四八 22_198_9
唐代・文選四八 22_201_12
唐代・文選四八 22_203_8

唐代・文選四八 24_221_13
唐代・文選四八 25_222_17
唐代・文選四八 26_233_15
唐代・文選四八 28_248_4
唐代・文選四八 30_267_12
唐代・文選四八 33_299_9
唐代・文選四八 35_316_6
唐代・文選四八 36_319_4

唐代・文選四八 36_319_11
唐代・文選四八 36_323_15
唐代・文選四八 38_339_17
唐代・文選四八 40_357_8
唐代・文選四八 40_363_14
唐代・文選四八 40_364_26
唐代・文選四八 47_426_12
唐代・文選四八 47_428_14

唐代・文選四八 50_448_10
唐代・文選五九 3_20_13
唐代・文選五九 3_20_24
唐代・文選五九 3_21_10
唐代・文選五九 3_31_12
唐代・文選五九 4_32_11
唐代・文選五九 7_68_16
唐代・文選五九 7_71_7

唐代・文選五九 7_71_16
唐代・文選五九 14_132_22
唐代・文選五九 15_142_26
唐代・文選五九 16_157_4
唐代・文選五九 17_159_10
唐代・文選五九 17_167_2
唐代・文選五九 17_168_1
唐代・文選五九 19_187_12

唐代•文選五九 22_213_4
唐代•文選五九 24_233_3
唐代•文選五九 28_278_12
唐代•文選五九 34_336_17
唐代•文選五九 37_361_2
唐代•文選五九 37_372_6
唐代•文選五九 39_381_19
唐代•文選五九 44_433_6
唐代•文選五九 44_434_7
唐代•文選五九 45_443_2
唐代•文選五九 47_461_10
唐代•文選五九 47_463_1
唐代•文選五九 51_498_24
唐代•文選五九 58_560_20
唐代•文選五九 60_574_30
唐代•文選五九 64_614_1
唐代•文選五九 64_614_12
唐代•文選五九 64_617_28
唐代•文選五九 68_653_13
唐代•文選五九 68_659_18
唐代•文選五九 72_690_24
唐代•文選五九 72_691_5
唐代•文選五九 73_701_4
唐代•文選五九 73_701_24
唐代•文選五九 79_761_19
唐代•文選五九 80_776_26
唐代•文選五九 81_777_7
唐代•文選五九 81_777_16
唐代•文選五九 81_777_27
唐代•文選五九 85_819_23
唐代•文選五九 86_826_9
唐代•文選五九 86_827_15
唐代•文選五九 86_827_26
唐代•文選五九 87_832_3
唐代•文選五九 93_890_3
唐代•文選五九 94_907_8
唐代•文選五九 97_925_13
唐代•文選五九 97_925_23
唐代•文選五九 98_928_10
唐代•文選五九 98_929_1
唐代•文選五九 98_929_26
唐代•文選五九 105_994_3
唐代•文選五九 107_1008_9
唐代•文選六八 7_72_4
唐代•文選六八 10_105_18
唐代•文選六八 13_134_26
唐代•文選六八 19_190_7
唐代•文選六八 24_241_16
唐代•文選六八 27_271_1
唐代•文選六八 27_278_4
唐代•文選六八 28_281_6
唐代•文選六八 28_282_11
唐代•文選六八 28_283_4
唐代•文選六八 28_283_15
唐代•文選六八 35_350_10
唐代•文選六八 35_351_1

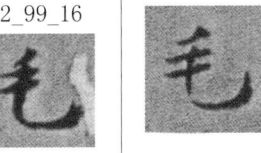

唐代•文選百三
30_296_8

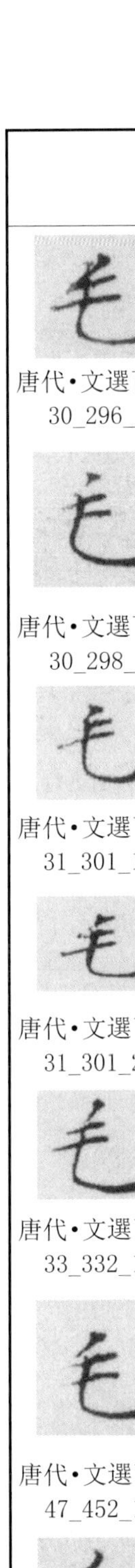

唐代•文選百三
30_298_7

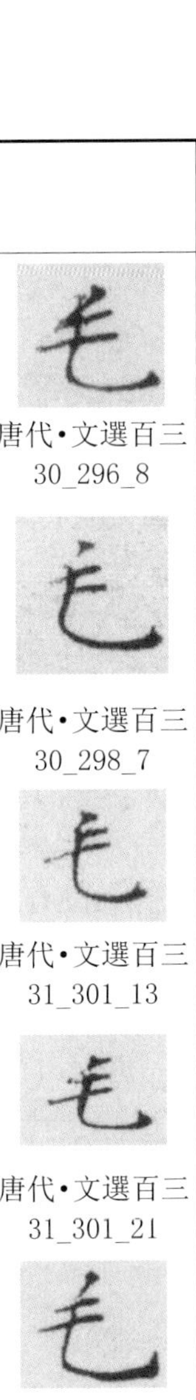

唐代•文選百三
31_301_13

唐代•文選百三
31_301_21

唐代•文選百三
33_332_11

唐代•文選百三
47_452_13

唐代•文選百三
49_470_11

唐代•文選百三
57_556_12

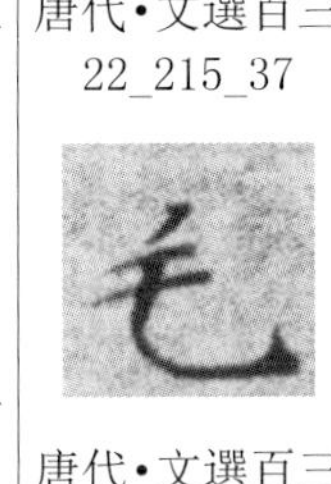

唐代•文選百三
19_179_19

唐代•文選百三
19_182_10

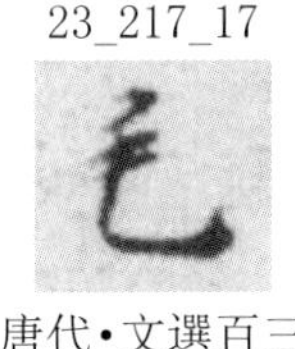

唐代•文選百三
22_215_37

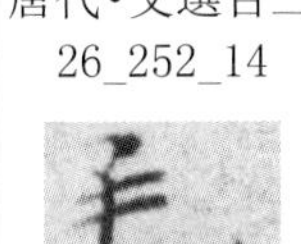

唐代•文選百三
23_217_17

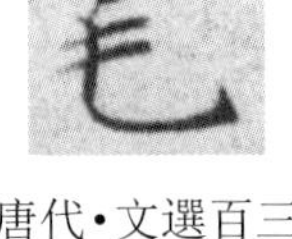

唐代•文選百三
26_252_14

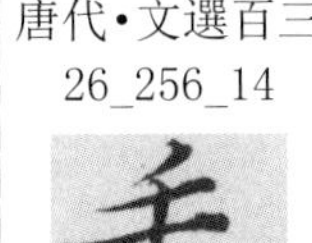

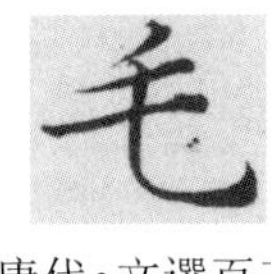

唐代•文選百三
26_256_14

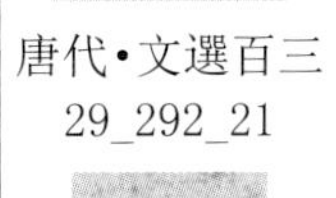

唐代•文選百三
29_292_21

唐代•文選百三
30_294_23

唐代•文選八八
23_199_6

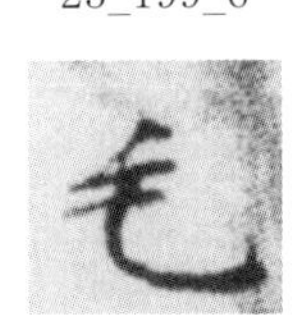

唐代•文選百三
6_52_32

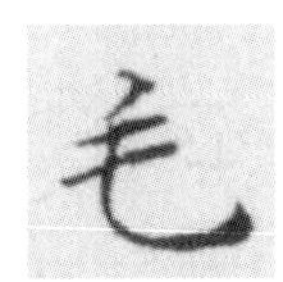

唐代•文選百三
9_80_16

唐代•文選百三
13_117_26

唐代•文選百三
16_150_13

唐代•文選百三
16_154_23

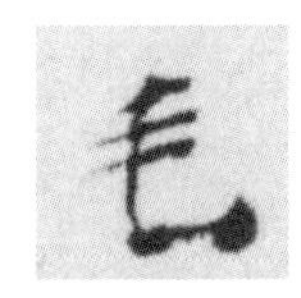

唐代•文選百三
21_200_15

唐代•文選八八
12_97_26

唐代•文選八八
12_99_16

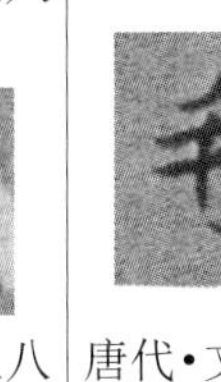

唐代•文選八八
12_100_22

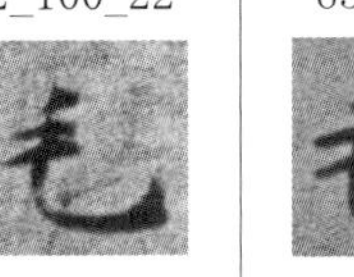

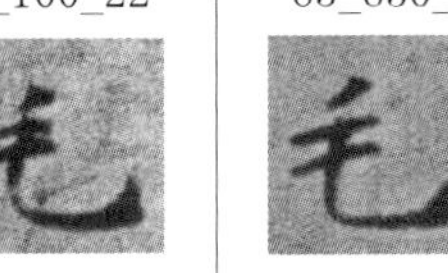

唐代•文選八八
13_102_13

唐代•文選八八
13_102_26

唐代•文選八八
15_121_12

唐代•文選百三
3_22_18

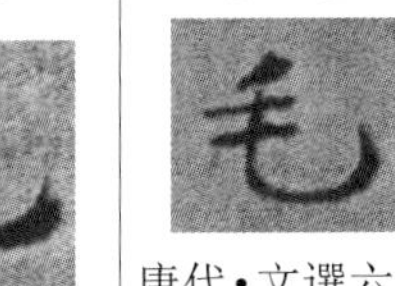

唐代•文選六八
51_514_17

唐代•文選六八
56_563_12

唐代•文選六八
65_650_5

唐代•文選六八
65_657_17

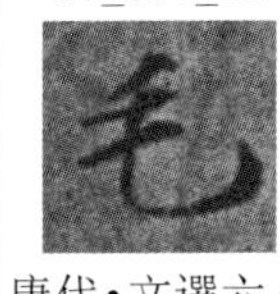

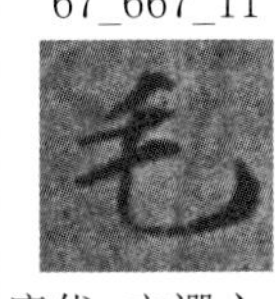

唐代•文選六八
67_667_11

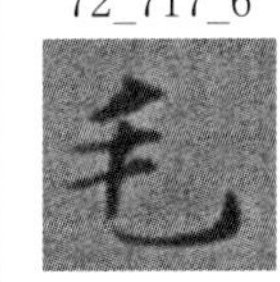

唐代•文選六八
72_717_6

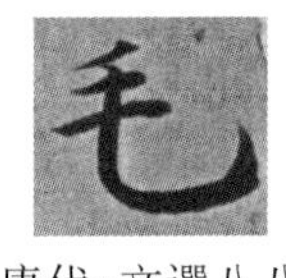

唐代•文選六八
73_722_7

唐代•文選八八
12_97_3

唐代•文選六八
47_470_19

唐代•文選六八
47_473_20

唐代•文選六八
47_473_27

唐代•文選六八
49_498_6

唐代•文選六八
50_501_4

唐代•文選六八
50_503_10

唐代•文選六八
51_510_12

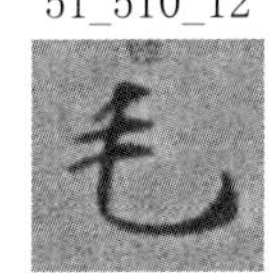

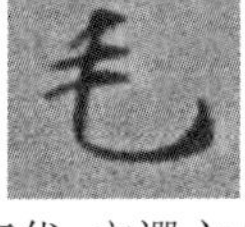

唐代•文選六八
51_511_17

唐代•文選六八
35_352_21

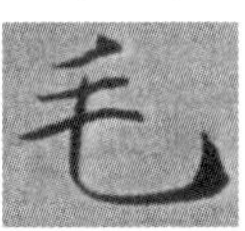

唐代•文選六八
37_370_3

唐代•文選六八
37_372_19

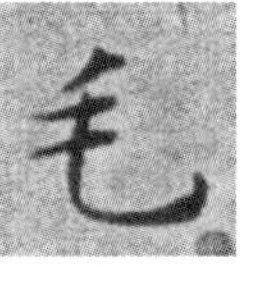

唐代•文選六八
39_397_16

唐代•文選六八
45_452_19

唐代•文選六八
45_458_18

唐代•文選六八
46_461_12

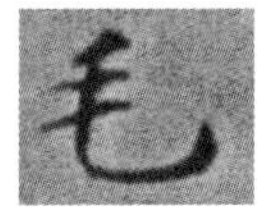

唐代•文選六八
47_468_15

			氂氂	毫		
			リ漢ボウ呉モウ 訓からうし	漢コウ呉ゴウ 訓ほそげ		
			 唐代・古文選後 2_24_10	 唐代・文選六八 43_425_4  唐代・古文選後 2_24_9	 唐代・文選百三 87_826_9  唐代・文選百三 80_762_6  唐代・古文選後 10_112_4  唐代・十輪經四 11_218_2  唐代・十輪經八 6_102_5  唐代・十輪經十 15_281_7  唐代・十輪經十 15_284_4	 唐代・文選百三 58_560_28  唐代・文選百三 58_561_12  唐代・文選百三 58_561_31  唐代・文選百三 59_565_16  唐代・文選百三 64_614_6  唐代・文選百三 69_667_8  唐代・文選百三 69_667_16 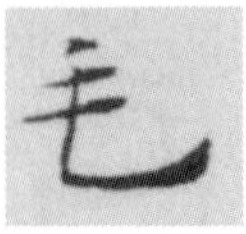 唐代・文選百三 77_735_21

气部

氛

フン
訓き

唐代•文選五九 29_291_19

唐代•文選五九 107_1014_9

唐代•文選五九 107_1016_18

唐代•古文選前 19_224_6

氣

漢ケ呉キ
訓いき

中唐•灌頂歷名 1_3_10

中唐•灌頂歷名 1_4_8

唐代•文選四八 7_59_23

唐代•文選四八 12_104_7

唐代•文選四八 12_104_14

唐代•文選四八 12_104_19

唐代•文選四八 33_297_19

唐代•文選五九 6_57_24

唐代•文選五九 7_59_17

唐代•文選五九 7_60_19

唐代•文選五九 11_100_4

唐代•文選五九 11_100_22

唐代•文選五九 11_101_17

唐代•文選五九 11_108_5

唐代•文選五九 14_136_32

唐代•文選五九 16_153_1

唐代•文選五九 22_214_9

唐代•文選五九 22_218_1

唐代•文選五九 30_293_14

唐代•文選五九 30_293_17

唐代•文選五九 30_294_6

唐代•文選五九 59_565_27

唐代•文選五九 59_568_26

唐代•文選五九 73_702_25

唐代•文選五九 77_744_8

唐代•文選五九 90_858_25

唐代•文選五九 94_903_7

唐代•文選六八 9_91_2

唐代•文選六八 9_91_15

唐代•文選六八 9_92_1

唐代•文選六八 9_93_25

唐代•文選六八 9_92_12

唐代•文選六八 9_95_16

唐代•文選六八 9_98_8

唐代•文選六八 9_100_22

唐代•文選六八 9_100_25

唐代•文選六八 9_101_1

唐代•文選六八 17_180_10

	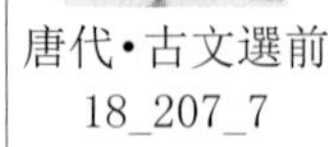 唐代•古文選前 18_207_7	 唐代•古文選前 2_25_9	 唐代•文選六八 69_684_16	 唐代・文選六	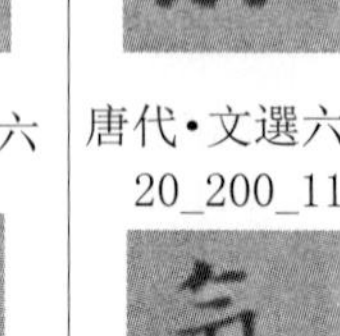 唐代•文選六八 20_200_11	 唐代•文選六八 19_188_14
	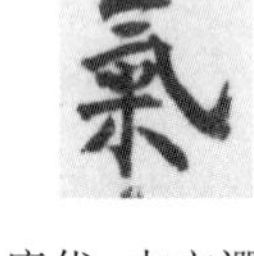 唐代•古文選前 23_274_10	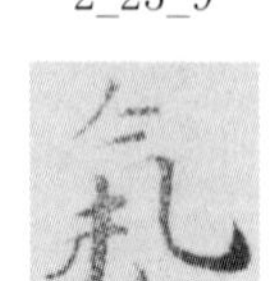 唐代•文選百三 85_813_6	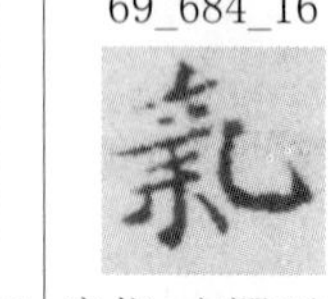 唐代•文選百三 51_494_15	唐代•文選六八 58_584_19	 唐代•文選六八 20_202_22	 唐代•文選六八 19_187_2
	唐代•古文選後 16_187_13	唐代•文選百三 85_815_12	唐代•文選百三 51_488_20	唐代•文選六八 59_586_6	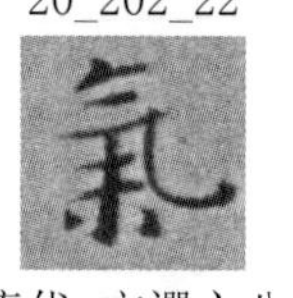 唐代•文選六八 21_209_2	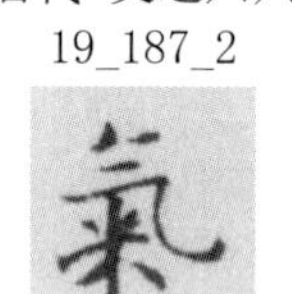 唐代•文選六八 19_189_6
	 唐代•古文選後 18_214_3	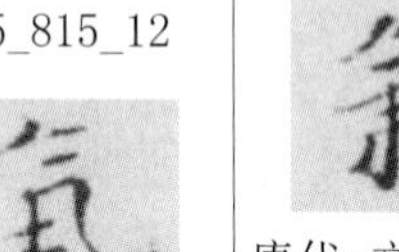 唐代•文選百三 85_816_2	唐代•文選百三 51_490_25	 唐代•文選六八 59_587_13	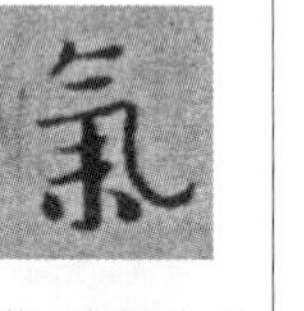 唐代•文選六八 51_518_16	唐代•文選六八 19_193_22
	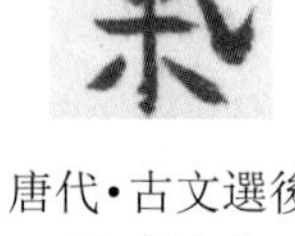 唐代•古文選後 23_266_6	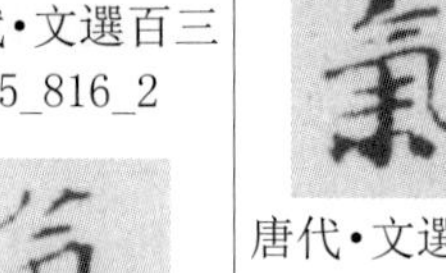 唐代•文選百三 85_817_21	唐代•文選百三 51_491_25	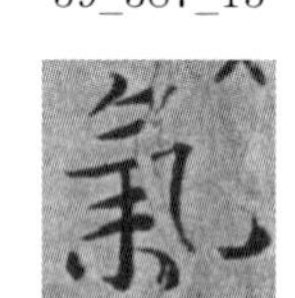 唐代•文選六八 61_617_7	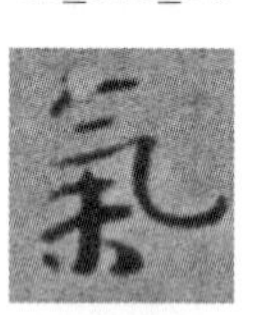 唐代•文選六八 52_521_18	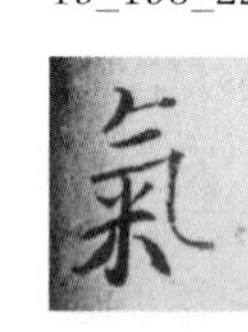 唐代•文選六八 19_195_6
	 唐代•十輪經四 14_265_5	唐代•古文選前 6_71_7	唐代•文選百三 69_672_12	唐代•文選六八 62_618_25	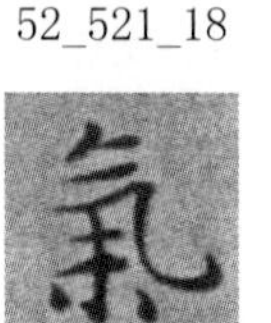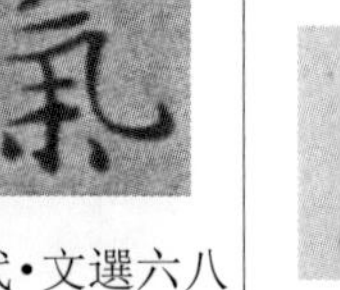 唐代•文選六八 55_556_19 八 56_559_8	 唐代•文選六八 19_199_18
	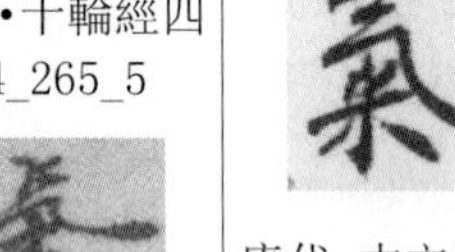 唐代•十輪經四 15_280_4	唐代•古文選前 10_123_7	唐代•文選百三 70_675_8	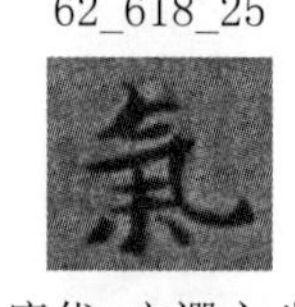 唐代•文選六八 69_684_12	 唐代•文選六八 59_588_1	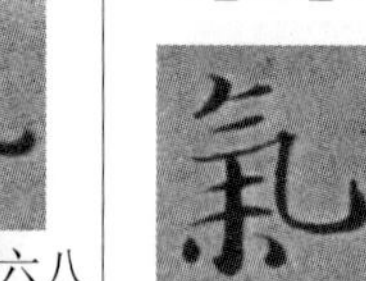 唐代•文選六八 35_353_4
	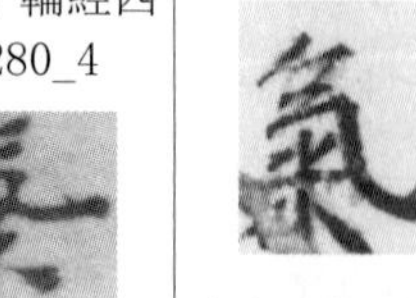 唐代•十輪經四 8_155_4		 唐代•文選百三 82_780_30			

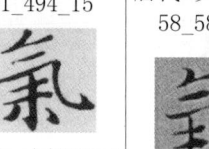

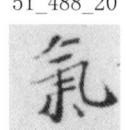

片部

片

ヘン
訓かた

唐代•十輪經四
12_221_4

唐代•十輪經四
12_225_7

唐代•十輪經四
12_237_7

唐代•十輪經四
13_249_7

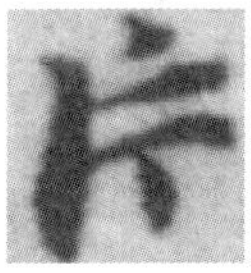
唐代•十輪經四
14_261_7

唐代•十輪經四
15_281_9

唐代•十輪經八
2_24_5

唐代•十輪經八
1_9_9

唐代•十輪經八
7_129_2

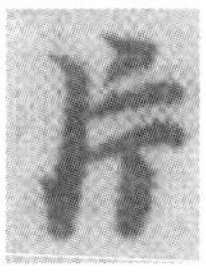
唐代•十輪經八
9_167_14

唐代•十輪經八
11_205_10

唐代•十輪經八
13_243_2

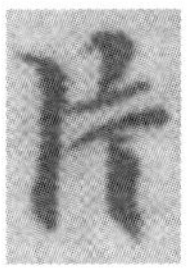
唐代•十輪經八
14_280_3

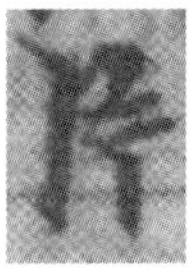
唐代•十輪經八
16_317_18

唐代•十輪經八
20_394_7

唐代•十輪經八
18_356_12

唐代•十輪經八
22_433_15

唐代•十輪經九
2_32_7

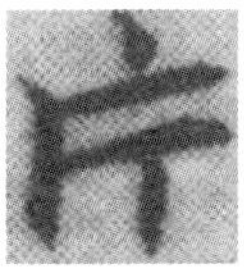
唐代•十輪經九
4_72_12

牒

漢チョウ呉ジョウ
訓ふだ

唐代•文選五九
17_164_23

唐代•文選五九
57_552_29

唐代•文選五九
101_948_1

唐代•文選六八
15_157_1

唐代•文選六八
61_608_17

牖

漢ユウ
訓まど

唐代•文選五九
51_503_13

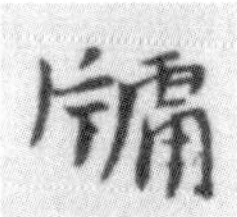
唐代•文選五九
51_504_13

牘

漢トク
訓かきもの

唐代•文選四八
30_268_16

唐代•古文選後
25_299_6

斤部

斤

漢キン
訓おの

唐代•文選六八
16_164_22

唐代•文選六八
42_422_2

斥

漢セキ
訓しりぞける

唐代•春秋經傳
30_315_27

唐代•文選四八
5_33_13

唐代•文選四八
5_34_22

唐代•文選四八
5_37_22

唐代•文選四八
5_40_17

唐代•文選四八
6_51_5

唐代•文選四八
6_52_9

唐代•文選五九
46_454_9

唐代•文選六八
15_149_14

唐代•文選六八
15_150_12

唐代•文選六八
15_151_10

唐代•文選六八
15_154_24

所

吳ジョ漢ソ
訓ところ

初唐•法華義疏
1_6_10

初唐•法華義疏
1_6_16

初唐•金剛場經
1_5_12

初唐•大般若經
1_3_16

初唐•大般若經
1_5_14

初唐•大般若經
1_10_7

初唐•大般若經
1_11_2

初唐•大般若經
1_12_9

初唐•大般若經
1_20_17

初唐•大般若經
1_13_4

初唐•大般若經
1_14_11

初唐•大般若經
1_15_6

初唐•大般若經
1_16_13

初唐•大般若經
1_17_8

初唐•大般若經
1_18_15

初唐•大般若經
1_19_10

初唐•大般若經
2_24_9

初唐•大般若經
2_27_4

初唐•大般若經
2_29_12

中唐・風信帖
2_11_6

晚唐•慶滋書狀
1_5_9

晚唐•慶滋書狀
1_15_6

唐代•春秋經傳
2_15_11

唐代•春秋經傳
2_16_22

唐代•春秋經傳
6_54_33

唐代•春秋經傳
8_79_4

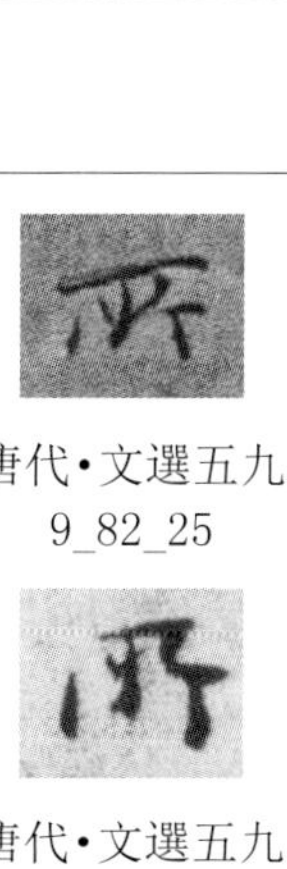 唐代•文選五九 9_82_25	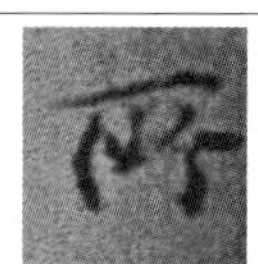 唐代•文選四八 24_219_2	 唐代•文選四八 6_45_5	 唐代•春秋經傳 33_349_17	 唐代•春秋經傳 24_249_12	 唐代•春秋經傳 17_180_9	 唐代•春秋經傳 10_103_9
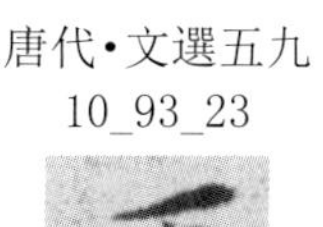 唐代•文選五九 10_93_23	 唐代•文選四八 27_243_12	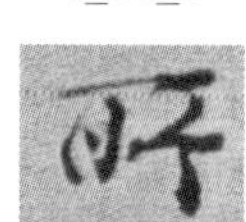 唐代•文選四八 6_45_10	 唐代•春秋經傳 34_359_22	 唐代•春秋經傳 25_257_9	 唐代•春秋經傳 17_181_5	 唐代•春秋經傳 11_109_12
 唐代•文選五九 10_94_3	 唐代•文選四八 28_253_10	 唐代•文選四八 6_47_3	 唐代•春秋經傳 36_382_8	 唐代•春秋經傳 25_261_7	 唐代•春秋經傳 17_181_12	 唐代•春秋經傳 14_143_13
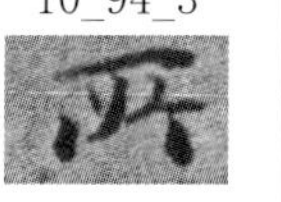 唐代•文選五九 11_101_4	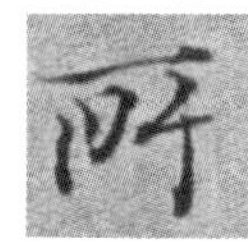 唐代•文選四八 28_253_16	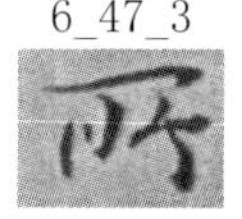 唐代•文選四八 6_51_7	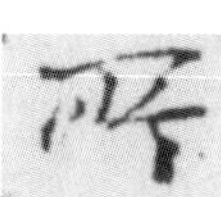 唐代•文選四八 1_7_7	 唐代•春秋經傳 28_286_4	 唐代•春秋經傳 19_195_3	 唐代•春秋經傳 15_152_1
 唐代•文選五九 11_108_20	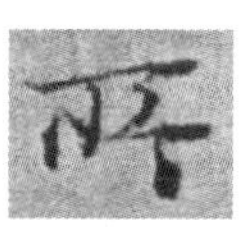 唐代•文選四八 30_270_19	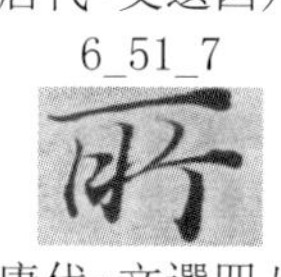 唐代•文選四八 7_55_1	 唐代•文選四八 4_23_21	 唐代•春秋經傳 28_287_9	 唐代•春秋經傳 20_203_18	 唐代•春秋經傳 15_153_15
 唐代•文選五九 11_111_3	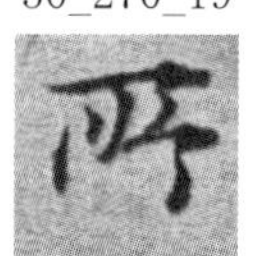 唐代•文選四八 45_406_11	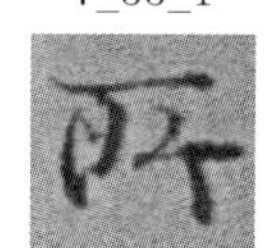 唐代•文選四八 34_308_15	 唐代•文選四八 5_38_13	 唐代•春秋經傳 29_302_8	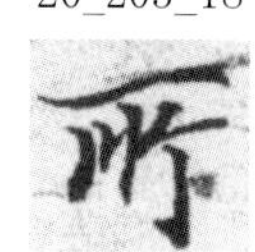 唐代•春秋經傳 22_232_18	 唐代•春秋經傳 16_165_14
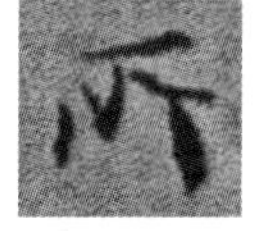 唐代•文選五九 12_113_8	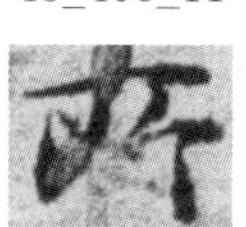 唐代•文選四八 46_414_21	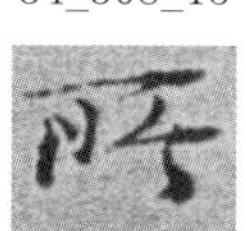 唐代•文選四八 36_321_2	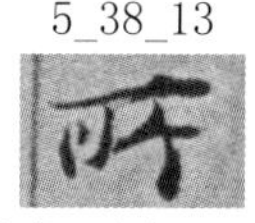 唐代•文選四八 8_64_16	 唐代•春秋經傳 38_401_5	 唐代•春秋經傳 29_302_12	 唐代•春秋經傳 23_234_12
 唐代•文選五九 12_113_25	 唐代•文選四八 46_415_21	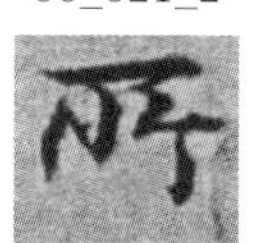 唐代•文選四八 36_321_21	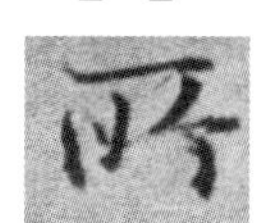 唐代•文選四八 11_97_1	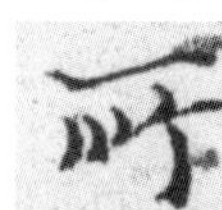 唐代•春秋經傳 38_403_15	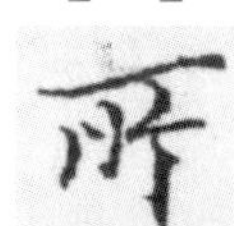 唐代•春秋經傳 30_313_25	 唐代•春秋經傳 23_239_13
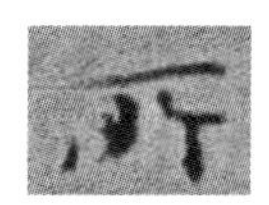 唐代•文選五九 12_116_20	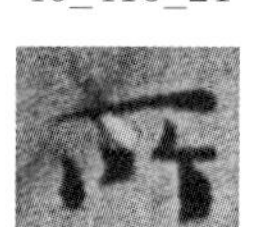 唐代•文選五九 7_60_22	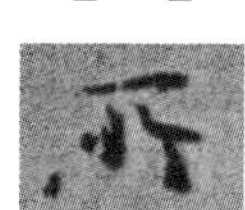 唐代•文選五九 5_45_23	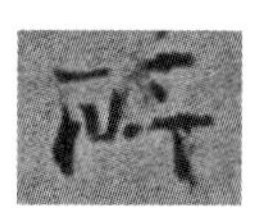 唐代•文選四八 18_164_30			

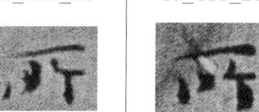

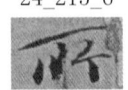

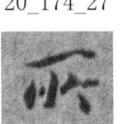

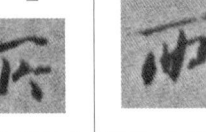

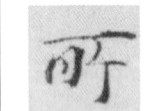

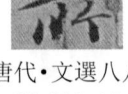

唐代•文選六八
39_391_9

唐代•文選六八
42_421_9

唐代•文選六八
43_425_14

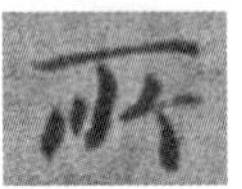
唐代•文選六八
43_426_20

唐代•文選六八
43_430_10

唐代•文選六八
44_441_15

唐代•文選六八
45_457_15

唐代•文選六八
46_460_1

唐代•文選六八
48_481_12

唐代•文選六八
59_591_13

唐代•文選六八
59_594_12

唐代•文選六八
61_615_13

唐代•文選六八
61_615_21

唐代•文選六八
62_618_6

唐代•文選六八
62_619_27

唐代•文選六八
62_622_2

唐代•文選六八
71_704_3

唐代•文選六八
71_709_18

唐代•文選六八
72_715_4

唐代•文選八八
3_9_18

唐代•文選八八
3_13_1

唐代•文選八八
3_15_1

唐代•文選八八
3_15_12

唐代•文選八八
7_52_13

唐代•文選八八
7_53_12

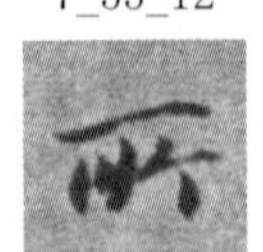
唐代•文選八八
7_54_14

唐代•文選八八
8_56_24

唐代•文選八八
8_56_26

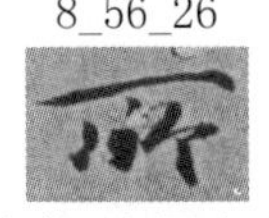
唐代•文選八八
8_57_10

唐代•文選八八
8_60_28

唐代•文選八八
9_63_1

唐代•文選八八
9_64_17

唐代•文選八八
17_147_12

唐代•文選八八
9_65_14

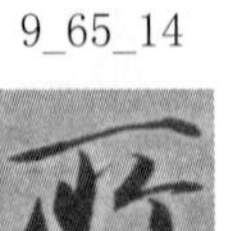
唐代•文選八八
9_73_3

唐代•文選八八
13_109_7

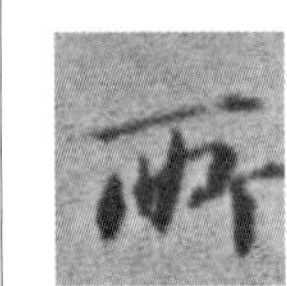
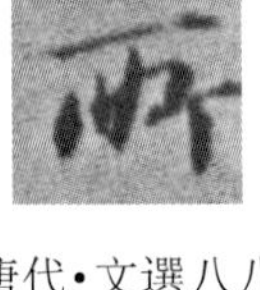
唐代•文選八八
17_141_4

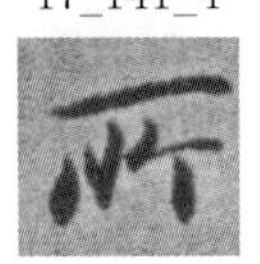
唐代•文選八八
17_145_13

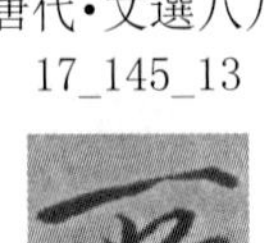

唐代•文選八八
17_147_5

唐代•文選八八
17_147_17

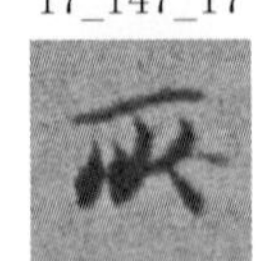
唐代•文選八八
24_216_15

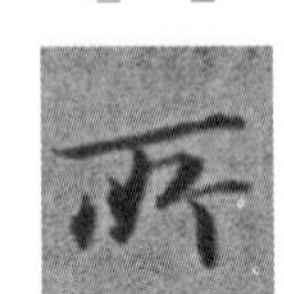
唐代•文選八八
19_161_22

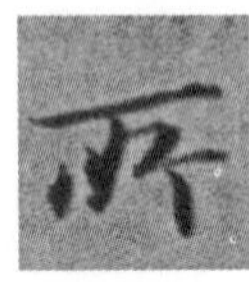
唐代•文選八八
20_173_14

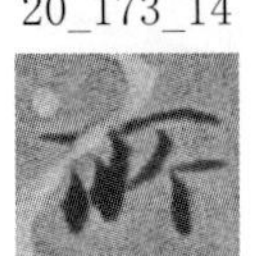
唐代•文選八八
20_174_27

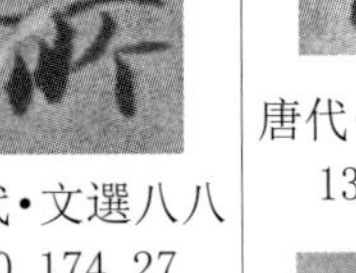
唐代•文選八八
21_179_12

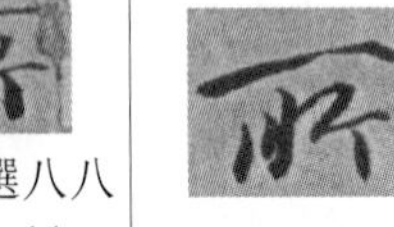
唐代•文選八八
24_215_6

唐代•文選八八
24_215_11

唐代•文選百三
3_21_34

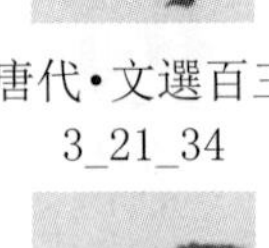
唐代•文選百三
13_123_25

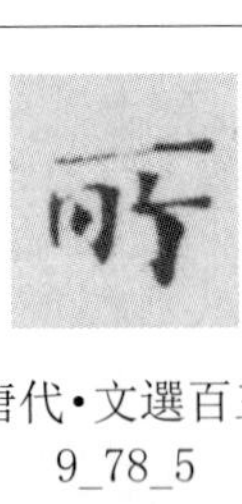
唐代•文選百三
9_78_5

唐代•文選百三
9_79_32

唐代•文選百三
11_99_2

唐代•文選百三
11_106_7

唐代•文選百三
12_110_13

唐代•文選百三
13_119_25

唐代•文選百三
13_123_32

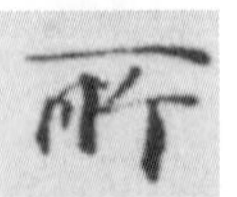
唐代•文選百三
13_128_25

唐代•古文選前 2_25_12	唐代•文選百三 79_748_8	唐代•文選百三 61_583_20	唐代•文選百三 56_538_17	唐代•文選百三 37_371_32	唐代•文選百三 23_228_11	唐代•文選百三 15_143_33
唐代•古文選前 3_28_1	唐代•文選百三 81_774_1	唐代•文選百三 63_600_20	唐代•文選百三 56_538_23	唐代•文選百三 39_388_2	唐代•文選百三 25_238_8	唐代•文選百三 16_153_14
唐代•古文選前 7_78_13	唐代•文選百三 81_775_6	唐代•文選百三 63_601_35	唐代•文選百三 57_545_29	唐代•文選百三 39_396_12	唐代•文選百三 27_267_6	唐代•文選百三 16_153_19
唐代•古文選前 7_79_8	唐代•文選百三 83_793_12	唐代•文選百三 65_623_15	唐代•文選百三 57_548_11	唐代•文選百三 47_450_26	唐代•文選百三 28_272_19	唐代•文選百三 16_154_3
唐代•古文選前 11_133_62	唐代•文選百三 84_798_10	唐代•文選百三 67_640_29	唐代•文選百三 59_570_10	唐代•文選百三 49_474_20	唐代•文選百三 28_273_12	唐代•文選百三 21_205_27
唐代•古文選前 12_145_8	唐代•文選百三 86_823_18	唐代•文選百三 70_678_23	唐代•文選百三 59_570_24	唐代•文選百三 52_499_13	唐代•文選百三 28_273_14	唐代•文選百三 23_219_18
唐代•古文選前 13_154_7	唐代•古文選前 2_22_4	唐代•文選百三 76_728_3	唐代•文選百三 60_573_11	唐代•文選百三 52_502_6	唐代•文選百三 37_365_15	唐代•文選百三 23_225_28
唐代•古文選前 15_178_8	唐代•古文選前 14_167_13	唐代•文選百三 87_827_21	唐代•文選百三 77_733_3	唐代•文選百三 60_577_5	唐代•文選百三 52_505_16	唐代•文選百三 37_370_12

唐代·十輪經四 14_263_24	唐代·十輪經四 11_210_9	唐代·十輪經四 9_161_13	唐代·十輪經四 6_100_13	唐代·十輪經四 4_64_6	唐代·古文選後 9_97_1	唐代·古文選前 19_222_29
唐代·十輪經四 14_272_15	唐代·十輪經四 11_216_13	唐代·十輪經四 9_167_1	唐代·十輪經四 6_103_10	唐代·十輪經四 4_73_3	唐代·古文選後 10_117_7	唐代·古文選前 19_226_12
唐代·十輪經四 15_287_9	唐代·十輪經四 11_219_10	唐代·十輪經四 9_168_4	唐代·十輪經四 6_109_8	唐代·十輪經四 4_75_5	唐代·古文選後 15_170_6	唐代·古文選前 22_260_5
唐代·十輪經四 15_290_12	唐代·十輪經四 12_221_15	唐代·十輪經四 10_185_15	唐代·十輪經四 7_134_11	唐代·十輪經四 4_78_14	唐代·古文選後 17_196_7	唐代·古文選前 22_260_9
唐代·十輪經四 16_307_13	唐代·十輪經四 12_239_10	唐代·十輪經四 10_197_8	唐代·十輪經四 7_136_12	唐代·十輪經四 5_82_13	唐代·古文選後 18_207_11	唐代·古文選後 1_2_5
唐代·十輪經四 16_310_15	唐代·十輪經四 13_241_24	唐代·十輪經四 11_200_15	唐代·十輪經四 8_153_17	唐代·十輪經四 5_84_10	唐代·古文選後 25_291_13	唐代·古文選後 3_29_20
唐代·十輪經四 17_323_9	唐代·十輪經四 13_253_11	唐代·十輪經四 11_203_13	唐代·十輪經四 8_154_12	唐代·十輪經四 5_95_15	唐代·古文選後 26_304_7	唐代·古文選後 8_93_12
唐代·十輪經四 17_325_6	唐代·十輪經四 13_255_10	唐代·十輪經四 11_207_10	唐代·十輪經四 8_158_16	唐代·十輪經四 5_97_16	唐代·十輪經八 21_403_8	唐代·十輪經四 3_49_15

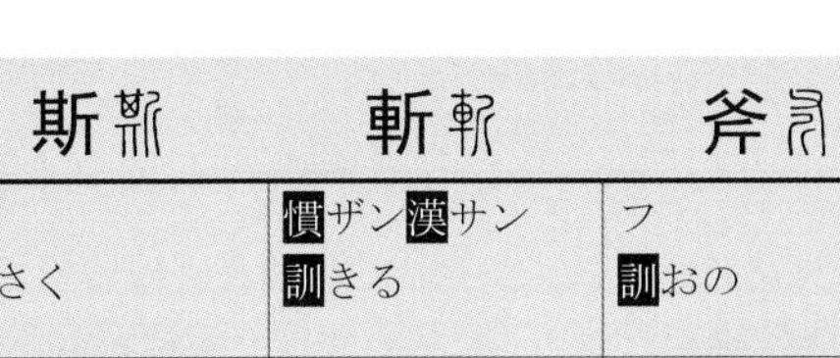

斯

シ
訓さく

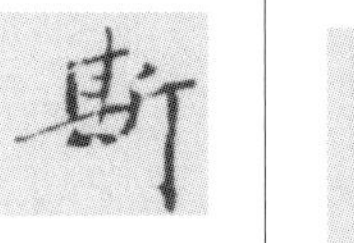
唐代•文選五九
64_614_7

唐代•文選六八
33_325_25

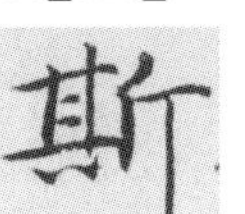
唐代•文選八八
3_20_13

唐代•文選八八
3_20_21

唐代•文選八八
4_21_21

唐代•文選八八
5_22_1

唐代•文選八八
9_62_4

唐代•文選八八
11_94_42

斬

慣ザン漢サン
訓きる

唐代•文選五九
77_742_4

唐代•文選五九
78_747_25

唐代•文選六八
22_222_28

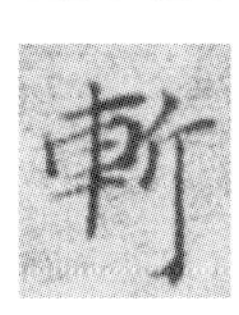
唐代•文選百三
27_264_8

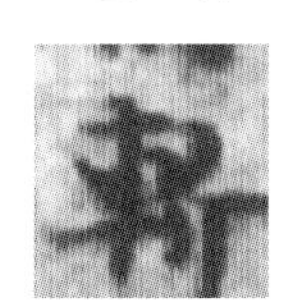
唐代•古文選前
19_222_36

唐代•十輪經四
7_137_17

唐代•十輪經八
3_47_7

斧

フ
訓おの

唐代•文選六八
16_164_21

唐代•文選六八
25_258_23

唐代•文選六八
42_422_1

唐代•文選六八
43_425_27

唐代•文選六八
43_426_22

唐代•文選百三
54_517_10

唐代•古文選後
5_57_5

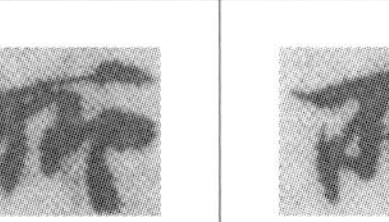
唐代•十輪經十
18_353_2

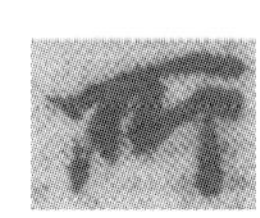
唐代•十輪經十
18_355_12

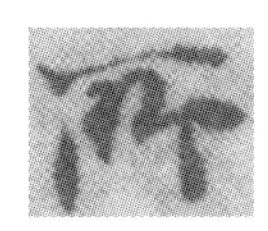
唐代•十輪經十
18_358_5

唐代•十輪經十
20_386_13

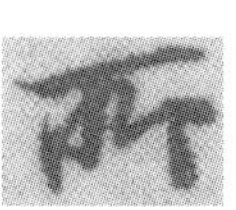
唐代•十輪經十
16_310_7

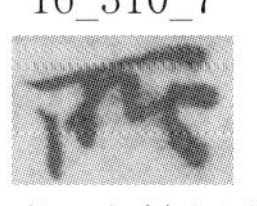
唐代•十輪經十
17_335_1

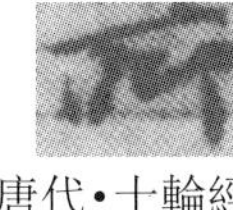
唐代•十輪經十
17_337_17

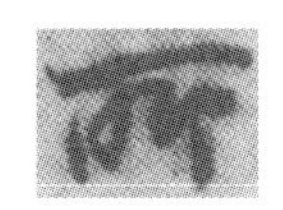
唐代•十輪經十
17_339_11

唐代•十輪經十
18_341_4

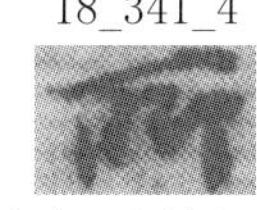
唐代•十輪經十
18_345_15

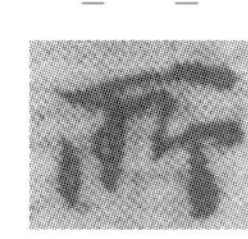
唐代•十輪經十
18_347_9

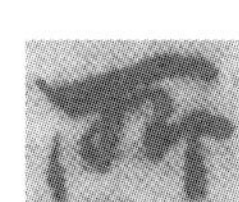
唐代•十輪經十
18_349_3

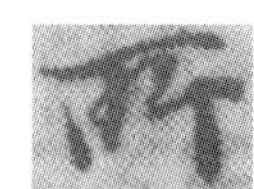
唐代•十輪經十
18_350_15

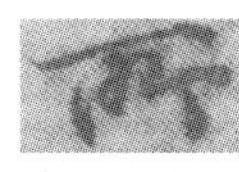
唐代•十輪經十
14_264_8

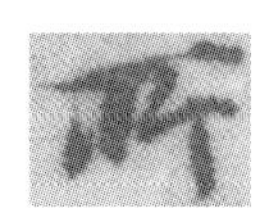
唐代•十輪經十
14_279_7

唐代•十輪經十
14_280_15

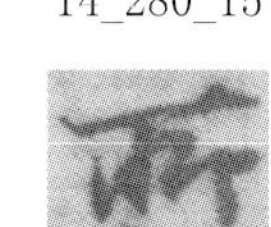
唐代•十輪經十
15_291_15

唐代•十輪經十
15_292_14

唐代•十輪經十
15_297_7

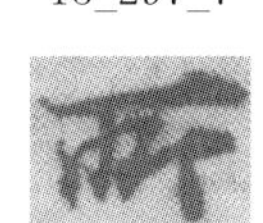
唐代•十輪經十
18_342_14

唐代•十輪經十
18_343_13

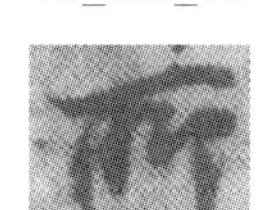
唐代•十輪經十
18_344_12

唐代•十輪經十
11_216_17

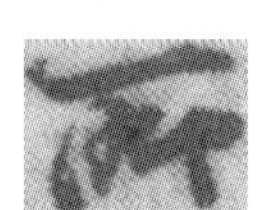
唐代•十輪經十
11_217_17

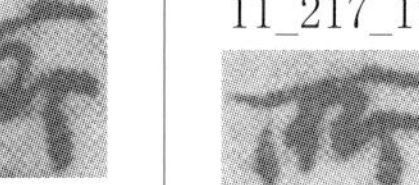
唐代•十輪經十
12_221_7

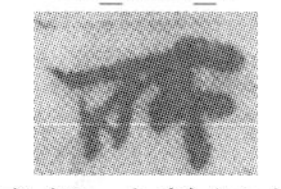
唐代•十輪經十
12_227_1

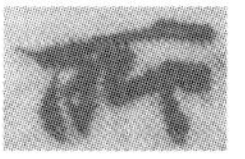
唐代•十輪經十
12_231_13

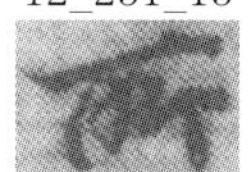
唐代•十輪經十
12_237_11

唐代•十輪經十
13_246_6

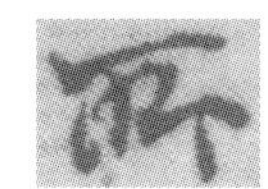
唐代•十輪經十
13_255_13

唐代•十輪經十
16_300_2

唐代•十輪經十
16_301_4

新

シン
訓 あたらしい

唐代・春秋經傳 24_249_21
唐代・文選四八 1_3_13
唐代・文選四八 12_109_14
唐代・文選四八 34_303_12
唐代・文選四八 35_315_19
唐代・文選四八 35_317_2
唐代・文選四八 35_317_8

唐代・古文選後 13_148_8
唐代・古文選後 14_160_14
唐代・古文選後 14_161_4
唐代・古文選後 14_164_11
唐代・古文選後 15_171_4
唐代・十輪經四 16_301_1

唐代・古文選後 5_50_11
唐代・古文選後 6_61_11
唐代・古文選後 6_64_1
唐代・古文選後 7_77_8
唐代・古文選後 7_77_17
唐代・古文選後 8_88_14
唐代・古文選後 11_122_7
唐代・古文選後 12_140_5
唐代・古文選後 15_171_12

唐代・古文選前 21_248_7
唐代・古文選前 21_249_13
唐代・古文選前 22_256_9
唐代・古文選前 23_267_1
唐代・古文選前 23_272_3
唐代・古文選前 24_277_12
唐代・古文選前 24_279_7
唐代・古文選後 2_16_13

唐代・古文選前 12_143_12
唐代・古文選前 17_197_9
唐代・古文選前 17_199_5
唐代・古文選前 18_210_11
唐代・古文選前 18_211_1
唐代・古文選前 20_230_1
唐代・古文選前 21_243_5
唐代・古文選前 21_246_7

唐代・文選百三 39_387_34
唐代・文選百三 47_449_2
唐代・文選百三 47_459_19
唐代・文選百三 79_757_26
唐代・文選百三 80_758_11
唐代・古文選前 9_109_10
唐代・古文選前 11_135_3
唐代・古文選前 11_136_10

唐代・文選百三 13_124_15
唐代・文選百三 18_170_8
唐代・文選百三 18_170_12
唐代・文選百三 18_171_14
唐代・文選百三 18_171_18
唐代・文選百三 20_192_23
唐代・文選百三 21_201_16
唐代・文選百三 39_385_14

	斷 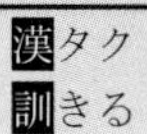		斲 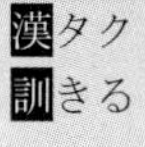			
	ダン 訓たつ		漢タク 訓きる			
 唐代•文選六八 24_242_1	 唐代•文選五九 46_454_4	 唐代•古文選前 24_283_1	 唐代•春秋經傳 35_362_15	 唐代•古文選前 25_294_8	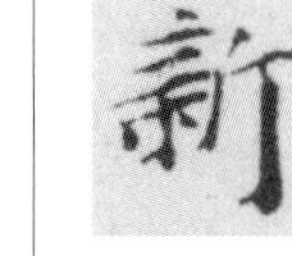 唐代•文選五九 70_672_11	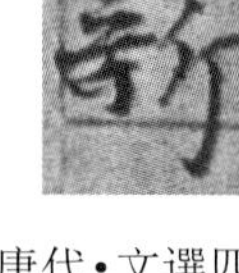 唐代•文選四八 35_317_30
 唐代•文選六八 59_595_12	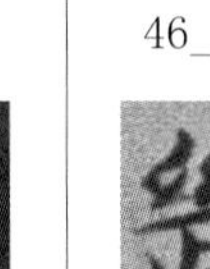 唐代•文選六八 22_220_7		唐代•春秋經傳 35_363_15	唐代•古文選後 21_247_10	 唐代•文選五九 96_911_4	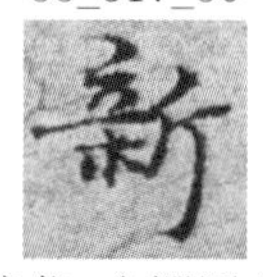 唐代•文選四八 42_378_12
 唐代•文選六八 59_597_26	 唐代•文選六八 22_223_7		唐代•文選六八 24_240_21	唐代•古文選後 22_263_10	 唐代•文選五九 99_942_15	唐代•文選五九 14_135_12
 唐代•文選六八 59_598_3	 唐代•文選六八 22_223_21		 唐代•文選百三 57_555_9	唐代•古文選後 26_305_8	 唐代•文選五九 110_1045_7	 唐代•文選五九 33_320_4
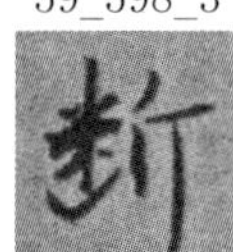 唐代•文選六八 59_598_19	唐代•文選六八 23_236_23		唐代•文選百三 58_557_16	唐代•古文選後 26_306_2	 唐代•文選六八 30_302_19	唐代•文選五九 35_352_3
 唐代•文選百三 52_497_34	唐代•文選六八 23_239_18		 唐代•文選百三 58_557_33	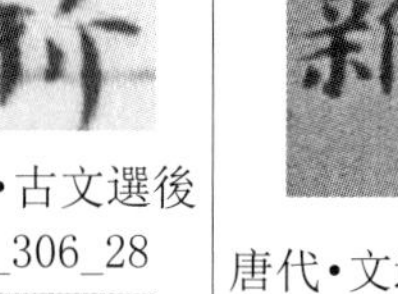 唐代•古文選後 26_306_28	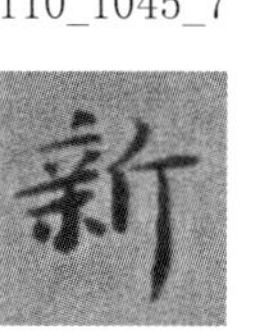 唐代•文選六八 49_491_2	 唐代•文選五九 36_354_10
 唐代•文選百三 57_547_10	唐代•文選六八 24_240_28		 唐代•文選百三 58_558_20	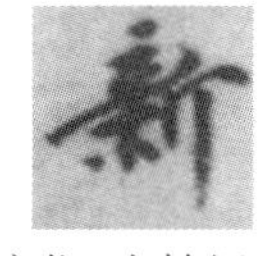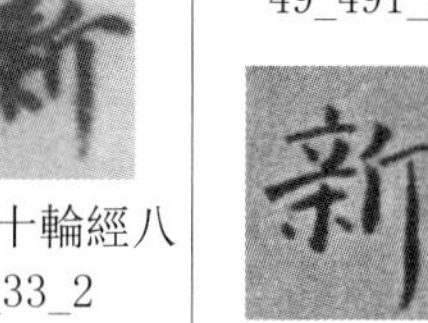 唐代•十輪經八 2_33_2	 唐代•文選六八 63_636_19	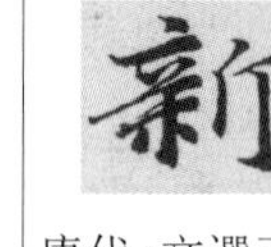 唐代•文選五九 47_465_3
			 唐代•文選百三 58_559_11			

唐代•十輪經九 11_203_5
唐代•十輪經九 12_226_10
唐代•十輪經九 12_228_17
唐代•十輪經九 13_240_6
唐代•十輪經九 14_263_5
唐代•十輪經九 14_272_6
唐代•十輪經九 15_285_12
唐代•十輪經九 5_94_14
唐代•十輪經九 7_132_24
唐代•十輪經九 8_149_5
唐代•十輪經九 9_166_17
唐代•十輪經九 10_187_13
唐代•十輪經九 10_191_2
唐代•十輪經九 10_191_17
唐代•十輪經八 19_379_13
唐代•十輪經八 21_417_10
唐代•十輪經九 1_17_6
唐代•十輪經九 3_55_12
唐代•十輪經九 4_61_7
唐代•十輪經九 5_86_17
唐代•十輪經九 5_87_9
唐代•十輪經八 6_115_11
唐代•十輪經八 8_153_16
唐代•十輪經八 10_191_16
唐代•十輪經八 12_228_15
唐代•十輪經八 14_265_14
唐代•十輪經八 15_303_14
唐代•十輪經八 17_341_14
唐代•十輪經四 16_301_2
唐代•十輪經四 16_305_16
唐代•十輪經四 16_309_1
唐代•十輪經四 16_310_2
唐代•十輪經四 20_383_15
唐代•十輪經八 3_49_10
唐代•十輪經八 4_74_17
唐代•十輪經四 11_208_12
唐代•十輪經四 11_209_13
唐代•十輪經四 13_251_22
唐代•十輪經四 15_285_13
唐代•十輪經四 15_288_15
唐代•十輪經四 15_289_16
唐代•十輪經四 15_292_16
唐代•十輪經四 6_106_15
唐代•十輪經四 6_107_4
唐代•十輪經四 8_148_12
唐代•十輪經四 8_154_6
唐代•十輪經四 10_181_12
唐代•十輪經四 10_198_10
唐代•十輪經四 11_200_2

		 唐代•十輪經十 16_313_12 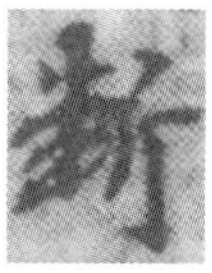 唐代•十輪經十 16_319_14  唐代•十輪經十 17_325_8  唐代•十輪經十 17_326_2  唐代•十輪經十 19_369_2	 唐代•十輪經十 11_203_4  唐代•十輪經十 12_223_18  唐代•十輪經十 14_270_5  唐代•十輪經十 14_276_12  唐代•十輪經十 14_277_11  唐代•十輪經十 15_295_13  唐代•十輪經十 15_297_11	 唐代•十輪經十 3_54_12  唐代•十輪經十 6_120_5  唐代•十輪經十 7_133_6  唐代•十輪經十 8_155_3  唐代•十輪經十 9_163_9  唐代•十輪經十 9_166_6  唐代•十輪經十 10_190_8	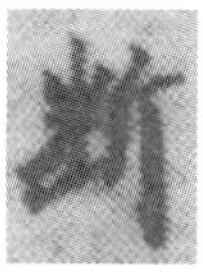 唐代•十輪經九 20_398_17  唐代•十輪經九 21_414_15 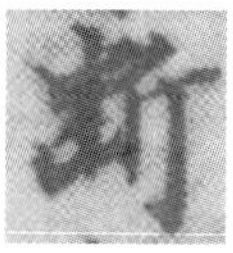 唐代•十輪經九 21_419_15  唐代•十輪經九 22_422_15  唐代•十輪經十 1_4_6  唐代•十輪經十 2_33_3  唐代•十輪經十 2_38_8	 唐代•十輪經九 15_287_5  唐代•十輪經九 15_291_15  唐代•十輪經九 16_303_5  唐代•十輪經九 18_357_3  唐代•十輪經九 19_365_18  唐代•十輪經九 19_368_5  唐代•十輪經九 19_377_9

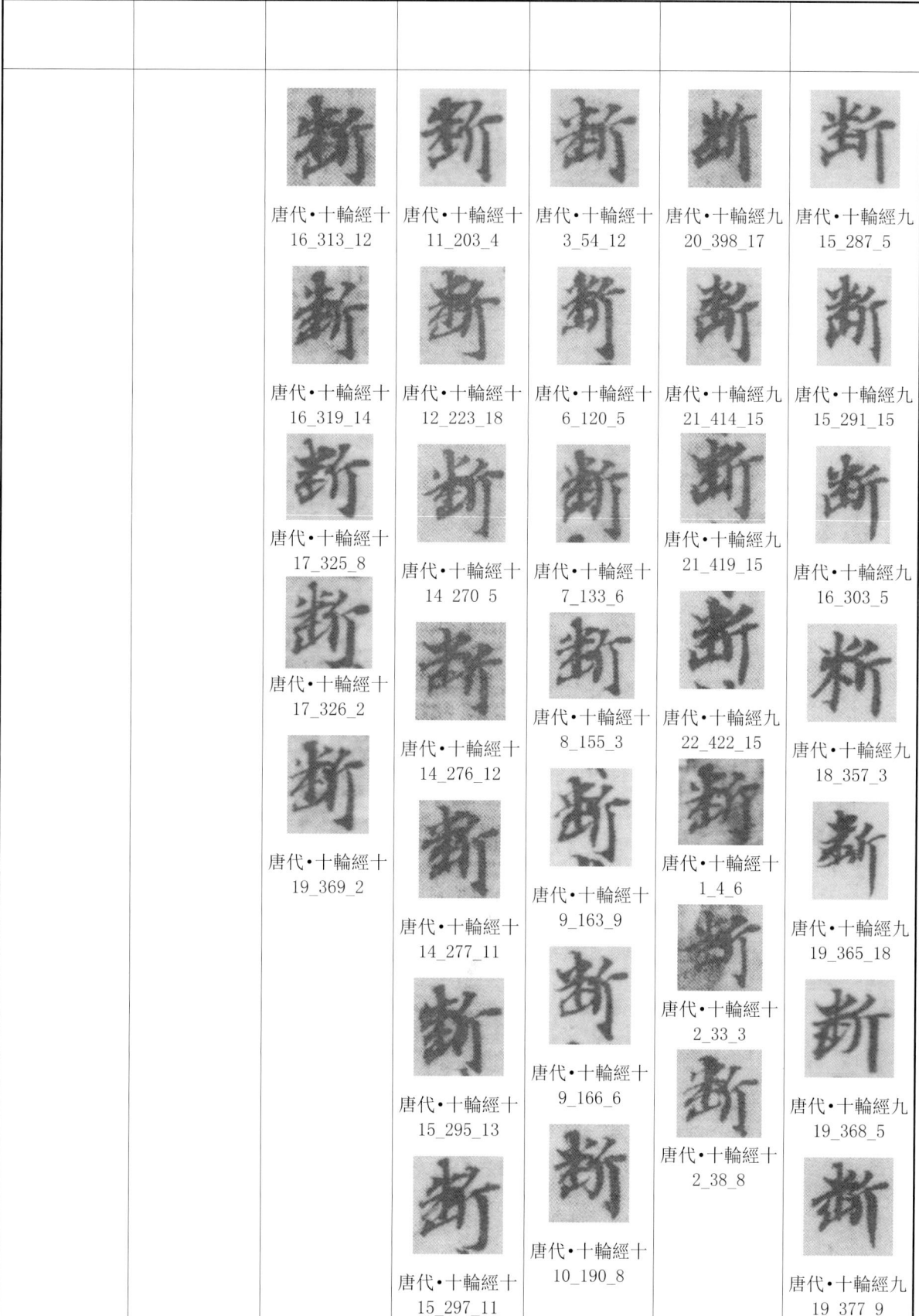

爲			爰		爭	爪
イ 訓 つくる/ため			漢 エン 訓 ひく		漢 ソウ 訓 あらそう	部
初唐・法華義疏 1_2_15	唐代・文選百三 49_471_24	唐代・文選五九 3_28_10	唐代・文選四八 12_109_16	唐代・文選百三 69_668_15	唐代・春秋經傳 29_305_4	
初唐・金剛場經 1_8_17	唐代・文選百三 52_497_5	唐代・文選五九 106_1003_12	唐代・文選四八 15_134_15	唐代・文選百三 81_764_3	唐代・春秋經傳 36_374_5	
初唐・大般若經 1_4_15	唐代・古文選後 6_64_3	唐代・文選六八 45_450_14	唐代・文選四八 23_209_6	唐代・文選百三 81_767_7	唐代・文選五九 33_330_11	
初唐・大般若經 1_10_5	唐代・古文選後 11_128_13	唐代・文選百三 49_470_1	唐代・文選四八 35_315_8		唐代・文選五九 34_331_2	
初唐・大般若經 1_10_17	唐代・古文選後 18_212_13	唐代・文選百三 49_470_21	唐代・文選四八 36_329_19		唐代・文選五九 34_331_14	
初唐・大般若經 1_12_7	唐代・古文選後 18_215_6	唐代・古文選後 3_33_7	唐代・文選五九 39_382_24		唐代・文選百三 46_441_1	
初唐・大般若經 1_13_2		唐代・古文選後 4_41_7	唐代・文選五九 39_385_22		唐代・文選百三 69_663_16	
初唐・大般若經 1_14_9						
初唐・大般若經 1_15_4

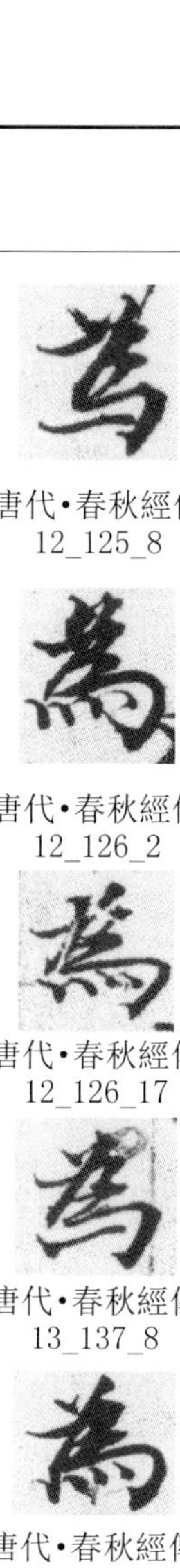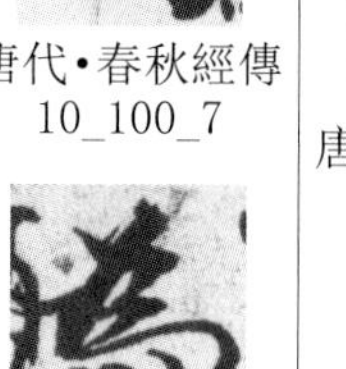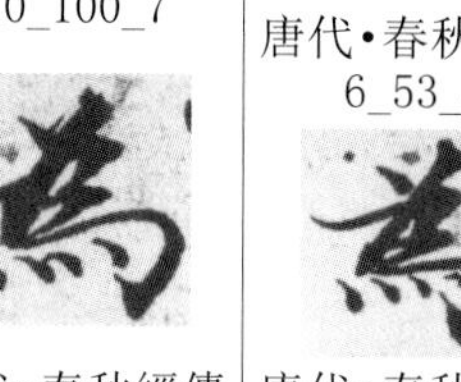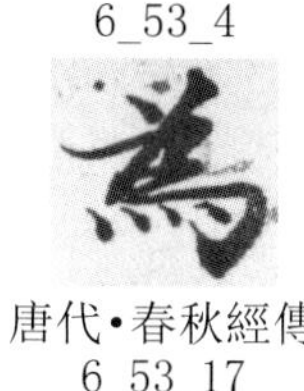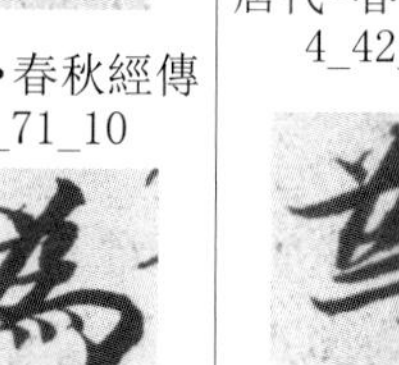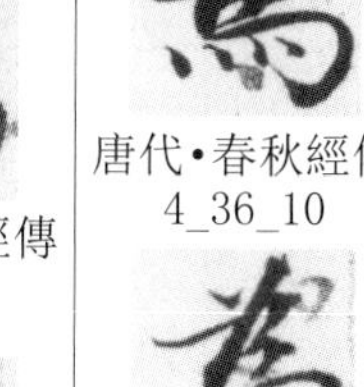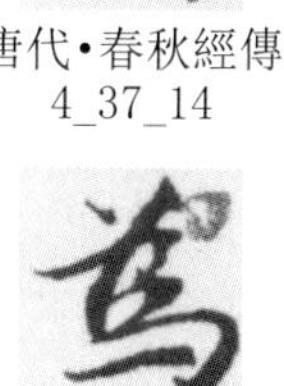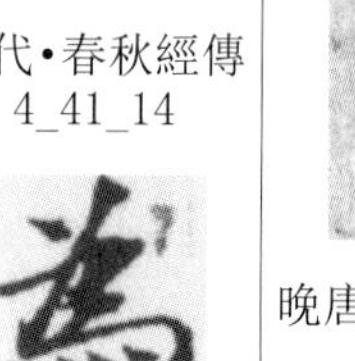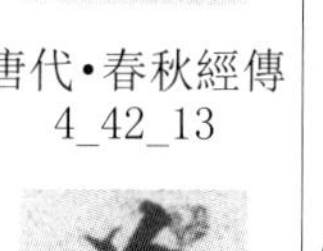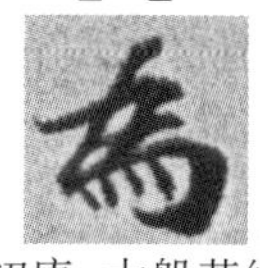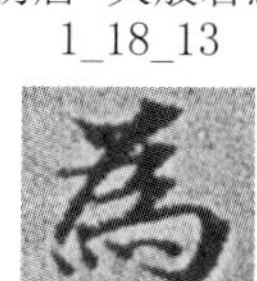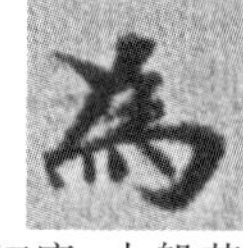

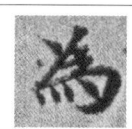

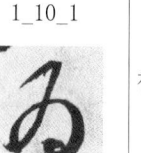

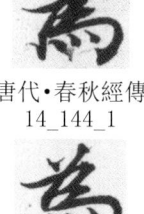

唐代•春秋經傳 12_125_8	唐代•春秋經傳 12_118_12	唐代•春秋經傳 9_95_10	唐代•春秋經傳 5_51_9	唐代•春秋經傳 3_23_6	初唐•聖武雜集 1_1_7	初唐•大般若經 2_29_10
唐代•春秋經傳 12_126_2	唐代•春秋經傳 12_119_2	唐代•春秋經傳 10_100_7	唐代•春秋經傳 6_53_4	唐代•春秋經傳 3_26_6	初唐•聖武雜集 1_2_6	初唐•大般若經 2_34_12
唐代•春秋經傳 12_126_17	唐代•春秋經傳 12_119_22	唐代•春秋經傳 10_101_9	唐代•春秋經傳 6_53_17	唐代•春秋經傳 4_36_10	初唐•聖武雜集 1_10_1	初唐•大般若經 1_16_11
唐代•春秋經傳 13_137_8	唐代•春秋經傳 12_121_13	唐代•春秋經傳 10_101_14	唐代•春秋經傳 6_56_15	唐代•春秋經傳 4_37_14	中唐•金剛經題 2_13_7	初唐•大般若經 1_17_6
唐代•春秋經傳 14_144_1	唐代•春秋經傳 12_124_4	唐代•春秋經傳 11_107_9	唐代•春秋經傳 6_60_18	唐代•春秋經傳 4_41_14	晚唐•慶滋書狀 1_8_7	初唐•大般若經 1_18_13
唐代•春秋經傳 16_161_18	唐代•春秋經傳 12_124_16	唐代•春秋經傳 11_111_10	唐代•春秋經傳 7_71_10	唐代•春秋經傳 4_42_13	唐代•春秋經傳 1_3_16	初唐•大般若經 1_19_8
唐代•春秋經傳 16_165_17	唐代•春秋經傳 16_162_12	唐代•春秋經傳 12_118_2	唐代•春秋經傳 12_117_14	唐代•春秋經傳 7_72_5	唐代•春秋經傳 5_49_19	初唐•大般若經 1_20_15
唐代•春秋經傳 17_175_7	唐代•春秋經傳 16_162_17	唐代•春秋經傳 12_118_7	唐代•春秋經傳 11_111_16	唐代•春秋經傳 8_75_10	唐代•春秋經傳 5_51_5	初唐•大般若經 2_24_7
						初唐•大般若經 2_27_2

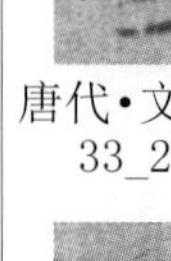
唐代•文選四八
33_295_6

唐代•文選四八
33_295_11

唐代•文選四八
33_295_26

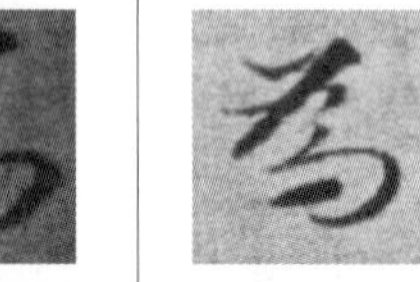
唐代•文選四八
34_306_18

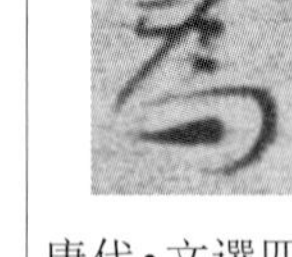
唐代•文選四八
35_312_30

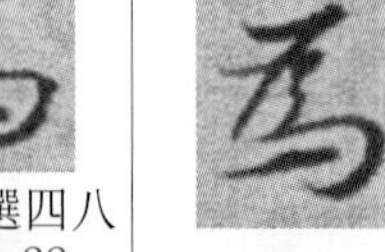
唐代•文選四八
35_313_11

唐代•文選四八
36_320_12

唐代•文選四八
36_322_13

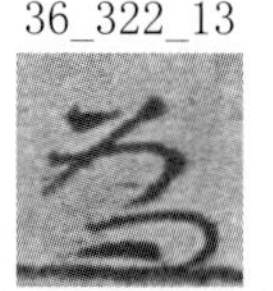
唐代•文選四八
36_325_15

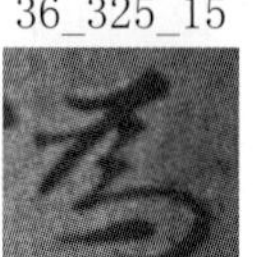
唐代•文選四八
36_326_5

唐代•文選四八
36_326_12

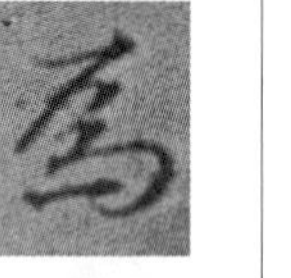
唐代•文選四八
40_362_19

唐代•文選四八
41_367_22

唐代•文選四八
42_376_1

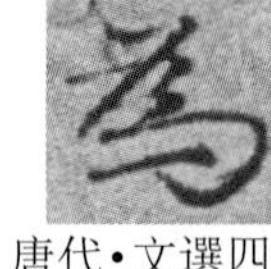
唐代•文選四八
42_376_8

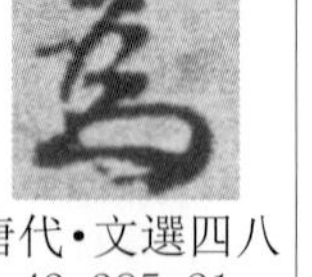
唐代•文選四八
43_385_21

唐代•文選四八
43_386_11

唐代•文選四八
43_386_24

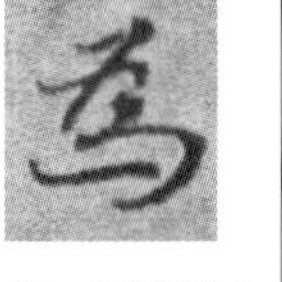
唐代•文選四八
43_388_9

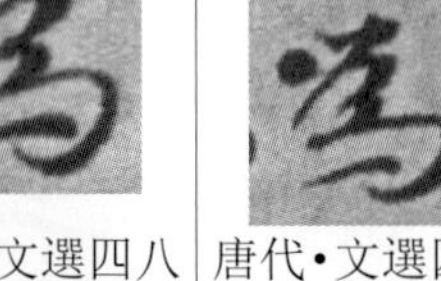
唐代•文選四八
43_389_14

唐代•文選四八
43_390_1

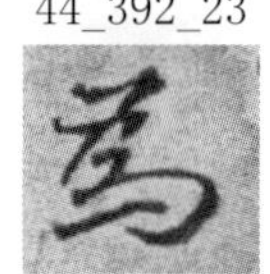
唐代•文選四八
44_392_23

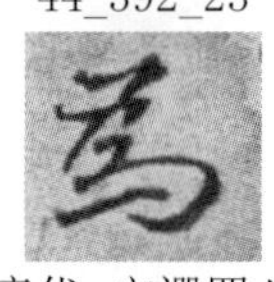
唐代•文選四八
44_399_11

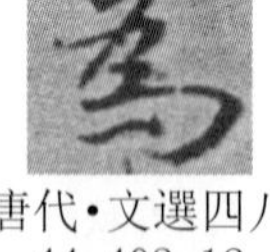
唐代•文選四八
44_402_12

唐代•文選四八
45_403_14

唐代•文選四八
45_408_2

唐代•文選四八
46_419_2

唐代•文選四八
47_422_14

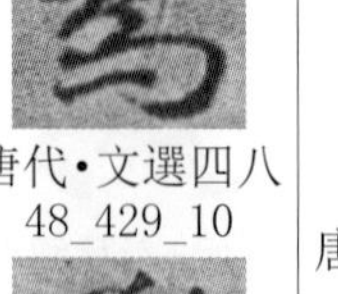
唐代•文選四八
47_425_11

唐代•文選四八
48_429_10

唐代•文選四八
48_430_9

唐代•文選四八
48_432_11

唐代•文選四八
48_433_6

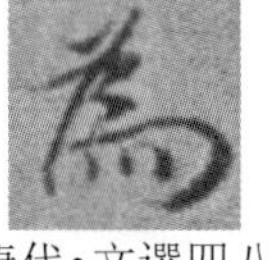
唐代•文選四八
48_433_22

唐代•文選四八
48_437_8

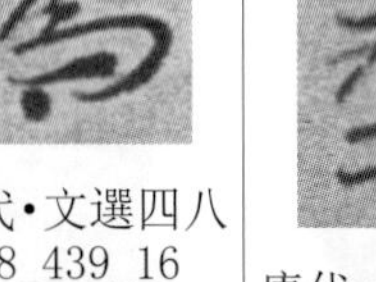
唐代•文選四八
48_438_17

唐代•文選四八
48_439_16

唐代•文選四八
49_444_2

唐代•文選四八
49_444_10

唐代•文選四八
49_444_24

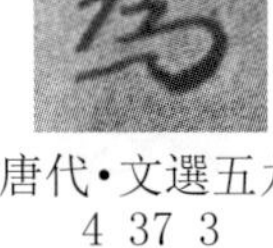
唐代•文選五九
1_12_15

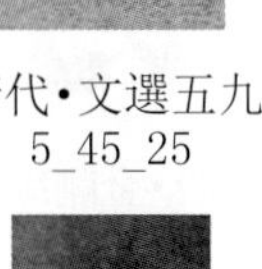
唐代•文選五九
4_37_3

唐代•文選五九
5_45_25

唐代•文選五九
5_49_13

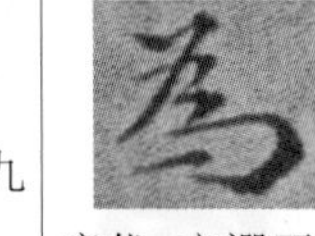
唐代•文選五九
7_59_5

唐代•文選五九
8_74_1

唐代•文選五九
11_101_6

唐代•文選五九
11_106_9

唐代•文選五九
11_108_26

唐代•文選五九
11_109_24

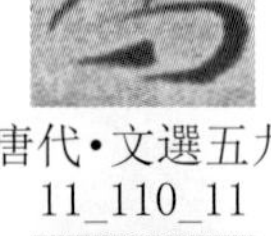
唐代•文選五九
11_110_11

唐代•文選五九
12_113_22

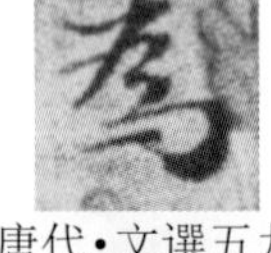
唐代•文選五九
13_128_15

唐代•文選五九
14_133_3

唐代•文選五九
16_153_8

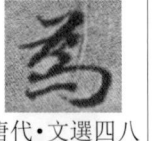

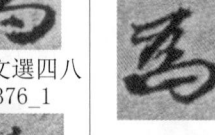

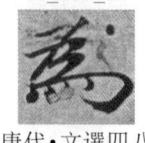

唐代•文選五九
17_164_28
唐代•文選五九
17_167_17
唐代•文選五九
17_167_21
唐代•文選五九
18_177_6
唐代•文選五九
19_186_17
唐代•文選五九
20_193_20
唐代•文選五九
20_195_18

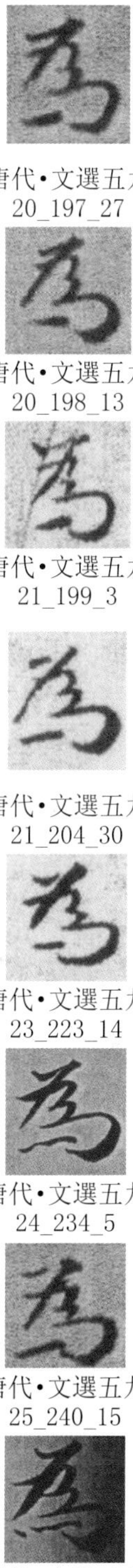

唐代•文選五九
20_197_27
唐代•文選五九
20_198_13
唐代•文選五九
21_199_3
唐代•文選五九
21_204_30
唐代•文選五九
23_223_14
唐代•文選五九
24_234_5
唐代•文選五九
25_240_15
唐代•文選五九
25_249_3

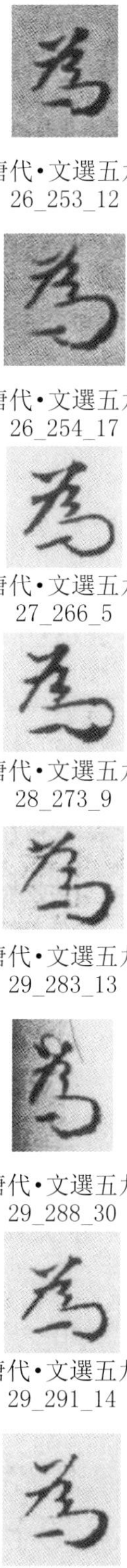

唐代•文選五九
26_253_12
唐代•文選五九
26_254_17
唐代•文選五九
27_266_5
唐代•文選五九
28_273_9
唐代•文選五九
29_283_13
唐代•文選五九
29_288_30
唐代•文選五九
29_291_14
唐代•文選五九
30_294_26

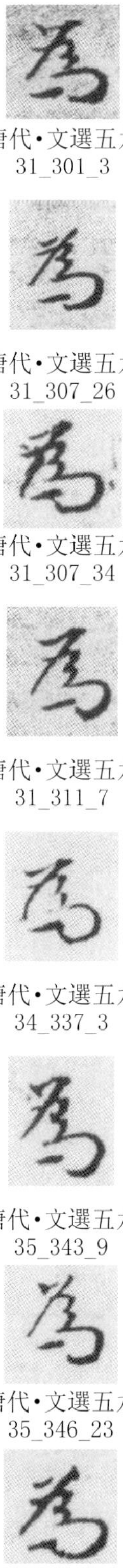

唐代•文選五九
31_301_3
唐代•文選五九
31_307_26
唐代•文選五九
31_307_34
唐代•文選五九
31_311_7
唐代•文選五九
34_337_3
唐代•文選五九
35_343_9
唐代•文選五九
35_346_23
唐代•文選五九
37_359_5

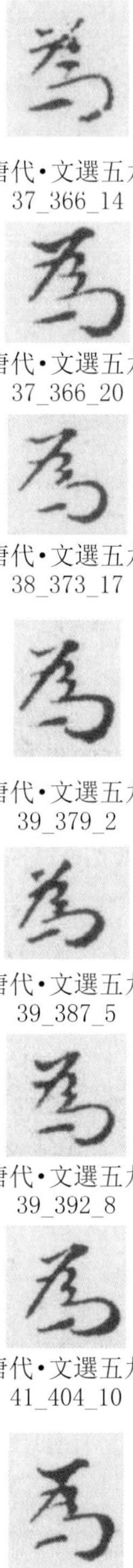

唐代•文選五九
37_366_14
唐代•文選五九
37_366_20
唐代•文選五九
38_373_17
唐代•文選五九
39_379_2
唐代•文選五九
39_387_5
唐代•文選五九
39_392_8
唐代•文選五九
41_404_10
唐代•文選五九
41_405_18

唐代•文選五九
41_405_21
唐代•文選五九
41_406_17
唐代•文選五九
41_407_5
唐代•文選五九
41_407_35
唐代•文選五九
41_407_37
唐代•文選五九
41_411_11
唐代•文選五九
43_418_8

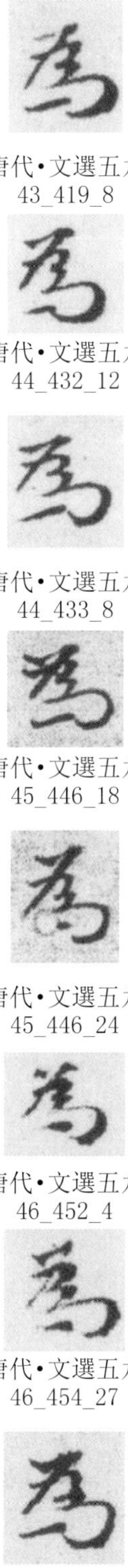

唐代•文選五九
43_419_8
唐代•文選五九
44_432_12
唐代•文選五九
44_433_8
唐代•文選五九
45_446_18
唐代•文選五九
45_446_24
唐代•文選五九
46_452_4
唐代•文選五九
46_454_27
唐代•文選五九
47_466_5

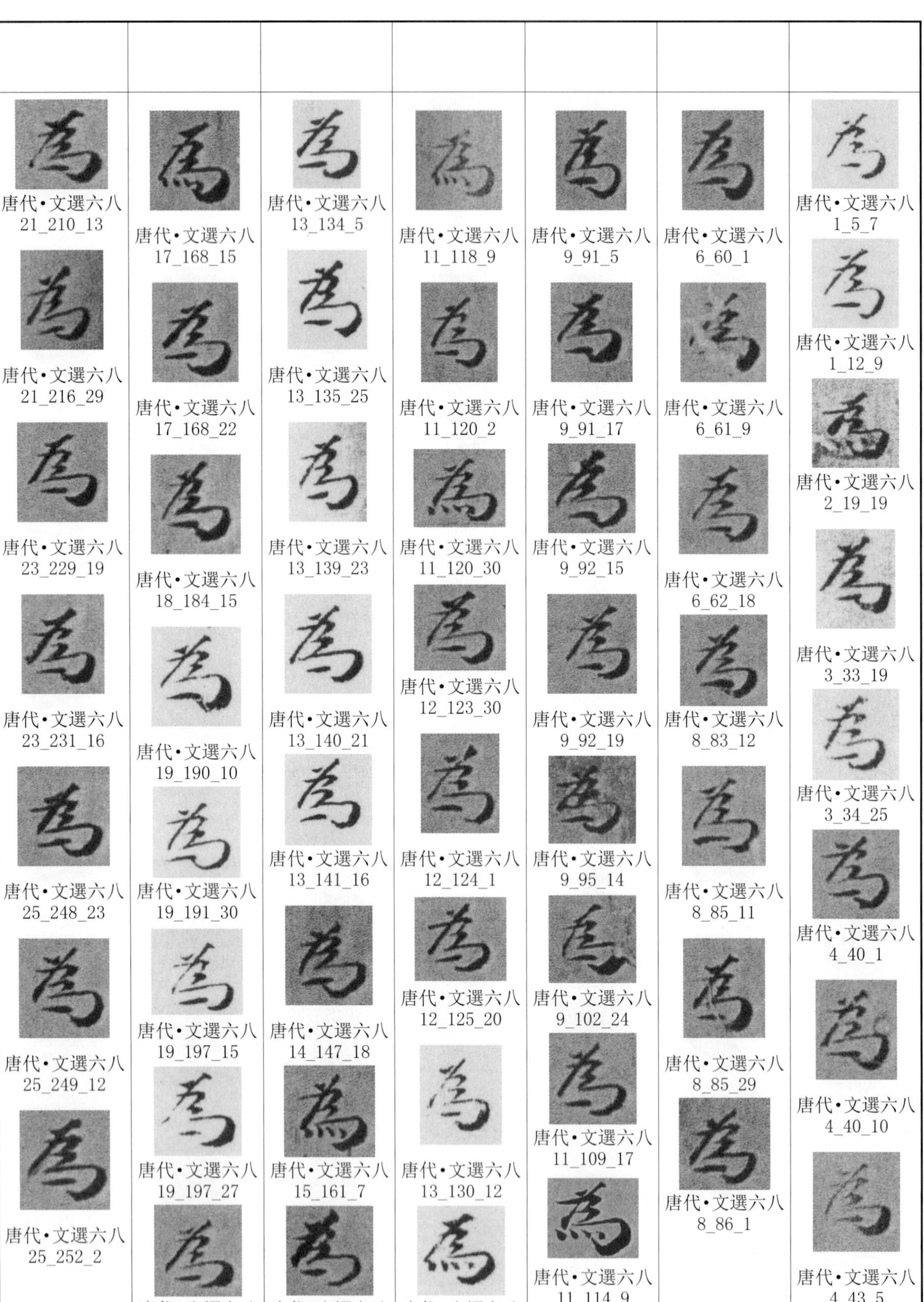

唐代•文選六八 1_5_7
唐代•文選六八 1_12_9
唐代•文選六八 2_19_19
唐代•文選六八 3_33_19
唐代•文選六八 3_34_25
唐代•文選六八 4_40_1
唐代•文選六八 4_40_10
唐代•文選六八 4_43_5
唐代•文選六八 6_60_1
唐代•文選六八 6_61_9
唐代•文選六八 6_62_18
唐代•文選六八 8_83_12
唐代•文選六八 8_85_11
唐代•文選六八 8_85_29
唐代•文選六八 8_86_1
唐代•文選六八 9_91_5
唐代•文選六八 9_91_17
唐代•文選六八 9_92_15
唐代•文選六八 9_92_19
唐代•文選六八 9_95_14
唐代•文選六八 9_102_24
唐代•文選六八 11_109_17
唐代•文選六八 11_114_9
唐代•文選六八 11_118_9
唐代•文選六八 11_120_2
唐代•文選六八 11_120_30
唐代•文選六八 12_123_30
唐代•文選六八 12_124_1
唐代•文選六八 12_125_20
唐代•文選六八 13_130_12
唐代•文選六八 13_131_12
唐代•文選六八 13_134_5
唐代•文選六八 13_135_25
唐代•文選六八 13_139_23
唐代•文選六八 13_140_21
唐代•文選六八 13_141_16
唐代•文選六八 14_147_18
唐代•文選六八 15_161_7
唐代•文選六八 16_166_16
唐代•文選六八 17_168_15
唐代•文選六八 17_168_22
唐代•文選六八 18_184_15
唐代•文選六八 19_190_10
唐代•文選六八 19_191_30
唐代•文選六八 19_197_15
唐代•文選六八 19_197_27
唐代•文選六八 20_200_6
唐代•文選六八 21_210_13
唐代•文選六八 21_216_29
唐代•文選六八 23_229_19
唐代•文選六八 23_231_16
唐代•文選六八 25_248_23
唐代•文選六八 25_249_12
唐代•文選六八 25_252_2

唐代•古文選後 6_61_4
唐代•古文選後 6_67_4
唐代•古文選後 8_89_19
唐代•古文選後 9_103_6
唐代•古文選後 10_117_9
唐代•古文選後 11_119_42
唐代•古文選後 15_173_9

唐代•古文選前 13_153_11
唐代•古文選前 13_154_19
唐代•古文選前 14_162_1
唐代•古文選前 15_179_34
唐代•古文選前 19_218_1
唐代•古文選前 20_239_35
唐代•古文選前 20_240_2
唐代•古文選後 5_58_8

唐代•古文選前 1_13_3
唐代•古文選前 4_38_10
唐代•古文選前 7_76_2
唐代•古文選前 9_108_14
唐代•古文選前 11_133_57
唐代•古文選前 13_149_10
唐代•古文選前 13_151_11
唐代•古文選前 13_152_7

唐代•文選百三 83_793_21
唐代•文選百三 84_798_7
唐代•文選百三 85_806_11
唐代•文選百三 85_806_17
唐代•文選百三 85_808_25
唐代•文選百三 86_822_36
唐代•文選百三 86_823_13
唐代•文選百三 87_824_9

唐代•文選百三 80_760_18
唐代•文選百三 80_761_11
唐代•文選百三 81_771_4
唐代•文選百三 81_772_33
唐代•文選百三 81_773_25
唐代•文選百三 81_775_27
唐代•文選百三 83_786_8
唐代•文選百三 83_792_1

唐代•文選百三 74_715_23
唐代•文選百三 75_721_1
唐代•文選百三 75_722_16
唐代•文選百三 75_725_27
唐代•文選百三 77_737_17
唐代•文選百三 78_742_14
唐代•文選百三 79_748_6
唐代•文選百三 79_755_4

唐代•文選百三 69_663_7
唐代•文選百三 69_672_3
唐代•文選百三 70_678_19
唐代•文選百三 73_702_8
唐代•文選百三 73_704_13
唐代•文選百三 73_704_23
唐代•文選百三 73_706_7
唐代•文選百三 74_715_14

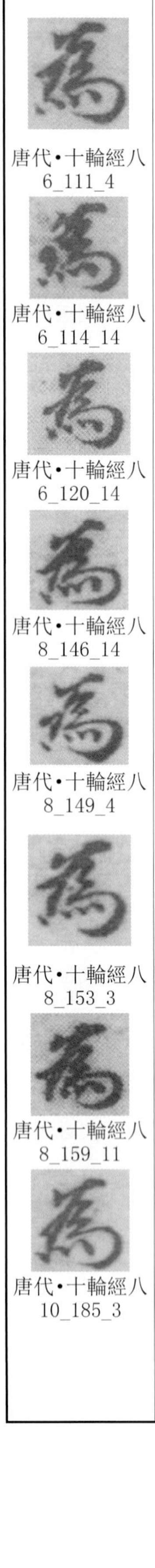

唐代•十輪經八 6_111_4

唐代•十輪經八 6_114_14

唐代•十輪經八 6_120_14

唐代•十輪經八 8_146_14

唐代•十輪經八 8_149_4

唐代•十輪經八 8_153_3

唐代•十輪經八 8_159_11

唐代•十輪經八 10_185_3

唐代•十輪經四 21_413_7

唐代•十輪經四 21_414_17

唐代•十輪經四 21_417_16

唐代•十輪經四 22_422_12

唐代•十輪經八 3_44_1

唐代•十輪經八 4_73_11

唐代•十輪經八 5_81_8

唐代•十輪經八 6_108_14

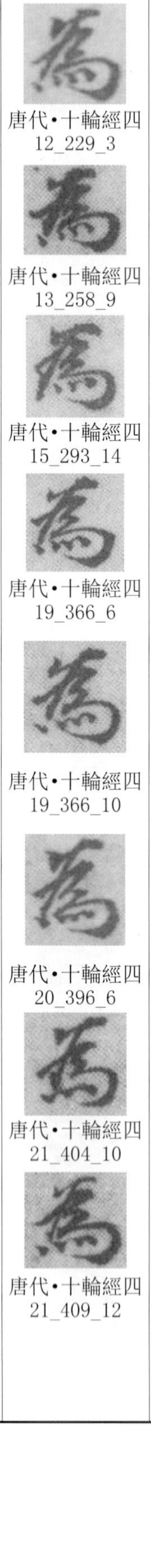

唐代•十輪經四 12_229_3

唐代•十輪經四 13_258_9

唐代•十輪經四 15_293_14

唐代•十輪經四 19_366_6

唐代•十輪經四 19_366_10

唐代•十輪經四 20_396_6

唐代•十輪經四 21_404_10

唐代•十輪經四 21_409_12

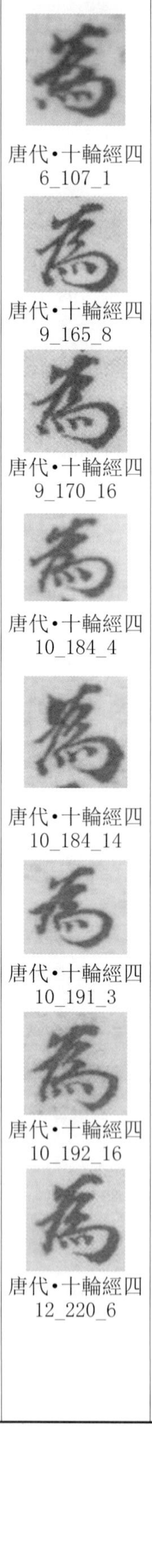

唐代•十輪經四 6_107_1

唐代•十輪經四 9_165_8

唐代•十輪經四 9_170_16

唐代•十輪經四 10_184_4

唐代•十輪經四 10_184_14

唐代•十輪經四 10_191_3

唐代•十輪經四 10_192_16

唐代•十輪經四 12_220_6

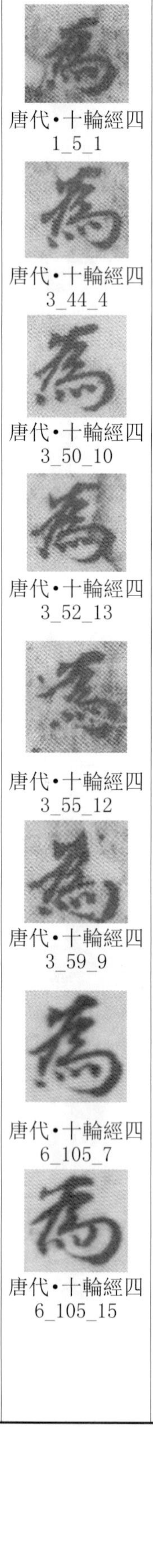

唐代•十輪經四 1_5_1

唐代•十輪經四 3_44_4

唐代•十輪經四 3_50_10

唐代•十輪經四 3_52_13

唐代•十輪經四 3_55_12

唐代•十輪經四 3_59_9

唐代•十輪經四 6_105_7

唐代•十輪經四 6_105_15

唐代•古文選後 24_281_61

唐代•古文選後 25_292_30

唐代•古文選後 25_292_50

唐代•古文選後 25_300_26

唐代•古文選後 26_303_6

唐代•古文選後 26_306_50

唐代•古文選後 26_311_23

唐代•古文選後 16_183_64

唐代•古文選後 21_244_43

唐代•古文選後 21_244_73

唐代•古文選後 21_248_7

唐代•古文選後 22_259_30

唐代•古文選後 23_272_2

唐代•古文選後 23_276_11

唐代•古文選後 24_277_11

舜 𦫳

シュン
訓むくげ

唐代・文選四八
16_141_11

唐代・文選四八
31_280_16

唐代・文選五九
17_164_26

唐代・文選六八
64_643_4

唐代・文選八八
7_45_17

唐代・十輪經十
19_376_1

唐代・十輪經十
19_376_11

唐代・十輪經十
19_380_5

唐代・十輪經十
19_380_15

唐代・十輪經十
19_372_16

唐代・十輪經十
19_366_15

唐代・十輪經十
19_367_17

唐代・十輪經十
19_368_14

唐代・十輪經十
19_369_11

唐代・十輪經十
19_370_11

唐代・十輪經十
19_371_15

唐代・十輪經十
19_373_17

唐代・十輪經十
16_314_5

唐代・十輪經十
17_326_1

唐代・十輪經十
17_330_1

唐代・十輪經十
19_363_8

唐代・十輪經十
19_364_1

唐代・十輪經十
19_364_17

唐代・十輪經十
19_365_4

唐代・十輪經十
19_366_1

唐代・十輪經十
10_182_7

唐代・十輪經十
10_187_14

唐代・十輪經十
10_191_9

唐代・十輪經十
11_203_14

唐代・十輪經十
13_250_10

唐代・十輪經十
15_289_3

唐代・十輪經十
15_290_8

唐代・十輪經十
15_292_2

唐代・十輪經十
9_169_5

唐代・十輪經十
9_170_2

唐代・十輪經十
9_171_4

唐代・十輪經十
9_172_1

唐代・十輪經十
9_174_1

唐代・十輪經十
9_176_2

唐代・十輪經十
9_177_4

唐代・十輪經十
9_179_9

唐代・十輪經十
8_141_11

唐代・十輪經十
8_144_13

唐代・十輪經十
8_145_17

唐代・十輪經十
8_147_11

唐代・十輪經十
8_156_4

唐代・十輪經十
8_160_9

唐代・十輪經十
9_161_8

唐代・十輪經十
9_166_16

爵

						漢シャク 訓さかずき
		 唐代•文選百三 87_831_28	 唐代•文選百三 18_175_18	 唐代•文選五九 48_477_17	 唐代•文選四八 46_412_25	 唐代•春秋經傳 9_93_1
		 唐代•古文選後 2_19_2	 唐代•文選百三 19_176_7	 唐代•文選六八 4_39_3	 唐代•文選四八 46_413_8	 唐代•文選四八 46_410_7
		 唐代•古文選後 7_74_8	 唐代•文選百三 64_615_24	 唐代•文選六八 15_150_30	 唐代•文選四八 46_413_12	 唐代•文選四八 46_411_18
			 唐代•文選百三 65_620_4	 唐代•文選六八 21_209_19	 唐代•文選四八 46_413_16	 唐代•文選四八 46_411_21
			 唐代•文選百三 87_828_7	 唐代•文選八八 19_166_12	 唐代•文選四八 46_413_21	 唐代•文選四八 46_412_6
			 唐代•文選百三 87_829_16	 唐代•文選百三 14_133_37	 唐代•文選四八 46_415_14	 唐代•文選四八 46_412_14
			 唐代•文選百三 87_830_17	 唐代•文選百三 18_175_3	 唐代•文選四八 46_416_10	 唐代•文選四八 46_412_22

父部

父

フ慣ホ漢フ
訓ちち

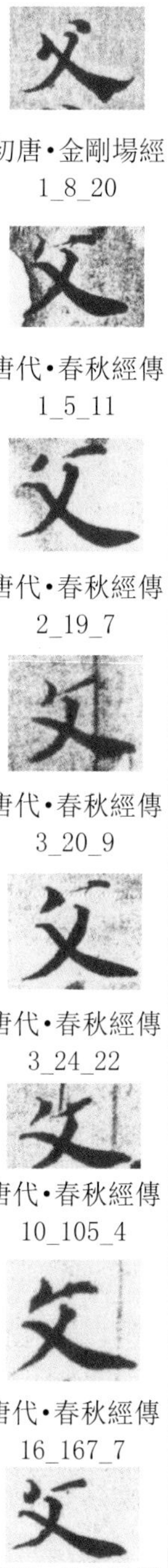

初唐·金剛場經 1_8_20

唐代·春秋經傳 1_5_11

唐代·春秋經傳 2_19_7

唐代·春秋經傳 3_20_9

唐代·春秋經傳 3_24_22

唐代·春秋經傳 10_105_4

唐代·春秋經傳 16_167_7

唐代·春秋經傳 16_167_15

唐代·春秋經傳 24_252_11

唐代·春秋經傳 27_279_13

唐代·春秋經傳 27_280_5

唐代·春秋經傳 30_309_13

唐代·春秋經傳 31_318_20

唐代·春秋經傳 31_319_13

唐代·春秋經傳 31_321_3

唐代·春秋經傳 32_337_4

唐代·十輪經十 3_46_14

唐代·春秋經傳 32_337_14

唐代·春秋經傳 33_340_2

唐代·春秋經傳 33_341_4

唐代·春秋經傳 33_341_11

唐代·春秋經傳 34_352_6

唐代·春秋經傳 34_352_15

唐代·春秋經傳 35_366_28

唐代·春秋經傳 35_370_18

唐代·十輪經十 6_102_14

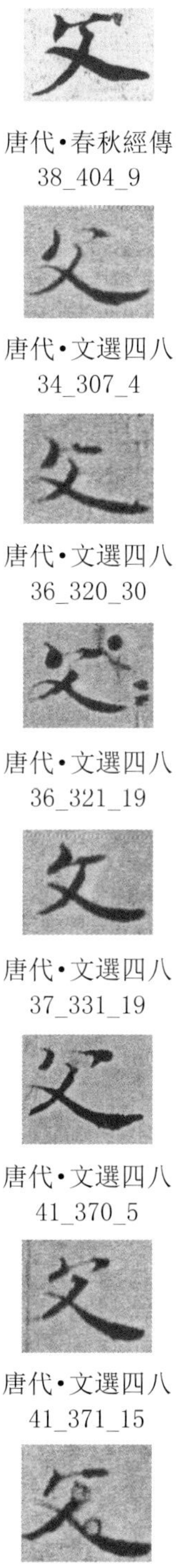

唐代·春秋經傳 38_404_9

唐代·文選四八 34_307_4

唐代·文選四八 36_320_30

唐代·文選四八 36_321_19

唐代·文選四八 37_331_19

唐代·文選四八 41_370_5

唐代·文選四八 41_371_15

唐代·文選四八 42_372_3

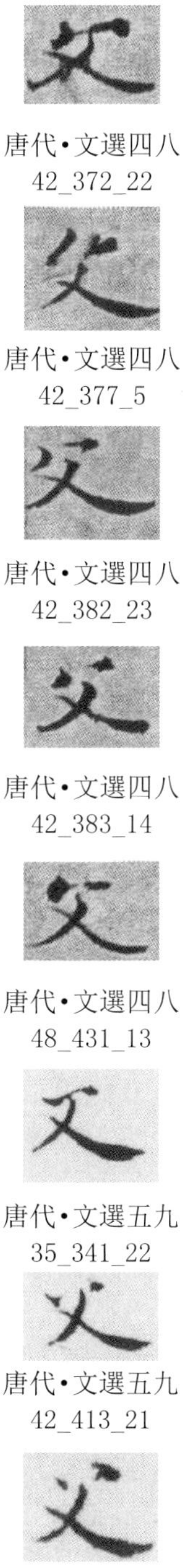

唐代·文選四八 42_372_22

唐代·文選四八 42_377_5

唐代·文選四八 42_382_23

唐代·文選四八 42_383_14

唐代·文選四八 48_431_13

唐代·文選五九 35_341_22

唐代·文選五九 42_413_21

唐代·文選五九 75_724_20

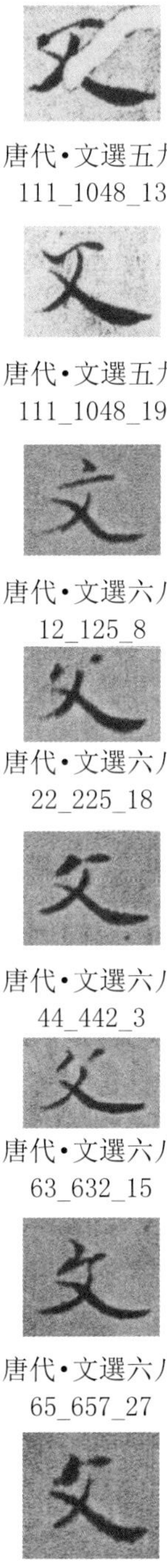

唐代·文選五九 111_1048_13

唐代·文選五九 111_1048_19

唐代·文選六八 12_125_8

唐代·文選六八 22_225_18

唐代·文選六八 44_442_3

唐代·文選六八 63_632_15

唐代·文選六八 65_657_27

唐代·文選六八 66_658_9

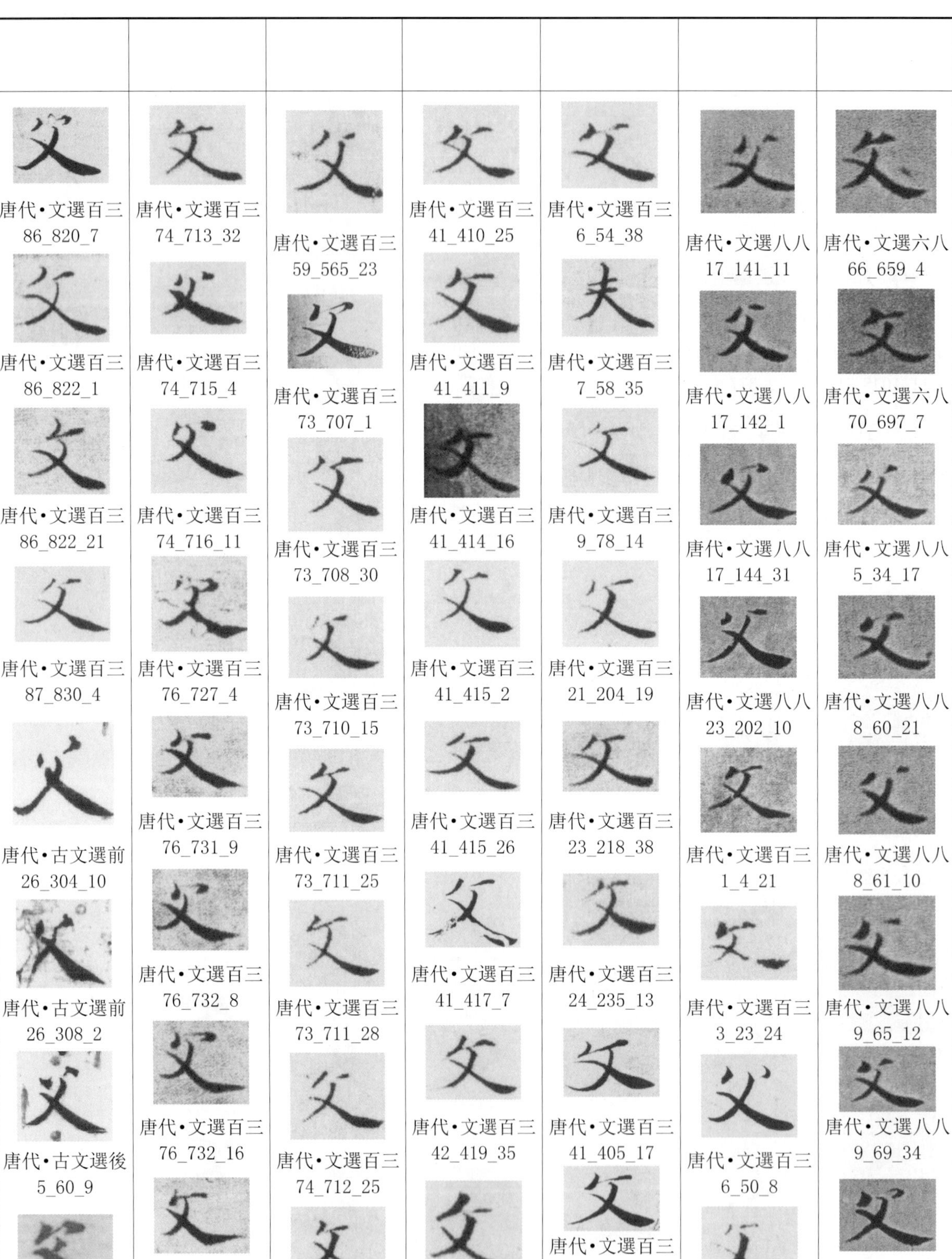

唐代·文選百三 86_820_7
唐代·文選百三 86_822_1
唐代·文選百三 86_822_21
唐代·文選百三 87_830_4
唐代·古文選前 26_304_10
唐代·古文選前 26_308_2
唐代·古文選後 5_60_9
唐代·十輪經四 12_234_11
唐代·文選百三 74_713_32
唐代·文選百三 74_715_4
唐代·文選百三 74_716_11
唐代·文選百三 76_727_4
唐代·文選百三 76_731_9
唐代·文選百三 76_732_8
唐代·文選百三 76_732_16
唐代·文選百三 76_732_26
唐代·文選百三 59_565_23
唐代·文選百三 73_707_1
唐代·文選百三 73_708_30
唐代·文選百三 73_710_15
唐代·文選百三 73_711_25
唐代·文選百三 73_711_28
唐代·文選百三 74_712_25
唐代·文選百三 74_713_15
唐代·文選百三 41_410_25
唐代·文選百三 41_411_9
唐代·文選百三 41_414_16
唐代·文選百三 41_415_2
唐代·文選百三 41_415_26
唐代·文選百三 41_417_7
唐代·文選百三 42_419_35
唐代·文選百三 45_425_6
唐代·文選百三 6_54_38
唐代·文選百三 7_58_35
唐代·文選百三 9_78_14
唐代·文選百三 21_204_19
唐代·文選百三 23_218_38
唐代·文選百三 24_235_13
唐代·文選百三 41_405_17
唐代·文選百三 41_406_10
唐代·文選八八 17_141_11
唐代·文選八八 17_142_1
唐代·文選八八 17_144_31
唐代·文選八八 23_202_10
唐代·文選百三 1_4_21
唐代·文選百三 3_23_24
唐代·文選百三 6_50_8
唐代·文選百三 6_52_3
唐代·文選六八 66_659_4
唐代·文選六八 70_697_7
唐代·文選八八 5_34_17
唐代·文選八八 8_60_21
唐代·文選八八 8_61_10
唐代·文選八八 9_65_12
唐代·文選八八 9_69_34
唐代·文選八八 16_139_8

月部

					月 慣ガツ漢ゲツ 訓つき
唐代•春秋經傳 27_282_21	唐代•春秋經傳 21_222_21	唐代•春秋經傳 11_115_1	唐代•春秋經傳 4_38_7	中唐・風信帖 4_23_2	初唐•法華義疏 1_9_3
唐代•春秋經傳 28_289_14	唐代•春秋經傳 23_241_17	唐代•春秋經傳 12_127_7	唐代•春秋經傳 5_43_3	晚唐•慶滋書狀 1_18_2	初唐•金剛場經 1_8_7
唐代•春秋經傳 28_290_9	唐代•春秋經傳 24_247_29	唐代•春秋經傳 13_129_2	唐代•春秋經傳 5_44_18	唐代•春秋經傳 1_2_7	初唐•大般若經 2_32_14
唐代•春秋經傳 28_290_15	唐代•春秋經傳 24_251_5	唐代•春秋經傳 13_130_14	唐代•春秋經傳 5_45_9	唐代•春秋經傳 1_3_25	初唐•大般若經 2_37_11
唐代•春秋經傳 29_306_7	唐代•春秋經傳 24_253_15	唐代•春秋經傳 16_165_20	唐代•春秋經傳 9_91_5	唐代•春秋經傳 2_14_7	中唐•灌頂歷名 1_1_7
唐代•春秋經傳 30_308_10	唐代•春秋經傳 25_254_1	唐代•春秋經傳 18_182_7	唐代•春秋經傳 10_105_12	唐代•春秋經傳 2_15_31	中唐•灌頂歷名 1_5_7
唐代•春秋經傳 30_308_19	唐代•春秋經傳 25_254_7	唐代•春秋經傳 18_184_21	唐代•春秋經傳 11_114_17	唐代•春秋經傳 3_22_18	中唐・風信帖 3_13_2

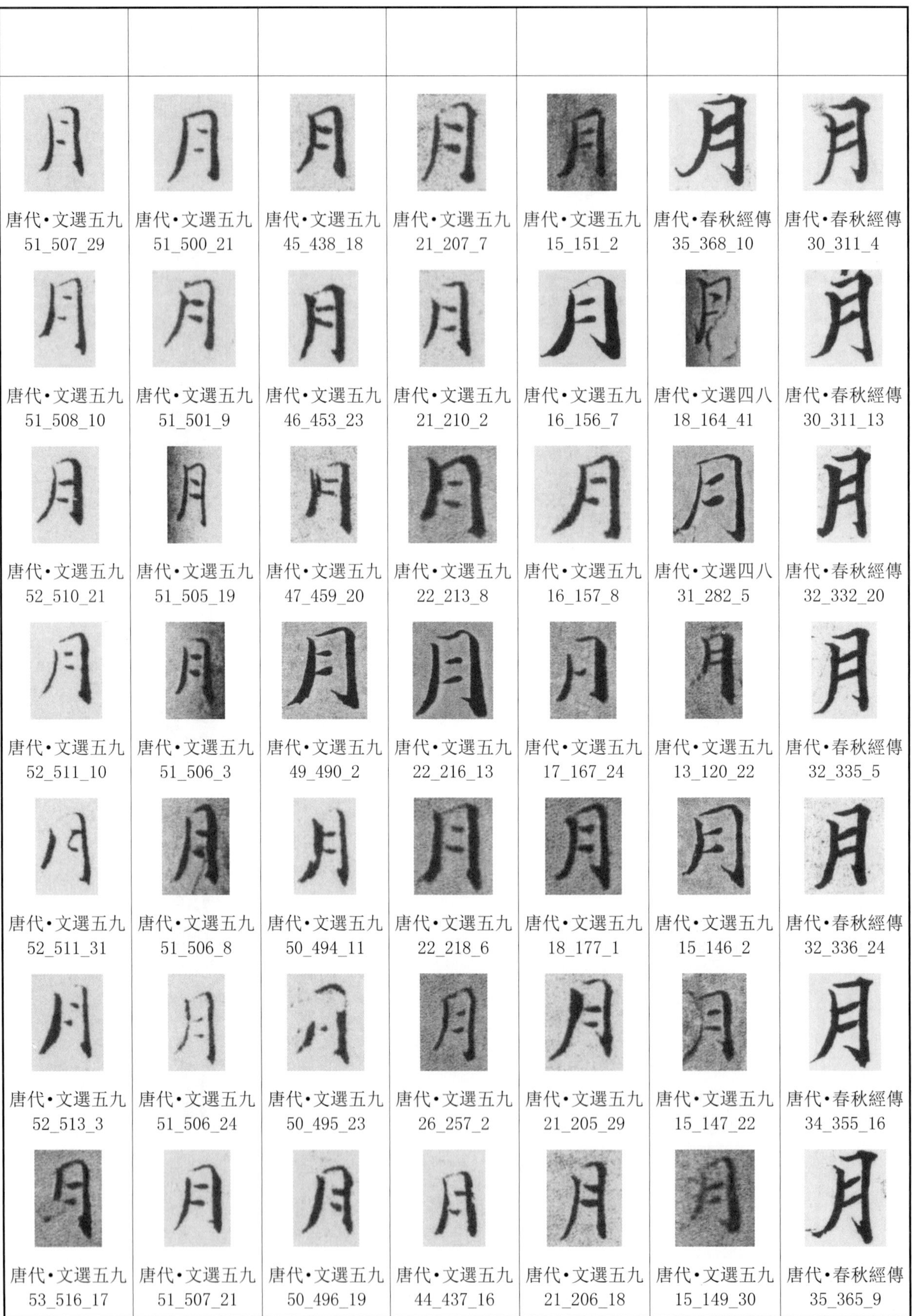

唐代•文選五九 51_507_29	唐代•文選五九 51_500_21	唐代•文選五九 45_438_18	唐代•文選五九 21_207_7	唐代•文選五九 15_151_2	唐代•春秋經傳 35_368_10	唐代•春秋經傳 30_311_4
唐代•文選五九 51_508_10	唐代•文選五九 51_501_9	唐代•文選五九 46_453_23	唐代•文選五九 21_210_2	唐代•文選五九 16_156_7	唐代•文選四八 18_164_41	唐代•春秋經傳 30_311_13
唐代•文選五九 52_510_21	唐代•文選五九 51_505_19	唐代•文選五九 47_459_20	唐代•文選五九 22_213_8	唐代•文選五九 16_157_8	唐代•文選四八 31_282_5	唐代•春秋經傳 32_332_20
唐代•文選五九 52_511_10	唐代•文選五九 51_506_3	唐代•文選五九 49_490_2	唐代•文選五九 22_216_13	唐代•文選五九 17_167_24	唐代•文選五九 13_120_22	唐代•春秋經傳 32_335_5
唐代•文選五九 52_511_31	唐代•文選五九 51_506_8	唐代•文選五九 50_494_11	唐代•文選五九 22_218_6	唐代•文選五九 18_177_1	唐代•文選五九 15_146_2	唐代•春秋經傳 32_336_24
唐代•文選五九 52_513_3	唐代•文選五九 51_506_24	唐代•文選五九 50_495_23	唐代•文選五九 26_257_2	唐代•文選五九 21_205_29	唐代•文選五九 15_147_22	唐代•春秋經傳 34_355_16
唐代•文選五九 53_516_17	唐代•文選五九 51_507_21	唐代•文選五九 50_496_19	唐代•文選五九 44_437_16	唐代•文選五九 21_206_18	唐代•文選五九 15_149_30	唐代•春秋經傳 35_365_9

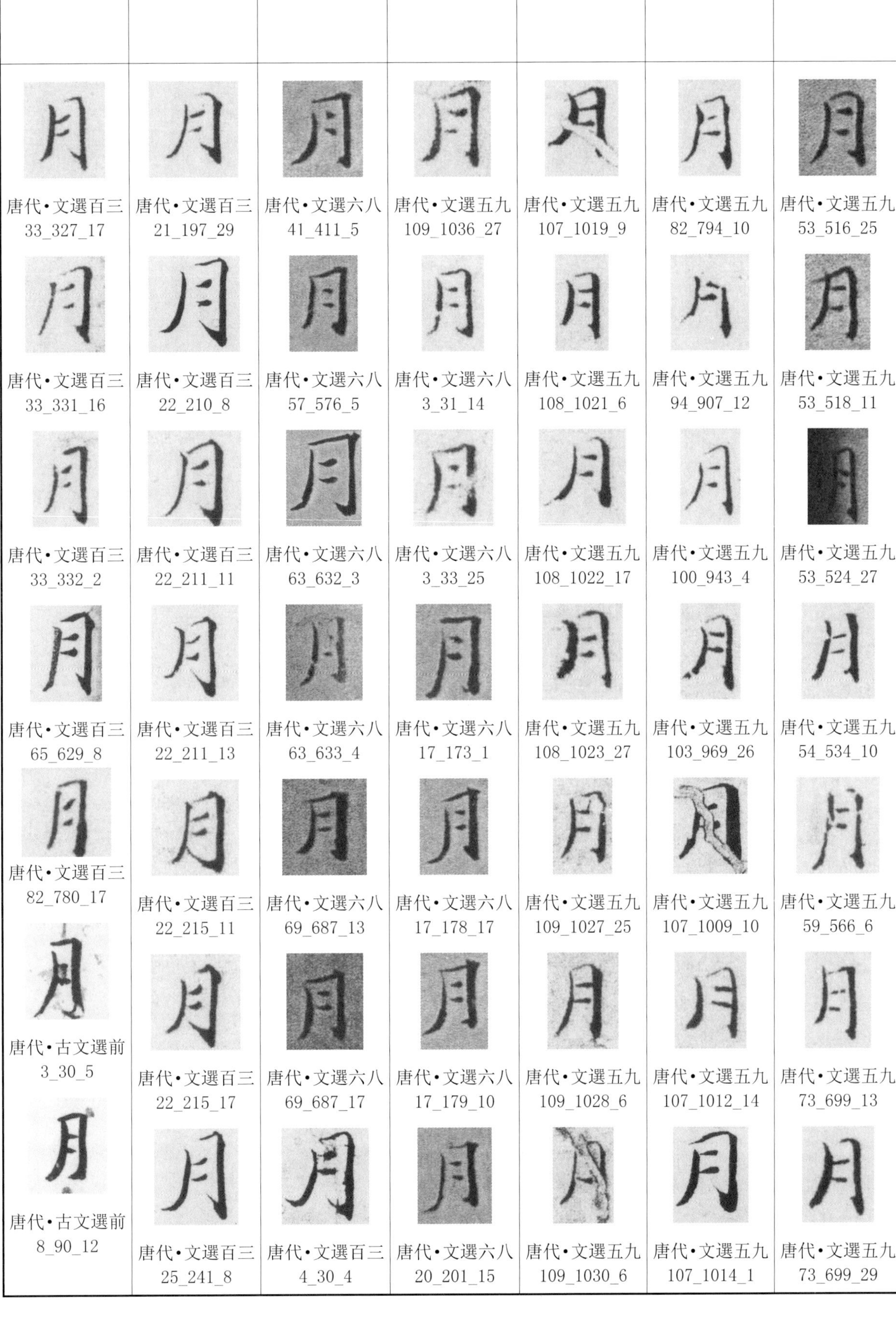

唐代•文選百三 33_327_17	唐代•文選百三 21_197_29	唐代•文選六八 41_411_5	唐代•文選五九 109_1036_27	唐代•文選五九 107_1019_9	唐代•文選五九 82_794_10	唐代•文選五九 53_516_25
唐代•文選百三 33_331_16	唐代•文選百三 22_210_8	唐代•文選六八 57_576_5	唐代•文選六八 3_31_14	唐代•文選五九 108_1021_6	唐代•文選五九 94_907_12	唐代•文選五九 53_518_11
唐代•文選百三 33_332_2	唐代•文選百三 22_211_11	唐代•文選六八 63_632_3	唐代•文選六八 3_33_25	唐代•文選五九 108_1022_17	唐代•文選五九 100_943_4	唐代•文選五九 53_524_27
唐代•文選百三 65_629_8	唐代•文選百三 22_211_13	唐代•文選六八 63_633_4	唐代•文選六八 17_173_1	唐代•文選五九 108_1023_27	唐代•文選五九 103_969_26	唐代•文選五九 54_534_10
唐代•文選百三 82_780_17	唐代•文選百三 22_215_11	唐代•文選六八 69_687_13	唐代•文選六八 17_178_17	唐代•文選五九 109_1027_25	唐代•文選五九 107_1009_10	唐代•文選五九 59_566_6
唐代•古文選前 3_30_5	唐代•文選百三 22_215_17	唐代•文選六八 69_687_17	唐代•文選六八 17_179_10	唐代•文選五九 109_1028_6	唐代•文選五九 107_1012_14	唐代•文選五九 73_699_13
唐代•古文選前 8_90_12	唐代•文選百三 25_241_8	唐代•文選百三 4_30_4	唐代•文選六八 20_201_15	唐代•文選五九 109_1030_6	唐代•文選五九 107_1014_1	唐代•文選五九 73_699_29

唐代・古文選前 23_270_10
唐代・古文選前 24_277_3
唐代・古文選後 6_61_14
唐代・古文選後 8_85_8
唐代・古文選後 9_102_3
唐代・古文選後 10_108_29
唐代・古文選後 12_135_14

唐代・古文選後 18_208_3
唐代・古文選後 18_214_2
唐代・古文選後 22_259_8
唐代・古文選後 26_303_2
唐代・十輪經八 4_70_16
唐代・十輪經九 19_365_5
唐代・十輪經十 11_208_15

有

漢ユウ 呉ウ
訓ある

初唐・金剛場經 1_1_15
初唐・聖武雜集 1_10_6
晚唐・慶滋書狀 1_12_8
唐代・春秋經傳 1_4_8
唐代・春秋經傳 2_12_10
唐代・春秋經傳 4_31_19
唐代・春秋經傳 7_63_3

唐代・春秋經傳 7_64_2
唐代・春秋經傳 8_81_2
唐代・春秋經傳 8_81_6
唐代・春秋經傳 8_82_7
唐代・春秋經傳 8_83_10
唐代・春秋經傳 8_84_20
唐代・春秋經傳 9_90_2

唐代・春秋經傳 11_114_21
唐代・春秋經傳 12_120_18
唐代・春秋經傳 13_135_14
唐代・春秋經傳 14_141_12
唐代・春秋經傳 14_148_22
唐代・春秋經傳 15_151_17
唐代・春秋經傳 16_160_13

唐代・春秋經傳 16_162_23
唐代・春秋經傳 16_164_13
唐代・春秋經傳 17_179_18
唐代・春秋經傳 18_184_2
唐代・春秋經傳 18_190_22
唐代・春秋經傳 20_204_13
唐代・春秋經傳 22_231_18

唐代・春秋經傳 27_283_12
唐代・春秋經傳 27_284_13
唐代・春秋經傳 28_285_1
唐代・春秋經傳 28_285_14
唐代・春秋經傳 28_290_3
唐代・春秋經傳 28_292_15
唐代・春秋經傳 29_296_3

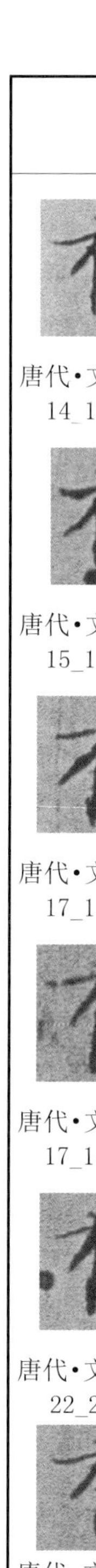
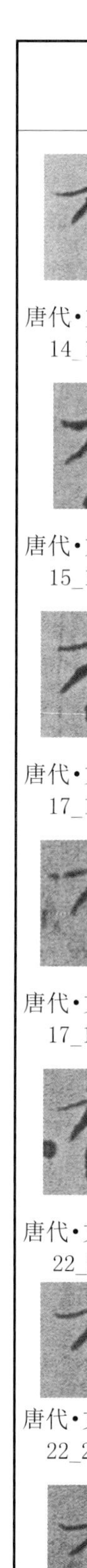

唐代•文選四八 14_128_20

唐代•文選四八 15_138_21

唐代•文選四八 17_152_20

唐代•文選四八 17_155_20

唐代•文選四八 22_200_3

唐代•文選四八 22_200_18

唐代•文選四八 22_203_15

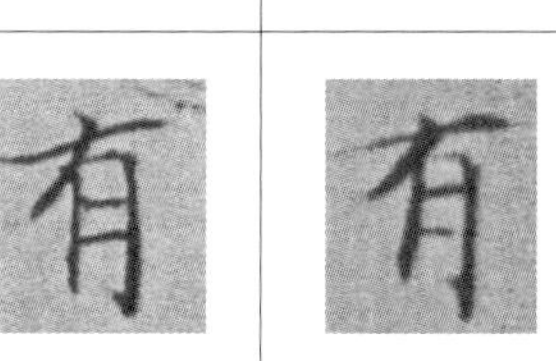

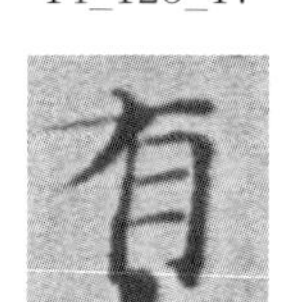

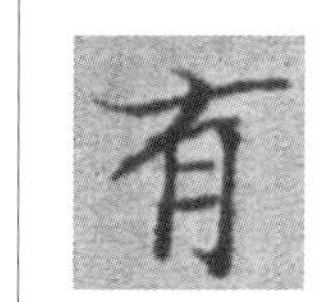
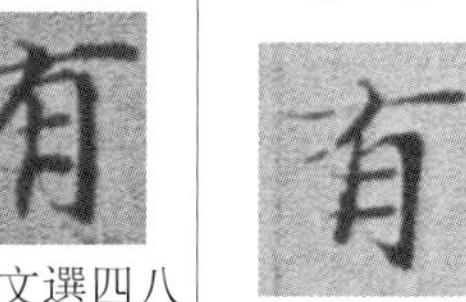
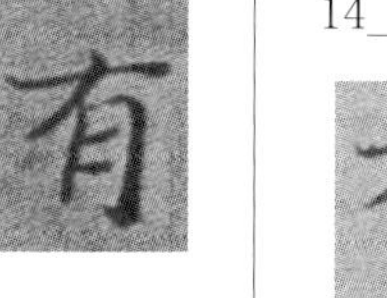

唐代•文選四八 12_110_22

唐代•文選四八 14_123_17

唐代•文選四八 14_125_25

唐代•文選四八 14_126_5

唐代•文選四八 14_126_22

唐代•文選四八 14_126_24

唐代•文選四八 14_127_6

唐代•文選四八 9_78_8

唐代•文選四八 9_79_6

唐代•文選四八 10_80_5

唐代•文選四八 12_102_16

唐代•文選四八 12_108_23

唐代•文選四八 12_110_9

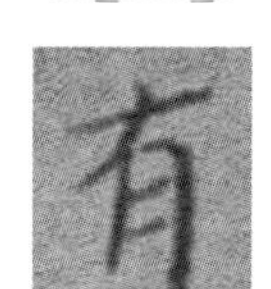
唐代•文選四八 12_110_13

唐代•文選四八 2_9_3

唐代•文選四八 2_10_8

唐代•文選四八 2_10_14

唐代•文選四八 3_20_2

唐代•文選四八 7_58_17

唐代•文選四八 7_58_23

唐代•文選四八 8_68_20

唐代•春秋經傳 36_381_15

唐代•春秋經傳 37_386_7

唐代•春秋經傳 38_396_14

唐代•春秋經傳 38_397_12

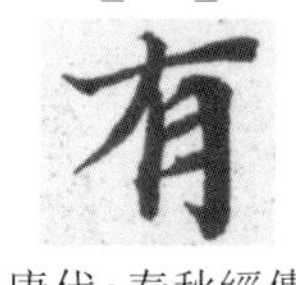
唐代•春秋經傳 38_398_13

唐代•文選四八 1_2_13

唐代•文選四八 1_7_21

唐代•春秋經傳 33_344_12

唐代•春秋經傳 33_347_31

唐代•春秋經傳 33_349_18

唐代•春秋經傳 35_365_3

唐代•春秋經傳 35_366_22

唐代•春秋經傳 35_370_1

唐代•春秋經傳 36_375_2

唐代•春秋經傳 29_299_17

唐代•春秋經傳 29_302_18

唐代•春秋經傳 30_316_11

唐代•春秋經傳 32_330_15

唐代•春秋經傳 32_332_24

唐代•春秋經傳 33_340_17

唐代•春秋經傳 33_342_17

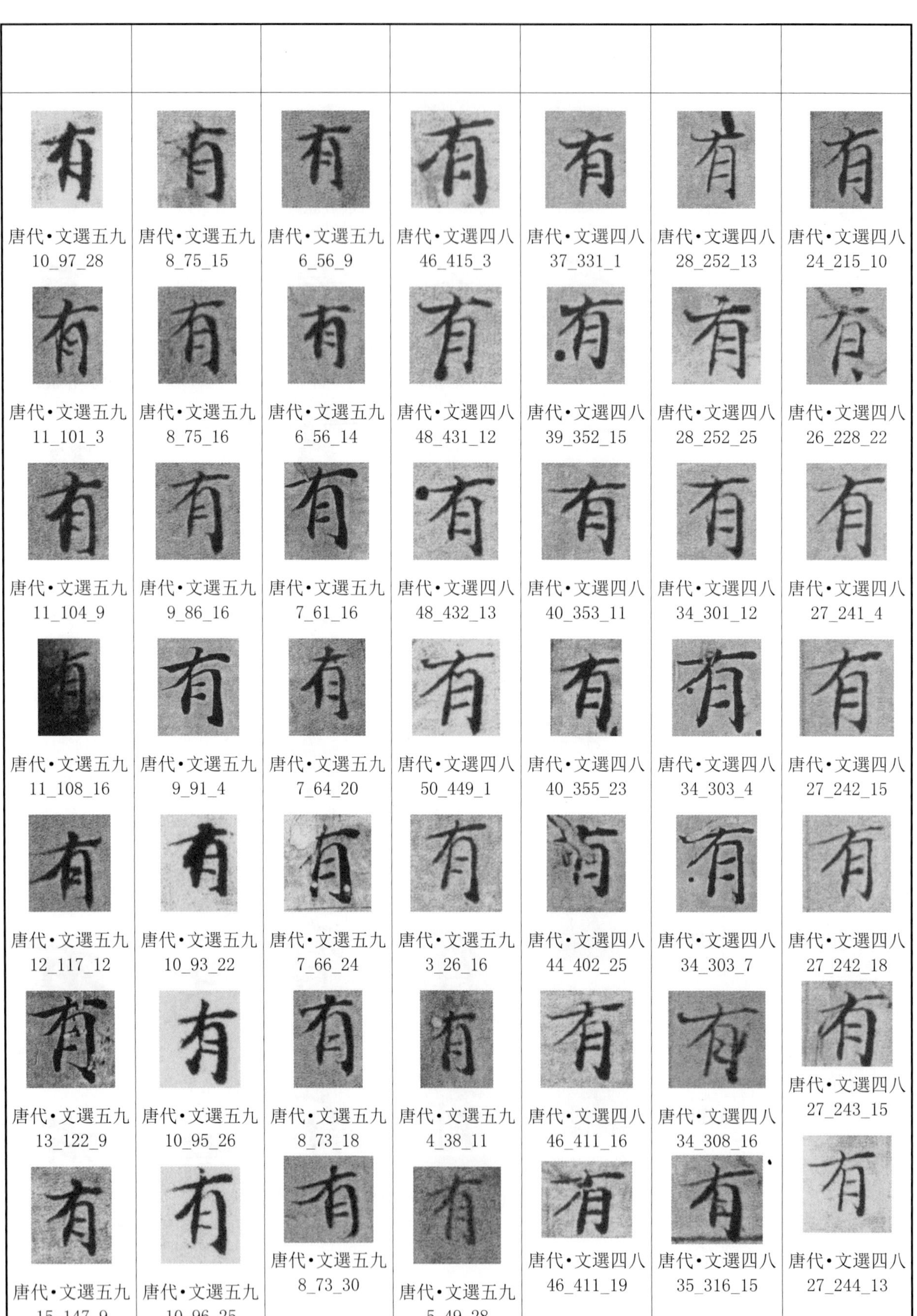

唐代•文選五九 10_97_28	唐代•文選五九 8_75_15	唐代•文選五九 6_56_9	唐代•文選四八 46_415_3	唐代•文選四八 37_331_1	唐代•文選四八 28_252_13	唐代•文選四八 24_215_10
唐代•文選五九 11_101_3	唐代•文選五九 8_75_16	唐代•文選五九 6_56_14	唐代•文選四八 48_431_12	唐代•文選四八 39_352_15	唐代•文選四八 28_252_25	唐代•文選四八 26_228_22
唐代•文選五九 11_104_9	唐代•文選五九 9_86_16	唐代•文選五九 7_61_16	唐代•文選四八 48_432_13	唐代•文選四八 40_353_11	唐代•文選四八 34_301_12	唐代•文選四八 27_241_4
唐代•文選五九 11_108_16	唐代•文選五九 9_91_4	唐代•文選五九 7_64_20	唐代•文選四八 50_449_1	唐代•文選四八 40_355_23	唐代•文選四八 34_303_4	唐代•文選四八 27_242_15
唐代•文選五九 12_117_12	唐代•文選五九 10_93_22	唐代•文選五九 7_66_24	唐代•文選五九 3_26_16	唐代•文選四八 44_402_25	唐代•文選四八 34_303_7	唐代•文選四八 27_242_18
唐代•文選五九 13_122_9	唐代•文選五九 10_95_26	唐代•文選五九 8_73_18	唐代•文選五九 4_38_11	唐代•文選四八 46_411_16	唐代•文選四八 34_308_16	唐代•文選四八 27_243_15
唐代•文選五九 15_147_9	唐代•文選五九 10_96_25	唐代•文選五九 8_73_30	唐代•文選五九 5_49_28	唐代•文選四八 46_411_19	唐代•文選四八 35_316_15	唐代•文選四八 27_244_13

唐代·文選五九 16_152_26
唐代·文選五九 16_153_4
唐代·文選五九 16_154_11
唐代·文選五九 17_159_14
唐代·文選五九 17_166_3
唐代·文選五九 19_184_7
唐代·文選五九 23_230_14
唐代·文選五九 23_231_12
唐代·文選五九 27_263_20
唐代·文選五九 27_268_22
唐代·文選五九 29_287_15
唐代·文選五九 29_290_28
唐代·文選五九 35_350_12
唐代·文選五九 37_363_4
唐代·文選五九 40_395_19
唐代·文選五九 40_396_21
唐代·文選五九 40_398_10
唐代·文選五九 41_399_10
唐代·文選五九 41_400_19
唐代·文選五九 41_402_14
唐代·文選五九 42_417_16
唐代·文選五九 43_420_7
唐代·文選五九 43_422_22
唐代·文選五九 43_426_19
唐代·文選五九 43_427_18
唐代·文選五九 44_435_25
唐代·文選五九 45_450_10
唐代·文選五九 47_462_20
唐代·文選五九 50_496_4
唐代·文選五九 51_503_15
唐代·文選五九 53_527_16
唐代·文選五九 56_542_13
唐代·文選五九 56_543_14
唐代·文選五九 56_549_22
唐代·文選五九 59_565_30
唐代·文選五九 60_573_27
唐代·文選五九 60_574_4
唐代·文選五九 66_634_25
唐代·文選五九 66_637_15
唐代·文選五九 66_642_7
唐代·文選五九 68_655_18
唐代·文選五九 69_665_25
唐代·文選五九 69_665_28
唐代·文選五九 70_672_30
唐代·文選五九 71_679_22
唐代·文選五九 71_681_7
唐代·文選五九 72_690_29
唐代·文選五九 72_691_3
唐代·文選五九 72_692_17

唐代•文選六八 3_31_5 | 唐代•文選六八 9_96_5 | 唐代•文選六八 13_137_12 | 唐代•文選六八 16_165_9 | 唐代•文選六八 17_171_20 | 唐代•文選六八 22_224_10 | 唐代•文選六八 25_251_22

唐代•文選六八 4_40_22 | 唐代•文選六八 9_97_8 | 唐代•文選六八 13_141_28 | 唐代•文選六八 16_165_12 | 唐代•文選六八 17_172_18 | 唐代•文選六八 23_230_23 | 唐代•文選六八 26_261_16

唐代•文選六八 7_72_8 | 唐代•文選六八 10_103_9 | 唐代•文選六八 15_155_21 | 唐代•文選六八 16_166_2 | 唐代•文選六八 18_185_5 | 唐代•文選六八 23_234_7 | 唐代•文選六八 27_274_14

唐代•文選六八 8_80_26 | 唐代•文選六八 10_105_22 | 唐代•文選六八 15_156_23 | 唐代•文選六八 16_166_8 | 唐代•文選六八 19_189_12 | 唐代•文選六八 23_234_11 | 唐代•文選六八 27_276_29

唐代•文選六八 8_86_12 | 唐代•文選六八 10_108_22 | 唐代•文選六八 15_158_24 | 唐代•文選六八 16_166_19 | 唐代•文選六八 20_205_12 | 唐代•文選六八 23_234_21 | 唐代•文選六八 29_289_12

唐代•文選六八 8_88_21

唐代•文選六八 11_118_1

唐代•文選六八 15_161_15

唐代•文選六八 16_166_25

唐代•文選六八 22_221_18

唐代•文選六八 24_245_29

唐代•文選六八 29_296_14

唐代•文選六八 9_96_1

唐代•文選六八 12_127_24

唐代•文選六八 16_164_16

唐代•文選六八 17_171_4

唐代•文選六八 22_222_18

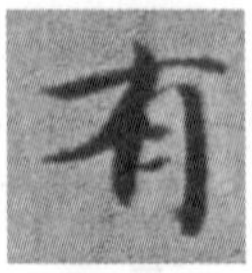

唐代•文選六八 25_251_18

唐代•文選六八 30_300_20

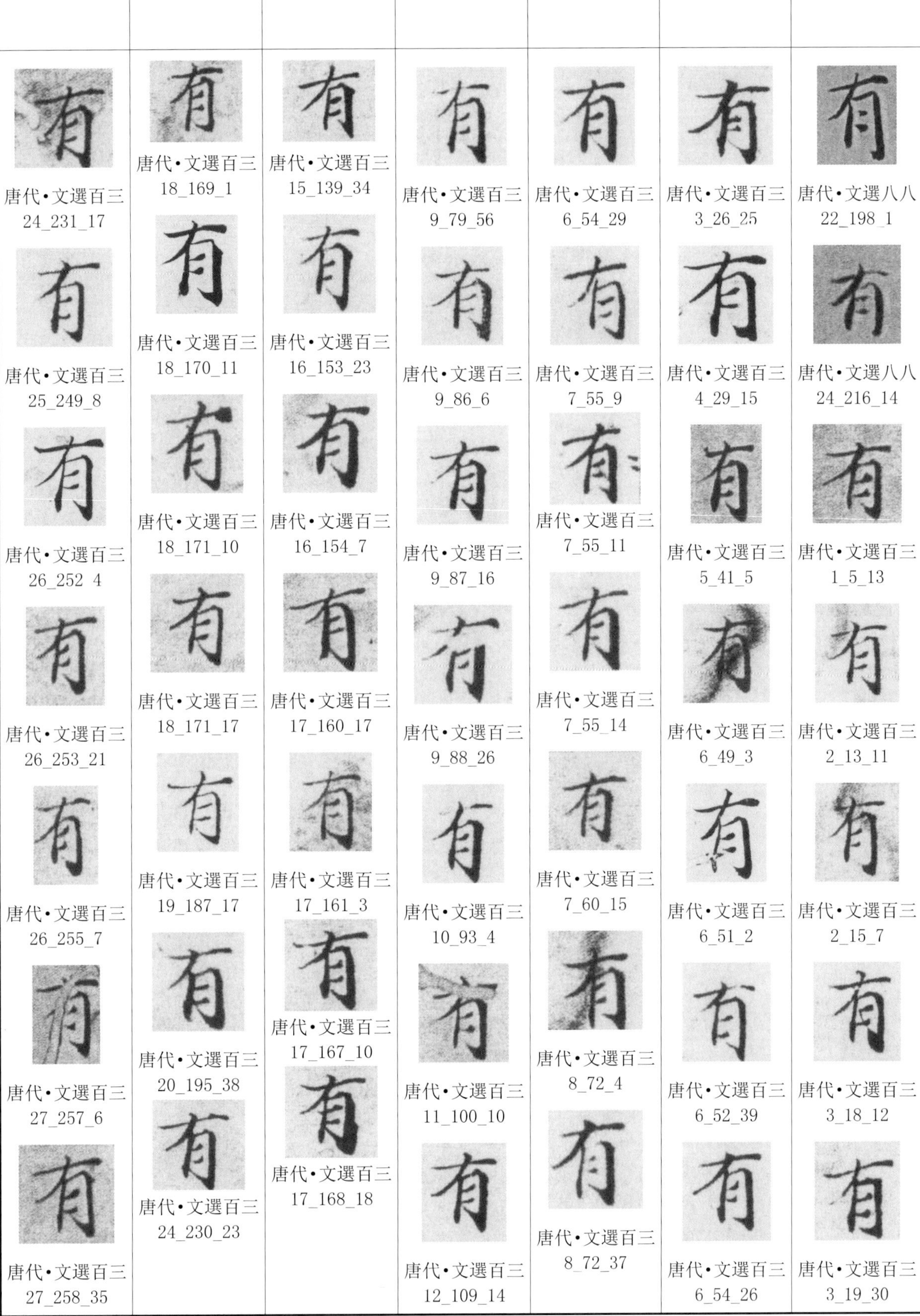

唐代•文選八八 22_198_1
唐代•文選八八 24_216_14
唐代•文選百三 1_5_13
唐代•文選百三 2_13_11
唐代•文選百三 2_15_7
唐代•文選百三 3_18_12
唐代•文選百三 3_19_30

唐代•文選百三 3_26_25
唐代•文選百三 4_29_15
唐代•文選百三 5_41_5
唐代•文選百三 6_49_3
唐代•文選百三 6_51_2
唐代•文選百三 6_52_39
唐代•文選百三 6_54_26

唐代•文選百三 6_54_29
唐代•文選百三 7_55_9
唐代•文選百三 7_55_11
唐代•文選百三 7_55_14
唐代•文選百三 7_60_15
唐代•文選百三 8_72_4
唐代•文選百三 8_72_37

唐代•文選百三 9_79_56
唐代•文選百三 9_86_6
唐代•文選百三 9_87_16
唐代•文選百三 9_88_26
唐代•文選百三 10_93_4
唐代•文選百三 11_100_10
唐代•文選百三 12_109_14

唐代•文選百三 15_139_34
唐代•文選百三 16_153_23
唐代•文選百三 16_154_7
唐代•文選百三 17_160_17
唐代•文選百三 17_161_3
唐代•文選百三 17_167_10
唐代•文選百三 17_168_18

唐代•文選百三 18_169_1
唐代•文選百三 18_170_11
唐代•文選百三 18_171_10
唐代•文選百三 18_171_17
唐代•文選百三 19_187_17
唐代•文選百三 20_195_38
唐代•文選百三 24_230_23

唐代•文選百三 24_231_17
唐代•文選百三 25_249_8
唐代•文選百三 26_252 4
唐代•文選百三 26_253_21
唐代•文選百三 26_255_7
唐代•文選百三 27_257_6
唐代•文選百三 27_258_35

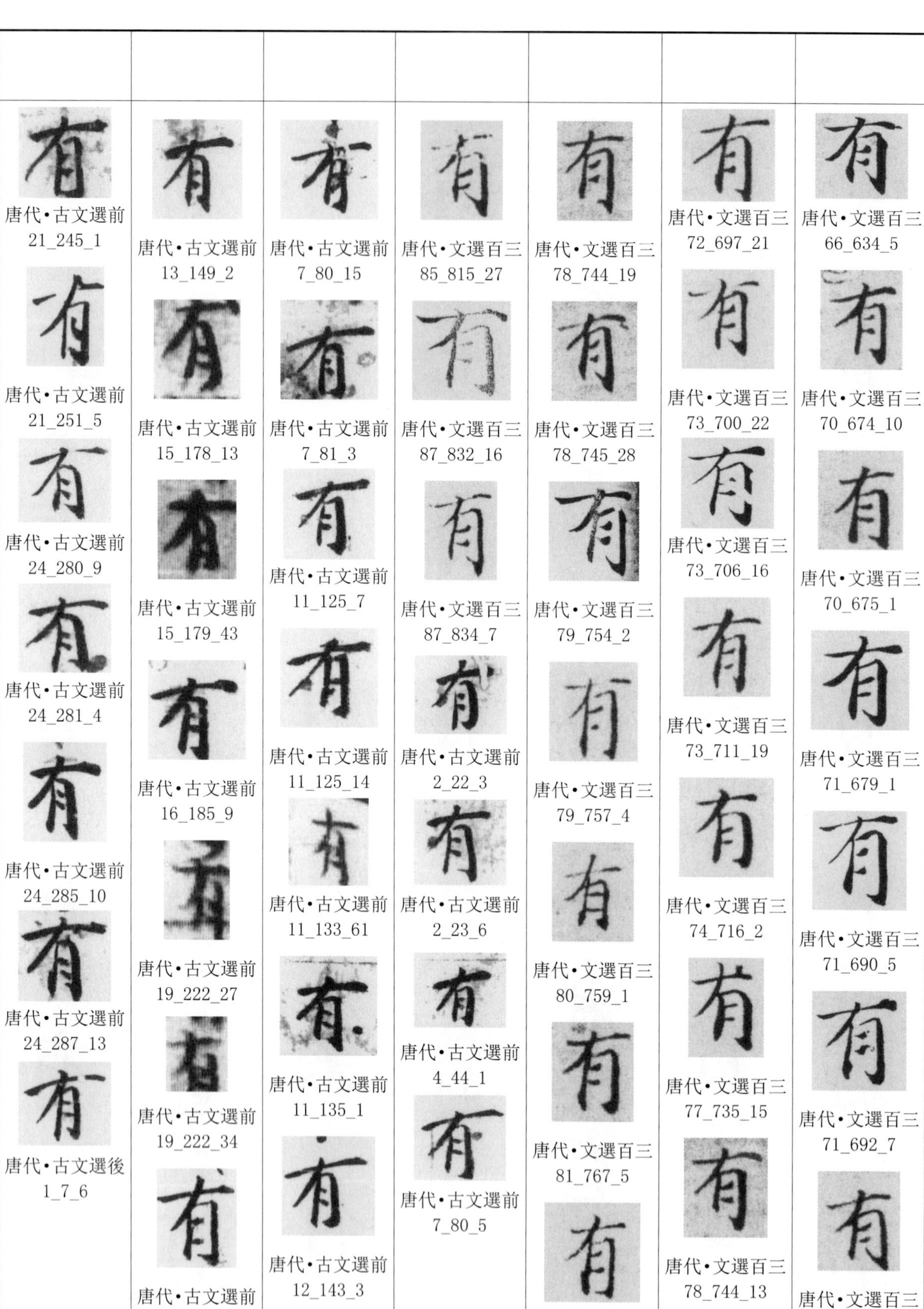

唐代·文選百三 66_634_5
唐代·文選百三 70_674_10
唐代·文選百三 70_675_1
唐代·文選百三 71_679_1
唐代·文選百三 71_690_5
唐代·文選百三 71_692_7
唐代·文選百三 72_695_12

唐代·文選百三 72_697_21
唐代·文選百三 73_700_22
唐代·文選百三 73_706_16
唐代·文選百三 73_711_19
唐代·文選百三 74_716_2
唐代·文選百三 77_735_15
唐代·文選百三 78_744_13

唐代·文選百三 78_744_19
唐代·文選百三 78_745_28
唐代·文選百三 79_754_2
唐代·文選百三 79_757_4
唐代·文選百三 80_759_1
唐代·文選百三 81_767_5
唐代·文選百三 85_806_1

唐代·文選百三 85_815_27
唐代·文選百三 87_832_16
唐代·文選百三 87_834_7
唐代·古文選前 2_22_3
唐代·古文選前 2_23_6
唐代·古文選前 4_44_1
唐代·古文選前 7_80_5

唐代·古文選前 7_80_15
唐代·古文選前 7_81_3
唐代·古文選前 11_125_7
唐代·古文選前 11_125_14
唐代·古文選前 11_133_61
唐代·古文選前 11_135_1
唐代·古文選前 12_143_3

唐代·古文選前 13_149_2
唐代·古文選前 15_178_13
唐代·古文選前 15_179_43
唐代·古文選前 16_185_9
唐代·古文選前 19_222_27
唐代·古文選前 19_222_34
唐代·古文選前 20_231_14

唐代·古文選前 21_245_1
唐代·古文選前 21_251_5
唐代·古文選前 24_280_9
唐代·古文選前 24_281_4
唐代·古文選前 24_285_10
唐代·古文選前 24_287_13
唐代·古文選後 1_7_6

唐代·十輪經四 3_46_4
唐代·十輪經四 3_46_16
唐代·十輪經四 3_53_6
唐代·十輪經四 3_57_3
唐代·十輪經四 3_60_5
唐代·十輪經四 4_63_4
唐代·十輪經四 4_64_7

唐代·十輪經四 1_7_2
唐代·十輪經四 1_11_7
唐代·十輪經四 1_15_1
唐代·十輪經四 1_22_10
唐代·十輪經四 2_31_16
唐代·十輪經四 2_35_15
唐代·十輪經四 2_38_6

唐代·古文選後 19_220_4
唐代·古文選後 20_233_9
唐代·古文選後 23_275_10
唐代·古文選後 24_283_5
唐代·古文選後 25_295_10
唐代·十輪經四 1_2_2
唐代·十輪經四 1_5_15

唐代·古文選後 16_189_3
唐代·古文選後 17_196_2
唐代·古文選後 17_198_13
唐代·古文選後 18_210_5
唐代·古文選後 18_212_9
唐代·古文選後 18_216_6
唐代·古文選後 18_216_10

唐代·古文選後 12_143_12
唐代·古文選後 13_146_11
唐代·古文選後 14_164_10
唐代·古文選後 15_171_10
唐代·古文選後 15_177_14
唐代·古文選後 15_180_13
唐代·古文選後 16_181_9

唐代·古文選後 6_66_15
唐代·古文選後 6_71_7
唐代·古文選後 9_96_9
唐代·古文選後 11_119_11
唐代·古文選後 12_135_8
唐代·古文選後 12_139_9
唐代·古文選後 12_141_1

唐代·古文選後 1_8_1
唐代·古文選後 1_8_5
唐代·古文選後 1_11_6
唐代·古文選後 2_15_1
唐代·古文選後 3_33_8
唐代·古文選後 3_34_2
唐代·古文選後 5_55_2

唐代•十輪經八 12_236_3
唐代•十輪經八 13_244_5
唐代•十輪經八 13_245_18
唐代•十輪經八 13_253_2
唐代•十輪經八 13_254_13
唐代•十輪經八 14_270_11
唐代•十輪經八 14_272_1
唐代•十輪經九 10_181_10
唐代•十輪經八 14_273_4
唐代•十輪經八 14_281_6
唐代•十輪經八 15_283_1
唐代•十輪經八 15_291_2
唐代•十輪經八 15_292_13
唐代•十輪經八 16_308_10
唐代•十輪經八 16_309_17
唐代•十輪經九 5_87_4
唐代•十輪經八 16_311_2
唐代•十輪經八 16_319_4
唐代•十輪經八 16_320_15
唐代•十輪經八 17_327_16
唐代•十輪經八 17_329_2
唐代•十輪經八 17_330_13
唐代•十輪經八 18_347_1
唐代•十輪經九 9_172_6
唐代•十輪經八 18_348_8
唐代•十輪經八 18_349_11
唐代•十輪經八 18_357_14
唐代•十輪經八 18_359_7
唐代•十輪經八 19_365_15
唐代•十輪經八 19_367_1
唐代•十輪經八 19_368_13
唐代•十輪經八 20_385_5
唐代•十輪經八 20_386_4
唐代•十輪經八 20_387_7
唐代•十輪經八 20_395_10
唐代•十輪經八 20_397_4
唐代•十輪經八 21_404_11
唐代•十輪經八 21_406_5
唐代•十輪經九 10_197_4
唐代•十輪經八 22_422_17
唐代•十輪經八 22_424_5
唐代•十輪經八 22_425_12
唐代•十輪經八 22_426_15
唐代•十輪經八 22_435_1
唐代•十輪經八 22_436_11
唐代•十輪經九 1_4_11
唐代•十輪經九 10_180_12
唐代•十輪經九 1_6_5
唐代•十輪經九 2_22_14
唐代•十輪經九 2_24_4
唐代•十輪經九 2_25_7
唐代•十輪經九 2_33_10
唐代•十輪經九 2_35_4
唐代•十輪經九 3_42_12
唐代•十輪經九 6_109_12

唐代·十輪經十 1_19_7
唐代·十輪經十 2_25_15
唐代·十輪經十 2_36_12
唐代·十輪經十 3_41_15
唐代·十輪經十 3_48_15
唐代·十輪經十 3_55_11
唐代·十輪經十 3_56_13
唐代·十輪經十 3_59_14
唐代·十輪經十 4_60_17
唐代·十輪經十 4_61_15
唐代·十輪經十 4_62_10
唐代·十輪經十 4_63_5
唐代·十輪經十 4_64_1
唐代·十輪經十 4_65_7
唐代·十輪經十 4_78_10
唐代·十輪經十 5_81_8
唐代·十輪經十 5_82_15
唐代·十輪經十 5_84_1
唐代·十輪經十 5_85_12
唐代·十輪經十 5_89_2
唐代·十輪經十 5_89_14
唐代·十輪經十 5_90_13
唐代·十輪經十 5_91_12
唐代·十輪經十 5_92_11
唐代·十輪經十 5_94_8
唐代·十輪經十 5_94_12
唐代·十輪經十 5_95_7
唐代·十輪經十 5_95_10
唐代·十輪經十 6_104_15
唐代·十輪經十 6_105_10
唐代·十輪經十 6_109_2
唐代·十輪經十 6_114_1
唐代·十輪經十 6_115_8
唐代·十輪經十 7_124_4
唐代·十輪經十 7_125_14
唐代·十輪經十 7_128_1
唐代·十輪經十 7_130_4
唐代·十輪經十 7_131_12
唐代·十輪經十 7_136_4
唐代·十輪經十 7_136_11
唐代·十輪經十 7_137_10
唐代·十輪經十 7_138_9
唐代·十輪經十 7_139_14
唐代·十輪經十 8_140_3
唐代·十輪經十 8_141_12
唐代·十輪經十 8_141_18
唐代·十輪經十 8_145_1
唐代·十輪經十 8_146_3
唐代·十輪經十 8_159_9

唐代•十輪經十 8_160_11
唐代•十輪經十 9_162_11
唐代•十輪經十 9_163_16
唐代•十輪經十 9_164_12
唐代•十輪經十 9_170_5
唐代•十輪經十 9_172_4
唐代•十輪經十 9_176_6
唐代•十輪經十 9_177_8
唐代•十輪經十 9_180_2
唐代•十輪經十 10_182_11
唐代•十輪經十 10_187_5
唐代•十輪經十 10_196_4
唐代•十輪經十 10_199_12
唐代•十輪經十 12_228_4
唐代•十輪經十 12_228_8
唐代•十輪經十 12_231_2
唐代•十輪經十 12_238_7
唐代•十輪經十 13_247_2
唐代•十輪經十 13_251_2
唐代•十輪經十 13_256_9
唐代•十輪經十 14_265_4
唐代•十輪經十 15_291_16
唐代•十輪經十 15_292_15
唐代•十輪經十 15_296_8
唐代•十輪經十 16_311_3
唐代•十輪經十 17_322_14
唐代•十輪經十 17_326_4
唐代•十輪經十 17_328_1
唐代•十輪經十 17_330_2
唐代•十輪經十 17_333_13
唐代•十輪經十 17_336_1
唐代•十輪經十 17_337_8
唐代•十輪經十 17_339_2
唐代•十輪經十 17_340_11
唐代•十輪經十 18_342_5
唐代•十輪經十 18_343_4
唐代•十輪經十 18_344_3
唐代•十輪經十 18_345_6
唐代•十輪經十 18_346_17
唐代•十輪經十 18_348_11
唐代•十輪經十 18_350_6
唐代•十輪經十 18_352_10
唐代•十輪經十 18_355_3
唐代•十輪經十 18_357_13
唐代•十輪經十 19_362_18
唐代•十輪經十 19_375_4
唐代•十輪經十 19_375_10
唐代•十輪經十 19_379_8
唐代•十輪經十 19_379_14

朋

漢ホウ
訓とも

唐代•文選五九
13_129_23

唐代•文選五九
51_508_30

唐代•文選五九
64_616_5

唐代•文選五九
64_618_27

唐代•文選五九
68_654_12

隰朋
唐代•文選六八
11_117_5

紫朋
唐代•文選六八
16_166_7

十朋之龟
唐代•文選六八
16_166_27

肯

コウ漢カイ
訓うべなう

唐代•春秋經傳
2_19_25

唐代•春秋經傳
18_183_2

唐代•春秋經傳
18_188_16

唐代•文選五九
111_1060_28

唐代•古文選後
3_28_4

唐代•古文選後
10_116_9

唐代•十輪經四
20_384_5

肱

コウ
訓ひじ

唐代•文選四八
50_449_23

唐代•古文選後
2_14_12

肺

漢ハイ
訓はい

唐代•文選五九
39_381_18

肖

ショウ
訓にる

唐代•文選六八
59_596_24

肝

カン
訓きも

唐代•文選五九
39_381_17

唐代•文選六八
15_160_16

唐代•文選六八
32_323_22

唐代•文選六八
39_395_25

唐代•古文選後
5_59_12

肌

キ
訓はだ

唐代•文選六八
14_143_3

唐代•文選六八
14_143_18

唐代•文選六八
14_145_9

唐代•文選六八
14_146_1

唐代•文選六八
14_146_13

唐代•古文選前
7_86_6

唐代•古文選前
25_298_11

唐代•古文選後
10_112_12

肩

ケン
訓かた

唐代・文選五九
48_476_29

唐代・文選六八
36_362_8

唐代・文選六八
36_364_9

唐代・古文選前
8_92_24

育

イク
訓そだつ

初唐・法華義疏
1_8_16

唐代・文選四八
10_85_10

唐代・文選四八
10_88_10

唐代・文選四八
10_88_16

唐代・文選四八
10_89_9

唐代・文選五九
9_81_5

唐代・文選百三
67_644_33

唐代・古文選後
19_222_11

股

漢コ
訓また

唐代・文選四八
50_449_22

唐代・文選八八
12_99_10

唐代・文選八八
13_102_10

唐代・文選百三
41_412_29

唐代・古文選後
2_14_11

肴

漢コウ
訓さかな

唐代・文選五九
55_536_16

唐代・文選六八
21_212_12

唐代・古文選後
8_92_4

唐代・古文選後
20_237_13

唐代・文選五九
48_475_7

唐代・文選五九
49_478_27

唐代・文選五九
49_479_12

唐代・文選五九
54_529_18

唐代・文選五九
54_530_10

唐代・文選五九
54_531_14

唐代・文選五九
54_533_19

唐代・十輪經九
4_60_4

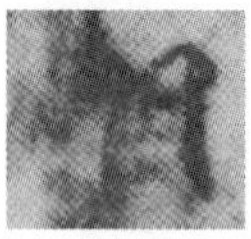
唐代・十輪經四
1_5_4

鵬音朋
唐代・文選八八
24_212_23

唐代・文選百三
9_84_1

唐代・文選百三
9_86_1

唐代・文選百三
9_87_35

良朋
唐代・文選百三
23_217_1

唐代・古文選前
25_294_10

朋友
唐代・十輪經四
5_83_3

肥

漢ヒ 呉ビ
訓こえる

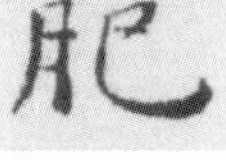
唐代・文選五九 72_690_22

唐代・文選五九 72_692_14

唐代・文選五九 72_692_28

唐代・文選五九 94_899_29

唐代・文選六八 4_36_27

唐代・文選六八 13_142_16

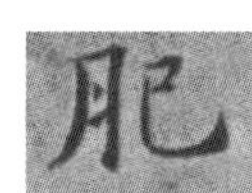
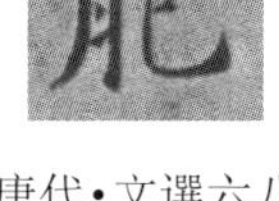
唐代・文選六八 14_145_5

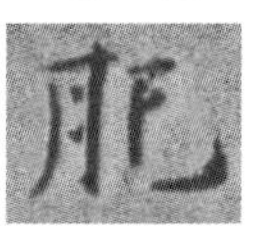
唐代・文選六八 14_146_15

服

漢フク
訓きる

唐代・春秋經傳 8_84_12

唐代・春秋經傳 8_84_17

唐代・春秋經傳 9_85_10

唐代・春秋經傳 9_87_8

唐代・春秋經傳 16_163_2

唐代・春秋經傳 23_240_12

唐代・春秋經傳 25_255_2

唐代・春秋經傳 25_255_8

唐代・春秋經傳 29_299_11

唐代・春秋經傳 31_321_12

唐代・春秋經傳 31_322_21

唐代・春秋經傳 31_323_19

唐代・春秋經傳 33_343_12

唐代・春秋經傳 36_375_15

唐代・春秋經傳 37_383_12

唐代・春秋經傳 37_383_22

唐代・春秋經傳 37_384_11

唐代・文選四八 4_22_5

唐代・文選四八 10_90_7

唐代・文選四八 10_92_10

唐代・文選四八 10_92_17

唐代・文選四八 11_94_8

唐代・文選四八 11_95_15

唐代・文選四八 26_228_11

唐代・文選五九 23_219_2

唐代・文選五九 23_221_27

唐代・文選五九 28_273_1

唐代・文選五九 42_414_2

唐代・文選五九 44_432_6

唐代・文選五九 61_582_21

唐代・文選五九 71_678_11

唐代・文選五九 80_776_2

唐代・文選五九 88_843_9

唐代・文選五九 88_846_14

唐代・文選五九 91_875_28

唐代・文選六八 2_20_27

唐代・文選六八 6_59_13

唐代・文選六八 22_220_1

唐代・文選六八 25_249_23

唐代・文選六八 25_257_2

唐代・文選六八 26_260_4

唐代・文選六八 28_280_8

唐代・文選六八 28_281_11

唐代・文選六八 28_282_16

唐代・文選六八 36_363_14

唐代・文選六八 41_408_14

唐代・文選六八 41_412_15

唐代・文選六八 47_477_20

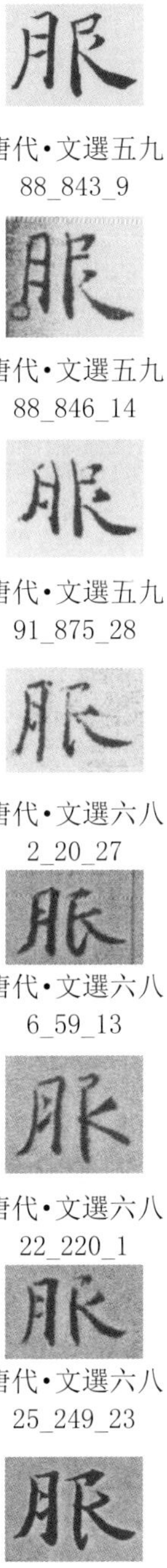

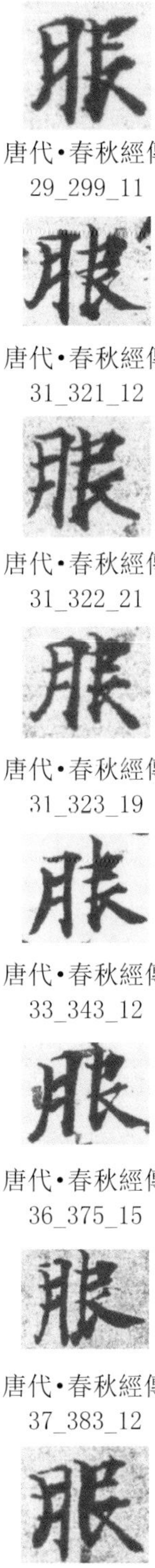

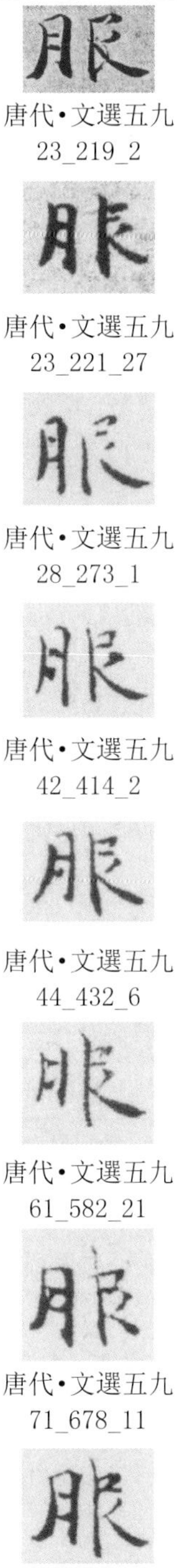

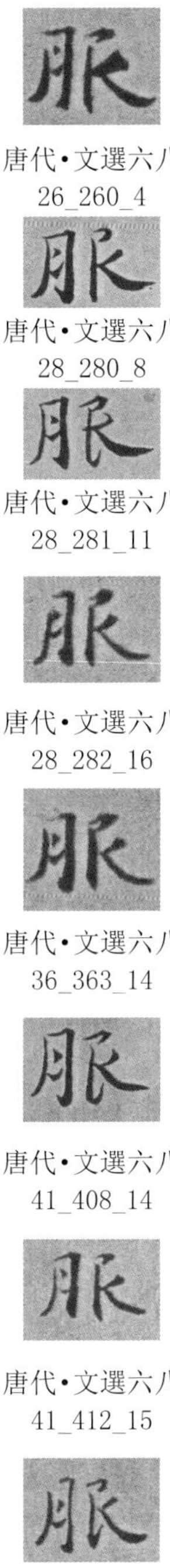

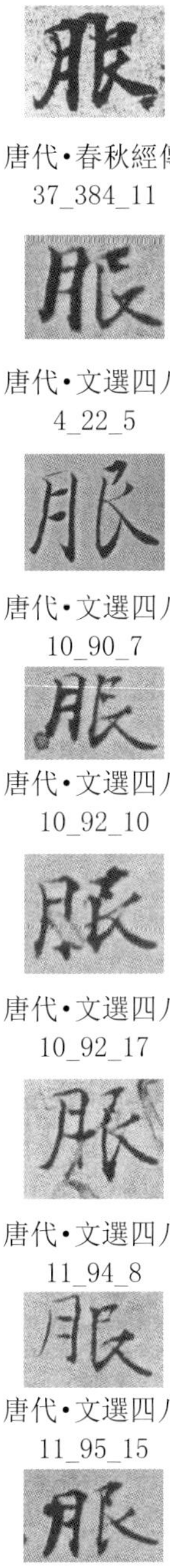

唐代•十輪經四 3_55_17

唐代•十輪經四 8_145_15

唐代•十輪經四 9_174_5

唐代•十輪經四 12_239_12

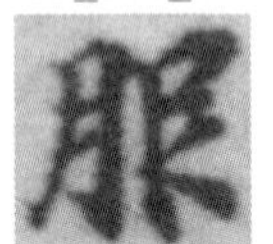
唐代•十輪經四 14_263_5

唐代•十輪經四 14_276_7

唐代•十輪經四 15_287_3

唐代•十輪經四 16_307_7

唐代•古文選後 1_7_14

唐代•古文選後 15_176_5

唐代•古文選後 18_213_10

唐代•古文選後 20_238_4

唐代•古文選後 22_255_9

唐代•古文選後 25_293_10

唐代•十輪經四 2_26_7

唐代•古文選前 1_12_12

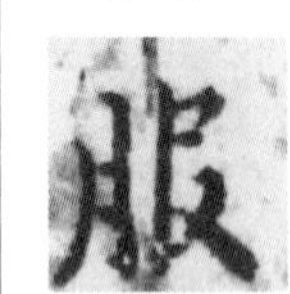
唐代•古文選前 3_33_12

唐代•古文選前 3_36_8

唐代•古文選前 6_65_14

唐代•古文選前 8_98_5

唐代•古文選前 19_229_3

唐代•古文選前 21_247_12

唐代•古文選後 1_3_2

唐代•文選百三 78_741_2

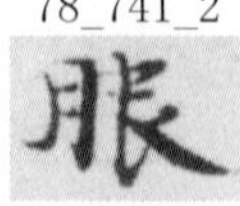
唐代•文選百三 78_742_18

唐代•文選百三 78_743_1

唐代•文選百三 78_743_11

唐代•文選百三 81_765_12

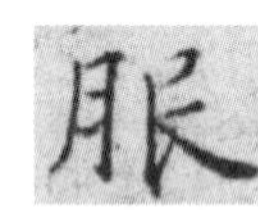
唐代•文選百三 81_765_26

唐代•文選百三 81_772_14

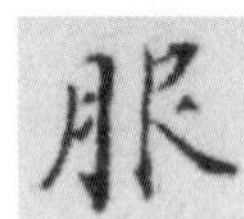
唐代•文選百三 84_802_21

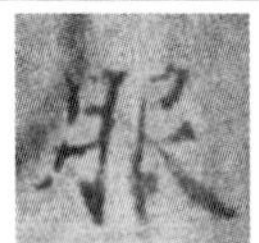
唐代•文選百三 1_8_21

唐代•文選百三 19_176_20

唐代•文選百三 19_179_12

唐代•文選百三 19_180_33

唐代•文選百三 19_181_20

唐代•文選百三 19_186_10

唐代•文選百三 21_201_37

唐代•文選百三 35_343_24

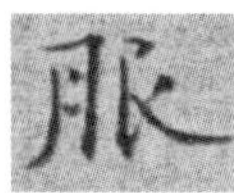
唐代•文選六八 55_558_29

唐代•文選六八 57_576_2

唐代•文選六八 73_729_1

唐代•文選六八 73_730_5

唐代•文選八八 3_17_5

唐代•文選八八 4_21_7

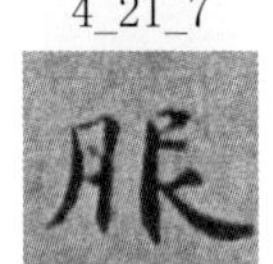
唐代•文選八八 5_23_35

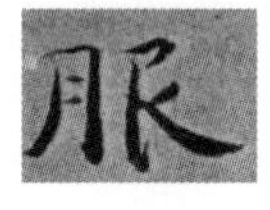
唐代•文選八八 8_58_4

唐代•文選六八 50_504_7

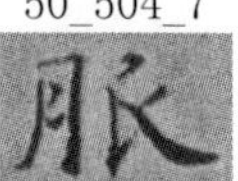
唐代•文選六八 51_505_19

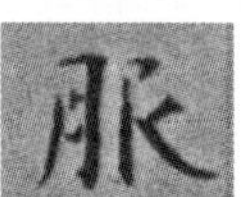
唐代•文選六八 51_507_5

唐代•文選六八 55_554_11

唐代•文選六八 55_555_1

唐代•文選六八 55_556_6

唐代•文選六八 55_556_12

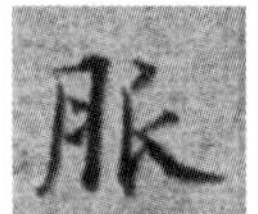
唐代•文選六八 55_558_13

唐代•十輪經四 17_326_9
唐代•十輪經四 20_385_12
唐代•十輪經八 12_234_2
唐代•十輪經八 14_271_3
唐代•十輪經九 7_138_16
唐代•十輪經九 8_152_5

脏

漢セイ呉ショウ
訓—

唐代•文選六八 15_160_6

胡

漢コ唐ウ呉ゴ
訓えびす

唐代•文選四八 45_404_11
唐代•文選五九 2_14_7
唐代•文選五九 8_78_18
唐代•文選五九 11_104_23
唐代•文選五九 22_217_20
唐代•文選五九 27_259_26
唐代•文選五九 29_287_12
唐代•文選五九 37_361_16

唐代•文選五九 54_534_20
唐代•文選五九 94_896_28
唐代•文選五九 99_939_5
唐代•文選六八 9_94_22
唐代•文選六八 13_133_15
唐代•文選六八 13_134_9
唐代•文選六八 13_136_10
唐代•文選六八 13_136_18

唐代•文選六八 13_141_18
唐代•文選六八 15_157_3
唐代•文選六八 32_323_19
唐代•文選六八 39_395_22
唐代•文選六八 51_506_11
唐代•文選六八 61_608_15
唐代•文選六八 72_717_9
唐代•文選八八 16_138_4

唐代•文選八八 18_158_6
唐代•文選八八 19_161_31
唐代•文選八八 19_162_9
唐代•文選百三 7_65_5
唐代•文選百三 11_98_2
唐代•文選百三 34_336_8
唐代•文選百三 35_352_16

唐代•文選百三 38_382_37
唐代•文選百三 58_557_30
唐代•文選百三 67_639_19
唐代•文選百三 67_652_22
唐代•文選百三 79_750_2
唐代•文選百三 79_751_3
唐代•文選百三 79_751_41
唐代•文選百三 79_751_45

		胄	胈		背	
		チュウ 訓よつぎ	漢ハツ 訓—		漢ハイ 訓せ	

唐代•十輪經九 15_291_2
唐代•十輪經九 16_301_17
唐代•十輪經九 16_305_14
唐代•十輪經九 18_340_1
唐代•十輪經九 18_342_3
唐代•十輪經九 18_355_8
唐代•十輪經九 18_356_7

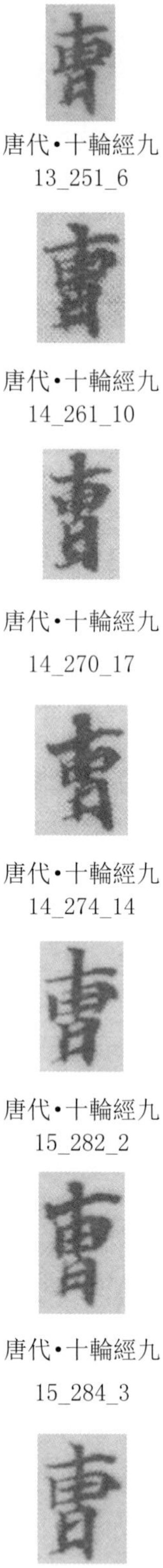

唐代•十輪經九 13_251_6
唐代•十輪經九 14_261_10
唐代•十輪經九 14_270_17
唐代•十輪經九 14_274_14
唐代•十輪經九 15_282_2
唐代•十輪經九 15_284_3
唐代•十輪經九 15_290_3

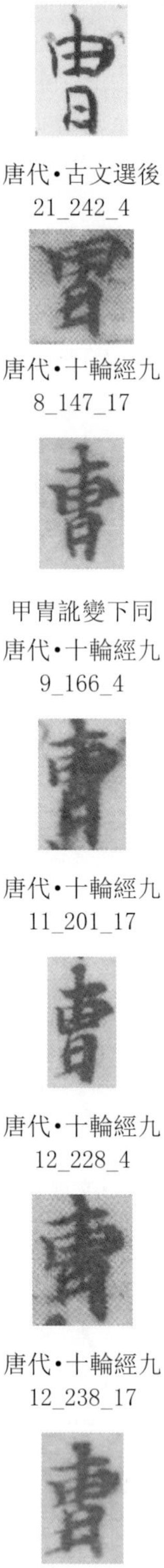

唐代•古文選後 21_242_4
唐代•十輪經九 8_147_17
甲胄訛變下同
唐代•十輪經九 9_166_4
唐代•十輪經九 11_201_17
唐代•十輪經九 12_228_4
唐代•十輪經九 12_238_17
唐代•十輪經九 13_249_4

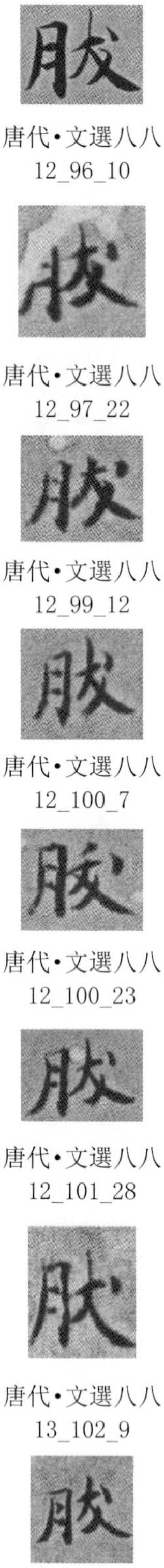

唐代•文選八八 12_96_10
唐代•文選八八 12_97_22
唐代•文選八八 12_99_12
唐代•文選八八 12_100_7
唐代•文選八八 12_100_23
唐代•文選八八 12_101_28
唐代•文選八八 13_102_9
唐代•文選八八 13_103_16

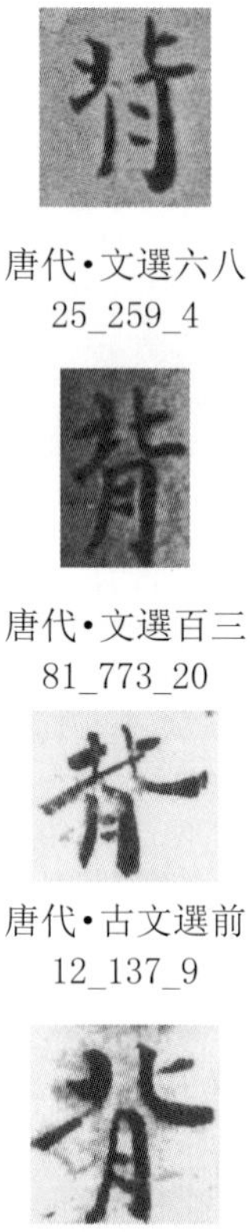

唐代•文選六八 25_259_4
唐代•文選百三 81_773_20
唐代•古文選前 12_137_9
唐代•古文選前 14_168_9

唐代•文選四八 18_164_12
唐代•文選五九 25_244_11
唐代•文選五九 30_296_23
唐代•文選五九 82_784_25
唐代•文選六八 4_36_15
唐代•文選六八 6_58_8
唐代•文選六八 6_61_20

唐代•文選百三 79_751_52
唐代•文選百三 80_760_16
唐代•古文選前 23_272_11
唐代•古文選前 24_278_6
唐代•古文選前 26_303_10

胞	胙					
漢ホウ 吳ヒョウ 訓えな	漢ソ、サク 訓ひもろぎ					
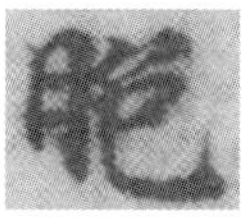 唐代•十輪經八 10_196_9	 唐代•文選八八 3_19_27	 唐代•十輪經十 13_253_13	 唐代•十輪經十 10_186_14	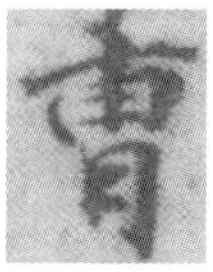 唐代•十輪經十 7_137_9	 唐代•十輪經十 2_32_7	 唐代•十輪經九 19_370_14
	 唐代•文選百三 75_725_5	 唐代•十輪經十 13_255_7	 唐代•十輪經十 10_188_4	 唐代•十輪經十 7_138_4	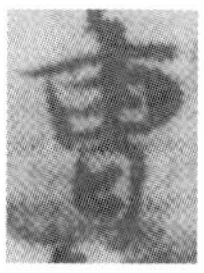 唐代•十輪經十 2_37_2	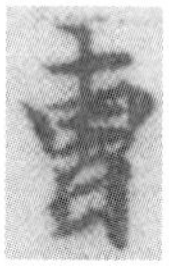 唐代•十輪經九 20_392_1
		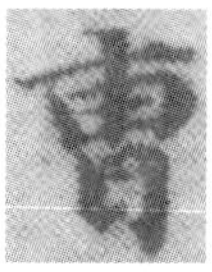 唐代•十輪經十 14_261_5	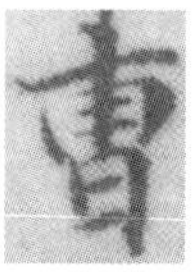 唐代•十輪經十 10_189_12	 唐代•十輪經十 8_142_15	 唐代•十輪經十 3_41_4	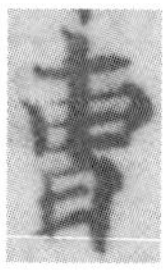 唐代•十輪經九 21_413_2
		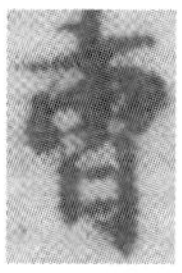 唐代•十輪經十 14_262_16	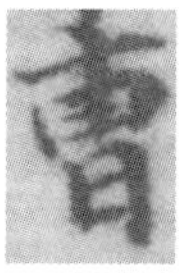 唐代•十輪經十 11_201_15	 唐代•十輪經十 8_147_17	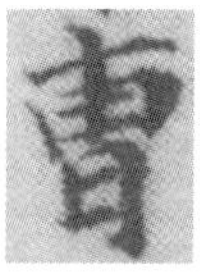 唐代•十輪經十 5_97_12	 唐代•十輪經九 21_414_2
		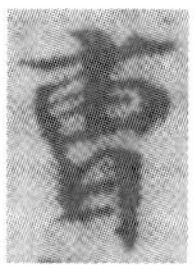 唐代•十輪經十 14_274_1	 唐代•十輪經十 11_207_16	 唐代•十輪經十 8_153_8	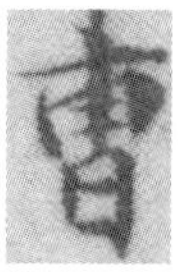 唐代•十輪經十 6_118_5	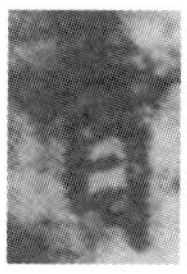 唐代•十輪經十 1_2_17
		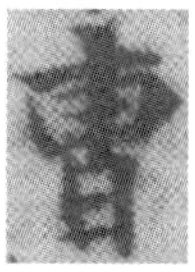 唐代•十輪經十 16_306_8	 唐代•十輪經十 12_236_14	 唐代•十輪經十 8_154_8	 唐代•十輪經十 6_119_9	 唐代•十輪經十 1_6_15
		 唐代•十輪經十 16_308_11	 唐代•十輪經十 13_244_6	 唐代•十輪經十 9_164_17	 唐代•十輪經十 7_131_17	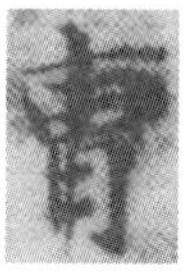 唐代•十輪經十 2_21_1

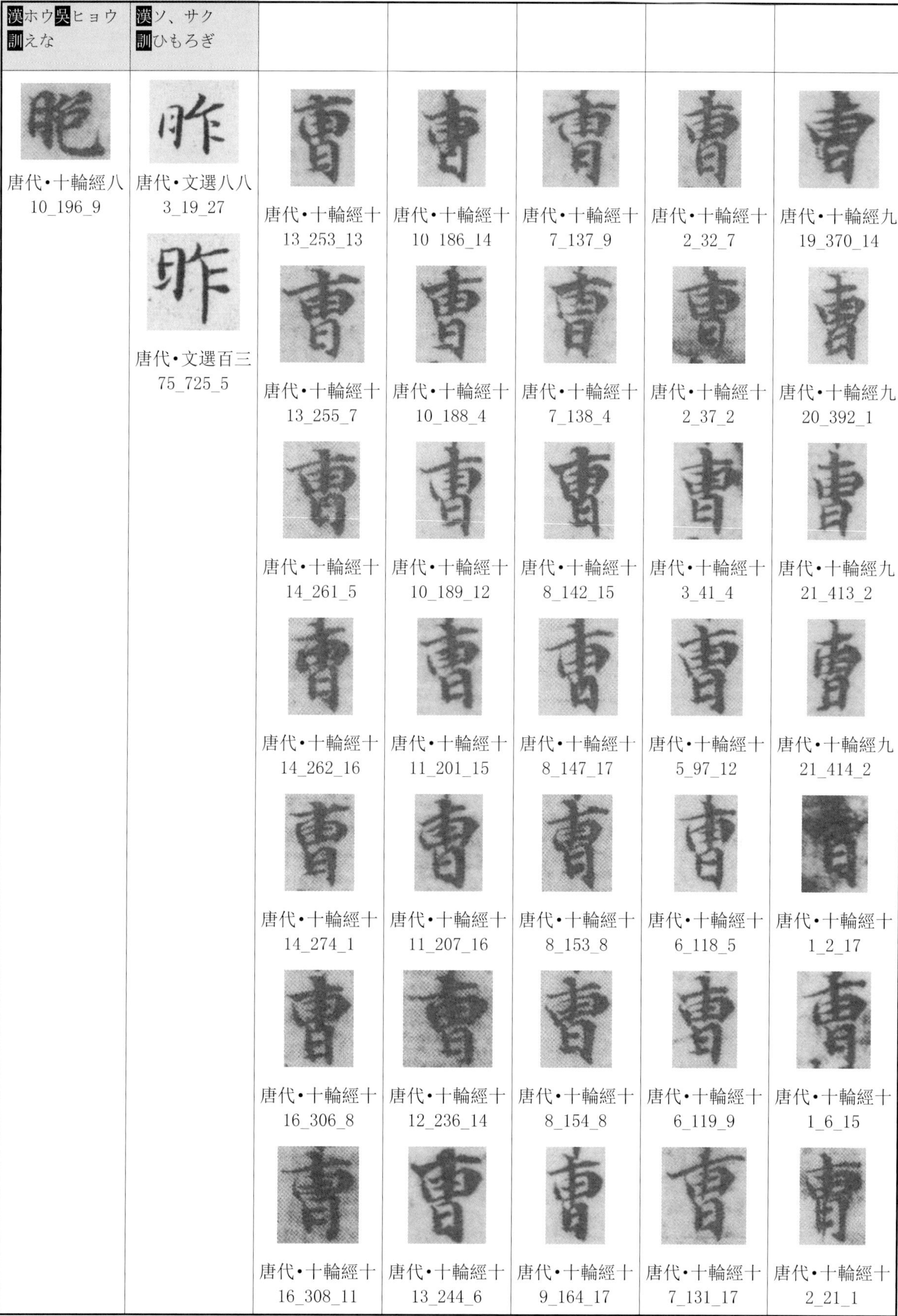

胸

漢キョウ
訓むね

唐代・文選五九
72_690_9

唐代・文選百三
21_206_17

胹

漢ジ 呉ニ
訓にる

唐代・春秋經傳
8_74_4

朏

ヒ
訓みかづき

唐代・古文選後
18_213_13

胎

タイ
訓はらご

中唐・灌頂歷名
1_6_1

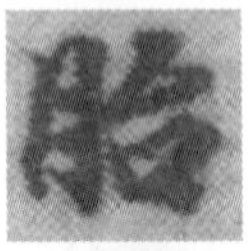
唐代・十輪經八
10_196_10

唐代・文選五九
92_880_15

唐代・古文選後
14_159_6

胥

漢ショ 呉ソ
訓しおから

唐代・春秋經傳
1_5_9

唐代・春秋經傳
2_19_5

唐代・春秋經傳
2_19_10

唐代・春秋經傳
3_20_5

唐代・春秋經傳
29_299_15

唐代・春秋經傳
29_300_9

唐代・春秋經傳
29_301_2

胝

チ
訓たこ

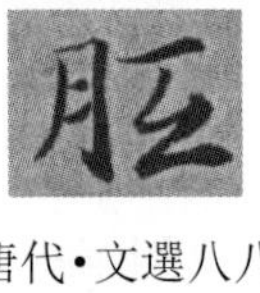
唐代・文選八八
12_96_8

唐代・文選八八
12_98_10

唐代・文選八八
12_99_24

唐代・文選八八
12_101_24

唐代・文選八八
13_102_6

唐代・文選八八
13_103_12

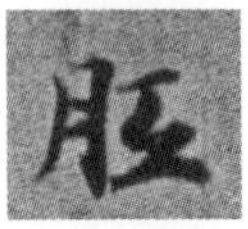
唐代・文選八八
13_103_14

唐代・十輪經十
15_299_12

脂

シ
訓あぶら

唐代•文選四八
38_338_11

唐代•文選四八
38_340_6

唐代•文選四八
38_341_22

唐代•文選六八
14_144_16

唐代•文選百三
61_582_2

唐代•古文選後
3_31_1

脊

漢セキ
訓せ

唐代•文選六八
69_692_21

胼

漢ヘン呉ベン
訓かたい

唐代•文選八八
12_99_23

唐代•文選八八
12_99_31

唐代•文選八八
13_103_13

朔

サク
訓ついたち

唐代•春秋經傳
29_300_13

唐代•春秋經傳
29_300_17

唐代•春秋經傳
32_333_6

唐代•文選四八
6_51_13

唐代•文選四八
6_52_13

唐代•文選四八
6_53_18

唐代•文選四八
44_401_1

唐代•文選五九
69_663_1

唐代•文選五九
69_666_14

唐代•文選五九
103_969_27

唐代•文選五九
103_972_21

唐代•文選五九
103_974_14

唐代•文選五九
105_987_1

唐代•文選六八
5_52_12

唐代•文選百三
79_749_9

唐代•文選六八
70_697_17

唐代•文選百三
79_751_39

唐代•古文選後
5_58_6

唐代•古文選後
17_193_4

唐代•古文選後
18_208_2

唐代•古文選後
23_269_1

朕

漢チン呉ジン
訓われ

唐代•文選百三
37_376_3

唐代•文選百三
53_509_24

朗

ロウ
訓ほがらか

唐代・文選四八
31_282_4

唐代・文選四八
32_290_35

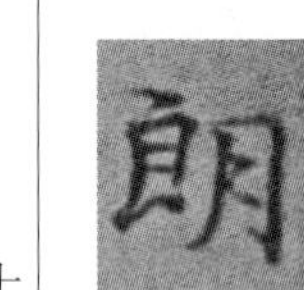
唐代・文選四八
32_291_21

唐代・文選五九
86_828_21

唐代・文選六八
6_55_25

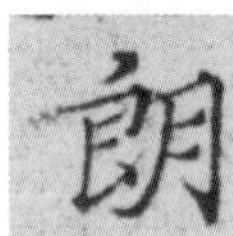
唐代・文選百三
17_159_15

唐代・古文選前
8_92_59

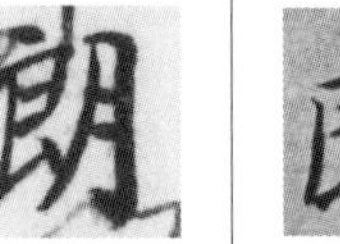
唐代・古文選前
4_48_13

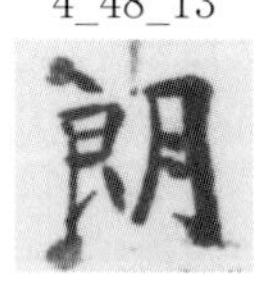
唐代・古文選後
13_145_6

唐代・十輪經十
13_258_6

能

吳ノウ漢ドウ、ダイ
訓あたう

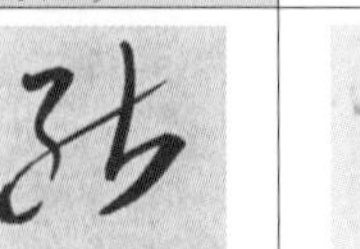
中唐・金剛經題
2_11_10

中唐・風信帖
2_7_3

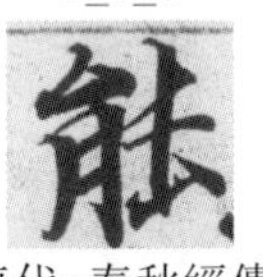
唐代・春秋經傳
7_69_1

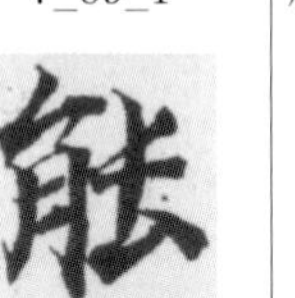
唐代・春秋經傳
8_80_6

唐代・春秋經傳
8_81_16

唐代・春秋經傳
8_82_6

唐代・春秋經傳
8_84_1

唐代・春秋經傳
8_84_26

唐代・春秋經傳
9_85_2

唐代・春秋經傳
14_147_6

唐代・春秋經傳
14_147_12

唐代・春秋經傳
19_201_9

唐代・春秋經傳
19_202_2

唐代・春秋經傳
31_324_2

唐代・春秋經傳
35_371_3

唐代・春秋經傳
36_382_17

唐代・春秋經傳
37_386_5

唐代・文選四八
7_58_9

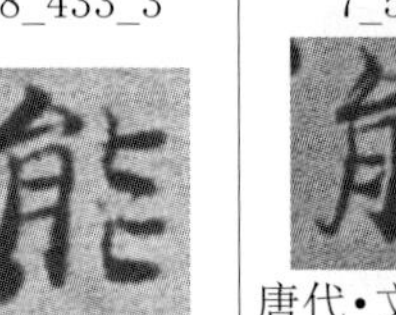
唐代・文選四八
23_208_16

唐代・文選四八
28_256_15

唐代・文選四八
32_286_4

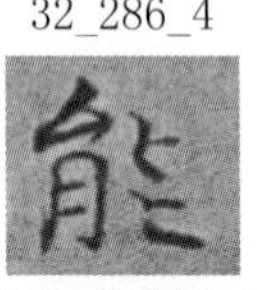
唐代・文選四八
36_328_6

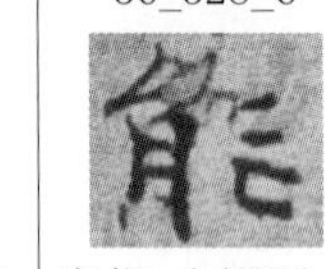
唐代・文選四八
42_375_7

唐代・文選四八
42_382_9

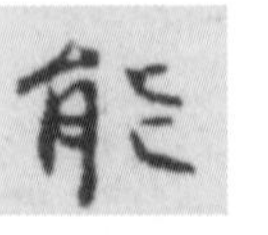
唐代・文選四八
48_431_2

唐代・文選四八
48_433_3

唐代・文選四八
48_433_13

唐代・文選四八
48_434_13

唐代・文選五九
5_51_11

唐代・文選五九
6_53_23

唐代・文選五九
7_62_20

唐代・文選五九
13_130_27

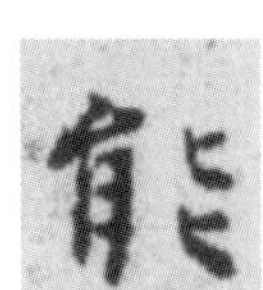
唐代・文選五九
29_280_15

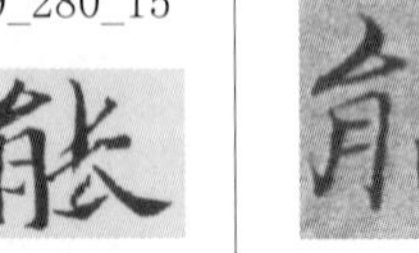
唐代・文選五九
32_316_9

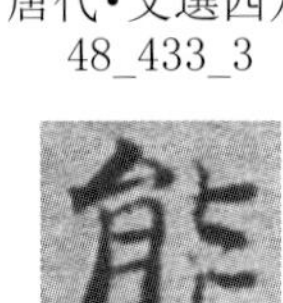
唐代・文選五九
35_342_26

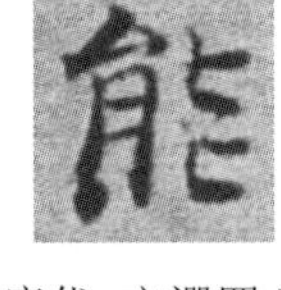
唐代・文選五九
37_359_11

唐代・文選五九
37_362_13

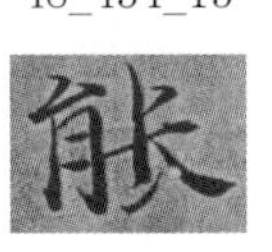
唐代・文選五九
37_372_25

唐代・文選五九
42_412_8

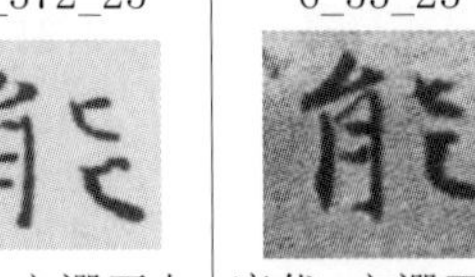
唐代・文選五九
43_422_3

唐代•文選百三9_78_24

唐代•文選百三9_88_9

唐代•文選百三15_143_28

唐代•文選百三15_146_3

唐代•文選百三16_149_10

唐代•文選百三16_150_7

唐代•文選百三16_151_22

唐代•文選百三19_184_2

唐代•文選八八11_94_36

唐代•文選八八14_118_6

唐代•文選八八15_133_7

唐代•文選八八17_153_11

唐代•文選八八18_157_9

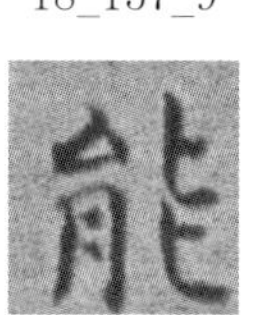
唐代•文選八八18_159_23

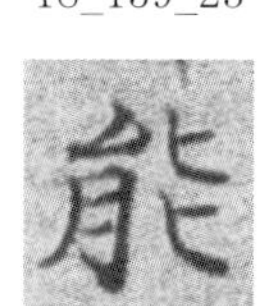
唐代•文選百三5_39_14

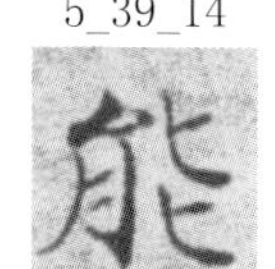
唐代•文選百三5_48_21

唐代•文選六八62_623_1

唐代•文選六八67_672_2

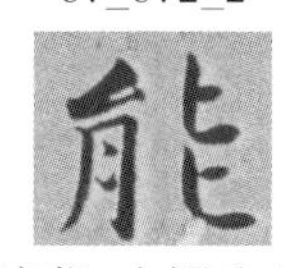
唐代•文選八八6_39_8

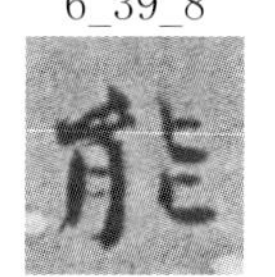
唐代•文選八八7_42_28

唐代•文選八八7_50_10

唐代•文選八八7_50_19

唐代•文選八八9_64_18

唐代•文選八八9_75_25

唐代•文選六八36_364_21

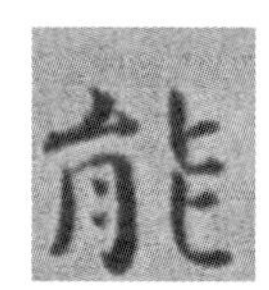
唐代•文選六八37_366_7

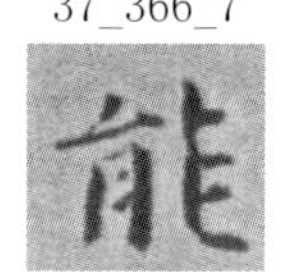
唐代•文選六八37_368_21

唐代•文選六八39_388_12

唐代•文選六八48_479_5

唐代•文選六八49_487_16

唐代•文選六八49_489_6

唐代•文選六八57_578_2

唐代•文選六八11_112_6

唐代•文選六八14_145_16

唐代•文選六八19_197_21

唐代•文選六八21_213_1

唐代•文選六八24_240_27

唐代•文選六八28_280_4

唐代•文選六八33_326_12

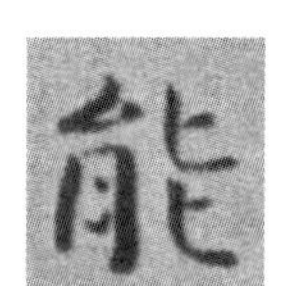
唐代•文選六八36_359_15

唐代•文選五九93_893_5

唐代•文選五九94_906_7

唐代•文選五九96_909_1

唐代•文選五九107_1015_10

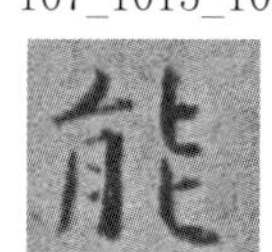
唐代•文選六八4_36_3

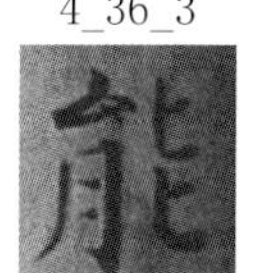
唐代•文選六八4_44_9

唐代•文選六八5_50_10

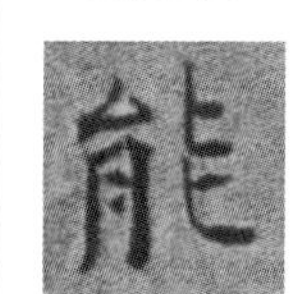
唐代•文選六八9_97_25

唐代•文選五九51_507_2

唐代•文選五九61_581_3

唐代•文選五九65_624_10

唐代•文選五九71_680_1

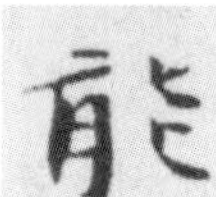
唐代•文選五九83_799_28

唐代•文選五九92_878_1

唐代•文選五九92_882_26

唐代•文選五九92_889_7

唐代•十輪經四 11_214_6

唐代•十輪經四 13_251_15

唐代•十輪經四 18_346_7

唐代•十輪經四 18_346_15

唐代•十輪經四 18_347_6

唐代•十輪經四 20_400_12

唐代•十輪經四 21_402_5

唐代•十輪經四 21_403_8

唐代•古文選後 9_96_5

唐代•古文選後 9_106_5

唐代•古文選後 10_113_11

唐代•古文選後 23_266_9

唐代•古文選後 24_279_12

唐代•古文選後 26_302_5

唐代•十輪經四 1_16_4

唐代•十輪經四 10_191_16

唐代•文選百三 75_721_4

唐代•文選百三 76_731_18

唐代•文選百三 77_739_3

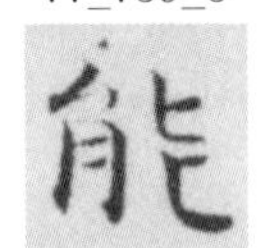
唐代•文選百三 77_739_8

唐代•文選百三 78_745_12

唐代•文選百三 80_759_13

唐代•古文選前 15_175_14

唐代•古文選前 26_307_13

唐代•文選百三 61_585_33

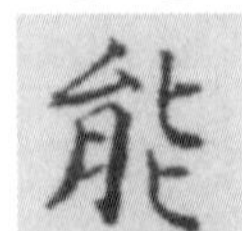
唐代•文選百三 61_588_2

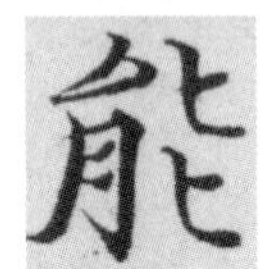
唐代•文選百三 66_634_10

唐代•文選百三 70_673_3

唐代•文選百三 70_676_9

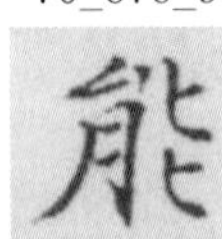
唐代•文選百三 73_709_26

唐代•文選百三 73_710_1

唐代•文選百三 74_714_20

唐代•文選百三 55_524_2

唐代•文選百三 55_524_28

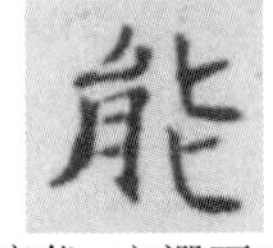
唐代•文選百三 56_538_2

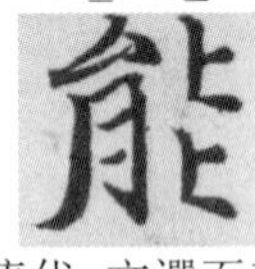
唐代•文選百三 56_540_3

唐代•文選百三 56_542_12

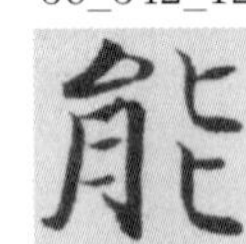
唐代•文選百三 57_556_1

唐代•文選百三 58_557_19

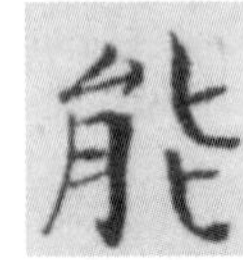
唐代•文選百三 59_566_33

唐代•文選百三 38_380_5

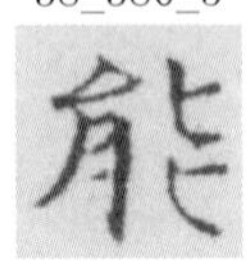
唐代•文選百三 39_388_27

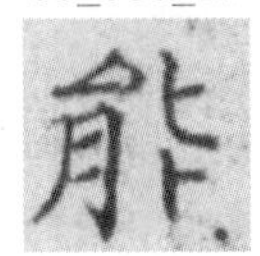
唐代•文選百三 46_445_7

唐代•文選百三 47_453_19

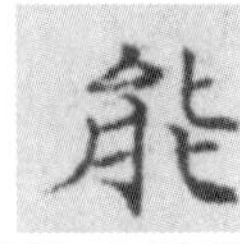
唐代•文選百三 49_466_4

唐代•文選百三 49_478_16

唐代•文選百三 53_509_27

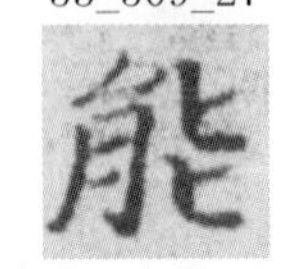
唐代•文選百三 54_523_22

唐代•文選百三 19_187_16

唐代•文選百三 19_189_8

唐代•文選百三 20_190_25

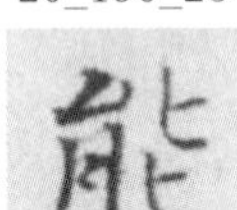
唐代•文選百三 20_190_35

唐代•文選百三 20_191_2

唐代•文選百三 26_254_10

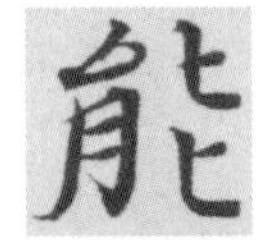
唐代•文選百三 31_314_28

唐代•文選百三 35_352_2

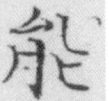

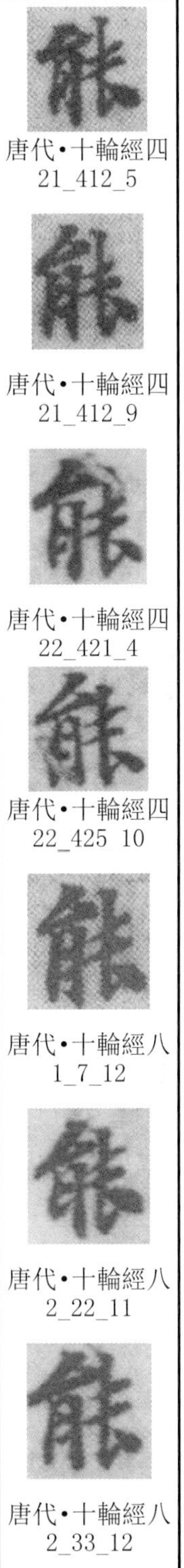
唐代•十輪經四 21_412_5
唐代•十輪經四 21_412_9
唐代•十輪經四 22_421_4
唐代•十輪經四 22_425_10
唐代•十輪經八 1_7_12
唐代•十輪經八 2_22_11
唐代•十輪經八 2_33_12

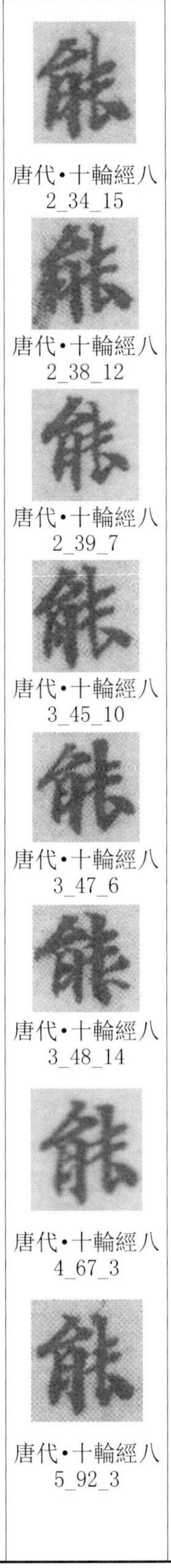
唐代•十輪經八 2_34_15
唐代•十輪經八 2_38_12
唐代•十輪經八 2_39_7
唐代•十輪經八 3_45_10
唐代•十輪經八 3_47_6
唐代•十輪經八 3_48_14
唐代•十輪經八 4_67_3
唐代•十輪經八 5_92_3

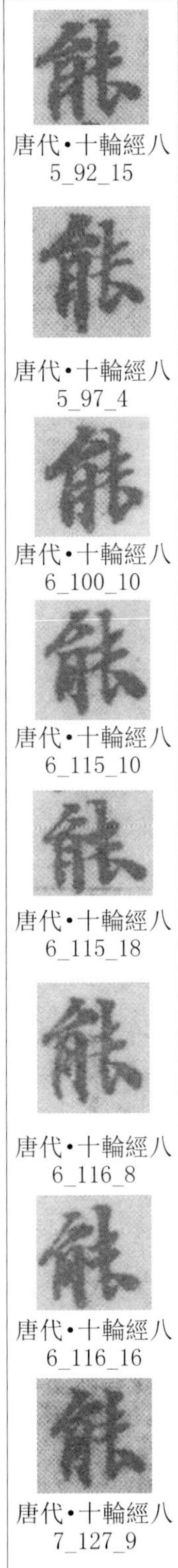
唐代•十輪經八 5_92_15
唐代•十輪經八 5_97_4
唐代•十輪經八 6_100_10
唐代•十輪經八 6_115_10
唐代•十輪經八 6_115_18
唐代•十輪經八 6_116_8
唐代•十輪經八 6_116_16
唐代•十輪經八 7_127_9

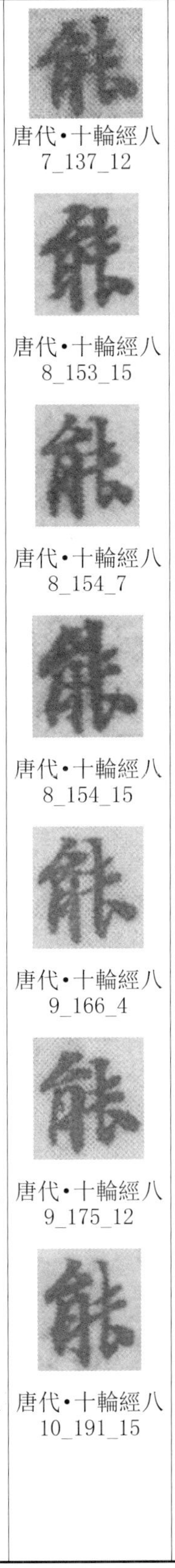
唐代•十輪經八 7_137_12
唐代•十輪經八 8_153_15
唐代•十輪經八 8_154_7
唐代•十輪經八 8_154_15
唐代•十輪經八 9_166_4
唐代•十輪經八 9_175_12
唐代•十輪經八 10_191_15

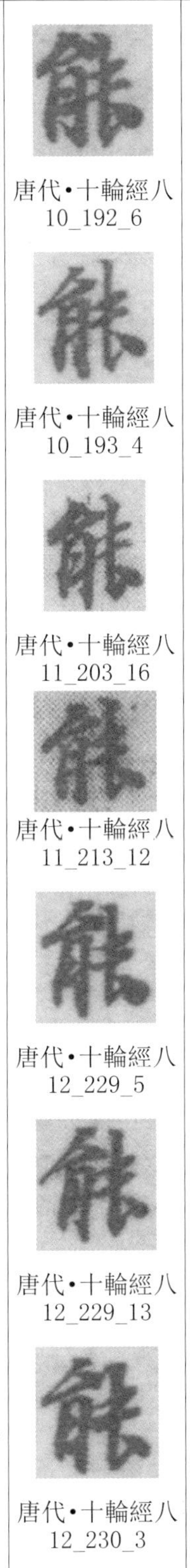
唐代•十輪經八 10_192_6
唐代•十輪經八 10_193_4
唐代•十輪經八 11_203_16
唐代•十輪經八 11_213_12
唐代•十輪經八 12_229_5
唐代•十輪經八 12_229_13
唐代•十輪經八 12_230_3

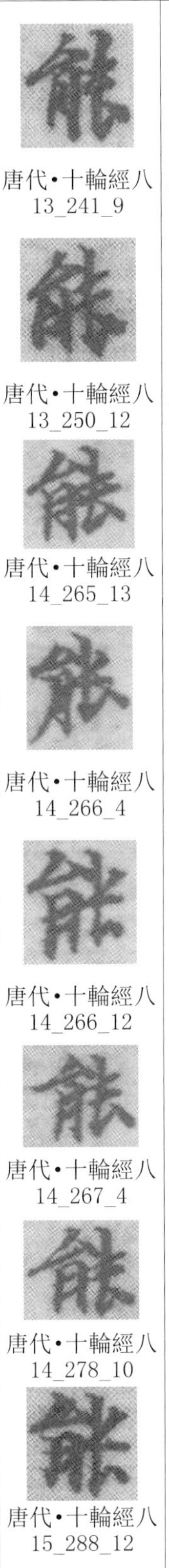
唐代•十輪經八 13_241_9
唐代•十輪經八 13_250_12
唐代•十輪經八 14_265_13
唐代•十輪經八 14_266_4
唐代•十輪經八 14_266_12
唐代•十輪經八 14_267_4
唐代•十輪經八 14_278_10
唐代•十輪經八 15_288_12

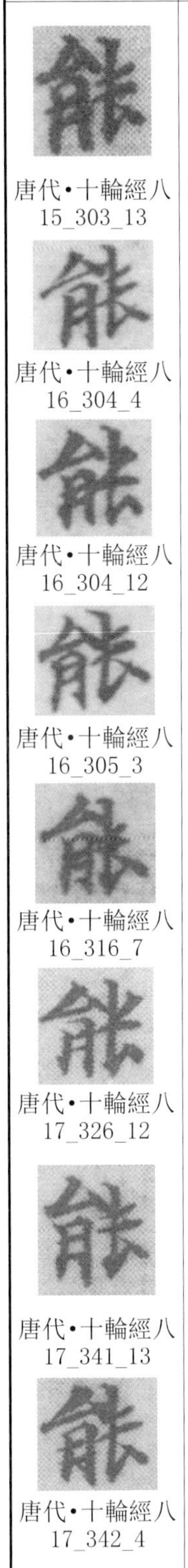
唐代•十輪經八 15_303_13
唐代•十輪經八 16_304_4
唐代•十輪經八 16_304_12
唐代•十輪經八 16_305_3
唐代•十輪經八 16_316_7
唐代•十輪經八 17_326_12
唐代•十輪經八 17_341_13
唐代•十輪經八 17_342_4

望 脛 脯 脅

唐代•文選四八
6_51_12

唐代•文選四八
7_60_13

唐代•文選四八
47_427_20

唐代•文選四八
48_429_29

唐代•文選五九
4_35_3

唐代•文選五九
6_55_10

唐代•文選五九
10_98_8

唐代•文選五九
25_243_4

望

漢ボウ呉モウ
訓のぞむ

中唐・風信帖
2_10_4

中唐・風信帖
2_11_7

唐代•春秋經傳
10_103_17

唐代•春秋經傳
13_128_18

唐代•春秋經傳
13_132_8

唐代•春秋經傳
13_135_1

唐代•春秋經傳
13_135_10

唐代•文選四八
3_15_15

脛

漢ケイ
訓すね

唐代•文選八八
12_99_13

唐代•十輪經四
15_296_8

脯

フ慣ホ
訓ほじし

唐代•文選五九
15_151_21

脅

キョウ、コウ/キュウ
訓おどす/わき

唐代•文選六八
16_165_32

唐代•文選六八
35_349_8

唐代•文選六八
35_351_15

唐代•文選六八
35_351_30

唐代•古文選前
1_7_3

唐代•十輪經十
7_133_4

唐代•十輪經十
8_144_4

唐代・十輪
經九 17_331_1

唐代•十輪經九
18_357_1

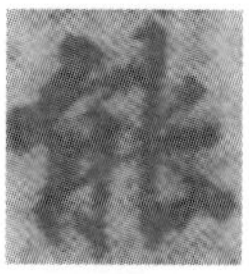
唐代•十輪經十
19_375_11

唐代•十輪經十
19_379_15

唐代•十輪經十
16_304_7

唐代•十輪經十
16_307_3

唐代•十輪經十
16_307_6

唐代•十輪經十
16_309_8

唐代•十輪經十
16_311_11

唐代•十輪經十
16_313_10

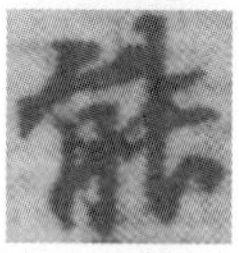
唐代•十輪經十
17_327_21

唐代•十輪經十
19_363_1

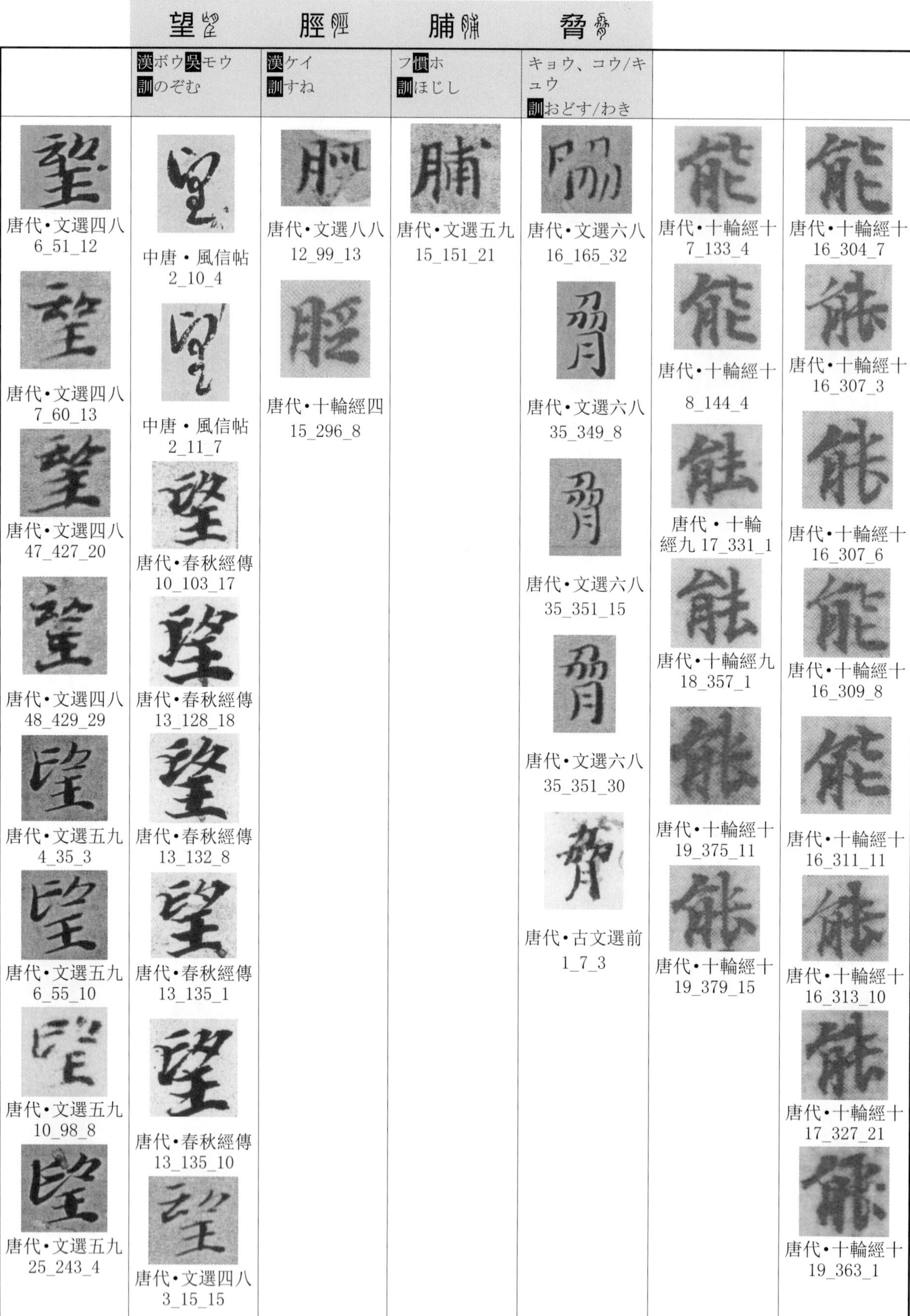

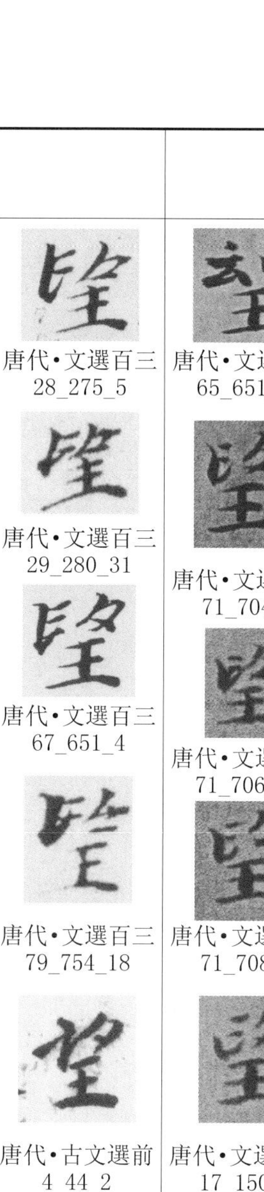

唐代•文選百三
28_275_5

唐代•文選百三
29_280_31

唐代•文選百三
67_651_4

唐代•文選百三
79_754_18

唐代•古文選前
4_44_2

唐代•古文選前
5_54_2

唐代•古文選前
8_91_10

唐代•古文選前
11_125_8

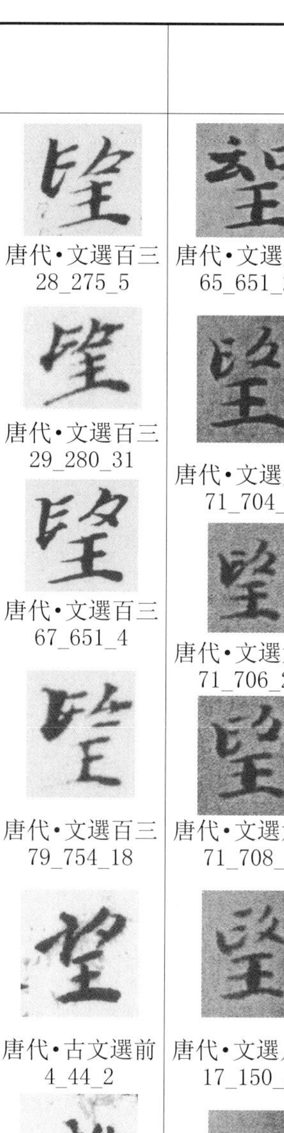

唐代•文選六八
65_651_22

唐代•文選六八
71_704_2

唐代•文選六八
71_706_29

唐代•文選六八
71_708_4

唐代•文選八八
17_150_5

唐代•文選八八
17_150_11

唐代•文選八八
17_152_19

唐代•文選百三
21_202_29

唐代•文選五九
97_914_23

唐代•文選五九
98_928_4

唐代•文選五九
98_932_7

唐代•文選五九
103_969_28

唐代•文選五九
103_970_20

唐代•文選五九
111_1058_14

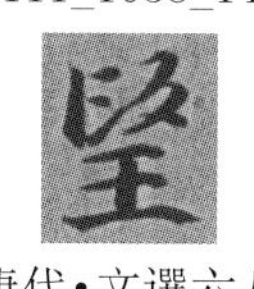
唐代•文選六八
47_466_16

唐代•文選六八
47_477_7

唐代•文選五九
88_839_24

唐代•文選五九
88_841_11

唐代•文選五九
89_853_2

唐代•文選五九
89_854_22

唐代•文選五九
89_855_2

唐代•文選五九
90_861_22

唐代•文選五九
90_863_5

唐代•文選五九
90_864_21

唐代•文選五九
73_699_11

唐代•文選五九
73_703_6

唐代•文選五九
74_715_16

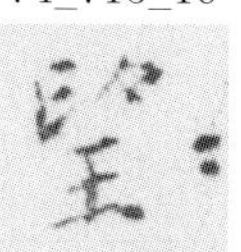
唐代•文選五九
74_715_23

唐代•文選五九
74_716_2

唐代•文選五九
74_717_15

唐代•文選五九
87_837_8

唐代•文選五九
88_839_22

唐代•文選五九
43_418_5

唐代•文選五九
62_596_17

唐代•文選五九
71_682_9

唐代•文選五九
71_682_25

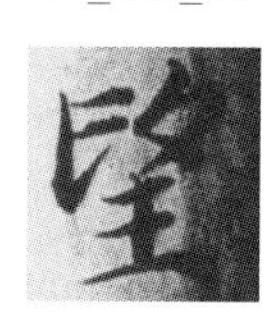
唐代•文選五九
72_695_4

唐代•文選五九
72_697_8

唐代•文選五九
72_698_14

唐代•文選五九
25_246_3

唐代•文選五九
27_267_9

唐代•文選五九
29_279_2

唐代•文選五九
29_281_1

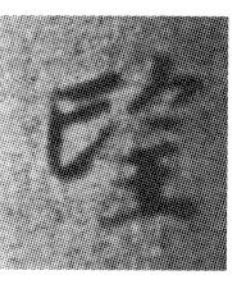
唐代•文選五九
31_309_27

唐代•文選五九
33_319_24

唐代•文選五九
37_368_1

唐代•文選五九
39_385_8

期	脹			脱		
漢キ呉ゴ 訓とき	チョウ 訓ふくれる			慣ダツ漢タツ、タイ/エツ 訓ぬぐ		
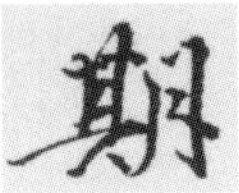 初唐・聖武雜集 1_2_9  中唐・風信帖 4_20_5  唐代・春秋經傳 36_382_11  唐代・文選四八 3_14_15  唐代・文選四八 42_372_7  唐代・文選四八 42_373_2  唐代・文選五九 26_255_5  唐代・文選五九 26_256_16	 唐代・文選百三 26_254_6	 唐代・十輪經十 10_196_23 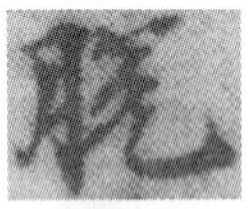 唐代・十輪經十 10_198_21  唐代・十輪經十 12_220_10	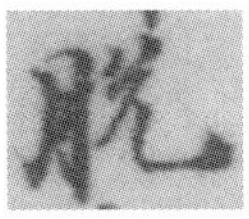 唐代・十輪經九 13_246_4  唐代・十輪經九 13_248_10  唐代・十輪經九 14_267_11  唐代・十輪經九 19_376_8 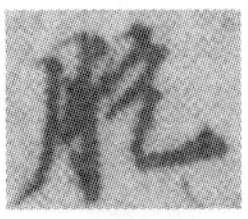 唐代・十輪經九 20_397_17  唐代・十輪經九 22_420_10 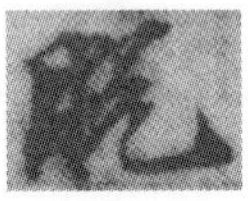 唐代・十輪經十 1_17_17  唐代・十輪經十 3_59_6 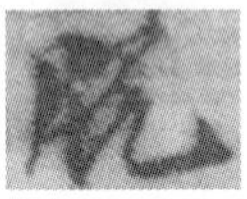 唐代・十輪經十 7_130_23	 唐代・古文選後 17_197_10  唐代・十輪經四 12_231_9  唐代・十輪經四 14_270_22 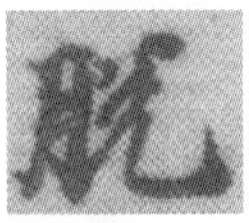 唐代・十輪經八 5_92_5  唐代・十輪經九 6_108_11  唐代・十輪經九 8_143_2  唐代・十輪經九 9_170_15  唐代・十輪經九 9_174_4  唐代・十輪經九 13_245_13	 唐代・古文選後 26_308_11  唐代・古文選後 22_261_7	 唐代・古文選前 15_171_8  唐代・古文選前 26_311_1  唐代・古文選前 27_313_3  唐代・古文選後 3_34_9  唐代・古文選後 5_51_10  唐代・古文選後 18_208_6  唐代・古文選後 23_270_11

朝

漢チョウ
訓あさ

唐代・春秋經傳 31_321_16
唐代・春秋經傳 33_344_2
唐代・春秋經傳 34_351_12
唐代・文選四八 3_18_12
唐代・文選四八 28_253_13
唐代・文選四八 30_266_3
唐代・文選四八 30_273_8
唐代・文選四八 30_274_23

唐代・春秋經傳 1_7_22
唐代・春秋經傳 8_75_5
唐代・春秋經傳 9_87_10
唐代・春秋經傳 10_106_20
唐代・春秋經傳 11_114_10
唐代・春秋經傳 16_170_9
唐代・春秋經傳 27_278_22
唐代・春秋經傳 30_313_16

唐代・十輪經十 15_297_8

唐代・文選百三 39_396_31
唐代・文選百三 40_399_34
唐代・古文選前 9_109_1
唐代・古文選前 10_122_4
唐代・古文選後 11_119_49
唐代・古文選後 13_155_5
唐代・古文選後 26_301_7
唐代・古文選後 26_312_10

唐代・文選五九 86_826_19
唐代・文選六八 26_261_22
期年 唐代・文選六八 44_439_21
唐代・文選六八 47_469_10
唐代・文選百三 39_391_9
唐代・文選百三 39_393_13
唐代・文選百三 39_396_8
唐代・文選百三 39_396_13

唐代・文選五九 37_367_5
唐代・文選五九 37_368_11
唐代・文選五九 37_369_23
唐代・文選五九 78_748_2
唐代・文選五九 78_749_25
唐代・文選五九 78_752_22
唐代・文選五九 83_796_18
唐代・文選五九 86_825_20

唐代・文選五九 26_257_16
唐代・文選五九 26_257_24
唐代・文選五九 27_260_3
唐代・文選五九 27_261_6
唐代・文選五九 31_308_8
唐代・文選五九 31_310_14
唐代・文選五九 31_311_6
唐代・文選五九 31_312_2

唐代•文選六八 69_688_4

唐代•文選八八 3_16_19

唐代•文選八八 3_19_18

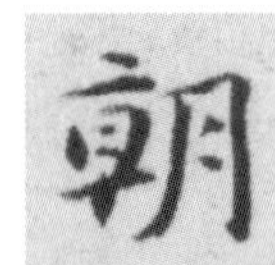
唐代•文選八八 3_20_2

唐代•文選百三 5_48_36

唐代•文選六八 65_648_25

唐代•文選六八 65_649_1

唐代•文選五九 103_970_4

唐代•文選五九 104_981_2

唐代•文選五九 104_983_7

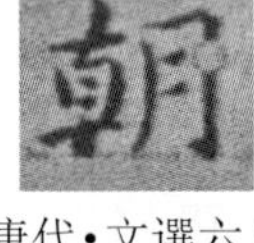
唐代•文選六八 11_117_14

唐代•文選六八 27_276_19

唐代•文選六八 49_492_220

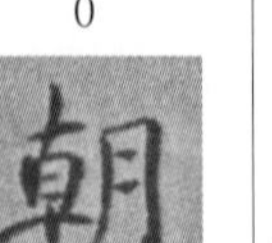
唐代•文選六八 65_651_3

唐代•文選五九 83_797_19

唐代•文選五九 83_800_15

唐代•文選五九 83_800_32

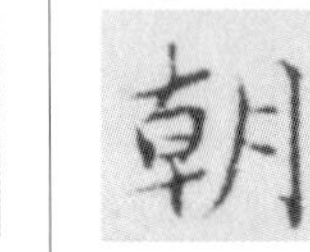
唐代•文選五九 85_815_19

唐代•文選五九 91_871_14

唐代•文選五九 94_902_13

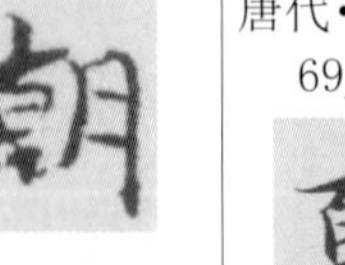
唐代•文選五九 103_975_9

唐代•文選五九 53_522_23

唐代•文選五九 56_547_8

唐代•文選五九 56_550_18

唐代•文選五九 61_588_8

唐代•文選五九 64_618_19

唐代•文選五九 69_662_2

唐代•文選五九 83_796_7

唐代•文選五九 46_457_19

唐代•文選五九 47_459_12

唐代•文選五九 47_459_15

唐代•文選五九 47_459_22

唐代•文選五九 47_459_25

唐代•文選五九 47_460_1

唐代•文選五九 49_483_12

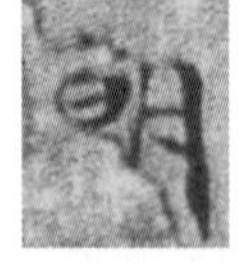
唐代•文選五九 11_101_8

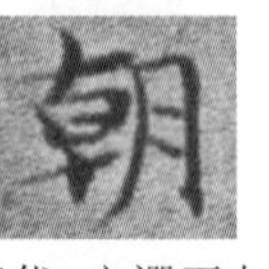

唐代•文選五九 11_101_22

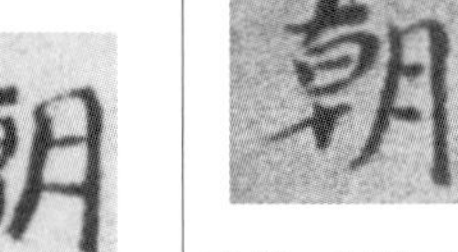
唐代•文選五九 33_330_21

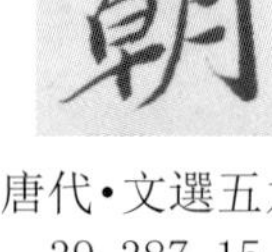
唐代•文選五九 39_387_15

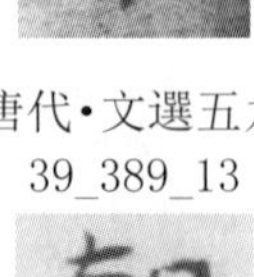
唐代•文選五九 39_389_13

唐代•文選五九 39_391_4

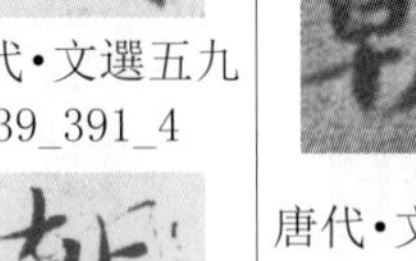
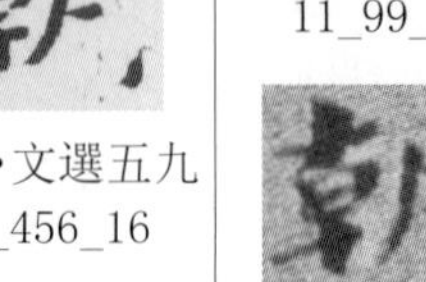
唐代•文選五九 46_456_16

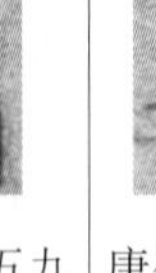
唐代•文選四八 30_276_4

唐代•文選四八 34_309_4

唐代•文選四八 48_438_22

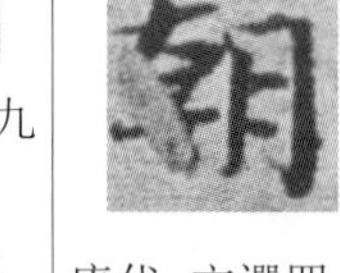
唐代•文選四八 48_439_20

唐代•文選五九 10_98_17

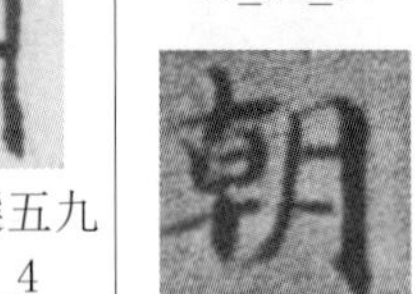
唐代•文選五九 11_99_10

唐代•文選五九 11_100_20

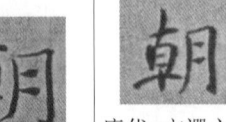

腓

漢 ヒ
訓 こむら

唐代•古文選後
17_194_1

唐代•古文選後
24_284_3

唐代•古文選後
17_197_13

唐代•古文選後
18_209_14

唐代•占文選後
19_219_8

唐代•古文選後
23_268_5

唐代•古文選後
24_280_11

唐代•古文選後
10_109_1

唐代•古文選後
14_158_1

唐代•古文選後
16_184_4

唐代•古文選後
24_280_23

唐代•古文選後
4_39_4

唐代•古文選後
4_42_5

唐代•古文選後
5_50_5

唐代•古文選前
25_293_2

唐代•古文選前
26_310_1

唐代•古文選後
1_11_3

唐代•古文選後
2_13_7

唐代•古文選後
3_31_11

唐代•古文選前
8_92_3

唐代•古文選前
11_134_6

唐代•文選百三
78_742_9

唐代•古文選前
25_297_60

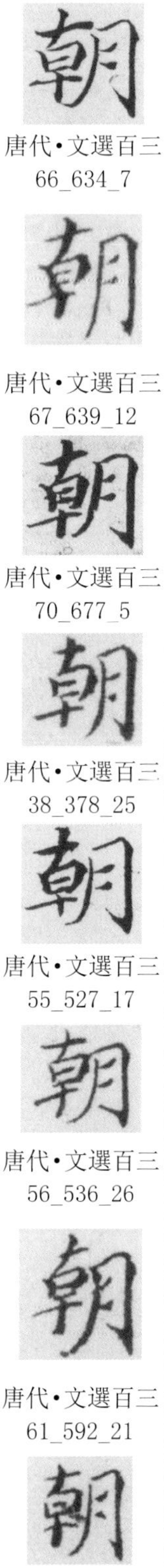

唐代•文選百三
66_634_7

唐代•文選百三
67_639_12

唐代•文選百三
70_677_5

唐代•文選百三
38_378_25

唐代•文選百三
55_527_17

唐代•文選百三
56_536_26

唐代•文選百三
61_592_21

唐代•文選百三
61_593_7

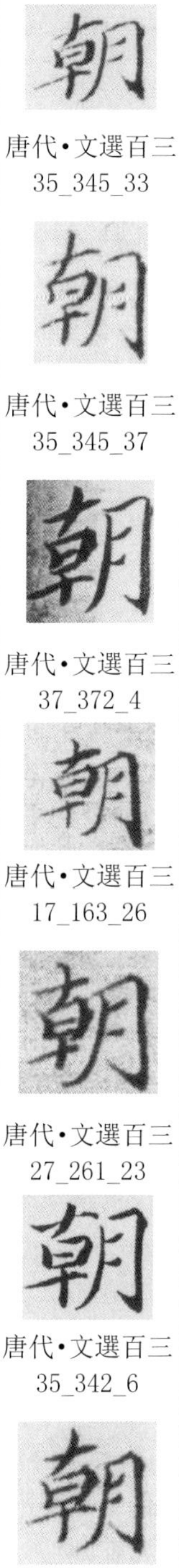

唐代•文選百三
35_345_33

唐代•文選百三
35_345_37

唐代•文選百三
37_372_4

唐代•文選百三
17_163_26

唐代•文選百三
27_261_23

唐代•文選百三
35_342_6

唐代•文選百三
35_345_15

唐代•文選百三
13_126_21

唐代•文選百三
17_162_2

唐代•文選百三
17_163_2

唐代•文選百三
35_345_30

唐代•文選八八
16_136_16

唐代•文選八八
21_184_12

唐代•文選百三
1_6_28

勝 𦢊

ショウ
訓かつ

中唐・七祖像贊 1_13_4
唐代・文選四八 20_181_3
唐代・文選四八 20_181_12
唐代・文選四八 20_181_14
唐代・文選五九 40_395_10
唐代・文選五九 72_688_8
唐代・文選五九 72_689_7
唐代・文選五九 72_690_20

唐代・文選五九 72_691_14
唐代・文選五九 72_692_1
唐代・文選五九 72_692_26
唐代・文選五九 72_693_8
唐代・文選五九 80_767_14
唐代・文選五九 80_770_27
唐代・文選六八 51_511_8
唐代・文選百三 5_44_7

唐代・文選百三 6_49_14
唐代・文選百三 7_59_9
唐代・文選百三 8_69_3
唐代・文選百三 8_69_17
唐代・文選百三 8_70_15
唐代・文選百三 13_120_10
唐代・文選百三 13_123_13
唐代・文選百三 82_778_7

唐代・古文選前 3_28_10
唐代・古文選前 6_69_6
唐代・古文選前 27_313_7
唐代・十輪經四 2_40_8
唐代・十輪經四 8_159_8
唐代・十輪經四 11_215_17
唐代・十輪經四 14_273_8
唐代・十輪經八 1_11_3

唐代・十輪經八 2_25_13
唐代・十輪經八 5_98_13
唐代・十輪經八 6_116_5
唐代・十輪經八 7_130_10
唐代・十輪經八 8_154_12
唐代・十輪經八 9_169_4
唐代・十輪經八 10_192_11
唐代・十輪經八 11_207_1

唐代・十輪經八 12_229_10
唐代・十輪經八 13_244_10
唐代・十輪經八 14_266_9
唐代・十輪經八 14_281_11
唐代・十輪經八 16_304_9
唐代・十輪經八 16_319_9
唐代・十輪經八 17_342_9
唐代・十輪經八 18_358_2

唐代・十輪經八 19_380_9
唐代・十輪經八 20_395_15
唐代・十輪經八 21_418_5
唐代・十輪經八 22_435_6
唐代・十輪經九 1_18_1
唐代・十輪經九 2_33_15
唐代・十輪經九 3_56_7
唐代・十輪經九 4_74_2

腋

漢エキ、セキ
訓わき

唐代•文選五九 44_433_3

唐代•十輪經十 14_279_16
唐代•十輪經十 15_282_16
唐代•十輪經十 16_301_13
唐代•十輪經十 16_313_14
唐代•十輪經十 17_327_17
唐代•十輪經十 10_191_1
唐代•十輪經十 10_195_14

唐代•十輪經十 8_155_13
唐代•十輪經十 9_162_22
唐代•十輪經十 9_166_8
唐代•十輪經十 9_173_9
唐代•十輪經十 10_184_17
唐代•十輪經十 11_203_6
唐代•十輪經十 6_120_15

唐代•十輪經十 2_30_2
唐代•十輪經十 2_33_13
唐代•十輪經十 2_38_10
唐代•十輪經十 3_52_7
唐代•十輪經十 6_114_9
唐代•十輪經十 6_115_16
唐代•十輪經十 7_133_8

唐代•十輪經九 15_292_8
唐代•十輪經九 16_303_7
唐代•十輪經九 16_307_8
唐代•十輪經九 17_330_7
唐代•十輪經九 18_357_13
唐代•十輪經九 19_368_7
唐代•十輪經十 1_4_8

唐代•十輪經九 9_167_1
唐代•十輪經九 9_176_2
唐代•十輪經九 10_183_4
唐代•十輪經九 11_203_15
唐代•十輪經九 12_229_12
唐代•十輪經九 13_240_8
唐代•十輪經九 14_263_15
唐代•十輪經九 14_272_8

唐代•十輪經九 6_105_4
唐代•十輪經九 6_118_16
唐代•十輪經九 7_123_15
唐代•十輪經九 7_139_24
唐代•十輪經九 8_144_10
唐代•十輪經九 8_149_7
唐代•十輪經九 8_157_8
唐代•十輪經九 8_159_13

腦

漢ドウ呉ノウ
訓のう

唐代・古文選後
5_59_13

唐代・十輪經九
8_153_6

脚

漢キャク呉カク
唐キャ
訓あし

唐代・文選五九
112_1061_3

唐代・文選六八
53_528_6

腹

フク
訓はら

唐代・春秋經傳
6_61_9

唐代・春秋經傳
6_61_19

唐代・文選六八
29_292_13

腸

漢チョウ
訓はらわた

唐代・文選六八
21_211_2

唐代・文選六八
21_211_24

唐代・文選六八
21_212_7

唐代・古文選前
4_38_1

唐代・古文選前
6_71_5

唐代・古文選後
23_271_4

腰

ヨウ
訓こし

唐代・文選五九
25_239_1

唐代・文選五九
25_241_19

唐代・文選六八
22_224_4

唐代・文選六八
22_225_10

唐代・古文選前
7_86_10

唐代・古文選前
8_92_28

膝

漢ソウ
訓はだ

唐代・文選八八
12_96_7

唐代・文選八八
12_97_14

唐代・文選八八
12_100_9

唐代・文選八八
12_101_10

唐代・文選八八
13_102_3

唐代・文選八八
13_103_9

腕

ワン
訓うで

唐代・古文選前
9_103_12

嬴

漢エイ呉ヨウ 訓あまる

唐代•文選百三 45_431_13

臇

セン 訓—

唐代•文選六八 17_169_6

唐代•文選六八 17_170_18

唐代•文選六八 17_172_8

唐代•文選六八 17_173_23

滕

漢トウ 訓わく

唐代•文選五九 111_1060_17

唐代•文選五九 112_1061_8

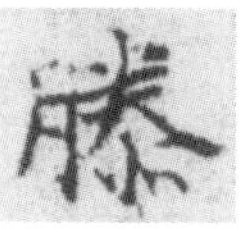

唐代•文選五九 112_1062_12

唐代•文選五九 112_1062_17

唐代•文選五九 112_1063_10

唐代•文選百三 5_45_3

唐代•文選百三 87_829_6

唐代•文選八八 12_100_26

唐代•文選八八 12_101_21

唐代•文選八八 13_102_20

唐代•文選八八 13_103_17

膚

フ 訓はだ

唐代•文選六八 13_142_15

唐代•文選六八 14_144_9

唐代•文選六八 14_144_22

唐代•文選六八 14_145_10

唐代•文選六八 14_145_19

唐代•文選六八 35_356_9

唐代•文選八八 12_96_11

膏

コウ呉コウ 訓あぶら

唐代•文選四八 38_341_23

唐代•文選四八 48_430_6

唐代•文選四八 48_431_23

唐代•文選四八 48_433_20

唐代•文選六八 55_553_13

唐代•文選六八 55_558_9

唐代•古文選後 5_57_3

膊

ハク 訓ほじし

唐代•文選六八 36_364_10

臀	臆	膽	膺	膾	膿	膳
漢トン慣デン 訓しり	漢ヨク慣オク 訓むね	タン 訓きも	漢ヨウ呉オウ 訓むね	漢カイ 訓なます	漢ドウ呉ノウ 訓うみ	漢セン呉ゼン 訓くう
 唐代•春秋經傳 11_113_10  唐代•春秋經傳 11_114_3  唐代•春秋經傳 30_310_7	 唐代•文選五九 72_690_10	 唐代•文選五九 60_574_25	 唐代•文選四八 18_163_6  唐代•文選四八 18_163_18  唐代•古文選後 13_153_7	 唐代•文選六八 15_159_6  唐代•文選六八 16_167_26  唐代•十輪經四 15_294_10	 唐代•文選六八 14_143_2  唐代•文選六八 14_143_17 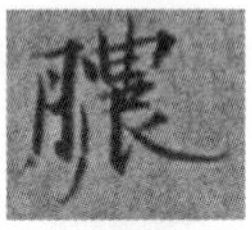 唐代•文選六八 14_145_25  唐代•文選六八 14_146_12	 唐代•文選百三 59_562_13  唐代•古文選前 15_182_14  唐代•古文選前 16_185_4

	騰	臛		羸	朧	臂
	漢トウ 訓のぼる	カク、コク 訓あつもの		ルイ 訓やせる	漢ロウ 訓—	ヒ 訓ひじ
 唐代•文選四八 44_393_14  唐代•文選四八 44_396_11  唐代•文選五九 48_477_19  唐代•文選六八 33_336_18  唐代•文選六八 33_336_24  唐代•文選六八 34_341_23  唐代•文選六八 34_343_11  唐代•文選六八 34_344_14	 唐代•春秋經傳 30_308_11  唐代•春秋經傳 30_312_5  唐代•春秋經傳 30_317_7  唐代•春秋經傳 30_317_14  唐代•春秋經傳 31_320_7  唐代•春秋經傳 32_336_28  唐代•春秋經傳 34_355_7  唐代•春秋經傳 34_356_2	 唐代•文選六八 17_168_24  唐代•文選六八 17_170_9  唐代•文選六八 17_170_21  唐代•文選六八 17_172_10  唐代•文選六八 17_173_15	 唐代•文選五九 47_470_3  唐代•十輪經九 14_279_5  唐代•十輪經十 3_47_5  唐代•十輪經十 6_103_4  當作羸 唐代•春秋經傳 29_301_19	 當作羸 唐代•春秋經傳 21_220_1  當作羸 唐代•春秋經傳 21_220_12  當作羸氏 唐代•春秋經傳 28_288_16  當作羸 唐代•春秋經傳 28_291_3  當作羸 唐代•春秋經傳 28_291_7  唐代•文選五九 47_470_9	 唐代•文選五九 105_987_15	 唐代•文選五九 23_224_5

唐代•文選六八
35_345_7

唐代•文選六八
61_610_14

唐代•文選百三
47_454_25

唐代•文選百三
47_457_6

唐代•古文選前
14_159_9

唐代•古文選前
20_230_14

臞 

漢ク
訓やせる

唐代•文選五九
72_690_12

氏部

氏

シ

訓うじ

唐代・春秋經傳 1_1_12

唐代・春秋經傳 1_4_15

唐代・春秋經傳 2_15_10

唐代・春秋經傳 7_72_12

唐代・春秋經傳 12_122_14

唐代・春秋經傳 12_123_4

唐代・春秋經傳 15_156_14

唐代・春秋經傳 15_157_3

唐代・春秋經傳 21_219_12

唐代・春秋經傳 15_158_3

唐代・春秋經傳 16_160_1

唐代・春秋經傳 17_181_4

唐代・春秋經傳 20_207_4

唐代・春秋經傳 20_208_3

唐代・春秋經傳 20_212_2

唐代・春秋經傳 21_215_8

唐代・春秋經傳 32_334_1

唐代・春秋經傳 33_346_2

唐代・春秋經傳 22_223_5

唐代・春秋經傳 22_228_16

唐代・春秋經傳 22_229_3

唐代・春秋經傳 23_235_2

唐代・春秋經傳 28_288_17

唐代・春秋經傳 29_301_13

唐代・春秋經傳 38_403_14

唐代・文選四八 3_19_11

唐代・文選四八 3_20_1

唐代・春秋經傳 33_348_17

唐代・春秋經傳 34_352_11

唐代・春秋經傳 37_383_18

唐代・春秋經傳 37_388_5

唐代・春秋經傳 37_389_7

唐代・文選四八 4_26_11

唐代・文選四八 9_76_14

唐代・文選四八 13_115_22

唐代・文選四八 13_118_17

唐代・文選四八 14_124_10

唐代・文選四八 14_130_3

唐代・文選四八 14_131_20

唐代・文選四八 15_132_2

唐代・文選四八 15_132_6

唐代・文選四八 15_132_23

唐代・文選四八 15_133_3

唐代・文選四八 18_161_22

唐代・文選四八 20_185_10

唐代・文選四八 30_273_13

唐代・文選四八 32_285_15

唐代・文選四八 41_371_6

唐代・文選四八 50_448_24

唐代・文選五九 11_107_10

唐代・文選五九 17_162_6

唐代•文選五九 23_220_5
唐代•文選五九 25_240_5
唐代•文選五九 27_260_12
唐代•文選五九 27_263_19
唐代•文選五九 28_278_24
唐代•文選五九 52_515_27
唐代•文選五九 54_531_10
唐代•文選五九 56_548_13
唐代•文選五九 59_572_27
唐代•文選五九 61_581_15
唐代•文選五九 64_621_11
唐代•文選五九 69_665_21
唐代•文選五九 69_665_27
唐代•文選五九 78_756_22
唐代•文選五九 80_767_23
唐代•文選五九 82_788_8
唐代•文選五九 82_793_28
唐代•文選五九 84_812_17
唐代•文選五九 84_813_2
唐代•文選五九 85_819_9
唐代•文選五九 79_760_30
唐代•文選五九 88_838_5
唐代•文選五九 90_860_23
唐代•文選五九 90_864_13
唐代•文選五九 92_880_10
唐代•文選五九 92_888_18
唐代•文選五九 99_936_18
唐代•文選五九 106_1001_23
唐代•文選五九 108_1023_16
唐代•文選六八 4_45_10
唐代•文選六八 15_155_30
唐代•文選六八 23_233_19
唐代•文選六八 27_273_8
唐代•文選六八 27_277_13
唐代•文選六八 29_296_16
唐代•文選六八 31_306_18
唐代•文選六八 35_347_2
唐代•文選六八 35_357_4
唐代•文選六八 36_359_5
唐代•文選六八 37_374_9
唐代•文選六八 43_438_5
唐代•文選六八 44_442_19
唐代•文選六八 44_443_11
唐代•文選六八 44_443_24
唐代•文選六八 55_553_28
唐代•文選六八 57_569_3
唐代•文選六八 59_596_6
唐代•文選六八 61_615_1
唐代•文選六八 64_639_23
唐代•文選六八 67_664_8
唐代•文選六八 67_670_1
唐代•文選六八 67_672_9
唐代•文選六八 67_674_12
唐代•文選八八 11_86_20

唐代•文選八八 21_190_8

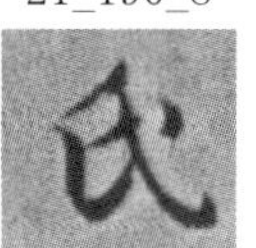
唐代•文選八八 22_195_4

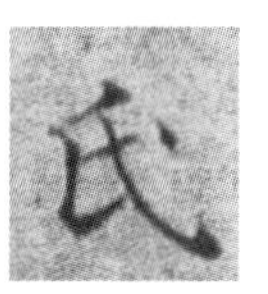
唐代•文選百三 5_36_7

唐代•文選百三 5_36_27

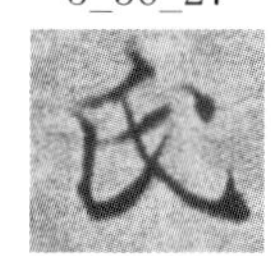
唐代•文選百三 5_37_6

唐代•文選百三 5_38_29

唐代•文選百三 7_62_17

唐代•文選百三 10_92_9

唐代•文選百三 11_101_12

唐代•文選百三 12_114_13

唐代•文選百三 13_115_8

唐代•文選百三 13_121_24

唐代•文選百三 17_167_15

唐代•文選百三 22_211_31

唐代•文選百三 25_246_24

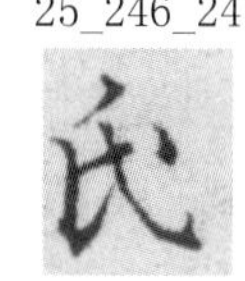
唐代•文選百三 26_253_7

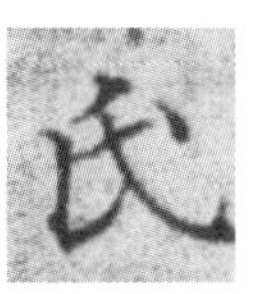
唐代•文選百三 27_263_12

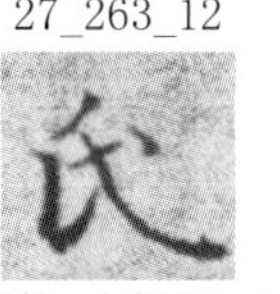
唐代•文選百三 27_269_15

唐代•文選百三 29_286_11

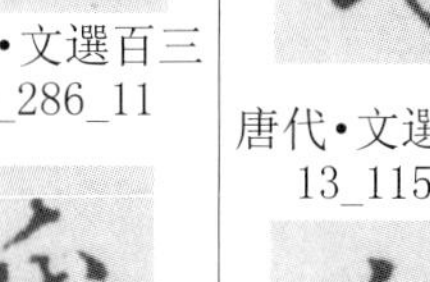
唐代•文選百三 29_291_25

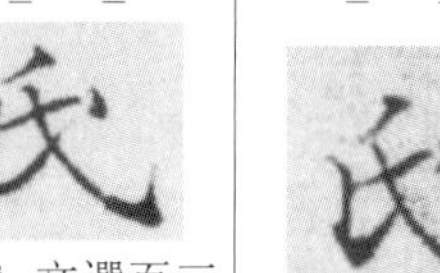
唐代•文選百三 41_414_35

唐代•文選百三 42_418_41

唐代•文選百三 46_439_13

唐代•文選百三 57_545_9

唐代•文選百三 47_448_9

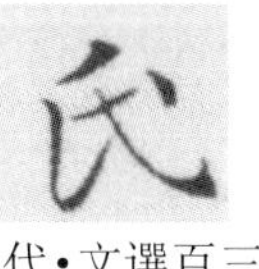
唐代•文選百三 49_477_20

唐代•文選百三 49_479_9

唐代•文選百三 50_484_12

唐代•文選百三 53_507_8

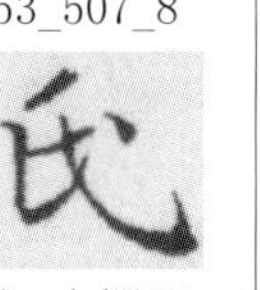
唐代•文選百三 53_509_9

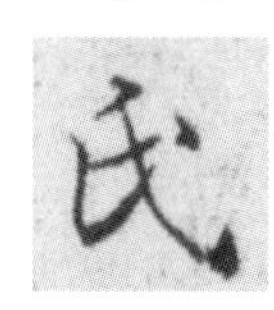
唐代•文選百三 56_541_6

唐代•文選百三 60_576_10

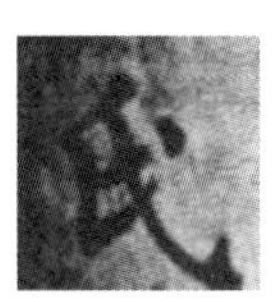
唐代•文選百三 61_589_29

唐代•文選百三 61_591_5

唐代•文選百三 67_652_6

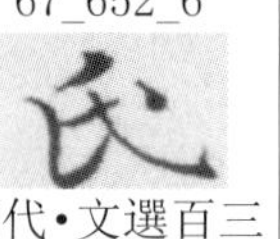
唐代•文選百三 68_655_14

唐代•文選百三 69_660_22

唐代•文選百三 71_68

唐代•文選百三 69_664_24

唐代•文選百三 73_708_6

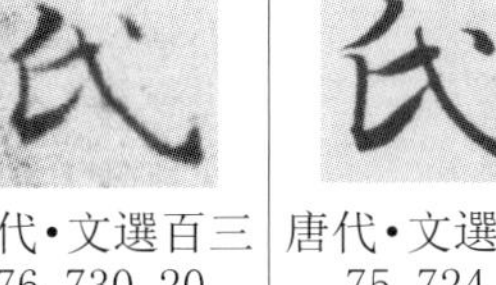
唐代•文選百三 73_709_21

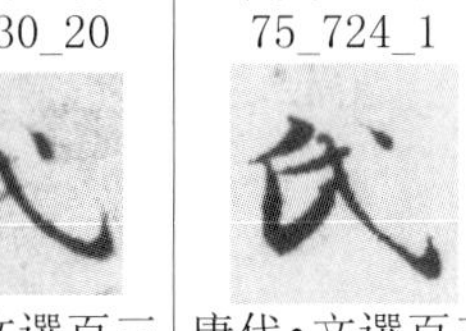
唐代•文選百三 74_717_13

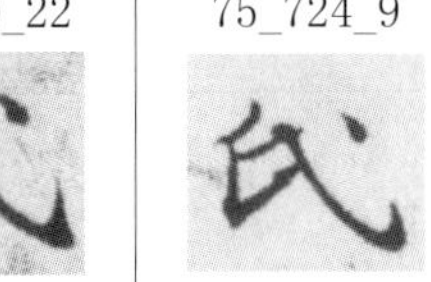
唐代•文選百三 75_724_1

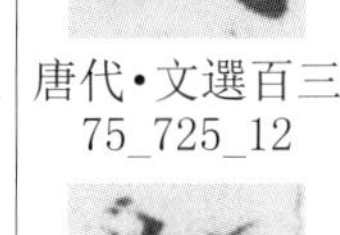
唐代•文選百三 75_724_9

唐代•文選百三 75_725_12

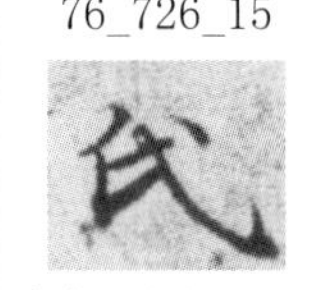
唐代•文選百三 76_726_15

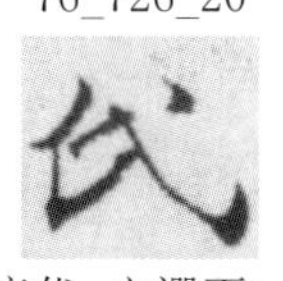
唐代•文選百三 76_726_20

唐代•文選百三 76_727_27

唐代•文選百三 76_728_6

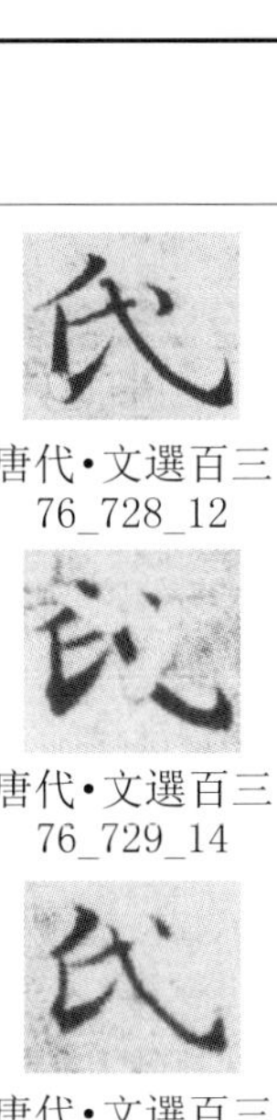
唐代•文選百三 76_728_12

唐代•文選百三 76_729_14

唐代•文選百三 76_730_20

唐代•文選百三 76_730_22

唐代•文選百三 76_731_23

唐代•文選百三 77_733_9

唐代•文選百三 83_789_4

唐代•文選百三 83_796_9

民 𫝆

呉ミン
訓たみ

唐代・文選百三
85_807_8

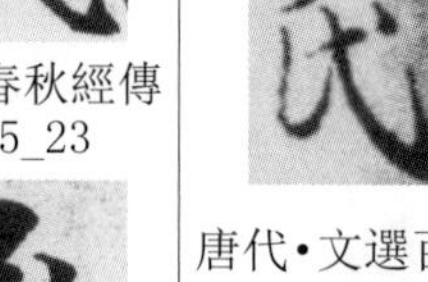
唐代・文選百三
85_814_1

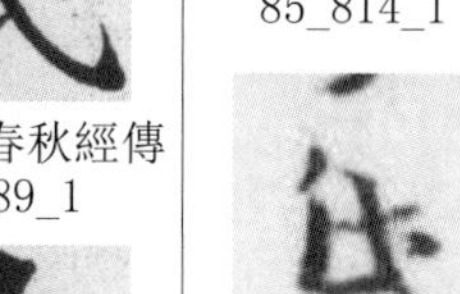
唐代・古文選前
11_133_50

唐代・古文選後
22_260_4

唐代・春秋經傳
6_54_20

唐代・春秋經傳
6_55_23

唐代・春秋經傳
9_89_1

唐代・春秋經傳
9_89_6

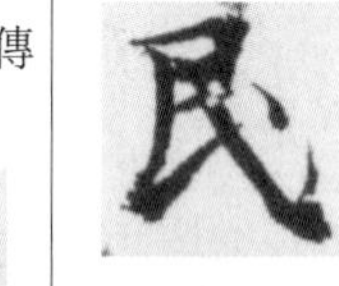
唐代・春秋經傳
14_144_5

唐代・春秋經傳
14_144_17

唐代・春秋經傳
14_145_2

唐代・春秋經傳
14_148_7

唐代・春秋經傳
25_257_2

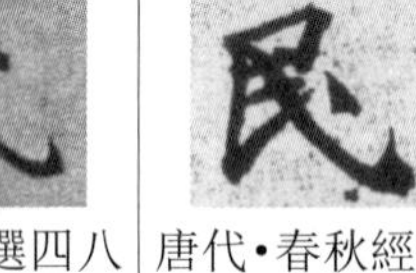
唐代・春秋經傳
25_257_8

唐代・春秋經傳
31_323_2

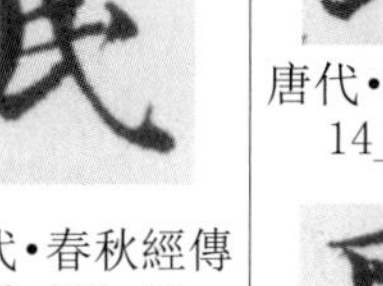
唐代・春秋經傳
31_325_8

唐代・春秋經傳
32_336_15

唐代・春秋經傳
36_382_19

唐代・文選四八
12_109_1

唐代・文選四八
12_109_19

唐代・文選四八
12_110_4

唐代・文選四八
12_110_15

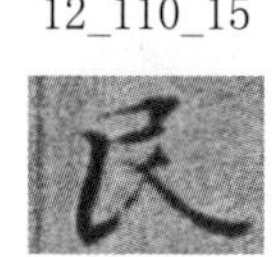
唐代・文選四八
16_148_17

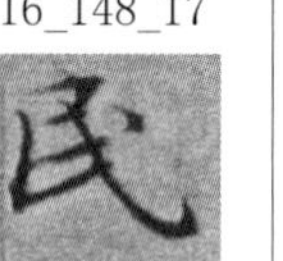

唐代・文選四八
43_387_22

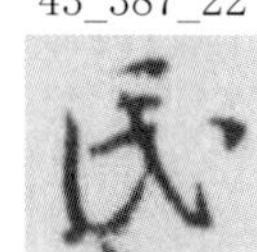
唐代・文選五九
44_437_17

唐代・文選五九
73_699_6

唐代・文選五九
76_730_3

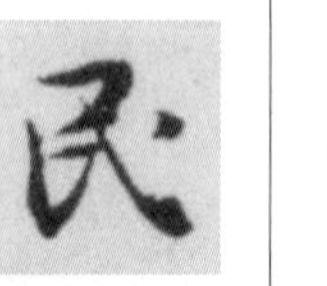
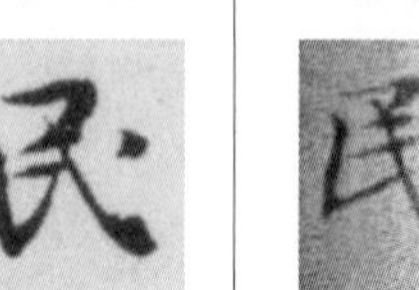
唐代・文選五九
83_799_5

唐代・文選六八
12_125_11

唐代・文選六八
64_640_21

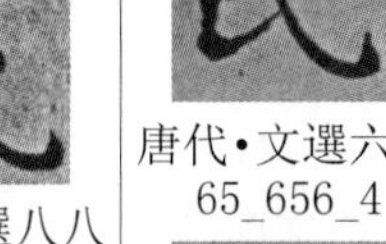
唐代・文選六八
65_651_21

唐代・文選六八
65_653_2

唐代・文選六八
65_656_4

唐代・文選六八
67_675_7

唐代・文選六八
68_677_8

唐代・文選八八
6_38_4

唐代・文選八八
7_52_7

唐代・文選八八
9_74_1

唐代・文選八八
9_74_16

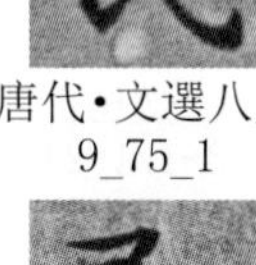
唐代・文選八八
9_75_1

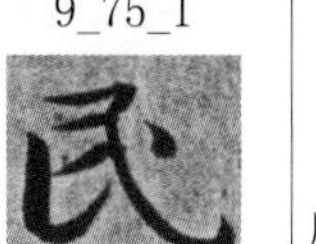
唐代・文選八八
11_84_1

唐代・文選八八
11_94_47

唐代・文選八八
17_150_4

唐代・文選八八
21_188_17

唐代・文選百三
11_108_13

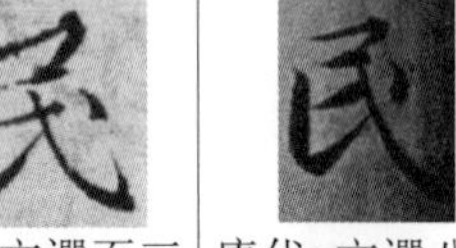
唐代・文選百三
17_167_25

唐代・文選百三
27_257_10

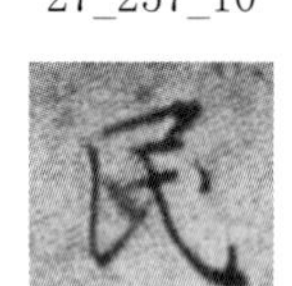
唐代・文選百三
27_258_18

唐代・文選百三
33_331_14

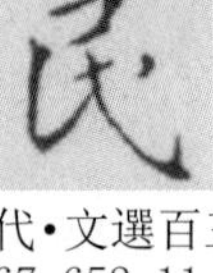
唐代・文選百三
62_595_20

唐代・文選百三
67_652_11

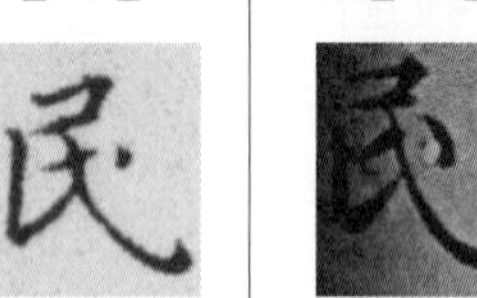
唐代・文選百三
83_790_10

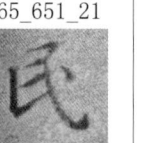

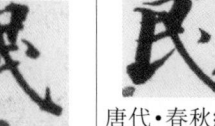

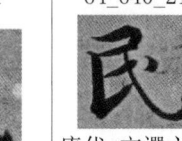

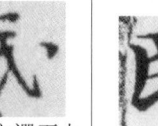

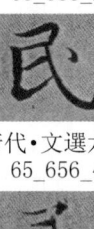

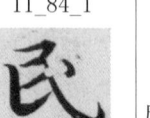

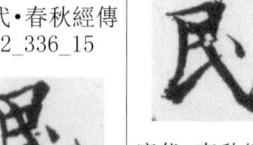

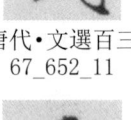

氏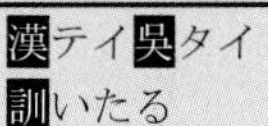

			漢テイ呉タイ 訓いたる			
	 唐代•文選百三 33_333_31	 唐代•文選百三 29_292_18	 唐代•文選百三 25_244_11	 唐代•古文選後 14_159_5	 唐代•古文選前 22_259_12	 唐代•文選百三 84_801_3
	 唐代•文選百三 33_334_10	 唐代•文選百三 30_297_18	 唐代•文選百三 25_249_9	 唐代•古文選後 22_257_3	 唐代•古文選後 6_61_2	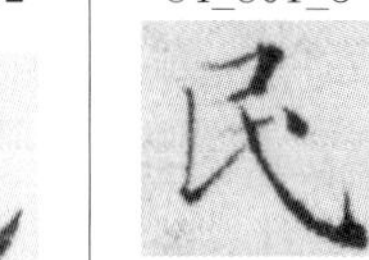 唐代•文選百三 84_803_23
	 唐代•文選百三 34_336_22	 唐代•文選百三 30_298_12	 唐代•文選百三 25_250_9	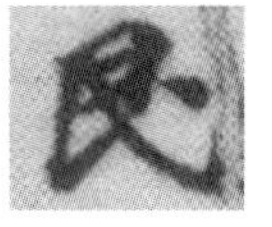 唐代•十輪經四 5_82_7	 唐代•古文選後 7_77_9	 唐代•古文選前 17_201_1
	 唐代•文選百三 34_337_19	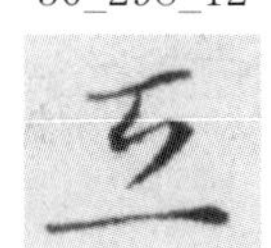 唐代•文選百三 30_299_2	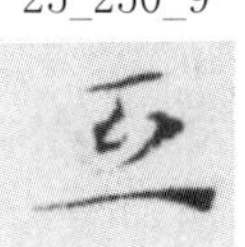 唐代•文選百三 25_250_25		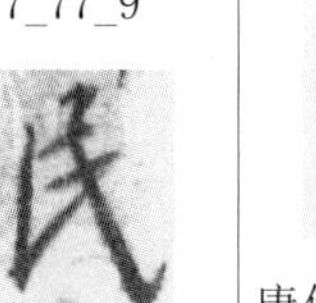 唐代•古文選後 7_77_18	唐代•古文選前 18_213_3
	 唐代•文選百三 45_435_1	 唐代•文選百三 33_325_3	 唐代•文選百三 26_255_13		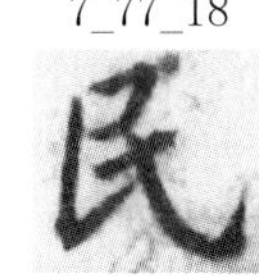 唐代•古文選後 7_79_13	 唐代•古文選前 20_230_2
	 唐代•文選百三 50_485_19	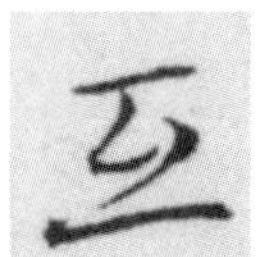 唐代•文選百三 33_332_19	 唐代•文選百三 27_262_6		 唐代•古文選後 13_152_5	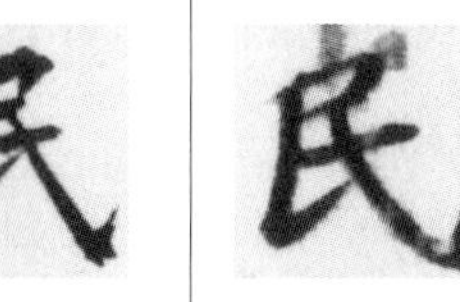 唐代•古文選前 22_254_4
	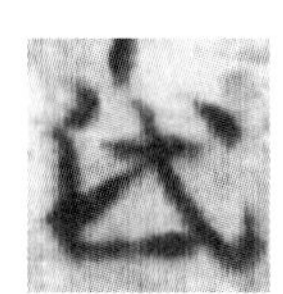 唐代•古文選後 4_44_21	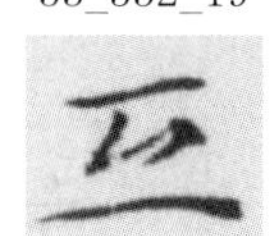 唐代•文選百三 33_332_24	 唐代•文選百三 27_264_4		 唐代•古文選後 22_259_7	 唐代•古文選前 24_280_8
	 唐代•古文選後 5_57_4	 唐代•文選百三 33_333_22	 唐代•文選百三 28_273_10			

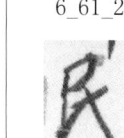

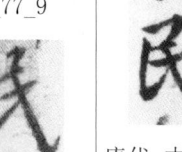

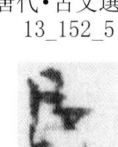

欠部

次

シ慣ジ
訓つぐ、つぎ

初唐•金剛場經
1_8_2

初唐•大般若經
2_37_6

初唐•聖武雜集
1_1_8

唐代•春秋經傳
7_69_11

唐代•文選四八
34_309_15

唐代•文選五九
11_105_19

唐代•文選五九
29_284_25

唐代•文選五九
71_680_22

唐代•文選八八
19_160_19

唐代•文選八八
19_162_22

唐代•文選百三
3_28_33

唐代•文選百三
4_29_4

唐代•文選百三
6_52_23

唐代•文選百三
6_53_30

唐代•文選百三
61_589_1

唐代•古文選前
23_274_12

唐代•古文選後
24_284_9

唐代•十輪經四
5_93_2

唐代•十輪經四
6_119_2

唐代•十輪經四
16_320_2

唐代•十輪經四
18_342_2

唐代•十輪經四
18_357_2

唐代•十輪經四
19_374_2

唐代•十輪經八
4_78_8

唐代•十輪經八
5_86_15

唐代•十輪經八
6_117_7

唐代•十輪經八
7_137_2

唐代•十輪經八
8_155_15

唐代•十輪經八
9_175_2

唐代•十輪經八
10_193_13

唐代•十輪經八
11_213_2

唐代•十輪經八
12_230_12

唐代•十輪經八
13_250_2

唐代•十輪經八
14_267_13

唐代•十輪經八
15_288_2

唐代•十輪經八
16_305_12

唐代•十輪經八
17_326_2

唐代•十輪經八
17_343_12

唐代•十輪經八
19_364_2

唐代•十輪經八
19_381_12

唐代•十輪經八
21_402_2

唐代•十輪經八
21_419_9

唐代•十輪經九
1_19_4

唐代•十輪經九
3_40_2

唐代•十輪經九
3_57_10

唐代•十輪經九
8_147_2

唐代•十輪經九
11_201_2

唐代•十輪經九
12_238_2

	欲	欷	欬	欣		
	漢ヨク 訓ほっする	漢キ 訓なく	呉ガイ 訓せき	慣ゴン漢キン呉コン 訓よろこぶ		

唐代•春秋經傳
16_165_12

唐代•春秋經傳
19_196_4

唐代•春秋經傳
19_197_3

唐代•春秋經傳
25_256_13

唐代•春秋經傳
25_262_3

唐代•春秋經傳
35_369_18

唐代•春秋經傳
37_384_18

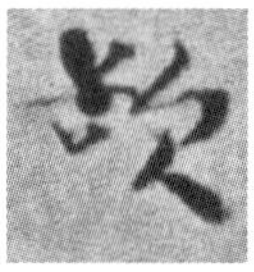
唐代•文選四八
11_95_17

唐代•文選四八
12_108_8

欲

初唐•法華義疏
1_4_2

晚唐•慶滋書狀
1_7_2

晚唐•慶滋書狀
1_8_6

唐代•春秋經傳
4_32_13

唐代•春秋經傳
7_69_2

唐代•春秋經傳
7_71_20

唐代•春秋經傳
8_78_23

唐代•春秋經傳
14_140_14

唐代•春秋經傳
16_163_11

欷

唐代•古文選前
1_7_6

欬

唐代•文選五九
17_162_21

欣

唐代•文選五九
13_122_8

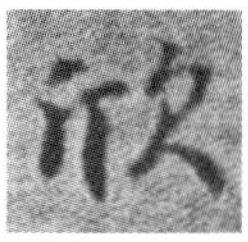
唐代•文選五九
13_124_2

唐代•文選六八
26_261_21

唐代•古文選前
20_233_11

唐代•十輪經九
7_137_9

唐代•十輪經十
6_108_13

唐代•十輪經十
7_128_8

唐代•十輪經十
7_131_2

唐代•十輪經十
9_164_2

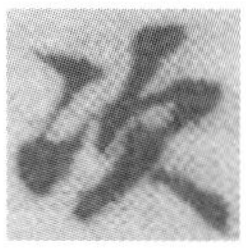
唐代•十輪經十
10_199_2

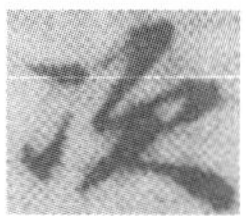
唐代•十輪經十
12_225_12

唐代•十輪經九
14_270_2

唐代•十輪經九
16_301_2

唐代•十輪經九
16_314_2

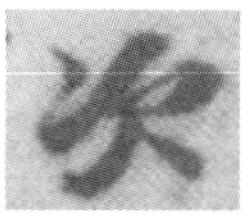
唐代•十輪經九
17_331_10

唐代•十輪經九
19_366_2

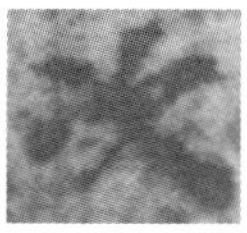
唐代•十輪經十
1_2_2

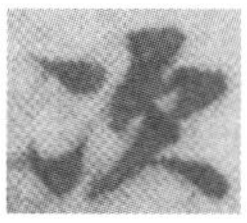
唐代•十輪經十
2_36_2

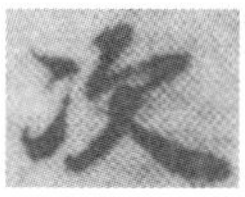
唐代•十輪經十
6_106_2

唐代•古文選後
10_114_1

唐代•古文選後
26_304_5

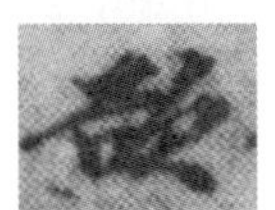
唐代•十輪經四
3_59_3

唐代•十輪經四
7_133_13

唐代•十輪經四
9_169_13

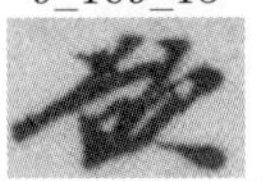
唐代•十輪經四
9_177_21

唐代•十輪經四
10_186_4

唐代•十輪經四
11_203_16

唐代•十輪經四
15_292_15

唐代•文選百三
33_324_9

唐代•文選百三
37_367_35

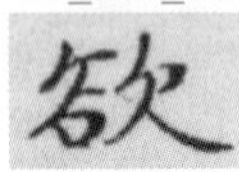
唐代•文選百三
69_660_16

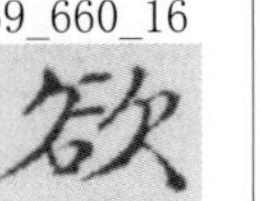
唐代•文選百三
87_827_7

唐代•古文選前
1_11_11

唐代•古文選前
11_130_12

唐代•古文選前
16_194_8

唐代•古文選前
22_262_15

唐代•古文選後
8_95_8

唐代•文選六八
47_477_10

唐代•文選六八
59_592_26

唐代•文選六八
71_713_12

唐代•文選六八
72_715_8

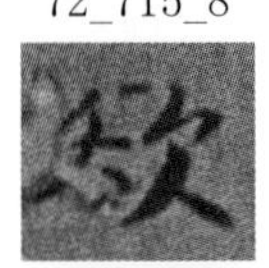
唐代•文選六八
72_718_7

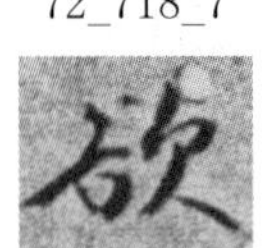
唐代•文選八八
23_205_10

唐代•文選八八
24_216_19

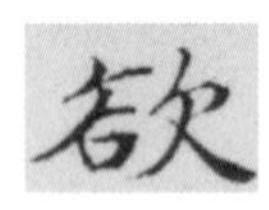
唐代•文選百三
25_250_3

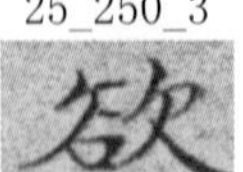
唐代•文選百三
27_262_3

唐代•文選六八
7_70_4

唐代•文選六八
8_80_14

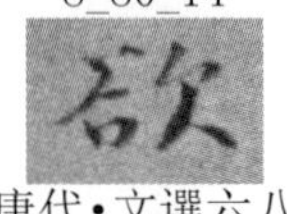
唐代•文選六八
8_82_29

唐代•文選六八
11_122_13

唐代•文選六八
12_123_3

唐代•文選六八
21_215_13

唐代•文選六八
37_367_21

唐代•文選六八
44_440_27

唐代•文選六八
47_469_15

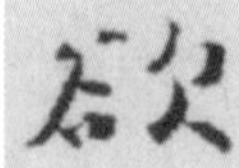
唐代•文選五九
72_693_1

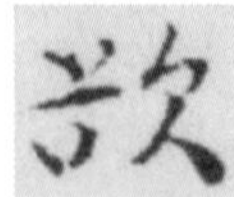
唐代•文選五九
80_774_9

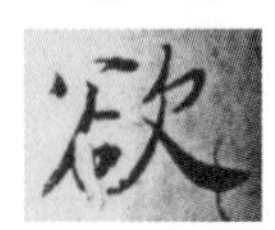
唐代•文選五九
82_792_7

唐代•文選五九
82_795_5

唐代•文選五九
98_931_20

唐代•文選五九
103_976_2

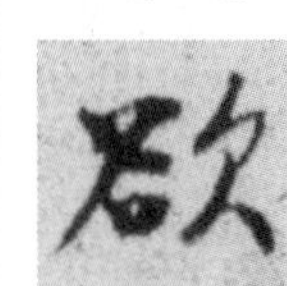
唐代•文選五九
110_1044_18

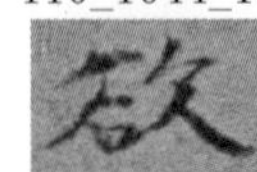
唐代•文選六八
4_42_26

唐代•文選六八
7_69_12

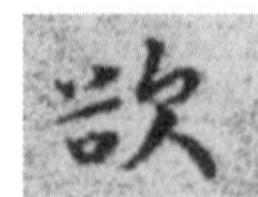
唐代•文選五九
31_311_4

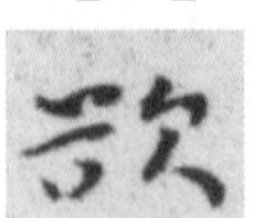
唐代•文選五九
31_311_29

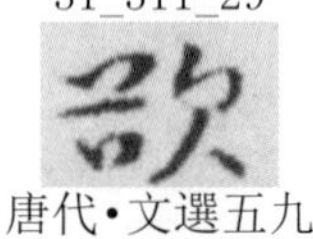
唐代•文選五九
35_340_29

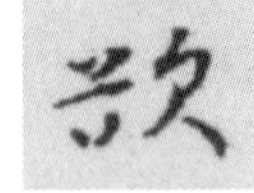
唐代•文選五九
35_342_20

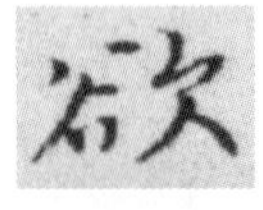
唐代•文選五九
39_382_17

唐代•文選五九
61_590_13

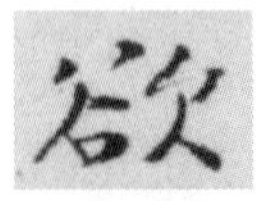
唐代•文選五九
62_594_14

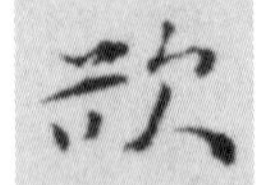
唐代•文選五九
71_682_19

唐代•文選五九
72_691_20

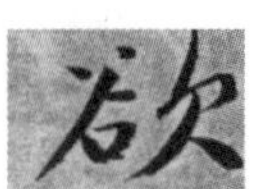
唐代•文選五九
7_62_1

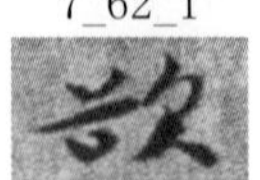
唐代•文選五九
7_64_26

唐代•文選五九
7_65_15

唐代•文選五九
7_66_10

唐代•文選五九
19_184_9

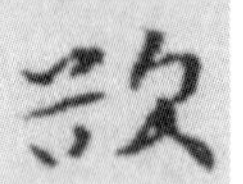
唐代•文選五九
28_274_10

唐代•文選五九
29_292_18

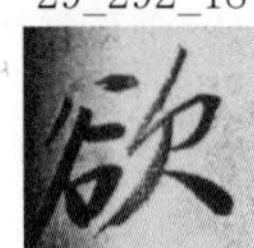
唐代•文選五九
31_308_6

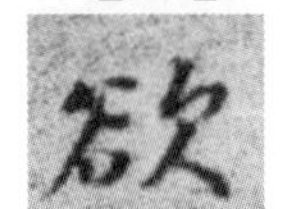
唐代•文選五九
31_310_8

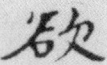

唐代•十輪經四 15_296_17
唐代•十輪經四 21_414_18
唐代•十輪經八 4_63_7
唐代•十輪經八 9_175_17
唐代•十輪經八 9_176_7
唐代•十輪經八 9_178_12
唐代•十輪經八 9_180_1
唐代•十輪經八 10_182_7
唐代•十輪經八 10_191_12
唐代•十輪經八 10_195_3
唐代•十輪經八 10_199_10
唐代•十輪經八 21_403_2
唐代•十輪經八 21_405_7
唐代•十輪經八 21_407_12
唐代•十輪經八 21_417_7
唐代•十輪經八 22_427_15
唐代•十輪經九 5_84_2
唐代•十輪經九 5_85_1
唐代•十輪經九 5_85_17
唐代•十輪經九 5_86_8
唐代•十輪經九 5_86_16
唐代•十輪經九 5_87_7
唐代•十輪經九 6_113_3
唐代•十輪經九 7_121_1
唐代•十輪經九 7_128_3
唐代•十輪經九 7_129_10
唐代•十輪經九 7_138_5
唐代•十輪經九 8_149_1
唐代•十輪經九 8_155_14
唐代•十輪經九 8_156_17
唐代•十輪經九 8_157_16
唐代•十輪經九 8_158_15
唐代•十輪經九 9_166_13
唐代•十輪經九 9_179_2
唐代•十輪經九 10_185_12
唐代•十輪經九 10_188_1
唐代•十輪經九 10_191_6
唐代•十輪經九 10_192_5
唐代•十輪經九 10_193_11
唐代•十輪經九 10_196_18
唐代•十輪經九 10_198_12
唐代•十輪經九 10_199_12
唐代•十輪經九 11_200_5
唐代•十輪經九 11_203_1
唐代•十輪經九 12_226_13
唐代•十輪經九 12_229_2
唐代•十輪經九 13_240_2
唐代•十輪經九 13_257_12
唐代•十輪經九 14_263_1
唐代•十輪經九 14_272_2
唐代•十輪經九 15_291_11
唐代•十輪經九 16_303_1
唐代•十輪經九 16_314_17
唐代•十輪經九 16_315_6
唐代•十輪經九 16_317_10
唐代•十輪經九 16_318_17
唐代•十輪經九 17_321_5
唐代•十輪經九 17_333_3
唐代•十輪經九 18_350_4
唐代•十輪經九 18_356_16
唐代•十輪經九 19_368_1
唐代•十輪經九 20_395_15
唐代•十輪經九 21_414_11
唐代•十輪經十 1_4_2
唐代•十輪經十 1_9_15
唐代•十輪經十 1_10_10

欻	欺	欹		欵		
漢クツ 訓おこる	漢キ 慣ギ 訓あざむく	イ、キ 訓ああ		カン 訓まこと		
唐代・文選六八 31_308_18	唐代・文選百三 40_398_31	唐代・文選五九 40_394_2	唐代・文選五九 19_185_16	唐代・文選四八 8_66_4	唐代・十輪經十 10_190_4	唐代・十輪經十 2_32_16
	唐代・文選百三 40_400_2		唐代・文選五九 19_185_29	唐代・文選四八 8_67_22	唐代・十輪經十 11_202_17	唐代・十輪經十 2_38_4
	唐代・文選百三 50_485_7		唐代・古文選前 9_109_6	唐代・文選四八 8_67_37	唐代・十輪經十 16_313_8	唐代・十輪經十 6_120_1
	唐代・古文選前 9_109_14			唐代・文選四八 8_67_49	唐代・十輪經十 17_325_1	唐代・十輪經十 7_129_10
	唐代・十輪經四 1_18_17			唐代・文選四八 8_68_25	唐代・十輪經十 19_373_4	唐代・十輪經十 7_133_2
	唐代・十輪經四 10_195_11			唐代・文選五九 19_182_2	唐代・十輪經十 9_169_17	唐代・十輪經十 8_149_16
	唐代・十輪經四 18_349_4			唐代・文選五九 19_184_3		唐代・十輪經十 8_154_17
				唐代・文選五九 19_184_29		唐代・十輪經十 9_166_2
						唐代・十輪經十 9_171_16

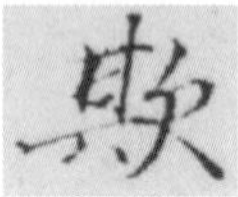

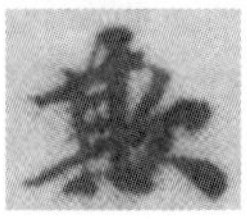

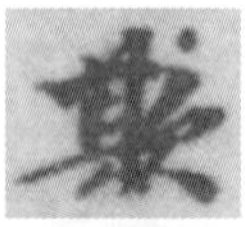

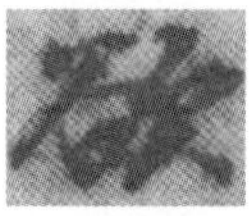

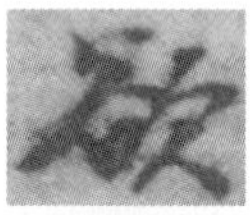

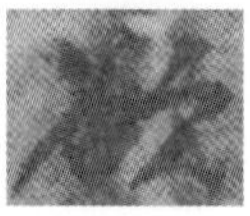

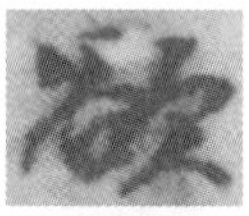

				歌	歆	歇
				カ 訓うた	漢キン 訓うける	漢ケツ、カイ、カツ 訓やすむ
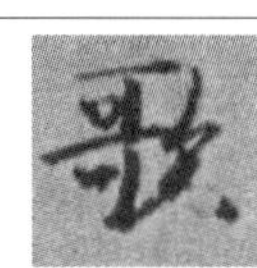 唐代•文選六八 52_524_5	 唐代•文選六八 46_464_10	 唐代•文選五九 84_804_18	 唐代•文選五九 43_421_16	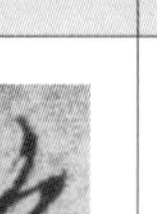 唐代•文選四八 38_339_11	 唐代•文選五九 35_341_13	 唐代•文選六八 55_548_4
 唐代•文選六八 54_541_12	 唐代•文選六八 47_466_14	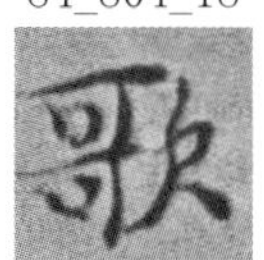 唐代•文選五九 84_804_24	 唐代•文選五九 48_472_9	 唐代•文選四八 43_385_3		 唐代•古文選後 26_303_12
 唐代•文選六八 54_543_7	 唐代•文選六八 49_487_17	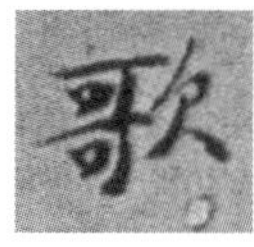 唐代•文選五九 84_805_31	 唐代•文選五九 48_474_3	 唐代•文選四八 43_389_5		 唐代•十輪經八 4_77_7
 唐代•文選六八 55_557_25	 唐代•文選六八 49_491_18	 唐代•文選五九 84_807_1	 唐代•文選五九 53_526_17	 唐代•文選四八 43_390_13		 唐代•十輪經八 5_84_11
 唐代•文選六八 57_572_23	 唐代•文選六八 49_492_23	 唐代•文選五九 84_807_28	 唐代•文選五九 53_527_17	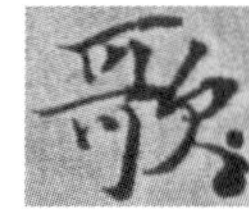 唐代•文選四八 44_393_2		
 唐代•文選六八 71_703_10	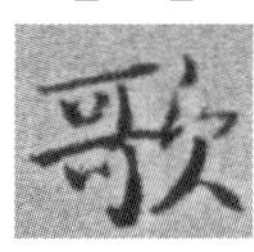 唐代•文選六八 52_519_9	 唐代•文選五九 84_808_31	 唐代•文選五九 84_802_3	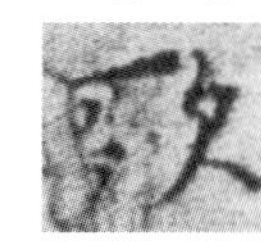 唐代•文選五九 11_111_13		
 唐代•文選六八 71_705_5	 唐代•文選六八 52_519_18	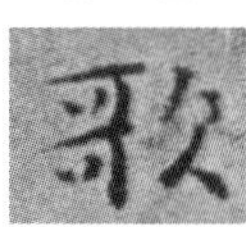 唐代•文選五九 84_809_20	 唐代•文選五九 84_802_15	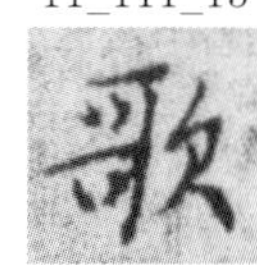 唐代•文選五九 31_299_7		
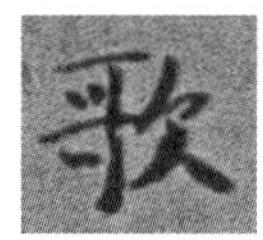 唐代•文選六八 71_707_23	 唐代•文選六八 52_523_2	 唐代•文選五九 103_972_30	 唐代•文選五九 84_803_23	 唐代•文選五九 43_421_1		

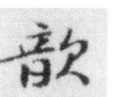

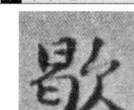

歠

漢ショク 呉ソク
訓げきど

唐代・文選百三
57_544_13

唐代・古文選後
9_106_10

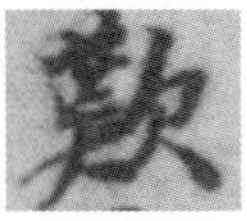
唐代・十輪經四
14_274_2

唐代・十輪經四
16_300_5

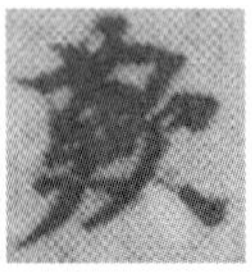
唐代・十輪經八
5_96_7

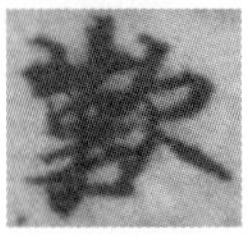
唐代・十輪經九
5_83_7

唐代・文選百三
27_264_32

唐代・文選百三
39_395_32

唐代・文選百三
39_396_6

唐代・文選百三
40_398_23

唐代・古文選前
6_64_4

唐代・古文選前
10_118_8

唐代・古文選後
16_182_4

唐代・文選五九
12_113_23

唐代・文選五九
12_114_1

唐代・文選五九
92_889_30

唐代・文選五九
108_1021_21

唐代・文選六八
8_88_5

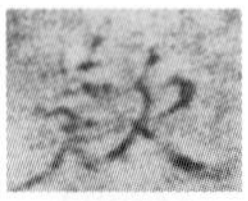
唐代・文選百三
1_7_1

唐代・文選百三
14_131_14

唐代・文選百三
14_134_39

歎

タン
訓たたえる

晚唐・慶滋書狀
1_3_11

唐代・春秋經傳
9_88_12

唐代・文選四八
2_9_7

唐代・文選四八
2_10_13

唐代・文選四八
2_13_7

唐代・文選四八
6_46_25

唐代・文選四八
20_182_22

唐代・文選四八
34_304_3

歊

コウ
訓たたく

唐代・古文選前
25_289_1

唐代・古文選前
14_159_8

唐代・古文選後
9_106_2

唐代・古文選後
11_126_10

唐代・古文選後
20_235_6

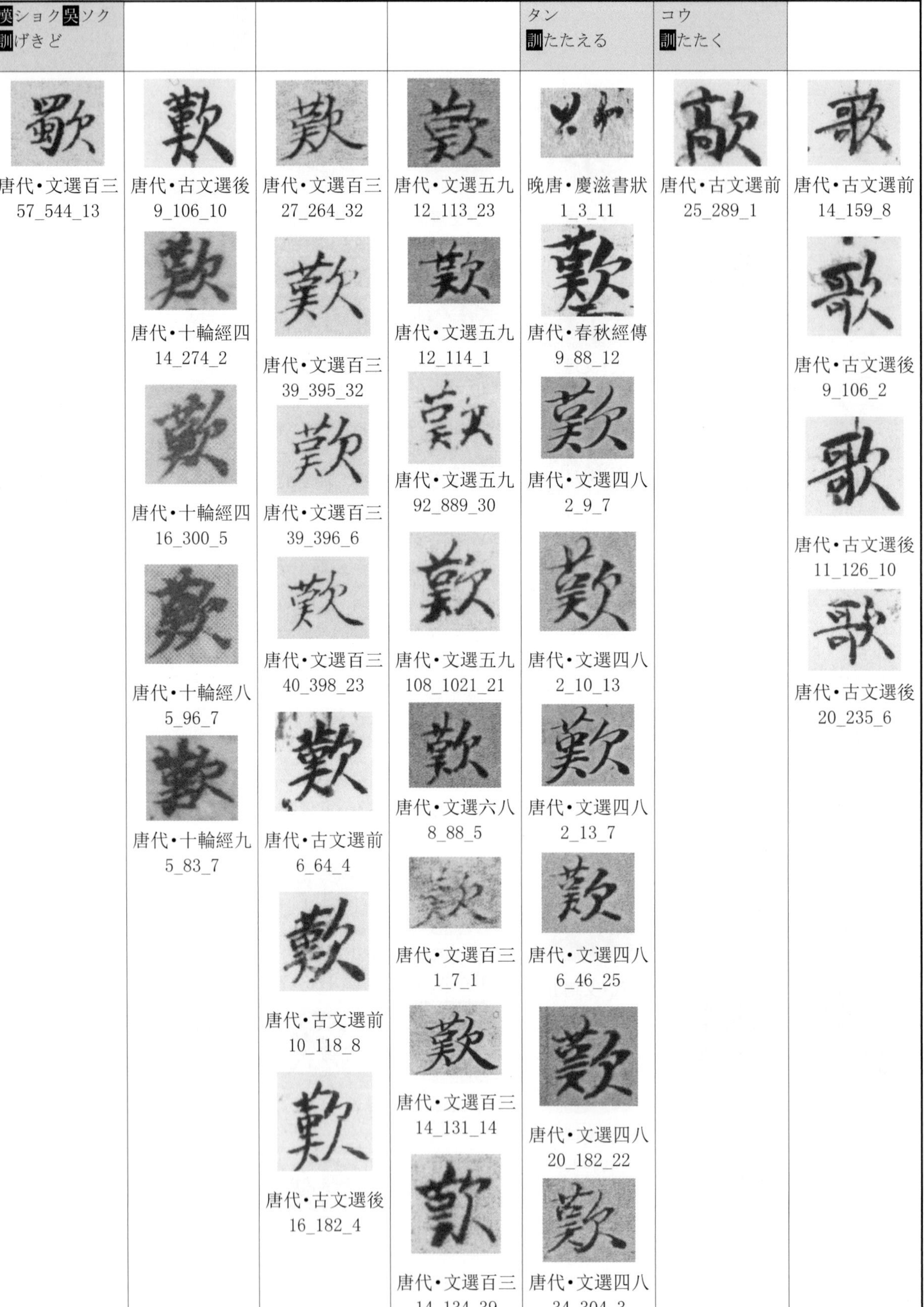

歡 歟

歟 ヨ 訓か

晚唐·慶滋書狀 1_3_10
唐代·古文選前 24_277_2
唐代·古文選前 24_277_4

歡 カン 訓よろこぶ

初唐·金剛場經 1_6_1
唐代·文選四八 1_6_9
唐代·文選四八 9_78_12
唐代·文選四八 9_79_13
唐代·文選四八 10_80_11
唐代·文選五九 13_131_12
唐代·文選五九 14_132_18
唐代·文選五九 35_348_4

唐代·文選五九 35_350_18
唐代·文選五九 64_616_6
唐代·文選五九 82_783_14
唐代·文選五九 99_935_9
唐代·文選五九 99_938_14
唐代·文選五九 99_940_4
唐代·文選五九 99_942_28
唐代·文選六八 55_546_18

唐代·文選六八 57_574_2
唐代·文選百三 13_117_5
唐代·文選百三 13_118_29
唐代·古文選前 6_66_10
唐代·古文選前 9_105_13
唐代·古文選後 8_95_5
唐代·古文選後 10_117_12

唐代·古文選後 15_180_10
唐代·古文選後 16_182_2
唐代·十輪經四 5_82_10
唐代·十輪經四 10_186_10
唐代·十輪經四 14_272_4
唐代·十輪經四 21_419_8
唐代·十輪經八 8_149_10
唐代·古文選後 9_100_6

唐代·十輪經八 10_187_17
唐代·十輪經八 12_224_15
唐代·十輪經八 13_261_15
唐代·十輪經八 15_299_15
唐代·十輪經八 17_337_15
唐代·十輪經九 1_13_3
唐代·十輪經八 6_111_10

唐代·十輪經八 19_375_15
唐代·十輪經八 21_413_7
唐代·十輪經九 3_51_8
唐代·十輪經九 7_135_4
唐代·十輪經九 12_234_24
唐代·十輪經九 17_326_14
唐代·十輪經十 20_386_17

殳部

殳

漢シュ
訓ほこ

唐代・文選六八 32_321_14
唐代・文選六八 32_322_22
唐代・文選六八 32_323_28
唐代・文選六八 32_324_11

段

吳ダン漢タン
訓きたえる

唐代・文選五九 2_13_13
唐代・文選六八 59_598_21
唐代・文選百三 35_344_4
唐代・古文選前 19_224_7

殷

漢イン、アン
訓さかん

唐代・春秋經傳 25_258_6
唐代・春秋經傳 25_258_20
唐代・文選四八 16_140_12
唐代・文選四八 16_144_24
唐代・文選四八 16_146_9
唐代・文選四八 16_146_25
唐代・文選四八 22_199_3
唐代・文選五九 61_585_12

唐代・文選五九 61_590_24
唐代・文選六八 22_221_22
唐代・文選六八 65_645_5
唐代・文選六八 65_647_23
唐代・文選六八 65_648_20
唐代・古文選前 24_288_1

殺

漢サツ、サイ吳セツ
訓ころす

初唐・聖武雜集 1_5_8
唐代・春秋經傳 3_21_23
唐代・春秋經傳 5_43_9
唐代・春秋經傳 5_43_22
唐代・春秋經傳 5_51_3
唐代・春秋經傳 5_52_3
唐代・春秋經傳 7_72_31
唐代・春秋經傳 8_74_9
唐代・春秋經傳 9_94_3

唐代・春秋經傳 10_106_5
唐代・春秋經傳 10_106_14
唐代・春秋經傳 15_156_5
唐代・春秋經傳 16_168_15
唐代・春秋經傳 16_169_8
唐代・春秋經傳 18_185_5
唐代・春秋經傳 18_185_24
唐代・春秋經傳 37_392_12
唐代・春秋經傳 38_395_9

唐代•春秋經傳
37_388_14

唐代•春秋經傳
19_197_4

唐代•春秋經傳
19_198_4

唐代•春秋經傳
19_199_11

唐代•春秋經傳
19_200_2

唐代•春秋經傳
20_203_15

唐代•春秋經傳
20_203_27

唐代•春秋經傳
20_204_5

唐代•春秋經傳
20_210_11

唐代•春秋經傳
20_211_12

唐代•春秋經傳
21_217_14

唐代•春秋經傳
21_220_6

唐代•春秋經傳
26_266_3

唐代•春秋經傳
28_295_10

唐代•春秋經傳
30_313_3

唐代•春秋經傳
31_324_12

唐代•春秋經傳
31_324_18

唐代•春秋經傳
32_335_18

唐代•春秋經傳
34_355_1

唐代•春秋經傳
35_363_11

唐代•春秋經傳
35_368_13

唐代•春秋經傳
35_369_14

唐代•春秋經傳
35_370_8

唐代•春秋經傳
35_370_29

唐代•春秋經傳
35_371_29

唐代•春秋經傳
37_389_19

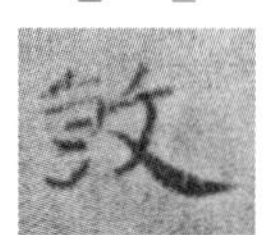
唐代•文選五九
5_39_3

唐代•文選五九
60_574_8

唐代•文選五九
60_576_3

唐代•文選五九
80_766_28

唐代•文選五九
92_880_6

唐代•文選五九
92_883_14

唐代•文選六八
31_313_22

唐代•文選六八
37_372_2

唐代•文選六八
37_372_10

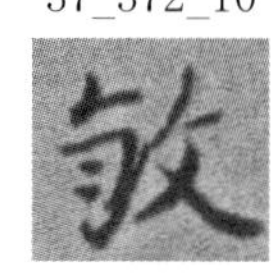
唐代•文選六八
58_584_3

唐代•文選六八
59_593_2

唐代•文選六八
59_596_9

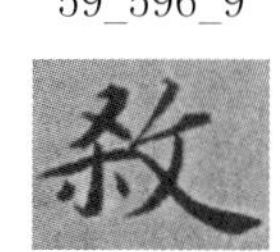
唐代•文選八八
16_136_6

唐代•文選八八
16_137_21

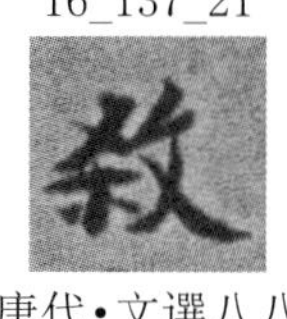
唐代•文選八八
16_138_11

唐代•文選八八
17_145_3

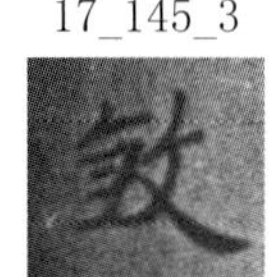
唐代•文選百三
27_267_7

唐代•文選百三
27_271_31

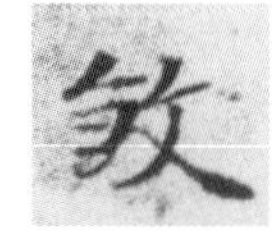
唐代•文選百三
28_273_15

唐代•文選百三
33_333_28

唐代•文選百三
33_334_6

唐代•文選百三
38_379_9

唐代•文選百三
42_419_34

唐代•文選百三
42_420_22

唐代•文選百三
52_504_14

唐代•文選百三
61_584_14

唐代•文選百三
61_589_30

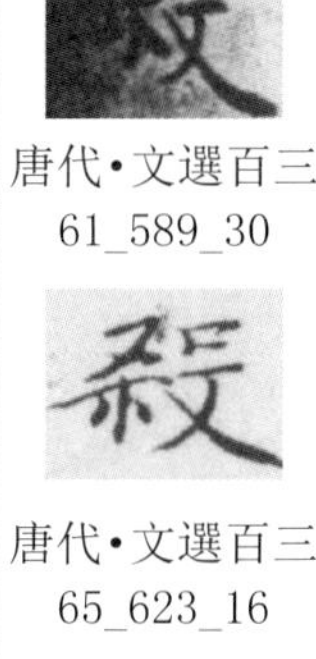
唐代•文選百三
65_623_16

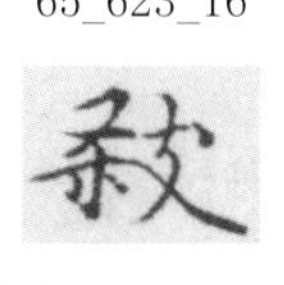
唐代•文選百三
66_636_28

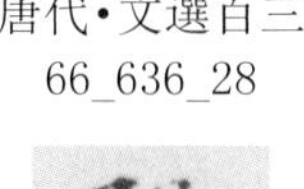

唐代•文選百三
67_651_13

唐代•文選百三
68_653_7

	毁	殽				
	キ 訓こわす	漢コウ 訓まじる				
 唐代•文選百三 15_139_30	 唐代•春秋經傳 24_247_8	唐代•文選五九 88_839_4	 唐代•十輪經十 5_85_16	 唐代•十輪經四 21_411_3	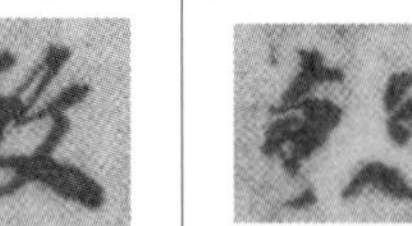 唐代•十輪經四 1_18_11	 唐代•文選百三 70_675_21
 唐代•十輪經四 1_16_15	 唐代•文選四八 4_27_4	唐代•文選五九 88_839_6	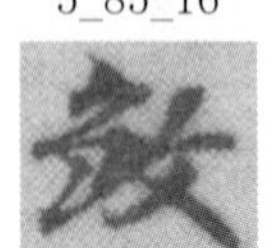 唐代•十輪經十 6_109_6	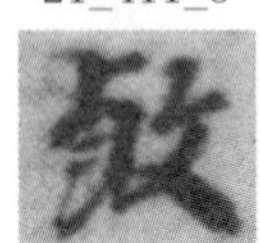 唐代•十輪經四 22_423_11	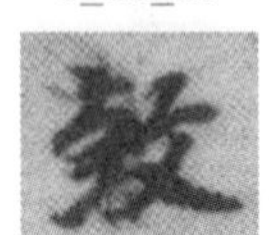 唐代•十輪經四 5_84_12	 唐代•文選百三 73_710_12
 唐代•十輪經四 1_21_1	 唐代•文選六八 4_45_19	唐代•文選百三 83_789_12		 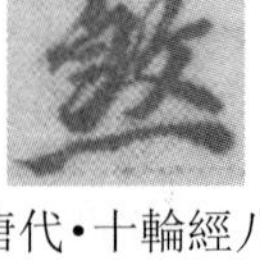 唐代•十輪經八 6_100_16	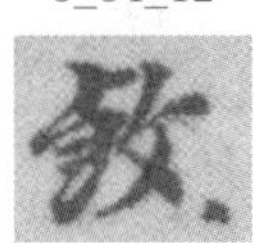 唐代•十輪經四 15_294_4	 唐代•文選百三 74_712_37
 唐代•十輪經四 2_26_14	 唐代•文選六八 43_430_22			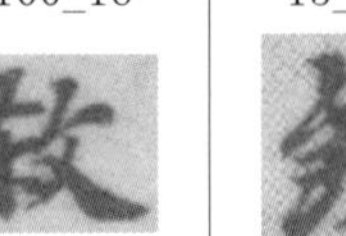 唐代•十輪經八 6_103_13	 唐代•十輪經四 15_294_12	 唐代•文選百三 74_715_2
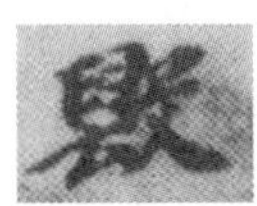 唐代•十輪經四 3_56_9	 唐代•文選八八 22_194_11			 唐代•十輪經八 6_106_1	 唐代•十輪經四 16_301_3	 唐代•文選百三 74_716_15
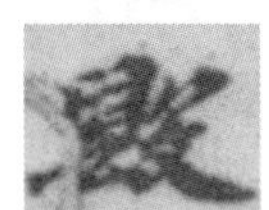 唐代•十輪經四 4_64_15	 唐代•文選百三 15_136_5			 唐代•十輪經八 6_115_7	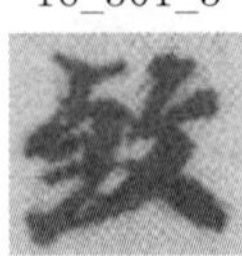 唐代•十輪經四 19_379_7	 唐代•文選百三 74_716_22
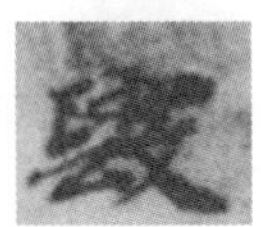 唐代•十輪經四 4_65_12	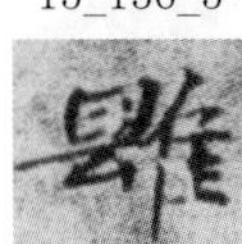 唐代•文選百三 15_138_25			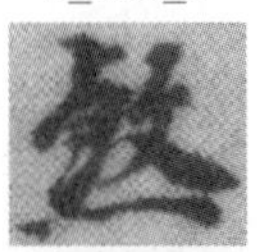 唐代•十輪經八 7_123_3	 唐代•十輪經四 21_406_6	 唐代•文選百三 76_732_5
 唐代•十輪經四 6_101_6	 唐代•文選百三 41_415_6			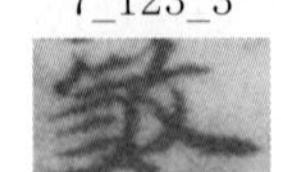 唐代•十輪經九 7_124_4	 唐代•十輪經四 21_409_3	 唐代•文選百三 77_733_4

殿

漢テン 呉デン
訓との

唐代•文選六八 41_416_8
唐代•文選百三 52_502_34
唐代•古文選前 5_52_6
唐代•古文選後 20_231_9
唐代•十輪經八 4_75_13
唐代•十輪經八 8_157_11

唐代•文選五九 81_778_29
唐代•文選五九 81_780_23
唐代•文選五九 81_781_44
唐代•文選五九 84_803_10
唐代•文選五九 109_1027_2
唐代•文選六八 41_410_2
唐代•文選六八 41_413_12
唐代•文選百三 17_161_20

唐代•文選五九 62_603_9
唐代•文選五九 63_607_9
唐代•文選五九 66_632_2
唐代•文選五九 66_633_14
唐代•文選五九 66_634_27
唐代•文選五九 66_635_17
唐代•文選五九 66_639_2
唐代•文選五九 67_644_22
唐代•文選五九 80_775_6

唐代•文選四八 30_272_5
唐代•文選四八 38_342_14
唐代•文選四八 48_436_21
唐代•文選四八 48_440_22
唐代•文選五九 17_163_11
唐代•文選五九 50_495_14
唐代•文選五九 56_541_4
唐代•文選五九 56_549_25
唐代•文選五九 56_550_1

初唐•大般若經 2_34_1
唐代•文選四八 25_226_17
唐代•文選四八 25_227_33
唐代•文選四八 26_228_2
唐代•文選四八 26_228_25
唐代•文選四八 28_252_24
唐代•文選四八 28_254_19
唐代•文選四八 30_269_4
唐代•文選四八 30_271_13

唐代•十輪經四 20_383_3
唐代•十輪經九 7_138_10
唐代•十輪經九 12_224_14
唐代•十輪經九 12_236_11
唐代•十輪經九 19_361_25
唐代•十輪經十 19_369_6

唐代•十輪經四 6_104_3
唐代•十輪經四 6_105_8
唐代•十輪經四 7_125_17
唐代•十輪經四 7_129_9
唐代•十輪經四 7_131_15
唐代•十輪經四 18_348_15
唐代•十輪經四 20_382_2
唐代•十輪經四 4_70_11
唐代•十輪經四 5_98_9

鷇

漢コ、コウ
訓ひな

唐代・文選六八
15_154_5

唐代・文選百三
38_379_16

唐代・文選百三
66_637_6

唐代・文選百三
75_721_2

唐代・文選百三
77_734_8

唐代・文選百三
77_738_1

唐代・文選百三
77_738_7

毅

漢キ慣キ
訓つよい

唐代・春秋經傳
5_50_6

唐代・春秋經傳
5_51_10

唐代・文選六八
2_17_7

唐代・文選六八
2_25_8

唐代・文選六八
59_595_10

唐代・文選六八
59_596_16

唐代・文選六八
60_599_1

唐代・文選百三
37_374_2

唐代・古文選前
1_2_14

唐代・古文選前
17_197_8

唐代・古文選前
17_199_4

唐代・十輪經八
4_77_9

唐代・十輪經八
5_84_17

唐代・文選六八
71_708_23

唐代・文選百三
3_25_11

唐代・文選百三
35_347_10

唐代・文選百三
36_361_2

唐代・文選百三
37_363_16

唐代・文選百三
46_442_18

唐代・文選百三
56_534_5

唐代・文選百三
60_572_28

唐代・文選五九
74_707_12

唐代・文選五九
74_708_17

唐代・文選五九
90_864_2

唐代・文選五九
90_867_8

唐代・文選五九
90_867_18

唐代・文選六八
14_148_18

唐代・文選六八
15_152_8

唐代・文選六八
51_506_12

穀

コク
訓たなつもの

唐代・春秋經傳
22_233_8

唐代・春秋經傳
23_234_1

唐代・春秋經傳
33_342_21

唐代・文選四八
6_48_23

唐代・文選五九
73_704_5

唐代・文選五九
74_705_25

唐代・文選五九
74_706_4

唐代・文選五九
74_706_10

文部

文

漢ブン吳モン
訓ふみ

初唐•金剛場經
1_3_3

中唐•金剛經題
1_1_8

中唐•金剛經題
1_5_1

中唐•金剛經題
2_14_9

晚唐•慶滋書狀
1_3_4

晚唐•慶滋書狀
1_9_3

唐代•春秋經傳
1_3_21

唐代•春秋經傳
1_4_18

唐代•春秋經傳
2_15_23

唐代•春秋經傳
2_17_32

唐代•春秋經傳
2_19_16

唐代•春秋經傳
3_24_1

唐代•春秋經傳
3_24_14

唐代•春秋經傳
3_25_11

唐代•春秋經傳
3_26_16

唐代•春秋經傳
3_28_15

唐代•春秋經傳
6_56_9

唐代•春秋經傳
6_56_16

唐代•春秋經傳
7_71_6

唐代•春秋經傳
11_114_5

唐代•春秋經傳
11_115_10

唐代•春秋經傳
12_122_21

唐代•春秋經傳
13_131_8

唐代•春秋經傳
15_155_14

唐代•春秋經傳
15_157_18

唐代•春秋經傳
16_160_11

唐代•春秋經傳
16_163_20

唐代•春秋經傳
16_166_8

唐代•春秋經傳
16_167_4

唐代•春秋經傳
17_172_11

唐代•春秋經傳
17_173_20

唐代•春秋經傳
20_210_8

唐代•春秋經傳
20_210_13

唐代•春秋經傳
20_213_7

唐代•春秋經傳
21_216_7

唐代•春秋經傳
21_216_16

唐代•春秋經傳
21_222_5

唐代•春秋經傳
22_227_6

唐代•春秋經傳
23_234_20

唐代•春秋經傳
23_235_5

唐代•春秋經傳
23_238_12

唐代•春秋經傳
23_239_3

唐代•春秋經傳
27_274_9

唐代•春秋經傳
27_274_23

唐代•春秋經傳
27_275_14

唐代•春秋經傳
28_285_34

唐代•春秋經傳
30_310_20

唐代•春秋經傳
30_311_24

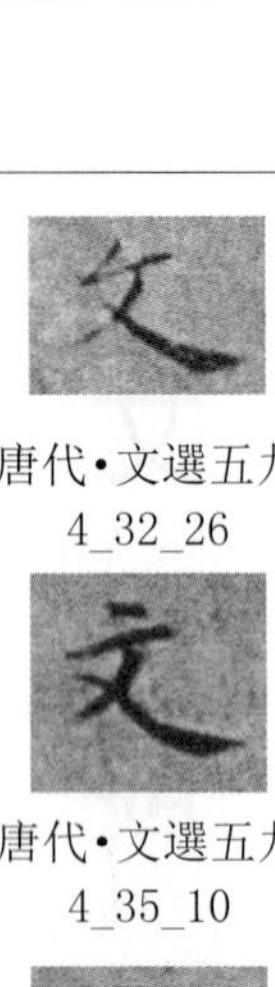

唐代•文選五九 4_32_26

唐代•文選五九 4_35_10

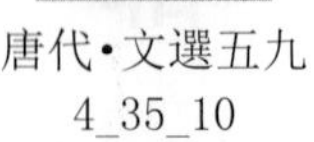

唐代•文選五九 5_43_25

唐代•文選五九 6_54_3

唐代•文選五九 7_67_11

唐代•文選五九 15_150_19

唐代•文選五九 16_157_12

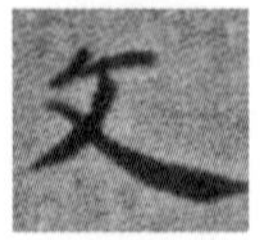

唐代•文選五九 17_163_8

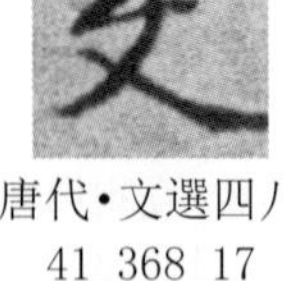

唐代•文選四八 41_368_17

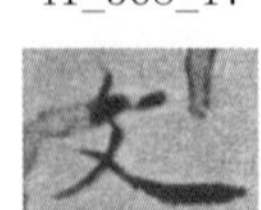

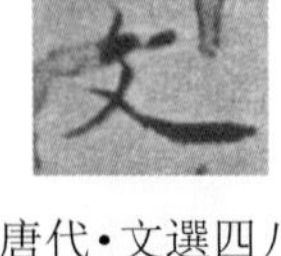

唐代•文選四八 45_406_24

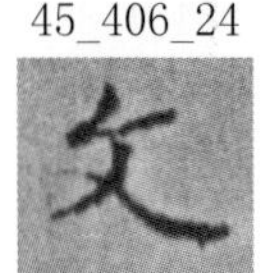

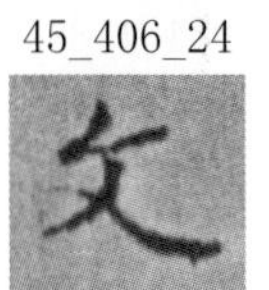

唐代•文選四八 45_408_7

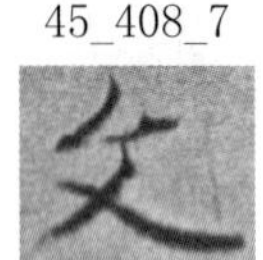

唐代•文選四八 45_409_15

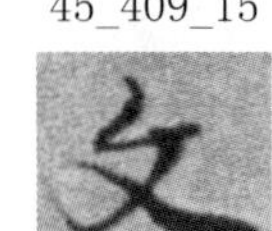

唐代•文選四八 47_423_14

唐代•文選四八 50_454_1

唐代•文選五九 1_5_3

唐代•文選五九 1_11_19

唐代•文選四八 30_269_23

唐代•文選四八 32_286_23

唐代•文選四八 33_298_11

唐代•文選四八 34_306_4

唐代•文選四八 39_347_20

唐代•文選四八 39_348_23

唐代•文選四八 40_355_11

唐代•文選四八 40_360_18

唐代•文選四八 19_172_24

唐代•文選四八 24_211_25

唐代•文選四八 25_227_21

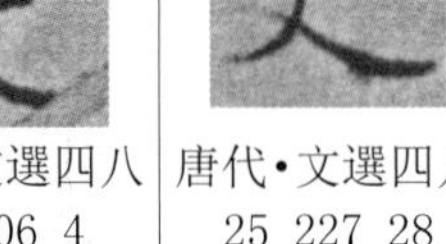

唐代•文選四八 25_227_28

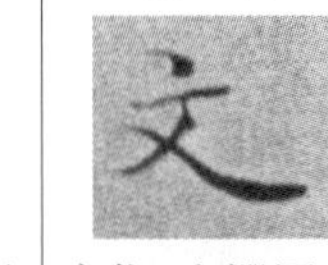

唐代•文選四八 25_227_52

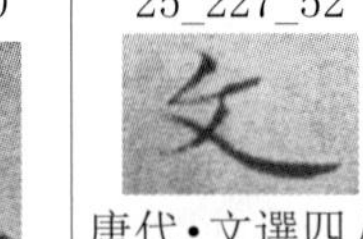

唐代•文選四八 28_247_13

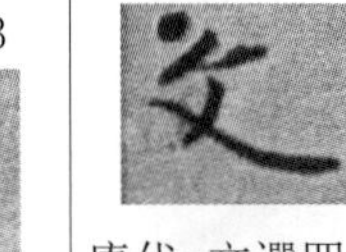

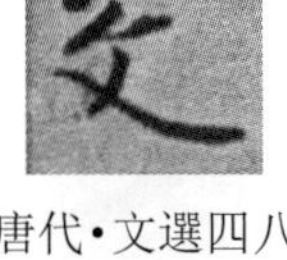

唐代•文選四八 28_247_22

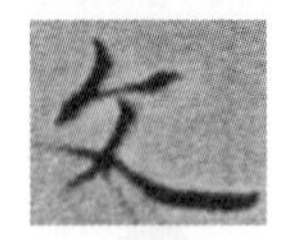

唐代•文選四八 28_249_1

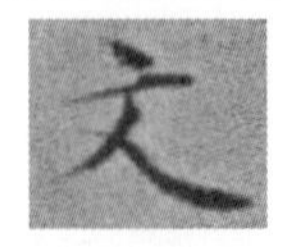

唐代•文選四八 12_110_23

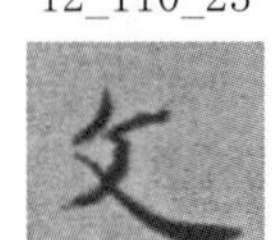

唐代•文選四八 12_111_14

唐代•文選四八 13_114_12

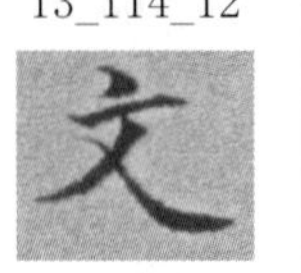

唐代•文選四八 14_123_11

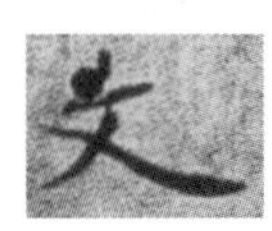

唐代•文選四八 16_142_6

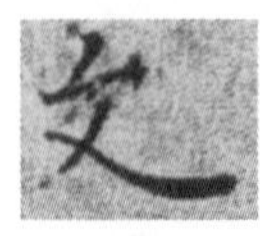

唐代•文選四八 16_142_20

唐代•文選四八 16_149_23

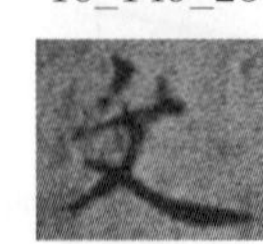

唐代•文選四八 19_172_17

唐代•文選四八 5_37_19

唐代•文選四八 5_38_19

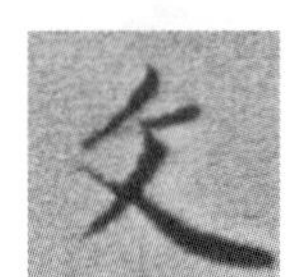

唐代•文選四八 6_46_3

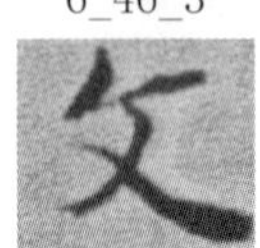

唐代•文選四八 6_47_7

唐代•文選四八 6_49_12

唐代•文選四八 6_53_4

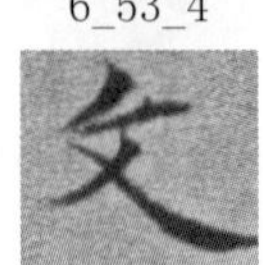

唐代•文選四八 8_68_8

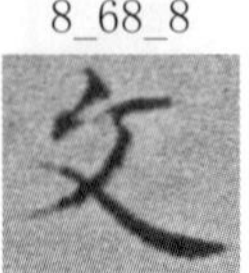

唐代•文選四八 10_91_18

唐代•春秋經傳 34_358_19

唐代•春秋經傳 34_360_11

唐代•春秋經傳 37_386_21

唐代•春秋經傳 37_387_14

唐代•春秋經傳 39_405_8

唐代•文選四八 1_1_10

唐代•文選四八 1_2_18

唐代•文選四八 5_33_3

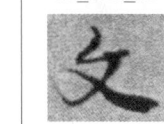

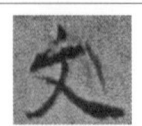

唐代•文選五九 17_164_7
唐代•文選五九 18_178_7
唐代•文選五九 18_178_20
唐代•文選五九 21_206_8
唐代•文選五九 23_227_4
唐代•文選五九 23_230_3
唐代•文選五九 24_233_15
唐代•文選五九 24_236_12

唐代•文選五九 26_256_8
唐代•文選五九 27_259_23
唐代•文選五九 29_290_5
唐代•文選五九 34_335_11
唐代•文選五九 34_336_8
唐代•文選五九 42_412_10
唐代•文選五九 43_420_10
唐代•文選五九 43_425_28

唐代•文選五九 45_446_25
唐代•文選五九 47_469_12
唐代•文選五九 49_479_22
唐代•文選五九 49_484_12
唐代•文選五九 51_498_5
唐代•文選五九 51_502_21
唐代•文選五九 56_543_17
唐代•文選五九 58_560_8

唐代•文選五九 58_561_9
唐代•文選五九 58_561_13
唐代•文選五九 60_578_10
唐代•文選五九 61_581_12
唐代•文選五九 62_599_6
唐代•文選五九 62_599_16
唐代•文選五九 63_604_13
唐代•文選五九 63_608_10

唐代•文選五九 63_609_16
唐代•文選五九 64_611_4
唐代•文選五九 73_701_16
唐代•文選五九 78_750_25
唐代•文選五九 78_750_29
唐代•文選五九 82_783_18
唐代•文選五九 82_787_10
唐代•文選五九 82_789_10

唐代•文選五九 82_790_2
唐代•文選五九 82_790_19
唐代•文選五九 82_790_22
唐代•文選五九 82_793_24
唐代•文選五九 82_795_7
唐代•文選五九 83_798_16
唐代•文選五九 86_823_22
唐代•文選五九 88_849_6

唐代•文選五九 91_871_17
唐代•文選五九 102_966_3
唐代•文選五九 102_966_10
唐代•文選五九 103_967_12
唐代•文選五九 106_1006_5
唐代•文選五九 107_1013_3
唐代•文選五九 107_1018_21
唐代•文選五九 108_1021_26

唐代•文選五九 108_1023_23
唐代•文選五九 109_1038_3
唐代•文選五九 111_1049_18
唐代•文選五九 111_1059_9
唐代•文選五九 112_1065_1
唐代•文選六八 2_14_1
唐代•文選六八 5_51_18
唐代•文選六八 6_59_3

唐代•文選六八 6_61_2
唐代•文選六八 6_61_5
唐代•文選六八 9_102_17
唐代•文選六八 12_125_16
唐代•文選六八 13_134_13
唐代•文選六八 15_152_24
唐代•文選六八 16_162_12
唐代•文選六八 16_166_3

唐代•文選六八 16_167_3
唐代•文選六八 17_170_7
唐代•文選六八 21_206_26
唐代•文選六八 21_219_9
唐代•文選六八 21_219_13
唐代•文選六八 22_225_24
唐代•文選六八 23_226_1
唐代•文選六八 23_226_24

唐代•文選六八 23_228_12
唐代•文選六八 23_229_9
唐代•文選六八 23_229_20
唐代•文選六八 23_230_19
唐代•文選六八 23_230_24
唐代•文選六八 24_243_14
唐代•文選六八 24_244_14
唐代•文選六八 25_246_13

唐代•文選六八 25_248_14
唐代•文選六八 25_254_11
唐代•文選六八 25_254_14
唐代•文選六八 26_260_7
唐代•文選六八 26_265_6
唐代•文選六八 27_269_6
唐代•文選六八 27_270_6
唐代•文選六八 32_319_1

唐代•文選六八 32_324_17
唐代•文選六八 33_325_20
唐代•文選六八 33_326_27
唐代•文選六八 33_327_1
唐代•文選六八 37_368_4
唐代•文選六八 37_368_12
唐代•文選六八 37_376_8
唐代•文選六八 38_383_9

唐代•文選六八 40_400_2
唐代•文選六八 40_402_6
唐代•文選六八 40_402_10
唐代•文選六八 40_404_27
唐代•文選六八 41_405_4
唐代•文選六八 46_462_32
唐代•文選六八 49_493_12
唐代•文選六八 49_494_8

唐代•文選六八 49_496_5
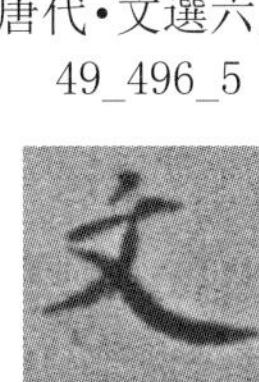

唐代•文選六八 49_496_10
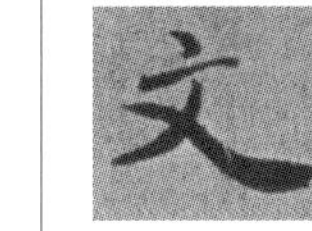
唐代•文選六八 50_502_7
唐代•文選六八 51_506_24
唐代•文選六八 51_517_3
唐代•文選六八 51_518_20

唐代•文選六八 52_520_22
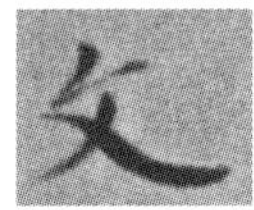
唐代•文選六八 52_521_23

唐代•文選六八 52_522_3

唐代•文選六八 55_555_9
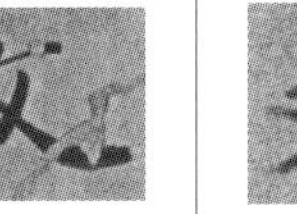

唐代•文選六八 57_576_27
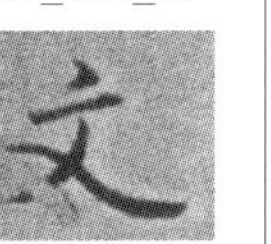
唐代•文選六八 61_605_17
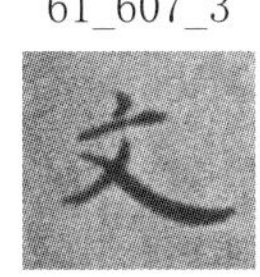
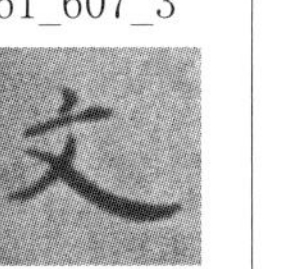
唐代•文選六八 61_607_3

唐代•文選六八 61_608_27

唐代•文選六八 61_615_10
唐代•文選六八 62_619_5

唐代•文選六八 63_630_22
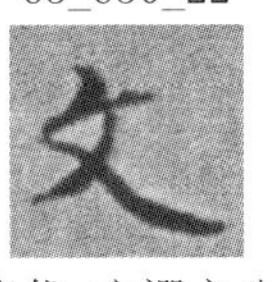
唐代•文選六八 65_652_14

唐代•文選六八 67_667_3
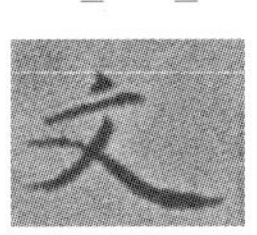
唐代•文選六八 67_668_1

唐代•文選六八 67_671_23
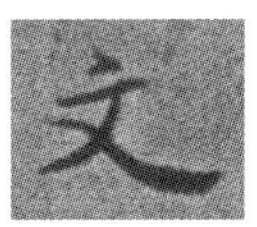
唐代•文選六八 69_690_4
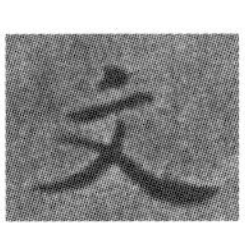
唐代•文選六八 70_701_18

唐代•文選六八 71_708_11

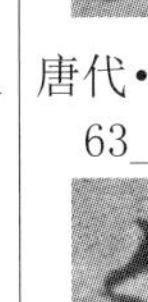
唐代•文選六八 72_716_9
唐代•文選六八 73_731_1

唐代•文選八八 3_18_20
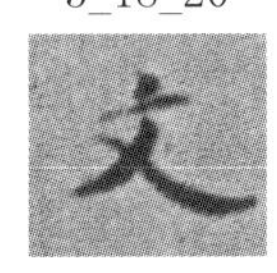
唐代•文選八八 4_21_18

唐代•文選八八 6_36_8
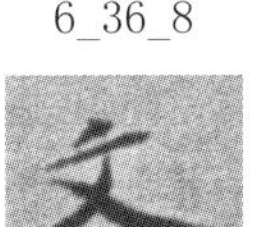
唐代•文選八八 7_45_24
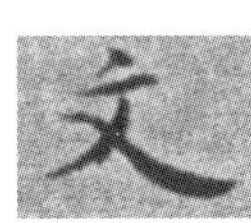
唐代•文選八八 7_55_22

唐代•文選八八 11_91_31

唐代•文選八八 13_103_20
唐代•文選八八 13_107_2
唐代•文選八八 13_108_13
唐代•文選八八 15_121_18
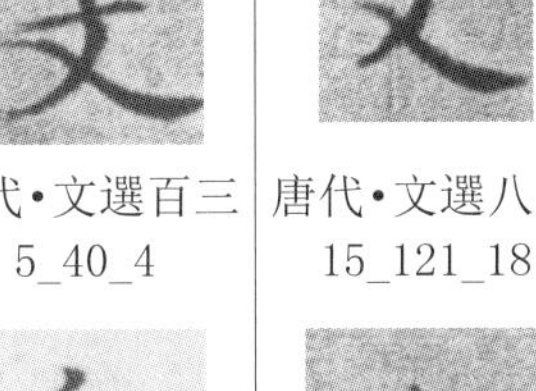
唐代•文選八八 21_186_12
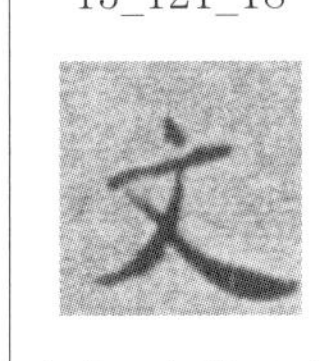
唐代•文選八八 22_193_1
唐代•文選百三 1_8_14
唐代•文選百三 4_33_3

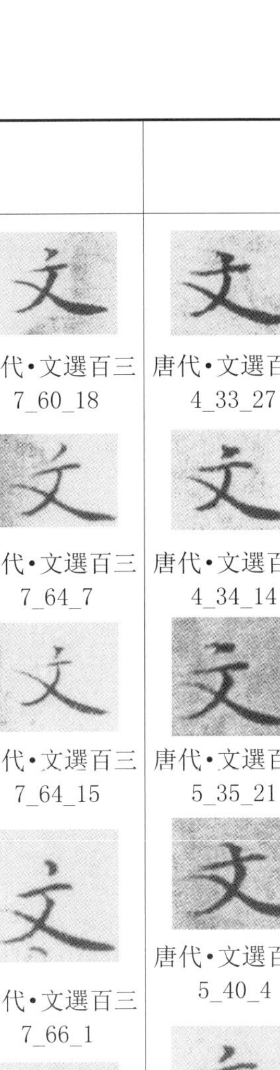
唐代•文選百三 4_33_27
唐代•文選百三 4_34_14
唐代•文選百三 5_35_21
唐代•文選百三 5_40_4
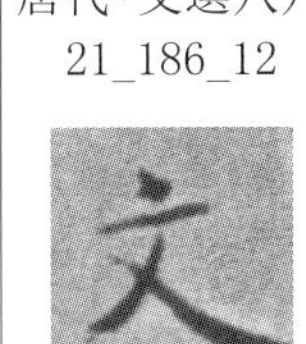
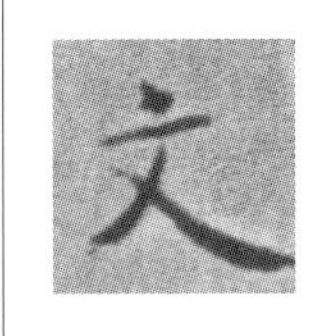
唐代•文選百三 6_52_37
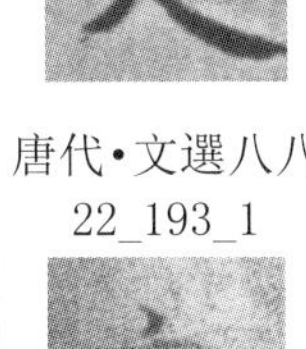
唐代•文選百三 6_54_4
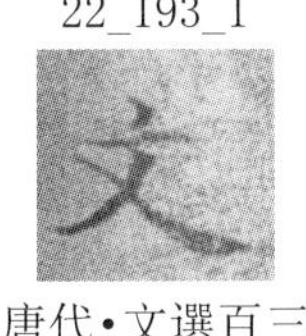
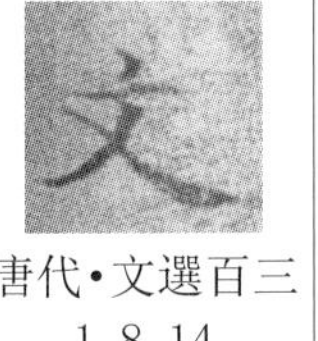
唐代•文選百三 7_59_20

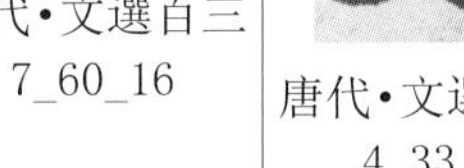
唐代•文選百三 7_60_16

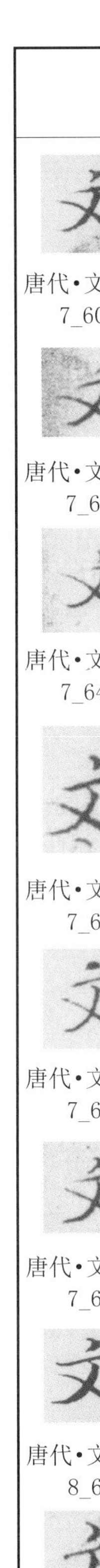
唐代•文選百三 7_60_18
唐代•文選百三 7_64_7
唐代•文選百三 7_64_15
唐代•文選百三 7_66_1
唐代•文選百三 7_66_6
唐代•文選百三 7_68_4
唐代•文選百三 8_69_2
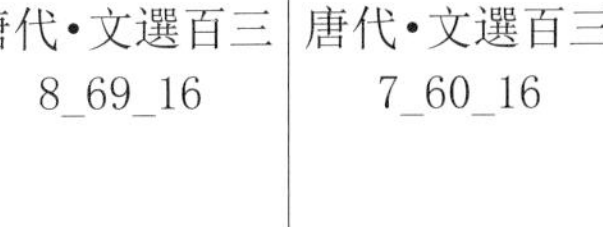
唐代•文選百三 8_69_16

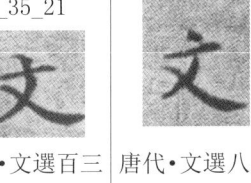

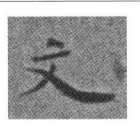

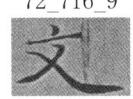

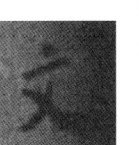

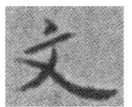

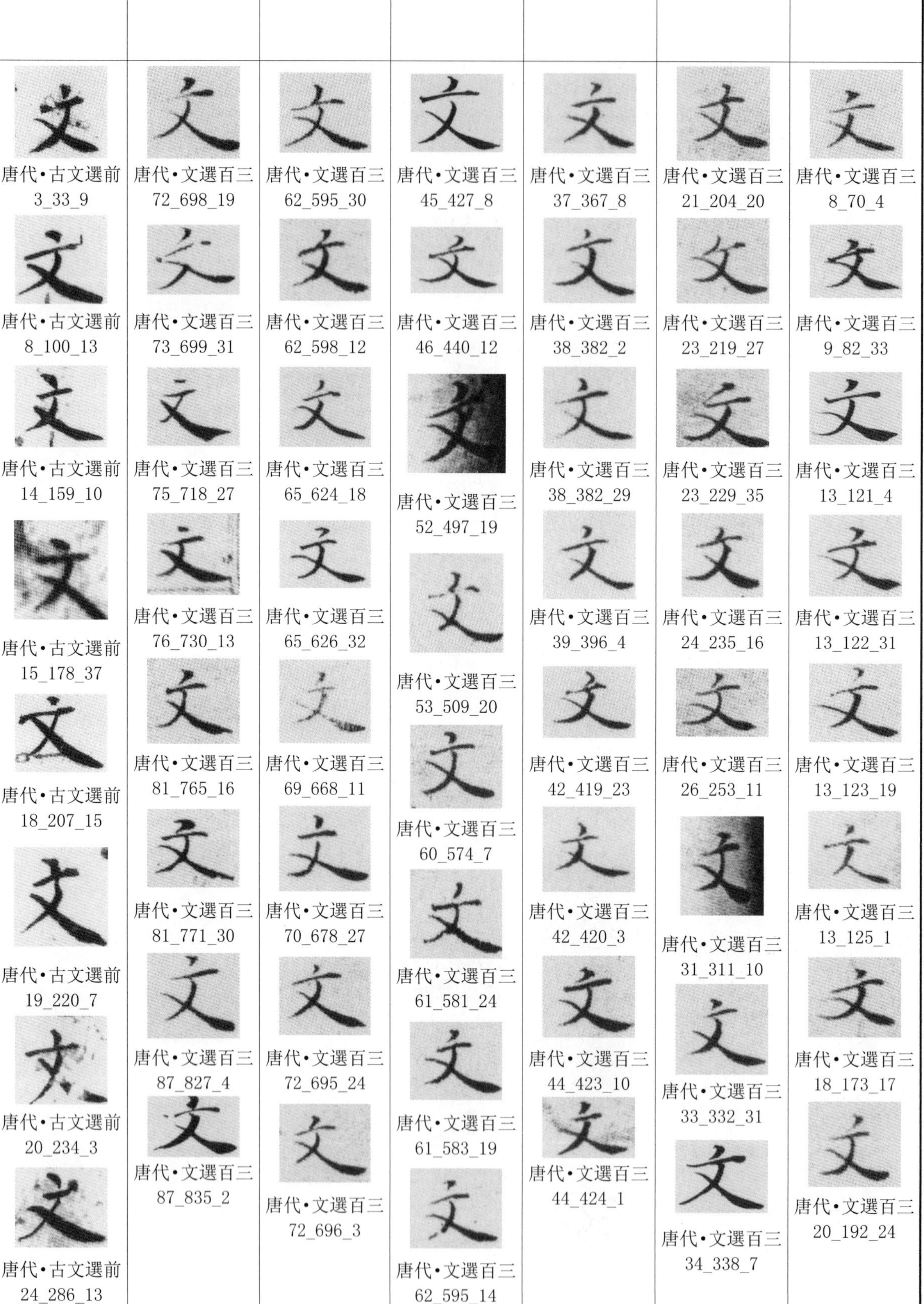

唐代•文選百三 8_70_4
唐代•文選百三 9_82_33
唐代•文選百三 13_121_4
唐代•文選百三 13_122_31
唐代•文選百三 13_123_19
唐代•文選百三 13_125_1
唐代•文選百三 18_173_17
唐代•文選百三 20_192_24

唐代•文選百三 21_204_20
唐代•文選百三 23_219_27
唐代•文選百三 23_229_35
唐代•文選百三 24_235_16
唐代•文選百三 26_253_11
唐代•文選百三 31_311_10
唐代•文選百三 33_332_31
唐代•文選百三 34_338_7

唐代•文選百三 37_367_8
唐代•文選百三 38_382_2
唐代•文選百三 38_382_29
唐代•文選百三 39_396_4
唐代•文選百三 42_419_23
唐代•文選百三 42_420_3
唐代•文選百三 44_423_10
唐代•文選百三 44_424_1

唐代•文選百三 45_427_8
唐代•文選百三 46_440_12
唐代•文選百三 52_497_19
唐代•文選百三 53_509_20
唐代•文選百三 60_574_7
唐代•文選百三 61_581_24
唐代•文選百三 61_583_19
唐代•文選百三 62_595_14

唐代•文選百三 62_595_30
唐代•文選百三 62_598_12
唐代•文選百三 65_624_18
唐代•文選百三 65_626_32
唐代•文選百三 69_668_11
唐代•文選百三 70_678_27
唐代•文選百三 72_695_24
唐代•文選百三 72_696_3

唐代•文選百三 72_698_19
唐代•文選百三 73_699_31
唐代•文選百三 75_718_27
唐代•文選百三 76_730_13
唐代•文選百三 81_765_16
唐代•文選百三 81_771_30
唐代•文選百三 87_827_4
唐代•文選百三 87_835_2

唐代•古文選前 3_33_9
唐代•古文選前 8_100_13
唐代•古文選前 14_159_10
唐代•古文選前 15_178_37
唐代•古文選前 18_207_15
唐代•古文選前 19_220_7
唐代•古文選前 20_234_3
唐代•古文選前 24_286_13

				 唐代•十輪經九 15_286_7	 唐代•古文選後 15_172_1  唐代•古文選後 16_185_12  唐代•古文選後 18_211_10  唐代•古文選後 19_225_14  唐代•古文選後 20_231_1  唐代•古文選後 21_250_17  唐代•古文選後 26_311_33  唐代•古文選後 27_315_2	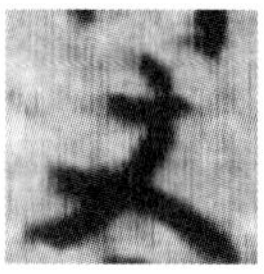 唐代•古文選前 25_297_36  唐代•古文選後 1_4_11 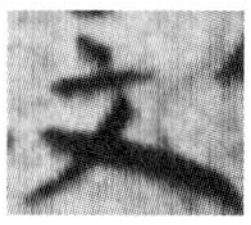 唐代•古文選後 9_99_31  唐代•古文選後 11_125_4  唐代•古文選後 13_155_12  唐代•古文選後 14_157_13  唐代•古文選後 16_183_86

方部

方

ホウ
訓かた

初唐•聖武雜集 1_1_13
初唐•聖武雜集 1_2_8
晚唐•慶滋書狀 1_13_9
唐代•春秋經傳 14_141_11
唐代•春秋經傳 14_142_4
唐代•文選四八 9_75_14
唐代•文選四八 12_112_23
唐代•文選四八 14_125_20

唐代•文選四八 16_139_21
唐代•文選四八 17_155_11
唐代•文選四八 18_160_12
唐代•文選四八 20_176_9
唐代•文選四八 22_195_18
唐代•文選四八 28_257_12
唐代•文選四八 28_258_1
唐代•文選四八 44_400_25

唐代•文選四八 49_443_22
唐代•文選五九 1_11_10
唐代•文選五九 2_15_8
唐代•文選五九 2_16_23
唐代•文選五九 2_17_9
唐代•文選五九 14_136_5
唐代•文選五九 15_150_13
唐代•文選五九 21_205_27

唐代•文選五九 24_235_7
唐代•文選五九 27_262_8
唐代•文選五九 36_357_21
唐代•文選五九 39_388_14
唐代•文選五九 39_389_25
唐代•文選五九 45_438_6
唐代•文選五九 55_536_25
唐代•文選五九 59_572_18

唐代•文選五九 60_577_19
唐代•文選五九 61_586_9
唐代•文選五九 64_613_6
唐代•文選五九 66_642_22
唐代•文選五九 67_643_13
唐代•文選五九 68_655_2
唐代•文選五九 72_688_5
唐代•文選五九 76_726_20

唐代•文選五九 77_743_17
唐代•文選五九 78_751_5
唐代•文選五九 91_871_25
唐代•文選五九 94_899_5
唐代•文選五九 97_918_2
唐代•文選五九 103_968_7
唐代•文選五九 103_971_23
唐代•文選五九 103_972_18

唐代•文選八八 15_124_4	唐代•文選八八 3_9_7	唐代•文選六八 63_627_4	唐代•文選六八 40_401_31	唐代•文選六八 15_151_22	唐代•文選六八 1_8_7	唐代•文選五九 103_974_13
唐代•文選八八 18_158_19	唐代•文選八八 3_10_20	唐代•文選六八 67_664_3	唐代•文選六八 41_417_5	唐代•文選六八 16_164_15	唐代•文選六八 1_9_20	唐代•文選五九 104_986_30
唐代•文選八八 19_160_9	唐代•文選八八 3_11_10	唐代•文選六八 67_665_16	唐代•文選六八 44_441_27	唐代•文選六八 17_172_13	唐代•文選六八 1_10_10	唐代•文選五九 106_1006_15
唐代•文選八八 19_162_7	唐代•文選八八 3_11_13	唐代•文選六八 67_666_1	唐代•文選六八 55_547_18	唐代•文選六八 29_294_10	唐代•文選六八 1_10_13	唐代•文選五九 107_1016_22
唐代•文選八八 23_201_28	唐代•文選八八 3_11_21	唐代•文選六八 69_684_11	唐代•文選六八 60_601_8	唐代•文選六八 33_329_31	唐代•文選六八 1_10_21	唐代•文選五九 107_1019_14
唐代•文選百三 2_15_15	唐代•文選八八 15_122_19	唐代•文選六八 69_684_15	唐代•文選六八 61_611_6	唐代•文選六八 33_333_21	唐代•文選六八 5_52_3	唐代•文選五九 107_1019_17
唐代•文選百三 3_18_4	唐代•文選八八 15_123_12	唐代•文選六八 69_684_20	唐代•文選六八 61_612_17	唐代•文選六八 39_386_6	唐代•文選六八 5_52_14	唐代•文選五九 108_1025_15
唐代•文選百三 3_18_15	唐代•文選八八 15_123_18	唐代•文選六八 69_684_27	唐代•文選六八 63_624_6	唐代•文選六八 39_387_27	唐代•文選六八 5_53_11	唐代•文選五九 111_1048_21

唐代•十輪經九 5_97_15	唐代•十輪經四 17_328_11	唐代•古文選後 25_293_11	唐代•古文選後 1_7_9	唐代•文選百三 72_696_27	唐代•文選百三 55_532_24	唐代•文選百三 29_291_27
唐代•十輪經九 6_102_17	唐代•十輪經四 18_360_12	唐代•古文選後 25_300_6	唐代•古文選後 2_16_6	唐代•文選百三 80_758_19	唐代•文選百三 56_533_25	唐代•文選百三 33_324_18
唐代•十輪經九 6_106_8	唐代•十輪經四 20_381_17	唐代•古文選後 25_300_18	唐代•古文選後 8_92_7	唐代•古文選前 3_34_3	唐代•文選百三 56_538_22	唐代•文選百三 37_374_6
唐代•十輪經九 6_109_11	唐代•十輪經四 21_418_15	唐代•古文選後 26_309_6	唐代•古文選後 13_156_14	唐代•古文選前 15_180_17	唐代•文選百三 59_569_3	唐代•文選百三 38_379_17
唐代•十輪經九 8_157_5	唐代•十輪經八 3_54_7	唐代•十輪經四 1_7_12	唐代•古文選後 17_197_3	唐代•古文選前 15_180_21	唐代•文選百三 65_622_10	唐代•文選百三 38_379_22
唐代•十輪經九 13_251_15	唐代•十輪經八 5_80_14	唐代•十輪經四 7_136_15	唐代•古文選後 18_212_5	唐代•古文選前 18_211_13	唐代•文選百三 66_634_6	唐代•文選百三 49_468_27
唐代•十輪經十 2_25_2	唐代•十輪經八 5_93_9	唐代•十輪經四 8_158_5	唐代•古文選後 22_256_3	唐代•古文選前 21_251_8	唐代•文選百三 66_637_18	唐代•文選百三 49_470_20
唐代•十輪經十 2_36_15	唐代•十輪經九 5_93_15	唐代•十輪經四 17_323_12	唐代•古文選後 23_269_2	唐代•古文選後 1_2_2	唐代•文選百三 67_640_1	唐代•文選百三 55_530_6

於 扵

オ漢ヨ呉オ
訓ああ

唐代•春秋經傳 2_19_28
唐代•春秋經傳 4_31_3
唐代•春秋經傳 4_32_16
唐代•春秋經傳 4_36_2
唐代•春秋經傳 4_37_9
唐代•春秋經傳 5_48_14
唐代•春秋經傳 5_50_17
唐代•春秋經傳 5_50_20

初唐•法華義疏 1_5_13
初唐•法華義疏 1_8_19
初唐•法華義疏 1_9_13
中唐•灌頂歷名 1_1_11
唐代•春秋經傳 2_11_7
唐代•春秋經傳 2_15_17
唐代•春秋經傳 2_18_16
唐代•春秋經傳 2_19_21

唐代•十輪經十 16_308_7
唐代•十輪經十 17_335_7

唐代•十輪經十 7_125_4
唐代•十輪經十 7_129_17
唐代•十輪經十 9_179_10
唐代•十輪經十 12_230_16
唐代•十輪經十 12_236_10
唐代•十輪經十 13_245_13
唐代•十輪經十 13_255_3
唐代•十輪經十 14_262_12

唐代•十輪經十 5_95_4
唐代•十輪經十 5_96_6
唐代•十輪經十 5_96_14
唐代•十輪經十 5_99_16
唐代•十輪經十 6_104_5
唐代•十輪經十 6_116_15
唐代•十輪經十 6_118_1
唐代•十輪經十 6_119_5

唐代•十輪經十 4_72_9
唐代•十輪經十 4_76_1
唐代•十輪經十 4_76_13
唐代•十輪經十 4_77_11
唐代•十輪經十 4_79_3
唐代•十輪經十 5_85_6
唐代•十輪經十 5_88_11
唐代•十輪經十 5_93_17

唐代•十輪經十 2_40_17
唐代•十輪經十 3_41_13
唐代•十輪經十 3_43_4
唐代•十輪經十 3_48_5
唐代•十輪經十 4_64_17
唐代•十輪經十 4_69_7
唐代•十輪經十 4_71_1
唐代•十輪經十 4_72_5

唐代·春秋經傳 6_54_26
唐代·春秋經傳 7_72_26
唐代·春秋經傳 9_90_4
唐代·春秋經傳 10_96_4
唐代·春秋經傳 10_96_8
唐代·春秋經傳 10_104_15
唐代·春秋經傳 10_106_19
唐代·春秋經傳 12_120_16

唐代·春秋經傳 14_143_18
唐代·春秋經傳 15_158_4
唐代·春秋經傳 16_169_11
唐代·春秋經傳 17_171_15
唐代·春秋經傳 17_181_9
唐代·春秋經傳 18_191_10
唐代·春秋經傳 19_199_7
唐代·春秋經傳 19_202_5

唐代·春秋經傳 21_214_13
唐代·春秋經傳 21_220_2
唐代·春秋經傳 22_224_7
唐代·春秋經傳 22_228_5
唐代·春秋經傳 22_229_5
唐代·春秋經傳 22_230_3
唐代·春秋經傳 22_230_8
唐代·春秋經傳 22_233_11

唐代·春秋經傳 23_234_2
唐代·春秋經傳 23_235_27
唐代·春秋經傳 23_238_6
唐代·春秋經傳 23_242_18
唐代·春秋經傳 24_247_1
唐代·春秋經傳 24_247_15
唐代·春秋經傳 30_310_12
唐代·春秋經傳 30_313_13

唐代·春秋經傳 31_321_5
唐代·春秋經傳 31_327_16
唐代·春秋經傳 31_328_14
唐代·春秋經傳 33_344_14
唐代·春秋經傳 33_348_12
唐代·春秋經傳 34_352_9
唐代·春秋經傳 34_353_18
唐代·春秋經傳 34_358_5

唐代·春秋經傳 35_371_17
唐代·春秋經傳 35_371_40
唐代·春秋經傳 37_389_4
唐代·春秋經傳 37_391_19
唐代·春秋經傳 38_402_7
唐代·春秋經傳 38_402_14
唐代·文選四八 1_1_19
唐代·文選四八 1_5_9

唐代·文選四八 3_18_10
唐代·文選四八 6_41_8
唐代·文選四八 6_42_12
唐代·文選四八 6_50_19
唐代·文選四八 7_58_12
唐代·文選四八 8_63_6
唐代·文選四八 12_104_11
唐代·文選四八 12_112_21

唐代•文選四八 12_112_25
唐代•文選四八 13_113_9
唐代•文選四八 13_113_23
唐代•文選四八 13_118_27
唐代•文選四八 13_119_5
唐代•文選四八 13_119_15
唐代•文選四八 16_143_16
唐代•文選四八 16_146_11
唐代•文選四八 17_155_4
唐代•文選四八 18_162_12
唐代•文選四八 18_166_6
唐代•文選四八 19_171_16
唐代•文選四八 19_172_3
唐代•文選四八 21_189_10
唐代•文選四八 21_191_6
唐代•文選四八 22_195_16
唐代•文選四八 22_196_12
唐代•文選四八 22_204_10
唐代•文選四八 23_205_10
唐代•文選四八 23_208_7
唐代•文選四八 23_208_19
唐代•文選四八 24_216_17
唐代•文選四八 24_218_6
唐代•文選四八 25_226_6
唐代•文選四八 25_226_14
唐代•文選四八 25_227_54
唐代•文選四八 28_251_16
唐代•文選四八 28_252_6
唐代•文選四八 30_271_24
唐代•文選四八 31_278_9
唐代•文選四八 32_288_17
唐代•文選四八 32_289_17
唐代•文選四八 33_294_20
唐代•文選四八 34_304_26
唐代•文選四八 37_334_11
唐代•文選四八 40_354_26
唐代•文選四八 42_373_6
唐代•文選四八 44_396_13
唐代•文選四八 44_397_13
唐代•文選四八 44_397_19
唐代•文選四八 45_408_12
唐代•文選四八 45_409_18
唐代•文選四八 46_414_23
唐代•文選四八 47_424_27
唐代•文選四八 47_428_23
唐代•文選四八 50_450_17
唐代•文選四八 50_451_19
唐代•文選五九 2_14_6
唐代•文選五九 2_17_25
唐代•文選五九 4_33_28
唐代•文選五九 5_41_14
唐代•文選五九 5_44_13
唐代•文選五九 5_50_26
唐代•文選五九 7_69_26
唐代•文選五九 8_72_12
唐代•文選五九 8_73_27

唐代•文選五九 8_75_28
唐代•文選五九 9_83_15
唐代•文選五九 9_86_3
唐代•文選五九 9_87_30
唐代•文選五九 10_96_17
唐代•文選五九 10_97_17
唐代•文選五九 13_123_8
唐代•文選五九 14_133_30
唐代•文選五九 15_140_4
唐代•文選五九 15_140_16
唐代•文選五九 15_142_21
唐代•文選五九 15_143_21
唐代•文選五九 15_151_13
唐代•文選五九 15_151_28
唐代•文選五九 16_152_5
唐代•文選五九 18_172_29
唐代•文選五九 19_189_21
唐代•文選五九 19_190_27
唐代•文選五九 21_206_3
唐代•文選五九 22_218_8
唐代•文選五九 24_237_4
唐代•文選五九 24_238_23
唐代•文選五九 26_252_13
唐代•文選五九 26_252_28
唐代•文選五九 27_269_5
唐代•文選五九 27_272_26
唐代•文選五九 29_281_4
唐代•文選五九 29_288_27
唐代•文選五九 30_297_1
唐代•文選五九 31_300_28
唐代•文選五九 31_302_16
唐代•文選五九 31_303_20
唐代•文選五九 31_306_7
唐代•文選五九 31_312_3
唐代•文選五九 32_315_4
唐代•文選五九 32_318_26
唐代•文選五九 33_319_26
唐代•文選五九 33_323_27
唐代•文選五九 33_324_8
唐代•文選五九 34_336_14
唐代•文選五九 35_351_1
唐代•文選五九 37_362_20
唐代•文選五九 37_371_17
唐代•文選五九 39_383_3
唐代•文選五九 39_386_8
唐代•文選五九 39_386_18
唐代•文選五九 39_391_28
唐代•文選五九 40_395_11
唐代•文選五九 40_398_12
唐代•文選五九 41_399_21
唐代•文選五九 41_402_27
唐代•文選五九 41_404_16
唐代•文選五九 41_404_28
唐代•文選五九 43_422_6
唐代•文選五九 43_425_10
唐代•文選五九 43_425_24

唐代·文選五九 85_817_14
唐代·文選五九 85_817_25
唐代·文選五九 88_840_10
唐代·文選五九 88_841_12
唐代·文選五九 88_841_28
唐代·文選五九 88_842_5
唐代·文選五九 90_857_18
唐代·文選五九 90_867_16
唐代·文選五九 91_872_11
唐代·文選五九 92_886_16
唐代·文選五九 92_887_10
唐代·文選五九 94_900_2
唐代·文選五九 94_900_24
唐代·文選五九 97_915_8
唐代·文選五九 97_917_16
唐代·文選五九 97_925_10
唐代·文選五九 98_927_2
唐代·文選五九 98_929_22
唐代·文選五九 99_938_16
唐代·文選五九 99_939_32
唐代·文選五九 101_952_5
唐代·文選五九 102_961_25
唐代·文選五九 102_962_4
唐代·文選五九 103_971_5
唐代·文選五九 103_973_4
唐代·文選五九 104_982_12
唐代·文選五九 104_983_21
唐代·文選五九 105_995_11
唐代·文選五九 105_1000_4
唐代·文選五九 106_1004_7
唐代·文選五九 107_1007_6
唐代·文選五九 107_1011_27
唐代·文選五九 107_1017_17
唐代·文選五九 107_1018_5
唐代·文選五九 107_1018_16
唐代·文選五九 108_1024_6
唐代·文選五九 109_1037_9
唐代·文選五九 110_1041_5
唐代·文選五九 110_1041_13
唐代·文選五九 111_1054_22
唐代·文選五九 111_1054_26
唐代·文選五九 111_1059_17
唐代·文選五九 112_1063_15
唐代·文選六八 1_10_26
唐代·文選六八 1_12_19
唐代·文選六八 2_18_14
唐代·文選六八 2_19_3
唐代·文選六八 3_34_26
唐代·文選六八 4_40_24
唐代·文選六八 4_46_17
唐代·文選六八 7_68_2
唐代·文選六八 7_70_19
唐代·文選六八 8_79_4
唐代·文選六八 8_79_9
唐代·文選六八 8_81_28
唐代·文選六八 8_82_5

唐代•文選六八 55_546_15
唐代•文選六八 59_590_1
唐代•文選六八 59_590_8
唐代•文選六八 63_624_7
唐代•文選六八 63_626_14
唐代•文選六八 64_638_4
唐代•文選六八 64_641_6
唐代•文選六八 65_645_4
唐代•文選六八 65_647_22
唐代•文選六八 67_665_4
唐代•文選六八 67_666_19
唐代•文選六八 67_667_5
唐代•文選六八 67_671_10
唐代•文選六八 68_677_21
唐代•文選六八 68_680_19
唐代•文選六八 69_685_17
唐代•文選六八 69_686_6
唐代•文選六八 69_688_12
唐代•文選六八 69_689_3
唐代•文選六八 70_699_6
唐代•文選六八 70_699_12
唐代•文選六八 70_700_16
唐代•文選六八 71_708_6
唐代•文選六八 71_709_11
唐代•文選六八 71_713_17
唐代•文選八八 3_11_27
唐代•文選八八 3_13_19
唐代•文選八八 5_35_12
唐代•文選八八 8_59_17
唐代•文選八八 9_75_2
唐代•文選八八 11_88_18
唐代•文選八八 11_90_5
唐代•文選八八 11_95_24
唐代•文選八八 12_98_28
唐代•文選八八 13_109_13
唐代•文選八八 14_116_18
唐代•文選八八 14_117_36
唐代•文選八八 14_118_8
唐代•文選八八 14_118_30
唐代•文選八八 15_125_8
唐代•文選八八 16_135_7
唐代•文選八八 16_136_15
唐代•文選八八 17_142_5
唐代•文選八八 17_143_29
唐代•文選八八 21_183_3
唐代•文選八八 21_183_9
唐代•文選八八 21_184_10
唐代•文選八八 21_184_15
唐代•文選八八 21_189_1
唐代•文選八八 21_192_10
唐代•文選八八 21_192_27
唐代•文選八八 22_198_4
唐代•文選八八 22_198_9
唐代•文選八八 23_199_13
唐代•文選八八 23_199_17
唐代•文選八八 23_200_9

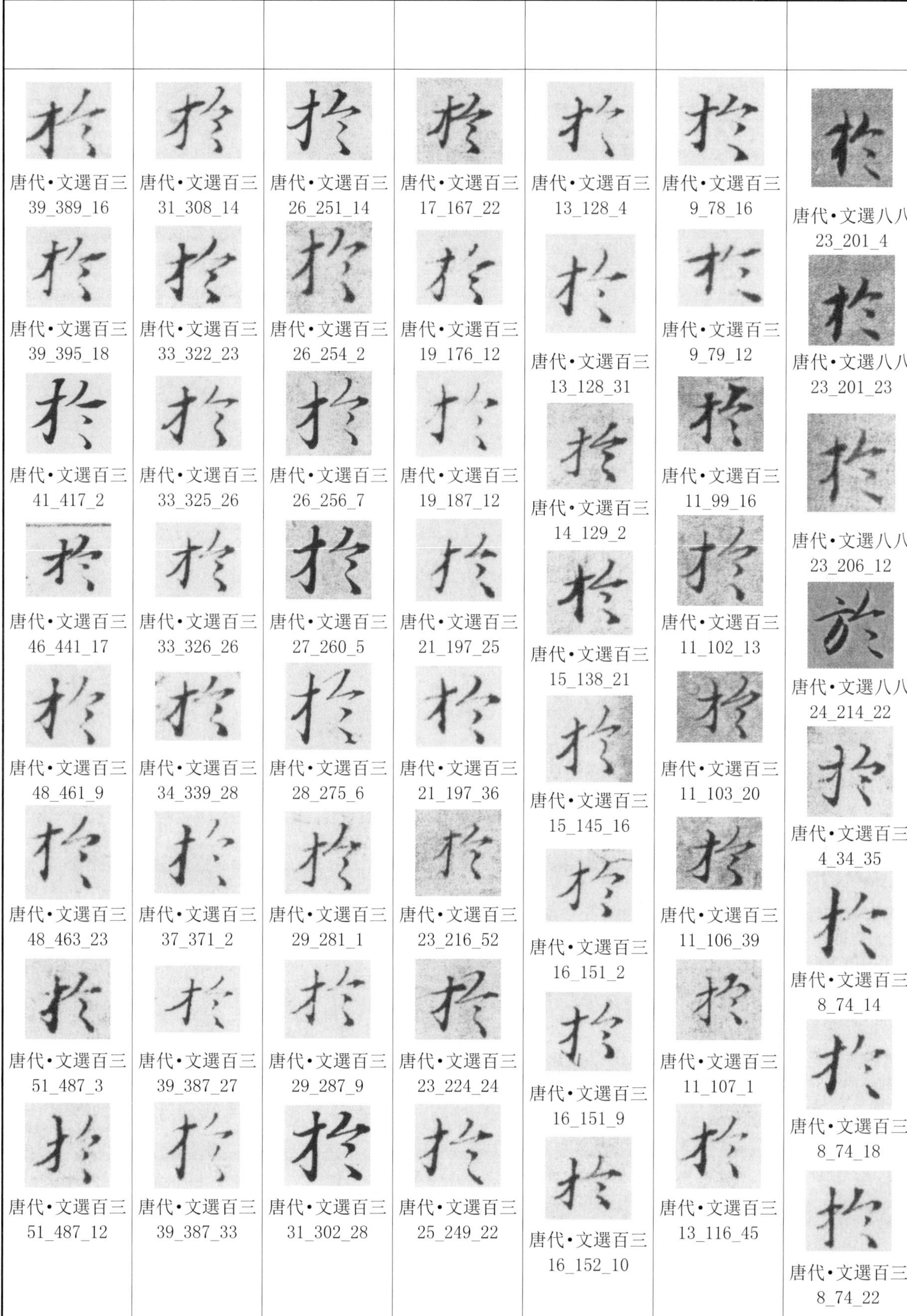

唐代·文選百三 39_389_16
唐代·文選百三 39_395_18
唐代·文選百三 41_417_2
唐代·文選百三 46_441_17
唐代·文選百三 48_461_9
唐代·文選百三 48_463_23
唐代·文選百三 51_487_3
唐代·文選百三 51_487_12

唐代·文選百三 31_308_14
唐代·文選百三 33_322_23
唐代·文選百三 33_325_26
唐代·文選百三 33_326_26
唐代·文選百三 34_339_28
唐代·文選百三 37_371_2
唐代·文選百三 39_387_27
唐代·文選百三 39_387_33

唐代·文選百三 26_251_14
唐代·文選百三 26_254_2
唐代·文選百三 26_256_7
唐代·文選百三 27_260_5
唐代·文選百三 28_275_6
唐代·文選百三 29_281_1
唐代·文選百三 29_287_9
唐代·文選百三 31_302_28

唐代·文選百三 17_167_22
唐代·文選百三 19_176_12
唐代·文選百三 19_187_12
唐代·文選百三 21_197_25
唐代·文選百三 21_197_36
唐代·文選百三 23_216_52
唐代·文選百三 23_224_24
唐代·文選百三 25_249_22

唐代·文選百三 13_128_4
唐代·文選百三 13_128_31
唐代·文選百三 14_129_2
唐代·文選百三 15_138_21
唐代·文選百三 15_145_16
唐代·文選百三 16_151_2
唐代·文選百三 16_151_9
唐代·文選百三 16_152_10

唐代·文選百三 9_78_16
唐代·文選百三 9_79_12
唐代·文選百三 11_99_16
唐代·文選百三 11_102_13
唐代·文選百三 11_103_20
唐代·文選百三 11_106_39
唐代·文選百三 11_107_1
唐代·文選百三 13_116_45

唐代·文選八八 23_201_4
唐代·文選八八 23_201_23
唐代·文選八八 23_206_12
唐代·文選八八 24_214_22
唐代·文選百三 4_34_35
唐代·文選百三 8_74_14
唐代·文選百三 8_74_18
唐代·文選百三 8_74_22

唐代·文選百三 51_487_33
唐代·文選百三 51_491_3
唐代·文選百三 51_491_8
唐代·文選百三 51_493_25
唐代·文選百三 52_502_19
唐代·文選百三 52_504_16
唐代·文選百三 54_518_31
唐代·文選百三 54_523_18
唐代·文選百三 55_531_3
唐代·文選百三 59_562_17
唐代·文選百三 59_562_24
唐代·文選百三 59_567_2
唐代·文選百三 59_570_21
唐代·文選百三 60_577_25
唐代·文選百三 61_582_5
唐代·文選百三 61_588_7
唐代·文選百三 61_591_30
唐代·文選百三 62_597_8
唐代·文選百三 63_609_15
唐代·文選百三 63_609_20
唐代·文選百三 63_611_19
唐代·文選百三 64_617_20
唐代·文選百三 65_619_18
唐代·文選百三 69_662_30
唐代·文選百三 69_671_27
唐代·文選百三 71_685_18
唐代·文選百三 71_692_9
唐代·文選百三 72_693_6
唐代·文選百三 73_709_19
唐代·文選百三 74_714_7
唐代·文選百三 76_732_17
唐代·文選百三 77_738_22
唐代·文選百三 81_765_2
唐代·文選百三 81_767_8
唐代·文選百三 82_778_23
唐代·文選百三 83_792_28
唐代·文選百三 85_805_15
唐代·古文選前 1_6_7
唐代·古文選前 1_7_7
唐代·古文選前 2_18_8
唐代·古文選前 2_25_4
唐代·古文選前 5_51_8
唐代·古文選前 6_65_4
唐代·古文選前 7_75_7
唐代·古文選前 7_78_4
唐代·古文選前 7_79_1
唐代·古文選前 7_79_10
唐代·古文選前 8_98_1
唐代·古文選前 8_102_3
唐代·古文選前 8_102_6
唐代·古文選前 9_103_13
唐代·古文選前 9_111_13
唐代·古文選前 11_125_1
唐代·古文選前 11_132_4
唐代·古文選前 11_133_54
唐代·古文選前 12_140_9

唐代•古文選前 12_143_5
唐代•古文選前 14_158_5
唐代•古文選前 14_162_3
唐代•古文選前 14_166_14
唐代•古文選前 14_167_6
唐代•古文選前 14_168_7
唐代•古文選前 16_190_6
唐代•古文選前 19_222_37
唐代•古文選前 21_251_3
唐代•古文選前 22_255_1
唐代•古文選前 23_271_3
唐代•古文選前 25_297_32
唐代•古文選前 26_308_12
唐代•古文選後 1_1_1
唐代•古文選後 3_29_17
唐代•古文選後 4_45_1
唐代•古文選後 9_99_45
唐代•古文選後 13_154_7
唐代•古文選後 15_170_12
唐代•古文選後 18_212_1
唐代•古文選後 22_260_27
唐代•古文選後 23_273_7
唐代•古文選後 23_276_5
唐代•古文選後 24_280_21
唐代•古文選後 25_300_36
唐代•十輪經四 1_10_16
唐代•十輪經四 1_20_10
唐代•十輪經四 2_30_5
唐代•十輪經四 2_32_2
唐代•十輪經四 2_37_15
唐代•十輪經四 3_46_8
唐代•十輪經四 3_49_2
唐代•十輪經四 3_51_4
唐代•十輪經四 3_58_9
唐代•十輪經四 4_62_8
唐代•十輪經四 4_67_7
唐代•十輪經四 4_75_11
唐代•十輪經四 4_78_4
唐代•十輪經四 5_90_16
唐代•十輪經四 5_95_12
唐代•十輪經四 5_96_15
唐代•十輪經四 5_97_14
唐代•十輪經四 5_99_12
唐代•十輪經四 6_100_11
唐代•十輪經四 6_102_9
唐代•十輪經四 6_103_8
唐代•十輪經四 6_109_6
唐代•十輪經四 6_113_6
唐代•十輪經四 6_116_15
唐代•十輪經四 7_121_8
唐代•十輪經四 7_122_3
唐代•十輪經四 7_126_7
唐代•十輪經四 7_128_13
唐代•十輪經四 7_129_12
唐代•十輪經四 7_133_8
唐代•十輪經四 8_150_9

唐代•十輪經九 9_163_13
唐代•十輪經九 9_178_17
唐代•十輪經九 10_185_10
唐代•十輪經九 10_192_1
唐代•十輪經九 10_196_16
唐代•十輪經九 11_210_1
唐代•十輪經九 11_212_4
唐代•十輪經九 11_217_12

唐代•十輪經九 12_220_3
唐代•十輪經九 12_221_6
唐代•十輪經九 12_222_6
唐代•十輪經九 12_223_9
唐代•十輪經九 12_225_3
唐代•十輪經九 12_225_11
唐代•十輪經九 12_226_2
唐代•十輪經九 13_251_13

唐代•十輪經九 13_253_3
唐代•十輪經九 13_255_9
唐代•十輪經九 13_256_12
唐代•十輪經九 16_307_14
唐代•十輪經九 16_311_5
唐代•十輪經九 16_312_1
唐代•十輪經九 16_316_13
唐代•十輪經九 17_322_4

唐代•十輪經九 18_342_13
唐代•十輪經九 18_344_15
唐代•十輪經九 18_347_6
唐代•十輪經九 18_349_4
唐代•十輪經九 19_361_1
唐代•十輪經十 1_11_5
唐代•十輪經十 1_13_3
唐代•十輪經十 2_24_12

唐代•十輪經十 3_49_8
唐代•十輪經十 4_76_8
唐代•十輪經十 4_78_17
唐代•十輪經十 4_80_4
唐代•十輪經十 5_85_3
唐代•十輪經十 5_88_8
唐代•十輪經十 5_93_12
唐代•十輪經十 6_107_3

唐代•十輪經十 11_208_5
唐代•十輪經十 11_209_17
唐代•十輪經十 11_210_15
唐代•十輪經十 11_211_14
唐代•十輪經十 11_213_4
唐代•十輪經十 11_213_12
唐代•十輪經十 11_214_3
唐代•十輪經十 11_214_11

唐代•十輪經十 11_215_2
唐代•十輪經十 11_215_15
唐代•十輪經十 11_216_13
唐代•十輪經十 11_218_4
唐代•十輪經十 11_219_7
唐代•十輪經十 12_221_15
唐代•十輪經十 12_223_12
唐代•十輪經十 12_225_8

		施 	斿			
		漢シ 慣セ 訓ほどこす	漢リュウ、ユウ 訓はたあし			
 唐代•古文選前 7_85_12 唐代•古文選前 26_304_12 唐代•古文選後 13_148_2 唐代•古文選後 19_218_12 唐代•古文選後 23_272_6 唐代•十輪經四 7_124_6  唐代•十輪經四 7_136_13 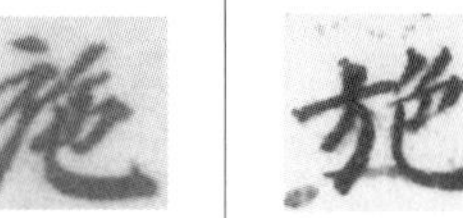 唐代•十輪經四 10_186_16	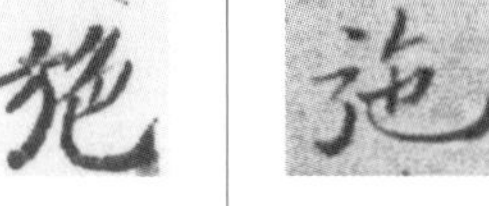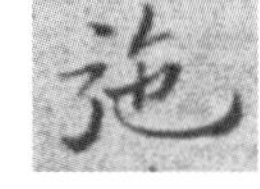 唐代•文選六八 27_277_27 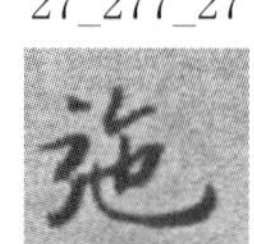 唐代•文選六八 27_278_20 唐代•文選六八 39_386_14 唐代•文選八八 20_173_3 唐代•文選八八 20_175_17 唐代•文選百三 27_271_12 唐代•文選百三 37_370_16  唐代•古文選前 4_43_2	 唐代•文選五九 15_151_16 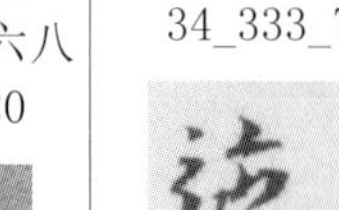 唐代•文選五九 34_333_7 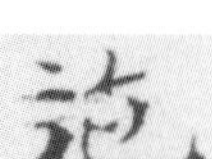 唐代•文選五九 68_656_3 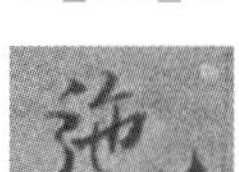 唐代•文選五九 68_656_23 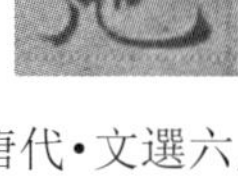 唐代•文選六八 8_82_4 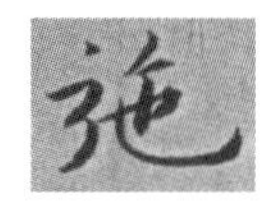 唐代•文選六八 18_181_4  唐代•文選六八 18_184_27 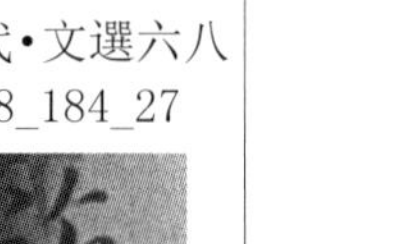 唐代•文選六八 27_275_8	 唐代•文選六八 24_245_12	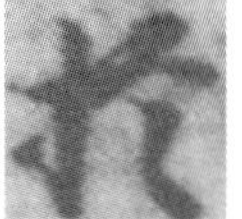 唐代•十輪經十 19_364_8  唐代•十輪經十 19_369_16 唐代•十輪經十 19_375_6 唐代•十輪經十 19_377_5 唐代•十輪經十 19_379_10 唐代•十輪經十 20_381_5  唐代•十輪經十 20_382_9	 唐代•十輪經十 16_316_3 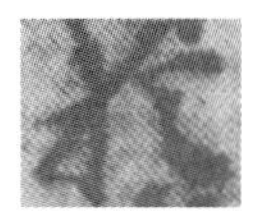 唐代•十輪經十 16_318_16 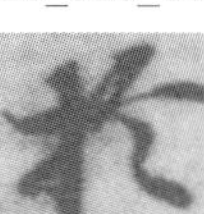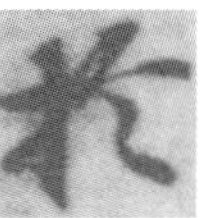 唐代•十輪經十 17_322_8 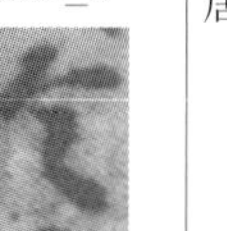 唐代•十輪經十 17_331_10 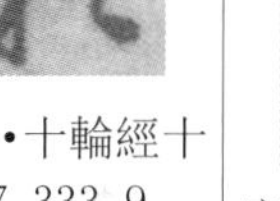 唐代•十輪經十 17_333_9 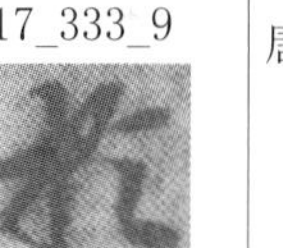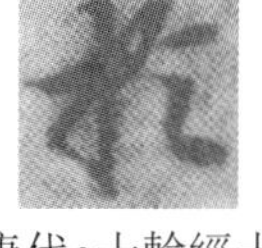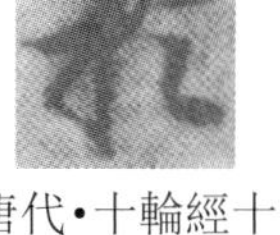 唐代•十輪經十 18_341_10 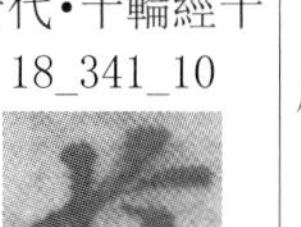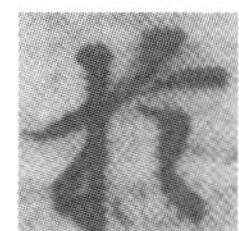 唐代•十輪經十 18_359_2  唐代•十輪經十 19_362_14	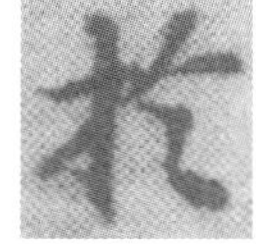 唐代•十輪經十 12_226_6 唐代•十輪經十 12_227_13 唐代•十輪經十 12_230_7  唐代•十輪經十 13_248_16 唐代•十輪經十 14_266_11 唐代•十輪經十 14_269_7 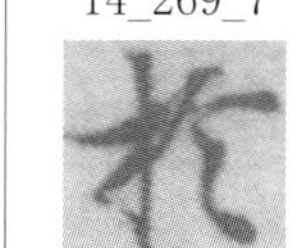 唐代•十輪經十 15_289_12  唐代•十輪經十 15_290_17

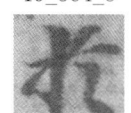

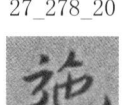

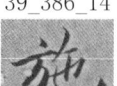

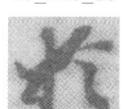

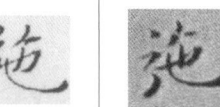

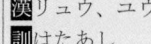

唐代•十輪經四 10_188_6
唐代•十輪經四 10_189_3
唐代•十輪經四 17_323_10
唐代•十輪經四 17_328_9
唐代•十輪經四 18_360_10
唐代•十輪經八 4_67_12
唐代•十輪經八 4_69_6
唐代•十輪經八 4_79_16
唐代•十輪經八 6_101_4
唐代•十輪經八 7_138_5
唐代•十輪經八 9_176_5
唐代•十輪經九 7_127_11
唐代•十輪經九 8_147_14
唐代•十輪經九 8_151_16
唐代•十輪經九 8_154_8
唐代•十輪經九 8_155_12
唐代•十輪經九 8_156_15
唐代•十輪經九 8_157_14
唐代•十輪經九 8_158_13
唐代•十輪經九 8_159_11
唐代•十輪經九 9_160_15
唐代•十輪經九 9_161_1
唐代•十輪經九 9_162_5
唐代•十輪經九 9_162_17
唐代•十輪經九 9_163_12
唐代•十輪經九 9_163_15
唐代•十輪經九 9_165_2
唐代•十輪經九 9_166_1
唐代•十輪經九 9_169_15
唐代•十輪經九 9_172_11
唐代•十輪經九 9_173_3
唐代•十輪經九 9_175_13
唐代•十輪經九 9_178_11
唐代•十輪經九 9_179_17
唐代•十輪經九 10_180_1
唐代•十輪經九 10_182_15
唐代•十輪經九 10_186_8
唐代•十輪經九 10_188_9
唐代•十輪經九 10_188_16
唐代•十輪經九 10_190_9
唐代•十輪經九 10_191_14
唐代•十輪經九 10_192_13
唐代•十輪經九 10_193_14
唐代•十輪經九 10_196_4
唐代•十輪經九 10_197_18
唐代•十輪經九 10_198_3
唐代•十輪經九 11_200_12
唐代•十輪經九 10_199_5
唐代•十輪經九 11_201_14
唐代•十輪經九 12_228_1
唐代•十輪經九 12_233_5
唐代•十輪經九 13_253_11
唐代•十輪經九 16_315_4
唐代•十輪經九 17_335_16
唐代•十輪經九 18_345_7
唐代•十輪經十 12_222_2
唐代•十輪經十 4_60_2
唐代•十輪經十 5_89_11
唐代•十輪經十 6_114_6
唐代•十輪經十 9_177_13
唐代•十輪經十 9_180_6
唐代•十輪經十 9_180_14
唐代•十輪經十 10_181_1
唐代•十輪經十 10_181_5

	旃		旅	旂	旄	旆
	セン 訓はた		漢リョ呉ロ 訓たび	漢キ 訓はた	漢ボウ呉モウ 訓はた	漢ハイ 訓はた
 唐代・十輪經四 1_13_17  唐代・十輪經四 1_14_6 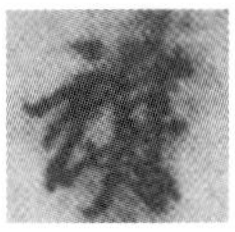 唐代・十輪經四 1_19_12  唐代・十輪經四 1_20_3  唐代・十輪經四 2_28_12  唐代・十輪經四 2_29_3 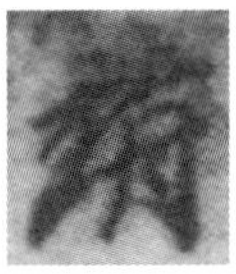 唐代・十輪經四 2_30_9	 唐代・文選四八 40_356_12  唐代・文選四八 40_358_2 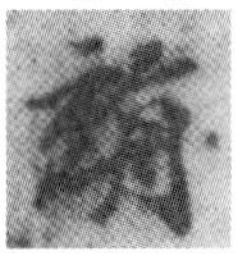 唐代・十輪經四 1_8_10 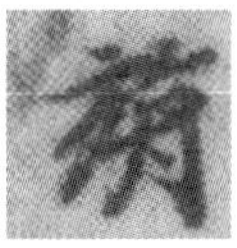 唐代・十輪經四 1_9_1  唐代・十輪經四 1_13_2  唐代・十輪經四 1_13_7 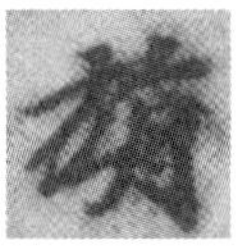 唐代・十輪經四 1_13_12	 唐代・文選百三 67_640_3  唐代・古文選後 3_31_10  唐代・古文選後 7_77_26  唐代・古文選後 17_193_6	 唐代・文選五九 75_719_10  唐代・文選五九 75_721_28  唐代・文選百三 26_251_10 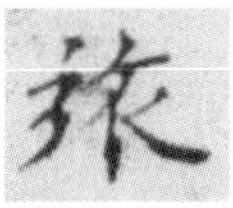 唐代・文選百三 26_253_2  唐代・文選百三 26_253_32 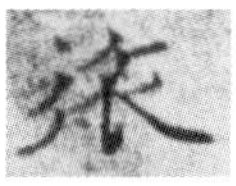 唐代・文選百三 26_254_19  唐代・文選百三 26_254_32  唐代・文選百三 55_532_4	 唐代・文選四八 24_211_11  唐代・文選五九 82_789_30  唐代・古文選前 21_243_2	 唐代・春秋經傳 12_124_17  唐代・春秋經傳 12_124_21  唐代・春秋經傳 12_125_18  唐代・文選八八 19_166_1  唐代・古文選前 9_103_5	 唐代・古文選前 1_5_4  唐代・古文選前 1_13_1  唐代・古文選後 12_140_2  唐代・古文選後 22_253_9

唐代·十輪經四 2_30_17
唐代·十輪經四 2_33_17
唐代·十輪經四 2_34_8
唐代·十輪經四 2_38_10
唐代·十輪經四 2_39_1
唐代·十輪經四 3_47_3
唐代·十輪經四 3_47_8

唐代·十輪經四 3_47_13
唐代·十輪經四 3_48_1
唐代·十輪經四 3_48_6
唐代·十輪經四 3_48_12
唐代·十輪經四 4_61_14
唐代·十輪經四 4_62_5
唐代·十輪經四 4_67_11

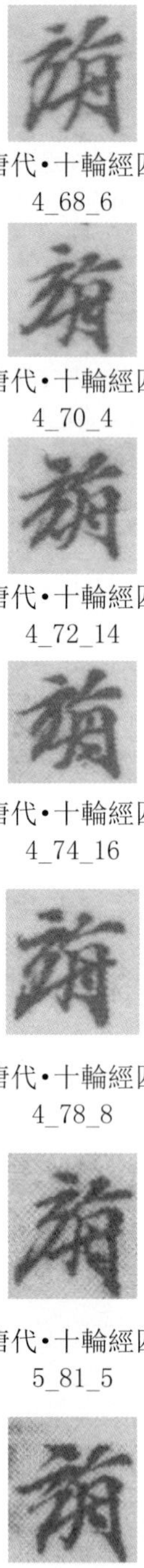

唐代·十輪經四 4_68_6
唐代·十輪經四 4_70_4
唐代·十輪經四 4_72_14
唐代·十輪經四 4_74_16
唐代·十輪經四 4_78_8
唐代·十輪經四 5_81_5
唐代·十輪經四 5_81_17

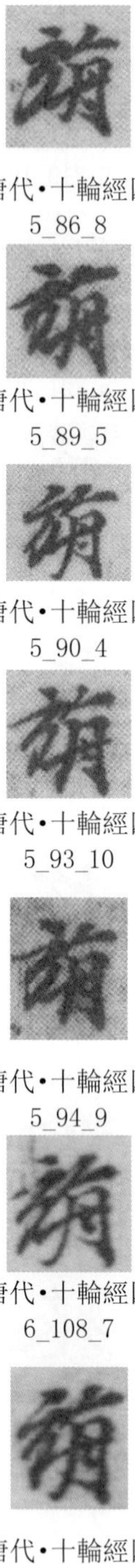

唐代·十輪經四 5_86_8
唐代·十輪經四 5_89_5
唐代·十輪經四 5_90_4
唐代·十輪經四 5_93_10
唐代·十輪經四 5_94_9
唐代·十輪經四 6_108_7
唐代·十輪經四 6_109_2

唐代·十輪經四 6_113_10
唐代·十輪經四 6_114_5
唐代·十輪經四 6_115_4
唐代·十輪經四 6_116_3
唐代·十輪經四 6_119_10
唐代·十輪經四 6_120_9
唐代·十輪經四 7_122_7

唐代·十輪經四 7_129_16
唐代·十輪經四 7_130_12
唐代·十輪經四 7_132_9
唐代·十輪經四 7_133_4
唐代·十輪經四 7_138_14
唐代·十輪經四 7_139_9
唐代·十輪經四 8_142_14

唐代·十輪經四 8_143_9
唐代·十輪經四 9_162_17
唐代·十輪經四 9_165_5
唐代·十輪經四 9_174_16
唐代·十輪經四 9_178_2
唐代·十輪經四 10_186_17
唐代·十輪經四 10_193_13

唐代•十輪經四 10_194_12
唐代•十輪經四 11_205_1
唐代•十輪經四 11_205_17
唐代•十輪經四 15_283_6
唐代•十輪經四 15_284_5
唐代•十輪經四 16_303_9
唐代•十輪經四 16_304_8
唐代•十輪經四 16_311_13
唐代•十輪經四 16_312_8
唐代•十輪經四 16_314_14
唐代•十輪經四 16_315_10
唐代•十輪經四 16_316_8
唐代•十輪經四 16_317_8
唐代•十輪經四 17_321_1
唐代•十輪經四 17_321_17
唐代•十輪經四 17_330_12
唐代•十輪經四 17_331_7
唐代•十輪經四 17_337_2
唐代•十輪經四 17_337_14
唐代•十輪經四 17_338_14
唐代•十輪經四 17_339_12
唐代•十輪經四 18_343_1
唐代•十輪經四 18_343_17
唐代•十輪經四 18_351_10
唐代•十輪經四 18_352_5
唐代•十輪經四 18_353_5
唐代•十輪經四 18_354_3
唐代•十輪經四 18_358_1
唐代•十輪經四 18_358_17
唐代•十輪經四 19_364_12
唐代•十輪經四 19_365_7
唐代•十輪經四 19_368_7
唐代•十輪經四 19_369_3
唐代•十輪經四 19_370_2
唐代•十輪經四 19_371_1
唐代•十輪經四 19_375_1
唐代•十輪經四 19_375_17
唐代•十輪經四 20_380_16
唐代•十輪經四 20_381_11
唐代•十輪經四 20_387_17
唐代•十輪經四 20_388_12
唐代•十輪經四 20_389_12
唐代•十輪經四 20_390_11
唐代•十輪經四 20_393_8
唐代•十輪經四 20_394_6
唐代•十輪經四 20_398_13
唐代•十輪經四 20_399_11
唐代•十輪經四 22_427_8
唐代•十輪經四 22_428_4

旁

ホウ
訓かたわら

唐代・文選四八
16_139_17

唐代・文選五九
17_170_21

唐代・古文選前
3_37_9

唐代・古文選前
13_148_2

旌

ショウ漢セイ
訓はた

唐代・文選四八
23_209_8

唐代・文選四八
24_211_15

唐代・文選五九
62_603_2

唐代・文選五九
63_606_15

唐代・文選五九
63_606_24

唐代・文選五九
63_607_26

唐代・文選五九
63_609_7

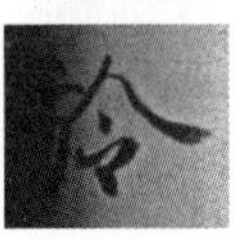
唐代・文選六八
29_295_5

唐代・文選六八
29_296_18

唐代・文選六八
29_299_28

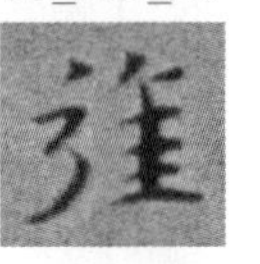
唐代・文選六八
30_300_30

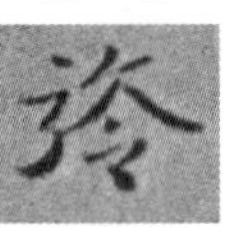
唐代・文選六八
32_322_15

唐代・文選六八
37_373_17

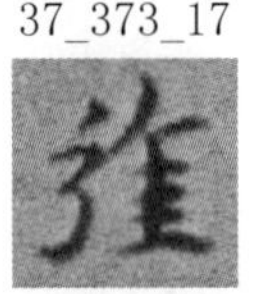
唐代・文選六八
38_383_23

唐代・文選百三
47_457_16

唐代・文選百三
48_460_9

唐代・文選百三
56_540_6

唐代・文選百三
57_543_12

唐代・文選百三
57_543_32

唐代・文選百三
57_544_16

唐代・文選百三
63_613_1

唐代・文選百三
64_615_8

唐代・文選百三
71_692_2

唐代・文選百三
72_697_12

唐代・文選百三
73_700_12

唐代・文選百三
81_771_3

唐代・古文選前
1_5_3

唐代・古文選前
1_13_4

唐代・古文選後
4_40_12

族

呉ゾク漢ソウ
訓あつまる

唐代・春秋經傳
2_17_15

唐代・春秋經傳
2_17_22

唐代・春秋經傳
7_71_3

唐代・春秋經傳
11_116_13

唐代・春秋經傳
11_116_20

唐代・春秋經傳
12_118_3

唐代・春秋經傳
12_118_14

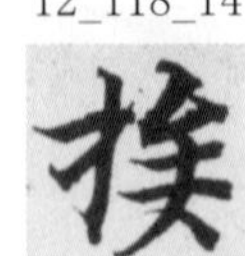
唐代・春秋經傳
12_120_20

唐代・春秋經傳
12_121_15

唐代・春秋經傳
12_124_20

唐代・春秋經傳
12_125_10

唐代・春秋經傳
12_126_1

唐代・春秋經傳
12_126_4

唐代・春秋經傳
15_157_27

唐代・春秋經傳
15_159_2

唐代・春秋經傳
21_214_2

旗

漢キ
訓はた

唐代•文選五九 61_584_12
唐代•文選五九 61_587_16
唐代•文選五九 61_591_17
唐代•文選五九 62_592_3
唐代•文選五九 62_592_24
唐代•文選五九 82_789_31
唐代•文選六八 29_296_19
唐代•文選六八 30_300_31

旒

漢リュウ呉ル
訓はたあし

唐代•文選六八 25_246_1
唐代•文選六八 25_246_5
唐代•文選六八 25_246_17
唐代•文選六八 25_247_3
唐代•古文選前 1_5_2

唐代•文選六八 27_273_1
唐代•文選六八 27_273_25
唐代•文選六八 54_539_19
唐代•文選八八 5_23_23
唐代•文選八八 5_25_18
唐代•古文選前 5_58_10
唐代•古文選後 25_293_3

旋

漢セン
訓めぐらす

唐代•文選四八 26_236_1
唐代•文選四八 26_239_8
唐代•文選五九 19_187_3
唐代•文選五九 19_190_5
唐代•文選五九 39_379_30
唐代•文選五九 52_512_20
唐代•文選五九 89_853_21
唐代•文選五九 98_929_30

唐代•文選百三 75_725_28
唐代•文選百三 76_729_6
唐代•文選百三 76_731_15
唐代•十輪經九 6_110_7

唐代•文選五九 45_448_7
唐代•文選五九 49_480_2
唐代•文選五九 49_481_10
唐代•文選五九 49_481_16
唐代•文選六八 42_423_12
唐代•文選六八 43_435_20
唐代•文選百三 6_49_17
唐代•文選百三 19_179_1

唐代•春秋經傳 21_219_14
唐代•春秋經傳 32_334_9
唐代•春秋經傳 33_346_10
唐代•春秋經傳 33_347_7
唐代•春秋經傳 33_347_23
唐代•春秋經傳 35_363_6
唐代•文選五九 9_91_2
唐代•文選五九 10_92_15

					 唐代•文選百三 69_671_7  唐代•古文選前 9_103_9  唐代•古文選後 1_2_4  唐代•古文選後 1_8_3  唐代•古文選後 2_24_4  唐代•古文選後 5_51_7  唐代•古文選後 12_139_14  唐代•古文選後 17_194_13	 唐代•文選六八 32_321_10  唐代•文選六八 32_322_16  唐代•文選百三 35_344_14  唐代•文選百三 47_457_17  唐代•文選百三 48_460_10  唐代•文選百三 48_462_9  唐代•文選百三 69_667_2  唐代•文選百三 69_669_25

火部

火

カ
訓ひ

初唐・聖武雜集 1_5_18
唐代・春秋經傳 29_302_22
唐代・文選五九 3_21_26
唐代・文選五九 39_382_23
唐代・文選五九 45_439_5
唐代・文選五九 45_440_9
唐代・文選五九 45_440_25
唐代・文選五九 45_440_29

唐代・文選五九 77_741_30
唐代・文選五九 78_745_24
唐代・文選五九 86_824_21
唐代・文選六八 27_270_9
唐代・文選六八 34_344_22
唐代・文選六八 34_344_27
唐代・文選六八 52_520_5
唐代・文選六八 55_556_1

唐代・文選百三 22_211_38
唐代・文選百三 25_246_1
唐代・文選百三 27_258_31
唐代・文選百三 27_259_14
唐代・文選百三 32_316_13
唐代・文選百三 47_459_15
唐代・文選百三 48_461_18
唐代・文選百三 48_461_22

唐代・文選百三 52_500_3
唐代・文選百三 52_504_12
唐代・文選百三 61_583_8
唐代・文選百三 78_742_1
唐代・文選百三 79_748_40
唐代・古文選前 23_275_4
唐代・古文選後 4_46_12
唐代・十輪經八 3_50_8

唐代・十輪經九 20_381_9
唐代・十輪經九 21_403_2
唐代・十輪經十 12_239_17

灰

カイ
訓はい

唐代・十輪經四 3_50_11
唐代・十輪經四 6_107_2
唐代・十輪經四 20_396_7
唐代・十輪經十 13_250_11

	炎		炊		災	灼
	エン漢タン 訓ほのお		スイ 訓たく		サイ 訓わざわい	シャク 訓やく
 唐代・文選百三 3_25_31  唐代・文選百三 85_804_31  唐代・古文選後 8_91_5  唐代・文選五九 78_745_28	 唐代・文選四八 14_131_18  唐代・文選五九 17_170_29  唐代・文選五九 77_740_1  唐代・文選五九 77_741_4  唐代・文選五九 77_741_13  唐代・文選百三 17_158_35	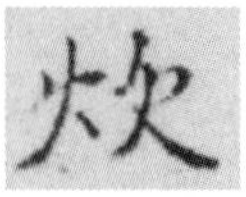 唐代・文選百三 84_802_7	 唐代・文選六八 13_134_7  唐代・文選六八 13_136_20  唐代・文選百三 31_313_22  唐代・文選百三 32_318_4  唐代・文選百三 48_464_20  唐代・文選百三 49_468_4  唐代・文選百三 49_469_4  唐代・文選百三 53_511_20	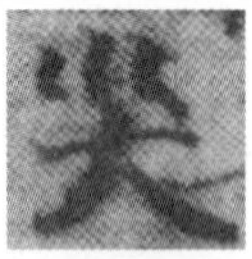 唐代・十輪經十 12_240_1  唐代・十輪經十 13_248_13 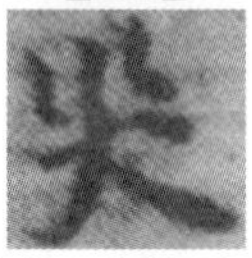 唐代・十輪經十 19_372_10	 唐代・春秋經傳 14_148_9  唐代・春秋經傳 32_329_13  唐代・春秋經傳 33_342_19  唐代・文選八八 11_90_1  唐代・文選八八 11_94_3  唐代・文選八八 11_94_39 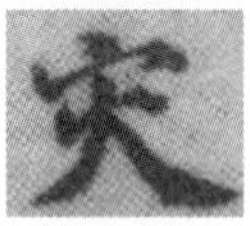 唐代・十輪經八 3_50_9  唐代・十輪經八 3_54_4	 唐代・文選五九 21_204_18  唐代・文選五九 66_641_10  唐代・文選六八 45_446_27  唐代・文選百三 7_56_5  唐代・文選百三 7_59_2  唐代・文選百三 7_60_4  唐代・文選百三 31_301_2  唐代・古文選前 8_92_9

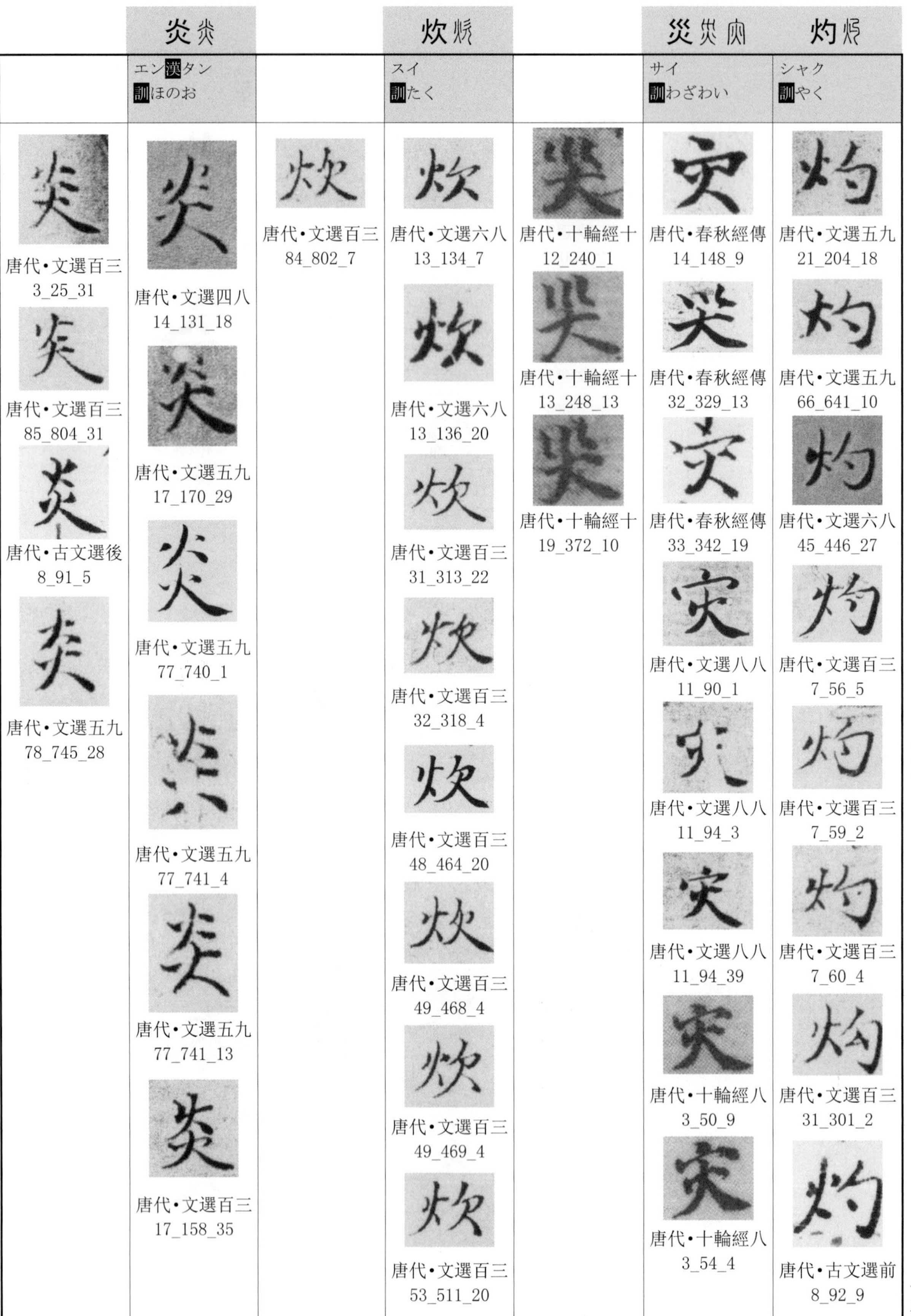

炳	炯	炫	烈			
漢ヘイ 訓あきらか	漢ケイ呉キョウ 訓ひかり	漢ケン呉ゲン 訓かがやく	漢レツ 訓はげしい			
 唐代・古文選後 19_227_3	 唐代・古文選前 4_48_10	 唐代・文選百三 61_583_11	 唐代・文選四八 43_384_10	 唐代・文選六八 21_208_30	 唐代・文選百三 17_163_14	 唐代・文選百三 67_639_28
			 唐代・文選五九 22_212_6	 唐代・文選六八 46_464_1	 唐代・文選百三 17_163_36	 唐代・文選百三 69_672_14
			 唐代・文選五九 22_215_27	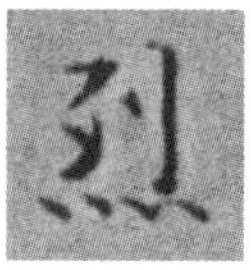 唐代・文選六八 47_465_11	 唐代・文選百三 27_262_2	 唐代・文選百三 70_675_5
			 唐代・文選五九 77_741_16	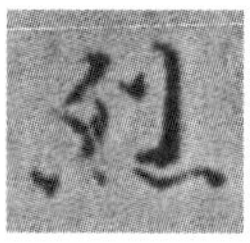 唐代・文選六八 47_465_16	 唐代・文選百三 38_382_38	 唐代・文選百三 70_676_4
			 唐代・文選六八 20_205_2	 唐代・文選六八 47_466_8	 唐代・文選百三 42_421_3	 唐代・文選百三 71_684_31
			 唐代・文選六八 21_206_20	 唐代・文選六八 58_582_5	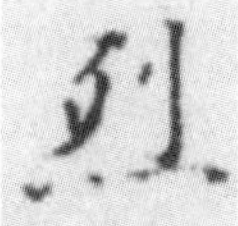 唐代・文選百三 44_423_22	 唐代・文選百三 71_685_12
			 唐代・文選六八 21_207_7	 唐代・文選八八 13_103_25	 唐代・文選百三 47_455_24	 唐代・文選百三 75_723_1
			 唐代・文選六八 21_207_11	 唐代・文選百三 17_162_6	 唐代・文選百三 49_472_6	 唐代・古文選後 1_4_10

		焉	烝	烋	烏	
		エン 訓なんぞ	ショウ慣ジョウ 訓むす	コウ 訓さいわい	オ呉ウ 訓からす	
 唐代・春秋經傳 38_402_26  唐代・文選四八 9_73_7  唐代・文選四八 9_75_11  唐代・文選四八 12_111_17  唐代・文選四八 17_156_14  唐代・文選四八 32_289_19  唐代・文選四八 43_390_27	 唐代・春秋經傳 21_221_13  唐代・春秋經傳 22_227_13  唐代・春秋經傳 22_230_15  唐代・春秋經傳 24_246_2  唐代・春秋經傳 27_278_23  唐代・春秋經傳 31_323_5  唐代・春秋經傳 36_374_17	 初唐・大般若經 2_36_3  唐代・春秋經傳 3_28_12  唐代・春秋經傳 4_33_20  唐代・春秋經傳 6_54_31  唐代・春秋經傳 8_80_11  唐代・春秋經傳 9_93_13  唐代・春秋經傳 14_140_12	 唐代・春秋經傳 21_220_22  唐代・春秋經傳 21_221_16 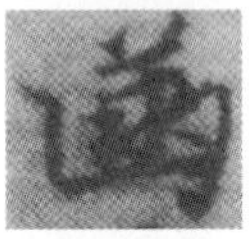 風雲鬱烝 唐代・十輪經九 1_20_15  唐代・十輪經十 15_282_5	 唐代・春秋經傳 14_148_6  唐代・春秋經傳 15_150_7 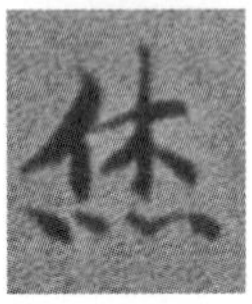 唐代・文選六八 68_680_3	 烏汪反 唐代・文選六八 1_7_11  烏歳反 唐代・文選六八 1_7_17  唐代・文選八八 3_8_13  唐代・文選百三 13_124_7  唐代・古文選前 16_186_14  唐代・古文選後 24_287_9	 唐代・文選百三 85_810_12  唐代・文選百三 85_811_29  唐代・古文選前 9_114_6  唐代・古文選前 22_254_14

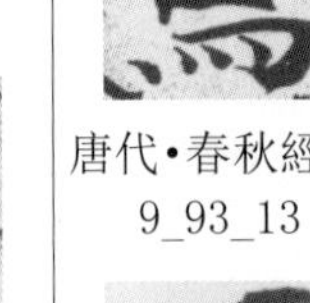

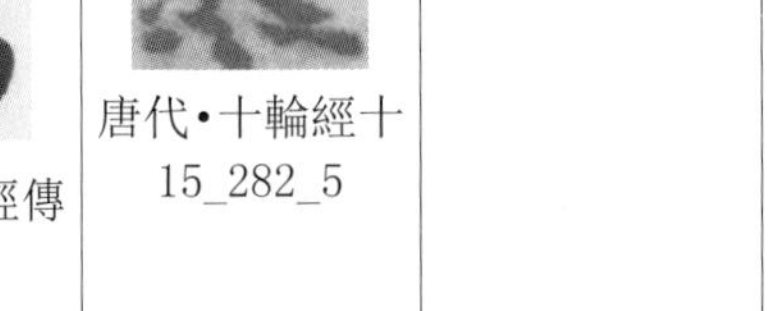

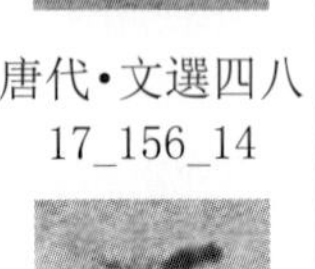

唐代•文選百三 14_131_13
唐代•文選百三 15_135_17
唐代•文選百三 16_152_23
唐代•文選百三 16_153_10
唐代•文選百三 16_153_25
唐代•文選百三 16_154_9
唐代•文選百三 19_186_12

唐代•文選八八 10_78_6
唐代•文選八八 17_146_6
唐代•文選八八 17_153_10
唐代•文選八八 20_176_24
唐代•文選八八 22_197_11
唐代•文選百三 5_37_7
唐代•文選百三 12_109_15

唐代•文選六八 65_646_21
唐代•文選八八 3_8_17
唐代•文選八八 5_27_10
唐代•文選八八 8_57_3
唐代•文選八八 8_59_16
唐代•文選八八 9_64_27
唐代•文選八八 9_74_3

唐代•文選六八 4_47_7
唐代•文選六八 6_65_9
唐代•文選六八 6_65_12
唐代•文選六八 16_162_26
唐代•文選六八 31_308_5
唐代•文選六八 44_441_17
唐代•文選六八 63_624_4

唐代•文選五九 109_1028_8
唐代•文選五九 112_1061_27
唐代•文選五九 112_1063_2
唐代•文選六八 2_23_26
唐代•文選六八 2_27_7
唐代•文選六八 2_28_6
唐代•文選六八 4_36_8

唐代•文選五九 61_589_13
唐代•文選五九 74_709_12
唐代•文選五九 84_808_16
唐代•文選五九 87_833_23
唐代•文選五九 90_865_8
唐代•文選五九 99_937_30
唐代•文選五九 103_971_19

唐代•文選五九 19_184_25
唐代•文選五九 19_185_12
唐代•文選五九 21_206_1
唐代•文選五九 43_431_12
唐代•文選五九 60_574_3
唐代•文選五九 60_574_10
唐代•文選五九 60_577_27

焰

エン
訓ほのお

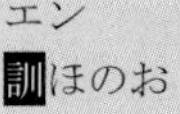

唐代•文選百三
52_500_6

唐代•文選百三
52_503_1

唐代•十輪經八
6_110_1

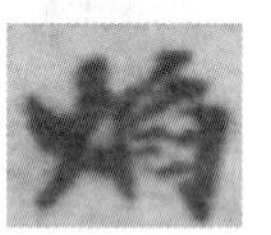
唐代•十輪經八
8_148_1

唐代•十輪經八
10_186_7

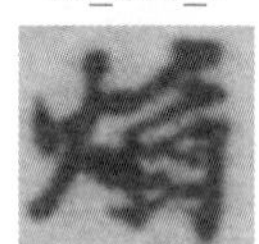
唐代•十輪經八
12_223_6

唐代•十輪經八
13_260_6

唐代•十輪經八
21_411_15

唐代•文選百三
85_809_33

唐代•古文選後
22_262_6

唐代•十輪經四
6_106_13

唐代•十輪經四
11_200_6

唐代•十輪經四
11_209_17

唐代•十輪經四
15_290_3

唐代•十輪經四
16_310_6

焚

漢フン
訓やきがり

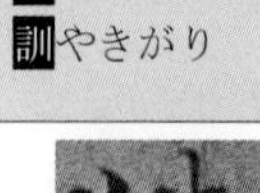
唐代•文選四八
18_158_14

唐代•文選五九
80_768_22

唐代•文選六八
29_290_23

唐代•文選六八
29_290_28

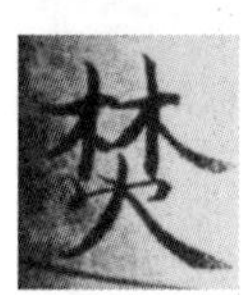
唐代•文選百三
33_330_15

唐代•文選百三
33_334_3

唐代•文選百三
85_806_22

唐代•文選百三
85_807_22

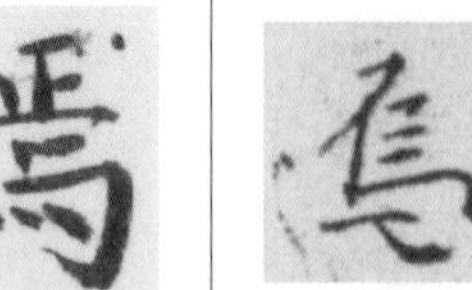
唐代•古文選前
24_279_6

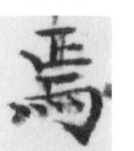

唐代•古文選後
4_47_12

唐代•古文選後
17_200_9

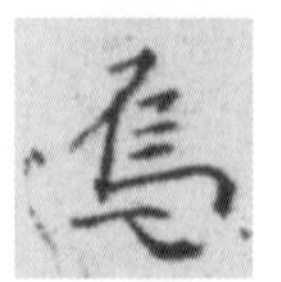
唐代•文選百三
82_778_33

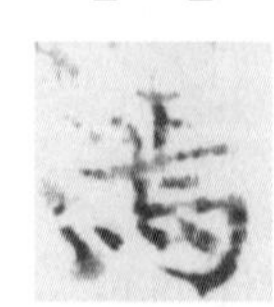
唐代•古文選前
8_102_9

唐代•古文選前
9_112_4

唐代•古文選前
11_133_67

唐代•古文選前
12_141_2

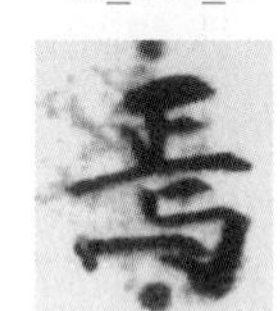
唐代•古文選前
13_153_9

唐代•古文選前
23_275_8

唐代•文選百三
56_541_32

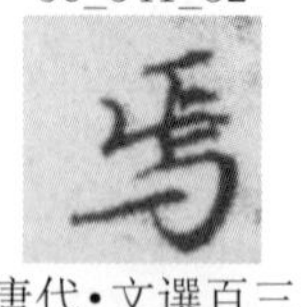
唐代•文選百三
57_547_11

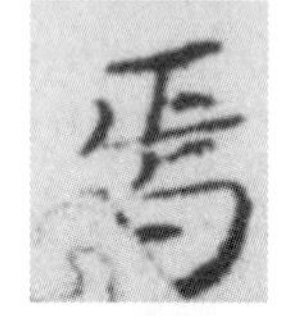
唐代•文選百三
57_548_19

唐代•文選百三
58_558_3

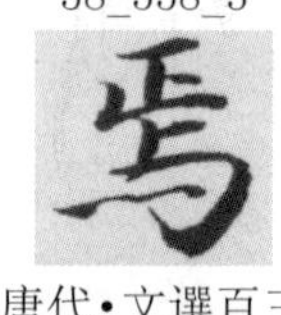
唐代•文選百三
63_606_11

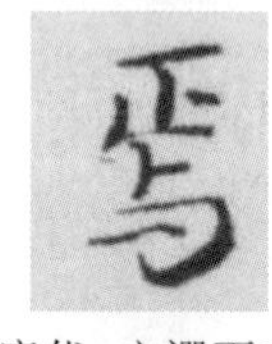
唐代•文選百三
65_624_26

唐代•文選百三
75_718_11

唐代•文選百三
25_245_4

唐代•文選百三
31_304_9

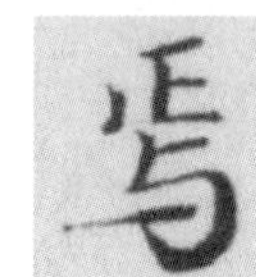
唐代•文選百三
31_305_19

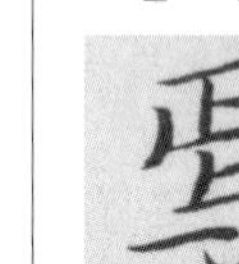
唐代•文選百三
37_376_6

唐代•文選百三
47_459_22

唐代•文選百三
49_476_12

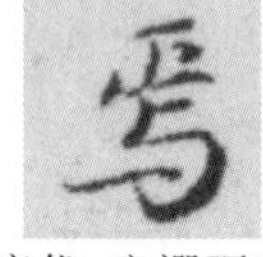
唐代•文選百三
50_481_6

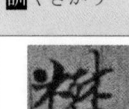

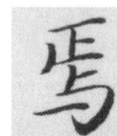

焱

エン
訓ほのお

唐代・文選六八 34_342_5
唐代・文選六八 34_343_3
唐代・文選六八 34_343_22
唐代・文選六八 34_344_7
唐代・文選六八 34_344_21

無

漢ブ呉ム
訓ない

初唐・法華義疏 1_7_19
初唐・聖武雜集 1_2_5
初唐・聖武雜集 1_2_14
中唐・金剛經題 2_8_5
唐代・春秋經傳 1_2_11
唐代・春秋經傳 1_7_23
唐代・春秋經傳 2_9_3
唐代・春秋經傳 5_44_24

唐代・春秋經傳 6_54_36
唐代・春秋經傳 11_114_24
唐代・春秋經傳 11_115_11
唐代・春秋經傳 11_115_21
唐代・春秋經傳 11_116_11
唐代・春秋經傳 11_116_14
唐代・春秋經傳 13_128_22
唐代・春秋經傳 13_130_6

唐代・春秋經傳 13_131_16
唐代・春秋經傳 13_135_9
唐代・春秋經傳 14_148_8
唐代・春秋經傳 18_184_13
唐代・春秋經傳 18_186_13
唐代・春秋經傳 18_186_19
唐代・春秋經傳 18_187_3
唐代・春秋經傳 18_190_23

唐代・春秋經傳 19_201_8
唐代・春秋經傳 19_202_19
唐代・春秋經傳 21_214_12
唐代・春秋經傳 22_225_17
唐代・春秋經傳 23_239_4
唐代・春秋經傳 24_243_3
唐代・春秋經傳 25_254_3
唐代・春秋經傳 25_262_17

唐代・春秋經傳 26_264_36
唐代・春秋經傳 26_265_8
唐代・春秋經傳 26_268_26
唐代・春秋經傳 26_269_3
唐代・春秋經傳 26_269_12
唐代・春秋經傳 27_275_9
唐代・春秋經傳 27_282_9
唐代・春秋經傳 27_283_9

唐代・春秋經傳 28_285_30
唐代・春秋經傳 28_286_6
唐代・春秋經傳 28_288_20
唐代・春秋經傳 28_290_7
唐代・春秋經傳 29_301_21
唐代・春秋經傳 29_306_11
唐代・春秋經傳 29_306_17
唐代・春秋經傳 30_307_7

唐代·文選五九 7_71_21	唐代·文選五九 5_43_28	唐代·文選四八 35_317_21	唐代·文選四八 7_60_21	唐代·春秋經傳 35_367_5	唐代·春秋經傳 32_333_2	唐代·春秋經傳 30_311_5
唐代·文選五九 8_72_24	唐代·文選五九 5_44_16	唐代·文選四八 37_334_8	唐代·文選四八 8_64_23	唐代·春秋經傳 36_374_14	唐代·春秋經傳 32_334_17	唐代·春秋經傳 30_311_20
唐代·文選五九 8_72_27	唐代·文選五九 5_45_22	唐代·文選四八 39_349_20	唐代·文選四八 19_168_20	唐代·春秋經傳 37_388_19	唐代·春秋經傳 32_335_10	唐代·春秋經傳 31_319_15
唐代·文選五九 8_74_29	唐代·文選五九 5_48_7	唐代·文選四八 40_358_10	唐代·文選四八 21_191_10	唐代·春秋經傳 38_399_16	唐代·春秋經傳 32_337_11	唐代·春秋經傳 31_323_3
唐代·文選五九 9_86_14	唐代·文選五九 5_50_15	唐代·文選四八 42_376_11	唐代·文選四八 30_274_9	唐代·春秋經傳 39_407_15	唐代·春秋經傳 33_340_23	唐代·春秋經傳 31_325_12
唐代·文選五九 9_89_11	唐代·文選五九 5_50_16	唐代·文選四八 42_376_14	唐代·文選四八 34_305_14	唐代·春秋經傳 39_407_27	唐代·春秋經傳 33_342_15	唐代·春秋經傳 31_326_23
唐代·文選五九 9_91_9	唐代·文選五九 7_66_3	唐代·文選四八 42_376_20	唐代·文選四八 35_315_13	唐代·文選四八 6_41_12	唐代·春秋經傳 33_347_16	唐代·春秋經傳 32_329_17
唐代·文選五九 10_93_3	唐代·文選五九 7_71_12	唐代·文選五九 4_35_4	唐代·文選四八 35_316_10	唐代·文選四八 7_56_24	唐代·春秋經傳 34_354_4	唐代·春秋經傳 32_331_12
	唐代·文選五九 10_94_2					

唐代•文選六八 61_610_6	唐代•文選六八 49_488_2	唐代•文選六八 44_443_12	唐代•文選六八 32_322_28	唐代•文選六八 9_91_21	唐代•文選六八 8_79_5	唐代•文選五九 111_1055_6

唐代•文選六八 61_611_5	唐代•文選六八 49_494_10	唐代•文選六八 45_447_23	唐代•文選六八 33_333_20	唐代•文選六八 12_125_26	唐代•文選六八 8_79_10	唐代•文選六八 3_32_18

唐代•文選六八 61_612_16	唐代•文選六八 53_527_2	唐代•文選六八 47_467_10	唐代•文選六八 35_354_4	唐代•文選六八 15_152_21	唐代•文選六八 8_80_15	唐代•文選六八 3_32_21

唐代•文選六八 63_625_16	唐代•文選六八 55_545_13	唐代•文選六八 47_469_9	唐代•文選六八 37_370_2	唐代•文選六八 15_154_17	唐代•文選六八 8_80_23	唐代•文選六八 3_32_25

唐代•文選六八 64_639_1	唐代•文選六八 55_545_19	唐代•文選六八 47_469_25	唐代•文選六八 37_370_6	唐代•文選六八 31_315_15	唐代•文選六八 8_81_29	唐代•文選六八 4_38_9

唐代•文選六八 64_642_2	唐代•文選六八 61_609_5	唐代•文選六八 47_469_28	唐代•文選六八 37_372_6	唐代•文選六八 31_316_1	唐代•文選六八 8_82_6	唐代•文選六八 4_39_23

唐代•文選六八 64_642_6	唐代•文選六八 47_477_15	唐代•文選六八 47_475_22	唐代•文選六八 42_421_8	唐代•文選六八 31_317_12	唐代•文選六八 8_82_18	唐代•文選六八 4_40_21

唐代•文選六八 64_642_8	唐代•文選六八 71_709_17	唐代•文選六八 69_685_13	唐代•文選六八 43_426_19	唐代•文選六八 31_317_17	唐代•文選六八 8_82_26	唐代•文選六八 4_44_5

唐代•文選百三 40_404_21
唐代•文選百三 41_408_2
唐代•文選百三 41_411_21
唐代•文選百三 42_419_22
唐代•文選百三 45_430_13
唐代•文選百三 45_438_4
唐代•文選百三 46_442_30

唐代•文選百三 40_402_5
唐代•文選百三 26_253_15
唐代•文選百三 26_254_11
唐代•文選百三 29_286_24
唐代•文選百三 33_332_9
唐代•文選百三 38_379_28
唐代•文選百三 38_382_7
唐代•文選百三 39_388_1

唐代•文選百三 14_129_10
唐代•文選百三 15_139_23
唐代•文選百三 15_146_12
唐代•文選百三 15_146_18
唐代•文選百三 18_175_17
唐代•文選百三 18_175_21
唐代•文選百三 23_219_26

唐代•文選八八 24_212_8
唐代•文選八八 24_216_7
唐代•文選百三 6_54_3
唐代•文選百三 9_88_20
唐代•文選百三 12_113_12
唐代•文選百三 13_116_8
唐代•文選百三 21_204_29
唐代•文選百三 40_400_11

唐代•文選百三 5_39_41
唐代•文選八八 17_148_12
唐代•文選八八 11_89_3
唐代•文選八八 12_96_9
唐代•文選八八 12_99_11
唐代•文選八八 13_103_7
唐代•文選八八 13_104_3
唐代•文選八八 17_142_3

唐代•文選六八 73_725_8
唐代•文選八八 3_16_10
唐代•文選八八 7_53_4
唐代•文選八八 7_54_23
唐代•文選八八 8_56_8
唐代•文選八八 9_66_1
唐代•文選八八 17_144_33
唐代•文選八八 17_141_13

唐代•文選六八 65_644_7
唐代•文選六八 65_644_14
唐代•文選六八 65_644_22
唐代•文選六八 65_644_25
唐代•文選六八 65_655_5
唐代•文選六八 65_655_12
唐代•文選六八 66_660_22
唐代•文選六八 67_671_15

- 唐代•文選百三 47_448_16
- 唐代•文選百三 50_484_22
- 唐代•文選百三 51_488_22
- 唐代•文選百三 51_491_29
- 唐代•文選百三 51_494_19
- 唐代•文選百三 55_524_3
- 唐代•文選百三 55_524_29
- 唐代•文選百三 55_525_3

- 唐代•文選百三 61_585_17
- 唐代•文選百三 71_681_8
- 唐代•文選百三 71_685_2
- 唐代•文選百三 71_685_16
- 唐代•文選百三 72_696_20
- 唐代•文選百三 72_696_26
- 唐代•文選百三 77_737_12
- 唐代•文選百三 77_737_14

- 唐代•文選百三 78_744_28
- 唐代•文選百三 79_753_22
- 唐代•文選百三 79_757_3
- 唐代•文選百三 84_799_28
- 唐代•文選百三 84_800_2
- 唐代•文選百三 85_805_6
- 唐代•文選百三 87_830_3
- 唐代•古文選前 1_8_9

- 唐代•古文選前 3_27_13
- 唐代•古文選前 4_42_1
- 唐代•古文選前 4_42_5
- 唐代•古文選前 4_43_7
- 唐代•古文選前 4_45_11
- 唐代•古文選前 6_63_4
- 唐代•古文選前 7_80_4
- 唐代•古文選前 7_81_7

- 唐代•古文選前 8_92_42
- 唐代•古文選前 9_105_8
- 唐代•古文選前 10_118_12
- 唐代•古文選前 10_121_8
- 唐代•古文選前 11_129_4
- 唐代•古文選前 12_145_10
- 唐代•古文選前 14_165_26
- 唐代•古文選前 15_178_15

- 唐代•古文選前 16_194_5
- 唐代•古文選前 16_194_7
- 唐代•古文選前 17_199_7
- 唐代•古文選前 17_199_11
- 唐代•古文選前 18_207_8
- 唐代•古文選前 18_214_10
- 唐代•古文選前 20_231_9
- 唐代•古文選前 21_243_7

- 唐代•古文選前 24_277_14
- 唐代•古文選前 26_301_5
- 唐代•古文選前 26_310_11
- 唐代•古文選後 2_15_3
- 唐代•古文選後 4_41_4
- 唐代•古文選後 5_49_3
- 唐代•古文選後 5_54_10
- 唐代•古文選後 5_55_6

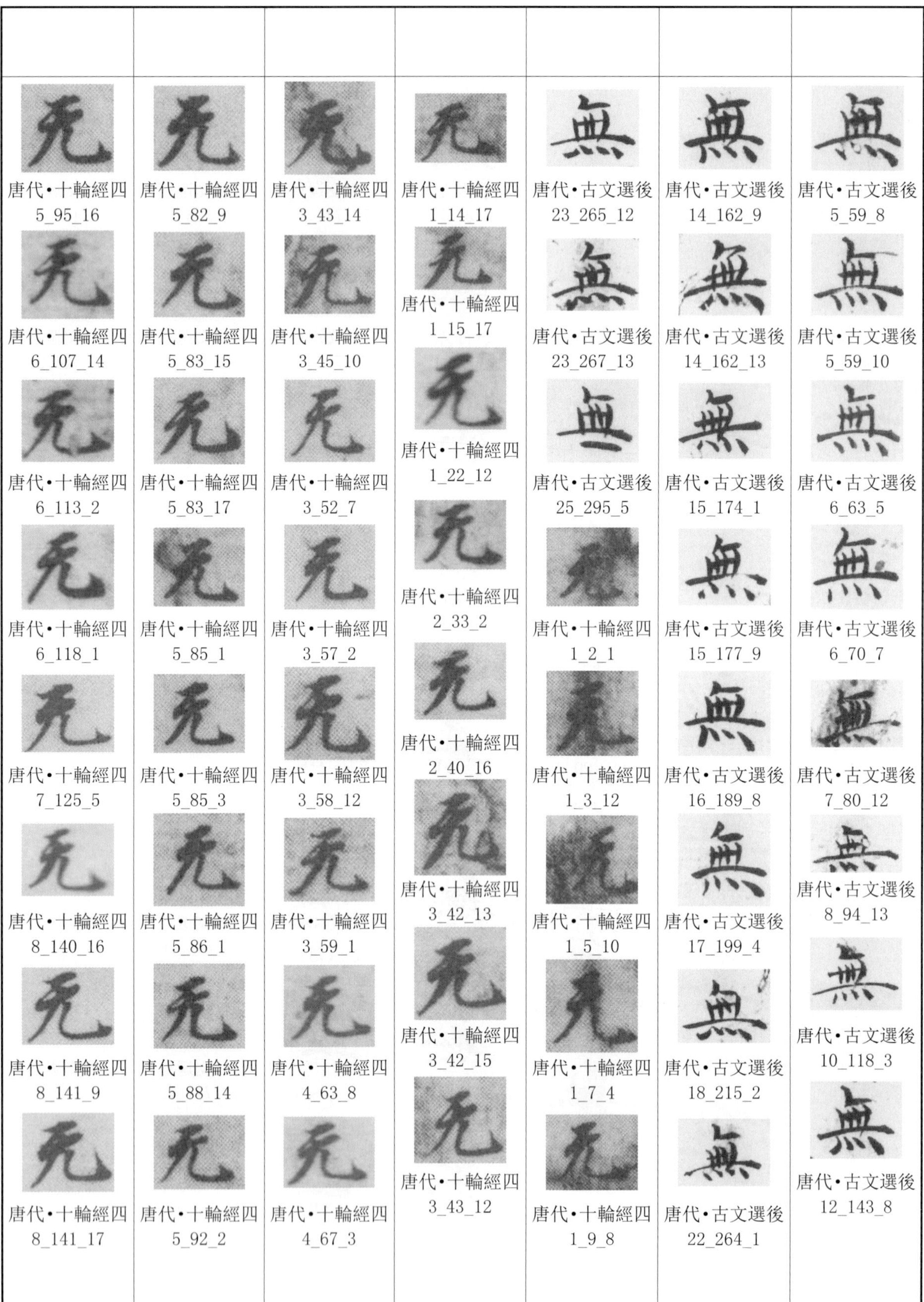

唐代•十輪經四 5_95_16
唐代•十輪經四 6_107_14
唐代•十輪經四 6_113_2
唐代•十輪經四 6_118_1
唐代•十輪經四 7_125_5
唐代•十輪經四 8_140_16
唐代•十輪經四 8_141_9
唐代•十輪經四 8_141_17

唐代•十輪經四 5_82_9
唐代•十輪經四 5_83_15
唐代•十輪經四 5_83_17
唐代•十輪經四 5_85_1
唐代•十輪經四 5_85_3
唐代•十輪經四 5_86_1
唐代•十輪經四 5_88_14
唐代•十輪經四 5_92_2

唐代•十輪經四 3_43_14
唐代•十輪經四 3_45_10
唐代•十輪經四 3_52_7
唐代•十輪經四 3_57_2
唐代•十輪經四 3_58_12
唐代•十輪經四 3_59_1
唐代•十輪經四 4_63_8
唐代•十輪經四 4_67_3

唐代•十輪經四 1_14_17
唐代•十輪經四 1_15_17
唐代•十輪經四 1_22_12
唐代•十輪經四 2_33_2
唐代•十輪經四 2_40_16
唐代•十輪經四 3_42_13
唐代•十輪經四 3_42_15
唐代•十輪經四 3_43_12

唐代•古文選後 23_265_12
唐代•古文選後 23_267_13
唐代•古文選後 25_295_5
唐代•十輪經四 1_2_1
唐代•十輪經四 1_3_12
唐代•十輪經四 1_5_10
唐代•十輪經四 1_7_4
唐代•十輪經四 1_9_8

唐代•古文選後 14_162_9
唐代•古文選後 14_162_13
唐代•古文選後 15_174_1
唐代•古文選後 15_177_9
唐代•古文選後 16_189_8
唐代•古文選後 17_199_4
唐代•古文選後 18_215_2
唐代•古文選後 22_264_1

唐代•古文選後 5_59_8
唐代•古文選後 5_59_10
唐代•古文選後 6_63_5
唐代•古文選後 6_70_7
唐代•古文選後 7_80_12
唐代•古文選後 8_94_13
唐代•古文選後 10_118_3
唐代•古文選後 12_143_8

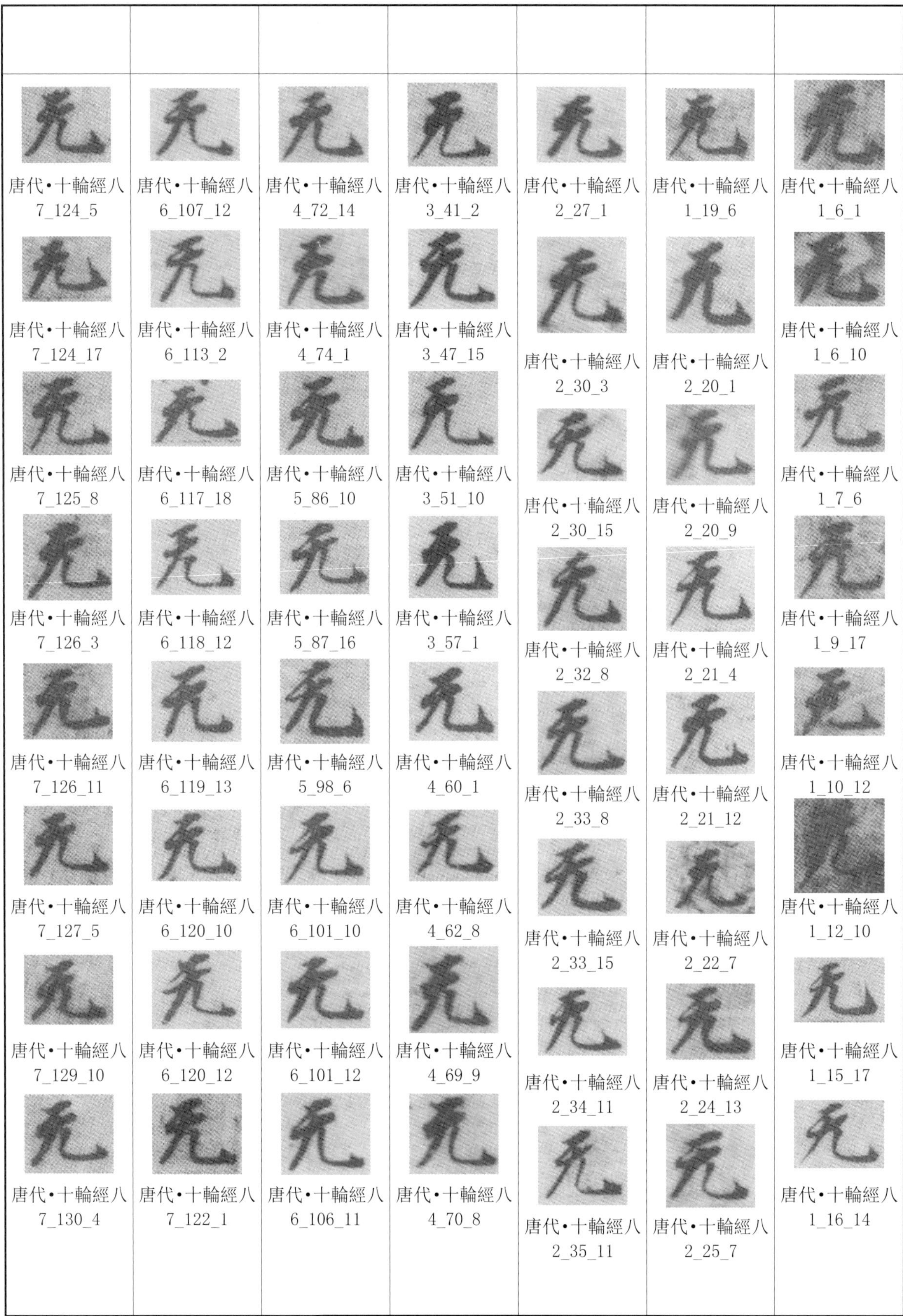

唐代•十輪經八 1_6_1

唐代•十輪經八 1_6_10

唐代•十輪經八 1_7_6

唐代•十輪經八 1_9_17

唐代•十輪經八 1_10_12

唐代•十輪經八 1_12_10

唐代•十輪經八 1_15_17

唐代•十輪經八 1_16_14

唐代•十輪經八 1_19_6

唐代•十輪經八 2_20_1

唐代•十輪經八 2_20_9

唐代•十輪經八 2_21_4

唐代•十輪經八 2_21_12

唐代•十輪經八 2_22_7

唐代•十輪經八 2_24_13

唐代•十輪經八 2_25_7

唐代•十輪經八 2_27_1

唐代•十輪經八 2_30_3

唐代•十輪經八 2_30_15

唐代•十輪經八 2_32_8

唐代•十輪經八 2_33_8

唐代•十輪經八 2_33_15

唐代•十輪經八 2_34_11

唐代•十輪經八 2_35_11

唐代•十輪經八 3_41_2

唐代•十輪經八 3_47_15

唐代•十輪經八 3_51_10

唐代•十輪經八 3_57_1

唐代•十輪經八 4_60_1

唐代•十輪經八 4_62_8

唐代•十輪經八 4_69_9

唐代•十輪經八 4_70_8

唐代•十輪經八 4_72_14

唐代•十輪經八 4_74_1

唐代•十輪經八 5_86_10

唐代•十輪經八 5_87_16

唐代•十輪經八 5_98_6

唐代•十輪經八 6_101_10

唐代•十輪經八 6_101_12

唐代•十輪經八 6_106_11

唐代•十輪經八 6_107_12

唐代•十輪經八 6_113_2

唐代•十輪經八 6_117_18

唐代•十輪經八 6_118_12

唐代•十輪經八 6_119_13

唐代•十輪經八 6_120_10

唐代•十輪經八 6_120_12

唐代•十輪經八 7_122_1

唐代•十輪經八 7_124_5

唐代•十輪經八 7_124_17

唐代•十輪經八 7_125_8

唐代•十輪經八 7_126_3

唐代•十輪經八 7_126_11

唐代•十輪經八 7_127_5

唐代•十輪經八 7_129_10

唐代•十輪經八 7_130_4

唐代•十輪經八 18_352_8
唐代•十輪經八 18_352_16
唐代•十輪經八 18_353_11
唐代•十輪經八 18_354_2
唐代•十輪經八 18_354_14
唐代•十輪經八 18_357_2
唐代•十輪經八 18_357_13
唐代•十輪經八 18_359_6
唐代•十輪經八 18_362_9
唐代•十輪經八 19_363_4
唐代•十輪經八 19_366_5
唐代•十輪經八 19_370_12
唐代•十輪經八 19_371_13
唐代•十輪經八 19_382_6
唐代•十輪經八 20_383_1
唐代•十輪經十 19_370_7
唐代•十輪經八 20_384_6
唐代•十輪經八 20_385_17
唐代•十輪經八 20_387_5
唐代•十輪經八 20_389_8
唐代•十輪經八 20_390_3
唐代•十輪經八 20_390_11
唐代•十輪經八 20_391_6
唐代•十輪經八 20_391_14
唐代•十輪經八 20_392_8
唐代•十輪經八 20_394_15
唐代•十輪經八 20_395_9
唐代•十輪經八 20_397_3
唐代•十輪經八 20_400_4
唐代•十輪經八 20_400_16
唐代•十輪經八 21_406_13
唐代•十輪經八 21_408_4
唐代•十輪經八 21_409_5
唐代•十輪經八 21_420_3
唐代•十輪經八 22_423_14
唐代•十輪經八 22_424_11
唐代•十輪經八 22_425_8
唐代•十輪經八 22_426_13
唐代•十輪經八 22_428_16
唐代•十輪經八 22_429_11
唐代•十輪經八 22_430_2
唐代•十輪經八 22_430_14
唐代•十輪經八 22_431_5
唐代•十輪經八 22_431_17
唐代•十輪經八 22_434_6
唐代•十輪經八 22_434_17
唐代•十輪經八 22_436_10
唐代•十輪經八 22_439_12
唐代•十輪經八 22_440_8
唐代•十輪經九 1_6_13
唐代•十輪經九 1_8_4
唐代•十輪經九 1_9_5
唐代•十輪經九 1_19_15
唐代•十輪經九 2_22_6
唐代•十輪經九 2_23_17
唐代•十輪經九 2_25_5

唐代•十輪經九
20_389_8

唐代•十輪經九
20_396_14

唐代•十輪經九
21_406_11

唐代•十輪經九
21_407_4

唐代•十輪經九
21_407_13

唐代•十輪經九
21_410_15

唐代•十輪經九
21_412_1

唐代•十輪經九
21_412_3

唐代•十輪經九
21_412_5

唐代•十輪經九
22_422_9

唐代•十輪經九
22_423_10

唐代•十輪經十
1_10_6

唐代•十輪經十
1_15_9

唐代•十輪經十
1_17_2

唐代•十輪經十
2_24_16

唐代•十輪經十
2_25_6

唐代•十輪經十
2_25_10

唐代•十輪經十
2_25_14

唐代•十輪經十
2_26_10

唐代•十輪經十
2_26_14

唐代•十輪經十
2_27_1

唐代•十輪經十
2_27_5

唐代•十輪經十
2_28_5

唐代•十輪經十
2_28_8

唐代•十輪經十
2_29_7

唐代•十輪經十
2_29_15

唐代•十輪經十
2_29_17

唐代•十輪經十
2_30_10

唐代•十輪經十
2_30_12

唐代•十輪經十
3_47_7

唐代•十輪經十
3_53_5

唐代•十輪經十
3_53_14

唐代•十輪經十
3_55_13

唐代•十輪經十
4_65_14

唐代•十輪經十
4_74_6

唐代•十輪經十
6_103_6

唐代•十輪經十
6_113_4

唐代•十輪經十
6_116_1

唐代•十輪經十
6_117_1

唐代•十輪經十
6_117_4

唐代•十輪經十
7_124_21

唐代•十輪經十
7_125_21

唐代•十輪經十
8_150_7

唐代•十輪經十
9_163_15

唐代•十輪經十
9_179_1

唐代•十輪經十
9_179_6

唐代•十輪經十
10_181_15

唐代•十輪經十
10_184_4

唐代•十輪經十
10_185_9

唐代•十輪經十
10_186_6

唐代•十輪經十
10_186_8

唐代•十輪經十
10_187_8

唐代•十輪經十
10_194_21

唐代•十輪經十
10_194_23

唐代•十輪經十
10_196_1

唐代•十輪經十
10_200_2

唐代•十輪經十
18_357_14

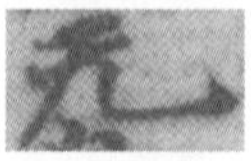
唐代•十輪經十
18_357_16

唐代•十輪經十
19_365_13

煮

慣シャ 漢ショ
訓にる

唐代•文選六八
13_135_27

焦

ショウ
訓こげる

唐代•春秋經傳
7_66_10

唐代•春秋經傳
7_66_22

唐代•文選五九
29_288_14

唐代•文選六八
18_184_13

唐代•文選八八
24_211_12

唐代•文選八八
24_212_20

唐代•文選百三
31_312_7

唐代•文選百三
31_313_27

唐代•文選百三
49_468_2

然

漢ゼン 呉ネン
訓もえる

初唐•大般若經
2_33_9

初唐•聖武雜集
1_6_2

初唐•聖武雜集
1_6_14

唐代•春秋經傳
6_58_16

唐代•春秋經傳
11_107_5

唐代•春秋經傳
32_339_16

唐代•春秋經傳
33_350_13

唐代•文選四八
3_15_13

唐代•文選四八
4_24_23

唐代•文選四八
12_106_10

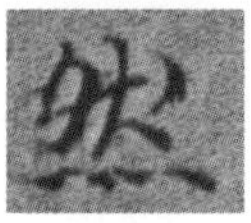
唐代•文選四八
23_209_2

唐代•文選四八
27_245_17

唐代•文選四八
27_246_20

唐代•文選四八
28_248_21

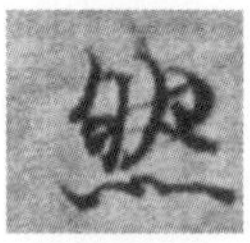
唐代•文選四八
28_249_7

唐代•文選四八
28_250_1

唐代•文選四八
28_253_5

唐代•文選四八
34_307_19

唐代•文選四八
38_339_14

唐代•文選四八
48_438_16

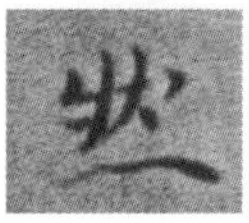
唐代•文選五九
4_34_18

唐代•文選五九
5_41_2

唐代•文選五九
5_42_23

唐代•文選五九
5_45_21

唐代•文選五九
6_53_5

唐代•文選五九
6_55_9

唐代•文選五九
6_57_10

唐代•文選五九
7_68_6

唐代•文選五九
15_140_12

唐代•文選五九
16_153_3

唐代•文選五九
31_312_17

唐代•文選五九
39_379_25

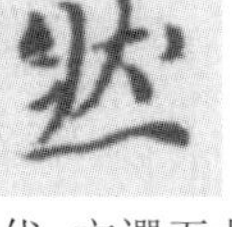
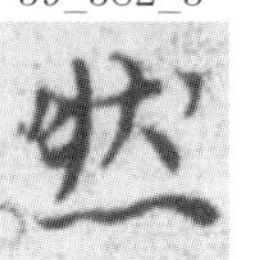
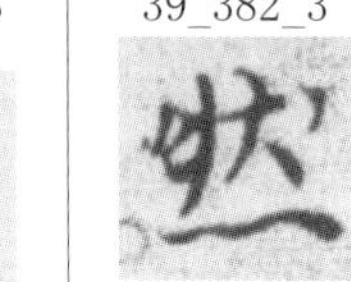

唐代•文選五九
39_382_3

唐代•文選五九
45_440_10

唐代•文選五九
50_496_3

唐代•文選五九
53_520_1

唐代•文選五九
59_567_19

唐代•文選五九
60_577_1

唐代•文選五九
61_586_4

唐代•文選五九
62_596_24

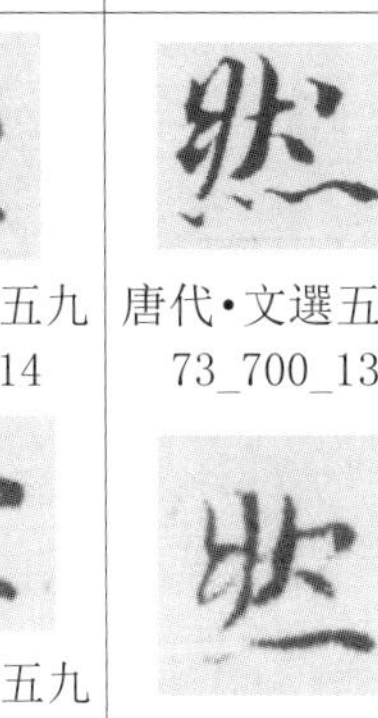
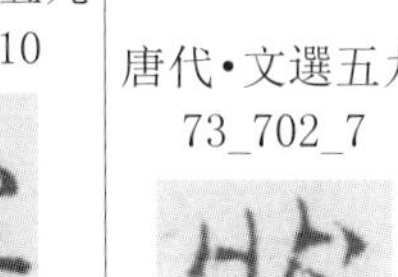
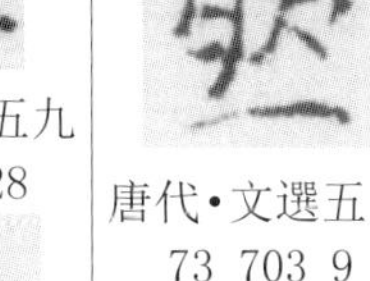
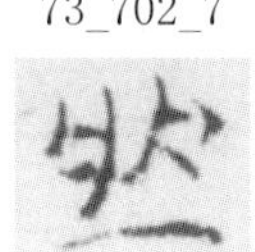

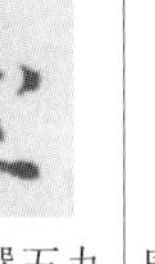

唐代•文選五九
73_700_13

唐代•文選五九
73_702_7

唐代•文選五九
73_703_9

唐代•文選五九
81_777_4

唐代•文選五九
83_797_7

唐代•文選五九
83_800_6

唐代•文選五九
84_812_21

唐代•文選五九
85_814_5

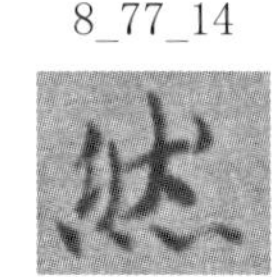

唐代•文選五九
88_848_14

唐代•文選五九
89_851_10

唐代•文選五九
93_892_28

唐代•文選五九
100_945_23

唐代•文選六八
7_70_11

唐代•文選六八
8_77_14

唐代•文選六八
20_205_21

唐代•文選六八
31_316_8

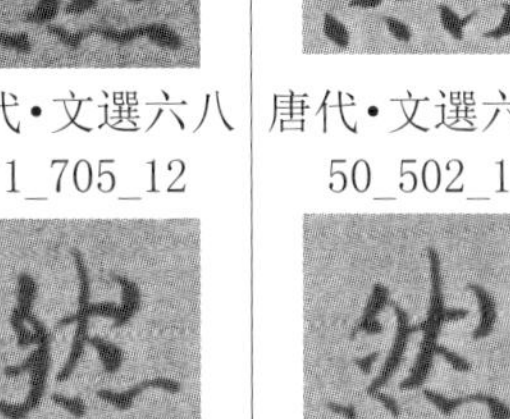
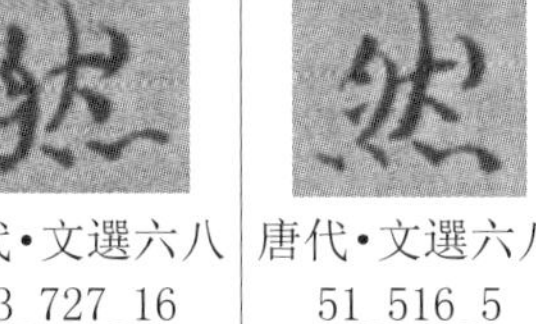
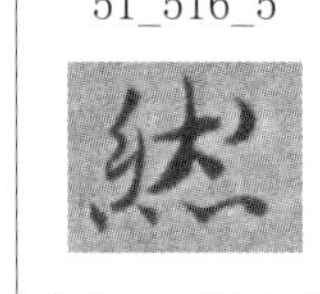
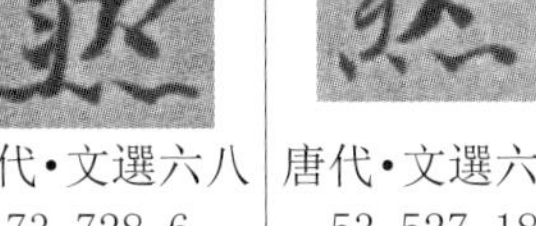
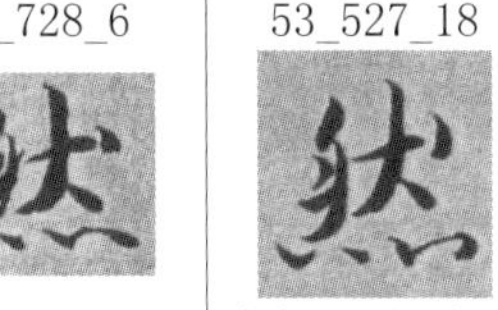
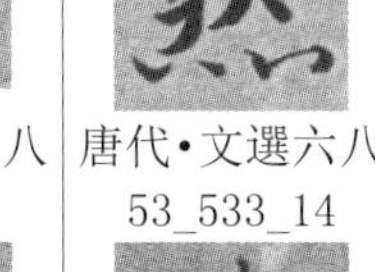
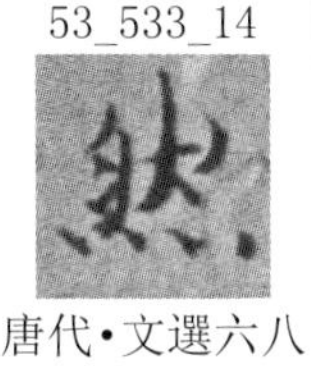
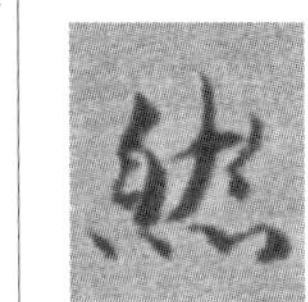

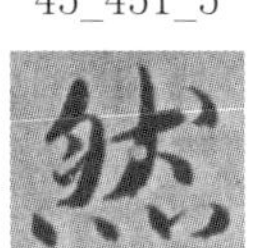
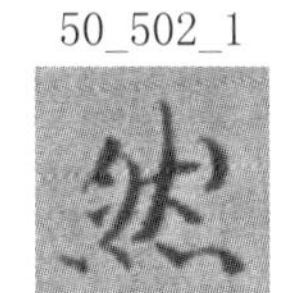
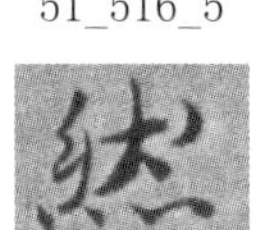

唐代•文選六八
35_351_7

唐代•文選六八
35_357_24

唐代•文選六八
45_451_5

唐代•文選六八
50_502_1

唐代•文選六八
51_516_5

唐代•文選六八
53_527_18

唐代•文選六八
53_533_14

唐代•文選六八
53_536_9

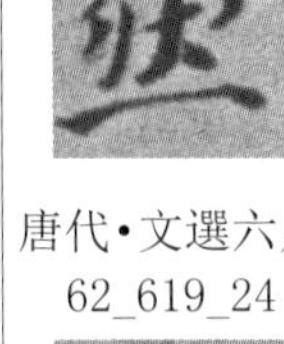

唐代•文選六八
62_619_24

唐代•文選六八
63_624_5

唐代•文選六八
69_695_15

唐代•文選六八
71_705_12

唐代•文選六八
73_727_16

唐代•文選六八
73_728_6

唐代•文選八八
5_27_8

唐代•文選八八
5_29_30

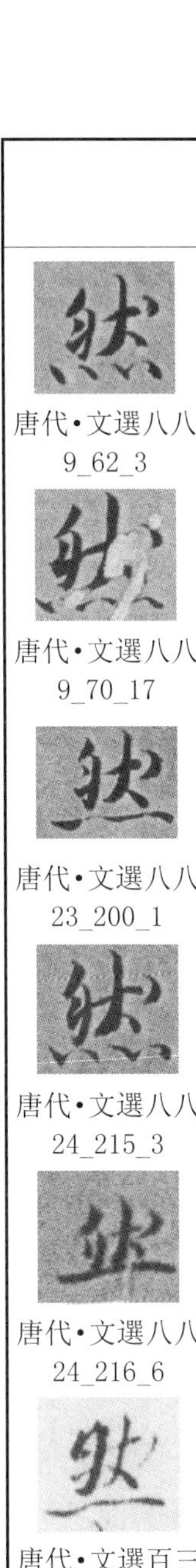

唐代•文選八八
9_62_3

唐代•文選八八
9_70_17

唐代•文選八八
23_200_1

唐代•文選八八
24_215_3

唐代•文選八八
24_216_6

唐代•文選百三
6_53_39

唐代•文選百三
9_82_10

唐代•文選百三
9_89_12

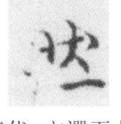

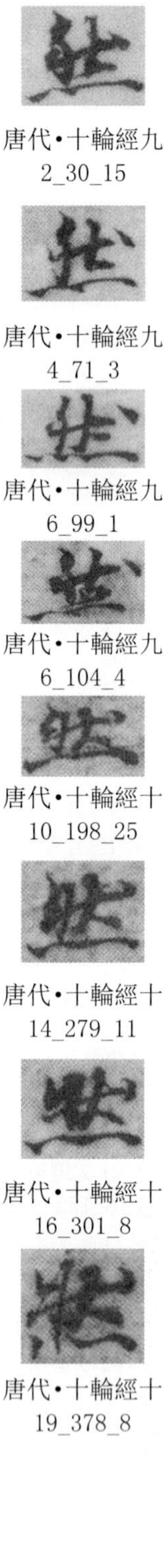

唐代•十輪經九 2_30_15
唐代•十輪經九 4_71_3
唐代•十輪經九 6_99_1
唐代•十輪經九 6_104_4
唐代•十輪經十 10_198_25
唐代•十輪經十 14_279_11
唐代•十輪經十 16_301_8
唐代•十輪經十 19_378_8

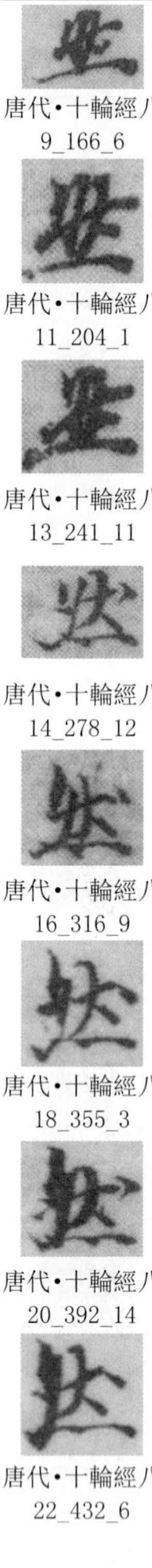

唐代•十輪經八 9_166_6
唐代•十輪經八 11_204_1
唐代•十輪經八 13_241_11
唐代•十輪經八 14_278_12
唐代•十輪經八 16_316_9
唐代•十輪經八 18_355_3
唐代•十輪經八 20_392_14
唐代•十輪經八 22_432_6

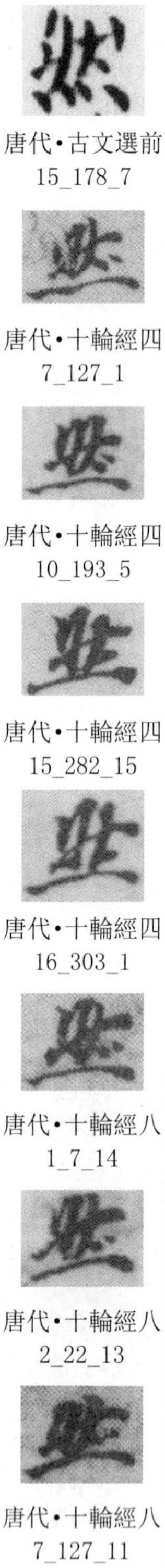

唐代•古文選前 15_178_7
唐代•十輪經四 7_127_1
唐代•十輪經四 10_193_5
唐代•十輪經四 15_282_15
唐代•十輪經四 16_303_1
唐代•十輪經八 1_7_14
唐代•十輪經八 2_22_13
唐代•十輪經八 7_127_11

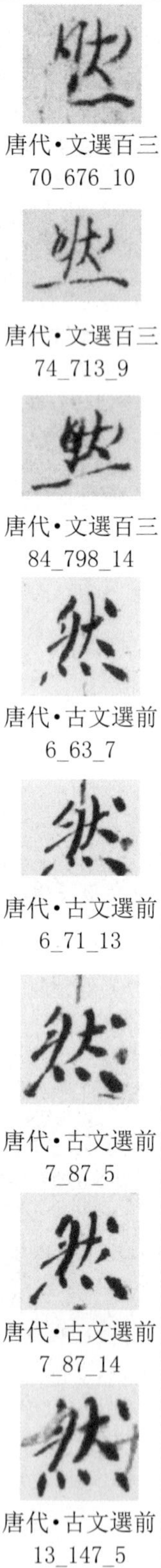

唐代•文選百三 70_676_10
唐代•文選百三 74_713_9
唐代•文選百三 84_798_14
唐代•古文選前 6_63_7
唐代•古文選前 6_71_13
唐代•古文選前 7_87_5
唐代•古文選前 7_87_14
唐代•古文選前 13_147_5

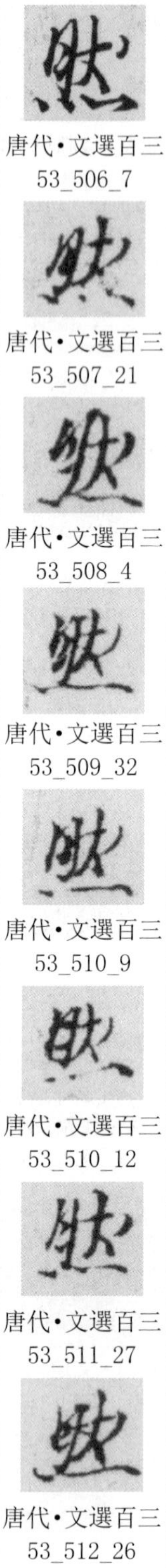

唐代•文選百三 53_506_7
唐代•文選百三 53_507_21
唐代•文選百三 53_508_4
唐代•文選百三 53_509_32
唐代•文選百三 53_510_9
唐代•文選百三 53_510_12
唐代•文選百三 53_511_27
唐代•文選百三 53_512_26

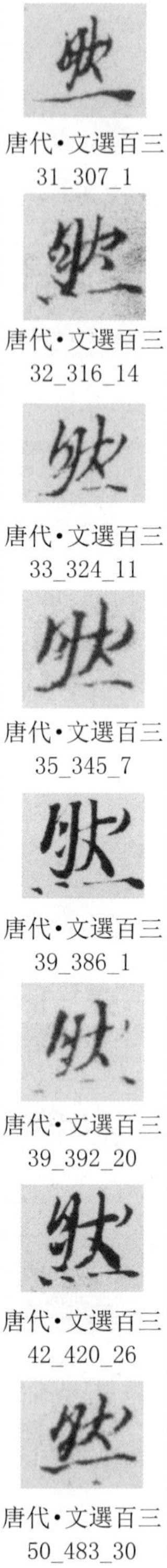

唐代•文選百三 31_307_1
唐代•文選百三 32_316_14
唐代•文選百三 33_324_11
唐代•文選百三 35_345_7
唐代•文選百三 39_386_1
唐代•文選百三 39_392_20
唐代•文選百三 42_420_26
唐代•文選百三 50_483_30

唐代•文選百三 14_131_7
唐代•文選百三 14_132_27
唐代•文選百三 14_134_26
唐代•文選百三 15_135_20
唐代•文選百三 23_216_50
唐代•文選百三 25_250_7
唐代•文選百三 26_255_27
唐代•文選百三 29_283_20

煙 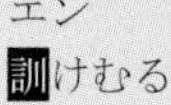

エン
訓けむる

唐代・文選四八
12_102_7

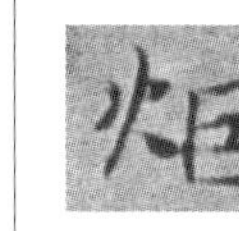
唐代・文選四八
12_103_20

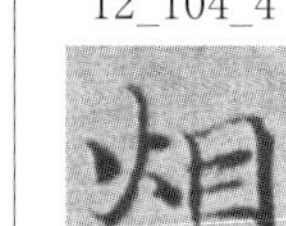
唐代・文選四八
12_104_4

唐代・文選四八
12_104_17

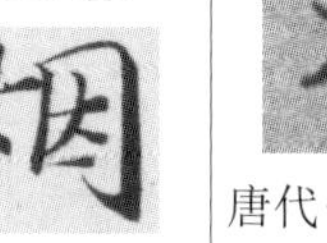
唐代・文選四八
12_107_8

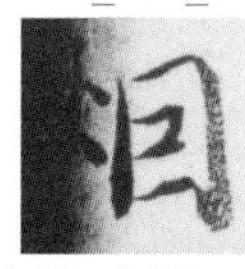
唐代・文選五九
74_714_6

唐代・文選五九
74_715_18

唐代・文選五九
74_715_25

唐代・文選五九
94_902_7

唐代・文選五九
94_905_13

唐代・文選六八
27_270_10

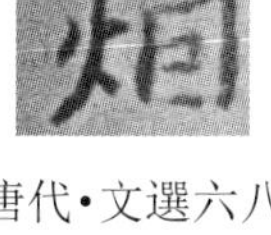
唐代・文選六八
59_594_5

唐代・文選百三
32_315_9

唐代・文選百三
32_316_18

唐代・文選百三
32_318_21

唐代・文選百三
32_320_5

唐代・文選百三
52_502_5

唐代・古文選後
23_265_14

煩

漢ハン呉ボン
訓わずらう

中唐・風信帖
2_10_7

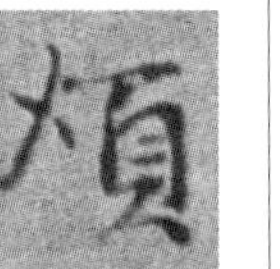
唐代・文選五九
14_136_31

唐代・文選五九
31_312_4

唐代・文選五九
67_647_12

唐代・文選五九
71_676_7

唐代・文選六八
23_226_13

唐代・文選八八
11_95_23

唐代・文選百三
27_259_32

唐代・文選百三
57_546_34

唐代・古文選前
5_56_12

唐代・古文選前
12_138_14

唐代・十輪經四
1_11_11

唐代・十輪經四
10_189_14

唐代・十輪經八
2_35_7

唐代・十輪經八
3_45_14

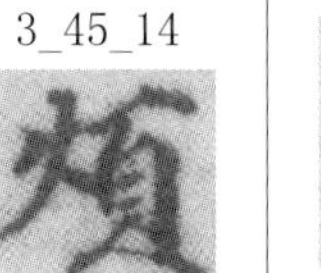
唐代・十輪經八
3_49_13

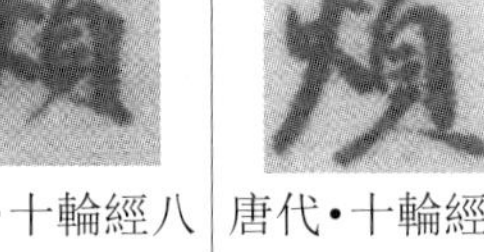
唐代・十輪經八
3_52_15

唐代・十輪經八
3_57_10

唐代・十輪經八
5_84_2

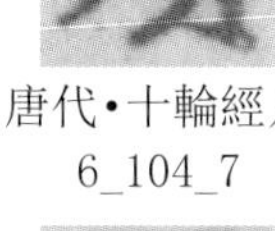
唐代・十輪經八
6_104_7

唐代・十輪經八
8_142_8

唐代・十輪經八
9_180_13

唐代・十輪經八
11_217_9

唐代・十輪經八
13_254_9

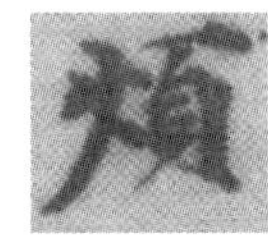
唐代・十輪經八
15_292_9

唐代・十輪經八
17_330_9

唐代・十輪經八
19_368_9

唐代・十輪經八
21_406_1

唐代・十輪經九
1_6_1

唐代・十輪經九
3_44_2

唐代・十輪經九
5_85_9

唐代・十輪經九
7_128_11

照
ショウ
訓 てる

初唐•聖武雜集
1_5_15

中唐・風信帖
4_22_3

唐代•文選四八
29_262_3

唐代•文選五九
10_95_24

唐代•文選五九
16_156_8

唐代•文選五九
22_218_7

唐代•文選五九
22_218_22

唐代•文選五九
45_439_7

煦
ク
訓 あたためる

唐代•文選六八
62_618_24

煢
漢 ケイ
訓 ひとりもの

唐代•文選五九
39_381_9

唐代•古文選前
6_63_1

唐代•古文選後
2_15_13

煥
カン
訓 あきらか

唐代•文選六八
25_254_31

唐代•文選六八
25_256_18

唐代•文選六八
51_517_7

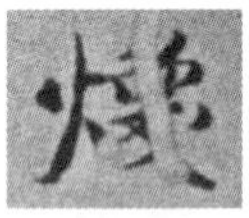
唐代•文選六八
51_518_7

唐代•文選六八
52_520_4

唐代•文選六八
52_521_4

熅
ウン
訓 うずみび

唐代•文選四八
12_102_8

唐代•文選四八
12_103_21

唐代•文選四八
12_104_5

唐代•文選四八
12_104_22

唐代•文選四八
12_107_11

(見出しなし)

唐代•十輪經十
17_323_7

唐代•十輪經十
17_325_11

唐代•十輪經十
17_330_10

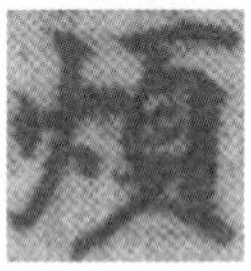
唐代•十輪經十
18_354_3

(見出しなし)

唐代•十輪經九
12_237_10

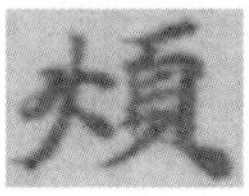
唐代•十輪經九
13_248_1

唐代•十輪經九
16_319_11

唐代•十輪經九
18_343_8

唐代•十輪經九
19_365_23

唐代•十輪經九
21_419_17

唐代•十輪經九
22_421_17

唐代•十輪經十
8_146_12

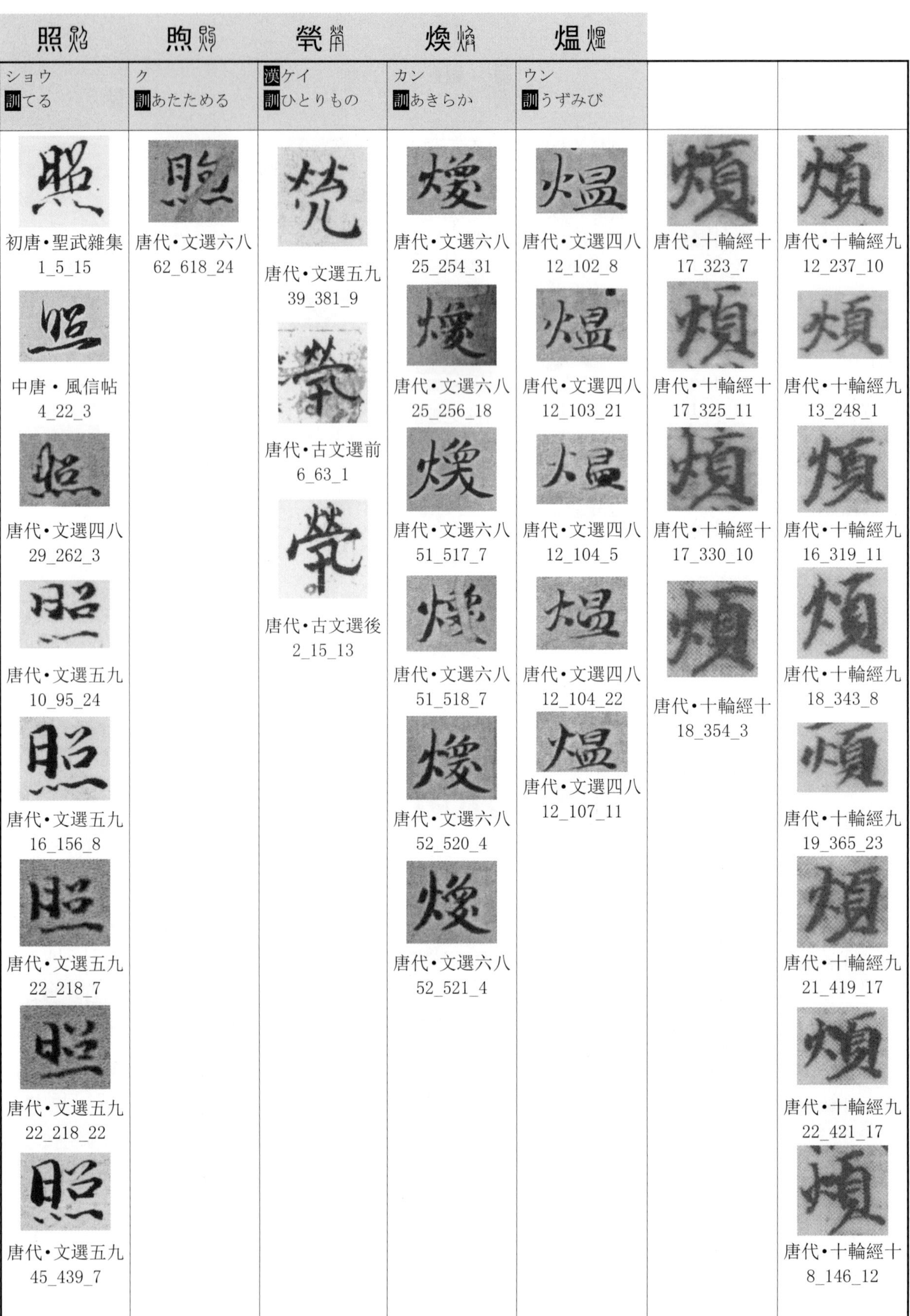

煎

セン
訓いる

唐代・文選六八 15_160_13
唐代・文選六八 55_553_19
唐代・文選百三 29_283_5

唐代・古文選後 12_137_14
唐代・古文選後 16_186_1
唐代・古文選後 21_241_6
唐代・古文選後 25_296_1
唐代・十輪經十 11_208_11

唐代・文選百三 8_73_14
唐代・文選百三 9_75_17
唐代・文選百三 67_639_6
唐代・古文選前 3_29_9
唐代・古文選前 3_34_1
唐代・古文選前 23_265_4
唐代・古文選後 3_28_5
唐代・古文選後 9_102_5

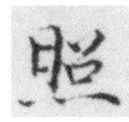

唐代・文選六八 43_431_19
唐代・文選六八 51_518_24
唐代・文選六八 52_520_19
唐代・文選六八 52_520_26
唐代・文選六八 73_727_15
唐代・文選百三 2_13_31
唐代・文選百三 8_71_2
唐代・文選百三 8_72_19

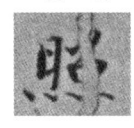

唐代・文選六八 2_18_13
唐代・文選六八 4_47_14
唐代・文選六八 22_221_9
唐代・文選六八 25_253_3
唐代・文選六八 25_255_14
唐代・文選六八 25_256_15
唐代・文選六八 32_324_8
唐代・文選六八 43_431_17

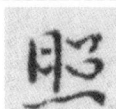

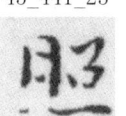

唐代・文選五九 66_640_14
唐代・文選五九 107_1017_19
唐代・文選五九 107_1018_7
唐代・文選五九 107_1019_11
唐代・文選五九 108_1021_7
唐代・文選五九 108_1025_1
唐代・文選五九 109_1028_12
唐代・文選五九 109_1030_8

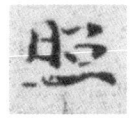

唐代・文選五九 45_441_23
唐代・文選五九 52_511_11
唐代・文選五九 58_558_4
唐代・文選五九 58_559_11
唐代・文選五九 58_560_27
唐代・文選五九 59_562_5
唐代・文選五九 59_563_8
唐代・文選五九 59_566_1

熏			熙	煽	熒	燁
クン 訓ふすべる			キ 訓ひかる	セン 訓あおる	漢エイ、ケイ 訓ともしび	ヨウ 訓かがやく
 唐代•文選六八 27_270_8	 唐代•古文選後 11_119_35	 唐代•文選六八 50_503_18  唐代•文選六八 65_650_14  唐代•文選六八 69_693_13 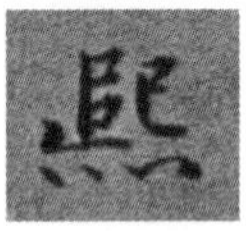 唐代•文選六八 69_695_7  唐代•文選六八 69_695_12 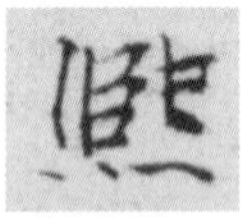 唐代•文選百三 86_819_8  唐代•古文選前 13_156_3  唐代•古文選後 7_81_7	 唐代•文選四八 4_27_18 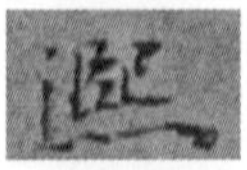 唐代•文選四八 23_210_14  唐代•文選五九 43_427_7 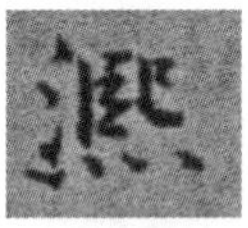 唐代•文選六八 15_160_22  唐代•文選六八 43_428_9  唐代•文選六八 43_429_6  唐代•文選六八 43_430_24  唐代•文選六八 43_431_16	 唐代•文選百三 47_455_2  唐代•文選百三 47_456_15	 唐代•春秋經傳 2_12_3  唐代•春秋經傳 4_31_12  唐代•文選六八 57_568_18	 唐代•古文選前 3_31_3

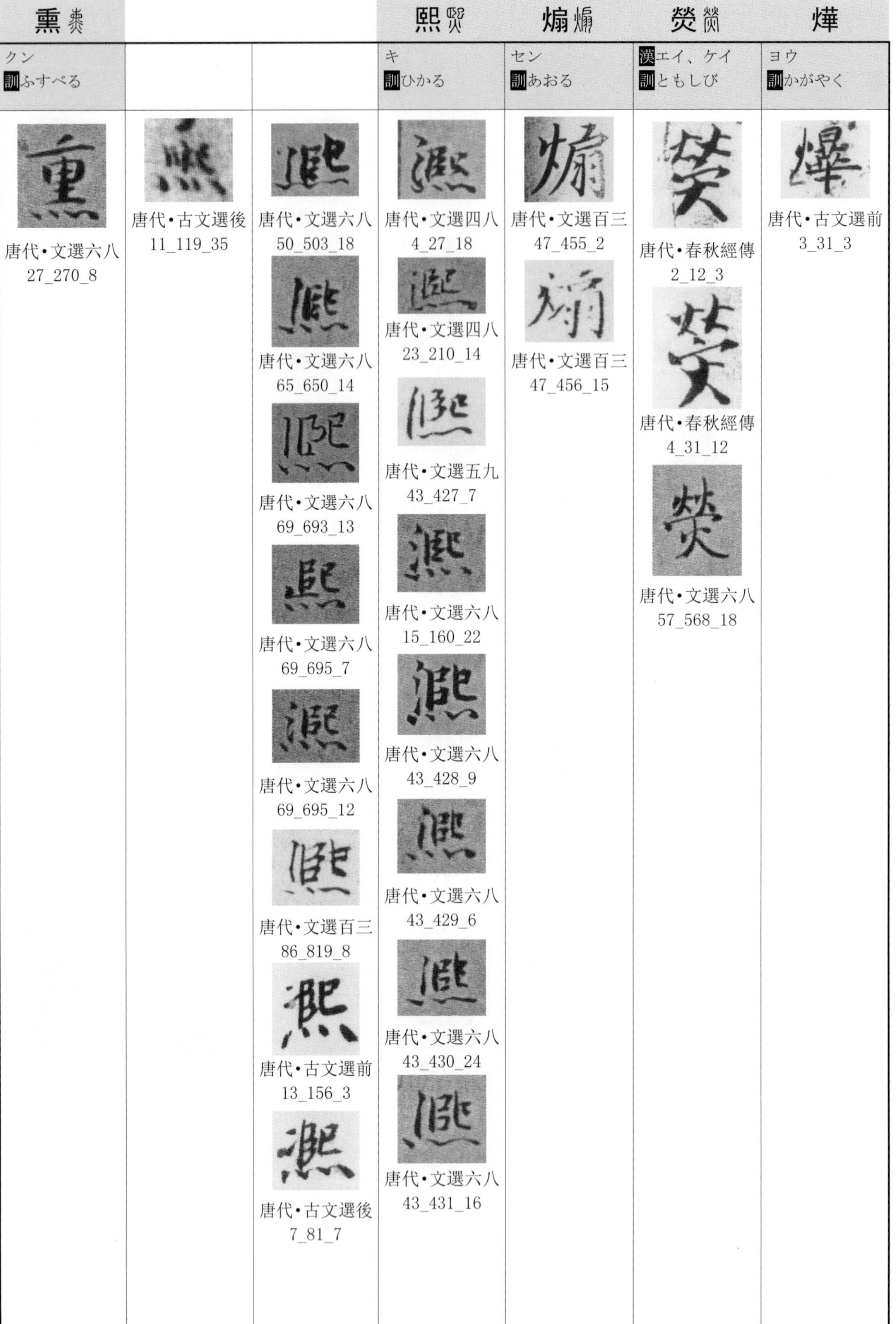

			熟	熠		熊
			呉ジュク 訓うれる	ユウ、シュウ 訓ひかり		漢ユウ 訓くま
唐代•十輪經十 3_59_11	唐代•十輪經八 21_404_9	唐代•十輪經八 6_102_15	唐代•春秋經傳 8_74_8	唐代•文選六八 51_508_4	唐代•文選六八 37_367_10	唐代•春秋經傳 8_74_5
唐代•十輪經十 4_60_14	唐代•十輪經九 1_4_9	唐代•十輪經八 7_140_16	唐代•春秋經傳 33_342_23	唐代•文選六八 51_510_17	唐代•文選六八 37_367_16	唐代•春秋經傳 20_211_2
唐代•十輪經十 4_65_4	唐代•十輪經九 3_42_10	唐代•十輪經八 9_179_3	唐代•文選五九 27_264_5	唐代•文選六八 51_513_20	唐代•文選六八 37_368_15	唐代•文選四八 5_33_11
唐代•十輪經十 4_67_10	唐代•十輪經九 16_318_3	唐代•十輪經八 11_215_17	唐代•文選六八 20_202_28	唐代•古文選前 23_276_1	唐代•文選六八 37_369_7	唐代•文選四八 5_34_4
唐代•十輪經十 4_68_9	唐代•十輪經十 3_45_5	唐代•十輪經八 13_252_17	唐代•文選百三 67_644_26		唐代•文選六八 14_144_10	唐代•文選六八 13_142_13
唐代•十輪經十 4_80_9	唐代•十輪經十 3_50_13	唐代•十輪經八 15_290_17	唐代•古文選前 13_149_6			唐代•文選六八 14_144_5
唐代•十輪經十 6_101_6	唐代•十輪經十 3_56_10	唐代•十輪經八 17_328_17	唐代•十輪經八 4_77_15			唐代•文選六八 37_366_22
唐代•十輪經十 6_104_14	唐代•十輪經十 3_57_12	唐代•十輪經八 19_366_16	唐代•十輪經八 5_85_6			

唐代・十輪經八
9_166_5

唐代・十輪經八
11_203_17

唐代・十輪經八
13_241_10

唐代・十輪經八
14_278_11

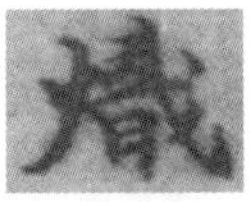
唐代・十輪經八
16_316_8

唐代・十輪經八
18_355_2

唐代・十輪經八
20_392_13

唐代・十輪經八
22_432_5

熾

シ
訓さかん

唐代・文選百三
47_455_3

唐代・文選百三
47_456_18

唐代・十輪經四
1_11_13

唐代・十輪經四
15_280_11

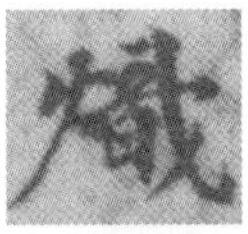
唐代・十輪經八
1_7_13

唐代・十輪經八
2_22_12

唐代・十輪經八
5_81_6

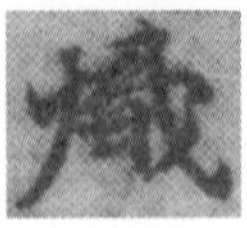
唐代・十輪經八
7_127_10

燔

漢ハン
訓やく

唐代・文選百三
47_449_32

唐代・十輪經四
6_106_14

唐代・十輪經四
11_200_7

唐代・十輪經四
11_210_1

唐代・十輪經四
15_290_4

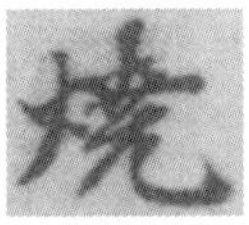
唐代・十輪經四
16_310_7

唐代・十輪經四
20_396_3

燒

ショウ
訓やく

唐代・文選四八
48_431_22

唐代・文選五九
77_742_1

唐代・文選百三
31_312_4

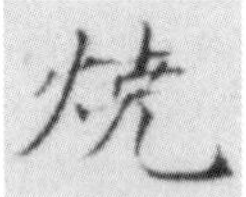
唐代・文選百三
32_318_18

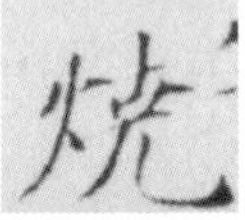
唐代・文選百三
48_461_27

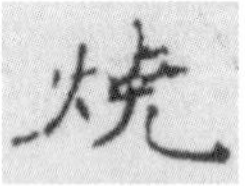
唐代・文選百三
61_582_7

唐代・古文選後
22_262_5

唐代・十輪經四
3_50_7

熱

慣ネン漢ゼツ呉ネチ
訓あつい

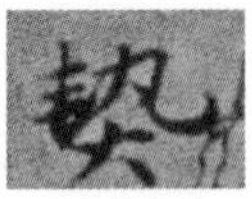
唐代・文選五九
14_136_23

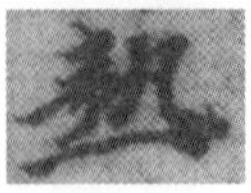
唐代・十輪經八
7_138_17

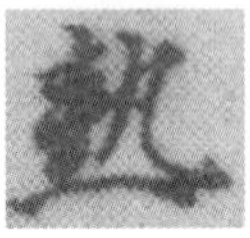
唐代・十輪經八
9_177_8

唐代・十輪經九
16_316_7

唐代・十輪經十
6_107_12

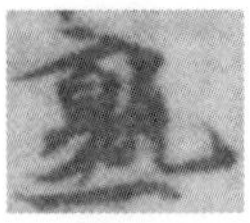
唐代・十輪經十
7_126_18

唐代・十輪經十
9_176_15

唐代・十輪經十
10_186_17

唐代・十輪經十
12_231_1

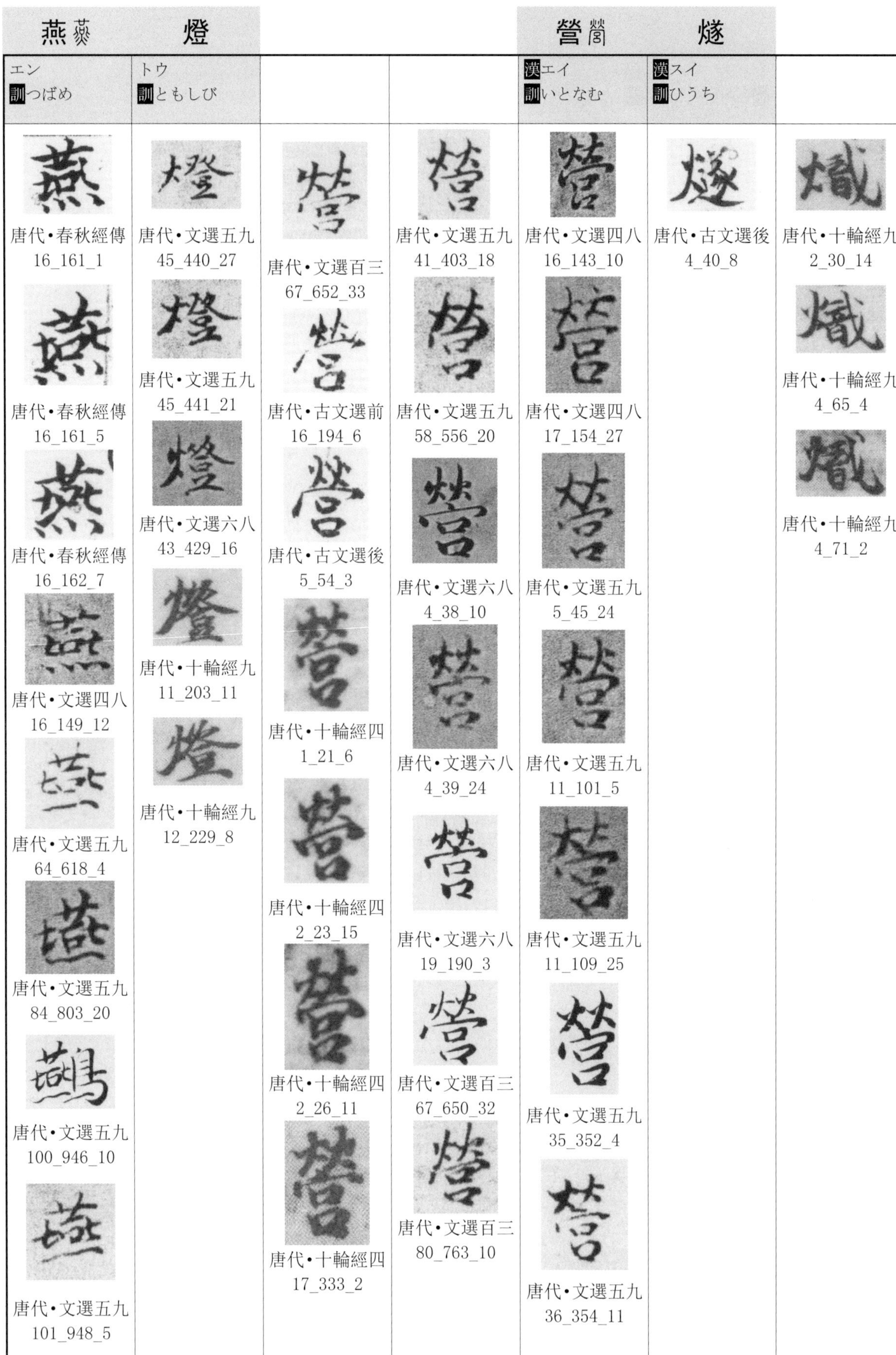

燕	燈			營	燧	
エン 訓つばめ	トウ 訓ともしび			漢エイ 訓いとなむ	漢スイ 訓ひうち	
唐代•春秋經傳 16_161_1	唐代•文選五九 45_440_27	唐代•文選百三 67_652_33	唐代•文選五九 41_403_18	唐代•文選四八 16_143_10	唐代•古文選後 4_40_8	唐代•十輪經九 2_30_14
唐代•春秋經傳 16_161_5	唐代•文選五九 45_441_21	唐代•古文選前 16_194_6	唐代•文選五九 58_556_20	唐代•文選四八 17_154_27		唐代•十輪經九 4_65_4
唐代•春秋經傳 16_162_7	唐代•文選六八 43_429_16	唐代•古文選後 5_54_3	唐代•文選六八 4_38_10	唐代•文選五九 5_45_24		唐代•十輪經九 4_71_2
唐代•文選四八 16_149_12	唐代•十輪經九 11_203_11	唐代•十輪經四 1_21_6	唐代•文選六八 4_39_24	唐代•文選五九 11_101_5		
唐代•文選五九 64_618_4	唐代•十輪經九 12_229_8	唐代•十輪經四 2_23_15	唐代•文選六八 19_190_3	唐代•文選五九 11_109_25		
唐代•文選五九 84_803_20		唐代•十輪經四 2_26_11	唐代•文選百三 67_650_32	唐代•文選五九 35_352_4		
唐代•文選五九 100_946_10		唐代•十輪經四 17_333_2	唐代•文選百三 80_763_10	唐代•文選五九 36_354_11		
唐代•文選五九 101_948_5						

爛

ラン
訓にる

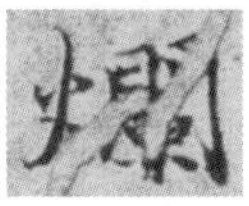
唐代•文選四八
38_339_13

唐代•文選六八
25_253_4

唐代•文選六八
25_255_4

唐代•文選六八
25_255_15

唐代•文選六八
57_568_1

唐代•文選六八
57_569_30

唐代•文選百三
31_312_10

唐代•十輪經十
13_250_14

爍

シャク
訓とかす

唐代•文選六八
51_513_21

唐代•文選六八
51_516_13

唐代•古文選後
18_214_12

燼

呉ジン
訓もえのこり

唐代•十輪經四
3_50_12

唐代•十輪經四
6_107_3

唐代•十輪經四
20_396_8

燭

漢ショク呉ソク
訓ともしび

唐代•文選四八
48_433_26

唐代•文選六八
57_567_24

唐代•文選六八
57_569_1

唐代•文選六八
70_701_11

唐代•古文選前
17_201_4

唐代•文選百三
61_583_13

唐代•文選百三
61_584_4

唐代•文選百三
67_649_16

唐代•文選百三
67_650_27

唐代•古文選前
20_233_14

唐代•古文選後
15_177_11

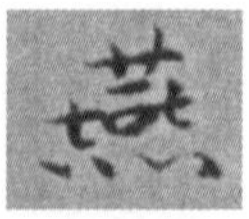
唐代•文選六八
59_591_4

唐代•文選六八
59_594_3

唐代•文選百三
5_47_5

唐代•文選百三
49_473_38

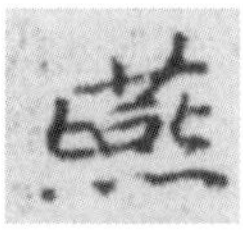
唐代•文選百三
57_544_9

唐代•文選百三
60_580_20

唐代•文選百三
60_580_29

唐代•文選百三
61_583_1

唐代•文選五九
101_948_13

唐代•文選六八
15_155_18

唐代•文選六八
47_473_23

唐代•文選六八
47_474_2

唐代•文選六八
47_474_13

唐代•文選六八
51_505_15

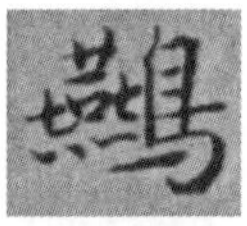
唐代•文選六八
51_509_28

唐代•文選六八
59_590_3

爨 

サン

訓かしぐ

唐代•文選百三
9_79_18

唐代•文選百三
31_300_19

唐代•文選百三
31_312_3

唐代•文選百三
31_312_32

唐代•文選百三
31_313_21

唐代•文選百三
48_464_17

唐代•文選百三
53_511_21

唐代•文選百三
49_468_35

斗部

斗

慣ト漢トウ
訓ます

唐代•文選五九
21_204_21

唐代•文選五九
21_204_29

唐代•文選五九
21_205_12

唐代•文選五九
52_510_7

唐代•文選五九
80_772_5

唐代•文選六八
13_137_7

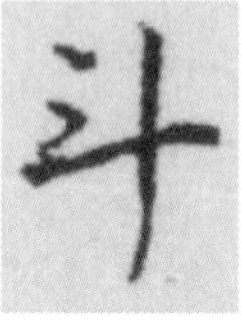
唐代•文選六八
13_137_26

唐代•文選六八
13_137_19

唐代•文選六八
13_138_3

唐代•文選六八
13_138_9

唐代•文選六八
18_181_12

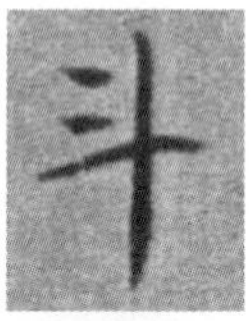
唐代•文選六八
29_298_27

唐代•文選六八
69_689_10

唐代•文選六八
33_325_6

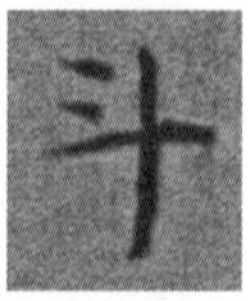
唐代•文選六八
68_682_10

唐代•文選百三
81_770_5

唐代•文選百三
81_770_25

料

リョウ
訓はかる

唐代•文選百三
81_776_30

唐代•文選百三
81_777_20

唐代•文選百三
82_778_18

斜

漢シャ
訓ななめ

唐代•文選五九
31_305_19

唐代•文選五九
40_394_28

唐代•文選五九
52_512_5

斜視
唐代•文選六八
56_561_18

斛

コク
訓ます

唐代•文選百三
35_348_2

唐代•文選百三
35_352_15

唐代•文選百三
65_624_15

唐代•十輪經四
21_408_7

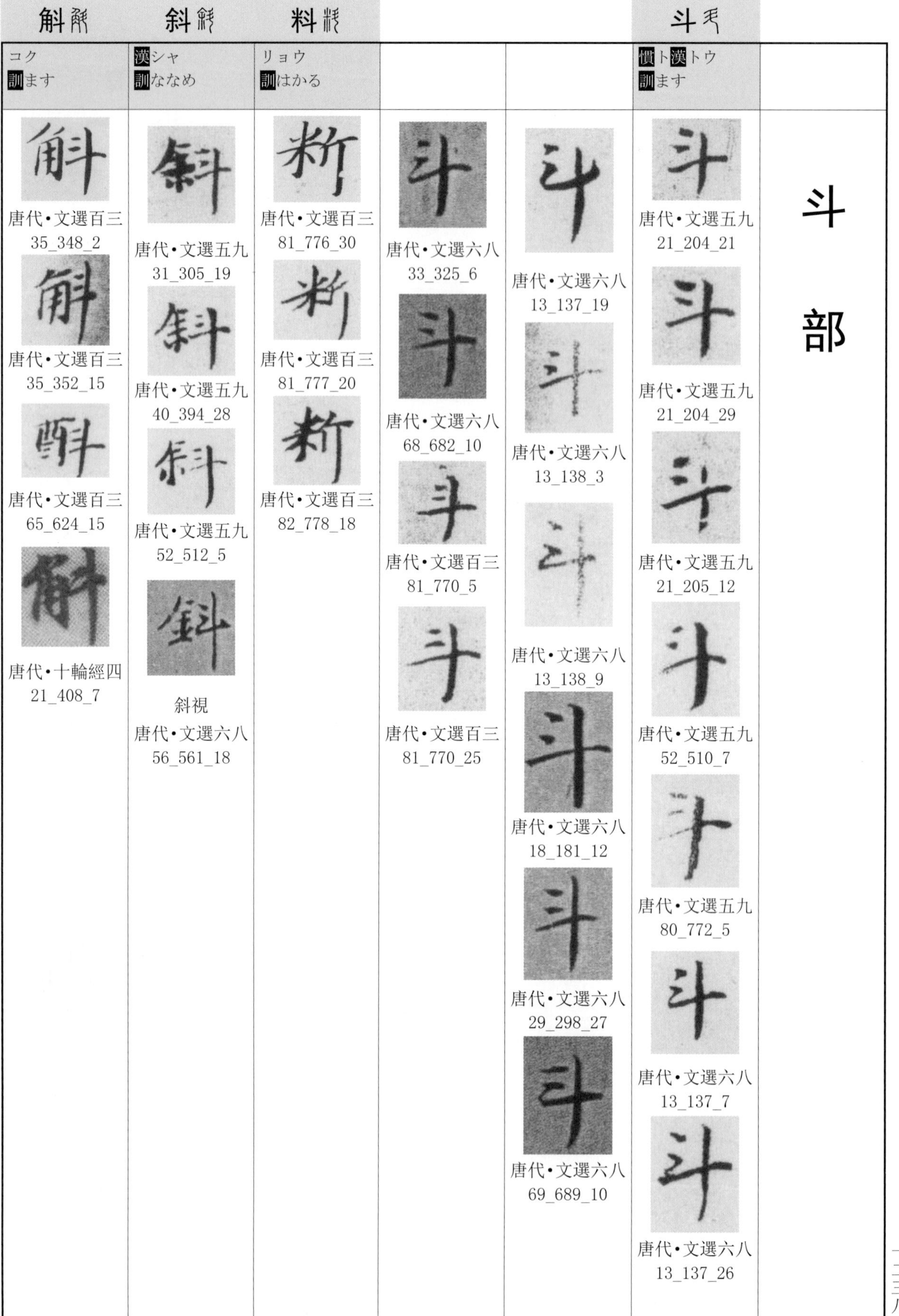

斟 

シン
訓くむ

唐代・春秋經傳
5_52_10

唐代・春秋經傳
6_54_9

唐代・春秋經傳
6_55_18

唐代・春秋經傳
6_58_21

唐代・文選五九
25_240_8

唐代・文選百三
13_115_12

唐代・文選百三
24_232_14

斡 

カン漢クツ慣アツ
訓めぐる

唐代・文選五九
19_182_1

唐代・文選五九
19_183_27

唐代・文選五九
19_184_23

唐代・文選五九
19_185_10

唐代・古文選前
23_274_3

户部

户 戸

漢コ
訓と

唐代·春秋經傳
26_264_33

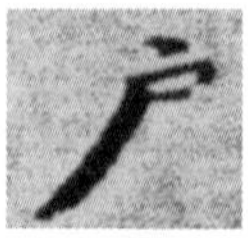
唐代·文選五九
23_221_5

唐代·文選五九
31_301_20

唐代·文選五九
31_302_17

唐代·文選五九
43_431_20

唐代·文選五九
52_510_1

唐代·文選五九
52_512_24

唐代·文選五九
52_512_9

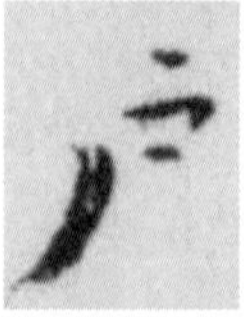
唐代·文選五九
52_513_11

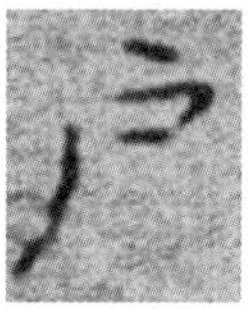
唐代·文選五九
53_523_12

唐代·文選五九
61_589_2

唐代·文選五九
66_634_9

唐代·文選五九
66_642_18

唐代·文選五九
107_1018_6

唐代·文選五九
67_643_9

唐代·文選五九
107_1017_1

唐代·文選五九
108_1025_11

唐代·文選六八
17_180_19

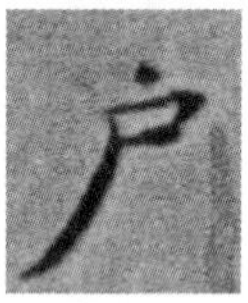
唐代·文選六八
51_509_20

唐代·文選八八
7_54_10

唐代·文選八八
17_144_10

唐代·文選百三
25_248_26

唐代·文選百三
25_250_17

唐代·文選百三
30_294_2

唐代·文選百三
30_295_27

唐代·文選百三
30_297_6

唐代·文選百三
30_298_22

唐代·文選百三
25_244_9

唐代·文選百三
63_610_28

唐代·文選百三
74_713_6

唐代·文選百三
79_756_23

唐代·文選百三
25_248_21

唐代·文選百三
48_464_6

唐代·文選百三
49_468_14

戺

漢シ 呉ジ
訓—

唐代·文選六八
40_404_9

唐代·文選六八
40_404_16

扇

セン
訓おうぎ

唐代・文選五九 99_941_7
唐代・文選五九 99_942_29
唐代・文選五九 100_943_22
唐代・文選五九 100_945_5
唐代・文選五九 100_945_12
唐代・文選百三 30_297_7
唐代・文選百三 49_468_15

扆

イ
訓ついたて

唐代・文選六八 21_207_28

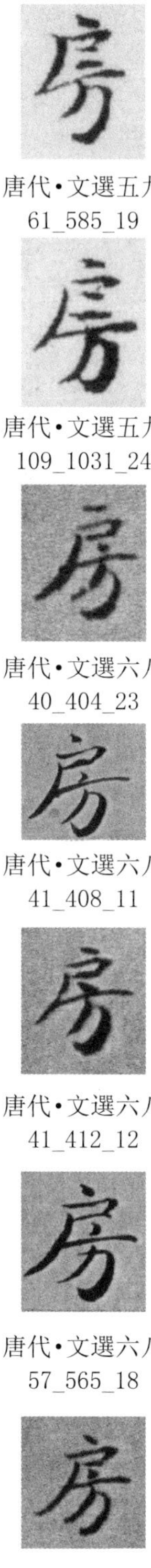

唐代・文選五九 61_585_19
唐代・文選五九 109_1031_24
唐代・文選六八 40_404_23
唐代・文選六八 41_408_11
唐代・文選六八 41_412_12
唐代・文選六八 57_565_18
唐代・文選六八 57_567_7

房

漢ホウ呉ボウ
訓ふさ

唐代・文選五九 16_157_15
唐代・文選五九 22_218_10
唐代・文選五九 23_222_9
唐代・文選五九 23_224_12
唐代・文選五九 60_575_14
唐代・文選五九 109_1030_15
唐代・文選五九 109_1031_17

扃

漢ケイ
訓かんぬき

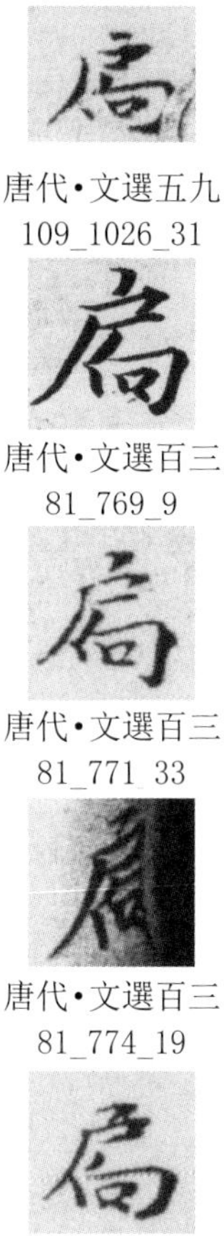

唐代・文選五九 109_1026_31
唐代・文選百三 81_769_9
唐代・文選百三 81_771_33
唐代・文選百三 81_774_19
唐代・文選百三 81_775_17

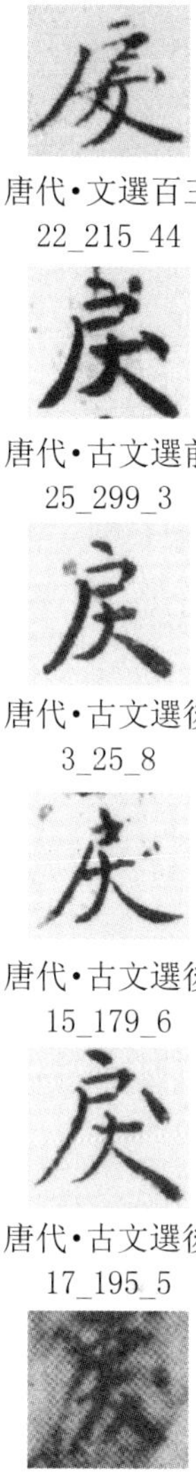

唐代・文選百三 22_215_44
唐代・古文選前 25_299_3
唐代・古文選後 3_25_8
唐代・古文選後 15_179_6
唐代・古文選後 17_195_5
唐代・十輪經四 1_12_5

戾

漢レイ呉ライ
訓もどす

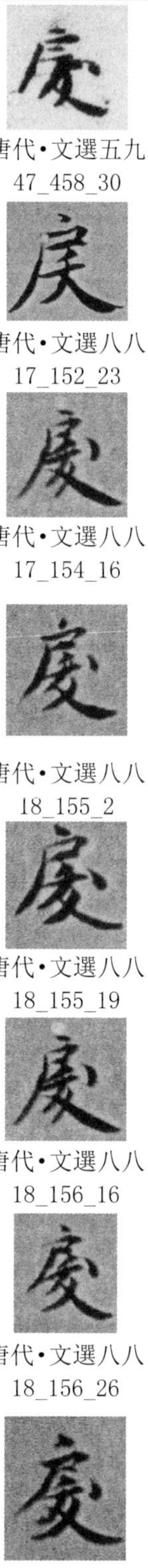

唐代・文選五九 47_458_30
唐代・文選八八 17_152_23
唐代・文選八八 17_154_16
唐代・文選八八 18_155_2
唐代・文選八八 18_155_19
唐代・文選八八 18_156_16
唐代・文選八八 18_156_26
唐代・文選八八 18_157_23

扉

ヒ
訓 とびら

唐代•文選五九
30_295_7

唐代•文選五九
30_296_13

唐代•文選五九
30_297_4

唐代•文選五九
30_297_18

唐代•文選五九
57_554_13

扈

漢 コ
訓 したがう

唐代•春秋經傳
3_26_4

唐代•春秋經傳
3_27_5

唐代•春秋經傳
30_309_9

唐代•春秋經傳
30_310_10

唐代•春秋經傳
30_317_19

唐代•春秋經傳
31_319_23

唐代•文選百三
47_456_17

唐代•古文選前
18_206_5

唐代•古文選後
13_156_9

心部

心

シン
訓こころ

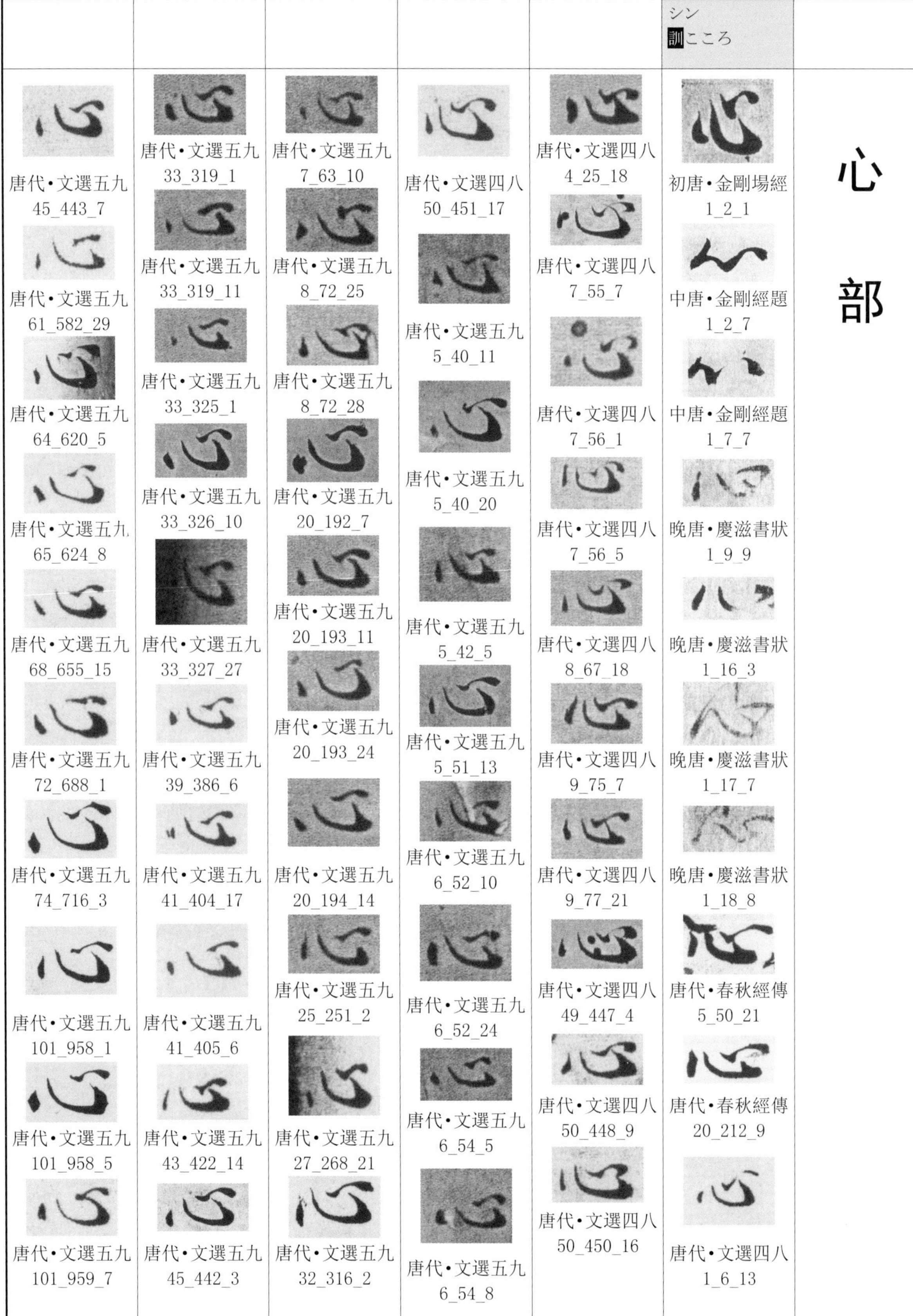

初唐·金剛場經 1_2_1
中唐·金剛經題 1_2_7
中唐·金剛經題 1_7_7
晚唐·慶滋書狀 1_9_9
晚唐·慶滋書狀 1_16_3
晚唐·慶滋書狀 1_17_7
晚唐·慶滋書狀 1_18_8
唐代·春秋經傳 5_50_21
唐代·春秋經傳 20_212_9
唐代·文選四八 1_6_13

唐代·文選四八 4_25_18
唐代·文選四八 7_55_7
唐代·文選四八 7_56_1
唐代·文選四八 7_56_5
唐代·文選四八 8_67_18
唐代·文選四八 9_75_7
唐代·文選四八 9_77_21
唐代·文選四八 49_447_4
唐代·文選四八 50_448_9
唐代·文選四八 50_450_16

唐代·文選四八 50_451_17
唐代·文選五九 5_40_11
唐代·文選五九 5_40_20
唐代·文選五九 5_42_5
唐代·文選五九 5_51_13
唐代·文選五九 6_52_10
唐代·文選五九 6_52_24
唐代·文選五九 6_54_5
唐代·文選五九 6_54_8

唐代·文選五九 7_63_10
唐代·文選五九 8_72_25
唐代·文選五九 8_72_28
唐代·文選五九 20_192_7
唐代·文選五九 20_193_11
唐代·文選五九 20_193_24
唐代·文選五九 20_194_14
唐代·文選五九 25_251_2
唐代·文選五九 27_268_21
唐代·文選五九 32_316_2

唐代·文選五九 33_319_1
唐代·文選五九 33_319_11
唐代·文選五九 33_325_1
唐代·文選五九 33_326_10
唐代·文選五九 33_327_27
唐代·文選五九 39_386_6
唐代·文選五九 41_404_17
唐代·文選五九 41_405_6
唐代·文選五九 43_422_14
唐代·文選五九 45_442_3

唐代·文選五九 45_443_7
唐代·文選五九 61_582_29
唐代·文選五九 64_620_5
唐代·文選五九 65_624_8
唐代·文選五九 68_655_15
唐代·文選五九 72_688_1
唐代·文選五九 74_716_3
唐代·文選五九 101_958_1
唐代·文選五九 101_958_5
唐代·文選五九 101_959_7

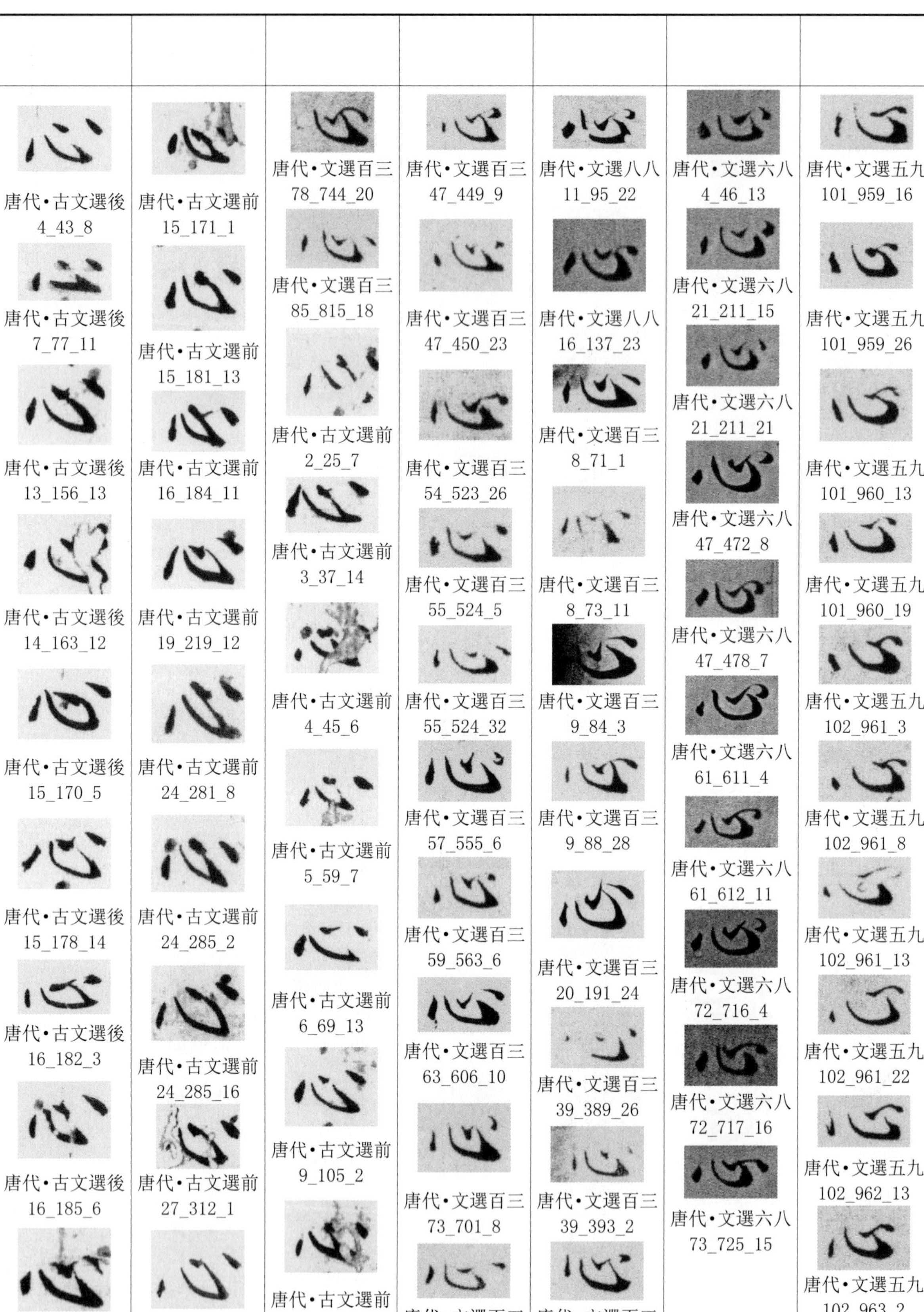

唐代•文選五九 101_959_16
唐代•文選五九 101_959_26
唐代•文選五九 101_960_13
唐代•文選五九 101_960_19
唐代•文選五九 102_961_3
唐代•文選五九 102_961_8
唐代•文選五九 102_961_13
唐代•文選五九 102_961_22
唐代•文選五九 102_962_13
唐代•文選五九 102_963_2

唐代•文選六八 4_46_13
唐代•文選六八 21_211_15
唐代•文選六八 21_211_21
唐代•文選六八 47_472_8
唐代•文選六八 47_478_7
唐代•文選六八 61_611_4
唐代•文選六八 61_612_11
唐代•文選六八 72_716_4
唐代•文選六八 72_717_16
唐代•文選六八 73_725_15

唐代•文選八八 11_95_22
唐代•文選八八 16_137_23
唐代•文選百三 8_71_1
唐代•文選百三 8_73_11
唐代•文選百三 9_84_3
唐代•文選百三 9_88_28
唐代•文選百三 20_191_24
唐代•文選百三 39_389_26
唐代•文選百三 39_393_2
唐代•文選百三 39_396_11

唐代•文選百三 47_449_9
唐代•文選百三 47_450_23
唐代•文選百三 54_523_26
唐代•文選百三 55_524_5
唐代•文選百三 55_524_32
唐代•文選百三 57_555_6
唐代•文選百三 59_563_6
唐代•文選百三 63_606_10
唐代•文選百三 73_701_8
唐代•文選百三 75_721_9

唐代•文選百三 78_744_20
唐代•文選百三 85_815_18
唐代•古文選前 2_25_7
唐代•古文選前 3_37_14
唐代•古文選前 4_45_6
唐代•古文選前 5_59_7
唐代•古文選前 6_69_13
唐代•古文選前 9_105_2
唐代•古文選前 11_131_1

唐代•古文選前 15_171_1
唐代•古文選前 15_181_13
唐代•古文選前 16_184_11
唐代•古文選前 19_219_12
唐代•古文選前 24_281_8
唐代•古文選前 24_285_2
唐代•古文選前 24_285_16
唐代•古文選前 27_312_1
唐代•古文選後 3_27_5

唐代•古文選後 4_43_8
唐代•古文選後 7_77_11
唐代•古文選後 13_156_13
唐代•古文選後 14_163_12
唐代•古文選後 15_170_5
唐代•古文選後 15_178_14
唐代•古文選後 16_182_3
唐代•古文選後 16_185_6
唐代•古文選後 17_194_11

唐代•十輪經八 7_135_12	唐代•十輪經八 2_30_14	唐代•十輪經四 16_315_14	唐代•十輪經四 12_231_18	唐代•十輪經四 9_178_16	唐代•十輪經四 4_68_10	唐代•古文選後 19_228_12
唐代•十輪經八 8_145_17	唐代•十輪經八 2_33_7	唐代•十輪經四 17_338_2	唐代•十輪經四 13_241_17	唐代•十輪經四 10_180_25	唐代•十輪經四 4_76_17	唐代•古文選後 21_252_6
唐代•十輪經八 8_146_12	唐代•十輪經八 2_34_10	唐代•十輪經四 18_352_9	唐代•十輪經四 14_271_12	唐代•十輪經四 10_183_12	唐代•十輪經四 5_86_3	唐代•古文選後 24_280_1
唐代•十輪經八 8_149_9	唐代•十輪經八 2_35_10	唐代•十輪經四 19_369_7	唐代•十輪經四 14_278_11	唐代•十輪經四 10_183_18	唐代•十輪經四 5_88_13	唐代•古文選後 24_283_3
唐代•十輪經八 9_173_11	唐代•十輪經八 2_39_3	唐代•十輪經四 19_376_11	唐代•十輪經四 15_280_10	唐代•十輪經四 10_184_12	唐代•十輪經四 5_96_2	唐代•古文選後 26_309_13
唐代•十輪經八 9_174_6	唐代•十輪經八 2_39_15	唐代•十輪經四 19_378_2	唐代•十輪經四 15_282_14	唐代•十輪經四 10_185_5	唐代•十輪經四 6_114_9	唐代•十輪經四 1_2_4
唐代•十輪經八 10_184_6	唐代•十輪經八 6_107_17	唐代•十輪經四 20_388_16	唐代•十輪經四 15_284_9	唐代•十輪經四 11_217_17	唐代•十輪經四 7_122_14	唐代•十輪經四 1_15_3
唐代•十輪經八 10_185_1	唐代•十輪經八 6_108_12	唐代•十輪經八 1_15_16	唐代•十輪經四 15_297_16	唐代•十輪經四 12_224_5	唐代•十輪經四 7_134_12	唐代•十輪經四 3_43_5
唐代•十輪經八 10_187_16	唐代•十輪經八 6_111_9	唐代•十輪經八 1_16_13	唐代•十輪經四 15_299_2	唐代•十輪經四 12_229_12	唐代•十輪經四 7_135_8	唐代•十輪經四 4_63_2
唐代•十輪經八 11_211_8	唐代•十輪經八 7_134_16	唐代•十輪經八 2_30_2	唐代•十輪經四 16_304_12	唐代•十輪經四 12_229_24	唐代•十輪經四 9_177_12	
		唐代•十輪經八 14_270_1		唐代•十輪經八 17_337_14		

必

漢ヒツ
訓かならず

唐代•十輪經十 9_165_15
唐代•十輪經十 10_185_4
唐代•十輪經十 10_185_8
唐代•十輪經十 10_185_12
唐代•十輪經十 10_186_3
唐代•十輪經十 10_187_7
唐代•十輪經十 10_189_17
唐代•十輪經十 11_202_13
唐代•十輪經十 11_209_5
唐代•十輪經十 11_210_11

唐代•十輪經十 11_211_10
唐代•十輪經十 11_212_13
唐代•十輪經十 11_216_1
唐代•十輪經十 11_216_5
唐代•十輪經十 11_216_14
唐代•十輪經十 11_217_12
唐代•十輪經十 11_219_2
唐代•十輪經十 12_220_16
唐代•十輪經十 12_223_1
唐代•十輪經十 12_224_16

唐代•十輪經十 12_225_15
唐代•十輪經十 12_227_9
唐代•十輪經十 12_229_15
唐代•十輪經十 12_232_15
唐代•十輪經十 14_269_11
唐代•十輪經十 14_276_14
唐代•十輪經十 14_279_3
唐代•十輪經十 14_280_11
唐代•十輪經十 15_297_6
唐代•十輪經十 16_300_17

唐代•十輪經十 16_313_4
唐代•十輪經十 16_319_3
唐代•十輪經十 18_345_17
唐代•十輪經十 18_348_7
唐代•十輪經十 18_350_2
唐代•十輪經十 18_352_4

唐代•春秋經傳 4_33_7
唐代•春秋經傳 17_175_2
唐代•春秋經傳 17_177_6
唐代•春秋經傳 17_177_12
唐代•春秋經傳 19_193_18
唐代•春秋經傳 20_210_10
唐代•春秋經傳 20_211_13
唐代•春秋經傳 21_216_1

唐代•春秋經傳 26_264_13
唐代•春秋經傳 26_265_17
唐代•文選四八 18_166_26
唐代•文選四八 24_216_16
唐代•文選四八 36_321_13
唐代•文選四八 42_375_6
唐代•文選四八 43_387_6
唐代•文選五九 6_58_17

唐代•文選五九 7_62_14
唐代•文選五九 27_268_27
唐代•文選五九 30_293_27
唐代•文選五九 39_390_7
唐代•文選五九 43_427_2
唐代•文選五九 67_643_28
唐代•文選五九 69_666_9
唐代•文選五九 81_777_13

志

シ

訓こころざし

唐代·文選五九 92_889_11
唐代·文選五九 101_955_1
唐代·文選六八 9_96_3
唐代·文選六八 9_96_7
唐代·文選六八 9_96_16
唐代·文選六八 10_103_12
唐代·文選六八 18_181_6
唐代·文選六八 18_185_3

唐代·文選六八 27_276_28
唐代·文選六八 35_345_15
唐代·文選六八 35_346_25
唐代·文選六八 67_668_24
唐代·文選八八 8_57_8
唐代·文選八八 9_70_11
唐代·文選百三 11_107_3
唐代·文選百三 17_167_9

唐代·文選百三 19_188_10
唐代·文選百三 25_250_6
唐代·文選百三 27_259_22
唐代·文選百三 39_388_32
唐代·文選百三 56_536_1
唐代·文選百三 59_565_1
唐代·文選百三 73_706_17
唐代·文選百三 73_711_20

唐代·文選百三 74_715_28
唐代·文選百三 74_716_6
唐代·古文選前 24_287_12
唐代·古文選後 6_67_13
唐代·古文選後 19_225_2
唐代·古文選後 21_241_5
唐代·十輪經四 9_172_21
唐代·十輪經四 9_176_15

唐代·十輪經四 13_251_21
唐代·十輪經四 14_263_8
唐代·十輪經四 14_267_14
唐代·十輪經八 5_98_8
唐代·十輪經八 19_377_7
唐代·十輪經十 17_326_21

初唐·金剛場經 1_8_11
唐代·春秋經傳 26_273_15
唐代·春秋經傳 29_299_23
唐代·春秋經傳 39_406_4
唐代·春秋經傳 39_408_9
唐代·春秋經傳 39_408_27
唐代·文選四八 1_7_16
唐代·文選四八 6_46_11

唐代·文選四八 7_55_3
唐代·文選四八 7_59_10
唐代·文選四八 8_69_2
唐代·文選四八 10_87_7
唐代·文選四八 10_88_2
唐代·文選四八 20_177_8
唐代·文選四八 20_180_6
唐代·文選四八 21_188_11

唐代•文選百三
78_745_29
唐代•文選百三
81_776_7
唐代•文選百三
85_814_25
唐代•文選百三
86_820_13
唐代•文選百三
86_823_3
唐代•文選百三
87_824_29
唐代•古文選前
2_25_3
唐代•古文選前
5_57_6
唐代•文選百三
47_450_25
唐代•文選百三
49_476_11
唐代•文選百三
59_563_7
唐代•文選百三
60_574_16
唐代•文選百三
66_633_3
唐代•文選百三
68_653_17
唐代•文選百三
70_673_1
唐代•文選百三
70_675_7
唐代•文選百三
15_135_6
唐代•文選百三
15_141_6
唐代•文選百三
15_144_8
唐代•文選百三
15_146_5
唐代•文選百三
21_198_40
唐代•文選百三
23_216_17
唐代•文選百三
23_229_26
唐代•文選百三
45_425_17
唐代•文選六八
48_483_10
唐代•文選六八
49_487_1
唐代•文選六八
58_583_22
唐代•文選六八
61_611_8
唐代•文選六八
61_612_23
唐代•文選六八
65_656_21
唐代•文選百三
6_53_6
唐代•文選百三
9_78_12
唐代•文選五九
103_967_2
唐代•文選六八
6_65_6
唐代•文選六八
10_104_11
唐代•文選六八
17_173_12
唐代•文選六八
19_191_17
唐代•文選六八
35_352_23
唐代•文選六八
39_386_5
唐代•文選六八
39_387_26
唐代•文選五九
65_627_23
唐代•文選五九
76_728_9
唐代•文選五九
82_783_1
唐代•文選五九
93_892_13
唐代•文選五九
93_895_11
唐代•文選五九
94_897_9
唐代•文選五九
96_909_22
唐代•文選五九
102_962_1
唐代•文選五九
5_43_6
唐代•文選五九
11_100_10
唐代•文選五九
15_150_20
唐代•文選五九
25_244_6
唐代•文選五九
25_251_8
唐代•文選五九
30_293_5
唐代•文選五九
33_324_5
唐代•文選五九
36_353_18

忘

漢ボウ
訓わすれる

唐代•古文選前 6_68_14
唐代•古文選前 9_111_5
唐代•古文選前 19_227_1
唐代•古文選前 23_273_2
唐代•古文選前 23_273_14
唐代•古文選前 24_286_3
唐代•古文選前 26_310_4

唐代•古文選前 25_289_14
唐代•古文選後 8_88_8
唐代•古文選後 13_150_78
唐代•古文選後 20_230_11
唐代•古文選後 26_305_9

唐代•春秋經傳 9_88_17
唐代•文選五九 7_62_4
唐代•文選五九 7_63_25
唐代•文選五九 7_65_8
唐代•文選五九 7_65_29
唐代•文選五九 7_66_19
唐代•文選五九 7_70_13
唐代•文選五九 7_71_25

唐代•文選五九 8_74_9
唐代•文選五九 8_76_15
唐代•文選五九 32_316_5
唐代•文選五九 33_319_16
唐代•文選五九 33_325_29
唐代•文選五九 39_381_25
唐代•文選五九 39_382_11
唐代•文選五九 75_720_20

唐代•文選六八 30_301_2
唐代•文選六八 30_302_29
唐代•文選六八 30_303_14
唐代•文選六八 30_304_4
唐代•文選六八 43_436_11
唐代•文選六八 43_437_11
唐代•文選百三 23_222_20
唐代•文選百三 27_263_6

唐代•文選百三 36_361_10
唐代•文選百三 37_364_2
唐代•文選百三 37_365_4
唐代•文選百三 59_567_12
唐代•文選百三 59_569_35
唐代•文選百三 75_724_21
唐代•古文選前 14_158_3
唐代•古文選前 15_172_13

唐代•古文選前 16_193_5
唐代•古文選後 9_107_2
唐代•古文選後 14_166_8
唐代•古文選後 21_252_2
唐代•十輪經八 4_62_4

忍	忌
呉ニン 漢ジン 訓しのぶ	キ 訓いむ

忌

唐代・文選六八 61_605_19
唐代・文選六八 61_607_8
唐代・文選六八 61_609_6

忍

初唐・金剛場經 1_2_11
唐代・文選四八 6_49_21
唐代・文選五九 35_344_3
唐代・文選五九 97_919_10
唐代・文選百三 35_352_3
唐代・文選百三 50_484_19
唐代・古文選前 26_303_2
唐代・古文選後 2_13_2

唐代・古文選後 18_208_15
唐代・十輪經四 3_52_2
唐代・十輪經四 3_53_14
唐代・十輪經四 5_91_14
唐代・十輪經四 6_117_13
唐代・十輪經四 16_319_1
唐代・十輪經四 18_341_4
唐代・十輪經四 18_355_14

唐代・十輪經四 19_372_11
唐代・十輪經四 20_392_6
唐代・十輪經四 20_397_17
唐代・十輪經八 1_12_3
唐代・十輪經八 2_26_11
唐代・十輪經八 5_80_7
唐代・十輪經八 7_131_8
唐代・十輪經八 9_170_3

唐代・十輪經八 11_207_17
唐代・十輪經八 13_245_10
唐代・十輪經八 15_282_9
唐代・十輪經八 16_320_7
唐代・十輪經八 18_358_17
唐代・十輪經八 20_396_13
唐代・十輪經八 22_436_3
唐代・十輪經九 2_34_13

唐代・十輪經九 4_74_17
唐代・十輪經九 8_144_24
唐代・十輪經九 10_180_17
唐代・十輪經九 14_270_14
唐代・十輪經九 14_274_11
唐代・十輪經九 14_275_6
唐代・十輪經九 14_276_9
唐代・十輪經九 14_276_13

唐代・十輪經九 14_277_17
唐代・十輪經九 14_278_12
唐代・十輪經九 14_278_16
唐代・十輪經九 14_279_3
唐代・十輪經九 14_279_7
唐代・十輪經九 14_279_11
唐代・十輪經九 14_279_15
唐代・十輪經九 15_280_1

唐代·十輪經九 15_280_9
唐代·十輪經九 15_280_17
唐代·十輪經九 15_281_4
唐代·十輪經九 15_283_18
唐代·十輪經九 15_284_8
唐代·十輪經九 15_285_10
唐代·十輪經九 15_286_14
唐代·十輪經九 15_287_2

唐代·十輪經九 15_289_4
唐代·十輪經九 15_289_17
唐代·十輪經九 15_290_17
唐代·十輪經九 15_296_2
唐代·十輪經九 15_296_16
唐代·十輪經九 15_297_2
唐代·十輪經九 15_297_18
唐代·十輪經九 15_298_12

唐代·十輪經九 15_298_22
唐代·十輪經九 15_299_22
唐代·十輪經九 16_300_20
唐代·十輪經九 16_308_6
唐代·十輪經十 2_28_15
唐代·十輪經十 4_62_7
唐代·十輪經十 5_90_2
唐代·十輪經十 5_90_6

唐代·十輪經十 5_91_9
唐代·十輪經十 11_201_12
唐代·十輪經十 11_207_13
唐代·十輪經十 12_222_6
唐代·十輪經十 13_244_3
唐代·十輪經十 13_253_10
唐代·十輪經十 14_261_2
唐代·十輪經十 14_273_15

唐代·十輪經十 16_306_5
唐代·十輪經十 17_340_9

快

漢カイ 呉ケ
訓こころよい

唐代·十輪經八 6_113_12
唐代·十輪經八 6_119_9
唐代·十輪經八 8_151_11
唐代·十輪經八 10_190_2
唐代·十輪經八 12_226_17
唐代·十輪經八 14_263_16
唐代·十輪經八 15_301_17
唐代·十輪經八 17_339_16

唐代·十輪經八 19_377_16
唐代·十輪經八 21_415_13
唐代·十輪經九 1_15_9
唐代·十輪經九 3_53_14
唐代·十輪經九 17_328_14

忸

漢ジク、ジュク
訓はじる

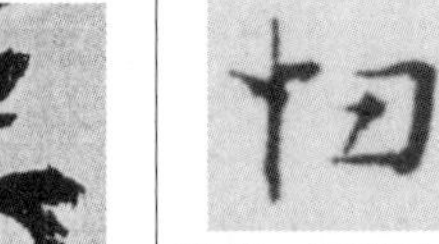
唐代•文選五九 68_655_19

忠

漢チュウ
訓まごころ

中唐•七祖像贊 1_4_2

唐代•春秋經傳 9_89_10

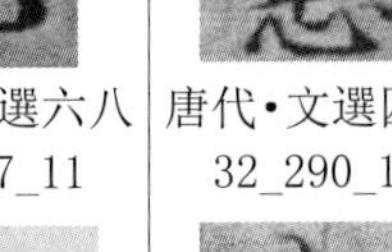
唐代•文選四八 32_290_10

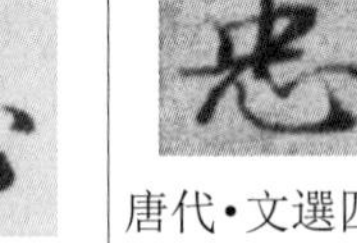
唐代•文選四八 46_411_24

唐代•文選五九 45_449_9

唐代•文選五九 59_566_12

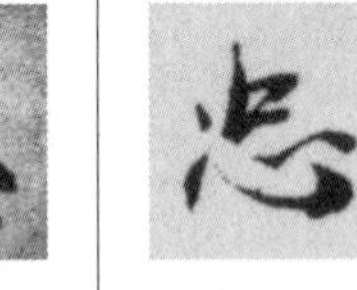
唐代•文選五九 59_568_19

唐代•文選五九 65_624_3

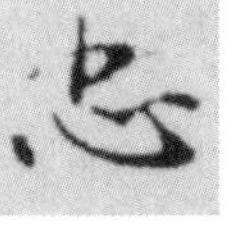
唐代•文選五九 102_961_28

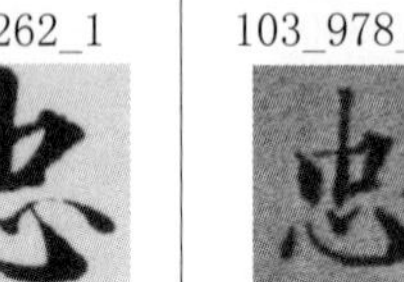
唐代•文選五九 103_978_14

唐代•文選六八 11_117_11

唐代•文選六八 19_197_30

唐代•文選百三 7_68_10

唐代•文選百三 11_97_8

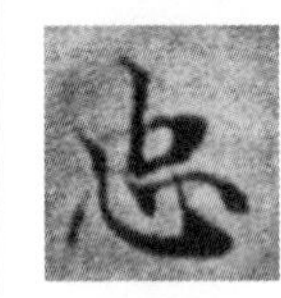
唐代•文選百三 11_99_4

唐代•文選百三 17_157_9

唐代•文選百三 17_159_7

唐代•文選百三 27_262_1

唐代•文選百三 42_420_28

唐代•文選百三 45_425_2

唐代•文選百三 66_633_7

唐代•文選百三 74_715_24

唐代•文選百三 75_722_22

唐代•文選百三 76_727_1

唐代•文選百三 76_727_18

唐代•十輪經四 5_86_14

念

呉ネン
訓おもう

晚唐•慶滋書狀 1_4_1

唐代•文選五九 20_197_21

唐代•文選五九 39_380_5

唐代•文選五九 39_383_1

唐代•文選五九 41_400_12

唐代•文選五九 43_431_13

唐代•文選百三 22_213_11

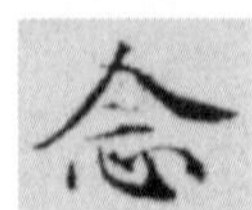
唐代•文選百三 47_451_32

唐代•文選百三 53_509_33

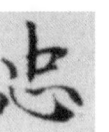

唐代•古文選前 25_297_40

唐代•古文選後 17_199_11

唐代•古文選後 21_248_12

唐代•古文選後 23_266_1

唐代•古文選後 25_294_14

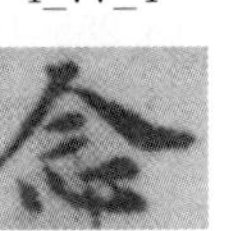
唐代•十輪經四 4_77_4

唐代•十輪經四 4_79_9

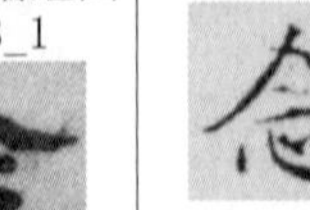
唐代•十輪經四 7_123_1

唐代•十輪經四 9_176_22

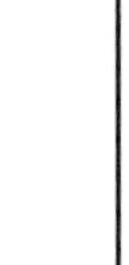

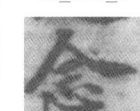

忝

テン
訓はずかしめる

唐代•文選四八
39_352_21

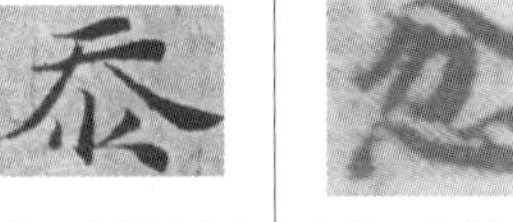
唐代•文選四八
40_354_4

唐代•文選四八
40_354_23

忿 

漢フン
訓いかる

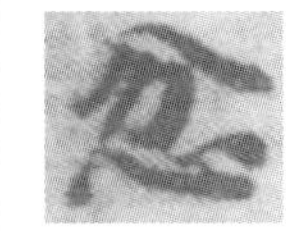
唐代•十輪經四
20_382_17

唐代•十輪經四
20_389_3

唐代•十輪經九
8_141_24

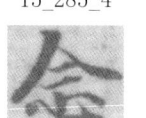

唐代•十輪經九
13_253_16

唐代•十輪經九
13_256_2

唐代•十輪經九
18_345_16

唐代•十輪經十
4_62_2

唐代•文選百三
53_508_6

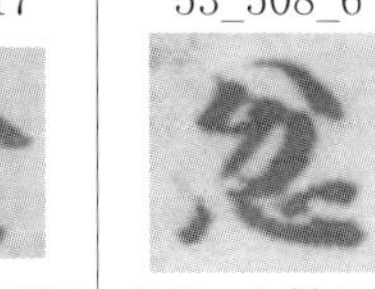
唐代•十輪經四
4_68_13

唐代•十輪經四
6_114_12

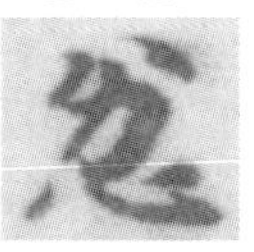
唐代•十輪經四
10_188_11

唐代•十輪經四
16_315_17

唐代•十輪經四
17_338_5

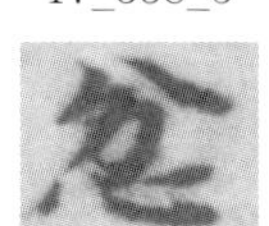
唐代•十輪經四
18_352_12

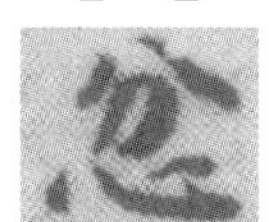

唐代•十輪經四
19_369_10

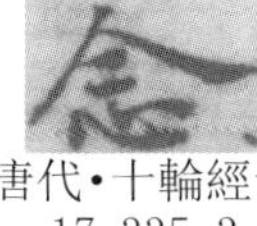
唐代•十輪經十
17_335_3

唐代•十輪經十
17_335_11

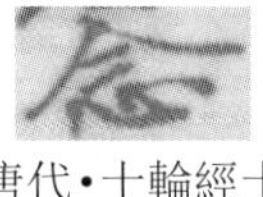
唐代•十輪經十
15_288_18

唐代•十輪經十
15_290_5

唐代•十輪經十
15_291_8

唐代•十輪經十
15_294_7

唐代•十輪經十
15_296_12

唐代•十輪經十
16_302_9

唐代•十輪經十
16_320_2

唐代•十輪經十
17_327_15

唐代•十輪經十
17_334_10

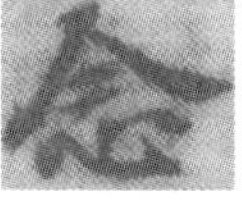
唐代•十輪經十
14_270_10

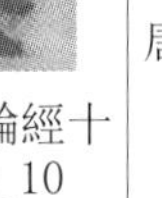

唐代•十輪經十
15_282_14

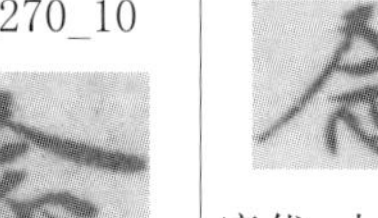
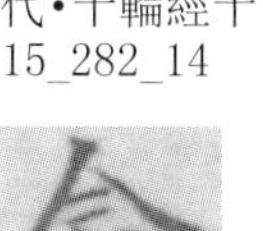
唐代•十輪經十
15_285_4

唐代•十輪經十
15_285_7

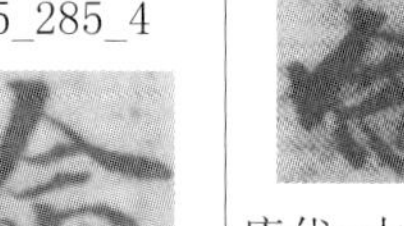
唐代•十輪經十
15_286_6

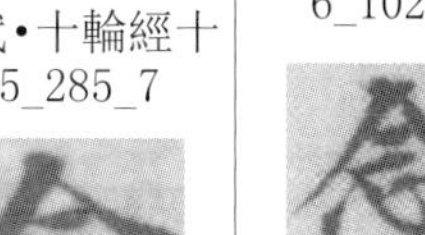
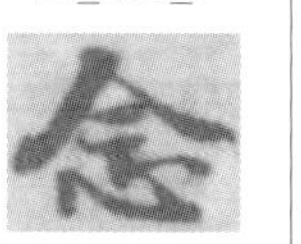
唐代•十輪經十
15_286_15

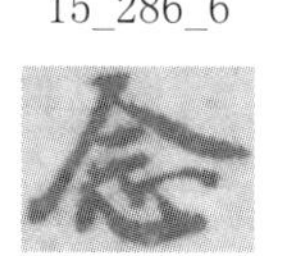
唐代•十輪經十
15_287_4

唐代•十輪經十
15_287_14

唐代•十輪經十
15_288_6

唐代•十輪經四
12_227_24

唐代•十輪經八
18_346_10

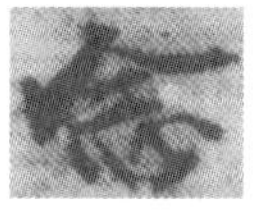
唐代•十輪經九
5_97_10

唐代•十輪經九
6_102_12

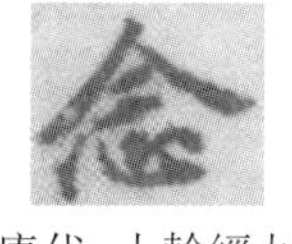
唐代•十輪經九
19_376_16

唐代•十輪經九
20_398_7

唐代•十輪經十
3_54_8

唐代•十輪經十
8_149_6

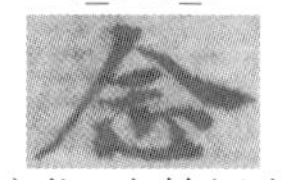
唐代•十輪經十
12_223_14

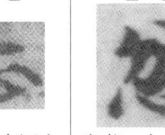

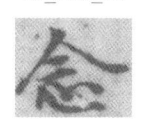

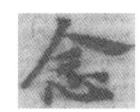

怖	怙	怵				忽
漢ホ呉フ 訓こわい	漢コ 訓たのむ	慣ジュツ漢チュツ 訓おそれる				漢コツ 訓たちまち
 唐代・文選六八 35_354_14	 唐代・文選八八 7_54_15	唐代・古文選後 2_20_5	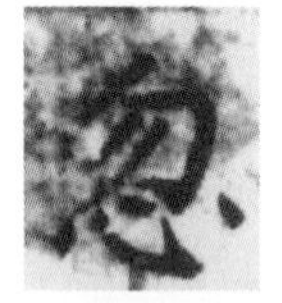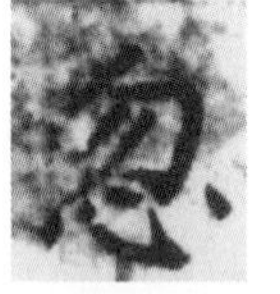 唐代・古文選前 12_141_1	 唐代・文選百三 85_804_24	 唐代・文選五九 83_800_5	 中唐・風信帖 3_16_1
 唐代・古文選前 6_69_14	 唐代・古文選前 23_266_7		 唐代・古文選前 14_167_9	 唐代・古文選前 1_10_10	 唐代・文選五九 83_801_14	 唐代・文選五九 2_19_1
 唐代・十輪經四 9_167_15	唐代・十輪經十 3_47_9		 唐代・古文選前 22_259_7	 唐代・古文選前 2_22_1	 唐代・文選六八 30_305_5	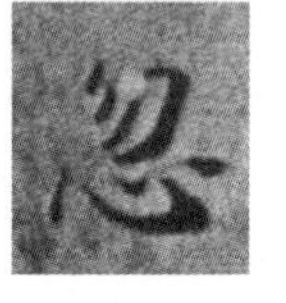 唐代・文選五九 3_20_8
 唐代・十輪經四 11_217_3	唐代・十輪經十 6_103_8		 唐代・古文選前 23_275_7	 唐代・古文選前 3_35_9	 唐代・文選六八 31_308_24	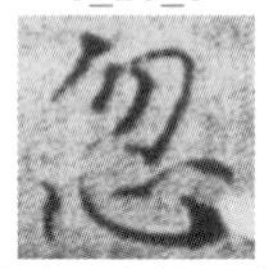 唐代・文選五九 15_147_16
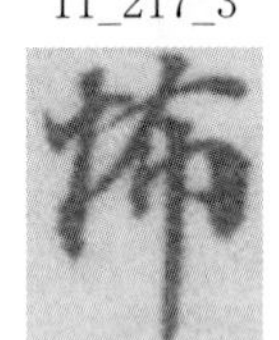 唐代・十輪經四 12_239_5	唐代・十輪經十 10_196_3		 唐代・十輪經四 15_297_4	 唐代・古文選前 6_72_2	 唐代・文選六八 31_310_1	 唐代・文選五九 83_796_3
 唐代・十輪經四 14_270_3			 唐代・古文選前 10_120_10	 唐代・古文選前 8_102_8	 唐代・文選六八 43_436_9	 唐代・文選五九 83_797_4
 唐代・十輪經八 3_59_13				 唐代・古文選前 11_125_12	 唐代・文選八八 21_181_14	 唐代・文選五九 83_797_6
						 唐代・文選五九 83_798_30

怳

コウ漢キョウ
訓—

唐代・文選五九
74_716_7

唐代・文選五九
74_717_27

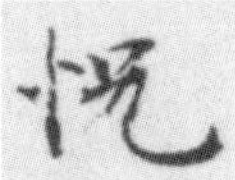
唐代・文選五九
75_718_20

唐代・文選五九
75_718_28

怛

慣ダツ漢タツ
訓いたむ

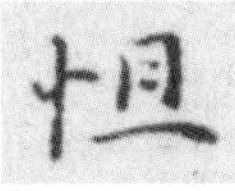
唐代・文選五九
39_381_14

唐代・文選五九
75_718_9

怗

チョウ、ショウ
訓かなしむ

唐代・文選六八
23_239_27

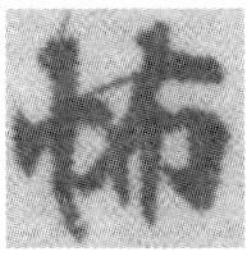
唐代・十輪經十
6_111_5

唐代・十輪經八
19_374_5

唐代・十輪經八
21_411_14

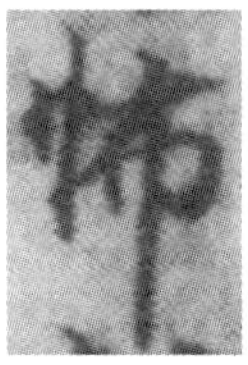
唐代・十輪經九
1_11_10

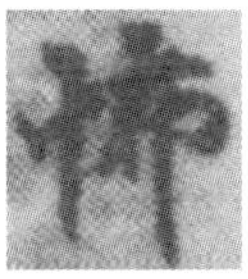
唐代・十輪經九
3_49_14

唐代・十輪經九
16_315_17

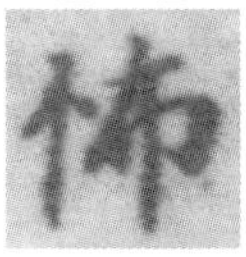
唐代・十輪經九
17_325_3

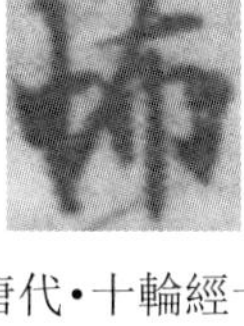
唐代・十輪經十
5_88_2

唐代・十輪經八
8_147_17

唐代・十輪經八
9_177_1

唐代・十輪經八
10_186_6

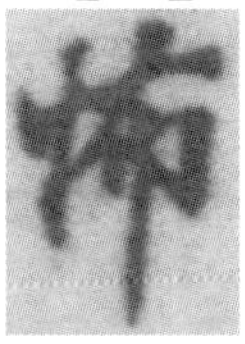
唐代・十輪經八
12_223_5

唐代・十輪經八
13_260_5

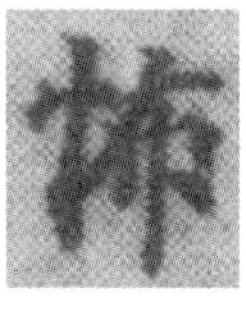
唐代・十輪經八
15_298_5

唐代・十輪經八
17_336_4

唐代・十輪經八
4_62_3

唐代・十輪經八
4_64_10

唐代・十輪經八
4_66_6

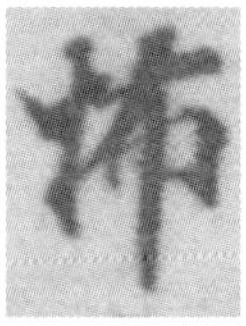
唐代・十輪經八
6_101_13

唐代・十輪經八
6_109_17

唐代・十輪經八
6_119_5

唐代・十輪經八
7_138_14

怊

ショウ漢チョウ
訓かなしむ

唐代•文選五九
74_717_25

唐代•文選五九
74_717_31

怩

漢ジ呉ニ
訓はじる

唐代•文選五九
68_655_20

怕

漢ハ、ハク
訓おそれる

唐代•文選五九
5_43_22

唐代•文選五九
5_43_27

性

漢セイ呉ショウ
訓さが

中唐•金剛經題
2_8_6

中唐•金剛經題
2_8_8

中唐•金剛經題
2_14_2

唐代•文選五九
5_45_18

唐代•文選五九
6_57_16

唐代•文選五九
7_61_9

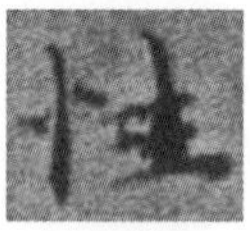
唐代•文選五九
8_76_3

唐代•文選五九
9_87_1

唐代•文選五九
13_123_20

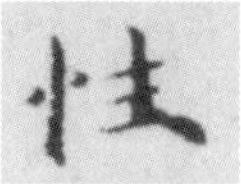
唐代•文選五九
35_350_27

唐代•文選五九
107_1008_17

唐代•文選六八
4_37_5

唐代•文選六八
37_368_20

唐代•文選百三
8_72_13

唐代•文選百三
19_179_5

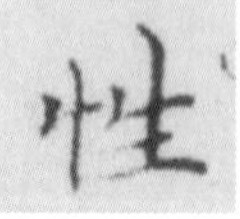
唐代•文選百三
40_403_12

唐代•文選百三
66_633_6

唐代•古文選前
3_37_4

唐代•古文選前
5_56_7

唐代•古文選前
7_76_13

唐代•古文選前
18_213_2

唐代•古文選前
18_217_8

唐代•古文選前
19_224_1

唐代•古文選後
16_185_1

唐代•古文選後
18_206_1

唐代•十輪經四
8_142_2

唐代•十輪經四
8_152_10

唐代•十輪經四
8_159_16

唐代•十輪經四
15_292_10

唐代•十輪經十
3_53_8

唐代•十輪經十
6_110_2

怪

漢カイ 呉ケ
訓あやしい

唐代•春秋經傳
14_146_8

唐代•文選五九
103_970_6

唐代•文選六八
42_421_1

唐代•文選六八
43_426_16

怡

イ
訓よろこぶ

唐代•古文選前
9_105_7

思

シ
訓おもう

初唐•聖武雜集
1_1_4

初唐•聖武雜集
1_5_2

中唐・風信帖
2_7_7

唐代•春秋經傳
6_62_4

唐代•春秋經傳
6_62_6

唐代•春秋經傳
6_62_12

唐代•春秋經傳
23_238_10

唐代•春秋經傳
29_303_13

唐代•文選四八
1_1_16

唐代•文選四八
1_7_8

唐代•文選四八
2_9_4

唐代•文選四八
2_10_10

唐代•文選四八
2_12_3

唐代•文選四八
3_15_23

唐代•文選四八
4_31_14

唐代•文選四八
4_32_14

唐代•文選四八
4_32_19

唐代•文選四八
6_47_6

唐代•文選四八
7_60_2

唐代•文選四八
8_67_20

唐代•文選四八
9_77_8

唐代•文選四八
12_106_25

唐代•文選四八
16_141_9

唐代•文選四八
22_198_15

唐代•文選四八
24_219_16

唐代•文選四八
39_348_9

唐代•文選五九
1_6_5

唐代•文選五九
20_195_8

唐代•文選五九
20_195_14

唐代•文選五九
20_197_7

唐代•文選五九
25_245_4

唐代•文選五九
25_249_5

唐代•文選五九
25_251_16

唐代•文選五九
25_251_19

唐代•文選五九
27_260_24

唐代•文選五九
27_264_29

唐代•文選五九
27_268_7

唐代•文選五九
27_271_12

唐代•文選五九
28_274_8

唐代•文選五九
31_311_1

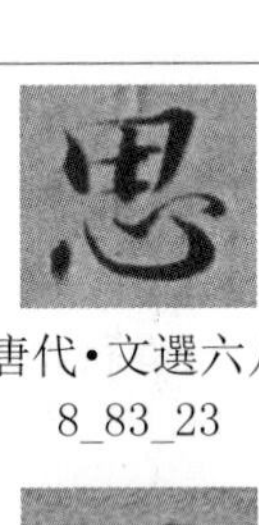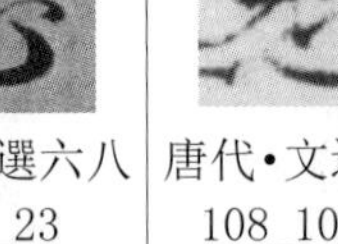唐代•文選六八 8_83_23	唐代•文選五九 108_1023_4	唐代•文選五九 107_1009_7	唐代•文選五九 85_814_12	唐代•文選五九 51_508_28	唐代•文選五九 43_419_12	唐代•文選五九 37_370_10
唐代•文選六八 8_85_2	唐代•文選五九 108_1023_9	唐代•文選五九 107_1010_9	唐代•文選五九 93_895_17	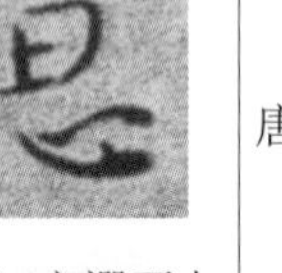唐代•文選五九 53_524_15	唐代•文選五九 43_423_3	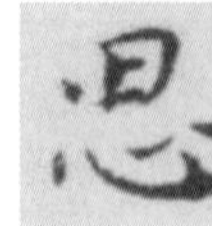唐代•文選五九 38_374_2
唐代•文選六八 8_85_14	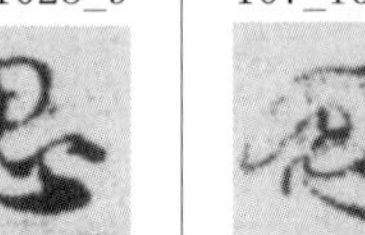唐代•文選五九 109_1030_12	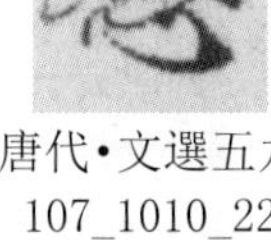唐代•文選五九 107_1010_22	唐代•文選五九 94_899_24	唐代•文選五九 56_548_24	唐代•文選五九 44_436_15	唐代•文選五九 40_398_8
唐代•文選六八 10_105_8	唐代•文選五九 111_1052_1	唐代•文選五九 107_1011_6	唐代•文選五九 100_947_23	唐代•文選五九 56_549_13	唐代•文選五九 45_442_7	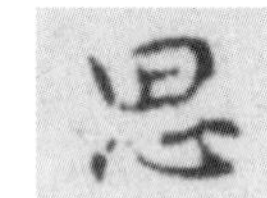唐代•文選五九 41_399_8
唐代•文選六八 28_284_6	唐代•文選五九 111_1052_15	唐代•文選五九 107_1012_5	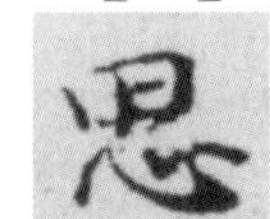唐代•文選五九 101_951_1	唐代•文選五九 68_652_8	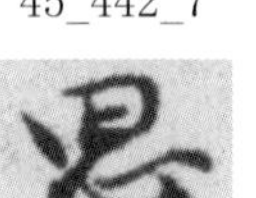唐代•文選五九 45_443_13	唐代•文選五九 41_400_16
唐代•文選六八 29_286_21	唐代•文選六八 4_43_20	唐代•文選五九 108_1020_3	唐代•文選五九 105_992_9	唐代•文選五九 68_654_6	唐代•文選五九 45_443_24	唐代•文選五九 42_416_1
唐代•文選六八 29_286_23	唐代•文選六八 4_45_5	唐代•文選五九 108_1021_18	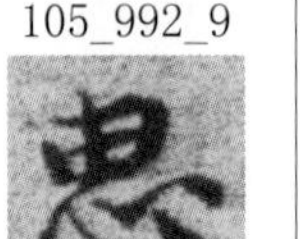唐代•文選五九 105_994_12	唐代•文選五九 70_675_11	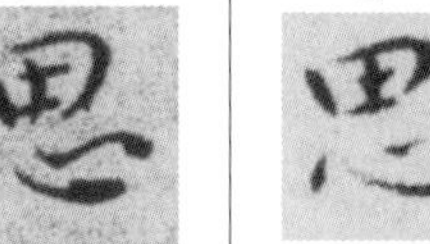唐代•文選五九 45_444_6	唐代•文選五九 42_417_17
唐代•文選六八 29_287_7	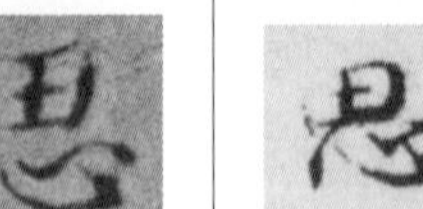唐代•文選六八 4_45_23	唐代•文選五九 108_1022_25	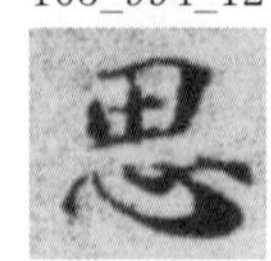唐代•文選五九 105_995_15	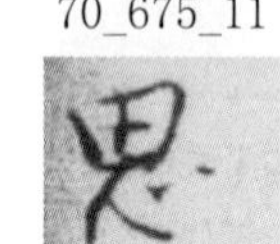唐代•文選五九 71_676_9	唐代•文選五九 47_467_5	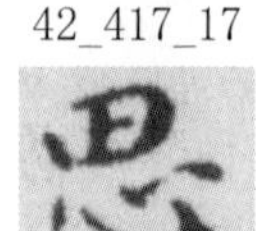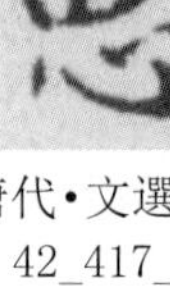唐代•文選五九 42_417_23

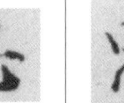

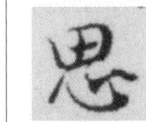

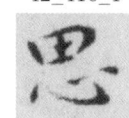

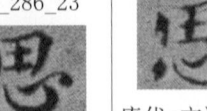

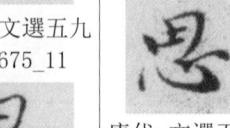

 唐代•古文選前 23_276_9	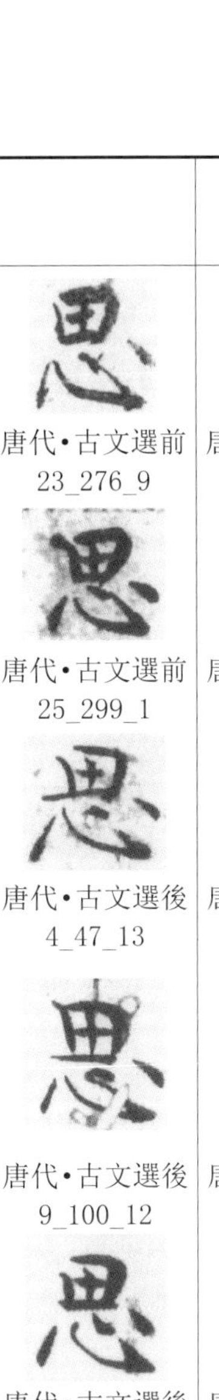 唐代•古文選前 15_173_1	 唐代•文選百三 59_570_2	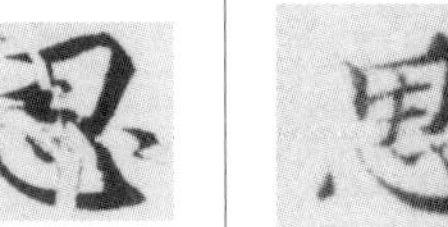 唐代•文選百三 55_529_6	 唐代•文選百三 23_225_11	 唐代•文選八八 17_152_9	 唐代•文選六八 29_287_10
唐代•古文選前 25_299_1	唐代•古文選前 15_178_31	 唐代•文選百三 68_656_12	 唐代•文選百三 55_530_20	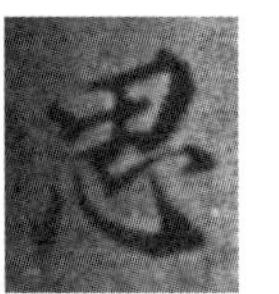 唐代•文選百三 23_225_24	 唐代•文選百三 5_42_3	 唐代•文選六八 35_356_14
唐代•古文選後 4_47_13	唐代•古文選前 16_184_4	 唐代•文選百三 71_688_23	 唐代•文選百三 56_535_16	 唐代•文選百三 23_225_29	  唐代•文選百三 5_43_35	 唐代•文選六八 46_459_7
唐代•古文選後 9_100_12	唐代•古文選前 19_220_4	 唐代•文選百三 78_745_31	 唐代•文選百三 56_536_34	 唐代•文選百三 39_386_10	 唐代•文選百三 6_49_7	 唐代•文選六八 55_549_3
唐代•古文選後 14_160_5	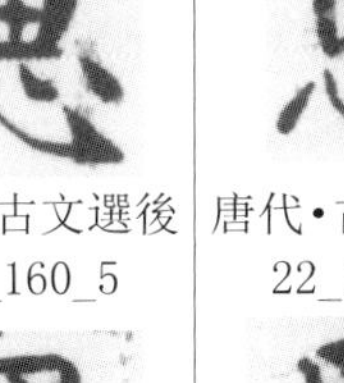 唐代•古文選前 22_257_6	 唐代•文選百三 87_825_5	 唐代•文選百三 57_544_20	 唐代•文選百三 39_387_14	 唐代•文選百三 23_220_19	 唐代•文選六八 55_552_7
唐代•古文選後 14_160_9	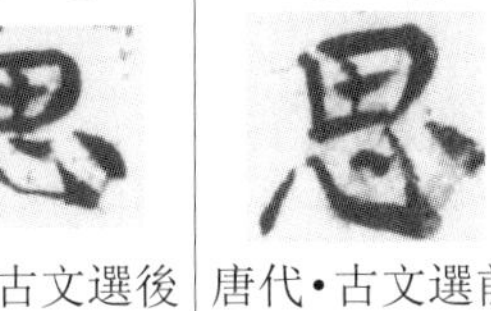 唐代•古文選前 23_267_2	 唐代•古文選前 2_14_8	 唐代•文選百三 57_546_2	 唐代•文選百三 39_387_36	 唐代•文選百三 23_223_16	 唐代•文選六八 68_677_5
唐代•古文選後 18_215_9	 唐代•古文選前 23_267_4	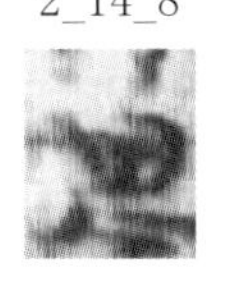 唐代•古文選前 11_133_44	 唐代•文選百三 57_547_20	 唐代•文選百三 39_388_29	 唐代•文選百三 23_223_22	 唐代•文選八八 14_116_6
唐代•古文選後 20_229_11	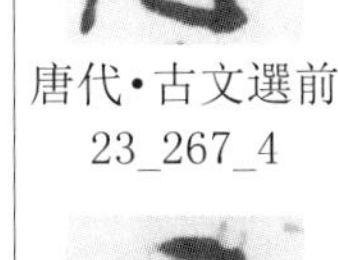 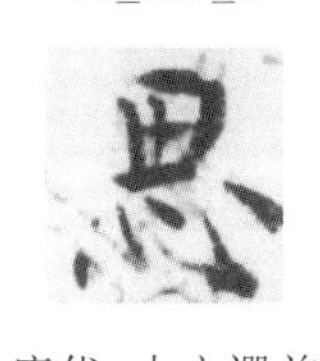 唐代•古文選前 23_270_2	 唐代•古文選前 12_141_3	 唐代•文選百三 57_553_15	 唐代•文選百三 39_389_28	 唐代•文選百三 23_224_4	 唐代•文選八八 17_149_7

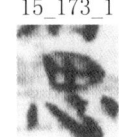

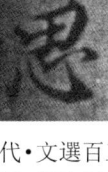

怨

			漢エン、ウン 呉オン 訓うらむ			
唐代•文選百三 59_570_5	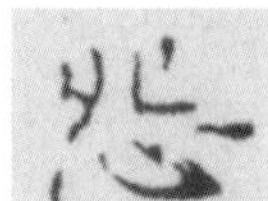 唐代•文選五九 100_945_31	 唐代•文選五九 27_262_3	 唐代•春秋經傳 6_55_12	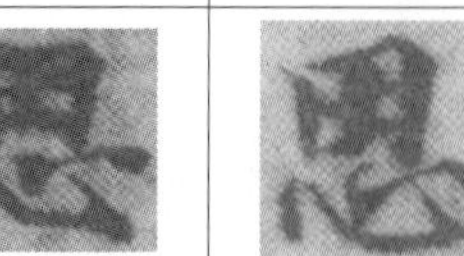 唐代•十輪經十 19_375_14	 唐代•十輪經十 14_277_4	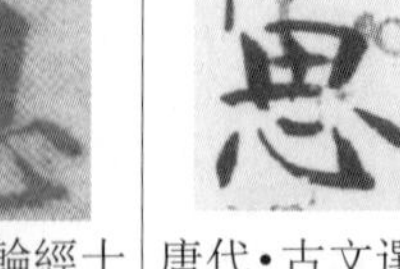  唐代•古文選後 24_283_11
 唐代•文選百三 60_579_4	 唐代•文選五九 102_963_10	 唐代•文選五九 43_422_23	 唐代•春秋經傳 18_183_13	 唐代•十輪經十 19_380_1	  唐代•十輪經十 15_285_3	  唐代•古文選後 27_314_12
 唐代•文選百三 73_707_4	 唐代•文選五九 102_963_11	 唐代•文選五九 45_440_1	 唐代•春秋經傳 29_301_11		 唐代•十輪經十 15_285_6	 唐代•十輪經九 11_211_5
 唐代•文選百三 74_712_19	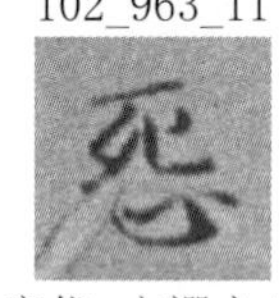 唐代•文選六八 52_524_23	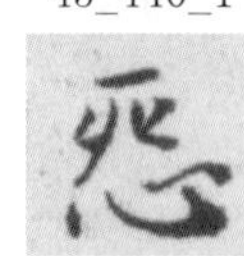 唐代•文選五九 45_441_9	 唐代•春秋經傳 34_356_15		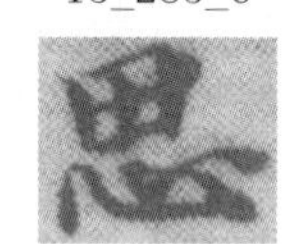 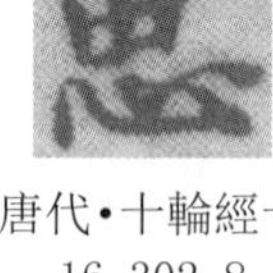 唐代•十輪經十 16_302_8	 唐代•十輪經九 18_348_6
 唐代•文選百三 74_712_34	 唐代•文選八八 17_140_12	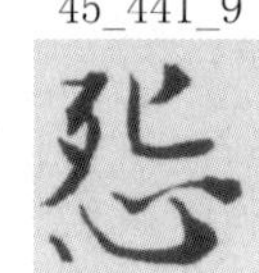 唐代•文選五九 99_933_5	 唐代•文選四八 9_73_3		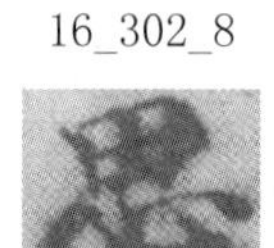 唐代•十輪經十 16_320_4	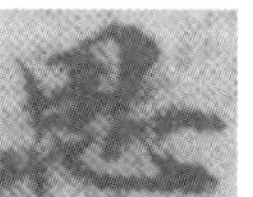 唐代•十輪經十 2_25_12
 唐代•古文選前 14_164_8	 唐代•文選八八 17_145_21	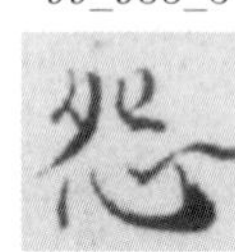 唐代•文選五九 99_934_22	 唐代•文選四八 9_74_24		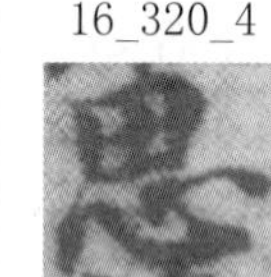 唐代•十輪經十 17_326_24	 唐代•十輪經十 4_74_7
 唐代•古文選後 16_181_13	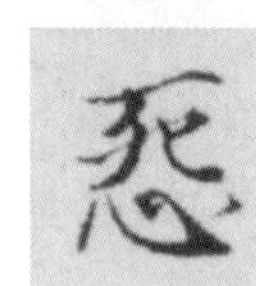 唐代•文選百三 15_148_24	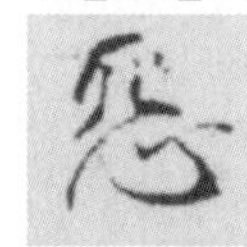 唐代•文選五九 99_942_12	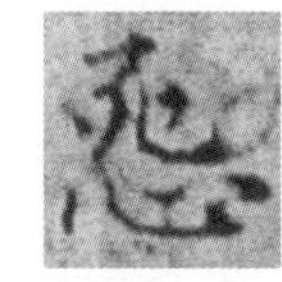 唐代•文選四八 9_79_24		 唐代•十輪經十 17_334_12	 唐代•十輪經十 7_129_4
 唐代•十輪經四 5_87_14	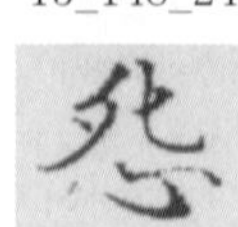 唐代•文選百三 39_397_9	 唐代•文選五九 100_945_2	 唐代•文選五九 1_4_5		 唐代•十輪經十 19_363_4	 唐代•十輪經十 14_270_12

怒

漢ド呉ヌ
訓おこる

唐代・春秋經傳 19_196_12

唐代・春秋經傳 19_197_2

唐代・文選五九 99_938_3

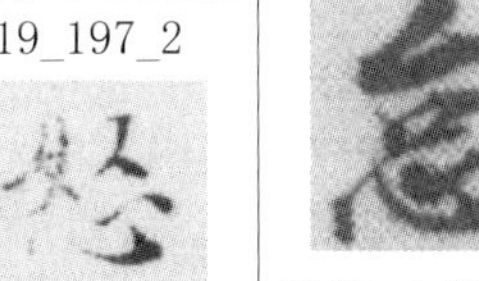
唐代・文選六八 29_297_1

唐代・文選六八 29_297_24

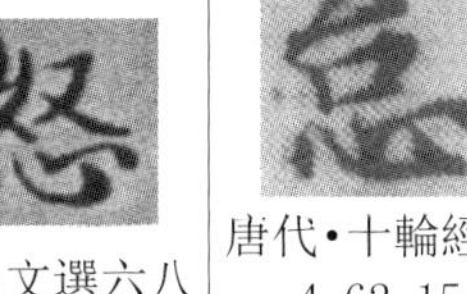
唐代・文選六八 35_351_5

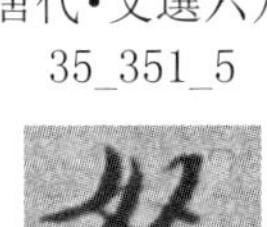
唐代・文選六八 55_547_15

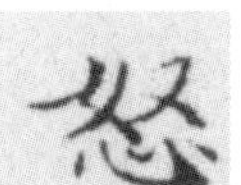
唐代・文選百三 47_454_10

怠

漢タイ
訓おこたる

唐代・十輪經九 13_254_4

唐代・十輪經九 18_345_5

唐代・十輪經十 4_62_15

唐代・文選百三 48_464_31

唐代・文選百三 49_469_9

唐代・文選百三 49_469_25

唐代・文選百三 53_512_8

唐代・古文選後 17_198_14

唐代・文選八八 9_68_26

唐代・文選八八 9_69_28

唐代・文選八八 13_105_15

唐代・文選八八 22_195_14

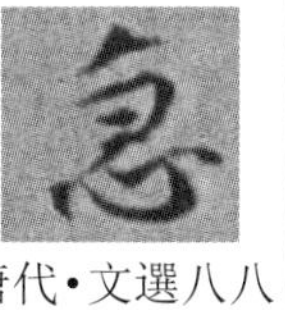
唐代・文選八八 22_195_25

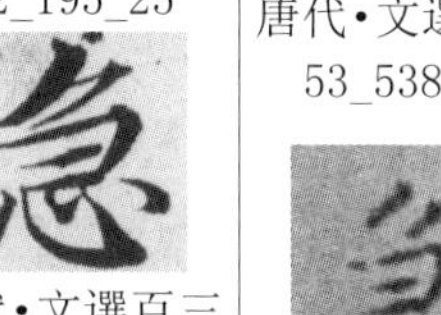
唐代・文選百三 22_213_6

唐代・文選百三 37_371_26

唐代・文選六八 6_57_27

唐代・文選六八 22_224_6

唐代・文選六八 22_225_13

唐代・文選六八 29_296_28

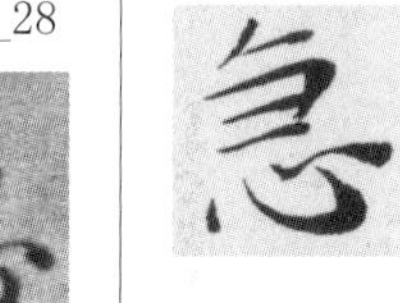
唐代・文選六八 53_538_19

唐代・文選六八 54_542_26

唐代・文選八八 9_66_7

急

キュウ
訓いそぐ

唐代・春秋經傳 4_33_5

唐代・文選五九 4_33_13

唐代・文選五九 4_33_32

唐代・文選五九 31_299_23

唐代・文選五九 39_387_12

唐代・文選五九 39_392_7

唐代・文選五九 40_394_21

唐代・十輪經四 10_181_16

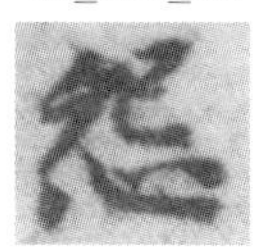
唐代・十輪經四 10_192_17

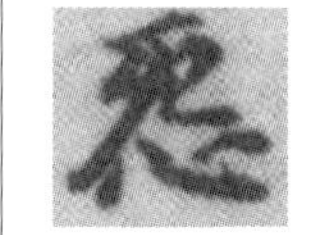
唐代・十輪經八 3_47_8

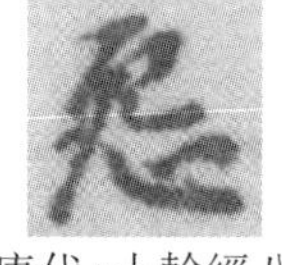
唐代・十輪經八 6_118_14

唐代・十輪經十 9_163_5

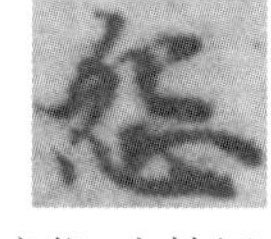
唐代・十輪經十 19_366_7

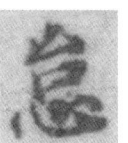

唐代•文選百三
49_473_18

唐代•文選百三
61_582_28

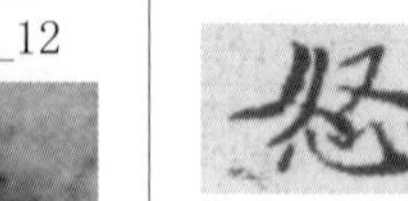

唐代•文選百三
81_765_28

唐代•古文選前
6_64_7

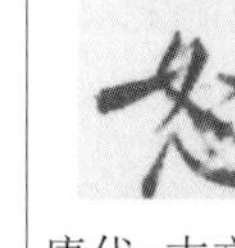

唐代•古文選後
6_64_2

恚

イ
訓いかる

唐代•文選五九
68_650_4

唐代•十輪經四
5_87_12

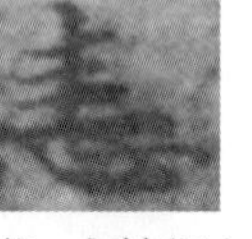

唐代•十輪經九
1_3_2

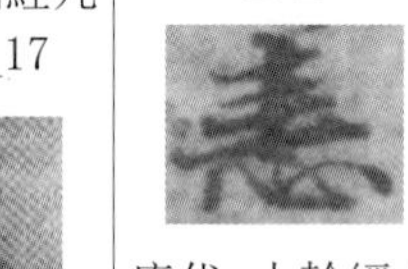

唐代•十輪經九
1_5_7

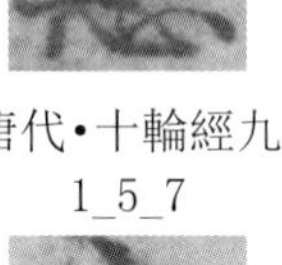

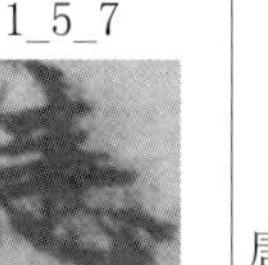

唐代•十輪經九
1_7_12

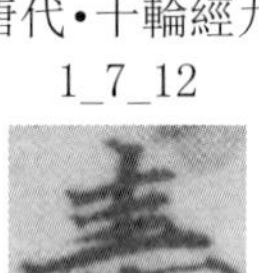

唐代•十輪經九
1_17_3

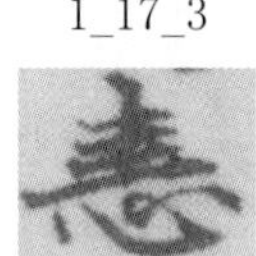

唐代•十輪經九
2_26_7

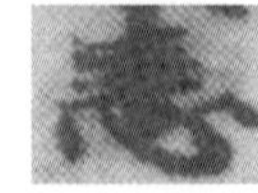

唐代•十輪經九
8_140_5

唐代•十輪經九
13_253_17

唐代•十輪經九
13_255_17

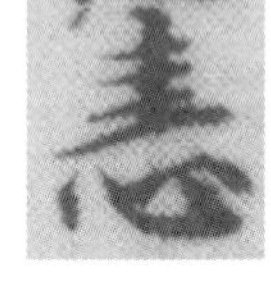

唐代•十輪經九
18_345_17

唐代•十輪經十
4_62_3

唐代•十輪經十
10_198_4

恭

漢キョウ
訓うやうやしい

唐代•春秋經傳
9_88_18

唐代•文選四八
36_320_25

唐代•文選四八
36_321_14

唐代•文選四八
37_331_28

唐代•文選五九
45_449_7

唐代•文選五九
61_587_11

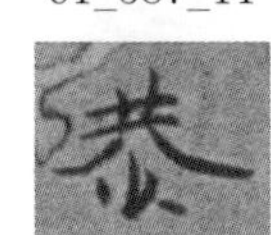

唐代•文選六八
67_669_3

唐代•文選八八
5_29_31

唐代•文選百三
19_182_37

唐代•古文選前
22_253_10

唐代•古文選後
14_160_11

唐代•古文選後
14_162_2

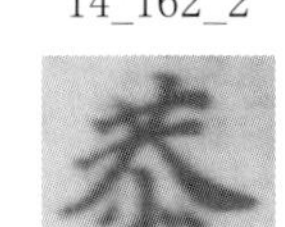

唐代•十輪經四
1_22_2

唐代•十輪經四
2_29_10

唐代•十輪經四
2_31_7

唐代•十輪經四
2_35_2

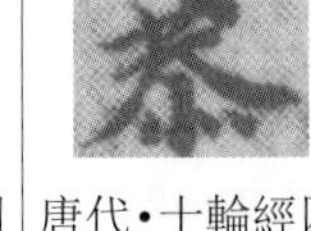

唐代•十輪經四
3_44_7

唐代•十輪經四
3_56_3

唐代•十輪經四
3_59_12

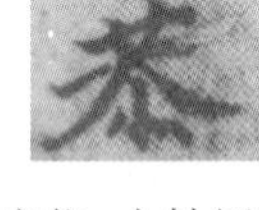

唐代•十輪經四
3_60_11

唐代•十輪經四
4_63_9

唐代•十輪經四
6_111_6

唐代•十輪經四
10_192_6

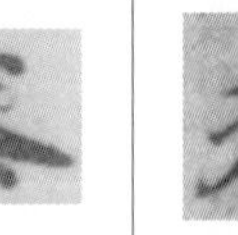

唐代•十輪經四
12_226_9

唐代•十輪經四
12_233_3

唐代•十輪經四
12_238_9

唐代•十輪經四
13_243_9

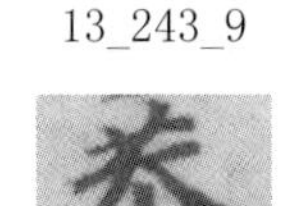

唐代•十輪經四
13_245_2

唐代•十輪經四
13_246_3

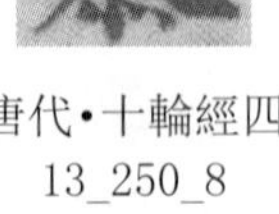

唐代•十輪經四
13_250_8

唐代•十輪經四
13_257_2

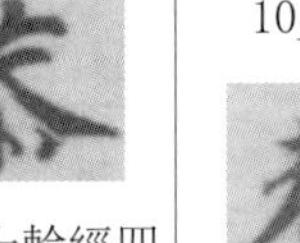

唐代•十輪經四
14_262_8

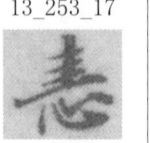

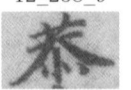

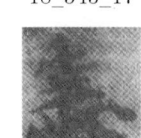

恩

オン
訓めぐむ

中唐・風信帖 2_10_2
晚唐•慶滋書狀 1_13_1
唐代•春秋經傳 33_350_16
唐代•文選五九 5_39_16
唐代•文選五九 58_556_8
唐代•文選五九 64_615_21
唐代•文選五九 64_619_4
唐代•文選五九 100_943_29

唐代•文選百三 52_498_11

恥

チ
訓はじる

唐代•春秋經傳 4_42_16
唐代•文選五九 20_196_19
唐代•文選八八 15_126_3
唐代•文選八八 15_127_5
唐代•文選八八 15_129_2
唐代•文選百三 14_129_14
唐代•文選百三 14_130_9
唐代•文選百三 14_130_27

唐代•十輪經九 12_233_21
唐代•十輪經九 13_252_12

唐代•文選五九 68_651_7
唐代•文選八八 6_39_6
唐代•文選八八 7_42_22
唐代•文選八八 16_137_2
唐代•文選百三 12_110_11
唐代•古文選前 27_316_1
唐代•古文選後 10_112_10
唐代•十輪經四 14_263_21

恐

漢キョウ
訓おそれる

晚唐•慶滋書狀 1_16_7
晚唐•慶滋書狀 1_17_8
唐代•春秋經傳 34_356_12
唐代•春秋經傳 34_359_19
唐代•文選五九 11_104_8
唐代•文選五九 35_342_24
唐代•文選五九 37_363_3
唐代•文選五九 41_399_14

唐代•十輪經四 14_269_2
唐代•十輪經四 15_282_7
唐代•十輪經四 15_287_12
唐代•十輪經四 16_307_16
唐代•十輪經九 11_213_16
唐代•十輪經九 12_236_2

息

呉 ソク
訓 いき

唐代・文選五九
18_177_24

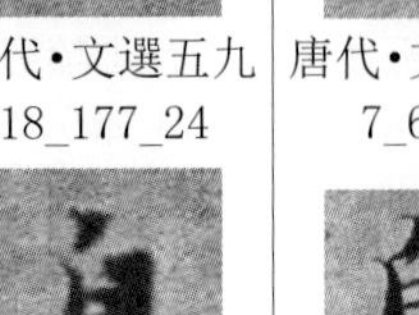
唐代・文選五九
33_330_13

唐代・文選五九
41_403_12

唐代・文選五九
41_404_6

唐代・文選五九
44_436_1

唐代・文選五九
47_460_9

唐代・文選五九
47_460_17

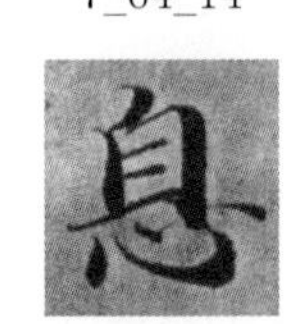
唐代・文選五九
7_64_14

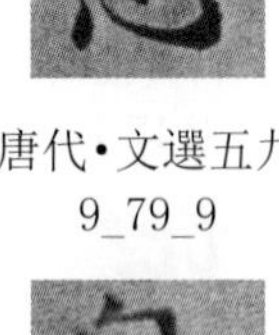
唐代・文選五九
9_79_9

唐代・文選五九
9_80_18

唐代・文選五九
9_80_26

唐代・文選五九
9_82_8

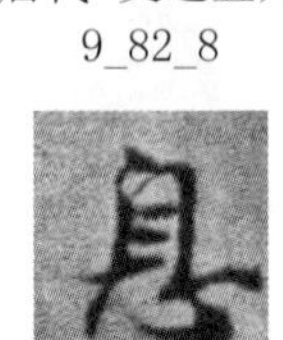
唐代・文選五九
9_82_14

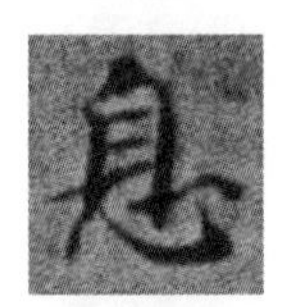
唐代・文選五九
9_83_9

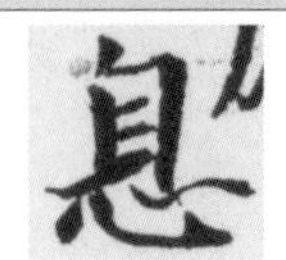
唐代・春秋經傳
22_227_9

唐代・文選四八
3_19_3

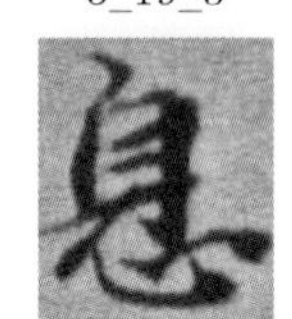
唐代・文選四八
4_23_6

唐代・文選四八
4_23_10

唐代・文選四八
4_24_21

唐代・文選四八
5_36_7

唐代・文選四八
10_82_9

唐代・古文選後
6_69_8

唐代・古文選後
19_219_14

唐代・古文選後
21_249_2

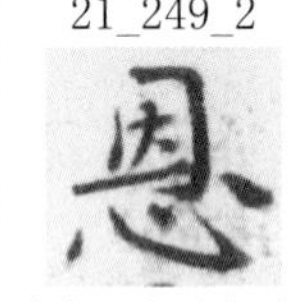
唐代・古文選後
2_21_14

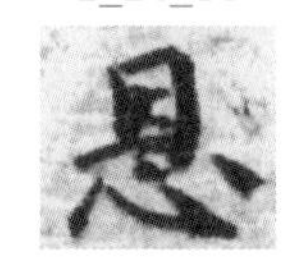
唐代・古文選後
2_19_14

唐代・文選百三
49_478_22

唐代・文選百三
63_613_4

唐代・古文選前
4_46_1

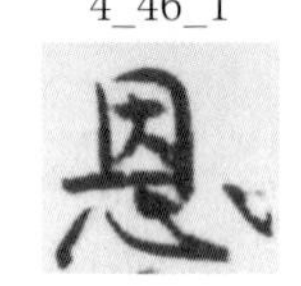
唐代・古文選前
25_300_8

唐代・古文選前
26_304_8

唐代・古文選前
26_308_4

唐代・古文選前
26_308_13

唐代・古文選後
2_17_5

唐代・文選八八
17_146_9

唐代・文選八八
20_173_1

唐代・文選八八
20_175_6

唐代・文選八八
20_176_19

唐代・文選百三
27_271_11

唐代・文選百三
64_615_12

唐代・文選六八
1_6_1

唐代・文選六八
1_7_1

唐代・文選六八
1_8_17

唐代・文選六八
70_696_2

唐代・文選六八
70_697_11

唐代・文選八八
3_7_2

唐代・文選八八
3_8_1

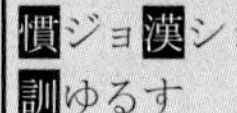

恕	恣					
慣ジョ漢ショ 訓ゆるす	シ 訓ほしいまま					
 唐代・文選百三 47_453_2  唐代・文選百三 60_572_6	 唐代・文選五九 68_658_7  唐代・文選五九 68_660_19  唐代・文選五九 68_661_1 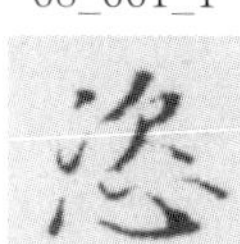 唐代・文選百三 40_398_1  唐代・文選百三 40_398_9  唐代・文選百三 47_447_22  唐代・文選百三 47_448_22  唐代・文選百三 47_450_13	 唐代・古文選後 21_246_13  唐代・十輪經四 12_229_21 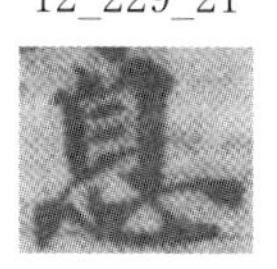 唐代・十輪經十 12_233_17	 唐代・文選百三 51_493_6  唐代・文選百三 51_494_16  唐代・文選百三 55_525_20  唐代・文選百三 79_748_17  唐代・古文選前 1_7_4  唐代・古文選後 3_33_14  唐代・古文選後 9_106_11	 唐代・文選百三 14_134_40  唐代・文選百三 25_246_30 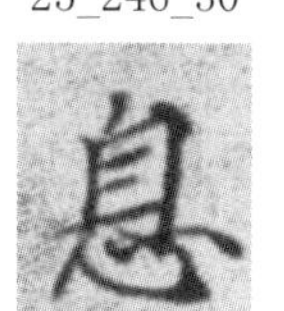 唐代・文選百三 27_266_11  唐代・文選百三 48_465_15  唐代・文選百三 49_466_22  唐代・文選百三 51_490_8 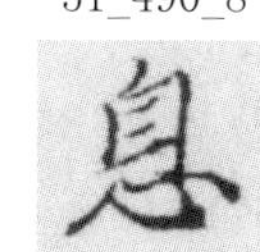 唐代・文選百三 51_492_34	 唐代・文選六八 14_148_8  唐代・文選八八 21_183_6  唐代・文選八八 21_184_13  唐代・文選八八 21_184_31  唐代・文選百三 3_22_3  唐代・文選百三 12_113_11  唐代・文選百三 12_114_22	 唐代・文選五九 50_495_17  唐代・文選五九 53_523_21  唐代・文選五九 59_565_6  唐代・文選五九 71_684_11  唐代・文選五九 71_685_8  唐代・文選五九 73_699_10  唐代・文選五九 76_725_30

恤	恢	恍		恒		恃
慣ジュウ漢シュウ 訓うれえる	漢カイ 訓ひろい	コウ 訓ほのか		漢コウ呉ゴウ 訓つね		呉ジ漢シ 訓たのむ
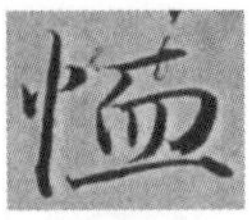 唐代•文選四八 37_330_1  唐代•文選四八 37_333_8  唐代•文選百三 71_686_12 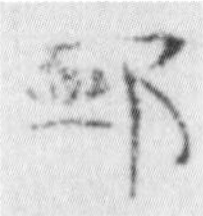 唐代•文選百三 71_688_6  唐代•文選百三 71_688_22  唐代•文選百三 71_688_33  唐代•文選百三 87_828_10 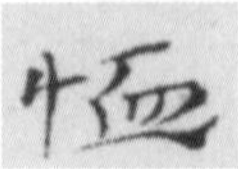 唐代•文選百三 87_829_32	 唐代•文選百三 78_746_13  唐代•文選百三 79_748_20  唐代•文選百三 79_748_39  唐代•古文選前 18_213_7  唐代•古文選前 22_261_2  唐代•古文選後 14_159_11	 唐代•古文選前 2_21_15  唐代•古文選前 11_125_5	 唐代•十輪經九 7_137_8  唐代•十輪經十 14_270_2  唐代•十輪經十 16_319_11	 初唐•聖武雜集 1_7_2  唐代•文選四八 11_94_11  唐代•文選五九 54_532_8  唐代•文選五九 61_587_19  唐代•十輪經四 21_407_7  唐代•十輪經四 21_414_16  唐代•十輪經九 7_124_14  唐代•十輪經九 7_125_8	 唐代•古文選後 1_9_5  唐代•古文選後 2_22_2	 唐代•春秋經傳 34_355_9  唐代•文選五九 41_404_27  唐代•文選五九 41_405_19  唐代•文選八八 7_53_1  唐代•文選八八 7_54_16  唐代•文選百三 50_485_5  唐代•文選百三 73_711_3  唐代•古文選前 25_300_12

恊		恨	恪		恬	
漢キョウ 訓あわせる		漢コン呉ゴン 訓うらむ	漢カク 訓つつしむ		漢テン 訓やすい	

唐代•春秋經傳
14_147_13

唐代•文選四八
19_169_9

唐代•文選四八
49_447_3

唐代•文選四八
50_448_8

唐代•文選四八
50_450_3

唐代•文選五九
7_60_4

唐代•文選五九
14_132_9

唐代•文選五九
21_211_11

唐代•十輪經四
5_83_10

唐代•十輪經四
7_129_7

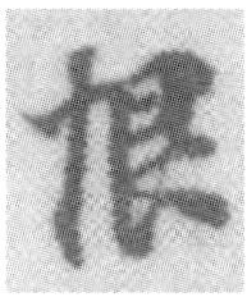
唐代•十輪經四
7_134_15

唐代•十輪經四
10_188_13

唐代•十輪經九
13_252_13

唐代•春秋經傳
6_54_22

唐代•春秋經傳
39_408_28

唐代•文選四八
22_202_25

唐代•文選五九
12_114_9

唐代•文選六八
8_87_14

唐代•文選百三
59_569_8

唐代•文選百三
62_597_35

唐代•古文選前
14_164_1

唐代•古文選前
16_191_10

唐代•文選六八
39_391_22

唐代•古文選前
24_285_17

唐代•文選四八
27_245_18

唐代•文選四八
28_247_18

唐代•文選五九
5_41_1

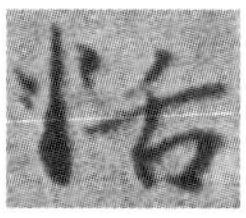
唐代•文選五九
5_42_22

唐代•文選五九
5_45_2

恬澹
唐代•文選五九
36_357_9

唐代•文選五九
41_404_7

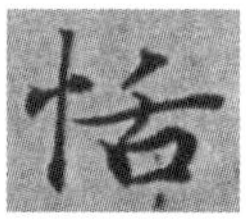
唐代•文選六八
39_390_9

唐代•文選百三
87_831_6

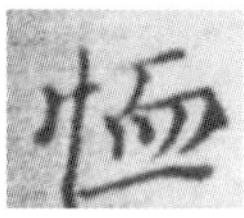
唐代•文選百三
87_832_7

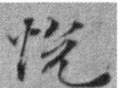

		悅 エツ 訓よろこぶ	悚 漢ショウ 訓おそれる			
唐代•十輪經八 8_149_11	 唐代•文選百三 57_547_17	 唐代•文選四八 14_122_13	唐代•十輪經四 12_224_7	 唐代•古文選後 11_123_7	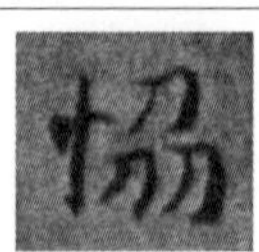 唐代•文選六八 71_702_11	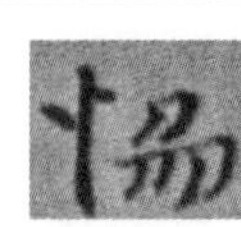 唐代•文選五九 24_237_12
唐代•十輪經八 10_188_1	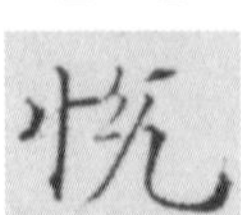 唐代•文選百三 87_834_30	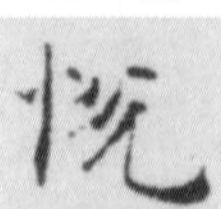 唐代•文選五九 82_786_9		 唐代•古文選後 12_137_10	 唐代•文選百三 12_112_8	 唐代•文選五九 86_828_28
 唐代•十輪經八 12_224_16	 唐代•古文選前 4_45_8	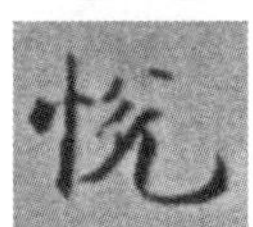 唐代•文選六八 21_212_3		 唐代•古文選後 12_143_2	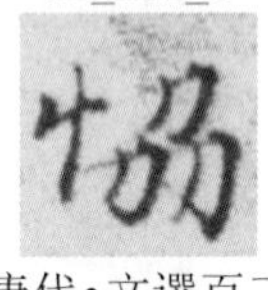 唐代•文選百三 46_444_17	 唐代•文選五九 109_1028_5
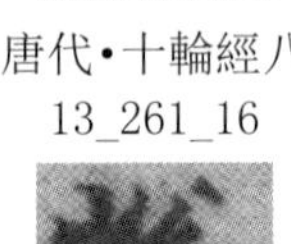 唐代•十輪經八 13_261_16	 唐代•古文選前 9_104_11	 唐代•文選六八 45_458_15		 唐代•古文選後 16_184_13	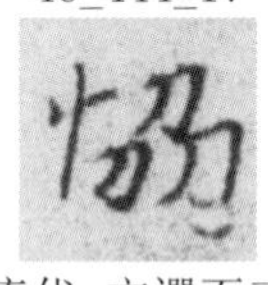 唐代•文選百三 46_444_27	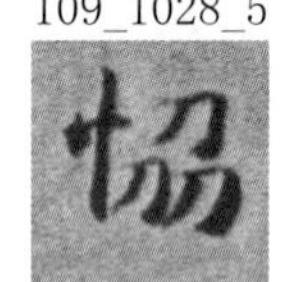 唐代•文選六八 27_268_3
 唐代•十輪經八 15_299_16	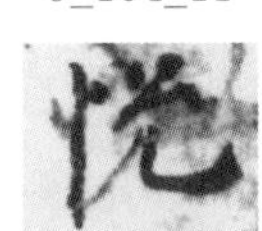 唐代•古文選前 13_148_13	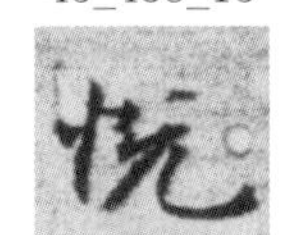 唐代•文選八八 13_108_27			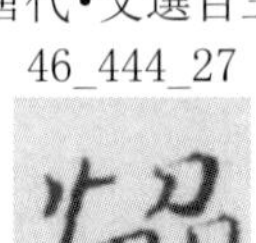 唐代•文選百三 47_453_43	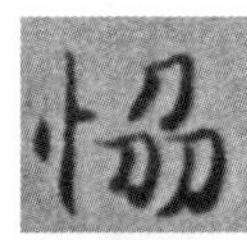 唐代•文選六八 38_380_21
 唐代•十輪經八 17_328_1	 唐代•古文選後 14_159_7	 唐代•文選八八 13_109_12			 唐代•文選百三 49_474_18	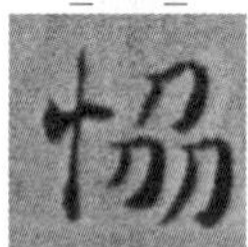 唐代•文選六八 54_539_5
 唐代•十輪經八 17_334_11	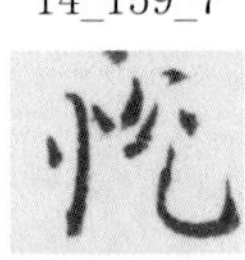 唐代•古文選後 17_197_4	 唐代•文選八八 13_110_5			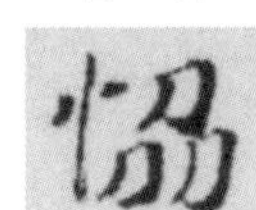 唐代•文選百三 55_525_24	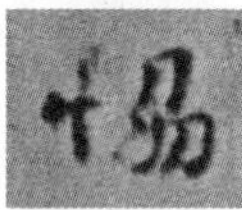 唐代•文選六八 56_564_22
 唐代•十輪經八 17_337_16	 唐代•十輪經八 6_111_11	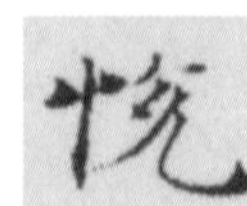 唐代•文選百三 49_467_25			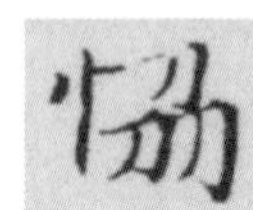 唐代•文選百三 87_834_17	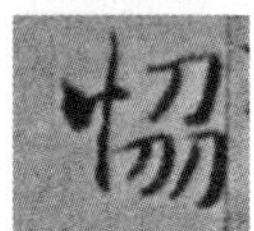 唐代•文選六八 62_621_1

唐代・十輪經四
10_192_5

唐代・十輪經九
11_212_14

唐代・十輪經十
9_179_3

悋

リン
訓やぶさか

唐代・文選百三
47_446_35

唐代・文選百三
62_594_4

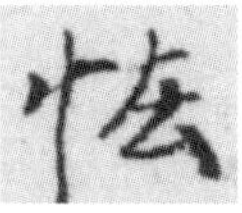
唐代・文選百三
62_594_13

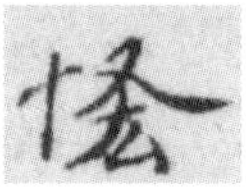
唐代・文選百三
62_595_6

唐代・文選百三
62_596_25

唐代・文選百三
62_596_27

唐代・文選百三
62_597_22

唐代・文選百三
62_597_34

悌

漢テイ
訓やわらぐ

唐代・文選百三
9_80_7

唐代・文選百三
9_81_36

唐代・文選百三
9_83_7

悔

漢カイ呉ケ
訓くいる

唐代・文選四八
42_374_20

唐代・文選百三
37_363_4

唐代・古文選前
23_269_13

唐代・古文選後
19_220_5

唐代・十輪經四
5_86_2

唐代・十輪經四
12_234_2

悍

漢カン
訓たけし

唐代・文選百三
67_648_23

悟

ゴ
訓さとる

初唐・聖武雜集
1_1_11

唐代・文選四八
41_365_14

唐代・文選六八
71_705_14

唐代・文選六八
73_727_18

唐代・文選六八
73_728_17

唐代・古文選前
14_167_11

唐代・十輪經九
6_115_15

唐代・十輪經十
3_53_2

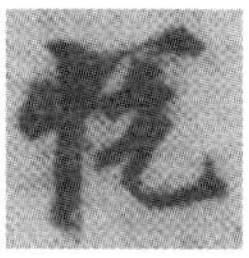
唐代・十輪經八
19_375_16

唐代・十輪經八
21_413_8

唐代・十輪經九
1_13_4

唐代・十輪經九
3_51_9

唐代・十輪經九
7_135_5

唐代・十輪經九
14_279_17

唐代・十輪經九
17_326_15

唐代·十輪經八
5_84_8

唐代·十輪經八
5_85_3

唐代·十輪經八
5_85_11

唐代·十輪經八
5_95_12

唐代·十輪經八
5_96_3

唐代·十輪經八
6_106_6

唐代·十輪經八
8_144_6

唐代·十輪經八
4_61_17

唐代·十輪經八
4_76_5

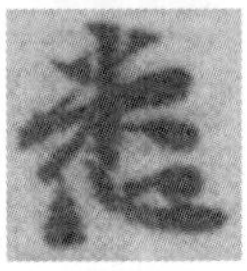
唐代·十輪經八
4_76_13

唐代·十輪經八
4_77_4

唐代·十輪經八
4_77_12

唐代·十輪經八
5_82_16

唐代·十輪經八
5_83_12

唐代·十輪經四
5_82_17

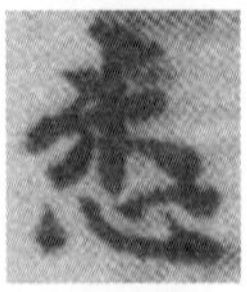
唐代·十輪經八
3_44_6

唐代·十輪經八
3_45_9

唐代·十輪經八
3_53_12

唐代·十輪經八
3_55_8

唐代·十輪經八
3_58_8

唐代·十輪經八
3_59_10

悉

漢シツ
訓つくす

唐代·文選四八
17_157_20

唐代·文選四八
29_261_20

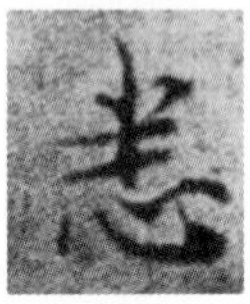
唐代·文選五九
15_148_1

唐代·文選五九
47_465_13

唐代·文選百三
65_622_13

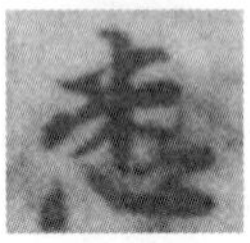
唐代·十輪經四
4_70_9

唐代·十輪經四
4_74_5

患

漢カン呉ゲン
訓わずらう

唐代·春秋經傳
8_76_5

唐代·春秋經傳
9_86_5

唐代·文選五九
49_485_22

唐代·文選六八
14_145_24

唐代·文選八八
6_40_10

唐代·文選百三
26_255_15

唐代·文選百三
51_490_11

唐代·古文選後
7_76_9

悛

セン慣シュン
訓あらためる

唐代·古文選後
19_220_7

悙

漢コウ呉キョウ
訓あらい

唐代·古文選後
20_232_13

惕 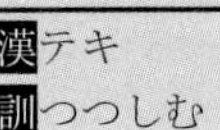

漢テキ
訓つつしむ

唐代・古文選後
2_20_6

悠

ユウ
訓うれえる

唐代・古文選前
21_250_1

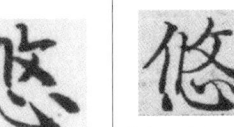

唐代・古文選前
22_258_11

唐代・古文選後
13_152_1

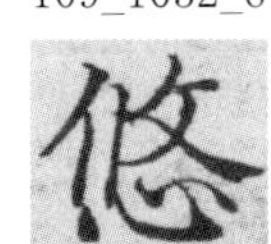
唐代・文選五九
109_1031_3

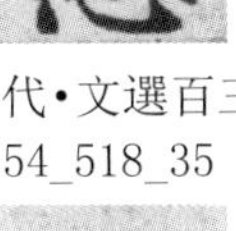
唐代・文選五九
109_1032_6

唐代・文選百三
54_518_35

唐代・文選百三
54_522_15

唐代・文選百三
54_522_30

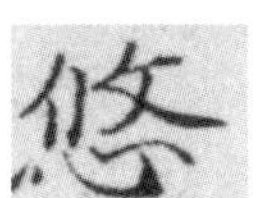
唐代・文選百三
79_750_22

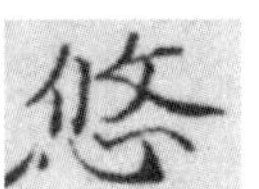
唐代・文選百三
79_750_23

唐代・古文選前
19_220_14

唐代・文選四八
6_51_15

唐代・文選四八
7_54_1

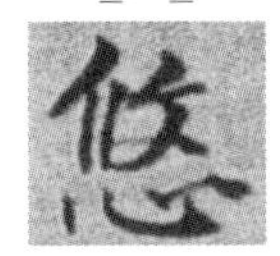
唐代・文選四八
7_54_9

唐代・文選五九
2_15_6

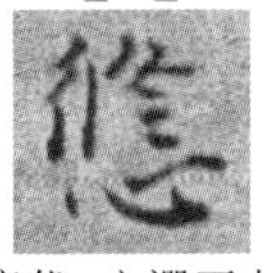
唐代・文選五九
2_18_10

唐代・文選五九
6_55_8

唐代・文選五九
6_57_9

唐代・文選五九
70_674_12

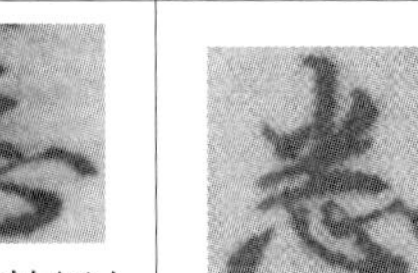
唐代・十輪經九
5_82_12

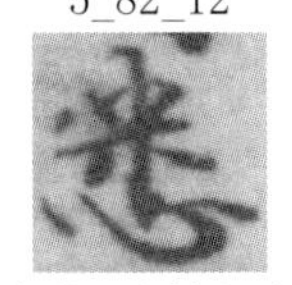
唐代・十輪經九
5_83_3

唐代・十輪經九
17_321_10

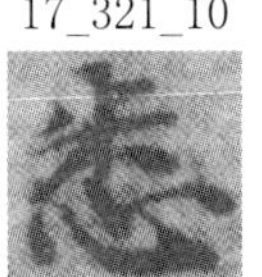
唐代・十輪經十
14_277_9

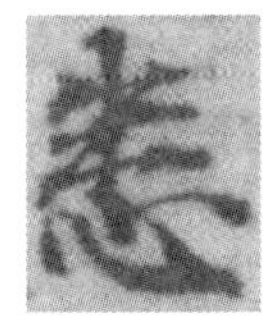
唐代・十輪經十
15_295_12

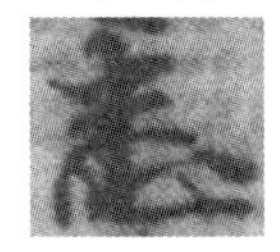
唐代・十輪經十
19_370_16

唐代・十輪經八
17_328_3

唐代・十輪經八
17_332_7

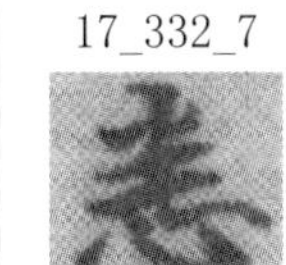
唐代・十輪經八
19_366_2

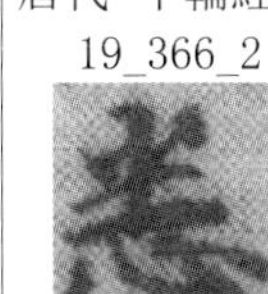
唐代・十輪經八
19_370_7

唐代・十輪經八
21_407_15

唐代・十輪經九
1_7_16

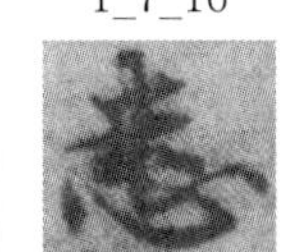
唐代・十輪經九
3_45_16

唐代・十輪經八
10_182_12

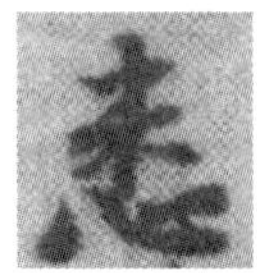
唐代・十輪經八
11_215_3

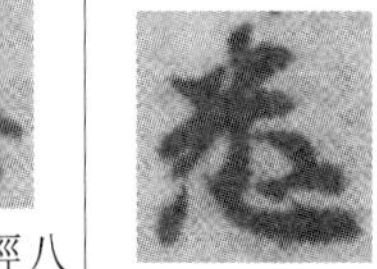
唐代・十輪經八
11_219_7

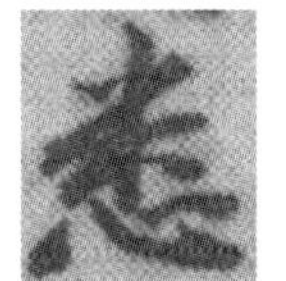
唐代・十輪經八
13_252_3

唐代・十輪經八
13_256_7

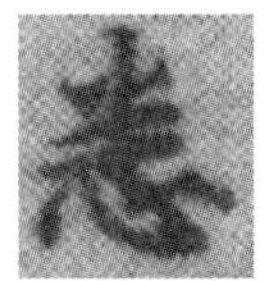
唐代・十輪經八
15_290_3

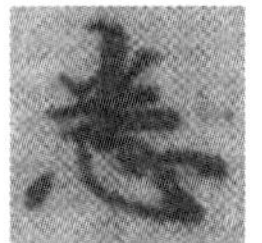
唐代・十輪經八
15_294_7

帳

チョウ
訓いたむ

唐代•文選五九 19_190_22

唐代•文選五九 74_716_1

唐代•文選五九 74_717_14

唐代•文選五九 84_811_19

唐代•文選五九 84_812_20

唐代•文選五九 85_814_4

幕亦帳 唐代•文選六八 57_569_16

唐代•古文選前 2_24_14

唐代•古文選前 6_73_1

唐代•古文選前 9_110_8

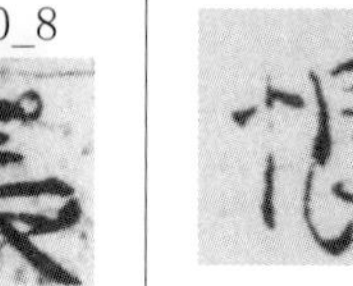
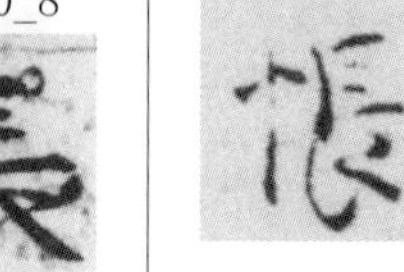
唐代•古文選前 14_168_1

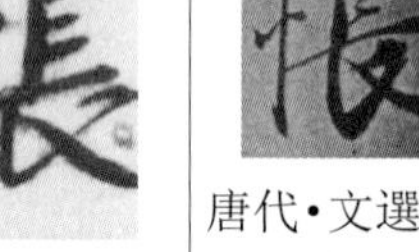
唐代•古文選前 15_175_9

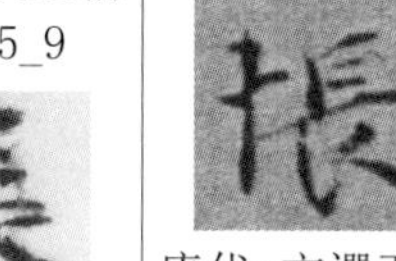
唐代•古文選後 24_279_7

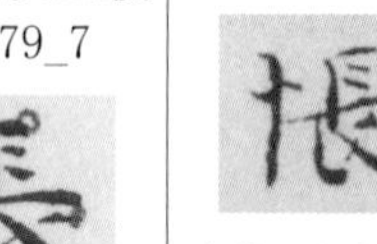
唐代•古文選後 24_283_4

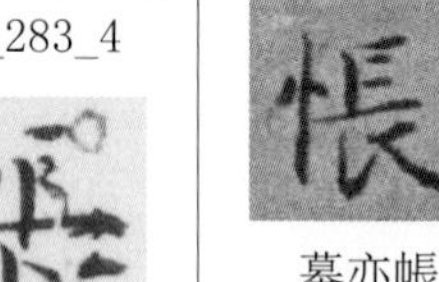
唐代•古文選後 26_308_1。，0

情

呉ジョウ漢セイ
訓なさけ

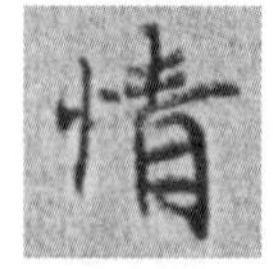
初唐•大般若經 2_34_7

唐代•文選四八 3_15_11

唐代•文選四八 7_57_2

唐代•文選四八 10_85_9

唐代•文選四八 10_89_16

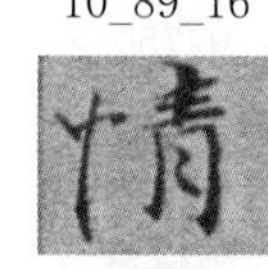
唐代•文選四八 12_106_27

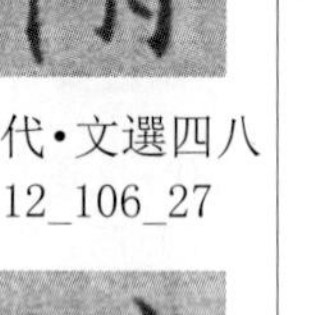
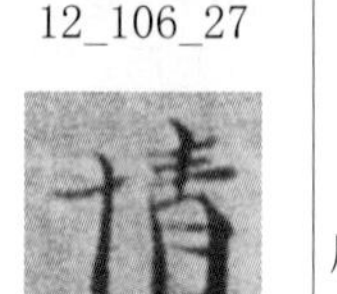
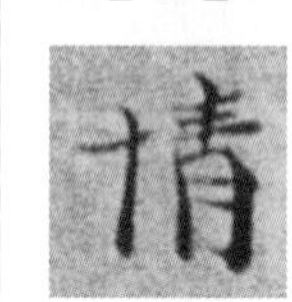
唐代•文選四八 13_116_13

唐代•文選四八 14_120_4

唐代•文選四八 30_276_12

唐代•文選四八 31_278_10

唐代•文選四八 39_350_4

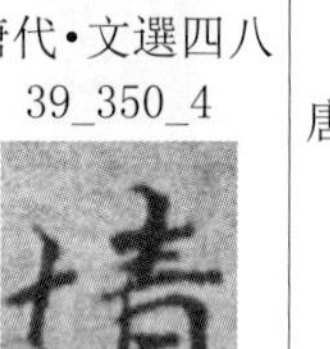
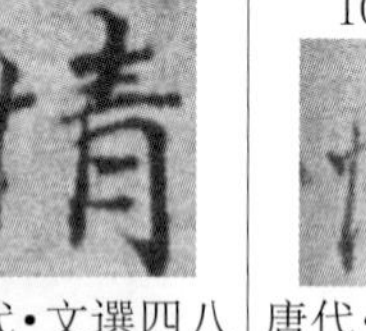
唐代•文選四八 39_350_25

唐代•文選四八 39_351_19

唐代•文選四八 40_354_25

唐代•文選五九 1_4_6

唐代•文選五九 1_10_3

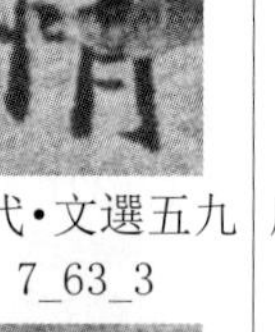
唐代•文選五九 7_63_3

唐代•文選五九 7_63_8

唐代•文選五九 7_71_3

唐代•文選五九 8_73_5

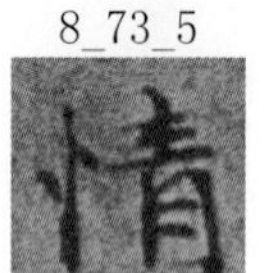

唐代•文選五九 8_73_23

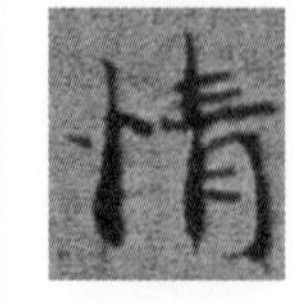
唐代•文選五九 8_74_13

唐代•文選五九 8_74_22

唐代•文選五九 8_75_1

唐代•文選五九 8_76_10

唐代•文選五九 19_186_14

唐代•文選五九 20_192_2

唐代•文選五九 20_194_6

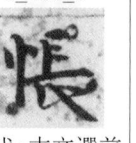

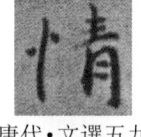

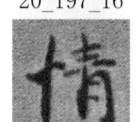

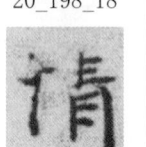

唐代•文選五九 20_195_1

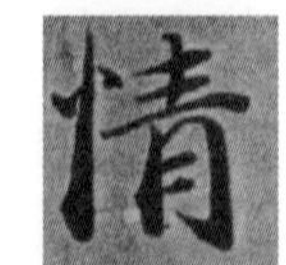
唐代•文選五九 20_196_1

唐代•文選五九 20_196_13

唐代•文選五九 20_197_16

唐代•文選五九 20_198_18

唐代•文選五九 23_223_25

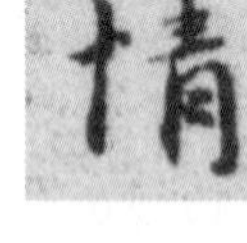
唐代•文選五九 29_280_26

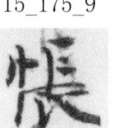

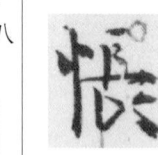

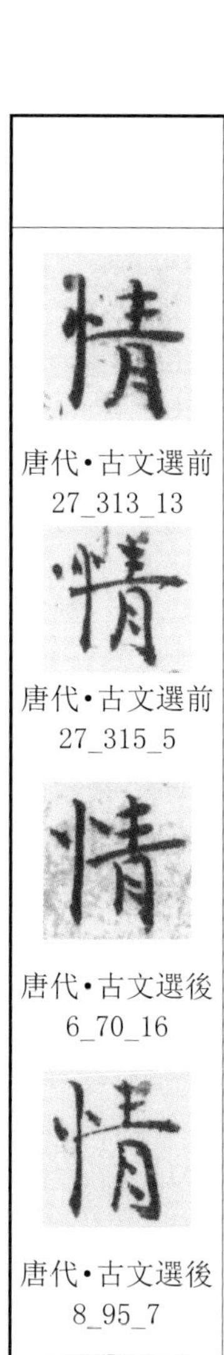
唐代•古文選前
27_313_13

唐代•古文選前
27_315_5

唐代•古文選後
6_70_16

唐代•古文選後
8_95_7

唐代•古文選後
10_117_13

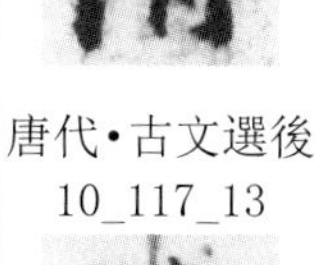
唐代•古文選後
16_189_7

唐代•古文選後
18_215_5

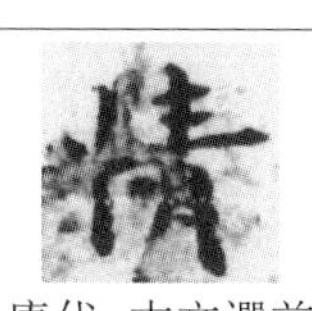
唐代•古文選前
14_165_28

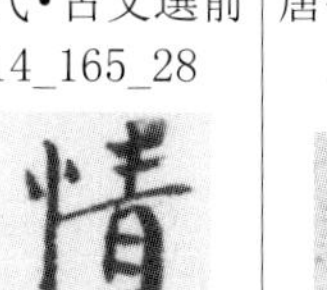
唐代•古文選前
15_171_4

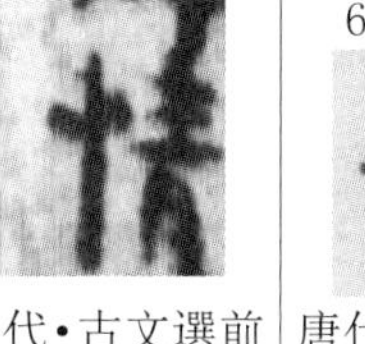
唐代•古文選前
15_179_49

唐代•古文選前
19_223_7

唐代•古文選前
20_233_3

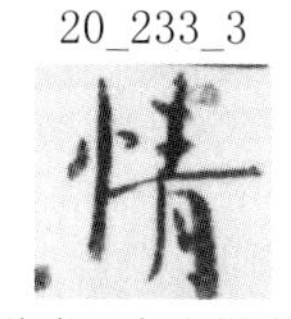
唐代•古文選前
20_236_8

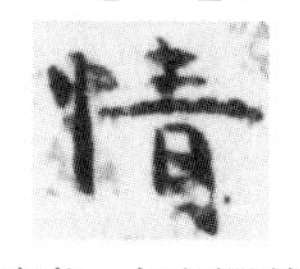
唐代•古文選前
26_302_1

唐代•文選百三
23_223_10

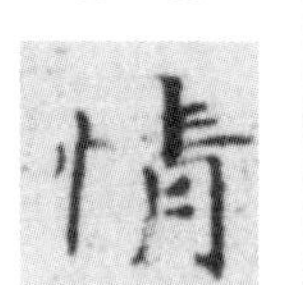
唐代•文選百三
69_660_12

唐代•文選百三
84_802_28

唐代•古文選前
6_66_11

唐代•古文選前
6_72_6

唐代•古文選前
8_97_11

唐代•古文選前
9_104_10

唐代•文選六八
48_483_8

唐代•文選六八
49_486_23

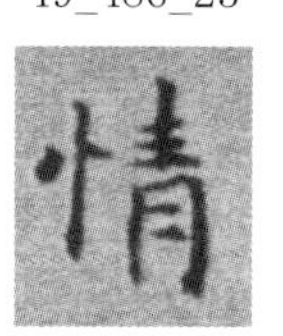
唐代•文選六八
55_552_4

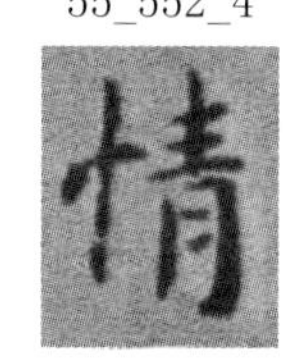
唐代•文選六八
62_620_3

唐代•文選八八
13_110_6

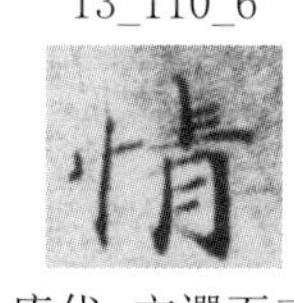
唐代•文選百三
14_134_28

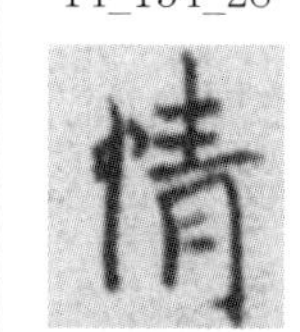
唐代•文選百三
14_134_36

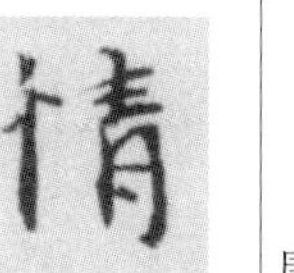
唐代•文選五九
71_677_9

唐代•文選五九
99_933_6

唐代•文選五九
100_944_1

唐代•文選五九
110_1045_2

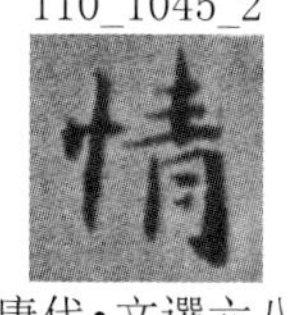
唐代•文選六八
8_83_15

唐代•文選六八
11_114_6

唐代•文選六八
28_285_1

唐代•文選五九
41_400_27

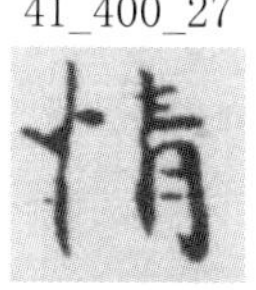
唐代•文選五九
41_411_2

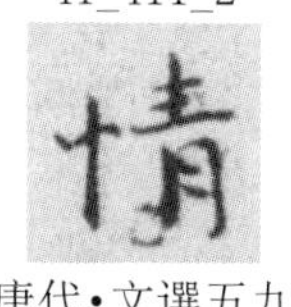
唐代•文選五九
45_446_30

唐代•文選五九
55_538_3

唐代•文選五九
55_539_13

唐代•文選五九
55_539_15

唐代•文選五九
68_654_13

唐代•文選五九
33_325_27

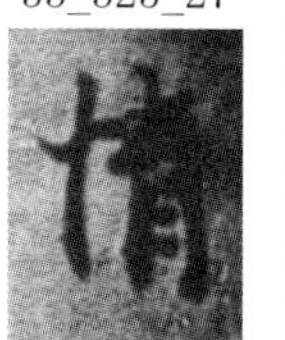
唐代•文選五九
35_349_6

唐代•文選五九
35_349_16

唐代•文選五九
40_396_3

唐代•文選五九
40_397_13

唐代•文選五九
40_398_19

唐代•文選五九
41_400_2

唐代•古文選後
21_241_10

唐代•古文選後
25_298_13

唐代•古文選後
26_303_4

唐代•十輪經四
1_7_3

唐代•十輪經四
10_184_18

唐代•十輪經四
18_348_4

唐代•十輪經八
3_46_3

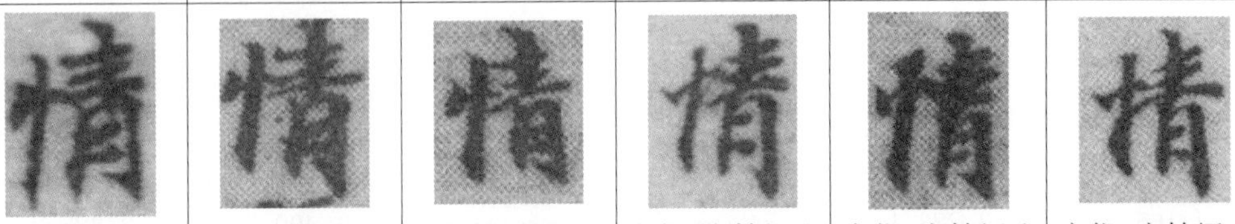

唐代•十輪經八 3_53_2
唐代•十輪經八 7_122_4
唐代•十輪經八 10_196_2
唐代•十輪經八 13_254_14
唐代•十輪經八 17_330_14
唐代•十輪經八 20_387_8

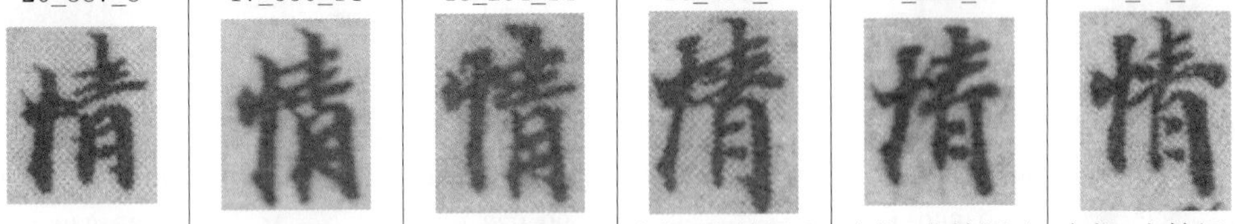

唐代•十輪經八 3_57_15
唐代•十輪經八 8_142_13
唐代•十輪經八 10_197_9
唐代•十輪經八 14_270_12
唐代•十輪經八 18_347_2
唐代•十輪經八 21_406_6

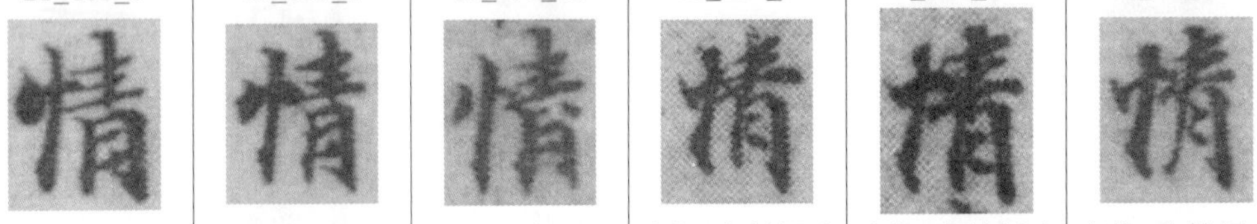

唐代•十輪經八 4_72_13
唐代•十輪經八 8_158_16
唐代•十輪經八 10_198_12
唐代•十輪經八 14_272_2
唐代•十輪經八 18_348_9
唐代•十輪經八 22_424_6

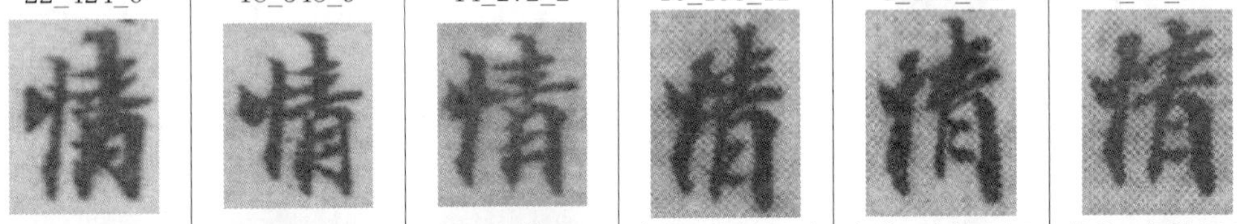

唐代•十輪經八 5_87_9
唐代•十輪經八 8_159_14
唐代•十輪經八 11_217_14
唐代•十輪經八 14_273_5
唐代•十輪經八 18_349_12
唐代•十輪經八 22_425_13

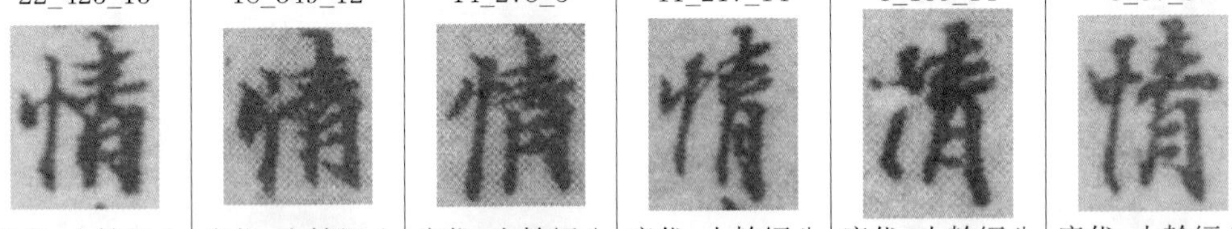

唐代•十輪經八 6_104_12
唐代•十輪經八 8_160_16
唐代•十輪經八 12_233_11
唐代•十輪經八 15_292_14
唐代•十輪經八 19_368_14
唐代•十輪經八 22_426_16

唐代•十輪經八 6_120_1
唐代•十輪經八 10_181_1
唐代•十輪經八 12_235_1
唐代•十輪經八 16_308_11
唐代•十輪經八 20_385_6
唐代•十輪經九 1_6_6

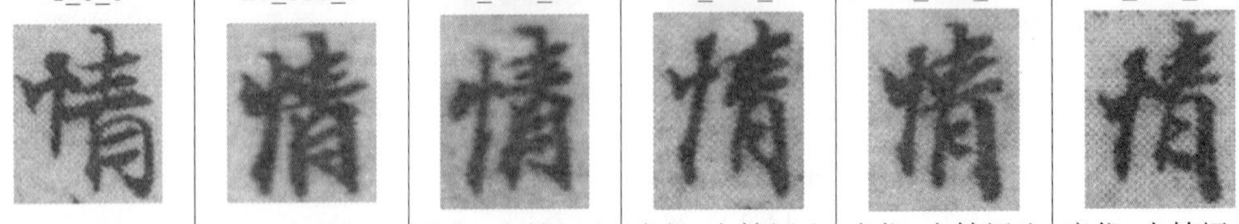

唐代•十輪經八 7_121_1
唐代•十輪經八 10_195_11
唐代•十輪經八 12_236_4
唐代•十輪經八 16_311_3
唐代•十輪經八 20_386_5
唐代•十輪經九 2_22_15

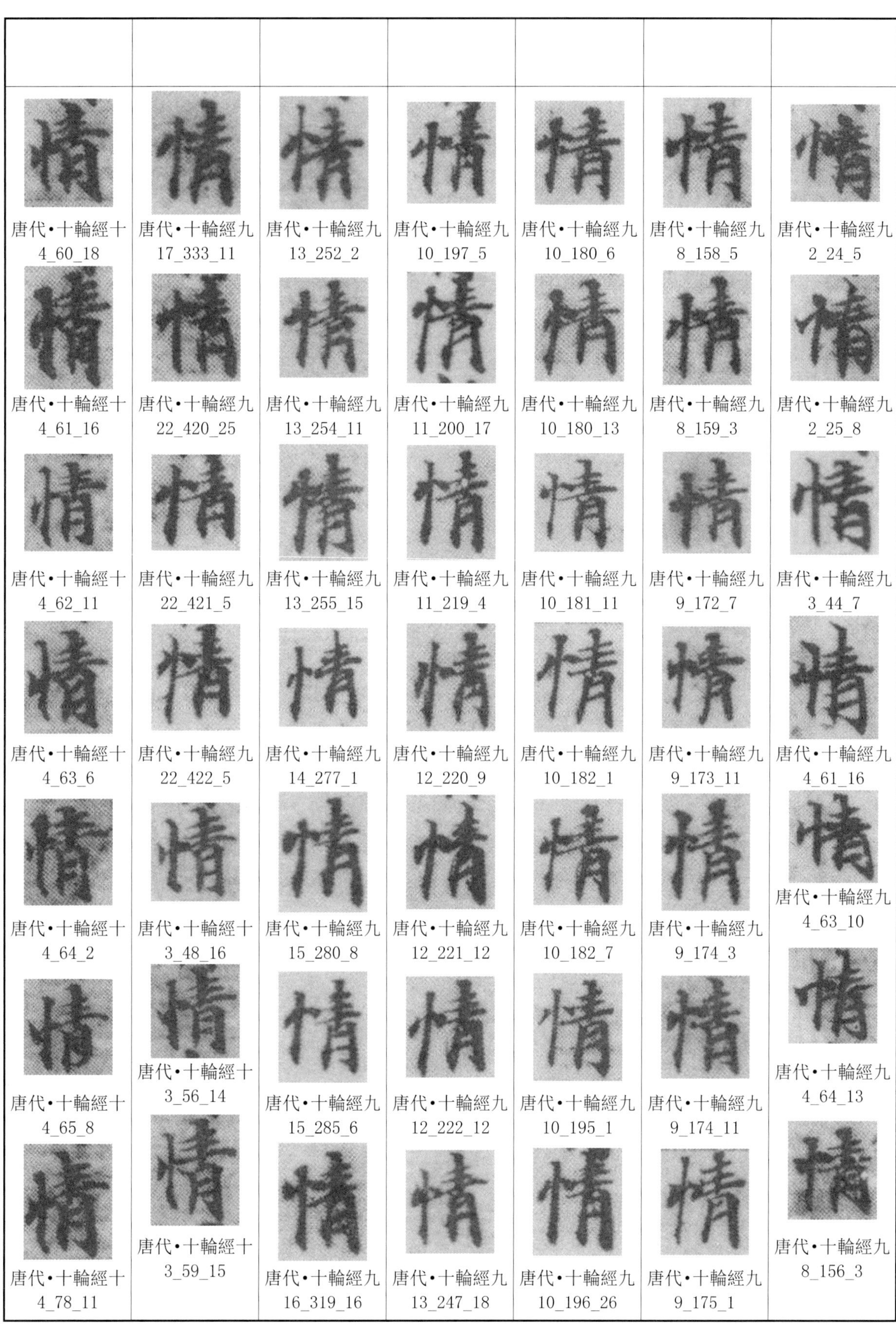

唐代•十輪經九 2_24_5	唐代•十輪經九 8_158_5	唐代•十輪經九 10_180_6	唐代•十輪經九 10_197_5	唐代•十輪經九 13_252_2	唐代•十輪經九 17_333_11	唐代•十輪經十 4_60_18
唐代•十輪經九 2_25_8	唐代•十輪經九 8_159_3	唐代•十輪經九 10_180_13	唐代•十輪經九 11_200_17	唐代•十輪經九 13_254_11	唐代•十輪經九 22_420_25	唐代•十輪經十 4_61_16
唐代•十輪經九 3_44_7	唐代•十輪經九 9_172_7	唐代•十輪經九 10_181_11	唐代•十輪經九 11_219_4	唐代•十輪經九 13_255_15	唐代•十輪經九 22_421_5	唐代•十輪經十 4_62_11
唐代•十輪經九 4_61_16	唐代•十輪經九 9_173_11	唐代•十輪經九 10_182_1	唐代•十輪經九 12_220_9	唐代•十輪經九 14_277_1	唐代•十輪經九 22_422_5	唐代•十輪經十 4_63_6
唐代•十輪經九 4_63_10	唐代•十輪經九 9_174_3	唐代•十輪經九 10_182_7	唐代•十輪經九 12_221_12	唐代•十輪經九 15_280_8	唐代•十輪經十 3_48_16	唐代•十輪經十 4_64_2
唐代•十輪經九 4_64_13	唐代•十輪經九 9_174_11	唐代•十輪經九 10_195_1	唐代•十輪經九 12_222_12	唐代•十輪經九 15_285_6	唐代•十輪經十 3_56_14	唐代•十輪經十 4_65_8
唐代•十輪經九 8_156_3	唐代•十輪經九 9_175_1	唐代•十輪經九 10_196_26	唐代•十輪經九 13_247_18	唐代•十輪經九 16_319_16	唐代•十輪經十 3_59_15	唐代•十輪經十 4_78_11

唐代·十輪經十 5_81_9
唐代·十輪經十 5_82_16
唐代·十輪經十 5_84_2
唐代·十輪經十 5_85_13
唐代·十輪經十 5_89_3
唐代·十輪經十 5_89_15
唐代·十輪經十 5_90_14
唐代·十輪經十 5_91_13
唐代·十輪經十 5_92_12
唐代·十輪經十 5_94_9
唐代·十輪經十 5_94_13
唐代·十輪經十 6_104_16
唐代·十輪經十 6_105_11
唐代·十輪經十 6_109_3
唐代·十輪經十 6_114_2
唐代·十輪經十 6_115_9
唐代·十輪經十 7_136_12
唐代·十輪經十 7_137_11
唐代·十輪經十 7_138_10
唐代·十輪經十 7_139_15
唐代·十輪經十 8_140_4
唐代·十輪經十 8_141_13
唐代·十輪經十 8_142_1
唐代·十輪經十 8_145_2
唐代·十輪經十 8_146_4
唐代·十輪經十 8_159_10
唐代·十輪經十 8_160_12
唐代·十輪經十 9_162_12
唐代·十輪經十 9_170_6
唐代·十輪經十 9_172_5
唐代·十輪經十 9_176_7
唐代·十輪經十 9_177_9
唐代·十輪經十 9_180_3
唐代·十輪經十 10_182_12
唐代·十輪經十 10_187_6
唐代·十輪經十 10_196_5
唐代·十輪經十 12_231_3
唐代·十輪經十 15_291_11
唐代·十輪經十 15_291_13
唐代·十輪經十 15_292_10
唐代·十輪經十 15_292_12
唐代·十輪經十 17_322_15
唐代·十輪經十 17_330_3
唐代·十輪經十 19_375_5
唐代·十輪經十 19_379_9

惟

漢イ 呉ユイ
訓おもう

中唐・風信帖
1_4_8

唐代•春秋經傳
8_83_12

唐代•文選四八
24_216_2

唐代•文選四八
24_217_14

唐代•文選四八
24_217_23

唐代•文選四八
28_251_2

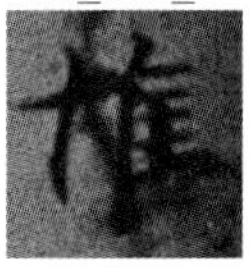
唐代•文選四八
28_256_10

唐代•文選四八
30_266_12

悽

漢セイ
訓いたむ

唐代•文選四八
10_87_20

唐代•文選五九
27_262_9

唐代•文選五九
27_265_6

唐代•文選五九
27_265_21

唐代•古文選前
1_7_2

惝

漢ショウ
訓—

唐代•文選五九
74_716_6

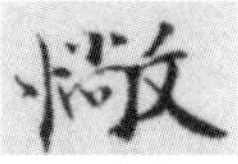
唐代•文選五九
74_717_26

唐代•文選五九
75_718_16

唐代•文選五九
75_718_27

悼

漢トウ
訓いたむ

唐代•文選百三
37_376_5

唐代•文選百三
38_383_1

唐代•文選百三
87_825_4

唐代•文選百三
87_827_29

唐代•古文選前
14_165_13

唐代•十輪經十
9_179_4

惜

漢セキ 呉シャク
訓おしい

唐代•春秋經傳
11_112_3

唐代•文選五九
3_22_14

唐代•文選五九
11_111_12

唐代•文選五九
101_950_4

唐代•文選五九
101_951_29

唐代•文選六八
59_588_9

唐代•文選百三
86_823_29

唐代•十輪經四
10_188_16

惏

リン 漢ラン
訓むさぼる

唐代•文選百三
46_440_5

唐代•古文選前
1_6_13

唐代•文選四八 34_310_6
唐代•文選四八 35_312_4
唐代•文選四八 36_318_8
唐代•文選四八 36_318_10
唐代•文選四八 36_320_20
唐代•文選四八 36_321_9
唐代•文選四八 36_327_1
唐代•文選四八 36_328_19
唐代•文選四八 40_358_7
唐代•文選五九 22_218_5
唐代•文選五九 22_218_15
唐代•文選五九 35_343_13
唐代•文選五九 35_343_15
唐代•文選五九 35_351_16
唐代•文選五九 52_512_8
唐代•文選五九 52_512_23
唐代•文選五九 52_513_10
唐代•文選五九 56_547_1
唐代•文選五九 56_549_12
唐代•文選五九 71_677_12
唐代•文選五九 79_762_21
唐代•文選五九 79_762_23
唐代•文選六八 11_116_24
唐代•文選六八 57_570_4
唐代•文選六八 57_570_17
唐代•文選六八 64_640_5
唐代•文選六八 65_649_11
唐代•文選六八 65_650_8
唐代•文選百三 5_42_1
唐代•文選百三 5_48_9
唐代•文選百三 6_54_22
唐代•文選百三 11_101_5
唐代•文選百三 18_173_21
唐代•文選百三 18_174_30
唐代•文選百三 25_241_1
唐代•文選百三 37_365_8
唐代•文選百三 51_489_8
唐代•文選百三 51_493_31
唐代•文選百三 51_494_27
唐代•文選百三 59_565_20
唐代•文選百三 59_565_25
唐代•文選百三 61_591_31
唐代•文選百三 65_629_1
唐代•文選百三 76_728_9
唐代•文選百三 81_767_14
唐代•文選百三 81_777_4
唐代•古文選前 16_187_9
唐代•古文選前 21_244_12
唐代•古文選前 21_244_16
唐代•古文選前 22_253_3
唐代•古文選前 22_256_1
唐代•古文選前 22_256_10
唐代•古文選前 22_257_10
唐代•古文選前 23_268_14
唐代•古文選前 26_304_1
唐代•古文選後 1_1_6

悷	惓	惆				
漢レイ 呉ライ 訓—	漢ケン 訓つつしむ	チュウ 訓うらむ				
 唐代・古文選前 1_6_14	 唐代・古文選前 5_59_9	 唐代・古文選前 6_72_14  唐代・古文選後 24_279_6	 唐代・十輪經十 19_375_15 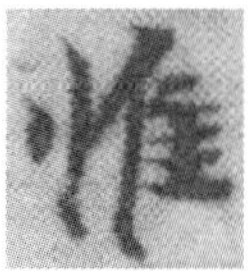 唐代・十輪經十 19_380_2  唐代・十輪經十 17_334_13 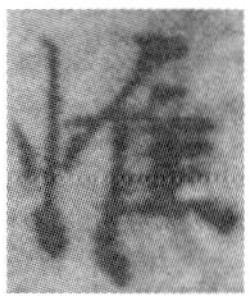 唐代・十輪經十 19_363_5	 唐代・古文選後 21_247_14  唐代・十輪經九 11_211_6  唐代・十輪經九 18_348_7  唐代・十輪經十 2_25_13  唐代・十輪經十 7_129_5 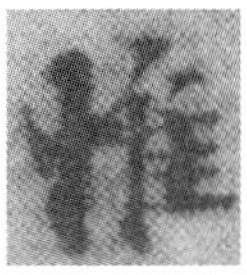 唐代・十輪經十 14_270_13  唐代・十輪經十 16_320_5	 唐代・古文選後 12_135_5  唐代・古文選後 14_162_3  唐代・古文選後 17_203_3  唐代・古文選後 18_211_13  唐代・古文選後 18_215_13  當作帷 唐代・古文選後 18_216_17  唐代・古文選後 19_218_14  唐代・古文選後 19_224_2	 唐代・古文選後 4_42_14  唐代・古文選後 5_50_7  唐代・古文選後 5_53_12  唐代・古文選後 5_53_14  唐代・古文選後 11_125_5  唐代・古文選後 12_132_5  唐代・古文選後 13_154_13

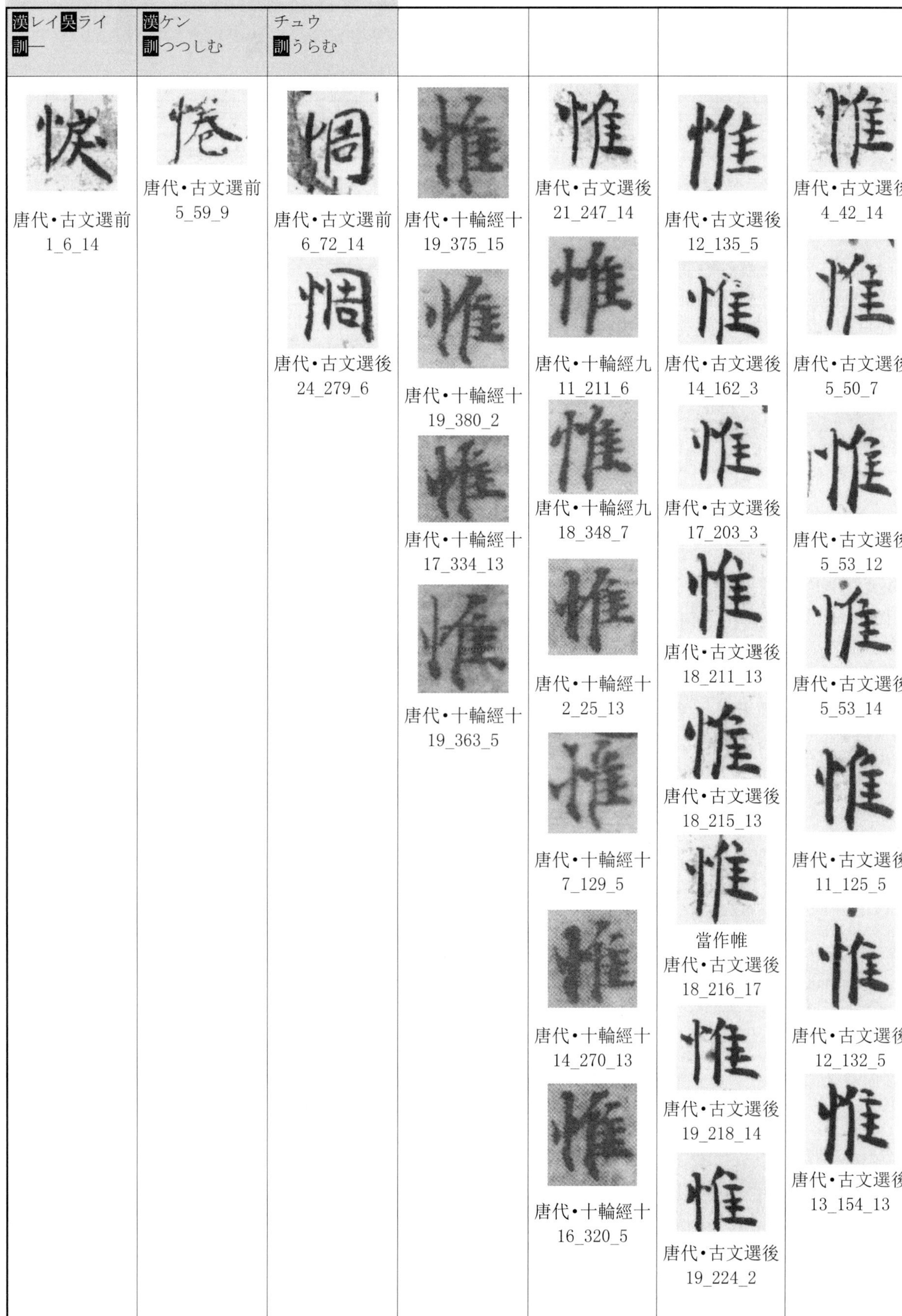

悰	惡
漢ソウ呉ズ 訓たのしむ	アク 訓にくむ

悰

- 唐代・文選五九 19_182_6
- 唐代・文選五九 19_184_14
- 唐代・文選五九 19_185_1
- 唐代・文選五九 19_185_20

惡

- 唐代・春秋經傳 7_69_6
- 唐代・春秋經傳 11_111_13
- 唐代・春秋經傳 17_172_9
- 唐代・春秋經傳 17_172_14
- 唐代・春秋經傳 19_200_27
- 唐代・春秋經傳 20_204_10
- 唐代・春秋經傳 21_219_4
- 唐代・春秋經傳 21_219_6
- 唐代・春秋經傳 28_288_7
- 唐代・春秋經傳 32_336_12
- 唐代・文選四八 8_63_7
- 唐代・文選五九 10_92_9
- 唐代・文選五九 48_476_23
- 唐代・文選六八 6_55_24
- 唐代・文選八八 8_61_22
- 唐代・文選八八 9_63_15
- 唐代・文選八八 9_64_26
- 唐代・文選八八 9_65_7
- 唐代・文選八八 22_196_5
- 唐代・文選八八 22_197_7
- 唐代・文選八八 22_197_18
- 唐代・文選百三 13_120_13
- 唐代・文選百三 13_123_12
- 唐代・文選百三 13_123_29
- 唐代・文選百三 13_124_6
- 唐代・文選百三 47_448_21
- 唐代・文選百三 57_556_4
- 唐代・文選百三 57_556_17
- 唐代・文選百三 58_557_15
- 唐代・文選百三 58_557_22
- 唐代・文選百三 58_558_2
- 唐代・文選百三 58_558_23
- 唐代・文選百三 58_558_30
- 唐代・文選百三 59_566_19
- 唐代・古文選後 5_58_11
- 唐代・十輪經四 1_4_11
- 唐代・十輪經四 1_11_17
- 唐代・十輪經四 1_18_6
- 唐代・十輪經四 2_27_3
- 唐代・十輪經四 3_42_12
- 唐代・十輪經四 3_43_16
- 唐代・十輪經四 3_44_17
- 唐代・十輪經四 3_46_6
- 唐代・十輪經四 3_49_4
- 唐代・十輪經四 3_53_2
- 唐代・十輪經四 3_53_16
- 唐代・十輪經四 4_71_8
- 唐代・十輪經四 4_71_17

唐代•十輪經四 5_84_7
唐代•十輪經四 5_94_14
唐代•十輪經四 6_120_17
唐代•十輪經四 7_126_11
唐代•十輪經四 7_128_9
唐代•十輪經四 7_139_17
唐代•十輪經四 8_144_11
唐代•十輪經四 8_150_13

唐代•十輪經四 8_153_5
唐代•十輪經四 9_172_18
唐代•十輪經四 9_174_15
唐代•十輪經四 9_174_22
唐代•十輪經四 10_180_24
唐代•十輪經四 10_183_11
唐代•十輪經四 11_219_13
唐代•十輪經四 12_231_17

唐代•十輪經四 12_234_18
唐代•十輪經四 13_255_17
唐代•十輪經四 15_280_9
唐代•十輪經四 15_284_12
唐代•十輪經四 15_295_11
唐代•十輪經四 15_295_15
唐代•十輪經四 16_302_16
唐代•十輪經四 16_304_15

唐代•十輪經四 16_305_9
唐代•十輪經四 16_313_1
唐代•十輪經四 17_322_5
唐代•十輪經四 17_332_14
唐代•十輪經四 18_344_5
唐代•十輪經四 18_359_5
唐代•十輪經四 19_377_12
唐代•十輪經四 19_379_2

唐代•十輪經四 20_394_16
唐代•十輪經四 21_401_11
唐代•十輪經四 22_428_11
唐代•十輪經八 2_31_8
唐代•十輪經八 2_33_3
唐代•十輪經八 4_61_13
唐代•十輪經八 4_66_1
唐代•十輪經八 5_84_4

唐代•十輪經八 5_84_6
唐代•十輪經八 5_92_1
唐代•十輪經八 5_95_16
唐代•十輪經八 6_104_3
唐代•十輪經八 6_115_14
唐代•十輪經八 8_142_4
唐代•十輪經八 8_154_3
唐代•十輪經八 9_180_9

唐代•十輪經八 10_192_2
唐代•十輪經八 11_217_5
唐代•十輪經八 12_229_1
唐代•十輪經八 13_254_5
唐代•十輪經八 14_265_17
唐代•十輪經八 14_265_18
唐代•十輪經八 15_292_5
唐代•十輪經八 15_303_17

唐代•十輪經八 17_327_1
唐代•十輪經八 17_329_15
唐代•十輪經八 17_330_5
唐代•十輪經八 17_332_3
唐代•十輪經八 17_341_11
唐代•十輪經八 17_341_17
唐代•十輪經八 18_350_11
唐代•十輪經八 19_368_5

唐代•十輪經八 19_379_16
唐代•十輪經八 21_405_14
唐代•十輪經八 21_417_13
唐代•十輪經九 1_5_14
唐代•十輪經九 1_17_9
唐代•十輪經九 3_43_15
唐代•十輪經九 3_55_15
唐代•十輪經九 5_82_16

唐代•十輪經九 5_86_4
唐代•十輪經九 5_95_9
唐代•十輪經九 6_114_12
唐代•十輪經九 7_134_4
唐代•十輪經九 8_141_11
唐代•十輪經九 8_143_4
唐代•十輪經九 8_145_11
唐代•十輪經九 8_145_17

唐代•十輪經九 13_248_4
唐代•十輪經九 13_256_5
唐代•十輪經九 16_319_7
唐代•十輪經十 4_61_2
唐代•十輪經十 4_64_5
唐代•十輪經十 4_76_17
唐代•十輪經十 5_88_5
唐代•十輪經十 5_94_15

唐代•十輪經十 6_111_8
唐代•十輪經十 7_126_10
唐代•十輪經十 7_127_3
唐代•十輪經十 7_130_5
唐代•十輪經十 7_130_25
唐代•十輪經十 10_198_11
唐代•十輪經十 12_229_8
唐代•十輪經十 12_237_15

唐代•十輪經十 12_238_4
唐代•十輪經十 13_246_10
唐代•十輪經十 13_246_16
唐代•十輪經十 13_255_17
唐代•十輪經十 13_256_6
唐代•十輪經十 14_264_12
唐代•十輪經十 14_265_1
唐代•十輪經十 14_267_9

唐代•十輪經十 16_310_11
唐代•十輪經十 16_310_17
唐代•十輪經十 16_317_1
唐代•十輪經十 17_327_25
唐代•十輪經十 17_328_17
唐代•十輪經十 18_353_17
唐代•十輪經十 18_354_5
唐代•十輪經十 18_358_15

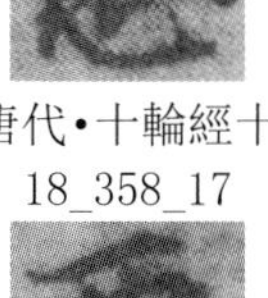

唐代・十輪經十
18_358_17

唐代・十輪經十
19_367_12

惠

漢ケイ 呉エ
訓めぐむ

中唐・風信帖
1_3_1

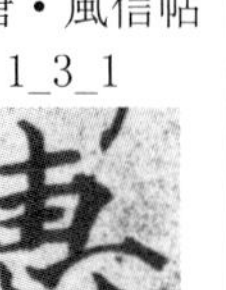

唐代・春秋經傳
32_337_9

唐代・春秋經傳
33_344_7

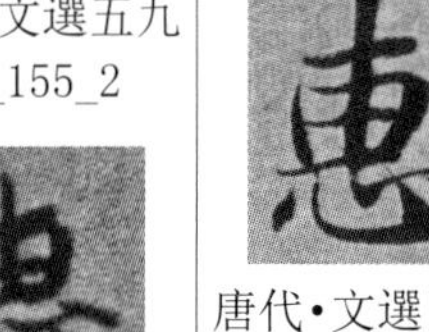

唐代・春秋經傳
33_344_15

唐代・文選四八
8_66_7

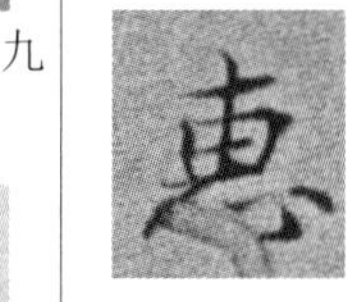

唐代・文選四八
8_67_32

唐代・文選四八
8_69_4

唐代・文選四八
8_69_13

唐代・文選四八
21_187_3

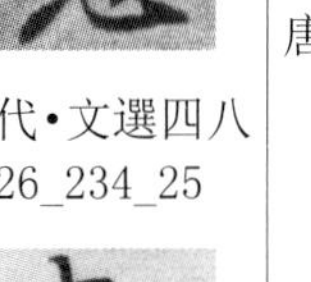

唐代・文選四八
26_234_25

唐代・文選五九
16_155_2

唐代・文選五九
17_162_10

唐代・文選五九
20_198_9

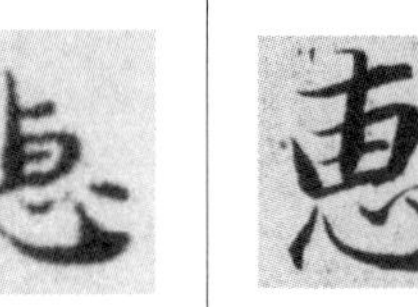

唐代・文選五九
21_202_2

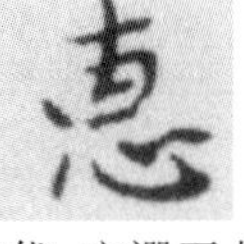

唐代・文選五九
52_510_18

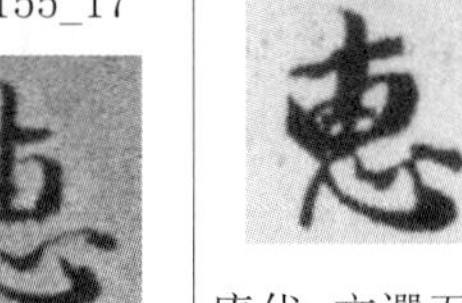

唐代・文選五九
58_560_9

唐代・文選五九
60_573_19

唐代・文選五九
65_626_3

唐代・文選五九
68_656_2

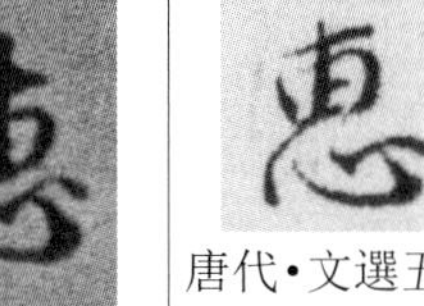

唐代・文選五九
77_741_22

唐代・文選五九
86_820_8

唐代・文選六八
1_4_29

唐代・文選六八
15_155_17

唐代・文選六八
24_240_12

唐代・文選六八
56_564_3

唐代・文選六八
64_638_1

唐代・文選六八
64_641_9

唐代・文選六八
65_654_19

唐代・文選六八
71_702_14

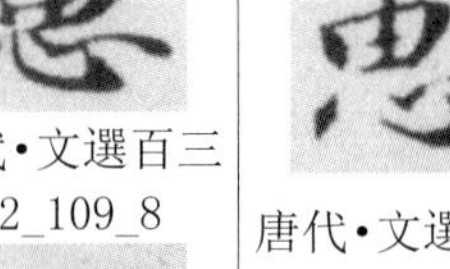

唐代・文選八八
1_5_30

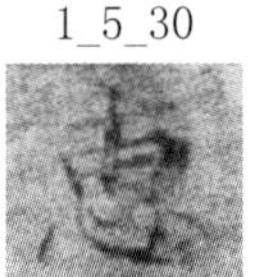

唐代・文選百三
1_7_20

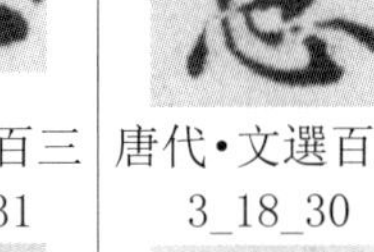

唐代・文選百三
3_18_30

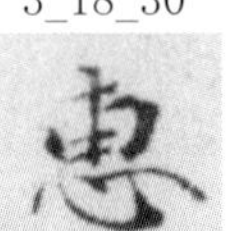

唐代・文選百三
3_28_1

唐代・文選百三
3_28_7

唐代・文選百三
4_32_6

唐代・文選百三
11_108_8

唐代・文選百三
12_109_8

唐代・文選百三
12_109_35

唐代・文選百三
13_117_31

唐代・文選百三
17_163_18

唐代・文選百三
24_231_3

唐代・文選百三
25_245_17

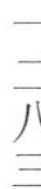

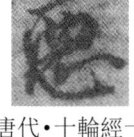

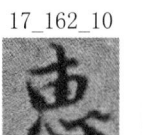

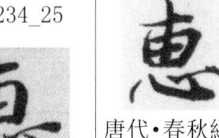

悲

ヒ
訓かなしい

唐代・文選五九 40_397_22

唐代・文選五九 43_426_13

唐代・文選五九 64_616_3

唐代・文選五九 64_618_25

唐代・文選五九 64_622_9

唐代・文選五九 65_624_11

唐代・文選五九 84_805_30

唐代・文選五九 99_941_5

唐代・文選五九 3_25_3

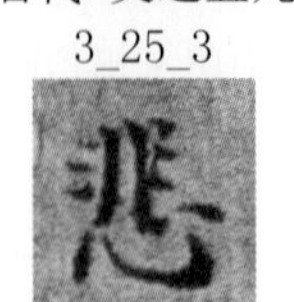

唐代・文選五九 3_26_9

唐代・文選五九 3_26_19

唐代・文選五九 3_26_24

唐代・文選五九 11_111_4

唐代・文選五九 12_113_9

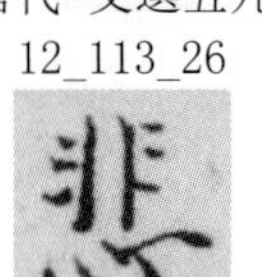

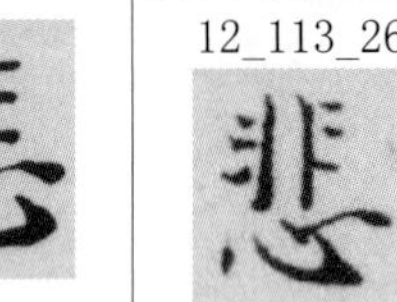

唐代・文選五九 12_113_26

唐代・文選五九 40_396_10

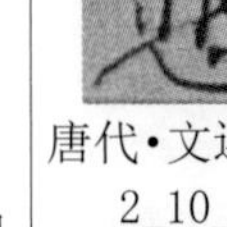

唐代・文選四八 2_10_12

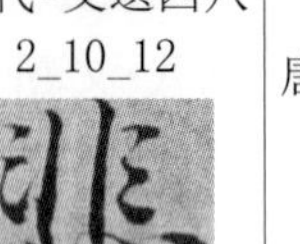

唐代・文選四八 7_55_2

唐代・文選四八 7_57_1

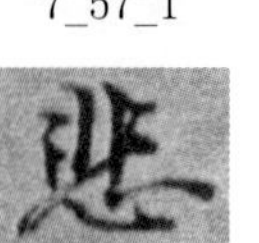

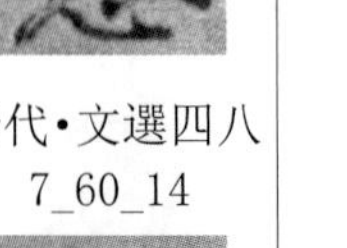

唐代・文選四八 7_60_14

唐代・文選四八 9_78_7

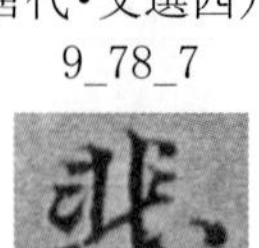

唐代・文選四八 9_79_5

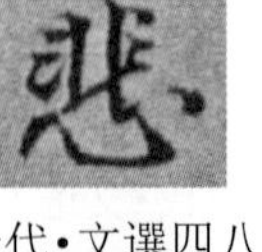

唐代・文選四八 9_79_9

唐代・文選四八 10_80_4

唐代・十輪經四 11_201_14

唐代・十輪經九 5_94_5

唐代・十輪經十 8_141_5

惑

呉ワク
訓まどう

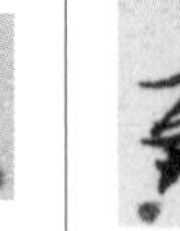

唐代・春秋經傳 29_299_20

唐代・文選六八 69_690_16

唐代・文選六八 73_724_2

唐代・文選百三 56_542_26

唐代・古文選前 7_87_8

唐代・十輪經四 3_55_9

唐代・十輪經四 11_211_16

唐代・古文選前 22_254_1

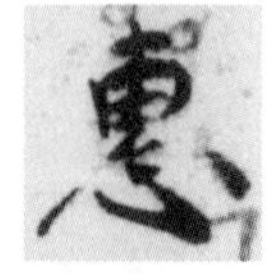

唐代・古文選前 26_306_2

唐代・古文選後 4_44_15

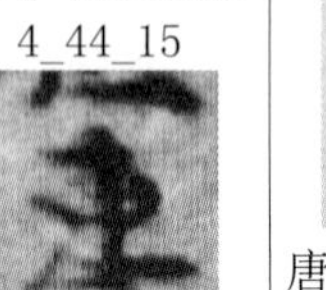

唐代・古文選後 11_119_37

唐代・古文選後 18_206_2

唐代・十輪經十 4_60_5

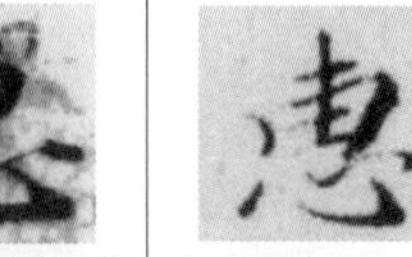

唐代・文選百三 35_345_35

唐代・文選百三 38_378_28

唐代・文選百三 38_381_22

唐代・文選百三 64_614_25

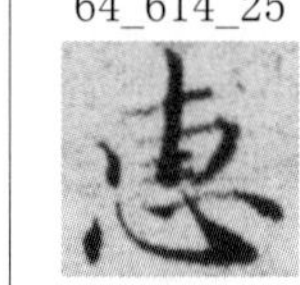

唐代・文選百三 86_823_27

唐代・古文選前 11_128_8

唐代・古文選前 19_226_9

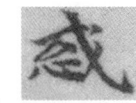

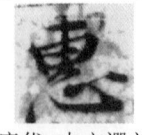

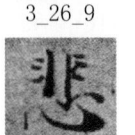

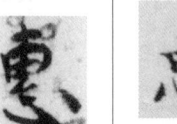

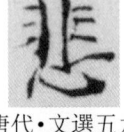

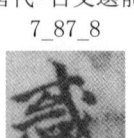

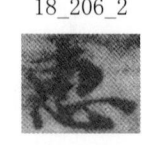

唐代•十輪經十
9_169_15

唐代•十輪經十
9_171_14

唐代•十輪經十
9_172_13

唐代•十輪經十
9_173_3

唐代•十輪經十
9_177_2

唐代•十輪經十
10_182_5

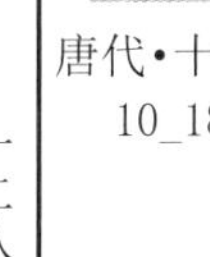

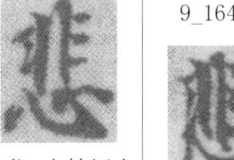

唐代•十輪經十
10_189_9

唐代•十輪經九
10_191_10

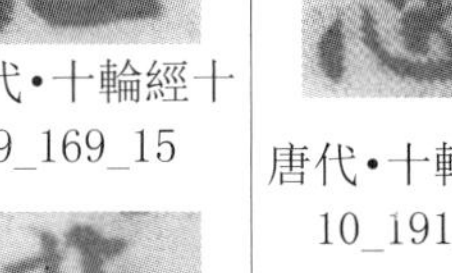

唐代•十輪經九
10_192_9

唐代•十輪經九
11_214_12

唐代•十輪經九
13_253_15

唐代•十輪經九
18_345_15

唐代•十輪經十
9_164_14

唐代•十輪經十
9_170_14

唐代•十輪經四
15_298_9

唐代•十輪經八
5_80_17

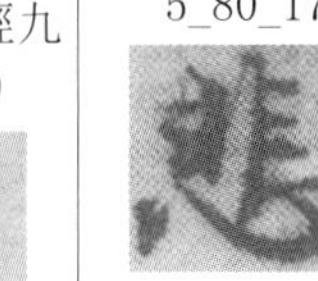

唐代•十輪經九
2_23_4

唐代•十輪經九
8_156_9

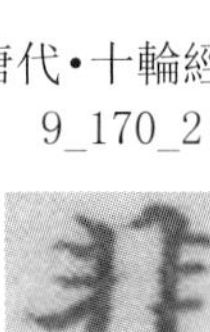

唐代•十輪經九
9_170_2

唐代•十輪經九
9_173_7

唐代•十輪經九
10_188_5

唐代•古文選後
25_290_8

唐代•十輪經四
3_43_15

唐代•十輪經四
5_84_1

唐代•十輪經四
9_174_24

唐代•十輪經四
9_176_11

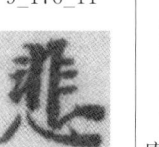

唐代•十輪經四
9_179_8

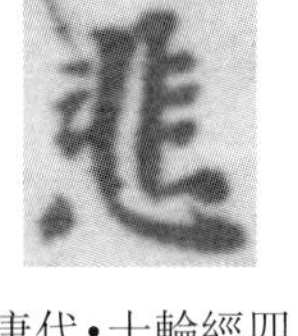

唐代•十輪經四
10_185_7

唐代•十輪經四
15_280_16

唐代•文選百三
40_401_6

唐代•文選百三
41_405_1

唐代•文選百三
83_795_6

唐代•文選百三
84_798_15

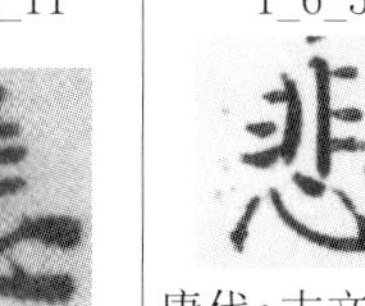

唐代•古文選前
1_6_5

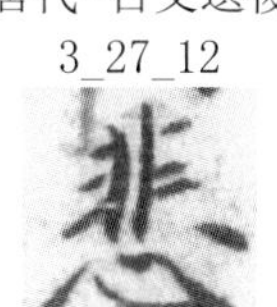

唐代•古文選後
3_27_12

唐代•古文選後
7_77_13

唐代•古文選後
8_93_8

唐代•文選八八
24_213_31

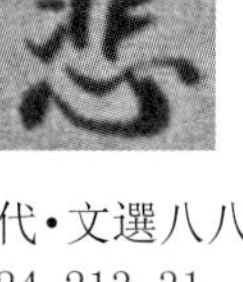

唐代•文選百三
23_220_13

唐代•文選百三
23_221_5

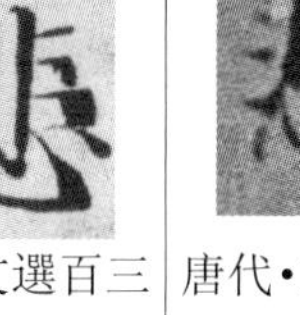

唐代•文選百三
23_223_7

唐代•文選百三
23_223_28

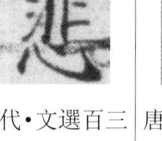

唐代•文選百三
23_224_12

唐代•文選百三
23_224_22

唐代•文選五九
100_945_1

唐代•文選五九
108_1021_20

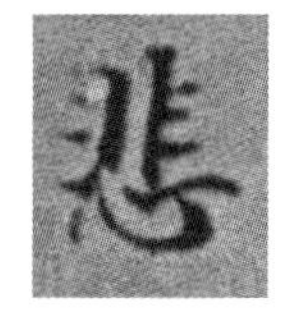

唐代•文選六八
8_87_13

唐代•文選六八
52_523_1

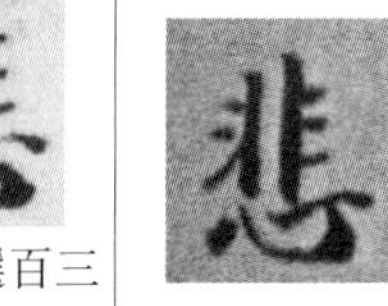

唐代•文選六八
52_524_20

唐代•文選六八
54_543_23

唐代•文選八八
24_211_1

愕

ガク
訓おどろく

唐代•文選四八
22_202_26

唐代•十輪經四
16_300_4

惴

漢スイ 慣ズイ
訓おそれる

唐代•文選百三
48_462_22

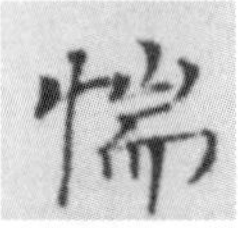
唐代•文選百三
48_463_12

唐代•文選百三
48_463_33

唐代•文選百三
48_464_1

唐代•古文選後
7_81_2

愊

漢ヒョク 慣フク
訓まこと

唐代•文選百三
21_203_4

唐代•文選百三
21_206_1

唐代•文選百三
21_206_31

唐代•文選百三
21_207_16

惰

漢カン
訓おこたる

唐代•文選五九
105_997_23

唐代•文選五九
105_997_26

唐代•文選五九
105_999_16

唐代•古文選前
16_191_8

愜

キョウ
訓こころよい

唐代•文選百三
51_488_16

唐代•文選百三
51_490_5

唐代•文選百三
51_491_13

唐代•文選百三
51_492_21

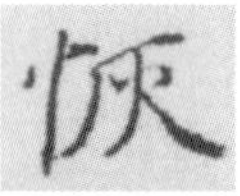
愜小
唐代•文選百三
51_492_31

唐代•文選百三
51_494_13

惄

漢デキ 呉ニャク
訓うれえる

唐代•文選四八
9_73_6

唐代•文選四八
9_75_10

唐代•文選四八
9_76_4

唐代•文選四八
9_77_1

唐代•文選四八
9_77_12

唐代•文選四八
9_77_19

唐代•文選四八
9_77_27

唐代•文選四八
10_80_14

唐代•十輪經十
10_194_12

唐代•十輪經十
10_195_18

唐代•十輪經十
10_196_15

唐代•十輪經十
10_197_5

唐代•十輪經十
10_198_17

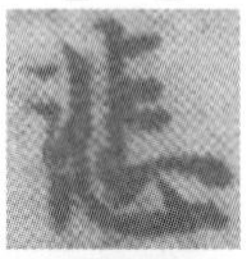
唐代•十輪經十
12_230_13

唐代•十輪經十
10_186_11

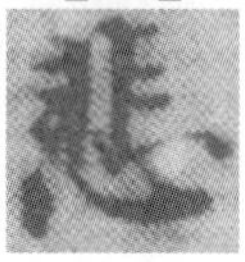
唐代•十輪經十
10_188_1

愧

キ
訓とがめる

唐代•文選四八
7_60_20

唐代•文選四八
8_64_22

唐代•文選四八
35_315_12

唐代•文選四八
35_317_20

唐代•古文選前
26_302_2

唐代•古文選後
2_21_6

唐代•古文選後
6_63_4

唐代•古文選後
17_199_14

唐代•古文選後
21_242_10

唐代•古文選後
23_271_2

唐代•十輪經四
2_40_14

唐代•十輪經四
3_42_16

唐代•十輪經四
5_85_4

唐代•十輪經九
5_94_11

惶

漢コウ
訓おそれる

唐代•文選百三
55_528_3

唐代•文選百三
56_533_22

唐代•古文選前
27_315_13

愔

イン
訓やわらぐ

唐代•古文選前
5_56_4

唐代•古文選前
18_207_10

慨

慣ガイ漢カイ
訓なげく

唐代•文選四八
6_44_21

唐代•文選四八
6_46_6

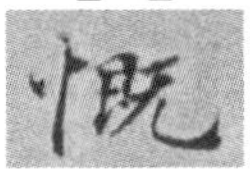
唐代•文選四八
6_46_24

唐代•文選四八
10_85_2

唐代•文選四八
10_86_15

唐代•文選四八
10_88_24

唐代•文選五九
28_278_6

唐代•文選五九
70_675_9

唐代•文選六八
61_617_5

唐代•文選六八
62_620_2

唐代•文選六八
71_705_11

唐代•文選百三
14_131_12

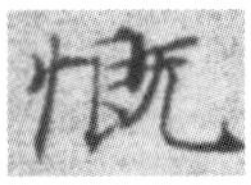
唐代•文選百三
27_264_28

唐代•文選百三
42_421_7

唐代•文選百三
45_425_15

唐代•文選百三
60_573_15

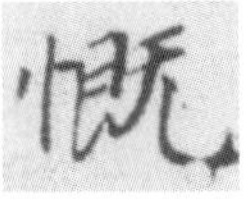
唐代•文選百三
60_574_11

唐代•文選百三
60_574_30

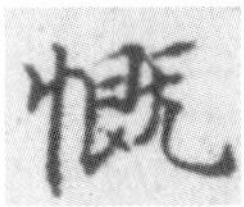
唐代•文選百三
60_574_34

想

吳ソウ慣ソ
訓おもう

初唐・大般若經
1_6_8

初唐・大般若經
1_6_12

初唐・聖武雜集
1_5_7

唐代・春秋經傳
5_50_22

唐代・文選四八
7_60_12

唐代・文選五九
20_197_17

唐代・文選五九
42_416_7

唐代・文選五九
42_417_25

惱

吳ノウ
訓なやむ

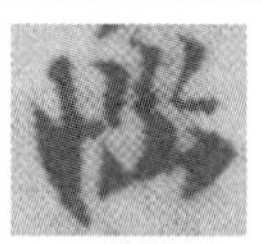
唐代・十輪經十
8_146_13

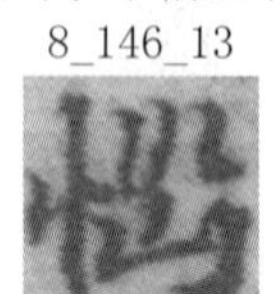
唐代・十輪經十
17_323_8

唐代・十輪經十
17_325_12

唐代・十輪經十
17_330_11

唐代・十輪經十
18_354_4

唐代・十輪經九
19_365_24

唐代・十輪經九
21_419_18

唐代・十輪經九
22_421_18

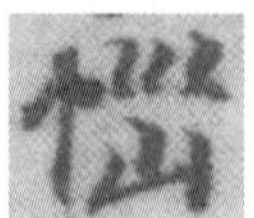
唐代・十輪經九
12_237_11

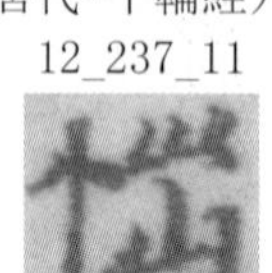
唐代・十輪經九
13_248_2

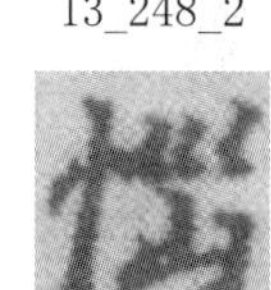
唐代・十輪經九
16_316_8

唐代・十輪經九
16_319_12

唐代・十輪經九
18_343_9

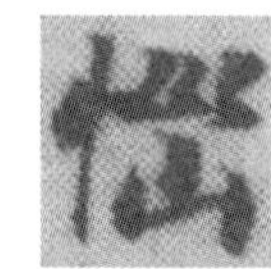
唐代・十輪經九
10_194_10

唐代・十輪經九
10_195_5

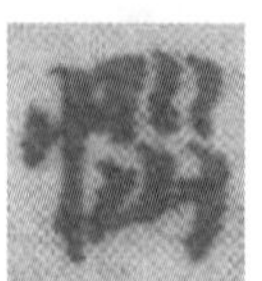
唐代・十輪經八
19_368_10

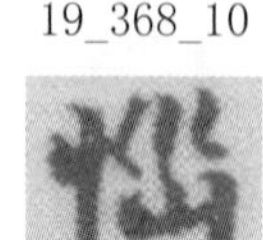
唐代・十輪經八
21_406_2

唐代・十輪經九
3_44_3

唐代・十輪經九
5_85_10

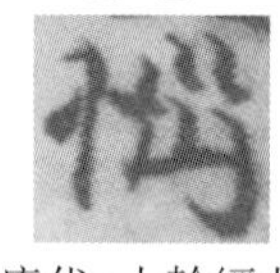
唐代・十輪經九
7_128_12

唐代・十輪經九
8_159_5

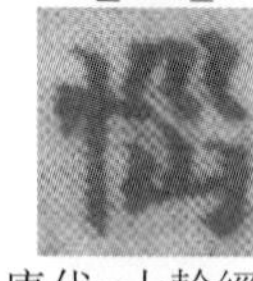
唐代・十輪經八
13_254_10

唐代・十輪經八
15_292_10

唐代・十輪經八
7_139_1

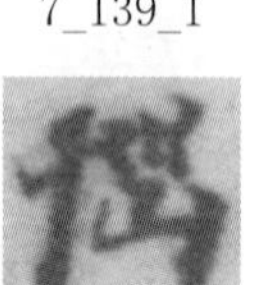

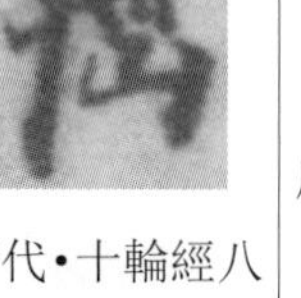
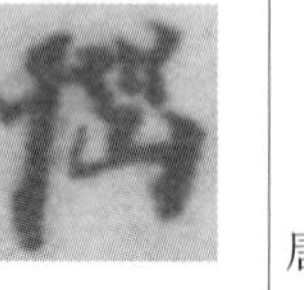

唐代・十輪經八
8_142_9

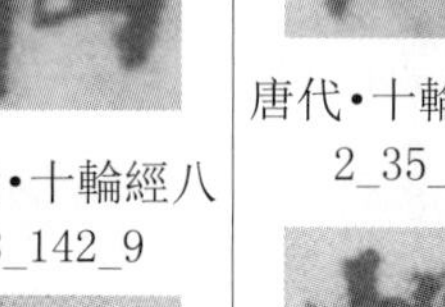
唐代・十輪經八
9_177_9

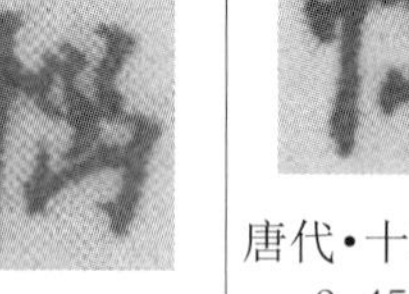
唐代・十輪經八
9_180_14

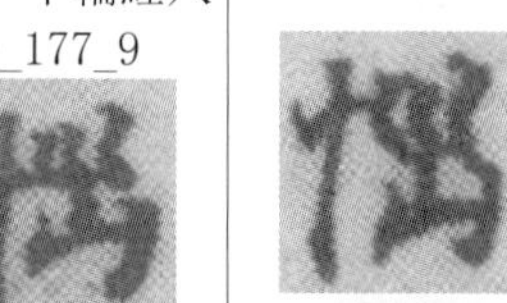
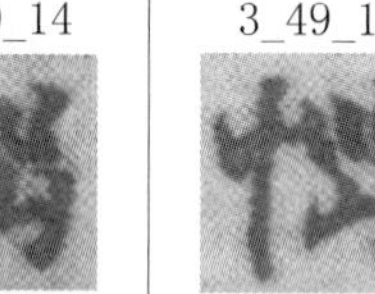
唐代・十輪經八
11_217_10

唐代・十輪經八
17_330_10

唐代・十輪經八
5_84_3

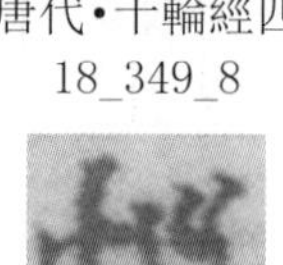
唐代・十輪經四
18_349_8

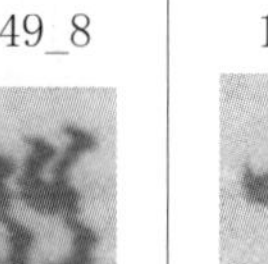
唐代・十輪經八
2_35_8

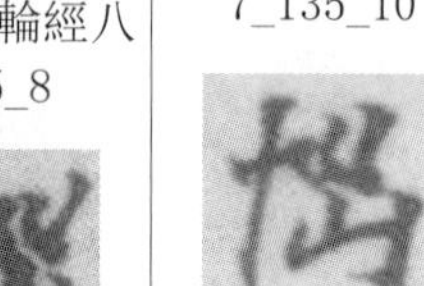
唐代・十輪經八
3_45_15

唐代・十輪經八
3_49_14

唐代・十輪經八
3_52_16

唐代・十輪經八
3_57_11

唐代・十輪經八
6_104_8

唐代・十輪經四
1_11_12

唐代・十輪經四
7_135_10

唐代・十輪經四
10_189_15

唐代・十輪經四
10_197_9

唐代・十輪經四
11_207_11

唐代・十輪經四
11_213_7

唐代・十輪經四
15_287_14

唐代・十輪經四
16_307_18

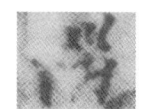

愚

グ
訓おろか

唐代•十輪經九
5_95_1

唐代•十輪經九
19_361_9

唐代•十輪經十
4_76_7

唐代•十輪經十
4_79_5

唐代•十輪經十
5_85_8

唐代•十輪經十
5_88_13

唐代•十輪經十
5_93_11

唐代•十輪經十
7_127_17

唐代•十輪經四
5_97_8

唐代•十輪經四
6_100_5

唐代•十輪經四
6_103_2

唐代•十輪經四
10_195_1

唐代•十輪經四
15_285_9

唐代•十輪經四
16_305_12

唐代•十輪經四
19_376_14

唐代•十輪經八
2_27_8

唐代•古文選前
13_151_14

唐代•古文選前
26_307_11

唐代•古文選前
26_308_8

唐代•十輪經四
1_2_7

唐代•十輪經四
1_12_2

唐代•十輪經四
1_15_6

唐代•十輪經四
5_95_6

唐代•十輪經九
21_409_17

唐代•十輪經九
21_410_8

唐代•十輪經九
21_411_1

唐代•十輪經十
14_275_9

唐代•十輪經十
14_275_12

唐代•十輪經十
14_275_17

唐代•十輪經十
14_277_3

唐代•十輪經九
18_346_16

唐代•十輪經九
20_386_15

唐代•十輪經九
20_387_2

唐代•十輪經九
20_388_10

唐代•十輪經九
20_389_1

唐代•十輪經九
21_408_6

唐代•十輪經九
21_408_9

唐代•十輪經四
4_63_6

唐代•十輪經九
6_110_15

唐代•十輪經九
6_111_1

唐代•十輪經九
12_225_10

唐代•十輪經九
12_226_1

唐代•十輪經九
12_226_9

唐代•十輪經九
12_236_25

唐代•十輪經九
13_255_3

唐代•文選五九
43_419_27

唐代•文選五九
84_802_5

唐代•文選五九
84_804_12

唐代•文選五九
84_804_20

唐代•文選五九
84_809_11

唐代•文選五九
85_814_16

唐代•古文選前
15_171_5

唐代•古文選前
15_178_28

感

カン
訓かんじる

初唐・法華義疏 1_7_5

唐代・文選四八 6_45_1

唐代・文選四八 7_59_9

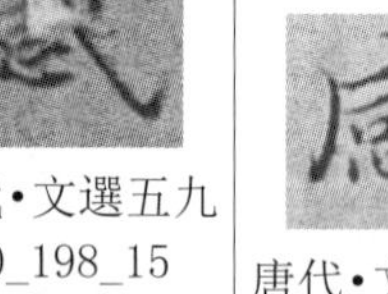
唐代・文選四八 10_85_5

唐代・文選四八 10_86_23

唐代・文選四八 10_87_21

唐代・文選五九 4_37_11

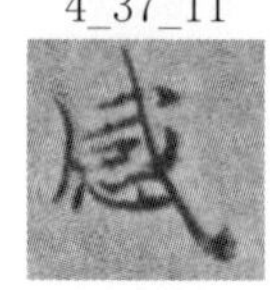
唐代・文選五九 5_39_17

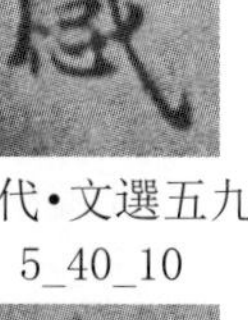
唐代・文選五九 5_40_10

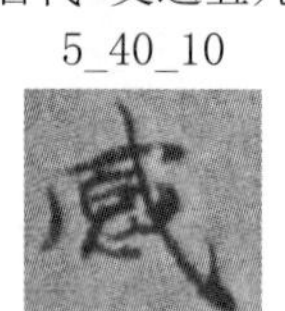
唐代・文選五九 5_40_13

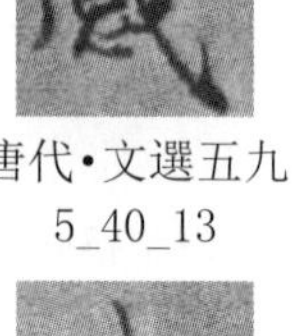

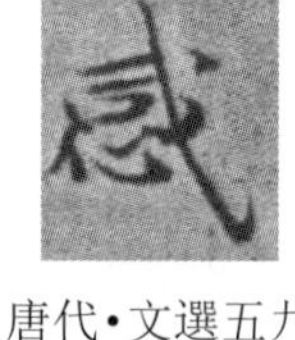

唐代・文選五九 5_44_18

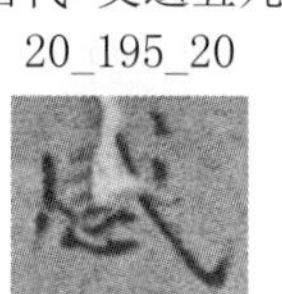
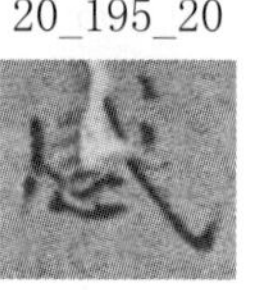
唐代・文選五九 20_195_20

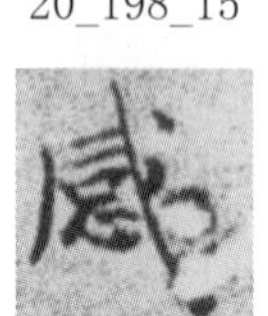
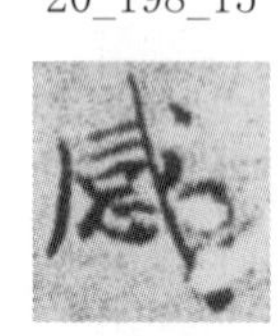

唐代・文選五九 20_198_15

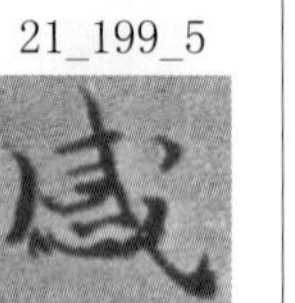
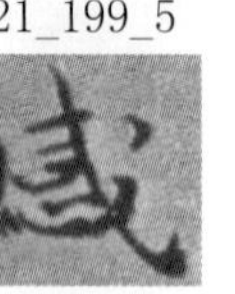
唐代・文選五九 21_199_5

唐代・文選五九 22_214_7

唐代・文選五九 27_262_6

唐代・文選五九 27_264_25

唐代・文選五九 27_265_12

唐代・文選五九 28_278_8

唐代・文選五九 40_395_16

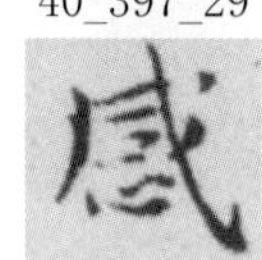
唐代・文選五九 40_396_11

唐代・文選五九 40_397_29

唐代・文選五九 41_399_2

唐代・文選五九 41_400_11

唐代・文選五九 64_623_11

唐代・文選五九 80_765_21

唐代・文選五九 84_813_3

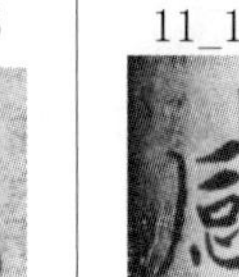

唐代・文選六八 11_113_6

唐代・文選六八 19_195_5

唐代・文選六八 19_197_6

唐代・文選六八 19_199_13

唐代・文選六八 20_200_9

唐代・文選六八 20_202_21

唐代・文選六八 35_352_10

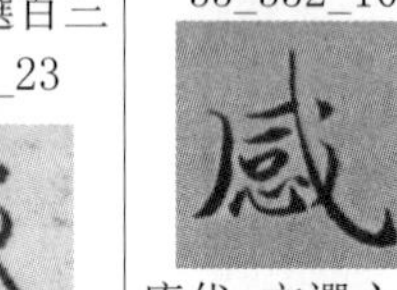
唐代・文選六八 59_586_9

唐代・文選六八 59_588_5

唐代・文選百三 23_216_45

唐代・文選百三 23_221_1

唐代・文選百三 23_223_8

唐代・文選百三 23_224_3

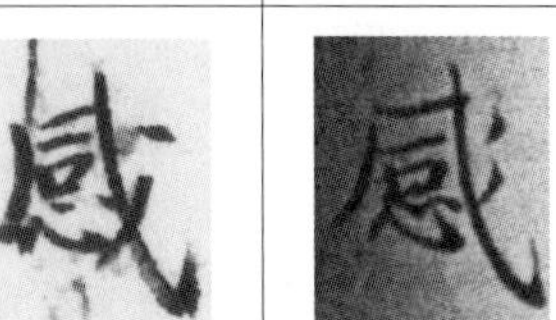
唐代・文選百三 23_225_32

唐代・文選百三 44_423_23

唐代・文選百三 60_578_31

唐代・文選百三 60_579_8

唐代・文選百三 72_693_5

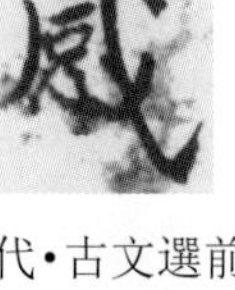
唐代・文選百三 73_701_1

唐代・古文選前 9_110_1

唐代・古文選前 9_112_3

唐代・古文選前 11_130_4

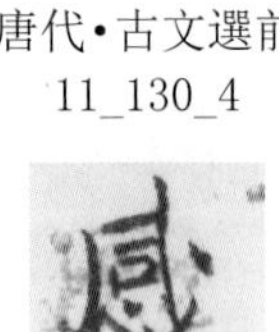
唐代・古文選前 11_135_11

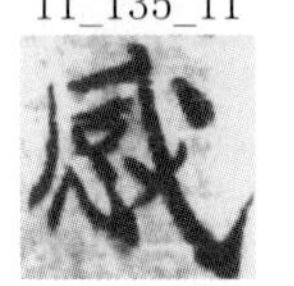
唐代・古文選前 23_276_12

唐代・古文選前 24_284_6

唐代・古文選前 25_300_14

唐代・古文選後 16_190_12

唐代・古文選後 17_194_9

愁

漢シュウ
訓うれい

唐代・文選四八
2_10_9

唐代・文選五九
33_330_7

唐代・文選五九
45_439_12

唐代・文選五九
45_441_28

唐代・文選五九
108_1021_17

唐代・文選六八
29_286_22

唐代・文選六八
47_472_9

唐代・文選百三
84_798_16

唐代・古文選前
15_171_10

愆

ケン
訓あやまる

唐代・春秋經傳
36_382_2

唐代・文選六八
2_19_13

唐代・古文選後
18_210_10

愛

アイ
訓あいする

唐代・春秋經傳
12_122_16

唐代・春秋經傳
16_163_9

唐代・春秋經傳
16_163_14

唐代・文選四八
43_387_4

唐代・文選四八
44_391_19

唐代・文選五九
10_97_5

唐代・文選五九
13_122_13

唐代・文選五九
13_123_13

唐代・文選五九
13_124_12

唐代・文選五九
13_124_14

唐代・文選五九
17_169_11

唐代・文選五九
18_172_25

唐代・文選五九
19_185_30

唐代・文選五九
19_186_13

唐代・文選五九
100_947_21

唐代・文選百三
12_109_36

唐代・文選百三
17_156_3

唐代・文選百三
17_156_23

唐代・文選百三
47_446_34

唐代・文選百三
56_536_17

唐代・文選百三
57_544_22

唐代・文選百三
57_546_6

唐代・文選五九
28_278_15

唐代・古文選前
14_166_3

唐代・古文選前
26_307_12

唐代・古文選後
8_84_4

唐代・古文選後
10_115_10

唐代・古文選後
23_270_9

唐代・十輪經四
2_29_6

唐代・十輪經四
5_82_14

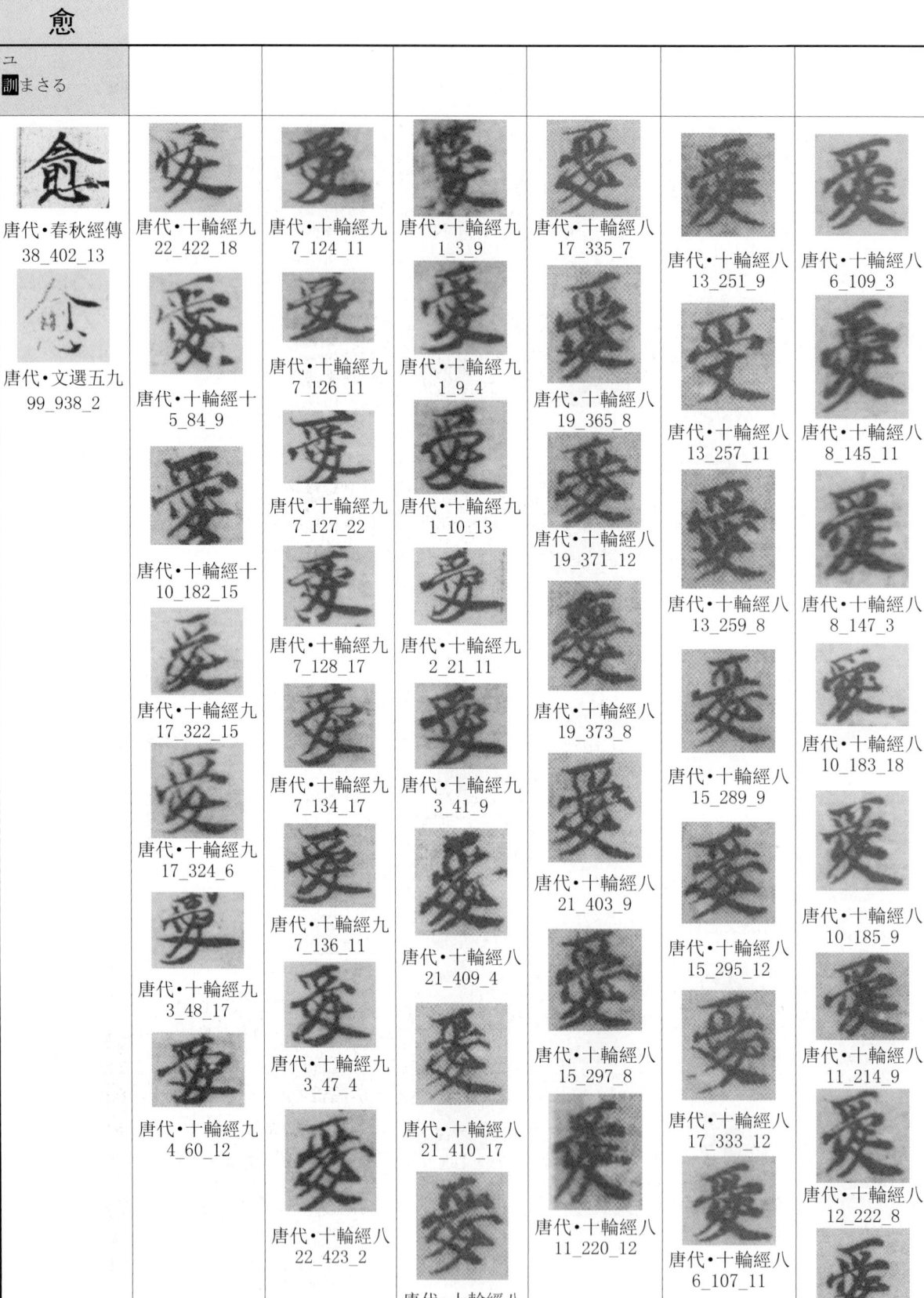

愈

ユ
訓まさる

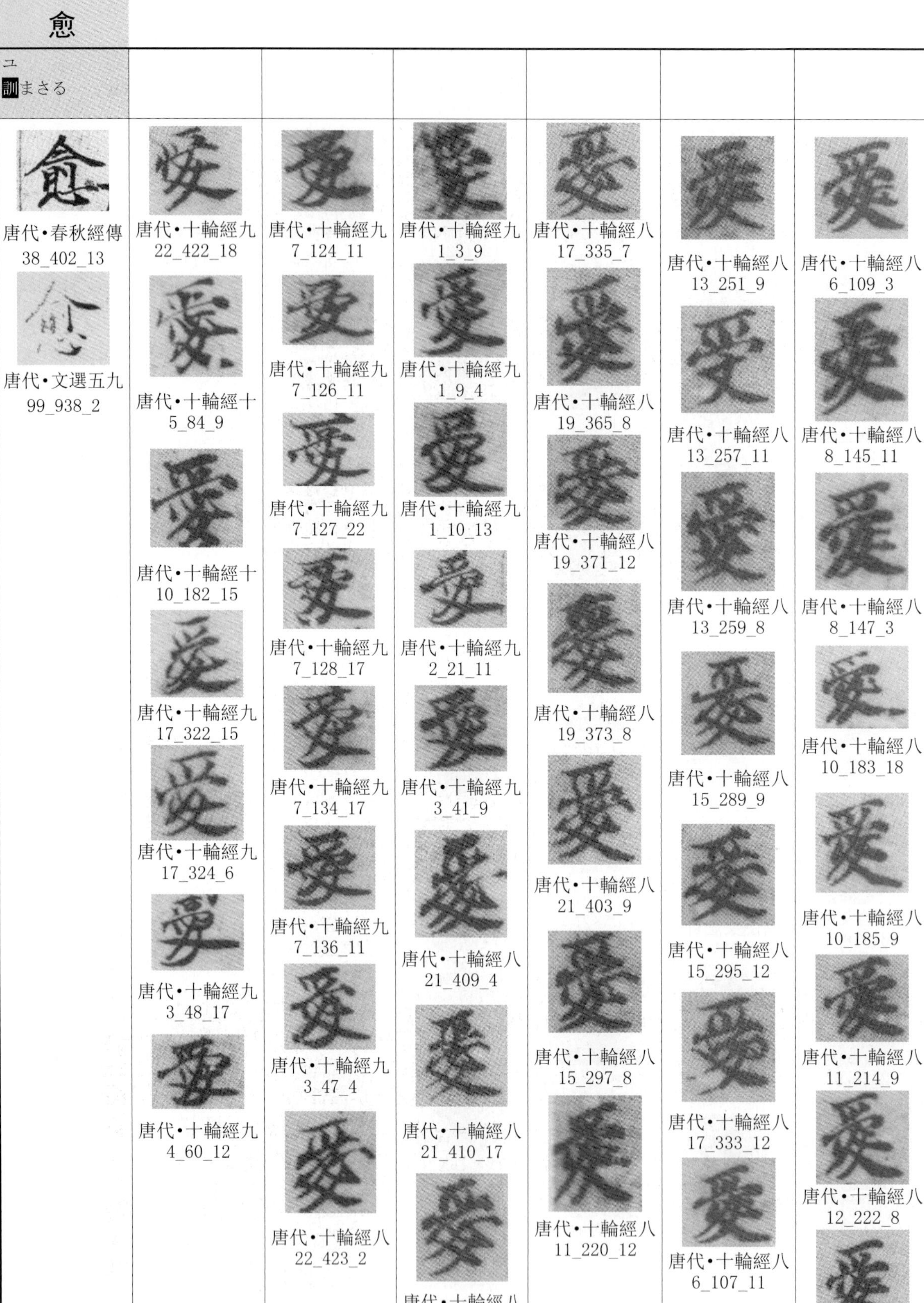

唐代•春秋經傳 38_402_13
唐代•文選五九 99_938_2
唐代•十輪經九 22_422_18
唐代•十輪經十 5_84_9
唐代•十輪經十 10_182_15
唐代•十輪經九 17_322_15
唐代•十輪經九 17_324_6
唐代•十輪經九 3_48_17
唐代•十輪經九 4_60_12
唐代•十輪經九 7_124_11
唐代•十輪經九 7_126_11
唐代•十輪經九 7_127_22
唐代•十輪經九 7_128_17
唐代•十輪經九 7_134_17
唐代•十輪經九 7_136_11
唐代•十輪經九 3_47_4
唐代•十輪經八 22_423_2
唐代•十輪經九 1_3_9
唐代•十輪經九 1_9_4
唐代•十輪經九 1_10_13
唐代•十輪經九 2_21_11
唐代•十輪經九 3_41_9
唐代•十輪經八 21_409_4
唐代•十輪經八 21_410_17
唐代•十輪經八 17_327_9
唐代•十輪經八 17_335_7
唐代•十輪經八 19_365_8
唐代•十輪經八 19_371_12
唐代•十輪經八 19_373_8
唐代•十輪經八 21_403_9
唐代•十輪經八 15_297_8
唐代•十輪經八 11_220_12
唐代•十輪經八 13_251_9
唐代•十輪經八 13_257_11
唐代•十輪經八 13_259_8
唐代•十輪經八 15_289_9
唐代•十輪經八 15_295_12
唐代•十輪經八 17_333_12
唐代•十輪經八 6_107_11
唐代•十輪經八 6_109_3
唐代•十輪經八 8_145_11
唐代•十輪經八 8_147_3
唐代•十輪經八 10_183_18
唐代•十輪經八 10_185_9
唐代•十輪經八 11_214_9
唐代•十輪經八 12_222_8
唐代•十輪經四 5_86_16

イ
訓こころ

初唐•法華義疏
1_3_21

初唐•大般若經
1_7_10

初唐•大般若經
1_7_16

初唐•大般若經
1_19_16

初唐•大般若經
1_20_1

初唐•大般若經
1_20_7

初唐•大般若經
1_20_11

初唐•大般若經
1_20_13

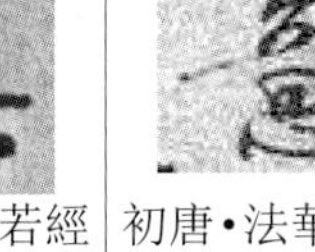
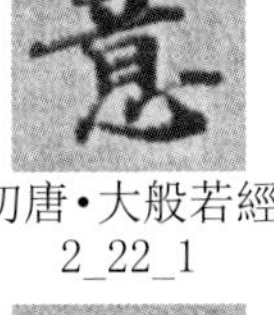
初唐•大般若經
2_22_1

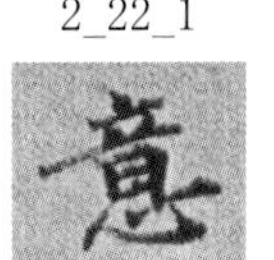
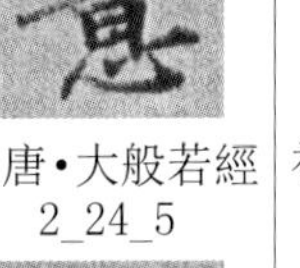
初唐•大般若經
2_24_5

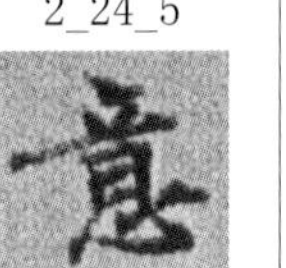
初唐•大般若經
2_25_14

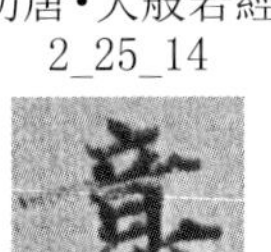
初唐•大般若經
2_26_17

初唐•大般若經
2_28_5

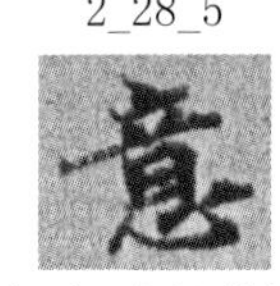
初唐•大般若經
2_29_8

晚唐•慶滋書狀
1_6_10

唐代•春秋經傳
38_401_21

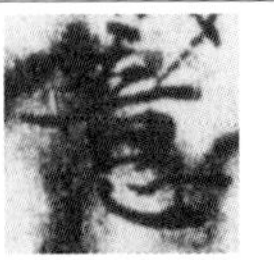
唐代•春秋經傳
38_404_20

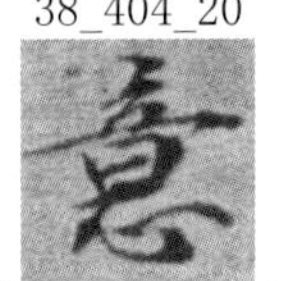
唐代•文選四八
5_34_18

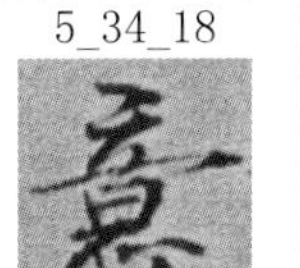
唐代•文選四八
9_77_3

唐代•文選四八
9_78_3

唐代•文選四八
10_80_17

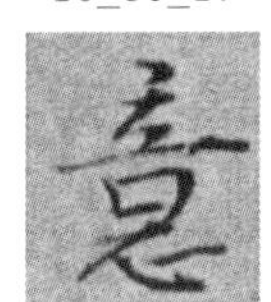
唐代•文選四八
11_95_16

唐代•文選四八
12_100_8

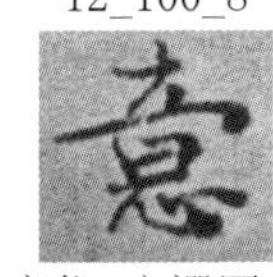
唐代•文選四八
12_105_6

唐代•文選四八
12_106_19

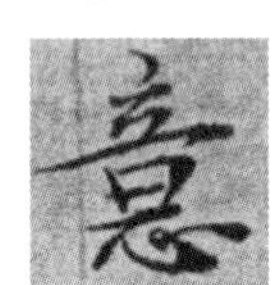
唐代•文選四八
38_345_13

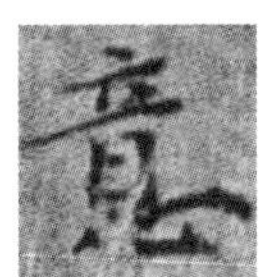
唐代•文選五九
3_22_18

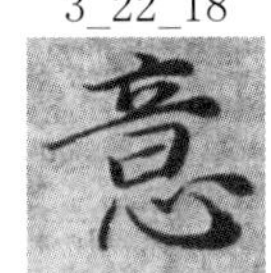
唐代•文選五九
7_61_18

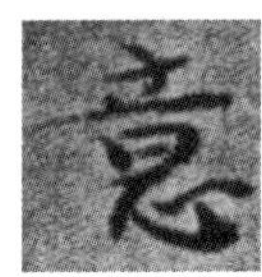
唐代•文選五九
7_63_20

唐代•文選五九
7_63_23

唐代•文選五九
7_64_22

唐代•文選五九
7_65_2

唐代•文選五九
7_65_19

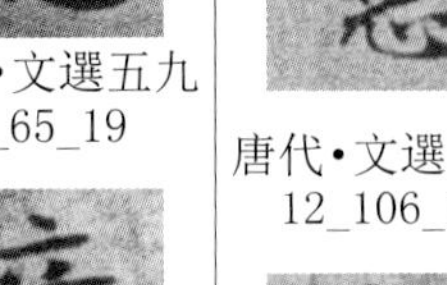
唐代•文選五九
7_65_25

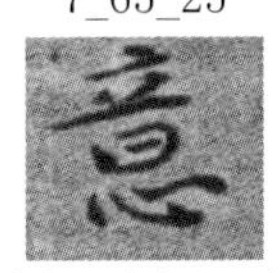
唐代•文選五九
7_66_13

唐代•文選五九
12_117_22

唐代•文選五九
19_184_6

唐代•文選五九
20_196_3

唐代•文選五九
20_197_9

唐代•文選五九
20_198_21

唐代•文選五九
21_199_9

唐代•文選五九
27_261_18

唐代•文選五九
27_271_21

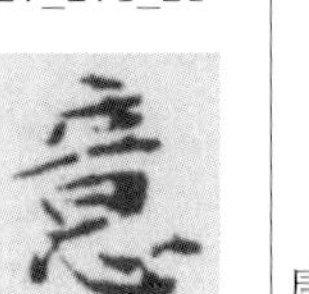
唐代•文選五九
64_615_6

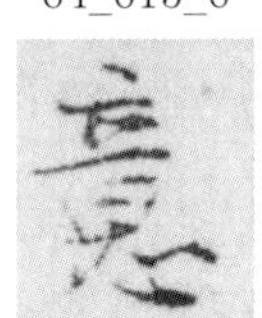
唐代•文選五九
80_773_16

唐代•文選五九
81_779_29

唐代•文選五九
90_861_16

唐代•文選五九
96_911_29

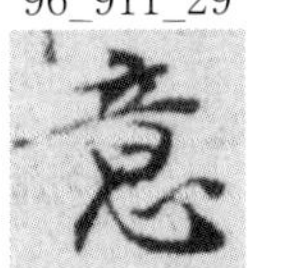
唐代•文選五九
101_948_24

唐代•文選五九
103_976_1

唐代•文選五九
109_1028_3

唐代•文選六八
1_1_22

唐代•文選六八
2_23_25

唐代•文選六八
4_40_2

唐代•十輪經八 18_345_3

唐代•十輪經八 18_345_10

唐代•十輪經八 18_346_13

唐代•十輪經八 19_368_3

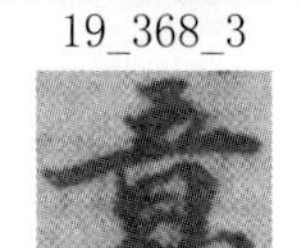
唐代•十輪經八 19_374_13

唐代•十輪經八 19_378_4

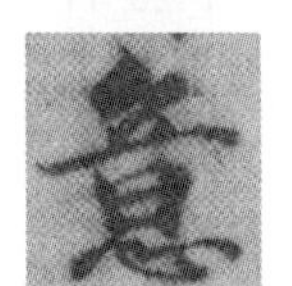
唐代•十輪經八 17_336_12

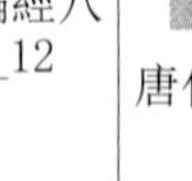

唐代•十輪經八 13_260_13

唐代•十輪經八 14_264_4

唐代•十輪經八 15_292_3

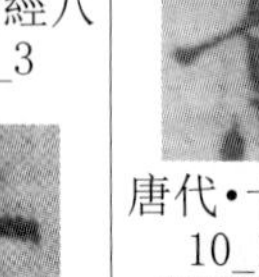
唐代•十輪經八 15_298_13

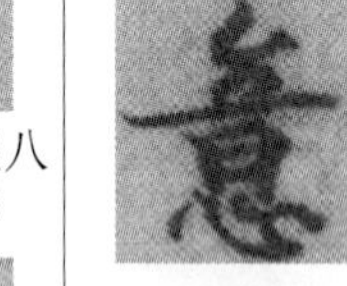
唐代•十輪經八 15_302_5

唐代•十輪經八 17_330_3

唐代•十輪經八 17_340_4

唐代•十輪經八 8_152_7

唐代•十輪經八 9_180_7

唐代•十輪經八 10_186_14

唐代•十輪經八 10_190_7

唐代•十輪經八 11_217_3

唐代•十輪經八 12_223_13

唐代•十輪經八 12_227_5

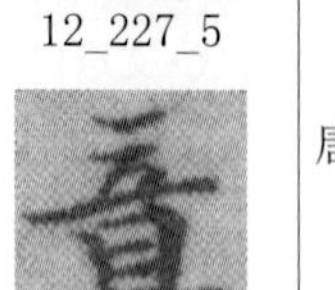
唐代•十輪經八 13_254_3

唐代•十輪經八 4_66_14

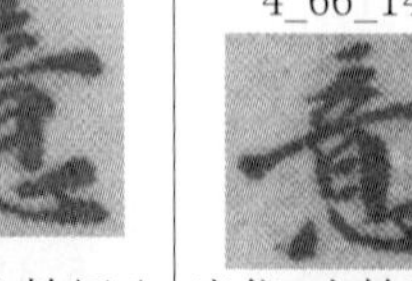
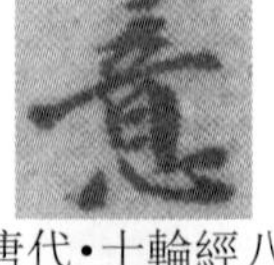
唐代•十輪經八 5_87_11

唐代•十輪經八 5_92_11

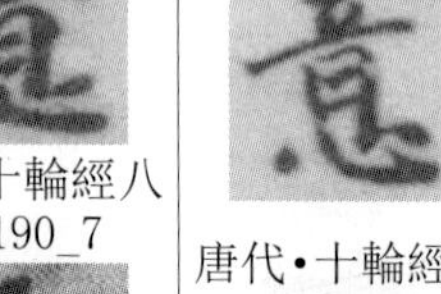
唐代•十輪經八 6_104_1

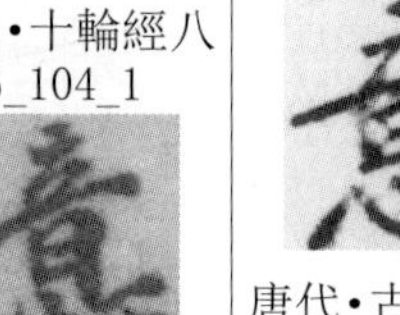
唐代•十輪經八 6_110_8

唐代•十輪經八 6_114_1

唐代•十輪經八 8_142_2

唐代•十輪經八 8_148_8

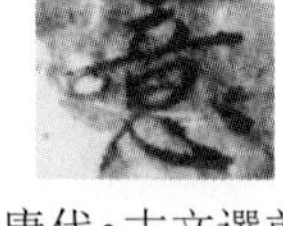
唐代•古文選前 2_22_13

唐代•古文選前 5_52_9

唐代•古文選前 5_57_12

唐代•古文選前 6_69_8

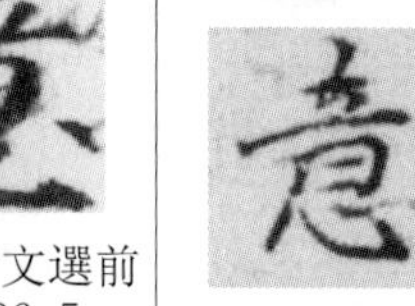
唐代•古文選前 11_126_5

唐代•古文選後 8_88_9

唐代•十輪經四 4_63_11

唐代•十輪經四 12_234_17

唐代•文選百三 9_82_35

唐代•文選百三 13_127_9

唐代•文選百三 46_442_8

唐代•文選百三 47_450_12

唐代•文選百三 56_539_1

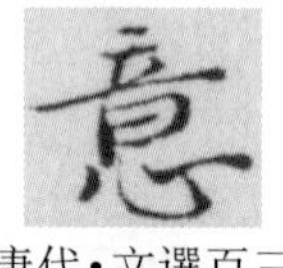
唐代•文選百三 75_719_17

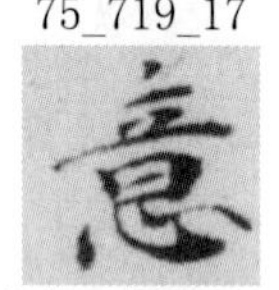
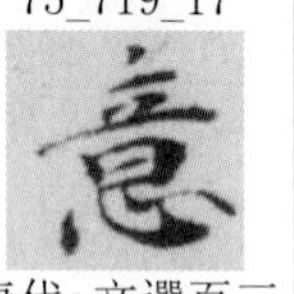
唐代•文選百三 84_797_2

唐代•文選百三 85_816_1

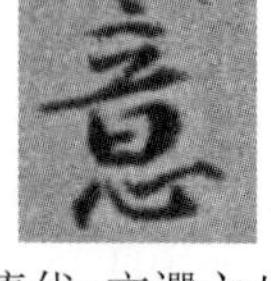
唐代•文選六八 59_587_26

唐代•文選八八 1_2_10

唐代•文選八八 7_48_8

唐代•文選八八 19_161_7

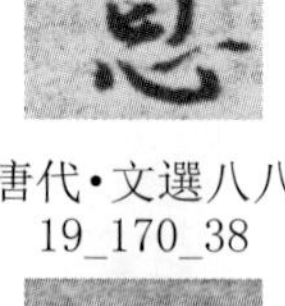
唐代•文選八八 19_170_38

唐代•文選八八 23_204_16

唐代•文選八八 24_214_19

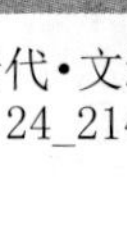

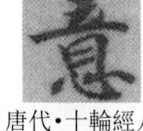

慈

ジ
訓いつくしむ

唐代•十輪經十 7_131_14
唐代•十輪經十 7_135_12
唐代•十輪經十 7_136_3
唐代•十輪經十 7_136_10
唐代•十輪經十 7_136_14
唐代•十輪經十 7_136_17
唐代•十輪經十 7_137_5
唐代•十輪經十 7_137_13

唐代•十輪經九 9_170_1
唐代•十輪經九 10_186_3
唐代•十輪經九 10_188_4
唐代•十輪經九 10_191_9
唐代•十輪經九 10_192_8
唐代•十輪經九 11_214_8
唐代•十輪經九 13_253_14

唐代•十輪經四 15_292_13
唐代•十輪經四 16_305_2
唐代•十輪經八 5_80_16
唐代•十輪經九 2_23_3
唐代•十輪經九 8_140_11
唐代•十輪經九 8_156_7
唐代•十輪經九 9_173_6

唐代•文選六八 33_332_6
唐代•古文選前 26_308_1
唐代•十輪經四 3_43_13
唐代•十輪經四 5_83_16
唐代•十輪經四 9_176_10
唐代•十輪經四 14_271_11
唐代•十輪經四 15_280_15
唐代•十輪經四 15_284_15

唐代•十輪經十 11_215_6
唐代•十輪經十 11_215_8
唐代•十輪經十 11_216_2
唐代•十輪經十 11_216_15
唐代•十輪經十 14_277_7
唐代•十輪經十 18_358_16
唐代•十輪經十 11_211_7
唐代•十輪經十 11_215_4

唐代•十輪經九 15_289_7
唐代•十輪經九 16_319_5
唐代•十輪經九 17_325_11
唐代•十輪經九 17_329_3
唐代•十輪經十 6_105_2
唐代•十輪經十 7_129_2
唐代•十輪經九 3_54_2
唐代•十輪經九 10_196_11

唐代•十輪經八 21_412_5
唐代•十輪經八 21_405_12
唐代•十輪經八 21_416_1
唐代•十輪經九 1_5_12
唐代•十輪經九 1_12_1
唐代•十輪經九 1_15_14
唐代•十輪經九 3_43_13
唐代•十輪經九 3_50_5

愵	慄	慎	愍
漢デキ 呉ニャク 訓—	漢リツ 訓おそれる	漢シン 訓つつしむ	漢ビン 呉ミン 訓あわれむ

愵

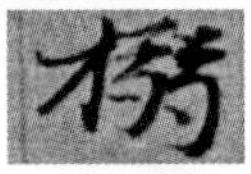
唐代・文選四八
9_75_17

慄

唐代・文選百三
48_463_36

慎

唐代・文選四八
47_422_21

唐代・文選五九
22_214_13

唐代・文選六八
15_150_22

唐代・文選百三
40_400_10

唐代・文選百三
40_402_4

唐代・文選百三
40_404_20

唐代・十輪經四
3_60_7

愍

唐代・古文選後
7_77_7

唐代・古文選後
11_119_29

唐代・古文選後
21_252_7

唐代・十輪經四
9_174_25

唐代・十輪經四
9_176_21

唐代・十輪經四
10_185_8

唐代・十輪經四
15_284_16

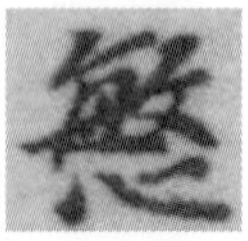
唐代・十輪經四
16_305_3

唐代・十輪經十
9_161_18

唐代・十輪經十
12_230_11

唐代・十輪經十
8_159_12

唐代・十輪經十
8_160_18

唐代・十輪經十
8_147_9

唐代・十輪經十
8_147_13

唐代・十輪經十
8_148_8

唐代・十輪經十
8_152_6

唐代・十輪經十
8_153_5

唐代・十輪經十
8_154_5

唐代・十輪經十
8_145_10

唐代・十輪經十
8_147_5

唐代・十輪經十
7_137_17

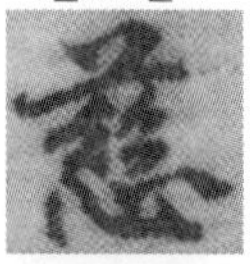
唐代・十輪經十
7_138_12

唐代・十輪經十
8_140_6

唐代・十輪經十
8_142_3

唐代・十輪經十
8_142_7

唐代・十輪經十
8_142_11

唐代・十輪經十
8_143_3

唐代・十輪經九
18_345_14

愬 訴

漢ソ、サク
訓うったえる

唐代・古文選後
8_94_1

唐代・古文選後
25_289_9

態

タイ
訓かまえる

唐代・文選五九
109_1031_14

唐代・古文選前
3_28_7

唐代・古文選前
6_69_1

唐代・古文選前
8_97_13

慕

漢ボ
訓したう

唐代・文選四八
38_344_4

唐代・文選四八
38_344_25

唐代・文選五九
47_467_6

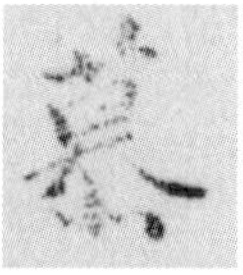
唐代・文選五九
103_976_3

唐代・文選六八
2_21_14

唐代・文選六八
2_27_6

唐代・文選六八
10_104_6

唐代・文選六八
10_105_12

唐代・文選八八
17_149_8

唐代・文選八八
17_152_10

唐代・文選百三
9_89_16

唐代・文選百三
49_473_37

唐代・文選百三
57_548_9

唐代・文選百三
71_689_14

唐代・文選百三
72_694_25

唐代・古文選前
10_115_4

唐代・古文選前
15_173_6

唐代・古文選前
25_294_12

唐代・古文選後
3_27_8

唐代・古文選後
4_43_6

唐代・古文選後
25_290_13

唐代・十輪經四
14_277_15

慚

呉ザン
訓はじめる

唐代・文選五九
76_734_9

唐代・古文選後
2_21_2

唐代・十輪經四
2_40_13

唐代・十輪經四
3_42_14

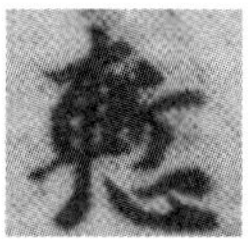
唐代・十輪經四
5_85_2

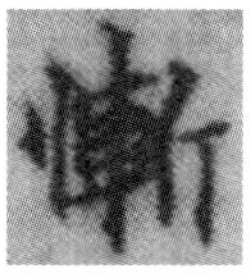
唐代・十輪經九
5_94_9

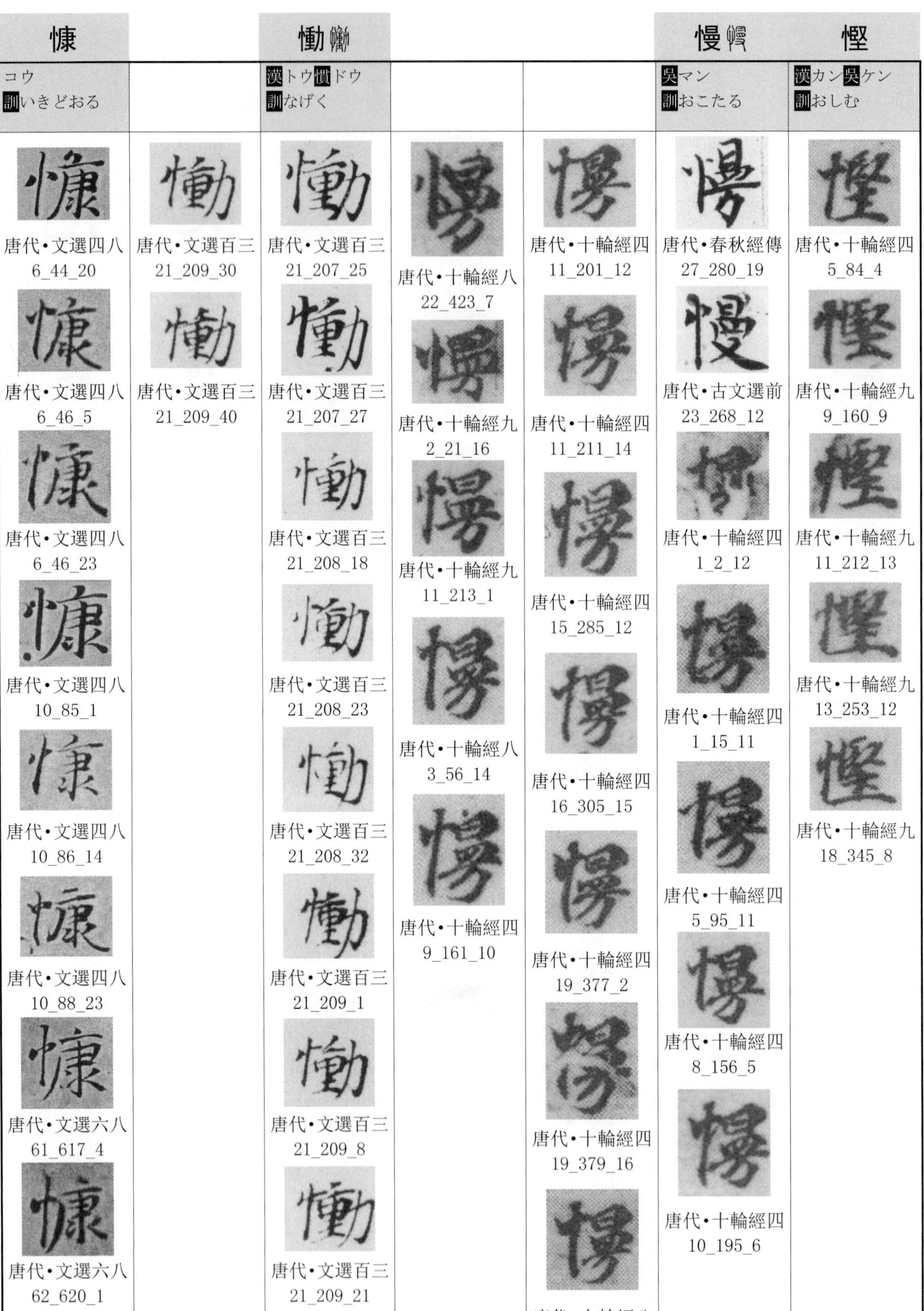

慷
コウ
訓いきどおる

唐代・文選四八
6_44_20

唐代・文選四八
6_46_5

唐代・文選四八
6_46_23

唐代・文選四八
10_85_1

唐代・文選四八
10_86_14

唐代・文選四八
10_88_23

唐代・文選六八
61_617_4

唐代・文選六八
62_620_1

唐代・文選百三
21_209_30

唐代・文選百三
21_209_40

慟
漢トウ慣ドウ
訓なげく

唐代・文選百三
21_207_25

唐代・文選百三
21_207_27

唐代・文選百三
21_208_18

唐代・文選百三
21_208_23

唐代・文選百三
21_208_32

唐代・文選百三
21_209_1

唐代・文選百三
21_209_8

唐代・文選百三
21_209_21

唐代・十輪經八
22_423_7

唐代・十輪經九
2_21_16

唐代・十輪經九
11_213_1

唐代・十輪經八
3_56_14

唐代・十輪經四
9_161_10

唐代・十輪經四
11_201_12

唐代・十輪經四
11_211_14

唐代・十輪經四
15_285_12

唐代・十輪經四
16_305_15

唐代・十輪經四
19_377_2

唐代・十輪經四
19_379_16

唐代・十輪經八
5_85_9

慢
呉マン
訓おこたる

唐代・春秋經傳
27_280_19

唐代・古文選前
23_268_12

唐代・十輪經四
1_2_12

唐代・十輪經四
1_15_11

唐代・十輪經四
5_95_11

唐代・十輪經四
8_156_5

唐代・十輪經四
10_195_6

慳
漢カン呉ケン
訓おしむ

唐代・十輪經四
5_84_4

唐代・十輪經九
9_160_9

唐代・十輪經九
11_212_13

唐代・十輪經九
13_253_12

唐代・十輪經九
18_345_8

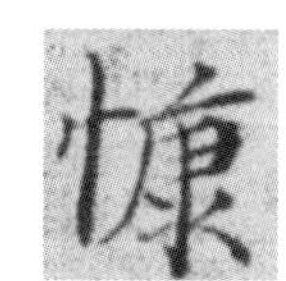

唐代・文選百三
27_264_27

唐代・文選百三
42_421_6

唐代・文選百三
45_425_14

唐代・文選百三
60_574_10

唐代・文選百三
60_574_33

慘

漢サン 慣ザン
訓みじめ

初唐・大般若經
2_33_8

唐代・文選百三
22_213_7

唐代・文選百三
23_216_49

慴

ショウ 漢シュウ
訓おそれる

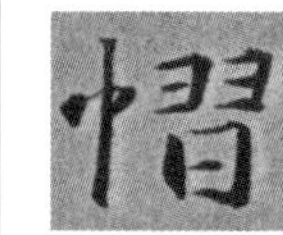
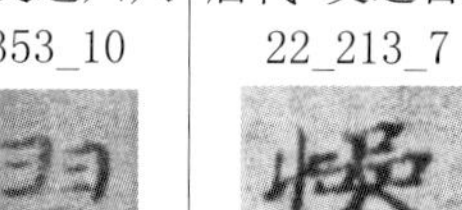
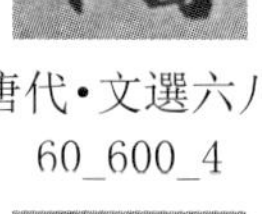
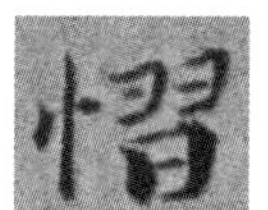

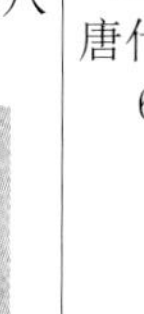

唐代・文選六八
35_353_6

唐代・文選六八
35_353_10

唐代・文選六八
35_354_13

唐代・文選六八
60_600_4

唐代・文選六八
60_602_29

唐代・文選六八
60_603_10

唐代・文選六八
65_644_5

慧

漢ケイ 呉エ
訓さとい

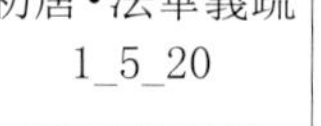

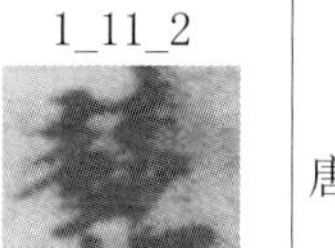
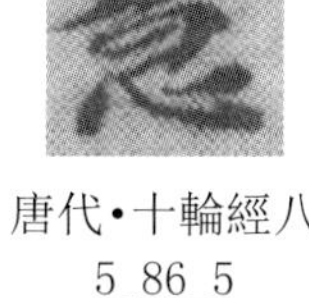
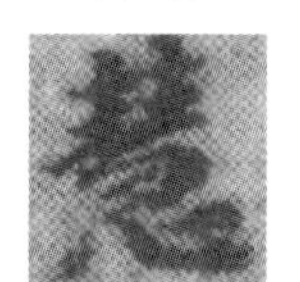
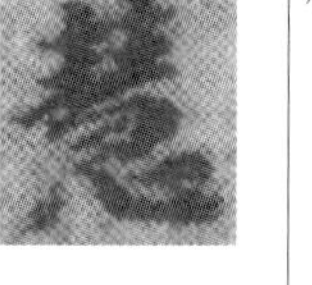
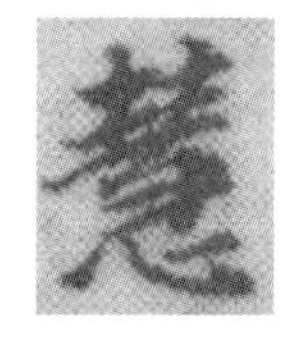

初唐・法華義疏
1_5_20

唐代・文選百三
24_236_4

唐代・十輪經八
1_11_2

唐代・十輪經八
2_25_12

唐代・十輪經八
5_86_5

唐代・十輪經八
7_130_9

唐代・十輪經八
9_169_3

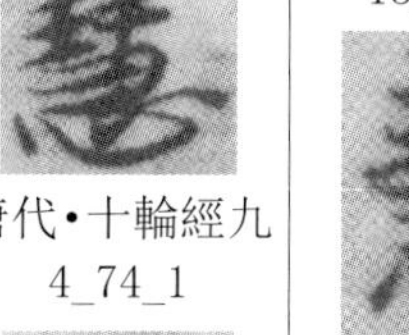
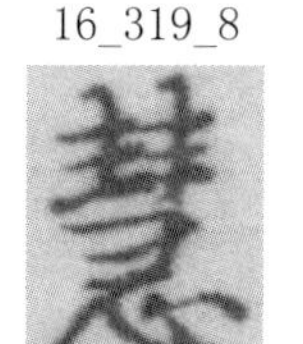
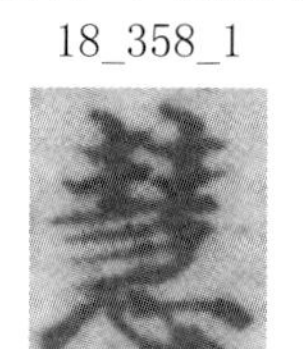

唐代・十輪經八
11_206_17

唐代・十輪經八
13_244_9

唐代・十輪經八
14_281_10

唐代・十輪經八
16_319_8

唐代・十輪經八
18_346_11

唐代・十輪經八
18_358_1

唐代・十輪經八
20_395_14

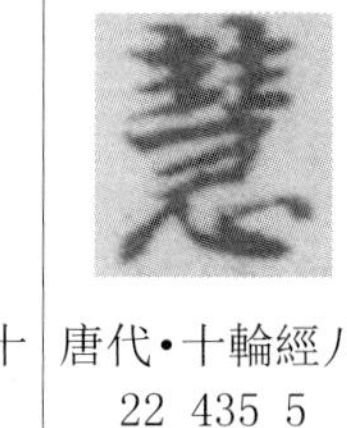
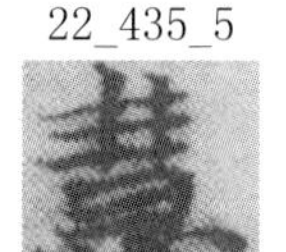
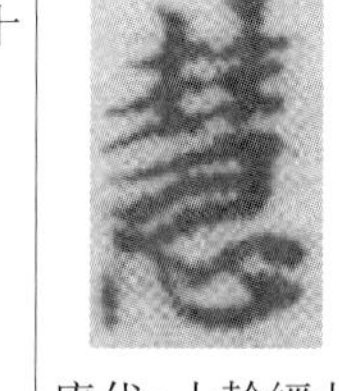
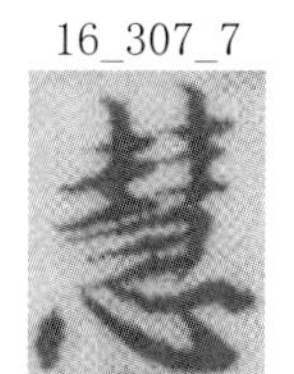
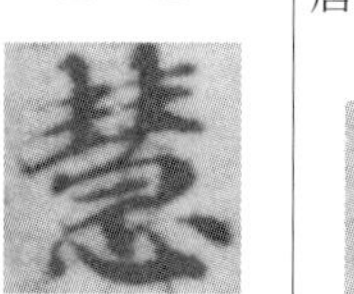
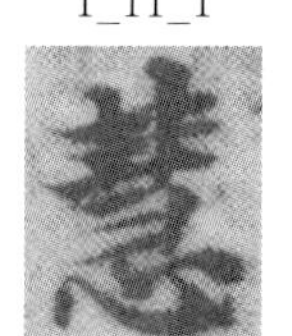

唐代・十輪經八
22_435_5

唐代・十輪經九
2_33_14

唐代・十輪經九
4_74_1

唐代・十輪經九
16_307_7

唐代・十輪經九
22_422_24

唐代・十輪經十
1_11_1

唐代・十輪經十
2_26_13

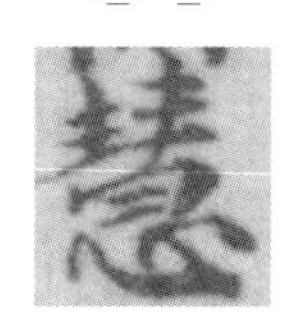

唐代・十輪經十
2_30_4

唐代・十輪經十
4_64_6

唐代・十輪經十
7_124_3

唐代・十輪經十
17_321_4

唐代・十輪經十
17_326_25

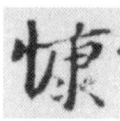

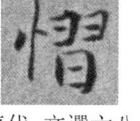

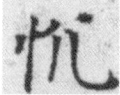

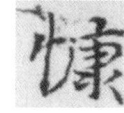

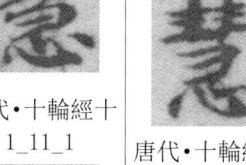

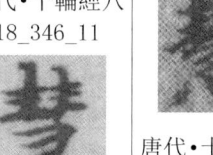

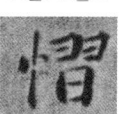

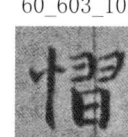

憂

漢ユウ 呉ウ
訓うれえる

唐代・春秋經傳
11_109_19

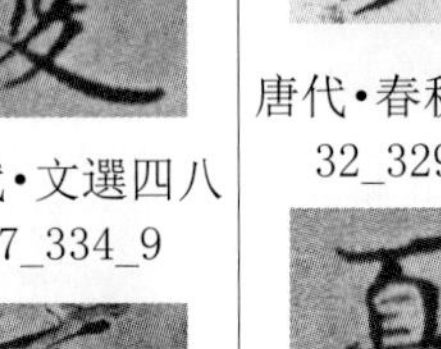
唐代・春秋經傳
32_329_8

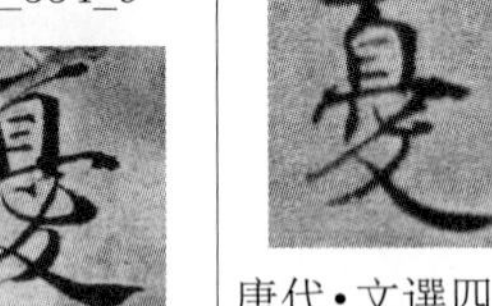
唐代・文選四八
9_75_8

唐代・文選四八
9_75_18

唐代・文選四八
9_77_20

唐代・文選四八
9_78_1

唐代・文選四八
10_80_15

唐代・文選四八
37_333_9

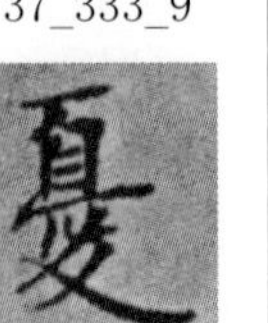
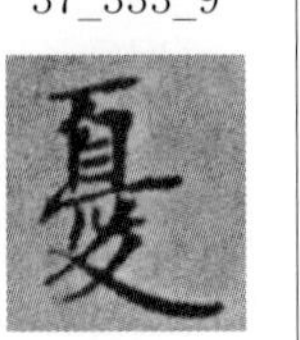
唐代・文選四八
37_334_9

唐代・文選五九
7_70_14

唐代・文選五九
8_72_1

唐代・文選五九
8_73_16

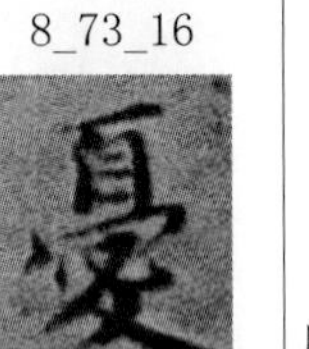
唐代・文選五九
8_74_10

唐代・文選五九
8_76_16

唐代・文選五九
25_251_1

唐代・文選五九
26_254_28

唐代・文選五九
27_265_23

唐代・文選五九
31_310_11

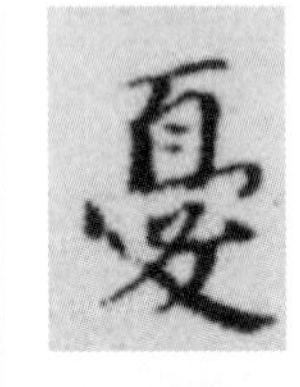
唐代・文選五九
39_382_12

唐代・文選五九
101_951_16

唐代・文選五九
104_984_4

唐代・文選六八
47_478_8

唐代・文選八八
11_88_27

唐代・文選八八
22_198_5

唐代・文選八八
23_199_38

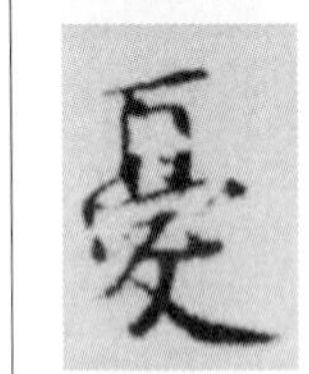
唐代・文選五九
100_947_22

唐代・文選八八
23_201_5

唐代・文選百三
3_23_26

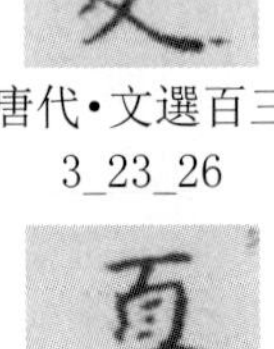
唐代・文選百三
74_712_16

唐代・文選百三
87_830_1

唐代・文選百三
87_830_24

唐代・文選八八
23_199_14

唐代・古文選後
6_62_11

唐代・古文選後
24_277_4

唐代・古文選後
26_310_8

唐代・十輪經四
7_135_9

唐代・十輪經八
6_108_15

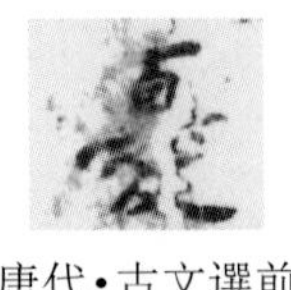
唐代・古文選前
2_14_11

唐代・古文選後
4_43_7

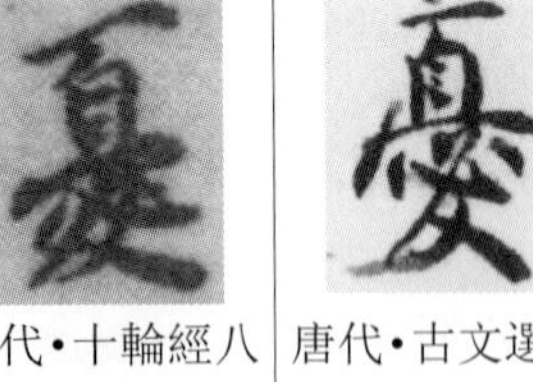
唐代・十輪經八
8_146_15

唐代・十輪經八
10_185_4

唐代・十輪經八
12_222_3

唐代・十輪經八
13_259_3

唐代・十輪經四
15_293_15

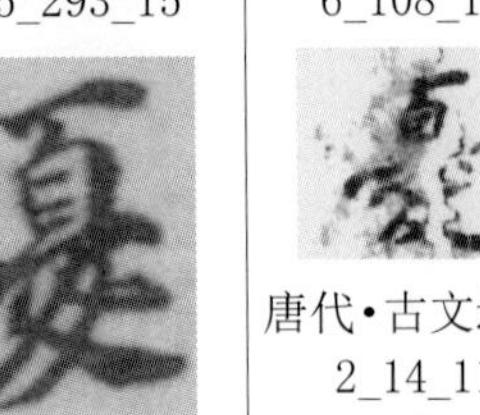
唐代・十輪經八
6_102_2

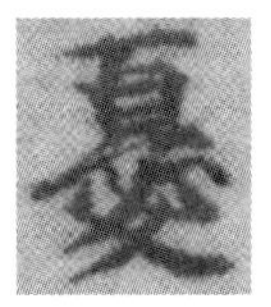
唐代•十輪經八
15_297_3

唐代•十輪經八
17_335_2

唐代•十輪經八
19_373_3

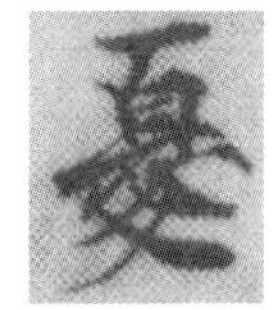
唐代•十輪經八
21_410_12

唐代•十輪經九
1_10_8

唐代•十輪經九
3_48_12

唐代•十輪經九
17_324_1

慼

漢セキ
訓うれえる

唐代•文選五九
27_265_22

慮

リョ
訓おもんばかる

唐代•春秋經傳
36_378_1

唐代•春秋經傳
36_378_11

唐代•春秋經傳
36_378_14

唐代•春秋經傳
36_382_9

唐代•文選五九
40_395_18

唐代•文選五九
40_396_20

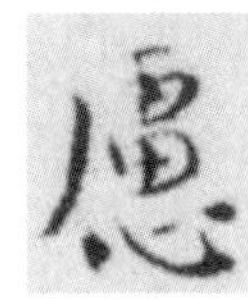
唐代•文選五九
40_398_9

唐代•文選五九
41_399_9

唐代•文選五九
41_400_17

唐代•文選五九
87_834_27

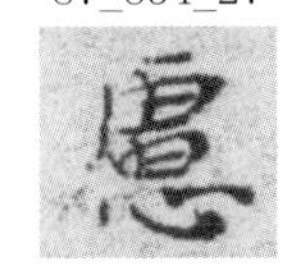
唐代•文選五九
105_995_16

唐代•文選八八
11_95_25

唐代•文選八八
12_101_39

唐代•文選百三
11_99_29

唐代•文選百三
13_124_4

唐代•文選百三
39_388_30

唐代•古文選後
4_48_10

唐代•古文選後
26_304_3

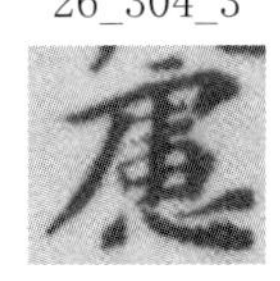
唐代•十輪經四
9_177_5

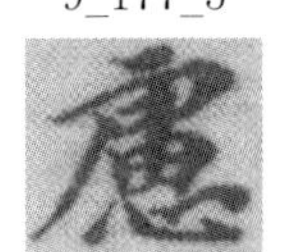
唐代•十輪經八
5_80_11

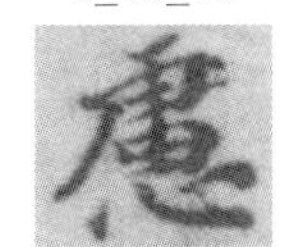
唐代•十輪經八
6_107_15

唐代•十輪經八
8_145_15

唐代•十輪經八
10_184_4

唐代•十輪經八
11_220_16

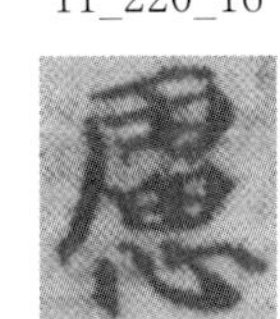
唐代•十輪經八
13_257_15

唐代•十輪經八
15_295_16

唐代•十輪經八
17_333_16

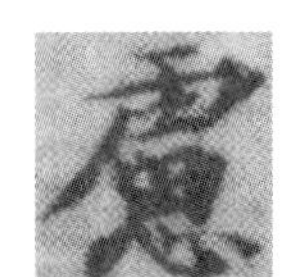
唐代•十輪經八
19_371_16

唐代•十輪經八
21_409_8

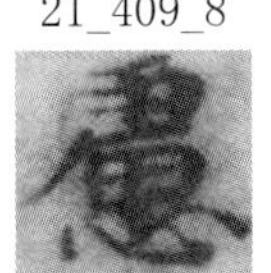
唐代•十輪經九
1_9_8

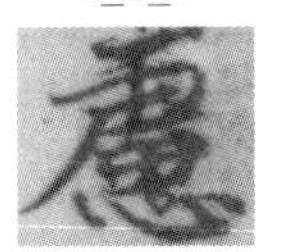
唐代•十輪經九
3_47_8

唐代•十輪經九
17_323_2

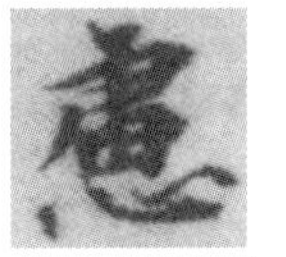
唐代•十輪經九
19_366_14

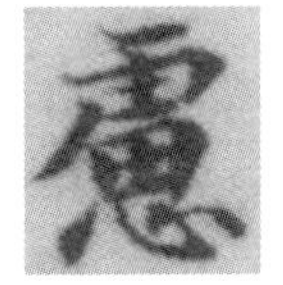
唐代•十輪經九
19_370_11

唐代•十輪經九
19_371_6

唐代•十輪經九 19_372_10

唐代•十輪經九 19_373_4

唐代•十輪經九 19_373_12

唐代•十輪經九 19_374_3

唐代•十輪經九 19_374_11

唐代•十輪經九 19_375_2

唐代•十輪經九 19_375_10

唐代•十輪經九 19_376_3

唐代•十輪經九 19_376_12

唐代•十輪經九 19_377_4

唐代•十輪經九 19_377_13

唐代•十輪經九 19_378_5

唐代•十輪經九 19_378_13

唐代•十輪經九 19_379_4

唐代•十輪經九 19_379_14

唐代•十輪經九 20_380_6

唐代•十輪經九 20_380_14

唐代•十輪經九 20_381_6

唐代•十輪經九 20_381_14

唐代•十輪經九 20_382_5

唐代•十輪經九 20_382_13

唐代•十輪經九 20_383_5

唐代•十輪經九 20_383_13

唐代•十輪經九 20_384_3

唐代•十輪經九 20_384_14

唐代•十輪經九 20_385_8

唐代•十輪經九 20_386_1

唐代•十輪經九 20_386_11

唐代•十輪經九 20_387_7

唐代•十輪經九 20_387_15

唐代•十輪經九 20_388_6

唐代•十輪經九 20_388_14

唐代•十輪經九 20_389_5

唐代•十輪經九 20_389_14

唐代•十輪經九 20_390_1

唐代•十輪經九 20_390_17

唐代•十輪經九 20_391_3

唐代•十輪經九 20_393_17

唐代•十輪經九 20_394_12

唐代•十輪經九 20_395_4

唐代•十輪經九 20_395_12

唐代•十輪經九 20_396_3

唐代•十輪經九 20_396_11

唐代•十輪經九 20_397_3

唐代•十輪經九 20_397_12

唐代•十輪經九 20_398_3

唐代•十輪經九 20_398_12

唐代•十輪經九 20_399_3

唐代•十輪經九 20_399_12

慰

イ

訓 なぐさめる

唐代•文選五九 29_280_22

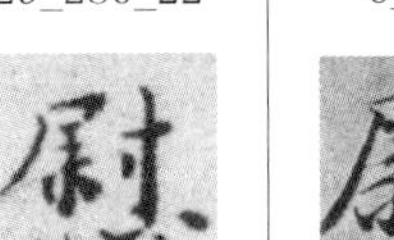
唐代•文選五九 39_380_3

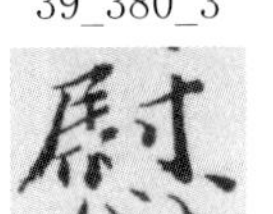
唐代•文選五九 41_401_8

唐代•文選五九 41_405_5

唐代•文選五九 53_521_6

唐代•文選五九 53_525_3

唐代•文選五九 71_677_8

唐代•文選八八 3_20_8

唐代•春秋經傳 6_59_3

唐代•文選四八 4_30_2

唐代•文選四八 39_346_3

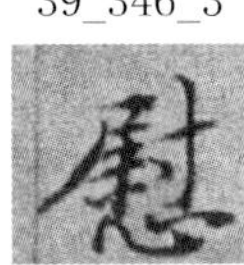
唐代•文選四八 39_349_24

唐代•文選四八 39_350_21

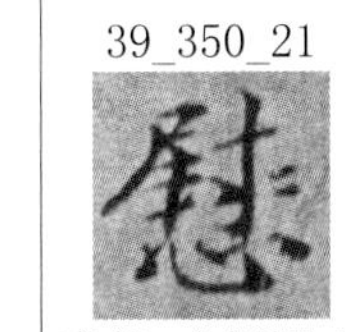
唐代•文選四八 39_351_15

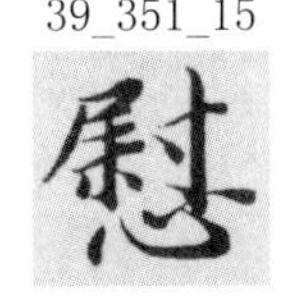
唐代•文選五九 28_275_7

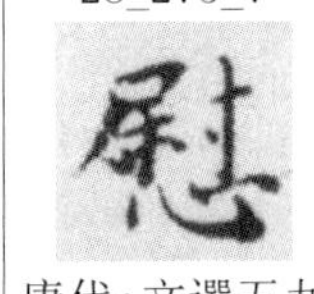
唐代•文選五九 28_277_25

唐代•十輪經十 5_92_4

唐代•十輪經十 5_93_6

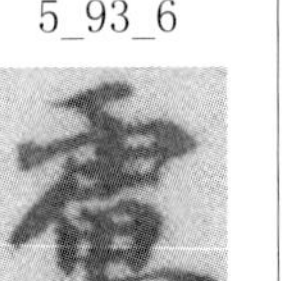
唐代•十輪經十 6_115_13

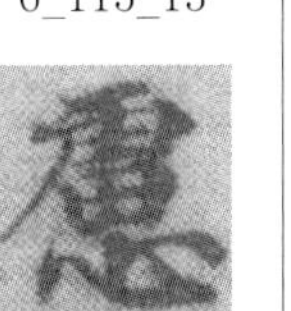
唐代•十輪經十 12_222_10

唐代•十輪經十 14_274_10

唐代•十輪經十 14_274_16

唐代•十輪經十 17_327_3

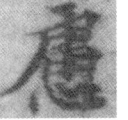

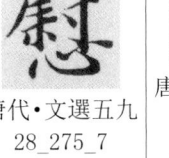

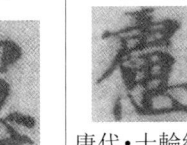

唐代•十輪經九 21_411_5

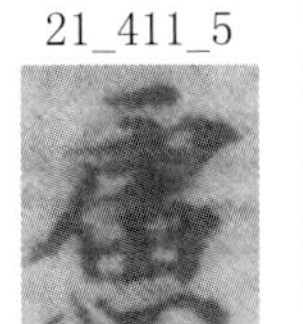
唐代•十輪經九 21_411_9

唐代•十輪經九 21_412_16

唐代•十輪經九 21_413_16

唐代•十輪經十 3_52_1

唐代•十輪經十 4_63_14

唐代•十輪經十 5_91_17

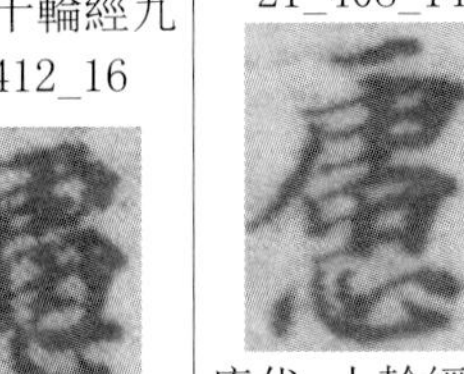
唐代•十輪經九 21_407_10

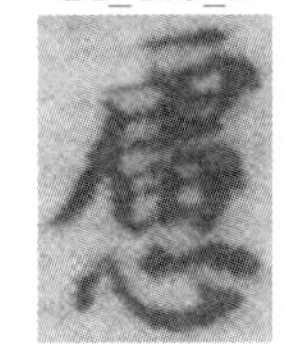
唐代•十輪經九 21_408_2

唐代•十輪經九 21_408_14

唐代•十輪經九 21_409_5

唐代•十輪經九 21_409_13

唐代•十輪經九 21_410_4

唐代•十輪經九 21_410_12

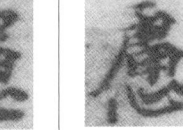

唐代•十輪經九 21_403_15

唐代•十輪經九 21_404_5

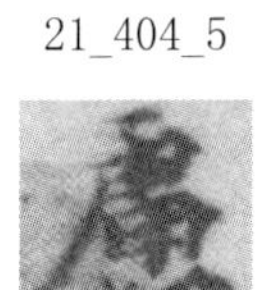
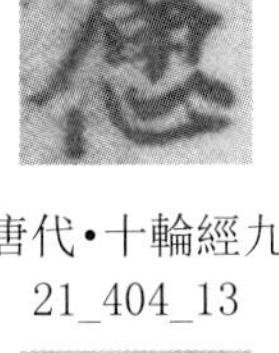
唐代•十輪經九 21_404_13

唐代•十輪經九 21_405_4

唐代•十輪經九 21_405_12

唐代•十輪經九 21_406_6

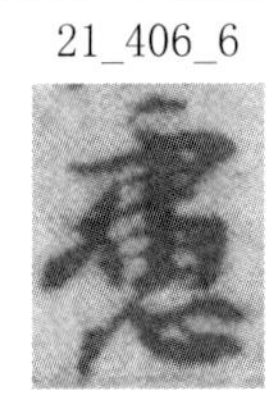
唐代•十輪經九 21_406_17

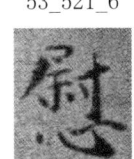

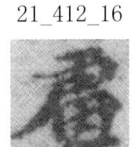

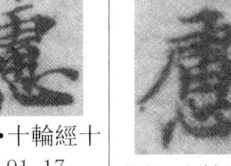

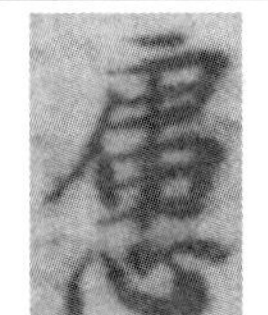
唐代•十輪經九 21_400_4

唐代•十輪經九 21_400_12

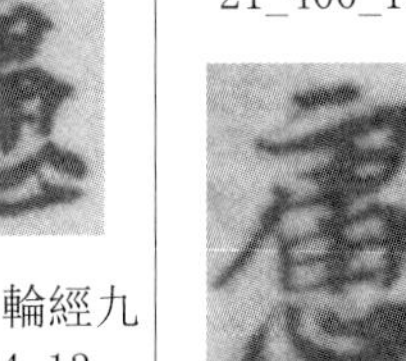
唐代•十輪經九 21_401_6

唐代•十輪經九 21_401_16

唐代•十輪經九 21_402_7

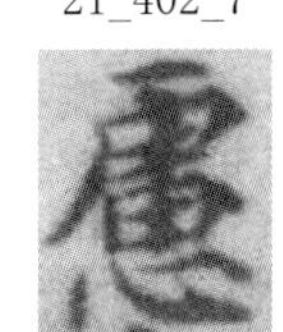
唐代•十輪經九 21_402_15

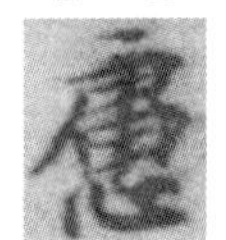
唐代•十輪經九 21_403_7

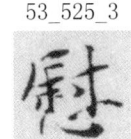

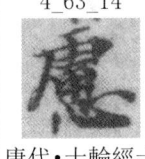

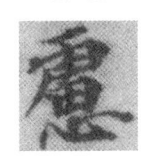

憯	憬	憪		憤		
サン 訓いたむ	漢ケイ 訓さとる	漢カン 訓たのしむ		漢フン 訓いきどおる		
 唐代•古文選前 1_7_1	 唐代•文選百三 80_761_14  唐代•文選百三 80_762_10  唐代•文選百三 80_762_17  唐代•文選百三 80_763_4  唐代•古文選後 19_227_7	 唐代•文選百三 53_509_31  唐代•文選百三 53_510_8	 唐代•文選百三 39_389_19  唐代•文選百三 60_575_17  唐代•文選百三 60_579_1  唐代•文選百三 60_579_3  唐代•文選百三 63_610_2  唐代•文選百三 86_823_24  唐代•十輪經四 5_87_11	 唐代•文選五九 101_951_17  唐代•文選六八 62_620_6  唐代•文選百三 21_207_2  唐代•文選百三 24_233_2  唐代•文選百三 37_370_2  唐代•文選百三 37_371_1  唐代•文選百三 37_371_15	 唐代•文選百三 87_831_10  唐代•古文選後 10_117_3  唐代•古文選後 26_305_12  唐代•古文選後 27_314_10  唐代•十輪經四 12_227_5  唐代•十輪經四 14_272_2	 唐代•文選百三 64_616_10  唐代•文選百三 65_619_8  唐代•文選百三 65_620_13  唐代•文選百三 71_687_2  唐代•文選百三 71_688_2  唐代•文選百三 71_688_10  唐代•文選百三 85_812_11  唐代•文選百三 85_815_22

憑

漢ヒョウ
訓よる

唐代・文選五九
42_416_8

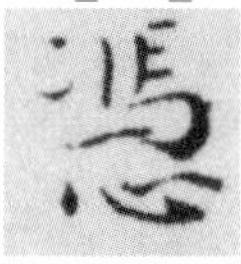
唐代・文選五九
43_419_23

唐代・文選六八
38_384_16

唐代・文選六八
49_496_3

唐代・文選百三
81_768_3

唐代・文選百三
81_773_12

唐代・古文選前
11_130_10

憩

漢ケイ
訓いこい

唐代・古文選後
26_301_8

憊

漢ハイ、ヘイ
訓つかれる

唐代・文選五九
27_264_3

憐

レン
訓あわれむ

唐代・文選五九
10_92_22

憎

慣ゾウ
訓にくむ

唐代・文選百三
13_128_11

唐代・十輪經四
2_34_13

唐代・十輪經四
5_86_12

憍

キョウ
訓おごる

唐代・十輪經四
3_43_6

唐代・十輪經八
3_56_13

唐代・十輪經八
22_423_6

唐代・十輪經九
2_21_15

唐代・十輪經九
11_212_17

憚

漢タン
訓はばかる

中唐・風信帖
2_10_6

唐代・春秋經傳
19_198_3

應

吳オウ漢ヨウ
訓こたえる

初唐・法華義疏
1_3_15

中唐・金剛經題
2_12_3

唐代・春秋經傳
7_72_27

唐代・春秋經傳
27_274_14

唐代・文選四八
9_76_13

唐代・文選四八
18_161_2

唐代・文選四八
18_165_15

懀

ワイ
訓もだえる

當作懀
唐代・古文選後
3_27_9

懈

漢カイ吳ケ
訓おこたる

唐代・文選五九
105_997_27

唐代・文選六八
7_68_3

唐代・古文選後
15_174_2

唐代・十輪經九
13_254_3

唐代・十輪經九
18_345_4

唐代・十輪經十
4_62_14

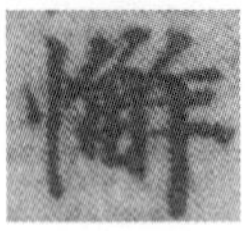
唐代・十輪經十
18_357_10

懍

リン、ラン
訓おそれる

唐代・古文選後
6_63_3

憶

吳オク
訓おぼえる

唐代・文選四八
11_99_7

唐代・文選五九
43_430_1

唐代・文選五九
43_431_28

唐代・文選五九
45_443_21

唐代・十輪經四
12_227_23

唐代・十輪經十
15_282_13

憾

漢カン
訓うらむ

唐代・春秋經傳
6_54_16

唐代・春秋經傳
6_54_21

憲

ケン
訓のり

唐代・文選四八
30_268_11

唐代・文選四八
48_435_7

唐代・文選四八
48_437_9

唐代・文選四八
48_440_10

唐代・古文選前
23_265_12

唐代・古文選後
2_13_12

 唐代•文選六八 68_678_13	 唐代•文選六八 58_583_8	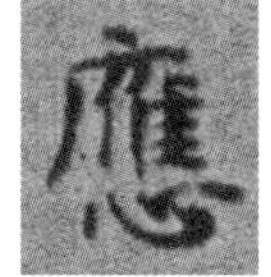 唐代•文選六八 8_88_10	 唐代•文選五九 108_1024_15	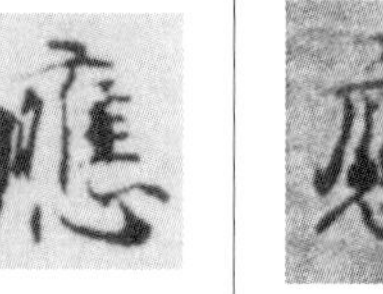 唐代•文選五九 71_681_2	 唐代•文選四八 46_410_12	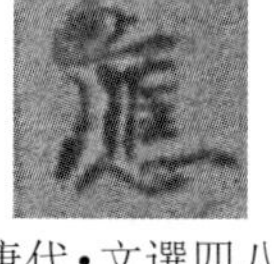 唐代•文選四八 18_165_18
 唐代•文選六八 68_680_18	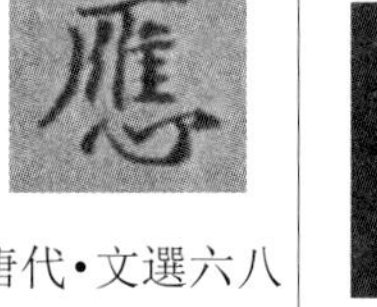 唐代•文選六八 59_598_16	 唐代•文選六八 19_195_1	唐代•文選五九 109_1026_25	唐代•文選五九 71_681_5	唐代•文選五九 1_6_1	 唐代•文選四八 18_166_5
 唐代•文選六八 69_692_17	唐代•文選六八 60_599_10	唐代•文選六八 19_199_22	 唐代•文選五九 109_1028_19	 唐代•文選五九 99_936_19	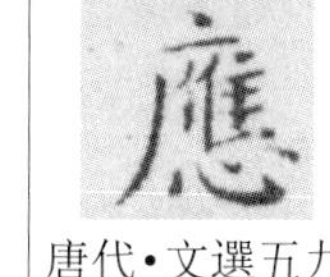 唐代•文選五九 1_9_13	唐代•文選四八 23_209_7
唐代•文選八八 3_17_18	 唐代•文選六八 60_599_16	 唐代•文選六八 20_200_2	唐代•文選五九 109_1029_2	唐代•文選五九 101_959_19	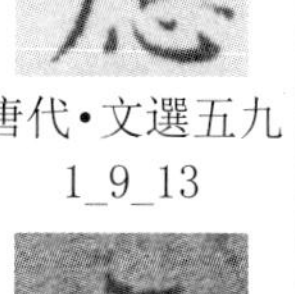 唐代•文選五九 48_477_4	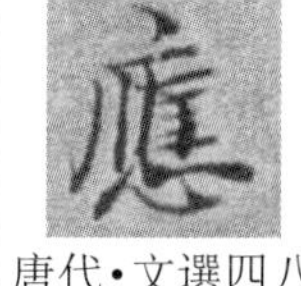 唐代•文選四八 27_241_16
 唐代•文選八八 5_31_11	唐代•文選六八 61_612_14	唐代•文選六八 24_245_14	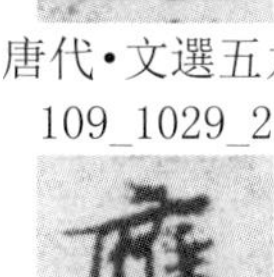 唐代•文選五九 109_1029_24	 唐代•文選五九 107_1009_3	 唐代•文選五九 57_552_17	唐代•文選四八 28_257_2
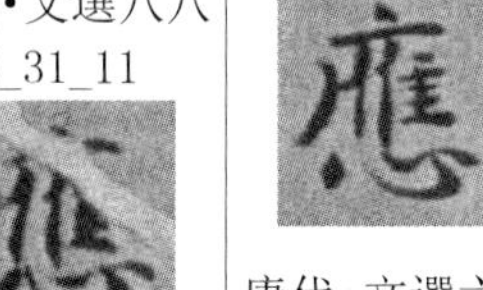 唐代•文選八八 8_58_11	唐代•文選六八 63_637_18	唐代•文選六八 25_251_11	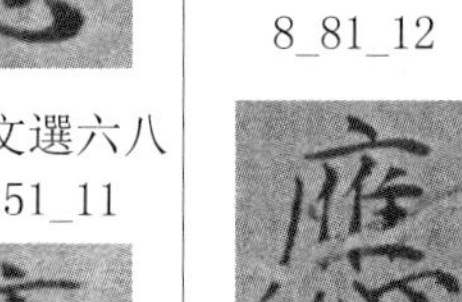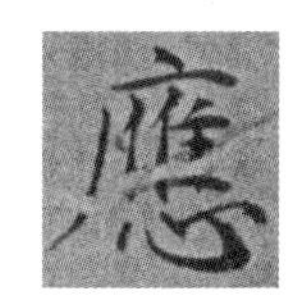 唐代•文選六八 8_81_12	唐代•文選五九 107_1011_13	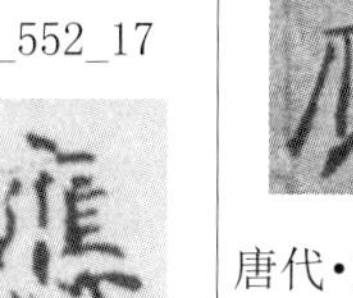 唐代•文選五九 57_553_15	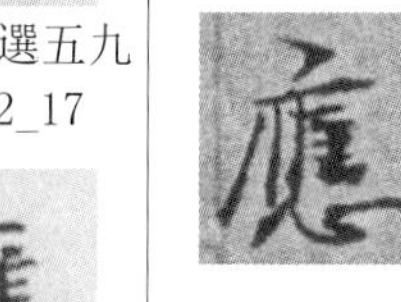 唐代•文選四八 29_259_15
唐代•文選八八 13_105_9	 唐代•文選六八 65_653_3	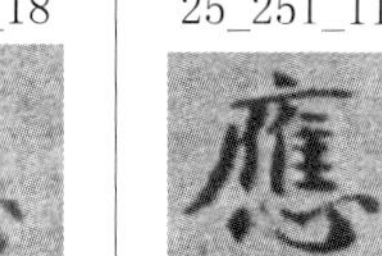 唐代•文選六八 53_538_13	唐代•文選六八 8_86_8	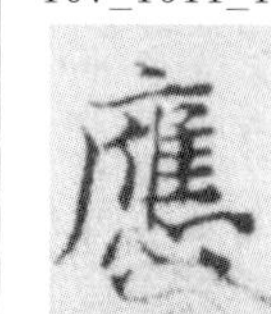 唐代•文選五九 107_1011_26	唐代•文選五九 62_592_14	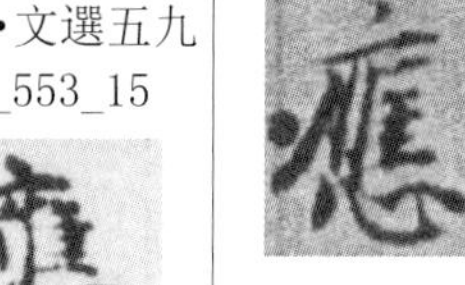 唐代•文選四八 29_262_19

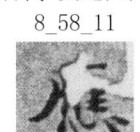

 唐代•十輪經八 8_159_16  唐代•十輪經八 10_197_11  唐代•十輪經八 12_235_3  唐代•十輪經八 14_272_4  唐代•十輪經八 16_310_2  唐代•十輪經八 18_348_11  唐代•十輪經八 20_386_7	 唐代•十輪經四 13_251_10  唐代•十輪經四 13_255_11  唐代•十輪經四 15_292_6 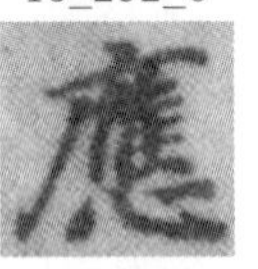 唐代•十輪經四 17_328_2  唐代•十輪經四 17_330_5  唐代•十輪經四 19_364_5  唐代•十輪經八 7_121_3	 唐代•十輪經四 8_156_3  唐代•十輪經四 8_160_4  唐代•十輪經四 9_177_9 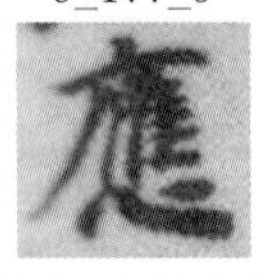 唐代•十輪經四 10_180_9  唐代•十輪經四 10_181_1  唐代•十輪經四 10_183_9  唐代•十輪經四 11_218_9	 唐代•古文選後 21_244_10  唐代•古文選後 21_244_48  唐代•古文選後 21_250_2  唐代•古文選後 22_260_3  唐代•古文選後 22_260_16  唐代•十輪經四 3_57_6  唐代•十輪經四 8_151_3	 唐代•古文選後 12_143_4  唐代•古文選後 13_150_13  唐代•古文選後 13_150_93  唐代•古文選後 13_155_4  唐代•古文選後 16_183_4  唐代•古文選後 16_183_84  唐代•古文選後 17_201_2	 唐代•古文選前 8_98_10  唐代•古文選前 24_285_1 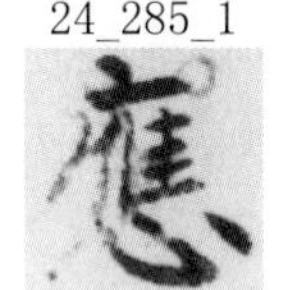 唐代•古文選前 25_297_5  唐代•古文選後 3_29_2  唐代•古文選後 3_29_12  唐代•古文選後 3_30_5  唐代•古文選後 10_108_46	 唐代•文選百三 16_150_21  唐代•文選百三 30_295_33  唐代•文選百三 40_402_18  唐代•文選百三 50_482_11  唐代•文選百三 79_755_9  唐代•文選百三 84_802_23  唐代•古文選前 4_44_7

唐代•十輪經八
22_425_15

唐代•十輪經九
2_24_7

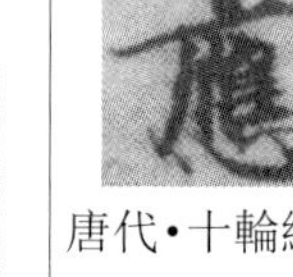

唐代•十輪經九
4_63_12

唐代•十輪經九
5_82_7

唐代•十輪經九
6_117_3

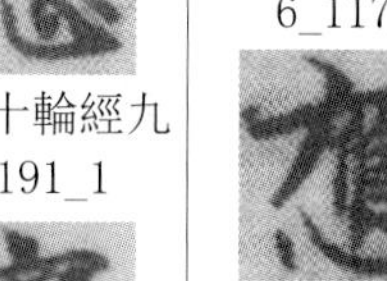

唐代•十輪經九
6_119_5

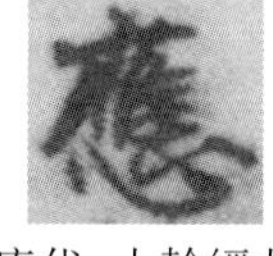

唐代•十輪經九
7_121_14

唐代•十輪經九
8_151_2

唐代•十輪經九
9_168_13

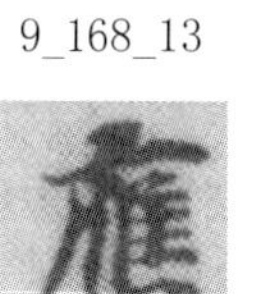

唐代•十輪經九
9_177_13

唐代•十輪經九
10_184_16

唐代•十輪經九
10_191_1

唐代•十輪經九
11_200_2

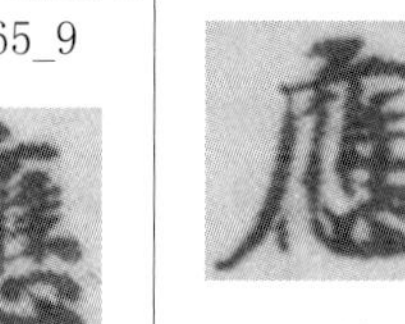

唐代•十輪經九
11_205_10

唐代•十輪經九
11_206_17

唐代•十輪經九
11_207_8

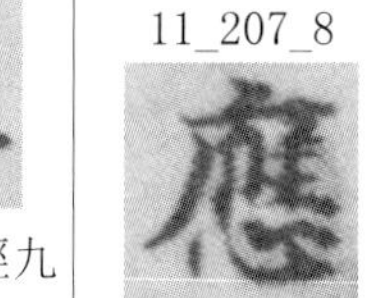

唐代•十輪經九
11_207_16

唐代•十輪經九
12_231_6

唐代•十輪經九
13_242_2

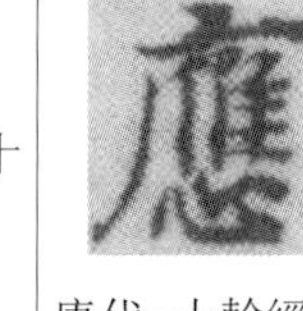

唐代•十輪經九
14_265_9

唐代•十輪經九
14_274_1

唐代•十輪經九
15_294_2

唐代•十輪經九
16_305_1

唐代•十輪經九
18_359_7

唐代•十輪經九
19_370_1

唐代•十輪經十
1_11_17

唐代•十輪經十
1_13_15

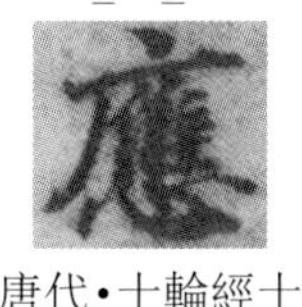

唐代•十輪經十
1_15_13

唐代•十輪經十
2_35_7

唐代•十輪經十
2_40_4

唐代•十輪經十
6_112_2

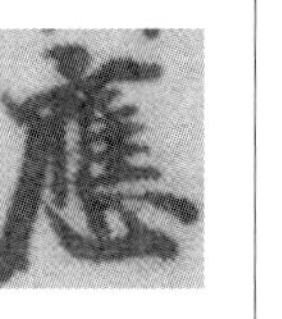

唐代•十輪經十
6_112_14

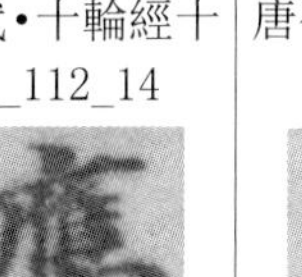

唐代•十輪經十
7_122_8

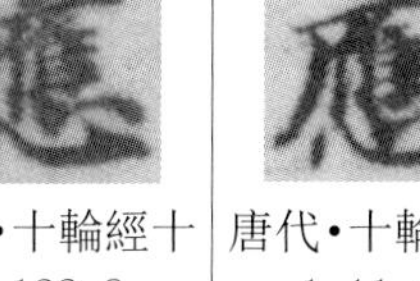

唐代•十輪經十
7_135_2

唐代•十輪經十
8_157_7

唐代•十輪經十
9_168_2

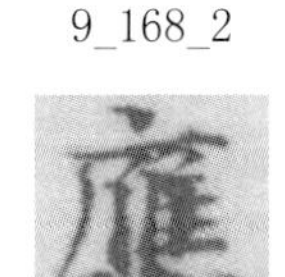

唐代•十輪經十
9_175_4

唐代•十輪經十
10_183_12

唐代•十輪經十
10_192_12

唐代•十輪經十
11_204_17

唐代•十輪經十
15_295_10

唐代•十輪經十
16_315_8

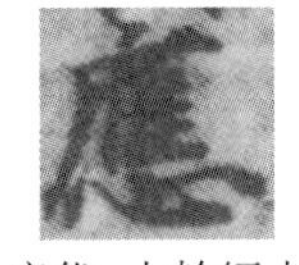

唐代•十輪經十
17_326_18

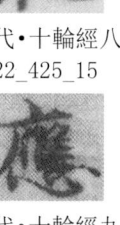

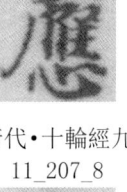

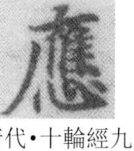

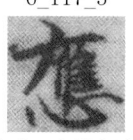

唐代・文選五九 101_951_14

唐代・文選五九 107_1011_20

唐代・文選八八 15_124_30

唐代・文選八八 15_126_8

唐代・文選八八 24_215_7

唐代・文選八八 24_216_16

唐代・文選百三 23_221_7

唐代・文選百三 23_224_14

唐代・文選五九 32_313_4

唐代・文選五九 32_315_27

唐代・文選五九 34_335_13

唐代・文選五九 70_674_9

唐代・文選五九 70_675_13

唐代・文選五九 74_717_30

唐代・文選五九 78_754_24

唐代・文選五九 93_895_16

唐代・文選四八 6_45_4

唐代・文選四八 6_47_2

唐代・文選四八 7_55_16

唐代・文選四八 37_334_12

唐代・文選四八 39_352_4

唐代・文選四八 41_367_17

唐代・文選五九 16_152_19

唐代・文選五九 27_264_27

懷

漢カイ呉エ
訓なつく

唐代・春秋經傳 11_108_11

唐代・春秋經傳 11_109_13

唐代・春秋經傳 16_165_18

唐代・春秋經傳 25_255_18

唐代・春秋經傳 29_303_10

唐代・春秋經傳 31_322_19

唐代・春秋經傳 38_401_10

唐代・春秋經傳 38_402_9

懦

漢ダ、ジュ
訓よわい

唐代・文選百三 49_475_13

唐代・文選百三 49_476_8
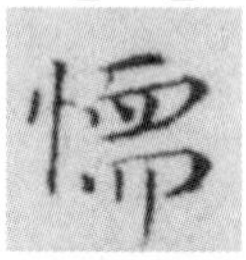
唐代・文選百三 49_477_30

唐代・文選百三 49_477_36
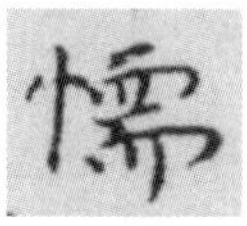
唐代・文選百三 49_478_5

懤

ジウ、ヒュウ、トウ
訓ほがらか

唐代・古文選前 5_58_13

懇

コン
訓ねんごろ

唐代・文選五九 102_962_2

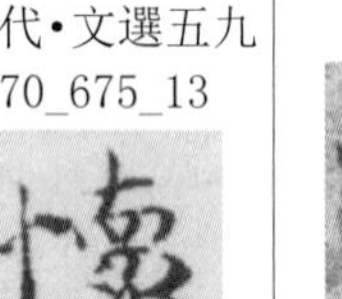

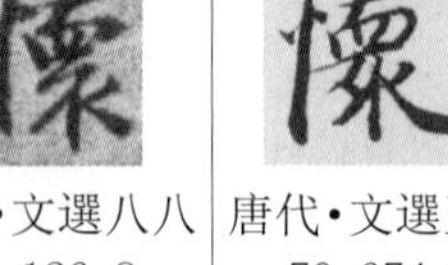

懺		懸				
慣ザン漢サン 訓くいる		慣ケ漢ケン 訓かける				
唐代•十輪經四 12_234_1 唐代•十輪經四 14_271_17 唐代•十輪經四 15_298_7	唐代•文選百三 49_467_30 唐代•文選百三 49_468_29 唐代•文選百三 49_469_28 唐代•文選百三 51_489_4 唐代•文選百三 51_491_2 唐代•文選百三 51_493_23 唐代•古文選後 17_202_11	唐代•文選五九 57_553_8 唐代•文選五九 104_986_25  唐代•文選六八 25_250_19  唐代•文選六八 25_251_19  唐代•文選六八 25_252_11 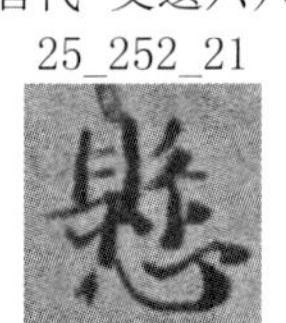 唐代•文選六八 25_252_21 唐代•文選六八 30_303_10 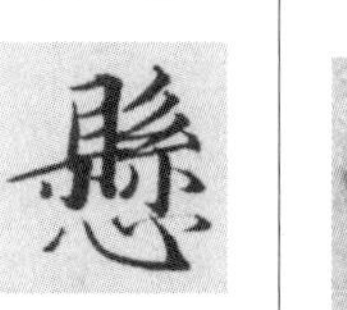 唐代•文選百三 48_464_29	 唐代•十輪經四 19_376_16 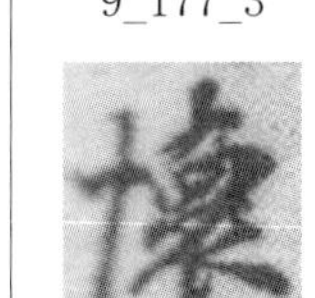 唐代•十輪經四 9_177_3 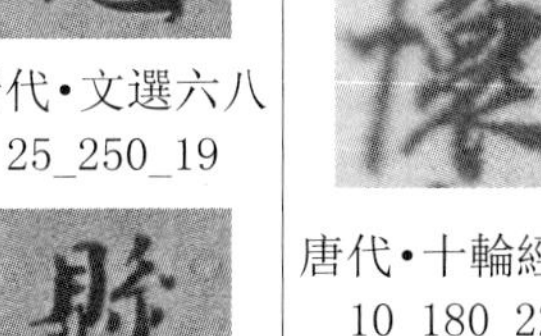 唐代•十輪經四 10_180_22  唐代•十輪經四 10_183_16 唐代•十輪經四 10_195_3 唐代•十輪經四 11_201_10 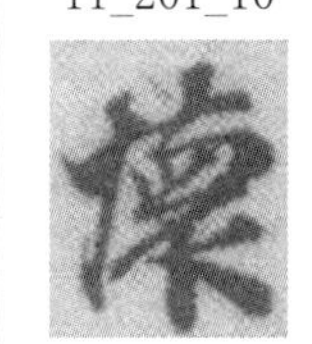 唐代•十輪經四 15_284_10	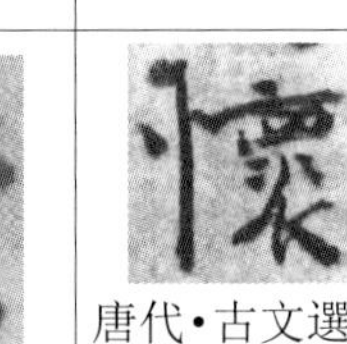 唐代•古文選後 10_118_14 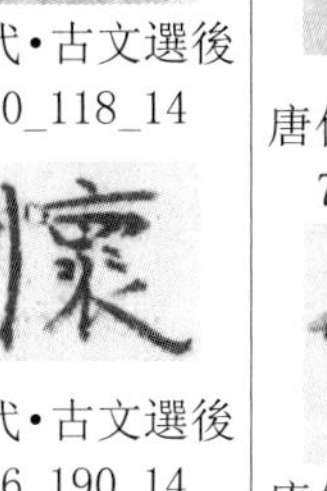 唐代•古文選後 16_190_14  唐代•古文選後 19_227_5  唐代•古文選後 24_279_9 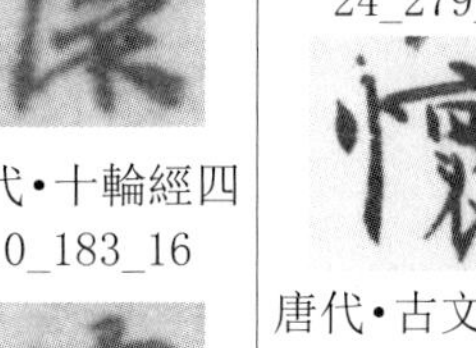 唐代•古文選後 26_302_2 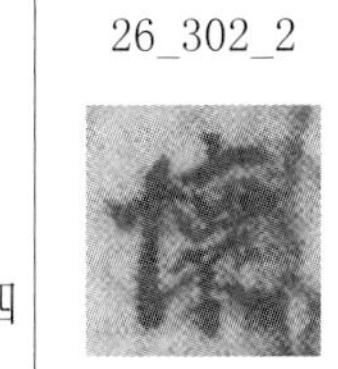 唐代•十輪經四 1_2_9 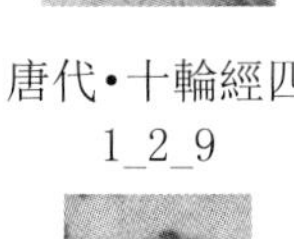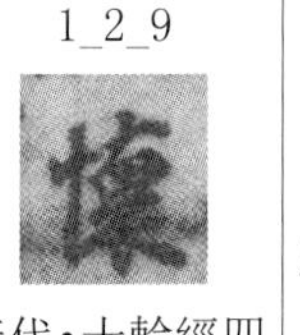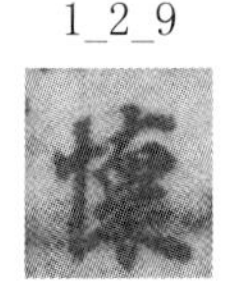 唐代•十輪經四 1_15_8 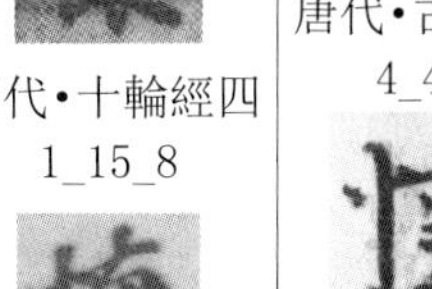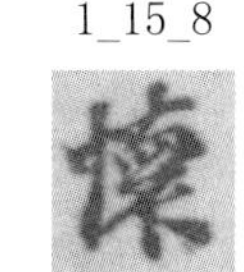 唐代•十輪經四 4_63_12	唐代•文選百三 78_744_25 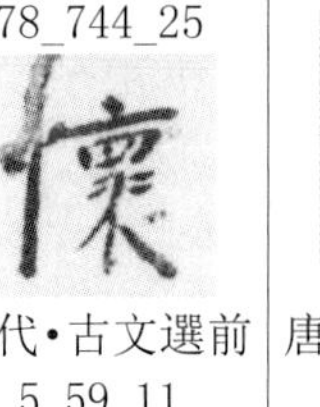 唐代•古文選前 5_59_11  唐代•古文選前 6_72_9 唐代•古文選前 15_171_9 唐代•古文選前 21_251_14 唐代•古文選前 27_313_1 唐代•古文選後 4_43_4  唐代•古文選後 4_48_13	 唐代•文選百三 23_224_25 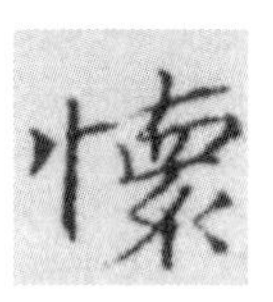 唐代•文選百三 25_238_20  唐代•文選百三 59_568_5  唐代•文選百三 59_569_15 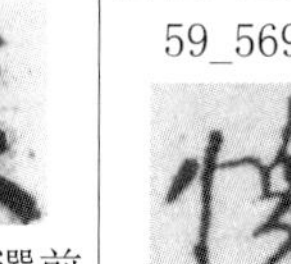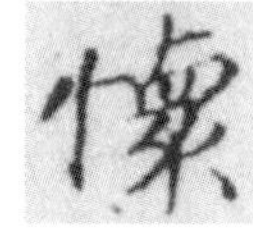 唐代•文選百三 59_570_16  唐代•文選百三 60_573_6  唐代•文選百三 60_576_24  唐代•文選百三 77_740_4

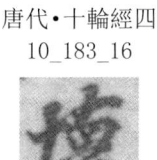

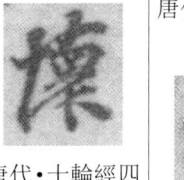

	戀	懿			懼	懾
	レン 訓こう、こいしい	イ 訓よい			漢ク呉グ 訓おそれる	ショウ 訓おそれる
 唐代•文選五九 20_194_8  唐代•文選五九 84_808_25  唐代•文選五九 102_961_23  唐代•文選百三 2_14_7  唐代•古文選前 15_181_10  唐代•古文選前 16_184_8  唐代•古文選前 27_313_10	 唐代•春秋經傳 11_109_14  唐代•文選四八 10_87_3  唐代•文選四八 10_89_8  唐代•文選四八 24_219_17  唐代•文選四八 38_345_11  唐代•文選五九 5_44_19  唐代•文選五九 15_139_16	 唐代•古文選後 1_6_5	 唐代•文選百三 51_493_3  唐代•文選百三 53_512_9  唐代•文選百三 56_533_23  唐代•文選百三 56_534_15  唐代•古文選前 9_109_9  唐代•古文選後 2_23_6  唐代•古文選後 15_173_5	 唐代•文選八八 9_74_2  唐代•文選八八 9_74_17  唐代•文選八八 10_78_5  唐代•文選八八 10_78_21  唐代•文選八八 11_87_20  唐代•文選百三 29_280_23  唐代•文選百三 32_320_23  唐代•文選百三 48_463_14	 唐代•春秋經傳 16_165_6  唐代•春秋經傳 19_198_20  唐代•春秋經傳 19_200_18  唐代•春秋經傳 22_226_25  唐代•春秋經傳 22_232_7  唐代•文選五九 112_1061_10  唐代•文選六八 60_603_12  唐代•文選六八 70_696_6	 唐代•古文選前 20_232_7

爿部

牀 牀

漢ソウ呉ショウ
訓だい

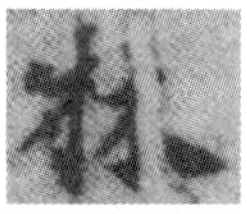

唐代•十輪經四
17_326_16

牂 牂

ソウ慣ショウ
訓めひつじ

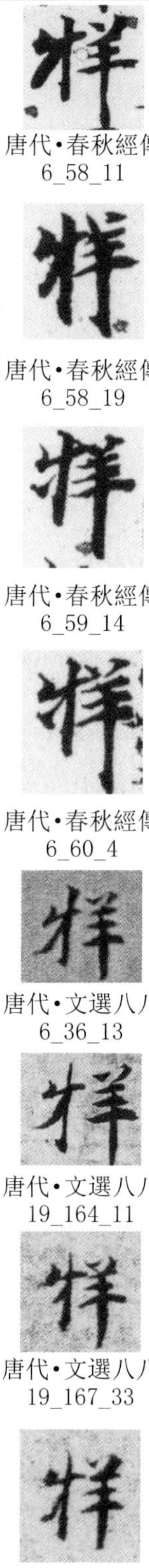

唐代•春秋經傳 6_58_11

唐代•春秋經傳 6_58_19

唐代•春秋經傳 6_59_14

唐代•春秋經傳 6_60_4

唐代•文選八八 6_36_13

唐代•文選八八 19_164_11

唐代•文選八八 19_167_33

唐代•文選八八 19_168_12

將 將

漢ショウ呉ソウ
訓ひきいる

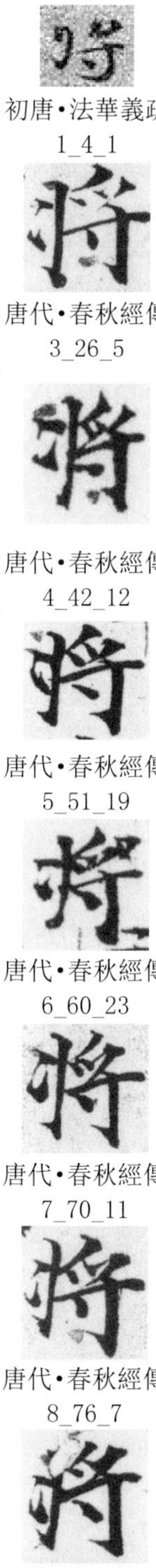

初唐•法華義疏 1_4_1

唐代•春秋經傳 3_26_5

唐代•春秋經傳 4_42_12

唐代•春秋經傳 5_51_19

唐代•春秋經傳 6_60_23

唐代•春秋經傳 7_70_11

唐代•春秋經傳 8_76_7

唐代•春秋經傳 8_79_7

唐代•春秋經傳 9_87_9

唐代•春秋經傳 9_91_14

唐代•春秋經傳 16_164_15

唐代•春秋經傳 16_165_7

唐代•春秋經傳 17_177_7

唐代•春秋經傳 17_178_9
9

唐代•春秋經傳 19_194_7

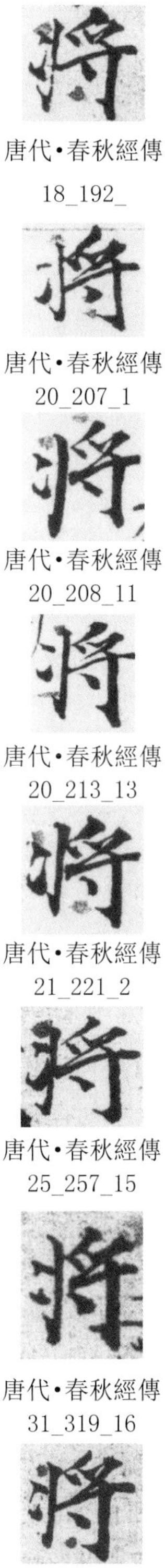

唐代•春秋經傳 18_192_

唐代•春秋經傳 20_207_1

唐代•春秋經傳 20_208_11

唐代•春秋經傳 20_213_13

唐代•春秋經傳 21_221_2

唐代•春秋經傳 25_257_15

唐代•春秋經傳 31_319_16

唐代•春秋經傳 37_389_2

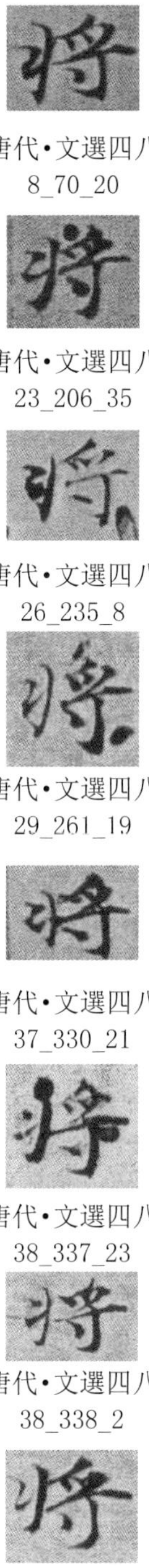

唐代•文選四八 8_70_20

唐代•文選四八 23_206_35

唐代•文選四八 26_235_8

唐代•文選四八 29_261_19

唐代•文選四八 37_330_21

唐代•文選四八 38_337_23

唐代•文選四八 38_338_2

唐代•文選四八 7_56_8

唐代•文選五九 15_143_14
唐代•文選五九 19_186_2
唐代•文選五九 21_201_2
唐代•文選五九 22_215_16
唐代•文選五九 23_220_21
唐代•文選五九 23_225_19
唐代•文選五九 28_273_11
唐代•文選五九 6_53_30
唐代•文選五九 27_270_16
唐代•文選五九 28_274_9
唐代•文選五九 32_315_22
唐代•文選五九 38_373_12
唐代•文選五九 39_388_10
唐代•文選五九 39_389_7
唐代•文選五九 48_476_26
唐代•文選五九 52_512_18
唐代•文選五九 53_527_5
唐代•文選五九 55_535_16
唐代•文選五九 55_538_22
唐代•文選五九 61_590_12
唐代•文選五九 62_592_10
唐代•文選五九 62_593_3
唐代•文選五九 62_595_16
唐代•文選五九 72_693_10
唐代•文選五九 98_931_19
唐代•文選五九 98_932_2
唐代•文選五九 105_1000_2
唐代•文選五九 106_1004_14
唐代•文選五九 106_1006_27
唐代•文選五九 110_1040_19
唐代•文選五九 94_908_4
唐代•文選五九 93_892_19
唐代•文選六八 7_70_6
唐代•文選六八 11_110_20
唐代•文選六八 11_114_8
唐代•文選六八 12_128_9
唐代•文選六八 13_130_24
唐代•文選六八 22_222_23
唐代•文選六八 4_47_4
唐代•文選六八 7_68_15
唐代•文選六八 29_294_8
唐代•文選六八 29_297_31
唐代•文選六八 47_477_23
唐代•文選六八 48_484_7
唐代•文選六八 73_729_19
唐代•文選八八 5_22_17
唐代•文選六八 23_238_19
唐代•文選六八 29_288_4
唐代•文選八八 13_111_1
唐代•文選八八 5_25_3
唐代•文選八八 13_113_29
唐代•文選八八 19_172_10
唐代•文選八八 20_176_16
唐代•文選八八 23_202_2
唐代•文選百三 27_270_25
唐代•文選百三 27_271_33

唐代•文選百三
28_272_26

唐代•文選百三
28_273_8

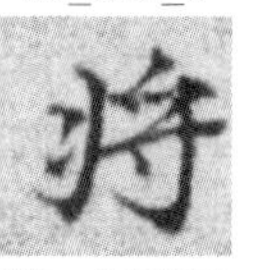
唐代•文選百三
27_262_12

唐代•文選百三
27_264_1

唐代•文選百三
27_266_35

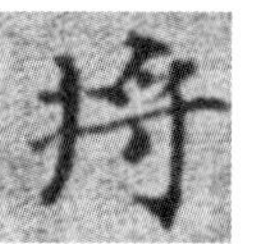
唐代•文選百三
27_270_19

唐代•文選百三
55_526_2

唐代•文選百三
55_526_10

唐代•文選百三
34_336_15

唐代•文選百三
34_337_11

唐代•文選百三
34_339_26

唐代•文選百三
34_341_2

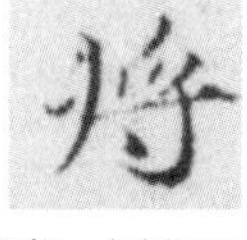
唐代•文選百三
29_281_22

唐代•文選百三
30_299_9

唐代•文選百三
33_330_10

唐代•文選百三
33_333_32

唐代•文選百三
36_356_17

唐代•文選百三
38_377_2

唐代•文選百三
38_378_13

唐代•文選百三
38_381_29
91_27

唐代•文選百三
35_343_10

唐代•文選百三
35_354_8

唐代•文選百三
35_355_11

唐代•文選百三
36_356_11

唐代•文選百三
51_494_22

唐代•文選百三
54_518_22

唐代•文選百三
54_519_3

唐代•文選百三
54_523_9
6_19

唐代•文選百三
39_385_27

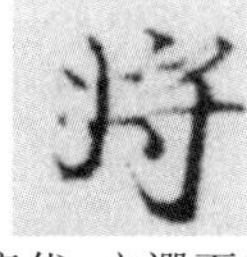
唐代•文選百三
40_402_12

唐代•文選百三
45_429_3

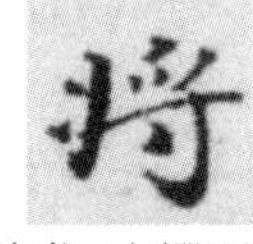
唐代•文選百三
51_4

唐代•文選百三
63_604_8

唐代•文選百三
56_542_5

唐代•文選百三
58_560_19

唐代•文選百三
61_584_16

唐代•文選百三
61_590_27

唐代•文選百三
61_592_23

唐代•文選百三
61_593_9

唐代•文選百三
17_159_27

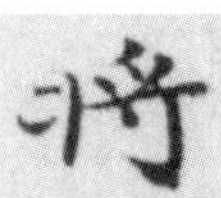
唐代•文選百三
74_714_15

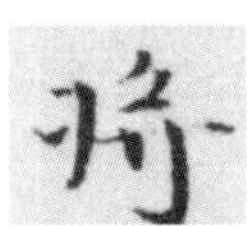
唐代•文選百三
74_717_21

唐代•文選百三
65_619_3

唐代•文選百三
68_654_5

唐代•文選百三
68_657_4

唐代•文選百三
68_657_24

唐代•文選百三
69_664_33

唐代•文選百三
73_708_21

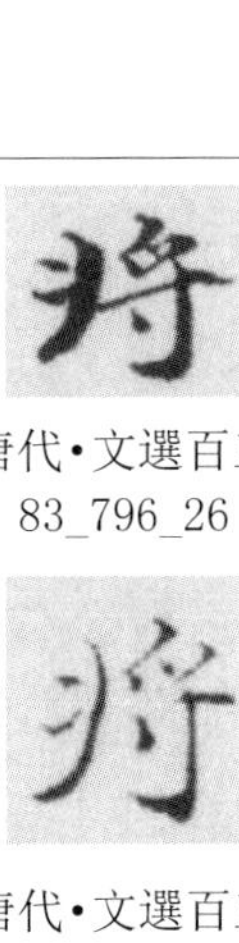
唐代•文選百三
83_796_26

唐代•文選百三
85_815_13

唐代•文選百三
87_824_5

唐代•古文選前
1_11_10

唐代•古文選前
5_54_13

唐代•古文選前
5_58_6

唐代•古文選前
6_66_14

唐代・古文選前
9_113_10

唐代・古文選前
15_174_12

唐代・古文選前
24_280_3

唐代・古文選後
1_11_13

唐代・古文選後
4_39_3

唐代・古文選後
5_49_2

唐代・古文選後
10_108_7

唐代・古文選後
10_110_12

唐代・古文選後
12_133_3

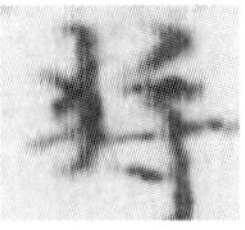
唐代・古文選後
12_133_47

唐代・古文選後
16_181_3

唐代・古文選後
17_200_1

唐代・古文選後
22_257_7

唐代・古文選後
26_309_10

唐代・十輪經四
9_169_8

唐代・十輪經八
15_296_12

唐代・十輪經四
15_295_6

唐代・十輪經八
4_63_6

唐代・十輪經八
6_108_7

唐代・十輪經八
8_146_7

唐代・十輪經八
10_184_13

唐代・十輪經八
12_221_12

唐代・十輪經八
13_258_13

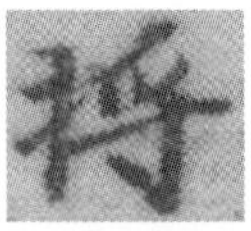
唐代・十輪經八
17_334_12

唐代・十輪經八
19_372_12

唐代・十輪經八
21_410_4

唐代・十輪經九
1_9_17

唐代・十輪經九
3_48_4

唐代・十輪經九
17_323_11

唐代・十輪經十
12_240_2

牆牆

漢ショウ
訓かき

唐代・春秋經傳
7_73_5

唐代・文選四八
37_332_23

唐代・文選五九
29_284_7

唐代・文選五九
31_301_6

唐代・文選五九
31_301_12

唐代・文選五九
99_936_15

唐代・文選五九
99_936_23

唐代・古文選前
7_88_4

唐代・古文選後
22_262_8

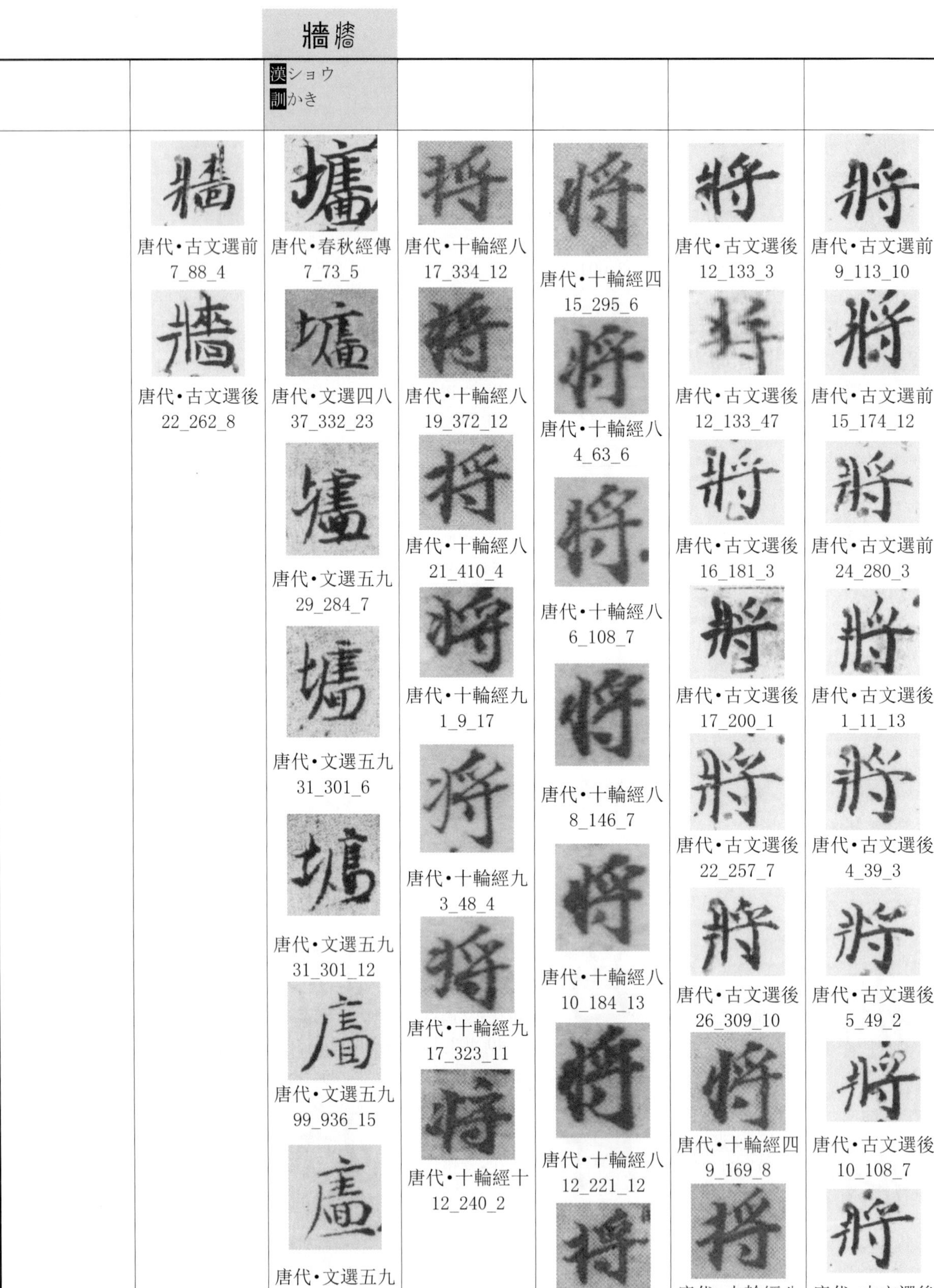

毋部

毋

漢ブ呉ム
訓ない

唐代・文選百三
79_750_9

母

慣ボ漢ボウ呉モ
訓はは

初唐・金剛場經
1_8_21

唐代・春秋經傳
10_99_4

唐代・春秋經傳
12_119_9

唐代・春秋經傳
12_122_1

唐代・春秋經傳
15_156_6

唐代・春秋經傳
22_230_1

唐代・春秋經傳
28_288_24

唐代・春秋經傳
32_339_14

唐代・文選四八
36_321_1

唐代・文選四八
36_321_20

唐代・文選五九
47_463_11

唐代・文選百三
3_23_25

唐代・文選百三
9_78_15

唐代・文選百三
25_240_4

唐代・古文選前
26_304_11

唐代・十輪經四
9_167_4

唐代・十輪經四
9_170_17

唐代・十輪經四
9_173_3

唐代・十輪經四
12_223_3

唐代・十輪經四
9_178_17

唐代・十輪經四
12_224_11

唐代・十輪經四
12_228_7

唐代・十輪經四
12_229_1

唐代・十輪經四
12_230_4

唐代・十輪經四
12_234_12

唐代・十輪經四
12_235_8

唐代・十輪經四
12_236_11

唐代・十輪經四
12_240_7

唐代・十輪經四
13_241_9

唐代・十輪經四
13_242_4

唐代・十輪經四
13_247_8

唐代・十輪經四
13_248_11

唐代・十輪經四
13_252_7

唐代・十輪經四
13_253_25

唐代・十輪經四
13_254_4

唐代・十輪經四
13_259_8

唐代・十輪經四
14_260_12

唐代・十輪經四
14_264_7

唐代・十輪經四
14_266_4

唐代・十輪經四
14_271_5

唐代・十輪經十
3_46_12

唐代・十輪經十
6_102_12

					毒	毎
					吳ドク漢トク 訓どく	吳マイ漢バイ 訓つね
			 唐代•十輪經四 18_355_10	 唐代•十輪經四 5_91_10	 唐代•文選百三 26_252_5	 唐代•文選五九 57_555_5
			 唐代•十輪經四 19_372_7	 唐代•十輪經四 6_117_9	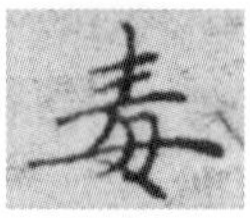 唐代•文選百三 26_253_22	 唐代•文選五九 76_732_4
			 唐代•十輪經四 20_392_2	 唐代•十輪經四 9_178_7	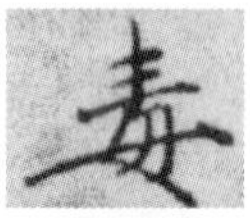 唐代•文選百三 26_255_8	 唐代•文選五九 103_969_25
			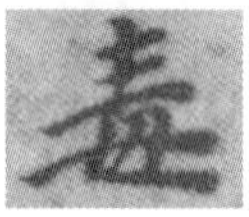 唐代•十輪經四 20_397_13	 唐代•十輪經四 10_180_23	 唐代•文選百三 27_259_1	 唐代•文選六八 24_245_6
				 唐代•十輪經四 15_284_11	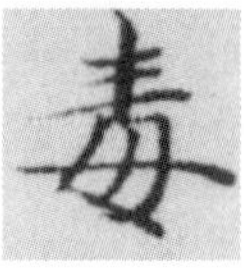 唐代•文選百三 40_398_3	 唐代•文選百三 1_5_22
				 唐代•十輪經四 16_304_14	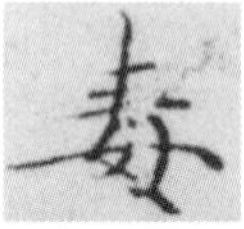 唐代•文選百三 40_398_10	 唐代•文選百三 13_119_38
				 唐代•十輪經四 16_318_14	 唐代•古文選後 7_77_22	 唐代•文選百三 31_313_16
				 唐代•十輪經四 18_340_17	 唐代•十輪經四 3_51_15	 唐代•古文選後 18_215_12

示部

示示

漢シ 呉ジ
訓しめす

唐代•春秋經傳
5_43_25

唐代•春秋經傳
7_71_21

唐代•春秋經傳
10_106_18

唐代•春秋經傳
14_140_13

唐代•春秋經傳
19_193_9

唐代•春秋經傳
20_203_32

唐代•春秋經傳
24_247_25

唐代•春秋經傳
24_251_26

唐代•春秋經傳
31_323_7

唐代•春秋經傳
33_347_15

唐代•春秋經傳
38_403_11

唐代•文選五九
82_788_20

唐代•文選百三
60_578_20

唐代•文選百三
85_805_30

唐代•古文選後
15_173_3

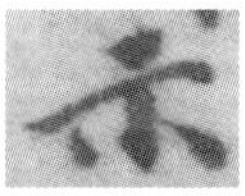
唐代•十輪經八
4_74_9

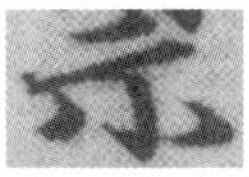
唐代•十輪經九
8_142_16

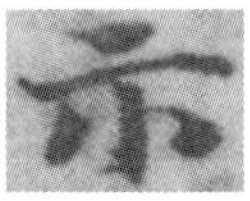
唐代•十輪經十
3_44_8

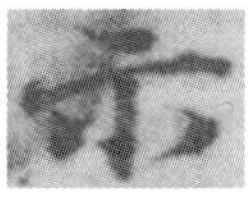
唐代•十輪經十
3_52_5

唐代•十輪經十
5_100_13

祁祁

漢キ 呉ギ
訓おおいに

唐代•文選四八
36_318_4

唐代•文選四八
36_319_9

唐代•文選四八
36_319_14

唐代•文選四八
36_319_25

唐代•文選四八
36_321_26

唐代•文選百三
12_109_4

唐代•文選百三
56_541_15

唐代•古文選後
3_32_9

唐代•古文選後
13_146_7

唐代•文選四八
36_322_26

社社

漢シャ 呉ジャ
訓やしろ

唐代•春秋經傳
8_82_10

當作天祚
唐代•春秋經傳
15_151_14

唐代•文選四八
16_144_20

唐代•文選百三
56_541_33

唐代•文選百三
56_542_22

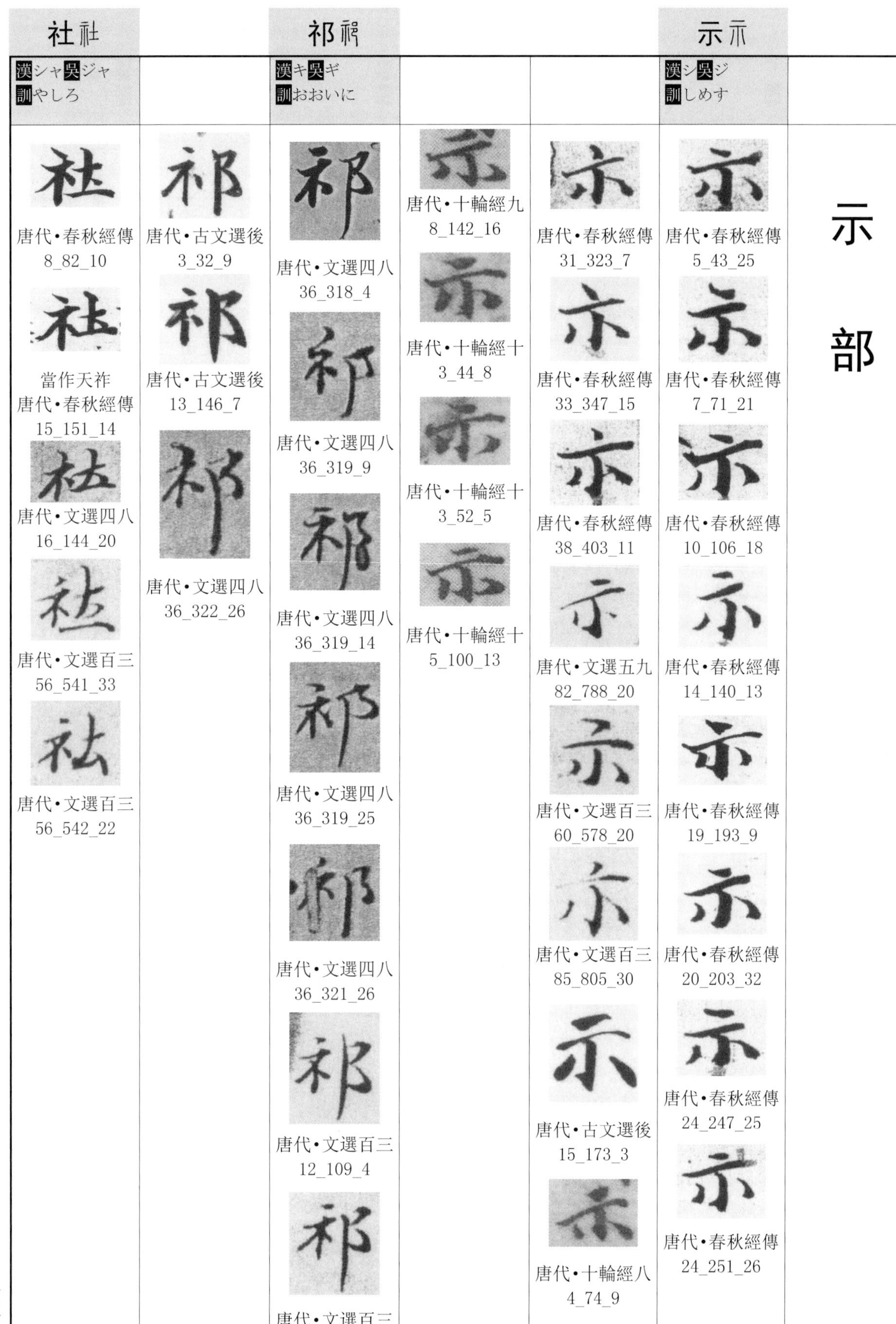

祜

漢コ
訓さいわい

唐代・文選百三
73_706_14

唐代・文選百三
73_711_14

唐代・文選百三
74_713_4

唐代・文選百三
74_713_23

唐代・文選百三
74_715_31

唐代・文選百三
74_716_20

唐代・文選百三
73_710_22

祗

シ
訓つつしむ

唐代・古文選後
2_20_3

唐代・古文選後
6_63_2

唐代・古文選後
25_293_1

唐代・古文選後
26_301_1

祇

漢キ呉ギ
訓くにつかみ

唐代・文選六八
72_716_1

唐代・文選六八
72_717_13

唐代・文選六八
72_718_14

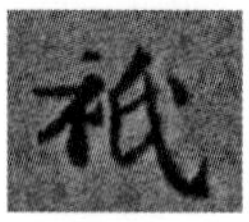
唐代・文選六八
72_719_2

唐代・十輪經四
5_85_15

祉

チ慣シ
訓さいわい

唐代・文選八八
15_128_4

唐代・文選八八
15_128_20

唐代・古文選前
16_188_6

祈

漢キ
訓いのる

唐代・文選五九
16_152_3

唐代・文選五九
80_776_7

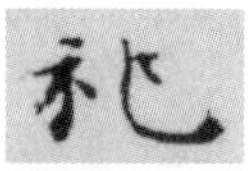
唐代・文選五九
83_797_3

唐代・文選五九
83_798_29

唐代・古文選前
22_256_4

唐代・古文選後
20_234_8

唐代・古文選後
22_259_28

祀

漢シ呉ジ
訓まつる

唐代・春秋經傳
13_134_9

唐代・春秋經傳
13_134_23

唐代・春秋經傳
14_149_7

唐代・春秋經傳
14_149_11

唐代・文選四八
16_141_2

唐代・文選四八
16_146_19

唐代・文選四八
16_147_12

唐代・文選四八
43_388_17

祐

ユウ
訓たすけ

唐代·古文選後
14_148_20

唐代·古文選後
11_122_4

唐代·古文選後
12_134_4

祛

漢キョ呉コ
訓はらう

唐代·古文選前
11_124_7

祖

ソ
訓せんぞ

唐代·春秋經傳
16_162_2

唐代·春秋經傳
16_162_8

唐代·春秋經傳
17_179_9

唐代·春秋經傳
37_389_12

唐代·文選四八
12_110_6

唐代·文選四八
16_142_22

唐代·文選四八
18_161_1

唐代·文選四八
18_161_15

唐代·文選四八
18_163_5

唐代·文選四八
18_164_33

唐代·文選四八
18_164_36

唐代·文選四八
18_165_6

唐代·文選四八
25_225_24

唐代·文選四八
34_307_3

唐代·文選五九
47_467_10

唐代·文選五九
47_471_15

唐代·文選五九
49_481_18

唐代·文選五九
78_747_24

唐代·文選五九
79_760_19

黄祖
唐代·文選五九
80_769_2

唐代·文選五九
80_769_24

唐代·文選五九
92_886_7

唐代·文選五九
93_890_27

唐代·文選五九
109_1034_17

唐代·文選五九
111_1054_25

唐代·文選六八
25_250_2

唐代·文選六八
63_629_10

唐代·文選六八
63_630_25

唐代·文選六八
64_643_22

唐代·文選百三
1_4_10

唐代·文選百三
3_24_10

唐代·文選百三
3_25_5

唐代·文選百三
3_26_3

唐代·文選百三
5_43_37

唐代·文選百三
5_45_19

唐代·文選百三
6_50_1

唐代·文選百三
13_126_12

唐代·文選百三
17_157_12

唐代·文選百三
17_158_32

唐代·文選百三
20_194_7

唐代・文選百三
20_195_14

祖飾棺
唐代・文選百三
20_195_24

唐代・文選百三
20_196_35

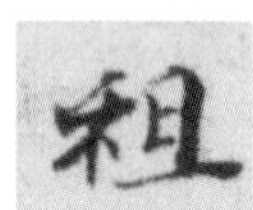
唐代・文選百三
20_196_39

唐代・文選百三
21_197_5

唐代・文選百三
21_197_11

唐代・文選百三
21_199_19

唐代・文選百三
24_235_7

唐代・文選百三
61_591_25

唐代・文選百三
65_626_12

唐代・文選百三
65_632_5

唐代・文選百三
67_647_7

唐代・文選百三
76_726_12

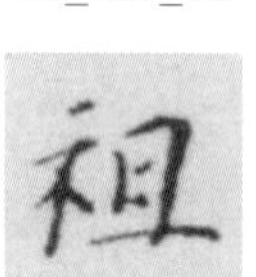
唐代・文選百三
79_754_21

唐代・古文選前
19_222_2

唐代・古文選前
19_222_18

唐代・古文選前
21_242_4

唐代・古文選前
21_248_6

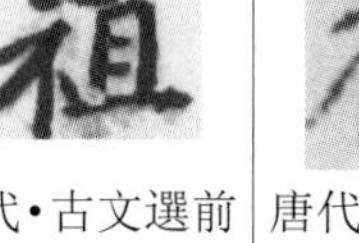
唐代・古文選前
22_257_15

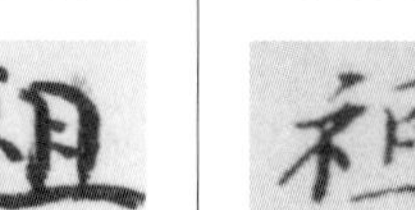
唐代・古文選前
22_263_6

唐代・古文選後
4_45_10

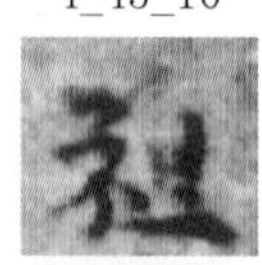
唐代・古文選後
11_119_36

唐代・古文選後
11_128_11

唐代・古文選後
12_134_10

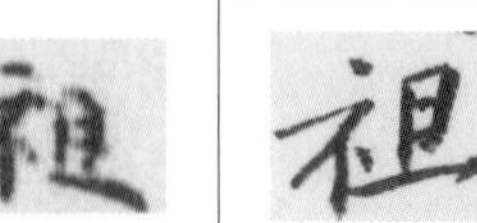
唐代・古文選後
16_183_66

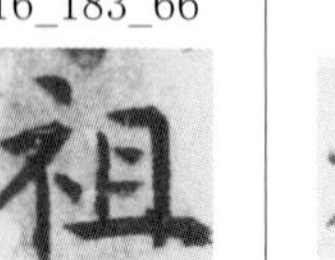
唐代・古文選後
22_259_2

唐代・古文選後
22_259_13

神

漢シン 呉ジン
訓かみ

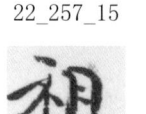

初唐・法華義疏
1_3_7

初唐・法華義疏
1_5_5

唐代・春秋經傳
14_144_7

唐代・春秋經傳
14_144_11

唐代・春秋經傳
14_146_4

唐代・春秋經傳
14_147_3

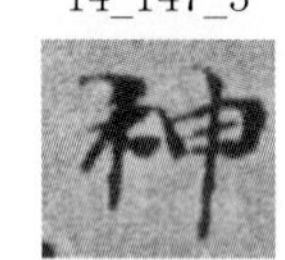
唐代・文選四八
13_116_4

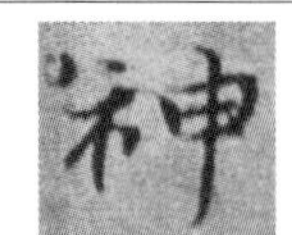
唐代・文選四八
13_119_23

唐代・文選四八
14_128_23

唐代・文選四八
14_130_1

唐代・文選四八
14_131_16

唐代・文選四八
15_132_4

唐代・文選四八
15_132_21

唐代・文選四八
15_133_23

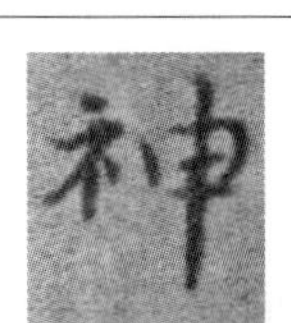
唐代・文選五九
3_29_19

唐代・文選五九
4_37_10

唐代・文選五九
5_39_15

唐代・文選五九
5_40_9

唐代・文選五九
5_40_12

唐代・文選五九
16_152_12

唐代・文選五九
35_341_4

唐代•文選六八
68_678_12

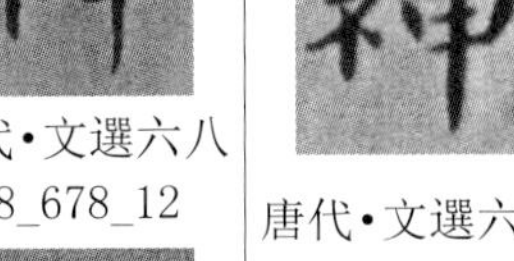
唐代•文選六八
69_685_27

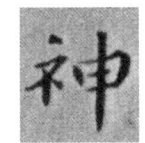

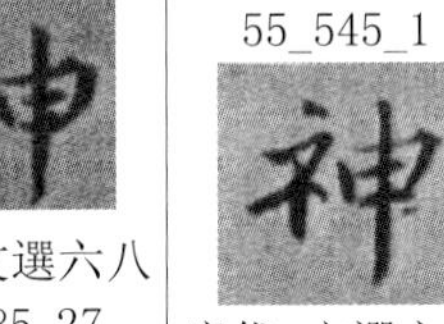
唐代•文選六八
69_688_13

唐代•文選百三
5_39_33

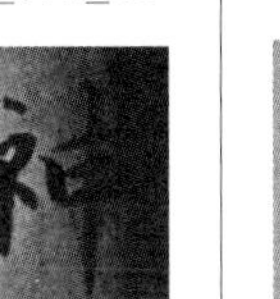
唐代•文選百三
8_71_3

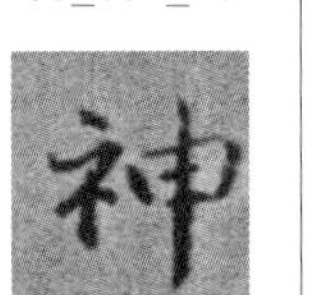
唐代•文選百三
8_72_11

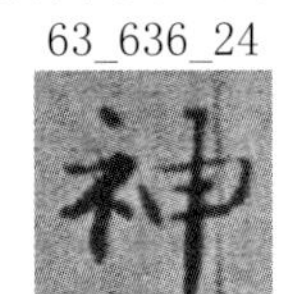
唐代•文選百三
8_72_21

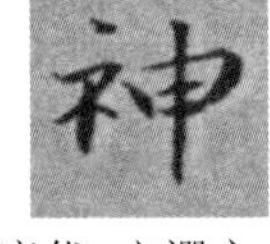
唐代•文選六八
55_545_1

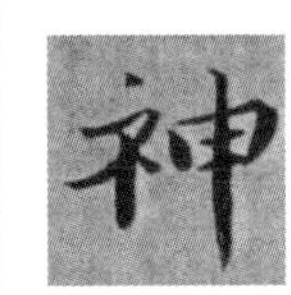
唐代•文選六八
55_546_8

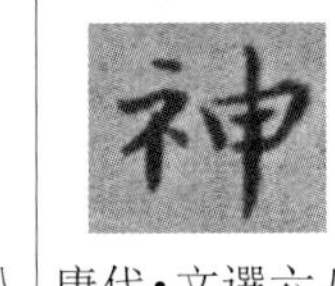
唐代•文選六八
57_571_13

唐代•文選六八
63_634_14

唐代•文選六八
63_636_15

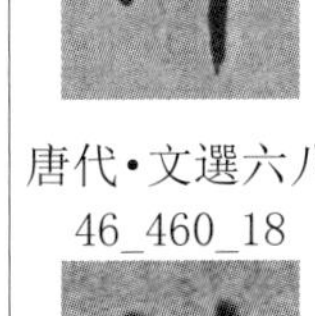
唐代•文選六八
63_636_24

唐代•文選六八
65_644_1

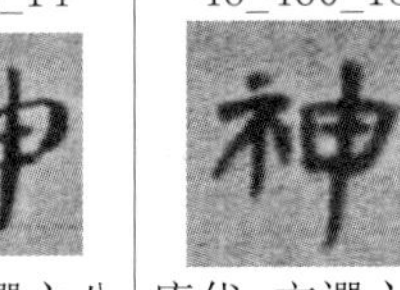
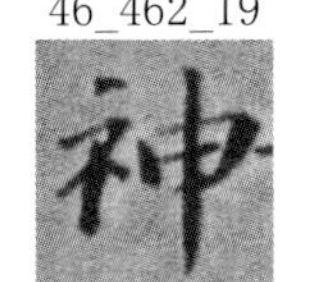

唐代•文選六八
33_329_32

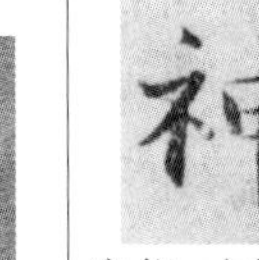
唐代•文選六八
42_420_22

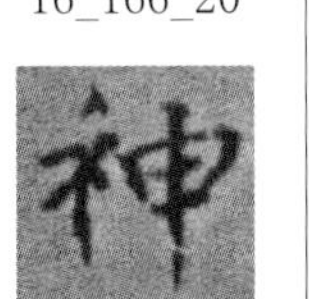
唐代•文選六八
45_449_13

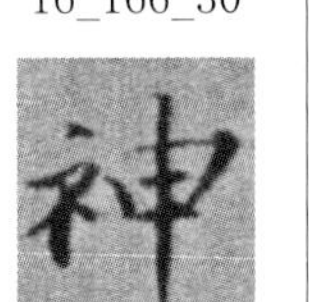
唐代•文選六八
46_460_18

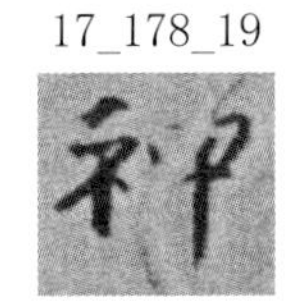
唐代•文選六八
46_462_19

唐代•文選六八
46_462_21

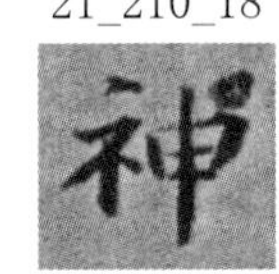
唐代•文選六八
54_544_3

唐代•文選六八
16_166_20

唐代•文選六八
16_166_30

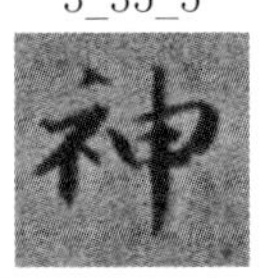
唐代•文選六八
17_178_19

唐代•文選六八
17_179_12

唐代•文選六八
21_210_18

唐代•文選六八
21_211_6

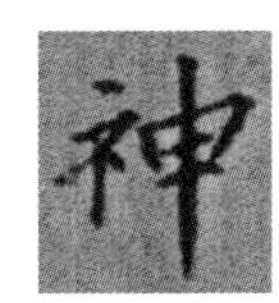
唐代•文選六八
21_211_14

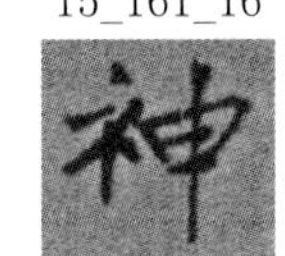
唐代•文選六八
3_35_5

唐代•文選六八
4_37_2

唐代•文選六八
8_75_2

唐代•文選六八
10_108_23

唐代•文選六八
11_113_10

唐代•文選六八
15_161_16

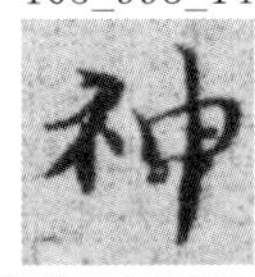
唐代•文選六八
16_164_1

唐代•文選五九
87_832_10

唐代•文選五九
90_865_30

唐代•文選五九
103_969_23

唐代•文選五九
105_992_1

唐代•文選五九
105_993_14

唐代•文選五九
105_994_22

唐代•文選五九
105_995_5

唐代•文選五九
39_386_7

唐代•文選五九
41_405_9

唐代•文選五九
46_455_6

唐代•文選五九
53_524_14

唐代•文選五九
61_585_23

唐代•文選五九
66_633_9

唐代•文選五九
75_718_30

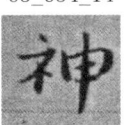

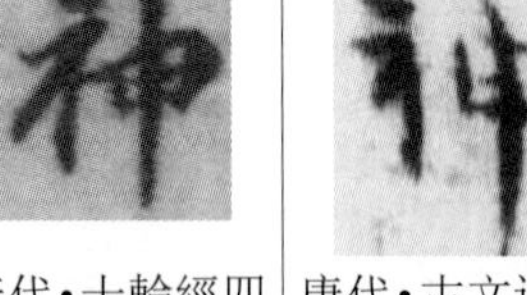
唐代•十輪經四
18_350_13

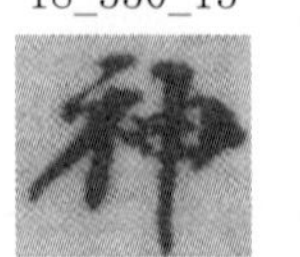
唐代•十輪經四
19_367_10

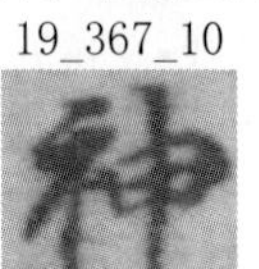
唐代•十輪經四
20_387_3

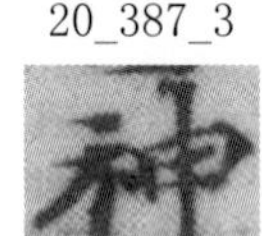

唐代•十輪經九
19_377_17

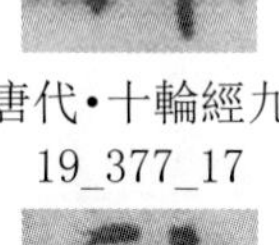

唐代•十輪經九
20_399_7

唐代•十輪經十
3_54_14

唐代•十輪經十
12_224_2

唐代•古文選後
22_259_32

唐代•十輪經四
4_66_14

唐代•十輪經四
4_74_2

唐代•十輪經四
4_77_11

唐代•十輪經四
6_112_13

唐代•十輪經四
16_313_17

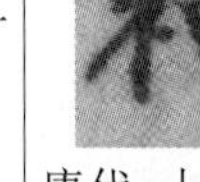
唐代•十輪經四
17_336_4

唐代•古文選前
20_233_7

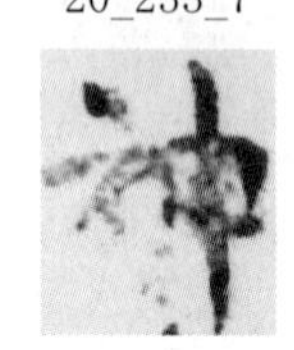
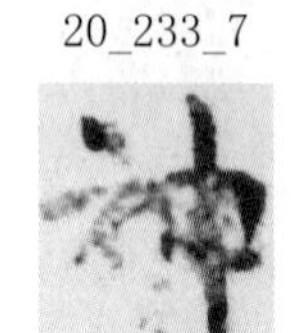
唐代•古文選前
24_284_5

唐代•古文選後
8_87_9

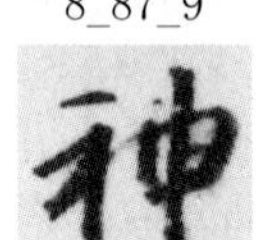
唐代•古文選後
12_139_5

唐代•古文選後
12_142_4

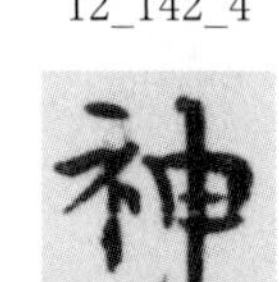
唐代•古文選後
15_170_4

唐代•古文選後
22_259_15

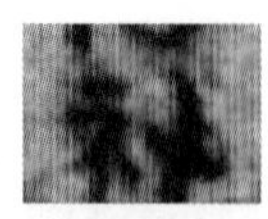
唐代•古文選前
11_133_47

唐代•古文選前
11_135_6

唐代•古文選前
11_136_4

唐代•古文選前
12_140_13

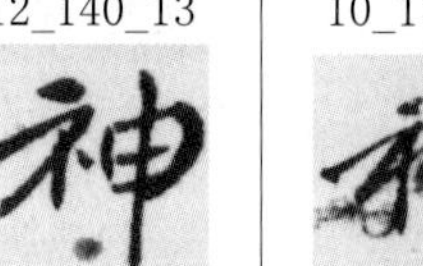
唐代•古文選前
12_144_15

唐代•古文選前
14_164_3

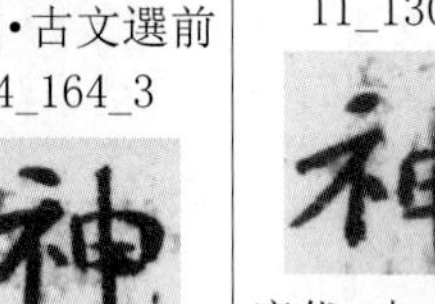

唐代•古文選前
14_168_2

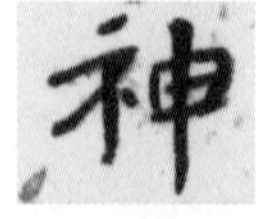
唐代•古文選前
6_70_14

唐代•古文選前
9_103_14

唐代•古文選前
9_112_9

唐代•古文選前
10_116_14

唐代•古文選前
10_120_12

唐代•古文選前
11_130_7

唐代•古文選前
11_133_3

唐代•古文選前
1_3_9

唐代•古文選前
2_15_11

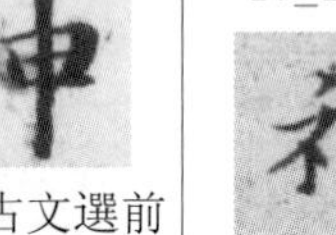
唐代•古文選前
2_17_1

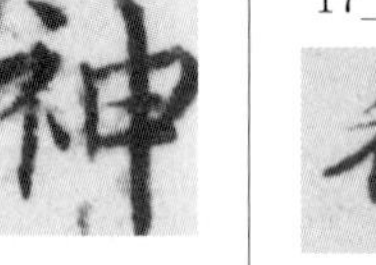
唐代•古文選前
2_19_13

唐代•古文選前
2_21_14

唐代•古文選前
4_40_3

唐代•古文選前
6_69_12

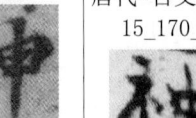

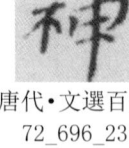

唐代•文選百三
8_73_12

唐代•文選百三
17_166_10

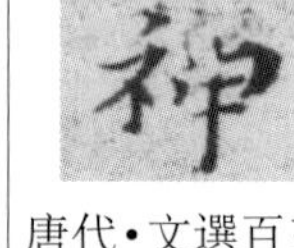
唐代•文選百三
17_167_28

唐代•文選百三
49_477_9

唐代•文選百三
71_691_6

唐代•文選百三
72_696_6

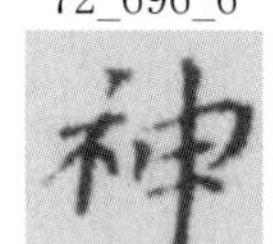
唐代•文選百三
72_696_23

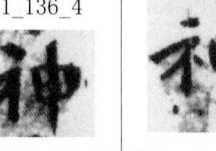

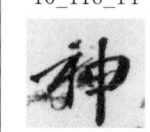

		祭	祥	祠	祚	祝
		呉サイ 訓まつる	ショウ 訓さいわい	漢シ 訓ほこら	漢ソ 訓さいわい	シュク漢シュウ、チョ 訓いわい
唐代•文選百三 6_51_33	唐代•文選五九 42_413_13	唐代•春秋經傳 13_134_15	唐代•文選六八 42_419_24	唐代•文選四八 43_388_14	唐代•文選五九 16_154_14	唐代•文選五九 48_476_13
唐代•文選百三 20_196_36	唐代•文選五九 46_452_13	唐代•春秋經傳 13_134_25	唐代•文選六八 68_679_3	唐代•文選五九 46_455_15	唐代•文選百三 71_691_4	唐代•文選百三 20_195_10
唐代•文選百三 21_198_5	唐代•文選五九 46_455_1	唐代•春秋經傳 28_285_3	唐代•文選六八 68_679_23	唐代•文選百三 38_377_6	唐代•文選百三 73_699_21	唐代•古文選前 1_3_14
唐代•文選百三 64_617_19	唐代•文選五九 46_455_16	唐代•春秋經傳 28_285_9	唐代•文選六八 68_680_12	唐代•文選百三 38_378_18	唐代•古文選後 4_46_2	
唐代•文選五九 81_781_27	唐代•文選五九 81_779_16	唐代•春秋經傳 28_287_3	唐代•文選六八 68_681_3		唐代•古文選後 11_122_9	
唐代•文選五九 97_922_15	唐代•文選五九 81_780_7	唐代•文選四八 24_211_2			唐代•古文選後 13_155_3	
	唐代•文選五九 81_780_12	唐代•文選四八 24_214_27			唐代•古文選後 17_204_7	
	唐代•文選四八 28_255_11	唐代•文選四八 43_388_18				

福

漢フク
訓ひもろぎ

初唐•大般若經
2_34_9

中唐•七祖像贊
1_1_6

唐代•文選八八
21_186_2

唐代•文選百三
17_167_31

唐代•文選百三
73_699_22

唐代•文選百三
73_710_23

唐代•文選百三
74_713_24

唐代•文選百三
74_715_15

唐代•文選六八
35_348_11

唐代•文選百三
37_367_30

唐代•文選百三
39_397_19

唐代•古文選前
25_297_34

唐代•十輪經四
1_21_3

唐代•十輪經四
20_383_7

禁

漢キン呉コン
訓かりば

晚唐•慶滋書狀
1_15_9

唐代•春秋經傳
31_324_16

唐代•文選五九
66_630_24

唐代•文選五九
66_635_25

當作楚辭
唐代•文選五九
109_1026_29

唐代•文選百三
37_366_4

禍

漢カ
訓わざわい

唐代•春秋經傳
32_330_22

唐代•文選百三
51_490_12

唐代•文選百三
67_641_3

唐代•文選百三
67_647_4

唐代•文選百三
38_380_23

唐代•文選百三
65_628_14

唐代•文選百三
87_827_10

唐代•文選百三
87_830_18

唐代•古文選後
12_134_14

唐代•古文選後
12_138_7

唐代•文選百三
12_111_16

唐代•文選百三
12_112_22

唐代•文選百三
13_116_3

唐代•文選百三
13_116_23

唐代•文選百三
18_169_21

唐代•文選百三
18_170_1

唐代•文選百三
18_175_22

唐代•文選百三
38_380_20

祿

ロク
訓さいわい

唐代•文選四八
46_415_15

唐代•文選五九
35_342_12

唐代•文選五九
35_344_28

唐代•文選六八
4_38_4

唐代•文選六八
4_39_4

唐代•文選六八
4_39_29

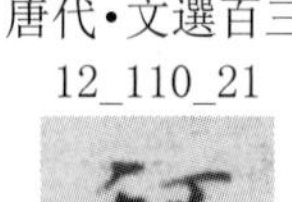

唐代•文選百三
12_110_21

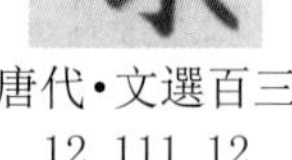

唐代•文選百三
12_111_12

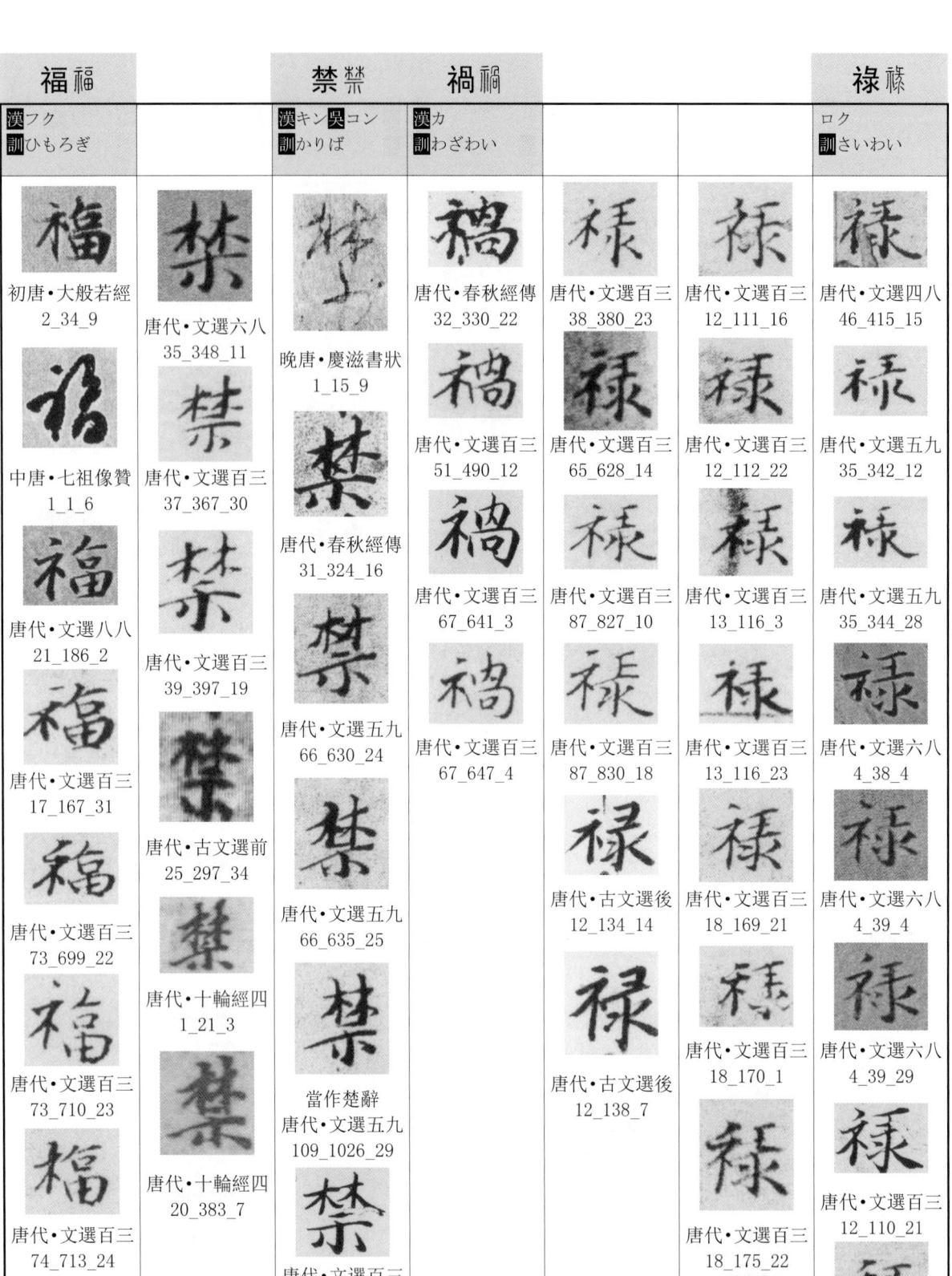

唐代•十輪經九 8_146_10	唐代•十輪經八 21_416_12	唐代•十輪經八 16_319_10	唐代•十輪經八 12_224_7	唐代•十輪經八 6_114_12	唐代•十輪經四 7_122_1	唐代•文選百三 74_716_1
唐代•十輪經九 8_150_7	唐代•十輪經八 22_435_7	唐代•十輪經八 17_337_7	唐代•十輪經八 12_227_16	唐代•十輪經八 7_130_11	唐代•十輪經四 7_127_16	唐代•古文選後 9_96_14
唐代•十輪經九 9_168_2	唐代•十輪經九 1_12_12	唐代•十輪經八 17_340_15	唐代•十輪經八 13_244_11	唐代•十輪經八 8_149_2	唐代•十輪經四 10_189_4	唐代•古文選後 12_138_6
唐代•十輪經九 9_177_2	唐代•十輪經九 1_16_8	唐代•十輪經八 18_358_3	唐代•十輪經八 13_261_7	唐代•十輪經八 8_153_1	唐代•十輪經四 13_258_11	唐代•古文選後 22_259_38
唐代•十輪經九 10_184_5	唐代•十輪經九 2_33_16	唐代•十輪經八 19_375_7	唐代•十輪經八 14_264_15	唐代•十輪經八 9_169_5	唐代•十輪經四 15_291_16	唐代•十輪經四 3_44_5
唐代•十輪經九 10_187_8	唐代•十輪經九 3_50_16	唐代•十輪經八 19_378_15	唐代•十輪經八 14_281_12	唐代•十輪經八 10_187_9	唐代•十輪經八 1_11_4	唐代•十輪經四 4_61_4
唐代•十輪經九 10_190_6	唐代•十輪經九 3_54_13	唐代•十輪經八 20_395_16	唐代•十輪經八 15_299_7	唐代•十輪經八 10_191_1	唐代•十輪經八 2_25_14	唐代•十輪經四 4_76_4
唐代•十輪經九 10_193_3	唐代•十輪經九 4_74_3	唐代•十輪經八 21_412_16	唐代•十輪經八 15_302_16	唐代•十輪經八 11_207_2	唐代•十輪經八 6_111_2	唐代•十輪經四 4_78_2

禋 禋

イン
訓 まつる

唐代•文選五九
80_774_22

唐代•文選五九
81_779_20

唐代•文選五九
81_780_4

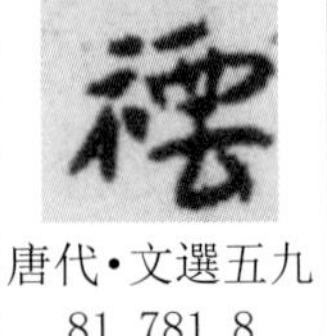
唐代•文選五九
81_781_8

唐代•文選五九
81_781_26

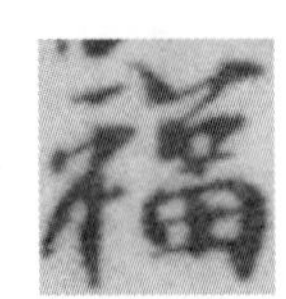
唐代•十輪經十
9_161_22

唐代•十輪經十
9_167_8

唐代•十輪經十
9_174_10

唐代•十輪經十
10_192_1

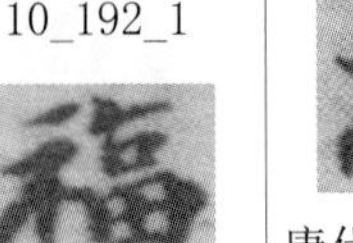
唐代•十輪經十
11_204_6

唐代•十輪經十
16_314_14

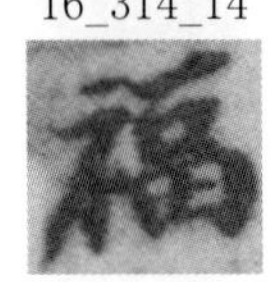
唐代•十輪經十
17_321_1

唐代•十輪經十
2_22_7

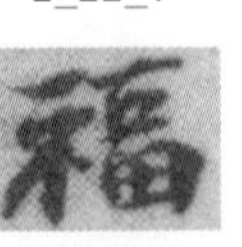
唐代•十輪經十
2_34_13

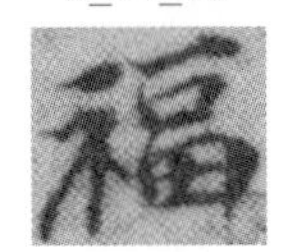
唐代•十輪經十
2_39_10

唐代•十輪經十
4_78_2

唐代•十輪經十
5_99_4

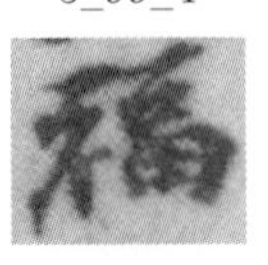
唐代•十輪經十
7_121_15

唐代•十輪經十
7_134_8

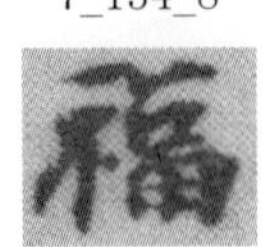
唐代•十輪經十
8_156_13

唐代•十輪經九
18_354_7

唐代•十輪經九
18_358_13

唐代•十輪經九
19_362_17

唐代•十輪經九
19_363_24

唐代•十輪經九
19_369_6

唐代•十輪經九
20_393_8

唐代•十輪經九
21_416_8

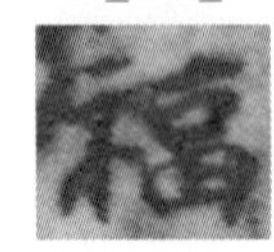
唐代•十輪經十
1_5_8

唐代•十輪經九
17_329_14

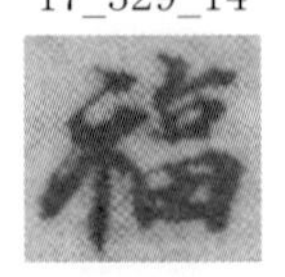
唐代•十輪經九
17_335_7

唐代•十輪經九
17_335_17

唐代•十輪經九
17_336_6

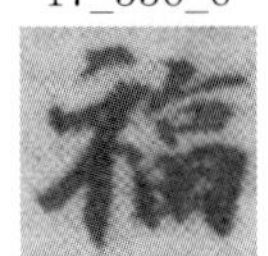
唐代•十輪經九
17_336_12

唐代•十輪經九
17_338_7

唐代•十輪經九
18_341_8

唐代•十輪經九
18_353_13

唐代•十輪經九
14_269_24

唐代•十輪經九
14_273_7

唐代•十輪經九
14_277_12

唐代•十輪經九
15_283_9

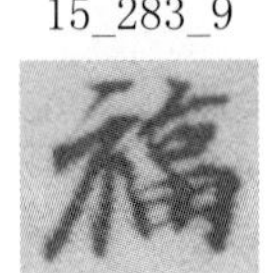
唐代•十輪經九
15_293_8

唐代•十輪經九
16_304_8

唐代•十輪經九
16_307_9

唐代•十輪經九
17_326_6

唐代•十輪經九
10_197_24

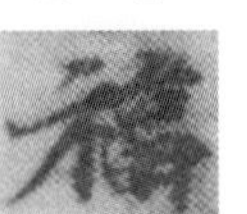
唐代•十輪經九
10_199_24

唐代•十輪經九
11_200_24

唐代•十輪經九
11_204_16

唐代•十輪經九
12_230_12

唐代•十輪經九
13_241_8

唐代•十輪經九
13_250_11

唐代•十輪經九
14_264_16

		禮禮	禦禦		禪禪	禔禔
		漢レイ 呉ライ 訓のり	漢ギョ 呉ゴ 訓はらう		漢セン 呉ゼン 訓ゆずる	漢テイ 訓さいわい
唐代・春秋經傳 29_302_3  唐代・春秋經傳 29_302_31 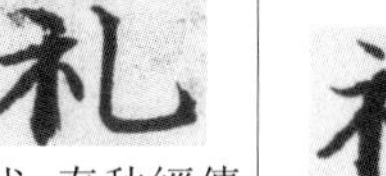 唐代・春秋經傳 29_303_2  唐代・春秋經傳 30_316_12  唐代・春秋經傳 34_351_8  唐代・春秋經傳 35_363_24  唐代・春秋經傳 38_404_13  唐代・春秋經傳 39_405_12	唐代・春秋經傳 18_189_11  唐代・春秋經傳 18_190_8  唐代・春秋經傳 18_191_5  唐代・春秋經傳 24_247_21  唐代・春秋經傳 24_250_21  唐代・春秋經傳 27_284_9  唐代・春秋經傳 28_287_8  唐代・春秋經傳 29_296_14	初唐・金剛場經 1_5_15  唐代・春秋經傳 3_28_11  唐代・春秋經傳 5_49_14  唐代・春秋經傳 5_50_12  唐代・春秋經傳 9_93_3  唐代・春秋經傳 13_132_11  唐代・春秋經傳 13_133_31  唐代・春秋經傳 18_189_6	 唐代・春秋經傳 10_102_3  唐代・春秋經傳 22_226_6  唐代・文選五九 43_431_10  唐代・文選五九 80_765_9 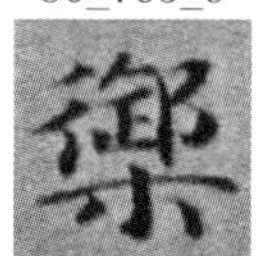 唐代・文選六八 36_363_12  唐代・文選百三 36_358_8  唐代・文選百三 36_359_24	 唐代・古文選後 1_5_2  唐代・古文選後 13_155_7	 唐代・文選四八 16_144_16  唐代・文選四八 19_172_13  唐代・文選四八 20_185_21  唐代・文選六八 25_258_17  唐代・文選六八 32_319_22 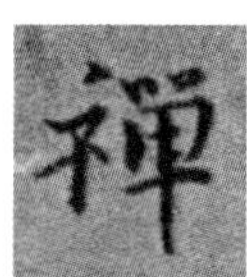 唐代・文選六八 65_656_22  唐代・文選八八 23_204_14	唐代・文選八八 21_186_1 唐代・文選八八 21_186_16 唐代・文選八八 21_188_12

唐代•文選四八
22_200_19

唐代•文選四八
25_226_22

唐代•文選四八
25_226_28

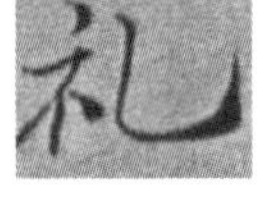
唐代•文選四八
28_247_4

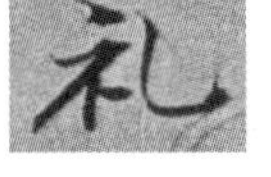
唐代•文選四八
28_254_9

唐代•文選四八
29_263_16

唐代•文選四八
30_276_9

唐代•文選四八
31_277_21

唐代•文選四八
31_278_6

唐代•文選四八
31_279_8

唐代•文選四八
31_280_26

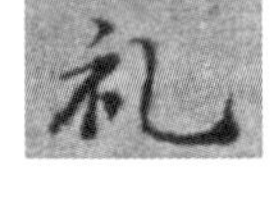
唐代•文選四八
32_289_8

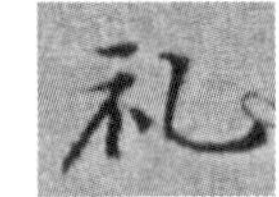
唐代•文選四八
37_335_8

唐代•文選四八
44_399_15

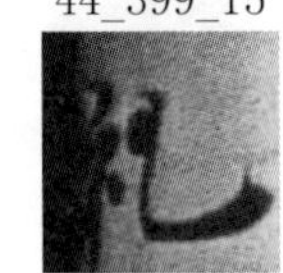
唐代•文選四八
46_418_16

唐代•文選四八
48_435_3

唐代•文選四八
48_436_24

唐代•文選四八
48_438_2

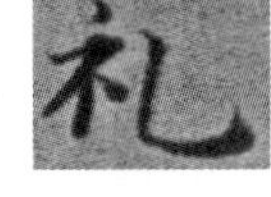
唐代•文選四八
48_438_13

唐代•文選四八
48_439_3

唐代•文選四八
48_440_17

唐代•文選五九
23_220_11

唐代•文選五九
26_256_29

唐代•文選五九
47_469_6

唐代•文選五九
48_476_1

唐代•文選五九
49_478_3

唐代•文選五九
49_482_20

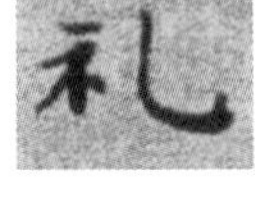
唐代•文選五九
49_485_6

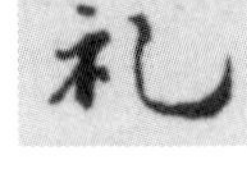
唐代•文選五九
51_498_11

唐代•文選五九
53_522_15

唐代•文選五九
54_533_16

唐代•文選五九
56_550_24

唐代•文選五九
57_554_24

唐代•文選五九
58_556_24

唐代•文選五九
59_569_11

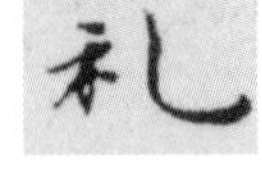
唐代•文選五九
60_575_24

唐代•文選五九
60_580_14

唐代•文選五九
61_591_22

唐代•文選五九
62_594_3

唐代•文選五九
62_598_6

唐代•文選五九
63_604_18

唐代•文選五九
64_611_24

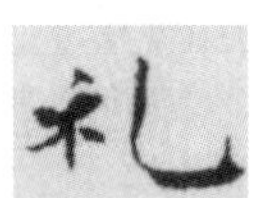
唐代•文選五九
64_614_24

唐代•文選五九
68_650_17

唐代•文選五九
76_734_12

唐代•文選五九
80_772_4

唐代•文選五九
80_775_11

唐代•文選五九
82_790_24

唐代•文選五九
82_793_12

唐代•文選五九
83_796_2

唐代•文選五九
85_819_14

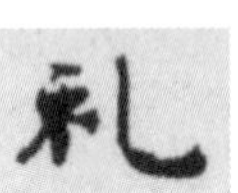
唐代•文選五九
86_821_10

唐代•文選五九
88_848_2

唐代•文選五九
97_917_20

唐代•文選五九
104_981_4

唐代•文選五九
104_982_14

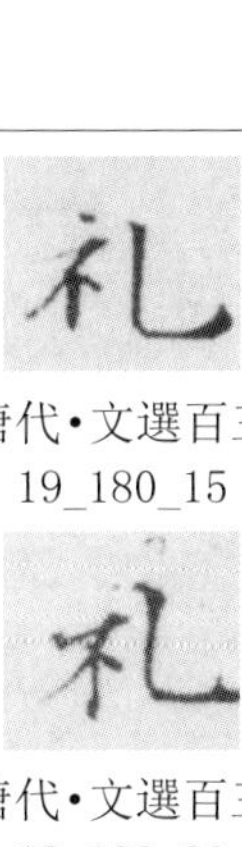 唐代•文選百三 19_180_15 唐代•文選百三 19_183_20	 唐代•文選百三 10_91_10	 唐代•文選六八 68_682_9	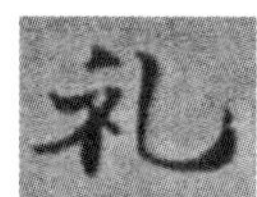 唐代•文選六八 42_422_14	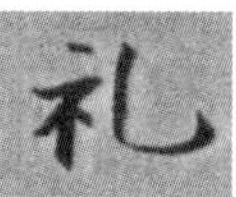 唐代•文選六八 21_209_17	 唐代•文選六八 15_158_21	 唐代•文選五九 104_983_3
 唐代•文選百三 20_195_6	 唐代•文選百三 13_117_13	 唐代•文選六八 69_689_9	 唐代•文選六八 47_471_6	 唐代•文選六八 24_244_16	 唐代•文選六八 16_166_24	 唐代•文選五九 104_985_25
 唐代•文選百三 20_196_7	 唐代•文選百三 13_118_38	 唐代•文選六八 69_692_26	 唐代•文選六八 66_659_12	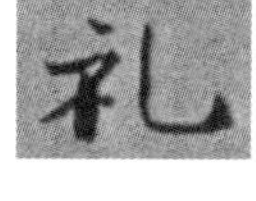 唐代•文選六八 25_247_16	 唐代•文選六八 17_175_14	 唐代•文選五九 111_1054_18
 唐代•文選百三 20_196_43	 唐代•文選百三 13_122_23	 唐代•文選八八 14_118_21	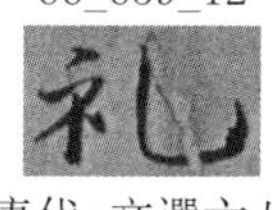 唐代•文選六八 67_666_17	 唐代•文選六八 29_290_8	 唐代•文選六八 17_178_8	 唐代•文選五九 111_1059_6
 唐代•文選百三 21_204_5	 唐代•文選百三 14_133_25	 唐代•文選八八 16_135_6	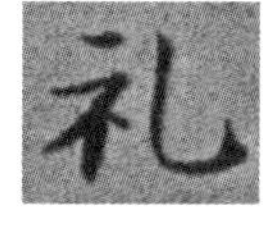 唐代•文選六八 67_670_8	 唐代•文選六八 29_296_21	 唐代•文選六八 17_178_11	 唐代•文選六八 6_59_9
 唐代•文選百三 22_214_8	 唐代•文選百三 15_137_20	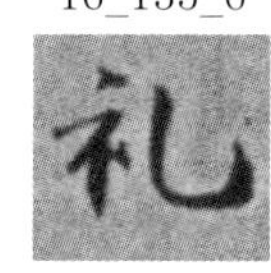 唐代•文選八八 22_194_16	 唐代•文選六八 67_674_1	 唐代•文選六八 30_302_1	 唐代•文選六八 18_181_11	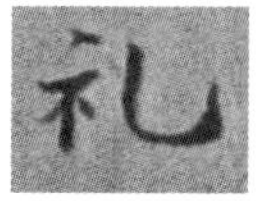 唐代•文選六八 6_60_19
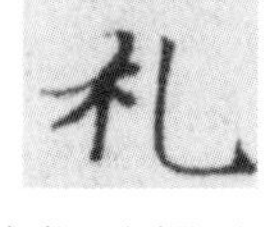 唐代•文選百三 22_215_8	 唐代•文選百三 17_168_19	 唐代•文選百三 7_62_30	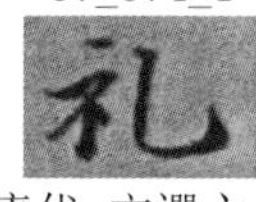 唐代•文選六八 67_676_5	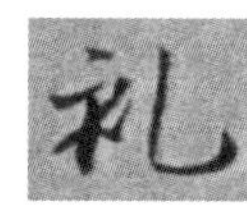 唐代•文選六八 31_312_9	 唐代•文選六八 19_190_17	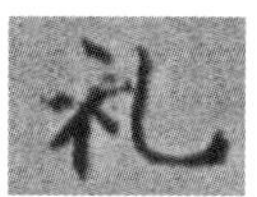 唐代•文選六八 8_87_8
	 唐代•文選百三 17_168_23	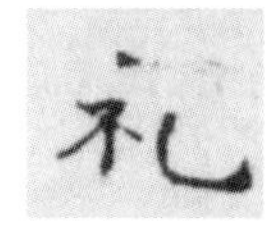 唐代•文選百三 9_77_19	 唐代•文選六八 67_676_11	 唐代•文選六八 33_325_5	 唐代•文選六八 20_201_9	 唐代•文選六八 14_143_10

禱	禰					
トウ 訓いのる	慣ネ漢デイ呉ナイ 訓―					
 唐代•古文選前 1_3_4	 唐代•文選四八 33_296_12  唐代•文選百三 7_57_12  唐代•文選百三 53_508_17	 唐代•十輪經四 14_262_5  唐代•十輪經四 14_268_16  唐代•十輪經四 15_282_6	 唐代•十輪經四 12_226_6  唐代•十輪經四 12_232_16  唐代•十輪經四 12_238_6  唐代•十輪經四 12_239_23  唐代•十輪經四 13_244_16  唐代•十輪經四 13_246_5  唐代•十輪經四 13_250_5  唐代•十輪經四 13_256_16	 唐代•古文選前 15_178_6  唐代•古文選前 25_292_16  唐代•古文選前 26_301_6  唐代•古文選後 13_148_7  唐代•古文選後 18_210_8  唐代•古文選後 18_216_11  唐代•古文選後 20_234_14  唐代•古文選後 22_257_11	 唐代•文選百三 78_744_5  唐代•文選百三 81_770_33  唐代•文選百三 85_814_14  唐代•古文選前 1_3_10  唐代•古文選前 6_70_2  唐代•古文選前 9_107_13  唐代•古文選前 9_111_8  唐代•古文選前 11_131_10	 唐代•文選百三 23_216_23  唐代•文選百三 35_349_6  唐代•文選百三 41_410_9  唐代•文選百三 41_413_24  唐代•文選百三 54_518_4 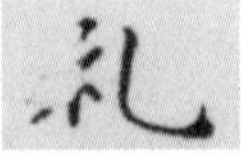 唐代•文選百三 63_600_7  唐代•文選百三 64_617_12 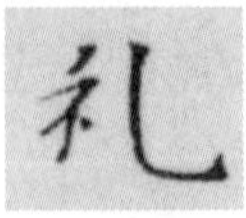 唐代•文選百三 71_687_11

甘部

甘

カン

訓あまい

唐代•文選五九
46_452_14

唐代•文選五九
46_453_26

唐代•文選五九
46_454_23

唐代•文選五九
46_455_9

唐代•文選五九
46_455_22

唐代•文選五九
59_571_26

唐代•文選五九
60_575_7

唐代•文選五九
60_578_2

唐代•文選五九
66_634_22

唐代•文選五九
66_640_6

唐代•文選五九
66_641_11

唐代•文選六八
17_175_5

唐代•文選六八
19_192_24

唐代•文選六八
20_200_7

唐代•文選六八
20_201_4

唐代•文選六八
20_202_11

唐代•文選六八
21_214_2

唐代•文選六八
27_278_28

唐代•文選六八
58_582_7

唐代•文選六八
68_681_7

唐代•文選六八
69_683_7

唐代•文選六八
69_686_8

唐代•文選百三
19_176_17

唐代•文選百三
19_179_9

唐代•文選百三
19_181_15

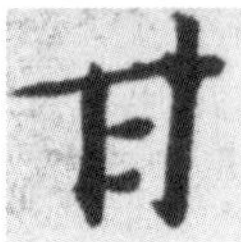
唐代•文選百三
57_544_24

唐代•文選百三
57_545_21

唐代•文選百三
57_546_16

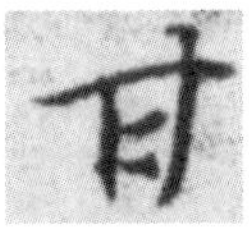
唐代•文選百三
57_547_31

唐代•古文選前
17_198_3

唐代•古文選後
3_25_9

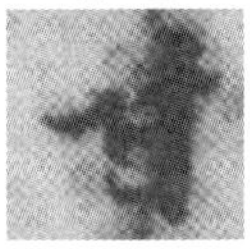
唐代•十輪經四
1_7_8

唐代•十輪經四
13_241_4

石部

石 𥐘

漢セキ 慣シャク、コク 呉ジャク
訓いし

唐代•春秋經傳 17_174_8
唐代•文選四八 4_29_18
唐代•文選四八 4_31_27
唐代•文選四八 34_306_14
唐代•文選四八 34_309_13
唐代•文選五九 27_270_27
唐代•文選五九 35_352_1
唐代•文選五九 36_353_1

唐代•文選五九 36_354_2
唐代•文選五九 36_356_9
唐代•文選五九 37_360_18
唐代•文選五九 37_361_27
唐代•文選五九 37_362_1
唐代•文選五九 39_384_7
唐代•文選五九 39_386_9
唐代•文選五九 47_461_17

唐代•文選五九 64_620_4
唐代•文選五九 64_621_5
唐代•文選五九 64_621_15
唐代•文選五九 64_623_28
唐代•文選五九 87_833_16
唐代•文選五九 94_899_22
唐代•文選五九 112_1061_22
唐代•文選六八 13_137_3

唐代•文選六八 13_137_15
唐代•文選六八 35_347_12
唐代•文選六八 48_481_15
唐代•文選六八 72_716_13
唐代•文選百三 28_276_5
唐代•文選百三 28_277_20
唐代•文選百三 28_277_26
唐代•文選百三 30_297_28

唐代•文選百三 30_299_8
唐代•文選百三 31_301_34
唐代•文選百三 31_305_31
唐代•文選百三 31_306_6
唐代•文選百三 31_306_13
唐代•文選百三 31_306_17
唐代•文選百三 35_342_1
唐代•文選百三 52_505_24

唐代•文選百三 53_511_5
唐代•文選百三 53_511_10
唐代•古文選後 2_24_2
唐代•古文選後 9_103_2
唐代•古文選後 10_113_9
唐代•古文選後 24_281_45
唐代•古文選後 24_282_6
唐代•古文選後 25_291_8

		破	砥	砧	砌	研
		ハ 訓やぶる	シ 訓と	チン 訓きぬた	漢セイ呉サイ 訓みぎり	漢ゲン慣ケン 訓とぐ
 唐代•十輪經四 3_52_17  唐代•十輪經四 6_106_5  唐代•十輪經四 6_120_15  唐代•十輪經四 7_126_4  唐代•十輪經四 7_126_9  唐代•十輪經四 7_128_3  唐代•十輪經四 7_128_7  唐代•十輪經四 8_144_9	 唐代•文選五九 92_876_24  唐代•文選百三 31_307_15  唐代•文選百三 60_579_16  唐代•文選百三 60_580_21  唐代•文選百三 79_748_9 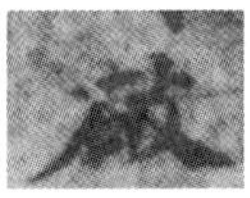 唐代•十輪經四 1_4_9 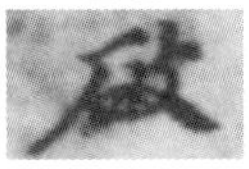 唐代•十輪經四 1_21_2  唐代•十輪經四 2_30_2 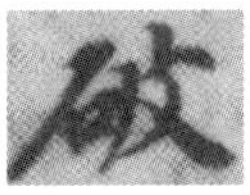 唐代•十輪經四 3_42_7	 唐代•文選四八 8_70_13  唐代•文選五九 64_621_17  唐代•文選五九 80_768_32  唐代•文選五九 87_835_27  唐代•文選五九 88_841_26  唐代•文選五九 88_842_14 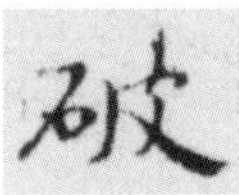 唐代•文選五九 92_876_9  唐代•文選五九 92_883_22	 唐代•文選百三 1_9_12 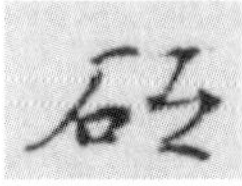 唐代•文選百三 19_189_19	 唐代•文選五九 23_226_4  唐代•文選五九 23_227_9  唐代•文選五九 23_227_30	 唐代•文選五九 67_645_12 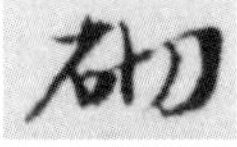 唐代•文選五九 67_647_14 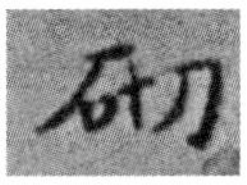 唐代•文選六八 41_406_16	 唐代•古文選前 24_285_3

碧	碎	碑	硠	硌		
漢ヘキ呉ヒャク 訓みどり	サイ 訓くだく	ヒ 訓たていし	ロウ 訓—	ラク 訓—		
 唐代•文選六八 41_411_27  唐代•古文選前 8_99_7	 唐代•文選六八 37_366_23  唐代•文選六八 37_368_22  唐代•文選六八 37_369_10	 唐代•文選四八 28_248_18  唐代•文選四八 33_297_4 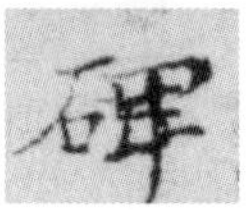 唐代•文選百三 21_205_2 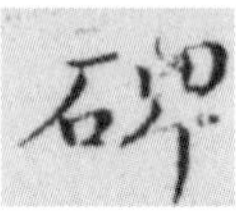 唐代•文選百三 55_530_15	 唐代•文選百三 60_573_19 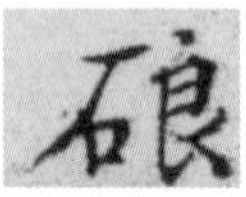 唐代•文選百三 60_574_23  唐代•文選百三 60_574_36  唐代•文選百三 60_575_11	 唐代•春秋經傳 13_134_17	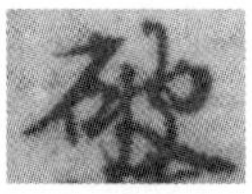 唐代•十輪經九 8_145_14  唐代•十輪經九 18_345_12  唐代•十輪經十 17_328_8 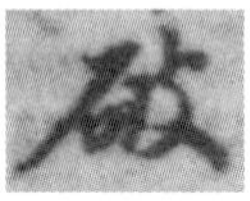 唐代•十輪經四 18_349_13  唐代•十輪經八 3_48_15	 唐代•十輪經四 7_139_15  唐代•十輪經四 8_143_15  唐代•十輪經四 8_150_11  唐代•十輪經四 8_153_3  唐代•十輪經四 8_157_9  唐代•十輪經四 14_275_13  唐代•十輪經四 17_332_12 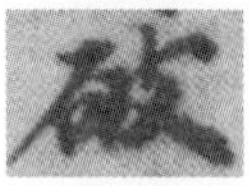 唐代•十輪經四 17_333_17  唐代•十輪經八 16_307_3

磷

リン
訓きらら

唐代・文選百三
15_140_13

唐代・文選百三
15_142_3

唐代・文選百三
15_142_36

唐代・文選百三
15_146_22

磻𥗨

漢ハン
訓やのねいし

唐代・文選六八
2_16_23

唐代・文選六八
71_706_13

唐代・文選百三
15_142_35

磾

漢テイ呉タイ
訓—

唐代・文選五九
1_12_24

唐代・文選五九
2_13_9

磵

漢カン呉ケン
訓たに

唐代・文選五九
90_859_8

唐代・文選百三
15_145_5

唐代・文選百三
67_645_7

唐代・古文選前
16_190_14

唐代・十輪經十
3_58_12

磨

呉マ漢バ
訓みがく

中唐・灌頂歷名
1_3_6

唐代・文選五九
64_621_26

唐代・文選六八
72_716_12

唐代・文選百三
15_140_11

唐代・文選百三
15_141_22

唐代・文選百三
15_143_6

唐代・文選百三
15_146_19

磎

ケイ
訓たに

唐代・文選六八
31_310_15

唐代・文選六八
31_312_17

唐代・文選六八
71_706_14

礫		礧		礙	礪	磳
漢レキ 訓こいし		ライ 訓ころばす		漢ガイ呉ゲ 訓さまたげる	レイ 訓あらと	ソウ 訓—
 唐代・十輪經八 3_43_9	 唐代・文選百三 53_513_15  唐代・文選百三 53_515_26  唐代・文選百三 54_516_26	 唐代・文選百三 31_304_5  唐代・文選百三 31_305_13  唐代・文選百三 31_305_30  唐代・文選百三 31_306_30  唐代・文選百三 31_307_4  唐代・文選百三 31_308_13  唐代・文選百三 31_308_34  唐代・文選百三 53_511_11	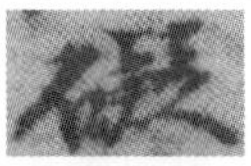 唐代・十輪經十 14_272_15  唐代・十輪經十 16_305_6	 唐代・十輪經四 6_110_6  唐代・十輪經四 20_385_8  唐代・十輪經十 3_53_15  唐代・十輪經十 10_200_12  唐代・十輪經十 11_206_13  唐代・十輪經十 13_243_4  唐代・十輪經十 13_252_9  唐代・十輪經十 14_260_2	 唐代・古文選前 25_293_10	 唐代・文選六八 33_338_20

目部

目 目

呉モク 漢ボク
訓め

唐代・春秋經傳
6_61_6

唐代・春秋經傳
6_61_16

唐代・文選五九
15_140_15

唐代・文選五九
17_161_13

唐代・文選五九
17_163_19

唐代・文選五九
17_164_10

唐代・文選五九
90_861_12

唐代・文選五九
17_165_26

唐代・文選五九
31_304_4

唐代・文選五九
60_576_30

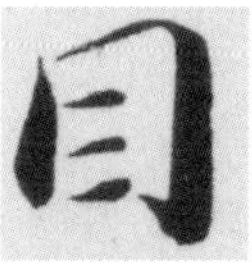
唐代・文選五九
70_674_5

唐代・文選五九
90_860_2

唐代・文選五九
90_861_8

唐代・文選六八
42_424_1

唐代・文選五九
90_863_2

唐代・文選五九
108_1022_27

唐代・文選五九
111_1052_9

唐代・文選六八
35_356_12

唐代・文選六八
43_426_25

直目
唐代・文選八八
13_109_2

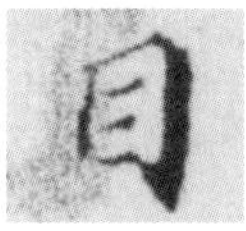
唐代・文選百三
7_63_22

唐代・文選百三
53_509_15

唐代・文選百三
69_669_22

唐代・文選百三
75_722_19

唐代・古文選前
2_22_14

唐代・古文選前
3_32_11

唐代・古文選前
4_44_14

唐代・古文選前
6_68_6

唐代・古文選前
11_130_11

唐代・古文選前
13_154_6

唐代・古文選後
16_189_2

唐代・十輪經四
9_163_9

唐代・十輪經四
9_170_4

唐代・十輪經四
11_203_10

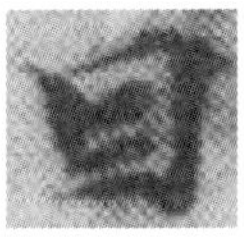
唐代・十輪經九
8_153_4

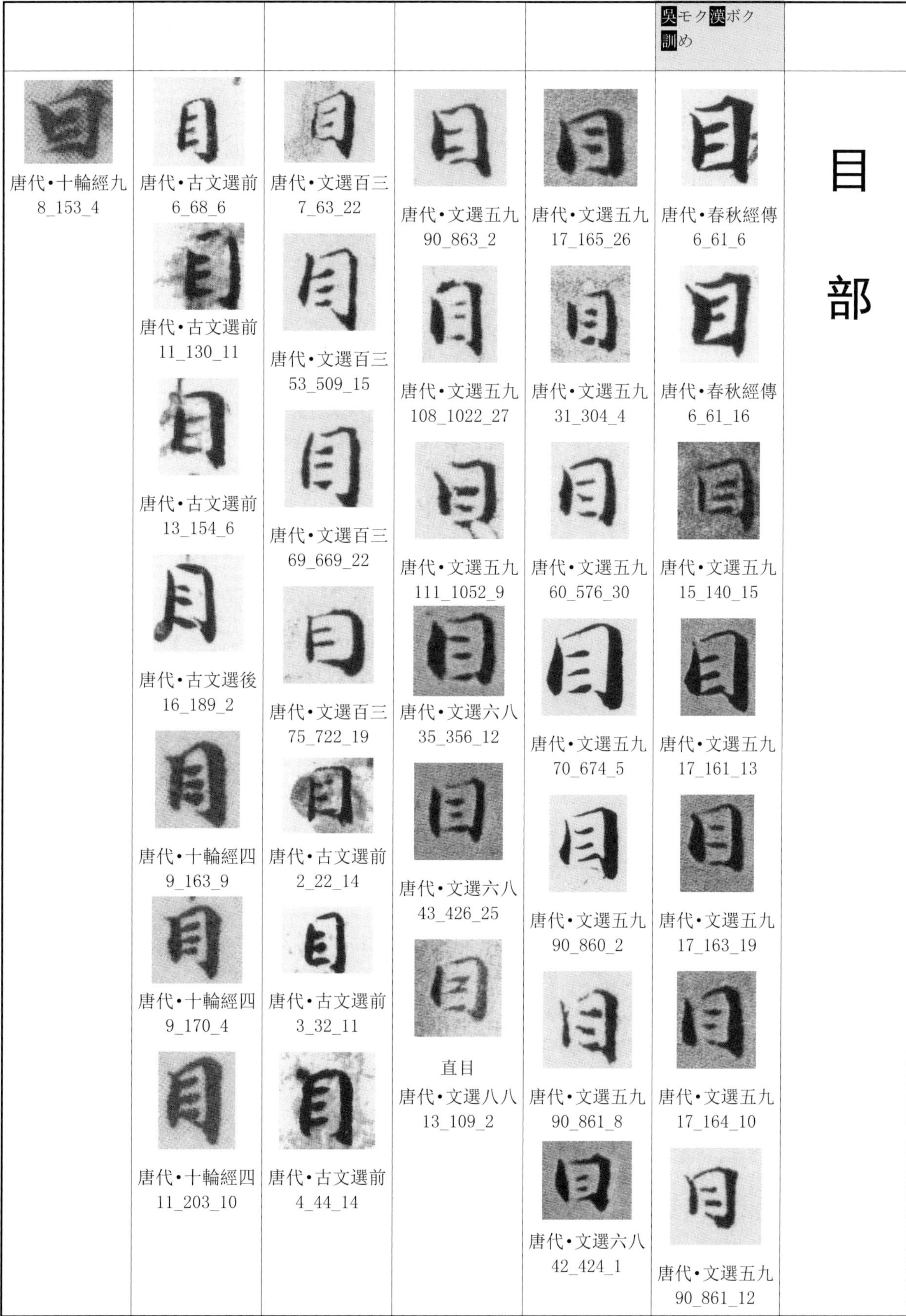

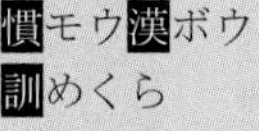

盲	相						
慣モウ漢ボウ 訓めくら	呉ソウ、漢ショウ 訓あい						
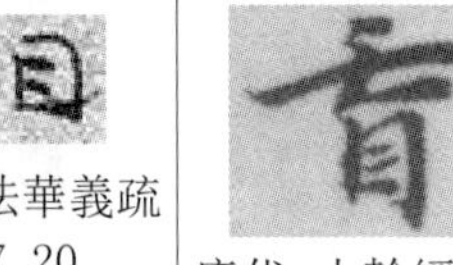 唐代・十輪經四 11_203_11	初唐・法華義疏 1_7_20 初唐・法華義疏 1_8_14  初唐・大般若經 1_5_11  初唐・大般若經 1_6_5 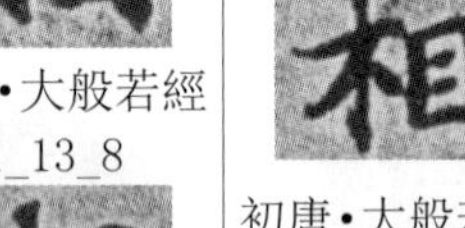 初唐・大般若經 1_6_15  初唐・大般若經 1_7_4 初唐・大般若經 1_8_1  初唐・大般若經 1_8_7	 初唐・大般若經 1_9_4 初唐・大般若經 1_9_10 初唐・大般若經 1_11_6  初唐・大般若經 1_11_12  初唐・大般若經 1_13_8 初唐・大般若經 1_13_14 初唐・大般若經 1_15_10 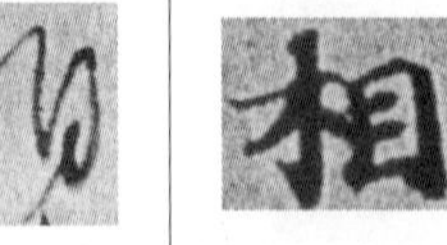 初唐・大般若經 1_15_16	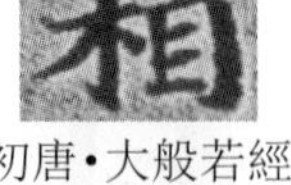 初唐・大般若經 1_17_12 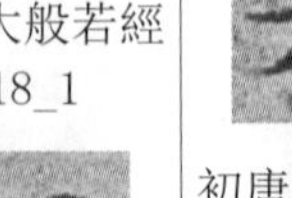 初唐・大般若經 1_18_1  初唐・大般若經 1_19_14 初唐・大般若經 1_20_3 初唐・聖武雜集 1_6_9  初唐・聖武雜集 1_10_11 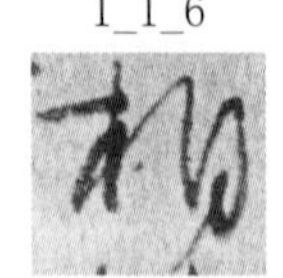 中唐・金剛經題 1_1_6 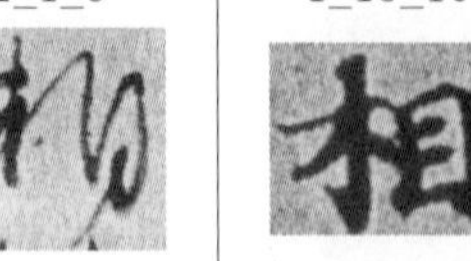 晚唐・慶滋書狀 1_10_2	 唐代・春秋經傳 4_31_9  唐代・春秋經傳 6_55_11  唐代・春秋經傳 18_183_12 唐代・春秋經傳 19_194_10 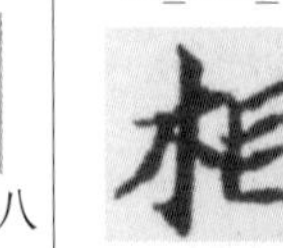 唐代・春秋經傳 26_273_18  唐代・春秋經傳 27_274_5 唐代・春秋經傳 27_276_9 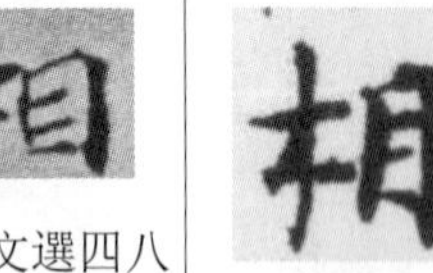 唐代・春秋經傳 39_408_37	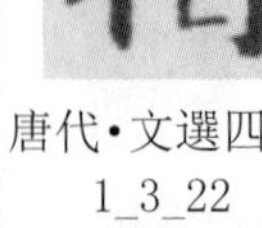 唐代・文選四八 1_3_22  唐代・文選四八 3_20_17  唐代・文選四八 3_20_24 唐代・文選四八 4_23_2 唐代・文選四八 4_24_1 唐代・文選四八 4_24_16  唐代・文選四八 4_25_7  唐代・文選四八 4_32_13	 唐代・文選四八 7_59_8  唐代・文選四八 11_94_12 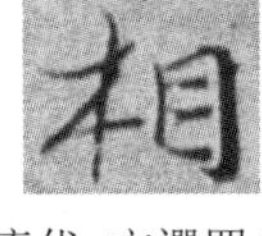 唐代・文選四八 11_95_19 唐代・文選四八 12_106_24 唐代・文選四八 14_131_12  唐代・文選四八 16_143_14  唐代・文選四八 23_205_2 唐代・文選四八 31_278_7

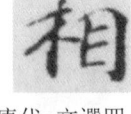

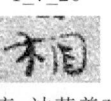

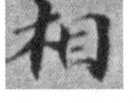

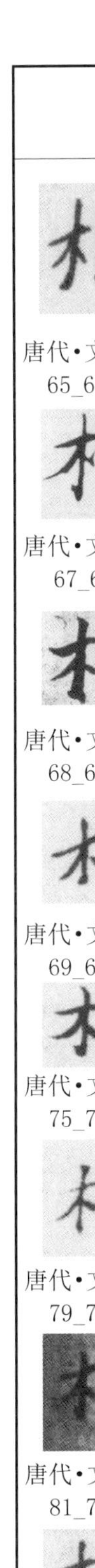
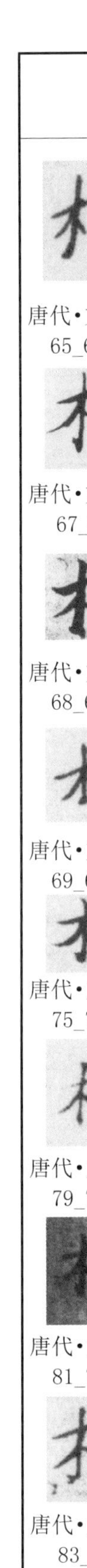
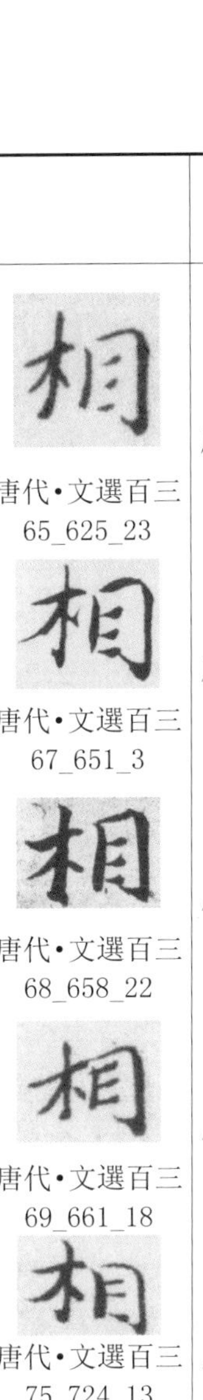
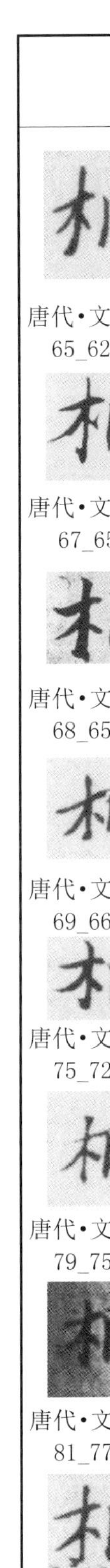
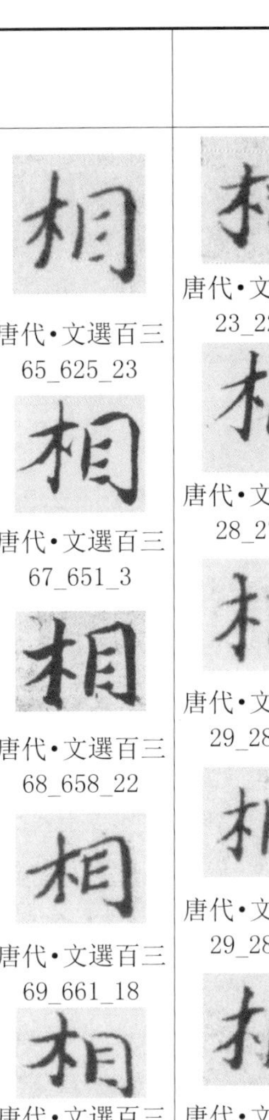

唐代•文選百三 65_625_23

唐代•文選百三 67_651_3

唐代•文選百三 68_658_22

唐代•文選百三 69_661_18

唐代•文選百三 75_724_13

唐代•文選百三 79_754_17

唐代•文選百三 81_773_31

唐代•文選百三 83_789_8

唐代•文選百三 23_224_5

唐代•文選百三 28_275_4

唐代•文選百三 29_280_30

唐代•文選百三 29_281_25

唐代•文選百三 46_440_20

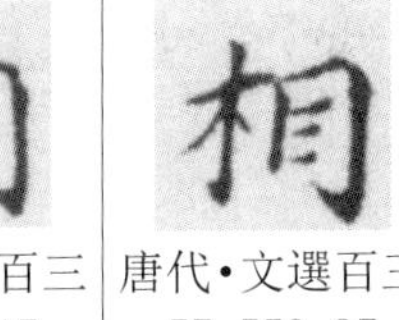

唐代•文選百三 57_553_37

唐代•文選百三 59_569_17

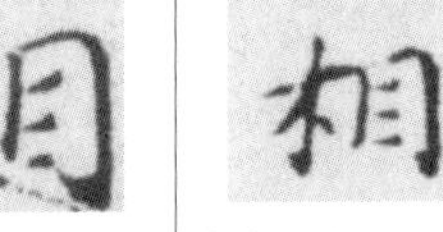

唐代•文選百三 63_611_16

唐代•文選百三 11_107_17

唐代•文選百三 11_107_26

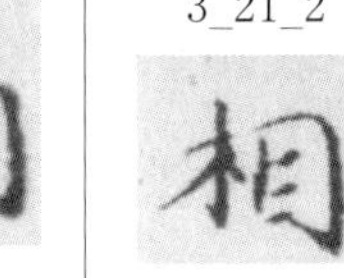

唐代•文選百三 13_116_16

唐代•文選百三 13_118_18

唐代•文選百三 14_133_17

唐代•文選百三 17_165_10

唐代•文選百三 23_217_11

唐代•文選百三 23_220_11

唐代•文選百三 3_20_5

唐代•文選百三 3_21_2

唐代•文選百三 3_22_2

唐代•文選百三 8_72_18

唐代•文選百三 8_73_13

唐代•文選百三 9_83_15

唐代•文選百三 9_88_6

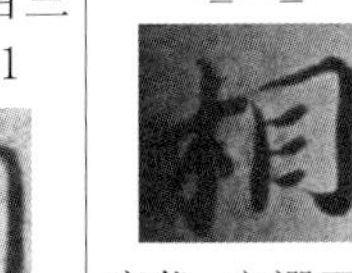

唐代•文選百三 11_105_1

唐代•文選八八 7_43_15

唐代•文選八八 7_45_16

唐代•文選八八 9_69_20

唐代•文選八八 19_160_18

唐代•文選八八 19_162_21

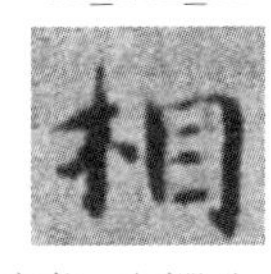

唐代•文選八八 21_184_22

唐代•文選八八 23_206_17

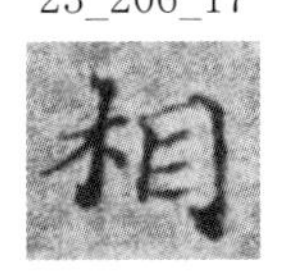
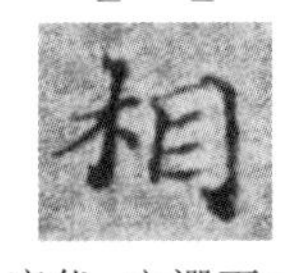

唐代•文選百三 1_7_10

唐代•文選六八 53_538_12

唐代•文選六八 58_580_8

唐代•文選六八 59_597_20

唐代•文選六八 60_599_9

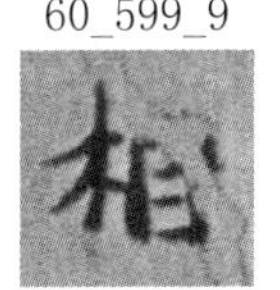

唐代•文選六八 60_599_15

唐代•文選六八 63_626_12

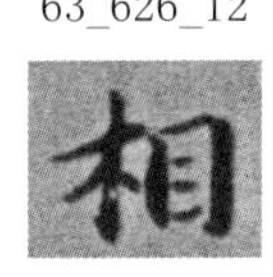

唐代•文選六八 63_631_4

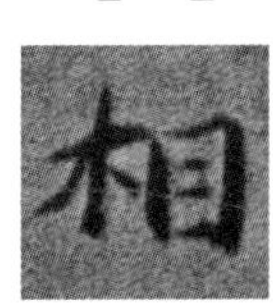

唐代•文選六八 69_684_17

唐代•文選六八 35_357_25

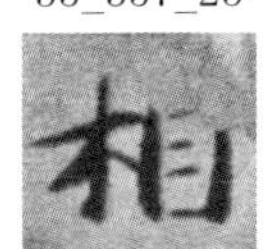

唐代•文選六八 35_358_1

唐代•文選六八 35_358_25

唐代•文選六八 36_360_25

唐代•文選六八 36_361_3

唐代•文選六八 41_406_30

唐代•文選六八 47_470_8

唐代•文選六八 52_520_25

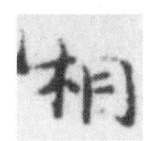

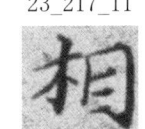

唐代·文選百三 83_794_17
唐代·古文選前 4_44_10
唐代·古文選前 6_68_4
唐代·古文選前 6_68_12
唐代·古文選前 11_130_3
唐代·古文選前 11_130_8
唐代·古文選前 15_180_5
唐代·古文選前 25_300_16
唐代·古文選前 26_301_13
唐代·古文選後 5_51_9
唐代·古文選後 8_85_4
唐代·古文選後 9_101_2
唐代·古文選後 16_183_67
唐代·古文選後 20_238_15
唐代·古文選後 24_277_6
唐代·古文選後 25_298_4
唐代·古文選後 25_300_4
唐代·古文選後 27_314_11
唐代·十輪經四 1_4_15
唐代·十輪經四 2_25_4
唐代·十輪經四 3_55_7
唐代·十輪經四 4_68_15
唐代·十輪經四 5_80_7
唐代·十輪經四 5_83_8
唐代·十輪經四 5_87_8
唐代·十輪經四 7_127_3
唐代·十輪經四 7_127_9
唐代·十輪經四 9_166_11
唐代·十輪經四 9_172_12
唐代·十輪經四 9_176_5
唐代·十輪經四 11_200_8
唐代·十輪經四 11_210_2
唐代·十輪經四 12_231_11
唐代·十輪經四 12_239_17
唐代·十輪經四 13_251_4
唐代·十輪經四 15_290_5
唐代·十輪經四 16_310_8
唐代·十輪經四 21_407_5
唐代·十輪經四 21_408_10
唐代·十輪經四 21_415_4
唐代·十輪經四 21_419_16
唐代·十輪經四 22_424_7
唐代·十輪經八 18_347_12
唐代·十輪經九 8_146_12
唐代·十輪經九 11_206_16
唐代·十輪經九 11_207_7
唐代·十輪經九 11_207_15
唐代·十輪經九 13_243_9
唐代·十輪經九 14_269_3
唐代·十輪經九 14_275_10
唐代·十輪經九 14_277_5
唐代·十輪經九 15_286_6
唐代·十輪經九 15_287_13
唐代·十輪經九 15_296_10
唐代·十輪經九 15_296_12
唐代·十輪經九 15_296_15

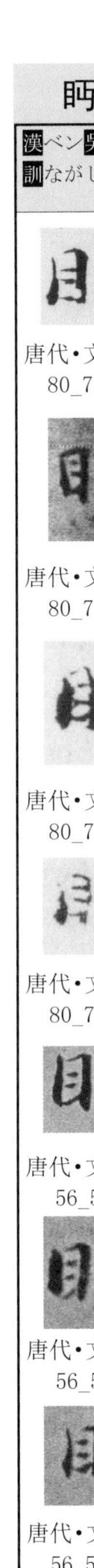
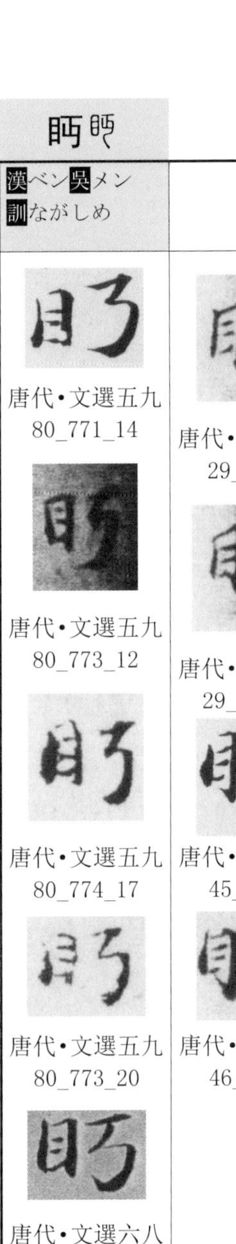
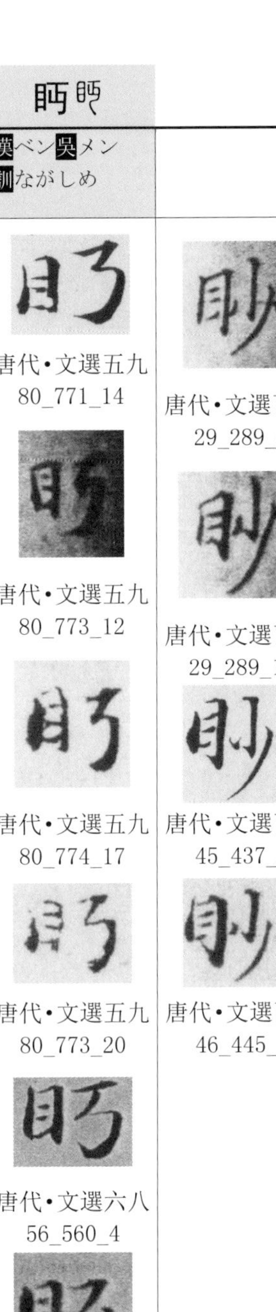

眄

漢ベン呉メン
訓ながしめ

唐代・文選五九 80_771_14
唐代・文選五九 80_773_12
唐代・文選五九 80_774_17
唐代・文選五九 80_773_20
唐代・文選六八 56_560_4
唐代・文選六八 56_561_9
唐代・文選六八 56_561_21
唐代・文選六八 56_561_24
唐代・文選百三 29_289_4
唐代・文選百三 29_289_17
唐代・文選百三 45_437_8
唐代・文選百三 46_445_9

眇

漢ビョウ呉ミョウ
訓すがめ

唐代・文選四八 2_13_12
唐代・文選四八 3_14_10
唐代・文選四八 3_15_12
唐代・文選四八 3_16_6
唐代・文選六八 19_194_22
唐代・文選六八 41_418_3
唐代・文選六八 42_420_16
唐代・文選百三 29_288_3

唐代・十輪經十 15_293_6
唐代・十輪經十 16_302_12
唐代・十輪經十 17_323_4
唐代・十輪經十 17_326_17
唐代・十輪經十 17_331_5

唐代・十輪經十 12_221_5
唐代・十輪經十 12_235_4
唐代・十輪經十 15_285_17
唐代・十輪經十 15_289_6
唐代・十輪經十 15_290_1
唐代・十輪經十 15_290_11
唐代・十輪經十 15_291_4
唐代・十輪經十 15_292_5

唐代・十輪經十 1_13_14
唐代・十輪經十 1_15_12
唐代・十輪經十 1_18_14
唐代・十輪經十 3_42_1
唐代・十輪經十 6_112_1
唐代・十輪經十 6_112_13
唐代・十輪經十 7_128_25
唐代・十輪經十 11_209_11

唐代・十輪經九 15_297_25
唐代・十輪經九 16_300_8
唐代・十輪經九 16_306_10
唐代・十輪經九 19_371_10
唐代・十輪經九 21_419_25
唐代・十輪經九 22_421_25
唐代・十輪經十 1_7_10
唐代・十輪經十 1_11_16

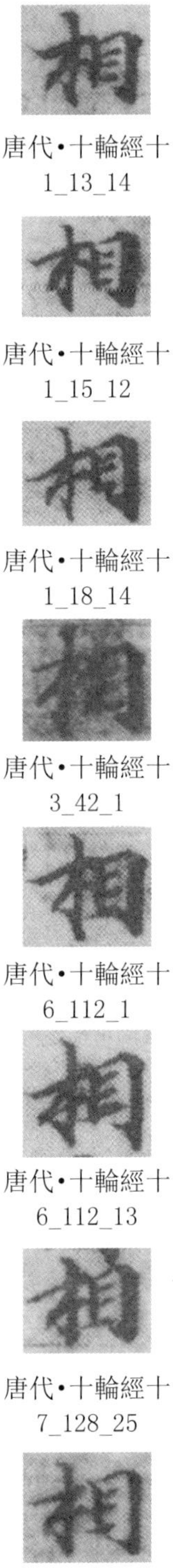

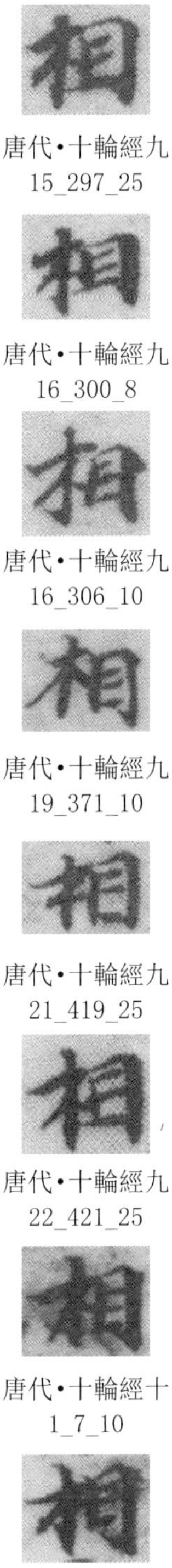

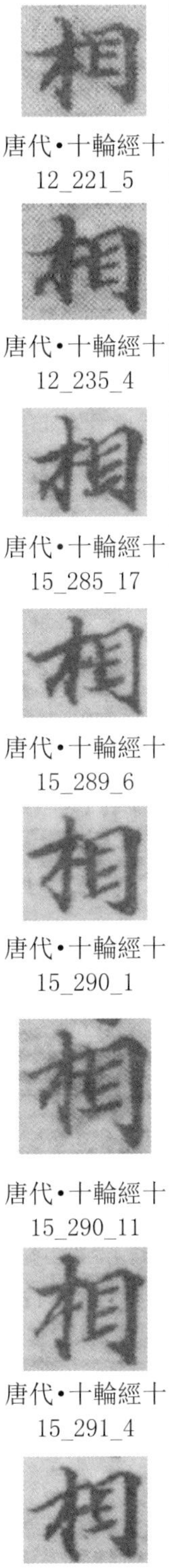

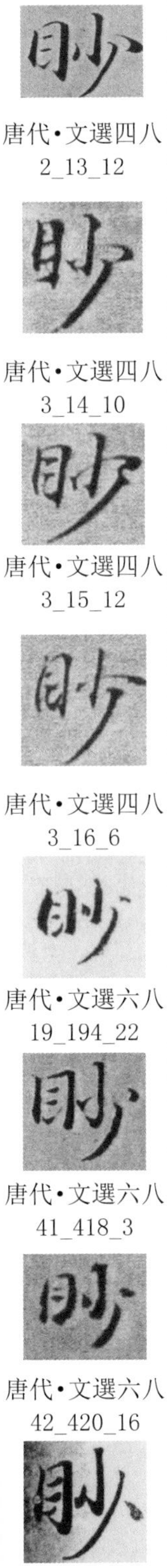

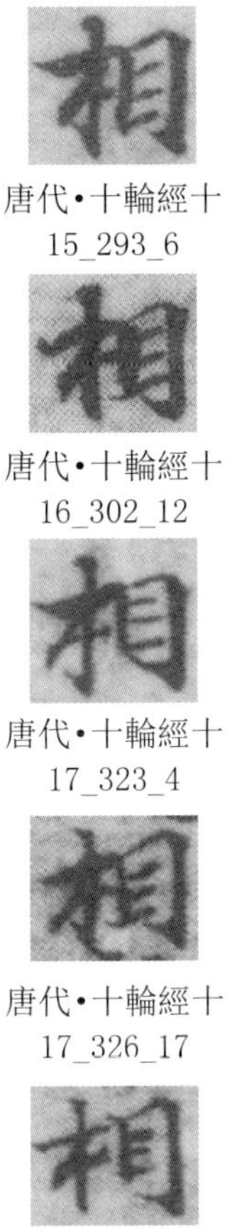

	盾	看			省	
	[漢]トン[呉]ジュン [訓]たて	カン [訓]みる			[呉]ショウ[漢]セイ [訓]かえりみる	
 唐代•春秋經傳 7_71_29  唐代•春秋經傳 8_75_16  唐代•春秋經傳 9_90_16  唐代•春秋經傳 9_91_10  唐代•春秋經傳 9_94_9  唐代•春秋經傳 10_105_1  唐代•春秋經傳 10_105_27	 唐代•春秋經傳 2_8_10  唐代•春秋經傳 2_11_5  唐代•春秋經傳 3_29_16  唐代•春秋經傳 4_42_6  唐代•春秋經傳 5_43_8  唐代•春秋經傳 7_66_20  唐代•春秋經傳 7_70_3	 唐代•春秋經傳 8_78_16  唐代•文選五九 39_384_11  唐代•文選五九 39_386_14	 唐代•文選五九 97_921_3  唐代•古文選前 16_191_6	 唐代•文選四八 48_438_5  唐代•文選五九 56_541_25  唐代•文選五九 56_542_14  唐代•文選五九 57_553_13  唐代•文選五九 65_629_4  唐代•文選五九 66_630_13  唐代•文選五九 68_651_20	 唐代•春秋經傳 28_285_33  唐代•文選四八 30_267_1  唐代•文選四八 30_270_18  唐代•文選四八 30_272_1  唐代•文選四八 34_308_1  唐代•文選四八 34_308_11  唐代•文選四八 48_429_5	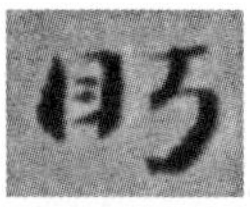 唐代•文選六八 56_562_8 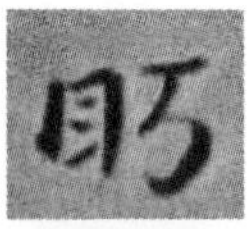 唐代•文選六八 56_562_17 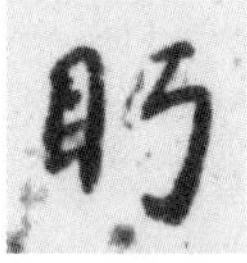 唐代•古文選前 6_68_9  唐代•古文選前 10_122_10  唐代・古文選 前 11_127_6  唐代•古文選前 12_140_5

眚

漢セイ呉ショウ
訓わざわい

唐代•古文選後
4_48_3

唐代•古文選前
7_86_2

唐代•古文選前
8_92_53

唐代•古文選後
10_115_3

眉

漢ビ呉ミ
訓まゆ

唐代•文選五九
51_497_10

唐代•文選五九
51_498_21

唐代•文選五九
51_499_2

唐代•文選五九
51_499_14

唐代•文選五九
51_501_15

唐代•文選五九
100_944_9

唐代•文選六八
55_550_6

眈

漢タン
訓にらむ

唐代•古文選後
5_52_5

盼

漢ハン呉ヘン
訓めづかう

唐代•文選百三
7_63_23

唐代•春秋經傳
12_126_7

唐代•春秋經傳
24_253_7

唐代•春秋經傳
29_300_5

唐代•春秋經傳
29_300_18

唐代•文選百三
73_708_25

唐代•文選百三
73_709_25

唐代•文選百三
74_714_3

唐代•春秋經傳
10_106_13

唐代•春秋經傳
11_110_15

唐代•春秋經傳
12_121_9

唐代•春秋經傳
12_121_18

唐代•春秋經傳
12_123_13

唐代•春秋經傳
12_124_15

唐代•春秋經傳
12_125_1

眡

漢シ 呉ジ
訓なぞらう

唐代・文選百三
60_575_23

唐代・文選百三
60_578_18

唐代・文選百三
60_578_30

眠

慣ミン 漢ベン 呉メン
訓ねむる

唐代・文選五九
89_852_1

唐代・文選五九
89_853_5

唐代・文選五九
89_853_27

唐代・文選五九
89_854_20

眥

漢セイ、シ、サイ
訓まなじり

唐代・文選六八
35_346_27

眺

チョウ
訓ながめる

唐代・文選五九
4_34_22

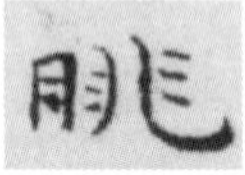
唐代・文選五九
56_540_18

唐代・文選五九
56_541_11

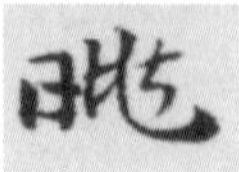
唐代・文選五九
56_543_7

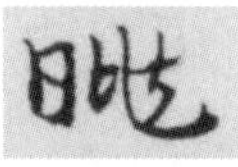
唐代・文選五九
56_545_20

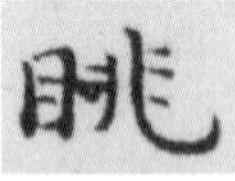
唐代・文選五九
57_553_26

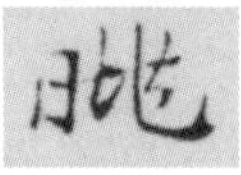
唐代・文選五九
63_607_5

唐代・文選五九
63_608_7

唐代・文選五九
64_611_30

唐代・文選五九
66_630_1

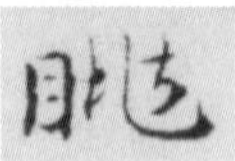
唐代・文選五九
71_682_16

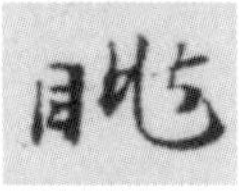
唐代・文選五九
72_692_30

唐代・文選五九
72_695_19

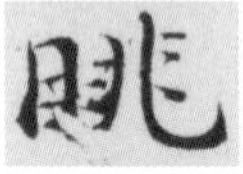
唐代・文選五九
73_700_8

唐代・文選五九
73_703_5

唐代・文選五九
77_738_20

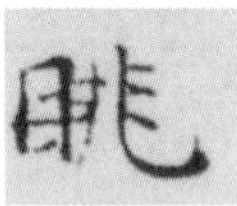
唐代・文選五九
85_815_12

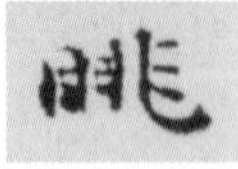
唐代・文選五九
87_835_20

唐代・文選五九
90_859_12

唐代・文選五九
92_888_13

唐代・文選五九
93_892_7

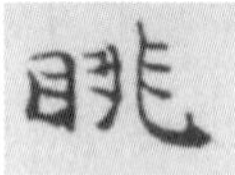
唐代・文選五九
94_901_2

唐代・文選五九
94_905_2

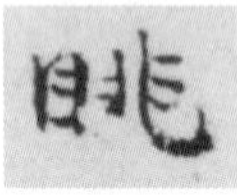
唐代・文選五九
96_911_21

唐代・文選五九
96_911_26

唐代・文選五九
102_964_18

唐代・文選五九
102_965_6

唐代・文選五九
105_990_9

唐代・文選五九
105_994_29

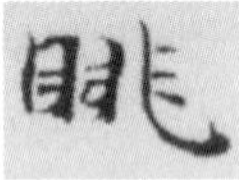
唐代・文選五九
98_931_18

眼

漢ガン 呉ゲン/ゴン

訓まなこ

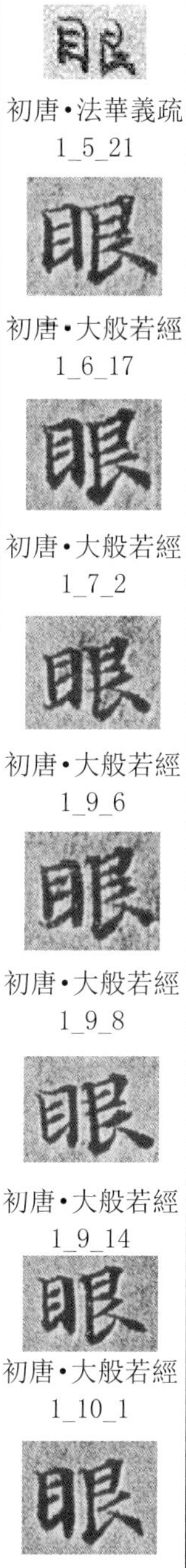

初唐・法華義疏 1_5_21

初唐・大般若經 1_6_17

初唐・大般若經 1_7_2

初唐・大般若經 1_9_6

初唐・大般若經 1_9_8

初唐・大般若經 1_9_14

初唐・大般若經 1_10_1

初唐・大般若經 1_10_3

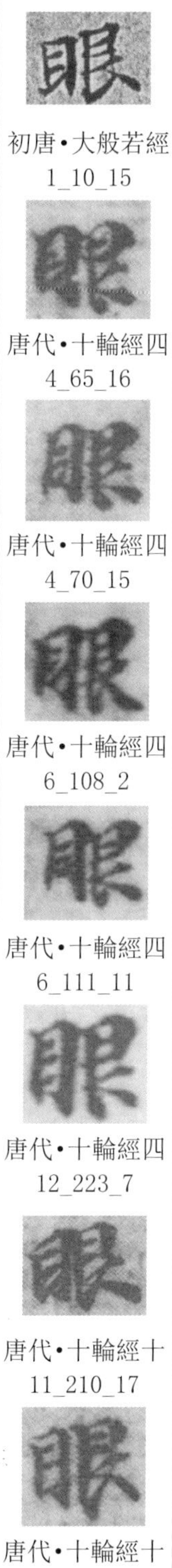

初唐・大般若經 1_10_15

唐代・十輪經四 4_65_16

唐代・十輪經四 4_70_15

唐代・十輪經四 6_108_2

唐代・十輪經四 6_111_11

唐代・十輪經四 12_223_7

唐代・十輪經十 11_210_17

唐代・十輪經十 11_211_2

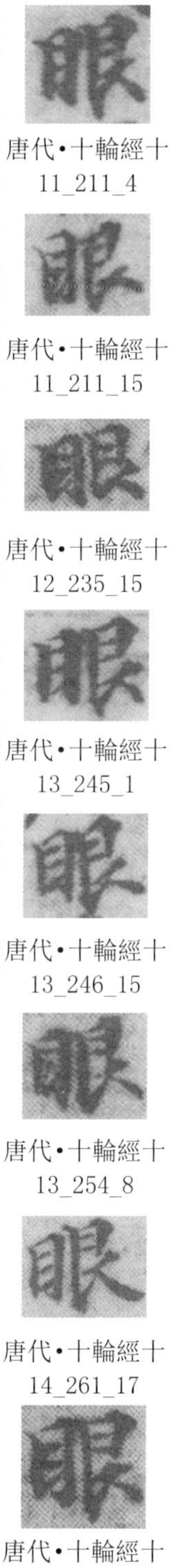

唐代・十輪經十 11_211_4

唐代・十輪經十 11_211_15

唐代・十輪經十 12_235_15

唐代・十輪經十 13_245_1

唐代・十輪經十 13_246_15

唐代・十輪經十 13_254_8

唐代・十輪經十 14_261_17

唐代・十輪經十 16_307_12

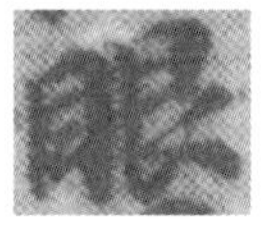

唐代・十輪經十 18_341_17

眷

ケン

訓かえりみる

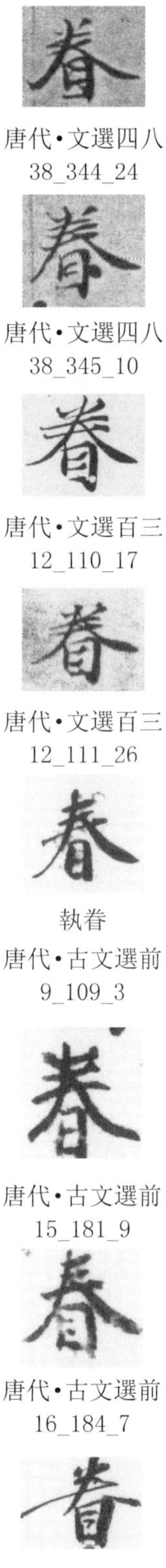

唐代・文選四八 38_344_24

唐代・文選四八 38_345_10

唐代・文選百三 12_110_17

唐代・文選百三 12_111_26

執眷 唐代・古文選前 9_109_3

唐代・古文選前 15_181_9

唐代・古文選前 16_184_7

唐代・古文選前 21_250_10

唐代・古文選後 8_95_12

唐代・古文選後 11_122_6

唐代・古文選後 13_154_14

聖心眷嘉 唐代・古文選後 15_179_1

唐代・古文選後 18_215_7

唐代・十輪經四 5_83_5

唐代・十輪經四 12_223_11

唐代・十輪經四 12_232_7

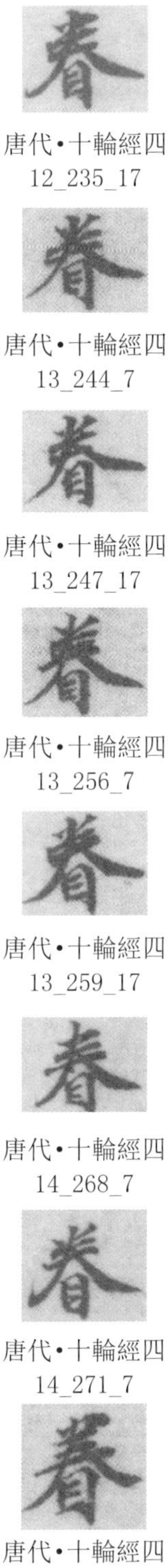

唐代・十輪經四 12_235_17

唐代・十輪經四 13_244_7

唐代・十輪經四 13_247_17

唐代・十輪經四 13_256_7

唐代・十輪經四 13_259_17

唐代・十輪經四 14_268_7

唐代・十輪經四 14_271_7

唐代・十輪經四 14_273_13

唐代•十輪經八
6_109_6

唐代•十輪經八
8_147_6

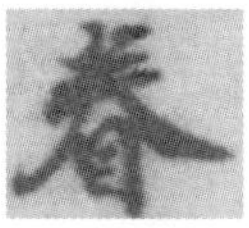

唐代•十輪經八
10_185_12

唐代•十輪經八
10_189_10

唐代•十輪經八
12_222_11

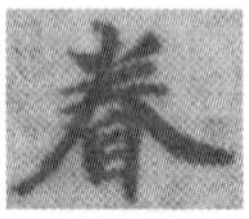

唐代•十輪經八
13_259_11

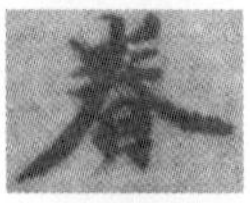

唐代•十輪經八
15_297_11

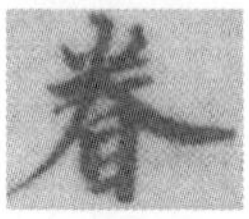

唐代•十輪經八
17_335_10

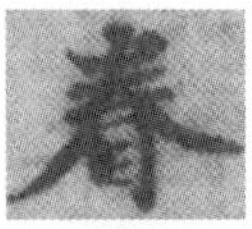

唐代•十輪經八
19_373_11

唐代•十輪經八
21_411_3

唐代•十輪經九
1_10_16

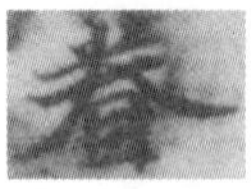

唐代•十輪經九
3_49_3

唐代•十輪經九
17_324_9

唐代•十輪經九
17_328_6

眸

漢ボウ呉ム
訓ひとみ

唐代•古文選前
4_48_8

睅

カン漢カン
訓—

唐代•春秋經傳
6_61_4

唐代•春秋經傳
6_61_14

睇

漢テイ呉ダイ
訓ぬすみみる

唐代•文選六八
56_560_3

唐代•文選六八
56_560_15

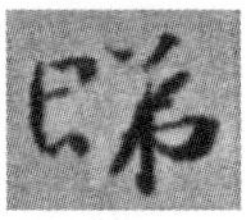

唐代•文選六八
56_561_7

唐代•文選六八
56_561_17

唐代•文選六八
56_562_4

唐代•文選六八
56_562_16

唐代•古文選後
16_189_1

睦

漢ボク呉モク
訓むつまじい

唐代•春秋經傳
27_277_11

唐代•春秋經傳
31_318_2

唐代•古文選前
22_264_3

睞

ライ
訓みる

唐代•古文選前
8_92_67

睿

エイ
訓あきらか

中唐•七祖像贊
1_13_3

唐代•文選四八
46_411_12

唐代•古文選後
12_135_3

唐代•古文選後
18_212_11

唐代•古文選後
19_227_1

唐代•十輪經四
18_345_16

睠

ケン
訓—

唐代•文選五九
84_812_5

唐代•文選五九
84_813_8

唐代•文選五九
84_813_20

唐代•文選五九
85_814_15

睟

スイ
訓あつまる

唐代•古文選後
18_212_10

唐代•古文選後
19_227_4

睢

キ、スイ
訓みあげる

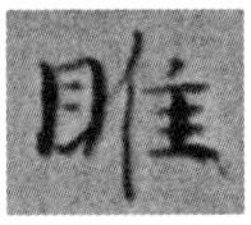
唐代•文選六八
60_602_15

唐代•文選百三
47_447_23

唐代•文選百三
47_448_23

唐代•文選百三
47_449_7

唐代•文選百三
47_450_14

唐代•文選百三
47_451_4

唐代•文選百三
47_451_14

睡

漢スイ
訓ねむる

唐代•春秋經傳
9_88_7

唐代•文選六八
23_234_24

唐代•文選百三
25_247_6

唐代•文選百三
36_356_1

唐代•文選百三
63_603_9

唐代•文選百三
86_821_2

唐代•文選百三
86_822_3

唐代•文選百三
86_822_13

唐代•文選百三
86_823_6

督

トク
訓みる

中唐・風信帖
3_18_1

唐代•文選百三
1_1_3

唐代•文選百三
23_227_3

唐代•文選百三
23_228_1

唐代•文選百三
24_230_33

唐代•文選百三
25_242_3

唐代•文選百三
25_247_1

<table>
<tr><th></th><th>瞋</th><th>瞀</th><th>睽</th><th>睱</th><th>睮</th><th>睺</th></tr>
<tr><td></td><td>シン
訓いからす</td><td>漢ボウ、ボク
訓くらい</td><td>ケイ漢キ
訓そむける</td><td>漢カ呉ゲ
訓ゆるやかにみる</td><td>ユ
訓—</td><td>コウ
訓かため</td></tr>
<tr>
<td>
唐代・十輪經四
19_369_9

唐代・十輪經四
20_382_16

唐代・十輪經四
20_389_2
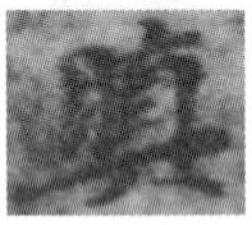
唐代・十輪經九
1_3_1

唐代・十輪經九
1_5_6
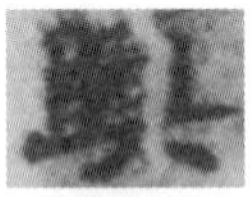
唐代・十輪經九
1_7_11

唐代・十輪經九
1_17_2

唐代・十輪經九
2_26_6</td>
<td>
唐代・十輪經四
4_68_12

唐代・十輪經四
5_83_9

唐代・十輪經四
6_114_11

唐代・十輪經四
7_129_6

唐代・十輪經四
7_134_14

唐代・十輪經四
16_315_16

唐代・十輪經四
17_338_4

唐代・十輪經四
18_352_11</td>
<td>
唐代・文選五九
101_953_14

唐代・文選五九
101_954_3

唐代・文選五九
101_954_15</td>
<td>
唐代・文選五九
27_262_4
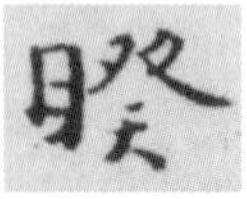
唐代・文選五九
27_264_10
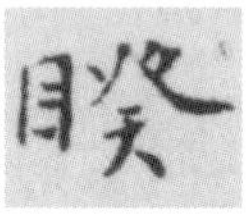
唐代・文選五九
27_265_2</td>
<td>
唐代・十輪經四
10_190_15

唐代・十輪經四
16_302_5</td>
<td>
唐代・古文選前
22_261_7</td>
<td>
初唐・金剛場經
1_5_3</td>
</tr>
</table>

矇	瞬	瞯	瞭	瞰	瞑	
漢ボウ慣モウ 訓めしい	シュン 訓またたく	漢カン呉ゲン 訓うわめづかい	リョウ 訓あきらか	カン 訓みる	慣メイ漢ベイ呉ショウ 訓くらい	
 唐代•文選百三 73_703_11  唐代•文選百三 73_703_22  唐代•文選百三 73_704_32  唐代•文選百三 73_706_8	 唐代•文選五九 17_161_12  唐代•文選五九 17_163_16  唐代•文選五九 17_164_9  唐代•文選五九 17_164_24  唐代•文選五九 17_164_29	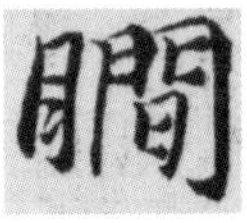 唐代•文選百三 53_506_6  唐代•文選百三 53_508_11  唐代•文選百三 53_509_3  唐代•文選百三 53_509_13  唐代•文選百三 53_510_26  唐代•文選百三 53_511_26  唐代•文選百三 53_512_25	 唐代•古文選前 4_49_1	 唐代•文選五九 31_305_1  唐代•文選五九 31_306_13 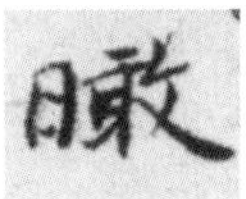 唐代•文選五九 31_306_31  唐代•文選五九 31_307_20  唐代•文選五九 97_917_3  唐代•文選五九 97_918_14 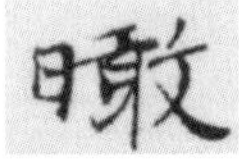 唐代•文選五九 97_918_25  唐代•文選五九 97_919_12	 唐代•文選百三 60_577_15	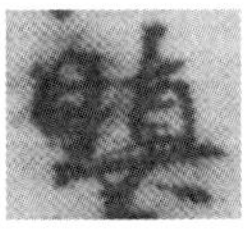 唐代•十輪經九 8_140_4 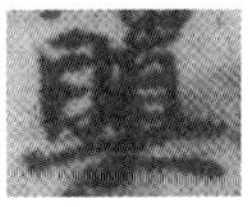 唐代•十輪經九 8_141_23

瞻

セン
訓みおろす

唐代・文選五九
39_385_7

唐代・文選五九
49_480_4

唐代・古文選前
18_210_1

唐代・古文選前
23_268_13

唐代・古文選前
27_313_2

唐代・古文選後
4_42_10

唐代・古文選後
13_147_13

唐代・古文選後
19_223_12

唐代・古文選後
25_292_48

唐代・十輪經四
15_299_6

矖

シ
訓—

唐代・文選五九
17_161_14

矚

漢ショク呉ソク
訓みる

唐代・文選五九
39_389_5

田部

田

吳デン 漢テン
訓た

初唐•法華義疏 1_2_20
晚唐•慶滋書狀 1_13_7
唐代•春秋經傳 1_7_3
唐代•春秋經傳 3_23_5
唐代•春秋經傳 10_96_3
唐代•春秋經傳 10_96_11
唐代•春秋經傳 12_117_16
唐代•春秋經傳 12_118_9
唐代•春秋經傳 22_232_4

唐代•春秋經傳 32_332_1
唐代•春秋經傳 32_332_16
唐代•春秋經傳 33_343_18
唐代•春秋經傳 38_396_23
唐代•春秋經傳 38_397_2
唐代•文選四八 38_340_2
唐代•文選五九 5_49_27
唐代•文選五九 29_282_1
唐代•文選五九 29_282_17

唐代•文選五九 29_283_19
唐代•文選五九 31_304_13
唐代•文選五九 61_581_9
唐代•文選五九 76_727_6
唐代•文選五九 76_730_8
唐代•文選五九 76_730_24
唐代•文選五九 76_733_27
唐代•文選五九 90_861_3

唐代•文選五九 94_908_6
唐代•文選五九 96_909_8
唐代•文選五九 98_931_13
唐代•文選五九 98_932_4
唐代•文選五九 98_932_11
唐代•文選五九 98_932_27
唐代•文選六八 21_206_3
唐代•文選六八 29_286_8
唐代•文選六八 31_314_15

唐代•文選六八 59_589_20
唐代•文選六八 59_591_9
唐代•文選六八 61_605_16
唐代•文選六八 61_607_2
唐代•文選六八 61_608_26
唐代•文選百三 60_580_11
唐代•文選百三 60_580_16
唐代•文選百三 61_581_5

唐代•文選百三 61_585_2
唐代•文選百三 62_596_16
唐代•文選百三 79_757_12
唐代•古文選前 12_139_12
唐代•古文選前 17_197_4
唐代•古文選前 17_198_14
唐代•十輪經四 3_44_6
唐代•文選百三 60_580_23

唐代•古文選後 3_33_2
唐代•古文選後 22_264_8
唐代•十輪經四 4_61_5
唐代•十輪經四 4_76_5
唐代•十輪經四 4_78_3
唐代•十輪經四 7_122_2
唐代•十輪經四 7_127_17
唐代•十輪經四 13_258_12
唐代•十輪經四 17_324_17

唐代•十輪經八 6_111_3
唐代•十輪經八 6_114_13
唐代•十輪經八 8_149_3
唐代•十輪經八 8_153_2
唐代•十輪經八 10_187_10
唐代•十輪經八 10_191_2
唐代•十輪經八 12_224_8
唐代•十輪經四 17_325_3
唐代•十輪經四 19_361_1

唐代•十輪經八 14_264_16
唐代•十輪經八 15_299_8
唐代•十輪經八 15_302_17
唐代•十輪經八 17_337_8
唐代•十輪經八 17_340_16
唐代•十輪經八 19_375_8
唐代•十輪經八 19_378_16
唐代•十輪經八 12_228_1
唐代•十輪經八 13_261_8

唐代•十輪經九 1_12_13
唐代•十輪經九 1_16_9
唐代•十輪經九 3_51_1
唐代•十輪經九 3_54_14
唐代•十輪經九 8_146_11
唐代•十輪經九 8_150_8
唐代•十輪經九 8_153_17
唐代•十輪經八 21_412_17
唐代•十輪經八 21_416_13

唐代•十輪經九 10_184_6
唐代•十輪經九 10_187_9
唐代•十輪經九 10_190_7
唐代•十輪經九 10_193_4
唐代•十輪經九 10_197_25
唐代•十輪經九 10_199_25
唐代•十輪經九 9_168_3
唐代•十輪經九 9_177_3

唐代•十輪經九 13_241_9
唐代•十輪經九 13_250_12
唐代•十輪經九 14_264_17
唐代•十輪經九 14_269_25
唐代•十輪經九 14_273_8
唐代•十輪經九 15_283_10
唐代•十輪經九 11_200_25
唐代•十輪經九 11_204_17
唐代•十輪經九 12_230_13

唐代•十輪經九 15_293_9
唐代•十輪經九 16_304_9
唐代•十輪經九 17_326_7
唐代•十輪經九 17_329_15
唐代•十輪經九 18_341_9
唐代•十輪經九 18_358_14
唐代•十輪經九 19_362_18
唐代•十輪經九 19_363_25
唐代•十輪經九 19_369_7

甲

コウ慣カン
訓かいわれ

唐代・十輪經九
20_393_9

唐代・十輪經九
21_416_9

唐代・十輪經十
1_5_9

唐代・十輪經十
2_22_8

唐代・十輪經十
2_34_14

唐代・十輪經十
2_39_11

唐代・十輪經十
4_78_3

唐代・十輪經十
5_99_5

唐代・十輪經十
7_121_16

唐代・十輪經十
9_167_9

唐代・十輪經十
9_174_11

唐代・十輪經十
10_192_2

唐代・十輪經十
11_204_7

唐代・十輪經十
16_314_15

唐代・十輪經十
7_134_9

唐代・十輪經十
8_156_14

唐代・十輪經十
9_161_23

唐代・春秋經傳
1_5_10

唐代・春秋經傳
2_19_6

唐代・春秋經傳
2_19_11

唐代・春秋經傳
3_20_8

唐代・春秋經傳
3_20_18

唐代・春秋經傳
5_47_19

唐代・春秋經傳
6_61_21

唐代・春秋經傳
6_61_11

唐代・春秋經傳
6_62_8

唐代・春秋經傳
7_63_10

唐代・春秋經傳
9_91_13

唐代・春秋經傳
10_101_16

唐代・春秋經傳
28_289_15

唐代・文選五九
56_548_29

唐代・文選五九
80_768_8

唐代・文選五九
80_767_27

唐代・文選五九
80_768_12

唐代・文選六八
21_219_2

唐代・文選六八
30_302_17

唐代・文選六八
43_434_4

唐代・文選八八
21_184_9

唐代・文選六八
43_435_18

唐代・文選八八
21_180_11

唐代・文選八八
21_183_1

唐代・文選百三
69_664_29

唐代・文選百三
69_665_4

唐代・文選百三
82_779_1

唐代・古文選前
15_177_2

唐代・古文選後
5_52_12

唐代・古文選後
6_68_6

唐代・十輪經九
8_147_16

唐代・十輪經九
9_166_3

唐代・十輪經九
11_201_16

唐代・十輪經九
12_228_3

唐代・十輪經九
12_238_16

唐代・十輪經九
13_242_14

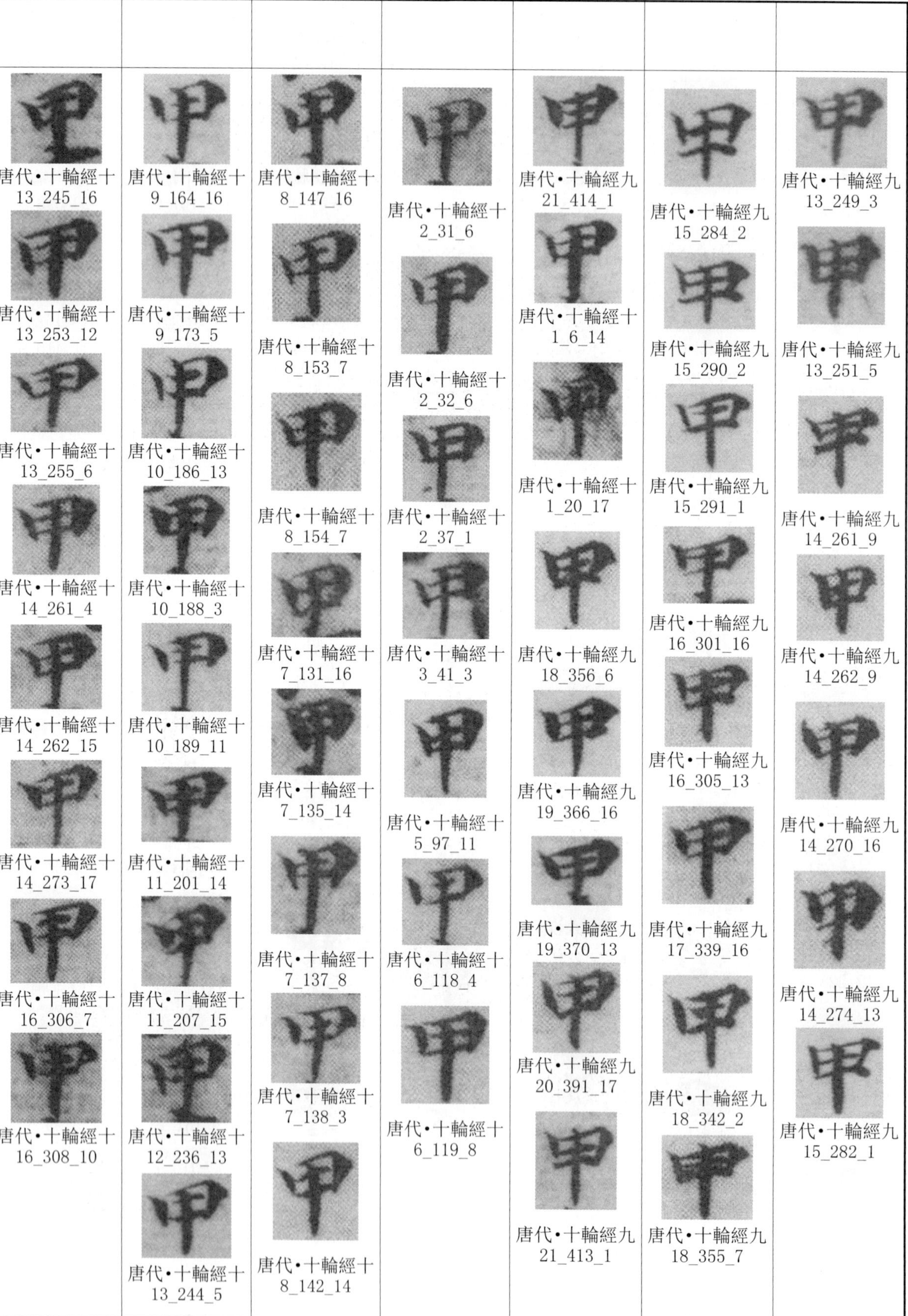
唐代·十輪經十 13_245_16
唐代·十輪經十 13_253_12
唐代·十輪經十 13_255_6
唐代·十輪經十 14_261_4
唐代·十輪經十 14_262_15
唐代·十輪經十 14_273_17
唐代·十輪經十 16_306_7
唐代·十輪經十 16_308_10
唐代·十輪經十 9_164_16
唐代·十輪經十 9_173_5
唐代·十輪經十 10_186_13
唐代·十輪經十 10_188_3
唐代·十輪經十 10_189_11
唐代·十輪經十 11_201_14
唐代·十輪經十 11_207_15
唐代·十輪經十 12_236_13
唐代·十輪經十 13_244_5
唐代·十輪經十 8_147_16
唐代·十輪經十 8_153_7
唐代·十輪經十 8_154_7
唐代·十輪經十 7_131_16
唐代·十輪經十 7_135_14
唐代·十輪經十 7_137_8
唐代·十輪經十 7_138_3
唐代·十輪經十 8_142_14
唐代·十輪經十 2_31_6
唐代·十輪經十 2_32_6
唐代·十輪經十 2_37_1
唐代·十輪經十 3_41_3
唐代·十輪經十 5_97_11
唐代·十輪經十 6_118_4
唐代·十輪經十 6_119_8
唐代·十輪經九 21_414_1
唐代·十輪經十 1_6_14
唐代·十輪經十 1_20_17
唐代·十輪經九 18_356_6
唐代·十輪經九 19_366_16
唐代·十輪經九 19_370_13
唐代·十輪經九 20_391_17
唐代·十輪經九 21_413_1
唐代·十輪經九 15_284_2
唐代·十輪經九 15_290_2
唐代·十輪經九 15_291_1
唐代·十輪經九 16_301_16
唐代·十輪經九 16_305_13
唐代·十輪經九 17_339_16
唐代·十輪經九 18_342_2
唐代·十輪經九 18_355_7
唐代·十輪經九 13_249_3
唐代·十輪經九 13_251_5
唐代·十輪經九 14_261_9
唐代·十輪經九 14_262_9
唐代·十輪經九 14_270_16
唐代·十輪經九 14_274_13
唐代·十輪經九 15_282_1

由 (漢ユウ 吳ユ 慣ユイ　訓よし)

唐代・文選百三 15_139_18

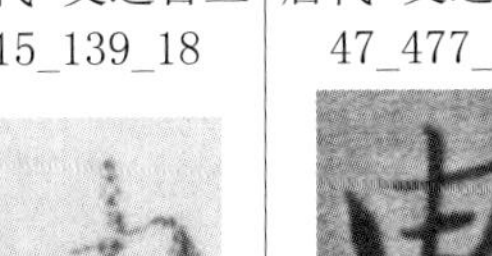
唐代・文選百三 55_532_10

唐代・古文選前 17_202_1

唐代・古文選前 18_217_5

唐代・古文選前 17_202_6

唐代・古文選前 17_203_7

唐代・古文選前 17_204_5

唐代・文選六八 47_477_16

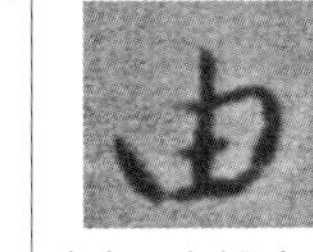
唐代・文選六八 65_656_11

唐代・文選六八 65_656_19

唐代・文選六八 65_657_4

唐代・文選百三 13_121_16

唐代・文選百三 15_135_24

唐代・文選百三 15_137_25

唐代・文選百三 15_137_28

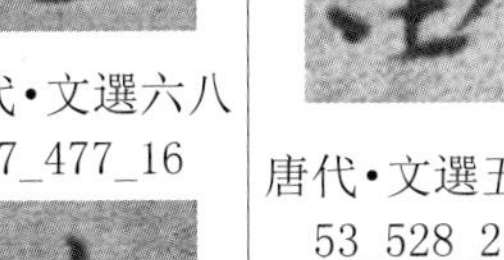
唐代・文選五九 53_528_25

唐代・文選五九 86_831_28

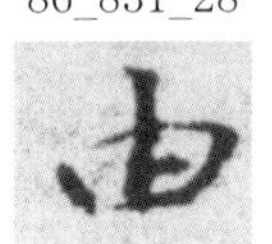
唐代・文選五九 106_1001_15

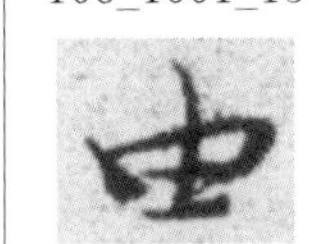
唐代・文選五九 111_1054_11

唐代・文選六八 35_347_7

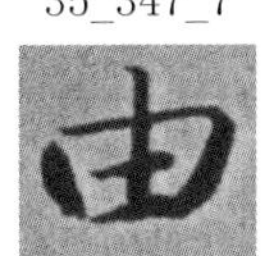
唐代・文選六八 47_468_1

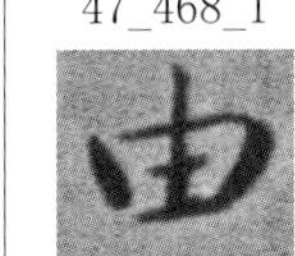
唐代・文選六八 47_469_26

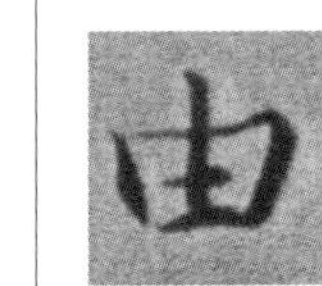
唐代・文選六八 47_470_2

唐代・春秋經傳 29_302_9

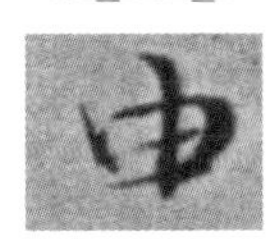
唐代・文選四八 12_111_12

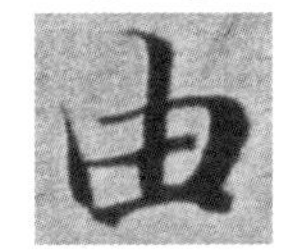
唐代・文選四八 48_430_13

唐代・文選四八 48_432_28

唐代・文選五九 29_286_6

唐代・文選五九 37_367_7

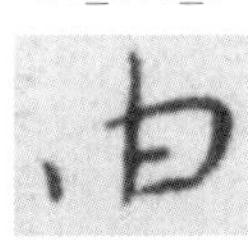
唐代・文選五九 38_375_16

唐代・文選五九 52_514_13

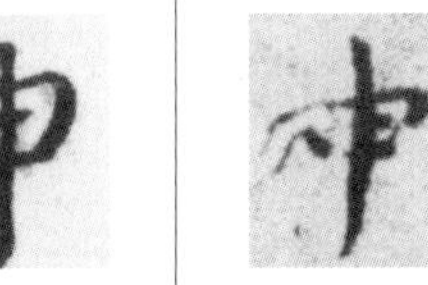
唐代・古文選前 9_111_7

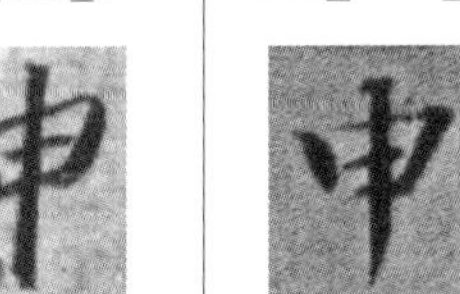
唐代・古文選後 7_79_16

唐代・文選五九 111_1050_4

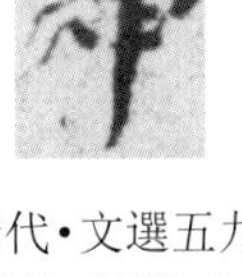
唐代・文選六八 8_88_1

唐代・文選百三 15_141_7

唐代・文選百三 15_144_9

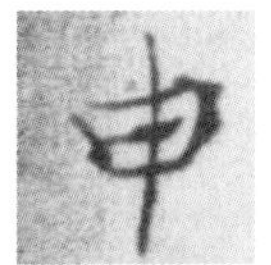
唐代・文選百三 15_146_4

唐代・文選百三 49_473_12

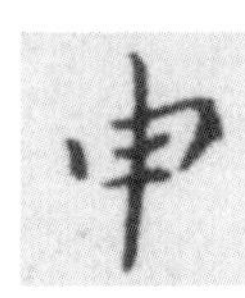
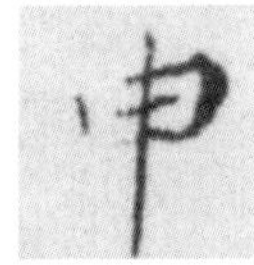
唐代・文選百三 49_479_17

申 (シン　訓もうす)

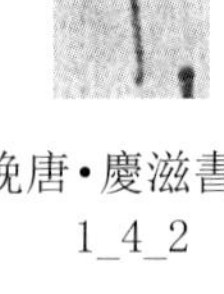
晚唐・慶滋書狀 1_4_2

唐代・春秋經傳 11_114_9

唐代・春秋經傳 11_114_15

唐代・春秋經傳 11_115_6

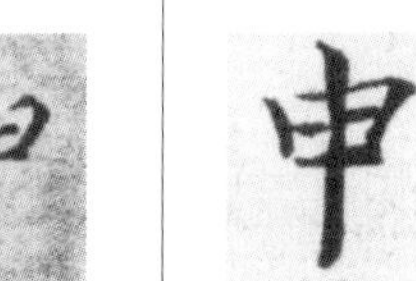
唐代・春秋經傳 35_369_23

唐代・文選四八 41_365_12

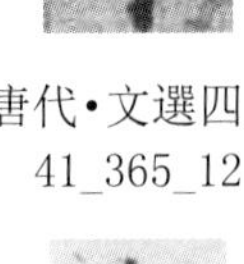
唐代・文選五九 92_880_13

唐代•古文選前 18_216_1

唐代•古文選前 20_233_1

唐代•古文選前 21_246_14

唐代•古文選前 23_266_3

唐代•古文選前 24_283_9

唐代•古文選前 25_290_14

唐代•十輪經四 4_71_7

唐代•古文選後 1_5_14

唐代•古文選後 3_35_10

唐代•十輪經四 4_77_5

唐代•十輪經四 6_111_16

唐代•十輪經四 11_213_6

唐代•十輪經四 13_243_8

唐代•十輪經四 14_277_9

唐代•十輪經四 16_313_3

唐代•十輪經四 17_335_7

唐代•十輪經四 18_349_16

唐代•十輪經四 19_366_13

唐代•十輪經四 20_386_6

唐代•十輪經八 4_73_1

唐代•十輪經八 6_102_8

唐代•十輪經八 6_105_14

唐代•十輪經八 7_140_9

唐代•十輪經八 5_81_16

唐代•十輪經八 8_143_14

唐代•十輪經八 9_178_13

唐代•十輪經八 10_182_3

唐代•十輪經八 11_215_10

唐代•十輪經八 13_252_10

唐代•十輪經八 13_255_15

唐代•十輪經八 15_290_10

唐代•十輪經八 11_218_15

唐代•十輪經八 15_293_15

唐代•十輪經八 17_328_10

唐代•十輪經八 17_331_15

唐代•十輪經八 17_332_16

唐代•十輪經八 19_366_9

唐代•十輪經八 19_369_15

唐代•十輪經八 21_404_2

唐代•十輪經八 21_407_7

唐代•十輪經九 1_4_2

唐代•十輪經九 1_7_7

唐代•十輪經九 3_42_3

唐代•十輪經九 3_45_7

唐代•十輪經九 5_96_6

唐代•十輪經九 6_101_8

唐代•十輪經九 6_109_2

唐代•十輪經九 6_112_3

唐代•十輪經九 13_247_8

唐代•十輪經九 13_249_8

唐代•十輪經九 15_282_6

唐代•十輪經九 16_317_11

唐代•十輪經九 17_321_1

唐代•十輪經九 18_340_5

唐代•十輪經九 20_392_5

唐代•十輪經十 2_21_5
唐代•十輪經十 5_97_16
唐代•十輪經十 9_176_18
唐代•十輪經十 12_233_11
唐代•十輪經十 14_266_7
唐代•十輪經十 16_315_15
唐代•十輪經十 18_353_8

甸

漢テン呉デン
訓かり

唐代•文選五九 74_709_18
唐代•文選五九 74_712_14
唐代•文選五九 74_712_24
唐代•文選五九 74_713_16
唐代•文選五九 74_713_18
唐代•文選五九 78_754_4
唐代•文選五九 78_757_6

唐代•文選五九 79_758_21
唐代•古文選後 18_216_19

男

漢ダン呉ナン
訓おとこ

唐代•文選四八 21_191_26
唐代•文選六八 48_482_9
唐代•文選六八 63_637_24
唐代•文選八八 14_117_21
唐代•文選百三 57_546_28
唐代•十輪經四 1_10_14
唐代•十輪經四 2_24_10

唐代•十輪經四 2_35_11
唐代•十輪經四 3_46_2
唐代•十輪經四 5_93_4
唐代•十輪經四 6_119_4
唐代•十輪經四 7_131_1
唐代•十輪經四 7_138_4
唐代•十輪經四 8_144_5

唐代•十輪經四 8_151_17
唐代•十輪經四 9_162_1
唐代•十輪經四 10_190_2
唐代•十輪經四 11_215_5
唐代•十輪經四 14_278_17
唐代•十輪經四 15_291_8
唐代•十輪經四 16_301_9

唐代•十輪經四 16_320_4
唐代•十輪經四 17_325_11
唐代•十輪經四 18_342_4
唐代•十輪經四 18_357_4
唐代•十輪經四 19_374_4
唐代•十輪經四 20_393_2
唐代•十輪經四 21_404_2

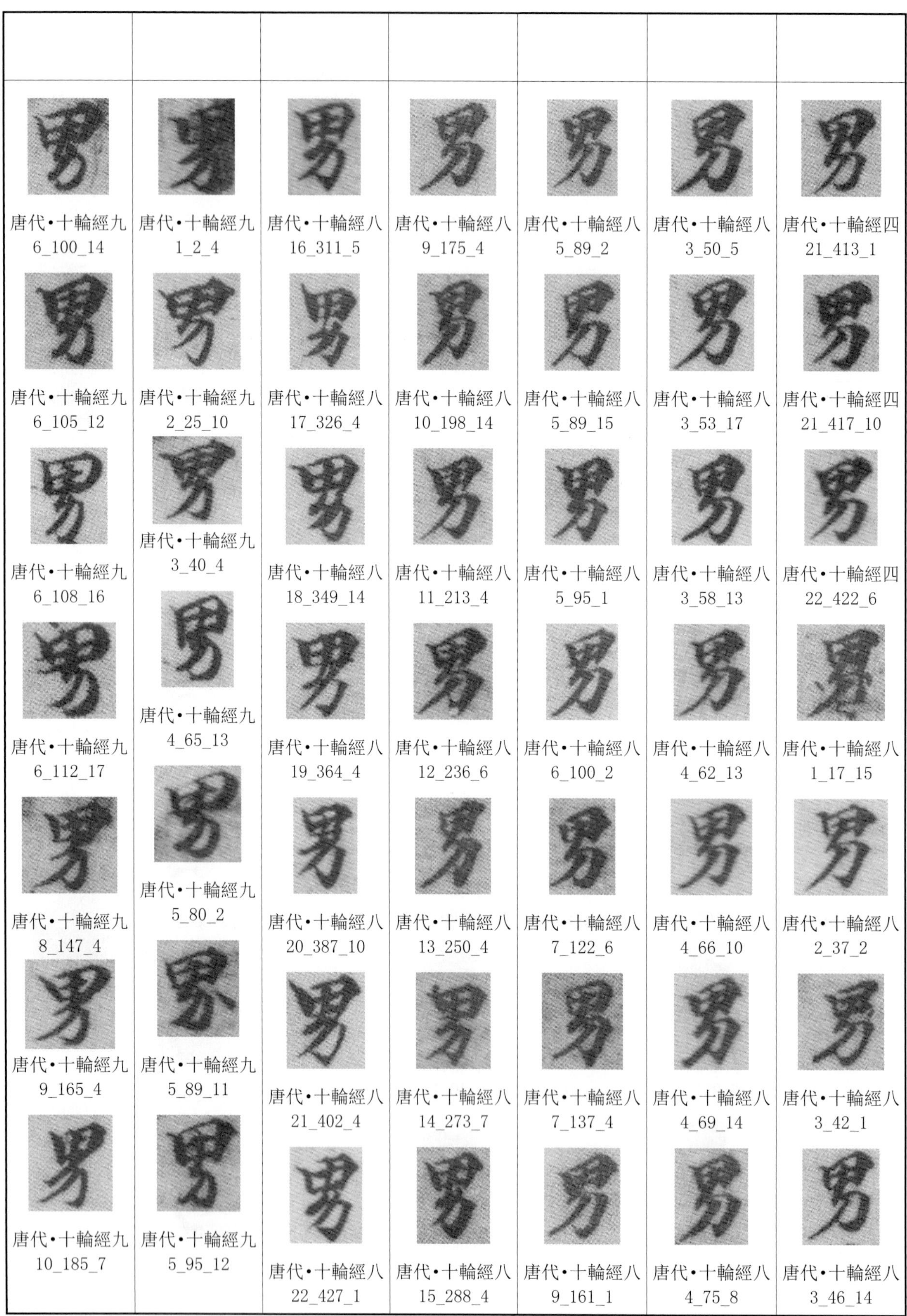

唐代•十輪經九 6_100_14	唐代•十輪經九 1_2_4	唐代•十輪經八 16_311_5	唐代•十輪經八 9_175_4	唐代•十輪經八 5_89_2	唐代•十輪經八 3_50_5	唐代•十輪經四 21_413_1
唐代•十輪經九 6_105_12	唐代•十輪經九 2_25_10	唐代•十輪經八 17_326_4	唐代•十輪經八 10_198_14	唐代•十輪經八 5_89_15	唐代•十輪經八 3_53_17	唐代•十輪經四 21_417_10
唐代•十輪經九 6_108_16	唐代•十輪經九 3_40_4	唐代•十輪經八 18_349_14	唐代•十輪經八 11_213_4	唐代•十輪經八 5_95_1	唐代•十輪經八 3_58_13	唐代•十輪經四 22_422_6
唐代•十輪經九 6_112_17	唐代•十輪經九 4_65_13	唐代•十輪經八 19_364_4	唐代•十輪經八 12_236_6	唐代•十輪經八 6_100_2	唐代•十輪經八 4_62_13	唐代•十輪經八 1_17_15
唐代•十輪經九 8_147_4	唐代•十輪經九 5_80_2	唐代•十輪經八 20_387_10	唐代•十輪經八 13_250_4	唐代•十輪經八 7_122_6	唐代•十輪經八 4_66_10	唐代•十輪經八 2_37_2
唐代•十輪經九 9_165_4	唐代•十輪經九 5_89_11	唐代•十輪經八 21_402_4	唐代•十輪經八 14_273_7	唐代•十輪經八 7_137_4	唐代•十輪經八 4_69_14	唐代•十輪經八 3_42_1
唐代•十輪經九 10_185_7	唐代•十輪經九 5_95_12	唐代•十輪經八 22_427_1	唐代•十輪經八 15_288_4	唐代•十輪經八 9_161_1	唐代•十輪經八 4_75_8	唐代•十輪經八 3_46_14

畀

ヒ

訓あたえる

唐代・古文選後
5_58_5

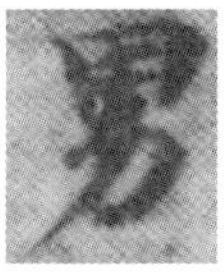
唐代・十輪經十
19_374_17

唐代・十輪經十
12_239_11

唐代・十輪經十
13_248_6

唐代・十輪經十
13_257_13

唐代・十輪經十
14_271_7

唐代・十輪經十
16_303_14

唐代・十輪經十
16_312_6

唐代・十輪經十
19_361_1

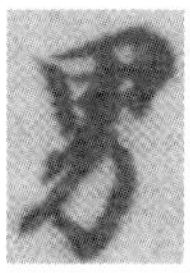
唐代・十輪經十
6_118_8

唐代・十輪經十
7_131_4

唐代・十輪經十
7_136_1

唐代・十輪經十
8_153_11

唐代・十輪經十
9_164_4

唐代・十輪經十
10_188_15

唐代・十輪經十
10_199_4

唐代・十輪經九
19_371_1

唐代・十輪經九
21_413_5

唐代・十輪經十
1_2_4

唐代・十輪經十
2_31_10

唐代・十輪經十
2_36_4

唐代・十輪經十
3_41_7

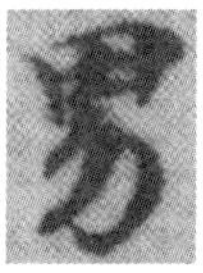
唐代・十輪經十
4_74_14

唐代・十輪經九
14_275_1

唐代・十輪經九
15_290_6

唐代・十輪經九
16_301_4

唐代・十輪經九
16_306_1

唐代・十輪經九
16_314_4

唐代・十輪經九
18_355_11

唐代・十輪經九
19_366_4

唐代・十輪經九
10_193_6

唐代・十輪經九
11_201_4

唐代・十輪經九
12_227_6

唐代・十輪經九
12_238_4

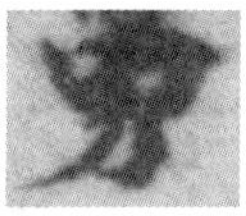
唐代・十輪經九
13_242_18

唐代・十輪經九
14_261_13

唐代・十輪經九
14_270_4

		界			畏	甿
		カイ 訓さかい			イ 訓おそれる	漢マウ呉ミョウ 訓たみ

初唐・大般若經 1_15_15
初唐・大般若經 1_16_2
初唐・大般若經 1_16_5
初唐・大般若經 1_17_1
初唐・大般若經 1_17_15
初唐・大般若經 1_17_17
初唐・大般若經 1_18_4
初唐・大般若經 1_18_7

初唐・大般若經 1_12_1
初唐・大般若經 1_12_14
初唐・大般若經 1_13_11
初唐・大般若經 1_13_13
初唐・大般若經 1_13_17
初唐・大般若經 1_14_3
初唐・大般若經 1_14_16
初唐・大般若經 1_15_13

初唐・大般若經 1_9_7
初唐・大般若經 1_9_9
初唐・大般若經 1_9_13
初唐・大般若經 1_9_16
初唐・大般若經 1_10_12
初唐・大般若經 1_11_9
初唐・大般若經 1_11_11
初唐・大般若經 1_11_15

唐代・十輪經四 18_360_2
唐代・十輪經四 19_378_9
唐代・十輪經八 5_87_17
唐代・十輪經八 6_102_7
唐代・十輪經八 6_119_6
唐代・十輪經九 5_88_4
唐代・十輪經九 22_423_11
唐代・十輪經十 12_231_14

唐代・十輪經四 1_2_16
唐代・十輪經四 1_17_13
唐代・十輪經四 5_96_6
唐代・十輪經四 10_196_1
唐代・十輪經四 11_217_4
唐代・十輪經四 13_241_25
唐代・十輪經四 17_323_2
唐代・十輪經四 18_345_2

唐代・春秋經傳 4_42_17
唐代・春秋經傳 33_345_1
唐代・文選五九 71_676_27
唐代・文選五九 71_683_3
唐代・文選五九 71_684_4
唐代・文選百三 49_474_10
唐代・文選百三 51_490_9
唐代・文選百三 75_721_11

唐代・文選八八 7_54_12

初唐•大般若經
1_19_3

初唐•大般若經
1_19_17

初唐•大般若經
1_20_2

初唐•大般若經
1_20_6

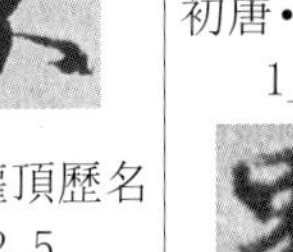
初唐•大般若經
1_20_9

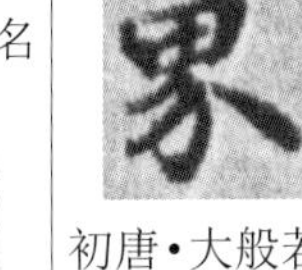
初唐•大般若經
2_22_2

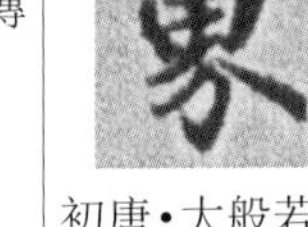
初唐•大般若經
2_24_2

初唐•大般若經
2_25_15

初唐•大般若經
2_26_14

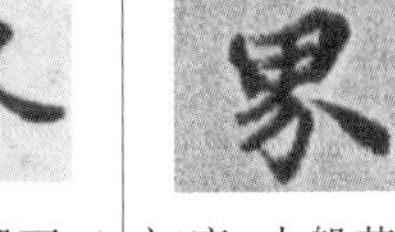
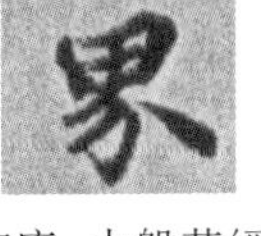
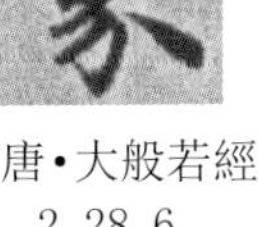
初唐•大般若經
2_28_6

初唐•大般若經
2_29_5

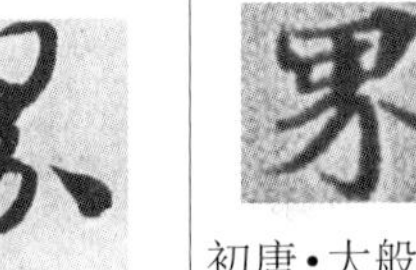
中唐•金剛經題
1_6_3

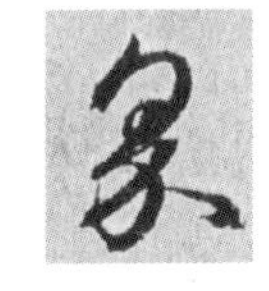
中唐•灌頂歷名
1_2_5

唐代•春秋經傳
29_298_3

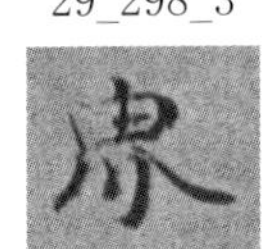
唐代•文選四八
15_138_10

唐代•文選八八
16_137_5

唐代•文選八八
19_167_17

唐代•文選百三
54_516_7

唐代•十輪經八
3_51_7

唐代•十輪經八
3_54_17

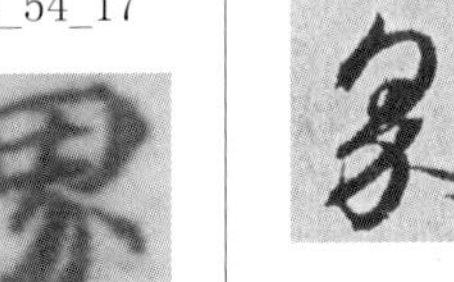
唐代•十輪經九
5_87_3

唐代•十輪經九
5_87_11

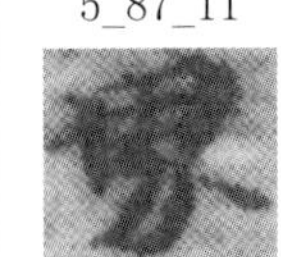
唐代•十輪經九
5_98_3

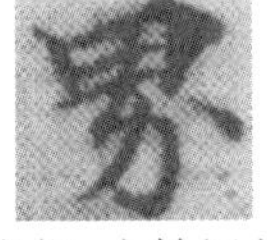
唐代•十輪經九
6_103_6

唐代•十輪經九
6_116_2

唐代•十輪經九
13_255_11

唐代•十輪經九
13_256_16

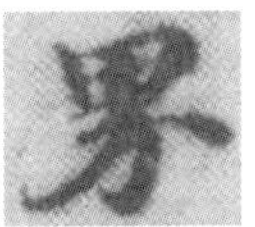
唐代•十輪經九
13_257_13

唐代•十輪經九
13_258_3

唐代•十輪經九
13_258_12

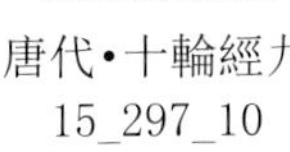
唐代•十輪經九
15_297_10

唐代•十輪經九
18_347_8

唐代•十輪經九
18_349_8

唐代•十輪經九
18_350_5

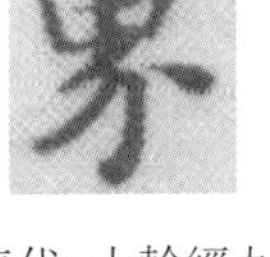
唐代•十輪經九
18_350_13

唐代•十輪經九
18_351_5

唐代•十輪經九
19_364_10

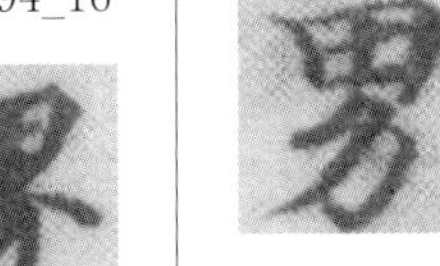
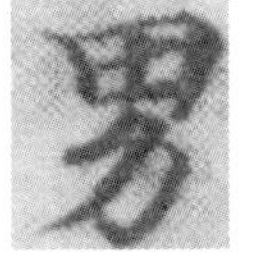
唐代•十輪經九
20_380_10

唐代•十輪經九
20_381_2

唐代•十輪經九
20_381_10

唐代•十輪經九
20_382_1

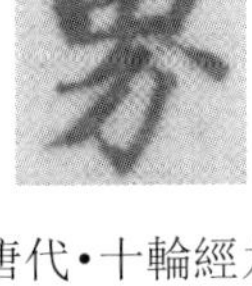
唐代•十輪經九
20_382_9

唐代•十輪經九
20_383_1

唐代•十輪經九
20_394_16

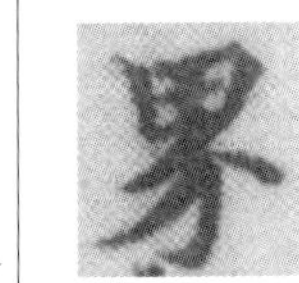
唐代•十輪經九
20_396_7

唐代•十輪經九
20_396_16

唐代•十輪經九
21_402_3

唐代•十輪經九
21_402_11

唐代•十輪經九
21_403_3

唐代•十輪經九
21_403_11

唐代•十輪經九
21_404_1

唐代•十輪經十
2_28_3

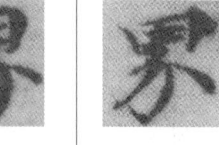

留

漢リュウ呉ル
訓とめる

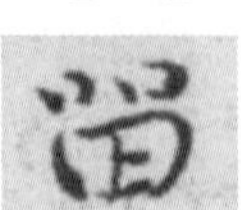
唐代•文選五九
20_192_1

唐代•文選五九
21_207_17

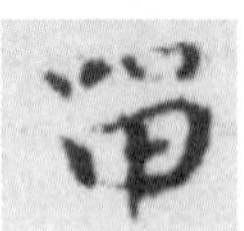
唐代•文選五九
25_241_11

唐代•文選五九
38_377_23

唐代•文選五九
39_379_19

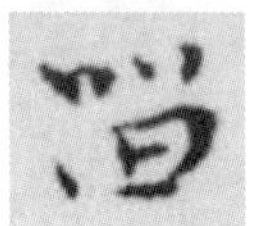
唐代•文選五九
39_392_14

唐代•文選五九
40_394_9

唐代•文選五九
43_423_10

唐代•春秋經傳
4_40_19

唐代•春秋經傳
20_209_7

唐代•春秋經傳
24_246_3

唐代•春秋經傳
24_250_24

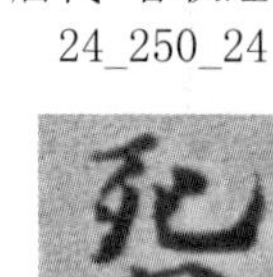
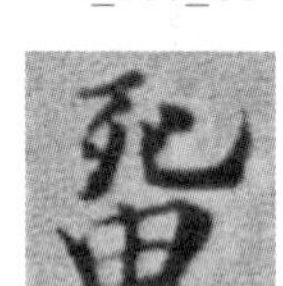
唐代•文選四八
6_44_11

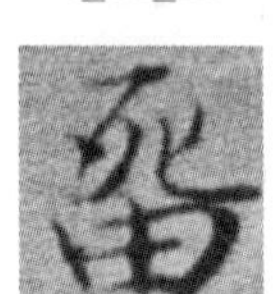
唐代•文選四八
10_84_21

唐代•文選五九
20_194_5

畢

漢ヒツ
訓おわる

唐代•文選八八
5_29_34

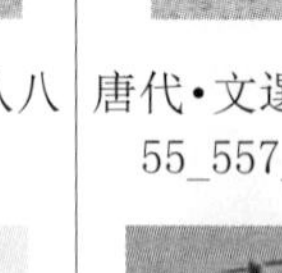
唐代•古文選前
1_4_6

唐代•文選六八
55_557_28

唐代•文選六八
59_590_6

唐代•文選六八
59_593_22

唐代•文選六八
59_595_6

唐代•文選八八
5_27_12

唐代•文選八八
5_28_9

唐代•文選八八
5_28_16

中唐•金剛經題
2_10_11

唐代•春秋經傳
6_60_6

唐代•文選四八
49_447_8

唐代•文選四八
50_449_5

唐代•文選四八
50_450_11

唐代•文選五九
46_456_19

唐代•文選五九
47_460_6

唐代•十輪經十
13_248_11

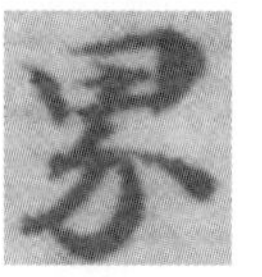
唐代•十輪經十
13_249_6

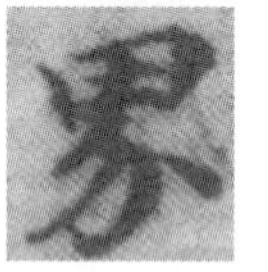
唐代•十輪經十
13_249_10

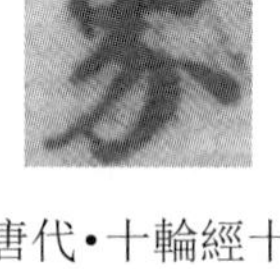
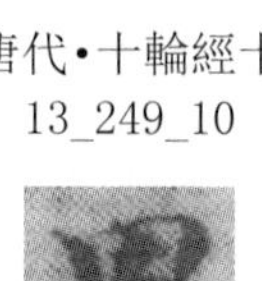
唐代•十輪經十
18_346_5

唐代•十輪經十
8_149_3

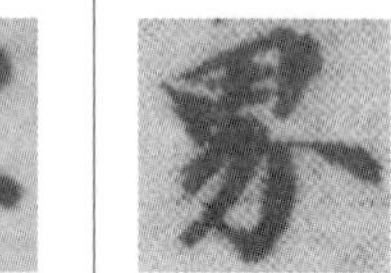
唐代•十輪經十
8_149_17

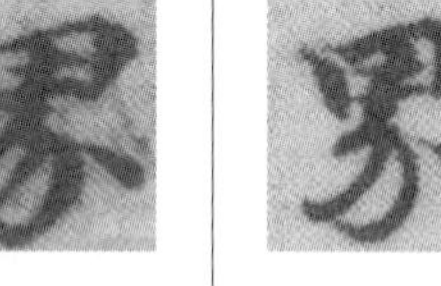
唐代•十輪經十
8_150_4

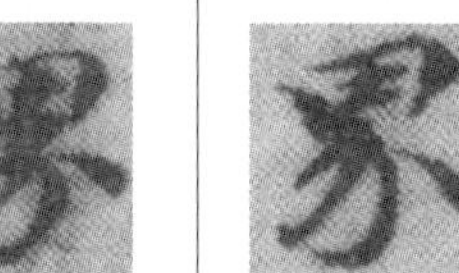
唐代•十輪經十
8_150_9

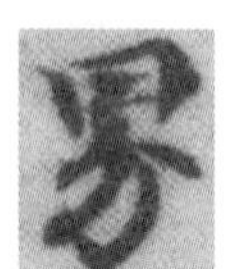
唐代•十輪經十
10_186_2

唐代•十輪經十
11_218_9

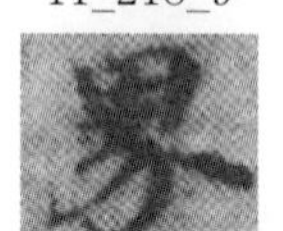
唐代•十輪經十
12_239_16

	畜	畔	畝			
	チク 訓たくわえる	漢ハン 訓あぜ	慣ホ漢ボウ 訓せ			
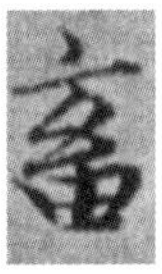 唐代•文選四八 35_316_22  唐代•文選百三 32_315_5  唐代•文選百三 32_317_28  唐代•文選百三 32_319_12  唐代•十輪經四 17_325_17  唐代•十輪經四 19_361_3	 唐代•春秋經傳 11_115_22  唐代•春秋經傳 19_197_21  唐代•春秋經傳 19_198_6  唐代•春秋經傳 19_198_8  唐代•春秋經傳 19_201_14  唐代•春秋經傳 20_212_15  唐代•春秋經傳 22_230_2	 唐代•文選四八 3_15_21  唐代•文選五九 4_36_28  唐代•文選五九 85_817_16 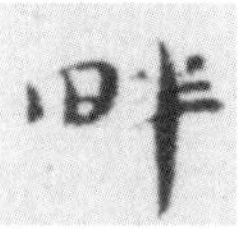 唐代•文選五九 85_817_31  唐代•文選六八 66_659_23 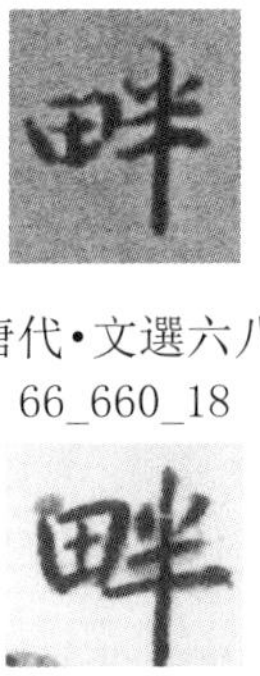 唐代•文選六八 66_660_18 唐代•古文選前 12_142_6	 唐代•文選五九 98_928_20  唐代•文選五九 98_929_24  唐代•古文選前 24_287_3	 唐代•古文選後 15_177_10  唐代•文選百三 59_565_13  唐代•古文選前 16_184_14  唐代•古文選前 15_171_2	 唐代•文選六八 11_109_18  唐代•文選六八 7_70_10  唐代•文選六八 27_267_22  唐代•文選六八 35_351_28  唐代•文選六八 36_361_15  唐代•文選六八 37_365_1  唐代•文選六八 63_635_9	 唐代•文選五九 40_395_4  唐代•文選五九 43_429_11  唐代•文選五九 55_537_15  唐代•文選五九 55_539_8  唐代•文選五九 84_808_8  唐代•文選五九 85_817_12  唐代•文選六八 7_69_7

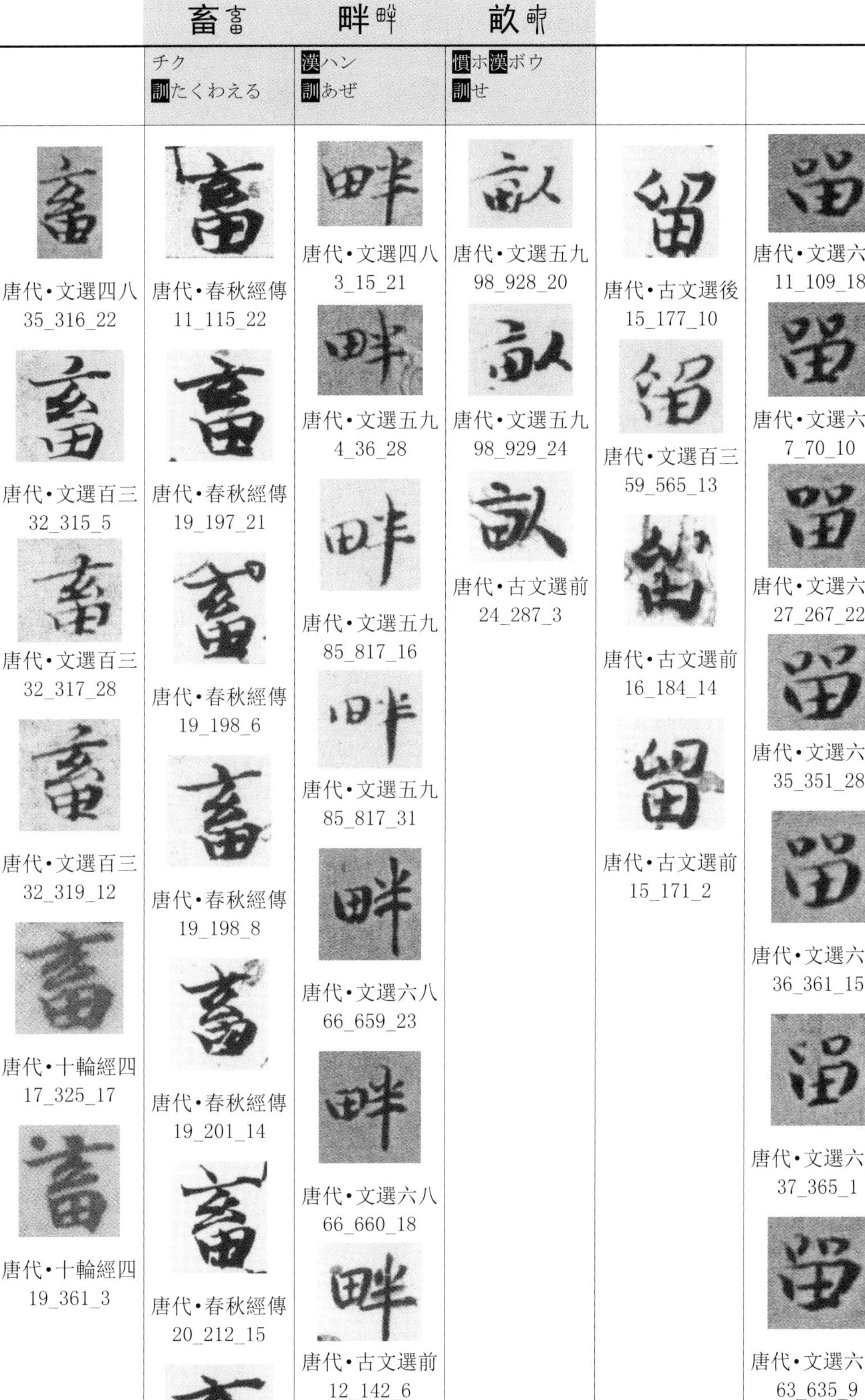

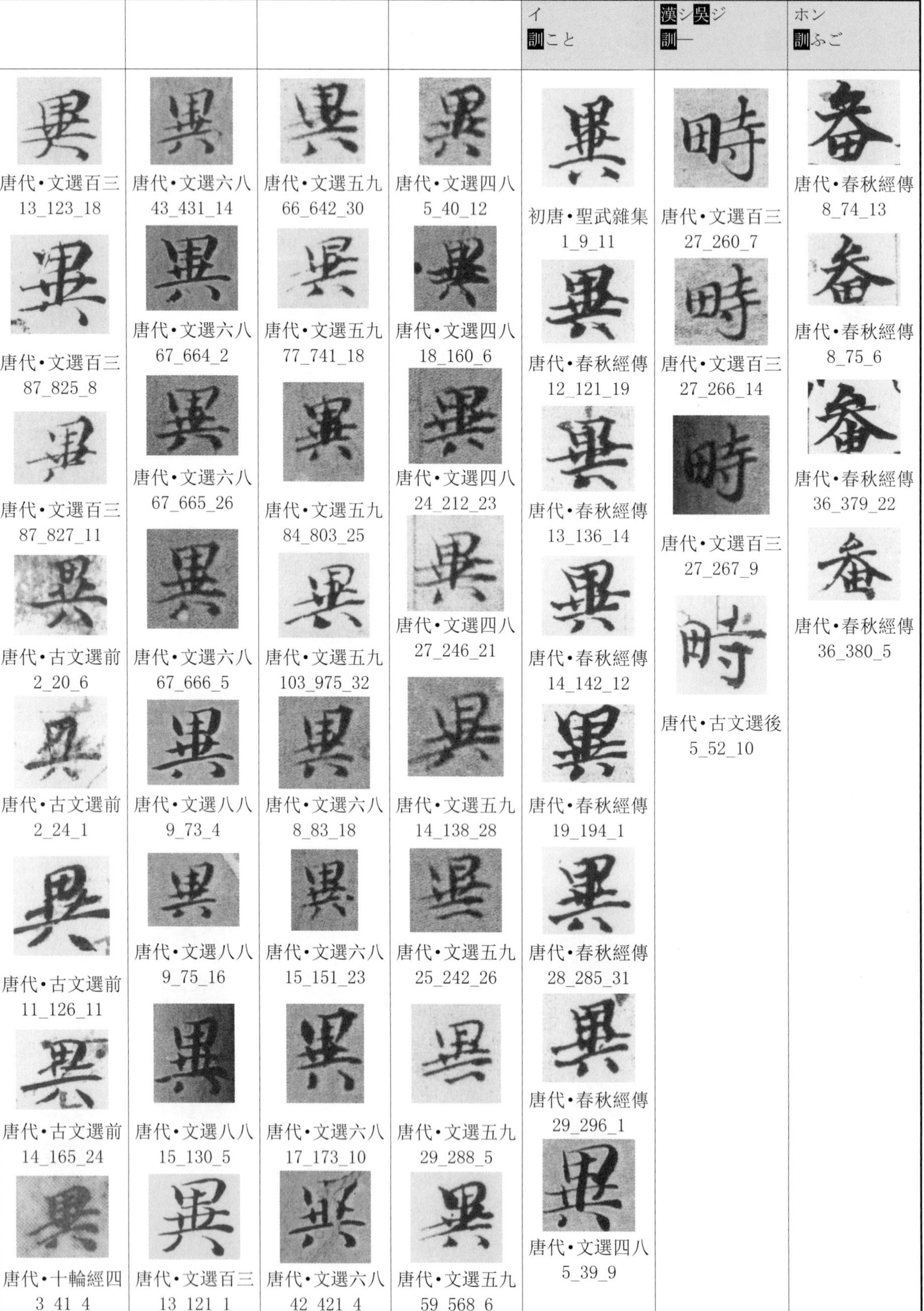

畚

ホン
訓 ふご

唐代・春秋經傳 8_74_13
唐代・春秋經傳 8_75_6
唐代・春秋經傳 36_379_22
唐代・春秋經傳 36_380_5

時

漢 シ 呉 ジ
訓 —

唐代・文選百三 27_260_7
唐代・文選百三 27_266_14
唐代・文選百三 27_267_9
唐代・古文選後 5_52_10

異

イ
訓 こと

初唐・聖武雜集 1_9_11
唐代・春秋經傳 12_121_19
唐代・春秋經傳 13_136_14
唐代・春秋經傳 14_142_12
唐代・春秋經傳 19_194_1
唐代・春秋經傳 28_285_31
唐代・春秋經傳 29_296_1
唐代・文選四八 5_39_9

唐代・文選四八 5_40_12
唐代・文選四八 18_160_6
唐代・文選四八 24_212_23
唐代・文選四八 27_246_21
唐代・文選五九 14_138_28
唐代・文選五九 25_242_26
唐代・文選五九 29_288_5
唐代・文選五九 59_568_6

唐代・文選五九 66_642_30
唐代・文選五九 77_741_18
唐代・文選五九 84_803_25
唐代・文選五九 103_975_32
唐代・文選六八 8_83_18
唐代・文選六八 15_151_23
唐代・文選六八 17_173_10
唐代・文選六八 42_421_4

唐代・文選六八 43_431_14
唐代・文選六八 67_664_2
唐代・文選六八 67_665_26
唐代・文選六八 67_666_5
唐代・文選八八 9_73_4
唐代・文選八八 9_75_16
唐代・文選八八 15_130_5
唐代・文選百三 13_121_1

唐代・文選百三 13_123_18
唐代・文選百三 87_825_8
唐代・文選百三 87_827_11
唐代・古文選前 2_20_6
唐代・古文選前 2_24_1
唐代・古文選前 11_126_11
唐代・古文選前 14_165_24
唐代・十輪經四 3_41_4

<table>
<tr><td></td><td></td><td>畫</td><td></td><td></td><td>略</td><td></td></tr>
<tr><td></td><td></td><td>漢カク
訓かぎる</td><td></td><td></td><td>リャク
訓おさめる</td><td></td></tr>
<tr>
<td>
唐代•文選六八
30_300_28
唐代•文選六八
29_297_9

唐代•文選百三
7_64_6
唐代•文選百三
61_581_19
唐代•古文選後
19_217_1</td>
<td>

唐代•文選四八
15_134_11

唐代•文選四八
15_137_14
唐代•文選五九
42_412_13
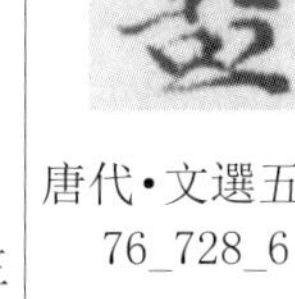
唐代•文選五九
76_728_6
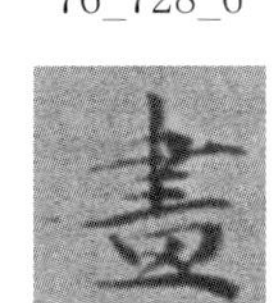

唐代•文選六八
8_81_27
唐代•文選六八
8_82_23
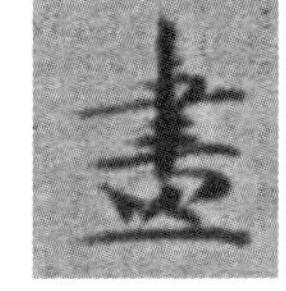
唐代•文選六八
21_209_11</td>
<td>

唐代•春秋經傳
6_56_13

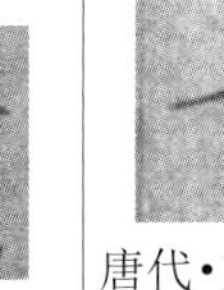
唐代•春秋經傳
7_73_7
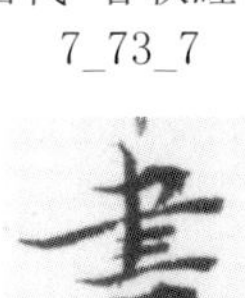
唐代•春秋經傳
14_142_8
唐代•文選四八
12_111_3
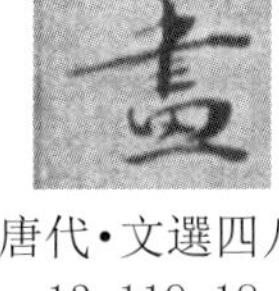
唐代•文選四八
13_119_18

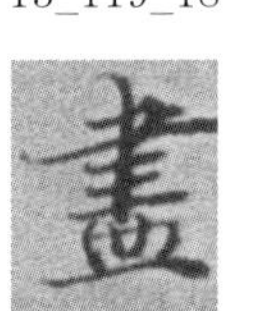
唐代•文選四八
14_125_5

唐代•文選四八
15_135_12</td>
<td>
唐代•文選百三
67_641_7
唐代•文選百三
78_746_11
唐代•文選百三
79_748_33
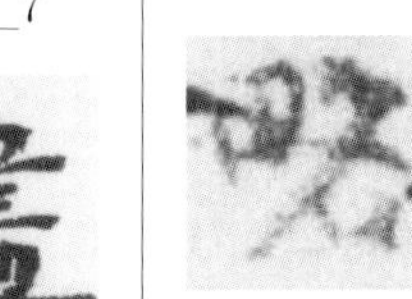
唐代•文選百三
79_748_36

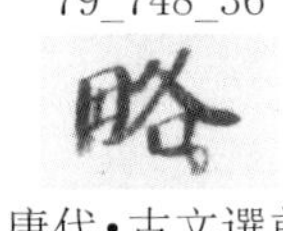
唐代•古文選前
6_68_7</td>
<td>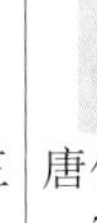
唐代•文選五九
78_757_30
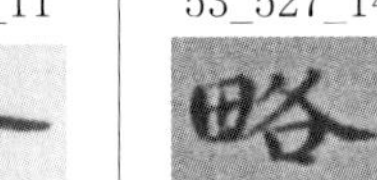
唐代•文選六八
53_527_14
唐代•文選六八
54_541_7
唐代•文選八八
3_20_12
唐代•文選八八
9_67_9

唐代•文選八八
9_68_8

唐代•文選八八
9_68_17
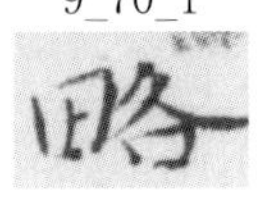
唐代•文選八八
9_70_1
唐代•文選百三
38_382_27</td>
<td>
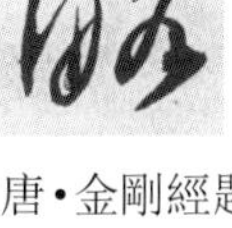
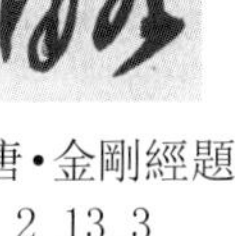
中唐•金剛經題
2_13_3

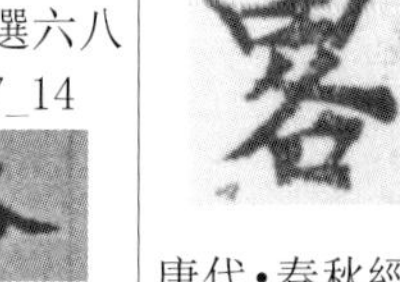
唐代•春秋經傳
28_285_12

唐代•春秋經傳
32_334_6
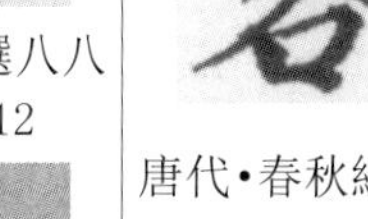
唐代•春秋經傳
36_380_23

唐代•春秋經傳
36_381_1

唐代•文選四八
25_227_8

唐代•文選五九
4_35_13
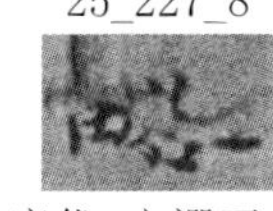
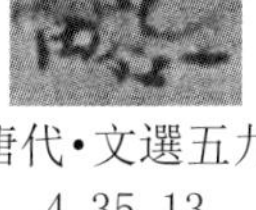
唐代•文選五九
7_67_14
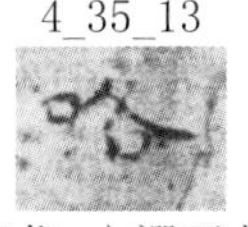

唐代•文選五九
23_227_7</td>
<td>
唐代•十輪經四
3_55_6
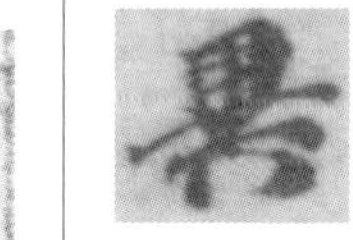
唐代•十輪經八
4_61_11
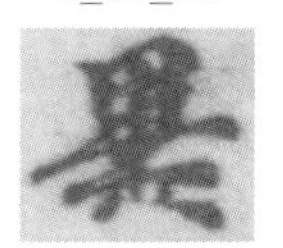
唐代•十輪經八
4_65_16
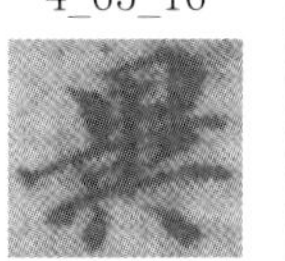
唐代•十輪經十
4_71_10</td>
</tr>
</table>

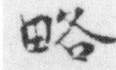

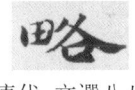

當 𡊁

トウ
訓あたる

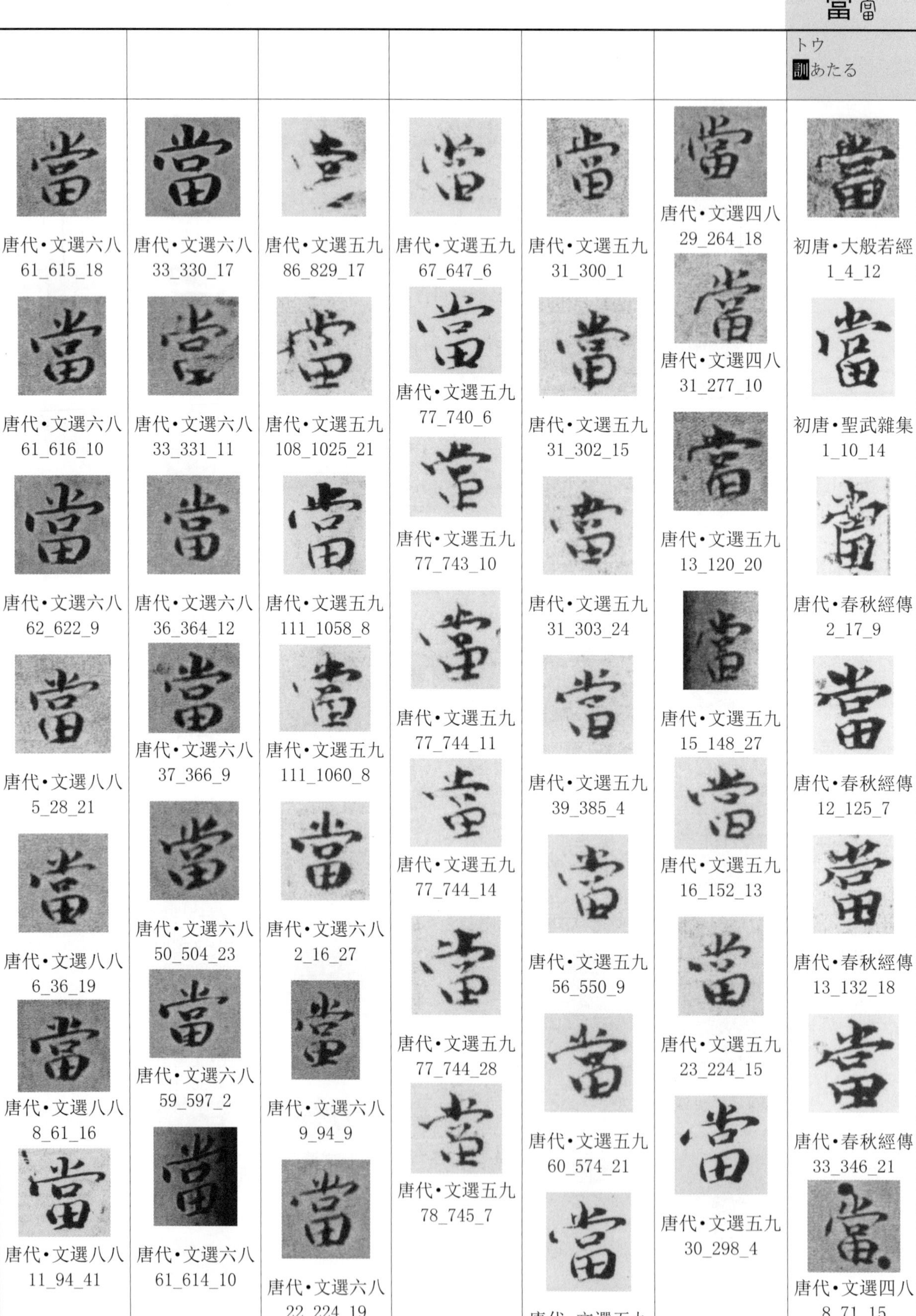

初唐•大般若經 1_4_12
初唐•聖武雜集 1_10_14
唐代•春秋經傳 2_17_9
唐代•春秋經傳 12_125_7
唐代•春秋經傳 13_132_18
唐代•春秋經傳 33_346_21
唐代•文選四八 8_71_15
唐代•文選四八 29_264_18
唐代•文選四八 31_277_10
唐代•文選五九 13_120_20
唐代•文選五九 15_148_27
唐代•文選五九 16_152_13
唐代•文選五九 23_224_15
唐代•文選五九 30_298_4
唐代•文選五九 31_300_1
唐代•文選五九 31_302_15
唐代•文選五九 31_303_24
唐代•文選五九 39_385_4
唐代•文選五九 56_550_9
唐代•文選五九 60_574_21
唐代•文選五九 67_645_6
唐代•文選五九 67_647_6
唐代•文選五九 77_740_6
唐代•文選五九 77_743_10
唐代•文選五九 77_744_11
唐代•文選五九 77_744_14
唐代•文選五九 77_744_28
唐代•文選五九 78_745_7
唐代•文選五九 86_829_17
唐代•文選五九 108_1025_21
唐代•文選五九 111_1058_8
唐代•文選五九 111_1060_8
唐代•文選六八 2_16_27
唐代•文選六八 9_94_9
唐代•文選六八 22_224_19
唐代•文選六八 33_330_17
唐代•文選六八 33_331_11
唐代•文選六八 36_364_12
唐代•文選六八 37_366_9
唐代•文選六八 50_504_23
唐代•文選六八 59_597_2
唐代•文選六八 61_614_10
唐代•文選六八 61_615_18
唐代•文選六八 61_616_10
唐代•文選六八 62_622_9
唐代•文選八八 5_28_21
唐代•文選八八 6_36_19
唐代•文選八八 8_61_16
唐代•文選八八 11_94_41

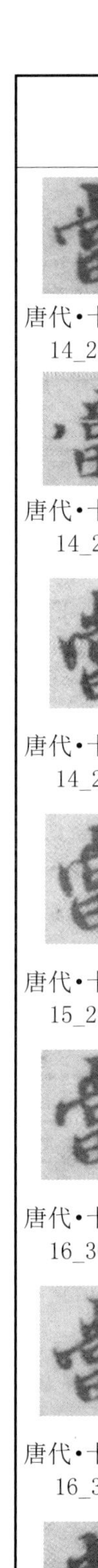

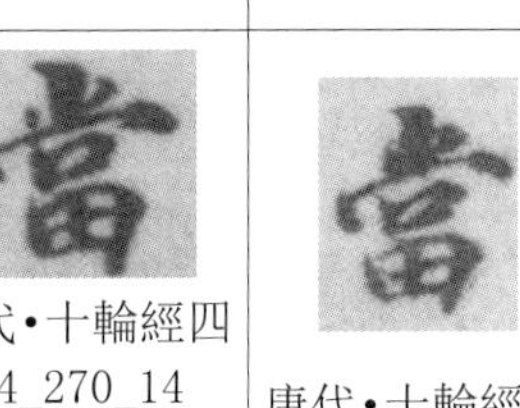 唐代·十輪經四 14_270_14	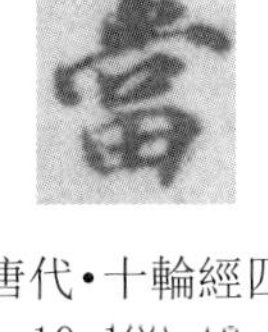 唐代·十輪經四 10_199_13	唐代·十輪經四 6_110_17	唐代·古文選後 7_73_12	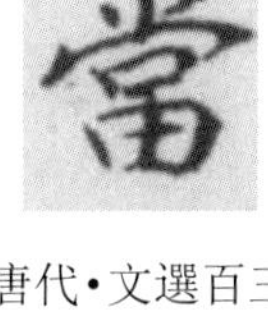 唐代·文選百三 65_626_5	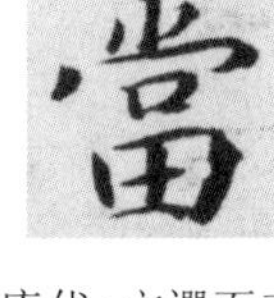 唐代·文選百三 36_358_3	 唐代·文選八八 11_95_6
唐代·十輪經四 14_277_1	 唐代·十輪經四 11_202_16	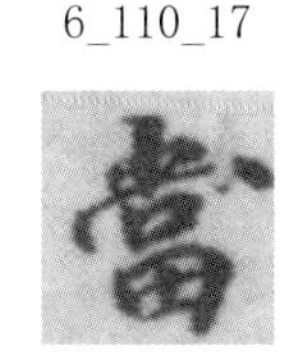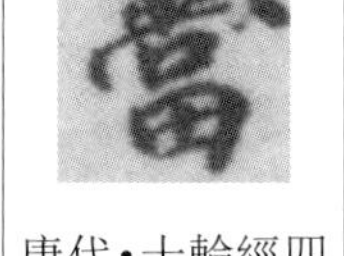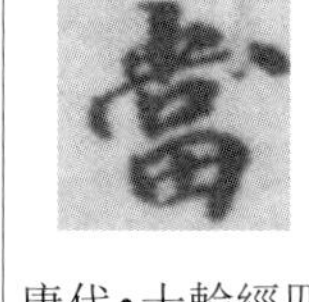 唐代·十輪經四 6_116_10	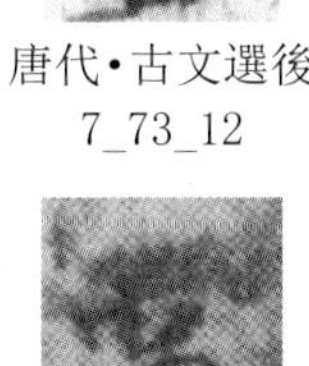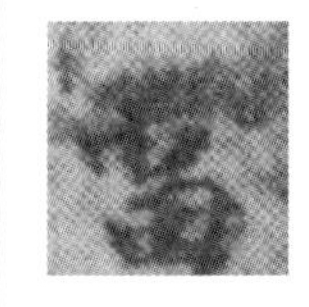 唐代·十輪經四 1_6_2	唐代·文選百三 69_671_25	 唐代·文選百三 36_359_25	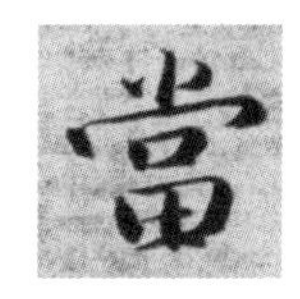 唐代·文選八八 13_107_9
唐代·十輪經四 14_279_2	唐代·十輪經四 11_210_14	唐代·十輪經四 7_138_6	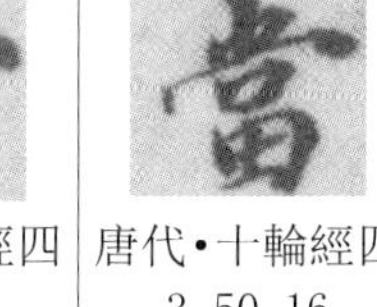 唐代·十輪經四 3_50_16	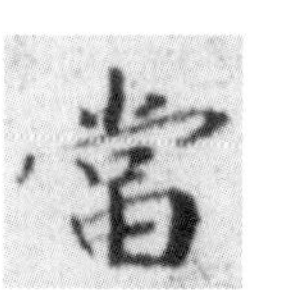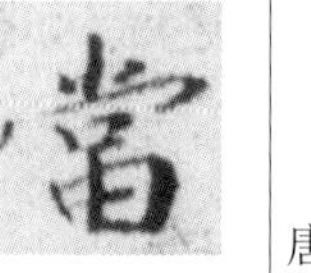 唐代·文選百三 78_745_13	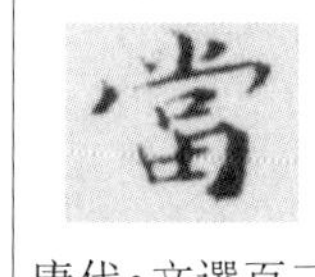 唐代·文選百三 37_367_28	唐代·文選八八 13_109_14
唐代·十輪經四 15_290_17	唐代·十輪經四 11_213_1	唐代·十輪經四 8_140_14	唐代·十輪經四 3_57_7	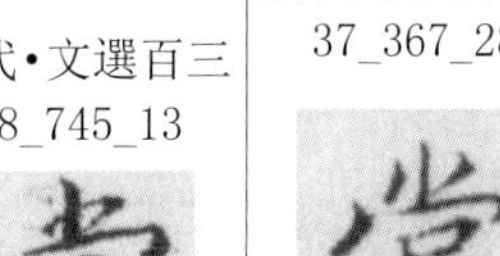 唐代·文選百三 81_772_20	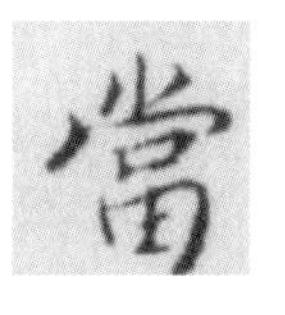 唐代·文選百三 40_399_3	 唐代·文選八八 13_110_3
唐代·十輪經四 16_301_11	唐代·十輪經四 11_214_5	唐代·十輪經四 8_150_3	唐代·十輪經四 4_69_2	唐代·文選百三 81_775_2	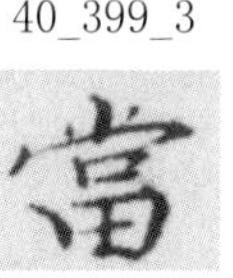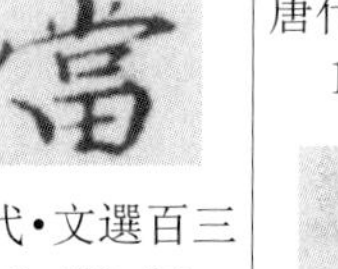 唐代·文選百三 45_429_23	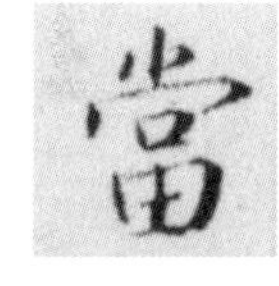 唐代·文選百三 13_115_44
 唐代·十輪經四 16_311_3	唐代·十輪經四 13_243_21	唐代·十輪經四 10_189_5	唐代·十輪經四 4_71_15	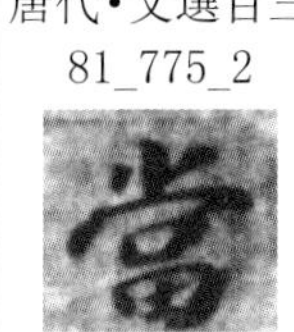 唐代·古文選前 1_1_1	 唐代·文選百三 49_467_12	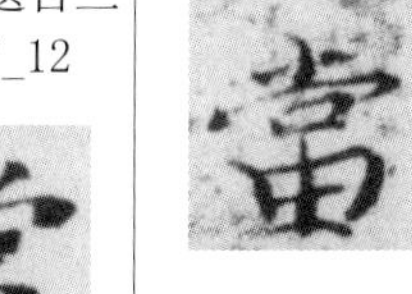 唐代·文選百三 24_231_2
唐代·十輪經四 16_317_15	 唐代·十輪經四 13_255_21	 唐代·十輪經四 10_190_4	 唐代·十輪經四 5_90_11	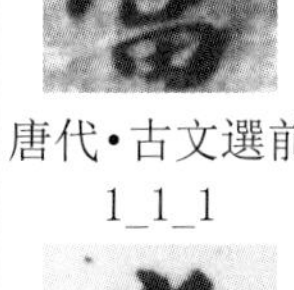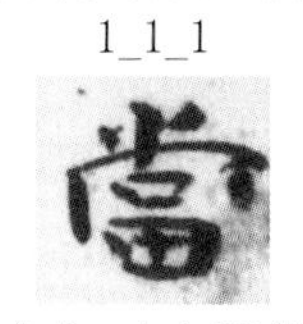 唐代·古文選前 14_164_13	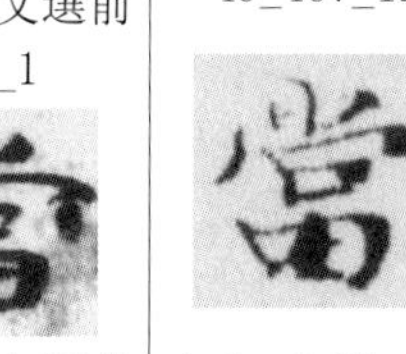 唐代·文選百三 55_524_23	 唐代·文選百三 27_265_6

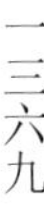

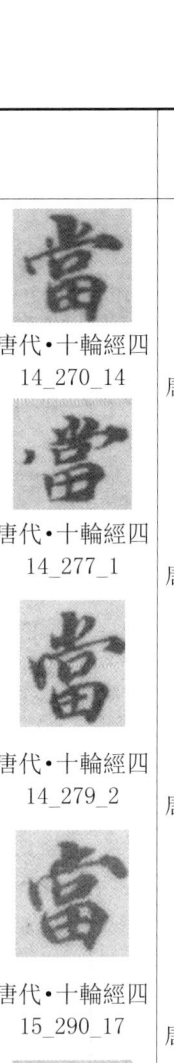

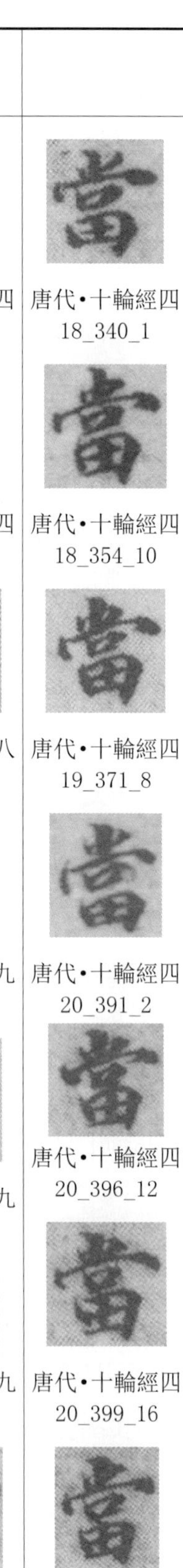

唐代・十輪經四
18_340_1

唐代・十輪經四
18_354_10

唐代・十輪經四
19_371_8

唐代・十輪經四
20_391_2

唐代・十輪經四
20_396_12

唐代・十輪經四
20_399_16

唐代・十輪經四
20_400_11

唐代・十輪經四
21_402_4

唐代・十輪經四
21_405_12

唐代・十輪經八
5_90_8

唐代・十輪經九
5_92_14

唐代・十輪經九
6_113_14

唐代・十輪經九
7_139_1

唐代・十輪經九
8_141_1

唐代・十輪經十
9_163_10

唐代・十輪經十
17_325_14

唐代・十輪經十
17_326_8

唐代・十輪經十
17_329_22

唐代・十輪經十
19_362_3

唐代・十輪經十
19_363_17

唐代・十輪經十
19_376_10

唐代・十輪經十
19_378_12

唐代・十輪經十
19_380_14

畿

漢キ
訓みやこ

唐代・文選六八
60_601_7

唐代・文選百三
83_788_15

唐代・文選百三
83_791_11

唐代・古文選後
3_26_10

唐代・古文選後
24_284_2

疇

チュウ
訓うね

唐代・春秋經傳
5_52_16

唐代・春秋經傳
6_53_6

唐代・文選五九
25_239_4

唐代・文選五九
25_240_10

唐代・文選五九
25_241_9

唐代・文選五九
25_242_6

唐代・文選五九
98_930_12

唐代・文選五九
98_932_9

唐代・文選五九
98_932_28

唐代・文選六八
35_355_10

唐代・文選六八
36_361_20

唐代・文選百三
12_113_16

唐代・文選百三
13_115_15

唐代・文選五九
98_928_6

		疊 吳現ジョウ漢チョウ 訓たたむ			疆 漢キョウ吳コウ 訓さかい	
		 唐代•文選五九 20_197_23  唐代•文選五九 49_478_20  唐代•文選六八 14_148_17  唐代•文選六八 15_156_28  唐代•文選六八 37_372_28	 唐代•古文選後 7_80_7	 唐代•文選五九 75_722_7  唐代•文選五九 79_761_4  唐代•文選八八 15_127_10  封疆 唐代•文選八八 15_129_9  唐代•文選百三 86_818_4  唐代•文選百三 86_819_21  唐代•古文選後 18_216_7	 唐代•春秋經傳 29_297_17  唐代•文選四八 15_134_14  唐代•文選四八 15_136_24  唐代•文選四八 15_137_17  唐代•文選四八 15_138_9 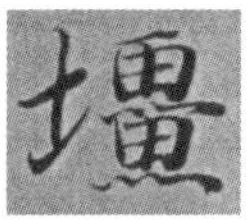 唐代•文選四八 21_188_1  唐代•文選四八 21_190_25  唐代•文選四八 26_233_14	 唐代•文選百三 13_116_19  唐代•文選百三 35_342_7  唐代•文選百三 35_344_25  唐代•文選百三 35_345_39  唐代•文選百三 54_520_9  唐代•文選百三 55_524_12  唐代•古文選後 6_72_10  唐代•古文選後 22_264_5

皿部

盈

漢エイ
訓みちる

唐代・春秋經傳
25_257_12

唐代・文選四八
47_425_8

唐代・文選五九
16_158_3

唐代・文選五九
24_235_14

唐代・文選五九
24_237_31

唐代・文選五九
26_257_6

唐代・文選五九
48_475_3

唐代・文選五九
49_479_9

唐代・文選五九
109_1039_10

唐代・文選五九
110_1041_21

唐代・文選五九
110_1042_17

唐代・文選六八
11_117_9

唐代・文選六八
43_432_3

唐代・文選六八
73_723_2

唐代・文選六八
73_724_11

唐代・文選六八
73_726_11

唐代・文選八八
23_205_18

唐代・文選百三
21_207_18

唐代・古文選前
4_44_13

唐代・古文選前
4_47_11

唐代・古文選前
25_289_12

唐代・古文選後
1_9_8

唐代・古文選後
8_92_10

唐代・古文選後
9_101_14

唐代・古文選後
24_279_8

唐代・古文選後
26_303_7

唐代・十輪經八
5_86_16

唐代・十輪經八
5_92_16

盍

漢コウ呉ゴウ
訓—

唐代・文選五九
38_373_11

盎

オウ
訓はち

唐代・文選五九
17_162_11

益

漢エキ呉ヤク
訓おおい

初唐・法華義疏
1_9_10

唐代・春秋經傳
7_71_14

唐代・文選四八
17_155_17

唐代・文選四八
37_331_27

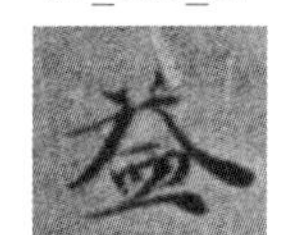
唐代・文選五九
4_33_22

唐代・文選五九
4_34_12

唐代・文選六八
73_724_10

唐代・文選八八
4_21_25

唐代・文選百三
21_199_7

唐代・文選百三
49_471_17

唐代・文選百三
85_812_6

唐代・古文選前
2_16_2

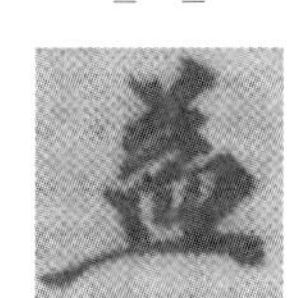
唐代・十輪經八
5_94_9

唐代・十輪經八
7_121_15

唐代・十輪經八
8_160_10

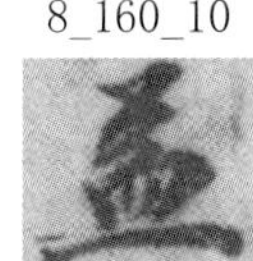
唐代・十輪經八
10_198_6

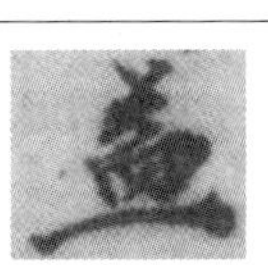
唐代・十輪經八
12_235_15

唐代・十輪經八
14_272_16

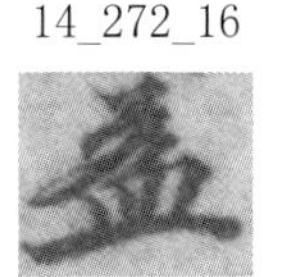
唐代・十輪經八
16_310_14

唐代・十輪經八
18_349_6

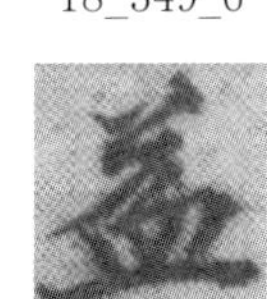
唐代・十輪經八
19_377_9

唐代・十輪經八
20_387_2

唐代・十輪經九
2_25_2

唐代・十輪經九
4_64_7

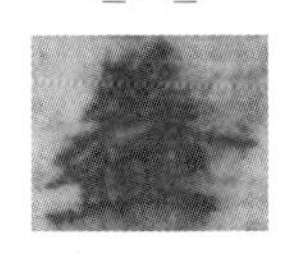
唐代・十輪經九
5_84_10

唐代・十輪經九
11_214_4

唐代・十輪經十
9_176_4

唐代・十輪經十
17_332_11

唐代・十輪經十
19_364_12

唐代・十輪經八
22_426_10

唐代・十輪經十
20_381_9

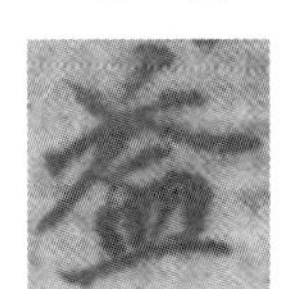
唐代・十輪經十
19_374_13

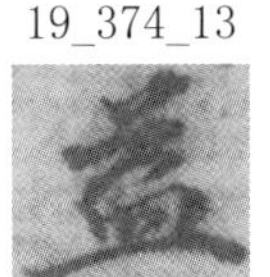
唐代・十輪經十
19_377_9

盛

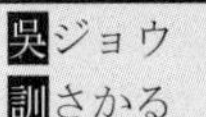

呉ジョウ
訓さかる

唐代・春秋經傳
9_87_7

唐代・春秋經傳
36_380_6

唐代・文選五九
4_38_30

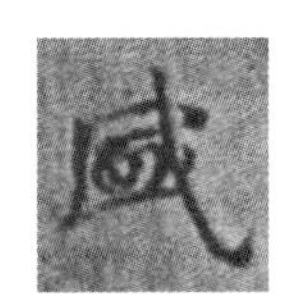
唐代・文選五九
13_120_16

唐代・文選五九
37_366_9

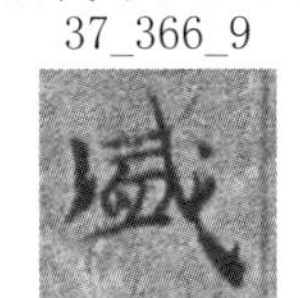
唐代・文選五九
49_478_8

唐代・文選五九
51_507_27

唐代・文選五九
56_550_13

唐代・文選五九
64_613_15

唐代・文選五九
64_615_20

唐代・文選五九
66_636_4

唐代・文選五九
71_683_1

唐代・文選五九
75_722_16

唐代・文選五九
82_790_29

唐代・文選五九
91_871_9

唐代•十輪經四 15_280_12
唐代•十輪經八 5_81_7
唐代•十輪經九 4_65_5
唐代•十輪經四 1_11_14
唐代•十輪經四 14_265_25

唐代•古文選前 3_27_2
唐代•古文選前 3_32_14
唐代•古文選前 3_33_8
唐代•古文選前 13_151_5
唐代•古文選前 14_164_9
唐代•古文選後 13_150_81
唐代•古文選後 16_184_2

唐代•文選百三 48_462_12
唐代•文選百三 67_652_37
唐代•文選百三 72_697_2
唐代•文選百三 72_697_29
唐代•文選百三 77_733_12
唐代•文選百三 79_757_7
唐代•文選百三 85_812_2
唐代•文選百三 85_816_4

唐代•文選八八 23_205_9
唐代•文選八八 23_207_12
唐代•文選百三 1_5_11
唐代•文選百三 7_60_6
唐代•文選百三 11_102_28
唐代•文選百三 19_179_3
唐代•文選百三 46_445_4
唐代•文選百三 47_454_11

唐代•文選六八 62_621_15
唐代•文選六八 69_686_18
唐代•文選六八 69_694_2
唐代•文選六八 72_717_28
唐代•文選八八 1_6_17
唐代•文選八八 3_7_18
唐代•文選八八 23_206_8

唐代•文選六八 25_249_24
唐代•文選六八 26_265_15
唐代•文選六八 41_410_12
唐代•文選六八 47_465_17
唐代•文選六八 47_466_10
唐代•文選六八 50_501_22
唐代•文選六八 52_521_9
唐代•文選六八 54_543_16

唐代•文選五九 112_1063_26
唐代•文選六八 1_5_16
唐代•文選六八 1_6_18
唐代•文選六八 9_94_7
唐代•文選六八 20_204_3
唐代•文選六八 21_207_14
唐代•文選六八 21_209_3
唐代•文選六八 22_225_27

盤

吴バン 漢ハン
訓おおざら

唐代•文選五九 48_472_2

唐代•文選五九 48_473_11

唐代•文選五九 48_474_10

唐代•文選五九 66_640_3

唐代•文選六八 51_517_5

唐代•文選六八 51_518_5

唐代•文選六八 52_519_15

唐代•文選六八 52_520_28

盟

慣メイ 漢ベイ 慣モウ
訓ちかう

唐代•春秋經傳 36_376_6

唐代•春秋經傳 39_406_8

唐代•春秋經傳 39_407_20

唐代•文選五九 43_425_16

唐代•春秋經傳 29_298_11

唐代•春秋經傳 30_308_16

唐代•春秋經傳 30_311_2

唐代•春秋經傳 30_312_1

唐代•春秋經傳 32_333_18

唐代•春秋經傳 35_365_17

唐代•春秋經傳 35_366_9

唐代•春秋經傳 36_375_9

唐代•春秋經傳 18_184_17

唐代•春秋經傳 26_267_12

唐代•春秋經傳 26_271_10

唐代•春秋經傳 27_276_15

唐代•春秋經傳 27_279_10

唐代•春秋經傳 27_279_17

唐代•春秋經傳 27_280_13

唐代•春秋經傳 27_280_20

唐代•春秋經傳 3_25_14

唐代•春秋經傳 3_27_7

唐代•春秋經傳 3_27_22

唐代•春秋經傳 3_29_3

唐代•春秋經傳 11_116_5

唐代•春秋經傳 13_131_10

唐代•春秋經傳 13_137_3

唐代•春秋經傳 17_178_16

監

漢カン 吴ケン
訓かんがみる

唐代•春秋經傳 27_277_25

唐代•春秋經傳 36_381_18

唐代•文選五九 42_415_17

唐代•文選五九 68_649_17

唐代•文選五九 91_872_26

唐代•文選六八 1_13_11

唐代•文選六八 17_180_20

唐代•文選八八 3_14_12

盜

漢トウ
訓ぬすむ

唐代•春秋經傳 16_169_7

唐代•文選五九 91_871_6

盡 盬 盧

唐代•文選五九
51_501_8

唐代•文選五九
55_535_17

唐代•文選五九
55_536_9

唐代•文選五九
64_617_16

唐代•文選五九
79_759_8

唐代•文選五九
80_764_1

唐代•文選五九
90_862_4

唐代•文選四八
50_451_22

唐代•文選五九
3_20_12

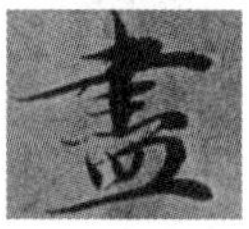
唐代•文選五九
8_77_3

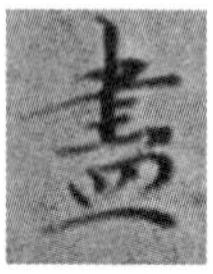
唐代•文選五九
8_77_18

唐代•文選五九
10_96_21

唐代•文選五九
13_120_27

唐代•文選五九
13_123_18

唐代•春秋經傳
25_258_21

唐代•文選四八
14_123_6

唐代•文選四八
15_136_13

唐代•文選四八
16_139_25

唐代•文選四八
35_312_12

唐代•文選四八
50_450_12

唐代•文選四八
50_450_23

盡

呉ジン
訓つきる

初唐•大般若經
2_35_13

唐代•春秋經傳
1_1_13

唐代•春秋經傳
6_54_25

唐代•春秋經傳
10_100_5

唐代•春秋經傳
15_158_11

唐代•春秋經傳
22_228_4

唐代•春秋經傳
25_257_19

盬

カン
訓あらう

唐代•古文選後
20_235_3

盧

ロ
訓めしいれ

唐代•文選四八
26_233_3

唐代•文選五九
1_11_1

唐代•文選百三
9_79_10

唐代•文選百三
25_246_4

唐代•文選百三
55_527_10

唐代•古文選後
5_57_14

唐代•文選六八
52_522_4

唐代•文選六八
53_533_1

唐代•文選百三
9_79_11

唐代•古文選前
15_175_10

唐代•古文選前
15_182_10

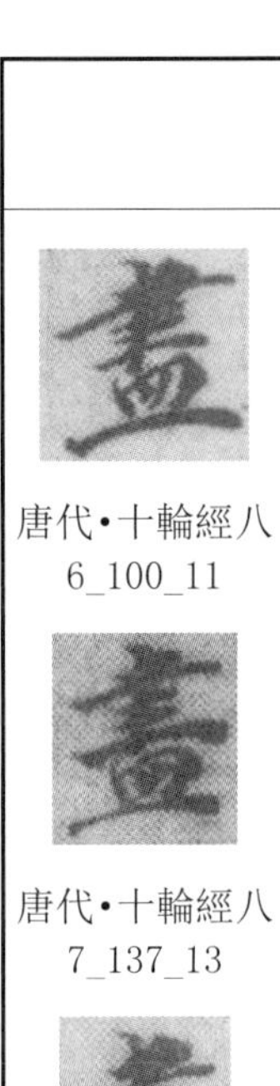
唐代•十輪經八
6_100_11

唐代•十輪經八
7_137_13

唐代•十輪經八
9_175_13

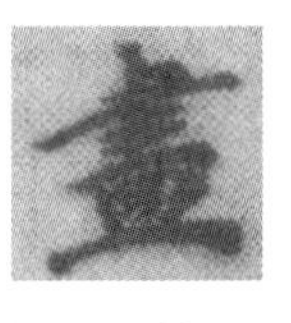
唐代•十輪經八
11_213_13

唐代•十輪經八
13_250_13

唐代•十輪經八
15_288_13

唐代•十輪經八
17_326_13

唐代•古文選後
23_270_7

唐代•古文選後
25_299_2

唐代•十輪經四
3_59_5

唐代•十輪經四
9_169_14

唐代•十輪經四
10_181_18

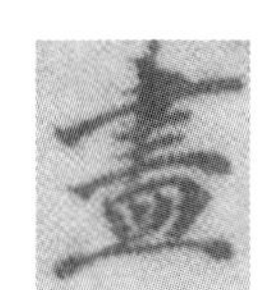
唐代•十輪經四
15_296_13

唐代•十輪經八
4_75_3

唐代•文選百三
81_770_17

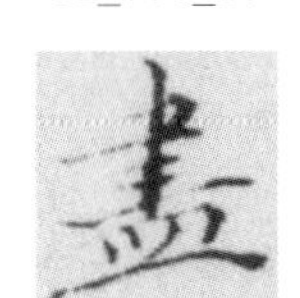
唐代•文選百三
85_815_29

唐代•古文選前
4_46_5

唐代•古文選前
5_59_6

唐代•古文選前
16_193_1

唐代•古文選後
22_254_1

唐代•古文選後
22_262_4

唐代•文選百三
31_302_24

唐代•文選百三
61_583_22

唐代•文選百三
69_661_28

唐代•文選百三
69_664_36

唐代•文選百三
69_666_7

唐代•文選百三
69_671_4

唐代•文選百三
69_671_14

唐代•文選百三
15_147_11

唐代•文選百三
17_156_19

唐代•文選百三
19_184_6

唐代•文選百三
20_190_28

唐代•文選百三
27_264_6

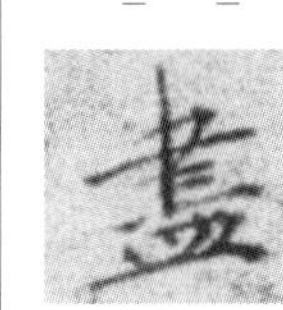
唐代•文選百三
27_264_15

唐代•文選百三
30_299_10

唐代•文選六八
55_549_15

唐代•文選六八
65_644_11

唐代•文選六八
66_660_11

唐代•文選六八
68_677_2

唐代•文選八八
6_41_2

唐代•文選八八
11_93_7

唐代•文選八八
11_93_10

唐代•文選五九
94_905_14

唐代•文選五九
96_909_23

唐代•文選五九
107_1019_20

唐代•文選五九
110_1040_13

唐代•文選六八
36_361_7

唐代•文選六八
37_372_5

唐代•文選六八
37_372_13

塩	盭	盬	盪			
エン 訓しお	漢レイ呉ライ 訓もとる	漢コ 訓しお	漢トウ 訓あらう			
 唐代•文選五九 91_874_20  唐代•文選六八 15_160_9	 唐代•文選八八 17_154_14  唐代•文選八八 18_156_14	 訛作監 唐代•文選五九 60_574_24	 唐代•文選六八 29_287_4  唐代•文選六八 29_287_25	 唐代•十輪經十 18_347_11 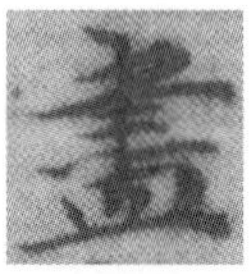 唐代•十輪經十 18_349_5  唐代•十輪經十 18_350_17 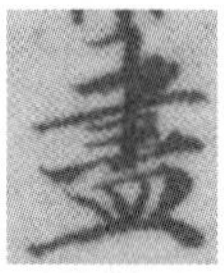 唐代•十輪經八 19_364_12  唐代•十輪經八 21_402_13  唐代•十輪經九 1_2_13	 唐代•十輪經十 14_264_11  唐代•十輪經十 14_265_16  唐代•十輪經十 15_296_16  唐代•十輪經十 15_297_10  唐代•十輪經十 16_310_10  唐代•十輪經十 16_311_15 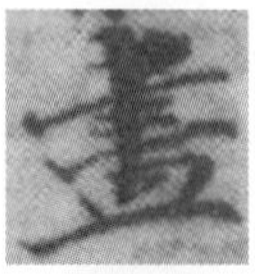 唐代•十輪經十 17_327_22	 唐代•十輪經十 12_239_2  唐代•十輪經十 13_241_12  唐代•十輪經十 13_246_9  唐代•十輪經十 13_247_14 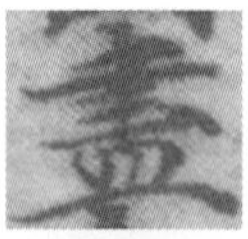 唐代•十輪經十 13_250_16  唐代•十輪經十 13_255_16  唐代•十輪經十 13_257_4

生部

生

漢セイ呉ショウ
訓いきる

初唐•法華義疏 1_4_23
初唐•法華義疏 1_8_22
初唐•金剛場經 1_9_4
初唐•金剛場經 1_9_21
初唐•大般若經 1_10_8
初唐•大般若經 1_11_3
初唐•大般若經 1_12_10
初唐•大般若經 1_13_5
初唐•大般若經 1_14_12

初唐•大般若經 1_15_7
初唐•大般若經 1_16_14
初唐•大般若經 1_17_9
初唐•大般若經 1_18_16
初唐•大般若經 1_19_11
初唐•大般若經 2_24_10
初唐•大般若經 2_25_16
初唐•大般若經 2_27_5

初唐•大般若經 2_27_8
初唐•大般若經 2_29_13
初唐•聖武雜集 1_3_3
晚唐•慶滋書狀 1_10_7
晚唐•慶滋書狀 1_11_2
唐代•春秋經傳 4_39_3
唐代•春秋經傳 4_40_5

唐代•春秋經傳 5_44_33
唐代•春秋經傳 5_46_25
唐代•春秋經傳 5_47_10
唐代•春秋經傳 16_166_1
唐代•春秋經傳 16_167_21
唐代•春秋經傳 16_170_5
唐代•春秋經傳 17_171_17
唐代•春秋經傳 17_180_11

唐代•春秋經傳 18_185_4
唐代•春秋經傳 18_192_19
唐代•春秋經傳 19_200_1
唐代•春秋經傳 20_210_3
唐代•春秋經傳 22_229_11
唐代•春秋經傳 22_230_13
唐代•春秋經傳 22_232_19
唐代•春秋經傳 23_239_17

唐代•文選四八 4_28_18
唐代•文選四八 6_53_26
唐代•文選四八 10_87_9
唐代•文選四八 10_88_4
唐代•文選四八 10_88_17
唐代•文選四八 10_89_10
唐代•文選四八 10_89_14
唐代•文選四八 10_91_2

唐代•文選四八 12_100_15
唐代•文選四八 12_103_4
唐代•文選四八 12_106_6
唐代•文選四八 12_108_24
唐代•文選四八 12_109_18
唐代•文選四八 12_110_3
唐代•文選四八 12_111_16
唐代•文選四八 14_131_13
唐代•文選四八 16_149_2
唐代•文選四八 22_195_25
唐代•文選四八 22_198_5
唐代•文選四八 22_200_1
唐代•文選四八 22_200_6
唐代•文選四八 22_200_12
唐代•文選四八 22_200_17
唐代•文選四八 22_200_21
唐代•文選四八 39_350_16
唐代•文選四八 39_351_10
唐代•文選四八 40_363_4
唐代•文選四八 41_370_2
唐代•文選四八 42_377_22
唐代•文選四八 46_415_5
唐代•文選五九 4_38_12
唐代•文選五九 9_85_5
唐代•文選五九 9_85_22
唐代•文選五九 9_86_6
唐代•文選五九 9_86_18
唐代•文選五九 9_86_29
唐代•文選五九 14_136_3
唐代•文選五九 20_198_16
唐代•文選五九 32_313_1
唐代•文選五九 32_318_1
唐代•文選五九 35_349_4
唐代•文選五九 35_349_29
唐代•文選五九 35_350_22
唐代•文選五九 35_351_18
唐代•文選五九 37_365_17
唐代•文選五九 38_375_25
唐代•文選五九 57_554_26
唐代•文選五九 57_554_29
唐代•文選五九 57_555_11
唐代•文選五九 62_598_15
唐代•文選五九 62_600_1
唐代•文選五九 62_601_24
唐代•文選五九 67_646_13
唐代•文選五九 67_647_3
唐代•文選五九 68_661_3
唐代•文選五九 74_715_19
唐代•文選五九 74_715_26
唐代•文選五九 75_719_12
唐代•文選五九 75_720_22
唐代•文選五九 75_721_9
唐代•文選五九 75_722_2
唐代•文選五九 75_724_23
唐代•文選五九 89_855_7
唐代•文選五九 89_855_17

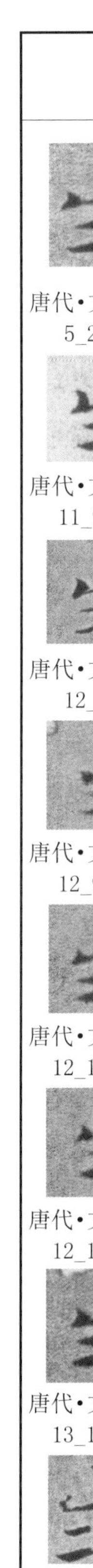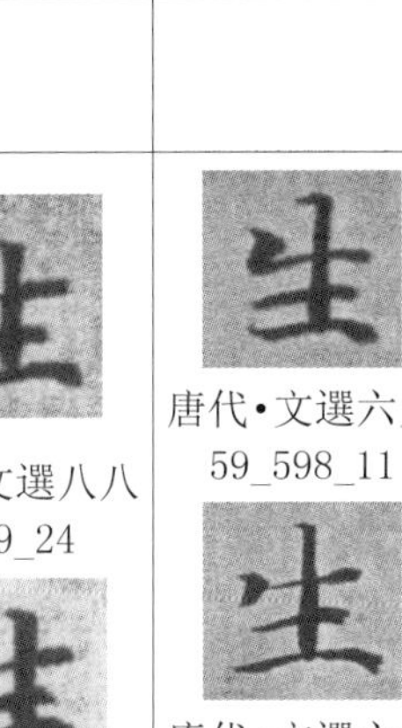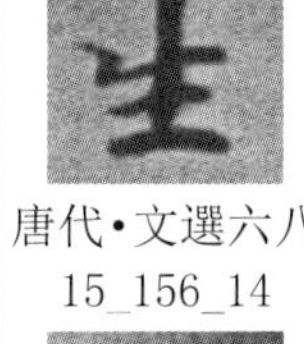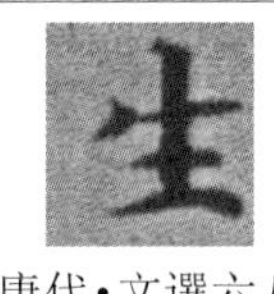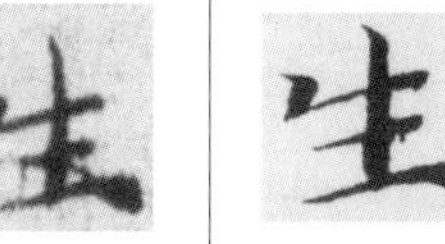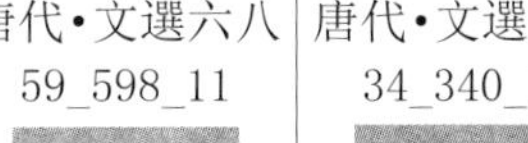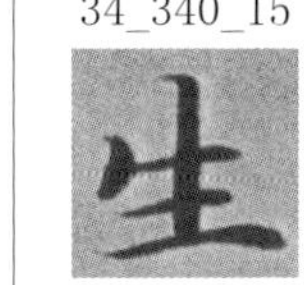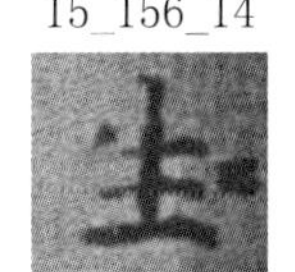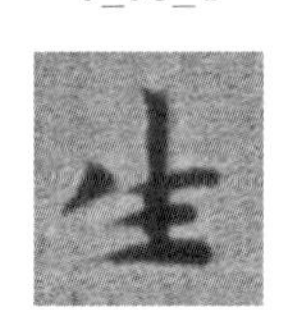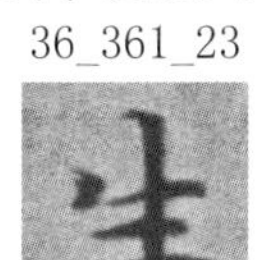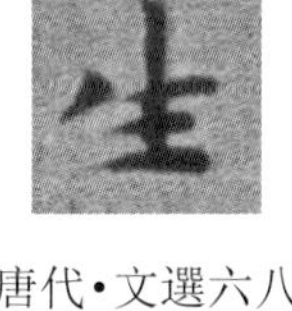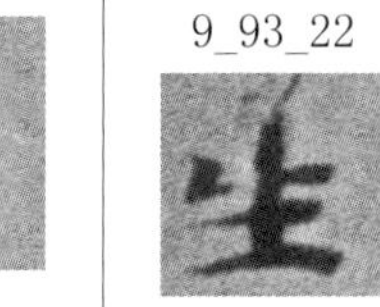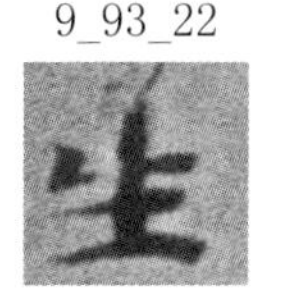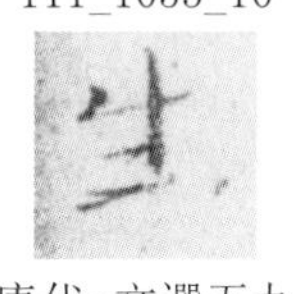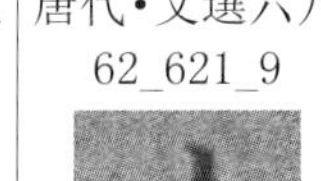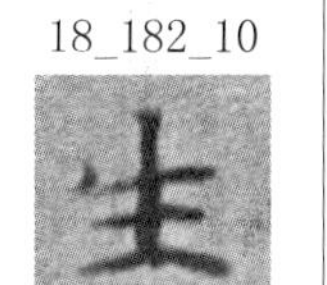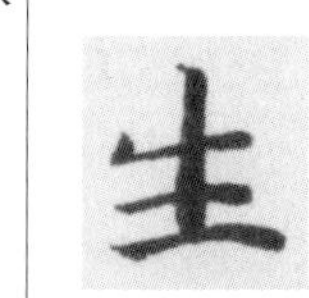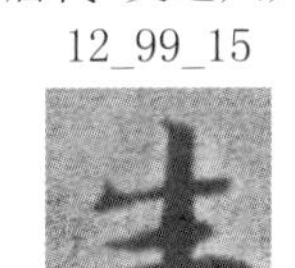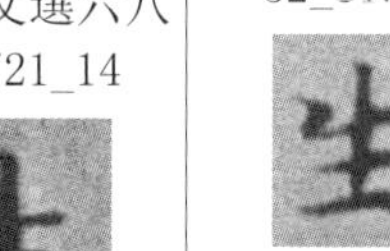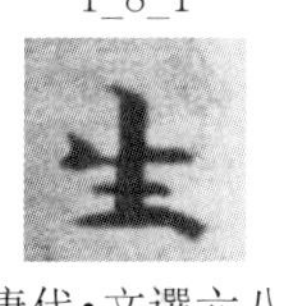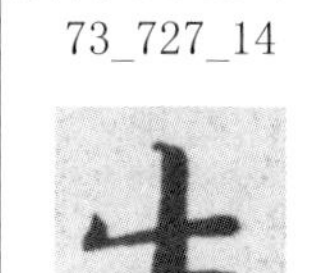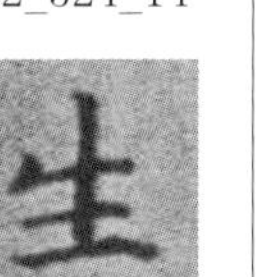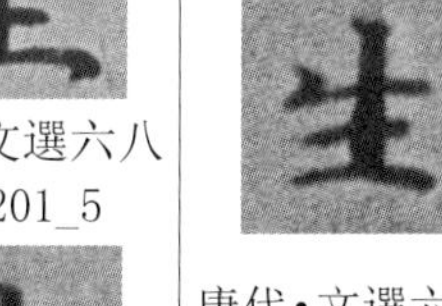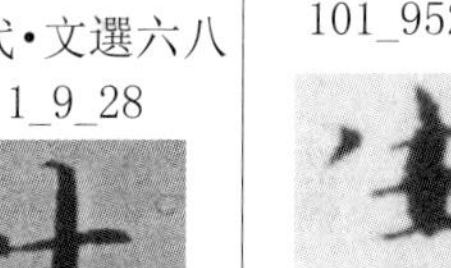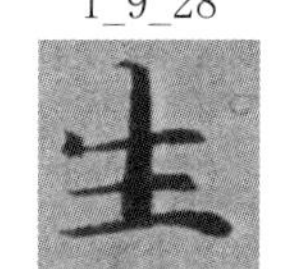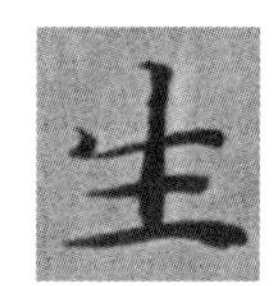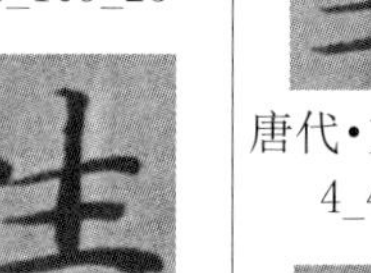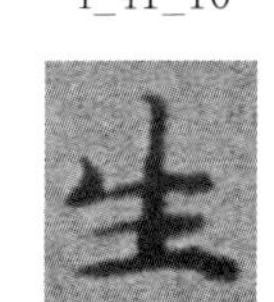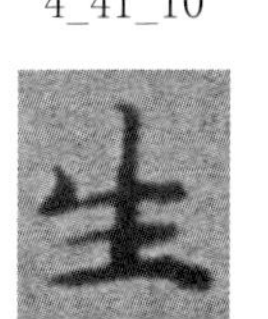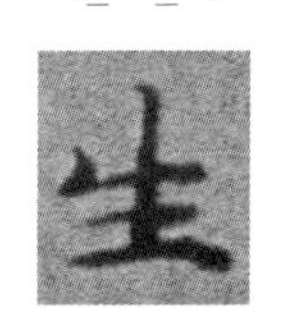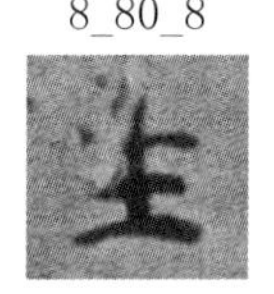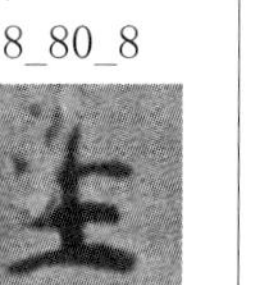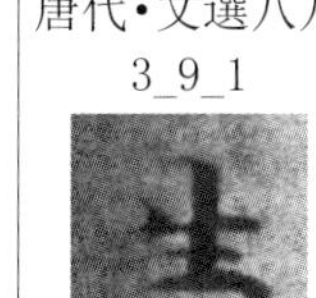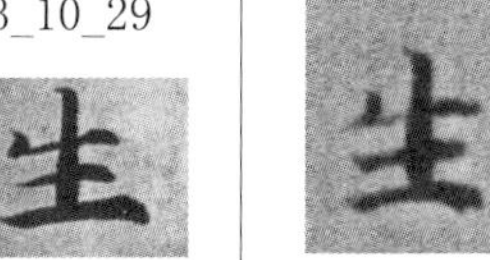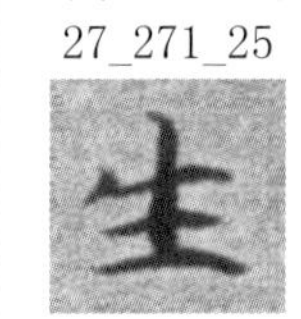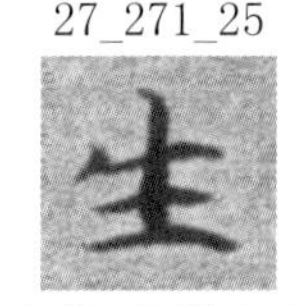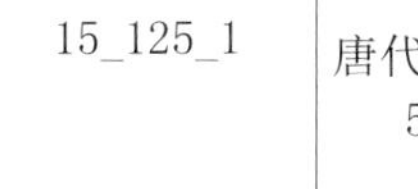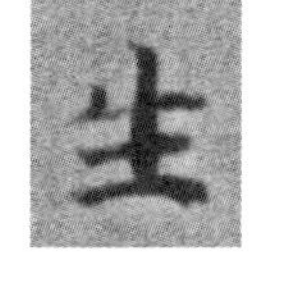

唐代•文選八八 5_29_24	唐代•文選六八 59_598_11	唐代•文選六八 34_340_15	唐代•文選六八 15_156_14	唐代•文選六八 9_93_4	唐代•文選五九 111_1046_6	唐代•文選五九 92_887_24
唐代•文選八八 11_95_19	唐代•文選六八 61_617_2	唐代•文選六八 36_361_23	唐代•文選六八 15_158_14	唐代•文選六八 9_93_22	唐代•文選五九 111_1053_10	唐代•文選五九 92_888_12
唐代•文選八八 12_97_2	唐代•文選六八 62_621_9	唐代•文選六八 45_456_29	唐代•文選六八 18_182_10	唐代•文選六八 9_93_27	唐代•文選五九 111_1055_10	唐代•文選五九 93_892_11
唐代•文選八八 12_99_15	唐代•文選六八 73_721_14	唐代•文選六八 52_519_3	唐代•文選六八 18_185_15	唐代•文選六八 9_95_24	唐代•文選六八 1_8_1	唐代•文選五九 97_925_19
唐代•文選八八 12_100_21	唐代•文選六八 73_727_14	唐代•文選六八 52_524_14	唐代•文選六八 20_201_5	唐代•文選六八 11_109_25	唐代•文選六八 1_9_28	唐代•文選五九 101_952_8
唐代•文選八八 12_100_25	唐代•文選八八 3_9_1	唐代•文選六八 53_538_15	唐代•文選六八 20_203_25	唐代•文選六八 11_112_10	唐代•文選六八 4_41_10	唐代•文選五九 101_956_9
唐代•文選八八 13_102_25	唐代•文選八八 3_10_29	唐代•文選六八 56_562_23	唐代•文選六八 27_271_25	唐代•文選六八 11_118_10	唐代•文選六八 8_80_8	唐代•文選五九 103_972_19
唐代•文選八八 15_125_1	唐代•文選八八 5_26_10	唐代•文選六八 59_588_3	唐代•文選六八 27_274_27		唐代•文選六八 8_83_14	唐代•文選五九 109_1027_15

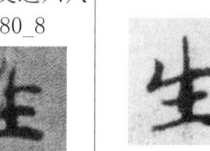

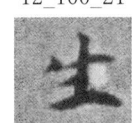

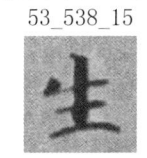

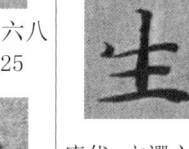

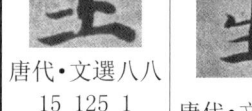

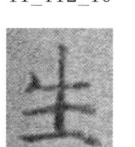

唐代•古文選後 2_23_1	唐代•古文選前 11_129_5	唐代•文選百三 74_717_19	唐代•文選百三 54_520_6	唐代•文選百三 25_237_9	唐代•文選百三 19_185_1	唐代•文選八八 15_126_9
唐代•古文選後 9_105_11	唐代•古文選前 18_212_10	唐代•文選百三 75_719_26	唐代•文選百三 54_522_3	唐代•文選百三 38_383_11	唐代•文選百三 19_186_11	唐代•文選八八 24_213_8
唐代•古文選後 11_129_4	唐代•古文選前 18_214_2	唐代•文選百三 77_733_18	唐代•文選百三 54_523_14	唐代•文選百三 39_387_17	唐代•文選百三 19_188_7	唐代•文選百三 1_9_10
唐代•古文選後 18_206_5	唐代•古文選前 18_216_6	唐代•文選百三 81_777_6	唐代•文選百三 54_523_31	唐代•文選百三 45_433_1	唐代•文選百三 19_189_17	唐代•文選百三 8_69_1
唐代•古文選後 21_249_11	唐代•古文選前 19_224_8	唐代•文選百三 83_790_6	唐代•文選百三 55_524_18	唐代•文選百三 49_469_33	唐代•文選百三 20_190_39	唐代•文選百三 8_70_31
唐代•古文選後 24_280_18	唐代•古文選前 21_249_6	唐代•文選百三 83_790_9	唐代•文選百三 55_526_22	唐代•文選百三 51_492_9	唐代•文選百三 20_191_11	唐代•文選百三 10_91_16
唐代•古文選後 24_282_2	唐代•古文選前 26_302_7	唐代•古文選前 3_31_2	唐代•文選百三 60_573_18	唐代•文選百三 51_495_1	唐代•文選百三 21_205_26	唐代•文選百三 17_158_11
唐代•古文選後 26_304_2	唐代•古文選後 1_3_14	唐代•古文選前 10_121_5	唐代•文選百三 70_674_12	唐代•文選百三 53_506_9	唐代•文選百三 23_225_27	唐代•文選百三 19_184_5

唐代·古文選後 26_312_1
唐代·十輪經四 1_18_12
唐代·十輪經四 2_34_12
唐代·十輪經四 3_41_5
唐代·十輪經四 3_52_6
唐代·十輪經四 4_62_17
唐代·十輪經四 4_68_11
唐代·十輪經四 4_76_15
唐代·十輪經四 5_84_13
唐代·十輪經四 5_92_1
唐代·十輪經四 5_98_16
唐代·十輪經四 6_101_13
唐代·十輪經四 6_104_10
唐代·十輪經四 6_107_17
唐代·十輪經四 6_114_10
唐代·十輪經四 6_117_17
唐代·十輪經四 7_129_5
唐代·十輪經四 7_134_13
唐代·十輪經四 8_141_6
唐代·十輪經四 8_150_4
唐代·十輪經四 9_172_25
唐代·十輪經四 9_176_25
唐代·十輪經四 9_177_23
唐代·十輪經四 10_183_10
唐代·十輪經四 10_185_6
唐代·十輪經四 10_189_13
唐代·十輪經四 10_190_17
唐代·十輪經四 13_246_24
唐代·十輪經四 15_287_11
唐代·十輪經四 15_291_1
唐代·十輪經四 15_294_5
唐代·十輪經四 15_297_17
唐代·十輪經四 15_299_3
唐代·十輪經四 16_302_7
唐代·十輪經四 16_307_15
唐代·十輪經四 16_311_4
唐代·十輪經四 16_315_15
唐代·十輪經四 16_319_5
唐代·十輪經四 17_326_1
唐代·十輪經四 17_338_3
唐代·十輪經四 18_341_8
唐代·十輪經四 18_352_10
唐代·十輪經四 18_356_2
唐代·十輪經四 19_369_8
唐代·十輪經四 19_372_15
唐代·十輪經四 19_379_8
唐代·十輪經四 20_389_1
唐代·十輪經四 20_392_10
唐代·十輪經四 20_398_4
唐代·十輪經四 21_405_2
唐代·十輪經四 21_406_8
唐代·十輪經四 21_409_5
唐代·十輪經四 22_423_14
唐代·十輪經八 2_35_5
唐代·十輪經八 2_35_17
唐代·十輪經八 2_39_1

唐代·十輪經八 17_329_10
唐代·十輪經八 17_338_1
唐代·十輪經八 17_338_9
唐代·十輪經八 17_339_4
唐代·十輪經八 18_347_4
唐代·十輪經八 19_365_5
唐代·十輪經八 19_367_9
唐代·十輪經八 19_376_1
唐代·十輪經八 19_376_9
唐代·十輪經八 19_377_4
唐代·十輪經八 20_385_8
唐代·十輪經八 21_403_6
唐代·十輪經八 21_405_2
唐代·十輪經八 21_413_10
唐代·十輪經八 21_414_1
唐代·十輪經八 21_414_14
唐代·十輪經八 22_424_8
唐代·十輪經九 1_3_6
唐代·十輪經九 1_5_2
唐代·十輪經九 1_13_6
唐代·十輪經九 1_13_14
唐代·十輪經九 1_14_10
唐代·十輪經九 2_22_17
唐代·十輪經九 3_41_6
唐代·十輪經九 3_43_3
唐代·十輪經九 3_51_11
唐代·十輪經九 3_52_2
唐代·十輪經九 3_52_15
唐代·十輪經九 4_62_2
唐代·十輪經九 5_84_8
唐代·十輪經九 5_85_7
唐代·十輪經九 5_98_9
唐代·十輪經九 6_103_12
唐代·十輪經九 6_108_12
唐代·十輪經九 7_124_5
唐代·十輪經九 7_125_4
唐代·十輪經九 7_126_17
唐代·十輪經九 7_126_25
唐代·十輪經九 7_127_1
唐代·十輪經九 7_127_2
唐代·十輪經九 7_129_4
唐代·十輪經九 7_134_15
唐代·十輪經九 7_139_2
唐代·十輪經九 8_141_2
唐代·十輪經九 8_144_14
唐代·十輪經九 8_156_4
唐代·十輪經九 10_198_5
唐代·十輪經九 13_248_13
唐代·十輪經九 14_279_10
唐代·十輪經九 16_315_13
唐代·十輪經九 16_318_13
唐代·十輪經九 17_326_17
唐代·十輪經九 17_327_7
唐代·十輪經九 17_328_2
唐代·十輪經九 17_337_13

産

漢サン
訓うむ

唐代・文選四八
3_19_14

唐代・文選四八
34_304_25

唐代・文選四八
34_305_3

唐代・文選四八
34_305_7

唐代・文選四八
44_401_11

唐代・文選六八
57_569_7

唐代・文選百三
63_609_10

甥

ショウ漢セイ
訓おい

唐代・春秋經傳
17_176_24

唐代・春秋經傳
25_260_14

矢部

矢

シ 訓や

唐代·春秋經傳 22_227_12
唐代·文選四八 4_27_22
唐代·文選六八 30_301_5
唐代·文選六八 30_303_2
唐代·文選六八 30_304_7
唐代·文選六八 35_347_13
唐代·文選六八 35_347_22
唐代·文選六八 67_667_14

唐代·文選百三 27_264_14
唐代·文選百三 30_295_20
唐代·文選百三 30_296_26
唐代·文選百三 30_298_24
唐代·文選百三 41_409_3
唐代·文選百三 41_412_3
唐代·文選百三 41_415_10
唐代·文選百三 41_415_21

唐代·文選百三 47_458_7
唐代·文選百三 47_459_36
唐代·文選百三 48_462_14
唐代·文選百三 86_819_14
唐代·文選百三 86_820_3
唐代·古文選前 24_283_11
唐代·古文選後 2_24_1
唐代·古文選後 15_171_3

矣

イ 訓—

唐代·春秋經傳 2_17_29
唐代·春秋經傳 7_70_13
唐代·春秋經傳 8_79_6
唐代·春秋經傳 8_82_4
唐代·春秋經傳 9_85_8
唐代·春秋經傳 9_87_6
唐代·春秋經傳 10_98_4

唐代·春秋經傳 10_99_1
唐代·春秋經傳 10_99_10
唐代·春秋經傳 11_108_12
唐代·春秋經傳 20_212_3
唐代·春秋經傳 21_214_11
唐代·春秋經傳 22_228_7
唐代·春秋經傳 23_236_14

唐代·春秋經傳 26_265_24
唐代·春秋經傳 31_324_4
唐代·春秋經傳 32_330_2
唐代·春秋經傳 38_395_15
唐代·春秋經傳 38_397_14
唐代·春秋經傳 38_398_5
唐代·文選四八 4_25_21

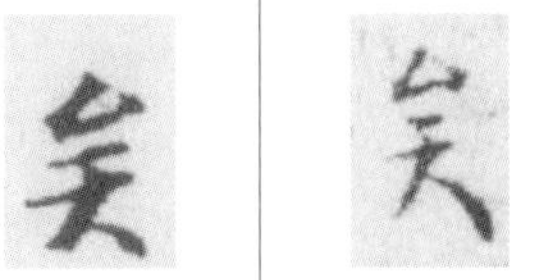 唐代•文選五九 62_598_7	唐代•文選五九 27_269_8	 唐代•文選五九 11_111_1	 唐代•文選四八 35_315_11	 唐代•文選四八 28_250_21	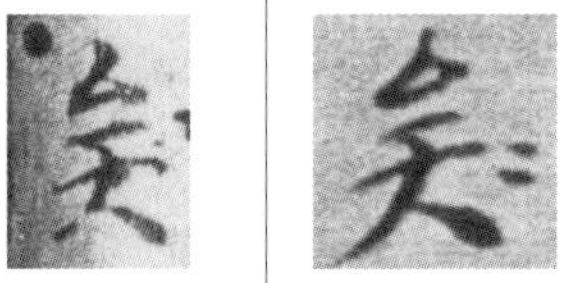 唐代•文選四八 16_147_14	唐代•文選四八 5_34_25
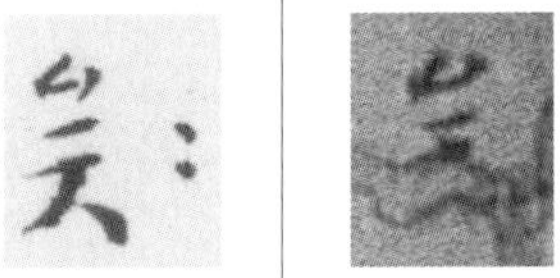 唐代•文選五九 74_709_11	唐代•文選五九 33_328_27	 唐代•文選五九 12_112_3	 唐代•文選四八 42_375_8	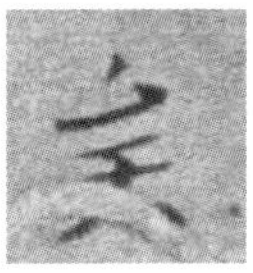 唐代•文選四八 28_250_23	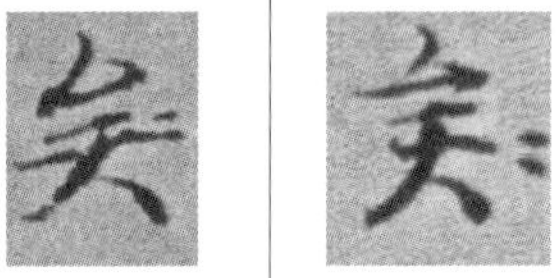 唐代•文選四八 17_152_24	唐代•文選四八 6_47_10
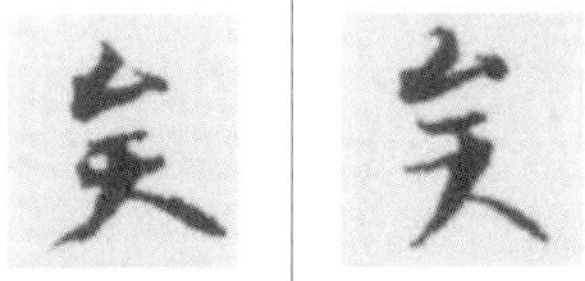 唐代•文選五九 82_795_19	唐代•文選五九 37_372_12	 唐代•文選五九 12_113_20	 唐代•文選四八 45_404_22	 唐代•文選四八 30_268_5	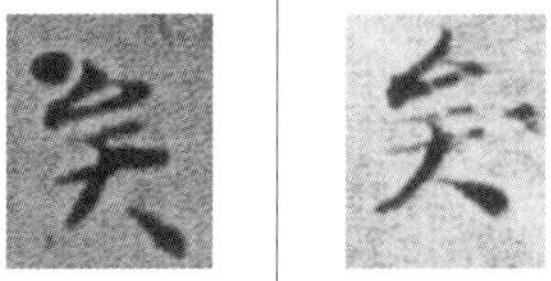 唐代•文選四八 19_174_10	唐代•文選四八 7_54_21
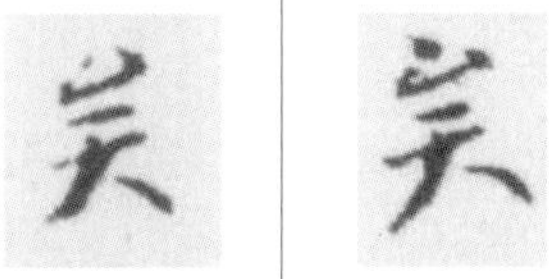 唐代•文選五九 87_833_1	唐代•文選五九 44_434_13	 唐代•文選五九 12_113_27	 唐代•文選四八 46_413_25	 唐代•文選四八 33_299_15	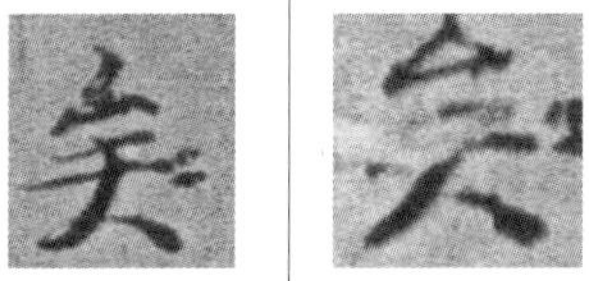 唐代•文選四八 22_200_23	唐代•文選四八 7_60_19
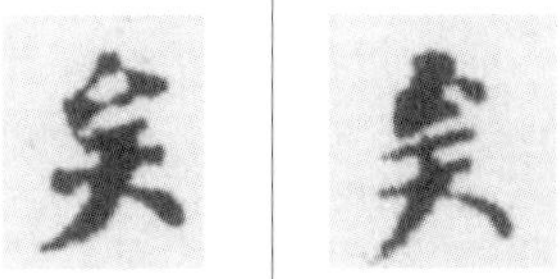 唐代•文選五九 91_874_15	唐代•文選五九 44_436_17	 唐代•文選五九 15_145_19	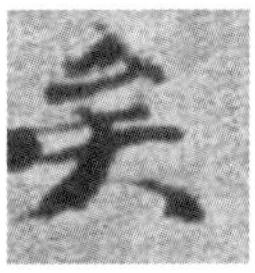 唐代•文選四八 48_434_19	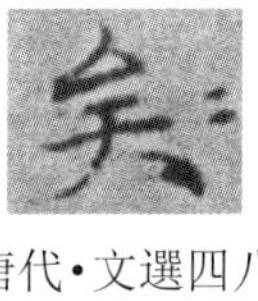 唐代•文選四八 34_302_25	 唐代•文選四八 26_235_24	唐代•文選四八 9_73_2
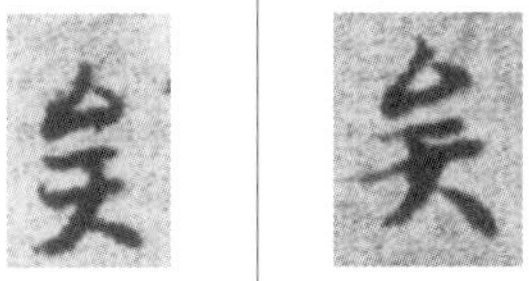 唐代•文選五九 105_991_30	唐代•文選五九 55_535_18	 唐代•文選五九 15_148_15	 唐代•文選四八 48_434_22	 唐代•文選四八 34_306_2	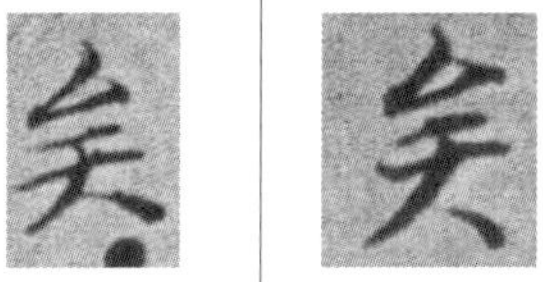 唐代•文選四八 26_239_21	唐代•文選四八 9_74_14
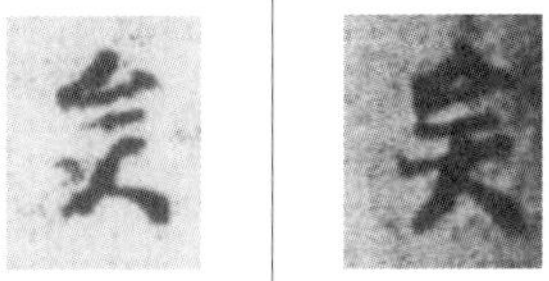 唐代•文選五九 106_1004_13	唐代•文選五九 61_582_3	 唐代•文選五九 22_215_6	 唐代•文選四八 50_449_9	 唐代•文選四八 34_309_24	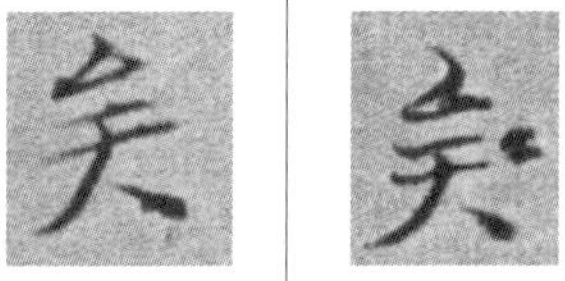 唐代•文選四八 26_239_23	唐代•文選四八 12_108_21

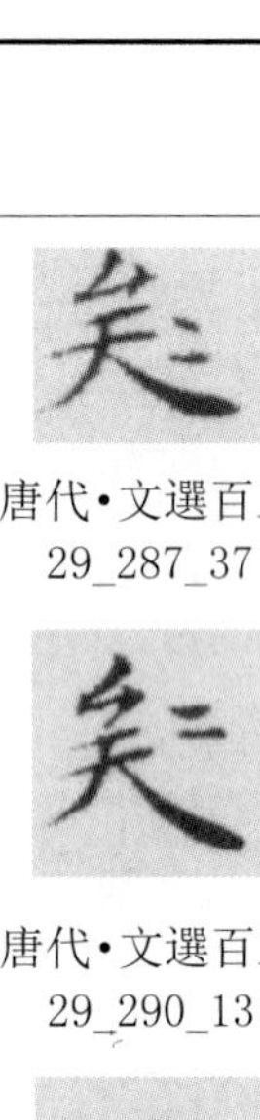 唐代•文選百三 29_287_37	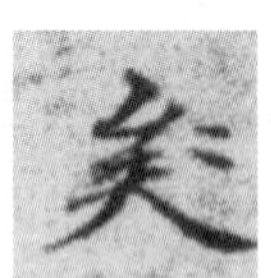 唐代•文選百三 23_220_16	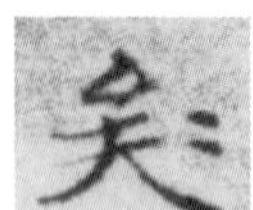 唐代•文選百三 20_191_16	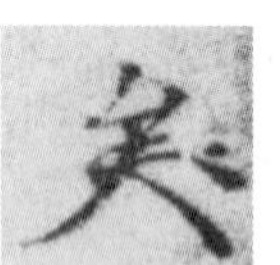 唐代•文選百三 13_125_6	 唐代•文選百三 7_66_13	 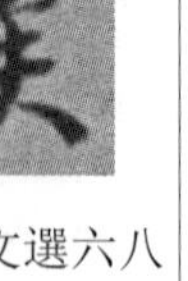 唐代•文選六八 60_603_19	 唐代•文選五九 111_1046_19
唐代•文選百三 29_290_13	 唐代•文選百三 23_221_9	 唐代•文選百三 20_193_19	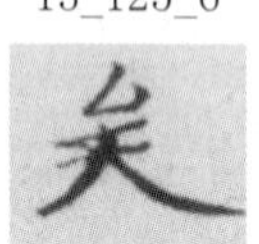 唐代•文選百三 15_140_3	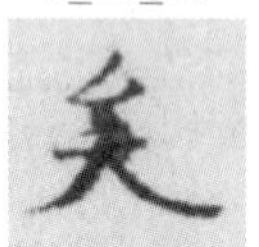 唐代•文選百三 7_68_28	 唐代•文選六八 63_635_17	 唐代•文選六八 4_46_16
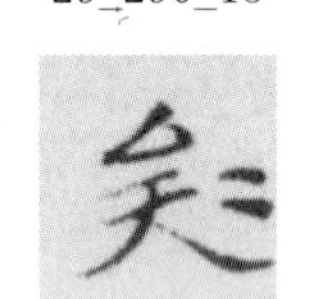 唐代•文選百三 29_292_15	 唐代•文選百三 23_223_26	 唐代•文選百三 21_199_33	 唐代•文選百三 15_146_34	 唐代•文選百三 8_70_35	 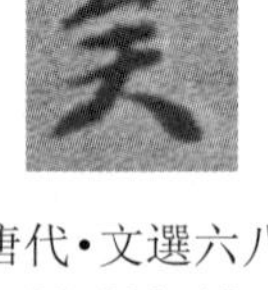 唐代•文選六八 66_660_15	 唐代•文選六八 10_108_30
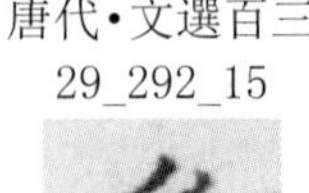  唐代•文選百三 31_302_26	 唐代•文選百三 23_224_30	 唐代•文選百三 21_200_22	 唐代•文選百三 17_159_25	 唐代•文選百三 8_73_16	 唐代•文選八八 9_68_9	 唐代•文選六八 11_110_18
 唐代•文選百三 34_337_31	 唐代•文選百三 25_240_24	 唐代•文選百三 21_202_27	 唐代•文選百三 17_166_4	 唐代•文選百三 9_75_24	 唐代•文選八八 15_128_9	 唐代•文選六八 13_132_3
 唐代•文選百三 36_360_17	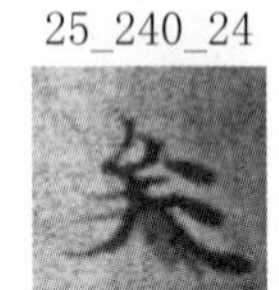 唐代•文選百三 27_268_10	 唐代•文選百三 21_208_24	 唐代•文選百三 18_170_4	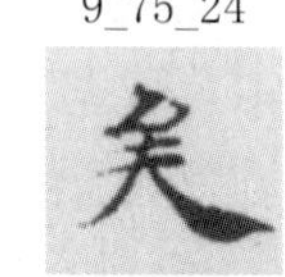 唐代•文選百三 9_89_11	 唐代•文選百三 3_26_30	 唐代•文選六八 23_231_9
 唐代•文選百三 38_383_16	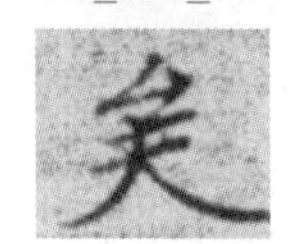 唐代•文選百三 27_270_12	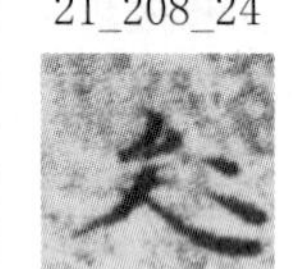 唐代•文選百三 23_217_3	 唐代•文選百三 19_176_15	 唐代•文選百三 11_97_6	 唐代•文選百三 7_55_31	 唐代•文選六八 27_274_24

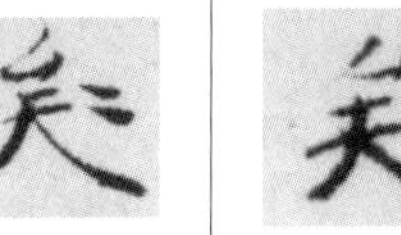
唐代•文選百三
39_385_30

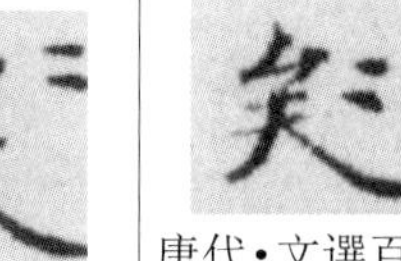
唐代•文選百三
39_388_5

唐代•文選百三
40_402_3

唐代•文選百三
41_405_8

唐代•文選百三
42_420_24

唐代•文選百三
44_423_14

唐代•文選百三
45_425_30

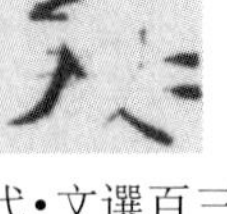
唐代•文選百三
45_430_18

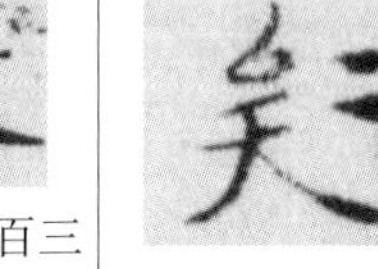
唐代•文選百三
45_435_15

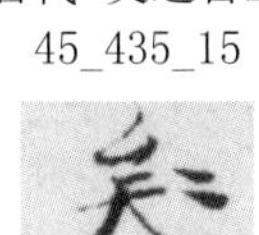
唐代•文選百三
47_451_26

唐代•文選百三
47_454_20

唐代•文選百三
48_462_20

唐代•文選百三
49_469_30

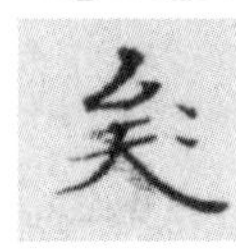
唐代•文選百三
49_471_28

唐代•文選百三
49_478_19

唐代•文選百三
51_494_25

唐代•文選百三
52_505_21

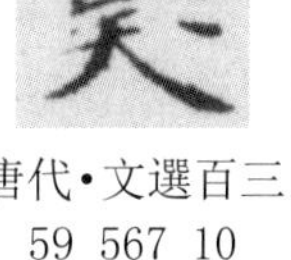
唐代•文選百三
57_544_18

唐代•文選百三
59_567_10

唐代•文選百三
60_579_10

唐代•文選百三
61_588_4

唐代•文選百三
63_602_18

唐代•文選百三
63_605_21

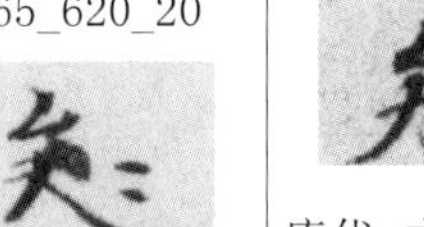
唐代•文選百三
65_620_20

唐代•文選百三
67_640_32

唐代•文選百三
67_647_22

唐代•文選百三
70_678_30

唐代•文選百三
71_690_8

唐代•文選百三
73_701_10

唐代•文選百三
79_753_19

唐代•文選百三
79_757_22

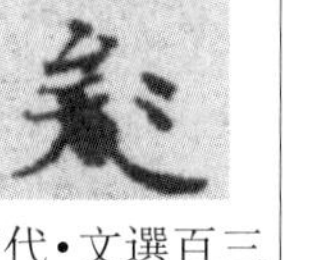
唐代•文選百三
80_763_21

唐代•文選百三
81_767_11

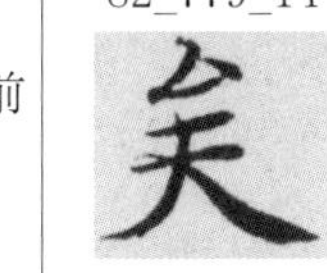
唐代•文選百三
82_779_14

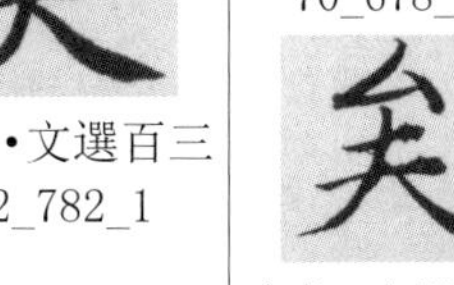
唐代•文選百三
82_782_1

唐代•文選百三
82_783_1

唐代•文選百三
85_810_10

唐代•文選百三
85_812_8

唐代•文選百三
87_824_33

唐代•古文選前
3_26_10

唐代•古文選前
3_26_12

唐代•古文選前
3_27_1

唐代•古文選前
3_27_3

唐代•古文選前
3_27_5

唐代•古文選前
3_27_9

唐代•古文選前
4_38_8

唐代•古文選前
13_149_14

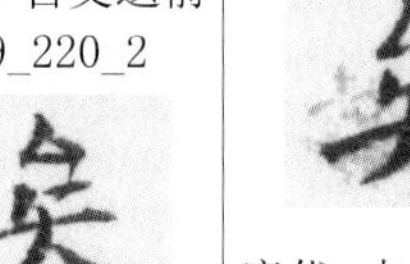
唐代•古文選前
19_220_2

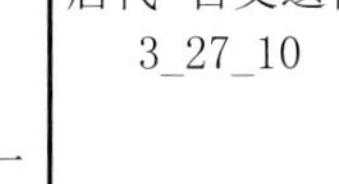
唐代•古文選後
3_27_10

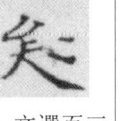

知 [知 variant glyph]

チ
訓 しる

唐代・古文選後
16_181_2

唐代・古文選後
26_310_3

初唐・金剛場經
1_8_15

初唐・大般若經
1_4_13

中唐・風信帖
1_4_2

唐代・春秋經傳
6_59_15

唐代・春秋經傳
8_78_22

唐代・春秋經傳
8_79_3

唐代・春秋經傳
9_92_6

唐代・春秋經傳
10_99_3

唐代・春秋經傳
14_144_6

唐代・春秋經傳
14_148_14

唐代・春秋經傳
21_214_6

唐代・春秋經傳
28_285_37

唐代・春秋經傳
28_287_28

唐代・春秋經傳
28_287_38

唐代・文選四八
4_24_12

唐代・文選四八
8_61_14

唐代・文選五九
7_69_33

唐代・文選五九
11_110_13

唐代・文選五九
11_111_18

唐代・文選五九
12_112_11

唐代・文選五九
12_112_14

唐代・文選五九
12_112_17

唐代・文選五九
12_112_22

唐代・文選五九
12_113_15

唐代・文選五九
12_114_12

唐代・文選五九
25_239_7

唐代・文選五九
25_240_24

唐代・文選五九
25_241_32

唐代・文選五九
25_242_16

唐代・文選五九
32_317_27

唐代・文選五九
32_317_31

唐代・文選五九
35_349_28

唐代・文選五九
39_379_29

唐代・文選五九
41_404_12

唐代・文選五九
43_430_6

唐代・文選五九
44_432_4

唐代・文選五九
44_432_22

唐代・文選五九
45_442_2

唐代・文選五九
64_617_11

唐代・文選五九
72_687_24

唐代・文選五九
81_778_9

唐代・文選五九
86_826_17

唐代・文選五九
87_834_14

唐代・文選五九
92_889_8

唐代・文選五九
94_896_8

唐代・文選五九
101_960_3

唐代・文選五九
109_1028_29

唐代・文選六八
1_1_18

唐代・文選六八
5_48_10

唐代・文選六八
9_98_10

唐代・文選六八
9_100_1

唐代・文選六八
9_101_9

唐代・文選六八
13_131_6

唐代・文選六八
29_286_28

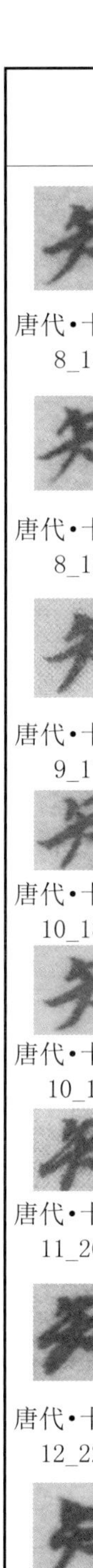

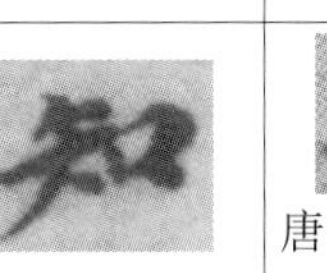
唐代·十輪經八
8_149_6

唐代·十輪經八
8_153_5

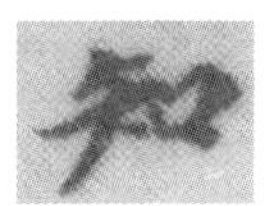
唐代·十輪經八
9_171_3

唐代·十輪經八
10_187_13

唐代·十輪經八
10_191_5

唐代·十輪經八
11_208_16

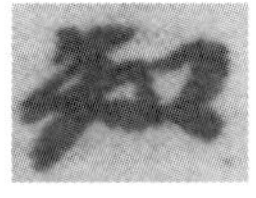
唐代·十輪經八
12_224_11

唐代·十輪經八
12_228_4

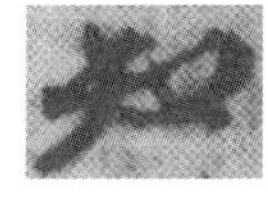
唐代·十輪經八
13_246_9

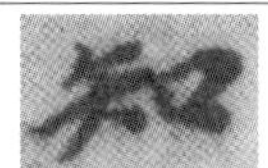
唐代·十輪經四
21_412_13

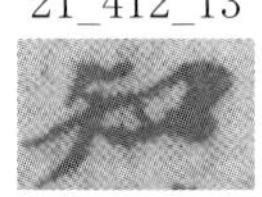
唐代·十輪經八
1_13_5

唐代·十輪經八
2_27_11

唐代·十輪經八
4_61_14

唐代·十輪經八
4_66_2

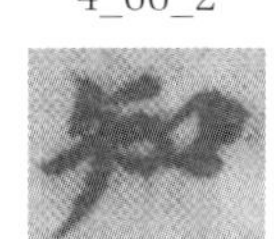
唐代·十輪經八
5_90_9

唐代·十輪經八
6_111_6

唐代·十輪經八
6_114_16

唐代·十輪經八
7_132_8

唐代·古文選後
25_294_1

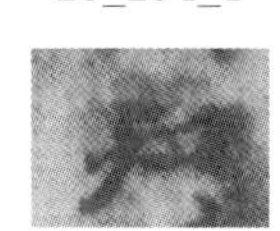
唐代·十輪經四
1_3_6

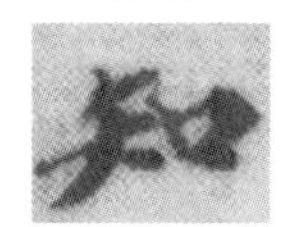
唐代·十輪經四
1_15_14

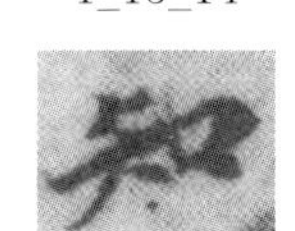
唐代·十輪經四
1_16_8

唐代·十輪經四
6_111_1

唐代·十輪經四
7_133_14

唐代·十輪經四
9_174_2

唐代·十輪經四
9_176_8

唐代·十輪經四
21_412_10

唐代·文選百三
55_530_5

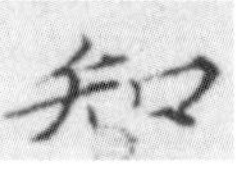
唐代·文選百三
56_538_13

唐代·文選百三
61_589_6

唐代·文選百三
71_689_13

唐代·古文選前
2_22_11

唐代·古文選前
6_72_4

唐代·古文選後
3_25_5

唐代·古文選後
8_84_9

唐代·古文選後
10_116_1

唐代·文選百三
21_205_8

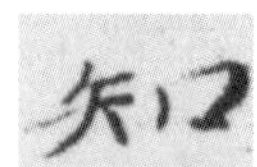
唐代·文選百三
33_323_21

唐代·文選百三
33_329_27

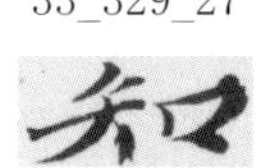
唐代·文選百三
45_430_19

唐代·文選百三
45_431_3

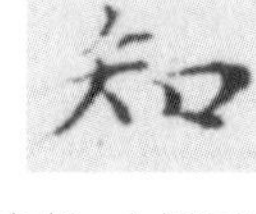
唐代·文選百三
45_431_19

唐代·文選百三
45_432_21

唐代·文選百三
45_432_26

唐代·文選百三
52_499_12

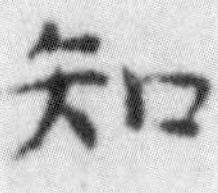
唐代·文選百三
13_116_17

唐代·文選百三
13_118_19

唐代·文選百三
13_122_30

唐代·文選百三
15_139_10

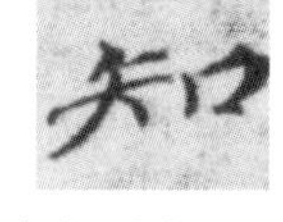
唐代·文選百三
15_139_24

唐代·文選百三
18_171_26

唐代·文選百三
18_173_1

唐代·文選百三
18_173_38

唐代·文選百三
18_174_15

唐代·文選六八
43_437_17

唐代·文選六八
50_499_17

唐代·文選六八
62_619_26

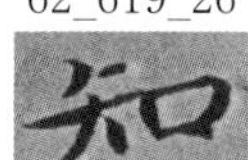
唐代·文選六八
73_723_7

唐代·文選八八
1_2_6

唐代·文選八八
9_74_14

唐代·文選百三
2_12_2

唐代·文選百三
7_59_30

唐代·文選百三
9_75_1

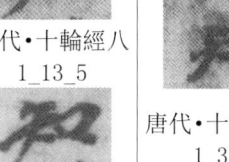

短	矧	矩				
タン 訓みずかい	シン 訓いわんや	ク 訓さしがね				

短

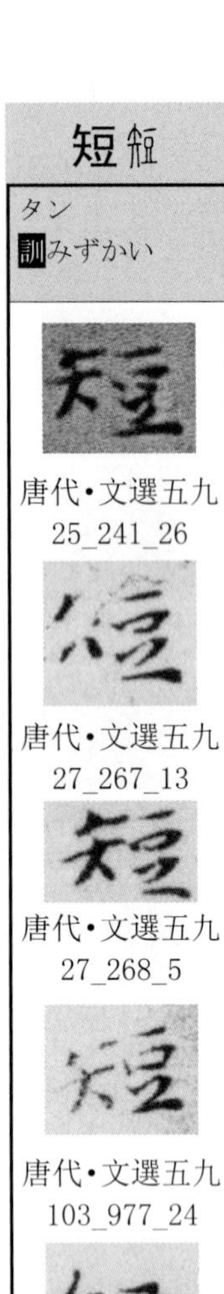

唐代・文選五九 25_241_26

唐代・文選五九 27_267_13

唐代・文選五九 27_268_5

唐代・文選五九 103_977_24

唐代・文選五九 103_980_11

唐代・文選五九 103_980_20

唐代・古文選前 3_34_12

唐代・古文選前 7_75_11

矧

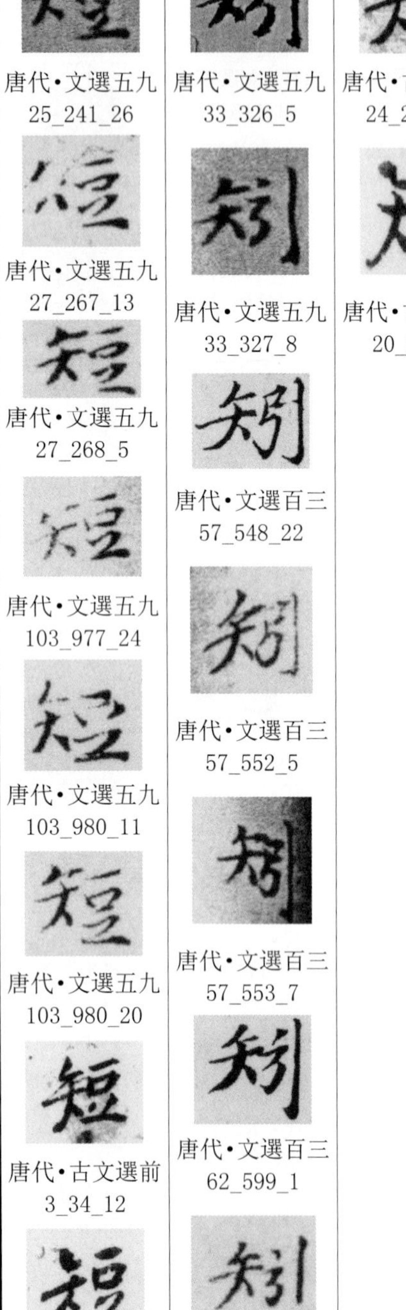

唐代・文選五九 33_326_5

唐代・文選五九 33_327_8

唐代・文選百三 57_548_22

唐代・文選百三 57_552_5

唐代・文選百三 57_553_7

唐代・文選百三 62_599_1

唐代・文選百三 63_601_5

矩

唐代・古文選前 24_280_14

唐代・古文選後 20_231_4

知

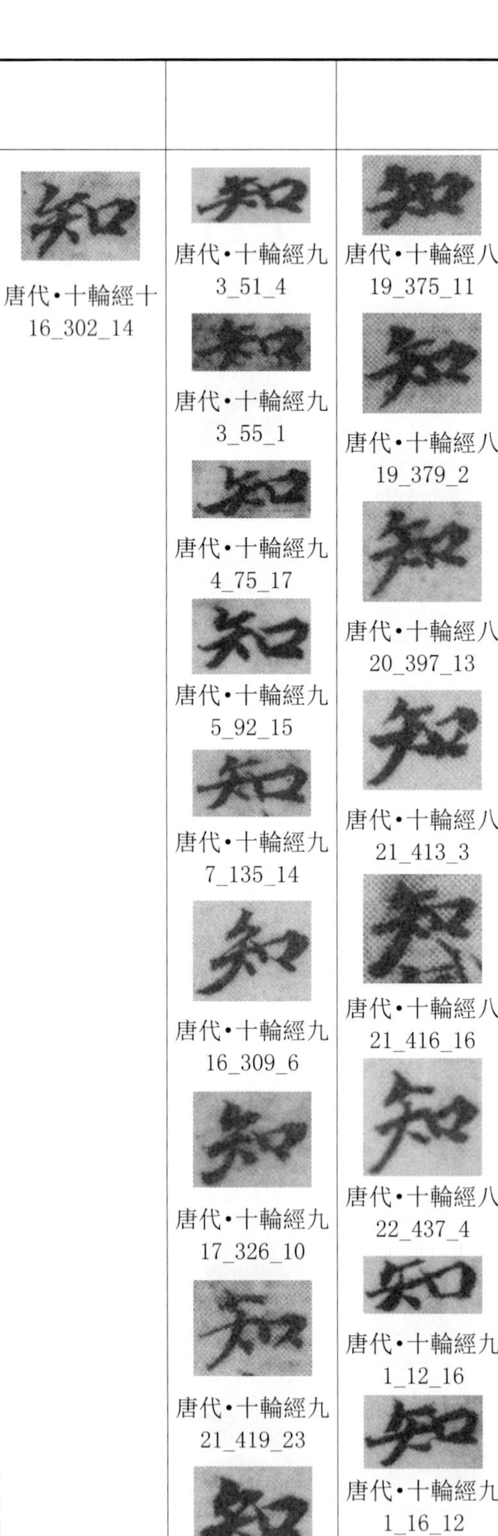

唐代・十輪經十 16_302_14

唐代・十輪經九 3_51_4

唐代・十輪經九 3_55_1

唐代・十輪經九 4_75_17

唐代・十輪經九 5_92_15

唐代・十輪經九 7_135_14

唐代・十輪經九 16_309_6

唐代・十輪經九 17_326_10

唐代・十輪經九 21_419_23

唐代・十輪經十 5_94_16

唐代・十輪經八 19_375_11

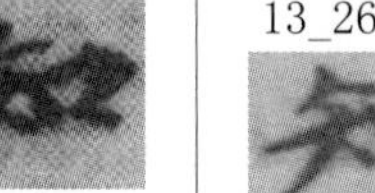

唐代・十輪經八 19_379_2

唐代・十輪經八 20_397_13

唐代・十輪經八 21_413_3

唐代・十輪經八 21_416_16

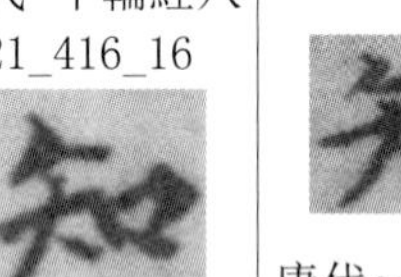

唐代・十輪經八 22_437_4

唐代・十輪經九 1_12_16

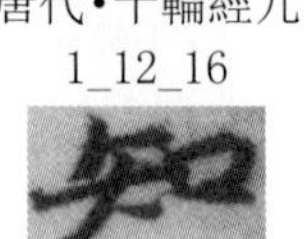

唐代・十輪經九 1_16_12

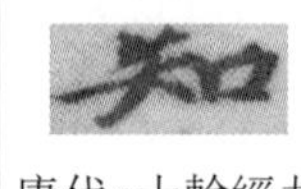

唐代・十輪經九 2_35_13

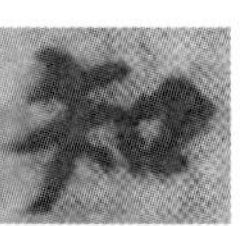

唐代・十輪經八 13_261_11

唐代・十輪經八 14_265_2

唐代・十輪經八 15_283_10

唐代・十輪經八 15_299_11

唐代・十輪經八 15_303_3

唐代・十輪經八 16_321_7

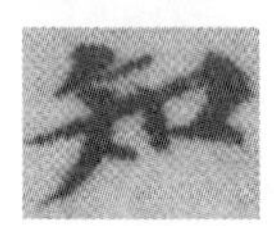

唐代・十輪經八 17_337_11

唐代・十輪經八 17_341_3

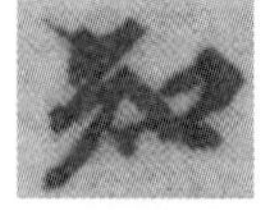

唐代・十輪經八 18_359_16

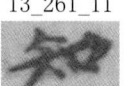

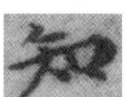

唐代・古文選前
7_85_5

唐代・古文選前
8_92_21

矯

キョウ
訓ためる

唐代・古文選前
24_283_10

唐代・十輪經九
14_279_16

矰

ソウ
訓いぐるみ

唐代・文選六八
34_339_7

禾部

禾

漢カ
訓いね

唐代•春秋經傳
27_275_7

唐代•文選六八
13_134_16

唐代•古文選後
14_158_8

秀

漢シュウ
訓ひいでる

唐代•文選四八
33_297_6

唐代•文選四八
38_336_10

唐代•文選五九
41_410_10

唐代•文選五九
42_412_18

唐代•文選五九
47_470_19

唐代•文選五九
73_702_17

唐代•文選五九
94_905_25

唐代•文選五九
94_907_7

唐代•文選五九
94_907_25

唐代•文選五九
94_908_25

唐代•文選五九
96_909_15

唐代•文選百三
25_237_22

唐代•文選百三
77_735_18

唐代•古文選前
8_92_34

唐代•古文選前
17_196_14

唐代•古文選前
17_198_12

唐代•古文選後
11_129_10

私

シ
訓わたくし

初唐•法華義疏
1_1_15

唐代•春秋經傳
6_54_15

唐代•春秋經傳
22_232_16

唐代•文選四八
40_353_1

唐代•文選四八
40_354_7

唐代•文選四八
40_354_24

唐代•文選四八
42_377_12

唐代•文選五九
16_152_20

唐代•文選五九
53_521_8

唐代•文選五九
53_522_28

唐代•文選五九
53_523_28

唐代•文選百三
24_232_15

唐代•文選百三
35_347_6

唐代•文選百三
35_350_24

唐代•文選百三
35_351_9

唐代•文選百三
35_351_14

私

唐代•文選百三
57_554_3

唐代•文選百三
57_554_30

唐代•文選百三
60_572_25

唐代•文選百三
62_599_3

唐代•文選百三
63_602_8

私心
唐代•古文選前
4_45_5

唐代•古文選前
6_72_8

秉

漢ヘイ
訓とる

唐代•文選五九
64_620_2

唐代•古文選後
20_233_1

唐代•古文選後
21_251_13

种

漢チュウ
訓わかい

唐代•文選五九
13_125_12

秋

漢シュウ
訓あき

唐代•春秋經傳
1_1_2

唐代•春秋經傳
1_7_18

唐代•春秋經傳
3_29_6

唐代•春秋經傳
4_42_32

唐代•春秋經傳
9_91_3

唐代•春秋經傳
13_130_1

唐代•春秋經傳
15_159_9

唐代•春秋經傳
18_186_15

唐代•春秋經傳
21_222_19

唐代•春秋經傳
23_241_15

唐代•春秋經傳
24_247_27

唐代•春秋經傳
24_249_20

唐代•春秋經傳
24_253_16

唐代•春秋經傳
25_255_12

唐代•春秋經傳
26_268_20

唐代•春秋經傳
27_275_10

唐代•春秋經傳
28_289_12

唐代•春秋經傳
29_300_7

唐代•春秋經傳
30_307_9

唐代•春秋經傳
30_313_24

唐代•春秋經傳
30_316_16

唐代•春秋經傳
32_338_13

唐代•春秋經傳
33_347_30

唐代•春秋經傳
34_357_6

唐代•春秋經傳
35_367_7

唐代•春秋經傳
37_384_4

唐代•春秋經傳
39_410_2

唐代•文選四八
4_26_13

唐代•文選四八
17_156_16

唐代•文選四八
20_180_18

唐代•文選四八
22_195_4

唐代•文選四八
25_226_8

唐代•文選四八
35_313_18

唐代•文選四八
35_314_7

唐代•文選四八
35_314_26

唐代•文選四八
41_371_8

秩		秣				
漢チツ 訓つむ		漢バツ慣マツ 訓まぐさ				
唐代・文選百三 17_168_6	 唐代・古文選前 12_139_8	 唐代・文選四八 37_335_3	 唐代・古文選前 21_250_4	 唐代・文選百三 29_282_1	 唐代・文選八八 21_192_5	 唐代・文選六八 25_251_14
 唐代・文選百三 17_168_17	 唐代・古文選後 3_30_13	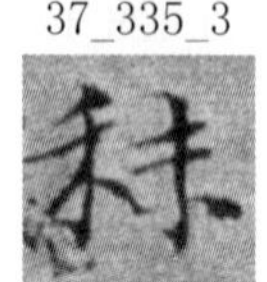 唐代・文選四八 38_336_2	 唐代・古文選前 23_270_5	 唐代・文選百三 29_284_3	 唐代・文選八八 22_194_18	 唐代・文選六八 39_398_16
 唐代・文選百三 18_169_20		 唐代・文選四八 38_337_1	 唐代・古文選後 5_56_5	 唐代・文選百三 29_285_6	 唐代・文選八八 22_194_23	 唐代・文選六八 52_523_16
 唐代・文選百三 18_169_33		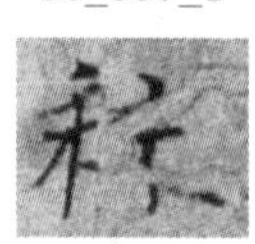 唐代・文選四八 38_337_4	 唐代・古文選後 7_77_24	 唐代・文選百三 75_724_15	 唐代・文選百三 3_21_7	 唐代・文選六八 57_568_8
 唐代・文選百三 18_170_2		 唐代・文選四八 38_337_15		 唐代・古文選前 13_150_3	 唐代・文選百三 3_21_24	 唐代・文選六八 59_590_10
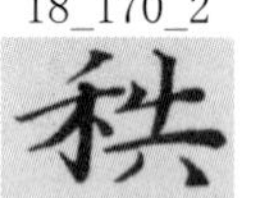 唐代・文選百三 35_342_12		 唐代・文選百三 84_800_8		 唐代・古文選前 19_225_11	 唐代・文選百三 5_46_28	 唐代・文選六八 60_602_8
 唐代・文選百三 35_346_13		 唐代・文選百三 84_802_18		 唐代・古文選前 20_233_9	 唐代・文選百三 11_103_11	 唐代・文選六八 63_636_17
 唐代・文選百三 37_375_6		 唐代・文選百三 85_805_27		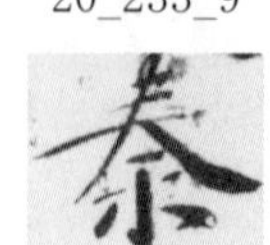 唐代・古文選前 21_249_10	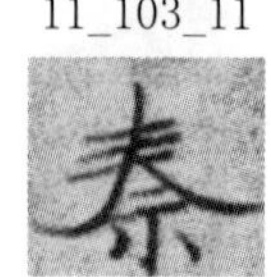 唐代・文選百三 27_263_16	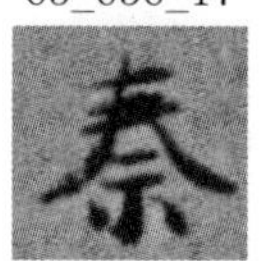 唐代・文選八八 17_143_18

稅	稽			移	秘	
慣ゼイ漢セイ 訓みつぎ	漢ケイ吳ゲイ 訓—			イ 訓うつる	ヒ 訓ひめる	
 唐代・文選四八 38_339_24  唐代・文選五九 76_727_3  唐代・文選五九 76_731_18  唐代・文選六八 5_48_23  唐代・古文選前 12_139_3  唐代・古文選後 4_41_11	 唐代・文選四八 38_336_6  唐代・文選五九 8_78_7  唐代・文選五九 47_470_16	 唐代・文選百三 37_364_26  唐代・文選百三 59_563_34 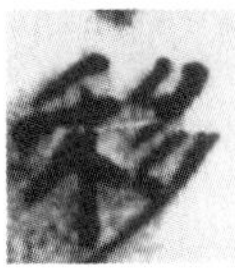 唐代・古文選前 12_140_12  唐代・古文選後 8_88_4	 唐代・文選六八 67_676_16  唐代・文選六八 68_677_15  唐代・文選八八 11_84_5  唐代・文選八八 11_85_25  唐代・文選百三 5_46_5  唐代・文選百三 21_197_13  唐代・文選百三 24_231_30  唐代・文選百三 28_272_24	 唐代・春秋經傳 15_151_11  唐代・文選四八 10_82_17  唐代・文選五九 51_509_5  唐代・文選五九 52_512_32  唐代・文選五九 64_621_8  唐代・文選五九 110_1041_12  唐代・文選六八 6_57_14  唐代・文選六八 67_675_3	 中唐・金剛經題 2_14_7  唐代・文選五九 39_385_27  唐代・文選五九 42_415_15  唐代・古文選後 18_211_5  唐代・古文選後 19_228_14	 唐代・文選百三 38_380_24  唐代・古文選後 12_142_3

稚

漢キ
訓いとけない

唐代・文選五九
104_985_5

唐代・文選五九
104_985_30

唐代・文選五九
104_986_15

唐代・文選五九
104_986_17

稗

漢ハイ
訓ひえ

唐代・文選六八
13_134_15

唐代・文選六八
13_134_19

稜

ロウ慣リョウ
訓かど

唐代・文選百三
49_475_9

唐代・文選百三
49_476_16

唐代・文選百三
49_477_14

唐代・文選百三
49_478_10

唐代・古文選後
6_65_5

稀

漢キ呉ケ
訓まれ

唐代・文選五九
11_111_20

程

漢テイ
訓ほど

唐代・春秋經傳
36_380_9

唐代・春秋經傳
36_380_14

唐代・文選八八
9_68_25

唐代・古文選前
4_42_13

稈

カン
訓わら

唐代・文選百三
53_508_33

唐代・文選百三
53_509_1

唐代・文選百三
53_510_22

唐代・文選百三
53_511_15

唐代・文選百三
53_513_9

稍

漢ソウ呉ショウ
訓ちいさい

唐代・古文選後
16_183_70

唐代・古文選後
22_256_8

			種	禀	稔	稠
			吳シュ漢ショウ 訓たね	漢ヒン 訓こめぐら	漢ジン吳ニン 訓みのる	漢チュウ 訓しげる
唐代・十輪經四 2_40_1	唐代・文選八八 4_21_13	唐代・文選五九 29_283_9	中唐・金剛經題 2_14_1	唐代・文選六八 73_722_2	唐代・古文選後 6_62_1	唐代・文選六八 35_349_2
唐代・十輪經四 2_40_2	唐代・文選百三 29_283_24	唐代・文選五九 29_284_2	中唐・灌頂歷名 1_4_14	唐代・文選百三 66_633_2		唐代・文選六八 35_351_26
唐代・十輪經四 4_66_2	唐代・文選百三 47_454_26	唐代・文選六八 13_137_14	唐代・文選四八 36_321_3	唐代・文選百三 66_636_19		唐代・古文選前 17_198_7
唐代・十輪經四 4_71_1	唐代・文選百三 47_456_11	唐代・文選六八 23_227_13	唐代・文選四八 36_321_22	唐代・文選百三 66_636_25		
唐代・十輪經四 6_111_14	唐代・文選百三 47_457_10	唐代・文選六八 43_430_6	唐代・文選五九 6_56_15	唐代・文選百三 67_639_8		
唐代・十輪經四 7_131_7	唐代・十輪經四 2_23_13	唐代・文選六八 43_430_11	唐代・文選五九 13_125_3	唐代・文選百三 85_807_16		
唐代・十輪經四 7_131_8	唐代・十輪經四 2_36_6	唐代・文選六八 43_431_11	唐代・文選五九 13_125_13	唐代・古文選後 19_222_9		
唐代・十輪經四 7_134_16	唐代・十輪經四 2_36_7	唐代・文選六八 45_445_16	唐代・文選五九 13_126_20			

唐代•十輪經四 7_134_17
唐代•十輪經四 8_140_8
唐代•十輪經四 8_140_9
唐代•十輪經四 13_258_5
唐代•十輪經四 17_326_2
唐代•十輪經四 17_327_15
唐代•十輪經四 17_327_16
唐代•十輪經四 19_362_5
唐代•十輪經四 19_362_6
唐代•十輪經四 20_381_15
唐代•十輪經四 20_381_16
唐代•十輪經四 20_385_15
唐代•十輪經四 20_385_16
唐代•十輪經四 20_394_15
唐代•十輪經四 21_414_8
唐代•十輪經四 21_414_9
唐代•十輪經四 21_418_11
唐代•十輪經四 21_418_12
唐代•十輪經八 1_7_17
唐代•十輪經八 1_16_9
唐代•十輪經八 1_16_10
唐代•十輪經八 2_22_16
唐代•十輪經八 2_30_10
唐代•十輪經八 2_30_11
唐代•十輪經八 4_67_5
唐代•十輪經八 4_67_6
唐代•十輪經八 5_82_8
唐代•十輪經八 5_82_9
唐代•十輪經八 5_83_4
唐代•十輪經八 5_83_5
唐代•十輪經八 5_83_16
唐代•十輪經八 5_84_1
唐代•十輪經八 5_85_15
唐代•十輪經八 5_85_16
唐代•十輪經八 5_91_4
唐代•十輪經八 7_127_14
唐代•十輪經八 7_135_8
唐代•十輪經八 7_135_9
唐代•十輪經八 9_166_9
唐代•十輪經八 9_174_2
唐代•十輪經八 9_174_3
唐代•十輪經八 11_204_4
唐代•十輪經八 11_211_16
唐代•十輪經八 11_211_17
唐代•十輪經八 13_241_14
唐代•十輪經八 13_249_4
唐代•十輪經八 13_249_5
唐代•十輪經八 14_278_15
唐代•十輪經八 15_286_9
唐代•十輪經八 15_286_10
唐代•十輪經八 16_316_12
唐代•十輪經八 17_324_7
唐代•十輪經八 17_324_8
唐代•十輪經八 18_345_5
唐代•十輪經八 18_345_6
唐代•十輪經八 18_355_6

唐代•十輪經八 18_362_16
唐代•十輪經八 18_362_17
唐代•十輪經八 20_383_5
唐代•十輪經八 20_383_6
唐代•十輪經八 20_384_16
唐代•十輪經八 20_384_17
唐代•十輪經八 20_393_1
唐代•十輪經八 20_400_11
唐代•十輪經八 20_400_12
唐代•十輪經八 22_421_2
唐代•十輪經八 22_421_3
唐代•十輪經八 22_421_10
唐代•十輪經八 22_421_11
唐代•十輪經八 22_432_9
唐代•十輪經八 22_440_3
唐代•十輪經八 22_440_4
唐代•十輪經九 2_31_1
唐代•十輪經九 2_38_13
唐代•十輪經九 2_38_14
唐代•十輪經九 4_71_6
唐代•十輪經九 4_78_15
唐代•十輪經九 4_78_16
唐代•十輪經九 5_86_13
唐代•十輪經九 5_88_16
唐代•十輪經九 8_151_17
唐代•十輪經九 8_152_1
唐代•十輪經九 9_164_14
唐代•十輪經九 9_165_16
唐代•十輪經九 12_227_16
唐代•十輪經九 13_243_8
唐代•十輪經九 14_275_9
唐代•十輪經九 15_288_7
唐代•十輪經九 15_288_15
唐代•十輪經九 16_306_9
唐代•十輪經九 16_312_4
唐代•十輪經九 16_312_5
唐代•十輪經九 17_335_5
唐代•十輪經九 17_337_3
唐代•十輪經九 18_353_11
唐代•十輪經九 19_371_9
唐代•十輪經十 1_7_9
唐代•十輪經十 1_11_10
唐代•十輪經十 1_11_11
唐代•十輪經十 1_13_8
唐代•十輪經十 1_13_9
唐代•十輪經十 1_15_6
唐代•十輪經十 1_15_7
唐代•十輪經十 3_41_17
唐代•十輪經十 3_44_10
唐代•十輪經十 3_44_11
唐代•十輪經十 3_48_1
唐代•十輪經十 3_48_2
唐代•十輪經十 3_53_4
唐代•十輪經十 4_60_7
唐代•十輪經十 4_60_8
唐代•十輪經十 4_61_10

唐代•十輪經十
4_67_15

唐代•十輪經十
4_67_16

唐代•十輪經十
4_69_2

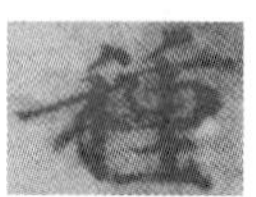
唐代•十輪經十
4_69_3

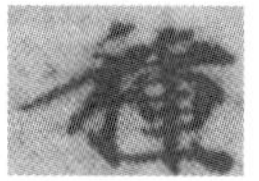
唐代•十輪經十
5_100_15

唐代•十輪經十
5_100_16

唐代•十輪經十
6_104_1

唐代•十輪經十
6_104_2

唐代•十輪經十
7_125_10

唐代•十輪經十
7_136_6

稱

ショウ
訓はかる

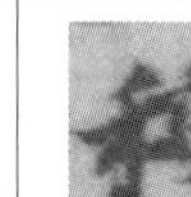
初唐•法華義疏
1_9_22

唐代•春秋經傳
1_4_6

唐代•春秋經傳
2_15_8

唐代•春秋經傳
2_16_21

唐代•春秋經傳
4_42_29

唐代•春秋經傳
5_43_19

唐代•春秋經傳
7_72_2

唐代•春秋經傳
7_72_28

唐代•春秋經傳
13_128_7

唐代•春秋經傳
18_185_12

唐代•春秋經傳
19_201_13

唐代•春秋經傳
19_202_22

唐代•春秋經傳
20_203_4

唐代•春秋經傳
20_203_12

唐代•春秋經傳
20_203_22

唐代•春秋經傳
20_204_6

唐代•春秋經傳
24_249_5

唐代•春秋經傳
24_249_10

唐代•春秋經傳
24_249_24

唐代•春秋經傳
25_261_8

唐代•春秋經傳
28_285_38

唐代•春秋經傳
28_291_14

唐代•春秋經傳
32_336_17

唐代•春秋經傳
32_339_26

唐代•春秋經傳
33_342_9

唐代•春秋經傳
35_368_23

唐代•春秋經傳
36_379_21

唐代•春秋經傳
38_394_3

唐代•春秋經傳
39_408_23

唐代•文選四八
16_150_17

唐代•文選四八
17_157_7

唐代•文選四八
20_178_24

唐代•文選四八
20_179_14

唐代•文選四八
20_181_6

唐代•文選四八
20_182_13

唐代•文選五九
43_427_11

唐代•文選五九
53_526_21

唐代•文選五九
78_751_30

唐代•文選五九
103_980_15

唐代•文選六八
23_237_5

稽

漢 ケイ
訓 とどめる

唐代·春秋經傳
8_79_10

唐代·春秋經傳
29_298_25

唐代·文選四八
1_2_24

唐代·文選四八
18_159_13

唐代·文選五九
43_425_6

唐代·文選六八
44_439_13

唐代·十輪經九
12_234_1

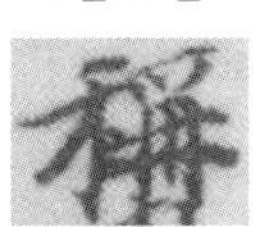
唐代·十輪經九
15_296_24

唐代·十輪經九
15_298_24

唐代·十輪經九
15_299_24

唐代·十輪經九
18_344_4

唐代·十輪經十
3_56_18

唐代·十輪經十
7_129_24

唐代·十輪經十
8_160_5

唐代·十輪經四
20_380_5

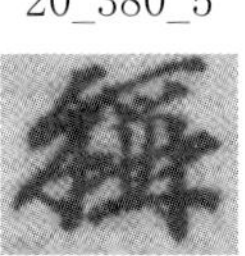
唐代·十輪經四
21_411_14

唐代·十輪經四
21_415_16

唐代·十輪經四
22_420_12

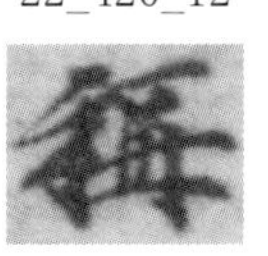
唐代·十輪經四
22_425_2

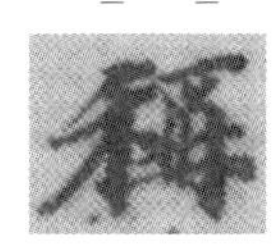
唐代·十輪經八
5_96_4

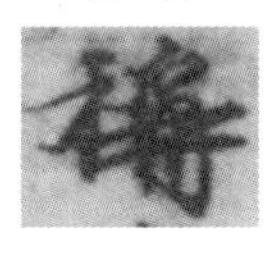
唐代·十輪經九
5_83_4

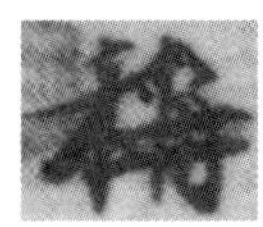
唐代·十輪經九
5_91_13

唐代·古文選前
13_151_6

唐代·古文選前
20_238_7

唐代·古文選後
12_139_1

唐代·古文選後
20_232_11

唐代·十輪經四
2_27_14

唐代·十輪經四
2_28_5

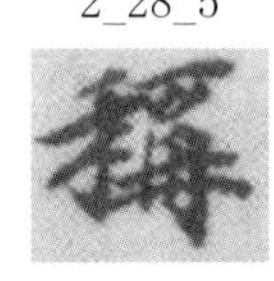
唐代·十輪經四
11_202_1

唐代·十輪經四
11_212_3

唐代·文選百三
48_460_31

唐代·文選百三
75_725_25

唐代·文選百三
87_830_5

唐代·古文選前
6_71_2

唐代·古文選前
11_127_8

唐代·古文選前
11_132_1

唐代·古文選前
11_132_8

唐代·古文選前
13_150_13

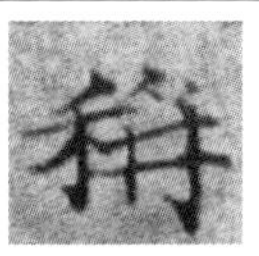
唐代·文選百三
5_37_1

唐代·文選百三
6_49_23

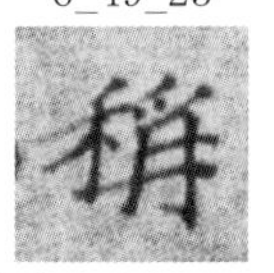
唐代·文選百三
23_216_29

唐代·文選百三
23_219_28

唐代·文選百三
24_236_11

唐代·文選百三
25_249_17

唐代·文選百三
29_285_12

唐代·文選百三
35_346_7

唐代·文選六八
27_270_19

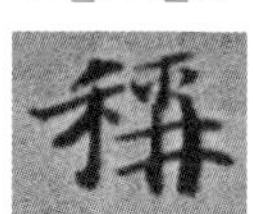
唐代·文選六八
29_289_14

唐代·文選六八
60_600_9

唐代·文選六八
60_601_17

唐代·文選六八
61_605_11

唐代·文選六八
61_608_3

唐代·文選八八
5_29_28

唐代·文選八八
13_104_6

		積	稼	稸	稲	稷
		漢セキ呉シャク 訓つむ	漢カ 訓かせぐ	漢キク呉チク 訓つむ	漢トウ 訓いね	漢ショク 訓きび
 唐代・文選百三 56_534_4  唐代・文選百三 85_806_3  唐代・古文選前 24_288_5  唐代・古文選前 24_288_13  唐代・古文選後 18_207_1  唐代・古文選後 21_247_2  唐代・古文選後 26_303_13	 唐代・文選百三 23_223_14  唐代・文選百三 23_224_11  唐代・文選百三 23_224_21  唐代・文選百三 24_230_25  唐代・文選百三 30_295_16  唐代・文選百三 34_338_6  唐代・文選百三 34_340_13  唐代・文選百三 41_415_7	 唐代・文選四八 47_421_3  唐代・文選五九 73_703_22  唐代・文選五九 74_708_3  唐代・文選六八 6_59_15  唐代・文選六八 37_370_9  唐代・文選百三 17_166_8  唐代・文選百三 17_167_5  唐代・文選百三 23_221_4	 唐代・文選五九 35_345_15  唐代・文選五九 35_347_20  唐代・古文選前 17_200_4  唐代・古文選前 22_259_9 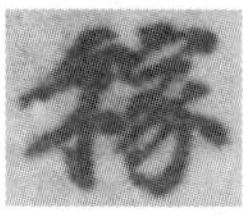 唐代・十輪經八 4_76_4  唐代・十輪經八 5_82_15	 唐代・古文選前 17_200_9	 唐代・春秋經傳 18_184_11	 唐代・春秋經傳 8_82_11  唐代・春秋經傳 17_175_17  唐代・春秋經傳 17_176_8  唐代・文選百三 56_541_34  唐代・文選百三 56_542_23  唐代・古文選前 17_195_11  唐代・古文選後 3_33_5

穆

漢ボク 呉モク
訓あつい

唐代•春秋經傳 3_27_12

唐代•春秋經傳 13_131_14

唐代•春秋經傳 15_158_14

唐代•春秋經傳 16_160_6

唐代•春秋經傳 16_166_2

唐代•春秋經傳 17_179_16

唐代•春秋經傳 17_181_3

唐代•春秋經傳 18_191_14

唐代•春秋經傳 20_205_3

唐代•春秋經傳 20_207_3

唐代•春秋經傳 20_208_2

唐代•春秋經傳 21_222_7

唐代•春秋經傳 31_322_8

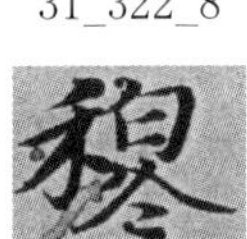
唐代•文選四八 36_323_4

唐代•文選四八 36_324_3

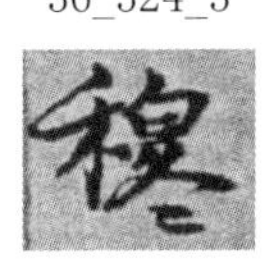
唐代•文選四八 36_324_25

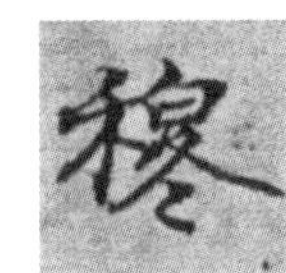
唐代•文選四八 39_347_9

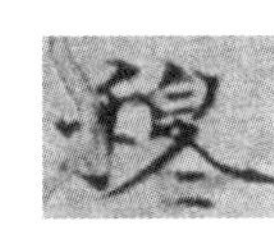
唐代•文選四八 39_348_12

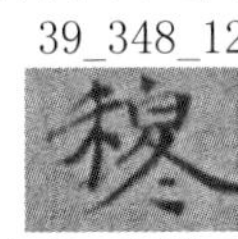
唐代•文選五九 14_138_7

唐代•文選五九 15_139_29

唐代•文選五九 15_143_9

唐代•文選五九 28_278_26

唐代•文選五九 57_554_25

唐代•文選五九 57_554_28

唐代•文選五九 57_555_10

唐代•文選五九 60_576_8

唐代•文選六八 39_398_17

唐代•文選六八 72_720_19

唐代•文選六八 73_721_16

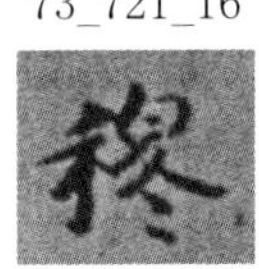
唐代•文選六八 73_722_17

唐代•文選百三 68_657_31

唐代•古文選前 22_264_13

唐代•古文選後 1_1_2

唐代•古文選後 14_159_15

唐代•古文選後 14_160_1

唐代•古文選後 18_211_15

唐代•古文選後 21_249_1

穢

慣アイ 漢ワイ 呉エ
訓あれる

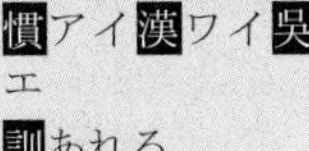
唐代•文選五九 30_294_7

唐代•文選五九 59_564_10

唐代•文選五九 59_568_18

唐代•文選五九 59_569_21

唐代•文選五九 62_601_19

唐代•文選六八 9_101_14

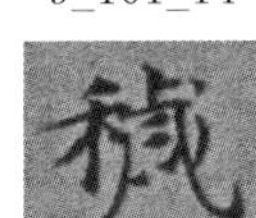
唐代•文選六八 10_103_18

唐代•文選百三 39_386_6

唐代•文選百三 39_388_23

唐代•文選百三 59_564_2

唐代•文選百三 59_564_14

唐代•文選百三 59_566_18

唐代•文選百三 59_567_4

唐代•十輪經四 8_157_5

唐代•十輪經八 2_39_5

唐代•十輪經八 4_77_3

		穬	穠	穡		
		カン 訓おおあわ	漢ジョウ 訓あつい	漢ショク 訓とりいれ		
		 唐代•文選百三 33_332_5  唐代•文選百三 33_332_14  唐代•文選百三 33_333_1 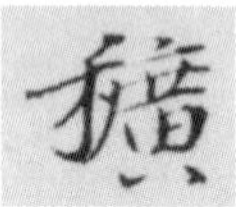 唐代•文選百三 33_333_8	 唐代•古文選前 3_34_10  唐代•古文選前 8_92_16	 唐代•古文選前 17_200_8	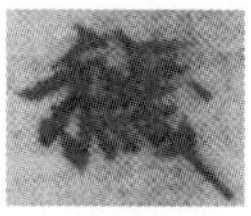 唐代•十輪經九 1_20_11  唐代•十輪經九 7_128_10  唐代•十輪經九 7_136_4 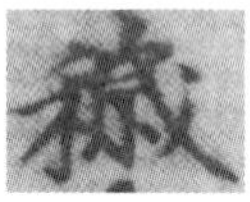 唐代•十輪經十 10_196_11	 唐代•十輪經八 10_196_12  唐代•十輪經八 19_364_17 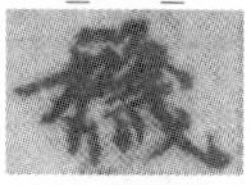 唐代•十輪經八 19_367_14  唐代•十輪經八 19_370_3 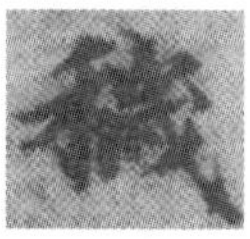 唐代•十輪經八 19_379_10 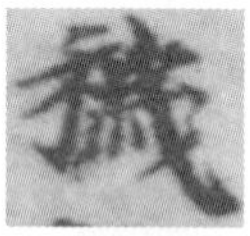 唐代•十輪經八 20_388_7  唐代•十輪經九 1_4_1  唐代•十輪經九 1_9_16  唐代•十輪經九 1_15_2

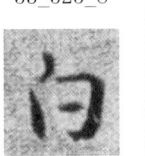

白部

白白

漢ハク呉ビャク
訓しろ

初唐•大般若經
1_3_7

唐代•春秋經傳
28_289_3

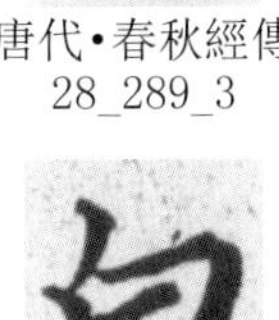
唐代•春秋經傳
28_294_5

唐代•文選四八
4_31_2

唐代•文選四八
9_74_19

唐代•文選四八
19_170_1

唐代•文選四八
19_170_16

唐代•文選四八
19_173_18

唐代•文選四八
30_272_19

唐代•文選四八
42_375_13

唐代•文選五九
9_81_17

唐代•文選五九
16_152_32

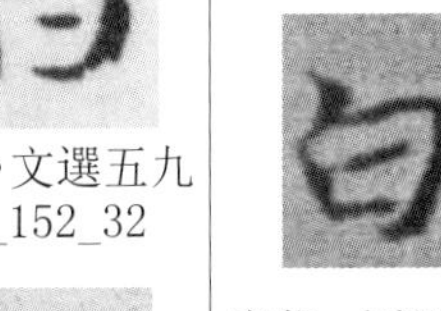

唐代•文選五九
21_210_9

唐代•文選五九
22_217_6

唐代•文選五九
27_272_23

唐代•文選五九
43_430_8

唐代•文選五九
43_431_8

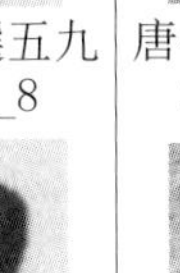
唐代•文選五九
44_432_8

唐代•文選五九
44_432_30

唐代•文選五九
44_433_5

唐代•文選五九
53_525_8

唐代•文選五九
53_527_7

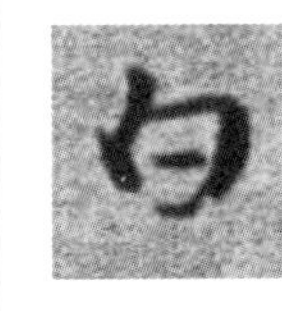
唐代•文選五九
53_527_26

唐代•文選五九
53_528_10

唐代•文選五九
75_723_3

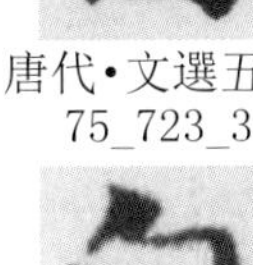
唐代•文選五九
75_724_8

唐代•文選五九
76_725_16

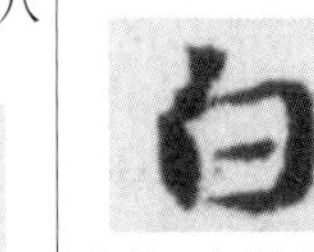
唐代•文選五九
77_742_5

唐代•文選五九
77_743_28

唐代•文選五九
78_756_15

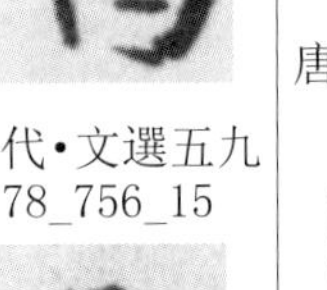

唐代•文選五九
112_1062_8

唐代•文選六八
6_59_22

唐代•文選六八
14_144_11

唐代•文選六八
14_144_15

唐代•文選六八
14_144_23

唐代•文選六八
19_191_13

唐代•文選六八
19_193_7

唐代•文選六八
19_194_29

唐代•文選六八
24_240_16

唐代•文選六八
27_266_9

唐代•文選六八
32_323_10

唐代•文選六八
44_440_16

唐代•文選六八
47_465_22

唐代•文選六八
55_547_3

唐代•文選六八
55_553_5

唐代•文選六八
62_620_14

唐代•文選六八
69_687_18

唐代•文選八八
12_98_29

百

漢ハク 呉ヒャク
訓もも

初唐•法華義疏
1_2_22

初唐•大般若經
2_31_12

初唐•大般若經
2_35_10

中唐•金剛經題
1_4_10

中唐•金剛經題
1_4_16

唐代•春秋經傳
5_47_22

唐代•春秋經傳
5_48_1

唐代•春秋經傳
5_48_6

唐代•十輪經四
15_293_9

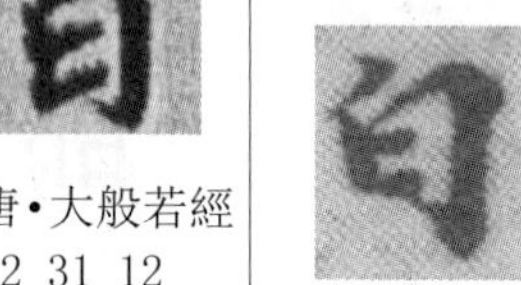
唐代•十輪經四
15_299_16

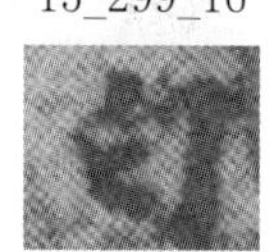
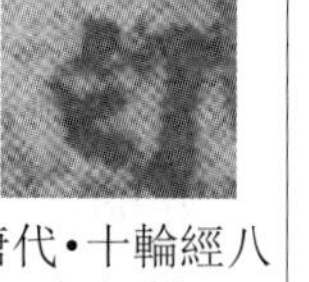
唐代•十輪經八
1_2_12

唐代•十輪經十
19_378_4

唐代•十輪經四
14_264_5

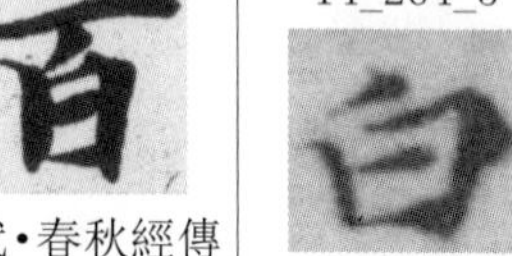
唐代•十輪經四
14_273_4

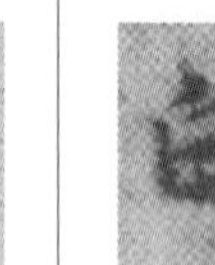
唐代•十輪經四
3_43_10

唐代•十輪經四
8_159_13

唐代•十輪經四
9_168_5

唐代•十輪經四
10_188_3

唐代•十輪經四
12_228_5

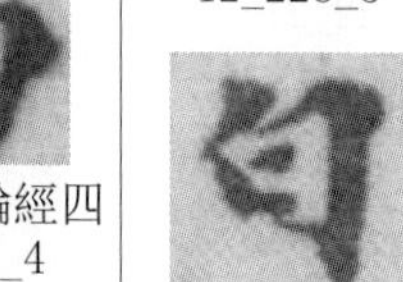
唐代•十輪經四
12_240_5

唐代•十輪經四
13_252_5

唐代•古文選前
16_190_1

唐代•古文選前
16_191_11

唐代•古文選前
16_193_7

唐代•古文選後
5_60_1

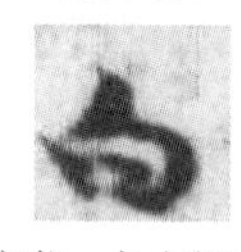
唐代•古文選後
24_281_28

唐代•古文選後
25_291_10

唐代•十輪經四
8_155_1

唐代•文選百三
81_776_14

唐代•文選百三
83_787_21

唐代•古文選前
2_20_11

唐代•古文選前
3_29_5

唐代•古文選前
7_85_11

唐代•古文選前
7_86_8

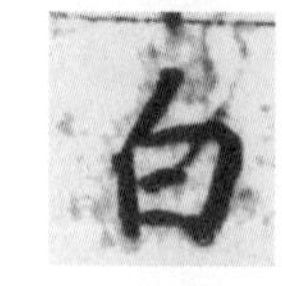
唐代•古文選前
16_189_1

唐代•文選百三
41_409_5

唐代•文選百三
41_412_5

唐代•文選百三
41_412_27

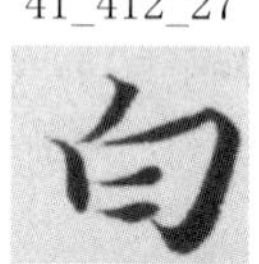
唐代•文選百三
41_416_18

唐代•文選百三
49_472_3

唐代•文選百三
49_473_7

唐代•文選百三
49_474_4

唐代•文選百三
49_474_29

唐代•文選百三
13_117_1

唐代•文選百三
13_117_19

唐代•文選百三
13_118_23

唐代•文選百三
15_142_6

唐代•文選百三
15_143_11

唐代•文選百三
22_215_18

唐代•文選百三
22_215_31

唐代•文選百三
39_389_9

唐代•文選百三 65_624_14	唐代•文選百三 27_259_7	唐代•文選六八 71_708_22	唐代•文選五九 78_749_9	唐代•文選五九 25_244_28	唐代•文選四八 12_111_26	唐代•春秋經傳 6_56_7
唐代•文選百三 87_835_7	唐代•文選百三 28_277_25	唐代•文選八八 1_2_4	唐代•文選五九 78_749_17	唐代•文選五九 60_580_30	唐代•文選四八 12_112_7	唐代•春秋經傳 6_56_11
唐代•古文選後 8_90_6	唐代•文選百三 34_338_3	唐代•文選八八 3_10_30	唐代•文選五九 82_790_15	唐代•文選五九 69_664_3	唐代•文選四八 15_135_17	唐代•春秋經傳 6_56_18
唐代•古文選後 10_118_6	唐代•文選百三 56_533_18	唐代•文選八八 6_39_2	唐代•文選六八 1_1_16	唐代•文選五九 69_665_9	唐代•文選四八 16_140_4	唐代•春秋經傳 14_143_20
唐代•古文選後 15_176_9	唐代•文選百三 56_534_12	唐代•文選八八 7_42_23	唐代•文選六八 1_9_29	唐代•文選五九 69_666_30	唐代•文選四八 16_144_6	唐代•春秋經傳 14_144_12
唐代•古文選後 22_254_7	唐代•文選百三 57_546_36	唐代•文選八八 11_95_13	唐代•文選六八 27_278_27	唐代•文選五九 69_667_28	唐代•文選四八 16_145_18	唐代•春秋經傳 14_149_9
唐代•十輪經十 15_299_9	唐代•文選百三 57_548_7	唐代•文選八八 22_195_28	唐代•文選六八 42_424_29	唐代•文選五九 71_679_18	唐代•文選五九 12_116_24	唐代•春秋經傳 15_153_13
	唐代•文選百三 65_624_10	唐代•文選百三 25_250_22	唐代•文選六八 61_608_8	唐代•文選五九 74_712_30	唐代•文選五九 21_207_26	唐代•文選四八 8_62_19

				皇皇	的旳	皂
				漢コウ呉オウ 訓かがやく	漢テキ 訓まど	漢ソウ 訓どんぐり
 唐代・文選五九 103_979_22	 唐代・文選五九 96_913_9	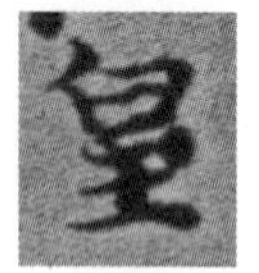 唐代・文選四八 24_220_1	 唐代・文選四八 19_168_23	 初唐・大般若經 2_32_7	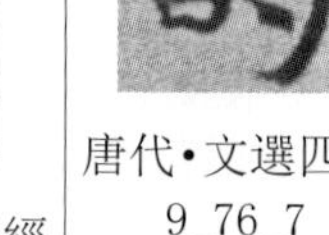 唐代・文選四八 9_76_7	 唐代・文選四八 32_286_19
 唐代・文選六八 32_319_20	 唐代・文選五九 97_914_24	 唐代・文選四八 25_226_2	 唐代・文選四八 19_169_6	初唐・大般若經 2_35_2	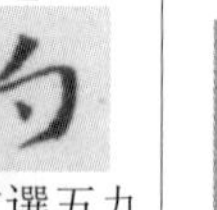 唐代・文選五九 35_343_29	 唐代・文選四八 38_343_21
 唐代・文選六八 51_510_2	 唐代・文選五九 97_915_26	 唐代・文選五九 47_467_4	 唐代・文選四八 19_169_19	 唐代・文選四八 1_4_8	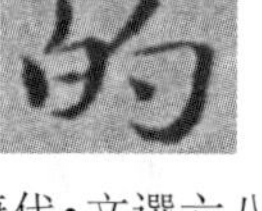 唐代・文選六八 57_571_19	 唐代・文選四八 46_414_9
 唐代・文選六八 51_511_1	唐代・文選五九 99_937_12	唐代・文選五九 56_548_9	唐代・文選四八 20_180_14	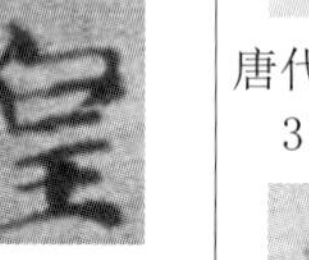 唐代・文選四八 12_108_18	唐代・文選百三 31_308_29	唐代・文選四八 46_414_18
唐代・文選六八 51_511_12	 唐代・文選五九 103_976_9	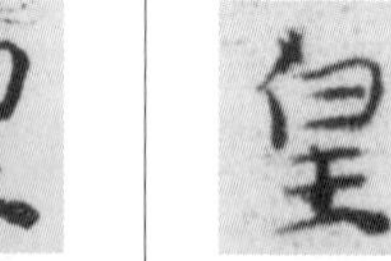 唐代・文選五九 68_650_9	唐代・文選四八 24_215_14	唐代・文選四八 17_154_3	 唐代・文選百三 32_319_18	唐代・文選四八 46_415_8
唐代・文選六八 65_645_9	唐代・文選五九 103_978_10	唐代・文選五九 76_729_11	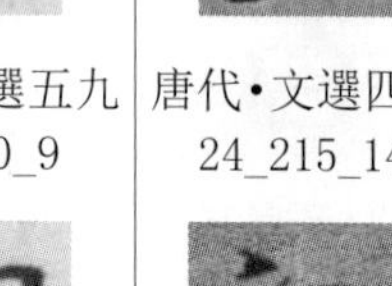 唐代・文選四八 24_218_12	唐代・文選四八 17_157_15	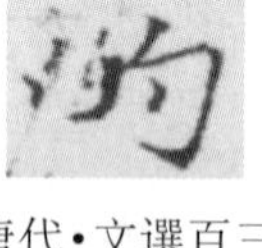 唐代・文選百三 53_515_25	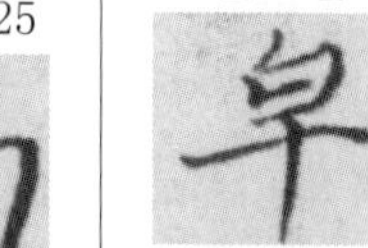 唐代・文選百三 32_317_12
 唐代・文選六八 65_647_5	 唐代・文選五九 103_978_23	 唐代・文選五九 88_849_22	 唐代・文選四八 24_219_24	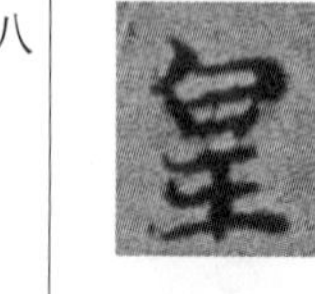 唐代・文選四八 19_168_8	 唐代・文選百三 83_787_29	 唐代・文選百三 53_515_10
					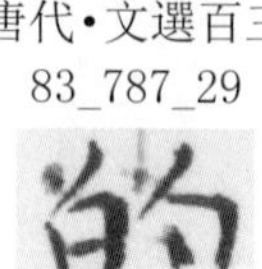 唐代・古文選後 15_171_9	

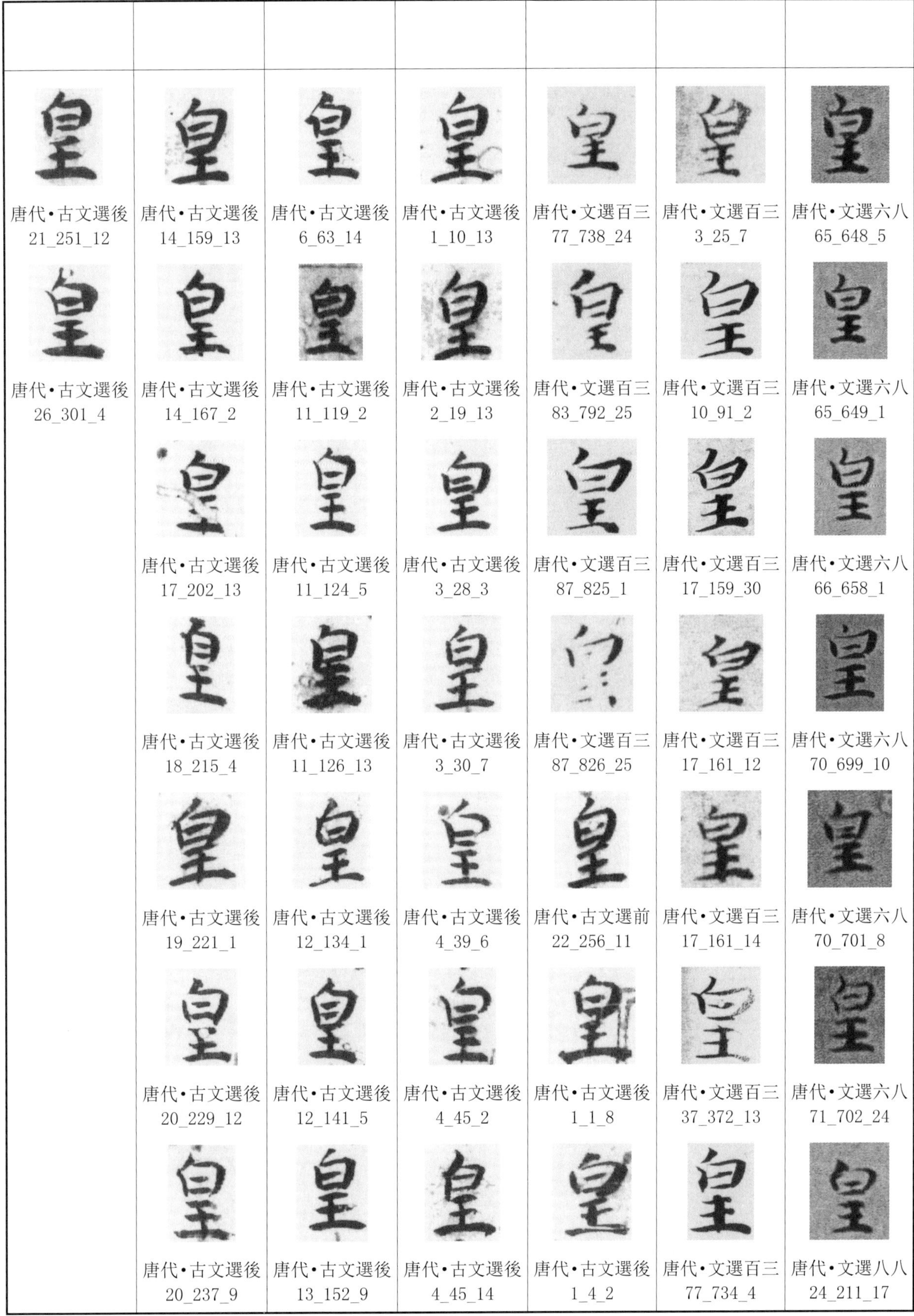

唐代•古文選後 21_251_12	唐代•古文選後 14_159_13	唐代•古文選後 6_63_14	唐代•古文選後 1_10_13	唐代•文選百三 77_738_24	唐代•文選百三 3_25_7	唐代•文選六八 65_648_5
唐代•古文選後 26_301_4	唐代•古文選後 14_167_2	唐代•古文選後 11_119_2	唐代•古文選後 2_19_13	唐代•文選百三 83_792_25	唐代•文選百三 10_91_2	唐代•文選六八 65_649_1
	唐代•古文選後 17_202_13	唐代•古文選後 11_124_5	唐代•古文選後 3_28_3	唐代•文選百三 87_825_1	唐代•文選百三 17_159_30	唐代•文選六八 66_658_1
	唐代•古文選後 18_215_4	唐代•古文選後 11_126_13	唐代•古文選後 3_30_7	唐代•文選百三 87_826_25	唐代•文選百三 17_161_12	唐代•文選六八 70_699_10
	唐代•古文選後 19_221_1	唐代•古文選後 12_134_1	唐代•古文選後 4_39_6	唐代•古文選前 22_256_11	唐代•文選百三 17_161_14	唐代•文選六八 70_701_8
	唐代•古文選後 20_229_12	唐代•古文選後 12_141_5	唐代•古文選後 4_45_2	唐代•古文選後 1_1_8	唐代•文選百三 37_372_13	唐代•文選六八 71_702_24
	唐代•古文選後 20_237_9	唐代•古文選後 13_152_9	唐代•古文選後 4_45_14	唐代•古文選後 1_4_2	唐代•文選百三 77_734_4	唐代•文選八八 24_211_17

皆

漢 カイ
訓 みな

中唐・金剛經題
1_1_10

中唐・金剛經題
2_9_5

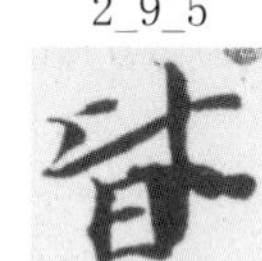
唐代・春秋經傳
3_26_10

唐代・春秋經傳
3_27_8

唐代・春秋經傳
4_40_7

唐代・春秋經傳
12_121_4

唐代・春秋經傳
13_132_9

唐代・春秋經傳
14_149_12

唐代・春秋經傳
20_208_16

唐代・春秋經傳
20_209_11

唐代・春秋經傳
27_274_24

唐代・春秋經傳
31_321_8

唐代・春秋經傳
32_329_3

唐代・春秋經傳
33_346_20

唐代・春秋經傳
33_347_37

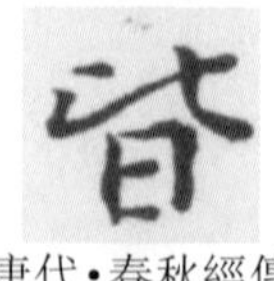
唐代・春秋經傳
34_351_18

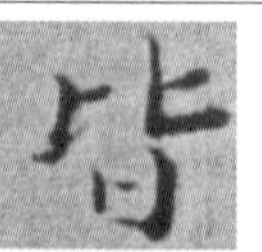
唐代・春秋經傳
37_393_11

唐代・春秋經傳
38_394_1

唐代・春秋經傳
39_407_37

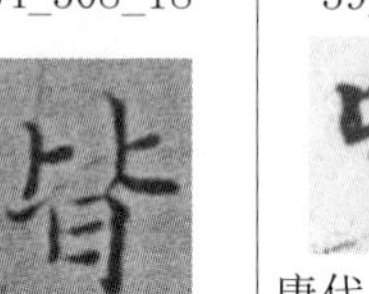
唐代・春秋經傳
39_408_33

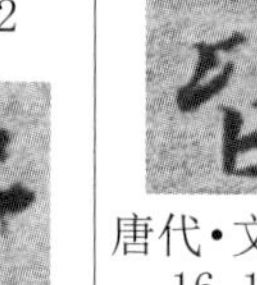
唐代・文選四八
16_147_2

唐代・文選四八
18_166_10

唐代・文選四八
19_170_7

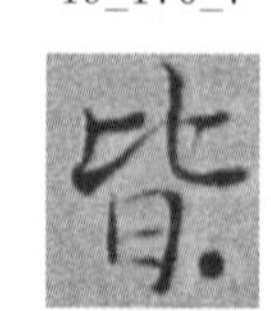
唐代・文選四八
26_230_5

唐代・文選四八
32_288_1

唐代・文選四八
34_305_13

唐代・文選四八
34_308_18

唐代・文選四八
38_344_2

唐代・文選四八
42_375_12

唐代・文選四八
48_429_21

唐代・文選四八
48_438_24

唐代・文選四八
48_439_22

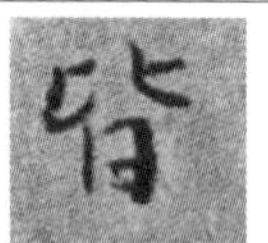
唐代・文選五九
3_24_2

唐代・文選五九
9_82_12

唐代・文選五九
9_83_8

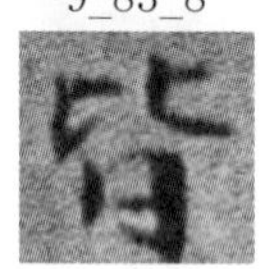
唐代・文選五九
11_100_27

唐代・文選五九
12_112_29

唐代・文選五九
13_120_28

唐代・文選五九
13_124_1

唐代・文選五九
18_173_7

唐代・文選五九
20_195_9

唐代・文選五九
31_304_3

唐代・文選五九
31_312_14

唐代・文選五九
32_314_17

唐代・文選五九
39_391_24

唐代・文選五九
40_397_10

唐代・文選五九
44_435_13

唐代・文選五九
44_435_19

唐代・文選五九
45_450_20

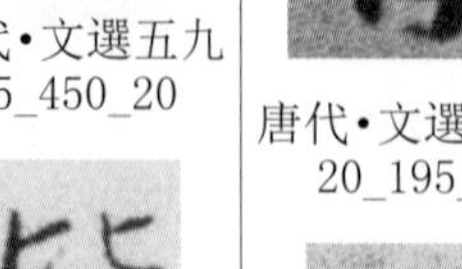
唐代・文選五九
51_503_14

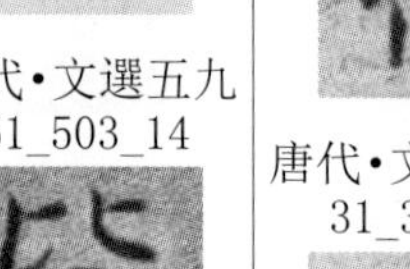
唐代・文選五九
53_517_3

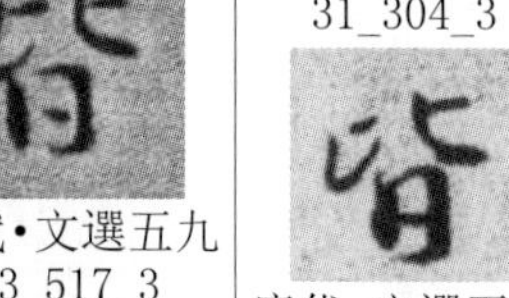
唐代・文選五九
53_517_13

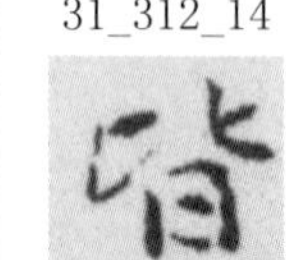
唐代・文選五九
59_569_26

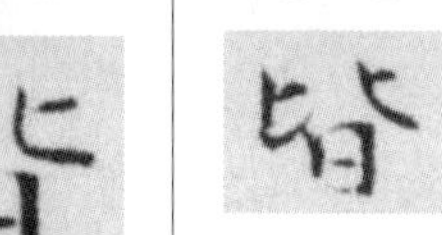
唐代・文選五九
62_592_7

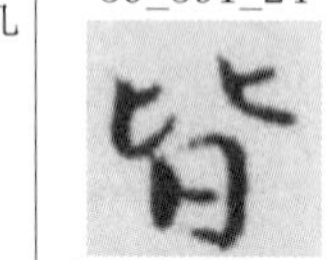
唐代・文選五九
62_595_22

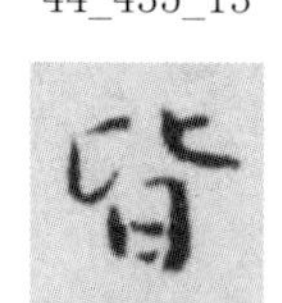
唐代・文選五九
62_596_11

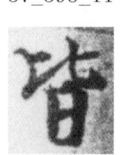

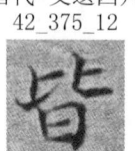

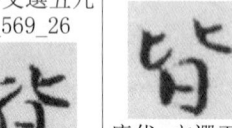

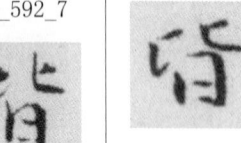

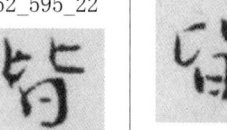

皋 皋

漢 コウ
訓 ああ

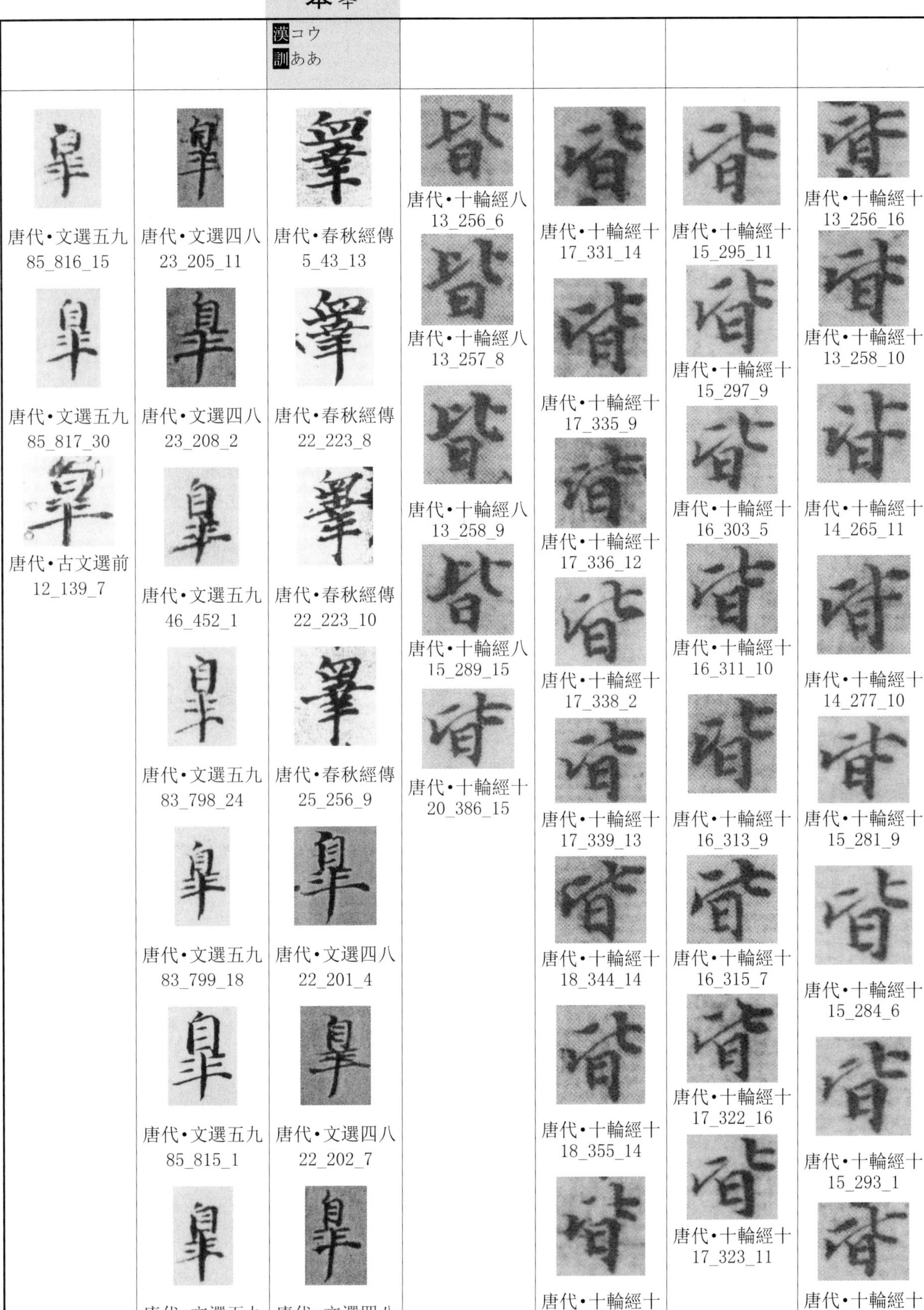

唐代·十輪經十 13_256_16
唐代·十輪經十 13_258_10
唐代·十輪經十 14_265_11
唐代·十輪經十 14_277_10
唐代·十輪經十 15_281_9
唐代·十輪經十 15_284_6
唐代·十輪經十 15_293_1
唐代·十輪經十 15_294_16

唐代·十輪經十 15_295_11
唐代·十輪經十 15_297_9
唐代·十輪經十 16_303_5
唐代·十輪經十 16_311_10
唐代·十輪經十 16_313_9
唐代·十輪經十 16_315_7
唐代·十輪經十 17_322_16
唐代·十輪經十 17_323_11

唐代·十輪經十 17_331_14
唐代·十輪經十 17_335_9
唐代·十輪經十 17_336_12
唐代·十輪經十 17_338_2
唐代·十輪經十 17_339_13
唐代·十輪經十 18_344_14
唐代·十輪經十 18_355_14
唐代·十輪經十 19_370_5

唐代·十輪經八 13_256_6
唐代·十輪經八 13_257_8
唐代·十輪經八 13_258_9
唐代·十輪經八 15_289_15
唐代·十輪經十 20_386_15

唐代·春秋經傳 5_43_13
唐代·春秋經傳 22_223_8
唐代·春秋經傳 22_223_10
唐代·春秋經傳 25_256_9
唐代·文選四八 22_201_4
唐代·文選四八 22_202_7
唐代·文選四八 22_202_21

唐代·文選四八 23_205_11
唐代·文選四八 23_208_2
唐代·文選五九 46_452_1
唐代·文選五九 83_798_24
唐代·文選五九 83_799_18
唐代·文選五九 85_815_1
唐代·文選五九 85_816_4

唐代·文選五九 85_816_15
唐代·文選五九 85_817_30
唐代·古文選前 12_139_7

皤	皛			皓	皎
漢ハ 訓しろい	漢キョウ呉ギョウ 訓あらわれる			漢コウ 訓ひかる	キョウ慣コウ 訓しろい

皤

唐代•春秋經傳
6_61_7

唐代•春秋經傳
6_61_17

皛

唐代•古文選後
6_68_1

皓

唐代•文選六八
46_464_6

唐代•文選六八
47_465_21

唐代•古文選前
8_92_36

唐代•古文選前
8_92_60

唐代•古文選前
9_103_11

唐代•文選五九
22_217_19

唐代•文選五九
22_218_21

唐代•文選五九
23_219_16

唐代•文選六八
32_321_15

唐代•文選六八
32_323_8

唐代•文選六八
32_323_18

唐代•文選六八
39_392_11

唐代•文選六八
39_395_21

唐代•文選四八
21_188_8

唐代•文選四八
21_188_14

唐代•文選四八
21_188_24

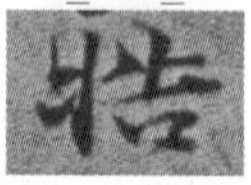
唐代•文選四八
21_189_6

唐代•文選四八
21_189_14

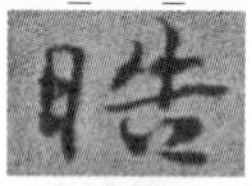
唐代•文選四八
21_189_26

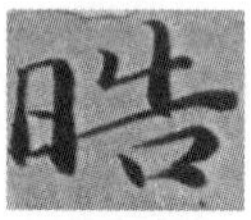
唐代•文選五九
22_216_14

唐代•文選五九
22_217_5

皎

唐代•文選百三
49_474_35

唐代•古文選前
3_30_2

唐代•古文選前
8_91_12

唐代•古文選後
17_194_2

唐代•古文選後
26_302_12

瓜部

瓜

漢カ
訓うり

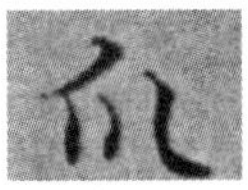
唐代・文選四八
17_151_13

唐代・文選四八
17_151_22

唐代・文選四八
17_152_11

唐代・古文選前
10_118_10

瓞

漢テツ呉デチ
訓—

唐代・文選四八
16_147_18

唐代・文選四八
16_148_16

唐代・文選四八
16_149_18

唐代・文選四八
17_151_1

唐代・文選四八
17_151_14

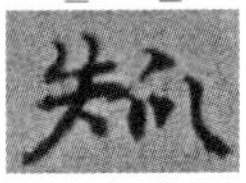
唐代・文選四八
17_152_9

瓠

漢コ
訓ひさご

唐代・古文選前
10_118_9

疒部

疚

漢キュウ 訓やむ

唐代·文選百三 21_199_3

疥 𤵸

漢カイ 訓ひぜん

唐代·古文選前 13_148_7

疫 𤵺

漢エキ 呉ヤク 訓えやみ

唐代·古文選後 7_78_3

唐代·十輪經四 5_80_11

病 𤺋

漢ヘイ 呉ビョウ 訓やまい

唐代·春秋經傳 10_97_17

唐代·春秋經傳 34_353_12

唐代·文選四八 43_386_15

唐代·文選五九 29_290_8

唐代·文選五九 29_290_30

唐代·文選六八 36_364_16

唐代·文選百三 3_23_13

唐代·文選百三 13_122_17

唐代·文選百三 27_270_23

唐代·文選百三 37_364_12

唐代·文選百三 61_587_30

唐代·十輪經四 2_25_12

唐代·十輪經四 10_189_16

唐代·十輪經四 17_327_7

唐代·十輪經八 2_35_9

唐代·十輪經八 6_113_3

唐代·十輪經八 6_119_14

唐代·十輪經九 7_124_16

唐代·十輪經九 12_225_16

唐代·十輪經九 12_237_12

唐代·十輪經十 3_47_1

疾

漢シツ
訓やまい

唐代•十輪經十 6_102_17
唐代•十輪經十 17_330_12
唐代•十輪經十 19_371_12

唐代•春秋經傳 7_71_16
唐代•春秋經傳 17_179_19
唐代•春秋經傳 20_205_13
唐代•春秋經傳 20_205_17
唐代•春秋經傳 20_209_1
唐代•春秋經傳 25_256_22
唐代•春秋經傳 25_257_10
唐代•春秋經傳 27_283_13

唐代•春秋經傳 27_284_6
唐代•春秋經傳 29_299_19
唐代•春秋經傳 37_383_6
唐代•文選五九 15_142_3
唐代•文選五九 18_176_25
唐代•文選五九 34_332_2
唐代•文選五九 34_335_2
唐代•文選五九 34_335_4

唐代•文選五九 40_393_7
唐代•文選五九 40_393_14
唐代•文選五九 41_411_5
唐代•文選五九 42_414_19
唐代•文選五九 47_464_2
唐代•文選五九 83_801_15
唐代•文選五九 92_886_27
唐代•文選五九 92_887_21

唐代•文選五九 94_904_9
唐代•文選五九 102_964_19
唐代•文選五九 102_965_14
唐代•文選六八 5_50_3
唐代•文選六八 5_50_28
唐代•文選六八 30_305_3
唐代•文選六八 31_306_15
唐代•文選六八 31_307_19

唐代•文選六八 31_308_12
唐代•文選六八 31_309_18
唐代•文選六八 31_309_27
唐代•文選六八 33_333_19
唐代•文選六八 34_343_24
唐代•文選六八 34_343_29
唐代•文選六八 38_381_19
唐代•文選六八 53_531_10

唐代•文選六八 53_531_21
唐代•文選六八 53_538_5
唐代•文選六八 53_538_20
唐代•文選六八 53_538_26
唐代•文選六八 54_539_21
唐代•文選六八 60_600_1
唐代•文選百三 4_30_8
唐代•文選百三 13_119_26

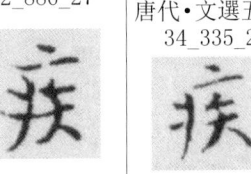

痍

イ

訓きず

唐代・文選百三
85_812_12

唐代・文選百三
85_816_14

唐代・文選百三
85_816_29

痔

吳ジ

訓しもがさ

唐代・古文選前
13_148_9

唐代・文選百三
69_663_8

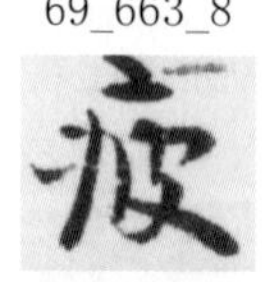
唐代・古文選後
8_84_10

唐代・古文選後
10_116_2

疲

慣ヒ

訓つかれる

唐代・文選五九
35_345_13

唐代・文選五九
35_346_16

唐代・文選五九
35_347_17

唐代・文選五九
105_992_3

唐代・文選五九
105_995_10

唐代・文選百三
13_128_30

唐代・文選百三
69_661_15

唐代・文選百三
69_662_17

唐代・十輪經四
14_272_12

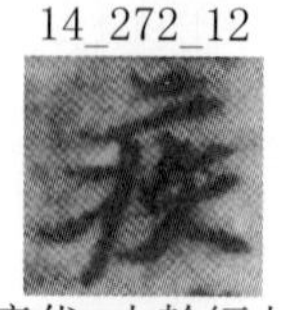
唐代・十輪經九
8_140_15

唐代・十輪經十
17_321_6

唐代・文選百三
25_240_5

唐代・文選百三
35_350_15

唐代・文選百三
39_393_9

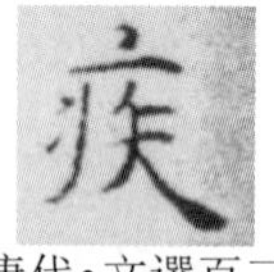
唐代・文選百三
39_394_3

唐代・文選百三
40_399_21

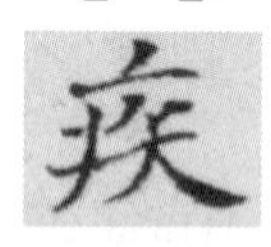
唐代・文選百三
58_557_14

唐代・文選百三
62_597_28

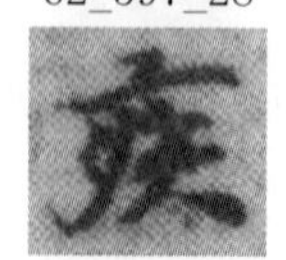
唐代・十輪經四
5_80_10

唐代・文選百三
13_123_28

唐代・文選百三
13_128_12

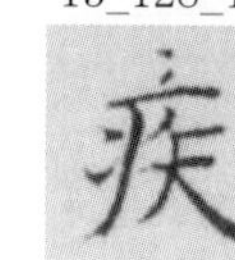
唐代・文選百三
13_128_26

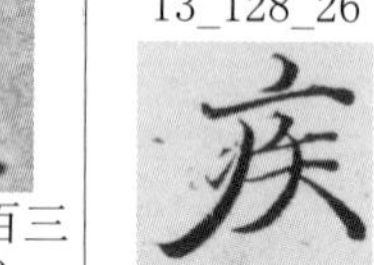
唐代・文選百三
18_170_13

唐代・文選百三
18_171_11

唐代・文選百三
18_171_19

唐代・文選百三
24_232_23

唐代・文選百三
25_238_9

瘠

【漢】セキ
【訓】やせる

唐代・文選百三
84_799_25

瘡

ショウ
【訓】きず

唐代・文選百三
85_816_30

瘼

【漢】バク【呉】マク
【訓】やむ

唐代・古文選後
6_61_12

唐代・十輪經四
5_91_11

唐代・十輪經四
16_318_15

唐代・十輪經四
18_341_1

唐代・十輪經四
18_355_11

唐代・十輪經四
19_372_8

唐代・十輪經四
20_392_3

唐代・十輪經四
20_397_14

痛

【慣】ツウ【漢】トウ
【訓】いたい

初唐・聖武雜集
1_5_17

唐代・文選四八
9_78_2

唐代・文選四八
10_80_16

唐代・文選六八
36_364_22

唐代・文選百三
41_405_3

唐代・十輪經四
3_51_16

唐代・十輪經四
6_117_10

痾

ア
【訓】やまい

唐代・文選五九
29_289_9

唐代・文選五九
29_290_7

唐代・文選五九
29_290_21

疵

【漢】シ
【訓】きず

唐代・文選百三
13_121_3

唐代・文選百三
13_122_16

唐代・文選百三
13_124_13

唐代・文選百三
36_362_7

唐代・文選百三
37_363_11

唐代・文選百三
37_364_11

唐代・文選百三
37_364_24

唐代・文選百三
37_364_39

癘

レイ、ライ
訓えやみ

唐代•古文選後
7_78_4

療

リョウ
訓いやす

唐代•十輪經四
2_25_11

癡

チ
訓おろか

唐代•十輪經四
1_2_8

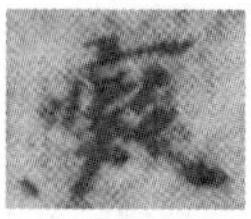
唐代•十輪經四
1_12_3

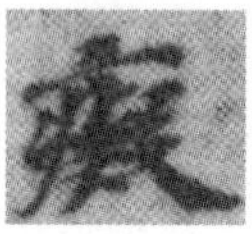
唐代•十輪經四
1_15_7

唐代•十輪經四
3_55_1

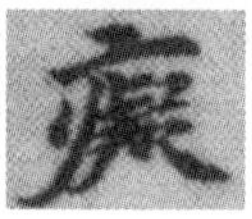
唐代•十輪經四
5_95_7

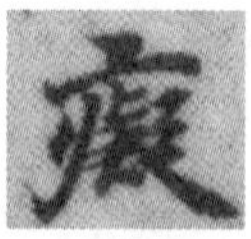
唐代•十輪經四
5_97_9

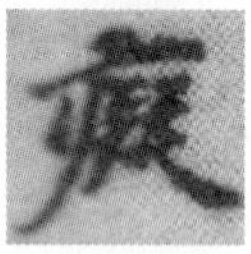
唐代•十輪經四
6_100_6

唐代•十輪經四
6_103_3

唐代•十輪經四
10_195_2

唐代•十輪經四
15_285_10

唐代•十輪經四
16_305_13

唐代•十輪經四
19_376_15

唐代•十輪經九
5_95_2

唐代•十輪經十
7_127_18

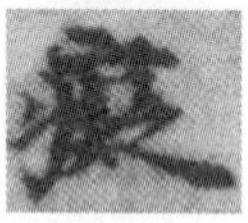
唐代•十輪經十
10_198_5

臧克和◎主編

日藏唐代漢字鈔本字形表

第六册

華東師範大學出版社

立部

立 㐀

リュウ 慣リツ

訓たつ

唐代•春秋經傳
2_18_13

唐代•春秋經傳
3_20_4

唐代•春秋經傳
3_21_8

唐代•春秋經傳
3_23_7

唐代•春秋經傳
6_57_11

唐代•春秋經傳
11_113_14

唐代•春秋經傳
17_172_18

唐代•春秋經傳
17_179_4

唐代•春秋經傳
20_204_29

唐代•春秋經傳
20_206_9

唐代•春秋經傳
22_226_3

唐代•春秋經傳
27_278_14

唐代•春秋經傳
31_325_14

唐代•春秋經傳
31_326_20

唐代•文選四八
6_51_11

唐代•文選四八
6_52_19

唐代•文選四八
7_60_11

唐代•文選四八
10_82_27

唐代•文選四八
12_112_11

唐代•文選四八
14_120_9

唐代•文選四八
14_120_17

唐代•文選四八
14_120_25

唐代•文選四八
15_133_5

唐代•文選四八
16_150_3

唐代•文選四八
16_150_15

唐代•文選四八
17_152_3

唐代•文選四八
17_157_16

唐代•文選四八
18_164_31

唐代•文選四八
21_188_25

唐代•文選四八
21_190_19

唐代•文選四八
28_255_3

唐代•文選四八
43_388_13

唐代•文選四八
44_398_7

唐代•文選四八
44_400_21

唐代•文選四八
44_402_22

唐代•文選四八
44_402_27

唐代•文選四八
45_403_25

唐代•文選五九
15_142_20

唐代•文選五九
29_283_29

唐代•文選五九
35_340_24

唐代•文選五九
47_465_21

唐代•文選五九
61_588_16

唐代•文選五九
62_602_8

唐代•文選五九
74_705_5

唐代•文選五九
111_1049_25

唐代•文選五九
111_1054_16

唐代•文選六八
3_33_11

唐代•文選六八
7_71_10

章

ショウ
訓あや

唐代•文選五九 62_597_9
唐代•文選五九 82_790_23
唐代•文選五九 92_889_25
唐代•文選五九 104_985_10
唐代•文選五九 109_1034_13
唐代•文選六八 13_141_24
唐代•文選六八 15_152_25

唐代•文選五九 18_176_19
唐代•文選五九 19_183_8
唐代•文選五九 24_233_16
唐代•文選五九 34_335_12
唐代•文選五九 56_544_8
唐代•文選五九 57_553_30
唐代•文選五九 62_593_13

唐代•文選四八 19_170_13
唐代•文選四八 25_227_22
唐代•文選四八 25_227_53
唐代•文選四八 32_286_24
唐代•文選四八 33_298_12
唐代•文選四八 40_355_12
唐代•文選五九 18_175_19

唐代•古文選後 2_24_8
唐代•古文選後 11_119_41
唐代•古文選後 19_223_1
唐代•十輪經四 14_274_7
唐代•十輪經九 6_118_4

唐代•文選百三 68_654_3
唐代•文選百三 70_678_26
唐代•文選百三 72_695_13
唐代•文選百三 77_734_1
唐代•文選百三 77_738_20
唐代•文選百三 86_818_2
唐代•古文選前 5_55_8
唐代•古文選前 9_113_8

唐代•文選百三 5_48_37
唐代•文選百三 8_74_23
唐代•文選百三 11_100_23
唐代•文選百三 21_198_38
唐代•文選百三 23_228_4
唐代•文選百三 49_476_10
唐代•文選百三 52_505_3
唐代•文選百三 54_521_19

唐代•文選六八 36_360_16
唐代•文選六八 38_384_13
唐代•文選六八 39_397_3
唐代•文選六八 53_534_8
唐代•文選六八 71_706_25
唐代•文選八八 7_46_28
唐代•文選八八 10_77_9
唐代•文選百三 5_48_32

竟

キョウ漢ケイ
訓つきる

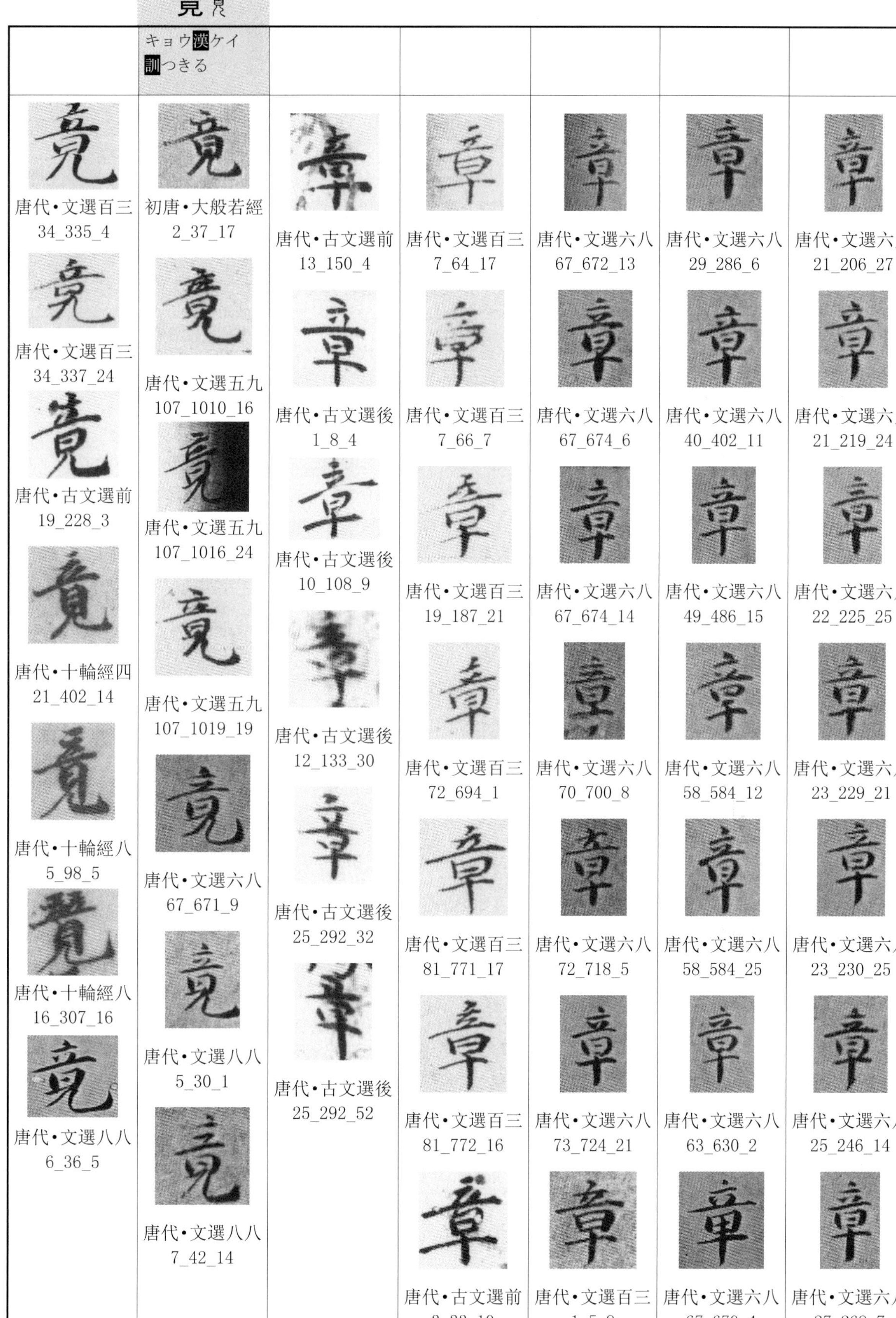

唐代・文選百三 34_335_4
唐代・文選百三 34_337_24
唐代・古文選前 19_228_3
唐代・十輪經四 21_402_14
唐代・十輪經八 5_98_5
唐代・十輪經八 16_307_16
唐代・文選八八 6_36_5

初唐・大般若經 2_37_17
唐代・文選五九 107_1010_16
唐代・文選五九 107_1016_24
唐代・文選五九 107_1019_19
唐代・文選六八 67_671_9
唐代・文選八八 5_30_1
唐代・文選八八 7_42_14

唐代・古文選前 13_150_4
唐代・古文選後 1_8_4
唐代・古文選後 10_108_9
唐代・古文選後 12_133_30
唐代・古文選後 25_292_32
唐代・古文選後 25_292_52

唐代・文選百三 7_64_17
唐代・文選百三 7_66_7
唐代・文選百三 19_187_21
唐代・文選百三 72_694_1
唐代・文選百三 81_771_17
唐代・文選百三 81_772_16
唐代・古文選前 3_33_10

唐代・文選六八 67_672_13
唐代・文選六八 67_674_6
唐代・文選六八 67_674_14
唐代・文選六八 70_700_8
唐代・文選六八 72_718_5
唐代・文選六八 73_724_21
唐代・文選百三 1_5_9

唐代・文選六八 29_286_6
唐代・文選六八 40_402_11
唐代・文選六八 49_486_15
唐代・文選六八 58_584_12
唐代・文選六八 58_584_25
唐代・文選六八 63_630_2
唐代・文選六八 67_670_4

唐代・文選六八 21_206_27
唐代・文選六八 21_219_24
唐代・文選六八 22_225_25
唐代・文選六八 23_229_21
唐代・文選六八 23_230_25
唐代・文選六八 25_246_14
唐代・文選六八 27_269_7

	竭	豎		童	竦	
	漢ケツ 訓せおいあげる	呉ジュ 訓たつ		慣ドウ漢トウ 訓わらべ	漢ショウ 訓つつしむ	
 唐代•文選百三 69_671_13  唐代•文選百三 85_817_17  唐代•古文選前 16_192_13  唐代•古文選前 19_219_10  唐代•十輪經八 3_51_13 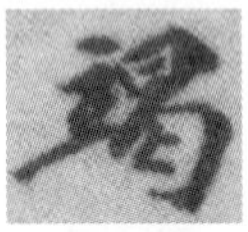 唐代•十輪經八 3_53_15  唐代•十輪經九 7_128_15 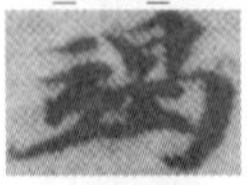 唐代•十輪經十 10_197_9	 唐代•文選四八 50_449_7  唐代•文選六八 68_677_4  唐代•文選百三 9_76_23  唐代•文選百三 19_182_19  唐代•文選百三 30_299_14  唐代•文選百三 31_302_21  唐代•文選百三 53_506_1  唐代•文選百三 69_666_9	 唐代•十輪經四 11_218_3  唐代•十輪經八 6_102_6	 唐代•文選百三 35_345_9  唐代•文選百三 25_237_3	 初唐•金剛場經 1_3_7  唐代•春秋經傳 29_301_10  唐代•文選四八 42_376_6  唐代•文選五九 41_402_8  唐代•文選百三 15_137_39  唐代•文選百三 15_138_8  唐代•文選百三 35_345_5	 唐代•文選五九 18_175_28  唐代•文選五九 73_699_8  唐代•文選百三 39_385_6  唐代•古文選前 9_113_3	 唐代•十輪經十 14_280_3  唐代•十輪經十 16_301_16  唐代•十輪經九 11_211_10  唐代•十輪經九 19_365_12

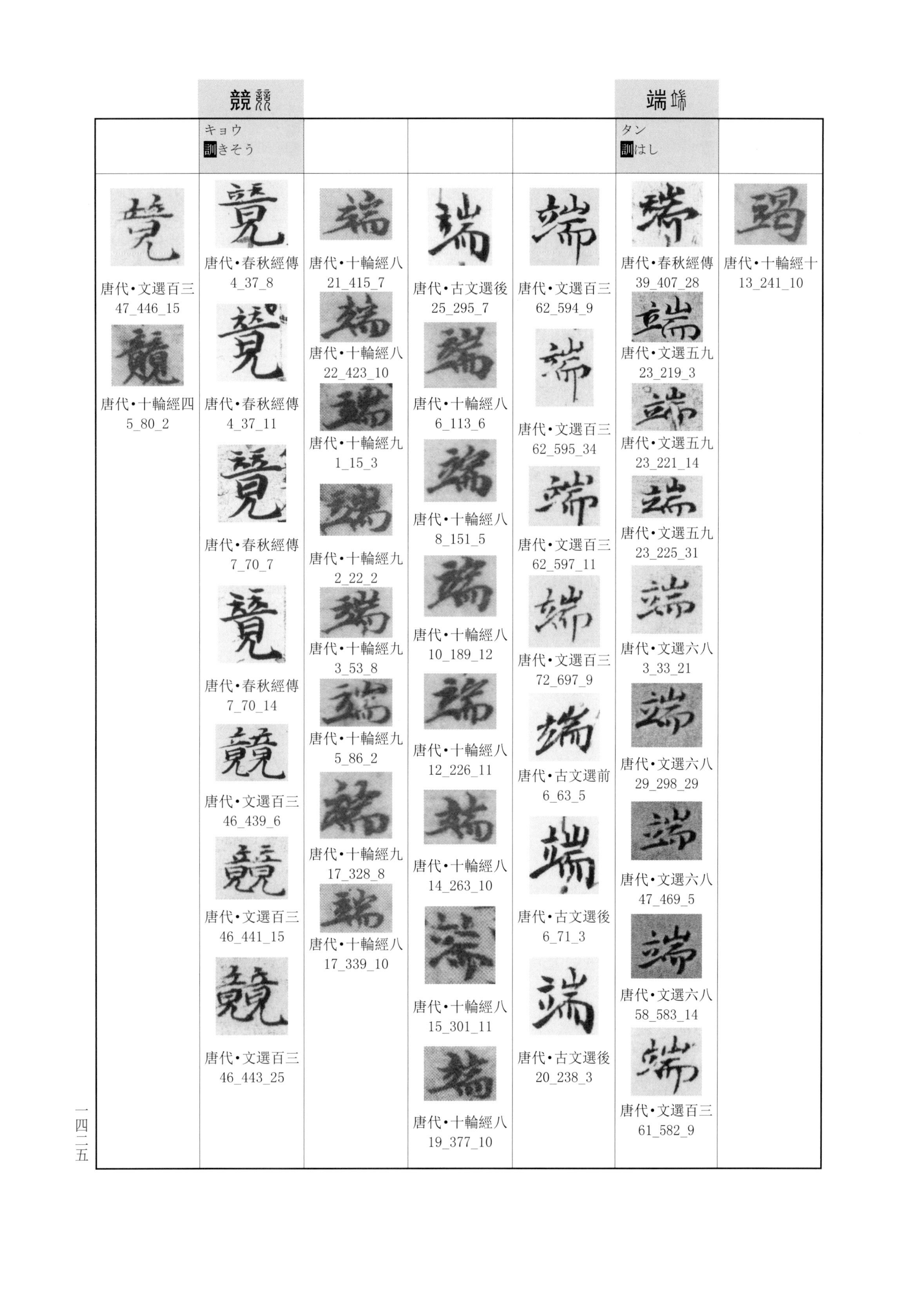

	競				端	
	キョウ 訓きそう				タン 訓はし	
唐代•文選百三 47_446_15 唐代•十輪經四 5_80_2	唐代•春秋經傳 4_37_8 唐代•春秋經傳 4_37_11 唐代•春秋經傳 7_70_7 唐代•春秋經傳 7_70_14 唐代•文選百三 46_439_6 唐代•文選百三 46_441_15 唐代•文選百三 46_443_25	唐代•十輪經八 21_415_7 唐代•十輪經八 22_423_10 唐代•十輪經九 1_15_3 唐代•十輪經九 2_22_2 唐代•十輪經九 3_53_8 唐代•十輪經九 5_86_2 唐代•十輪經九 17_328_8 唐代•十輪經八 17_339_10	唐代•古文選後 25_295_7 唐代•十輪經八 6_113_6 唐代•十輪經八 8_151_5 唐代•十輪經八 10_189_12 唐代•十輪經八 12_226_11 唐代•十輪經八 14_263_10 唐代•十輪經八 15_301_11 唐代•十輪經八 19_377_10	唐代•文選百三 62_594_9 唐代•文選百三 62_595_34 唐代•文選百三 62_597_11 唐代•文選百三 72_697_9 唐代•古文選前 6_63_5 唐代•古文選後 6_71_3 唐代•古文選後 20_238_3	唐代•春秋經傳 39_407_28 唐代•文選五九 23_219_3 唐代•文選五九 23_221_14 唐代•文選五九 23_225_31 唐代•文選六八 3_33_21 唐代•文選六八 29_298_29 唐代•文選六八 47_469_5 唐代•文選六八 58_583_14 唐代•文選百三 61_582_9	唐代•十輪經十 13_241_10

穴部

穴

漢ケツ
訓あな

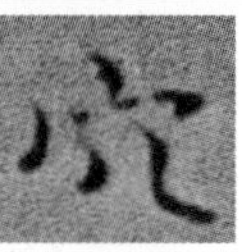
唐代・文選四八
22_195_20

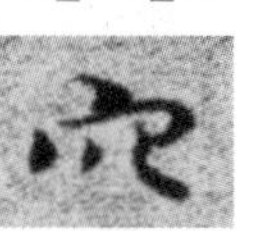
唐代・文選五九
31_310_18

唐代・文選五九
107_1019_23

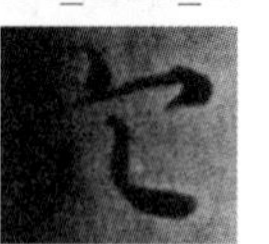
唐代・文選六八
6_63_2

唐代・文選六八
48_480_9

唐代・文選六八
48_481_9

唐代・文選六八
48_481_22

唐代・文選六八
70_700_2

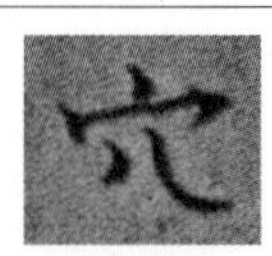
唐代・文選六八
70_701_14

唐代・文選六八
71_702_1

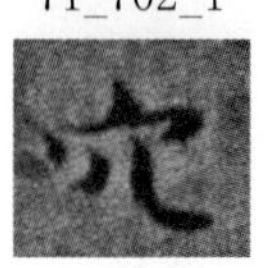
唐代・文選六八
71_702_10

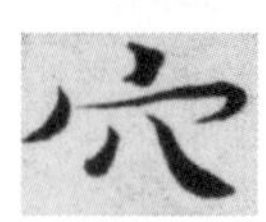
唐代・文選百三
30_293_10

唐代・文選百三
30_297_1

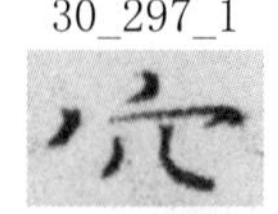
唐代・文選百三
30_298_20

唐代・文選百三
33_321_5

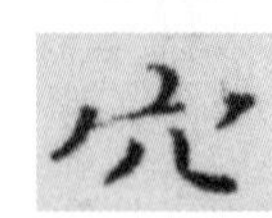
唐代・文選百三
33_323_22

唐代・文選百三
33_324_25

唐代・文選百三
33_329_28

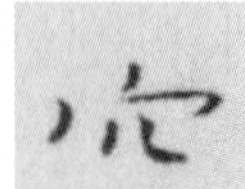
唐代・文選百三
33_333_24

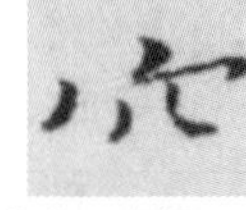
唐代・文選百三
33_334_7

唐代・文選百三
52_501_2

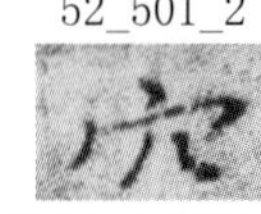
唐代・文選百三
52_504_17

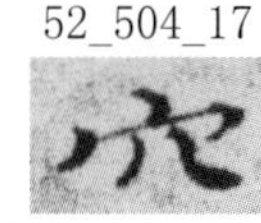
唐代・文選百三
52_504_21

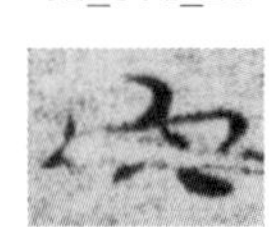
唐代・文選百三
52_505_4

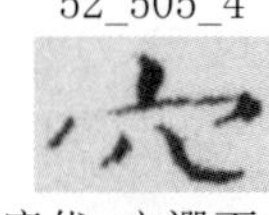
唐代・文選百三
61_582_14

究

漢キュウ呉ク
訓きわめる

唐代・古文選前
3_27_8

唐代・古文選前
6_70_9

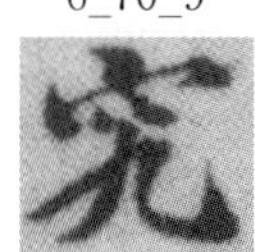
唐代・十輪經四
21_402_13

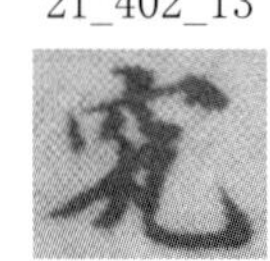
唐代・十輪經八
5_98_4

唐代・十輪經九
11_211_9

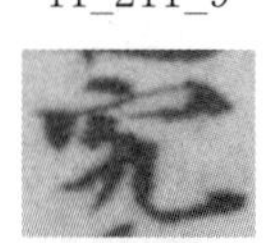
唐代・十輪經九
19_365_11

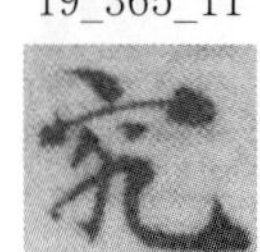
唐代・十輪經十
14_280_2

唐代・十輪經十
16_301_15

空

慣クウ
訓そら

初唐・大般若經
1_5_12

初唐・大般若經
1_6_6

初唐・大般若經
1_6_16

初唐・大般若經
1_7_5

初唐・大般若經
1_8_2

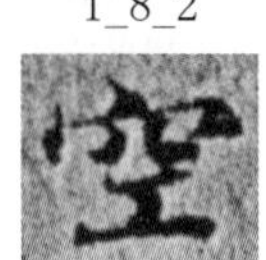
初唐・大般若經
1_8_8

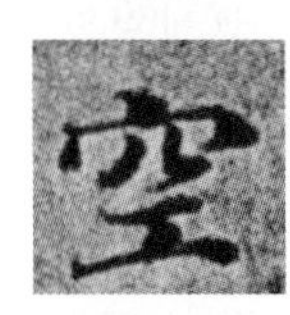
初唐・大般若經
1_9_5

初唐・大般若經
1_9_11

初唐・大般若經
1_11_7

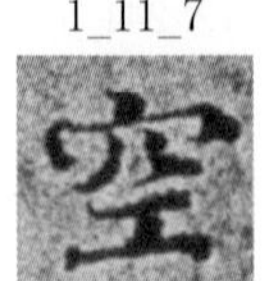
初唐・大般若經
1_11_13

初唐・大般若經
1_13_9

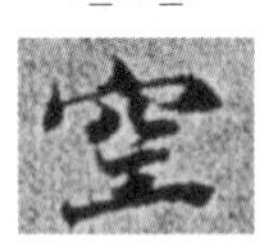
初唐・大般若經
1_13_15

初唐・大般若經
1_15_11

初唐・大般若經
1_15_17

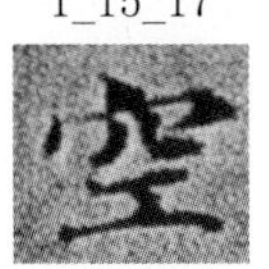
初唐・大般若經
1_17_13

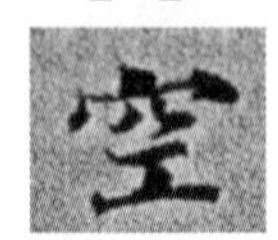
初唐・大般若經
1_18_2

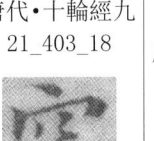

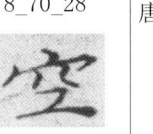

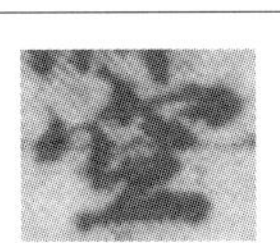 唐代•十輪經九 21_403_18	  唐代•古文選後 21_247_4	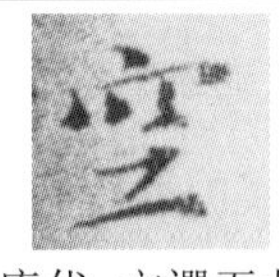 唐代•文選五九 111_1055_4	 唐代•文選五九 70_668_19	 唐代•文選五九 22_216_10	 中唐・風信帖 3_12_4	 初唐•大般若經 1_19_15
唐代•十輪經十 2_26_4	唐代•十輪經四 15_296_11	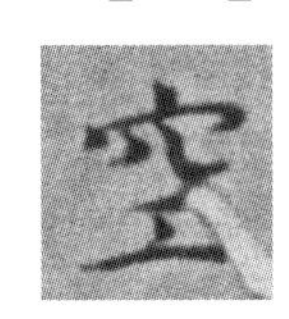 唐代•文選八八 24_211_28	唐代•文選五九 70_669_8	唐代•文選五九 22_218_4	 中唐・風信帖 3_15_2	 初唐•大般若經 1_20_4
唐代•十輪經十 10_194_18	唐代•十輪經九 5_94_13	 唐代•文選百三 8_70_28	唐代•文選五九 70_670_17	唐代•文選五九 30_293_21	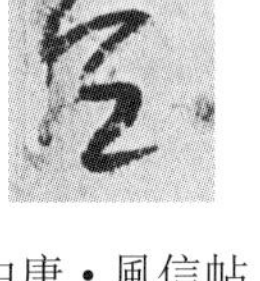 唐代•春秋經傳 5_46_12	 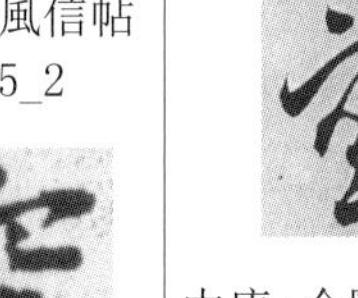 中唐•金剛經題 2_8_2
唐代•十輪經十 10_200_1	唐代•十輪經九 14_268_4	唐代•文選百三 24_230_17	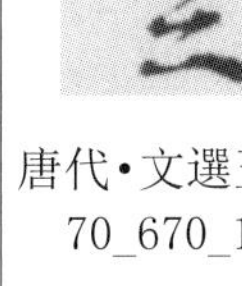 唐代•文選五九 83_801_19	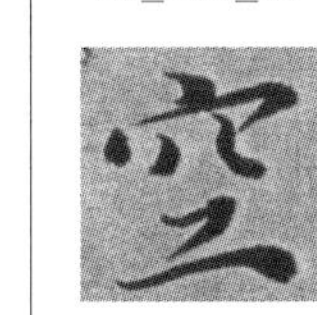 唐代•文選五九 33_329_6	唐代•文選五九 4_32_15	 中唐•金剛經題 2_8_9
唐代•十輪經十 11_206_2	唐代•十輪經九 16_300_6	唐代•文選百三 25_237_17	唐代•文選五九 89_856_5	 唐代•文選五九 38_376_3	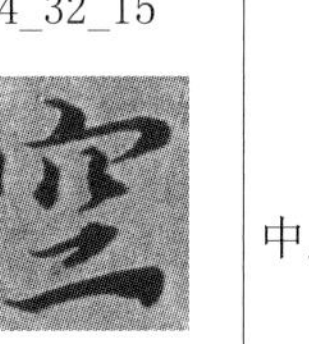 唐代•文選五九 19_187_8	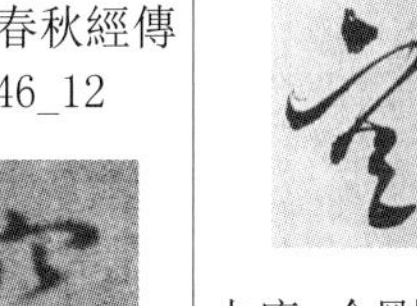 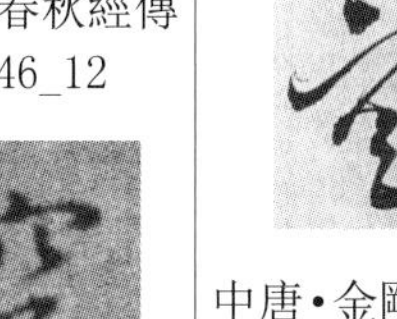 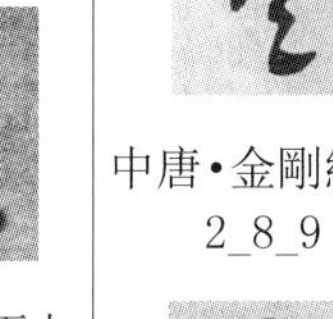 中唐•七祖像贊 1_4_5
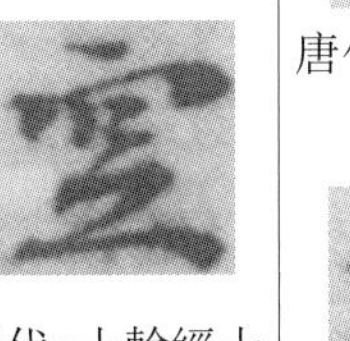 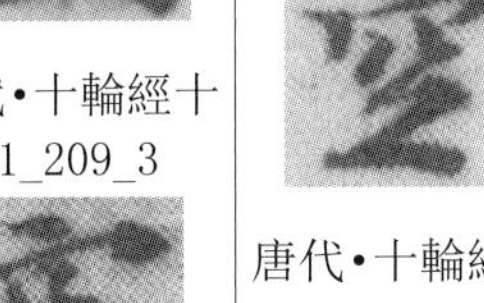 唐代•十輪經十 11_209_3	 唐代•十輪經九 20_382_8	 唐代•文選百三 53_506_4	唐代•文選五九 90_857_15	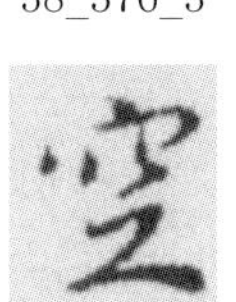 唐代•文選五九 38_378_4	 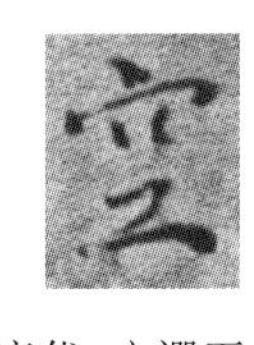 唐代•文選五九 19_190_17	 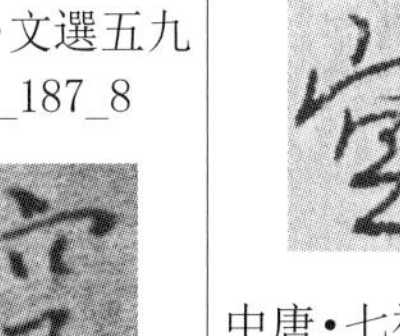 中唐•七祖像贊 1_11_9
唐代•十輪經十 12_235_14	 唐代•十輪經九 20_385_1	唐代•古文選後 7_74_6	 唐代•文選五九 90_858_22	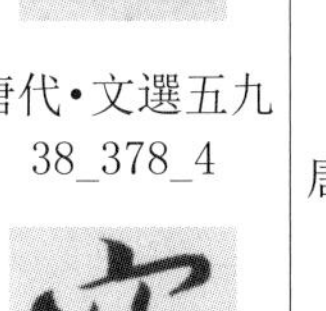  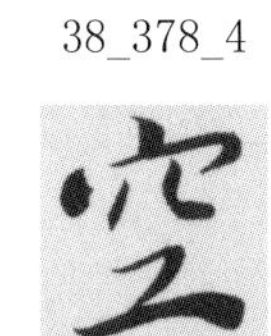 唐代•文選五九 44_434_2	 唐代•文選五九 19_191_15	 中唐・風信帖 1_5_5

穿 突 穹

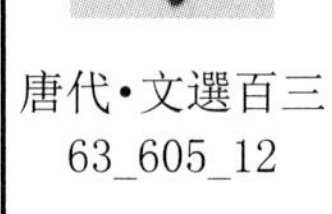
唐代•文選百三
33_333_33

唐代•文選百三
33_334_17

唐代•文選百三
52_499_24

唐代•文選百三
63_605_12

穿
セン
訓あな

唐代•春秋經傳
2_12_17

唐代•春秋經傳
4_32_19

唐代•春秋經傳
4_34_3

唐代•春秋經傳
10_104_11

唐代•春秋經傳
10_104_18

唐代•春秋經傳
11_113_5

唐代•文選百三
33_322_17

突
漢トツ
訓つく

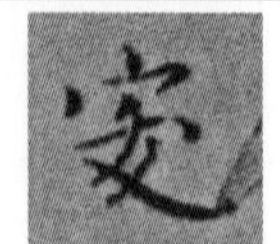
唐代•文選六八
15_153_27

唐代•文選六八
35_353_2

唐代•文選六八
35_354_9

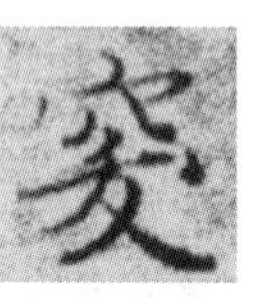
唐代•文選百三
54_521_22

唐代•文選百三
83_790_2

穹
キュウ
訓そら

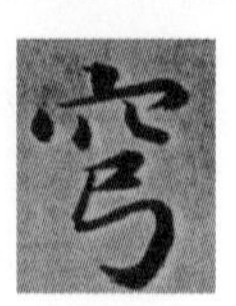
唐代•文選五九
17_162_1

唐代•文選五九
17_164_1

唐代•文選五九
17_165_12

唐代•古文選後
15_178_12

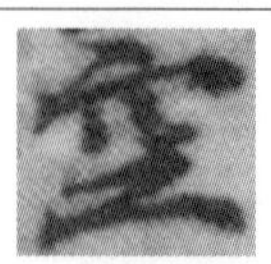
唐代•十輪經十
17_325_18

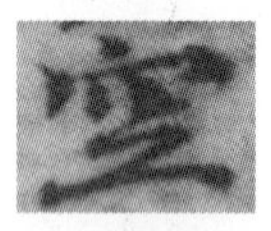
唐代•十輪經十
17_327_11

唐代•十輪經十
17_328_11

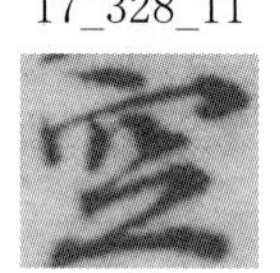
唐代•十輪經十
17_329_4

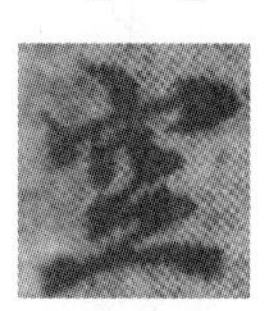
唐代•十輪經十
18_360_8

唐代•十輪經十
19_377_14

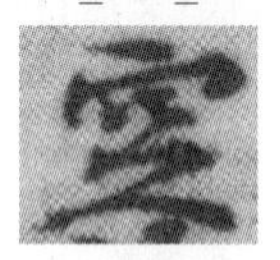
唐代•十輪經十
20_382_14

唐代•十輪經十
14_272_4

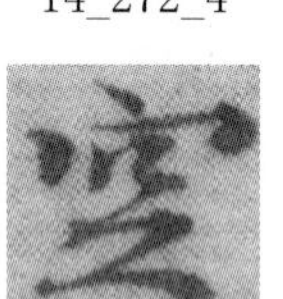
唐代•十輪經十
14_275_4

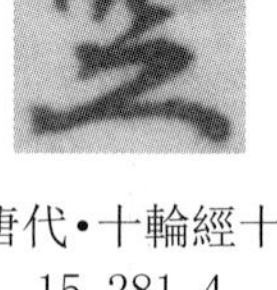
唐代•十輪經十
15_281_4

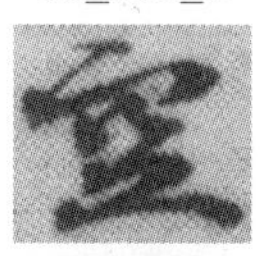
唐代•十輪經十
16_301_17

唐代•十輪經十
16_304_12

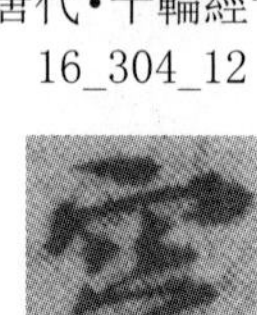

唐代•十輪經十
16_307_11

唐代•十輪經十
16_309_5

唐代•十輪經十
13_242_9

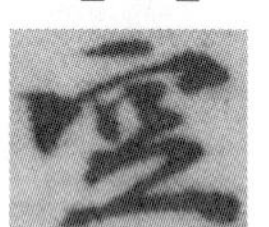
唐代•十輪經十
13_244_17

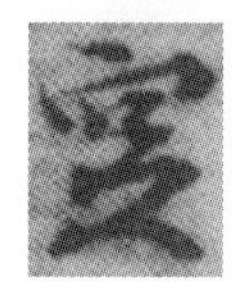
唐代•十輪經十
13_254_7

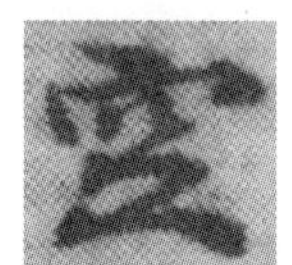
唐代•十輪經十
13_258_5

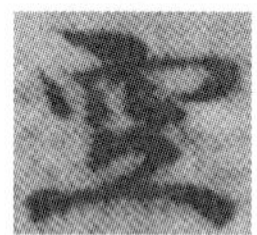
唐代•十輪經十
13_259_8

唐代•十輪經十
14_261_16

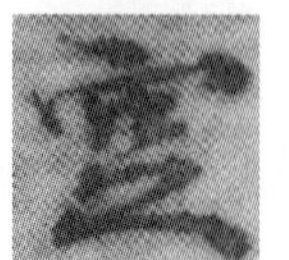
唐代•十輪經十
14_263_6

窮	窴	窟	窣	窘		窗
漢キュウ 訓きわめる	漢テン 訓ふさぐ	慣クツ漢コツ 訓いわや	ソツ 訓にわか	漢キン 訓つまる		漢ソウ 訓まど

窮

唐代•文選五九
13_126_24

唐代•文選五九
13_128_11

唐代•文選五九
13_130_18

唐代•文選五九
67_646_9

唐代•文選五九
79_759_3

唐代•文選五九
84_805_16

唐代•文選六八
9_96_8

窴

唐代•春秋經傳
10_100_15

窟

唐代•文選五九
33_323_14

唐代•文選百三
30_296_34

唐代•文選百三
52_500_10

唐代•文選百三
52_501_19

唐代•文選百三
52_502_2

唐代•文選百三
52_502_20

唐代•文選百三
52_503_11

窣

唐代•十輪經四
5_85_9

唐代•十輪經四
20_384_9

窘

唐代•文選五九
25_250_17

唐代•文選五九
25_251_4

唐代•文選五九
26_252_3

唐代•文選五九
26_252_11

唐代•文選五九
51_502_17

唐代•文選五九
66_642_6

窗

唐代•文選五九
16_157_23

唐代•文選五九
31_302_4

唐代•文選五九
31_303_5

唐代•文選五九
31_303_25

唐代•文選五九
51_502_5

唐代•文選五九
51_503_12

唐代•文選五九
51_504_12

竇	竅	窺				
漢トウ、トク 訓あな	キョウ 訓あな	キ 訓うかがう				
 唐代・文選四八 30_268_10  唐代・古文選後 7_75_3	 唐代・古文選前 2_15_7	 唐代・春秋經傳 26_264_31  唐代・文選百三 84_801_25  唐代・古文選前 7_88_5  唐代・古文選後 4_48_4	 唐代・古文選前 13_153_5  唐代・古文選後 15_180_14  唐代・十輪經九 9_170_9  唐代・十輪經九 9_173_14	 唐代・文選百三 51_491_21  唐代・文選百三 61_585_18  唐代・文選百三 83_795_1  唐代・文選百三 85_811_11  唐代・文選百三 85_813_5  唐代・文選百三 85_815_28  唐代・文選百三 85_817_16	 唐代・文選八八 13_104_4  唐代・文選百三 1_8_22  唐代・文選百三 19_179_13  唐代・文選百三 37_364_9  唐代・文選百三 37_365_9  唐代・文選百三 37_368_33  唐代・文選百三 51_488_18	 唐代・文選六八 9_97_14  唐代・文選六八 11_112_8  唐代・文選六八 11_120_12  唐代・文選六八 34_340_5  唐代・文選六八 35_354_3  唐代・文選六八 55_545_14  唐代・文選六八 57_577_3

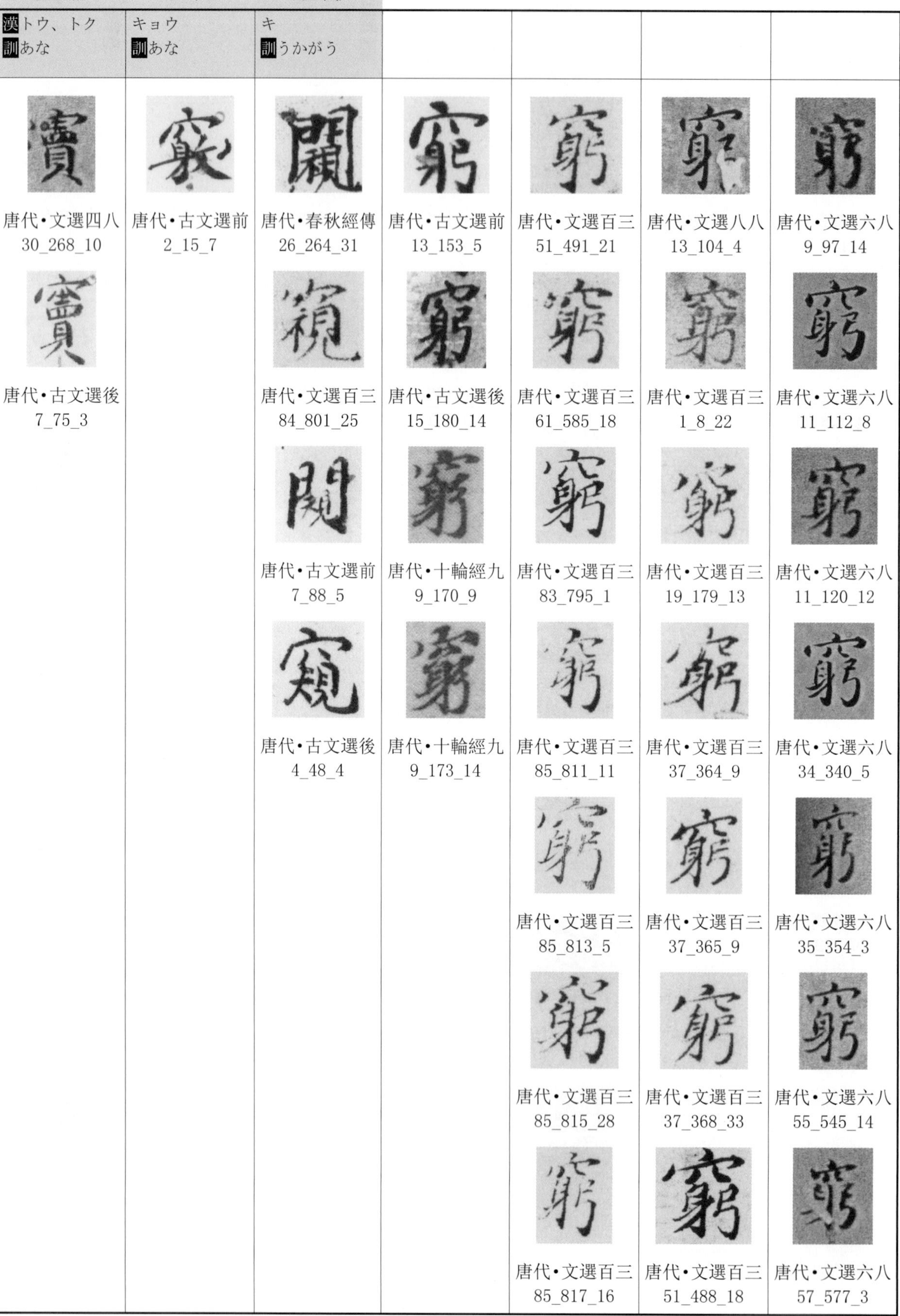

竊 

漢 セツ
訓 うかがう

唐代•春秋經傳
22_228_1

唐代•文選六八
10_104_5

唐代•文選八八
6_40_6

唐代•古文選前
11_127_3

唐代•古文選前
25_300_13

疋部

疋

漢ソ呉ショ
訓あし

唐代・文選四八
9_77_6

唐代・文選四八
12_104_2

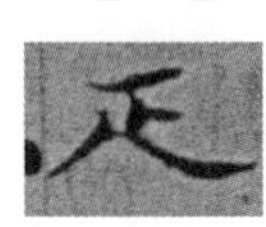
唐代・文選四八
18_163_24

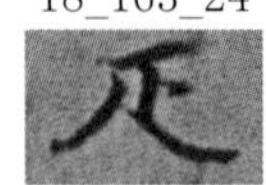
唐代・文選四八
19_173_6

唐代・文選五九
44_435_26

唐代・文選六八
15_154_2

唐代・文選六八
24_241_10

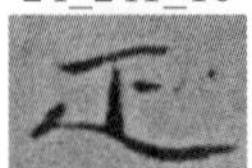
唐代・文選六八
47_469_19

唐代・文選六八
47_475_25

通雅
唐代・文選百三
9_81_14

通雅
唐代・文選百三
35_353_2

通雅
唐代・文選百三
67_644_15

通雅
唐代・文選百三
80_762_22

疏

漢ソ呉ショ
訓とおる

初唐・法華義疏
1_1_4

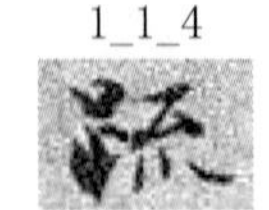
初唐・法華義疏
1_7_3

唐代・文選四八
24_216_9

唐代・文選四八
48_438_10

唐代・文選五九
4_34_16

唐代・文選五九
6_52_27

唐代・文選五九
13_119_10

唐代・文選五九
13_120_11

唐代・文選五九
13_120_15

唐代・文選五九
13_121_31

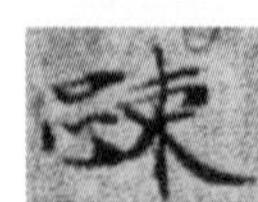
唐代・文選五九
13_124_8

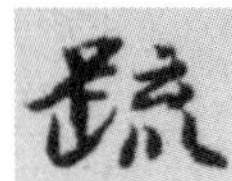
唐代・文選五九
16_157_18

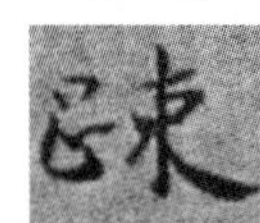
唐代・文選五九
17_171_11

唐代・文選五九
27_270_11

唐代・文選五九
29_283_4

唐代・文選五九
37_371_19

唐代・文選五九
51_502_14

唐代・文選五九
51_503_17

唐代・文選五九
63_610_1

唐代・文選五九
64_612_6

唐代・文選五九
67_644_28

唐代・文選五九
94_904_12

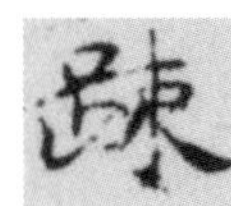
唐代・文選五九
97_918_12

唐代・文選五九
98_931_9

唐代・文選六八
15_152_12

唐代・文選八八
11_89_14

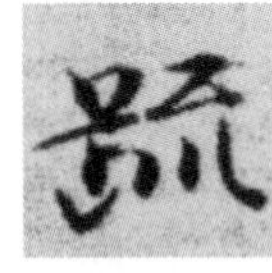
唐代・文選八八
11_91_4

唐代・文選八八
19_170_17

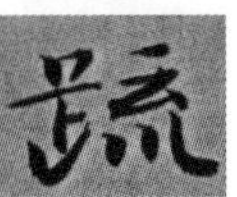
唐代・文選八八
20_177_1

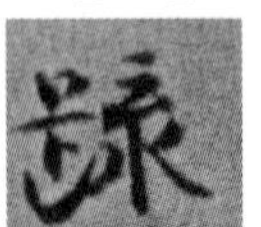
唐代・文選八八
20_178_16

唐代・文選八八
21_181_21

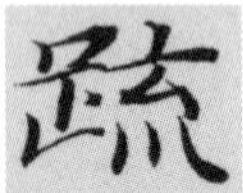
唐代・文選百三
35_354_13

唐代・文選百三
87_828_6

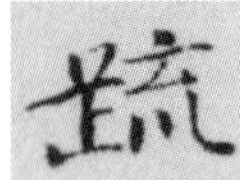
唐代・文選六八
19_192_26

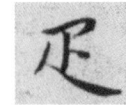

唐代•文選百三
36_356_38

唐代•文選百三
60_580_17

唐代•文選百三
87_829_15

唐代•文選百三
87_829_23

唐代•文選百三
87_831_19

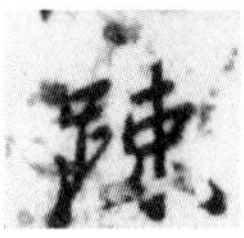
唐代•古文選前
4_46_2

唐代•古文選前
11_126_8

唐代•古文選前
20_235_14

疑

漢 ギ
訓 うたがう

唐代•春秋經傳
18_184_6

唐代•文選五九
43_427_26

唐代•文選五九
87_834_19

唐代•文選五九
89_856_4

唐代•文選五九
109_1026_4

唐代•文選六八
6_64_20

唐代•文選六八
8_88_16

唐代•文選六八
59_592_15

唐代•文選六八
59_592_20

唐代•文選百三
12_112_11

唐代•文選百三
32_320_22

唐代•文選百三
39_396_17

唐代•文選百三
57_549_3

唐代•文選百三
57_553_27

唐代•文選百三
57_554_2

唐代•文選百三
57_554_4

唐代•古文選前
9_110_13

唐代•古文選後
5_50_8

唐代•古文選後
7_83_50

唐代•古文選後
20_232_6

唐代•十輪經四
9_177_4

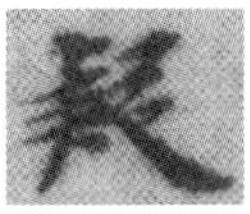
唐代•十輪經八
11_215_9

唐代•十輪經八
13_252_9

唐代•十輪經八
15_290_9

唐代•十輪經十
20_384_3

唐代•十輪經八
17_328_9

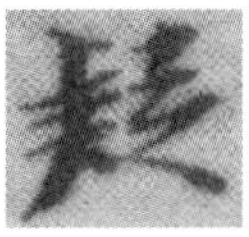
唐代•十輪經八
19_366_8

皮部

皮

漢ヒ
訓かわ

唐代•春秋經傳
7_63_4

唐代•春秋經傳
7_64_3

唐代•文選五九
35_347_19

唐代•文選六八
6_58_15

唐代•文選六八
6_59_11

唐代•文選六八
6_59_19

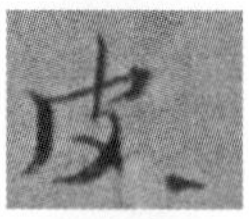
唐代•文選六八
6_59_24

唐代•文選六八
6_60_14

唐代•文選六八
6_60_25

唐代•文選六八
6_61_8

唐代•文選六八
6_62_5

唐代•文選六八
14_144_13

唐代•文選六八
14_144_24

唐代•文選六八
24_240_19

唐代•文選六八
24_243_2

唐代•文選六八
28_283_6

唐代•文選六八
46_463_8

唐代•文選六八
51_506_7

唐代•文選六八
52_520_1

唐代•文選八八
3_15_22

唐代•文選八八
6_37_20

唐代•文選八八
12_100_10

唐代•文選八八
13_102_4

唐代•文選八八
13_102_19

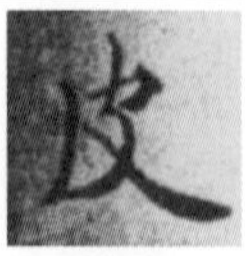
唐代•文選百三
21_206_36

唐代•文選百三
33_332_10

唐代•文選百三
69_661_37

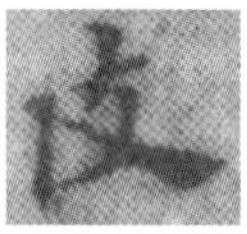
唐代•十輪經九
8_153_7

癶部

癸

キ
訓みずのと

唐代•春秋經傳
17_174_9

唐代•春秋經傳
30_311_14

唐代•春秋經傳
32_335_12

登

トウ慣ト
訓のぼる

初唐•大般若經
2_33_4

唐代•春秋經傳
9_92_13

唐代•文選四八
35_313_20

唐代•文選五九
4_34_20

唐代•文選五九
17_162_28

唐代•文選五九
25_246_1

唐代•文選五九
25_249_1

唐代•文選五九
26_252_16

唐代•文選五九
26_254_15

唐代•文選五九
29_280_29

唐代•文選五九
37_363_16

唐代•文選五九
42_417_26

唐代•文選五九
59_562_10

唐代•文選五九
68_653_2

唐代•文選五九
72_695_3

唐代•文選五九
73_702_28

唐代•文選五九
77_735_5

唐代•文選五九
77_737_4

唐代•文選五九
78_753_17

唐代•文選五九
87_833_4

唐代•文選五九
87_835_15

唐代•文選五九
88_849_26

唐代•文選五九
89_854_29

唐代•文選五九
90_864_18

唐代•文選五九
90_869_2

唐代•文選五九
101_953_26

唐代•文選六八
7_71_6

唐代•文選六八
30_300_16

唐代•文選八八
23_203_10

唐代•文選八八
23_204_4

唐代•文選八八
23_204_6

唐代•文選八八
23_206_11

唐代•文選八八
23_208_12

唐代•文選百三
18_174_25

唐代•文選百三
33_324_4

唐代•文選百三
35_344_29

唐代•文選百三
39_387_26

唐代•文選百三
53_507_24

唐代•文選百三
59_566_11

唐代•文選百三
73_707_6

發

慣ホツ 呉ホチ 漢ハツ

訓はなつ

唐代•文選五九
103_976_8

唐代•文選五九
103_980_7

唐代•文選六八
2_16_15

唐代•文選六八
2_17_5

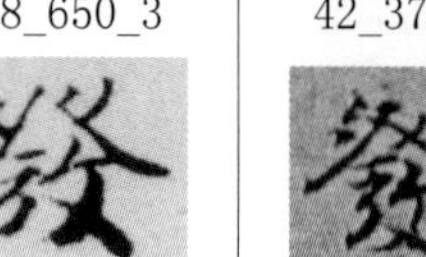
唐代•文選六八
2_22_5

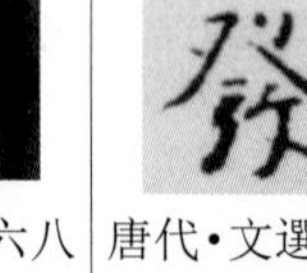
唐代•文選六八
2_25_6

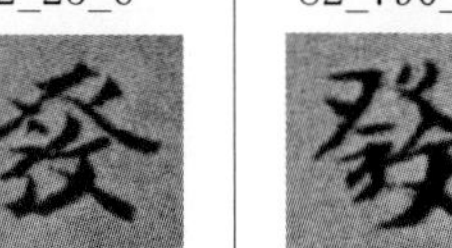
唐代•文選六八
8_80_12

唐代•文選六八
11_113_3

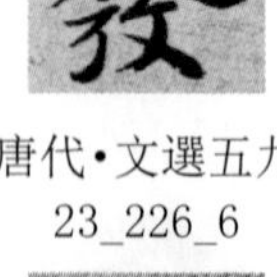
唐代•文選五九
23_226_6

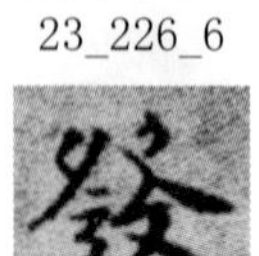
唐代•文選五九
23_227_16

唐代•文選五九
30_298_12

唐代•文選五九
68_650_3

唐代•文選五九
70_672_7

唐代•文選五九
82_790_10

唐代•文選五九
84_808_33

唐代•文選五九
85_814_19

唐代•文選四八
6_47_11

唐代•文選四八
6_50_7

唐代•文選四八
38_341_21

唐代•文選四八
42_379_4

唐代•文選四八
45_409_3

唐代•文選四八
45_409_13

唐代•文選五九
6_53_28

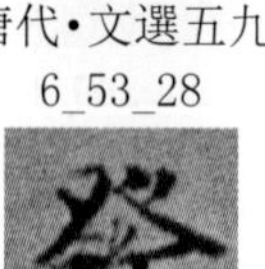
唐代•文選五九
12_117_5

初唐•法華義疏
1_9_17

初唐•金剛場經
1_1_17

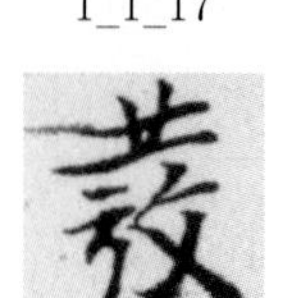
唐代•春秋經傳
2_15_19

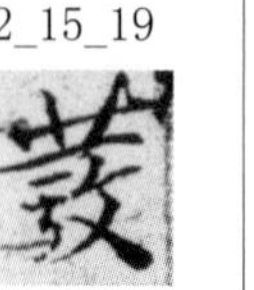
唐代•春秋經傳
13_136_3

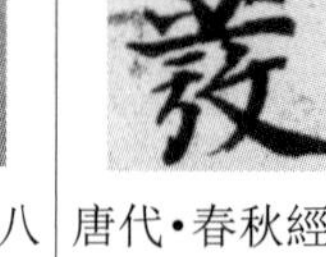
唐代•春秋經傳
24_250_4

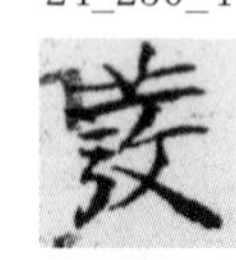
唐代•春秋經傳
39_407_39

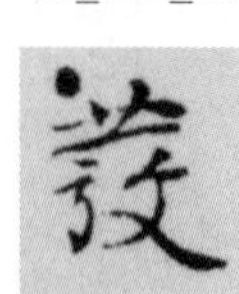
唐代•文選四八
1_3_9

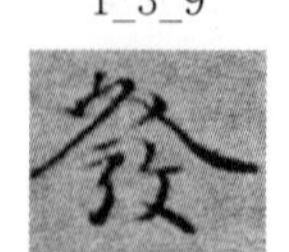
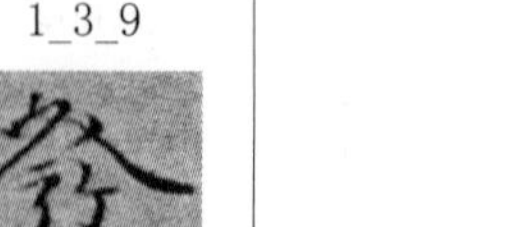
唐代•文選四八
3_15_9

唐代•古文選後
24_288_14

唐代•十輪經四
11_204_2

唐代•十輪經九
5_98_11

唐代•十輪經九
6_103_14

唐代•古文選前
7_75_3

唐代•古文選前
7_77_13

唐代•古文選前
7_88_3

唐代•古文選前
7_88_14

唐代•古文選前
13_148_10

唐代•古文選後
14_161_6

唐代•古文選後
17_204_3

唐代•古文選後
22_261_2

唐代•文選百三
74_712_21

唐代•文選百三
74_712_26

唐代•文選百三
74_716_12

唐代•文選百三
82_783_35

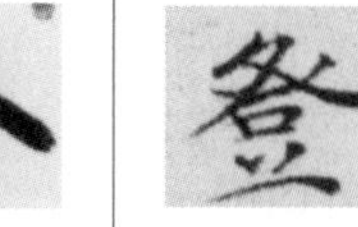
唐代•文選百三
82_783_37

唐代•文選百三
87_826_2

唐代•文選百三
87_828_2

唐代•古文選前
6_74_1

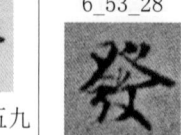

 唐代•十輪經八 19_365_11	 唐代•古文選後 25_297_10	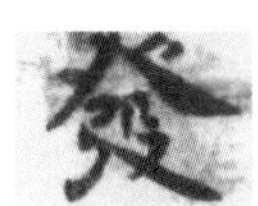 唐代•古文選前 1_10_6	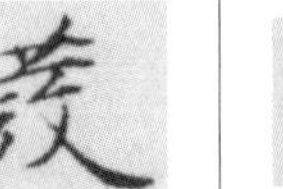 唐代•文選百三 37_370_23	 唐代•文選百三 7_61_3	 唐代•文選六八 43_438_6	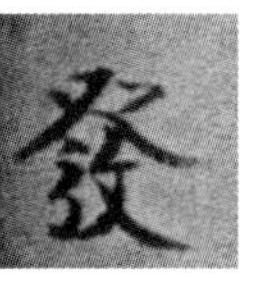 唐代•文選六八 17_176_13
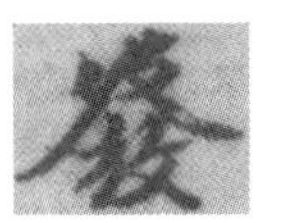 唐代•十輪經八 19_372_5	 唐代•古文選後 26_302_6	 唐代•古文選前 2_14_3	 唐代•文選百三 49_470_2	 唐代•文選百三 24_233_1	 唐代•文選六八 45_452_7	 唐代•文選六八 19_186_16
 唐代•十輪經九 6_101_1	 唐代•十輪經八 3_54_13	 唐代•古文選前 11_128_1	 唐代•文選百三 49_470_22	 唐代•文選百三 31_303_2	 唐代•文選六八 49_491_21	 唐代•文選六八 20_200_21
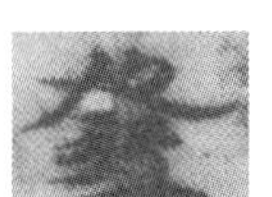 唐代•十輪經九 6_101_3	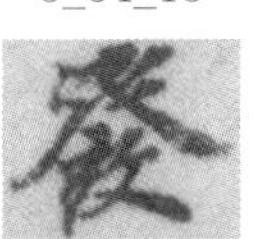 唐代•十輪經八 3_59_5	 唐代•古文選前 17_198_6	 唐代•文選百三 49_471_9	 唐代•文選百三 31_307_12	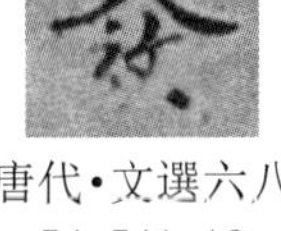 唐代•文選六八 54_541_18	 唐代•文選六八 27_278_3
 唐代•十輪經九 6_107_10	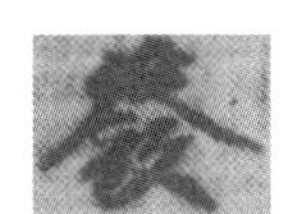 唐代•十輪經八 13_251_12	 唐代•古文選後 3_31_12	 唐代•文選百三 49_471_11	 唐代•文選百三 31_307_14	 唐代•文選六八 57_571_1	 唐代•文選六八 33_336_13
 唐代•十輪經九 6_107_13	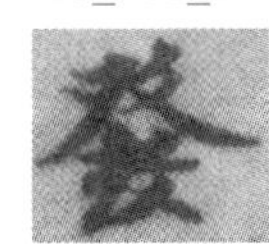 唐代•十輪經八 15_289_12	 唐代•古文選後 15_171_6	 唐代•文選百三 60_575_16	 唐代•文選百三 31_309_11	 唐代•文選六八 58_584_23	 唐代•文選六八 35_345_13
 唐代•十輪經九 7_136_16	 唐代•十輪經八 15_296_5	 唐代•古文選後 24_284_4	 唐代•文選百三 86_823_23	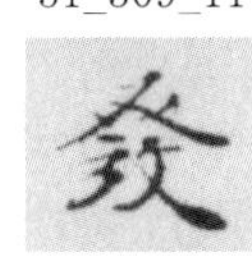 唐代•文選百三 31_309_15	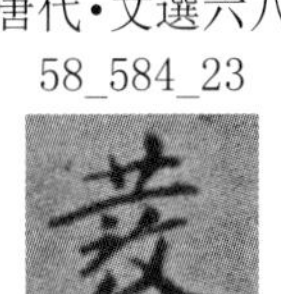 唐代•文選六八 62_620_5	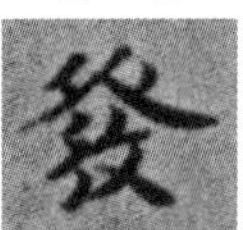 唐代•文選六八 35_346_23
 唐代•十輪經九 8_148_14	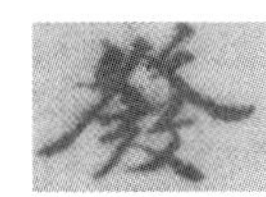 唐代•十輪經八 17_327_12		 唐代•古文選前 1_8_14	 唐代•文選百三 37_370_1	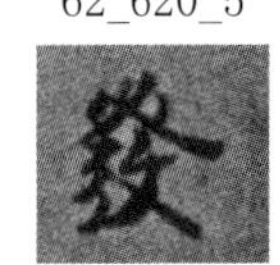 唐代•文選六八 69_688_8	 唐代•文選六八 35_353_16

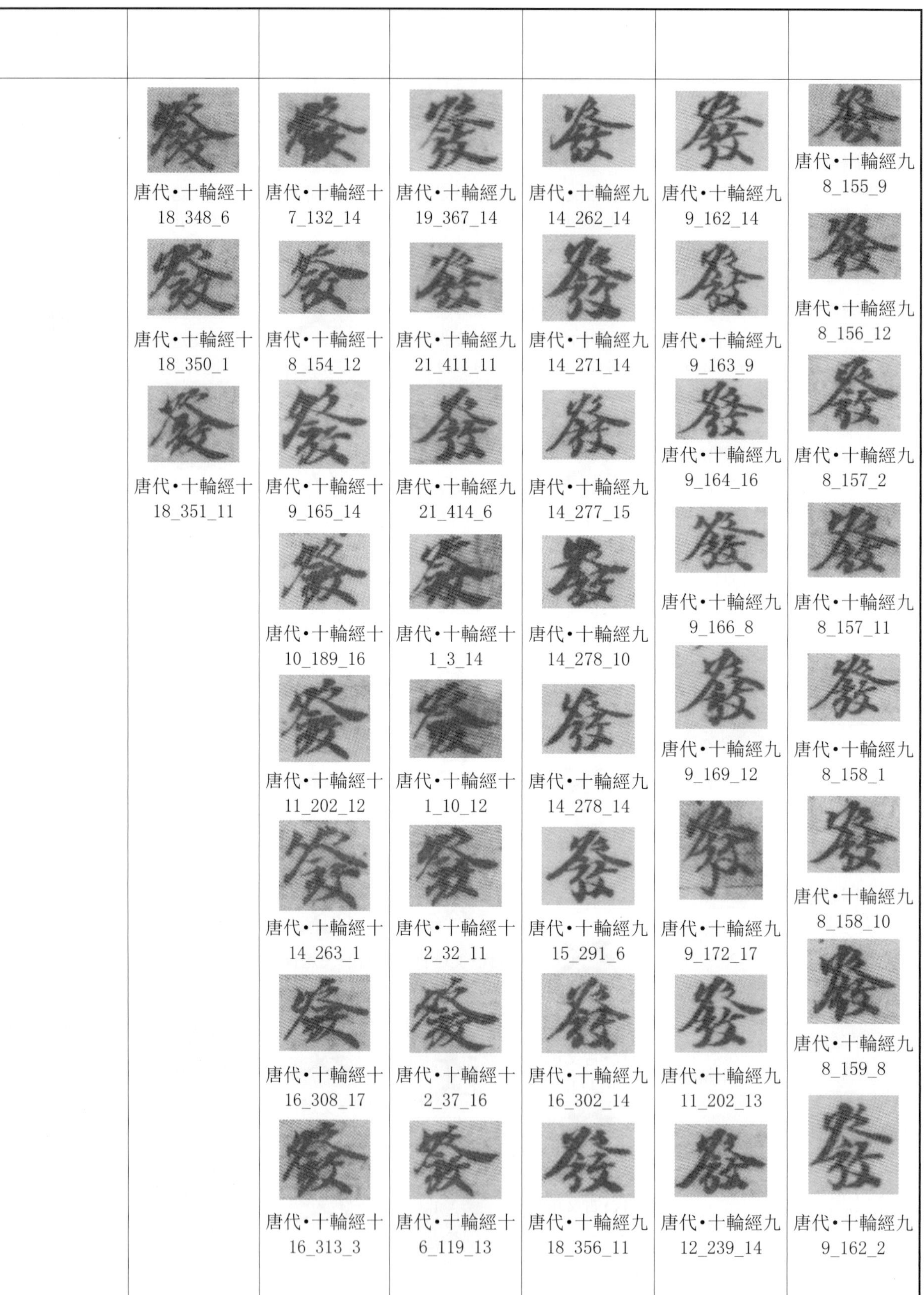

唐代·十輪經九 8_155_9
唐代·十輪經九 8_156_12
唐代·十輪經九 8_157_2
唐代·十輪經九 8_157_11
唐代·十輪經九 8_158_1
唐代·十輪經九 8_158_10
唐代·十輪經九 8_159_8
唐代·十輪經九 9_162_2
唐代·十輪經九 9_162_14
唐代·十輪經九 9_163_9
唐代·十輪經九 9_164_16
唐代·十輪經九 9_166_8
唐代·十輪經九 9_169_12
唐代·十輪經九 9_172_17
唐代·十輪經九 11_202_13
唐代·十輪經九 12_239_14
唐代·十輪經九 14_262_14
唐代·十輪經九 14_271_14
唐代·十輪經九 14_277_15
唐代·十輪經九 14_278_10
唐代·十輪經九 14_278_14
唐代·十輪經九 15_291_6
唐代·十輪經九 16_302_14
唐代·十輪經九 18_356_11
唐代·十輪經九 19_367_14
唐代·十輪經九 21_411_11
唐代·十輪經九 21_414_6
唐代·十輪經十 1_3_14
唐代·十輪經十 1_10_12
唐代·十輪經十 2_32_11
唐代·十輪經十 2_37_16
唐代·十輪經十 6_119_13
唐代·十輪經十 7_132_14
唐代·十輪經十 8_154_12
唐代·十輪經十 9_165_14
唐代·十輪經十 10_189_16
唐代·十輪經十 11_202_12
唐代·十輪經十 14_263_1
唐代·十輪經十 16_308_17
唐代·十輪經十 16_313_3
唐代·十輪經十 18_348_6
唐代·十輪經十 18_350_1
唐代·十輪經十 18_351_11

矛部

矛

漢ム呉ボウ
訓ほこ

唐代・文選百三
47_457_21

唐代・文選百三
48_460_19

唐代・文選百三
48_460_36

唐代・文選百三
48_462_10

唐代・文選百三
83_792_13

矜

漢キン、キョウ、ケイ
訓あわれむ

唐代・古文選前
26_307_10

唐代・古文選後
6_62_5

務

呉ム漢ブ
訓つとめる

唐代・春秋經傳
36_373_18

唐代・文選五九
53_523_23

唐代・文選五九
63_608_16

唐代・文選六八
31_309_4

唐代・文選八八
21_191_5

唐代・古文選前
22_259_3

唐代・古文選後
25_294_9

唐代・十輪經四
2_26_13

耒部

耒
ライ、レイ
訓すき

唐代•古文選前
21_249_11

唐代•古文選前
24_287_5

耗
慣モウ漢コウ
訓へる

唐代•文選六八
8_74_11

唐代•文選六八
8_76_8

唐代•文選六八
8_77_2

唐代•文選六八
8_77_29

唐代•文選六八
8_78_8

唐代•文選六八
28_282_24

唐代•文選六八
47_470_16

耕
漢コウ呉キョウ
訓たがやす

唐代•文選四八
42_376_2

唐代•文選五九
13_124_25

唐代•文選五九
13_126_16

唐代•文選五九
35_340_13

唐代•文選五九
35_344_16

唐代•文選五九
35_345_14

唐代•文選五九
49_488_4

唐代•文選五九
49_488_27

唐代•文選五九
50_491_2

唐代•古文選前
21_249_14

耜
漢シ
訓すき

唐代•文選五九
98_928_16

唐代•文選五九
98_929_19

唐代•古文選前
21_249_12

耦
慣グウ漢ゴウ
訓たぐい

唐代•春秋經傳
17_174_15

唐代•春秋經傳
17_175_10

唐代•文選五九
35_340_11

唐代•文選五九
106_1001_20

耨

ジョウ漢ドウ
訓くわ

唐代•十輪經四
10_191_6

唐代•十輪經九
5_81_4

唐代•十輪經十
18_351_13

老 部

老

ロウ

訓おいる

唐代·春秋經傳 19_198_1

唐代·春秋經傳 19_201_15

唐代·文選四八 34_300_14

唐代·文選四八 35_314_9

唐代·文選四八 35_315_14

唐代·文選四八 35_316_11

唐代·文選四八 35_317_22

唐代·文選四八 42_381_13

唐代·文選四八 48_431_14

唐代·文選五九 11_106_13

唐代·文選五九 15_141_15

唐代·文選五九 21_200_12

唐代·文選五九 22_217_21

唐代·文選五九 26_254_5

唐代·文選五九 27_263_21

唐代·文選五九 62_596_18

唐代·文選五九 70_672_14

唐代·文選五九 94_896_29

唐代·文選五九 94_908_21

唐代·文選五九 96_909_5

唐代·文選五九 98_931_11

唐代·文選五九 101_956_30

唐代·文選五九 105_1000_6

唐代·文選五九 111_1048_20

唐代·文選六八 9_92_18

唐代·文選六八 10_104_13

唐代·文選六八 27_277_11

唐代·文選六八 32_323_20

唐代·文選六八 39_395_23

唐代·文選六八 70_697_8

唐代·文選八八 5_26_4

唐代·文選八八 5_34_18

唐代·文選八八 8_56_16

唐代·文選八八 8_60_22

唐代·文選八八 8_61_11

唐代·文選八八 9_65_13

唐代·文選八八 9_69_35

唐代·文選八八 17_143_25

唐代·文選百三 19_181_11

唐代·文選百三 63_607_4

唐代·文選百三 63_608_18

唐代·文選百三 63_611_14

唐代·文選百三 83_795_8

唐代·文選百三 83_796_18

唐代·文選百三 84_798_22

唐代·古文選後 13_148_13

唐代·古文選後 22_263_7

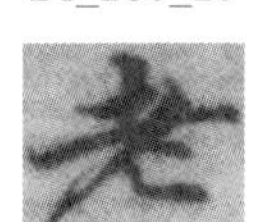

唐代・古文選後
24_280_16

唐代・古文選後
24_280_29

唐代・十輪經十
19_371_11

考

漢コウ
訓かんがえる

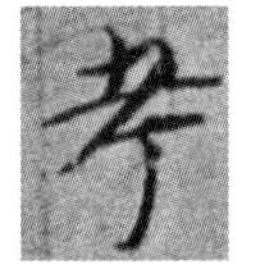

唐代・文選四八
37_331_18

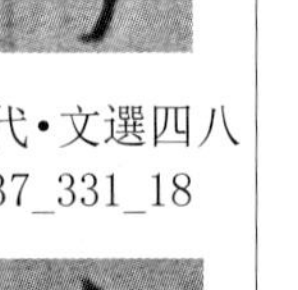

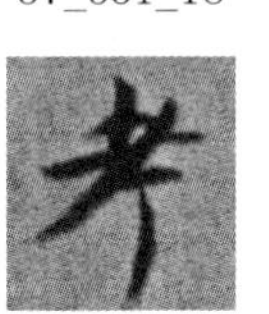

唐代・文選八八
18_159_12

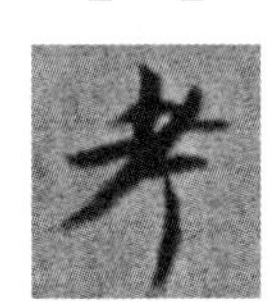

唐代・文選百三
35_348_3

唐代・文選百三
35_350_19

唐代・文選百三
35_353_29

唐代・文選百三
62_595_18

唐代・古文選後
1_1_4

唐代・古文選前
22_257_16

唐代・古文選後
11_127_14

唐代・古文選後
13_147_3

者

シャ
訓もの

初唐・法華義疏
1_2_7

初唐・法華義疏
1_3_22

初唐・大般若經
1_5_16

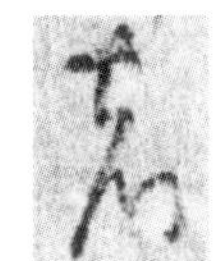

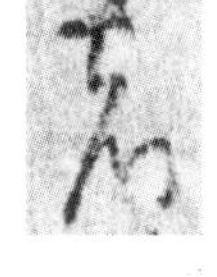

晚唐・慶滋書狀
1_4_10

晚唐・慶滋書狀
1_6_2

晚唐・慶滋書狀
1_13_3

唐代・春秋經傳
1_3_6

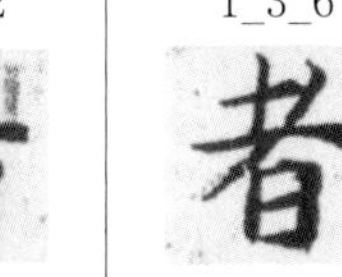

唐代・春秋經傳
1_5_15

唐代・春秋經傳
2_15_20

唐代・春秋經傳
3_21_9

唐代・春秋經傳
4_42_23

唐代・春秋經傳
5_43_23

唐代・春秋經傳
6_55_1

唐代・春秋經傳
6_61_1

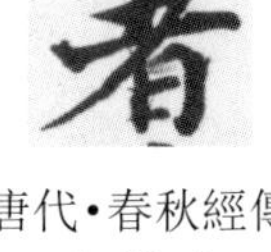

唐代・春秋經傳
8_82_2

唐代・春秋經傳
8_84_19

唐代・春秋經傳
10_96_20

唐代・春秋經傳
12_120_13

唐代・春秋經傳
13_133_7

唐代・

唐代・春秋經傳
13_136_5

唐代・春秋經傳
20_203_24

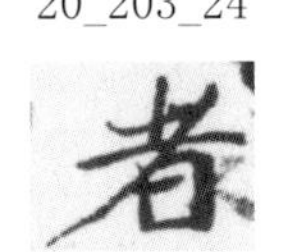

唐代・春秋經傳
20_203_28

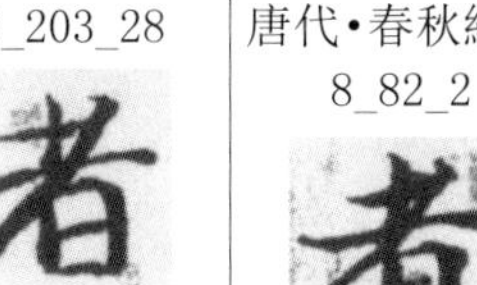

唐代・春秋經傳
22_225_20

唐代・春秋經傳
23_234_14

唐代・春秋經傳
24_250_6

唐代・春秋經傳
26_273_13

唐代・春秋經傳
28_287_21

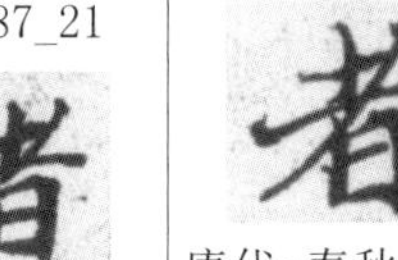

唐代・春秋經傳
32_339_6

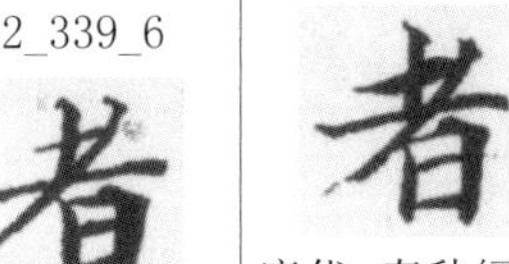

唐代・春秋經傳
33_346_19

唐代・春秋經傳
33_347_27

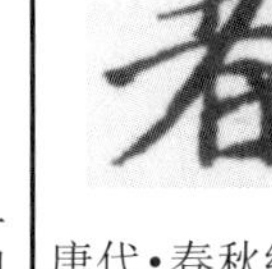

唐代・春秋經傳
33_349_6

唐代•春秋經傳 33_350_2
唐代•春秋經傳 36_374_9
唐代•春秋經傳 36_378_10
唐代•春秋經傳 38_397_10
唐代•春秋經傳 38_403_17
唐代•文選四八 7_58_7
唐代•文選四八 8_63_8
唐代•文選四八 10_86_19
唐代•文選四八 10_87_5
唐代•文選四八 10_87_24
唐代•文選四八 10_89_2
唐代•文選四八 10_89_7
唐代•文選四八 11_94_14
唐代•文選四八 13_115_19
唐代•文選四八 14_130_21
唐代•文選四八 15_133_20
唐代•文選四八 15_136_7
唐代•文選四八 18_166_19
唐代•文選四八 21_190_27
唐代•文選四八 21_191_3
唐代•文選四八 30_272_21
唐代•文選四八 32_291_4
唐代•文選四八 34_306_10
唐代•文選四八 34_306_17
唐代•文選四八 34_308_17
唐代•文選四八 34_309_9
唐代•文選四八 34_309_17
唐代•文選四八 37_331_3
唐代•文選四八 42_373_19
唐代•文選四八 42_373_24
唐代•文選四八 42_375_1
唐代•文選四八 42_375_11
唐代•文選四八 42_375_15
唐代•文選四八 42_378_8
唐代•文選四八 42_380_2
唐代•文選四八 42_381_5
唐代•文選四八 42_381_11
唐代•文選四八 42_381_15
唐代•文選四八 42_381_19
唐代•文選四八 43_389_22
唐代•文選四八 44_391_7
唐代•文選四八 44_402_23
唐代•文選四八 45_403_6
唐代•文選四八 46_414_4
唐代•文選四八 46_415_23
唐代•文選四八 48_438_21
唐代•文選五九 2_17_22
唐代•文選五九 5_50_3
唐代•文選五九 5_50_9
唐代•文選五九 6_53_25
唐代•文選五九 7_61_12
唐代•文選五九 7_63_16
唐代•文選五九 8_73_24
唐代•文選五九 9_82_18
唐代•文選五九 9_83_5
唐代•文選五九 10_96_14

唐代•文選五九
111_1046_7

唐代•文選五九
111_1046_18

唐代•文選五九
111_1051_2

唐代•文選五九
111_1051_30

唐代•文選五九
111_1052_14

唐代•文選五九
111_1057_31

唐代•文選六八
4_39_5

唐代•文選六八
5_48_7

唐代•文選六八
6_59_21

唐代•文選六八
8_77_9

唐代•文選六八
8_81_26

唐代•文選六八
8_82_3

唐代•文選六八
8_82_21

唐代•文選六八
8_88_24

唐代•文選六八
9_97_3

唐代•文選六八
10_103_4

唐代•文選六八
10_106_21

唐代•文選六八
11_109_13

唐代•文選六八
12_123_2

唐代•文選六八
12_126_18

唐代•文選六八
12_126_25

唐代•文選六八
13_131_28

唐代•文選六八
13_136_26

唐代•文選六八
19_196_30

唐代•文選六八
22_222_21

唐代•文選六八
23_230_26

唐代•文選六八
25_248_21

唐代•文選六八
25_249_19

唐代•文選六八
27_271_24

唐代•文選六八
27_277_4

唐代•文選六八
27_279_3

唐代•文選六八
28_285_27

唐代•文選六八
29_298_16

唐代•文選六八
32_323_15

唐代•文選六八
33_327_2

唐代•文選六八
35_357_12

唐代•文選六八
37_372_9

唐代•文選六八
42_419_3

唐代•文選六八
42_423_16

唐代•文選六八
42_424_2

唐代•文選六八
43_437_8

唐代•文選六八
44_441_7

唐代•文選六八
45_457_1

唐代•文選六八
48_481_11

唐代•文選六八
49_487_19

唐代•文選六八
51_512_7

唐代•文選六八
51_512_12

唐代•文選六八
52_521_25

唐代•文選六八
52_522_12

唐代•文選六八
52_524_21

唐代•文選六八
54_541_13

唐代•文選六八
55_545_23

唐代•文選六八
59_591_15

唐代•文選六八
59_592_9

唐代•文選六八
61_607_26

唐代•文選六八
61_608_10

唐代•文選八八 24_213_3
唐代•文選八八 24_214_15
唐代•文選百三 1_8_15
唐代•文選百三 1_9_6
唐代•文選百三 8_70_3
唐代•文選百三 9_78_8
唐代•文選百三 9_78_21
唐代•文選百三 9_86_17
唐代•文選八八 21_179_14
唐代•文選八八 22_197_25
唐代•文選八八 23_199_1
唐代•文選八八 23_199_46
唐代•文選八八 23_205_5
唐代•文選八八 23_208_17
唐代•文選八八 23_209_2
唐代•文選八八 23_210_7
唐代•文選八八 15_125_10
唐代•文選八八 15_127_1
唐代•文選八八 15_132_22
唐代•文選八八 17_151_28
唐代•文選八八 18_157_1
唐代•文選八八 19_164_1
唐代•文選八八 19_167_18
唐代•文選八八 20_174_1
唐代•文選八八 8_60_19
唐代•文選八八 9_62_11
唐代•文選八八 9_64_16
唐代•文選八八 9_72_10
唐代•文選八八 10_80_20
唐代•文選八八 11_83_14
唐代•文選八八 12_98_33
唐代•文選八八 15_122_11
唐代•文選八八 7_43_14
唐代•文選八八 7_47_21
唐代•文選八八 7_48_3
唐代•文選八八 7_48_9
唐代•文選八八 7_51_13
唐代•文選八八 7_51_17
唐代•文選八八 8_57_1
唐代•文選八八 8_59_21
唐代•文選六八 69_687_21
唐代•文選六八 71_713_14
唐代•文選六八 72_715_1
唐代•文選六八 72_718_2
唐代•文選八八 3_18_24
唐代•文選八八 3_19_2
唐代•文選八八 6_40_2
唐代•文選八八 7_43_7
唐代•文選六八 62_618_9
唐代•文選六八 63_626_22
唐代•文選六八 63_631_11
唐代•文選六八 64_642_1
唐代•文選六八 65_644_9
唐代•文選六八 66_658_10
唐代•文選六八 67_673_16
唐代•文選六八 69_686_3

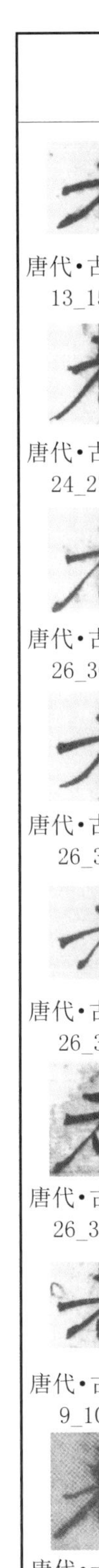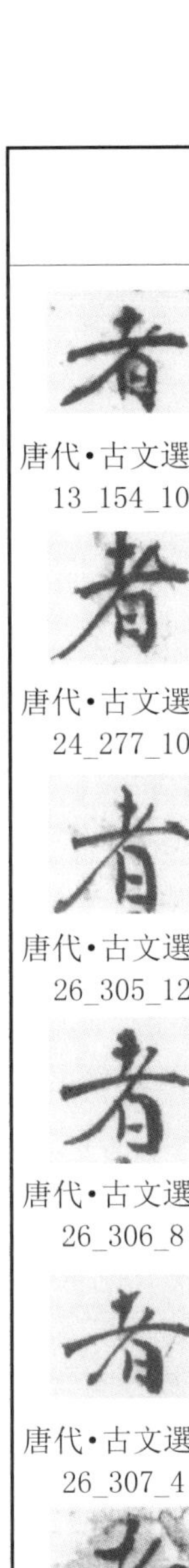唐代•古文選前 13_154_10	唐代•古文選前 4_45_2	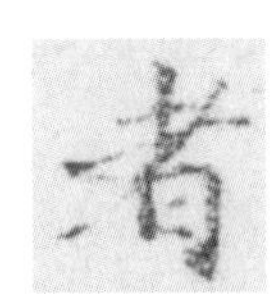唐代•文選百三 83_793_10	唐代•文選百三 77_735_20	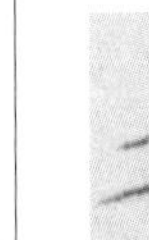唐代•文選百三 71_688_4	唐代•文選百三 60_580_13	唐代•文選百三 51_490_13
唐代•古文選前 24_277_10	唐代•古文選前 6_72_11	唐代•文選百三 84_802_14	唐代•文選百三 77_736_17	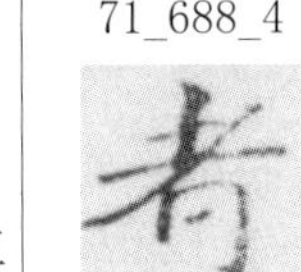唐代•文選百三 71_688_12	唐代•文選百三 61_592_8	唐代•文選百三 53_511_24
唐代•古文選前 26_305_12	唐代•古文選前 7_82_12	唐代•文選百三 84_802_22	唐代•文選百三 78_743_9	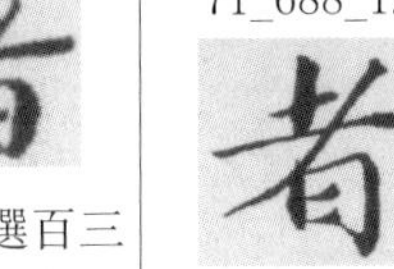唐代•文選百三 72_693_2	唐代•文選百三 61_592_28	唐代•文選百三 54_522_32
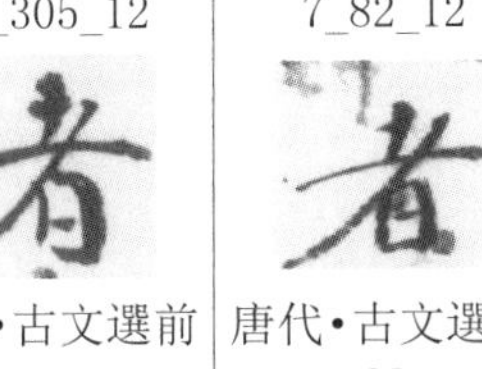唐代•古文選前 26_306_8	唐代•古文選前 7_83_7	唐代•文選百三 85_808_22	唐代•文選百三 78_747_32	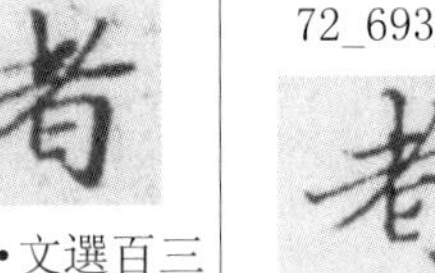唐代•文選百三 73_700_27	唐代•文選百三 63_611_9	唐代•文選百三 55_524_6
唐代•古文選前 26_307_4	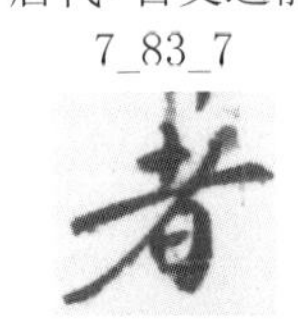唐代•古文選前 12_142_11	唐代•文選百三 85_810_4	唐代•文選百三 79_755_3	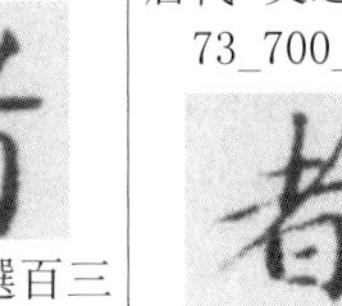唐代•文選百三 74_712_12	唐代•文選百三 64_617_18	唐代•文選百三 56_535_33
唐代•古文選前 26_307_14	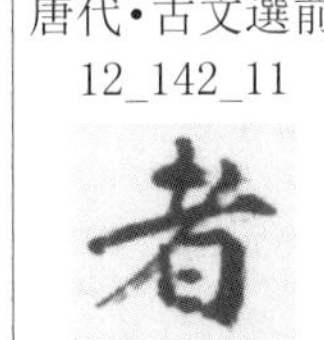唐代•古文選前 12_143_7	唐代•古文選前 1_7_12	唐代•文選百三 79_757_11	唐代•文選百三 74_712_23	唐代•文選百三 70_674_2	唐代•文選百三 56_542_13
唐代•古文選後 9_101_13	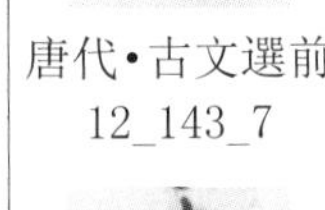唐代•古文選前 26_309_6	唐代•古文選前 13_149_13	唐代•文選百三 81_767_3	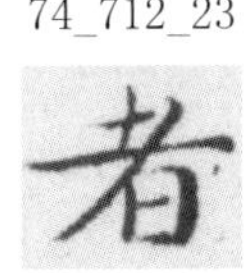唐代•文選百三 74_715_26	唐代•文選百三 70_675_19	唐代•文選百三 57_554_20
唐代•十輪經四 1_13_11	唐代•古文選後 7_83_13	唐代•古文選前 12_144_7	唐代•文選百三 83_793_4	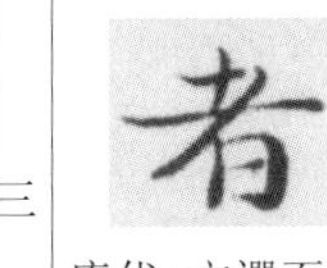唐代•文選百三 74_716_5	唐代•文選百三 71_685_14	唐代•文選百三 58_560_18

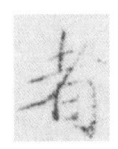

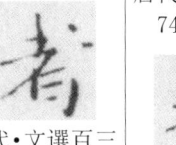

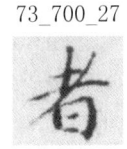

耇　耆

漢コウ呉ク 訓としより	シ 訓おいる					
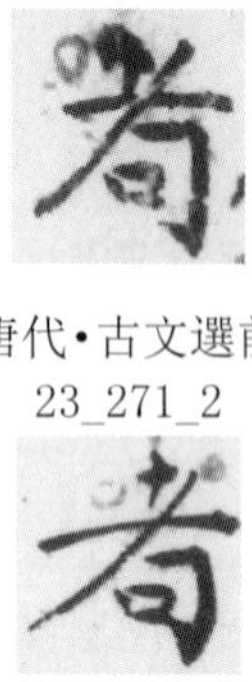 唐代・古文選前 23_271_2 唐代・古文選前 26_310_9	 唐代・文選八八 5_26_3 唐代・文選八八 8_56_15 唐代・古文選後 22_263_6	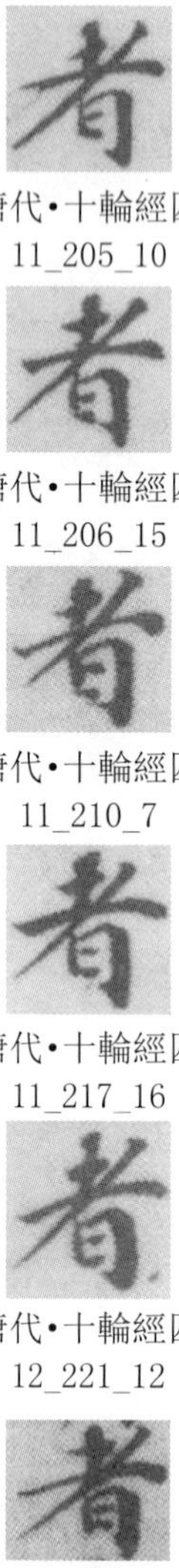 唐代・十輪經四 11_205_10 唐代・十輪經四 11_206_15 唐代・十輪經四 11_210_7 唐代・十輪經四 11_217_16 唐代・十輪經四 12_221_12 唐代・十輪經四 13_251_9	 唐代・十輪經四 9_161_8 唐代・十輪經四 9_161_15 唐代・十輪經四 9_164_12 唐代・十輪經四 9_176_18 唐代・十輪經四 10_184_2 唐代・十輪經四 10_194_5 唐代・十輪經四 10_196_13 唐代・十輪經四 11_200_13	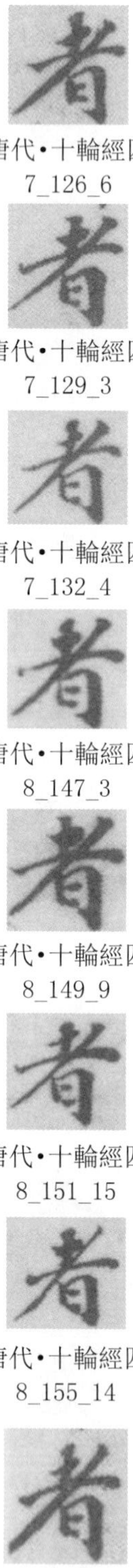 唐代・十輪經四 7_126_6 唐代・十輪經四 7_129_3 唐代・十輪經四 7_132_4 唐代・十輪經四 8_147_3 唐代・十輪經四 8_149_9 唐代・十輪經四 8_151_15 唐代・十輪經四 8_155_14 唐代・十輪經四 8_160_2	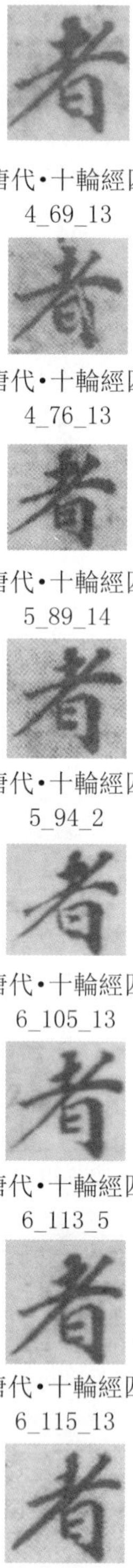 唐代・十輪經四 4_69_13 唐代・十輪經四 4_76_13 唐代・十輪經四 5_89_14 唐代・十輪經四 5_94_2 唐代・十輪經四 6_105_13 唐代・十輪經四 6_113_5 唐代・十輪經四 6_115_13 唐代・十輪經四 6_120_2	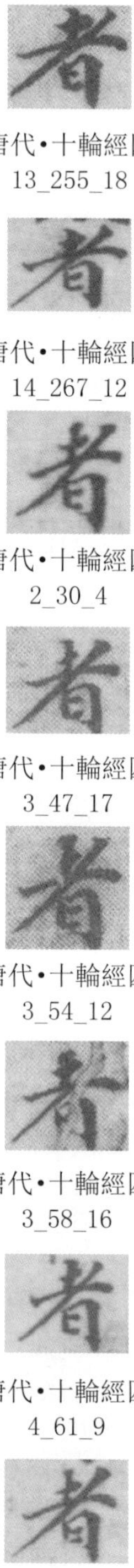 唐代・十輪經四 13_255_18 唐代・十輪經四 14_267_12 唐代・十輪經四 2_30_4 唐代・十輪經四 3_47_17 唐代・十輪經四 3_54_12 唐代・十輪經四 3_58_16 唐代・十輪經四 4_61_9 唐代・十輪經四 4_67_6

耳部

耳 ⺝

漢ジ 呉ニ
訓みみ

初唐•大般若經
1_7_6

初唐•大般若經
1_7_12

初唐•大般若經
1_11_8

初唐•大般若經
1_11_10

初唐•大般若經
1_11_16

初唐•大般若經
1_12_3

初唐•大般若經
1_12_5

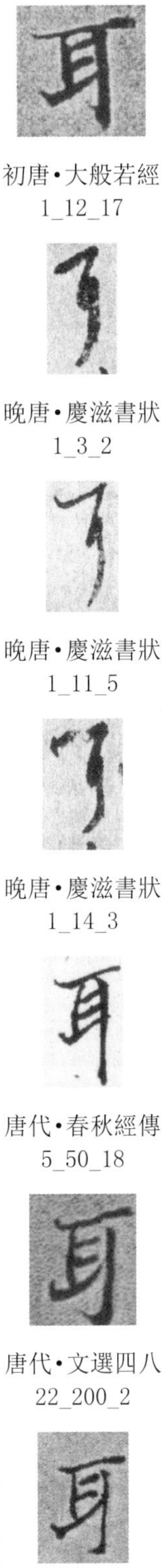

初唐•大般若經
1_12_17

晚唐•慶滋書狀
1_3_2

晚唐•慶滋書狀
1_11_5

晚唐•慶滋書狀
1_14_3

唐代•春秋經傳
5_50_18

唐代•文選四八
22_200_2

唐代•文選四八
44_392_14

唐代•文選四八
44_401_21

唐代•文選四八
45_404_19

唐代•文選五九
41_407_32

唐代•文選五九
63_606_17

唐代•文選五九
70_674_4

唐代•文選五九
82_791_5

唐代•文選六八
13_129_1

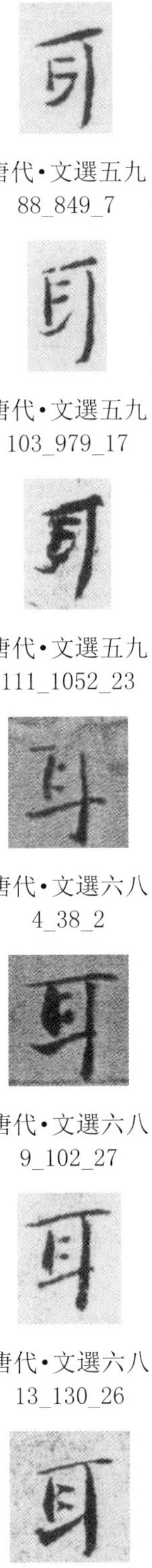

唐代•文選五九
88_849_7

唐代•文選五九
103_979_17

唐代•文選五九
111_1052_23

唐代•文選六八
4_38_2

唐代•文選六八
9_102_27

唐代•文選六八
13_130_26

唐代•文選八八
19_170_39

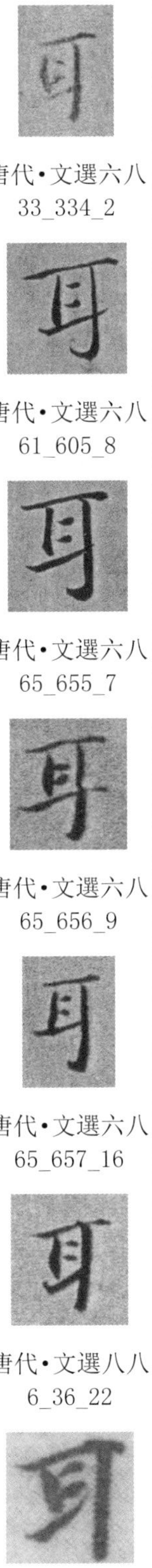

唐代•文選六八
33_334_2

唐代•文選六八
61_605_8

唐代•文選六八
65_655_7

唐代•文選六八
65_656_9

唐代•文選六八
65_657_16

唐代•文選八八
6_36_22

唐代•十輪經十
11_213_6

唐代•文選百三
8_72_35

唐代•文選百三
13_126_26

唐代•文選百三
33_323_14

唐代•文選百三
46_440_30

唐代•文選百三
69_669_21

唐代•古文選前
13_147_11

唐代•十輪經九
8_153_1

聊

リョウ
訓いささか

晚唐・慶滋書狀
1_15_4

唐代・文選五九
9_85_1

唐代・文選五九
9_86_24

唐代・文選五九
9_88_5

唐代・文選五九
20_196_20

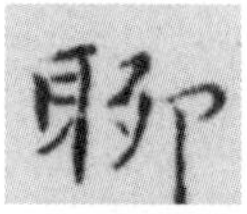
唐代・文選五九
38_377_21

唐代・文選五九
68_658_6

聆

漢レイ呉リョウ
訓きく

唐代・文選六八
69_688_15

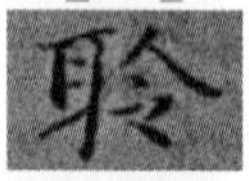
唐代・文選六八
69_690_23

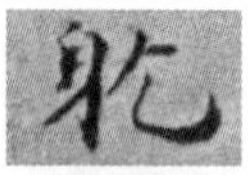
唐代・文選四八
33_297_15

唐代・古文選前
24_285_7

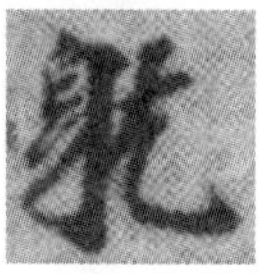
唐代・十輪經四
21_419_3

耽

漢タン
訓ふける

唐代・文選五九
15_141_16

唐代・文選五九
92_885_15

唐代・文選六八
4_41_3

唐代・文選六八
4_42_16

唐代・文選六八
4_42_30

唐代・文選六八
48_480_7

唐代・文選六八
48_482_7

唐代・古文選後
23_276_9

唐代・文選八八
16_136_1

唐代・文選八八
16_137_30

唐代・文選百三
24_235_19

唐代・十輪經八
18_345_12

唐代・十輪經九
3_45_11

唐代・十輪經九
4_66_10

耶

ヤ
訓や

唐代・春秋經傳
31_326_5

唐代・春秋經傳
31_326_14

唐代・文選四八
45_406_13

唐代・文選五九
59_565_24

唐代・文選五九
68_650_16

唐代・文選五九
88_849_28

唐代・文選五九
101_951_7

唐代・十輪經十
11_213_8

唐代・十輪經十
11_213_10

聖

ショウ 漢セイ
訓ひじり

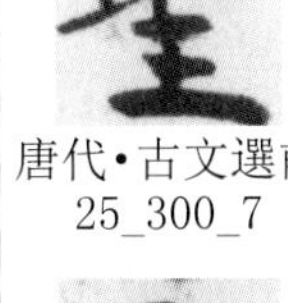
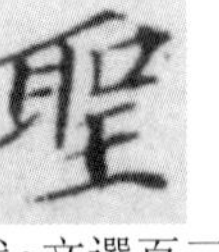

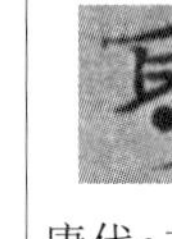

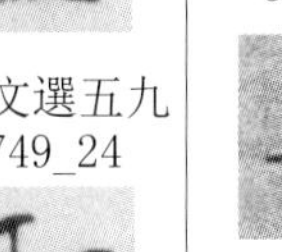
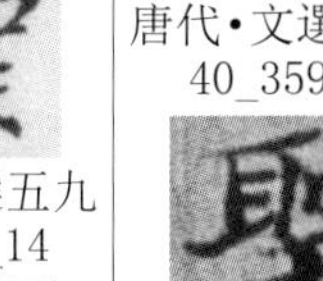
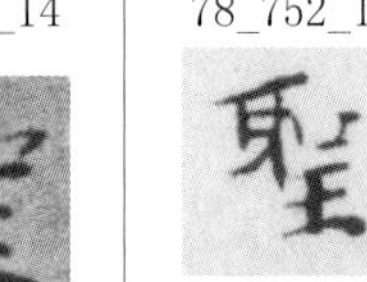

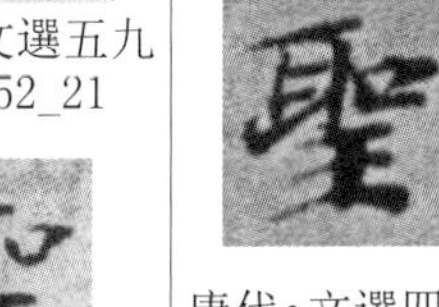

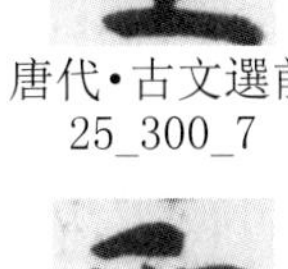

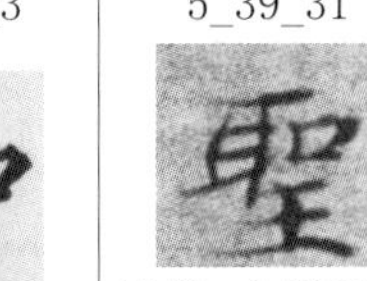
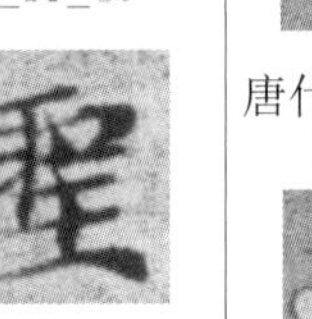
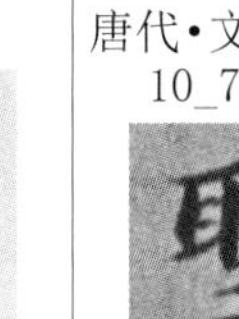

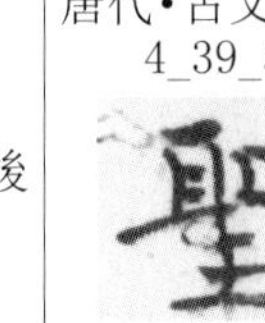
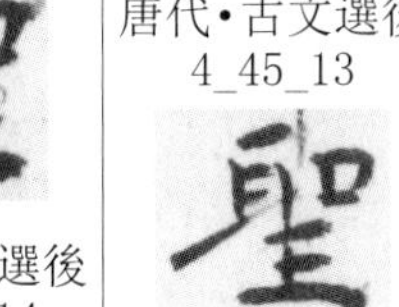

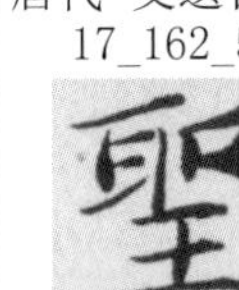
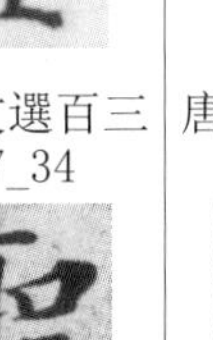
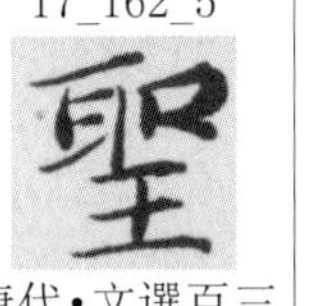

唐代・文選四八 13_115_9
唐代・文選四八 37_331_7
唐代・文選四八 40_359_8
唐代・文選四八 49_445_24
唐代・文選四八 49_446_1
唐代・文選四八 49_447_6
唐代・文選四八 50_451_20
唐代・文選五九 33_320_8

唐代・文選五九 78_748_1
唐代・文選五九 78_749_24
唐代・文選五九 78_752_14
唐代・文選五九 78_752_21
唐代・文選六八 2_21_3
唐代・文選六八 2_21_10
唐代・文選六八 23_238_8

唐代・文選六八 63_628_7
唐代・文選六八 63_631_7
唐代・文選六八 69_683_14
唐代・文選八八 10_77_2
唐代・文選八八 10_77_10
唐代・文選八八 14_119_3
唐代・文選八八 14_119_13
唐代・文選八八 17_153_8

唐代・文選百三 5_37_20
唐代・文選百三 5_38_23
唐代・文選百三 5_39_31
唐代・文選百三 5_39_40
唐代・文選百三 5_41_7
唐代・文選百三 7_67_34
唐代・文選百三 17_162_5
唐代・文選百三 35_342_5

唐代・文選百三 35_345_32
唐代・文選百三 55_527_16
唐代・文選百三 63_609_3
唐代・文選白三 71_691_5
唐代・文選百三 72_696_5
唐代・文選百三 72_696_19
唐代・文選百三 73_700_3
唐代・古文選前 2_15_2

唐代・古文選前 25_300_7
唐代・古文選前 26_311_4
唐代・古文選後 2_19_11
唐代・古文選後 3_26_14
唐代・古文選後 4_39_5
唐代・古文選後 4_45_13
唐代・古文選後 11_120_6
唐代・古文選後 11_125_10

唐代・古文選後 12_136_10
唐代・古文選後 14_160_2
唐代・古文選後 15_178_13
唐代・古文選後 17_194_10
唐代・古文選後 17_204_14
唐代・古文選後 19_224_14
唐代・古文選後 20_234_12

聚		聘				
慣シュウ 漢シュ 呉ジュ 訓あつまる		漢ヘイ 訓とう				
 唐代•春秋經傳 20_213_15 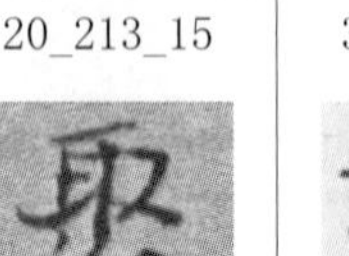 唐代•文選四八 11_99_12  唐代•文選四八 47_427_11  唐代•文選四八 48_429_28  唐代•文選五九 19_179_15  唐代•文選五九 19_181_12  唐代•文選五九 61_585_18	 唐代•春秋經傳 34_357_18  唐代•春秋經傳 34_358_22  唐代•春秋經傳 34_360_9  唐代•文選五九 99_935_3  唐代•文選五九 99_939_25  唐代•文選六八 10_108_13  唐代•文選六八 48_481_20	 唐代•春秋經傳 27_279_3 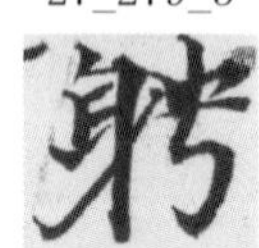 唐代•春秋經傳 30_315_9  唐代•春秋經傳 30_315_18  唐代•春秋經傳 30_316_5  唐代•春秋經傳 32_339_2 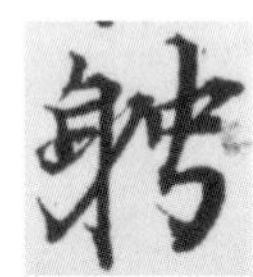 唐代•春秋經傳 33_342_3  唐代•春秋經傳 33_350_10  唐代•春秋經傳 34_357_12	 唐代•十輪經十 1_17_1 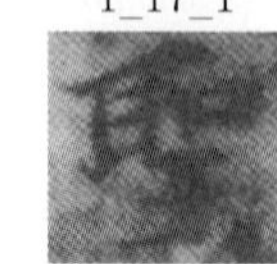 唐代•十輪經十 1_17_8 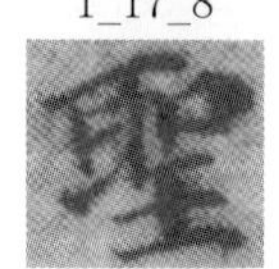 唐代•十輪經十 1_17_12 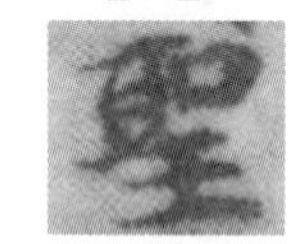 唐代•十輪經十 3_51_16  唐代•十輪經十 3_55_8  唐代•十輪經十 6_116_3 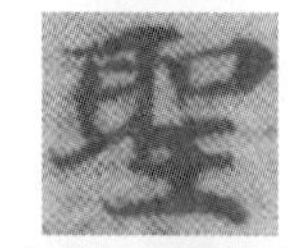 唐代•十輪經十 12_224_13 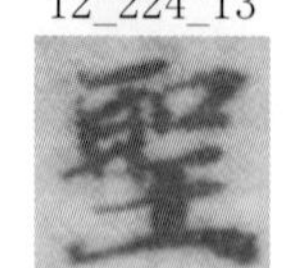 唐代•十輪經九 21_401_10	 唐代•十輪經九 8_143_11  唐代•十輪經九 10_190_12 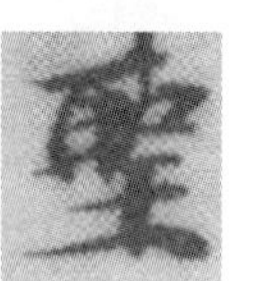 唐代•十輪經九 10_198_15  唐代•十輪經九 15_284_12  唐代•十輪經九 18_344_1  唐代•十輪經九 19_379_18  唐代•十輪經九 21_411_13	 唐代•十輪經九 4_64_14 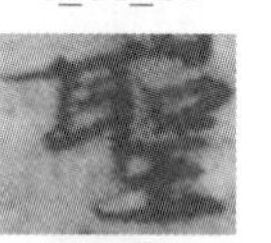 唐代•十輪經九 7_130_9  唐代•十輪經九 7_133_2 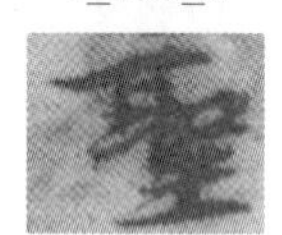 唐代•十輪經九 7_137_4 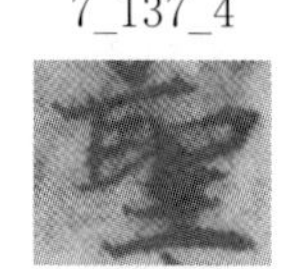 唐代•十輪經九 7_137_11  唐代•十輪經九 7_138_11  唐代•十輪經九 7_138_24  唐代•十輪經九 8_140_23	 唐代•十輪經四 3_42_2  唐代•十輪經四 6_107_10  唐代•十輪經四 8_146_8  唐代•十輪經四 8_157_3  唐代•十輪經四 19_377_17  唐代•十輪經八 2_31_13  唐代•十輪經八 4_73_7 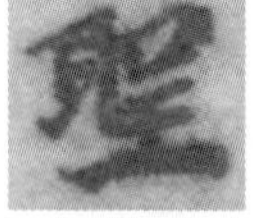 唐代•十輪經八 4_74_14

唐代•文選五九 90_857_17

唐代•文選五九 90_858_27

唐代•文選六八 31_317_8

唐代•文選六八 37_371_20

唐代•文選百三 52_502_14

唐代•文選百三 67_650_12

唐代•文選百三 83_793_17

唐代•文選百三 83_793_19

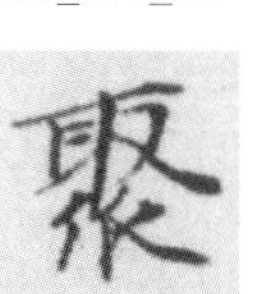
唐代•文選百三 68_655_10

唐代•古文選前 1_2_13

唐代•十輪經九 10_198_24

聲 聲

シヨウ漢セイ
訓こえ

初唐•金剛場經 1_3_17

初唐•大般若經 1_8_9

初唐•大般若經 1_8_15

初唐•大般若經 1_11_14

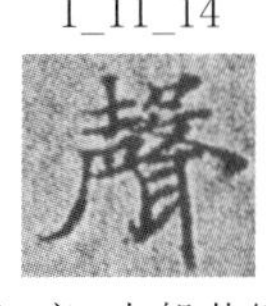
初唐•大般若經 1_12_13

唐代•春秋經傳 20_211_10

唐代•春秋經傳 28_288_9

唐代•文選四八 7_58_27

唐代•文選四八 7_59_7

唐代•文選四八 8_67_34

唐代•文選四八 13_116_20

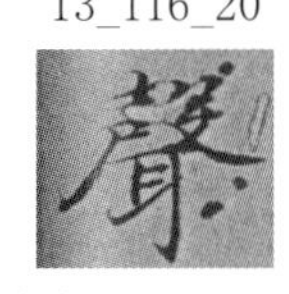
唐代•文選四八 22_201_8

唐代•文選四八 22_202_8

唐代•文選四八 22_202_15

唐代•文選四八 22_204_7

唐代•文選四八 22_204_15

唐代•文選四八 23_205_16

唐代•文選四八 23_208_6

唐代•文選四八 23_208_24

唐代•文選四八 43_389_7

唐代•文選四八 43_390_15

唐代•文選四八 45_404_24

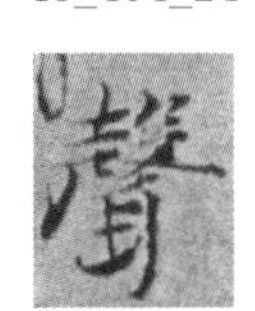
唐代•文選四八 45_406_4

唐代•文選四八 45_409_8

唐代•文選四八 48_433_12

唐代•文選五九 3_26_22

唐代•文選五九 3_30_11

唐代•文選五九 17_161_4

唐代•文選五九 17_162_22

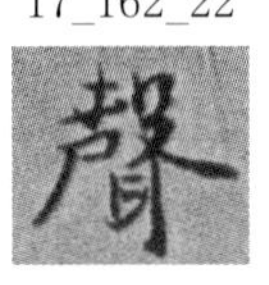
唐代•文選五九 22_215_25

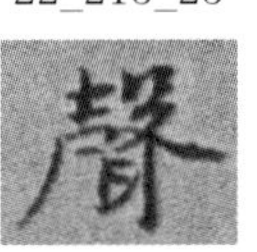
唐代•文選五九 22_215_29

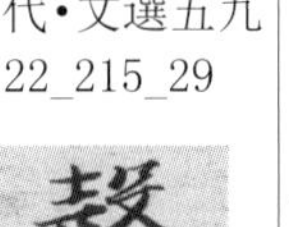
唐代•文選五九 23_226_10

唐代•文選五九 23_228_16

唐代•文選五九 34_331_5

唐代•文選五九 39_386_29

唐代•文選五九 47_469_16

唐代•十輪經八 9_163_3	唐代•十輪經八 2_28_12	唐代•十輪經四 9_179_5	唐代•古文選後 6_65_14	唐代•古文選前 1_5_12	唐代•文選百三 21_203_7	唐代•文選百三 6_54_27
唐代•十輪經八 9_172_3	唐代•十輪經八 3_40_15	唐代•十輪經四 18_346_10	唐代•古文選後 6_66_10	唐代•古文選前 1_8_10	唐代•文選百三 21_204_15	唐代•文選百三 6_54_31
唐代•十輪經八 11_200_8	唐代•十輪經八 3_59_3	唐代•十輪經八 1_3_10	唐代•古文選後 14_165_8	唐代•古文選前 5_53_12	唐代•文選百三 21_205_11	唐代•文選百三 7_55_10
唐代•十輪經八 11_200_15	唐代•十輪經八 7_124_1	唐代•十輪經八 1_4_3	唐代•十輪經四 5_96_16	唐代•古文選前 10_115_6	唐代•文選百三 21_206_18	唐代•文選百三 7_55_12
唐代•十輪經八 11_209_17	唐代•十輪經八 7_124_9	唐代•十輪經八 1_14_7	唐代•十輪經四 6_100_15	唐代•古文選前 11_128_10	唐代•文選百三 47_454_22	唐代•文選百三 7_58_20
唐代•十輪經八 12_237_17	唐代•十輪經八 7_133_9	唐代•十輪經八 1_19_2	唐代•十輪經四 6_103_12	唐代•古文選前 25_290_6	唐代•文選百三 47_455_21	唐代•文選百三 9_83_14
唐代•十輪經八 12_238_8	唐代•十輪經八 9_162_12	唐代•十輪經八 1_19_10	唐代•十輪經四 6_109_10	唐代•古文選後 4_41_6	唐代•文選百三 84_797_10	唐代•文選百三 17_158_19

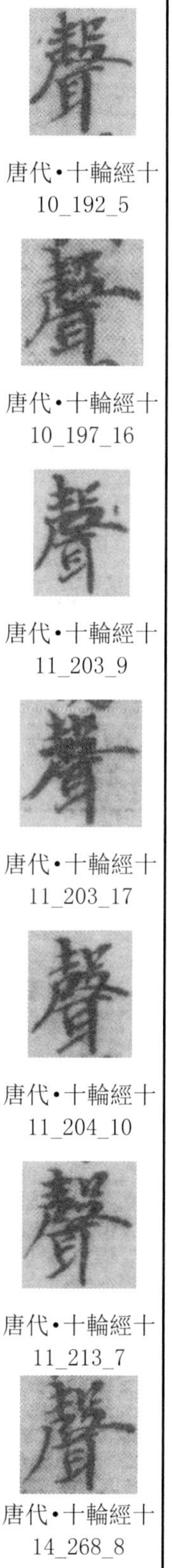

唐代•十輪經十 10_192_5
唐代•十輪經十 10_197_16
唐代•十輪經十 11_203_9
唐代•十輪經十 11_203_17
唐代•十輪經十 11_204_10
唐代•十輪經十 11_213_7
唐代•十輪經十 14_268_8

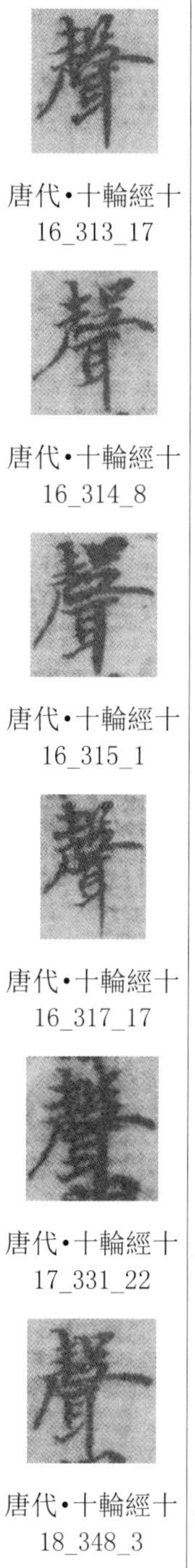

唐代•十輪經十 16_313_17
唐代•十輪經十 16_314_8
唐代•十輪經十 16_315_1
唐代•十輪經十 16_317_17
唐代•十輪經十 17_331_22
唐代•十輪經十 18_348_3

聳

漢ショウ
訓つんぼ

唐代•文選五九 18_174_5
唐代•文選五九 18_176_20
唐代•文選五九 18_177_23
唐代•文選五九 18_178_8
唐代•文選五九 18_178_21

聰

漢ソウ
訓さとい

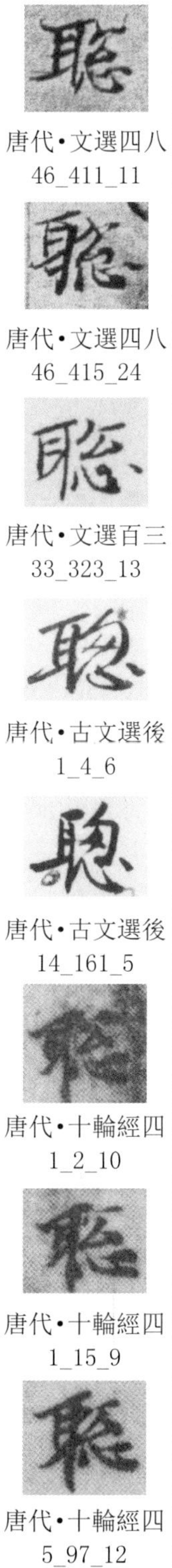

唐代•文選四八 46_411_11
唐代•文選四八 46_415_24
唐代•文選百三 33_323_13
唐代•古文選後 1_4_6
唐代•古文選後 14_161_5
唐代•十輪經四 1_2_10
唐代•十輪經四 1_15_9
唐代•十輪經四 5_97_12

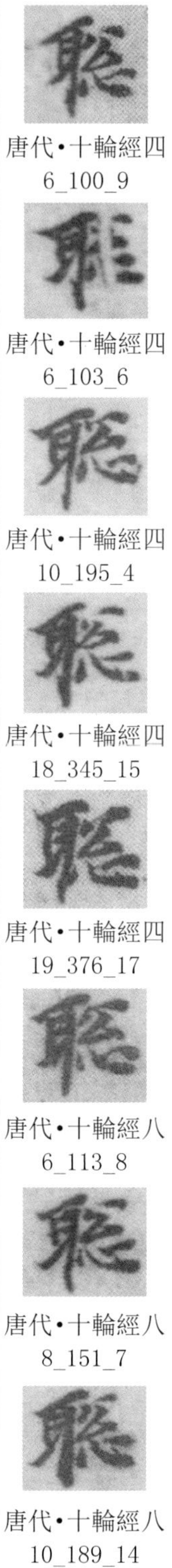

唐代•十輪經四 6_100_9
唐代•十輪經四 6_103_6
唐代•十輪經四 10_195_4
唐代•十輪經四 18_345_15
唐代•十輪經四 19_376_17
唐代•十輪經八 6_113_8
唐代•十輪經八 8_151_7
唐代•十輪經八 10_189_14

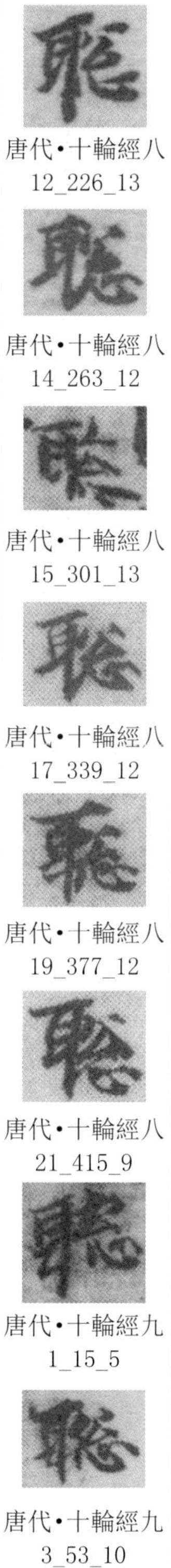

唐代•十輪經八 12_226_13
唐代•十輪經八 14_263_12
唐代•十輪經八 15_301_13
唐代•十輪經八 17_339_12
唐代•十輪經八 19_377_12
唐代•十輪經八 21_415_9
唐代•十輪經九 1_15_5
唐代•十輪經九 3_53_10

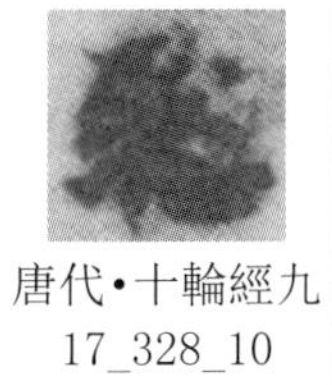

唐代•十輪經九 17_328_10

聯

レン
訓つらなり

唐代・古文選前 8_92_54

聶

ショウ漢ジョウ呉ニョウ
訓ささやく

唐代・文選六八 59_588_16
唐代・文選百三 49_472_22

職

漢ショク呉シキ
訓つかさ

唐代・春秋經傳 8_83_9
唐代・文選五九 63_608_12
唐代・文選五九 93_893_12
唐代・文選五九 94_905_6
唐代・文選五九 104_982_3
唐代・文選百三 47_454_17
唐代・文選百三 77_737_16
唐代・古文選後 14_168_10

聽

チョウ漢テイ
訓きく

唐代・春秋經傳 5_50_8
唐代・春秋經傳 5_50_13
唐代・文選四八 48_436_19
唐代・文選四八 48_440_20
唐代・文選五九 60_576_21
唐代・文選六八 13_129_3
唐代・文選六八 13_131_1
唐代・文選六八 27_276_18

唐代・文選六八 49_491_26
唐代・文選六八 69_690_24
唐代・文選八八 23_209_1
唐代・文選八八 24_214_14
唐代・文選百三 11_106_35
唐代・文選百三 33_323_19
唐代・文選百三 33_329_22
唐代・文選百三 57_546_20

唐代・文選百三 57_546_27
唐代・文選百三 57_547_9
唐代・文選百三 57_551_9
唐代・文選百三 57_551_29
唐代・文選百三 81_764_20
唐代・文選百三 81_765_19
唐代・古文選前 21_245_9
唐代・古文選後 3_28_1

唐代・古文選後 14_161_3
唐代・古文選後 26_309_5
唐代・十輪經四 2_29_14
唐代・十輪經四 2_31_10
唐代・十輪經四 2_35_6
唐代・十輪經四 3_44_11
唐代・十輪經四 4_64_12
唐代・十輪經四 5_95_9

				 唐代•十輪經十 1_9_5  唐代•十輪經十 1_12_7  唐代•十輪經十 1_14_5 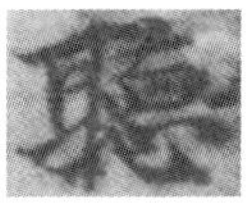 唐代•十輪經十 1_16_3  唐代•十輪經十 2_23_16 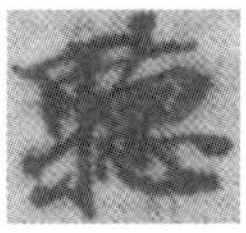 唐代•十輪經十 18_356_14	 唐代•十輪經四 17_332_7  唐代•十輪經八 16_309_3  唐代•十輪經九 5_96_3 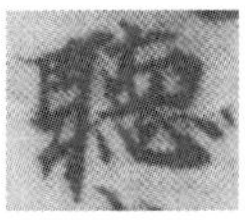 唐代•十輪經九 6_107_7 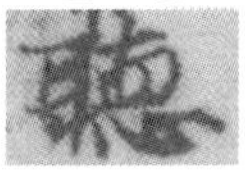 唐代•十輪經九 7_137_2  唐代•十輪經九 11_210_11  唐代•十輪經九 12_225_12  唐代•十輪經九 12_236_4	 唐代•十輪經四 5_98_14  唐代•十輪經四 6_101_11  唐代•十輪經四 6_104_8  唐代•十輪經四 7_137_1  唐代•十輪經四 12_229_15  唐代•十輪經四 13_241_10  唐代•十輪經四 13_253_15  唐代•十輪經四 14_265_15

臣部

臣 臣

漢シン 呉ジン

訓おみ

唐代•春秋經傳
3_21_21

唐代•春秋經傳
5_43_20

唐代•春秋經傳
5_44_10

唐代•春秋經傳
8_83_2

唐代•春秋經傳
9_92_15

唐代•春秋經傳
11_112_13

唐代•春秋經傳
12_123_6

唐代•春秋經傳
18_185_13

唐代•春秋經傳
19_202_23

唐代•春秋經傳
20_203_23

唐代•春秋經傳
24_243_1

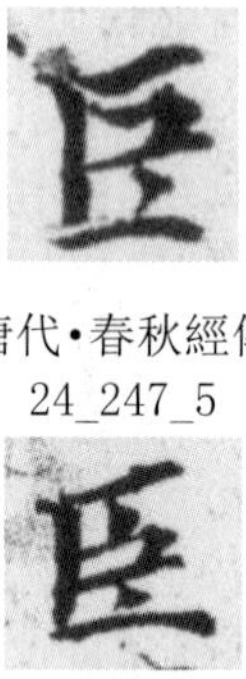
唐代•春秋經傳
24_247_5

唐代•春秋經傳
32_336_18

唐代•春秋經傳
33_349_1

唐代•文選四八
22_194_2

唐代•文選四八
24_218_1

唐代•文選四八
28_253_12

唐代•文選四八
28_255_2

唐代•文選四八
34_310_8

唐代•文選四八
35_312_6

唐代•文選四八
35_312_11

唐代•文選四八
35_313_13

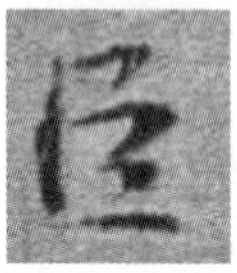
唐代•文選四八
36_321_27

唐代•文選四八
42_381_7

唐代•文選五九
45_450_17

唐代•文選五九
45_450_19

唐代•文選五九
58_556_19

唐代•文選五九
58_557_5

唐代•文選五九
60_573_8

唐代•文選五九
79_762_32

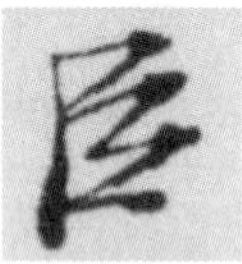
唐代•文選五九
82_793_1

唐代•文選五九
91_873_18

唐代•文選五九
100_945_18

唐代•文選五九
101_957_19

唐代•文選五九
102_961_29

唐代•文選五九
105_987_3

唐代•文選六八
13_134_6

唐代•文選六八
13_135_26

唐代•文選六八
21_206_12

唐代•文選六八
23_227_19

唐代•文選六八
23_238_12

唐代•文選六八
35_350_16

唐代•古文選前 26_309_12
唐代•古文選前 27_315_10
唐代•古文選後 2_15_4
唐代•古文選後 6_62_12
唐代•古文選後 11_131_2
唐代•古文選後 12_138_15
唐代•古文選後 13_146_9

唐代•古文選前 13_155_1
唐代•古文選前 22_253_2
唐代•古文選前 22_256_8
唐代•古文選前 22_262_13
唐代•古文選前 25_298_1
唐代•古文選前 25_298_4
唐代•古文選前 26_308_9

唐代•古文選前 7_83_10
唐代•古文選前 7_84_1
唐代•古文選前 7_88_6
唐代•古文選前 12_144_10
唐代•古文選前 12_146_5
唐代•古文選前 13_152_4
唐代•古文選前 13_154_3

唐代•文選百三 61_592_33
唐代•文選百三 73_701_13
唐代•文選百三 73_703_6
唐代•文選百三 75_719_11
唐代•文選百三 85_804_4
唐代•古文選前 7_80_3
唐代•古文選前 7_83_1

唐代•文選百三 45_426_10
唐代•文選百三 45_429_6
唐代•文選百三 47_452_20
唐代•文選百三 49_466_3
唐代•文選百三 49_479_20
唐代•文選百三 50_482_5
唐代•文選百三 61_592_13

唐代•文選百三 14_132_23
唐代•文選百三 15_148_23
唐代•文選百三 16_153_26
唐代•文選百三 16_154_10
唐代•文選百三 27_265_5
唐代•文選百三 30_294_18
唐代•文選百三 45_425_25

唐代•文選六八 37_365_16
唐代•文選六八 51_509_19
唐代•文選六八 69_687_22
唐代•文選六八 71_705_30
唐代•文選八八 15_121_7
唐代•文選八八 16_139_1
唐代•文選百三 13_126_25

臧

慣ゾウ
訓しもべ

唐代•文選百三
19_179_33

唐代•文選百三
24_234_6

唐代•文選百三
26_253_10

唐代•文選百三
38_381_14

唐代•文選百三
1_3_12

唐代•文選百三
2_12_13

唐代•文選百三
3_16_13

唐代•文選百三
3_20_9

唐代•文選百三
5_47_7

唐代•文選百三
19_178_11

唐代•文選百三
23_227_10

唐代•文選四八
4_21_2

唐代•文選四八
23_210_7

唐代•文選四八
25_225_17

唐代•文選四八
30_274_1

唐代•文選四八
34_310_12

唐代•文選五九
29_287_4

唐代•文選五九
82_788_10

唐代•文選五九
83_798_15

唐代•文選五九
102_965_13

唐代•文選五九
105_999_18

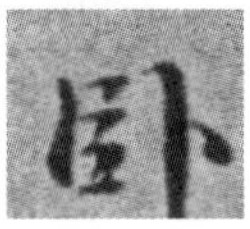
唐代•文選六八
55_557_5

臥

ガ
訓ふす

唐代•文選五九
34_332_1

唐代•文選五九
34_335_1

唐代•文選五九
36_356_8

唐代•文選五九
47_471_11

唐代•文選五九
102_964_20

唐代•文選五九
104_981_7

唐代•文選五九
104_983_20

唐代•十輪經四
15_293_3

唐代•十輪經四
15_295_1

唐代•十輪經四
15_299_11

唐代•古文選後
13_150_73

唐代•古文選後
14_167_13

唐代•古文選後
21_249_6

唐代•十輪經四
8_146_16

唐代•十輪經四
8_149_5

唐代•十輪經四
8_155_10

唐代•十輪經四
9_161_4

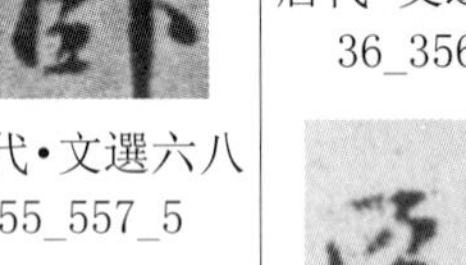

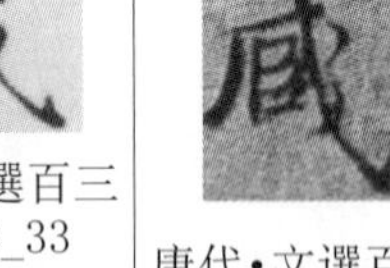

臨 𦣠

リン
訓のぞむ

中唐・風信帖
1_1_8

唐代•春秋經傳
27_277_6

唐代•春秋經傳
27_277_26

唐代•文選四八
1_4_15

唐代•文選四八
7_57_3

唐代•文選四八
7_59_2

唐代•文選四八
9_78_10

唐代•文選四八
35_314_18

唐代•文選四八
42_383_25

唐代•文選五九
3_23_4

唐代•文選五九
9_81_8

唐代•文選五九
25_247_9

唐代•文選五九
25_249_6

唐代•文選五九
26_254_20

唐代•文選五九
30_296_8

唐代•文選五九
42_416_3

唐代•文選五九
43_419_20

唐代•文選五九
58_558_5

唐代•文選五九
58_559_12

唐代•文選五九
58_560_28

唐代•文選五九
59_562_6

唐代•文選五九
59_563_9

唐代•文選五九
71_685_23

唐代•文選五九
81_782_3

唐代•文選五九
82_783_8

唐代•文選五九
82_786_21

唐代•文選五九
82_790_14

唐代•文選五九
88_839_23

唐代•文選五九
91_873_21

唐代•文選五九
91_874_30

唐代•文選五九
92_876_3

唐代•文選五九
92_880_4

唐代•文選五九
103_970_24

唐代•文選五九
107_1014_3

唐代•文選六八
12_128_8

唐代•文選六八
13_130_17

臨溧
唐代•文選六八
41_410_14

唐代•文選六八
49_493_14

唐代•文選六八
65_657_11

唐代•文選六八
73_722_13

唐代•文選百三
17_163_10

唐代•文選百三
19_177_3

唐代•文選百三
19_181_34

唐代•文選百三
19_188_29

唐代•文選百三
36_360_19

唐代•文選百三
53_508_22

唐代•文選百三
60_578_7

唐代•文選百三
70_673_4

唐代•文選百三
71_684_19

唐代•文選百三
79_748_2

唐代•古文選前
19_225_13

唐代•古文選前
23_265_3

唐代•古文選後
1_5_6

唐代•古文選後
16_181_11

唐代•古文選後
18_205_5

				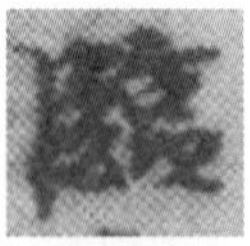 唐代•十輪經八 13_259_15  唐代•十輪經八 15_297_15	 唐代•十輪經八 17_335_14 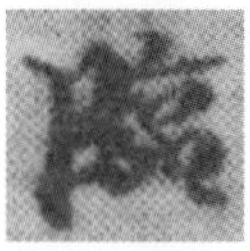 唐代•十輪經八 19_373_15  唐代•十輪經八 21_411_7 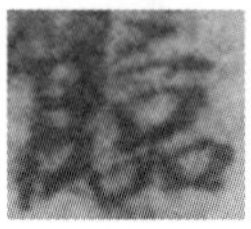 唐代•十輪經九 1_11_3  唐代•十輪經九 3_49_7  唐代•十輪經九 17_324_13  唐代•十輪經十 3_47_15  唐代•十輪經十 6_103_14	 唐代•古文選後 16_186_2  唐代•古文選後 21_251_10  唐代•古文選後 24_288_9 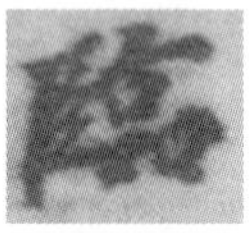 唐代•十輪經八 6_109_10  唐代•十輪經八 8_147_10  唐代•十輪經八 10_185_16  唐代•十輪經八 12_222_15

西部

西

漢セイ 呉サイ 訓にし

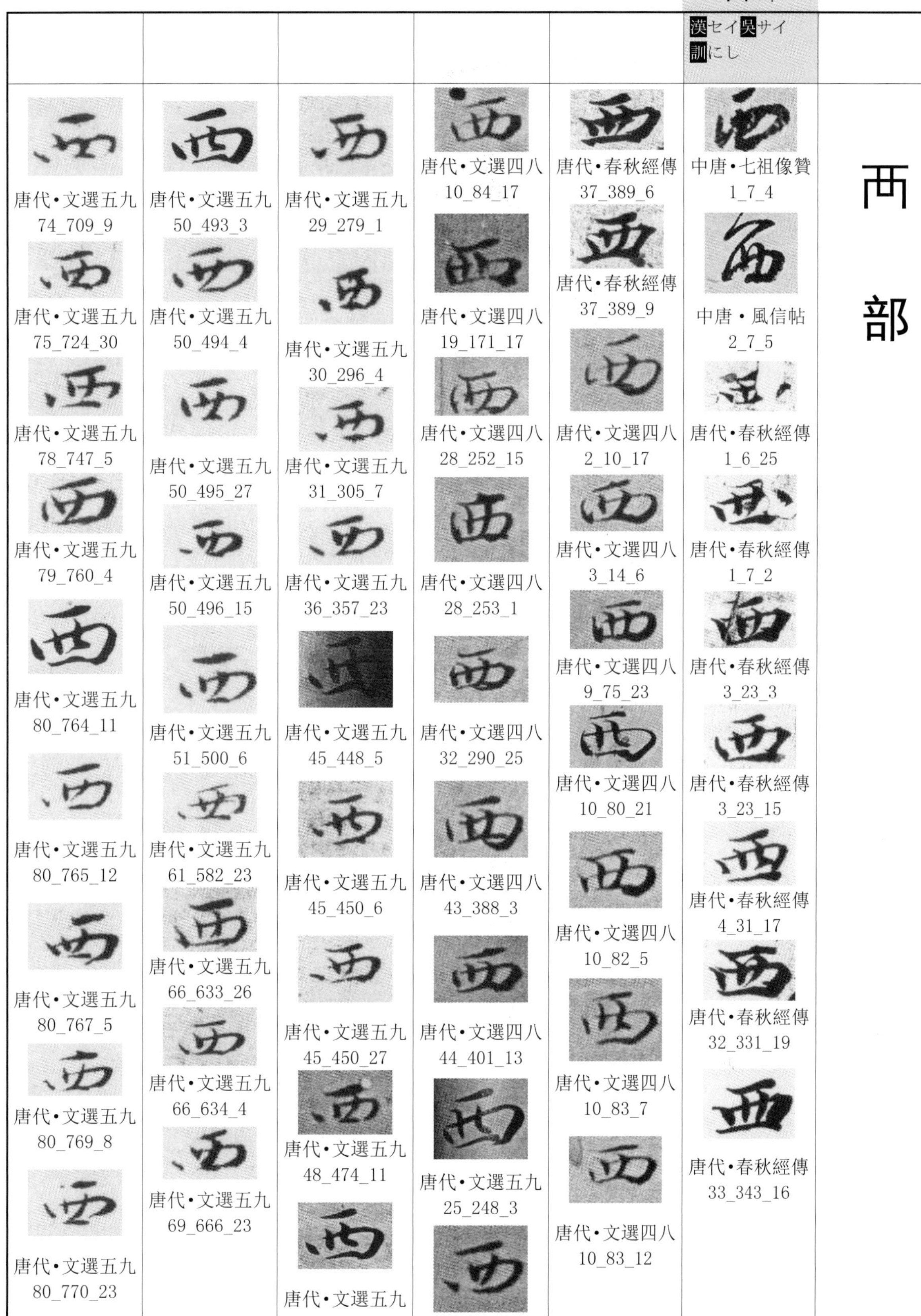

中唐•七祖像贊 1_7_4
中唐・風信帖 2_7_5
唐代•春秋經傳 1_6_25
唐代•春秋經傳 1_7_2
唐代•春秋經傳 3_23_3
唐代•春秋經傳 3_23_15
唐代•春秋經傳 4_31_17
唐代•春秋經傳 32_331_19
唐代•春秋經傳 33_343_16

唐代•春秋經傳 37_389_6
唐代•春秋經傳 37_389_9
唐代•文選四八 2_10_17
唐代•文選四八 3_14_6
唐代•文選四八 9_75_23
唐代•文選四八 10_80_21
唐代•文選四八 10_82_5
唐代•文選四八 10_83_7
唐代•文選四八 10_83_12

唐代•文選四八 10_84_17
唐代•文選四八 19_171_17
唐代•文選四八 28_252_15
唐代•文選四八 28_253_1
唐代•文選四八 32_290_25
唐代•文選四八 43_388_3
唐代•文選四八 44_401_13
唐代•文選五九 25_248_3
唐代•文選五九 25_250_11

唐代•文選五九 29_279_1
唐代•文選五九 30_296_4
唐代•文選五九 31_305_7
唐代•文選五九 36_357_23
唐代•文選五九 45_448_5
唐代•文選五九 45_450_6
唐代•文選五九 45_450_27
唐代•文選五九 48_474_11
唐代•文選五九 49_490_4

唐代•文選五九 50_493_3
唐代•文選五九 50_494_4
唐代•文選五九 50_495_27
唐代•文選五九 50_496_15
唐代•文選五九 51_500_6
唐代•文選五九 61_582_23
唐代•文選五九 66_633_26
唐代•文選五九 66_634_4
唐代•文選五九 69_666_23

唐代•文選五九 74_709_9
唐代•文選五九 75_724_30
唐代•文選五九 78_747_5
唐代•文選五九 79_760_4
唐代•文選五九 80_764_11
唐代•文選五九 80_765_12
唐代•文選五九 80_767_5
唐代•文選五九 80_769_8
唐代•文選五九 80_770_23

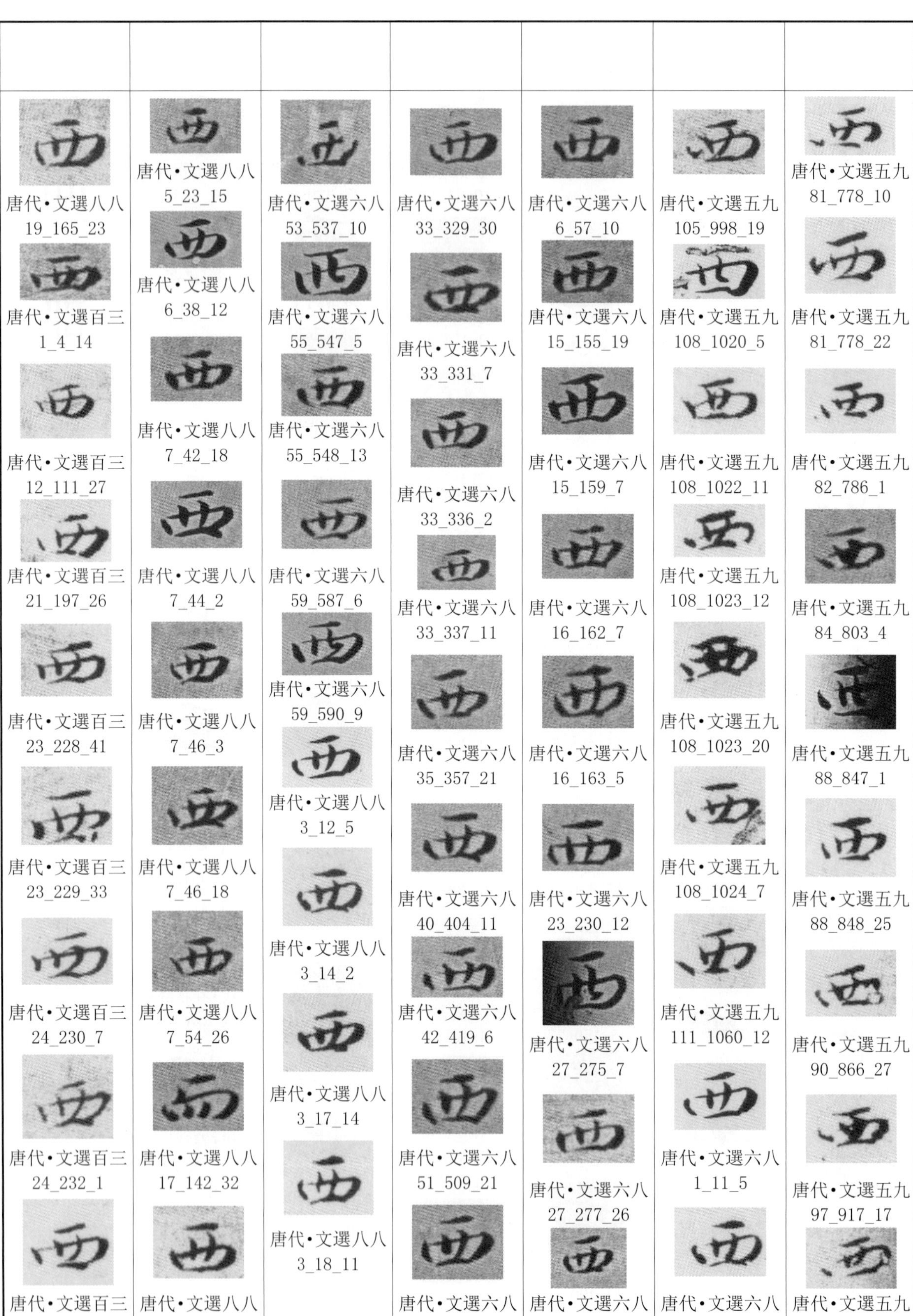

唐代•文選八八 19_165_23	唐代•文選八八 5_23_15	唐代•文選六八 53_537_10	唐代•文選六八 33_329_30	唐代•文選六八 6_57_10	唐代•文選五九 105_998_19	唐代•文選五九 81_778_10
唐代•文選百三 1_4_14	唐代•文選八八 6_38_12	唐代•文選六八 55_547_5	唐代•文選六八 33_331_7	唐代•文選六八 15_155_19	唐代•文選五九 108_1020_5	唐代•文選五九 81_778_22
唐代•文選百三 12_111_27	唐代•文選八八 7_42_18	唐代•文選六八 55_548_13	唐代•文選六八 33_336_2	唐代•文選六八 15_159_7	唐代•文選五九 108_1022_11	唐代•文選五九 82_786_1
唐代•文選百三 21_197_26	唐代•文選八八 7_44_2	唐代•文選六八 59_587_6	唐代•文選六八 33_337_11	唐代•文選六八 16_162_7	唐代•文選五九 108_1023_12	唐代•文選五九 84_803_4
唐代•文選百三 23_228_41	唐代•文選八八 7_46_3	唐代•文選六八 59_590_9	唐代•文選六八 35_357_21	唐代•文選六八 16_163_5	唐代•文選五九 108_1023_20	唐代•文選五九 88_847_1
唐代•文選百三 23_229_33	唐代•文選八八 7_46_18	唐代•文選八八 3_12_5	唐代•文選六八 40_404_11	唐代•文選六八 23_230_12	唐代•文選五九 108_1024_7	唐代•文選五九 88_848_25
唐代•文選百三 24_230_7	唐代•文選八八 7_54_26	唐代•文選八八 3_14_2	唐代•文選六八 42_419_6	唐代•文選六八 27_275_7	唐代•文選五九 111_1060_12	唐代•文選五九 90_866_27
唐代•文選百三 24_232_1	唐代•文選八八 17_142_32	唐代•文選八八 3_17_14	唐代•文選六八 51_509_21	唐代•文選六八 27_277_26	唐代•文選六八 1_11_5	唐代•文選五九 97_917_17
唐代•文選百三 25_240_17	唐代•文選八八 19_160_11	唐代•文選八八 3_18_11	唐代•文選六八 53_530_13	唐代•文選六八 27_278_19	唐代•文選六八 1_13_2	唐代•文選五九 105_997_29

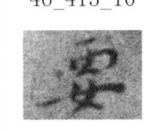

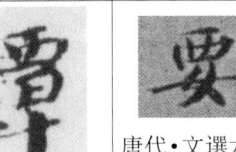

覃

エン漢タン

訓うまい

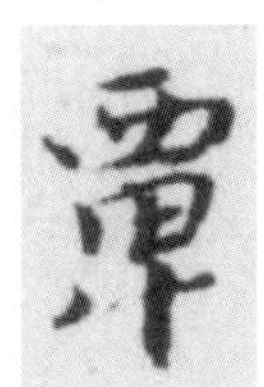

唐代・文選五九 98_928_15

唐代・文選五九 98_929_4

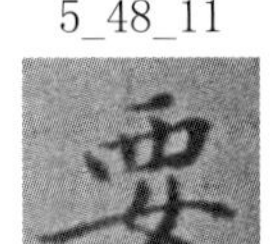

要

ヨウ

訓いる

唐代・文選六八 5_48_11

唐代・文選六八 57_575_23

唐代・文選六八 61_616_14

唐代・文選百三 16_151_17

唐代・古文選前 9_107_3

唐代・古文選後 2_17_13

唐代・十輪經九 6_109_1

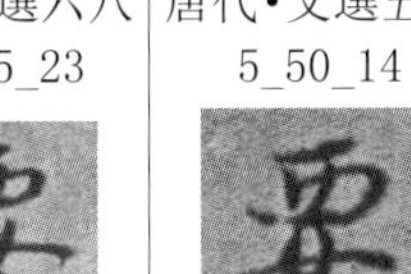
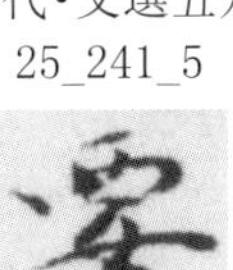

唐代・文選四八 46_413_10

唐代・文選五九 5_50_14

唐代・文選五九 25_241_5

唐代・文選五九 75_720_18

唐代・文選五九 75_723_1

唐代・文選五九 76_725_25

唐代・文選五九 76_726_13

唐代・文選五九 93_893_11

唐代・古文選後 25_292_6

唐代・古文選後 25_297_12

唐代・古文選後 15_180_8

唐代・古文選前 25_297_57

唐代・古文選前 27_312_6

唐代・古文選後 4_38_1

唐代・古文選後 4_41_13

唐代・古文選後 7_76_8

唐代・古文選後 8_84_14

唐代・古文選後 14_165_12

唐代・古文選後 23_273_3

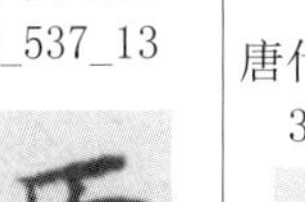
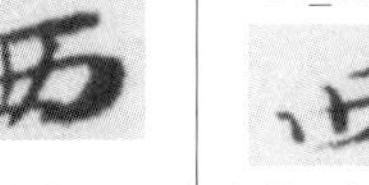
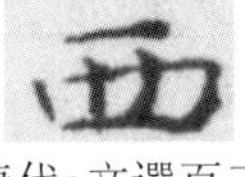

唐代・文選百三 45_433_6

唐代・文選百三 55_527_18

唐代・文選百三 56_533_17

唐代・文選百三 56_534_10

唐代・文選百三 56_537_13

唐代・文選百三 82_783_2

唐代・文選百三 83_786_20

唐代・古文選前 4_43_1

唐代・古文選前 12_138_9

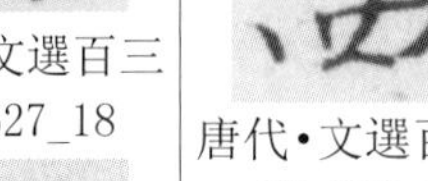
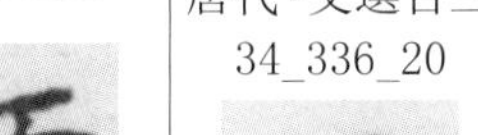
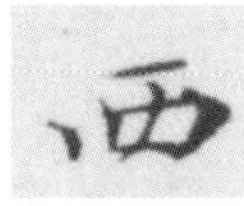

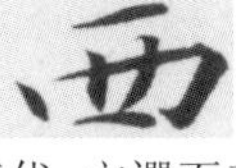
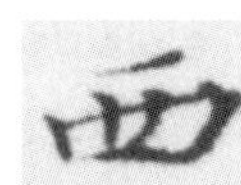

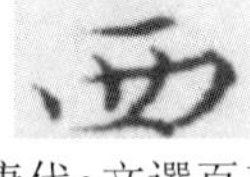
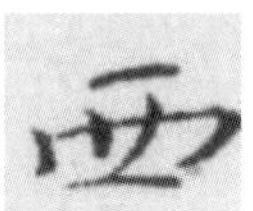
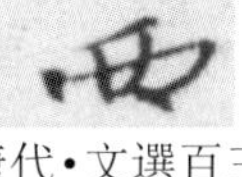
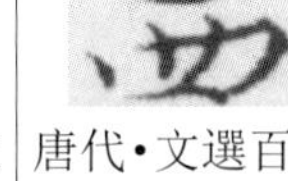

唐代・文選百三 25_248_2

唐代・文選百三 29_285_9

唐代・文選百三 33_334_27

唐代・文選百三 34_336_14

唐代・文選百三 34_336_20

唐代・文選百三 34_337_10

唐代・文選百三 34_337_16

唐代・文選百三 35_355_9

唐代・文選百三 36_356_15

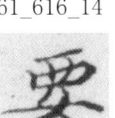

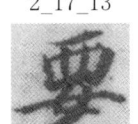

覆

フク慣フウ漢フ
訓おおう

唐代・文選五九
35_347_4

唐代・文選五九
94_896_18

唐代・文選五九
97_922_9

唐代・文選六八
22_224_1

唐代・文選六八
64_641_23

唐代・文選百三
27_269_3

唐代・文選百三
27_271_28

唐代・文選百三
29_281_23

唐代・文選百三
54_519_4

唐代・文選百三
55_525_15

唐代・古文選前
6_70_1

唐代・古文選前
18_212_4

唐代・十輪經四
6_110_7

而部

而 𦓐

漢ジ呉ニ
訓ほおひげ

初唐•法華義疏 1_8_4
晚唐•慶滋書狀 1_15_1
唐代•春秋經傳 1_3_11
唐代•春秋經傳 3_20_3
唐代•春秋經傳 3_22_1
唐代•春秋經傳 3_26_14
唐代•春秋經傳 4_37_3
唐代•春秋經傳 4_42_19
唐代•春秋經傳 5_43_18

唐代•春秋經傳 5_47_16
唐代•春秋經傳 5_49_5
唐代•春秋經傳 6_57_16
唐代•春秋經傳 6_58_3
唐代•春秋經傳 6_59_28
唐代•春秋經傳 6_61_12
唐代•春秋經傳 7_64_17
唐代•春秋經傳 7_65_12
唐代•春秋經傳 7_69_5

唐代•春秋經傳 7_73_13
唐代•春秋經傳 8_76_4
唐代•春秋經傳 8_76_13
唐代•春秋經傳 8_78_1
唐代•春秋經傳 8_78_17
唐代•春秋經傳 8_79_12
唐代•春秋經傳 8_80_5
唐代•春秋經傳 9_87_14
唐代•春秋經傳 9_88_6

唐代•春秋經傳 13_134_14
唐代•春秋經傳 13_134_29
唐代•春秋經傳 14_142_15
唐代•春秋經傳 14_143_22
唐代•春秋經傳 14_148_15
唐代•春秋經傳 16_162_1
唐代•春秋經傳 16_162_13
唐代•春秋經傳 16_163_19
唐代•春秋經傳 16_164_3
唐代•春秋經傳 38_402_11

唐代•文選四八 1_2_6
唐代•文選四八 9_75_22
唐代•文選四八 9_79_11
唐代•文選四八 13_115_5
唐代•文選四八 14_121_8
唐代•文選四八 14_121_15
唐代•文選四八 16_146_13
唐代•文選四八 17_152_2
唐代•文選四八 18_159_18

唐代•文選四八 28_250_13
唐代•文選四八 28_257_7
唐代•文選四八 31_283_10
唐代•文選四八 32_290_2
唐代•文選四八 37_332_20
唐代•文選四八 32_291_19
唐代•文選四八 34_305_16
唐代•文選四八 35_317_26
唐代•文選四八 37_331_12

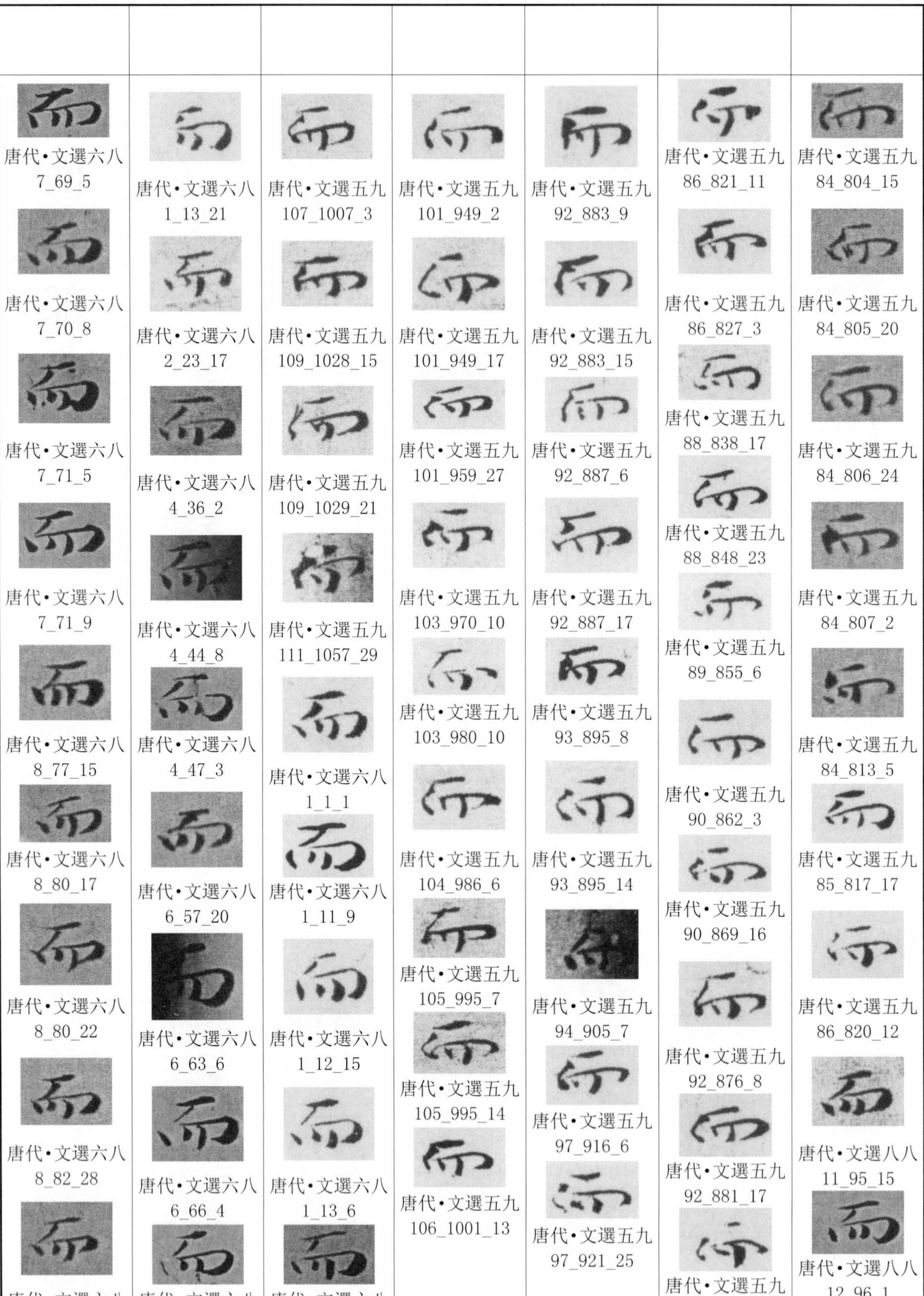

唐代•文選六八 7_69_5
唐代•文選六八 7_70_8
唐代•文選六八 7_71_5
唐代•文選六八 7_71_9
唐代•文選六八 8_77_15
唐代•文選六八 8_80_17
唐代•文選六八 8_80_22
唐代•文選六八 8_82_28
唐代•文選六八 8_85_20

唐代•文選六八 1_13_21
唐代•文選六八 2_23_17
唐代•文選六八 4_36_2
唐代•文選六八 4_44_8
唐代•文選六八 4_47_3
唐代•文選六八 6_57_20
唐代•文選六八 6_63_6
唐代•文選六八 6_66_4
唐代•文選六八 7_68_17

唐代•文選五九 107_1007_3
唐代•文選五九 109_1028_15
唐代•文選五九 109_1029_21
唐代•文選五九 111_1057_29
唐代•文選六八 1_1_1
唐代•文選六八 1_11_9
唐代•文選六八 1_12_15
唐代•文選六八 1_13_6
唐代•文選六八 71_704_7

唐代•文選五九 101_949_2
唐代•文選五九 101_949_17
唐代•文選五九 101_959_27
唐代•文選五九 103_970_10
唐代•文選五九 103_980_10
唐代•文選五九 104_986_6
唐代•文選五九 105_995_7
唐代•文選五九 105_995_14
唐代•文選五九 106_1001_13

唐代•文選五九 92_883_9
唐代•文選五九 92_883_15
唐代•文選五九 92_887_6
唐代•文選五九 92_887_17
唐代•文選五九 93_895_8
唐代•文選五九 93_895_14
唐代•文選五九 94_905_7
唐代•文選五九 97_916_6
唐代•文選五九 97_921_25

唐代•文選五九 86_821_11
唐代•文選五九 86_827_3
唐代•文選五九 88_838_17
唐代•文選五九 88_848_23
唐代•文選五九 89_855_6
唐代•文選五九 90_862_3
唐代•文選五九 90_869_16
唐代•文選五九 92_876_8
唐代•文選五九 92_881_17
唐代•文選五九 85_814_8

唐代•文選五九 84_804_15
唐代•文選五九 84_805_20
唐代•文選五九 84_806_24
唐代•文選五九 84_807_2
唐代•文選五九 84_813_5
唐代•文選五九 85_817_17
唐代•文選五九 86_820_12
唐代•文選八八 11_95_15
唐代•文選八八 12_96_1

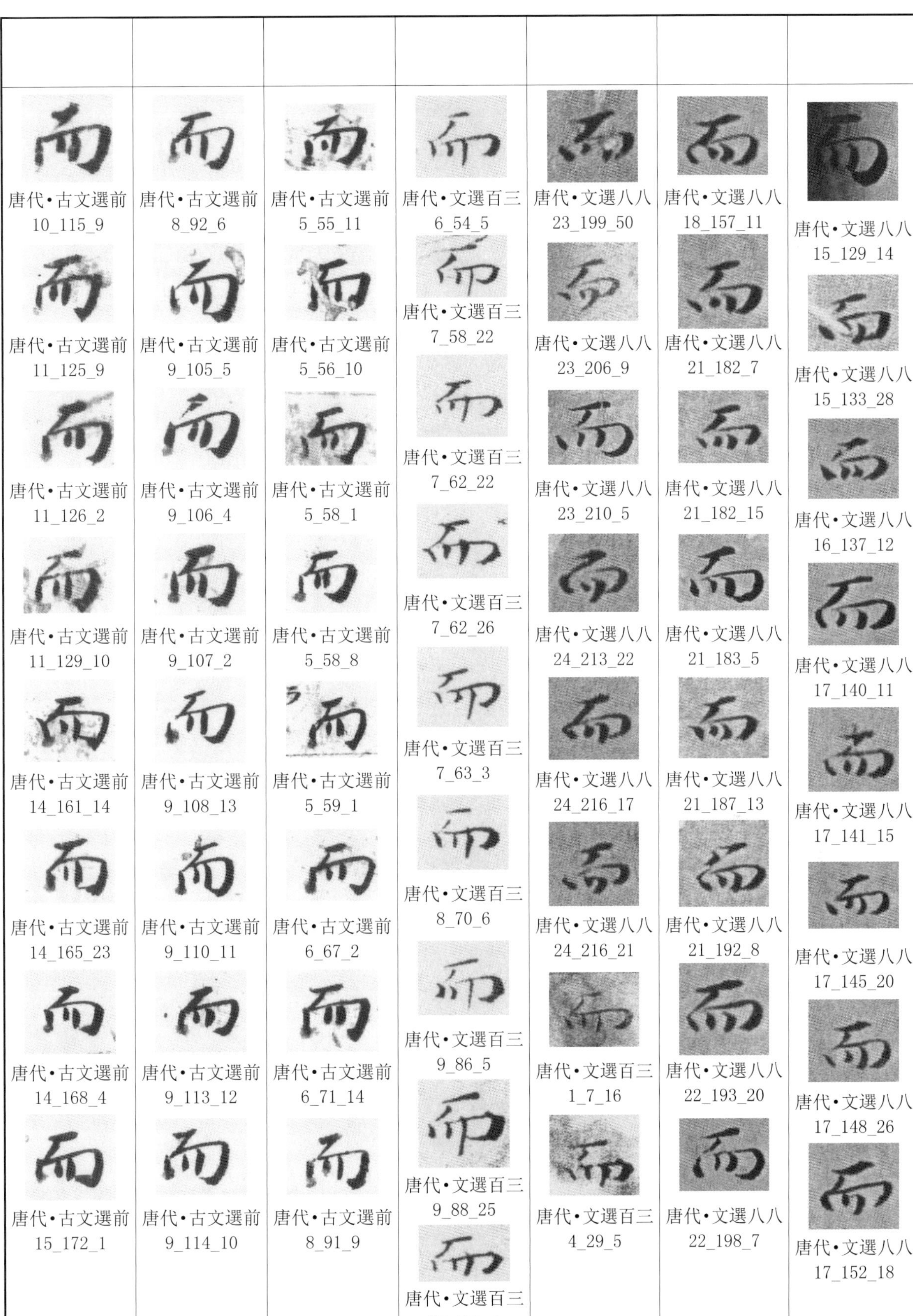

唐代•古文選前 10_115_9	唐代•古文選前 8_92_6	唐代•古文選前 5_55_11	唐代•文選百三 6_54_5	唐代•文選八八 23_199_50	唐代•文選八八 18_157_11	唐代•文選八八 15_129_14
唐代•古文選前 11_125_9	唐代•古文選前 9_105_5	唐代•古文選前 5_56_10	唐代•文選百三 7_58_22	唐代•文選八八 23_206_9	唐代•文選八八 21_182_7	唐代•文選八八 15_133_28
唐代•古文選前 11_126_2	唐代•古文選前 9_106_4	唐代•古文選前 5_58_1	唐代•文選百三 7_62_22	唐代•文選八八 23_210_5	唐代•文選八八 21_182_15	唐代•文選八八 16_137_12
唐代•古文選前 11_129_10	唐代•古文選前 9_107_2	唐代•古文選前 5_58_8	唐代•文選百三 7_62_26	唐代•文選八八 24_213_22	唐代•文選八八 21_183_5	唐代•文選八八 17_140_11
唐代•古文選前 14_161_14	唐代•古文選前 9_108_13	唐代•古文選前 5_59_1	唐代•文選百三 7_63_3	唐代•文選八八 24_216_17	唐代•文選八八 21_187_13	唐代•文選八八 17_141_15
唐代•古文選前 14_165_23	唐代•古文選前 9_110_11	唐代•古文選前 6_67_2	唐代•文選百三 8_70_6	唐代•文選八八 24_216_21	唐代•文選八八 21_192_8	唐代•文選八八 17_145_20
唐代•古文選前 14_168_4	唐代•古文選前 9_113_12	唐代•古文選前 6_71_14	唐代•文選百三 9_86_5	唐代•文選百三 1_7_16	唐代•文選八八 22_193_20	唐代•文選八八 17_148_26
唐代•古文選前 15_172_1	唐代•古文選前 9_114_10	唐代•古文選前 8_91_9	唐代•文選百三 9_88_25	唐代•文選百三 4_29_5	唐代•文選八八 22_198_7	唐代•文選八八 17_152_18
			唐代•文選百三 20_191_1			

耎

漢ゼン 呉ネン
訓よわい

唐代・十輪經九
7_134_11

唐代・十輪經十
12_223_7

唐代・十輪經十
12_225_5

唐代・十輪經十
12_226_3

唐代・十輪經十
12_230_4

唐代・十輪經十
12_233_4

唐代・十輪經十
14_279_12

唐代・十輪經十
16_301_9

唐代・十輪經十
17_324_6

唐代・十輪經八
7_132_12

唐代・十輪經十
2_25_4

唐代・十輪經十
7_123_6

唐代・十輪經十
7_130_8

唐代・十輪經十
8_158_6

唐代・十輪經十
9_169_12

唐代・十輪經十
9_171_11

唐代・十輪經十
9_176_13

唐代・十輪經十
10_193_11

唐代・十輪經十
12_221_12

唐代・十輪經四
15_280_17

唐代・十輪經四
7_124_13

唐代・十輪經四
7_128_5

唐代・十輪經四
8_145_6

唐代・十輪經四
8_153_9

唐代・十輪經四
8_158_8

唐代・十輪經四
10_180_21

唐代・十輪經四
10_184_8

唐代・十輪經四
9_171_2

唐代・古文選前
26_309_1

唐代・古文選後
7_83_46

唐代・古文選後
3_29_15

唐代・古文選後
3_29_24

唐代・十輪經四
1_20_14

唐代・十輪經四
7_122_15

唐代・十輪經四
7_123_6

唐代・十輪經四
9_174_8

唐代・古文選前
15_173_4

唐代・古文選前
15_173_10

唐代・古文選前
15_174_2

唐代・古文選前
19_224_2

唐代・古文選前
25_299_6

唐代・古文選前
25_299_10

唐代・古文選後
11_121_1

唐代・古文選後
15_170_10

唐代・古文選前
11_133_65

唐代・古文選前
12_142_12

唐代・古文選前
13_150_12

唐代・古文選前
14_161_8
6

唐代・古文選前
15_172_12

唐代・古文選前
15_174_8

唐代・古文選前
15_175_12

唐代・古文選前
16_192_10

至部

至

シ
訓いたる

初唐•法華義疏
1_9_12

初唐•大般若經
1_10_14

初唐•大般若經
1_12_16

初唐•大般若經
1_15_1

初唐•大般若經
1_17_3

初唐•大般若經
1_19_5

初唐•大般若經
2_24_4

初唐•大般若經
2_26_16

初唐•大般若經
2_29_7

初唐•聖武雜集
1_1_2

中唐•金剛經題
2_8_4

唐代•春秋經傳
1_4_3

唐代•春秋經傳
2_16_6

唐代•春秋經傳
7_68_5

唐代•春秋經傳
13_134_18

唐代•春秋經傳
14_138_3

唐代•春秋經傳
14_138_19

唐代•春秋經傳
18_186_22

唐代•春秋經傳
23_241_12

唐代•春秋經傳
24_246_11

唐代•春秋經傳
24_247_19

唐代•春秋經傳
26_268_22

唐代•春秋經傳
27_282_6

唐代•春秋經傳
27_283_5

唐代•春秋經傳
29_306_14

唐代•春秋經傳
32_331_9

唐代•春秋經傳
32_335_7

唐代•春秋經傳
34_361_17

唐代•文選四八
1_2_22

唐代•文選四八
1_4_12

唐代•文選四八
6_48_11

唐代•文選四八
7_60_6

唐代•文選四八
8_67_42

唐代•文選四八
8_71_5

唐代•文選四八
11_98_23

唐代•文選四八
12_105_21

唐代•文選四八
12_112_2

唐代•文選四八
12_112_24

唐代•文選四八
16_143_19

唐代•文選四八
16_150_6

唐代•文選四八
17_156_23

唐代•文選四八
18_159_15

唐代•文選四八 18_164_45
唐代•文選四八 20_185_15
唐代•文選四八 22_203_1
唐代•文選四八 23_206_20
唐代•文選四八 34_306_1
唐代•文選四八 42_375_19
唐代•文選四八 42_380_6
唐代•文選四八 43_388_19
唐代•文選五九 4_33_27
唐代•文選五九 5_40_18
唐代•文選五九 5_41_18
唐代•文選五九 5_42_1
唐代•文選五九 5_45_15
唐代•文選五九 13_128_4
唐代•文選五九 14_136_6
唐代•文選五九 15_149_25
唐代•文選五九 15_151_6
唐代•文選五九 25_246_8
唐代•文選五九 26_257_23
唐代•文選五九 26_257_28
唐代•文選五九 27_261_5
唐代•文選五九 27_261_25
唐代•文選五九 38_378_10
唐代•文選五九 39_386_28
唐代•文選五九 40_398_15
唐代•文選五九 41_399_20
唐代•文選五九 41_400_22
唐代•文選五九 41_407_14
唐代•文選五九 42_415_3
唐代•文選五九 45_445_13
唐代•文選五九 45_446_21
唐代•文選五九 49_485_1
唐代•文選五九 49_486_16
唐代•文選五九 51_508_18
唐代•文選五九 53_517_24
唐代•文選五九 63_605_7
唐代•文選五九 66_633_18
唐代•文選五九 66_633_22
唐代•文選五九 73_699_23
唐代•文選五九 74_706_30
唐代•文選五九 74_710_16
唐代•文選五九 74_712_12
唐代•文選五九 76_729_7
唐代•文選五九 76_733_18
唐代•文選五九 78_751_27
唐代•文選五九 84_806_21
唐代•文選五九 84_807_25
唐代•文選五九 88_838_22
唐代•文選五九 88_850_23

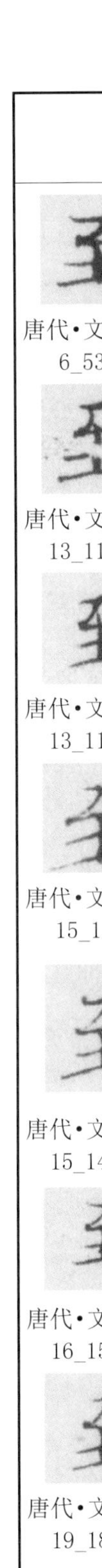
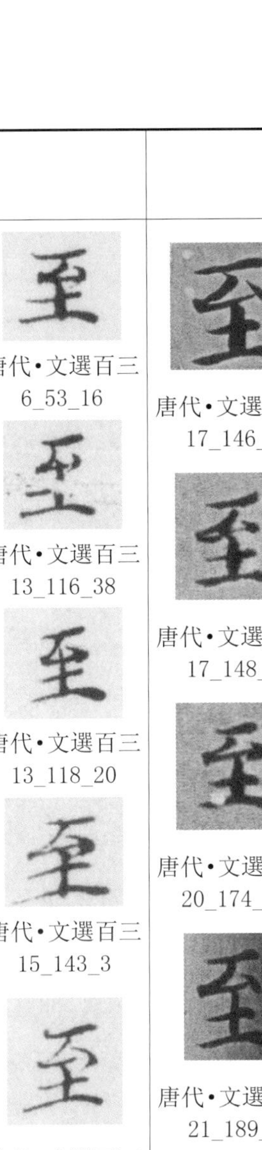

唐代·文選百三
6_53_16

唐代·文選百三
13_116_38

唐代·文選百三
13_118_20

唐代·文選百三
15_143_3

唐代·文選百三
15_143_10

唐代·文選百三
16_152_22

唐代·文選百三
19_187_11

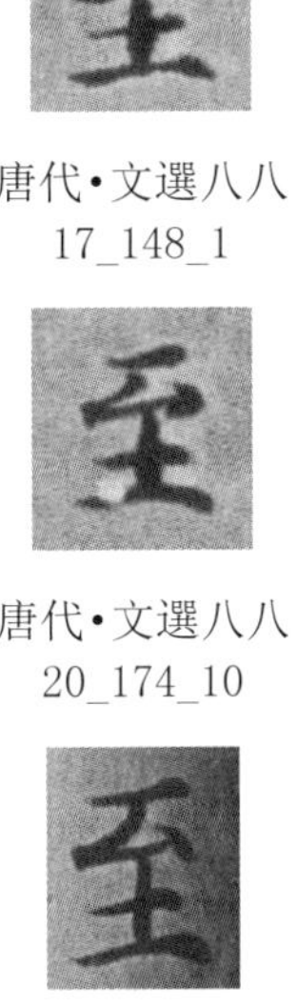

唐代·文選八八
17_146_4

唐代·文選八八
17_148_1

唐代·文選八八
20_174_10

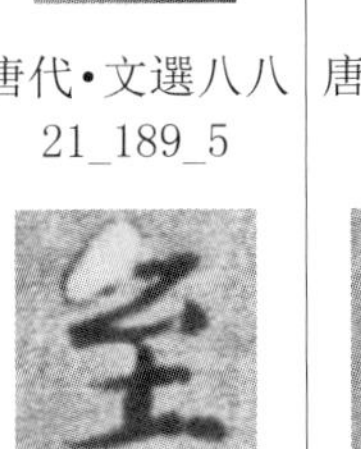

唐代·文選八八
21_189_5

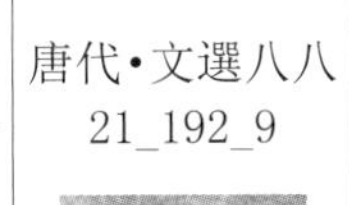

唐代·文選八八
21_192_9

唐代·文選八八
21_192_26

唐代·文選百三
5_47_17

唐代·文選八八
5_25_27

唐代·文選八八
5_28_6

唐代·文選八八
10_80_2

唐代·文選八八
10_80_5

唐代·文選八八
12_99_28

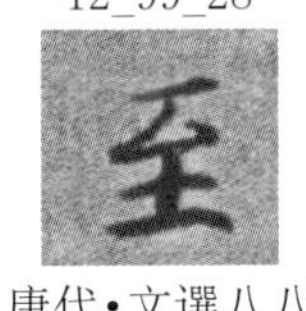

唐代·文選八八
13_102_17

唐代·文選八八
15_131_4

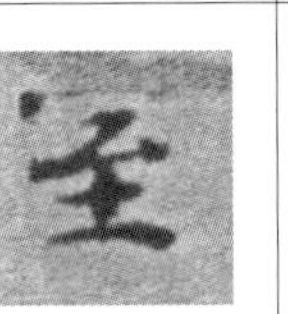

唐代·文選六八
41_411_8

唐代·文選六八
65_655_1

唐代·文選六八
68_680_7

唐代·文選六八
69_691_14

唐代·文選六八
69_693_9

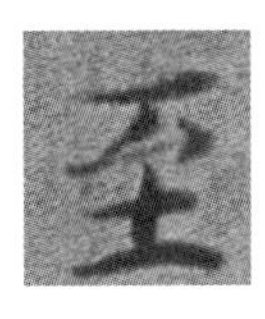

唐代·文選六八
71_706_12

唐代·文選六八
72_720_15

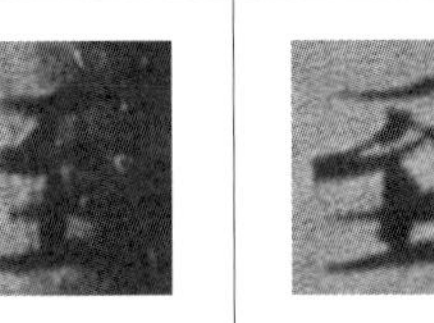

唐代·文選六八
19_196_8

唐代·文選六八
22_224_28

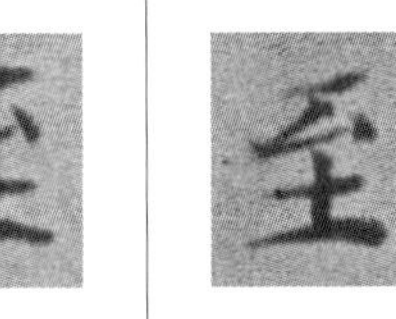

唐代·文選六八
25_252_16

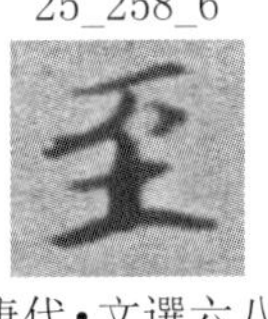

唐代·文選六八
25_258_6

唐代·文選六八
29_298_35

唐代·文選六八
35_347_23

唐代·文選六八
36_361_5

唐代·文選六八
6_55_19

唐代·文選六八
7_72_23

唐代·文選六八
11_115_5

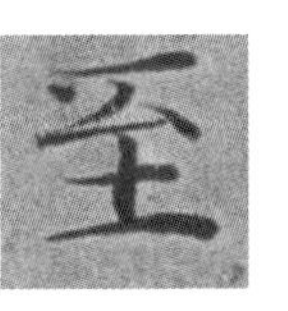

唐代·文選六八
11_121_7

唐代·文選六八
12_123_28

唐代·文選六八
16_164_24

唐代·文選六八
17_172_25

唐代·文選五九
100_945_10

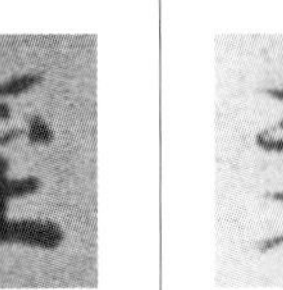

唐代·文選五九
103_970_25

唐代·文選五九
103_971_9

唐代·文選五九
104_983_26

唐代·文選五九
109_1033_4

唐代·文選五九
109_1036_28

唐代·文選五九
110_1040_22

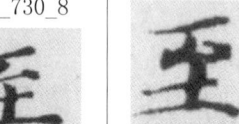

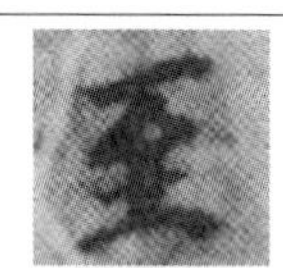
唐代•十輪經四
1_19_16
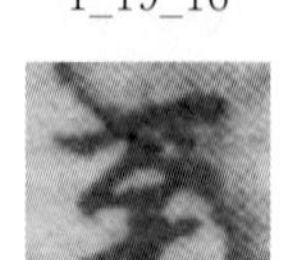
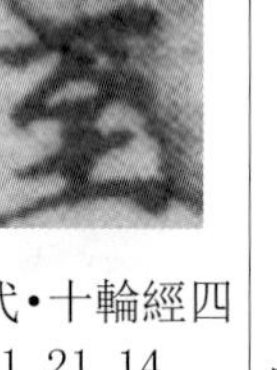
唐代•十輪經四
1_21_14
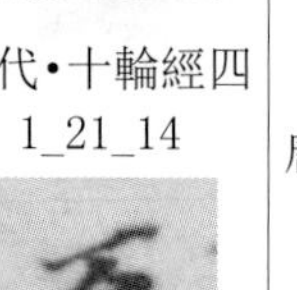

唐代•十輪經四
2_28_16
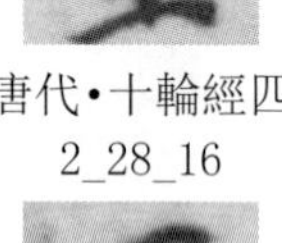
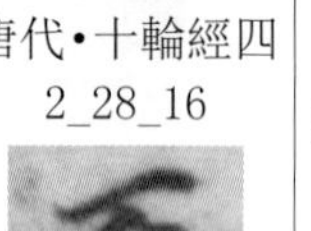
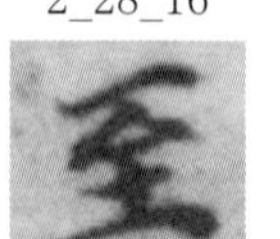

唐代•十輪經四
2_30_13
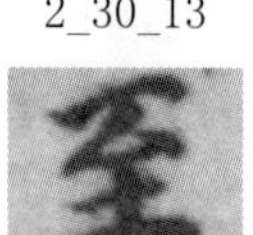
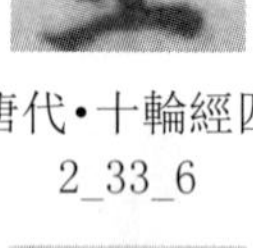
唐代•十輪經四
2_33_6

唐代•十輪經四
2_34_4

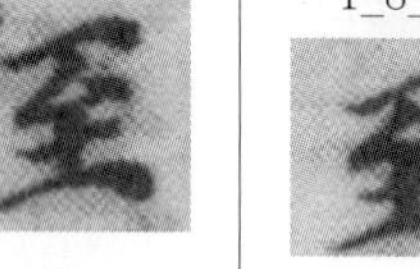
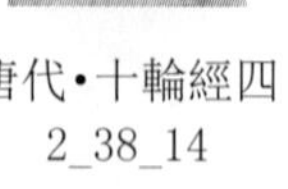
唐代•十輪經四
2_38_14

唐代•古文選後
19_227_12

唐代•古文選後
21_251_14
唐代•古文選後
23_270_10

唐代•古文選後
24_288_8
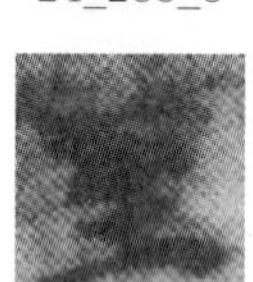
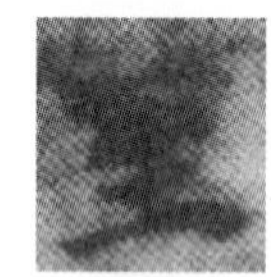
唐代•十輪經四
1_3_9
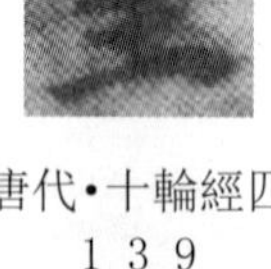
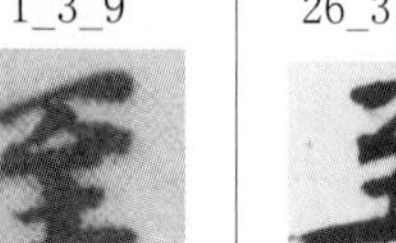
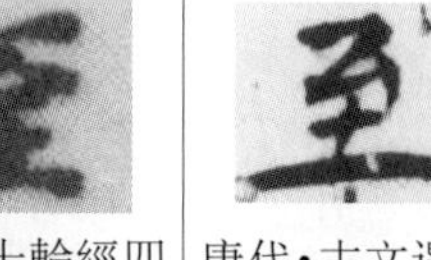
唐代•十輪經四
1_8_14
唐代•十輪經四
1_18_14

唐代•古文選前
7_88_9

唐代•古文選前
15_174_3
唐代•古文選前
21_244_18
唐代•古文選前
24_279_8
唐代•古文選前
26_311_10
唐代•古文選後
14_163_13

唐代•古文選後
15_176_2

唐代•文選百三
73_709_1

唐代•文選百三
76_726_23

唐代•文選百三
76_730_8
唐代•文選百三
77_739_11
唐代•文選百三
83_793_3

唐代•古文選前
6_73_6
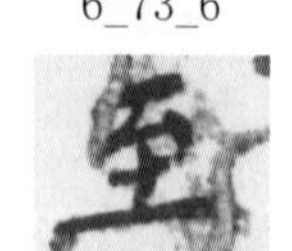
唐代•古文選前
7_79_13

唐代•文選百三
65_622_9
唐代•文選百三
67_644_29
唐代•文選百三
73_701_18

唐代•文選百三
73_703_28
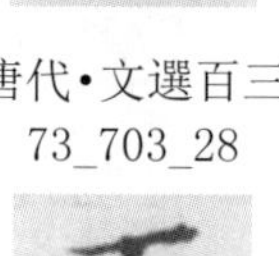
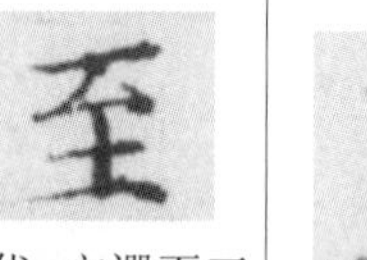
唐代•文選百三
73_704_11

唐代•文選百三
73_705_7
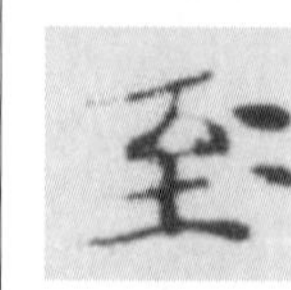
唐代•文選百三
73_705_10

唐代•文選百三
57_551_25
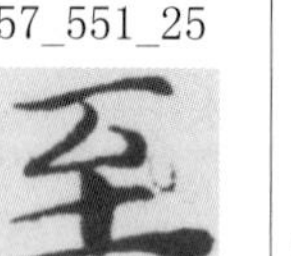

唐代•文選百三
59_568_9

唐代•文選百三
59_569_27
唐代•文選百三
59_570_27
唐代•文選百三
59_570_31
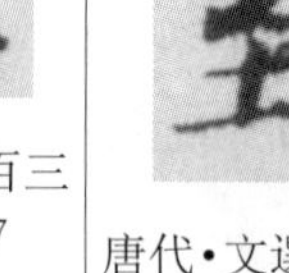
唐代•文選百三
60_572_17

唐代•文選百三
60_573_13

唐代•文選百三
19_188_28
唐代•文選百三
23_228_42

唐代•文選百三
34_335_3
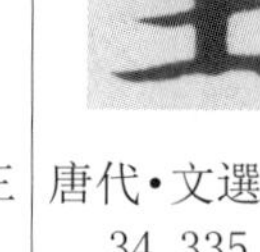
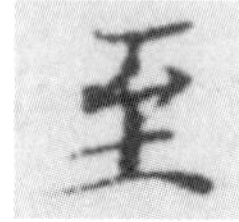
唐代•文選百三
39_388_4

唐代•文選百三
39_395_17
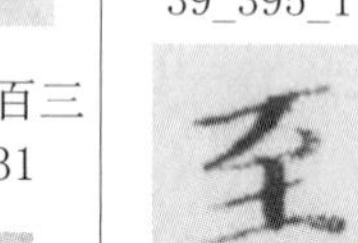
唐代•文選百三
47_456_20
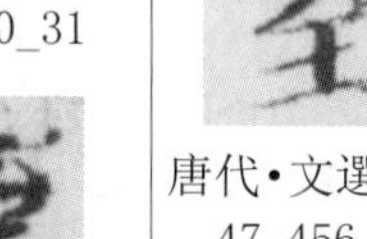

唐代•文選百三
57_551_22

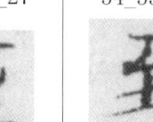

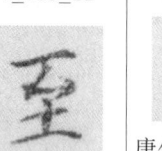

唐代•十輪經十
12_231_5

唐代•十輪經十
12_231_16

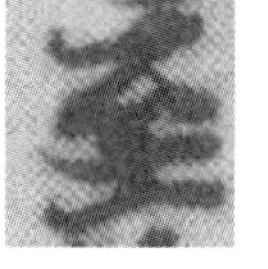
唐代•十輪經十
14_269_16

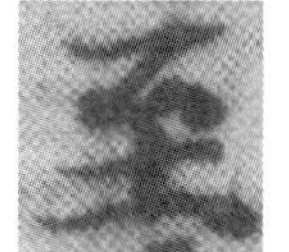
唐代•十輪經十
14_270_15

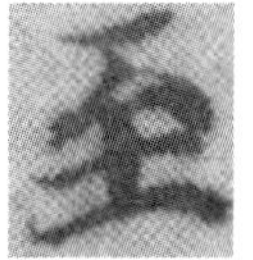
唐代•十輪經十
14_274_12

唐代•十輪經十
14_275_7

唐代•十輪經十
14_278_7

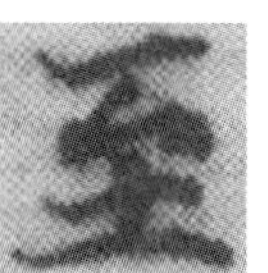
唐代•十輪經十
16_302_7

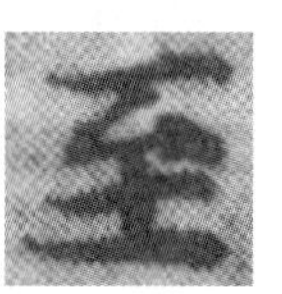
唐代•十輪經十
16_319_8

唐代•十輪經十
16_320_7

唐代•十輪經四
20_389_7

唐代•十輪經四
21_408_12

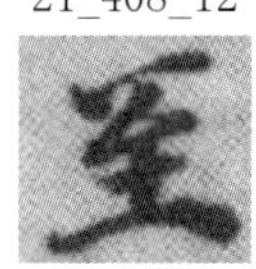
唐代•十輪經四
21_415_6

致

チ

訓いたす

唐代•春秋經傳
5_51_7

唐代•春秋經傳
15_152_6

唐代•文選四八
8_67_21

唐代•文選四八
34_305_17

唐代•文選四八
48_434_5

唐代•文選五九
23_224_1

唐代•文選五九
28_273_4

唐代•文選五九
46_455_4

唐代•文選五九
93_893_6

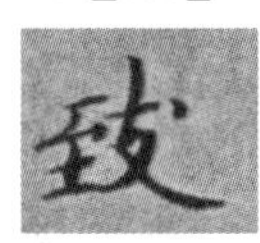
唐代•文選六八
47_477_17

唐代•文選六八
59_596_13

唐代•文選六八
68_679_21

唐代•文選百三
15_147_6

唐代•文選百三
16_149_15

唐代•文選百三
16_151_5

唐代•文選百三
16_151_24

唐代•文選百三
17_156_11

唐代•文選百三
20_193_6

唐代•文選百三
26_251_11

唐代•文選百三
26_253_33

唐代•文選百三
37_363_27

唐代•文選百三
38_379_13

唐代•文選百三
38_380_28

唐代•文選百三
39_386_9

唐代•文選百三
39_387_13

唐代•文選百三
39_387_35

唐代•文選百三
39_388_28

唐代•文選百三
39_389_27

唐代•文選百三
55_530_3

唐代•文選百三
56_536_14

唐代•文選百三
56_538_14

唐代•文選百三
59_566_38

唐代•文選百三
60_574_1

唐代•文選百三
66_637_3

唐代•文選百三
70_675_13

唐代•文選百三
74_717_1

唐代•文選百三
75_720_27

唐代•文選百三
75_721_5

唐代•古文選前
23_268_5

唐代•古文選前
23_268_9

臺

漢タイ 呉ダイ
訓うてな

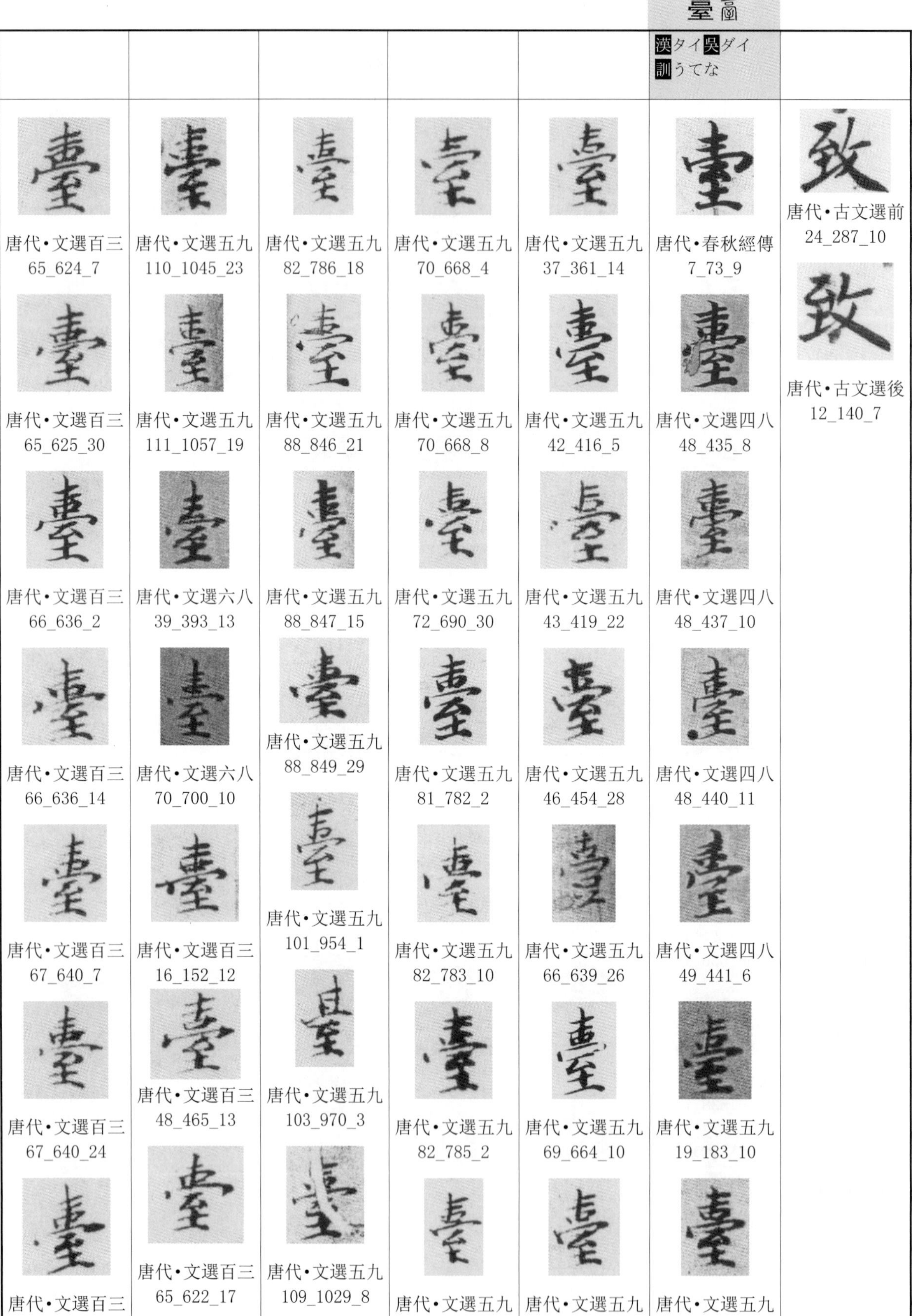

唐代•古文選前
24_287_10

唐代•古文選後
12_140_7

唐代•春秋經傳
7_73_9

唐代•文選四八
48_435_8

唐代•文選四八
48_437_10

唐代•文選四八
48_440_11

唐代•文選四八
49_441_6

唐代•文選五九
19_183_10

唐代•文選五九
23_223_6

唐代•文選五九
37_361_14

唐代•文選五九
42_416_5

唐代•文選五九
43_419_22

唐代•文選五九
46_454_28

唐代•文選五九
66_639_26

唐代•文選五九
69_664_10

唐代•文選五九
69_666_6

唐代•文選五九
70_668_4

唐代•文選五九
70_668_8

唐代•文選五九
72_690_30

唐代•文選五九
81_782_2

唐代•文選五九
82_783_10

唐代•文選五九
82_785_2

唐代•文選五九
82_785_6

唐代•文選五九
82_786_18

唐代•文選五九
88_846_21

唐代•文選五九
88_847_15

唐代•文選五九
88_849_29

唐代•文選五九
101_954_1

唐代•文選五九
103_970_3

唐代•文選五九
109_1029_8

唐代•文選五九
110_1045_23

唐代•文選五九
111_1057_19

唐代•文選六八
39_393_13

唐代•文選六八
70_700_10

唐代•文選百三
16_152_12

唐代•文選百三
48_465_13

唐代•文選百三
65_622_17

唐代•文選百三
65_624_7

唐代•文選百三
65_625_30

唐代•文選百三
66_636_2

唐代•文選百三
66_636_14

唐代•文選百三
67_640_7

唐代•文選百三
67_640_24

唐代•文選百三
67_643_32

臻 

				シン 訓いたる		
			 唐代•古文選後 12_138_9	 唐代•文選六八 64_641_5  唐代•文選六八 68_678_15  唐代•文選六八 68_680_6  唐代•文選六八 68_680_22  唐代•文選八八 10_79_2  唐代•文選八八 10_80_1  唐代•文選百三 67_641_5  唐代•文選百三 67_644_28	 唐代•古文選後 3_31_14  唐代•古文選後 10_108_10  唐代•古文選後 15_175_9  唐代•古文選後 16_187_4  唐代•古文選後 16_192_8 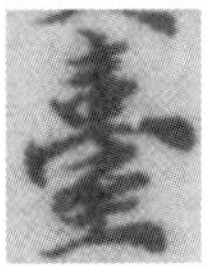 唐代•十輪經八 8_157_10	 唐代•文選百三 71_680_6  唐代•文選百三 78_747_18  唐代•文選百三 80_760_3  唐代•文選百三 80_760_6  唐代•文選百三 80_760_9  唐代•文選百三 80_761_17  唐代•文選百三 84_798_6

虍部

虎

漢 コ
訓 とら

唐代・春秋經傳
20_211_3

唐代・春秋經傳
22_231_23

唐代・春秋經傳
22_233_10

唐代・文選五九
44_434_20

唐代・文選五九
106_1002_6

唐代・文選六八
16_164_28

唐代・文選六八
35_350_15

唐代・文選六八
35_350_20

唐代・文選六八
36_364_8

唐代・文選六八
37_367_3

唐代・文選六八
37_368_3

唐代・文選六八
59_595_13

唐代・文選六八
59_597_4

唐代・文選六八
59_597_13

唐代・文選六八
59_598_7

唐代・文選六八
60_599_13

唐代・文選六八
60_599_21

唐代・文選百三
34_335_6

唐代・文選百三
34_337_1

唐代・文選百三
34_337_26

唐代・文選百三
46_439_5

唐代・文選百三
46_441_6

唐代・文選百三
47_452_19

唐代・文選百三
47_453_4

唐代・文選百三
67_643_14

唐代・古文選後
5_52_3

唐代・古文選後
6_69_5

唐代・古文選後
14_167_12

唬

漢 コウ
訓 ほえる

唐代・文選六八
35_350_19

唐代・文選六八
35_351_6

唐代・文選六八
35_351_11

唐代・文選百三
47_452_3

唐代・文選百三
47_453_3

唐代・文選百三
47_453_34

唐代・文選百三
47_454_8

虐

漢 ギャク
訓 しいたげる

唐代・春秋經傳
14_149_17

唐代・文選五九
34_337_4

唐代・文選五九
60_576_2

			處 		彪	虔
			漢ショ呉ソ 訓ところ		慣ヒョウ漢ニュウ 訓あや	ケン 訓つつしむ
 唐代•文選五九 31_300_21 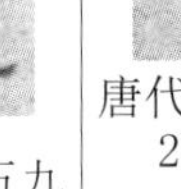 唐代•文選五九 36_354_22  唐代•文選五九 36_357_8 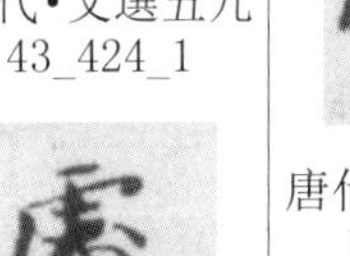 唐代•文選五九 43_424_1 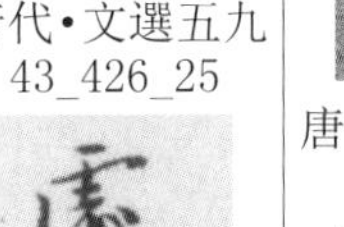 唐代•文選五九 43_426_25 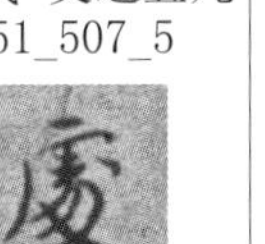 唐代•文選五九 51_507_5  唐代•文選五九 53_526_10 唐代•文選五九 64_612_8	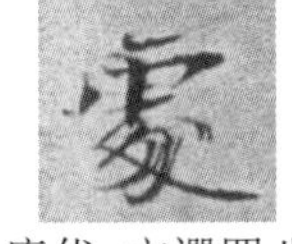 唐代•文選四八 28_255_4  唐代•文選四八 29_264_9 唐代•文選五九 6_54_12 唐代•文選五九 6_56_17 唐代•文選五九 10_96_23 唐代•文選五九 11_104_6  唐代•文選五九 17_170_18 唐代•文選五九 20_194_12	 唐代•春秋經傳 21_218_20 唐代•春秋經傳 21_220_21  唐代•文選四八 6_53_28 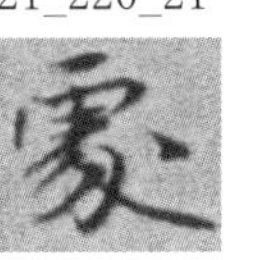 唐代•文選四八 11_93_11 唐代•文選四八 11_98_9  唐代•文選四八 25_227_42 唐代•文選四八 27_244_7	 初唐•大般若經 1_7_1 初唐•大般若經 1_7_3  初唐•大般若經 1_7_11  初唐•大般若經 1_7_17 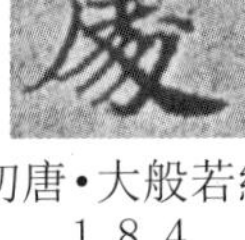 初唐•大般若經 1_8_4  初唐•大般若經 1_8_6  初唐•大般若經 1_8_14  初唐•大般若經 1_9_3   中唐 • 風信帖 2_8_7	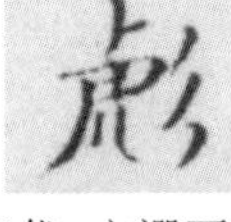 唐代•文選百三 79_755_18 唐代•古文選前 24_286_10 唐代•文選百三 28_275_18	 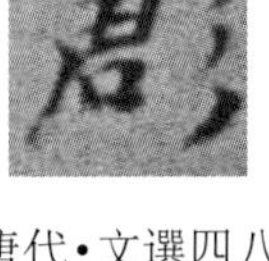 唐代•文選四八 4_31_5 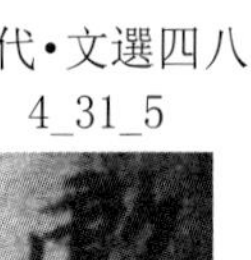 唐代•文選五九 35_349_11  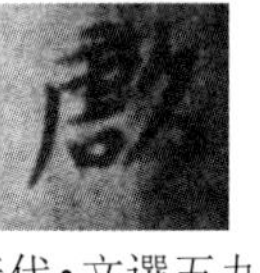  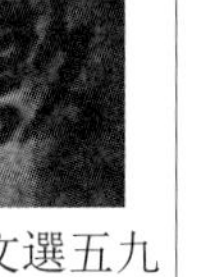 唐代•文選五九 63_604_29  唐代•文選五九 68_656_18 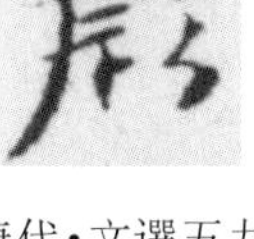 唐代•文選五九 78_755_26 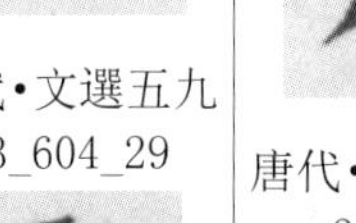 唐代•文選六八 51_510_24  唐代•文選百三 32_317_5	唐代•文選五九 78_750_8 唐代•文選六八 36_363_15 唐代•文選八八 3_17_6  唐代•文選八八 4_21_8 唐代•文選八八 5_23_36 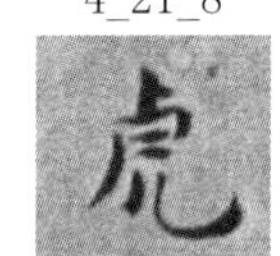 唐代•文選百三 21_201_38   唐代•古文選前 16_188_2

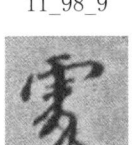

 唐代•文選百三 76_732_7	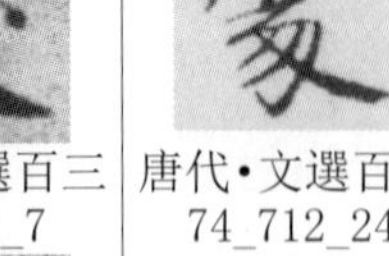 唐代•文選百三 74_712_24	 唐代•文選百三 54_518_18	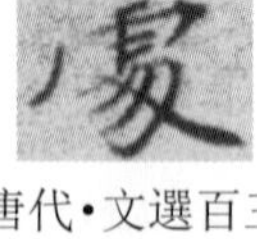 唐代•文選百三 27_263_31	 唐代•文選六八 71_702_6	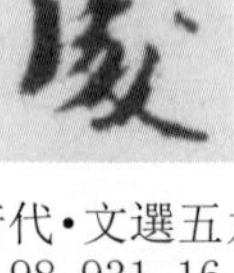 唐代•文選五九 98_931_16	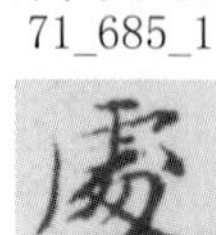 唐代•文選五九 71_685_11
唐代•文選百三 76_732_15	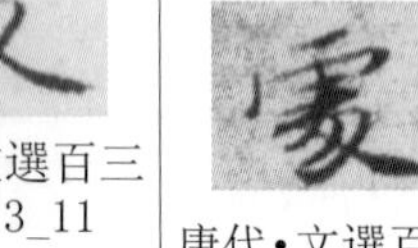 唐代•文選百三 74_713_11	唐代•文選百三 54_523_17	唐代•文選百三 27_264_24	唐代•文選六八 71_703_4	 唐代•文選五九 99_939_2	唐代•文選五九 71_685_15
 唐代•文選百三 76_732_25	唐代•文選百三 74_713_31	唐代•文選百三 55_524_9	 唐代•文選百三 27_266_31	 唐代•文選八八 24_212_7	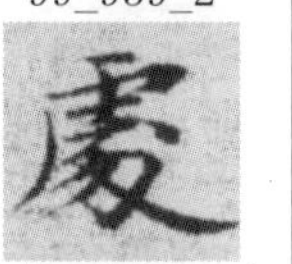 唐代•文選五九 105_998_23	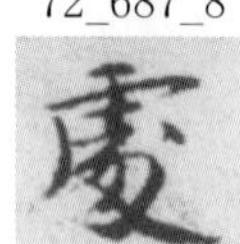 唐代•文選五九 72_687_8
 唐代•古文選前 6_72_5	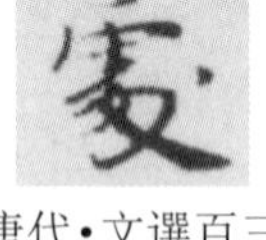 唐代•文選百三 74_715_3	 唐代•文選百三 73_706_19	 唐代•文選百三 30_293_12	唐代•文選百三 21_197_18	唐代•文選五九 111_1058_5	唐代•文選五九 76_730_16
 唐代•古文選前 10_119_6	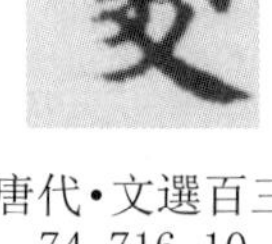 唐代•文選百三 74_716_10	唐代•文選百三 73_708_29	 唐代•文選百三 30_297_29	 唐代•文選百三 23_219_22	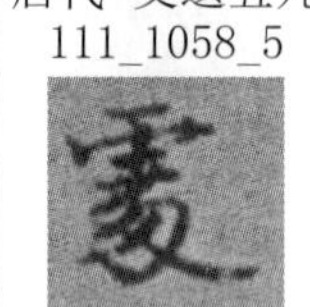 唐代•文選六八 5_52_26	唐代•文選五九 78_756_4
唐代•古文選前 11_125_3	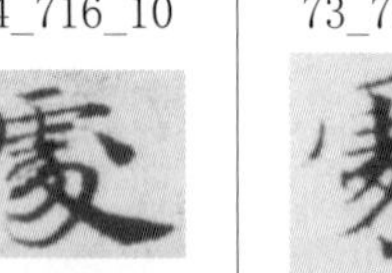 唐代•文選百三 76_727_3	 唐代•文選百三 73_710_14	 唐代•文選百三 33_323_23	唐代•文選百三 27_261_27	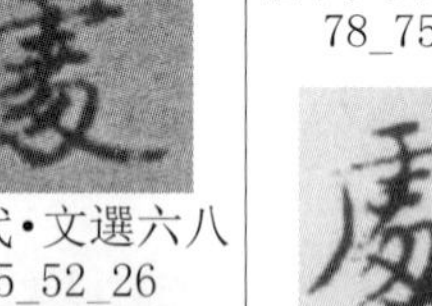 唐代•文選六八 35_354_6	唐代•文選五九 92_878_19
 唐代•古文選前 14_166_13	 唐代•文選百三 76_730_24	唐代•文選百三 73_711_24	 唐代•文選百三 33_329_29	 唐代•文選百三 27_262_17	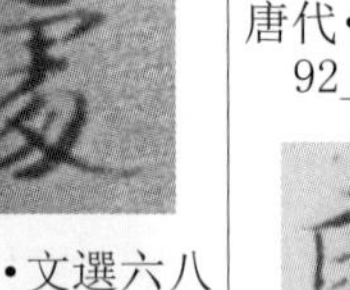 唐代•文選六八 56_564_17	唐代•文選五九 93_895_5
 唐代•古文選前 16_194_3	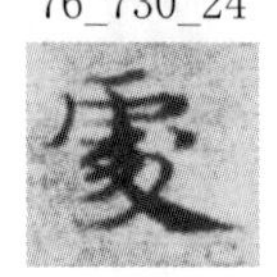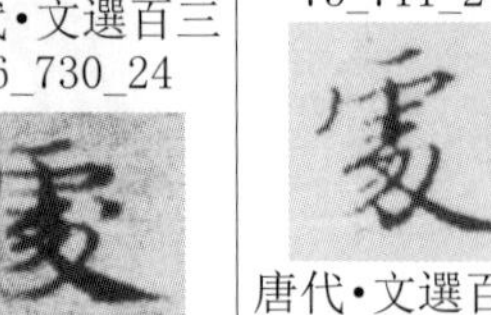 唐代•文選百三 76_731_8	唐代•文選百三 73_711_27	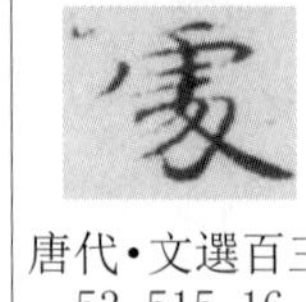 唐代•文選百三 53_515_16	 唐代•文選百三 27_262_29	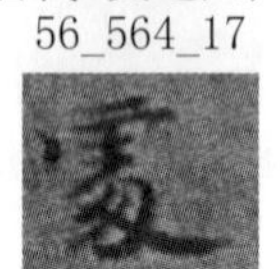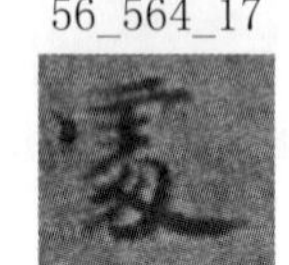 唐代•文選六八 70_701_28	 唐代•文選五九 94_901_5

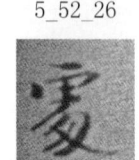

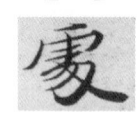

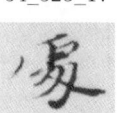

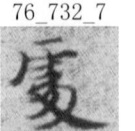

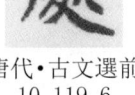

唐代·古文選前 27_312_5

唐代·古文選後 5_54_1

唐代·十輪經四 11_204_9

唐代·十輪經四 11_219_2

唐代·十輪經四 12_222_3

唐代·十輪經四 12_225_2

唐代·十輪經四 12_237_2

唐代·十輪經四 13_249_2

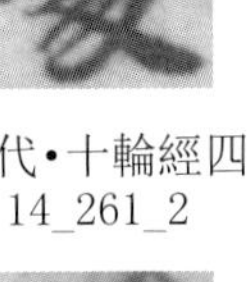
唐代·十輪經四 14_261_2

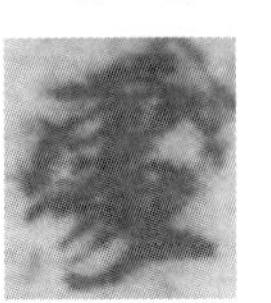
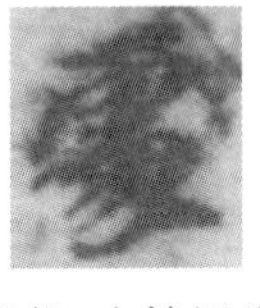
唐代·十輪經八 4_68_14

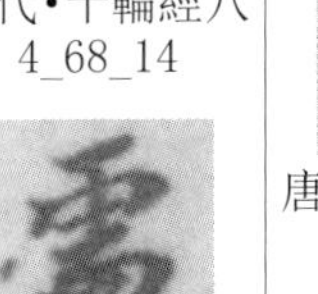

唐代·十輪經八 6_113_1

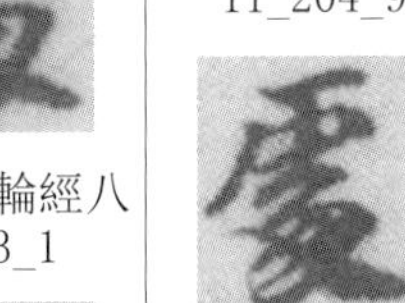

唐代·十輪經八 8_150_18

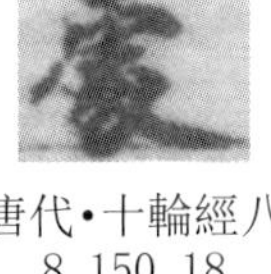
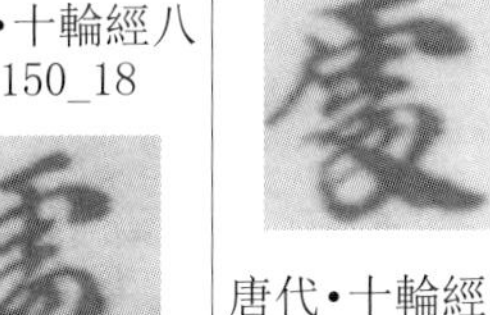
唐代·十輪經八 10_189_7

唐代·十輪經八 12_226_6

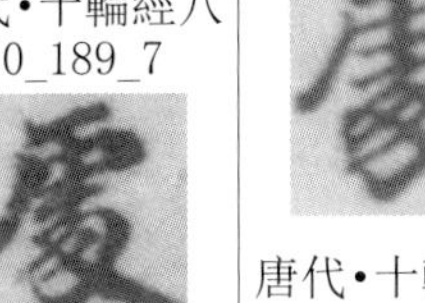
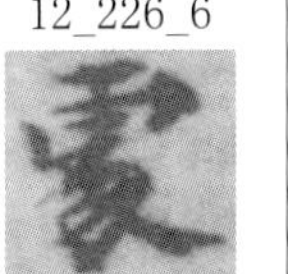
唐代·十輪經八 14_263_5

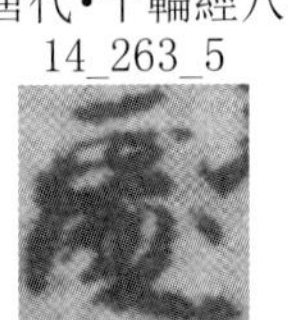
唐代·十輪經八 15_301_6

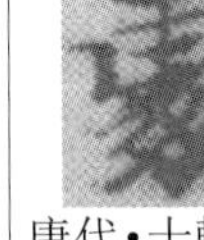
唐代·十輪經八 17_339_5

唐代·十輪經八 19_377_5

唐代·十輪經八 21_414_15

唐代·十輪經八 22_422_14

唐代·十輪經八 22_422_15

唐代·十輪經九 1_14_11

唐代·十輪經九 3_52_16

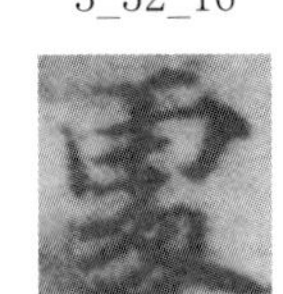
唐代·十輪經九 5_87_12

唐代·十輪經九 6_111_2

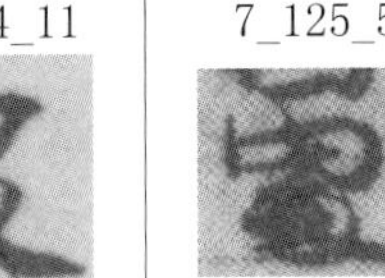
唐代·十輪經九 7_125_5

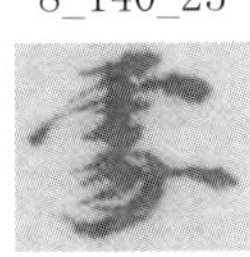
唐代·十輪經九 8_140_25

唐代·十輪經九 13_256_17

唐代·十輪經九 15_286_13

唐代·十輪經九 15_297_11

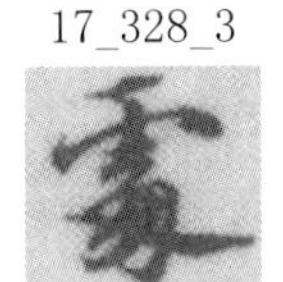
唐代·十輪經九 17_328_3

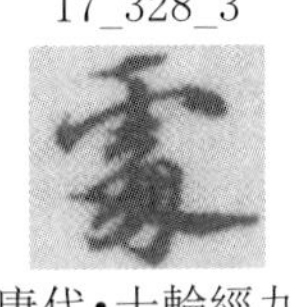
唐代·十輪經九 18_348_11

唐代·十輪經九 18_349_9

唐代·十輪經九 19_364_11

唐代·十輪經九 19_373_16

唐代·十輪經九 20_385_4

唐代·十輪經九 20_385_14

唐代·十輪經九 20_386_7

唐代·十輪經九 20_387_3

唐代·十輪經九 20_395_8

唐代·十輪經九 21_406_13

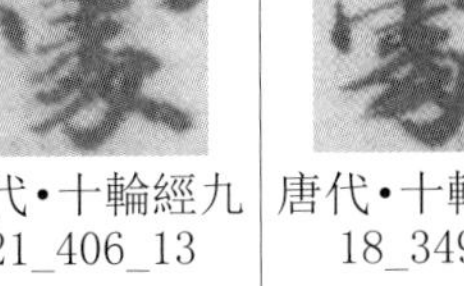
唐代·十輪經九 21_407_6

唐代·十輪經九 21_407_16

唐代·十輪經九 21_408_10

唐代·十輪經十 4_68_5

唐代·十輪經十 4_70_13

唐代·十輪經十 4_73_17

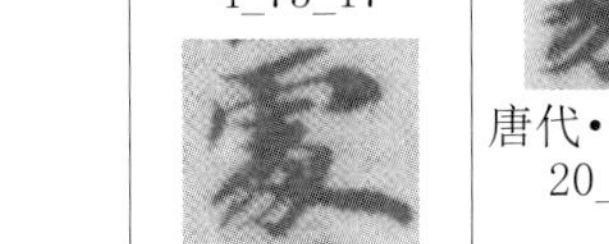
唐代·十輪經十 8_148_16

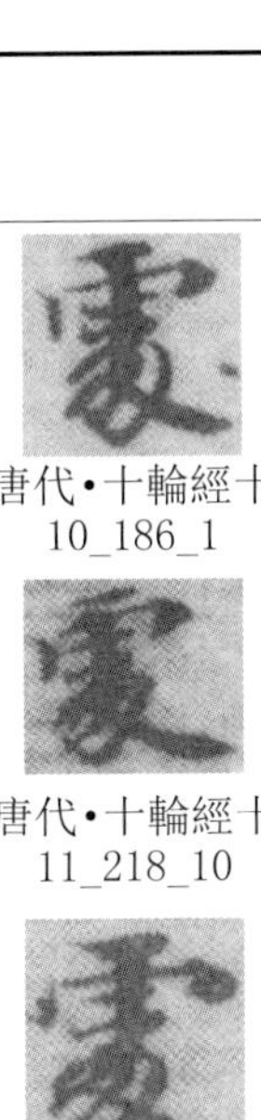
唐代·十輪經十 10_186_1

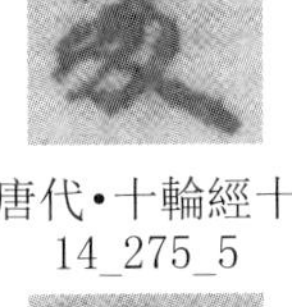
唐代·十輪經十 11_218_10

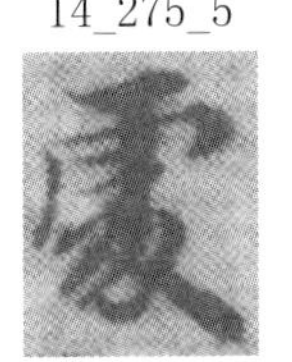
唐代·十輪經十 14_275_5

唐代·十輪經十 14_275_13

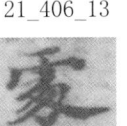

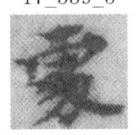

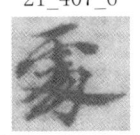

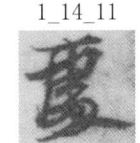

虚

漢キョ 呉コ

訓おか

中唐・七祖像贊
1_11_8

唐代・文選四八
34_301_1

唐代・文選五九
1_9_11

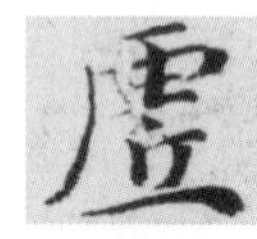
唐代・文選五九
10_94_13

唐代・文選五九
10_96_18

唐代・文選五九
10_97_18

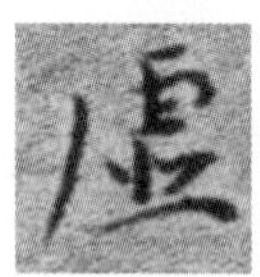
唐代・文選五九
19_190_18

唐代・文選五九
33_329_1

唐代・文選五九
34_337_9

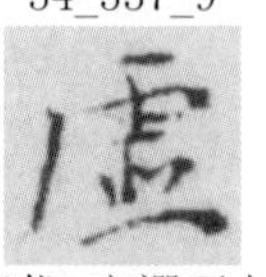
唐代・文選五九
75_718_21

唐代・文選五九
83_801_20

唐代・文選五九
109_1039_9

唐代・文選五九
110_1041_23

唐代・文選五九
110_1042_7

唐代・文選六八
3_32_15

唐代・文選六八
3_32_24

唐代・文選六八
4_41_4

唐代・文選六八
4_42_6

唐代・文選六八
4_42_9

唐代・文選六八
6_54_13

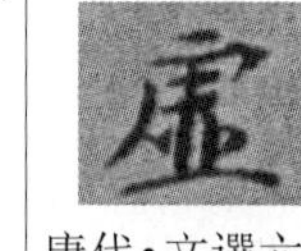
唐代・文選六八
6_57_6

唐代・文選六八
8_75_4

唐代・文選六八
9_98_2

唐代・文選六八
28_285_6

唐代・文選六八
35_345_12

唐代・文選六八
35_346_17

唐代・文選六八
35_346_22

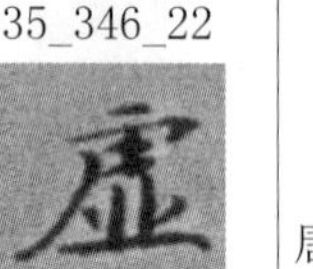
唐代・文選六八
40_399_12

唐代・文選六八
41_413_5

唐代・文選六八
41_414_10

唐代・文選六八
45_452_3

唐代・文選六八
46_462_5

唐代・文選六八
53_526_3

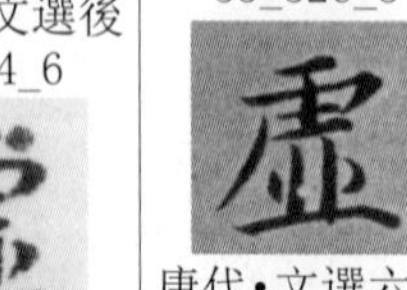
唐代・文選六八
58_579_5

唐代・文選六八
67_671_7

唐代・文選六八
73_723_3

唐代・文選六八
73_724_12

唐代・文選百三
53_506_5

唐代・古文選後
6_67_14

唐代・古文選後
14_163_14

唐代・古文選後
16_184_6

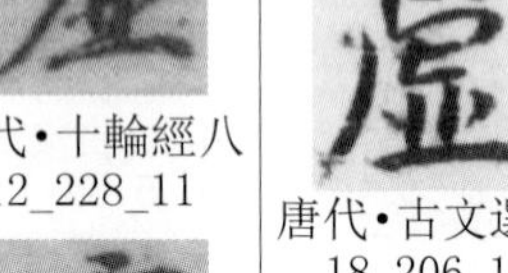
唐代・古文選後
18_206_11

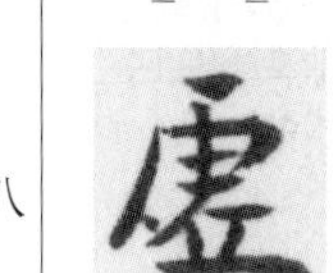
唐代・古文選後
20_231_10

唐代・十輪經四
7_125_6

唐代・十輪經四
7_131_11

唐代・十輪經四
10_195_9

唐代・十輪經八
11_213_17

唐代・十輪經八
11_216_14

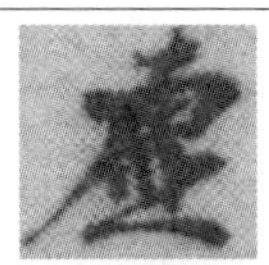
唐代・十輪經八
11_219_2

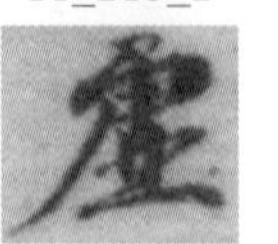
唐代・十輪經八
12_228_11

唐代・十輪經八
12_232_3

唐代・十輪經八
12_237_2

唐代・十輪經八
13_256_2

唐代・十輪經八
14_265_10

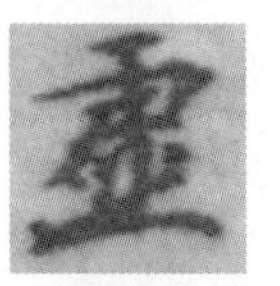
唐代・十輪經八
14_269_3

唐代・十輪經八
14_274_3

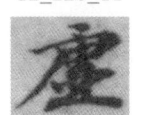

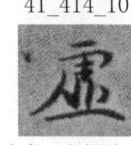

唐代•十輪經九
5_93_7

唐代•十輪經九
7_130_3

唐代•十輪經九
7_130_22

唐代•十輪經九
20_384_17

唐代•十輪經九
21_406_9

唐代•十輪經十
2_26_3

唐代•十輪經十
10_194_17

唐代•十輪經十
10_199_17

唐代•十輪經十
11_206_1

唐代•十輪經十
11_209_2

唐代•十輪經十
12_235_13

唐代•十輪經十
13_242_8

唐代•十輪經十
13_244_16

唐代•十輪經十
13_251_14

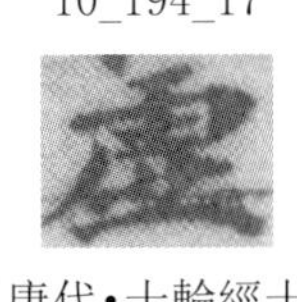

唐代•十輪經十
13_254_6

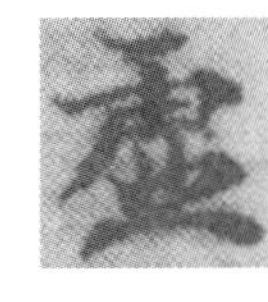

唐代•十輪經十
13_258_4

唐代•十輪經十
13_259_7

唐代•十輪經十
14_261_15

唐代•十輪經十
14_263_5

唐代•十輪經十
14_272_3

唐代•十輪經十
14_275_3

唐代•十輪經十
15_281_3

唐代•十輪經十
15_295_6

唐代•十輪經十
16_303_12

唐代•十輪經十
16_304_11

唐代•十輪經十
16_307_10

唐代•十輪經十
16_309_4

唐代•十輪經十
18_360_7

唐代•十輪經十
19_377_13

唐代•十輪經十
20_382_13

號

吳ゴウ漢コウ
訓さけぶ

唐代•春秋經傳
2_17_13

唐代•文選四八
20_181_5

唐代•文選六八
66_659_1

唐代•文選八八
17_140_7

唐代•文選八八
17_143_5

唐代•文選八八
17_144_9

唐代•文選八八
17_151_26

唐代•文選八八
17_145_15

唐代•文選八八
19_163_24

唐代•文選八八
19_166_10

唐代•文選八八
19_166_13

唐代•文選百三
3_26_1

唐代•文選百三
4_32_9

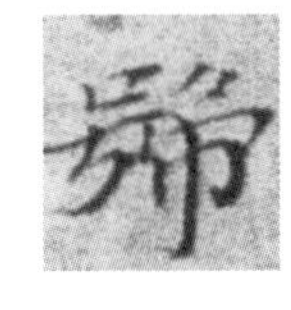

唐代•文選百三
5_46_16

唐代•文選百三
25_249_16

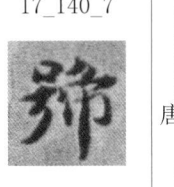

唐代•文選百三
48_463_21

唐代•文選百三
48_464_5

唐代•文選百三
48_464_13

唐代•文選百三
61_585_4

唐代•文選百三
63_607_8

唐代•文選百三
63_610_27

唐代•文選百三
70_678_9

唐代•文選百三
48_462_26

號

漢カク
訓—

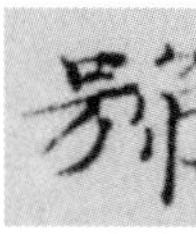
號文公
唐代・文選五九
82_783_17

號國
唐代・文選百三
79_752_33

唐代・文選百三
71_683_2

唐代・文選百三
82_782_3

唐代・文選百三
83_784_27

唐代・文選百三
83_784_30

唐代・文選百三
83_790_7

唐代・文選百三
83_791_7

唐代・文選百三
65_622_12

唐代・文選百三
65_623_14

唐代・文選百三
65_626_16

唐代・文選百三
67_641_11

唐代・文選百三
67_646_20

唐代・文選百三
67_646_22

唐代・文選百三
67_650_6

虜

ロ慣リョ
訓いけどる

唐代・文選八八
17_140_4

唐代・文選八八
17_141_24

唐代・文選八八
17_142_12

唐代・文選八八
17_143_28

唐代・文選百三
33_324_8

唐代・文選百三
63_601_36

唐代・文選百三
65_622_4

唐代・文選六八
71_711_14

唐代・文選八八
23_204_21

唐代・古文選後
4_47_15

唐代・古文選後
13_154_4

唐代・古文選後
19_226_12

虞

グ
訓おそれ

唐代・文選四八
1_7_14

唐代・文選四八
4_22_15

唐代・文選四八
14_124_15

唐代・文選五九
49_487_10

唐代・文選五九
64_617_21

唐代・文選五九
64_617_24

唐代・文選六八
29_296_15

唐代・古文選前
24_283_13

唐代・十輪經四
9_179_6

唐代・十輪經四
15_298_10

虫部

虫

漢チュウ
訓むし

唐代・文選五九
54_532_3

唐代・文選六八
45_457_3

唐代・文選百三
26_255_5

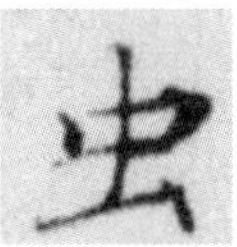
唐代・文選百三
30_298_4

虬

漢キュウ
訓みずち

唐代・文選四八
25_222_9

虹

漢コウ
訓にじ

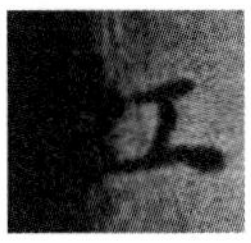
唐代・文選五九
19_188_23

唐代・文選五九
59_564_4

唐代・文選五九
59_565_13

唐代・文選五九
59_565_22

唐代・文選五九
59_568_23

唐代・文選五九
59_569_6

唐代・文選六八
29_294_13

唐代・文選六八
29_298_17

唐代・文選六八
29_299_7

唐代・文選六八
30_300_23

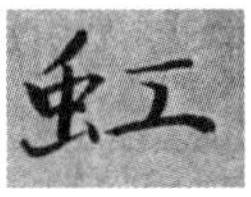
唐代・文選六八
61_617_9

唐代・文選六八
62_618_27

唐代・文選六八
62_620_9

唐代・文選六八
62_620_15

唐代・文選百三
49_473_8

唐代・文選百三
49_474_5

唐代・古文選後
18_214_11

虺

キ漢カイ
訓まむし

唐代・文選六八
11_116_22

蚌

漢ホウ呉ボウ
訓どぶがい

唐代・文選六八
15_155_12

唐代・文選六八
15_158_16

唐代・文選六八
45_454_3

唐代・文選六八
45_455_23

唐代・文選六八
45_456_13

唐代・文選六八
45_456_19

唐代・文選六八
45_456_28

蜺	蜂	蛾	蛟	蛤	蛇	蚓
漢ゲイ 訓つくつくぼうし	漢ホウ 訓はち	ガ、ギ 訓が	漢コウ呉キョウ 訓みずち	漢コウ呉コウ 訓はまぐり	慣ダ漢タ呉ジャ 訓へび	イン 訓みみず
 唐代・文選五九 59_565_23  唐代・文選六八 29_297_30  唐代・文選六八 38_383_21 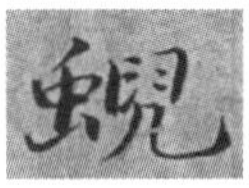 唐代・文選六八 61_617_10  唐代・文選六八 62_620_10 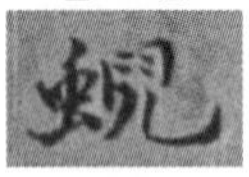 唐代・文選六八 62_620_28  唐代・古文選前 1_13_2	 唐代・文選百三 26_252_2  唐代・文選百三 26_253_19  唐代・文選百三 26_255_2	 唐代・文選五九 51_499_1 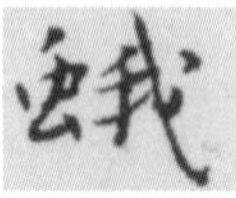 唐代・文選五九 51_499_25  唐代・文選五九 51_501_14  唐代・古文選前 4_49_10	 唐代・文選六八 45_457_5	 唐代・文選六八 15_155_13	 唐代・文選四八 47_427_26  唐代・文選四八 49_442_19  唐代・文選五九 4_38_18  唐代・文選五九 77_742_8 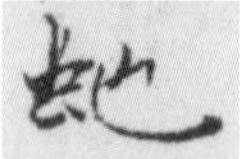 唐代・文選五九 78_747_26  唐代・文選五九 92_877_23 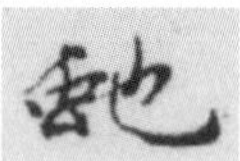 唐代・文選五九 92_879_3 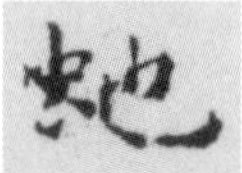 唐代・文選五九 92_880_26 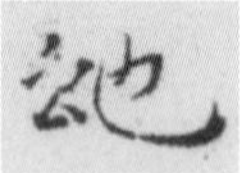 唐代・文選五九 92_882_22 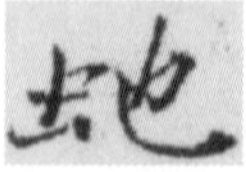 唐代・文選百三 59_562_28	 唐代・文選五九 22_215_10

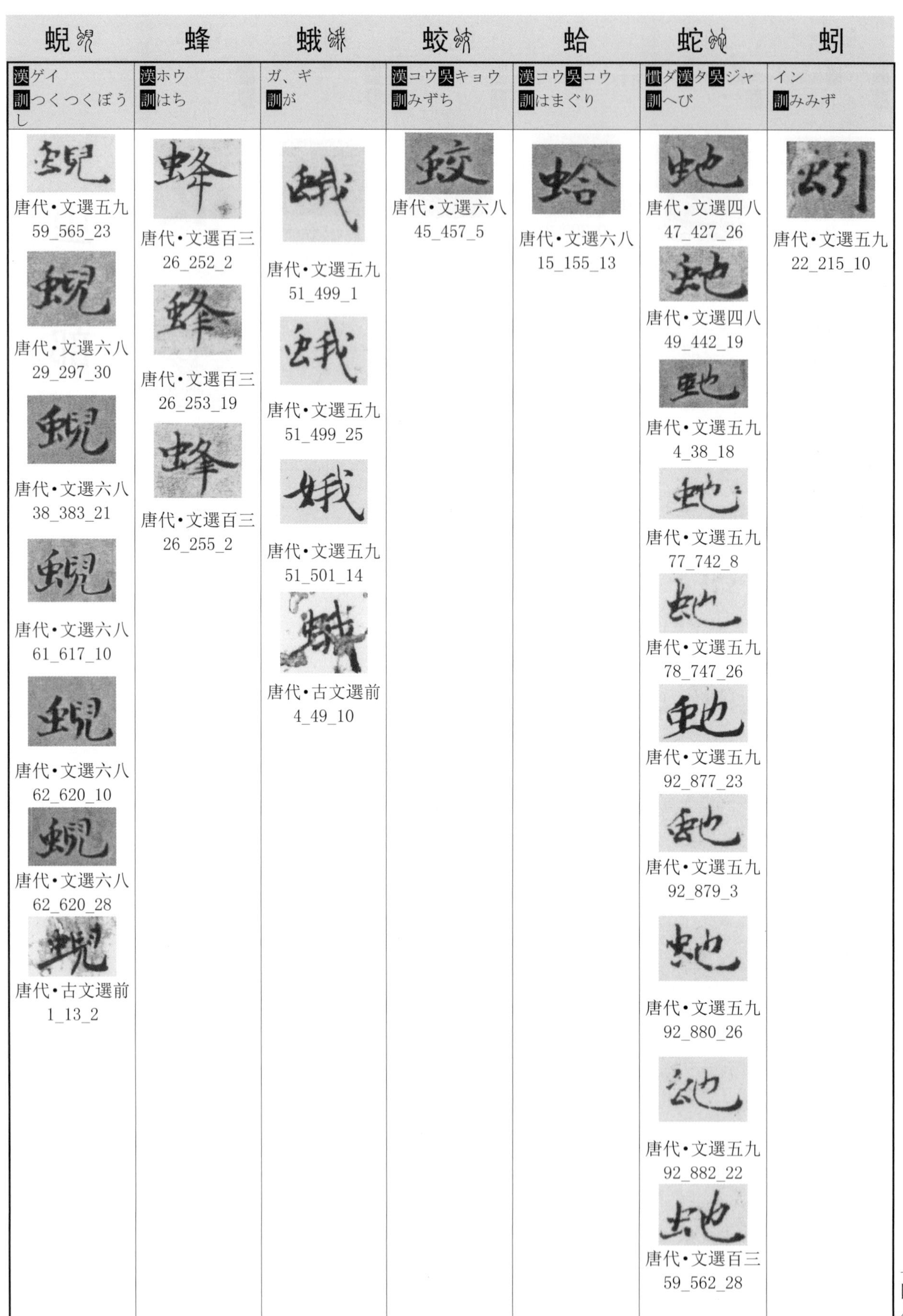

蝺

漢ウ呉ク
訓—

唐代•古文選前
13_148_4

蝟

イ
訓はりねずみ

或作彙、猬
唐代•文選百三
29_292_20

或作彙、猬
唐代•文選百三
30_294_22

或作彙、猬
唐代•文選百三
30_297_23

或作彙、猬
唐代•文選百三
30_298_3

蝠

フク
訓まむし

唐代•文選六八
17_172_1

蝶

チョウ
訓—

唐代•文選五九
100_946_5

唐代•文選五九
100_947_32

唐代•文選五九
101_948_12

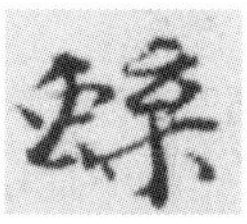
唐代•文選五九
101_948_27

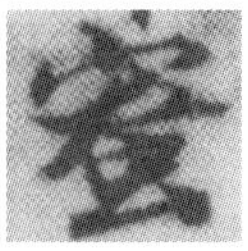
唐代•十輪經九
4_79_4

唐代•十輪經九
9_178_14

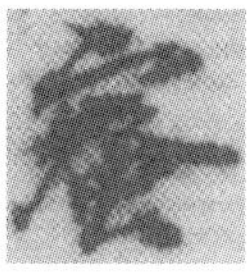
唐代•十輪經十
12_222_15

蜜

慣ミツ漢ビツ
訓みつ

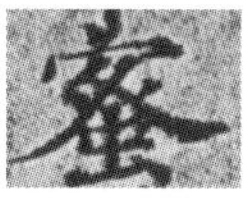
初唐•大般若經
1_1_6

初唐•大般若經
2_31_6

唐代•文選百三
38_377_3

唐代•文選百三
38_378_14

唐代•文選百三
38_380_31

唐代•文選百三
38_381_8

唐代•文選百三
38_381_30

唐代•文選百三
38_382_15

蜿

ワン漢エン
訓みみず

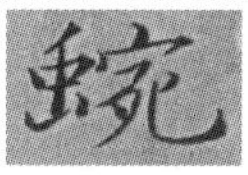
唐代•文選六八
53_529_15

唐代•文選六八
53_531_13

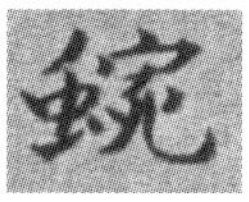
唐代•文選六八
53_531_25

唐代•文選六八
53_532_27

蝦

漢カ
訓えび

唐代•文選六八
24_241_13

蝙

ヘン
訓こうもり

唐代•文選六八
17_171_27

螓

漢シン
訓なつぜみ

螓首蛾眉
唐代•文選五九
51_498_27

融

漢ユウ
訓とおる

唐代•文選四八
32_289_4

唐代•文選四八
32_290_34

唐代•文選四八
32_292_4

唐代•文選四八
32_292_8

唐代•文選五九
10_92_12

唐代•文選五九
64_617_3

唐代•文選五九
86_823_16

唐代•文選五九
80_768_5

唐代•文選五九
87_835_6

唐代•文選五九
87_835_14

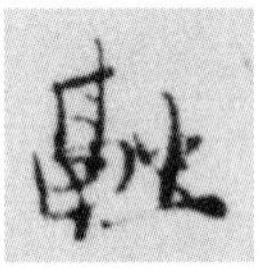
唐代•文選五九
91_875_15

唐代•文選五九
91_875_19

唐代•文選五九
92_879_5

唐代•文選五九
92_880_8

唐代•文選六八
9_91_23

唐代•文選六八
37_373_3

唐代•文選百三
7_57_10

唐代•文選百三
53_508_14

唐代•古文選後
17_204_8

螭

チ
訓みずち

唐代•春秋經傳
14_145_15

唐代•春秋經傳
14_146_2

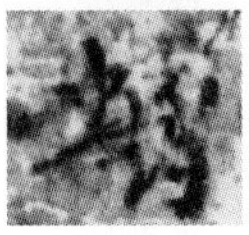
唐代•古文選前
1_4_14

蟬	蟲	蠆	螿	螽	蟄	螢
漢セン呉ゼン 訓せみ	キ漢キュウ 訓むし	漢タイ 訓さそり	漢ショウ 訓つくつくぼうし	漢シュウ 訓いなご	慣チツ漢チュウ 訓かくれる	漢ケイ 訓ほたる
 唐代•文選五九 22_214_21  唐代•文選五九 22_216_5  唐代•文選六八 14_146_17  唐代•文選六八 14_147_8  唐代•文選六八 14_147_16  唐代•文選六八 53_529_16  唐代•文選六八 53_532_3	 唐代•十輪經四 21_405_1	 唐代•文選百三 26_252_3  唐代•文選百三 26_253_20  唐代•文選百三 26_254_22  唐代•文選百三 26_255_3	 唐代•文選五九 22_212_9  唐代•文選五九 22_214_5  唐代•文選五九 22_214_20  唐代•文選五九 22_215_8  唐代•文選五九 22_215_14  唐代•文選五九 22_216_4	 唐代•春秋經傳 25_254_2	 唐代•文選四八 49_442_21	 唐代•文選百三 81_774_21

蠡	蠢	蟻	蟹	蟺	蠖	
リ 訓むしばむ	シュン 訓うごめく	ギ 訓あり	漢カイ 訓かに	漢セン呉ゼン 訓みみず	ワク慣カク 訓しゃくとりむし	
 唐代•文選六八 44_441_3	 唐代•文選百三 50_481_8  唐代•文選百三 50_483_9  唐代•文選百三 50_483_17  唐代•文選百三 50_483_28  唐代•文選百三 50_484_29  唐代•文選百三 50_484_38  唐代•古文選前 17_203_9  唐代•古文選後 4_47_7	 唐代•文選五九 62_597_4  唐代•文選六八 20_204_12  唐代•文選六八 20_205_16  唐代•文選六八 21_207_26  唐代•文選六八 21_208_23  唐代•文選六八 21_209_26  唐代•文選八八 3_15_27	 唐代•文選五九 69_667_7  唐代•文選五九 107_1007_20  唐代•文選六八 27_279_17	 唐代•文選六八 53_532_11	 唐代•文選四八 49_441_11  唐代•文選四八 49_442_11  唐代•文選四八 49_443_27  唐代•文選四八 49_444_16  唐代•文選四八 49_445_11  唐代•文選四八 49_445_21  唐代•文選四八 49_446_7	 唐代•文選六八 53_532_28  唐代•文選六八 53_531_14

			蠻	蠶	蠱	蠟
			漢バン 訓えびす	漢サン 訓かいこ	コ 訓むし	漢ロウ 訓ろうそく
		 唐代•文選百三 63_600_10	 唐代•文選六八 60_601_27  唐代•文選八八 8_59_2  唐代•文選八八 21_187_27  唐代•文選百三 45_434_11  唐代•文選百三 47_449_29  唐代•文選百三 50_483_19  唐代•文選百三 63_600_18	 唐代•文選五九 12_116_7	 唐代•春秋經傳 29_299_18	 蜜蠣 唐代•文選百三 38_380_32  蜜蠣 唐代•文選百三 38_381_9

网部

罘

漢フ
訓うさぎあみ

唐代•文選六八
31_312_2

唐代•文選六八
31_314_2

唐代•古文選前
1_9_1

罝

漢シャ、ショ
訓あみ

唐代•文選六八
31_311_8

署

漢ショ
訓やくわり

唐代•文選五九
14_136_21

唐代•文選五九
104_985_27

唐代•文選五九
110_1044_23

置

チ
訓おく

初唐•聖武雜集
1_7_1

唐代•春秋經傳
12_118_8

唐代•文選四八
18_158_2

唐代•文選四八
18_158_9

唐代•文選五九
46_454_31

唐代•文選五九
47_466_23

唐代•文選五九
57_555_6

唐代•文選五九
101_949_22

唐代•文選六八
31_311_7

唐代•文選六八
31_313_31

唐代•文選八八
19_169_11

唐代•文選百三
33_321_8

唐代•文選百三
33_326_7

唐代•文選百三
33_326_8

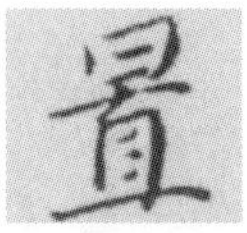

唐代•文選百三
33_327_5

唐代•文選百三
33_327_23

唐代•文選百三
33_329_19

唐代•文選百三
48_461_21

唐代•文選百三
49_466_26

唐代•文選百三
52_499_5

唐代•文選百三
67_643_10

罪

呉ザイ漢サイ
訓つみ

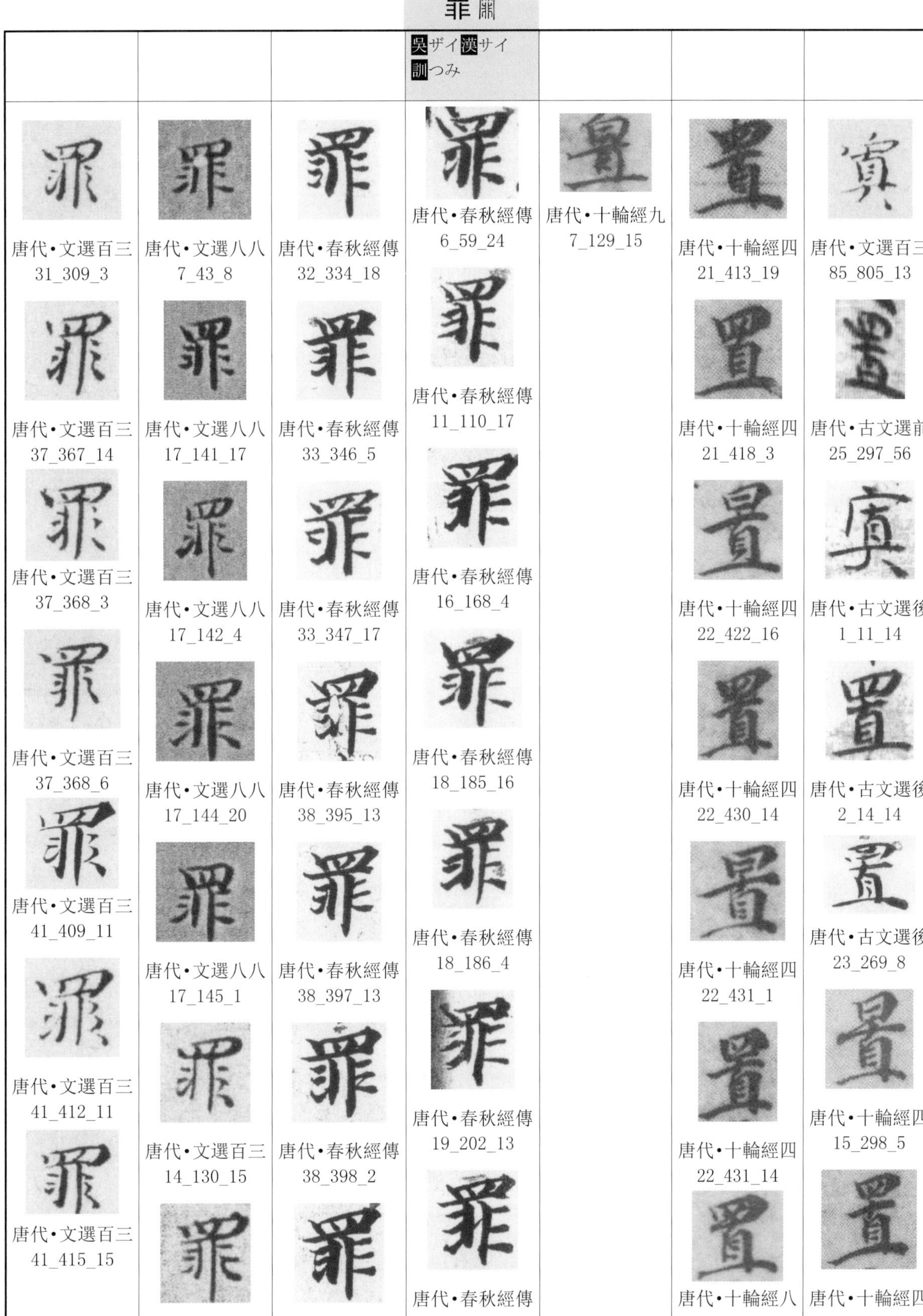

唐代•文選百三 31_309_3	唐代•文選八八 7_43_8	唐代•春秋經傳 32_334_18	唐代•春秋經傳 6_59_24	唐代•十輪經九 7_129_15	唐代•十輪經四 21_413_19	唐代•文選百三 85_805_13
唐代•文選百三 37_367_14	唐代•文選八八 17_141_17	唐代•春秋經傳 33_346_5	唐代•春秋經傳 11_110_17		唐代•十輪經四 21_418_3	唐代•古文選前 25_297_56
唐代•文選百三 37_368_3	唐代•文選八八 17_142_4	唐代•春秋經傳 33_347_17	唐代•春秋經傳 16_168_4		唐代•十輪經四 22_422_16	唐代•古文選後 1_11_14
唐代•文選百三 37_368_6	唐代•文選八八 17_144_20	唐代•春秋經傳 38_395_13	唐代•春秋經傳 18_185_16		唐代•十輪經四 22_430_14	唐代•古文選後 2_14_14
唐代•文選百三 41_409_11	唐代•文選八八 17_145_1	唐代•春秋經傳 38_397_13	唐代•春秋經傳 18_186_4		唐代•十輪經四 22_431_1	唐代•古文選後 23_269_8
唐代•文選百三 41_412_11	唐代•文選百三 14_130_15	唐代•春秋經傳 38_398_2	唐代•春秋經傳 19_202_13		唐代•十輪經四 22_431_14	唐代•十輪經四 15_298_5
唐代•文選百三 41_415_15	唐代•文選百三 27_270_10	唐代•春秋經傳 38_398_14	唐代•春秋經傳 20_203_2		唐代•十輪經八 4_66_16	唐代•十輪經四 21_413_11

唐代•十輪經四 21_411_10
唐代•十輪經四 21_415_13
唐代•十輪經四 21_416_16
唐代•十輪經四 21_417_6
唐代•十輪經四 22_420_9
唐代•十輪經四 22_421_13
唐代•十輪經四 22_422_2

唐代•十輪經四 15_292_5
唐代•十輪經四 15_294_6
唐代•十輪經四 15_295_8
唐代•十輪經四 15_296_5
唐代•十輪經四 16_305_6
唐代•十輪經四 16_310_1
唐代•十輪經四 21_409_9

唐代•十輪經四 11_211_10
唐代•十輪經四 11_218_8
唐代•十輪經四 12_220_2
唐代•十輪經四 12_223_17
唐代•十輪經四 14_277_4
唐代•十輪經四 15_285_2
唐代•十輪經四 15_289_15

唐代•十輪經四 8_152_12
唐代•十輪經四 8_152_17
唐代•十輪經四 8_160_1
唐代•十輪經四 8_160_14
唐代•十輪經四 10_199_10
唐代•十輪經四 11_201_8
唐代•十輪經四 11_209_12

唐代•十輪經四 4_71_13
唐代•十輪經四 8_140_11
唐代•十輪經四 8_142_3
唐代•十輪經四 8_142_5
唐代•十輪經四 8_144_3
唐代•十輪經四 8_145_5
唐代•十輪經四 8_149_17

唐代•古文選前 25_299_2
唐代•古文選前 26_302_5
唐代•古文選前 26_307_1
唐代•古文選前 27_316_7
唐代•古文選後 2_23_10
唐代•古文選後 5_59_9
唐代•古文選後 22_256_12

唐代•文選百三 41_415_28
唐代•文選百三 54_516_3
唐代•文選百三 57_554_19
唐代•文選百三 60_572_12
唐代•文選百三 62_597_15
唐代•文選百三 64_618_39
唐代•文選百三 75_719_13

罷	罰			蜀		
慣ヒ漢ハイ、ハ、ヒ 訓やめる	慣バツ呉バチ漢ハツ 訓とがめる			漢ショク呉ゾク 訓いもむし		
唐代•文選四八 18_158_6	唐代•古文選前 21_246_10	唐代•文選八八 8_58_15	唐代•文選八八 3_17_12	唐代•文選五九 53_525_5	唐代•十輪經四 22_431_5	唐代•十輪經四 22_424_16
唐代•文選八八 5_34_27	唐代•十輪經四 8_151_7	唐代•文選八八 8_59_27	唐代•文選八八 3_17_21	唐代•文選五九 53_526_11	唐代•十輪經四 22_431_21	唐代•十輪經四 22_426_4
唐代•文選八八 6_37_18	唐代•十輪經四 8_156_9	唐代•文選八八 8_60_4	唐代•文選八八 5_26_1	唐代•文選五九 53_526_14	唐代•十輪經九 7_134_24	唐代•十輪經四 22_426_11
唐代•文選百三 12_112_35	唐代•十輪經四 9_161_12	唐代•文選八八 8_61_2	唐代•文選八八 6_37_8	唐代•文選五九 97_918_6		唐代•十輪經四 22_427_3
唐代•文選百三 68_658_20	唐代•十輪經四 14_277_7	唐代•文選八八 17_144_30	唐代•文選八八 6_37_29	唐代•文選六八 12_125_7		唐代•十輪經四 22_429_4
唐代•文選百三 69_661_35	唐代•十輪經十 19_368_11	唐代•文選八八 19_165_22	唐代•文選八八 7_55_21	唐代•文選六八 25_254_1		唐代•十輪經四 22_430_5
唐代•文選百三 69_663_5		唐代•文選百三 5_46_25	唐代•文選八八 8_58_1	唐代•文選六八 70_697_6		唐代•十輪經四 22_430_25

		羅		羆	罾	罹
		ラ 訓あみ		ヒ 訓ひぐま	ソウ 訓—	リ、ラ 訓うれえる
 唐代•文選五九 33_330_27  唐代•文選五九 103_971_11  唐代•文選五九 110_1044_12  唐代•文選六八 15_152_10  唐代•文選六八 46_461_8  唐代•文選六八 46_462_10  唐代•文選六八 51_507_8	 初唐•金剛場經 1_9_11  初唐•大般若經 1_1_5  初唐•大般若經 2_31_5  唐代•文選五九 9_85_19  唐代•文選五九 31_301_19  唐代•文選五九 31_302_13  唐代•文選五九 31_303_18	 初唐•金剛場經 1_1_12  初唐•金剛場經 1_2_16  初唐•金剛場經 1_4_12  初唐•金剛場經 1_4_15  初唐•金剛場經 1_5_1  初唐•金剛場經 1_5_4  初唐•金剛場經 1_7_5	 唐代•文選六八 37_375_20  唐代•文選四八 24_212_1	 唐代•文選四八 5_33_4  唐代•文選四八 5_37_20  唐代•文選四八 5_38_20  唐代•文選四八 6_47_8  唐代•文選四八 6_49_13  唐代•文選四八 8_68_9  唐代•文選五九 26_256_9	 唐代•文選六八 33_337_7  唐代•文選六八 33_338_6  唐代•文選六八 33_338_15  唐代•文選六八 34_339_12	 唐代•古文選前 25_300_5  唐代•古文選後 2_16_12

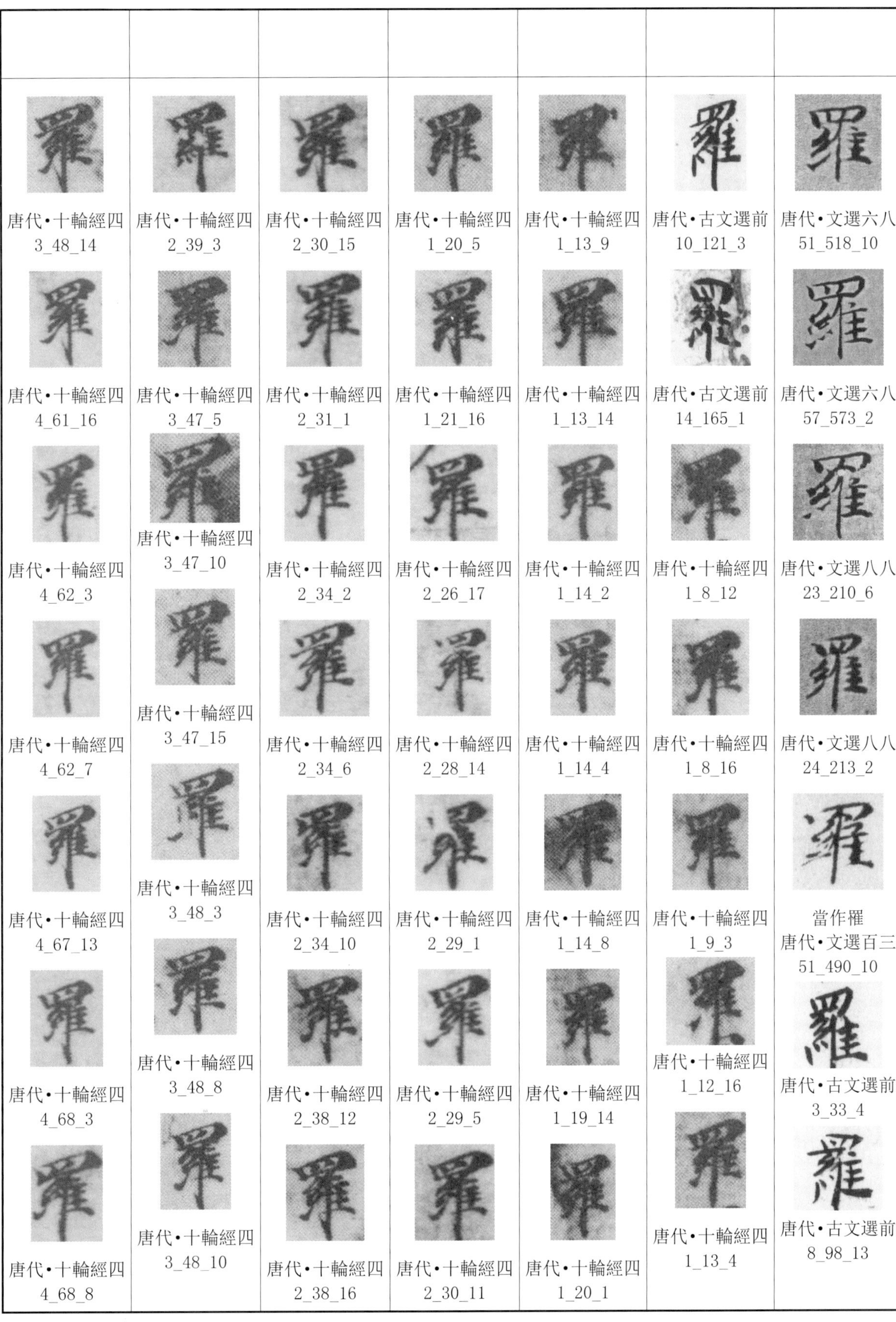

唐代•文選六八 51_518_10
唐代•文選六八 57_573_2
唐代•文選八八 23_210_6
唐代•文選八八 24_213_2
當作罹 唐代•文選百三 51_490_10
唐代•古文選前 3_33_4
唐代•古文選前 8_98_13

唐代•古文選前 10_121_3
唐代•古文選前 14_165_1
唐代•十輪經四 1_8_12
唐代•十輪經四 1_8_16
唐代•十輪經四 1_9_3
唐代•十輪經四 1_12_16
唐代•十輪經四 1_13_4

唐代•十輪經四 1_13_9
唐代•十輪經四 1_13_14
唐代•十輪經四 1_14_2
唐代•十輪經四 1_14_4
唐代•十輪經四 1_14_8
唐代•十輪經四 1_19_14
唐代•十輪經四 1_20_1

唐代•十輪經四 1_20_5
唐代•十輪經四 1_21_16
唐代•十輪經四 2_26_17
唐代•十輪經四 2_28_14
唐代•十輪經四 2_29_1
唐代•十輪經四 2_29_5
唐代•十輪經四 2_30_11

唐代•十輪經四 2_30_15
唐代•十輪經四 2_31_1
唐代•十輪經四 2_34_2
唐代•十輪經四 2_34_6
唐代•十輪經四 2_34_10
唐代•十輪經四 2_38_12
唐代•十輪經四 2_38_16

唐代•十輪經四 2_39_3
唐代•十輪經四 3_47_5
唐代•十輪經四 3_47_10
唐代•十輪經四 3_47_15
唐代•十輪經四 3_48_3
唐代•十輪經四 3_48_8
唐代•十輪經四 3_48_10

唐代•十輪經四 3_48_14
唐代•十輪經四 4_61_16
唐代•十輪經四 4_62_3
唐代•十輪經四 4_62_7
唐代•十輪經四 4_67_13
唐代•十輪經四 4_68_3
唐代•十輪經四 4_68_8

羈

キ
訓おもがい

唐代•文選八八 5_31_2
唐代•文選八八 5_32_9
唐代•文選八八 5_32_18
唐代•文選八八 5_33_17
唐代•文選八八 5_34_4

唐代•十輪經十 18_351_15
唐代•十輪經十 19_370_4

唐代•十輪經十 14_262_8
唐代•十輪經十 14_273_10
唐代•十輪經十 16_305_18
唐代•十輪經十 16_308_3
唐代•十輪經十 17_337_4
唐代•十輪經十 17_338_15
唐代•十輪經十 18_345_2

唐代•十輪經十 12_222_14
唐代•十輪經十 12_236_6
唐代•十輪經十 13_243_16
唐代•十輪經十 13_245_9
唐代•十輪經十 13_253_5
唐代•十輪經十 13_254_16
唐代•十輪經十 14_260_14

唐代•十輪經九 11_216_11
唐代•十輪經九 11_218_1
唐代•十輪經九 14_269_5
唐代•十輪經九 16_308_3
唐代•十輪經十 11_201_7
唐代•十輪經十 11_207_8
唐代•十輪經十 11_210_8

唐代•十輪經九 5_93_4
唐代•十輪經九 6_110_1
唐代•十輪經九 7_122_12
唐代•十輪經九 7_133_9
唐代•十輪經九 8_144_22
唐代•十輪經九 9_178_13
唐代•十輪經九 11_215_4

唐代•十輪經九 2_34_10
唐代•十輪經九 4_68_6
唐代•十輪經九 4_69_9
唐代•十輪經九 4_70_12
唐代•十輪經九 4_74_14
唐代•十輪經九 4_79_3
唐代•十輪經九 5_81_6

肉部

肉 

吳ニク漢ジク

訓にく

唐代・春秋經傳
10_100_12

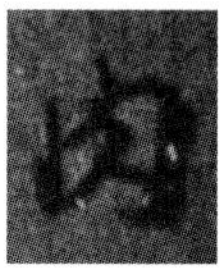
唐代・文選四八
18_165_5

唐代・文選五九
43_427_5

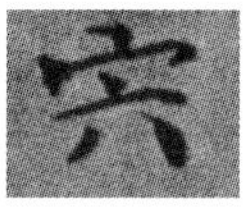
唐代・文選六八
14_145_12

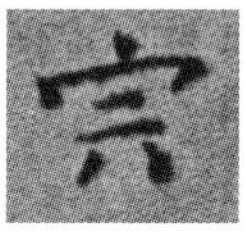
唐代・文選六八
15_152_3

唐代・文選六八
15_154_21

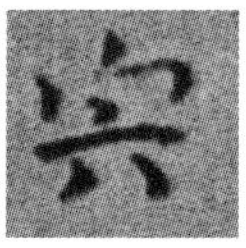
唐代・文選六八
15_155_8

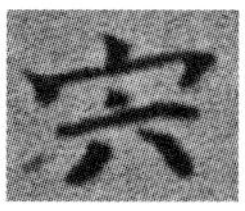
唐代・文選六八
15_155_15

唐代・文選六八
15_156_19

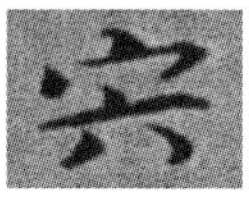
唐代・文選六八
15_160_7

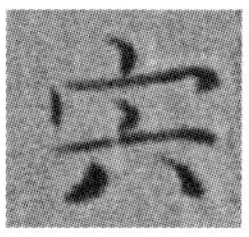
唐代・文選六八
16_167_11

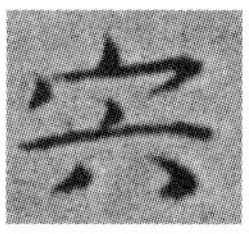
唐代・文選六八
17_170_10

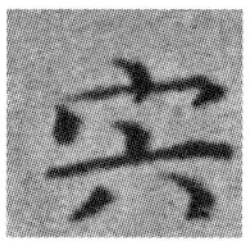
唐代・文選六八
17_172_5

唐代・文選六八
35_358_10

唐代・文選六八
35_358_16

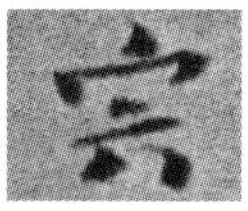
唐代・文選六八
35_358_19

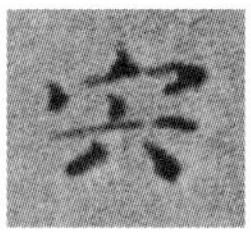
唐代・文選六八
36_361_2

唐代・文選百三
41_409_6

唐代・文選百三
41_412_6

唐代・文選百三
41_412_28

唐代・十輪經四
13_241_3

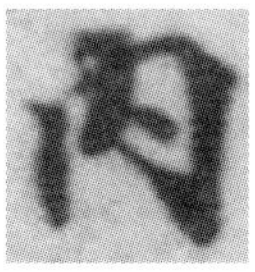
血肉
唐代・十輪經四
14_265_12

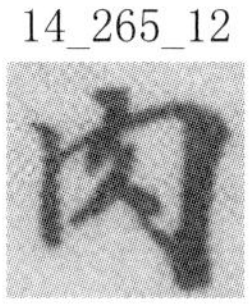
唐代・十輪經四
15_280_8

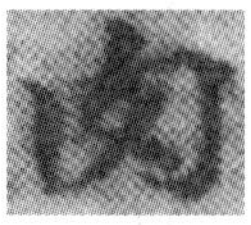
唐代・十輪經九
8_153_10

唐代・十輪經四
13_253_5

缶部

壘	罌	罄			缺
漢ライ 訓さかだる	漢オウ、エイ 訓もたい	漢ケイ 訓むなしい			漢ケツ 訓かける
 唐代•古文選後 8_92_12	 唐代•文選百三 33_323_9  唐代•文選百三 33_323_17  唐代•文選百三 33_324_23  唐代•文選百三 33_326_20	 唐代•文選百三 31_300_3	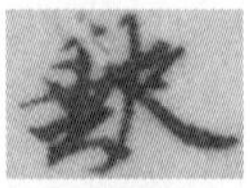 唐代•十輪經八 22_423_15  唐代•十輪經九 2_22_7	 唐代•古文選後 17_196_8  唐代•十輪經四 5_90_15 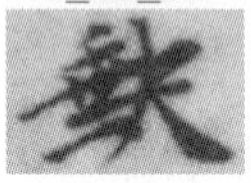 唐代•十輪經四 6_116_14  唐代•十輪經四 16_318_2 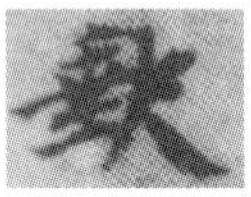 唐代•十輪經四 18_340_5 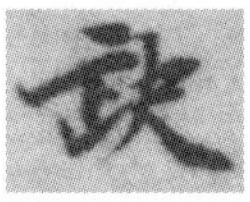 唐代•十輪經四 18_354_14  唐代•十輪經四 19_371_12 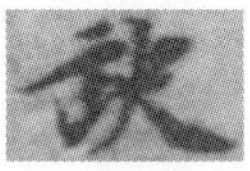 唐代•十輪經四 20_391_6  唐代•十輪經四 20_397_1	 唐代•春秋經傳 29_299_25  唐代•春秋經傳 30_312_12  唐代•春秋經傳 31_328_6  唐代•文選五九 54_530_1  唐代•文選五九 54_532_15  唐代•文選五九 55_535_19  唐代•文選五九 78_748_3  唐代•文選五九 78_752_23  唐代•十輪經四 3_51_3

舌部

舌

慣ゼツ漢セツ
訓した

初唐•大般若經
1_7_8

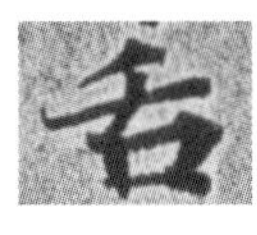
初唐•大般若經
1_7_14

初唐•大般若經
1_15_12

初唐•大般若經
1_15_14

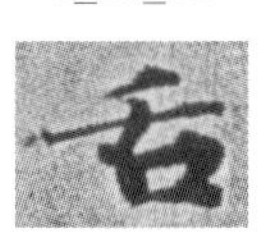
初唐•大般若經
1_16_3

初唐•大般若經
1_16_7

初唐•大般若經
1_16_9

初唐•大般若經
1_17_4

唐代•文選四八
1_5_22

唐代•文選四八
29_264_15

唐代•文選五九
27_272_3

唐代•文選百三
11_104_12

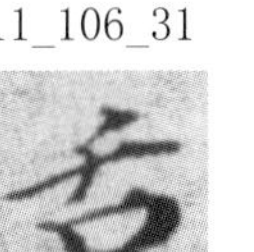
唐代•文選百三
11_106_31

唐代•文選百三
11_108_1

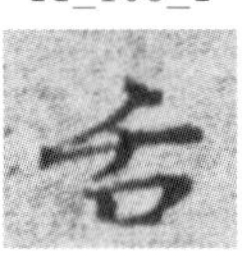
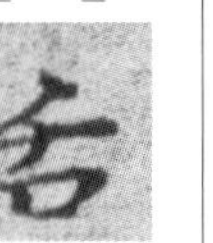
唐代•文選百三
23_218_13

唐代•十輪經四
3_51_9

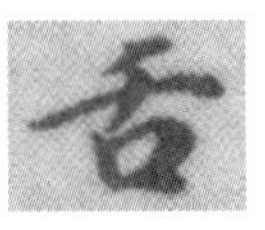
唐代•十輪經四
5_91_4

唐代•十輪經四
6_117_3

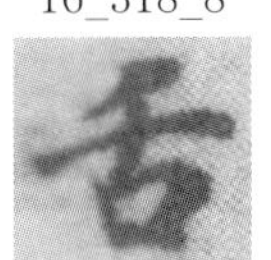
唐代•十輪經四
16_318_8

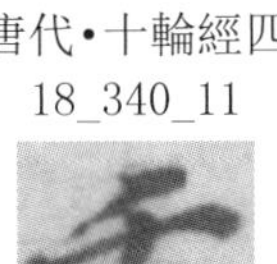
唐代•十輪經四
18_340_11

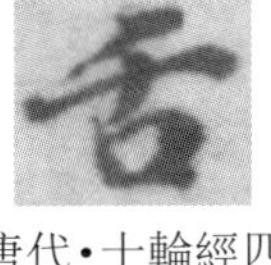
唐代•十輪經四
18_355_4

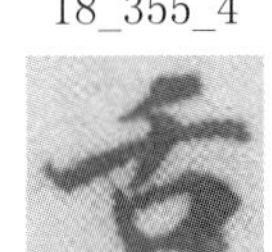
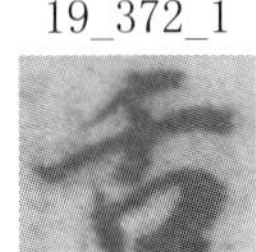
唐代•十輪經四
19_372_1

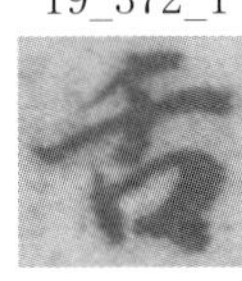
唐代•十輪經四
20_391_12

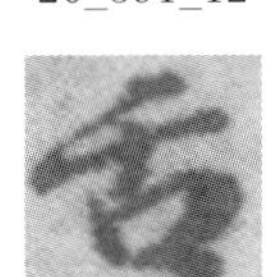

唐代•十輪經四
20_397_7

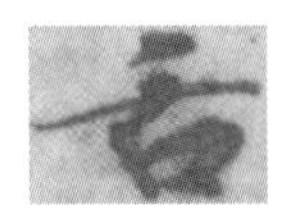
唐代•十輪經十
11_214_5

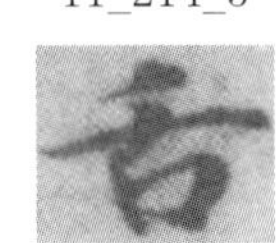
唐代•十輪經十
11_214_7

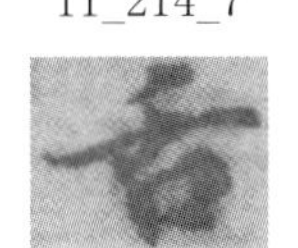
唐代•十輪經十
11_214_9

舍

シャ
訓やどる

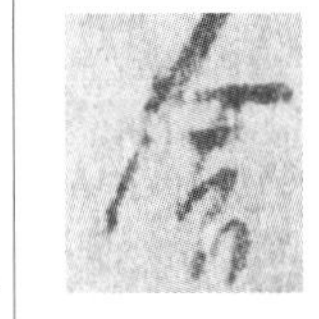
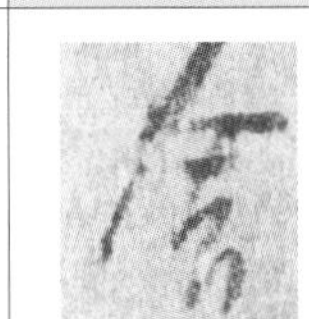
晚唐•慶滋書狀
1_13_8

唐代•春秋經傳
2_17_21

唐代•春秋經傳
10_96_7

唐代•春秋經傳
10_98_7

唐代•春秋經傳
20_207_10

唐代•春秋經傳
20_209_9

唐代•文選四八
27_241_24

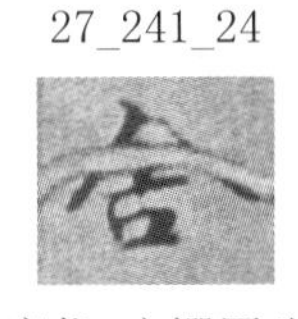
唐代•文選四八
28_252_21

唐代•文選四八
35_311_10

唐代•文選四八
35_313_3

唐代•文選五九
5_49_16

唐代•文選五九
21_205_23

唐代•文選五九
25_244_19

唐代•文選五九
32_314_3

唐代•文選五九
51_503_11

唐代•文選五九
61_588_18

舒

慣ジョ 漢ショ
訓のべる

唐代•文選五九 73_699_12

唐代•文選六八 33_333_18

唐代•文選六八 33_336_17

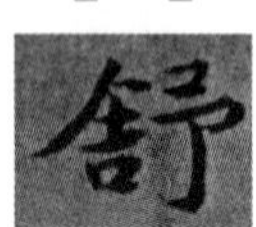
唐代•文選六八 68_682_4

唐代•文選六八 69_688_7

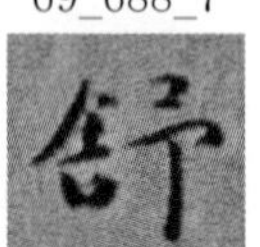
唐代•文選八八 20_175_18

唐代•文選百三 7_59_13

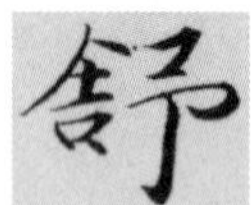
唐代•文選百三 47_457_19

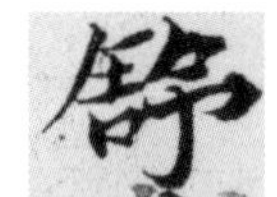
唐代•春秋經傳 38_395_8

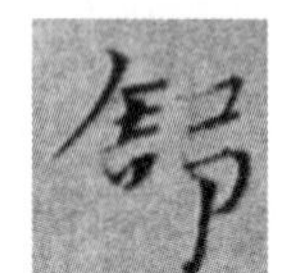
唐代•文選四八 43_386_1

唐代•文選四八 45_407_1

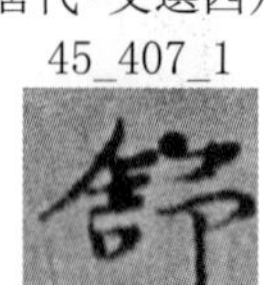
唐代•文選四八 45_408_5

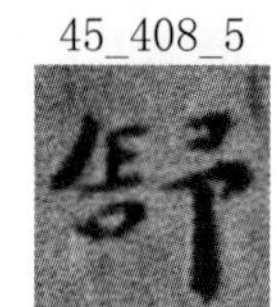
唐代•文選五九 17_160_9

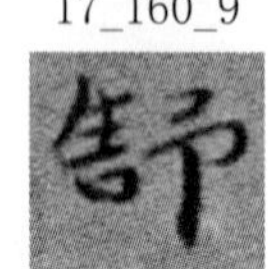
唐代•文選五九 25_251_7

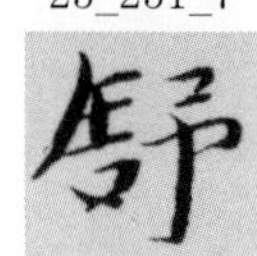
唐代•文選五九 72_697_9

唐代•文選五九 72_698_15

唐代•春秋經傳 34_353_24

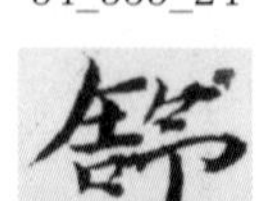
唐代•春秋經傳 35_368_17

唐代•春秋經傳 35_369_16

唐代•春秋經傳 35_370_10

唐代•春秋經傳 37_388_13

唐代•春秋經傳 37_389_11

唐代•春秋經傳 37_390_2

唐代•春秋經傳 37_392_8

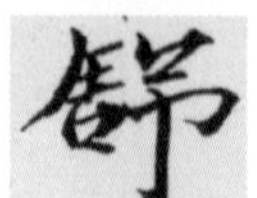
唐代•春秋經傳 28_289_10

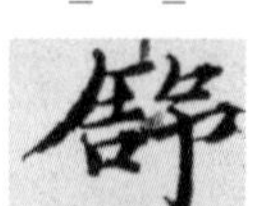
唐代•春秋經傳 29_297_2

唐代•春秋經傳 29_297_6

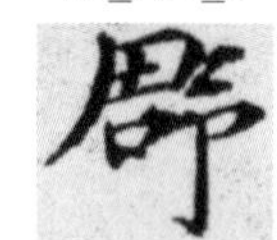
唐代•春秋經傳 29_297_10

唐代•春秋經傳 32_335_17

唐代•春秋經傳 32_336_6

唐代•春秋經傳 34_353_3

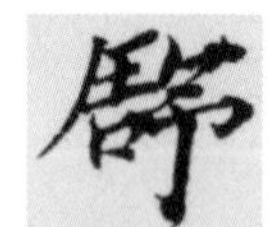
唐代•春秋經傳 34_353_11

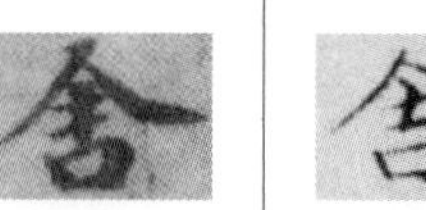
唐代•十輪經四 17_324_1

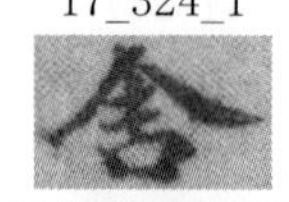
唐代•十輪經四 17_324_4

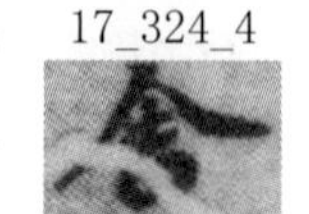
唐代•十輪經四 18_360_16

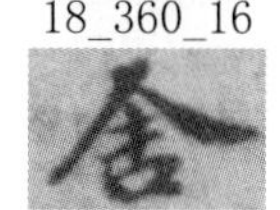
唐代•十輪經四 20_384_15

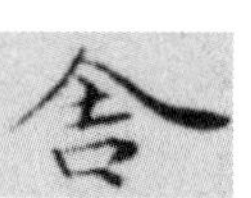
唐代•文選百三 29_287_35

唐代•文選百三 47_451_24

唐代•文選百三 57_547_3

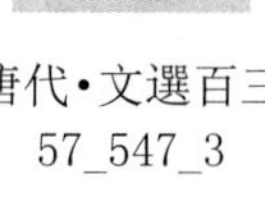

唐代•文選百三 57_548_12

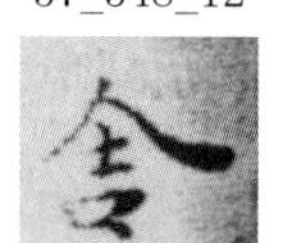
唐代•文選百三 73_708_14

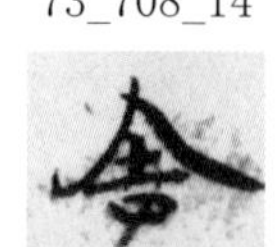
唐代•古文選前 14_167_14

唐代•古文選前 24_278_9

唐代•古文選前 26_306_14

唐代•文選六八 2_27_4

唐代•文選百三 3_16_2

唐代•文選百三 3_17_20

唐代•文選百三 3_18_25

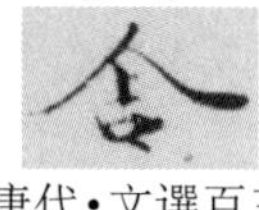
唐代•文選百三 10_93_26

唐代•文選百三 10_95_28

唐代•文選百三 29_287_4

唐代•文選百三 29_287_7

唐代•文選百三
48_460_17

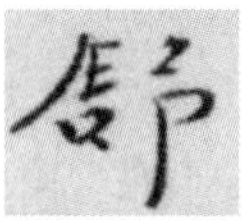

唐代•文選百三
48_462_4

唐代•古文選前
3_30_6

唐代•古文選後
18_214_10

竹部

竹 𥫗

チク
訓 たけ

唐代•文選四八
31_278_19

唐代•文選四八
31_279_12

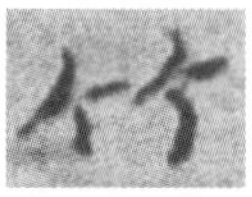
唐代•文選四八
31_281_26

唐代•文選五九
14_133_25

唐代•文選五九
27_272_9

唐代•文選五九
36_353_4

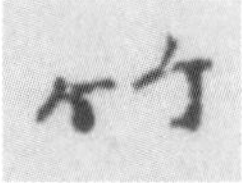
唐代•文選五九
36_358_27

唐代•文選五九
55_538_13

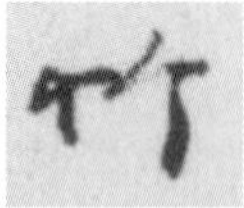
唐代•文選五九
57_552_28

唐代•文選五九
89_852_9

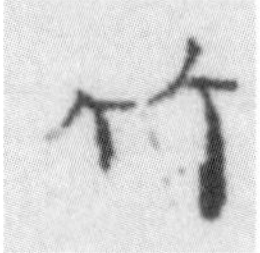
唐代•文選五九
89_853_15

唐代•文選五九
89_854_26

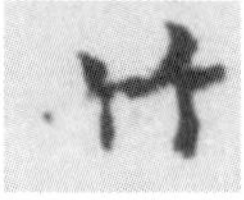
唐代•文選五九
89_855_13

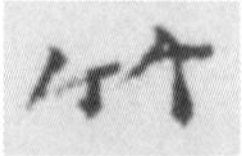
唐代•文選五九
94_908_12

唐代•文選六八
19_193_14

唐代•文選六八
49_498_11

唐代•文選八八
12_101_25

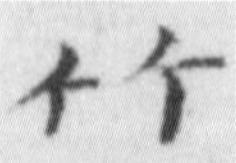
唐代•文選百三
29_279_32

唐代•文選百三
77_739_21

唐代•文選百三
78_741_19

唐代•文選百三
78_744_11

唐代•文選百三
78_745_2

竿 𥫗

カン
訓 さお

唐代•文選五九
65_625_7

唐代•文選五九
65_627_3

唐代•文選五九
65_627_26

唐代•文選六八
44_439_15

唐代•文選百三
82_780_27

笈

漢 キュウ
訓 おい

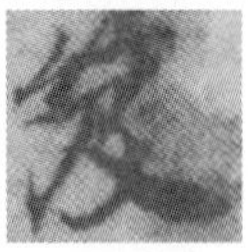
唐代•十輪經十
3_58_3

笄 𥫗

漢 ケイ
訓 こうがい

唐代•文選五九
23_223_11

唐代•文選五九
23_223_15

唐代•文選五九
23_223_18

	符	笙	笛	笏		笑
	漢フ呉ブ 訓わりふ	漢ソウ呉ショウ 訓ふえ	漢テキ呉ジャク 訓ふえ	漢コツ 訓しゃく		ショウ 訓わらう

唐代•文選五九
110_1040_24

唐代•文選六八
63_636_25

唐代•文選八八
23_200_6

唐代•文選八八
23_201_20

唐代•文選百三
5_47_28

唐代•文選百三
28_273_34

唐代•文選百三
28_277_33

符

唐代•文選四八
18_161_3

唐代•文選四八
18_163_20

唐代•文選四八
18_165_16

唐代•文選五九
35_340_21

唐代•文選五九
62_592_13

唐代•文選五九
80_765_23

唐代•文選五九
87_835_28

笙

唐代•文選六八
49_497_8

唐代•古文選後
20_235_7

笛

唐代•文選五九
53_526_27

唐代•文選六八
57_572_2

笏

唐代•古文選後
20_239_3

唐代•文選六八
27_277_25

唐代•文選六八
27_278_8

唐代•文選六八
27_278_26

唐代•文選六八
56_560_2

唐代•文選六八
56_561_3

唐代•文選百三
7_63_18

唐代•古文選前
7_87_7

唐代•古文選前
11_127_2

笑

唐代•春秋經傳
19_194_13

唐代•春秋經傳
19_195_4

唐代•文選五九
35_339_2

唐代•文選五九
35_344_17

唐代•文選五九
35_345_7

唐代•文選五九
62_596_5

唐代•文選五九
101_956_2

唐代•文選六八
15_150_14

	第	笠	笥	笮		
	呉ダイ漢テイ 訓ついで	リュウ 訓かさ	シ唐ス 訓はこ	漢サク 訓えびら		
唐代・春秋經傳 12_122_2	初唐・法華義疏 1_1_5	唐代・春秋經傳 22_225_13	唐代・春秋經傳 10_100_14	唐代・文選八八 3_17_2	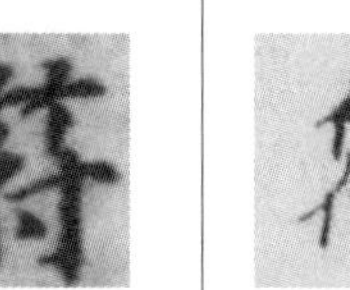 唐代・十輪經四 2_24_14	唐代・文選百三 28_276_13
唐代・春秋經傳 15_156_7	初唐・大般若經 1_1_10	唐代・春秋經傳 22_225_25	唐代・文選五九 24_234_1	唐代・文選八八 3_17_10	唐代・古文選後 2_18_12	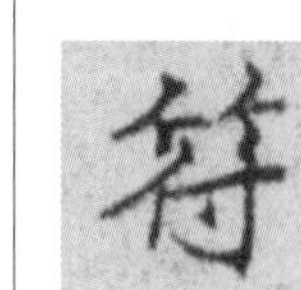 唐代・文選百三 28_278_11
唐代・春秋經傳 19_193_4	初唐・大般若經 1_2_7	唐代・春秋經傳 22_226_11	唐代・文選五九 24_234_11	唐代・文選八八 3_19_1	 唐代・古文選後 9_97_14	唐代・文選百三 29_279_29
唐代・春秋經傳 20_207_8	初唐・大般若經 2_31_10		唐代・文選五九 24_235_1	唐代・文選八八 3_19_6		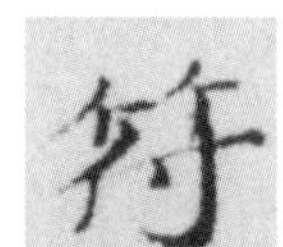 唐代・文選百三 29_279_34
唐代・春秋經傳 32_339_15	 晚唐・慶滋書狀 1_4_11		 唐代・文選五九 24_236_15	唐代・文選八八 3_19_25		 唐代・文選百三 29_281_28
唐代・春秋經傳 36_376_22	 唐代・春秋經傳 1_1_9		 唐代・文選五九 24_237_5	唐代・文選八八 7_44_1		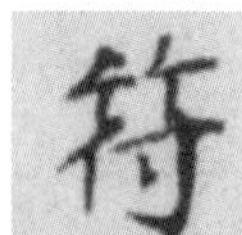 唐代・文選百三 70_678_17
 唐代・春秋經傳 39_410_4	 唐代・春秋經傳 12_119_10		 唐代・文選六八 11_109_3	唐代・文選八八 7_46_17		 唐代・古文選後 13_153_10
				唐代・文選八八 7_47_9		

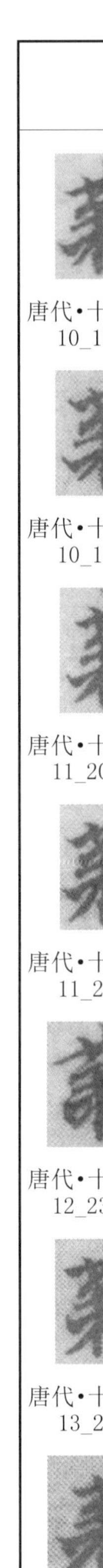
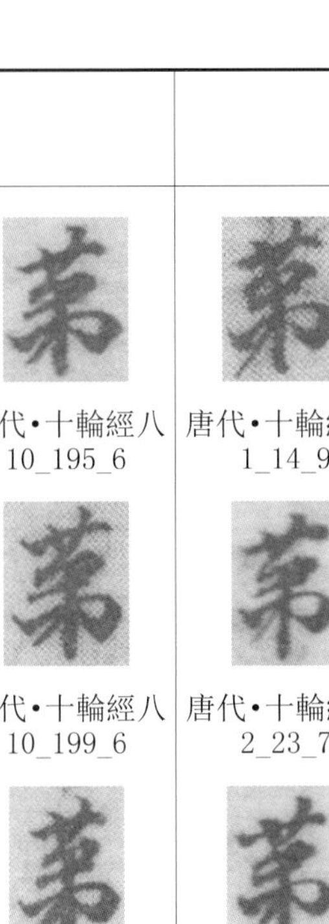

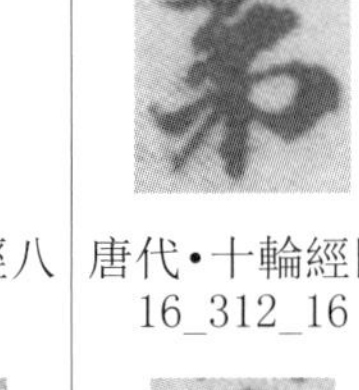
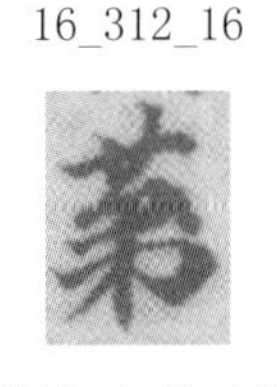
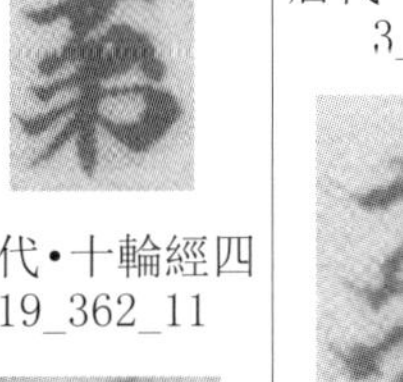
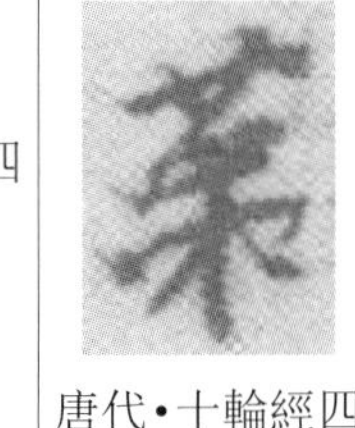
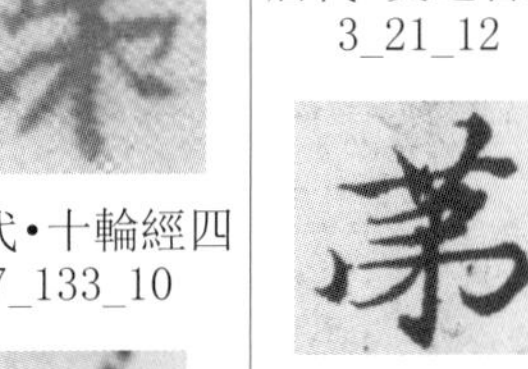

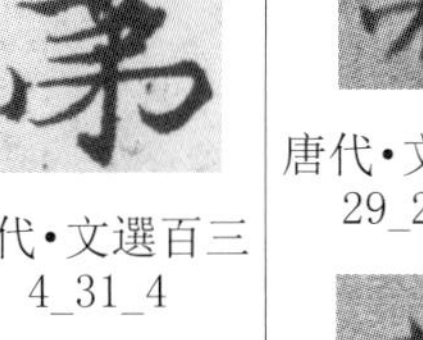
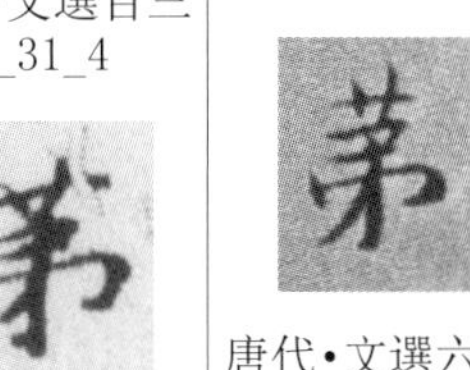
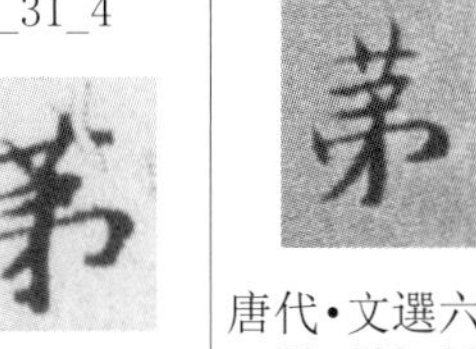
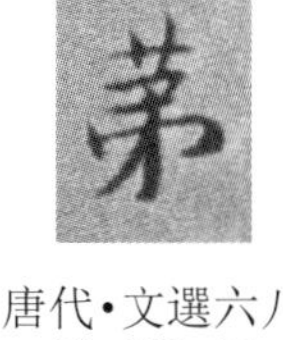
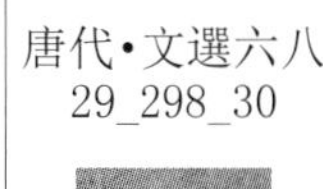

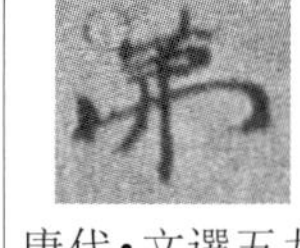
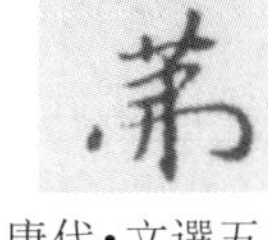

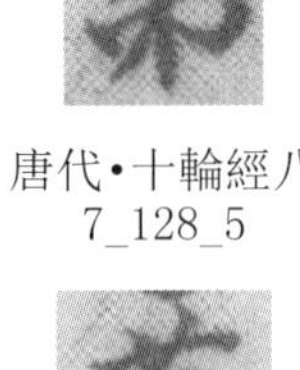
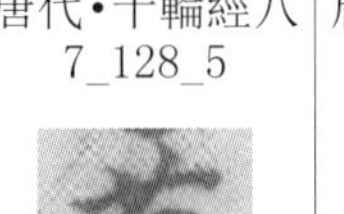
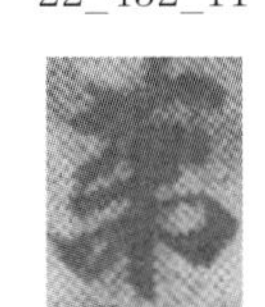

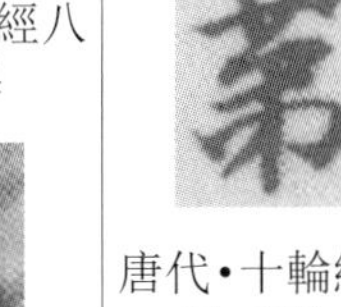

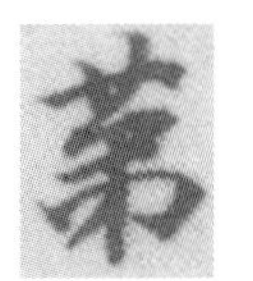

唐代•十輪經八 10_195_6	唐代•十輪經八 1_14_9	唐代•十輪經四 15_287_7	唐代•古文選前 11_133_25	唐代•文選六八 58_584_10	唐代•文選五九 109_1037_16	唐代•文選四八 50_454_4
唐代•十輪經八 10_199_6	唐代•十輪經八 2_23_7	唐代•十輪經四 16_307_11	唐代•古文選後 27_315_6	唐代•文選六八 63_629_23	唐代•文選五九 112_1065_4	唐代•文選五九 12_117_16
唐代•十輪經八 11_204_12	唐代•十輪經八 2_28_14	唐代•十輪經四 16_312_16	通弟后多同此 唐代•十輪經四 3_42_3	唐代•文選六八 73_731_4	唐代•文選六八 2_14_4	唐代•文選五九 31_306_30
唐代•十輪經八 11_210_2	唐代•十輪經八 7_122_15	唐代•十輪經四 19_362_11	唐代•十輪經四 7_133_10	唐代•文選百三 3_21_12	唐代•文選六八 21_219_22	唐代•文選五九 48_477_27
唐代•十輪經八 12_236_15	唐代•十輪經八 7_128_5	唐代•十輪經四 22_432_11	唐代•十輪經四 10_183_24	唐代•文選百三 4_31_4	唐代•文選六八 29_286_4	唐代•文選五九 51_503_10
唐代•十輪經八 13_242_5	唐代•十輪經八 9_166_17	唐代•十輪經八 1_1_14	唐代•十輪經四 11_207_8	唐代•文選百三 4_32_16	唐代•文選六八 29_298_30	唐代•文選五九 56_548_30
唐代•十輪經八 13_247_11	唐代•十輪經八 9_172_5	唐代•十輪經八 1_8_10		唐代•文選百三 87_835_6	唐代•文選六八 49_486_13	唐代•文選五九 109_1033_7
						唐代•文選五九 109_1034_18

等

トウ
訓ととのえる

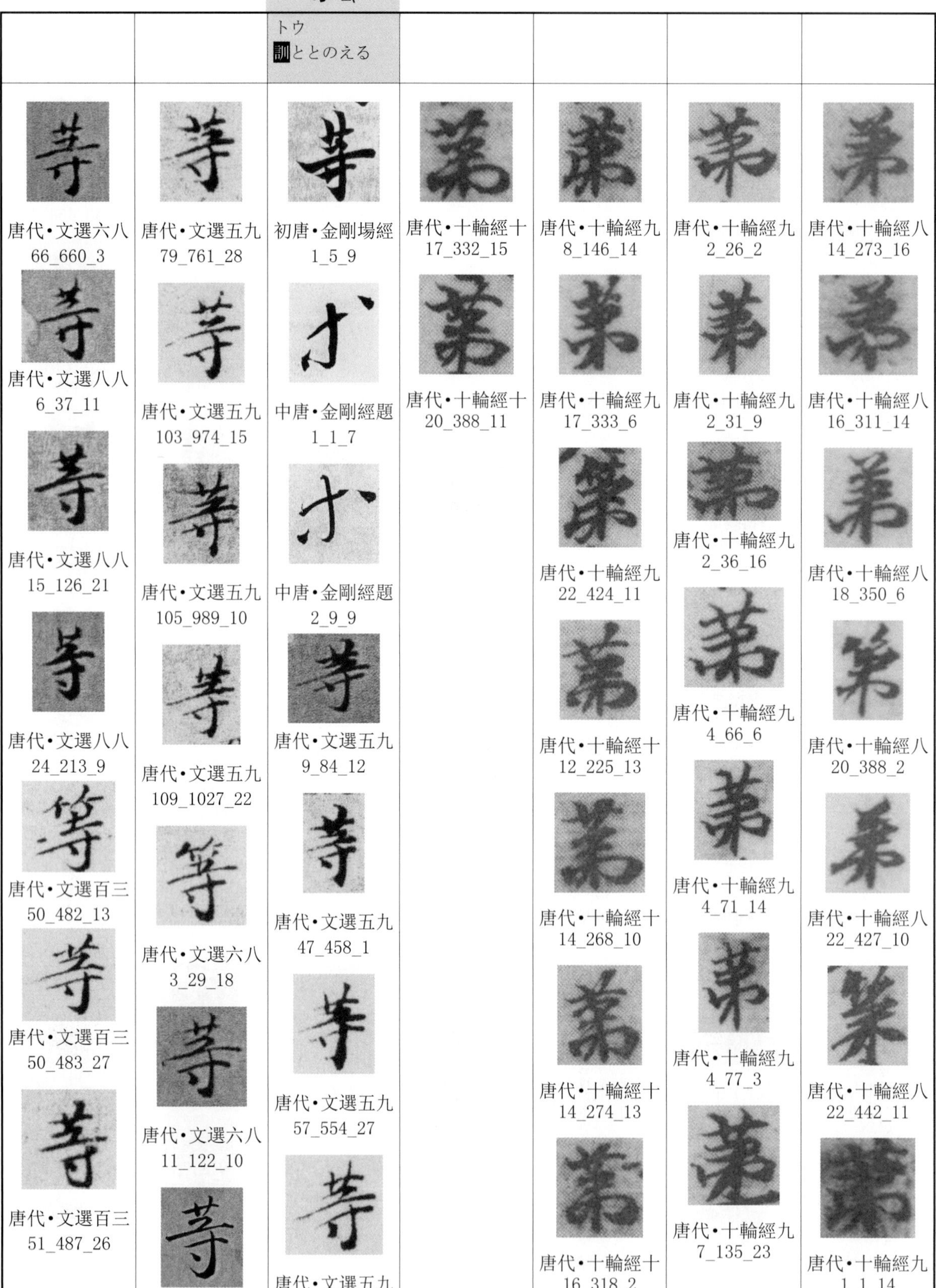

唐代・文選六八 66_660_3
唐代・文選八八 6_37_11
唐代・文選八八 15_126_21
唐代・文選八八 24_213_9
唐代・文選百三 50_482_13
唐代・文選百三 50_483_27
唐代・文選百三 51_487_26

唐代・文選五九 79_761_28
唐代・文選五九 103_974_15
唐代・文選五九 105_989_10
唐代・文選五九 109_1027_22
唐代・文選六八 3_29_18
唐代・文選六八 11_122_10
唐代・文選六八 63_631_17

初唐・金剛場經 1_5_9
中唐・金剛經題 1_1_7
中唐・金剛經題 2_9_9
唐代・文選五九 9_84_12
唐代・文選五九 47_458_1
唐代・文選五九 57_554_27
唐代・文選五九 77_742_17

唐代・十輪經十 17_332_15
唐代・十輪經十 20_388_11

唐代・十輪經九 8_146_14
唐代・十輪經九 17_333_6
唐代・十輪經九 22_424_11
唐代・十輪經十 12_225_13
唐代・十輪經十 14_268_10
唐代・十輪經十 14_274_13
唐代・十輪經十 16_318_2

唐代・十輪經九 2_26_2
唐代・十輪經九 2_31_9
唐代・十輪經九 2_36_16
唐代・十輪經九 4_66_6
唐代・十輪經九 4_71_14
唐代・十輪經九 4_77_3
唐代・十輪經九 7_135_23

唐代・十輪經八 14_273_16
唐代・十輪經八 16_311_14
唐代・十輪經八 18_350_6
唐代・十輪經八 20_388_2
唐代・十輪經八 22_427_10
唐代・十輪經八 22_442_11
唐代・十輪經九 1_1_14

唐代·文選百三 69_664_35

唐代·文選百三 70_678_22

唐代·古文選前 25_297_26

唐代·古文選前 26_309_13

唐代·十輪經四 1_4_1

唐代·十輪經四 1_14_11

唐代·十輪經四 1_22_1

唐代·十輪經四 2_37_6

唐代·十輪經四 3_48_17

唐代·十輪經四 3_52_12

唐代·十輪經四 3_53_13

唐代·十輪經四 4_66_15

唐代·十輪經四 4_68_5

唐代·十輪經四 4_69_1

唐代·十輪經四 4_70_3

唐代·十輪經四 4_72_3

唐代·十輪經四 4_72_17

唐代·十輪經四 4_74_3

唐代·十輪經四 4_75_2

唐代·十輪經四 4_77_12

唐代·十輪經四 4_78_11

唐代·十輪經四 5_81_16

唐代·十輪經四 5_90_3

唐代·十輪經四 5_94_8

唐代·十輪經四 6_105_4

唐代·十輪經四 6_109_1

唐代·十輪經四 6_112_14

唐代·十輪經四 6_114_4

唐代·十輪經四 6_116_2

唐代·十輪經四 6_120_8

唐代·十輪經四 7_122_10

唐代·十輪經四 7_130_11

唐代·十輪經四 7_131_5

唐代·十輪經四 7_133_3

唐代·十輪經四 7_139_8

唐代·十輪經四 8_143_8

唐代·十輪經四 8_147_11

唐代·十輪經四 9_164_14

唐代·十輪經四 9_169_7

唐代·十輪經四 9_169_11

唐代·十輪經四 9_172_5

唐代·十輪經四 10_194_11

唐代·十輪經四 11_202_3

唐代·十輪經四 11_202_9

唐代·十輪經四 11_205_16

唐代·十輪經四 11_212_5

唐代·十輪經四 11_212_11

唐代·十輪經四 13_243_3

唐代·十輪經四 14_270_2

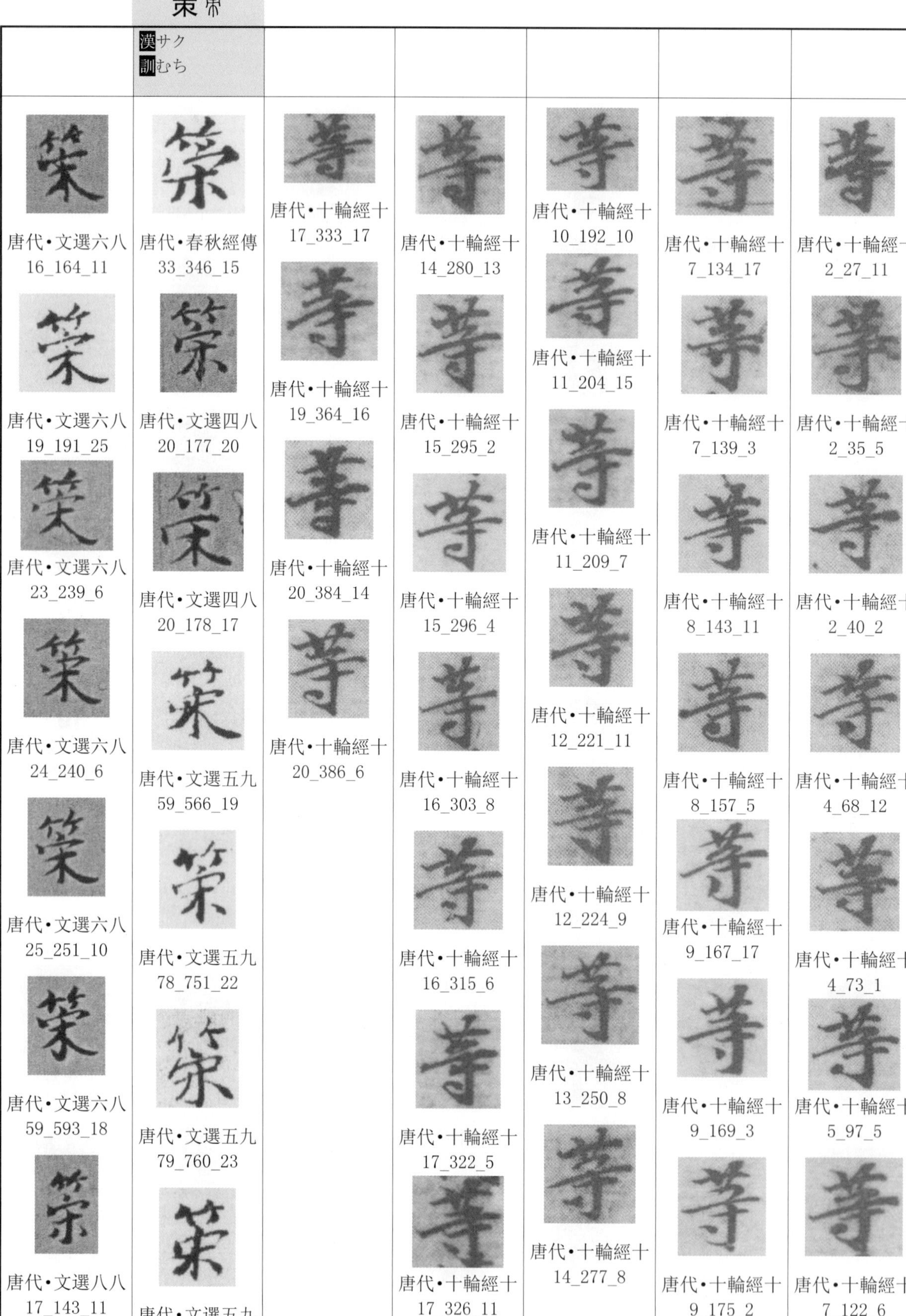

唐代•十輪經十 2_27_11
唐代•十輪經十 2_35_5
唐代•十輪經十 2_40_2
唐代•十輪經十 4_68_12
唐代•十輪經十 4_73_1
唐代•十輪經十 5_97_5
唐代•十輪經十 7_122_6
唐代•十輪經十 7_134_17
唐代•十輪經十 7_139_3
唐代•十輪經十 8_143_11
唐代•十輪經十 8_157_5
唐代•十輪經十 9_167_17
唐代•十輪經十 9_169_3
唐代•十輪經十 9_175_2
唐代•十輪經十 10_192_10
唐代•十輪經十 11_204_15
唐代•十輪經十 11_209_7
唐代•十輪經十 12_221_11
唐代•十輪經十 12_224_9
唐代•十輪經十 13_250_8
唐代•十輪經十 14_277_8
唐代•十輪經十 14_280_13
唐代•十輪經十 15_295_2
唐代•十輪經十 15_296_4
唐代•十輪經十 16_303_8
唐代•十輪經十 16_315_6
唐代•十輪經十 17_322_5
唐代•十輪經十 17_326_11
唐代•十輪經十 17_333_17
唐代•十輪經十 19_364_16
唐代•十輪經十 20_384_14
唐代•十輪經十 20_386_6

策

漢サク
訓むち

唐代•春秋經傳 33_346_15
唐代•文選四八 20_177_20
唐代•文選四八 20_178_17
唐代•文選五九 59_566_19
唐代•文選五九 78_751_22
唐代•文選五九 79_760_23
唐代•文選五九 97_914_5
唐代•文選六八 16_164_11
唐代•文選六八 19_191_25
唐代•文選六八 23_239_6
唐代•文選六八 24_240_6
唐代•文選六八 25_251_10
唐代•文選六八 59_593_18
唐代•文選八八 17_143_11

答

トウ
訓こたえる

唐代•文選五九
53_519_17

唐代•文選百三
7_57_24

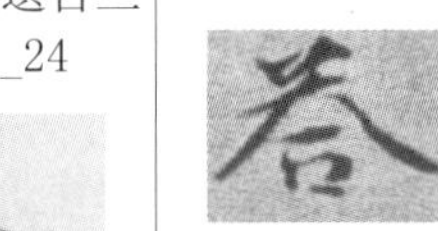
唐代•文選百三
63_603_23

唐代•文選百三
82_780_8

唐代•古文選後
7_83_36

唐代•古文選後
24_284_12

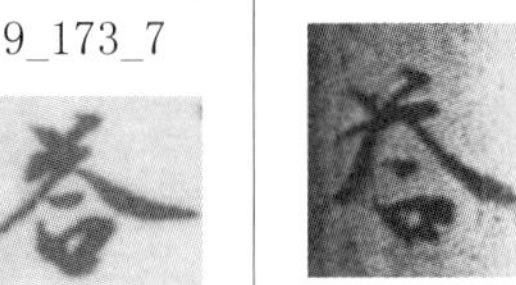
唐代•十輪經四
9_173_7

唐代•十輪經四
10_182_7

唐代•春秋經傳
6_60_12

唐代•文選四八
2_12_13

唐代•文選四八
5_34_5

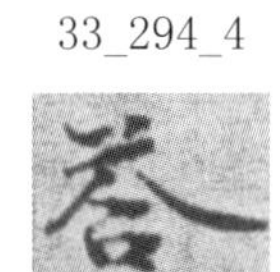
唐代•文選四八
32_284_9

唐代•文選四八
33_294_4

唐代•文選四八
35_311_22

唐代•文選四八
45_407_12

唐代•文選五九
15_148_29

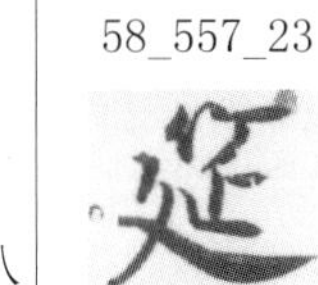
唐代•文選五九
58_557_23

唐代•古文選後
20_231_11

唐代•古文選後
20_236_16

唐代•古文選後
25_294_3

筵

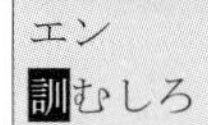

エン
訓むしろ

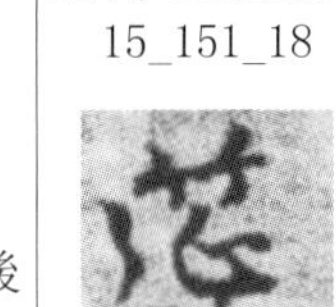

唐代•文選五九
15_151_18

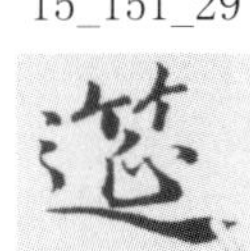
唐代•文選五九
15_151_29

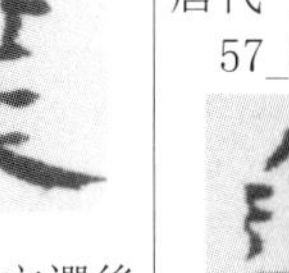
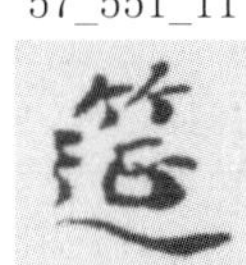
唐代•文選五九
57_551_11

唐代•文選五九
57_554_16

唐代•文選五九
57_555_28

唐代•文選五九
58_556_29

唐代•古文選後
15_179_10

唐代•古文選前
15_175_8

唐代•古文選後
2_19_12

唐代•古文選後
3_35_6

唐代•古文選後
5_49_5

唐代•十輪經四
15_293_7

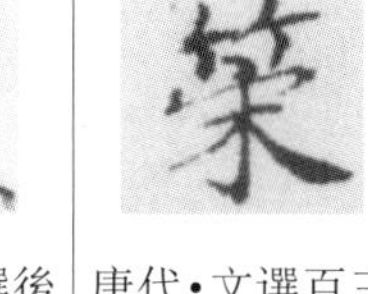
唐代•文選百三
49_472_16

唐代•文選百三
51_494_4

唐代•文選百三
61_586_15

唐代•文選百三
61_591_29

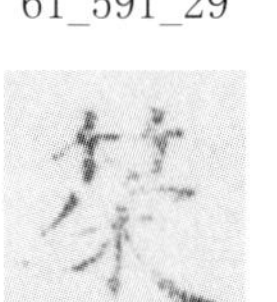
唐代•文選百三
63_608_12

唐代•文選百三
77_736_10

唐代•文選百三
86_821_6

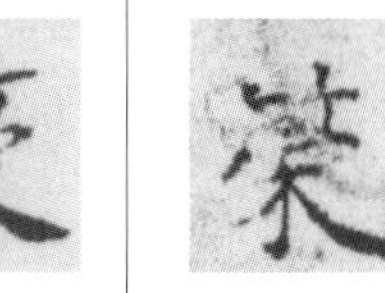
唐代•文選百三
1_6_19

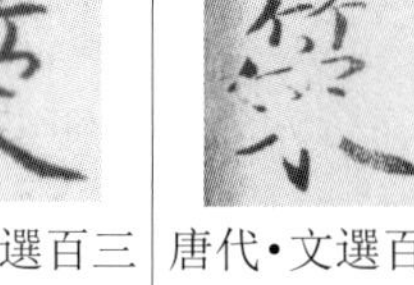
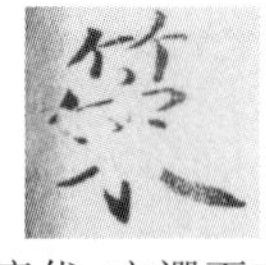
唐代•文選百三
3_17_12

唐代•文選百三
37_372_10

唐代•文選百三
45_426_5

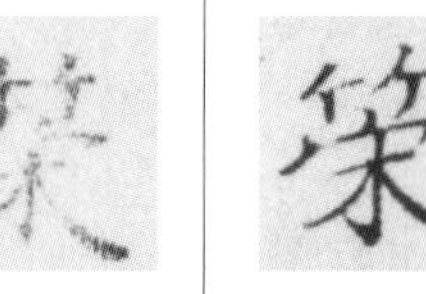

唐代•文選百三
45_428_10

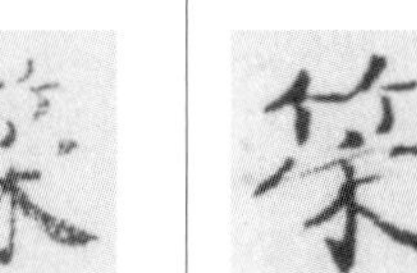

唐代•文選百三
45_428_26

唐代•文選百三
45_435_12

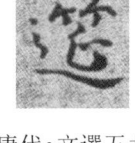

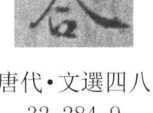

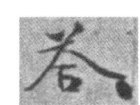

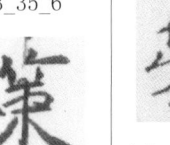

節	筮	筠			筆	
漢セツ呉セチ 訓ふし	漢セイ呉ゼイ 訓めどぎ	イン 訓たけ			漢ヒツ 訓ふで	
 唐代•文選四八 7_59_11	 唐代•春秋經傳 26_264_12	 唐代•文選百三 78_744_14	 唐代•古文選後 20_233_2	 唐代•文選五九 63_604_23	 唐代•文選四八 30_267_4	 唐代•十輪經四 10_186_2
 唐代•文選五九 1_7_2	 唐代•文選百三 5_40_9			 唐代•文選五九 63_607_24	 唐代•文選四八 30_268_14	
 唐代•文選五九 84_805_29				 唐代•文選五九 63_608_4	 唐代•文選四八 30_272_4	
 唐代•文選五九 104_983_16				 唐代•文選五九 63_608_14	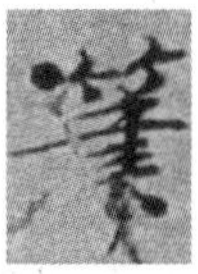 唐代•文選四八 30_272_20	
 唐代•文選五九 109_1033_2				 唐代•文選百三 62_594_8	 唐代•文選四八 30_272_23	
 唐代•文選五九 109_1036_24				 唐代•文選百三 62_595_17	 唐代•文選四八 32_287_17	
 唐代•文選六八 2_21_17				 唐代•文選百三 62_595_33	 唐代•文選五九 43_418_16	

箕

キ
訓み

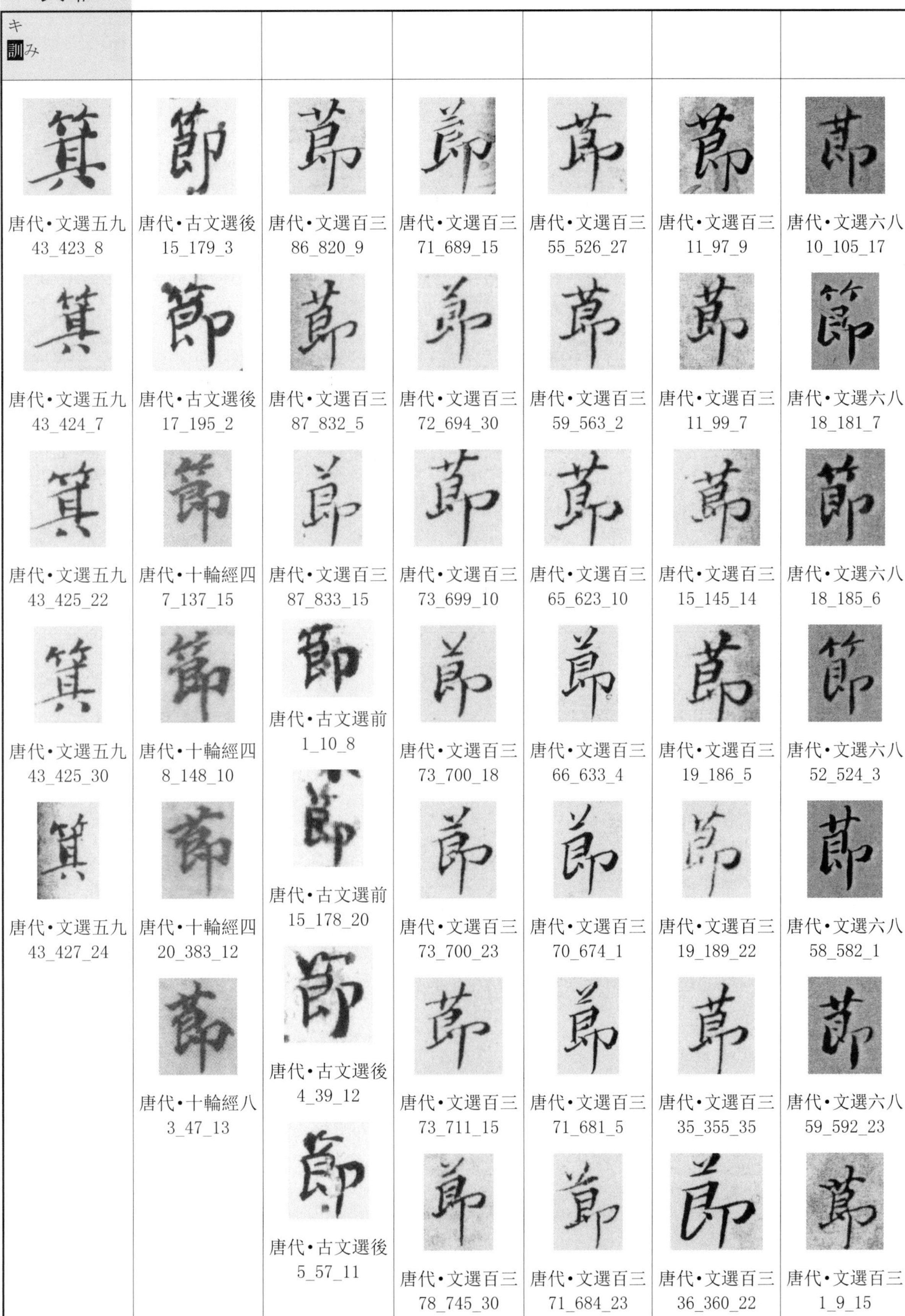

唐代•文選五九 43_423_8	唐代•古文選後 15_179_3	唐代•文選百三 86_820_9	唐代•文選百三 71_689_15	唐代•文選百三 55_526_27	唐代•文選百三 11_97_9	唐代•文選六八 10_105_17
唐代•文選五九 43_424_7	唐代•古文選後 17_195_2	唐代•文選百三 87_832_5	唐代•文選百三 72_694_30	唐代•文選百三 59_563_2	唐代•文選百三 11_99_7	唐代•文選六八 18_181_7
唐代•文選五九 43_425_22	唐代•十輪經四 7_137_15	唐代•文選百三 87_833_15	唐代•文選百三 73_699_10	唐代•文選百三 65_623_10	唐代•文選百三 15_145_14	唐代•文選六八 18_185_6
唐代•文選五九 43_425_30	唐代•十輪經四 8_148_10	唐代•古文選前 1_10_8	唐代•文選百三 73_700_18	唐代•文選百三 66_633_4	唐代•文選百三 19_186_5	唐代•文選六八 52_524_3
唐代•文選五九 43_427_24	唐代•十輪經四 20_383_12	唐代•古文選前 15_178_20	唐代•文選百三 73_700_23	唐代•文選百三 70_674_1	唐代•文選百三 19_189_22	唐代•文選六八 58_582_1
	唐代•十輪經八 3_47_13	唐代•古文選後 4_39_12	唐代•文選百三 73_711_15	唐代•文選百三 71_681_5	唐代•文選百三 35_355_35	唐代•文選六八 59_592_23
		唐代•古文選後 5_57_11	唐代•文選百三 78_745_30	唐代•文選百三 71_684_23	唐代•文選百三 36_360_22	唐代•文選百三 1_9_15

篋	箒			管	算	箋
キョウ 訓はこ	漢シュウ慣ソウ 訓ほうき			カン 訓くだ	サン 訓かぞえる	セン 訓ふだ
唐代•文選五九 24_235_15	唐代•文選五九 43_423_9	唐代•古文選後 8_92_13	唐代•文選五九 92_877_10	唐代•春秋經傳 28_287_18	唐代•文選六八 13_136_27	唐代•文選五九 73_701_26
唐代•文選五九 24_236_14	唐代•文選五九 43_424_8	唐代•古文選後 25_290_5	唐代•文選五九 92_877_20	唐代•文選四八 8_67_51	唐代•古文選後 17_203_10	唐代•文選五九 79_761_21
唐代•文選五九 24_236_21	唐代•文選五九 43_426_3		唐代•文選六八 24_242_3	唐代•文選五九 6_58_10	唐代•十輪經四 21_411_16	唐代•文選六八 28_282_8
唐代•文選五九 24_237_10	唐代•文選五九 43_427_28		唐代•文選六八 50_499_24	唐代•文選五九 53_523_13	唐代•十輪經四 21_416_1	唐代•文選百三 21_200_17
唐代•文選五九 24_237_27	唐代•文選五九 43_428_6		唐代•文選六八 50_500_5	唐代•文選五九 76_728_11	唐代•十輪經四 22_420_14	唐代•文選百三 57_556_14
唐代•文選五九 100_943_27			唐代•文選六八 50_501_8	唐代•文選五九 76_733_16	唐代•十輪經四 22_425_4	唐代•文選百三 59_562_7
			唐代•文選百三 42_419_4	唐代•文選五九 91_870_3	唐代•十輪經九 5_98_6	
					唐代•十輪經九 6_103_9	

			箭 セン 訓やだけ	箴 シン 訓はり		箱 漢ショウ呉ソウ 訓はこ
 唐代・十輪經四 9_174_12	 唐代・文選百三 78_744_10	 唐代・文選六八 34_339_20	 唐代・春秋經傳 22_224_20	 唐代・春秋經傳 23_235_11	 唐代・文選六八 41_407_27	 唐代・文選五九 24_235_2
 唐代・十輪經四 9_178_8	 唐代・文選百三 82_780_26	 唐代・文選六八 35_348_22	 唐代・春秋經傳 22_226_15	 唐代・春秋經傳 23_235_15	 唐代・文選六八 41_408_7	 唐代・文選五九 24_237_29
	 唐代・文選百三 83_786_16	 唐代・文選百三 30_296_13	 唐代・文選四八 4_28_10	 唐代・春秋經傳 23_236_15		 唐代・文選五九 24_238_21
	 唐代・文選百三 83_787_16	 唐代・文選百三 41_415_11	 唐代・文選四八 4_29_5	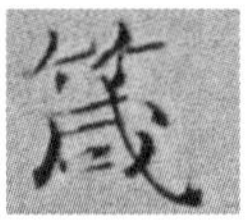 唐代・文選四八 14_124_18		 唐代・文選六八 38_384_3
	 唐代・十輪經四 9_165_15	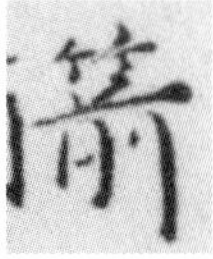 唐代・文選百三 48_461_19	 唐代・文選六八 30_303_18	 唐代・文選四八 30_266_9		 唐代・文選六八 40_404_1
	 唐代・十輪經四 9_167_13	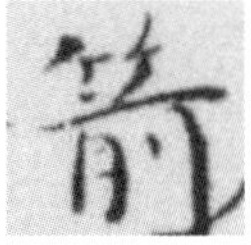 唐代・文選百三 48_461_23	 唐代・文選六八 30_303_22			 唐代・文選六八 40_404_20
	 唐代・十輪經四 9_168_16	 唐代・文選百三 49_468_8	 唐代・文選六八 33_338_25			 唐代・文選六八 41_407_22

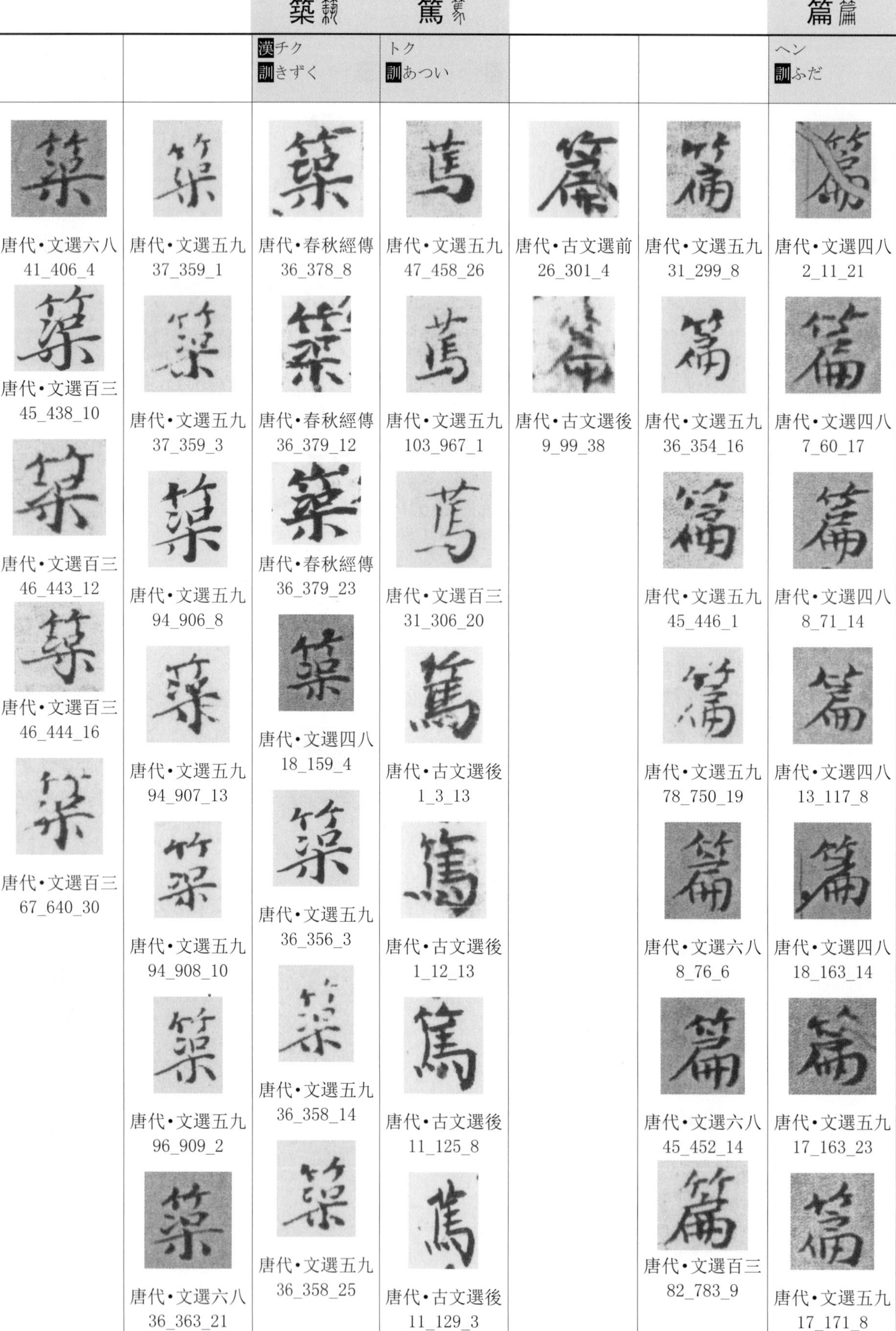

篇
ヘン
訓ふだ
唐代・文選四八 2_11_21
唐代・文選四八 7_60_17
唐代・文選四八 8_71_14
唐代・文選四八 13_117_8
唐代・文選四八 18_163_14
唐代・文選五九 17_163_23
唐代・文選五九 17_171_8
唐代・文選五九 31_299_8
唐代・文選五九 36_354_16
唐代・文選五九 45_446_1
唐代・文選五九 78_750_19
唐代・文選六八 8_76_6
唐代・文選六八 45_452_14
唐代・文選百三 82_783_9
唐代・古文選前 26_301_4
唐代・古文選後 9_99_38
篤
トク
訓あつい
唐代・文選五九 47_458_26
唐代・文選五九 103_967_1
唐代・文選百三 31_306_20
唐代・古文選後 1_3_13
唐代・古文選後 1_12_13
唐代・古文選後 11_125_8
唐代・古文選後 11_129_3
築
漢チク
訓きずく
唐代・春秋經傳 36_378_8
唐代・春秋經傳 36_379_12
唐代・春秋經傳 36_379_23
唐代・文選四八 18_159_4
唐代・文選五九 36_356_3
唐代・文選五九 36_358_14
唐代・文選五九 36_358_25
唐代・文選五九 37_359_1
唐代・文選五九 37_359_3
唐代・文選五九 94_906_8
唐代・文選五九 94_907_13
唐代・文選五九 94_908_10
唐代・文選五九 96_909_2
唐代・文選六八 36_363_21
唐代・文選六八 41_406_4
唐代・文選百三 45_438_10
唐代・文選百三 46_443_12
唐代・文選百三 46_444_16
唐代・文選百三 67_640_30

		簡	簪	篾	篪	簒
		漢カン呉ケン 訓ふだ	シン漢サン 訓かんざし	ベツ、メチ 訓—	漢チ 訓ちのふえ	漢サン呉セン 訓うばう
 唐代・文選百三 80_759_6	 唐代・文選百三 11_107_12	 唐代・文選四八 24_216_1	 唐代・文選五九 23_222_5	 唐代・十輪經四 4_63_14	 唐代・文選六八 49_497_6	 唐代・春秋經傳 2_18_12
 唐代・古文選前 1_12_9	 唐代・文選百三 16_149_26	 唐代・文選四八 24_217_6	 唐代・文選五九 23_223_21		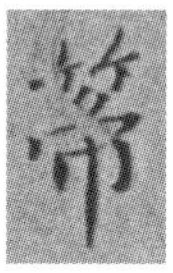 唐代・文選六八 49_498_13	 唐代・春秋經傳 3_21_7
 唐代・古文選後 4_46_8	 唐代・文選百三 19_178_6	 唐代・文選四八 24_219_7	 唐代・文選五九 23_224_26		 唐代・文選六八 50_499_2	
 唐代・古文選後 10_113_5	 唐代・文選百三 19_183_30	 唐代・文選五九 82_784_3	 唐代・文選五九 23_225_4		 唐代・文選六八 50_499_15	
 唐代・古文選後 14_164_4	 唐代・文選百三 19_186_9	 唐代・文選六八 4_45_13	 唐代・文選五九 23_225_26		 唐代・文選六八 50_499_23	
 唐代・古文選後 20_231_14	 唐代・文選百三 53_510_28	 唐代・文選百三 11_104_6	 唐代・古文選後 22_258_2			
	 唐代・文選百三 80_758_2	 唐代・文選百三 11_106_13				

簫	簿	簾	簷	簸	籀	簞
ショウ 訓ふえ	ハク漢ホ呉ブ慣 ボ 訓ちょうめん	レン 訓すだれ	エン、タン 訓ひさし	ハ 訓ひる	漢チュウ 訓よむ	タン 訓はこ
 唐代•文選四八 31_280_7  唐代•文選六八 50_500_4  唐代•文選六八 50_501_7  唐代•古文選後 25_290_4	 唐代•文選五九 1_4_4  唐代•文選五九 99_933_4  唐代•文選五九 99_934_4  唐代•文選五九 99_934_9	 唐代•文選五九 16_156_9  唐代•文選五九 16_158_4  唐代•文選五九 100_946_7  唐代•文選五九 101_948_2	 同檐 唐代•文選五九 109_1029_14  同檐 唐代•文選百三 31_314_17	 唐代•文選五九 43_426_1  唐代•文選五九 43_428_1	 唐代•文選五九 78_750_28	 唐代•春秋經傳 10_100_9  唐代•春秋經傳 10_100_13

籍

漢セキ呉ジャク
訓ふみ

書籍
唐代•文選四八
12_110_26

文籍
唐代•文選四八
12_111_15

唐代•文選五九
57_551_7

唐代•文選五九
57_552_23

唐代•文選五九
60_574_27

唐代•文選五九
101_955_6

唐代•文選五九
86_821_25

唐代•文選百三
5_43_20

項籍
唐代•文選百三
5_46_32

唐代•古文選後
26_309_7

籌

チュウ
訓かずとり

唐代•文選五九
79_760_22

唐代•文選百三
61_586_4

唐代•文選百三
61_591_28

籙

ロク
訓かきもの

唐代•古文選後
13_153_8

籥

ヤク
訓ふえ

唐代•春秋經傳
28_286_26

唐代•春秋經傳
28_287_17

唐代•春秋經傳
28_288_6

唐代•文選六八
50_499_5

籬

リ
訓まがき

唐代•文選五九
6_55_6

唐代•文選五九
6_56_7

唐代•文選五九
6_56_24

臼部

臾

ユ
訓しばらく

唐代•文選五九
34_336_16

唐代•文選六八
22_225_16

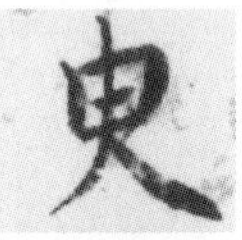
唐代•古文選前
3_30_10

唐代•古文選前
6_70_13

舀

漢ソウ呉ショウ
訓うすづく

唐代•文選百三
52_499_31

唐代•文選百三
52_502_28

唐代•文選百三
52_505_6

舄

漢セキ呉シャク
訓くつ

唐代•文選五九
103_968_5

唐代•文選五九
103_971_18

唐代•文選五九
103_973_13

唐代•文選六八
26_260_16

唐代•文選六八
26_261_11

唐代•文選六八
26_262_20

唐代•文選六八
26_263_1

舅

キュウ
訓しゅうと

唐代•春秋經傳
25_260_15

唐代•文選五九
47_465_15

舉

漢キョ
訓あげる

唐代•春秋經傳
32_334_8

唐代•文選四八
1_2_3

唐代•文選四八
20_186_12

唐代•文選四八
28_257_4

唐代•文選四八
29_259_17

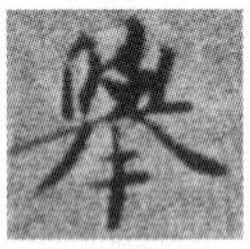
唐代•文選五九
11_105_6

唐代•文選五九
23_227_26

唐代•文選五九
41_411_10

唐代•文選五九
41_410_9

唐代•文選五九
42_412_17

唐代•文選五九
70_674_2

唐代•文選五九
71_682_11

唐代•文選五九
71_682_26

唐代•文選五九
97_916_11

唐代•文選五九
103_971_10

唐代•文選六八
6_67_7

唐代•文選六八
7_69_3

唐代•古文選後
21_248_13

唐代•古文選後
25_294_7

唐代•十輪經四
3_56_6

唐代•十輪經四
9_170_3

唐代•十輪經四
9_179_4

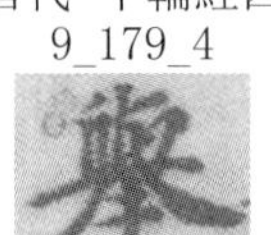
唐代•十輪經四
15_296_9

唐代•十輪經九
11_213_13

唐代•文選百三
37_368_4

唐代•古文選前
1_11_1

唐代•古文選前
24_279_12

唐代•古文選前
26_307_8

唐代•古文選後
1_9_9

唐代•古文選後
4_40_7

唐代•古文選後
5_57_13

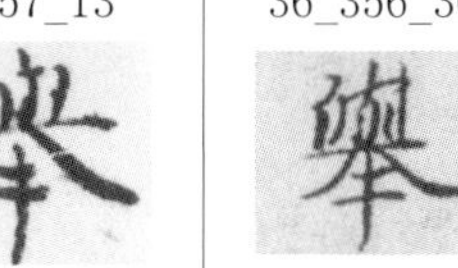
唐代•古文選後
18_216_9

唐代•文選八八
22_193_21

唐代•文選百三
1_6_15

唐代•文選百三
3_17_8

唐代•文選百三
24_232_28

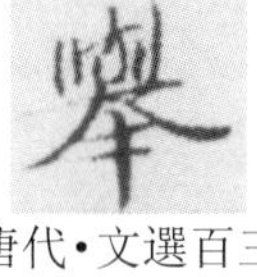
唐代•文選百三
25_237_21

唐代•文選百三
31_306_29

唐代•文選百三
36_356_36

唐代•文選百三
36_357_6

唐代•文選六八
66_663_13

唐代•文選六八
67_664_16

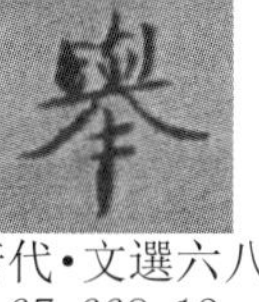
唐代•文選六八
67_668_13

唐代•文選六八
70_700_13

唐代•文選六八
73_727_11

唐代•文選八八
3_20_15

唐代•文選八八
17_149_5

唐代•文選八八
17_152_7

唐代•文選六八
51_515_19

唐代•文選六八
51_516_6

唐代•文選六八
53_532_25

唐代•文選六八
55_556_15

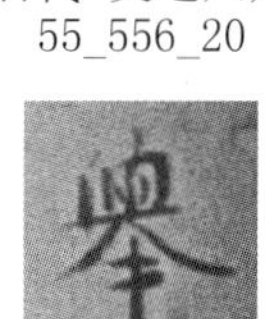
唐代•文選六八
55_556_20

唐代•文選六八
57_575_19

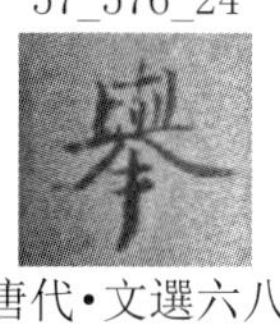
唐代•文選六八
57_576_24

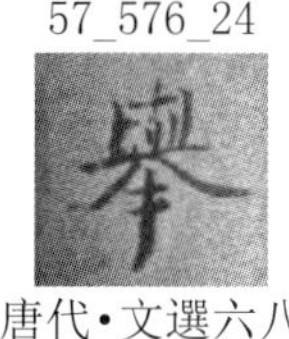
唐代•文選六八
61_613_10

唐代•文選六八
34_343_5

唐代•文選六八
34_343_23

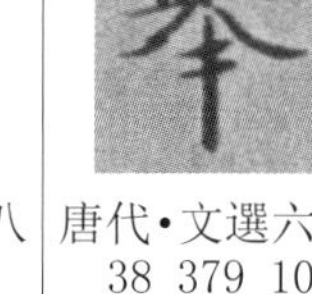
唐代•文選六八
38_379_10

唐代•文選六八
38_379_20

唐代•文選六八
40_400_12

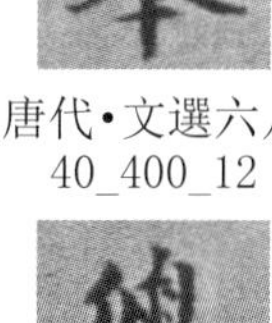

唐代•文選六八
47_465_6

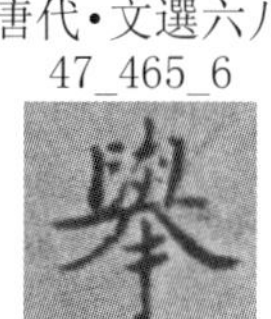
唐代•文選六八
50_501_10

唐代•文選六八
50_501_29

唐代•文選六八
7_70_7

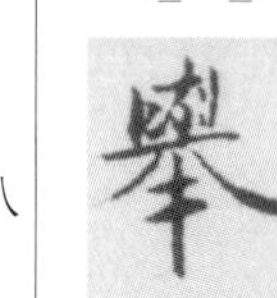

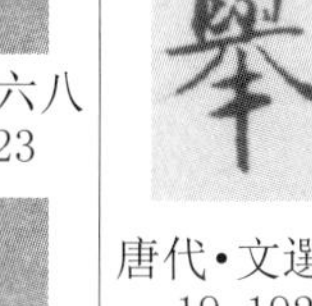
唐代•文選六八
19_192_3

唐代•文選六八
24_244_5

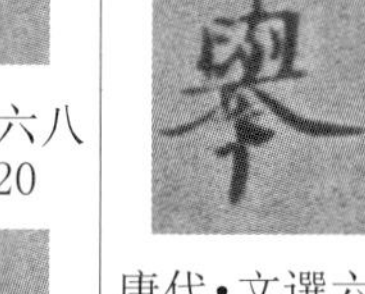
唐代•文選六八
30_300_3

唐代•文選六八
33_336_9

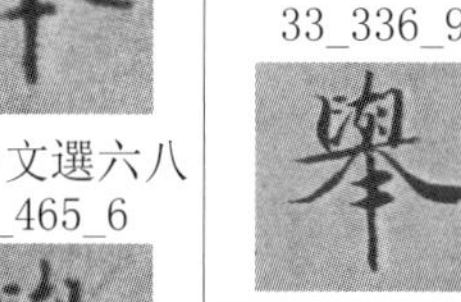
唐代•文選六八
33_337_4

唐代•文選六八
34_342_6

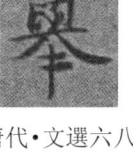

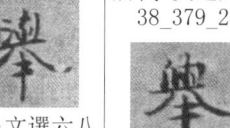

舊

漢キュウ呉グ
訓ふるい

唐代•春秋經傳
33_347_39

唐代•文選四八
16_143_23

唐代•文選五九
14_132_11

唐代•文選五九
25_241_28

唐代•文選五九
25_242_8

唐代•文選五九
46_457_3

唐代•文選五九
47_459_1

唐代•文選五九
47_460_12

唐代•文選五九
47_466_29

唐代•文選五九
66_642_3

唐代•文選五九
94_901_20

唐代•文選五九
101_957_18

唐代•文選六八
67_670_3

唐代•文選六八
67_672_12

唐代•文選六八
67_674_5

唐代•文選六八
67_674_13

唐代•文選百三
17_161_1

唐代•文選百三
21_202_31

唐代•文選百三
21_205_22

唐代•文選百三
23_219_16

唐代•文選百三
23_220_3

唐代•文選百三
45_427_1

唐代•文選百三
71_692_4

唐代•文選百三
72_697_16

唐代•文選百三
73_700_14

唐代•文選百三
75_723_6

唐代•文選百三
75_724_24

唐代•文選百三
75_725_22

唐代•文選百三
76_727_14

唐代•文選百三
81_770_11

唐代•古文選前
15_178_40

唐代•古文選前
25_297_42

唐代•古文選後
1_6_1

唐代•古文選後
22_263_5

唐代•古文選後
25_293_14

唐代•古文選後
26_302_3

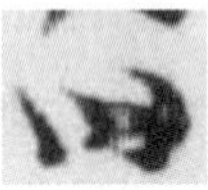
唐代•古文選後
26_306_35

自部

自 (seal form)

漢シ 呉ジ
訓みずから

初唐•大般若經 1_5_10	唐代•春秋經傳 7_67_20	唐代•春秋經傳 18_187_1	唐代•春秋經傳 24_251_1	唐代•春秋經傳 32_335_8	唐代•文選四八 9_75_20
中唐•金剛經題 2_8_7	唐代•春秋經傳 7_71_4	唐代•春秋經傳 19_202_3	唐代•春秋經傳 26_268_23	唐代•春秋經傳 34_354_28	唐代•文選四八 10_86_6
中唐・風信帖 1_1_5	唐代•春秋經傳 10_104_1	唐代•春秋經傳 23_238_4	唐代•春秋經傳 27_282_7	唐代•春秋經傳 39_405_25	唐代•文選四八 10_87_16
唐代•春秋經傳 1_3_12	唐代•春秋經傳 11_108_13	唐代•春秋經傳 23_241_13	唐代•春秋經傳 29_306_15	唐代•春秋經傳 39_407_44	唐代•文選四八 10_88_8
唐代•春秋經傳 1_4_4	唐代•春秋經傳 11_109_17	唐代•春秋經傳 24_246_12	唐代•春秋經傳 31_325_13	唐代•文選四八 1_3_24	唐代•文選四八 12_102_2
唐代•春秋經傳 2_16_7	唐代•春秋經傳 11_116_8	唐代•春秋經傳 24_248_6	唐代•春秋經傳 32_330_3	唐代•文選四八 2_12_5	唐代•文選四八 12_105_8
唐代•春秋經傳 7_67_2	唐代•春秋經傳 13_134_16	唐代•春秋經傳 24_248_16	唐代•春秋經傳 32_331_10	唐代•文選四八 3_15_5	唐代•文選四八 12_108_16

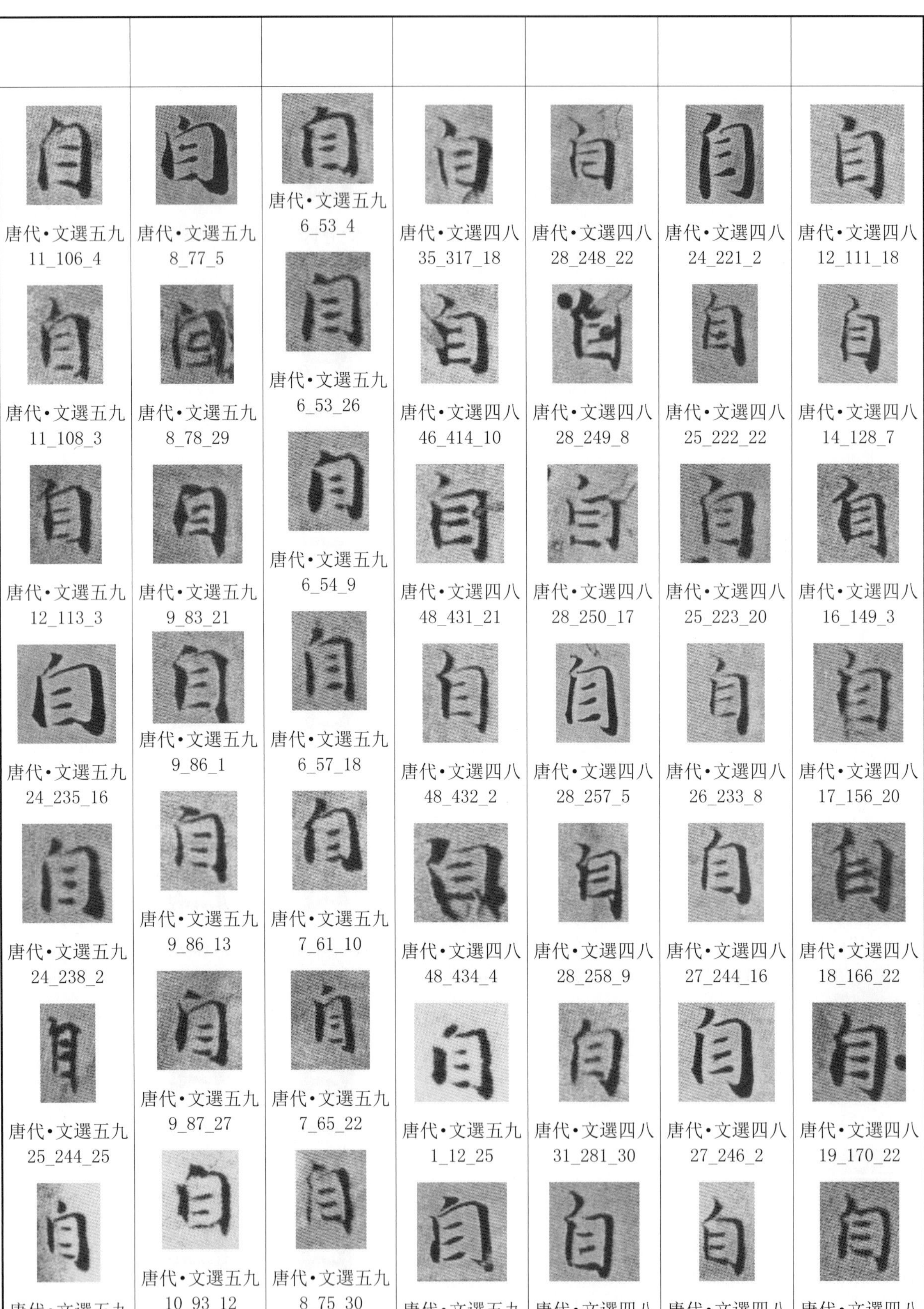

唐代•文選五九 11_106_4	唐代•文選五九 8_77_5	唐代•文選五九 6_53_4	唐代•文選四八 35_317_18	唐代•文選四八 28_248_22	唐代•文選四八 24_221_2	唐代•文選四八 12_111_18
唐代•文選五九 11_108_3	唐代•文選五九 8_78_29	唐代•文選五九 6_53_26	唐代•文選四八 46_414_10	唐代•文選四八 28_249_8	唐代•文選四八 25_222_22	唐代•文選四八 14_128_7
唐代•文選五九 12_113_3	唐代•文選五九 9_83_21	唐代•文選五九 6_54_9	唐代•文選四八 48_431_21	唐代•文選四八 28_250_17	唐代•文選四八 25_223_20	唐代•文選四八 16_149_3
唐代•文選五九 24_235_16	唐代•文選五九 9_86_1	唐代•文選五九 6_57_18	唐代•文選四八 48_432_2	唐代•文選四八 28_257_5	唐代•文選四八 26_233_8	唐代•文選四八 17_156_20
唐代•文選五九 24_238_2	唐代•文選五九 9_86_13	唐代•文選五九 7_61_10	唐代•文選四八 48_434_4	唐代•文選四八 28_258_9	唐代•文選四八 27_244_16	唐代•文選四八 18_166_22
唐代•文選五九 25_244_25	唐代•文選五九 9_87_27	唐代•文選五九 7_65_22	唐代•文選五九 1_12_25	唐代•文選四八 31_281_30	唐代•文選四八 27_246_2	唐代•文選四八 19_170_22
唐代•文選五九 27_268_32	唐代•文選五九 10_93_12	唐代•文選五九 8_75_30	唐代•文選五九 5_51_16	唐代•文選四八 34_309_19	唐代•文選四八 28_248_13	唐代•文選四八 23_209_1

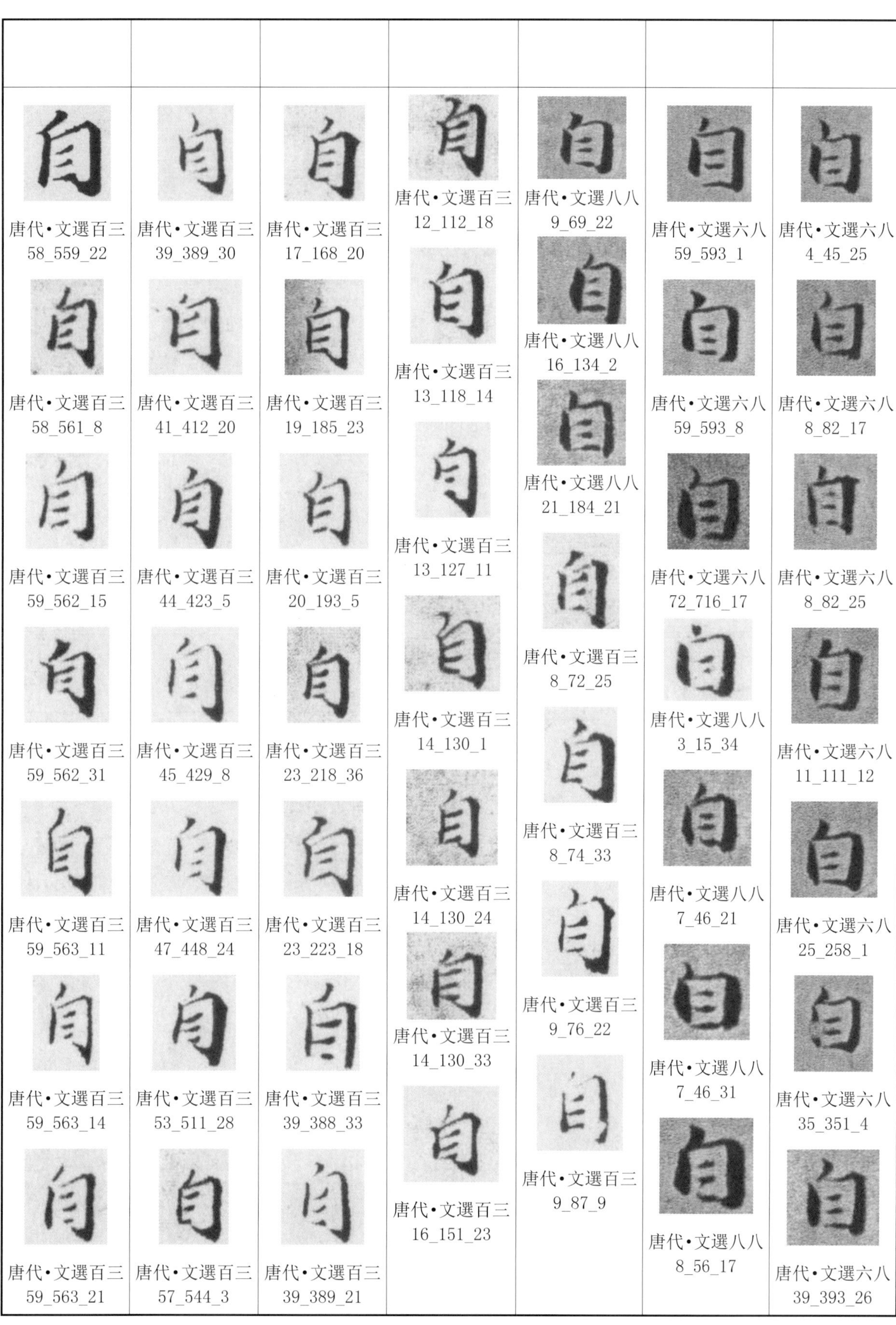
唐代•文選六八
4_45_25
唐代•文選六八
8_82_17
唐代•文選六八
8_82_25
唐代•文選六八
11_111_12
唐代•文選六八
25_258_1
唐代•文選六八
35_351_4
唐代•文選六八
39_393_26
唐代•文選六八
59_593_1
唐代•文選六八
59_593_8
唐代•文選六八
72_716_17
唐代•文選八八
3_15_34
唐代•文選八八
7_46_21
唐代•文選八八
7_46_31
唐代•文選八八
8_56_17
唐代•文選八八
9_69_22
唐代•文選八八
16_134_2
唐代•文選八八
21_184_21
唐代•文選百三
8_72_25
唐代•文選百三
8_74_33
唐代•文選百三
9_76_22
唐代•文選百三
9_87_9
唐代•文選百三
12_112_18
唐代•文選百三
13_118_14
唐代•文選百三
13_127_11
唐代•文選百三
14_130_1
唐代•文選百三
14_130_24
唐代•文選百三
14_130_33
唐代•文選百三
16_151_23
唐代•文選百三
17_168_20
唐代•文選百三
19_185_23
唐代•文選百三
20_193_5
唐代•文選百三
23_218_36
唐代•文選百三
23_223_18
唐代•文選百三
39_388_33
唐代•文選百三
39_389_21
唐代•文選百三
39_389_30
唐代•文選百三
41_412_20
唐代•文選百三
44_423_5
唐代•文選百三
45_429_8
唐代•文選百三
47_448_24
唐代•文選百三
53_511_28
唐代•文選百三
57_544_3
唐代•文選百三
58_559_22
唐代•文選百三
58_561_8
唐代•文選百三
59_562_15
唐代•文選百三
59_562_31
唐代•文選百三
59_563_11
唐代•文選百三
59_563_14
唐代•文選百三
59_563_21

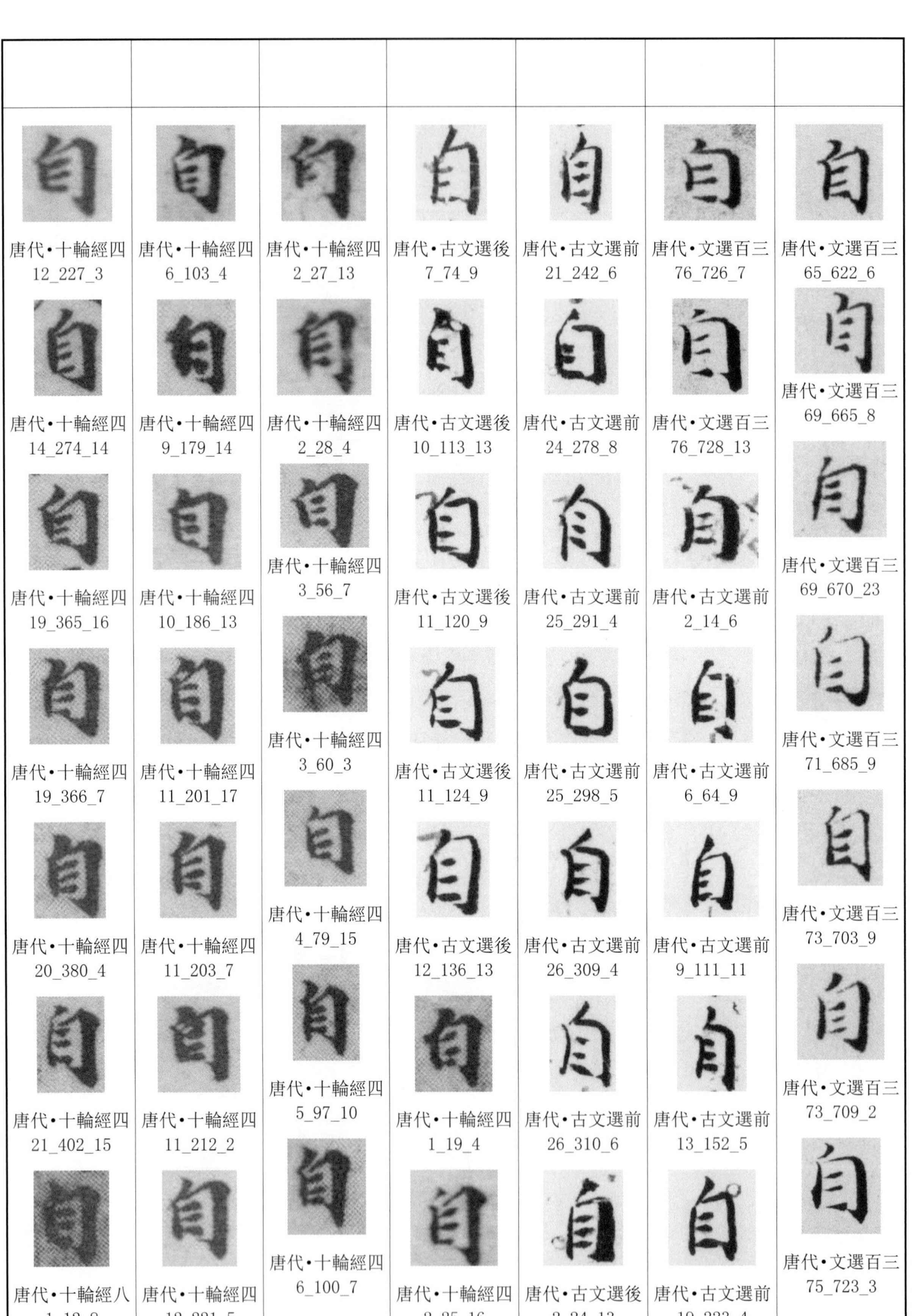

唐代·十輪經四 12_227_3	唐代·十輪經四 6_103_4	唐代·十輪經四 2_27_13	唐代·古文選後 7_74_9	唐代·古文選前 21_242_6	唐代·文選百三 76_726_7	唐代·文選百三 65_622_6
唐代·十輪經四 14_274_14	唐代·十輪經四 9_179_14	唐代·十輪經四 2_28_4	唐代·古文選後 10_113_13	唐代·古文選前 24_278_8	唐代·文選百三 76_728_13	唐代·文選百三 69_665_8
唐代·十輪經四 19_365_16	唐代·十輪經四 10_186_13	唐代·十輪經四 3_56_7	唐代·古文選後 11_120_9	唐代·古文選前 25_291_4	唐代·古文選前 2_14_6	唐代·文選百三 69_670_23
唐代·十輪經四 19_366_7	唐代·十輪經四 11_201_17	唐代·十輪經四 3_60_3	唐代·古文選後 11_124_9	唐代·古文選前 25_298_5	唐代·古文選前 6_64_9	唐代·文選百三 71_685_9
唐代·十輪經四 20_380_4	唐代·十輪經四 11_203_7	唐代·十輪經四 4_79_15	唐代·古文選後 12_136_13	唐代·古文選前 26_309_4	唐代·古文選前 9_111_11	唐代·文選百三 73_703_9
唐代·十輪經四 21_402_15	唐代·十輪經四 11_212_2	唐代·十輪經四 5_97_10	唐代·十輪經四 1_19_4	唐代·古文選前 26_310_6	唐代·古文選前 13_152_5	唐代·文選百三 73_709_2
唐代·十輪經八 1_12_8	唐代·十輪經四 12_221_5	唐代·十輪經四 6_100_7	唐代·十輪經四 2_25_16	唐代·古文選後 2_24_13	唐代·古文選前 19_223_4	唐代·文選百三 75_723_3

臭 

シュウ
訓くさい

唐代•文選四八 48_434_3

唐代•十輪經八 4_77_2

唐代•十輪經八 10_196_11

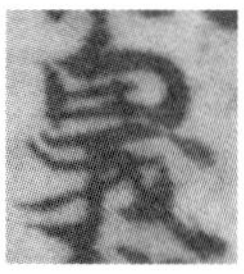
唐代•十輪經九 7_128_9

唐代•十輪經十 14_266_17

唐代•十輪經十 15_283_9

唐代•十輪經十 15_289_1

唐代•十輪經十 15_289_9

唐代•十輪經十 16_309_12

唐代•十輪經十 16_316_9

唐代•十輪經十 17_340_1

唐代•十輪經十 7_139_9

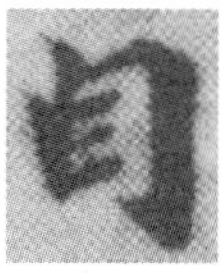
唐代•十輪經十 8_140_12

唐代•十輪經十 8_140_16

唐代•十輪經十 8_141_4

唐代•十輪經十 8_141_8

唐代•十輪經十 8_159_23

唐代•十輪經十 14_263_13

唐代•十輪經九 17_320_10

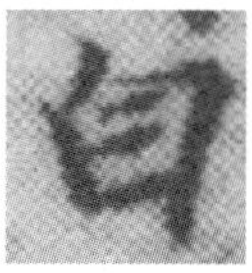
唐代•十輪經九 21_419_16

唐代•十輪經十 3_43_12

唐代•十輪經十 3_44_17

唐代•十輪經十 3_49_4

唐代•十輪經十 5_100_11

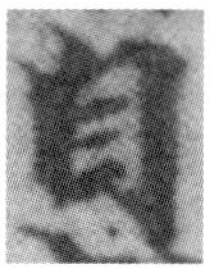
唐代•十輪經十 7_126_16

血部

血

漢ケツ 呉ケチ 訓ち

唐代・文選五九 78_745_18

唐代・文選五九 80_766_29

唐代・古文選前 1_10_14

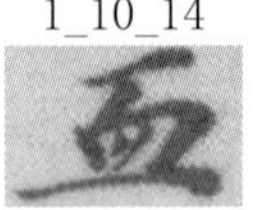
唐代・十輪經四 13_241_2

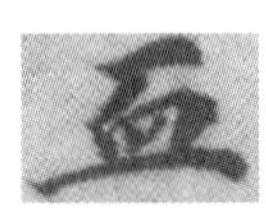
唐代・十輪經四 13_253_4

唐代・十輪經四 14_265_11

唐代・十輪經四 15_280_7

唐代・十輪經九 8_153_9

衆

漢シュウ 呉シュ 訓おおい

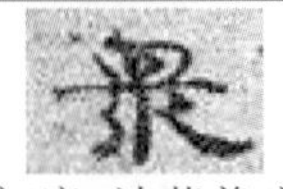
初唐・法華義疏 1_4_22

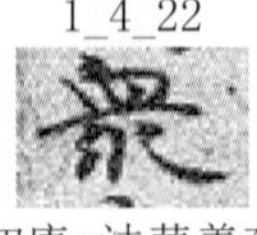
初唐・法華義疏 1_8_21

初唐・金剛場經 1_3_14

初唐・金剛場經 1_4_2

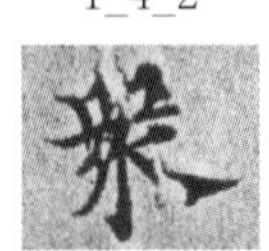
初唐・金剛場經 1_9_3

初唐・聖武雜集 1_9_16

晚唐・慶滋書狀 1_11_1

唐代・春秋經傳 7_64_16

唐代・春秋經傳 29_297_1

唐代・春秋經傳 7_65_14

唐代・春秋經傳 20_203_17

唐代・春秋經傳 37_383_2

唐代・春秋經傳 37_384_2

唐代・春秋經傳 37_384_9

唐代・文選四八 15_134_17

唐代・文選四八 15_137_23

唐代・文選四八 15_138_13

唐代・文選四八 15_138_16

唐代・文選四八 28_255_1

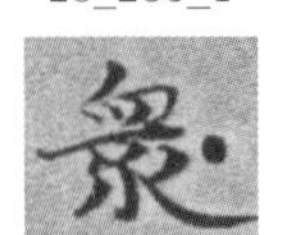
唐代・文選四八 36_319_16

唐代・文選四八 47_421_9

唐代・文選四八 47_423_25

唐代・文選四八 47_424_19

唐代・文選四八 50_450_18

唐代・文選五九 9_82_10

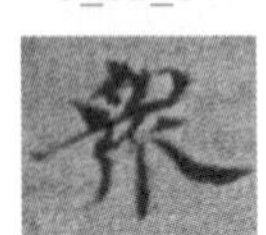
唐代・文選五九 9_82_30

唐代・文選五九 9_84_13

唐代・文選五九 11_99_2

唐代・文選五九 11_100_25

唐代・文選五九 11_100_30

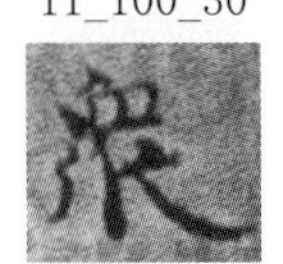
唐代・文選五九 11_102_2

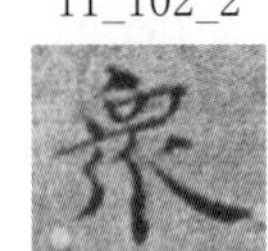
唐代・文選五九 11_104_14

唐代・文選五九 11_105_16

唐代・文選五九 11_105_24

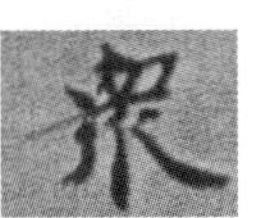
唐代・文選五九 12_116_22

唐代・文選五九 13_122_6

唐代・文選五九 13_123_5

唐代・文選五九 13_123_25

唐代・文選五九 27_259_17

唐代・文選五九 31_301_21

唐代•古文選前
10_115_15
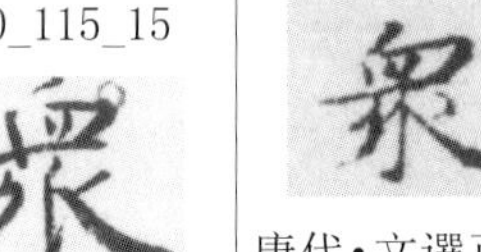
唐代•古文選前
24_279_9
唐代•古文選後
7_80_11
唐代•十輪經四
1_11_9
唐代•十輪經四
3_42_11
唐代•十輪經四
5_84_6
唐代•十輪經四
5_98_15
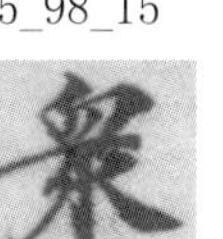
唐代•十輪經四
6_101_12

唐代•文選百三
55_526_15
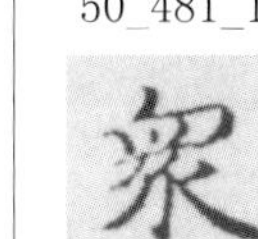
唐代•文選百三
57_551_28

唐代•文選百三
65_622_8

唐代•文選百三
65_623_7

唐代•文選百三
68_655_4

唐代•文選百三
69_664_14

唐代•文選百三
69_668_30
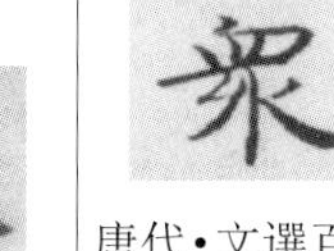
唐代•文選百三
75_725_2

唐代•文選百三
50_481_13

唐代•文選百三
50_483_2
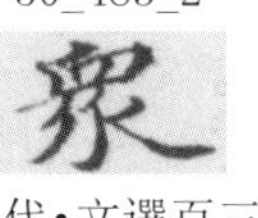
唐代•文選百三
50_483_35

唐代•文選百三
50_484_3

唐代•文選百三
50_484_23

唐代•文選百三
50_484_40

唐代•文選百三
54_522_17

唐代•文選百三
55_526_5

唐代•文選百三
13_123_4

唐代•文選百三
13_128_24

唐代•文選百三
21_199_29

唐代•文選百三
25_238_7

唐代•文選百三
29_290_19

唐代•文選百三
36_358_9

唐代•文選百三
44_423_13
唐代•文選百三
46_443_23

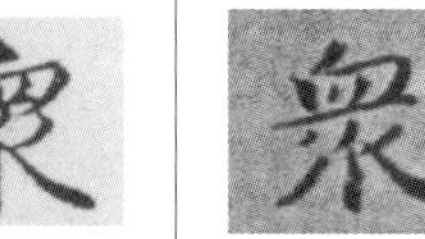
唐代•文選八八
9_74_15
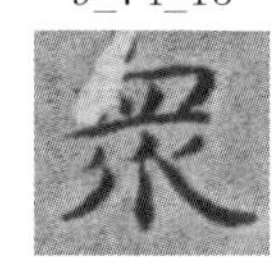
唐代•文選八八
10_78_1

唐代•文選八八
10_80_11
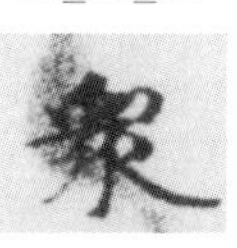
唐代•文選百三
3_28_25

唐代•文選百三
11_97_4

唐代•文選百三
13_119_24

唐代•文選百三
13_120_8

唐代•文選百三
13_122_2

唐代•文選五九
47_470_11

唐代•文選五九
59_571_9

唐代•文選五九
73_702_1

唐代•文選六八
19_186_14

唐代•文選六八
29_293_10

唐代•文選六八
31_312_23

唐代•文選六八
32_320_4
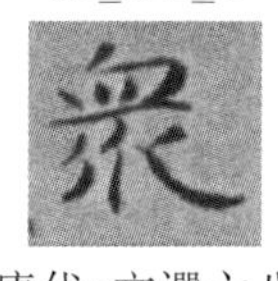
唐代•文選六八
43_426_14

唐代•文選五九
31_302_9

唐代•文選五九
31_302_19

唐代•文選五九
31_302_22

唐代•文選五九
31_303_9

唐代•文選五九
31_303_22

唐代•文選五九
41_405_22

唐代•文選五九
41_407_19

唐代•文選五九
41_407_39

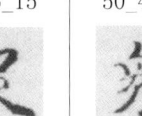

唐代·十輪經四 6_104_9
唐代·十輪經四 6_107_16
唐代·十輪經四 8_141_5
唐代·十輪經四 8_157_8
唐代·十輪經四 9_172_24
唐代·十輪經四 9_176_24
唐代·十輪經四 10_189_12
唐代·十輪經四 14_277_13
唐代·十輪經八 1_15_4
唐代·十輪經八 2_29_9
唐代·十輪經八 2_35_4
唐代·十輪經八 2_35_16
唐代·十輪經八 2_38_17
唐代·十輪經八 2_39_12
唐代·十輪經八 3_41_11
唐代·十輪經八 3_57_7
唐代·十輪經八 4_67_17
唐代·十輪經八 4_69_11
唐代·十輪經八 5_81_10
唐代·十輪經八 5_82_6
唐代·十輪經八 5_93_17
唐代·十輪經八 6_101_8
唐代·十輪經八 6_101_16
唐代·十輪經八 7_134_6
唐代·十輪經八 7_138_9
唐代·十輪經八 8_157_1
唐代·十輪經八 9_173_1
唐代·十輪經八 9_176_13
唐代·十輪經八 11_210_14
唐代·十輪經八 11_214_5
唐代·十輪經八 13_248_4
唐代·十輪經八 13_251_5
唐代·十輪經八 15_285_8
唐代·十輪經八 15_289_5
唐代·十輪經八 17_323_6
唐代·十輪經八 17_327_5
唐代·十輪經八 18_361_15
唐代·十輪經八 19_365_4
唐代·十輪經八 20_399_10
唐代·十輪經八 21_403_5
唐代·十輪經八 21_420_15
唐代·十輪經八 22_439_1
唐代·十輪經九 1_3_5
唐代·十輪經九 2_21_5
唐代·十輪經九 2_37_11
唐代·十輪經九 3_41_5
唐代·十輪經九 4_59_14
唐代·十輪經九 4_60_6
唐代·十輪經九 4_77_15
唐代·十輪經九 5_84_7
唐代·十輪經九 5_85_6
唐代·十輪經九 5_98_8
唐代·十輪經九 6_103_11
唐代·十輪經九 7_123_12
唐代·十輪經九 7_127_15
唐代·十輪經九 7_129_3

舟部

舟

シュウ 呉シュ
訓ふね

唐代・文選四八 1_4_10
唐代・文選四八 16_139_15
唐代・文選五九 65_626_9
唐代・文選五九 80_768_24
唐代・文選八八 15_130_9
唐代・文選百三 79_752_14
唐代・古文選前 15_172_5
唐代・古文選後 25_293_12

般

慣ハン 漢ハツ
訓めぐる

初唐・大般若經 1_1_2
初唐・大般若經 2_31_2
初唐・大般若經 2_35_6
中唐・金剛經題 1_4_2
中唐・七祖像贊 1_3_4
中唐・七祖像贊 1_5_7
中唐・七祖像贊 1_13_8
唐代・春秋經傳 21_216_10

唐代・春秋經傳 21_216_14
唐代・文選六八 42_423_9
唐代・文選六八 52_519_27
唐代・古文選前 24_281_12
唐代・十輪經四 11_215_12
唐代・十輪經八 5_80_12
唐代・十輪經八 7_121_6
唐代・十輪經八 8_160_1

唐代・十輪經八 10_197_14
唐代・十輪經八 12_235_6
唐代・十輪經八 14_272_7
唐代・十輪經八 16_310_5
唐代・十輪經八 18_348_14
唐代・十輪經八 20_386_10
唐代・十輪經八 22_426_1
唐代・十輪經九 2_24_10

唐代・十輪經九 4_63_15
唐代・十輪經九 5_96_17
唐代・十輪經九 5_98_15
唐代・十輪經九 6_102_2
唐代・十輪經九 6_104_1
唐代・十輪經十 1_2_13
唐代・十輪經十 1_6_11
唐代・十輪經十 1_7_5
唐代・十輪經十 1_18_7

唐代・十輪經十 1_18_15
唐代・十輪經十 1_19_3
唐代・十輪經十 1_19_15
唐代・十輪經十 1_20_2
唐代・十輪經十 2_22_15
唐代・十輪經十 2_30_8
唐代・十輪經十 1_8_9
唐代・十輪經十 2_31_3

		艫	艦	船	航	
		ロ 訓へきさ	漢カン 訓いくさぶね	漢セン 訓ふね	漢コウ 訓わたる	
		 唐代•古文選後 25_296_13	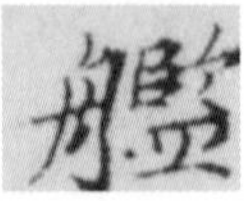 唐代•文選百三 47_453_40	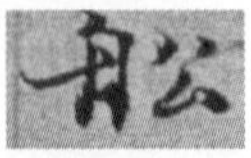 唐代•文選四八 34_304_17	 唐代•古文選後 18_208_7	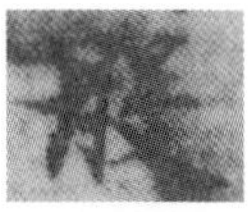 唐代•十輪經十 2_32_3  唐代•十輪經十 5_92_15 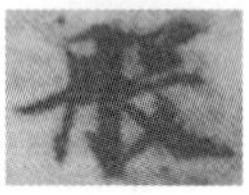 唐代•十輪經十 5_93_1  唐代•十輪經十 6_116_7  唐代•十輪經十 12_222_11

色部

色

漢ショク呉シキ
訓いろ

初唐・大般若經 1_6_3
初唐・大般若經 1_6_4
初唐・大般若經 1_8_3
初唐・大般若經 1_8_5
初唐・大般若經 1_9_12
初唐・大般若經 1_10_11
初唐・聖武雜集 1_10_7
唐代・文選四八 8_67_25

唐代・文選四八 25_227_14
唐代・文選五九 7_67_2
唐代・文選五九 7_68_27
唐代・文選五九 7_68_29
唐代・文選五九 8_75_18
唐代・文選五九 14_133_29
唐代・文選五九 16_153_6
唐代・文選五九 22_217_7

唐代・文選五九 27_272_22
唐代・文選五九 45_441_1
唐代・文選五九 49_479_18
唐代・文選五九 57_553_7
唐代・文選五九 59_568_7
唐代・文選五九 66_635_29
唐代・文選五九 67_643_22
唐代・文選五九 67_648_1

唐代・文選五九 73_703_12
唐代・文選五九 82_789_13
唐代・文選五九 96_913_7
唐代・文選五九 97_922_1
唐代・文選五九 97_922_3
唐代・文選五九 97_926_18
唐代・文選五九 98_932_20
唐代・文選五九 100_947_3

唐代・文選五九 101_956_25
唐代・文選六八 11_115_9
唐代・文選六八 11_117_1
唐代・文選六八 14_144_6
唐代・文選六八 15_155_24
唐代・文選六八 17_172_24
唐代・文選六八 18_183_26
唐代・文選六八 18_184_3

唐代・文選六八 18_185_19
唐代・文選六八 19_187_15
唐代・文選六八 19_191_10
唐代・文選六八 19_193_8
唐代・文選六八 19_193_13
唐代・文選六八 19_194_30
唐代・文選六八 19_199_10
唐代・文選六八 22_225_30

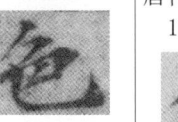

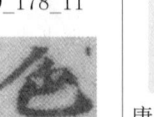

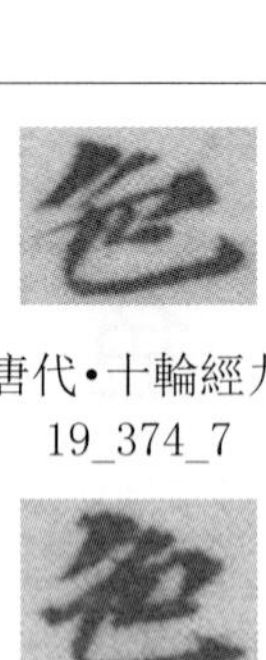 唐代•十輪經九 19_374_7	 唐代•十輪經八 9_178_11	 唐代•古文選前 7_80_13	 唐代•文選百三 15_146_29	 唐代•文選百三 4_34_30	 唐代•文選六八 49_495_18	 唐代•文選六八 23_227_1
 唐代•十輪經九 19_375_6	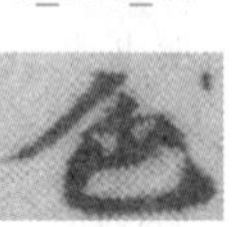 唐代•十輪經九 13_258_2	 唐代•古文選前 13_149_12	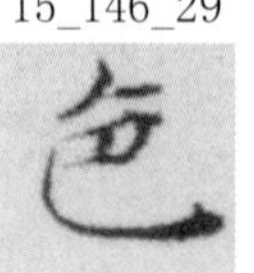 唐代•文選百三 29_280_20	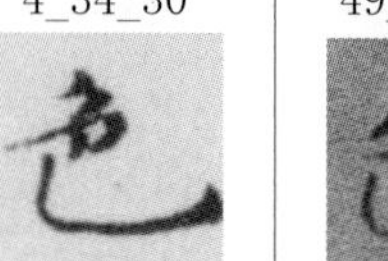 唐代•文選百三 9_79_5	 唐代•文選六八 50_504_20	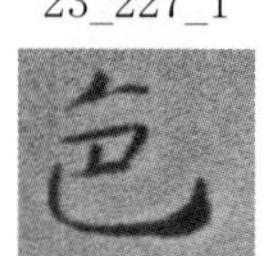 唐代•文選六八 23_230_1
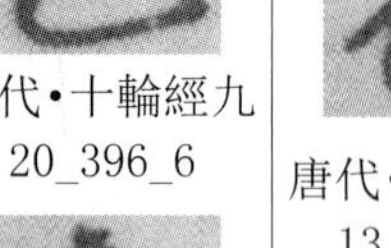 唐代•十輪經九 20_396_6	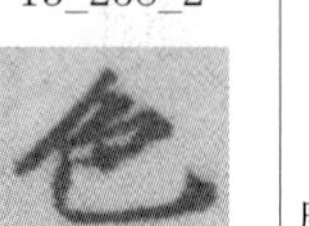 唐代•十輪經九 13_258_11	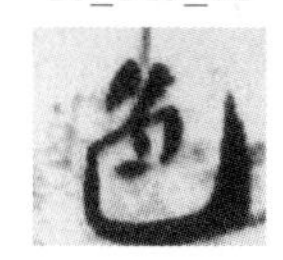 唐代•古文選前 13_151_13	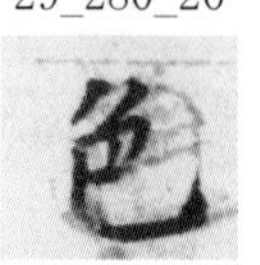 唐代•古文選前 2_23_1	 唐代•文選百三 13_119_6	 唐代•文選六八 51_505_10	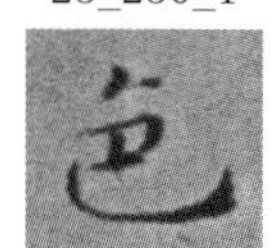 唐代•文選六八 23_230_5
 唐代•十輪經九 20_396_15	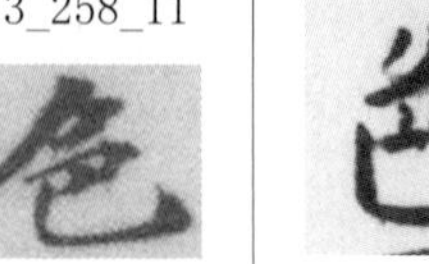 唐代•十輪經九 14_278_4	 唐代•古文選前 16_184_3	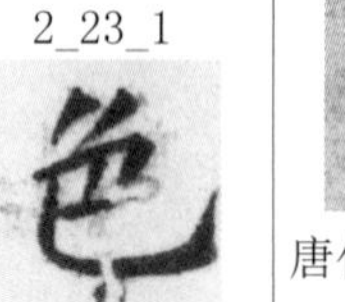 唐代•古文選前 3_31_12	 唐代•文選百三 14_131_9	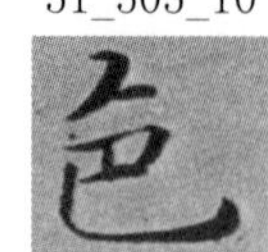 唐代•文選六八 57_577_15	 唐代•文選六八 23_231_6
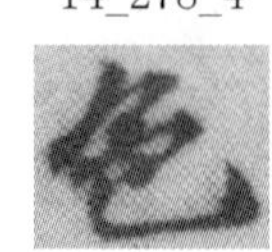 唐代•十輪經十 8_150_3	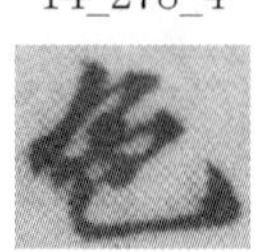 唐代•十輪經九 16_317_9	 唐代•古文選後 6_70_4	 唐代•古文選前 4_43_8	 唐代•文選百三 14_133_1	 唐代•文選六八 60_602_16	 唐代•文選六八 25_249_10
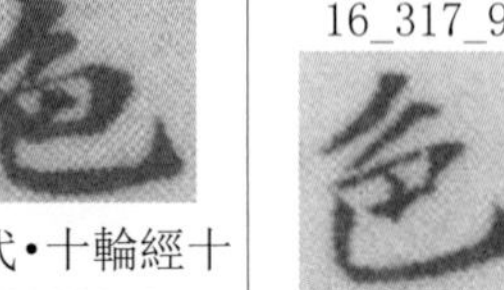 唐代•十輪經十 8_150_8	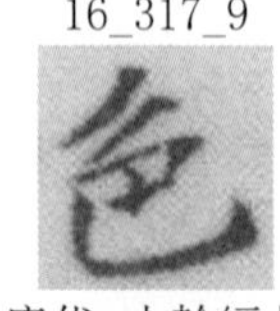 唐代•十輪經九 18_350_12	 唐代•十輪經四 2_37_2	 唐代•古文選前 6_74_5	 唐代•文選百三 14_133_39	 唐代•文選六八 69_687_19	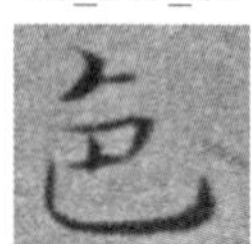 唐代•文選六八 27_277_1
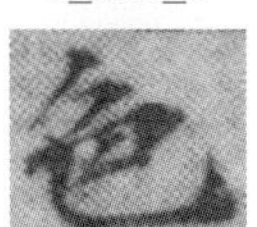 唐代•十輪經十 10_194_22	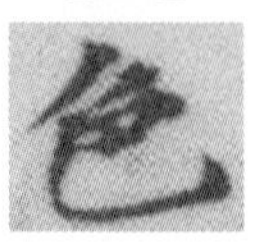 唐代•十輪經九 18_351_4	 唐代•十輪經四 14_265_22	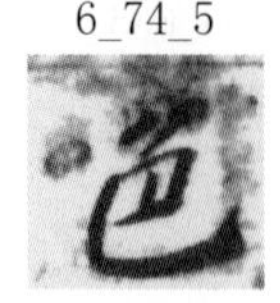 唐代•古文選前 7_77_1	 唐代•文選百三 15_141_3	 唐代•文選八八 12_99_18	 唐代•文選六八 40_401_36
 唐代•十輪經十 11_211_1	 唐代•十輪經九 19_364_5	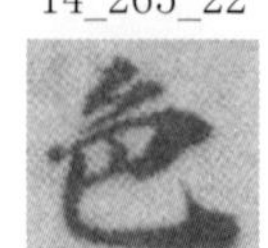 唐代•十輪經四 15_297_11	 唐代•古文選前 7_80_2	 唐代•文選百三 15_142_20	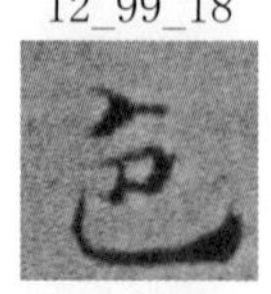 唐代•文選八八 24_216_8	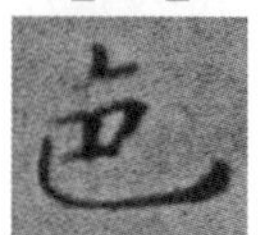 唐代•文選六八 49_486_18

					艶豔 エン 訓なまめかしい	
				 唐代•文選百三 24_236_8  唐代•文選百三 33_327_21  唐代•文選百三 52_498_6  唐代•文選百三 52_503_3  唐代•文選百三 52_503_21  唐代•古文選前 8_97_4  唐代•古文選前 12_144_2	 唐代•文選四八 45_405_6 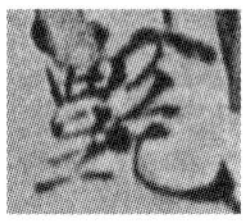 唐代•文選四八 45_408_9  唐代•文選四八 48_439_9  唐代•文選五九 53_520_20  唐代•文選五九 82_794_17  唐代•文選六八 11_112_5  唐代•文選六八 11_117_25  唐代•文選百三 19_183_3	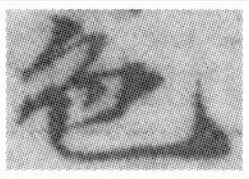 唐代•十輪經十 15_291_17 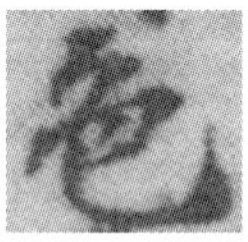 唐代•十輪經十 15_292_16 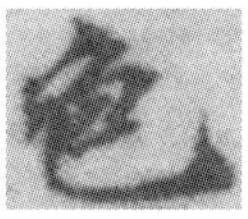 唐代•十輪經十 15_293_15 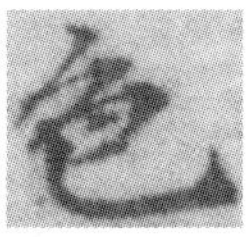 唐代•十輪經十 15_294_14  唐代•十輪經十 16_303_3  唐代•十輪經十 17_323_3 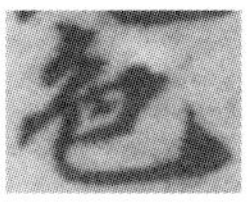 唐代•十輪經十 17_327_5 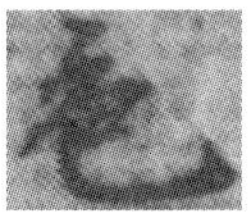 唐代•十輪經十 19_373_13

衣部

衣

漢イ 呉エ
訓ころも

唐代·春秋經傳 9_88_4
唐代·春秋經傳 31_322_24
唐代·文選四八 37_335_21
唐代·文選四八 38_337_13
唐代·文選五九 7_68_3
唐代·文選五九 21_200_2
唐代·文選五九 21_201_1
唐代·文選五九 23_220_30
唐代·文選五九 23_221_26
唐代·文選五九 23_225_21
唐代·文選五九 24_234_8
唐代·文選五九 24_235_12
唐代·文選五九 24_238_18
唐代·文選五九 25_241_17
唐代·文選五九 43_430_3
唐代·文選五九 43_431_15
唐代·文選五九 43_431_30
唐代·文選五九 53_522_21
唐代·文選五九 61_591_2
唐代·文選五九 62_595_26
唐代·文選五九 62_595_29
唐代·文選五九 70_671_4
唐代·文選五九 70_672_17
唐代·文選五九 81_781_18
唐代·文選五九 85_817_24
唐代·文選五九 85_818_3
唐代·文選五九 101_951_19
唐代·文選六八 6_61_10
唐代·文選六八 21_216_21
唐代·文選六八 21_219_28
唐代·文選六八 25_249_22
唐代·文選六八 25_258_14
唐代·文選六八 25_258_18
唐代·文選六八 25_259_8
唐代·文選六八 27_271_22
唐代·文選六八 50_504_15
唐代·文選六八 50_504_24
唐代·文選六八 55_558_10
唐代·文選六八 56_559_2
唐代·文選八八 5_29_20
唐代·文選百三 19_181_2
唐代·文選百三 19_183_29
唐代·文選百三 21_203_3
唐代·文選百三 21_205_33
唐代·文選百三 21_205_36
唐代·文選百三 61_581_18
唐代·文選百三 63_604_10
唐代·文選百三 85_808_19

衰

		スイ、漢サイ 訓みの				
 唐代•文選六八 40_403_2  唐代•文選六八 64_639_12  唐代•文選八八 21_190_1  唐代•文選百三 82_780_1  唐代•文選百三 82_780_21  唐代•古文選後 26_302_10  唐代•古文選後 26_312_14	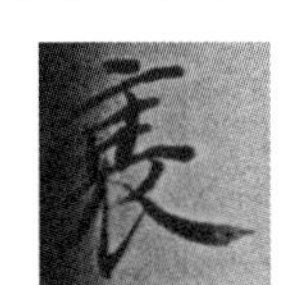 唐代•文選五九 84_810_3  唐代•文選五九 94_908_20  唐代•文選五九 101_951_26  唐代•文選五九 101_956_29 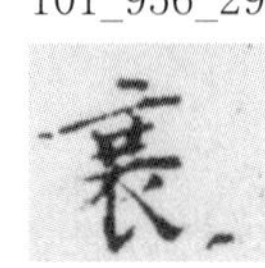 唐代•文選五九 64_615_9 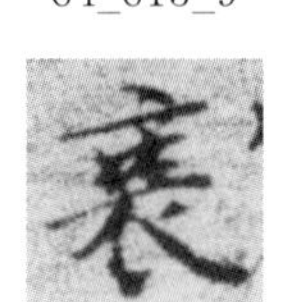 唐代•文選五九 105_1000_5  唐代•文選六八 9_94_11	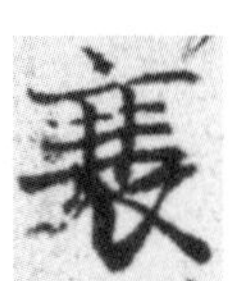 唐代•春秋經傳 12_126_18  唐代•春秋經傳 15_154_4  唐代•文選四八 18_162_21  唐代•文選五九 26_254_4  唐代•文選五九 64_612_25  唐代•文選五九 64_614_30  唐代•文選五九 71_676_13	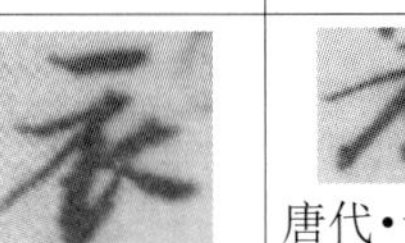 唐代•十輪經八 22_421_13 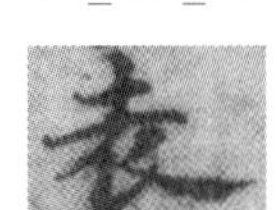 唐代•十輪經九 8_152_4	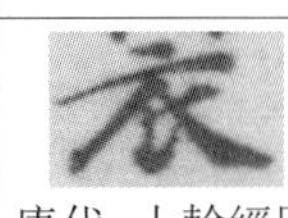 唐代•十輪經四 12_231_12 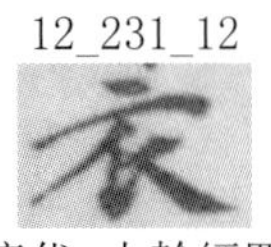 唐代•十輪經四 12_234_4  唐代•十輪經四 12_239_18 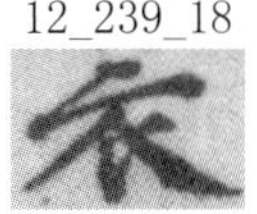 唐代•十輪經四 13_243_18  唐代•十輪經四 13_246_11 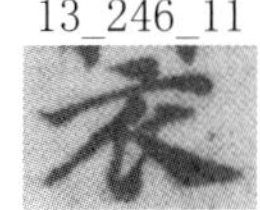 唐代•十輪經四 13_251_5  唐代•十輪經四 13_255_4 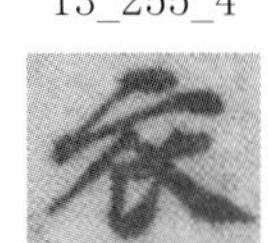 唐代•十輪經四 17_326_8	 唐代•古文選前 21_242_10  唐代•十輪經四 2_26_6  唐代•十輪經四 3_55_16  唐代•十輪經四 7_135_17  唐代•十輪經四 8_159_14 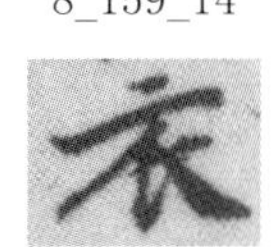 唐代•十輪經四 9_177_17  唐代•十輪經四 10_180_4  唐代•十輪經四 12_227_18	 唐代•文選百三 85_808_28  唐代•文選百三 85_809_1 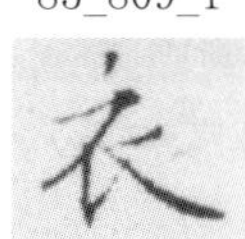 唐代•文選百三 85_809_27  唐代•文選百三 85_810_8  唐代•古文選前 3_34_6  唐代•古文選前 6_65_13  唐代•古文選前 8_98_14  唐代•古文選前 20_235_8

衽

漢ジン 呉ニン
訓おくみ

唐代•文選五九
91_874_14

唐代•文選六八
57_575_21

唐代•文選六八
57_576_15

唐代•文選六八
57_577_12

唐代•文選八八
8_59_8

唐代•文選八八
8_61_7

唐代•古文選前
5_55_6

衵

漢ジツ
訓あこめ

唐代•春秋經傳
31_321_11

唐代•春秋經傳
31_322_20

唐代•春秋經傳
31_323_18

衾

漢キン
訓ふすま

唐代•文選五九
101_955_12

衷

漢チュウ
訓はだぎ

唐代•春秋經傳
31_321_9

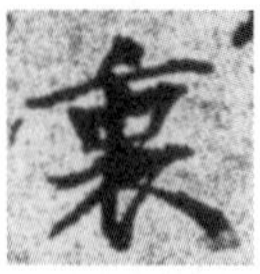
唐代•春秋經傳
31_322_18

唐代•文選五九
53_517_28

唐代•文選百三
3_28_10

唐代•古文選前
8_92_19

唐代•古文選後
3_26_6

唐代•文選五九
91_874_21

唐代•文選五九
91_875_3

唐代•文選五九
91_875_25

唐代•文選六八
25_258_3

唐代•文選五九
60_579_18

唐代•文選五九
60_580_19

唐代•文選五九
61_582_15

唐代•文選五九
61_582_18

唐代•文選五九
61_583_3

唐代•文選五九
91_870_1

唐代•文選五九
91_870_11

衮

コン
訓—

唐代•春秋經傳
8_83_8

唐代•春秋經傳
8_84_8

唐代•春秋經傳
8_84_18

唐代•春秋經傳
9_85_5

唐代•春秋經傳
9_85_11

唐代•文選五九
60_578_6

唐代•文選五九
60_579_5

	被	袖	袒		袂	衿
	漢ヒ 訓こうむる	漢シュウ 訓そで	漢タン 訓ほころびる		漢ベイ漢ケツ 訓たもと	漢キン 訓えり
 唐代•文選五九 86_831_30  唐代•文選五九 87_832_2  唐代•文選五九 87_832_4  唐代•文選五九 87_832_15  唐代•文選五九 87_832_17  唐代•文選五九 91_874_11  唐代•文選五九 94_907_3  唐代•文選五九 100_943_10	 唐代•文選四八 6_43_13  唐代•文選四八 11_98_12  唐代•文選四八 48_432_16  唐代•文選五九 15_148_7  唐代•文選五九 62_600_9  唐代•文選五九 75_724_6  唐代•文選五九 80_767_30  唐代•文選五九 80_768_13	 唐代•文選五九 23_229_9  唐代•文選五九 48_472_5  唐代•文選五九 48_473_19  唐代•文選六八 53_525_19  唐代•文選六八 62_619_1  唐代•文選六八 72_719_16  唐代•古文選前 5_55_3  唐代•古文選前 10_120_1	 唐代•文選八八 12_98_25	 唐代•古文選前 14_165_2	 唐代•文選六八 57_573_3  唐代•文選六八 57_577_10  唐代•文選六八 61_616_18  唐代•文選六八 62_620_24  唐代•文選六八 71_714_3  唐代•文選六八 72_719_14  唐代•文選百三 69_670_7  唐代•古文選前 4_42_10	 唐代•文選五九 79_759_1  唐代•文選五九 79_760_12  唐代•文選五九 80_763_25

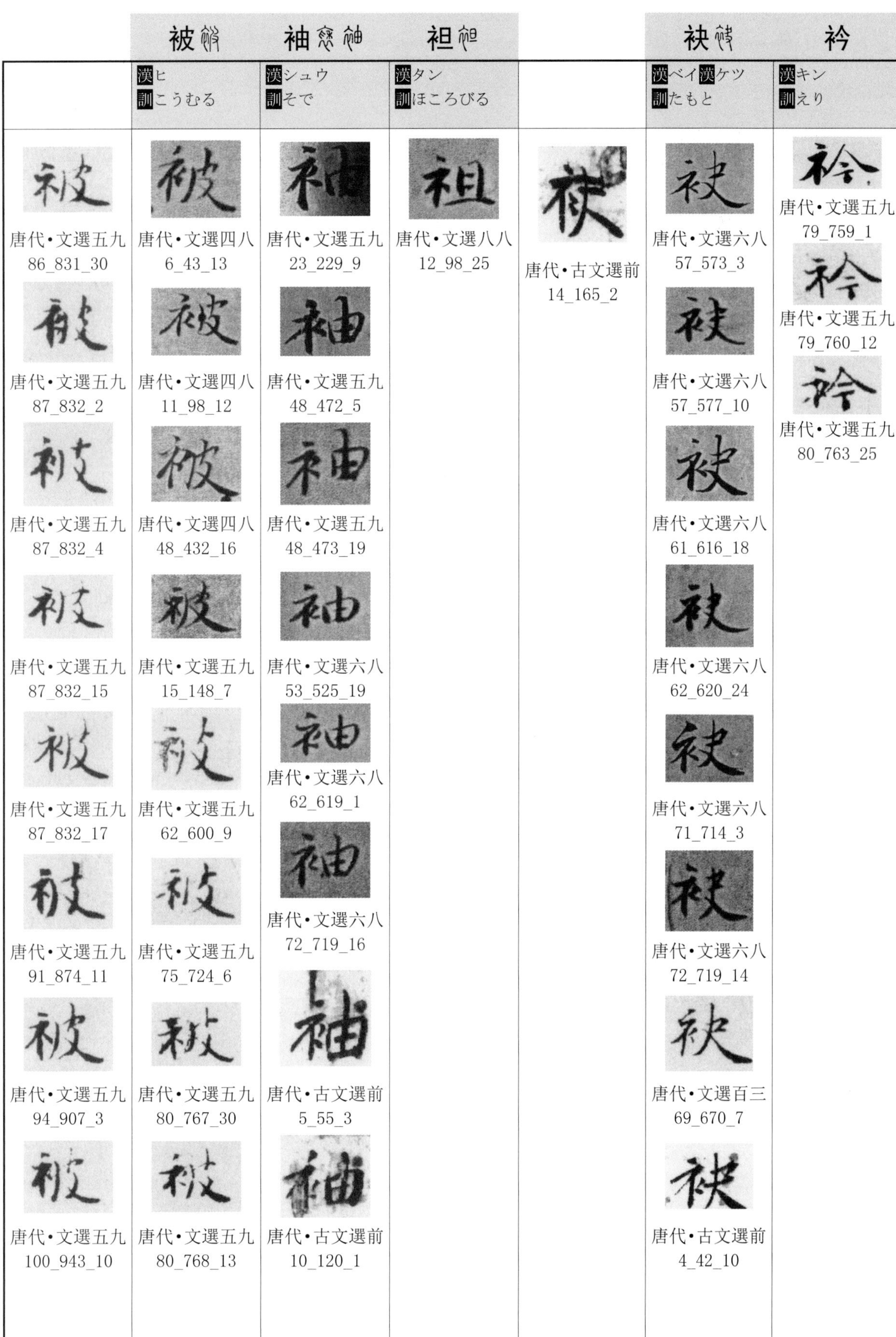

唐代•十輪經四
9_165_16

唐代•十輪經四
9_172_1

唐代•十輪經四
9_174_3

唐代•十輪經四
9_177_14

唐代•十輪經四
10_180_1

唐代•十輪經四
12_224_16

唐代•十輪經四
12_231_1

唐代•十輪經四
12_236_16

唐代•古文選前
16_190_5

唐代•古文選後
8_86_5

唐代•古文選後
12_133_7

唐代•古文選後
14_165_3

唐代•古文選後
21_249_4

唐代•古文選後
23_274_8

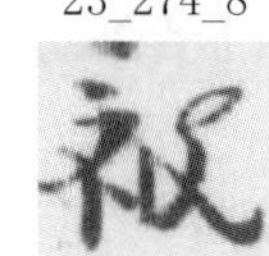
唐代•古文選後
25_292_36

唐代•十輪經四
8_145_14

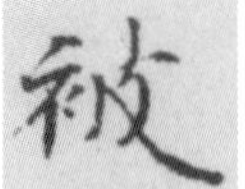
唐代•文選百三
63_610_9

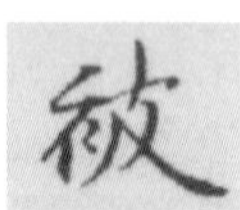
唐代•文選百三
74_712_32

唐代•文選百三
76_732_27

唐代•文選百三
84_798_28

唐代•文選百三
85_817_3

唐代•古文選前
3_34_7

唐代•古文選前
3_36_7

唐代•古文選前
4_41_1

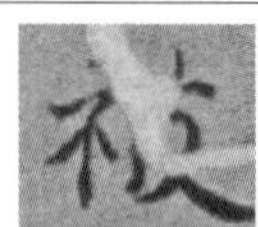
唐代•文選八八
20_174_21

唐代•文選八八
20_178_21

唐代•文選八八
21_179_13

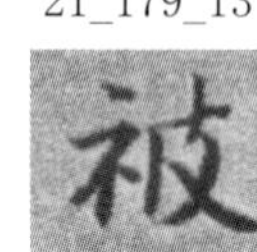
唐代•文選八八
21_184_4

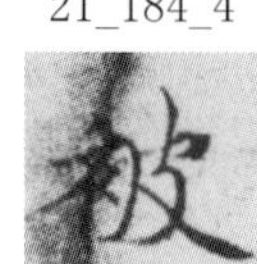
唐代•文選百三
3_18_20

唐代•文選百三
36_360_5

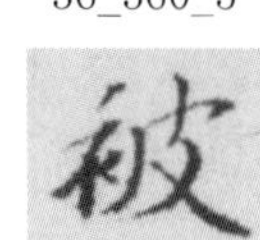
唐代•文選百三
57_547_14

唐代•文選百三
60_577_23

唐代•文選八八
3_10_1

唐代•文選八八
3_13_2

唐代•文選八八
3_15_2

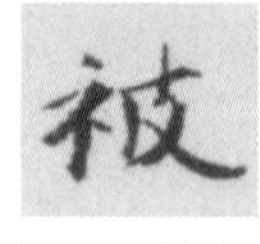
唐代•文選八八
3_15_21

唐代•文選八八
15_133_19

唐代•文選八八
15_133_27

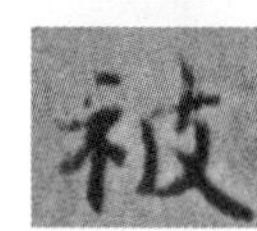
唐代•文選八八
17_141_23

唐代•文選八八
17_145_2

唐代•文選六八
46_461_3

唐代•文選六八
46_463_7

唐代•文選六八
50_502_6

唐代•文選六八
51_506_6

唐代•文選六八
63_635_25

唐代•文選六八
65_650_29

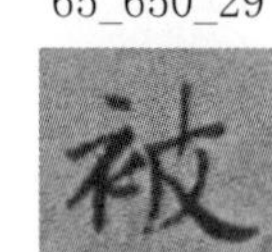
唐代•文選六八
66_660_7

唐代•文選六八
69_690_3

唐代•文選六八
1_9_1

唐代•文選六八
1_12_2

唐代•文選六八
6_59_2

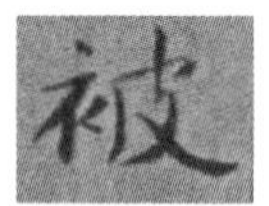
唐代•文選六八
6_62_4

唐代•文選六八
21_218_25

唐代•文選六八
28_282_18

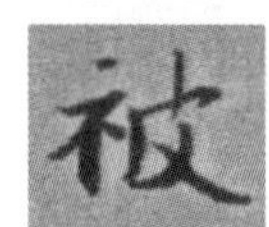
唐代•文選六八
33_331_17

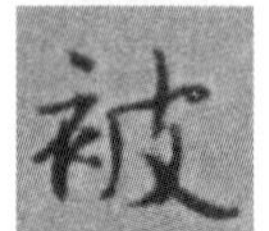
唐代•文選六八
37_368_10

袈

漢カ 吳ケ
訓ー

唐代•十輪經八 14_280_4
唐代•十輪經八 16_318_1
唐代•十輪經八 18_356_13
唐代•十輪經八 20_394_8
唐代•十輪經八 22_433_16
唐代•十輪經九 2_32_8
唐代•十輪經九 4_72_13
唐代•十輪經九 7_138_17

唐代•十輪經四 16_307_8
唐代•十輪經四 20_385_13
唐代•十輪經八 1_9_10
唐代•十輪經八 2_24_6
唐代•十輪經八 7_129_3
唐代•十輪經八 9_167_15
唐代•十輪經八 11_205_11
唐代•十輪經八 13_243_3

唐代•十輪經四 13_249_9
唐代•十輪經四 14_261_9
唐代•十輪經四 14_267_4
唐代•十輪經四 14_276_8
唐代•十輪經四 15_281_10
唐代•十輪經四 15_287_4
唐代•十輪經四 15_297_14
唐代•十輪經四 16_302_12

唐代•十輪經四 8_145_16
唐代•十輪經四 9_166_2
唐代•十輪經四 9_170_12
唐代•十輪經四 9_176_2
唐代•十輪經四 10_192_11
唐代•十輪經四 12_220_16
唐代•十輪經四 12_225_9
唐代•十輪經四 12_237_9

唐代•十輪經八 20_394_6
唐代•十輪經八 22_433_14
唐代•十輪經九 2_32_6
唐代•十輪經九 4_72_11
唐代•十輪經十 3_47_16
唐代•十輪經十 6_103_15

唐代•十輪經八 2_24_4
唐代•十輪經八 7_129_1
唐代•十輪經八 9_167_13
唐代•十輪經八 11_205_9
唐代•十輪經八 13_243_1
唐代•十輪經八 14_280_2
唐代•十輪經八 16_317_17
唐代•十輪經八 18_356_11

唐代•十輪經四 13_248_16
唐代•十輪經四 14_260_17
唐代•十輪經四 14_263_3
唐代•十輪經四 14_276_6
唐代•十輪經四 15_287_2
唐代•十輪經四 16_307_6
唐代•十輪經四 20_385_11
唐代•十輪經八 1_9_8

	補	裂		裁	桂	袤
	漢ホ呉フ 訓おぎなう	漢レツ 訓さく		漢サイ呉ザイ 訓たつ	漢ケイ 訓うちかけ	漢ボウ 訓ながさ
 唐代・文選百三 3_20_25  唐代・文選百三 25_239_22  唐代・古文選前 15_178_1  唐代・古文選前 15_178_34  唐代・古文選前 15_179_1  唐代・古文選前 15_179_57 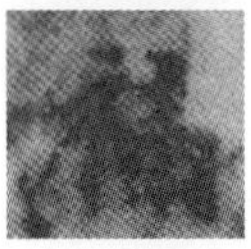 唐代・十輪經八 1_4_6 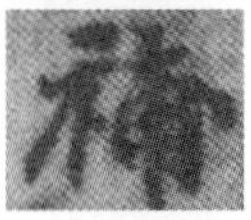 唐代・十輪經八 1_5_13	 晚唐・慶滋書狀 1_7_5  唐代・春秋經傳 8_81_17  唐代・春秋經傳 8_83_16  唐代・春秋經傳 8_84_2  唐代・春秋經傳 8_84_27  唐代・春秋經傳 9_85_3  唐代・春秋經傳 35_372_17  唐代・文選百三 3_17_17	 唐代・春秋經傳 37_390_9  唐代・文選六八 36_362_4	 唐代・文選百三 47_446_26  唐代・古文選後 18_205_11	 唐代・文選五九 21_200_21  唐代・文選五九 24_233_25  唐代・文選五九 25_241_30  唐代・文選五九 99_942_25  唐代・文選百三 45_437_11  唐代・文選百三 46_442_24  唐代・文選百三 47_446_24	 唐代・文選六八 50_502_11  唐代・文選六八 50_504_10  唐代・文選六八 51_506_14  唐代・文選六八 51_507_1  唐代・古文選前 3_34_8  唐代・古文選前 10_119_9	 唐代・文選五九 56_549_3

裕

ユ 慣 ユウ
訓 ゆたか

唐代•文選百三
64_618_9

唐代•古文選後
11_130_12

唐代•十輪經九
11_216_8

唐代•十輪經九
11_217_15

唐代•十輪經九
2_29_1

唐代•十輪經九
2_30_4

唐代•十輪經九
4_68_3

唐代•十輪經九
4_69_6

唐代•十輪經九
4_70_9

唐代•十輪經九
5_93_1

唐代•十輪經九
7_122_9

唐代•十輪經九
11_215_1

唐代•十輪經八
18_354_9

唐代•十輪經八
20_389_15

唐代•十輪經八
20_391_1

唐代•十輪經八
20_392_3

唐代•十輪經八
22_429_6

唐代•十輪經八
22_430_9

唐代•十輪經八
22_431_12

唐代•十輪經九
2_27_15

唐代•十輪經八
14_275_11

唐代•十輪經八
14_276_14

唐代•十輪經八
14_278_1

唐代•十輪經八
16_313_10

唐代•十輪經八
16_314_13

唐代•十輪經八
16_315_15

唐代•十輪經八
18_352_3

唐代•十輪經八
18_353_6

唐代•十輪經八
9_164_9

唐代•十輪經八
9_165_12

唐代•十輪經八
11_201_2

唐代•十輪經八
11_202_4

唐代•十輪經八
11_203_7

唐代•十輪經八
12_238_11

唐代•十輪經八
12_239_14

唐代•十輪經八
12_240_17

唐代•十輪經八
1_7_1

唐代•十輪經八
1_19_13

唐代•十輪經八
2_20_16

唐代•十輪經八
2_22_2

唐代•十輪經八
7_124_12

唐代•十輪經八
7_125_15

唐代•十輪經八
7_126_18

唐代•十輪經八
9_163_6

	裟	装	裛		裘	裏
	サ 訓けさ	漢ソウ呉ショウ 訓よそおう	漢イウ呉オウ 訓ふみぶくろ		キュウ 訓かわごろも	リ 訓うら
	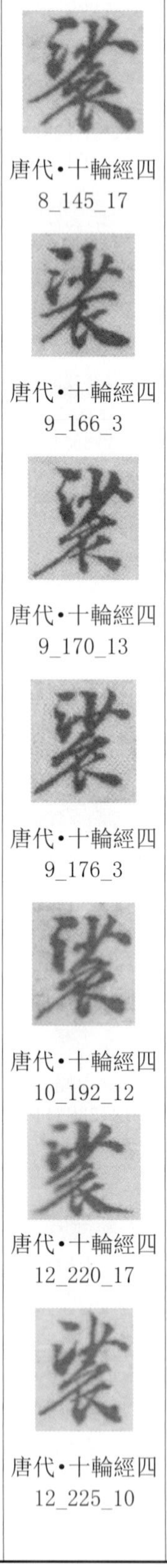	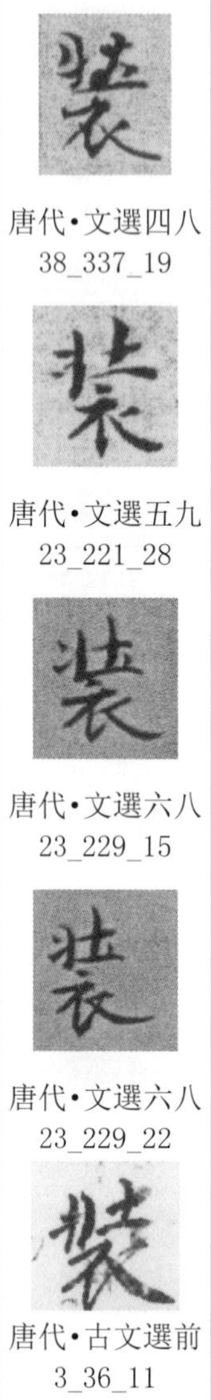		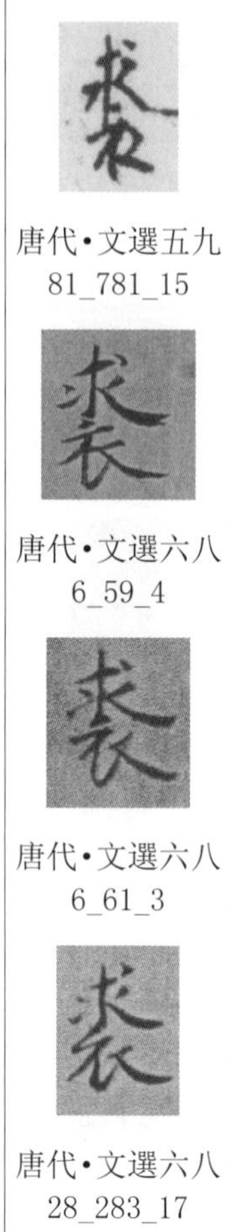		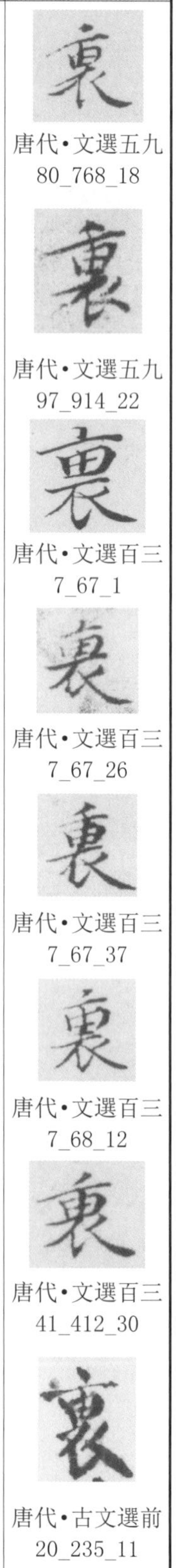
唐代・十輪經四 12_237_10	唐代・十輪經四 8_145_17	唐代・文選四八 38_337_19	唐代・文選五九 7_67_3	唐代・文選五九 81_781_15	唐代・文選五九 44_432_10	唐代・文選五九 80_768_18
唐代・十輪經四 13_249_10	唐代・十輪經四 9_166_3	唐代・文選五九 23_221_28	唐代・文選五九 7_68_1	唐代・文選六八 6_59_4	唐代・文選五九 44_433_9	唐代・文選五九 97_914_22
唐代・十輪經四 14_261_10	唐代・十輪經四 9_170_13	唐代・文選六八 23_229_15	唐代・文選五九 7_69_1	唐代・文選六八 6_61_3	唐代・文選五九 75_724_10	唐代・文選百三 7_67_1
唐代・十輪經四 14_267_5	唐代・十輪經四 9_176_3	唐代・文選六八 23_229_22	唐代・文選五九 7_69_25	唐代・文選六八 28_283_17	唐代・文選五九 76_725_17	唐代・文選百三 7_67_26
唐代・十輪經四 14_276_9	唐代・十輪經四 10_192_12	唐代・古文選前 3_36_11	唐代・文選五九 8_75_21		唐代・文選五九 80_774_19	唐代・文選百三 7_67_37
唐代・十輪經四 15_281_11	唐代・十輪經四 12_220_17				唐代・文選五九 80_776_4	唐代・文選百三 7_68_12
唐代・十輪經四 15_287_5	唐代・十輪經四 12_225_10				唐代・文選五九 81_781_2	唐代・文選百三 41_412_30
						唐代・古文選前 20_235_11

裾

漢キョ
訓すそ

唐代・文選六八
52_522_17

唐代・文選六八
52_524_17

唐代・文選六八
52_524_28

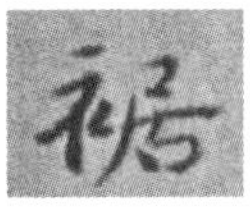
唐代・文選六八
53 525_17

唐代・古文選前
8_101_6

裨

ヒ
訓おぎなう

唐代・文選百三
27_270_24

唐代・文選百三
28_272_22

唐代・文選百三
28_273_2

唐代・文選百三
68_658_5

唐代・古文選前
3_35_3

唐代・古文選前
14_161_4

唐代・古文選後
9_104_9

裔

エイ
訓すそ

唐代・文選四八
45_406_6

唐代・文選五九
35_341_27

唐代・文選五九
90_865_14

唐代・文選百三
68_655_2

唐代・文選百三
68_655_20

唐代・文選百三
68_656_26

唐代・文選百三
68_656_28

唐代・十輪經八
22_433_17

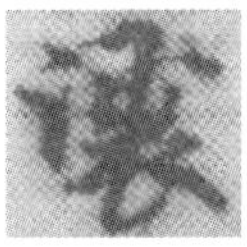
唐代・十輪經九
2_32_9

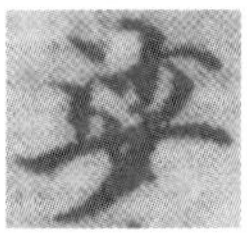
唐代・十輪經九
4_72_14

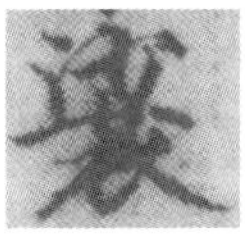
唐代・十輪經九
7_138_18

唐代・十輪經八
9_167_16

唐代・十輪經八
11_205_12

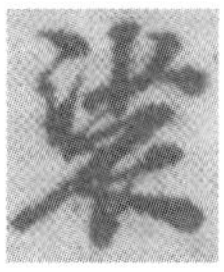
唐代・十輪經八
13_243_4

唐代・十輪經八
14_280_5

唐代・十輪經八
16_318_2

唐代・十輪經八
18_356_14

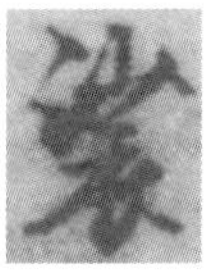
唐代・十輪經八
20_394_9

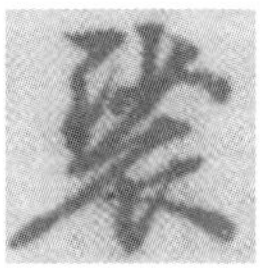
唐代・十輪經四
15_297_15

唐代・十輪經四
16_302_13

唐代・十輪經四
16_307_9

唐代・十輪經四
20_385_14

唐代・十輪經八
1_9_11

唐代・十輪經八
2_24_7

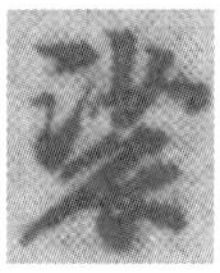
唐代・十輪經八
7_129_4

褐	複	⿰衤𡖊	製		裳	裹
漢カツ呉カチ 訓ぬのこ	フク 訓かさねる	漢タ呉ダ 訓そでなし	セイ 訓たつ		ショウ 訓もすそ	カ 訓つつむ

褐

唐代•文選五九
57_553_28

唐代•文選六八
28_281_7

唐代•文選六八
28_282_10

唐代•文選六八
28_282_25

唐代•文選六八
28_283_5

唐代•文選百三
85_807_2

唐代•文選百三
85_807_27

唐代•文選百三
85_808_17

複

唐代•文選五九
89_856_10

唐代•文選五九
90_858_3

唐代•文選五九
90_859_1

唐代•文選百三
19_181_4

⿰衤𡖊

訛作褚
唐代•文選六八
55_557_2

訛作褚
唐代•文選六八
55_557_11

通嫷
唐代•文選六八
56_559_24

製

唐代•文選五九
99_942_16

（無標題欄）

唐代•文選六八
57_575_26

唐代•古文選前
3_34_9

唐代•古文選後
14_166_11

唐代•十輪經四
15_297_8

唐代•文選六八
25_259_12

裳

唐代•文選四八
25_225_1

唐代•文選四八
25_227_13

唐代•文選四八
26_228_6

唐代•文選五九
23_219_1

唐代•文選五九
101_955_13

唐代•文選六八
25_257_6

唐代•文選六八
57_573_6

裹

初唐•聖武雜集
1_6_17

中唐 • 風信帖
3_17_4

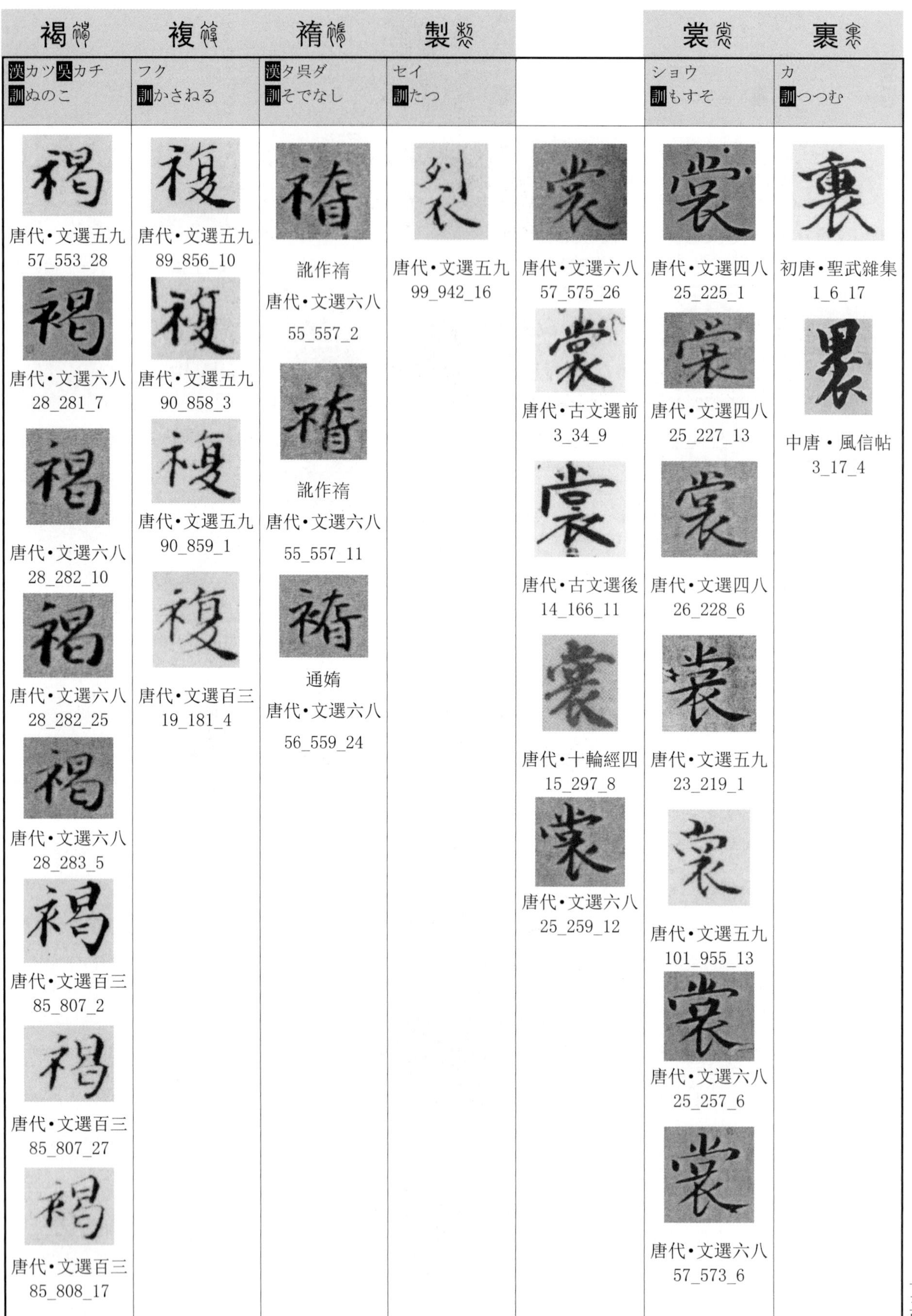

唐代•文選百三
85_808_29

唐代•文選百三
85_809_11

唐代•文選百三
85_809_25

褒

漢ホウ
訓ほめる

初唐•法華義疏
1_8_5

唐代•文選百三
37_365_17

唐代•文選百三
37_368_37

唐代•文選百三
52_502_12

褰

ケン
訓はかま

唐代•文選五九
47_470_26

唐代•古文選前
5_58_11

襄

ジョウ、ショウ
訓はらう

唐代•春秋經傳
3_22_7

唐代•春秋經傳
4_40_20

唐代•春秋經傳
20_206_10

唐代•春秋經傳
20_206_14

唐代•春秋經傳
20_206_18

唐代•春秋經傳
29_296_8

唐代•春秋經傳
32_337_15

唐代•文選四八
15_132_25

唐代•文選四八
17_156_25

唐代•文選五九
41_402_28

唐代•文選五九
72_698_27

唐代•文選六八
30_303_28

唐代•文選百三
61_584_29

唐代•文選百三
61_590_25

唐代•文選百三
61_592_10

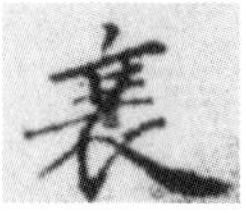
唐代•文選百三
61_592_30

唐代•文選百三
75_724_18

唐代•文選百三
76_730_10

唐代•文選百三
81_765_8

唐代•文選百三
81_765_20

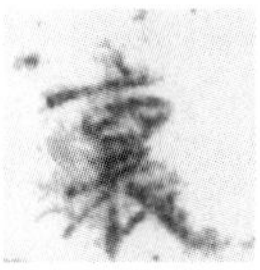
唐代•古文選前
2_18_2

唐代•古文選前
7_75_9

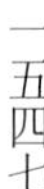

				襲	襪	襟
				シュウ、ジュウ 訓おそう	漢バツ慣ベツ 訓たび	漢キン 訓えり
		 唐代・文選百三 29_285_27  唐代・文選百三 29_286_19  唐代・文選百三 29_286_22  唐代・文選百三 29_287_32  唐代・古文選後 20_236_7	 唐代・文選百三 19_181_7  唐代・文選百三 19_183_28  唐代・文選百三 19_189_6  唐代・文選百三 22_210_13  唐代・文選百三 22_212_16  唐代・文選百三 22_212_25  唐代・文選百三 22_212_33	 唐代・文選四八 16_140_14  唐代・文選四八 16_145_27  唐代・文選四八 16_146_5  唐代・文選四八 16_147_10  唐代・文選五九 98_931_21  唐代・文選六八 45_449_9  唐代・文選百三 19_178_3	 唐代・古文選前 10_121_4	 唐代・古文選前 14_165_9  唐代・古文選後 22_256_10

羊羊

					ヨウ 訓ひつじ	
 唐代•十輪經四 22_423_16	 唐代•文選百三 42_418_16	 唐代•文選六八 15_160_27	 唐代•文選五九 44_433_15	 唐代•文選五九 23_220_15	 唐代•春秋經傳 5_52_4	羊部
	 唐代•文選百三 50_481_11	 唐代•文選六八 64_641_25	 唐代•文選五九 44_434_15	 唐代•文選五九 25_240_7	 唐代•春秋經傳 5_52_9	
	 唐代•文選百三 50_482_24	 唐代•文選六八 72_718_24	 唐代•文選五九 44_435_9	 唐代•文選五九 25_240_13	 唐代•春秋經傳 6_53_2	
	 唐代•文選百三 50_483_22	 唐代•文選八八 3_15_19	 唐代•文選五九 58_561_2	 唐代•文選五九 32_313_6	 唐代•春秋經傳 6_54_8	
	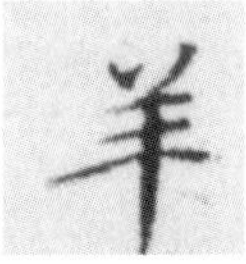 唐代•文選百三 50_483_33	 唐代•文選百三 13_115_11	 唐代•文選五九 82_783_26	 唐代•文選五九 32_314_8	 唐代•春秋經傳 6_55_17	
	 唐代•文選百三 50_485_17	 唐代•文選百三 13_115_18	 唐代•文選六八 13_138_14	 唐代•文選五九 32_315_16	 唐代•春秋經傳 6_58_20	
	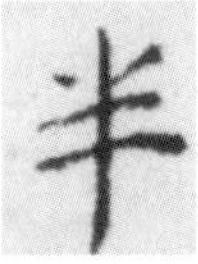 公羊傳 唐代•文選百三 84_801_11	 唐代•文選百三 23_218_12	 唐代•文選六八 15_160_17	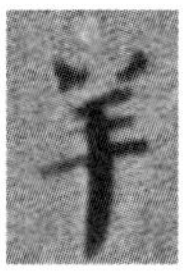 唐代•文選五九 33_319_4	 唐代•春秋經傳 32_339_8	

羌

キョウ
訓えびす

唐代·文選六八
1_12_11

唐代·文選八八
3_13_11

唐代·文選百三
24_231_8

唐代·文選百三
25_244_3

唐代·文選百三
25_246_9

唐代·文選百三
26_255_12

唐代·文選百三
29_283_15

唐代·文選百三
29_284_36

唐代·文選百三
30_298_13

唐代·文選百三
30_299_5

唐代·文選百三
34_336_7

唐代·文選百三
34_336_23

唐代·文選百三
34_337_20

唐代·文選百三
50_485_20

唐代·文選百三
29_283_4

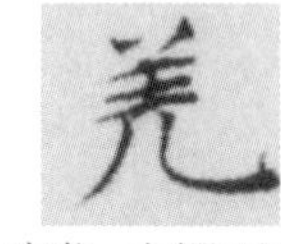
唐代·文選百三
54_518_25

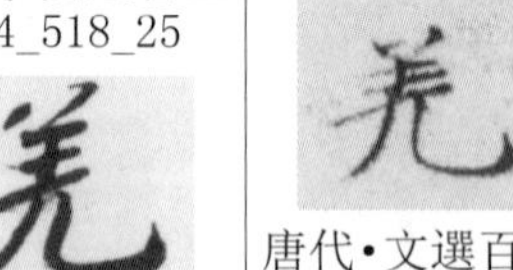
唐代·古文選前
9_107_11

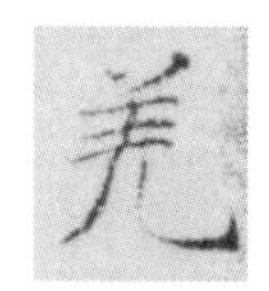
唐代·文選百三
45_435_2

美

漢ビ 呉ミ
訓うつくしい

中唐·灌頂歷名
1_4_12

唐代·文選四八
8_68_12

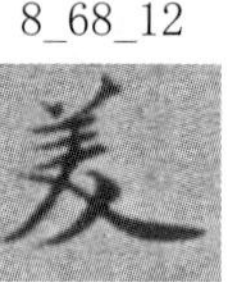
唐代·文選四八
8_68_21

唐代·文選四八
12_109_13

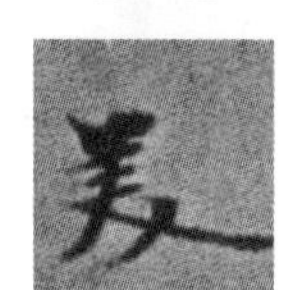
唐代·文選四八
20_178_6

唐代·文選四八
22_194_21

唐代·文選四八
32_290_19

唐代·文選四八
32_290_40

唐代·文選四八
32_291_3

唐代·文選四八
33_298_2

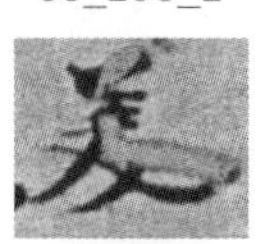
唐代·文選四八
34_306_9

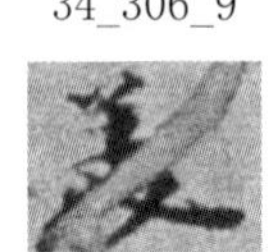
唐代·文選四八
34_306_16

唐代·文選四八
34_309_8

唐代·文選四八
36_324_27

唐代·文選四八
40_355_14

唐代·文選四八
40_360_4

唐代·文選四八
40_363_2

唐代·文選四八
40_364_2

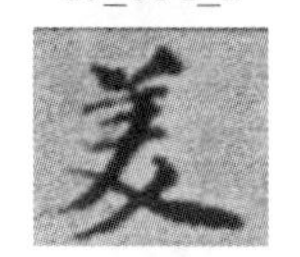
唐代·文選四八
41_365_9

唐代·文選四八
44_393_4

唐代·文選四八
45_409_22

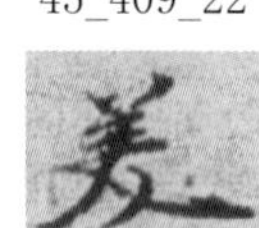
唐代·文選四八
46_414_7

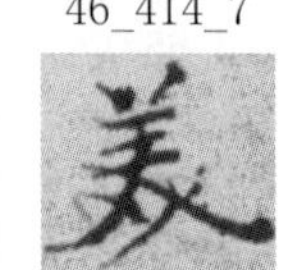
唐代·文選四八
46_415_6

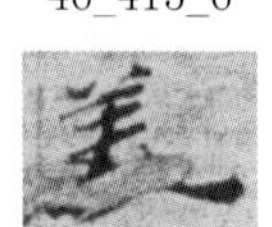
唐代·文選四八
46_415_22

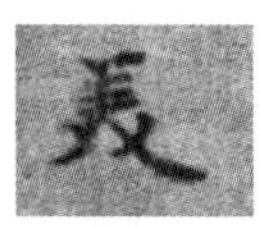
唐代·文選五九
7_59_19

唐代·文選五九
7_68_28

唐代·文選五九
14_136_10

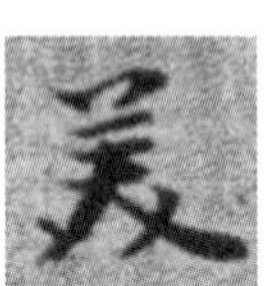
唐代·文選五九
17_171_26

唐代·文選五九
22_218_23

唐代·文選五九
23_219_14

唐代·文選五九
23_221_18

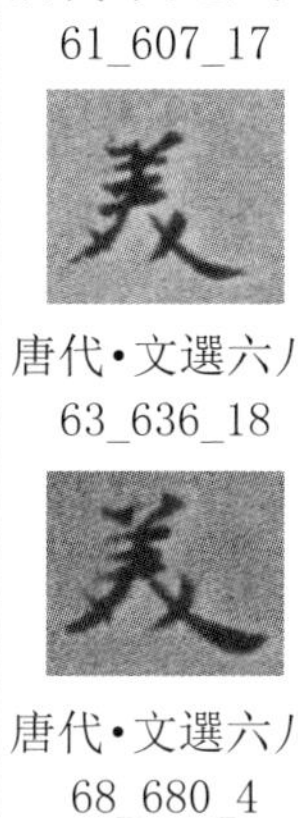
唐代•文選六八
61_607_17

唐代•文選六八
63_636_18

唐代•文選六八
68_680_4

唐代•文選六八
72_719_19

唐代•文選八八
13_109_11

唐代•文選八八
22_194_3

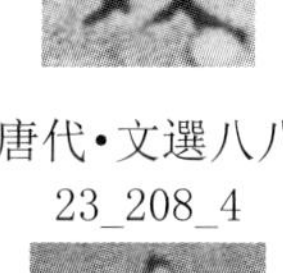
唐代•文選八八
23_208_4

唐代•文選八八
24_212_29

唐代•文選六八
27_278_17

唐代•文選六八
27_278_23

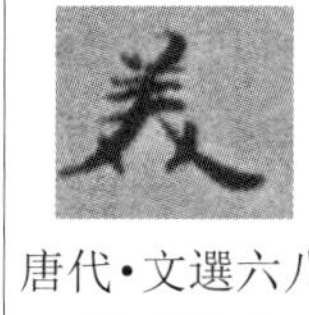
唐代•文選六八
43_425_8

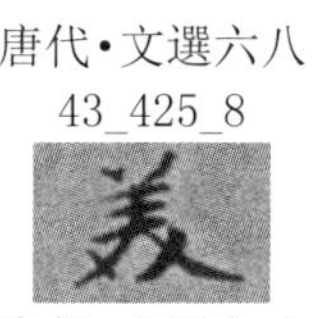
唐代•文選六八
47_469_1

唐代•文選六八
47_477_2

唐代•文選六八
47_478_1

唐代•文選六八
51_506_22

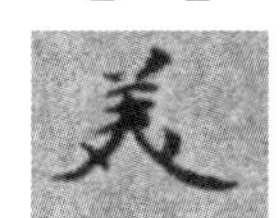
唐代•文選六八
55_557_23

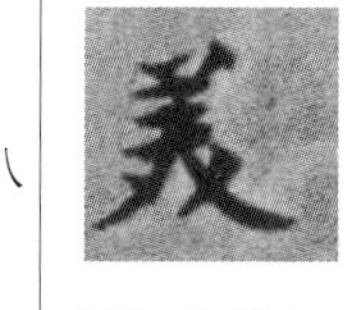
唐代•文選六八
15_156_22

唐代•文選六八
16_167_12

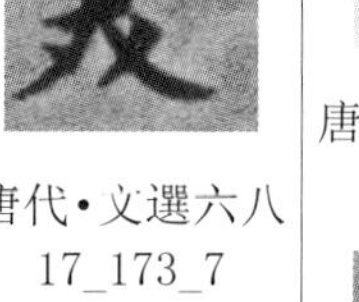
唐代•文選六八
17_172_7

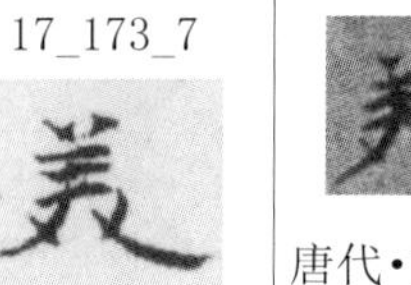

唐代•文選六八
17_173_7

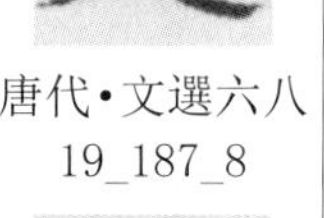
唐代•文選六八
19_187_8

唐代•文選六八
19_192_16

唐代•文選六八
21_207_8

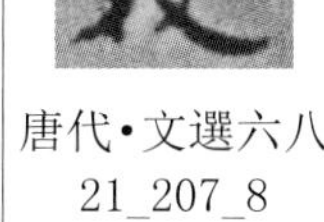
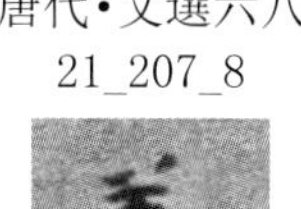
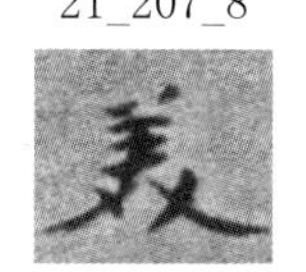
唐代•文選六八
27_274_23

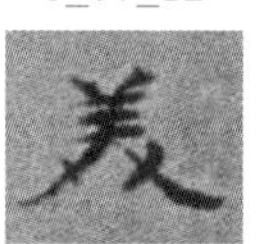
唐代•文選六八
8_77_12

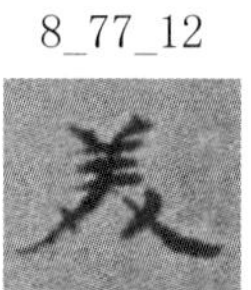
唐代•文選六八
11_117_26

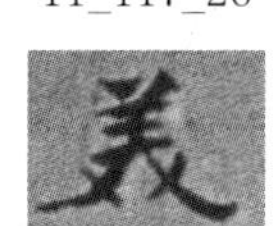
唐代•文選六八
12_124_2

唐代•文選六八
13_136_2

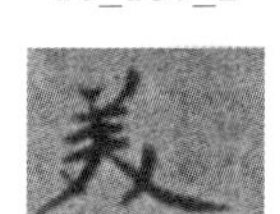
唐代•文選六八
14_144_21

唐代•文選六八
15_154_23

唐代•文選六八
15_155_10

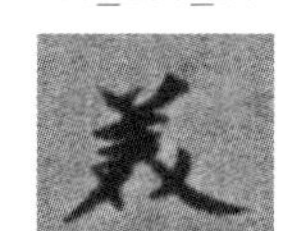
唐代•文選六八
15_155_27

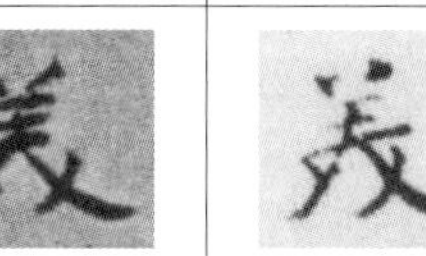
唐代•文選五九
93_893_15

唐代•文選五九
98_932_22

唐代•文選五九
106_1002_17

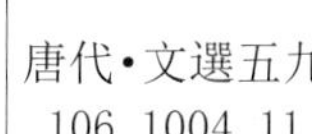
唐代•文選五九
106_1004_11

唐代•文選五九
109_1032_2

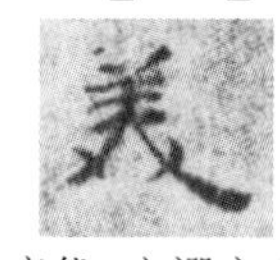
唐代•文選六八
2_18_8

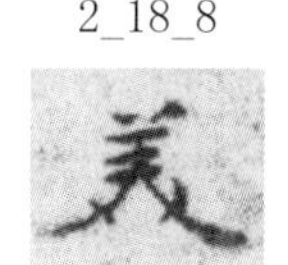
唐代•文選六八
2_20_9

唐代•文選六八
2_27_2

唐代•文選五九
68_652_2

唐代•文選五九
68_653_8

唐代•文選五九
68_653_30

唐代•文選五九
76_725_21

唐代•文選五九
86_825_12

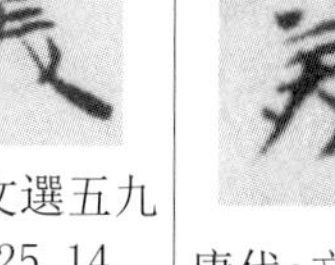
唐代•文選五九
86_825_14

唐代•文選五九
89_854_27

唐代•文選五九
93_892_17

唐代•文選五九
28_273_10

唐代•文選五九
37_366_22

唐代•文選五九
37_368_2

唐代•文選五九
38_373_18

唐代•文選五九
38_374_28

唐代•文選五九
40_395_9

唐代•文選五九
49_482_24

唐代•文選五九
58_557_12

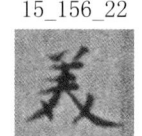

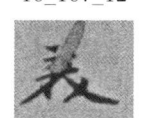

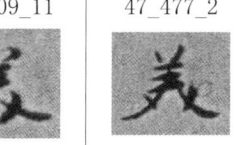

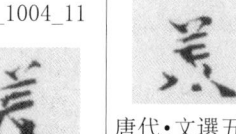

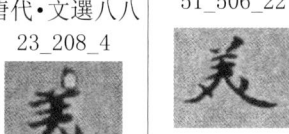

義	羞
ギ 訓みち	シュウ 訓すすめる

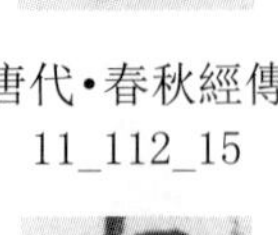
唐代•春秋經傳
11_112_15

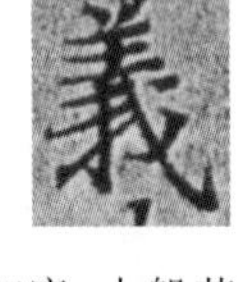
唐代•春秋經傳
20_204_3

唐代•春秋經傳
20_204_19

唐代•春秋經傳
25_258_12

唐代•春秋經傳
26_264_18

唐代•春秋經傳
26_265_6

唐代•春秋經傳
27_282_11

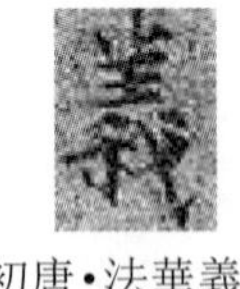
初唐•法華義疏
1_1_3

初唐•大般若經
1_4_1

中唐•金剛經題
1_1_9

中唐•金剛經題
2_13_5

晚唐•慶滋書狀
1_7_7

唐代•春秋經傳
4_42_25

唐代•春秋經傳
6_55_5

唐代•文選六八
15_158_23

唐代•古文選前
16_185_8

唐代•古文選前
20_237_2

唐代•古文選後
13_150_97

唐代•古文選後
17_200_3

唐代•十輪經四
13_241_5

唐代•十輪經八
16_307_6

唐代•文選百三
73_700_9

唐代•古文選前
3_26_11

唐代•古文選前
3_30_13

唐代•古文選前
4_42_4

唐代•古文選前
4_49_3

唐代•古文選前
7_83_6

唐代•古文選前
9_104_14

唐代•古文選前
13_151_12

唐代•文選百三
17_159_4

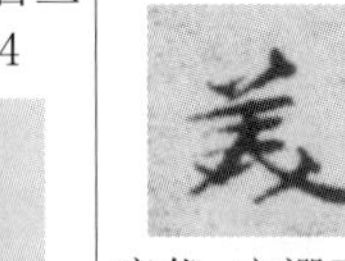
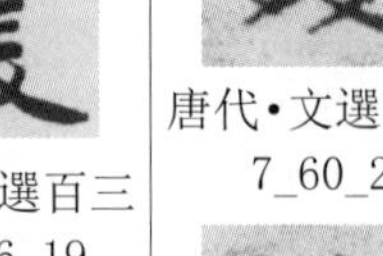
唐代•文選百三
19_176_19

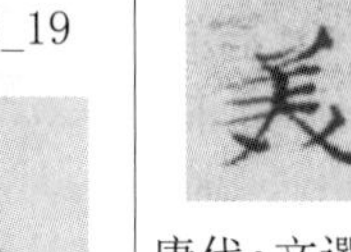
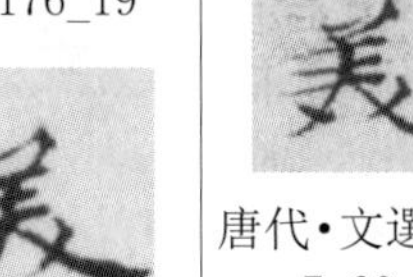
唐代•文選百三
19_179_11

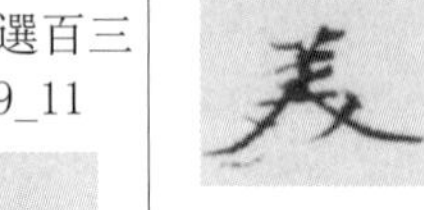
唐代•文選百三
19_181_18

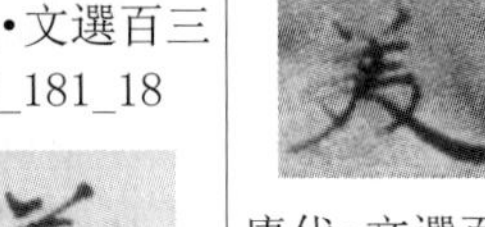
唐代•文選百三
44_424_11

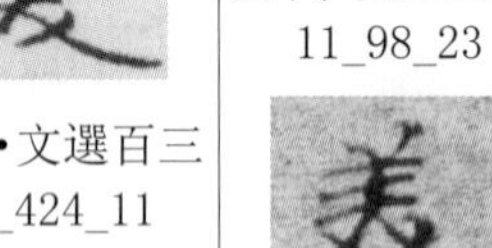
唐代•文選百三
66_637_26

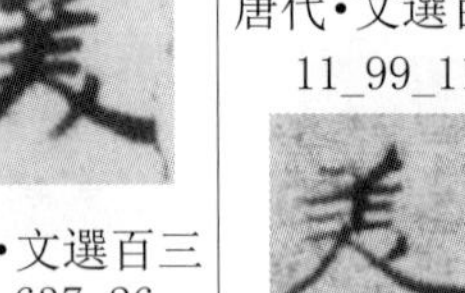
唐代•文選百三
67_645_25

唐代•文選百三
73_699_26

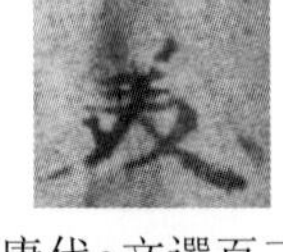
唐代•文選百三
1_8_20

唐代•文選百三
7_60_2

唐代•文選百三
7_60_9

唐代•文選百三
7_63_21

唐代•文選百三
11_98_23

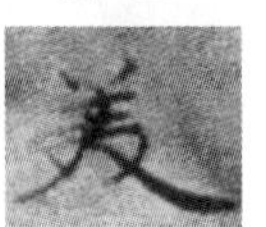
唐代•文選百三
11_99_11

唐代•文選百三
11_100_11

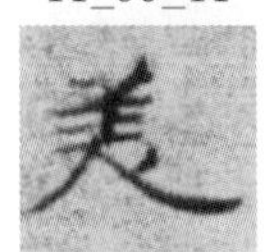

唐代•文選百三
17_158_38

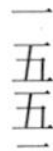

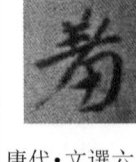

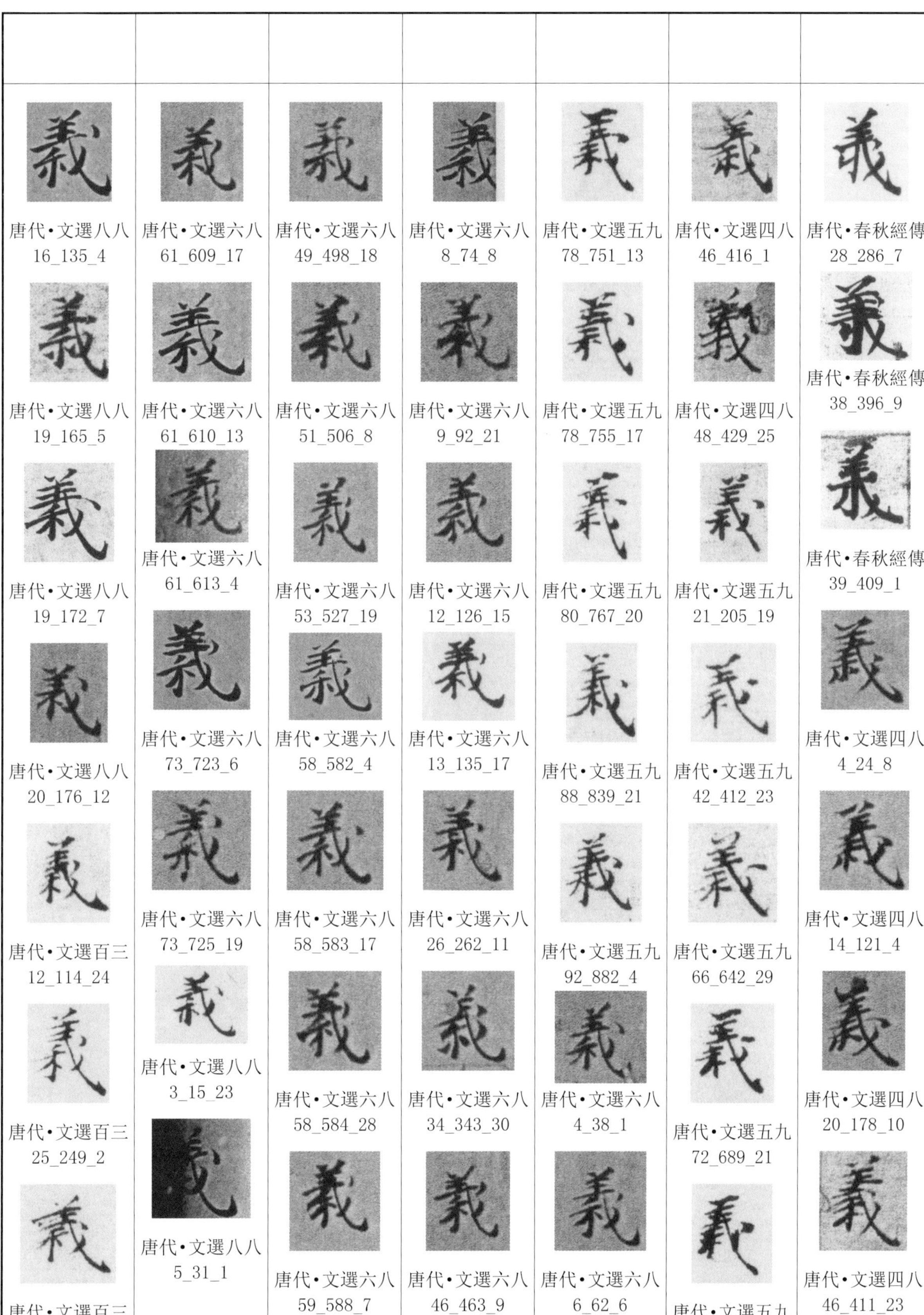

唐代•春秋經傳 28_286_7
唐代•春秋經傳 38_396_9
唐代•春秋經傳 39_409_1
唐代•文選四八 4_24_8
唐代•文選四八 14_121_4
唐代•文選四八 20_178_10
唐代•文選四八 46_411_23

唐代•文選四八 46_416_1
唐代•文選四八 48_429_25
唐代•文選五九 21_205_19
唐代•文選五九 42_412_23
唐代•文選五九 66_642_29
唐代•文選五九 72_689_21
唐代•文選五九 72_690_18

唐代•文選五九 78_751_13
唐代•文選五九 78_755_17
唐代•文選五九 80_767_20
唐代•文選五九 88_839_21
唐代•文選五九 92_882_4
唐代•文選六八 4_38_1
唐代•文選六八 6_62_6

唐代•文選六八 8_74_8
唐代•文選六八 9_92_21
唐代•文選六八 12_126_15
唐代•文選六八 13_135_17
唐代•文選六八 26_262_11
唐代•文選六八 34_343_30
唐代•文選六八 46_463_9

唐代•文選六八 49_498_18
唐代•文選六八 51_506_8
唐代•文選六八 53_527_19
唐代•文選六八 58_582_4
唐代•文選六八 58_583_17
唐代•文選六八 58_584_28
唐代•文選六八 59_588_7

唐代•文選六八 61_609_17
唐代•文選六八 61_610_13
唐代•文選六八 61_613_4
唐代•文選六八 73_723_6
唐代•文選六八 73_725_19
唐代•文選八八 3_15_23
唐代•文選八八 5_31_1

唐代•文選八八 16_135_4
唐代•文選八八 19_165_5
唐代•文選八八 19_172_7
唐代•文選八八 20_176_12
唐代•文選百三 12_114_24
唐代•文選百三 25_249_2
唐代•文選百三 34_339_11

唐代•十輪經八 17_343_2	唐代•十輪經四 9_165_3	唐代•古文選前 15_179_45	唐代•文選百三 84_803_19	唐代•文選百三 73_699_11	唐代•文選百三 70_673_7	唐代•文選百三 35_351_8
唐代•十輪經八 19_372_10	唐代•十輪經八 6_116_15	唐代•古文選前 26_301_10	唐代•文選百三 86_818_1	唐代•文選百三 73_706_15	唐代•文選百三 70_674_17	唐代•文選百三 42_421_2
唐代•十輪經八 19_381_2	唐代•十輪經八 8_155_5	唐代•古文選後 14_162_14	唐代•文選百三 87_832_13	唐代•文選百三 73_711_16	唐代•文選百三 70_675_11	唐代•文選百三 44_423_21
唐代•十輪經八 20_383_2	唐代•十輪經八 10_193_3	唐代•古文選後 17_204_1	唐代•文選百三 87_833_9	唐代•文選百三 74_713_25	唐代•文選百三 70_678_16	唐代•文選百三 45_428_14
唐代•十輪經十 19_363_7	唐代•十輪經八 12_230_2	唐代•古文選後 19_223_8	唐代•文選百三 87_834_1	唐代•文選百三 74_716_4	唐代•文選百三 71_690_6	唐代•文選百三 49_474_3
唐代•十輪經十 19_375_17	唐代•十輪經八 14_267_3	唐代•古文選後 21_249_14	唐代•古文選前 11_131_4	唐代•文選百三 83_786_13	唐代•文選百三 72_695_14	唐代•文選百三 54_521_28
唐代•十輪經十 19_380_4	唐代•十輪經八 16_305_2	唐代•十輪經四 2_40_9	唐代•古文選前 15_178_14	唐代•文選百三 83_787_13	唐代•文選百三 73_699_8	唐代•文選百三 67_644_4

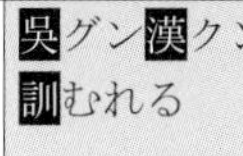

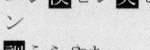

	群羣	羨				
	吴グン漢クン 訓むれる	エン漢セン吴ゼン 訓うらやむ				
 唐代•文選四八 29_263_24  唐代•文選四八 29_264_6  唐代•文選四八 29_265_10 唐代•文選四八 29_265_26  唐代•文選四八 44_395_6  唐代•文選四八 47_424_23  唐代•文選五九 9_79_7	 唐代•春秋經傳 8_83_1 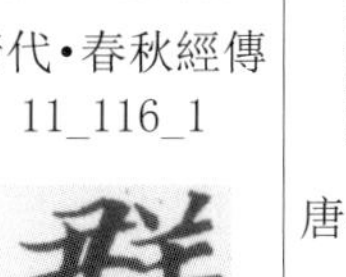 唐代•春秋經傳 11_116_1 唐代•春秋經傳 17_173_10  唐代•春秋經傳 20_207_6 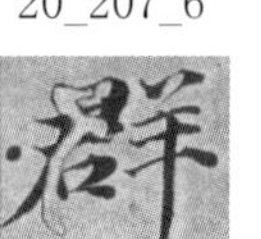 唐代•文選四八 29_260_3  唐代•文選四八 29_261_24  唐代•文選四八 29_262_6	 唐代•文選六八 4_41_7 唐代•文選六八 4_42_24 唐代•古文選前 1_2_3	 庖羲氏 唐代•文選四八 13_118_16  伏羲 唐代•文選四八 14_123_5  伏羲 唐代•文選四八 15_132_1 羲皇 唐代•文選六八 65_645_8	 唐代•十輪經九 21_417_15 唐代•十輪經十 3_52_8  唐代•十輪經十 7_123_5 唐代•十輪經十 8_158_5 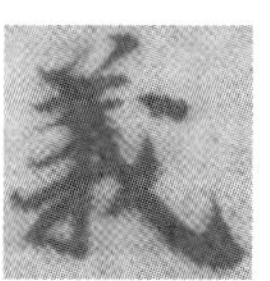 唐代•十輪經十 10_193_10 唐代•十輪經十 14_280_1 唐代•十輪經十 16_301_14	 唐代•十輪經九 10_195_13  唐代•十輪經九 12_232_4  唐代•十輪經九 14_266_7  唐代•十輪經九 15_294_15 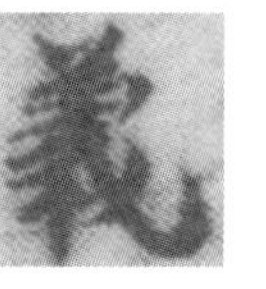 唐代•十輪經九 17_330_17  唐代•十輪經九 19_360_5  唐代•十輪經十 17_324_5	 唐代•十輪經八 20_385_2  唐代•十輪經八 21_418_15  唐代•十輪經九 1_18_11  唐代•十輪經九 3_56_17 唐代•十輪經九 7_120_2 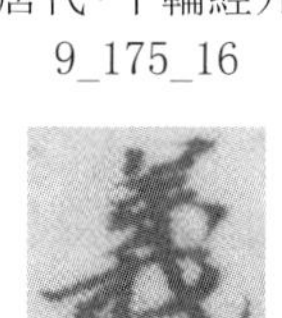 唐代•十輪經九 9_175_16 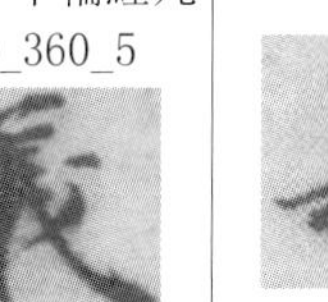 唐代•十輪經九 10_183_1

羲

キ慣ギ
訓ー

唐代・文選四八 12_109_3
唐代・文選四八 12_110_18
唐代・文選四八 12_111_1
唐代・文選四八 12_112_5
唐代・文選四八 12_112_15
唐代・文選四八 13_113_12
唐代・文選四八 13_114_1

唐代・古文選後 15_173_13
唐代・古文選後 17_197_2

唐代・古文選前 13_157_15
唐代・古文選前 21_243_13
唐代・古文選前 21_247_5
唐代・古文選前 23_265_9
唐代・古文選後 7_80_2
唐代・古文選後 11_121_3
唐代・古文選後 13_150_72

唐代・文選百三 14_132_22
唐代・文選百三 29_292_17
唐代・文選百三 33_325_2
唐代・文選百三 36_358_4
唐代・文選百三 46_439_2
唐代・文選百三 50_482_26
唐代・文選百三 83_795_5

唐代・文選六八 1_9_27
唐代・文選六八 37_370_8
唐代・文選六八 37_372_24
唐代・文選六八 59_587_17
唐代・文選八八 3_8_33
唐代・文選八八 3_10_6
唐代・文選八八 3_10_28

唐代・文選五九 45_450_16
唐代・文選五九 45_450_18
唐代・文選五九 47_470_10
唐代・文選五九 58_557_4
唐代・文選五九 81_781_24
唐代・文選五九 103_967_8
唐代・文選六八 1_7_31

唐代・文選五九 9_81_11
唐代・文選五九 9_82_6
唐代・文選五九 9_84_7
唐代・文選五九 11_100_7
唐代・文選五九 31_301_16
唐代・文選五九 31_302_7
唐代・文選五九 31_303_16

唐代·文選六八
65_648_27

唐代·文選六八
65_649_3

羹 羮

コウ唐カン
訓あつもの

唐代·文選六八
17_170_11

唐代·文選六八
21_215_10

米部

米 米

漢ベイ 慣メ 呉マイ
訓こめ

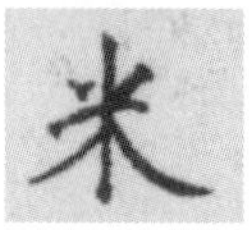
唐代・文選六八
13_133_17

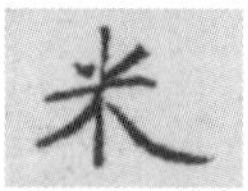
唐代・文選六八
13_136_14

唐代・文選六八
13_136_19

唐代・文選六八
13_137_8

唐代・文選六八
13_137_11

唐代・文選六八
13_137_20

唐代・文選六八
13_137_23

唐代・文選六八
13_137_29

唐代・文選六八
13_138_6

唐代・文選六八
13_138_12

唐代・文選六八
13_140_18

唐代・文選六八
13_141_21

唐代・文選六八
13_141_26

唐代・文選六八
13_142_2

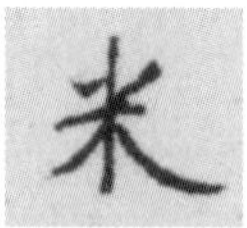
唐代・文選六八
13_142_4

唐代・文選六八
13_142_6

粉 粉

フン
訓こ、こな

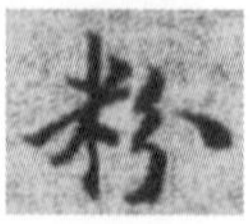
唐代・文選五九
15_151_27

唐代・文選六八
55_553_8

唐代・文選六八
55_557_29

唐代・文選百三
37_371_17

唐代・古文選前
7_85_8

粗 粗

ソ
訓あらい

唐代・文選八八
9_67_6

唐代・文選八八
9_68_15

唐代・文選八八
9_69_2

唐代・文選八八
9_69_11

唐代・文選八八
9_69_36

粒 粒

リュウ
訓つぶ

唐代・文選六八
13_136_23

唐代・十輪經四
21_404_15

粟 粟

慣ゾク 漢ショク
呉ソク
訓もみ

唐代・文選四八
38_337_5

唐代・文選四八
42_376_15

唐代・文選四八
42_376_21

唐代・文選六八
13_137_4

唐代・文選六八
13_137_16

唐代・文選六八
13_141_25

唐代・文選百三
24_232_11

唐代•文選六八
14_144_28

唐代•文選百三
33_332_34

唐代•文選百三
37_363_17

唐代•文選百三
45_437_4

唐代•文選百三
46_442_17

唐代•文選百三
57_553_41

唐代•文選百三
62_599_4

唐代•文選百三
65_624_12

唐代•文選百三
63_601_33

唐代•文選百三
63_602_7

唐代•文選百三
85_805_14

唐代•古文選後
7_78_14

粵

漢エツ呉オチ
訓ここに

唐代•文選四八
12_108_22

粲

サン
訓いい

唐代•文選四八
6_52_23

唐代•文選五九
27_259_19

唐代•文選五九
47_458_22

唐代•文選五九
62_596_23

唐代•文選六八
2_28_4

唐代•文選六八
2_28_13

唐代•文選六八
3_29_15

唐代•古文選前
8_99_3

唐代•古文選前
16_190_9

唐代•古文選後
9_99_43

精

ショウ漢セイ
訓しらげよね

唐代•文選四八
22_195_13

唐代•文選五九
61_584_7

唐代•文選五九
61_585_25

唐代•文選五九
61_590_29

唐代•文選五九
61_591_29

唐代•文選五九
62_592_20

唐代•文選五九
63_606_26

唐代•文選五九
77_741_17

唐代•文選五九
80_765_22

唐代•文選五九
81_779_28

唐代•文選五九
84_806_25

唐代•文選六八
3_30_14

唐代•文選六八
3_33_14

唐代•文選六八
8_75_1

唐代•文選六八
13_132_11

唐代•文選六八
21_211_9

唐代•文選六八
29_299_30

唐代•文選六八
42_422_8

唐代•文選六八
43_426_26

唐代•文選六八
68_677_3

唐代•文選六八
69_684_6

唐代•文選百三
11_106_11

唐代•文選百三
49_472_1

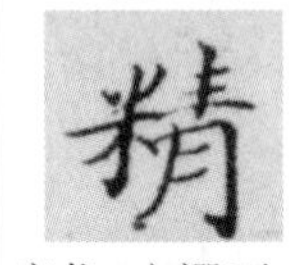
唐代•文選百三
49_474_32

唐代•文選百三
57_543_34

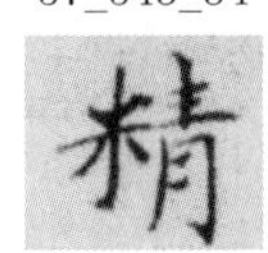
唐代•文選百三
68_656_11

唐代•古文選前
2_15_10

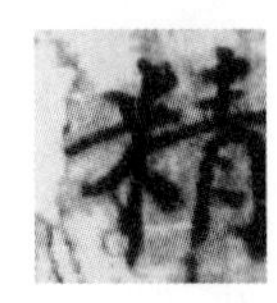
唐代•古文選前
2_21_13

唐代•古文選前
3_32_12

唐代•古文選前
4_48_12

唐代•古文選前
6_68_10

唐代•古文選前
10_122_12

唐代•古文選前
11_130_6

唐代•古文選前
12_140_11

唐代•古文選前
24_285_6

唐代•古文選後
6_64_5

唐代•十輪經四
2_32_14

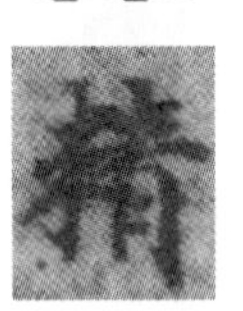
唐代•十輪經四
3_41_6

唐代•十輪經四
14_265_4

唐代•十輪經四
15_280_3

唐代•十輪經四
17_329_1

唐代•十輪經四
19_363_1

唐代•十輪經八
1_15_13

唐代•十輪經八
2_29_16

唐代•十輪經八
7_134_13

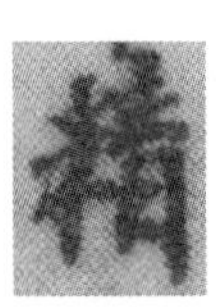
唐代•十輪經八
9_173_8

唐代•十輪經八
11_211_5

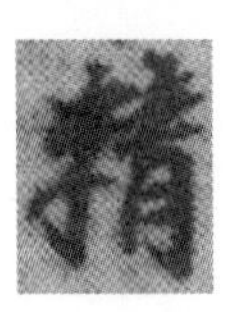
唐代•十輪經八
13_248_11

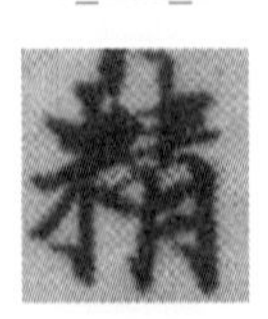
唐代•十輪經八
15_285_15

粺 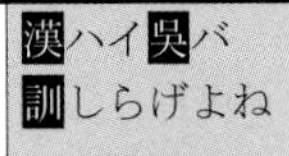

漢ハイ呉バ
訓しらげよね

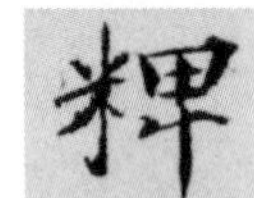
唐代•文選六八
13_132_12

唐代•文選六八
13_134_21

唐代•文選六八
13_136_13

唐代•文選六八
13_136_25

唐代•文選六八
13_137_10

唐代•文選六八
13_138_11

唐代•文選六八
13_139_27

唐代•文選六八
13_140_11

唐代•文選六八
13_141_19

唐代•文選六八
13_142_3

糴	糲	糧	糞	糜	糅	粹
漢テキ 訓かいよね	レイ、ライ漢ラツ 訓くろごめ	リョウ慣ロウ 訓かて	フン 訓くそ	漢ビ 訓かゆ	漢ジュウ、シュウ 訓まじる	スイ 訓もっぱら
 唐代•文選百三 33_332_4 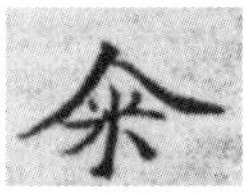 唐代•文選百三 81_766_24  唐代•文選百三 83_784_15	 唐代•文選六八 13_137_22  唐代•文選六八 13_142_1  唐代•文選六八 21_215_3	 唐代•春秋經傳 36_381_4  唐代•文選六八 21_215_4  唐代•文選百三 34_340_29  唐代•文選百三 55_529_1  唐代•文選百三 56_534_28  唐代•文選百三 56_537_28  唐代•文選百三 85_805_11  唐代•古文選後 3_34_4	 唐代•文選五九 43_426_4	 唐代•文選五九 39_381_16	 唐代•文選六八 17_175_1  唐代•文選六八 17_176_4	 唐代•古文選後 18_210_3

聿部

聿

漢イツ呉イチ
訓かく

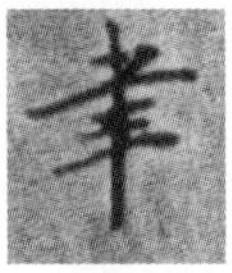
唐代•文選五九
3_20_17

唐代•文選五九
3_21_3

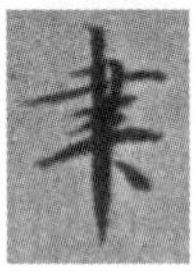
唐代•文選六八
32_319_19

唐代•古文選後
20_229_7

肆

シ
訓とく

唐代•文選五九
48_474_6

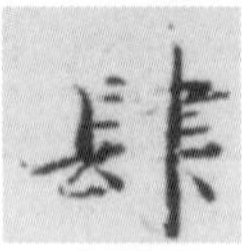
唐代•文選五九
81_779_7

唐代•文選五九
81_781_22

唐代•文選六八
27_269_15

唐代•文選六八
27_271_6

唐代•文選百三
25_245_2

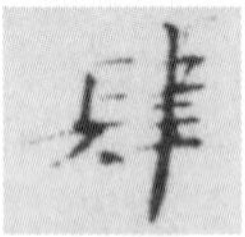
唐代•文選百三
25_250_27

唐代•文選百三
39_390_6

唐代•文選百三
39_397_37

唐代•文選百三
47_450_24

唐代•古文選後
2_13_8

唐代•古文選後
4_47_14

唐代•古文選後
14_166_4

肄

イ
訓ならう

唐代•古文選後
5_49_9

唐代•古文選後
15_170_14

唐代•古文選後
20_233_13

肅肅

シュク
訓はやい

唐代•文選四八
12_103_8

唐代•文選四八
19_168_12

唐代•文選四八
28_247_10

唐代•文選四八
28_250_2

唐代•文選四八
28_250_15

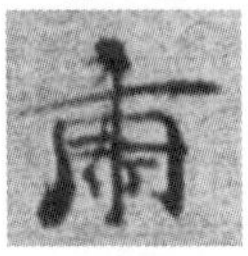
唐代•文選四八
35_314_23

唐代•文選四八
48_440_9

唐代•文選五九
22_212_1

唐代•文選五九
22_215_21

唐代•文選五九
66_632_3

唐代•文選五九
66_633_20

唐代•文選五九
90_860_7

唐代•文選五九
98_929_8

唐代•文選六八
33_329_9

唐代•文選八八 5_29_32

唐代•文選百三 14_134_3

唐代•文選百三 49_475_5

唐代•文選百三 77_735_2

唐代•文選百三 77_738_13

唐代•古文選前 18_217_1

唐代•古文選前 21_242_1

唐代•古文選後 1_4_9

唐代•古文選後 3_30_1

唐代•古文選後 3_31_7

唐代•古文選後 12_138_2

唐代•古文選後 16_185_11

唐代•古文選後 20_235_11

唐代•古文選後 21_248_14

肇 

チョウ
訓はじめる

唐代•文選四八 12_102_1

唐代•文選四八 12_107_18

唐代•古文選後 13_152_11

艮部

艮

コン
訓そむく

唐代•文選四八
14_121_24

良

リョウ呉ロウ
訓よい

唐代•春秋經傳
5_44_1

唐代•春秋經傳
6_54_37

唐代•春秋經傳
6_55_8

唐代•春秋經傳
11_110_5

唐代•春秋經傳
11_111_6

唐代•春秋經傳
20_205_1

唐代•春秋經傳
20_205_19

唐代•春秋經傳
20_207_12

唐代•春秋經傳
20_207_19

唐代•春秋經傳
20_210_2

唐代•春秋經傳
20_210_15

唐代•春秋經傳
20_213_3

唐代•春秋經傳
26_267_9

唐代•春秋經傳
32_329_7

唐代•春秋經傳
36_373_13

唐代•文選四八
3_18_4

唐代•文選四八
5_38_7

唐代•文選四八
7_58_29

唐代•文選四八
8_61_3

唐代•文選四八
8_65_16

唐代•文選四八
15_137_19

唐代•文選四八
18_159_24

唐代•文選四八
18_166_13

唐代•文選四八
21_190_11

唐代•文選四八
24_216_3

唐代•文選四八
24_217_15

唐代•文選四八
24_217_24

唐代•文選四八
24_219_10

唐代•文選四八
24_220_9

唐代•文選四八
25_223_6

唐代•文選四八
26_238_19

唐代•文選四八
29_264_25

唐代•文選四八
31_277_26

唐代•文選四八
31_281_21

唐代•文選四八
32_286_1

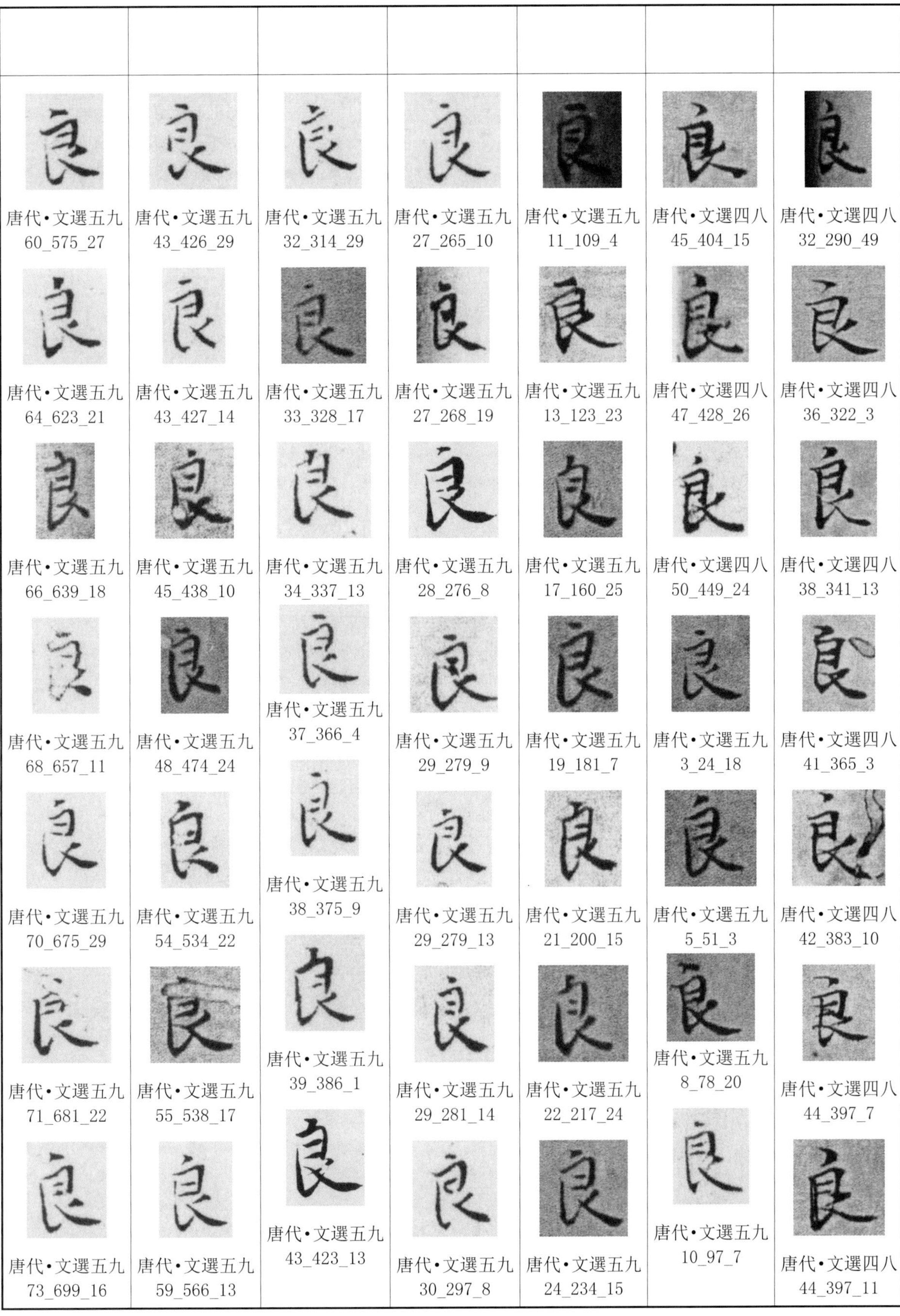

唐代•文選五九 60_575_27	唐代•文選五九 43_426_29	唐代•文選五九 32_314_29	唐代•文選五九 27_265_10	唐代•文選五九 11_109_4	唐代•文選四八 45_404_15	唐代•文選四八 32_290_49
唐代•文選五九 64_623_21	唐代•文選五九 43_427_14	唐代•文選五九 33_328_17	唐代•文選五九 27_268_19	唐代•文選五九 13_123_23	唐代•文選四八 47_428_26	唐代•文選四八 36_322_3
唐代•文選五九 66_639_18	唐代•文選五九 45_438_10	唐代•文選五九 34_337_13	唐代•文選五九 28_276_8	唐代•文選五九 17_160_25	唐代•文選四八 50_449_24	唐代•文選四八 38_341_13
唐代•文選五九 68_657_11	唐代•文選五九 48_474_24	唐代•文選五九 37_366_4	唐代•文選五九 29_279_9	唐代•文選五九 19_181_7	唐代•文選五九 3_24_18	唐代•文選四八 41_365_3
唐代•文選五九 70_675_29	唐代•文選五九 54_534_22	唐代•文選五九 38_375_9	唐代•文選五九 29_279_13	唐代•文選五九 21_200_15	唐代•文選五九 5_51_3	唐代•文選四八 42_383_10
唐代•文選五九 71_681_22	唐代•文選五九 55_538_17	唐代•文選五九 39_386_1	唐代•文選五九 29_281_14	唐代•文選五九 22_217_24	唐代•文選五九 8_78_20	唐代•文選四八 44_397_7
唐代•文選五九 73_699_16	唐代•文選五九 59_566_13	唐代•文選五九 43_423_13	唐代•文選五九 30_297_8	唐代•文選五九 24_234_15	唐代•文選五九 10_97_7	唐代•文選四八 44_397_11

唐代·文選八八 9_69_17
唐代·文選八八 11_94_7
唐代·文選八八 12_101_37
唐代·文選八八 13_112_26
唐代·文選八八 15_124_19
唐代·文選八八 15_126_6
唐代·文選八八 17_147_21

唐代·文選八八 17_151_16
唐代·文選八八 19_161_19
唐代·文選八八 20_175_24
唐代·文選八八 23_199_36
唐代·文選百三 1_6_17
唐代·文選百三 2_15_14
唐代·文選百三 3_17_10

唐代·文選百三 3_18_3
唐代·文選百三 3_18_14
唐代·文選百三 3_23_19
唐代·文選百三 5_40_32
唐代·文選百三 7_68_23
唐代·文選百三 9_83_4
唐代·文選百三 11_103_21

唐代·文選百三 11_103_30
唐代·文選百三 11_104_8
唐代·文選百三 11_106_18
唐代·文選百三 11_107_14
唐代·文選百三 15_139_6
唐代·文選百三 18_169_27
唐代·文選百三 21_199_13

唐代·文選百三 21_202_21
唐代·文選百三 22_214_2
唐代·文選百三 22_216_8
唐代·文選百三 23_216_55
唐代·文選百三 23_216_58
唐代·文選百三 27_266_28
唐代·文選百三 29_289_15

唐代·文選百三 31_313_19
唐代·文選百三 34_340_23
唐代·文選百三 37_368_29
唐代·文選百三 39_397_35
唐代·文選百三 45_428_24
唐代·文選百三 47_454_6
唐代·文選百三 49_471_7

唐代·文選百三 51_496_7
唐代·文選百三 52_498_22
唐代·文選百三 56_537_8
唐代·文選百三 59_566_16
唐代·文選百三 62_597_32
唐代·文選百三 65_619_24
唐代·文選百三 68_657_19

艱

漢カン呉ケン
訓なやむ

唐代•文選八八
13_102_15

唐代•文選百三
3_22_11

唐代•文選百三
3_23_9

唐代•文選百三
3_23_22

唐代•文選百三
80_758_1

唐代•文選百三
80_759_3

唐代•十輪經九
12_226_7

唐代•十輪經九
17_323_10

唐代•古文選後
10_114_11

唐代•古文選後
17_194_7

唐代•古文選後
22_260_13

唐代•古文選後
25_291_2

唐代•十輪經四
13_258_10

唐代•十輪經八
10_184_12

唐代•十輪經九
10_199_23

唐代•文選百三
83_787_35

唐代•文選百三
83_790_30

唐代•文選百三
85_816_24

唐代•古文選前
9_105_9

唐代•古文選前
14_165_14

唐代•古文選後
8_95_13

唐代•古文選後
9_99_12

唐代•文選百三
70_676_25

唐代•文選百三
74_713_21

唐代•文選百三
77_735_3

唐代•文選百三
77_738_15

唐代•文選百三
78_744_33

唐代•文選百三
80_763_15

唐代•文選百三
81_766_28

艸部

艾

ガイ
訓よもぎ

唐代•春秋經傳
36_377_9

唐代•春秋經傳
36_377_13

唐代•文選五九
73_701_12

芉

セン
訓—

唐代•文選百三
53_512_21

芒

コウ漢ボウ呉モウ
訓のぎ

唐代•文選四八
14_123_14

唐代•文選四八
14_125_1

唐代•文選四八
14_125_12

唐代•文選四八
14_126_11

唐代•文選四八
14_127_12

唐代•文選五九
3_22_22

唐代•文選五九
3_23_11

唐代•文選五九
3_24_8

唐代•文選五九
3_24_10

唐代•文選八八
24_215_2

唐代•文選八八
24_216_5

唐代•文選百三
33_332_33

唐代•文選百三
79_750_19

唐代•古文選前
17_200_1

唐代•古文選後
3_32_5

唐代•古文選後
13_144_1

唐代•古文選後
22_256_13

唐代•古文選後
22_261_4

芝

シ
訓しば

唐代•文選五九
77_743_25

唐代•古文選前
9_104_8

唐代•古文選前
12_139_11

	花	芮	芘	苣	芙	芾
	漢カ呉ケ 訓はな	漢ゼイ 訓みずぎわ	漢ヒ呉ビ 訓おぼう	漢キョ 訓たいまつ	漢フ 訓はす	ヒ 訓—
 唐代•文選五九 100_946_1  唐代•文選六八 8_77_22  唐代•文選六八 41_405_25  唐代•文選六八 41_406_22  唐代•文選六八 41_407_5  唐代•文選六八 43_430_1  唐代•文選六八 43_430_13  唐代•文選六八 51_511_7	 初唐•聖武雜集 1_1_16  初唐•聖武雜集 1_6_15  初唐•聖武雜集 1_10_3  唐代•文選五九 7_68_10  唐代•文選五九 7_69_18  唐代•文選五九 7_70_9  唐代•文選五九 27_272_29  唐代•文選五九 28_273_24	 唐代•文選五九 76_731_19	 唐代•文選百三 24_235_14	 唐代•文選百三 61_583_7	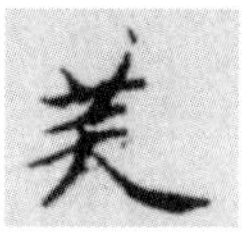 唐代•文選五九 108_1021_28  唐代•古文選前 8_92_11  唐代•古文選後 9_103_9	 唐代•文選百三 57_545_20

唐代•文選六八
51_515_26

唐代•十輪經四
2_37_1

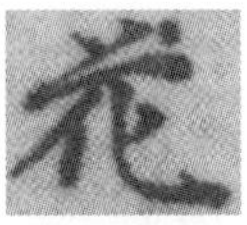
唐代•十輪經四
19_361_6

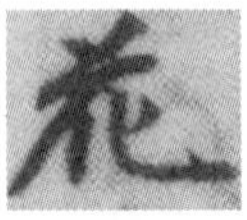
唐代•十輪經八
3_43_16

芥

漢カイ 呉ケ
訓からし

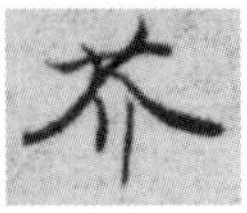
唐代•文選百三
26_254_24

芬

フン
訓こうばしい

唐代•文選五九
3_27_12

芳

ホウ
訓かんばしい

唐代•文選四八
26_229_10

唐代•文選四八
26_231_24

唐代•文選四八
33_296_7

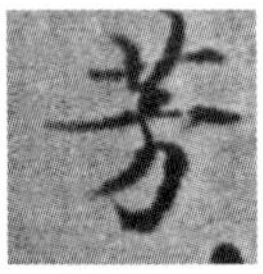
唐代•文選四八
33_297_10

唐代•文選四八
33_298_6

唐代•文選四八
45_409_7

唐代•文選五九
3_27_6

唐代•文選五九
8_75_7

唐代•文選五九
15_139_5

唐代•文選五九
17_160_10

唐代•文選五九
23_229_6

唐代•文選五九
23_231_4

唐代•文選五九
27_271_7

唐代•文選五九
27_271_18

唐代•文選五九
37_370_13

唐代•文選五九
37_371_15

唐代•文選五九
38_373_16

唐代•文選五九
38_374_11

唐代•文選五九
38_378_20

唐代•文選五九
67_647_11

唐代•文選五九
86_822_2

唐代•文選五九
86_823_27

唐代•文選五九
86_824_27

唐代•文選五九
90_858_4

唐代•文選五九
92_884_2

唐代•文選五九
92_885_7

唐代•文選五九
92_886_9

唐代•文選五九
92_887_7

唐代·古文選後
24_288_5

唐代·古文選前
9_114_12

唐代·古文選前
11_124_11

唐代·古文選後
13_150_41

唐代·古文選後
13_150_46

唐代·古文選後
15_179_12

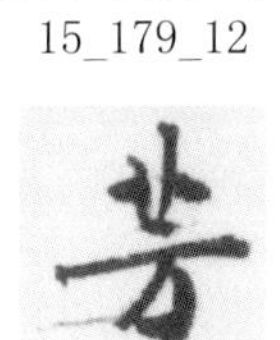
唐代·古文選後
18_211_2

唐代·古文選後
20_233_15

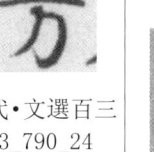

唐代·文選百三
31_312_37

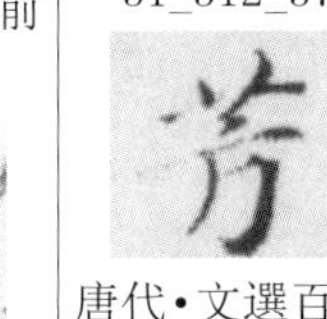

唐代·文選百三
55_525_16

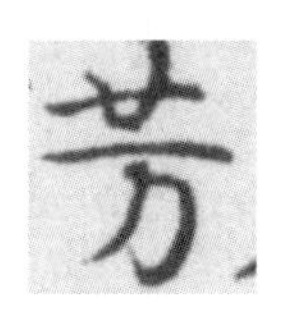
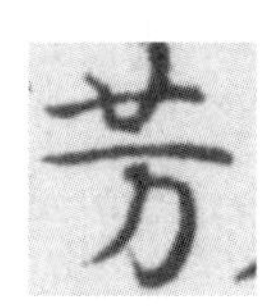
唐代·文選百三
83_790_24

唐代·文選百三
85_816_18

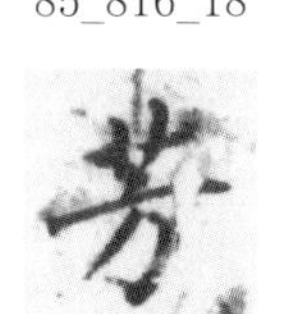
唐代·古文選前
3_37_3

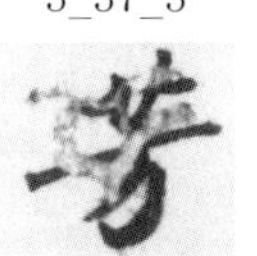
唐代·古文選前
8_92_40

唐代·古文選前
8_101_11

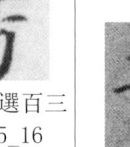

唐代·文選六八
46_463_25

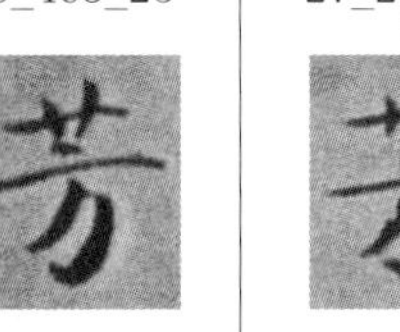
唐代·文選六八
47_465_10

唐代·文選六八
47_465_12

唐代·文選六八
51_516_23

唐代·文選六八
51_518_14

唐代·文選六八
52_521_16

唐代·文選六八
55_558_16

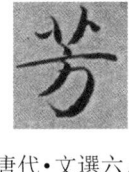

唐代·文選六八
27_269_14

唐代·文選六八
34_339_1

唐代·文選六八
43_429_19

唐代·文選六八
43_431_7

唐代·文選六八
44_444_22

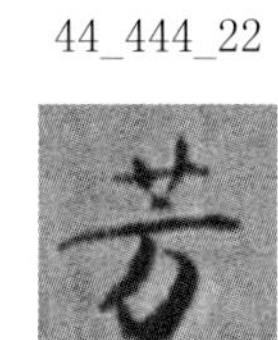
唐代·文選六八
45_446_6

唐代·文選六八
45_446_10

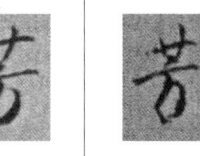

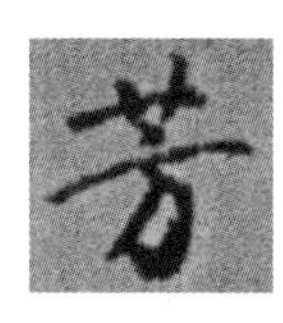
唐代·文選六八
16_164_19

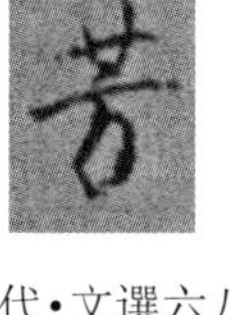
唐代·文選六八
16_165_23

唐代·文選六八
17_175_3

唐代·文選六八
17_177_13

唐代·文選六八
18_182_24

唐代·文選六八
19_186_4

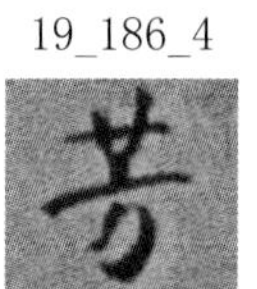
唐代·文選六八
25_250_8

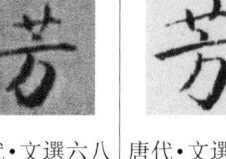

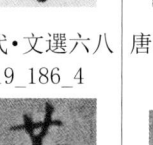

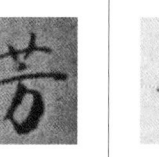

唐代·文選五九
106_1002_30

唐代·文選六八
6_58_12

唐代·文選六八
13_132_9

唐代·文選六八
13_136_5

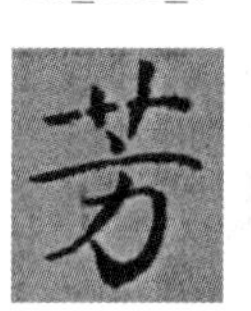
唐代·文選六八
15_159_1

唐代·文選六八
15_161_27

唐代·文選六八
16_163_21

苦

漢コ 呉ク
訓にがい

唐代•文選四八
7_55_6

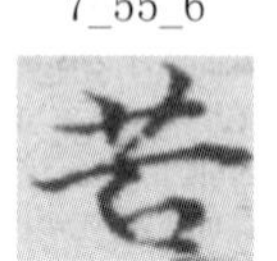
唐代•文選四八
7_55_17

唐代•文選四八
7_56_4

唐代•文選四八
7_57_6

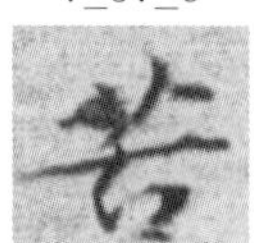
唐代•文選四八
7_58_11

唐代•文選四八
7_59_16

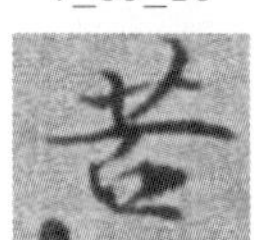
唐代•文選四八
8_67_50

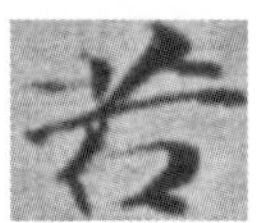
唐代•文選四八
10_91_15

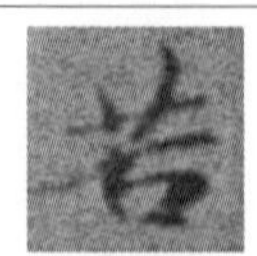
唐代•文選五九
11_109_28

唐代•文選五九
11_111_15

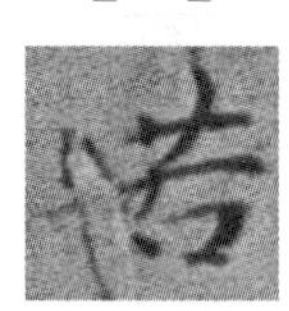
唐代•文選五九
14_132_14

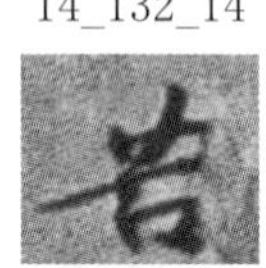
唐代•文選五九
19_184_30

唐代•文選五九
19_185_17

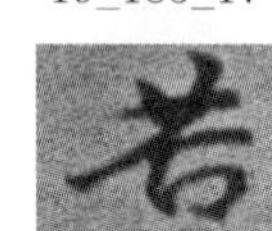
唐代•文選五九
24_237_11

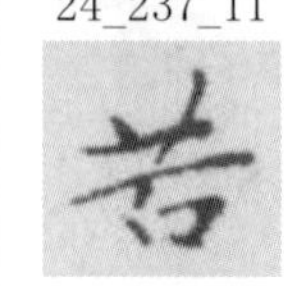
唐代•文選五九
27_265_3

唐代•文選五九
31_306_32

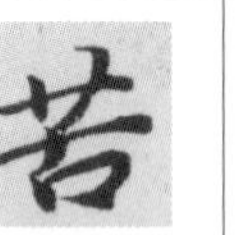
唐代•文選五九
35_339_5

唐代•文選五九
35_344_19

唐代•文選五九
43_421_3

唐代•文選五九
43_422_5

唐代•文選五九
43_423_5

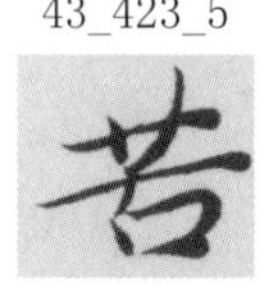
唐代•文選五九
43_430_4

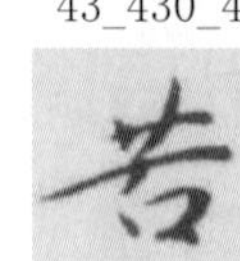
唐代•文選五九
44_432_2

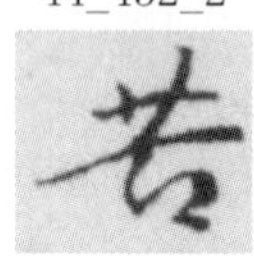
唐代•文選五九
44_432_27

唐代•文選五九
53_519_5

唐代•文選五九
59_571_20

唐代•文選五九
60_575_5

唐代•文選五九
60_577_14

唐代•文選五九
60_577_29

唐代•文選五九
97_919_13

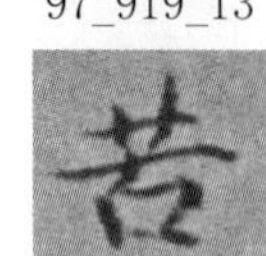
唐代•文選六八
20_200_8

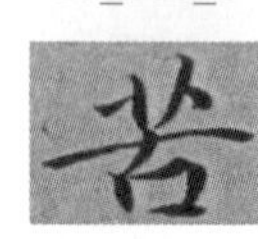
唐代•文選六八
20_200_20

唐代•文選六八
20_201_21

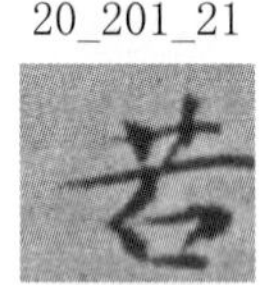
唐代•文選六八
21_207_31

唐代•文選八八
13_102_16

唐代•文選百三
25_249_31

唐代•文選百三
29_284_26

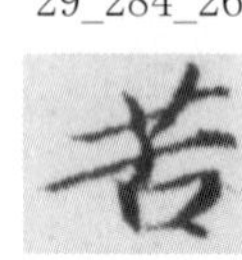
唐代•文選百三
34_340_18

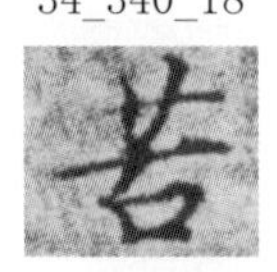
唐代•文選百三
52_503_12

唐代•文選百三
54_518_26

唐代•古文選後
5_59_1

唐代•古文選後
17_193_5

唐代•古文選後
23_270_12

唐代•古文選後
24_278_12

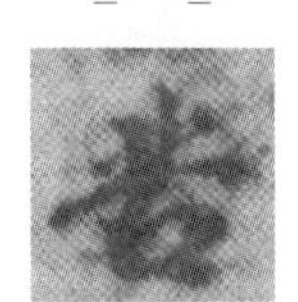
唐代•十輪經四
1_3_2

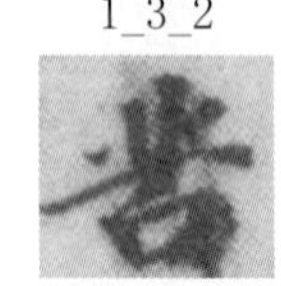
唐代•十輪經四
1_17_16

唐代•十輪經四
3_51_14

唐代•十輪經四
5_91_9

唐代•十輪經四
5_96_9

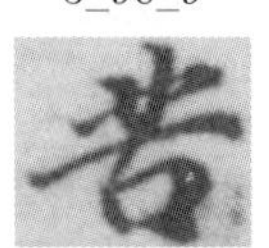
唐代•十輪經四
6_117_8

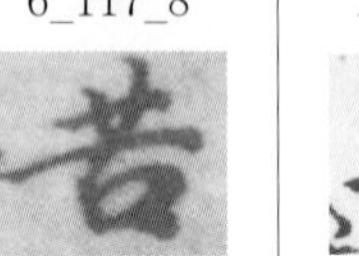
唐代•十輪經四
10_196_4

唐代•十輪經四
12_229_22

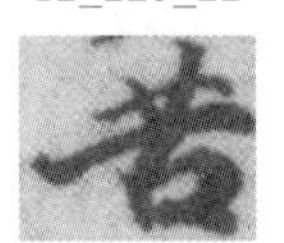
唐代•十輪經四
13_255_24

唐代•十輪經四
14_267_24

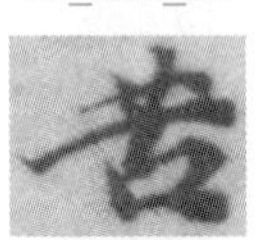
唐代•十輪經四
14_270_25

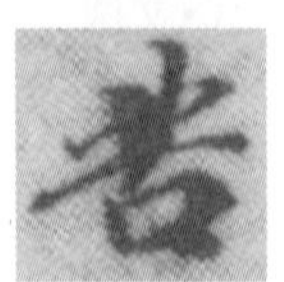
唐代•十輪經四
16_318_13

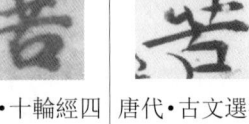

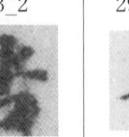

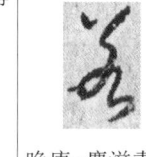

若

漢ジャク 呉ニャク

訓わかい

初唐·法華義疏
1_3_9

初唐·大般若經
1_1_3

初唐·大般若經
2_31_3

初唐·大般若經
2_35_7

中唐·金剛經題
1_4_3

中唐·金剛經題
2_13_6

中唐·七祖像贊
1_3_5

中唐·七祖像贊
1_5_8

中唐·七祖像贊
1_13_9

晚唐·慶滋書狀
1_4_4

晚唐·慶滋書狀
1_7_8

晚唐·慶滋書狀
1_12_7

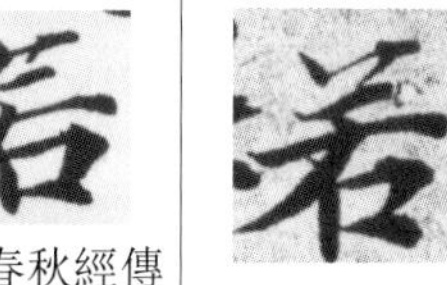
唐代·春秋經傳
7_64_6

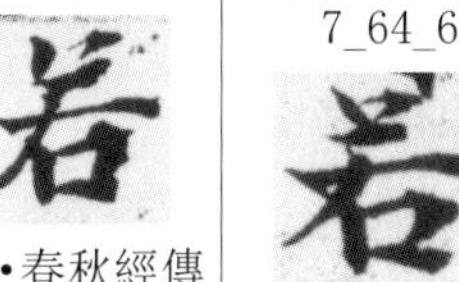
唐代·春秋經傳
7_70_19

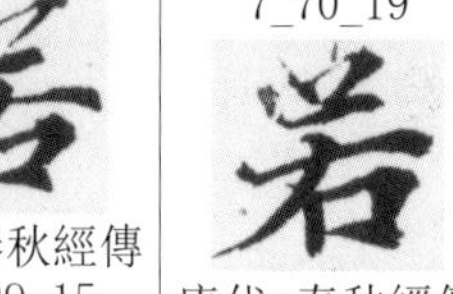
唐代·春秋經傳
14_145_11

唐代·春秋經傳
20_208_10

唐代·春秋經傳
20_211_15

唐代·春秋經傳
21_215_6

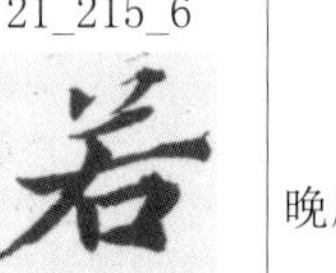
唐代·春秋經傳
21_219_10

唐代·春秋經傳
22_223_3

唐代·春秋經傳
22_228_14

唐代·春秋經傳
22_229_1

唐代·春秋經傳
22_229_15

唐代·春秋經傳
27_274_10

唐代·文選四八
3_15_16

唐代·文選四八
10_80_20

唐代·文選四八
10_84_16

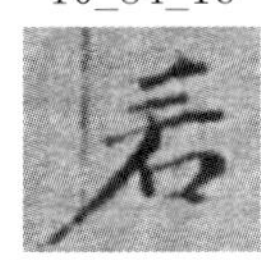
唐代·文選四八
32_286_25

唐代·文選四八
34_300_19

唐代·文選四八
39_347_13

唐代·文選四八
39_348_16

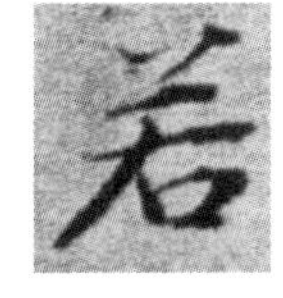
唐代·文選四八
42_379_12

唐代·文選四八
42_379_22

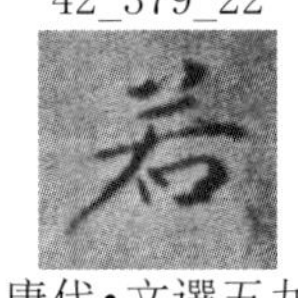
唐代·文選五九
5_42_6

唐代·文選五九
8_76_12

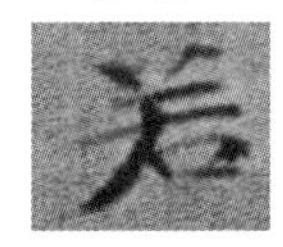
唐代·文選五九
8_78_6

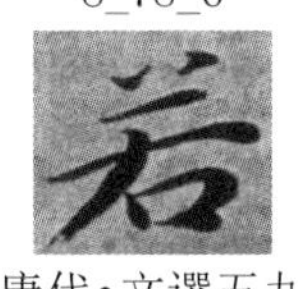
唐代·文選五九
19_186_25

唐代·文選五九
19_188_11

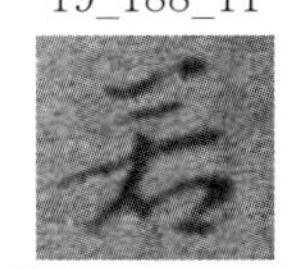
唐代·文選五九
19_189_31

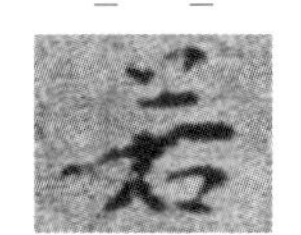
唐代·文選五九
19_191_22

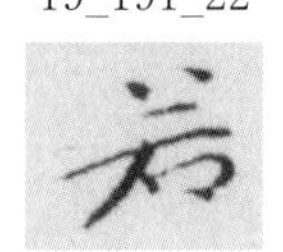
唐代·文選五九
27_267_19

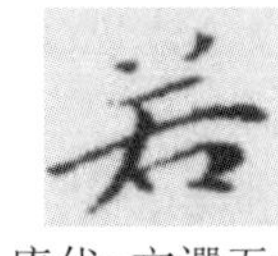
唐代·文選五九
40_396_12

唐代·文選五九
40_397_5

唐代·文選五九
41_400_24

唐代·文選五九
41_402_20

唐代·文選五九
41_410_17

唐代·文選五九
47_461_4

唐代·文選五九
47_462_10

唐代·文選五九
60_573_10

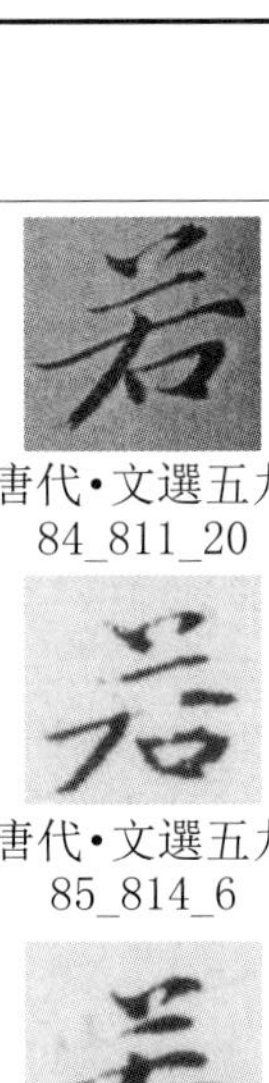
唐代·文選五九
84_811_20

唐代·文選五九
85_814_6

唐代·文選五九
87_834_16

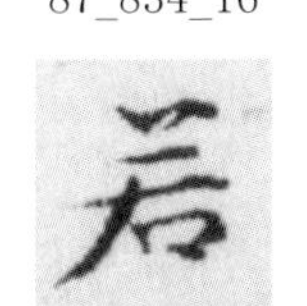
唐代·文選五九
90_858_32

唐代·文選五九
91_873_16

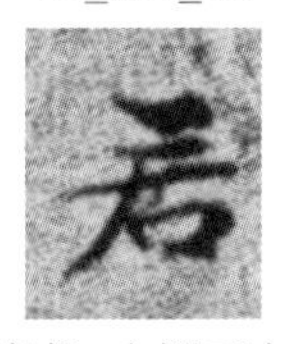
唐代·文選五九
105_987_9

唐代·文選五九
106_1005_11

唐代·文選五九
111_1052_7

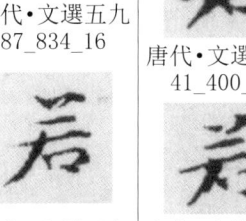

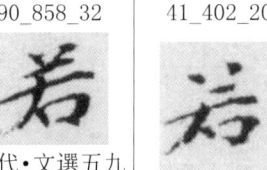

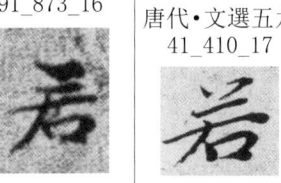

唐代•文選五九 111_1052_21
唐代•文選六八 6_65_14
唐代•文選六八 7_68_14
唐代•文選六八 7_69_2
唐代•文選六八 9_100_28
唐代•文選六八 15_149_1
唐代•文選六八 17_171_17
唐代•文選六八 26_264_2

唐代•文選六八 27_269_12
唐代•文選六八 27_270_14
唐代•文選六八 27_270_16
唐代•文選六八 27_270_18
唐代•文選六八 27_270_21
唐代•文選六八 27_271_16
唐代•文選六八 27_272_9
唐代•文選六八 27_272_13

唐代•文選六八 28_285_25
唐代•文選六八 31_307_20
唐代•文選六八 35_356_20
唐代•文選六八 39_393_20
唐代•文選六八 39_397_9
唐代•文選六八 42_423_4
唐代•文選六八 42_423_5
唐代•文選六八 42_423_10

唐代•文選六八 43_436_10
唐代•文選六八 44_440_18
唐代•文選六八 49_492_1
唐代•文選六八 51_512_26
唐代•文選六八 51_518_25
唐代•文選六八 53_525_22
唐代•文選六八 54_544_2
唐代•文選六八 55_546_7

唐代•文選六八 55_555_4
唐代•文選六八 55_556_24
唐代•文選六八 55_557_18
唐代•文選六八 56_559_4
唐代•文選六八 57_571_21
唐代•文選六八 59_588_13
唐代•文選六八 60_602_7
唐代•文選六八 61_605_14

唐代•文選六八 62_620_11
唐代•文選六八 62_622_8
唐代•文選六八 72_716_20
唐代•文選六八 73_727_3
唐代•文選八八 8_57_9
唐代•文選八八 8_61_8
唐代•文選八八 9_62_1

唐代•文選八八 9_63_9
唐代•文選八八 9_65_9
唐代•文選八八 17_149_9
唐代•文選八八 17_150_7
唐代•文選八八 19_164_9
唐代•文選八八 19_165_10
唐代•文選八八 19_165_29

苛

漢カ呉ガ
訓こまかい

唐代・文選四八
43_386_9

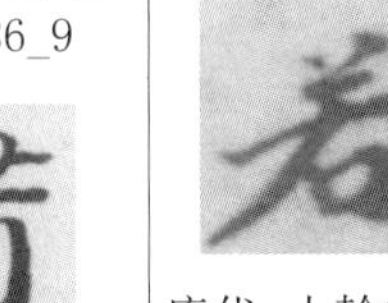
唐代・文選五九
60_577_21

唐代・十輪經四
4_62_11

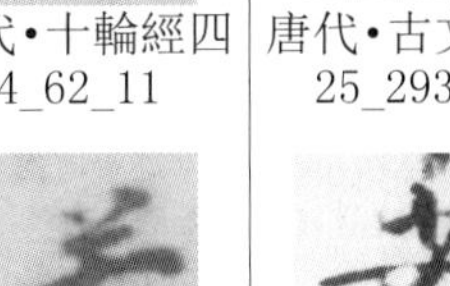
唐代・十輪經四
4_65_4

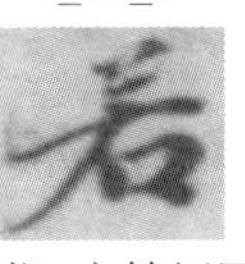
唐代・十輪經四
6_108_3

唐代・十輪經四
8_141_3

唐代・十輪經四
8_149_10

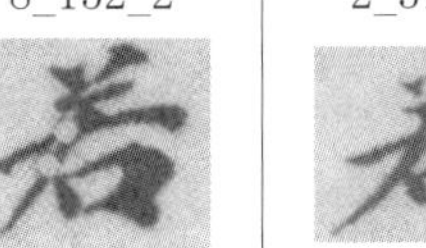
唐代・十輪經四
8_152_2

唐代・十輪經四
9_164_9

唐代・十輪經四
10_196_14

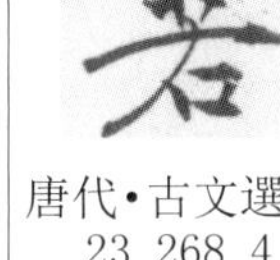
唐代・古文選前
25_293_11

唐代・古文選後
8_88_13

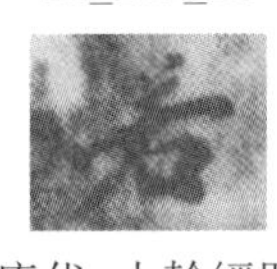
唐代・古文選後
23_268_4

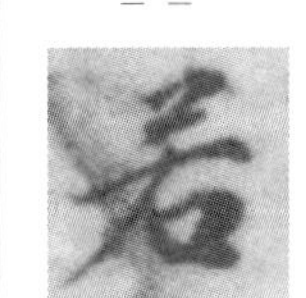
唐代・古文選後
24_287_14

唐代・十輪經四
1_5_14

唐代・十輪經四
2_31_14

唐代・十輪經四
3_54_4

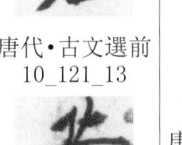

唐代・十輪經四
3_60_2

唐代・古文選前
8_91_13

唐代・古文選前
8_92_10

唐代・古文選前
8_92_25

唐代・古文選前
9_113_9

唐代・古文選前
10_120_11

唐代・古文選前
10_121_11

唐代・古文選前
10_121_13

唐代・古文選前
10_122_5

唐代・古文選前
6_68_3

唐代・古文選前
7_82_5

唐代・古文選前
7_82_14

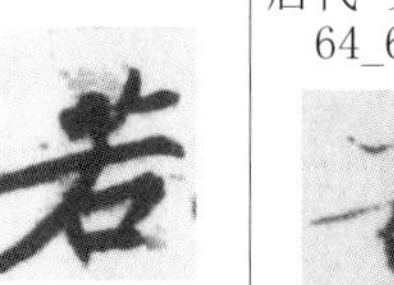
唐代・古文選前
7_83_9

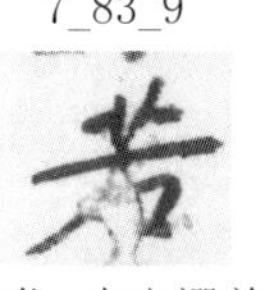
唐代・古文選前
8_89_3

唐代・古文選前
8_89_7

唐代・古文選前
8_90_7

唐代・古文選前
8_91_2

唐代・文選百三
55_524_15

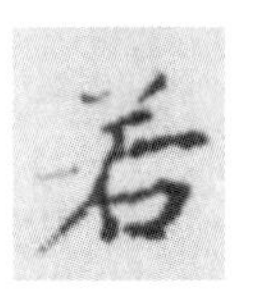
唐代・文選百三
59_565_3

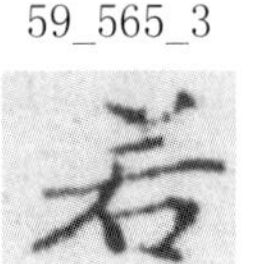
唐代・文選百三
64_618_46

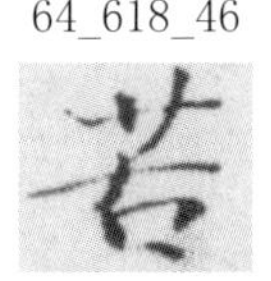
唐代・文選百三
79_748_21

唐代・文選百三
83_792_14

唐代・古文選前
2_21_3

唐代・古文選前
2_22_2

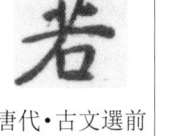

唐代・古文選前
2_23_5

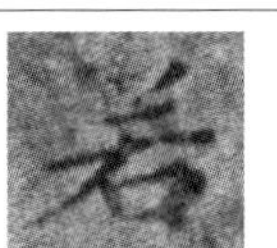
唐代・文選百三
1_4_4

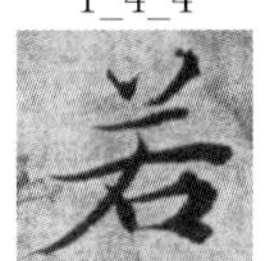
唐代・文選百三
1_11_6

唐代・文選百三
20_191_20

唐代・文選百三
20_192_19

唐代・文選百三
20_192_32

唐代・文選百三
27_258_27

唐代・文選百三
33_322_14

唐代・文選百三
35_344_27

芟

ハイ漢ハツ慣バツ
訓やどる

唐代•文選百三
57_546_1

唐代•古文選後
4_44_28

唐代•古文選後
11_130_5

唐代•古文選後
24_288_2

唐代•古文選後
26_309_8

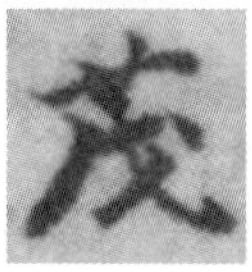
唐代•十輪經四
2_37_3

唐代•古文選前
18_212_12

唐代•古文選前
23_273_21

唐代•文選百三
72_697_28

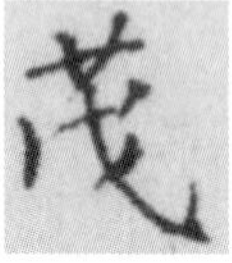
唐代•文選百三
72_697_1

唐代•文選百三
73_699_25

唐代•古文選前
3_26_9

唐代•古文選前
8_90_1

唐代•古文選前
17_199_6

唐代•文選百三
71_691_11

唐代•文選六八
1_5_15

唐代•文選八八
1_4_9

唐代•文選八八
1_6_16

唐代•文選五九
97_926_29

唐代•文選百三
24_231_11

唐代•文選百三
39_397_31

唐代•文選五九
84_812_9

唐代•文選五九
21_211_6

唐代•文選五九
36_353_5

唐代•文選五九
64_613_14

唐代•文選五九
64_615_19

唐代•文選五九
84_812_1

唐代•文選五九
13_123_9

唐代•文選六八
1_3_9

茂

漢ボウ呉モ
訓しげる

唐代•文選四八
8_66_1

唐代•文選四八
8_68_11

唐代•文選四八
45_407_10

唐代•文選四八
46_410_3

唐代•文選四八
46_416_5

唐代•文選五九
13_120_29

唐代•文選五九
13_124_4

苹

漢ヘイ、ホウ呉ビョウ、ヒョウ
訓うきくさ

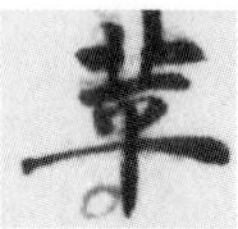
唐代•古文選前
1_9_9

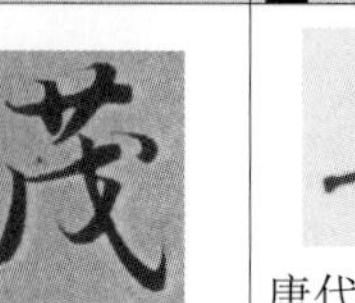

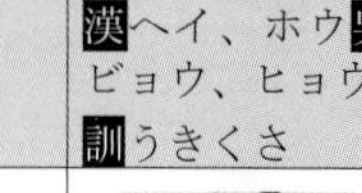

苫

セン
訓とま

唐代•文選百三 74_716_25

唐代•文選百三 74_717_17

唐代•文選百三 75_718_20

唐代•文選百三 75_718_22

唐代•文選百三 75_719_21

唐代•文選百三 75_721_20

唐代•文選百三 76_727_8

苗

漢ビョウ呉ミョウ
訓なえ

唐代•文選五九 3_22_12

唐代•文選五九 80_769_17

唐代•文選六八 11_119_29

唐代•文選六八 53_528_14

唐代•文選六八 64_638_6

唐代•文選六八 64_640_8

唐代•文選六八 64_640_19

唐代•文選六八 64_641_13

唐代•文選六八 64_643_2

唐代•文選六八 64_643_7

唐代•古文選前 22_259_10

唐代•十輪經八 4_76_3

唐代•十輪經八 5_82_14

英

ヨウ漢エイ
訓はなぶさ

唐代•文選四八 24_217_1

唐代•文選四八 24_220_15

唐代•文選四八 24_221_18

唐代•文選五九 7_67_7

唐代•文選五九 7_70_8

唐代•文選五九 8_72_11

唐代•文選五九 28_274_14

唐代•文選五九 60_578_5

唐代•文選五九 60_579_4

唐代•文選五九 60_579_17

唐代•文選五九 80_771_13

唐代•文選五九 80_773_11

唐代•文選五九 80_774_16

唐代•文選五九 84_813_29

唐代•文選六八 8_74_10

唐代•文選六八 8_77_20

唐代•文選六八 70_699_4

唐代•文選六八 70_700_14

唐代•文選六八 71_702_18

唐代•文選百三 7_56_1

唐代•文選百三 7_58_29

唐代•文選百三 7_59_37

唐代•文選百三 78_742_4

苒

ゼン
訓—

唐代•古文選前 24_277_6

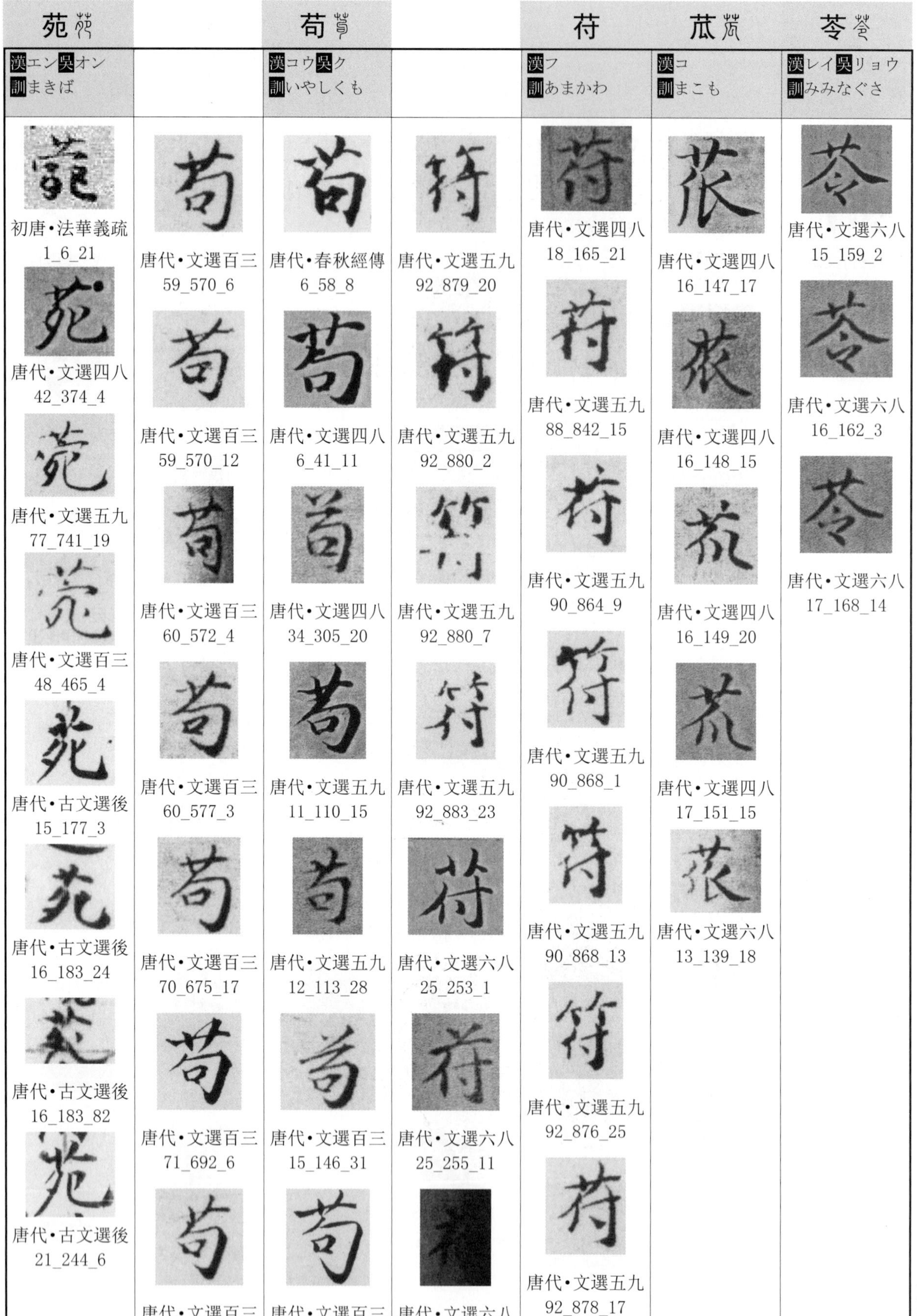

苑

漢エン 呉オン
訓まきば

- 初唐・法華義疏 1_6_21
- 唐代・文選四八 42_374_4
- 唐代・文選五九 77_741_19
- 唐代・文選百三 48_465_4
- 唐代・古文選後 15_177_3
- 唐代・古文選後 16_183_24
- 唐代・古文選後 16_183_82
- 唐代・古文選後 21_244_6

苟

漢コウ 呉ク
訓いやしくも

- 唐代・文選百三 59_570_6
- 唐代・文選百三 59_570_12
- 唐代・文選百三 60_572_4
- 唐代・文選百三 60_577_3
- 唐代・文選百三 70_675_17
- 唐代・文選百三 71_692_6
- 唐代・文選百三 72_698_12
- 唐代・春秋經傳 6_58_8
- 唐代・文選四八 6_41_11
- 唐代・文選四八 34_305_20
- 唐代・文選五九 11_110_15
- 唐代・文選五九 12_113_28
- 唐代・文選百三 15_146_31
- 唐代・文選百三 59_568_2

苻

漢フ
訓あまかわ

- 唐代・文選五九 92_879_20
- 唐代・文選五九 92_880_2
- 唐代・文選五九 92_880_7
- 唐代・文選五九 92_883_23
- 唐代・文選六八 25_253_1
- 唐代・文選六八 25_255_11
- 唐代・文選六八 25_255_29
- 唐代・文選四八 18_165_21
- 唐代・文選五九 88_842_15
- 唐代・文選五九 90_864_9
- 唐代・文選五九 90_868_1
- 唐代・文選五九 90_868_13
- 唐代・文選五九 92_876_25
- 唐代・文選五九 92_878_17

苽

漢コ
訓まこも

- 唐代・文選四八 16_147_17
- 唐代・文選四八 16_148_15
- 唐代・文選四八 16_149_20
- 唐代・文選四八 17_151_15
- 唐代・文選六八 13_139_18

苓

漢レイ 呉リョウ
訓みみなぐさ

- 唐代・文選六八 15_159_2
- 唐代・文選六八 16_162_3
- 唐代・文選六八 17_168_14

范艹			苾艹		苞艹	
漢ハン 訓いがた			漢ヒツ 訓かんばしい		漢ホウ 呉ヒョウ 訓つと	
范 唐代・文選四八 18_167_14	苾 唐代・十輪經四 8_153_7	苾 唐代・十輪經四 7_121_1	苾 唐代・十輪經四 1_4_13	苞 唐代・古文選前 4_48_2	苞 唐代・春秋經傳 39_408_38	苞 唐代・古文選後 21_250_6
范 唐代・文選四八 23_206_24	苾 唐代・十輪經四 8_156_12	苾 唐代・十輪經四 7_126_13	苾 唐代・十輪經四 3_44_1	苞 唐代・文選八八 4_21_10	苞 唐代・文選五九 61_585_10	
范 唐代・文選四八 46_411_7	苾 唐代・十輪經四 17_330_2	苾 唐代・十輪經四 7_128_11	苾 唐代・十輪經四 3_53_4		苞 唐代・文選五九 61_590_21	
范 唐代・文選五九 1_11_8	苾 唐代・十輪經四 17_332_4	苾 唐代・十輪經四 7_134_9	苾 唐代・十輪經四 3_54_7		苞 唐代・文選五九 92_880_14	
范 唐代・文選五九 29_292_9	苾 唐代・十輪經四 17_332_16	苾 唐代・十輪經四 8_140_2	苾 唐代・十輪經四 3_54_15		苞 唐代・文選六八 59_597_10	
范 唐代・文選五九 51_503_2	苾 唐代・十輪經四 17_334_2	苾 唐代・十輪經四 8_144_13	苾 唐代・十輪經四 3_57_16		苞 唐代・文選八八 3_20_16	
范 唐代・文選五九 76_727_18	苾 唐代・十輪經四 19_364_2	苾 唐代・十輪經四 8_150_15	苾 唐代・十輪經四 4_62_14		苞 唐代・文選百三 8_69_30	
范 唐代・文選五九 76_732_9	苾 唐代・十輪經四 20_385_1	苾 唐代・十輪經四 8_152_4	苾 唐代・十輪經四 4_65_7

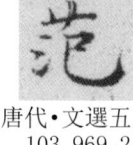

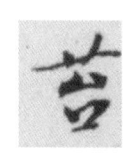

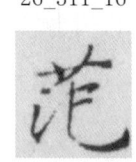

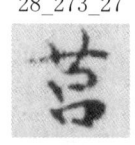

苔　苕　茀

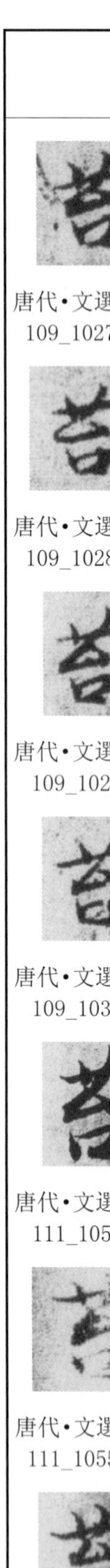

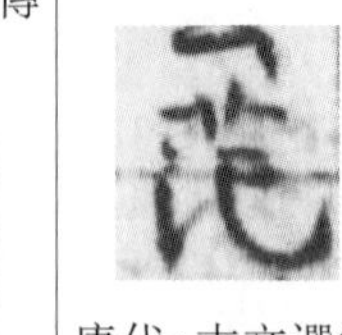
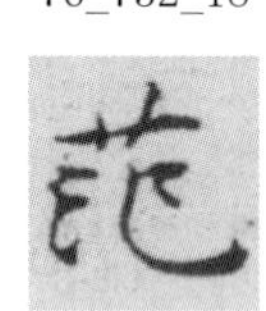

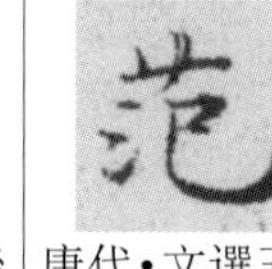

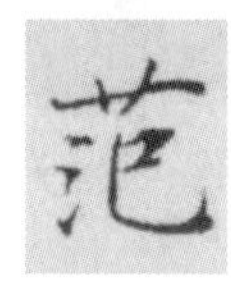

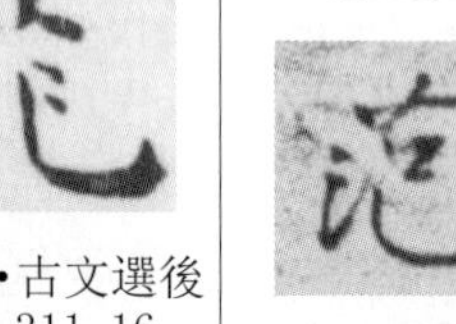
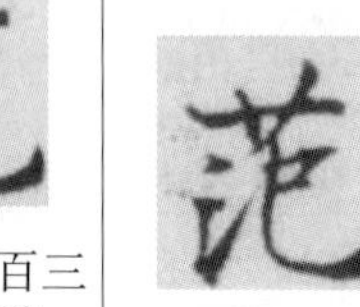

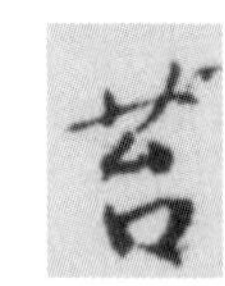

		漢タイ 訓こけ	漢チョウ 訓うんどう	漢フツ 訓くさむら		
唐代•文選五九 109_1027_21	唐代•文選五九 67_645_10	唐代•文選五九 28_274_13	唐代•文選五九 27_269_15	唐代•春秋經傳 29_302_1	唐代•古文選後 16_183_38	唐代•文選五九 76_732_18
唐代•文選五九 109_1028_24	唐代•文選五九 67_646_16	唐代•文選五九 37_359_8	苕音條 唐代•文選五九 27_272_5	唐代•春秋經傳 29_302_11	唐代•古文選後 16_183_52	唐代•文選五九 76_733_4
唐代•文選五九 109_1029_6	唐代•文選五九 67_646_24	唐代•文選五九 37_360_15	唐代•文選五九 28_273_27		唐代•古文選後 26_306_6	唐代•文選五九 103_969_2
唐代•文選五九 109_1030_5	唐代•文選五九 67_646_27	唐代•文選五九 37_361_12	蘭苕 唐代•文選五九 29_280_6		唐代•古文選後 26_306_46	唐代•文選六八 44_441_2
唐代•文選五九 111_1053_9	唐代•文選五九 108_1025_3	唐代•文選五九 37_361_26	唐代•古文選前 19_227_5		唐代•古文選後 26_311_2	唐代•文選百三 10_92_29
唐代•文選五九 111_1055_11	唐代•文選五九 108_1025_20	唐代•文選五九 37_361_30			唐代•古文選後 26_311_16	唐代•文選百三 14_132_16
唐代•文選五九 111_1057_17	唐代•文選五九 109_1027_7	唐代•文選五九 37_362_4			唐代•文選百三 39_384_12	唐代•文選百三 81_771_10

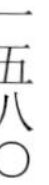

					草	萸
					漢ソウ呉ゾウ 訓くさ	イ漢テイ 訓つばな

唐代・文選五九 105_991_2	唐代・文選五九 84_810_9	唐代・文選五九 67_647_30	唐代・文選五九 37_365_16	唐代・文選五九 4_36_21	唐代・春秋經傳 8_75_8	唐代・古文選後 21_245_12
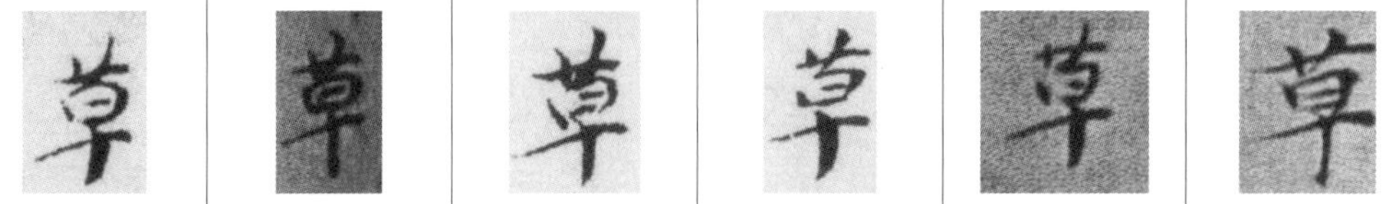						
唐代・文選五九 109_1027_14	唐代・文選五九 84_811_8	唐代・文選五九 72_691_9	唐代・文選五九 37_366_8	唐代・文選五九 6_57_2	唐代・文選四八 12_104_27	
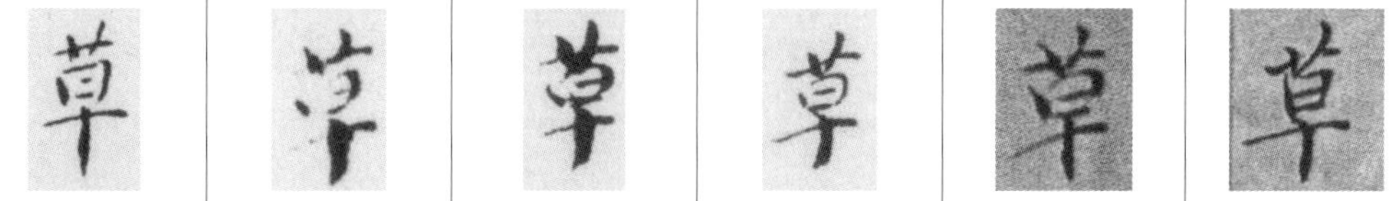						
唐代・文選六八 13_140_12	唐代・文選五九 89_853_28	唐代・文選五九 72_693_17	唐代・文選五九 37_366_13	唐代・文選五九 12_116_26	唐代・文選四八 12_107_24	
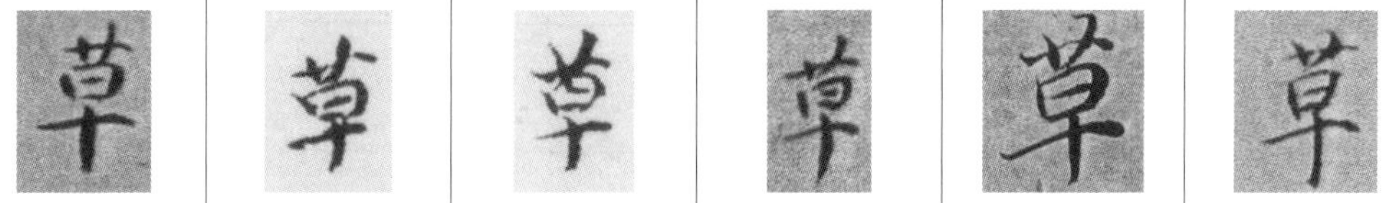						
唐代・文選六八 31_313_13	唐代・文選五九 90_868_23	唐代・文選五九 72_693_21	唐代・文選五九 53_516_29	唐代・文選五九 13_119_3	唐代・文選四八 26_230_7	
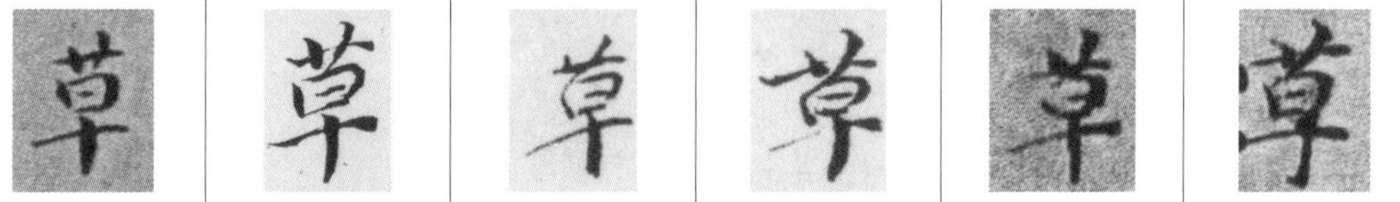						
唐代・文選六八 31_313_28	唐代・文選五九 97_920_6	唐代・文選五九 73_702_2	唐代・文選五九 60_577_30	唐代・文選五九 13_120_25	唐代・文選四八 40_355_8	
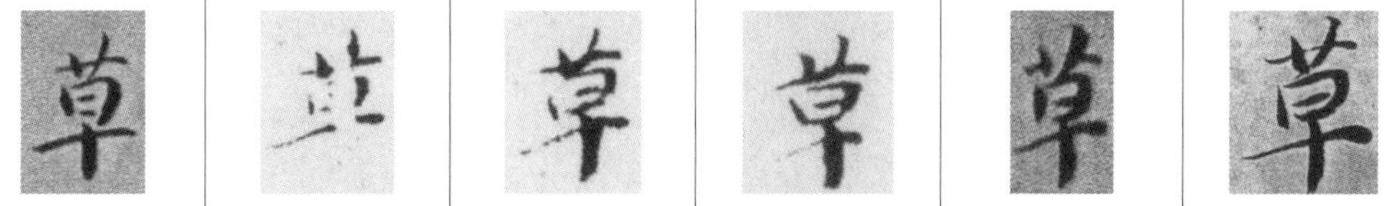						
唐代・文選六八 34_340_13	唐代・文選五九 97_921_27	唐代・文選五九 73_702_12	唐代・文選五九 60_578_3	唐代・文選五九 17_159_16	唐代・文選五九 3_25_2	
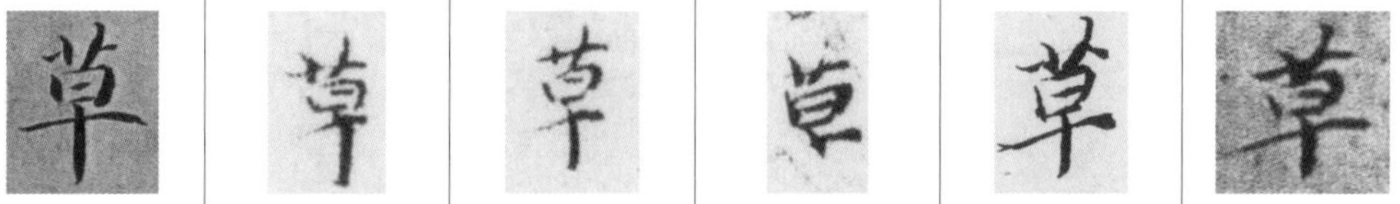						
唐代・文選六八 43_427_17	唐代・文選五九 97_922_14	唐代・文選五九 73_703_10	唐代・文選五九 67_646_21	唐代・文選五九 37_364_6	唐代・文選五九 3_26_18	

茵

イン
訓しとね

唐代•文選百三
1_5_28

唐代•文選百三
13_120_1

莒

漢キョ
訓いも

唐代•春秋經傳
18_188_13

唐代•春秋經傳
18_189_2

唐代•春秋經傳
35_367_4

唐代•春秋經傳
8_75_12

唐代•春秋經傳
18_182_13

唐代•春秋經傳
18_182_16

唐代•春秋經傳
18_183_5

唐代•春秋經傳
18_183_8

唐代•春秋經傳
18_183_23

唐代•春秋經傳
18_188_10

唐代•古文選前
17_205_1

唐代•古文選前
17_205_8

唐代•古文選後
21_246_3

唐代•古文選後
23_274_10

唐代•十輪經八
3_43_10

唐代•十輪經八
3_43_17

唐代•文選百三
31_301_10

唐代•文選百三
31_302_19

唐代•文選百三
53_512_22

唐代•文選百三
79_751_36

唐代•文選百三
82_779_22

唐代•文選百三
82_780_20

唐代•古文選前
16_183_10

唐代•文選六八
55_553_18

唐代•文選六八
55_556_26

唐代•文選六八
55_557_20

唐代•文選六八
65_652_2

唐代•文選六八
65_653_5

唐代•文選百三
7_59_17

唐代•文選百三
7_60_14

唐代•文選六八
43_429_12

唐代•文選六八
43_429_20

唐代•文選六八
43_430_12

唐代•文選六八
43_431_6

唐代•文選六八
43_431_8

唐代•文選六八
45_453_25

唐代•文選六八
47_477_22

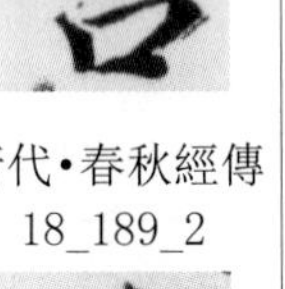

		荒		荀	荏	荇
		コウ 訓あれる		漢シュウ慣ジュン 訓―	漢ジン呉ニン 訓え	漢コウ呉ギョウ 訓あさざ

唐代·文選六八
3_34_14

唐代·文選六八
6_55_15

唐代·文選百三
47_448_20

唐代·古文選前
21_241_1

唐代·古文選前
21_243_10

唐代·古文選後
1_3_1

唐代·古文選後
2_15_5

唐代·文選六八
3_30_4

唐代·文選六八
3_31_2

唐代·文選六八
3_31_10

唐代·文選六八
3_31_20

唐代·文選六八
3_33_1

唐代·文選六八
3_33_23

唐代·文選六八
3_34_11

荒

唐代·文選五九
4_35_1

唐代·文選五九
4_36_16

唐代·文選五九
60_574_6

唐代·文選五九
64_612_9

唐代·文選五九
84_810_6

唐代·文選五九
84_811_4

唐代·文選五九
98_932_29

唐代·文選百三
60_576_14

荀

唐代·春秋經傳
3_24_20

唐代·春秋經傳
24_252_9

唐代·春秋經傳
30_309_11

唐代·春秋經傳
31_318_18

唐代·春秋經傳
31_319_11

唐代·文選五九
11_107_13

唐代·文選五九
68_649_12

荏

唐代·古文選前
24_277_5

荇

唐代·古文選後
21_247_8

		華	茹	茫	茨	
		慣ケ漢カ呉ゲ 訓はな	漢ジョ呉ニョ 訓ゆびきな	漢ボウ 訓とおい	漢シ呉ジ 訓ふく	

唐代•春秋經傳
7_65_5

唐代•春秋經傳
16_167_23

唐代•春秋經傳
16_168_13

唐代•文選四八
5_36_9

唐代•文選四八
5_37_15

唐代•文選四八
5_38_10

唐代•文選四八
15_136_25

唐代•春秋經傳
5_46_32

唐代•春秋經傳
5_52_1

唐代•春秋經傳
6_57_1

唐代•春秋經傳
6_57_7

唐代•春秋經傳
6_58_28

唐代•春秋經傳
6_60_16

唐代•春秋經傳
7_64_8

初唐•法華義疏
1_1_2

初唐•法華義疏
1_2_5

中唐•七祖像贊
1_6_5

唐代•春秋經傳
4_38_11

唐代•春秋經傳
4_39_16

唐代•春秋經傳
5_45_2

唐代•春秋經傳
5_46_4

唐代•文選五九
3_29_22

唐代•文選百三
9_79_22

唐代•文選四八
14_127_20

唐代•文選六八
9_99_17

唐代•文選六八
9_100_16

唐代•古文選前
18_213_11

唐代•文選五九
60_574_28

唐代•古文選後
11_128_6

唐代•古文選後
11_131_5

唐代•古文選後
15_173_6

唐代•古文選後
22_260_37

唐代•古文選後
22_264_4

唐代•文選四八 24_214_15

唐代•文選四八 25_227_29

唐代•文選四八 30_267_5

唐代•文選四八 30_269_24

唐代•文選四八 30_271_11

唐代•文選四八 45_405_8

唐代•文選四八 45_407_6

唐代•文選四八 45_408_14

唐代•文選四八 45_409_20
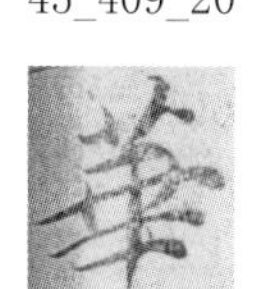
唐代•文選五九 3_28_1
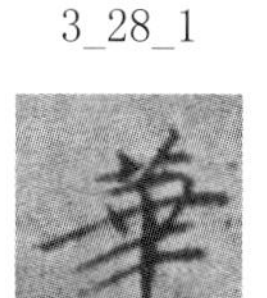
唐代•文選五九 5_43_4
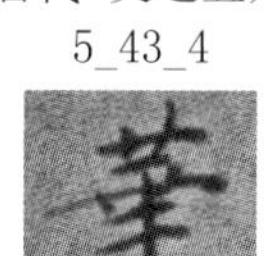
唐代•文選五九 6_57_4

唐代•文選五九 19_183_9

唐代•文選五九 20_192_4

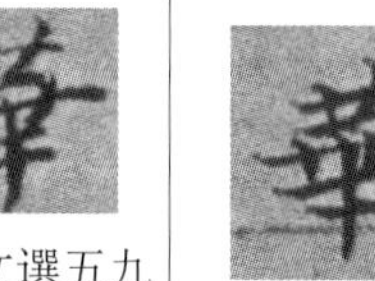
唐代•文選五九 20_194_9
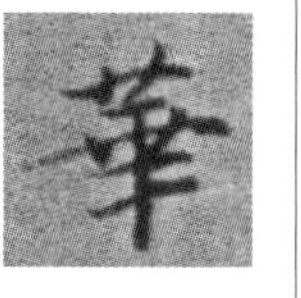
唐代•文選五九 20_194_26
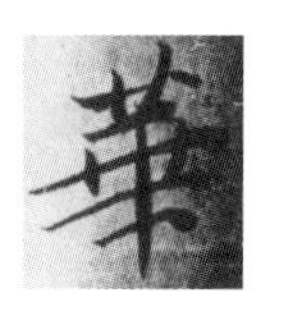
唐代•文選五九 27_269_10

唐代•文選五九 27_270_15

唐代•文選五九 27_272_17
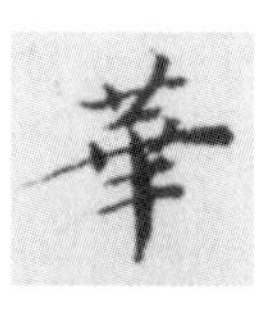
唐代•文選五九 27_272_19

唐代•文選五九 28_274_21

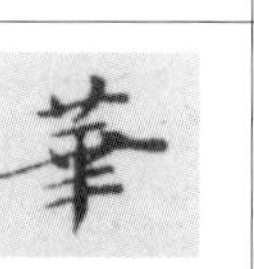
唐代•文選五九 28_274_25

唐代•文選五九 33_322_5

唐代•文選五九 33_323_11

唐代•文選五九 33_324_21

唐代•文選五九 33_325_15

唐代•文選五九 42_416_9

唐代•文選五九 43_418_17

唐代•文選五九 43_419_24
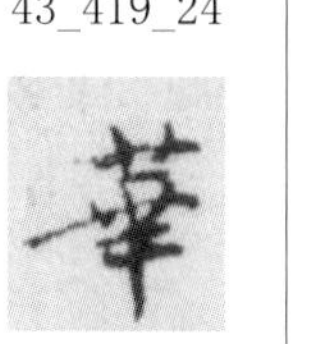
唐代•文選五九 43_420_5

唐代•文選五九 43_420_8

唐代•文選五九 47_462_6

唐代•文選五九 47_463_23

唐代•文選五九 52_513_14

唐代•文選五九 52_514_10

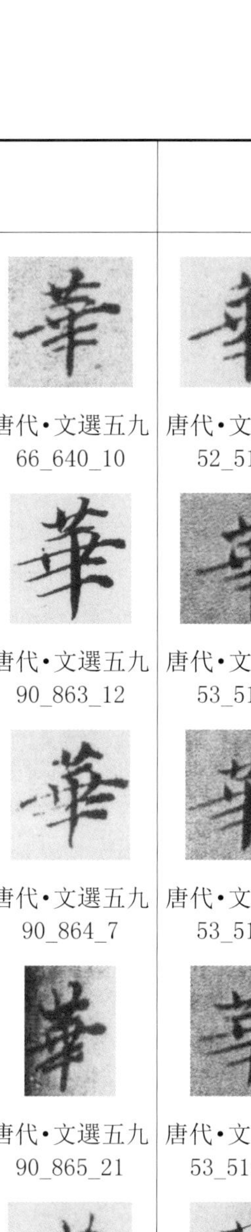
唐代•文選五九 52_515_3
唐代•文選五九 53_517_1
唐代•文選五九 53_518_7

唐代•文選五九 53_518_25

唐代•文選五九 66_636_17

唐代•文選五九 66_637_12
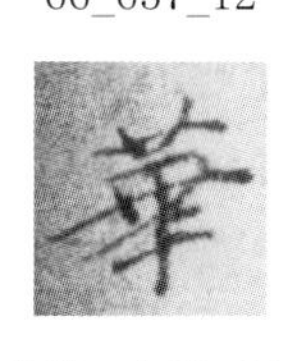
唐代•文選五九 66_638_3

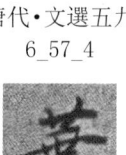

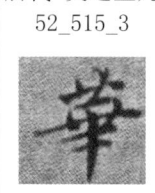

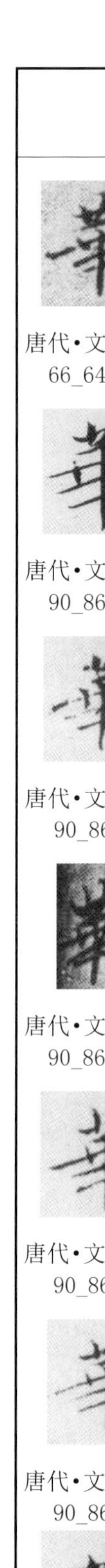
唐代•文選五九 66_640_10
唐代•文選五九 90_863_12
唐代•文選五九 90_864_7
唐代•文選五九 90_865_21
唐代•文選五九 90_868_5
唐代•文選五九 90_868_9
唐代•文選五九 94_907_27

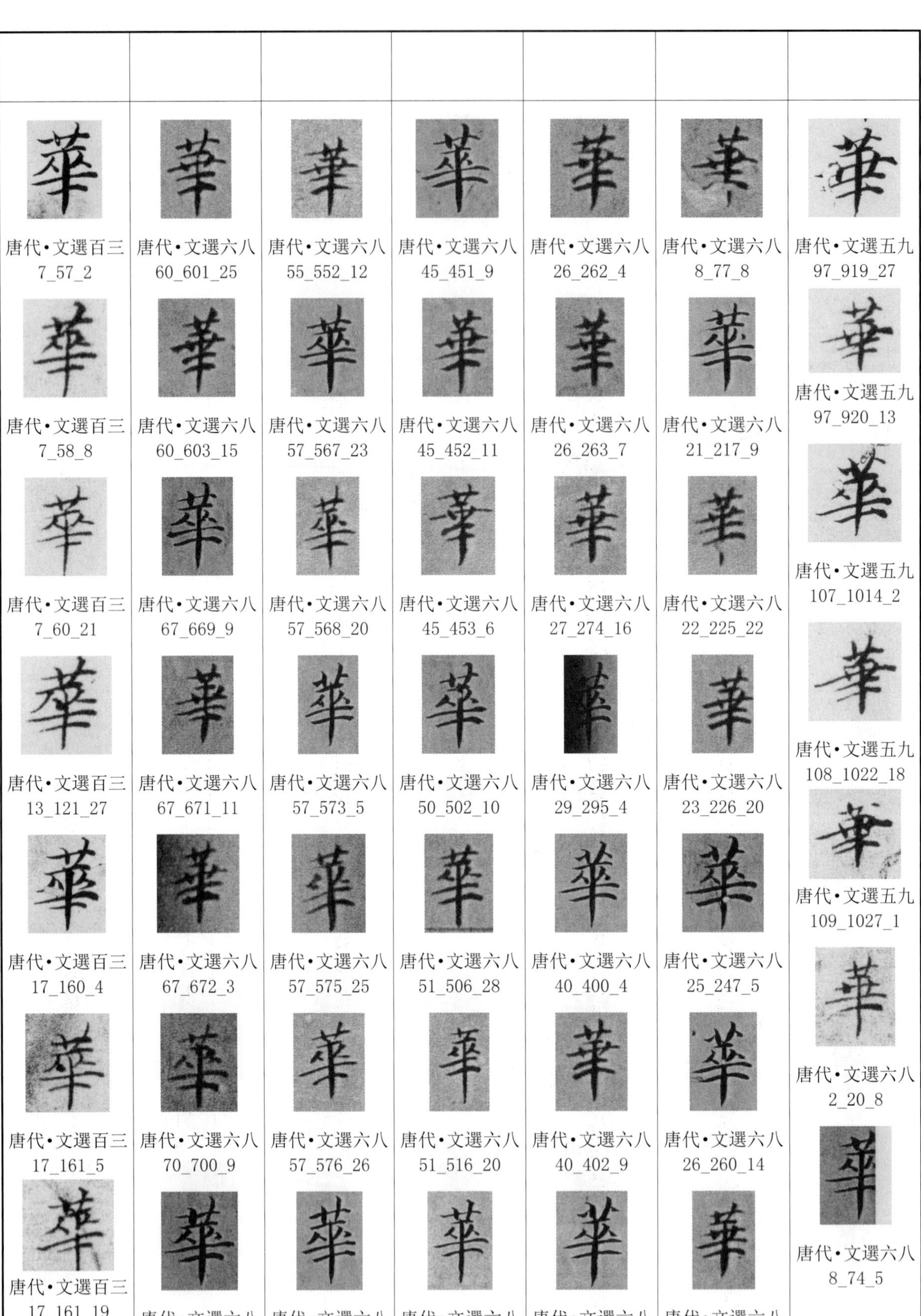

唐代•文選百三 7_57_2	唐代•文選六八 60_601_25	唐代•文選六八 55_552_12	唐代•文選六八 45_451_9	唐代•文選六八 26_262_4	唐代•文選六八 8_77_8	唐代•文選五九 97_919_27
唐代•文選百三 7_58_8	唐代•文選六八 60_603_15	唐代•文選六八 57_567_23	唐代•文選六八 45_452_11	唐代•文選六八 26_263_7	唐代•文選六八 21_217_9	唐代•文選五九 97_920_13
唐代•文選百三 7_60_21	唐代•文選六八 67_669_9	唐代•文選六八 57_568_20	唐代•文選六八 45_453_6	唐代•文選六八 27_274_16	唐代•文選六八 22_225_22	唐代•文選五九 107_1014_2
唐代•文選百三 13_121_27	唐代•文選六八 67_671_11	唐代•文選六八 57_573_5	唐代•文選六八 50_502_10	唐代•文選六八 29_295_4	唐代•文選六八 23_226_20	唐代•文選五九 108_1022_18
唐代•文選百三 17_160_4	唐代•文選六八 67_672_3	唐代•文選六八 57_575_25	唐代•文選六八 51_506_28	唐代•文選六八 40_400_4	唐代•文選六八 25_247_5	唐代•文選五九 109_1027_1
唐代•文選百三 17_161_5	唐代•文選六八 70_700_9	唐代•文選六八 57_576_26	唐代•文選六八 51_516_20	唐代•文選六八 40_402_9	唐代•文選六八 26_260_14	唐代•文選六八 2_20_8
唐代•文選百三 17_161_19	唐代•文選六八 72_715_6	唐代•文選六八 60_600_7	唐代•文選六八 55_550_10	唐代•文選六八 41_412_23	唐代•文選六八 26_261_9	唐代•文選六八 8_74_5

莢

キョウ
訓さや

唐代•古文選後
14_158_12

唐代•古文選後
15_177_5

唐代•古文選後
24_288_10

唐代•十輪經八
4_76_11

唐代•十輪經八
5_83_10

唐代•十輪經十
17_337_1

唐代•古文選後
9_103_13

唐代•古文選後
9_105_1

唐代•古文選後
11_131_14

唐代•古文選後
12_142_9

唐代•古文選後
13_144_11

唐代•古文選後
13_150_5

唐代•古文選後
14_163_6

唐代•古文選前
16_193_8

唐代•古文選前
17_195_3

唐代•古文選前
17_196_10

唐代•古文選前
17_198_8

唐代•古文選後
2_18_10

唐代•古文選後
8_86_9

唐代•古文選後
8_92_1

唐代•古文選前
8_99_9

唐代•古文選前
10_123_11

唐代•古文選前
11_124_12

唐代•古文選前
13_150_5

唐代•古文選前
16_189_2

唐代•古文選前
16_190_2

唐代•古文選前
16_191_12

唐代•文選百三
81_772_27

唐代•文選百三
81_775_28

唐代•文選百三
84_801_29

唐代•古文選前
3_31_6

唐代•古文選前
4_41_2

唐代•古文選前
8_89_14

唐代•古文選前
8_92_45

唐代•文選百三
17_161_33

唐代•文選百三
68_655_1

唐代•文選百三
68_656_3

唐代•文選百三
68_656_23

唐代•文選百三
68_657_33

唐代•文選百三
81_767_15

唐代•文選百三
81_772_18

莫

漢バク 呉マク
訓くれ

- 初唐・法華義疏 1_4_16
- 唐代・春秋經傳 8_76_17
- 唐代・春秋經傳 8_80_9
- 唐代・春秋經傳 14_147_5
- 唐代・春秋經傳 37_385_13
- 唐代・文選四八 14_127_13
- 唐代・文選四八 28_247_17
- 唐代・文選四八 37_332_27
- 唐代・文選四八 38_345_17
- 唐代・文選五九 2_17_23
- 唐代・文選五九 5_45_10
- 唐代・文選五九 12_112_9
- 唐代・文選五九 22_217_18
- 唐代・文選五九 26_253_6
- 唐代・文選五九 28_275_2
- 唐代・文選五九 29_280_14
- 唐代・文選五九 29_281_13
- 唐代・文選五九 33_328_15
- 唐代・文選五九 39_380_11
- 唐代・文選五九 39_383_30
- 唐代・文選五九 60_576_24
- 唐代・文選五九 70_670_7
- 唐代・文選五九 71_679_30
- 唐代・文選五九 105_987_8
- 唐代・文選六八 4_42_1
- 唐代・文選六八 4_42_4
- 唐代・文選六八 9_100_9
- 唐代・文選六八 13_129_22
- 唐代・文選六八 57_570_10
- 唐代・文選六八 68_677_19
- 唐代・文選六八 73_726_5
- 唐代・文選八八 3_10_8
- 唐代・文選八八 15_120_8
- 唐代・文選八八 15_121_4
- 唐代・文選百三 7_66_19
- 唐代・文選百三 14_132_24
- 唐代・文選百三 15_140_6
- 唐代・文選百三 15_140_10
- 通幕 唐代・文選百三 34_338_11
- 通幕 唐代・文選百三 34_340_1
- 唐代・文選百三 59_568_3
- 唐代・古文選前 4_46_9

莽

漢ボウ 呉モウ
訓くさむら

- 唐代・文選五九 35_340_18
- 唐代・文選五九 35_341_19
- 唐代・文選六八 6_55_29

荼	荷	莓	莧	莖		
漢ト呉ド 訓にがな	漢カ 訓に	漢バイ慣マイ 訓いちご	漢カン呉ゲン 訓ひゆ	慣ケイ漢コウ 訓くき		
 唐代・文選五九 59_570_12  唐代・文選五九 59_571_18  唐代・文選五九 60_574_23  唐代・文選五九 60_575_4  唐代・文選五九 60_575_19  唐代・文選五九 60_577_18 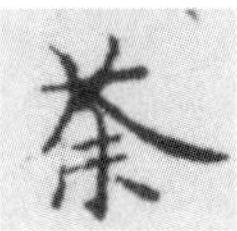 唐代・文選五九 60_577_24  唐代・文選五九 60_577_28	 唐代・文選六八 25_254_6	 唐代・文選五九 37_360_14	 唐代・文選五九 34_334_25  唐代・文選百三 67_645_33	 唐代・文選五九 37_361_1  唐代・文選五九 69_667_1  唐代・文選百三 53_512_19  唐代・文選百三 53_512_23  唐代・十輪經八 3_43_13	 唐代・古文選後 18_207_3  唐代・古文選後 23_276_3  唐代・十輪經四 3_60_8  唐代・十輪經十 20_385_16	 唐代・古文選前 7_82_4  唐代・古文選前 7_82_13  唐代・古文選前 7_83_8  唐代・古文選前 14_164_12  唐代・古文選前 16_194_13  唐代・古文選後 4_42_7  唐代・古文選後 16_181_14

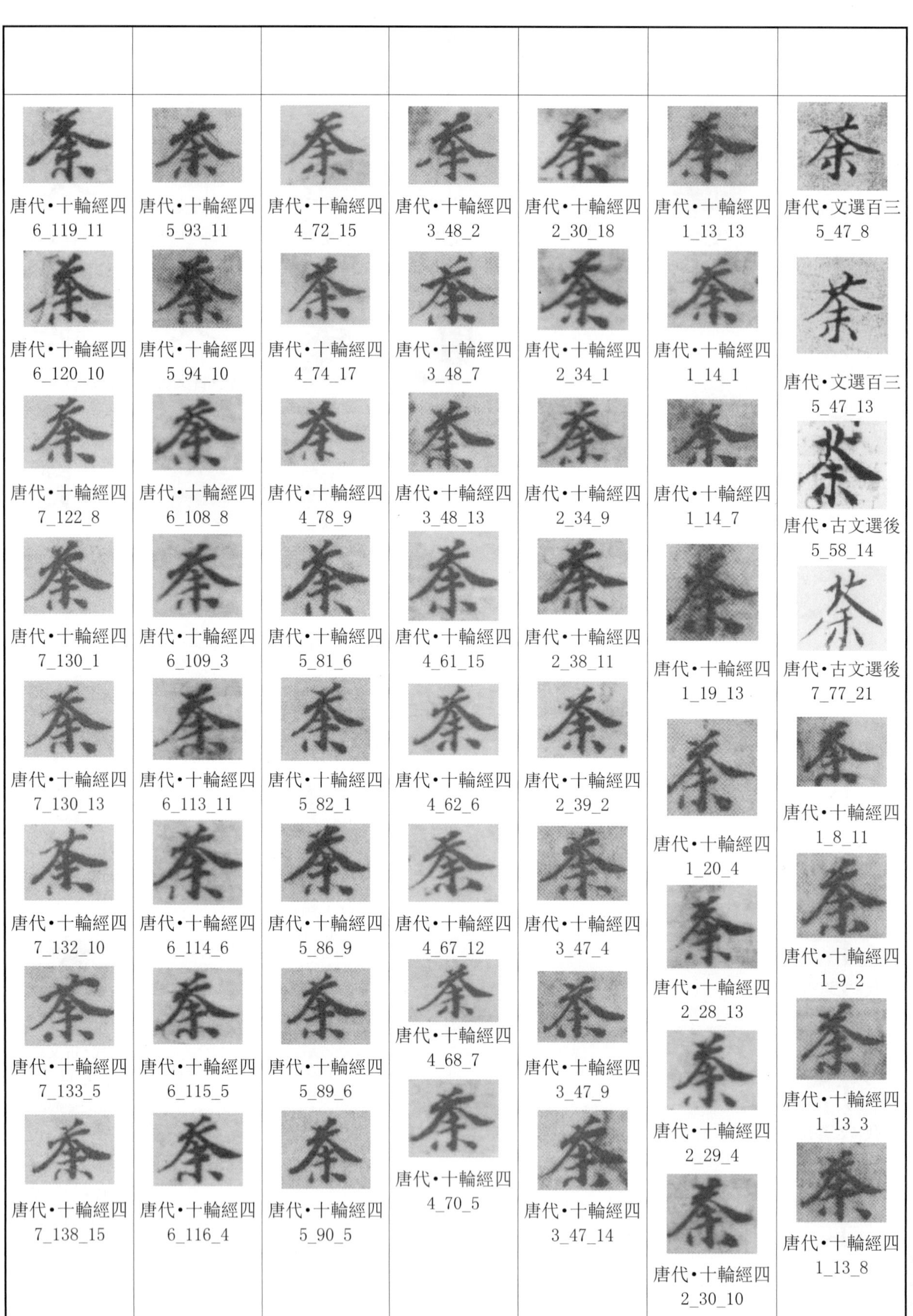

唐代•文選百三 5_47_8
唐代•文選百三 5_47_13
唐代•古文選後 5_58_14
唐代•古文選後 7_77_21
唐代•十輪經四 1_8_11
唐代•十輪經四 1_9_2
唐代•十輪經四 1_13_3
唐代•十輪經四 1_13_8

唐代•十輪經四 1_13_13
唐代•十輪經四 1_14_1
唐代•十輪經四 1_14_7
唐代•十輪經四 1_19_13
唐代•十輪經四 1_20_4
唐代•十輪經四 2_28_13
唐代•十輪經四 2_29_4
唐代•十輪經四 2_30_10

唐代•十輪經四 2_30_18
唐代•十輪經四 2_34_1
唐代•十輪經四 2_34_9
唐代•十輪經四 2_38_11
唐代•十輪經四 2_39_2
唐代•十輪經四 3_47_4
唐代•十輪經四 3_47_9
唐代•十輪經四 3_47_14

唐代•十輪經四 3_48_2
唐代•十輪經四 3_48_7
唐代•十輪經四 3_48_13
唐代•十輪經四 4_61_15
唐代•十輪經四 4_62_6
唐代•十輪經四 4_67_12
唐代•十輪經四 4_68_7
唐代•十輪經四 4_70_5

唐代•十輪經四 4_72_15
唐代•十輪經四 4_74_17
唐代•十輪經四 4_78_9
唐代•十輪經四 5_81_6
唐代•十輪經四 5_82_1
唐代•十輪經四 5_86_9
唐代•十輪經四 5_89_6
唐代•十輪經四 5_90_5

唐代•十輪經四 5_93_11
唐代•十輪經四 5_94_10
唐代•十輪經四 6_108_8
唐代•十輪經四 6_109_3
唐代•十輪經四 6_113_11
唐代•十輪經四 6_114_6
唐代•十輪經四 6_115_5
唐代•十輪經四 6_116_4

唐代•十輪經四 6_119_11
唐代•十輪經四 6_120_10
唐代•十輪經四 7_122_8
唐代•十輪經四 7_130_1
唐代•十輪經四 7_130_13
唐代•十輪經四 7_132_10
唐代•十輪經四 7_133_5
唐代•十輪經四 7_138_15

唐代•十輪經四 7_139_10
唐代•十輪經四 8_142_15
唐代•十輪經四 8_143_10
唐代•十輪經四 9_162_18
唐代•十輪經四 9_165_6
唐代•十輪經四 9_174_17
唐代•十輪經四 9_178_3
唐代•十輪經四 10_187_1
唐代•十輪經四 10_193_14
唐代•十輪經四 10_194_13
唐代•十輪經四 11_205_2
唐代•十輪經四 11_206_1
唐代•十輪經四 15_283_7
唐代•十輪經四 15_284_6
唐代•十輪經四 16_303_10
唐代•十輪經四 16_304_9
唐代•十輪經四 16_311_14
唐代•十輪經四 16_312_9
唐代•十輪經四 16_314_15
唐代•十輪經四 16_315_11
唐代•十輪經四 16_316_9
唐代•十輪經四 16_317_9
唐代•十輪經四 17_321_2
唐代•十輪經四 17_322_1
唐代•十輪經四 17_330_13
唐代•十輪經四 17_331_8
唐代•十輪經四 17_337_3
唐代•十輪經四 17_337_15
唐代•十輪經四 17_338_15
唐代•十輪經四 17_339_13
唐代•十輪經四 18_343_2
唐代•十輪經四 18_344_1
唐代•十輪經四 18_351_11
唐代•十輪經四 18_352_6
唐代•十輪經四 18_353_6
唐代•十輪經四 18_354_4
唐代•十輪經四 18_358_2
唐代•十輪經四 18_359_1
唐代•十輪經四 19_364_13
唐代•十輪經四 19_365_8
唐代•十輪經四 19_368_8
唐代•十輪經四 19_369_4
唐代•十輪經四 19_370_3
唐代•十輪經四 19_371_2
唐代•十輪經四 19_375_2
唐代•十輪經四 19_376_1
唐代•十輪經四 20_380_17
唐代•十輪經四 20_381_12
唐代•十輪經四 20_388_1
唐代•十輪經四 20_388_13
唐代•十輪經四 20_389_13
唐代•十輪經四 20_390_12
唐代•十輪經四 20_393_9
唐代•十輪經四 20_394_7
唐代•十輪經四 20_398_14
唐代•十輪經四 20_399_12

莊 荘 莞 莞

				漢ソウ呉ショウ 訓いなか	漢カン 訓い	
唐代・文選六八 23_226_3	唐代・文選六八 10_108_2	唐代・文選五九 68_659_2	唐代・文選五九 9_80_5	唐代・春秋經傳 24_249_33	唐代・文選四八 43_390_18	唐代・十輪經四 22_427_9
唐代・文選六八 61_612_4	唐代・文選六八 10_108_14	唐代・文選五九 78_754_8	唐代・文選五九 15_141_12	唐代・春秋經傳 35_371_21		唐代・十輪經四 22_428_5
唐代・文選八八 12_98_19	唐代・文選六八 10_108_16	唐代・文選五九 92_885_12	唐代・文選五九 32_317_4	唐代・春秋經傳 36_376_20		唐代・十輪經十 20_385_12
唐代・文選百三 1_4_22	唐代・文選六八 11_110_14	唐代・文選五九 101_950_6	唐代・文選五九 36_357_13	唐代・文選四八 6_42_7		
唐代・文選百三 6_52_25	唐代・文選六八 15_150_3	唐代・文選五九 105_993_18	唐代・文選五九 41_402_4	唐代・文選四八 27_246_9		
唐代・文選百三 6_53_32	唐代・文選六八 23_232_12	唐代・文選六八 4_38_14	唐代・文選五九 48_476_11	唐代・文選五九 4_38_5		
唐代・文選百三 8_71_13	唐代・文選六八 23_233_30	唐代・文選六八 9_102_5	唐代・文選五九 66_633_15	唐代・文選五九 5_41_9		
唐代・文選百三 32_317_7	唐代・文選六八 43_438_11	唐代・文選六八 10_105_1	唐代・文選五九 68_655_21	唐代・文選五九 7_63_12		

萇

漢 チョウ
訓 いららぐさ

唐代•文選五九 72_691_6
唐代•文選五九 81_777_8
唐代•文選五九 81_777_28
唐代•文選五九 86_827_27
唐代•文選五九 97_925_24
唐代•文選六八 27_271_2
唐代•文選六八 35_351_2

唐代•文選五九 4_32_12
唐代•文選五九 7_68_17
唐代•文選五九 7_71_17
唐代•文選五九 17_168_2
唐代•文選五九 28_277_16
唐代•文選五九 37_361_3
唐代•文選五九 39_381_20
唐代•文選五九 64_614_13

唐代•文選四八 10_91_10
唐代•文選四八 14_126_2
唐代•文選四八 24_221_14
唐代•文選四八 34_300_2
唐代•文選四八 35_316_25
唐代•文選四八 36_319_12
唐代•文選五九 3_20_25
唐代•文選五九 3_21_11

唐代•十輪經九 7_127_17
唐代•十輪經九 6_114_7
唐代•十輪經九 4_60_8
唐代•十輪經八 12_234_5

唐代•十輪經八 16_307_11
唐代•十輪經八 22_421_8
唐代•十輪經八 22_421_15
唐代•十輪經八 22_424_17
唐代•十輪經九 2_21_7
唐代•十輪經九 2_23_9
唐代•十輪經八 14_269_11

唐代•古文選後 20_239_11
唐代•十輪經四 17_324_16
唐代•十輪經四 17_325_2
唐代•十輪經四 18_360_17
唐代•十輪經四 21_414_10
唐代•十輪經八 8_157_3
唐代•十輪經八 12_232_11

唐代•文選百三 34_336_24
唐代•文選百三 36_359_7
唐代•文選百三 41_406_3
唐代•文選百三 41_410_14
唐代•文選百三 56_540_12
唐代•文選百三 84_801_16
唐代•文選百三 86_822_24
唐代•古文選前 4_47_13

唐代・文選六八 45_452_20
唐代・文選六八 47_473_28
唐代・文選六八 49_498_7
唐代・文選六八 51_510_13
唐代・文選六八 73_722_8
唐代・文選百三 16_154_24
唐代・文選百三 19_182_11
唐代・文選百三 31_301_22

唐代・文選百三 58_561_13
唐代・文選百三 58_561_32
唐代・文選百三 69_667_17
唐代・文選百三 77_735_22

著

漢 チョ
訓 いちじるしい

中唐・金剛經題 1_1_4
唐代・春秋經傳 5_50_19
唐代・春秋經傳 14_143_16
唐代・春秋經傳 22_224_6
唐代・文選四八 4_29_9
唐代・文選五九 1_2_3
唐代・文選五九 53_517_17
唐代・文選五九 53_517_25

唐代・文選五九 76_730_14
唐代・文選五九 85_816_23
唐代・文選五九 86_830_3
唐代・文選五九 87_833_27
唐代・文選五九 87_834_5
唐代・文選五九 87_834_25
唐代・文選五九 87_835_4
唐代・文選六八 23_234_28

唐代・文選六八 28_282_19
唐代・文選六八 37_366_17
唐代・文選百三 11_97_11
唐代・文選百三 11_98_20
唐代・文選百三 11_99_27
唐代・文選百三 25_240_9
唐代・文選百三 35_351_6
唐代・文選百三 35_351_13

唐代・文選百三 45_429_17
唐代・文選百三 85_808_27
唐代・古文選前 7_85_7
唐代・古文選前 15_179_35
唐代・古文選前 25_291_14
唐代・古文選後 9_99_33
唐代・十輪經四 2_26_3

唐代・十輪經四 3_56_16
唐代・十輪經四 9_170_11
唐代・十輪經四 10_192_10
唐代・十輪經四 14_267_3
唐代・十輪經九 7_133_5
唐代・十輪經九 9_179_6
唐代・十輪經九 10_185_16
唐代・十輪經九 10_193_9

唐代•十輪經九 15_285_9
唐代•十輪經九 15_296_18
唐代•十輪經九 15_298_11
唐代•十輪經九 16_300_16
唐代•十輪經九 16_309_5
唐代•十輪經九 18_348_15
唐代•十輪經九 19_361_5
唐代•十輪經九 19_363_12

唐代•十輪經九 19_364_3
唐代•十輪經九 19_372_15
唐代•十輪經九 19_373_6
唐代•十輪經九 19_373_14
唐代•十輪經九 19_374_5
唐代•十輪經九 19_374_13
唐代•十輪經九 19_375_4
唐代•十輪經九 19_375_12

唐代•十輪經九 19_376_5
唐代•十輪經九 19_376_14
唐代•十輪經九 19_377_6
唐代•十輪經九 19_377_15
唐代•十輪經九 19_378_7
唐代•十輪經九 19_378_15
唐代•十輪經九 19_379_6
唐代•十輪經九 19_379_16

唐代•十輪經九 20_380_8
唐代•十輪經九 20_380_16
唐代•十輪經九 20_380_17
唐代•十輪經九 20_381_8
唐代•十輪經九 20_381_16
唐代•十輪經九 20_382_7
唐代•十輪經九 20_382_15
唐代•十輪經九 20_383_7

唐代•十輪經九 20_383_15
唐代•十輪經九 20_384_5
唐代•十輪經九 20_384_16
唐代•十輪經九 20_386_3
唐代•十輪經九 20_386_13
唐代•十輪經九 20_387_9
唐代•十輪經九 20_387_17

唐代•十輪經九 20_388_8
唐代•十輪經九 20_388_16
唐代•十輪經九 20_389_7
唐代•十輪經九 20_390_9
唐代•十輪經九 21_412_8
唐代•十輪經九 22_420_15
唐代•十輪經九 22_422_11
唐代•十輪經十 1_19_8

唐代•十輪經十 2_26_16
唐代•十輪經十 2_30_1
唐代•十輪經十 2_30_13
唐代•十輪經十 5_84_10
唐代•十輪經十 5_86_6
唐代•十輪經十 5_95_13
唐代•十輪經十 6_109_13
唐代•十輪經十 6_117_7

萋

漢セイ 呉サイ
訓—

唐代・文選五九 37_364_3
唐代・文選五九 37_365_19
唐代・文選五九 37_365_31
唐代・文選五九 37_366_6
唐代・文選五九 109_1027_10

唐代・文選五九 72_691_8
唐代・文選五九 72_691_27
唐代・文選五九 72_694_3
唐代・文選百三 79_749_8
唐代・文選百三 79_751_34
唐代・文選百三 79_753_2

萊

ライ
訓あかざ

唐代・春秋經傳 26_268_3
唐代・春秋經傳 26_268_11
唐代・春秋經傳 26_268_16
唐代・春秋經傳 26_268_25
唐代・春秋經傳 26_272_15
唐代・春秋經傳 30_307_6
唐代・文選五九 72_689_1
唐代・文選五九 72_691_4

萁

漢キ
訓まめがら

唐代・文選百三 53_506_2
唐代・文選百三 53_508_29
唐代・文選百三 53_508_31
唐代・文選百三 53_510_19
唐代・文選百三 53_511_14
唐代・文選百三 53_512_17

菱

リョウ
訓ひし

唐代・文選六八 45_451_8
唐代・文選六八 45_452_10
唐代・文選六八 45_453_3
唐代・文選六八 45_453_21
唐代・文選六八 49_491_20

唐代・十輪經十 12_221_9
唐代・十輪經十 12_227_8
唐代・十輪經十 12_232_14
唐代・十輪經十 14_279_9
唐代・十輪經十 14_280_17
唐代・十輪經十 16_301_6

唐代・十輪經十 7_124_15
唐代・十輪經十 7_124_23
唐代・十輪經十 11_209_16
唐代・十輪經十 11_211_9
唐代・十輪經十 11_213_3
唐代・十輪經十 11_216_12
唐代・十輪經十 11_218_2
唐代・十輪經十 11_219_1

萏

漢タン呉ドウ
訓はなやか

唐代・古文選後
9_104_1

菜

サイ
訓な

唐代・春秋經傳
34_358_4

唐代・文選五九
14_133_18

唐代・文選五九
14_134_7

唐代・文選六八
13_140_24

唐代・文選六八
15_155_4

唐代・文選六八
21_216_19

唐代・文選百三
85_804_11

萎

イ
訓なえる

唐代・文選五九
3_29_12

唐代・文選百三
59_563_31

萌

慣ホウ漢ボウ
訓めばえ

唐代・文選四八
12_105_1

唐代・古文選後
18_206_4

菽

シュク
訓まめ

唐代・文選百三
84_803_28

唐代・文選百三
85_804_13

唐代・文選百三
85_804_26

唐代・文選百三
85_805_3

唐代・文選百三
85_805_8

唐代・文選百三
85_806_12

唐代・文選百三
85_806_18

菓

カ
訓くだもの

唐代・文選五九
15_151_24

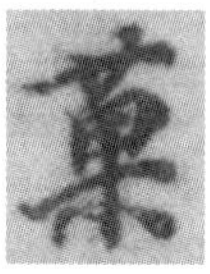

唐代・十輪經八
4_77_10

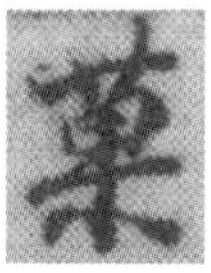

唐代・十輪經八
5_85_1

菲

ヒ
訓うすい

唐代・文選五九
105_1000_14

唐代・文選五九
106_1001_11

唐代・文選五九
106_1002_29

唐代・文選五九
106_1003_18

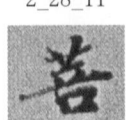

			菩	菟		菊
			慣ボ 漢ホ 呉ブ 訓ほとけぐさ	漢ト 訓うさぎ		キク 訓きく
唐代•十輪經八 1_18_9	 唐代•十輪經四 11_214_10	初唐•大般若經 2_28_11	中唐•金剛經題 1_7_5	唐代•春秋經傳 22_233_12	唐代•古文選前 8_89_13	唐代•文選五九 6_55_4
唐代•十輪經八 2_28_10	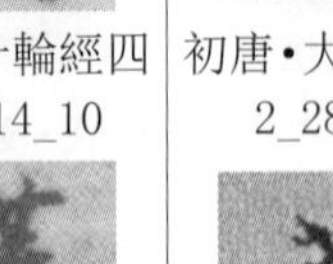 唐代•十輪經四 20_400_16	初唐•大般若經 2_30_3	初唐•金剛場經 1_1_4	唐代•春秋經傳 23_234_3		唐代•文選五九 6_56_10
唐代•十輪經八 2_30_8	唐代•十輪經四 21_410_1	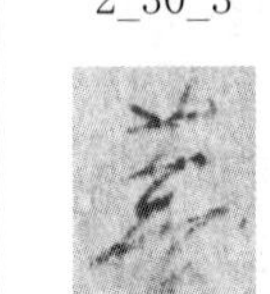 晚唐•慶滋書狀 1_9_7	初唐•金剛場經 1_2_2	唐代•文選五九 89_853_10		唐代•文選五九 6_56_20
唐代•十輪經八 3_40_1	唐代•十輪經八 1_3_2	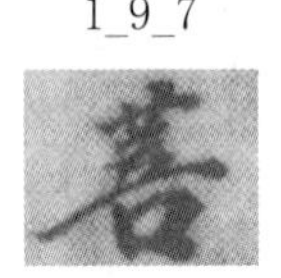 唐代•十輪經四 1_10_7	初唐•金剛場經 1_3_12	唐代•文選五九 89_853_22		唐代•文選五九 6_56_30
唐代•十輪經八 3_44_13	唐代•十輪經八 1_14_5	 唐代•十輪經四 10_184_23	初唐•大般若經 1_4_2	唐代•文選六八 33_325_1		唐代•文選五九 7_66_23
 唐代•十輪經八 3_48_1	唐代•十輪經八 1_16_7	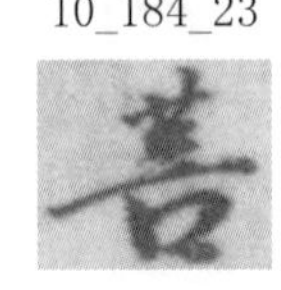 唐代•十輪經四 10_191_12	初唐•大般若經 2_22_8	唐代•文選六八 33_326_5		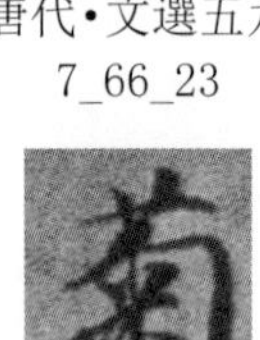 唐代•文選五九 8_72_6
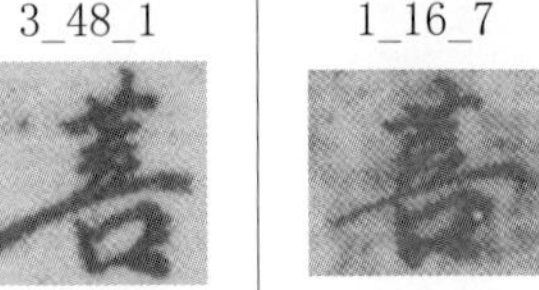 唐代•十輪經八 3_51_14	唐代•十輪經八 1_17_8	 唐代•十輪經四 11_202_10	 初唐•大般若經 2_26_3	 唐代•文選六八 33_326_11		 唐代•文選五九 8_75_14
 唐代•十輪經八 3_55_12	唐代•十輪經八 1_18_1	 唐代•十輪經四 11_212_12	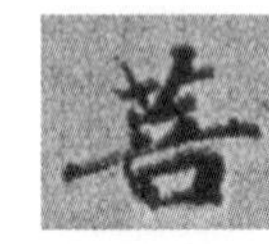 初唐•大般若經 2_27_12			

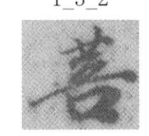

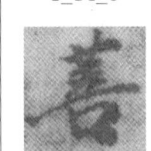

萍	萃					
漢ヘイ呉ビョウ 訓うきぐさ	漢スイ、サイ呉ズイ 訓くさむら					
唐代・文選五九 8_72_17	唐代・文選四八 47_425_17	唐代・十輪經十 19_377_16	唐代・十輪經十 16_317_15	唐代・十輪經十 14_271_11	唐代・十輪經十 11_208_3	唐代・十輪經十 10_187_15
蘋大萍也 唐代・文選六八 45_452_26	唐代・文選四八 47_427_10	唐代・十輪經十 20_382_16	唐代・十輪經十 16_319_9	唐代・十輪經十 14_274_5	唐代・十輪經十 12_233_6	唐代・十輪經十 10_189_1
	唐代・古文選前 19_218_8	唐代・十輪經十 20_383_6	唐代・十輪經十 16_320_16	唐代・十輪經十 15_284_12	唐代・十輪經十 12_236_16	唐代・十輪經十 10_190_11
		唐代・十輪經十 20_383_14	唐代・十輪經十 17_322_6	唐代・十輪經十 15_286_1	唐代・十輪經十 13_241_17	唐代・十輪經十 10_195_1
		唐代・十輪經十 20_384_5	唐代・十輪經十 17_330_24	唐代・十輪經十 15_293_17	唐代・十輪經十 13_251_6	唐代・十輪經十 10_197_1
			唐代・十輪經十 17_334_1	唐代・十輪經十 16_304_2	唐代・十輪經十 13_258_16	唐代・十輪經十 10_199_6
			唐代・十輪經十 18_352_2	唐代・十輪經十 16_306_10	唐代・十輪經十 14_268_6	唐代・十輪經十 11_202_1
			唐代・十輪經十 18_360_10	唐代・十輪經十 16_312_9	唐代・十輪經十 14_269_17	唐代・十輪經十 11_205_9

菀

漢ウツ
訓しげる

唐代•文選六八
43_433_20

唐代•文選六八
46_461_15

菡

漢カン
訓—

唐代•古文選後
9_103_14

菰

漢コ
訓まこも

唐代•文選六八
13_132_10

唐代•文選六八
13_133_16

唐代•文選六八
13_136_8

唐代•文選六八
13_139_24

唐代•文選六八
13_140_10

唐代•文選六八
13_141_10

葉

ヨウ
訓は

唐代•春秋經傳
17_171_1

唐代•春秋經傳
17_171_4

唐代•春秋經傳
17_171_10

唐代•文選五九
3_27_7

唐代•文選五九
3_29_2

唐代•文選五九
3_30_9

唐代•文選五九
13_122_2

唐代•文選五九
16_158_21

唐代•文選五九
37_366_15

唐代•文選五九
38_377_13

唐代•文選五九
52_514_1

唐代•文選五九
52_514_18

唐代•文選五九
52_515_10

唐代•文選五九
53_517_2

唐代•文選五九
53_518_10

唐代•文選五九
53_518_29

唐代•文選五九
103_969_19

唐代•文選六八
16_165_19

唐代•文選六八
18_183_15

唐代•文選六八
19_193_15

唐代•文選六八
43_428_6

唐代•文選六八
60_603_1

唐代•文選六八
67_671_12

唐代•文選百三
82_778_24

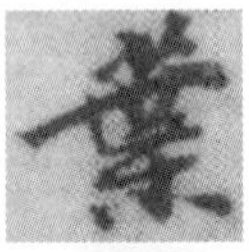
唐代•十輪經八
3_43_15

唐代•十輪經八
4_76_12

唐代•十輪經八
5_83_11

葬

ソウ
訓ほうむる

唐代・春秋經傳 13_128_19
唐代・春秋經傳 13_129_4
唐代・春秋經傳 13_131_12
唐代・春秋經傳 13_133_19
唐代・春秋經傳 13_134_28
唐代・春秋經傳 28_290_18
唐代・春秋經傳 28_291_15

唐代・春秋經傳 28_291_22
唐代・春秋經傳 28_292_6
唐代・春秋經傳 29_301_17
唐代・春秋經傳 29_302_23
唐代・春秋經傳 29_302_30
唐代・春秋經傳 29_303_4
唐代・春秋經傳 32_337_7

唐代・春秋經傳 33_342_5
唐代・春秋經傳 34_351_17
唐代・春秋經傳 35_364_1
唐代・文選四八 43_387_7
唐代・文選四八 43_387_27
唐代・文選五九 112_1063_1
唐代・文選百三 19_183_18

唐代・文選百三 19_185_5
唐代・文選百三 19_186_8
唐代・文選百三 19_188_13
唐代・文選百三 20_191_5

葳

イ
訓えみぐさ

唐代・文選五九 82_787_13
唐代・古文選後 8_90_9

萬

漢バン呉マン
訓よろず

初唐・法華義疏 1_2_12
初唐・金剛場經 1_1_3
初唐・金剛場經 1_2_5
唐代・春秋經傳 28_286_23
唐代・春秋經傳 28_287_13
唐代・文選四八 4_26_16
唐代・文選四八 12_103_22
唐代・文選四八 12_110_14

唐代・文選四八 13_113_2
唐代・文選四八 13_116_10
唐代・文選四八 14_120_1
唐代・文選四八 15_135_21
唐代・文選四八 16_139_23
唐代・文選四八 16_140_8
唐代・文選四八 18_159_2
唐代・文選四八 20_184_11

唐代•古文選前 2_16_5
唐代•古文選前 3_34_2
唐代•古文選前 15_180_19
唐代•古文選前 17_202_3
唐代•古文選前 18_209_3
唐代•古文選前 18_216_3
唐代•古文選前 20_232_3

唐代•文選百三 47_452_2
唐代•文選百三 47_453_24
唐代•文選百三 49_467_16
唐代•文選百三 50_483_25
唐代•文選百三 51_487_24
唐代•文選百三 72_696_11
唐代•古文選前 2_14_9
唐代•古文選前 2_14_10

唐代•文選百三 25_249_12
唐代•文選百三 27_264_10
唐代•文選百三 27_267_4
唐代•文選百三 29_281_17
唐代•文選百三 34_336_4
唐代•文選百三 34_338_4
唐代•文選百三 34_341_15
唐代•文選百三 42_418_23

唐代•文選六八 60_602_5
唐代•文選八八 6_38_3
唐代•文選八八 13_111_11
唐代•文選八八 14_114_1
唐代•文選八八 14_115_15
唐代•文選百三 20_196_18
唐代•文選百三 24_231_21
唐代•文選百三 25_246_16

唐代•文選五九 92_886_17
唐代•文選五九 101_959_2
唐代•文選五九 110_1045_19
唐代•文選六八 4_46_3
唐代•文選六八 9_90_1
唐代•文選六八 60_600_5
唐代•文選六八 60_601_14
唐代•文選六八 60_601_18

唐代•文選五九 24_235_10
唐代•文選五九 33_323_30
唐代•文選五九 35_347_26
唐代•文選五九 35_350_10
唐代•文選五九 66_636_13
唐代•文選五九 66_637_16
唐代•文選五九 66_639_9
唐代•文選五九 66_639_12

唐代•文選五九 3_27_3
唐代•文選五九 4_38_25
唐代•文選五九 5_39_7
唐代•文選五九 9_91_1
唐代•文選五九 10_92_14
唐代•文選五九 10_93_19
唐代•文選五九 14_135_22
唐代•文選五九 24_234_6

	董		葛	萼		
	漢トウ 訓ただす		漢カツ 呉カチ 訓くず	ガク 訓うてな		

唐代•文選百三
73_709_7

唐代•古文選後
22_260_22

唐代•春秋經傳
11_110_1

唐代•文選四八
19_171_13

唐代•文選五九
8_72_23

唐代•文選五九
78_751_16

唐代•文選六八
27_269_9

唐代•文選六八
27_271_21

唐代•文選六八
27_272_1

唐代•文選六八
41_410_29

唐代•文選六八
41_412_9

唐代•春秋經傳
29_301_25

唐代•文選五九
37_359_13

唐代•文選五九
37_360_22

唐代•文選五九
37_362_23

唐代•文選六八
7_71_3

唐代•文選六八
7_72_11

唐代•文選六八
7_72_28

唐代•古文選前
16_190_4

唐代•古文選後
17_197_1

唐代•古文選前
21_252_1

唐代•古文選後
19_226_6

唐代•古文選後
24_277_14

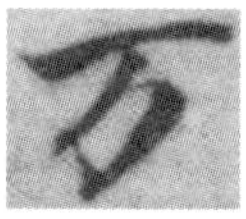
唐代•十輪經十
13_249_16

唐代•古文選後
1_5_7

唐代•古文選後
4_44_24

唐代•古文選後
5_50_4

唐代•古文選後
6_66_1

唐代•古文選後
6_67_3

唐代•古文選後
6_71_2

唐代•古文選後
6_71_11

			落	蔿	蒐	葩
			ラク 訓おちる	イ 訓—	漢シュウ 訓あかね	漢ハ 訓はな

唐代•文選六八
55_557_32

唐代•文選百三
47_455_1

唐代•文選百三
47_457_11

唐代•古文選前
23_275_14

唐代•十輪經八
3_59_15

唐代•文選五九
53_517_14

唐代•文選五九
64_616_2

唐代•文選五九
64_617_14

唐代•文選五九
64_618_24

唐代•文選五九
94_908_2

唐代•文選六八
37_373_4

唐代•文選六八
45_448_1

唐代•文選六八
55_551_1

唐代•文選五九
21_210_16

唐代•文選五九
51_509_8

唐代•文選五九
52_511_21

唐代•文選五九
52_511_30

唐代•文選五九
52_513_2

唐代•文選五九
52_515_4

唐代•文選五九
53_516_2

唐代•文選五九
53_517_9

唐代•文選四八
35_315_2

唐代•文選五九
3_28_2

唐代•文選五九
3_29_3

唐代•文選五九
3_29_8

唐代•文選五九
3_30_10

唐代•文選五九
3_30_16

唐代•文選五九
3_30_21

唐代•文選五九
16_156_1

唐代•春秋經傳
3_30_14

唐代•春秋經傳
21_217_6

唐代•春秋經傳
21_220_13

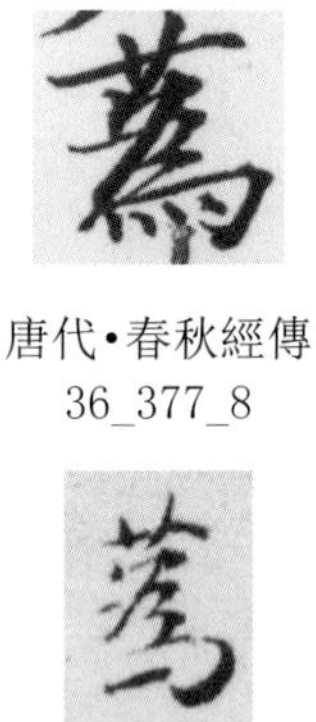
唐代•春秋經傳
36_377_8

唐代•文選五九
79_761_2

唐代•文選五九
82_785_19

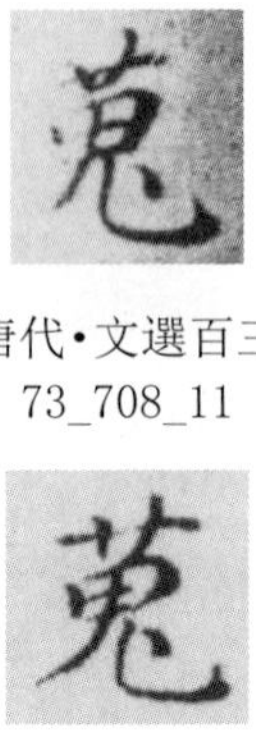
唐代•文選百三
73_708_11

唐代•文選百三
73_709_5

唐代•文選六八
40_403_13

唐代•文選六八
41_405_22

唐代•文選六八
41_406_20

唐代•文選六八
41_407_4

唐代•古文選前
16_194_12

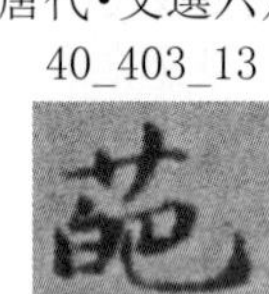

唐代•春秋經傳
34_354_9

唐代•春秋經傳
39_405_21

唐代•文選四八
3_15_22

唐代•文選五九
10_94_6

唐代•文選五九
13_124_18

唐代•文選五九
47_461_3

唐代•文選五九
47_462_7

唐代•文選五九
47_462_15

蓋

カイ 慣ガイ
訓おおい

初唐•法華義疏
1_2_8

唐代•春秋經傳
2_9_6

唐代•春秋經傳
22_225_18

唐代•春秋經傳
22_226_22

唐代•春秋經傳
25_261_12

唐代•春秋經傳
27_275_12

唐代•春秋經傳
27_283_11

唐代•春秋經傳
28_295_18

蓍

シ
訓めどぎ

唐代•文選六八
16_167_8

蒲

漢ホ 呉ブ
訓ばくち

唐代•文選六八
13_139_28

葵

漢キ 呉ギ
訓あおい

唐代•文選六八
13_135_29

唐代•文選六八
13_140_29

葦

イ
訓あし

唐代•文選六八
64_641_8

唐代•文選百三
61_582_4

葭

漢カ
訓あし

唐代•文選五九
73_701_29

唐代•文選百三
22_215_28

唐代•古文選後
17_195_4

蓮 

レン
訓はす

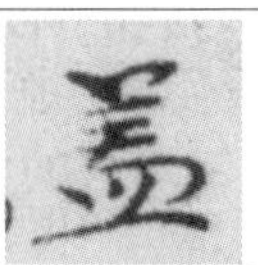
唐代•文選五九
47_462_19

唐代•文選五九
47_462_22

唐代•文選五九
47_463_30

唐代•文選五九
55_537_14

唐代•文選五九
55_539_5

唐代•文選五九
61_587_18

唐代•文選五九
93_891_14

唐代•文選五九
111_1049_15

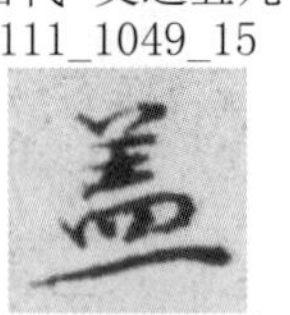
唐代•文選五九
111_1049_23

唐代•文選六八
9_95_27

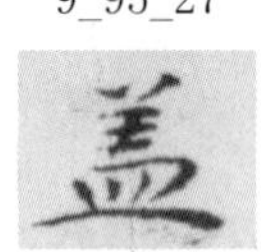
唐代•文選六八
19_197_2

唐代•文選六八
38_382_8

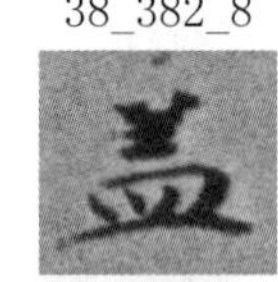
唐代•文選六八
38_383_26

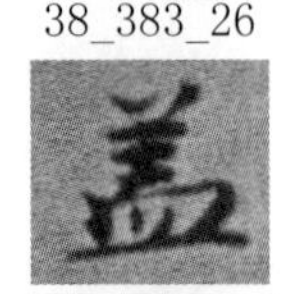
唐代•文選六八
39_385_18

唐代•文選六八
42_424_4

唐代•文選八八
5_30_4

唐代•文選八八
9_70_9

唐代•文選八八
17_145_25

唐代•文選百三
27_269_6

唐代•文選百三
29_283_22

唐代•文選百三
35_343_1

唐代•文選百三
35_343_8

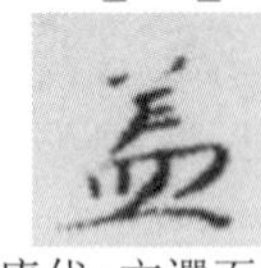
唐代•文選百三
35_344_12

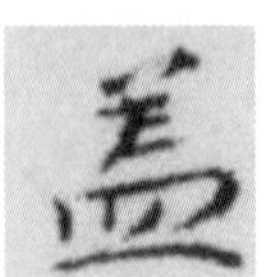
唐代•文選百三
35_344_32

唐代•文選百三
35_344_37

唐代•文選百三
35_346_16

唐代•文選百三
39_395_5

唐代•文選百三
57_549_11

唐代•古文選前
1_13_7

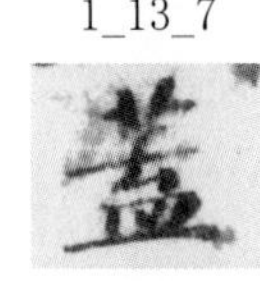
唐代•古文選前
2_14_2

唐代•古文選前
11_129_13

唐代•古文選後
3_36_12

唐代•古文選後
5_51_8

唐代•古文選後
8_85_3

唐代•古文選後
9_101_11

唐代•古文選後
15_169_6

唐代•古文選後
16_186_7

唐代•十輪經八
22_422_5

初唐•法華義疏
1_2_4

初唐•聖武雜集
1_5_10

中唐•七祖像贊
1_6_4

唐代•文選六八
15_161_28

唐代•文選六八
16_162_5

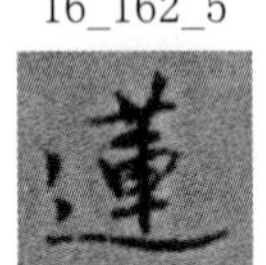
唐代•文選六八
16_165_18

唐代•文選六八
41_405_13

唐代•文選六八
41_405_18

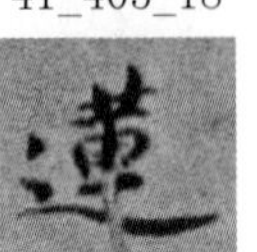
唐代•文選六八
41_405_23

唐代•文選六八
45_453_5

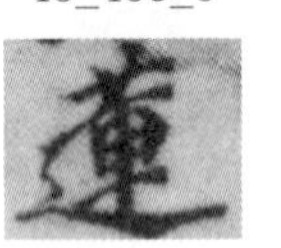
唐代•十輪經四
2_36_17

唐代•十輪經四
9_163_8

蓐

漢ジョク 呉ニク
訓しとね

唐代•文選六八
17_178_1

唐代•文選六八
17_178_20

蓫

漢チク 呉ジク
訓ぎしぎし

唐代•文選六八
13_135_6

唐代•文選六八
13_135_10

唐代•文選六八
13_135_13

蒨

セン
訓あかね

唐代•文選五九
82_788_3

唐代•文選五九
82_791_8

唐代•古文選前
16_192_5

蓬

漢ホウ
訓よもぎ

唐代•古文選前
13_147_8

唐代•古文選後
16_182_6

蒼

ソウ
訓あお

唐代•文選四八
13_117_6

唐代•文選五九
17_163_21

唐代•文選五九
17_171_6

唐代•文選五九
61_585_22

唐代•文選五九
61_586_7

唐代•文選五九
67_645_9

唐代•文選五九
67_646_15

唐代•文選五九
67_646_23

唐代•文選五九
67_648_7

唐代•文選五九
70_672_9

唐代•文選五九
73_700_12

唐代•文選五九
73_702_5

唐代•文選五九
73_703_8

唐代•文選五九
78_750_17

唐代•文選五九
97_917_4

唐代•文選五九
97_922_12

唐代•文選六八
8_76_4

唐代•文選六八
17_170_13

唐代•文選六八
45_452_12

唐代•文選八八
10_81_18

唐代•文選八八
12_98_4

唐代•文選八八
17_154_8

唐代•文選八八
18_156_8

唐代•文選八八
21_179_21

			蒭		蒿蒿	
			慣スウ漢ス漢シュウ 訓まぐさ		漢コウ 訓よもぎ	
唐代•十輪經四 7_134_10	唐代•十輪經四 3_54_16	唐代•文選百三 32_318_25	唐代•文選六八 14_146_8	唐代•文選百三 79_752_23	唐代•文選五九 3_20_30	唐代•文選百三 22_215_29
唐代•十輪經四 8_140_3	唐代•十輪經四 3_57_17	唐代•文選百三 33_325_11	唐代•文選百三 31_300_1	唐代•文選百三 79_753_1	唐代•文選五九 3_21_16	唐代•文選百三 82_783_7
唐代•十輪經四 8_144_14	唐代•十輪經四 4_62_15	唐代•文選百三 53_513_19	唐代•文選百三 31_301_19		唐代•文選五九 3_22_8	唐代•古文選前 1_4_13
唐代•十輪經四 8_150_16	唐代•十輪經四 4_65_8	唐代•十輪經四 1_4_14	唐代•文選百三 31_301_24		唐代•文選六八 15_155_3	唐代•古文選後 9_102_11
唐代•十輪經四 8_152_5	唐代•十輪經四 7_121_2	唐代•十輪經四 3_44_2	唐代•文選百三 31_302_16		唐代•文選百三 31_302_18	唐代•古文選後 24_280_5
唐代•十輪經四 8_153_8	唐代•十輪經四 7_126_14	唐代•十輪經四 3_53_5	唐代•文選百三 32_315_1		唐代•文選百三 53_511_17	唐代•古文選後 26_307_13
唐代•十輪經四 8_156_13	唐代•十輪經四 7_128_12	唐代•十輪經四 3_54_8	唐代•文選百三 32_317_22		唐代•文選百三 79_749_7	

蒞	蒲	蒹	蓄	蔀	蓑	
リ 漢レイ 訓のぞむ	漢ホ 呉ブ 唐フ 訓がま	ケン 訓おぎ	チク、キク 訓たくわえる	漢ホウ 呉ブ 訓しとみ	コン 訓—	
唐代・文選四八 41_370_8	唐代・春秋經傳 10_97_5	唐代・文選五九 73_701_28	唐代・文選五九 77_741_12	唐代・春秋經傳 26_264_27	唐代・古文選前 24_287_9	唐代・十輪經四 17_330_3
唐代・文選六八 73_721_4	唐代・古文選前 24_284_1	唐代・文選百三 22_215_27	唐代・文選六八 13_133_1			唐代・十輪經四 17_332_5
唐代・文選六八 73_722_12			唐代・文選六八 13_135_15			唐代・十輪經四 17_332_17
唐代・文選六八 73_722_25			唐代・文選六八 13_138_13			唐代・十輪經四 17_334_3
			唐代・文選六八 13_139_31			唐代・十輪經四 19_364_3
			唐代・文選六八 13_140_23			唐代・十輪經四 20_385_2
			唐代・文選百三 85_806_2

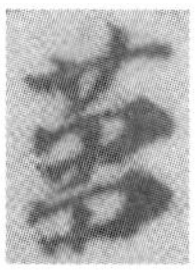

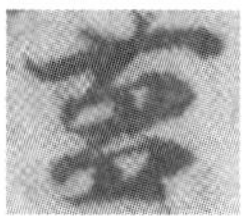

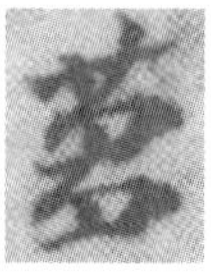

蓂	蔭				蒙	蓉
慣メイ呉ミョウ 訓—	漢イン 訓かげ				漢ボウ呉モウ 訓おおう	漢ヨウ呉ユウ 訓はちす

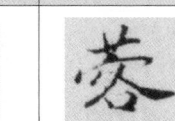

唐代•古文選後 14_158_11

唐代•春秋經傳 10_96_18

唐代•文選五九 89_852_7

唐代•文選五九 89_855_11

唐代•文選五九 98_927_18

唐代•古文選前 9_103_7

唐代•古文選後 8_91_14

唐代•十輪經四 19_361_12

唐代•古文選後 16_188_8

唐代•古文選後 19_225_5

唐代•十輪經九 10_190_11

唐代•文選百三 73_701_14

唐代•文選百三 73_704_34

唐代•文選百三 73_706_5

唐代•文選百三 74_715_30

唐代•古文選前 2_14_4

唐代•古文選後 2_23_14

唐代•古文選後 10_112_1

唐代•文選六八 44_442_12

唐代•文選六八 44_442_14

唐代•文選百三 15_136_3

唐代•文選百三 15_138_1

唐代•文選百三 15_139_8

唐代•文選百三 56_535_2

唐代•文選百三 56_535_11

初唐•法華義疏 1_9_4

初唐•聖武雜集 1_10_15

唐代•文選五九 7_60_20

唐代•文選五九 58_556_5

唐代•文選五九 70_670_5

唐代•文選五九 94_903_11

唐代•文選六八 43_433_7

唐代•文選五九 108_1021_29

唐代•古文選後 9_103_10

	蔡	蔥	蔑	蔓	蒸	蓀
	サイ 訓のり	漢ソウ呉ソウ 訓ねぎ	漢ベツ 訓ほろぼす	漢バン呉マン 訓つる	ショウ慣ジョウ 訓むす	ソン 訓はなしょうぶ

唐代•文選六八
4_39_12

唐代•文選六八
63_635_6

唐代•文選六八
73_721_9

唐代•文選百三
21_204_33

唐代•文選百三
55_530_10

唐代•古文選前
7_87_13

蔡

唐代•春秋經傳
34_361_19

唐代•文選五九
39_381_5

唐代•文選五九
46_454_1

唐代•文選五九
47_458_24

唐代•文選五九
74_717_2

唐代•文選五九
109_1035_8

露葵
唐代•文選六八
13_133_3

蔥

唐代•文選五九
82_788_2

蔑

唐代•春秋經傳
29_306_24

唐代•文選百三
23_219_1

唐代•古文選後
26_305_14

蔓

唐代•文選四八
17_151_16

唐代•文選四八
17_151_23

唐代•文選五九
3_25_1

唐代•文選五九
3_26_17

唐代•文選五九
3_27_1

唐代•文選五九
17_159_15

唐代•文選五九
37_362_26

蒸

唐代•文選百三
10_95_4

唐代•文選百三
10_95_17

唐代•文選百三
11_96_25

唐代•文選百三
11_97_2

唐代•文選百三
64_617_22

唐代•古文選前
22_259_11

唐代•古文選前
25_289_2

唐代•古文選後
8_90_14

蓀

唐代•文選五九
105_989_2

唐代•文選五九
105_990_30

唐代•文選五九
105_991_18

蕤

漢ズイ
訓しべ

唐代•文選五九
82_787_14

唐代•文選五九
82_790_28

唐代•文選五九
82_791_4

唐代•古文選後
8_90_10

蕙

漢ケイ呉エ
訓かおりぐさ

唐代•文選四八
26_229_6

唐代•文選四八
26_230_4

唐代•文選四八
26_231_15

唐代•文選四八
40_353_4

唐代•文選四八
40_355_5

唐代•文選五九
97_921_11

唐代•文選六八
47_471_15

蕘

漢ジョウ
訓たきぎ

唐代•文選百三
31_300_2

唐代•文選百三
31_301_20

唐代•文選百三
31_301_25

唐代•文選百三
31_302_17

蔣

漢ショウ
訓まこも

唐代•文選五九
31_312_22

唐代•文選五九
32_313_16

唐代•文選五九
32_314_24

唐代•文選五九
32_315_1

唐代•文選六八
13_141_12

蓼

リョウ漢リク
訓たで

唐代•春秋經傳
28_289_11

唐代•春秋經傳
29_297_7

唐代•春秋經傳
29_297_11

唐代•文選五九
64_614_4

唐代•文選五九
83_798_7

唐代•文選五九
83_799_14

唐代•文選百三
3_23_4

蔚

イ漢ウツ慣ウツ
訓おとこよもぎ

唐代•古文選後
16_183_39

唐代•古文選後
16_183_55

唐代•古文選後
16_187_3

蕖

漢キョ呉ゴ
訓はす

唐代•古文選前
8_92_12

		蕩	蕃		蕪	蕞
		漢トウ 訓ゆるやか	慣バン漢ハン 訓しげる		漢ブ呉ム 訓あれる	漢サイ、セツ 訓めじるし
 唐代•文選六八 29_287_6	 唐代•文選五九 94_897_6	 唐代•春秋經傳 35_371_39	 唐代•春秋經傳 17_175_3	 唐代•古文選後 22_260_38	 唐代•文選五九 63_610_2	 唐代•古文選後 11_130_13
 唐代•文選六八 48_484_1	 唐代•文選五九 106_1006_1	 唐代•文選五九 14_136_29	 唐代•春秋經傳 17_177_13		 唐代•文選五九 63_610_17	
 唐代•文選六八 49_487_4	 唐代•文選五九 107_1008_6	 唐代•文選五九 68_655_4	 唐代•文選五九 104_985_20		 唐代•文選五九 64_611_19	
 唐代•文選六八 55_548_22	 唐代•文選六八 28_284_5	 唐代•文選五九 68_656_7	 唐代•文選五九 104_986_8		 唐代•文選五九 64_612_10	
 唐代•古文選前 9_105_4	 唐代•文選六八 29_287_9	 唐代•文選五九 68_656_21	 唐代•古文選後 1_10_4		 唐代•文選五九 84_802_11	
 唐代•古文選前 17_203_1	 唐代•文選六八 29_287_16	 唐代•文選五九 68_656_29	 唐代•古文選後 18_212_12		 唐代•文選五九 98_932_30	
 唐代•古文選前 24_286_1	 唐代•文選六八 29_287_23	 唐代•文選五九 93_894_2			 唐代•文選五九 99_941_2	

	薛	薇	薨	薉	薑	蔬
	漢セツ 訓よもぎ	漢ビ 訓ばら	コウ 訓みまかる	漢ワイ呉エ 訓あれる	漢キョウ呉コウ 訓はじかみ	漢ソ呉ショ 訓あおもの

唐代•文選百三
83_786_29

薛

唐代•文選五九
53_522_3

唐代•文選五九
84_805_7

唐代•文選五九
84_808_4

唐代•文選五九
92_889_21

唐代•文選六八
52_523_11

唐代•文選六八
65_647_9

唐代•文選六八
73_724_17

薇

唐代•古文選後
7_76_3

薨

唐代•春秋經傳
28_288_18

唐代•文選四八
19_172_12

唐代•文選四八
20_178_18

唐代•文選四八
21_188_23

唐代•文選五九
109_1034_22

薉

唐代•文選五九
64_611_1

薑

唐代•文選六八
18_182_26

蔬

唐代•文選五九
14_132_4

唐代•文選五九
14_133_17

唐代•文選五九
14_133_28

唐代•文選五九
14_134_6

唐代•文選百三
85_804_10

薄

漢ハク呉バク
訓うすい

唐代•春秋經傳
2_19_26

唐代•春秋經傳
35_363_16

唐代•文選四八
28_249_4

唐代•文選五九
3_25_7

唐代•文選五九
37_372_27

唐代•文選五九
70_668_22

唐代•文選五九
71_680_7

薪

シン
訓たきぎ

唐代•文選百三
32_320_9

唐代•文選百三
33_325_10

唐代•文選百三
53_511_16

唐代•文選五九
73_701_10

唐代•文選百三
9_79_21

唐代•文選百三
31_301_6

唐代•文選百三
31_301_26

唐代•文選百三
31_302_14

唐代•文選百三
31_314_29

唐代•文選百三
32_317_18

蔽

漢ヘイ漢ヘッ
訓おおう

唐代•文選百三
57_545_19

唐代•文選百三
84_798_2

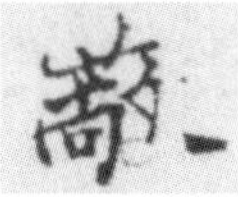
唐代•文選百三
84_798_11

唐代•古文選前
8_90_11

唐代•古文選前
14_168_5

唐代•古文選後
7_73_9

唐代•文選五九
39_391_27

唐代•文選五九
40_394_4

唐代•文選五九
50_494_20

唐代•文選五九
51_501_16

唐代•文選五九
51_504_4

唐代•文選五九
59_566_4

唐代•文選五九
90_858_18

唐代•文選六八
45_449_18

薦

セン、シン
訓すすめる

唐代•文選百三
67_644_20

唐代•文選百三
67_645_15

唐代•古文選後
19_217_7

唐代•古文選後
20_235_5

唐代•文選五九
82_792_9

唐代•文選五九
82_794_2

唐代•文選五九
82_794_19

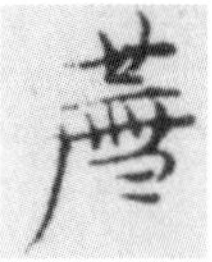
唐代•文選五九
82_795_20

唐代•文選五九
92_880_28

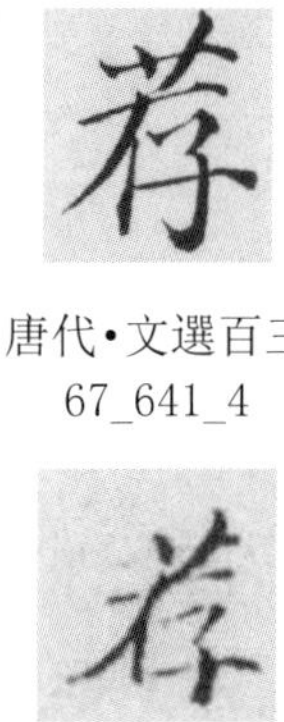
唐代•文選百三
67_641_4

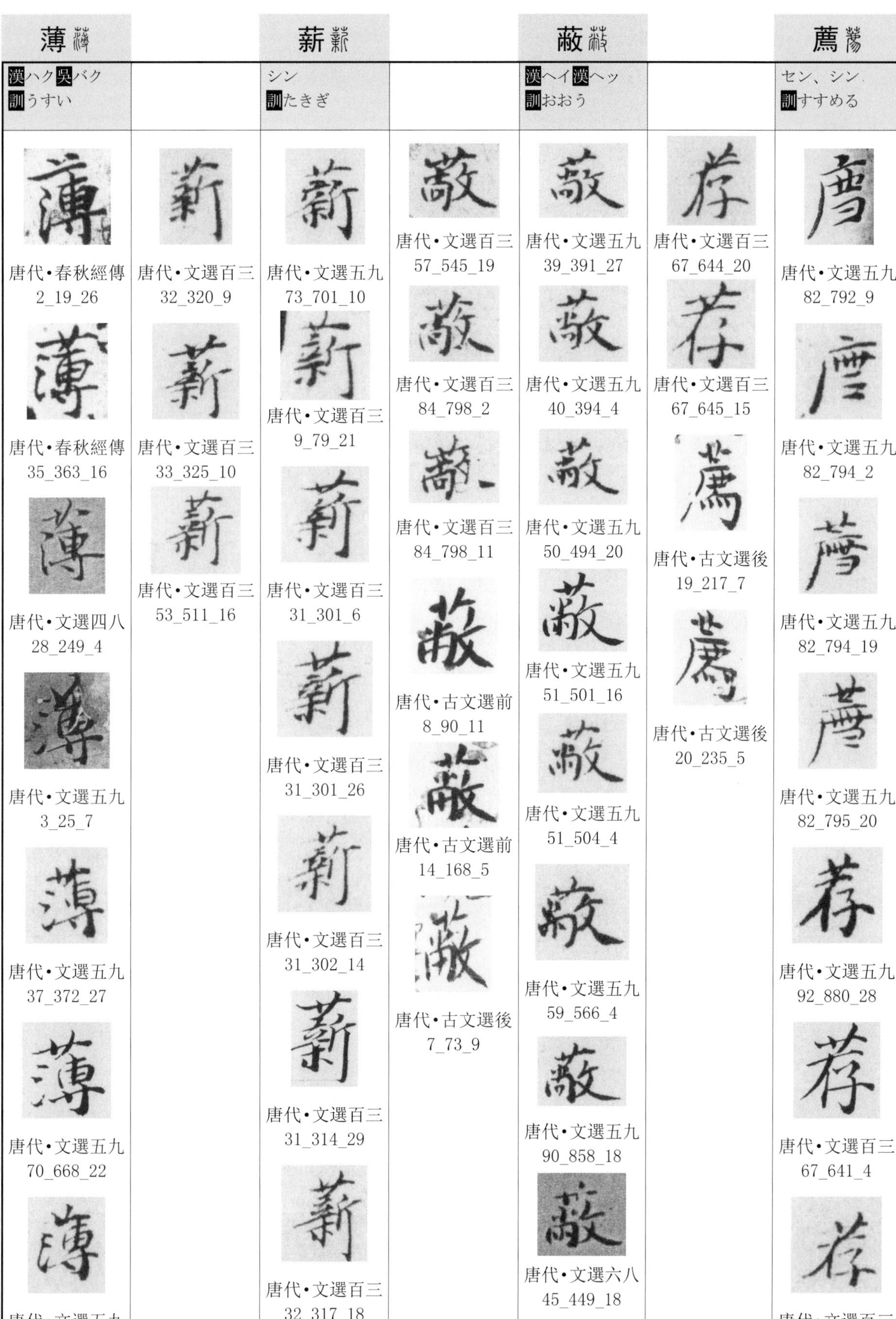

唐代•文選百三
67_644_10

蕭

	蕭 ショウ 訓よもぎ					
唐代•文選五九 45_449_27	唐代•文選五九 2_19_9	唐代•古文選後 15_178_10	唐代•文選百三 45_428_20	唐代•文選百三 19_180_7	唐代•文選六八 34_341_1	唐代•文選五九 105_1000_15
唐代•文選五九 56_540_12	唐代•文選五九 3_20_21	唐代•古文選後 16_186_14	唐代•古文選前 3_36_10	唐代•文選百三 19_183_17	唐代•文選八八 16_134_4	唐代•文選五九 106_1001_12
唐代•文選五九 57_553_20	唐代•文選五九 3_20_29	唐代•古文選後 17_198_3	唐代•古文選前 6_64_6	唐代•文選百三 19_185_3	唐代•文選百三 1_9_3	唐代•文選五九 106_1004_1
唐代•文選五九 58_559_27	唐代•文選五九 3_21_7	唐代•古文選後 17_200_11	唐代•古文選前 9_114_9	唐代•文選百三 19_186_7	唐代•文選百三 12_111_14	唐代•文選六八 14_147_11
唐代•文選五九 60_579_19	唐代•文選五九 3_21_15	唐代•古文選後 23_270_3	唐代•古文選前 16_187_8	唐代•文選百三 19_189_2	唐代•文選百三 15_142_37	唐代•文選六八 14_148_3
唐代•文選五九 64_614_6	唐代•文選五九 3_22_6	唐代•十輪經十 17_323_10	唐代•古文選前 16_190_8	唐代•文選百三 25_239_11	唐代•文選百三 15_143_9	唐代•文選六八 15_153_11
唐代•文選五九 65_625_4	唐代•文選五九 17_160_7	唐代•十輪經十 20_382_2	唐代•古文選後 13_146_15	唐代•文選百三 33_323_6	唐代•文選百三 15_145_8	唐代•文選六八 34_340_4

薩

漢サツ呉サチ
訓すくう

唐代・文選五九
65_627_20

唐代・文選五九
65_629_12

唐代・文選五九
66_635_30

唐代・文選五九
69_663_6

唐代・文選五九
69_666_19

唐代・文選五九
69_667_16

唐代・文選五九
107_1010_2

唐代・文選六八
29_299_22

唐代・文選百三
31_309_1

唐代・文選百三
49_479_16

唐代・古文選後
23_265_8

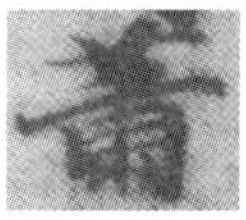
唐代・十輪經十
10_198_24

初唐・金剛場經
1_1_5

初唐・金剛場經
1_2_3

初唐・金剛場經
1_3_13

初唐・大般若經
1_4_3

初唐・大般若經
1_4_6

初唐・大般若經
2_22_9

初唐・大般若經
2_22_12

初唐・大般若經
2_25_5

初唐・大般若經
2_25_8

初唐・大般若經
2_26_4

初唐・大般若經
2_26_7

初唐・大般若經
2_27_13

初唐・大般若經
2_27_16

初唐・大般若經
2_28_12

初唐・大般若經
2_28_15

初唐・大般若經
2_30_4

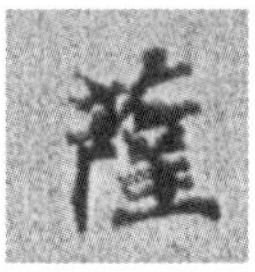
初唐・大般若經
2_30_7

唐代・十輪經四
1_10_8

唐代・十輪經四
1_10_11

唐代・十輪經四
21_410_5

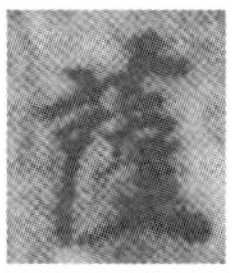
唐代・十輪經八
1_2_10

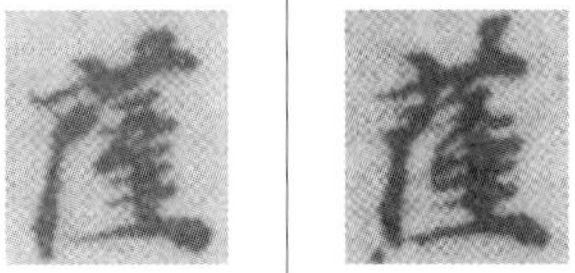
唐代・十輪經四
21_410_2

唐代・十輪經八
9_172_2

唐代・十輪經八
9_175_8

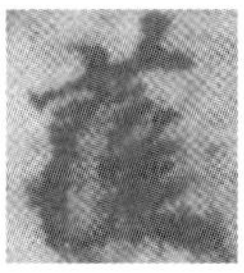
唐代・十輪經八
1_17_9

唐代・十輪經八
1_17_12

唐代・十輪經八
1_18_2

唐代・十輪經八
1_18_5

唐代・十輪經八
1_18_10

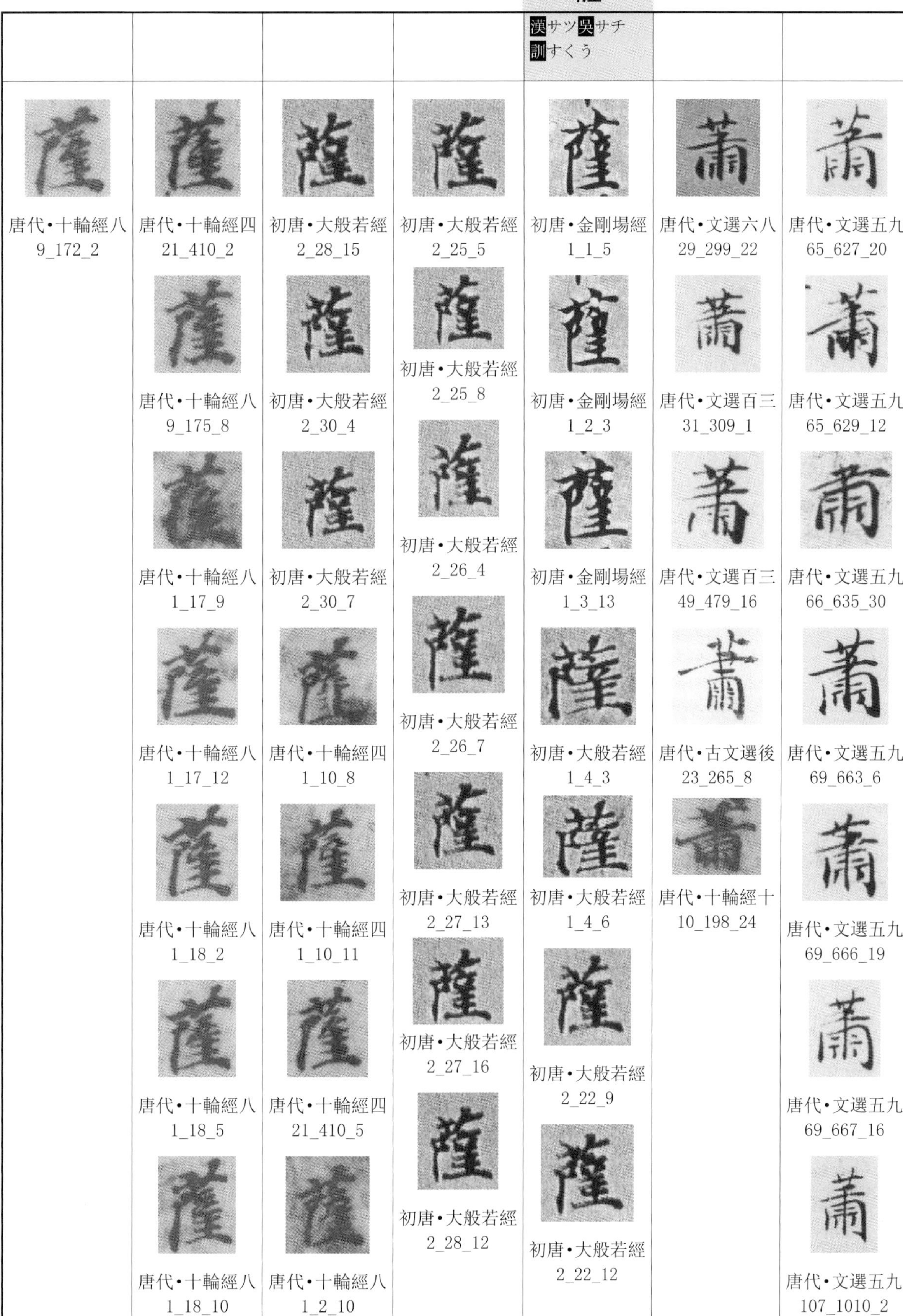

藉

漢シャ
訓しきもの

- 初唐・金剛場經 1_9_16
- 唐代・文選五九 86_822_1
- 唐代・文選六八 33_330_20
- 唐代・文選六八 33_331_21
- 唐代・文選六八 33_332_5
- 唐代・文選六八 33_332_15
- 唐代・古文選後 21_246_4

藍

ラン
訓あい

- 唐代・十輪經四 11_216_16
- 唐代・十輪經四 11_219_5

藏

漢ソウ呉ゾウ
訓くら

- 初唐・大般若經 1_2_14
- 初唐・聖武雜集 1_9_2
- 中唐・灌頂歷名 1_6_2
- 唐代・春秋經傳 16_167_25
- 唐代・春秋經傳 16_169_10
- 唐代・春秋經傳 31_323_17
- 唐代・文選六八 11_109_5
- 唐代・文選百三 51_487_2
- 唐代・文選百三 52_502_18
- 唐代・十輪經四 1_10_6
- 唐代・十輪經四 2_23_17
- 唐代・十輪經四 6_106_12
- 唐代・十輪經四 6_110_8
- 唐代・十輪經四 21_409_16
- 唐代・十輪經四 22_432_6
- 唐代・十輪經八 1_17_7
- 唐代・十輪經八 20_383_11
- 唐代・十輪經八 22_442_6
- 唐代・十輪經九 1_1_6
- 唐代・十輪經九 7_133_12
- 唐代・十輪經九 8_146_6
- 唐代・十輪經九 22_424_6
- 唐代・十輪經十 1_1_6
- 唐代・十輪經十 17_332_6
- 唐代・十輪經十 18_360_9
- 唐代・十輪經十 19_361_8
- 唐代・十輪經十 19_377_15
- 唐代・十輪經十 20_382_15
- 唐代・十輪經十 20_383_5
- 唐代・十輪經十 20_383_13
- 唐代・十輪經十 20_384_11
- 唐代・十輪經十 20_388_6

薰

クン
訓かおる

- 唐代・文選四八 48_431_18
- 唐代・文選百三 33_334_5
- 唐代・文選百三 52_500_7
- 唐代・文選百三 52_501_23
- 唐代・文選百三 52_503_4
- 唐代・文選百三 52_504_13
- 唐代・文選百三 52_505_17

繭

ケン
訓まゆ

唐代・文選八八
13_102_7

唐代・文選八八
13_102_22

藪

漢ソウ
訓やぶ

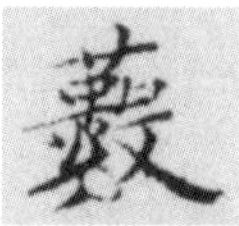
唐代・文選五九
88_848_10

唐代・文選五九
89_851_6

唐代・文選六八
31_311_2

唐代・文選六八
31_313_4

唐代・文選六八
31_313_18

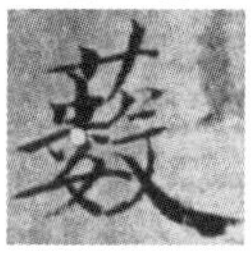
唐代・文選八八
23_210_11

唐代・文選八八
24_213_27

唐代・文選百三
21_205_7

藝

ゲイ
訓うえる

唐代・文選四八
32_284_17

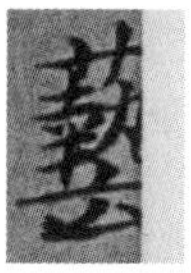
唐代・文選六八
8_74_3

唐代・文選六八
12_123_32

唐代・文選六八
61_611_2

唐代・古文選前
20_236_4

唐代・古文選後
19_222_14

臒

ワク
訓あかつち

唐代・古文選後
16_190_11

薺

漢セイ呉ゲ
訓なずな

唐代・文選五九
59_571_2

唐代・文選五九
59_571_24

唐代・文選五九
60_575_9

唐代・文選五九
60_575_22

唐代・文選五九
60_577_26

唐代・文選五九
60_578_1

藐

漢ビョウ、バク
訓かろんじる

唐代・古文選前
22_262_10

唐代・十輪經四
10_191_10

唐代・十輪經九
5_81_8

唐代・十輪經十
18_351_17

煙所熏
唐代・文選百三
52_502_7

唐代・文選百三
67_641_10

唐代・文選百三
67_647_10

唐代・文選百三
67_647_12

藤	藜				藥	藟
漢トウ呉ドウ 訓ふじ	漢レイ 訓あかざ				ヤク 訓くすり	ルイ 訓かずら
 初唐•大般若經 2_32_1	 唐代•文選五九 83_798_13  唐代•文選六八 21_214_3  唐代•文選六八 21_215_7  唐代•文選六八 21_216_28  唐代•文選百三 10_95_16	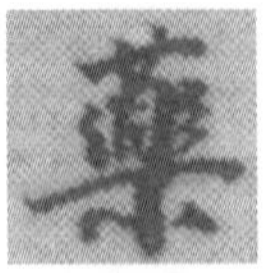 唐代•十輪經八 5_85_2  唐代•十輪經九 12_226_8  唐代•十輪經九 12_237_5  唐代•十輪經十 20_385_2	 唐代•十輪經四 17_327_10  唐代•十輪經四 17_336_2  唐代•十輪經四 18_350_11  唐代•十輪經四 19_361_15 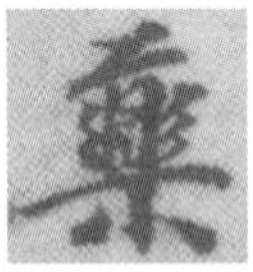 唐代•十輪經四 19_367_8 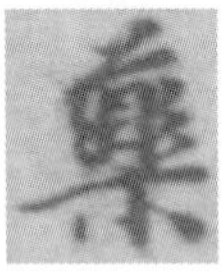 唐代•十輪經四 20_387_1  唐代•十輪經八 4_77_11	 唐代•十輪經四 4_66_12  唐代•十輪經四 4_73_17  唐代•十輪經四 4_77_9 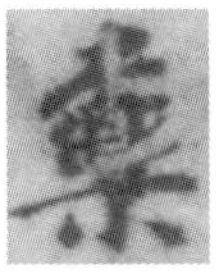 唐代•十輪經四 6_112_11  唐代•十輪經四 11_217_5  唐代•十輪經四 15_285_5  唐代•十輪經四 16_313_15	 初唐•法華義疏 1_3_8  唐代•文選五九 67_645_5  唐代•文選五九 67_646_20  唐代•文選五九 67_647_26  唐代•文選六八 6_60_21  唐代•古文選後 16_183_32  唐代•十輪經四 2_25_10	 唐代•文選五九 37_360_23  唐代•文選六八 7_71_4  唐代•文選六八 7_72_12  唐代•文選六八 7_72_27  唐代•文選六八 7_73_8

蘋
漢ヒン
訓うきくさ

唐代•文選六八
45_451_12

唐代•文選六八
45_452_24

唐代•文選六八
45_453_14

唐代•文選六八
45_453_22

蘆
ロ
訓あし

唐代•古文選前
24_284_2

藿
カク
訓まめのは

唐代•文選五九
2_19_10

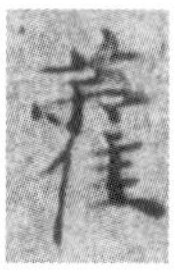
唐代•文選五九
3_21_21

唐代•文選五九
3_21_25

唐代•文選五九
3_22_10

唐代•文選六八
21_214_4

唐代•文選六八
21_215_8

唐代•文選六八
21_216_16

(continued)

唐代•十輪經十
8_148_12

唐代•十輪經十
10_185_17

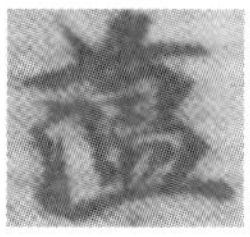
唐代•十輪經十
11_218_8

唐代•十輪經九
20_394_8

蘊
ウン
訓つむ

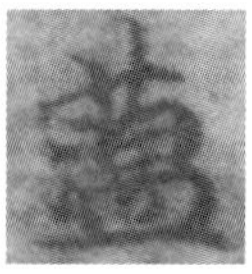
唐代•十輪經九
5_87_10

唐代•十輪經九
13_256_15

唐代•十輪經九
15_297_9

唐代•十輪經九
18_349_7

唐代•十輪經九
19_364_9

唐代•十輪經九
19_372_17

藩
漢ハン
訓かきね

唐代•文選四八
26_232_1

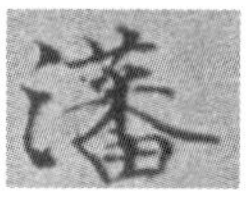
唐代•文選四八
26_234_2

唐代•文選四八
26_234_11

唐代•文選四八
26_234_19

唐代•古文選前
12_137_8

唐代•古文選前

19
唐代•古文選前
25_298_9
_224_9

唐代•古文選後
1_6_8

藨
漢ヒョウ呉ビョウ
訓たんまりまめ

唐代•古文選前
24_287_8

	藻	藹	蘅		蘇	藺
	ソウ 訓も	アイ 訓さかん	漢コウ呉ギョウ 訓かんあおい		漢ソ呉ス 訓しそ	リン 訓い
 唐代•文選五九 18_174_4  唐代•文選五九 18_177_20  唐代•文選五九 18_178_6  唐代•文選五九 19_188_17 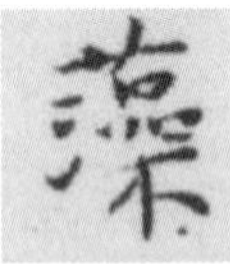 唐代•文選五九 34_334_4  唐代•文選六八 21_217_10  唐代•文選六八 22_225_23	 唐代•文選四八 25_224_7  唐代•文選四八 25_227_20  唐代•文選四八 33_296_4  唐代•文選四八 33_298_5  唐代•文選四八 45_405_5  唐代•文選四八 45_407_4  唐代•文選四八 45_408_8  唐代•文選四八 45_409_16	 唐代•文選五九 109_1035_4  唐代•古文選前 8_101_12  唐代•古文選前 18_210_7  唐代•古文選後 3_35_13	 唐代•古文選前 9_114_8  唐代•古文選前 12_139_6	 唐代•文選六八 24_240_8  唐代•文選百三 30_299_12  唐代•文選百三 31_300_17  唐代•文選百三 31_301_8  唐代•文選百三 31_302_12  唐代•文選百三 82_780_9  唐代•古文選前 20_233_13	 唐代•春秋經傳 17_171_16  唐代•春秋經傳 28_295_17  唐代•文選四八 4_31_10  唐代•文選五九 86_831_21  唐代•文選六八 11_117_19  唐代•文選六八 18_183_7  唐代•文選六八 23_239_7	 唐代•文選百三 31_306_5  唐代•文選百三 31_306_12

蘭

ラン
訓らん

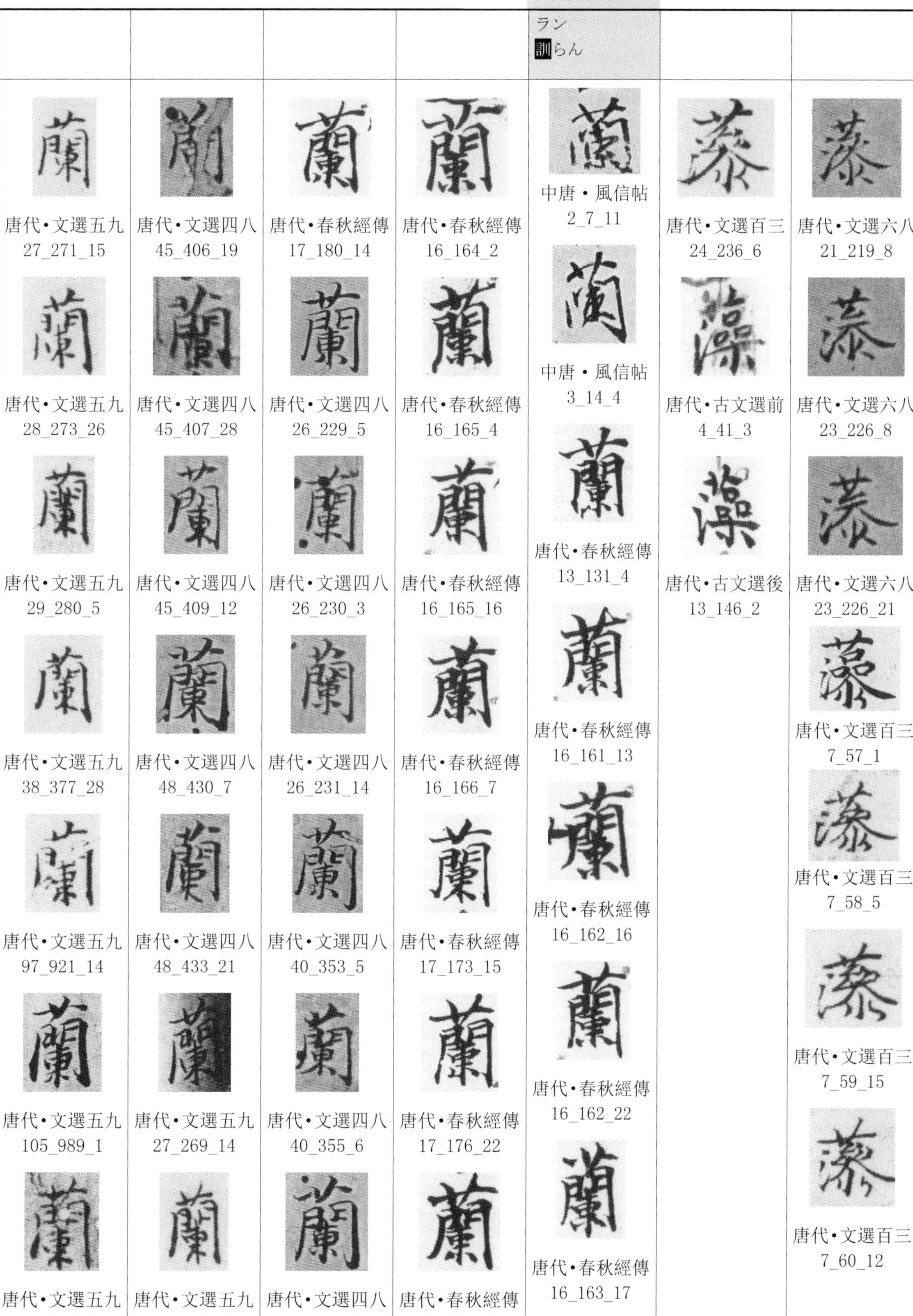

唐代・文選六八 21_219_8
唐代・文選六八 23_226_8
唐代・文選六八 23_226_21
唐代・文選百三 7_57_1
唐代・文選百三 7_58_5
唐代・文選百三 7_59_15
唐代・文選百三 7_60_12

唐代・文選百三 24_236_6
唐代・古文選前 4_41_3
唐代・古文選後 13_146_2

中唐・風信帖 2_7_11
中唐・風信帖 3_14_4
唐代・春秋經傳 13_131_4
唐代・春秋經傳 16_161_13
唐代・春秋經傳 16_162_16
唐代・春秋經傳 16_162_22
唐代・春秋經傳 16_163_17

唐代・春秋經傳 16_164_2
唐代・春秋經傳 16_165_4
唐代・春秋經傳 16_165_16
唐代・春秋經傳 16_166_7
唐代・春秋經傳 17_173_15
唐代・春秋經傳 17_176_22
唐代・春秋經傳 17_180_2

唐代・春秋經傳 17_180_14
唐代・文選四八 26_229_5
唐代・文選四八 26_230_3
唐代・文選四八 26_231_14
唐代・文選四八 40_353_5
唐代・文選四八 40_355_6
唐代・文選四八 45_405_3

唐代・文選四八 45_406_19
唐代・文選四八 45_407_28
唐代・文選四八 45_409_12
唐代・文選四八 48_430_7
唐代・文選四八 48_433_21
唐代・文選五九 27_269_14
唐代・文選五九 27_271_1

唐代・文選五九 27_271_15
唐代・文選五九 28_273_26
唐代・文選五九 29_280_5
唐代・文選五九 38_377_28
唐代・文選五九 97_921_14
唐代・文選五九 105_989_1
唐代・文選五九 105_990_23

蘚	蘪					
セン 訓こけ	漢ビ呉ミ 訓—					
 唐代•文選五九 111_1055_12	 唐代•文選五九 99_941_1	 唐代•古文選後 18_211_4	 唐代•古文選前 8_101_9	 唐代•文選六八 55_551_7	 唐代•文選六八 27_270_23	 唐代•文選六八 16_163_23
	 唐代•文選五九 99_942_2	 唐代•古文選後 18_216_18	 唐代•古文選前 10_123_10	 唐代•文選六八 55_552_13	 唐代•文選六八 27_270_26	 唐代•文選六八 18_181_1
	 唐代•文選五九 100_944_7		 唐代•古文選前 15_181_8	 唐代•文選六八 55_553_10	 唐代•文選六八 27_272_11	 唐代•文選六八 18_182_8
			 唐代•古文選後 3_32_3	 唐代•文選六八 55_557_16	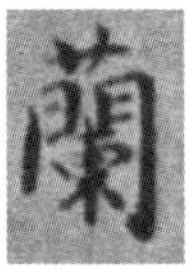 唐代•文選六八 40_401_15	 唐代•文選六八 18_183_3
			 唐代•古文選後 8_86_4	 唐代•文選六八 55_558_8	 唐代•文選六八 40_401_33	 唐代•文選六八 18_183_13
			 唐代•古文選後 16_187_9	 唐代•文選百三 25_246_8	 唐代•文選六八 47_471_14	 唐代•文選六八 18_184_21
			 唐代•古文選後 17_195_8	 唐代•古文選前 3_36_13	 唐代•文選六八 47_473_7	 唐代•文選六八 18_185_12

羽

ウ
訓はね

羽部

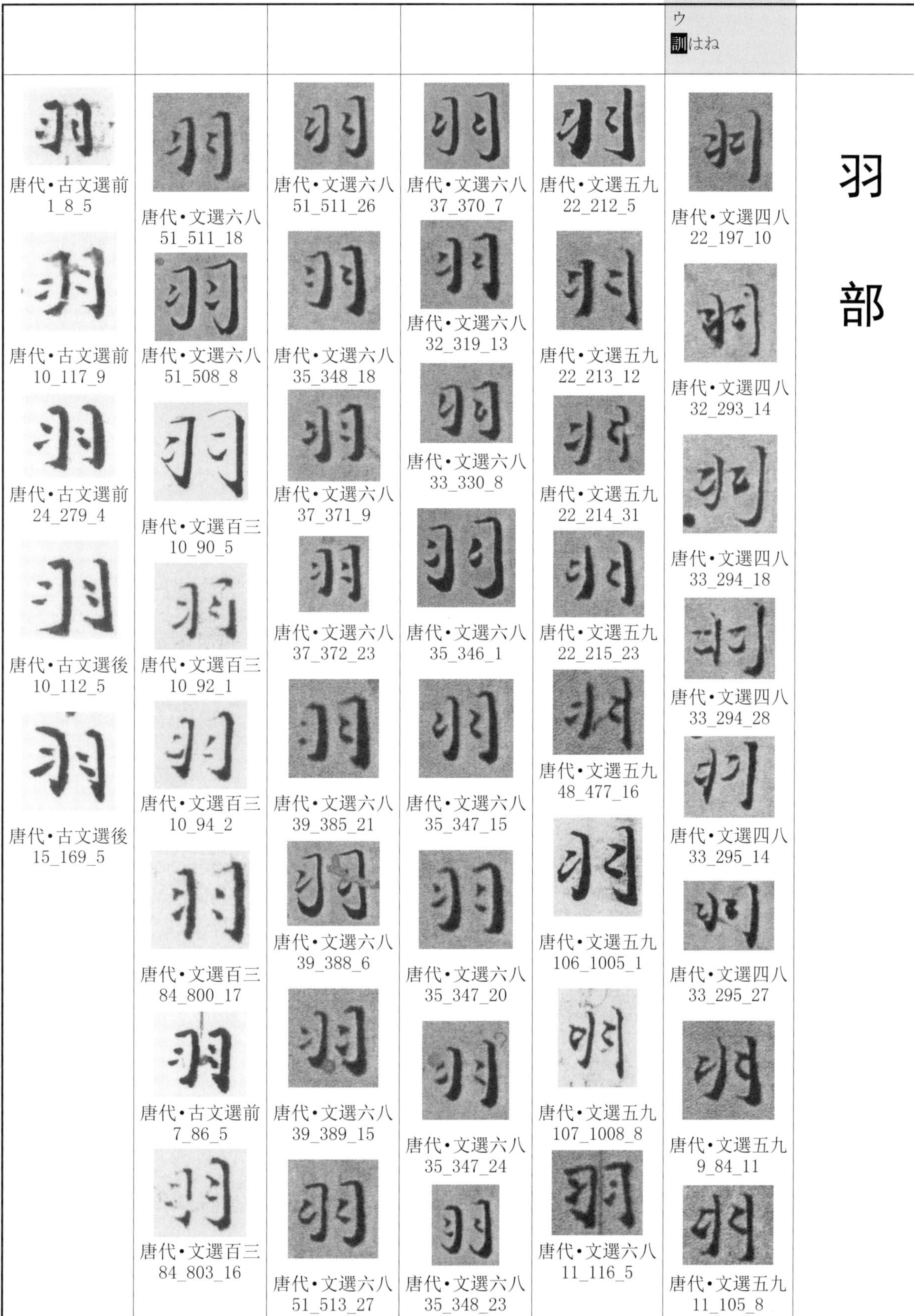

唐代•文選四八 22_197_10
唐代•文選四八 32_293_14
唐代•文選四八 33_294_18
唐代•文選四八 33_294_28
唐代•文選四八 33_295_14
唐代•文選四八 33_295_27
唐代•文選五九 9_84_11
唐代•文選五九 11_105_8

唐代•文選五九 22_212_5
唐代•文選五九 22_213_12
唐代•文選五九 22_214_31
唐代•文選五九 22_215_23
唐代•文選五九 48_477_16
唐代•文選五九 106_1005_1
唐代•文選五九 107_1008_8
唐代•文選六八 11_116_5

唐代•文選六八 37_370_7
唐代•文選六八 32_319_13
唐代•文選六八 33_330_8
唐代•文選六八 35_346_1
唐代•文選六八 35_347_15
唐代•文選六八 35_347_20
唐代•文選六八 35_347_24
唐代•文選六八 35_348_23

唐代•文選六八 51_511_26
唐代•文選六八 35_348_18
唐代•文選六八 37_371_9
唐代•文選六八 37_372_23
唐代•文選六八 39_385_21
唐代•文選六八 39_388_6
唐代•文選六八 39_389_15
唐代•文選六八 51_513_27

唐代•文選六八 51_511_18
唐代•文選六八 51_508_8
唐代•文選百三 10_90_5
唐代•文選百三 10_92_1
唐代•文選百三 10_94_2
唐代•文選百三 84_800_17
唐代•古文選前 7_86_5
唐代•文選百三 84_803_16

唐代•古文選前 1_8_5
唐代•古文選前 10_117_9
唐代•古文選前 24_279_4
唐代•古文選後 10_112_5
唐代•古文選後 15_169_5

羿	翅	習
漢ゲイ 訓—	シ 訓つばさ	漢シュウ 呉ジュウ 訓ならう

羿

唐代・文選六八 44_442_8

翅

唐代・古文選後 9_96_1

習

唐代・春秋經傳 25_257_22

唐代・文選四八 33_297_26

唐代・文選八八 13_107_7

唐代・文選八八 13_109_6

唐代・古文選前 9_107_12

唐代・古文選前 17_196_5

唐代・十輪經四 1_11_15

唐代・十輪經四 1_18_3

唐代・十輪經四 2_23_10

唐代・十輪經四 2_24_12

唐代・十輪經四 10_184_22

唐代・十輪經四 19_378_16

唐代・十輪經八 2_34_5

唐代・十輪經九 19_373_2

唐代・十輪經九 19_373_10

唐代・十輪經九 19_374_1

唐代・十輪經九 19_374_9

唐代・十輪經九 19_374_18

唐代・十輪經九 19_375_8

唐代・十輪經九 19_376_1

唐代・十輪經九 19_376_10

唐代・十輪經九 19_377_2

唐代・十輪經九 19_377_11

唐代・十輪經九 19_378_3

唐代・十輪經九 19_378_11

唐代・十輪經九 19_379_2

唐代・十輪經九 19_379_12

唐代・十輪經九 20_380_4

唐代・十輪經九 20_380_12

唐代・十輪經九 20_381_4

唐代・十輪經九 20_381_12

唐代・十輪經九 20_382_3

唐代・十輪經九 20_382_11

唐代・十輪經九 20_383_3

唐代・十輪經九 20_383_11

唐代・十輪經九 20_384_1

唐代・十輪經九 20_384_12

唐代・十輪經九 20_385_6

唐代・十輪經九 20_385_16

唐代・十輪經九 20_386_9

翔

漢ショウ
訓かける

中唐・風信帖 1_1_7

唐代•文選四八 20_184_23

唐代•文選四八 21_192_13

唐代•文選四八 22_196_6

唐代•文選四八 49_441_17

唐代•文選四八 49_445_3

唐代•文選四八 49_445_29

唐代•文選四八 49_446_20

唐代•十輪經十 4_67_14

唐代•十輪經十 5_83_7

唐代•十輪經十 6_106_16

唐代•十輪經十 8_140_2

唐代•十輪經十 8_141_17

唐代•十輪經十 8_145_6

唐代•十輪經十 8_147_1

唐代•十輪經十 17_334_9

唐代•十輪經九 21_407_18

唐代•十輪經九 21_408_12

唐代•十輪經九 21_409_3

唐代•十輪經九 21_409_11

唐代•十輪經九 21_410_2

唐代•十輪經九 21_410_10

唐代•十輪經九 21_411_3

唐代•十輪經十 2_23_7

唐代•十輪經九 21_403_13

唐代•十輪經九 21_404_3

唐代•十輪經九 21_404_11

唐代•十輪經九 21_405_2

唐代•十輪經九 21_405_10

唐代•十輪經九 21_406_4

唐代•十輪經九 21_406_15

唐代•十輪經九 21_407_8

唐代•十輪經九 20_399_10

唐代•十輪經九 21_400_2

唐代•十輪經九 21_400_10

唐代•十輪經九 21_401_4

唐代•十輪經九 21_401_14

唐代•十輪經九 21_402_5

唐代•十輪經九 21_402_13

唐代•十輪經九 21_403_5

唐代•十輪經九 20_395_10

唐代•十輪經九 20_396_1

唐代•十輪經九 20_396_9

唐代•十輪經九 20_397_1

唐代•十輪經九 20_397_10

唐代•十輪經九 20_398_1

唐代•十輪經九 20_398_10

唐代•十輪經九 20_399_1

唐代•十輪經九 20_387_5

唐代•十輪經九 20_387_13

唐代•十輪經九 20_388_4

唐代•十輪經九 20_388_12

唐代•十輪經九 20_389_3

唐代•十輪經九 20_389_12

唐代•十輪經九 20_394_10

唐代•十輪經九 20_395_2

翠

スイ
訓かわせみどり

唐代・文選五九
7_60_21

唐代・文選六八
15_149_17

唐代・文選六八
15_151_17

唐代・文選六八
15_155_16

唐代・文選六八
15_155_23

唐代・文選六八
15_156_9

唐代・文選六八
20_204_5

翟

漢テキ、タク
訓きじ

唐代・文選五九
110_1041_18

唐代・文選五九
110_1043_15

唐代・文選五九
110_1044_20

唐代・文選百三
81_764_1

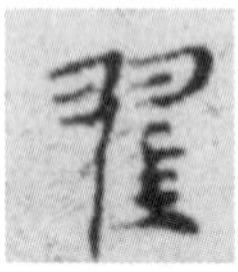
唐代・文選百三
81_766_1

唐代・文選百三
81_766_22

唐代・文選百三
81_766_33

翥

ショ
訓とびあがる

唐代・文選六八
53_533_12

唐代・文選六八
53_535_18

唐代・文選六八
53_536_3

翡

ヒ
訓かわせみ

唐代・文選六八
51_511_14

唐代・古文選前
4_41_8

唐代・古文選後
10_111_5

唐代・古文選後
14_158_4

唐代・古文選後
18_206_8

唐代・古文選後
23_272_10

唐代・文選六八
45_448_5

唐代・文選六八
59_598_13

唐代・文選八八
23_209_10

唐代・古文選前
3_36_5

唐代・古文選前
9_113_14

唐代・古文選前
10_116_13

唐代・古文選前
14_161_13

唐代・古文選後
9_101_6

唐代・文選五九
67_648_12

唐代・文選五九
68_650_29

唐代・文選五九
78_754_1

唐代・文選五九
78_756_18

唐代・文選五九
78_757_11

唐代・文選五九
79_758_7

唐代・文選五九
103_978_4

唐代・文選六八
42_419_10

翦

セン
訓そろう

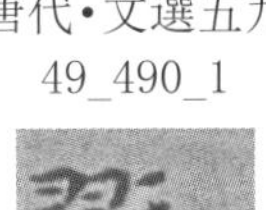
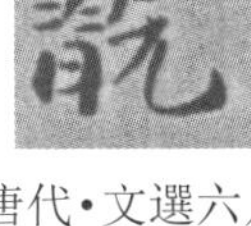

唐代・文選五九
72_688_11

唐代・文選五九
72_691_22

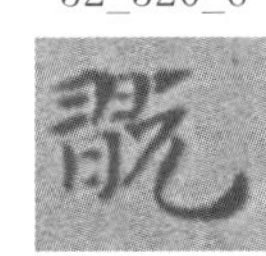

唐代・文選五九
72_692_5

唐代・文選五九
92_878_2

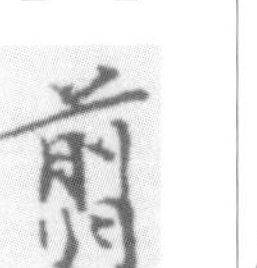

唐代・文選五九
92_882_27

翫

ガン
訓もてあそぶ

唐代・文選五九
49_490_1

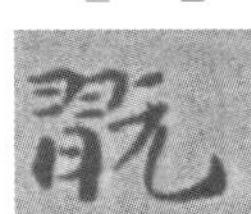

唐代・文選六八
49_488_16

唐代・文選六八
52_520_6

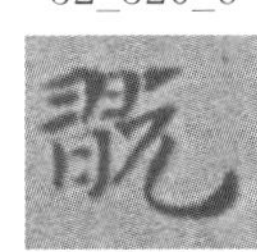

唐代・文選六八
66_662_24

唐代・文選百三
2_14_1

唐代・文選百三
49_477_38

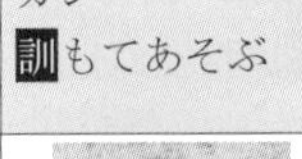

唐代・文選五九
13_123_14

唐代・文選五九
38_378_23

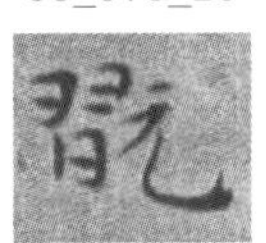

唐代・文選五九
53_516_24

唐代・文選五九
68_660_11

唐代・文選五九
69_667_11

唐代・文選六八
6_62_2

唐代・文選六八
11_119_21

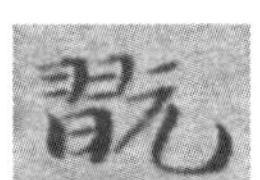

唐代・文選六八
39_398_28

唐代・古文選後
13_145_7

唐代・文選六八
51_514_16

唐代・古文選前
1_13_5

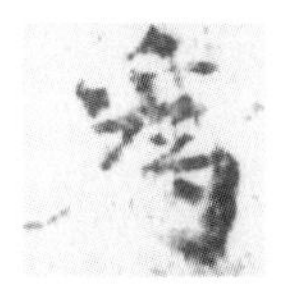

唐代・古文選前
1_13_6

唐代・古文選前
4_41_9

唐代・古文選前
7_86_4

唐代・古文選前
8_99_13

唐代・古文選前
10_117_8

唐代・文選六八
38_383_3

唐代・文選六八
38_383_24

唐代・文選六八
39_385_17

唐代・文選六八
39_385_20

唐代・文選六八
51_508_7

唐代・文選六八
51_511_15

唐代・文選六八
51_513_26

唐代・文選六八
21_206_25

唐代・文選六八
21_209_9

唐代・文選六八
21_209_12

唐代・文選六八
23_228_16

唐代・文選六八
23_229_27

唐代・文選六八
23_231_3

唐代・文選六八
38_382_7

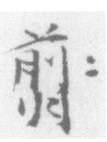

		翰		翮	翩	翬
		漢カン 訓やまどり		漢カク 訓はねのもと	ヘン 訓ひるがえる	キ 訓とぶ
唐代•文選四八 37_333_19	唐代•文選四八 17_151_11	唐代•文選四八 1_6_3	唐代•文選六八 37_371_3	唐代•文選四八 1_2_5	唐代•文選五九 93_894_7	唐代•文選百三 83_785_8
唐代•文選四八 44_392_17	唐代•文選四八 24_213_13	唐代•文選四八 3_15_2	唐代•文選六八 43_433_23	唐代•文選四八 6_41_15	唐代•文選五九 93_895_23	唐代•文選百三 83_786_28
唐代•文選四八 49_445_19	唐代•文選四八 26_231_8	唐代•文選四八 4_32_7	唐代•文選六八 43_435_29	唐代•文選五九 11_102_16	唐代•文選五九 94_896_11	唐代•文選百三 83_786_32
唐代•文選五九 1_9_17	唐代•文選四八 31_283_16	唐代•文選四八 6_50_1	唐代•古文選後 23_272_7	唐代•文選五九 11_104_22	唐代•文選五九 94_897_17	唐代•文選百三 83_787_30
唐代•文選五九 4_36_11	唐代•文選四八 32_285_8	唐代•文選四八 8_68_3		唐代•文選五九 11_106_3	唐代•文選五九 94_898_4	
唐代•文選五九 7_60_15	唐代•文選四八 32_286_20	唐代•文選四八 10_83_4		唐代•文選五九 103_976_12	唐代•古文選前 8_89_2	
唐代•文選五九 7_65_12	唐代•文選四八 32_287_3	唐代•文選四八 11_94_2		唐代•文選五九 103_977_25		
唐代•文選五九 10_93_17	唐代•文選四八 32_287_16	唐代•文選四八 13_113_6		唐代•文選五九 103_980_21		
唐代•文選五九 12_116_14	唐代•文選四八 34_307_22	唐代•文選四八 14_123_1				

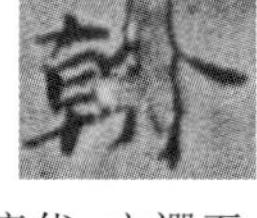

唐代·文選五九 14_136_17

唐代·文選五九 16_158_13

唐代·文選五九 18_172_8

唐代·文選五九 19_189_28

唐代·文選五九 20_193_30

唐代·文選五九 22_215_19

唐代·文選五九 23_231_2

唐代·文選五九 25_241_15

唐代·文選五九 25_245_27

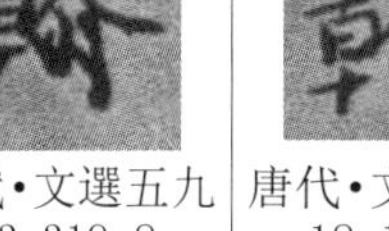

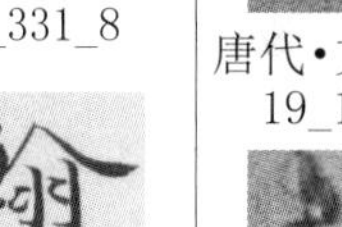

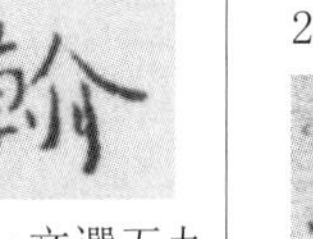

唐代·文選五九 27_272_14

唐代·文選五九 31_300_11

唐代·文選五九 33_319_8

唐代·文選五九 34_331_8

唐代·文選五九 34_332_6

唐代·文選五九 34_333_30

唐代·文選五九 34_335_9

唐代·文選五九 35_350_8

唐代·文選五九 39_390_16

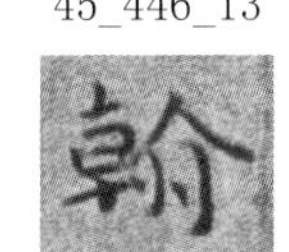
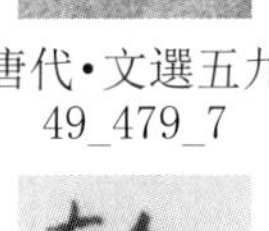

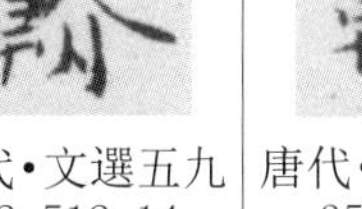

唐代·文選五九 40_398_30

唐代·文選五九 43_422_30

唐代·文選五九 45_444_3

唐代·文選五九 45_446_13

唐代·文選五九 49_479_7

唐代·文選五九 50_491_19

唐代·文選五九 51_504_2

唐代·文選五九 52_512_14

唐代·文選五九 56_550_28

唐代·文選五九 61_591_26

唐代·文選五九 64_614_28

唐代·文選五九 65_627_18

唐代·文選五九 68_651_14

唐代·文選五九 68_658_5

唐代·文選五九 68_659_24

唐代·文選五九 68_660_2

唐代·文選五九 68_660_25

唐代·文選五九 71_682_4

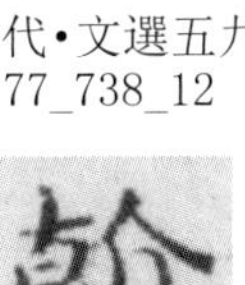

唐代·文選五九 74_715_9

唐代·文選五九 77_738_12

唐代·文選五九 79_758_4

唐代·文選五九 81_781_13

唐代·文選五九 82_794_25

唐代·文選五九 87_835_1

唐代·文選五九 90_858_9

唐代·文選五九 91_874_27

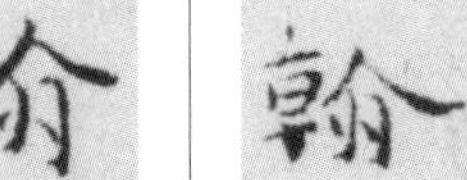

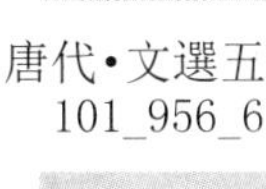

唐代·文選五九 92_886_22

唐代·文選五九 94_908_15

唐代·文選五九 99_934_15

唐代·文選五九 101_956_6

唐代·文選五九 102_965_3

唐代·文選五九 105_999_25

唐代·文選五九 107_1016_16

唐代·文選五九 107_1019_7

唐代·文選五九 109_1036_21

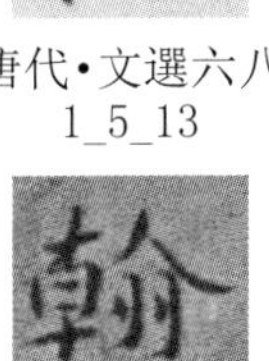
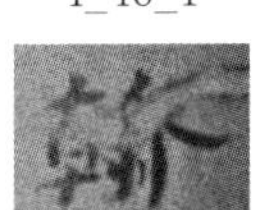
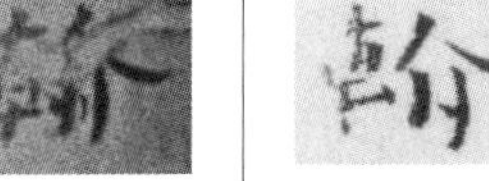

唐代·文選五九 112_1063_20

唐代·文選六八 1_5_13

唐代·文選六八 4_46_1

唐代·文選六八 6_64_24

唐代·文選六八 7_68_7

唐代·文選六八 9_95_3

唐代·文選六八 13_140_8

唐代·文選六八 17_174_6

唐代·文選六八 20_203_13

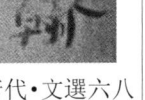

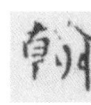

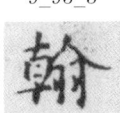

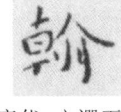

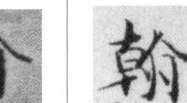

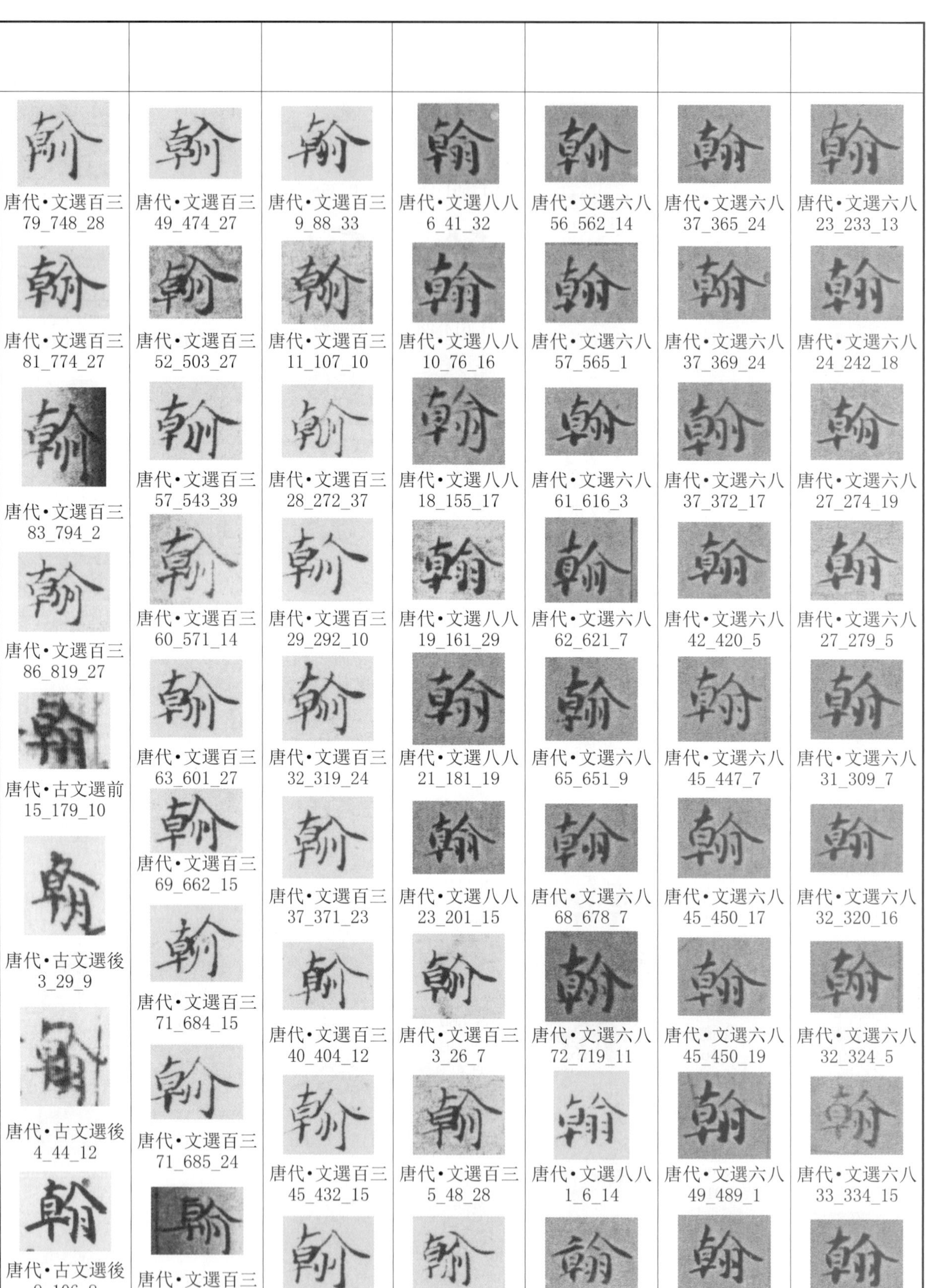

唐代•文選百三 79_748_28	唐代•文選百三 49_474_27	唐代•文選百三 9_88_33	唐代•文選八八 6_41_32	唐代•文選六八 56_562_14	唐代•文選六八 37_365_24	唐代•文選六八 23_233_13
唐代•文選百三 81_774_27	唐代•文選百三 52_503_27	唐代•文選百三 11_107_10	唐代•文選八八 10_76_16	唐代•文選六八 57_565_1	唐代•文選六八 37_369_24	唐代•文選六八 24_242_18
唐代•文選百三 83_794_2	唐代•文選百三 57_543_39	唐代•文選百三 28_272_37	唐代•文選八八 18_155_17	唐代•文選六八 61_616_3	唐代•文選六八 37_372_17	唐代•文選六八 27_274_19
唐代•文選百三 86_819_27	唐代•文選百三 60_571_14	唐代•文選百三 29_292_10	唐代•文選八八 19_161_29	唐代•文選六八 62_621_7	唐代•文選六八 42_420_5	唐代•文選六八 27_279_5
唐代•古文選前 15_179_10	唐代•文選百三 63_601_27	唐代•文選百三 32_319_24	唐代•文選八八 21_181_19	唐代•文選六八 65_651_9	唐代•文選六八 45_447_7	唐代•文選六八 31_309_7
唐代•古文選後 3_29_9	唐代•文選百三 69_662_15	唐代•文選百三 37_371_23	唐代•文選八八 23_201_15	唐代•文選六八 68_678_7	唐代•文選六八 45_450_17	唐代•文選六八 32_320_16
唐代•古文選後 4_44_12	唐代•文選百三 71_684_15	唐代•文選百三 40_404_12	唐代•文選百三 3_26_7	唐代•文選六八 72_719_11	唐代•文選六八 45_450_19	唐代•文選六八 32_324_5
唐代•古文選後 9_106_8	唐代•文選百三 71_685_24	唐代•文選百三 45_432_15	唐代•文選百三 5_48_28	唐代•文選八八 1_6_14	唐代•文選六八 49_489_1	唐代•文選六八 33_334_15
	唐代•文選百三 75_721_32	唐代•文選百三 47_457_3	唐代•文選百三 8_70_25	唐代•文選八八 6_37_24	唐代•文選六八 53_536_1	唐代•文選六八 36_361_18

			翼		翳	翱
			漢ヨク 訓つばさ		漢エイ 訓きぬがさ	漢ゴウ慣コウ 訓かける
 唐代•文選五九 71_681_13	 唐代•文選五九 61_589_16	 唐代•文選四八 31_283_6	 唐代•文選四八 1_6_23	 唐代•文選百三 83_794_24	 唐代•春秋經傳 10_96_9	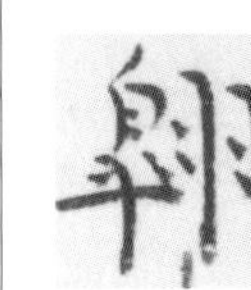 唐代•古文選後 9_101_5
 唐代•文選五九 71_682_21	 唐代•文選五九 61_590_30	 唐代•文選四八 47_426_1	 唐代•文選四八 5_37_12	 唐代•文選百三 83_794_25	 唐代•春秋經傳 10_96_13	
唐代•文選五九 71_683_17	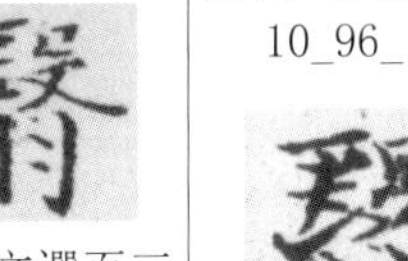 唐代•文選五九 62_592_16	唐代•文選四八 47_427_14	唐代•文選四八 5_39_2	唐代•文選百三 83_796_24	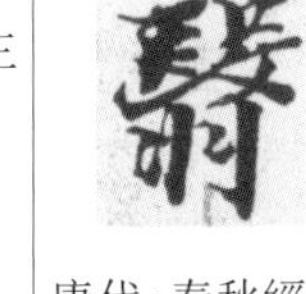 唐代•春秋經傳 10_96_19	
 唐代•文選五九 71_683_29	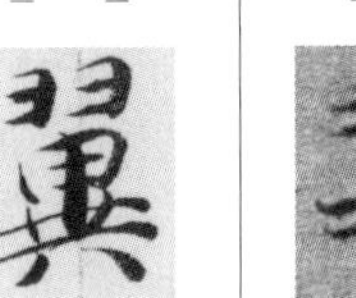 唐代•文選五九 71_676_21	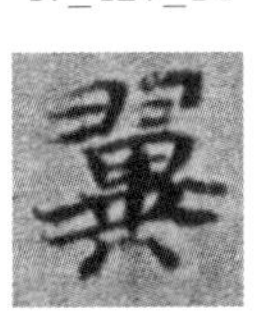 唐代•文選四八 48_429_9	 唐代•文選四八 5_40_7	 唐代•文選百三 84_798_1	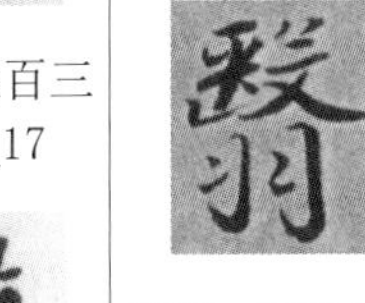 唐代•春秋經傳 10_102_13	
 唐代•文選六八 7_69_4	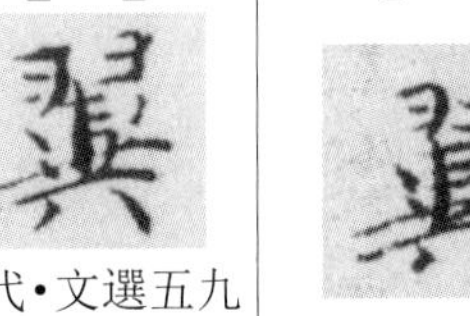 唐代•文選五九 71_677_20	 唐代•文選五九 47_462_5	 唐代•文選四八 6_41_5	 唐代•文選百三 84_799_17	 唐代•文選六八 45_448_2	
唐代•文選六八 14_146_18	 唐代•文選五九 71_678_5	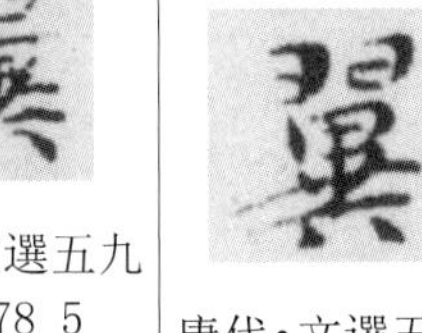 唐代•文選五九 52_515_26	 唐代•文選四八 23_209_11	 唐代•古文選前 10_119_13	 唐代•文選六八 45_449_17	
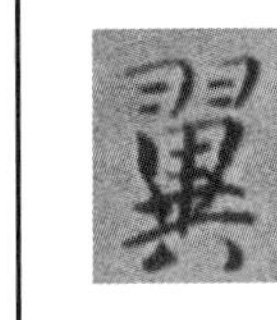 唐代•文選六八 14_147_9	 唐代•文選五九 71_681_8	唐代•文選五九 61_584_8	 唐代•文選四八 24_211_17	唐代•古文選前 14_158_8	唐代•文選六八 45_450_8	

翻

呉ホン漢ハン
訓ひるがえる

唐代•文選四八
1_1_1

唐代•文選四八
1_5_7

唐代•文選四八
5_39_6

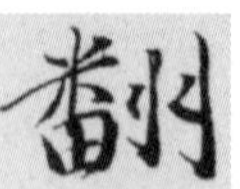
唐代•文選五九
38_376_10

唐代•文選五九
39_379_27

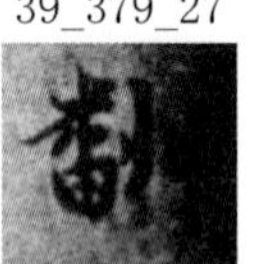
唐代•文選五九
39_389_4

唐代•文選五九
67_645_8

唐代•文選五九
67_647_10

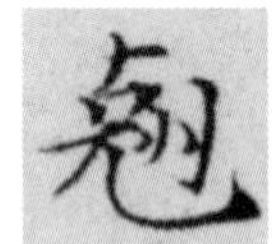
唐代•文選百三
10_92_20

唐代•古文選後
5_49_12

翹

呉ギョウ
訓あげる

唐代•文選五九
73_701_7

唐代•文選五九
73_702_16

唐代•文選六八
51_508_11

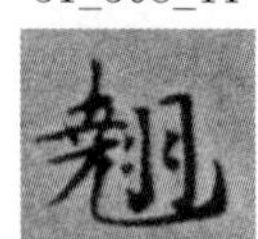
唐代•文選六八
51_511_25

唐代•文選六八
51_514_7

唐代•文選六八
51_515_18

唐代•文選六八
51_515_25

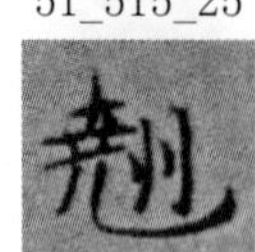
唐代•文選六八
51_516_4

唐代•古文選前
19_218_14

唐代•古文選前
21_244_2

唐代•古文選後
3_36_7

唐代•古文選後
10_110_3

唐代•古文選後
10_114_7

唐代•古文選後
11_125_12

唐代•古文選後
23_272_4

唐代•文選百三
59_566_3

唐代•文選百三
59_566_37

唐代•文選百三
61_590_21

唐代•文選百三
78_742_6

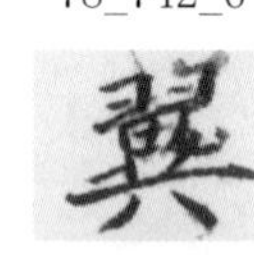
唐代•古文選前
4_41_12

唐代•古文選前
5_52_11

唐代•古文選前
17_201_9

唐代•文選六八
63_629_18

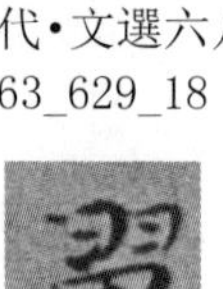
唐代•文選六八
63_630_8

唐代•文選六八
63_631_9

唐代•文選百三
10_90_4

唐代•文選百三
10_93_34

唐代•文選百三
59_564_8

唐代•文選百三
59_565_10

唐代•文選六八
14_147_17

唐代•文選六八
33_330_9

唐代•文選六八
43_436_2

唐代•文選六八
44_443_4

唐代•文選六八
45_447_4

唐代•文選六八
51_516_3

唐代•文選六八
63_628_9

唐代・文選五九
67_648_4

唐代・文選五九
103_977_2

唐代・文選五九
103_979_8

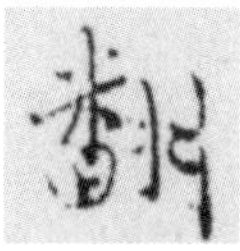
唐代・文選五九
103_980_25

唐代・文選六八
53_533_9

唐代・文選六八
53_534_12

燿燿

ヨウ
訓かがやく

唐代・文選四八
21_193_26

唐代・文選五九
26_256_17

唐代・文選五九
59_565_15

唐代・文選六八
24_243_12

唐代・文選六八
24_244_12

唐代・文選六八
25_246_10

唐代・文選六八
27_273_3

唐代・文選六八
32_321_11

唐代・文選六八
46_460_17

唐代・文選六八
51_508_5

唐代・文選六八
51_510_18

唐代・文選六八
51_513_13

唐代・文選六八
51_516_11

唐代・文選六八
51_517_1

唐代・文選六八
52_520_18

唐代・文選八八
20_177_10

唐代・文選百三
61_583_12

唐代・古文選前
3_29_2

唐代・古文選前
8_100_7

唐代・古文選前
23_276_2

唐代・古文選後
5_52_14

糸部

系 

漢ケイ
訓かける

唐代・文選六八
25_249_2

唐代・文選百三
27_261_15

唐代・文選百三
27_262_19

唐代・文選百三
27_267_13

唐代・文選百三
35_350_8

唐代・文選百三
35_350_10

唐代・文選百三
37_364_1

唐代・文選百三
55_527_9

唐代・古文選後
5_53_13

糾 

キュウ
訓あざなう

唐代・古文選前
19_222_30

唐代・古文選後
24_277_2

紆 

ウ
訓まがる

唐代・文選五九
74_709_15

唐代・文選五九
74_711_28

唐代・文選五九
74_713_10

唐代・文選百三
28_274_3

唐代・文選百三
28_277_8

唐代・古文選前
14_162_11

紅 

慣ク漢コウ呉グ
訓べに

唐代・文選五九
59_569_8

唐代・文選五九
67_645_4

唐代・文選五九
67_646_19

唐代・文選五九
67_647_25

唐代・文選五九
67_648_2

唐代・文選五九
101_950_5

唐代・文選六八
29_297_29

唐代・文選六八
29_299_9

唐代・文選六八
40_400_20

唐代・文選六八
56_559_26

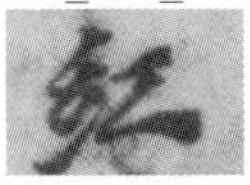
唐代・十輪經四
2_36_16

紂

チュウ
訓しりがい

唐代・春秋經傳
14_149_15

唐代・文選五九
61_585_13

唐代・文選六八
49_490_14

唐代・文選六八
49_492_10

唐代・古文選後
6_67_6

紇

漢コツ
訓—

唐代・文選六八
54_539_8

約

ヤク
訓しばる

唐代・文選五九
34_337_10

唐代・文選五九
41_409_8

唐代・文選五九
41_411_19

唐代・文選五九
73_704_11

唐代・文選五九
102_965_16

唐代・文選五九
102_966_7

唐代・文選五九
105_998_14

唐代・文選五九
105_998_21

唐代・文選五九
106_1003_21

唐代・文選五九
109_1036_30

唐代・文選六八
9_97_1

唐代・文選百三
1_9_19

唐代・文選百三
19_189_26

唐代・文選百三
40_404_1

唐代・文選百三
61_589_15

唐代・文選百三
65_621_11

唐代・文選百三
65_631_14

唐代・文選百三
67_642_11

唐代・文選百三
69_670_15

唐代・文選百三
69_670_24

唐代・古文選前
8_92_30

唐代・古文選後
13_148_5

唐代・古文選後
16_183_45

紈

漢カン呉ガン
訓しろぎぬ

唐代・文選五九
23_231_24

唐代・文選五九
24_233_21

唐代・文選五九
99_942_18

唐代・古文選前
3_33_5

紀

キ
訓おさめる

唐代・文選四八
14_129_6

唐代・文選四八
14_130_12

唐代・文選四八
15_133_19

唐代・文選四八
15_133_25

唐代・文選四八
36_323_11

唐代・文選四八
36_324_22

唐代・文選四八
36_326_8

唐代・文選五九
21_203_2

素

漢ソ 呉ス
訓しろいと

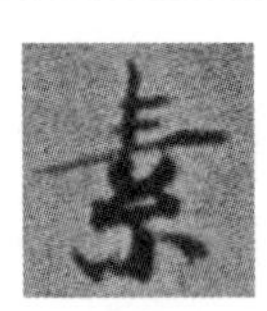
唐代•文選五九 24_233_22

唐代•文選五九 29_279_23

唐代•文選五九 41_410_23

唐代•文選五九 51_503_27

唐代•文選五九 60_575_16

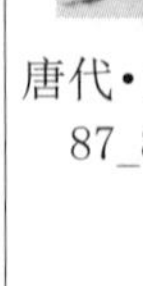
唐代•文選五九 64_620_8

唐代•文選五九 64_622_3

唐代•春秋經傳 36_382_4

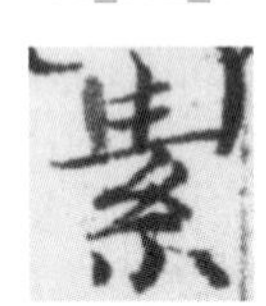
唐代•春秋經傳 36_382_7

唐代•文選四八 35_313_17

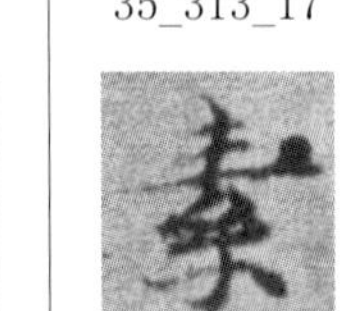
唐代•文選四八 35_314_6

唐代•文選四八 35_314_25

唐代•文選五九 18_175_8

唐代•文選五九 23_231_25

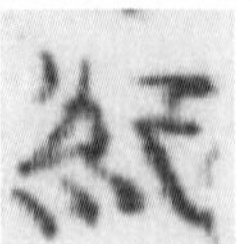
唐代•古文選後 13_150_56

唐代•文選百三 63_609_6

唐代•文選百三 71_691_7

唐代•文選百三 72_695_28

唐代•文選百三 72_696_9

唐代•文選百三 73_699_23

唐代•文選百三 73_705_25

唐代•文選百三 87_828_8

唐代•文選百三 87_829_26

唐代•文選八八 19_171_11

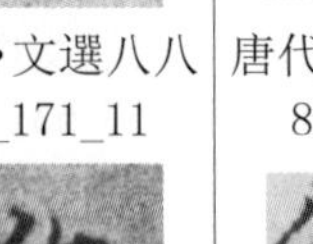
唐代•文選百三 5_35_14

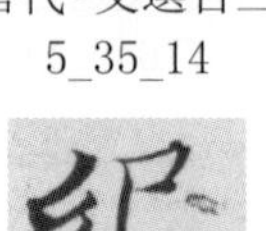
唐代•文選百三 12_114_5

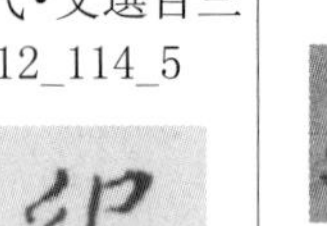
唐代•文選百三 13_115_37

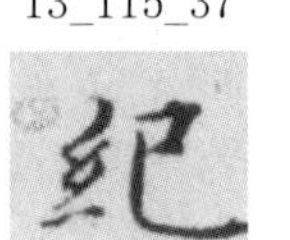
唐代•文選百三 13_116_44

唐代•文選百三 17_168_2

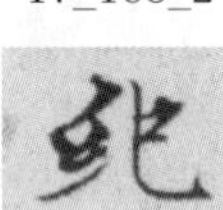
唐代•文選百三 18_169_14

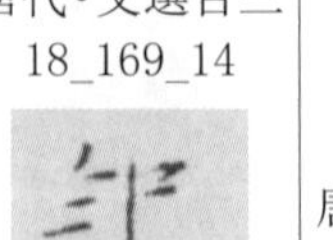
唐代•文選百三 35_355_1

唐代•文選五九 82_790_5

唐代•文選五九 99_936_5

唐代•文選六八 8_75_10

唐代•文選六八 8_77_1

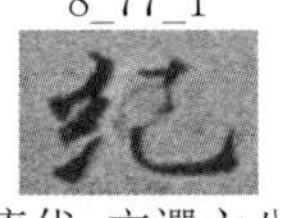
唐代•文選六八 65_652_15

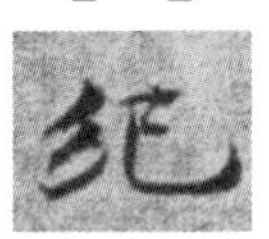
唐代•文選八八 13_113_24

唐代•文選八八 13_113_37

唐代•文選八八 17_151_8

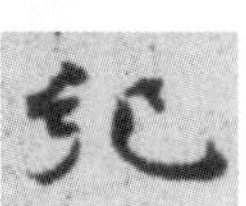
唐代•文選五九 21_205_6

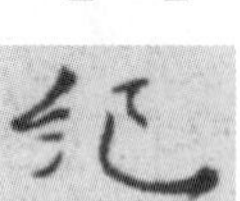
唐代•文選五九 21_205_11

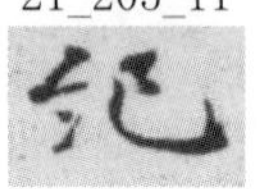
唐代•文選五九 21_206_5

唐代•文選五九 21_207_14

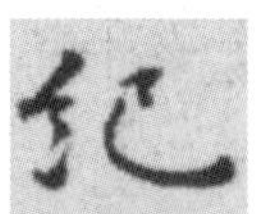
唐代•文選五九 21_210_7

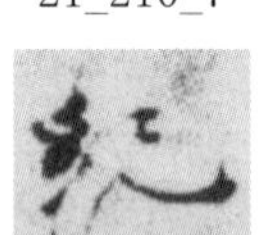
唐代•文選五九 57_553_3

唐代•文選五九 66_633_7

唐代•文選五九 77_743_20

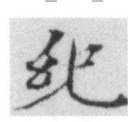

紉

漢ジン
訓なわ

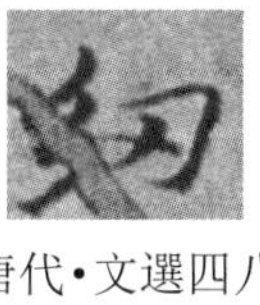 唐代•文選四八 45_407_24	 唐代•十輪經十 20_385_8	 唐代•古文選後 6_63_9	 唐代•古文選前 8_92_31	 唐代•文選百三 7_61_12	 唐代•文選六八 14_144_8	 唐代•文選五九 64_623_15
 唐代•文選六八 47_473_5		 唐代•古文選後 9_101_10	 唐代•古文選前 9_106_9	 唐代•文選百三 7_63_25	 唐代•文選六八 37_369_11	 唐代•文選五九 65_624_12
		 唐代•古文選後 11_122_1	 唐代•古文選前 14_162_12	 唐代•文選百三 7_63_40	 唐代•文選六八 43_432_1	 唐代•文選五九 90_863_13
		 唐代•古文選後 12_142_7	 唐代•古文選前 23_275_9	 唐代•文選百三 23_217_7	 唐代•文選六八 43_433_4	 唐代•文選五九 90_865_22
		 唐代•古文選後 16_181_7	 唐代•古文選前 24_283_4	 唐代•文選百三 23_219_12	 唐代•文選六八 73_723_9	 唐代•文選五九 99_942_19
		 唐代•十輪經八 4_63_4	 唐代•古文選後 5_49_8	 唐代•文選百三 31_308_31	 唐代•文選六八 73_724_24	 唐代•文選六八 6_59_14
		 唐代•十輪經八 4_64_7	 唐代•古文選後 5_52_11	 唐代•古文選前 7_86_13	 唐代•文選八八 13_106_28	 唐代•文選六八 13_142_14

納	紗	純			索	紜
慣トウ、ナン、ナッ、ナ呉ノウ漢ドウ 訓おさめる	漢サ呉シャ 訓うすぎぬ	漢シュン呉ジュン 訓きいと			漢サク 訓なわ	ウン 訓みだれる
唐代・春秋經傳 2_18_4 唐代・春秋經傳 17_177_15 唐代・春秋經傳 17_178_14 唐代・春秋經傳 31_323_14 唐代・春秋經傳 31_323_16 唐代・春秋經傳 35_370_12  唐代・春秋經傳 38_404_3  唐代・文選四八 29_260_7	唐代・文選六八 15_152_14 唐代・文選六八 25_257_3 唐代・文選六八 25_258_15 唐代・文選六八 25_259_21 唐代・文選六八 26_260_10 唐代・文選六八 46_462_29  唐代・文選六八 51_506_25	唐代・春秋經傳 26_264_2 唐代・文選六八 17_174_3 唐代・古文選前 1_3_2 唐代・十輪經八 12_233_6 唐代・十輪經八 14_270_7 唐代・十輪經九 8_142_8	唐代・文選百三 65_622_3 唐代・文選百三 67_646_21 唐代・文選百三 67_650_5 唐代・文選百三 71_683_1 唐代・文選百三 79_753_13 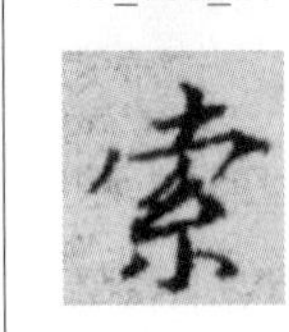 唐代・文選百三 83_784_29 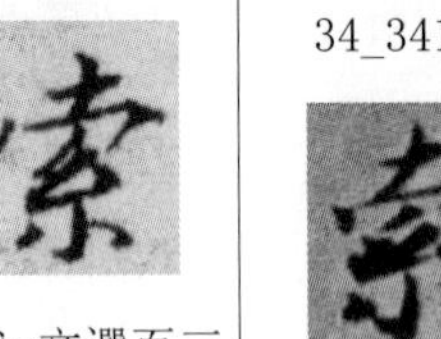	唐代・文選五九 17_163_26 唐代・文選六八 29_298_6 唐代・文選六八 29_298_12 唐代・文選六八 34_340_1 唐代・文選六八 34_341_5  唐代・文選六八 34_341_15  唐代・文選八八 5_34_10	唐代・春秋經傳 8_75_9 唐代・文選四八 7_54_23 唐代・文選四八 7_56_15 唐代・文選四八 18_165_3 唐代・文選四八 32_286_11  唐代・文選五九 3_31_8  唐代・文選五九 4_34_17	唐代・文選六八 1_5_21 唐代・文選六八 1_6_17 唐代・文選六八 25_247_12 唐代・文選六八 25_249_21 唐代・文選六八 25_250_11 唐代・文選八八 1_6_24 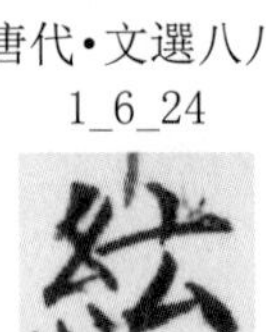 唐代・古文選後 6_71_9

紙

シ
訓かみ

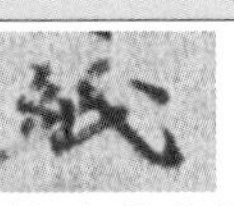
初唐•大般若經
2_38_2

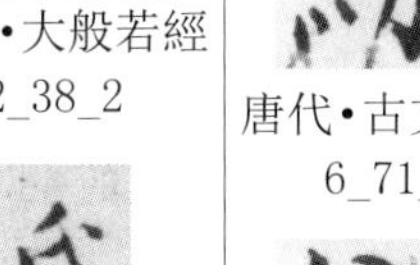
唐代•文選八八
11_91_17

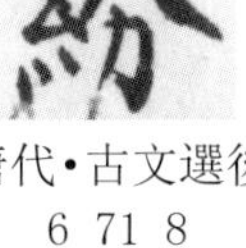
唐代•古文選後
6_71_8

唐代•古文選後
24_277_7

唐代•文選六八
52_521_8

唐代•文選六八
52_522_10

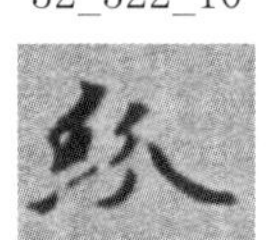
唐代•文選六八
53_537_14

唐代•文選六八
68_681_9

唐代•文選六八
69_686_17

唐代•文選八八
1_6_23

唐代•文選八八
3_7_16

唐代•古文選前
2_22_6

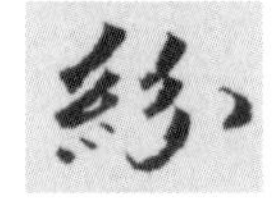
唐代•文選六八
1_5_20

唐代•文選六八
1_6_16

唐代•文選六八
9_90_3

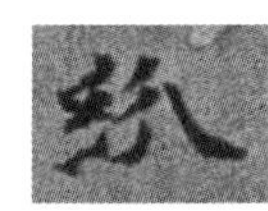
唐代•文選六八
9_95_18

唐代•文選六八
25_247_11

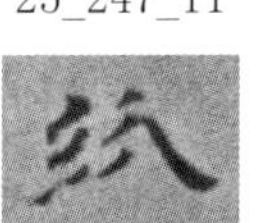
唐代•文選六八
25_249_20

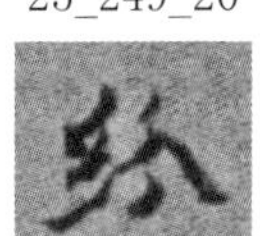

唐代•文選六八
25_250_7

唐代•文選六八
51_517_9

紛

フン
訓まぎれる

晩唐•慶滋書狀
1_3_8

唐代•文選五九
3_26_1

唐代•文選五九
40_396_17

唐代•文選五九
48_475_8

唐代•文選五九
49_478_6

唐代•文選五九
49_479_23

唐代•文選五九
59_564_3

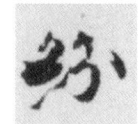

唐代•文選五九
93_895_25

唐代•文選百三
11_106_38

唐代•古文選前
22_254_5

唐代•古文選後
6_63_7

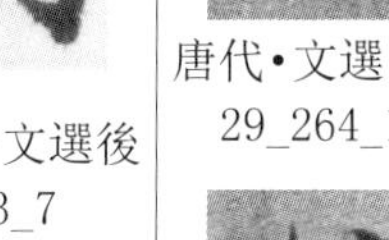

唐代•古文選後
6_72_3

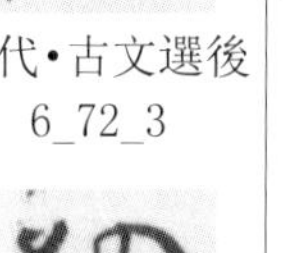

唐代•古文選後
13_155_6

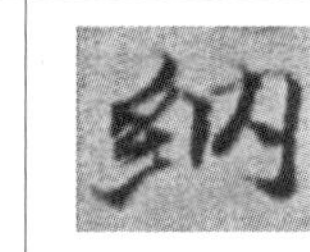
唐代•文選四八
29_262_17

唐代•文選四八
29_262_25

唐代•文選四八
29_264_11

唐代•文選四八
29_265_17

唐代•文選四八
30_266_13

唐代•文選五九
48_473_27

唐代•文選八八
14_115_32

唐代•文選百三
11_106_28

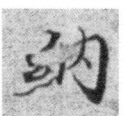

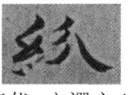

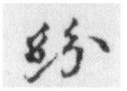

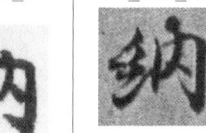

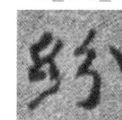

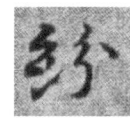

紖

漢チン 呉ジン
訓つなぐ

唐代・文選八八
5_33_6

紱

漢フツ
訓まとう

唐代・古文選後
2_18_2

紳

シン
訓おおおび

唐代・文選八八
5_26_8

唐代・文選八八
5_29_18

組

ソ
訓くみ

唐代・文選四八
18_165_8

唐代・文選五九
47_468_10

唐代・文選五九
47_470_23

唐代・文選五九
47_470_29

唐代・文選五九
47_471_4

唐代・文選五九
47_471_13

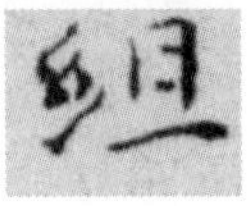
唐代・文選五九
47_471_20

唐代・文選五九
80_765_1

唐代・文選五九
80_767_26

唐代・文選五九
80_768_7

唐代・文選五九
80_768_10

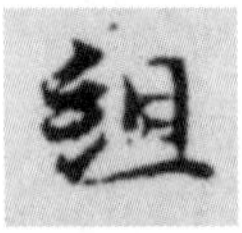
唐代・文選五九
80_769_22

唐代・文選五九
80_770_30

唐代・文選六八
25_247_6

唐代・文選六八
25_248_6

唐代・文選六八
25_248_16

唐代・文選六八
25_249_28

唐代・文選六八
27_266_13

唐代・古文選前
19_225_14

累

ルイ
訓わずらわせる

初唐・法華義疏
1_9_2

唐代・春秋經傳
24_247_10

唐代・文選五九
2_13_18

唐代・文選五九
3_30_1

唐代・文選五九
42_413_15

唐代・文選五九
42_414_6

唐代・文選五九
45_446_20

唐代•文選五九 56_544_16
唐代•文選六八 7_72_13
唐代•文選六八 9_101_18
唐代•文選六八 9_102_26
唐代•文選六八 10_103_20
唐代•文選六八 10_103_22
唐代•文選六八 10_104_1

唐代•文選六八 14_148_15
唐代•文選六八 37_371_18
唐代•文選六八 63_625_1
唐代•文選六八 63_625_23
唐代•文選六八 63_626_18
唐代•文選八八 6_40_4
唐代•文選八八 6_41_19

唐代•文選八八 7_43_9
唐代•文選八八 13_102_21
唐代•文選八八 17_143_1
唐代•文選百三 1_6_24
唐代•文選百三 10_92_42
唐代•文選百三 48_464_24
唐代•文選百三 49_466_5

唐代•文選百三 49_469_21
唐代•古文選前 25_291_10
唐代•古文選前 25_292_9
唐代•十輪經十 17_332_13

細

呉サイ 漢セイ
訓ほそい

唐代•文選五九 14_135_18
唐代•文選五九 31_307_8
唐代•文選五九 37_362_27
唐代•文選五九 70_669_11
唐代•文選五九 70_669_20
唐代•文選六八 13_136_11
唐代•文選六八 13_140_17
唐代•文選六八 13_141_20

唐代•文選六八 13_142_10
唐代•文選六八 21_211_26
唐代•文選六八 41_410_24
唐代•文選六八 43_427_1
唐代•文選六八 46_463_22
唐代•文選八八 13_103_19
唐代•文選八八 13_108_11
唐代•文選百三 31_312_21

唐代•古文選後 10_116_11
唐代•古文選後 21_246_2
唐代•古文選後 22_254_12

終	紬
漢シュウ呉シュ 訓おわる	漢チュウ 訓つむぐ

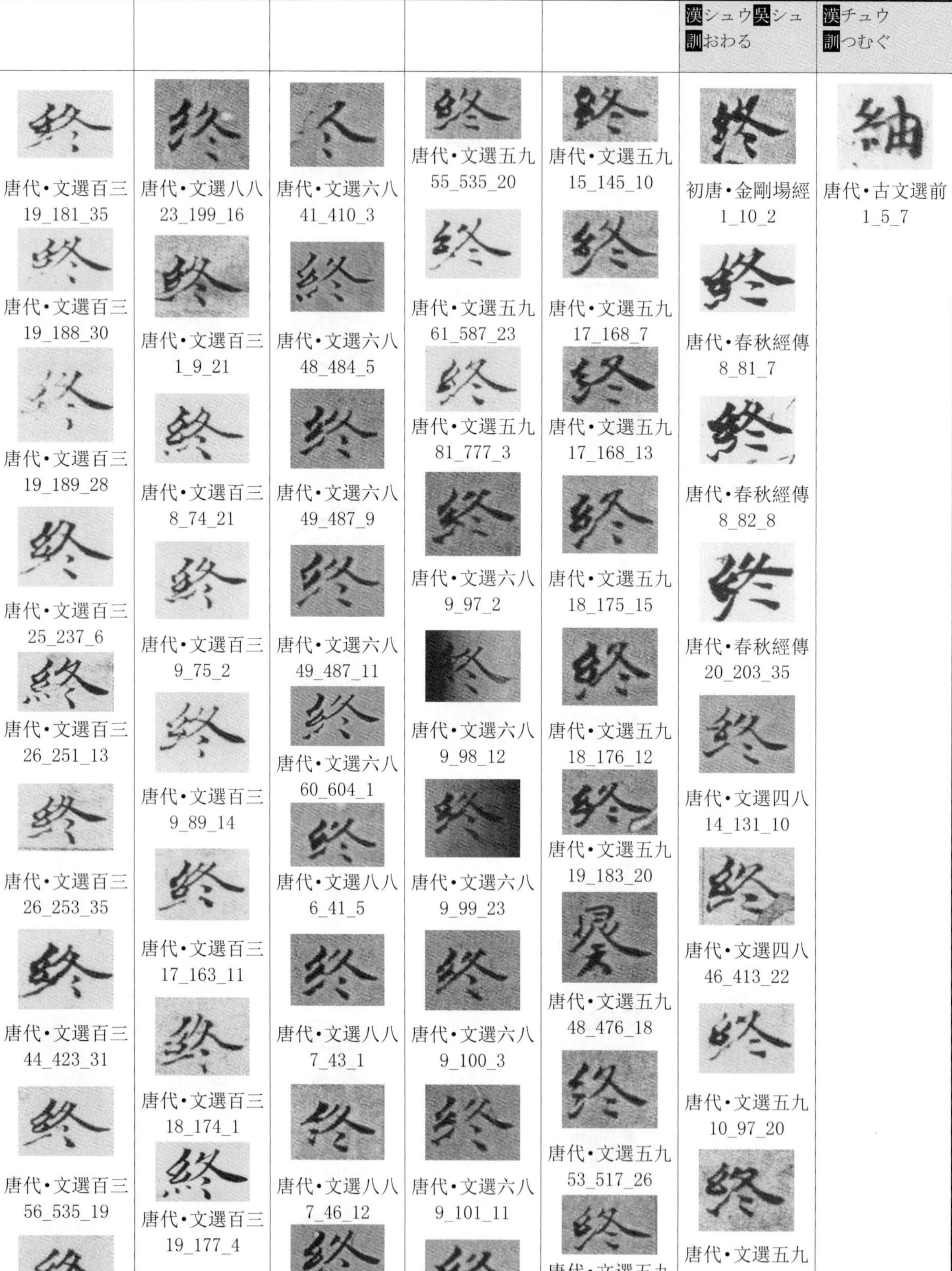

唐代・古文選前 1_5_7

初唐・金剛場經 1_10_2
唐代・春秋經傳 8_81_7
唐代・春秋經傳 8_82_8
唐代・春秋經傳 20_203_35
唐代・文選四八 14_131_10
唐代・文選四八 46_413_22
唐代・文選五九 10_97_20
唐代・文選五九 15_144_9

唐代・文選五九 15_145_10
唐代・文選五九 17_168_7
唐代・文選五九 17_168_13
唐代・文選五九 18_175_15
唐代・文選五九 18_176_12
唐代・文選五九 19_183_20
唐代・文選五九 48_476_18
唐代・文選五九 53_517_26
唐代・文選五九 55_535_4

唐代・文選五九 55_535_20
唐代・文選五九 61_587_23
唐代・文選五九 81_777_3
唐代・文選六八 9_97_2
唐代・文選六八 9_98_12
唐代・文選六八 9_99_23
唐代・文選六八 9_100_3
唐代・文選六八 9_101_11
唐代・文選六八 28_285_9

唐代・文選六八 41_410_3
唐代・文選六八 48_484_5
唐代・文選六八 49_487_9
唐代・文選六八 49_487_11
唐代・文選六八 60_604_1
唐代・文選八八 6_41_5
唐代・文選八八 7_43_1
唐代・文選八八 7_46_12
唐代・文選八八 22_198_8

唐代・文選八八 23_199_16
唐代・文選百三 1_9_21
唐代・文選百三 8_74_21
唐代・文選百三 9_75_2
唐代・文選百三 9_89_14
唐代・文選百三 17_163_11
唐代・文選百三 18_174_1
唐代・文選百三 19_177_4

唐代・文選百三 19_181_35
唐代・文選百三 19_188_30
唐代・文選百三 19_189_28
唐代・文選百三 25_237_6
唐代・文選百三 26_251_13
唐代・文選百三 26_253_35
唐代・文選百三 44_423_31
唐代・文選百三 56_535_19
唐代・文選百三 60_577_4

唐代•古文選前 11_131_11
唐代•古文選前 16_191_3
唐代•古文選前 24_283_2
唐代•古文選前 25_293_1
唐代•古文選後 8_84_6
唐代•古文選後 16_181_10
唐代•古文選後 20_236_6
唐代•古文選後 21_242_13
唐代•古文選後 23_267_14
唐代•十輪經四 3_52_4
唐代•十輪經四 5_91_16
唐代•十輪經四 6_117_15
唐代•十輪經四 7_125_8
唐代•十輪經四 7_126_15
唐代•十輪經四 11_204_6
唐代•十輪經四 12_227_9
唐代•十輪經四 12_234_23
唐代•十輪經四 15_293_16
唐代•十輪經四 16_319_3
唐代•十輪經四 18_341_6
唐代•十輪經四 18_355_16
唐代•十輪經四 19_372_13
唐代•十輪經四 20_392_8
唐代•十輪經四 20_398_2
唐代•十輪經八 5_98_3
唐代•十輪經八 6_108_9
唐代•十輪經八 6_109_12
唐代•十輪經八 6_112_1
唐代•十輪經八 7_140_1
唐代•十輪經八 8_146_9
唐代•十輪經八 8_147_12
唐代•十輪經八 8_150_1
唐代•十輪經八 9_178_5
唐代•十輪經八 10_184_15
唐代•十輪經八 10_186_1
唐代•十輪經八 10_188_8
唐代•十輪經八 12_221_14
唐代•十輪經八 12_222_17
唐代•十輪經八 12_225_6
唐代•十輪經八 13_258_15
唐代•十輪經八 13_259_17
唐代•十輪經八 14_262_6
唐代•十輪經八 15_296_14
唐代•十輪經八 15_297_17
唐代•十輪經八 15_300_6
唐代•十輪經八 17_334_14
唐代•十輪經八 17_335_16
唐代•十輪經八 17_338_6
唐代•十輪經八 19_372_14
唐代•十輪經八 19_373_17
唐代•十輪經八 19_376_6
唐代•十輪經八 21_410_6
唐代•十輪經八 21_411_9
唐代•十輪經八 21_413_15
唐代•十輪經九 1_10_2
唐代•十輪經九 1_11_5
唐代•十輪經九 1_13_11
唐代•十輪經九 3_48_6
唐代•十輪經九 3_49_9
唐代•十輪經九 3_51_16
唐代•十輪經九 5_95_6

絕		紹	絃	絆		
慣ゼツ漢セツ呉ゼチ 訓たえる		漢ショウ呉ジョウ 訓つぐ	呉ゲン 訓いと	ハン慣バン 訓きずな		
唐代・春秋經傳 11_112_16 唐代・春秋經傳 20_203_20 唐代・文選四八 16_150_23 唐代・文選四八 43_388_22 唐代・文選五九 28_277_6 唐代・文選五九 33_329_3 唐代・文選五九 35_340_30 唐代・文選五九 59_565_9	唐代・十輪經九 5_86_9	唐代・文選四八 23_206_33 唐代・文選五九 59_563_29 唐代・文選五九 59_570_4 唐代・文選六八 49_490_2 唐代・文選六八 49_492_28 唐代・古文選前 18_207_14 唐代・古文選後 4_46_1 唐代・古文選後 11_120_4	唐代・文選四八 43_385_2 唐代・文選四八 43_389_4 唐代・文選四八 43_390_12 唐代・文選四八 44_393_1 唐代・文選五九 43_420_13 唐代・文選六八 30_303_24 唐代・古文選後 8_92_14	唐代・文選八八 5_34_11	唐代・十輪經九 12_235_1 唐代・十輪經九 17_323_13 唐代・十輪經九 17_324_15 唐代・十輪經九 17_327_4 唐代・十輪經十 19_373_5 唐代・十輪經十 19_374_6	唐代・十輪經九 6_107_16 唐代・十輪經九 9_161_10 唐代・十輪經九 9_162_6 唐代・十輪經九 9_163_1 唐代・十輪經九 11_219_17 唐代・十輪經九 12_220_11 唐代・十輪經九 12_224_12  唐代・十輪經九 16_317_3

絜

漢ケツ呉ケチ
訓くくる

唐代•古文選前
5_59_15

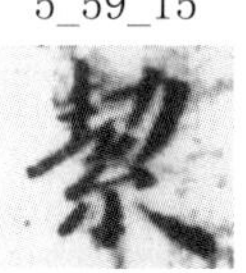
唐代•古文選前
11_128_4

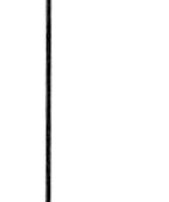
唐代•古文選前
16_183_1

唐代•古文選前
16_185_5

唐代•古文選前
16_189_6

唐代•古文選後
17_194_6

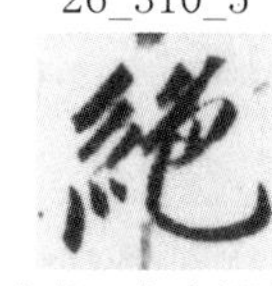
唐代•古文選前
26_310_5

唐代•古文選後
12_137_12

唐代•十輪經四
8_154_7

唐代•十輪經四
11_215_1

唐代•十輪經四
13_258_22

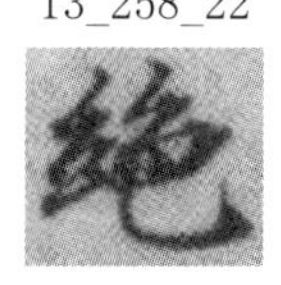
唐代•十輪經四
21_401_7

唐代•十輪經八
6_119_3

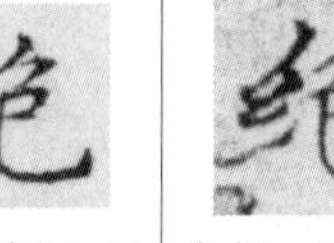
唐代•文選百三
51_494_23

唐代•文選百三
75_724_14

唐代•古文選前
6_69_11

唐代•古文選前
14_165_18

唐代•古文選前
19_227_3

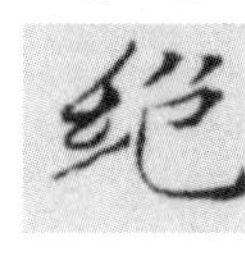
唐代•古文選前
21_245_12

唐代•古文選前
21_246_4

唐代•古文選前
26_309_14

唐代•文選百三
26_255_25

唐代•文選百三
27_264_13

唐代•文選百三
23_224_8

唐代•文選百三
31_300_4

唐代•文選百三
31_302_22

唐代•文選百三
33_325_13

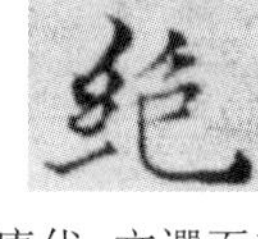
唐代•文選百三
39_388_34

唐代•文選百三
51_491_28

唐代•文選八八
16_137_13

唐代•文選八八
16_138_23

唐代•文選八八
21_190_10

唐代•文選八八
22_193_27

唐代•文選八八
22_195_5

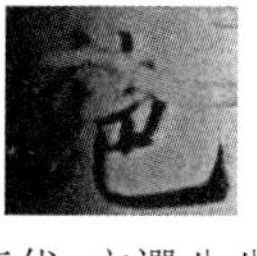
唐代•文選百三
5_47_32

唐代•文選百三
26_254_37

唐代•文選六八
22_220_29

唐代•文選六八
23_227_8

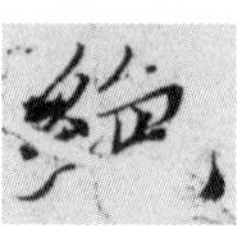
唐代•文選六八
47_472_5

唐代•文選六八
47_475_27

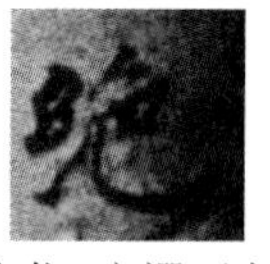
唐代•文選六八
47_478_4

唐代•文選八八
5_31_5

唐代•文選八八
5_33_22

唐代•文選八八
15_130_4

唐代•文選五九
84_807_19

唐代•文選五九
99_935_4

唐代•文選五九
99_937_4

唐代•文選五九
99_939_9

唐代•文選五九
99_939_26

唐代•文選五九
100_944_4

唐代•文選六八
19_193_1

唐代•文選六八
21_218_6

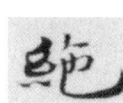

漢ケツ呉ケチ
訓むすぶ

初唐・聖武雜集 1_3_1

唐代・春秋經傳 35_371_14

唐代・文選四八 7_57_5

唐代・文選四八 7_59_4

唐代・文選四八 11_93_17

唐代・文選四八 12_111_8

唐代・文選四八 13_114_5

唐代・文選四八 13_115_3

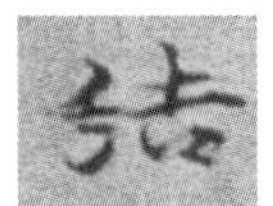
唐代・文選四八 13_117_15

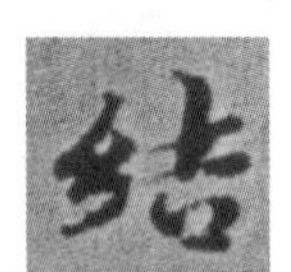
唐代・文選四八 17_151_3

唐代・文選四八 19_174_4

唐代・文選五九 5_48_1

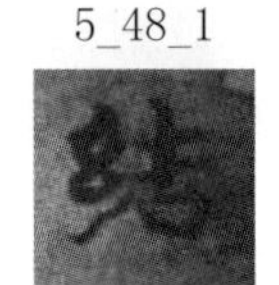
唐代・文選五九 5_49_4

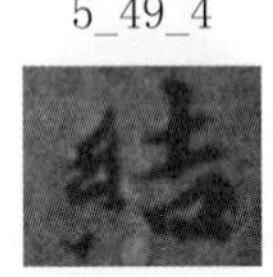
唐代・文選五九 5_49_10

唐代・文選五九 22_216_9

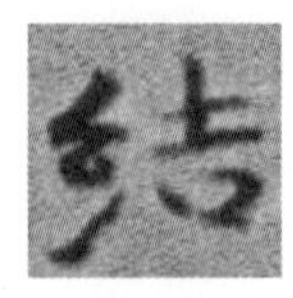
唐代・文選五九 22_218_2

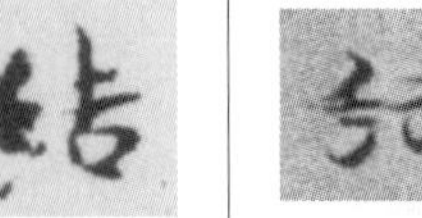
唐代・文選五九 28_277_12

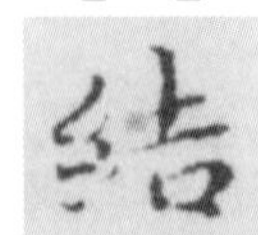
唐代・文選五九 37_371_14

唐代・文選五九 39_380_4

唐代・文選五九 39_382_30

唐代・文選五九 66_640_18

唐代・文選五九 75_719_6

唐代・文選五九 75_720_9

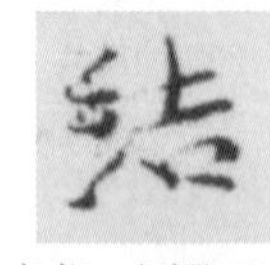
唐代・文選五九 75_720_27

唐代・文選五九 83_800_1

唐代・文選五九 97_914_15

唐代・文選五九 97_916_18

唐代・文選五九 97_917_13

唐代・文選五九 97_919_24

唐代・文選六八 23_229_24

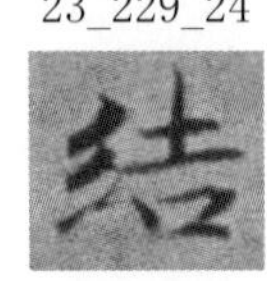
唐代・文選六八 24_242_10

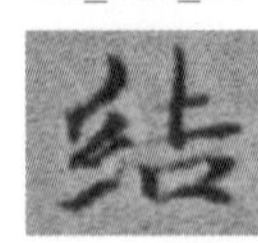
唐代・文選六八 25_249_15

唐代・文選六八 25_250_17

唐代・文選六八 25_251_23

唐代・文選六八 25_252_9

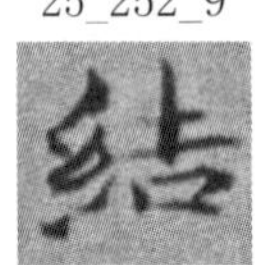
唐代・文選六八 27_266_23

唐代・文選六八 29_292_19

唐代・文選六八 57_566_26

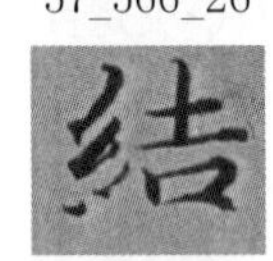
唐代・文選六八 59_586_3

唐代・文選六八 59_587_14

唐代・文選八八 5_22_11

唐代・文選八八 5_23_11

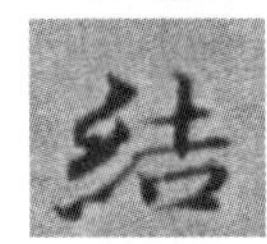
唐代・文選八八 5_23_22

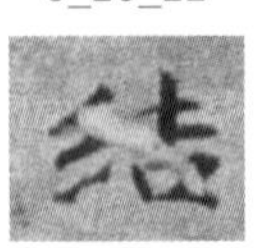
唐代・文選八八 5_23_31

唐代・文選八八 5_25_16

唐代・文選八八 5_25_23

唐代・文選八八 8_59_6

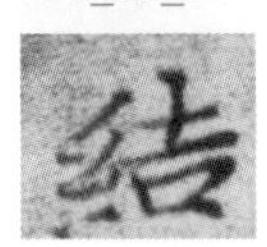
唐代・文選百三 23_216_40

唐代・文選百三 52_498_17

唐代・文選百三 81_768_5

唐代・文選百三 81_773_16

唐代・文選百三 83_790_19

唐代・古文選後 23_266_7

唐代・十輪經四 3_51_8

唐代・十輪經四 5_87_13

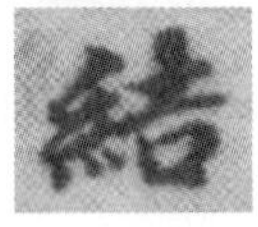
唐代・十輪經四 5_91_3

唐代•十輪經四
6_117_2

唐代•十輪經四
16_318_7

唐代•十輪經四
18_340_10

唐代•十輪經四
18_355_3

唐代•十輪經四
19_371_17

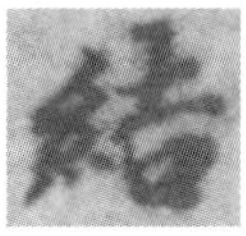
唐代•十輪經四
20_391_11

唐代•十輪經四
20_397_6

唐代•十輪經八
18_345_17

唐代•十輪經九
15_287_9

唐代•十輪經十
8_141_9

唐代•十輪經十
8_146_14

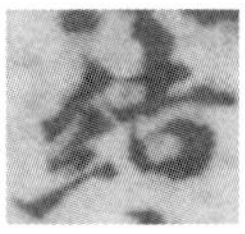
唐代•十輪經十
15_282_6

絚

漢カン呉ガン
訓くみひも

唐代•文選五九
109_1031_15

紫

シ
訓むらさき

唐代•文選四八
24_212_10

唐代•文選四八
24_213_1

唐代•文選五九
61_584_9

唐代•文選五九
61_586_28

唐代•文選五九
61_587_3

唐代•文選五九
61_587_17

唐代•文選五九
66_632_1

唐代•文選五九
66_633_13

唐代•文選五九
66_634_26

唐代•文選五九
66_635_16

唐代•文選五九
111_1053_8

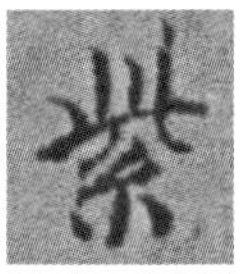
唐代•文選六八
16_166_6

唐代•文選六八
17_180_25

唐代•文選六八
18_183_6

唐代•文選六八
18_185_11

唐代•文選六八
18_185_20

唐代•文選六八
40_399_22

唐代•文選六八
40_400_18

唐代•文選六八
40_401_26

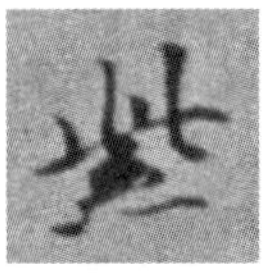
唐代•文選六八
40_401_35

唐代•文選百三
28_274_6

唐代•文選百三
28_277_11

唐代•文選百三
28_278_5

唐代•文選百三
29_279_7

唐代•文選百三
29_280_18

唐代•古文選後
12_139_3

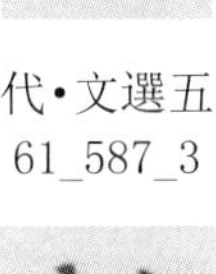

	絢	絡			給	經
	ケン 訓あや	ラク 訓からむ			キュウ漢キョウ 訓たまう	漢テツ 訓—
 唐代•文選百三 7_65_21	 唐代•文選五九 86_822_9  唐代•文選五九 86_823_21  唐代•文選五九 86_824_16  唐代•文選五九 86_824_20  唐代•文選五九 86_825_13  唐代•文選百三 7_62_1  唐代•文選百三 7_63_28  唐代•文選百三 7_65_8	 唐代•文選五九 22_213_27  唐代•文選六八 39_391_21  唐代•文選八八 5_33_1	 唐代•文選百三 71_688_32  唐代•文選百三 74_712_4  唐代•文選百三 87_826_3  唐代•文選百三 87_827_15  唐代•文選百三 87_827_17  唐代•十輪經八 4_67_11 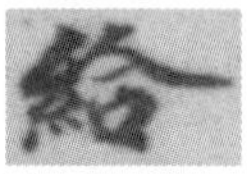 唐代•十輪經八 4_69_5	 唐代•文選百三 32_319_31  唐代•文選百三 35_350_32  唐代•文選百三 65_621_2  唐代•文選百三 65_623_21  唐代•文選百三 65_624_17  唐代•文選百三 65_626_29  唐代•文選百三 71_686_8  唐代•文選百三 71_687_23	 晚唐•慶滋書狀 1_3_1  晚唐•慶滋書狀 1_5_3  晚唐•慶滋書狀 1_8_5  晚唐•慶滋書狀 1_10_4  唐代•文選六八 18_182_15  唐代•文選百三 1_2_5  唐代•文選百三 32_315_7  唐代•文選百三 32_318_13	 唐代•文選四八 18_162_22

經

漢ケイ 呉キョウ
訓へる

初唐•法華義疏
1_2_6

初唐•法華義疏
1_4_6

初唐•金剛場經
1_7_7

初唐•金剛場經
1_9_13

初唐•大般若經
1_1_8

初唐•大般若經
2_31_8

初唐•大般若經
2_35_8

唐代•春秋經傳
1_1_3

唐代•文選五九
68_651_30

唐代•文選六八
33_338_1

唐代•古文選後
15_180_3

絲

シ
訓いと

唐代•文選四八
31_278_18

唐代•文選四八
31_279_11

唐代•文選四八
31_281_25

唐代•文選五九
64_620_9

唐代•文選五九
64_622_4

唐代•文選五九
64_622_19

唐代•文選五九
64_623_16

唐代•文選五九
65_624_13

唐代•文選五九
82_795_14

唐代•文選八八
13_111_9

唐代•文選八八
13_112_17

唐代•文選八八
13_113_23

唐代•文選八八
19_172_9

唐代•古文選前
22_256_3

唐代•十輪經四
11_216_2

統

漢トウ
訓すべる

唐代•文選四八
15_133_27

唐代•文選四八
20_182_17

唐代•文選四八
20_183_3

唐代•文選四八
20_184_16

唐代•文選四八
20_186_1

唐代•文選四八
20_186_7

唐代•文選四八
21_190_5

唐代•文選五九
29_292_16

絞

漢コウ 呉キョウ
訓しめる

唐代•文選百三
31_308_2

絳

コウ
訓あか

唐代•春秋經傳
28_295_12

唐代•文選百三
61_581_16

唐代•古文選前
16_191_13

唐代•古文選後
7_78_11

唐代•春秋經傳 1_2_1
唐代•春秋經傳 2_9_2
唐代•春秋經傳 4_38_1
唐代•春秋經傳 5_46_29
唐代•春秋經傳 12_127_1
唐代•春秋經傳 18_182_1
唐代•春秋經傳 23_241_3
唐代•春秋經傳 24_251_21
唐代•春秋經傳 24_253_1
唐代•春秋經傳 26_267_1
唐代•春秋經傳 27_282_1
唐代•春秋經傳 28_294_15
唐代•春秋經傳 29_306_1
唐代•春秋經傳 32_331_1
唐代•春秋經傳 35_365_1
唐代•春秋經傳 39_407_42
唐代•文選四八 1_7_12
唐代•文選四八 1_8_16
唐代•文選四八 3_16_2
唐代•文選四八 3_16_4
唐代•文選四八 4_25_15
唐代•文選四八 5_34_14
唐代•文選四八 6_43_27
唐代•文選四八 6_44_15
唐代•文選四八 7_59_27
唐代•文選四八 8_65_14
唐代•文選四八 8_69_10
唐代•文選四八 9_77_25
唐代•文選四八 9_79_22
唐代•文選四八 10_84_9
唐代•文選四八 10_88_21
唐代•文選四八 11_95_6
唐代•文選四八 11_98_20
唐代•文選四八 11_99_14
唐代•文選四八 12_108_6
唐代•文選四八 13_113_19
唐代•文選四八 14_128_19
唐代•文選四八 16_139_5
唐代•文選四八 16_146_22
唐代•文選四八 17_152_7
唐代•文選四八 17_152_19
唐代•文選四八 17_154_26
唐代•文選四八 21_191_20
唐代•文選四八 22_197_2
唐代•文選四八 23_205_4
唐代•文選四八 23_207_23
唐代•文選四八 24_214_6
唐代•文選四八 24_215_9
唐代•文選四八 25_223_25
唐代•文選四八 25_226_13
唐代•文選四八 26_228_15
唐代•文選四八 27_245_7
唐代•文選四八 29_265_24
唐代•文選四八 30_272_13
唐代•文選四八 32_292_1
唐代•文選四八 33_295_23

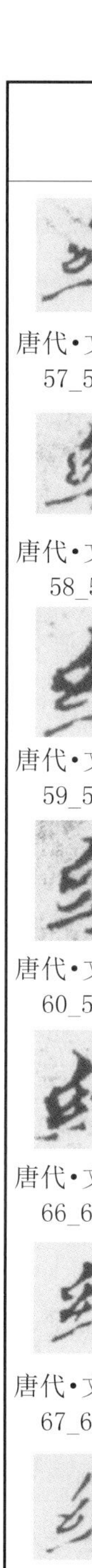

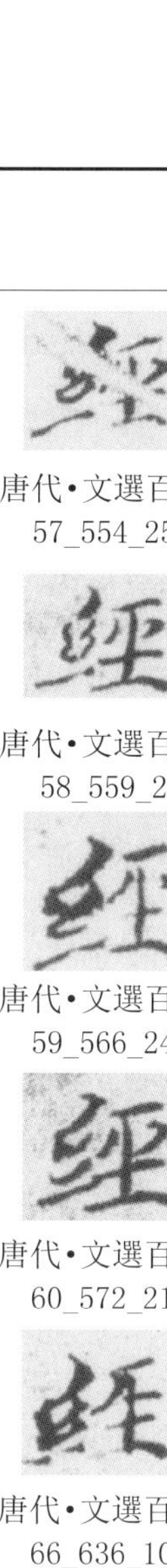

唐代•文選百三 57_554_25

唐代•文選百三 58_559_2

唐代•文選百三 59_566_24

唐代•文選百三 60_572_21

唐代•文選百三 66_636_10

唐代•文選百三 67_640_14

唐代•文選百三 67_647_1

唐代•文選百三 69_671_21

唐代•文選百三 51_494_11

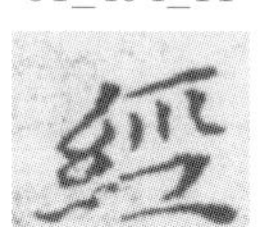

唐代•文選百三 52_499_19

唐代•文選百三 52_504_33

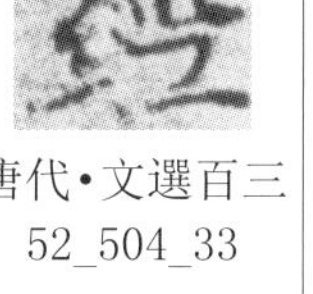

唐代•文選百三 53_512_15

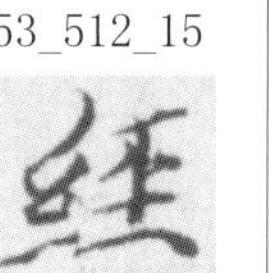

唐代•文選百三 54_516_34

唐代•文選百三 55_527_3

唐代•文選百三 56_538_28

唐代•文選百三 57_544_7

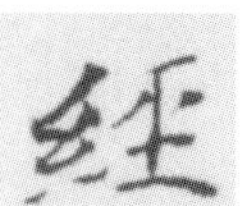

唐代•文選百三 33_334_15

唐代•文選百三 34_341_13

唐代•文選百三 39_389_5

唐代•文選百三 40_399_17

唐代•文選百三 40_399_32

唐代•文選百三 47_446_22

唐代•文選百三 47_447_10

唐代•文選百三 50_485_14

唐代•文選六八 6_62_15

唐代•文選六八 6_66_13

唐代•文選六八 7_73_23

唐代•文選六八 8_75_11

唐代•文選六八 8_76_30

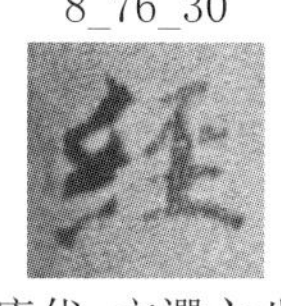

唐代•文選六八 8_78_2

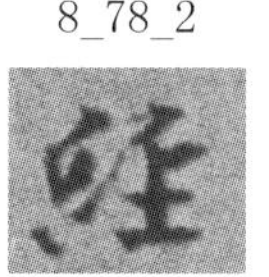

唐代•文選六八 8_88_30

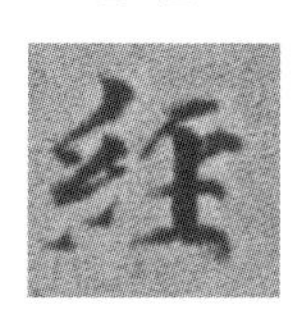

唐代•文選六八 11_111_6

唐代•文選六八 1_4_18

唐代•文選六八 1_10_17

唐代•文選六八 2_28_9

唐代•文選六八 3_29_13

唐代•文選六八 3_30_19

唐代•文選六八 3_34_8

唐代•文選六八 3_34_22

唐代•文選六八 5_51_8

唐代•文選五九 52_512_29

唐代•文選五九 53_518_3

唐代•文選五九 53_524_23

唐代•文選五九 55_536_13

唐代•文選五九 56_542_9

唐代•文選五九 58_557_20

唐代•文選五九 62_602_1

唐代•文選五九 65_628_7

唐代•文選五九 41_400_8

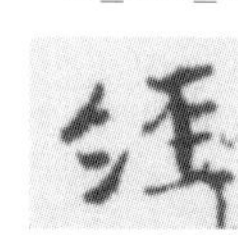

唐代•文選五九 44_436_9

唐代•文選五九 45_451_28

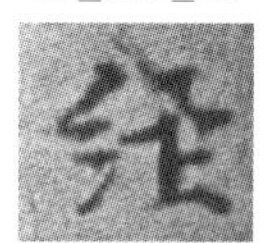

唐代•文選五九 49_487_7

唐代•文選五九 49_488_11

唐代•文選五九 49_488_32

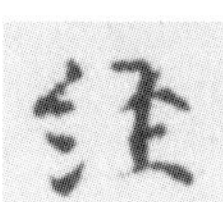

唐代•文選五九 50_496_11

唐代•文選五九 51_501_1

絺　綃　絹

絺

チ
訓ほそぬの

唐代・文選六八
41_408_15

唐代・文選六八
41_408_17

唐代・文選六八
41_410_4

唐代・文選六八
41_410_23

唐代・文選六八
41_410_27

唐代・文選六八
41_411_17

唐代・文選六八
41_412_4

綃

ショウ
訓きぎぬ

唐代・古文選前
8_101_3

絹

ケン
訓きぬ

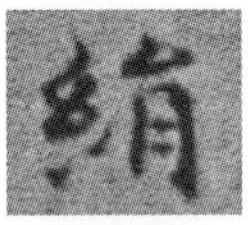
唐代・文選五九
18_177_10

唐代・文選百三
65_624_8

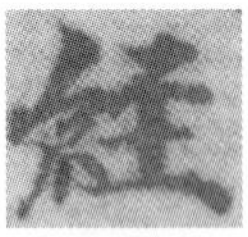
唐代・十輪經十
15_299_6

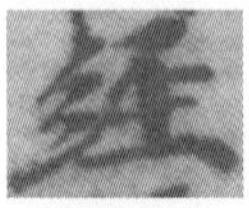
唐代・十輪經十
17_332_9

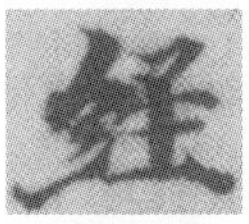
唐代・十輪經十
20_382_7

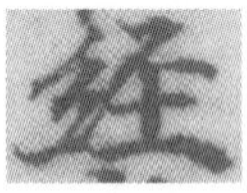
唐代・十輪經十
20_388_9

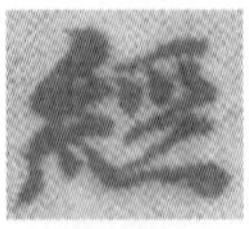
唐代・十輪經四
17_333_1

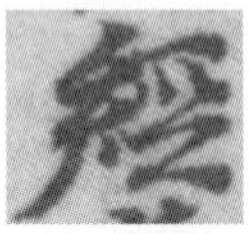
唐代・十輪經四
22_432_9

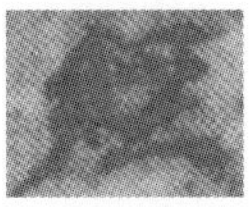
唐代・十輪經八
1_1_9

唐代・十輪經八
22_442_9

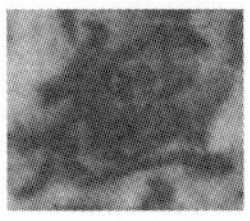
唐代・十輪經九
1_1_9

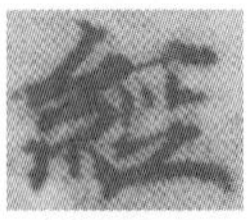
唐代・十輪經九
6_106_6

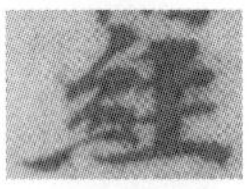
唐代・十輪經九
8_146_9

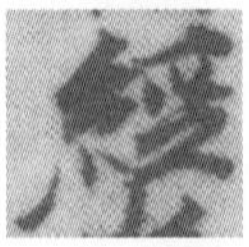
唐代・十輪經九
22_424_9

唐代・古文選後
1_10_2

唐代・古文選後
3_32_13

唐代・古文選後
11_127_3

唐代・古文選後
14_162_12

唐代・古文選後
16_183_18

唐代・古文選後
20_230_10

唐代・古文選後
24_281_16

唐代・古文選後
24_281_44

唐代・文選百三
74_715_20

唐代・文選百三
75_722_12

唐代・文選百三
78_745_24

唐代・文選百三
81_775_23

唐代・文選百三
84_799_15

唐代・文選百三
87_824_27

唐代・古文選前
12_138_1

唐代・古文選前
19_228_9

綦			緒	綾	綏	
漢キ 訓もえぎいろ			漢ジョ 慣チョ 訓お	リョウ 訓あや	スイ、タ 訓たれひも	

綦

唐代・文選五九
32_317_14

唐代・文選五九
105_993_21

唐代・文選六八
6_61_4

唐代・文選百三
8_71_17

緒

唐代・文選百三
72_698_3

唐代・文選百三
73_699_27

唐代・古文選前
22_255_10

唐代・古文選前
24_280_6

唐代・文選百三
19_178_13

唐代・文選百三
19_179_35

唐代・文選百三
23_227_12

唐代・文選百三
24_234_8

唐代・文選百三
38_381_16

唐代・文選百三
71_692_1

唐代・文選百三
72_697_4

唐代・文選百三
72_697_10

唐代・文選四八
23_210_9

唐代・文選四八
25_225_19

唐代・文選四八
34_310_14

唐代・文選五九
29_287_6

唐代・文選百三
1_3_14

唐代・文選百三
2_13_2

唐代・文選百三
3_16_15

唐代・文選百三
3_20_11

綾

唐代・文選五九
66_642_10

綏

唐代・文選五九
47_471_24

唐代・文選五九
71_677_7

唐代・文選六八
29_296_6

唐代・文選六八
29_296_10

唐代・文選六八
29_298_3

唐代・文選六八
30_300_12

唐代・古文選後
9_97_2

唐代・古文選後
11_128_14

唐代・文選六八
41_412_6

唐代・文選六八
41_411_24

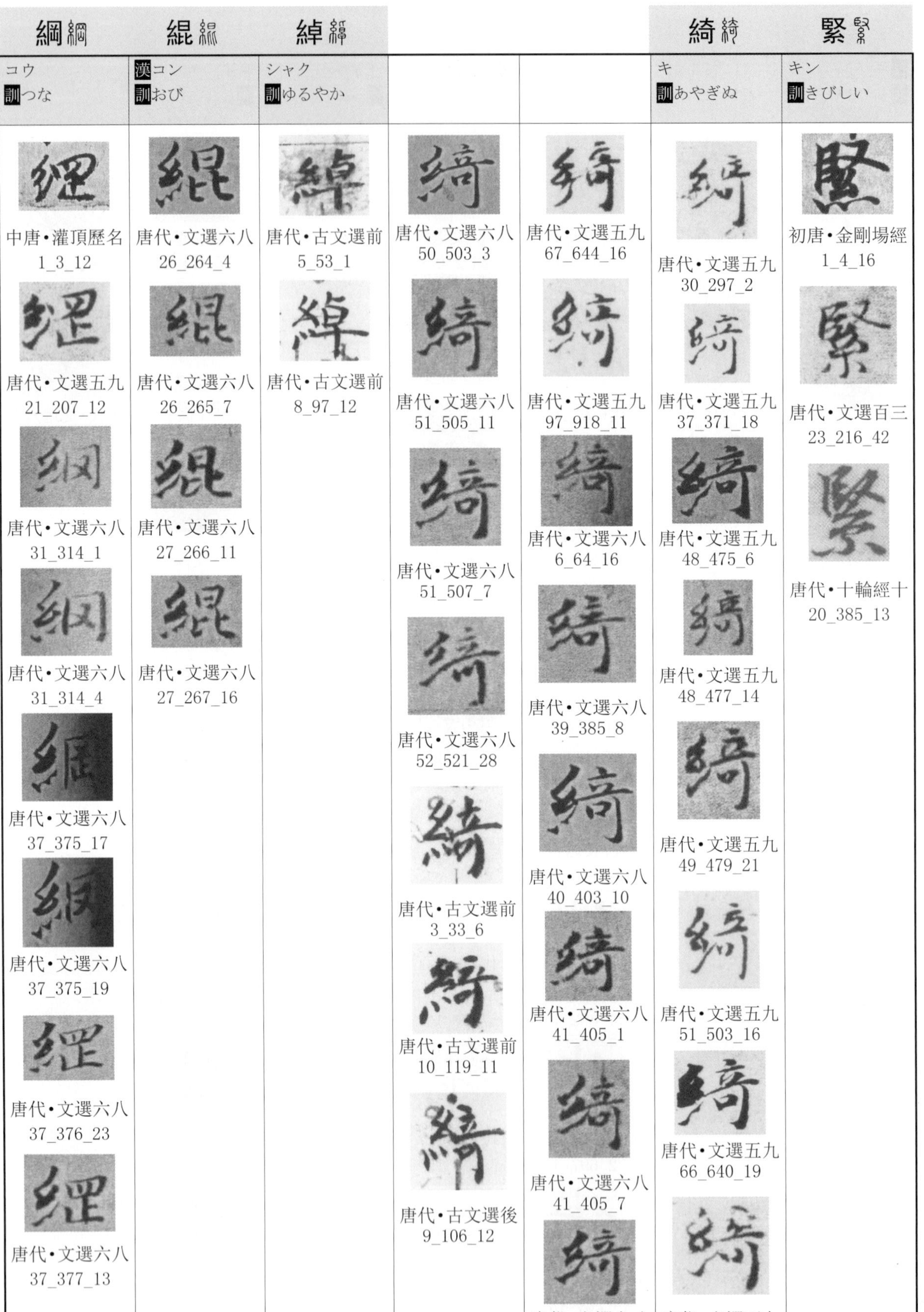

綱	緄	綽			綺	緊
コウ 訓つな	漢コン 訓おび	シャク 訓ゆるやか			キ 訓あやぎぬ	キン 訓きびしい
中唐・灌頂歷名 1_3_12	唐代・文選六八 26_264_4	唐代・古文選前 5_53_1	唐代・文選六八 50_503_3	唐代・文選五九 67_644_16	唐代・文選五九 30_297_2	初唐・金剛場經 1_4_16
唐代・文選五九 21_207_12	唐代・文選六八 26_265_7	唐代・古文選前 8_97_12	唐代・文選六八 51_505_11	唐代・文選五九 97_918_11	唐代・文選五九 37_371_18	唐代・文選百三 23_216_42
唐代・文選六八 31_314_1	唐代・文選六八 27_266_11		唐代・文選六八 51_507_7	唐代・文選六八 6_64_16	唐代・文選五九 48_475_6	唐代・十輪經十 20_385_13
唐代・文選六八 31_314_4	唐代・文選六八 27_267_16		唐代・文選六八 52_521_28	唐代・文選六八 39_385_8	唐代・文選五九 48_477_14	
唐代・文選六八 37_375_17			唐代・古文選前 3_33_6	唐代・文選六八 40_403_10	唐代・文選五九 49_479_21	
唐代・文選六八 37_375_19			唐代・古文選前 10_119_11	唐代・文選六八 41_405_1	唐代・文選五九 51_503_16	
唐代・文選六八 37_376_23			唐代・古文選後 9_106_12	唐代・文選六八 41_405_7	唐代・文選五九 66_640_19	
唐代・文選六八 37_377_13				唐代・文選六八 49_488_23	唐代・文選五九 66_642_11	

綿

漢ベン呉メン
訓わた

唐代・文選四八
16_147_15

唐代・文選四八
16_148_13

唐代・文選四八
16_150_20

唐代・文選五九
6_53_15

唐代・古文選前
15_173_2

綸

リン漢カン
訓いと

唐代・文選六八
71_704_6

唐代・文選六八
71_707_2

唐代・文選六八
71_707_13

唐代・文選六八
71_709_7

唐代・古文選前
19_228_10

維

漢イ呉ユイ
訓つな

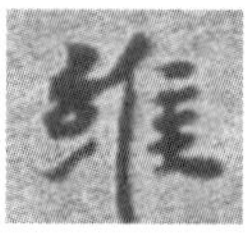
唐代・文選五九
19_188_6

唐代・文選八八
15_123_20

唐代・古文選後
18_213_9

緌

漢ズイ
訓おいかけ

唐代・文選六八
29_294_16

唐代・文選六八
29_296_12

唐代・文選六八
29_299_10

唐代・十輪經八
22_422_11

網

呉モウ漢ボウ
訓あみ

唐代・文選五九
66_641_5

唐代・文選五九
66_642_24

唐代・文選五九
67_643_8

唐代・文選五九
67_644_19

唐代・文選五九
108_1024_10

唐代・文選五九
109_1028_13

唐代・文選五九
109_1029_17

唐代・古文選後
1_9_16

唐代・文選六八
37_377_15

唐代・古文選前
14_163_14

唐代・古文選前
25_300_1

唐代・古文選後
12_141_12

綰綰	綜綜	綣綣	綢綢	綵		綬綬
ワン 訓すべる	漢ソウ 訓すべおさめる	漢ケン 呉カン 訓まく	漢チュウ 訓まとう	漢サイ 訓あや		呉ジュ 訓ひも
唐代・文選四八 26_233_4	唐代・文選六八 65_647_10	唐代・文選四八 30_273_6	唐代・文選四八 36_325_27	唐代・文選五九 86_824_14	唐代・文選百三 38_378_17	唐代・文選六八 25_248_17
唐代・文選四八 26_233_7	唐代・文選六八 67_669_11	唐代・文選四八 30_274_6	唐代・文選六八 26_264_6	唐代・文選五九 109_1027_12	唐代・文選百三 38_381_13	唐代・文選六八 25_249_7
唐代・文選五九 23_224_4	唐代・文選六八 67_673_18	唐代・文選四八 30_274_19	唐代・文選六八 27_266_20	唐代・文選六八 57_576_28	唐代・文選百三 38_381_33	唐代・文選百三 28_277_22
	唐代・文選百三 83_786_30	唐代・文選四八 30_275_26	唐代・文選六八 27_267_20	唐代・古文選前 3_33_14	唐代・文選百三 38_383_8	唐代・文選百三 28_277_30
			唐代・文選六八 27_268_24			唐代・文選百三 29_279_6
						唐代・文選百三 29_279_9
						唐代・文選百三 29_280_19
						唐代・文選百三 38_377_5

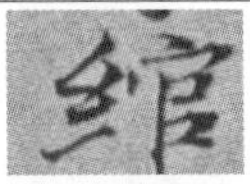

綠

漢リョク 呉ロク
訓みどり

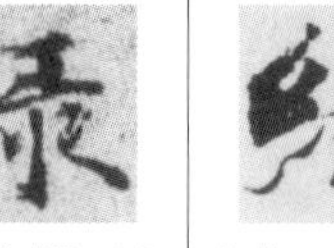
唐代・文選五九
98_928_5

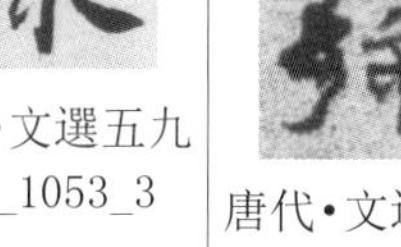
唐代・文選五九
98_932_8

唐代・文選五九
104_984_7

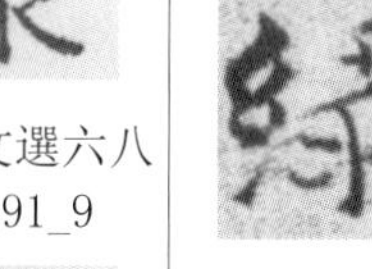
唐代・文選五九
105_987_19

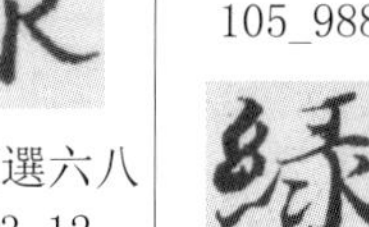
唐代・文選五九
105_988_5

唐代・文選五九
108_1025_2

唐代・文選五九
108_1025_19

唐代・文選五九
109_1027_13

唐代・文選五九
109_1027_20

唐代・文選五九
109_1028_23

唐代・文選五九
109_1030_4

唐代・文選五九
111_1053_3

唐代・文選六八
19_191_9

唐代・文選六八
19_193_12

唐代・文選六八
23_229_1

唐代・文選六八
23_229_25

唐代・文選六八
23_230_3

唐代・文選六八
23_231_4

唐代・文選六八
25_250_18

唐代・文選六八
25_251_24

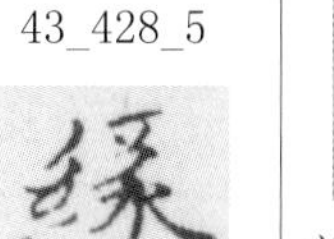

唐代・文選六八
25_252_10

唐代・文選六八
38_380_11

唐代・文選六八
43_428_5

唐代・文選百三
67_652_34

唐代・古文選後
8_86_11

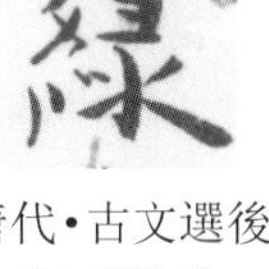
唐代・古文選後
24_285_9

綴

漢テイ
訓つづる

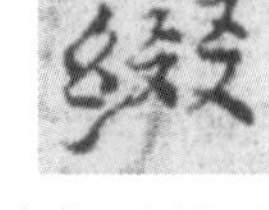

唐代・文選五九
66_642_20

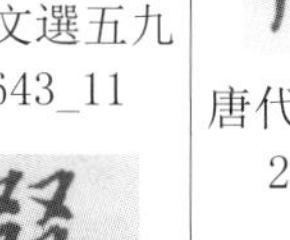
唐代・文選五九
67_643_11

唐代・文選五九
108_1024_14

唐代・文選五九
108_1025_13

唐代・文選五九
108_1025_24

唐代・文選五九
109_1027_19

唐代・文選五九
109_1028_18

唐代・文選五九
109_1028_28

唐代・文選五九
109_1029_20

唐代・文選六八
23_231_18

唐代・文選百三
42_422_1

唐代・文選百三
44_423_9

唐代・文選百三
44_423_34

唐代・文選百三
45_425_19

唐代・古文選前
8_100_3

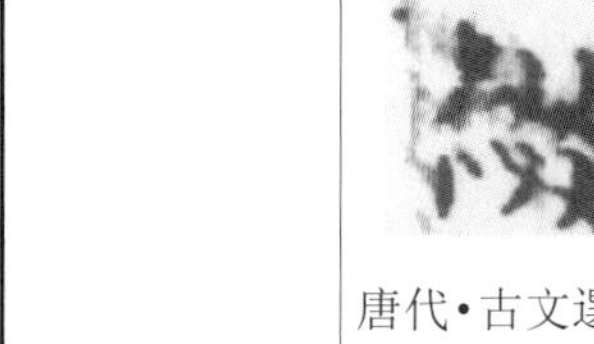
唐代・古文選前
15_178_39

唐代・古文選前
19_228_13

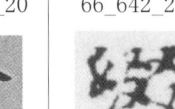

緩	緝	緘		練	緤	緇
漢カン 訓ゆるい	シュウ 訓つむぐ	漢カン 訓とじる		レン 訓ねる	漢セツ 訓きずな	シ 訓くろぎぬ
 唐代•文選五九 11_105_5	 唐代•文選百三 68_654_10	 唐代•文選五九 24_236_2	 唐代•十輪經四 4_62_10	 唐代•文選五九 64_622_18	 唐代•古文選前 19_226_3	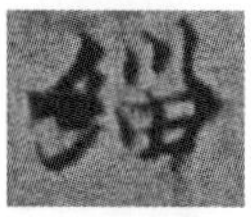 唐代•文選四八 19_173_23
 唐代•文選五九 19_184_31	 唐代•文選百三 68_655_8	 唐代•文選五九 24_236_19	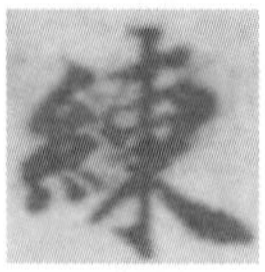 唐代•十輪經四 4_65_3	 唐代•文選五九 80_765_2		 唐代•文選百三 15_142_11
 唐代•文選五九 19_185_18	 唐代•文選百三 68_656_17	 唐代•文選五九 24_237_2		 唐代•文選五九 80_768_1		 唐代•文選百三 15_146_16
 唐代•文選五九 101_950_12	 唐代•文選百三 68_656_20	 唐代•文選五九 24_237_14		 唐代•文選五九 80_768_14		
 唐代•文選五九 101_951_22	 唐代•文選百三 68_657_12	 唐代•文選五九 24_238_8		 唐代•文選五九 80_771_1		
 唐代•文選六八 27_274_9	 唐代•文選百三 68_657_30			 唐代•古文選前 23_269_6		
 唐代•文選六八 37_376_11				 唐代•十輪經四 3_54_3		
 唐代•文選六八 55_553_1				 唐代•十輪經四 3_60_1		

緣 緯 編

			緣 エン 訓ふち	緯 イ 訓よこいと	編 ヘン 訓あむ	

唐代・十輪經四 5_98_1
唐代・十輪經四 5_99_13
唐代・十輪經四 6_103_16
唐代・十輪經四 6_109_14
唐代・十輪經四 6_112_2
唐代・十輪經四 14_277_12
唐代・十輪經四 16_313_6
唐代・十輪經四 17_327_8

唐代・文選五九 26_256_19
唐代・文選五九 51_499_23
唐代・文選六八 31_311_5
唐代・文選六八 41_412_25
唐代・文選六八 41_413_19
唐代・文選六八 55_554_4
唐代・文選百三 67_651_1
唐代・古文選後 4_37_3

初唐・大般若經 1_18_14
初唐・大般若經 1_19_9
初唐・大般若經 1_20_16
初唐・大般若經 2_24_8
初唐・大般若經 2_27_3
初唐・大般若經 2_29_11
中唐・風信帖 2_9_5
中唐・風信帖 4_19_5

初唐・大般若經 1_10_6
初唐・大般若經 1_11_1
初唐・大般若經 1_12_8
初唐・大般若經 1_13_3
初唐・大般若經 1_14_10
初唐・大般若經 1_15_5
初唐・大般若經 1_16_12
初唐・大般若經 1_17_7

唐代・文選五九 22_213_28
唐代・文選八八 24_211_9
唐代・文選百三 73_707_16
唐代・古文選前 18_207_1

唐代・文選八八 7_54_9
唐代・文選百三 25_244_8
唐代・文選百三 25_248_20
唐代・文選百三 25_248_23
唐代・文選百三 25_250_5
唐代・文選百三 25_250_16

唐代・古文選後 17_199_5
唐代・古文選後 22_255_12

縟	縉		縠			
漢ジュク 訓しげし	シン 訓さしはさむ		漢コク 訓ちりめん			
唐代•文選六八 21_218_1	唐代•文選八八 5_26_7	唐代•文選六八 51_506_10	唐代•文選六八 15_157_2	唐代•十輪經十 8_147_4	唐代•十輪經十 7_136_13	唐代•十輪經四 17_335_10
唐代•文選六八 21_219_15	唐代•文選八八 5_29_17	唐代•文選六八 52_522_1	唐代•文選六八 25_257_4	唐代•十輪經十 8_148_7	唐代•十輪經十 7_136_16	唐代•十輪經四 18_350_2
唐代•文選六八 22_225_28		唐代•古文選前 5_53_5	唐代•文選六八 25_258_16	唐代•十輪經十 8_152_5	唐代•十輪經十 7_137_12	唐代•十輪經四 19_366_16
唐代•文選六八 23_226_14			唐代•文選六八 26_260_8	唐代•十輪經十 8_153_3	唐代•十輪經十 7_138_11	唐代•十輪經四 20_386_9
唐代•文選六八 23_226_27			唐代•文選六八 46_461_5	唐代•十輪經十 8_159_11	唐代•十輪經十 8_140_5	唐代•十輪經九 14_276_14
唐代•文選六八 23_228_7			唐代•文選六八 46_462_27	唐代•十輪經十 9_161_16	唐代•十輪經十 8_142_2	唐代•十輪經九 17_337_10
			唐代•文選六八 46_463_18	唐代•十輪經十 11_211_17	唐代•十輪經十 8_143_2	唐代•十輪經九 19_362_1
			唐代•文選六八 50_502_8		唐代•十輪經十 8_145_9	唐代•十輪經十 7_136_9

縛

吳 バク
訓 しばる

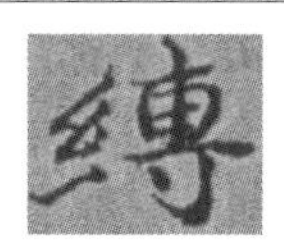
唐代•文選四八
18_162_16

唐代•文選四八
18_164_6

唐代•文選四八
18_164_9

唐代•文選四八
21_191_9

唐代•文選四八
21_192_2

唐代•文選八八
17_144_26

唐代•十輪經四
11_218_16

唐代•文選八八
17_145_7

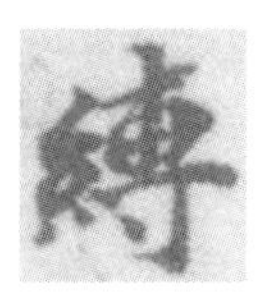
唐代•十輪經四
12_221_17

唐代•十輪經四
12_224_17

唐代•十輪經四
12_236_17

唐代•十輪經四
13_248_17

唐代•十輪經四
13_251_25

唐代•十輪經四
13_258_25

唐代•十輪經九
19_365_25

唐代•十輪經九
22_423_5

唐代•十輪經十
10_196_12

唐代•十輪經十
15_282_7

唐代•十輪經四
14_271_16

唐代•十輪經十
17_326_5

唐代•十輪經十
20_385_6

唐代•十輪經四
14_260_18

縣

漢 ケン
訓 かける

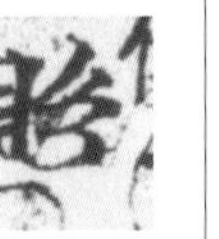
唐代•春秋經傳
1_6_24

唐代•春秋經傳
2_12_7

唐代•春秋經傳
4_31_16

唐代•春秋經傳
4_40_22

唐代•春秋經傳
10_97_7

唐代•春秋經傳
14_139_4

唐代•春秋經傳
17_171_11

唐代•春秋經傳
18_183_28

唐代•春秋經傳
22_231_14

唐代•春秋經傳
25_256_10

唐代•春秋經傳
26_268_18

唐代•春秋經傳
28_292_18

唐代•春秋經傳
29_299_3

唐代•春秋經傳
30_308_4

唐代•春秋經傳
33_340_15

唐代•春秋經傳
35_366_19

唐代•春秋經傳
35_369_19

唐代•春秋經傳
37_390_18

唐代•春秋經傳
37_391_2

唐代•春秋經傳
37_393_9

唐代•春秋經傳
37_393_16

唐代•春秋經傳
38_398_17

唐代•春秋經傳
38_404_17

唐代•文選四八
41_367_12

唐代•文選四八
41_368_2

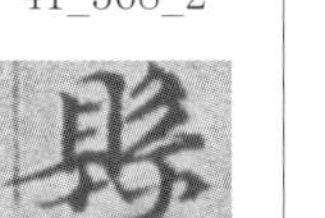
唐代•文選四八
45_403_17

唐代•文選五九
50_491_6

唐代•文選五九
74_705_15

唐代•文選五九
74_705_26

唐代•文選五九
74_706_5

唐代•文選五九
74_707_6

唐代•文選五九
74_709_3

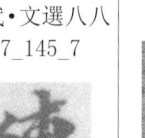

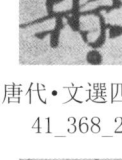

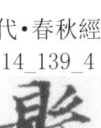

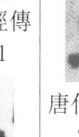

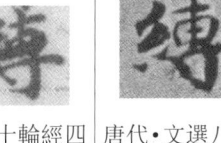

縫	絛					
漢ホウ 訓ぬう	慣ジョウ 漢トウ 訓さなだ					
 唐代·文選五九 24_234_4	 唐代·文選六八 25_249_11	 唐代·文選百三 83_789_17	 唐代·文選百三 41_410_23	 唐代·文選百三 3_19_2	 唐代·文選六八 17_171_10	 唐代·文選五九 74_709_8
 唐代·文選六八 51_505_7		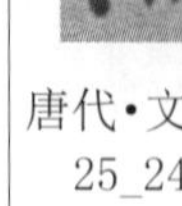 唐代·文選百三 83_791_6	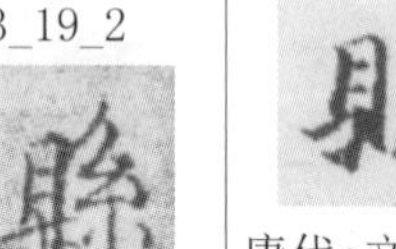 唐代·文選百三 41_411_7	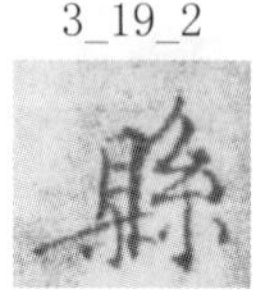 唐代·文選百三 7_65_10	 唐代·文選八八 3_18_29	 唐代·文選五九 77_737_2
		 唐代·古文選後 20_237_4	 唐代·文選百三 41_414_10	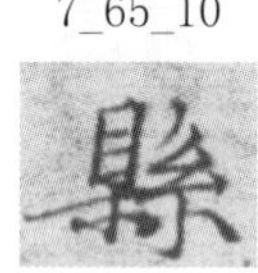 唐代·文選百三 23_229_17	 唐代·文選八八 3_19_7	 唐代·文選五九 77_737_12
		 唐代·古文選後 25_300_23	 唐代·文選百三 41_414_34	 唐代·文選百三 27_267_10	 唐代·文選八八 4_21_29	 唐代·文選五九 78_748_10
			 唐代·文選百三 45_425_4	 唐代·文選百三 29_286_5	 唐代·文選八八 6_36_15	 唐代·文選五九 78_753_6
			 唐代·文選百三 56_534_21	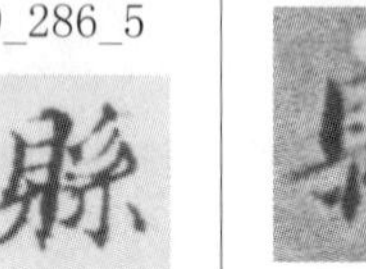 唐代·文選百三 29_287_11	 唐代·文選八八 7_42_4	 唐代·文選五九 83_798_14
			 唐代·文選百三 79_755_8	 唐代·文選百三 31_307_33	 唐代·文選八八 7_46_7	 唐代·文選五九 86_824_22
			 唐代·文選百三 83_788_11	 唐代·文選百三 41_405_15	 唐代·文選八八 19_171_7	 唐代·文選五九 103_970_1

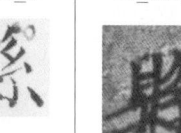

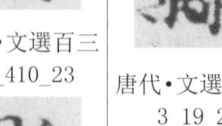

縚

漢トウ
訓ゆぶくろ

唐代・文選百三
63_609_1

縈

漢エイ 呉ヨウ
訓めぐらす

唐代・文選百三
81_768_9

唐代・文選百三
81_773_23

唐代・古文選前
24_284_3

唐代・古文選後
24_285_1

縑

ケン
訓きぬ

唐代・文選五九
42_414_17

績

漢セキ
訓つむぐ

唐代・春秋經傳
4_39_13

唐代・春秋經傳
5_46_2

唐代・文選五九
93_891_13

唐代・文選百三
41_406_8

唐代・文選百三
41_407_7

唐代・文選百三
41_407_11

唐代・文選百三
41_411_4

唐代・文選百三
41_411_15

唐代・文選百三
41_411_19

唐代・文選百三
41_413_20

唐代・文選百三
41_415_18

唐代・文選百三
77_734_2

唐代・文選百三
77_737_5

唐代・文選百三
86_822_29

唐代・古文選前
21_244_15

唐代・古文選後
11_128_4

縹

ヒョウ
訓はなだいろ

唐代・文選六八
19_189_15

唐代・文選六八
19_191_8

唐代・文選六八
19_193_10

唐代・文選六八
19_193_27

唐代・文選六八
19_194_18

唐代・文選六八
19_194_27

唐代・文選六八
40_400_16

總					繁	纍
漢ソウ 訓ふさ					漢ハン 訓しげし	ルイ 訓つなぐ

初唐・法華義疏
1_2_10

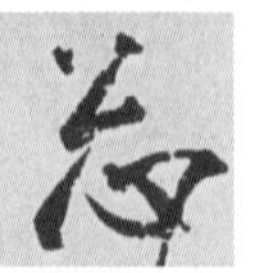
中唐・風信帖
2_11_9

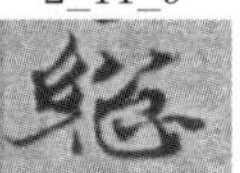
唐代・文選四八
29_261_21

唐代・文選五九
10_92_7

唐代・文選六八
68_679_16

唐代・文選百三
24_236_1

唐代・古文選前
21_243_11

唐代・古文選後
15_176_11

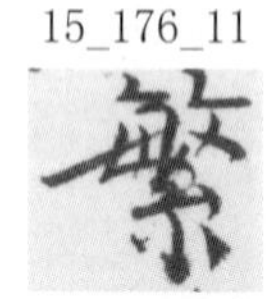
唐代・古文選後
24_287_13

唐代・文選六八
30_304_10

唐代・文選六八
42_420_20

唐代・文選六八
43_426_13

唐代・文選百三
7_57_3

唐代・文選百三
7_60_23

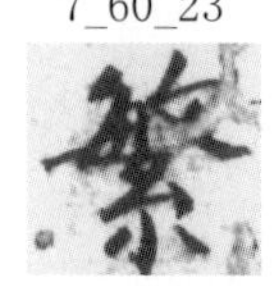
唐代・古文選前
15_173_14

唐代・古文選前
18_212_8

唐代・文選六八
29_289_6

唐代・文選六八
29_291_15

唐代・文選六八
29_292_10

唐代・文選六八
29_293_1

唐代・文選六八
29_293_16

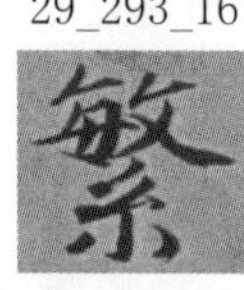
唐代・文選六八
30_301_7

唐代・文選六八
30_302_25

唐代・文選六八
21_217_11

唐代・文選六八
21_219_16

唐代・文選六八
22_225_26

唐代・文選六八
23_226_11

唐代・文選六八
23_226_26

唐代・文選六八
26_263_14

唐代・文選六八
26_265_14

唐代・文選四八
36_319_8

唐代・文選五九
23_223_22

唐代・文選五九
27_259_21

唐代・文選五九
37_364_7

唐代・文選五九
48_477_12

唐代・文選五九
76_730_30

唐代・文選五九
90_858_28

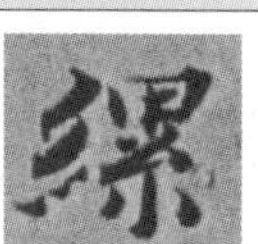
同累
唐代・文選八八
17_140_6

同累
唐代・文選八八
17_144_23

同累
唐代・文選八八
18_155_31

縮	縻	繇				縱
シュク 訓ちぢむ	漢ビ 訓きずな	ヨウ 訓したがう				慣ジョウ漢ショウ 訓たて
 唐代•文選四八 22_203_12	 唐代•文選八八 5_31_3  唐代•文選八八 5_33_18  唐代•文選八八 5_34_5  唐代•古文選後 7_74_10	 唐代•文選四八 50_449_13  唐代•文選五九 53_522_12  唐代•文選百三 5_40_15	 唐代•古文選前 1_7_10  唐代•古文選前 5_52_13  唐代•古文選前 8_102_10  唐代•古文選前 22_263_1  唐代•古文選前 24_281_9  唐代•十輪經四 7_124_17	 唐代•文選百三 26_251_1  唐代•文選百三 31_304_4  唐代•文選百三 31_305_10 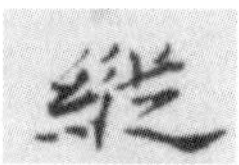 唐代•文選百三 31_308_5  唐代•文選百三 31_308_12 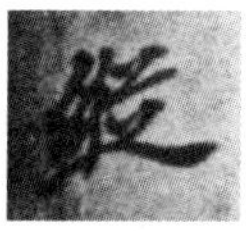 唐代•文選百三 31_310_1  唐代•文選百三 47_450_22  唐代•文選百三 61_582_16	 唐代•文選六八 37_376_10  唐代•文選六八 37_376_18  唐代•文選六八 53_536_13  唐代•文選六八 53_537_15  唐代•文選百三 20_191_23  唐代•文選百三 20_193_4  唐代•文選百三 20_193_7  唐代•文選百三 25_250_28	 唐代•春秋經傳 7_63_20  唐代•春秋經傳 27_275_21  唐代•文選四八 44_397_10  唐代•文選五九 5_42_25  唐代•文選五九 6_57_19  唐代•文選五九 18_176_23  唐代•文選五九 42_414_11  唐代•文選六八 37_375_18

繢					繞	繆
漢カイ呉エ 訓うちひも					漢ジョウ呉ニョウ 訓まとう	リョウ漢キュウ、ビュウ、ボク 訓まとう
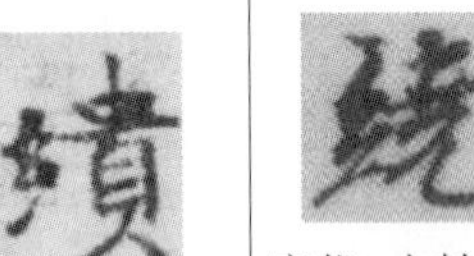 唐代•文選百三 7_61_10 唐代•文選百三 7_63_37 唐代•文選百三 7_64_5 唐代•文選百三 7_65_4 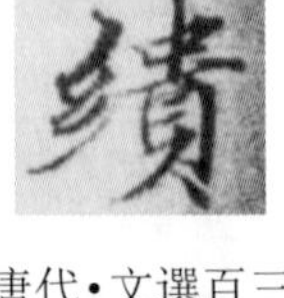 唐代•文選百三 7_65_18  唐代•古文選前 3_33_7	 唐代•十輪經八 21_411_6 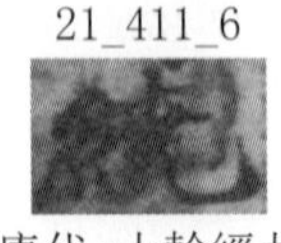 唐代•十輪經九 1_11_2 唐代•十輪經九 3_49_6 唐代•十輪經九 17_324_12	 唐代•十輪經八 6_109_9  唐代•十輪經八 8_147_9  唐代•十輪經八 10_185_15 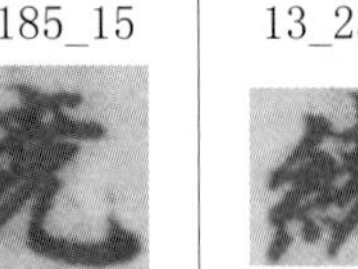 唐代•十輪經八 12_222_14 唐代•十輪經八 13_259_14  唐代•十輪經八 15_297_14 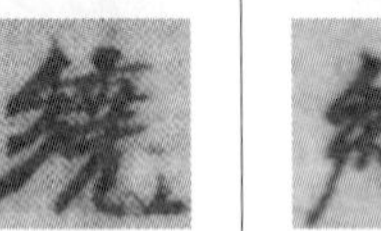 唐代•十輪經八 17_335_13 唐代•十輪經八 19_373_14	 唐代•十輪經四 13_248_3 唐代•十輪經四 13_250_1 唐代•十輪經四 13_256_10 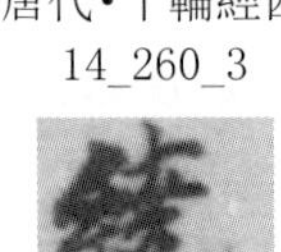 唐代•十輪經四 14_260_3  唐代•十輪經四 14_262_1 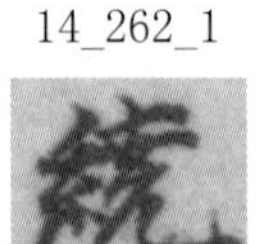  唐代•十輪經四 14_268_10 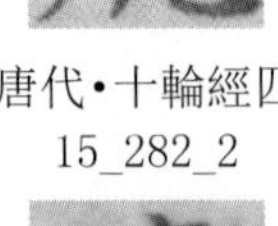 唐代•十輪經四 15_282_2 唐代•十輪經八 4_63_13	 唐代•文選五九 84_809_2 唐代•文選百三 81_773_24 唐代•古文選後 24_277_8 唐代•十輪經四 12_226_2 唐代•十輪經四 12_232_10  唐代•十輪經四 12_236_3  唐代•十輪經四 12_238_2 唐代•十輪經四 13_244_10	 唐代•文選五九 13_119_6  唐代•文選五九 13_121_15 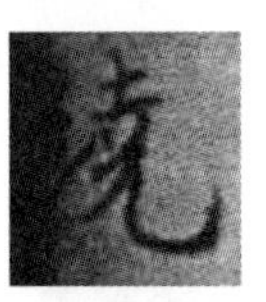 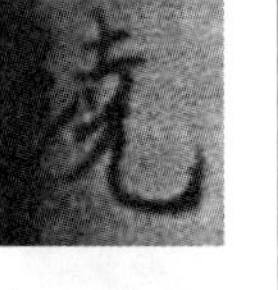 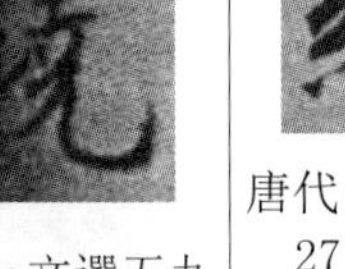 唐代•文選五九 19_188_24  唐代•文選五九 53_525_12 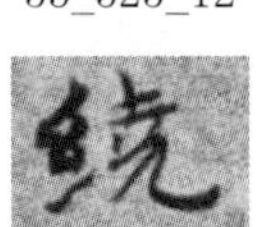 唐代•文選五九 53_528_31 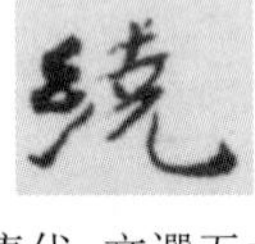 唐代•文選五九 54_529_14  唐代•文選五九 84_804_26 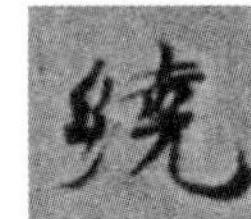 唐代•文選五九 84_807_11	 唐代•文選六八 26_264_7 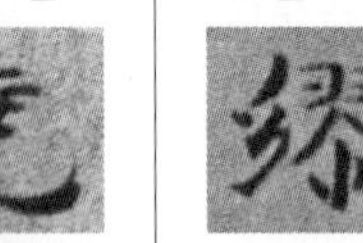 唐代•文選六八 27_266_21 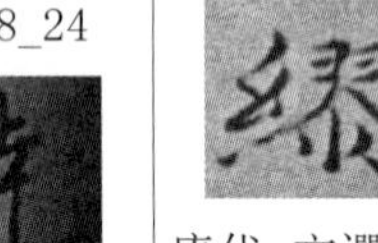 唐代•文選六八 27_267_24 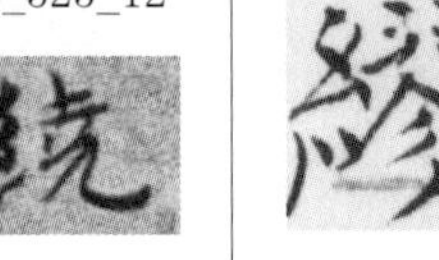 唐代•文選六八 27_268_25 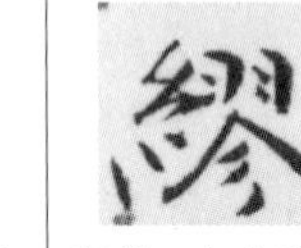 唐代•古文選前 23_270_6 唐代•古文選後 6_68_4

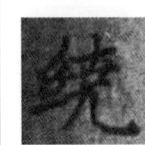

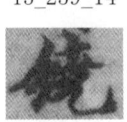

繙

漢ハン呉ホン
訓ひるがえる

唐代・文選六八
44_439_4

繕

漢セン呉ゼン
訓つくろう

唐代・文選六八
29_296_29

唐代・文選六八
29_297_5

織

漢ショク呉シキ
訓おる

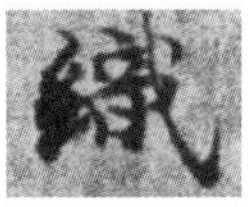
唐代・文選五九
15_147_25

唐代・文選五九
15_148_19

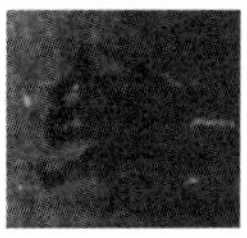
唐代・文選五九
15_149_1

唐代・文選五九
15_150_3

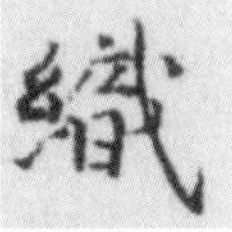
唐代・文選五九
16_152_8

唐代・文選五九
17_167_19

唐代・文選五九
17_170_11

唐代・文選五九
18_173_15

唐代・文選五九
18_177_7

唐代・文選五九
18_178_4

唐代・文選五九
18_178_17

唐代・文選五九
20_194_16

唐代・文選五九
20_195_5

唐代・文選五九
22_213_24

唐代・文選六八
26_265_8

唐代・文選六八
27_266_12

繒

ソウ漢ショウ
訓きぬ

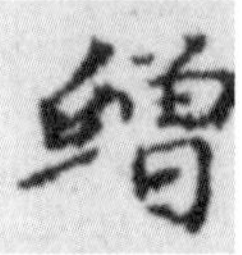
唐代・文選百三
61_581_17

繠

ズイ
訓たれる

唐代・文選五九
3_27_10

唐代・文選五九
3_28_25

唐代・文選五九
3_29_10

唐代・文選五九
3_29_20

唐代・文選五九
3_29_29

唐代・文選五九
3_30_18

繫

漢ケイ
訓つなぐ

唐代・文選四八
11_97_5

唐代・文選四八
13_118_1

唐代・文選四八
18_165_9

唐代・文選五九
41_400_5

唐代・文選五九
47_471_28

唐代・文選八八
5_34_12

唐代・文選百三
23_224_6

繳

シャク、キョウ
訓いと

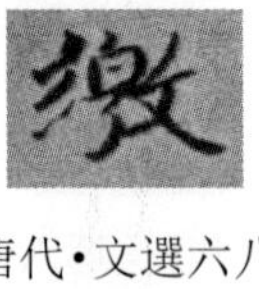
唐代・文選六八
33_338_23

唐代・文選六八
45_445_4

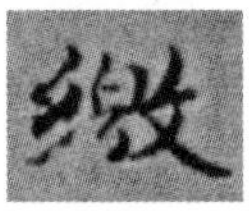
唐代・文選六八
45_446_16

唐代・文選六八
45_446_25

唐代・文選六八
45_447_13

唐代・文選六八
45_447_25

唐代・古文選前
24_284_4

唐代・春秋經傳
34_358_11

繹

漢エキ呉ヤク
訓ぬく

唐代・春秋經傳
28_285_18

唐代・春秋經傳
28_286_22

唐代・春秋經傳
28_287_1

唐代・春秋經傳
28_288_1

唐代・春秋經傳
29_296_12

唐代・春秋經傳
33_340_8

唐代・春秋經傳
33_340_18

繾

ケン
訓—

唐代・文選四八
30_273_5

唐代・文選四八
30_274_5

唐代・文選四八
30_274_18

唐代・文選四八
30_275_22

繩

呉ジョウ
訓なわ

唐代・文選四八
12_111_9

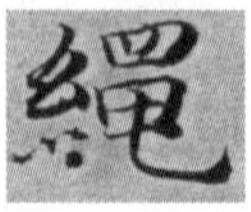
唐代・文選四八
13_114_6

唐代・文選四八
13_115_4

唐代・文選四八
13_117_14

唐代・文選八八
5_34_9

唐代・十輪經四
12_239_11

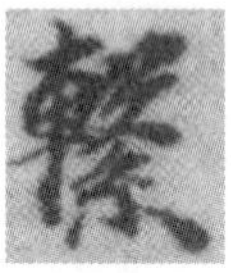
唐代・十輪經四
13_249_11

唐代・十輪經四
14_261_11

唐代・十輪經九
15_289_1

唐代・文選百三
31_305_4

唐代・文選百三
31_309_30

唐代・文選百三
31_309_36

唐代・文選百三
54_516_16

唐代・十輪經四
12_221_6

唐代・十輪經四
12_225_11

唐代・十輪經四
12_237_11

繼	繽	纊	纂	繡	繰
漢ケイ 訓つぐ	漢ヒン 訓―	コウ 訓わた	サン 訓あつめる	シュウ 訓ぬいとり	漢ソウ 訓くる

唐代•文選五九
58_558_9

唐代•文選五九
58_559_18

唐代•文選五九
58_561_8

唐代•文選六八
49_493_1

唐代•文選六八
50_504_25

唐代•文選六八
65_647_13

唐代•文選八八
13_112_20

唐代•文選八八
21_190_6

繼

唐代•春秋經傳
8_77_1

唐代•春秋經傳
8_77_10

唐代•春秋經傳
37_386_8

唐代•春秋經傳
37_386_16

唐代•文選四八
15_132_7

唐代•文選四八
16_141_1

唐代•文選四八
16_146_15

唐代•文選四八
16_147_11

繽

唐代•文選五九
93_895_21

唐代•文選六八
51_517_8

唐代•文選六八
52_520_8

唐代•文選六八
52_521_7

唐代•文選六八
52_522_9

纊

唐代•文選百三
49_479_3

唐代•文選百三
50_480_11

唐代•文選百三
50_480_19

纂

唐代•古文選後
11_127_1

纂位
唐代•古文選後
12_133_35

繡

唐代•文選六八
57_575_28

唐代•文選百三
7_65_19

唐代•文選百三
7_66_12

唐代•古文選前
3_34_5

繰

唐代•文選六八
24_244_27

唐代•文選六八
24_245_7

唐代•文選八八
22_195_2

唐代•文選百三
27_264_17

唐代•文選百三
29_281_26

唐代•古文選前
22_257_14

唐代•古文選後
5_53_6

唐代•古文選後
19_224_11

續

呉ゾク漢ショク
訓つぐ

唐代•文選五九
63_604_30

唐代•文選五九
76_727_10

唐代•文選六八
51_510_25

唐代•文選八八
7_42_17

唐代•文選百三
73_710_9

唐代•文選百三
74_714_29

唐代•文選百三
76_729_2

唐代•文選百三
76_731_4

唐代•文選百三
76_732_2

唐代•文選百三
77_733_2

唐代•文選百三
79_755_20

唐代•十輪經四
11_200_9

唐代•十輪經四
11_210_3

唐代•十輪經四
15_290_6

唐代•十輪經四
16_310_9

唐代•十輪經四
21_407_6

唐代•十輪經四
21_408_11

唐代•十輪經四
21_415_5

唐代•十輪經四
22_420_1

唐代•十輪經四
22_424_8

纆

漢ボク呉モク
訓なわ

唐代•古文選前
25_292_4

唐代•古文選後
24_277_3

纏

漢テン呉デン
訓まとう

唐代•文選五九
8_72_21

纓

漢エイ呉ヨウ
訓ひも

唐代•文選五九
85_815_5

唐代•文選五九
85_816_20

唐代•文選五九
85_817_4

唐代•文選五九
85_818_1

唐代•文選六八
25_247_8

唐代•文選六八
25_248_7

唐代•文選六八
25_248_25

唐代•文選六八
25_248_28

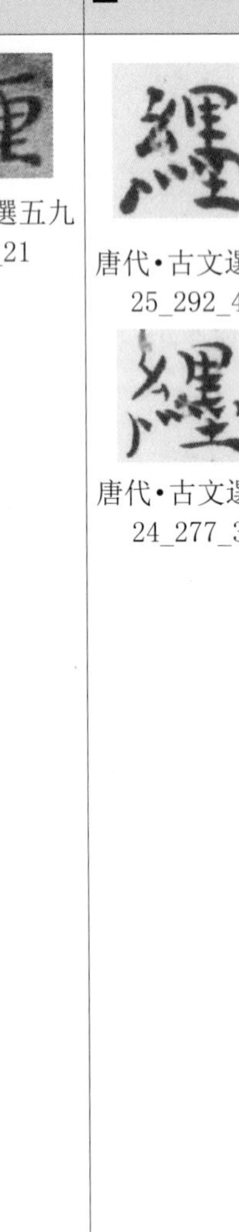

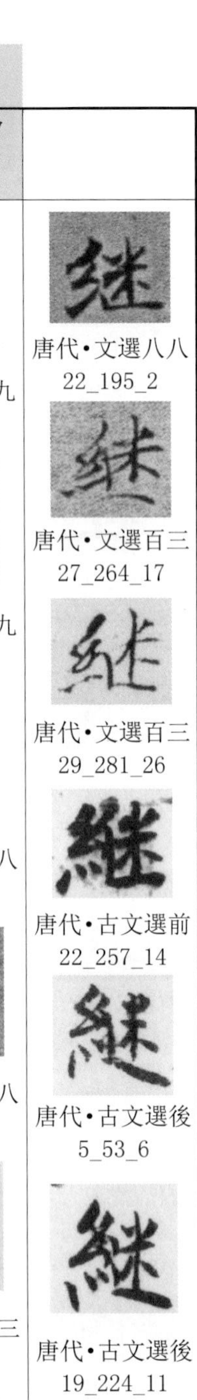

	纜	纔		纖		
	ラン 訓ともづな	漢サン漢サイ 訓わずか		セン 訓いとすじ		
	 唐代•古文選後 26_301_17	 唐代•文選五九 11_106_7  唐代•文選五九 19_180_15  唐代•十輪經八 3_47_2	 唐代•文選六八 14_148_7  唐代•文選六八 46_462_9  唐代•文選六八 46_463_21 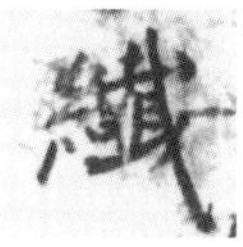 唐代•古文選前 3_34_13  唐代•古文選前 8_92_17  唐代•古文選前 18_206_6  唐代•古文選前 25_290_15	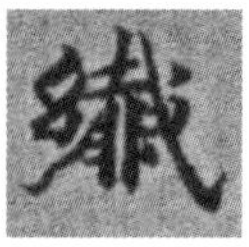 唐代•文選五九 18_175_5  唐代•文選五九 50_493_6  唐代•文選五九 50_495_16  唐代•文選五九 50_496_1  唐代•文選六八 14_147_2  唐代•文選六八 14_147_22  唐代•文選六八 46_461_7	 唐代•古文選前 19_224_4  唐代•古文選後 11_131_12  唐代•古文選後 13_145_14  唐代•古文選後 20_239_2	 唐代•文選六八 25_249_6  唐代•文選六八 25_250_3  唐代•文選六八 29_289_7  唐代•文選六八 29_290_24  唐代•文選六八 29_291_11  唐代•文選六八 29_292_11  唐代•文選六八 29_292_16  唐代•文選六八 29_293_17

走部

走

漢ソウ 呉シュ
訓はしる

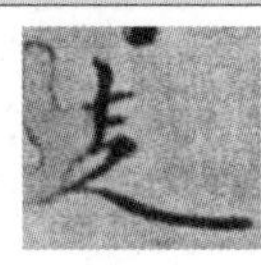
唐代·文選四八 37_332_25

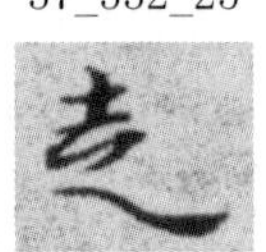
唐代·文選五九 31_307_9

唐代·文選五九 31_307_19

唐代·文選五九 63_608_20

唐代·文選六八 29_286_13

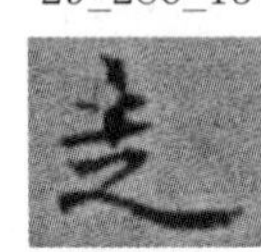
唐代·文選六八 29_286_19

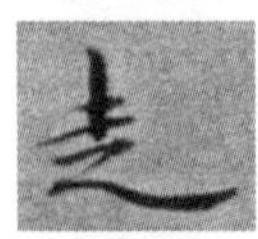
唐代·文選六八 29_291_27

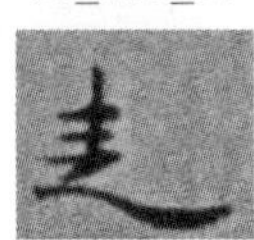
唐代·文選六八 36_359_21

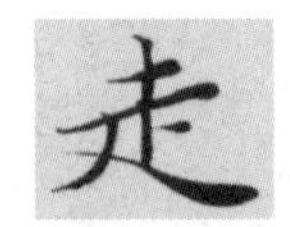
唐代·文選百三 28_274_10

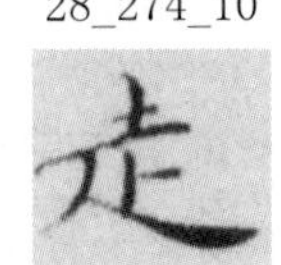
唐代·文選百三 29_280_26

唐代·文選百三 61_584_9

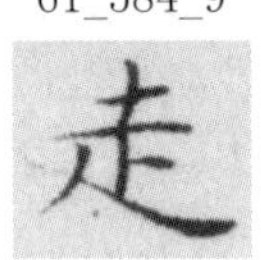
唐代·文選百三 69_665_6

唐代·古文選前 1_10_2

唐代·古文選前 25_297_30

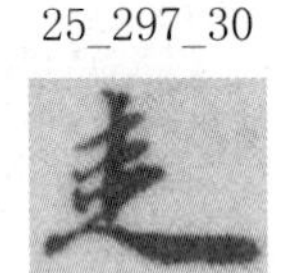
唐代·十輪經四 9_167_17

唐代·十輪經八 3_59_16

赴

現フ
訓おもむく

中唐 · 風信帖 2_11_2

唐代·春秋經傳 28_295_4

唐代·春秋經傳 32_333_20

唐代·文選四八 10_84_13

唐代·文選五九 18_178_26

唐代·文選五九 99_937_3

唐代·文選六八 34_342_1

唐代·文選六八 34_343_15

唐代·文選六八 53_536_18

唐代·文選六八 53_538_1

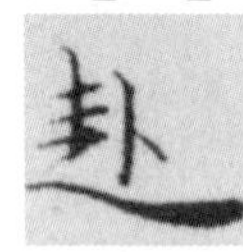
唐代·文選百三 25_249_14

唐代·文選百三 41_416_2

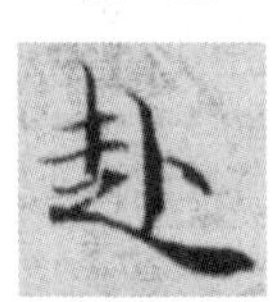
唐代·文選百三 86_822_30

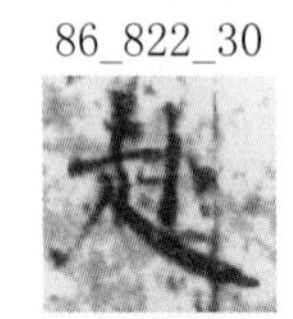
唐代·古文選前 1_1_9

唐代·古文選前 16_186_5

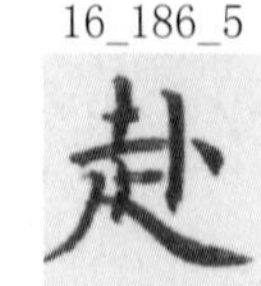
唐代·古文選後 3_25_10

起

キ
訓おきる

唐代·文選四八 1_6_12

唐代·文選四八 5_40_9

唐代·文選四八 6_42_22

唐代·文選四八 42_376_17

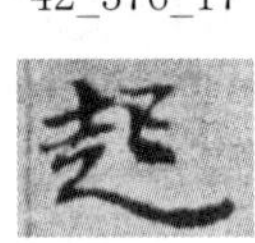
唐代·文選四八 42_376_23

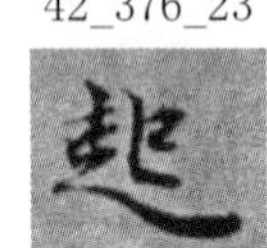
唐代·文選四八 43_388_11

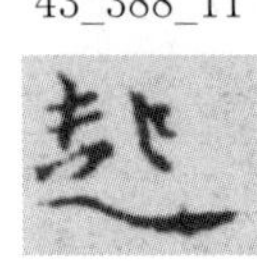
唐代·文選五九 21_206_2

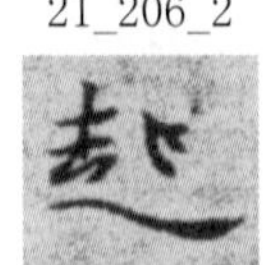
唐代·文選五九 23_227_17

唐代·文選五九 23_229_7

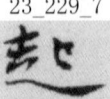

唐代·文選五九 36_357_19

唐代·文選五九 42_413_9

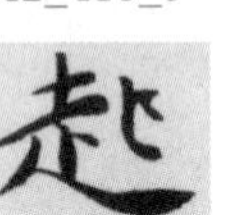
唐代·文選五九 44_437_1

唐代·文選五九 48_472_3

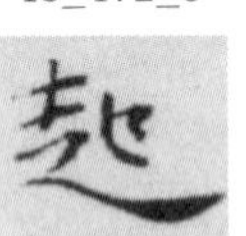
唐代·文選五九 56_544_4

唐代·文選五九 61_590_8

唐代·文選五九 62_603_24

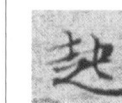

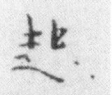

 唐代•十輪經四 12_231_16	唐代•古文選後 5_53_3	唐代•文選百三 33_334_1	唐代•文選百三 11_99_20	唐代•文選六八 19_199_7	 唐代•文選五九 78_755_23	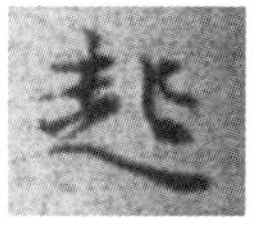 唐代•文選五九 66_639_24
唐代•十輪經四 13_255_16	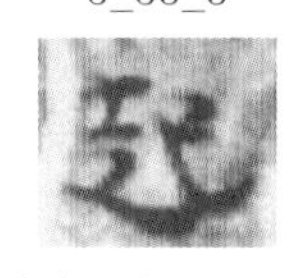  唐代•古文選後 13_150_39	唐代•文選百三 47_457_8	唐代•文選百三 11_100_3	唐代•文選六八 29_297_17	 唐代•文選五九 78_756_6	唐代•文選五九 68_659_17
唐代•十輪經四 14_271_10	 唐代•古文選後 15_180_2	 唐代•文選百三 52_500_5	 唐代•文選百三 29_292_23	唐代•文選六八 44_441_16	 唐代•文選五九 84_809_6	唐代•文選五九 70_672_19
唐代•十輪經八 3_50_10	 唐代•古文選後 16_186_5	唐代•文選百三 79_752_2	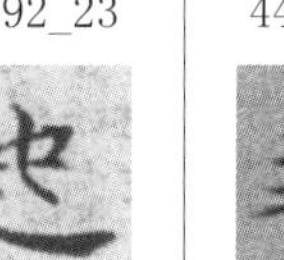 唐代•文選百三 30_294_25	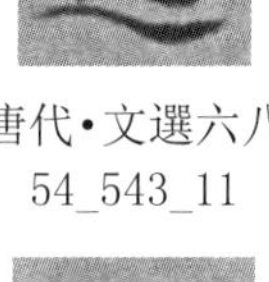 唐代•文選六八 54_543_11	 唐代•文選五九 89_852_2	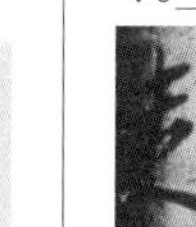  唐代•文選五九 74_714_4
唐代•十輪經八 3_54_5	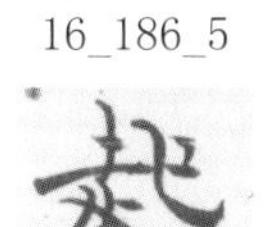 唐代•古文選後 23_272_8	唐代•文選百三 81_770_20	唐代•文選百三 30_298_15	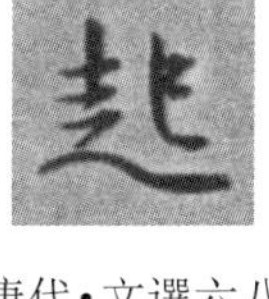 唐代•文選六八 59_597_18	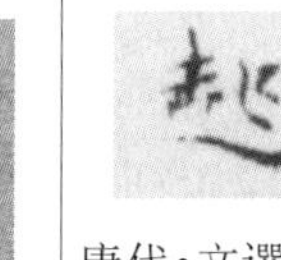 唐代•文選五九 89_855_15	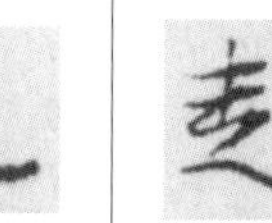 唐代•文選五九 78_751_12
唐代•十輪經九 12_225_7	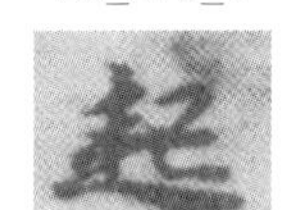 唐代•十輪經四 5_80_3	唐代•古文選前 1_10_1	唐代•文選百三 32_316_1	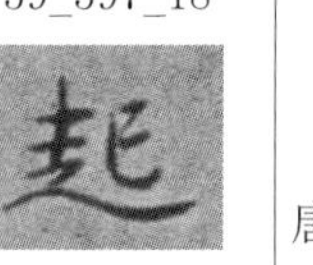 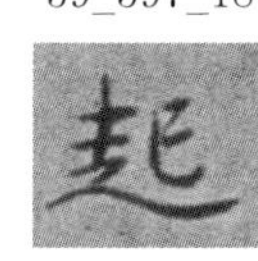 唐代•文選六八 62_619_2	唐代•文選五九 104_985_17	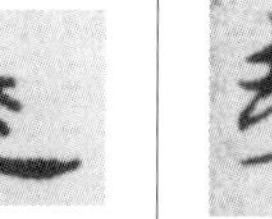 唐代•文選五九 78_753_1
唐代•十輪經九 12_225_15	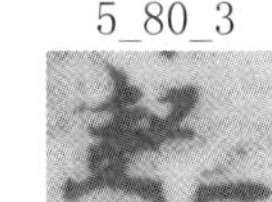 唐代•十輪經四 5_84_9	唐代•古文選前 1_13_9	唐代•文選百三 32_318_23	  唐代•文選六八 72_717_23	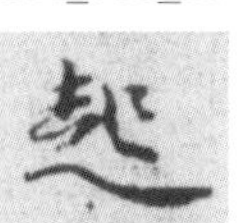 唐代•文選五九 111_1051_21	 唐代•文選五九 78_753_16
唐代•十輪經十 16_300_15	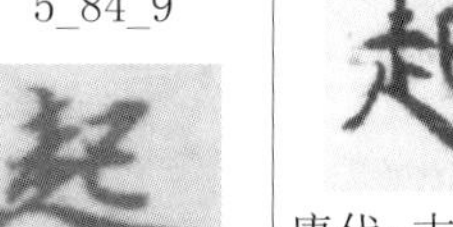 唐代•十輪經四 8_145_2	 唐代•古文選前 25_291_1	 唐代•文選百三 32_320_6	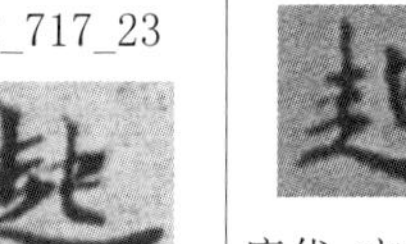  唐代•文選百三 11_98_29	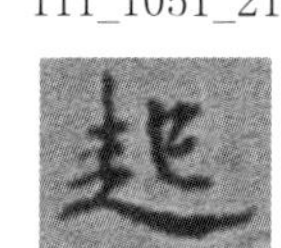 唐代•文選六八 15_153_15	 唐代•文選五九 78_755_6
唐代•十輪經九 19_368_6						

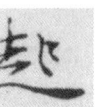

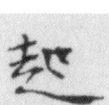

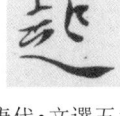

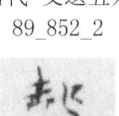

越 (seal form)

漢 エツ 呉 オチ 漢 カツ
訓 こす

唐代•十輪經九 13_252_3
唐代•十輪經九 14_277_16
唐代•十輪經九 14_278_11
唐代•十輪經十 1_10_13
唐代•十輪經十 12_240_3
唐代•十輪經十 13_248_14
唐代•十輪經十 14_263_2
唐代•十輪經十 14_279_1

唐代•十輪經十 16_309_1
唐代•十輪經十 17_327_14

唐代•春秋經傳 11_112_5
唐代•春秋經傳 11_112_9
唐代•春秋經傳 20_210_5
唐代•春秋經傳 21_217_2
唐代•春秋經傳 21_218_2
唐代•春秋經傳 21_219_2
唐代•春秋經傳 22_224_12
唐代•春秋經傳 29_298_13

唐代•春秋經傳 29_298_21
唐代•春秋經傳 29_299_10
唐代•文選四八 34_305_1
唐代•文選五九 43_424_23
唐代•文選六八 19_186_6
唐代•文選六八 19_186_17
唐代•文選六八 19_188_10
唐代•文選六八 19_189_3

唐代•文選六八 19_189_9
唐代•文選六八 21_218_5
唐代•文選六八 22_220_28
唐代•文選六八 23_227_7
唐代•文選六八 23_227_10
唐代•文選六八 23_227_17
唐代•文選六八 27_278_21
唐代•文選六八 31_310_9

唐代•文選六八 44_440_21
唐代•文選六八 44_440_25
唐代•文選六八 44_441_10
唐代•文選六八 45_445_11
唐代•文選六八 49_485_5
唐代•文選六八 49_487_23
唐代•文選六八 49_488_11
唐代•文選八八 3_19_10

唐代•文選八八 18_158_13
唐代•文選八八 19_162_10
唐代•文選百三 27_271_21
唐代•文選百三 27_271_26
唐代•文選百三 74_717_18
唐代•文選百三 75_718_21
唐代•古文選前 12_137_13
唐代•古文選前 14_162_5

超

チョウ
訓こえる
唐代•古文選後 1_3_7
唐代•古文選後 3_26_2
唐代•古文選後 14_166_10
唐代•古文選後 18_208_9
唐代•古文選後 26_301_15
唐代•文選五九 9_87_20
唐代•文選五九 9_87_28
唐代•文選六八 5_49_1
唐代•文選六八 5_49_13
唐代•文選六八 5_50_7
唐代•文選六八 5_50_11
唐代•文選六八 31_306_2
唐代•文選六八 52_524_19
唐代•文選六八 53_529_13
唐代•文選六八 53_530_9
唐代•文選六八 63_632_13
唐代•文選六八 31_310_8
唐代•文選六八 65_645_1
唐代•古文選前 9_114_13
唐代•古文選後 1_3_5
唐代•古文選後 20_240_8
唐代•十輪經九 8_149_6
唐代•十輪經九 9_166_18
唐代•十輪經九 9_176_1
唐代•十輪經九 10_183_3
唐代•十輪經九 11_203_14
唐代•十輪經九 12_229_11
唐代•古文選後 22_253_13
唐代•十輪經十 11_203_5
唐代•十輪經十 10_195_23
唐代•十輪經九 14_272_7
唐代•十輪經九 15_292_7
唐代•十輪經九 16_303_6
唐代•十輪經九 18_357_12
唐代•十輪經九 21_415_7
唐代•十輪經十 1_4_7
唐代•十輪經九 13_240_7
唐代•十輪經九 14_263_14
唐代•十輪經十 2_38_9
唐代•十輪經十 3_52_14
唐代•十輪經十 6_120_14
唐代•十輪經十 7_133_7
唐代•十輪經十 8_152_7
唐代•十輪經十 8_155_12
唐代•十輪經十 9_162_21
唐代•十輪經十 9_166_7
唐代•十輪經十 2_33_12
唐代•十輪經十 16_313_13
唐代•十輪經十 9_173_8
唐代•十輪經十 10_190_17

漢 チョウ
訓 こえる

唐代・春秋經傳
2_8_9

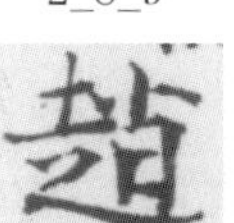
唐代・春秋經傳
2_11_4

唐代・春秋經傳
2_12_16

唐代・春秋經傳
3_29_15

唐代・春秋經傳
4_32_18

唐代・春秋經傳
4_34_2

唐代・春秋經傳
4_36_7

唐代・春秋經傳
4_42_5

唐代・春秋經傳
5_43_7

唐代・春秋經傳
7_66_19

唐代・春秋經傳
7_70_2

唐代・春秋經傳
7_71_28

唐代・春秋經傳
8_75_15

唐代・春秋經傳
9_90_15

唐代・春秋經傳
9_91_9

唐代・春秋經傳
10_104_10

唐代・春秋經傳
10_104_19

唐代・春秋經傳
10_106_12

唐代・春秋經傳
11_111_1

唐代・春秋經傳
11_113_4

唐代・春秋經傳
12_121_8

唐代・春秋經傳
12_121_17

唐代・春秋經傳
12_122_3

唐代・春秋經傳
12_122_19

唐代・春秋經傳
12_124_14

唐代・春秋經傳
24_253_6

唐代・春秋經傳
29_300_4

唐代・春秋經傳
29_300_12

唐代・文選四八
8_62_23

唐代・文選四八
16_149_13

唐代・文選四八
18_164_28

唐代・文選四八
19_170_9

唐代・文選五九
79_761_6

唐代・文選五九
100_943_11

唐代・文選五九
111_1059_8

唐代・文選六八
35_356_24

唐代・文選六八
42_423_25

唐代・文選六八
51_509_26

唐代・文選六八
62_618_20

唐代・文選六八
62_619_18

唐代・文選百三
55_530_13

唐代・文選百三
61_586_6

唐代・文選百三
61_587_10

唐代・文選百三
61_588_24

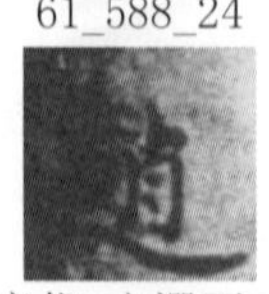
唐代・文選百三
61_589_28

唐代・文選百三
61_592_9

唐代・文選百三
61_592_19

唐代・文選百三
61_592_29

唐代・文選百三
61_593_5

唐代・文選百三
62_596_18

唐代・文選百三
73_708_24

唐代・文選百三
73_709_20

唐代・文選百三
73_709_24

唐代・文選百三
74_714_2

唐代・文選百三
81_777_14

唐代・古文選前
20_233_10

唐代・古文選後
5_49_13

唐代・古文選後
12_133_32

趣

漢シュ 呉ソク 漢ソウ

訓おもむく

初唐•法華義疏 1_7_7
唐代•十輪經四 1_3_10
唐代•十輪經四 1_5_8
唐代•十輪經四 1_9_6
唐代•十輪經四 3_45_8
唐代•十輪經四 4_72_1
唐代•十輪經四 8_143_17
唐代•十輪經四 9_169_5
唐代•十輪經四 10_191_1

唐代•十輪經四 10_199_14
唐代•十輪經四 11_210_15
唐代•十輪經四 14_263_9
唐代•十輪經四 14_279_16
唐代•十輪經四 16_302_8
唐代•十輪經八 3_49_2
唐代•十輪經八 4_64_2
唐代•十輪經八 5_84_13
唐代•十輪經八 5_87_14

唐代•十輪經八 6_103_7
唐代•十輪經八 6_117_8
唐代•十輪經八 8_141_7
唐代•十輪經八 8_155_16
唐代•十輪經八 9_179_11
唐代•十輪經八 10_193_14
唐代•十輪經八 11_216_8
唐代•十輪經八 12_230_13
唐代•十輪經八 13_253_8

唐代•十輪經八 14_267_14
唐代•十輪經八 15_291_8
唐代•十輪經八 16_305_13
唐代•十輪經八 17_329_8
唐代•十輪經八 17_343_13
唐代•十輪經八 19_367_7
唐代•十輪經八 19_381_13
唐代•十輪經八 21_404_17
唐代•十輪經八 21_419_10

唐代•十輪經九 1_4_17
唐代•十輪經九 1_19_5
唐代•十輪經九 3_43_1
唐代•十輪經九 3_57_11
唐代•十輪經九 5_86_5
唐代•十輪經九 5_95_10
唐代•十輪經九 8_143_5
唐代•十輪經九 8_144_9
唐代•十輪經九 8_145_12

唐代•十輪經九 13_248_6
唐代•十輪經九 14_278_15
唐代•十輪經九 16_300_5
唐代•十輪經九 16_318_11
唐代•十輪經九 17_331_11
唐代•十輪經十 3_53_11
唐代•十輪經十 3_56_3
唐代•十輪經十 4_77_1
唐代•十輪經十 7_128_3

唐代•十輪經十 9_161_9
唐代•十輪經十 10_198_12
唐代•十輪經十 12_238_5
唐代•十輪經十 12_238_9
唐代•十輪經十 13_246_17
唐代•十輪經十 13_247_4
唐代•十輪經十 13_256_7
唐代•十輪經十 13_256_11
唐代•十輪經十 14_265_2

	趯	趫		趨		
	漢ヤク呉ヤク 訓おどる	漢キョウ 訓すばやい		慣スウ呉ソク 訓はしる		
	 唐代•文選百三 22_211_35	 唐代•文選六八 53_526_12  唐代•文選六八 53_527_21	 唐代•文選五九 63_604_15  唐代•文選五九 62_602_11  唐代•文選五九 63_608_19  唐代•文選五九 104_981_1  唐代•文選六八 53_526_13  唐代•文選六八 71_706_22  唐代•文選八八 12_98_38	 唐代•春秋經傳 9_92_12  唐代•文選五九 9_79_12  唐代•文選五九 9_81_24  唐代•文選五九 9_82_16  唐代•文選五九 9_83_13  唐代•文選五九 31_304_11  唐代•文選五九 31_307_18  唐代•文選五九 63_604_6	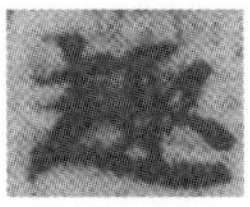 唐代•十輪經十 18_358_12 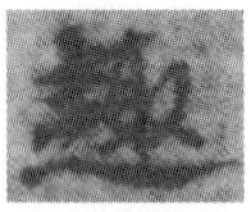 唐代•十輪經十 19_374_11  唐代•十輪經四 15_291_15	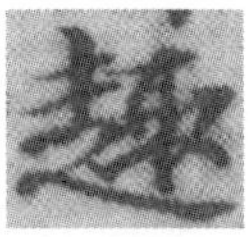 唐代•十輪經十 14_265_6 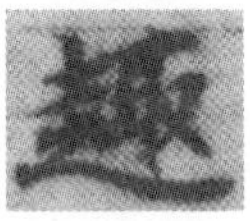 唐代•十輪經十 16_311_1  唐代•十輪經十 16_311_5  唐代•十輪經十 17_325_15 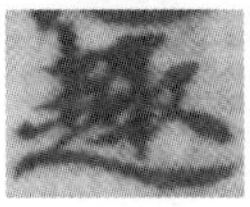 唐代•十輪經十 17_328_18 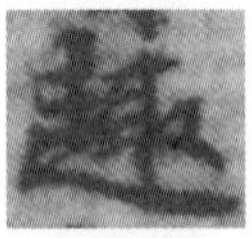 唐代•十輪經十 17_331_15 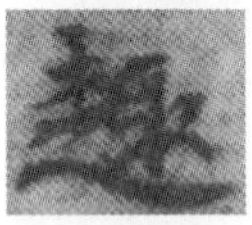 唐代•十輪經十 18_346_12  唐代•十輪經十 18_354_1  唐代•十輪經十 18_354_13

赤部

赤

漢セキ呉シャク
訓あか

唐代•春秋經傳
13_130_2

唐代•春秋經傳
18_185_21

唐代•春秋經傳
18_186_9

唐代•春秋經傳
25_255_13

唐代•春秋經傳
27_274_34

唐代•春秋經傳
37_383_7

唐代•春秋經傳
37_383_15

唐代•春秋經傳
37_385_2

唐代•文選四八
47_423_17

唐代•文選五九
45_441_2

唐代•文選五九
51_498_14

唐代•文選五九
64_622_2

唐代•文選五九
64_623_27

唐代•文選五九
65_624_4

唐代•文選五九
66_635_28

唐代•文選五九
80_768_26

唐代•文選五九
86_823_4

唐代•文選五九
67_643_21

唐代•文選六八
18_183_21

唐代•文選六八
18_183_28

唐代•文選六八
32_322_18

唐代•文選六八
40_401_24

唐代•文選六八
69_684_10

唐代•文選六八
49_495_17

唐代•文選六八
69_684_19

唐代•文選百三
35_343_25

唐代•古文選前
7_86_1

唐代•十輪經四
9_166_1

唐代•十輪經四
12_225_8

唐代•十輪經四
12_237_8

唐代•十輪經四
13_249_8

唐代•十輪經四
15_297_10

唐代•十輪經四
14_261_8

赦

シャ
訓ゆるす

唐代•文選百三
57_543_24

唐代•文選百三
63_604_11

赧 

慣タン 漢ダン
訓あからめる

唐代•古文選前
21_245_8

唐代•古文選前
26_302_3

赫 

カク
訓あかい

唐代•文選四八
16_141_18

唐代•文選五九
66_632_8

唐代•文選五九
66_633_24

唐代•文選五九
66_634_8

唐代•文選五九
66_636_3

唐代•古文選前
21_251_4

唐代•古文選前
23_271_4

唐代•古文選後
2_17_1

唐代•古文選後
6_63_15

唐代•古文選後
14_167_10

唐代•古文選後
18_212_2

赭 

シャ
訓あかつち

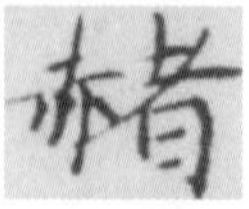
唐代•文選百三
63_604_12

車部

					車 車 シャ 訓くるま
唐代•文選五九 20_194_20	唐代•文選五九 13_127_8	唐代•文選四八 38_337_21	唐代•文選四八 6_50_9	唐代•春秋經傳 22_224_22	唐代•春秋經傳 5_47_20
唐代•文選五九 21_205_2	唐代•文選五九 13_129_19	唐代•文選四八 38_340_10	唐代•文選四八 16_139_16	唐代•春秋經傳 22_225_16	唐代•春秋經傳 6_56_6
唐代•文選五九 41_402_24	唐代•文選五九 13_130_5	唐代•文選四八 38_341_1	唐代•文選四八 18_165_4	唐代•春秋經傳 22_226_17	唐代•春秋經傳 9_92_9
唐代•文選五九 46_452_10	唐代•文選五九 13_131_2	唐代•文選四八 38_342_2	唐代•文選四八 30_270_4	唐代•春秋經傳 37_390_8	唐代•春秋經傳 12_124_18
唐代•文選五九 46_454_15	唐代•文選五九 15_139_31	唐代•文選四八 42_381_10	唐代•文選四八 37_334_15	唐代•文選四八 3_17_11	唐代•春秋經傳 12_124_22
唐代•文選五九 55_538_9	唐代•文選五九 15_143_16	唐代•文選五九 5_48_8	唐代•文選四八 37_335_10	唐代•文選四八 6_45_17	唐代•春秋經傳 12_125_19
唐代•文選五九 55_538_21	唐代•文選五九 20_193_17	唐代•文選五九 5_50_17	唐代•文選四八 38_337_12	唐代•文選四八 6_50_4	唐代•春秋經傳 22_224_15

唐代•文選百三 21_199_17	唐代•文選八八 5_25_19	唐代•文選六八 38_381_14	唐代•文選五九 111_1051_17	唐代•文選五九 103_970_13	唐代•文選五九 82_786_27	唐代•文選五九 61_586_26

唐代•文選百三 21_202_32	唐代•文選八八 15_130_10	唐代•文選六八 38_383_12	唐代•文選五九 111_1052_5	唐代•文選五九 109_1033_11	唐代•文選五九 82_793_19	唐代•文選五九 62_592_22

唐代•文選百三 21_205_23	唐代•文選百三 5_43_16	唐代•文選六八 38_384_2	唐代•文選五九 111_1052_28	唐代•文選五九 109_1037_10	唐代•文選五九 94_897_14	唐代•文選五九 72_697_4

唐代•文選百三 21_205_30	唐代•文選百三 10_93_3	唐代•文選六八 60_601_13	唐代•文選六八 5_50_21	唐代•文選五九 111_1047_9	唐代•文選五九 97_914_4	唐代•文選五九 72_698_10

唐代•文選百三 31_300_14	唐代•文選百三 10_94_19	唐代•文選六八 61_615_12	唐代•文選六八 29_292_8	唐代•文選五九 111_1049_16	唐代•文選五九 97_918_19	唐代•文選五九 73_699_2

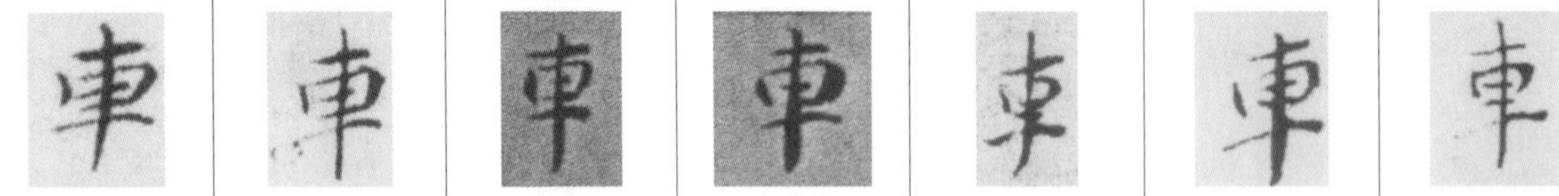

唐代•文選百三 35_344_36	唐代•文選百三 21_197_15	唐代•文選六八 71_705_6	唐代•文選六八 30_300_17	唐代•文選五九 111_1049_21	唐代•文選五九 97_919_2	唐代•文選五九 73_699_21

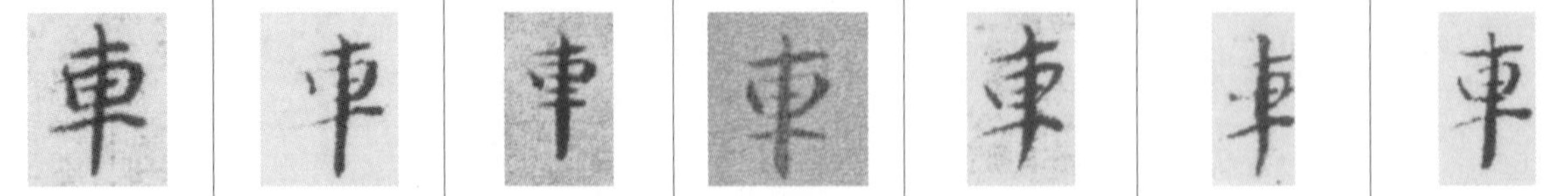

唐代•文選百三 69_660_7	唐代•文選百三 21_197_34	唐代•文選八八 5_24_18	唐代•文選六八 33_334_10	唐代•文選五九 111_1049_28	唐代•文選五九 97_919_19	唐代•文選五九 82_784_4

唐代•文選百三
79_756_3

唐代•文選百三
85_808_15

唐代•文選百三
85_809_23

唐代•文選百三
85_810_1

唐代•文選百三
87_826_18

唐代•古文選前
1_11_6

唐代•古文選前
12_138_11

唐代•古文選前
14_161_1

唐代•古文選後
1_7_13

唐代•古文選後
3_31_2

唐代•古文選後
9_101_8

唐代•古文選後
22_254_10

唐代•十輪經八
3_42_5

唐代•十輪經九
8_152_10

軌

キ
訓 わだち

唐代•文選五九
21_208_12

唐代•文選五九
82_792_6

唐代•文選五九
82_793_21

唐代•文選五九
82_795_9

唐代•文選六八
33_330_18

唐代•文選六八
33_332_12

唐代•文選六八
71_711_20

唐代•文選八八
5_22_12

唐代•文選八八
5_23_38

唐代•文選八八
5_24_17

唐代•文選八八
5_25_17

唐代•古文選前
20_234_4

唐代•古文選後
1_10_8

唐代•十輪經十
19_370_1

軍

クン 慣 グン
訓 -

唐代•春秋經傳
2_19_13

唐代•春秋經傳
29_300_16

唐代•文選四八
23_206_36

唐代•文選四八
38_336_13

唐代•文選五九
16_155_10

唐代•文選五九
22_217_12

唐代•文選五九
41_410_19

唐代•文選五九
42_413_2

唐代•文選五九
42_413_5

唐代•文選五九
45_447_9

唐代•文選五九
49_481_29

唐代•文選五九
56_544_15

唐代•文選五九
57_554_4

唐代•文選五九
60_573_28

唐代•文選五九
77_736_18

唐代•文選五九
91_871_29

唐代•文選五九
91_872_17

唐代•文選五九
91_872_30

唐代•文選五九
110_1041_15

唐代•文選六八
29_297_21

唐代•文選百三
24_232_3

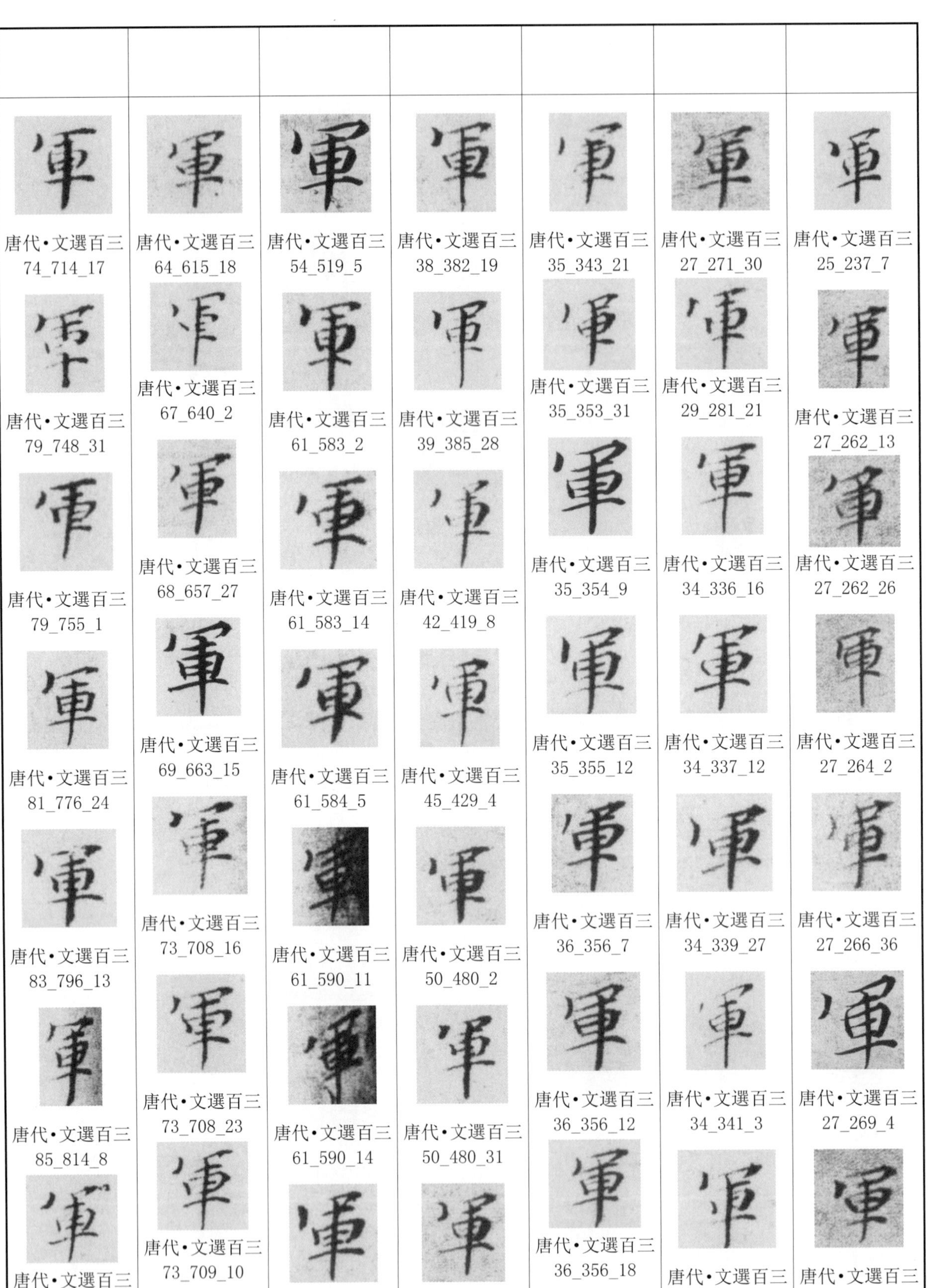

唐代•文選百三 25_237_7
唐代•文選百三 27_262_13
唐代•文選百三 27_262_26
唐代•文選百三 27_264_2
唐代•文選百三 27_266_36
唐代•文選百三 27_269_4
唐代•文選百三 27_270_20
唐代•文選百三 27_271_30
唐代•文選百三 29_281_21
唐代•文選百三 34_336_16
唐代•文選百三 34_337_12
唐代•文選百三 34_339_27
唐代•文選百三 34_341_3
唐代•文選百三 35_343_9
唐代•文選百三 35_343_21
唐代•文選百三 35_353_31
唐代•文選百三 35_354_9
唐代•文選百三 35_355_12
唐代•文選百三 36_356_7
唐代•文選百三 36_356_12
唐代•文選百三 36_356_18
唐代•文選百三 38_382_19
唐代•文選百三 39_385_28
唐代•文選百三 42_419_8
唐代•文選百三 45_429_4
唐代•文選百三 50_480_2
唐代•文選百三 50_480_31
唐代•文選百三 54_518_23
唐代•文選百三 54_519_5
唐代•文選百三 61_583_2
唐代•文選百三 61_583_14
唐代•文選百三 61_584_5
唐代•文選百三 61_590_11
唐代•文選百三 61_590_14
唐代•文選百三 61_591_6
唐代•文選百三 64_615_18
唐代•文選百三 67_640_2
唐代•文選百三 68_657_27
唐代•文選百三 69_663_15
唐代•文選百三 73_708_16
唐代•文選百三 73_708_23
唐代•文選百三 73_709_10
唐代•文選百三 74_714_17
唐代•文選百三 79_748_31
唐代•文選百三 79_755_1
唐代•文選百三 81_776_24
唐代•文選百三 83_796_13
唐代•文選百三 85_814_8
唐代•文選百三 85_815_9

唐代•文選百三 85_815_14

唐代•古文選前 19_225_12

唐代•古文選後 12_133_4

唐代•古文選後 12_133_48

唐代•古文選後 25_292_4

唐代•古文選後 25_292_16

唐代•十輪經四 4_79_16

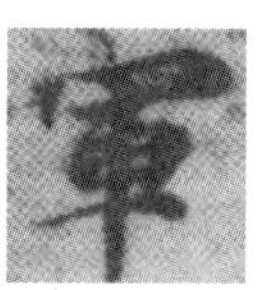

唐代•十輪經四 5_80_1

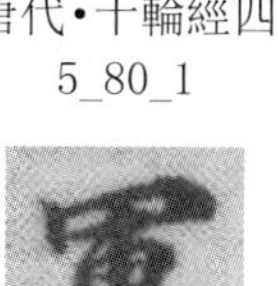
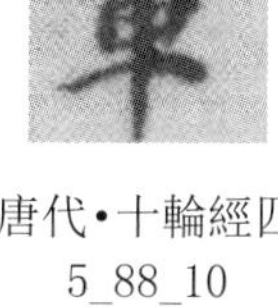
唐代•十輪經四 5_88_10

唐代•十輪經四 11_216_1

唐代•十輪經四 14_273_9

唐代•十輪經八 4_63_11

軒 𨋾

ケン
訓のき

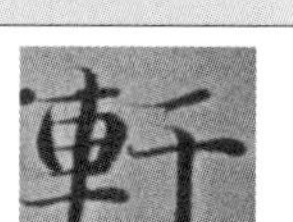
唐代•文選四八 14_129_3

唐代•文選四八 14_129_13

唐代•文選四八 15_132_13

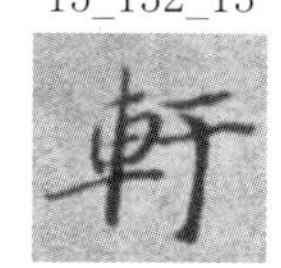
唐代•文選四八 15_133_1

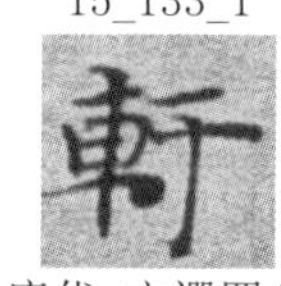
唐代•文選四八 15_133_11

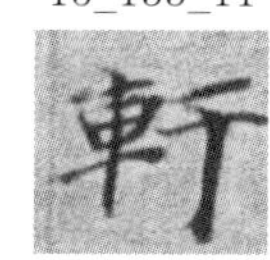
唐代•文選四八 15_133_15

唐代•文選四八 30_267_6

唐代•文選四八 30_269_7

唐代•文選四八 30_270_1

唐代•文選四八 30_271_12

唐代•文選五九 9_84_19

唐代•文選五九 9_86_21

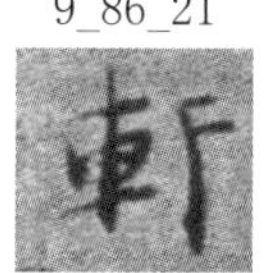
唐代•文選五九 9_87_23

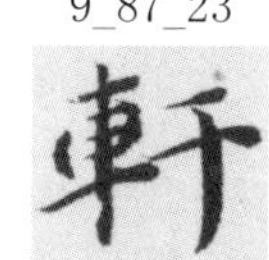
唐代•文選五九 42_416_10

唐代•文選五九 43_418_1

唐代•文選五九 43_418_18

唐代•文選五九 43_418_25

唐代•文選五九 43_419_9

唐代•文選五九 43_419_25

唐代•文選五九 43_419_31

唐代•文選五九 55_537_11

唐代•文選五九 55_538_7

唐代•文選五九 108_1024_11

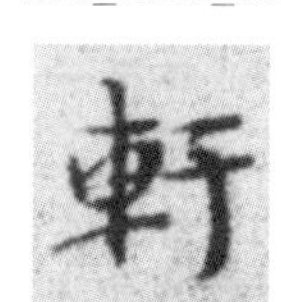
唐代•文選五九 109_1028_14

唐代•文選五九 109_1029_12

唐代•文選五九 111_1051_9

唐代•文選五九 111_1052_30

唐代•文選六八 33_332_19

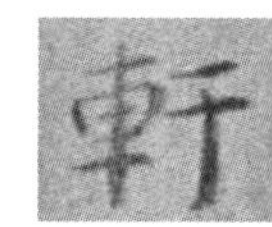
唐代•文選六八 33_334_4

唐代•文選六八 40_399_21

唐代•文選六八 40_401_14

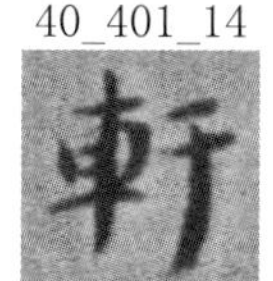
唐代•文選六八 40_402_20

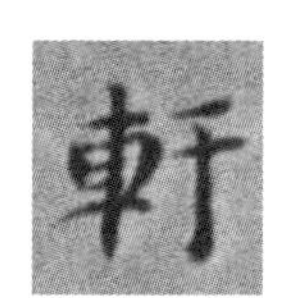
唐代•文選六八 40_403_6

唐代•文選六八 49_493_13

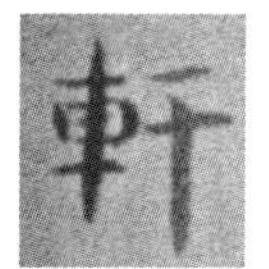
唐代•文選六八 49_494_9

唐代•文選六八 49_496_6

唐代•古文選後 16_185_7

唐代•古文選後 25_297_1

	軫	軼	軸	軻	軛	軑
	シン 訓よこぎ	漢イツ、テツ 訓すきる	呉ジク漢チク 訓しんぎ	カ 訓—	漢アク呉ヤク 訓くびき	漢テイ呉ダイ 訓そとかりも
 唐代・文選五九 97_919_8  唐代・文選八八 5_23_13  唐代・文選百三 27_265_32	 唐代・文選四八 6_47_12  唐代・文選四八 6_49_19  唐代・文選四八 6_50_3  唐代・文選五九 97_916_19  唐代・文選五九 97_917_15  唐代・文選五九 97_918_18  唐代・文選五九 97_918_20  唐代・文選五九 97_918_30	 唐代・文選百三 83_788_8  唐代・文選百三 83_789_24  唐代・文選百三 83_790_1  唐代・文選百三 83_790_17  唐代・文選百三 83_790_32	 唐代・文選五九 93_894_10  唐代・文選五九 94_897_12  唐代・文選百三 79_756_4	 唐代・文選六八 59_588_15  唐代・文選六八 59_592_4  唐代・文選六八 62_620_13  唐代・文選百三 49_473_36	 唐代・文選六八 38_384_6	 唐代・文選五九 61_584_10  唐代・文選五九 61_586_19  唐代・文選五九 61_587_4  唐代・文選五九 61_589_25  唐代・文選五九 61_590_2  唐代・文選五九 61_591_14

軨

漢レイ
訓てすり

唐代・文選六八 38_381_16

載

サイ
訓のせる

唐代・春秋經傳 8_75_2

唐代・春秋經傳 14_149_6

唐代・春秋經傳 14_149_10

唐代・文選四八 22_201_6

唐代・文選四八 22_202_16

唐代・文選四八 23_205_24

唐代・文選四八 23_208_5

唐代・文選四八 26_229_7

唐代・文選四八 26_230_13

唐代・文選四八 38_338_10

唐代・文選四八 38_338_12

唐代・文選四八 38_340_5

唐代・文選四八 38_340_7

唐代・文選四八 42_375_10

唐代・文選五九 15_143_28

唐代・文選五九 41_403_17

唐代・文選五九 49_481_25

唐代・文選五九 49_483_5

唐代・文選五九 49_485_9

唐代・文選五九 56_547_7

唐代・文選五九 62_602_16

唐代・文選五九 63_604_22

唐代・文選五九 63_604_25

唐代・文選五九 63_607_23

唐代・文選五九 63_608_3

唐代・文選五九 63_609_19

唐代・文選五九 83_797_23

唐代・文選五九 98_928_1

唐代・文選五九 98_928_18

唐代・文選五九 98_929_12

唐代・文選五九 98_931_1

唐代・文選五九 111_1049_26

唐代・文選六八 1_3_7

唐代・文選六八 6_66_18

唐代・文選六八 30_302_24

唐代・文選六八 30_304_9

唐代・文選六八 71_708_13

唐代・文選八八 1_4_7

唐代・文選百三 11_97_14

唐代・文選百三 11_98_25

唐代・文選百三 11_100_2

唐代・文選百三 11_100_18

輈		輅	軾			
漢チュウ 訓ながえ		漢ロ 訓みくるま	漢ショク呉シキ 訓しきみ			

唐代•春秋經傳
22_224_2

唐代•春秋經傳
22_224_14

唐代•春秋經傳
22_225_10

唐代•十輪經八
3_42_6

唐代•春秋經傳
5_48_10

唐代•春秋經傳
5_48_21

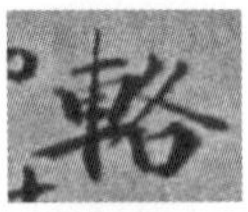
唐代•文選六八
29_292_7

唐代•文選六八
29_292_26

唐代•文選六八
29_294_3

唐代•文選百三
20_194_5

唐代•文選百三
21_198_28

唐代•文選百三
21_199_15

唐代•文選六八
38_384_25

唐代•古文選後
13_147_2

唐代•古文選後
14_158_13

唐代•古文選後
20_233_8

唐代•古文選前
24_288_8

唐代•古文選前
24_288_10

唐代•古文選後
1_4_5

唐代•古文選後
4_38_13

唐代•古文選後
4_39_1

唐代•古文選後
6_70_3

唐代•古文選後
11_127_13

唐代•文選百三
20_195_18

唐代•文選百三
21_197_17

唐代•文選百三
21_197_32

唐代•文選百三
36_358_10

唐代•文選百三
36_360_12

唐代•古文選前
14_160_13

唐代•古文選前
19_227_9

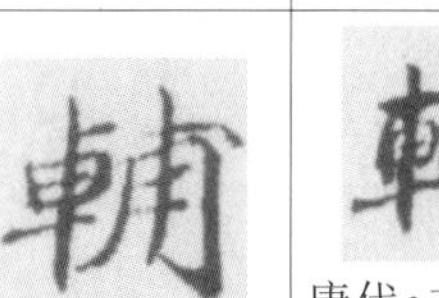
唐代•文選百三
25_239_3

唐代•古文選前
2_15_3

唐代•古文選前
8_92_69

唐代•古文選前
22_253_6

唐代•古文選前
22_254_7

唐代•古文選後
1_8_14

唐代•文選五九
59_572_4

唐代•文選五九
62_592_17

唐代•文選五九
62_592_21

唐代•文選五九
62_595_4

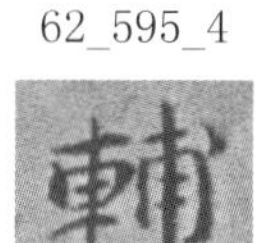
唐代•文選六八
63_629_19

唐代•文選六八
63_630_7

唐代•文選百三
11_104_4

唐代•文選百三
11_106_10

唐代•文選四八
50_448_21

唐代•文選四八
50_450_9

唐代•文選四八
50_450_21

唐代•文選四八
50_451_18

唐代•文選五九
32_313_12

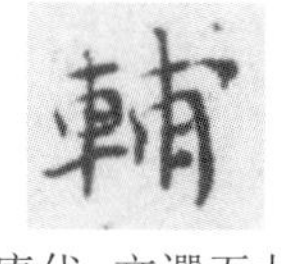
唐代•文選五九
47_466_28

唐代•文選五九
49_487_12

唐代•文選五九
56_541_8

輔

慣ホ漢フ呉ブ
訓ためぎ

唐代•文選四八
19_172_5

唐代•文選四八
20_185_11

唐代•文選四八
26_232_5

唐代•文選四八
26_233_25

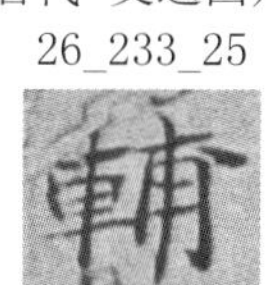
唐代•文選四八
26_235_19

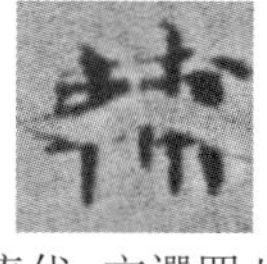
唐代•文選四八
26_238_4

唐代•文選四八
26_238_15

唐代•文選四八
26_239_18

唐代•十輪經八
4_60_3

輒

チョウ
訓わきぎ

唐代•春秋經傳
10_97_13

唐代•春秋經傳
10_97_19

唐代•春秋經傳
10_101_13

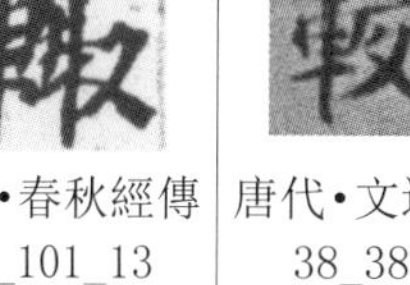
唐代•春秋經傳
10_104_4

唐代•文選五九
103_970_26

唐代•文選六八
31_308_28

唐代•文選百三
25_240_6

唐代•十輪經四
7_127_2

較

コウ漢現カク
訓よこぎ

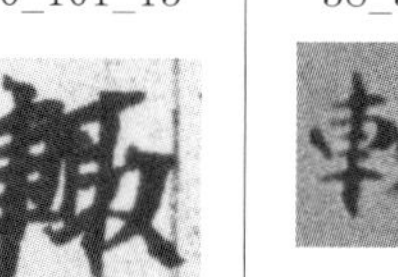
唐代•春秋經傳
11_115_12

唐代•文選六八
38_382_4

唐代•文選六八
38_383_7

唐代•文選六八
38_383_11

唐代•文選六八
38_384_1

唐代•文選六八
38_384_7

唐代•文選六八
39_385_10

輕 輕

漢 ケイ
訓 かるい

唐代•春秋經傳 14_140_10
唐代•春秋經傳 15_151_7
唐代•春秋經傳 15_154_11
唐代•春秋經傳 36_380_2
唐代•文選四八 1_2_7
唐代•文選五九 23_229_10
唐代•文選五九 38_374_13
唐代•文選五九 38_374_20

唐代•文選五九 47_461_2
唐代•文選五九 47_464_1
唐代•文選五九 55_537_13
唐代•文選五九 55_539_4
唐代•文選五九 62_598_14
唐代•文選五九 62_599_28
唐代•文選五九 62_601_23
唐代•文選五九 70_669_4

唐代•文選五九 106_1003_19
唐代•文選五九 106_1003_30
唐代•文選六八 4_38_3
唐代•文選六八 4_39_2
唐代•文選六八 4_40_5
唐代•文選六八 6_67_6
唐代•文選六八 15_149_4
唐代•文選六八 15_153_5

唐代•文選六八 15_153_10
唐代•文選六八 30_305_9
唐代•文選六八 31_309_17
唐代•文選六八 33_337_6
唐代•文選六八 45_445_3
唐代•文選六八 45_446_15
唐代•文選六八 46_461_4
唐代•文選六八 46_462_26

唐代•文選六八 50_503_2
唐代•文選六八 53_528_3
唐代•文選六八 53_529_6
唐代•文選六八 53_534_13
唐代•文選六八 53_536_14
唐代•文選六八 54_542_7
唐代•文選六八 55_546_5
唐代•文選六八 58_584_16

唐代•文選六八 59_586_7
唐代•文選六八 59_587_10
唐代•文選六八 59_588_2
唐代•文選六八 59_595_11
唐代•文選六八 59_597_25
唐代•文選六八 59_598_1
唐代•文選六八 73_727_2
唐代•文選六八 73_728_2

唐代•文選六八 73_728_8
唐代•文選百三 29_286_17
唐代•文選百三 57_553_30
唐代•文選百三 69_670_19
唐代•文選百三 69_670_29
唐代•古文選前 8_90_8
唐代•古文選前 8_101_5
唐代•古文選前 9_113_4

輦 輦

レン
訓てぐるま

唐代・文選五九
18_177_9

唐代・文選五九
108_1022_4

唐代・文選六八
11_119_25

唐代・文選六八
16_167_23

唐代・文選百三
57_553_16

唐代・文選百三
81_774_13

唐代・古文選前
27_312_2

範 範

漢ハン
訓のり

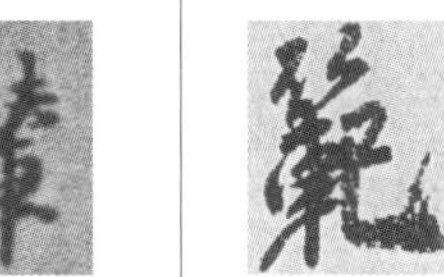
中唐・七祖像贊
1_5_3

唐代・古文選後
21_244_17

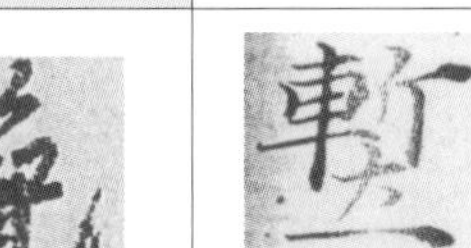
唐代・古文選後
21_244_31

唐代・十輪經十
19_370_2

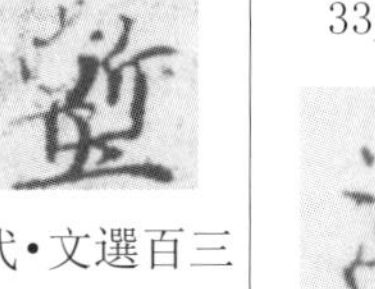

塹 塹

セン慣ザン
訓ほり

唐代・文選百三
51_496_21

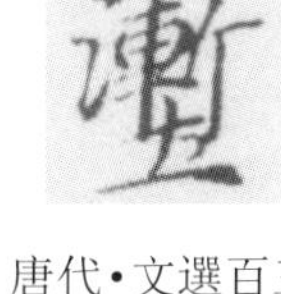
唐代・文選百三
52_497_22

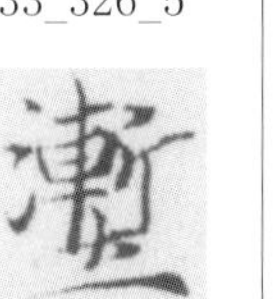
唐代・文選百三
52_498_4

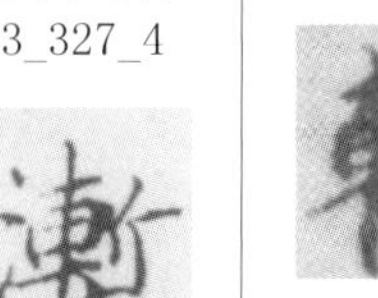
唐代・文選百三
52_499_4

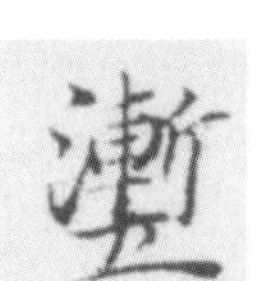
唐代・文選百三
52_499_28

唐代・文選百三
31_306_3

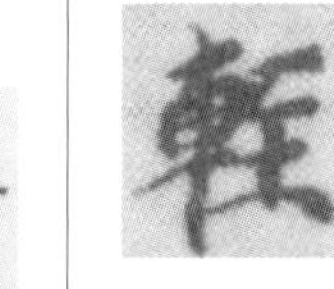
唐代・文選百三
33_321_7

唐代・文選百三
33_326_5

唐代・文選百三
33_327_4

唐代・文選百三
33_327_19

唐代・文選百三
33_329_5

唐代・文選百三
33_334_21

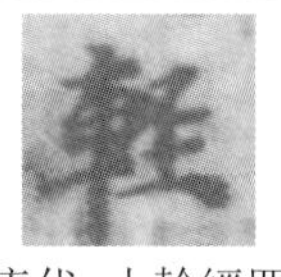
唐代・十輪經四
18_349_2

唐代・十輪經九
11_213_8

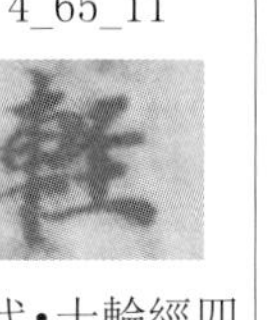
唐代・十輪經十
19_369_7

唐代・十輪經四
8_156_4

唐代・十輪經四
9_161_9

唐代・十輪經四
4_65_11

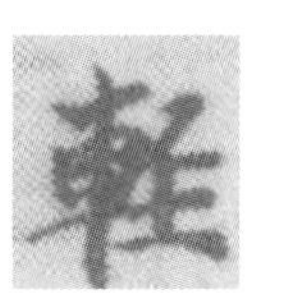
唐代・十輪經四
4_70_10

唐代・十輪經四
7_126_1

唐代・十輪經四
7_126_17

唐代・十輪經四
7_129_8

唐代・十輪經四
8_142_7

唐代・十輪經四
4_64_14

唐代・古文選前
10_119_8

唐代・古文選前
15_172_4

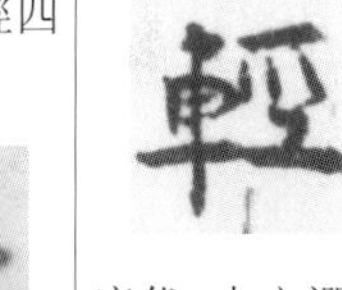
唐代・古文選前
22_263_7

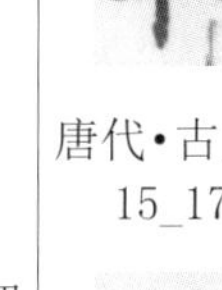
唐代・古文選後
3_36_9

唐代・古文選後
8_87_14

唐代・古文選後
15_178_3

唐代・古文選後
21_245_11

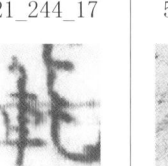

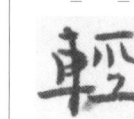

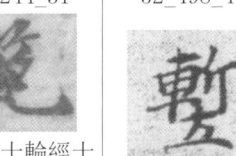

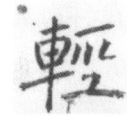

		輪		輝	輩	
		リン 訓わ		キ 訓かがやく	漢ハイ 訓ともがら	
唐代·十輪經八 1_1_8 唐代·十輪經八 1_18_7 唐代·十輪經八 1_18_17 唐代·十輪經八 2_34_1 唐代·十輪經八 2_37_6 唐代·十輪經八 2_37_17 唐代·十輪經八 3_40_13 唐代·十輪經八 3_42_10 唐代·十輪經八 3_44_2	唐代·十輪經四 16_313_2 唐代·十輪經四 20_395_1 唐代·十輪經四 21_405_4 唐代·十輪經四 21_407_4 唐代·十輪經四 21_407_15 唐代·十輪經四 21_416_12 唐代·十輪經四 22_428_15 唐代·十輪經四 22_430_4 唐代·十輪經四 22_432_8	唐代·文選五九 61_586_16 唐代·文選六八 33_331_16 唐代·文選六八 33_333_3 唐代·文選六八 33_334_7 唐代·文選六八 37_371_15 唐代·古文選後 4_40_13 唐代·古文選後 15_169_8 唐代·十輪經四 3_46_7 唐代·十輪經四 3_49_5	唐代·古文選後 11_129_12 唐代·古文選後 12_137_13	唐代·文選四八 35_316_27 唐代·文選五九 10_95_2 唐代·文選五九 10_96_13 唐代·文選五九 10_96_28 唐代·文選五九 10_97_30 唐代·文選五九 49_483_3 唐代·文選六八 25_253_8 唐代·古文選後 1_8_2	唐代·文選五九 62_595_21	唐代·古文選後 9_101_7 唐代·古文選後 18_208_11 唐代·古文選後 21_246_1

輢	輸	輯	輟			
漢イ 訓―	シュ 慣ユ 訓おくる	シュウ 訓あつめる	漢テツ 訓やめる			
唐代・文選六八 38_383_13	唐代・文選六八 33_325_18	唐代・古文選前 19_220_10	唐代・古文選後 4_41_1	唐代・十輪經十 16_307_1	唐代・十輪經十 13_244_7	唐代・十輪經十 10_186_15
	唐代・文選六八 42_421_7		唐代・古文選後 26_308_12	唐代・十輪經十 16_308_12	唐代・十輪經十 13_246_1	唐代・十輪經十 10_188_5
	唐代・文選六八 42_423_3			唐代・十輪經十 16_308_15	唐代・十輪經十 13_253_14	唐代・十輪經十 10_189_13
	唐代・文選六八 42_424_14			唐代・十輪經十 16_312_17	唐代・十輪經十 13_255_8	唐代・十輪經十 11_201_16
	唐代・文選六八 42_424_16			唐代・十輪經十 16_316_1	唐代・十輪經十 14_261_6	唐代・十輪經十 11_202_9
	唐代・文選六八 43_425_19			唐代・十輪經十 17_332_8	唐代・十輪經十 14_262_17	唐代・十輪經十 11_207_17
	唐代・文選百三 56_537_19			唐代・十輪經十 19_361_10	唐代・十輪經十 14_266_9	唐代・十輪經十 12_233_13
	唐代・古文選後 6_69_9			唐代・十輪經十 20_388_8	唐代・十輪經十 14_274_2	唐代・十輪經十 12_236_15
					唐代・十輪經十 16_306_9	唐代・十輪經十 12_237_5

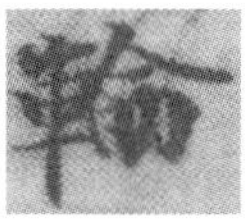

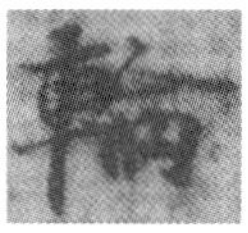

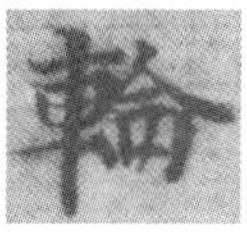

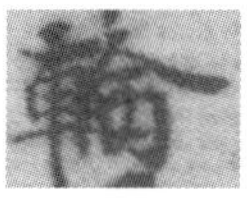

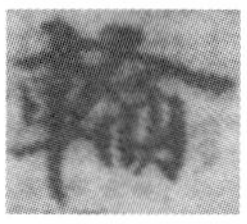

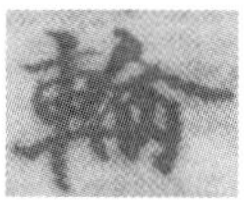

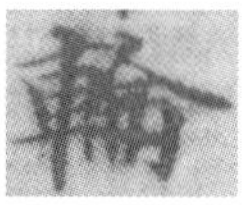

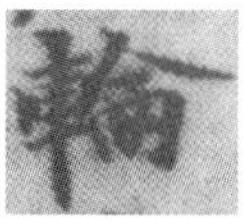

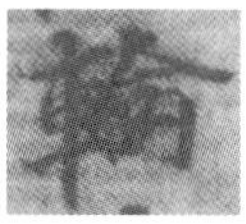

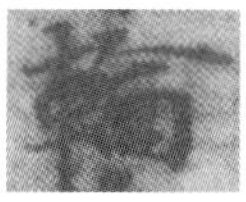

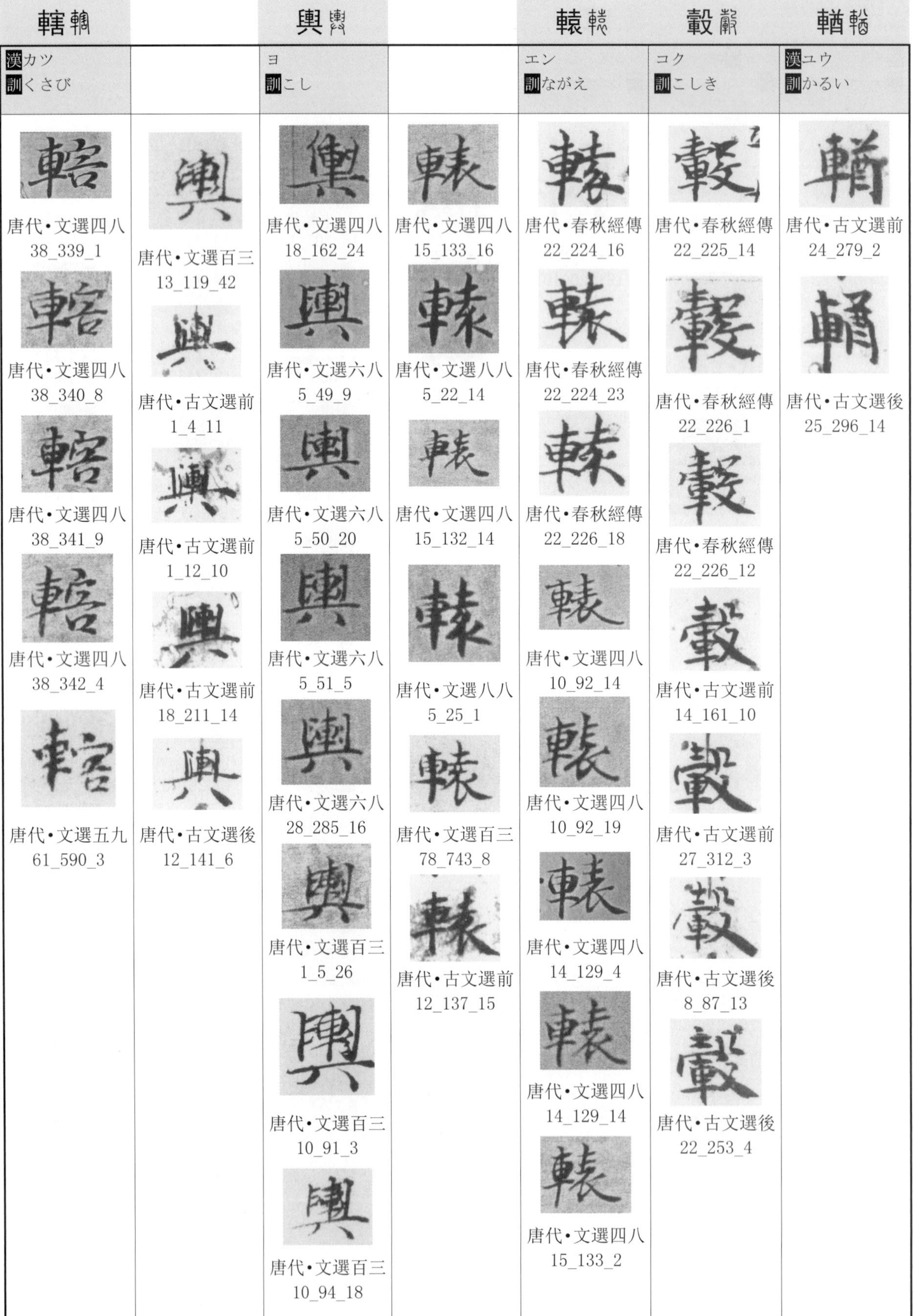

轄		輿		轅	轂	輶
漢カツ 訓くさび		ヨ 訓こし		エン 訓ながえ	コク 訓こしき	漢ユウ 訓かるい
唐代•文選四八 38_339_1	唐代•文選百三 13_119_42	唐代•文選四八 18_162_24	唐代•文選四八 15_133_16	唐代•春秋經傳 22_224_16	唐代•春秋經傳 22_225_14	唐代•古文選前 24_279_2
唐代•文選四八 38_340_8	唐代•古文選前 1_4_11	唐代•文選六八 5_49_9	唐代•文選八八 5_22_14	唐代•春秋經傳 22_224_23	唐代•春秋經傳 22_226_1	唐代•古文選後 25_296_14
唐代•文選四八 38_341_9	唐代•古文選前 1_12_10	唐代•文選六八 5_50_20	唐代•文選四八 15_132_14	唐代•春秋經傳 22_226_18	唐代•春秋經傳 22_226_12	
唐代•文選四八 38_342_4	唐代•古文選前 18_211_14	唐代•文選六八 5_51_5	唐代•文選八八 5_25_1	唐代•文選四八 10_92_14	唐代•古文選前 14_161_10	
唐代•文選五九 61_590_3	唐代•古文選後 12_141_6	唐代•文選六八 28_285_16	唐代•文選百三 78_743_8	唐代•文選四八 10_92_19	唐代•古文選前 27_312_3	
		唐代•文選百三 1_5_26	唐代•古文選前 12_137_15	唐代•文選四八 14_129_4	唐代•古文選後 8_87_13	
		唐代•文選百三 10_91_3		唐代•文選四八 14_129_14	唐代•古文選後 22_253_4	
		唐代•文選百三 10_94_18		唐代•文選四八 15_133_2		

			轉 轉	轊		輾
			テン 訓めぐる	漢エイ呉エ 訓ぢくさき		漢テン呉テン 訓めぐる
唐代•十輪經八 1_12_13 唐代•十輪經八 2_25_10 唐代•十輪經八 2_27_4 唐代•十輪經八 2_37_5 唐代•十輪經八 4_78_9 唐代•十輪經八 6_103_5 唐代•十輪經八 7_130_7 唐代•十輪經八 7_132_1	唐代•文選六八 17_173_25 唐代•文選六八 33_333_4 唐代•文選六八 33_334_8 唐代•文選六八 33_334_12 唐代•文選百三 3_17_22 唐代•文選百三 25_238_19 唐代•古文選前 10_122_9 唐代•十輪經八 1_10_15	唐代•文選五九 84_804_3 唐代•文選五九 84_804_22 唐代•文選五九 84_804_30 唐代•文選五九 84_809_19 唐代•文選五九 84_809_26 唐代•文選五九 97_921_10 唐代•文選六八 15_149_10 唐代•文選六八 15_153_18	初唐•法華義疏 1_3_2 唐代•文選四八 11_99_18 唐代•文選五九 19_183_28 唐代•文選五九 19_186_7 唐代•文選五九 25_244_12 唐代•文選五九 66_630_2 唐代•文選五九 84_802_7 唐代•文選五九 84_803_26	唐代•文選百三 79_753_24 唐代•文選百三 79_755_5 唐代•文選百三 79_755_12 唐代•文選百三 79_756_2 唐代•文選百三 79_756_8 唐代•文選百三 79_756_19 唐代•文選百三 79_756_31	唐代•十輪經八 17_332_8 唐代•十輪經八 19_370_8 唐代•十輪經八 21_407_16 唐代•十輪經九 1_7_17 唐代•十輪經九 3_45_17 唐代•十輪經九 17_321_11	唐代•文選六八 33_332_16 唐代•十輪經八 3_44_4 唐代•十輪經八 6_106_7 唐代•十輪經八 8_144_7 唐代•十輪經八 10_182_13 唐代•十輪經八 11_219_8 唐代•十輪經八 13_256_8 唐代•十輪經八 15_294_8

轍	轑					
漢テツ 訓わだち	漢ラウ呉ロウ 訓かさぼね					
 唐代•文選五九 11_106_20	 唐代•春秋經傳 21_220_3	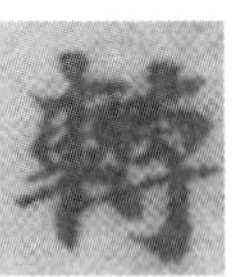 唐代•十輪經九 16_318_9	 唐代•十輪經九 1_4_15	 唐代•十輪經八 18_357_16	 唐代•十輪經八 13_246_2	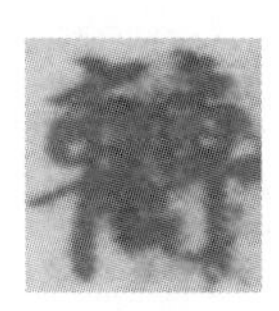 唐代•十輪經八 8_141_5
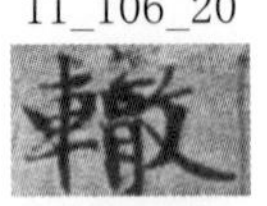 唐代•文選五九 11_108_10	 唐代•春秋經傳 21_220_15	 唐代•十輪經十 2_27_7	 唐代•十輪經九 2_33_12	 唐代•十輪經八 18_359_9	 唐代•十輪經八 13_253_6	 唐代•十輪經八 9_169_1
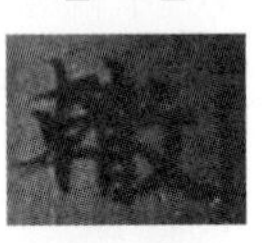 唐代•文選五九 11_109_5		 唐代•十輪經十 5_87_7	 唐代•十輪經九 2_35_6	 唐代•十輪經八 19_367_5	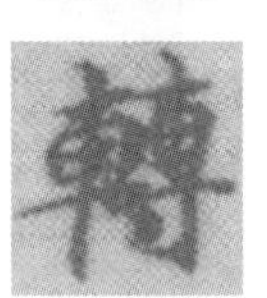 唐代•十輪經八 14_281_8	 唐代•十輪經八 9_170_13
 唐代•文選五九 11_110_1		 唐代•十輪經十 6_110_10	 唐代•十輪經九 3_42_16	 唐代•十輪經八 20_395_12	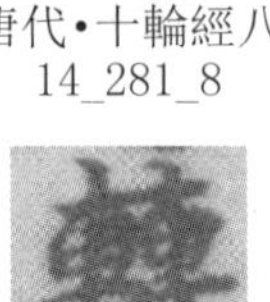 唐代•十輪經八 15_283_3	 唐代•十輪經八 9_179_9
 唐代•文選五九 12_112_26		 唐代•十輪經十 14_267_4	 唐代•十輪經九 4_73_16	 唐代•十輪經八 20_397_6	 唐代•十輪經八 15_291_6	 唐代•十輪經八 11_206_15
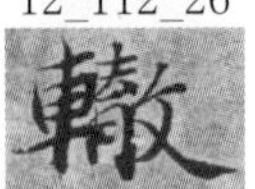 唐代•文選五九 13_127_3		 唐代•十輪經十 16_316_14	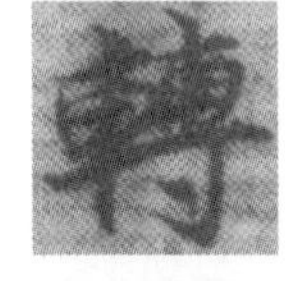 唐代•十輪經九 4_75_10	 唐代•十輪經八 22_435_3	 唐代•十輪經八 16_320_17	 唐代•十輪經八 11_216_6
 唐代•文選五九 13_128_24		 唐代•十輪經十 18_352_8	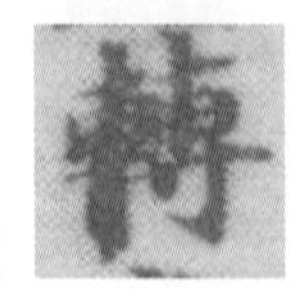 唐代•十輪經九 16_308_16	 唐代•十輪經八 22_436_13	 唐代•十輪經八 17_329_6	 唐代•十輪經八 13_244_7
 唐代•文選五九 13_130_10						

			轡	轢	轘	
			漢ヒ 訓たずな	漢レキ 訓きしる	漢カン 訓—	
		 唐代•文選百三 17_160_2  唐代•文選百三 17_160_30  唐代•古文選前 15_175_5	 唐代•文選四八 29_260_2  唐代•文選五九 18_174_6  唐代•文選五九 18_176_21  唐代•文選五九 18_176_24 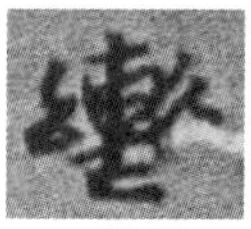 唐代•文選五九 18_178_24  唐代•文選五九 19_188_9  唐代•文選五九 80_770_20	 唐代•文選六八 33_331_18 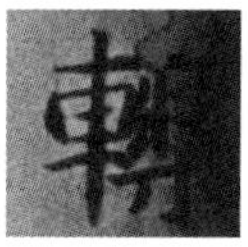 唐代•文選六八 61_614_5  唐代•文選六八 61_615_6  唐代•文選六八 61_615_26  唐代•文選六八 61_616_6	 唐代•春秋經傳 37_390_3  唐代•春秋經傳 37_390_7  唐代•古文選前 12_137_14  唐代•古文選後 22_256_2	 唐代•文選五九 15_139_32  唐代•文選五九 15_143_17  唐代•文選六八 33_332_13  唐代•文選八八 5_24_1  唐代•文選八八 5_25_21  唐代•古文選後 17_199_6

豆部

豆 豆

漢トウ 呉ズ
訓まめ

唐代・文選五九
6_56_16

唐代・文選八八
12_101_12

唐代・文選百三
53_508_30

唐代・文選百三
53_512_18

唐代・文選百三
85_805_4

豈 豈

漢キ、カイ 慣ガイ
訓かちどき

唐代・春秋經傳
8_82_15

唐代・文選四八
40_358_9

唐代・文選四八
40_362_12

唐代・文選四八
46_410_4

唐代・文選四八
46_415_9

唐代・文選四八
46_416_6

唐代・文選五九
11_107_1

唐代・文選五九
11_108_11

唐代・文選五九
29_288_6

唐代・文選五九
35_345_16

唐代・文選五九
37_360_1

唐代・文選五九
45_449_17

唐代・文選六八
8_80_25

唐代・文選六八
9_97_24

唐代・文選六八
62_622_13

唐代・文選八八
11_94_45

唐代・文選八八
11_95_11

唐代・文選八八
13_105_3

唐代・文選百三
8_72_36

唐代・文選百三
39_389_23

唐代・文選百三
70_673_2

唐代・古文選前
20_230_10

唐代・古文選後
5_54_9

唐代・古文選後
6_70_5

唐代・古文選後
9_96_4

唐代・古文選後
17_199_7

唐代・古文選後
18_207_5

唐代・古文選後
21_249_12

唐代・古文選後
23_270_1

唐代・古文選後
23_270_14

唐代・古文選後
25_298_8

唐代・古文選後
26_304_14

豉

漢シ 呉ジ
訓みずすまし

唐代・文選六八
19_187_14

豐豐

漢ホウ、フウ 慣ブ 呉フ
訓ゆたか

初唐・法華義疏
1_2_19

中唐・七祖像贊
1_10_3

唐代・春秋經傳
25_263_6

唐代・春秋經傳
25_263_11

唐代・春秋經傳
25_263_15

唐代・春秋經傳
26_264_20

唐代・春秋經傳
26_264_24

唐代・文選五九
34_332_3

唐代・文選五九
34_335_6

唐代・文選五九
35_341_9

唐代・文選五九
35_341_21

唐代・文選五九
47_465_4

唐代・文選五九
47_467_12

唐代・文選五九
83_798_12

唐代・文選六八
42_419_19

唐代・古文選前
4_47_10

唐代・古文選前
17_195_8

唐代・古文選前
17_197_10

唐代・古文選前
24_287_14

唐代・古文選後
8_90_4

唐代・古文選後
11_127_10

唐代・古文選後
13_148_9

唐代・古文選後
19_218_11

酉部

酉

漢ユウ
訓たる

唐代·春秋經傳
18_184_23

唐代·春秋經傳
30_310_3

唐代·春秋經傳
30_311_7

唐代·春秋經傳
30_311_15

酌

シャク
訓くむ

唐代·文選四八
34_302_12

唐代·文選五九
8_78_23

唐代·文選五九
13_131_14

唐代·文選五九
14_133_13

唐代·文選五九
38_375_30

唐代·文選五九
55_538_1

唐代·文選五九
55_539_10

唐代·文選五九
57_551_9

唐代·文選六八
20_204_7

酒

吳シュ
訓さけ

唐代·春秋經傳
9_91_11

唐代·春秋經傳
34_352_8

唐代·文選四八
24_211_3

唐代·文選四八
24_214_28

唐代·文選四八
39_346_13

唐代·文選四八
39_347_25

唐代·文選四八
39_349_4

唐代·文選四八
39_349_17

唐代·文選四八
39_350_11

唐代·文選四八
39_351_5

唐代·文選四八
39_351_26

唐代·文選五九
6_57_8

唐代·文選五九
7_71_22

唐代·文選五九
8_76_19

唐代·文選五九
8_78_10

唐代·文選五九
13_131_16

唐代·文選五九
14_133_6

唐代·文選五九
14_133_14

唐代·文選五九
15_151_20

唐代·文選五九
37_372_28

唐代·文選五九
38_375_3

唐代·文選五九
42_413_14

唐代·文選五九
43_427_4

唐代·文選五九
47_466_24

唐代•十輪經四 22_421_16
唐代•十輪經四 22_426_2
唐代•十輪經四 22_430_23
唐代•十輪經四 22_431_3
唐代•十輪經四 21_418_5

唐代•古文選後 8_92_9
唐代•古文選後 15_171_11
唐代•古文選後 17_201_20
唐代•古文選後 20_238_1
唐代•古文選後 23_269_9
唐代•古文選後 27_313_11
唐代•十輪經四 21_419_4

唐代•文選六八 21_208_16
唐代•文選六八 21_210_1
唐代•文選六八 36_360_24
唐代•文選六八 36_361_6
唐代•文選百三 14_133_33
唐代•文選百三 33_326_11
唐代•文選百三 33_326_15
唐代•古文選前 25_297_28

唐代•文選六八 19_196_25
唐代•文選六八 19_197_16
唐代•文選六八 19_197_28
唐代•文選六八 19_199_9
唐代•文選六八 20_200_1
唐代•文選六八 20_202_15
唐代•文選六八 20_205_11
唐代•文選六八 21_208_10

唐代•文選六八 19_191_22
唐代•文選六八 19_192_14
唐代•文選六八 19_193_3
唐代•文選六八 19_193_16
唐代•文選六八 19_193_18
唐代•文選六八 19_193_25
唐代•文選六八 19_194_10
唐代•文選六八 19_196_10

唐代•文選五九 82_783_12
唐代•文選五九 85_819_19
唐代•文選五九 86_820_30
唐代•文選五九 103_972_26
唐代•文選五九 105_987_10
唐代•文選六八 19_189_16
唐代•文選六八 19_190_13
唐代•文選六八 19_190_21

唐代•文選五九 54_529_20
唐代•文選五九 54_530_14
唐代•文選五九 54_533_24
唐代•文選五九 55_535_1
唐代•文選五九 55_536_21
唐代•文選五九 57_555_2
唐代•文選五九 57_555_7
唐代•文選五九 58_557_16

酷	醒	酬	酢	酣	酖	配
コク 訓こい	漢テイ 訓わるよい	漢シュウ 訓すすめる	慣サク漢サク 訓す	漢カン 訓たのしむ	漢タン、チン 訓ふける	漢ハイ 訓くばる
 唐代•文選五九 43_422_24  唐代•文選六八 20_205_1  唐代•文選六八 21_206_19  唐代•文選六八 21_207_4  唐代•文選六八 21_207_30  唐代•文選六八 21_208_29	 唐代•古文選後 4_43_10	 唐代•文選五九 85_818_9  唐代•文選五九 85_819_27  唐代•文選五九 86_821_8  唐代•古文選後 21_249_13  唐代•十輪經八 4_62_10	 唐代•文選六八 19_196_27	 唐代•文選五九 57_554_8  唐代•文選五九 103_972_27	 唐代•春秋經傳 16_170_14	 唐代•春秋經傳 17_175_9  唐代•文選百三 78_741_1 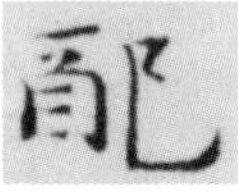 唐代•文選百三 78_742_17

醑	醜	醒	醁	⿰酉周	醉	醇
漢ショ呉ソ 訓したみざけ	シュウ 訓みにくい	漢セイ 訓さめる	漢リョク呉ロク 訓うまざけ	チョウ 訓—	スイ 訓よう	漢シュウ呉ジュウ 訓もっぱら
 唐代・文選五九 37_371_1  唐代・文選五九 38_374_1 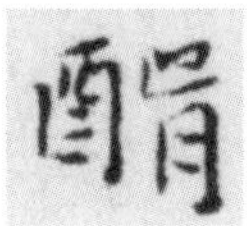 唐代・文選五九 38_375_2	 唐代・文選百三 32_320_19  唐代・文選百三 33_324_34  唐代・文選百三 57_556_2 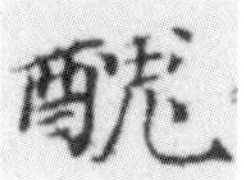 唐代・文選百三 57_556_19 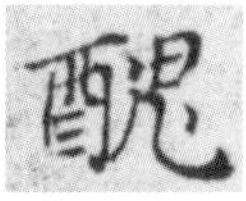 唐代・文選百三 58_558_22  唐代・古文選後 6_72_1	 唐代・文選六八 22_223_31	 唐代・文選五九 105_987_17  唐代・文選五九 105_988_7	 唐代・文選六八 21_207_18	 唐代・文選六八 22_223_30  唐代・古文選前 25_297_29  唐代・古文選後 8_94_11  唐代・古文選後 10_118_1  唐代・十輪經四 15_295_12  唐代・十輪經四 15_295_16  唐代・十輪經四 16_301_17  唐代・十輪經四 16_305_10	 唐代・文選四八 12_103_25  唐代・文選六八 17_175_8  唐代・文選六八 17_176_7  唐代・文選六八 73_722_3

	醴	醮	醪	醧	醫	酸
	ライ 訓あまざけ	ショウ 訓まつる	漢ロウ 訓にごりざけ	漢ヨ呉オ 訓―	イ 訓いやす	サン 訓すい
 唐代・古文選後 19_217_12  唐代・古文選後 25_289_4	 唐代・文選五九 8_72_14  唐代・文選五九 57_551_12  唐代・文選五九 57_555_13  唐代・文選五九 58_556_22  唐代・文選五九 58_557_15  唐代・文選五九 58_557_24  唐代・文選六八 69_686_14  唐代・古文選後 15_179_13	 唐代・古文選前 1_3_7	 唐代・文選四八 38_345_15  唐代・文選四八 39_347_22  唐代・文選四八 39_349_1  唐代・文選四八 39_349_9  唐代・文選四八 39_349_16	 唐代・文選五九 53_522_27	 唐代・文選五九 48_476_3 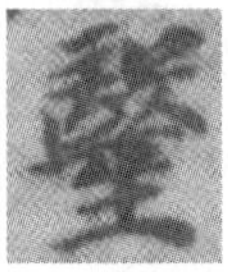 唐代・十輪經四 17_327_9	 初唐・大般若經 2_35_14  唐代・文選四八 7_58_6  唐代・文選五九 43_421_25  唐代・文選六八 17_175_4  唐代・文選六八 19_196_23

醲 

漢ジョウ呉ニュ
訓こい

唐代・文選六八
14_145_6

釀 

漢ジョウ
訓かもす

唐代・文選六八
19_191_2

	農	辱			辰	辰部
	慣ノウ漢ドウ 訓くさざる	漢ジョク呉ニク 訓はずかしめる			漢シン呉ジン 訓たつ	
 唐代•文選百三 39_387_28	 唐代•文選四八 14_128_24	 唐代•春秋經傳 27_281_7	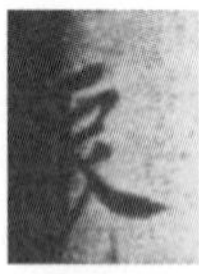 唐代•文選五九 59_562_17	 唐代•文選四八 4_21_10	 初唐•大般若經 2_37_16	
 唐代•十輪經四 2_23_16	 唐代•文選四八 14_130_2	 唐代•文選四八 40_354_5	 唐代•文選五九 82_789_29	 唐代•文選四八 4_21_16	 唐代•春秋經傳 32_332_22	
	 唐代•文選四八 14_131_17	 唐代•文選六八 17_180_24	 唐代•文選百三 4_30_6	 唐代•文選四八 4_22_28	 唐代•春秋經傳 35_366_1	
	 唐代•文選四八 15_132_5	 唐代•文選六八 23_226_16	 唐代•文選百三 46_439_17	 唐代•文選四八 4_24_14	 唐代•春秋經傳 35_366_11	
	 唐代•文選四八 15_132_22	 唐代•古文選前 17_195_2	 唐代•古文選後 12_142_12	 唐代•文選四八 4_25_11	 唐代•春秋經傳 35_366_23	
	 唐代•文選四八 15_133_24	 唐代•十輪經四 18_348_16	 唐代•古文選後 17_194_8	 唐代•文選五九 53_521_9	 唐代•春秋經傳 36_375_11	
	 唐代•文選四八 43_386_14	 唐代•十輪經四 20_383_4	 唐代•古文選後 18_209_8	 唐代•文選五九 53_524_1	 唐代•春秋經傳 39_406_10	
				 唐代•文選五九 58_559_4	 唐代•春秋經傳 39_407_18	

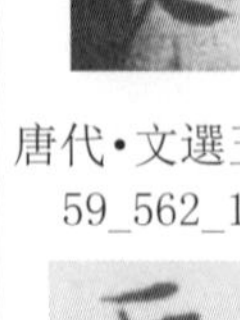

豕部

豕

シ
訓いのこ

唐代•文選五九
92_880_24

唐代•文選六八
14_143_14

後作遂
唐代•文選六八
14_145_3

唐代•古文選前
21_242_7

象

漢ショウ呉ゾウ
訓ぞう

唐代•春秋經傳
14_143_10

唐代•春秋經傳
14_143_12

唐代•文選四八
13_114_10

唐代•文選四八
13_117_25

唐代•文選四八
13_118_8

唐代•文選四八
13_118_26

唐代•文選四八
25_227_12

唐代•文選四八
30_272_26

唐代•文選四八
44_400_15

唐代•文選五九
2_15_4

唐代•文選五九
15_140_22

唐代•文選五九
32_318_7

唐代•文選五九
41_403_3

唐代•文選五九
77_744_20

唐代•文選五九
82_789_15

唐代•文選六八
4_44_7

唐代•文選六八
4_46_6

唐代•文選六八
6_60_3

唐代•文選六八
8_79_6

唐代•文選六八
23_237_2

唐代•文選六八
24_240_2

唐代•文選六八
24_240_17

唐代•文選六八
24_242_26

唐代•文選六八
54_544_7

唐代•文選六八
55_545_8

唐代•文選六八
55_545_27

唐代•文選六八
55_546_12

唐代•文選百三
47_449_27

唐代•古文選前
4_41_14

唐代•古文選前
15_171_6

唐代•古文選前
26_304_5

唐代•古文選後
12_137_5

唐代•古文選後
14_157_9

唐代•古文選後
20_236_15

唐代•十輪經四
9_163_4

豫	豬	豪	豢			
ヨ、シャ 訓あたえる	チョ 訓いのしし	呉ゴウ漢コウ 訓やまあらし	慣ケン漢カン 訓やしなう			
 唐代•文選四八 30_271_23  唐代•文選五九 31_299_10  唐代•文選五九 34_332_5  唐代•文選五九 34_333_12  唐代•文選五九 34_333_22  唐代•文選五九 34_334_17  唐代•文選五九 56_544_7  唐代•文選五九 57_553_29	 唐代•十輪經四 22_424_2	 唐代•文選五九 68_660_5  唐代•文選六八 35_356_16  唐代•文選百三 1_8_16  唐代•文選百三 19_179_7	 唐代•文選六八 14_143_1  唐代•文選六八 14_143_16  唐代•文選六八 14_144_25  唐代•文選六八 14_145_22  唐代•文選六八 14_146_11	 唐代•十輪經四 15_295_17  唐代•十輪經四 16_302_1  唐代•十輪經四 16_305_11  唐代•十輪經九 8_152_8	 唐代•十輪經四 9_178_14  唐代•十輪經四 9_179_1  唐代•十輪經四 10_182_3  唐代•十輪經四 10_185_3  唐代•十輪經四 10_186_8  唐代•十輪經四 10_190_10  唐代•十輪經四 15_295_13	 唐代•十輪經四 9_166_17  唐代•十輪經四 9_167_5  唐代•十輪經四 9_168_2  唐代•十輪經四 9_169_16  唐代•十輪經四 9_171_1  唐代•十輪經四 9_173_4  唐代•十輪經四 9_175_3

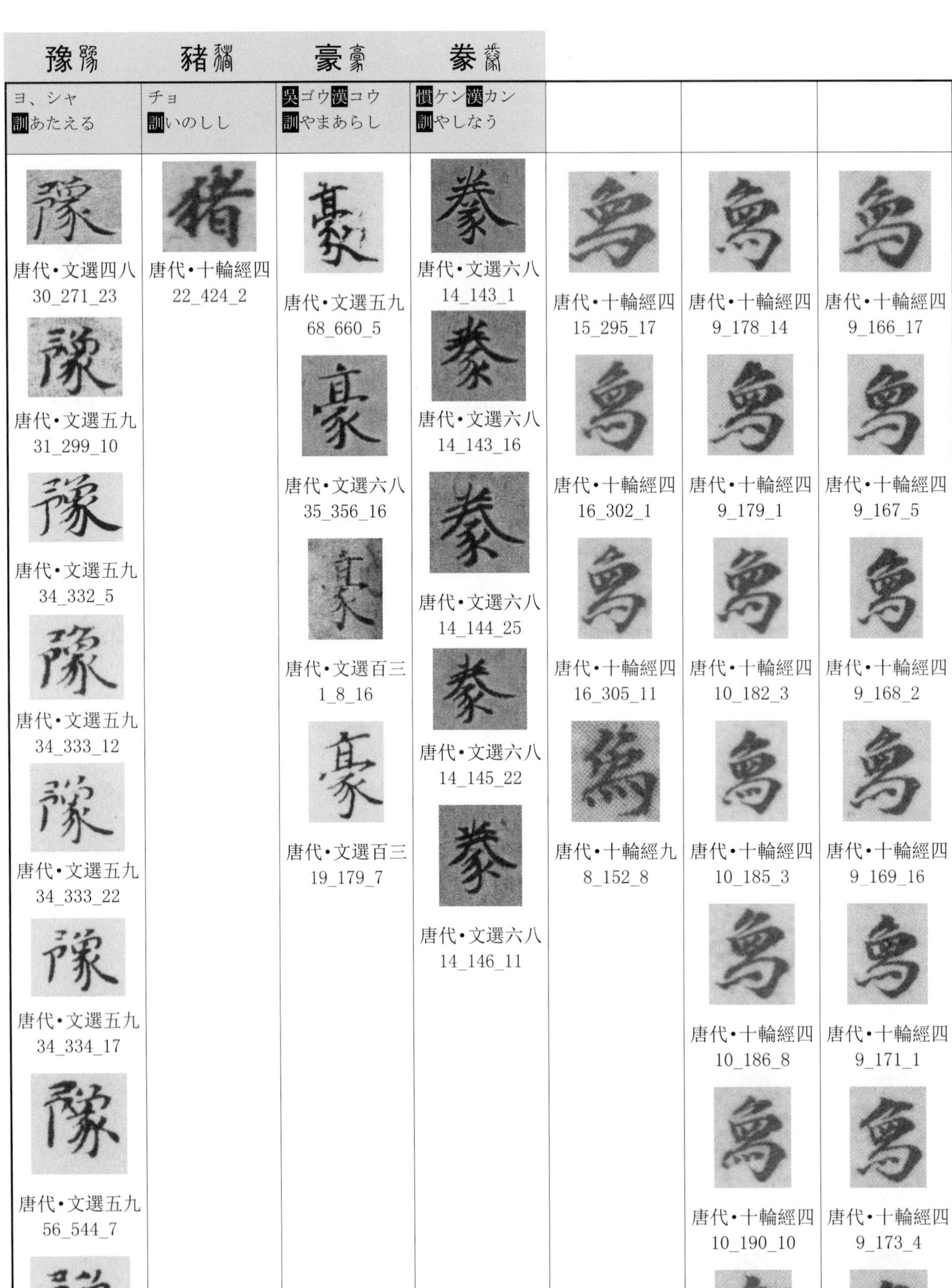

					 唐代•古文選後 19_217_13  唐代•古文選後 25_292_31  唐代•古文選後 25_292_51 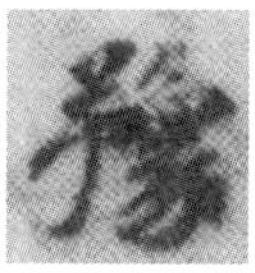 唐代•十輪經四 1_17_7  唐代•十輪經四 19_378_5	 唐代•文選五九 104_985_9  唐代•文選五九 109_1034_12  唐代•文選六八 39_386_3  唐代•文選六八 39_387_2  唐代•文選六八 39_387_12  唐代•文選六八 39_387_20  唐代•文選六八 43_436_8  唐代•古文選前 9_110_10

貝部

貝 𠂤

ハイ 慣バイ
訓かい

唐代・文選八八
19_167_27

唐代・古文選前
7_87_3

貞 𠂤

漢テイ 呉ジョウ
訓あたる

唐代・文選四八
29_261_16

唐代・文選五九
38_378_19

唐代・文選五九
65_624_6

唐代・文選六八
4_36_29

唐代・文選六八
10_105_16

唐代・文選百三
69_672_9

唐代・文選百三
70_675_2

唐代・文選百三
70_676_1

唐代・文選百三
71_692_10

唐代・文選百三
72_694_27

唐代・文選百三
73_700_25

唐代・文選百三
73_706_11

唐代・文選百三
73_710_19

唐代・文選百三
73_710_26

唐代・文選百三
73_711_6

唐代・文選百三
74_715_7

唐代・文選百三
74_715_25

唐代・文選百三
74_716_17

唐代・文選百三
78_745_7

唐代・文選百三
86_821_4

唐代・古文選前
5_59_12

唐代・古文選前
20_236_12

唐代・古文選後
5_57_10

唐代・古文選後
13_150_94

唐代・十輪經八
10_184_11

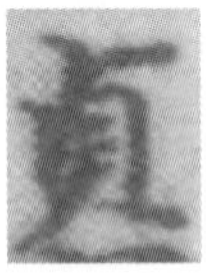
唐代・十輪經八
14_268_17

唐代・十輪經九
17_323_9

負 𠂤

漢フ 呉ブ
訓まける

唐代・文選五九
13_127_16

唐代・文選五九
13_128_9

唐代・文選百三
30_294_1

唐代・文選百三
30_295_26

唐代・文選百三
30_297_4

唐代・文選百三
30_298_21

唐代・文選百三
48_464_21

唐代・文選百三
49_468_13

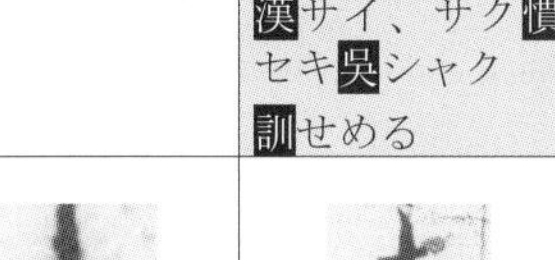

唐代•古文選前
25_297_54

唐代•古文選前
26_307_2

責

漢サイ、サク慣セキ呉シャク
訓せめる

唐代•春秋經傳
1_3_10

唐代•春秋經傳
5_44_6

唐代•春秋經傳
9_95_1

唐代•春秋經傳
18_190_3

唐代•文選八八
19_160_25

唐代•文選八八
19_162_16

唐代•古文選前
25_297_3

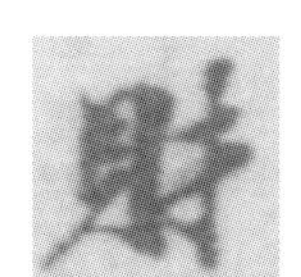

唐代•十輪經八
8_152_2

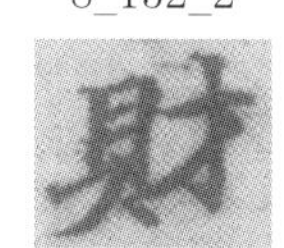

唐代•十輪經九
8_147_13

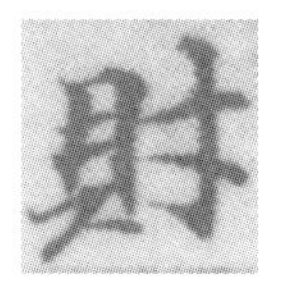

唐代•十輪經九
9_165_17

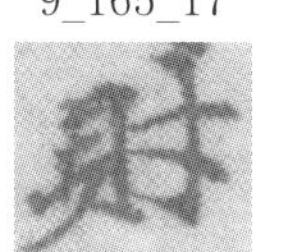

唐代•十輪經九
9_178_10

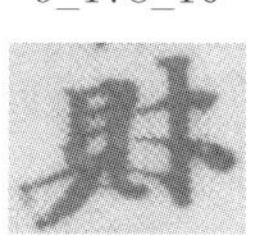

唐代•十輪經九
10_196_3

唐代•十輪經十
4_60_10

唐代•十輪經十
9_178_4

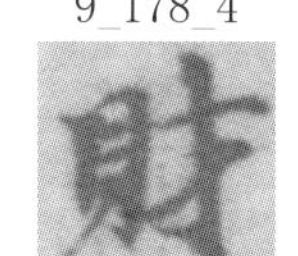

唐代•十輪經十
19_365_10

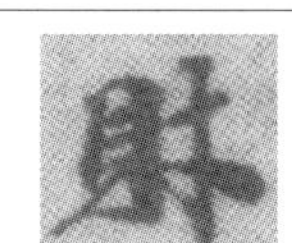

唐代•十輪經四
21_413_8

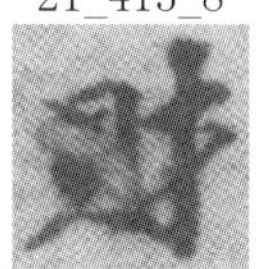

唐代•十輪經四
21_417_17

唐代•十輪經四
22_422_13

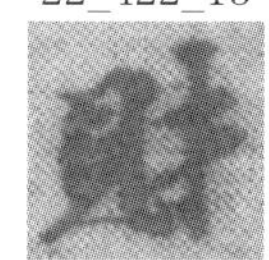

唐代•十輪經八
7_139_12

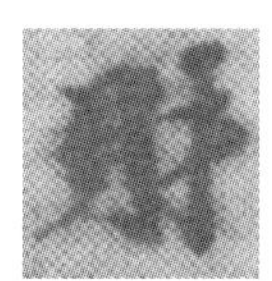

唐代•十輪經八
7_140_7

唐代•十輪經八
8_143_3

唐代•十輪經八
8_146_3

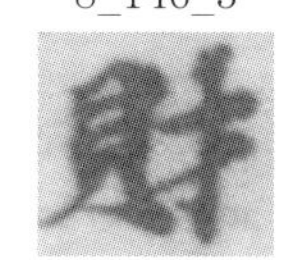

唐代•十輪經八
8_151_3

財

漢サイ呉ザイ
訓たから

唐代•春秋經傳
36_379_8

唐代•春秋經傳
36_379_10

唐代•文選五九
9_89_12

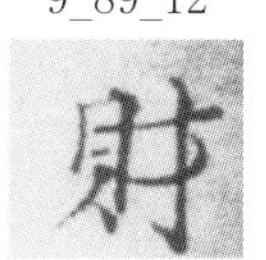

唐代•文選百三
19_186_6

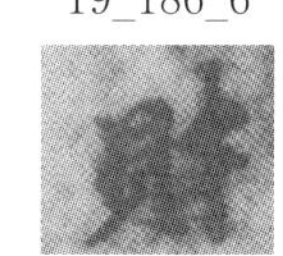

唐代•十輪經四
1_4_4

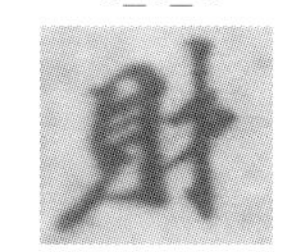

唐代•十輪經四
1_22_9

唐代•十輪經四
2_25_14

唐代•十輪經四
19_361_4

貢

漢コウ呉ク
訓みつぐ

唐代•春秋經傳
14_142_19

唐代•春秋經傳
14_143_6

唐代•古文選後
14_168_9

唐代•文選百三
77_740_2

唐代•文選百三
78_744_23

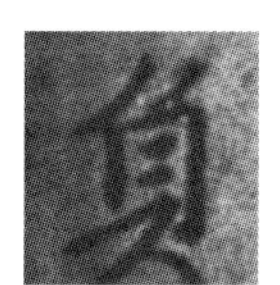

唐代•文選百三
81_773_19

唐代•文選百三
82_778_8

唐代•古文選前
24_283_3

唐代•古文選後
11_131_9

唐代•古文選後
21_251_6

販

漢ハン
訓あきなう

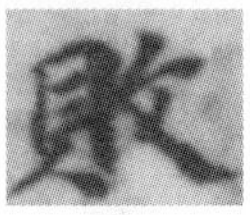
唐代•十輪經四
2_23_7

貶

ヘン
訓おとしめる

初唐•法華義疏
1_8_6

唐代•春秋經傳
1_3_9

唐代•春秋經傳
4_42_27

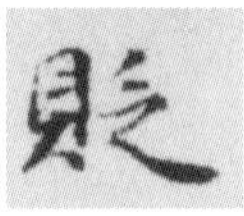
唐代•文選五九
60_574_17

貪

慣ドン漢タン呉トン
訓むさぼる

唐代•春秋經傳
25_263_1

唐代•春秋經傳
38_399_2

唐代•春秋經傳
38_399_13

唐代•文選六八
4_42_25

唐代•文選百三
45_438_11

唐代•文選百三
46_440_4

唐代•文選百三
46_443_28

唐代•文選百三
46_443_33

唐代•文選百三
46_445_3

唐代•文選百三
47_446_7

唐代•文選百三
47_446_32

唐代•文選百三
47_447_12

唐代•文選百三
62_595_5

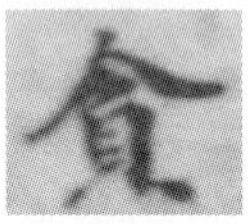
唐代•十輪經四
1_22_6

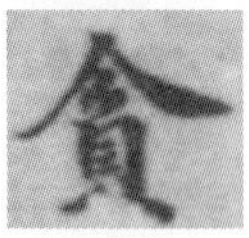
唐代•十輪經四
2_26_2

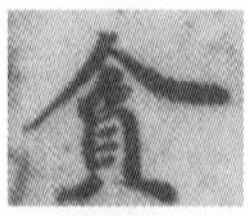
唐代•十輪經四
3_56_15

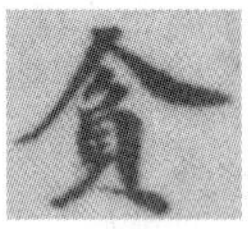
唐代•十輪經四
5_84_5

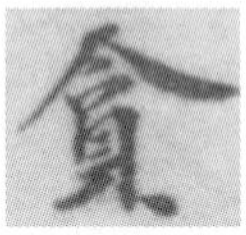
唐代•十輪經四
10_188_15

唐代•十輪經八
21_403_1

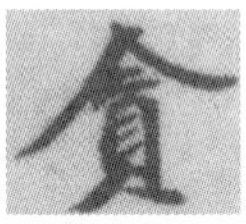
唐代•十輪經八
21_405_6

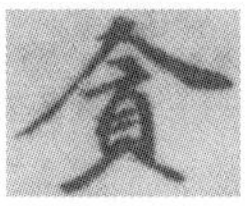
唐代•十輪經八
21_406_14

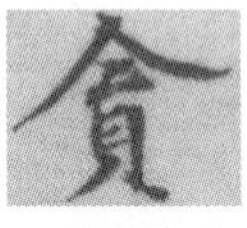
唐代•十輪經八
21_407_11

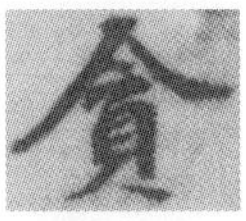
唐代•十輪經八
21_417_6

唐代•十輪經八
22_424_12

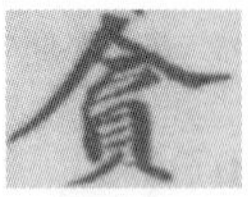
唐代•十輪經八
22_427_14

唐代•十輪經九
7_126_15

唐代•十輪經九
7_126_23

唐代•十輪經九
7_128_16

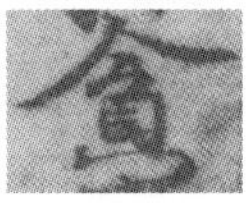
唐代•十輪經九
7_138_4

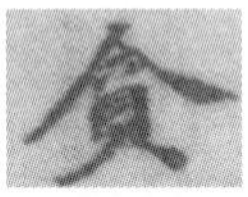
唐代•十輪經九
13_253_13

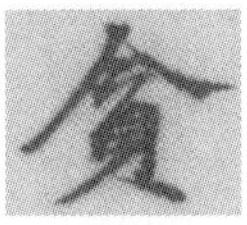
唐代•十輪經九
18_345_9

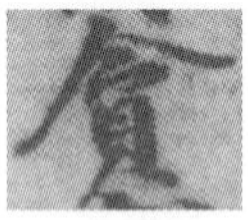
唐代•十輪經十
3_56_15

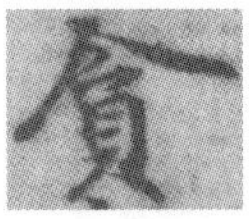
唐代•十輪經十
10_198_3

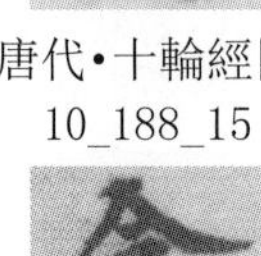

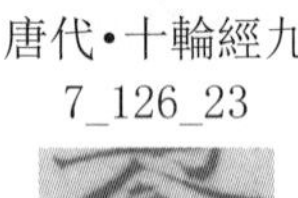

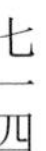

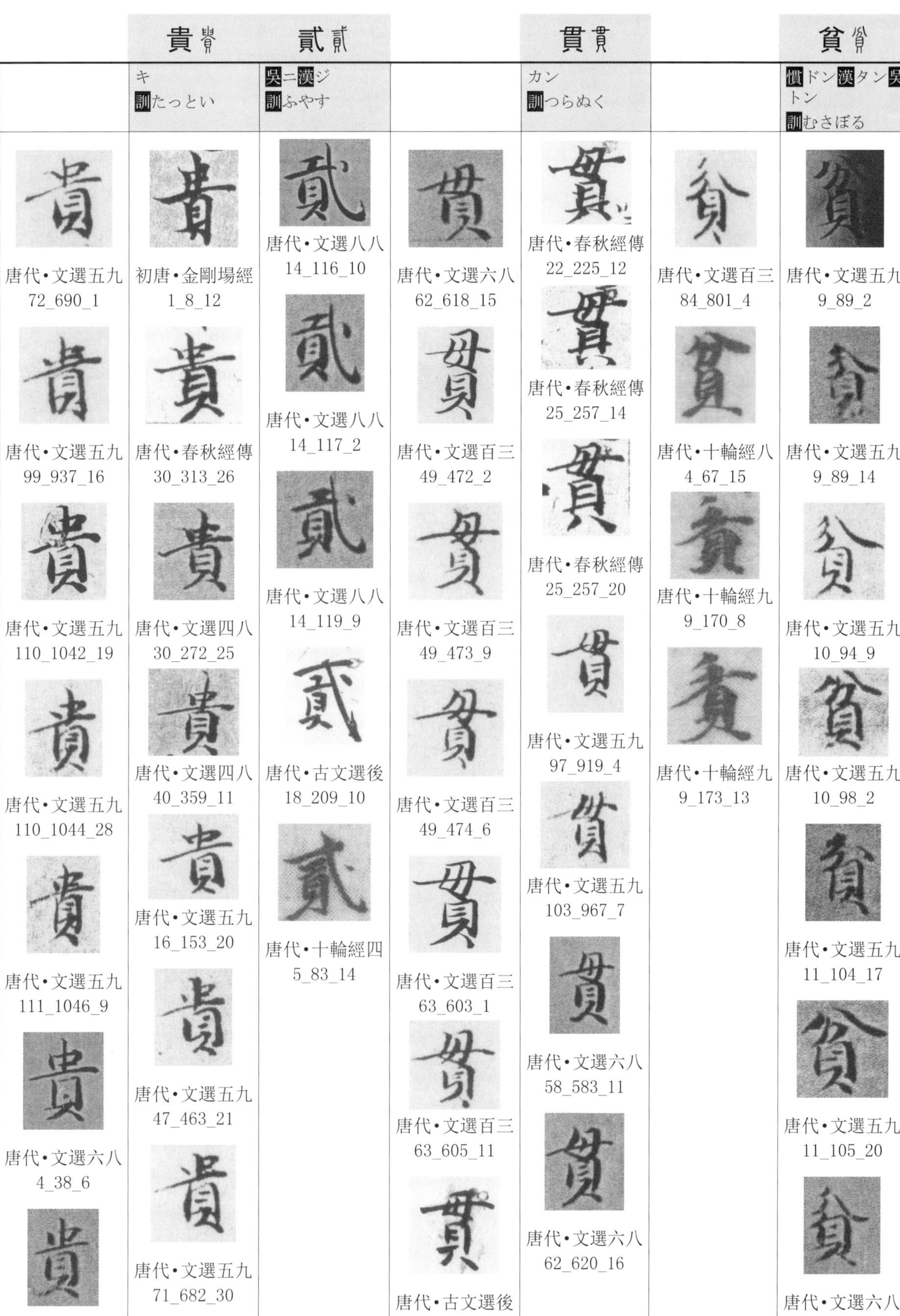

	貴	貳		貫		貧
	キ 訓たっとい	呉ニ漢ジ 訓ふやす		カン 訓つらぬく		慣ドン漢タン呉トン 訓むさぼる
唐代・文選五九 72_690_1	初唐・金剛場經 1_8_12	唐代・文選八八 14_116_10	唐代・文選六八 62_618_15	唐代・春秋經傳 22_225_12	唐代・文選百三 84_801_4	唐代・文選五九 9_89_2
唐代・文選五九 99_937_16	唐代・春秋經傳 30_313_26	唐代・文選八八 14_117_2	唐代・文選百三 49_472_2	唐代・春秋經傳 25_257_14	唐代・十輪經八 4_67_15	唐代・文選五九 9_89_14
唐代・文選五九 110_1042_19	唐代・文選四八 30_272_25	唐代・文選八八 14_119_9	唐代・文選百三 49_473_9	唐代・春秋經傳 25_257_20	唐代・十輪經九 9_170_8	唐代・文選五九 10_94_9
唐代・文選五九 110_1044_28	唐代・文選四八 40_359_11	唐代・古文選後 18_209_10	唐代・文選百三 49_474_6	唐代・文選五九 97_919_4	唐代・十輪經九 9_173_13	唐代・文選五九 10_98_2
唐代・文選五九 111_1046_9	唐代・文選五九 16_153_20	唐代・十輪經四 5_83_14	唐代・文選百三 63_603_1	唐代・文選五九 103_967_7		唐代・文選五九 11_104_17
唐代・文選六八 4_38_6	唐代・文選五九 47_463_21		唐代・文選百三 63_605_11	唐代・文選六八 58_583_11		唐代・文選五九 11_105_20
唐代・文選六八 4_40_8	唐代・文選五九 71_682_30		唐代・古文選後 17_203_2	唐代・文選六八 62_620_16		唐代・文選六八 4_39_18

貯

漢チョ
訓たくわえる

唐代・文選五九
55_535_24

唐代・十輪經四
2_24_1

費

ヒ
訓ついやす

唐代・文選六八
8_78_9

貿

漢ボウ呉モ
訓かえる

唐代・文選百三
39_392_1

唐代・文選百三
39_394_4

唐代・文選百三
39_396_20

唐代・文選百三
39_397_5

唐代・文選百三
39_397_29

唐代・文選百三
40_398_4

買

漢バイ
訓かう

唐代・文選五九
17_165_5

唐代・文選五九
101_956_1

唐代・文選百三
2_14_17

唐代・文選百三
37_368_20

貺

キョウ
訓たまう

唐代・文選四八
46_417_11

唐代・古文選後
18_207_12

唐代・文選百三
87_829_18

唐代・古文選前
19_223_3

唐代・古文選前
27_315_2

唐代・十輪經九
6_110_6

唐代・十輪經十
3_57_4

唐代・文選六八
11_109_21

唐代・文選百三
18_175_5

唐代・文選百三
18_175_20

唐代・文選百三
19_176_9

唐代・文選百三
19_176_11

唐代・文選百三
51_492_13

唐代・文選百三
64_618_33

貽

イ
訓おくる

唐代•文選四八
40_353_2

唐代•文選四八
40_354_11

唐代•古文選前
24_280_11

唐代•古文選後
15_169_11

賀

吳ガ漢カ
訓ほめる

唐代•文選五九
68_649_23

唐代•文選五九
68_650_14

唐代•文選六八
23_228_4

賊

吳ゾク
訓そこなう

唐代•春秋經傳
9_86_10

唐代•春秋經傳
9_89_5

唐代•春秋經傳
11_107_15

唐代•春秋經傳
11_112_21

唐代•春秋經傳
35_369_3

唐代•春秋經傳
35_371_32

唐代•春秋經傳
35_372_10

唐代•文選五九
91_871_7

唐代•文選六八
70_701_25

唐代•文選百三
24_231_19

唐代•文選百三
25_249_10

唐代•文選百三
27_262_21

唐代•文選百三
27_267_2

唐代•文選百三
28_273_11

唐代•文選百三
29_280_24

唐代•文選百三
29_284_37

唐代•文選百三
30_296_19

唐代•文選百三
31_308_15

唐代•文選百三
31_310_4

唐代•文選百三
46_441_28

唐代•文選百三
48_462_8

唐代•文選百三
52_498_31

唐代•文選百三
52_504_3

唐代•文選百三
56_534_26

唐代•文選百三
56_537_26

唐代•文選百三
67_652_36

唐代•文選百三
69_670_32

唐代•文選百三
79_748_7

唐代•古文選後
4_44_22

賁

ヒ漢フン
訓おおきい

唐代•文選百三
41_405_16

唐代•文選百三
41_406_9

唐代•文選百三
41_410_24

唐代•文選百三
41_411_8

唐代•文選百三
41_414_13

唐代•文選百三
41_415_1

唐代•文選百三
41_415_25

賂	賄				賈	
漢ロ 訓まいなう	慣ワイ 漢カイ 訓まかなう				漢カ 訓あきなう	
唐代・春秋經傳 1_7_6	唐代・春秋經傳 30_316_14	唐代・文選百三 30_294_12	唐代・文選五九 91_873_4	唐代・文選四八 33_294_5	唐代・春秋經傳 3_30_15	唐代・文選百三 45_425_5
唐代・春秋經傳 2_18_5		唐代・文選百三 49_468_20	唐代・文選五九 98_930_3	唐代・文選四八 35_311_23	唐代・春秋經傳 21_217_7	唐代・文選百三 86_820_6
唐代・春秋經傳 2_18_20		唐代・文選百三 57_543_4	唐代・文選百三 13_126_1	唐代・文選四八 44_399_7	唐代・春秋經傳 21_218_10	唐代・文選百三 86_821_12
唐代・春秋經傳 3_23_11		唐代・文選百三 73_710_6	唐代・文選百三 13_126_34	唐代・文選四八 44_402_7	唐代・春秋經傳 21_219_7	唐代・文選百三 86_822_20
唐代・春秋經傳 3_26_13		唐代・文選百三 74_714_26	唐代・文選百三 13_127_36	唐代・文選五九 27_264_13	唐代・春秋經傳 21_220_14	唐代・文選百三 87_824_19
唐代・春秋經傳 3_27_10		唐代・文選百三 76_731_27	唐代・文選百三 23_222_10	唐代・文選五九 43_418_9	唐代・文選四八 11_96_2	
唐代・春秋經傳 27_280_2		唐代・古文選前 15_179_31	唐代・文選百三 25_237_8	唐代・文選五九 63_610_11	唐代・文選四八 11_96_18	
唐代・春秋經傳 32_332_5

資

シ

訓たから

唐代・文選四八
20_184_13

唐代・文選五九
76_728_4

唐代・文選五九
76_731_28

唐代・文選五九
76_732_24

唐代・文選五九
76_732_30

唐代・文選百三
32_319_27

唐代・文選百三
66_633_5

唐代・古文選前
18_214_1

唐代・古文選前
20_233_6

唐代・古文選後
20_230_4

唐代・古文選後
26_304_9

唐代・十輪經四
7_136_3

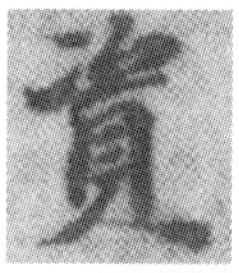
唐代・十輪經四
17_327_17

唐代・十輪經四
19_362_3

賑

シン

訓にぎわう

唐代・文選百三
71_688_18

賒

シャ

訓おぎのる

唐代・文選五九
101_950_2

唐代・文選五九
101_950_11

唐代・文選五九
101_951_5

賓

ヒン

訓まろうど

唐代・春秋經傳
28_287_11

唐代・文選四八
30_276_11

唐代・文選四八
31_277_23

唐代・文選四八
31_278_1

唐代・文選四八
32_284_10

唐代・文選四八
32_290_27

唐代・文選五九
30_296_6

唐代・文選五九
49_480_6

唐代・文選五九
104_983_25

唐代・文選五九
104_986_13

唐代・文選五九
110_1042_12

唐代・文選五九
110_1043_20

唐代・文選五九
111_1053_1

唐代・文選五九
111_1054_12

唐代・文選五九
111_1057_23

唐代・文選六八
1_12_17

唐代・文選六八
10_103_7

唐代・文選六八
10_103_10

唐代・文選六八
66_659_9

唐代・文選六八
66_662_14

唐代・文選八八
3_13_17

賦

フ

訓わりあて

唐代•文選八八
15_121_3

唐代•文選八八
15_122_9

唐代•文選百三
7_57_25

唐代•古文選前
19_219_5

唐代•古文選後
14_168_6

唐代•古文選後
20_238_14

唐代•古文選後
23_270_4

唐代•古文選後
26_311_20

唐代•文選四八
1_1_14

唐代•文選四八
2_10_19

唐代•文選四八
3_14_8

唐代•文選四八
8_67_26

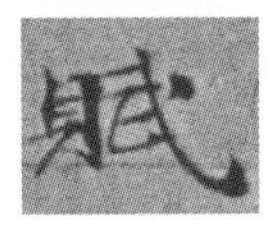
唐代•文選四八
18_161_13

唐代•文選四八
18_161_19

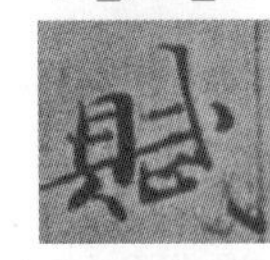
唐代•文選四八
18_163_2

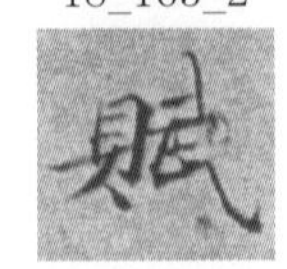
唐代•文選四八
29_261_10

唐代•文選四八
32_285_5

唐代•文選四八
35_312_1

唐代•文選四八
48_436_16

唐代•文選五九
3_28_14

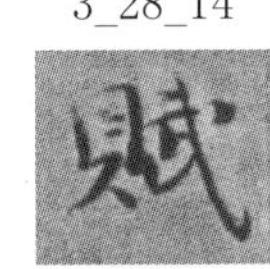
唐代•文選五九
6_52_6

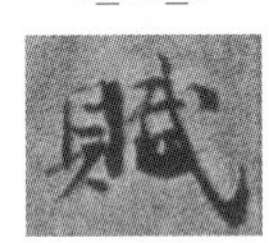
唐代•文選五九
8_72_7

唐代•文選五九
10_92_5

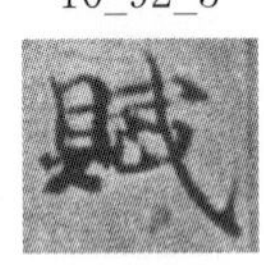
唐代•文選五九
13_120_6

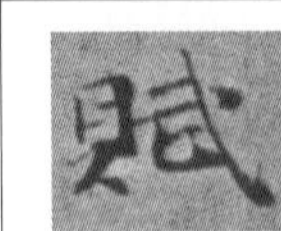
唐代•文選五九
14_132_12

唐代•文選五九
14_135_8

唐代•文選五九
17_162_30

唐代•文選五九
19_183_11

唐代•文選五九
19_188_15

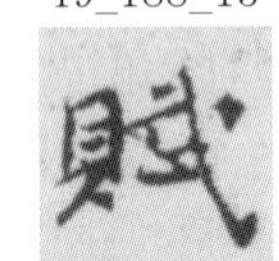
唐代•文選五九
31_305_9

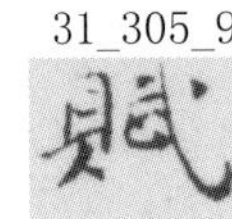
唐代•文選五九
34_333_27

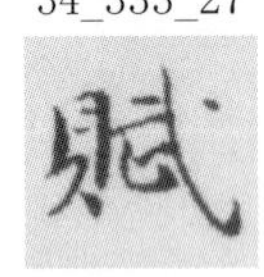
唐代•文選五九
34_334_7

唐代•文選五九
34_336_9

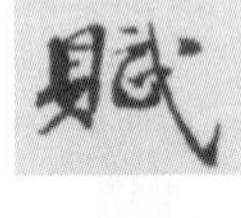
唐代•文選五九
37_360_11

唐代•文選五九
37_371_12

唐代•文選五九
42_417_20

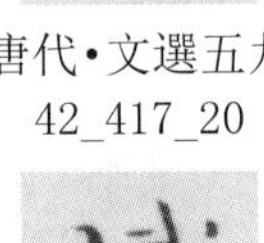
唐代•文選五九
42_417_28

唐代•文選五九
46_453_20

唐代•文選五九
46_455_24

唐代•文選五九
48_473_7

唐代•文選五九
50_494_12

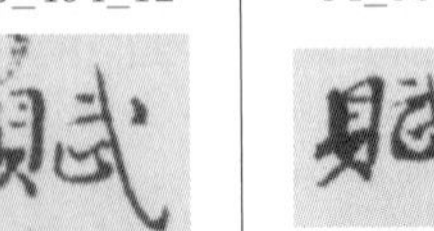
唐代•文選五九
51_498_18

唐代•文選五九
51_507_30

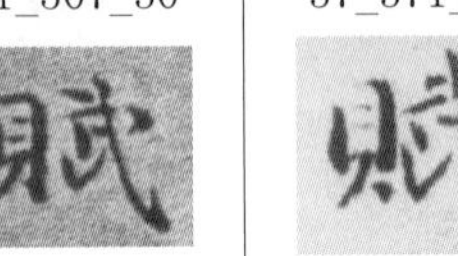
唐代•文選五九
53_527_1

唐代•文選五九
54_531_29

唐代•文選五九
54_532_31

唐代•文選五九
57_554_9

唐代•文選五九
62_599_7

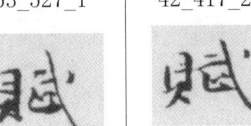

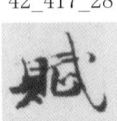

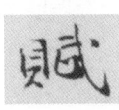

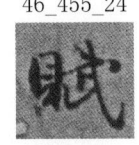

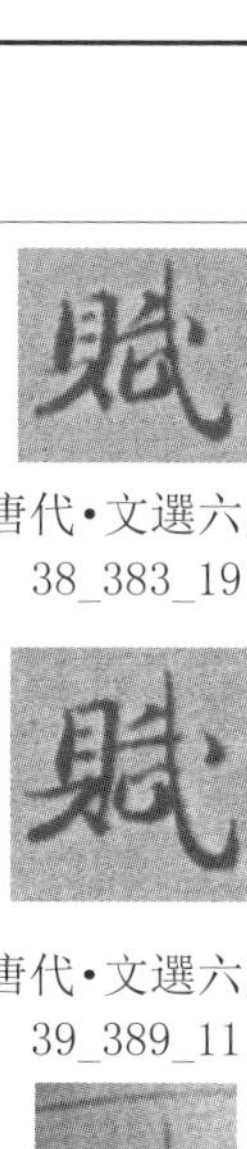
唐代·文選六八
38_383_19

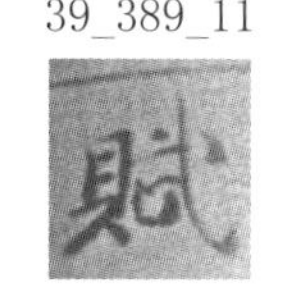
唐代·文選六八
39_389_11

唐代·文選六八
39_394_1

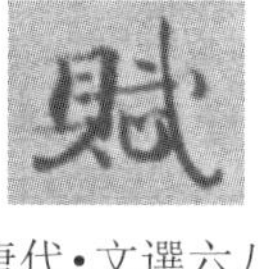
唐代·文選六八
40_404_13

唐代·文選六八
41_410_10

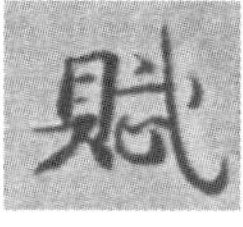
唐代·文選六八
41_413_13

唐代·文選六八
41_416_9

唐代·文選六八
42_419_8

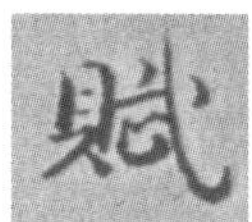
唐代·文選六八
33_336_4

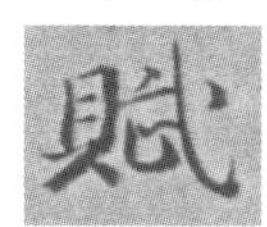
唐代·文選六八
33_337_13

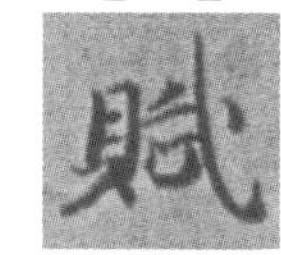
唐代·文選六八
35_346_18

唐代·文選六八
37_368_8

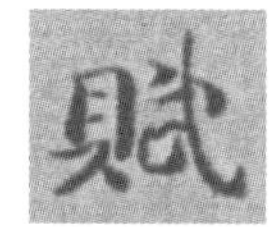
唐代·文選六八
37_371_11

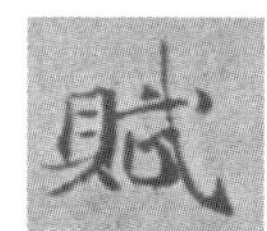
唐代·文選六八
37_378_13

唐代·文選六八
38_379_5

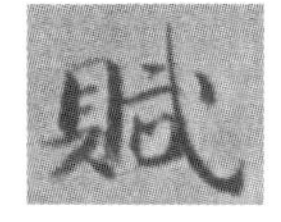
唐代·文選六八
38_382_14

唐代·文選六八
21_206_17

唐代·文選六八
21_216_17

唐代·文選六八
25_254_3

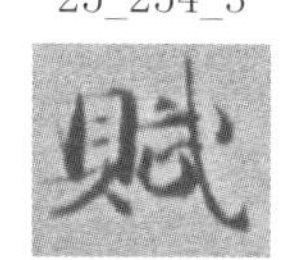
唐代·文選六八
28_285_7

唐代·文選六八
32_319_15

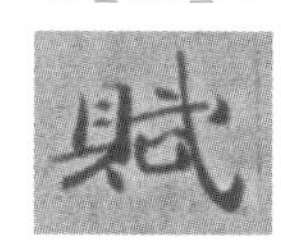
唐代·文選六八
32_322_6

唐代·文選六八
33_331_9

唐代·文選六八
33_333_12

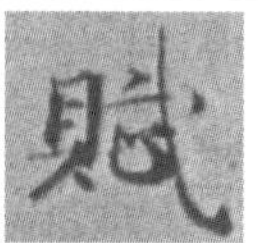
唐代·文選六八
6_54_14

唐代·文選六八
6_57_7

唐代·文選六八
10_105_10

唐代·文選六八
11_116_7

唐代·文選六八
13_133_11

唐代·文選六八
13_133_22

唐代·文選六八
13_135_23

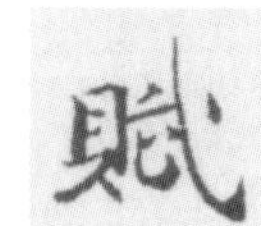
唐代·文選六八
19_186_12

唐代·文選五九
92_885_4

唐代·文選五九
93_891_8

唐代·文選五九
93_895_19

唐代·文選五九
97_918_8

唐代·文選五九
99_938_11

唐代·文選五九
106_1005_22

唐代·文選五九
109_1026_16

唐代·文選六八
4_45_1

唐代·文選五九
71_678_13

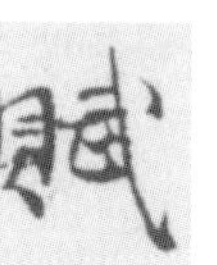
唐代·文選五九
78_756_11

唐代·文選五九
79_760_6

唐代·文選五九
81_778_24

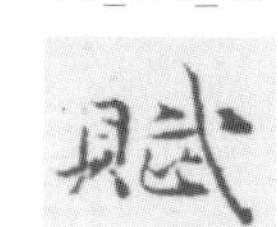
唐代·文選五九
83_796_14

唐代·文選五九
84_802_13

唐代·文選五九
84_803_6

唐代·文選五九
89_853_12

唐代·文選五九
65_626_6

唐代·文選五九
66_633_28

唐代·文選五九
66_634_6

唐代·文選五九
66_641_13

唐代·文選五九
68_653_4

唐代·文選五九
69_666_25

唐代·文選五九
70_675_7

唐代·文選五九
71_677_10

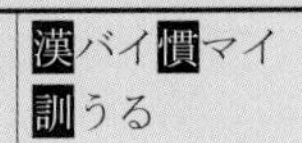

賚 賣

ライ 訓たまう	漢バイ慣マイ 訓うる					
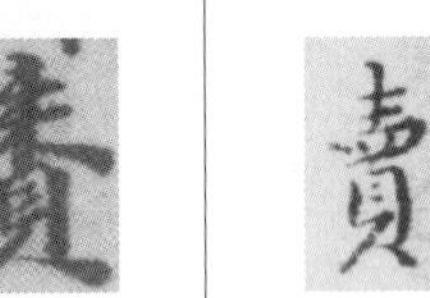 唐代・十輪經四 13_253_12	 唐代・文選六八 13_139_29	 唐代・古文選前 6_74_6 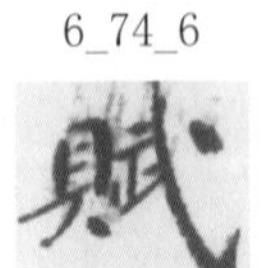 唐代・古文選前 11_133_4 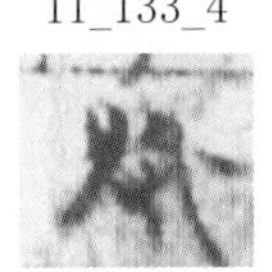 唐代・古文選前 11_133_66 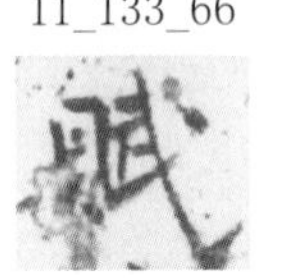 唐代・古文選前 11_136_11  唐代・古文選後 9_99_35  唐代・古文選後 11_119_13  唐代・古文選後 13_150_75	 唐代・文選百三 49_470_15  唐代・文選百三 52_497_9  唐代・文選百三 63_600_24  唐代・文選百三 83_786_22 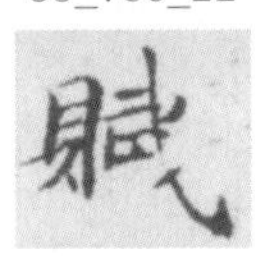 唐代・文選百三 83_792_9  唐代・古文選前 2_17_3 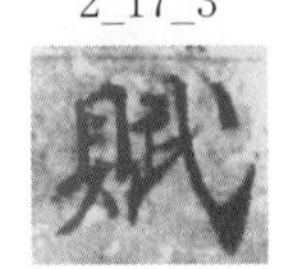 唐代・古文選前 2_19_1  唐代・古文選前 4_38_13	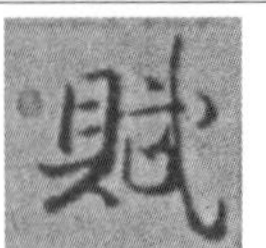 唐代・文選六八 65_647_1 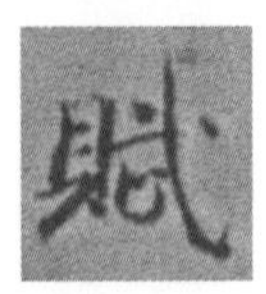 唐代・文選六八 68_679_14 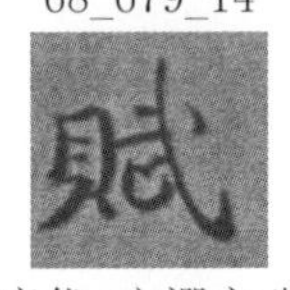 唐代・文選六八 69_694_23 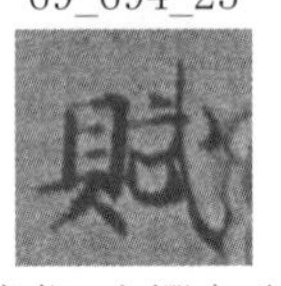 唐代・文選六八 70_700_11  唐代・文選六八 70_701_5  唐代・文選百三 11_102_9 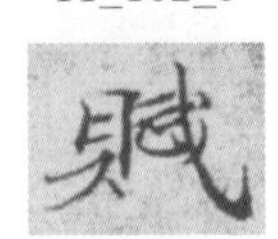 唐代・文選百三 17_160_23 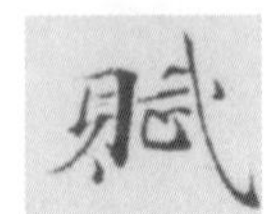 唐代・文選百三 31_306_24	 唐代・文選六八 55_552_5 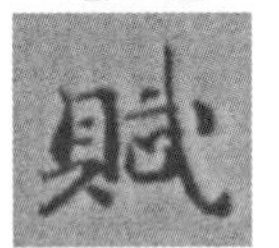 唐代・文選六八 57_566_9 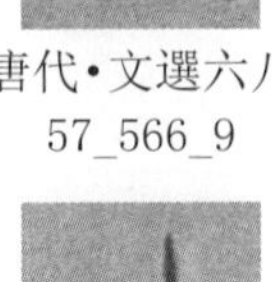 唐代・文選六八 57_571_8 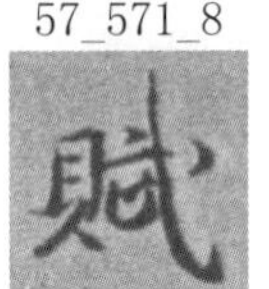 唐代・文選六八 57_571_15  唐代・文選六八 57_572_3 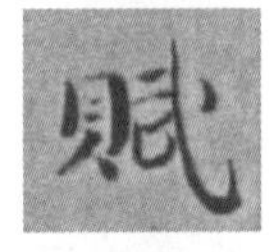 唐代・文選六八 59_587_8  唐代・文選六八 62_618_22 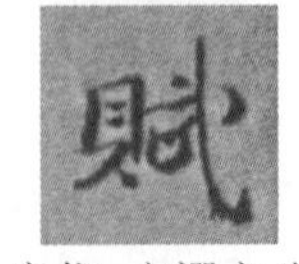 唐代・文選六八 65_646_8	 唐代・文選六八 45_452_4 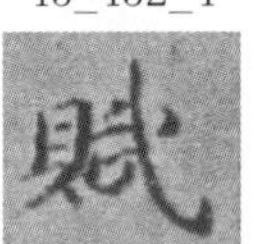 唐代・文選六八 46_462_6 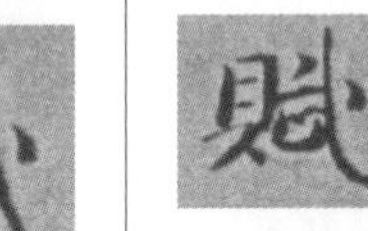 唐代・文選六八 51_509_7  唐代・文選六八 51_518_3  唐代・文選六八 53_530_15  唐代・文選六八 53_537_12  唐代・文選六八 54_544_12 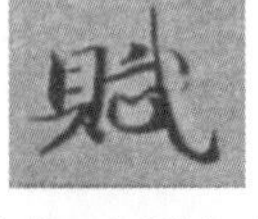 唐代・文選六八 55_547_12

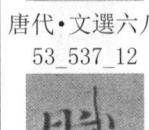

賢 賢

漢ケン 呉ゲン
訓かしこい

中唐・七祖像贊 1_2_3
唐代・春秋經傳 20_205_10
唐代・文選四八 24_213_19
唐代・文選四八 24_220_8
唐代・文選四八 29_262_7
唐代・文選四八 29_265_11
唐代・文選四八 34_304_9

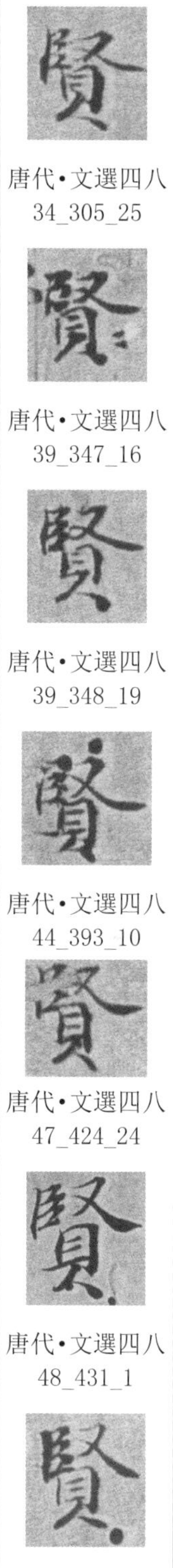

唐代・文選四八 34_305_25
唐代・文選四八 39_347_16
唐代・文選四八 39_348_19
唐代・文選四八 44_393_10
唐代・文選四八 47_424_24
唐代・文選四八 48_431_1
唐代・文選四八 48_433_2

唐代・文選四八 48_434_12
唐代・文選四八 49_441_1
唐代・文選四八 49_446_11
唐代・文選五九 32_318_28
唐代・文選五九 33_320_7
唐代・文選五九 62_597_2
唐代・文選五九 74_715_5

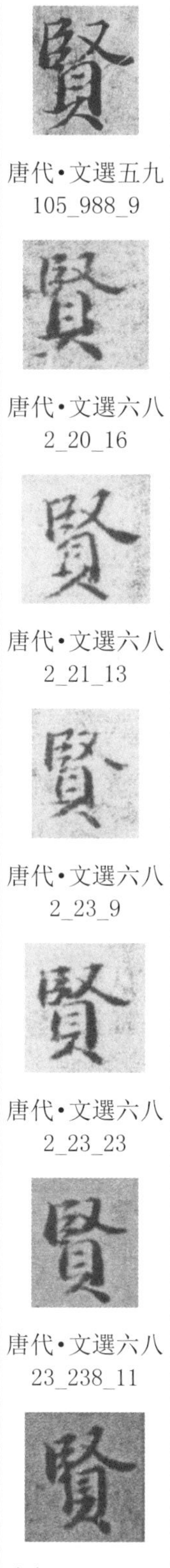

唐代・文選五九 105_988_9
唐代・文選六八 2_20_16
唐代・文選六八 2_21_13
唐代・文選六八 2_23_9
唐代・文選六八 2_23_23
唐代・文選六八 23_238_11
唐代・文選六八 66_663_5

唐代・文選六八 71_702_21
唐代・文選八八 13_104_13
唐代・文選八八 15_126_1
唐代・文選百三 2_15_13
唐代・文選百三 3_17_9
唐代・文選百三 3_18_2
唐代・文選百三 3_18_13

唐代・文選百三 11_99_5
唐代・文選百三 16_150_10
唐代・文選百三 62_598_2
唐代・文選百三 63_609_4
唐代・文選百三 72_694_28
唐代・文選百三 73_707_7
唐代・文選百三 74_712_22

唐代・文選百三 74_712_27
唐代・文選百三 74_714_5
唐代・文選百三 74_716_13
唐代・文選百三 78_745_5
唐代・古文選前 2_15_1
唐代・古文選前 20_234_5
唐代・古文選前 20_239_22

		賞		賤		
		ショウ 訓ほうび		漢セン呉ゼン 訓やすい		
唐代•文選百三 9_89_30  唐代•文選百三 16_149_37  唐代•文選百三 62_598_25  唐代•文選百三 63_601_8  唐代•文選百三 63_602_11  唐代•古文選前 19_226_13  唐代•古文選前 21_246_9	 唐代•文選五九 68_661_12  唐代•文選五九 85_815_3  唐代•文選五九 85_817_20  唐代•文選百三 9_84_9  唐代•文選百三 9_87_17  唐代•文選百三 9_88_10  唐代•文選百三 9_89_17	 唐代•文選五九 32_316_1  唐代•文選五九 32_318_30  唐代•文選五九 33_319_10  唐代•文選五九 39_380_2  唐代•文選五九 61_581_29  唐代•文選五九 68_658_10  唐代•文選五九 68_660_10	唐代•文選五九 110_1042_20  唐代•文選五九 110_1044_30 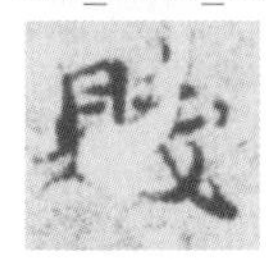 唐代•文選五九 111_1046_10 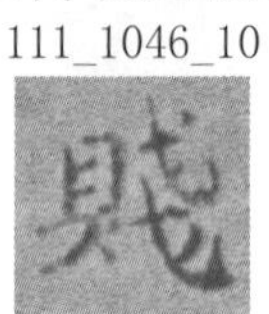 唐代•文選六八 4_39_20 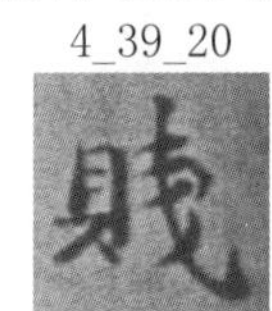 唐代•文選六八 21_216_18  唐代•文選六八 23_227_18  唐代•十輪經四 11_213_14  唐代•十輪經四 20_400_3	 唐代•春秋經傳 6_58_24  唐代•春秋經傳 16_160_14  唐代•文選四八 41_371_12 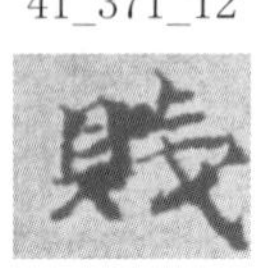 唐代•文選四八 42_378_1 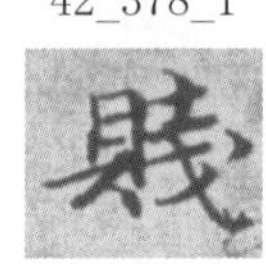 唐代•文選四八 42_383_5  唐代•文選五九 10_98_15  唐代•文選五九 72_693_23  唐代•文選五九 101_953_2	 唐代•十輪經九 21_411_12  唐代•十輪經十 1_16_17	 唐代•古文選前 26_302_11  唐代•古文選後 9_97_5  唐代•十輪經四 5_86_15  唐代•十輪經四 8_146_7 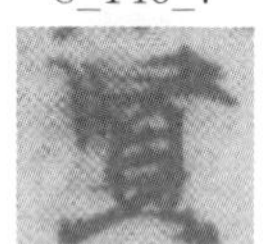 唐代•十輪經九 8_143_10  唐代•十輪經九 15_284_11  唐代•十輪經九 18_343_18

賝	賙			質		賜
漢チン 訓たから	漢シュウ 訓あたえる			チ、シ漢シツ呉シチ 訓しち		シ 訓たまわる

賝

唐代•文選五九 84_803_8

賙

唐代•文選百三 51_496_2

唐代•古文選前 24_286_9

唐代•古文選後 12_142_11

唐代•十輪經八 16_308_7

唐代•文選百三 8_70_7

唐代•文選百三 20_196_1

唐代•文選百三 21_199_26

唐代•文選百三 54_517_11

唐代•文選百三 54_518_8

唐代•古文選前 8_92_37

唐代•古文選前 24_283_5

質

唐代•春秋經傳 21_221_12

唐代•文選五九 23_227_12

唐代•文選五九 106_1001_10

唐代•文選六八 6_60_16

唐代•文選六八 73_724_25

唐代•文選六八 73_725_6

唐代•文選百三 8_69_18

唐代•文選百三 38_383_5

唐代•文選百三 45_428_12

唐代•文選百三 63_601_9

唐代•文選百三 63_601_13

唐代•文選百三 63_602_3

唐代•文選百三 65_624_16

唐代•文選百三 76_730_16

唐代•古文選後 4_42_4

賜

唐代•春秋經傳 16_165_15

唐代•文選四八 16_143_3

唐代•文選五九 99_936_7

唐代•文選五九 103_972_1

唐代•文選六八 21_218_26

唐代•文選八八 18_159_15

唐代•文選八八 18_159_22

唐代•文選百三 5_46_12

賴

ライ
訓たのむ

唐代・春秋經傳
8_83_3

唐代・文選五九
90_869_22

唐代・文選五九
92_876_5

唐代・文選百三
55_529_3

唐代・文選百三
56_535_1

唐代・文選百三
56_535_12

唐代・文選百三
62_596_8

唐代・文選百三
61_593_35

唐代・古文選前
20_232_10

唐代・十輪經十
12_227_15

唐代・十輪經十
12_228_2

贊

サン
訓まみえる

唐代・文選四八
29_263_19

唐代・文選四八
50_451_11

唐代・文選四八
50_451_13

唐代・文選五九
92_889_19

唐代・文選五九
97_924_13

唐代・文選百三
10_94_23

唐代・文選百三
10_95_23

唐代・文選百三
11_96_33

唐代・文選百三
12_114_18

唐代・文選百三
44_423_3

唐代・文選百三
78_742_7

贈

吳ゾウ漢ソウ
訓おくる

唐代・文選四八
3_17_8

唐代・文選四八
4_31_1

唐代・文選四八
4_31_9

唐代・文選四八
5_33_1

唐代・文選四八
5_34_3

唐代・文選四八
5_34_10

唐代・文選四八
5_37_10

唐代・文選四八
5_37_17

唐代・文選四八
6_45_14

唐代・文選四八
6_53_1

唐代・文選四八
8_61_2

唐代・文選四八
8_62_7

唐代・文選四八
8_64_18

唐代・文選四八
8_67_10

唐代・文選四八
8_70_1

唐代・文選四八
8_71_4

唐代・文選四八
9_74_18

唐代・文選四八
11_96_5

唐代・文選四八
12_100_2

唐代・文選四八
24_211_23

唐代・文選四八
26_237_16

唐代・文選四八
38_336_9

唐代・文選四八
40_354_19

唐代·文選四八 40_356_2
唐代·文選四八 40_356_11
唐代·文選四八 40_357_19
唐代·文選四八 40_357_26
唐代·文選四八 40_360_11
唐代·文選四八 41_366_5
唐代·文選四八 41_368_9
唐代·文選四八 40_353_12

唐代·文選四八 41_369_3
唐代·文選四八 46_417_5
唐代·文選四八 47_422_10
唐代·文選五九 9_81_16
唐代·文選五九 26_256_6
唐代·文選五九 27_259_7
唐代·文選五九 27_271_23
唐代·文選五九 28_273_13

唐代·文選五九 28_274_11
唐代·文選五九 28_275_3
唐代·文選五九 29_280_16
唐代·文選五九 42_415_14
唐代·文選五九 42_417_10
唐代·文選五九 43_418_11
唐代·文選五九 43_431_2
唐代·文選五九 47_458_23

唐代·文選五九 47_470_18
唐代·文選五九 88_844_10
唐代·文選五九 105_990_14
唐代·文選五九 109_1034_23
唐代·文選六八 57_568_10
唐代·文選百三 37_376_10
唐代·文選百三 38_378_3
唐代·文選百三 38_378_10

唐代·文選百三 38_381_4
唐代·文選百三 38_381_24
唐代·文選百三 39_385_26
唐代·文選百三 45_426_7
唐代·文選百三 45_428_27
唐代·文選百三 45_428_29
唐代·文選百三 63_613_8
唐代·文選百三 64_615_14

唐代·文選百三 65_619_6
唐代·文選百三 65_623_20
唐代·文選百三 65_626_28
唐代·文選百三 71_686_7
唐代·文選百三 71_687_22
唐代·文選百三 72_694_17
唐代·文選百三 87_824_2
唐代·文選百三 87_825_11

唐代·文選百三 87_826_15
唐代·文選百三 87_827_22
唐代·古文選前 11_124_9
唐代·古文選前 11_128_11
唐代·古文選後 7_83_35
唐代·古文選後 10_116_13

			贖	贐		贍
			漢ショク 訓あがなう	漢シン呉ジン 訓はなむけ		漢セン呉ゼン 訓たす
			 唐代•春秋經傳 5_47_15  唐代•春秋經傳 6_56_22  唐代•古文選後 2_24_14	 唐代•古文選後 18_208_12	 唐代•十輪經四 16_301_5  唐代•十輪經四 14_278_5	 唐代•文選八八 6_38_6  唐代•文選八八 7_42_6  唐代•文選百三 51_495_5  唐代•文選百三 51_495_18  唐代•文選百三 51_496_1  唐代•文選百三 51_496_3  唐代•文選百三 51_496_9

見部

見

ケン 呉ゲン
訓みる

初唐•聖武雜集
1_1_14

晚唐•慶滋書狀
1_6_4

晚唐•慶滋書狀
1_9_1

唐代•春秋經傳
5_47_14

唐代•春秋經傳
6_58_9

唐代•春秋經傳
6_59_1

唐代•春秋經傳
8_75_19

唐代•春秋經傳
10_97_11

唐代•春秋經傳
12_124_7

唐代•春秋經傳
16_163_22

唐代•春秋經傳
16_165_9

唐代•春秋經傳
18_192_11

唐代•春秋經傳
22_232_5

唐代•春秋經傳
24_246_19

唐代•春秋經傳
24_250_8

唐代•春秋經傳
24_251_7

唐代•春秋經傳
24_251_24

唐代•春秋經傳
31_327_25

唐代•春秋經傳
32_334_7

唐代•春秋經傳
32_334_16

唐代•文選四八
3_17_7

唐代•文選四八
4_25_8

唐代•文選四八
4_30_15

唐代•文選四八
5_37_6

唐代•文選四八
5_37_16

唐代•文選四八
6_45_13

唐代•文選四八
18_158_23

唐代•文選四八
18_161_10

唐代•文選四八
18_161_16

唐代•文選四八
18_162_9

唐代•文選四八
18_164_15

唐代•文選四八
21_189_20

唐代•文選四八
23_205_1

唐代•文選四八
24_211_19

唐代•文選四八
26_237_12

唐代•文選四八
31_277_20

唐代•文選四八
32_290_24

唐代•文選四八
32_293_22

唐代•文選四八
34_301_7

唐代•文選四八
35_311_18

唐代•文選四八
38_336_5

唐代•文選四八
40_360_7

唐代•文選四八
42_381_8

唐代•文選四八
44_393_3

唐代•文選四八
44_395_22

唐代•文選四八
45_407_8

唐代•文選四八
47_422_9

唐代•文選五九
4_32_24

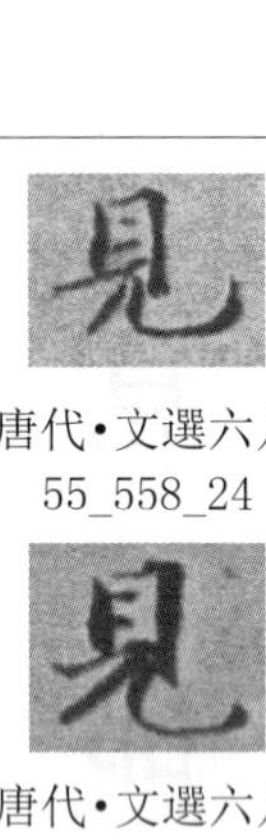 唐代·文選六八 55_558_24	 唐代·文選六八 33_330_19	 唐代·文選六八 13_130_15	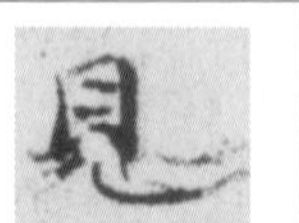 唐代·文選五九 108_1023_6	 唐代·文選五九 101_949_20	 唐代·文選五九 90_861_18	 唐代·文選五九 82_786_12
唐代·文選六八 56_562_10	 唐代·文選六八 33_331_13	 唐代·文選六八 17_176_9	 唐代·文選五九 110_1045_4	 唐代·文選五九 101_958_8	 唐代·文選五九 90_862_5	 唐代·文選五九 82_791_10
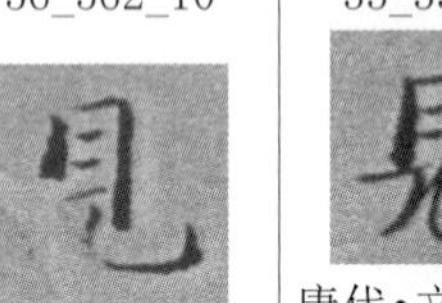 唐代·文選六八 59_592_2	 唐代·文選六八 35_353_12	 唐代·文選六八 19_187_13	 唐代·文選五九 112_1062_7	 唐代·文選五九 101_959_30	 唐代·文選五九 90_862_25	 唐代·文選五九 82_794_21
 唐代·文選六八 69_690_6	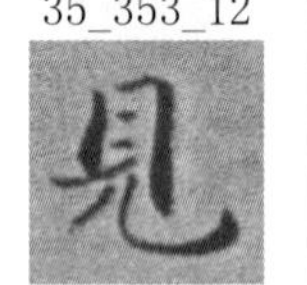 唐代·文選六八 43_425_2	 唐代·文選六八 22_222_11	 唐代·文選六八 2_16_28	 唐代·文選五九 101_960_26	 唐代·文選五九 90_864_22	 唐代·文選五九 84_808_18
 唐代·文選六八 70_701_16	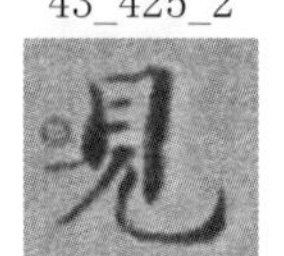 唐代·文選六八 46_460_8	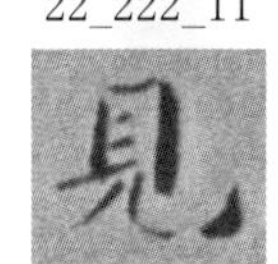 唐代·文選六八 22_222_15	 唐代·文選六八 8_83_19	 唐代·文選五九 102_961_16	 唐代·文選五九 90_868_18	 唐代·文選五九 84_809_8
 唐代·文選八八 5_28_13	 唐代·文選六八 49_488_7	 唐代·文選六八 22_223_15	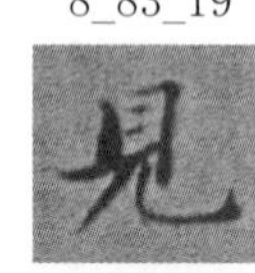 唐代·文選六八 8_85_19	 唐代·文選五九 102_963_7	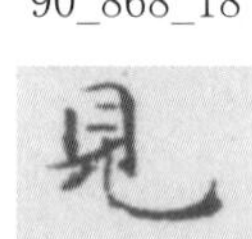 唐代·文選五九 97_920_15	 唐代·文選五九 85_819_1
 唐代·文選八八 7_55_15	 唐代·文選六八 51_512_14	 唐代·文選六八 22_224_30	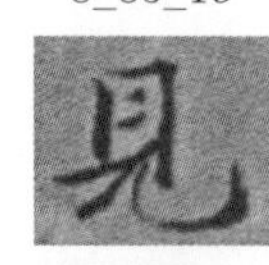 唐代·文選六八 8_86_2	 唐代·文選五九 103_970_12	 唐代·文選五九 100_945_13	 唐代·文選五九 86_824_9
 唐代·文選八八 9_64_2	 唐代·文選六八 55_552_16	 唐代·文選六八 27_277_29	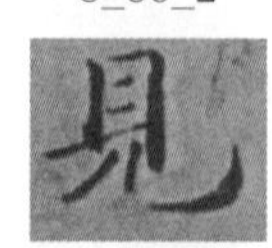 唐代·文選六八 12_128_6	 唐代·文選五九 103_980_14	 唐代·文選五九 101_948_7	 唐代·文選五九 88_845_11

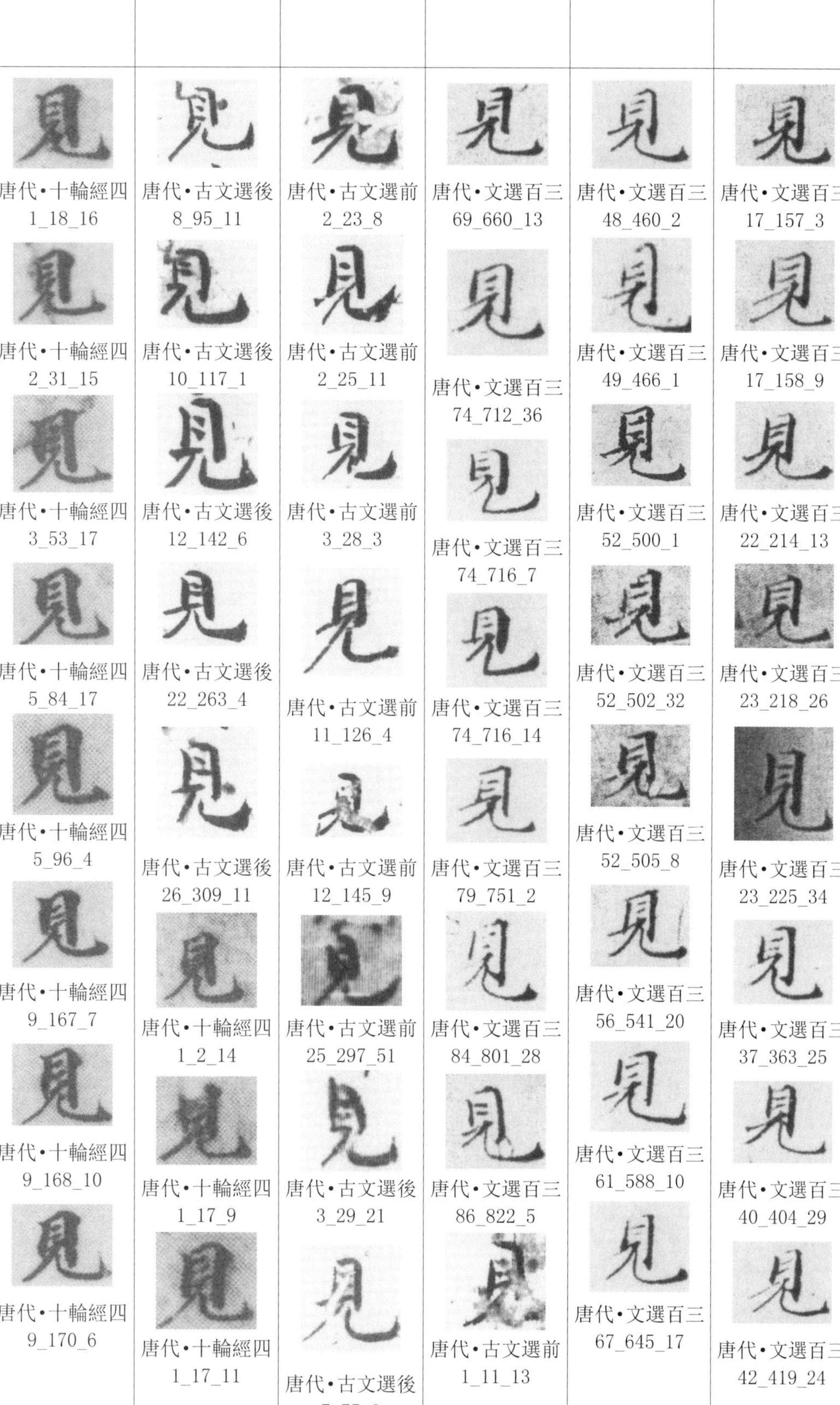
唐代•十輪經四 1_18_16
唐代•十輪經四 2_31_15
唐代•十輪經四 3_53_17
唐代•十輪經四 5_84_17
唐代•十輪經四 5_96_4
唐代•十輪經四 9_167_7
唐代•十輪經四 9_168_10
唐代•十輪經四 9_170_6
唐代•古文選後 8_95_11
唐代•古文選後 10_117_1
唐代•古文選後 12_142_6
唐代•古文選後 22_263_4
唐代•古文選後 26_309_11
唐代•十輪經四 1_2_14
唐代•十輪經四 1_17_9
唐代•十輪經四 1_17_11
唐代•古文選前 2_23_8
唐代•古文選前 2_25_11
唐代•古文選前 3_28_3
唐代•古文選前 11_126_4
唐代•古文選前 12_145_9
唐代•古文選前 25_297_51
唐代•古文選後 3_29_21
唐代•古文選後 7_75_2
唐代•文選百三 69_660_13
唐代•文選百三 74_712_36
唐代•文選百三 74_716_7
唐代•文選百三 74_716_14
唐代•文選百三 79_751_2
唐代•文選百三 84_801_28
唐代•文選百三 86_822_5
唐代•古文選前 1_11_13
唐代•文選百三 48_460_2
唐代•文選百三 49_466_1
唐代•文選百三 52_500_1
唐代•文選百三 52_502_32
唐代•文選百三 52_505_8
唐代•文選百三 56_541_20
唐代•文選百三 61_588_10
唐代•文選百三 67_645_17
唐代•文選百三 17_157_3
唐代•文選百三 17_158_9
唐代•文選百三 22_214_13
唐代•文選百三 23_218_26
唐代•文選百三 23_225_34
唐代•文選百三 37_363_25
唐代•文選百三 40_404_29
唐代•文選百三 42_419_24
唐代•文選八八 9_64_19
唐代•文選八八 9_75_12
唐代•文選八八 10_78_3
唐代•文選八八 18_155_29
唐代•文選百三 7_66_16
唐代•文選百三 7_67_24
唐代•文選百三 14_132_19
唐代•文選百三 17_156_8

唐代•十輪經十 15_293_10

唐代•十輪經十 16_317_9

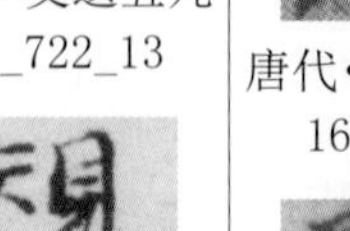

唐代•十輪經十 17_328_23

唐代•十輪經十 18_353_7

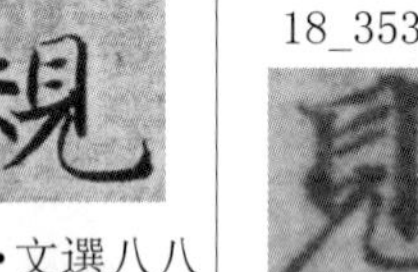
唐代•十輪經十 18_353_11

唐代•十輪經十 19_367_8

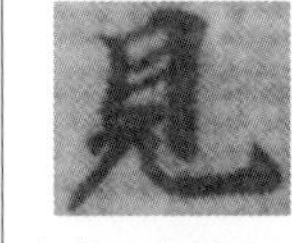
唐代•十輪經十 19_373_8

規 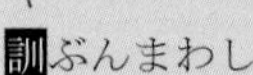

キ
訓 ぶんまわし

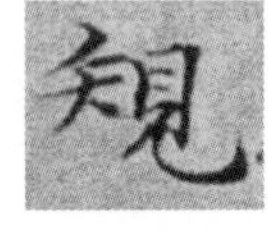
唐代•文選四八 35_312_13

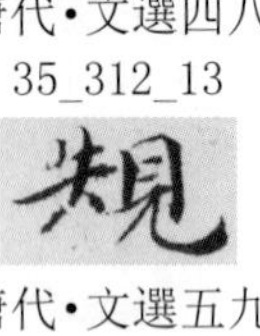
唐代•文選五九 75_722_13

唐代•文選五九 76_726_6

唐代•文選六八 8_84_4

唐代•文選六八 8_85_32

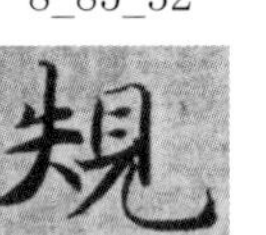
唐代•文選八八 13_112_2

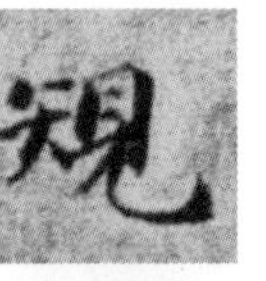

唐代•文選八八 13_113_25

唐代•文選百三 15_148_1

唐代•文選百三 17_155_23

唐代•文選百三 17_156_20

唐代•古文選後 6_65_4

唐代•古文選後 11_130_2

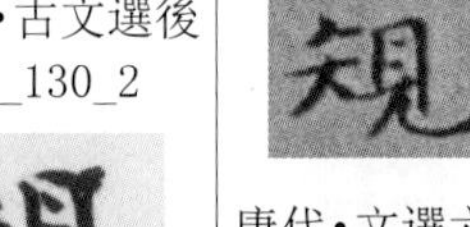
唐代•古文選後 14_164_2

唐代•古文選後 20_231_2

現

吳 ゲン **漢** ケン
訓 あらわれる

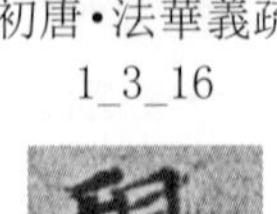
初唐•法華義疏 1_3_16

初唐•大般若經 1_3_6

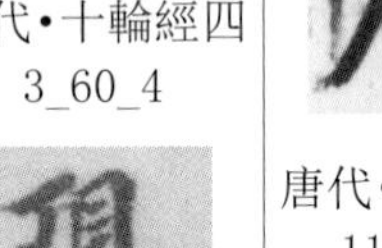
唐代•十輪經四 3_55_5

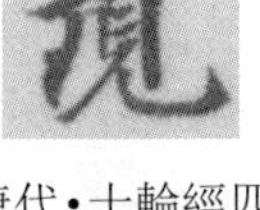
唐代•十輪經四 3_60_4

唐代•十輪經四 7_127_8

唐代•十輪經四 9_166_5

唐代•十輪經四 10_199_3

唐代•十輪經四 11_209_5

唐代•十輪經四 15_289_8

唐代•十輪經四 16_309_11

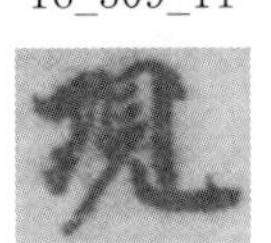
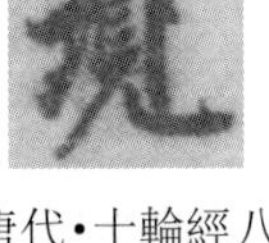
唐代•十輪經八 4_74_11

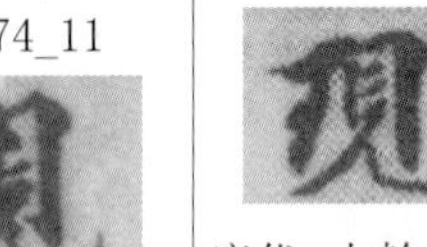
唐代•十輪經八 4_75_15

唐代•十輪經八 6_107_1

唐代•十輪經八 8_145_1

唐代•十輪經八 10_183_8

唐代•十輪經八 11_220_2

唐代•十輪經八 13_257_1

唐代•十輪經八 15_295_2

唐代•十輪經八 17_333_2

唐代•十輪經八 19_371_2

唐代•十輪經八 21_408_11

唐代•十輪經九 1_8_11

唐代•十輪經九 3_46_11

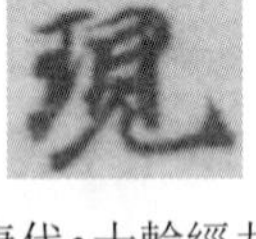
唐代•十輪經九 17_322_5

唐代•十輪經十 3_44_9

唐代•十輪經十 5_100_14

唐代•十輪經十 15_283_14

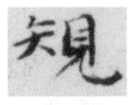

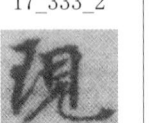

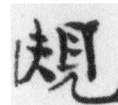

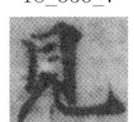

視 視

漢シ 呉ジ
訓みる

唐代•春秋經傳
8_78_3

唐代•春秋經傳
8_78_28

唐代•春秋經傳
19_194_11

唐代•文選四八
47_427_7

唐代•文選五九
17_163_27

唐代•文選五九
17_164_17

唐代•文選五九
17_165_28

唐代•文選五九
31_307_21

唐代•文選五九
62_596_14

唐代•文選五九
81_778_13

唐代•文選五九
97_918_26

唐代•文選五九
103_971_25

唐代•文選六八
39_394_4

唐代•文選六八
41_416_16

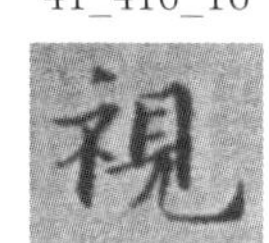
唐代•文選六八
41_416_25

唐代•文選六八
42_424_27

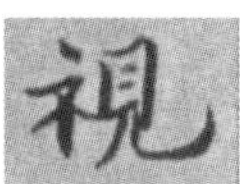
唐代•文選六八
43_425_15

唐代•文選六八
56_561_15

唐代•文選六八
56_561_19

唐代•文選八八
23_210_9

唐代•文選八八
24_213_26

唐代•文選百三
11_108_12

唐代•文選百三
12_109_26

唐代•文選百三
12_110_7

唐代•文選百三
33_324_14

唐代•文選百三
41_417_9

唐代•文選百三
42_419_11

唐代•文選百三
47_451_16

唐代•文選百三
47_451_28

唐代•文選百三
53_509_4

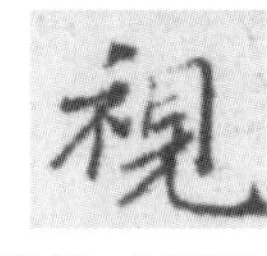
唐代•文選百三
60_576_19

唐代•文選百三
60_578_11

唐代•文選百三
61_583_15

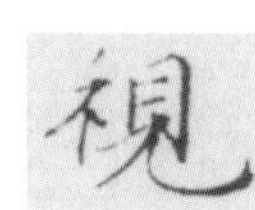
唐代•文選百三
85_817_2

唐代•古文選前
3_32_7

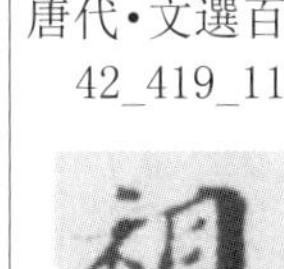
唐代•古文選前
4_44_11

唐代•古文選前
5_54_7

唐代•古文選前
11_127_4

唐代•古文選後
5_52_4

唐代•古文選後
7_79_12

唐代•古文選後
14_160_13

唐代•古文選後
20_238_11

唐代•十輪經四
9_169_2

覓

漢ベキ
訓もとめる

唐代•十輪經四
12_220_15

			親		覩	覘
			シン 訓みずから		漢ト 訓みる	テン 訓うかがう
唐代•古文選後 21_248_5	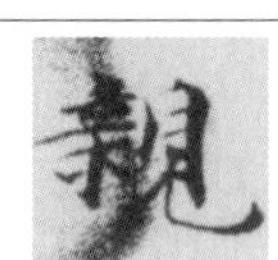 唐代•文選百三 9_79_2	 唐代•文選五九 94_896_7	唐代•春秋經傳 34_351_4	唐代•古文選前 4_46_10	唐代•文選四八 4_22_26	唐代•文選百三 33_330_1
唐代•古文選後 23_269_3	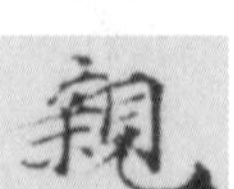 唐代•文選百三 19_187_3	 唐代•文選八八 7_55_9	唐代•文選四八 21_191_4	唐代•古文選前 12_141_13	唐代•文選五九 1_10_15	唐代•文選百三 52_498_25
唐代•古文選後 24_282_11	 唐代•文選百三 19_187_27	 唐代•文選八八 12_96_3	唐代•文選四八 42_372_18	唐代•古文選前 13_154_9	唐代•文選五九 39_379_15	唐代•文選百三 52_499_9
唐代•十輪經四 2_29_8	 唐代•古文選前 6_67_10	 唐代•文選百三 3_23_12	唐代•文選五九 17_171_2	唐代•古文選後 22_263_9	唐代•文選五九 44_436_12	唐代•十輪經四 9_169_3
唐代•十輪經四 2_31_4	 唐代•古文選前 22_260_10	 唐代•文選百三 8_74_16	唐代•文選五九 18_172_13		唐代•文選五九 62_593_10	
 唐代•十輪經四 2_34_17	 唐代•古文選前 22_264_4	 唐代•文選百三 9_75_28	唐代•文選五九 18_172_24		唐代•文選五九 62_594_1	
 唐代•十輪經四 4_63_17	 唐代•古文選後 1_6_6	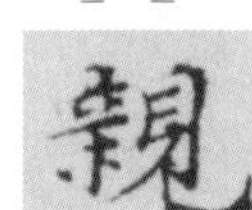 唐代•文選百三 9_77_2	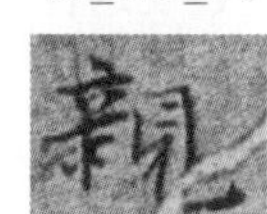 唐代•文選五九 49_481_22		唐代•文選八八 23_208_19	
 唐代•十輪經四 7_139_13	 唐代•古文選後 6_65_1	 唐代•文選百三 9_78_32	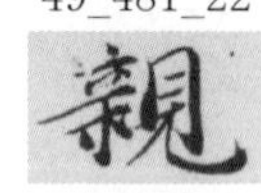 唐代•文選五九 93_894_4		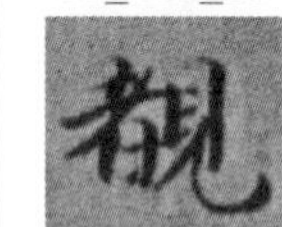 唐代•文選八八 24_214_17	

覺	覲	覯				
カク 訓あきらか	漢キン 訓まみえる	漢コウ 訓あう				
初唐•金剛場經 1_10_5	唐代•文選四八 28_253_14	唐代•文選八八 9_63_2	唐代•十輪經九 2_37_7	唐代•十輪經八 17_323_2	唐代•十輪經八 9_172_13	唐代•十輪經四 8_143_13
唐代•文選四八 34_302_20	唐代•古文選後 4_42_6	唐代•文選八八 9_64_1	唐代•十輪經九 3_47_3	唐代•十輪經八 17_333_11	唐代•十輪經八 10_183_17	唐代•十輪經四 8_153_11
唐代•文選五九 105_993_29	唐代•古文選後 14_168_12	唐代•文選八八 9_64_30	唐代•十輪經九 4_77_11	唐代•十輪經八 18_361_11	唐代•十輪經八 11_210_10	唐代•十輪經四 8_158_10
唐代•文選六八 22_223_11			唐代•十輪經九 16_310_16	唐代•十輪經八 19_371_11	唐代•十輪經八 11_220_11	唐代•十輪經八 1_14_17
唐代•文選六八 22_223_25			唐代•十輪經九 17_322_14	唐代•十輪經八 20_399_6	唐代•十輪經八 13_247_19	唐代•十輪經八 2_29_5
唐代•古文選後 19_223_14			唐代•十輪經十 14_269_1	唐代•十輪經八 21_409_3	唐代•十輪經八 13_257_10	唐代•十輪經八 6_107_10
唐代•十輪經四 5_98_2			唐代•十輪經十 16_318_10	唐代•十輪經八 22_438_14	唐代•十輪經八 15_285_4	唐代•十輪經八 7_134_2
			唐代•十輪經十 17_330_4	唐代•十輪經九 1_9_3	唐代•十輪經八 15_295_11	唐代•十輪經八 8_145_10

唐代•十輪經四 5_99_14
唐代•十輪經四 6_103_17
唐代•十輪經四 6_109_15
唐代•十輪經四 18_347_2
唐代•十輪經八 1_5_1
唐代•十輪經八 1_5_11
唐代•十輪經八 2_20_6

唐代•十輪經八 2_20_14
唐代•十輪經八 2_34_7
唐代•十輪經八 7_125_5
唐代•十輪經八 7_125_13
唐代•十輪經八 9_163_16
唐代•十輪經八 9_164_7
唐代•十輪經八 10_191_10

唐代•十輪經八 11_201_12
唐代•十輪經八 11_202_2
唐代•十輪經八 12_239_4
唐代•十輪經八 12_239_12
唐代•十輪經八 14_276_4
唐代•十輪經八 14_276_12
唐代•十輪經八 16_314_3

唐代•十輪經八 16_314_11
唐代•十輪經八 18_352_13
唐代•十輪經八 18_353_4
唐代•十輪經八 20_390_8
唐代•十輪經八 20_390_16
唐代•十輪經八 22_429_16
唐代•十輪經八 22_430_7

唐代•十輪經九 2_28_8
唐代•十輪經九 2_28_16
唐代•十輪經九 4_59_2
唐代•十輪經九 4_68_13
唐代•十輪經九 4_69_4
唐代•十輪經九 5_82_10
唐代•十輪經九 5_98_13

唐代•十輪經九 6_103_16
唐代•十輪經九 6_111_9
唐代•十輪經九 7_123_14
唐代•十輪經九 7_125_25
唐代•十輪經九 7_133_25
唐代•十輪經九 8_149_13
唐代•十輪經九 8_150_4

唐代•十輪經九 8_150_14
唐代•十輪經九 9_163_6
唐代•十輪經九 9_167_7
唐代•十輪經九 9_167_15
唐代•十輪經九 9_168_9
唐代•十輪經九 9_169_11
唐代•十輪經九 9_176_8

覽

ラン
訓みる

唐代•古文選前 27_315_1	唐代•文選五九 62_599_14	唐代•文選五九 9_81_10	唐代•十輪經十 18_349_15	唐代•十輪經十 11_204_3	唐代•十輪經十 9_174_17	唐代•十輪經十 8_159_5
唐代•古文選後 16_189_5	唐代•文選六八 2_19_8	唐代•文選五九 14_137_6	唐代•十輪經十 8_152_12	唐代•十輪經十 11_204_13	唐代•十輪經十 10_188_13	唐代•十輪經十 9_166_14
	唐代•文選六八 73_723_1	唐代•文選五九 15_139_10	唐代•十輪經十 8_156_2	唐代•十輪經十 12_224_10	唐代•十輪經十 10_191_7	唐代•十輪經十 9_167_5
	唐代•文選百三 21_202_33	唐代•文選五九 15_140_10	唐代•十輪經十 8_156_10	唐代•十輪經十 16_314_3	唐代•十輪經十 10_191_15	唐代•十輪經十 9_167_15
	唐代•古文選前 4_46_12	唐代•文選五九 15_144_10	唐代•十輪經十 8_157_3	唐代•十輪經十 16_314_11	唐代•十輪經十 10_192_8	唐代•十輪經十 9_169_1
	唐代•古文選前 13_155_7	唐代•文選五九 37_370_4		唐代•十輪經十 16_315_4	唐代•十輪經十 10_197_23	唐代•十輪經十 9_173_15
	唐代•古文選前 15_179_38	唐代•文選五九 41_410_4		唐代•十輪經十 17_331_25	唐代•十輪經十 11_203_12	唐代•十輪經十 9_174_7

覿 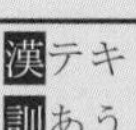

漢テキ
訓あう

唐代•春秋經傳
26_265_4

唐代•文選五九
28_276_9

唐代•文選五九
29_279_6

唐代•文選五九
29_279_10

唐代•文選五九
29_279_26

唐代•文選六八
45_457_17

唐代•文選六八
46_460_7

唐代•文選六八
46_460_14

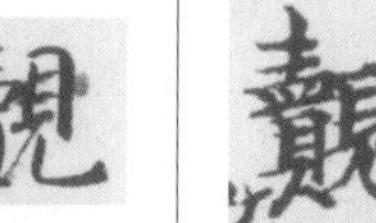
唐代•古文選前
12_143_4

唐代•古文選後
13_147_9

觀

カン
訓みる

初唐•聖武雜集
1_4_3

中唐•七祖像贊
1_6_6

中唐•七祖像贊
1_9_7

中唐・風信帖
1_3_3

唐代•春秋經傳
7_73_14

唐代•春秋經傳
14_138_6

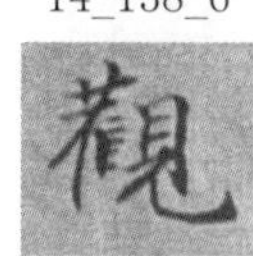
唐代•文選四八
13_118_25

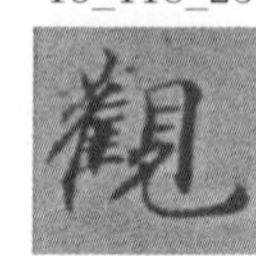
唐代•文選四八
22_200_15

唐代•文選五九
14_137_11

唐代•文選五九
15_139_18

唐代•文選五九
34_335_15

唐代•文選五九
34_336_11

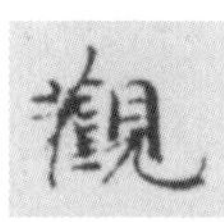
唐代•文選五九
34_337_15

唐代•文選五九
54_532_29

唐代•文選五九
62_594_8

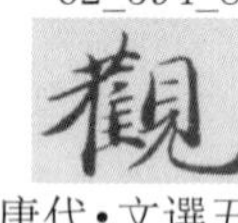
唐代•文選五九
69_662_1

唐代•文選五九
69_664_5

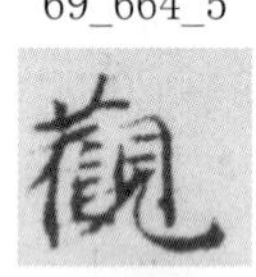
唐代•文選五九
69_665_16

唐代•文選五九
69_667_9

唐代•文選五九
69_667_30

唐代•文選五九
77_744_24

唐代•文選五九
81_780_28

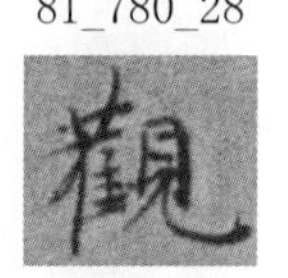
唐代•文選五九
84_804_11

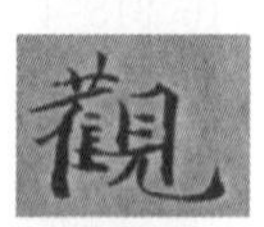
唐代•文選六八
11_115_3

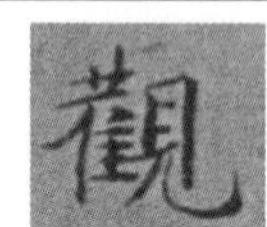
唐代•文選六八
11_116_10

唐代•文選六八
11_119_19

唐代•文選六八
12_123_4

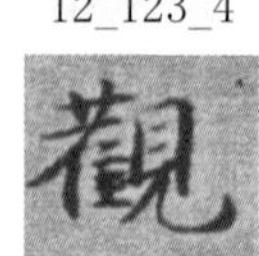
唐代•文選六八
27_279_2

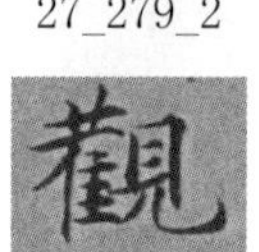
唐代•文選六八
39_389_3

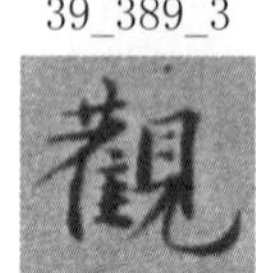
唐代•文選六八
39_389_19

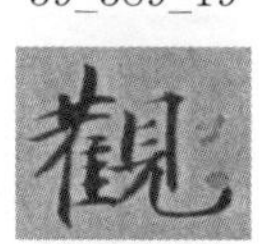
唐代•文選六八
39_391_3

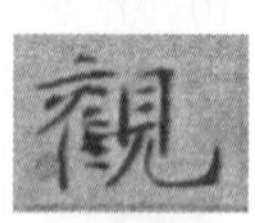
唐代•文選六八
39_391_15

唐代•文選六八
39_397_4

唐代•文選六八
39_398_7

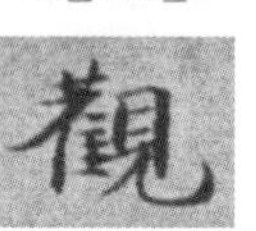
唐代•文選六八
39_398_26

唐代•文選六八
40_399_15

唐代•文選六八
41_415_16

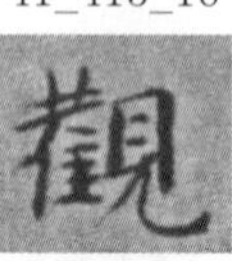
唐代•文選六八
41_417_14

唐代•文選六八
43_437_7

唐代•文選六八
46_459_17

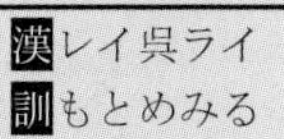

漢レイ呉ライ
訓もとめみる

唐代・文選五九
17_165_3

唐代・十輪經九
11_211_7

唐代・十輪經九
13_259_2

唐代・十輪經九
18_351_11

唐代・十輪經九
22_420_5

唐代・十輪經十
17_327_12

唐代・十輪經十
17_328_12

唐代・十輪經十
17_329_5

唐代・十輪經十
17_335_6

唐代・十輪經四
4_69_3

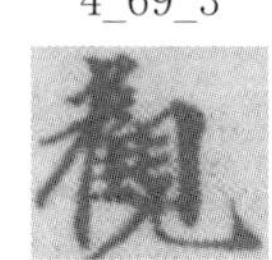
唐代・十輪經四
7_138_7

唐代・十輪經四
9_172_14

唐代・十輪經四
10_190_5

唐代・十輪經四
14_279_3

唐代・十輪經四
16_301_12

唐代・十輪經四
21_405_13

唐代・十輪經四
21_408_17

唐代・古文選前
11_126_12

唐代・古文選前
12_141_12

唐代・古文選前
20_236_13

唐代・古文選後
6_69_3

唐代・古文選後
12_137_4

唐代・古文選後
13_150_77

唐代・古文選後
20_235_2

唐代・古文選後
24_278_9

唐代・文選百三
28_275_13

唐代・文選百三
29_283_10

唐代・文選百三
30_295_1

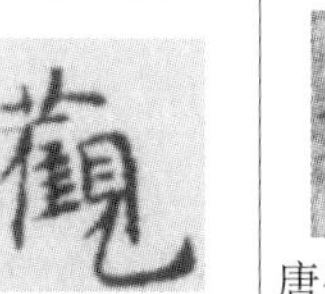
唐代・文選百三
33_323_30

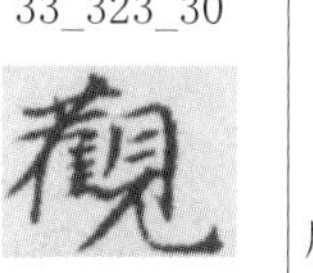
唐代・文選百三
35_343_29

唐代・文選百三
47_449_22

唐代・文選百三
72_693_14

唐代・古文選前
4_49_6

唐代・文選八八
9_64_15

唐代・文選八八
23_208_16

唐代・文選八八
24_214_13

唐代・文選百三
1_5_7

唐代・文選百三
6_52_11

唐代・文選百三
8_73_23

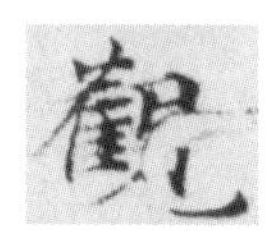
唐代・文選百三
8_74_37

唐代・文選百三
14_132_15

唐代・文選六八
46_460_16

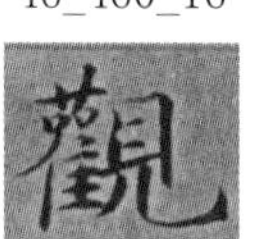
唐代・文選六八
48_483_1

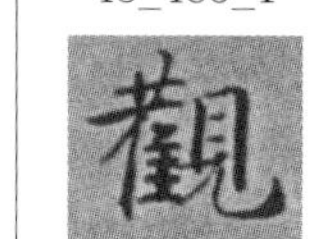
唐代・文選六八
49_488_14

唐代・文選六八
66_661_5

唐代・文選六八
66_662_8

唐代・文選六八
66_662_22

唐代・文選六八
69_688_9

唐代・文選八八
9_62_10

里部

里

リ

訓さと

唐代•春秋經傳 16_168_18
唐代•春秋經傳 16_169_2
唐代•文選四八 15_135_18
唐代•文選四八 16_139_24
唐代•文選四八 16_140_5
唐代•文選五九 24_234_7
唐代•文選五九 24_235_11
唐代•文選五九 25_244_16

唐代•文選五九 47_467_8
唐代•文選五九 51_505_2
唐代•文選五九 51_506_28
唐代•文選五九 51_508_4
唐代•文選五九 51_508_22
唐代•文選五九 59_567_18
唐代•文選五九 59_568_3
唐代•文選五九 63_608_30

唐代•文選五九 63_609_23
唐代•文選五九 64_612_2
唐代•文選五九 71_679_19
唐代•文選五九 74_713_1
唐代•文選五九 82_786_3
唐代•文選五九 98_932_5
唐代•文選五九 101_959_4
唐代•文選六八 14_144_3

唐代•文選六八 20_203_6
唐代•文選六八 49_489_17
唐代•文選六八 49_491_6
唐代•文選六八 49_492_9
唐代•文選六八 49_492_18
唐代•文選六八 60_601_10
唐代•文選百三 4_31_3
唐代•文選百三 4_32_13

唐代•文選百三 12_111_32
唐代•文選百三 28_276_16
唐代•文選百三 39_394_2
唐代•文選百三 58_560_11
唐代•古文選前 1_13_13
唐代•古文選前 7_83_2
唐代•古文選前 25_292_12
唐代•古文選後 16_183_29

唐代•古文選後 23_265_11
唐代•古文選後 23_275_5
唐代•古文選後 25_300_3
唐代•古文選後 25_300_33
唐代•古文選後 26_306_33

重

ジュウ漢チュウ
訓おもい

唐代•春秋經傳 14_140_11
唐代•春秋經傳 15_150_11
唐代•春秋經傳 15_154_12
唐代•春秋經傳 36_376_11
唐代•春秋經傳 36_376_15
唐代•春秋經傳 36_380_3
唐代•春秋經傳 38_398_4
唐代•文選四八 2_10_21

唐代•文選四八 5_34_9
唐代•文選四八 8_64_11
唐代•文選四八 22_202_24
唐代•文選四八 40_359_15
唐代•文選五九 20_196_5
唐代•文選五九 20_197_22
唐代•文選五九 20_198_1
唐代•文選五九 20_198_25

唐代•文選五九 48_475_10
唐代•文選五九 49_478_19
唐代•文選五九 49_479_1
唐代•文選五九 49_479_25
唐代•文選五九 58_556_13
唐代•文選五九 70_671_6
唐代•文選五九 70_672_23
唐代•文選五九 70_673_2

唐代•文選五九 70_673_7
唐代•文選五九 70_673_21
唐代•文選五九 70_673_24
唐代•文選五九 74_708_4
唐代•文選五九 90_857_23
唐代•文選五九 90_858_33
唐代•文選五九 101_952_12
唐代•文選五九 101_954_28

唐代•文選五九 101_956_28
唐代•文選六八 8_88_25
唐代•文選六八 14_147_19
唐代•文選六八 19_187_16
唐代•文選六八 23_233_5
唐代•文選六八 23_234_4
唐代•文選六八 40_399_6
唐代•文選六八 45_450_1

唐代•文選六八 58_584_18
唐代•文選六八 59_586_5
唐代•文選六八 59_587_12
唐代•文選六八 59_587_25
唐代•文選六八 65_648_15
唐代•文選八八 17_151_11
唐代•文選百三 19_176_21
唐代•文選百三 19_181_31

唐代•文選百三 19_182_35
唐代•文選百三 19_188_23
唐代•文選百三 23_223_13
唐代•文選百三 29_288_9
唐代•文選百三 29_289_8
唐代•文選百三 47_456_13
唐代•文選百三 51_488_2

野 野

ヤ 漢 ショ
訓 の

唐代•春秋經傳
20_212_8

唐代•春秋經傳
21_221_1

唐代•春秋經傳
21_221_17

唐代•文選四八
15_134_12

唐代•文選四八
15_135_13

唐代•文選四八
16_139_26

唐代•文選五九
3_22_4

唐代•文選五九
3_26_15

唐代•十輪經九
21_419_4

唐代•十輪經九
22_421_11

唐代•十輪經十
7_123_2

唐代•十輪經十
8_158_2

唐代•十輪經十
10_193_7

唐代•十輪經十
17_324_2

唐代•十輪經九
10_195_10

唐代•十輪經九
11_210_8

唐代•十輪經九
12_224_11

唐代•十輪經九
12_232_1

唐代•十輪經九
14_266_4

唐代•十輪經九
15_294_12

唐代•十輪經九
19_360_2

唐代•十輪經九
21_417_12

唐代•十輪經四
13_256_14

唐代•十輪經四
14_262_3

唐代•十輪經四
14_268_14

唐代•十輪經四
15_282_4

唐代•十輪經四
15_299_5

唐代•十輪經八
21_403_10

唐代•十輪經九
3_41_10

唐代•十輪經九
6_119_15

唐代•十輪經四
10_192_9

唐代•十輪經四
11_201_7

唐代•十輪經四
11_211_9

唐代•十輪經四
12_226_4

唐代•十輪經四
12_232_14

唐代•十輪經四
12_238_4

唐代•十輪經四
13_244_14

唐代•十輪經四
13_250_3

唐代•古文選後
14_166_12

唐代•古文選後
21_248_3

唐代•古文選後
21_251_7

唐代•古文選後
27_314_1

唐代•十輪經四
8_141_13

唐代•十輪經四
8_144_2

唐代•十輪經四
8_145_4

唐代•十輪經四
8_152_11

唐代•文選百三
67_644_11

唐代•古文選前
17_196_3

唐代•古文選前
25_300_4

唐代•古文選後
3_33_11

唐代•古文選後
6_69_11

唐代•古文選後
11_129_13

唐代•古文選後
12_142_14

唐代•古文選後
14_158_9

釐 釐

リ
訓おさめる

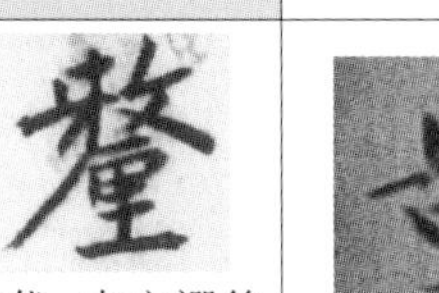
唐代・古文選後
11_128_2

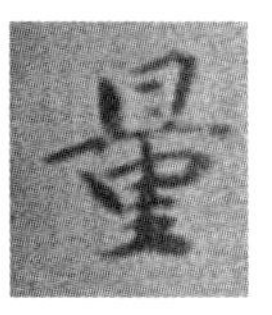
唐代・文選六八
63_633_7

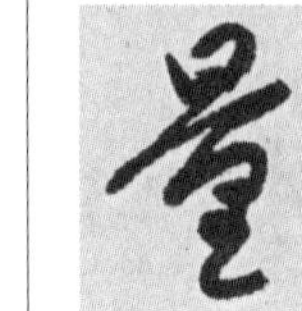
唐代・文選百三
82_778_3

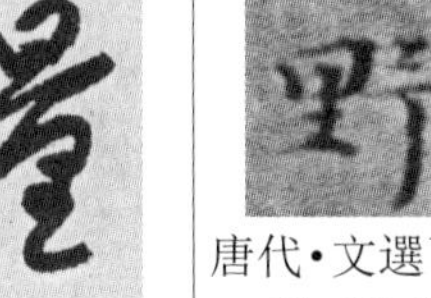
唐代・古文選前
4_45_12

唐代・十輪經十
18_348_13

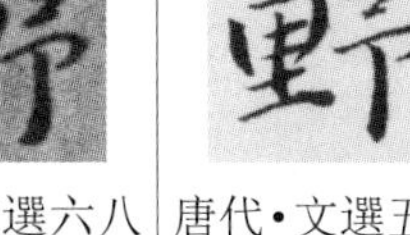
唐代・十輪經十
18_350_8

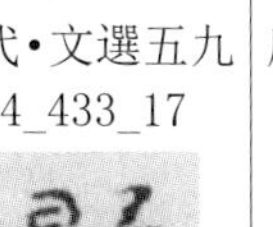
唐代・十輪經十
18_352_12

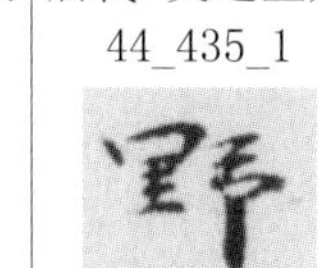
唐代・十輪經十
18_355_5

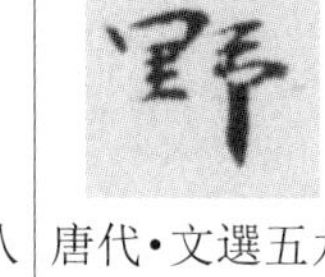
唐代・十輪經十
18_357_15

量 量

リョウ
訓はかる

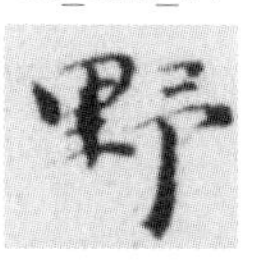
中唐・風信帖
2_8_8

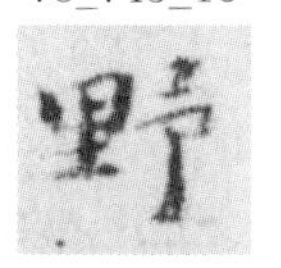
唐代・春秋經傳
36_378_32

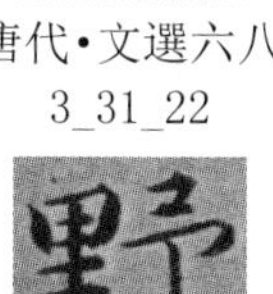
唐代・春秋經傳
36_380_1

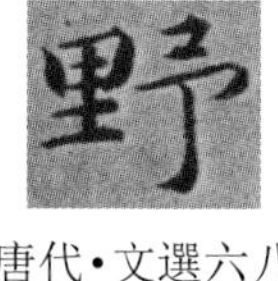
唐代・文選五九
11_106_16

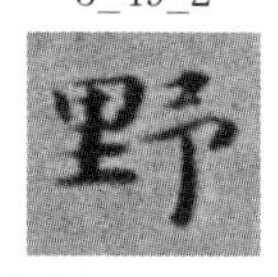
唐代・文選五九
11_107_16

唐代・文選五九
11_108_4

唐代・文選六八
63_631_14

唐代・文選六八
63_632_19

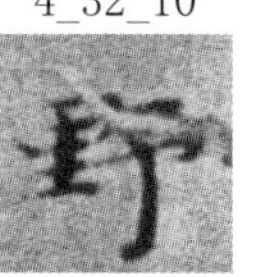
唐代・文選百三
11_96_18

唐代・文選百三
79_754_1

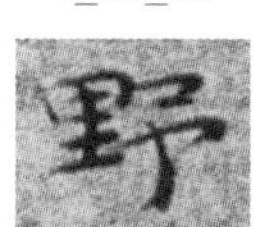
唐代・文選百三
79_755_33

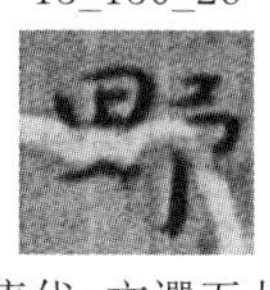
唐代・文選百三
79_757_13

唐代・文選百三
80_762_24

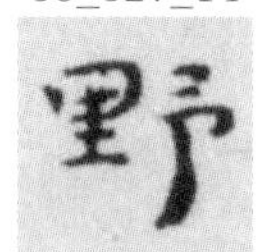
唐代・古文選後
20_239_14

唐代・古文選後
23_265_6

唐代・古文選後
26_308_1

唐代・文選六八
62_618_17

唐代・文選六八
62_619_12

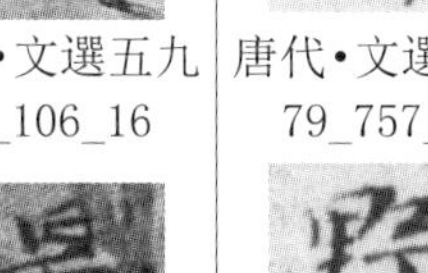
唐代・文選六八
62_621_22

唐代・文選六八
62_621_26

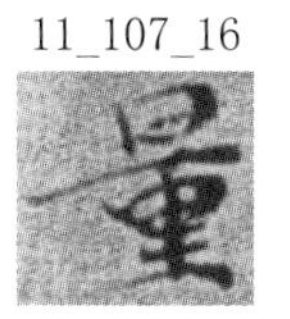
唐代・文選百三
1_6_29

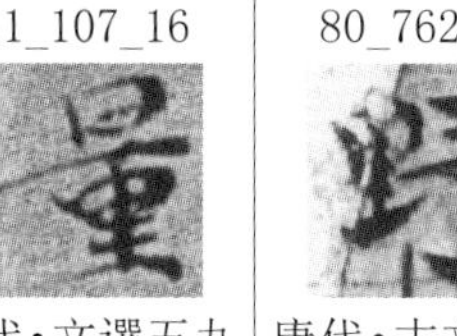
唐代・文選百三
3_16_7

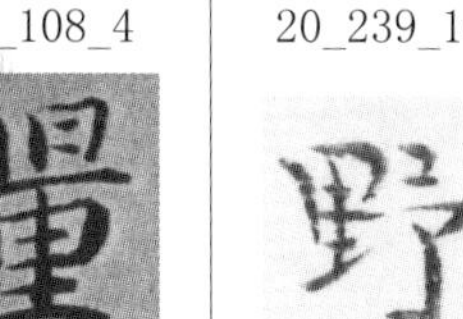
唐代・文選百三
3_17_28

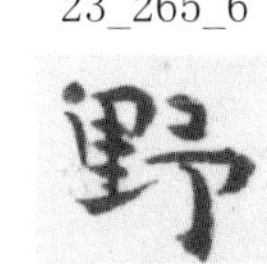
唐代・文選百三
3_18_33

唐代・文選五九
44_433_17

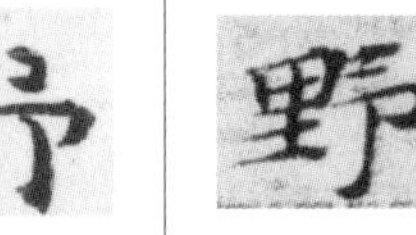
唐代・文選五九
44_435_1

唐代・文選五九
44_435_17

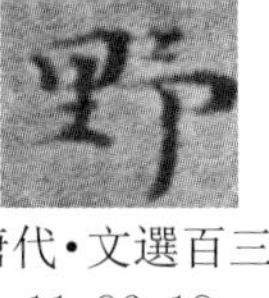
唐代・文選五九
78_745_16

唐代・文選六八
3_31_22

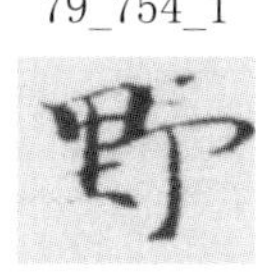
唐代・文選六八
5_49_2

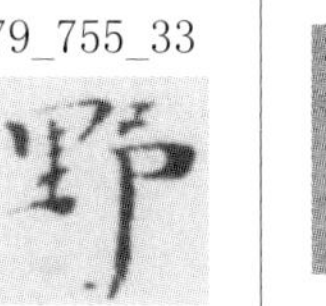
唐代・文選六八
5_49_14

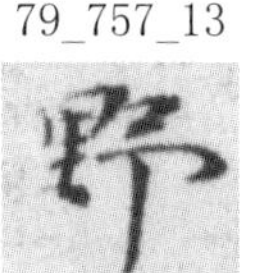
唐代・文選六八
5_50_8

唐代・文選五九
3_31_5

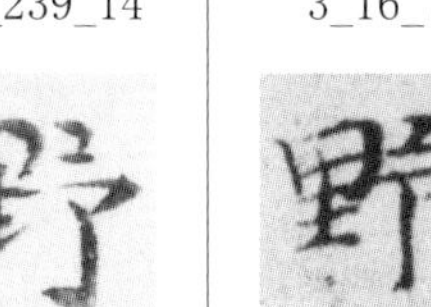
唐代・文選五九
4_32_10

唐代・文選五九
4_34_9

唐代・文選五九
4_36_18

唐代・文選五九
15_150_26

唐代・文選五九
17_159_13

唐代・文選五九
33_327_14

唐代・文選五九
41_403_1

足部

足

吳ソク 漢ショク
慣スウ 漢シュ
訓あし

初唐•金剛場經
1_5_17

中唐•七祖像贊
1_12_9

唐代•春秋經傳
3_27_17

唐代•春秋經傳
18_186_7

唐代•春秋經傳
19_200_8

唐代•春秋經傳
19_200_14

唐代•春秋經傳
20_205_15

唐代•春秋經傳
35_372_15

唐代•春秋經傳
36_380_28

唐代•文選四八
9_79_2

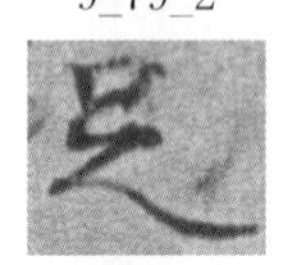
唐代•文選四八
9_79_18

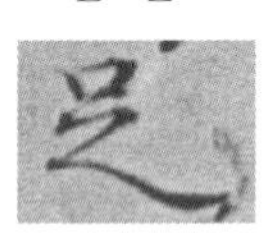
唐代•文選四八
10_80_13

唐代•文選四八
19_174_14

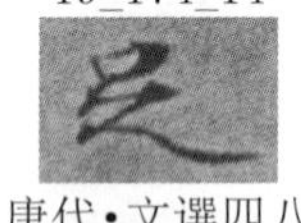
唐代•文選四八
20_176_11

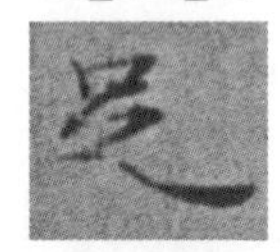
唐代•文選四八
20_176_18

唐代•文選四八
34_305_15

唐代•文選四八
40_362_17

唐代•文選五九
17_161_8

唐代•文選五九
17_162_19

唐代•文選五九
41_407_17

唐代•文選五九
43_431_9

唐代•文選五九
45_450_3

唐代•文選五九
59_566_29

唐代•文選五九
69_667_21

唐代•文選六八
2_19_9

唐代•文選六八
23_237_4

唐代•文選六八
26_261_14

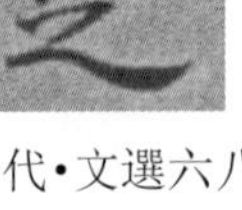
唐代•文選六八
26_263_12

唐代•文選六八
28_284_3

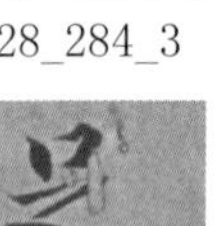
唐代•文選六八
33_331_1

唐代•文選六八
33_331_12

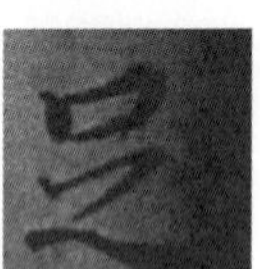
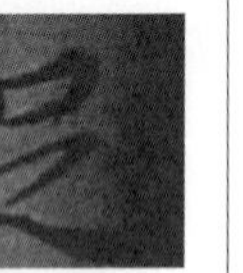
唐代•文選六八
33_335_10

唐代•文選六八
53_528_7

唐代•文選六八
61_605_10

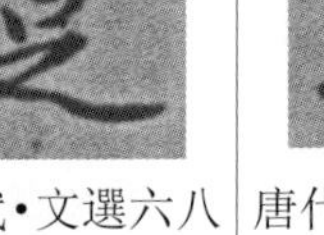
唐代•文選六八
61_608_2

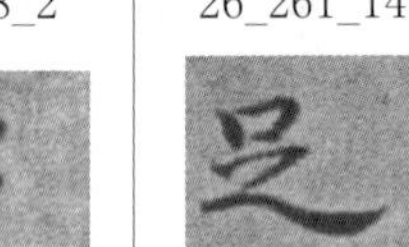
唐代•文選八八
7_42_7

唐代•文選八八
12_99_22

唐代•文選八八
12_99_26

唐代•文選八八
17_151_32

唐代•文選八八
17_152_8

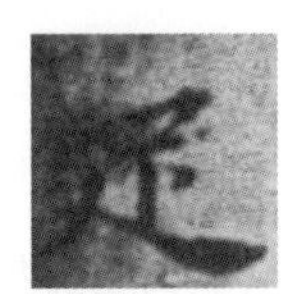
唐代•文選百三
51_496_10

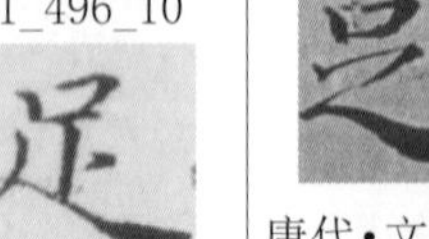
唐代•文選百三
83_787_17

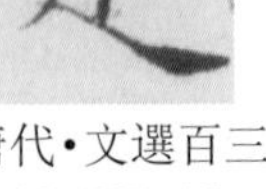
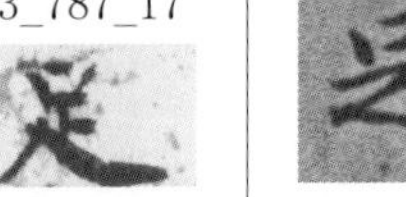
唐代•古文選前
1_10_12

唐代•古文選前
4_42_12

唐代•古文選前
11_131_16

唐代•古文選前
13_153_10

唐代•古文選前
13_155_10

唐代•古文選前
14_168_13

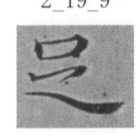

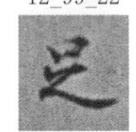

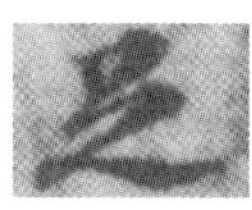

唐代·古文選前 16_193_10
唐代·古文選前 27_314_14
唐代·古文選後 2_22_7
唐代·古文選後 3_25_6
唐代·古文選後 7_77_3
唐代·古文選後 22_263_14
唐代·十輪經四 2_40_12
唐代·十輪經四 3_57_5

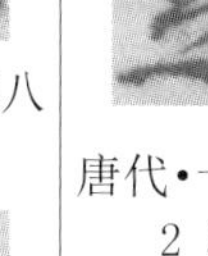
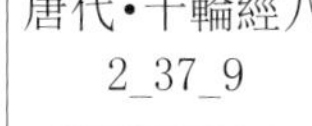

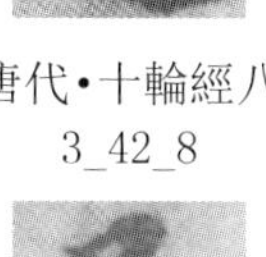
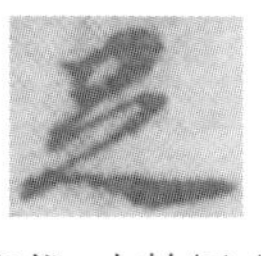
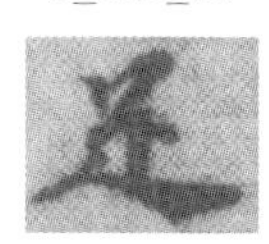

唐代·十輪經四 7_133_15
唐代·十輪經四 9_163_13
唐代·十輪經四 15_299_1
唐代·十輪經八 2_30_5
唐代·十輪經八 2_37_9
唐代·十輪經八 3_42_8
唐代·十輪經八 6_112_14
唐代·十輪經八 7_135_15

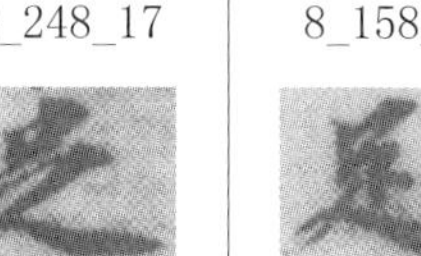
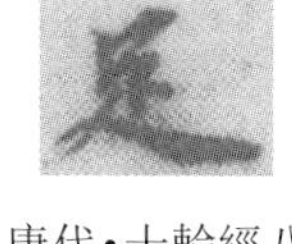
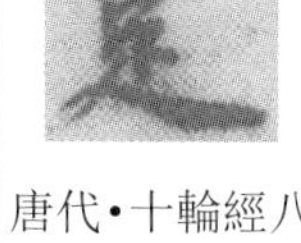
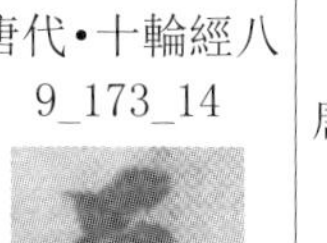

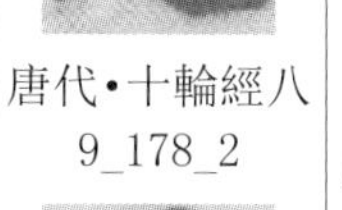

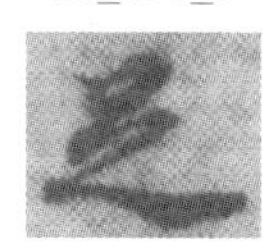
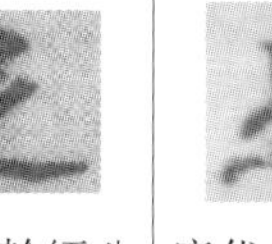
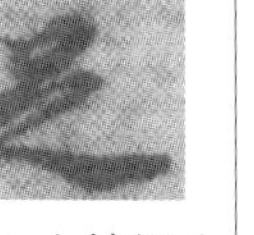

唐代·十輪經八 8_146_6
唐代·十輪經八 8_150_14
唐代·十輪經八 8_158_12
唐代·十輪經八 9_173_14
唐代·十輪經八 9_178_2
唐代·十輪經八 10_189_3
唐代·十輪經八 10_195_5
唐代·十輪經八 11_211_11

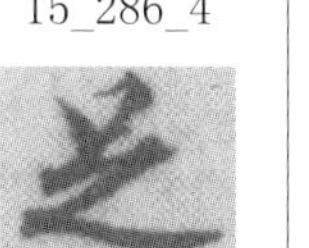
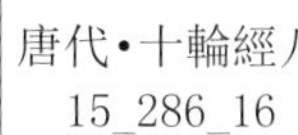
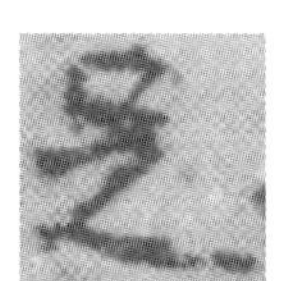
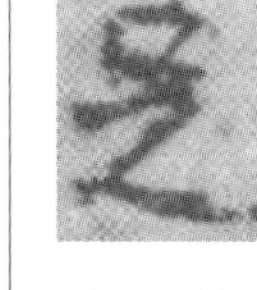

唐代·十輪經八 11_212_6
唐代·十輪經八 12_226_2
唐代·十輪經八 13_248_17
唐代·十輪經八 13_249_11
唐代·十輪經八 14_263_1
唐代·十輪經八 15_286_4
唐代·十輪經八 15_286_16
唐代·十輪經八 15_301_2

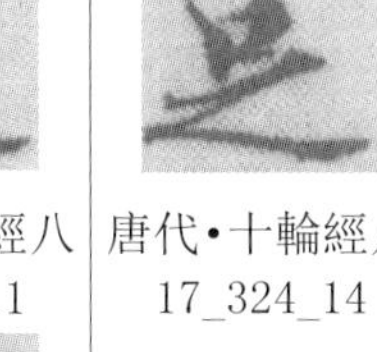
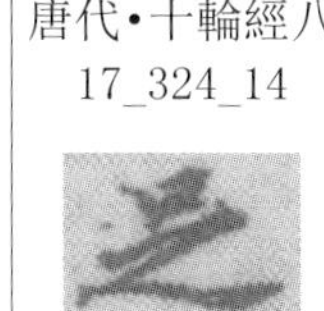
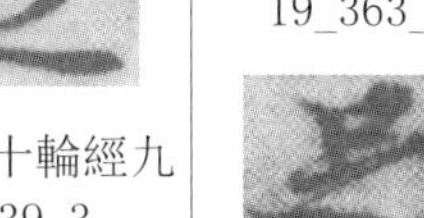

唐代·十輪經八 17_324_2
唐代·十輪經八 17_324_14
唐代·十輪經八 17_339_1
唐代·十輪經八 18_346_9
唐代·十輪經八 18_362_11
唐代·十輪經八 19_363_6
唐代·十輪經八 19_377_1
唐代·十輪經八 20_400_6

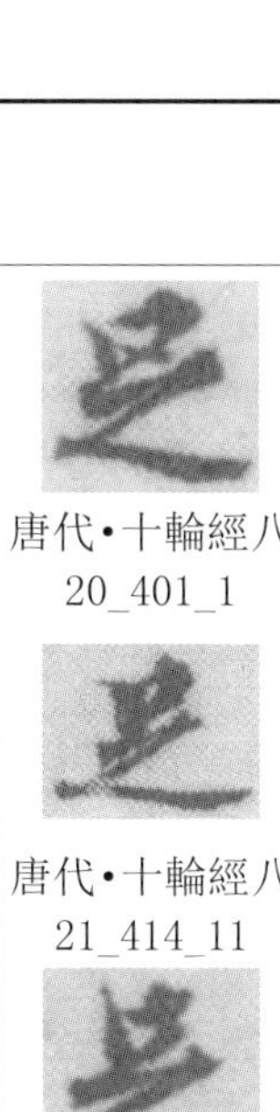
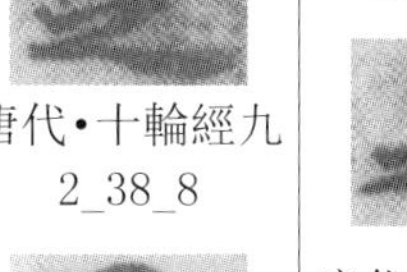

唐代·十輪經八 20_401_1
唐代·十輪經八 21_414_11
唐代·十輪經八 22_439_14
唐代·十輪經八 22_440_10
唐代·十輪經九 1_14_7
唐代·十輪經九 2_38_8
唐代·十輪經九 2_39_3
唐代·十輪經九 3_52_12

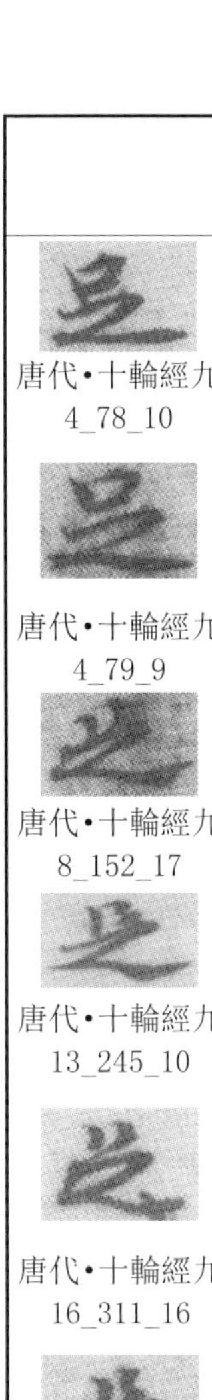
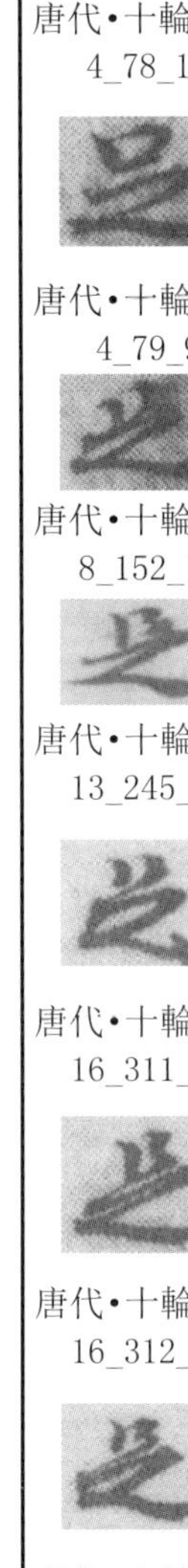
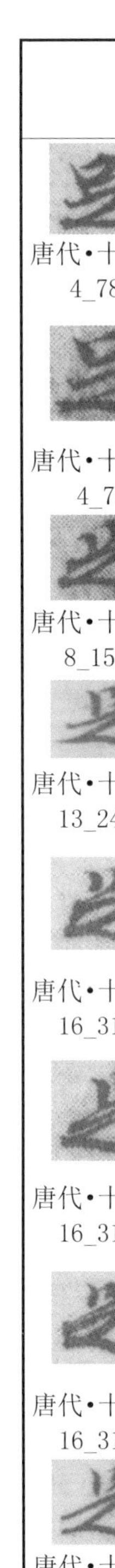

唐代·十輪經九 4_78_10
唐代·十輪經九 4_79_9
唐代·十輪經九 8_152_17
唐代·十輪經九 13_245_10
唐代·十輪經九 16_311_16
唐代·十輪經九 16_312_11
唐代·十輪經九 16_316_18
唐代·十輪經九 17_327_17

跱

漢チ 呉ジ
訓とどまる

唐代•文選四八
10_81_6

唐代•文選四八
16_149_24

唐代•文選百三
47_448_1

唐代•文選百三
47_451_18

唐代•文選百三
47_451_30

唐代•古文選後
5_54_5

跗

漢フ
訓くびす

唐代•春秋經傳
22_224_5

趾

シ
訓あし

唐代•春秋經傳
36_380_25

唐代•文選六八
15_154_19

唐代•文選六八
15_156_12

唐代•文選六八
26_260_18

唐代•文選六八
26_262_23

唐代•文選六八
26_263_11

唐代•古文選前
1_7_14

唐代•文選六八
7_72_22

唐代•文選六八
7_73_3

唐代•文選六八
7_73_18

唐代•文選六八
7_73_25

距

漢キョ
訓けづめ

唐代•文選五九
74_709_16

唐代•文選五九
74_710_15

唐代•文選五九
88_847_2

唐代•文選五九
88_848_26

唐代•文選五九
88_849_1

唐代•文選五九
88_850_16

唐代•文選五九
88_850_22

唐代•文選六八
7_71_7

趺

フ
訓あし

唐代•古文選前
16_191_14

唐代•十輪經九
17_333_5

唐代•十輪經九
18_354_3

唐代•十輪經九
19_378_1

唐代•十輪經九
20_399_8

唐代•十輪經十
3_54_15

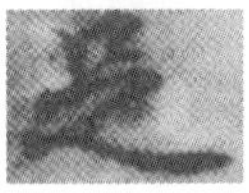
唐代•十輪經十
4_64_4

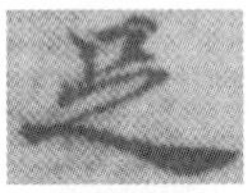
唐代•十輪經十
12_224_3

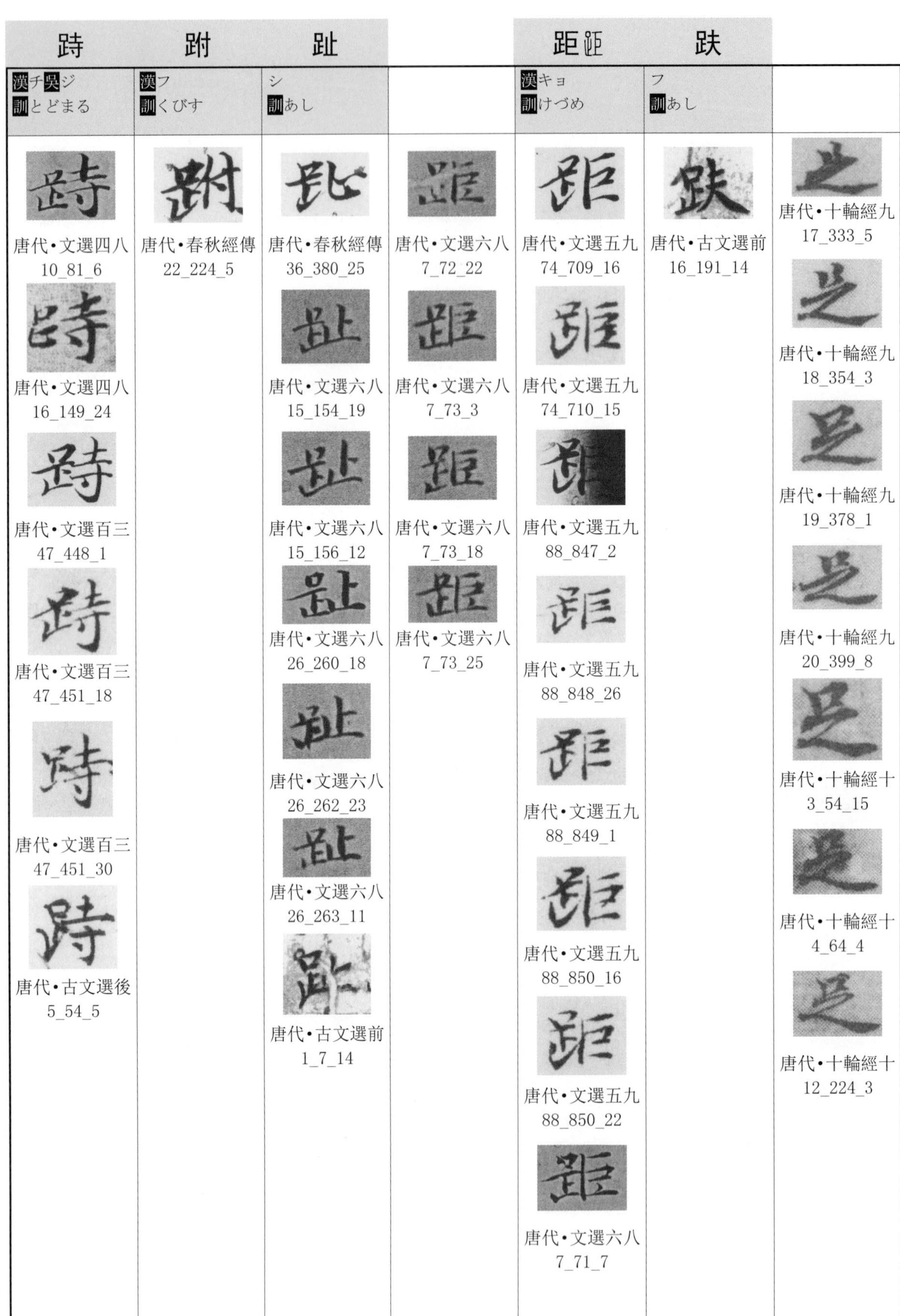

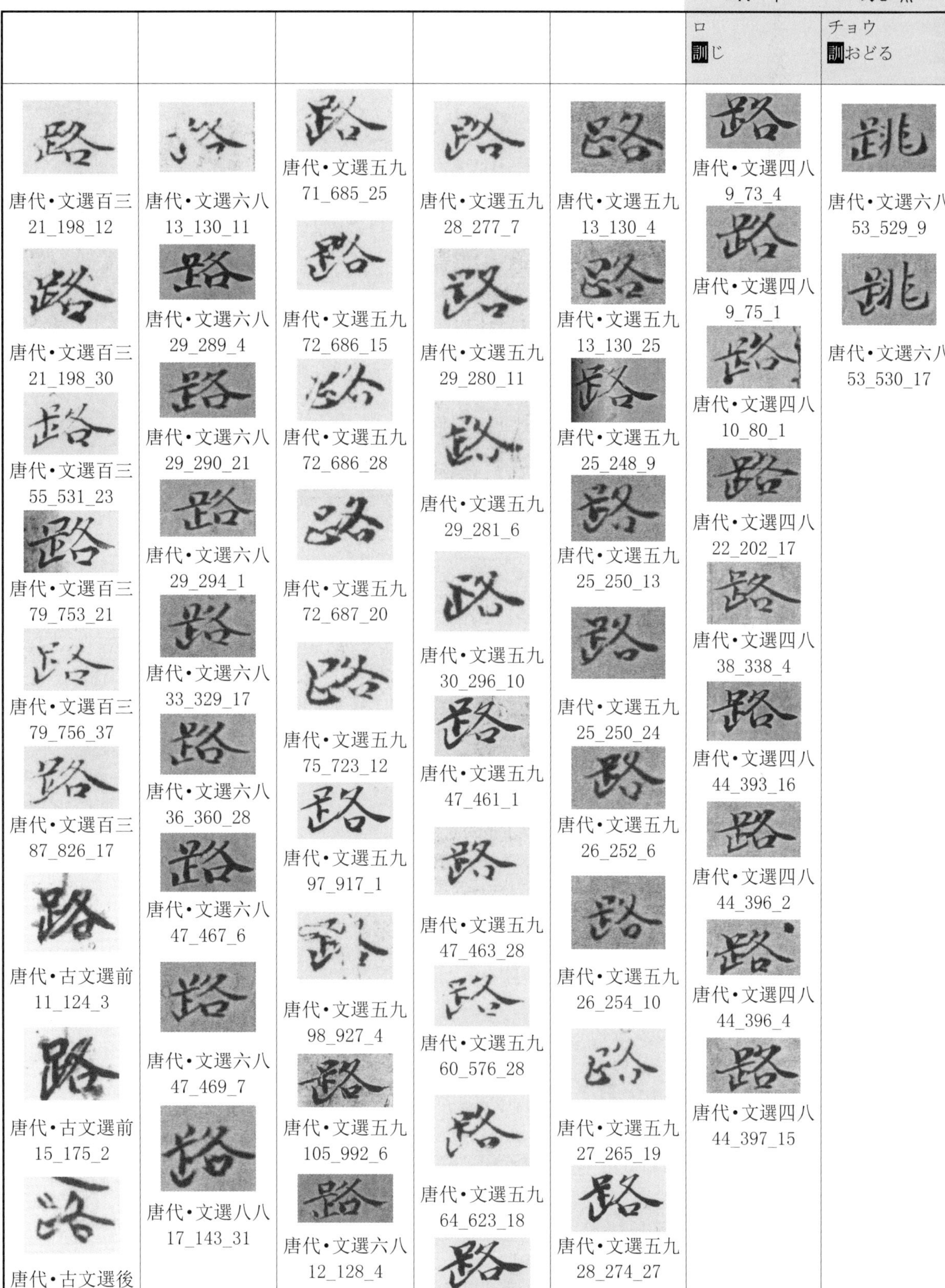

跳

チョウ
訓おどる

唐代•文選六八 53_529_9
唐代•文選六八 53_530_17

路

ロ
訓じ

唐代•文選四八 9_73_4
唐代•文選四八 9_75_1
唐代•文選四八 10_80_1
唐代•文選四八 22_202_17
唐代•文選四八 38_338_4
唐代•文選四八 44_393_16
唐代•文選四八 44_396_2
唐代•文選四八 44_396_4
唐代•文選四八 44_397_15
唐代•文選五九 13_130_4
唐代•文選五九 13_130_25
唐代•文選五九 25_248_9
唐代•文選五九 25_250_13
唐代•文選五九 25_250_24
唐代•文選五九 26_252_6
唐代•文選五九 26_254_10
唐代•文選五九 27_265_19
唐代•文選五九 28_274_27
唐代•文選五九 28_277_7
唐代•文選五九 29_280_11
唐代•文選五九 29_281_6
唐代•文選五九 30_296_10
唐代•文選五九 47_461_1
唐代•文選五九 47_463_28
唐代•文選五九 60_576_28
唐代•文選五九 64_623_18
唐代•文選五九 71_684_16
唐代•文選五九 71_685_25
唐代•文選五九 72_686_15
唐代•文選五九 72_686_28
唐代•文選五九 72_687_20
唐代•文選五九 75_723_12
唐代•文選五九 97_917_1
唐代•文選五九 98_927_4
唐代•文選五九 105_992_6
唐代•文選六八 12_128_4
唐代•文選六八 13_130_11
唐代•文選六八 29_289_4
唐代•文選六八 29_290_21
唐代•文選六八 29_294_1
唐代•文選六八 33_329_17
唐代•文選六八 36_360_28
唐代•文選六八 47_467_6
唐代•文選六八 47_469_7
唐代•文選八八 17_143_31
唐代•文選百三 21_198_12
唐代•文選百三 21_198_30
唐代•文選百三 55_531_23
唐代•文選百三 79_753_21
唐代•文選百三 79_756_37
唐代•文選百三 87_826_17
唐代•古文選前 11_124_3
唐代•古文選前 15_175_2
唐代•古文選後 3_29_19

跼			跡	跪		
漢キョク 訓せぐくまる			漢セキ 呉シャク 訓あと	キ 訓ひざまず		

唐代・文選五九 111_1060_26	唐代・文選六八 9_97_16	唐代・文選五九 15_143_19	唐代・春秋經傳 39_407_32	唐代・十輪經四 15_298_11	唐代・古文選後 22_259_36	唐代・古文選後 3_35_8
唐代・文選五九 112_1061_4	唐代・文選六八 31_315_17	唐代・文選五九 33_326_11	唐代・文選四八 14_125_4		唐代・十輪經八 3_43_1	唐代・古文選後 4_38_12
唐代・文選五九 112_1061_16	唐代・文選六八 31_317_16	唐代・文選五九 33_327_29	唐代・文選四八 48_435_5		唐代・十輪經八 3_43_4	唐代・古文選後 9_102_1
	唐代・文選八八 15_131_2	唐代・文選五九 33_328_19	唐代・文選四八 48_440_7		唐代・十輪經八 4_71_13	唐代・古文選後 10_115_4
	唐代・文選百三 58_561_20	唐代・文選五九 82_795_10	唐代・文選五九 11_109_22		唐代・十輪經十 20_385_11	唐代・古文選後 22_259_26
	唐代・文選百三 62_595_19	唐代・文選五九 87_833_21	唐代・文選五九 11_110_2			唐代・古文選後 23_274_5
	唐代・古文選前 18_208_1	唐代・文選五九 98_931_25	唐代・文選五九 13_130_11			唐代・古文選後 24_285_6
	唐代・古文選後 17_202_10	唐代・文選六八 9_96_6	唐代・文選五九 15_140_2			唐代・古文選後 27_314_7

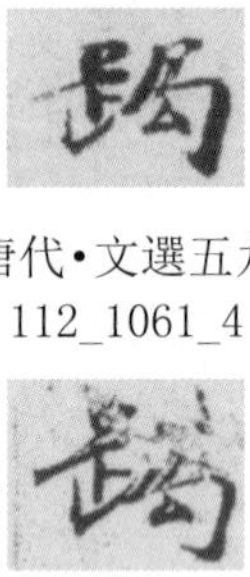

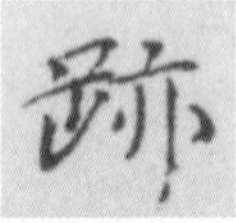

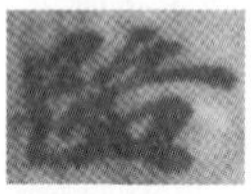

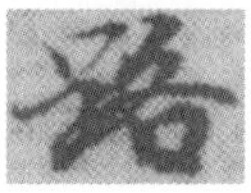

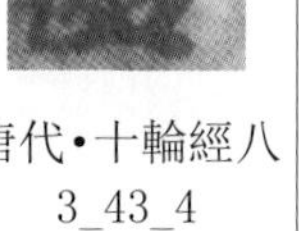

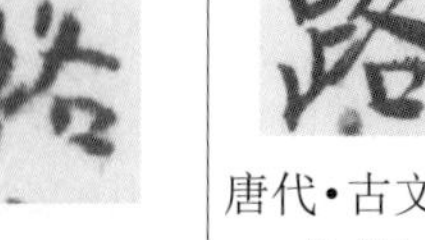

踐

漢セン
訓ふけ

唐代・文選四八
10_92_7

唐代・文選五九
37_360_13

唐代・文選五九
43_425_2

唐代・文選五九
43_425_14

唐代・文選五九
72_692_7

唐代・文選五九
87_833_15

唐代・文選六八
21_218_22

唐代・文選六八
22_220_33

唐代・文選六八
33_331_3

唐代・文選六八
33_331_22

唐代・文選六八
33_331_24

唐代・文選六八
57_565_13

唐代・文選六八
57_567_15

唐代・文選六八
61_615_14

唐代・文選六八
21_218_20

唐代・古文選前
8_100_9

唐代・古文選前
9_114_1

唐代・古文選後
14_163_2

唐代・文選八八
13_104_16

踏

漢トウ
訓ふむ

唐代・十輪經四
10_181_3

踟

漢チ
訓たちもとおる

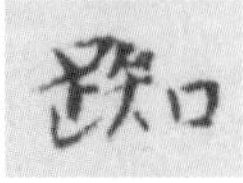
唐代・文選五九
28_278_21

唐代・古文選前
8_102_1

踞

漢キョ吳コ
訓うずくまる

唐代・文選四八
16_150_1

蹀

漢チョウ
訓ふむ

唐代・文選五九
17_161_7

唐代・文選五九
17_162_18

唐代・文選五九
17_162_25

唐代・文選五九
17_164_21

蹈蹈	蹊	踴踊	蹄	踰踰		踵踵
漢トウ呉ドウ 訓ふむ	漢ケイ 訓こみち	漢ヨウ 訓おどる	漢テイ 訓ひづめ	ユ 訓こえる		漢シュウ 訓おう
唐代・文選六八 53_526_2	唐代・春秋經傳 38_396_20	唐代・文選五九 18_178_9	唐代・古文選前 1_10_11	唐代・文選五九 3_22_21	唐代・古文選後 19_227_13	唐代・文選五九 21_210_4
唐代・文選六八 53_528_20	蹊徑 唐代・春秋經傳 38_396_26	唐代・文選五九 18_178_22		唐代・文選五九 3_24_20		唐代・文選六八 65_645_7
	唐代・春秋經傳 38_397_9	唐代・文選六八 53_532_21		唐代・古文選後 18_208_18		唐代・文選六八 65_647_3
	唐代・文選五九 97_923_19	唐代・古文選前 14_161_7				唐代・文選六八 65_647_12
	唐代・文選五九 97_925_3	唐代・古文選前 27_312_12				唐代・文選六八 65_648_13
	唐代・文選五九 97_926_1					唐代・文選八八 17_149_6
	唐代・文選五九 97_926_25					唐代・文選八八 17_151_9
						唐代・文選八八 17_151_31

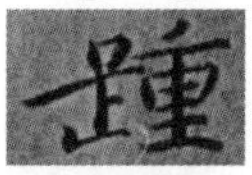

蹬	蹲	蹯	蹻	蹤	蹠	蹍
漢トウ呉ドウ 訓よろめく	漢ソン 訓つくばう	漢ハン 訓—	漢キョク、キャク、キョウ 訓あげる	漢ショウ 訓あと	漢セキ 訓—	テン 訓ふむ
 唐代・十輪經九 6_100_12	 唐代・文選六八 21_206_29  唐代・文選六八 44_439_11	 唐代・春秋經傳 8_74_6  唐代・文選六八 37_367_11	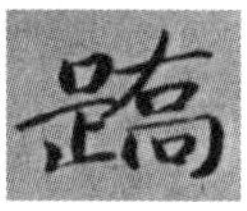 唐代・文選六八 53_525_20  唐代・文選六八 53_526_18  唐代・文選六八 53_527_9  唐代・文選六八 53_527_26  唐代・文選六八 53_528_12  唐代・文選六八 53_529_5	 唐代・文選五九 18_174_9  唐代・文選五九 18_178_28  唐代・文選五九 19_179_4  唐代・文選五九 32_313_7  唐代・文選五九 32_315_29  唐代・文選百三 58_561_19  唐代・古文選後 1_3_12	 唐代・文選六八 53_526_5  唐代・文選六八 53_527_4  唐代・文選六八 53_528_5  唐代・文選六八 53_528_24  唐代・文選六八 53_529_8	 唐代・文選六八 33_331_14

蹰		躍	躑	躋	躁	躅
漢チュ呉ヂュ慣チュウ 訓たちもとほる		ヤク漢テキ 訓おどる	漢テキ 訓たちもとおる	漢セイ呉サイ 訓のぼる	ソウ 訓はやい	漢チョク呉ドク 訓いきなやむ
 唐代・文選五九 28_278_22  唐代・古文選前 8_102_2	 唐代・古文選前 17_205_10  唐代・古文選前 27_312_13  唐代・古文選後 8_87_1  唐代・十輪經四 14_274_1	 唐代・文選四八 44_394_3  唐代・文選四八 44_395_23  唐代・文選四八 44_396_21  唐代・文選四八 44_397_16  唐代・文選六八 53_529_12  唐代・文選六八 53_532_20  唐代・文選六八 61_610_15  唐代・文選六八 69_690_17	 唐代・文選五九 20_196_21  唐代・古文選前 5_55_9	 中唐・風信帖 2_6_3  唐代・文選五九 36_356_1  唐代・文選五九 36_358_6  唐代・文選五九 36_358_21	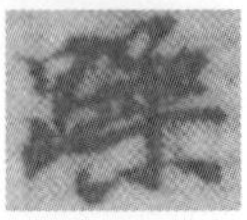 唐代・十輪經十 3_57_7	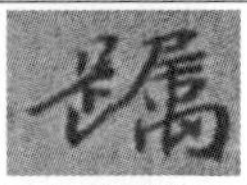 唐代・文選五九 20_197_1  唐代・古文選前 5_55_10

⿰𧾷繭

ケン
訓たこ

唐代•文選八八
12_98_11

躡

漢ジョウ
訓ふむ

唐代•文選六八
31_309_24

唐代•文選六八
33_331_25

唐代•古文選後
19_228_3

唐代•文選六八
31_309_9

唐代•文選五九
17_162_26

唐代•文選五九
48_473_14

唐代•文選五九
111_1050_9

唐代•文選六八
30_305_6

唐代•文選六八
31_306_12

唐代•文選六八
31_308_26

唐代•文選六八
31_309_12

躔

漢テン
訓めぐる

唐代•古文選前
18_206_13

邑部

邑 ㅇ

漢ユウ吳オン
訓みやこ

- 唐代•春秋經傳 4_40_21
- 唐代•春秋經傳 7_66_15
- 唐代•春秋經傳 12_118_10
- 唐代•春秋經傳 18_183_24
- 唐代•春秋經傳 21_220_18
- 唐代•春秋經傳 21_222_2
- 唐代•春秋經傳 33_340_11
- 唐代•春秋經傳 36_377_21
- 唐代•文選四八 14_128_3
- 唐代•文選四八 14_128_6
- 唐代•文選四八 16_143_12
- 唐代•文選四八 42_383_18
- 唐代•文選四八 43_384_2
- 唐代•文選四八 43_385_11
- 唐代•文選四八 43_388_10
- 唐代•文選四八 43_389_25
- 唐代•文選五九 7_69_31
- 唐代•文選五九 45_451_18
- 唐代•文選五九 63_609_22
- 唐代•文選五九 64_612_1
- 唐代•文選五九 79_762_13
- 唐代•文選百三 13_116_47
- 唐代•文選百三 24_236_10
- 唐代•文選百三 75_723_10
- 唐代•文選百三 75_725_13
- 唐代•文選百三 75_725_23
- 唐代•文選百三 76_726_14
- 唐代•文選百三 76_727_26
- 唐代•文選百三 76_728_5
- 唐代•文選百三 76_728_10
- 唐代•古文選後 2_14_6
- 唐代•古文選後 3_34_14
- 唐代•古文選後 26_301_5
- 唐代•十輪經四 4_73_8
- 唐代•十輪經四 4_75_10
- 唐代•十輪經四 4_79_2

邛 ㄑㅇ

漢キョウ
訓おか

- 唐代•文選八八 3_17_4
- 唐代•文選八八 3_17_11
- 唐代•文選八八 3_18_23
- 唐代•文選八八 3_18_27
- 唐代•文選八八 3_19_28
- 唐代•文選八八 7_43_23
- 唐代•文選八八 7_46_16
- 唐代•文選百三 63_604_23

邦

ホウ
訓くに

唐代•文選四八
36_318_7

唐代•文選五九
46_457_4

唐代•文選五九
47_459_2

唐代•文選百三
11_104_7

唐代•文選百三
11_106_15

唐代•古文選前
20_232_4

唐代•古文選前
21_243_14

唐代•古文選前
21_245_14

唐代•古文選前
22_258_1

唐代•古文選後
1_5_8

唐代•古文選後
7_75_8

唐代•古文選後
21_242_7

邪

ヤ呉ジャ漢シャ
訓よこしま

唐代•文選五九
19_185_28

唐代•文選五九
19_186_3

唐代•文選五九
59_568_16

唐代•文選五九
88_850_1

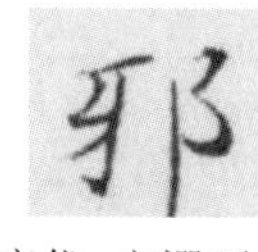
唐代•文選百三
40_402_16

唐代•文選百三
58_560_25

唐代•古文選前
13_152_3

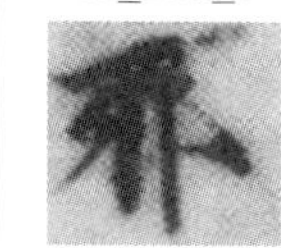
唐代•十輪經四
1_18_15

唐代•十輪經四
5_84_16

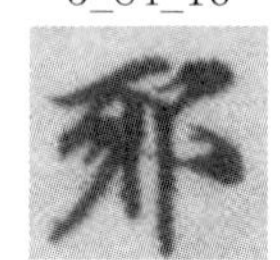
唐代•十輪經四
9_169_15

唐代•十輪經四
19_379_11

唐代•十輪經八
5_85_7

唐代•十輪經八
9_176_1

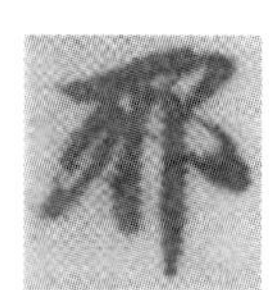
唐代•十輪經八
9_180_2

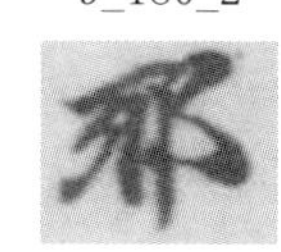
唐代•十輪經八
10_182_8

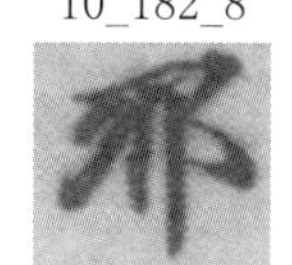
唐代•十輪經八
10_191_13

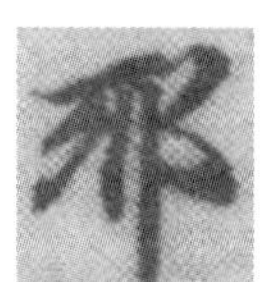
唐代•十輪經八
10_199_11

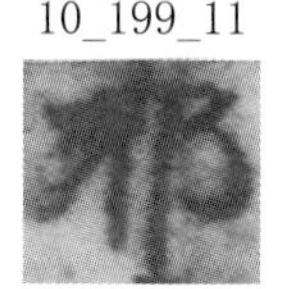
唐代•十輪經九
3_41_1

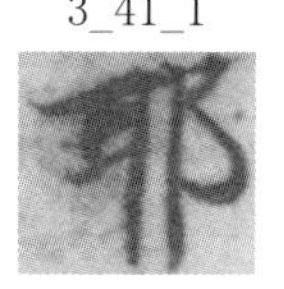
唐代•十輪經九
3_41_16

唐代•十輪經九
3_43_7

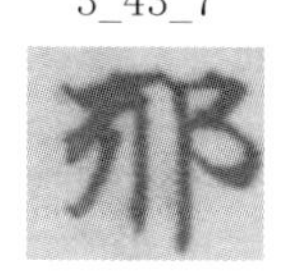
唐代•十輪經九
3_48_1

唐代•十輪經九
3_53_5

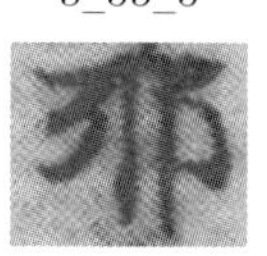
唐代•十輪經九
3_55_8

唐代•十輪經九
7_128_4

唐代•十輪經九
8_142_4

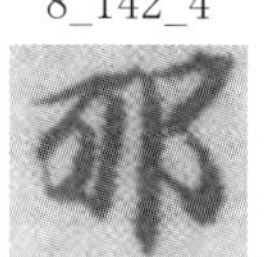
唐代•十輪經九
16_314_18

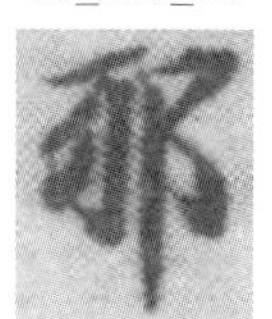
唐代•十輪經九
16_318_18

唐代•十輪經九
17_321_6

唐代•十輪經十
3_58_8

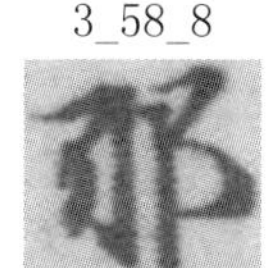
唐代•十輪經十
5_86_7

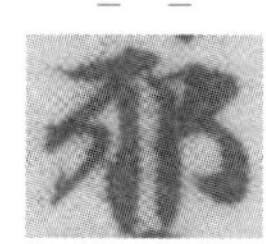
唐代•十輪經十
6_109_14

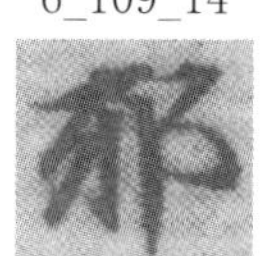
唐代•十輪經十
12_227_16

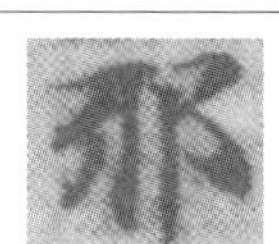
唐代•十輪經十
12_228_3

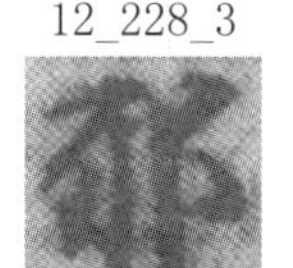
唐代•十輪經十
18_358_11

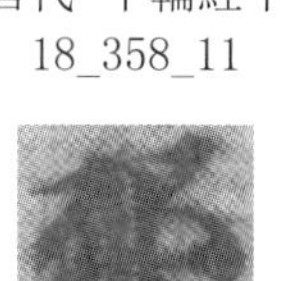
唐代•十輪經十
18_358_13

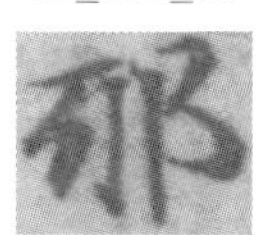
唐代•十輪經十
19_367_7

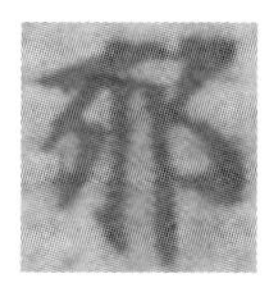
唐代•十輪經十
19_367_9

那
漢ダ 呉ナ
訓おおい

唐代・春秋經傳
7_63_12

唐代・文選四八
19_174_3

唐代・文選五九
64_614_23

唐代・文選百三
69_664_31

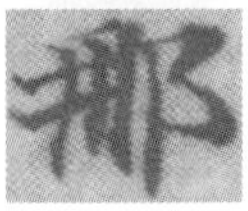
唐代・十輪經十
15_299_13

邯
漢カン
訓—

唐代・古文選前
13_156_4

邸
漢テイ 呉タイ
訓やしき

唐代・文選五九
61_585_2

唐代・文選五九
61_588_20

唐代・文選五九
61_588_28

唐代・文選五九
61_589_12

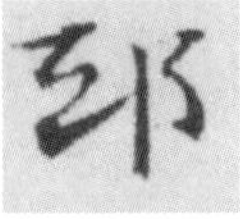
唐代・文選五九
61_590_11

唐代・文選五九
61_591_20

邵
ショウ
訓—

唐代・文選五九
59_572_12

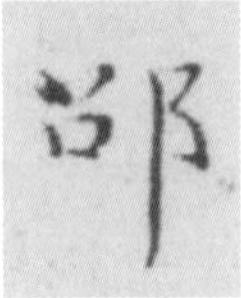
唐代・文選五九
81_780_18

唐代・文選六八
62_618_19

唐代・文選百三
57_546_25

唐代・文選百三
57_548_3

唐代・文選百三
67_649_11

郁
イク
訓かぐわしい

唐代・文選六八
21_206_22

唐代・古文選前
9_114_5

邽
漢ケイ 呉ケ
訓たま

唐代・文選五九
110_1043_14

邾
チュ、シュ
訓—

唐代・春秋經傳
1_7_19

唐代・春秋經傳
33_340_6

唐代・春秋經傳
33_340_10

唐代・春秋經傳
34_358_9

唐代・春秋經傳
34_359_13

唐代・文選百三
26_253_17

郊

コウ
訓まつり

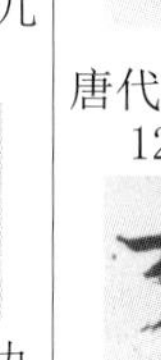
唐代•春秋經傳 12_127_8
唐代•春秋經傳 13_128_4

唐代•春秋經傳 13_132_6
唐代•春秋經傳 13_133_8

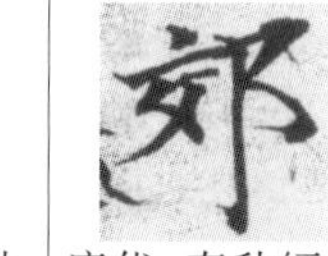
唐代•春秋經傳 13_133_21

唐代•春秋經傳 13_135_2

唐代•春秋經傳 13_135_7

唐代•文選五九 74_713_17

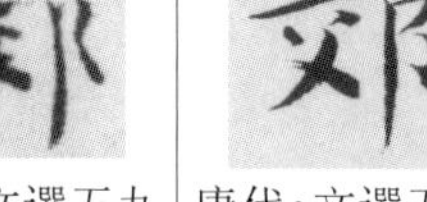

唐代•文選五九 80_775_1
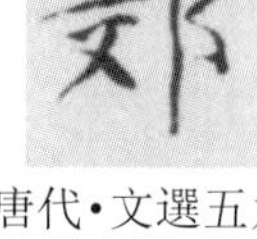
唐代•文選五九 80_776_20

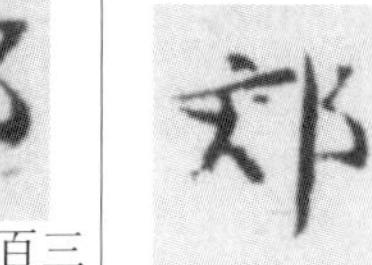
唐代•文選五九 81_780_10

唐代•文選五九 81_781_28
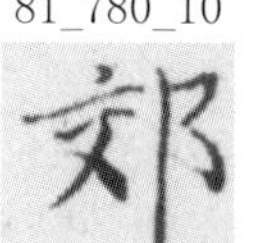
唐代•文選五九 84_805_26

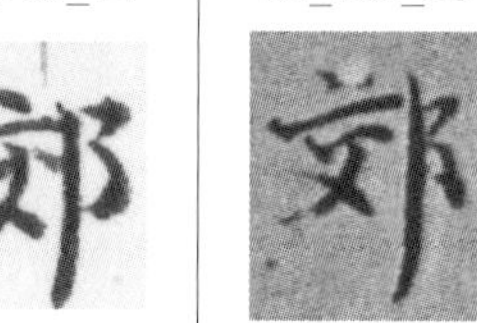
唐代•文選五九 97_916_21

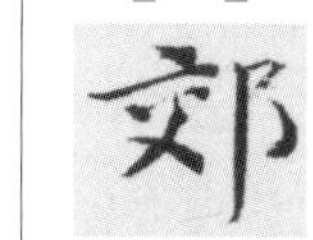
唐代•文選五九 104_981_8
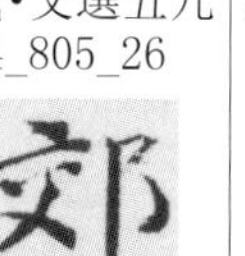

唐代•文選五九 104_982_22

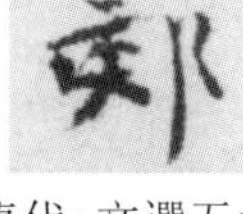
唐代•文選五九 104_983_22
唐代•文選六八 52_524_1
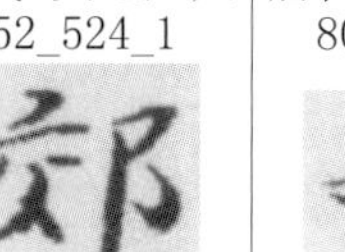
唐代•文選百三 65_626_6
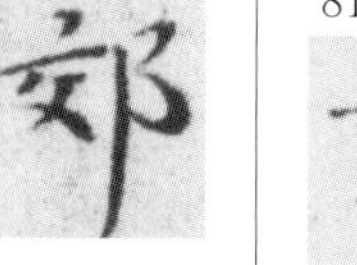
唐代•文選百三 81_766_14
唐代•古文選後 5_56_6

唐代•古文選後 18_216_4
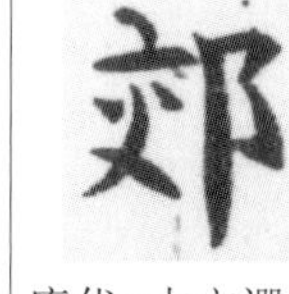
唐代•古文選後 24_284_1

郎

ロウ
訓おとこ

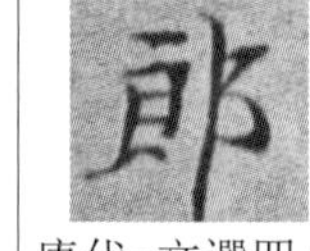
唐代•文選四八 11_98_18
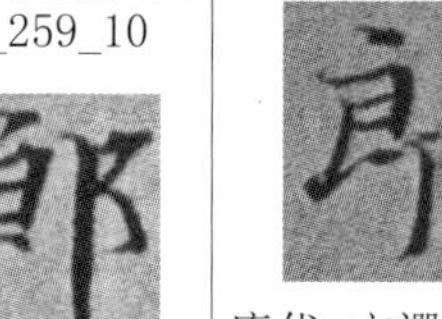
唐代•文選四八 14_127_14
唐代•文選四八 24_213_10

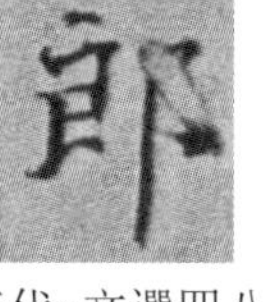
唐代•文選四八 26_235_14
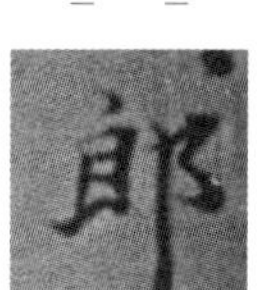
唐代•文選四八 26_237_5
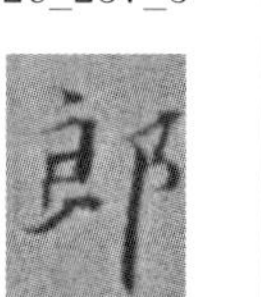
唐代•文選四八 26_237_19

唐代•文選四八 27_244_23

唐代•文選四八 29_259_2

唐代•文選四八 29_259_10
唐代•文選四八 29_263_7
唐代•文選四八 29_264_4
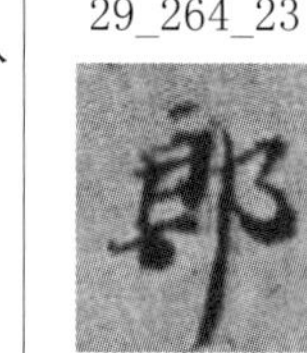
唐代•文選四八 29_264_23
唐代•文選四八 29_265_8

唐代•文選四八 30_270_10

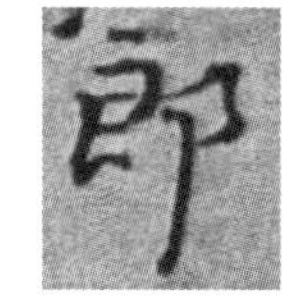
唐代•文選四八 36_320_15
唐代•文選四八 36_321_4
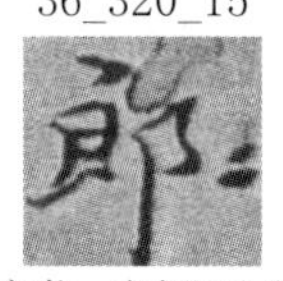
唐代•文選四八 36_328_11
唐代•文選四八 36_329_3
唐代•文選四八 47_422_17

唐代•文選四八 48_438_20
唐代•文選四八 48_439_19

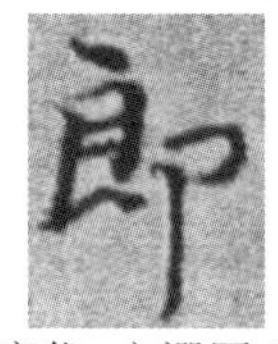
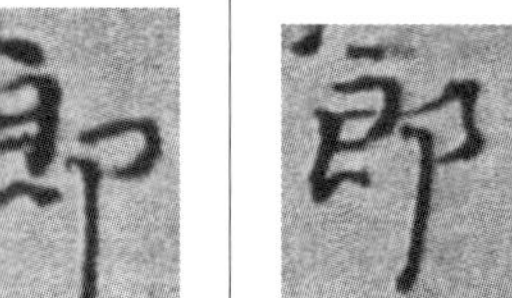
唐代•文選四八 49_444_13
唐代•文選五九 35_346_24
唐代•文選五九 41_411_14
唐代•文選五九 56_545_3
唐代•文選五九 57_552_15
唐代•文選五九 63_607_11
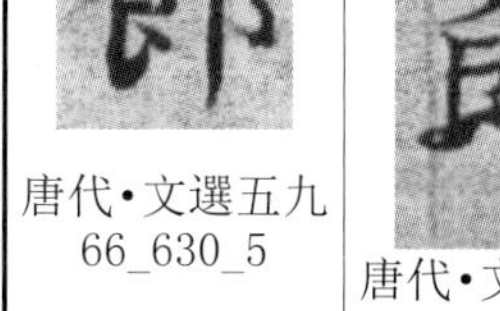
唐代•文選五九 66_630_5

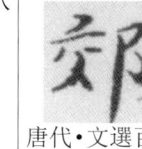

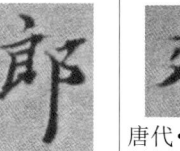

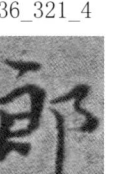

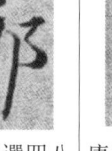

郢	郟	邕				
漢エイ 訓—	漢コウ呉キョウ 訓へや	漢ヨウ 訓ふさぐ				

唐代·文選五九
43_425_7

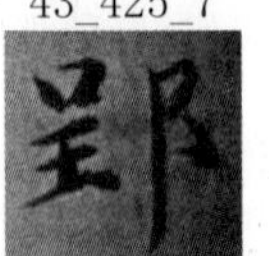
唐代·文選五九
53_525_10

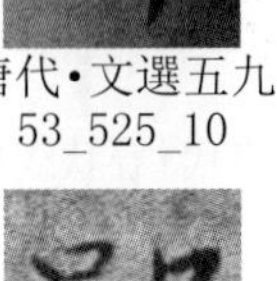
唐代·文選五九
53_526_18

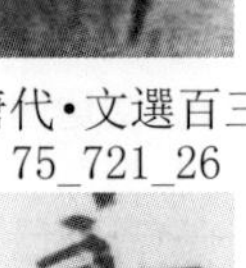
唐代·文選五九
53_526_22

唐代·文選五九
53_527_19

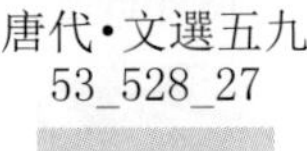
唐代·文選五九
53_528_27

唐代·文選五九
54_529_11

唐代·文選六八
29_287_2

唐代·春秋經傳
15_152_12

唐代·春秋經傳
15_152_14

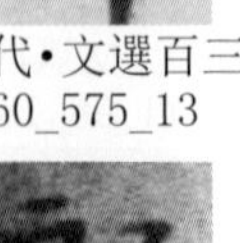
唐代·文選五九
46_454_2

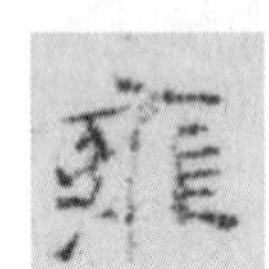
唐代·文選五九
109_1035_9

唐代·文選百三
60_575_13

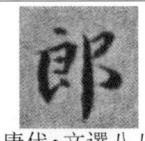

唐代·文選百三
75_721_26

唐代·古文選後
10_108_6

唐代·古文選後
21_244_38

唐代·文選百三
25_240_11

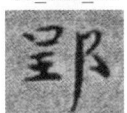

唐代·文選百三
25_240_22

唐代·文選百三
28_276_32

唐代·文選百三
3_20_2

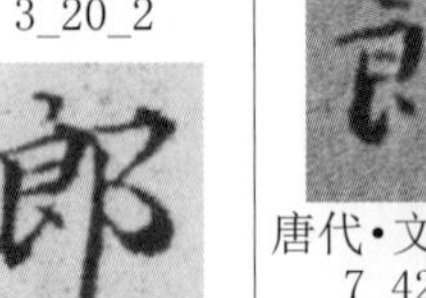
唐代·文選百三
3_20_23

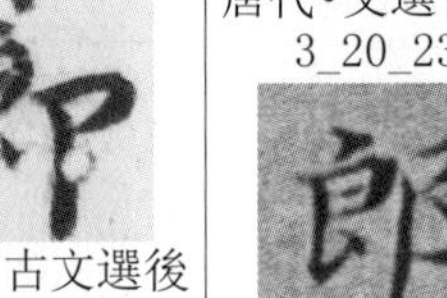
唐代·文選百三
11_96_3

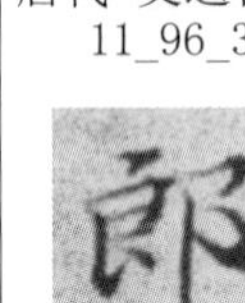
唐代·文選百三
11_108_5

唐代·文選百三
45_429_19

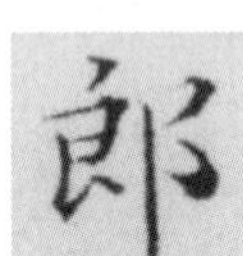
唐代·文選百三
3_16_6

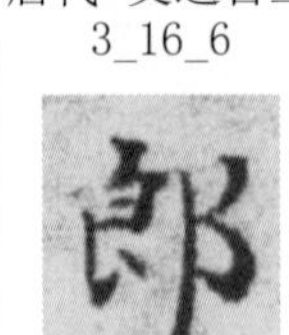
唐代·文選百三
3_17_14

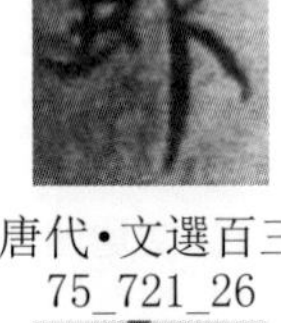
唐代·文選八八
7_42_3

唐代·文選八八
7_42_12

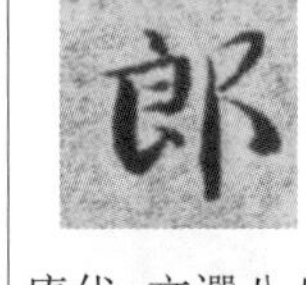
唐代·文選八八
19_168_2

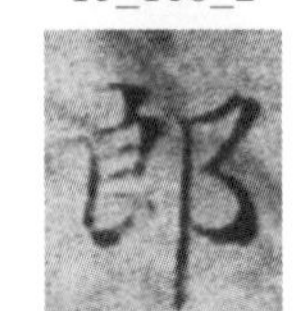
唐代·文選百三
1_6_21

唐代·文選百三
1_7_7

唐代·文選百三
3_17_25

唐代·文選八八
5_35_7

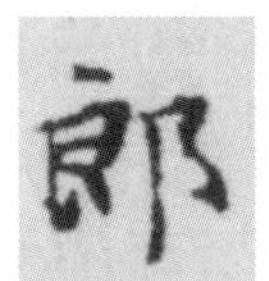
唐代·文選五九
88_850_11

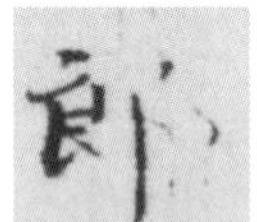
唐代·文選五九
96_911_15

唐代·文選五九
104_982_7

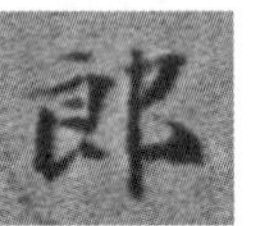
唐代·文選六八
9_100_10

唐代·文選六八
37_377_2

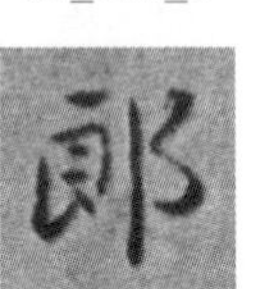
唐代·文選六八
56_564_25

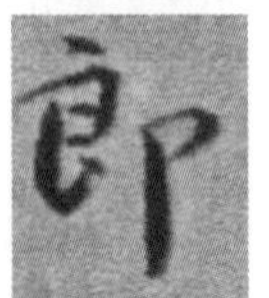
唐代·文選八八
6_36_12

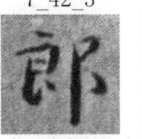

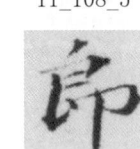

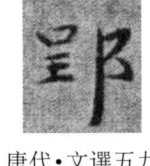

郡

吳グン漢カン
訓こおり

唐代・春秋經傳
29_298_20

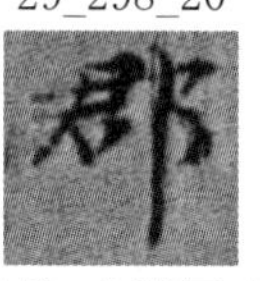
唐代・文選四八
18_158_5

唐代・文選四八
20_177_24

唐代・文選五九
33_320_33

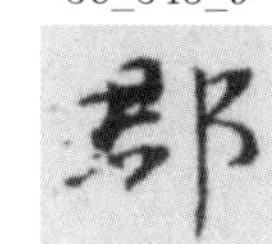
唐代・文選五九
43_427_21

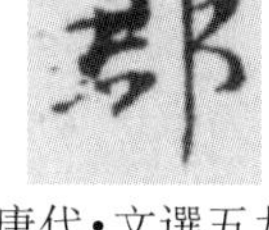
唐代・文選五九
56_543_9

唐代・文選五九
56_545_15

唐代・文選五九
56_546_13

唐代・文選五九
63_606_9

唐代・文選五九
72_695_1

唐代・文選五九
73_704_17

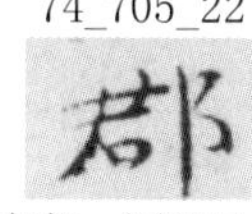
唐代・文選五九
74_705_22

唐代・文選五九
74_707_16

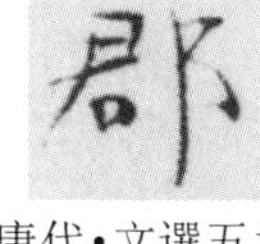
唐代・文選五九
74_710_22

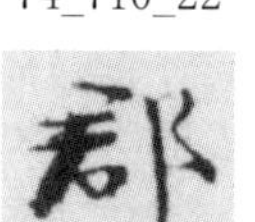
唐代・文選五九
74_711_9

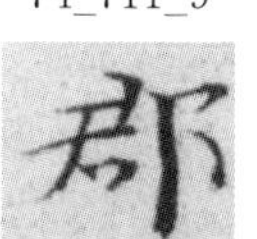
唐代・文選五九
76_732_2

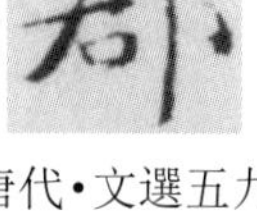
唐代・文選五九
77_738_1

唐代・文選五九
77_738_19

唐代・文選五九
78_753_5

唐代・文選五九
82_784_13

唐代・文選五九
92_879_12

唐代・文選五九
104_986_10

唐代・文選八八
3_17_13

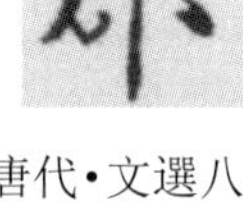
唐代・文選八八
3_17_22

唐代・文選八八
3_19_12

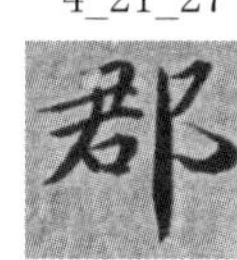
唐代・文選八八
4_21_27

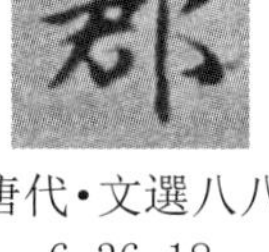
唐代・文選八八
5_35_2

唐代・文選八八
6_36_18

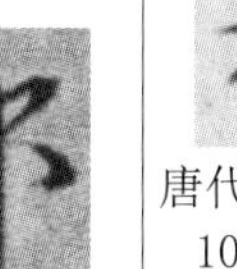
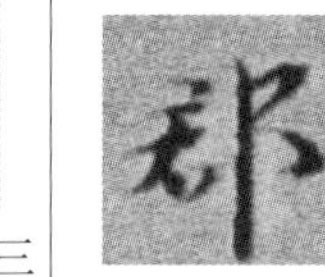
唐代・文選八八
6_36_21

唐代・文選八八
6_37_27

唐代・文選百三
3_19_7

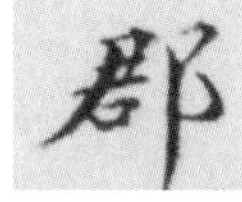
唐代・文選百三
6_53_41

唐代・文選百三
10_92_41

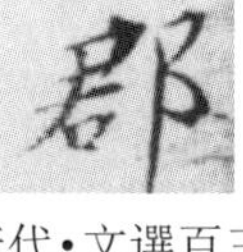
唐代・文選八八
19_168_15

唐代・文選百三
25_247_11

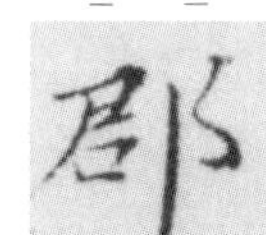
唐代・文選百三
25_248_6

唐代・文選百三
28_278_13

唐代・文選百三
29_285_10

唐代・文選百三
65_632_15

唐代・文選百三
65_632_24

唐代・文選百三
66_636_8

唐代・古文選後
16_183_16

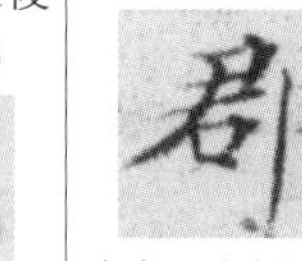
唐代・古文選後
26_306_27

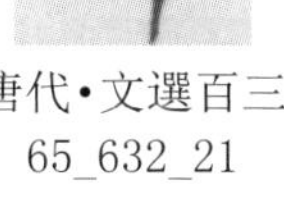
唐代・古文選後
26_306_53

唐代・文選百三
65_632_21

郤

漢ケキ吳キャク
訓あおぐ

唐代・春秋經傳
29_299_24

唐代・春秋經傳
29_301_12

唐代・春秋經傳
30_312_11

唐代・春秋經傳
31_328_5

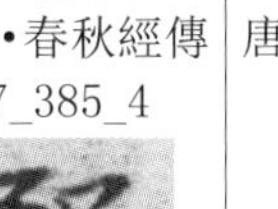
唐代・春秋經傳
36_382_21

唐代・春秋經傳
37_385_4

唐代・文選百三
76_730_7

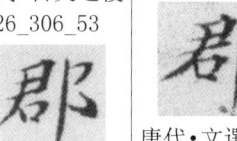

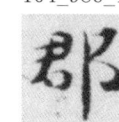

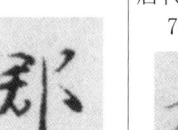

郛

フ
訓くるわ

唐代•文選百三
85_807_19

唐代•古文選後
5_55_4

都

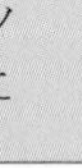

漢ト呉ツ
訓みやこ

唐代•春秋經傳
30_308_3

唐代•文選四八
14_128_2

唐代•文選四八
14_128_5

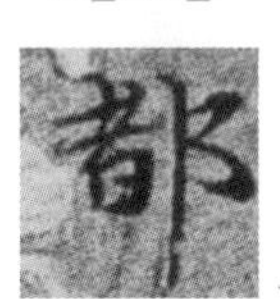
唐代•文選四八
16_143_6

唐代•文選四八
17_156_13

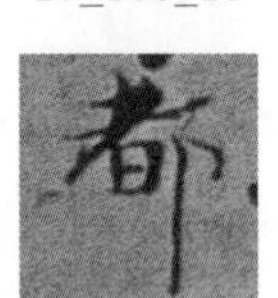
唐代•文選四八
18_161_18

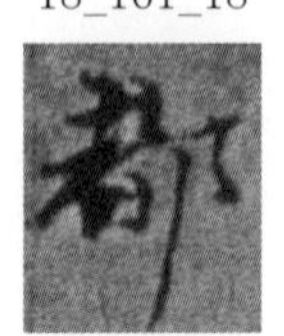
唐代•文選四八
23_207_19

唐代•文選四八
32_290_26

唐代•文選四八
48_436_15

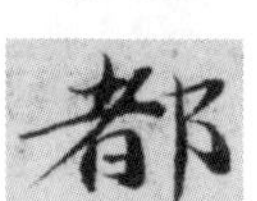
唐代•文選五九
1_3_3

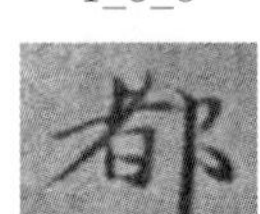
唐代•文選五九
3_29_17

唐代•文選五九
30_296_5

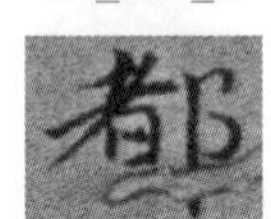
唐代•文選五九
33_325_17

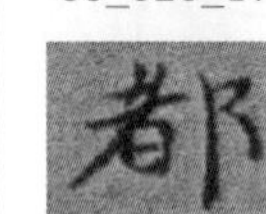
唐代•文選五九
33_325_23

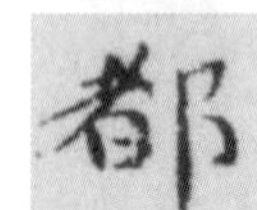
唐代•文選五九
34_334_6

唐代•文選五九
37_371_11

唐代•文選五九
62_594_2

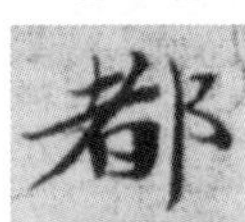
唐代•文選五九
66_633_27

唐代•文選五九
77_737_23

唐代•文選五九
77_738_16

唐代•文選五九
78_756_10

唐代•文選五九
78_756_28

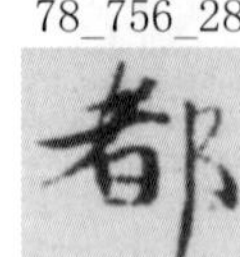
唐代•文選五九
78_757_16

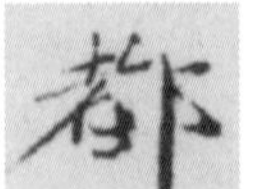
唐代•文選五九
81_778_23

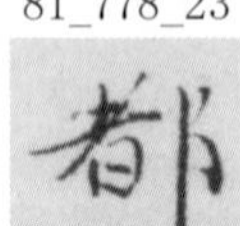
唐代•文選五九
83_796_13

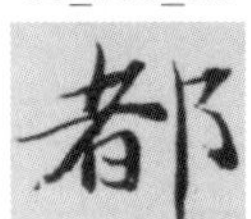
唐代•文選五九
96_910_3

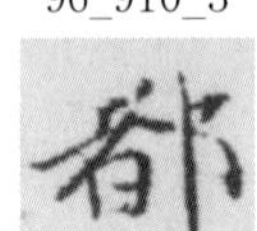
唐代•文選五九
96_910_16

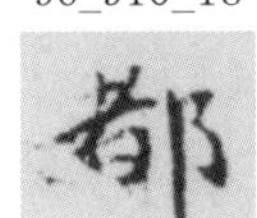
唐代•文選五九
96_911_13

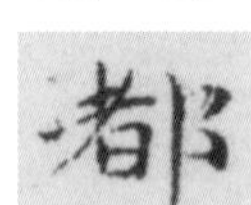
唐代•文選五九
97_915_29

唐代•文選五九
97_916_2

唐代•文選五九
97_916_13

唐代•文選五九
97_918_7

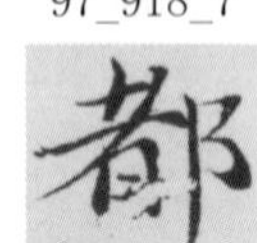
唐代•文選五九
98_927_20

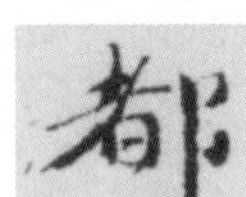
唐代•文選五九
98_930_16

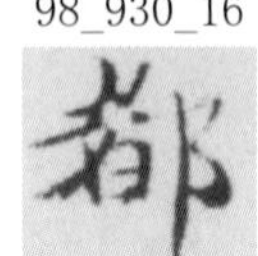
唐代•文選五九
98_931_5

唐代•文選五九
99_938_10

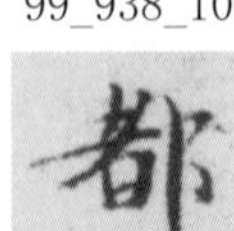
唐代•文選五九
106_1005_21

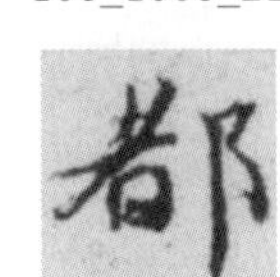
唐代•文選五九
108_1023_18

唐代•文選五九
111_1060_22

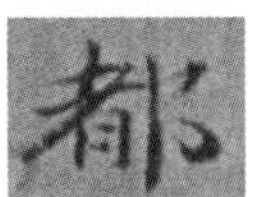
唐代•文選六八
5_52_17

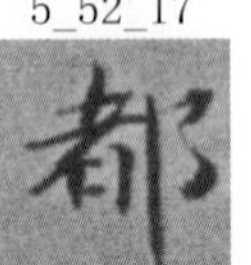
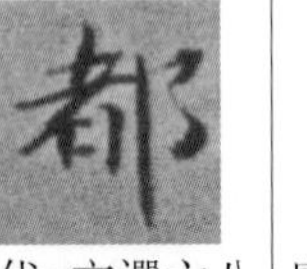
唐代•文選六八
25_254_2

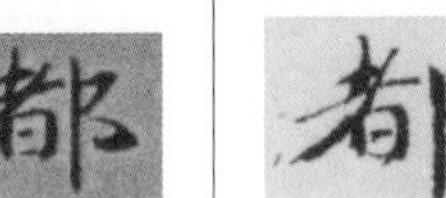
唐代•文選六八
32_322_5

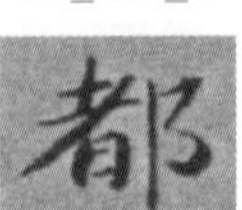
唐代•文選六八
37_378_12

唐代•文選六八
55_547_11

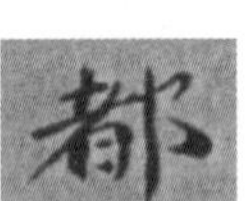
唐代•文選六八
62_618_21

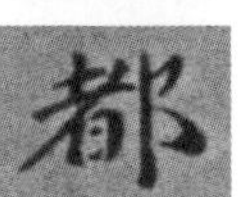
唐代•文選六八
62_619_19

唐代•文選六八
65_646_7

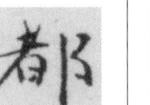

	部 			郭 		
	漢ホ呉ブ 訓すべる			カク 訓くるわ		
 唐代•文選百三 25_243_10	 初唐•金剛場經 1_9_15	 唐代•文選六八 36_360_9	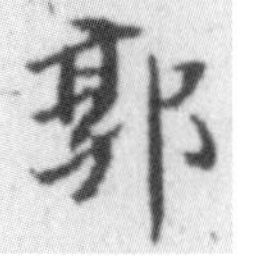 唐代•文選五九 32_318_6	 唐代•文選四八 43_388_4	 唐代•文選百三 31_306_23	 唐代•文選六八 70_701_4
 唐代•文選百三 25_248_10	中唐•金剛經題 1_4_5	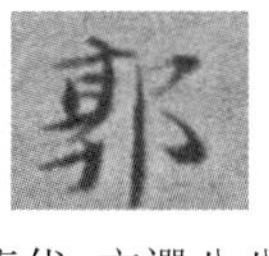 唐代•文選八八 10_81_14	 唐代•文選五九 33_323_4	 唐代•文選四八 49_443_20	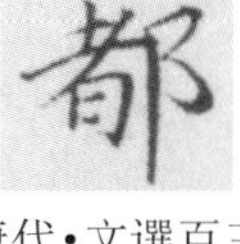 唐代•文選百三 35_355_36	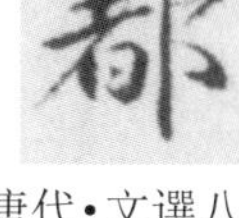 唐代•文選八八 3_18_28
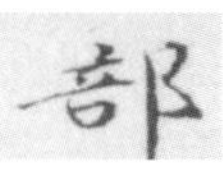 唐代•文選百三 25_248_14	晚唐•慶滋書狀 1_8_3	 唐代•文選八八 12_97_29	 唐代•文選五九 41_403_2	 唐代•文選四八 49_445_15	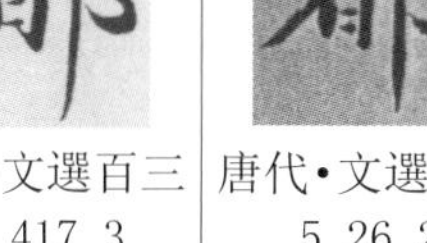 唐代•文選百三 41_417_3	唐代•文選八八 5_26_2
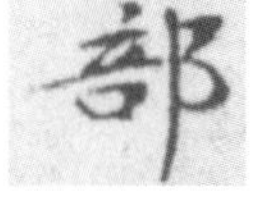 唐代•文選百三 34_340_27	唐代•文選五九 41_411_13	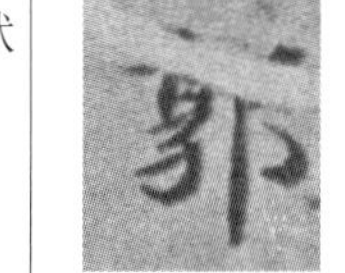 唐代•文選八八 17_154_4	 唐代•文選六八 35_355_8	 唐代•文選五九 3_21_27	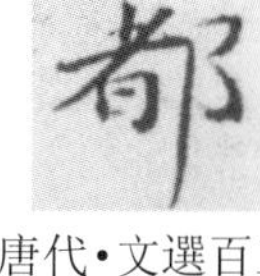 唐代•文選百三 66_638_4	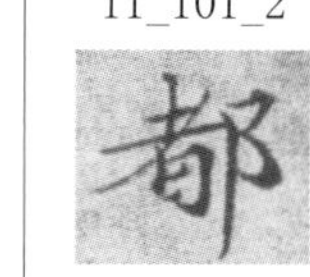 唐代•文選百三 11_101_2
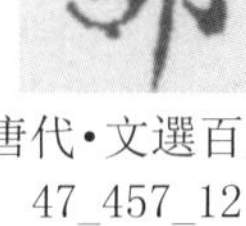 唐代•文選百三 47_457_12	 唐代•文選五九 56_545_2	唐代•文選八八 18_156_4	 唐代•文選六八 35_357_17	 唐代•文選五九 9_85_9	 唐代•古文選前 13_155_13	唐代•文選百三 11_102_8
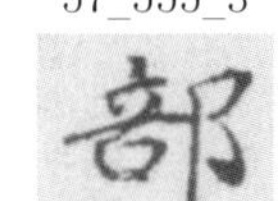 唐代•文選百三 57_555_3	 唐代•文選五九 56_546_3	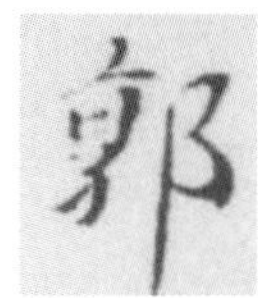 唐代•文選八八 21_179_17	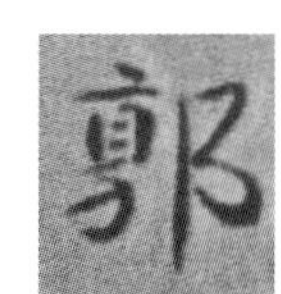 唐代•文選六八 35_357_22	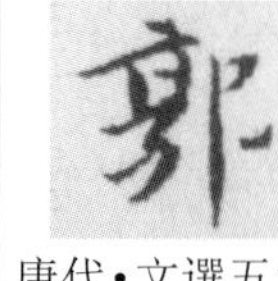 唐代•文選五九 13_128_10	 唐代•古文選後 3_30_8	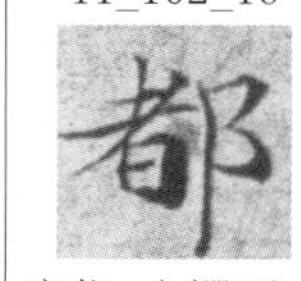 唐代•文選百三 11_102_16
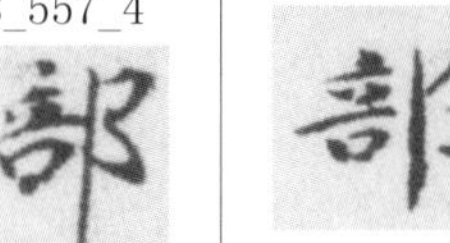 唐代•文選百三 58_557_4	唐代•文選八八 3_17_15	唐代•文選百三 67_644_21	唐代•文選六八 36_360_4	唐代•文選五九 32_317_12	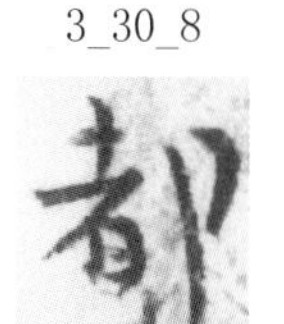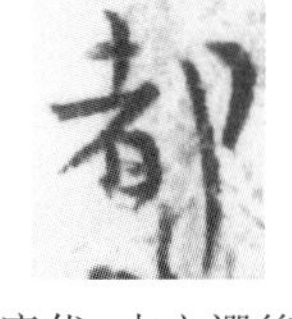 唐代•古文選後 20_239_10	 唐代•文選百三 11_102_22
唐代•文選百三 58_557_12					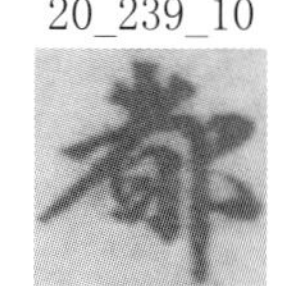 唐代•十輪經八 4_70_7	唐代•文選百三 24_230_12

鄏

漢ジョク 呉ニク
訓—

唐代•春秋經傳
15_152_13

唐代•春秋經傳
15_152_15

唐代•文選四八
43_387_21

唐代•文選四八
43_388_2

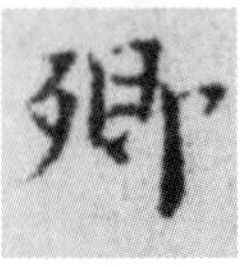
唐代•文選五九
47_467_7

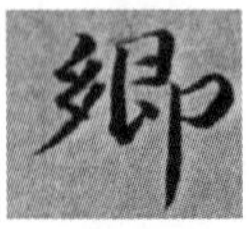
唐代•文選八八
5_22_16

唐代•古文選前
14_165_25

唐代•古文選前
15_178_3

唐代•古文選後
10_110_1

鄉

漢キョウ 慣ゴウ
呉コウ
訓さと

唐代•春秋經傳
2_12_12

唐代•春秋經傳
30_308_7

唐代•春秋經傳
38_402_22

唐代•春秋經傳
38_403_8

唐代•文選四八
43_384_7

唐代•文選四八
43_386_3

唐代•文選四八
43_386_26

唐代•文選四八
43_387_10

鄂

ガク
訓うてな

唐代•文選五九
77_737_17

唐代•文選五九
86_826_1

唐代•文選五九
86_827_1

唐代•文選五九
86_827_10

唐代•文選五九
86_829_27

鄄

ケン
訓—

唐代•古文選前
25_297_46

郯

漢タン
訓—

唐代•春秋經傳
18_182_15

唐代•春秋經傳
18_183_9

唐代•春秋經傳
18_188_12

唐代•文選百三
60_572_30

唐代•十輪經四
14_278_6

唐代•十輪經四
16_301_6

鄭	鄰	鄲	鄣	鄙	鄒	鄖
漢テイ呉ジョウ 訓かさねる	リン 訓となり	タン 訓—	ショウ 訓とりで	ヒ 訓いやしい	漢シュウ呉シュ 慣スウ 訓—	ウン 訓—

鄭

唐代•春秋經傳
2_8_1

唐代•春秋經傳
2_10_3

唐代•春秋經傳
2_10_17

唐代•春秋經傳
2_13_5

唐代•春秋經傳
3_27_11

唐代•春秋經傳
3_30_12

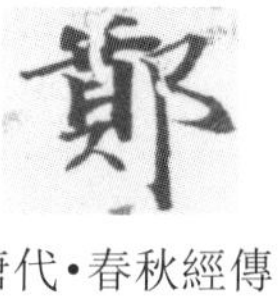
唐代•春秋經傳
4_31_1

鄰

唐代•春秋經傳
24_247_2

唐代•文選五九
17_165_1

唐代•古文選前
13_151_7

唐代•古文選後
25_300_2

唐代•古文選後
25_300_32

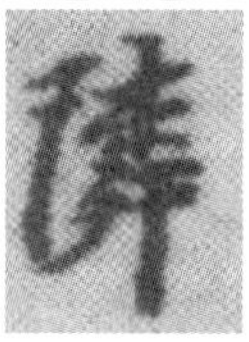
唐代•十輪經四
5_88_4

鄲

唐代•古文選前
13_156_5

鄣

唐代•古文選前
4_42_9

鄙

唐代•文選五九
8_72_29

唐代•文選六八
49_491_24

唐代•文選八八
7_53_6

唐代•文選八八
8_56_13

唐代•文選百三
62_596_26

鄒

唐代•春秋經傳
33_340_14

唐代•文選五九
71_677_24

唐代•文選百三
49_473_29

唐代•古文選前
20_239_25

鄖

唐代•春秋經傳
22_229_6

唐代•春秋經傳
22_230_4

唐代•春秋經傳
22_230_9

唐代•春秋經傳
22_230_16

唐代•春秋經傳
22_232_2

唐代·春秋經傳
4_31_23

唐代·春秋經傳
4_34_13

唐代·春秋經傳
4_37_17

唐代·春秋經傳
4_38_16

唐代·春秋經傳
4_41_12

唐代·春秋經傳
4_41_13

唐代·春秋經傳
5_44_29

唐代·春秋經傳
5_48_11

唐代·春秋經傳
6_54_1

唐代·春秋經傳
6_57_4

唐代·春秋經傳
7_67_12

唐代·春秋經傳
7_68_19

唐代·春秋經傳
7_69_13

唐代·春秋經傳
13_129_18

唐代·春秋經傳
13_131_2

唐代·春秋經傳
13_131_13

唐代·春秋經傳
13_136_19

唐代·春秋經傳
13_136_23

唐代·春秋經傳
13_137_6

唐代·春秋經傳
13_137_12

唐代·春秋經傳
15_155_7

唐代·春秋經傳
16_160_5

唐代·春秋經傳
16_160_10

唐代·春秋經傳
16_166_11

唐代·春秋經傳
16_167_2

唐代·春秋經傳
16_169_3

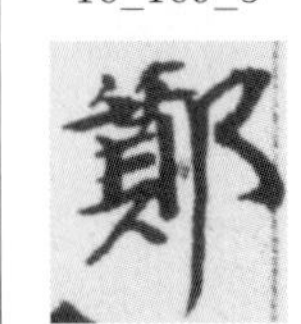
唐代·春秋經傳
17_173_4

唐代·春秋經傳
17_174_3

唐代·春秋經傳
17_179_8

唐代·春秋經傳
17_181_10

唐代·春秋經傳
18_184_24

唐代·春秋經傳
18_187_20

唐代·春秋經傳
18_191_11

唐代·春秋經傳
19_199_16

唐代·春秋經傳
20_204_27

唐代·春秋經傳
23_240_9

唐代·春秋經傳
23_240_18

唐代·春秋經傳
24_244_10

唐代·春秋經傳
24_251_32

唐代·春秋經傳
24_252_13

唐代·春秋經傳
25_260_22

唐代·春秋經傳
25_261_16

唐代·春秋經傳
39_408_15

唐代·文選四八
10_92_3

唐代·文選四八
28_247_2

唐代·文選四八
28_254_6

唐代·文選四八
29_263_13

唐代·文選四八
32_290_12

唐代·文選四八
37_335_16

酈	鄴	鄧
リ 漢 レキ 訓 —	ギョウ 訓 —	漢 トウ 訓 —

唐代•古文選後
24_281_12

唐代•文選五九
108_1023_17

唐代•文選六八
39_398_9

唐代•古文選後
7_83_25

唐代•古文選後
9_99_46

唐代•文選八八
20_174_7

唐代•文選百三
21_200_12

唐代•文選百三
35_349_18

唐代•文選百三
41_412_24

唐代•文選百三
41_413_21

唐代•文選百三
53_507_15

唐代•文選百三
54_517_15

唐代•文選百三
56_533_31

唐代•文選百三
20_195_20

唐代•文選六八
8_87_6

唐代•文選六八
13_135_7

唐代•文選六八
14_143_7

唐代•文選六八
17_175_12

唐代•文選六八
18_182_11

唐代•文選六八
19_190_14

唐代•文選六八
24_244_30

唐代•文選百三
21_197_7

唐代•文選五九
79_761_17

唐代•文選五九
80_766_24

唐代•文選五九
85_819_12

唐代•文選五九
86_828_5

唐代•文選五九
101_953_12

唐代•文選五九
111_1059_20

唐代•文選六八
6_59_16

唐代•文選百三
14_133_44

唐代•文選四八
40_364_9

唐代•文選四八
44_400_6

唐代•文選四八
50_448_17

唐代•文選五九
47_469_17

唐代•文選五九
48_473_25

唐代•文選五九
68_659_25

唐代•文選五九
73_701_22

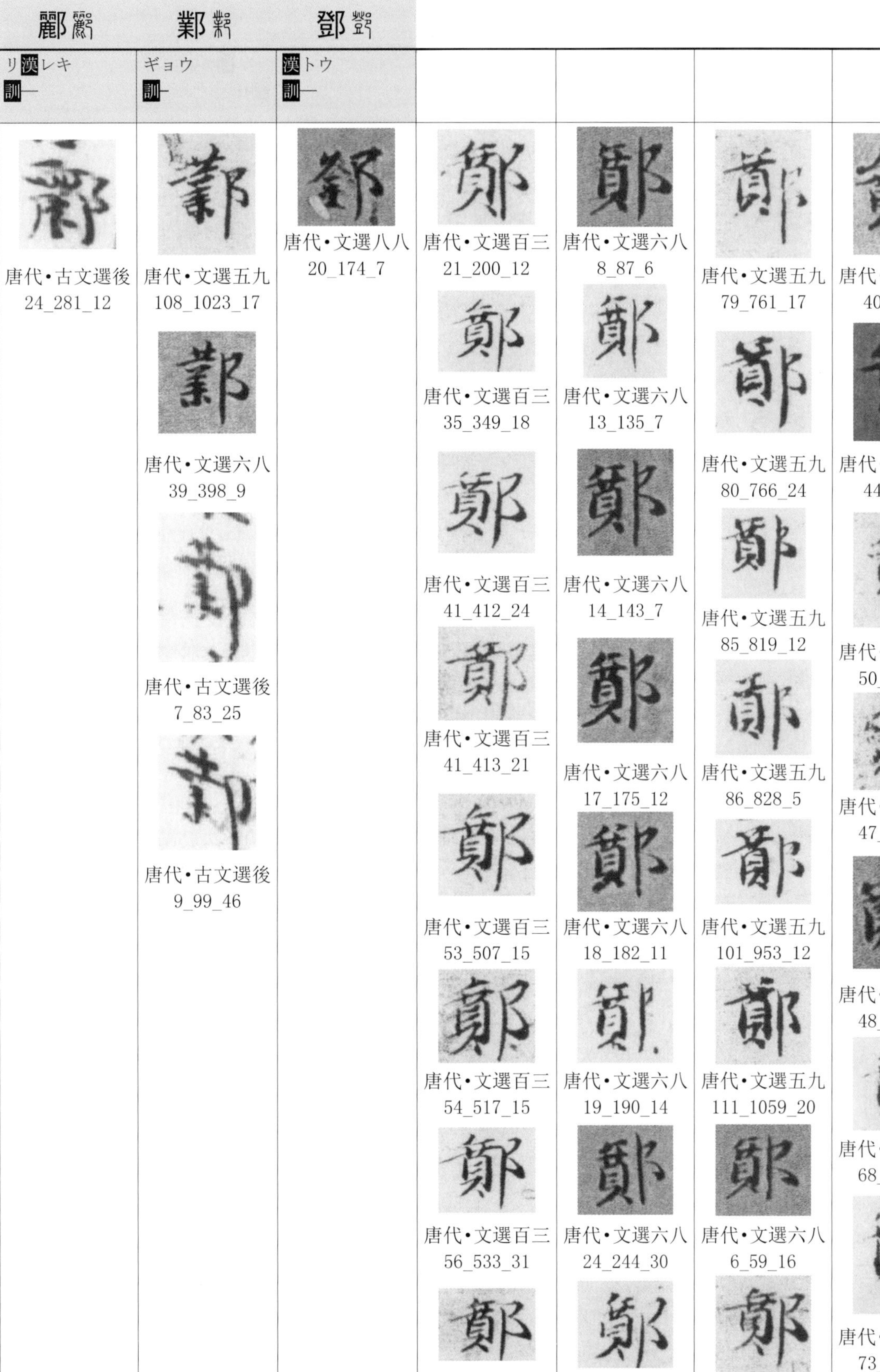

身部

身

シン慣ケン
訓み

唐代•文選六八 59_588_11	唐代•文選六八 12_126_3	唐代•文選五九 45_448_2	唐代•文選四八 37_333_24	初唐•大般若經 1_19_6	初唐•大般若經 1_7_9
唐代•文選六八 73_727_1	唐代•文選六八 12_127_26	唐代•文選五九 45_449_20	唐代•文選四八 37_334_2	初唐•聖武雜集 1_2_12	初唐•大般若經 1_7_15
唐代•文選八八 12_96_2	唐代•文選六八 21_218_24	唐代•文選六八 2_18_15	唐代•文選四八 41_371_19	初唐•聖武雜集 1_6_8	初唐•大般若經 1_17_14
唐代•文選八八 12_100_18	唐代•文選六八 36_360_30	唐代•文選六八 9_101_16	唐代•文選四八 42_372_17	唐代•春秋經傳 31_322_23	初唐•大般若經 1_17_16
唐代•文選八八 13_103_3	唐代•文選六八 53_532_22	唐代•文選六八 10_103_5	唐代•文選四八 49_443_3	唐代•文選四八 1_1_18	初唐•大般若經 1_18_5
唐代•文選八八 17_151_29	唐代•文選六八 58_584_4	唐代•文選六八 10_103_25	唐代•文選四八 49_443_10	唐代•文選四八 4_32_10	初唐•大般若經 1_18_9
唐代•文選百三 5_35_26	唐代•文選六八 59_587_2	唐代•文選六八 11_111_15	唐代•文選五九 41_404_29	唐代•文選四八 13_119_10	初唐•大般若經 1_18_11

軀		躬				
ク 訓からだ		漢キュウ 訓み				
 唐代・文選四八 4_30_1  唐代・文選四八 4_32_9 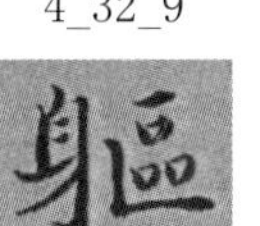 唐代・文選六八 58_582_9 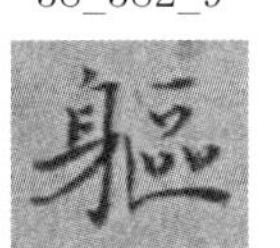 唐代・文選六八 59_596_25  唐代・古文選前 8_100_8  唐代・古文選前 9_113_5  唐代・古文選後 3_25_2	 唐代・古文選後 15_172_13  唐代・古文選後 20_234_7  唐代・文選百三 21_205_1	 唐代・文選五九 59_565_8  唐代・文選六八 9_102_1  唐代・文選六八 10_103_24  唐代・文選八八 12_96_6  唐代・文選八八 12_97_7  唐代・文選八八 13_103_2  唐代・古文選前 25_297_4	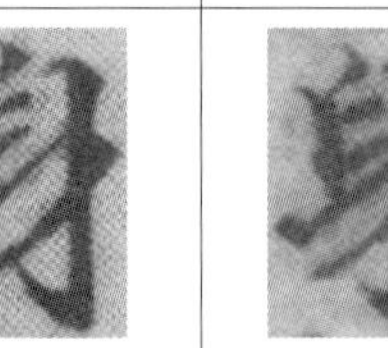 唐代・十輪經十 16_302_11 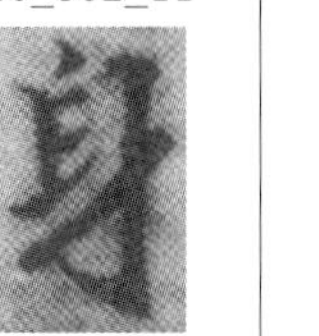 唐代・十輪經十 16_309_13	 唐代・十輪經十 15_290_10  唐代・十輪經十 15_290_15  唐代・十輪經十 15_291_2  唐代・十輪經十 15_292_4  唐代・十輪經十 15_293_4  唐代・十輪經十 15_290_7	 唐代・十輪經十 15_288_9  唐代・十輪經十 15_288_15  唐代・十輪經十 15_289_2 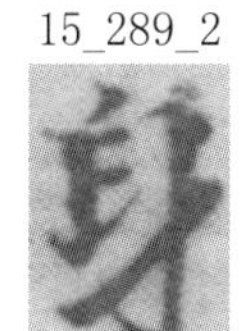 唐代・十輪經十 15_289_5  唐代・十輪經十 15_289_10 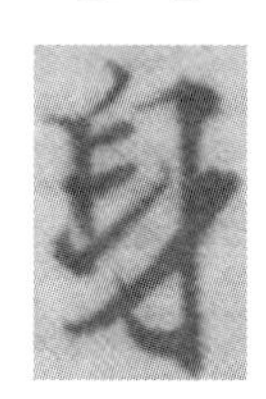 唐代・十輪經十 15_289_14	 唐代・十輪經十 15_283_6  唐代・十輪經十 15_284_2  唐代・十輪經十 15_285_1  唐代・十輪經十 15_287_6  唐代・十輪經十 15_287_11  唐代・十輪經十 15_287_16  唐代・十輪經十 15_288_3

辵部

		近		巡	迅
		漢キン慣コン呉ゴン 訓ちかい		呉ジュン 訓めぐる	シン、シュン慣ジン 訓はやい
 唐代•文選五九 41_404_26	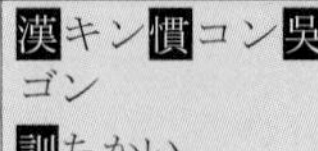 唐代•文選五九 2_17_24	 初唐•法華義疏 1_2_23	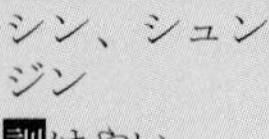 唐代•十輪經八 2_38_7	 唐代•春秋經傳 6_60_20	唐代•文選五九 47_462_3
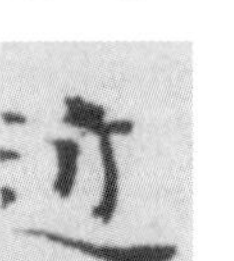 唐代•文選五九 74_711_4	 唐代•文選五九 17_170_26	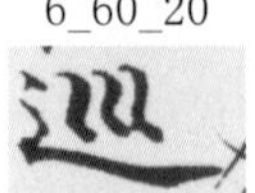 初唐•法華義疏 1_7_9		 唐代•春秋經傳 22_226_29	唐代•文選六八 53_533_7
 唐代•文選五九 88_839_19	 唐代•文選五九 17_171_4	 唐代•春秋經傳 10_99_9		 唐代•文選四八 18_159_11	唐代•文選六八 53_536_7
 唐代•文選五九 90_859_16	 唐代•文選五九 26_254_1	 唐代•春秋經傳 10_99_13		 唐代•文選五九 12_115_19	唐代•文選六八 53_536_17
 唐代•文選五九 90_862_2	 唐代•文選五九 26_254_11	 唐代•春秋經傳 31_322_22		 唐代•文選百三 10_95_14	唐代•文選六八 53_537_18
 唐代•文選五九 90_862_29	 唐代•文選五九 39_383_2	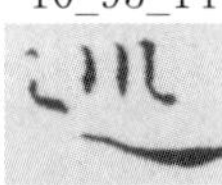 唐代•文選四八 13_119_7		 唐代•文選百三 49_479_27	唐代•文選六八 53_538_18
 唐代•文選五九 111_1050_19	 唐代•文選五九 39_383_14	 唐代•文選四八 34_310_7		 唐代•文選百三 50_480_29	唐代•古文選前 10_120_6
唐代•文選六八 11_114_2	 唐代•文選五九 41_403_27	 唐代•文選四八 35_313_12		 唐代•文選百三 85_812_15	唐代•古文選後 15_178_8
	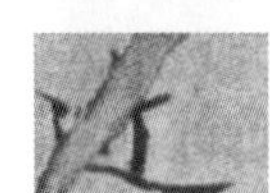				

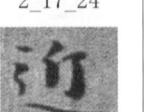

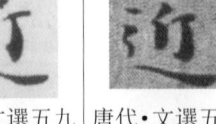

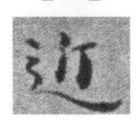

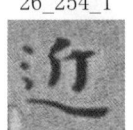

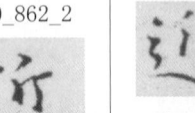

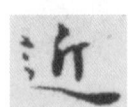

迎

漢ゲイ呉ギョウ
訓むかえる

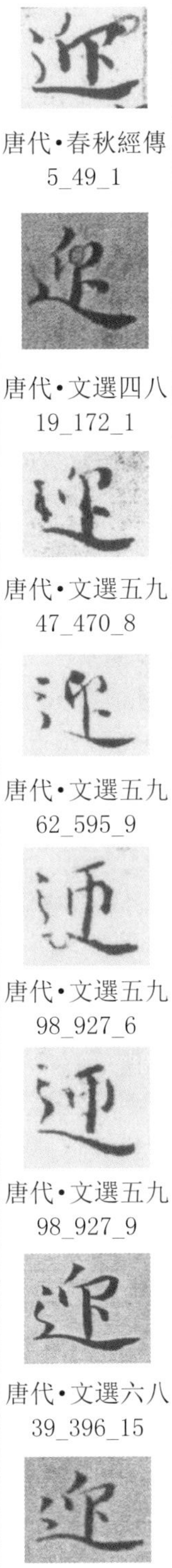
唐代•春秋經傳 5_49_1
唐代•文選四八 19_172_1
唐代•文選五九 47_470_8
唐代•文選五九 62_595_9
唐代•文選五九 98_927_6
唐代•文選五九 98_927_9
唐代•文選六八 39_396_15
唐代•文選六八 39_398_5

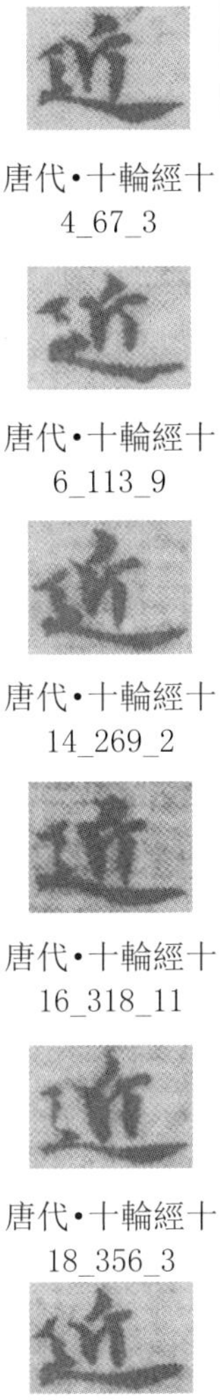
唐代•十輪經十 4_67_3
唐代•十輪經十 6_113_9
唐代•十輪經十 14_269_2
唐代•十輪經十 16_318_11
唐代•十輪經十 18_356_3
唐代•十輪經十 18_356_5

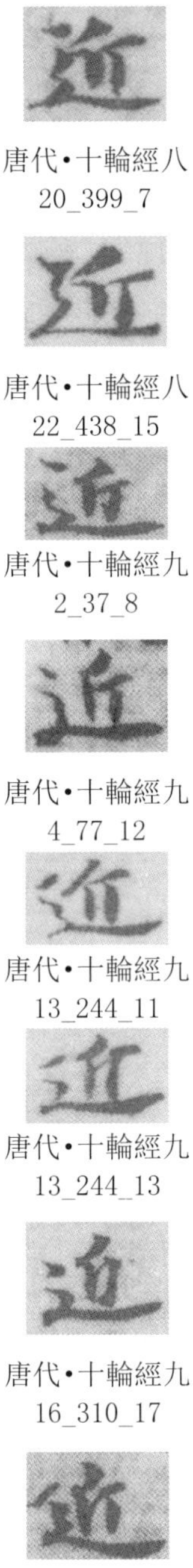
唐代•十輪經八 20_399_7
唐代•十輪經八 22_438_15
唐代•十輪經九 2_37_8
唐代•十輪經九 4_77_12
唐代•十輪經九 13_244_11
唐代•十輪經九 13_244_13
唐代•十輪經九 16_310_17
唐代•十輪經十 4_66_12

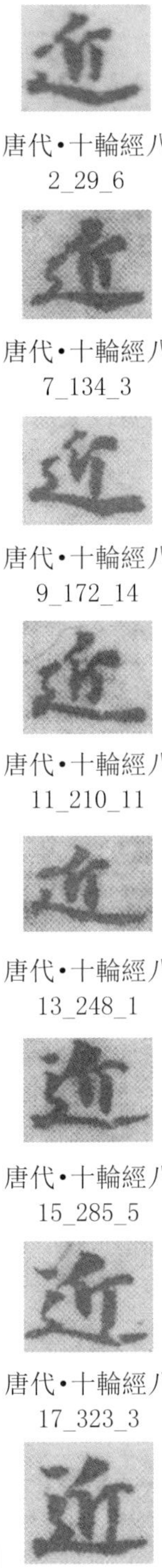
唐代•十輪經八 2_29_6
唐代•十輪經八 7_134_3
唐代•十輪經八 9_172_14
唐代•十輪經八 11_210_11
唐代•十輪經八 13_248_1
唐代•十輪經八 15_285_5
唐代•十輪經八 17_323_3
唐代•十輪經八 18_361_12

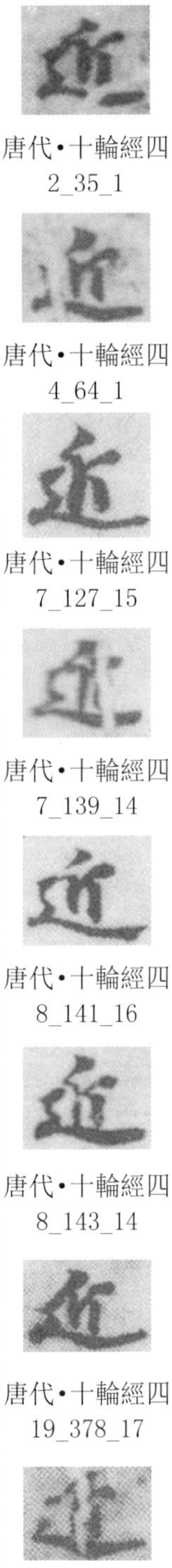
唐代•十輪經四 2_35_1
唐代•十輪經四 4_64_1
唐代•十輪經四 7_127_15
唐代•十輪經四 7_139_14
唐代•十輪經四 8_141_16
唐代•十輪經四 8_143_14
唐代•十輪經四 19_378_17
唐代•十輪經八 1_15_1

唐代•古文選前 5_57_14
唐代•古文選前 23_266_4
唐代•古文選前 23_272_10
唐代•古文選後 11_121_9
唐代•古文選後 16_189_9
唐代•十輪經四 1_18_4
唐代•十輪經四 2_29_9
唐代•十輪經四 2_31_5

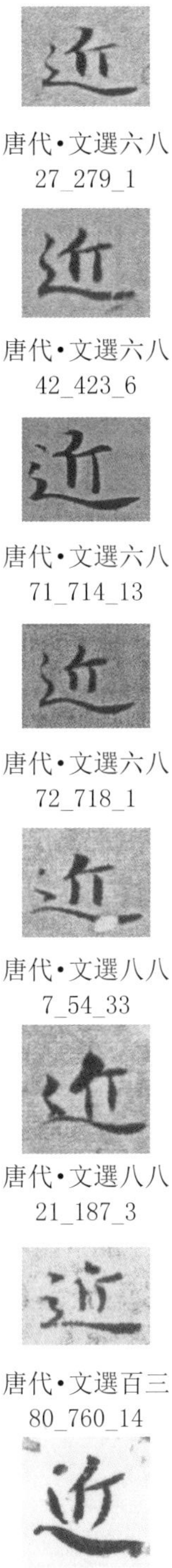
唐代•文選六八 27_279_1
唐代•文選六八 42_423_6
唐代•文選六八 71_714_13
唐代•文選六八 72_718_1
唐代•文選八八 7_54_33
唐代•文選八八 21_187_3
唐代•文選百三 80_760_14
唐代•古文選前 4_43_9

	迴	迭			述	
	漢カイ呉エ 訓めぐる	漢テツ、イツ 訓かわる			慣ジュツ漢シュツ 訓のべる	
 唐代•文選五九 97_918_22	 唐代•文選四八 6_52_1	 唐代•文選百三 83_789_10	 唐代•文選百三 20_192_14	 唐代•文選五九 45_446_27	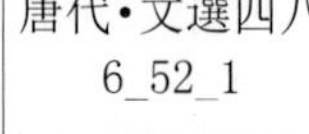 唐代•文選四八 5_40_4	 唐代•文選六八 39_398_20
 唐代•文選六八 5_51_9	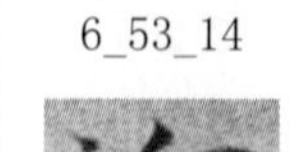 唐代•文選四八 6_53_14	 唐代•文選百三 83_789_22	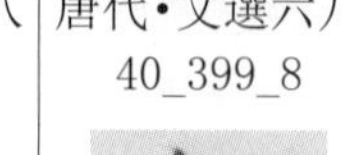 唐代•文選百三 24_233_11	 唐代•文選五九 77_737_8	 唐代•文選四八 12_100_9	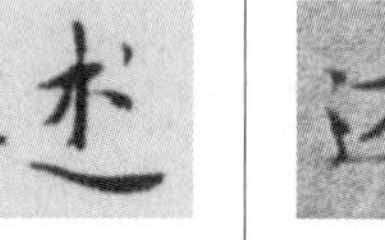 唐代•文選六八 40_399_8
 唐代•文選六八 5_52_20	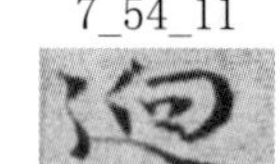 唐代•文選四八 7_54_11	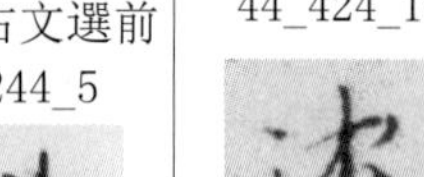 唐代•古文選前 21_244_5	 唐代•文選百三 44_424_10	 唐代•文選五九 87_835_22	 唐代•文選四八 12_106_21	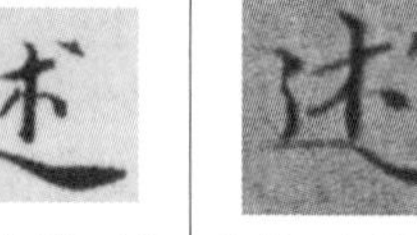 唐代•文選百三 33_323_26
 唐代•文選六八 5_53_5	 唐代•文選四八 7_54_18	 唐代•古文選後 11_120_3	 唐代•文選百三 46_440_33	 唐代•文選五九 88_845_25	 唐代•文選四八 17_154_12	 唐代•文選百三 63_608_21
	 唐代•文選四八 48_435_4		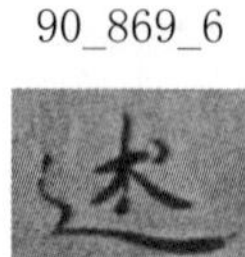 唐代•古文選前 19_221_1	 唐代•文選五九 90_869_6	 唐代•文選四八 20_175_19	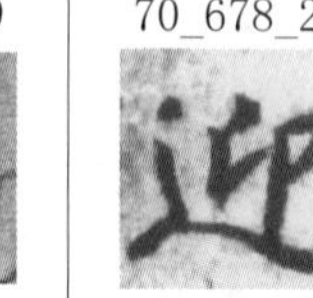 唐代•文選百三 70_678_25
	 唐代•文選四八 48_440_6		 唐代•古文選前 19_222_1	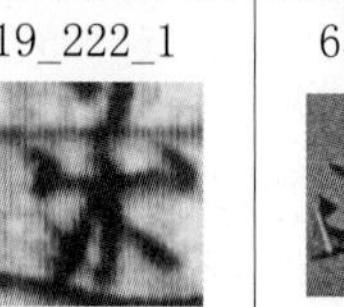 唐代•文選六八 65_652_16	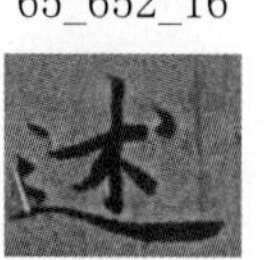 唐代•文選四八 26_233_5	 唐代•古文選前 13_157_7
	 唐代•文選五九 10_93_29		唐代•古文選前 19_222_16	唐代•文選六八 72_715_5	唐代•文選五九 13_121_26	
	 唐代•文選五九 97_917_2		唐代•古文選後 20_233_10	唐代•文選百三 5_43_28	唐代•文選五九 41_407_31	

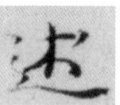

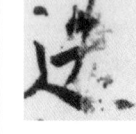

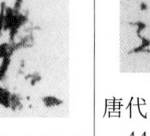

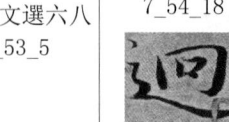

送

漢ソウ
訓おくる

唐代•春秋經傳
24_250_22

唐代•春秋經傳
24_250_26

唐代•文選四八
9_76_12

唐代•文選四八
40_357_27

唐代•文選五九
43_421_2

唐代•文選五九
47_464_12

唐代•文選五九
49_481_26

唐代•文選五九
90_859_17

迦

漢カン
訓—

初唐•法華義疏
1_3_12

初唐•金剛場經
1_4_13

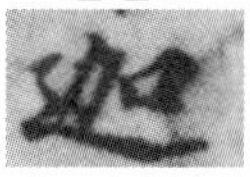
唐代•十輪經四
2_37_12

唐代•十輪經四
9_162_8

迢

漢チョウ
訓はるか

唐代•文選五九
31_304_14

唐代•文選五九
31_306_3

唐代•文選五九
31_307_12

唐代•文選五九
31_307_31

唐代•文選五九
26_253_30

唐代•文選六八
35_351_16

唐代•古文選前
8_92_5

唐代•古文選前
20_231_3

唐代•古文選後
15_180_7

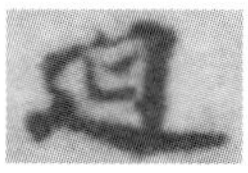
唐代•十輪經四
18_349_7

迫

漢ハク呉ヒャク
訓せまる

中唐 • 風信帖
4_19_2

唐代•春秋經傳
24_250_9

唐代•文選五九
25_248_10

唐代•文選五九
25_250_18

唐代•文選五九
25_251_3

唐代•文選五九
26_252_2

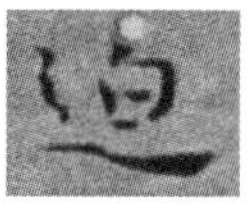
唐代•文選五九
26_252_12

唐代•文選五九
26_253_9

唐代•文選百三
59_563_32

迤

イ漢タ
訓ゆく

唐代•文選五九
31_304_10

唐代•文選五九
31_305_14

唐代•文選五九
31_305_18

唐代•文選五九
31_306_19

唐代•文選五九
31_307_7

唐代•文選百三
58_559_21

唐代•文選百三
58_561_5

唐代•文選百三
58_561_16

		迴 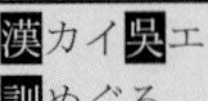	迺 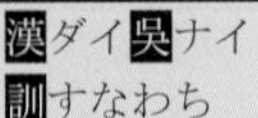			
		漢カイ呉エ 訓めぐる	漢ダイ呉ナイ 訓すなわち			
 唐代•文選六八 33_334_11	 唐代•文選五九 21_211_14	 唐代•文選四八 1_8_4	 唐代•文選四八 23_206_2	 唐代•十輪經四 11_219_3	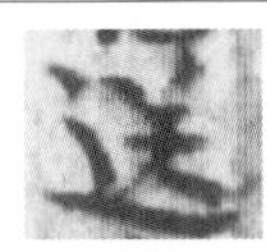 唐代•古文選後 22_260_15	 唐代•文選五九 90_861_5
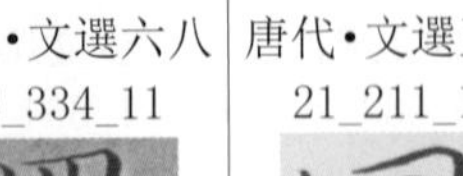 唐代•文選六八 37_376_2	 唐代•文選五九 35_352_11	 唐代•文選四八 18_159_14	 唐代•文選四八 32_292_15	 唐代•十輪經四 12_222_4	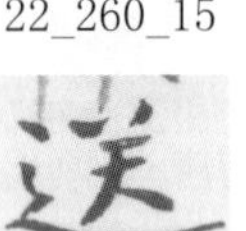 唐代•古文選後 23_269_7	 唐代•文選五九 90_863_1
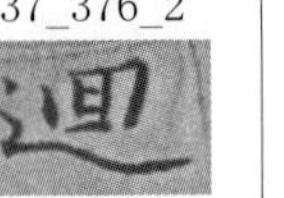 唐代•文選六八 54_539_18	 唐代•文選五九 40_397_1	 唐代•文選五九 13_127_5	 唐代•文選四八 33_295_25		 唐代•古文選後 23_273_6	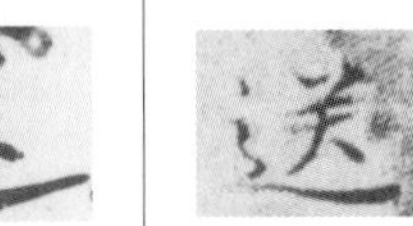 唐代•文選百三 21_199_20
 唐代•文選六八 57_567_1	 唐代•文選五九 41_400_20	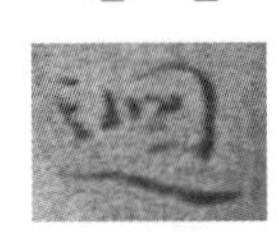 唐代•文選五九 13_129_16	 唐代•文選四八 49_442_1		 唐代•古文選後 23_275_1	 唐代•古文選後 15_175_12
 唐代•文選百三 14_134_27	 唐代•文選五九 52_512_19	 唐代•文選五九 13_130_28	 唐代•文選五九 33_326_6		 唐代•古文選後 24_281_69	 唐代•古文選後 16_192_10
 唐代•文選百三 14_134_35	 唐代•文選五九 55_537_10	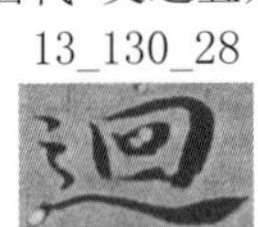 唐代•文選五九 19_181_25	 唐代•古文選前 10_115_14		 唐代•古文選後 25_300_5	 唐代•古文選後 21_244_7
 唐代•文選百三 29_284_27	 唐代•文選五九 55_538_20	 唐代•文選五九 19_183_16	 唐代•古文選前 12_142_8		 唐代•古文選後 25_300_35	 唐代•古文選後 21_244_50
 唐代•古文選前 6_71_4	 唐代•文選五九 102_961_10	 唐代•文選五九 19_186_6	 唐代•古文選前 12_145_11		 唐代•十輪經四 1_22_16	 唐代•古文選後 22_260_2

迸	逃				追	
漢ホウ、ヘイ 呉ヒョウ 訓はしる	漢トウ 訓にげる				ツイ 漢タイ 訓おう	
唐代•文選百三 21_203_8	唐代•春秋經傳 6_57_9	唐代•古文選前 22_262_14	唐代•文選百三 23_226_8	唐代•文選六八 5_50_15	唐代•文選四八 42_374_24	唐代•古文選前 8_91_6
唐代•文選百三 21_206_20	唐代•春秋經傳 23_237_13	唐代•古文選前 23_270_1	唐代•文選百三 37_376_9	唐代•文選六八 5_50_23	唐代•文選四八 42_379_9	唐代•古文選前 14_162_14
	唐代•春秋經傳 31_327_22	唐代•古文選前 25_298_14	唐代•文選百三 38_378_9	唐代•文選六八 53_537_2	唐代•文選四八 42_379_16	唐代•古文選前 18_212_1
	唐代•春秋經傳 39_405_19	唐代•古文選後 8_85_5	唐代•文選百三 38_381_3	唐代•文選六八 57_572_8	唐代•文選四八 42_380_3	唐代•古文選前 23_274_6
	唐代•文選五九 32_314_20	唐代•古文選後 9_98_8	唐代•文選百三 39_385_3	唐代•文選八八 17_144_7	唐代•文選四八 42_381_2	唐代•十輪經四 17_332_10
	唐代•文選六八 35_356_13	唐代•古文選後 23_274_14	唐代•文選百三 65_623_19	唐代•文選百三 21_200_8	唐代•文選五九 99_938_4	
	唐代•文選百三 67_652_12		唐代•文選百三 71_689_8	唐代•文選百三 21_201_34	唐代•文選六八 5_49_6	
			唐代•文選百三 87_824_1	唐代•文選百三 23_225_3	唐代•文選六八 5_49_15	

迷

慣メイ 漢ベイ
訓まよう

- 唐代・文選四八 31_281_14
- 唐代・文選五九 11_104_11
- 唐代・文選六八 73_724_1
- 唐代・文選六八 73_726_4
- 唐代・古文選前 7_87_11
- 唐代・十輪經八 4_70_11
- 唐代・十輪經八 4_73_3
- 唐代・十輪經十 10_198_8

逆

漢ゲキ 呉ギャク
訓さからう

- 唐代・春秋經傳 1_2_18
- 唐代・春秋經傳 1_3_18
- 唐代・春秋經傳 2_14_13
- 唐代・春秋經傳 11_113_6
- 唐代・春秋經傳 12_124_1
- 唐代・春秋經傳 14_144_18
- 唐代・春秋經傳 23_242_5
- 唐代・春秋經傳 24_248_4
- 唐代・春秋經傳 24_248_12
- 唐代・春秋經傳 24_249_1
- 唐代・春秋經傳 25_259_13
- 唐代・文選五九 107_1019_2
- 唐代・文選六八 23_234_17
- 唐代・文選百三 9_79_20
- 唐代・文選百三 25_245_3
- 唐代・文選百三 29_284_12
- 唐代・古文選前 18_207_3
- 唐代・十輪經四 6_105_17

退

タイ、トン
訓しりぞく

- 唐代・春秋經傳 9_88_10
- 唐代・春秋經傳 10_103_15
- 唐代・春秋經傳 22_226_26
- 唐代・春秋經傳 37_392_1
- 唐代・文選五九 11_106_14
- 唐代・文選五九 71_682_23
- 唐代・文選五九 100_943_15
- 唐代・文選五九 104_986_7
- 唐代・文選六八 1_13_15
- 唐代・文選六八 59_592_1
- 唐代・文選六八 73_729_18
- 唐代・文選八八 3_14_16
- 唐代・文選八八 3_14_24
- 唐代・文選百三 22_210_11
- 唐代・文選百三 22_212_4
- 唐代・文選百三 22_214_28
- 唐代・文選百三 22_215_1
- 唐代・文選百三 27_264_23
- 唐代・文選百三 58_560_2
- 唐代・文選百三 58_561_10
- 唐代・文選百三 59_562_9
- 唐代・文選百三 59_563_16
- 唐代・文選百三 59_563_19
- 唐代・古文選前 7_81_10

逝

漢セイ
訓ゆく

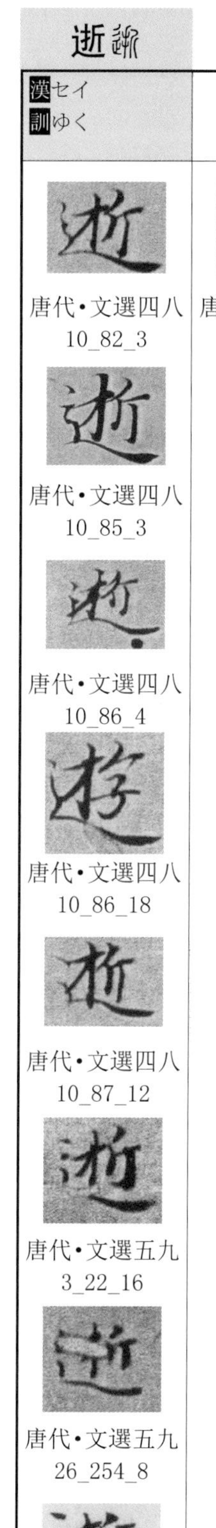

唐代•文選四八
10_82_3

唐代•文選四八
10_85_3

唐代•文選四八
10_86_4

唐代•文選四八
10_86_18

唐代•文選四八
10_87_12

唐代•文選五九
3_22_16

唐代•文選五九
26_254_8

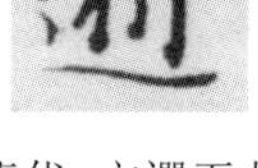

唐代•文選五九
71_679_3

唐代•十輪經十
18_352_7

唐代•十輪經九
16_307_4

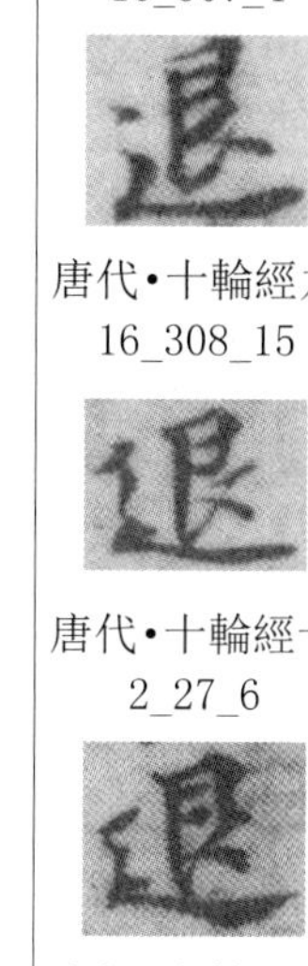

唐代•十輪經九
16_308_15

唐代•十輪經十
2_27_6

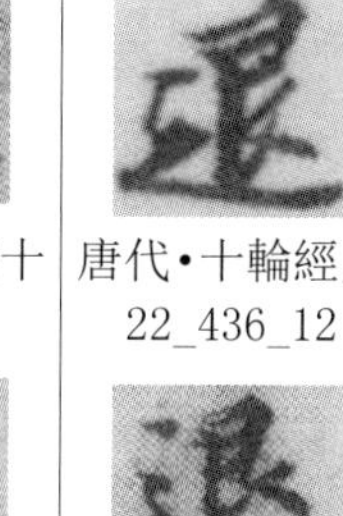

唐代•十輪經十
4_74_9

唐代•十輪經十
14_267_3

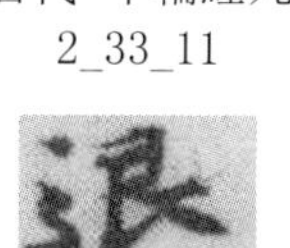

唐代•十輪經十
16_316_13

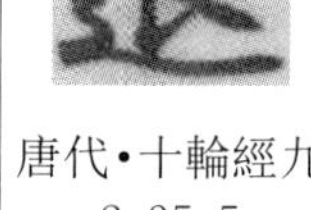
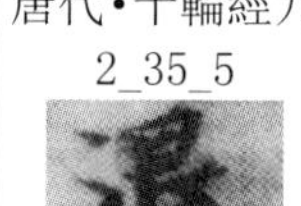

唐代•十輪經十
18_348_9

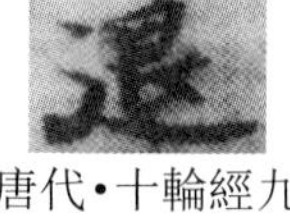

唐代•十輪經十
18_350_4

唐代•十輪經八
20_395_11

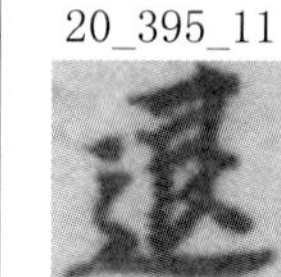

唐代•十輪經八
20_397_5

唐代•十輪經八
22_435_2

唐代•十輪經八
22_436_12

唐代•十輪經九
2_33_11

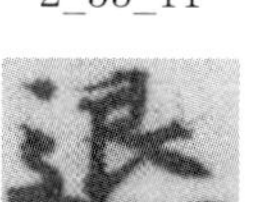

唐代•十輪經九
2_35_5

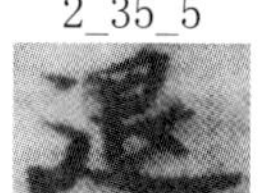
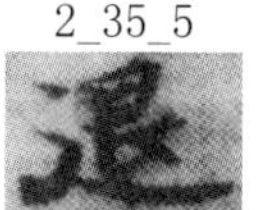

唐代•十輪經九
4_73_15

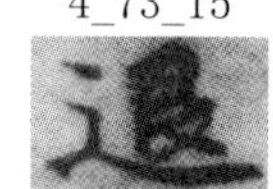

唐代•十輪經九
4_75_9

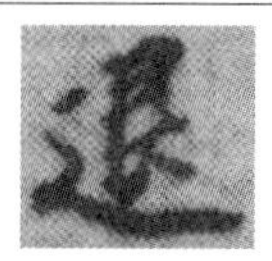

唐代•十輪經八
13_244_6

唐代•十輪經八
13_246_1

唐代•十輪經八
14_281_7

唐代•十輪經八
15_283_2

唐代•十輪經八
16_319_5

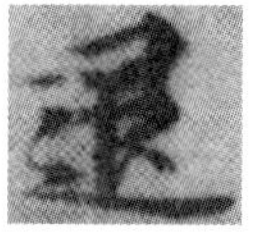

唐代•十輪經八
16_320_16

唐代•十輪經八
18_357_15

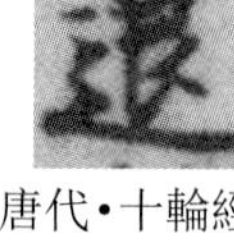

唐代•十輪經八
18_359_8

唐代•十輪經八
4_64_11

唐代•十輪經八
4_66_7

唐代•十輪經八
7_130_6

唐代•十輪經八
7_131_17

唐代•十輪經八
9_168_17

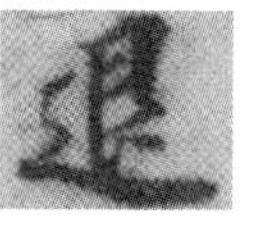

唐代•十輪經八
9_170_12

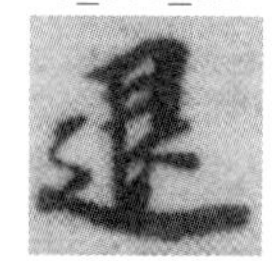

唐代•十輪經八
11_206_14

唐代•十輪經八
11_208_8

唐代•古文選前
11_132_14

唐代•十輪經四
5_88_16

唐代•十輪經四
8_157_1

唐代•十輪經四
20_385_3

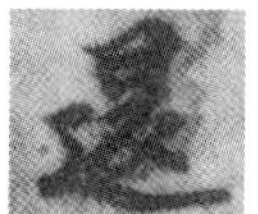

唐代•十輪經八
1_10_14

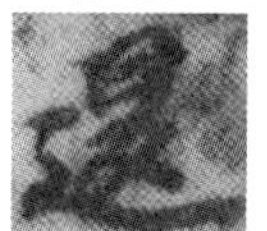

唐代•十輪經八
1_12_12

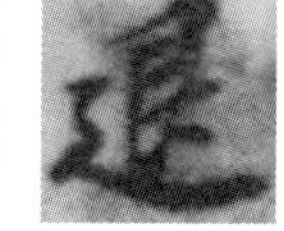

唐代•十輪經八
2_25_9

唐代•十輪經八
2_27_3

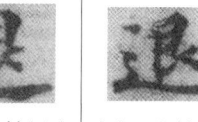

連

レン

訓つらなる

唐代•文選百三
35_354_2

唐代•文選百三
79_752_21

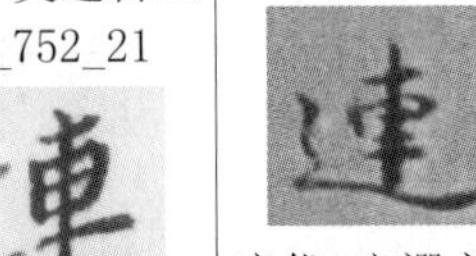
唐代•古文選前
19_225_9

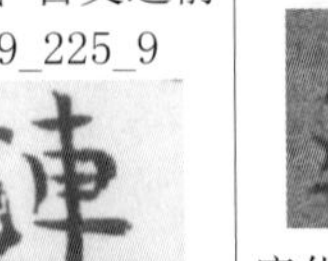
唐代•古文選後
24_286_12

唐代•文選五九
108_1025_16

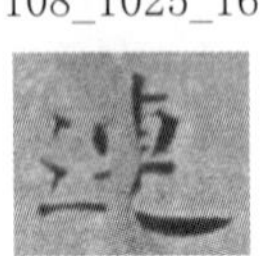
唐代•文選六八
27_268_27

唐代•文選六八
59_587_16

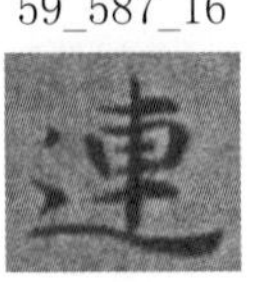
唐代•文選六八
69_684_18

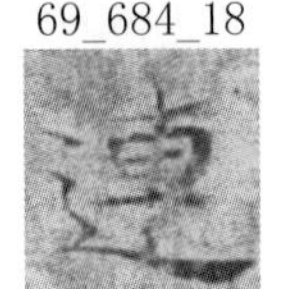
唐代•文選百三
1_6_4

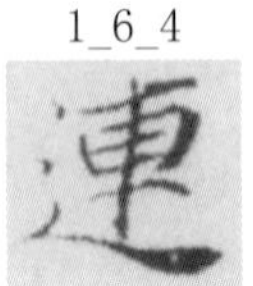
唐代•文選百三
31_314_16

唐代•文選百三
35_348_12

唐代•文選百三
35_352_6

唐代•文選五九
66_642_12

唐代•文選五九
66_642_23

唐代•文選五九
67_643_14

唐代•文選五九
93_894_6

唐代•文選五九
93_895_22

唐代•文選五九
94_896_10

唐代•文選五九
94_897_16

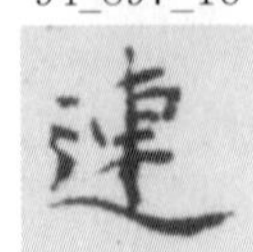
唐代•文選五九
94_898_3

唐代•春秋經傳
24_246_21

唐代•春秋經傳
27_274_6

唐代•文選五九
16_155_3

唐代•文選五九
20_198_10

唐代•文選五九
21_202_3

唐代•文選五九
35_341_30

唐代•文選五九
51_498_22

唐代•文選五九
52_510_19

唐代•古文選前
14_160_6

唐代•古文選前
14_165_22

唐代•古文選前
24_277_9

唐代•古文選後
2_21_1

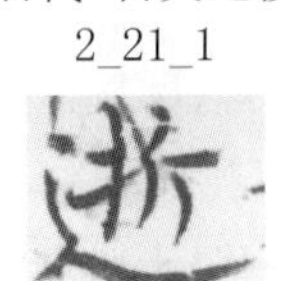
唐代•古文選後
6_64_14

唐代•古文選後
16_181_1

唐代•古文選後
25_298_6

唐代•文選百三
21_200_5

唐代•文選百三
21_201_13

唐代•文選百三
21_201_26

唐代•文選百三
23_221_8

唐代•文選百三
23_224_15

唐代•文選百三
23_226_2

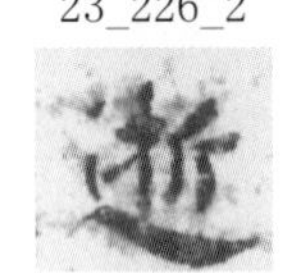
唐代•古文選前
2_14_1

唐代•古文選前
6_67_13

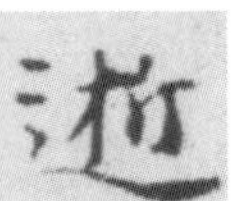
唐代•文選五九
101_951_24

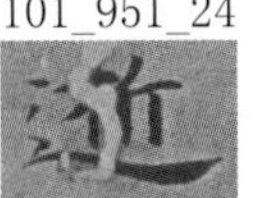
唐代•文選六八
7_69_1

唐代•文選六八
7_70_1

唐代•文選六八
33_332_21

唐代•文選六八
33_333_17

唐代•文選六八
71_704_8

唐代•文選六八
71_709_9

唐代•文選六八
72_717_10

速

ソク
訓はやい

唐代•春秋經傳 13_129_5
唐代•春秋經傳 21_214_9
唐代•文選五九 21_209_26
唐代•文選六八 34_344_29
唐代•文選八八 9_68_27
唐代•古文選後 25_295_12
唐代•十輪經四 9_177_10
唐代•十輪經四 10_181_2

唐代•十輪經四 10_183_2
唐代•十輪經八 1_12_6
唐代•十輪經八 2_26_14
唐代•十輪經八 2_33_11
唐代•十輪經八 5_92_14
唐代•十輪經八 6_102_12
唐代•十輪經八 7_131_11
唐代•十輪經八 7_140_13

唐代•十輪經八 9_170_6
唐代•十輪經八 9_178_17
唐代•十輪經八 11_208_2
唐代•十輪經八 11_215_14
唐代•十輪經八 13_245_13
唐代•十輪經八 13_252_14
唐代•十輪經八 15_282_12
唐代•十輪經八 15_290_14

唐代•十輪經八 16_320_10
唐代•十輪經八 17_328_14
唐代•十輪經八 18_359_2
唐代•十輪經八 19_366_13
唐代•十輪經八 20_396_16
唐代•十輪經八 21_404_6
唐代•十輪經八 22_436_6
唐代•十輪經九 1_4_6

唐代•十輪經九 2_34_16
唐代•十輪經九 3_42_7
唐代•十輪經九 4_75_3
唐代•十輪經九 5_80_17
唐代•十輪經九 5_88_1
唐代•十輪經九 6_113_4
唐代•十輪經九 6_115_14
唐代•十輪經九 6_116_3

唐代•十輪經九 6_116_11
唐代•十輪經九 7_123_21
唐代•十輪經九 7_125_21
唐代•十輪經九 7_128_21
唐代•十輪經九 7_131_14
唐代•十輪經九 7_133_21
唐代•十輪經九 7_137_21
唐代•十輪經九 7_139_21

唐代•十輪經九 8_140_14
唐代•十輪經九 8_145_21
唐代•十輪經九 11_203_6
唐代•十輪經九 12_229_3
唐代•十輪經九 16_308_9
唐代•十輪經九 16_317_15
唐代•十輪經十 9_163_21
唐代•十輪經十 17_321_5

逍	逞				逐	
ショウ 訓 さまよう	漢 テイ 訓 とおる				漢 チク 呉 ジク 訓 おう	
唐代・文選四八 31_282_8	唐代・春秋經傳 6_56_1	唐代・十輪經四 8_155_6	唐代・文選六八 33_334_9	唐代・文選五九 20_193_25	唐代・春秋經傳 15_158_12	唐代・十輪經十 17_329_21
唐代・文選五九 107_1008_28	唐代・古文選後 5_50_10		唐代・文選八八 16_138_28	唐代・文選五九 20_194_15	唐代・春秋經傳 17_173_9	唐代・十輪經十 17_330_14
唐代・文選五九 108_1022_8			唐代・文選百三 29_289_9	唐代・文選五九 20_195_2	唐代・春秋經傳 20_207_5	
唐代・文選六八 43_436_5			唐代・文選百三 46_439_7	唐代・文選五九 68_656_11	唐代・春秋經傳 33_345_15	
唐代・文選六八 48_483_4			唐代・文選百三 46_441_16	唐代・文選五九 70_673_25	唐代・春秋經傳 34_361_4	
			唐代・文選百三 46_444_26	唐代・文選五九 107_1019_12	唐代・春秋經傳 35_363_4	
			唐代・文選百三 47_446_17	唐代・文選六八 5_50_25	唐代・文選五九 20_192_8	
			唐代・十輪經四 6_120_14	唐代・文選六八 33_326_3	唐代・文選五九 20_193_13

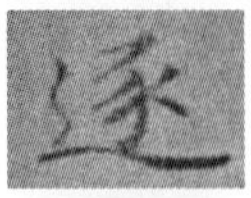

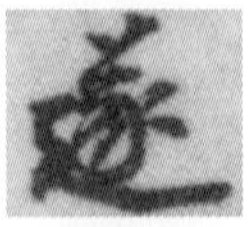

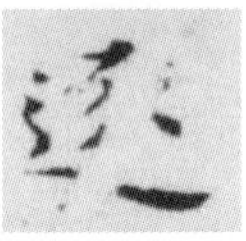

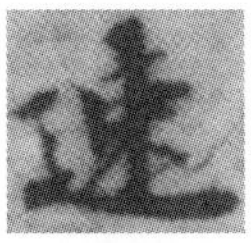

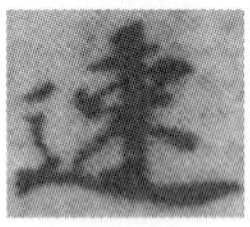

逢

漢ホウ
訓あう

唐代•春秋經傳 14_145_9

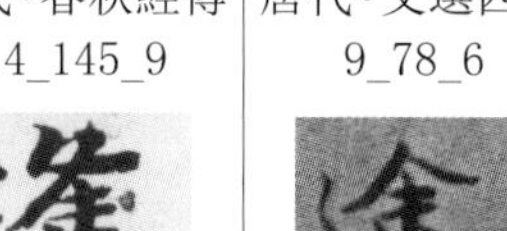
唐代•春秋經傳 14_147_7

唐代•春秋經傳 14_147_9

唐代•文選五九 39_389_12

唐代•文選五九 47_466_3

唐代•文選五九 56_547_3

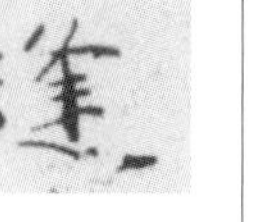
唐代•文選五九 99_940_24

唐代•文選五九 99_942_6

途

漢ト 呉ズ
訓みち

唐代•文選四八 9_78_6

唐代•文選六八 9_94_26

唐代•文選六八 11_111_1

唐代•文選百三 27_266_18

唐代•文選百三 69_669_33

唐代•古文選後 17_199_10

唐代•古文選後 19_219_10

唐代•古文選後 25_294_13

造

慣ゾウ 漢ソウ
訓つくる

唐代•十輪經九 3_43_10

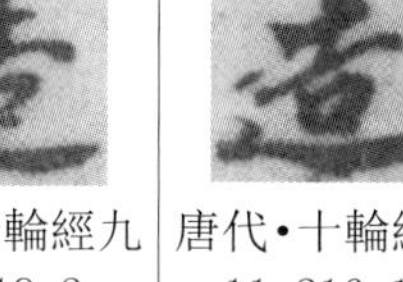
唐代•十輪經九 16_319_2

唐代•十輪經八 9_180_4

唐代•十輪經八 11_216_17

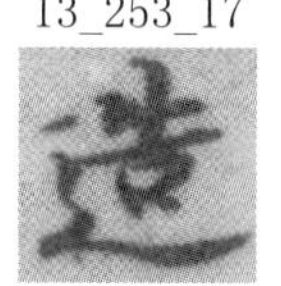
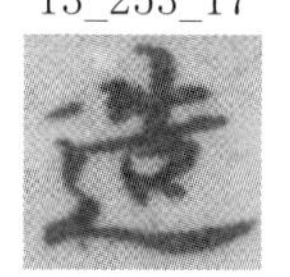
唐代•十輪經八 13_253_17

唐代•十輪經八 15_291_17

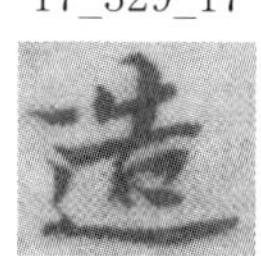

唐代•十輪經八 17_329_17

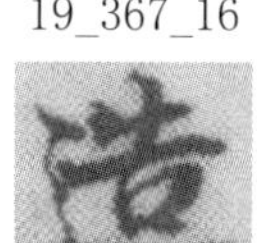
唐代•十輪經八 19_367_16

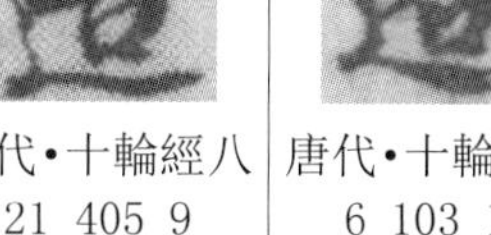
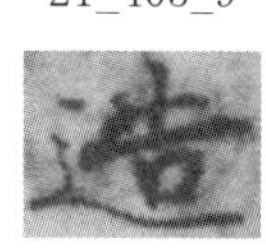

唐代•十輪經八 21_405_9

唐代•十輪經九 1_5_9

唐代•十輪經四 12_234_14

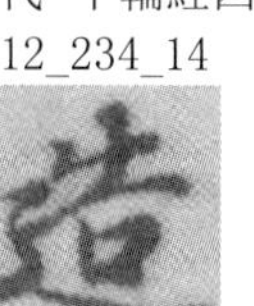
唐代•十輪經四 15_285_1

唐代•十輪經四 16_302_15

唐代•十輪經四 16_305_4

唐代•十輪經八 2_31_6

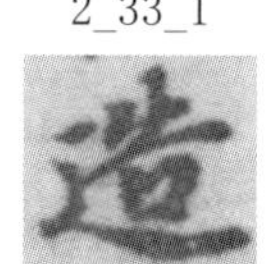
唐代•十輪經八 2_33_1

唐代•十輪經八 6_103_16

唐代•十輪經八 8_141_16

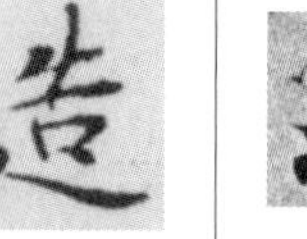
唐代•文選百三 57_551_5

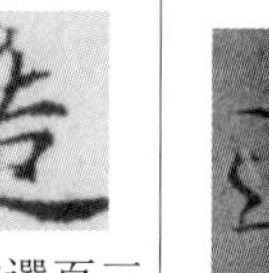
唐代•文選百三 57_551_21

唐代•文選百三 57_553_10

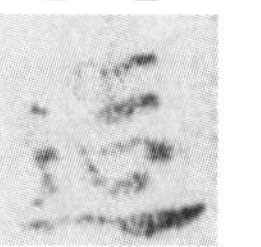

唐代•文選百三 57_553_33

唐代•古文選後 11_128_8

唐代•十輪經四 8_140_4

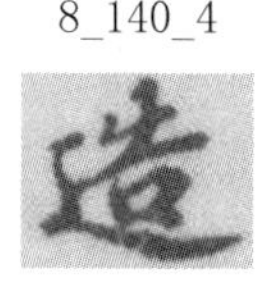
唐代•十輪經四 11_201_3

唐代•十輪經四 11_211_5

初唐•金剛場經 1_9_6

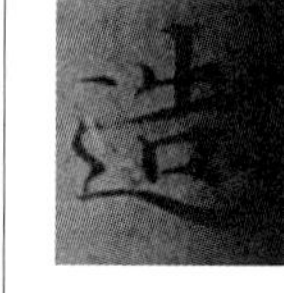
唐代•文選六八 8_79_7

唐代•文選六八 8_80_18

唐代•文選八八 5_27_9

唐代•文選八八 5_28_5

唐代•文選八八 5_29_9

唐代•文選百三 48_465_10

唐代•文選百三 57_549_6

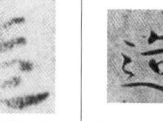

唐代・文選五九 100_944_20

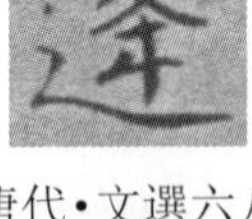

唐代・文選六八 34_339_2

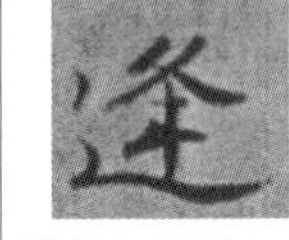

唐代・文選六八 44_442_11

唐代・文選六八 44_442_13

唐代・文選百三 12_109_18

逖

漢テキ
訓とおい

唐代・文選八八 20_177_2

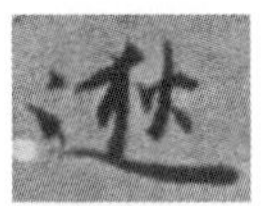

唐代・文選八八 21_180_32

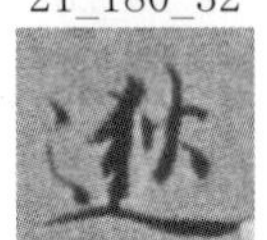

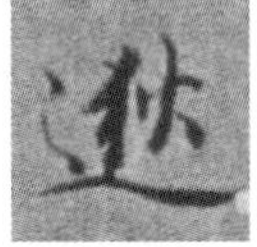

唐代・文選八八 21_181_8

唐代・文選八八 21_181_22

唐代・文選百三 82_781_33

唐代・文選百三 82_782_17

唐代・文選百三 82_783_31

唐代・文選百三 83_784_13

唐代・古文選後 20_230_12

通

慣ツウ 呉ツ 漢トウ
訓とおり

唐代・春秋經傳 5_46_27

唐代・春秋經傳 19_202_4

唐代・春秋經傳 22_232_17

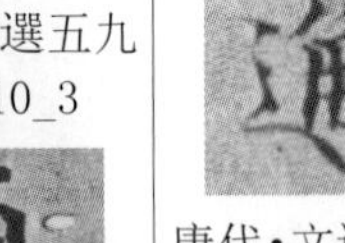

唐代・春秋經傳 26_271_12

唐代・春秋經傳 31_321_4

唐代・春秋經傳 39_408_39

唐代・文選四八 13_116_3

唐代・文選四八 13_119_22

唐代・文選四八 20_176_4

唐代・文選四八 22_194_15

唐代・文選四八 30_274_10

唐代・文選四八 46_411_2

唐代・文選五九 17_165_2

唐代・文選五九 41_410_3

唐代・文選五九 49_484_1

唐代・文選五九 49_488_9

唐代・文選五九 49_488_30

唐代・文選五九 57_551_4

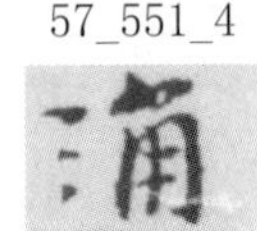

唐代・文選五九 61_583_11

唐代・文選五九 61_583_13

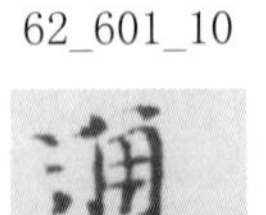

唐代・文選五九 62_601_10

唐代・文選五九 64_617_27

唐代・文選五九 71_679_27

唐代・文選六八 8_84_7

唐代・文選六八 8_85_22

唐代・文選六八 8_87_23

唐代・文選六八 11_120_8

唐代・文選六八 13_134_24

唐代・文選六八 15_151_15

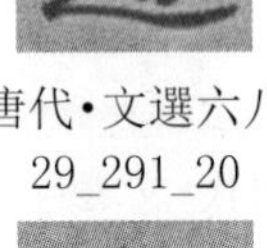

唐代・文選六八 29_291_20

唐代・文選六八 31_308_25

唐代・文選六八 45_456_20

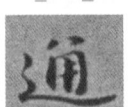

過 遆

過	遆
カ 訓すぎる	漢キ 訓ちまた

中唐・風信帖
4_20_2

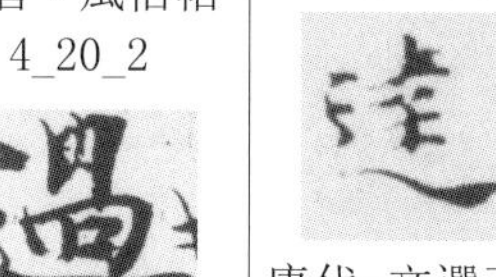
唐代•春秋經傳
8_75_4

唐代•春秋經傳
8_79_5

唐代•春秋經傳
8_80_3

唐代•春秋經傳
8_82_1

唐代•春秋經傳
8_84_3

唐代•春秋經傳
8_84_15

唐代•春秋經傳
8_84_21

唐代•文選五九
27_264_14

唐代•文選五九
63_610_12

唐代•文選五九
72_686_14

唐代•文選五九
98_930_4

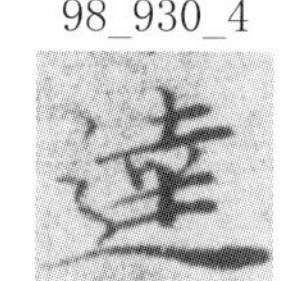
唐代•文選百三
23_222_11

唐代•文選百三
57_543_5

唐代•十輪經九
11_211_11

唐代•古文選前
9_106_5

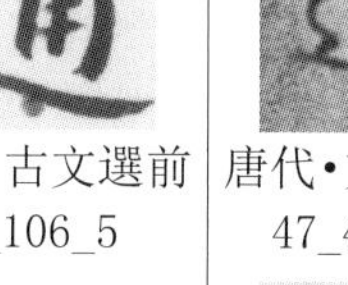
唐代•古文選前
12_138_2

唐代•古文選後
25_296_2

唐代•十輪經四
2_23_1

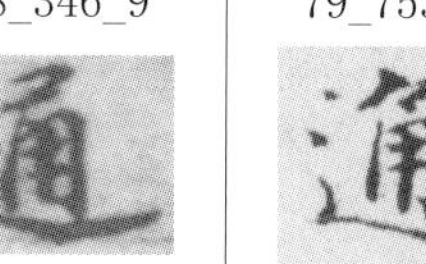
唐代•十輪經四
18_346_9

唐代•十輪經四
18_346_17

唐代•十輪經四
18_347_8

唐代•十輪經九
4_65_7

唐代•文選百三
47_455_28

唐代•文選百三
63_600_31

唐代•文選百三
67_649_31

唐代•文選百三
72_696_22

唐代•文選百三
79_753_6

唐代•文選百三
83_789_27

唐代•文選百三
85_811_13

唐代•古文選前
2_15_8

唐代•文選八八
16_138_25

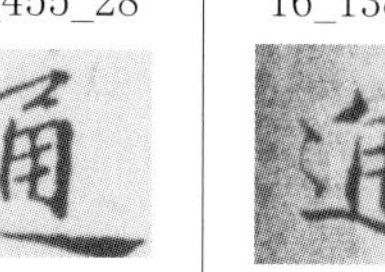
唐代•文選八八
19_169_8

唐代•文選八八
19_170_18

唐代•文選八八
19_171_24

唐代•文選八八
21_182_6

唐代•文選百三
5_39_43

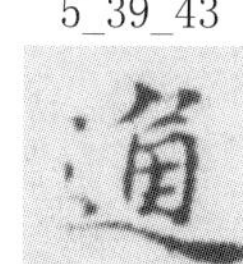
唐代•文選百三
20_193_16

唐代•文選百三
21_201_40

唐代•文選六八
62_618_11

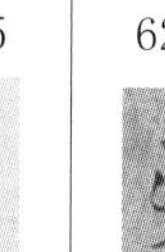
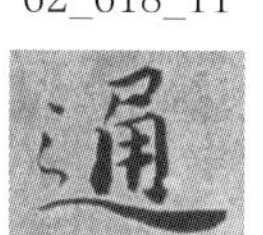
唐代•文選八八
5_35_5

唐代•文選八八
7_42_10

唐代•文選八八
8_59_31

唐代•文選八八
9_64_6

唐代•文選八八
11_91_5

唐代•文選八八
15_130_12

唐代•文選八八
16_136_14

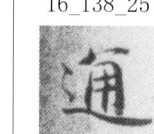

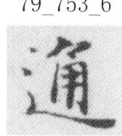

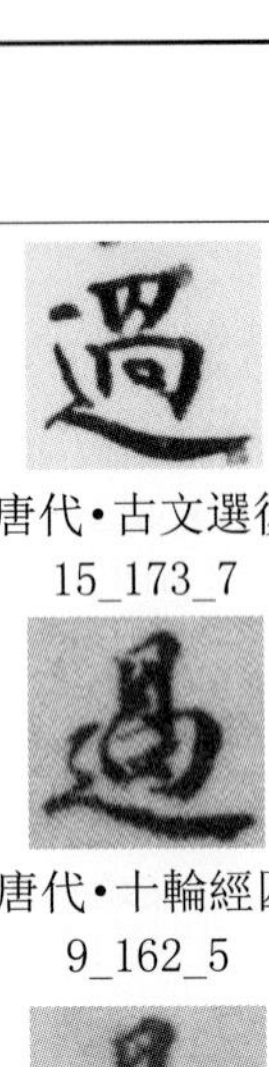 唐代•古文選後 15_173_7	 唐代•文選百三 83_790_33	 唐代•文選百三 37_365_1	 唐代•文選六八 6_54_16	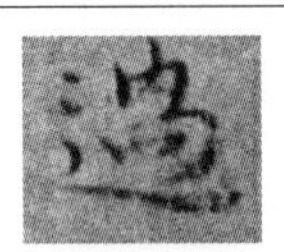 唐代•文選五九 2_16_11	 唐代•春秋經傳 26_265_22	 唐代•春秋經傳 9_85_4
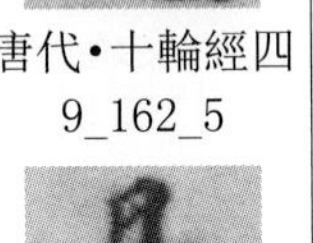 唐代•十輪經四 9_162_5	 唐代•文選百三 83_791_3	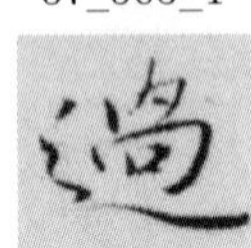 唐代•文選百三 37_365_11	 唐代•文選六八 15_151_3	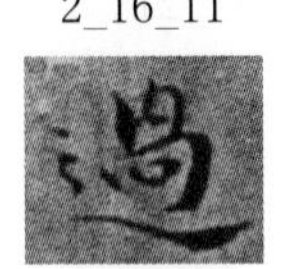 唐代•文選五九 13_131_4	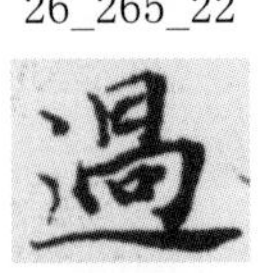 唐代•春秋經傳 26_265_26	 唐代•春秋經傳 9_92_18
 唐代•十輪經四 10_190_8	 唐代•古文選前 11_131_13	 唐代•文選百三 37_368_35	 唐代•文選六八 31_310_4	 唐代•文選五九 37_364_2	 唐代•春秋經傳 27_282_16	 唐代•春秋經傳 22_224_18
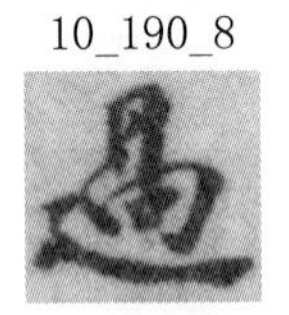 唐代•十輪經四 10_198_16	 唐代•古文選前 23_269_14	 唐代•文選百三 56_541_28	 唐代•文選六八 31_318_2	 唐代•文選五九 37_365_28	 唐代•春秋經傳 35_372_18	 唐代•春秋經傳 22_224_21
 唐代•十輪經四 11_209_1	 唐代•古文選後 2_20_1	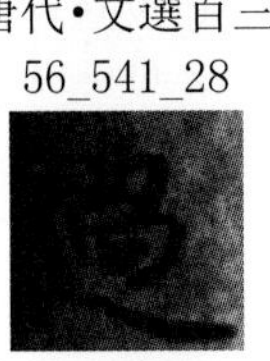 唐代•文選百三 60_571_36	 唐代•文選八八 12_98_35	 唐代•文選五九 40_398_5	 唐代•春秋經傳 36_382_6	 唐代•春秋經傳 22_226_16
 唐代•十輪經四 11_215_7	 唐代•古文選後 3_34_12	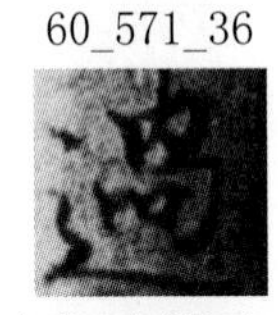 唐代•文選百三 60_572_8	 唐代•文選百三 14_130_16	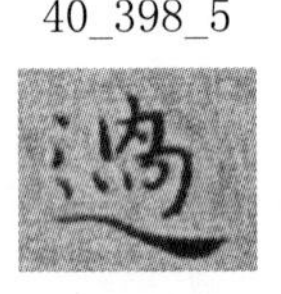 唐代•文選五九 53_528_5	 唐代•文選四八 1_4_9	 唐代•春秋經傳 24_246_15
 唐代•十輪經四 14_279_6	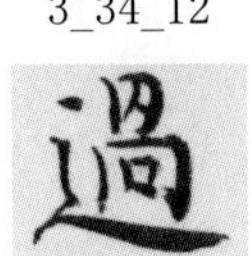 唐代•古文選後 6_70_8	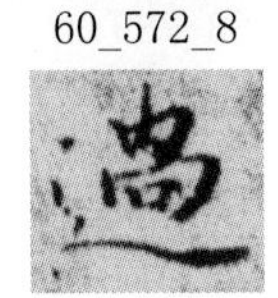 唐代•文選百三 62_598_19	 唐代•文選百三 16_149_35	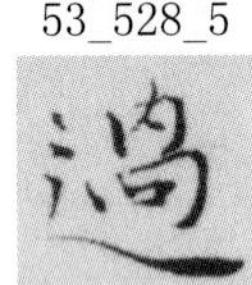 唐代•文選五九 62_595_17	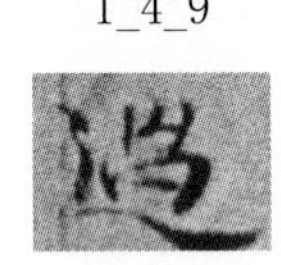 唐代•文選四八 32_285_24	 唐代•春秋經傳 24_247_26
 唐代•十輪經四 15_285_3	 唐代•古文選後 9_103_1	 唐代•文選百三 71_686_3	 唐代•文選百三 21_209_10	 唐代•文選五九 92_889_10	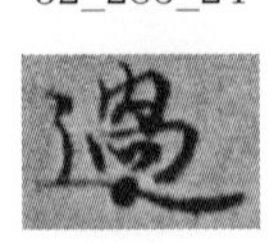 唐代•文選四八 45_408_11	 唐代•春秋經傳 26_265_14

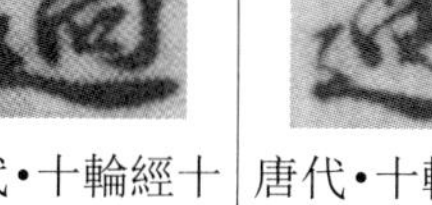
唐代•十輪經四
15_289_4

唐代•十輪經四
15_292_4

唐代•十輪經四
16_301_15

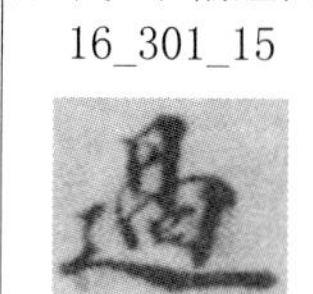
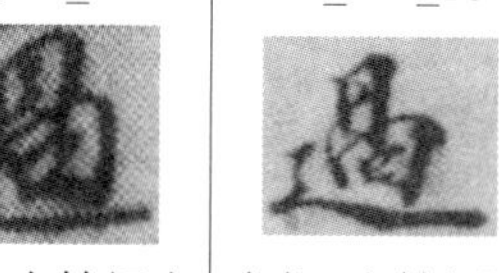

唐代•十輪經四
16_305_8

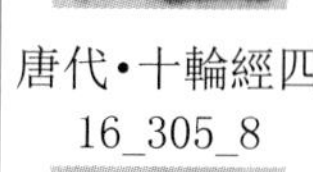

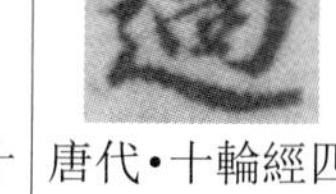
唐代•十輪經四
16_309_7

唐代•十輪經八
5_95_3

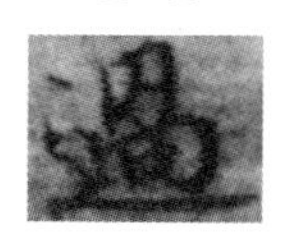
唐代•十輪經九
5_81_17

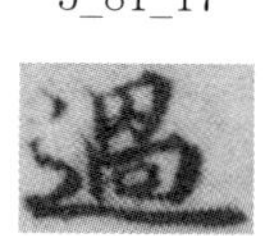
唐代•十輪經九
7_135_22

唐代•十輪經九
8_141_10

唐代•十輪經十
4_69_10

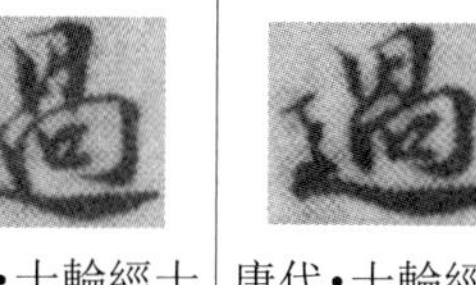

唐代•十輪經十
8_159_18

唐代•十輪經十
8_160_25

唐代•十輪經十
9_162_9

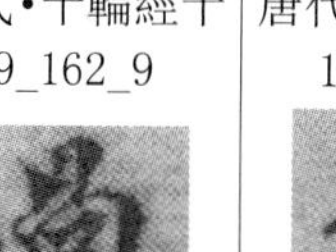
唐代•十輪經十
12_234_4

唐代•十輪經十
12_237_9

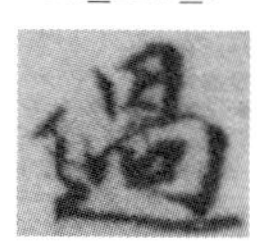
唐代•十輪經十
13_246_4

唐代•十輪經十
13_255_11

唐代•十輪經十
14_264_6

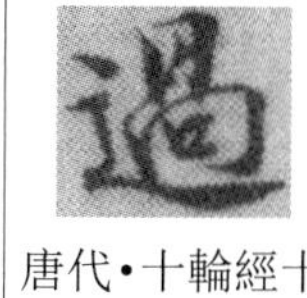
唐代•十輪經十
16_310_5

唐代•十輪經十
17_334_6

逶 𨘥

イ
訓—

唐代•文選百三
58_559_20

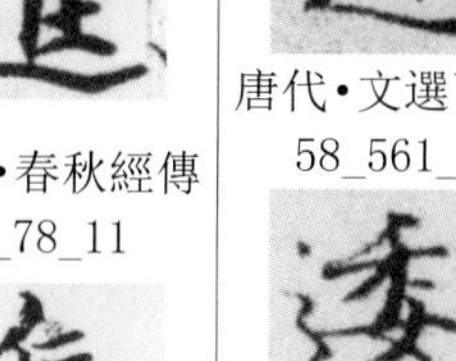
唐代•文選百三
58_561_4

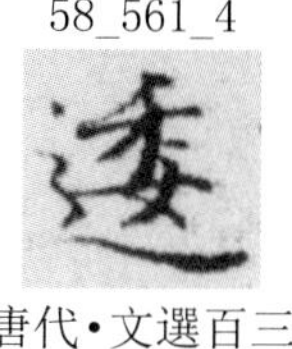
唐代•文選百三
58_561_15

唐代•文選百三
59_562_27

唐代•文選百三
59_563_29

進 𨗨

シン
訓すすむ

唐代•春秋經傳
8_77_13

唐代•春秋經傳
8_78_11

唐代•春秋經傳
22_228_10

唐代•文選四八
28_254_13

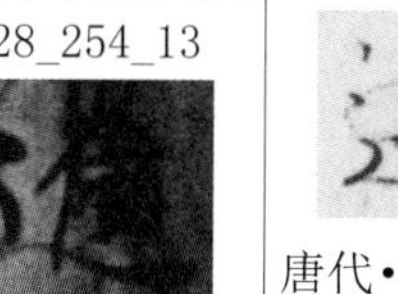
唐代•文選四八
28_256_4

唐代•文選四八
28_256_20

唐代•文選四八
33_294_14

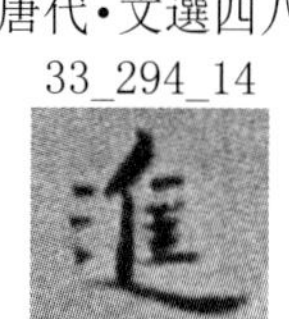
唐代•文選五九
2_18_8

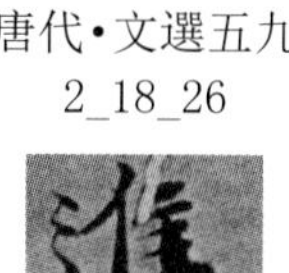
唐代•文選五九
2_18_26

唐代•文選五九
8_77_1

唐代•文選五九
8_77_10

唐代•文選五九
8_78_25

唐代•文選五九
11_103_12

唐代•文選五九
82_795_16

唐代•文選五九
82_795_21

唐代•文選六八
19_192_17

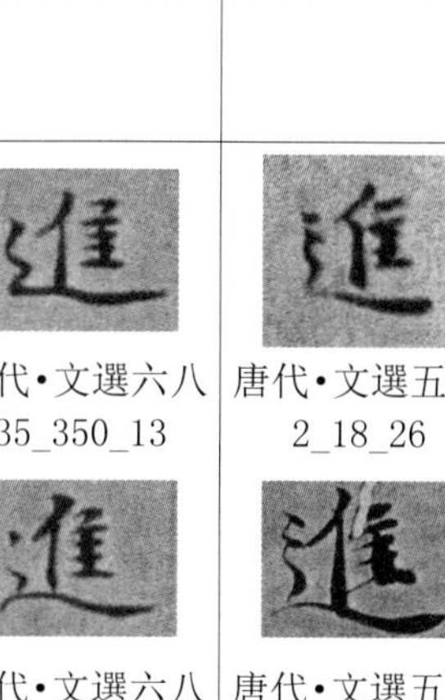
唐代•文選六八
35_350_13

唐代•文選六八
44_441_4

唐代•文選六八
66_663_17

唐代•文選六八
73_729_12

唐代•文選八八
5_28_1

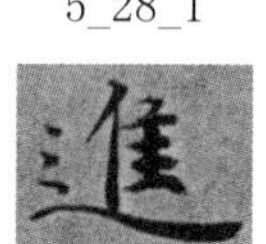
唐代•文選八八
24_216_2

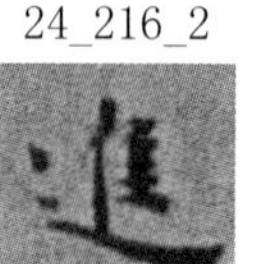
唐代•文選八八
24_216_20

唐代•文選百三
3_17_16

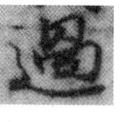

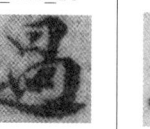

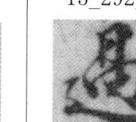

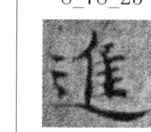

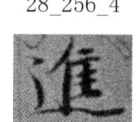

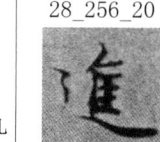

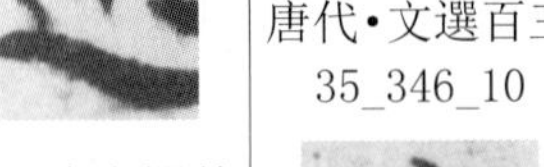
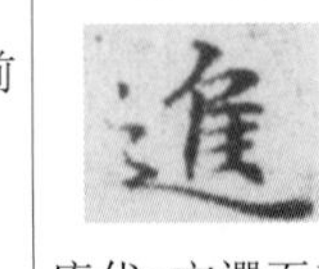

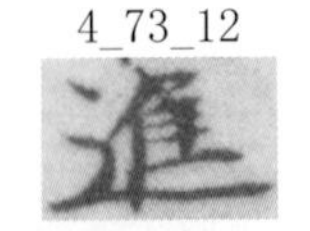

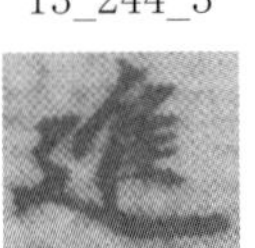

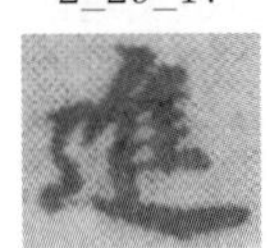

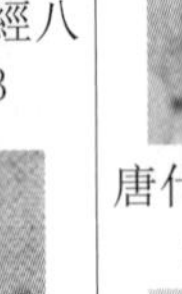

唐代•十輪經九 13_254_2
唐代•十輪經九 16_301_14
唐代•十輪經九 16_305_11
唐代•十輪經九 16_306_6
唐代•十輪經九 16_311_11
唐代•十輪經九 17_334_10
唐代•十輪經九 17_334_16
唐代•十輪經九 17_337_5

唐代•十輪經八 22_434_16
唐代•十輪經八 22_439_9
唐代•十輪經九 2_33_8
唐代•十輪經九 2_38_3
唐代•十輪經九 4_73_12
唐代•十輪經九 4_78_5
唐代•十輪經九 12_234_22
唐代•十輪經九 12_235_21

唐代•十輪經八 16_309_6
唐代•十輪經八 16_319_2
唐代•十輪經八 17_323_14
唐代•十輪經八 18_347_14
唐代•十輪經八 18_357_12
唐代•十輪經八 18_362_6
唐代•十輪經八 20_395_8
唐代•十輪經八 20_400_1

唐代•十輪經八 9_168_14
唐代•十輪經八 9_173_9
唐代•十輪經八 11_206_11
唐代•十輪經八 11_211_6
唐代•十輪經八 13_244_3
唐代•十輪經八 13_248_12
唐代•十輪經八 14_281_4
唐代•十輪經八 15_285_16

唐代•十輪經四 17_329_2
唐代•十輪經四 19_363_2
唐代•十輪經八 1_10_11
唐代•十輪經八 1_15_14
唐代•十輪經八 2_25_6
唐代•十輪經八 2_29_17
唐代•十輪經八 7_130_3
唐代•十輪經八 7_134_14

唐代•古文選前 1_3_1
唐代•古文選前 3_29_14
唐代•古文選前 10_122_1
唐代•古文選前 13_150_11
唐代•古文選前 25_294_1
唐代•古文選後 12_133_44
唐代•十輪經四 2_32_15
唐代•十輪經四 8_146_1

唐代•文選百三 16_150_9
唐代•文選百三 22_214_21
唐代•文選百三 22_214_24
唐代•文選百三 35_342_9
唐代•文選百三 35_346_10
唐代•文選百三 46_443_26
唐代•文選百三 47_452_17
唐代•文選百三 65_628_12

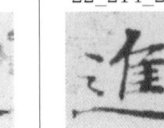

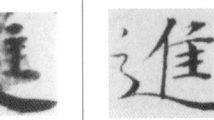

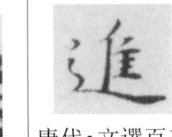

逸 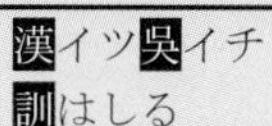

漢イツ呉イチ
訓はしる

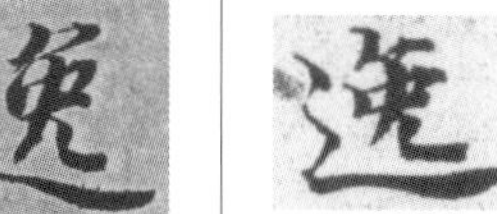

唐代•文選四八
44_393_12

唐代•文選四八
44_394_15

唐代•文選五九
6_57_21

唐代•文選五九
7_63_5

唐代•文選五九
9_87_21

唐代•文選五九
9_87_29

唐代•文選五九
10_92_29

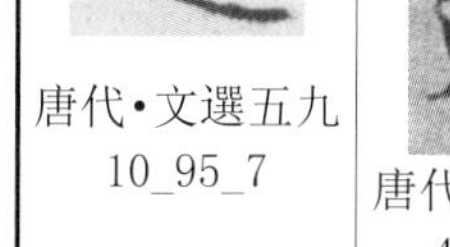
唐代•文選五九
10_95_7

唐代•春秋經傳
11_109_6

唐代•春秋經傳
36_380_21

唐代•文選四八
25_222_4

唐代•文選四八
27_246_3

唐代•文選四八
28_248_14

唐代•文選四八
28_248_23

唐代•文選四八
28_250_19

唐代•文選四八
42_374_2

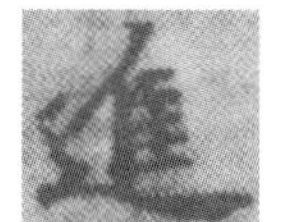
唐代•十輪經十
16_316_8

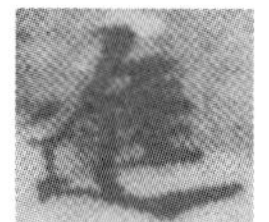
唐代•十輪經十
4_63_2

唐代•十輪經十
4_70_17

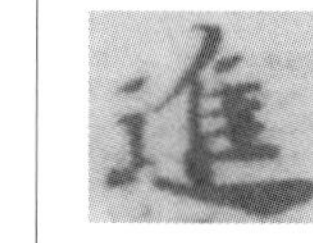
唐代•十輪經十
5_91_1

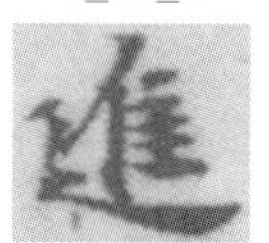
唐代•十輪經十
5_91_5

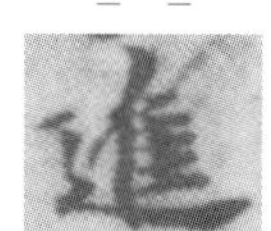
唐代•十輪經十
5_92_8

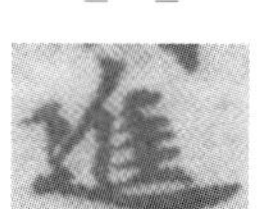
唐代•十輪經十
10_195_5

唐代•十輪經十
12_222_8

唐代•十輪經十
14_266_16

唐代•十輪經九
18_354_1

唐代•十輪經九
18_354_13

唐代•十輪經九
18_355_5

唐代•十輪經九
18_356_4

唐代•十輪經九
19_361_18

唐代•十輪經九
19_362_5

唐代•十輪經九
19_363_5

唐代•十輪經九
19_365_10

唐代•十輪經九
18_349_2

唐代•十輪經九
18_350_1

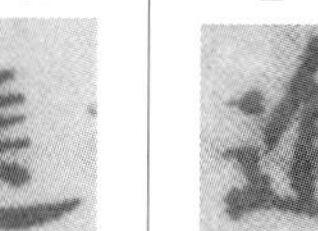
唐代•十輪經九
18_350_9

唐代•十輪經九
18_350_17

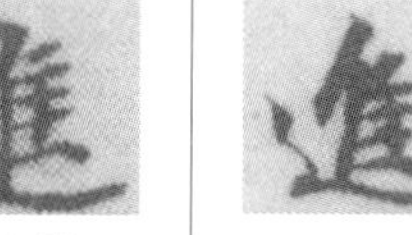
唐代•十輪經九
18_351_9

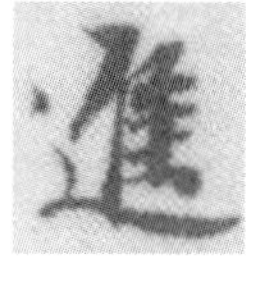
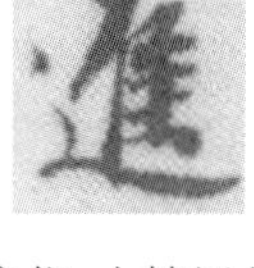
唐代•十輪經九
18_352_4

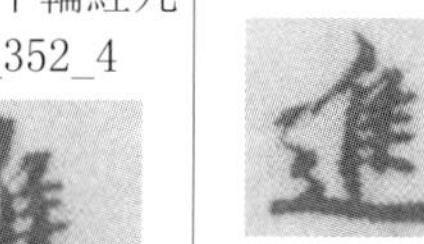

唐代•十輪經九
18_352_16

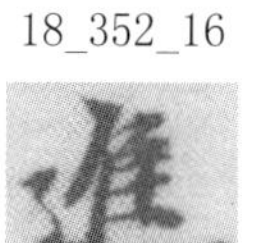
唐代•十輪經九
18_353_7

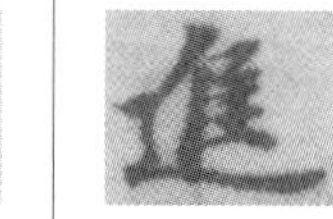
唐代•十輪經九
17_337_9

唐代•十輪經九
17_338_16

唐代•十輪經九
17_339_2

唐代•十輪經九
18_341_17

唐代•十輪經九
18_342_12

唐代•十輪經九
18_343_15

唐代•十輪經九
18_345_3

唐代•十輪經九
18_347_4

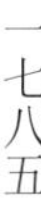

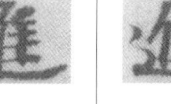

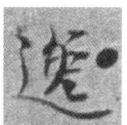

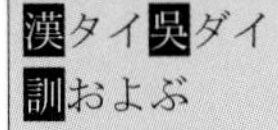

逮

漢タイ 吳ダイ

訓およぶ

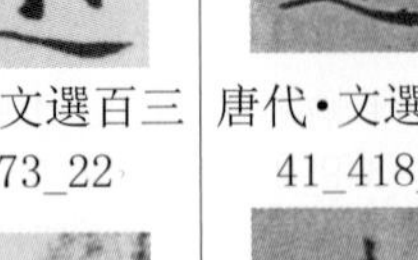
唐代•文選百三
8_73_22

唐代•文選百三
9_75_7

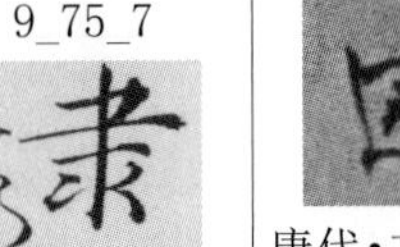
唐代•文選百三
71_690_9

唐代•文選百三
72_695_18

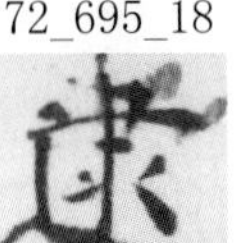
唐代•古文選前
2_15_5

唐代•古文選前
23_271_1

唐代•十輪經九
8_143_21

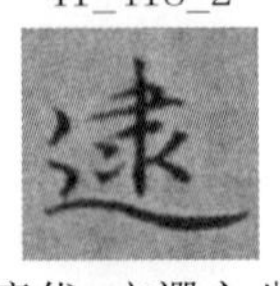
唐代•文選六八
41_418_2

唐代•文選六八
42_419_15

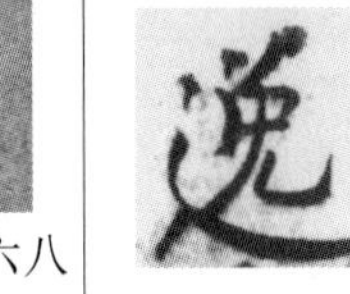
唐代•文選六八
42_420_11

唐代•文選六八
53_537_6

唐代•文選六八
53_538_3

唐代•文選六八
54_539_4

唐代•文選六八
54_539_25

唐代•文選六八
54_540_5

唐代•古文選前
22_258_5

唐代•古文選前
22_263_2

唐代•古文選前
23_267_14

唐代•古文選前
24_281_10

唐代•十輪經九
7_121_25

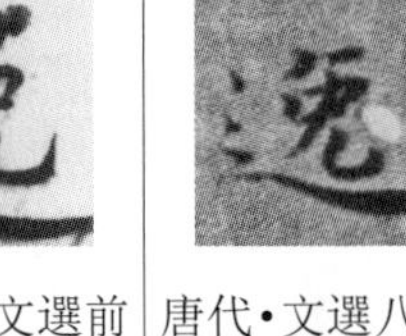
唐代•文選八八
23_199_29

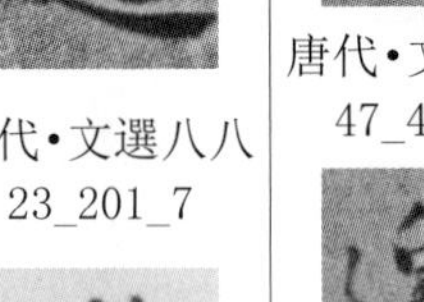
唐代•文選八八
23_199_52

唐代•文選八八
23_201_7

唐代•文選百三
47_450_19

唐代•文選百三
51_489_14

唐代•文選百三
83_790_22

唐代•古文選前
8_97_5

唐代•古文選前
21_246_8

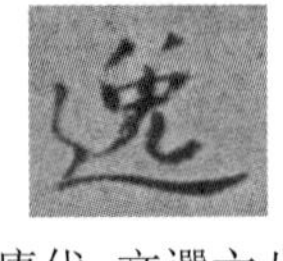
唐代•文選六八
31_318_1

唐代•文選六八
39_387_23

唐代•文選六八
47_473_12

唐代•文選六八
51_511_20

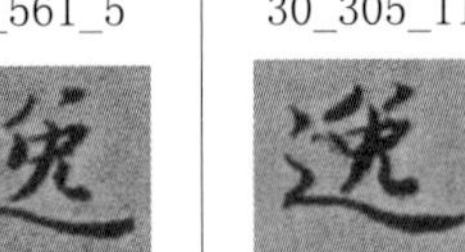

唐代•文選六八
56_561_5

唐代•文選六八
66_658_4

唐代•文選八八
5_23_19

唐代•文選八八
23_199_18

唐代•文選五九
67_643_2

唐代•文選五九
85_816_6

唐代•文選五九
86_827_8

唐代•文選五九
97_921_16

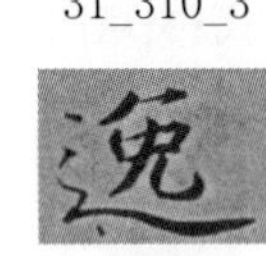
唐代•文選六八
30_305_11

唐代•文選六八
31_310_3

唐代•文選六八
31_316_2

唐代•文選六八
31_317_19

唐代•文選五九
25_250_20

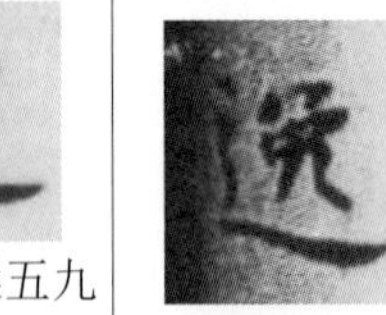
唐代•文選五九
29_288_22

唐代•文選五九
37_365_2

唐代•文選五九
39_389_16

唐代•文選五九
50_494_28

唐代•文選五九
52_515_18

唐代•文選五九
61_589_30

唐代•文選五九
65_627_22

達𨕥

漢タツ呉ダチ
訓とおる

唐代・春秋經傳
19_201_10

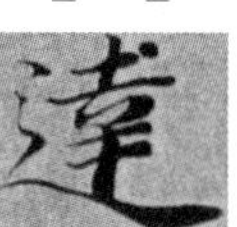
唐代・文選四八
3_19_6

唐代・文選四八
4_24_25

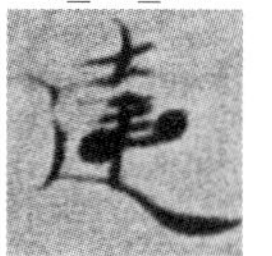
唐代・文選四八
30_270_24

唐代・文選四八
37_331_2

唐代・文選五九
7_71_1

唐代・文選五九
8_73_21

唐代・文選五九
8_73_26

唐代・文選五九
8_74_2

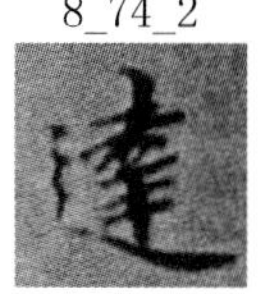
唐代・文選五九
8_74_20

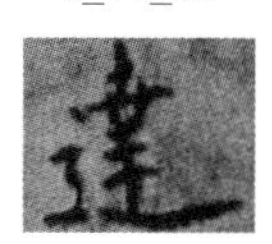
唐代・文選五九
8_76_6

唐代・文選五九
9_89_15

唐代・文選五九
35_348_5

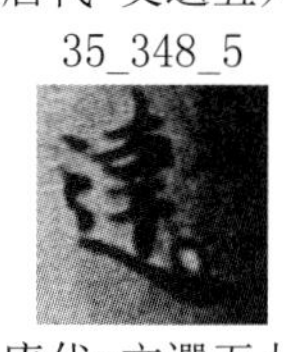
唐代・文選五九
35_349_3

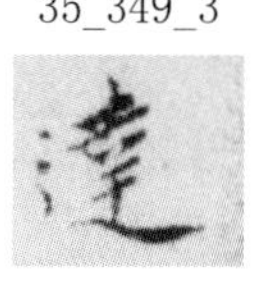
唐代・文選五九
35_349_27

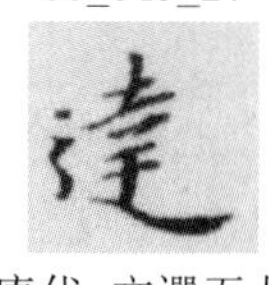
唐代・文選五九
35_350_21

唐代・文選五九
35_351_17

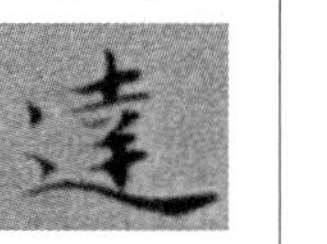
唐代・文選六八
28_282_27

唐代・文選六八
47_470_18

唐代・文選百三
1_9_24

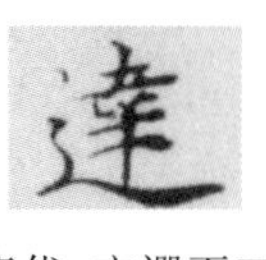
唐代・文選百三
13_128_2

唐代・文選百三
19_189_31

唐代・文選百三
20_193_17

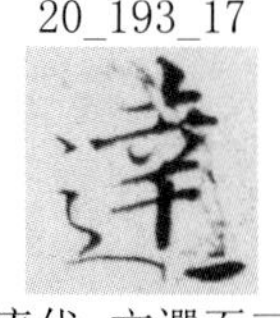
唐代・文選百三
20_193_24

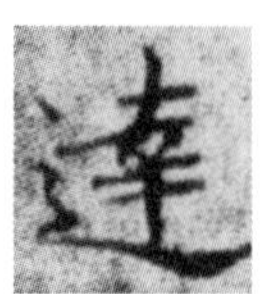
唐代・文選百三
52_504_8

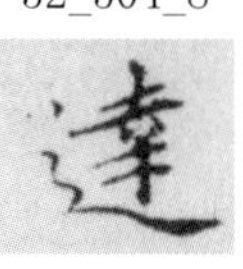
唐代・文選百三
55_531_2

唐代・文選百三
69_667_26

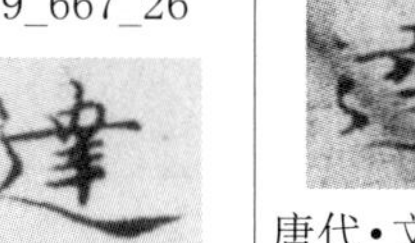
唐代・文選百三
77_738_12

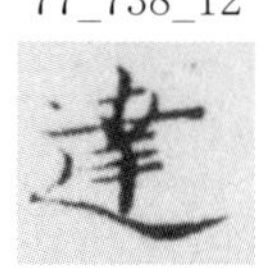
唐代・文選百三
77_739_9

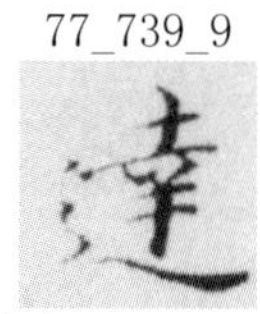
唐代・文選百三
85_809_13

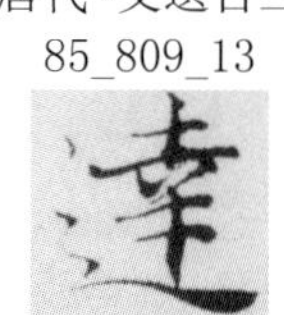
唐代・文選百三
85_811_1

唐代・古文選前
9_106_12

唐代・古文選前
19_223_1

唐代・古文選後
9_105_7

唐代・古文選後
19_223_7

唐代・古文選後
24_278_5

唐代・十輪經九
7_133_14

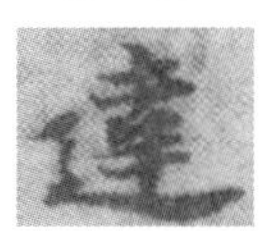
唐代・十輪經十
3_58_11

唐代・十輪經十
20_385_5

逼𨓏

慣ヒツ漢ヒョク
訓せまる

唐代・春秋經傳
14_140_15

唐代・春秋經傳
33_345_3

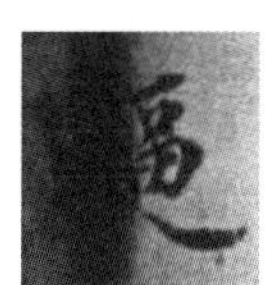
唐代・文選四八
42_380_21

唐代・文選四八
45_408_19

唐代・文選六八
35_349_6

唐代・文選百三
21_206_33

唐代・文選百三
37_375_2

唐代・文選百三
38_380_13

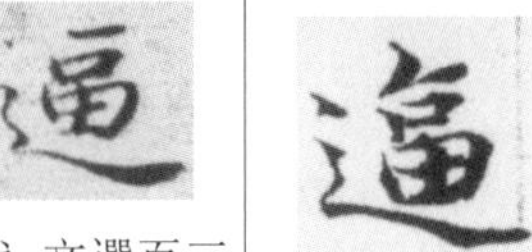
唐代・文選百三
46_441_29

唐代・文選百三
67_648_2

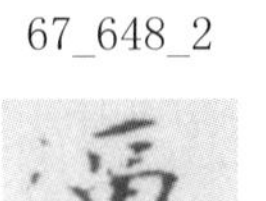
唐代・文選百三
67_650_13

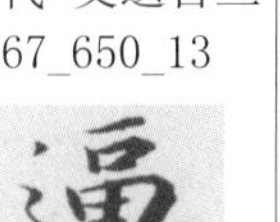
唐代・文選百三
71_680_8

唐代・文選百三
85_811_21

唐代・古文選前
20_231_2

唐代・十輪經四
7_135_5

唐代・十輪經四
12_229_9

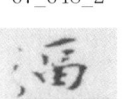

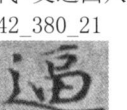

遇

				グ慣グウ 訓あう		
唐代•十輪經八 21_415_16	唐代•十輪經八 14_264_2	唐代•十輪經八 6_113_15	唐代•文選六八 33_331_2	唐代•春秋經傳 4_31_2	唐代•十輪經八 15_297_5	唐代•十輪經四 18_349_6
唐代•十輪經八 22_437_1	唐代•十輪經八 15_283_7	唐代•十輪經八 7_132_5	唐代•文選六八 35_357_26	唐代•春秋經傳 4_31_10	唐代•十輪經八 17_335_4	唐代•十輪經四 19_365_17
唐代•十輪經九 1_15_12	唐代•十輪經八 15_302_3	唐代•十輪經八 8_152_5	唐代•文選六八 36_360_26	唐代•春秋經傳 14_147_10	唐代•十輪經八 19_373_5	唐代•十輪經四 20_384_17
唐代•十輪經九 2_35_10	唐代•十輪經八 16_321_4	唐代•十輪經八 9_170_17	唐代•文選六八 60_602_11	唐代•文選五九 2_14_9	唐代•十輪經八 21_410_14	唐代•十輪經八 6_108_17
唐代•十輪經九 3_53_17	唐代•十輪經八 17_340_2	唐代•十輪經八 10_190_5	唐代•文選百三 16_150_35	唐代•文選五九 42_414_18	唐代•十輪經九 1_10_10	唐代•十輪經八 8_146_17
唐代•十輪經九 4_75_14	唐代•十輪經八 18_359_13	唐代•十輪經八 11_208_13	唐代•古文選前 2_19_15	唐代•文選五九 59_571_16	唐代•十輪經九 3_48_14	唐代•十輪經八 10_185_6
唐代•十輪經九 7_125_15	唐代•十輪經八 19_378_2	唐代•十輪經八 12_227_3	唐代•古文選後 10_114_12	唐代•文選五九 71_683_19	唐代•十輪經九 17_324_3	唐代•十輪經八 12_222_5
唐代•十輪經九 7_131_9	唐代•十輪經八 20_397_10	唐代•十輪經八 13_246_6	唐代•古文選後 26_303_8	唐代•文選五九 93_893_3		唐代•十輪經八 13_259_5

逾

ユ
訓こえる

唐代•文選四八
28_250_14

唐代•文選四八
45_409_10

遑

漢コウ
訓あわただしい

唐代•古文選前
6_70_4

唐代•古文選前
15_182_1

唐代•古文選前
16_184_13

唐代•古文選後
3_34_7

唐代•文選百三
27_266_17

遁

漢トン 呉ドン
訓のがれる

唐代•文選五九
94_900_1

唐代•文選六八
3_35_1

唐代•文選六八
4_36_1

唐代•文選六八
4_36_28

唐代•文選六八
4_37_21

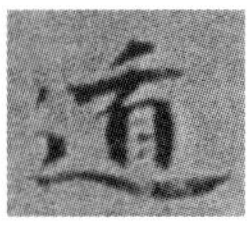

唐代•文選六八
4_37_28

唐代•文選百三
27_260_11

唐代•文選百三
27_263_19

遄

漢セン 呉ゼン
訓はやい

唐代•文選百三
16_152_11

唐代•古文選前
26_301_7

唐代•古文選後
4_40_3

唐代•古文選後
6_64_13

遏

漢アツ
訓とめる

初唐•大般若經
2_33_12

唐代•文選五九
84_806_4

唐代•文選六八
52_524_7

唐代•十輪經九
7_132_15

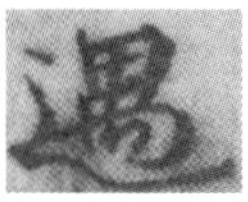

唐代•十輪經九
8_143_8

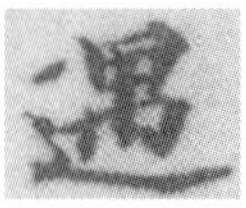

唐代•十輪經九
16_309_3

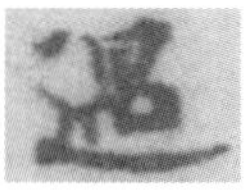

唐代•十輪經九
17_329_1

道

漢トウ呉ドウ
訓みち

初唐•法華義疏
1_8_3

唐代•春秋經傳
19_202_7

唐代•春秋經傳
19_202_20

唐代•春秋經傳
31_326_24

唐代•春秋經傳
37_392_11

唐代•文選四八
6_53_21

唐代•文選四八
14_120_12

唐代•文選四八
14_120_20

唐代•文選四八
14_120_28

唐代•文選四八
18_165_13

唐代•文選四八
20_185_17

唐代•文選四八
26_231_3

唐代•文選四八
26_231_21

唐代•文選四八
27_241_20

唐代•文選四八
34_302_13

唐代•文選四八
44_391_17

唐代•文選四八
44_391_24

唐代•文選四八
44_396_15

唐代•文選四八
47_428_21

唐代•文選四八
48_429_27

唐代•文選四八
48_432_27

唐代•文選五九
2_16_17

唐代•文選五九
2_16_21

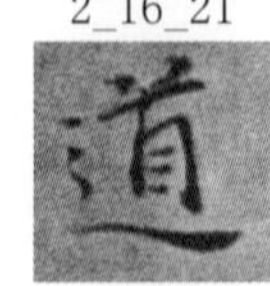
唐代•文選五九
5_43_17

唐代•文選五九
5_44_9

唐代•文選五九
5_44_23

唐代•文選五九
7_64_1

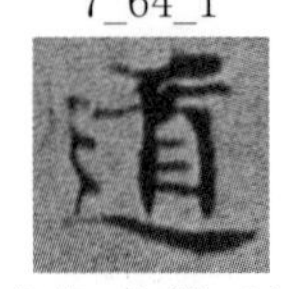
唐代•文選五九
8_78_4

唐代•文選五九
8_78_12

唐代•文選五九
9_81_2

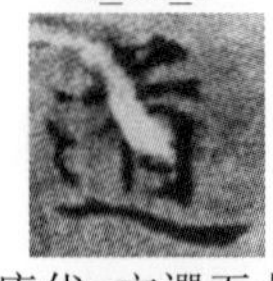
唐代•文選五九
15_147_11

唐代•文選五九
25_250_23

唐代•文選五九
29_280_10

唐代•文選五九
33_319_22

唐代•文選五九
41_404_23

唐代•文選五九
41_407_3

唐代•文選五九
45_443_16

唐代•文選五九
49_482_9

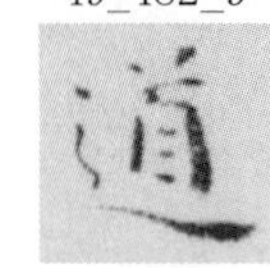
唐代•文選五九
51_506_17

唐代•文選五九
60_576_27

唐代•文選五九
72_687_10

唐代•文選五九
90_869_11

唐代•文選五九
92_883_26

唐代•文選五九
92_887_4

唐代•文選五九
97_924_4

唐代•文選五九
97_925_21

唐代•文選五九
98_927_3

唐代•文選五九
100_944_3

唐代•文選六八
2_20_3

唐代•文選六八
2_21_21

唐代•文選六八
2_23_5

唐代•文選六八
3_31_26

唐代•文選六八
3_32_3

唐代•文選六八
3_32_28

唐代•文選六八
3_33_5

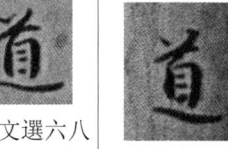

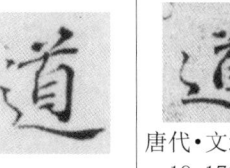

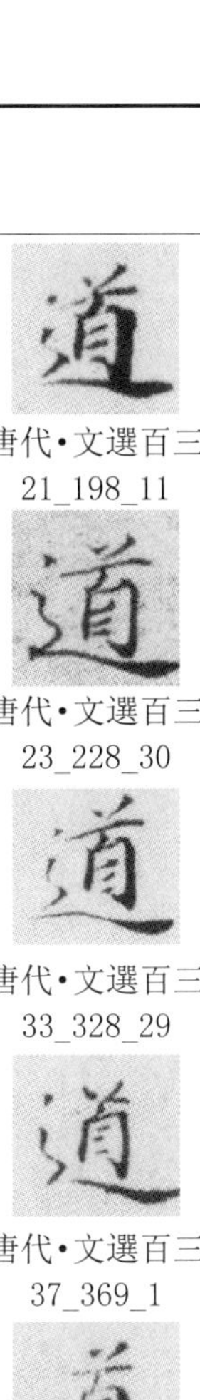唐代•文選百三 21_198_11 唐代•文選百三 23_228_30 唐代•文選百三 33_328_29 唐代•文選百三 37_369_1 唐代•文選百三 47_448_17 唐代•文選百三 51_487_21 唐代•文選百三 52_498_34 唐代•文選百三 52_504_6	唐代•文選百三 9_87_21 唐代•文選百三 10_93_5 唐代•文選百三 14_132_2 唐代•文選百三 14_133_13 唐代•文選百三 14_134_45 唐代•文選百三 15_144_14 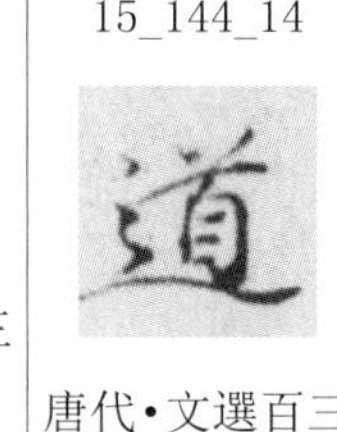唐代•文選百三 16_151_28 唐代•文選百三 17_162_18	唐代•文選八八 19_169_13 唐代•文選八八 19_170_22 唐代•文選八八 19_172_1 唐代•文選八八 20_176_3 唐代•文選八八 24_213_15 唐代•文選百三 5_48_23 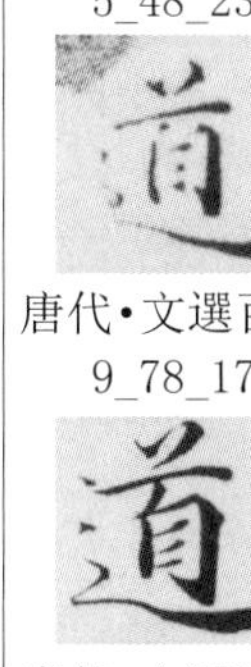唐代•文選百三 9_78_17 唐代•文選百三 9_83_22	唐代•文選六八 65_651_12 唐代•文選六八 65_651_16 唐代•文選六八 69_685_19 唐代•文選六八 69_693_7 唐代•文選六八 69_694_18 唐代•文選八八 17_143_30 唐代•文選八八 19_168_21 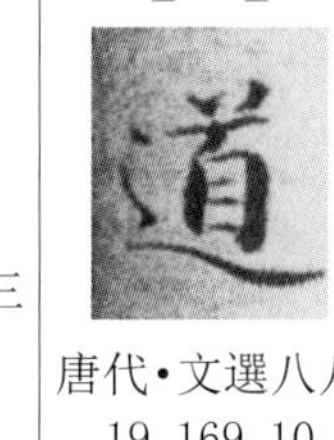唐代•文選八八 19_169_10	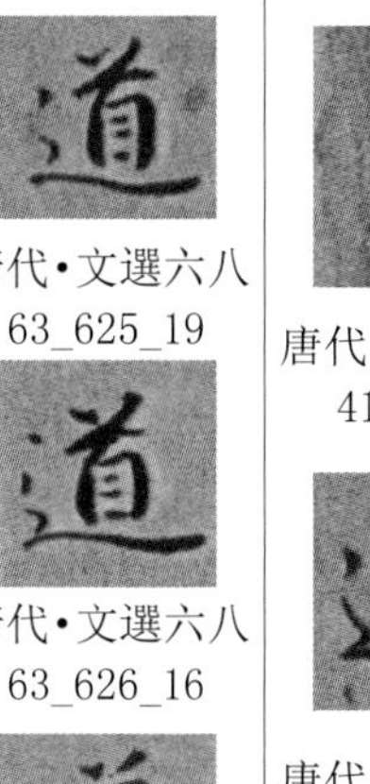唐代•文選六八 63_625_19 唐代•文選六八 63_626_16 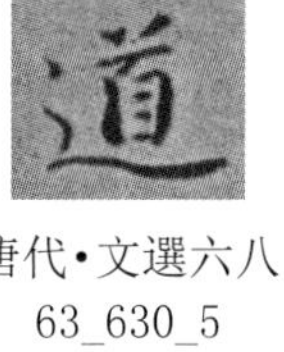唐代•文選六八 63_630_5 唐代•文選六八 63_637_5 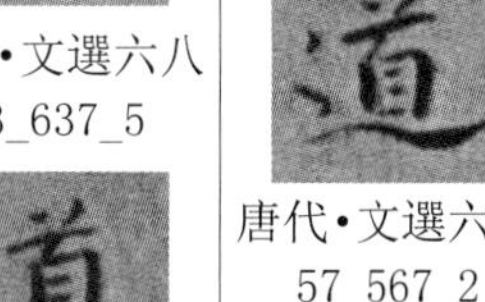唐代•文選六八 64_643_12 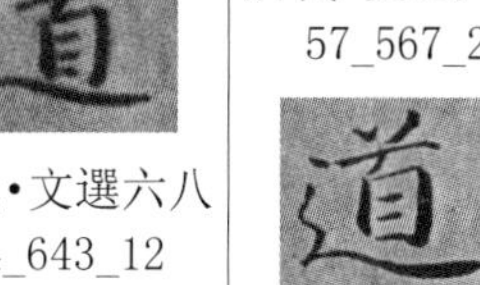唐代•文選六八 65_647_18 唐代•文選六八 65_649_14 唐代•文選六八 65_650_27	唐代•文選六八 41_415_9 唐代•文選六八 44_442_6 唐代•文選六八 57_566_23 唐代•文選六八 57_567_2 唐代•文選六八 61_611_1 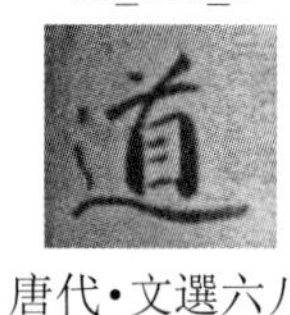唐代•文選六八 61_613_7 唐代•文選六八 63_624_9 唐代•文選六八 63_625_15	唐代•文選六八 3_35_13 唐代•文選六八 8_74_2 唐代•文選六八 8_76_24 唐代•文選六八 9_90_6 唐代•文選六八 9_92_20 唐代•文選六八 9_93_20 唐代•文選六八 9_94_5 唐代•文選六八 11_121_10

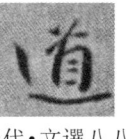

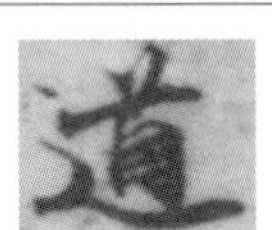 唐代•十輪經九 5_83_1	 唐代•十輪經八 4_73_8	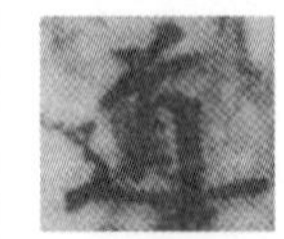 唐代•十輪經四 1_7_15	 唐代•古文選後 19_222_10	 唐代•古文選後 6_66_8	 唐代•古文選前 17_204_3	 唐代•文選百三 56_538_7
唐代•十輪經九 5_83_13	唐代•十輪經八 4_74_15	唐代•十輪經四 3_58_14	 唐代•古文選後 19_228_13	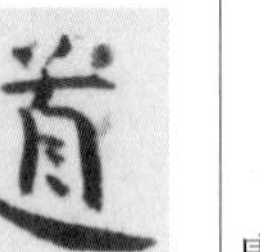 唐代•古文選後 11_127_6	唐代•古文選前 18_214_11	 唐代•文選百三 73_703_29
 唐代•十輪經九 5_84_15	 唐代•十輪經八 5_90_15	 唐代•十輪經四 4_61_8	唐代•古文選後 21_245_7	 唐代•古文選後 12_136_11	 唐代•古文選前 19_228_14	 唐代•文選百三 74_715_10
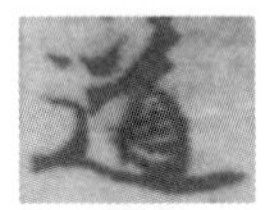 唐代•十輪經九 5_89_3	 唐代•十輪經八 5_96_1	 唐代•十輪經四 6_107_11	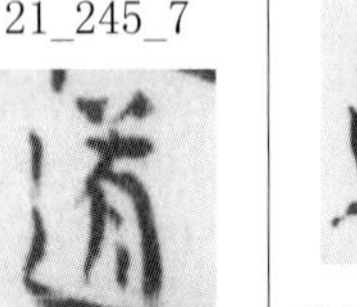 唐代•古文選後 22_259_14	 唐代•古文選後 12_142_5	唐代•古文選前 20_233_2	 唐代•文選百三 79_748_34
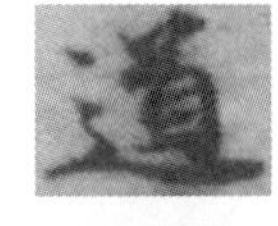 唐代•十輪經九 5_90_7	 唐代•十輪經八 5_96_13	 唐代•十輪經八 4_61_10	 唐代•古文選後 22_259_31	唐代•古文選後 15_172_4	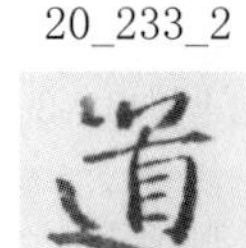 唐代•古文選前 21_241_5	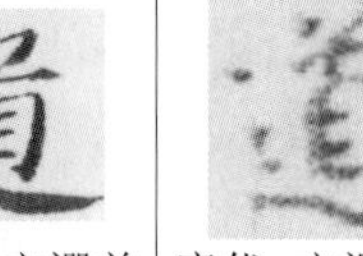 唐代•文選百三 79_748_37
 唐代•十輪經九 5_91_6	唐代•十輪經八 5_97_12	唐代•十輪經八 4_65_15	唐代•古文選後 22_259_35	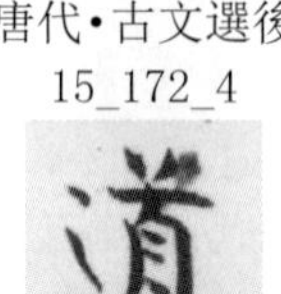 唐代•古文選後 16_189_12	 唐代•古文選前 24_278_13	 唐代•文選百三 79_756_36
唐代•十輪經九 5_96_12	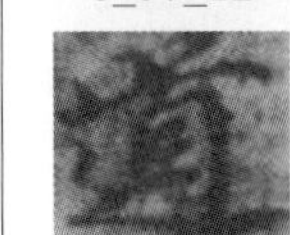 唐代•十輪經九 1_1_12	唐代•十輪經八 4_70_14	 唐代•古文選後 23_275_6	唐代•古文選後 17_200_7	 唐代•古文選前 24_285_8	 唐代•古文選前 14_164_5
唐代•十輪經九 6_99_12	 唐代•十輪經九 4_60_3	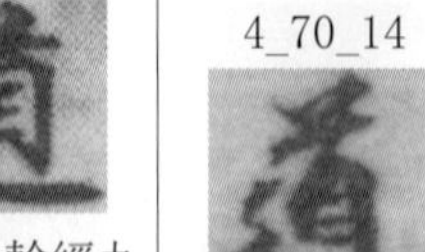 唐代•十輪經八 4_71_8		唐代•古文選後 17_202_1	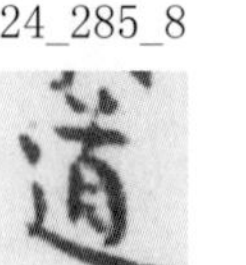 唐代•古文選後 3_29_18	 唐代•古文選前 17_202_8

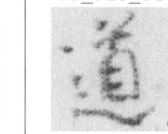

遂䢜

漢スイ 呉ズイ
訓とげる

遒

漢シュウ
訓せまる

唐代•春秋經傳
3_29_11

唐代•春秋經傳
6_60_7

唐代•春秋經傳
7_66_8

唐代•春秋經傳
7_67_1

唐代•春秋經傳
7_69_10

唐代•春秋經傳
9_93_5

唐代•春秋經傳
10_103_20

唐代•春秋經傳
14_138_2

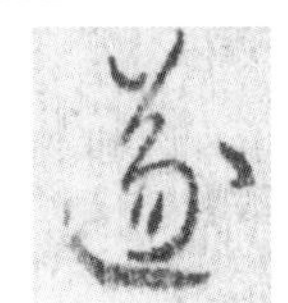
晚唐•慶滋書狀
1_10_5

唐代•春秋經傳
1_2_15

唐代•春秋經傳
1_3_26

唐代•春秋經傳
2_8_5

唐代•春秋經傳
2_14_10

唐代•春秋經傳
2_15_32

唐代•春秋經傳
2_16_13

唐代•春秋經傳
3_27_20

唐代•文選五九
3_20_11

唐代•文選五九
56_544_2

唐代•十輪經十
12_226_13

唐代•十輪經十
12_226_15

唐代•十輪經十
18_348_1

唐代•十輪經十
18_349_12

唐代•十輪經十
18_351_6

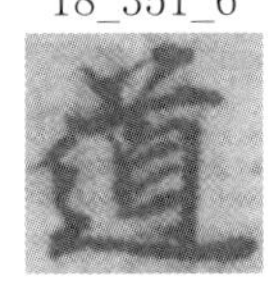
唐代•十輪經十
19_367_14

唐代•十輪經十
2_23_10

唐代•十輪經十
3_55_9

唐代•十輪經十
3_55_15

唐代•十輪經十
3_56_1

唐代•十輪經十
4_71_9

唐代•十輪經十
6_116_4

唐代•十輪經十
8_149_12

唐代•十輪經十
12_224_14

唐代•十輪經九
6_119_10

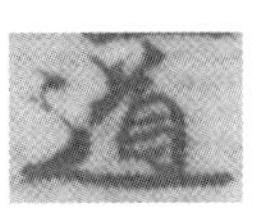
唐代•十輪經九
7_137_12

唐代•十輪經九
7_138_25

唐代•十輪經九
20_380_1

唐代•十輪經九
21_401_11

唐代•十輪經十
1_17_4

唐代•十輪經十
1_17_9

唐代•十輪經十
1_17_13

唐代•十輪經九
6_101_14

唐代•十輪經九
6_104_15

唐代•十輪經九
6_106_4

唐代•十輪經九
6_109_8

唐代•十輪經九
6_112_9

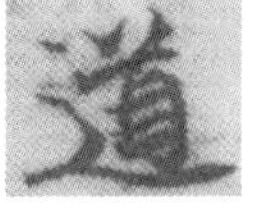
唐代•十輪經九
6_114_4

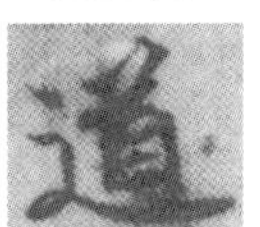
唐代•十輪經九
6_117_9

唐代•十輪經九
6_117_17

唐代•文選百三
75_724_2

唐代•文選百三
76_726_16

唐代•文選百三
76_726_21

唐代•古文選前
11_132_12

唐代•古文選前
11_136_8

唐代•古文選後
6_69_4

唐代•古文選後
17_197_7

唐代•文選百三
27_265_11

唐代•文選百三
38_380_27

唐代•文選百三
41_408_5

唐代•文選百三
41_411_24

唐代•文選百三
41_412_13

唐代•文選百三
51_488_12

唐代•文選百三
61_584_12

唐代•文選百三
65_626_20

唐代•文選六八
59_593_7

唐代•文選八八
11_87_9

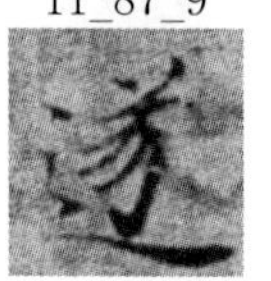
唐代•文選百三
1_6_23

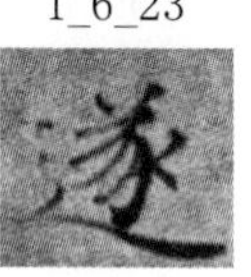
唐代•文選百三
5_37_4

唐代•文選百三
13_119_27

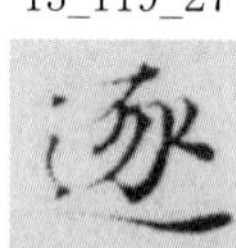
唐代•文選百三
19_182_36

唐代•文選百三
23_229_14

唐代•文選百三
25_238_10

唐代•文選五九
101_954_16

唐代•文選五九
103_967_5

唐代•文選五九
112_1062_30

唐代•文選六八
2_19_16

唐代•文選六八
2_27_8

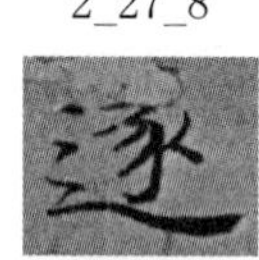
唐代•文選六八
6_54_1

唐代•文選六八
19_192_27

唐代•文選六八
27_276_20

唐代•文選五九
20_198_2

唐代•文選五九
71_684_14

唐代•文選五九
71_685_21

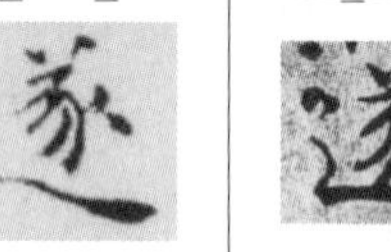
唐代•文選五九
72_687_16

唐代•文選五九
76_729_6

唐代•文選五九
77_738_27

唐代•文選五九
84_808_7

唐代•文選五九
85_817_22

唐代•春秋經傳
28_285_6

唐代•春秋經傳
28_294_18

唐代•春秋經傳
31_324_17

唐代•春秋經傳
37_383_11

唐代•春秋經傳
37_389_16

唐代•文選四八
42_377_15

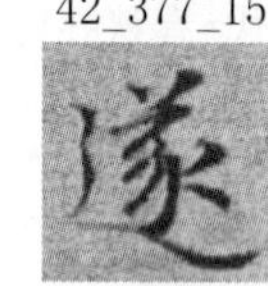
唐代•文選四八
48_431_10

唐代•文選五九
12_116_3

唐代•春秋經傳
21_220_20

唐代•春秋經傳
22_228_12

唐代•春秋經傳
22_232_20

唐代•春秋經傳
23_237_15

唐代•春秋經傳
24_251_14

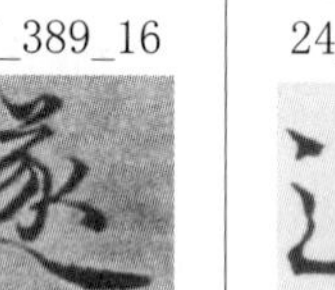
唐代•春秋經傳
27_283_2

唐代•春秋經傳
27_284_4

唐代•春秋經傳
27_284_19

運

ウン

訓はこぶ

唐代•文選五九
2_15_5

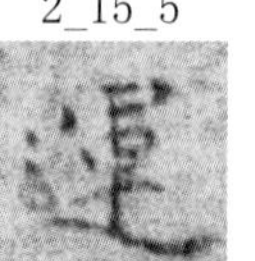
唐代•文選五九
2_18_14

唐代•文選五九
9_83_3

唐代•文選五九
21_203_7

唐代•文選五九
21_206_19

唐代•文選五九
21_207_2

唐代•文選五九
21_209_24

唐代•文選五九
23_231_7

唐代•文選五九
25_244_2

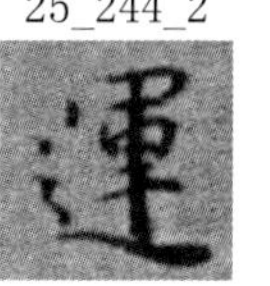
唐代•文選五九
25_245_30

唐代•文選五九
25_247_3

唐代•文選五九
29_283_22

唐代•文選五九
29_285_3

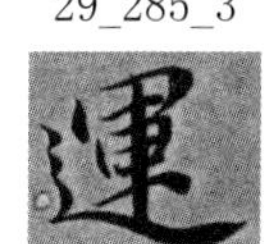
唐代•文選五九
33_321_3

唐代•文選五九
36_353_14

唐代•文選五九
36_355_3

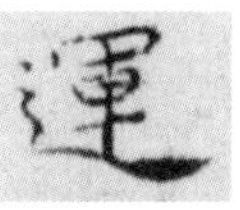
唐代•文選五九
79_760_21

唐代•文選五九
92_884_8

唐代•文選五九
92_887_19

唐代•文選六八
9_101_3

唐代•文選六八
33_336_25

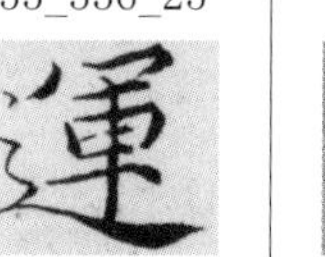
唐代•文選百三
61_586_3

唐代•文選百三
61_591_27

唐代•古文選前
19_222_9

唐代•古文選前
20_234_9

唐代•古文選前
23_274_4

唐代•古文選後
4_41_2

唐代•古文選後
11_120_8

唐代•古文選後
13_153_6

唐代•古文選後
16_192_20

唐代•古文選後
19_225_4

唐代•古文選後
25_300_14

唐代•古文選後
25_300_25

唐代•十輪經十
4_74_5

遍 

ヘン

訓あまねし

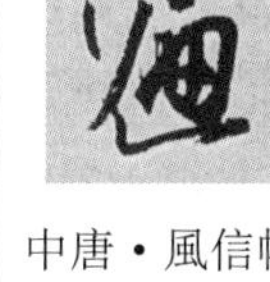
中唐・風信帖
4_22_2

唐代•文選五九
15_140_3

唐代•文選五九
15_143_20

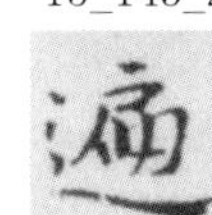
唐代•文選五九
38_374_22

唐代•文選五九
84_810_10

唐代•文選六八
1_9_17

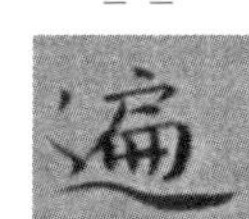
唐代•文選六八
31_312_13

唐代•文選八八
3_10_17

唐代•文選八八
17_148_10

唐代•十輪經八
3_50_15

唐代•十輪經十
10_199_15

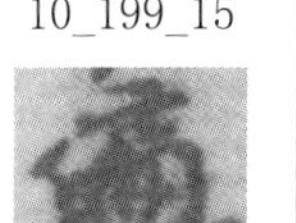
唐代•十輪經十
11_205_16

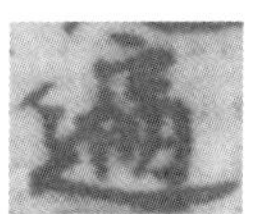
唐代•十輪經十
11_208_17

唐代•十輪經十
13_242_6

唐代•十輪經十
13_251_12

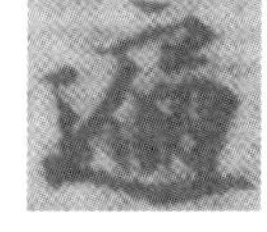

唐代•十輪經十
13_258_2

唐代•古文選後
2_13_9

唐代•古文選後
5_58_2

唐代•古文選後
9_96_6

唐代•古文選後
17_193_8

唐代•古文選後
24_283_6

唐代•十輪經四
6_105_16

唐代•十輪經八
16_307_14

違

イ
訓ちがう

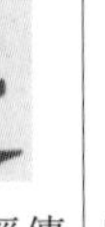

唐代•春秋經傳
5_49_15

唐代•春秋經傳
33_348_6

唐代•文選六八
54_540_15

唐代•文選六八
54_542_16

唐代•文選百三
68_654_1

唐代•文選百三
68_656_14

唐代•古文選前
23_269_12

唐代•古文選前
26_302_9

唐代•古文選後
14_166_9

唐代•文選百三
9_88_27

唐代•文選百三
17_168_1

唐代•文選百三
18_169_11

唐代•古文選前
21_243_9

唐代•古文選前
23_266_2

唐代•古文選前
24_278_15

唐代•古文選後
6_65_7

唐代•古文選後
11_131_6

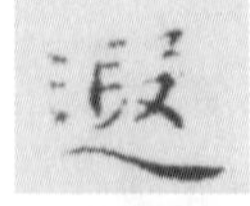

唐代•文選五九
59_562_11

唐代•文選五九
84_812_4

唐代•文選六八
12_128_3

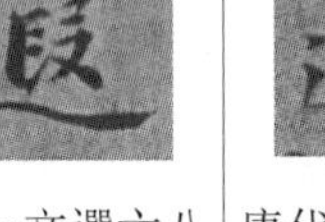

唐代•文選六八
65_647_7

唐代•文選六八
65_649_15

唐代•文選六八
65_650_22

唐代•文選八八
21_185_15

唐代•文選八八
21_186_25

遐

漢カ
訓とおい

初唐•大般若經
2_33_5

唐代•文選四八
20_183_7

唐代•文選四八
20_186_8

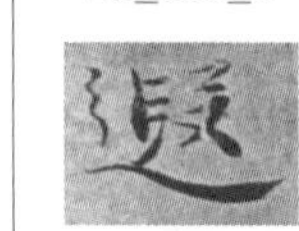

唐代•文選五九
4_34_23

唐代•文選五九
4_36_13

唐代•文選五九
17_169_7

唐代•文選五九
18_172_10

唐代•文選五九
18_173_23

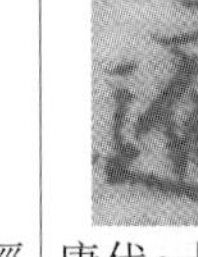

唐代•十輪經十
13_259_5

唐代•十輪經十
14_272_1

唐代•十輪經十
15_283_4

唐代•十輪經十
15_284_7

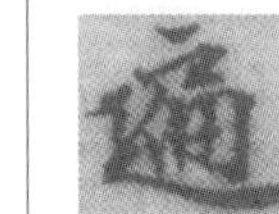

唐代•十輪經十
16_304_9

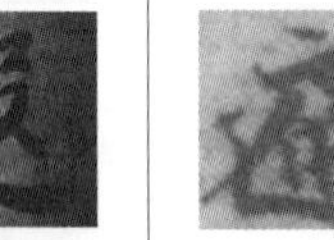

唐代•十輪經十
17_331_8

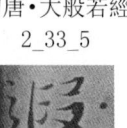

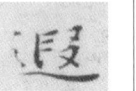

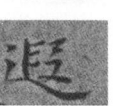

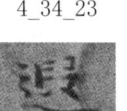

遨

ゴウ
訓あそぶ

唐代•文選五九
96_913_4

唐代•文選五九
97_915_11

唐代•文選五九
107_1007_4

唐代•古文選前
1_1_3

唐代•古文選前
8_102_13

遠

漢エン呉オン
訓とおい

初唐•法華義疏
1_3_5

初唐•聖武雜集
1_9_5

唐代•春秋經傳
1_6_7

唐代•春秋經傳
14_142_3

唐代•春秋經傳
18_184_5

唐代•春秋經傳
29_303_6

唐代•春秋經傳
36_380_17

唐代•春秋經傳
39_408_22

唐代•文選四八
3_14_14

唐代•文選四八
3_15_24

唐代•文選四八
3_16_7

唐代•文選四八
3_18_1

唐代•文選四八
4_29_13

唐代•文選四八
7_54_3

唐代•文選四八
7_54_13

唐代•文選四八
8_66_2

唐代•文選四八
8_67_5

唐代•文選四八
8_68_22

唐代•文選四八
13_119_11

唐代•文選四八
14_125_14

唐代•文選四八
20_186_9

唐代•文選四八
21_187_6

唐代•文選四八
22_204_16

唐代•文選四八
23_209_4

唐代•文選四八
30_276_2

唐代•文選四八
34_302_9

唐代•文選五九
1_6_6

唐代•文選五九
2_18_12

唐代•文選五九
4_34_15

唐代•文選五九
4_36_14

唐代•文選五九
5_51_14

唐代•文選五九
6_52_11

唐代•文選五九
6_52_28

唐代•文選五九
6_54_6

唐代•文選五九
6_54_28

唐代•文選五九
6_57_11

唐代•文選五九
7_70_16

唐代•文選五九
8_74_15

唐代•文選五九
8_74_18

唐代•文選五九
8_76_5

唐代•文選五九
18_172_15

唐代•文選五九
18_172_26

唐代•文選五九
18_173_5

唐代•文選五九
20_194_13

唐代•文選五九
21_201_4

唐代•文選五九
24_235_6

唐代•文選五九
25_240_22

唐代•文選五九
25_250_15

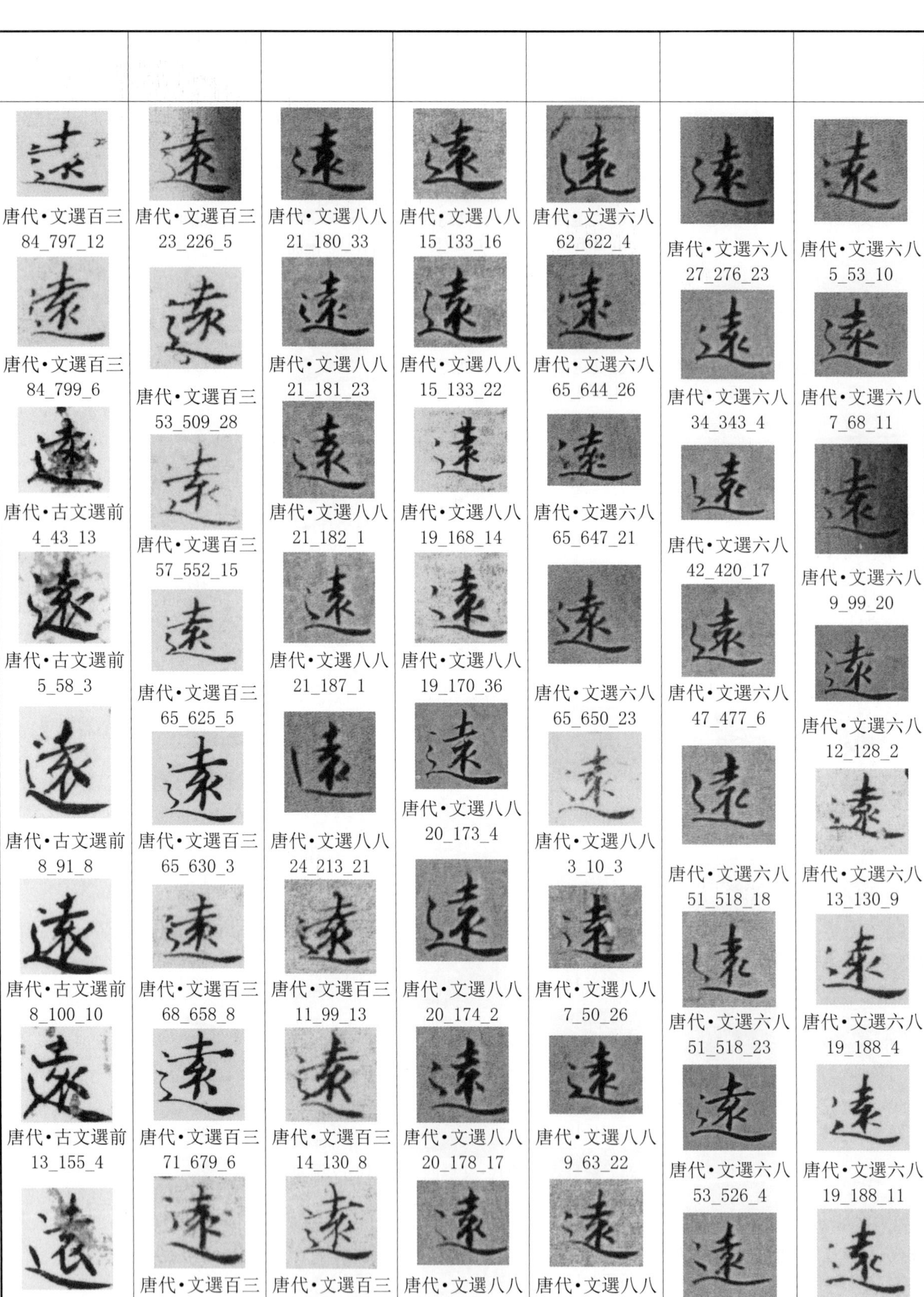

唐代•文選百三 84_797_12
唐代•文選百三 84_799_6
唐代•古文選前 4_43_13
唐代•古文選前 5_58_3
唐代•古文選前 8_91_8
唐代•古文選前 8_100_10
唐代•古文選前 13_155_4
唐代•古文選前 20_234_10
唐代•文選百三 23_226_5
唐代•文選百三 53_509_28
唐代•文選百三 57_552_15
唐代•文選百三 65_625_5
唐代•文選百三 65_630_3
唐代•文選百三 68_658_8
唐代•文選百三 71_679_6
唐代•文選百三 82_783_32
唐代•文選八八 21_180_33
唐代•文選八八 21_181_23
唐代•文選八八 21_182_1
唐代•文選八八 21_187_1
唐代•文選八八 24_213_21
唐代•文選百三 11_99_13
唐代•文選百三 14_130_8
唐代•文選百三 18_169_12
唐代•文選八八 15_133_16
唐代•文選八八 15_133_22
唐代•文選八八 19_168_14
唐代•文選八八 19_170_36
唐代•文選八八 20_173_4
唐代•文選八八 20_174_2
唐代•文選八八 20_178_17
唐代•文選八八 21_179_15
唐代•文選六八 62_622_4
唐代•文選六八 65_644_26
唐代•文選六八 65_647_21
唐代•文選六八 65_650_23
唐代•文選八八 3_10_3
唐代•文選八八 7_50_26
唐代•文選八八 9_63_22
唐代•文選八八 15_124_28
唐代•文選六八 27_276_23
唐代•文選六八 34_343_4
唐代•文選六八 42_420_17
唐代•文選六八 47_477_6
唐代•文選六八 51_518_18
唐代•文選六八 51_518_23
唐代•文選六八 53_526_4
唐代•文選六八 56_561_26
唐代•文選六八 5_53_10
唐代•文選六八 7_68_11
唐代•文選六八 9_99_20
唐代•文選六八 12_128_2
唐代•文選六八 13_130_9
唐代•文選六八 19_188_4
唐代•文選六八 19_188_11
唐代•文選六八 19_188_15

唐代•十輪經九 4_59_15
唐代•十輪經九 4_60_14
唐代•十輪經九 4_62_8
唐代•十輪經九 4_66_8
唐代•十輪經九 5_82_13
唐代•十輪經九 5_88_13
唐代•十輪經九 8_141_7
唐代•十輪經九 17_321_3

唐代•十輪經九 1_7_9
唐代•十輪經九 1_20_6
唐代•十輪經九 2_21_13
唐代•十輪經九 2_26_4
唐代•十輪經九 3_40_16
唐代•十輪經九 3_45_9
唐代•十輪經九 3_58_12
唐代•十輪經九 4_59_7

唐代•十輪經八 19_369_17
唐代•十輪經八 19_382_14
唐代•十輪經八 20_388_4
唐代•十輪經八 21_402_16
唐代•十輪經八 21_407_9
唐代•十輪經八 22_423_4
唐代•十輪經八 22_427_12
唐代•十輪經九 1_2_16

唐代•十輪經八 13_255_17
唐代•十輪經八 14_274_1
唐代•十輪經八 15_293_17
唐代•十輪經八 16_311_16
唐代•十輪經八 17_331_17
唐代•十輪經八 18_344_14
唐代•十輪經八 18_350_8
唐代•十輪經八 11_218_17

唐代•十輪經八 6_108_6
唐代•十輪經八 7_123_1
唐代•十輪經八 8_143_16
唐代•十輪經八 9_161_11
唐代•十輪經八 10_182_5
唐代•十輪經八 10_199_8
唐代•十輪經八 12_236_17

唐代•十輪經四 11_200_16
唐代•十輪經四 11_210_10
唐代•十輪經四 15_290_13
唐代•十輪經四 16_310_16
唐代•十輪經四 19_377_7
唐代•十輪經八 5_95_13
唐代•十輪經八 6_100_14
唐代•十輪經八 6_105_16

唐代•古文選後 10_111_13
唐代•古文選後 14_166_6
唐代•古文選後 15_175_21
唐代•古文選後 22_259_22
唐代•古文選後 23_271_9
唐代•古文選後 23_274_13
唐代•古文選後 25_292_44
唐代•十輪經四 7_128_1

遣 遝

遣	遝					
ケン 訓つかう	漢トウ 訓おいつく					
唐代•春秋經傳 24_251_8	唐代•古文選前 10_116_3	唐代•十輪經九 21_410_5	唐代•十輪經九 21_405_13	唐代•十輪經九 21_401_17	唐代•十輪經九 20_397_13	唐代•十輪經九 19_363_8
唐代•文選四八 42_374_22		唐代•十輪經九 21_410_13	唐代•十輪經九 21_406_7	唐代•十輪經九 21_402_8	唐代•十輪經九 20_398_4	唐代•十輪經九 20_394_5
唐代•文選五九 2_14_4		唐代•十輪經十 9_161_25	唐代•十輪經九 21_407_1	唐代•十輪經九 21_402_16	唐代•十輪經九 20_398_13	唐代•十輪經九 20_394_13
唐代•文選六八 49_492_12		唐代•十輪經十 12_234_16	唐代•十輪經九 21_407_11	唐代•十輪經九 21_403_8	唐代•十輪經九 20_399_4	唐代•十輪經九 20_395_5
唐代•文選百三 27_262_4		唐代•十輪經十 18_341_6	唐代•十輪經九 21_408_3	唐代•十輪經九 21_403_16	唐代•十輪經九 20_399_13	唐代•十輪經九 20_395_13
唐代•文選百三 34_336_12		唐代•十輪經十 18_358_7	唐代•十輪經九 21_408_15	唐代•十輪經九 21_404_6	唐代•十輪經九 21_400_5	唐代•十輪經九 20_396_4
唐代•文選百三 82_783_22			唐代•十輪經九 21_409_6	唐代•十輪經九 21_404_14	唐代•十輪經九 21_400_13	唐代•十輪經九 20_396_12
			唐代•十輪經九 21_409_14	唐代•十輪經九 21_405_5	唐代•十輪經九 21_401_7	唐代•十輪經九 20_397_4

遭

ソウ
訓あう

唐代•文選八八
22_194_17

唐代•文選百三
47_446_5

唐代•十輪經十
19_372_3

遞

漢テイ
訓たがいに

唐代•古文選前
17_205_15

遙

ヨウ
訓さまよう

唐代•文選百三
17_163_28

唐代•文選百三
35_345_17

唐代•文選百三
67_639_14

唐代•古文選前
19_227_10

唐代•古文選後
22_261_6

唐代•十輪經四
9_167_6

唐代•十輪經四
12_224_2

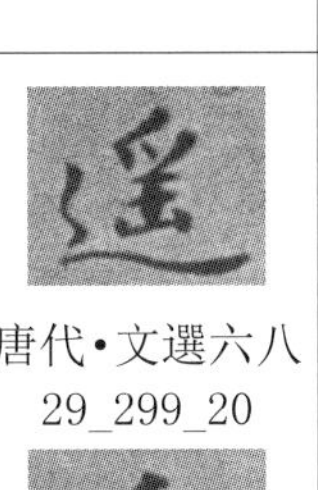

唐代•文選六八
29_299_20

唐代•文選六八
29_299_27

唐代•文選六八
34_344_9

唐代•文選六八
43_436_6

唐代•文選六八
48_483_5

唐代•文選六八
65_651_5

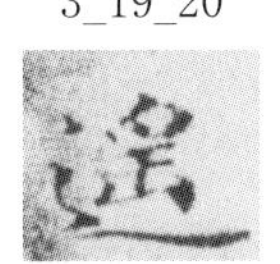

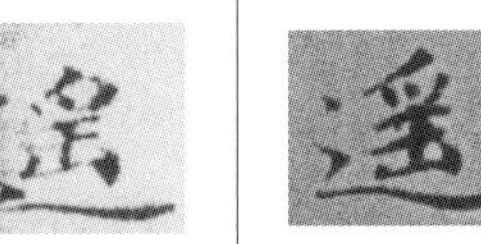

唐代•文選八八
3_19_20

唐代•文選百三
2_13_27

唐代•文選五九
83_801_2

唐代•文選五九
89_855_1

唐代•文選五九
92_884_6

唐代•文選五九
92_886_24

唐代•文選五九
104_983_9

唐代•文選五九
107_1008_29

唐代•文選五九
108_1022_9

唐代•文選六八
6_67_21

唐代•文選五九
38_373_30

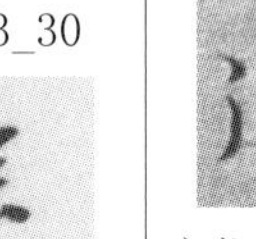

唐代•文選五九
39_390_8

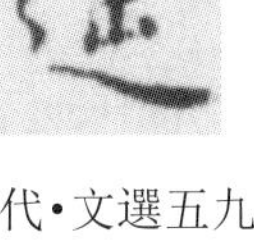

唐代•文選五九
43_418_4

唐代•文選五九
56_550_20

唐代•文選五九
74_709_17

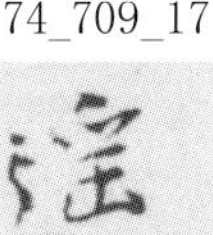

唐代•文選五九
74_712_13

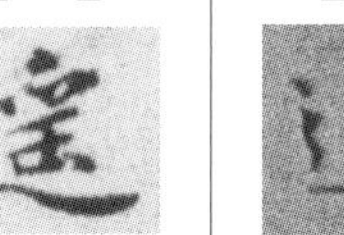

唐代•文選五九
76_725_27

唐代•文選五九
77_738_28

初唐•聖武雜集
1_5_6

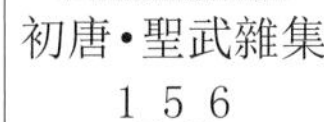

唐代•文選四八
30_276_6

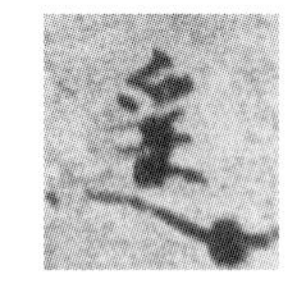

唐代•文選四八
31_281_18

唐代•文選四八
31_282_9

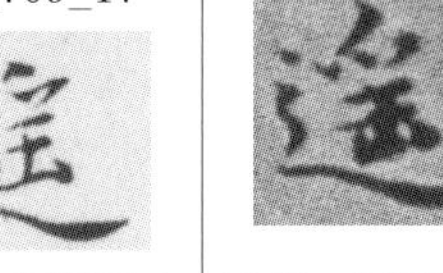

唐代•文選五九
20_192_6

唐代•文選五九
20_193_10

唐代•文選五九
25_241_7

唐代•文選五九
27_271_30

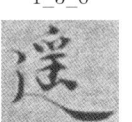

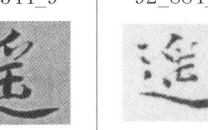

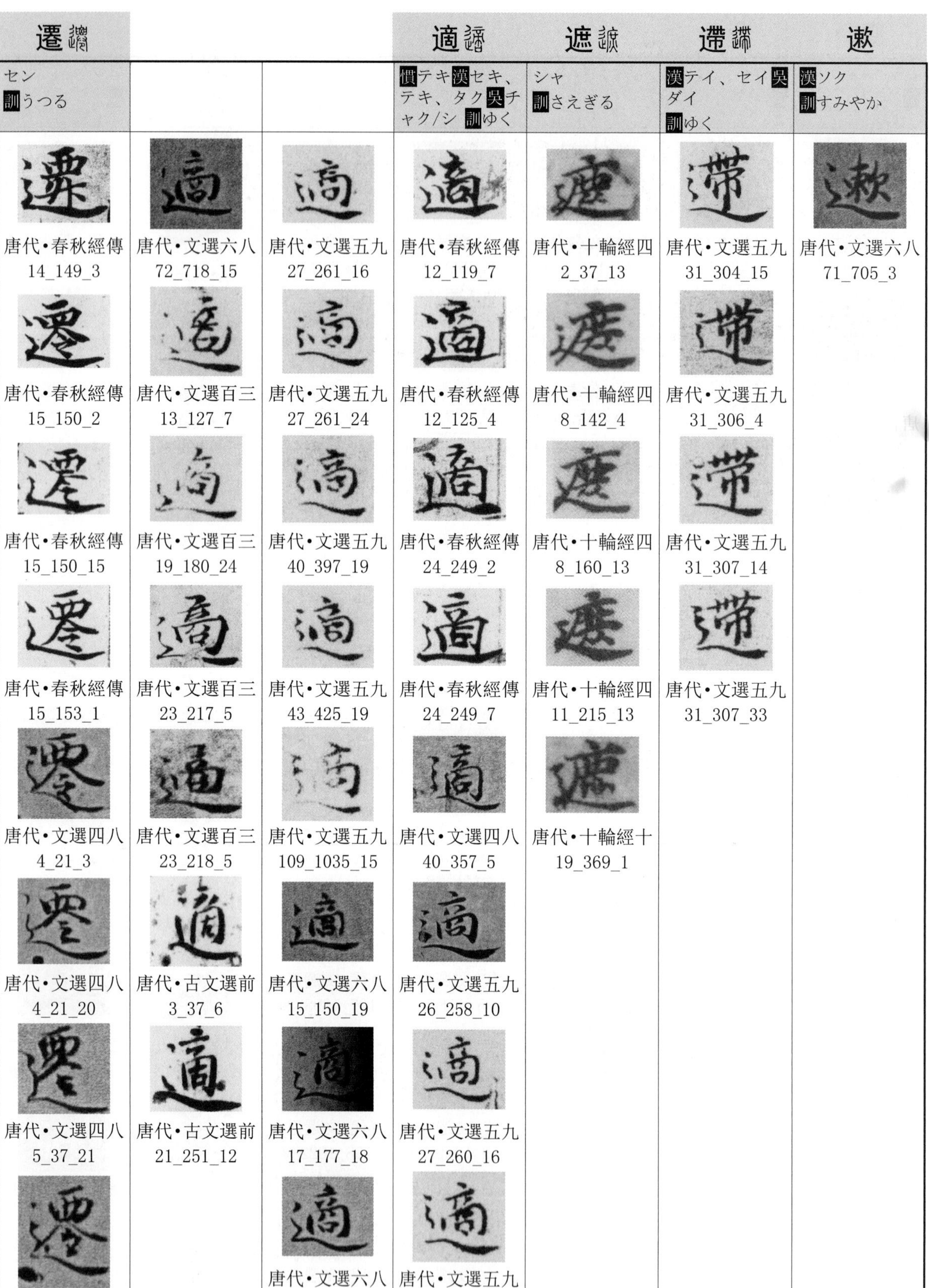

遷			適	遮	滯	遬
セン 訓うつる			慣テキ漢セキ、テキ、タク呉チャク/シ 訓ゆく	シャ 訓さえぎる	漢テイ、セイ呉ダイ 訓ゆく	漢ソク 訓すみやか
唐代•春秋經傳 14_149_3	唐代•文選六八 72_718_15	唐代•文選五九 27_261_16	唐代•春秋經傳 12_119_7	唐代•十輪經四 2_37_13	唐代•文選五九 31_304_15	唐代•文選六八 71_705_3
唐代•春秋經傳 15_150_2	唐代•文選百三 13_127_7	唐代•文選五九 27_261_24	唐代•春秋經傳 12_125_4	唐代•十輪經四 8_142_4	唐代•文選五九 31_306_4	
唐代•春秋經傳 15_150_15	唐代•文選百三 19_180_24	唐代•文選五九 40_397_19	唐代•春秋經傳 24_249_2	唐代•十輪經四 8_160_13	唐代•文選五九 31_307_14	
唐代•春秋經傳 15_153_1	唐代•文選百三 23_217_5	唐代•文選五九 43_425_19	唐代•春秋經傳 24_249_7	唐代•十輪經四 11_215_13	唐代•文選五九 31_307_33	
唐代•文選四八 4_21_3	唐代•文選百三 23_218_5	唐代•文選五九 109_1035_15	唐代•文選四八 40_357_5	唐代•十輪經十 19_369_1		
唐代•文選四八 4_21_20	唐代•古文選前 3_37_6	唐代•文選六八 15_150_19	唐代•文選五九 26_258_10			
唐代•文選四八 5_37_21	唐代•古文選前 21_251_12	唐代•文選六八 17_177_18	唐代•文選五九 27_260_16			
唐代•文選四八 6_44_7		唐代•文選六八 17_179_27	唐代•文選五九 27_261_14			

	遼		邁 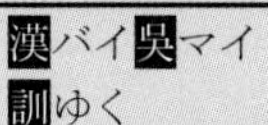			
	リョウ 訓はるか		漢バイ呉マイ 訓ゆく			
 唐代•文選五九 76_733_19  唐代•文選八八 15_130_3 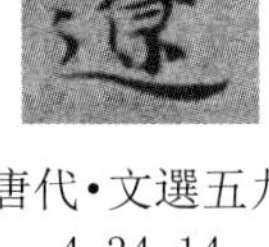 唐代•文選八八 15_133_15	 唐代•文選五九 3_31_7 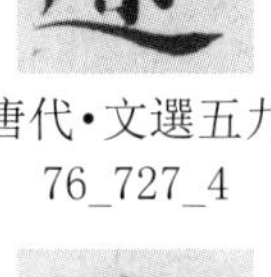 唐代•文選五九 4_34_14  唐代•文選五九 76_727_4  唐代•文選五九 76_729_9  唐代•文選五九 76_730_22  唐代•文選五九 76_731_13  唐代•文選五九 89_851_20	唐代•古文選後 24_283_1	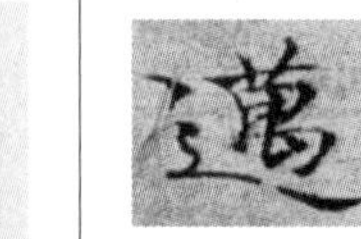 唐代•文選四八 38_340_12  唐代•文選六八 37_376_3  唐代•文選六八 37_377_20  唐代•文選六八 70_698_5  唐代•文選六八 70_698_22  唐代•文選百三 5_41_22 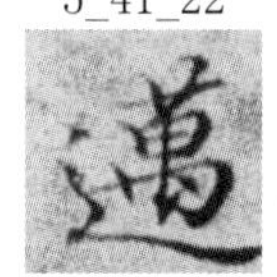 唐代•文選百三 5_48_7 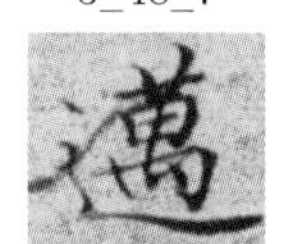 唐代•文選百三 5_48_30	 唐代•古文選前 11_129_8  唐代•古文選前 21_248_9  唐代•古文選後 16_183_71  唐代•古文選後 22_260_24  唐代•古文選後 24_288_12  唐代•古文選後 26_308_3	 唐代•文選五九 74_716_10  唐代•文選五九 75_718_6 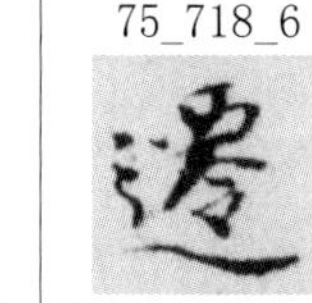 唐代•文選五九 75_718_11  唐代•文選五九 83_800_19  唐代•文選百三 23_216_47  唐代•文選百三 35_355_32  唐代•文選百三 63_603_21  唐代•古文選前 6_67_4	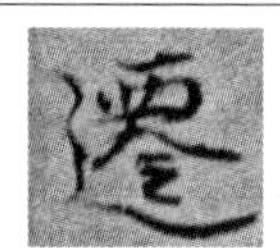 唐代•文選四八 11_99_17 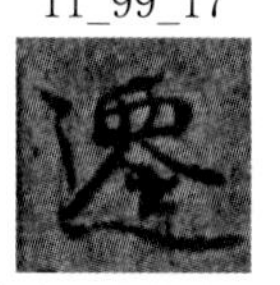 唐代•文選四八 19_171_15  唐代•文選四八 28_257_8 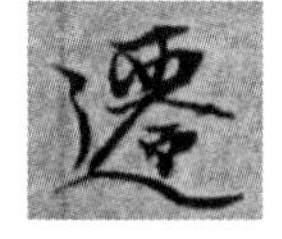 唐代•文選四八 29_259_21  唐代•文選五九 21_208_32  唐代•文選五九 41_406_13  唐代•文選五九 42_413_16  唐代•文選五九 56_544_17

遺 𨘶

漢イ 吳ユイ
訓おとす

唐代•春秋經傳
10_100_1

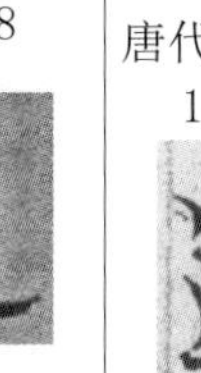
唐代•春秋經傳
11_109_18

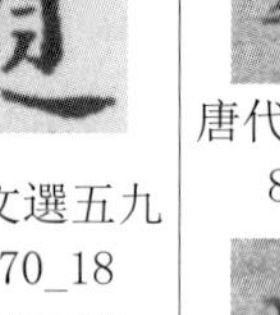

唐代•文選四八
8_67_19

唐代•文選四八
40_354_12

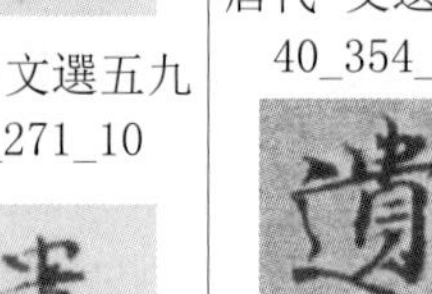
唐代•文選四八
40_355_3

唐代•文選四八
43_384_9

唐代•文選四八
44_392_21

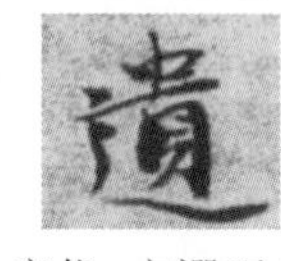
唐代•文選五九
7_65_28

唐代•文選五九
9_85_17

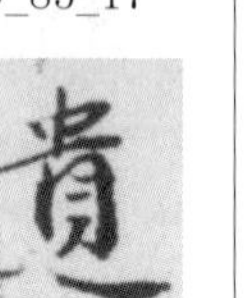

唐代•文選五九
27_270_18

唐代•文選五九
27_271_10

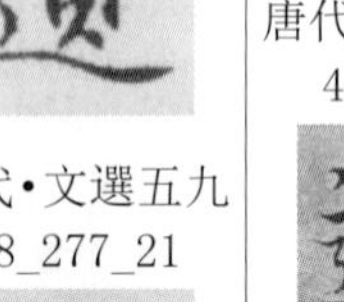
唐代•文選五九
28_277_21

唐代•文選五九
77_740_3

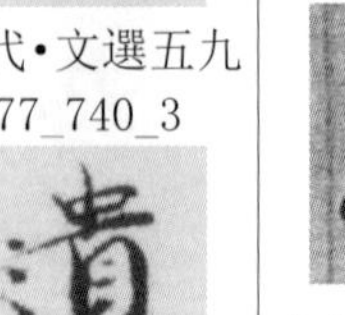

唐代•文選五九
78_746_13

唐代•文選五九
84_802_6

唐代•文選五九
84_804_21

唐代•文選五九
84_806_26

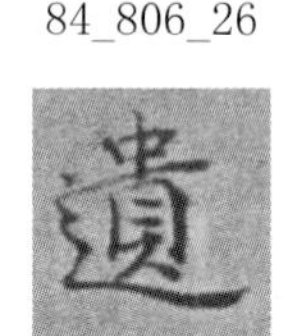
唐代•文選五九
84_808_1

唐代•文選五九
86_823_13

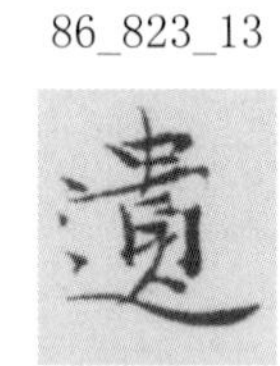
唐代•文選五九
107_1018_11

唐代•文選六八
8_74_6

唐代•文選六八
10_105_3

唐代•文選六八
10_106_3

唐代•文選六八
19_186_3

唐代•文選六八
19_187_19

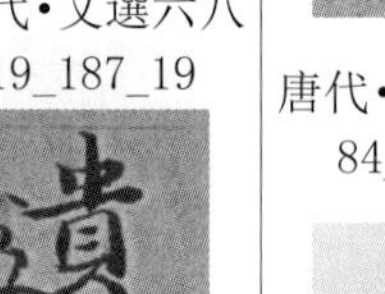
唐代•文選六八
26_261_1

唐代•文選六八
26_262_15

唐代•文選六八
31_306_3

唐代•文選六八
31_307_8

唐代•文選六八
31_307_22

唐代•文選六八
31_310_10

唐代•文選六八
31_317_13

唐代•文選六八
31_317_30

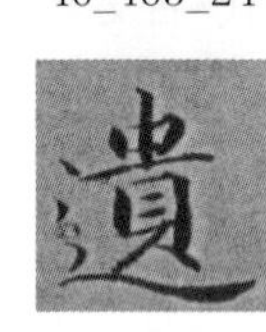
唐代•文選六八
46_463_24

唐代•文選六八
49_485_3

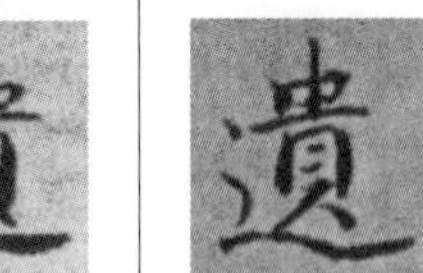
唐代•文選六八
49_487_21

唐代•文選六八
49_488_10

唐代•文選六八
51_510_7

唐代•文選六八
59_587_1

唐代•文選六八
66_663_15

唐代•文選六八
67_666_10

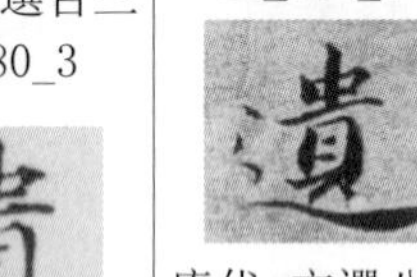
唐代•文選八八
15_128_8

唐代•文選八八
15_132_13

唐代•文選八八
17_149_3

唐代•文選八八
17_151_20

唐代•文選百三
1_8_29

唐代•文選百三
19_177_5

唐代•文選百三
19_180_3

唐代•文選百三
19_188_32

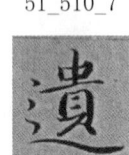

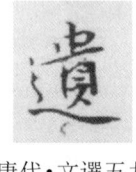

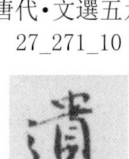

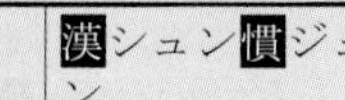

遲 遵

		漢チ 訓おそい	漢シュン慣ジュン 訓したがう			
 唐代•文選五九 33_324_7	 唐代•文選五九 25_245_21	 唐代•文選五九 11_102_12	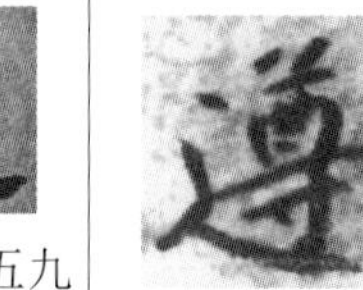 唐代•古文選前 11_124_1	 唐代•古文選後 12_142_8	 唐代•文選百三 87_830_28	 唐代•文選百三 21_203_2
 唐代•文選五九 49_480_5	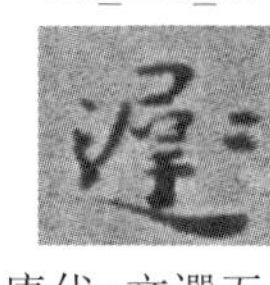 唐代•文選五九 25_245_23	唐代•文選五九 11_103_7	唐代•古文選前 21_241_4	 唐代•十輪經八 2_32_9	 唐代•文選百三 87_831_8	 唐代•文選百三 21_205_32
唐代•文選五九 49_482_15	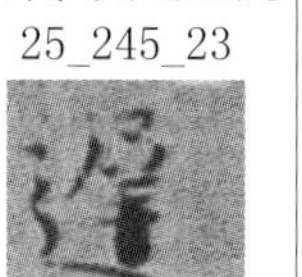 唐代•文選五九 25_246_13	 唐代•文選五九 11_105_3	唐代•古文選後 4_37_7		 唐代•古文選前 15_171_3	唐代•文選百三 42_422_8
唐代•文選五九 49_482_28	 唐代•文選五九 25_249_8	 唐代•文選五九 11_106_1	 唐代•古文選後 15_177_12		 唐代•古文選前 20_236_7	唐代•文選百三 44_424_6
唐代•文選五九 51_499_20	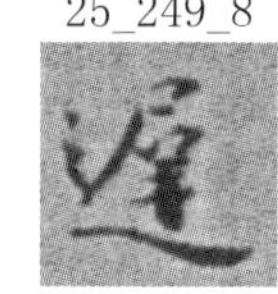 唐代•文選五九 25_251_17	唐代•文選五九 21_207_16	 唐代•古文選後 16_188_5		唐代•古文選後 2_17_7	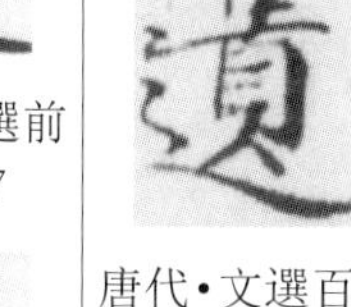 唐代•文選百三 45_425_27
唐代•文選五九 68_653_18	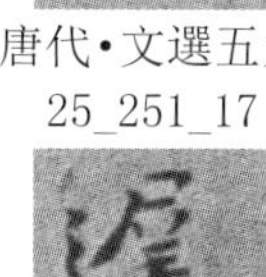 唐代•文選五九 26_252_22	 唐代•文選五九 25_243_6			唐代•古文選後 9_96_10	 唐代•文選百三 71_686_13
唐代•文選八八 21_191_14	 唐代•文選五九 26_253_16	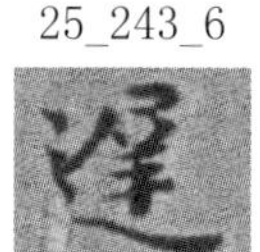 唐代•文選五九 25_245_3			 唐代•古文選後 9_100_11	 唐代•文選百三 71_688_8
唐代•文選八八 21_192_7	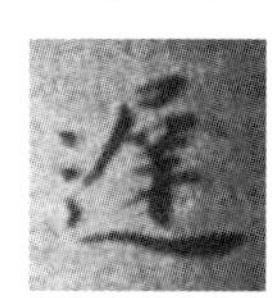 唐代•文選五九 31_309_29	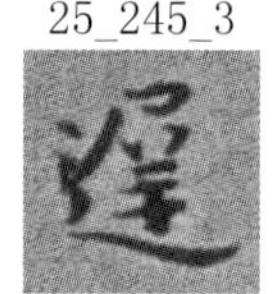 唐代•文選五九 25_245_5				

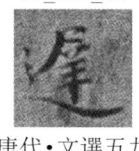

逾

漢 イツ、シュツ
訓 のがれる

唐代・古文選後
11_119_33

選

セン、サン
訓 えらぶ

唐代・文選百三
80_759_7

唐代・文選百三
87_835_3

唐代・古文選後
22_254_4

唐代・古文選後
27_315_3

唐代・文選百三
3_23_31

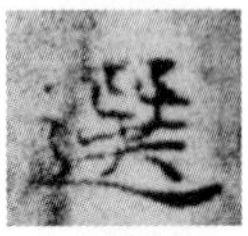
唐代・文選百三
3_25_22

唐代・文選百三
3_26_22

唐代・文選百三
11_106_14

唐代・文選百三
11_107_13

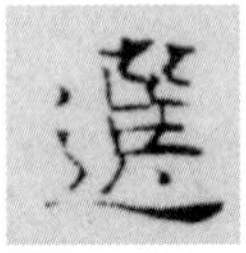
唐代・文選百三
19_183_31

唐代・文選百三
28_276_8

唐代・文選百三
38_382_3

唐代・文選五九
79_762_30

唐代・文選五九
80_763_2

唐代・文選五九
80_763_7

唐代・文選五九
80_764_4

唐代・文選五九
112_1065_2

唐代・文選六八
2_14_2

唐代・文選六八
67_664_19

唐代・文選六八
73_731_2

唐代・文選四八
14_122_3

唐代・文選四八
24_215_16

唐代・文選四八
24_219_3

唐代・文選四八
24_219_15

唐代・文選四八
50_454_2

唐代・文選五九
79_759_10

唐代・文選五九
79_761_15

唐代・文選五九
79_761_23

唐代・古文選後
25_289_12

唐代・文選百三
13_119_29

唐代・文選百三
25_238_12

唐代・文選百三
26_251_5

唐代・古文選前
20_234_2

唐代・古文選後
3_26_11

唐代・古文選後
8_94_4

唐代・古文選後
21_244_28

唐代・古文選後
21_246_8

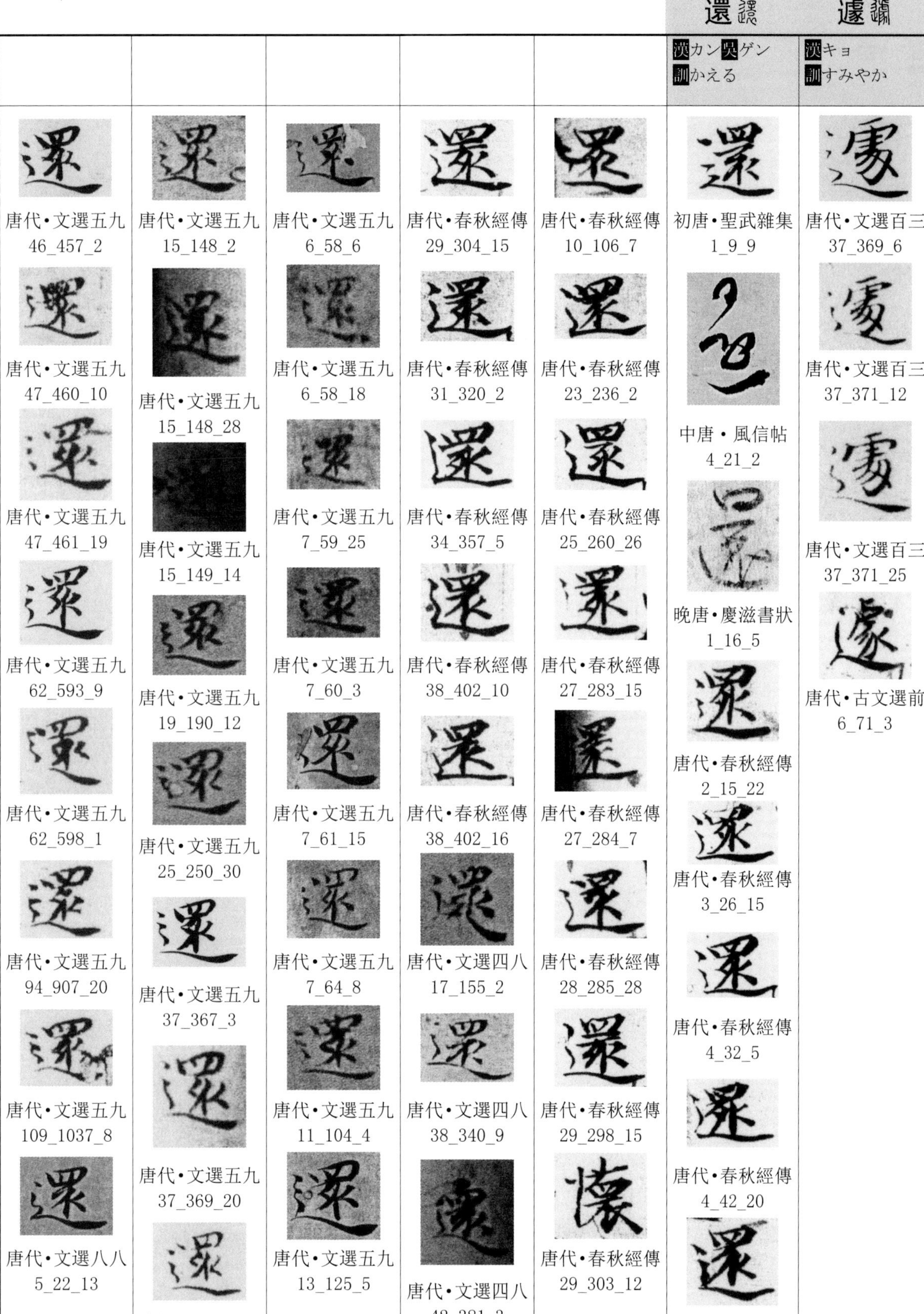

遽

漢キョ
訓すみやか

唐代・文選百三 37_369_6
唐代・文選百三 37_371_12
唐代・文選百三 37_371_25
唐代・古文選前 6_71_3

還

漢カン 呉ゲン
訓かえる

初唐・聖武雜集 1_9_9
中唐・風信帖 4_21_2
晚唐・慶滋書狀 1_16_5
唐代・春秋經傳 2_15_22
唐代・春秋經傳 3_26_15
唐代・春秋經傳 4_32_5
唐代・春秋經傳 4_42_20
唐代・春秋經傳 5_47_17

唐代・春秋經傳 10_106_7
唐代・春秋經傳 23_236_2
唐代・春秋經傳 25_260_26
唐代・春秋經傳 27_283_15
唐代・春秋經傳 27_284_7
唐代・春秋經傳 28_285_28
唐代・春秋經傳 29_298_15
唐代・春秋經傳 29_303_12

唐代・春秋經傳 29_304_15
唐代・春秋經傳 31_320_2
唐代・春秋經傳 34_357_5
唐代・春秋經傳 38_402_10
唐代・春秋經傳 38_402_16
唐代・文選四八 17_155_2
唐代・文選四八 38_340_9
唐代・文選四八 42_381_3

唐代・文選五九 6_58_6
唐代・文選五九 6_58_18
唐代・文選五九 7_59_25
唐代・文選五九 7_60_3
唐代・文選五九 7_61_15
唐代・文選五九 7_64_8
唐代・文選五九 11_104_4
唐代・文選五九 13_125_5

唐代・文選五九 15_148_2
唐代・文選五九 15_148_28
唐代・文選五九 15_149_14
唐代・文選五九 19_190_12
唐代・文選五九 25_250_30
唐代・文選五九 37_367_3
唐代・文選五九 37_369_20
唐代・文選五九 38_378_29

唐代・文選五九 46_457_2
唐代・文選五九 47_460_10
唐代・文選五九 47_461_19
唐代・文選五九 62_593_9
唐代・文選五九 62_598_1
唐代・文選五九 94_907_20
唐代・文選五九 109_1037_8
唐代・文選八八 5_22_13

邈

漢バク呉マク
訓はるか

唐代•文選四八
6_53_12

唐代•文選五九
6_52_12

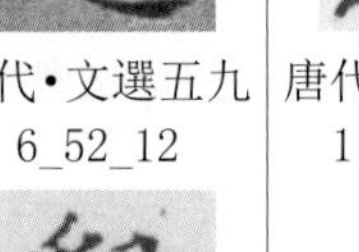
唐代•文選百三
79_750_21

唐代•古文選後
11_131_3

唐代•古文選後
20_240_10

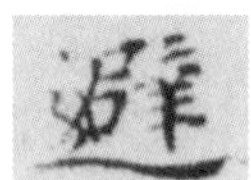
唐代•文選百三
68_656_15

唐代•古文選前
11_129_12

唐代•文選五九
103_974_1

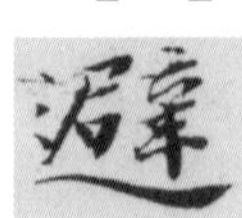
唐代•文選五九
103_974_4

唐代•文選五九
103_975_1

唐代•文選五九
103_975_4

唐代•文選五九
107_1015_15

唐代•文選八八
11_85_30

唐代•文選八八
11_86_11

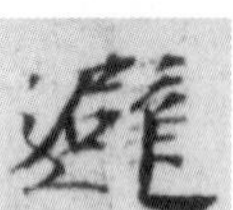
唐代•文選百三
30_298_23

避

漢ヒ呉ビ
訓さける

唐代•春秋經傳
7_73_16

唐代•春秋經傳
12_125_11

唐代•春秋經傳
20_204_8

唐代•春秋經傳
29_303_8

唐代•文選四八
50_451_4

唐代•文選五九
76_731_10

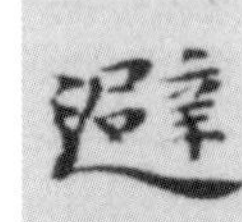
唐代•文選五九
88_849_4

唐代•文選五九
103_973_6

唐代•十輪經八
14_262_8

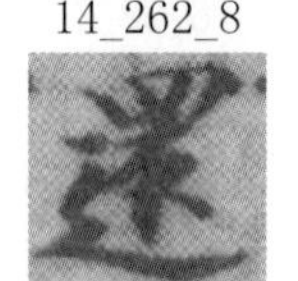
唐代•十輪經八
15_300_8

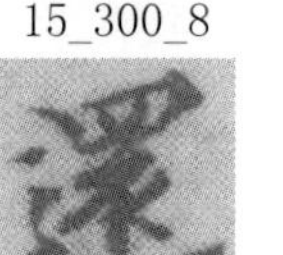
唐代•十輪經八
17_338_8

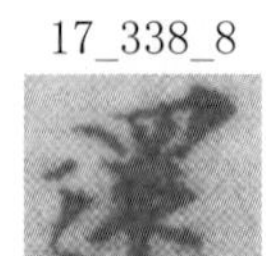
唐代•十輪經八
19_376_8

唐代•十輪經八
21_413_17

唐代•十輪經九
1_13_13

唐代•十輪經九
3_52_1

唐代•十輪經九
17_327_6

唐代•十輪經四
12_222_10

唐代•十輪經四
14_272_7

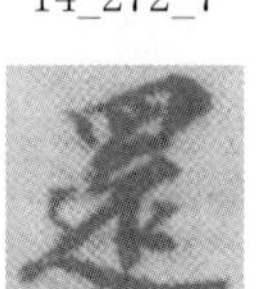
唐代•十輪經四
15_299_15

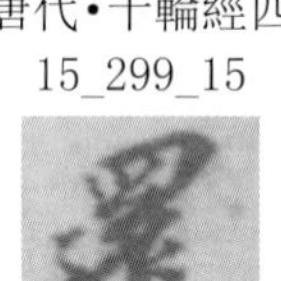
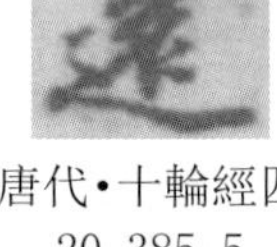
唐代•十輪經四
20_385_5

唐代•十輪經八
6_112_3

唐代•十輪經八
8_150_3

唐代•十輪經八
10_188_10

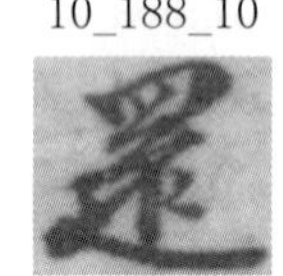
唐代•十輪經八
12_225_8

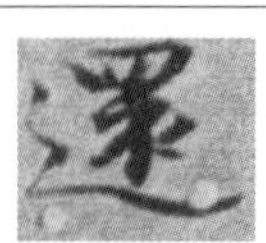
唐代•文選八八
5_24_20

唐代•文選八八
5_25_4

唐代•文選百三
3_22_13

唐代•文選百三
12_113_3

唐代•文選百三
46_441_3

唐代•古文選前
10_122_8

唐代•古文選前
11_134_9

唐代•古文選後
25_292_38

				邊	邃	邇
				ヘン 訓あたり	スイ 訓おくぶかい	漢ジ呉ニ 訓ちかい
唐代・文選百三 81_768_1 唐代・文選百三 81_772_34 唐代・文選百三 81_775_10 唐代・文選百三 82_781_5 唐代・文選百三 83_784_34 唐代・文選百三 86_818_3 唐代・古文選後 17_193_3 唐代・十輪經四 9_163_17	唐代・文選百三 67_639_30 唐代・文選百三 67_639_32 唐代・文選百三 68_656_27 唐代・文選百三 68_658_7 唐代・文選百三 78_746_6 唐代・文選百三 78_747_15 唐代・文選百三 79_748_3 唐代・文選百三 80_760_15	唐代・文選六八 70_700_6 唐代・文選八八 16_135_8 唐代・文選百三 45_436_7 唐代・文選百三 45_436_10 唐代・文選百三 46_442_6 唐代・文選百三 53_507_12 唐代・文選百三 66_635_3 唐代・文選百三 66_638_12	唐代・文選五九 75_721_16 唐代・文選五九 75_722_6 唐代・文選五九 78_750_22 唐代・文選五九 82_785_11 唐代・文選六八 47_470_7 唐代・文選六八 51_513_32 唐代・文選六八 51_514_15 唐代・文選六八 69_687_14	晚唐・慶滋書狀 1_11_8 唐代・春秋經傳 21_222_17 唐代・春秋經傳 22_225_22 唐代・文選四八 11_93_2 唐代・文選四八 34_301_13 唐代・文選五九 4_36_26 唐代・文選五九 19_183_6 唐代・文選五九 75_720_1	唐代・文選五九 90_858_14	唐代・文選六八 11_116_27 唐代・文選六八 24_241_9 唐代・文選八八 21_185_16 唐代・文選八八 21_187_2

		 唐代•十輪經十 18_355_7 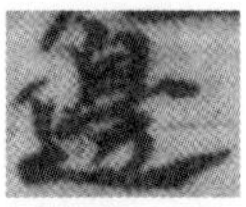 唐代•十輪經十 18_357_17	 唐代•十輪經十 18_342_9  唐代•十輪經十 18_343_8  唐代•十輪經十 18_344_7  唐代•十輪經十 18_345_10 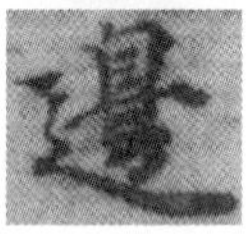 唐代•十輪經十 18_347_4  唐代•十輪經十 18_348_15  唐代•十輪經十 18_350_10  唐代•十輪經十 18_352_14	 唐代•十輪經十 14_272_8  唐代•十輪經十 14_275_2 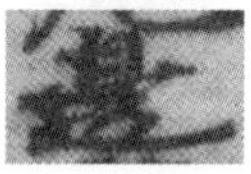 唐代•十輪經十 16_304_16  唐代•十輪經十 16_309_3  唐代•十輪經十 17_336_5  唐代•十輪經十 17_337_12  唐代•十輪經十 17_339_6  唐代•十輪經十 17_340_15	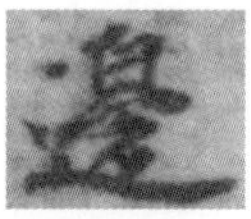 唐代•十輪經九 21_407_5  唐代•十輪經十 9_163_11  唐代•十輪經十 10_200_5  唐代•十輪經十 11_206_6  唐代•十輪經十 13_242_13  唐代•十輪經十 13_252_2  唐代•十輪經十 13_259_12  唐代•十輪經十 14_263_4	 唐代•十輪經四 9_166_15 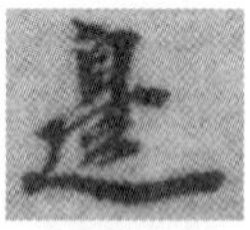 唐代•十輪經四 21_411_7  唐代•十輪經八 6_120_13  唐代•十輪經八 20_384_7 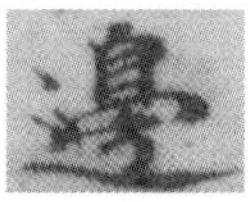 唐代•十輪經九 10_188_15  唐代•十輪經九 20_385_3  唐代•十輪經九 20_385_13  唐代•十輪經九 21_406_12

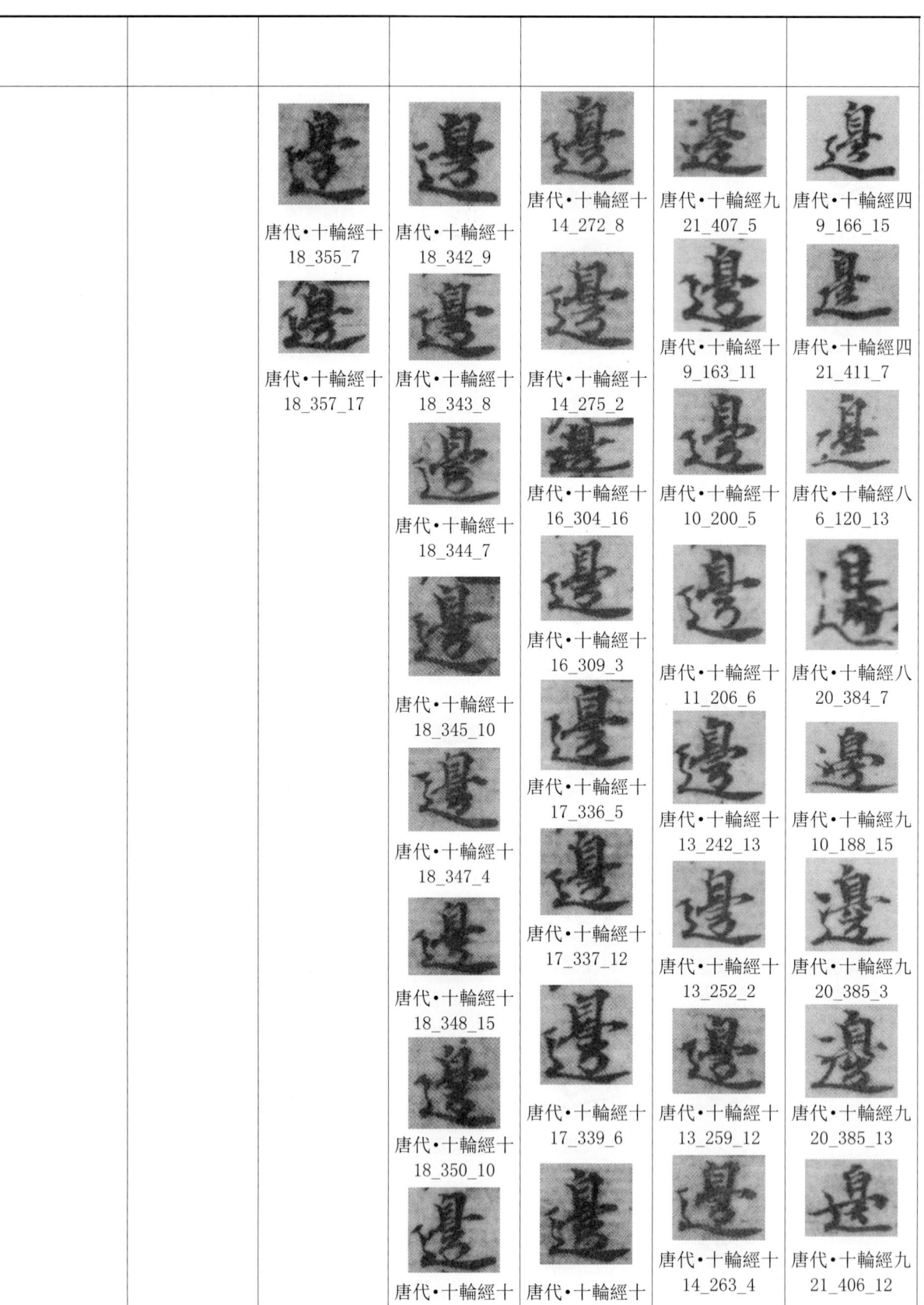

采部

釋 釋

吳 シャク、ヤク
漢 セキ、エキ
訓 とく

初唐·法華義疏
1_3_11

中唐·灌頂歷名
1_3_1

中唐・風信帖
3_12_3

中唐・風信帖
4_22_1

唐代·春秋經傳
2_15_27

唐代·春秋經傳
2_17_24

唐代·春秋經傳
20_204_20

唐代·文選四八
4_29_12

唐代·文選五九
49_484_9

唐代·文選五九
51_505_15

唐代·文選五九
57_553_27

唐代·文選六八
2_28_16

唐代·文選六八
15_160_23

唐代·文選六八
4_39_14

唐代·文選六八
20_205_8

唐代·文選六八
50_504_1

唐代·文選六八
73_721_11

唐代·文選八八
21_192_1

唐代·文選百三
41_413_11

唐代·文選百三
54_519_9

唐代·文選百三
54_523_1

唐代·文選百三
55_526_7

唐代·文選百三
86_819_10

唐代·古文選後
19_221_4

唐代·十輪經八
4_63_1

谷部

谷 㕡

コク
訓たに

唐代・文選五九 6_58_21
唐代・文選五九 13_123_17
唐代・文選五九 28_278_1
唐代・文選五九 46_457_10
唐代・文選五九 67_646_10
唐代・文選五九 90_866_16
唐代・文選五九 94_899_1
唐代・文選五九 94_899_17
唐代・文選五九 94_899_20

唐代・文選五九 94_900_11
唐代・文選五九 94_901_27
唐代・文選五九 105_997_16
唐代・文選六八 1_13_20
唐代・文選六八 4_36_21
唐代・文選六八 6_60_12
唐代・文選六八 15_157_4
唐代・文選六八 17_173_17
唐代・文選六八 21_207_32

唐代・文選六八 27_271_28
唐代・文選六八 31_310_17
唐代・文選六八 31_312_19
唐代・文選六八 41_410_8
唐代・文選六八 59_595_15
唐代・文選六八 59_597_16
唐代・文選六八 59_598_9
唐代・文選六八 60_599_23
唐代・文選百三 27_270_34

唐代・文選百三 79_751_11
唐代・古文選前 12_138_3
唐代・古文選後 4_38_4
唐代・古文選後 6_64_10
唐代・古文選後 24_281_3
唐代・古文選後 24_281_22
唐代・古文選後 24_281_35
唐代・古文選後 24_281_39

谿 谿

シャク
訓—

唐代・文選六八 31_314_7
唐代・文選百三 27_261_3
唐代・文選百三 27_266_1
唐代・文選百三 27_266_21
唐代・古文選前 1_2_6
唐代・古文選後 24_284_14

豁 豁

カツ
訓ひらける

唐代・古文選後 9_105_6

豸部

豺

漢サイ 訓やまいぬ

唐代•春秋經傳 20_211_7

唐代•文選百三 46_439_4

唐代•文選百三 46_441_5

唐代•文選百三 47_446_12

豹

漢ホウ 呉ヒョウ 訓ひょう

唐代•文選五九 22_213_14

唐代•文選五九 111_1054_29

唐代•文選六八 4_36_14

唐代•文選六八 16_165_1

唐代•文選六八 36_362_1

貊

慣ハク 漢バク 呉ミャク 訓えびす

唐代•文選六八 60_601_28

貌

ボウ 漢バク 訓かたち

唐代•春秋經傳 6_62_16

唐代•文選四八 8_67_45

唐代•文選四八 14_125_15

唐代•文選四八 14_126_16

唐代•文選四八 14_127_24

唐代•文選四八 22_194_23

唐代•文選四八 28_249_11

唐代•文選四八 28_250_5

唐代•文選四八 36_323_2

唐代•文選四八 38_344_5

唐代•文選五九 2_18_27

唐代•文選五九 3_28_20

唐代•文選五九 3_29_4

唐代•文選五九 3_29_14

唐代•文選五九 3_30_23

唐代•文選五九 4_32_22

唐代•文選五九 4_33_2

唐代•文選五九 6_57_12

唐代•文選五九 9_87_22

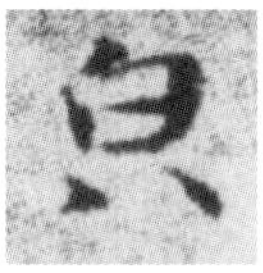
唐代•文選五九 10_93_7

唐代•文選五九 10_95_16

唐代·文選百三 15_139_11
唐代·文選百三 21_209_34
唐代·文選百三 29_290_3
唐代·文選百三 45_425_18
唐代·文選百三 46_445_5
唐代·文選百三 47_451_17
唐代·文選百三 47_451_29

唐代·文選八八 13_106_1
唐代·文選八八 24_216_10
唐代·文選百三 7_58_33
唐代·文選百三 7_59_6
唐代·文選百三 7_60_7
唐代·文選百三 14_134_5
唐代·文選百三 14_134_29

唐代·文選六八 73_728_18
唐代·文選八八 3_7_11
唐代·文選八八 3_7_19
唐代·文選八八 3_11_9
唐代·文選八八 3_16_16
唐代·文選八八 5_29_33
唐代·文選八八 11_83_29

唐代·文選六八 53_532_18
唐代·文選六八 53_536_11
唐代·文選六八 54_542_24
唐代·文選六八 56_561_10
唐代·文選六八 62_620_8
唐代·文選六八 69_686_19
唐代·文選六八 72_717_29

唐代·文選六八 51_507_15
唐代·文選六八 51_513_25
唐代·文選六八 52_519_14
唐代·文選六八 52_521_10
唐代·文選六八 53_528_4
唐代·文選六八 53_531_18
唐代·文選六八 53_531_22

唐代·文選六八 29_286_20
唐代·文選六八 32_323_11
唐代·文選六八 42_420_18
唐代·文選六八 47_475_21
唐代·文選六八 47_477_3
唐代·文選六八 47_478_2
唐代·文選六八 51_505_29

唐代·文選六八 6_67_13
唐代·文選六八 7_68_12
唐代·文選六八 8_88_3
唐代·文選六八 9_99_22
唐代·文選六八 9_100_20
唐代·文選六八 14_143_19
唐代·文選六八 21_206_28

貙 貙

漢チュ呉チュ
訓—

唐代•文選六八
36_362_6

唐代•文選六八
36_364_6

唐代•文選六八
37_365_4

唐代•文選六八
37_365_27

唐代•古文選前
3_30_14

唐代•古文選前
4_47_9

唐代•古文選前
7_76_5

唐代•古文選前
7_78_10

唐代•古文選後
14_160_8

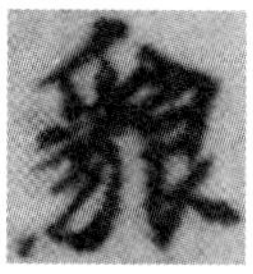
唐代•十輪經八
22_423_9

唐代•十輪經九
2_22_1

唐代•文選百三
53_509_5

唐代•文選百三
53_512_1

唐代•文選百三
53_512_29

唐代•文選百三
54_522_19

唐代•文選百三
59_563_1

唐代•文選百三
60_575_4

唐代•文選百三
69_667_24

唐代•文選百三
47_454_12

唐代•文選百三
47_457_9

唐代•文選百三
49_471_3

唐代•文選百三
50_485_2

唐代•文選百三
51_492_35

唐代•文選百三
51_494_18

唐代•文選百三
53_508_7

角部

角 𧢲

カク
訓かど

唐代•文選四八
28_258_16

唐代•文選五九
19_189_23

唐代•文選五九
39_385_14

唐代•文選五九
52_515_29

唐代•文選六八
23_229_18

唐代•文選六八
23_230_22

唐代•文選六八
39_385_12

唐代•文選六八
41_417_7

唐代•文選六八
45_453_12

唐代•文選百三
24_236_2

唐代•文選百三
31_313_10

唐代•文選百三
58_557_35

唐代•文選百三
61_581_29

唐代•文選百三
63_610_25

唐代•文選百三
67_646_9

觗 觗

漢シ**呉**シ
訓さかずき

唐代•文選六八
19_192_4

觝

漢テイ
訓ふれる

唐代•文選六八
7_73_26

解 𧣩

漢カイ**呉**ゲ
訓とく

初唐•法華義疏
1_9_11

初唐•大般若經
1_3_14

唐代•春秋經傳
1_1_6

唐代•春秋經傳
4_31_28

唐代•春秋經傳
4_32_6

唐代•春秋經傳
4_35_7

唐代•春秋經傳
9_88_3

唐代•十輪經四 7_137_13	唐代•文選百三 55_527_8	唐代•文選百三 37_363_38	唐代•文選八八 18_156_9	唐代•文選六八 27_279_15	唐代•文選五九 50_491_14	唐代•春秋經傳 19_194_8
唐代•十輪經四 8_148_8	唐代•古文選前 9_106_13	唐代•文選百三 37_366_2	唐代•文選八八 21_179_22	唐代•文選六八 37_374_14	唐代•文選五九 50_491_21	唐代•文選四八 4_31_20
唐代•十輪經四 12_231_8	唐代•古文選前 20_230_11	唐代•文選百三 37_366_13	唐代•文選百三 27_261_14	唐代•文選六八 37_376_19	唐代•文選五九 106_1005_8	唐代•文選五九 8_73_15
唐代•十輪經四 14_270_15	唐代•古文選後 6_69_14	唐代•文選百三 37_367_37	唐代•文選百三 27_262_18	唐代•文選六八 67_675_12	唐代•文選六八 8_81_20	唐代•文選五九 42_412_14
唐代•十輪經四 14_271_13	唐代•古文選後 15_177_4	唐代•文選百三 37_368_18	唐代•文選百三 27_267_12	唐代•文選八八 10_81_19	唐代•文選六八 17_170_15	唐代•文選五九 49_490_6
唐代•十輪經八 5_92_4	唐代•古文選後 22_256_4	唐代•文選百三 49_467_28	唐代•文選百三 28_277_4	唐代•文選八八 12_98_5	唐代•文選六八 27_275_5	唐代•文選五九 49_490_14
唐代•十輪經九 13_245_12	唐代•古文選後 26_301_16	唐代•文選百三 51_495_10	唐代•文選百三 35_350_7	唐代•文選八八 17_154_9	唐代•文選六八 27_277_22	唐代•文選五九 50_491_9

	觸	觴				
	漢現ショク呉ソク 訓ふれる	ショウ 訓さかずき				
初唐•大般若經 1_14_6 初唐•大般若經 1_14_8 初唐•大般若經 1_15_3 初唐•大般若經 1_16_8 初唐•大般若經 1_16_10 初唐•大般若經 1_17_5 初唐•大般若經 1_18_3 初唐•大般若經 1_18_10	初唐•大般若經 1_8_12 初唐•大般若經 1_9_1 初唐•大般若經 1_10_2 初唐•大般若經 1_10_4 初唐•大般若經 1_10_16 初唐•大般若經 1_12_4 初唐•大般若經 1_12_6 初唐•大般若經 1_13_1	唐代•文選四八 9_78_11 唐代•文選五九 8_76_22 唐代•文選六八 20_204_10 唐代•文選六八 21_207_23 唐代•文選六八 21_208_9 唐代•文選六八 35_358_4 唐代•古文選後 23_270_8 唐代•古文選後 25_294_8	唐代•十輪經十 19_376_3 唐代•十輪經十 19_380_7	唐代•十輪經十 12_220_9 唐代•十輪經十 13_243_5 唐代•十輪經十 13_252_10 唐代•十輪經十 14_260_3 唐代•十輪經十 14_272_16 唐代•十輪經十 16_305_7 唐代•十輪經十 19_363_10	唐代•十輪經十 1_17_16 唐代•十輪經十 3_53_16 唐代•十輪經十 3_59_5 唐代•十輪經十 7_130_22 唐代•十輪經十 10_196_22 唐代•十輪經十 10_200_13 唐代•十輪經十 11_206_14	唐代•十輪經九 13_246_3 唐代•十輪經九 13_248_9 唐代•十輪經九 14_267_10 唐代•十輪經九 19_376_7 唐代•十輪經九 20_397_16 唐代•十輪經九 22_420_9 唐代•十輪經九 22_423_2

			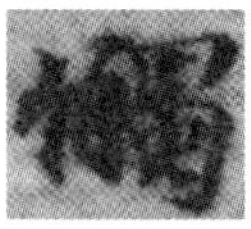 唐代•十輪經十 11_219_15	 唐代•十輪經十 11_211_5	 唐代•春秋經傳 9_90_10	 初唐•大般若經 1_18_12
			 唐代•十輪經十 14_277_5	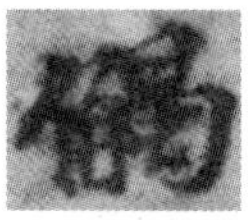 唐代•十輪經十 11_211_16	 唐代•文選四八 1_8_2	 初唐•大般若經 1_19_2
			 唐代•十輪經十 15_284_15	 唐代•十輪經十 11_213_11	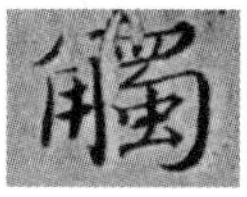 唐代•文選六八 33_337_1	 初唐•大般若經 1_19_7
				 唐代•十輪經十 11_214_2	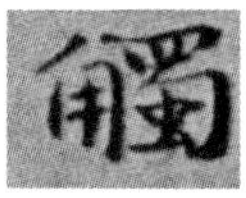 唐代•文選六八 33_337_17	 初唐•大般若經 1_20_12
				 唐代•十輪經十 11_214_10	 唐代•文選六八 35_353_1	 初唐•大般若經 1_20_14
				 唐代•十輪經十 11_214_14	 唐代•文選六八 35_354_8	 初唐•大般若經 2_24_6
				 唐代•十輪經十 11_215_1	 唐代•文選百三 61_583_21	 初唐•大般若經 2_27_1
				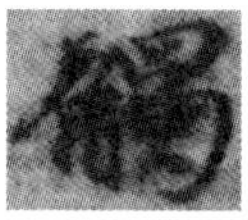 唐代•十輪經十 11_215_9	 唐代•十輪經九 14_278_8	 初唐•大般若經 2_29_9

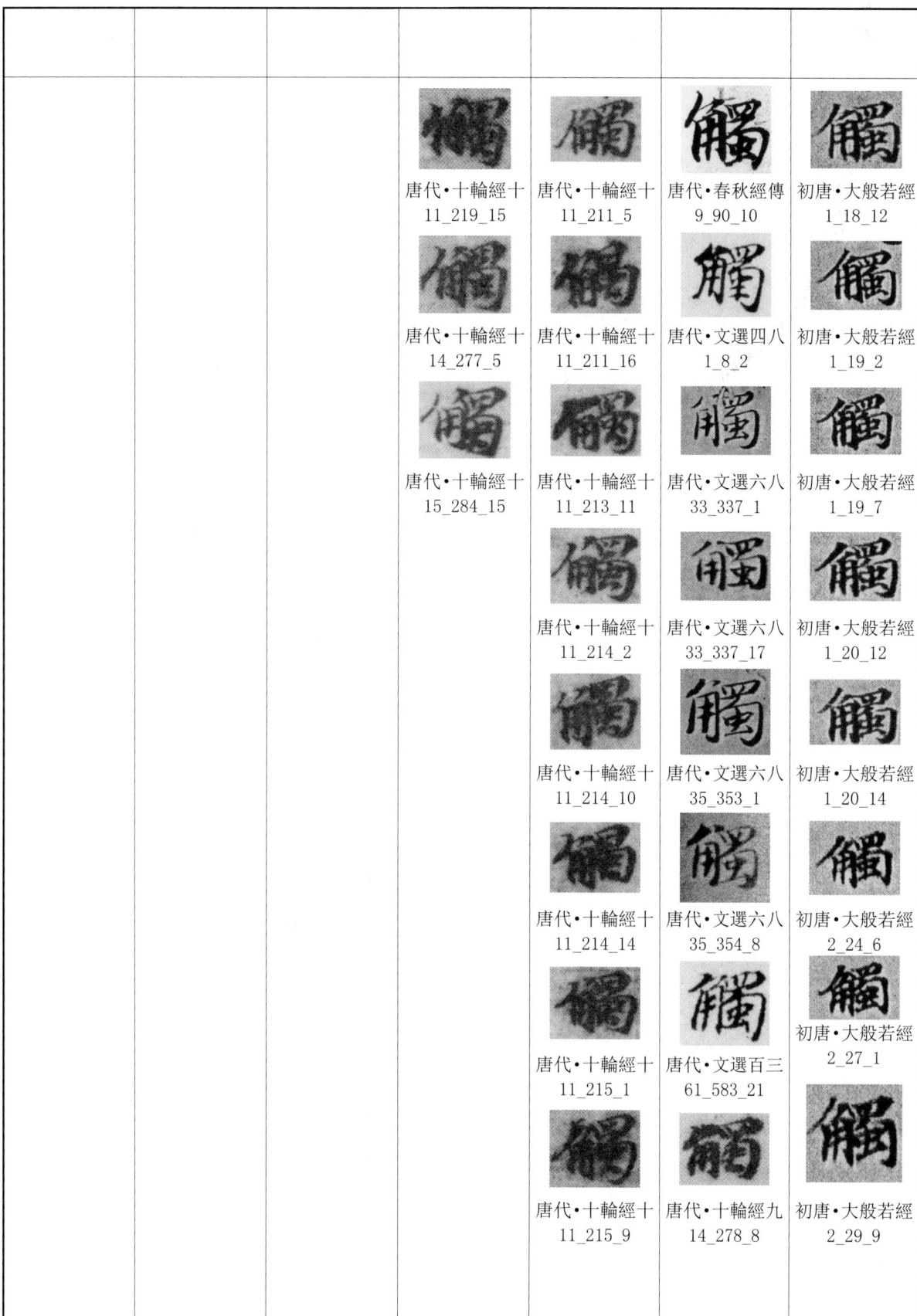

言部

言

ギン漢ゲン呉ゴン
訓いう、こと

初唐・大般若經 1_3_9
中唐・金剛經題 2_14_5
唐代・春秋經傳 2_11_2
唐代・春秋經傳 2_16_15
唐代・春秋經傳 2_17_20
唐代・春秋經傳 5_46_30
唐代・春秋經傳 6_58_6

唐代・春秋經傳 6_59_17
唐代・春秋經傳 6_60_5
唐代・春秋經傳 7_71_27
唐代・春秋經傳 8_84_16
唐代・春秋經傳 9_88_14
唐代・春秋經傳 11_109_9
唐代・春秋經傳 13_132_13

唐代・春秋經傳 15_151_9
唐代・春秋經傳 17_181_2
唐代・春秋經傳 21_215_18
唐代・春秋經傳 22_226_14
唐代・春秋經傳 24_249_28
唐代・春秋經傳 26_264_16
唐代・春秋經傳 27_274_28

唐代・春秋經傳 28_285_22
唐代・春秋經傳 29_299_6
唐代・春秋經傳 30_315_13
唐代・春秋經傳 30_317_4
唐代・春秋經傳 31_326_13
唐代・春秋經傳 31_326_27
唐代・春秋經傳 32_332_9

唐代・春秋經傳 33_347_19
唐代・春秋經傳 34_351_22
唐代・春秋經傳 36_375_18
唐代・春秋經傳 36_382_13
唐代・春秋經傳 38_396_15
唐代・春秋經傳 38_401_18
唐代・文選四八 1_6_8

唐代・文選四八 4_22_22
唐代・文選四八 4_32_12
唐代・文選四八 5_33_8
唐代・文選四八 6_41_1
唐代・文選四八 6_45_3
唐代・文選四八 6_50_6
唐代・文選四八 7_57_7
唐代・文選四八 7_58_13

唐代•文選八八 8_60_7	唐代•文選八八 3_14_17	唐代•文選六八 71_709_4	唐代•文選六八 65_644_10	唐代•文選六八 59_591_14	唐代•文選六八 53_538_4	唐代•文選六八 45_449_20
唐代•文選八八 8_60_27	唐代•文選八八 7_42_9	唐代•文選六八 71_714_11	唐代•文選六八 65_644_24	唐代•文選六八 60_599_25	唐代•文選六八 54_539_12	唐代•文選六八 45_450_23
唐代•文選八八 8_61_13	唐代•文選八八 7_46_15	唐代•文選六八 72_716_15	唐代•文選六八 65_647_17	唐代•文選六八 61_607_14	唐代•文選六八 54_539_17	唐代•文選六八 45_451_2
唐代•文選八八 9_63_12	唐代•文選八八 7_49_28	唐代•文選六八 73_725_2	唐代•文選六八 65_650_25	唐代•文選六八 61_613_14	唐代•文選六八 54_543_5	唐代•文選六八 47_477_5
唐代•文選八八 9_64_4	唐代•文選八八 7_54_35	唐代•文選八八 1_5_14	唐代•文選六八 65_654_26	唐代•文選六八 62_621_13	唐代•文選六八 55_548_1	唐代•文選六八 49_488_9
唐代•文選八八 9_68_23	唐代•文選八八 8_59_10	唐代•文選八八 3_7_25	唐代•文選六八 65_657_7	唐代•文選六八 62_622_1	唐代•文選六八 55_557_22	唐代•文選六八 49_498_28
唐代•文選八八 9_68_33	唐代•文選八八 8_59_22	唐代•文選八八 3_9_11	唐代•文選六八 67_665_17	唐代•文選六八 63_626_8	唐代•文選六八 57_574_12	唐代•文選六八 53_525_8
唐代•文選八八 9_69_25	唐代•文選八八 8_59_25	唐代•文選八八 3_11_23	唐代•文選六八 67_671_14	唐代•文選六八 63_637_11	唐代•文選六八 57_576_10	唐代•文選六八 53_531_9

唐代·文選百三 80_760_22
唐代·文選百三 81_766_9
唐代·文選百三 81_767_1
唐代·文選百三 81_772_19
唐代·文選百三 81_773_10
唐代·文選百三 81_774_29
唐代·文選百三 81_775_25
唐代·文選百三 83_787_20

唐代·文選百三 83_791_2
唐代·文選百三 83_794_8
唐代·文選百三 83_794_12
唐代·文選百三 84_798_4
唐代·文選百三 84_798_27
唐代·文選百三 84_799_24
唐代·文選百三 85_809_29
唐代·文選百三 85_815_25

唐代·文選百三 85_816_32
唐代·文選百三 86_823_1
唐代·文選百三 87_826_1
唐代·文選百三 87_830_13
唐代·古文選前 1_4_3
唐代·古文選前 1_8_4
唐代·古文選前 4_47_8
唐代·古文選前 7_78_2

唐代·古文選前 8_98_3
唐代·古文選前 9_110_6
唐代·古文選前 11_135_2
唐代·古文選前 12_137_5
唐代·古文選前 13_153_14
唐代·古文選前 14_163_8
唐代·古文選前 15_181_5
唐代·古文選前 25_298_3

唐代·古文選後 3_29_11
唐代·古文選後 9_96_11
唐代·古文選後 10_110_7
唐代·古文選後 13_147_1
唐代·古文選後 14_160_4
唐代·古文選後 14_163_7
唐代·古文選後 15_169_2
唐代·古文選後 15_170_9

唐代·古文選後 19_223_2
唐代·古文選後 20_232_10
唐代·古文選後 22_260_36
唐代·古文選後 23_266_10
唐代·古文選後 24_282_14
唐代·古文選後 25_299_3
唐代·古文選後 27_313_8
唐代·十輪經四 1_10_12

唐代·十輪經四 1_15_16
唐代·十輪經四 1_22_11
唐代·十輪經四 2_29_16
唐代·十輪經四 2_31_12
唐代·十輪經四 2_35_8
唐代·十輪經四 3_42_17
唐代·十輪經四 3_44_13
唐代·十輪經四 3_51_11
唐代·十輪經九 7_137_5

唐代•十輪經九
15_286_4

唐代•十輪經九
18_348_5

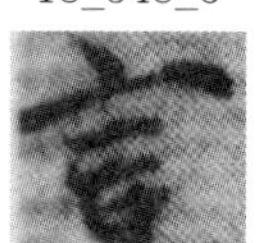
唐代•十輪經十
18_360_15

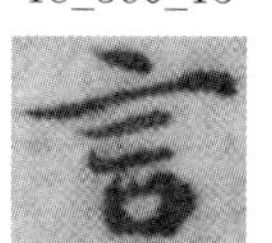
唐代•十輪經十
19_378_6

計 𧥺

漢ケイ 呉カイ
訓はかる

唐代•春秋經傳
16_165_13

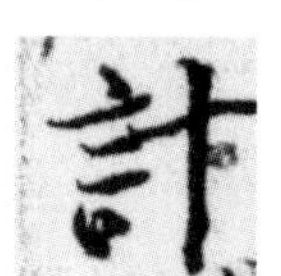
唐代•春秋經傳
26_273_24

唐代•文選五九
61_586_21

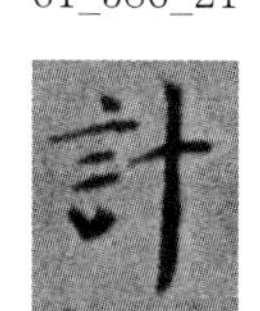
唐代•文選六八
56_562_6

唐代•文選六八
63_637_28

唐代•文選八八
19_164_4
5

唐代•文選百三
17_155_11

唐代•文選百三
27_264_11

唐代•文選百三
34_340_19

唐代•文選百三
51_494_3

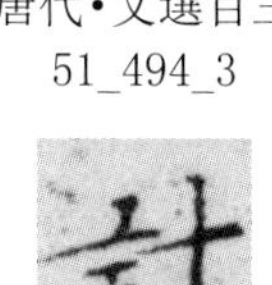
唐代•文選百三
52_498_2

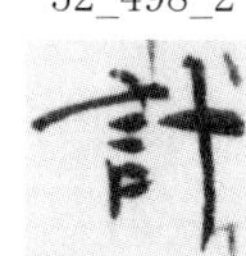
唐代•古文選後
6_66_2

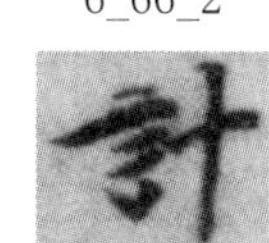
唐代•十輪經四
22_420_13

唐代•文選八八
19_166_2

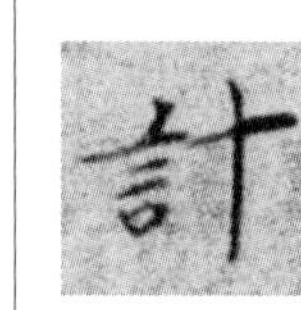
唐代•十輪經四
22_425_3

唐代•十輪經四
21_411_15

唐代•十輪經四
21_415_17

討 𧥷

漢トウ 呉トウ
訓うつ

唐代•春秋經傳
2_18_26

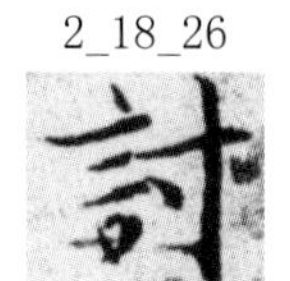
唐代•春秋經傳
3_21_20

唐代•春秋經傳
3_26_8

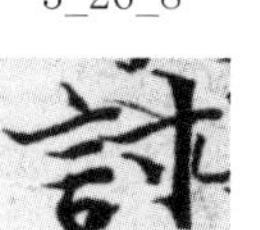
唐代•春秋經傳
11_107_14

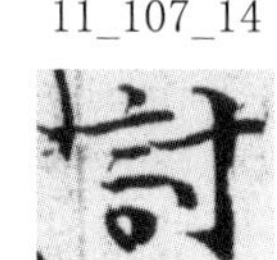
唐代•春秋經傳
11_112_20

唐代•春秋經傳
19_201_19

唐代•春秋經傳
30_317_20

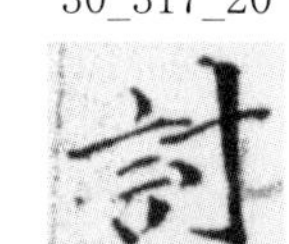
唐代•春秋經傳
34_359_23

唐代•春秋經傳
35_362_10

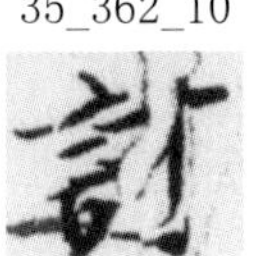
唐代•春秋經傳
35_369_2

唐代•春秋經傳
35_371_26

唐代•春秋經傳
35_372_11

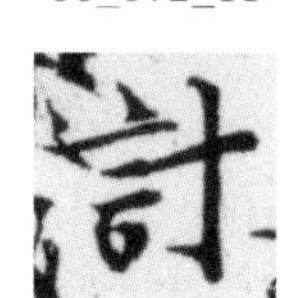
唐代•春秋經傳
36_378_16

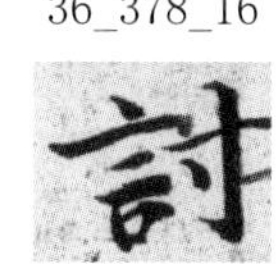
唐代•春秋經傳
37_389_3

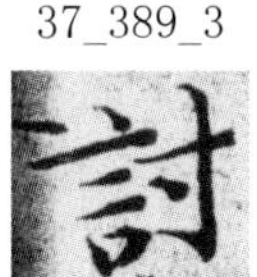
唐代•春秋經傳
37_393_4

唐代•春秋經傳
38_395_16

唐代•春秋經傳
38_398_12

唐代•春秋經傳
38_399_7

唐代•春秋經傳
38_403_12

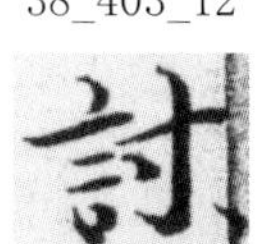
唐代•春秋經傳
39_405_3

唐代•文選四八
3_20_26

唐代•文選八八
18_158_4

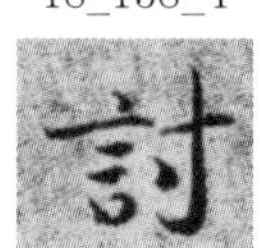
唐代•文選八八
19_162_15

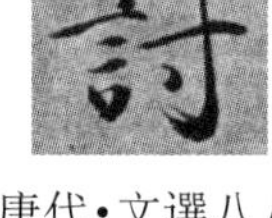
唐代•文選八八
21_183_7

訊

シン、シュン慣ジン
訓とう

唐代・文選四八 8_61_4

唐代・文選四八 8_63_11

唐代・文選四八 8_65_17

唐代・文選五九 22_215_4

唐代・文選百三 35_353_21

唐代・古文選後 20_234_1

唐代・文選百三 73_704_12

唐代・文選百三 73_705_4

訓

クン慣キン
訓おしえる

唐代・文選六八 3_29_8

唐代・文選六八 3_35_14

唐代・文選六八 19_187_25

唐代・文選百三 11_108_9

唐代・文選百三 12_109_9

唐代・文選百三 12_109_37

唐代・文選百三 73_702_1

唐代・文選百三 73_704_1

訖

キツ
訓おわる

中唐・風信帖 4_19_1

唐代・文選四八 5_34_6

唐代・文選四八 16_143_1

唐代・文選四八 42_379_5

唐代・文選百三 21_197_35

唐代・古文選前 6_70_5

唐代・文選五九 35_350_30

唐代・文選五九 35_351_23

唐代・文選六八 2_23_7

唐代・文選六八 10_107_3

唐代・文選六八 59_596_22

唐代・文選百三 45_426_11

唐代・文選百三 45_429_11

唐代・古文選前 9_106_1

唐代・古文選前 11_133_64

託

タク
訓よる

唐代・春秋經傳 35_371_5

唐代・文選四八 25_222_14

唐代・文選五九 9_91_5

唐代・文選五九 10_93_24

唐代・文選五九 13_122_10

唐代・文選五九 13_123_7

唐代・文選五九 35_348_9

唐代・文選五九 35_350_4

唐代・文選八八 21_184_14

唐代・文選八八 21_185_5

唐代・文選百三 26_251_12

唐代・文選百三 26_253_34

唐代・文選百三 27_262_5

唐代・文選百三 34_336_21

唐代・文選百三 34_337_17

唐代・文選百三 59_567_1

記 記

キ

訓 しるす

晚唐•慶滋書狀 1_3_6

晚唐•慶滋書狀 1_6_5

唐代•春秋經傳 13_133_32

唐代•春秋經傳 28_295_19

唐代•春秋經傳 29_302_2

唐代•文選四八 1_4_5

唐代•文選四八 14_129_11

唐代•文選四八 15_135_24

唐代•文選四八 15_137_2

唐代•文選四八 17_153_13

唐代•文選四八 23_205_22

唐代•文選四八 23_205_25

唐代•文選四八 25_226_29

唐代•文選四八 26_228_19

唐代•文選四八 28_247_5

唐代•文選四八 30_268_9

唐代•文選四八 31_279_9

唐代•文選四八 32_289_9

唐代•文選五九 12_116_21

唐代•文選五九 15_147_2

唐代•文選五九 15_150_29

唐代•文選五九 26_256_30

唐代•文選五九 44_437_11

唐代•文選五九 47_470_1

唐代•文選五九 49_485_7

唐代•文選五九 50_494_7

唐代•文選五九 53_522_16

唐代•文選五九 54_533_17

唐代•文選五九 56_541_16

唐代•文選五九 57_552_30

唐代•文選五九 61_588_4

唐代•文選五九 62_594_10

唐代•文選五九 62_603_13

唐代•文選五九 63_604_19

唐代•文選五九 63_607_19

唐代•文選五九 68_650_18

唐代•文選五九 71_679_6

唐代•文選五九 74_706_16

唐代•文選五九 76_725_8

唐代•文選五九 78_747_8

唐代•文選五九 82_793_13

唐代•文選五九 84_805_4

唐代•文選五九 85_819_15

唐代•文選五九 88_849_18

唐代•文選五九 103_972_9

唐代•文選五九 110_1040_3

唐代•文選五九 111_1050_1

唐代•文選五九 111_1054_19

唐代•文選五九 111_1059_7

唐代•文選五九 111_1060_15

唐代•文選六八 8_76_12

唐代•文選六八 8_87_9

唐代•文選六八 15_151_25

唐代•文選六八 15_161_13

唐代•文選六八 16_164_9

唐代•文選六八 17_172_14

唐代·文選六八
17_176_1

唐代·文選六八
17_178_9

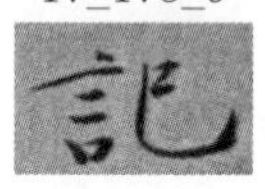
唐代·文選六八
17_178_12

唐代·文選六八
20_201_10

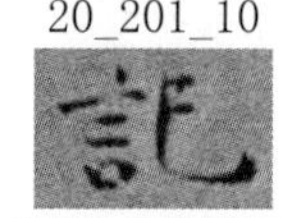
唐代·文選六八
25_248_1

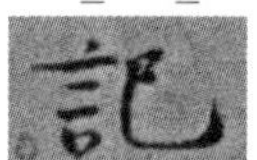
唐代·文選六八
26_262_1

唐代·文選六八
29_296_22

唐代·文選六八
33_325_23

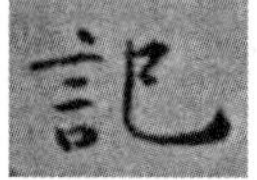
唐代·文選六八
42_422_15

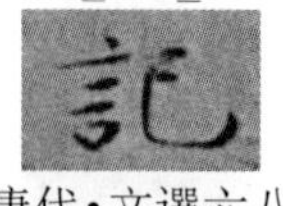
唐代·文選六八
48_481_17

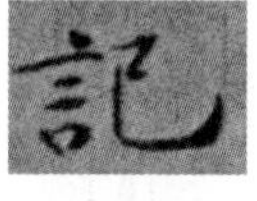
唐代·文選六八
49_490_12

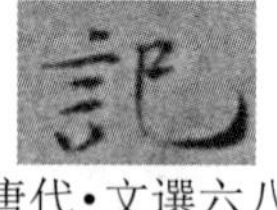
唐代·文選六八
51_509_24

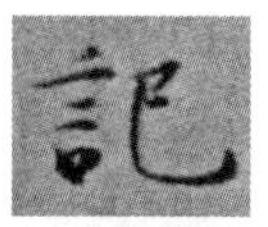
唐代·文選六八
59_591_3

唐代·文選六八
67_670_9

唐代·文選六八
67_676_12

唐代·文選六八
69_684_3

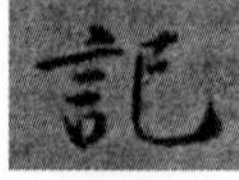
唐代·文選六八
71_705_20

唐代·文選八八
7_45_5

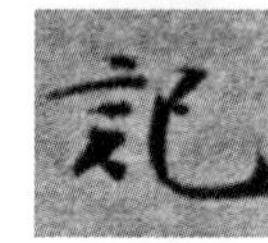
唐代·文選八八
7_46_11

唐代·文選八八
7_47_3

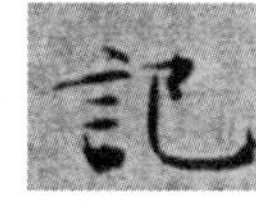
唐代·文選八八
21_191_18

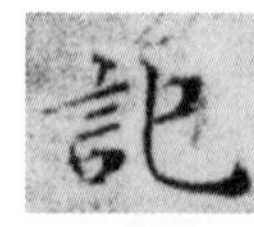
唐代·文選百三
4_34_6

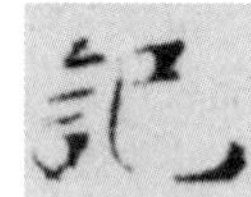
唐代·文選百三
6_51_31

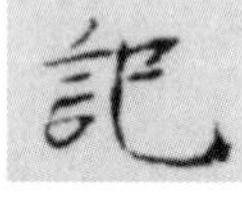
唐代·文選百三
7_62_31

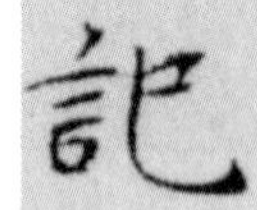
唐代·文選百三
9_77_20

唐代·文選百三
10_91_11

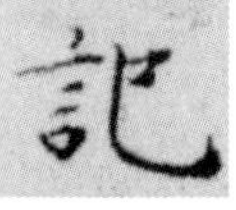
唐代·文選百三
13_117_14

唐代·文選百三
13_118_39

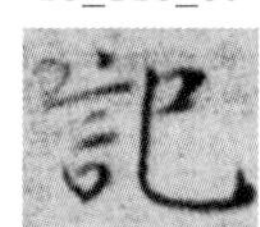
唐代·文選百三
14_132_11

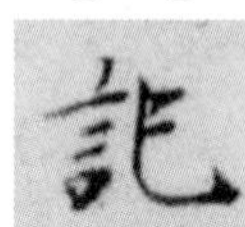
唐代·文選百三
14_133_26

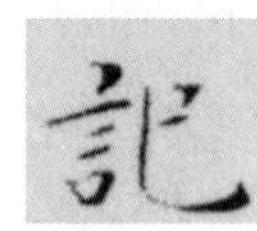
唐代·文選百三
19_180_16

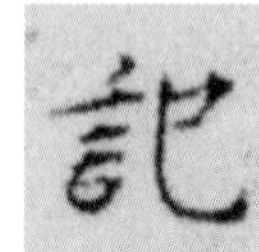
唐代·文選百三
20_196_10

唐代·文選百三
20_196_44

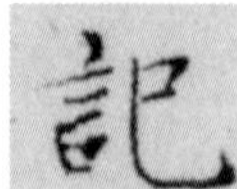
唐代·文選百三
21_204_6

唐代·文選百三
22_214_9

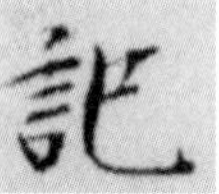
唐代·文選百三
22_215_9

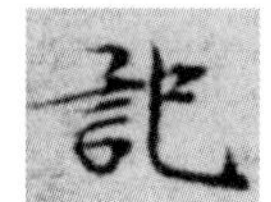
唐代·文選百三
23_228_38

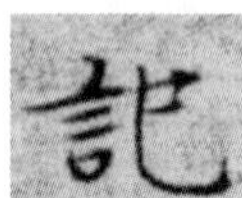
唐代·文選百三
27_271_15

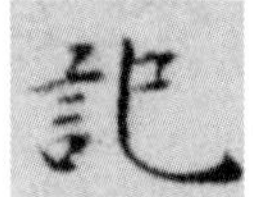
唐代·文選百三
28_275_15

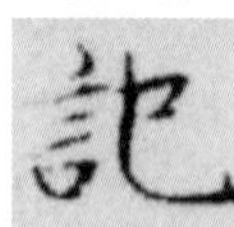
唐代·文選百三
29_283_12

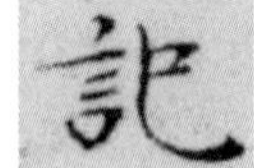
唐代·文選百三
30_295_3

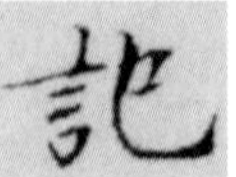
唐代·文選百三
33_323_32

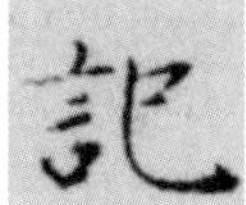
唐代·文選百三
35_344_1

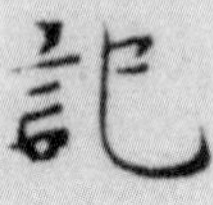
唐代·文選百三
35_349_7

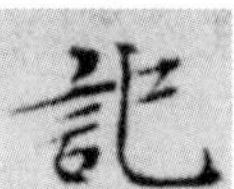
唐代·文選百三
41_410_10

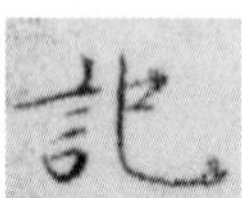
唐代·文選百三
41_413_25

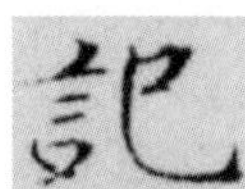
唐代·文選百三
45_431_9

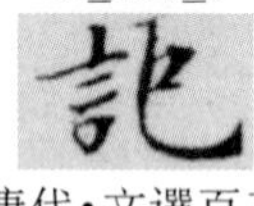
唐代·文選百三
47_448_29

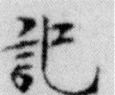

唐代·文選百三
47_449_24

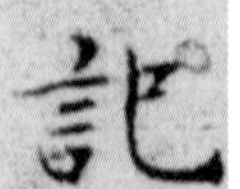
唐代·文選百三
54_521_34

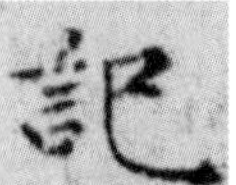
唐代·文選百三
60_580_8

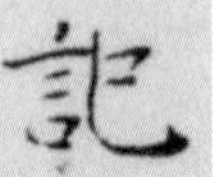
唐代·文選百三
65_632_17

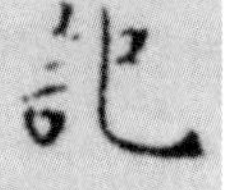
唐代·文選百三
67_640_20

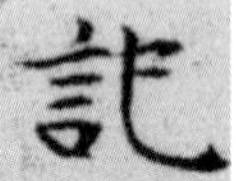
唐代·文選百三
69_660_3

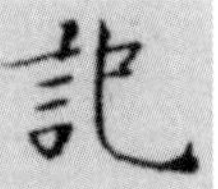
唐代·文選百三
71_687_12

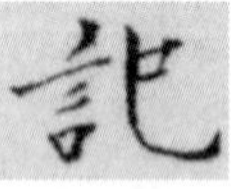
唐代·文選百三
72_693_16

許 詎

許
コ漢キョ呉コ
訓ゆるす

詎
漢キョ
訓とどめる

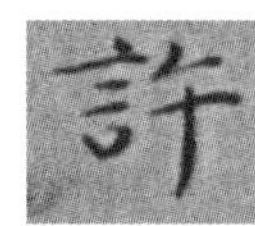
唐代•文選六八
31_308_19

唐代•文選六八
35_352_1

唐代•文選六八
35_352_5

唐代•文選六八
35_352_9

唐代•文選六八
40_402_21

唐代•文選六八
43_430_25

唐代•文選六八
50_499_12

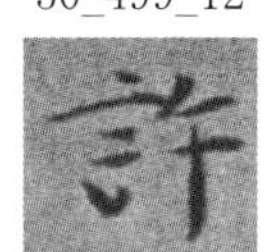
唐代•文選六八
65_656_10

唐代•文選五九
77_743_24

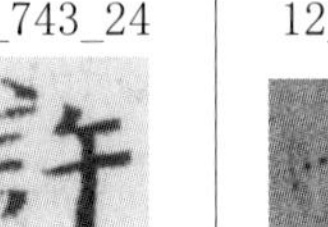
唐代•文選五九
77_744_6

唐代•文選五九
111_1051_10

唐代•文選六八
6_64_19

唐代•文選六八
8_88_15

唐代•文選六八
10_106_10

唐代•文選六八
15_150_21

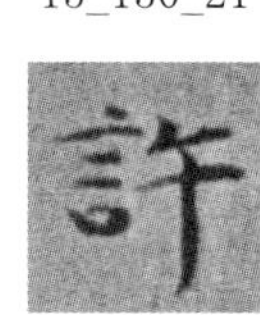
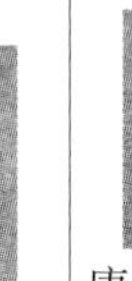
唐代•文選六八
21_208_2

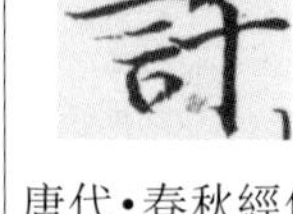
唐代•春秋經傳
12_123_11

唐代•文選四八
18_162_5

唐代•文選四八
19_172_4

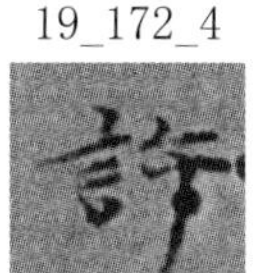

唐代•文選四八
21_191_25

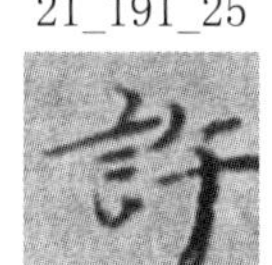
唐代•文選四八
31_281_8

唐代•文選五九
5_50_29

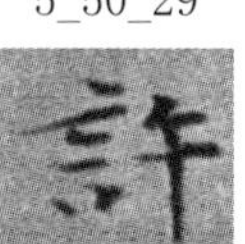
唐代•文選五九
22_214_12

唐代•文選五九
25_244_29

唐代•文選五九
43_429_26

唐代•文選百三
37_371_14

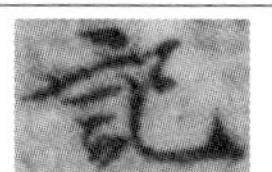
唐代•十輪經十
19_361_12

唐代•文選百三
87_834_21

唐代•古文選前
2_23_7

唐代•古文選前
6_69_7

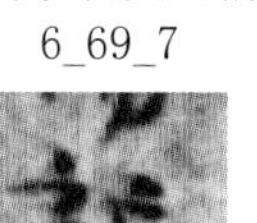
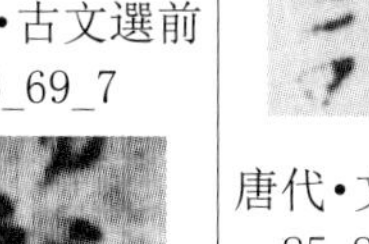
唐代•古文選後
11_119_53

唐代•古文選後
20_229_10

唐代•古文選後
26_306_21

唐代•十輪經十
4_64_13

唐代•十輪經十
12_229_10

唐代•文選百三
78_744_6

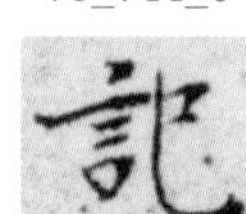
唐代•文選百三
81_764_13

唐代•文選百三
85_814_15

唐代•文選百三
86_821_8

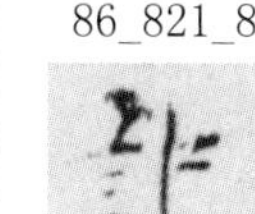
唐代•文選百三
87_824_31

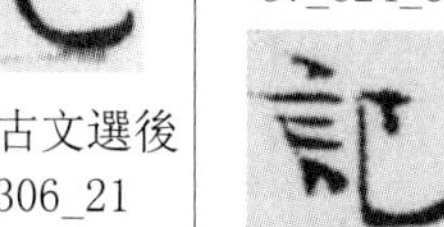
唐代•文選百三
87_829_27

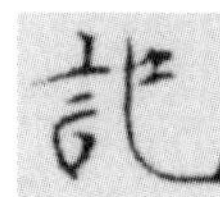
唐代•文選百三
87_830_20

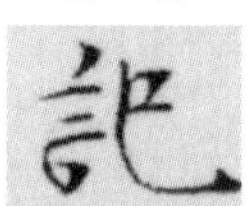
唐代•文選百三
87_831_21

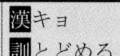

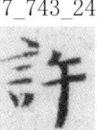

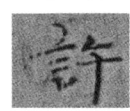

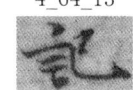

訪

ホウ
訓おとずれる

唐代•文選五九
23_223_7

唐代•文選五九
28_276_2

唐代•文選五九
29_281_3

唐代•文選百三
11_104_1

唐代•文選百三
11_106_8

唐代•文選百三
21_198_2

唐代•古文選後
20_236_14

唐代•十輪經四
4_76_10

唐代•十輪經四
7_124_9

唐代•十輪經九
6_106_5

設

漢セツ呉セチ
訓もうける

唐代•文選五九
15_151_19

唐代•文選五九
57_555_12

唐代•文選五九
98_929_20

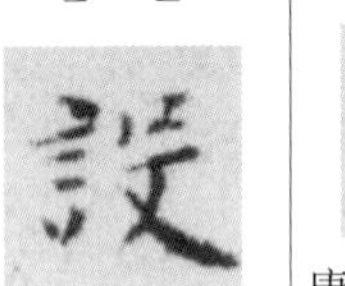

唐代•文選五九
104_986_20

唐代•文選五九
110_1044_10

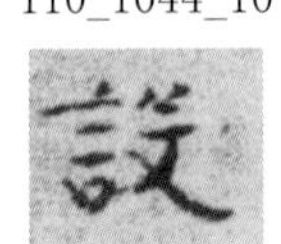

唐代•文選六八
3_32_2

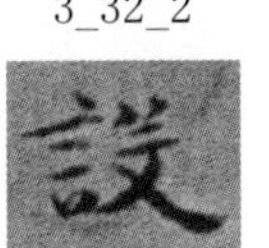

唐代•文選六八
5_48_15

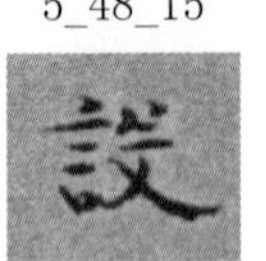

唐代•文選六八
57_569_19

訟

漢ショウ呉ジュ
訓あらそう

唐代•文選五九
33_329_5

唐代•文選五九
33_330_12

唐代•文選五九
34_331_15

唐代•文選百三
57_546_21

唐代•文選百三
57_546_32

唐代•古文選後
7_73_11

唐代•十輪經八
16_308_3

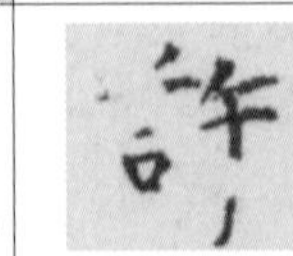

唐代•文選百三
83_784_18

唐代•文選百三
87_834_20

唐代•古文選前
7_88_12

唐代•古文選前
21_244_11

唐代•十輪經四
8_146_12

唐代•十輪經四
8_160_18

唐代•文選百三
37_371_30

唐代•文選百三
47_451_5

唐代•文選百三
47_453_35

唐代•文選百三
47_453_39

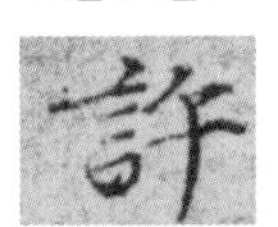

唐代•文選百三
52_503_5

唐代•文選百三
67_645_28

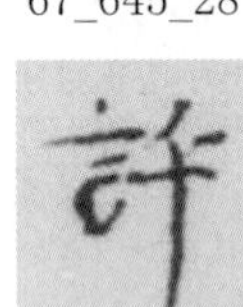

唐代•文選百三
67_646_1

唐代•文選百三
79_752_24

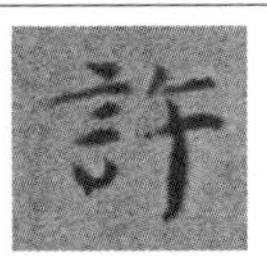

唐代•文選六八
65_656_18

唐代•文選八八
5_24_9

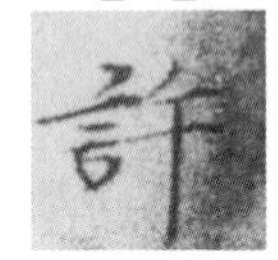

唐代•文選百三
7_65_9

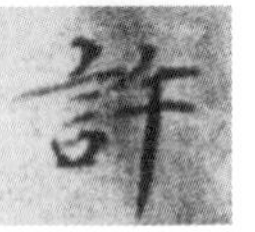

唐代•文選百三
12_112_10

唐代•文選百三
32_319_13

唐代•文選百三
37_369_7

唐代•文選百三
37_370_10

唐代•文選百三
37_371_28

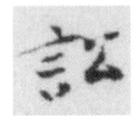

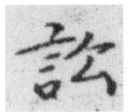

詁				訶	評	訣
コ 訓よみ				カ 訓しかる	現ヒョウ漢ヘイ 訓はかる	漢ケツ 訓わかれる
唐代・文選六八 17_170_16	唐代・十輪經八 6_100_8	唐代・十輪經八 3_55_15	唐代・十輪經四 21_410_4	初唐・大般若經 1_4_5	初唐・金剛場經 1_8_13	唐代・文選百三 21_200_4
三倉解詁 唐代・文選八八 10_81_20	唐代・十輪經八 7_122_13	唐代・十輪經八 4_60_8	唐代・十輪經八 1_17_11	初唐・大般若經 2_22_11		唐代・文選百三 21_200_23
唐代・文選八八 12_98_6	唐代・十輪經八 7_123_10	唐代・十輪經八 4_64_16	唐代・十輪經八 1_18_4	初唐・大般若經 2_25_7		唐代・文選百三 21_201_23
唐代・文選八八 13_112_32	唐代・十輪經八 7_137_10	唐代・十輪經八 4_68_4	唐代・十輪經八 1_18_12	初唐・大般若經 2_26_6		唐代・文選百三 21_202_8
唐代・文選八八 17_154_10	唐代・十輪經八 9_161_8	唐代・十輪經八 4_71_17	唐代・十輪經八 3_40_4	初唐・大般若經 2_27_15		唐代・文選百三 21_202_15
唐代・文選八八 18_156_10	唐代・十輪經八 9_162_4	唐代・十輪經八 4_79_1	唐代・十輪經八 3_44_16	初唐・大般若經 2_28_14		唐代・文選百三 21_202_23
唐代・文選八八 21_179_23	唐代・十輪經八 9_175_10	唐代・十輪經八 5_89_10	唐代・十輪經八 3_48_4	初唐・大般若經 2_30_6		
	唐代・十輪經八 10_199_4	唐代・十輪經八 5_91_12	唐代・十輪經八 3_51_17	唐代・十輪經四 1_10_10		

詠	詢	診	詐	詛
漢エイ 訓うたう	漢コウ 呉ク 訓はずかしめる	シン 訓みる	サ 訓いつわる	漢ソ 呉ショ 訓ちかう

唐代•古文選前 10_119_1

唐代•古文選前 15_178_9

唐代•古文選後 11_126_12

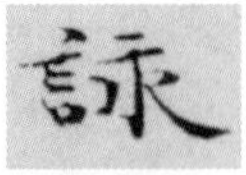
唐代•文選五九 85_814_20

唐代•文選五九 86_825_10

唐代•文選五九 99_940_25

唐代•文選五九 100_944_22

唐代•文選五九 107_1009_9

唐代•文選五九 107_1012_13

唐代•文選五九 109_1036_17

唐代•文選六八 45_457_16

詠

唐代•文選五九 1_6_7

唐代•文選五九 9_89_1

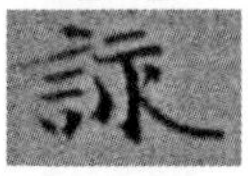
唐代•文選五九 12_117_6

唐代•文選五九 15_146_6

唐代•文選五九 17_167_12

唐代•文選五九 17_170_8

唐代•文選五九 43_421_11

唐代•文選五九 52_510_25

詢

唐代•十輪經四 9_179_7

診

唐代•文選五九 103_971_24

詐

唐代•文選百三 46_440_21

唐代•十輪經四 3_55_4

唐代•十輪經四 9_166_4

唐代•十輪經四 10_183_17

唐代•十輪經四 10_195_10

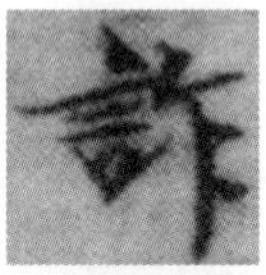
唐代•十輪經九 5_93_8

唐代•十輪經九 14_279_14

詛

唐代•春秋經傳 11_115_20

唐代•春秋經傳 11_116_4

詞

漢シ 呉ジ
訓ことば

唐代・文選四八 10_89_3
唐代・文選四八 25_222_6
唐代・文選四八 45_406_16
唐代・文選四八 45_407_22
唐代・文選四八 45_407_25
唐代・文選四八 47_427_23
唐代・文選五九 2_16_5
唐代・文選五九 3_20_5
唐代・文選五九 3_25_12
唐代・文選五九 7_62_10
唐代・文選五九 10_92_20
唐代・文選五九 11_111_22
唐代・文選五九 17_160_2
唐代・文選五九 18_175_26
唐代・文選五九 23_219_12
唐代・文選五九 25_250_5
唐代・文選五九 27_267_7
唐代・文選五九 27_270_8
唐代・文選五九 28_277_3
唐代・文選五九 33_327_12
唐代・文選五九 37_364_9
唐代・文選五九 37_365_13
唐代・文選五九 37_367_13
唐代・文選五九 38_373_4
唐代・文選五九 38_377_5
唐代・文選五九 39_388_7
唐代・文選五九 39_389_19
唐代・文選五九 41_403_15
唐代・文選五九 43_422_26
唐代・文選五九 45_440_14
唐代・文選五九 61_589_21
唐代・文選五九 67_643_6
唐代・文選五九 70_672_3
唐代・文選五九 70_673_14
唐代・文選五九 74_717_23
唐代・文選五九 86_826_21
唐代・文選五九 89_852_14
唐代・文選五九 90_861_15
唐代・文選五九 93_895_3
唐代・文選五九 97_917_11
唐代・文選五九 97_921_6
唐代・文選五九 97_925_5
唐代・文選五九 103_978_8
唐代・文選五九 105_990_27
唐代・文選五九 106_1001_8
唐代・文選五九 107_1015_13
唐代・文選五九 108_1025_8
唐代・文選五九 109_1031_9
唐代・文選六八 3_33_20
唐代・文選六八 29_295_10
唐代・文選六八 63_626_26
唐代・文選六八 71_713_16
唐代・文選八八 5_34_22
唐代・文選八八 7_46_14
唐代・文選百三 7_59_21
唐代・文選百三 7_60_19

詔

ショウ
訓みことのり

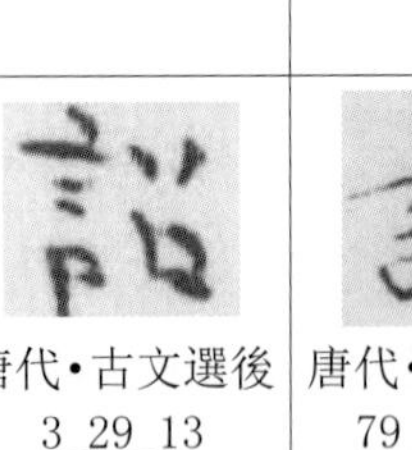
唐代·古文選後 3_29_13

唐代·古文選後 3_29_23

唐代·古文選後 3_30_4

唐代·古文選後 4_42_2

唐代·古文選後 16_183_5

唐代·古文選後 16_183_88

唐代·古文選後 17_201_3

唐代·古文選後 21_244_11

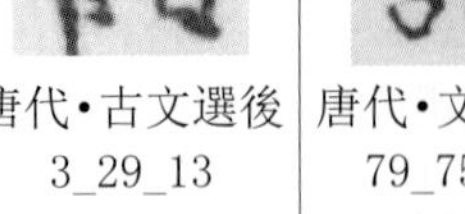
唐代·文選百三 79_755_26

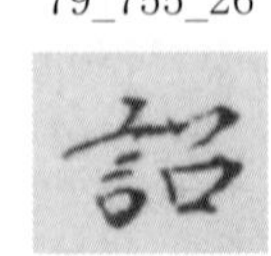
唐代·文選百三 81_771_19

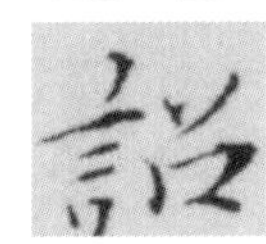
唐代·文選百三 87_831_3

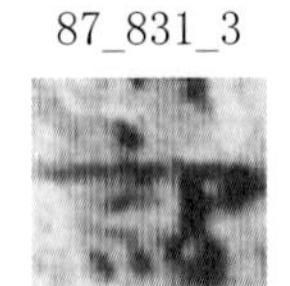
唐代·古文選前 19_222_35

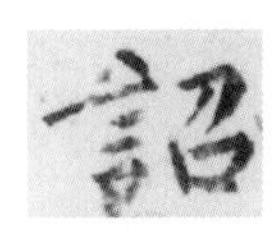
唐代·古文選前 25_297_6

唐代·古文選前 26_309_10

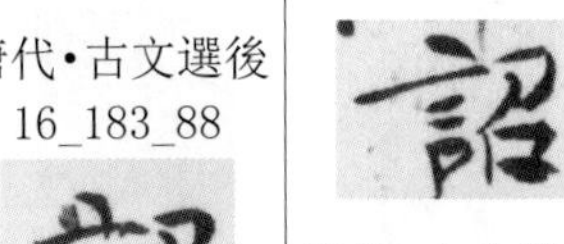
唐代·古文選前 26_311_5

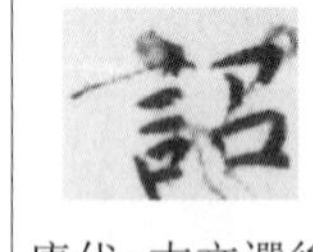
唐代·古文選後 3_29_3

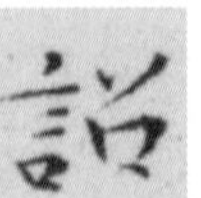
唐代·文選百三 38_378_6

唐代·文選百三 39_385_7

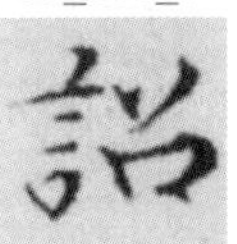
唐代·文選百三 53_509_22

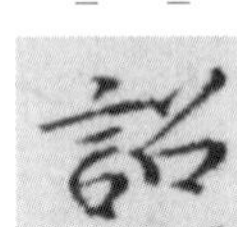
唐代·文選百三 64_618_1

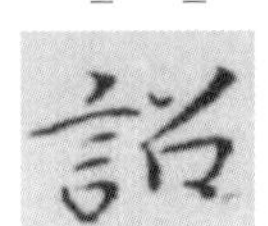
唐代·文選百三 65_626_27

唐代·文選百三 71_679_2

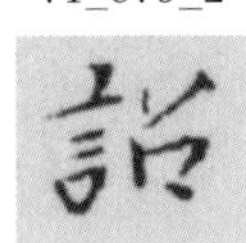
唐代·文選百三 71_682_21

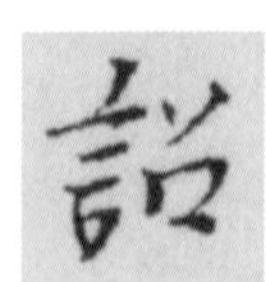
唐代·文選百三 71_682_24

初唐·大般若經 1_2_20

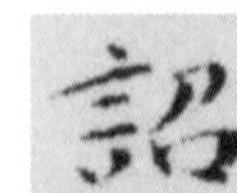
唐代·文選五九 57_555_22

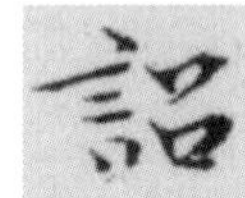
唐代·文選五九 99_936_11

唐代·文選五九 103_971_21

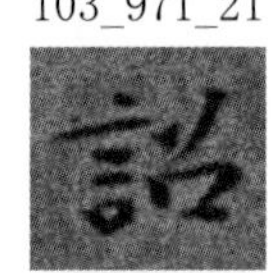
唐代·文選六八 71_702_29

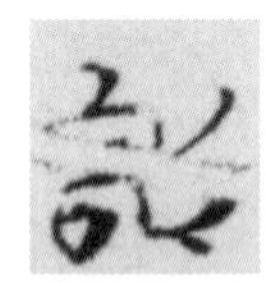
唐代·文選百三 9_76_14

唐代·文選百三 37_369_4

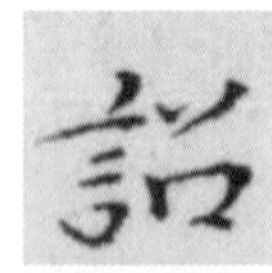
唐代·文選百三 37_370_8

唐代·十輪經八 17_334_7

唐代·十輪經八 19_365_13

唐代·十輪經八 19_372_7

唐代·古文選前 11_130_2

唐代·古文選前 11_136_13

唐代·古文選前 27_314_9

唐代·十輪經八 11_214_14

唐代·十輪經八 12_221_7

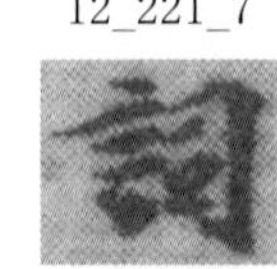
唐代·十輪經八 13_251_14

唐代·十輪經八 13_258_7

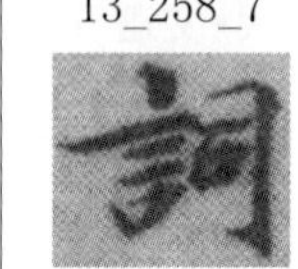
唐代·十輪經八 15_296_7

唐代·文選百三 9_82_25

唐代·文選百三 15_138_31

唐代·文選百三 28_272_5

唐代·文選百三 39_396_18

唐代·文選百三 46_443_20

唐代·文選百三 47_450_9

唐代·古文選前 7_76_11

唐代·古文選前 7_79_7

			誄	試	詒	
			漢スイ、サイ 訓せめる	シ 訓もちいる	イ漢タイ 訓あざむく	
 唐代・文選百三 84_797_21  誄序 唐代・文選百三 86_822_14  唐代・文選百三 86_822_38  唐代・文選百三 87_824_12	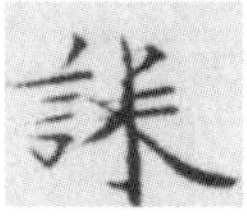 唐代・文選百三 41_415_31  唐代・文選百三 42_418_11  唐代・文選百三 42_420_2  唐代・文選百三 45_428_1  唐代・文選百三 65_621_4  唐代・文選百三 65_624_25  唐代・文選百三 73_702_10  唐代・文選百三 73_704_25	 唐代・文選百三 23_227_4  唐代・文選百三 23_228_18  唐代・文選百三 24_233_10  唐代・文選百三 25_239_13  唐代・文選百三 37_364_17  唐代・文選百三 41_410_3  唐代・文選百三 41_412_14  唐代・文選百三 41_412_19	 唐代・文選五九 35_346_12  唐代・文選六八 7_73_10  唐代・文選百三 1_1_4  唐代・文選百三 1_2_7  唐代・文選百三 1_3_5 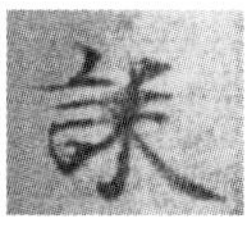 唐代・文選百三 1_8_13  唐代・文選百三 4_31_12  唐代・文選百三 6_54_7	 唐代・文選八八 16_138_13  唐代・文選百三 9_87_10  唐代・古文選前 4_38_9  唐代・古文選前 13_154_18  唐代・古文選後 14_161_11	 唐代・春秋經傳 11_108_14	 唐代・古文選後 21_250_3

					詩 シ 訓うた	詰 漢キツ 訓つめる
 唐代・文選四八 10_90_12 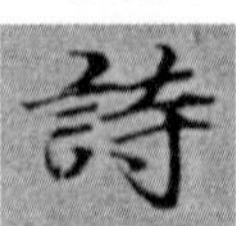 唐代・文選四八 10_92_6 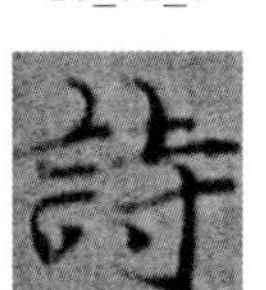 唐代・文選四八 11_99_28 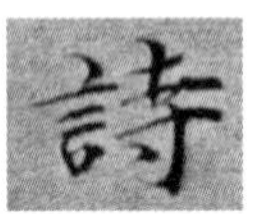 唐代・文選四八 12_105_4  唐代・文選四八 12_110_1 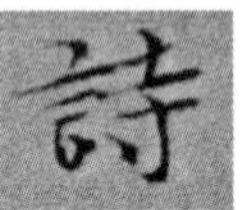 唐代・文選四八 14_125_18 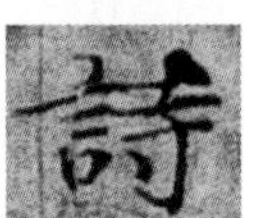 唐代・文選四八 16_141_16  唐代・文選四八 16_148_11	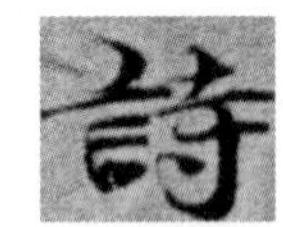 唐代・文選四八 8_64_14 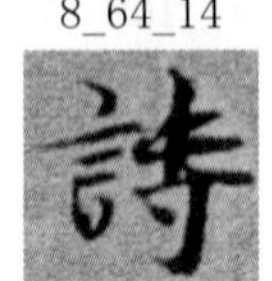 唐代・文選四八 8_65_20  唐代・文選四八 8_67_12  唐代・文選四八 8_71_12 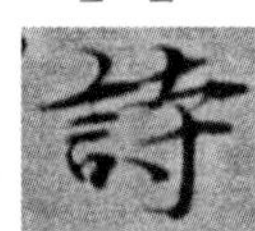 唐代・文選四八 9_74_22 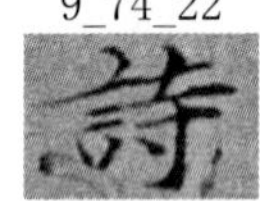 唐代・文選四八 9_75_4 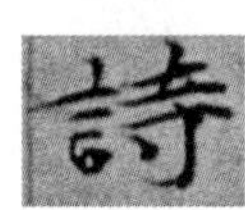 唐代・文選四八 9_76_15  唐代・文選四八 9_76_25  唐代・文選四八 26_233_16	 唐代・文選四八 5_37_13 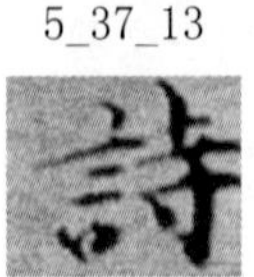 唐代・文選四八 5_37_25 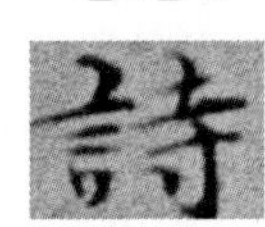 唐代・文選四八 6_45_19 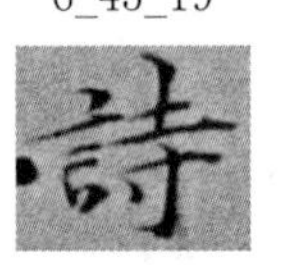 唐代・文選四八 6_52_16 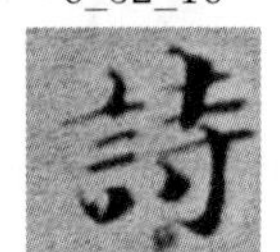 唐代・文選四八 6_53_6 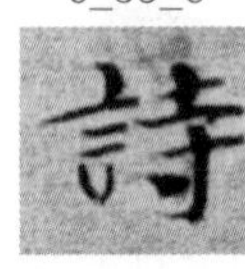 唐代・文選四八 7_54_5 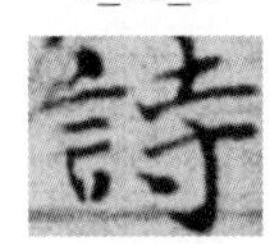 唐代・文選四八 7_55_12  唐代・文選四八 8_61_12	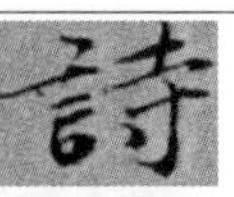 唐代・文選四八 2_12_11 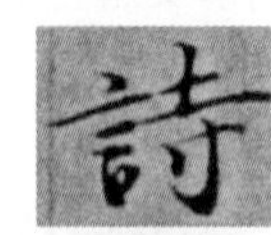 唐代・文選四八 2_12_15 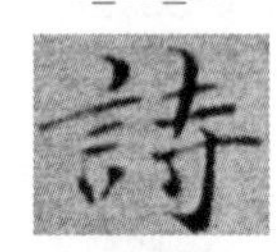 唐代・文選四八 3_15_10  唐代・文選四八 3_17_13  唐代・文選四八 4_31_6 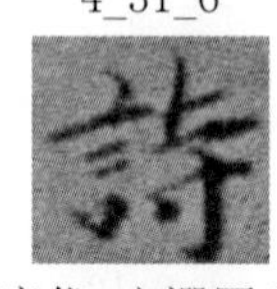 唐代・文選四八 4_31_12 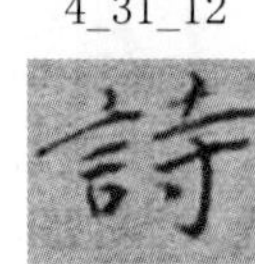 唐代・文選四八 5_34_2  唐代・文選四八 5_34_17	 唐代・春秋經傳 31_326_10  唐代・春秋經傳 37_386_19  唐代・春秋經傳 37_387_5 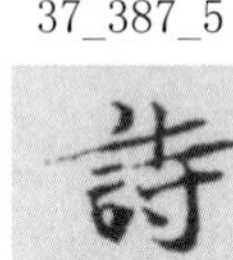 唐代・文選四八 1_2_10 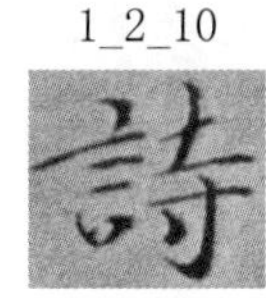 唐代・文選四八 2_10_5 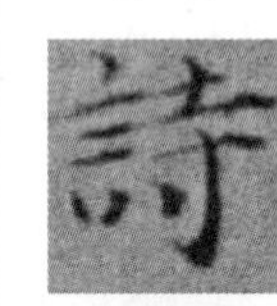 唐代・文選四八 2_11_4 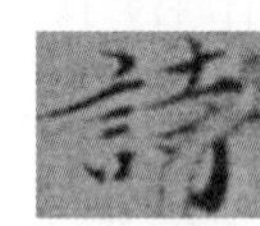 唐代・文選四八 2_11_12  唐代・文選四八 2_11_24	 初唐・聖武雜集 1_8_7  唐代・春秋經傳 6_54_32  唐代・春秋經傳 6_55_2  唐代・春秋經傳 8_80_12 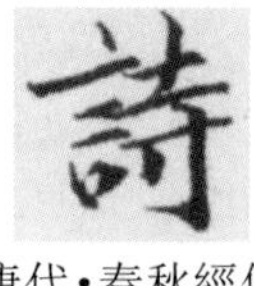 唐代・春秋經傳 8_81_8  唐代・春秋經傳 8_84_5  唐代・春秋經傳 11_109_7  唐代・春秋經傳 31_325_6	 唐代・文選六八 1_1_3 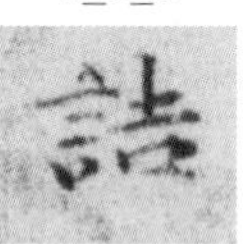 唐代・文選六八 3_32_9 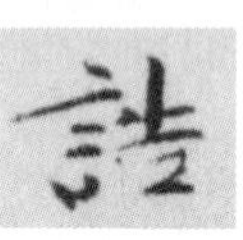 唐代・文選八八 1_1_3  唐代・古文選後 21_245_1

唐代•文選五九
52_511_7
唐代•文選五九
53_520_2
唐代•文選五九
58_560_21
唐代•文選五九
60_574_31
唐代•文選五九
64_614_2
唐代•文選五九
64_617_29
唐代•文選五九
64_623_13
唐代•文選五九
68_653_14
唐代•文選五九
68_659_19
唐代•文選五九
72_690_25
唐代•文選五九
72_692_2
唐代•文選五九
72_698_7
唐代•文選五九
73_701_5
唐代•文選五九
73_701_25
唐代•文選五九
74_717_8
唐代•文選五九
77_738_5
唐代•文選五九
77_738_26
唐代•文選五九
79_761_20
唐代•文選五九
80_776_27
唐代•文選五九
81_777_17
唐代•文選五九
83_800_12
唐代•文選五九
85_819_10
唐代•文選五九
85_819_24
唐代•文選五九
86_824_4
唐代•文選五九
86_824_10
唐代•文選五九
86_825_2
唐代•文選五九
86_826_10
唐代•文選五九
86_827_16
唐代•文選五九
86_830_8
唐代•文選五九
88_844_13
唐代•文選五九
91_875_20
唐代•文選五九
92_889_24
唐代•文選五九
94_907_9
唐代•文選五九
97_914_1
唐代•文選五九
97_921_4
唐代•文選五九
97_925_14
唐代•文選五九
98_928_11
唐代•文選五九
98_929_27
唐代•文選五九
99_933_7
唐代•文選五九
99_934_18
唐代•文選五九
99_941_14
唐代•文選五九
99_942_13
唐代•文選五九
100_943_23
唐代•文選五九
100_944_24
唐代•文選五九
100_945_6
唐代•文選五九
101_954_22
唐代•文選五九
101_955_7
唐代•文選五九
102_965_15
唐代•文選五九
105_990_17
唐代•文選五九
105_994_4
唐代•文選五九
106_1002_25
唐代•文選五九
106_1006_13
唐代•文選五九
107_1015_5
唐代•文選五九
108_1021_3
唐代•文選五九
108_1022_1

唐代•文選百三 13_117_27
唐代•文選百三 16_150_14
唐代•文選百三 16_154_26
唐代•文選百三 19_179_20
唐代•文選百三 19_182_13
唐代•文選百三 21_200_16
唐代•文選百三 22_215_23
唐代•文選百三 26_252_15

唐代•文選百三 8_70_16
唐代•文選百三 9_80_17
唐代•文選百三 9_81_37
唐代•文選百三 9_82_12
唐代•文選百三 9_82_29
唐代•文選百三 9_88_16
唐代•文選百三 10_92_16
唐代•文選百三 12_111_22

唐代•文選六八 72_717_7
唐代•文選六八 73_722_9
唐代•文選六八 73_724_20
唐代•文選八八 14_119_27
唐代•文選八八 15_121_13
唐代•文選八八 23_199_7
唐代•文選百三 3_22_19
唐代•文選百三 6_52_33

唐代•文選六八 56_564_1
唐代•文選六八 57_568_12
唐代•文選六八 59_596_19
唐代•文選六八 65_650_6
唐代•文選六八 65_657_18
唐代•文選六八 67_667_12
唐代•文選六八 67_673_25
唐代•文選六八 67_676_9

唐代•文選六八 46_461_13
唐代•文選六八 47_468_16
唐代•文選六八 47_468_26
唐代•文選六八 47_473_21
唐代•文選六八 49_498_8
唐代•文選六八 50_501_5
唐代•文選六八 50_503_11
唐代•文選六八 51_510_14

唐代•文選六八 33_330_11
唐代•文選六八 34_342_11
唐代•文選六八 35_350_11
唐代•文選六八 39_397_17
唐代•文選六八 45_452_21
唐代•文選六八 45_458_10
唐代•文選六八 45_458_19
唐代•文選六八 46_459_24

唐代•文選五九 109_1037_14
唐代•文選六八 7_72_5
唐代•文選六八 10_105_19
唐代•文選六八 13_134_27
唐代•文選六八 19_190_8
唐代•文選六八 27_271_3
唐代•文選六八 27_278_5
唐代•文選六八 28_282_7

唐代•文選百三 26_256_15
唐代•文選百三 31_301_14
唐代•文選百三 32_316_10
唐代•文選百三 47_452_14
唐代•文選百三 48_463_30
唐代•文選百三 49_470_12
唐代•文選百三 50_482_29
唐代•文選百三 50_483_14

唐代•文選百三 57_545_16
唐代•文選百三 57_546_13
唐代•文選百三 57_556_13
唐代•文選百三 58_561_1
唐代•文選百三 58_561_34
唐代•文選百三 59_565_17
唐代•文選百三 59_569_32
唐代•文選百三 62_595_24

唐代•文選百三 64_614_7
唐代•文選百三 69_667_9
唐代•文選百三 77_733_1
唐代•文選百三 77_735_24
唐代•文選百三 77_736_25
唐代•文選百三 77_737_9
唐代•文選百三 79_750_16
唐代•文選百三 80_762_7

唐代•文選百三 82_781_8
唐代•文選百三 87_826_10
唐代•古文選前 9_108_2
唐代•古文選前 11_127_9
唐代•古文選前 11_131_7
唐代•古文選前 15_177_1
唐代•古文選前 15_178_11
唐代•古文選前 15_179_3

唐代•古文選前 15_179_42
唐代•古文選前 19_222_4
唐代•古文選前 20_239_4
唐代•古文選前 21_241_7
唐代•古文選前 23_273_3
唐代•古文選前 25_296_2
唐代•古文選前 25_297_7
唐代•古文選前 25_297_12

唐代•古文選前 25_297_66
唐代•古文選前 26_303_8
唐代•古文選前 27_314_6
唐代•古文選後 3_29_4
唐代•古文選後 4_44_4
唐代•古文選後 4_44_47
唐代•古文選後 7_75_15
唐代•古文選後 7_83_4

唐代•古文選後 7_83_12
唐代•古文選後 7_83_38
唐代•古文選後 8_89_4
唐代•古文選後 8_94_7
唐代•古文選後 9_99_4
唐代•古文選後 9_99_34
唐代•古文選後 10_108_12
唐代•古文選後 10_116_14

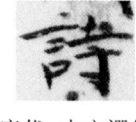

	誅			誠		
	チュ慣チュウ 訓せめる			漢セイ呉ジョウ 訓まこと		
 唐代・古文選後 12_133_42 唐代・古文選後 16_183_79  唐代・古文選後 22_255_7	 唐代・文選五九 35_341_20 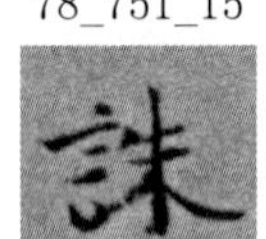 唐代・文選五九 56_545_9  唐代・文選五九 78_751_15  唐代・文選六八 64_640_25 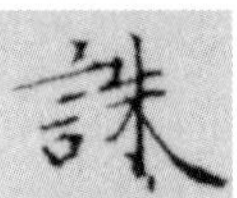 唐代・文選百三 54_520_2  唐代・文選百三 55_526_17  唐代・文選百三 67_651_12 唐代・文選百三 76_731_7	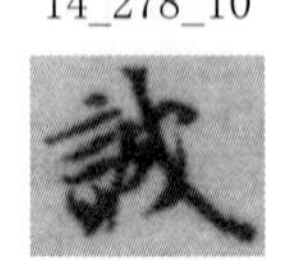 唐代・十輪經四 14_278_10  唐代・十輪經八 12_226_9 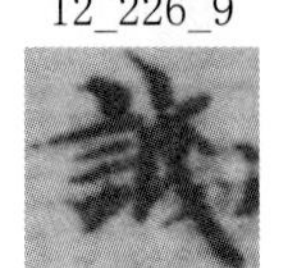 唐代・十輪經八 14_263_8	 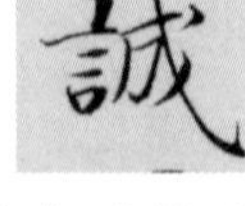 唐代・文選百三 71_680_10 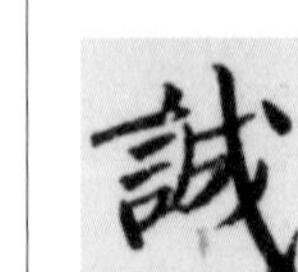 唐代・古文選前 9_106_8 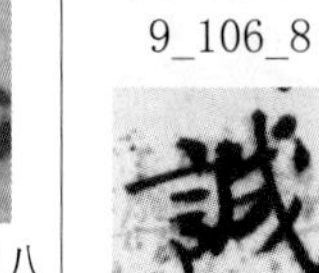 唐代・古文選前 16_192_14 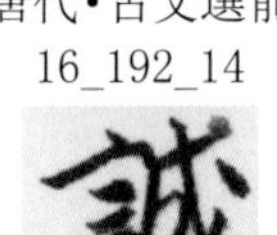 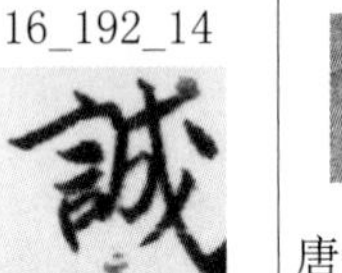 唐代・古文選前 19_219_8  唐代・古文選前 25_299_12  唐代・古文選前 27_315_12  唐代・古文選前 27_315_14  唐代・古文選後 24_278_10	 初唐・大般若經 2_36_2 唐代・文選四八 8_66_5 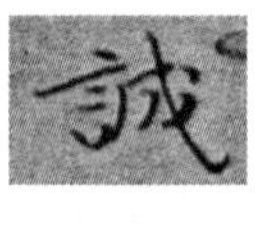 唐代・文選四八 8_67_23 唐代・文選五九 19_184_4  唐代・文選五九 103_978_15 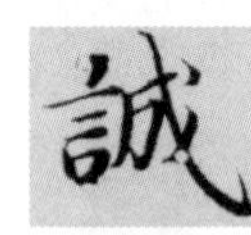 唐代・文選百三 49_474_33 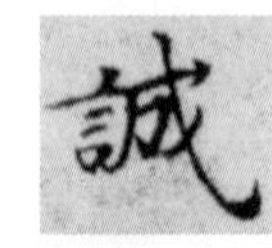 唐代・文選百三 66_634_2 唐代・文選百三 66_637_11	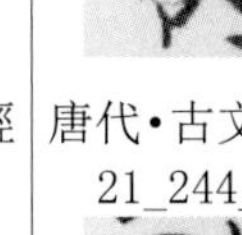 唐代・古文選後 21_244_12  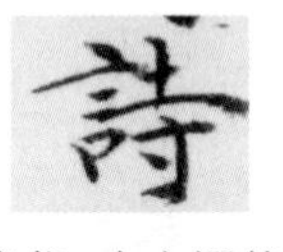 唐代・古文選後 21_250_11 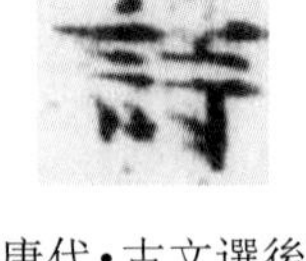 唐代・古文選後 22_260_5  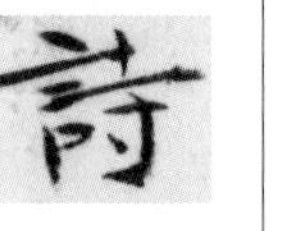 唐代・古文選後 25_292_40 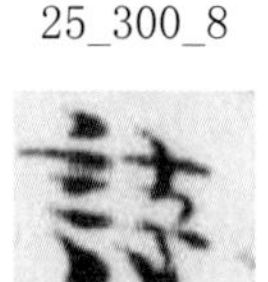 唐代・古文選後 25_300_8 唐代・古文選後 25_300_39	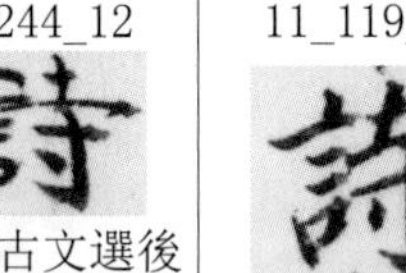 唐代・古文選後 11_119_14 唐代・古文選後 12_133_10 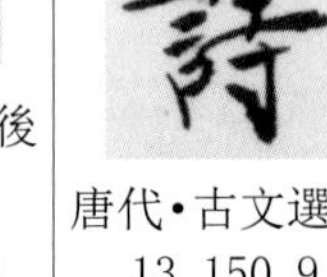 唐代・古文選後 13_150_9 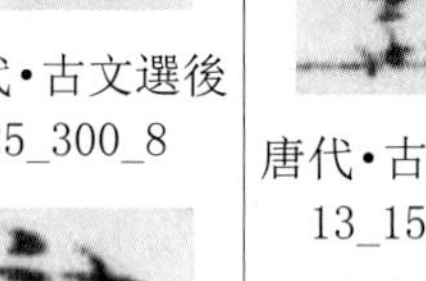 唐代・古文選後 13_150_76  唐代・古文選後 13_150_95 唐代・古文選後 15_175_15  唐代・古文選後 16_183_6 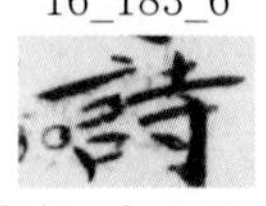 唐代・古文選後 16_192_13

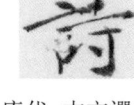

該	諍	詣	詵	詢	詹	誕
慣ガイ漢カイ 訓かねる	漢ソウ呉ショウ 訓いさめる	慣ケイ漢ゲイ 訓いたる	漢シン呉ジン 訓まこと	シュン慣ジュン 訓とう	セン漢タン 訓くだい	漢タン 訓うそ
 唐代•文選六八 33_333_9	 唐代•文選五九 33_329_4	 唐代•文選五九 15_149_4	 唐代•文選六八 43_428_3	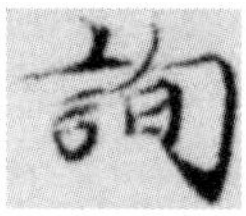 唐代•文選百三 31_301_17	 唐代•古文選後 16_183_74	 唐代•古文選後 12_134_5
	 唐代•文選五九 34_331_1	 唐代•文選五九 49_488_20	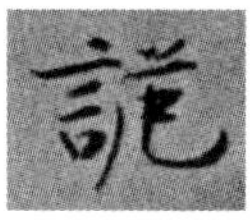 唐代•文選六八 43_430_3	 唐代•文選百三 73_702_3		
	 唐代•十輪經四 5_88_1	 唐代•文選五九 103_970_2	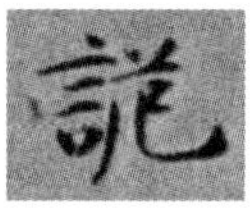 唐代•文選六八 43_430_20	 唐代•文選百三 73_704_2		
	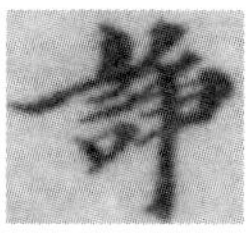 唐代•十輪經八 16_308_2	 唐代•文選五九 109_1033_8	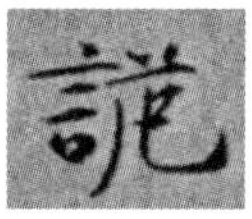 唐代•文選六八 43_431_13	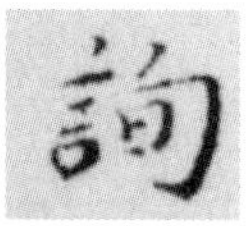 唐代•文選百三 73_704_17		
	 唐代•十輪經九 4_65_3	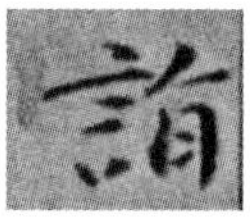 唐代•文選六八 62_621_4	 唐代•古文選後 6_66_7	 唐代•文選百三 73_705_16		
		 唐代•文選百三 47_455_17				
		 唐代•十輪經四 9_168_1				

誓	誡	誌	詡		詳
	漢セイ 呉ゼイ 訓ちかう	漢カイ 訓いましめる	シ 訓しるす	ク 訓おおきい		ヨウ漢ショウ 訓くわしい
唐代・十輪經九 6_107_14	唐代・春秋經傳 11_116_6	唐代・文選四八 12_100_24	唐代・文選五九 77_736_6	唐代・文選五九 32_313_17	唐代・文選八八 9_66_9	唐代・春秋經傳 8_78_26
	唐代・文選百三 19_177_6	唐代・文選四八 12_107_3		唐代・文選五九 32_315_2	唐代・文選八八 9_67_20	唐代・文選四八 5_34_16
	唐代・文選百三 19_182_6	唐代・文選百三 14_129_7			唐代・文選八八 9_68_32	唐代・文選五九 76_730_26
	唐代・文選百三 19_182_8	唐代・文選百三 14_130_40			唐代・古文選前 3_32_5	唐代・文選五九 105_998_30
	唐代・文選百三 69_665_27	唐代・文選百三 14_134_34			唐代・古文選前 5_56_9	唐代・文選六八 59_593_13
	唐代・文選百三 69_667_32	唐代・十輪經十 4_64_16			唐代・古文選後 9_106_6	唐代・文選六八 59_593_26
	唐代・文選百三 69_670_14					唐代・文選八八 5_28_25
	唐代・十輪經九 6_101_4					唐代・文選八八 6_37_1

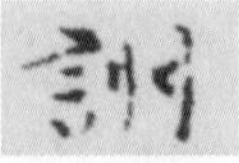

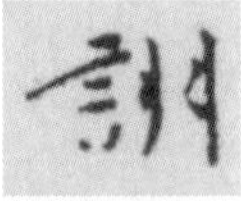

語 䛟

吳ゴ漢ギョ
訓かたる

初唐•大般若經 2_22_6

初唐•大般若經 2_25_2

初唐•大般若經 2_26_1

初唐•大般若經 2_27_10

初唐•大般若經 2_28_9

初唐•大般若經 2_30_1

唐代•春秋經傳 21_215_16

唐代•春秋經傳 25_262_2

唐代•文選四八 9_74_5

唐代•文選四八 14_130_14

唐代•文選四八 19_173_12

唐代•文選四八 20_182_21

唐代•文選四八 22_199_8

唐代•文選四八 35_312_8

唐代•文選四八 43_388_24

唐代•文選四八 43_390_5

唐代•文選四八 44_400_17

唐代•文選四八 45_405_13

唐代•文選五九 18_176_32

唐代•文選五九 23_224_18

唐代•文選五九 27_264_16

唐代•文選五九 34_333_5

唐代•文選五九 35_340_5

唐代•文選五九 35_343_11

唐代•文選五九 43_424_16

唐代•文選五九 45_449_3

唐代•文選五九 48_473_23

唐代•文選五九 59_572_11

唐代•文選五九 63_609_4

唐代•文選五九 63_610_14

唐代•文選五九 72_691_17

唐代•文選五九 75_720_14

唐代•文選五九 75_723_9

唐代•文選五九 81_779_25

唐代•文選五九 82_783_16

唐代•文選五九 86_823_18

唐代•文選五九 90_860_9

唐代•文選五九 91_874_3

唐代•文選五九 98_930_6

唐代•文選五九 98_932_25

唐代•文選五九 111_1054_3

唐代•文選六八 8_84_13

唐代•文選六八 12_123_1

唐代•文選六八 23_229_6

唐代•文選六八 39_386_12

唐代•文選六八 58_583_19

唐代•文選六八 64_639_7

唐代•文選八八 9_68_36

誣 䛩

慣フ漢ブ
訓しいる

唐代•文選五九 87_832_18

唐代•十輪經四 3_58_4
唐代•十輪經四 4_73_11
唐代•十輪經四 7_124_15
唐代•十輪經四 7_125_2
唐代•十輪經四 12_234_16
唐代•十輪經四 18_346_2
唐代•十輪經八 6_103_18
唐代•十輪經八 8_142_1
唐代•文選百三 56_535_30
唐代•文選百三 56_536_9
唐代•文選百三 57_543_8
唐代•文選百三 58_560_9
唐代•古文選前 6_72_13
唐代•古文選前 8_98_2
唐代•古文選後 8_94_9
唐代•十輪經四 1_16_10
唐代•文選百三 40_400_4
唐代•文選百三 40_403_17
唐代•文選百三 40_403_24
唐代•文選百三 40_404_14
唐代•文選百三 41_414_21
唐代•文選百三 51_492_3
唐代•文選百三 54_522_23
唐代•文選百三 55_531_20
唐代•文選百三 19_187_7
唐代•文選百三 20_195_31
唐代•文選百三 21_201_5
唐代•文選百三 21_204_17
唐代•文選百三 21_208_8
唐代•文選百三 23_222_14
唐代•文選百三 37_363_21
唐代•文選百三 39_387_21
唐代•文選百三 15_138_13
唐代•文選百三 15_141_13
唐代•文選百三 15_142_29
唐代•文選百三 15_148_11
唐代•文選百三 16_149_21
唐代•文選百三 18_171_4
唐代•文選百三 18_172_14
唐代•文選百三 18_173_33
唐代•文選百三 9_77_6
唐代•文選百三 9_87_29
唐代•文選百三 13_120_6
唐代•文選百三 13_121_11
唐代•文選百三 13_121_19
唐代•文選百三 13_124_2
唐代•文選百三 14_133_8
唐代•文選百三 15_137_6
唐代•文選八八 18_159_9
唐代•文選八八 18_159_25
唐代•文選百三 5_46_1
唐代•文選百三 5_48_14
唐代•文選百三 7_63_10
唐代•文選百三 8_69_11
唐代•文選百三 8_69_28
唐代•文選百三 8_71_28

誥			誤	證	誚	
コウ 訓つげる			ゴ 訓あやまる	漢コウ 呉ギョウ 訓あらい	漢ショウ 訓せめる	
唐代・春秋經傳 25_258_10	唐代・十輪經八 9_162_17	唐代・十輪經八 1_7_7	晚唐・慶滋書狀 1_2_7	唐代・文選百三 60_573_8	唐代・文選八八 18_158_11	唐代・十輪經八 9_180_6
唐代・文選五九 9_87_13	唐代・十輪經八 9_163_12	唐代・十輪經八 1_19_7	唐代・春秋經傳 30_311_9		唐代・文選八八 19_160_24	唐代・十輪經八 11_214_2
唐代・文選六八 4_41_1	唐代・十輪經八 9_164_3	唐代・十輪經八 2_20_2	唐代・文選五九 109_1026_8			唐代・十輪經八 11_216_16
	唐代・十輪經八 9_164_15	唐代・十輪經八 2_20_10	唐代・十輪經八 1_3_15			唐代・十輪經八 11_217_2
	唐代・十輪經八 9_165_6	唐代・十輪經八 2_21_5	唐代・十輪經八 1_4_12			唐代・十輪經八 11_219_4
	唐代・十輪經八 9_166_1	唐代・十輪經八 2_21_13	唐代・十輪經八 1_5_5			唐代・十輪經八 12_228_13
	唐代・十輪經八 9_168_5	唐代・十輪經八 2_22_8	唐代・十輪經八 1_6_2			唐代・十輪經八 12_237_4
	唐代・十輪經八 11_200_12	唐代・十輪經八 2_24_14	唐代・十輪經八 1_6_11			唐代・十輪經八 13_251_2

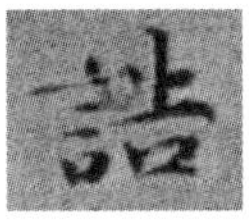

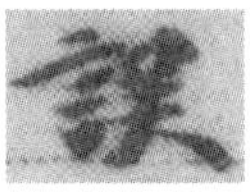

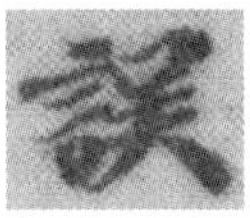

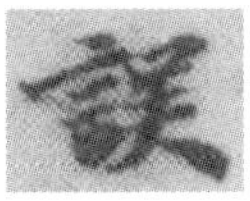

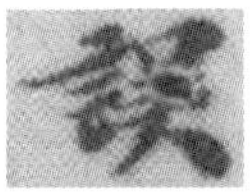

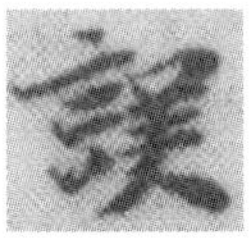

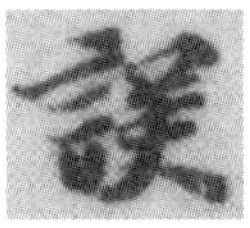

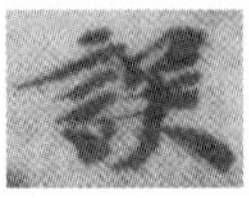

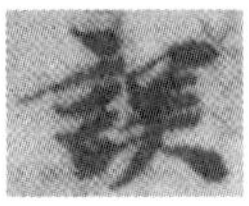

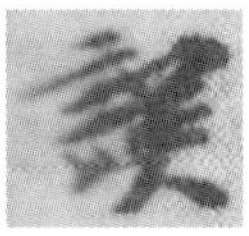

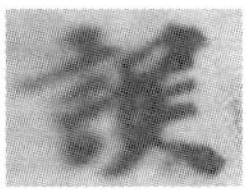

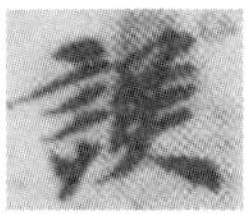

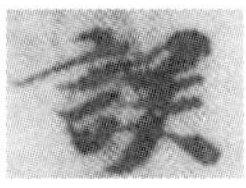

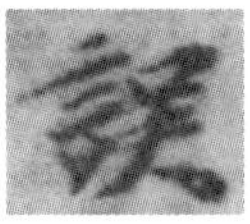

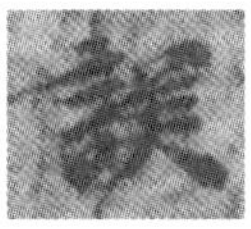

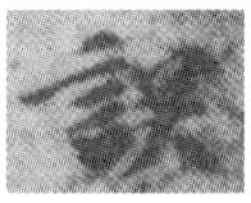

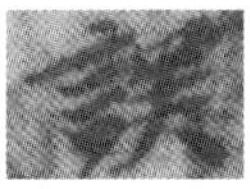

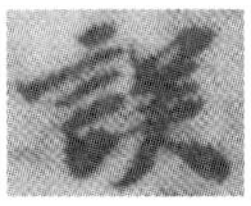

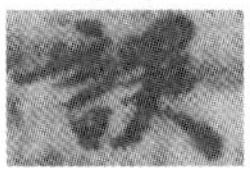

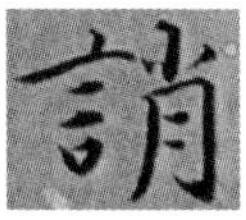

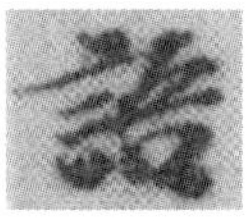

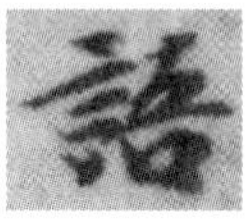

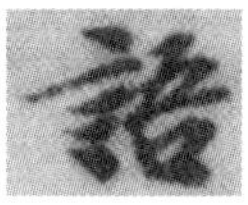

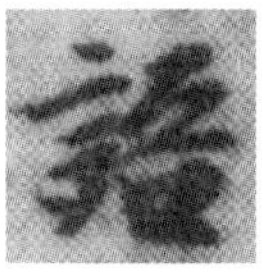

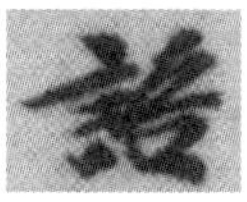

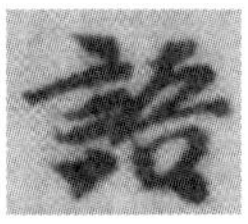

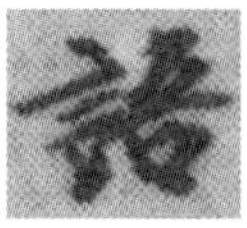

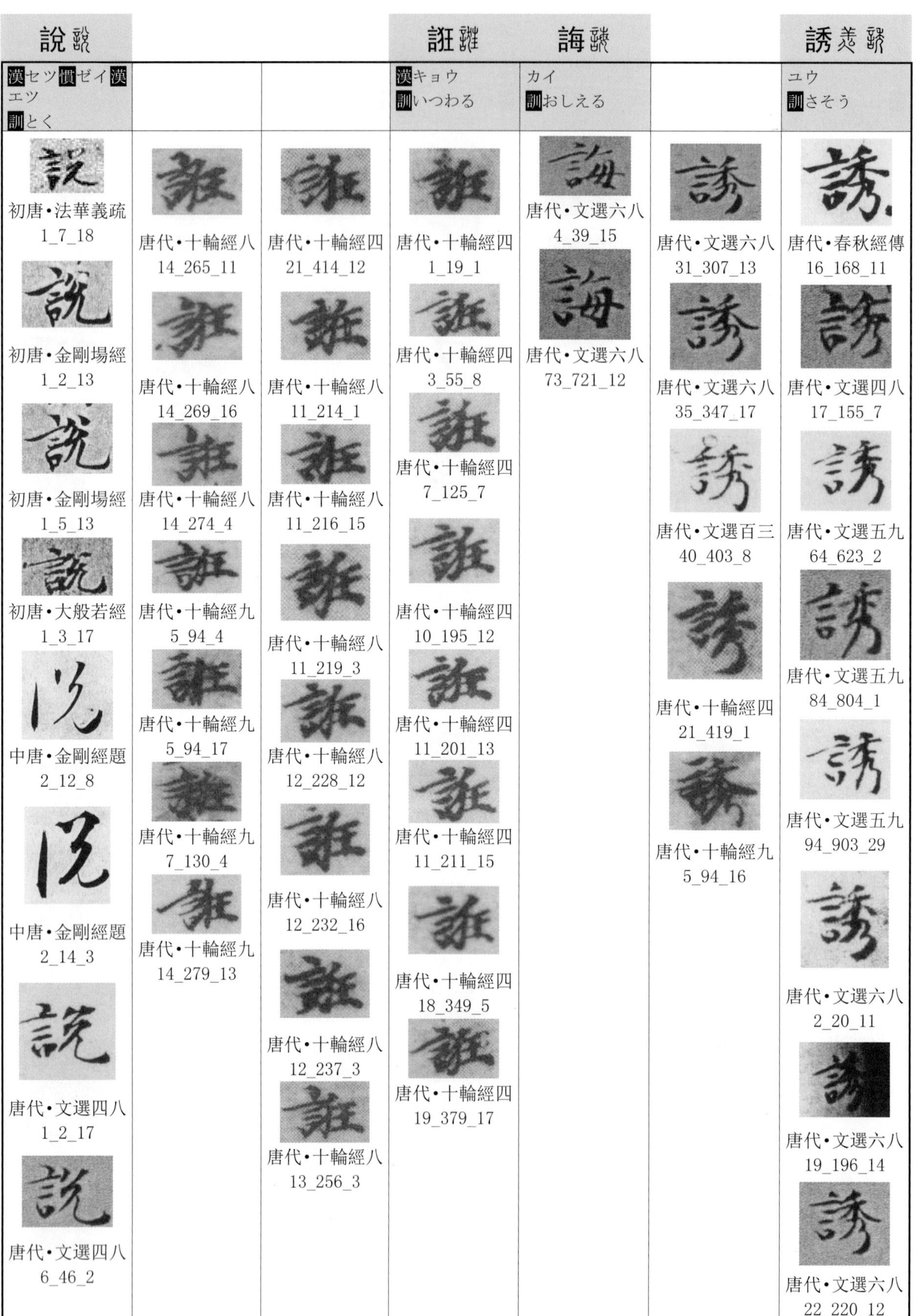

說

漢セツ 慣ゼイ 漢エツ
訓とく

初唐•法華義疏 1_7_18
初唐•金剛場經 1_2_13
初唐•金剛場經 1_5_13
初唐•大般若經 1_3_17
中唐•金剛經題 2_12_8
中唐•金剛經題 2_14_3
唐代•文選四八 1_2_17
唐代•文選四八 6_46_2

唐代•十輪經八 14_265_11
唐代•十輪經八 14_269_16
唐代•十輪經八 14_274_4
唐代•十輪經九 5_94_4
唐代•十輪經九 5_94_17
唐代•十輪經九 7_130_4
唐代•十輪經九 14_279_13

唐代•十輪經四 21_414_12
唐代•十輪經八 11_214_1
唐代•十輪經八 11_216_15
唐代•十輪經八 11_219_3
唐代•十輪經八 12_228_12
唐代•十輪經八 12_232_16
唐代•十輪經八 12_237_3
唐代•十輪經八 13_256_3

誑

漢キョウ
訓いつわる

唐代•十輪經四 1_19_1
唐代•十輪經四 3_55_8
唐代•十輪經四 7_125_7
唐代•十輪經四 10_195_12
唐代•十輪經四 11_201_13
唐代•十輪經四 11_211_15
唐代•十輪經四 18_349_5
唐代•十輪經四 19_379_17

誨

カイ
訓おしえる

唐代•文選六八 4_39_15
唐代•文選六八 73_721_12

唐代•文選六八 31_307_13
唐代•文選六八 35_347_17
唐代•文選百三 40_403_8
唐代•十輪經四 21_419_1
唐代•十輪經九 5_94_16

誘

ユウ
訓さそう

唐代•春秋經傳 16_168_11
唐代•文選四八 17_155_7
唐代•文選五九 64_623_2
唐代•文選五九 84_804_1
唐代•文選五九 94_903_29
唐代•文選六八 2_20_11
唐代•文選六八 19_196_14
唐代•文選六八 22_220_12

唐代•文選六八
12_123_7

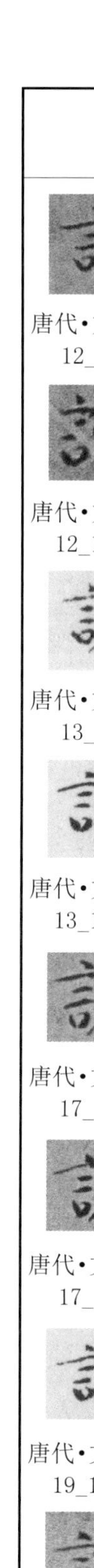
唐代•文選六八
12_125_15

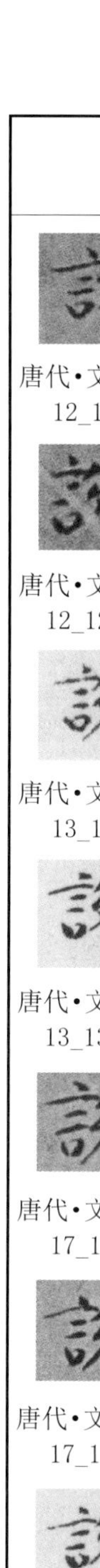
唐代•文選六八
13_131_9

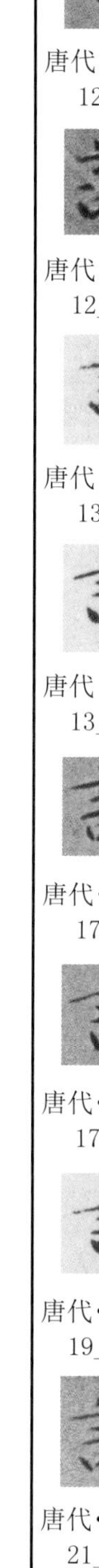
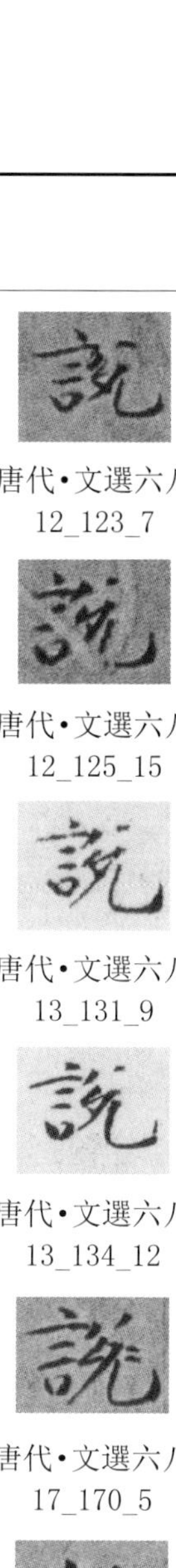
唐代•文選六八
13_134_12

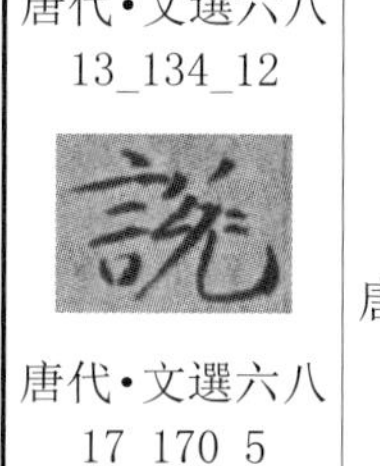
唐代•文選六八
17_170_5

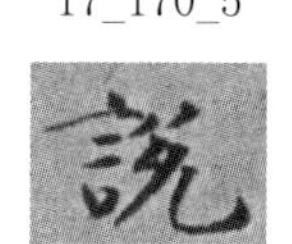
唐代•文選六八
17_170_6

唐代•文選六八
19_197_10

唐代•文選六八
21_219_12

唐代•文選五九
107_1018_20

唐代•文選五九
110_1045_12

唐代•文選五九
111_1049_17

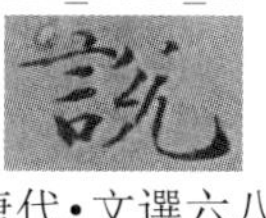
唐代•文選六八
4_47_6

唐代•文選六八
5_48_19

唐代•文選六八
5_51_17

唐代•文選六八
9_91_9

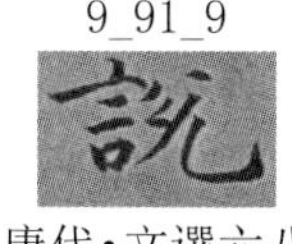
唐代•文選六八
11_115_1

唐代•文選五九
59_566_22

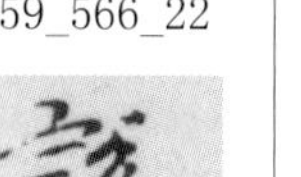
唐代•文選五九
62_599_15

唐代•文選五九
64_611_3

唐代•文選五九
66_634_17

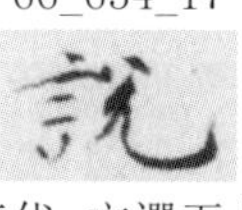
唐代•文選五九
73_701_15

唐代•文選五九
78_750_24

唐代•文選五九
88_845_17

唐代•文選五九
106_1006_4

唐代•文選五九
24_236_11

唐代•文選五九
29_290_4

唐代•文選五九
41_406_2

唐代•文選五九
41_407_23

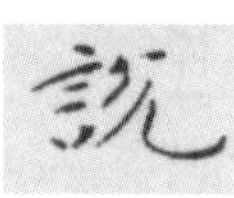
唐代•文選五九
43_425_27

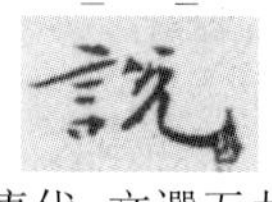
唐代•文選五九
45_443_29

唐代•文選五九
48_476_16

唐代•文選五九
51_498_4

唐代•文選四八
47_423_13

唐代•文選五九
4_32_25

唐代•文選五九
5_43_24

唐代•文選五九
16_157_11

唐代•文選五九
17_163_7

唐代•文選五九
17_164_6

唐代•文選五九
21_206_7

唐代•文選五九
23_230_2

唐代•文選四八
28_248_26

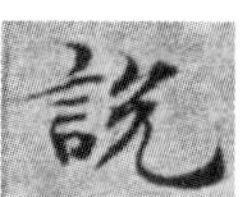
唐代•文選四八
30_269_22

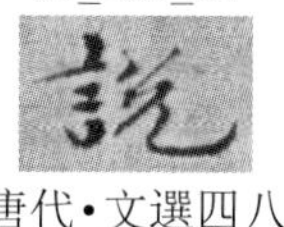
唐代•文選四八
34_306_3

唐代•文選四八
39_347_19

唐代•文選四八
39_348_22

唐代•文選四八
40_360_17

唐代•文選四八
42_374_3

唐代•文選四八
45_406_23

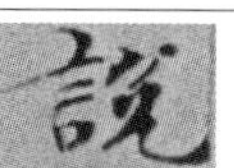
唐代•文選四八
10_91_8

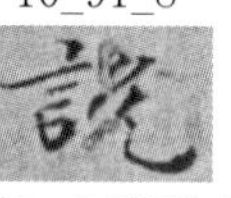
唐代•文選四八
10_91_17

唐代•文選四八
14_120_5

唐代•文選四八
16_149_22

唐代•文選四八
19_172_23

唐代•文選四八
20_176_5

唐代•文選四八
22_195_5

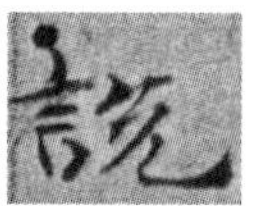
唐代•文選四八
28_247_21

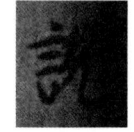

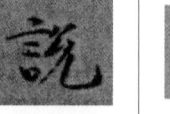

 唐代•古文選前 13_154_22  唐代•十輪經四 4_64_9  唐代•十輪經四 5_97_17  唐代•十輪經四 6_100_14  唐代•十輪經四 6_103_11 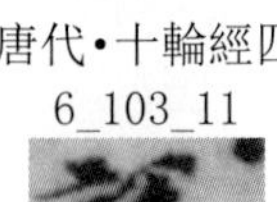 唐代•十輪經四 6_109_9 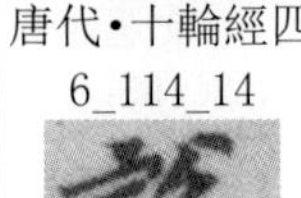 唐代•十輪經四 6_114_14  唐代•十輪經四 7_121_5	 唐代•文選百三 57_546_31 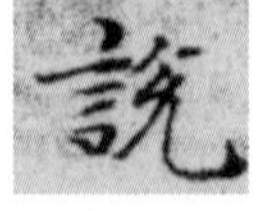 唐代•文選百三 60_574_6 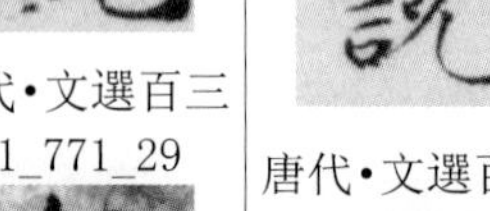 唐代•文選百三 75_718_26 唐代•文選百三 81_771_29  唐代•古文選前 7_81_1 唐代•古文選前 7_81_4 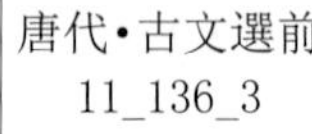 唐代•古文選前 7_81_8 唐代•古文選前 11_136_3	 唐代•文選百三 31_311_9  唐代•文選百三 33_332_30 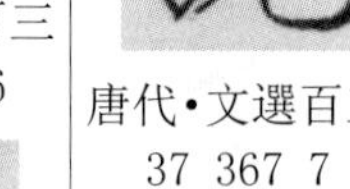 唐代•文選百三 37_367_7 唐代•文選百三 46_440_11 唐代•文選百三 46_440_17 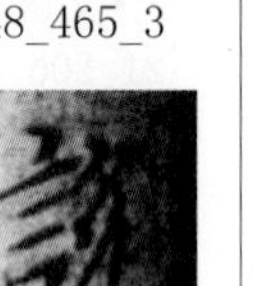 唐代•文選百三 48_465_3 唐代•文選百三 52_497_18 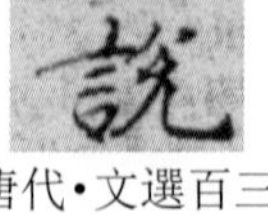 唐代•文選百三 54_521_12	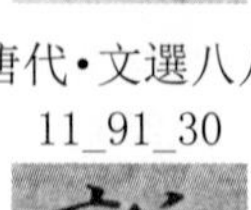 唐代•文選八八 11_91_30  唐代•文選八八 13_108_1 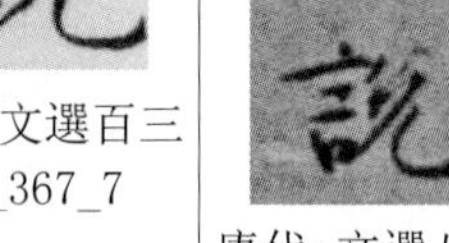 唐代•文選八八 13_108_22  唐代•文選八八 17_143_17  唐代•文選八八 21_186_11 唐代•文選八八 21_192_36 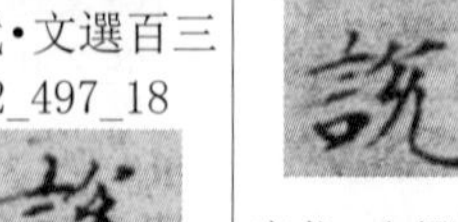 唐代•文選八八 23_205_25 唐代•文選百三 27_271_20	 唐代•文選六八 67_676_26  唐代•文選六八 72_716_8  唐代•文選八八 8_56_27  唐代•文選八八 8_60_29 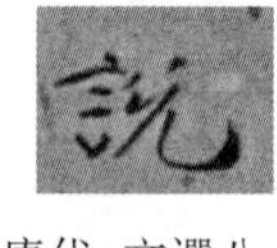 唐代•文選八八 9_62_2  唐代•文選八八 9_63_19 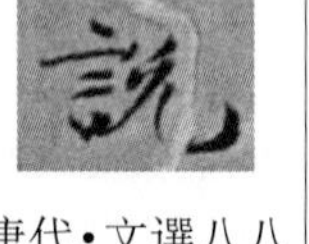 唐代•文選八八 9_65_10 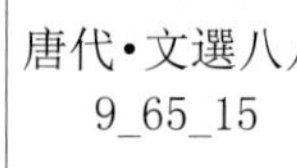 唐代•文選八八 9_65_15	 唐代•文選六八 37_376_7  唐代•文選六八 38_383_8 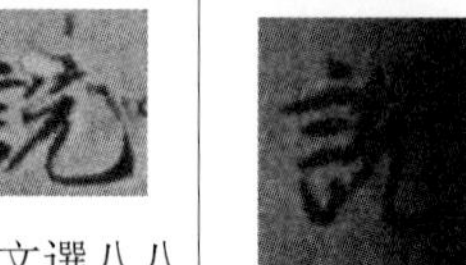 唐代•文選六八 39_391_10  唐代•文選六八 55_555_8  唐代•文選六八 61_615_9  唐代•文選六八 63_635_26 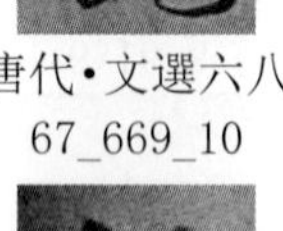 唐代•文選六八 67_669_10  唐代•文選六八 67_672_4	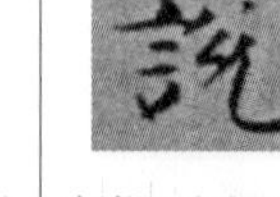 唐代•文選六八 23_239_9 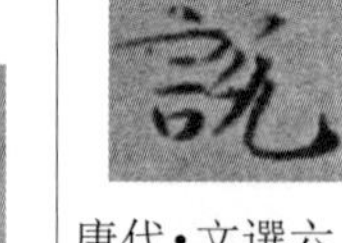 唐代•文選六八 24_240_10 唐代•文選六八 25_248_13 唐代•文選六八 25_254_13 唐代•文選六八 26_265_5 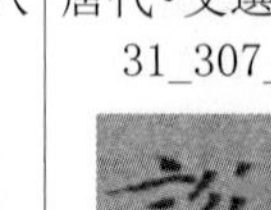 唐代•文選六八 27_270_5  唐代•文選六八 31_307_1 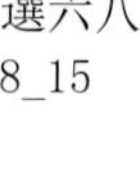 唐代•文選六八 31_318_15

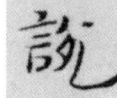

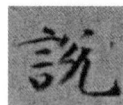

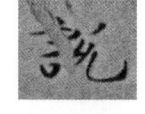

誦

漢ショウ 呉ジュ
訓となえる

唐代・十輪經十 1_14_4
唐代・十輪經十 1_16_2
唐代・十輪經十 2_23_15
唐代・十輪經十 3_57_16
唐代・十輪經十 3_58_16
唐代・十輪經十 19_363_3
唐代・十輪經十 19_375_13
唐代・十輪經十 19_379_17

唐代・文選六八 46_460_5
唐代・文選八八 13_107_6
唐代・文選八八 13_109_5
唐代・十輪經四 5_99_3
唐代・十輪經四 6_101_17
唐代・十輪經四 6_104_14
唐代・十輪經十 1_9_2
唐代・十輪經十 1_12_6

唐代・十輪經十 18_355_13
唐代・十輪經十 18_358_6
唐代・十輪經八 4_73_14
唐代・十輪經八 5_97_8
唐代・十輪經十 19_363_11
唐代・十輪經十 19_376_4
唐代・十輪經十 19_380_8
唐代・十輪經十 20_382_5
唐代・十輪經十 20_386_14

唐代・十輪經十 18_342_15
唐代・十輪經十 18_343_14
唐代・十輪經十 18_344_13
唐代・十輪經十 18_345_16
唐代・十輪經十 18_347_10
唐代・十輪經十 18_349_4
唐代・十輪經十 18_350_16
唐代・十輪經十 18_353_3
唐代・十輪經八 20_386_8
唐代・十輪經八 20_401_7

唐代・十輪經十 11_215_11
唐代・十輪經十 16_302_3
唐代・十輪經十 17_324_7
唐代・十輪經十 17_333_2
唐代・十輪經十 17_335_2
唐代・十輪經十 17_338_1
唐代・十輪經十 17_339_12
唐代・十輪經十 18_341_5
唐代・十輪經八 5_99_2
唐代・十輪經八 7_121_4

唐代・十輪經十 7_123_7
唐代・十輪經十 7_126_3
唐代・十輪經十 7_126_11
唐代・十輪經十 7_127_9
唐代・十輪經十 7_128_15
唐代・十輪經十 8_158_7
唐代・十輪經十 10_183_16
唐代・十輪經十 10_193_12
唐代・十輪經四 22_421_9
唐代・十輪經四 22_425_15

唐代・十輪經十 6_109_9
唐代・十輪經十 6_110_6
唐代・十輪經十 6_111_13
唐代・十輪經十 6_112_8
唐代・十輪經十 6_113_3
唐代・十輪經十 6_114_8
唐代・十輪經十 6_115_15
唐代・十輪經四 18_344_13
唐代・十輪經四 18_348_9

請 (seal form)

漢セイ 唐シン 呉ジョウ
訓こう

- 晚唐・慶滋書狀 1_13_6
- 唐代・春秋經傳 2_18_7
- 唐代・春秋經傳 2_18_21
- 唐代・春秋經傳 8_77_4
- 唐代・春秋經傳 10_99_15
- 唐代・春秋經傳 12_121_10
- 唐代・春秋經傳 24_245_15
- 唐代・春秋經傳 31_324_11
- 唐代・文選五九 16_152_4
- 唐代・文選五九 35_342_5
- 唐代・文選五九 43_425_15
- 唐代・文選五九 53_523_4
- 唐代・文選五九 104_985_26
- 唐代・文選六八 19_191_29
- 唐代・文選八八 9_67_2
- 唐代・文選百三 37_366_12
- 唐代・文選百三 37_370_13
- 唐代・文選百三 37_371_33
- 唐代・文選百三 74_714_6
- 唐代・文選百三 81_765_13
- 唐代・文選百三 81_765_22
- 唐代・古文選前 5_59_2
- 唐代・古文選前 15_179_33
- 唐代・古文選後 5_50_1

諸 (seal form)

漢ショ
訓もろもろ

- 初唐・金剛場經 1_2_9
- 初唐・金剛場經 1_3_10
- 初唐・金剛場經 1_3_16
- 初唐・大般若經 1_10_9
- 初唐・大般若經 1_11_4
- 初唐・大般若經 1_12_11
- 初唐・大般若經 1_13_6
- 初唐・大般若經 1_14_13
- 初唐・大般若經 1_15_8
- 初唐・大般若經 1_16_15
- 初唐・大般若經 1_17_10
- 初唐・大般若經 1_18_17
- 初唐・大般若經 1_19_12
- 初唐・大般若經 2_24_11
- 初唐・大般若經 2_27_6
- 初唐・大般若經 2_29_14
- 唐代・春秋經傳 2_15_2
- 唐代・春秋經傳 3_21_10
- 唐代・春秋經傳 3_24_24
- 唐代・春秋經傳 3_26_1
- 唐代・春秋經傳 4_42_8
- 唐代・春秋經傳 7_67_7
- 唐代・春秋經傳 7_69_3
- 唐代・春秋經傳 8_74_12
- 唐代・春秋經傳 10_101_1
- 唐代・春秋經傳 22_231_4
- 唐代・春秋經傳 23_242_19
- 唐代・春秋經傳 24_249_3
- 唐代・春秋經傳 27_277_27
- 唐代・春秋經傳 28_295_11
- 唐代・春秋經傳 31_318_22
- 唐代・春秋經傳 31_319_8

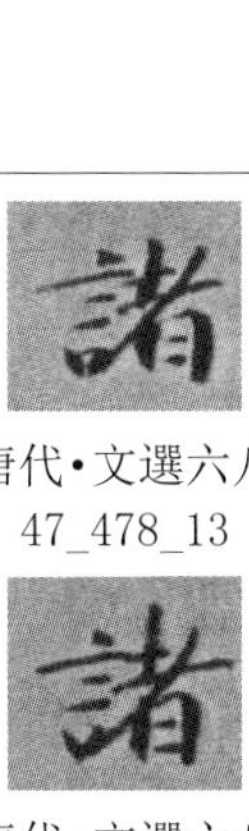

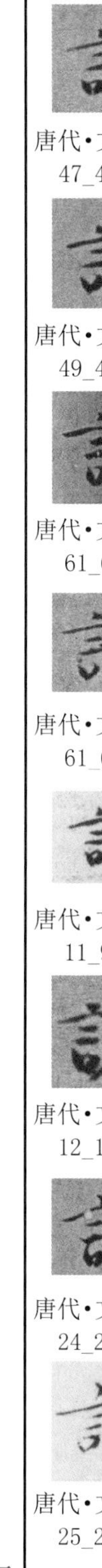

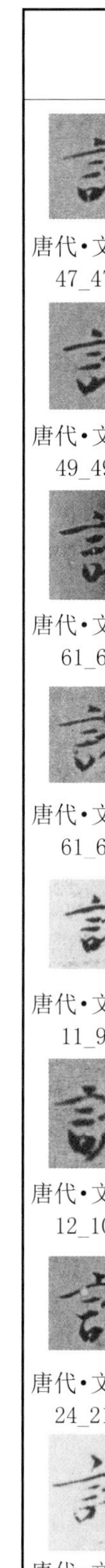

唐代•文選六八
47_478_13

唐代•文選六八
49_496_23

唐代•文選六八
61_614_6

唐代•文選六八
61_615_7

唐代•文選八八
11_91_20

唐代•文選八八
12_100_31

唐代•文選八八
24_214_24

唐代•文選百三
25_245_12

唐代•文選五九
91_872_29

唐代•文選五九
109_1035_13

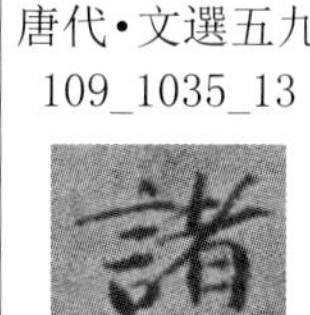
唐代•文選六八
6_65_1

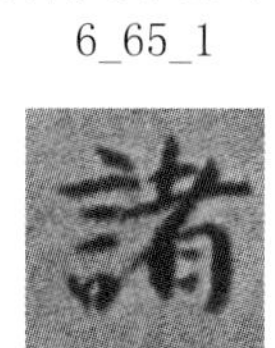
唐代•文選六八
12_127_20

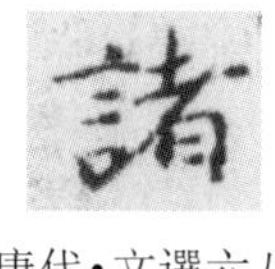
唐代•文選六八
13_129_16

唐代•文選六八
24_244_25

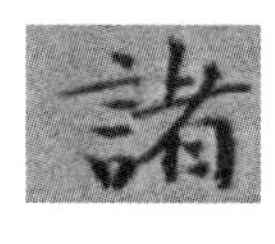
唐代•文選六八
25_248_8

唐代•文選六八
25_257_17

唐代•文選五九
83_799_1

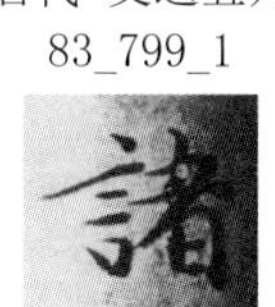
唐代•文選五九
88_847_4

唐代•文選五九
88_848_13

唐代•文選五九
88_848_16

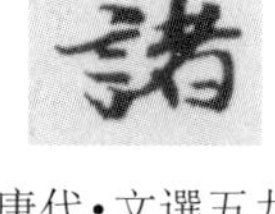
唐代•文選五九
88_850_6

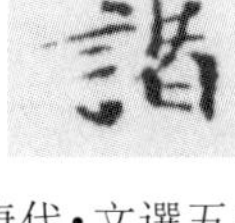
唐代•文選五九
89_851_9

唐代•文選五九
89_851_12

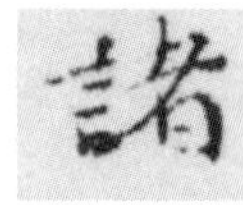
唐代•文選五九
89_855_3

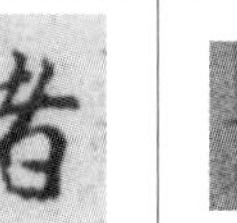
唐代•文選五九
21_205_5

唐代•文選五九
23_228_32

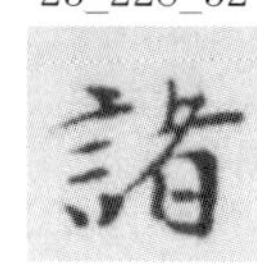
唐代•文選五九
43_425_5

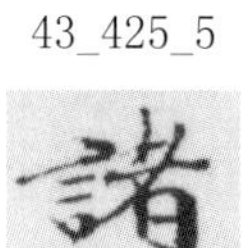
唐代•文選五九
61_588_6

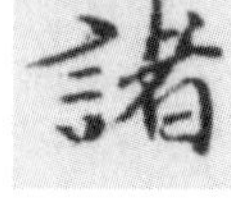
唐代•文選五九
61_588_29

唐代•文選五九
62_595_15

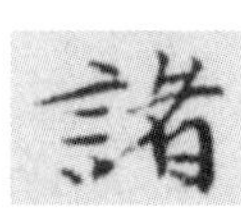
唐代•文選五九
68_650_12

唐代•文選五九
79_761_12

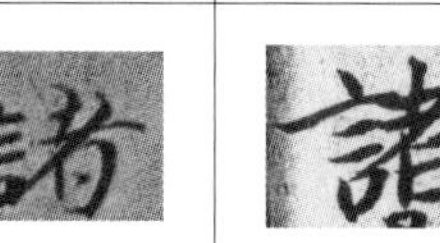
唐代•文選四八
20_177_23

唐代•文選四八
24_214_20

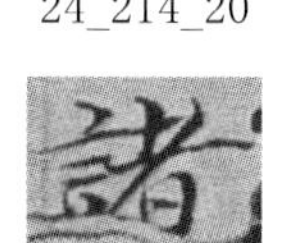
唐代•文選四八
26_234_21

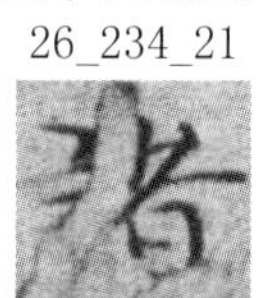
唐代•文選四八
27_242_5

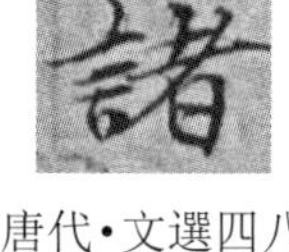
唐代•文選四八
27_242_23

唐代•文選四八
27_243_22

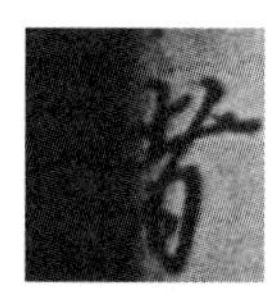
唐代•文選四八
28_255_14

唐代•文選五九
15_147_29

唐代•春秋經傳
37_393_8

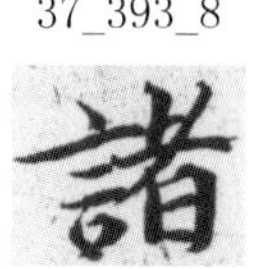
唐代•春秋經傳
38_398_6

唐代•春秋經傳
38_399_9

唐代•春秋經傳
38_401_8

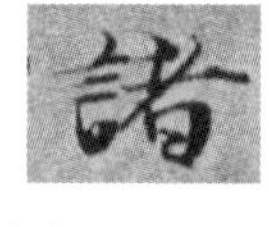
唐代•文選四八
13_119_9

唐代•文選四八
13_119_13

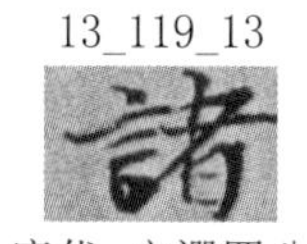
唐代•文選四八
14_127_7

唐代•文選四八
18_158_7

唐代•春秋經傳
33_348_1

唐代•春秋經傳
33_348_13

唐代•春秋經傳
34_356_21

唐代•春秋經傳
34_361_22

唐代•春秋經傳
36_376_26

唐代•春秋經傳
37_384_15

唐代•春秋經傳
37_390_4

唐代•春秋經傳
37_393_2

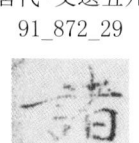

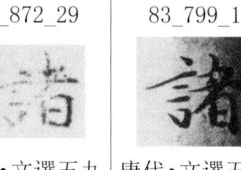

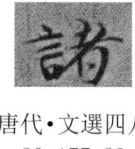

唐代•文選百三 29_281_20
唐代•文選百三 36_356_6
唐代•文選百三 47_455_31
唐代•文選百三 60_580_15
唐代•文選百三 68_657_26
唐代•文選百三 73_702_4
唐代•文選百三 85_806_7
唐代•古文選前 1_3_8

唐代•古文選前 3_26_13
唐代•古文選後 4_44_42
唐代•十輪經四 1_4_8
唐代•十輪經四 1_11_8
唐代•十輪經四 1_18_5
唐代•十輪經四 2_27_2
唐代•十輪經四 3_41_15
唐代•十輪經四 3_42_6

唐代•十輪經四 3_43_9
唐代•十輪經四 3_51_13
唐代•十輪經四 3_54_10
唐代•十輪經四 3_59_6
唐代•十輪經四 4_66_9
唐代•十輪經四 4_71_12
唐代•十輪經四 4_77_6
唐代•十輪經四 4_77_14

唐代•十輪經四 5_87_16
唐代•十輪經四 5_91_8
唐代•十輪經四 6_106_3
唐代•十輪經四 6_117_7
唐代•十輪經四 7_121_13
唐代•十輪經四 7_126_3
唐代•十輪經四 7_126_8
唐代•十輪經四 7_128_2

唐代•十輪經四 7_134_8
唐代•十輪經四 7_136_2
唐代•十輪經四 7_138_10
唐代•十輪經四 8_141_4
唐代•十輪經四 8_142_10
唐代•十輪經四 8_146_6
唐代•十輪經四 8_146_17
唐代•十輪經四 8_149_6

唐代•十輪經四 8_150_10
唐代•十輪經四 8_152_7
唐代•十輪經四 8_155_11
唐代•十輪經四 8_160_11
唐代•十輪經四 9_161_5
唐代•十輪經四 9_172_8
唐代•十輪經四 9_172_17
唐代•十輪經四 9_176_23

唐代•十輪經四 10_184_16
唐代•十輪經四 10_189_11
唐代•十輪經四 10_197_5
唐代•十輪經四 10_199_5
唐代•十輪經四 10_199_8
唐代•十輪經四 11_207_7
唐代•十輪經四 11_209_7
唐代•十輪經四 11_209_10

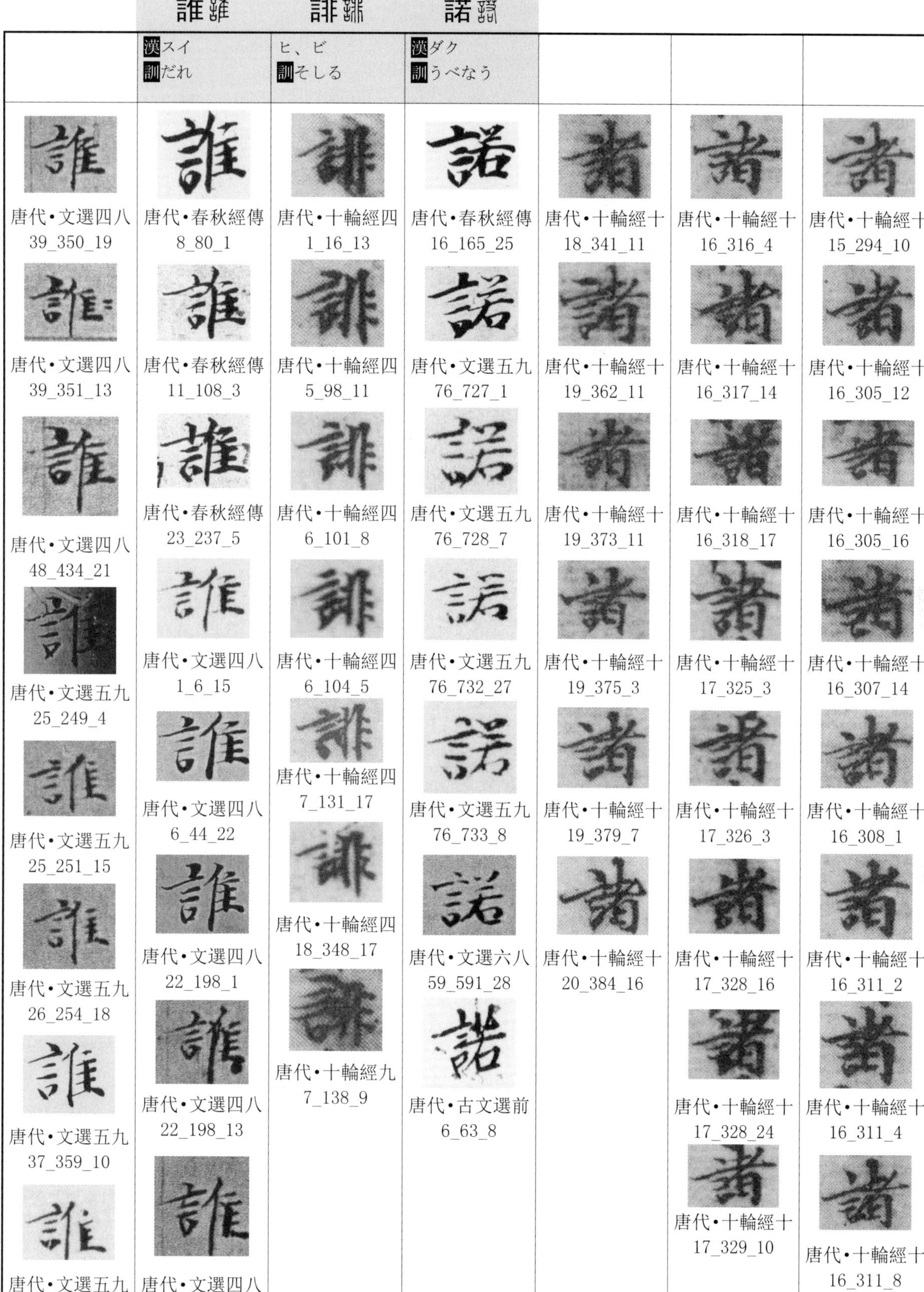

	誰	誹	諾			
	漢スイ 訓だれ	ヒ、ビ 訓そしる	漢ダク 訓うべなう			
唐代•文選四八 39_350_19	唐代•春秋經傳 8_80_1	唐代•十輪經四 1_16_13	唐代•春秋經傳 16_165_25	唐代•十輪經十 18_341_11	唐代•十輪經十 16_316_4	唐代•十輪經十 15_294_10
唐代•文選四八 39_351_13	唐代•春秋經傳 11_108_3	唐代•十輪經四 5_98_11	唐代•文選五九 76_727_1	唐代•十輪經十 19_362_11	唐代•十輪經十 16_317_14	唐代•十輪經十 16_305_12
唐代•文選四八 48_434_21	唐代•春秋經傳 23_237_5	唐代•十輪經四 6_101_8	唐代•文選五九 76_728_7	唐代•十輪經十 19_373_11	唐代•十輪經十 16_318_17	唐代•十輪經十 16_305_16
唐代•文選五九 25_249_4	唐代•文選四八 1_6_15	唐代•十輪經四 6_104_5	唐代•文選五九 76_732_27	唐代•十輪經十 19_375_3	唐代•十輪經十 17_325_3	唐代•十輪經十 16_307_14
唐代•文選五九 25_251_15	唐代•文選四八 6_44_22	唐代•十輪經四 7_131_17	唐代•文選五九 76_733_8	唐代•十輪經十 19_379_7	唐代•十輪經十 17_326_3	唐代•十輪經十 16_308_1
唐代•文選五九 26_254_18	唐代•文選四八 22_198_1	唐代•十輪經四 18_348_17	唐代•文選六八 59_591_28	唐代•十輪經十 20_384_16	唐代•十輪經十 17_328_16	唐代•十輪經十 16_311_2
唐代•文選五九 37_359_10	唐代•文選四八 22_198_13	唐代•十輪經九 7_138_9	唐代•古文選前 6_63_8		唐代•十輪經十 17_328_24	唐代•十輪經十 16_311_4
唐代•文選五九 37_362_12	唐代•文選四八 22_199_20				唐代•十輪經十 17_329_10	唐代•十輪經十 16_311_8

論 諛

論
リン
訓あげつらう

初唐•法華義疏
1_3_10

唐代•春秋經傳
2_17_26

唐代•春秋經傳
20_204_22

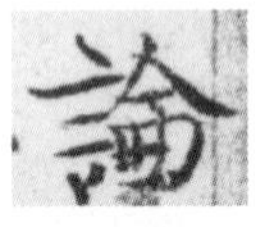
唐代•春秋經傳
26_264_7

唐代•文選四八
9_74_4

唐代•文選四八
12_105_7

唐代•文選四八
19_173_11

唐代•文選四八
22_199_7

諛
ユ
訓へつらう

唐代•古文選前
22_261_4

唐代•古文選前
19_228_4

唐代•古文選後
2_15_9

唐代•古文選後
5_53_4

唐代•古文選後
5_58_12

唐代•古文選後
8_95_10

唐代•古文選後
25_290_11

唐代•古文選後
25_298_11

唐代•文選百三
35_346_8

唐代•文選百三
54_523_21

唐代•文選百三
55_524_13

唐代•文選百三
55_524_27

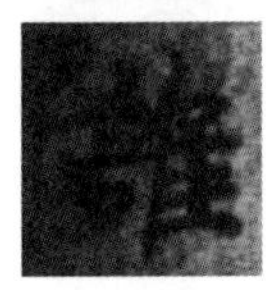
唐代•文選百三
57_552_30

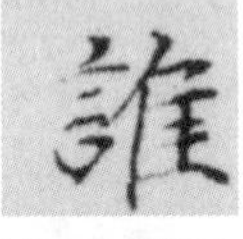
唐代•文選百三
57_554_10

唐代•古文選前
6_72_10

唐代•古文選前
13_149_9

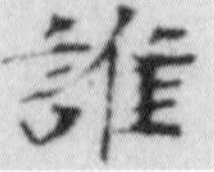
唐代•文選百三
19_188_15

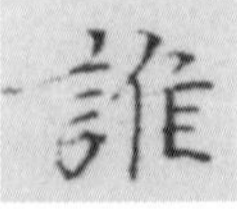
唐代•文選百三
19_189_7

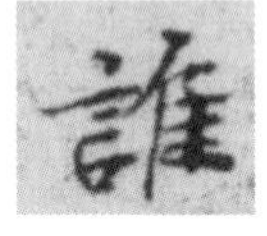
唐代•文選百三
20_190_24

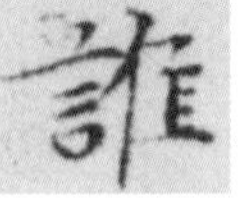
唐代•文選百三
20_190_34

唐代•文選百三
21_207_29

唐代•文選百三
21_208_34

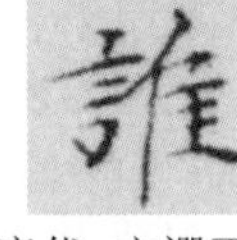
唐代•文選百三
21_209_43

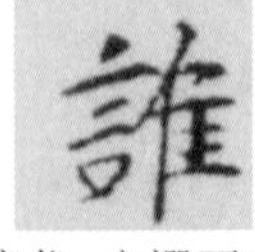
唐代•文選百三
35_346_1

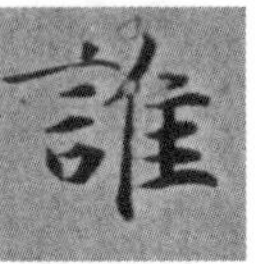
唐代•文選六八
47_472_1

唐代•文選六八
47_477_25

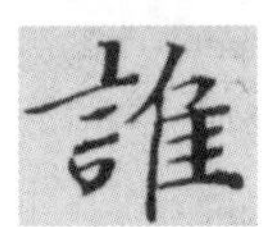
唐代•文選百三
15_136_4

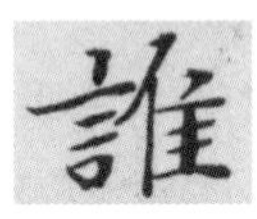
唐代•文選百三
15_136_6

唐代•文選百三
15_138_24

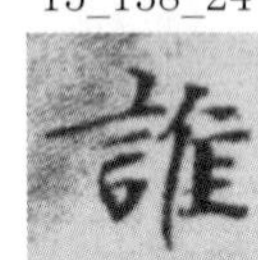
唐代•文選百三
15_138_26

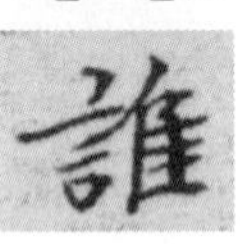
唐代•文選百三
15_139_28

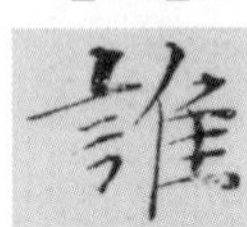
唐代•文選百三
19_184_1

唐代•文選五九
45_442_1

唐代•文選五九
60_575_2

唐代•文選五九
75_722_12

唐代•文選五九
111_1058_7

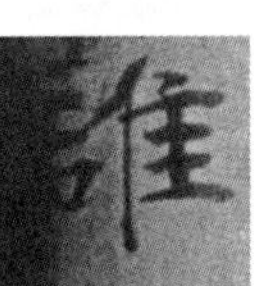
唐代•文選六八
9_98_9

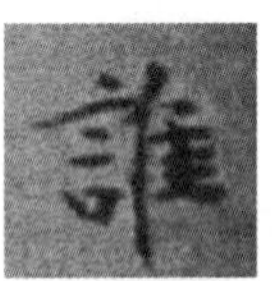
唐代•文選六八
9_99_30

唐代•文選六八
9_101_8

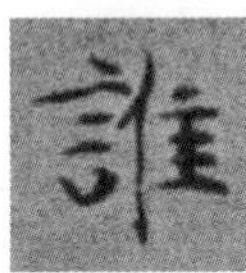
唐代•文選六八
47_468_9

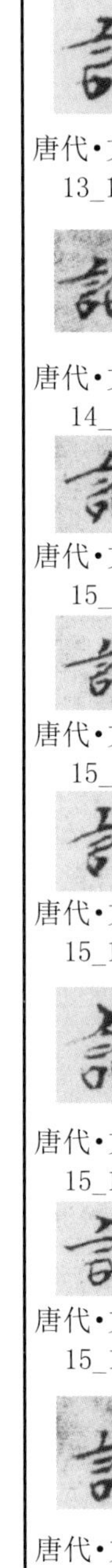
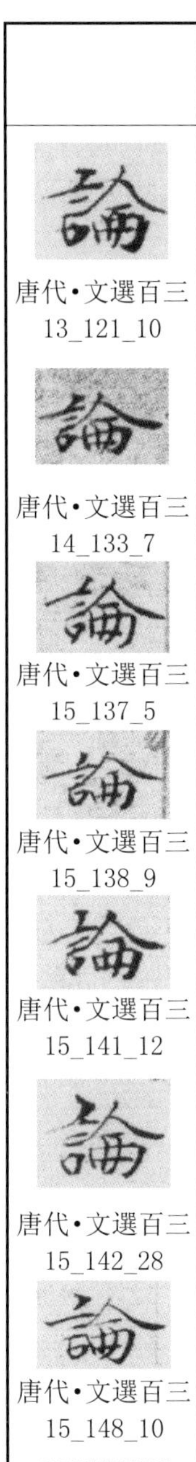
唐代•文選百三
13_121_10
唐代•文選百三
14_133_7
唐代•文選百三
15_137_5
唐代•文選百三
15_138_9
唐代•文選百三
15_141_12
唐代•文選百三
15_142_28
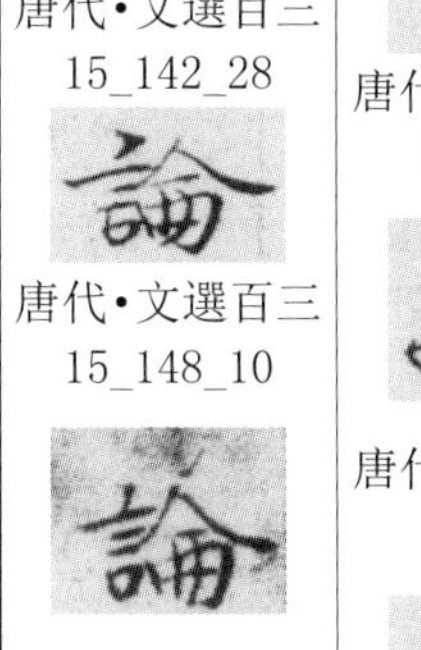
唐代•文選百三
15_148_10
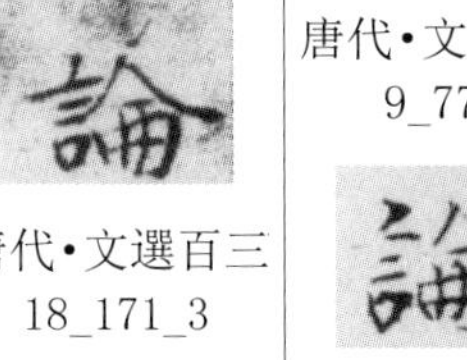
唐代•文選百三
18_171_3

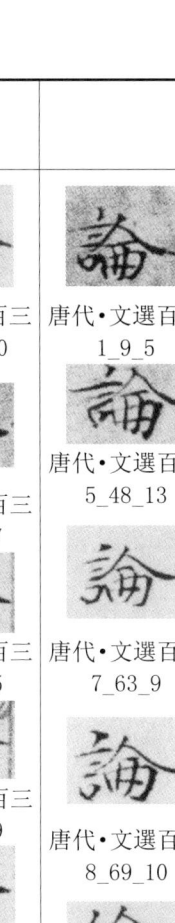

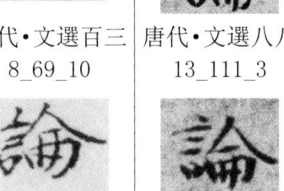

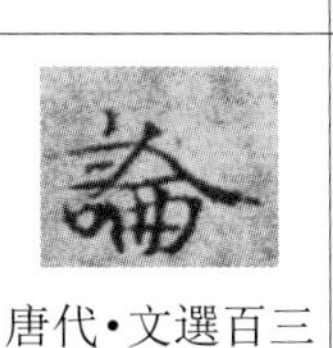
唐代•文選百三
1_9_5

唐代•文選百三
5_48_13
唐代•文選百三
7_63_9
唐代•文選百三
8_69_10
唐代•文選百三
8_69_27
唐代•文選百三
8_71_27
唐代•文選百三
9_77_5
唐代•文選百三
9_87_28

唐代•文選六八
63_630_3
唐代•文選六八
64_641_18
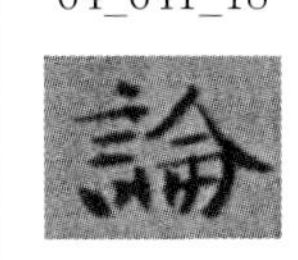
唐代•文選六八
67_671_4

唐代•文選八八
13_111_3

唐代•文選八八
13_113_10

唐代•文選八八
13_113_31

唐代•文選八八
18_159_8
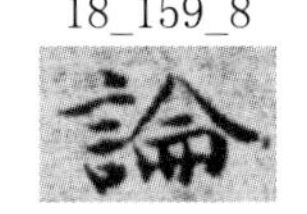
唐代•文選八八
19_161_2

唐代•文選六八
11_121_3

唐代•文選六八
13_131_13
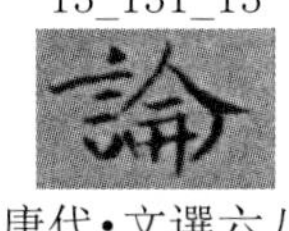
唐代•文選六八
15_160_11

唐代•文選六八
21_219_25

唐代•文選六八
29_286_7

唐代•文選六八
49_486_16
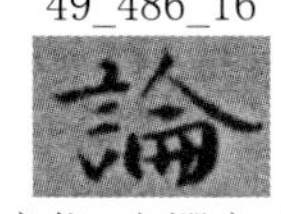
唐代•文選六八
58_583_18

唐代•文選六八
58_584_13

唐代•文選五九
75_720_13
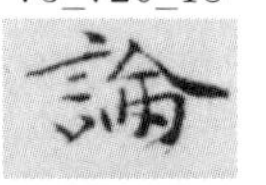
唐代•文選五九
78_749_2

唐代•文選五九
86_823_17

唐代•文選五九
91_874_2

唐代•文選五九
103_977_21

唐代•文選五九
110_1040_27

唐代•文選五九
110_1045_8

唐代•文選六八
8_84_12

唐代•文選五九
41_406_7

唐代•文選五九
45_442_10

唐代•文選五九
45_443_28

唐代•文選五九
45_444_11

唐代•文選五九
47_458_2
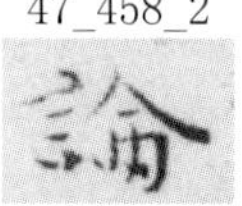
唐代•文選五九
51_506_20
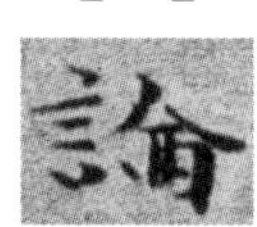
唐代•文選五九
55_537_7
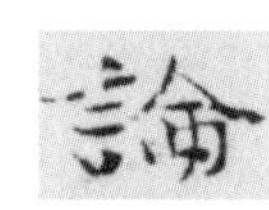
唐代•文選五九
63_604_10

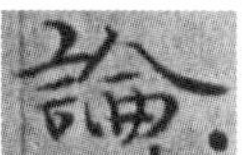
唐代•文選四八
43_388_23

唐代•文選四八
43_390_4

唐代•文選四八
44_396_7

唐代•文選四八
44_400_16
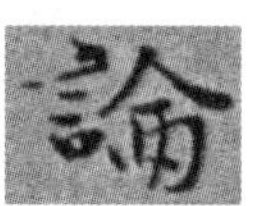
唐代•文選五九
22_213_29

唐代•文選五九
33_320_5

唐代•文選五九
35_340_4

唐代•文選五九
36_357_2

調

チョウ
訓 しらべる

唐代•十輪經八 19_374_15	唐代•十輪經八 13_260_15	唐代•十輪經八 6_110_10	唐代•文選五九 49_484_18	唐代•文選百三 62_595_10	唐代•文選百三 37_363_20	唐代•文選百三 18_172_13
唐代•十輪經八 19_378_6	唐代•十輪經八 14_264_6	唐代•十輪經八 6_114_3	唐代•文選六八 17_178_3	唐代•文選百三 67_648_11	唐代•文選百三 39_395_7	唐代•文選百三 18_173_32
唐代•十輪經八 21_412_7	唐代•十輪經八 15_293_4	唐代•十輪經八 8_148_10	唐代•文選六八 17_179_28	唐代•文選百三 70_674_13	唐代•文選百三 51_490_33	唐代•文選百三 19_187_6
唐代•十輪經八 21_416_3	唐代•十輪經八 15_298_15	唐代•十輪經八 8_152_9	唐代•文選六八 18_182_16	唐代•古文選前 19_229_1	唐代•文選百三 51_492_2	唐代•文選百三 19_189_12
唐代•十輪經九 1_12_3	唐代•十輪經八 15_302_7	唐代•十輪經八 10_186_16	唐代•文選六八 18_185_1	唐代•十輪經四 7_131_14	唐代•文選百三 54_522_22	唐代•文選百三 21_201_4
唐代•十輪經九 1_15_16	唐代•十輪經八 17_336_14	唐代•十輪經八 10_190_9	唐代•文選百三 1_6_27	唐代•十輪經十 3_59_7	唐代•文選百三 55_531_19	唐代•文選百三 21_208_7
唐代•十輪經九 3_50_7	唐代•十輪經八 17_340_6	唐代•十輪經八 12_223_15	唐代•古文選前 3_37_13	唐代•十輪經十 4_70_7	唐代•文選百三 56_535_29	唐代•文選百三 31_306_22
唐代•十輪經九 3_54_4	唐代•十輪經八 18_346_16	唐代•十輪經八 12_227_7	唐代•十輪經八 4_79_17		唐代•文選百三 56_536_8	唐代•文選百三 36_357_8

唐代•十輪經九 17_325_13

唐代•十輪經九 17_329_5

唐代•十輪經十 10_185_2

諂

テン
訓へつらう

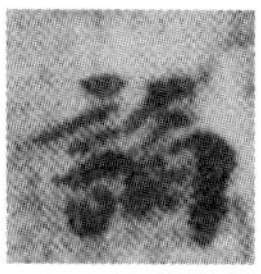
唐代•十輪經四 1_2_5

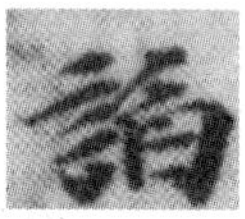
唐代•十輪經四 1_15_4

唐代•十輪經四 3_60_17

唐代•十輪經四 5_87_1

唐代•十輪經四 5_95_4

唐代•十輪經四 7_131_9

唐代•十輪經四 10_195_7

唐代•十輪經四 19_376_12

唐代•十輪經八 12_232_14

唐代•十輪經八 14_269_14

諗

シン
訓みる

唐代•文選五九 1_11_3

唐代•文選五九 62_598_16

唐代•文選五九 62_600_5

談

漢タン呉ダン
訓かたる

中唐・風信帖 4_19_8

唐代•文選四八 28_251_15

唐代•文選五九 84_805_9

唐代•文選五九 84_808_6

唐代•文選六八 52_523_12

唐代•文選六八 67_671_8

唐代•文選百三 61_587_25

唐代•文選百三 61_588_6

唐代•文選百三 61_589_13

唐代•文選百三 61_592_7

唐代•文選百三 61_593_39

唐代•文選百三 62_596_23

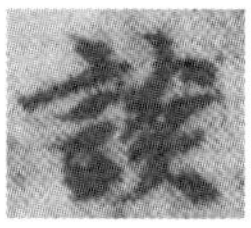
唐代•十輪經四 7_131_13

誶

キ
訓いつわる

唐代•文選百三 35_348_4

唐代•文選百三 35_350_20

誼

ギ
訓よい

唐代・文選五九 91_873_5
唐代・文選百三 13_126_35
唐代・文選百三 13_127_4
唐代・文選百三 13_127_37
唐代・文選百三 13_128_35
唐代・文選百三 30_294_13
唐代・文選百三 49_468_21

謀

漢現ボウ呉ム
訓はかる

唐代・春秋經傳 15_156_16
唐代・春秋經傳 15_157_4
唐代・春秋經傳 19_197_12
唐代・春秋經傳 26_268_9
唐代・春秋經傳 26_271_14
唐代・春秋經傳 26_272_18
唐代・春秋經傳 26_273_3
唐代・春秋經傳 26_273_8

唐代・春秋經傳 26_273_12
唐代・春秋經傳 27_275_19
唐代・春秋經傳 27_276_7
唐代・春秋經傳 27_277_9
唐代・春秋經傳 31_318_3
唐代・春秋經傳 36_381_17
唐代・文選四八 20_177_14
唐代・文選四八 27_241_10

唐代・文選五九 60_578_9
唐代・文選五九 60_580_27
唐代・文選五九 60_580_29
唐代・文選五九 61_583_16
唐代・文選五九 79_759_9
唐代・文選五九 79_762_28
唐代・文選五九 79_762_31
唐代・文選五九 80_763_29

唐代・文選五九 84_813_16
唐代・文選五九 85_814_3
唐代・文選五九 87_832_21
唐代・文選五九 90_865_16
唐代・文選五九 93_890_16
唐代・文選五九 93_891_2
唐代・文選五九 93_892_18
唐代・文選八八 13_102_1

唐代・文選百三 6_52_2
唐代・文選百三 14_133_19
唐代・文選百三 17_157_10
唐代・文選百三 35_346_3
唐代・文選百三 35_346_9
唐代・文選百三 49_471_14
唐代・文選百三 55_530_21
唐代・文選百三 55_531_16

唐代・文選百三 56_535_18
唐代・文選百三 56_538_3
唐代・文選百三 56_541_25
唐代・文選百三 61_592_12
唐代・文選百三 61_592_32
唐代・文選百三 68_655_22
唐代・文選百三 73_705_18
唐代・文選百三 73_705_22

諧
漢カイ
訓やわらぐ

唐代•文選四八
36_327_13

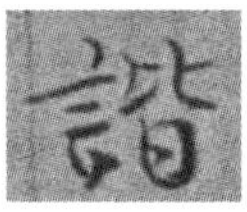
唐代•文選四八
36_327_21

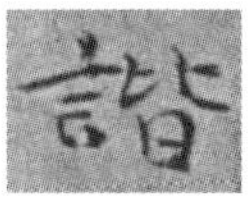
唐代•文選四八
36_328_8

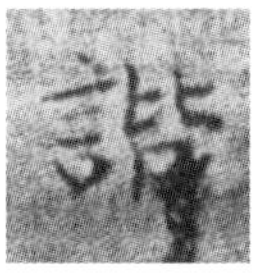
唐代•文選五九
15_147_1

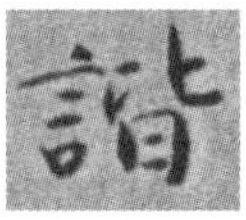
唐代•文選六八
21_211_19

唐代•文選六八
69_691_6

唐代•古文選前
1_5_6

唐代•古文選後
10_113_14

謔
漢チャク慣ギャク
訓たわむれる

唐代•文選五九
34_336_4

唐代•文選五九
34_336_22

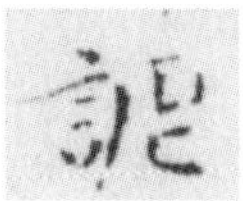
唐代•文選五九
34_337_8

唐代•文選五九
34_338_8

唐代•文選五九
59_572_14

唐代•文選五九
60_576_9

唐代•文選百三
46_439_18

諫
漢カン
訓いさめる

唐代•春秋經傳
4_37_2

唐代•春秋經傳
8_76_8

唐代•春秋經傳
8_76_12

唐代•春秋經傳
8_78_24

唐代•春秋經傳
9_86_3

唐代•春秋經傳
30_313_12

唐代•春秋經傳
31_322_27

唐代•春秋經傳
35_369_26

諜
チョウ
訓まわしもの

唐代•春秋經傳
28_295_9

諒
漢リョウ
訓おもいやる

唐代•文選五九
1_11_7

唐代•文選百三
80_758_9

唐代•文選百三
80_758_17

唐代•古文選後
5_54_11

唐代•古文選後
16_183_77

唐代•十輪經四
5_83_12

謁

漢 エツ
訓 こう

- 唐代•文選四八 30_268_18
- 唐代•文選五九 104_986_5
- 唐代•文選八八 5_28_12

謂

イ
訓 いう

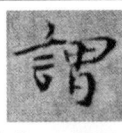

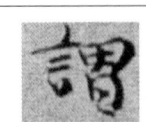

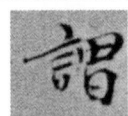

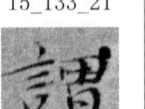

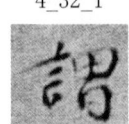

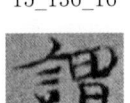

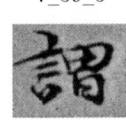

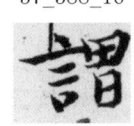

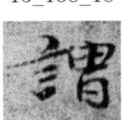

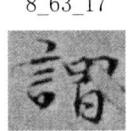

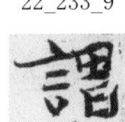

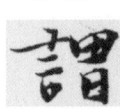

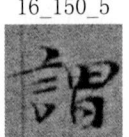

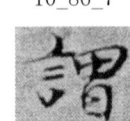

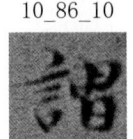

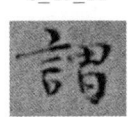

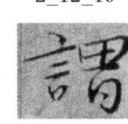

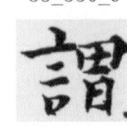

- 唐代•春秋經傳 5_50_11
- 唐代•春秋經傳 5_50_14
- 唐代•春秋經傳 6_54_7
- 唐代•春秋經傳 6_54_34
- 唐代•春秋經傳 6_55_20
- 唐代•春秋經傳 6_61_22
- 唐代•春秋經傳 6_62_19
- 唐代•春秋經傳 11_109_5
- 唐代•春秋經傳 20_203_6
- 唐代•春秋經傳 20_203_25
- 唐代•春秋經傳 22_233_6
- 唐代•春秋經傳 22_233_9
- 唐代•春秋經傳 25_258_27
- 唐代•春秋經傳 31_326_2
- 唐代•春秋經傳 33_350_9
- 唐代•春秋經傳 34_352_13
- 唐代•春秋經傳 34_354_16
- 唐代•春秋經傳 37_388_16
- 唐代•春秋經傳 38_401_6
- 唐代•春秋經傳 38_402_1
- 唐代•春秋經傳 38_403_3
- 唐代•文選四八 2_12_19
- 唐代•文選四八 3_14_20
- 唐代•文選四八 3_18_8
- 唐代•文選四八 4_32_1
- 唐代•文選四八 5_40_15
- 唐代•文選四八 6_43_5
- 唐代•文選四八 6_44_1
- 唐代•文選四八 6_44_17
- 唐代•文選四八 6_49_11
- 唐代•文選四八 6_51_1
- 唐代•文選四八 6_53_24
- 唐代•文選四八 7_56_7
- 唐代•文選四八 7_59_5
- 唐代•文選四八 8_63_17
- 唐代•文選四八 8_68_7
- 唐代•文選四八 10_86_7
- 唐代•文選四八 10_86_10
- 唐代•文選四八 12_110_8
- 唐代•文選四八 13_117_12
- 唐代•文選四八 15_133_21
- 唐代•文選四八 15_136_16
- 唐代•文選四八 15_138_18
- 唐代•文選四八 16_149_9
- 唐代•文選四八 16_150_5
- 唐代•文選四八 20_176_25
- 唐代•文選四八 20_183_12
- 唐代•文選四八 21_188_7

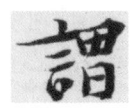

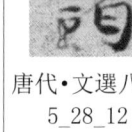

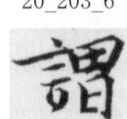

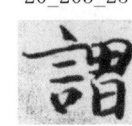

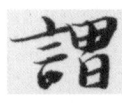

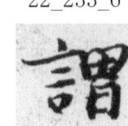

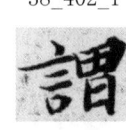

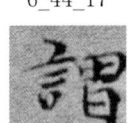

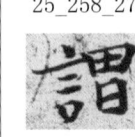

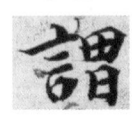

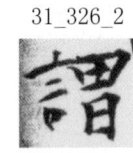

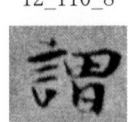

唐代·文選六八 55_546_9
唐代·文選六八 55_553_7
唐代·文選六八 55_555_16
唐代·文選六八 55_556_9
唐代·文選六八 55_556_17
唐代·文選六八 57_565_5
唐代·文選六八 59_591_8
唐代·文選六八 60_599_2

唐代·文選六八 47_469_21
唐代·文選六八 47_476_24
唐代·文選六八 49_487_15
唐代·文選六八 49_489_11
唐代·文選六八 49_498_19
唐代·文選六八 50_504_8
唐代·文選六八 52_520_23
唐代·文選六八 55_545_24

唐代·文選六八 27_271_9
唐代·文選六八 27_273_13
唐代·文選六八 29_291_4
唐代·文選六八 32_323_12
唐代·文選六八 35_354_1
唐代·文選六八 41_406_13
唐代·文選六八 42_420_13
唐代·文選六八 43_430_8

唐代·文選六八 10_106_18
唐代·文選六八 14_144_12
唐代·文選六八 14_146_14
唐代·文選六八 15_153_26
唐代·文選六八 17_174_22
唐代·文選六八 21_206_6
唐代·文選六八 25_251_13
唐代·文選六八 27_269_4

唐代·文選五九 111_1047_5
唐代·文選五九 111_1049_2
唐代·文選六八 1_4_7
唐代·文選六八 1_4_27
唐代·文選六八 3_31_18
唐代·文選六八 5_52_22
唐代·文選六八 7_73_28
唐代·文選六八 8_77_24

唐代·文選五九 102_961_18
唐代·文選五九 102_962_18
唐代·文選五九 105_998_1
唐代·文選五九 105_999_27
唐代·文選五九 106_1002_23
唐代·文選五九 107_1008_24
唐代·文選五九 108_1023_14
唐代·文選五九 111_1046_24

唐代·文選五九 98_931_7
唐代·文選五九 99_939_28
唐代·文選五九 99_940_6
唐代·文選五九 101_950_16
唐代·文選五九 101_955_17
唐代·文選五九 101_956_10
唐代·文選五九 101_960_11
唐代·文選五九 102_961_6

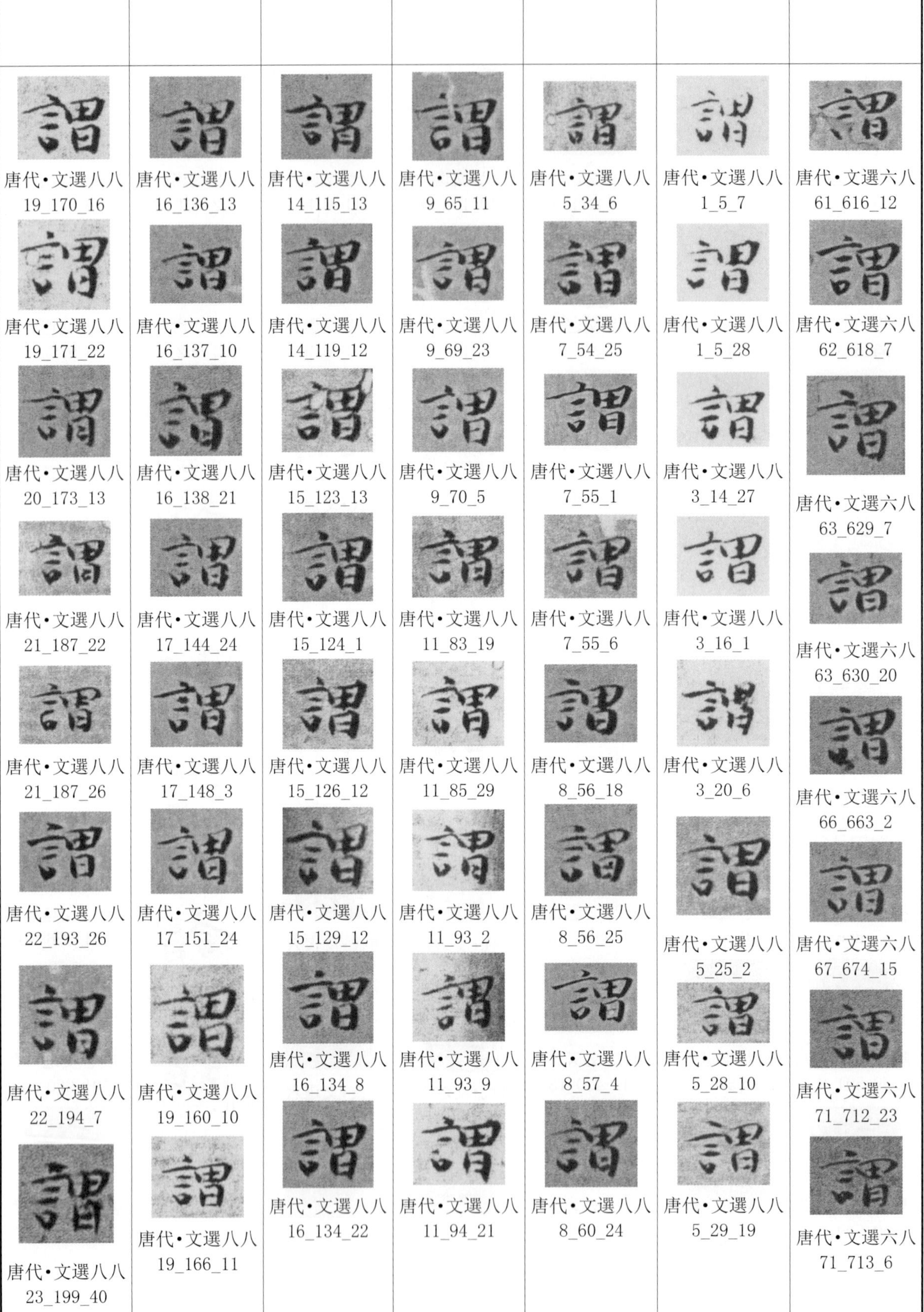

唐代•文選八八 19_170_16	唐代•文選八八 16_136_13	唐代•文選八八 14_115_13	唐代•文選八八 9_65_11	唐代•文選八八 5_34_6	唐代•文選八八 1_5_7	唐代•文選六八 61_616_12
唐代•文選八八 19_171_22	唐代•文選八八 16_137_10	唐代•文選八八 14_119_12	唐代•文選八八 9_69_23	唐代•文選八八 7_54_25	唐代•文選八八 1_5_28	唐代•文選六八 62_618_7
唐代•文選八八 20_173_13	唐代•文選八八 16_138_21	唐代•文選八八 15_123_13	唐代•文選八八 9_70_5	唐代•文選八八 7_55_1	唐代•文選八八 3_14_27	唐代•文選六八 63_629_7
唐代•文選八八 21_187_22	唐代•文選八八 17_144_24	唐代•文選八八 15_124_1	唐代•文選八八 11_83_19	唐代•文選八八 7_55_6	唐代•文選八八 3_16_1	唐代•文選六八 63_630_20
唐代•文選八八 21_187_26	唐代•文選八八 17_148_3	唐代•文選八八 15_126_12	唐代•文選八八 11_85_29	唐代•文選八八 8_56_18	唐代•文選八八 3_20_6	唐代•文選六八 66_663_2
唐代•文選八八 22_193_26	唐代•文選八八 17_151_24	唐代•文選八八 15_129_12	唐代•文選八八 11_93_2	唐代•文選八八 8_56_25	唐代•文選八八 5_25_2	唐代•文選六八 67_674_15
唐代•文選八八 22_194_7	唐代•文選八八 19_160_10	唐代•文選八八 16_134_8	唐代•文選八八 11_93_9	唐代•文選八八 8_57_4	唐代•文選八八 5_28_10	唐代•文選六八 71_712_23
唐代•文選八八 23_199_40	唐代•文選八八 19_166_11	唐代•文選八八 16_134_22	唐代•文選八八 11_94_21	唐代•文選八八 8_60_24	唐代•文選八八 5_29_19	唐代•文選六八 71_713_6

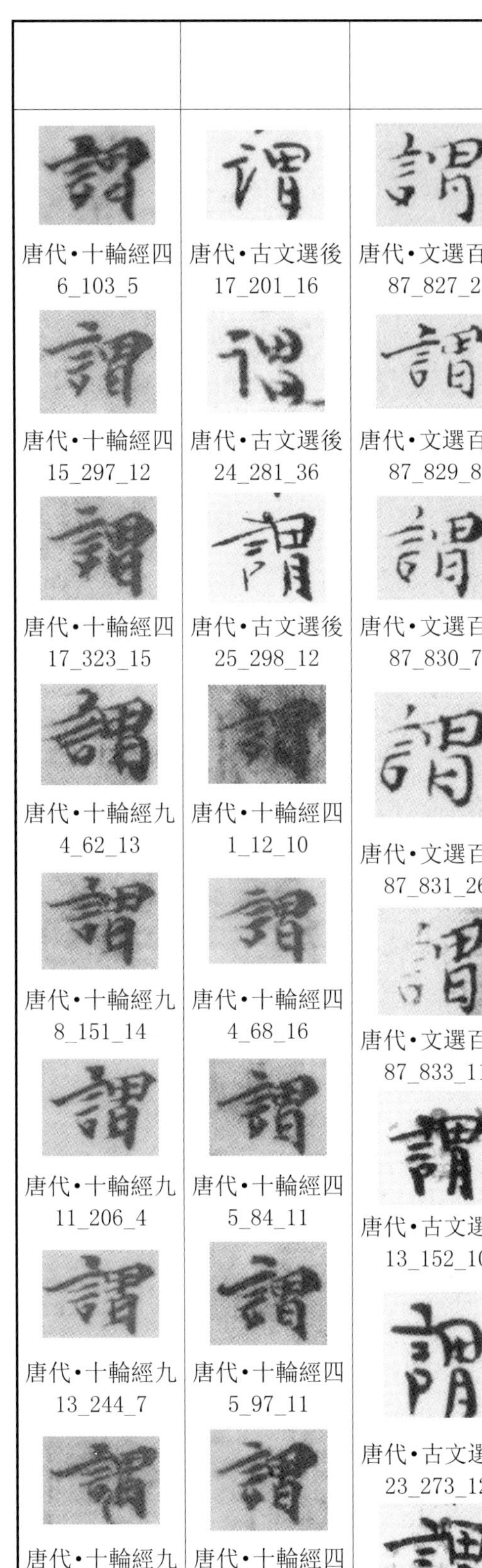

唐代•十輪經四 6_103_5	唐代•古文選後 17_201_16	唐代•文選百三 87_827_2	唐代•文選百三 82_780_25	唐代•文選百三 79_753_12	唐代•文選百三 76_727_28	唐代•文選百三 73_709_23
唐代•十輪經四 15_297_12	唐代•古文選後 24_281_36	唐代•文選百三 87_829_8	唐代•文選百三 82_781_16	唐代•文選百三 79_756_11	唐代•文選百三 76_730_5	唐代•文選百三 73_711_4
唐代•十輪經四 17_323_15	唐代•古文選後 25_298_12	唐代•文選百三 87_830_7	唐代•文選百三 83_784_28	唐代•文選百三 80_759_16	唐代•文選百三 77_737_2	唐代•文選百三 74_712_13
唐代•十輪經九 4_62_13	唐代•十輪經四 1_12_10	唐代•文選百三 87_831_26	唐代•文選百三 83_790_5	唐代•文選百三 80_762_26	唐代•文選百三 78_743_2	唐代•文選百三 75_722_15
唐代•十輪經九 8_151_14	唐代•十輪經四 4_68_16	唐代•文選百三 87_833_11	唐代•文選百三 84_803_17	唐代•文選百三 80_762_31	唐代•文選百三 78_747_33	唐代•文選百三 76_726_18
唐代•十輪經九 11_206_4	唐代•十輪經四 5_84_11	唐代•古文選前 13_152_10	唐代•文選百三 85_805_9	唐代•文選百三 81_770_3	唐代•文選百三 79_751_29	唐代•文選百三 76_727_2
唐代•十輪經九 13_244_7	唐代•十輪經四 5_97_11	唐代•古文選前 23_273_12	唐代•文選百三 85_808_31	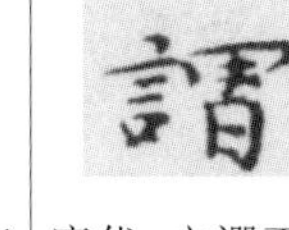 唐代•文選百三 81_775_1	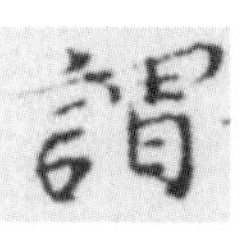 唐代•文選百三 79_751_35	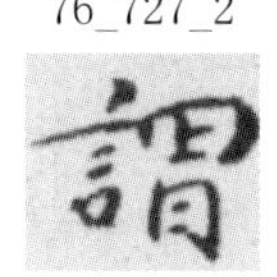 唐代•文選百三 72_697_18
唐代•十輪經九 13_251_8	唐代•十輪經四 6_100_8	 唐代•古文選後 5_58_13	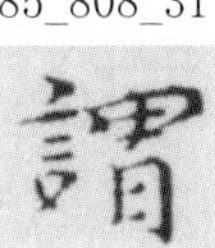 唐代•文選百三 85_811_18	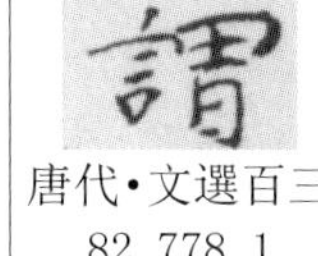 唐代•文選百三 82_778_1	 唐代•文選百三 79_753_3	 唐代•文選百三 76_727_7

諼	諷		諭	諤		
漢ケン 訓わすれる	漢フウ 訓うたう		ユ 訓さとす	ガク 訓おどろく		
唐代•文選五九 5_50_28	唐代•春秋經傳 30_315_23	唐代•文選百三 9_78_13	唐代•文選四八 11_93_5	唐代•古文選前 22_261_11	唐代•十輪經十 2_22_17	唐代•十輪經九 14_276_10
唐代•文選五九 39_381_1	唐代•文選六八 45_457_11		唐代•文選四八 34_306_26		唐代•十輪經十 3_43_6	唐代•十輪經九 15_284_5
唐代•文選五九 39_381_24	唐代•文選六八 46_460_4		唐代•文選四八 44_396_8		唐代•十輪經十 4_64_11	唐代•十輪經九 15_296_8
唐代•文選五九 39_382_22	唐代•文選六八 51_509_6		唐代•文選五九 8_78_11		唐代•十輪經十 5_100_1	唐代•十輪經九 17_334_11
唐代•文選五九 39_384_2	唐代•古文選前 20_239_2		唐代•文選五九 11_104_16		唐代•十輪經十 7_136_7	唐代•十輪經九 18_342_5
	唐代•古文選前 21_241_8		唐代•文選六八 3_29_3		唐代•十輪經十 9_176_17	唐代•十輪經九 20_394_1
			唐代•文選六八 3_33_4		唐代•十輪經十 11_208_1	唐代•十輪經十 1_8_11
			唐代•文選八八 19_160_4			唐代•十輪經十 1_11_4
						唐代•十輪經十 14_274_3

謨

漢ボ 呉モ
訓はかる

唐代•文選百三
55_529_7

唐代•文選百三
55_531_15

唐代•文選百三
56_535_17

唐代•文選百三
56_537_2

唐代•文選六八
64_641_16

唐代•文選六八
67_667_2

唐代•古文選前
19_228_12

唐代•古文選後
19_222_13

講

コウ
訓はかる

唐代•春秋經傳
26_273_20

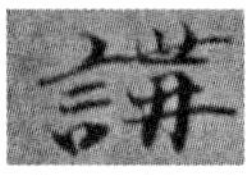
唐代•文選四八
25_226_11

唐代•文選四八
25_227_37

唐代•文選五九
81_782_4

唐代•文選五九
82_783_23

唐代•文選五九
82_785_23

唐代•文選五九
82_786_23

唐代•文選六八
45_456_15

諱

キ
訓いむ

唐代•春秋經傳
27_280_16

唐代•春秋經傳
27_281_9

唐代•文選四八
19_168_10

唐代•文選四八
19_169_8

唐代•文選百三
3_25_30

唐代•文選百三
3_28_9

唐代•文選百三
24_235_6

諺

ゲン
訓ことわざ

唐代•春秋經傳
20_212_4

唐代•文選五九
97_924_15

唐代•古文選後
19_218_2

唐代•十輪經十
11_208_10

唐代•十輪經十
15_295_3

唐代•十輪經十
16_303_9

唐代•十輪經十
3_52_9

諦

漢テイ 呉タイ
訓つまびらか

唐代•十輪經四
3_58_6

唐代•十輪經八
11_214_17

唐代•十輪經八
12_226_10

唐代•十輪經八
14_263_9

唐代•十輪經九
7_130_16

唐代•十輪經九
11_211_2

唐代•十輪經十
7_129_3

謝 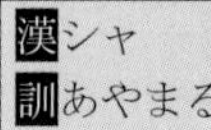

漢シャ
訓あやまる

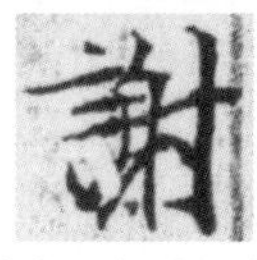
唐代•春秋經傳
3_22_13

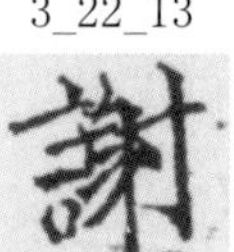
唐代•春秋經傳
34_360_2

唐代•文選四八
35_315_9

唐代•文選五九
1_5_5

唐代•文選五九
16_155_1

唐代•文選五九
21_202_1

唐代•文選五九
25_243_15

唐代•文選五九
25_247_1

唐代•文選五九
29_285_1

唐代•文選五九
33_321_1

唐代•文選五九
36_355_1

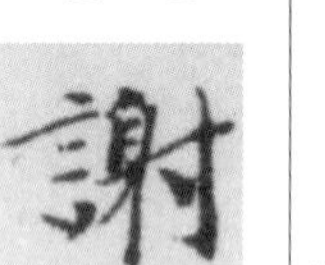
唐代•文選五九
52_510_17

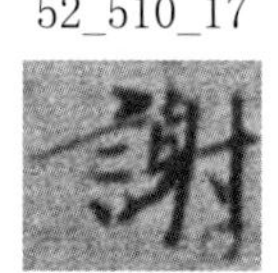
唐代•文選五九
53_517_29

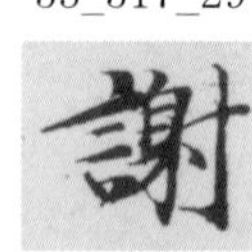
唐代•文選五九
56_543_1

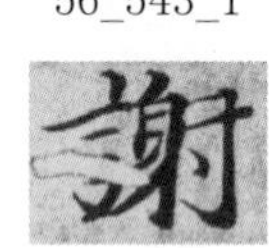
唐代•文選五九
66_631_1

唐代•文選五九
69_662_8

唐代•文選五九
72_696_1

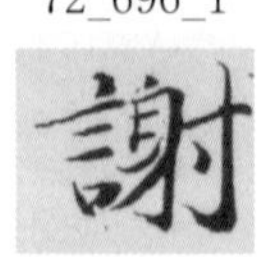
唐代•文選五九
77_739_1

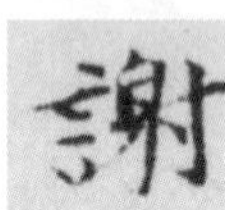
唐代•文選五九
87_835_25

唐代•文選五九
87_836_1

唐代•文選五九
88_842_12

唐代•文選五九
91_870_12

唐代•文選五九
91_870_17

唐代•文選五九
91_871_30

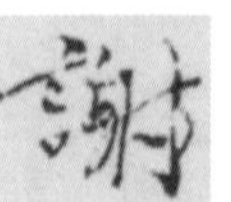
唐代•文選五九
92_876_15

唐代•文選五九
92_877_3

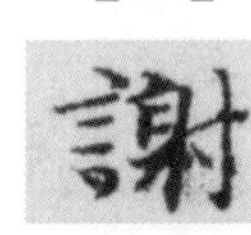
唐代•文選五九
92_878_14

唐代•文選五九
92_879_13

唐代•文選五九
92_887_2

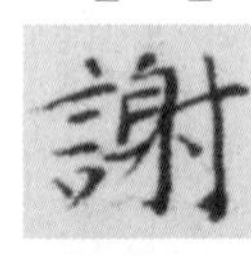
唐代•文選五九
93_892_16

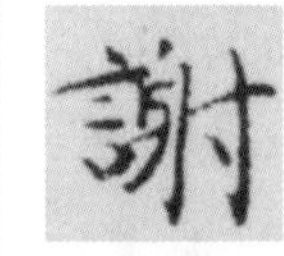
唐代•文選五九
96_911_25

唐代•文選五九
96_912_1

唐代•文選五九
99_935_1

唐代•文選五九
102_964_2

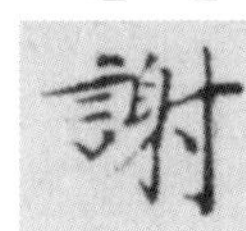
唐代•文選五九
102_964_15

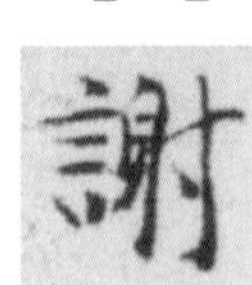
唐代•文選五九
102_965_5

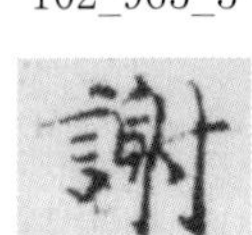
唐代•文選五九
104_984_12

唐代•文選五九
105_994_28

唐代•文選五九
106_1002_24

唐代•文選百三
47_455_7

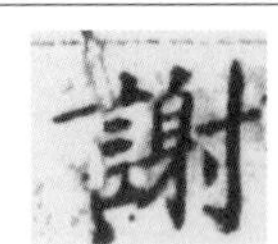
唐代•古文選前
18_206_1

唐代•古文選前
19_222_7

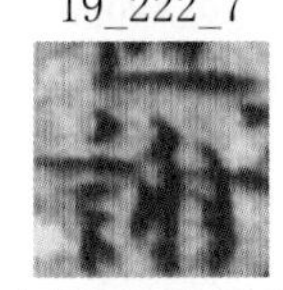
唐代•古文選前
19_222_19

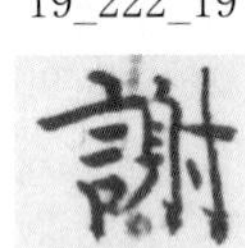
唐代•古文選前
24_277_8

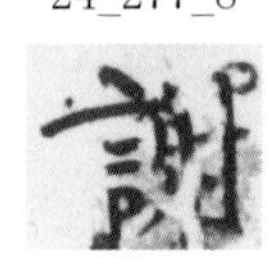
唐代•古文選後
13_153_14

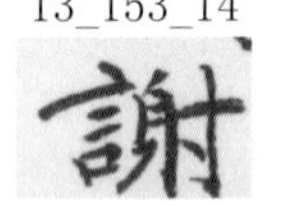
唐代•古文選後
15_175_19

唐代•古文選後
16_190_9

唐代•古文選後
16_192_16

唐代•古文選後
17_197_12

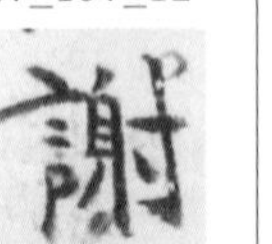
唐代•古文選後
21_242_14

唐代•古文選後
25_292_42

唐代•古文選後
25_300_12

唐代•古文選後
26_304_1

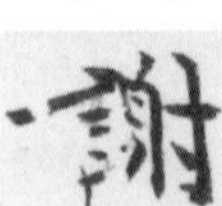
唐代•古文選後
26_306_12

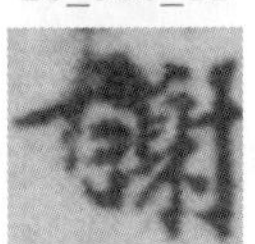
唐代•十輪經四
14_272_1

唐代•十輪經四
15_298_8

謙	謚		謗	謟	謠	謖
ケン 訓 へりくだる	ヨ 訓 ほまれ		ホウ慣ボウ 訓 そしる	漢トウ 訓 うたがう	ヨウ 訓 うたい	シュク慣ショク 訓 たつ
唐代・春秋經傳 24_250_28	唐代・春秋經傳 28_291_5	唐代・十輪經四 18_349_1	唐代・文選五九 60_576_6	唐代・古文選前 22_261_9	唐代・文選五九 61_583_21	唐代・古文選後 21_244_65
唐代・春秋經傳 38_401_17	唐代・春秋經傳 35_364_4	唐代・十輪經九 12_224_15	唐代・十輪經四 1_16_14		唐代・文選五九 76_732_12	唐代・古文選後 21_244_80
唐代・文選八八 8_56_21	唐代・文選百三 39_385_4	唐代・十輪經九 12_233_24	唐代・十輪經四 3_54_1			
唐代・文選百三 73_703_18	唐代・文選百三 73_705_14	唐代・十輪經九 12_236_12	唐代・十輪經四 5_98_12			
	唐代・古文選前 11_133_41	唐代・十輪經十 19_369_5	唐代・十輪經四 6_101_9			
	唐代・古文選前 15_179_32		唐代・十輪經四 6_104_6			
			唐代・十輪經四 6_105_9			
			唐代・十輪經四 7_131_18

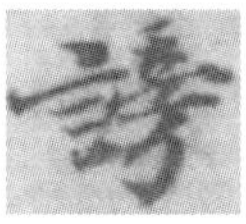

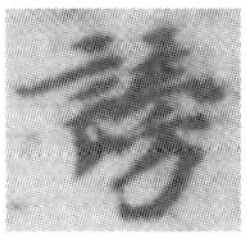

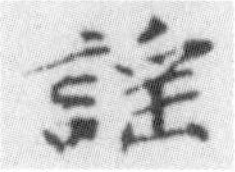

謬謬	謫謫	謳謳	謹謹	謦謦		謐謐
慣ビョウ 漢ビュウ 呉ミュウ 訓あやまる	漢タク 呉チャク 訓せめる	漢オウ 呉ウ 訓うたう	漢キン 訓つつしむ	漢ケイ 訓しわぶき		漢ビツ 慣ヒツ 訓しずか
唐代・文選五九 105_995_22	唐代・文選百三 14_129_1	唐代・春秋經傳 6_61_2	中唐・風信帖 3_15_1	唐代・文選五九 17_162_20	唐代・古文選後 12_143_13	唐代・文選四八 11_96_3
唐代・文選五九 105_999_7	唐代・十輪經四 8_151_6	唐代・文選五九 61_583_20	中唐・風信帖 3_18_6			唐代・文選四八 11_96_14
唐代・文選百三 24_232_27	唐代・十輪經四 8_156_8	唐代・文選五九 84_805_11	晩唐・慶滋書狀 1_1_4			唐代・文選四八 11_97_23
唐代・十輪經十 10_198_9	唐代・十輪經四 9_161_11	唐代・文選六八 52_523_14	晩唐・慶滋書狀 1_17_10			唐代・文選四八 11_99_5
	唐代・十輪經十 19_368_10	唐代・古文選前 1_6_10	唐代・文選五九 31_299_30			唐代・文選四八 30_275_3
			唐代・文選六八 2_21_18			唐代・文選五九 43_418_10
			唐代・古文選前 27_313_14			唐代・文選五九 76_729_13
						唐代・文選六八 66_658_3

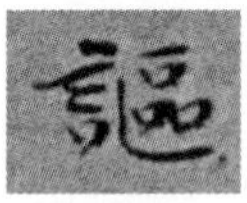

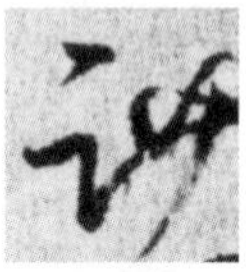

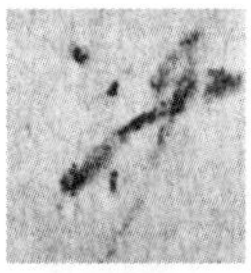

	識	譙	譖	警	譚	譆
	シ吳シキ漢ショク 訓しる	漢シュウ、スイ 吳ジョウ 訓せめる	シン、セン 訓そしる	キョウ漢ケイ 訓いましめる	漢タン吳ダン 訓はなし	キ 訓ああ
 初唐•大般若經 1_20_8	 初唐•金剛場經 1_8_16	 唐代•文選百三 1_4_7	 唐代•春秋經傳 19_198_15	 唐代•文選百三 81_774_3	 唐代•文選五九 47_465_17	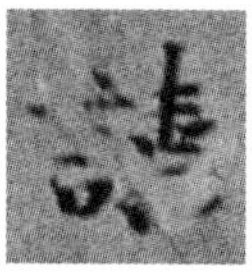 唐代•文選六八 8_87_12
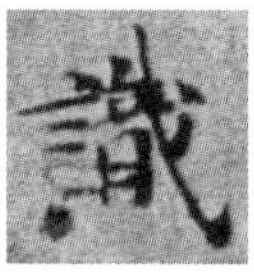 唐代•文選五九 8_73_3	 初唐•大般若經 1_6_10	 唐代•文選百三 1_11_7	 唐代•春秋經傳 19_199_4	 唐代•古文選前 14_159_13	 唐代•文選五九 78_749_27	 唐代•文選六八 8_87_18
 唐代•文選五九 64_617_12	 初唐•大般若經 1_6_14	 唐代•文選百三 1_11_9	 唐代•春秋經傳 19_200_19	 唐代•古文選後 3_35_5		
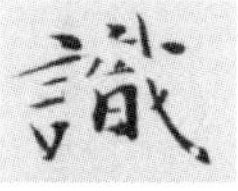 唐代•文選五九 83_801_24	 初唐•大般若經 1_9_15	 唐代•文選百三 2_13_25	 唐代•春秋經傳 21_217_10			
 唐代•文選六八 5_48_8	 初唐•大般若經 1_11_17		 唐代•春秋經傳 21_218_13			
 唐代•文選八八 7_53_11	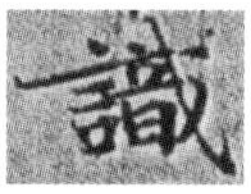 初唐•大般若經 1_14_2		 唐代•文選五九 100_943_14			
 唐代•文選八八 9_63_23	 初唐•大般若經 1_16_4		 唐代•古文選前 21_245_10			
 唐代•文選百三 8_72_14	 初唐•大般若經 1_18_6		 唐代•十輪經四 5_83_11			

唐代•文選百三 8_72_22
唐代•文選百三 9_87_20
唐代•文選百三 13_115_4
唐代•古文選前 2_24_9
唐代•古文選後 20_233_4
唐代•古文選後 23_265_1
唐代•古文選後 27_314_6
唐代•十輪經四 1_3_7

唐代•十輪經四 1_15_15
唐代•十輪經四 1_16_9
唐代•十輪經八 1_13_6
唐代•十輪經八 2_27_12
唐代•十輪經八 4_61_15
唐代•十輪經八 4_66_3
唐代•十輪經八 6_111_7
唐代•十輪經八 6_115_1

唐代•十輪經八 7_132_9
唐代•十輪經八 8_149_7
唐代•十輪經八 8_153_6
唐代•十輪經八 9_171_4
唐代•十輪經八 10_187_14
唐代•十輪經八 10_191_6
唐代•十輪經八 11_208_17
唐代•十輪經八 12_224_12

唐代•十輪經八 12_228_5
唐代•十輪經八 13_246_10
唐代•十輪經八 13_261_12
唐代•十輪經八 14_265_3
唐代•十輪經八 15_283_11
唐代•十輪經八 15_299_12
唐代•十輪經八 15_303_4
唐代•十輪經八 16_321_8

唐代•十輪經八 17_337_12
唐代•十輪經八 17_341_4
唐代•十輪經八 18_360_1
唐代•十輪經八 19_375_12
唐代•十輪經八 19_379_3
唐代•十輪經八 20_397_14
唐代•十輪經八 21_413_4
唐代•十輪經八 21_416_17

唐代•十輪經八 22_437_5
唐代•十輪經九 1_12_17
唐代•十輪經九 1_16_13
唐代•十輪經九 2_35_14
唐代•十輪經九 3_51_5
唐代•十輪經九 3_55_2
唐代•十輪經九 4_76_1
唐代•十輪經九 17_326_11

唐代•十輪經九 20_382_16
唐代•十輪經九 20_385_11
唐代•十輪經九 21_404_8
唐代•十輪經九 21_407_3
唐代•十輪經十 5_95_1
唐代•十輪經十 11_211_3
唐代•十輪經十 11_213_9
唐代•十輪經十 11_213_17

				證	譜	
				ショウ漢セイ呉 ショウ 訓あかし	呉フ 訓しるす	
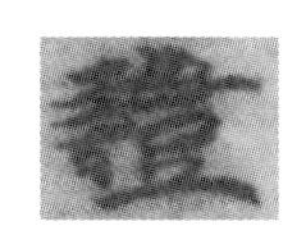 唐代・十輪經九 5_90_9 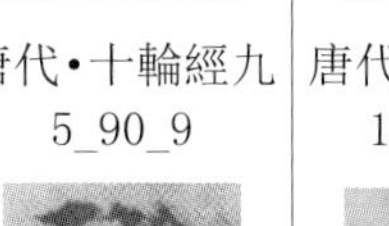 唐代・十輪經九 6_100_6 唐代・十輪經九 6_108_2 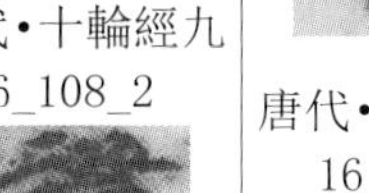 唐代・十輪經九 6_116_4 唐代・十輪經九 7_121_8 唐代・十輪經九 7_123_22 唐代・十輪經九 7_126_21 唐代・十輪經十 17_330_21	 唐代・十輪經八 12_231_4  唐代・十輪經八 14_268_5 唐代・十輪經八 16_306_4  唐代・十輪經八 18_344_4  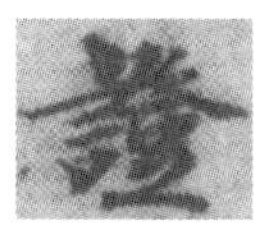 唐代・十輪經八 19_382_4  唐代・十輪經八 21_420_1 唐代・十輪經九 1_19_13 唐代・十輪經九 5_81_1	 唐代・十輪經四 17_329_11 唐代・十輪經四 19_363_11 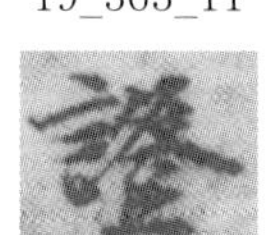 唐代・十輪經四 20_400_13 唐代・十輪經四 21_402_6 唐代・十輪經八 2_33_13 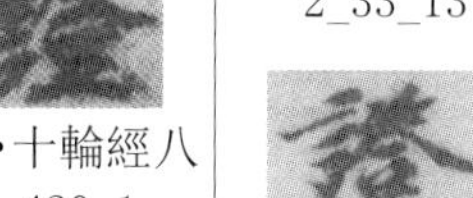  唐代・十輪經八 6_117_16   唐代・十輪經八 8_156_8  唐代・十輪經八 10_194_4	 唐代・文選六八 68_680_20 唐代・文選百三 8_70_17 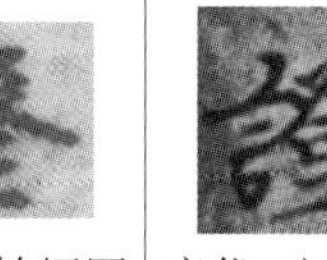 唐代・文選百三 41_414_8  唐代・文選百三 57_551_19 唐代・文選百三 57_553_38 唐代・古文選後 7_74_5 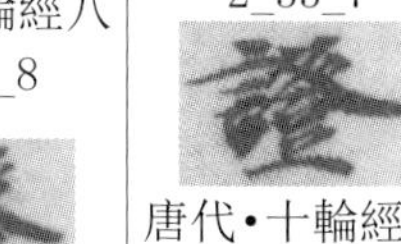 唐代・十輪經四 2_33_7 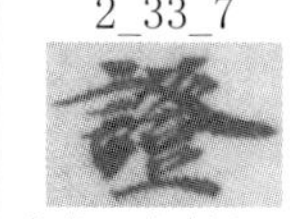 唐代・十輪經四 11_214_7	 中唐・七祖像贊 1_7_2 唐代・文選四八 18_166_7 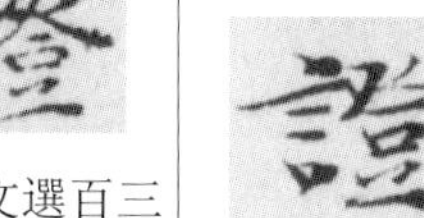 唐代・文選五九 72_692_3 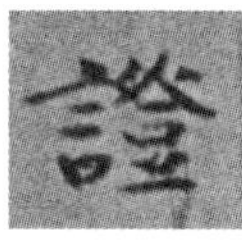 唐代・文選五九 107_1011_28 唐代・文選六八 8_88_12  唐代・文選六八 12_127_8  唐代・文選六八 19_199_24 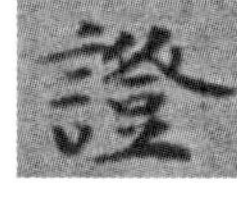 唐代・文選六八 60_603_5	  唐代・文選百三 5_36_28	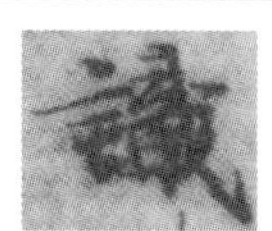 唐代・十輪經十 11_214_8  唐代・十輪經十 11_214_16  唐代・十輪經十 11_215_7  唐代・十輪經十 11_216_3 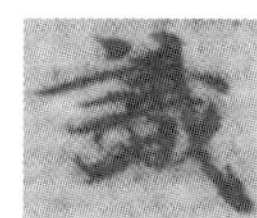 唐代・十輪經十 11_216_16

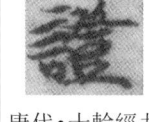

唐代・十輪經九
7_131_4

唐代・十輪經九
8_140_16

唐代・十輪經九
8_141_15

唐代・十輪經九
8_145_22

唐代・十輪經九
9_171_13

唐代・十輪經九
9_175_2

唐代・十輪經九
17_332_2

唐代・十輪經十
9_163_22

唐代・十輪經十
17_321_17

譏

漢キ
訓そしる

唐代・春秋經傳
1_3_3

唐代・春秋經傳
24_251_27

唐代・文選百三
59_566_30

唐代・古文選前
26_303_13

唐代・十輪經四
7_125_16

護

吳ゴ漢コ
訓ひきいる

唐代・十輪經四
2_24_5

唐代・十輪經四
4_72_9

唐代・十輪經四
4_74_11

唐代・十輪經四
4_77_3

唐代・十輪經四
4_79_6

唐代・十輪經四
4_79_8

唐代・十輪經四
6_112_4

唐代・十輪經四
7_122_17

唐代・十輪經四
7_124_14

唐代・十輪經四
9_165_9

唐代・十輪經四
12_220_7

唐代・十輪經四
16_313_8

唐代・十輪經四
17_335_12

唐代・十輪經四
18_350_4

唐代・十輪經四
19_367_1

唐代・十輪經四
20_386_11

唐代・十輪經八
5_97_15

唐代・十輪經九
5_91_2

唐代・十輪經九
6_117_4

唐代・十輪經九
8_151_8

唐代・十輪經九
9_169_3

唐代・十輪經九
9_178_2

唐代・十輪經九
10_185_5

唐代・十輪經九
11_205_16

唐代・十輪經九
12_231_12

唐代・十輪經九
13_242_8

唐代・十輪經九
13_252_15

唐代・十輪經九
13_255_4

唐代・十輪經九
13_256_7

唐代・十輪經九
13_257_6

唐代・十輪經九
13_257_14

唐代・十輪經九
13_258_4

讄 譯

讄 ルイ　訓しのびごと

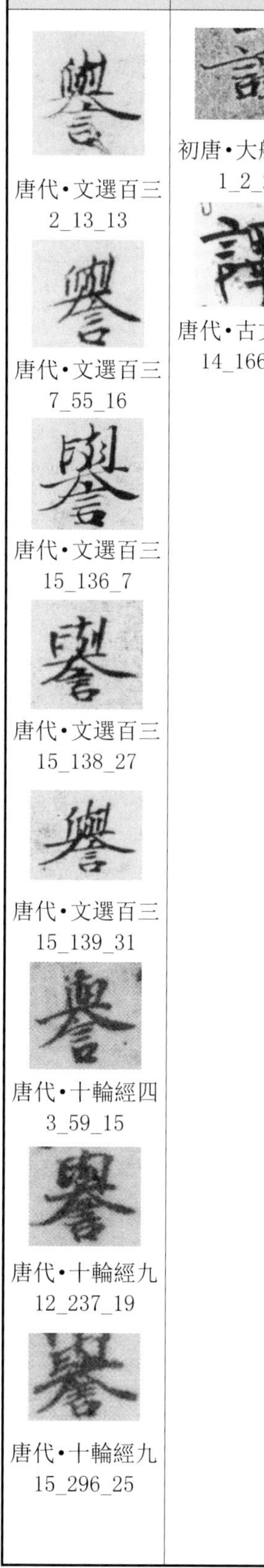

唐代•文選百三 2_13_13

唐代•文選百三 7_55_16

唐代•文選百三 15_136_7

唐代•文選百三 15_138_27

唐代•文選百三 15_139_31

唐代•十輪經四 3_59_15

唐代•十輪經九 12_237_19

唐代•十輪經九 15_296_25

譯 呉ヤク　漢エキ　訓わけ

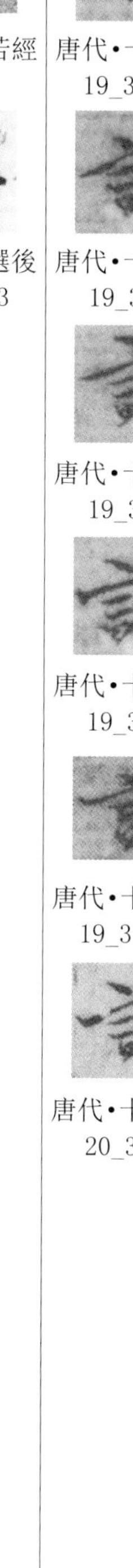

初唐•大般若經 1_2_21

唐代•古文選後 14_166_13

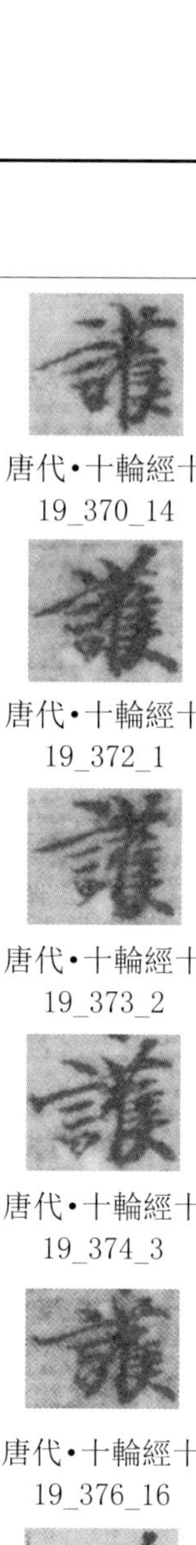

唐代•十輪經十 19_370_14

唐代•十輪經十 19_372_1

唐代•十輪經十 19_373_2

唐代•十輪經十 19_374_3

唐代•十輪經十 19_376_16

唐代•十輪經十 20_381_1

唐代•十輪經十 16_315_14

唐代•十輪經十 19_364_4

唐代•十輪經十 19_365_7

唐代•十輪經十 19_366_4

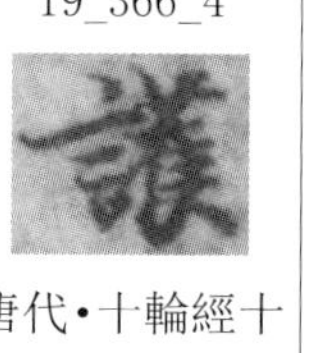

唐代•十輪經十 19_367_2

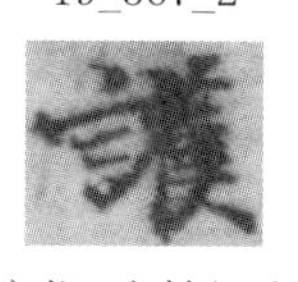

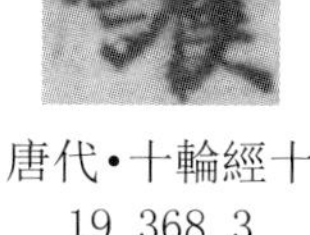

唐代•十輪經十 19_368_3

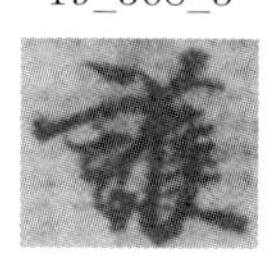

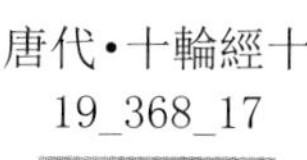

唐代•十輪經十 19_368_17

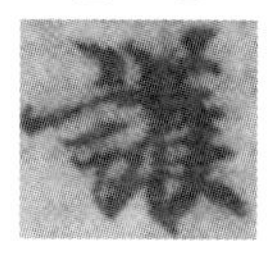

唐代•十輪經十 19_369_14

唐代•十輪經十 7_122_14

唐代•十輪經十 7_135_8

唐代•十輪經十 8_157_13

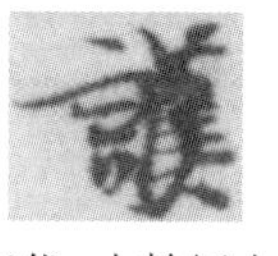

唐代•十輪經十 9_168_8

唐代•十輪經十 9_175_10

唐代•十輪經十 10_193_2

唐代•十輪經十 11_205_6

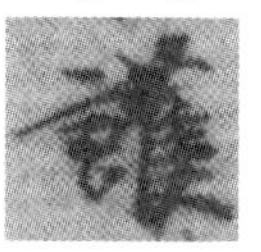

唐代•十輪經十 12_231_10

唐代•十輪經九 15_294_7

唐代•十輪經九 16_305_7

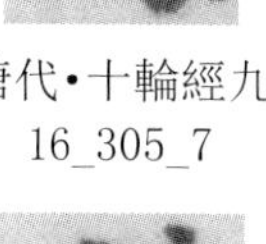

唐代•十輪經九 18_359_13

唐代•十輪經九 19_370_7

唐代•十輪經九 21_417_7

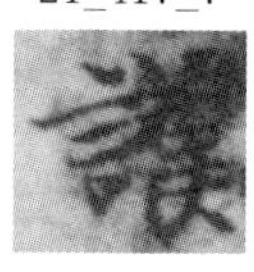

唐代•十輪經十 1_6_8

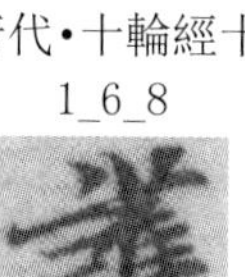

唐代•十輪經十 2_35_13

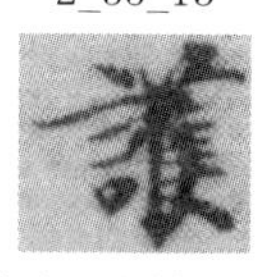

唐代•十輪經十 2_40_10

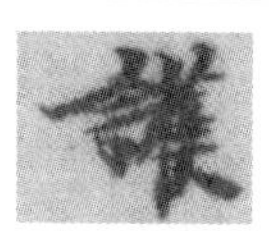

唐代•十輪經九 13_258_13

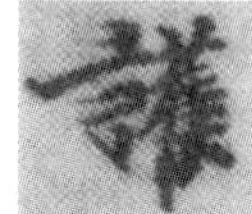

唐代•十輪經九 13_259_9

唐代•十輪經九 14_260_3

唐代•十輪經九 14_260_11

唐代•十輪經九 14_265_15

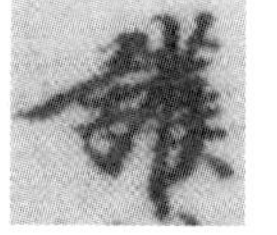

唐代•十輪經九 14_268_21

唐代•十輪經九 14_269_14

唐代•十輪經九 14_274_7

唐代•十輪經九
15_298_25

唐代•十輪經九
15_299_25

唐代•十輪經九
18_344_5

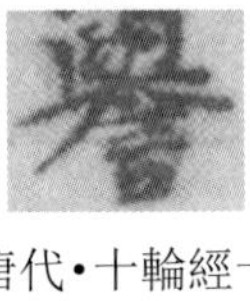
唐代•十輪經十
7_129_25

議

ギ
訓はかる

唐代•春秋經傳
26_273_21

唐代•春秋經傳
36_380_16

唐代•文選五九
23_223_8

唐代•文選五九
41_410_21

唐代•文選五九
54_533_14

唐代•文選五九
56_541_14

唐代•文選五九
63_607_17

唐代•文選五九
77_736_16

唐代•文選五九
91_871_15

唐代•文選八八
9_69_32

唐代•文選八八
13_108_19

唐代•文選八八
13_111_5

唐代•文選八八
13_113_33

唐代•文選百三
28_276_1

唐代•文選百三
49_477_6

唐代•文選百三
50_482_14

唐代•文選百三
65_623_29

唐代•古文選後
5_50_6

唐代•古文選後
20_233_14

譬

ヒ
訓たとえる

唐代•春秋經傳
38_402_2

唐代•文選四八
4_26_2

唐代•文選五九
51_506_21

唐代•文選五九
71_685_22

唐代•文選六八
8_81_9

唐代•文選六八
8_81_23

唐代•文選百三
62_595_29

唐代•十輪經四
2_35_13

唐代•十輪經四
11_203_3

唐代•十輪經四
21_404_4

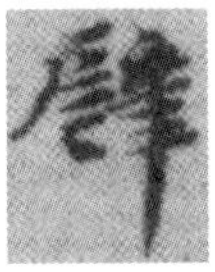
唐代•十輪經四
21_412_1

唐代•十輪經四
21_416_3

唐代•十輪經四
22_420_16

唐代•十輪經四
22_425_6

唐代•十輪經十
12_239_13

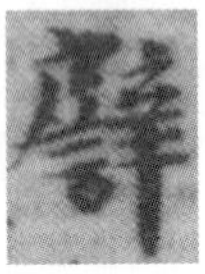
唐代•十輪經十
13_248_8

唐代•十輪經十
13_257_15

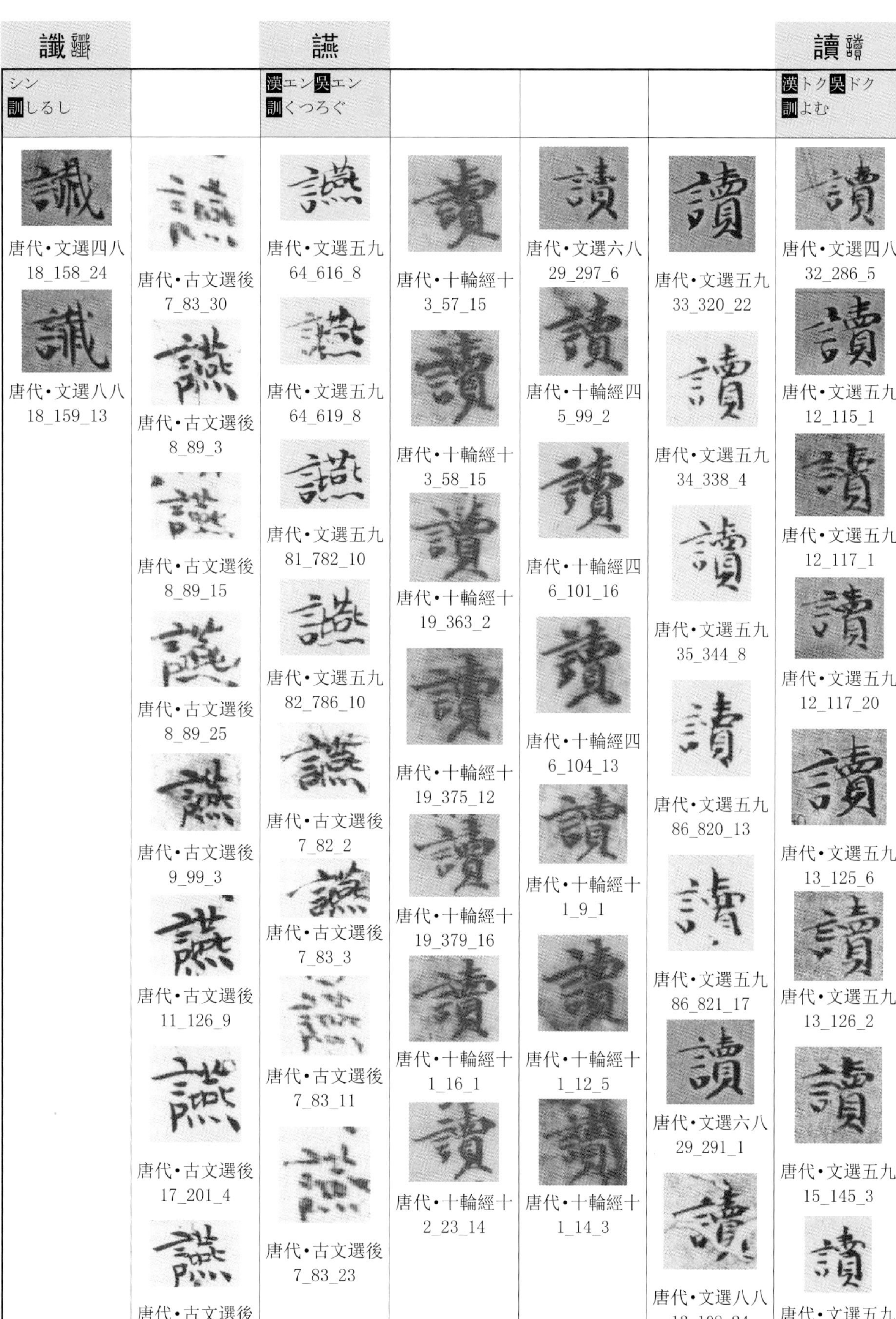

識𧭒		讌				讀𧬄
シン 訓しるし		漢エン呉エン 訓くつろぐ				漢トク呉ドク 訓よむ
唐代•文選四八 18_158_24	唐代•古文選後 7_83_30	唐代•文選五九 64_616_8	唐代•十輪經十 3_57_15	唐代•文選六八 29_297_6	唐代•文選五九 33_320_22	唐代•文選四八 32_286_5
唐代•文選八八 18_159_13	唐代•古文選後 8_89_3	唐代•文選五九 64_619_8	唐代•十輪經十 3_58_15	唐代•十輪經四 5_99_2	唐代•文選五九 34_338_4	唐代•文選五九 12_115_1
	唐代•古文選後 8_89_15	唐代•文選五九 81_782_10	唐代•十輪經十 19_363_2	唐代•十輪經四 6_101_16	唐代•文選五九 35_344_8	唐代•文選五九 12_117_1
	唐代•古文選後 8_89_25	唐代•文選五九 82_786_10	唐代•十輪經十 19_375_12	唐代•十輪經四 6_104_13	唐代•文選五九 86_820_13	唐代•文選五九 12_117_20
	唐代•古文選後 9_99_3	唐代•古文選後 7_82_2	唐代•十輪經十 19_379_16	唐代•十輪經十 1_9_1	唐代•文選五九 86_821_17	唐代•文選五九 13_125_6
	唐代•古文選後 11_126_9	唐代•古文選後 7_83_3	唐代•十輪經十 1_16_1	唐代•十輪經十 1_12_5	唐代•文選六八 29_291_1	唐代•文選五九 13_126_2
	唐代•古文選後 17_201_4	唐代•古文選後 7_83_11	唐代•十輪經十 2_23_14	唐代•十輪經十 1_14_3	唐代•文選八八 13_108_24	唐代•文選五九 15_145_3
	唐代•古文選後 20_236_12	唐代•古文選後 7_83_23				唐代•文選五九 29_284_28

讜

トウ
訓 よいことば

唐代•文選百三
17_157_7

唐代•文選百三
17_158_16

唐代•文選百三
17_158_23

唐代•文選百三
17_159_13

唐代•十輪經四
3_56_8

唐代•十輪經四
13_251_11

唐代•十輪經四
15_282_9

唐代•十輪經八
5_96_6

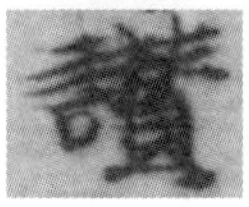
唐代•十輪經九
5_83_6

讚

サン
訓 ほめる

唐代•文選四八
29_260_6

唐代•文選四八
29_263_11

唐代•文選四八
29_265_1

唐代•文選四八
49_447_10

唐代•文選四八
50_450_26

唐代•文選六八
67_666_15

唐代•文選百三
25_245_14

唐代•古文選前
3_28_11

讓

漢 ジョウ
訓 ゆずる

唐代•春秋經傳
6_59_23

唐代•春秋經傳
20_207_15

唐代•春秋經傳
37_392_4

唐代•文選五九
19_183_7

唐代•文選五九
77_742_16

唐代•文選六八
70_700_7

唐代•文選百三
53_507_14

唐代•古文選前
25_289_7

讒

漢 サン 呉 ザン
訓 そしる

唐代•文選五九
59_566_8

唐代•文選五九
59_568_15

辛部

辛

シン
訓からい

唐代•春秋經傳 3_20_14

唐代•春秋經傳 3_20_17

唐代•春秋經傳 27_284_11

唐代•春秋經傳 30_310_2

唐代•春秋經傳 30_311_6

唐代•文選四八 3_19_18

唐代•文選五九 53_519_6

唐代•文選六八 17_178_4

唐代•文選六八 17_179_4

唐代•文選六八 17_180_7

辜

コ
訓つみ

唐代•文選八八 16_139_11

唐代•文選八八 17_141_14

唐代•文選八八 17_144_19

唐代•古文選後 5_59_11

辟

漢ヘキ漢ヘイ
訓つみ

唐代•春秋經傳 31_325_15

唐代•春秋經傳 31_326_7

唐代•文選四八 23_210_20

唐代•文選四八 24_214_26

唐代•文選四八 44_399_6

唐代•文選五九 104_985_13

唐代•文選六八 67_666_18

唐代•文選六八 67_668_23

唐代•文選百三 2_12_6

唐代•文選百三 25_237_15

唐代•古文選前 18_217_12

唐代•古文選後 11_121_4

唐代•古文選後 14_167_9

唐代•古文選後 14_167_16

辨

吳ベン
訓わきまえる

唐代•文選五九 7_62_2

唐代•文選五九 7_64_27

唐代•文選五九 7_65_5

唐代•文選五九 7_66_11

唐代•文選六八 2_17_15

唐代•文選六八 8_76_26

唐代•文選六八 11_117_17

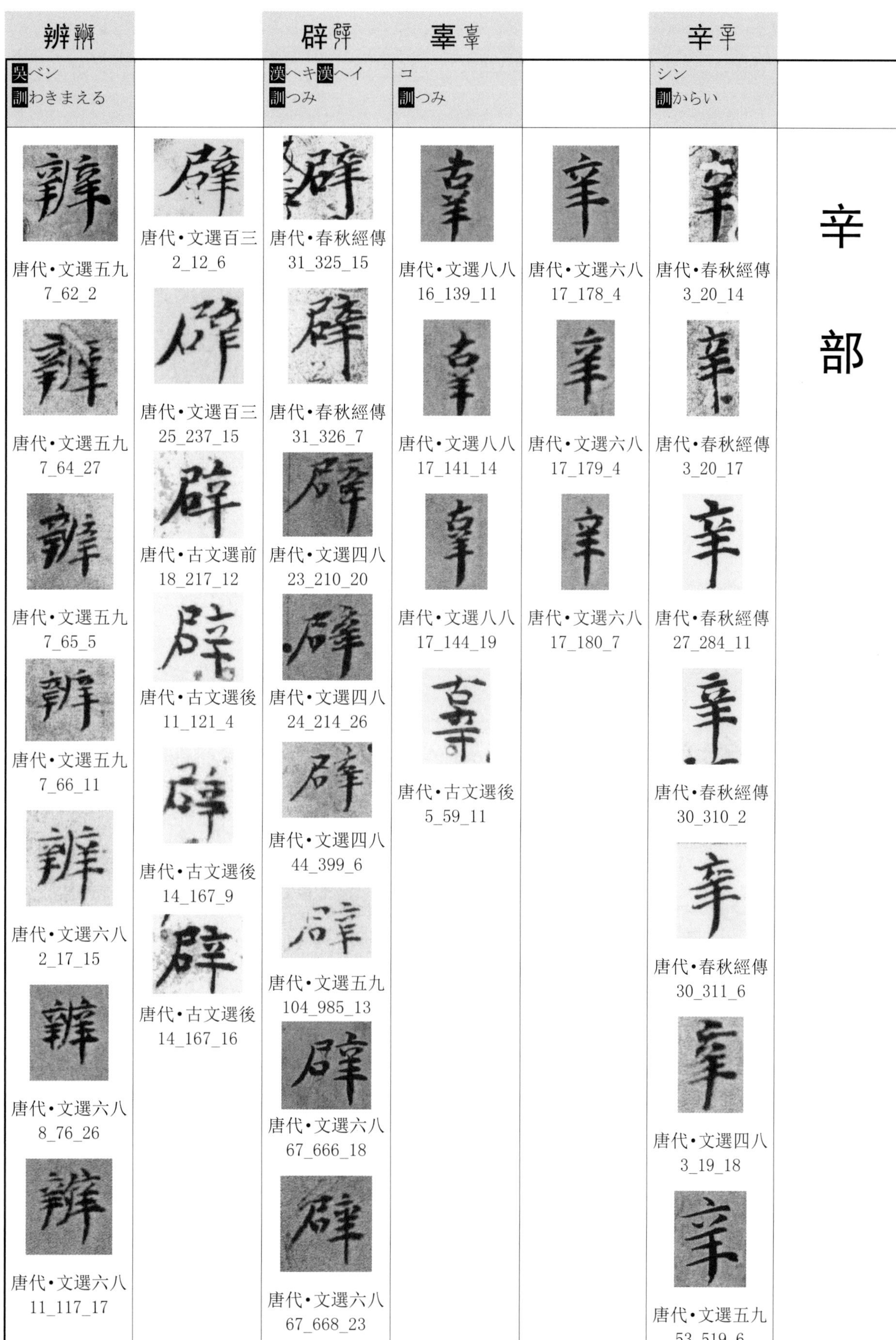

辭 𨐲 辝

吳ジ 漢シ
訓やめる

通辯
唐代•十輪經四
7_134_6

唐代•春秋經傳
1_4_11

唐代•春秋經傳
16_164_6

唐代•春秋經傳
20_205_7

唐代•春秋經傳
28_287_25

唐代•春秋經傳
32_334_14

唐代•春秋經傳
35_369_4

唐代•春秋經傳
38_394_17

唐代•春秋經傳
38_396_25

唐代•文選四八
13_118_2

唐代•文選四八
16_141_7

唐代•文選四八
21_193_10

唐代•文選四八
22_195_7

唐代•文選四八
28_251_12

唐代•文選四八
35_315_4

唐代•文選四八
47_426_20

唐代•文選四八
48_434_9

唐代•文選五九
10_95_9

唐代•文選五九
14_132_15

唐代•文選五九
35_341_28

唐代•文選五九
37_371_21

唐代•文選五九
43_426_7

唐代•文選五九
50_495_2

唐代•文選五九
52_514_3

唐代•文選五九
52_514_20

唐代•文選五九
52_515_20

唐代•文選五九
53_518_30

唐代•文選五九
59_565_11

唐代•文選五九
62_602_13

唐代•文選五九
63_608_32

唐代•文選五九
66_642_15

唐代•文選五九
84_805_21

唐代•文選五九
85_815_17

唐代•文選五九
86_823_1

唐代•文選五九
93_890_1

唐代•文選五九
99_941_3

唐代•文選六八
2_26_11

唐代•文選六八
8_88_6

唐代•文選六八
9_91_11

唐代•文選六八
14_147_14

唐代•文選六八
19_197_12

唐代•文選六八
34_343_1

唐代•文選六八
43_433_1

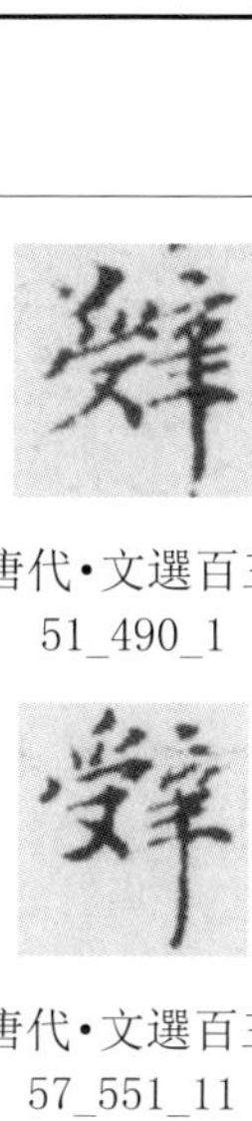
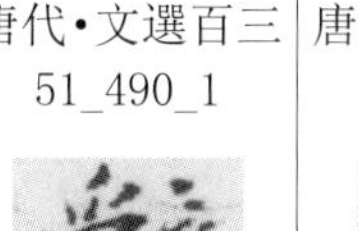
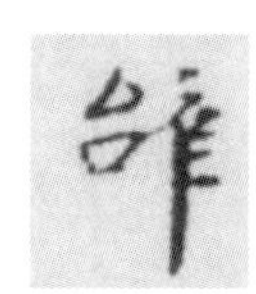

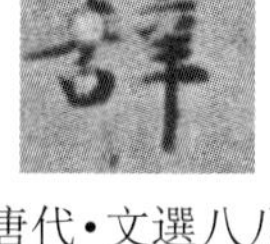

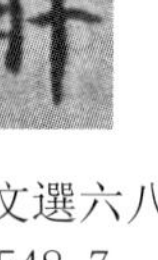
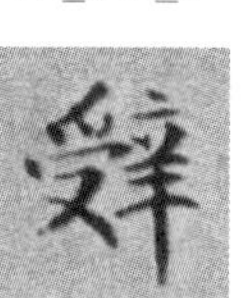

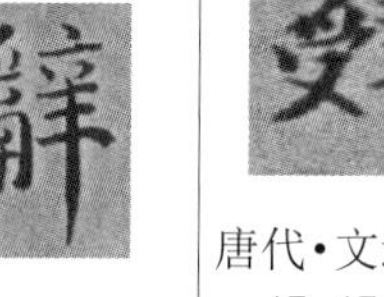

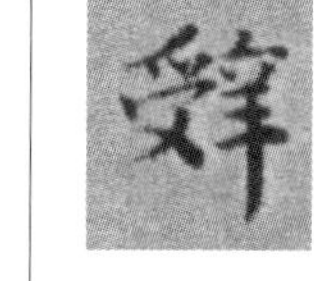

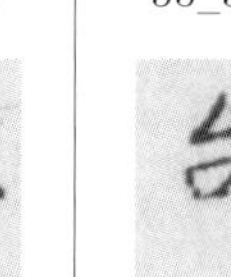
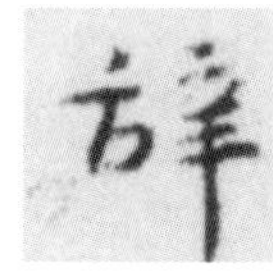

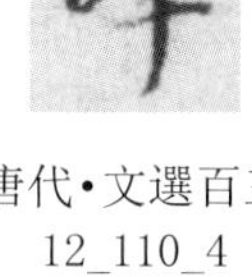

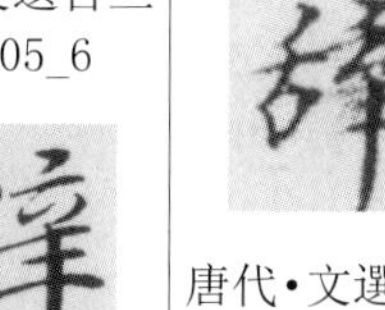
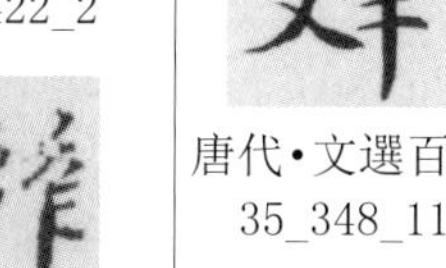
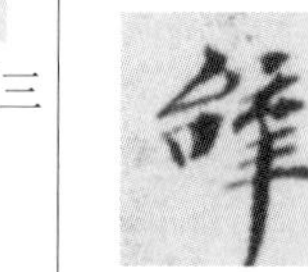

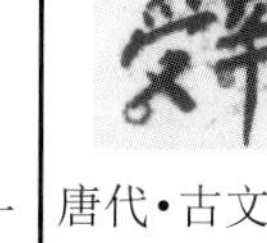
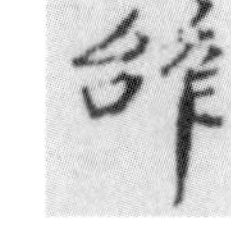
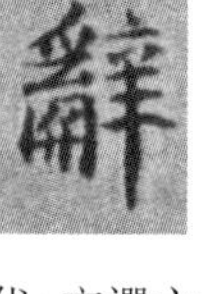
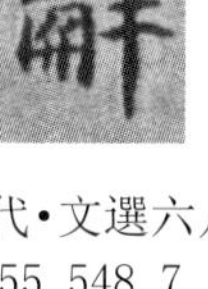
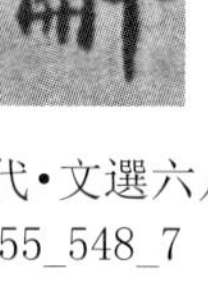

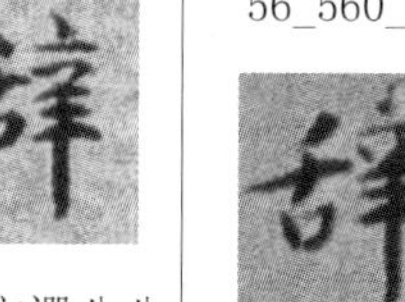
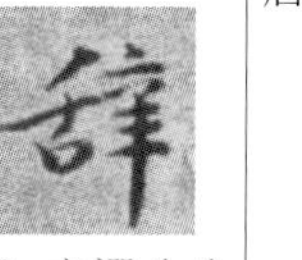

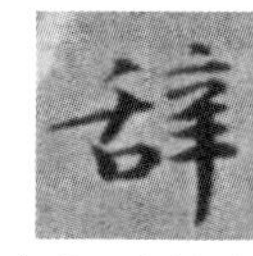

唐代•文選百三 51_490_1

唐代•文選百三 57_551_11

唐代•文選百三 57_551_35

唐代•文選百三 70_676_17

唐代•文選百三 73_703_1

唐代•古文選前 1_4_4

唐代•古文選前 6_67_1

唐代•文選百三 35_352_5

唐代•文選百三 35_354_1

唐代•文選百三 36_357_19

唐代•文選百三 39_392_11

唐代•文選百三 41_405_6

唐代•文選百三 42_422_2

唐代•文選百三 45_425_20

唐代•文選百三 13_116_2

唐代•文選百三 13_116_22

唐代•文選百三 13_122_34

唐代•文選百三 14_131_1

唐代•文選百三 21_201_1

唐代•文選百三 21_202_6

唐代•文選百三 35_348_11

唐代•文選百三 7_57_20

唐代•文選百三 7_60_10

唐代•文選百三 7_68_5

唐代•文選百三 12_110_4

唐代•文選百三 12_110_20

唐代•文選百三 12_111_15

唐代•文選百三 12_112_21

唐代•文選八八 5_23_7

唐代•文選八八 5_27_11

唐代•文選八八 5_28_8

唐代•文選八八 5_28_15

唐代•文選八八 7_43_18

唐代•文選八八 8_56_22

唐代•文選八八 9_69_1

唐代•文選六八 55_548_7

唐代•文選六八 56_560_11

唐代•文選六八 58_583_15

唐代•文選六八 60_603_20

唐代•文選六八 61_612_19

唐代•文選六八 67_676_28

唐代•文選六八 73_729_10

唐代•文選六八 43_437_5

唐代•文選六八 47_468_6

唐代•文選六八 47_473_3

唐代•文選六八 47_473_14

唐代•文選六八 51_511_22

唐代•文選六八 52_523_18

唐代•文選六八 53_530_7

辯辯

呉ベン
訓わける

唐代•十輪經八
4_62_7

唐代•十輪經八
5_81_1

唐代•十輪經八
20_384_14

唐代•文選百三
24_236_3

唐代•文選六八
2_26_5

唐代•文選六八
11_112_2

唐代•文選六八
18_182_22

唐代•文選百三
7_56_10

唐代•文選百三
7_57_18

唐代•文選百三
7_60_8

唐代•古文選後
14_163_10

唐代•十輪經十
11_206_11

唐代•十輪經十
13_243_2

唐代•十輪經十
13_252_7

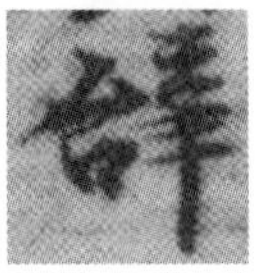
唐代•十輪經十
13_259_17

唐代•十輪經十
14_272_13

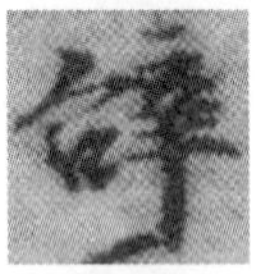
唐代•十輪經十
16_305_4

唐代•古文選前
15_179_55

唐代•古文選前
19_226_11

唐代•古文選前
25_289_11

唐代•古文選後
7_73_7

唐代•古文選後
20_232_12

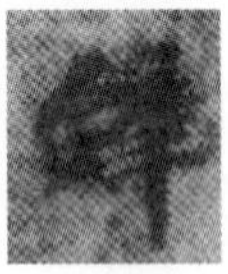
唐代•十輪經四
3_43_1

唐代•十輪經十
10_200_10

唐代•古文選前
6_70_6

唐代•古文選前
9_106_6

唐代•古文選前
10_123_4

唐代•古文選前
11_124_13

唐代•古文選前
11_129_11

唐代•古文選前
15_178_16

唐代•古文選前
15_179_48

青部

青 青

漢セイ 唐チン 呉ショウ
訓あお

唐代•文選四八 35_314_1 | 唐代•文選五九 51_503_18 | 唐代•文選五九 67_648_8 | 唐代•文選五九 89_853_30 | 唐代•文選六八 52_523_17 | 唐代•文選百三 28_277_21

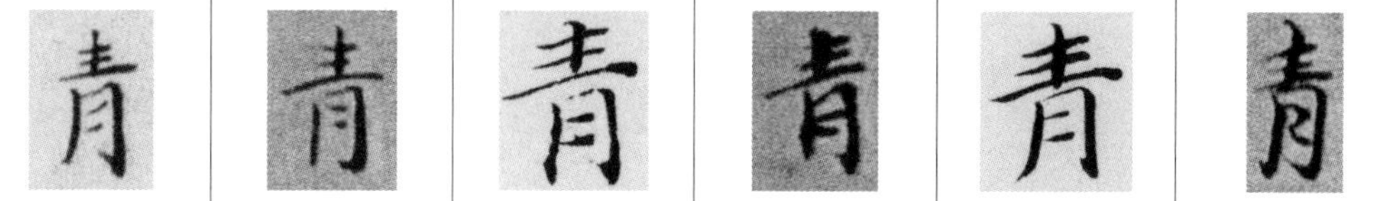

唐代•文選四八 35_314_10 | 唐代•文選五九 61_584_6 | 唐代•文選五九 84_805_14 | 唐代•文選五九 97_916_20 | 唐代•文選六八 52_523_20 | 唐代•文選百三 28_278_1

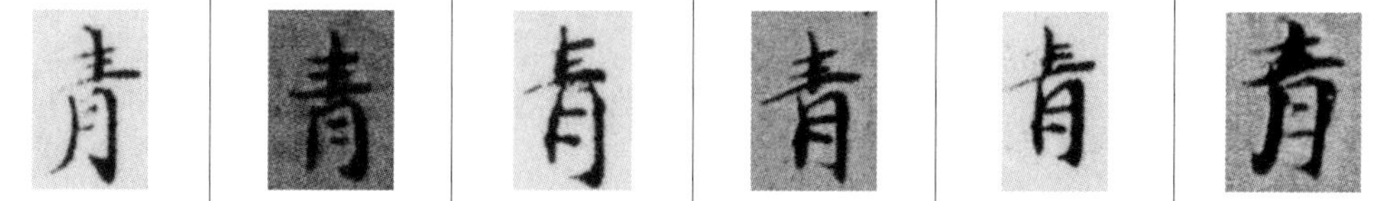

唐代•文選四八 35_315_6 | 唐代•文選五九 61_586_5 | 唐代•文選五九 84_805_17 | 唐代•文選五九 97_918_5 | 唐代•文選六八 69_684_14 | 唐代•文選百三 29_279_4

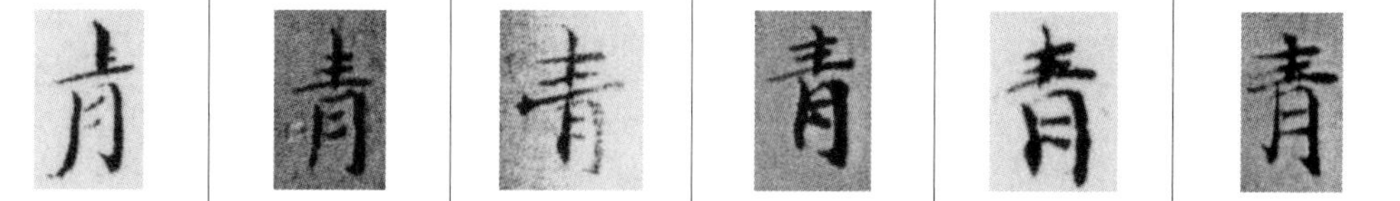

唐代•文選四八 45_406_21 | 唐代•文選五九 61_591_3 | 唐代•文選五九 84_805_23 | 唐代•文選五九 111_1055_14 | 唐代•文選六八 69_684_26 | 唐代•文選百三 29_280_17

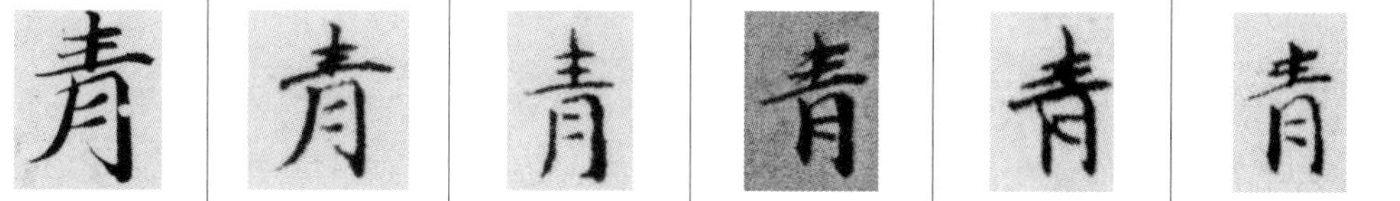

唐代•文選五九 37_361_29 | 唐代•文選五九 61_591_28 | 唐代•文選五九 84_806_7 | 唐代•文選六八 19_193_6 | 唐代•文選百三 6_54_23 | 唐代•文選百三 32_315_8

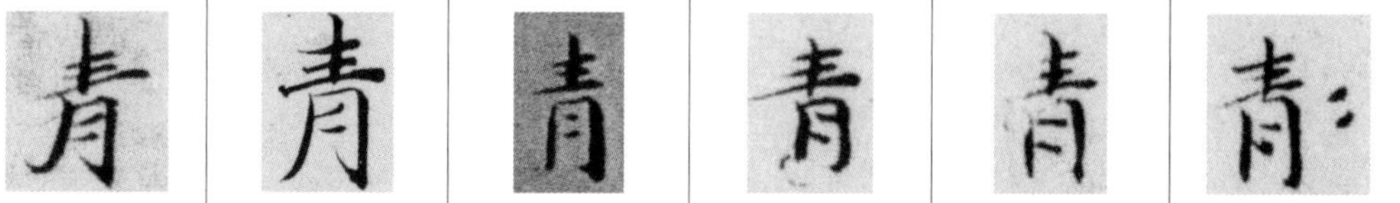

唐代•文選五九 37_362_3 | 唐代•文選五九 62_592_19 | 唐代•文選五九 88_848_7 | 唐代•文選六八 23_230_2 | 唐代•文選百三 28_274_4 | 唐代•文選百三 32_316_17

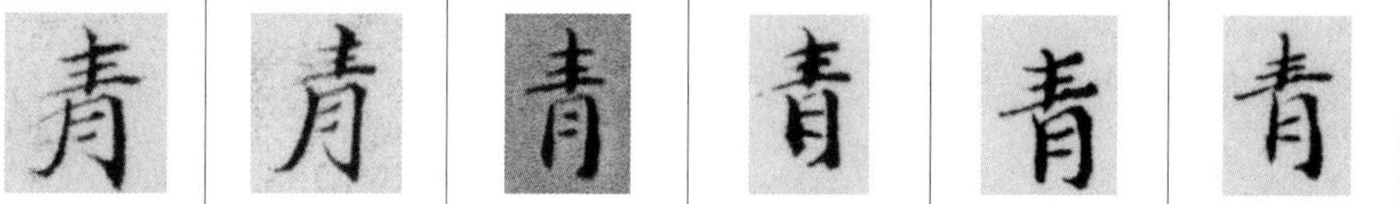

唐代•文選五九 37_366_21 | 唐代•文選五九 67_646_26 | 唐代•文選五九 89_851_3 | 唐代•文選六八 31_307_4 | 唐代•文選百三 28_277_9 | 唐代•文選百三 32_318_20

靜

漢セイ 呉ジョウ

訓しずまる

靖

漢セイ 呉ジョウ

訓やすい

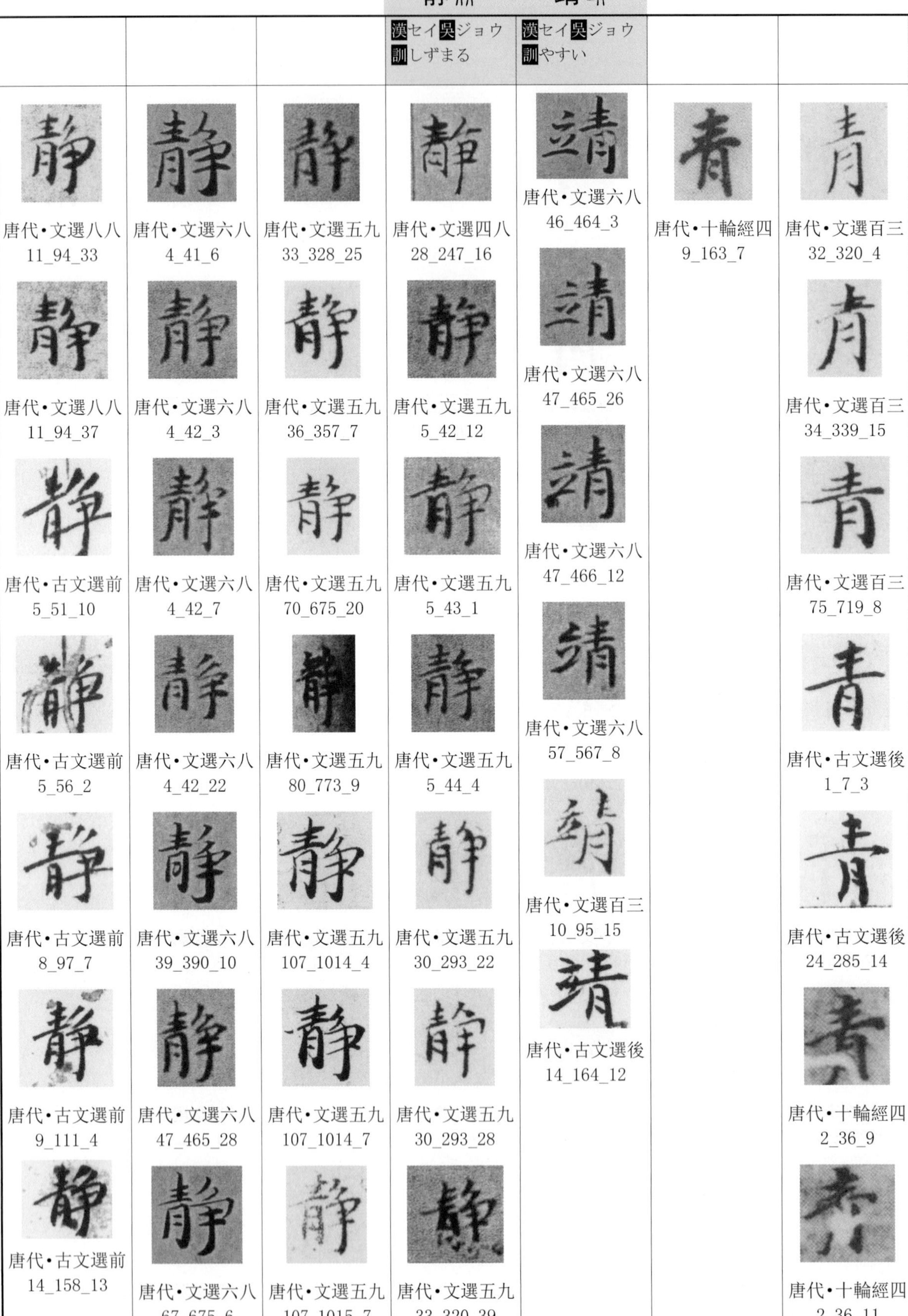

唐代•文選百三
32_320_4

唐代•文選百三
34_339_15

唐代•文選百三
75_719_8

唐代•古文選後
1_7_3

唐代•古文選後
24_285_14

唐代•十輪經四
2_36_9

唐代•十輪經四
2_36_11

唐代•十輪經四
9_163_7

唐代•文選六八
46_464_3

唐代•文選六八
47_465_26

唐代•文選六八
47_466_12

唐代•文選六八
57_567_8

唐代•文選百三
10_95_15

唐代•古文選後
14_164_12

唐代•文選四八
28_247_16

唐代•文選五九
5_42_12

唐代•文選五九
5_43_1

唐代•文選五九
5_44_4

唐代•文選五九
30_293_22

唐代•文選五九
30_293_28

唐代•文選五九
33_320_39

唐代•文選五九
33_328_25

唐代•文選五九
36_357_7

唐代•文選五九
70_675_20

唐代•文選五九
80_773_9

唐代•文選五九
107_1014_4

唐代•文選五九
107_1014_7

唐代•文選五九
107_1015_7

唐代•文選六八
4_41_6

唐代•文選六八
4_42_3

唐代•文選六八
4_42_7

唐代•文選六八
4_42_22

唐代•文選六八
39_390_10

唐代•文選六八
47_465_28

唐代•文選六八
67_675_6

唐代•文選八八
11_94_33

唐代•文選八八
11_94_37

唐代•古文選前
5_51_10

唐代•古文選前
5_56_2

唐代•古文選前
8_97_7

唐代•古文選前
9_111_4

唐代•古文選前
14_158_13

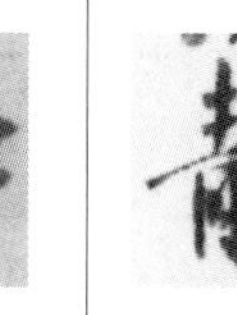
唐代·古文選前
22_253_12

唐代·十輪經四
10_180_18

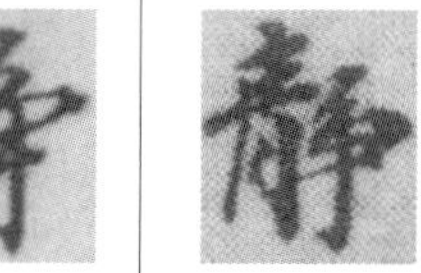
唐代·十輪經八
5_80_3

唐代·十輪經八
5_80_10

唐代·十輪經九
15_289_9

唐代·十輪經九
15_298_15

唐代·十輪經九
15_299_3

唐代·十輪經九
19_366_13

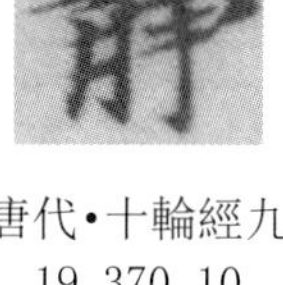
唐代·十輪經九
19_370_10

唐代·十輪經九
19_371_5

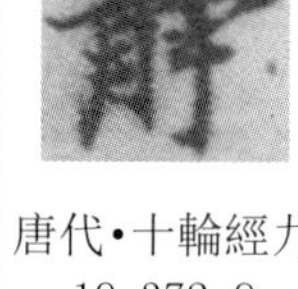
唐代·十輪經九
19_372_9

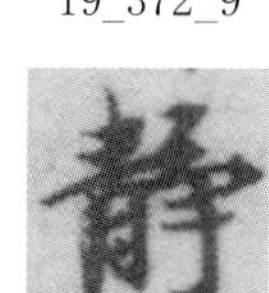
唐代·十輪經九
19_373_3

唐代·十輪經九
19_373_11

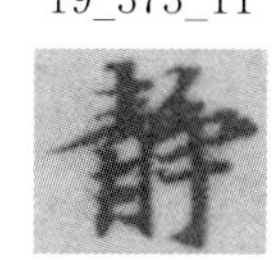
唐代·十輪經九
19_374_2

唐代·十輪經九
19_374_10

唐代·十輪經九
19_375_1

唐代·十輪經九
19_375_9

唐代·十輪經九
19_376_2

唐代·十輪經九
19_376_11

唐代·十輪經九
19_377_3

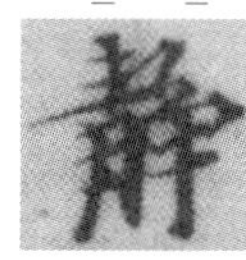
唐代·十輪經九
19_377_12

唐代·十輪經九
19_378_4

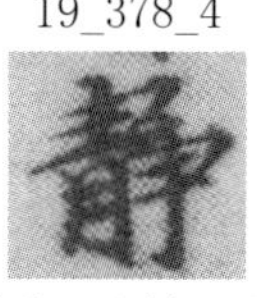
唐代·十輪經九
19_378_12

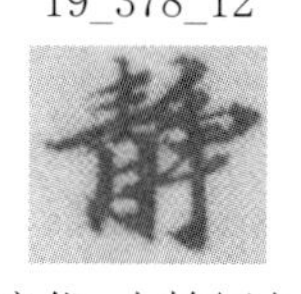
唐代·十輪經九
19_379_3

唐代·十輪經九
19_379_13

唐代·十輪經九
20_380_5

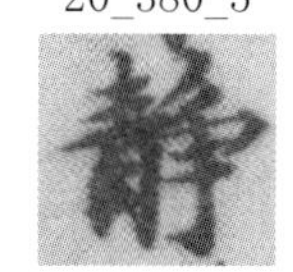
唐代·十輪經九
20_380_13

唐代·十輪經九
20_381_5

唐代·十輪經九
20_381_13

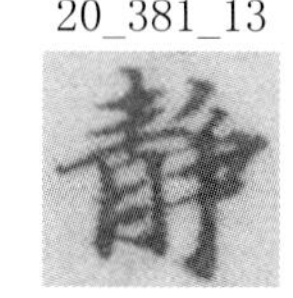
唐代·十輪經九
20_382_4

唐代·十輪經九
20_382_12

唐代·十輪經九
20_383_4

唐代·十輪經九
20_383_12

唐代·十輪經九
20_384_2

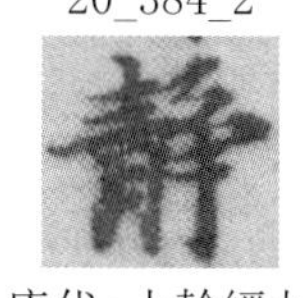
唐代·十輪經九
20_384_13

唐代·十輪經九
20_385_7

唐代·十輪經九
20_385_17

唐代·十輪經九
20_386_10

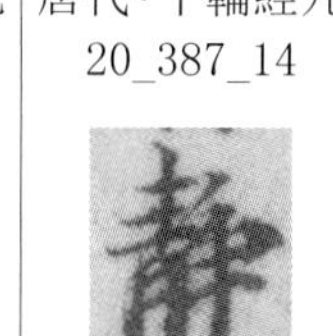
唐代·十輪經九
20_387_6

唐代·十輪經九
20_387_14

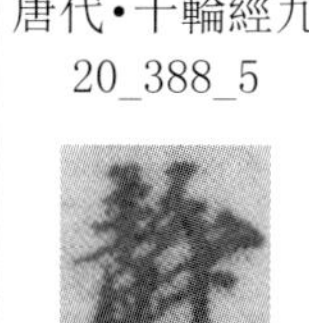
唐代·十輪經九
20_388_5

唐代·十輪經九
20_388_13

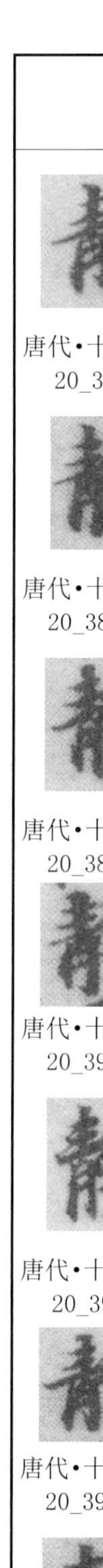
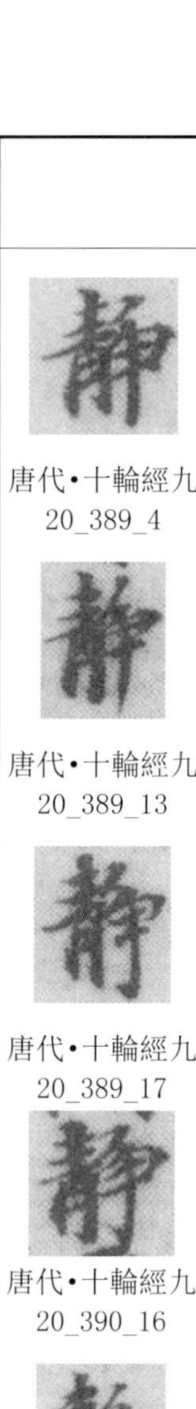
唐代·十輪經九
20_389_4

唐代·十輪經九
20_389_13

唐代·十輪經九
20_389_17

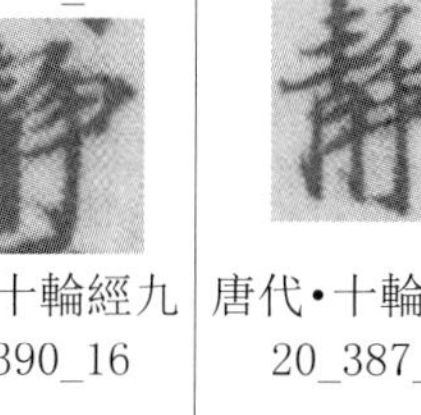
唐代·十輪經九
20_390_16

唐代·十輪經九
20_391_2

唐代·十輪經九
20_393_16

唐代·十輪經九
20_394_11

長部

長

漢 チョウ
訓 ながい

初唐•法華義疏 1_3_4

初唐•大般若經 2_33_14

中唐•七祖像贊 1_6_2

晚唐•慶滋書狀 1_9_6

唐代•春秋經傳 20_206_7

唐代•春秋經傳 35_366_17

唐代•文選四八 2_9_6

唐代•文選四八 3_17_17

唐代•文選四八 4_30_4

唐代•文選四八 4_31_21

唐代•文選四八 9_73_5

唐代•文選四八 9_75_2

唐代•文選四八 9_76_21

唐代•文選四八 10_80_2

唐代•文選四八 11_96_16

唐代•文選四八 12_112_13

唐代•文選四八 18_159_5

唐代•文選四八 20_178_7

唐代•文選四八 21_192_8

唐代•文選四八 21_193_4

唐代•文選四八 21_193_21

唐代•文選四八 22_194_5

唐代•文選四八 22_194_25

唐代•文選四八 22_196_18

唐代•文選四八 22_197_4

唐代•文選四八 22_197_14

唐代•文選四八 22_197_16

唐代•文選四八 22_199_17

唐代•文選四八 32_285_3

唐代•文選四八 33_294_6

唐代•文選四八 35_311_24

唐代•文選五九 13_119_5

唐代•文選五九 13_121_8

唐代•文選五九 13_128_21

唐代•文選五九 14_135_20

唐代•文選五九 18_172_11

唐代•文選五九 18_172_20

唐代•文選五九 18_173_3

唐代•文選五九 23_226_8

唐代•文選五九 48_473_18

唐代•文選五九 23_228_23

唐代•文選五九 25_241_25

唐代•文選五九 25_248_8

唐代•文選五九 25_250_14

唐代•文選五九 25_250_25

唐代•文選五九 26_252_9

唐代•文選五九 26_253_28

唐代•文選五九 26_254_7

 唐代•文選八八 11_94_10	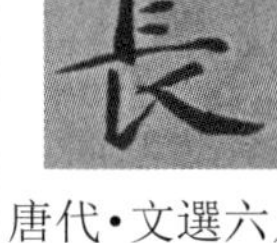 唐代•文選六八 47_467_7	唐代•文選五九 99_935_6	唐代•文選五九 74_711_29	 唐代•文選五九 51_498_20	 唐代•文選五九 42_416_6	 唐代•文選五九 27_265_18
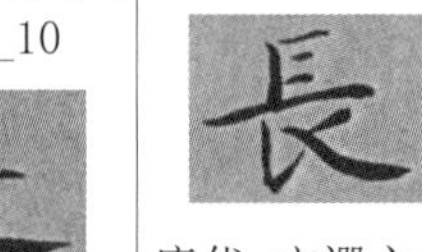 唐代•文選八八 20_173_6	 唐代•文選六八 52_522_16	唐代•文選五九 99_940_14	唐代•文選五九 74_712_10	 唐代•文選五九 51_499_7	 唐代•文選五九 42_417_24	 唐代•文選五九 27_266_10
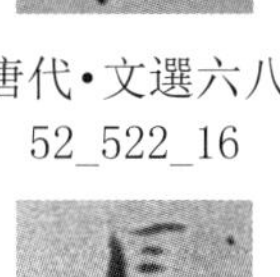 唐代•文選八八 20_173_11	 唐代•文選六八 55_556_7	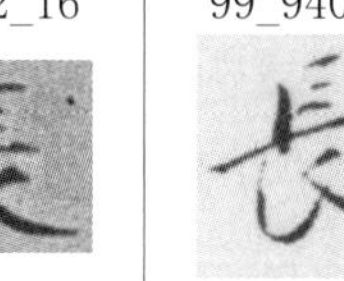 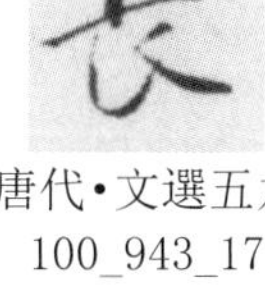 唐代•文選五九 100_943_17	唐代•文選五九 90_860_14	 唐代•文選五九 58_560_12	 唐代•文選五九 43_419_26	 唐代•文選五九 28_273_5
唐代•文選八八 20_174_25	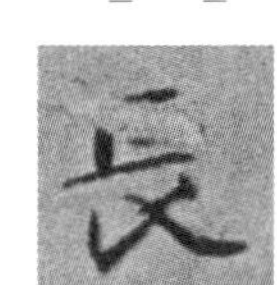 唐代•文選六八 57_576_8	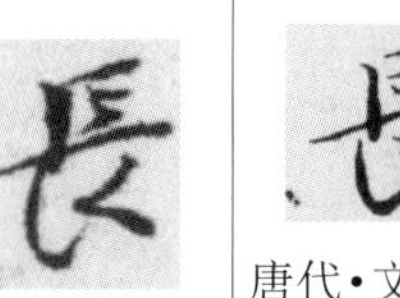 唐代•文選五九 109_1034_29	唐代•文選五九 92_877_22	 唐代•文選五九 60_573_22	 唐代•文選五九 45_450_29	 唐代•文選五九 29_292_15
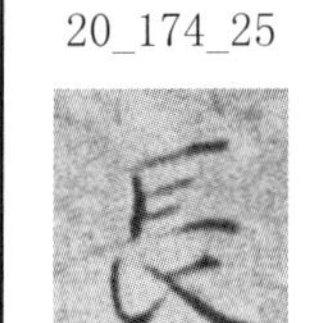 唐代•文選百三 5_35_27	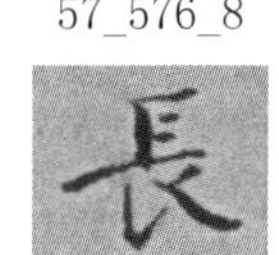 唐代•文選六八 59_592_8	 唐代•文選六八 1_2_3	唐代•文選五九 92_879_2	 唐代•文選五九 62_596_2	 唐代•文選五九 45_451_23	 唐代•文選五九 32_315_26
 唐代•文選百三 5_44_9	 唐代•文選六八 65_653_7	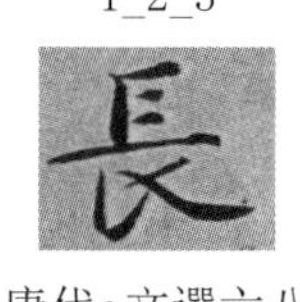 唐代•文選六八 29_294_15	唐代•文選五九 92_880_25	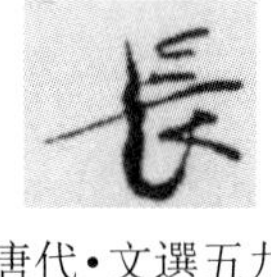 唐代•文選五九 70_675_10	 唐代•文選五九 47_460_23	 唐代•文選五九 35_340_7
 唐代•文選百三 8_73_21	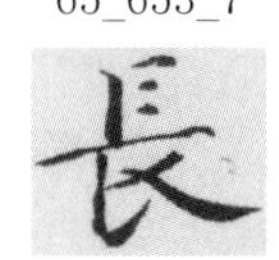 唐代•文選八八 1_3_3	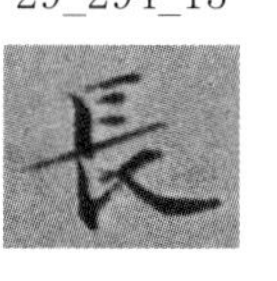 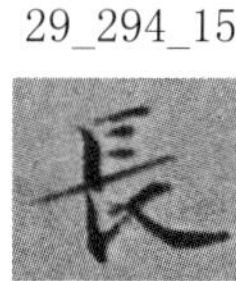 唐代•文選六八 32_322_24	唐代•文選五九 92_882_21	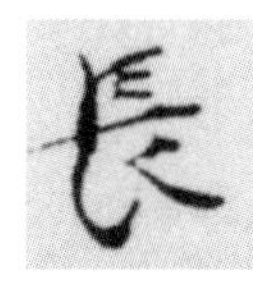 唐代•文選五九 71_679_15	 唐代•文選五九 47_463_27	 唐代•文選五九 35_344_11
 唐代•文選百三 20_194_10	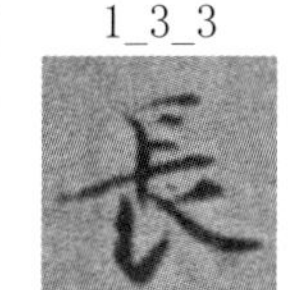 唐代•文選八八 20_175_8	  唐代•文選六八 67_665_9	 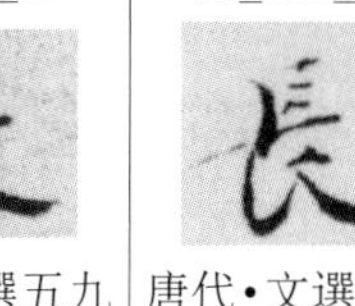 唐代•文選五九 110_1041_8	 唐代•文選五九 98_930_17	 唐代•文選五九 48_472_4	 唐代•文選五九 41_402_15

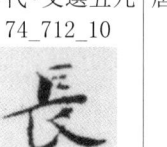

唐代•十輪經四 11_205_9
唐代•十輪經四 13_241_15
唐代•十輪經四 15_283_14
唐代•十輪經四 16_303_17
唐代•十輪經四 16_316_16
唐代•十輪經四 17_321_9
唐代•十輪經四 17_339_4
唐代•十輪經四 18_343_9

唐代•十輪經四 1_13_10
唐代•十輪經四 3_47_16
唐代•十輪經四 4_69_12
唐代•十輪經四 5_89_13
唐代•十輪經四 5_94_1
唐代•十輪經四 6_115_12
唐代•十輪經四 6_120_1
唐代•十輪經四 10_194_4

唐代•古文選後 4_43_3
唐代•古文選後 8_86_6
唐代•古文選後 8_88_12
唐代•古文選後 9_106_9
唐代•古文選後 16_191_1
唐代•古文選後 19_224_9
唐代•古文選後 23_271_14
唐代•十輪經八 2_39_9

唐代•古文選前 7_84_12
唐代•古文選前 9_114_14
唐代•古文選前 10_115_11
唐代•古文選前 14_167_3
唐代•古文選前 15_172_10
唐代•古文選前 25_292_7
唐代•古文選後 4_39_13
唐代•古文選後 24_279_4

唐代•文選百三 51_496_20
唐代•文選百三 54_522_25
唐代•文選百三 55_529_9
唐代•文選百三 55_531_1
唐代•文選百三 56_535_20
唐代•古文選前 3_35_1
唐代•古文選前 5_55_2
唐代•古文選前 18_215_2

唐代•文選百三 21_199_27
唐代•文選百三 21_201_21
唐代•文選百三 25_239_18
唐代•文選百三 29_283_17
唐代•文選百三 32_316_4
唐代•文選百三 32_318_30
唐代•文選百三 32_320_12
唐代•文選百三 56_538_4

唐代•文選百三 8_74_36
唐代•文選百三 9_75_19
唐代•文選百三 13_126_37
唐代•文選百三 13_128_5
唐代•文選百三 14_129_3
唐代•文選百三 17_168_3
唐代•文選百三 19_180_26
唐代•文選百三 35_343_23

雨部

雨

ウ
訓あめ

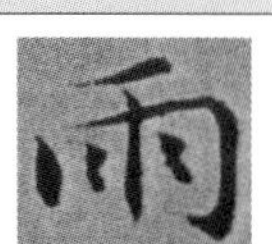
唐代•文選五九
14_134_10

唐代•文選五九
14_135_11

唐代•文選五九
14_135_17

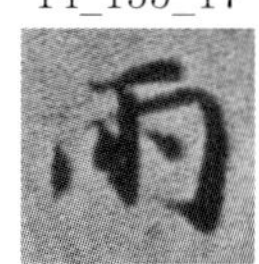
唐代•文選五九
14_135_19

唐代•文選五九
14_136_26

唐代•文選五九
18_175_24

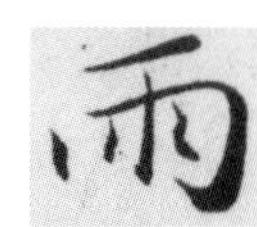
唐代•文選五九
69_662_3

唐代•文選五九
69_663_5

唐代•文選五九
70_669_12

唐代•文選五九
70_670_21

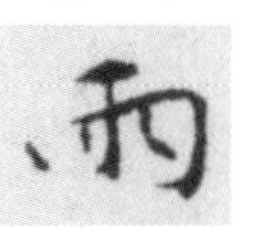
唐代•文選五九
74_717_18

唐代•文選五九
94_902_12

唐代•文選五九
94_903_24

唐代•文選五九
94_904_3

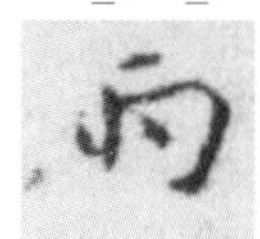
唐代•文選五九
94_905_19

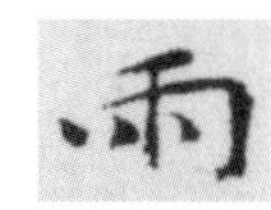
唐代•文選五九
97_921_21

唐代•文選五九
105_988_12

唐代•文選五九
105_990_2

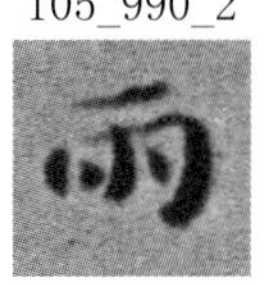
唐代•文選六八
32_321_8

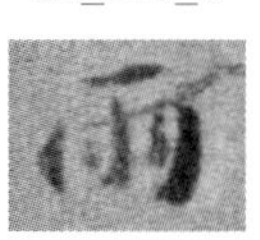
唐代•文選六八
33_334_1

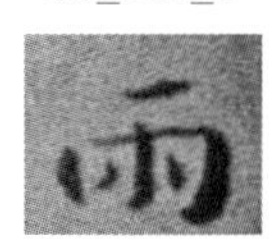
唐代•文選六八
65_654_16

唐代•文選八八
17_150_12

唐代•文選八八
17_152_20

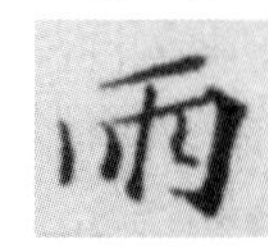
唐代•文選百三
30_295_22

唐代•文選百三
30_296_11

唐代•文選百三
30_296_16

唐代•文選百三
30_296_28

唐代•文選百三
37_368_16

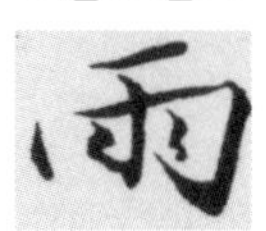
唐代•文選百三
47_458_8

唐代•文選百三
47_459_38

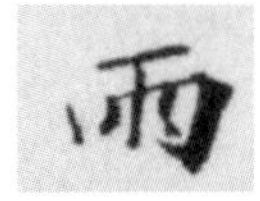
唐代•文選百三
48_462_15

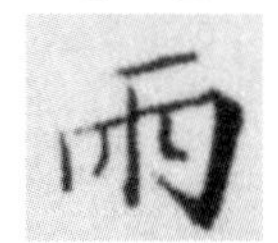
唐代•文選百三
49_468_10

唐代•古文選前
1_13_10

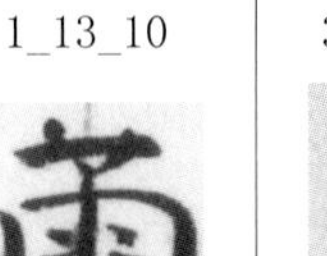
唐代•古文選前
26_305_5

唐代•古文選後
10_114_4

唐代•古文選後
21_246_12

唐代•古文選後
23_274_7

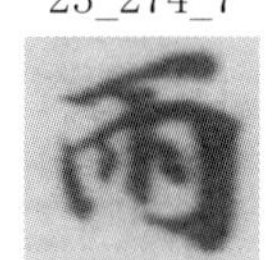
唐代•十輪經八
4_67_4

唐代•十輪經八
4_69_1

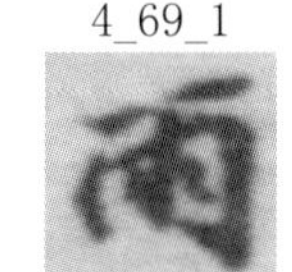
唐代•十輪經八
4_69_4

雩

ウ
訓あまごい

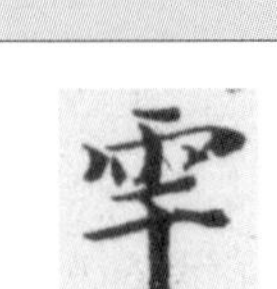
唐代•春秋經傳
26_269_10

唐代•春秋經傳
26_269_16

			雲			雪
			ウン 訓くも			漢セツ呉セチ 訓ゆき
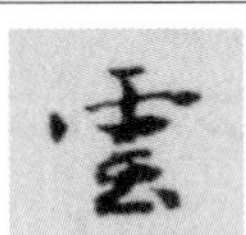 唐代•文選五九 35_347_9	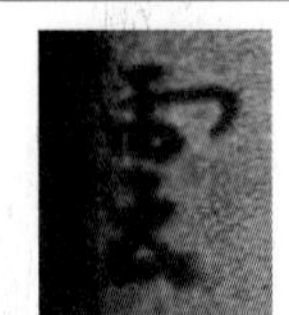 唐代•文選五九 19_188_27	 唐代•文選五九 10_92_24	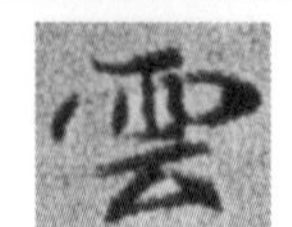 初唐•大般若經 2_32_10	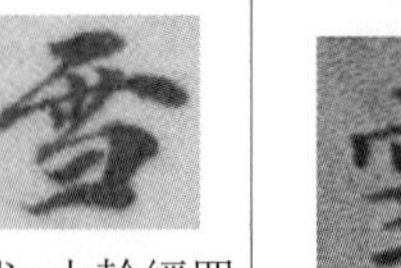 唐代•十輪經四 9_163_15	 唐代•文選六八 15_153_1	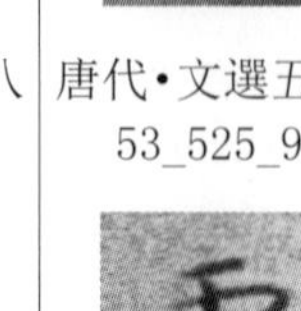 唐代•文選五九 53_525_9
 唐代•文選五九 36_356_7	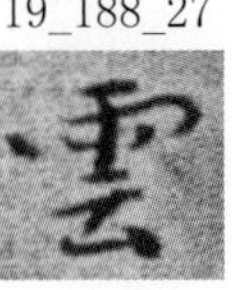 唐代•文選五九 19_190_20	 唐代•文選五九 10_93_28	 中唐・風信帖 1_1_3	 唐代•十輪經四 9_166_13	 唐代•文選百三 77_740_3	唐代•文選五九 53_527_8
 唐代•文選五九 36_357_16	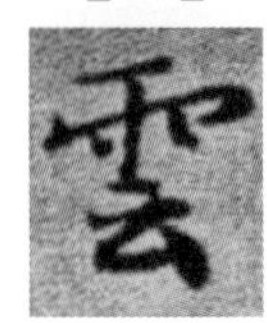 唐代•文選五九 19_191_1	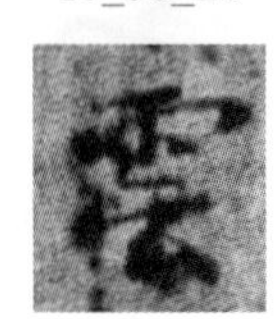 唐代•文選五九 11_99_19	 中唐・風信帖 1_2_6	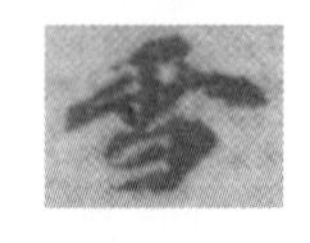 唐代•十輪經八 4_77_16	 唐代•文選百三 78_744_24	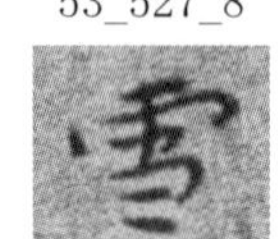 唐代•文選五九 53_527_27
 唐代•文選五九 56_547_9	 唐代•文選五九 19_191_12	 唐代•文選五九 17_166_1	 中唐・風信帖 4_20_7		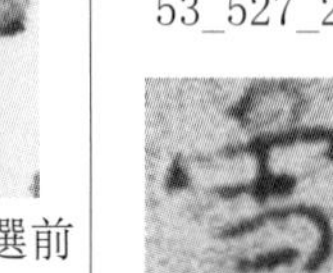 唐代•古文選前 7_86_9	 唐代•文選五九 53_528_11
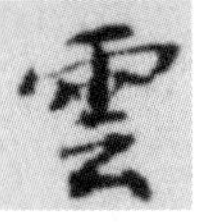 唐代•文選五九 56_549_5	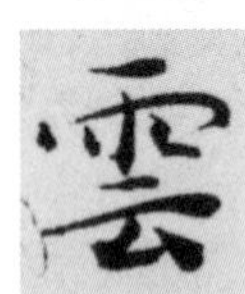 唐代•文選五九 35_339_9	 唐代•文選五九 17_167_7	 唐代•春秋經傳 22_231_19		 唐代•古文選前 8_91_7	 唐代•文選五九 74_717_19
 唐代•文選五九 56_549_24	 唐代•文選五九 35_344_24	 唐代•文選五九 19_187_6	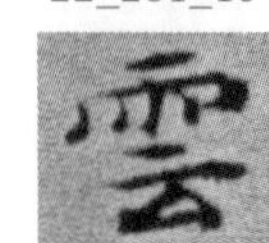 唐代•文選四八 10_82_10		 唐代•古文選後 10_112_3	 唐代•文選五九 99_942_24
 唐代•文選五九 56_549_27	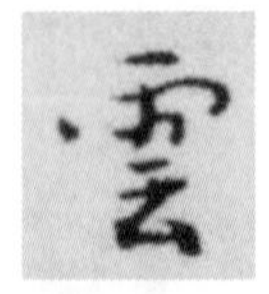 唐代•文選五九 35_346_22	 唐代•文選五九 19_188_14	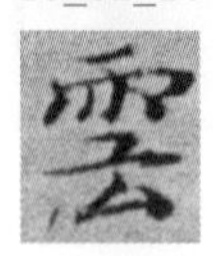 唐代•文選四八 10_86_11		 唐代•古文選後 17_193_10	 唐代•文選六八 15_149_3
 唐代•文選五九 56_549_30			 唐代•文選五九 9_91_7			

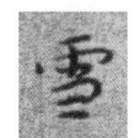

唐代•文選六八 61_613_12
唐代•文選六八 47_471_11
唐代•文選百三 13_126_19
唐代•文選百三 13_127_29
唐代•文選百三 81_777_12
唐代•古文選前 1_12_14
唐代•古文選前 2_18_9
唐代•古文選前 3_36_4

唐代•文選六八 52_524_9
唐代•文選六八 53_525_7
唐代•文選六八 59_598_15
唐代•文選六八 61_611_9
唐代•文選六八 61_612_25
唐代•文選六八 47_469_4
唐代•文選六八 52_523_4

唐代•文選六八 42_419_4
唐代•文選六八 45_448_3
唐代•文選六八 47_466_17
唐代•文選六八 47_468_12
唐代•文選六八 39_394_6
唐代•文選六八 41_413_1
唐代•文選六八 41_413_20

唐代•文選六八 37_371_5
唐代•文選六八 37_373_6
唐代•文選六八 39_392_9
唐代•文選六八 39_393_16
唐代•文選六八 39_393_21
唐代•文選六八 32_320_23
唐代•文選六八 32_322_11

唐代•文選六八 29_293_8
唐代•文選六八 30_304_16
唐代•文選六八 31_318_6
唐代•文選六八 32_319_9
唐代•文選六八 32_319_25
唐代•文選六八 34_343_7
唐代•文選六八 29_290_4

唐代•文選五九 90_858_24
唐代•文選五九 105_994_9
唐代•文選五九 108_1022_21
唐代•文選六八 4_44_2
唐代•文選六八 29_288_9
唐代•文選六八 29_289_16
唐代•文選六八 29_291_23

唐代•文選五九 61_590_7
唐代•文選五九 62_592_5
唐代•文選五九 71_678_8
唐代•文選五九 77_744_2
唐代•文選五九 84_806_6
唐代•文選五九 89_856_6
唐代•文選五九 90_857_7
唐代•文選五九 90_857_16

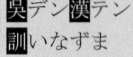

	零	雷	電			
	漢レイ 訓おちる	漢ライ 訓かみなり	呉デン漢テン 訓いなずま			
 唐代•文選五九 64_618_23 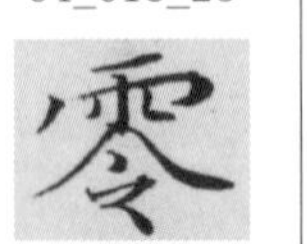 唐代•文選百三 22_212_37  唐代•古文選前 17_204_13  唐代•古文選後 23_274_6 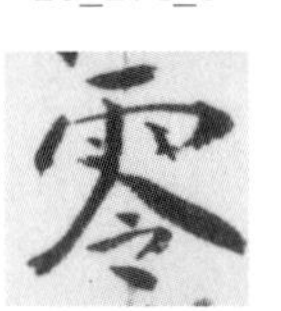 唐代•古文選後 26_306_7  唐代•古文選後 26_306_51	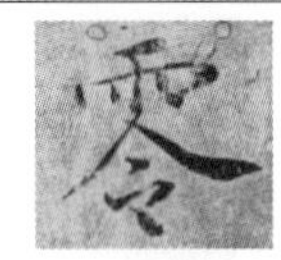 唐代•文選五九 3_27_8  唐代•文選五九 3_27_9  唐代•文選五九 3_30_13  唐代•文選五九 17_159_17  唐代•文選五九 18_175_22 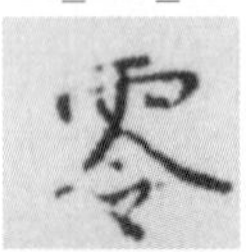 唐代•文選五九 64_614_8 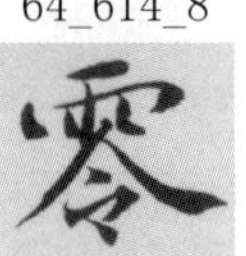 唐代•文選五九 64_616_1  唐代•文選五九 64_617_13	 唐代•文選五九 80_766_5  唐代•文選五九 87_832_1  唐代•文選五九 87_832_14  唐代•文選百三 31_306_16  唐代•文選百三 33_327_7 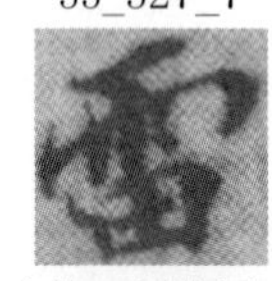 唐代•十輪經十 17_338_10	 唐代•文選六八 33_332_20  唐代•文選六八 33_333_16 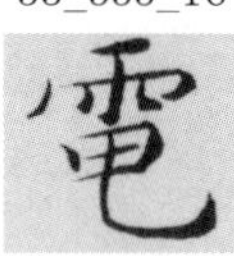 唐代•文選百三 47_457_18  唐代•文選百三 48_460_14 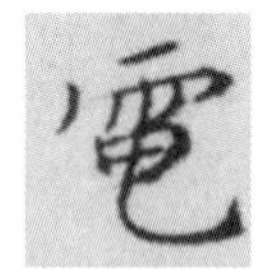 唐代•文選百三 48_462_3  唐代•古文選後 12_140_4  唐代•古文選後 18_214_13	 唐代•古文選後 21_246_14  唐代•古文選後 26_306_47  唐代•古文選後 10_109_4  唐代•古文選後 26_307_11 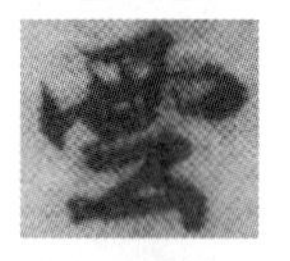 唐代•十輪經九 1_20_13  唐代•古文選後 8_91_3  唐代•古文選後 10_114_3	 唐代•古文選後 13_145_8  唐代•古文選後 14_158_6 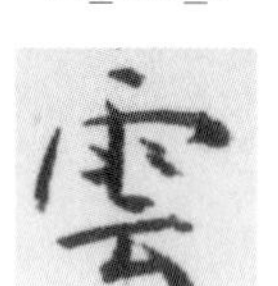 唐代•古文選後 16_186_4  唐代•古文選後 17_194_12  唐代•古文選後 20_239_12  唐代•古文選後 3_36_10  唐代•古文選後 5_53_2	 唐代•古文選前 8_90_9  唐代•古文選前 8_92_48  唐代•古文選前 14_160_14  唐代•古文選前 17_196_4  唐代•古文選前 19_223_10  唐代•古文選前 24_286_5  唐代•古文選前 26_305_14

霑

テン
訓うるおう

唐代•文選五九
3_24_25

唐代•文選六八
1_8_2

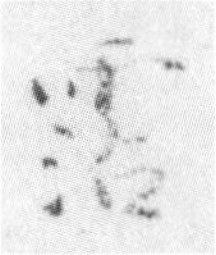
唐代•文選六八
1_9_10

唐代•文選八八
3_9_2

唐代•文選八八
3_10_10

唐代•文選八八
15_126_24

唐代•文選百三
22_213_1

唐代•文選百三
27_270_21

霍

カク
訓にわか

唐代•文選五九
75_720_7

唐代•文選六八
21_206_7

唐代•文選六八
53_530_2

唐代•文選六八
53_530_22

唐代•文選六八
53_531_20

唐代•文選六八
53_533_5

唐代•文選六八
73_727_19

霓

漢ゲイ
訓にじ

唐代•文選五九
59_565_14

唐代•文選六八
62_618_28

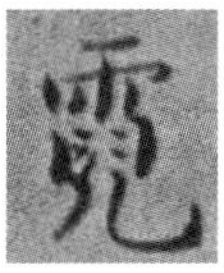
唐代•文選六八
62_621_12

唐代•文選百三
56_534_14

唐代•十輪經八
4_61_4

震

シン
訓ふるう

唐代•春秋經傳
25_263_9

唐代•文選四八
14_121_27

唐代•文選六八
64_638_9

唐代•文選六八
65_644_3

唐代•文選百三
47_452_5

唐代•文選百三
55_528_2

唐代•文選百三
56_533_21

霄

ショウ
訓そら

唐代•文選五九
39_380_7

唐代•文選五九
39_383_9

唐代•古文選前
17_197_14

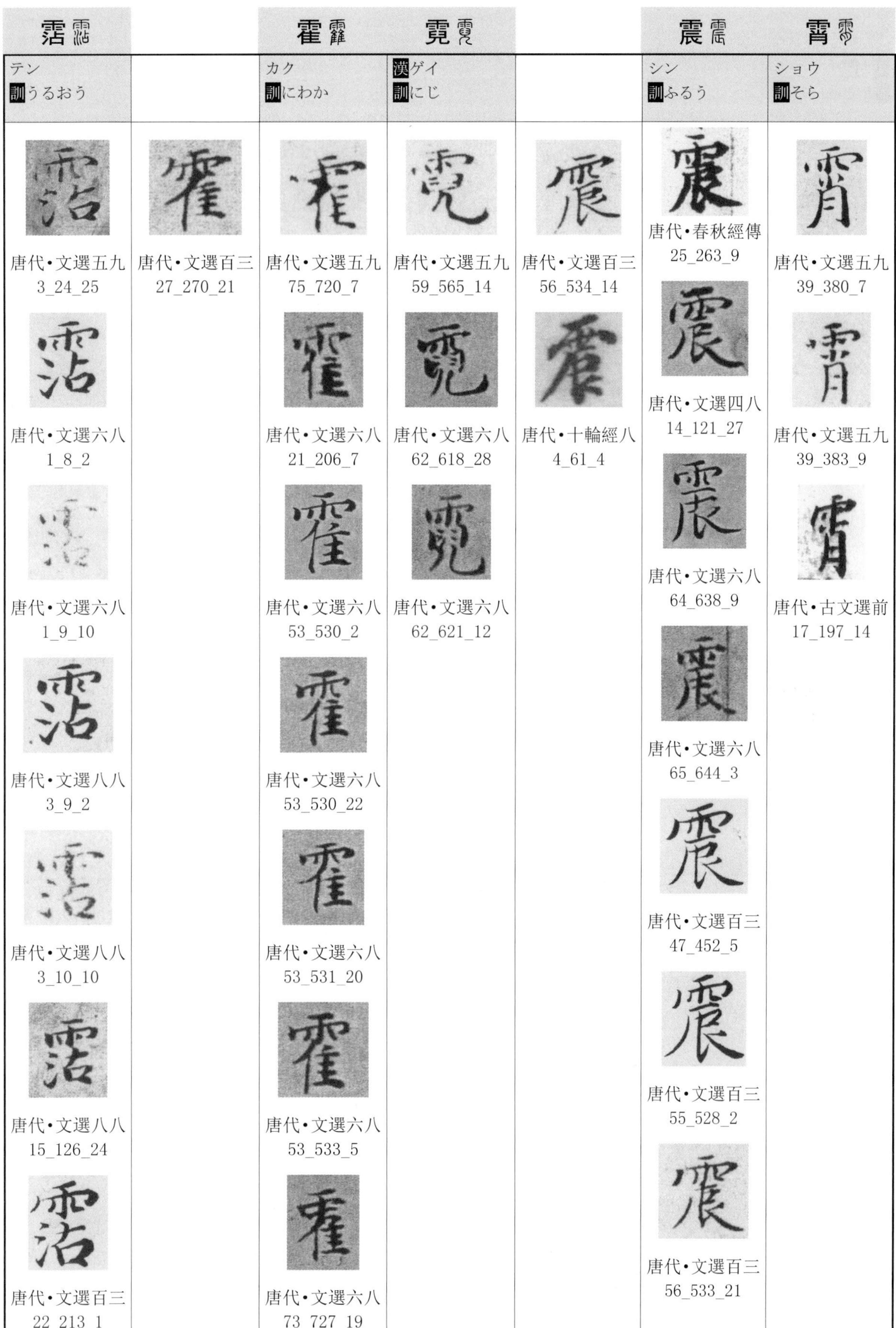

霞 霞

漢カ 呉ゲ
訓かすみ

唐代・文選五九
10_98_18

唐代・文選五九
11_99_11

唐代・文選五九
11_101_9

唐代・文選五九
11_101_23

唐代・文選五九
41_403_22

唐代・文選五九
108_1022_14

唐代・古文選前
8_92_4

唐代・古文選後
15_178_4

唐代・古文選後
23_268_6

唐代・十輪經十
15_281_11

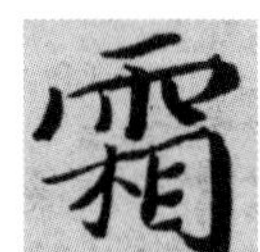
唐代・文選百三
83_785_5

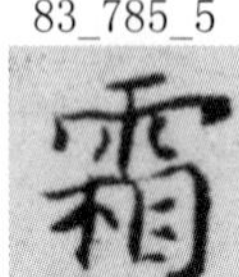
唐代・文選百三
83_787_19

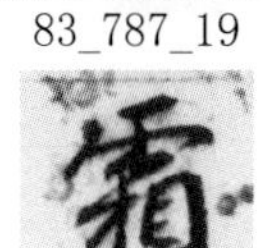
唐代・古文選前
15_174_1

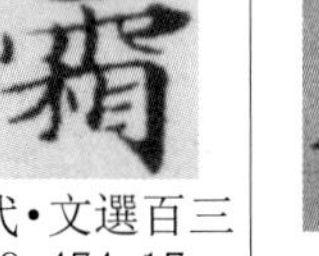
唐代・古文選前
23_268_8

唐代・古文選後
10_112_2

唐代・古文選後
15_176_6

唐代・古文選後
17_193_9

唐代・古文選後
21_244_81

唐代・文選百三
22_215_46

唐代・文選百三
49_472_8

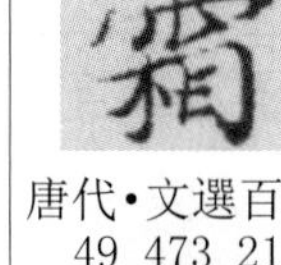
唐代・文選百三
49_473_21

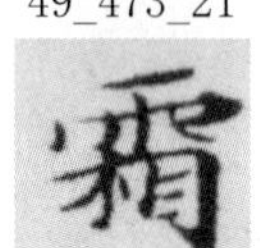
唐代・文選百三
49_474_17

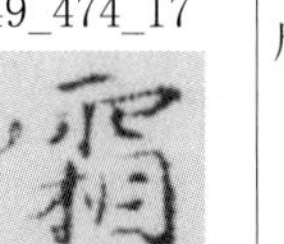
唐代・文選百三
49_475_1

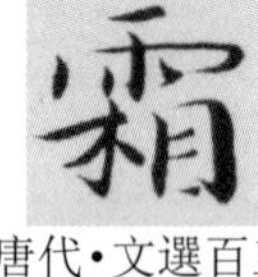
唐代・文選百三
77_740_5

唐代・文選百三
78_744_26

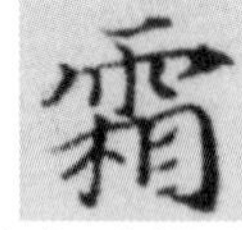
唐代・文選百三
82_780_29

唐代・文選六八
26_265_22

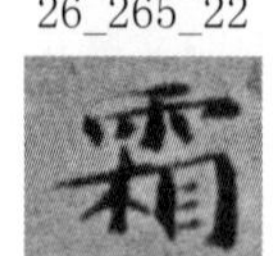
唐代・文選六八
27_266_6

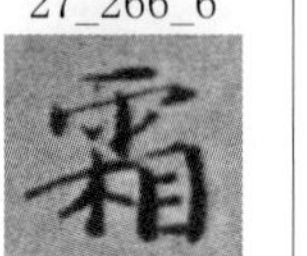
唐代・文選六八
33_329_14

唐代・文選六八
41_409_7

唐代・文選六八
41_410_18

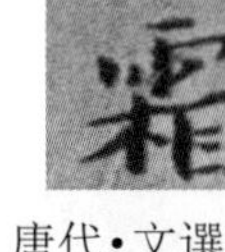
唐代・文選六八
41_411_14

唐代・文選六八
41_412_18

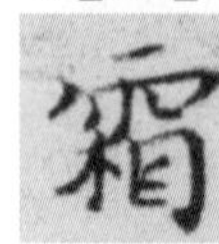
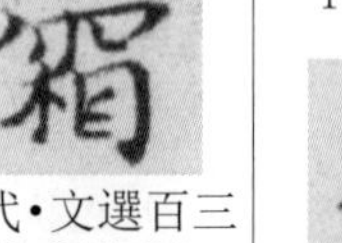
唐代・文選百三
22_215_34

霜 霜

ソウ
訓しも

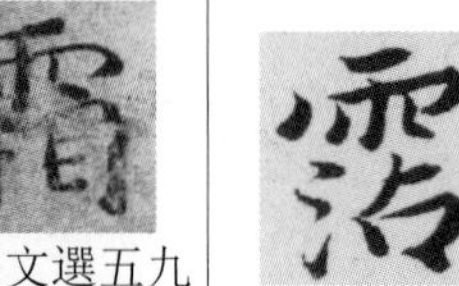
唐代・文選五九
3_24_24

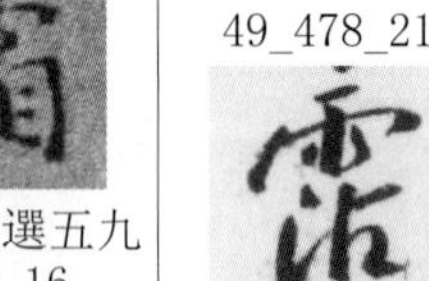
唐代・文選五九
3_25_16

唐代・文選五九
94_902_11

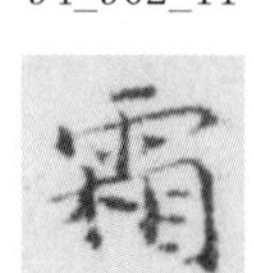
唐代・文選五九
94_905_18

唐代・文選五九
94_907_2

唐代・文選五九
99_942_23

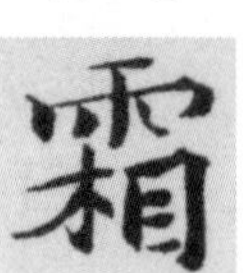
唐代・文選六八
13_132_13

唐代・文選六八
13_141_2

唐代・文選百三
49_478_21

唐代・古文選前
15_173_13

唐代・古文選後
15_179_11

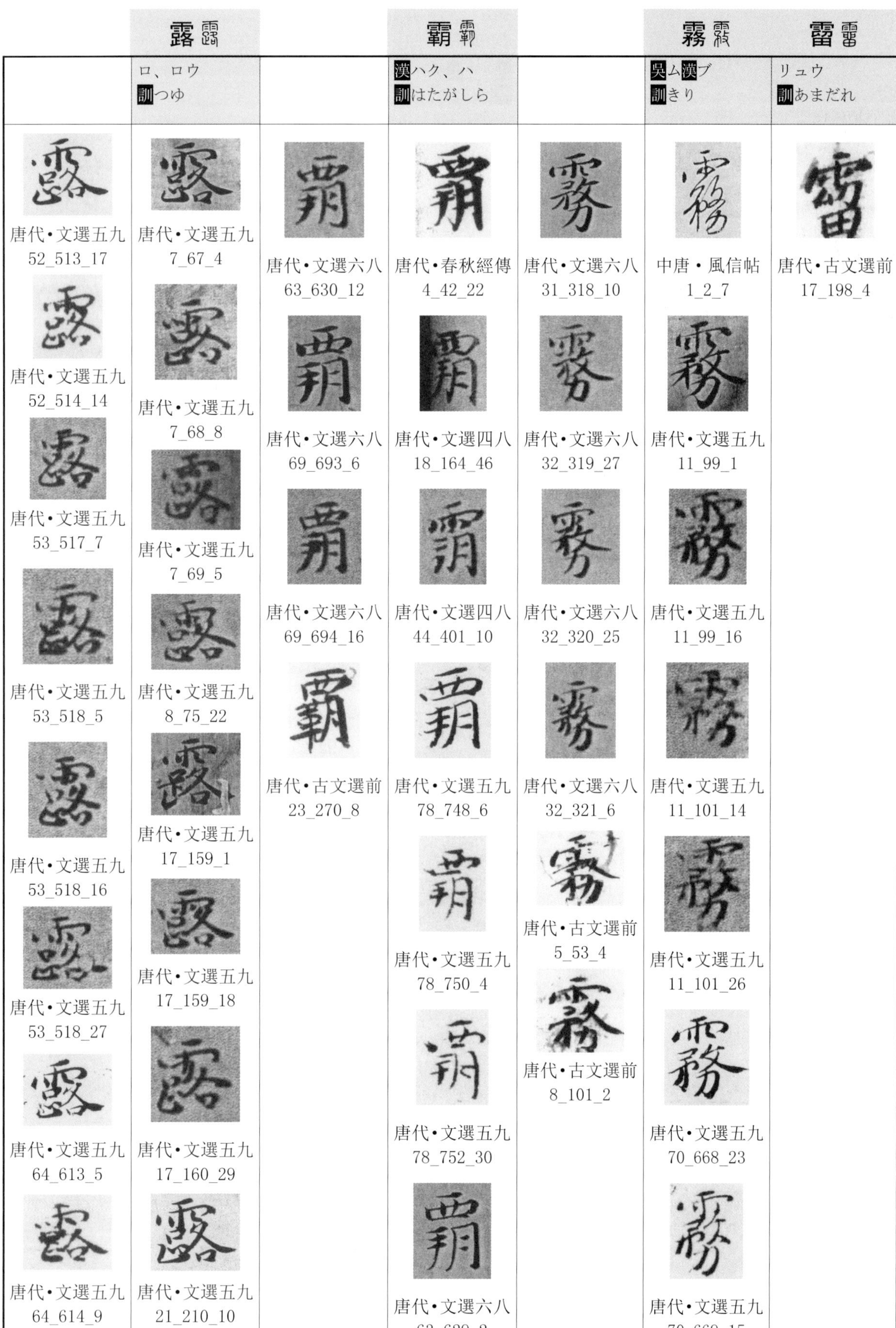

露

ロ、ロウ
訓つゆ

唐代•文選五九 52_513_17
唐代•文選五九 52_514_14
唐代•文選五九 53_517_7
唐代•文選五九 53_518_5
唐代•文選五九 53_518_16
唐代•文選五九 53_518_27
唐代•文選五九 64_613_5
唐代•文選五九 64_614_9
唐代•文選五九 7_67_4
唐代•文選五九 7_68_8
唐代•文選五九 7_69_5
唐代•文選五九 8_75_22
唐代•文選五九 17_159_1
唐代•文選五九 17_159_18
唐代•文選五九 17_160_29
唐代•文選五九 21_210_10

霸

漢ハク、ハ
訓はたがしら

唐代•文選六八 63_630_12
唐代•文選六八 69_693_6
唐代•文選六八 69_694_16
唐代•古文選前 23_270_8
唐代•春秋經傳 4_42_22
唐代•文選四八 18_164_46
唐代•文選四八 44_401_10
唐代•文選五九 78_748_6
唐代•文選五九 78_750_4
唐代•文選五九 78_752_30
唐代•文選六八 63_629_2

霧

呉ム漢ブ
訓きり

唐代•文選六八 31_318_10
唐代•文選六八 32_319_27
唐代•文選六八 32_320_25
唐代•文選六八 32_321_6
唐代•古文選前 5_53_4
唐代•古文選前 8_101_2
中唐・風信帖 1_2_7
唐代•文選五九 11_99_1
唐代•文選五九 11_99_16
唐代•文選五九 11_101_14
唐代•文選五九 11_101_26
唐代•文選五九 70_668_23
唐代•文選五九 70_669_15

霤

リュウ
訓あまだれ

唐代•古文選前 17_198_4

唐代・文選五九
66_637_2

唐代・文選五九
66_639_21

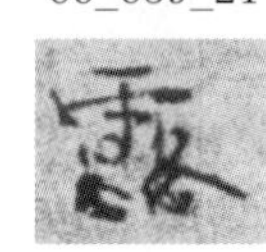
唐代・文選五九
66_640_7

唐代・文選五九
71_682_14

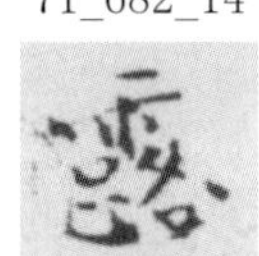
唐代・文選五九
94_903_13

唐代・文選六八
13_133_2

唐代・文選六八
13_135_28

唐代・文選六八
13_141_3

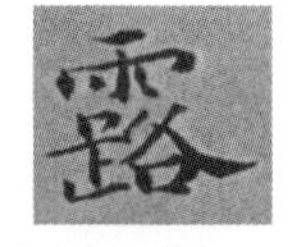
唐代・文選六八
26_264_3

唐代・文選六八
26_265_24

唐代・文選六八
49_492_3

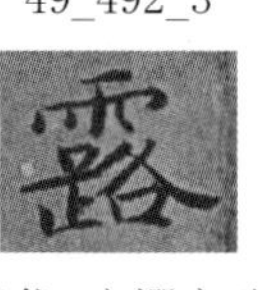
唐代・文選六八
68_681_8

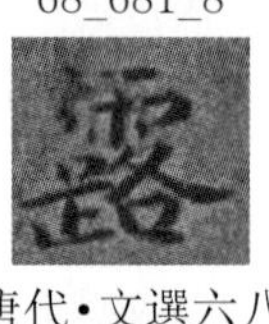
唐代・文選六八
69_683_8

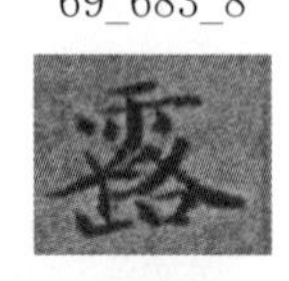
唐代・文選六八
69_686_9

唐代・文選百三
22_212_38

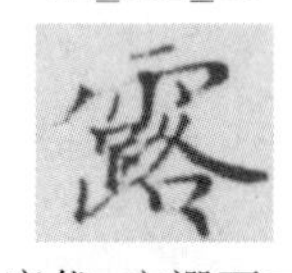
唐代・文選百三
22_215_19

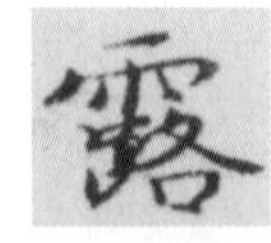
唐代・文選百三
22_215_32

唐代・文選百三
22_215_42

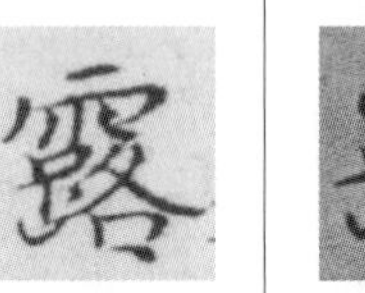
唐代・文選百三
56_534_3

唐代・古文選前
8_92_39

唐代・古文選前
27_315_3

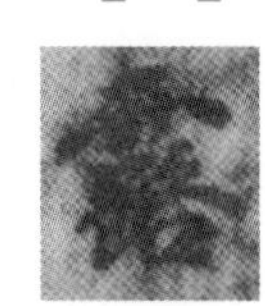
唐代・十輪經四
1_7_9

霽

漢セイ 呉サイ
訓はれる

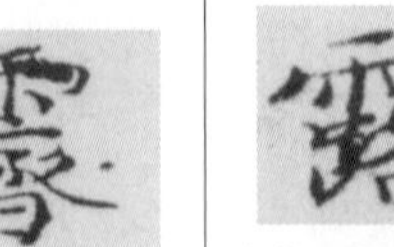
唐代・文選四八
1_1_13

靈

漢レイ 呉リョウ
訓たま

中唐・七祖像贊
1_14_3

唐代・春秋經傳
3_28_20

唐代・春秋經傳
5_43_14

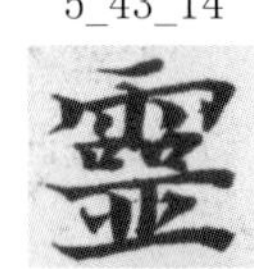
唐代・春秋經傳
7_72_17

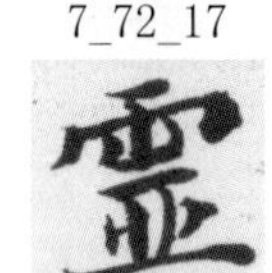
唐代・春秋經傳
10_97_12

唐代・春秋經傳
10_97_18

唐代・春秋經傳
10_101_12

唐代・春秋經傳
10_104_13

唐代・春秋經傳
18_191_12

唐代・春秋經傳
19_199_12

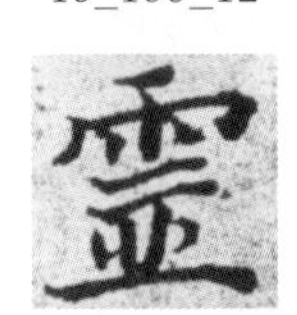
唐代・春秋經傳
31_320_12

唐代・春秋經傳
32_336_10

唐代・春秋經傳
34_351_30

唐代・春秋經傳
34_353_14

唐代・春秋經傳
35_364_7

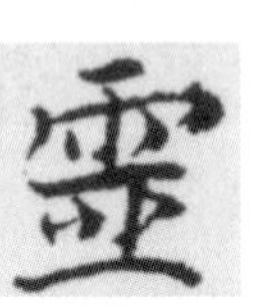
唐代・春秋經傳
35_372_6

唐代・春秋經傳
37_391_7

唐代・文選四八
18_163_19

唐代・文選四八
18_167_3

唐代・文選四八
19_168_7

唐代・文選四八
19_169_10

唐代•文選四八 19_169_15

唐代•文選四八 22_194_7

唐代•文選四八 47_425_18

唐代•文選四八 47_426_17

唐代•文選四八 47_428_12

唐代•文選四八 47_428_20

唐代•文選四八 47_428_28

唐代•文選五九 17_166_4

唐代•文選五九 17_168_25

唐代•文選五九 19_187_1

唐代•文選五九 19_190_3

唐代•文選五九 25_244_1

唐代•文選五九 25_245_29

唐代•文選五九 25_247_2

唐代•文選五九 26_256_18

唐代•文選五九 29_283_21

唐代•文選五九 29_285_2

唐代•文選五九 33_321_2

唐代•文選五九 36_353_13

唐代•文選五九 36_355_2

唐代•文選五九 42_414_25

唐代•文選五九 46_456_1

唐代•文選五九 77_740_2

唐代•文選五九 77_741_5

唐代•文選五九 78_745_29

唐代•文選六八 3_35_7

唐代•文選六八 4_37_6

唐代•文選六八 10_106_24

唐代•文選六八 11_113_7

唐代•文選六八 16_163_28

唐代•文選六八 16_165_13

唐代•文選六八 16_166_21

唐代•文選六八 16_167_1

唐代•文選六八 16_167_9

唐代•文選六八 17_168_16

唐代•文選六八 21_211_22

唐代•文選六八 41_413_10

唐代•文選六八 41_416_6

唐代•文選六八 45_448_11

唐代•文選六八 45_449_24

唐代•文選六八 47_469_22

唐代•文選六八 47_477_8

唐代•文選六八 63_634_16

唐代•文選六八 63_636_28

唐代•文選六八 64_638_8

唐代•文選六八 64_641_21

唐代•文選六八 65_644_2

唐代•文選六八 73_722_6

唐代•文選八八 19_168_25

靄

		アイ 訓もや				
		 唐代•古文選後 13_145_10	 唐代•古文選後 18_207_10  唐代•古文選後 20_234_13  唐代•古文選後 24_287_11  唐代•古文選後 25_290_2  唐代•古文選後 25_300_13  唐代•古文選後 25_300_24	 唐代•古文選前 15_171_12  唐代•古文選前 19_222_8  唐代•古文選後 2_22_4  唐代•古文選後 9_104_5  唐代•古文選後 11_122_2  唐代•古文選後 12_139_13  唐代•古文選後 16_192_19	 唐代•文選百三 49_477_10  唐代•文選百三 52_498_16  唐代•文選百三 64_616_8  唐代•文選百三 65_619_1  唐代•古文選前 9_109_11  唐代•古文選前 9_112_2  唐代•古文選前 10_116_1	 唐代•文選八八 19_169_12  唐代•文選八八 19_170_10  唐代•文選八八 19_171_2  唐代•文選百三 21_205_34  唐代•文選百三 39_384_4  唐代•文選百三 39_385_12  唐代•文選百三 48_465_8

非部

非 非

ヒ
訓 わるい

初唐•法華義疏
1_1_17

初唐•金剛場經
1_5_7

晚唐•慶滋書狀
1_8_10

晚唐•慶滋書狀
1_12_5

唐代•春秋經傳
2_11_10

唐代•春秋經傳
2_17_14

唐代•春秋經傳
5_46_20

唐代•春秋經傳
6_54_10

唐代•春秋經傳
6_59_7

唐代•春秋經傳
9_93_2

唐代•春秋經傳
11_107_16

唐代•春秋經傳
13_132_10

唐代•春秋經傳
18_189_5

唐代•春秋經傳
27_284_8

唐代•春秋經傳
28_286_13

唐代•春秋經傳
29_296_13

唐代•春秋經傳
33_346_3

唐代•春秋經傳
34_351_7

唐代•春秋經傳
37_385_11

唐代•春秋經傳
37_385_16

唐代•文選四八
4_25_24

唐代•文選四八
17_155_21

唐代•文選四八
20_182_15

唐代•文選四八
24_212_11

唐代•文選四八
40_361_5

唐代•文選四八
45_406_7

唐代•文選四八
47_423_1

唐代•文選五九
7_71_19

唐代•文選五九
25_239_10

唐代•文選五九
25_241_1

唐代•文選五九
25_242_4

唐代•文選五九
25_242_19

唐代•文選五九
27_266_9

唐代•文選五九
29_289_5

唐代•文選五九
30_297_6

唐代•文選五九
45_450_7

唐代•文選五九
66_630_28

唐代•文選五九
68_652_3

唐代•文選五九
68_653_10

唐代•文選五九
68_654_1

唐代•文選五九
73_699_26

唐代•文選五九
83_796_16

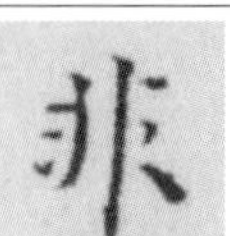
唐代•文選百三
21_208_27
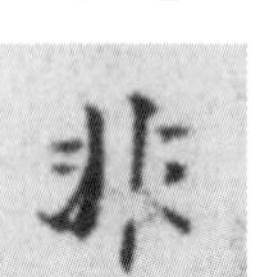
唐代•文選百三
28_278_6

唐代•文選百三
33_324_29
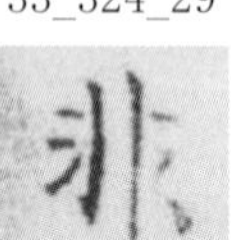
唐代•文選百三
35_351_16
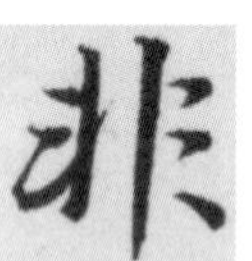
唐代•文選百三
37_365_14
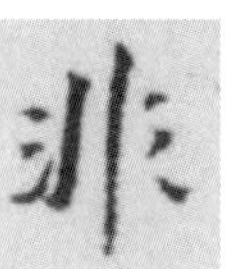
唐代•文選百三
37_368_36

唐代•文選百三
38_382_21

唐代•文選八八
13_108_8
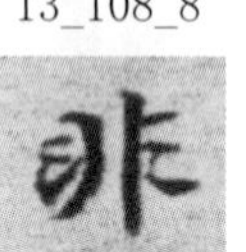
唐代•文選八八
13_108_29
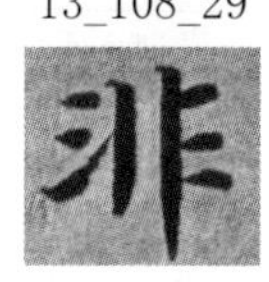
唐代•文選八八
15_120_9
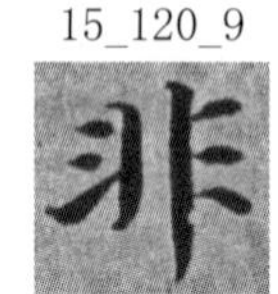
唐代•文選八八
15_121_5
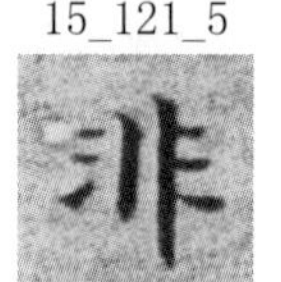
唐代•文選八八
23_205_26

唐代•文選百三
4_29_7

唐代•文選百三
21_207_22

唐代•文選八八
9_74_7

唐代•文選八八
9_75_20
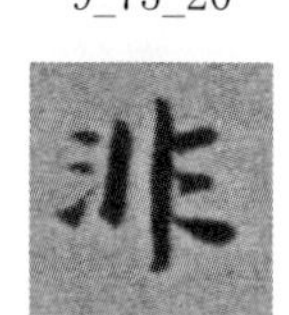
唐代•文選八八
9_75_27

唐代•文選八八
10_76_12
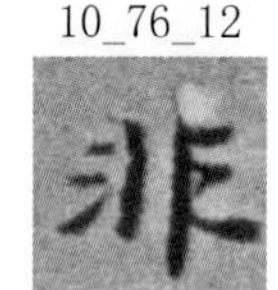
唐代•文選八八
10_76_18
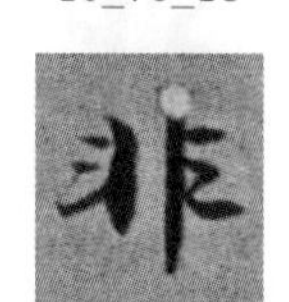
唐代•文選八八
10_78_11

唐代•文選八八
11_87_14

唐代•文選八八
8_60_30

唐代•文選八八
9_62_9
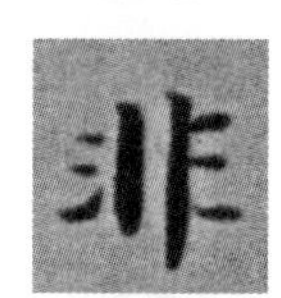
唐代•文選八八
9_64_13
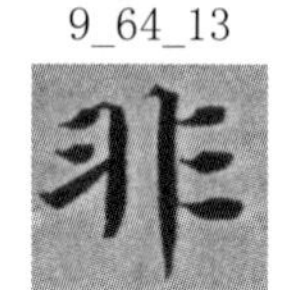
唐代•文選八八
9_70_13
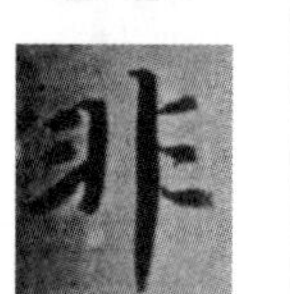
唐代•文選八八
9_71_3

唐代•文選八八
9_71_8
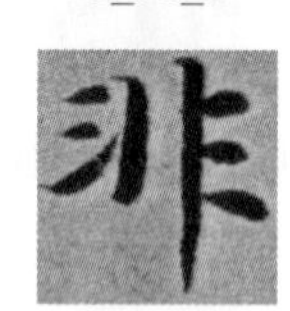
唐代•文選八八
9_73_8

唐代•文選六八
40_401_10
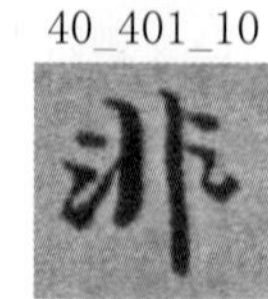
唐代•文選六八
52_519_21
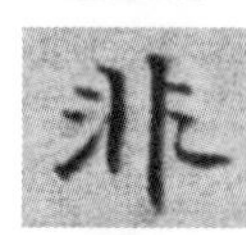
唐代•文選六八
55_558_30

唐代•文選六八
57_569_26
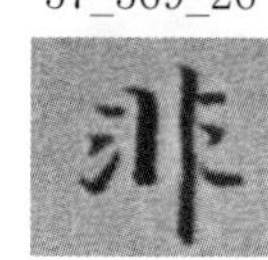
唐代•文選六八
59_592_22
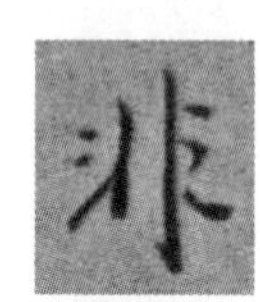
唐代•文選六八
66_659_17

唐代•文選六八
67_665_18
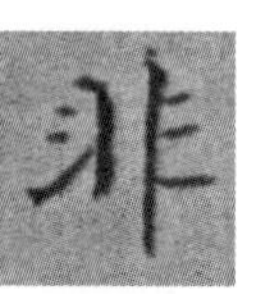
唐代•文選六八
8_82_11

唐代•文選六八
9_102_12
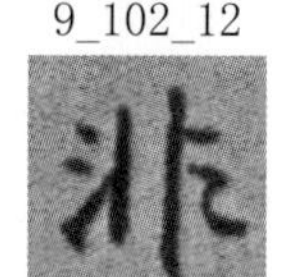
唐代•文選六八
12_126_8
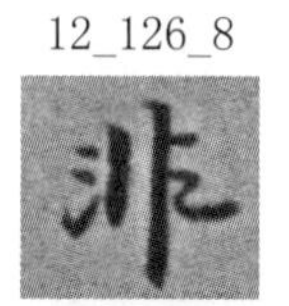
唐代•文選六八
16_167_25
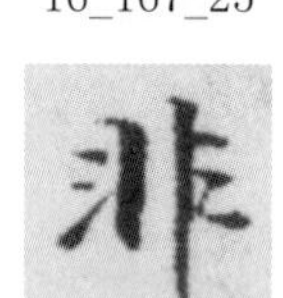
唐代•文選六八
19_197_3
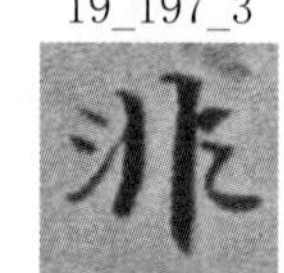
唐代•文選六八
34_339_13
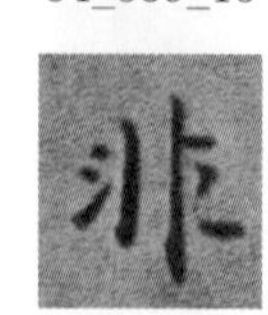
唐代•文選六八
34_344_2
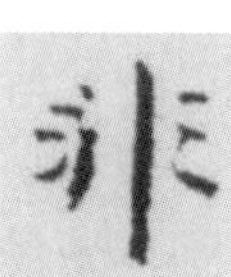
唐代•文選五九
86_831_22

唐代•文選五九
88_849_8

唐代•文選五九
103_973_18

唐代•文選五九
103_974_3
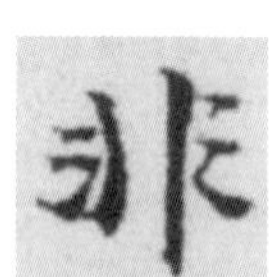
唐代•文選五九
103_974_19
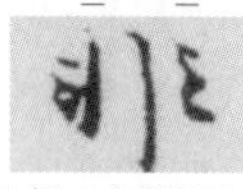
唐代•文選五九
103_975_3

唐代•文選五九
105_994_10

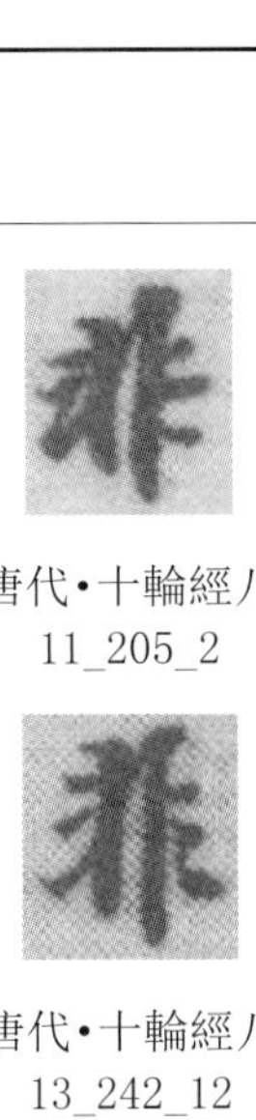 唐代·十輪經八 11_205_2	唐代·十輪經四 16_306_17	 唐代·十輪經四 8_156_15	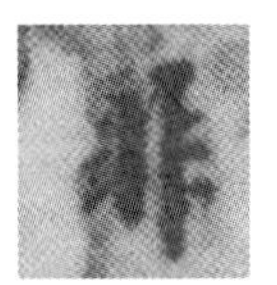 唐代·十輪經四 1_5_2	 唐代·古文選後 10_117_6	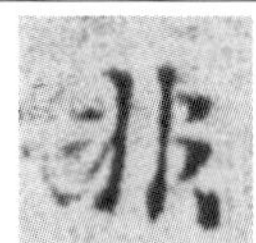 唐代·文選百三 54_521_27	 唐代·文選百三 41_409_9
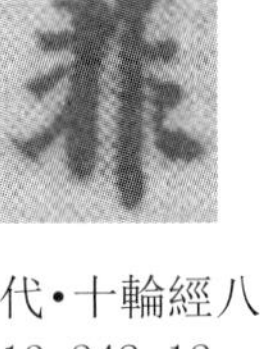 唐代·十輪經八 13_242_12	唐代·十輪經八 2_23_14	 唐代·十輪經四 9_169_9	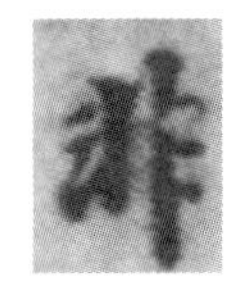 唐代·十輪經四 2_27_10	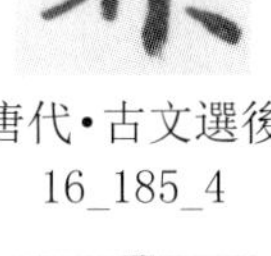 唐代·古文選後 16_185_4	 唐代·文選百三 64_618_38	 唐代·文選百三 41_412_9
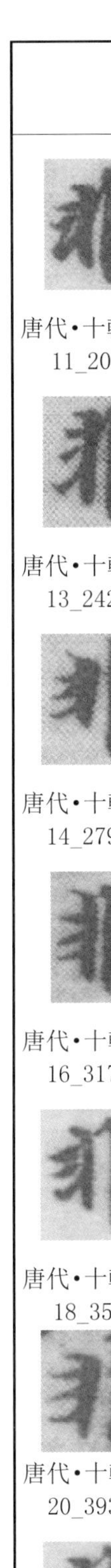 唐代·十輪經八 14_279_13	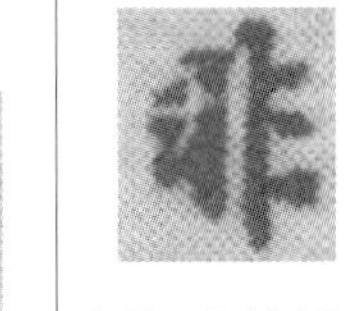 唐代·十輪經八 5_90_4	 唐代·十輪經四 10_184_3	 唐代·十輪經四 2_28_1	 唐代·古文選後 18_206_12	 唐代·文選百三 69_672_7	 唐代·文選百三 41_415_13
唐代·十輪經八 16_317_10	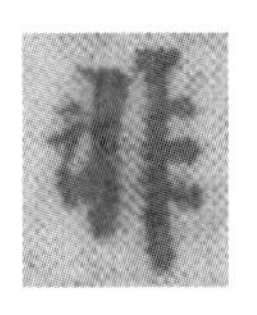 唐代·十輪經八 7_128_12	 唐代·十輪經四 10_197_2	 唐代·十輪經四 4_61_2	 唐代·古文選後 20_236_1	 唐代·文選百三 70_674_9	 唐代·文選百三 41_415_24
唐代·十輪經八 18_356_4	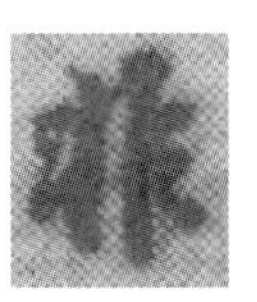 唐代·十輪經八 7_140_5	 唐代·十輪經四 11_207_4	 唐代·十輪經四 4_61_6	 唐代·古文選後 21_251_3	 唐代·文選百三 70_675_28	 唐代·文選百三 42_421_8
唐代·十輪經八 20_393_16	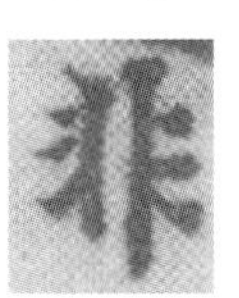 唐代·十輪經八 9_167_6	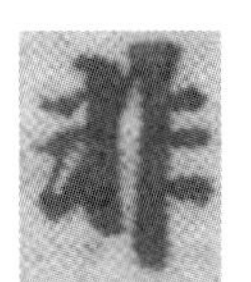 唐代·十輪經四 13_255_8	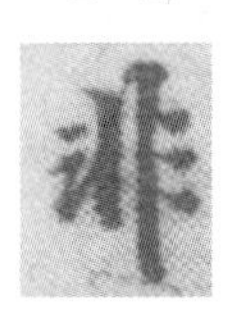 唐代·十輪經四 7_127_13	 唐代·古文選後 25_299_4	 唐代·文選百三 75_719_10	 唐代·文選百三 44_423_18
唐代·十輪經八 22_433_7	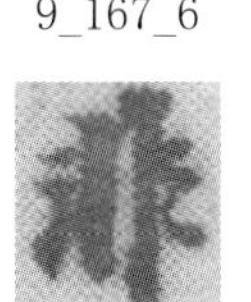 唐代·十輪經八 9_178_9	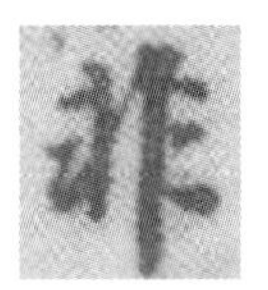 唐代·十輪經四 15_286_13	 唐代·十輪經四 8_148_17	 唐代·古文選後 27_313_2	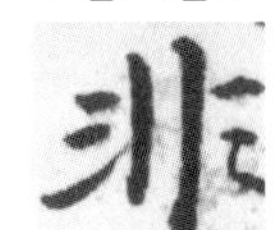 唐代·古文選前 21_246_13	 唐代·文選百三 53_510_4

唐代·十輪經十 20_386_4

唐代·十輪經十 14_275_11
唐代·十輪經十 15_291_12
唐代·十輪經十 15_292_11
唐代·十輪經十 19_371_3
唐代·十輪經十 19_371_9
唐代·十輪經十 19_372_6
唐代·十輪經十 19_372_8

唐代·十輪經十 9_161_24
唐代·十輪經十 10_197_14
唐代·十輪經十 11_212_10
唐代·十輪經十 11_217_9
唐代·十輪經十 12_227_17
唐代·十輪經十 14_275_8
唐代·十輪經十 14_275_10

唐代·十輪經九 22_420_21
唐代·十輪經十 3_49_16
唐代·十輪經十 4_77_15
唐代·十輪經十 4_79_15
唐代·十輪經十 7_128_21
唐代·十輪經十 7_138_1
唐代·十輪經十 8_142_12

唐代·十輪經九 20_386_14
唐代·十輪經九 20_386_16
唐代·十輪經九 20_387_1
唐代·十輪經九 21_408_5
唐代·十輪經九 21_408_7
唐代·十輪經九 21_408_8
唐代·十輪經九 21_419_21

唐代·十輪經九 10_193_1
唐代·十輪經九 10_198_14
唐代·十輪經九 11_219_13
唐代·十輪經九 12_234_10
唐代·十輪經九 15_297_21
唐代·十輪經九 16_317_7
唐代·十輪經九 19_362_14

唐代·十輪經九 2_31_16
唐代·十輪經九 4_72_4
唐代·十輪經九 6_110_14
唐代·十輪經九 6_110_16
唐代·十輪經九 6_110_17
唐代·十輪經九 6_114_9
唐代·十輪經九 10_189_14

靡 

慣ヒ漢ビ呉ミ
訓わける

唐代・春秋經傳
8_80_14

唐代・文選五九
31_304_9

唐代・文選五九
31_305_13

唐代・文選五九
31_305_17

唐代・文選五九
31_307_6

唐代・文選五九
72_686_4

唐代・文選六八
1_12_6

唐代・文選六八
11_116_1

唐代・文選六八
11_116_12

唐代・文選六八
11_117_8

唐代・文選六八
11_120_19

唐代・文選六八
11_120_29

唐代・文選六八
49_491_9

唐代・文選八八
3_13_6

唐代・文選八八
3_15_4

唐代・文選八八
3_16_13

唐代・文選八八
5_32_10

唐代・文選八八
5_33_4

唐代・文選八八
15_128_5

唐代・文選八八
17_147_1

唐代・文選八八
17_148_11

唐代・古文選前
10_119_12

唐代・古文選前
17_197_3

唐代・古文選前
17_198_13

唐代・古文選前
21_247_7

唐代・古文選前
21_247_9

唐代・古文選前
21_251_11

唐代・古文選前
23_265_13

唐代・古文選前
23_269_4

唐代・古文選後
7_80_8

唐代・古文選後
14_165_1

門部

門 門

呉モン 漢ボン 訓かど

中唐•金剛經題 1_5_9

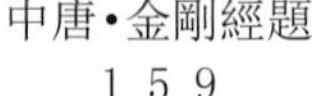

中唐•金剛經題 1_6_13

中唐•金剛經題 2_9_4

中唐•金剛經題 2_10_10

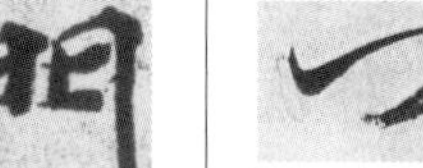
中唐•金剛經題 2_11_9

中唐・風信帖 1_3_5

唐代•春秋經傳 3_22_6

唐代•春秋經傳 9_87_4

唐代•春秋經傳 6_57_13

唐代•春秋經傳 6_58_2

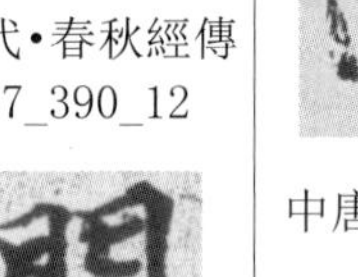
唐代•春秋經傳 37_390_6

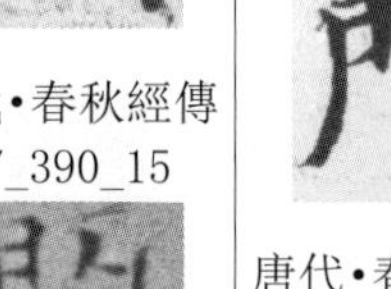
唐代•春秋經傳 37_390_12

唐代•春秋經傳 37_390_15

唐代•文選四八 2_11_8

唐代•文選四八 48_438_6

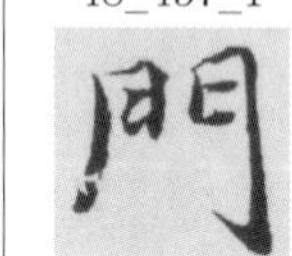
唐代•文選四八 2_11_13

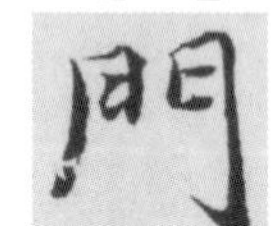
唐代•文選四八 5_38_15

唐代•文選四八 26_229_2

唐代•文選四八 30_271_9

唐代•文選四八 34_307_12

唐代•文選四八 48_437_1

唐代•文選五九 70_671_7

唐代•文選四八 48_438_14

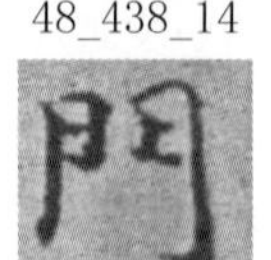
唐代•文選四八 48_439_4

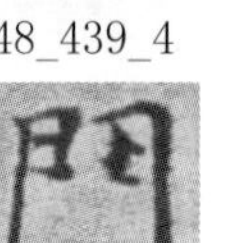

唐代•文選四八 48_440_1

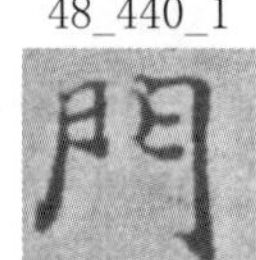
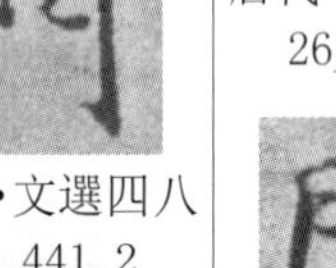
唐代•文選四八 49_441_2

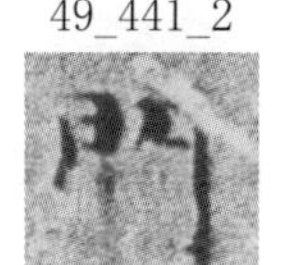
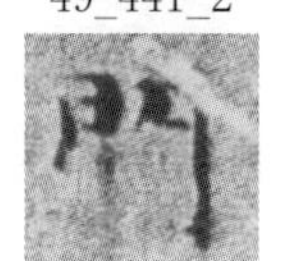
唐代•文選五九 15_145_9

唐代•文選五九 25_244_23

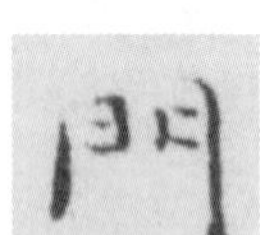
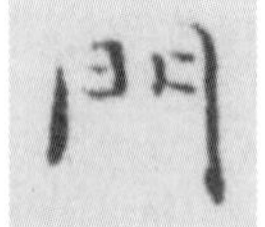
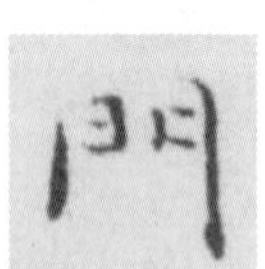
唐代•文選五九 30_297_19

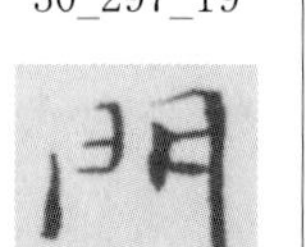
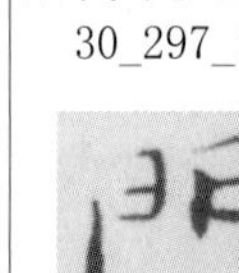
唐代•文選五九 70_672_24

唐代•文選五九 31_303_21

唐代•文選五九 35_352_2

唐代•文選五九 36_354_3

唐代•文選五九 36_356_10

唐代•文選五九 37_361_21

唐代•文選五九 42_414_13

唐代•文選五九 43_424_3

唐代•文選五九 43_427_20

唐代•文選五九 43_429_24

唐代•文選五九 49_490_5

唐代•文選五九 57_552_9

唐代•文選五九 57_553_11

唐代•文選五九 57_555_25

唐代•文選五九 63_607_29

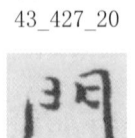

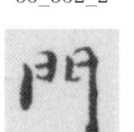

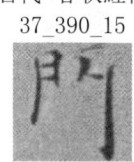

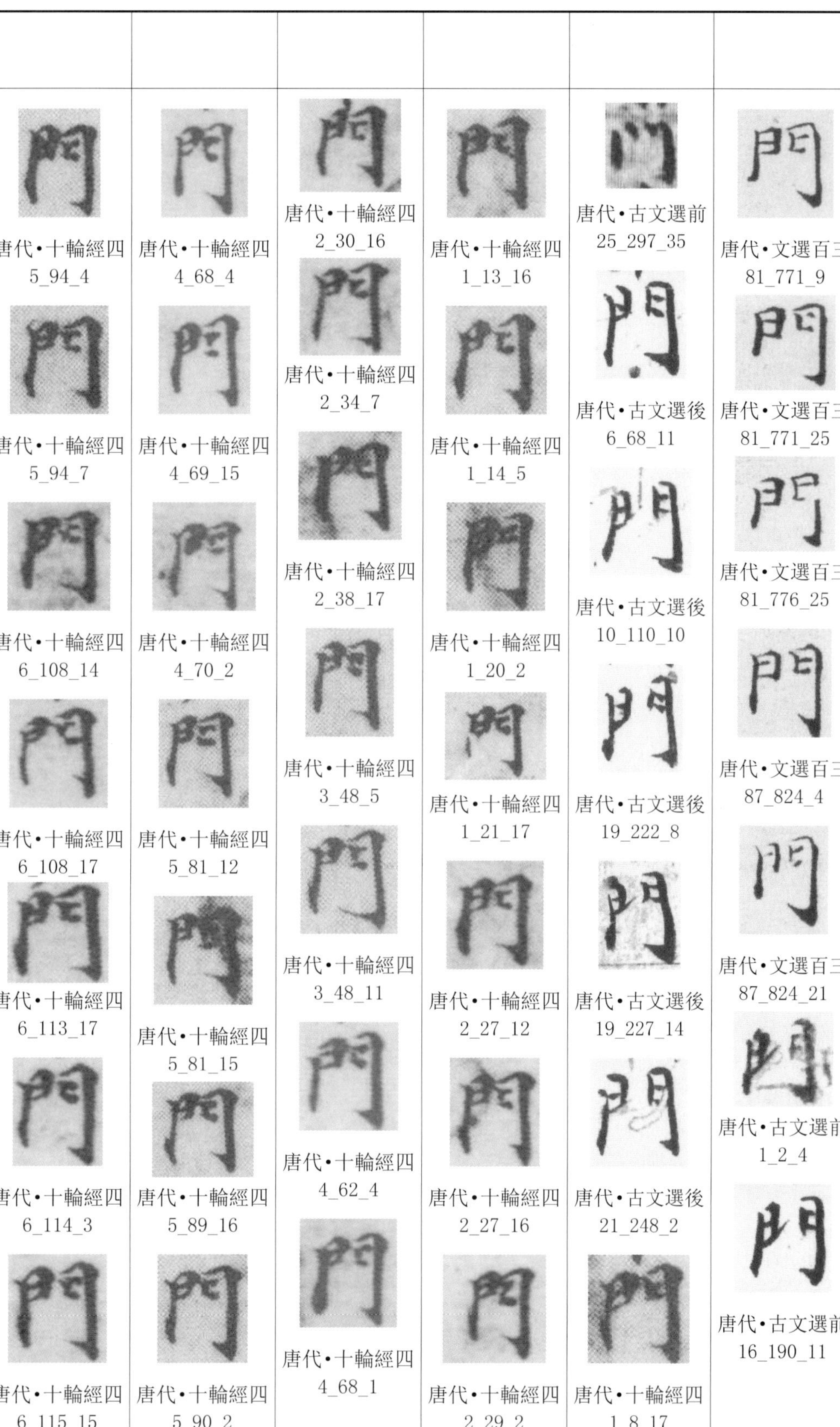

唐代·文選百三 59_562_3
唐代·文選百三 59_562_19
唐代·文選百三 64_614_1
唐代·文選百三 64_615_16
唐代·文選百三 75_720_11
唐代·文選百三 81_769_7
唐代·文選百三 81_770_22
唐代·文選百三 81_771_9
唐代·文選百三 81_771_25
唐代·文選百三 81_776_25
唐代·文選百三 87_824_4
唐代·文選百三 87_824_21
唐代·古文選前 1_2_4
唐代·古文選前 16_190_11
唐代·古文選前 25_297_35
唐代·古文選後 6_68_11
唐代·古文選後 10_110_10
唐代·古文選後 19_222_8
唐代·古文選後 19_227_14
唐代·古文選後 21_248_2
唐代·十輪經四 1_8_17
唐代·十輪經四 1_13_16
唐代·十輪經四 1_14_5
唐代·十輪經四 1_20_2
唐代·十輪經四 1_21_17
唐代·十輪經四 2_27_12
唐代·十輪經四 2_27_16
唐代·十輪經四 2_29_2
唐代·十輪經四 2_30_16
唐代·十輪經四 2_34_7
唐代·十輪經四 2_38_17
唐代·十輪經四 3_48_5
唐代·十輪經四 3_48_11
唐代·十輪經四 4_62_4
唐代·十輪經四 4_68_1
唐代·十輪經四 4_68_4
唐代·十輪經四 4_69_15
唐代·十輪經四 4_70_2
唐代·十輪經四 5_81_12
唐代·十輪經四 5_81_15
唐代·十輪經四 5_89_16
唐代·十輪經四 5_90_2
唐代·十輪經四 5_94_4
唐代·十輪經四 5_94_7
唐代·十輪經四 6_108_14
唐代·十輪經四 6_108_17
唐代·十輪經四 6_113_17
唐代·十輪經四 6_114_3
唐代·十輪經四 6_115_15

	閉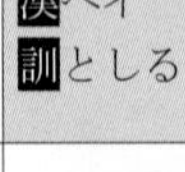 漢ヘイ 訓としる	閃 センフ 訓ひらめく				
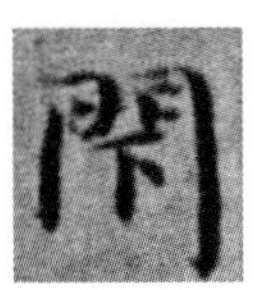 唐代•文選八八 21_182_9	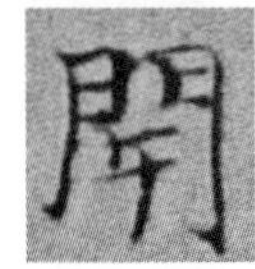 唐代•文選四八 26_233_10	 唐代•文選六八 33_326_13	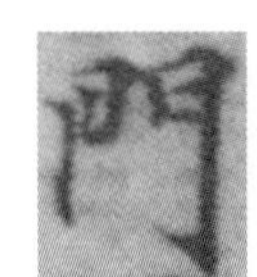 唐代•十輪經十 19_361_14	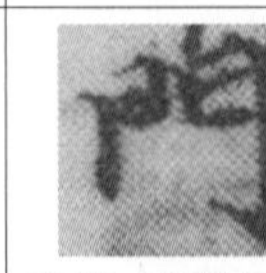 唐代•十輪經九 6_110_2	 唐代•十輪經四 20_390_9	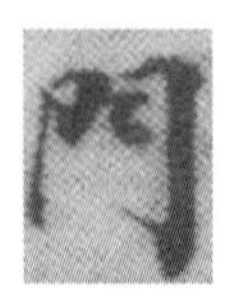 唐代•十輪經四 19_375_12
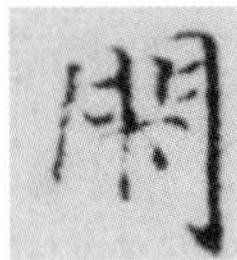 唐代•文選百三 39_392_16	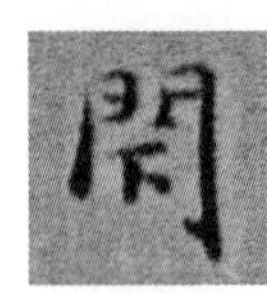 唐代•文選五九 24_237_3		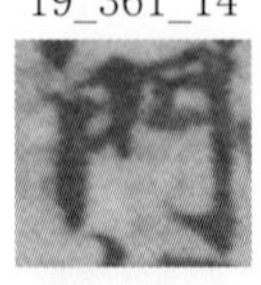 唐代•十輪經十 19_362_17	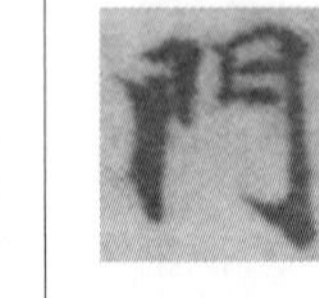 唐代•十輪經十 11_210_6	 唐代•十輪經四 20_394_1	 唐代•十輪經四 19_375_15
 唐代•文選百三 81_771_27	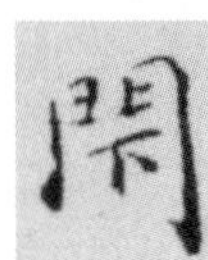 唐代•文選五九 99_940_13		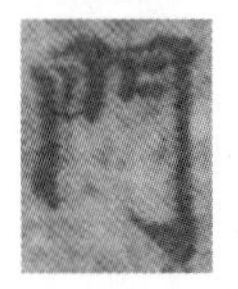 唐代•十輪經十 19_375_9	 唐代•十輪經十 11_210_10	 唐代•十輪經四 20_394_4	 唐代•十輪經四 20_381_6
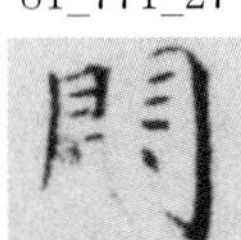 唐代•文選百三 81_771_35	 唐代•文選五九 109_1026_27		 唐代•十輪經十 19_379_1	 唐代•十輪經十 17_333_7	 唐代•十輪經四 20_399_6	 唐代•十輪經四 20_381_9
 唐代•文選百三 81_775_18	 唐代•文選五九 109_1029_29		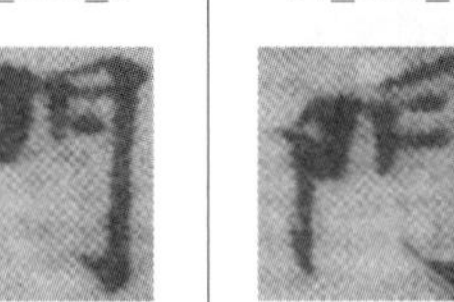 唐代•十輪經十 19_379_13	唐代•十輪經十 17_335_16	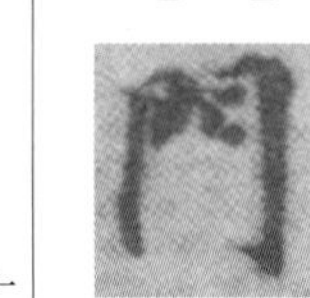 唐代•十輪經四 20_399_9	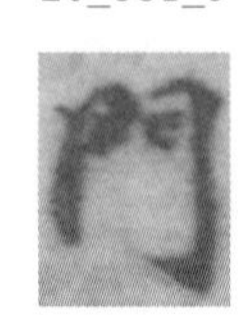 唐代•十輪經四 20_388_7
 唐代•古文選後 19_225_9	 唐代•文選八八 20_177_4			 唐代•十輪經十 17_337_6	 唐代•十輪經四 22_427_15	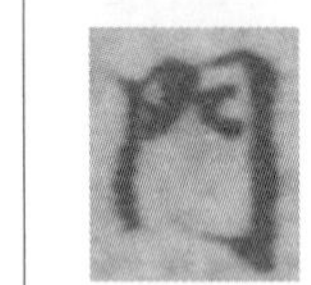 唐代•十輪經四 20_388_10
 唐代•十輪經四 7_137_5	 唐代•文選八八 20_178_23			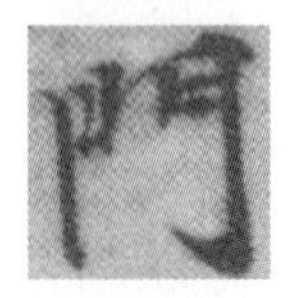 唐代•十輪經十 17_338_17	 唐代•十輪經四 22_428_2	 唐代•十輪經四 20_390_6

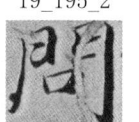

唐代·十輪經四

唐代·十輪經四
8_147_17

唐代·十輪經四
10_198_5

唐代·十輪經四
11_208_7

唐代·十輪經四
15_288_10

唐代·十輪經四
16_308_13

唐代·十輪經四
20_383_8

問問

吳モン 漢ブン
訓とう

唐代·春秋經傳
8_76_1

唐代·春秋經傳
10_97_15

唐代·春秋經傳
10_98_10

唐代·春秋經傳
10_102_9

唐代·春秋經傳
10_103_4

唐代·春秋經傳
10_103_8

唐代·春秋經傳
13_134_1

唐代·春秋經傳
14_140_5

唐代·春秋經傳
15_155_1

唐代·春秋經傳
19_194_15

唐代·春秋經傳
19_195_2

唐代·文選四八
2_13_6

唐代·文選四八
3_15_7

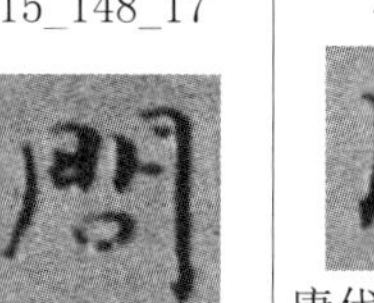
唐代·文選四八
4_23_8

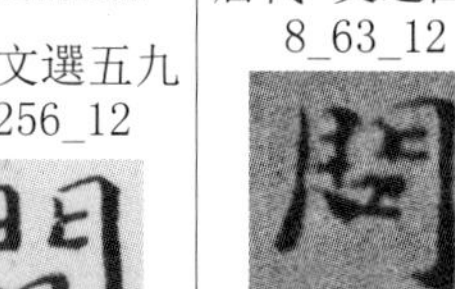
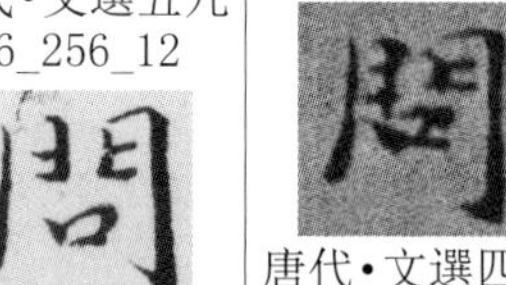
唐代·文選四八
8_63_12

唐代·文選四八
23_208_25

唐代·文選四八
42_373_3

唐代·文選四八
42_380_26

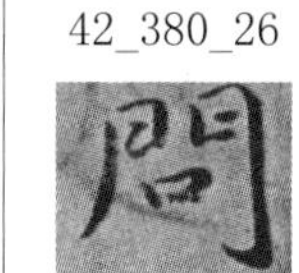
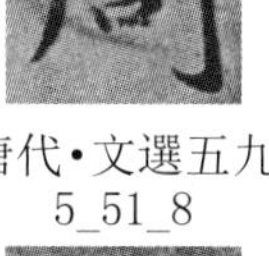
唐代·文選五九
5_51_8

唐代·文選五九
6_53_20

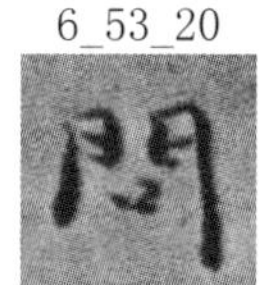
唐代·文選五九
6_53_29

唐代·文選五九
15_148_17

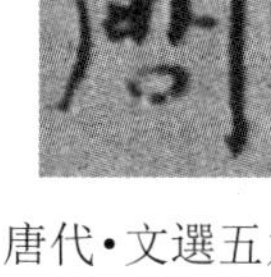
唐代·文選五九
26_256_12

唐代·文選五九
28_275_4

唐代·文選五九
28_277_20

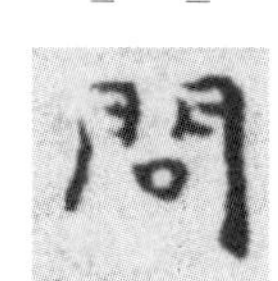
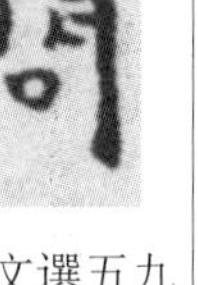
唐代·文選五九
29_280_18

唐代·文選五九
45_450_15

唐代·文選五九
53_527_13

唐代·文選五九
72_692_18

唐代·文選五九
72_697_2

唐代·文選五九
73_699_19

唐代·文選六八
8_88_26

唐代·文選六八
22_223_32

唐代·文選六八
44_441_12

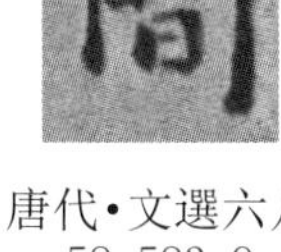
唐代·文選六八
58_583_9

唐代·文選六八
59_589_11

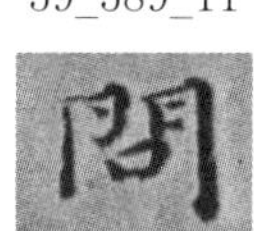
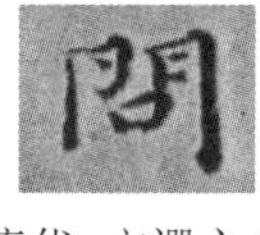
唐代·文選六八
63_626_24

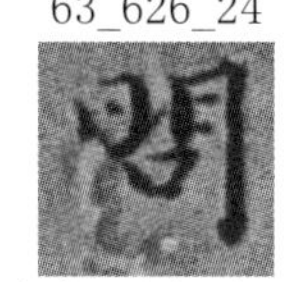
唐代·文選六八
71_713_15

唐代·文選八八
5_34_19

唐代·文選百三
7_63_14

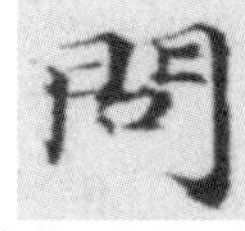
唐代·文選百三
7_67_33

唐代·文選百三
9_77_25

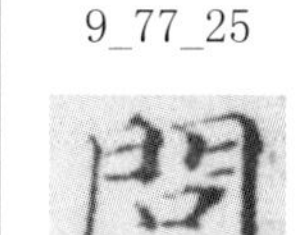
唐代·文選百三
9_86_11

唐代·文選百三
15_137_12

唐代·文選百三
35_353_22

唐代·文選百三
35_353_30

唐代·文選百三
38_379_7

唐代·文選百三
56_536_32

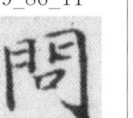

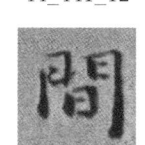

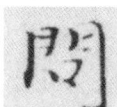

唐代・文選百三
62_597_13

唐代・文選百三
62_598_16

唐代・文選百三
65_619_27

唐代・文選百三
65_620_6

唐代・文選百三
73_704_4

唐代・古文選前
7_78_3

唐代・古文選後
10_109_11

唐代・十輪經四
7_127_5

唐代・十輪經四
10_185_10

唐代・十輪經十
20_384_4

開 閞

カイ
訓ひらく

初唐・法華義疏
1_6_22

初唐・聖武雜集
1_1_17

初唐・聖武雜集
1_5_3

初唐・聖武雜集
1_10_4

唐代・文選四八
12_105_13

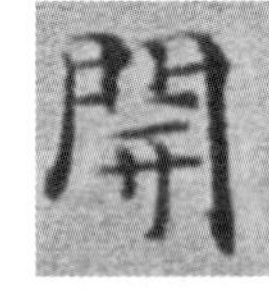
唐代・文選四八
12_111_21

唐代・文選四八
13_116_25

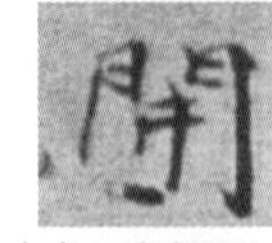
唐代・文選四八
13_117_10

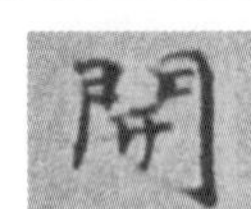
唐代・文選四八
13_117_18

唐代・文選四八
18_164_44

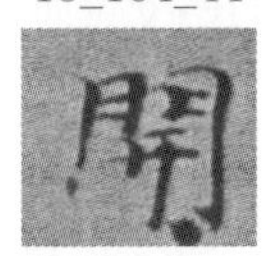
唐代・文選四八
20_179_6

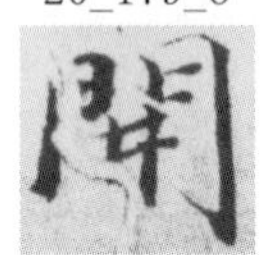
唐代・文選五九
10_98_19

唐代・文選五九
11_99_17

唐代・文選五九
11_100_2

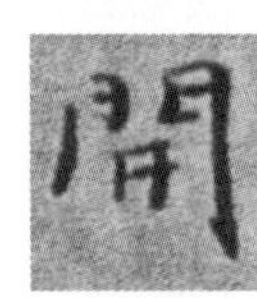
唐代・文選五九
11_100_24

唐代・文選五九
11_101_24

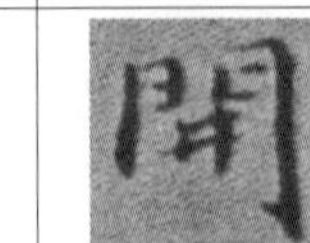
唐代・文選五九
17_163_17

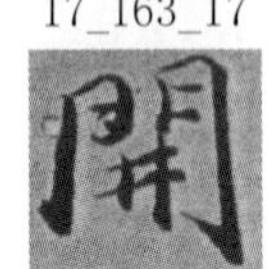
唐代・文選五九
24_236_7

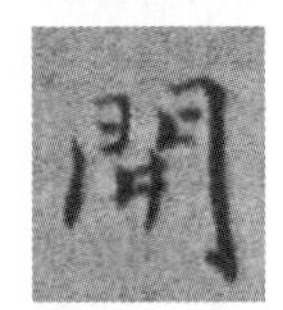
唐代・文選五九
24_238_31

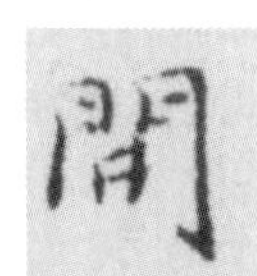
唐代・文選五九
30_297_17

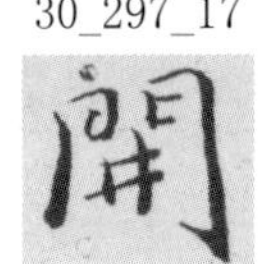
唐代・文選五九
31_312_21

唐代・文選五九
32_315_8

唐代・文選五九
32_315_23

唐代・文選五九
54_533_30

唐代・文選五九
54_534_9

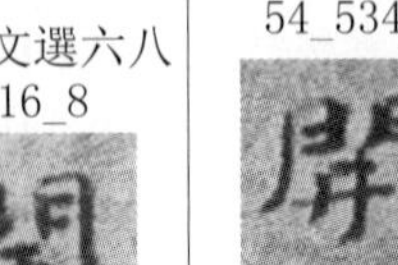
唐代・文選五九
55_535_11

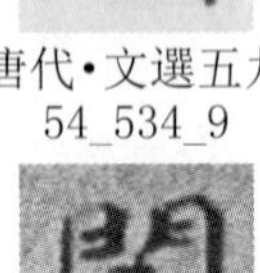
唐代・文選五九
56_548_28

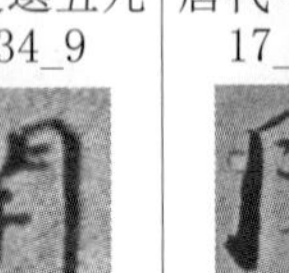
唐代・文選五九
57_554_11

唐代・文選五九
61_582_27

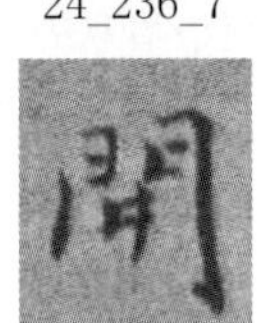
唐代・文選五九
70_671_10

唐代・文選五九
81_782_8

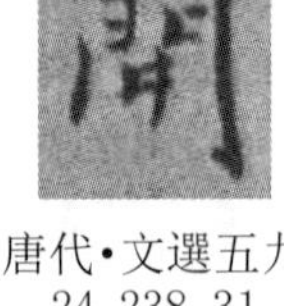
唐代・文選五九
105_994_2

唐代・文選六八
2_16_8

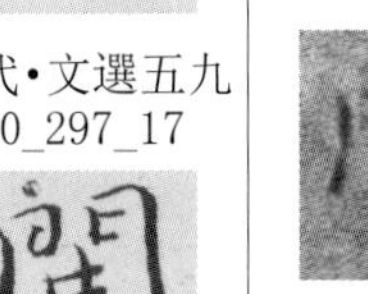
唐代・文選六八
2_19_22

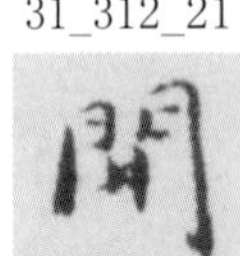
唐代・文選六八
2_22_4

唐代・文選六八
21_208_19

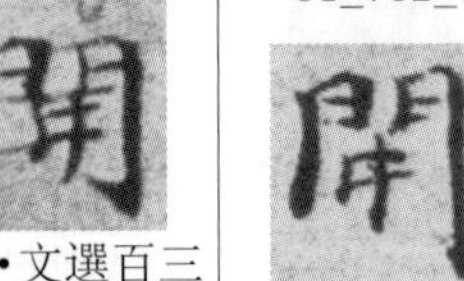
唐代・文選六八
73_728_16

唐代・文選八八
19_170_21

唐代・文選百三
5_40_35

唐代・文選百三
5_41_11

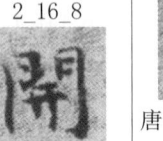

間	閤			閑		
漢カン呉ケン 訓あいだ	漢コウ 訓もん			漢カン呉ケン 訓ふせぐ		
 初唐•聖武雜集 1_9_18  唐代•春秋經傳 16_169_15  唐代•春秋經傳 26_265_29  唐代•春秋經傳 28_285_29  唐代•文選四八 1_3_16 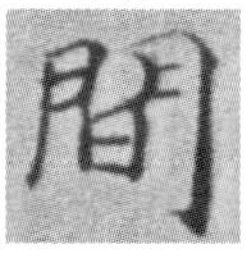 唐代•文選四八 2_11_16  唐代•文選四八 9_76_1	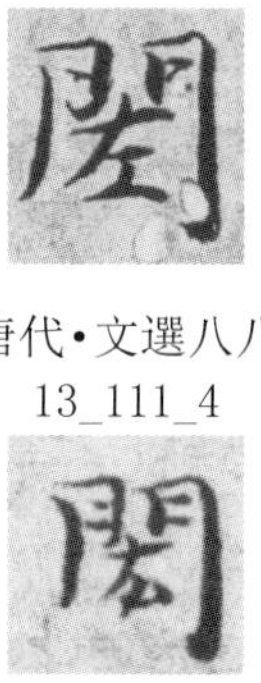 唐代•文選八八 13_111_4 唐代•文選八八 13_113_21	 唐代•古文選前 5_51_4 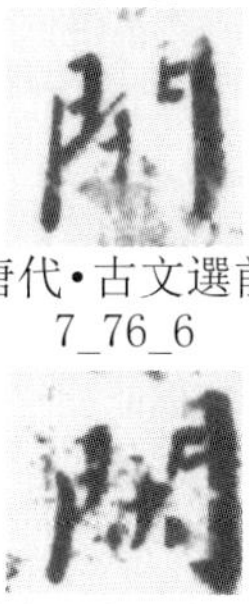 唐代•古文選前 7_76_6 唐代•古文選前 7_78_11  唐代•古文選前 8_97_9	 唐代•文選六八 27_274_8  唐代•文選六八 39_387_10  唐代•文選六八 39_387_22  唐代•文選六八 39_392_5  唐代•文選六八 39_396_4  唐代•文選六八 48_483_6  唐代•文選六八 57_565_17  唐代•文選六八 57_567_6	 唐代•文選四八 30_271_22  唐代•文選四八 46_414_19 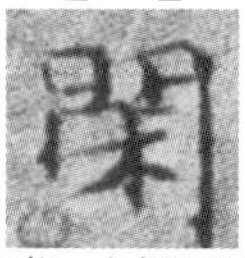 唐代•文選五九 13_125_15  唐代•文選五九 14_135_6  唐代•文選五九 33_328_24  唐代•文選五九 34_333_20  唐代•文選五九 34_334_18  唐代•文選六八 27_272_17	 唐代•古文選後 21_245_5 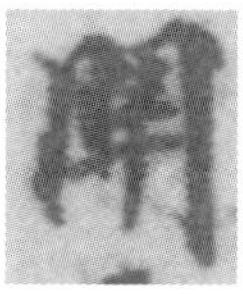 唐代•十輪經八 4_74_8  唐代•十輪經九 8_142_15  唐代•十輪經十 3_52_4	 唐代•文選百三 59_568_4  唐代•文選百三 59_569_14  唐代•文選百三 59_570_15  唐代•文選百三 60_573_2  唐代•文選百三 73_699_20  唐代•古文選前 2_14_14  唐代•古文選後 17_203_13  唐代•古文選後 18_214_6

閨闺 閔闵

閨闺	閔闵
漢ケイ 呉ケ 訓こもん	漢ビン 呉ミン 訓あわれむ

唐代·文選四八
2_10_22

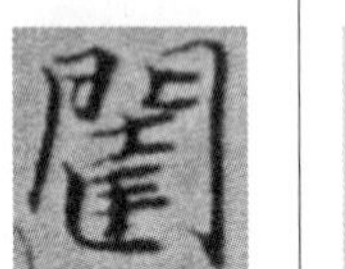
唐代·文選四八
2_13_3

唐代·文選五九
22_217_2

唐代·文選五九
22_218_9

唐代·文選五九
57_551_6

唐代·文選五九
57_552_5

唐代·文選六八
55_550_4

唐代·文選五九
64_623_4

唐代·文選百三
9_76_3

唐代·文選百三
9_77_13

唐代·文選百三
9_79_44

唐代·文選百三
19_187_30

唐代·十輪經四
1_9_9

唐代·十輪經四
1_19_3

唐代·十輪經十
5_96_3

唐代·十輪經四
3_52_8

唐代·十輪經四
3_55_11

唐代·十輪經四
5_92_3

唐代·十輪經四
6_118_2

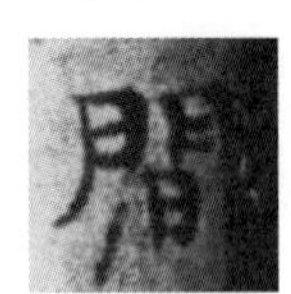
唐代·文選百三
75_722_7

唐代·古文選前
3_30_12

唐代·古文選前
5_52_3

唐代·古文選前
13_156_14

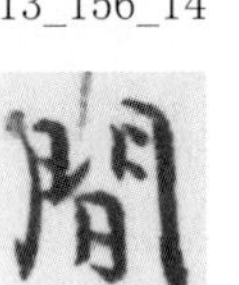
唐代·古文選後
18_215_3

唐代·十輪經四
1_3_13

唐代·十輪經十
5_93_14

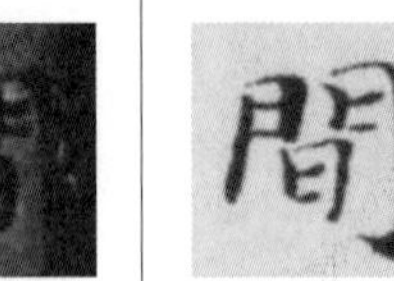
唐代·文選百三
67_645_31

唐代·文選百三
67_646_25

唐代·文選百三
68_654_8

唐代·文選百三
71_690_4

唐代·文選百三
72_695_10

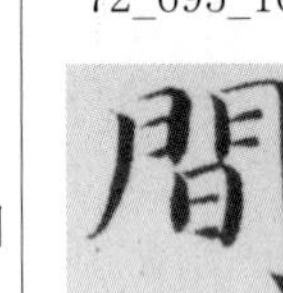
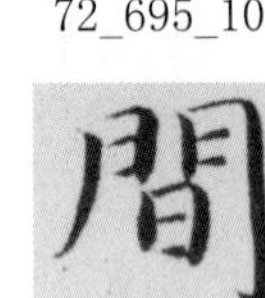
唐代·文選百三
74_717_6

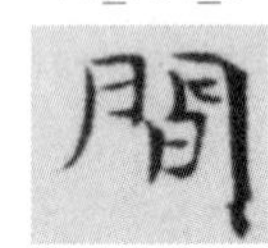
唐代·文選百三
75_719_15

唐代·文選六八
15_155_6

唐代·文選六八
49_492_16

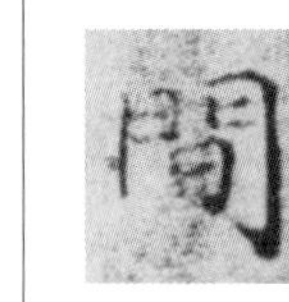
唐代·文選百三
3_25_21

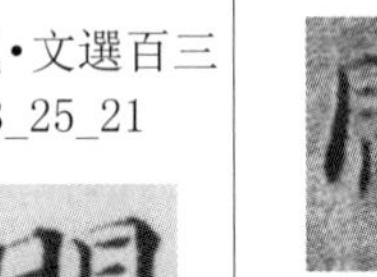
唐代·文選百三
29_290_11

唐代·文選百三
32_317_2

唐代·文選百三
55_531_34

唐代·文選百三
67_642_1

唐代·文選四八
28_252_8

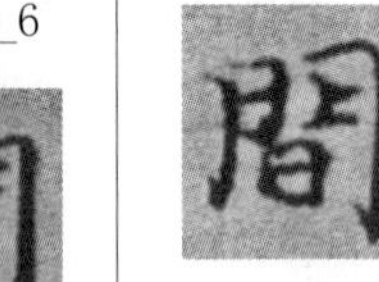
唐代·文選四八
32_290_18

唐代·文選五九
6_53_3

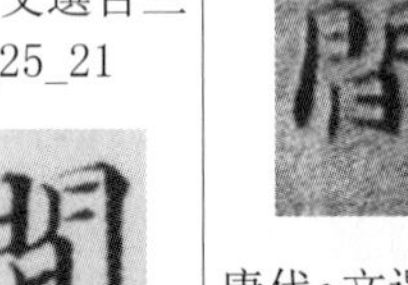
唐代·文選五九
15_142_8

唐代·文選五九
15_144_8

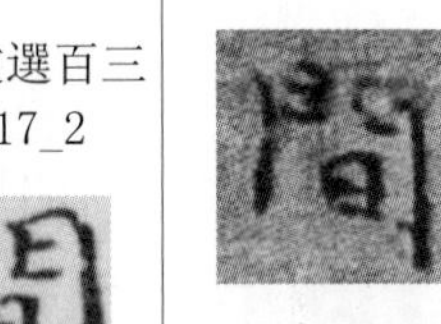
唐代·文選五九
15_147_15

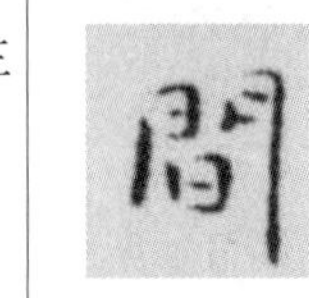
唐代·文選五九
27_268_13

漢ブン呉モン
訓きく

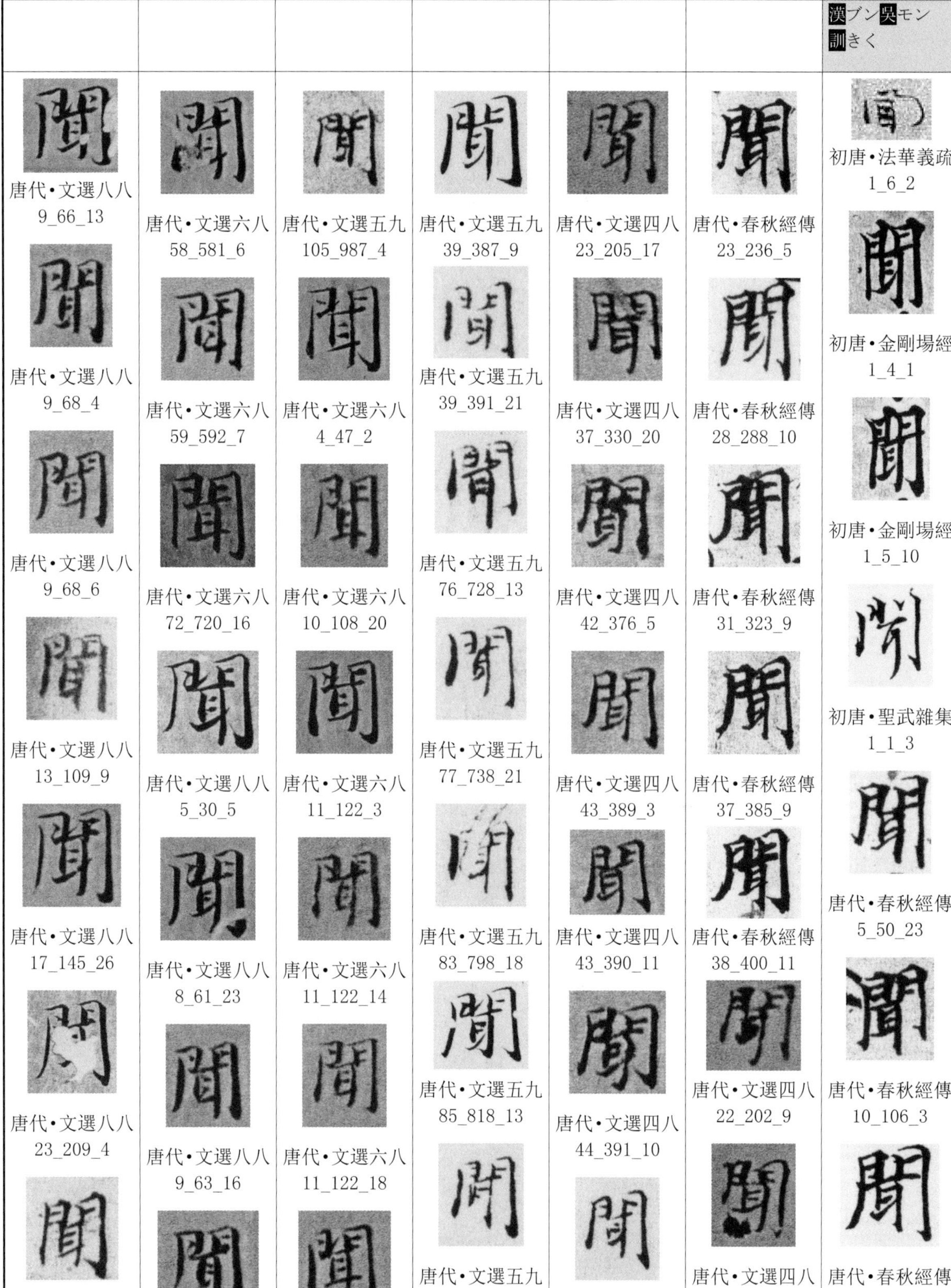

初唐•法華義疏 1_6_2
初唐•金剛場經 1_4_1
初唐•金剛場經 1_5_10
初唐•聖武雜集 1_1_3
唐代•春秋經傳 5_50_23
唐代•春秋經傳 10_106_3
唐代•春秋經傳 17_174_12
唐代•春秋經傳 23_236_5
唐代•春秋經傳 28_288_10
唐代•春秋經傳 31_323_9
唐代•春秋經傳 37_385_9
唐代•春秋經傳 38_400_11
唐代•文選四八 22_202_9
唐代•文選四八 22_204_9
唐代•文選四八 23_205_17
唐代•文選四八 37_330_20
唐代•文選四八 42_376_5
唐代•文選四八 43_389_3
唐代•文選四八 43_390_11
唐代•文選四八 44_391_10
唐代•文選五九 32_317_18
唐代•文選五九 39_387_9
唐代•文選五九 39_391_21
唐代•文選五九 76_728_13
唐代•文選五九 77_738_21
唐代•文選五九 83_798_18
唐代•文選五九 85_818_13
唐代•文選五九 86_823_3
唐代•文選五九 105_987_4
唐代•文選六八 4_47_2
唐代•文選六八 10_108_20
唐代•文選六八 11_122_3
唐代•文選六八 11_122_14
唐代•文選六八 11_122_18
唐代•文選六八 20_202_16
唐代•文選六八 58_581_6
唐代•文選六八 59_592_7
唐代•文選六八 72_720_16
唐代•文選八八 5_30_5
唐代•文選八八 8_61_23
唐代•文選八八 9_63_16
唐代•文選八八 9_65_8
唐代•文選八八 9_66_13
唐代•文選八八 9_68_4
唐代•文選八八 9_68_6
唐代•文選八八 13_109_9
唐代•文選八八 17_145_26
唐代•文選八八 23_209_4
唐代•文選百三 17_158_15

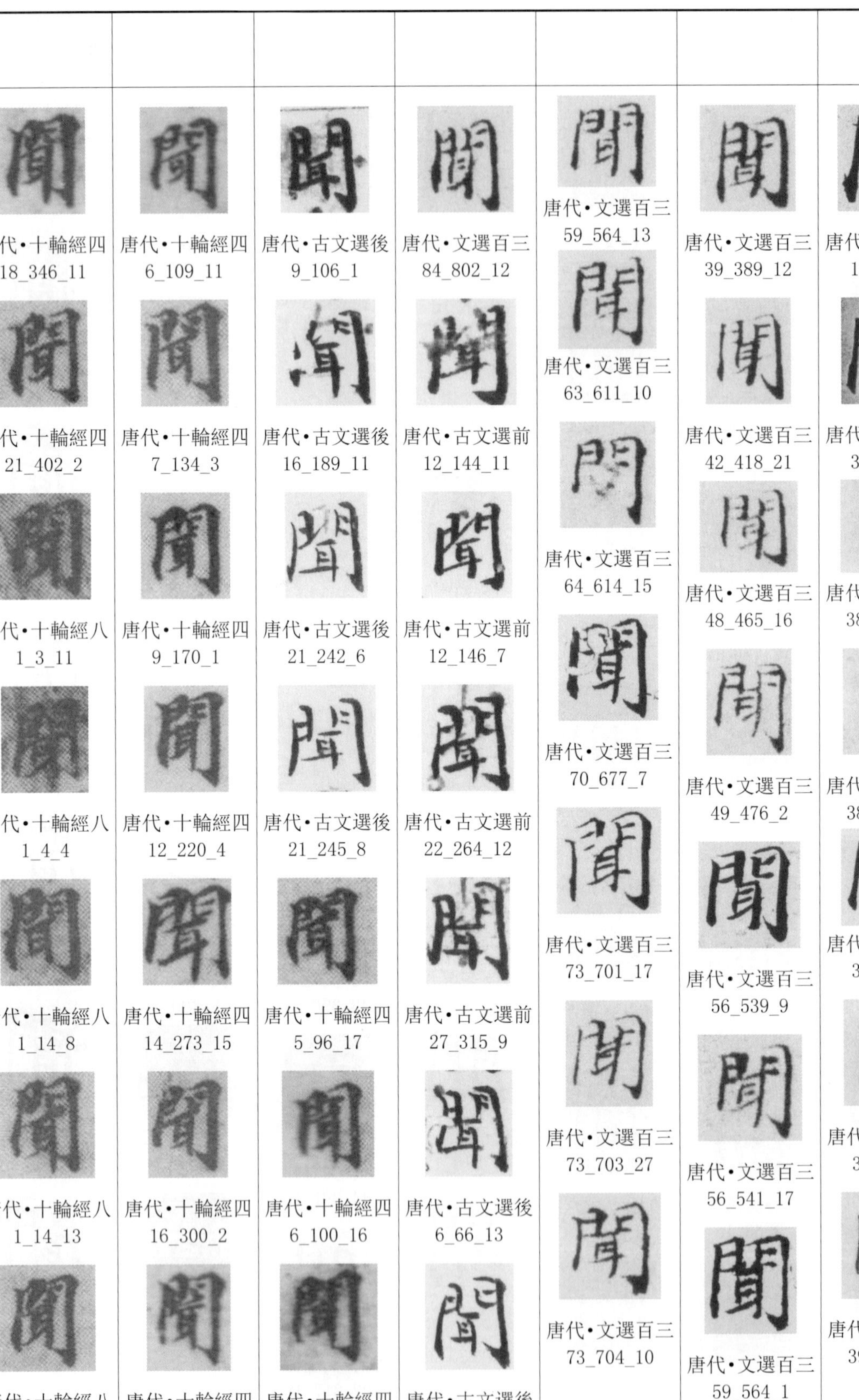

唐代•十輪經四 18_346_11	唐代•十輪經四 6_109_11	唐代•古文選後 9_106_1	唐代•文選百三 84_802_12	唐代•文選百三 59_564_13	唐代•文選百三 39_389_12	唐代•文選百三 17_166_7
唐代•十輪經四 21_402_2	唐代•十輪經四 7_134_3	唐代•古文選後 16_189_11	唐代•古文選前 12_144_11	唐代•文選百三 63_611_10	唐代•文選百三 42_418_21	唐代•文選百三 37_372_6
唐代•十輪經八 1_3_11	唐代•十輪經四 9_170_1	唐代•古文選後 21_242_6	唐代•古文選前 12_146_7	唐代•文選百三 64_614_15	唐代•文選百三 48_465_16	唐代•文選百三 38_378_31
唐代•十輪經八 1_4_4	唐代•十輪經四 12_220_4	唐代•古文選後 21_245_8	唐代•古文選前 22_264_12	唐代•文選百三 70_677_7	唐代•文選百三 49_476_2	唐代•文選百三 38_378_33
唐代•十輪經八 1_14_8	唐代•十輪經四 14_273_15	唐代•十輪經四 5_96_17	唐代•古文選前 27_315_9	唐代•文選百三 73_701_17	唐代•文選百三 56_539_9	唐代•文選百三 39_386_5
唐代•十輪經八 1_14_13	唐代•十輪經四 16_300_2	唐代•十輪經四 6_100_16	唐代•古文選後 6_66_13	唐代•文選百三 73_703_27	唐代•文選百三 56_541_17	唐代•文選百三 39_387_8
唐代•十輪經八 1_19_3	唐代•十輪經四 18_346_1	唐代•十輪經四 6_103_13	唐代•古文選後 8_94_6	唐代•文選百三 73_704_10	唐代•文選百三 59_564_1	唐代•文選百三 39_388_20

	閣	閭				
	カク 訓かんぬき	漢リョ呉ロ 訓さと				
唐代•文選五九 35_344_29	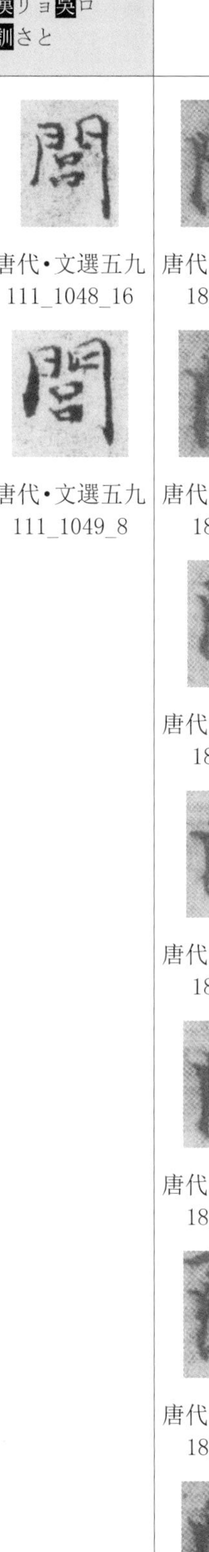唐代•文選四八 34_308_2	唐代•文選五九 111_1048_16	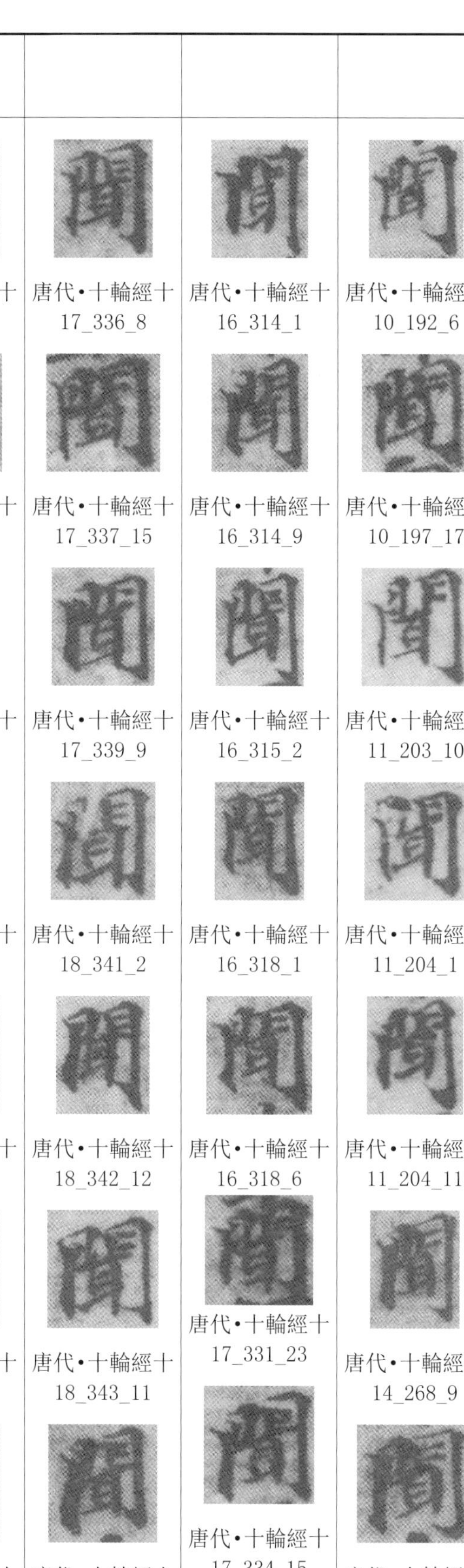唐代•十輪經十 18_345_13	唐代•十輪經十 17_336_8	唐代•十輪經十 16_314_1	唐代•十輪經十 10_192_6
唐代•文選五九 66_637_9	唐代•文選四八 34_308_12	唐代•文選五九 111_1049_8	唐代•十輪經十 18_347_7	唐代•十輪經十 17_337_15	唐代•十輪經十 16_314_9	唐代•十輪經十 10_197_17
唐代•文選五九 35_343_20	唐代•文選四八 48_438_9		唐代•十輪經十 18_348_4	唐代•十輪經十 17_339_9	唐代•十輪經十 16_315_2	唐代•十輪經十 11_203_10
唐代•文選六八 40_399_17	唐代•文選五九 35_339_10		唐代•十輪經十 18_349_1	唐代•十輪經十 18_341_2	唐代•十輪經十 16_318_1	唐代•十輪經十 11_204_1
唐代•文選六八 41_412_24	唐代•文選五九 35_342_13		唐代•十輪經十 18_350_13	唐代•十輪經十 18_342_12	唐代•十輪經十 16_318_6	唐代•十輪經十 11_204_11
唐代•文選六八 41_414_6	唐代•文選五九 35_343_1		唐代•十輪經十 18_352_17	唐代•十輪經十 18_343_11	唐代•十輪經十 17_331_23	唐代•十輪經十 14_268_9
唐代•文選六八 41_415_8	唐代•文選五九 84_803_1		唐代•十輪經十 18_355_10	唐代•十輪經十 18_344_10	唐代•十輪經十 17_334_15	唐代•十輪經十 14_268_14

闌	閼	闛	閾	閲	闃	
ラン 訓てすり	慣ア漢アツ 訓ふさぐ	ショウ、トウ 訓おおきい	漢ヨク、キョク 呉イキ 訓しきい	漢エツ 訓かぞえる	漢ケキ呉キョク 慣ゲキ 訓しずか	
 唐代•文選五九 43_420_3	 唐代•文選四八 3_20_7  唐代•文選四八 4_21_4  唐代•文選五九 99_936_17	 唐代•古文選後 21_245_3	 唐代•古文選後 4_42_12	 中唐・風信帖 1_2_3  唐代•文選五九 81_782_5  唐代•文選五九 82_783_30  唐代•文選五九 82_786_7  唐代•文選五九 82_786_25  唐代•文選百三 81_771_1  唐代•古文選後 19_218_10	 唐代•春秋經傳 26_264_34  唐代•文選五九 109_1037_6	 唐代•文選六八 57_566_22

闉

漢イン 呉イン
訓ついじ

唐代・古文選後
25_297_9

闇

漢アン 呉オン
訓くらい

初唐・法華義疏
1_5_6

唐代・文選五九
44_433_13

唐代・文選八八
20_177_7

唐代・文選八八
21_179_2

唐代・文選八八
21_182_14

唐代・古文選前
6_71_12

闊

漢カツ
訓ひろい

唐代・文選四八
3_17_3

唐代・文選四八
3_17_19

唐代・文選四八
4_28_11

唐代・文選四八
7_54_19

唐代・文選四八
10_90_4

唐代・文選四八
10_91_4

唐代・文選五九
89_851_21

唐代・文選百三
83_796_3

唐代・文選百三
84_797_11

唐代・文選百三
84_799_5

唐代・文選百三
84_799_27

唐代・文選四八
10_91_13

唐代・文選四八
11_94_22

唐代・文選四八
11_95_10

闈

イ
訓こもん

唐代・文選百三
17_164_9

唐代・文選百三
17_166_2

唐代・古文選前
15_181_12

唐代・古文選前
16_184_10

闔

漢コウ
訓とびら

唐代・文選五九
17_163_18

唐代・古文選後
21_245_4

闕

漢ケツ
訓モン

中唐・風信帖
4_19_7

唐代・春秋經傳
1_4_17

唐代・春秋經傳
2_9_7

唐代・春秋經傳
8_83_11

唐代・春秋經傳
8_84_14

唐代・春秋經傳
27_275_13

唐代・文選五九
17_166_8

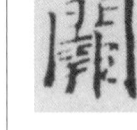

	闗	闞				
	漢カン呉ケン 訓せき	カン 訓のぞく				
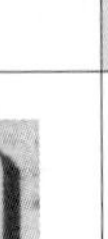 唐代・文選八八 19_164_7	 唐代・春秋經傳 25_260_4	 唐代・文選六八 35_349_10	 唐代・古文選後 4_43_1	 唐代・文選百三 45_430_5	 唐代・文選八八 15_128_7	 唐代・文選五九 42_414_4
 唐代・文選八八 19_165_13	 闗西 唐代・文選四八 9_75_21	 唐代・文選六八 35_350_17	 唐代・古文選後 16_184_5	 唐代・文選百三 76_727_24	 唐代・文選百三 32_320_25	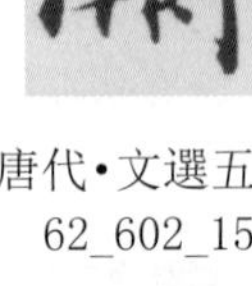 唐代・文選五九 62_602_15
 唐代・文選八八 19_168_17	 唐代・文選五九 45_448_4	唐代・文選六八 35_351_18	 唐代・古文選後 17_198_10	 唐代・古文選前 12_137_11	 唐代・文選百三 33_325_15	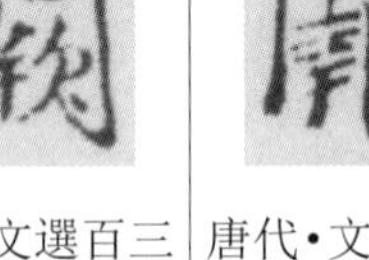 唐代・文選五九 63_609_1
 唐代・文選百三 23_228_36	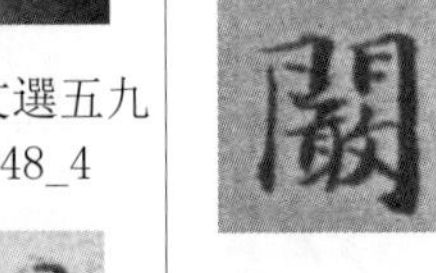 唐代・文選五九 45_449_30	唐代・文選六八 35_352_8	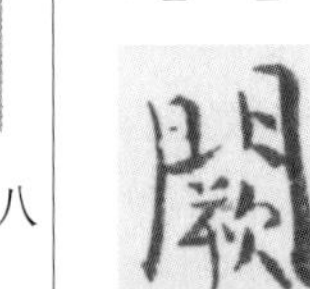 唐代・古文選後 26_304_8	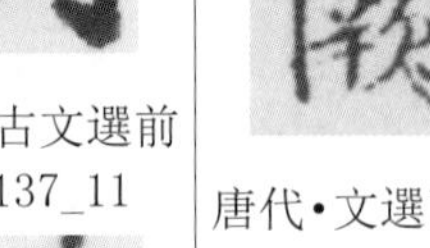 唐代・古文選前 15_178_21	 唐代・文選百三 33_327_15	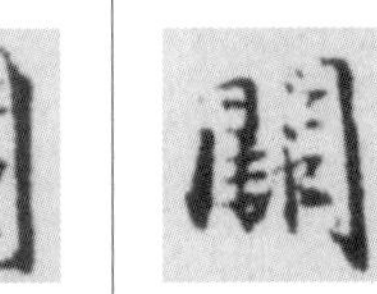 唐代・文選五九 69_665_12
 唐代・文選百三 24_230_15	 唐代・文選五九 45_450_5	唐代・文選百三 47_452_4		 唐代・古文選前 27_312_10	 唐代・文選百三 33_328_16	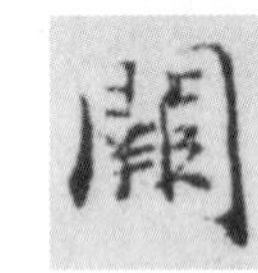 唐代・文選五九 69_665_19
 唐代・文選百三 25_242_5	 唐代・文選五九 45_450_26	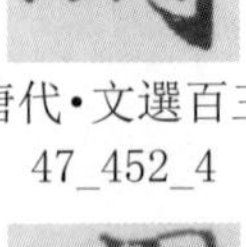 唐代・文選百三 47_453_1		 唐代・古文選後 2_15_8	 唐代・文選百三 45_427_6	 唐代・文選五九 69_667_32
 唐代・文選百三 31_304_2	 唐代・文選六八 41_410_9	 唐代・文選百三 47_453_38		 唐代・古文選後 2_21_7	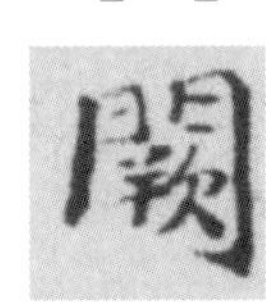 唐代・文選百三 45_430_1	 唐代・文選五九 77_744_25
		 唐代・文選百三 47_454_9				

闡

セン
訓ひらく

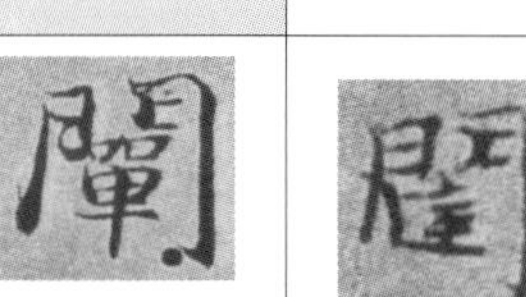
唐代•文選四八
13_114_7

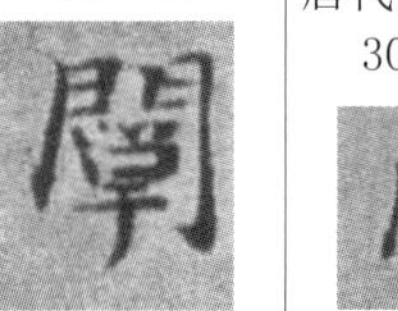
唐代•文選四八
13_116_23

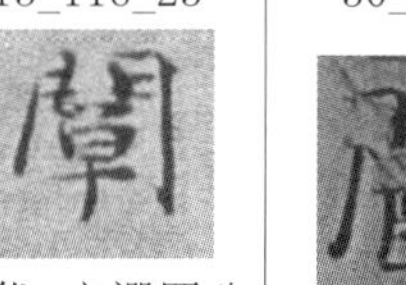
唐代•文選四八
13_117_3

唐代•文選四八
13_117_9

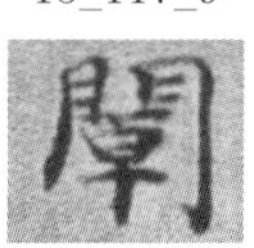
唐代•文選四八
13_117_19

唐代•文選四八
14_122_21

唐代•文選五九
37_371_9

唐代•文選五九
49_482_8

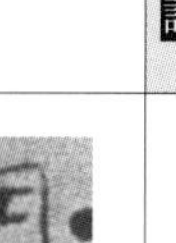
唐代•文選四八
30_271_8

唐代•文選四八
30_272_2

唐代•文選四八
38_343_1

唐代•文選五九
109_1026_30

唐代•文選四八
30_267_2

闥

漢タツ
訓にわ

初唐•金剛場經
1_4_8

唐代•文選四八
2_9_10

唐代•文選四八
2_10_24

唐代•文選四八
2_11_7

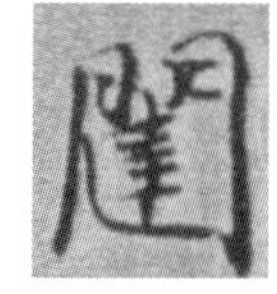
唐代•文選四八
2_11_18

唐代•文選四八
2_13_1

唐代•文選四八
30_270_22

唐代•古文選後
25_292_46

唐代•古文選後
26_306_16

唐代•古文選後
26_311_8

唐代•古文選後
4_38_3

唐代•古文選後
4_44_2

唐代•古文選後
4_44_30

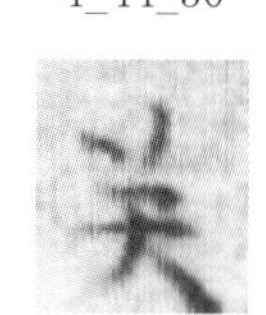
唐代•古文選後
12_133_15

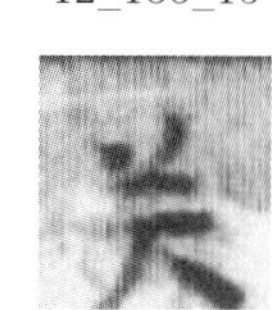
唐代•古文選後
13_150_17

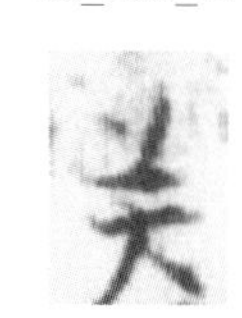
唐代•古文選後
21_244_54

唐代•古文選後
24_281_10

唐代•文選百三
63_604_13

唐代•文選百三
67_643_8

唐代•文選百三
79_751_12

唐代•文選百三
81_768_6

唐代•文選百三
81_772_2

唐代•文選百三
81_773_17

唐代•文選百三
81_776_12

唐代•文選百三
31_305_8

唐代•文選百三
31_307_36

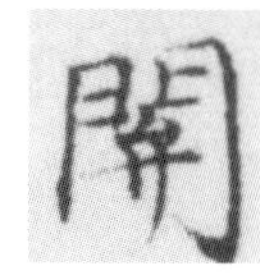
唐代•文選百三
31_308_11

唐代•文選百三
55_527_20

唐代•文選百三
56_537_10

唐代•文選百三
56_537_12

唐代•文選百三
63_603_12

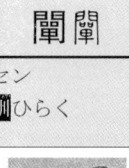

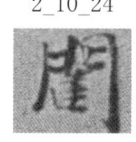

唐代・古文選後
19_225_12

闢闢

漢ヘキ呉ビャク
訓ひらく

唐代・春秋經傳
9_87_5

唐代・文選四八
12_105_14

唐代・文選四八
12_111_22

隹部

隹

漢スイ 呉スイ
訓とり

唐代・文選五九
82_791_6

雀

慣ジャク 漢シャク 呉サク
訓すずめ

唐代・文選五九
33_329_10

唐代・文選五九
33_330_28

唐代・文選五九
34_331_22

唐代・文選五九
44_433_18

唐代・文選五九
44_435_2

唐代・文選五九
101_955_25

唐代・文選五九
106_1005_15

唐代・文選五九
110_1044_11

唐代・文選六八
15_153_29

唐代・文選六八
15_154_30

集

漢シュウ 呉ジュウ
訓あつまる

初唐・法華義疏
1_1_16

中唐・風信帖
2_8_4

唐代・春秋經傳
1_1_5

唐代・文選四八
16_146_1

唐代・文選四八
40_353_10

唐代・文選四八
40_355_22

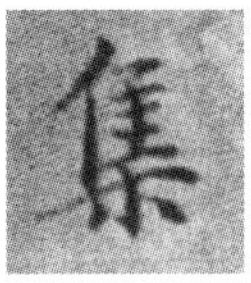
唐代・文選五九
4_35_12

唐代・文選五九
7_64_13

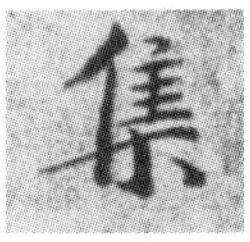
唐代・文選五九
7_67_13

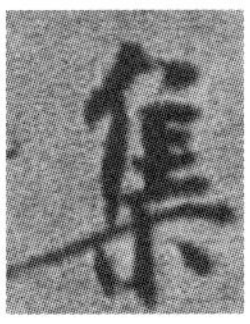
唐代・文選五九
12_117_11

唐代・文選五九
22_218_3

唐代・文選五九
23_227_6

唐代・文選五九
47_465_1

唐代・文選五九
66_633_12

唐代・文選五九
68_650_30

唐代・文選五九
68_651_5

唐代・文選五九
69_664_7

唐代・文選五九
70_668_15

唐代・文選五九
71_680_8

唐代・文選五九
90_858_26

唐代・文選五九
96_910_12

雄

漢ユウ
訓おす

中唐•灌頂歷名
1_1_13

中唐•灌頂歷名
1_5_12

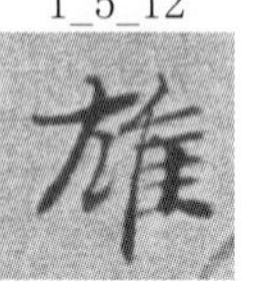
唐代•文選四八
12_109_10

唐代•文選四八
19_174_12

唐代•文選四八
20_175_8

唐代•文選四八
20_175_22

唐代•文選四八
20_176_24

唐代•文選四八
29_261_7

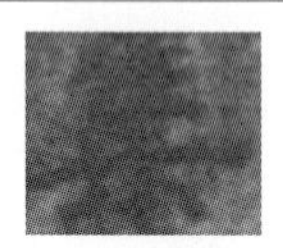
唐代•十輪經九
1_1_4

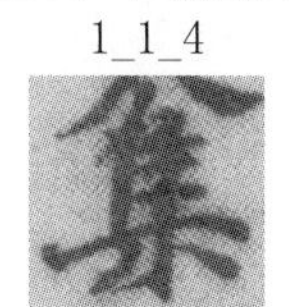
唐代•十輪經九
8_146_4

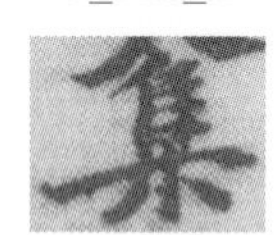
唐代•十輪經九
22_424_4

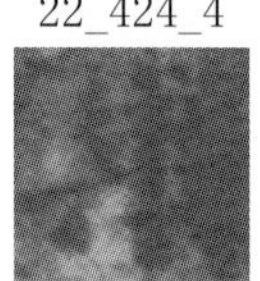
唐代•十輪經十
1_1_4

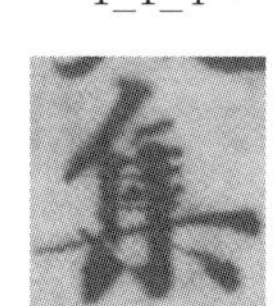
唐代•十輪經十
17_332_4

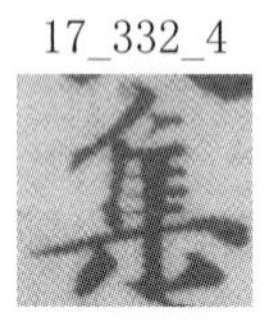
唐代•十輪經十
20_388_4

唐代•古文選後
25_292_8

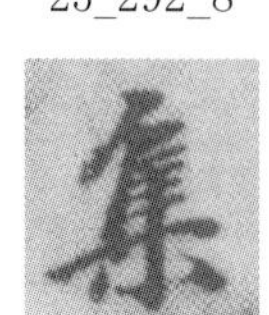
唐代•十輪經四
3_49_17

唐代•十輪經四
20_395_13

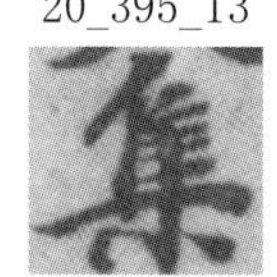
唐代•十輪經四
22_432_4

唐代•十輪經八
1_1_4

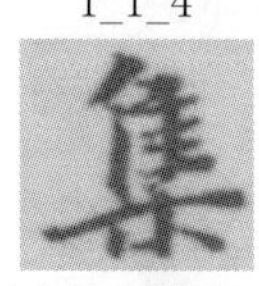
唐代•十輪經八
18_346_1

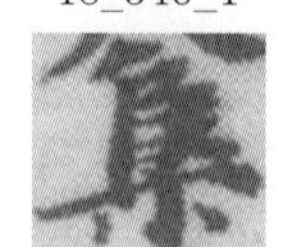
唐代•十輪經八
22_442_4

唐代•古文選後
12_141_4

唐代•古文選後
13_150_8

唐代•古文選後
15_175_10

唐代•古文選後
16_192_9

唐代•古文選後
19_227_8

唐代•古文選後
23_269_6

唐代•古文選後
24_281_4

唐代•文選百三
23_221_3

唐代•文選百三
23_223_25

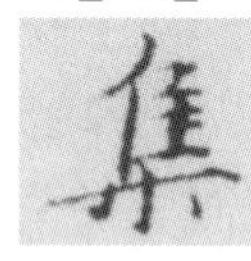
唐代•文選百三
42_419_28

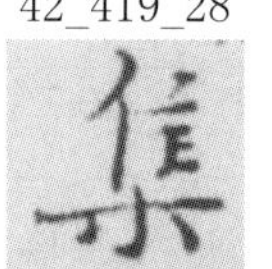
唐代•文選百三
42_420_8

唐代•文選百三
47_458_9

唐代•文選百三
48_462_16

唐代•古文選後
10_108_11

唐代•文選六八
51_512_16

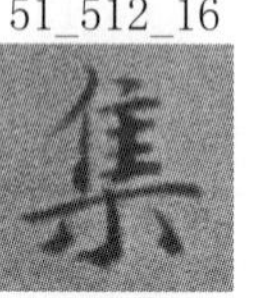
唐代•文選六八
68_679_17

唐代•文選八八
18_159_1

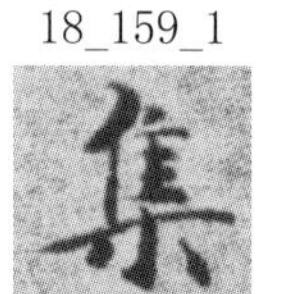
唐代•文選八八
19_160_17

唐代•文選百三
3_23_2

唐代•文選百三
7_58_14

唐代•文選百三
22_212_27

唐代•文選五九
99_933_15

唐代•文選五九
101_955_27

唐代•文選五九
102_964_12

唐代•文選五九
108_1023_29

唐代•文選六八
2_14_13

唐代•文選六八
31_316_5

唐代•文選六八
51_512_3

雅

漢 ガ
訓 みやび

唐代•文選六八
11_116_14

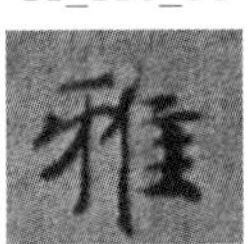
唐代•文選六八
15_149_24

唐代•文選六八
31_317_5

唐代•文選六八
34_340_11

唐代•文選六八
36_363_9

唐代•文選六八
47_465_3

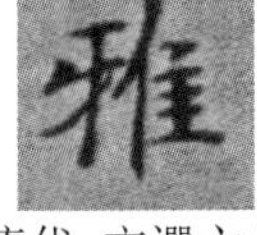
唐代•文選六八
49_498_1

唐代•文選六八
50_500_12

唐代•文選五九
33_327_6

唐代•文選五九
54_531_20

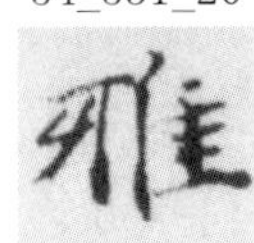
唐代•文選五九
69_665_14

唐代•文選五九
86_825_7

唐代•文選五九
88_838_27

唐代•文選五九
88_839_9

唐代•文選五九
106_1001_17

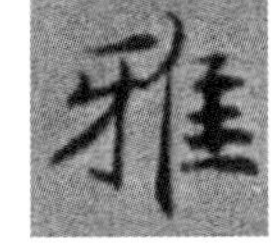
唐代•文選六八
6_57_16

唐代•文選四八
27_244_5

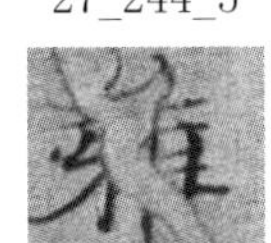
唐代•文選四八
28_252_10

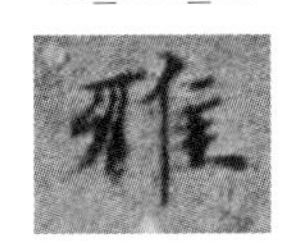
唐代•文選五九
5_42_28

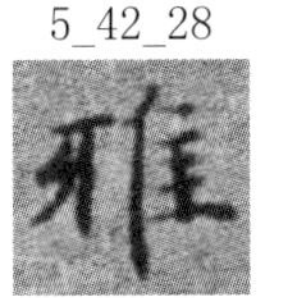
唐代•文選五九
17_170_23

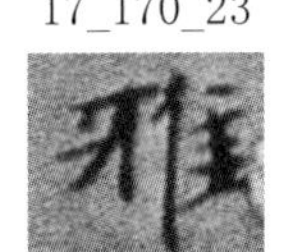
唐代•文選五九
19_184_12

唐代•文選五九
21_205_8

唐代•文選五九
29_279_4

唐代•文選五九
30_293_7

唐代•春秋經傳
6_55_4

唐代•春秋經傳
8_81_10

唐代•春秋經傳
8_84_7

唐代•春秋經傳
31_326_12

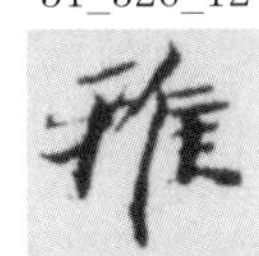
唐代•文選四八
1_5_18

唐代•文選四八
4_23_13

唐代•文選四八
19_171_1

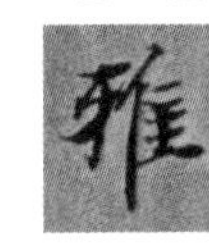
唐代•文選四八
24_217_4

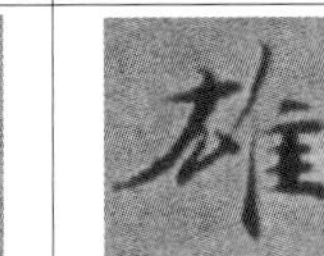
唐代•文選六八
60_602_21

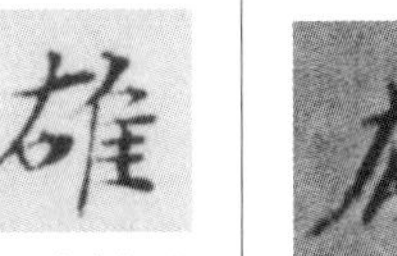
唐代•文選百三
13_128_29

唐代•文選百三
20_192_13

唐代•文選六八
8_81_19

唐代•文選六八
14_145_18

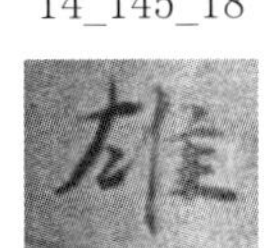
唐代•文選六八
29_295_13

唐代•文選六八
37_369_9

唐代•文選六八
44_444_5

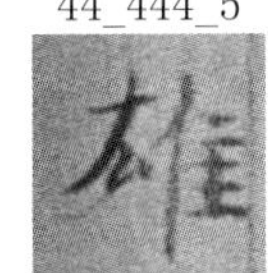
唐代•文選六八
45_454_11

唐代•文選六八
59_585_15

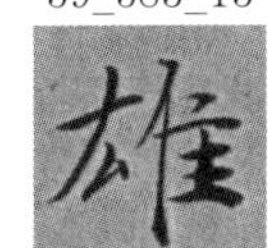
唐代•文選六八
60_600_10

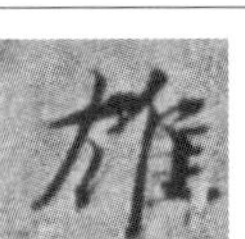
唐代•文選四八
30_266_6

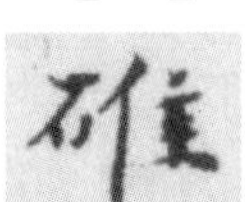
唐代•文選五九
35_342_8

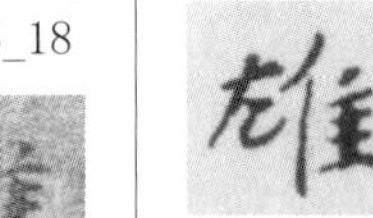
唐代•文選五九
35_342_22

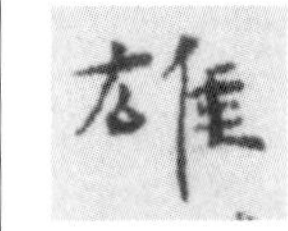
唐代•文選五九
46_455_21

唐代•文選五九
84_811_17

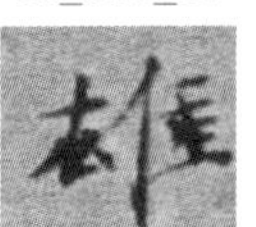
唐代•文選五九
84_812_18

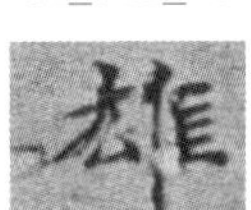
唐代•文選五九
84_813_12

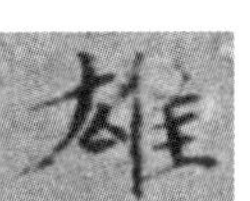
唐代•文選五九
84_813_30

雒

ラク
訓みみずく

唐代•春秋經傳
14_138_5

唐代•春秋經傳
14_138_11

唐代•春秋經傳
14_138_15

唐代•文選五九
62_594_17

唐代•文選五九
62_595_10

雌

シ
訓めす、め

唐代•文選六八
44_444_1

唐代•文選百三
29_291_8

唐代•文選百三
29_292_6

唐代•文選百三
52_497_8

雉

漢チ呉ジ
訓きじ

唐代•文選五九
3_28_13

唐代•文選五九
90_859_14

唐代•文選五九
90_860_21

唐代•文選五九
90_861_24

唐代•文選五九
90_862_10

唐代•文選六八
15_150_2

唐代•文選六八
15_154_6

唐代•文選百三
29_291_1

雎

ショ
訓みさご

唐代•文選百三
14_132_17

唐代•文選百三
49_472_19

唐代•文選百三
13_123_20

唐代•文選百三
13_125_2

唐代•文選百三
20_196_25

唐代•文選百三
48_463_9

唐代•文選百三
52_501_10

唐代•文選百三
60_574_20

唐代•文選百三
64_614_30

唐代•古文選前
1_5_11

唐代•文選六八
53_526_10

唐代•文選六八
69_690_21

唐代•文選六八
70_697_23

唐代•文選八八
5_32_6

唐代•文選八八
15_121_16

唐代•文選八八
24_211_21

唐代•文選百三
13_121_5

唐代•文選百三
13_122_32

				雖	雕	雎
				スイ 訓いえども	チョウ 訓わし	ショ 訓つがひ
唐代•文選八八 7_50_14  唐代•文選八八 11_87_19  唐代•文選八八 22_196_2  唐代•文選百三 1_9_9  唐代•文選百三 9_84_4  唐代•文選百三 9_88_1  唐代•文選百三 15_143_21  唐代•文選百三 15_147_1	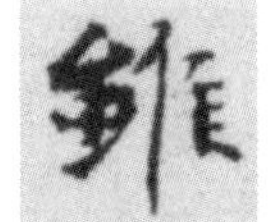 唐代•文選五九 59_571_15  唐代•文選五九 64_615_8  唐代•文選五九 68_653_6  唐代•文選五九 72_693_20  唐代•文選五九 103_974_16  唐代•文選五九 105_994_6  唐代•文選六八 63_636_9 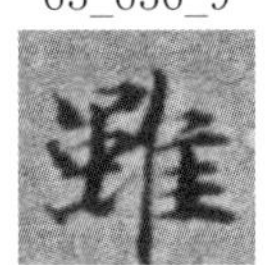 唐代•文選八八 7_50_5	 唐代•文選五九 6_52_29 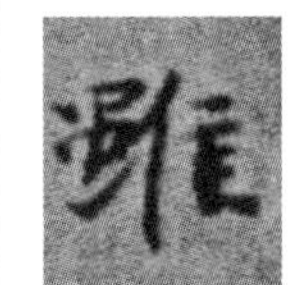 唐代•文選五九 6_54_11  唐代•文選五九 8_76_23  唐代•文選五九 29_280_4  唐代•文選五九 39_390_23 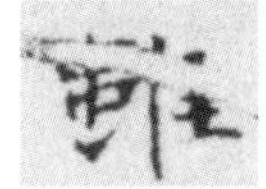 唐代•文選五九 39_390_29  唐代•文選五九 54_530_11  唐代•文選五九 55_536_18	 唐代•春秋經傳 27_283_23 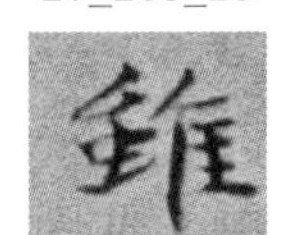 唐代•文選四八 6_53_8  唐代•文選四八 11_94_20  唐代•文選四八 11_95_8  唐代•文選四八 28_250_7  唐代•文選四八 30_276_8  唐代•文選四八 31_278_4  唐代•文選四八 35_316_9	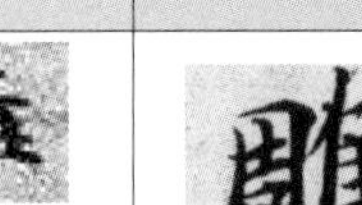 初唐•法華義疏 1_7_15  初唐•聖武雜集 1_2_13  唐代•春秋經傳 9_94_15  唐代•春秋經傳 13_132_15  唐代•春秋經傳 15_150_9  唐代•春秋經傳 15_151_5  唐代•春秋經傳 15_154_3  唐代•春秋經傳 26_264_10	 唐代•春秋經傳 7_73_4  唐代•春秋經傳 7_73_6 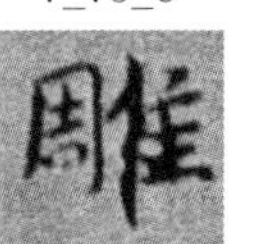 唐代•文選五九 48_477_31 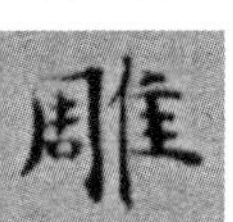 唐代•文選六八 21_206_31  唐代•文選六八 26_264_9  唐代•文選六八 27_269_2	唐代•春秋經傳 35_371_12

雙雙

ソウ
訓ふた

唐代•文選五九
19_180_1

唐代•文選五九
19_180_22

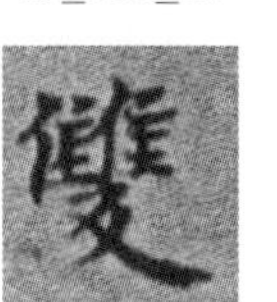
唐代•文選五九
19_181_19

唐代•文選五九
23_224_6

唐代•文選五九
23_229_13

唐代•文選五九
23_231_17

唐代•文選五九
33_326_12

唐代•十輪經九
19_361_14

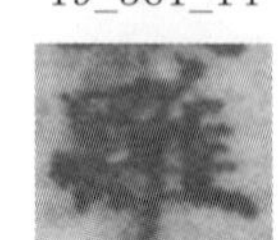
唐代•十輪經十
7_130_3

唐代•十輪經九
10_188_10

唐代•十輪經九
10_197_14

唐代•十輪經四
10_190_12

唐代•十輪經四
10_192_14

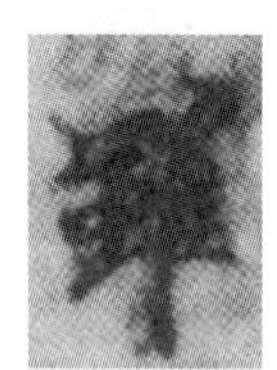
唐代•十輪經四
14_279_10

唐代•十輪經四
16_302_2

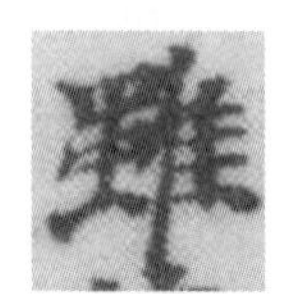
唐代•十輪經九
10_198_1

唐代•十輪經九
10_199_1

唐代•十輪經四
10_180_16

唐代•古文選後
25_298_3

唐代•十輪經四
7_123_2

唐代•十輪經四
8_144_15

唐代•十輪經四
8_153_1

唐代•十輪經四
8_156_14

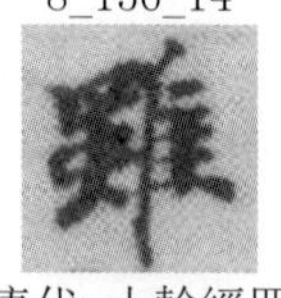
唐代•十輪經四
9_174_1

唐代•十輪經四
10_183_15

唐代•文選百三
85_813_3

唐代•文選百三
85_817_15

唐代•文選百三
87_834_3

唐代•古文選前
14_166_11

唐代•古文選前
24_281_3

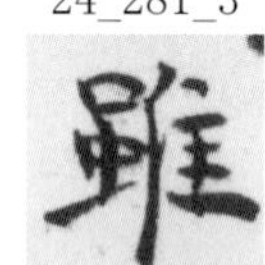
唐代•古文選前
24_282_12

唐代•古文選後
3_34_1

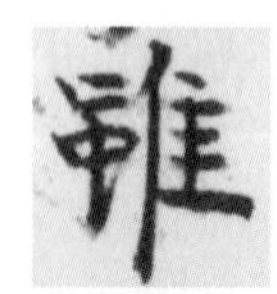
唐代•古文選後
16_189_13

唐代•文選百三
51_495_14

唐代•文選百三
56_539_6

唐代•文選百三
67_652_31

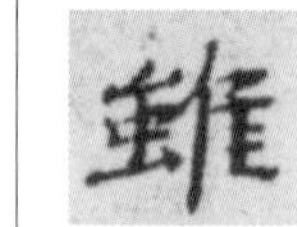
唐代•文選百三
69_661_14

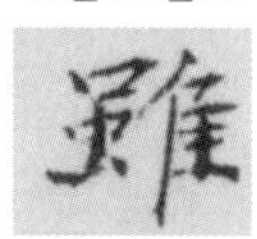
唐代•文選百三
71_683_23

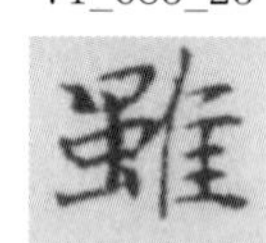
唐代•文選百三
71_684_18

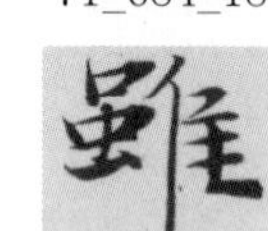
唐代•文選百三
75_723_8

唐代•文選百三
78_744_22

唐代•文選百三
16_150_33

唐代•文選百三
16_151_12

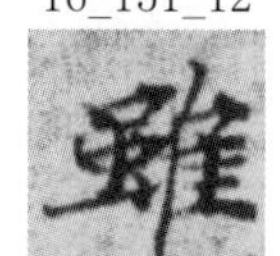
唐代•文選百三
17_156_6

唐代•文選百三
19_189_16

唐代•文選百三
26_251_8

唐代•文選百三
26_253_29

唐代•文選百三
26_255_21

唐代•文選百三
38_380_11

雜 雜

慣ザツ 呉ゾウ 漢ソウ

訓まじる

唐代•文選六八 51_509_23

唐代•文選六八 52_522_14

唐代•文選六八 69_694_19

唐代•文選百三 13_119_5

唐代•文選百三 85_804_14

唐代•古文選前 10_116_2

唐代•古文選後 7_83_37

唐代•十輪經四 8_157_6

唐代•文選五九 89_852_3

唐代•文選五九 89_855_8

唐代•文選五九 111_1060_14

唐代•文選六八 17_176_5

唐代•文選六八 23_228_8

唐代•文選六八 27_267_1

唐代•文選六八 27_268_14

唐代•文選六八 46_462_8

唐代•文選五九 30_293_15

唐代•文選五九 30_294_9

唐代•文選五九 37_362_5

唐代•文選五九 41_408_1

唐代•文選五九 47_465_2

唐代•文選五九 49_478_12

唐代•文選五九 50_494_6

唐代•文選五九 78_747_7

唐代•文選四八 7_60_22

唐代•文選四八 8_62_4

唐代•文選四八 8_63_14

唐代•文選四八 8_64_8

唐代•文選四八 21_192_9

唐代•文選五九 1_10_6

唐代•文選五九 5_46_1

唐代•文選五九 29_291_20

唐代•文選六八 51_516_2

唐代•文選百三 5_42_9

唐代•文選百三 63_602_22

唐代•文選百三 63_603_16

唐代•古文選前 4_42_2

唐代•古文選後 18_213_15

唐代•文選五九 101_948_28

唐代•文選五九 103_970_28

唐代•文選六八 39_394_8

唐代•文選六八 51_508_10

唐代•文選六八 51_514_6

唐代•文選六八 51_514_8

唐代•文選六八 51_515_24

唐代•文選五九 87_837_6

唐代•文選五九 88_839_3

唐代•文選五九 88_841_3

唐代•文選五九 88_842_6

唐代•文選五九 88_842_22

唐代•文選五九 88_845_20

唐代•文選五九 100_946_9

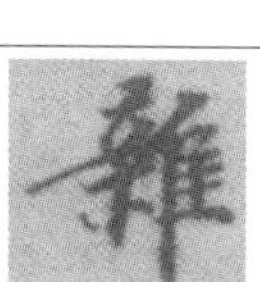
唐代・十輪經四
19_362_7

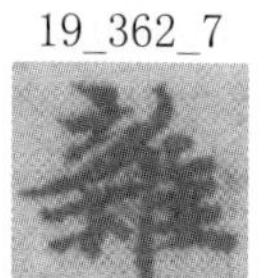
唐代・十輪經八
19_367_13

唐代・十輪經八
19_370_2

唐代・十輪經八
19_379_9

唐代・十輪經八
20_388_6

唐代・十輪經九
7_136_3

離 𩀌

リ
訓はなれる

初唐・聖武雜集
1_2_1

唐代・春秋經傳
25_263_7

唐代・春秋經傳
25_263_14

唐代・春秋經傳
26_264_3

唐代・文選四八
4_25_22

唐代・文選四八
4_27_7

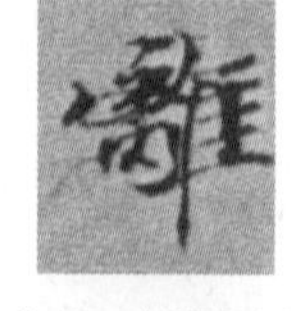
唐代・文選四八
4_27_10

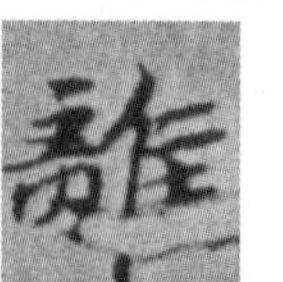
唐代・文選四八
4_27_16

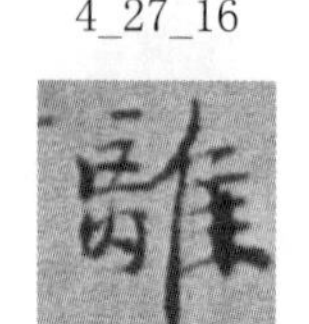
唐代・文選四八
4_28_19

唐代・文選四八
11_95_20

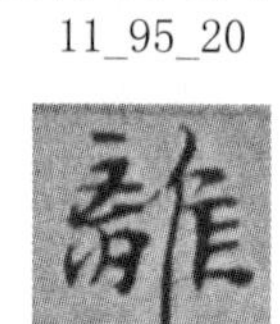
唐代・文選四八
11_99_15

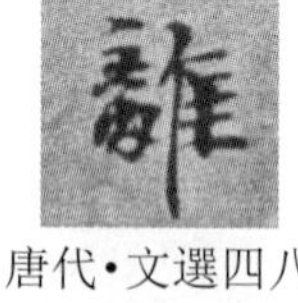
唐代・文選四八
12_106_22

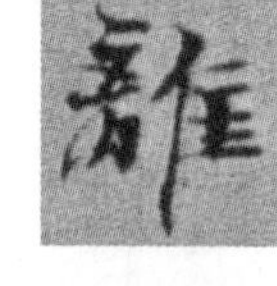
唐代・文選四八
14_122_6

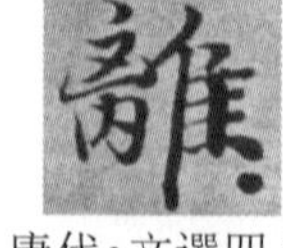
唐代・文選四八
15_134_13

唐代・文選四八
15_136_21

唐代・文選四八
21_193_5

唐代・文選四八
22_194_6

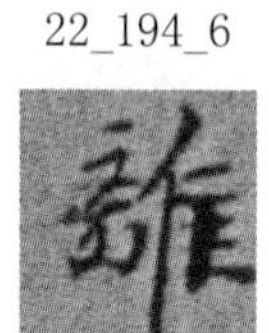
唐代・文選四八
22_194_10

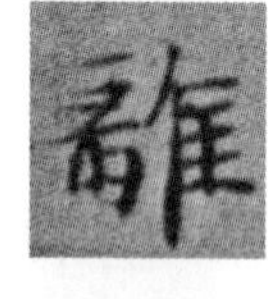
唐代・文選四八
22_194_26

唐代・文選四八
22_195_10

唐代・文選四八
22_196_19

唐代・文選四八
22_197_17

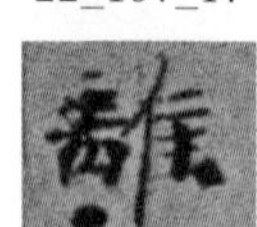
唐代・文選四八
22_199_18

唐代・文選五九
5_50_12

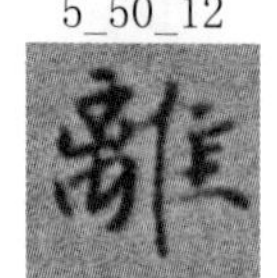
唐代・文選五九
6_56_26

唐代・文選五九
19_179_10

唐代・文選五九
19_180_5

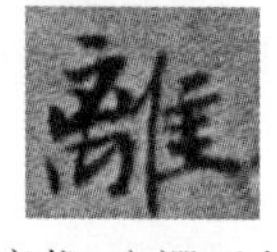
唐代・文選五九
19_181_16

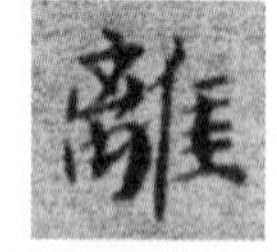
唐代・文選五九
55_539_21

唐代・文選五九
19_186_23

唐代・文選五九
19_191_9

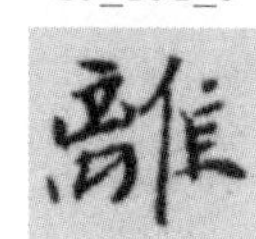
唐代・文選五九
27_263_8

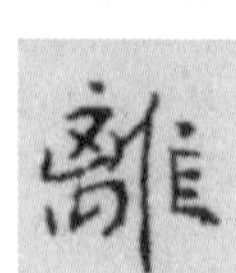
唐代・文選五九
27_264_20

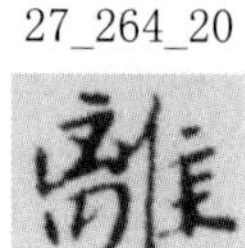
唐代・文選五九
27_270_22

唐代・文選五九
28_275_8

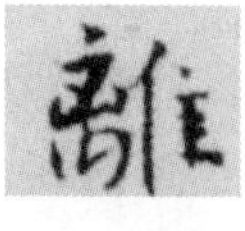
唐代・文選五九
28_278_10

唐代・文選五九
80_775_5

唐代・文選五九
29_280_24

唐代・文選五九
43_421_19

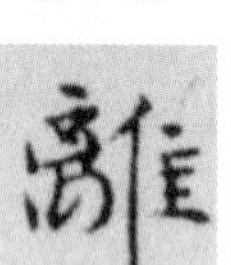
唐代・文選五九
52_515_12

唐代・文選五九
64_612_13

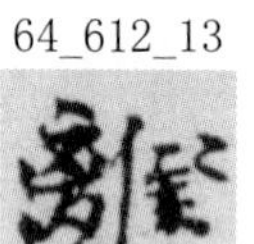
唐代・文選五九
64_612_15

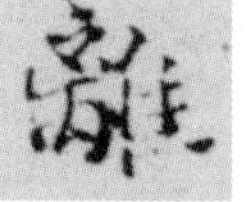
唐代・文選五九
81_778_28

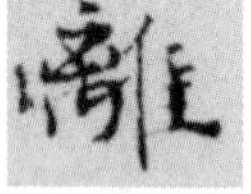
唐代・文選五九
81_780_22

唐代•十輪經四 19_377_8

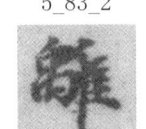

唐代•十輪經八 1_13_16

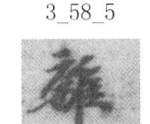

唐代•十輪經八 1_14_12

唐代•十輪經八 1_14_16

唐代•十輪經八 2_28_3

唐代•十輪經八 2_28_17

唐代•十輪經八 2_29_4

唐代•十輪經四 5_83_2

唐代•十輪經四 5_88_12

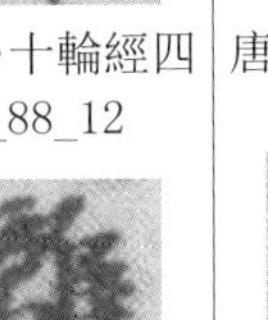
唐代•十輪經四 9_172_16

唐代•十輪經四 11_200_17

唐代•十輪經四 11_210_11

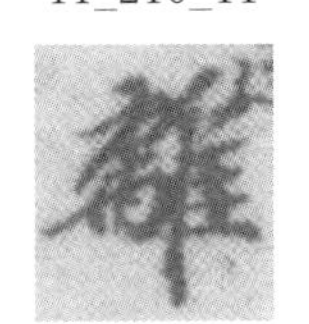
唐代•十輪經四 15_290_14

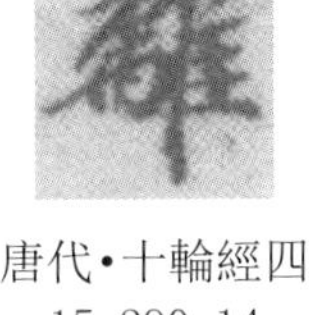

唐代•十輪經四 16_310_17

唐代•十輪經四 3_58_5

唐代•十輪經四 3_59_2

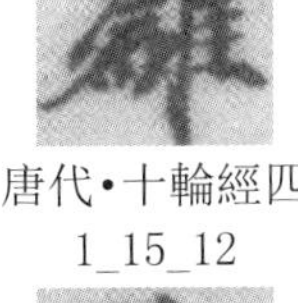
唐代•十輪經四 1_15_12

唐代•十輪經八 15_284_16

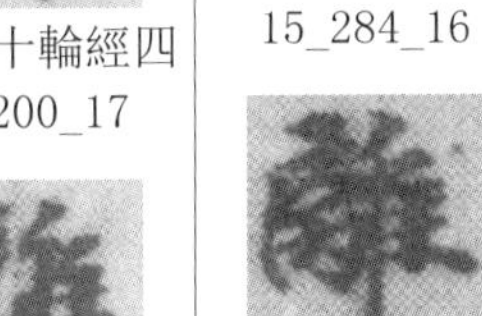
唐代•十輪經八 15_285_3

唐代•十輪經八 15_288_16

唐代•十輪經八 15_288_17

唐代•十輪經八 15_291_14

唐代•古文選前 21_247_14

唐代•古文選前 26_310_3

唐代•古文選後 6_61_10

唐代•古文選後 26_310_7

唐代•古文選後 27_313_5

唐代•十輪經四 1_3_4

唐代•十輪經四 3_43_8

唐代•文選六八 54_542_20

唐代•文選六八 73_729_16

唐代•文選百三 36_359_1

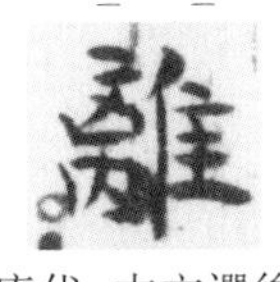
唐代•古文選後 24_279_2

唐代•古文選後 24_283_10

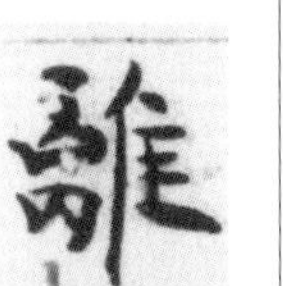
唐代•古文選後 25_298_1

唐代•古文選後 25_298_5

唐代•文選六八 4_36_17

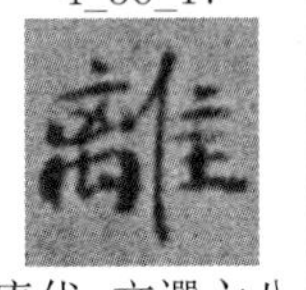
唐代•文選六八 4_37_13

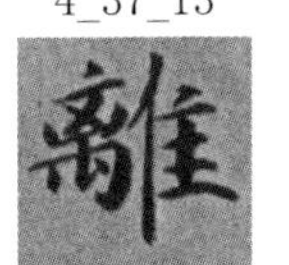
唐代•文選六八 14_148_19

唐代•文選六八 15_152_27

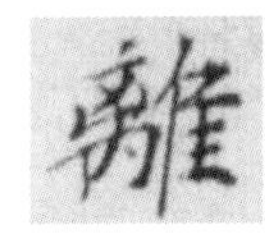
唐代•文選百三 36_360_1

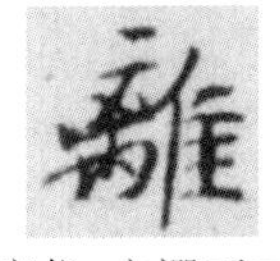
唐代•文選百三 36_360_13

唐代•古文選前 6_69_9

唐代•古文選前 9_112_11

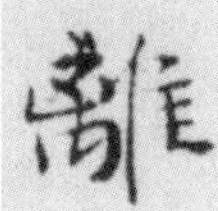
唐代•文選五九 81_780_25

唐代•文選五九 81_781_39

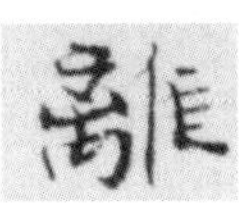
唐代•文選五九 85_816_31

唐代•文選五九 94_901_17

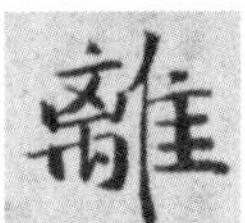
唐代•文選六八 3_35_2

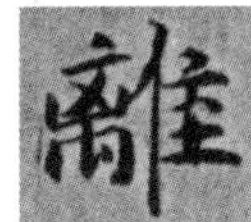
唐代•文選六八 42_422_3

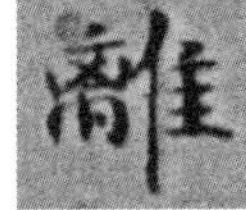
唐代•文選六八 42_423_21

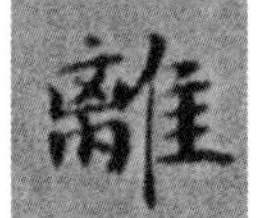
唐代•文選六八 42_424_21

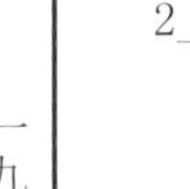

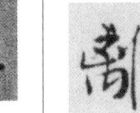

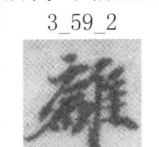

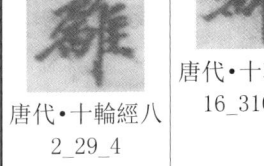

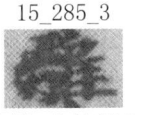

唐代•十輪經九 2_21_14
唐代•十輪經九 2_26_5
唐代•十輪經九 2_36_5
唐代•十輪經九 2_37_2
唐代•十輪經九 2_37_6
唐代•十輪經九 3_40_17
唐代•十輪經十 18_341_8
唐代•十輪經十 18_358_8

唐代•十輪經九 1_2_17
唐代•十輪經九 1_3_15
唐代•十輪經九 1_7_10
唐代•十輪經九 1_9_13
唐代•十輪經九 1_14_16
唐代•十輪經九 1_17_1
唐代•十輪經九 1_20_7
唐代•十輪經九 3_41_15

唐代•十輪經八 21_415_3
唐代•十輪經八 21_417_5
唐代•十輪經八 22_423_5
唐代•十輪經八 22_427_13
唐代•十輪經八 22_437_13
唐代•十輪經八 22_438_9
唐代•十輪經八 22_438_13

唐代•十輪經八 20_398_4
唐代•十輪經八 20_399_1
唐代•十輪經八 20_399_5
唐代•十輪經八 21_402_17
唐代•十輪經八 21_403_15
唐代•十輪經八 21_407_10
唐代•十輪經八 21_409_17

唐代•十輪經八 18_361_6
唐代•十輪經八 18_361_10
唐代•十輪經八 19_364_16
唐代•十輪經八 19_370_1
唐代•十輪經八 19_379_8
唐代•十輪經八 19_382_15
唐代•十輪經八 20_388_5

唐代•十輪經八 17_323_1
唐代•十輪經八 17_326_16
唐代•十輪經八 17_332_1
唐代•十輪經八 17_341_9
唐代•十輪經八 18_344_15
唐代•十輪經八 18_350_9
唐代•十輪經八 18_360_9

唐代•十輪經八 15_294_2
唐代•十輪經八 15_303_9
唐代•十輪經八 15_303_10
唐代•十輪經八 16_311_17
唐代•十輪經八 16_312_1
唐代•十輪經八 16_321_16
唐代•十輪經八 16_322_14

難

呉ナン 漢ダン
訓かたい

初唐・聖武雜集
1_6_11

晩唐・慶滋書狀
1_6_8

晩唐・慶滋書狀
1_12_1

唐代・春秋經傳
7_69_8

唐代・春秋經傳
19_197_17

唐代・春秋經傳
21_214_14

唐代・文選四八
1_6_11

唐代・文選五九
6_52_13

唐代・文選五九
19_182_4

唐代・文選五九
19_186_16

唐代・文選五九
35_348_2

唐代・文選五九
37_363_19

唐代・文選五九
39_392_13

唐代・文選五九
40_394_7

唐代・文選五九
40_395_3

唐代・文選五九
41_407_4

唐代・文選五九
76_731_11

唐代・文選五九
80_770_8

唐代・文選六八
1_1_4

唐代・文選六八
3_32_10

唐代・文選六八
8_81_21

唐代・文選六八
11_118_7

唐代・文選六八
12_125_6

唐代・文選六八
13_130_13

唐代・文選六八
24_240_20

唐代・文選六八
24_241_17

唐代・文選六八
54_544_5

唐代・文選六八
70_697_5

唐代・文選八八
1_1_4

唐代・文選八八
9_74_13

唐代・文選百三
3_22_27

唐代・文選百三
3_23_10

唐代・文選百三
9_89_7

唐代・文選百三
68_654_2

唐代・文選百三
68_656_35

唐代・文選百三
69_665_11

唐代・文選百三
80_759_4

唐代・文選百三
81_777_2

唐代・文選百三
82_778_26

唐代・文選百三
82_779_9

唐代・古文選前
3_27_6

唐代・古文選前
10_122_3

唐代・古文選前
19_229_8

唐代・古文選前
25_300_9

唐代・古文選後
7_76_5

唐代・古文選後
13_148_12

唐代・古文選後
19_220_10

唐代・古文選後
23_267_3

唐代・古文選後
26_303_10

唐代・古文選後
27_313_14

唐代・十輪經四
1_12_6

唐代・十輪經四
3_52_1

唐代・十輪經四
5_91_13

唐代・十輪經四
6_117_12

唐代・十輪經四
16_318_17

讎

				シュウ 訓こたえる		
				 唐代·文選百三 39_392_4  唐代·文選百三 39_394_7  唐代·文選百三 39_397_10 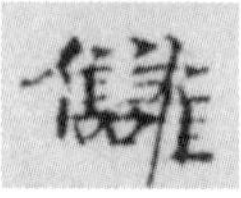 唐代·文選百三 40_399_12  唐代·文選百三 41_417_8  唐代·文選百三 42_419_36	 唐代·十輪經九 4_65_11 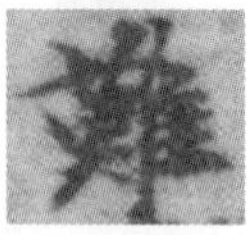 唐代·十輪經十 3_47_14 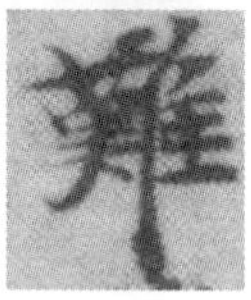 唐代·十輪經十 6_103_13  唐代·十輪經十 10_194_14 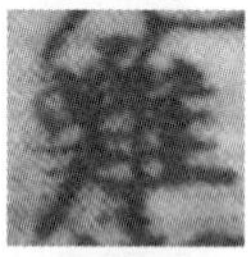 唐代·十輪經十 17_325_24 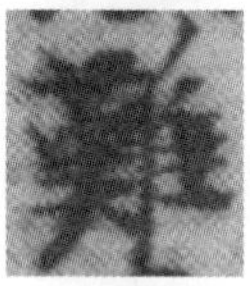 唐代·十輪經十 17_326_23 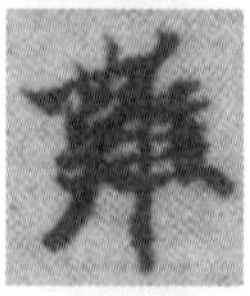 唐代·十輪經四 21_401_18	 唐代·十輪經四 18_341_3  唐代·十輪經四 18_355_13  唐代·十輪經四 19_372_10  唐代·十輪經四 20_392_5 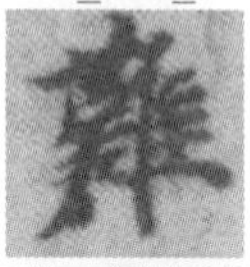 唐代·十輪經四 20_397_16  唐代·十輪經四 20_400_7  唐代·十輪經八 16_307_1

阜部

阜

漢フ
訓おか

唐代・文選五九
30_295_5

唐代・文選五九
30_297_14

唐代・文選五九
47_463_6

唐代・文選八八
11_86_15

阡

セン
訓みち

唐代・文選五九
89_854_5

唐代・文選五九
89_854_19

唐代・文選五九
89_855_31

唐代・古文選後
23_265_4

阨

漢アク呉ヤク
訓ふさがる

唐代・古文選前
21_249_7

阮

漢ゲン
訓ー

唐代・文選四八
22_196_13

唐代・文選五九
101_955_5

唐代・文選六八
47_476_13

唐代・文選六八
53_532_1

防

呉ボウ漢ホウ
訓つつみ

唐代・文選五九
59_570_6

唐代・文選五九
59_571_7

唐代・文選五九
59_572_24

唐代・文選五九
60_575_12

唐代・文選五九
60_576_11

唐代・文選五九
60_576_17

唐代・文選六八
22_220_3

唐代・文選百三
47_446_1

唐代・文選百三
81_773_18

唐代・古文選前
9_111_9

唐代・古文選後
9_103_8

		阻				阿 
		吳ソ漢ショ 訓はばむ				ア漢アク 訓おか
 唐代•文選六八 34_340_6  唐代•文選百三 50_481_12 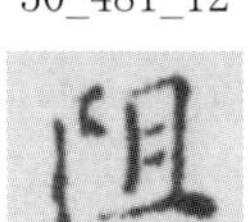 唐代•文選百三 50_484_1 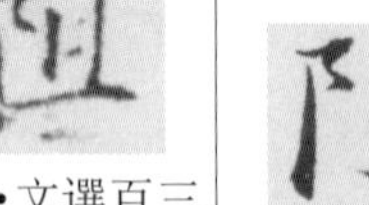 唐代•文選百三 50_484_16  唐代•文選百三 50_484_20  唐代•文選百三 50_485_4  唐代•文選百三 79_749_4  唐代•文選百三 79_751_21	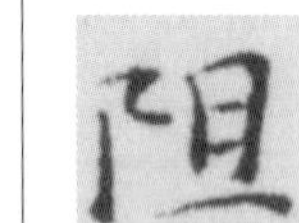 唐代•文選五九 59_567_2 唐代•文選五九 73_704_1 唐代•文選五九 74_707_27 唐代•文選五九 85_818_7 唐代•文選五九 86_821_3 唐代•文選五九 87_837_3 唐代•文選五九 88_840_30  唐代•文選五九 88_845_23	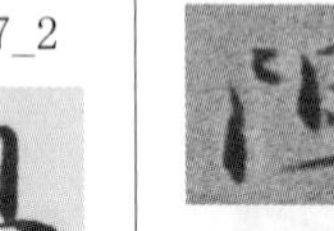 唐代•文選五九 17_169_9 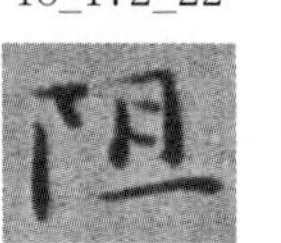 唐代•文選五九 18_172_22 唐代•文選五九 18_172_27 唐代•文選五九 28_275_1 唐代•文選五九 28_277_8 唐代•文選五九 29_280_13 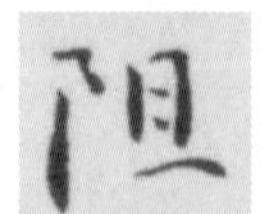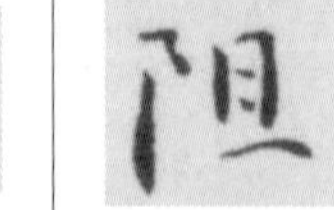 唐代•文選五九 49_478_26 唐代•文選五九 51_504_10	 唐代•十輪經十 3_58_9 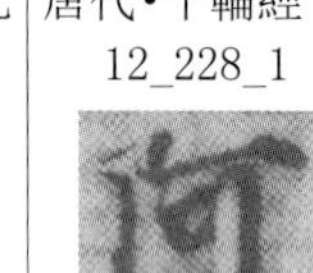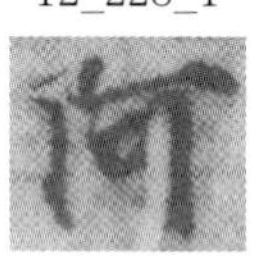 唐代•十輪經十 12_227_14 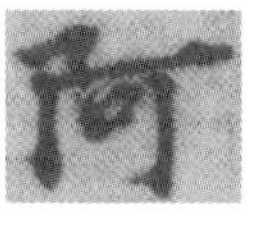 唐代•十輪經十 12_228_1  唐代•十輪經十 18_345_1  唐代•十輪經十 18_351_12 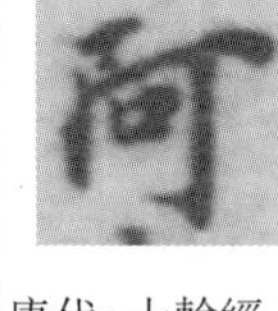 唐代•十輪經十 20_385_7 唐代•十輪經八 4_64_6	 唐代•古文選前 11_133_32 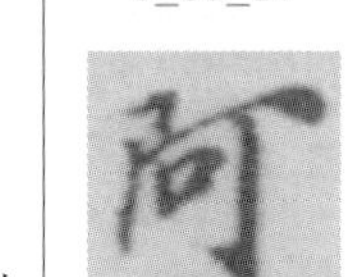 唐代•十輪經四 3_59_17 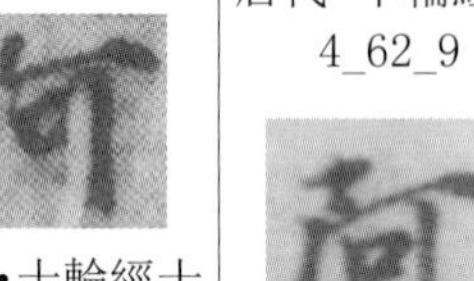 唐代•十輪經四 4_62_9 唐代•十輪經四 4_65_2 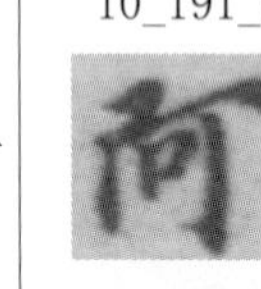 唐代•十輪經四 10_191_5  唐代•十輪經八 4_63_3 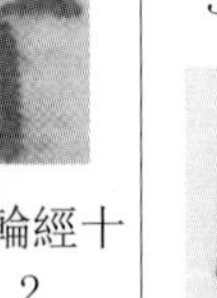 唐代•十輪經十 3_58_2  唐代•十輪經九 5_81_3	 唐代•文選四八 42_383_16 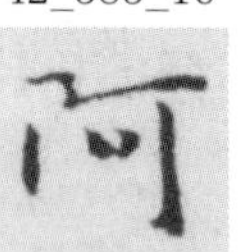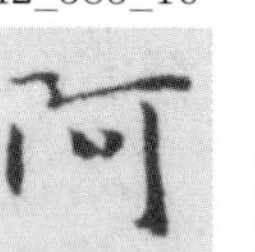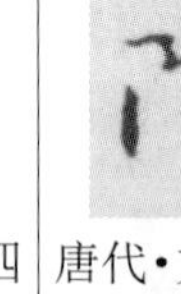 唐代•文選五九 29_290_23 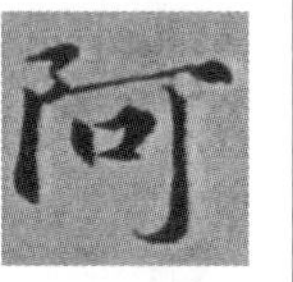 唐代•文選六八 49_490_4  唐代•文選六八 49_491_23  唐代•文選六八 49_493_3 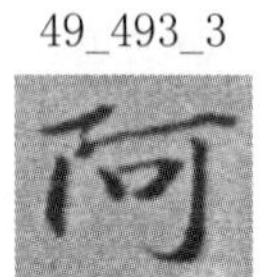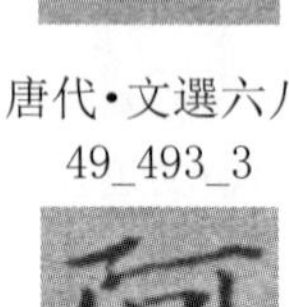 唐代•文選六八 53_530_12  唐代•古文選前 18_206_7	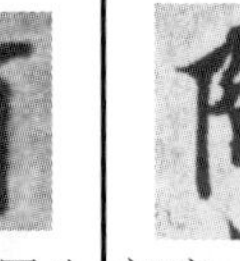 初唐•金剛場經 1_4_10 唐代•文選四八 41_371_1 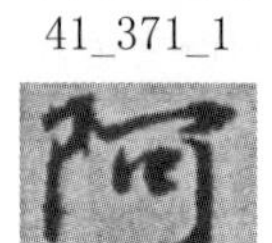 唐代•文選四八 42_374_15 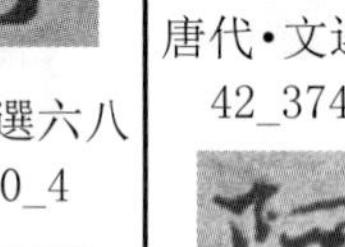 唐代•文選四八 42_375_20 唐代•文選四八 42_377_3 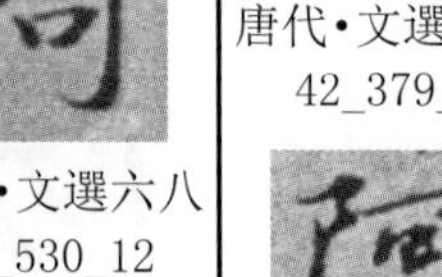 唐代•文選四八 42_379_2 唐代•文選四八 42_380_8  唐代•文選四八 42_382_5

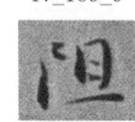

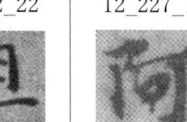

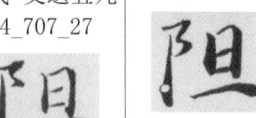

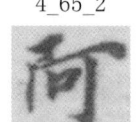

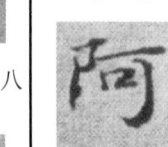

陀

漢タ 呉ダ
訓けわしい

附䣊

漢フ 呉ブ
訓つく

阼䣢

漢ソ
訓きざはし

阽䣾

エン、テン
訓あやうい

唐代•十輪經八
9_169_15

唐代•十輪經八
11_207_12

唐代•十輪經八
13_245_5

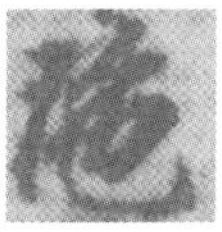
唐代•十輪經八
13_245_7

唐代•十輪經八
15_282_5

唐代•十輪經八
16_320_3

唐代•十輪經八
18_358_13

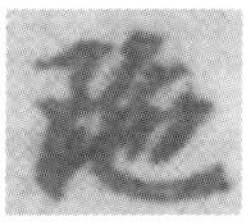
唐代•十輪經八
20_396_9

初唐•金剛場經
1_1_11

初唐•金剛場經
1_2_15

初唐•金剛場經
1_4_17

初唐•金剛場經
1_7_4

初唐•金剛場經
1_9_10

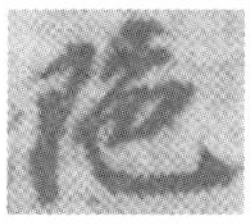
唐代•十輪經八
1_11_16

唐代•十輪經八
2_26_7

唐代•十輪經八
7_131_4

唐代•文選百三
35_351_5

唐代•古文選前
6_67_11

唐代•文選五九
10_93_25

唐代•文選五九
62_597_5

唐代•文選八八
7_52_9

唐代•文選八八
7_54_32

唐代•文選八八
7_55_5

唐代•文選八八
7_55_10

唐代•文選百三
25_250_19

唐代•文選五九
111_1054_7

唐代•文選五九
90_869_20

唐代•文選五九
91_873_13

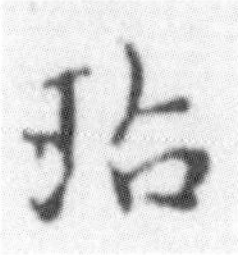
危阽
唐代•文選五九
91_873_24

唐代•文選五九
91_873_27

唐代•文選五九
91_874_18

唐代•文選五九
91_874_29

唐代•古文選後
22_253_7

唐代•古文選後
23_271_7

唐代•古文選後
24_285_3

降

コウ
訓おりる

中唐・七祖像贊
1_8_7

中唐・七祖像贊
1_10_7

中唐・風信帖
2_11_1

唐代・春秋經傳
23_242_17

唐代・文選四八
16_147_1

唐代・文選四八
18_164_22

唐代・文選四八
18_165_11

陌

漢バク 慣ハク
訓みち

唐代・文選百三
27_262_25

唐代・古文選後
23_265_2

唐代・文選百三
73_703_17

唐代・文選百三
73_703_25

唐代・古文選前
13_154_5

陋

漢ロウ
訓せまい

唐代・文選六八
6_67_15

唐代・文選六八
70_699_8

唐代・文選六八
70_700_18

唐代・文選六八
70_701_2

唐代・文選六八
70_701_22

唐代・文選六八
71_703_1

唐代・文選八八
7_53_9

唐代・文選八八
8_56_20

唐代・十輪經十
14_273_9

唐代・十輪經十
16_305_17

唐代・十輪經十
16_308_2

唐代・十輪經十
17_337_3

唐代・十輪經十
17_338_14

唐代・十輪經十
11_210_7

唐代・十輪經十
12_236_5

唐代・十輪經十
13_243_15

唐代・十輪經十
13_245_8

唐代・十輪經十
13_253_4

唐代・十輪經十
13_254_15

唐代・十輪經十
14_260_13

唐代・十輪經十
14_262_7

唐代・十輪經八
22_435_17

唐代・十輪經九
2_34_9

唐代・十輪經九
4_74_13

唐代・十輪經九
7_133_8

唐代・十輪經九
8_144_21

唐代・十輪經九
16_308_2

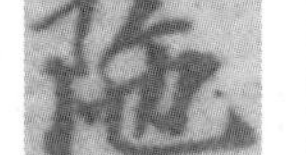

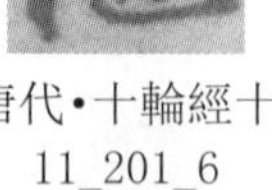

唐代・十輪經十
11_201_6

唐代・十輪經十
11_207_7

陔

カイ 慣ガイ
訓きざはし

唐代・古文選前
15_180_2

唐代・古文選前
15_181_4

唐代・古文選前
16_183_8

限

吳ゲン 漢カン
訓かぎる

中唐・風信帖
2_6_7

唐代・春秋經傳
36_380_15

唐代・文選五九
78_756_2

唐代・文選五九
80_770_13

唐代・文選五九
85_818_12

唐代・文選五九
88_846_18

唐代・古文選後
19_218_13

唐代・古文選後
20_230_8

唐代・十輪經十
9_163_1

唐代・文選百三
76_729_4

唐代・古文選後
4_38_6

唐代・古文選後
6_72_5

唐代・古文選後
8_90_3

唐代・古文選後
11_121_7

唐代・古文選後
15_176_7

唐代・古文選後
16_185_14

唐代・文選百三
22_215_20

唐代・文選百三
29_283_7

唐代・文選百三
47_455_20

唐代・文選百三
55_524_16

唐代・文選百三
55_524_20

唐代・文選百三
55_526_29

唐代・文選百三
65_623_12

唐代・文選六八
68_681_12

唐代・文選六八
69_683_9

唐代・文選六八
69_686_10

唐代・文選六八
69_686_23

唐代・文選八八
11_84_4

唐代・文選百三
17_166_11

唐代・文選百三
17_167_29

唐代・文選四八
18_166_18

唐代・文選四八
21_189_16

唐代・文選四八
21_190_16

唐代・文選四八
21_191_2

唐代・文選五九
17_163_6

唐代・文選五九
66_633_11

唐代・文選六八
65_654_24

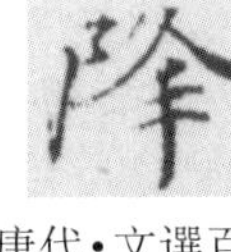

	除	陟		陛	陝	陣
	ジョ 訓のぞく	漢チョク 訓のぼる		漢ヘイ 訓きざはし	セン 訓—	呉ジン漢チン 訓じんだて
唐代・文選六八 31_313_26 唐代・文選六八 57_565_15 唐代・文選六八 57_566_12 唐代・文選六八 57_566_19 唐代・文選六八 57_567_19 唐代・文選八八 3_14_8 唐代・文選八八 11_93_11 唐代・文選百三 3_20_19	唐代・春秋經傳 35_371_28 唐代・文選五九 17_161_11 唐代・文選五九 17_163_3 唐代・文選五九 17_163_10 唐代・文選五九 41_410_12 唐代・文選五九 42_414_7 唐代・文選五九 43_428_8 唐代・文選六八 1_13_8	唐代・文選五九 37_363_17 唐代・文選五九 90_862_21 唐代・文選六八 35_345_9 唐代・文選六八 39_397_19 唐代・古文選後 23_273_8	唐代・文選六八 41_413_3 唐代・文選六八 41_413_16 唐代・文選六八 41_414_5 唐代・文選六八 41_415_7 唐代・文選六八 57_566_14 唐代・文選六八 63_636_6 唐代・古文選前 26_304_2 唐代・古文選後 19_217_4	唐代・文選五九 45_450_8 唐代・文選五九 56_547_10 唐代・文選五九 56_549_6 唐代・文選五九 56_549_28 唐代・文選五九 56_550_22 唐代・文選五九 56_550_30 唐代・文選五九 84_803_9 唐代・文選五九 109_1027_6	唐代・文選百三 79_749_2	唐代・文選五九 88_838_18 唐代・文選五九 92_880_5 唐代・十輪經四 5_88_7 唐代・十輪經八 4_64_3

唐代•十輪經十 9_161_2	唐代•十輪經十 1_4_5	唐代•十輪經九 14_263_4	唐代•十輪經九 9_166_16	唐代•十輪經八 4_73_17	唐代•十輪經四 14_261_4	唐代•文選百三 25_239_14

唐代•十輪經十 9_166_5	唐代•十輪經十 1_9_17	唐代•十輪經九 14_272_5	唐代•十輪經九 10_187_12	唐代•十輪經八 4_77_6	唐代•十輪經四 14_267_9	唐代•文選百三 37_368_1

唐代•十輪經十 10_190_7	唐代•十輪經十 2_33_2	唐代•十輪經九 15_291_14	唐代•十輪經九 10_194_13	唐代•十輪經八 5_84_10	唐代•十輪經四 15_281_5	唐代•文選百三 63_604_20

唐代•十輪經十 11_203_3	唐代•十輪經十 2_38_7	唐代•十輪經九 16_303_4	唐代•十輪經九 11_203_4	唐代•十輪經九 5_85_2	唐代•十輪經四 15_286_17	唐代•十輪經四 8_145_11

唐代•十輪經十 12_234_1	唐代•十輪經十 3_58_17	唐代•十輪經九 18_343_4	唐代•十輪經九 12_226_11	唐代•十輪經九 5_87_1	唐代•十輪經四 16_307_3	唐代•十輪經四 9_170_8

唐代•十輪經十 12_238_16	唐代•十輪經十 6_120_4	唐代•十輪經九 18_357_2	唐代•十輪經九 12_237_9	唐代•十輪經九 7_121_2	唐代•十輪經八 2_34_16	唐代•十輪經四 12_225_4

唐代•十輪經十 13_247_11	唐代•十輪經十 7_133_5	唐代•十輪經九 19_368_4	唐代•十輪經九 13_240_5	唐代•十輪經九 8_149_4	唐代•十輪經八 2_38_13	唐代•十輪經四 12_237_4

唐代•十輪經十 13_257_1	唐代•十輪經十 8_155_2	唐代•十輪經九 21_414_14	唐代•十輪經九 13_247_14	唐代•十輪經九 8_158_16	唐代•十輪經八 4_71_5	唐代•十輪經四 13_249_4

唐代・十輪經十 13_258_12
唐代・十輪經十 14_263_11
唐代・十輪經十 14_265_13
唐代・十輪經十 15_282_1
唐代・十輪經十 16_309_10
唐代・十輪經十 16_311_12
唐代・十輪經十 16_313_11
唐代・十輪經十 17_330_9

唐代・十輪經十 18_353_12
唐代・十輪經十 19_370_17

院

吳ゲン漢カン 訓—

中唐・風信帖 2_11_4
唐代・文選五九 29_284_9

陸

漢リク吳ロク 訓おか

唐代・春秋經傳 7_68_6
唐代・春秋經傳 13_129_10
唐代・春秋經傳 13_137_18
唐代・春秋經傳 22_231_13
唐代・文選四八 1_8_14
唐代・文選四八 3_15_26
唐代・文選四八 4_25_13
唐代・文選四八 5_34_12

唐代・文選四八 5_35_1
唐代・文選四八 6_43_25
唐代・文選四八 6_44_13
唐代・文選四八 7_59_25
唐代・文選四八 8_65_12
唐代・文選四八 8_69_8
唐代・文選四八 8_72_1
唐代・文選四八 9_77_23

唐代・文選四八 9_79_20
唐代・文選四八 10_84_7
唐代・文選四八 10_88_19
唐代・文選四八 11_96_6
唐代・文選四八 11_97_16
唐代・文選四八 12_100_14
唐代・文選四八 12_106_5
唐代・文選四八 12_108_4

唐代・文選四八 13_113_17
唐代・文選四八 14_128_17
唐代・文選四八 16_139_3
唐代・文選四八 16_146_20
唐代・文選四八 17_152_5
唐代・文選四八 17_152_17
唐代・文選四八 21_191_18
唐代・文選四八 22_195_24

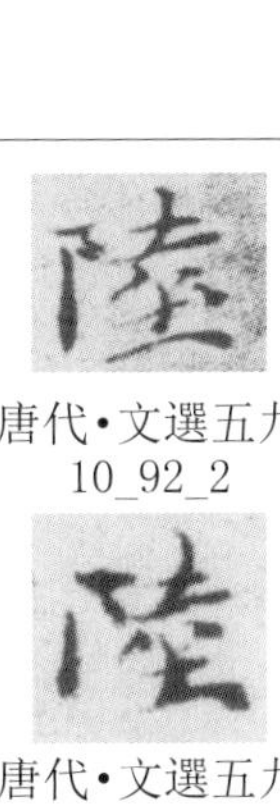
唐代•文選五九
10_92_2
唐代•文選五九
10_95_18

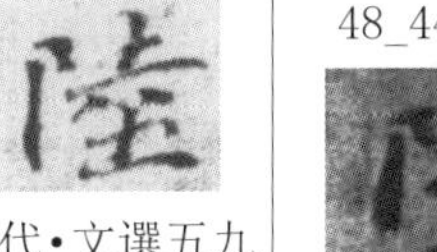
唐代•文選五九
10_98_9

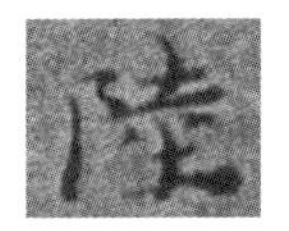
唐代•文選五九
11_101_18

唐代•文選五九
11_105_27

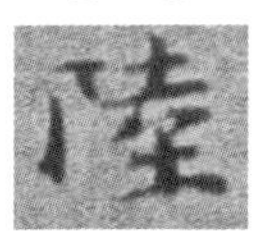
唐代•文選五九
11_110_6

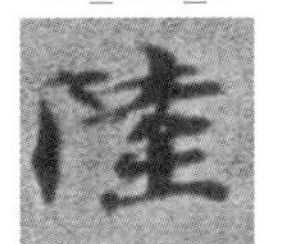
唐代•文選五九
12_114_4

唐代•文選五九
12_117_8

唐代•文選四八
47_425_1

唐代•文選四八
48_440_12

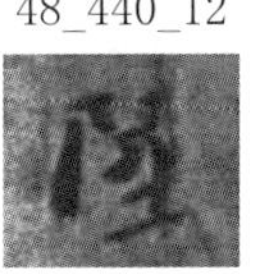
唐代•文選五九
1_10_11

唐代•文選五九
2_18_19

唐代•文選五九
5_39_24

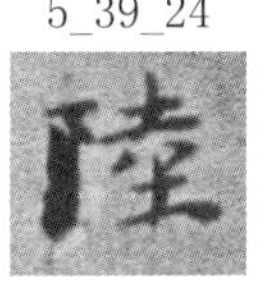
唐代•文選五九
6_54_20

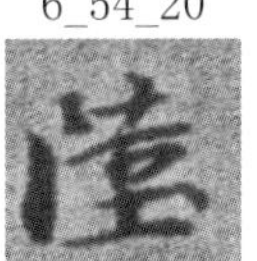
唐代•文選五九
7_66_6

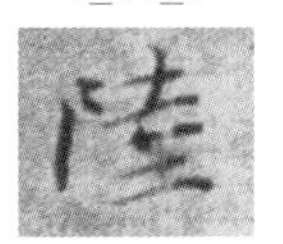
唐代•文選五九
9_83_30

唐代•文選四八
39_351_21

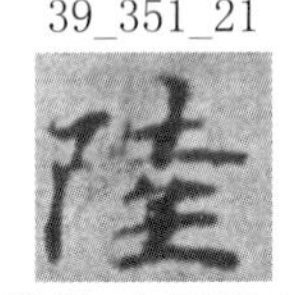
唐代•文選四八
39_352_11

唐代•文選四八
40_353_9

唐代•文選四八
40_354_17

唐代•文選四八
40_355_16

唐代•文選四八
40_363_3

唐代•文選四八
41_365_6

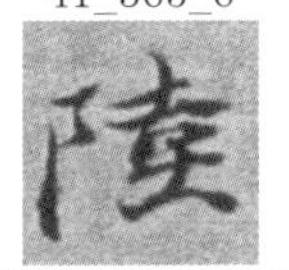
唐代•文選四八
47_422_11

唐代•文選四八
36_328_4

唐代•文選四八
36_328_27

唐代•文選四八
38_337_25

唐代•文選四八
38_345_4

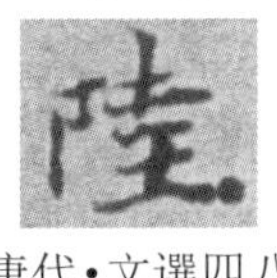
唐代•文選四八
39_350_6

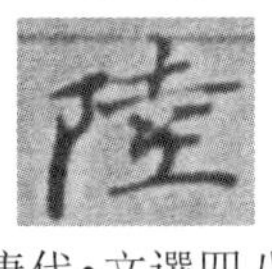
唐代•文選四八
39_350_15

唐代•文選四八
39_350_27

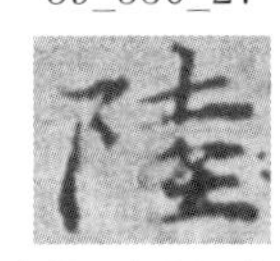
唐代•文選四八
39_351_9

唐代•文選四八
33_294_1

唐代•文選四八
33_295_21

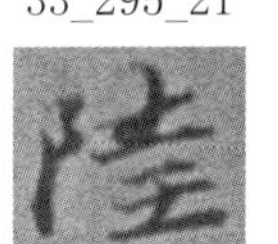
唐代•文選四八
34_308_22

唐代•文選四八
35_311_12

唐代•文選四八
35_311_19

唐代•文選四八
35_317_10

唐代•文選四八
36_322_22

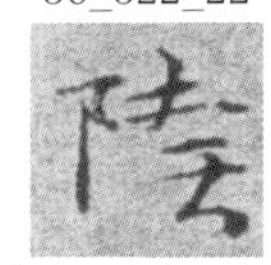
唐代•文選四八
36_325_9

唐代•文選四八
26_228_13

唐代•文選四八
26_231_11

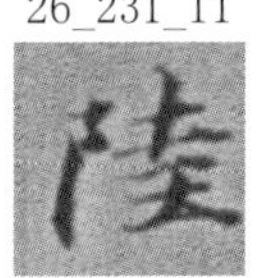
唐代•文選四八
26_237_13

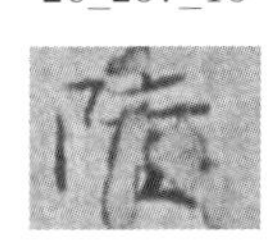
唐代•文選四八
27_245_5

唐代•文選四八
29_265_22

唐代•文選四八
30_272_11

唐代•文選四八
32_291_29

唐代•文選四八
32_293_12

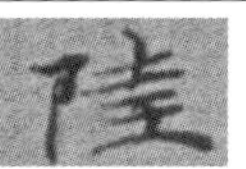
唐代•文選四八
22_196_28

唐代•文選四八
22_198_4

唐代•文選四八
22_199_26

唐代•文選四八
23_207_21

唐代•文選四八
24_211_20

唐代•文選四八
24_214_4

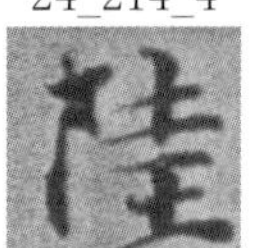
唐代•文選四八
24_215_7

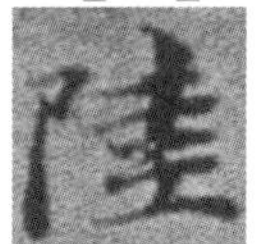
唐代•文選四八
25_223_23

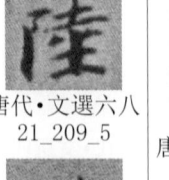

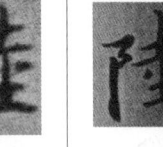

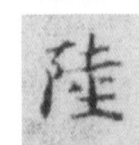

唐代•文選六八
41_408_3

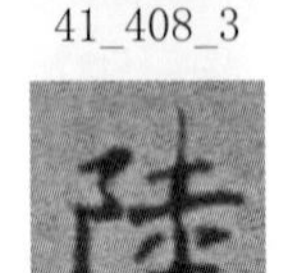
唐代•文選六八
43_427_9

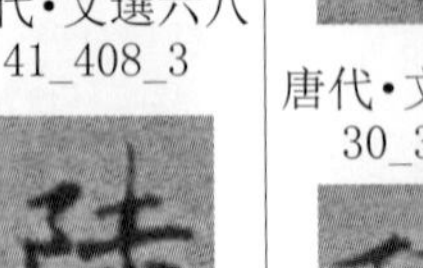
唐代•文選六八
43_435_25

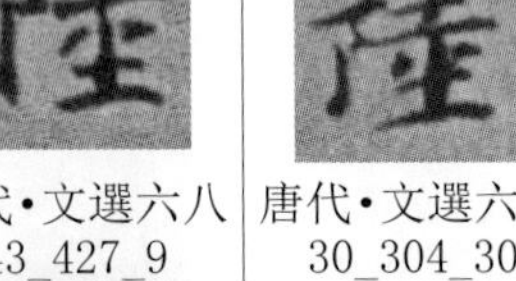
唐代•文選六八
45_447_19

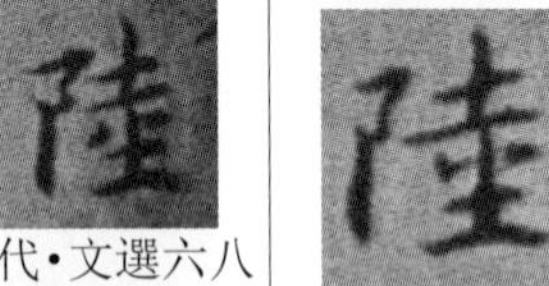
唐代•文選六八
47_470_24

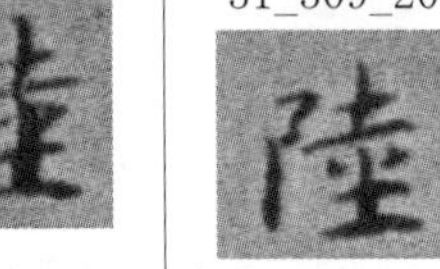
唐代•文選六八
51_515_20

唐代•文選六八
51_516_14

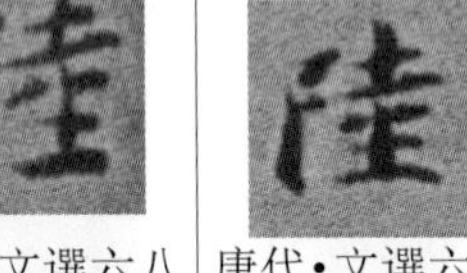
唐代•文選六八
52_521_11

唐代•文選六八
30_300_5

唐代•文選六八
30_304_30

唐代•文選六八
31_309_20

唐代•文選六八
32_321_2

唐代•文選六八
33_329_18

唐代•文選六八
35_345_3

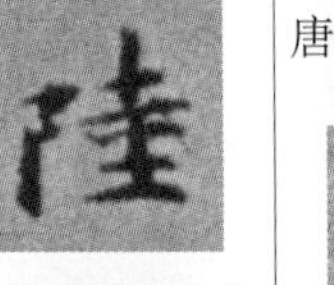
唐代•文選六八
37_365_34

唐代•文選六八
41_407_11

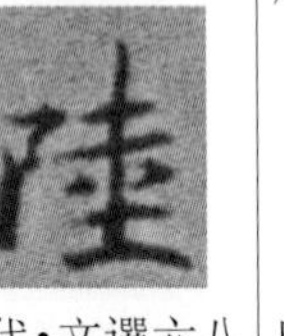
唐代•文選六八
21_209_5

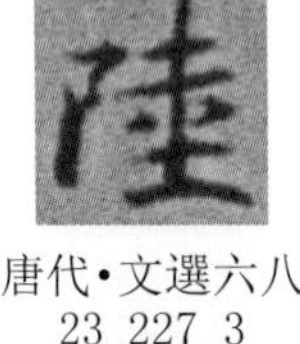
唐代•文選六八
23_227_3

唐代•文選六八
23_236_22

唐代•文選六八
23_238_22

唐代•文選六八
23_239_17

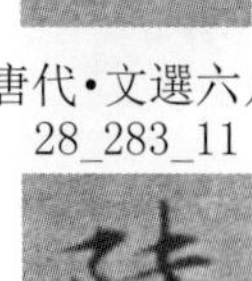
唐代•文選六八
28_283_11

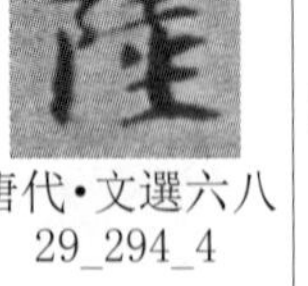
唐代•文選六八
29_294_4

唐代•文選六八
12_123_21

唐代•文選六八
13_141_6

唐代•文選六八
15_158_17

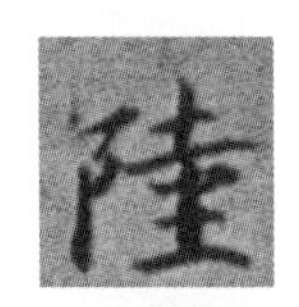
唐代•文選六八
17_168_17

唐代•文選六八
17_174_17

唐代•文選六八
18_185_7

唐代•文選六八
19_188_26

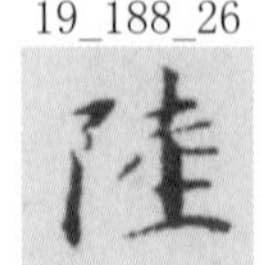
唐代•文選六八
19_199_26

唐代•文選六八
3_29_11

唐代•文選六八
3_34_6

唐代•文選六八
3_34_20

唐代•文選六八
6_62_13

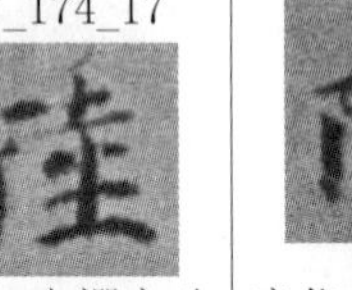
唐代•文選六八
7_73_21

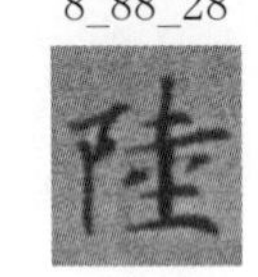
唐代•文選六八
8_88_28

唐代•文選六八
11_111_4

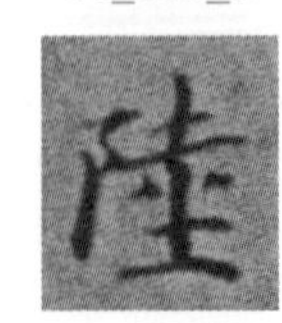
唐代•文選六八
11_120_24

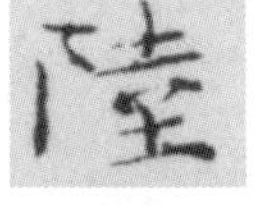
唐代•文選五九
98_927_12

唐代•文選五九
100_945_25

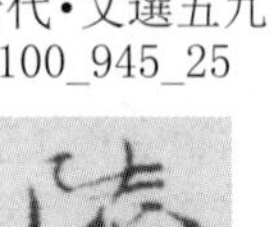
唐代•文選五九
102_962_7

唐代•文選五九
103_973_2

唐代•文選五九
103_975_18

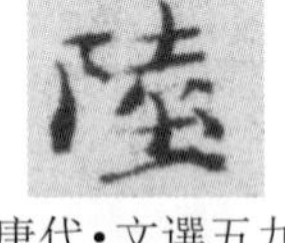
唐代•文選五九
107_1008_19

唐代•文選五九
111_1046_28

唐代•文選六八
1_10_15

唐代•文選五九
88_850_24

唐代•文選五九
88_850_27

唐代•文選五九
89_855_25

唐代•文選五九
92_884_13

唐代•文選五九
93_893_17

唐代•文選五九
94_897_23

唐代•文選五九
94_901_7

唐代•文選五九
96_909_10

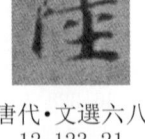

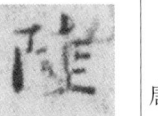

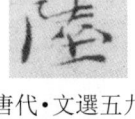

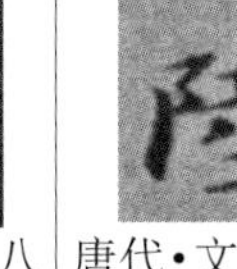
唐代·文選六八
54_539_27

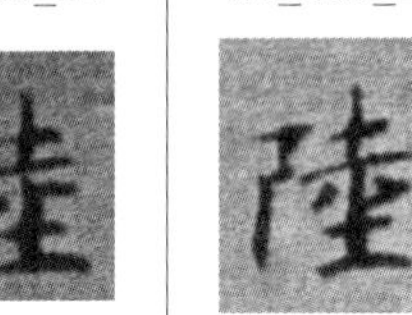
唐代·文選六八
55_558_19

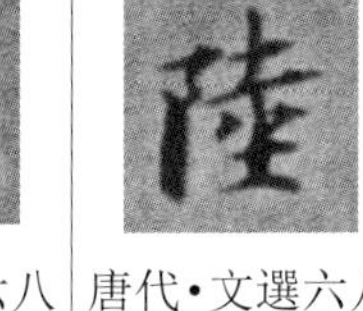
唐代·文選六八
60_599_17

唐代·文選六八
62_621_17

唐代·文選六八
63_626_28

唐代·文選六八
65_644_18

唐代·文選六八
67_665_22

唐代·文選六八
67_674_7

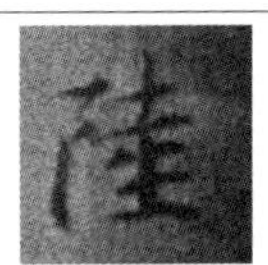
唐代·文選六八
69_692_22

唐代·文選六八
70_698_23

唐代·文選六八
71_708_18

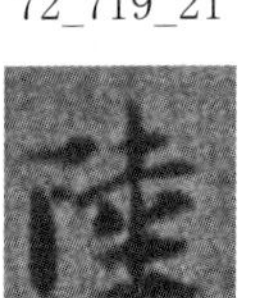

唐代·文選六八
72_719_21

唐代·文選六八
72_720_6

唐代·文選八八
5_25_12

唐代·文選八八
9_65_26

唐代·文選八八
10_78_7

唐代·文選八八
11_86_5

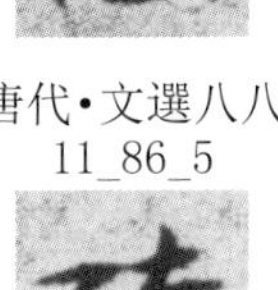
唐代·文選八八
11_88_32

唐代·文選八八
11_94_14

唐代·文選八八
13_102_29

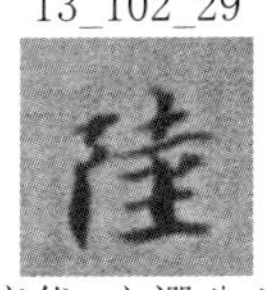
唐代·文選八八
14_115_23

唐代·文選八八
14_118_16

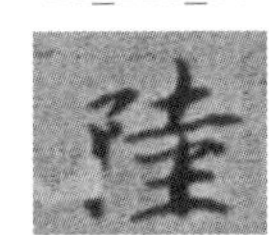
唐代·文選八八
16_134_16

唐代·文選八八
17_148_16

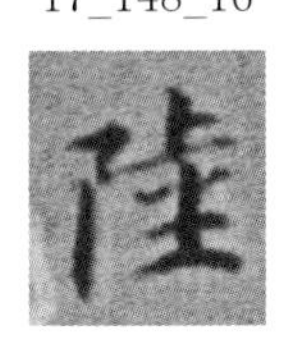
唐代·文選八八
18_157_16

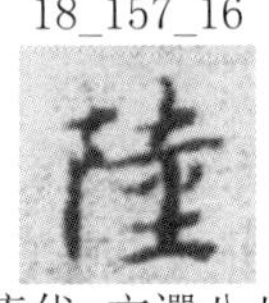
唐代·文選八八
19_162_29

唐代·文選八八
19_163_12

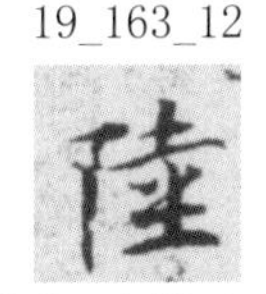
唐代·文選八八
19_171_17

唐代·文選八八
22_195_9

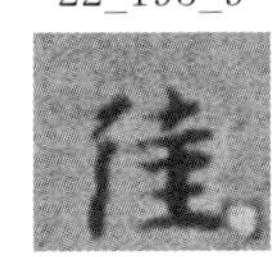
唐代·文選八八
24_214_8

唐代·文選百三
2_14_10

唐代·文選百三
2_15_1

唐代·文選百三
3_19_23

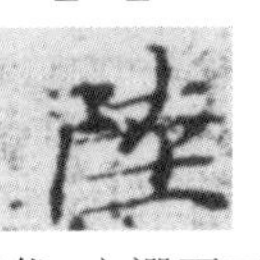
唐代·文選百三
3_26_18

唐代·文選百三
9_89_21

唐代·文選百三
10_91_31

唐代·文選百三
11_100_14

唐代·文選百三
11_107_29

唐代·文選百三
12_112_28

唐代·文選百三
13_119_12

唐代·文選百三
13_128_16

唐代·文選百三
15_135_13

唐代·文選百三
15_146_7

唐代·文選百三
17_156_28

唐代·文選百三
21_207_12

唐代·文選百三
27_259_27

唐代·文選百三
29_281_7

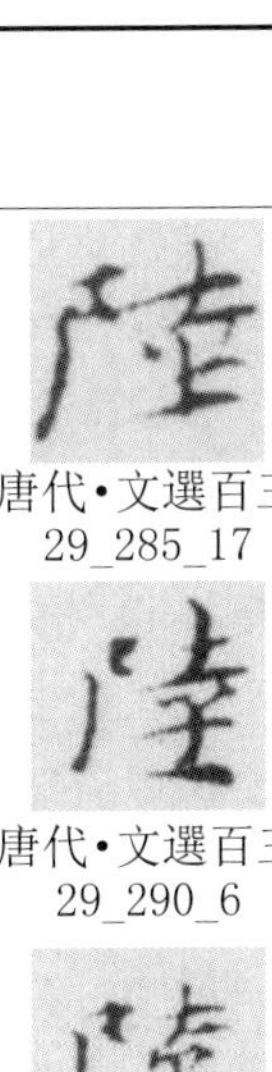
唐代·文選百三
29_285_17

唐代·文選百三
29_290_6

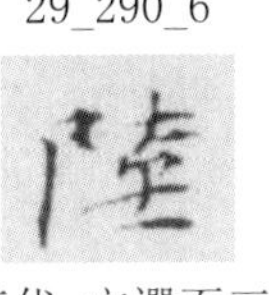
唐代·文選百三
31_314_4

唐代·文選百三
33_330_4

唐代·文選百三
33_334_13

唐代·文選百三
34_341_11

唐代·文選百三
39_389_3

唐代·文選百三
40_399_15

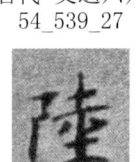

唐代•文選百三
40_399_30

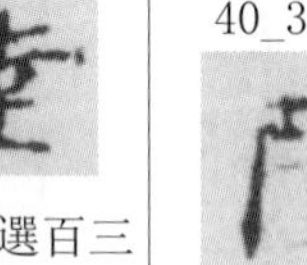
唐代•文選百三
47_446_20

唐代•文選百三
47_447_8

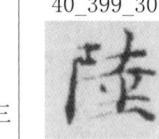

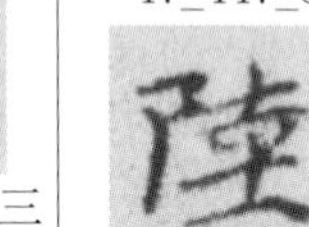
唐代•文選百三
50_485_12

唐代•文選百三
51_494_9

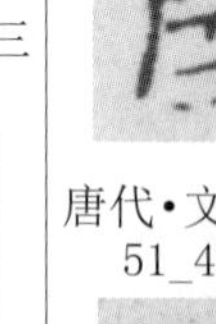
唐代•文選百三
52_499_17

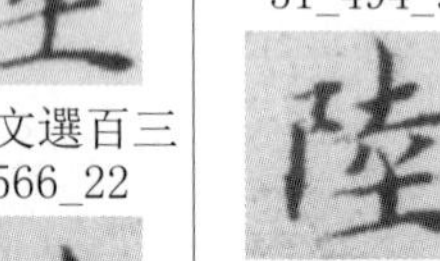
唐代•文選百三
52_504_31

唐代•文選百三
53_512_13

唐代•文選百三
54_516_32

唐代•文選百三
55_527_1

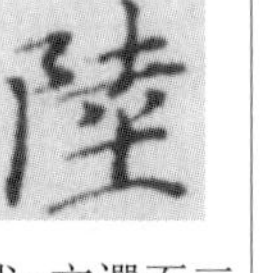
唐代•文選百三
56_538_26

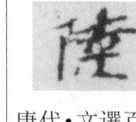

唐代•文選百三
57_554_23

唐代•文選百三
58_558_35

唐代•文選百三
59_566_22

唐代•文選百三
60_572_19

唐代•文選百三
67_640_12

唐代•文選百三
67_646_36

唐代•文選百三
69_671_19

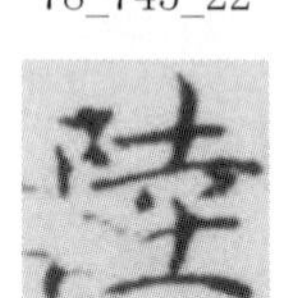
唐代•文選百三
74_715_18

唐代•文選百三
75_722_10

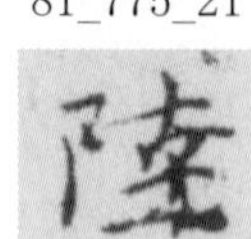
唐代•文選百三
78_745_22

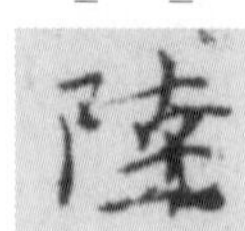
唐代•文選百三
81_775_21

唐代•文選百三
87_824_25

唐代•文選百三
84_799_13

唐代•古文選後
11_119_68

唐代•古文選後
12_133_52

唐代•古文選後
25_296_8

陵

リョウ
訓みささぎ

唐代•春秋經傳
2_12_6

唐代•春秋經傳
35_366_2

唐代•春秋經傳
35_366_12

唐代•春秋經傳
36_375_12

唐代•春秋經傳
39_406_11

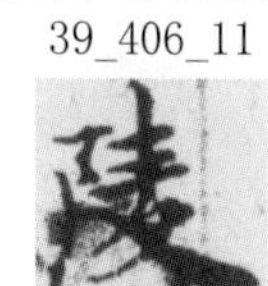
唐代•春秋經傳
39_407_19

唐代•文選四八
4_31_8

唐代•文選四八
22_195_27

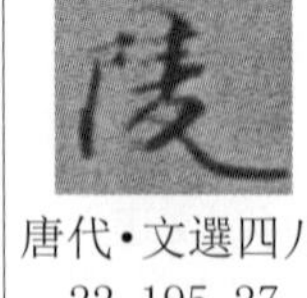
唐代•文選五九
32_315_6

唐代•文選五九
50_491_3

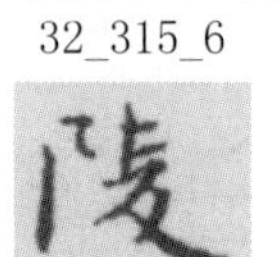
唐代•文選五九
73_703_23

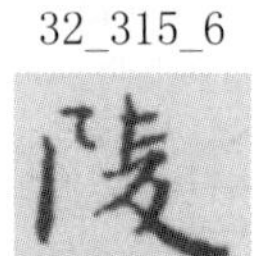
唐代•文選五九
74_705_6

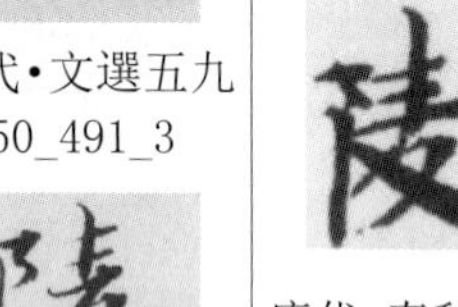
唐代•文選五九
74_706_18

唐代•文選五九
74_706_22

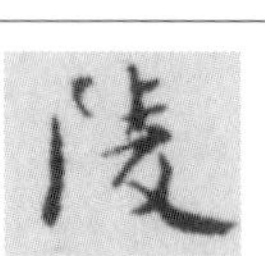
唐代•文選五九
74_708_7

唐代•文選五九
74_708_24

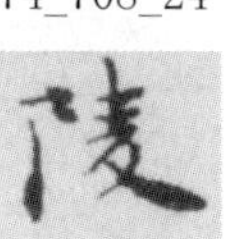
唐代•文選五九
88_842_27

唐代•文選五九
91_872_24

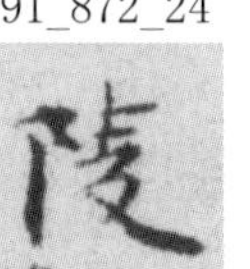
唐代•文選五九
107_1010_17

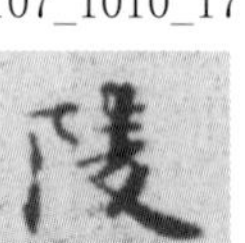
唐代•文選五九
109_1029_4

唐代•文選六八
37_371_1

	陳	陬				
	漢チン呉ジン 訓つらねる	漢ソウ、シュウ 慣スウ 訓すみ				

唐代•春秋經傳
3_30_4

唐代•春秋經傳
4_40_18

唐代•春秋經傳
4_41_9

唐代•春秋經傳
16_166_16

唐代•春秋經傳
16_169_12

唐代•春秋經傳
24_252_1

唐代•春秋經傳
24_252_15

唐代•春秋經傳
24_252_22

唐代•春秋經傳
2_8_4

唐代•春秋經傳
2_8_14

唐代•春秋經傳
2_8_18

唐代•春秋經傳
2_9_11

唐代•春秋經傳
2_10_7

唐代•春秋經傳
3_28_2

唐代•春秋經傳
3_28_19

唐代•春秋經傳
3_29_10

唐代•古文選前
16_192_4

唐代•古文選後
12_137_8

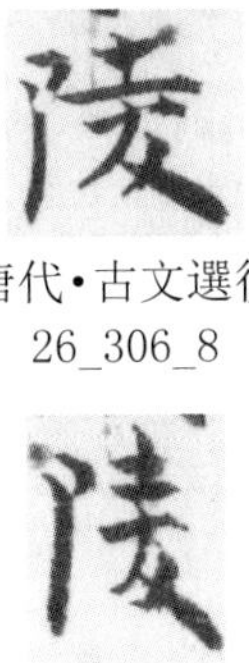
唐代•古文選後
26_306_8

唐代•古文選後
26_309_9

唐代•文選百三
19_180_21

唐代•文選百三
82_780_6

唐代•古文選前
12_138_4

唐代•古文選前
16_192_2

唐代•古文選前
17_196_11

唐代•古文選後
2_21_3

唐代•古文選後
10_114_8

唐代•文選八八
21_191_10

唐代•文選八八
21_191_13

唐代•文選八八
21_192_6

唐代•文選八八
21_192_24

唐代•文選八八
22_193_24

唐代•文選八八
22_194_5

唐代•文選百三
11_101_16

唐代•文選六八
37_371_19

唐代•文選六八
37_373_2

唐代•文選六八
41_413_4

唐代•文選六八
59_596_18

唐代•文選六八
61_607_10

唐代•文選六八
61_609_11

唐代•文選八八
21_190_4

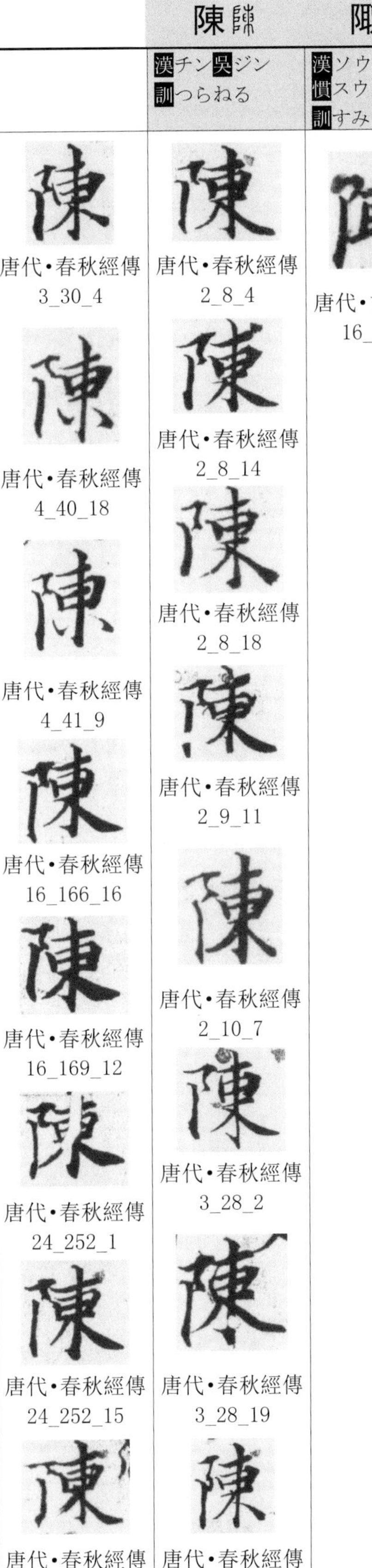

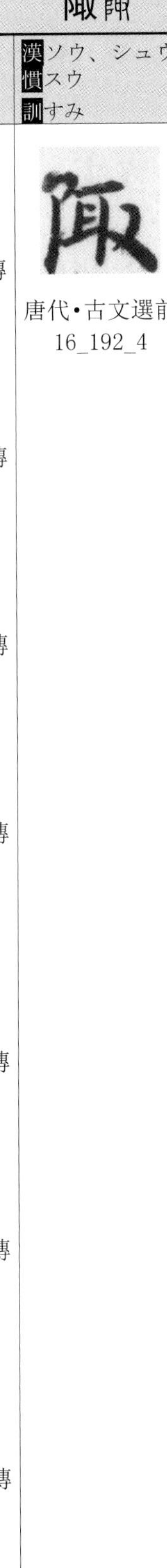

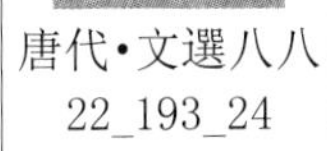

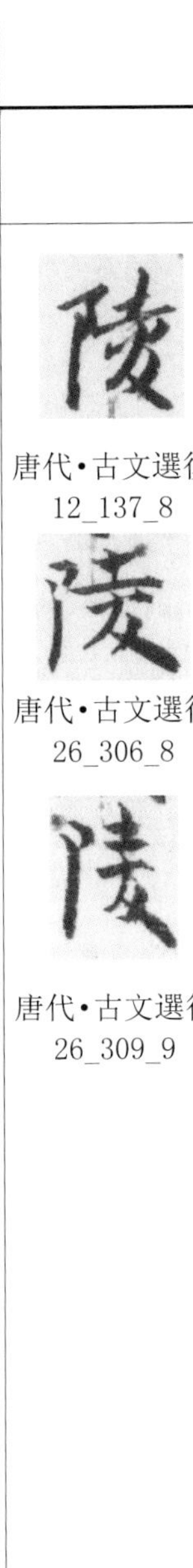

唐代•春秋經傳
24_253_12

唐代•春秋經傳
25_254_15

唐代•春秋經傳
28_287_4

唐代•春秋經傳
28_293_4

唐代•春秋經傳
29_304_4

唐代•春秋經傳
29_304_11

唐代•春秋經傳
30_310_1

唐代•春秋經傳
30_313_2

唐代•春秋經傳
31_318_5

唐代•春秋經傳
31_318_7

唐代•春秋經傳
31_319_5

唐代•春秋經傳
31_320_11

唐代•春秋經傳
31_322_3

唐代•春秋經傳
31_322_11

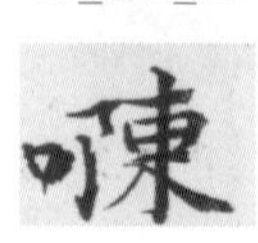
唐代•春秋經傳
32_334_22

唐代•春秋經傳
32_335_14

唐代•春秋經傳
32_336_7

唐代•春秋經傳
34_351_29

唐代•春秋經傳
35_365_13

唐代•春秋經傳
35_366_13

唐代•春秋經傳
35_368_14

唐代•春秋經傳
35_369_10

唐代•春秋經傳
35_369_20

唐代•春秋經傳
35_369_30

唐代•春秋經傳
35_370_20

唐代•春秋經傳
35_371_27

唐代•春秋經傳
35_371_35

唐代•春秋經傳
36_375_13

唐代•春秋經傳
37_388_3

唐代•春秋經傳
37_388_9

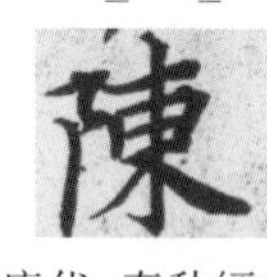
唐代•春秋經傳
37_388_17

唐代•春秋經傳
37_389_18

唐代•春秋經傳
37_390_13

唐代•春秋經傳
37_390_19

唐代•春秋經傳
37_390_21

唐代•春秋經傳
37_391_3

唐代•春秋經傳
38_399_1

唐代•春秋經傳
38_402_21

唐代•春秋經傳
38_404_2

唐代•春秋經傳
38_404_11

唐代•春秋經傳
38_404_18

唐代•文選四八
12_106_13

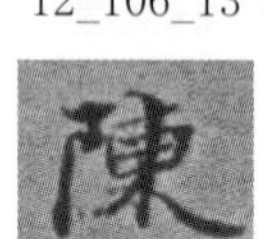
唐代•文選四八
20_181_13

唐代•文選四八
28_248_15

唐代•文選四八
38_338_7

唐代•文選四八
38_339_16

唐代•文選四八
38_340_16

唐代•文選四八
38_340_23

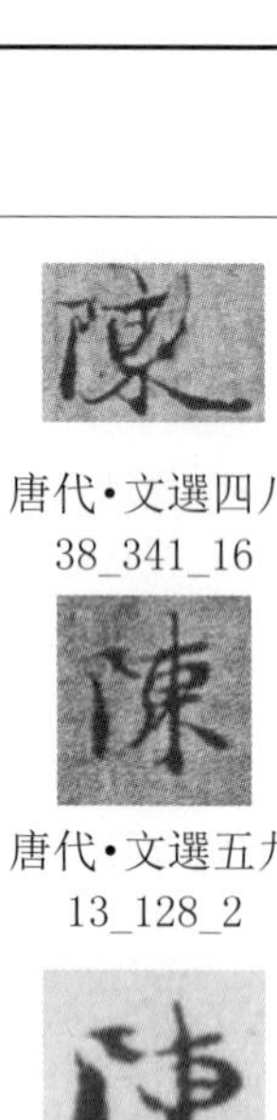
唐代•文選四八
38_341_16

唐代•文選五九
13_128_2

唐代•文選五九
41_411_4

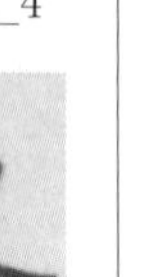
唐代•文選五九
56_543_8

唐代•文選五九
59_572_30

唐代•文選五九
78_749_28

唐代•文選五九
86_831_27

唐代•文選五九
92_879_11

陰隂	陲陲	陜陜				
漢イン呉オン 訓かげ	漢スイ 訓ほとり	慣キョウ漢コウ 呉ギョウ 訓せまい				
 唐代•春秋經傳 7_67_3  唐代•春秋經傳 7_67_13  唐代•春秋經傳 27_275_5  唐代•春秋經傳 29_299_2  唐代•文選四八 1_2_26  唐代•文選四八 6_48_3  唐代•文選四八 6_49_7  唐代•文選四八 6_50_30	 中唐•金剛經題 2_9_7	 唐代•文選百三 79_751_14 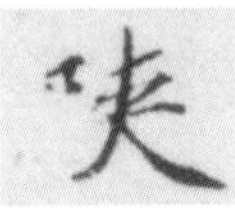 唐代•文選百三 79_752_12  唐代•文選百三 79_752_32	 唐代•古文選前 11_133_43  唐代•古文選前 14_163_9  唐代•古文選後 6_68_14  唐代•古文選後 19_228_1  唐代•十輪經四 3_54_2	 唐代•文選百三 21_204_36  唐代•文選百三 31_312_6  唐代•文選百三 32_317_20  唐代•文選百三 32_317_30  唐代•文選百三 46_440_31  唐代•文選百三 49_468_1  唐代•文選百三 75_722_5  唐代•古文選後 3_30_10	 唐代•文選六八 27_271_10  唐代•文選六八 63_635_8  唐代•文選八八 9_67_7  唐代•文選八八 9_70_3  唐代•文選八八 24_216_22  唐代•文選百三 5_47_18  唐代•文選百三 31_313_24	 唐代•文選五九 99_937_11  唐代•文選五九 99_940_7  唐代•文選五九 104_985_19  唐代•文選六八 2_20_1  唐代•文選六八 2_20_7  唐代•文選六八 27_271_7  唐代•文選六八 44_441_8

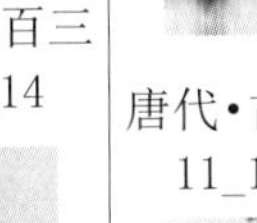

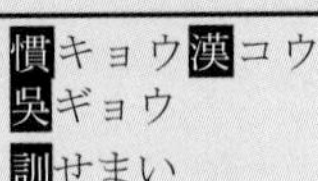

陷

漢カン呉ケン
訓おちいる

唐代•春秋經傳
19_202_9

唐代•文選四八
14_121_22

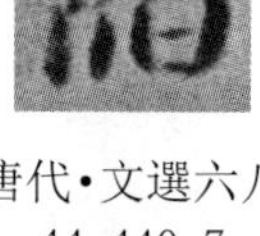
唐代•文選六八
44_440_7

唐代•文選百三
27_258_28

唐代•文選百三
27_259_11

唐代•文選百三
27_270_8

唐代•文選百三
59_567_6

唐代•文選六八
71_712_20

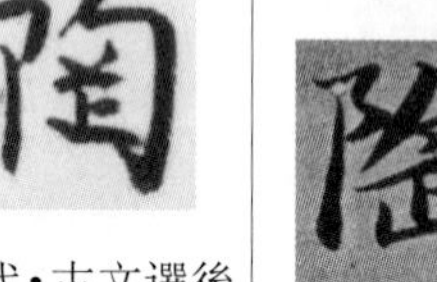
唐代•古文選後
13_153_11

唐代•文選五九
83_798_25

陶

漢トウ
訓すえ

中唐・風信帖
3_16_7

唐代•文選五九
5_47_1

唐代•文選五九
9_90_1

唐代•文選五九
12_118_1

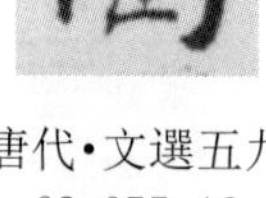
唐代•文選五九
68_654_16

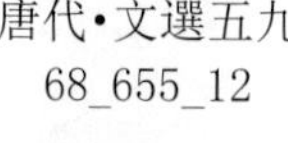
唐代•文選五九
68_655_12

唐代•文選五九
83_799_19

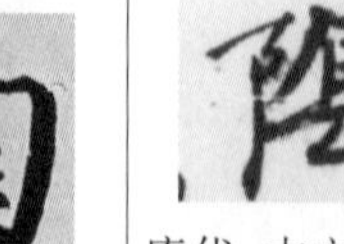
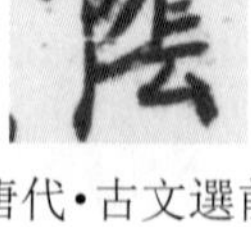
唐代•古文選前
9_112_14

唐代•古文選前
14_167_2

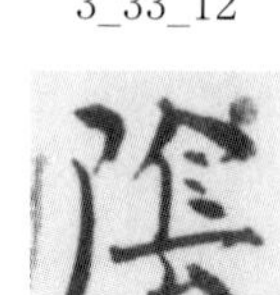
唐代•古文選後
3_33_12

唐代•古文選後
16_188_4

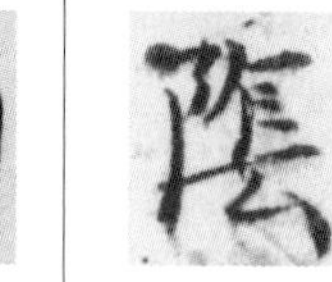
唐代•古文選後
22_253_12

唐代•古文選後
25_296_5

唐代•文選五九
98_927_16

唐代•文選六八
19_197_19

唐代•文選六八
19_198_3

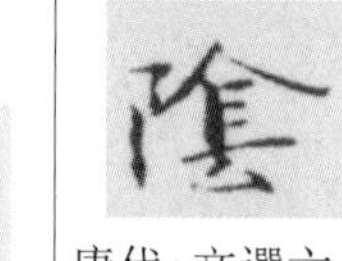
唐代•文選六八
19_198_15

唐代•文選百三
5_47_26

唐代•文選百三
61_588_9

唐代•文選百三
61_589_14

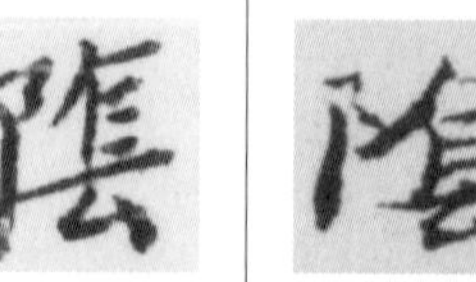
唐代•古文選前
4_40_10

唐代•文選五九
59_565_25

唐代•文選五九
66_632_4

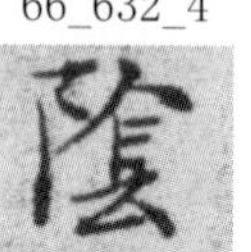
唐代•文選五九
66_633_19

唐代•文選五九
66_634_28

唐代•文選五九
74_713_22

唐代•文選五九
74_717_17

唐代•文選五九
97_924_3

唐代•文選五九
98_927_1

唐代•文選四八
7_60_9

唐代•文選四八
14_120_14

唐代•文選四八
40_359_18

唐代•文選四八
40_362_22

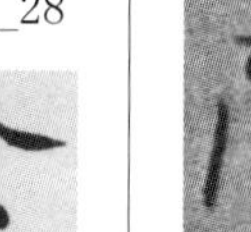

唐代•文選五九
22_214_8

唐代•文選五九
22_216_8

唐代•文選五九
22_217_27

唐代•文選五九
54_532_2

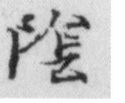

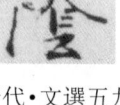

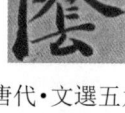

			階 漢カイ 訓きざはし	隋 漢ク 呉ダ 訓おちる	陪 慣バイ 漢ハイ 訓したがう	
 唐代•古文選後 10_115_6  唐代•文選百三 77_737_19  唐代•古文選後 4_37_14	 唐代•文選五九 111_1054_8  唐代•文選五九 111_1057_24  唐代•文選六八 40_404_18  唐代•文選六八 41_406_17  唐代•文選六八 41_414_9  唐代•文選六八 57_567_21  唐代•文選百三 21_197_27	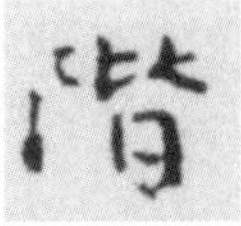 唐代•文選五九 51_500_13  唐代•文選五九 56_550_3  唐代•文選五九 57_551_1  唐代•文選五九 66_634_1  唐代•文選五九 67_645_7  唐代•文選五九 111_1053_2  唐代•文選五九 111_1054_13	 唐代•文選四八 47_426_4  唐代•文選四八 47_427_4  唐代•文選四八 48_429_1  唐代•文選五九 17_163_2 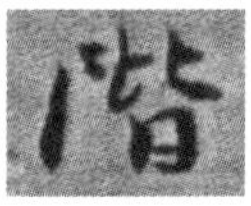 唐代•文選五九 17_163_12  唐代•文選五九 23_223_1  唐代•文選五九 23_224_14  唐代•文選五九 46_456_13	 初唐•聖武雜集 1_8_1	 唐代•文選五九 62_603_1  唐代•文選五九 63_606_13  唐代•文選五九 63_606_20  唐代•文選五九 63_607_25  唐代•古文選前 22_256_7  唐代•古文選後 22_257_8	 唐代•文選百三 69_659_8  唐代•文選百三 52_504_27  唐代•文 選百三 69_662_28  唐代•古文選後 6_65_10

陽 陽

ヨウ

訓ひなた

唐代•春秋經傳 2_12_4
唐代•春秋經傳 4_31_13
唐代•春秋經傳 17_171_9
唐代•春秋經傳 28_292_11
唐代•春秋經傳 28_292_17
唐代•春秋經傳 29_303_16
唐代•春秋經傳 30_308_2

唐代•春秋經傳 34_361_15
唐代•文選四八 1_3_12
唐代•文選四八 1_4_11
唐代•文選四八 6_50_11
唐代•文選四八 14_120_16
唐代•文選四八 16_143_8
唐代•文選四八 16_144_26

唐代•文選四八 17_156_12
唐代•文選四八 19_172_21
唐代•文選四八 20_178_5
唐代•文選四八 26_228_18
唐代•文選四八 41_366_7
唐代•文選四八 41_367_11
唐代•文選四八 41_368_1

唐代•文選四八 41_369_5
唐代•文選四八 42_382_12
唐代•文選四八 44_399_13
唐代•文選四八 45_403_16
唐代•文選四八 48_436_13
唐代•文選五九 1_11_9
唐代•文選五九 33_324_25

唐代•文選五九 42_412_21
唐代•文選五九 45_451_10
唐代•文選五九 46_455_30
唐代•文選五九 53_525_13
唐代•文選五九 53_527_24
唐代•文選五九 53_528_12
唐代•文選五九 56_543_10

唐代•文選五九 62_594_18
唐代•文選五九 62_595_11
唐代•文選五九 66_633_23
唐代•文選五九 71_677_25
唐代•文選五九 72_698_6
唐代•文選五九 73_703_24
唐代•文選五九 74_705_7

唐代•文選五九 74_705_14
唐代•文選五九 74_706_19
唐代•文選五九 74_706_23
唐代•文選五九 74_708_8
唐代•文選五九 74_708_25
唐代•文選五九 74_709_2
唐代•文選五九 76_728_2

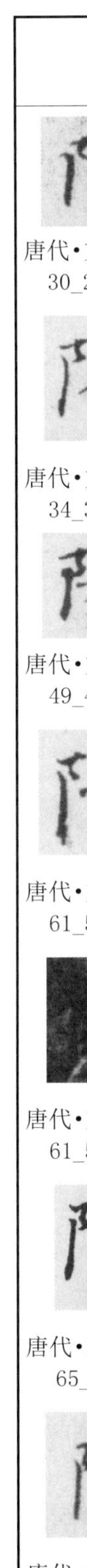

唐代•文選百三 30_295_14	唐代•文選百三 12_113_2	唐代•文選百三 11_102_25	唐代•文選六八 71_708_9	唐代•文選六八 19_193_21	唐代•文選五九 94_901_26	唐代•文選五九 76_732_22
唐代•文選百三 34_336_11	唐代•文選百三 17_165_9	唐代•文選百三 11_103_6	唐代•文選百三 1_2_4	唐代•文選六八 19_197_17	唐代•文選五九 94_901_30	唐代•文選五九 78_751_20
唐代•文選百三 49_473_30	唐代•文選百三 24_230_14	唐代•文選百三 11_105_4	唐代•文選百三 1_7_9	唐代•文選六八 19_198_13	唐代•文選五九 96_911_19	唐代•文選五九 90_869_15
唐代•文選百三 61_587_13	唐代•文選百三 24_234_20	唐代•文選百三 11_106_4	唐代•文選百三 3_20_4	唐代•文選六八 49_490_3	唐代•文選五九 97_915_20	唐代•文選五九 94_898_15
唐代•文選百三 61_589_27	唐代•文選百三 25_238_18	唐代•文選百三 11_107_20	唐代•文選百三 3_21_1	唐代•文選六八 49_491_22	唐代•文選五九 97_915_24	唐代•文選五九 94_899_16
唐代•文選百三 65_621_1	唐代•文選百三 25_249_20	唐代•文選百三 11_107_24	唐代•文選百三 3_21_19	唐代•文選六八 49_493_4	唐代•文選五九 105_990_16	唐代•文選五九 94_900_4
唐代•文選百三 65_623_1	唐代•文選百三 30_295_9	唐代•文選百三 12_112_20	唐代•文選百三 5_39_4	唐代•文選六八 65_653_11	唐代•文選五九 106_1002_5	唐代•文選五九 94_900_10

唐代•文選百三 65_624_30
唐代•文選百三 65_625_9
唐代•文選百三 65_625_18
唐代•文選百三 65_630_7
唐代•文選百三 65_631_2
唐代•文選百三 65_632_23
唐代•文選百三 66_638_6

唐代•文選百三 67_643_24
唐代•文選百三 70_678_13
唐代•文選百三 71_679_10
唐代•文選百三 71_680_3
唐代•文選百三 71_683_9
唐代•文選百三 73_708_28
唐代•文選百三 73_709_11

唐代•文選百三 73_710_13
唐代•文選百三 73_711_26
唐代•文選百三 74_712_3
唐代•文選百三 74_713_30
唐代•文選百三 75_718_6
唐代•文選百三 75_718_15
唐代•文選百三 75_720_8

唐代•文選百三 75_720_16
唐代•文選百三 75_720_22
唐代•文選百三 76_726_19
唐代•文選百三 76_728_16
唐代•文選百三 76_730_21
唐代•文選百三 76_732_6
唐代•文選百三 76_732_22
唐代•古文選前 7_87_9

唐代•文選百三 76_732_23
唐代•文選百三 77_733_8
唐代•文選百三 80_759_22
唐代•文選百三 81_777_5
唐代•文選百三 85_810_14
唐代•古文選前 4_40_11
唐代•古文選前 8_92_1

唐代•古文選前 9_113_2
唐代•古文選前 12_140_2
唐代•古文選前 13_156_2
唐代•古文選前 13_157_10
唐代•古文選前 14_163_2
唐代•古文選前 15_179_27
唐代•古文選前 17_201_5

唐代•古文選後 7_78_12
唐代•古文選後 7_81_9
唐代•古文選後 10_111_1
唐代•古文選後 11_119_52
唐代•古文選後 13_150_21
唐代•古文選後 13_150_84
唐代•古文選後 14_158_2

隈			隅			
漢ケイ呉エ 訓くま			慣グウ 訓すみ			
 唐代・文選五九 88_839_12  唐代・古文選後 4_37_6	 唐代・古文選後 14_157_1  唐代・古文選後 17_197_9	 唐代・文選五九 31_299_18  唐代・文選五九 107_1018_2  唐代・文選六八 41_416_1  唐代・文選六八 41_417_6  唐代・文選百三 28_276_25  唐代・文選百三 31_305_28  唐代・文選百三 49_476_17  唐代・古文選前 8_102_5	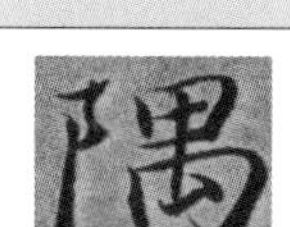 唐代・文選四八 17_153_8 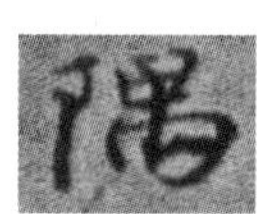 唐代・文選四八 17_154_21  唐代・文選四八 17_155_1 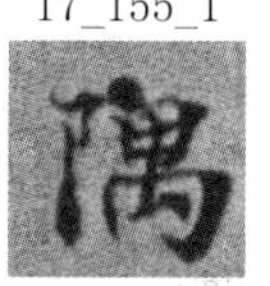 唐代・文選四八 17_155_9 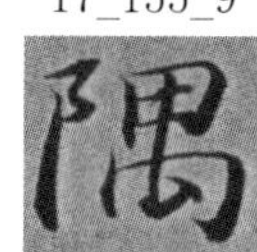 唐代・文選四八 23_206_4  唐代・文選四八 23_206_13 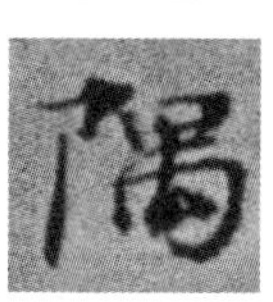 唐代・文選四八 23_206_23  唐代・文選四八 23_208_13	 唐代・古文選後 26_306_26	 唐代・古文選後 25_295_14  唐代・古文選後 23_269_12  唐代・古文選後 23_273_9 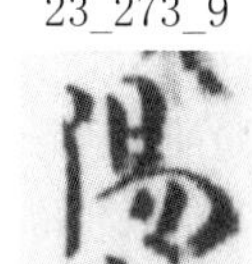 唐代・古文選後 24_281_63  唐代・古文選後 24_284_7  唐代・古文選後 25_292_7  唐代・古文選後 25_292_20	 唐代・古文選後 15_176_14  唐代・古文選後 16_183_15  唐代・古文選後 16_183_58 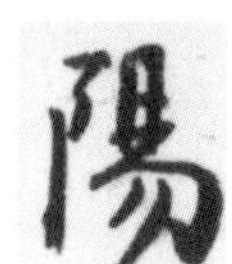 唐代・古文選後 17_193_13  唐代・古文選後 22_260_31  唐代・古文選後 22_261_9  唐代・古文選後 22_261_12

隕

イン
訓おちる

唐代•文選五九
52_515_2

唐代•古文選後
10_113_1

唐代•文選五九
82_793_11

唐代•文選五九
105_992_8

唐代•文選六八
47_469_8

唐代•文選六八
47_478_3

唐代•文選八八
16_138_22

唐代•文選百三
50_482_19

唐代•文選百三
67_646_17

唐代•文選五九
19_180_6

唐代•文選五九
27_267_2

唐代•文選五九
27_268_17

唐代•文選五九
51_502_3

唐代•文選五九
51_504_9

唐代•文選五九
51_508_2

唐代•文選五九
80_770_12

隔

漢カク
訓へだてる

唐代•文選五九
6_55_2

唐代•文選五九
13_127_1

唐代•文選五九
13_130_22

唐代•文選五九
17_171_18

唐代•文選五九
18_172_17

唐代•文選五九
18_172_28

唐代•文選五九
18_173_19

唐代•十輪經九
5_86_10

唐代•古文選後
12_136_12

唐代•古文選後
17_196_6

唐代•古文選前
25_290_4

唐代•古文選前
16_187_6

唐代•古文選前
26_304_9

唐代•古文選後
2_20_2

唐代•古文選後
11_127_2

唐代•古文選後
12_134_6

唐代•古文選後
25_289_1

隆

漢リュウ
訓なかだか

唐代•文選六八
9_90_8

唐代•文選六八
9_94_6

唐代•文選六八
65_645_2

唐代•文選六八
65_646_17

唐代•文選六八
69_693_10

唐代•文選八八
23_205_8

唐代•古文選前
19_229_14

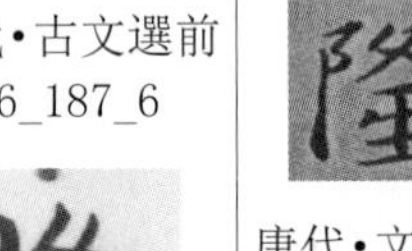

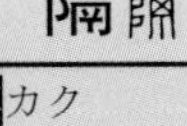

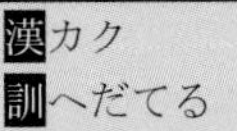

障				際	隘	隙
ショウ、ソウ 【訓】さわる				【呉】サイ【漢】セイ 【訓】きわ	アイ 【訓】せまい	【慣】ゲキ【漢】ケキ【呉】キャク 【訓】すき
初唐・法華義疏 1_5_12	唐代・十輪經九 1_4_13	唐代・十輪經八 8_141_3	唐代・文選六八 47_471_12	唐代・文選四八 34_301_14	唐代・文選六八 6_66_5	唐代・文選五九 107_1017_5
唐代・文選百三 82_782_5	唐代・十輪經九 3_42_14	唐代・十輪經八 9_179_7	唐代・文選六八 61_611_10	唐代・文選五九 97_920_7	唐代・文選六八 6_67_14	唐代・文選五九 107_1017_18
唐代・文選百三 82_783_12	唐代・十輪經九 16_318_7	唐代・十輪經八 11_216_4	唐代・文選六八 61_613_13	唐代・文選六八 4_44_4	唐代・文選六八 7_68_1	唐代・文選五九 107_1018_23
唐代・文選百三 82_783_27	唐代・十輪經十 2_27_17	唐代・十輪經八 13_253_4	唐代・文選六八 67_671_22	唐代・文選六八 31_313_16	唐代・文選百三 69_660_33	唐代・文選五九 107_1018_29
唐代・文選百三 83_784_33		唐代・十輪經八 15_291_4	唐代・文選六八 69_694_3	唐代・文選六八 41_418_5		唐代・文選五九 107_1019_22
唐代・十輪經四 6_110_5		唐代・十輪經八 17_329_4	唐代・古文選後 18_215_1	唐代・文選六八 42_419_23		唐代・文選百三 67_646_28
唐代・十輪經四 18_349_12		唐代・十輪經八 19_367_3	唐代・十輪經八 4_75_6	唐代・文選六八 47_466_18		
		唐代・十輪經八 21_404_13	唐代・十輪經八 6_103_3	唐代・文選六八 47_468_14		

唐代•十輪經八 17_330_15	唐代•十輪經八 15_292_7	唐代•十輪經八 11_218_2	唐代•十輪經八 9_180_15	唐代•十輪經八 6_105_5	唐代•十輪經八 3_57_12	唐代•十輪經四 20_385_7

唐代•十輪經八 17_331_2	唐代•十輪經八 15_292_11	唐代•十輪經八 11_218_6	唐代•十輪經八 10_181_2	唐代•十輪經八 8_142_6	唐代•十輪經八 3_57_16	唐代•十輪經八 3_45_16

唐代•十輪經八 17_331_6	唐代•十輪經八 15_292_15	唐代•十輪經八 13_254_7	唐代•十輪經八 10_181_6	唐代•十輪經八 8_142_10	唐代•十輪經八 3_58_3	唐代•十輪經八 3_46_4

唐代•十輪經八 19_368_7	唐代•十輪經八 15_293_2	唐代•十輪經八 13_254_11	唐代•十輪經八 10_181_10	唐代•十輪經八 8_142_14	唐代•十輪經八 6_104_5	唐代•十輪經八 3_46_8

唐代•十輪經八 19_368_11	唐代•十輪經八 15_293_6	唐代•十輪經八 13_254_15	唐代•十輪經八 11_217_7	唐代•十輪經八 8_143_1	唐代•十輪經八 6_104_9	唐代•十輪經八 3_52_17

唐代•十輪經八 19_368_15	唐代•十輪經八 17_330_7	唐代•十輪經八 13_255_2	唐代•十輪經八 11_217_11	唐代•十輪經八 8_143_5	唐代•十輪經八 6_104_13	唐代•十輪經八 3_53_3

唐代•十輪經八 19_369_2	唐代•十輪經八 17_330_11	唐代•十輪經八 13_255_6	唐代•十輪經八 11_217_15	唐代•十輪經八 9_180_11	唐代•十輪經八 6_105_1	唐代•十輪經八 3_53_7

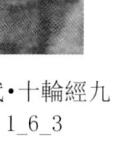

隨 𨔶

吳ズイ 漢スイ
訓したがう

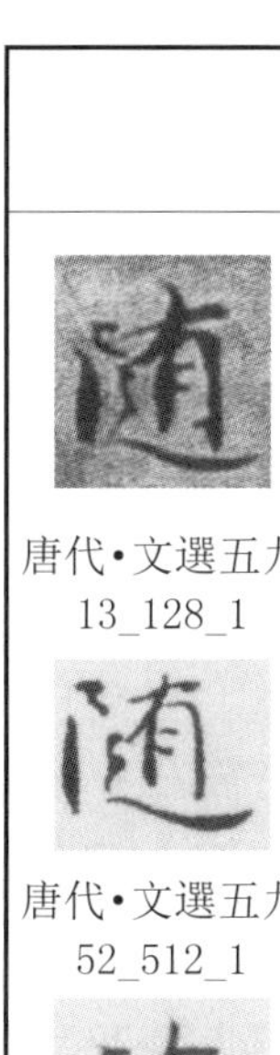
唐代•文選五九 13_128_1

唐代•文選五九 52_512_1

唐代•文選五九 69_667_25

唐代•文選五九 90_861_29

唐代•文選五九 90_862_1

唐代•文選五九 106_1004_15

唐代•文選六八 1_11_7

唐代•文選六八 1_13_4

唐代•文選四八 11_94_13

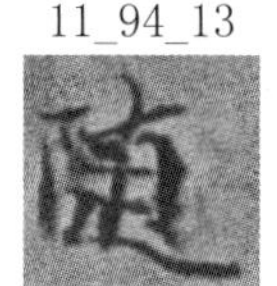
唐代•文選四八 18_166_23

唐代•文選四八 32_289_1

唐代•文選四八 32_290_20

唐代•文選五九 4_37_7

唐代•文選五九 5_39_11

唐代•文選五九 5_40_4

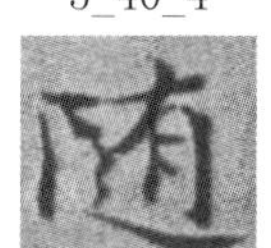
唐代•文選五九 8_72_19

初唐•法華義疏 1_6_14

中唐•金剛經題 2_12_5

中唐・風信帖 2_6_1

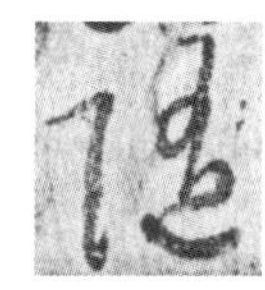
晚唐•慶滋書狀 1_13_11

唐代•春秋經傳 8_78_7

唐代•文選四八 4_24_2

唐代•文選四八 7_57_8

唐代•文選四八 7_59_19

唐代•十輪經九 16_319_13

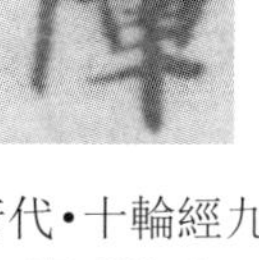
唐代•十輪經九 17_320_1

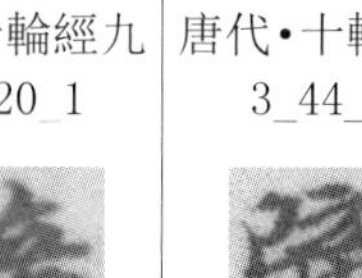
唐代•十輪經九 17_320_5

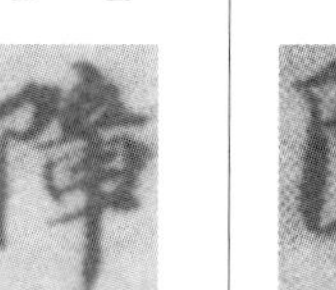
唐代•十輪經九 17_320_9

唐代•十輪經十 12_226_10

唐代•十輪經九 3_44_12

唐代•十輪經九 3_44_16

唐代•十輪經九 4_65_10

唐代•十輪經九 8_145_18

唐代•十輪經九 12_224_16

唐代•十輪經九 13_248_12

唐代•十輪經九 16_319_9

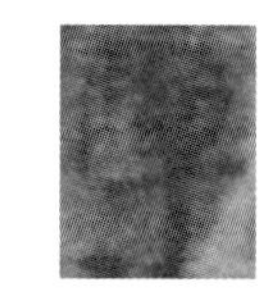
唐代•十輪經九 1_6_3

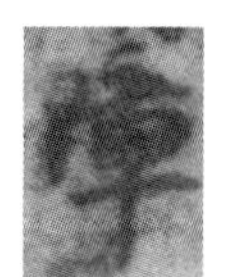
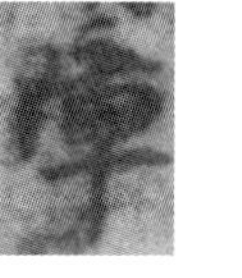
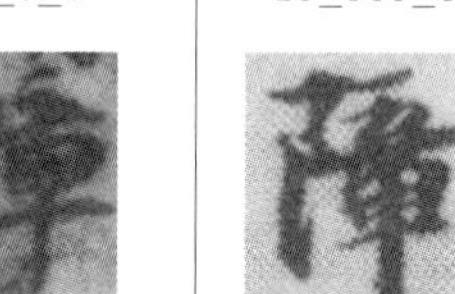
唐代•十輪經九 1_6_7

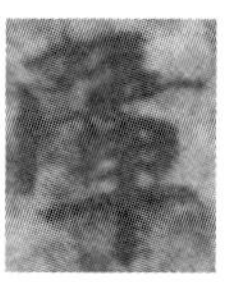
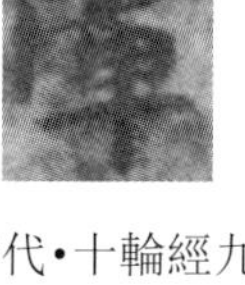
唐代•十輪經九 1_6_11

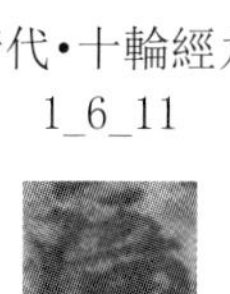
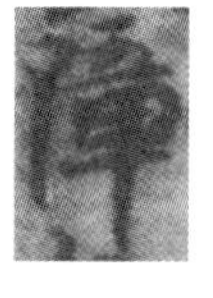
唐代•十輪經九 1_6_15

唐代•十輪經九 3_43_17

唐代•十輪經九 3_44_4

唐代•十輪經九 3_44_8

唐代•十輪經八 19_369_6

唐代•十輪經八 21_405_16

唐代•十輪經八 21_406_3

唐代•十輪經八 21_406_7

唐代•十輪經八 21_406_11

唐代•十輪經八 21_406_15

唐代•十輪經九 1_5_16

唐代•十輪經八 10_182_1
唐代•十輪經八 10_189_4
唐代•十輪經八 11_209_1
唐代•十輪經八 11_218_13
唐代•十輪經八 12_226_3
唐代•十輪經八 13_246_11
唐代•十輪經八 13_255_13

唐代•十輪經八 5_92_10
唐代•十輪經八 5_97_13
唐代•十輪經八 6_105_12
唐代•十輪經八 6_112_15
唐代•十輪經八 7_132_10
唐代•十輪經八 8_143_12
唐代•十輪經八 8_150_15

唐代•十輪經四 18_359_4
唐代•十輪經四 19_377_11
唐代•十輪經四 20_395_3
唐代•十輪經四 22_428_12
唐代•十輪經八 1_13_7
唐代•十輪經八 2_27_13
唐代•十輪經八 2_38_5
唐代•十輪經八 5_87_10

唐代•十輪經四 1_16_5
唐代•十輪經四 3_49_7
唐代•十輪經四 5_94_13
唐代•十輪經四 6_120_13
唐代•十輪經四 8_152_14
唐代•十輪經四 8_155_5
唐代•十輪經四 17_322_4
唐代•十輪經四 18_344_4

唐代•文選八八 3_14_18
唐代•文選百三 7_61_1
唐代•文選百三 7_62_12
唐代•文選百三 61_582_23
唐代•古文選前 20_235_12
唐代•古文選後 8_85_6
唐代•古文選後 8_88_2
唐代•古文選後 16_188_10

唐代•文選六八 30_303_4
唐代•文選六八 33_333_2
唐代•文選六八 33_334_6
唐代•文選六八 51_505_26
唐代•文選六八 52_522_18
唐代•文選六八 54_542_9
唐代•文選八八 3_12_7
唐代•文選八八 3_14_4

唐代•文選六八 1_13_17
唐代•文選六八 8_80_10
唐代•文選六八 15_149_5
唐代•文選六八 15_153_6
唐代•文選六八 15_153_12
唐代•文選六八 20_202_24
唐代•文選六八 20_203_22
唐代•文選六八 23_237_7

隧	隤					
漢スイ吳ズイ 訓みち	漢タイ 訓くずれる					
 唐代•文選百三 50_485_24  唐代•文選百三 51_487_20  唐代•文選百三 51_488_10	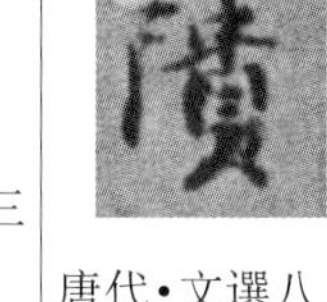 唐代•文選八八 22_194_10	 唐代•十輪經十 6_109_16 唐代•十輪經十 7_129_8  唐代•十輪經十 7_130_14  唐代•十輪經十 10_183_9  唐代•十輪經十 14_267_7  唐代•十輪經十 15_299_17  唐代•十輪經十 16_316_17	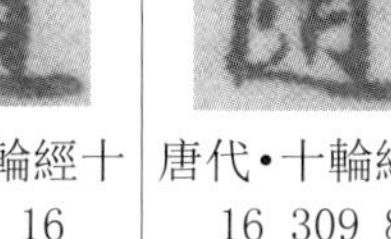 唐代•十輪經九 16_309_8 唐代•十輪經九 17_320_16 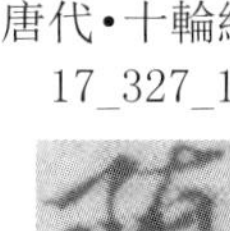 唐代•十輪經九 17_327_18  唐代•十輪經十 2_23_12 唐代•十輪經十 3_53_6 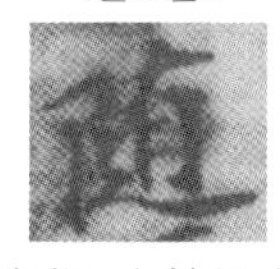 唐代•十輪經十 4_77_4  唐代•十輪經十 6_104_17  唐代•十輪經十 6_105_4	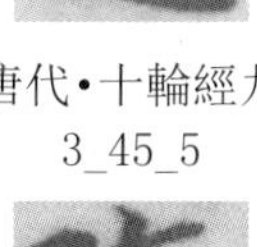 唐代•十輪經九 3_45_5 唐代•十輪經九 3_52_13 唐代•十輪經九 4_76_2  唐代•十輪經九 11_210_13 唐代•十輪經九 11_211_13 唐代•十輪經九 11_219_1 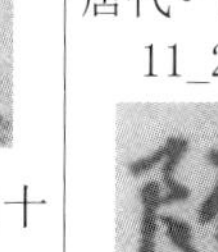 唐代•十輪經九 12_233_8  唐代•十輪經九 12_234_15	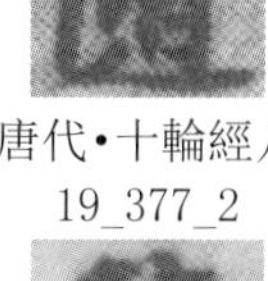 唐代•十輪經八 19_377_2  唐代•十輪經八 20_397_15 唐代•十輪經八 21_407_5 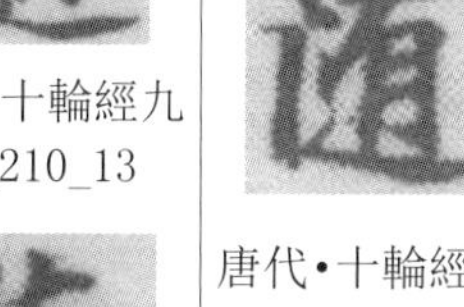 唐代•十輪經八 21_414_12  唐代•十輪經八 22_437_6 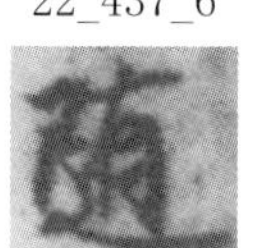 唐代•十輪經九 1_7_5 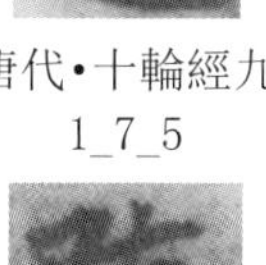 唐代•十輪經九 1_14_8  唐代•十輪經九 2_35_15	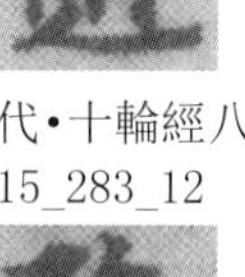 唐代•十輪經八 15_283_12  唐代•十輪經八 15_293_13 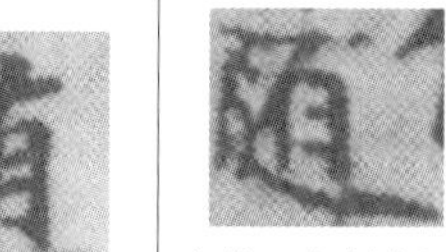 唐代•十輪經八 15_301_3  唐代•十輪經八 16_321_9  唐代•十輪經八 17_331_13  唐代•十輪經八 17_339_2  唐代•十輪經八 18_360_2  唐代•十輪經八 19_369_13

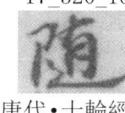

			隱	隰		險
			漢イン 呉オン 訓かくれる	慣シツ 漢シュウ 訓さわ		ケン 訓けわしい
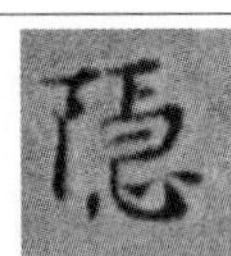 唐代•文選六八 12_126_7	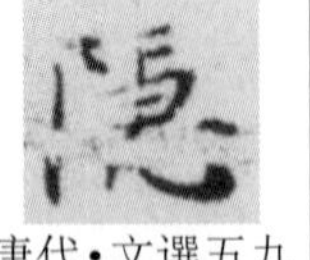 唐代•文選五九 90_857_2	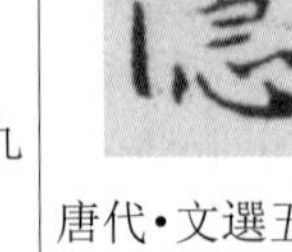 唐代•文選五九 29_290_17	唐代•春秋經傳 11_110_11	 唐代•文選六八 11_117_4	唐代•文選五九 80_763_23	 唐代•春秋經傳 3_20_1
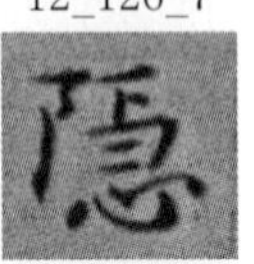 唐代•文選六八 12_126_13	唐代•文選五九 90_858_17	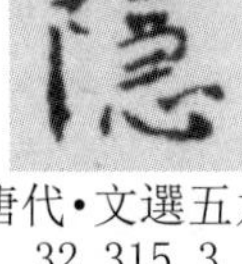 唐代•文選五九 32_315_3	唐代•春秋經傳 11_110_14	 唐代•古文選前 25_294_9	唐代•文選五九 88_845_29	 唐代•文選五九 36_356_2
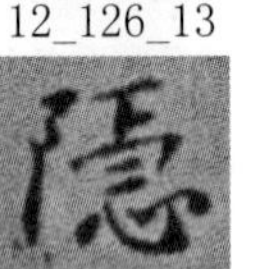 唐代•文選六八 12_126_16	唐代•文選五九 103_975_7	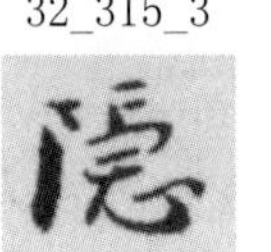 唐代•文選五九 35_351_9	唐代•文選四八 22_204_13	唐代•古文選後 3_32_8	 唐代•文選六八 34_340_2	 唐代•文選五九 36_358_12
 唐代•文選六八 36_363_3	 唐代•文選六八 2_20_18	唐代•文選五九 51_504_5	 唐代•文選五九 6_52_20		唐代•文選八八 7_50_25	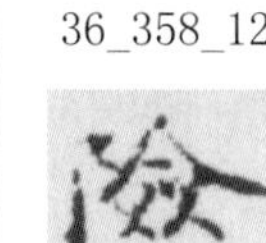 唐代•文選五九 74_707_28
唐代•文選六八 36_363_20	 唐代•文選六八 2_21_23	唐代•文選五九 65_627_11	 唐代•文選五九 16_156_3		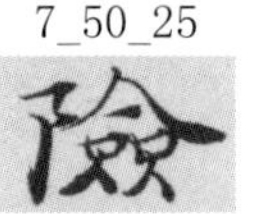 唐代•文選百三 49_470_4	 唐代•文選五九 74_708_10
唐代•文選六八 36_364_15	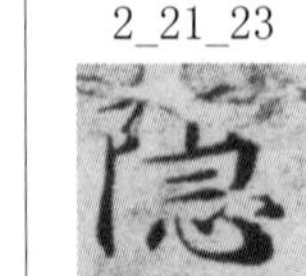 唐代•文選六八 3_30_1	唐代•文選五九 72_689_6	 唐代•文選五九 29_286_2		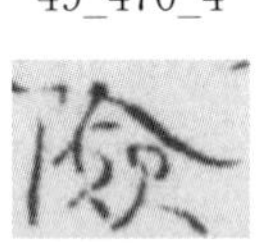 唐代•文選百三 79_751_22	 唐代•文選五九 79_759_5
唐代•文選六八 37_366_16	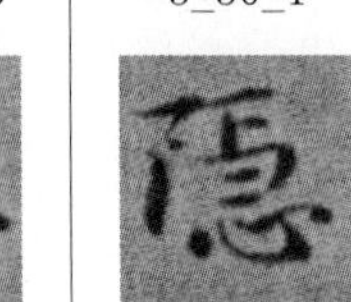 唐代•文選六八 4_37_27	唐代•文選五九 72_691_21	 唐代•文選五九 29_287_17		 唐代•古文選後 14_166_5	 唐代•文選五九 79_760_9
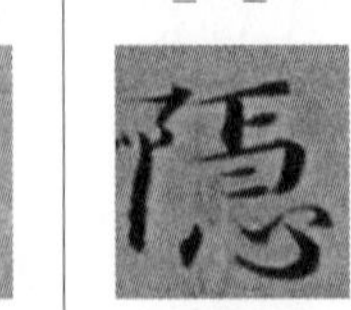 唐代•文選六八 43_434_5	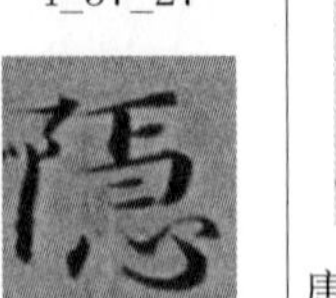 唐代•文選六八 12_124_12	唐代•文選五九 89_856_2	 唐代•文選五九 29_288_21			 唐代•文選五九 79_762_19

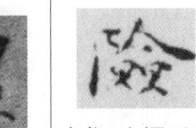

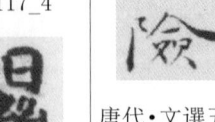

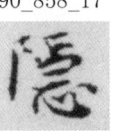

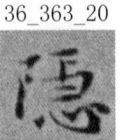

隴

漢リョウ慣ロウ
訓おか

唐代•文選百三
29_282_2

唐代•文選百三
29_283_38

唐代•文選百三
29_284_9

唐代•文選百三
29_285_8

唐代•十輪經八
21_415_12

唐代•十輪經九
1_15_8

唐代•十輪經九
3_53_13

唐代•十輪經九
12_225_1

唐代•十輪經九
17_328_13

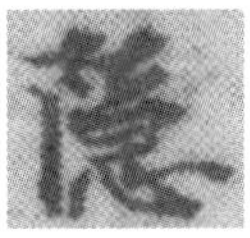
唐代•十輪經八
19_377_15

唐代•十輪經八
6_119_8

唐代•十輪經八
8_151_10

唐代•十輪經八
10_190_1

唐代•十輪經八
12_226_16

唐代•十輪經八
14_263_15

唐代•十輪經八
15_301_16

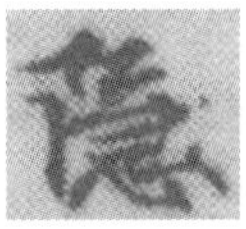
唐代•十輪經八
17_339_15

唐代•十輪經四
6_110_11

唐代•文選百三
27_263_24

唐代•文選百三
27_263_34

唐代•文選百三
34_335_14

唐代•文選百三
35_355_18

唐代•文選百三
38_377_14

唐代•古文選後
17_202_2

唐代•十輪經八
6_113_11

唐代•文選六八
43_434_11

唐代•文選六八
48_481_10

唐代•文選六八
66_658_13

唐代•文選六八
71_702_5

唐代•文選百三
6_51_8

唐代•文選百三
6_52_15

唐代•文選百三
6_53_23

唐代•文選百三
27_261_8

金部

金 金

漢キン 呉コン
訓かね

初唐•金剛場經
1_1_8

初唐•金剛場經
1_7_1

初唐•金剛場經
1_9_7

中唐•金剛經題
1_6_1

中唐•灌頂歷名
1_2_3

中唐・風信帖
2_7_10

中唐・風信帖
3_14_3

唐代•春秋經傳
14_143_7

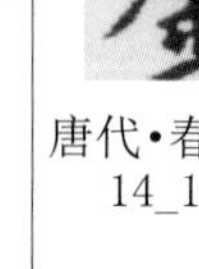
唐代•春秋經傳
14_142_20

唐代•文選四八
4_29_17

唐代•文選四八
4_30_12

唐代•文選四八
4_31_26

唐代•文選四八
8_61_7

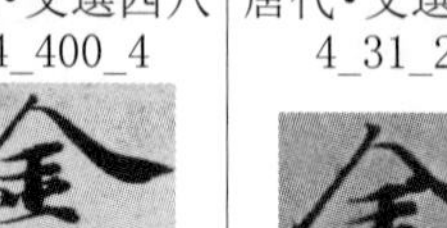
唐代•文選四八
8_62_17

唐代•文選四八
8_62_27

唐代•文選四八
8_63_1

唐代•文選四八
8_64_1

唐代•文選四八
8_65_7

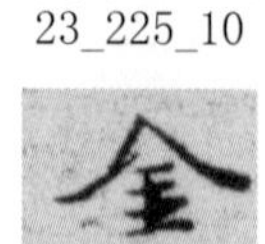
唐代•文選四八
16_142_14

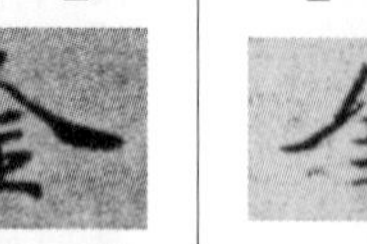
唐代•文選四八
40_361_4

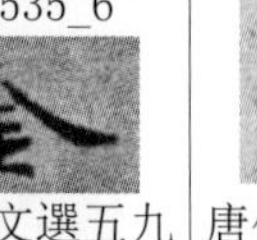
唐代•文選四八
44_400_4

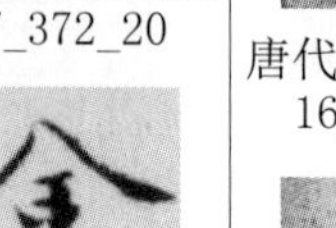
唐代•文選五九
23_222_11

唐代•文選五九
23_224_7

唐代•文選五九
23_224_21

唐代•文選五九
23_225_10

唐代•文選五九
23_225_29

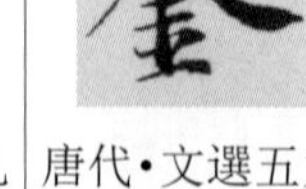
唐代•文選五九
37_371_3

唐代•文選五九
37_372_20

唐代•文選五九
38_375_27

唐代•文選五九
54_530_2

唐代•文選五九
54_530_17

唐代•文選五九
54_534_6

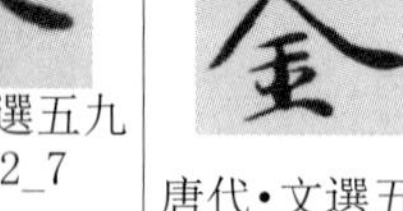
唐代•文選五九
55_535_6

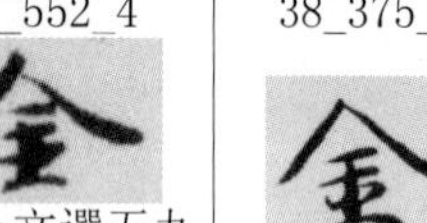
唐代•文選五九
55_535_22

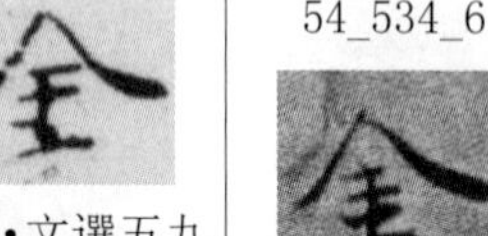
唐代•文選五九
55_536_6

唐代•文選五九
55_536_28

唐代•文選五九
57_551_5

唐代•文選五九
57_552_4

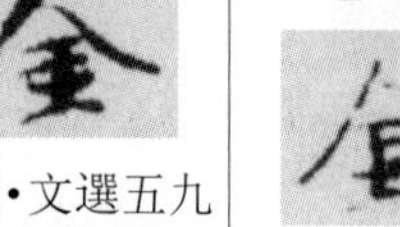
唐代•文選五九
57_552_7

唐代•文選五九
57_554_12

唐代•文選五九
57_555_23

唐代•文選五九
94_899_19

唐代•文選五九
101_953_1

唐代•文選五九
101_954_13

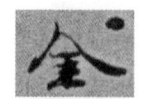

唐代•文選五九
101_954_27

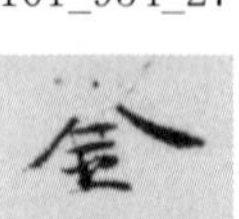
唐代•文選五九
101_955_30

唐代•文選五九
102_962_25

唐代•文選五九
103_968_8

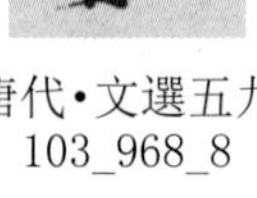

唐代•文選五九
103_973_8

唐代•文選六八
13_130_4

唐代•文選六八
17_180_8

唐代•文選六八
18_182_1

唐代•文選六八
18_183_23

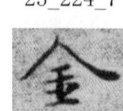

釗釖

ショウ
訓けずる

- 唐代・文選五九 23_224_22
- 唐代・文選六八 23_226_22

針

シン
訓はり

- 唐代・文選百三 30_298_10
- 唐代・文選百三 30_298_14
- 唐代・古文選後 24_281_38
- 唐代・古文選後 24_284_10
- 唐代・十輪經四 2_36_12
- 唐代・十輪經八 1_17_5
- 唐代・十輪經八 2_31_14
- 唐代・十輪經八 4_63_16
- 唐代・十輪經八 22_422_6
- 唐代・十輪經十 20_383_11
- 唐代・古文選前 25_293_8
- 唐代・古文選後 2_19_7
- 唐代・古文選後 8_92_11
- 唐代・古文選後 9_104_3
- 唐代・古文選後 18_209_15
- 唐代・古文選後 20_237_3
- 唐代・古文選後 22_254_8
- 唐代・古文選後 24_281_2
- 唐代・古文選後 24_281_34
- 唐代・文選六八 51_513_15
- 唐代・文選六八 72_717_1
- 唐代・文選八八 19_171_6
- 唐代・文選百三 7_58_19
- 唐代・文選百三 9_88_21
- 唐代・文選百三 19_185_21
- 唐代・文選百三 81_769_2
- 唐代・文選百三 81_770_2
- 唐代・古文選前 8_99_12
- 唐代・文選六八 40_404_8
- 唐代・文選六八 40_404_15
- 唐代・文選六八 41_405_27
- 唐代・文選六八 41_407_15
- 唐代・文選六八 41_407_18
- 唐代・文選六八 43_429_15
- 唐代・文選六八 51_508_1
- 唐代・文選六八 51_510_9
- 唐代・文選六八 51_513_6
- 唐代・文選六八 23_232_16
- 唐代・文選六八 26_260_13
- 唐代・文選六八 26_262_3
- 唐代・文選六八 26_263_5
- 唐代・文選六八 38_382_3
- 唐代・文選六八 38_383_6
- 唐代・文選六八 38_384_27
- 唐代・文選六八 40_404_5

	鈔	鈍	釵			釣
	呉ショウ 訓かすめる	呉ドン漢トン 訓にぶい	漢サイ慣サ 訓かんざし			チョウ 訓つり
 唐代・文選四八 5_40_10	 唐代・文選四八 1_2_15	 初唐・法華義疏 1_5_8	 唐代・文選六八 51_515_16	 唐代・文選六八 71_708_5	 唐代・文選六八 43_438_3	 唐代・文選五九 33_323_26
 唐代・文選四八 6_42_23	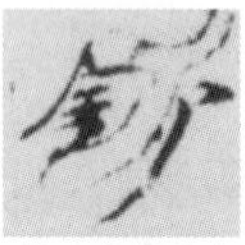 唐代・文選四八 1_8_11				 唐代・文選六八 44_439_2	 唐代・文選五九 43_420_2
 唐代・文選四八 6_45_20	 唐代・文選四八 2_11_1				 唐代・文選六八 44_439_20	 唐代・文選五九 65_627_27
 唐代・文選四八 6_49_8	 唐代・文選四八 3_14_16				 唐代・文選六八 44_440_6	 唐代・文選五九 81_782_1
 唐代・文選四八 6_53_16	 唐代・文選四八 3_17_14				 唐代・文選六八 45_446_12	 唐代・文選五九 82_783_9
 唐代・文選四八 7_56_2	 唐代・文選四八 4_28_7				 唐代・文選六八 45_447_10	 唐代・文選五九 82_785_1
 唐代・文選四八 7_58_14	 唐代・文選四八 4_31_24				 唐代・文選六八 71_706_19	 唐代・文選五九 82_785_5
 唐代・文選四八 8_63_9	 唐代・文選四八 5_33_9				 唐代・文選六八 71_707_3	 唐代・文選五九 82_786_17

唐代•文選四八 36_324_23

唐代•文選四八 36_327_14

唐代•文選四八 37_333_3

唐代•文選四八 38_336_15

唐代•文選四八 38_340_13

唐代•文選四八 38_343_2

唐代•文選四八 39_347_17

唐代•文選四八 39_348_20

唐代•文選四八 40_353_16

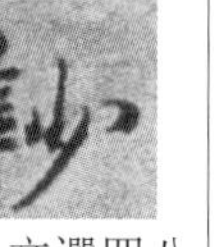
唐代•文選四八 40_357_21

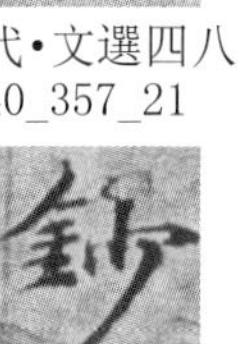
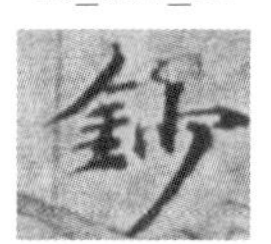
唐代•文選四八 40_360_15

唐代•文選四八 40_364_16

唐代•文選四八 41_367_8

唐代•文選四八 42_377_19

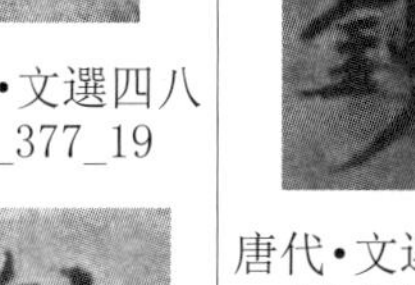

唐代•文選四八 43_389_18

唐代•文選四八 44_394_13

唐代•文選四八 44_401_14

唐代•文選四八 45_407_16

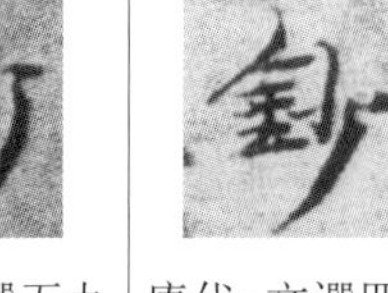
唐代•文選四八 46_413_26

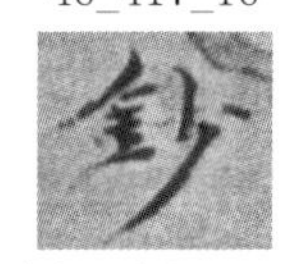
唐代•文選四八 46_417_16

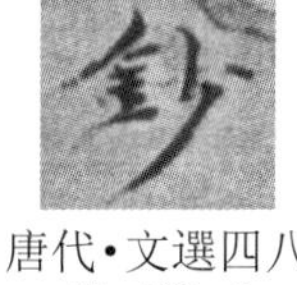
唐代•文選四八 47_423_6

唐代•文選四八 47_427_8

唐代•文選四八 48_432_4

唐代•文選四八 48_437_11

唐代•文選四八 49_444_6

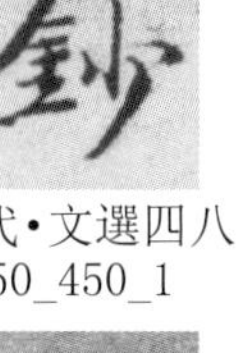

唐代•文選四八 50_450_1

唐代•文選五九 2_17_12

唐代•文選五九 3_24_6

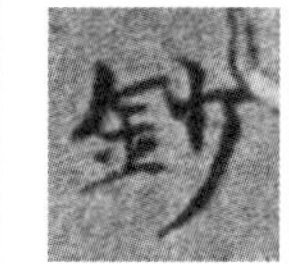
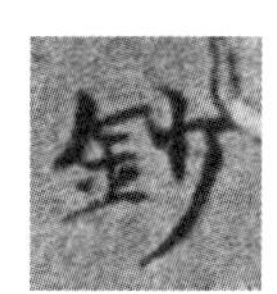
唐代•文選五九 3_26_11

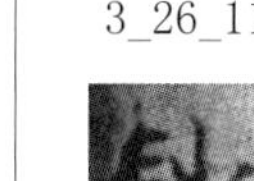

唐代•文選五九 3_28_28

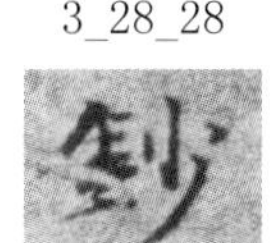
唐代•文選五九 4_32_17

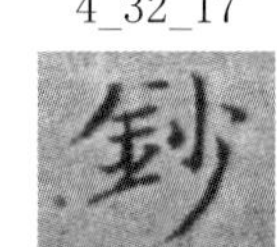
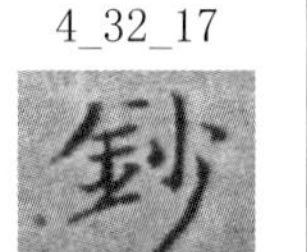
唐代•文選五九 5_44_1

唐代•文選五九 5_49_8

唐代•文選五九 6_52_15

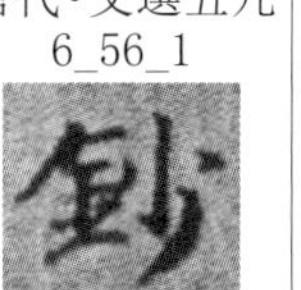
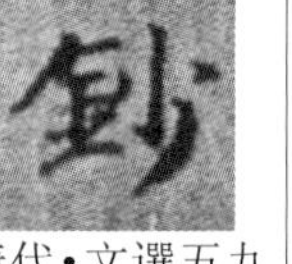
唐代•文選五九 6_56_1

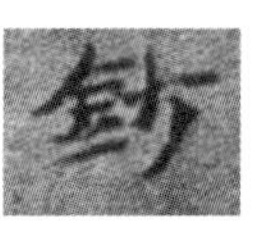
唐代•文選五九 7_59_1

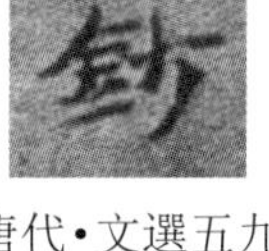
唐代•文選五九 7_63_27

唐代•文選五九 7_68_24

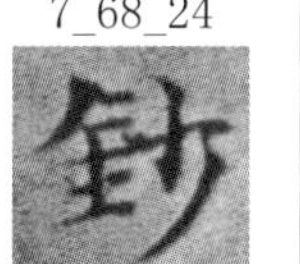
唐代•文選五九 8_73_6

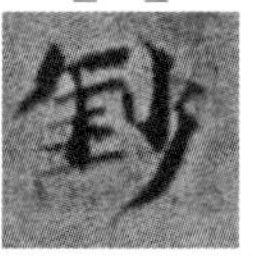
唐代•文選五九 8_77_7

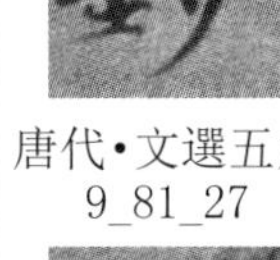
唐代•文選五九 9_81_27

唐代•文選五九 9_86_19

唐代•文選五九 9_89_9

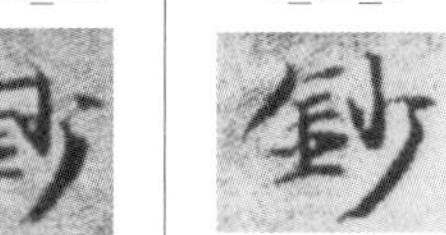
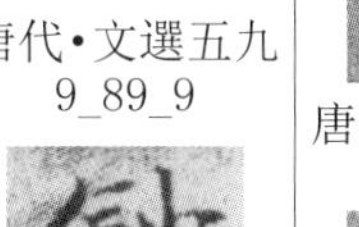

唐代•文選五九 10_93_9

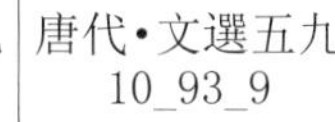
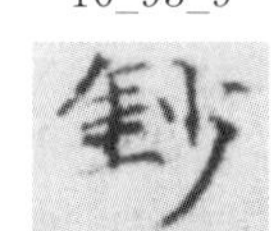
唐代•文選五九 10_96_1

唐代•文選五九 11_99_7

唐代•文選五九 11_103_5

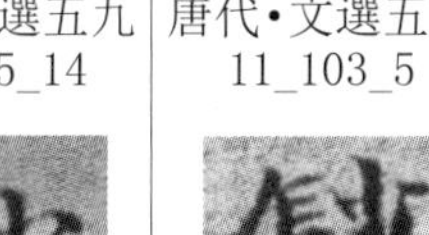

唐代•文選五九 11_107_20

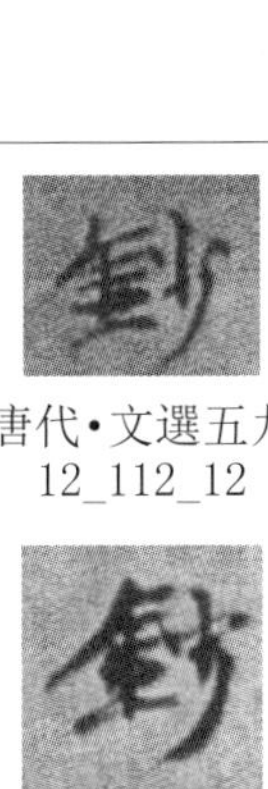
唐代•文選五九 12_112_12

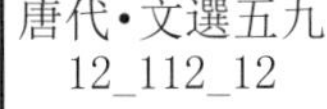
唐代•文選五九 12_115_9

唐代•文選五九 13_120_12

唐代•文選五九 13_123_3

唐代•文選五九 13_125_9

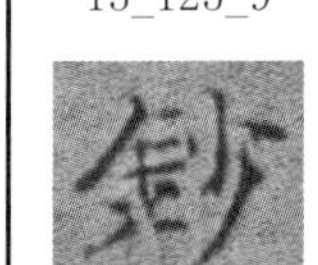
唐代•文選五九 14_133_7

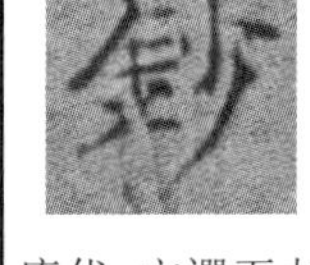
唐代•文選五九 14_135_14

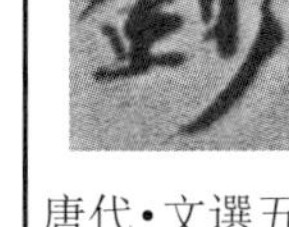
唐代•文選五九 14_138_18

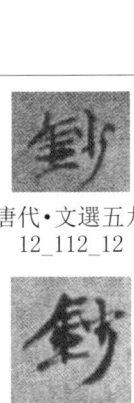

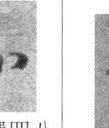

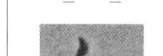

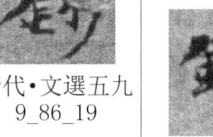

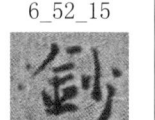

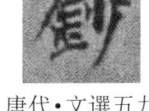

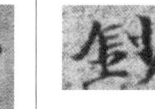

唐代·文選六八 1_12_7
唐代·文選六八 2_16_5
唐代·文選六八 3_31_23
唐代·文選六八 4_36_23
唐代·文選六八 4_39_25
唐代·文選六八 4_42_14
唐代·文選六八 5_48_1
唐代·文選六八 5_50_5
唐代·文選八八 9_68_21

唐代·文選六八 5_52_18
唐代·文選六八 6_55_11
唐代·文選六八 6_57_23
唐代·文選六八 6_60_7
唐代·文選六八 6_62_10
唐代·文選六八 6_67_2
唐代·文選六八 7_69_8
唐代·文選六八 7_72_25

唐代·文選六八 8_77_6
唐代·文選六八 8_82_8
唐代·文選六八 8_85_5
唐代·文選六八 8_85_27
唐代·文選六八 8_87_25
唐代·文選六八 9_92_25
唐代·文選六八 9_97_5
唐代·文選六八 10_103_1

唐代·文選六八 10_106_5
唐代·文選六八 11_117_15
唐代·文選六八 11_122_6
唐代·文選六八 12_125_22
唐代·文選六八 13_130_6
唐代·文選六八 13_136_3
唐代·文選六八 14_143_21
唐代·文選六八 14_147_20
唐代·文選八八 9_65_20

唐代·文選六八 15_152_6
唐代·文選六八 16_163_16
唐代·文選六八 17_168_13
唐代·文選六八 17_170_23
唐代·文選六八 17_179_18
唐代·文選六八 18_183_4
唐代·文選六八 19_187_5
唐代·文選六八 19_193_4

唐代·文選六八 19_198_25
唐代·文選六八 20_202_12
唐代·文選六八 21_206_23
唐代·文選六八 21_211_12
唐代·文選六八 21_215_11
唐代·文選六八 21_219_20
唐代·文選六八 23_229_13
唐代·文選六八 70_701_19

唐代·文選六八 23_233_28
唐代·文選六八 23_239_25
唐代·文選六八 24_245_24
唐代·文選六八 25_246_25
唐代·文選六八 25_249_4
唐代·文選六八 25_252_7
唐代·文選六八 25_254_19
唐代·文選六八 25_258_19

鉌

漢カ呉ワ
訓すず

唐代•文選五九
82_789_22

鉏

漢ソ呉ジョ
訓くわ

唐代•春秋經傳
9_86_8

唐代•春秋經傳
9_86_12

唐代•春秋經傳
17_178_10

鉢

漢ハツ呉ハチ
訓はち

唐代•十輪經四
7_136_1

鉦

漢セン呉ショウ
訓かね

唐代•春秋經傳
22_225_5

欽

漢キン呉コン
訓つつしむ

唐代•文選四八
6_45_6

唐代•文選四八
6_47_4

唐代•文選五九
23_223_23

唐代•古文選後
11_125_11

唐代•古文選後
18_215_11

鈞

キン
訓おもり

唐代•古文選前
25_293_14

唐代•古文選後
18_213_6

唐代•文選百三
86_822_18

唐代•文選百三
87_826_22

唐代•文選百三
87_829_21

唐代•文選百三
87_833_7

	銑	銅	鉉	鉛	鉤	鈴
	セン 訓ずく	慣ドウ漢トウ 訓あかがね	漢ケン呉ゲン 訓つる	エン 訓なまり	漢コウ呉ク 訓かぎ	漢レイ唐リン呉リョウ 訓すず
 唐代・文選四八 36_328_17  唐代・文選四八 40_354_15  唐代・文選四八 42_383_1  唐代・文選四八 46_415_19  唐代・文選四八 48_439_12  唐代・文選五九 3_21_30  唐代・文選五九 5_39_5  唐代・文選五九 6_53_18	 唐代・文選四八 4_23_25 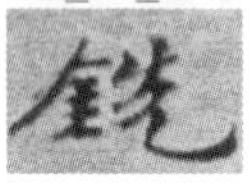 唐代・文選四八 5_40_27  唐代・文選四八 8_64_6  唐代・文選四八 12_107_16  唐代・文選四八 16_146_3  唐代・文選四八 23_205_6  唐代・文選四八 28_249_19  唐代・文選四八 34_302_4	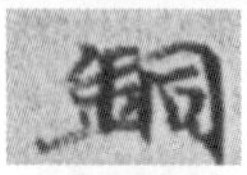 初唐・大般若經 2_37_2  唐代・文選五九 55_536_1 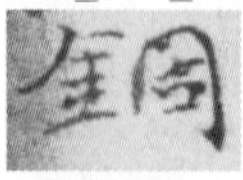 唐代・文選五九 66_638_15  唐代・文選六八 38_383_16	 唐代・文選四八 44_398_5  唐代・文選四八 44_400_5  唐代・文選四八 44_401_19  唐代・文選四八 44_402_4  唐代・文選四八 45_404_10  唐代・文選四八 45_404_17	 唐代・文選六八 55_550_9  唐代・文選六八 55_552_11  唐代・文選六八 55_553_4  唐代・文選六八 55_554_2  唐代・古文選前 8_92_44	 唐代・文選五九 50_493_10 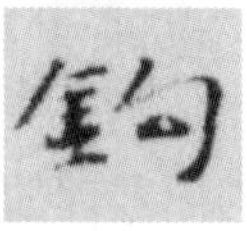 唐代・文選五九 50_494_19  唐代・文選五九 50_495_8  唐代・文選五九 50_496_7  唐代・文選五九 51_502_2 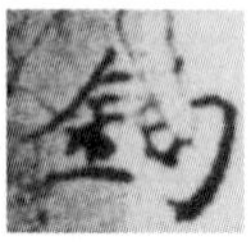 唐代・文選百三 53_514_15	 唐代・文選五九 82_789_23  唐代・文選八八 23_207_4

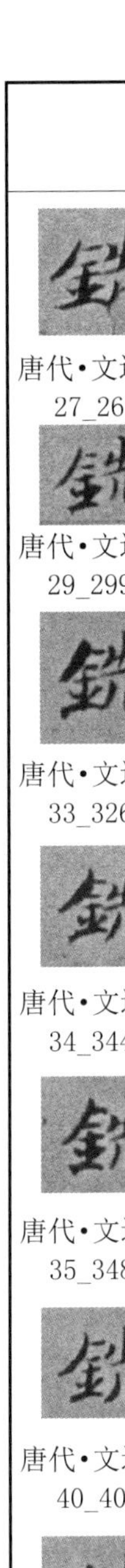

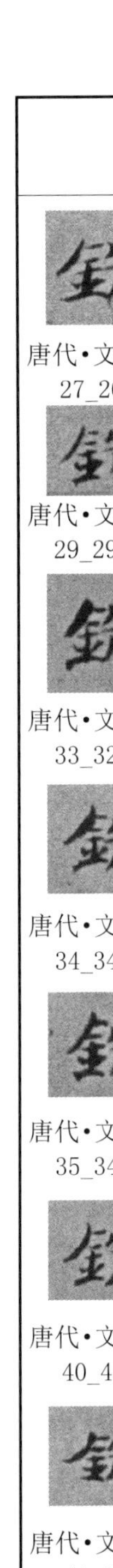
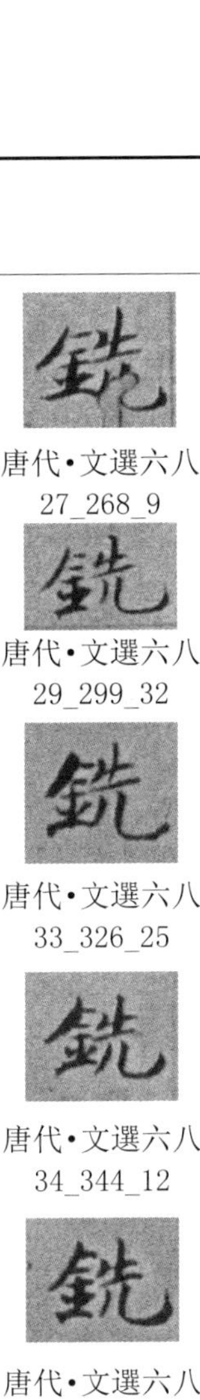
唐代•文選六八
27_268_9
唐代•文選六八
29_299_32
唐代•文選六八
33_326_25
唐代•文選六八
34_344_12
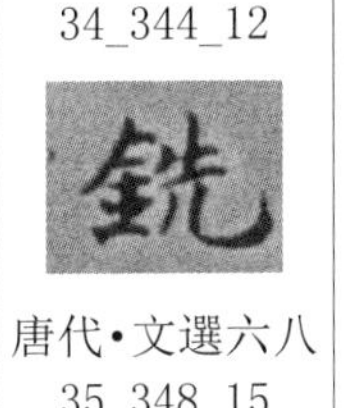
唐代•文選六八
35_348_15
唐代•文選六八
40_403_4
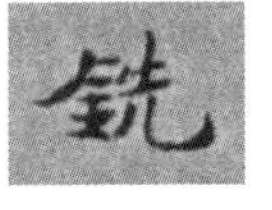
唐代•文選六八
41_407_2

唐代•文選六八
46_463_12

唐代•文選六八
8_83_8

唐代•文選六八
11_120_10

唐代•文選六八
12_123_11

唐代•文選六八
15_157_14
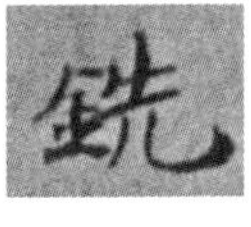
唐代•文選六八
18_184_19

唐代•文選六八
23_226_18

唐代•文選六八
25_259_26
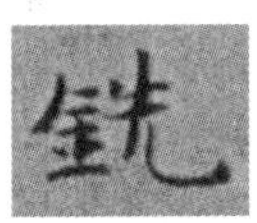
唐代•文選六八
26_262_27

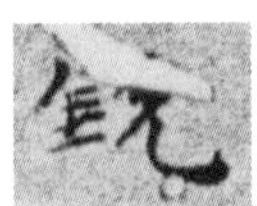
唐代•文選五九
105_987_21
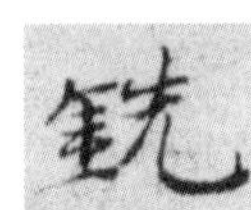
唐代•文選五九
107_1007_26

唐代•文選五九
109_1029_10

唐代•文選五九
111_1057_21
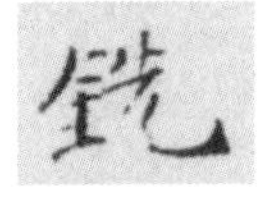
唐代•文選六八
1_7_22
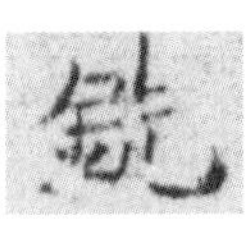
唐代•文選六八
3_33_8
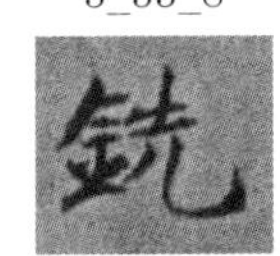
唐代•文選六八
5_53_3

唐代•文選六八
6_56_1

唐代•文選五九
75_718_25

唐代•文選五九
78_746_11

唐代•文選五九
78_752_9

唐代•文選五九
82_791_13

唐代•文選五九
88_840_14

唐代•文選五九
90_862_8
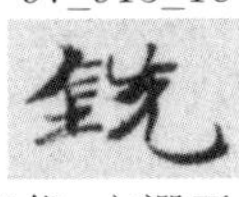
唐代•文選五九
97_915_16
唐代•文選五九
101_948_10

唐代•文選五九
58_556_26
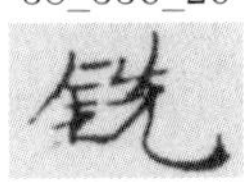
唐代•文選五九
62_597_7

唐代•文選五九
64_619_13

唐代•文選五九
66_630_18

唐代•文選五九
67_647_23

唐代•文選五九
69_667_14

唐代•文選五九
72_687_5

唐代•文選五九
74_707_25

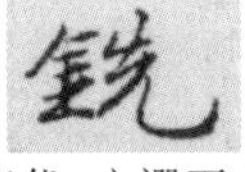
唐代•文選五九
29_283_17

唐代•文選五九
31_307_4

唐代•文選五九
33_320_36

唐代•文選五九
36_358_29
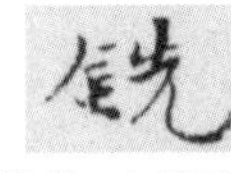
唐代•文選五九
38_377_30

唐代•文選五九
44_435_5

唐代•文選五九
49_485_24

唐代•文選五九
51_508_13

唐代•文選五九
9_82_28
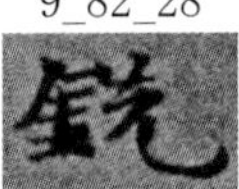
唐代•文選五九
11_100_17

唐代•文選五九
13_121_22

唐代•文選五九
15_139_23
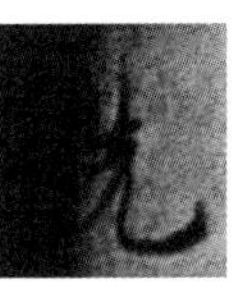
唐代•文選五九
17_168_18
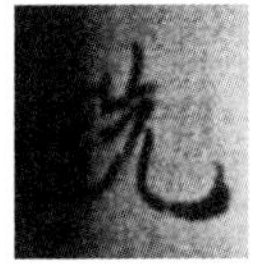
唐代•文選五九
21_208_21
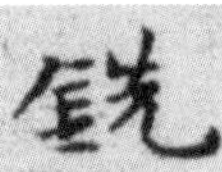
唐代•文選五九
23_228_9
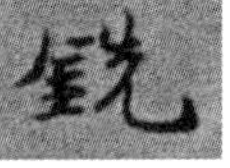
唐代•文選五九
26_253_20

 唐代•古文選後 16_183_42	 唐代•文選百三 71_688_29	唐代•文選百三 48_462_1	唐代•文選百三 21_209_28	唐代•文選百三 3_28_30	 唐代•文選六八 69_688_1	 唐代•文選六八 47_466_6
 唐代•古文選後 17_201_12	 唐代•文選百三 73_699_6	唐代•文選百三 49_478_1	 唐代•文選百三 25_250_14	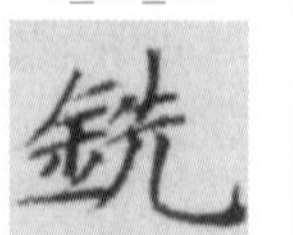 唐代•文選百三 7_55_7	 唐代•文選六八 71_707_17	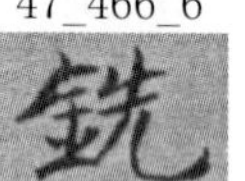 唐代•文選六八 52_520_13
 唐代•古文選後 25_300_16	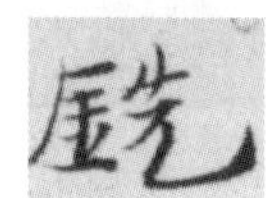 唐代•文選百三 76_726_29	 唐代•文選百三 50_480_25	 唐代•文選百三 29_279_26	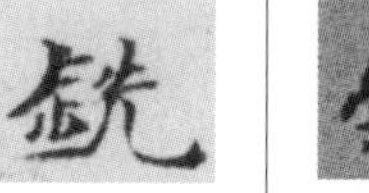 唐代•文選百三 8_73_5	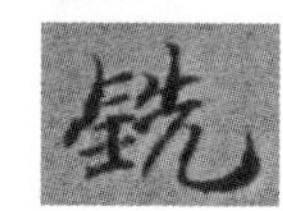 唐代•文選六八 73_728_12	 唐代•文選六八 53_525_4
	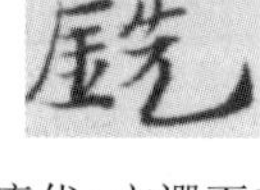 唐代•文選百三 79_752_30	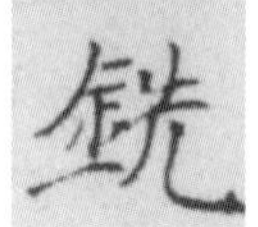 唐代•文選百三 53_511_2	 唐代•文選百三 30_298_1	 唐代•文選百三 10_93_30	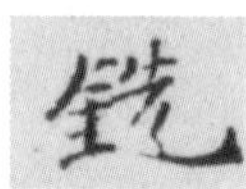 唐代•文選八八 3_8_22	 唐代•文選六八 55_549_11
	唐代•文選百三 82_779_6	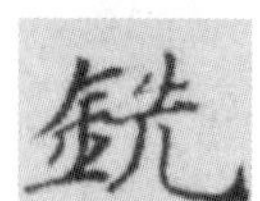 唐代•文選百三 57_547_29	 唐代•文選百三 33_328_22	 唐代•文選百三 12_109_33	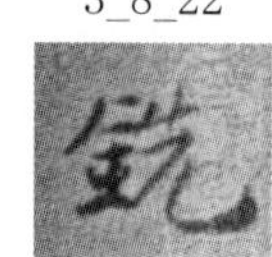 唐代•文選八八 7_51_6	 唐代•文選六八 55_554_6
	唐代•文選百三 84_797_33	 唐代•文選百三 60_578_24	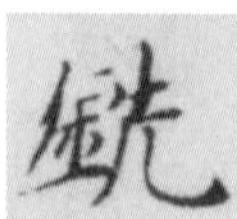 唐代•文選百三 35_353_7	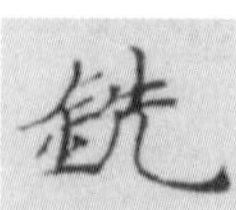 唐代•文選百三 13_127_25	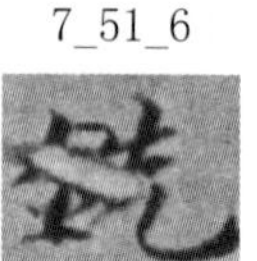 唐代•文選八八 10_79_17	 唐代•文選六八 59_598_24
	唐代•古文選前 23_273_7	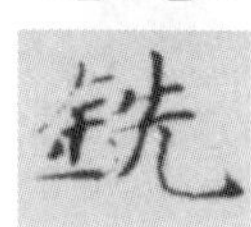 唐代•文選百三 63_605_6	 唐代•文選百三 38_382_43	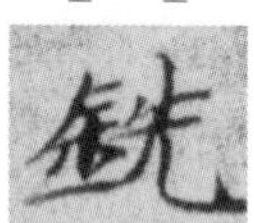 唐代•文選百三 17_155_16	 唐代•文選八八 15_129_6	 唐代•文選六八 60_603_8
	唐代•古文選後 8_89_9	 唐代•文選百三 67_639_25	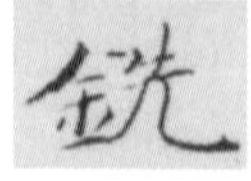 唐代•文選百三 41_414_28	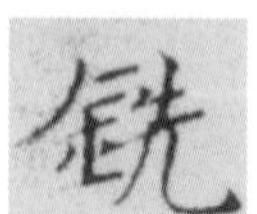 唐代•文選百三 19_183_9	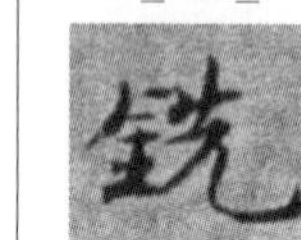 唐代•文選八八 21_184_28	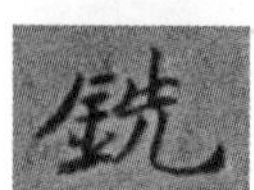 唐代•文選六八 67_665_14

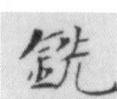

銳		鋒		銷	銀	銘
エイ漢タイ 訓するどい		漢ホウ 訓ほこさき		ショウ 訓とかす	漢ギン呉ゴン 訓しろがね	慣メイ漢ベイ呉ミュウ 訓しるす
 唐代•文選五九 88_844_5  唐代•文選百三 68_653_16  唐代•文選百三 68_656_10  唐代•文選百三 68_657_21  唐代•古文選後 6_64_6	 唐代•文選百三 52_505_10  唐代•文選百三 83_791_15  唐代•文選百三 83_794_4  唐代•文選百三 86_818_7  唐代•文選百三 86_819_29  唐代•古文選後 5_55_9	 唐代•文選五九 92_879_29  唐代•文選六八 33_337_3  唐代•文選六八 33_338_5  唐代•文選六八 33_338_12  唐代•文選六八 33_338_29  唐代•文選六八 34_339_19  唐代•文選百三 52_500_2  唐代•文選百三 52_503_32	 唐代•十輪經十 13_250_15	 中唐・風信帖 3_16_6  唐代•文選四八 48_432_3  唐代•文選四八 48_434_6 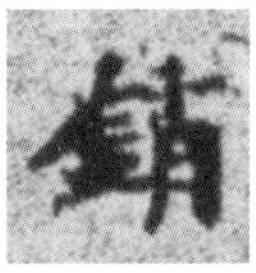 唐代•文選五九 105_987_5  唐代•文選六八 22_222_8  唐代•文選六八 22_222_24  唐代•文選百三 47_459_31	 唐代•十輪經四 2_36_13  唐代•十輪經八 22_422_7	 唐代•文選四八 37_332_4  唐代•文選五九 112_1061_26  唐代•文選五九 112_1061_28  唐代•文選六八 39_393_10  唐代•文選百三 33_328_3

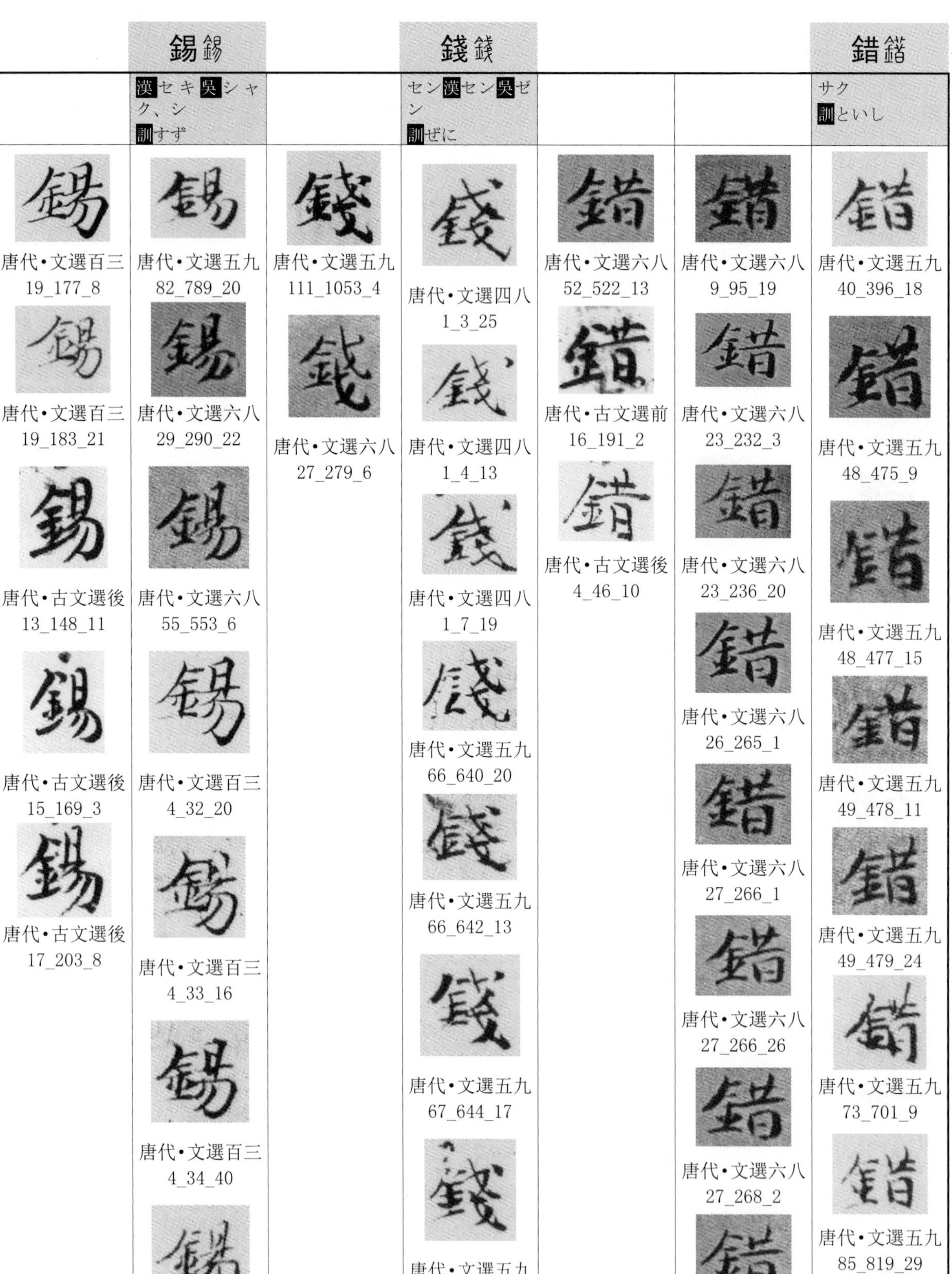

錯

サク
訓といし

唐代・文選五九 40_396_18
唐代・文選五九 48_475_9
唐代・文選五九 48_477_15
唐代・文選五九 49_478_11
唐代・文選五九 49_479_24
唐代・文選五九 73_701_9
唐代・文選五九 85_819_29
唐代・文選六八 9_90_4

唐代・文選六八 9_95_19
唐代・文選六八 23_232_3
唐代・文選六八 23_236_20
唐代・文選六八 26_265_1
唐代・文選六八 27_266_1
唐代・文選六八 27_266_26
唐代・文選六八 27_268_2
唐代・文選六八 27_269_3

唐代・文選六八 52_522_13
唐代・古文選前 16_191_2
唐代・古文選後 4_46_10

銭 錢

セン漢セン呉ゼン
訓ぜに

唐代・文選四八 1_3_25
唐代・文選四八 1_4_13
唐代・文選四八 1_7_19
唐代・文選五九 66_640_20
唐代・文選五九 66_642_13
唐代・文選五九 67_644_17
唐代・文選五九 101_955_4

唐代・文選五九 111_1053_4
唐代・文選六八 27_279_6

錫 錫

漢セキ呉シャク、シ
訓すず

唐代・文選五九 82_789_20
唐代・文選六八 29_290_22
唐代・文選六八 55_553_6
唐代・文選百三 4_32_20
唐代・文選百三 4_33_16
唐代・文選百三 4_34_40
唐代・文選百三 19_179_29

唐代・文選百三 19_177_8
唐代・文選百三 19_183_21
唐代・古文選後 13_148_11
唐代・古文選後 15_169_3
唐代・古文選後 17_203_8

鍾

漢ショウ
訓さかずき

唐代•文選五九
48_472_10

唐代•文選五九
48_474_4

唐代•文選五九
48_474_19

唐代•文選五九
49_481_27

唐代•文選五九
76_725_4

唐代•文選六八
37_373_13

唐代•文選六八
50_499_26

唐代•文選八八
7_55_16

鍬

ショウ慣シュウ
訓すき

唐代•文選百三
52_503_30

唐代•文選百三
52_503_33

唐代•文選百三
52_504_9

唐代•文選百三
71_692_3

唐代•文選百三
73_700_13

唐代•文選百三
87_831_22

唐代•文選百三
87_831_29

錄

呉ロク
訓しるす

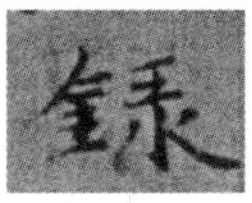
唐代•文選四八
18_163_7

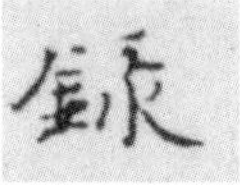
唐代•文選五九
32_313_14

唐代•文選五九
49_487_14

唐代•文選五九
92_879_14

唐代•文選五九
101_957_23

唐代•文選六八
44_443_19

唐代•文選百三
34_340_28

唐代•文選百三
60_573_3

鍵

漢ケン
訓くさび

唐代•文選六八
49_494_14

錦

漢キン
訓にしき

唐代•文選六八
57_575_27

唐代•文選百三
7_61_9

唐代•文選百三
7_66_11

唐代•文選百三
39_397_23

唐代•文選百三
67_639_10

錗

漢ヅイ呉ニ
訓そばだつ

唐代•文選百三
31_312_24

鏤

ル
訓はがね

唐代•文選八八
19_168_24

唐代•文選八八
19_170_15

唐代•文選八八
19_171_8

唐代•文選八八
19_171_21

鎬

コウ
訓なべ

唐代•文選四八
17_156_9

唐代•古文選後
18_215_10

鎧

慣ガイ漢カイ
訓よろい

初唐•大般若經
1_2_5

初唐•大般若經
1_4_11

初唐•大般若經
1_5_2

鎖

サ
訓くさり

唐代•文選百三
31_305_3

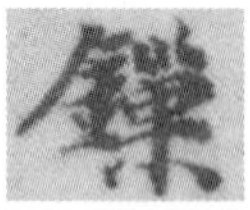
唐代•十輪經四
7_137_9

鎮

チン
訓しずめる

唐代•文選四八
26_232_4

唐代•文選四八
26_233_11

唐代•文選四八
26_235_10

唐代•文選四八
26_239_4

唐代•文選五九
38_373_10

唐代•文選五九
88_841_1

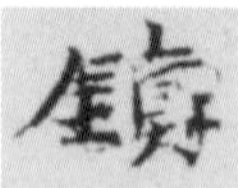
唐代•文選五九
91_871_23

唐代•古文選後
24_282_8

鎚

漢タイ
訓つち

唐代•文選六八
41_406_3

唐代•文選百三
29_286_25

鏡

吳キョウ漢ケイ
訓かがみ

唐代・文選五九
5_42_7

唐代・文選五九
50_494_25

唐代・文選六八
4_46_19

唐代・文選六八
4_47_11

唐代・文選六八
4_47_13

唐代・文選六八
5_48_3

唐代・文選六八
7_70_21

唐代・文選六八
11_111_17

唐代・文選六八
13_132_5

唐代・文選六八
21_217_1

唐代・文選六八
28_283_18

唐代・文選六八
39_392_1

唐代・文選六八
48_482_11

唐代・文選六八
58_581_1

唐代・文選六八
60_604_8

唐代・文選六八
63_628_1

唐代・古文選後
18_205_7

唐代・古文選後
19_226_9

鏃

慣ゾク漢ソク
訓やじり

唐代・文選百三
69_666_5

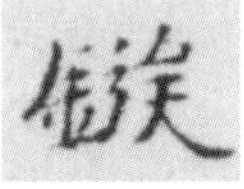
唐代・文選百三
69_670_1

唐代・文選百三
83_788_5

鏑

漢テキ
訓やじり

唐代・文選百三
83_785_6

唐代・文選百三
83_786_10

唐代・文選百三
83_786_17

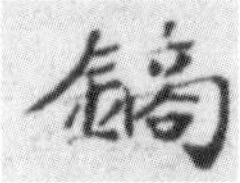
唐代・文選百三
83_787_15

唐代・文選百三
83_787_27

唐代・文選百三
83_788_4

鏒

漢サン
訓かね

唐代・文選五九
80_770_6

鐃

漢ドウ吳ニョウ
訓どら

唐代・文選百三
46_442_22

鑠		鑒	鑄	鑘		鐵
シャク 訓とかす		カン 訓かがみ	漢シュ、シュウ 慣チュウ 訓いる	漢ライ呉レ 訓かめ		漢テツ呉テチ 訓くろがね
 唐代•文選四八 48_434_7  唐代•文選五九 41_410_16	 唐代•文選六八 2_18_12  唐代•文選百三 49_473_13  唐代•古文選前 23_267_6  唐代•古文選前 23_272_14  唐代•古文選後 24_280_2	 唐代•文選五九 103_976_10  唐代•文選五九 103_978_11  唐代•文選五九 103_978_26  唐代•文選五九 103_979_23  唐代•文選五九 103_979_27  唐代•文選五九 103_980_9  唐代•文選六八 5_48_4	 唐代•春秋經傳 14_143_8  唐代•文選四八 42_375_21  唐代•文選六八 23_238_17	 唐代•文選百三 33_321_10 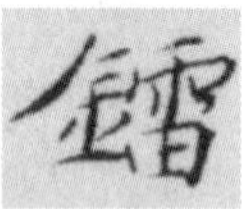 唐代•文選百三 33_326_14 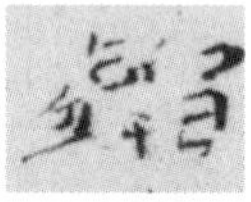 唐代•文選百三 33_327_27  唐代•文選百三 33_329_9	 唐代•文選百三 53_514_14	 唐代•文選六八 15_160_10  唐代•文選百三 30_296_22  唐代•文選百三 31_303_11  唐代•文選百三 31_305_2 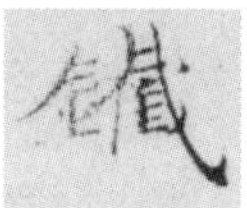 唐代•文選百三 31_309_34  唐代•文選百三 47_459_4  唐代•文選百三 47_459_30  唐代•文選百三 48_461_5

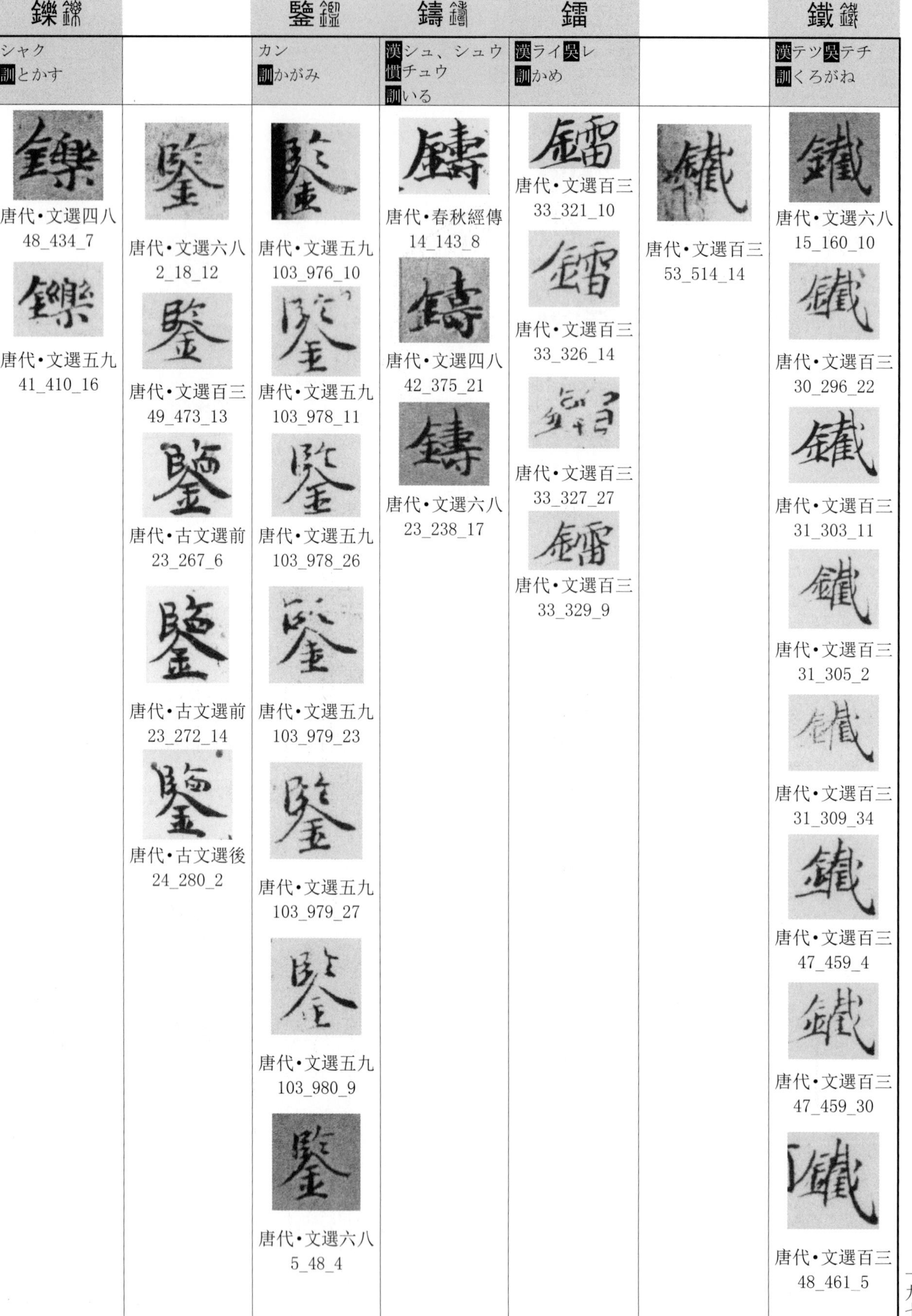

			鑿	鑾	鑪	鑣
			漢サク 訓のみ	ラン 訓すず	漢ロ 訓いろり	ヒョウ 訓くつわ
		 唐代•文選百三 30_298_19  唐代•文選百三 33_323_24  唐代•文選百三 52_497_33  唐代•文選百三 61_582_10	 唐代•文選六八 13_137_28  唐代•文選六八 13_142_5  唐代•文選八八 19_169_7  唐代•文選八八 19_171_4  唐代•文選八八 19_171_23  唐代•文選百三 30_293_9  唐代•文選百三 30_296_31	 唐代•文選六八 37_378_5  唐代•文選六八 38_380_16  唐代•文選六八 38_381_13  唐代•文選八八 23_207_3  唐代•古文選後 4_41_3  唐代•古文選後 15_179_5  唐代•古文選後 16_186_11	 唐代•文選百三 47_459_28  唐代•古文選後 24_277_13	 唐代•文選五九 80_764_10  唐代•文選五九 80_769_15  唐代•文選五九 80_770_19  唐代•文選六八 38_379_3  唐代•文選六八 38_379_12  唐代•古文選後 3_36_2

隶部

隸 隷

漢レイ漢イ
訓しもべ

唐代·文選五九
62_593_12

唐代·文選五九
62_594_23

唐代·文選五九
62_596_8

唐代·文選百三
24_232_16

唐代·文選百三
35_347_7

唐代·文選百三
35_350_25

唐代·文選百三
35_351_3

唐代·文選百三
35_351_10

唐代·文選百三
35_353_18

唐代·文選百三
57_549_10

唐代·文選百三
57_554_28

唐代·文選百三
57_554_31

唐代·文選百三
60_572_26

唐代·文選百三
62_599_6

唐代·文選百三
63_600_11

唐代·文選百三
63_600_13

唐代·文選百三
67_642_22

唐代·古文選後
19_219_5

革部

革

漢カク
訓かわ

唐代・文選五九
3_29_27

唐代・文選五九
11_104_24

唐代・文選五九
14_133_26

唐代・文選五九
27_272_10

唐代・文選六八
17_171_22

唐代・文選六八
17_180_5

唐代・文選六八
23_239_3

唐代・文選百三
58_560_12

靳

漢キン
訓むながい

唐代・文選百三
67_646_2

鞅

オウ漢ヨウ
訓むながい

唐代・文選六八
29_291_14

鞏

漢キョウ
訓かたい

唐代・春秋經傳
14_139_3

唐代・文選百三
29_282_5

唐代・文選百三
29_282_12

唐代・文選百三
29_283_6

唐代・文選百三
29_283_18

唐代・文選百三
29_284_18

唐代・文選百三
29_284_34

唐代・文選百三
47_447_20

唐代・文選百三
47_450_1

唐代・文選百三
47_450_35

唐代・文選百三
67_648_3

唐代・文選百三
67_649_25

唐代・文選百三
67_650_14

唐代・文選百三
67_650_16

		鞶	鞭	鞠	鞞	鞍
		漢ハン呉バン 訓おおおび	漢ヘン呉ベン 訓むち	漢キク 訓まり	ヒ漢ヘイ 訓さや	アン 訓くら
		 唐代・文選六八 29_291_3  唐代・文選六八 29_291_17	 唐代・十輪經四 8_147_9  唐代・十輪經四 10_197_15  唐代・十輪經四 11_207_17  唐代・十輪經四 15_288_3  唐代・十輪經四 16_308_6	 唐代・文選百三 73_710_10  唐代・文選百三 74_714_30  唐代・文選百三 76_731_5  唐代・文選百三 76_732_3  唐代・文選百三 77_736_12  唐代・文選百三 86_823_19	 唐代・文選四八 31_279_2  唐代・文選四八 31_279_20  唐代・文選四八 31_281_12	 唐代・文選百三 83_791_19  唐代・文選百三 83_793_6  唐代・文選百三 83_794_16  唐代・文選百三 85_804_6

頃

漢ケイ 呉キョウ
訓ころ

唐代・文選百三
3_23_29

唐代・十輪經九
5_97_11

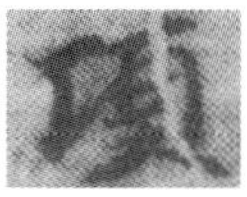
唐代・十輪經九
6_102_13

頂

呉チョウ 漢テイ
訓いただき

初唐・金剛場經
1_5_14

中唐・灌頂歷名
1_2_7

中唐・灌頂歷名
1_6_4

中唐・風信帖
1_3_6

唐代・文選五九
31_306_9

唐代・文選五九
90_857_20

唐代・文選六八
6_58_6

唐代・十輪經四
12_226_5

唐代・十輪經四
12_232_15

唐代・十輪經四
12_238_5

唐代・十輪經四
12_239_22

唐代・十輪經四
13_244_15

唐代・十輪經四
13_250_4

唐代・十輪經四
13_256_15

唐代・十輪經四
14_262_4

唐代・十輪經四
14_268_15

唐代・十輪經四
15_282_5

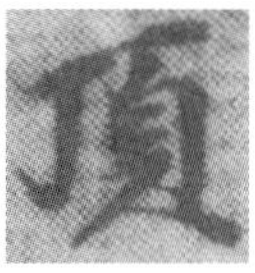
唐代・十輪經十
12_235_16

唐代・十輪經十
13_245_2

唐代・十輪經十
13_254_9

唐代・十輪經十
14_262_1

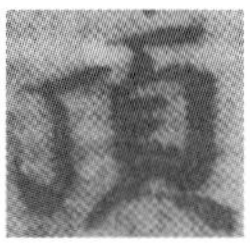
唐代・十輪經十
16_307_13

項

漢コウ 呉ゴウ
訓うなじ

唐代・文選六八
35_352_19

唐代・文選百三
5_43_19

唐代・文選百三
5_46_31

唐代・文選百三
84_800_16

唐代・文選百三
84_803_15

唐代・古文選前
8_92_35

順

吳ジュン漢シュウ
訓すなお

初唐・金剛場經
1_2_8

唐代・春秋經傳
14_145_13

唐代・春秋經傳
20_206_2

唐代・文選四八
14_122_10

唐代・文選四八
14_130_8

唐代・文選四八
22_194_22

唐代・文選四八
38_343_17

唐代・文選六八
47_474_6

唐代・文選六八
47_475_19

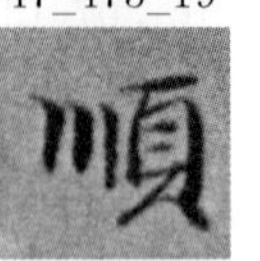
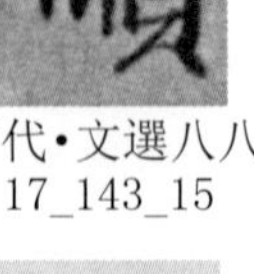
唐代・文選八八
17_143_15

唐代・文選百三
9_76_19

唐代・文選百三
16_150_23

唐代・文選百三
59_562_23

唐代・文選百三
59_563_5

唐代・文選百三
79_755_24

唐代・古文選前
3_37_10

唐代・古文選前
17_205_11

唐代・古文選後
11_121_2

唐代・古文選後
14_160_7

唐代・古文選後
16_183_57

唐代・十輪經四
1_16_6

唐代・十輪經八
1_13_8

唐代・十輪經八
7_132_11

唐代・十輪經八
9_171_6

唐代・十輪經八
11_209_2

唐代・十輪經八
13_246_12

唐代・十輪經八
13_252_1

唐代・十輪經八
15_283_13

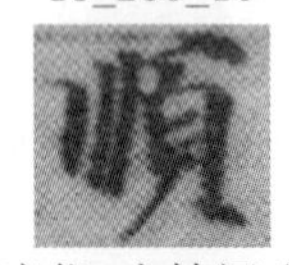
唐代・十輪經八
15_290_1

唐代・十輪經八
15_296_11

唐代・十輪經八
2_27_14

唐代・十輪經八
16_321_10

唐代・十輪經八
18_360_3

唐代・十輪經八
20_397_16

唐代・十輪經八
22_437_7

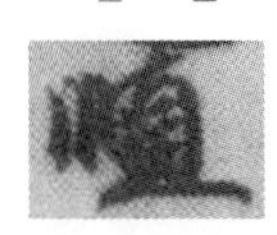
唐代・十輪經九
2_35_16

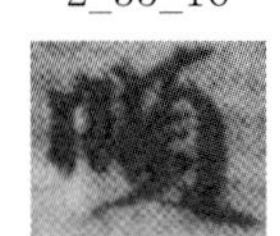
唐代・十輪經九
4_76_3

唐代・十輪經九
16_309_9

唐代・十輪經八
15_301_10

唐代・十輪經十
4_77_5

唐代・十輪經十
14_267_8

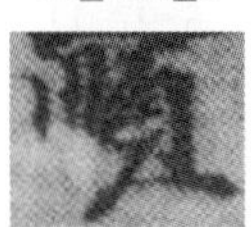
唐代・十輪經十
16_316_18

唐代・十輪經十
17_340_8

唐代・十輪經十
3_59_4

須

漢シュ吳ス
訓ひげ

唐代・春秋經傳
15_156_8

唐代・春秋經傳
15_157_8

唐代・文選四八
42_379_26

唐代・文選四八
47_425_13

唐代・文選五九
34_336_15

唐代・文選六八
8_82_22

唐代・文選六八
22_225_14

頌	頒		頓	頑	頊	
漢ヨウ 訓ほめる	漢フン、ハン 訓わける		漢トン 訓ぬかずく	漢ガン呉ゲン 訓かたくな	漢キョク、ギョク 訓—	
 唐代•春秋經傳 37_387_6  唐代•文選五九 82_793_2  唐代•文選六八 23_238_13  唐代•文選六八 41_409_16  唐代•文選六八 63_635_12  唐代•文選八八 23_203_5  唐代•文選八八 23_207_6  唐代•文選百三 81_777_17	 唐代•文選百三 62_599_8  唐代•文選百三 63_600_23  唐代•文選百三 63_600_26  唐代•文選百三 63_601_11  唐代•文選百三 63_601_20  唐代•十輪經四 14_274_10	 唐代•古文選前 27_316_2  唐代•古文選後 22_262_10  唐代•十輪經八 3_54_12	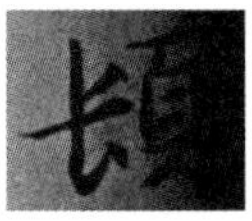 唐代•文選六八 37_375_16  唐代•文選六八 37_376_15  唐代•文選六八 37_377_8  唐代•文選八八 5_33_25  唐代•文選八八 13_113_12  唐代•文選百三 27_266_19  唐代•文選百三 83_786_5	 唐代•文選六八 73_723_8  唐代•文選六八 73_725_23  唐代•文選六八 73_725_26  唐代•古文選後 2_20_11	 唐代•文選四八 16_142_24	 唐代•文選六八 47_468_10  唐代•文選百三 69_668_29  唐代•古文選前 3_30_9  唐代•古文選前 6_70_12  唐代•十輪經四 10_185_16  唐代•十輪經四 10_186_5

唐代•十輪經四
5_99_7

唐代•十輪經四
6_102_4

唐代•十輪經四
6_105_1

唐代•十輪經四
6_110_16

唐代•十輪經四
9_171_4

唐代•十輪經四
9_173_6

唐代•十輪經四
9_175_7

唐代•十輪經四
9_179_13

唐代•十輪經四
10_182_6

唐代•十輪經四
10_187_5

唐代•十輪經四
12_226_13

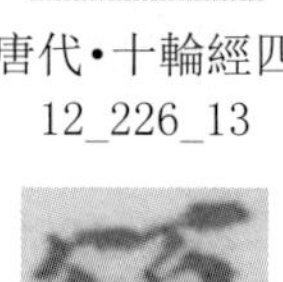
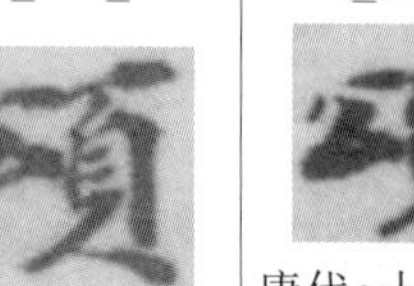
唐代•十輪經四
12_233_7

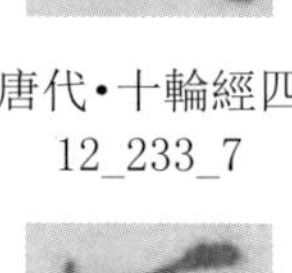

唐代•十輪經四
12_238_13

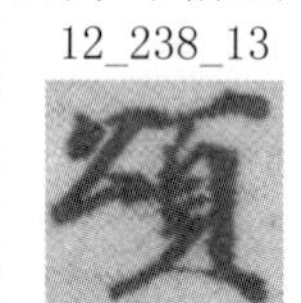
唐代•十輪經四
13_245_6

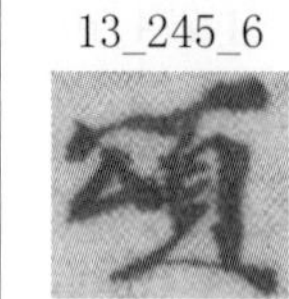
唐代•十輪經四
13_250_12

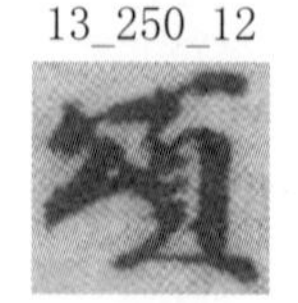
唐代•十輪經四
13_257_6

唐代•十輪經四
14_262_12

唐代•十輪經四
14_269_6

唐代•十輪經四
15_282_10

唐代•十輪經四
22_429_12

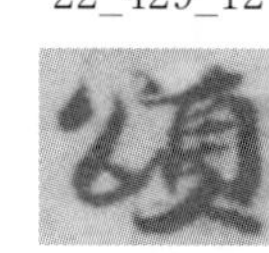
唐代•十輪經九
7_120_5

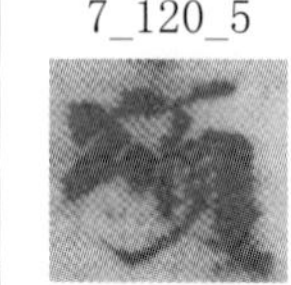
唐代•十輪經九
10_195_16

唐代•十輪經九
12_224_3

唐代•十輪經九
12_232_7

唐代•十輪經九
14_266_10

唐代•十輪經九
15_295_1

唐代•十輪經九
19_360_8

唐代•十輪經九
21_417_18

唐代•十輪經十
7_123_8

唐代•十輪經十
8_158_8

唐代•十輪經十
10_193_13

唐代•十輪經十
17_324_8

預

ヨ

訓 あずける

唐代•文選四八
14_125_10

唐代•文選四八
30_274_16

唐代•文選四八
32_290_29

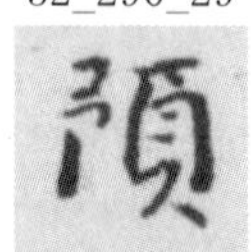
唐代•文選五九
27_260_10

唐代•文選五九
54_531_8

唐代•文選五九
82_793_26

唐代•文選五九
83_799_12

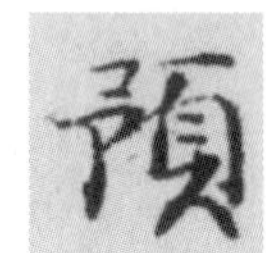
唐代•文選五九
92_881_24

唐代•文選五九
106_1002_13

唐代•文選六八
32_323_6

唐代•文選六八
37_374_7

唐代•文選百三
25_246_21

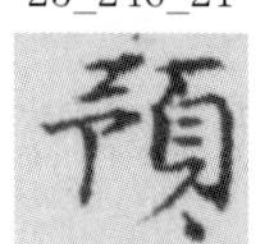
唐代•文選百三
53_508_1

唐代•文選百三
69_661_2

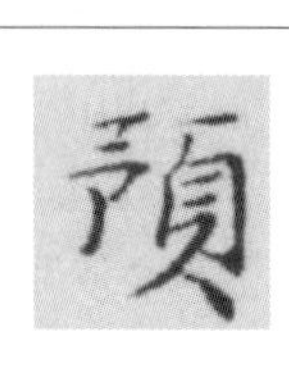
唐代•文選百三
71_682_13

唐代•文選百三
75_718_18

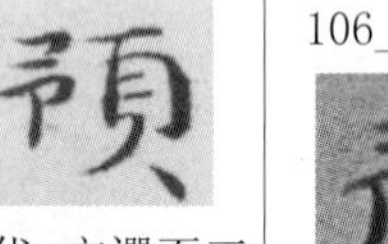
唐代•文選百三
75_725_18

唐代•十輪經十
18_342_1

瓶

漢ヘイ呉ヒョウ
訓—

唐代•古文選前
6_64_5

頴

漢エイ
訓—

唐代•春秋經傳
34_361_8

唐代•春秋經傳
34_361_10

唐代•春秋經傳
35_366_15

唐代•文選百三
67_651_22

頫

チョウ、フ
訓みる

唐代•文選六八
41_416_15

唐代•文選六八
41_417_11

頡

慣キツ漢ケツ
訓—

唐代•文選四八
13_117_7

唐代•文選五九
17_163_22

唐代•文選五九
17_171_7

唐代•文選五九
78_750_18

唐代•文選六八
8_76_5

唐代•文選六八
17_170_14

唐代•文選六八
45_452_13

唐代•文選百三
82_783_8

頗

ハ
訓かたよる

唐代•文選五九
13_127_4

唐代•文選五九
13_130_14

唐代•文選五九
16_154_10

唐代•文選五九
110_1040_6

唐代•文選五九
110_1041_17

唐代•文選五九
110_1041_28

唐代•文選百三
19_179_6

唐代•文選五九
91_872_22

唐代•文選六八
29_292_17

唐代•古文選前
14_162_13

唐代•十輪經四
11_216_3

唐代•十輪經九
11_211_3

領

呉リョウ漢レイ
訓うなじ

中唐・風信帖
3_18_7

唐代•文選五九
28_276_6

唐代•文選五九
28_278_30

唐代•文選五九
29_281_10

唐代•文選五九
56_541_15

唐代•文選五九
63_607_18

唐代•文選五九
92_879_17

頭

漢トウ 慣ト 呉ズ
訓あたま

唐代•文選五九
31_299_13

唐代•文選五九
104_982_25

唐代•文選八八
5_33_2

唐代•文選百三
39_396_24

唐代•文選百三
39_397_7

唐代•文選百三
48_461_24

唐代•古文選前
13_147_9

唐代•十輪經九
8_153_3

頸

漢ケイ
訓くび

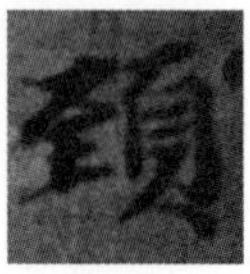
唐代•文選四八
18_165_10

唐代•文選六八
17_172_22

唐代•文選六八
22_224_5

唐代•文選六八
22_225_11

唐代•古文選前
8_92_33

唐代•十輪經四
12_221_8

唐代•十輪經四
12_225_13

唐代•十輪經四
12_237_13

唐代•十輪經四
12_239_9

唐代•十輪經四
13_249_13

唐代•十輪經四
14_261_13

唐代•十輪經四
15_281_14

頻

漢ヒン 呉ビン
訓ひそめる

唐代•文選六八
45_453_16

唐代•文選百三
26_256_6

唐代•文選百三
27_259_9

唐代•文選百三
27_259_31

頹

漢タイ
訓くずれる

唐代•文選五九
25_248_4

唐代•文選五九
25_250_12

唐代•文選五九
25_251_28

唐代•文選五九
26_253_1

唐代•文選五九
27_265_16

唐代•文選六八
13_135_12

唐代•文選六八
55_547_6

唐代•文選六八
55_548_14

唐代•古文選後
10_112_8

唐代•古文選後
12_141_11

唐代•古文選後
16_190_5

唐代•古文選後
25_295_13

頷

漢カン 呉ガン
訓あご

唐代•文選六八
23_233_11

唐代•文選六八
23_234_9

唐代•文選六八
23_234_13

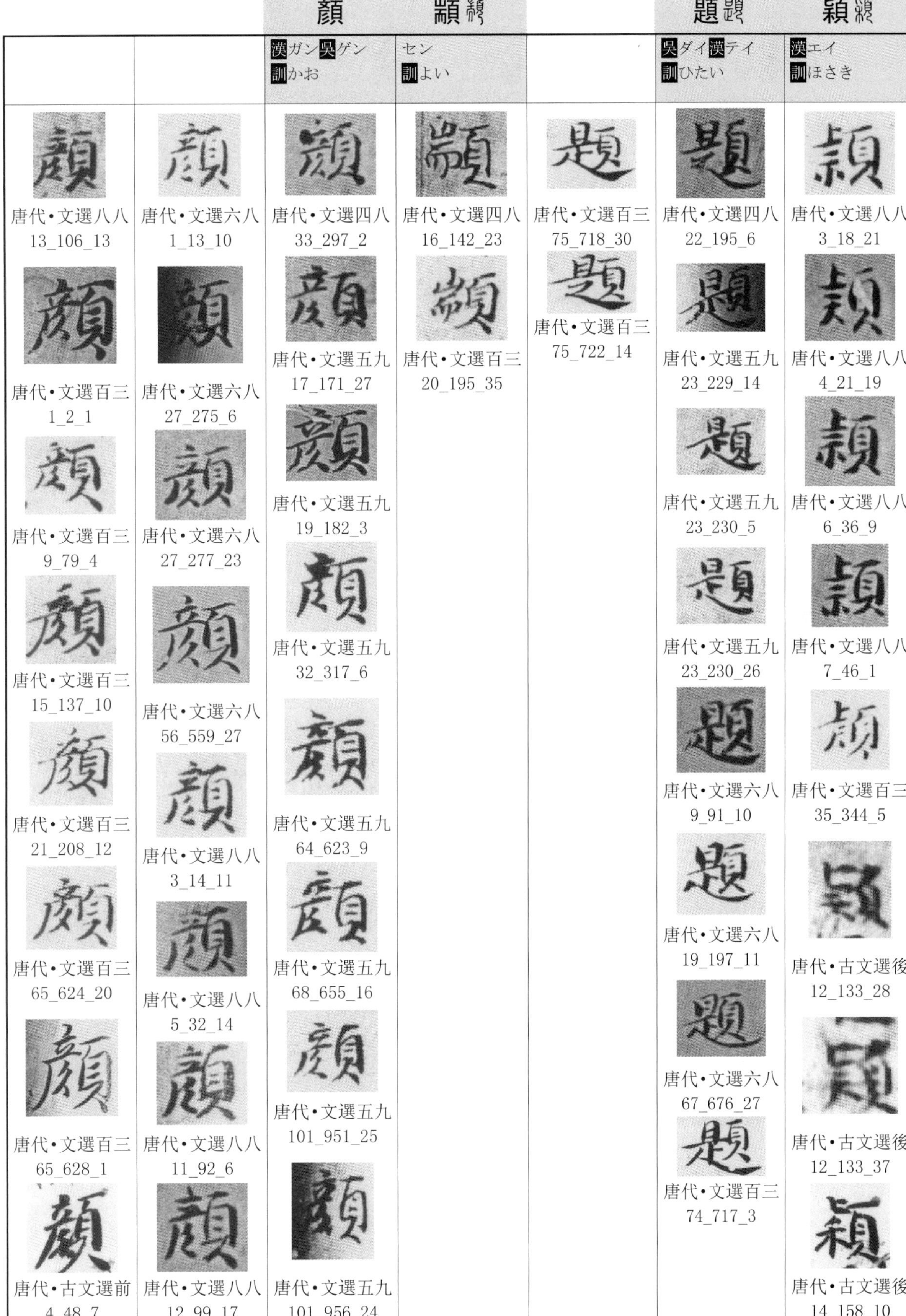

		顔	顓		題	穎
		漢ガン呉ゲン 訓かお	セン 訓よい		呉ダイ漢テイ 訓ひたい	漢エイ 訓ほさき
唐代•文選八八 13_106_13	唐代•文選六八 1_13_10	唐代•文選四八 33_297_2	唐代•文選四八 16_142_23	唐代•文選百三 75_718_30	唐代•文選四八 22_195_6	唐代•文選八八 3_18_21
唐代•文選百三 1_2_1	唐代•文選六八 27_275_6	唐代•文選五九 17_171_27	唐代•文選百三 20_195_35	唐代•文選百三 75_722_14	唐代•文選五九 23_229_14	唐代•文選八八 4_21_19
唐代•文選百三 9_79_4	唐代•文選六八 27_277_23	唐代•文選五九 19_182_3			唐代•文選五九 23_230_5	唐代•文選八八 6_36_9
唐代•文選百三 15_137_10	唐代•文選六八 56_559_27	唐代•文選五九 32_317_6			唐代•文選五九 23_230_26	唐代•文選八八 7_46_1
唐代•文選百三 21_208_12	唐代•文選八八 3_14_11	唐代•文選五九 64_623_9			唐代•文選六八 9_91_10	唐代•文選百三 35_344_5
唐代•文選百三 65_624_20	唐代•文選八八 5_32_14	唐代•文選五九 68_655_16			唐代•文選六八 19_197_11	唐代•古文選後 12_133_28
唐代•文選百三 65_628_1	唐代•文選八八 11_92_6	唐代•文選五九 101_951_25			唐代•文選六八 67_676_27	唐代•古文選後 12_133_37
唐代•古文選前 4_48_7	唐代•文選八八 12_99_17	唐代•文選五九 101_956_24			唐代•文選百三 74_717_3	唐代•古文選後 14_158_10

唐代・文選四八
11_94_16

唐代・文選四八
11_95_12

唐代・文選五九
16_152_21

唐代・文選五九
16_153_15

唐代・文選五九
61_583_22

唐代・文選五九
62_597_22

唐代・文選五九
68_660_27

唐代・文選五九
86_823_9

願

吳ガン漢ゲン
訓ねがう

中唐・七祖像贊
1_12_3

中唐・風信帖
2_7_1

晚唐・慶滋書狀
1_11_4

唐代・春秋經傳
20_208_8

唐代・文選四八
1_5_6

唐代・文選四八
1_6_18

唐代・文選四八
4_29_15

唐代・文選四八
6_45_2

唐代・古文選前
23_269_10

唐代・十輪經九
15_298_4

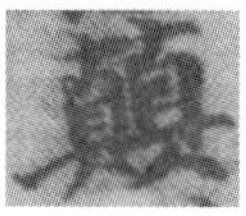
唐代・十輪經十
3_52_16

顛

テン
訓いただき

唐代・文選五九
37_363_5

唐代・文選五九
68_659_11

唐代・文選五九
78_754_22

唐代・文選六八
16_165_27

唐代・文選百三
28_272_11

唐代・古文選前
6_71_8

唐代・古文選後
2_23_7

額

漢ガク吳ギャク
訓ひたい

唐代・文選五九
23_230_6

唐代・文選五九
23_230_18

唐代・古文選後
13_147_5

唐代・古文選後
17_201_24

唐代・古文選後
19_221_10

唐代・古文選後
25_289_7

唐代・十輪經八
22_423_8

唐代・十輪經九
2_21_17

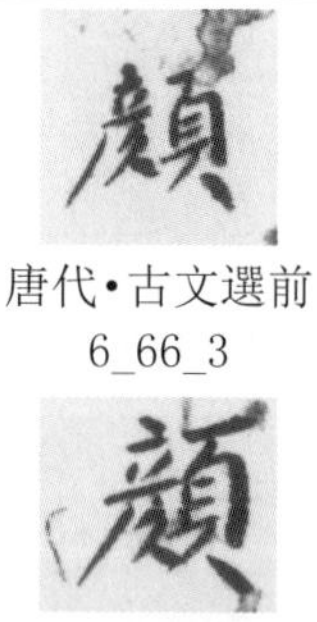
唐代・古文選前
6_66_3

唐代・古文選前
9_111_2

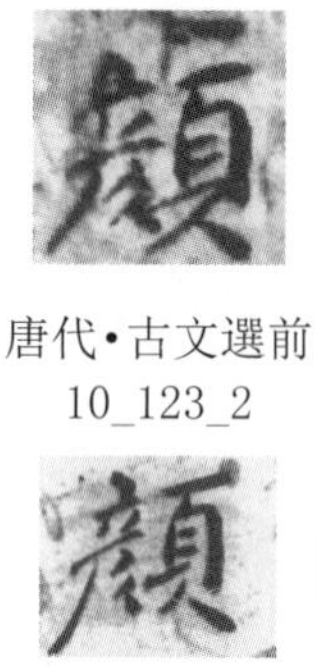
唐代・古文選前
10_123_2

唐代・古文選前
11_130_14

唐代・古文選前
26_303_11

唐代・古文選前
27_315_7

唐代・古文選後
3_26_15

唐代・古文選後
10_116_4

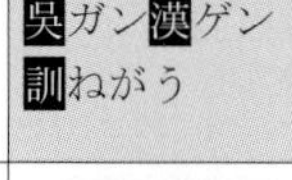

唐代•十輪經八
20_400_14

唐代•十輪經八
21_419_6

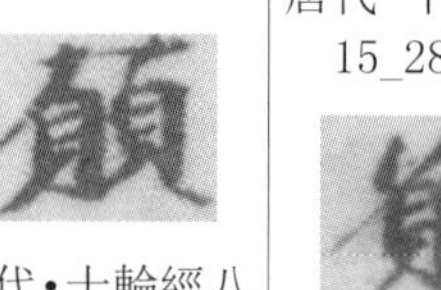
唐代•十輪經八
22_440_6

唐代•十輪經九
1_19_1

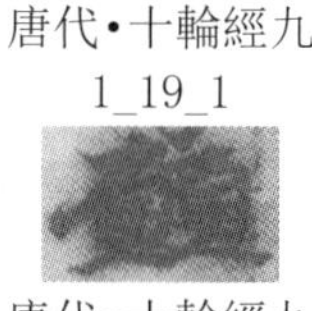
唐代•十輪經九
2_38_16

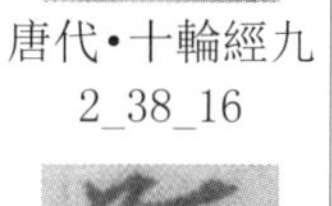

唐代•十輪經九
3_57_7

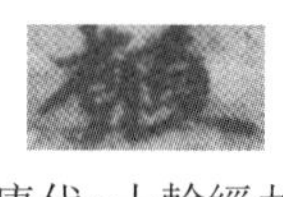
唐代•十輪經九
4_78_18

唐代•十輪經九
6_101_5

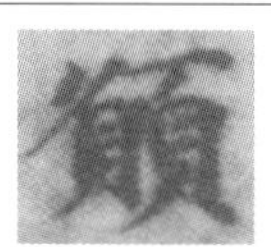
唐代•十輪經八
14_267_10

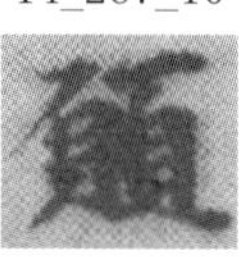
唐代•十輪經八
15_286_12

唐代•十輪經八
16_305_9

唐代•十輪經八
17_324_10

唐代•十輪經八
17_343_9

唐代•十輪經八
19_363_2

唐代•十輪經八
19_381_9

唐代•十輪經八
20_384_9

唐代•十輪經八
6_117_4

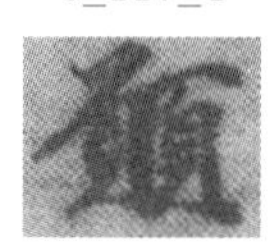
唐代•十輪經八
7_135_11

唐代•十輪經八
8_155_12

唐代•十輪經八
9_174_5

唐代•十輪經八
10_193_10

唐代•十輪經八
11_212_2

唐代•十輪經八
12_230_9

唐代•十輪經八
13_249_7

唐代•十輪經四
13_246_14

唐代•十輪經四
13_253_14

唐代•十輪經四
13_258_21

唐代•十輪經四
14_265_14

唐代•十輪經四
14_270_21

唐代•十輪經四
15_293_12

唐代•十輪經八
1_16_12

唐代•十輪經八
2_30_13

唐代•古文選後
2_23_13

唐代•古文選後
5_50_12

唐代•古文選後
9_97_3

唐代•古文選後
23_268_7

唐代•古文選後
23_272_1

唐代•十輪經四
10_189_1

唐代•十輪經四
12_229_14

唐代•十輪經四
13_241_8

唐代•文選八八
19_163_21

唐代•文選百三
9_76_21

唐代•文選百三
47_450_27

唐代•古文選前
5_59_5

唐代•古文選前
6_70_10

唐代•古文選前
7_77_2

唐代•古文選前
9_106_7

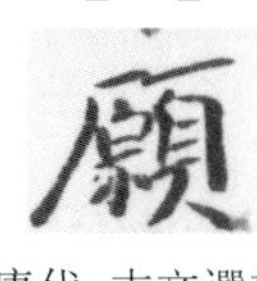
唐代•古文選前
12_146_6

唐代•文選五九
94_900_21

唐代•文選五九
107_1007_28

唐代•文選六八
2_20_24

唐代•文選六八
11_122_2

唐代•文選六八
58_579_3

唐代•文選六八
59_591_20

唐代•文選六八
63_624_3

唐代•文選六八
73_728_19

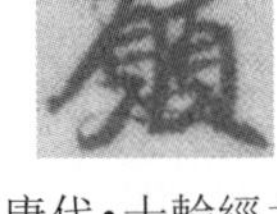
唐代•十輪經九
6_107_15

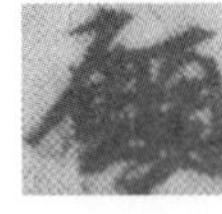

唐代•十輪經九
6_113_12

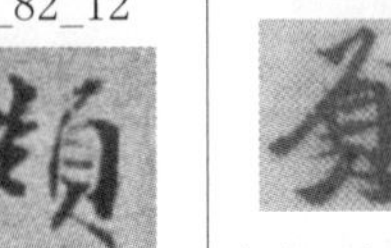
唐代•十輪經九
6_115_11

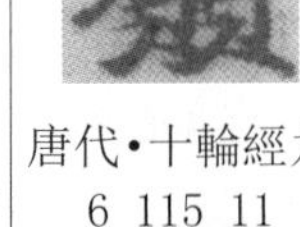
唐代•十輪經九
6_116_17

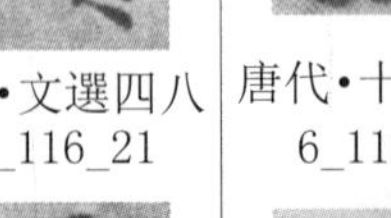
唐代•十輪經九
16_312_7

唐代•十輪經九
17_331_7

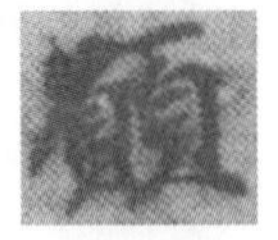
唐代•十輪經十
18_354_16

類 𩔍

ルイ 漢ライ
訓たぐい

唐代•春秋經傳
25_258_25

唐代•文選四八
10_82_12

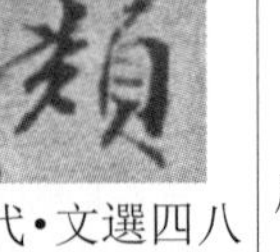
唐代•文選四八
13_116_9

唐代•文選四八
13_116_21

唐代•文選四八
13_119_28

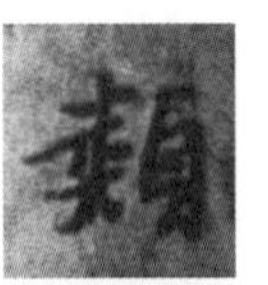

唐代•文選五九
1_10_9

唐代•文選五九
9_82_11

唐代•文選五九
10_93_20

唐代•文選五九
17_162_23

唐代•文選五九
47_462_25

唐代•文選五九
80_774_21

唐代•文選五九
80_776_22

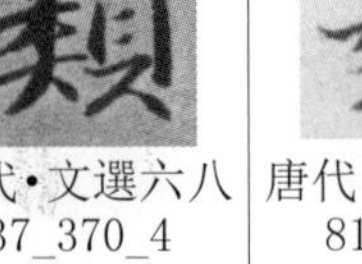
唐代•文選五九
81_779_8

唐代•文選五九
81_779_15

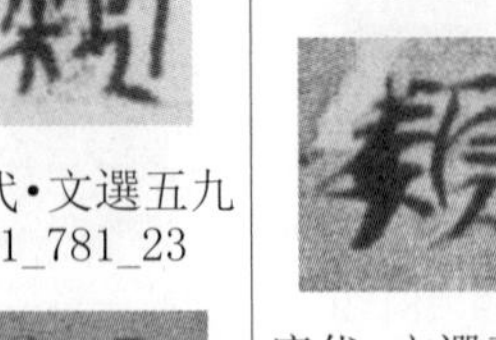
唐代•文選五九
81_781_23

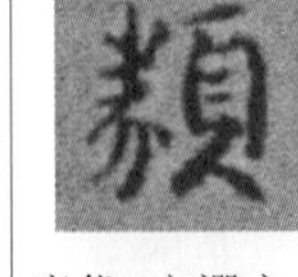
唐代•文選六八
16_163_27

唐代•文選六八
18_183_9

唐代•文選六八
19_197_4

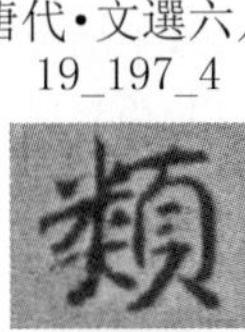
唐代•文選六八
26_260_11

唐代•文選六八
36_361_21

唐代•文選六八
37_370_4

唐代•文選六八
37_372_20

唐代•文選六八
40_399_18

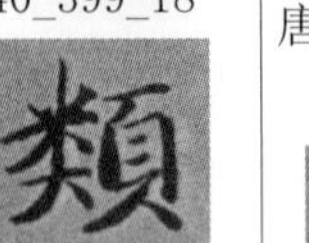

唐代•文選六八
43_428_4

唐代•文選六八
43_430_4

唐代•文選六八
46_463_20

唐代•文選六八
51_506_26

唐代•文選六八
51_507_9

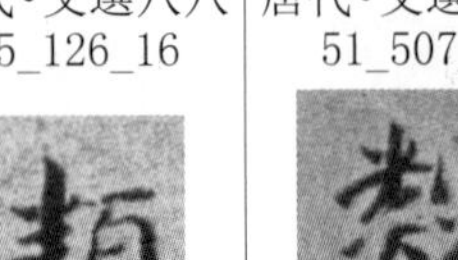
唐代•文選六八
59_587_21

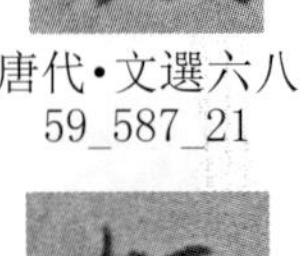
唐代•文選六八
59_597_19

唐代•文選六八
60_602_19

唐代•文選六八
62_620_19

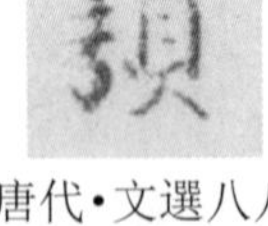
唐代•文選八八
3_10_7

唐代•文選八八
3_18_17

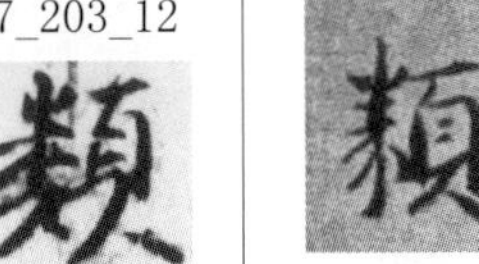

唐代•文選八八
15_126_16

唐代•文選八八
15_128_13

唐代•文選百三
17_158_20

唐代•文選百三
19_177_10

唐代•文選百三
19_179_31

唐代•文選百三
19_183_11

唐代•文選百三
69_668_18

唐代•古文選前
17_203_12

唐代•古文選前
18_210_14

唐代•古文選前
18_212_6

唐代•古文選後
1_12_14

唐代•十輪經四
5_96_14

唐代•十輪經四
6_102_8

顧 顧

漢 コ
訓 かえりみる

唐代・古文選前 15_171_7

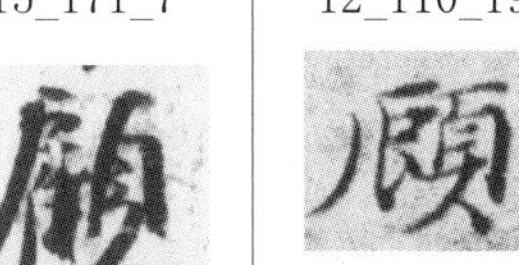
唐代・古文選前 21_250_12

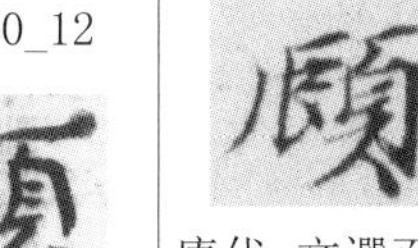
唐代・古文選前 23_265_14

唐代・古文選後 10_116_10

唐代・古文選後 11_122_8

唐代・古文選後 12_132_2

唐代・古文選後 19_224_1

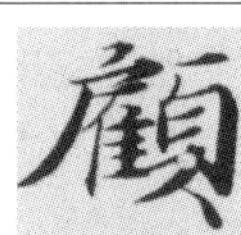
唐代・文選百三 12_110_19

唐代・文選百三 12_111_28

唐代・文選百三 12_112_25

唐代・文選百三 12_112_33

唐代・文選百三 55_527_19

唐代・文選百三 56_534_11

唐代・古文選前 6_66_4

唐代・古文選前 11_131_2

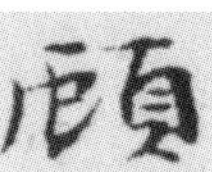
唐代・文選五九 101_954_25

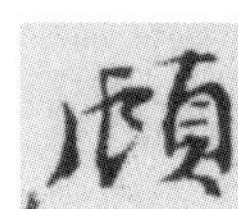
唐代・文選五九 101_955_19

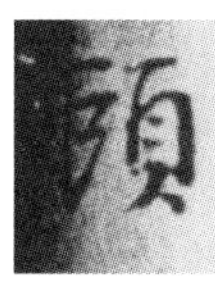
唐代・文選五九 101_956_23

唐代・文選五九 101_957_17

唐代・文選五九 102_962_27

唐代・文選五九 105_1000_11

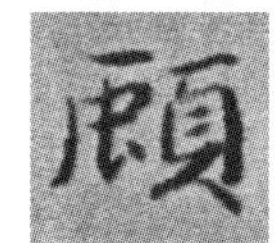
唐代・文選六八 53_531_16

唐代・文選六八 56_561_25

唐代・文選五九 64_615_16

唐代・文選五九 84_806_9

唐代・文選五九 86_827_5

唐代・文選五九 92_879_22

唐代・文選五九 101_952_11

唐代・文選五九 101_954_5

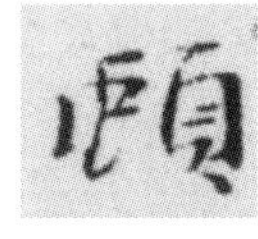
唐代・文選五九 101_954_8

唐代・文選五九 101_954_19

唐代・文選四八 26_237_20

唐代・文選四八 38_344_3

唐代・文選五九 13_129_28

唐代・文選五九 20_192_3

唐代・文選五九 20_194_7

唐代・文選五九 20_194_25

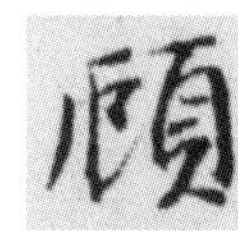
唐代・文選五九 42_417_7

唐代・文選五九 58_556_14

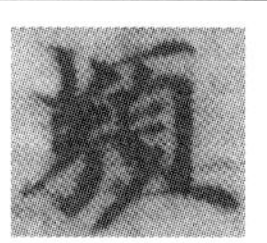
唐代・十輪經十 12_232_10

唐代・十輪經十 12_220_14

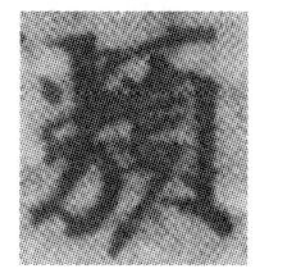
唐代・十輪經十 11_218_14

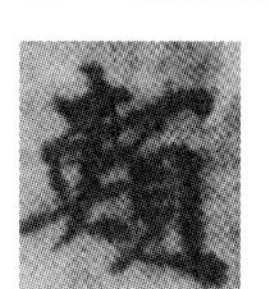
唐代・十輪經四 5_99_11

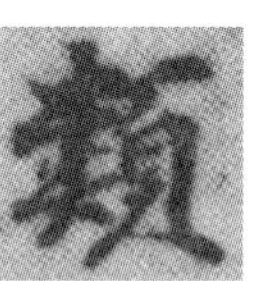
唐代・十輪經四 17_326_3

唐代・十輪經八 5_94_3

唐代・十輪經九 6_112_11

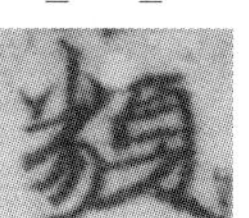
唐代・十輪經九 7_129_5

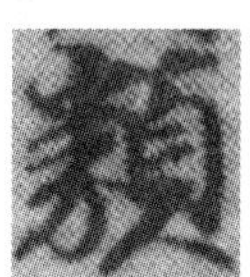
唐代・十輪經十 10_194_16

唐代・十輪經十 12_229_13

顯顥

ケン 慣ゲン
訓あきらか

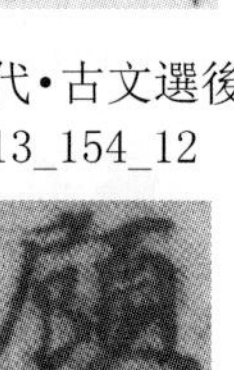
唐代•古文選後
13_154_12

唐代•十輪經九
8_154_11

唐代•春秋經傳
6_59_19

唐代•文選四八
24_212_22

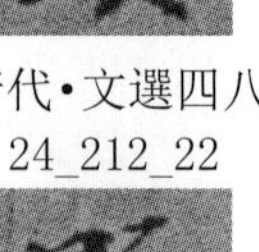

唐代•文選四八
24_217_16

唐代•文選四八
24_218_4

唐代•文選五九
45_446_3

唐代•文選五九
56_540_14

唐代•文選五九
57_553_22

唐代•文選五九
58_559_29

唐代•文選五九
60_579_21

唐代•文選五九
65_629_14

唐代•文選五九
103_969_15

唐代•文選五九
107_1010_4

唐代•文選五九
109_1034_8

唐代•文選六八
39_392_7

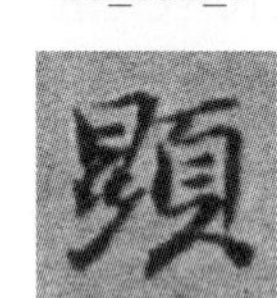
唐代•文選六八
39_393_14

唐代•文選六八
58_582_3

唐代•文選六八
58_583_16

唐代•文選六八
65_649_9

唐代•文選八八
13_104_1

唐代•文選百三
6_49_32

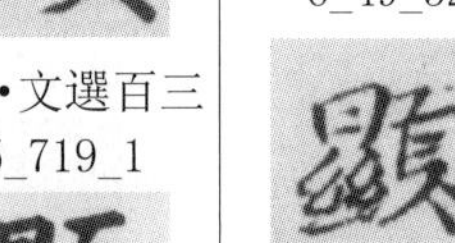
唐代•文選百三
6_53_1

唐代•文選百三
11_102_14

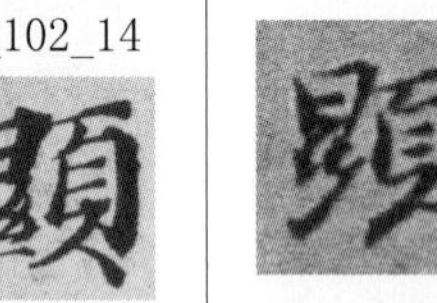
唐代•文選百三
17_162_7

唐代•文選百三
35_342_11

唐代•文選百三
54_520_1

唐代•文選百三
54_523_5

唐代•文選百三
73_711_22

唐代•文選百三
75_719_1

唐代•古文選前
17_201_7

唐代•古文選前
22_263_5

唐代•古文選前
23_271_8

唐代•古文選後
1_1_3

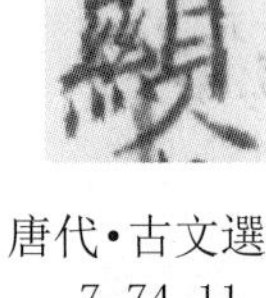
唐代•古文選後
7_74_11

唐代•古文選後
14_162_8

唐代•十輪經四
7_127_11

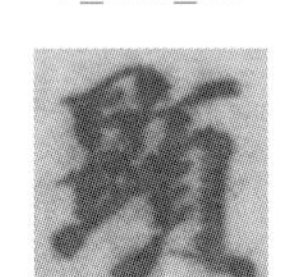
唐代•十輪經八
4_74_10

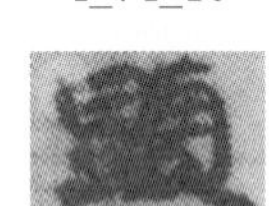
唐代•十輪經九
6_119_16

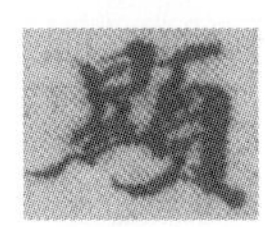
唐代•十輪經九
10_195_11

唐代•十輪經九
14_266_5

唐代•十輪經九
15_294_13

唐代•十輪經九
19_360_3

唐代•十輪經九
21_417_13

唐代•十輪經十
7_123_3

唐代•十輪經十
8_158_3

唐代•十輪經十
10_193_8

唐代•十輪經十
17_324_3

唐代•十輪經九
12_232_2

面部

面

吳メン漢ベン
訓おも

唐代·文選四八
18_160_16

唐代·文選四八
18_162_15

唐代·文選四八
18_164_4

唐代·文選四八
18_164_17

唐代·文選四八
21_191_8

唐代·文選四八
21_192_1

唐代·文選五九
30_295_8

唐代·文選五九
30_296_25

唐代·文選五九
35_352_8

唐代·文選五九
63_604_4

唐代·文選五九
66_642_9

唐代·文選六八
27_274_12

唐代·文選六八
55_552_9

唐代·文選八八
18_158_15

唐代·文選八八
19_162_2

唐代·文選百三
30_293_2

唐代·文選百三
33_325_30

唐代·古文選前
4_43_4

唐代·古文選後
3_34_13

唐代·古文選後
14_157_3

靨

ヨウ
訓えくぼ

唐代·古文選前
8_92_68

骨部

骨

漢コツ
訓ほね

唐代・文選六八
11_109_19

唐代・文選六八
36_363_1

唐代・文選六八
36_364_19

唐代・文選六八
37_366_14

唐代・文選百三
79_757_20

唐代・古文選前
4_44_3

唐代・古文選前
8_98_8

唐代・古文選前
25_298_13

唐代・古文選後
5_60_2

唐代・古文選後
10_112_13

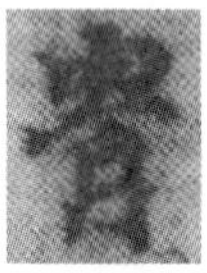
唐代・十輪經九
8_153_8

骸

漢カイ 呉ガイ
訓ほね

唐代・文選百三
79_754_4

唐代・文選百三
79_756_22

唐代・文選百三
84_802_5

體

漢テイ 呉タイ
訓からだ

中唐・風信帖
1_5_2

唐代・文選四八
46_414_17

唐代・文選五九
5_39_30

唐代・文選五九
5_44_24

唐代・文選五九
6_52_8

唐代・文選五九
25_242_24

唐代・文選五九
58_558_10

唐代・文選五九
58_559_19

唐代・文選五九
58_561_11

唐代・文選五九
59_564_1

唐代・文選五九
62_597_1

唐代・文選五九
67_643_30

唐代・文選六八
4_45_17

唐代・文選六八
53_528_2

唐代・文選六八
53_536_15

唐代・文選六八
53_537_16

唐代・文選六八
55_545_20

唐代・文選六八
56_559_5

唐代・文選六八
73_728_1

唐代・文選六八
73_728_7

唐代・文選八八
9_62_6

唐代・文選八八
12_97_8

唐代・文選八八
21_185_18

唐代•十輪經九
17_327_15

唐代•十輪經十
12_226_16

唐代•十輪經八
17_338_17

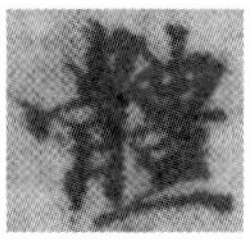
唐代•十輪經八
19_376_17

唐代•十輪經八
21_414_9

唐代•十輪經九
1_14_5

唐代•十輪經九
3_52_10

唐代•十輪經九
8_153_5

唐代•十輪經八
12_225_17

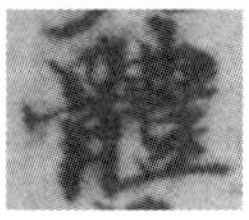
唐代•十輪經八
14_262_17

唐代•十輪經四
20_391_4

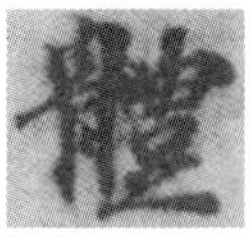
唐代•十輪經四
20_396_14

唐代•十輪經八
6_112_12

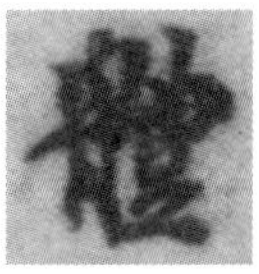
唐代•十輪經八
8_150_12

唐代•十輪經八
10_189_1

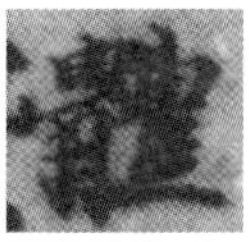
唐代•十輪經八
15_300_17

唐代•十輪經四
18_354_12

唐代•古文選後
20_229_15

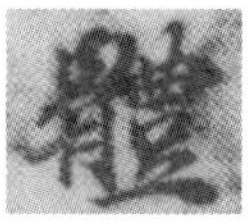
唐代•十輪經四
3_51_1

唐代•十輪經四
5_90_13

唐代•十輪經四
6_116_12

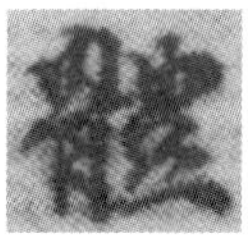
唐代•十輪經四
16_317_17

唐代•十輪經四
18_340_3

唐代•十輪經四
19_371_10

唐代•古文選前
8_97_8

唐代•古文選前
8_102_11

唐代•古文選前
10_120_5

唐代•古文選前
11_126_7

唐代•古文選前
15_171_13

唐代•古文選前
24_286_6

唐代•古文選後
11_129_11

唐代•古文選後
18_209_4

唐代•文選八八
21_187_19

唐代•文選百三
20_194_9

唐代•文選百三
20_195_40

唐代•文選百三
21_199_25

唐代•文選百三
39_395_13

唐代•古文選前
5_51_3

唐代•古文選前
7_76_4

唐代•古文選前
7_78_9

香部

香

吳コウ漢キョウ
訓かおり

初唐•大般若經 1_8_10

初唐•大般若經 1_8_16

初唐•大般若經 1_13_16

初唐•大般若經 1_14_15

中唐・風信帖 3_17_2

唐代•春秋經傳 16_161_15

唐代•春秋經傳 16_162_25

唐代•文選四八 26_230_6

唐代•文選四八 26_230_21

唐代•文選四八 40_355_7

唐代•文選四八 45_409_1

唐代•文選四八 45_409_9

唐代•文選四八 48_431_20

唐代•文選四八 48_434_1

唐代•文選五九 3_22_7

唐代•文選五九 6_57_1

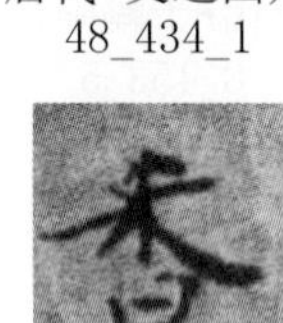

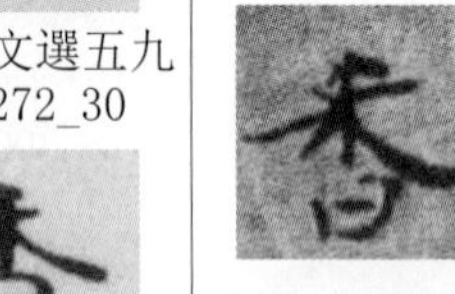
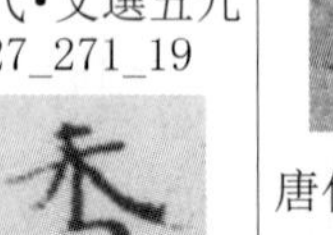

唐代•文選五九 7_68_4

唐代•文選五九 15_151_26

唐代•文選五九 16_152_2

唐代•文選五九 23_231_5

唐代•文選五九 27_271_19

唐代•文選五九 27_272_30

唐代•文選五九 28_273_29

唐代•文選五九 105_991_1

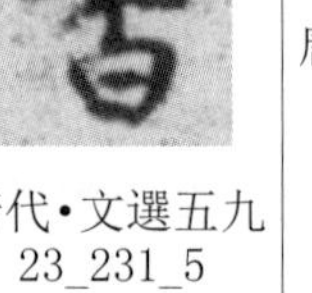

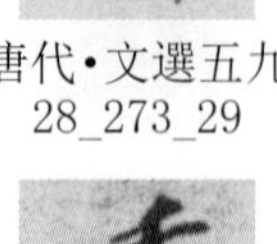

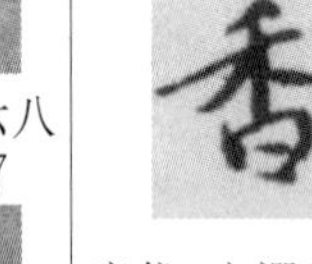

唐代•文選五九 105_991_28

唐代•文選六八 13_136_6

唐代•文選六八 13_136_22

唐代•文選六八 18_183_11

唐代•文選六八 18_183_17

唐代•文選六八 18_184_25

唐代•文選六八 19_186_15

唐代•文選六八 19_187_1

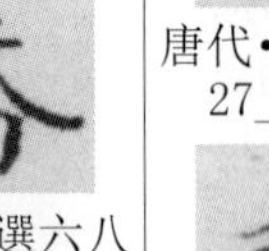

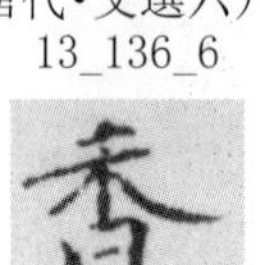

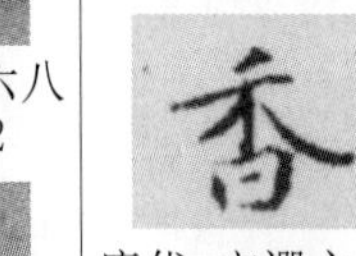

唐代•文選六八 19_188_13

唐代•文選六八 19_189_5

唐代•文選六八 20_205_4

唐代•文選六八 21_209_1

唐代•文選六八 27_271_17

唐代•文選六八 27_272_2

唐代•文選六八 47_465_13

唐代•文選六八 47_466_9

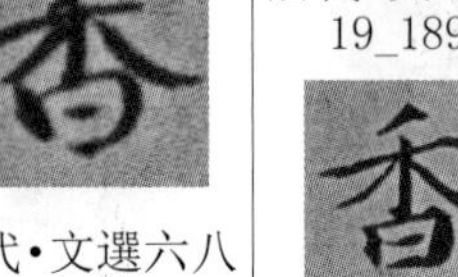

唐代•文選六八 47_477_21

唐代•文選六八 51_518_15

唐代•文選六八 52_521_17

唐代•文選六八 55_553_12

唐代•文選六八 55_553_17

唐代•文選六八 55_556_18

唐代•文選六八 55_556_25

唐代•文選六八 55_557_19

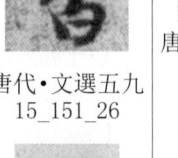

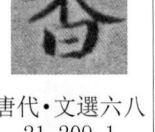

唐代・文選六八
55_558_17

唐代・文選六八
56_559_7

唐代・十輪經四
8_155_3

唐代・十輪經四
19_361_14

唐代・十輪經八
12_232_6

唐代・十輪經八
12_233_16

唐代・十輪經八
14_270_17

唐代・十輪經九
14_278_6

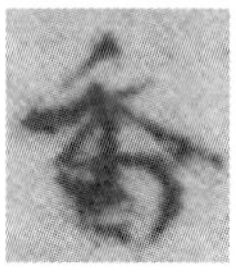
唐代・十輪經十
11_213_15

唐代・十輪經八
14_269_6

馥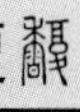

漢フク、ヒョク
訓かおる

唐代・文選四八
45_405_1

唐代・文選四八
45_408_17

唐代・文選四八
45_408_27

唐代・文選五九
92_885_10

唐代・文選五九
105_988_15

唐代・文選五九
105_990_21

唐代・文選五九
105_991_15

唐代・文選五九
105_991_27

馨

漢ケイ吳キョウ
訓かおる

唐代・文選五九
27_271_8

唐代・文選六八
20_205_3

唐代・文選六八
21_208_1

唐代・古文選前
15_182_11

唐代・古文選前
16_185_1

唐代・古文選後
20_236_2

鬼部

鬼

キ
訓おに

唐代・春秋經傳
14_144_10

唐代・春秋經傳
21_215_2

唐代・春秋經傳
21_215_10

唐代・文選五九
60_580_28

唐代・文選六八
72_718_28

唐代・十輪經四
2_25_2

唐代・十輪經四
11_219_14

唐代・十輪經四
14_279_15

魂

漢コン 呉ゴン
訓たましい

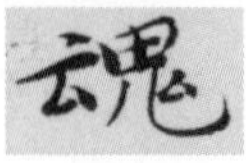
唐代・文選五九
41_401_10

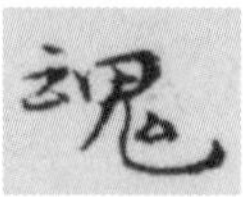
唐代・文選五九
41_403_19

唐代・文選五九
41_405_8

唐代・文選五九
74_716_8

唐代・文選五九
75_718_29

唐代・文選五九
105_993_26

唐代・文選五九
105_994_23

唐代・文選六八
4_37_3

唐代・文選百三
65_620_18

唐代・文選百三
8_71_23

唐代・文選百三
39_384_1

唐代・文選百三
39_385_9

唐代・文選百三
51_490_27

唐代・文選百三
64_617_1

唐代・文選百三
64_618_45

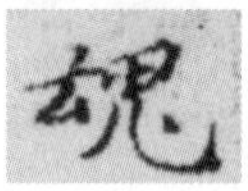
唐代・文選百三
65_619_10

魁

漢カイ
訓かしら

唐代・文選四八
28_252_4

唐代・文選百三
29_282_8

唐代・文選百三
29_283_34

唐代・文選百三
29_284_25

唐代・文選百三
29_285_2

唐代・文選百三
29_285_21

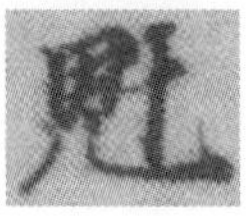
唐代・十輪經四
15_294_9

魅

漢ビ 呉ミ
訓もののけ

唐代・春秋經傳
14_145_16

唐代・春秋經傳
14_146_7

魄

漢ハク
訓たましい

唐代・古文選後
18_213_14

魏

ギ
訓たかい

唐代・文選四八
1_1_9

唐代・文選四八
14_124_12

唐代・文選四八
16_149_11

唐代・文選四八
18_163_13

唐代・文選四八
18_163_17

唐代・文選四八
19_172_16

唐代・文選四八
20_185_12

唐代・文選四八
42_376_4

唐代・文選四八
42_377_17

唐代・文選四八
48_436_14

唐代・文選五九
3_29_16

唐代・文選五九
8_73_8

唐代・文選五九
23_223_5

唐代・文選五九
27_259_22

唐代・文選五九
76_728_8

唐代・文選五九
77_743_8

唐代・文選五九
77_744_18

唐代・文選五九
77_744_21

唐代・文選五九
78_745_4

唐代・文選五九
78_745_6

唐代・文選五九
83_796_12

唐代・文選五九
84_803_21

唐代・文選五九
94_904_15

唐代・文選五九
107_1015_2

唐代・文選五九
108_1021_25

唐代・文選五九
108_1023_15

唐代・文選五九
110_1040_30

唐代・文選六八
9_102_16

唐代・文選六八
9_102_22

唐代・文選六八
43_438_4

唐代・文選六八
44_442_24

唐代・文選六八
44_443_6

唐代・文選六八
44_443_10

唐代・文選六八
44_443_23

唐代・文選六八
61_609_7

唐代・文選六八
63_629_8

唐代・文選六八
63_630_14

唐代・文選六八
63_630_23

唐代・文選六八
69_686_26

唐代・文選六八
71_705_24

唐代・文選八八
17_143_22

唐代・文選百三
1_4_12

唐代・文選百三
6_53_5

唐代・文選百三
38_382_26

唐代・文選百三
46_441_9

唐代・文選百三
51_490_15

唐代・文選百三
61_587_6

唐代・文選百三
61_588_12

唐代・文選百三
61_590_20

唐代・文選百三
63_604_5

唐代・文選百三
65_625_22

唐代・文選百三
81_775_5

唐代・文選百三
81_776_1

唐代・古文選前
11_133_16

唐代・古文選前
19_224_10

唐代・古文選前
20_234_1

魔 魔

					呉マ 漢バ 訓まもの	
				 唐代・十輪經八 19_374_7  唐代・十輪經八 21_411_16  唐代・十輪經九 1_11_12  唐代・十輪經九 3_49_16  唐代・十輪經九 4_59_12  唐代・十輪經九 17_325_5	 唐代・十輪經八 6_110_2  唐代・十輪經八 8_148_2  唐代・十輪經八 10_186_8  唐代・十輪經八 12_223_7  唐代・十輪經八 13_260_7  唐代・十輪經八 15_298_7  唐代・十輪經八 17_336_6	 唐代・古文選後 9_99_28  唐代・古文選後 10_108_18

食部

食

漢ショク 呉ジキ
訓くう

唐代•春秋經傳 5_52_5

唐代•春秋經傳 10_98_1

唐代•春秋經傳 10_98_5

唐代•春秋經傳 10_100_10

唐代•春秋經傳 19_193_1

唐代•春秋經傳 19_195_11

唐代•春秋經傳 21_215_5

唐代•春秋經傳 28_290_4

唐代•春秋經傳 28_290_12

唐代•春秋經傳 32_332_25

唐代•春秋經傳 34_358_3

唐代•春秋經傳 36_381_12

唐代•文選五九 28_273_2

唐代•文選五九 34_336_1

唐代•文選五九 46_457_16

唐代•文選五九 46_457_21

唐代•文選五九 48_476_2

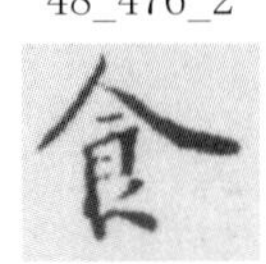
唐代•文選五九 54_531_18

唐代•文選五九 54_533_23

唐代•文選五九 69_666_8

唐代•文選五九 75_722_15

唐代•文選五九 92_880_29

唐代•文選五九 92_882_8

唐代•文選五九 92_883_6

唐代•文選五九 75_723_20

唐代•文選五九 75_724_27

唐代•文選五九 76_725_6

唐代•文選五九 76_730_19

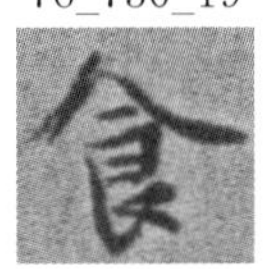
唐代•文選五九 84_807_4

唐代•文選六八 21_216_24

唐代•文選六八 43_430_19

唐代•文選六八 44_440_2

唐代•文選六八 13_131_15

唐代•文選六八 14_144_18

唐代•文選六八 18_184_7

唐代•文選六八 21_213_5

唐代•文選六八 21_214_8

唐代•文選百三 84_801_6

唐代•文選百三 84_802_3

唐代•文選百三 84_803_26

唐代•文選六八 45_447_11

唐代•文選六八 61_609_22

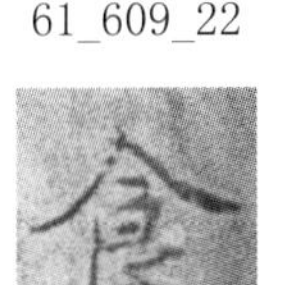
唐代•文選百三 1_8_19

唐代•文選百三 5_47_24

唐代•文選百三 19_176_18

唐代•文選百三 19_179_10

唐代•文選百三 19_181_17

唐代•文選百三 32_318_9

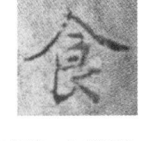

飢

キ

訓 うえる

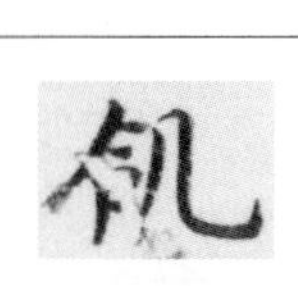
唐代•古文選後 3_27_4

唐代•古文選後 3_34_5

唐代•十輪經四 5_80_12

唐代•十輪經四 12_229_4

唐代•文選四八 39_351_16

唐代•文選五九 11_108_13

唐代•文選五九 11_109_29

唐代•文選六八 14_146_3

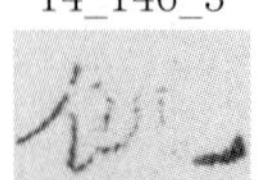
唐代•文選百三 55_532_8

唐代•文選百三 84_801_2

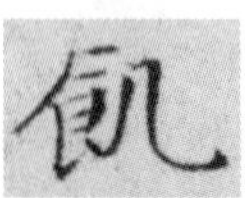
唐代•文選百三 84_803_24

唐代•文選百三 85_817_6

唐代•文選百三 85_812_16

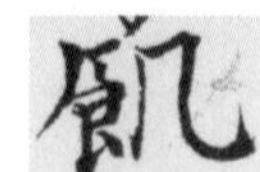
唐代•春秋經傳 33_342_14

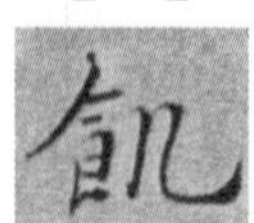
唐代•文選四八 9_77_2

唐代•文選四八 39_348_17

唐代•文選四八 39_350_1

唐代•文選四八 39_350_22

唐代•文選四八 4_30_5

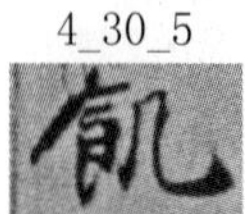
唐代•文選四八 4_31_22

唐代•文選四八 4_32_16

唐代•文選五九 11_107_5

唐代•十輪經四 14_265_16

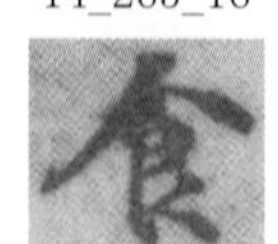
唐代•十輪經四 17_326_11

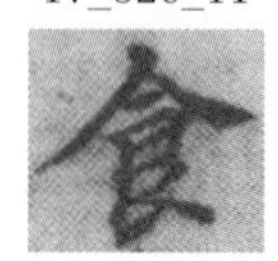
唐代•十輪經九 8_152_3

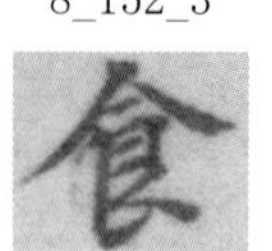
唐代•十輪經九 9_161_9

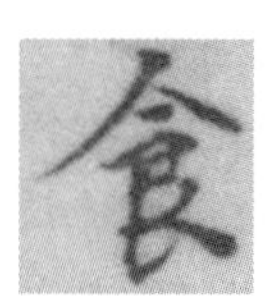
唐代•十輪經九 9_164_7

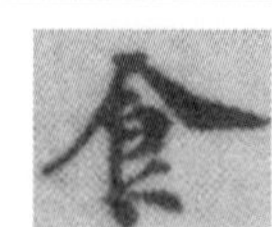
唐代•十輪經四 5_85_5

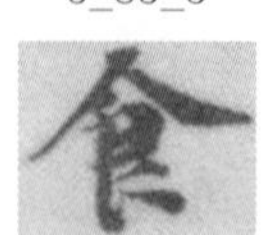
唐代•十輪經四 11_219_15

唐代•十輪經四 12_229_16

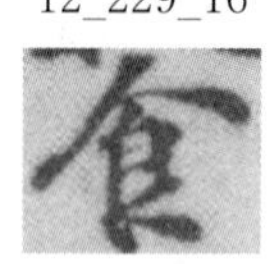
唐代•十輪經四 13_241_12

唐代•十輪經四 13_255_12

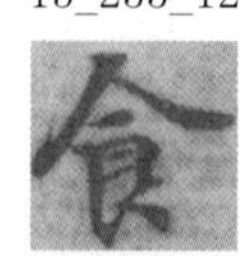
唐代•十輪經十 14_278_15

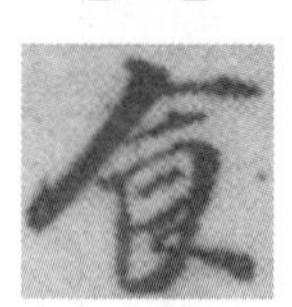
唐代•十輪經十 15_297_16

唐代•十輪經十 16_300_11

唐代•文選百三 85_804_9

唐代•文選百三 85_805_24

唐代•古文選前 17_201_2

唐代•古文選前 25_299_7

唐代•古文選後 3_34_8

唐代•古文選後 6_62_7

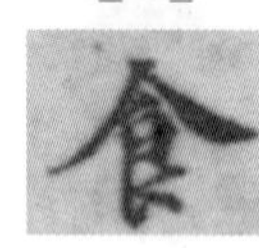
唐代•十輪經四 2_26_5

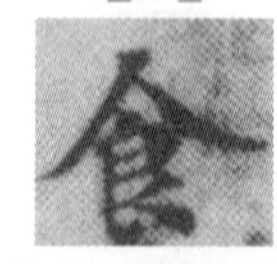
唐代•十輪經四 3_55_15

唐代•文選百三 32_318_27

唐代•文選百三 49_468_5

唐代•文選百三 56_534_29

唐代•文選百三 58_560_3

唐代•文選百三 58_561_11

唐代•文選百三 59_562_10

唐代•文選百三 59_563_17

唐代•文選百三 59_563_20

飯					飲	飫
漢ハン呉バン 訓めし					漢イン呉オン 訓のむ	漢ヨ呉オ 訓あきる
 唐代・文選四八 4_32_20	 唐代・十輪經四 13_253_17	 唐代・古文選前 15_178_4	唐代・文選六八 35_345_16	唐代・文選五九 54_533_28	 唐代・春秋經傳 9_91_8	唐代・古文選後 15_171_13
 唐代・文選六八 13_134_11	 唐代・十輪經四 14_265_8	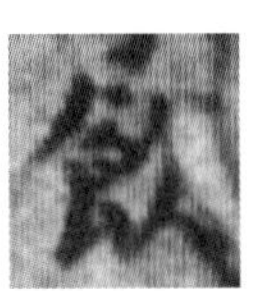 唐代・古文選前 25_297_27	 唐代・文選六八 35_347_14	 唐代・文選五九 69_666_7	 唐代・春秋經傳 24_247_18	
 唐代・文選六八 21_215_6	 唐代・十輪經四 15_280_5	 唐代・古文選後 10_115_13	 唐代・文選六八 35_347_19	 唐代・文選五九 76_730_18	 唐代・春秋經傳 34_352_7	
	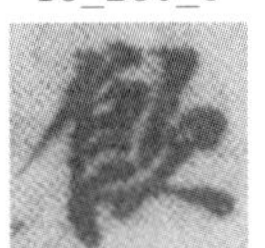 唐代・十輪經四 17_326_10	 唐代・古文選後 23_270_5	 唐代・文選六八 35_347_21	 唐代・文選五九 82_783_11	 唐代・文選四八 6_46_27	
	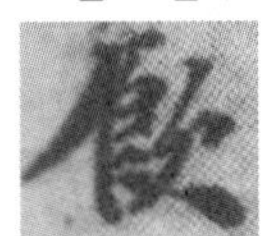 唐代・十輪經四 21_419_6	 唐代・古文選後 24_288_7	 唐代・文選六八 35_347_27	 唐代・文選六八 4_36_22	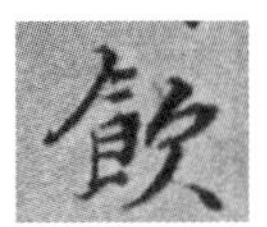 唐代・文選四八 39_347_1	
	 唐代・十輪經九 8_152_2	 唐代・古文選後 25_294_10	 唐代・文選六八 35_348_8	 唐代・文選六八 13_131_14	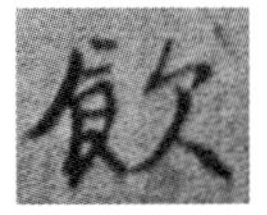 唐代・文選五九 8_76_1	
		 唐代・十輪經四 2_26_4	 唐代・文選六八 35_348_17	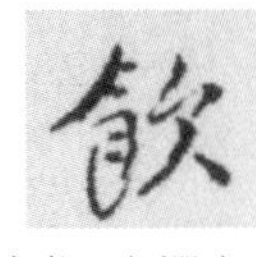 唐代・文選六八 13_140_22	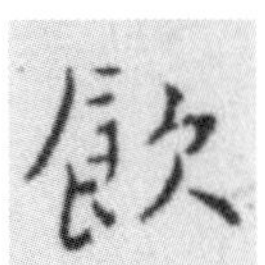 唐代・文選五九 37_372_9	
		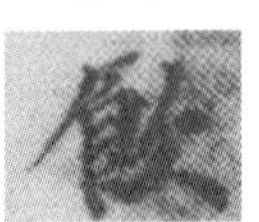 唐代・十輪經四 3_55_14	 唐代・文選百三 14_133_32	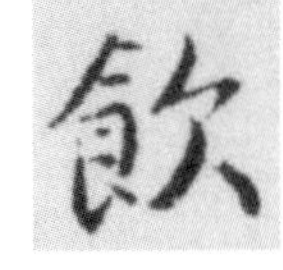 唐代・文選六八 19_192_22	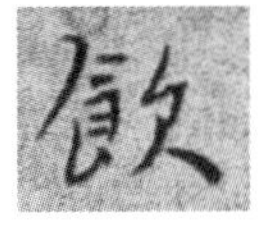 唐代・文選五九 53_522_30	

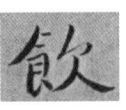

飾	養
漢ショク呉シキ 訓かざる	ヨウ 訓やしなう

養

唐代・文選百三
9_78_20

飾

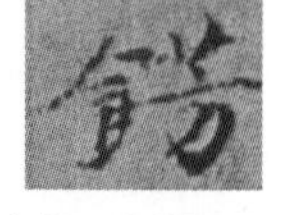
唐代・文選四八
24_213_21

唐代・文選五九
23_219_4

唐代・文選五九
23_221_29

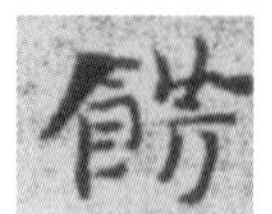
唐代・文選五九
23_225_7

唐代・文選五九
23_225_12

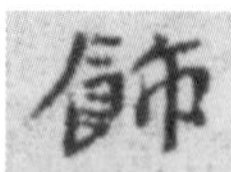
唐代・文選五九
23_225_32

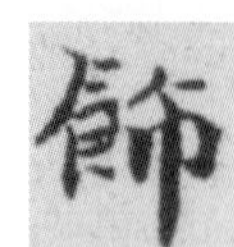
唐代・文選五九
43_420_9

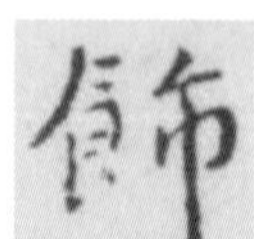
唐代・文選五九
51_502_13

唐代・文選五九
67_644_24

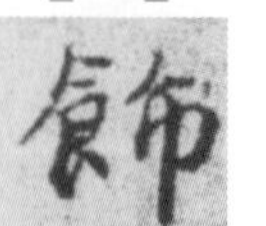
唐代・文選五九
109_1029_22

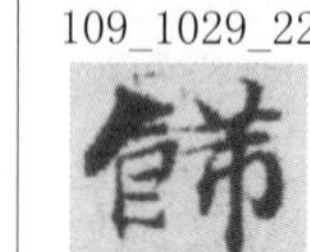
唐代・文選五九
111_1051_5

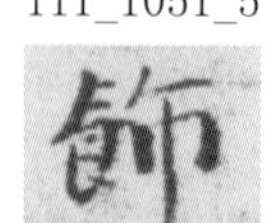
唐代・文選六八
2_20_28

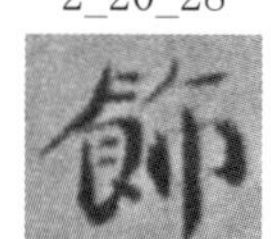
唐代・文選六八
21_206_30

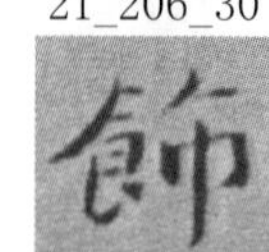
唐代・文選六八
21_208_14

唐代・文選六八
21_219_18

唐代・文選六八
23_226_4

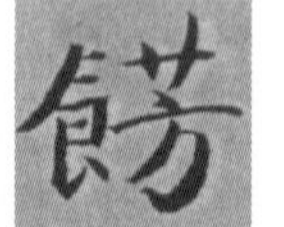
唐代・文選六八
23_228_10

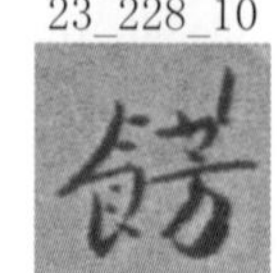
唐代・文選六八
23_231_2

唐代・文選六八
23_236_15

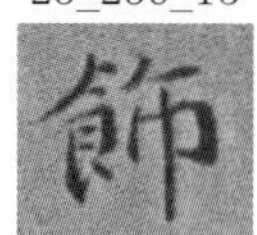
唐代・文選六八
26_263_9

唐代・文選六八
26_263_15

唐代・文選六八
27_279_21

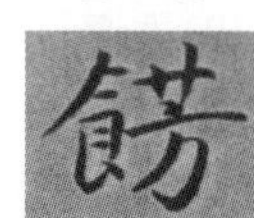
唐代・文選六八
29_289_2

唐代・文選六八
29_292_5

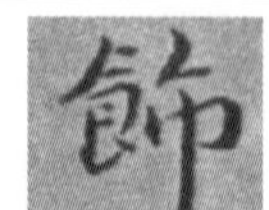
唐代・文選六八
29_293_19

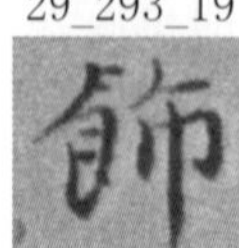
唐代・文選六八
38_384_28

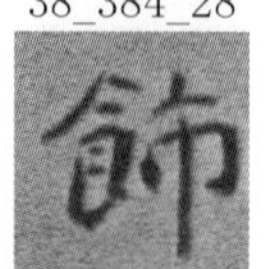
唐代・文選六八
39_385_22

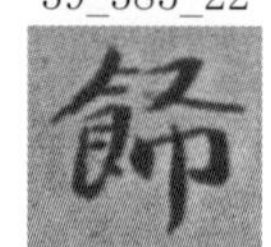
唐代・文選六八
40_401_21

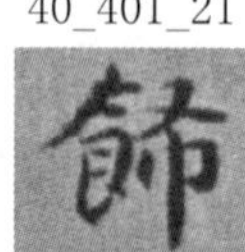
唐代・文選六八
40_402_7

唐代・文選六八
40_402_13

唐代・文選六八
41_407_19

唐代・文選六八
41_407_25

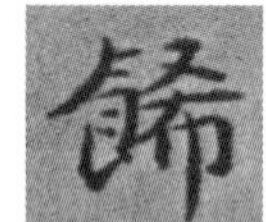
唐代・文選六八
47_473_18

唐代・文選六八
47_476_26

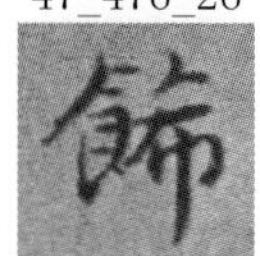
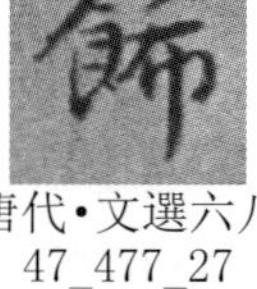
唐代・文選六八
47_477_27

唐代・文選六八
49_496_7

唐代・文選六八
50_504_18

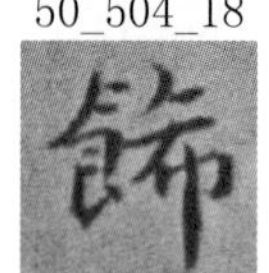
唐代・文選六八
51_505_23

唐代・文選六八
51_513_4

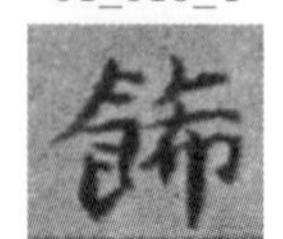
唐代・文選六八
51_513_16

唐代・文選六八
51_514_18

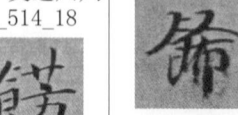

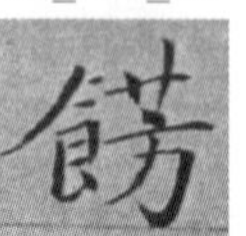
唐代・文選六八
55_549_20

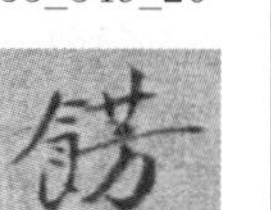
唐代・文選六八
55_552_24

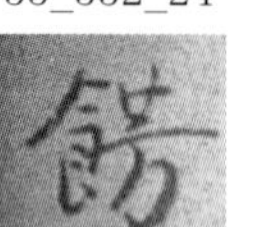
唐代・文選六八
55_554_9

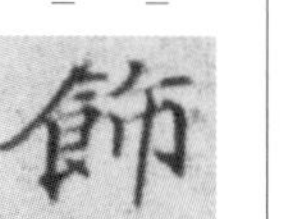
唐代・文選百三
20_195_15

唐代・古文選前
3_33_1

唐代・古文選前
4_40_14

唐代・古文選前
6_65_8

唐代・古文選前
8_100_2

唐代・古文選後
19_226_14

唐代・十輪經四
2_26_9

唐代・十輪經四
21_418_14

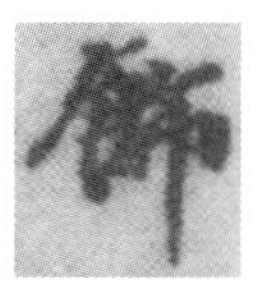
唐代・十輪經八
8_158_14

唐代・十輪經八
12_234_4

唐代・十輪經九
8_152_7

飽

漢ホウ
訓あきる

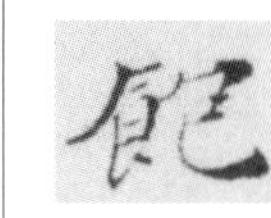
唐代・文選百三
31_300_23

飼

漢シ呉ジ
訓かう

唐代・文選四八
38_337_16

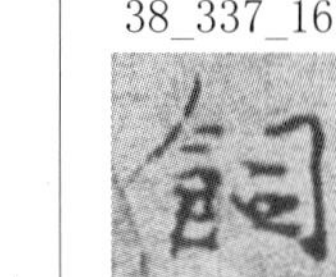
唐代・文選四八
38_337_20

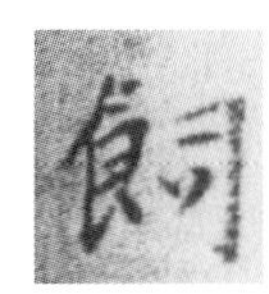
唐代・文選五九
76_734_4

養

ヨウ
訓やしなう

初唐・法華義疏
1_8_15

中唐・風信帖
1_3_9

唐代・春秋經傳
9_95_4

唐代・春秋經傳
22_230_6

唐代・文選四八
11_97_2

唐代・文選五九
14_136_4

唐代・文選五九
29_289_8

唐代・文選五九
29_290_29

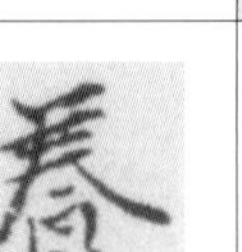
唐代・文選五九
34_335_3

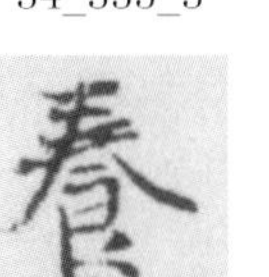
唐代・文選五九
86_831_10

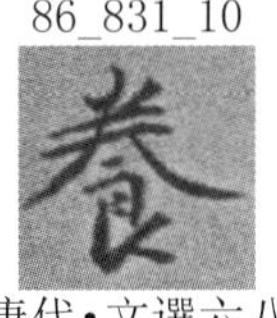
唐代・文選六八
14_144_26

唐代・文選六八
14_145_1

唐代・文選六八
14_146_9

唐代・文選六八
35_347_6

唐代・文選六八
35_356_5

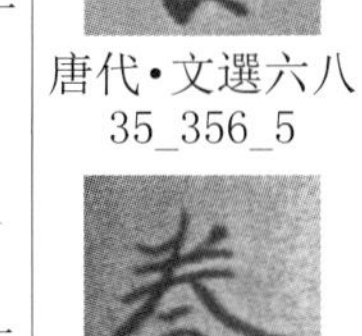

唐代・文選六八
61_613_6

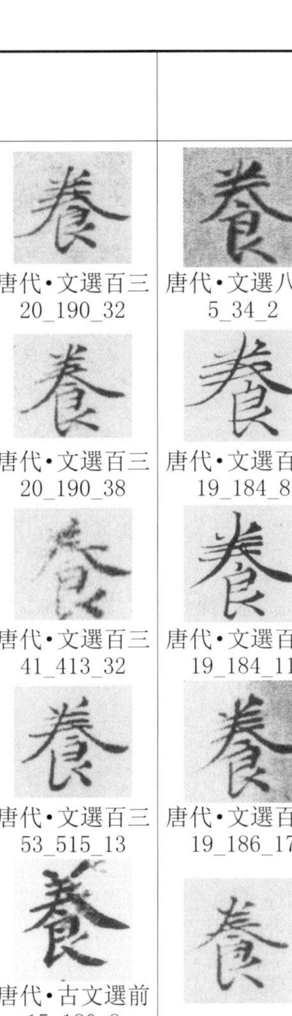
唐代・文選八八
5_34_2

唐代・文選百三
19_184_8

唐代・文選百三
19_184_11

唐代・文選百三
19_186_17

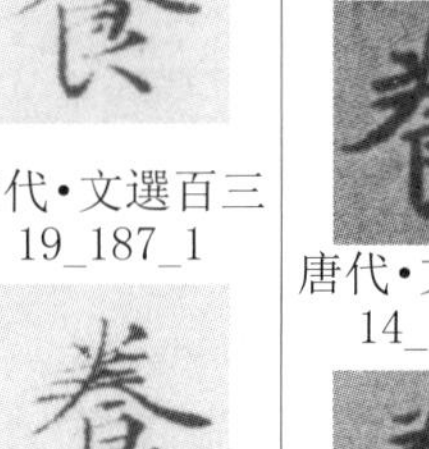
唐代・文選百三
19_187_1

唐代・文選百三
19_187_18

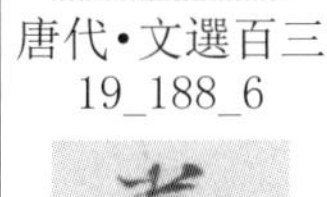
唐代・文選百三
19_188_6

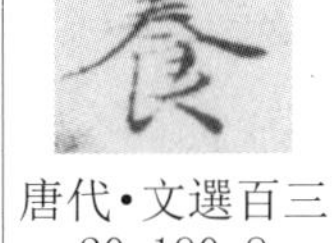
唐代・文選百三
20_190_8

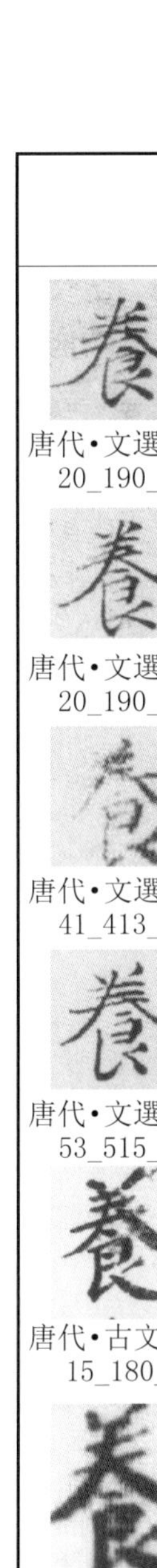
唐代・文選百三
20_190_32

唐代・文選百三
20_190_38

唐代・文選百三
41_413_32

唐代・文選百三
53_515_13

唐代・古文選前
15_180_8

唐代・古文選前
15_180_18

唐代・古文選前
16_187_5

唐代・古文選前
18_214_8

唐代·十輪經十 2_35_9	唐代·十輪經九 14_265_11	唐代·十輪經九 9_168_15	唐代·十輪經八 20_399_9	唐代·十輪經八 1_15_3	唐代·十輪經四 3_56_2	唐代·古文選前 24_283_8
唐代·十輪經十 2_40_6	唐代·十輪經九 14_274_3	唐代·十輪經九 9_177_15	唐代·十輪經八 22_438_17	唐代·十輪經八 7_134_5	唐代·十輪經四 3_59_11	唐代·古文選前 26_306_7
唐代·十輪經十 3_45_10	唐代·十輪經九 15_294_4	唐代·十輪經九 10_185_1	唐代·十輪經九 2_37_10	唐代·十輪經八 9_172_16	唐代·十輪經四 3_60_10	唐代·古文選後 16_181_6
唐代·十輪經十 3_57_2	唐代·十輪經九 16_305_3	唐代·十輪經九 11_205_12	唐代·十輪經九 4_77_14	唐代·十輪經八 11_210_13	唐代·十輪經四 4_64_5	唐代·十輪經四 1_22_5
唐代·十輪經十 6_101_11	唐代·十輪經九 16_311_2	唐代·十輪經九 12_231_8	唐代·十輪經九 5_84_4	唐代·十輪經八 13_248_3	唐代·十輪經四 12_239_25	唐代·十輪經四 2_29_13
唐代·十輪經十 7_122_10	唐代·十輪經九 18_359_9	唐代·十輪經九 12_236_15	唐代·十輪經九 7_138_15	唐代·十輪經八 15_285_7	唐代·十輪經四 13_243_16	唐代·十輪經四 2_31_9
唐代·十輪經十 7_135_4	唐代·十輪經九 19_370_3	唐代·十輪經九 12_237_17	唐代·十輪經九 8_142_23	唐代·十輪經八 17_323_5	唐代·十輪經四 13_251_18	唐代·十輪經四 2_35_5
唐代·十輪經十 8_157_9	唐代·十輪經九 21_417_3	唐代·十輪經九 13_242_4	唐代·十輪經九 8_151_4	唐代·十輪經八 18_361_14	唐代·十輪經四 13_258_18	唐代·十輪經四 3_44_10

			餘	餌		
			ヨ 訓あます	漢ジ 訓もち		
 唐代・文選五九 111_1048_2	 唐代・文選五九 84_804_13	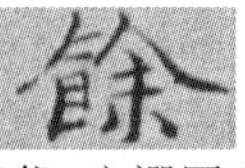 唐代・文選四八 10_80_6	 唐代・春秋經傳 12_118_20	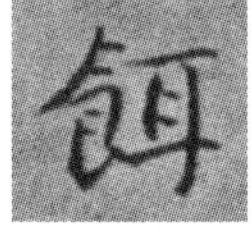 唐代・文選六八 44_439_10	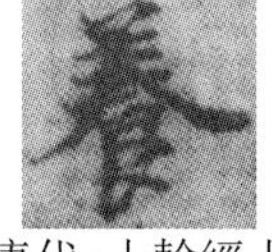 唐代・十輪經十 18_356_11	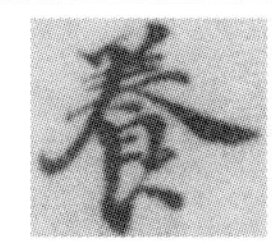 唐代・十輪經十 9_168_4
唐代・文選五九 111_1050_27	唐代・文選五九 84_807_9	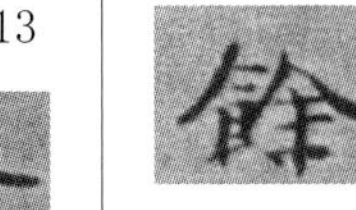 唐代・文選四八 12_111_27	唐代・春秋經傳 12_119_3	唐代・文選六八 44_444_23	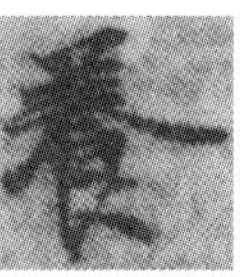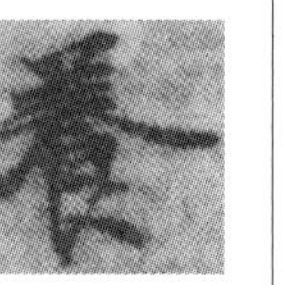 唐代・十輪經十 16_318_13	 唐代・十輪經十 9_175_6
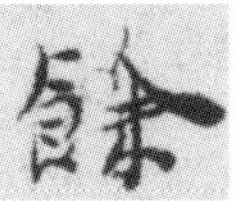 唐代・文選五九 111_1052_12	唐代・文選五九 84_809_13	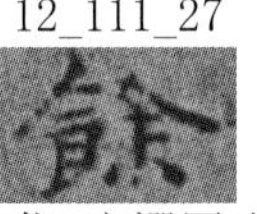 唐代・文選四八 19_172_8	唐代・春秋經傳 12_119_5	唐代・文選六八 45_446_7		 唐代・十輪經十 10_192_14
唐代・文選六八 19_187_20	 唐代・文選五九 86_822_8	唐代・文選五九 10_95_1	 唐代・春秋經傳 12_119_14	 唐代・文選六八 45_446_11		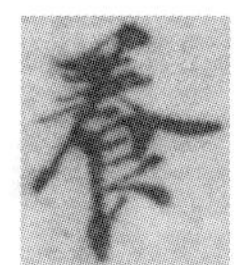 唐代・十輪經十 11_205_2
唐代・文選六八 19_188_1	 唐代・文選五九 86_824_15	唐代・文選五九 10_95_27	 唐代・春秋經傳 12_120_21	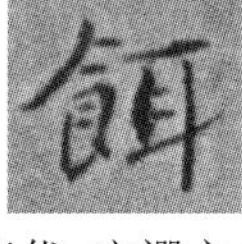 唐代・文選六八 45_446_22		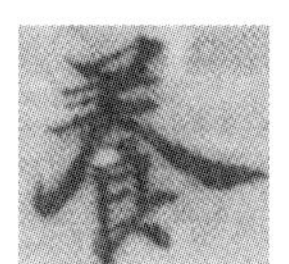 唐代・十輪經十 14_269_4
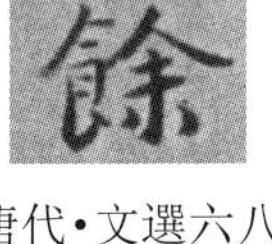 唐代・文選六八 26_261_17	 唐代・文選五九 86_825_11	 唐代・文選五九 10_96_12	唐代・文選四八 2_10_15	 唐代・文選六八 45_447_9		 唐代・十輪經十 16_315_10
 唐代・文選六八 26_262_16	唐代・文選五九 99_937_18	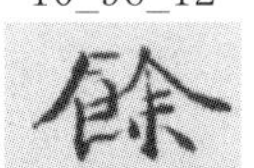 唐代・文選五九 10_96_26	唐代・文選四八 8_62_14			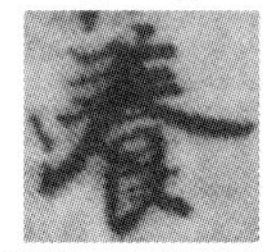 唐代・十輪經十 17_329_15
 唐代・文選六八 61_609_26	唐代・文選百三 87_834_8	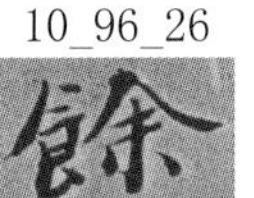 唐代・文選五九 84_802_1	唐代・文選四八 9_78_9			
 唐代・文選八八 15_124_16	 唐代・古文選後 15_180_11	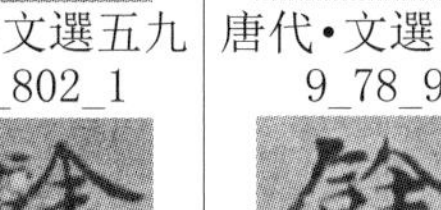 唐代・文選五九 84_803_12	唐代・文選四八 9_79_7			
		 唐代・文選五九 101_959_3	 唐代・文選五九 108_1021_23			

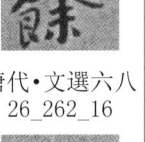

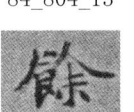

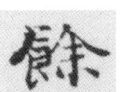

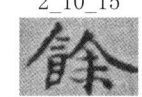

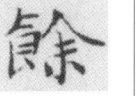

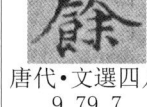

餒

漢 ダイ
訓 うえる

唐代•春秋經傳
21_215_13

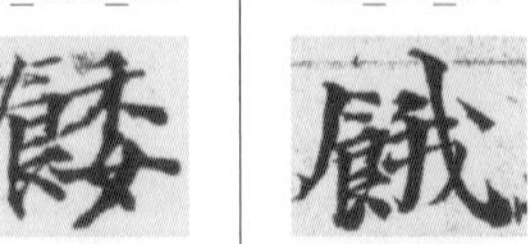
唐代•春秋經傳
21_216_2

餓

ガ
訓 うえる

唐代•春秋經傳
10_97_14

唐代•春秋經傳
10_103_1

唐代•十輪經四
14_279_14

唐代•十輪經十
13_247_16

唐代•十輪經十
13_251_3

唐代•十輪經十
13_257_6

唐代•十輪經十
14_266_1

唐代•十輪經十
15_285_16

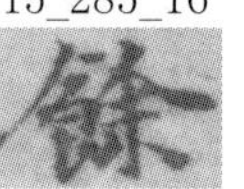
唐代•十輪經十
15_293_12

唐代•十輪經九
1_8_5

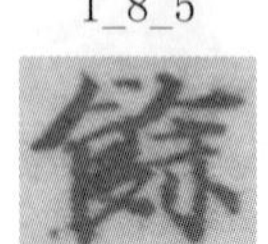
唐代•十輪經九
3_46_5

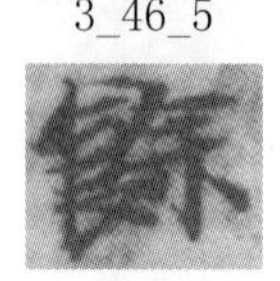
唐代•十輪經九
5_85_14

唐代•十輪經九
12_233_17

唐代•十輪經九
17_321_16

唐代•十輪經十
3_55_12

唐代•十輪經十
3_55_14

唐代•十輪經十
12_239_4

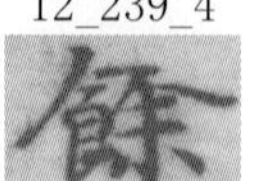
唐代•十輪經十
13_241_14

唐代•十輪經八
6_106_12

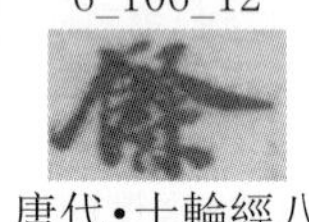
唐代•十輪經八
8_144_12

唐代•十輪經八
10_183_2

唐代•十輪經八
11_219_13

唐代•十輪經八
13_256_13

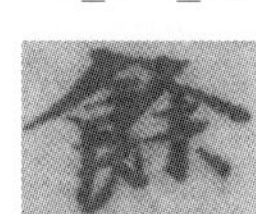
唐代•十輪經八
15_294_13

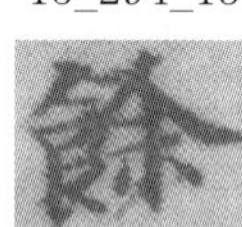
唐代•十輪經八
17_332_13

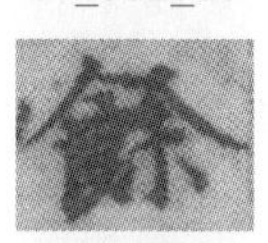
唐代•十輪經八
19_370_13

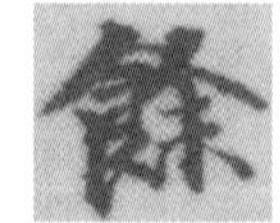
唐代•十輪經八
21_408_5

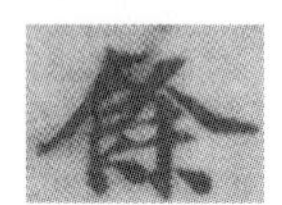
唐代•十輪經四
5_88_3

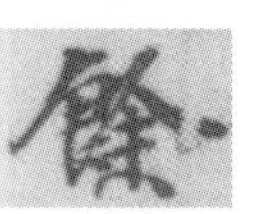
唐代•十輪經四
8_160_10

唐代•十輪經四
19_362_2

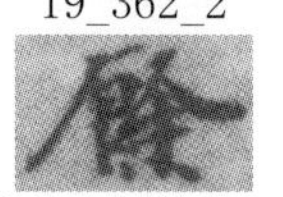
唐代•十輪經四
21_412_11

唐代•十輪經八
2_32_10

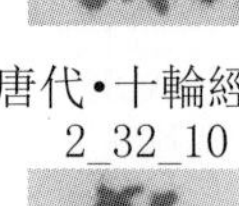
唐代•十輪經八
2_38_3

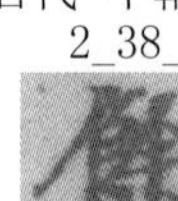
唐代•十輪經八
5_90_5

唐代•十輪經十
15_296_9

唐代•十輪經十
16_311_17

唐代•文選百三
13_119_31

唐代•文選百三
17_167_11

唐代•文選百三
46_440_32

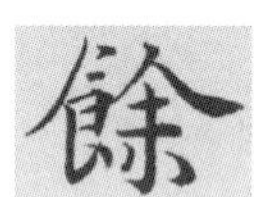
唐代•文選百三
53_507_2

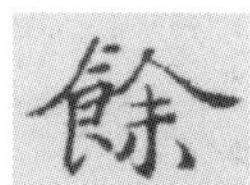
唐代•文選百三
53_508_25

唐代•文選百三
53_512_5

唐代•文選百三
61_581_13

唐代•文選百三
61_584_23

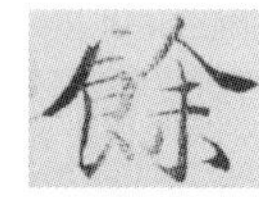
唐代•文選百三
87_832_17

餱			館		餞	餐
漢コウ 訓ほしいい			カン 訓やかた		漢セン呉ゼン 訓はなむけ	サン 訓ゆうめし
唐代•春秋經傳 36_381_5 唐代•春秋經傳 36_381_7 唐代•古文選後 3_34_3	唐代•文選百三 29_287_33 唐代•古文選前 27_312_7 唐代•古文選後 9_105_2 唐代•古文選後 19_226_15	唐代•文選六八 39_398_22 唐代•文選六八 41_405_10 唐代•文選六八 47_478_20 唐代•文選百三 23_217_8 唐代•文選百三 23_218_8 唐代•文選百三 23_219_21 唐代•文選百三 29_286_3 唐代•文選百三 29_287_3	唐代•春秋經傳 15_158_10 唐代•文選五九 33_329_2 唐代•文選五九 81_781_42 唐代•文選五九 83_801_23 唐代•文選五九 94_898_9 唐代•文選五九 94_899_10 唐代•文選五九 109_1039_7 唐代•文選六八 39_393_9	唐代•古文選後 22_259_3 唐代•古文選後 23_275_2 唐代•古文選後 25_294_11	唐代•文選五九 47_464_11 唐代•文選五九 47_468_4 唐代•文選五九 84_805_24 唐代•文選六八 52_523_21 唐代•古文選後 17_195_13 唐代•古文選後 18_216_5 唐代•古文選後 21_250_7 唐代•古文選後 22_254_14	唐代•文選五九 14_133_20 唐代•文選五九 60_574_22 唐代•文選五九 60_575_15 唐代•文選五九 60_577_17 唐代•文選五九 59_570_11 唐代•文選五九 59_571_17 唐代•古文選前 14_158_4 唐代•古文選前 16_183_4

饋	饍	饌	饒	饗	饉	餽
漢キ呉ギ 訓おくる	漢セン呉ゼン 訓ぜん	慣セン呉ゼン漢サン 訓そなえる	漢ジョウ呉ニョウ 訓ゆたか	漢キョウ 訓もてなす	漢キン 訓うえる	漢キ 訓おくる
 唐代・古文選後 23_269_14	 唐代・文選五九 49_479_13  唐代・文選五九 54_534_25	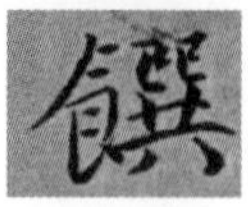 唐代・文選六八 21_212_13	 唐代・文選四八 30_269_16 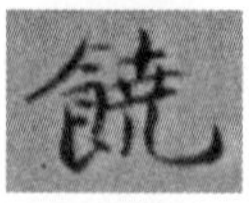 唐代・文選六八 28_285_23 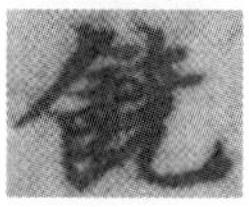 唐代・十輪經八 19_377_8  唐代・十輪經九 11_214_3  唐代・十輪經十 9_176_3	 唐代・文選四八 39_346_1  唐代・文選四八 39_349_22  唐代・文選五九 81_780_1	 唐代・文選百三 55_532_9  唐代・古文選後 7_77_30  唐代・十輪經四 5_80_13	 唐代・文選四八 8_62_15

饑

漢 キ
訓 うえる

唐代·文選百三
67_644_18

唐代·古文選後
7_77_29

唐代·古文選後
10_118_12

風部

風

漢フウ呉フ
訓かぜ

中唐・風信帖
1_1_1

唐代・文選四八
6_41_14

唐代・文選四八
6_42_20

唐代・文選四八
7_55_15

唐代・文選四八
7_57_9

唐代・文選四八
7_58_22

唐代・文選四八
7_59_20

唐代・文選四八
20_183_6

唐代・文選四八
20_184_22

唐代・文選四八
21_187_5

唐代・文選四八
33_296_8

唐代・文選四八
33_297_11

唐代・文選四八
33_298_7

唐代・文選四八
35_317_25

唐代・文選四八
42_383_23

唐代・文選四八
46_410_14

唐代・文選四八
50_452_1

唐代・文選五九
3_25_4

唐代・文選五九
3_26_10

唐代・文選五九
3_26_20

唐代・文選五九
14_134_15

唐代・文選五九
14_136_9

唐代・文選五九
14_136_13

唐代・文選五九
14_136_25

唐代・文選五九
14_137_4

唐代・文選五九
15_150_27

唐代・文選五九
17_159_6

唐代・文選五九
17_160_5

唐代・文選五九
17_161_3

唐代・文選五九
21_210_15

唐代・文選五九
29_292_5

唐代・文選五九
30_294_15

唐代・文選五九
36_357_18

唐代・文選五九
37_364_1

唐代・文選五九
37_364_15

唐代・文選五九
37_365_7

唐代・文選五九
39_390_25

唐代・文選五九
40_394_17

唐代・文選五九
43_426_14

唐代・文選五九
44_436_21

唐代・文選五九
47_462_4

唐代・文選五九
47_469_1

唐代・文選五九
52_514_4

唐代・文選五九
52_514_22

唐代・文選五九
52_515_28

唐代・文選五九
53_517_6

唐代・文選五九
53_518_8

唐代・文選五九
53_518_15

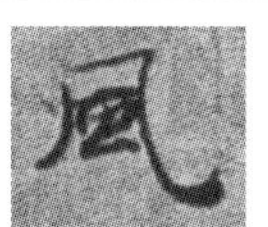
唐代•文選五九
53_519_1

唐代•文選五九
53_520_7

唐代•文選五九
58_558_7

唐代•文選五九
66_636_11

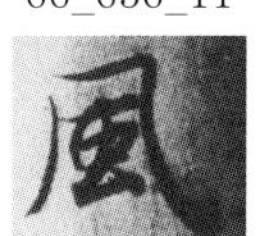
唐代•文選五九
68_658_4

唐代•文選五九
68_659_15

唐代•文選五九
69_663_2

唐代•文選五九
69_666_15

唐代•文選五九
69_666_17

唐代•文選五九
69_667_26

唐代•文選五九
74_713_23

唐代•文選五九
74_714_11

唐代•文選五九
78_755_4

唐代•文選五九
86_822_6

唐代•文選五九
86_823_11

唐代•文選五九
86_824_13

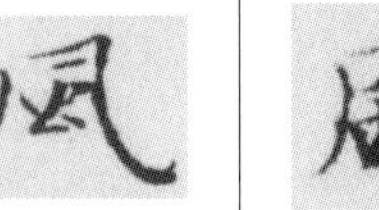
唐代•文選五九
86_825_8

唐代•文選五九
92_886_14

唐代•文選五九
94_902_6

唐代•文選五九
94_903_15

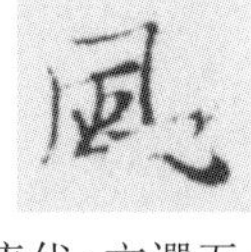
唐代•文選五九
94_903_27

唐代•文選五九
94_904_10

唐代•文選五九
94_905_12

唐代•文選五九
97_920_4

唐代•文選五九
97_921_9

唐代•文選五九
97_921_19

唐代•文選五九
97_921_26

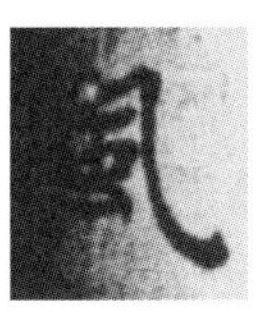
唐代•文選五九
97_922_26

唐代•文選五九
97_923_12

唐代•文選五九
100_946_6

唐代•文選五九
103_978_2

唐代•文選六八
1_1_6

唐代•文選六八
1_11_11

唐代•文選六八
3_32_4

唐代•文選六八
5_49_7

唐代•文選六八
5_50_1

唐代•文選六八
5_50_16

唐代•文選六八
5_50_24

唐代•文選六八
10_105_4

唐代•文選六八
10_106_4

唐代•文選六八
13_133_21

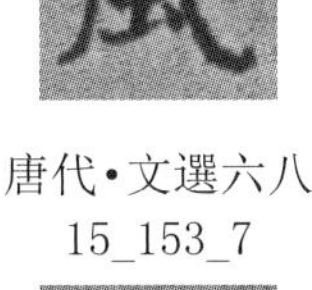
唐代•文選六八
13_135_22

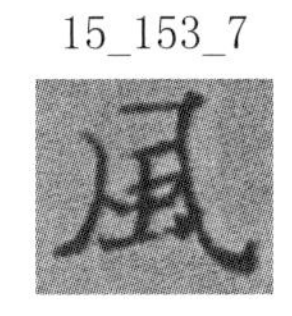
唐代•文選六八
15_149_6

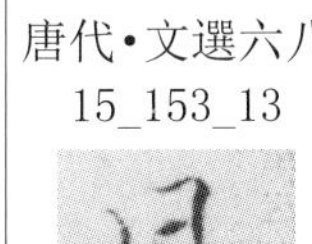
唐代•文選六八
15_153_7

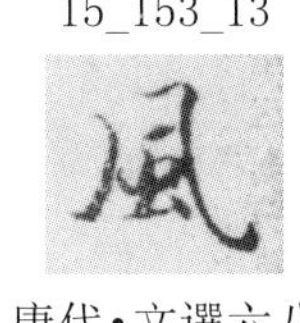
唐代•文選六八
15_153_13

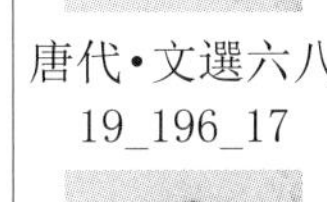
唐代•文選六八
19_196_17

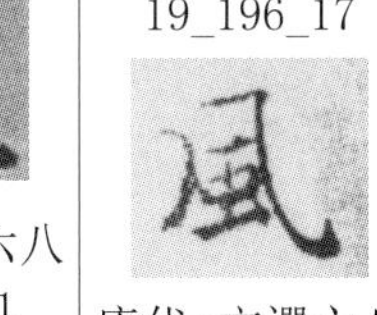
唐代•文選六八
19_196_19

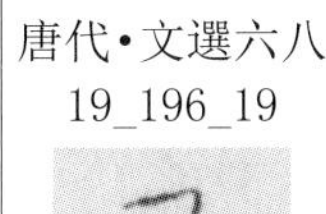

唐代•文選六八
19_199_6

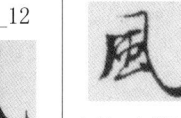

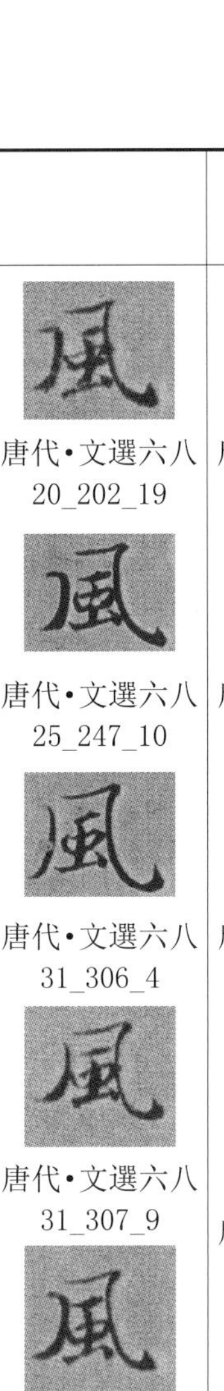
唐代•文選六八
20_202_19

唐代•文選六八
25_247_10

唐代•文選六八
31_306_4

唐代•文選六八
31_307_9

唐代•文選六八
31_307_23

唐代•文選六八
31_308_14

唐代•文選六八
31_310_11

唐代•文選六八
32_319_11

唐代•文選六八
33_333_15

唐代•文選六八
34_342_3

唐代•文選六八
34_342_14

唐代•文選六八
34_343_20

唐代•文選六八
34_343_26

唐代•文選六八
34_344_4

唐代•文選六八
34_344_26

唐代•文選六八
39_397_1

唐代•文選六八
39_398_6

唐代•文選六八
39_398_21

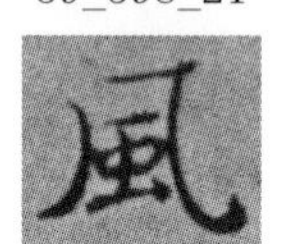
唐代•文選六八
40_399_9

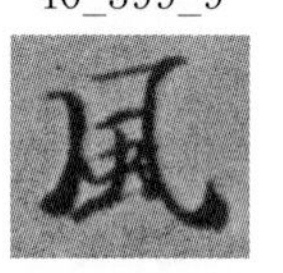
唐代•文選六八
43_429_18

唐代•文選六八
51_505_27

唐代•文選六八
52_522_19

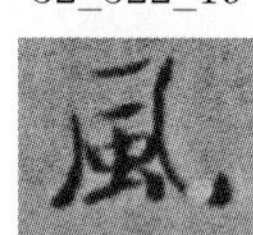
唐代•文選六八
52_524_15

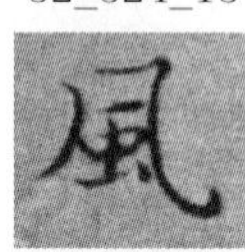
唐代•文選六八
53_538_28

唐代•文選六八
54_542_10

唐代•文選六八
59_596_1

唐代•文選六八
59_597_17

唐代•文選六八
59_598_10

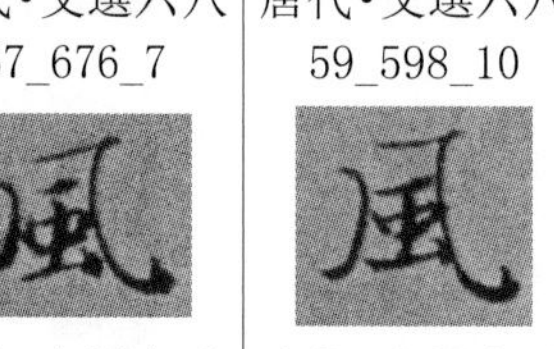
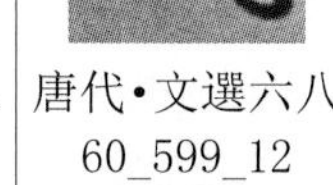
唐代•文選六八
60_599_12

唐代•文選六八
60_599_24

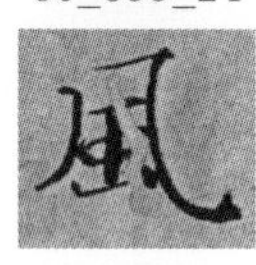
唐代•文選六八
61_617_3

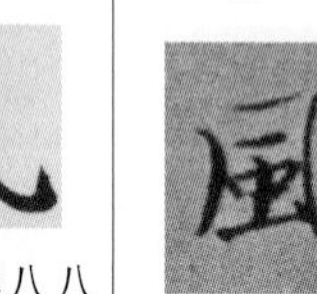
唐代•文選六八
62_619_3

唐代•文選六八
62_621_10

唐代•文選六八
65_653_1

唐代•文選六八
67_675_4

唐代•文選六八
67_676_7

唐代•文選六八
67_676_17

唐代•文選六八
68_677_16

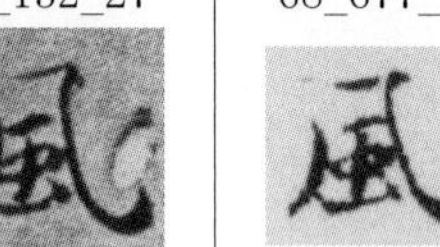
唐代•文選八八
1_1_6

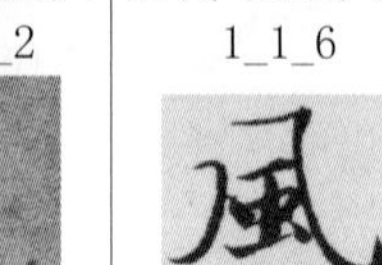
唐代•文選八八
3_12_11

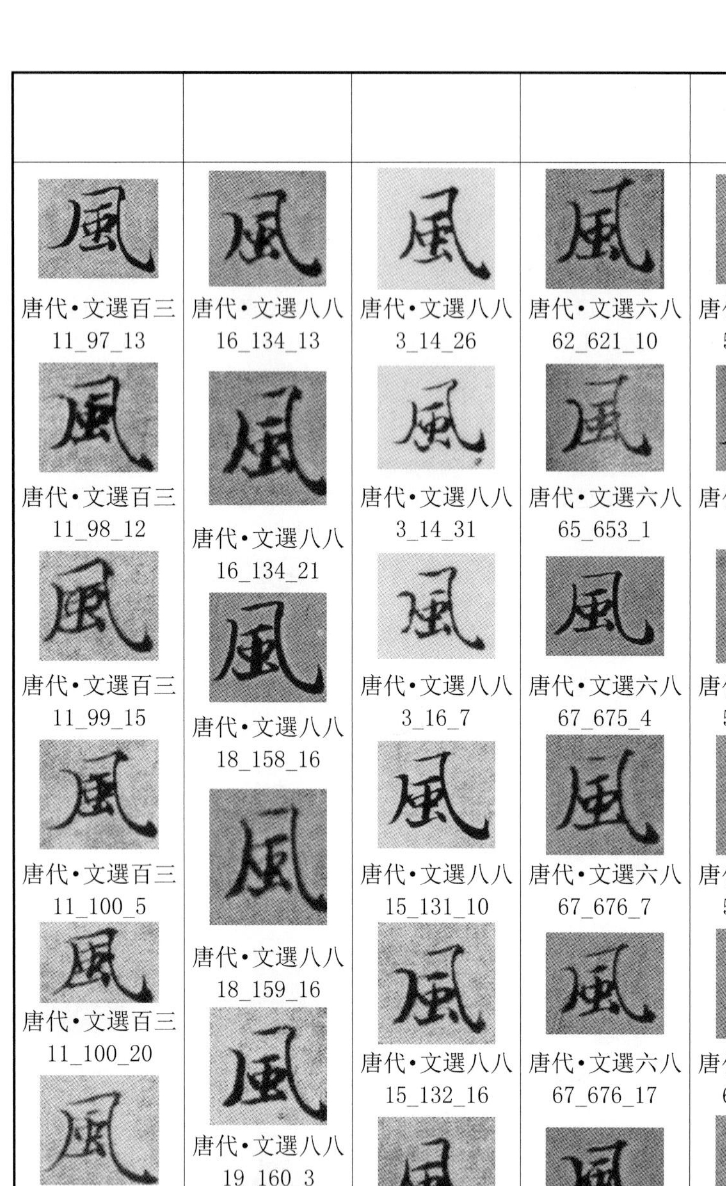
唐代•文選八八
3_14_26

唐代•文選八八
3_14_31

唐代•文選八八
3_16_7

唐代•文選八八
15_131_10

唐代•文選八八
15_132_16

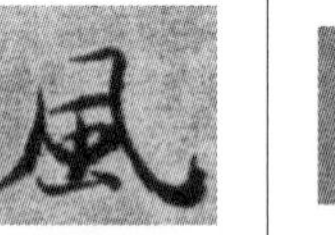
唐代•文選八八
15_132_27

唐代•文選八八
15_133_2

唐代•文選八八
16_134_7

唐代•文選八八
16_134_13

唐代•文選八八
16_134_21

唐代•文選八八
18_158_16

唐代•文選八八
18_159_16

唐代•文選八八
19_160_3

唐代•文選八八
19_161_9

唐代•文選八八
19_162_26

唐代•文選八八
19_163_7

唐代•文選百三
11_97_13

唐代•文選百三
11_98_12

唐代•文選百三
11_99_15

唐代•文選百三
11_100_5

唐代•文選百三
11_100_20

唐代•文選百三
11_102_2

唐代•文選百三
22_213_4

唐代•文選百三
24_230_28

颻

漢ヨウ呉ヨウ
訓ゆれる

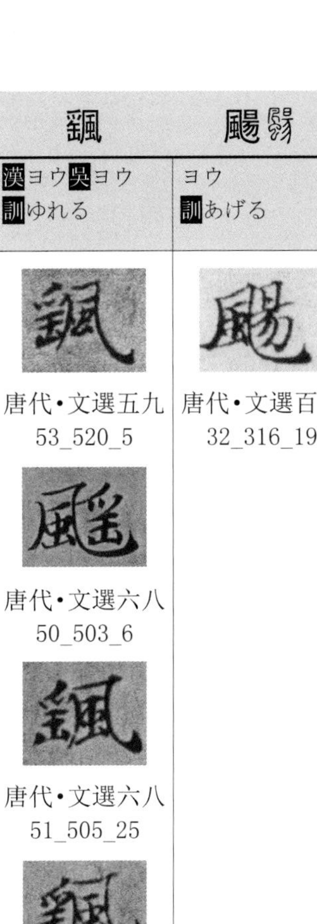

唐代・文選五九 53_520_5

唐代・文選六八 50_503_6

唐代・文選六八 51_505_25

唐代・文選六八 51_507_22

唐代・古文選前 8_90_14

唐代・古文選後 8_88_6

颺 𩗗

ヨウ
訓あげる

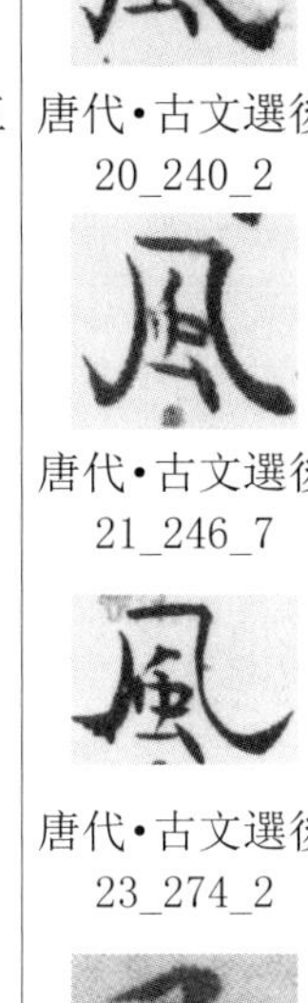

唐代・文選百三 32_316_19

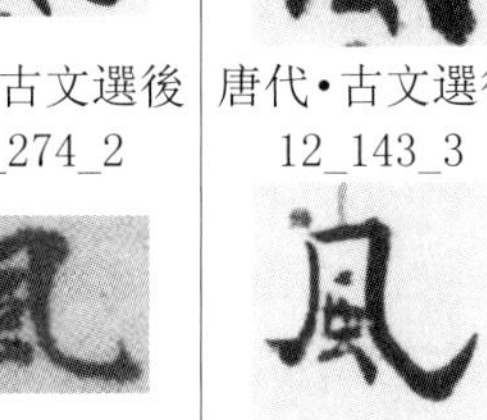

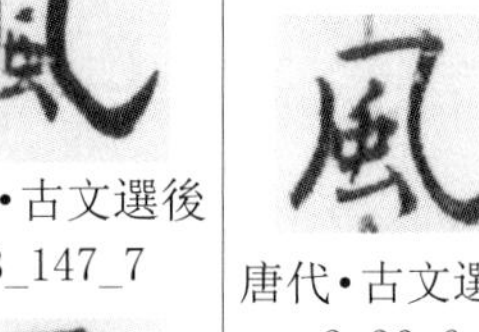
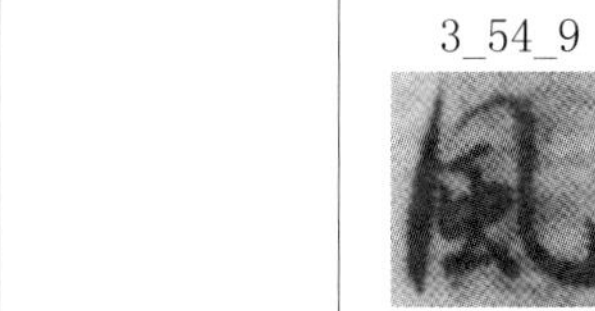
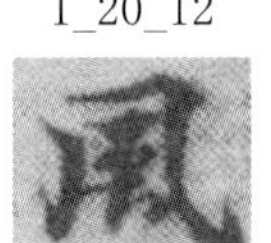
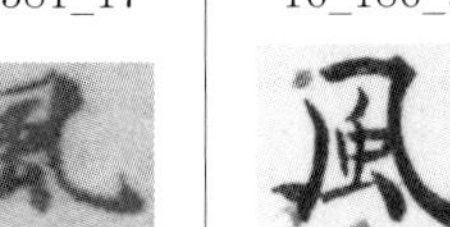

唐代・古文選後 20_240_2

唐代・古文選後 21_246_7

唐代・古文選後 23_274_2

唐代・十輪經八 3_54_3

唐代・十輪經八 3_54_9

唐代・十輪經九 1_20_12

唐代・十輪經九 20_381_17

唐代・十輪經九 21_403_10

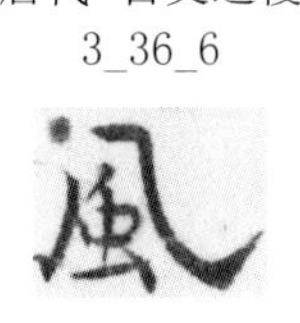

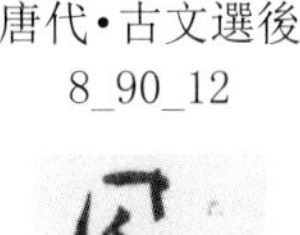
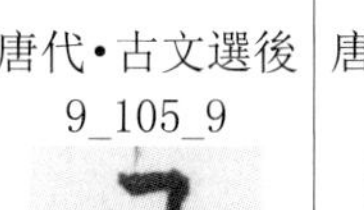
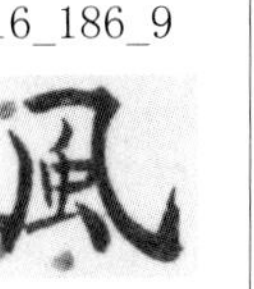

唐代・古文選後 12_137_9

唐代・古文選後 12_139_6

唐代・古文選後 12_143_3

唐代・古文選後 13_147_7

唐代・古文選後 13_156_7

唐代・古文選後 15_176_1

唐代・古文選後 16_186_9

唐代・古文選後 19_226_5

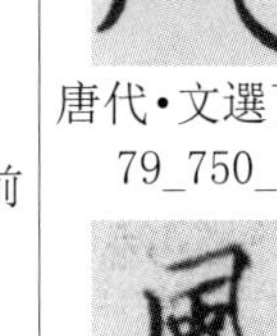

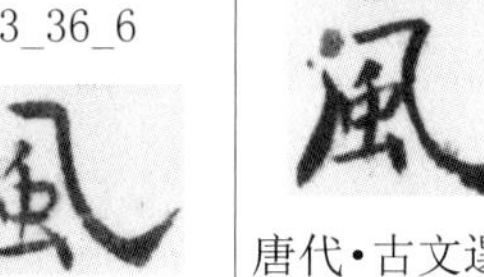
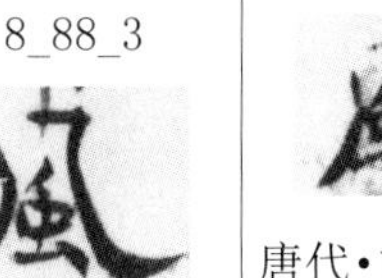
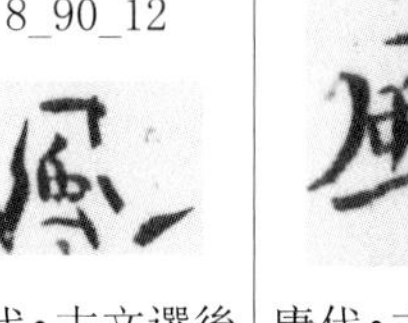
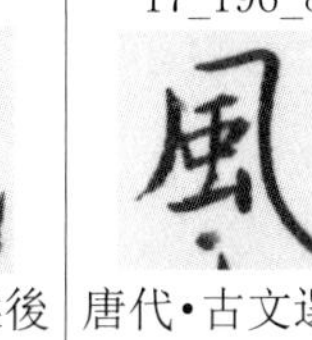

唐代・古文選前 18_211_4

唐代・古文選前 23_275_12

唐代・古文選前 26_305_1

唐代・古文選後 3_36_6

唐代・古文選後 8_88_3

唐代・古文選後 8_90_12

唐代・古文選後 9_105_9

唐代・古文選後 11_123_8

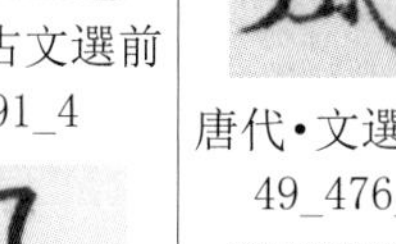

唐代・文選百三 79_750_3

唐代・文選百三 82_781_12

唐代・古文選前 1_13_8

唐代・古文選前 8_91_4

唐代・古文選前 11_127_14

唐代・古文選前 14_158_10

唐代・古文選前 17_196_8

唐代・古文選前 18_206_3

唐代・文選百三 25_242_9

唐代・文選百三 25_247_10

唐代・文選百三 47_455_26

唐代・文選百三 49_476_6

唐代・文選百三 71_690_7

唐代・文選百三 72_695_16

唐代・文選百三 73_699_9

唐代・文選百三 73_699_13

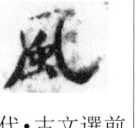

飄 

ヒョウ 漢 ヘイ
訓 つむじかぜ

唐代・文選五九
47_462_8

唐代・文選五九
53_519_10

唐代・文選五九
53_520_4

唐代・文選六八
6_65_7

唐代・文選六八
6_67_4

唐代・文選六八
6_67_19

唐代・文選六八
7_68_9

唐代・文選六八
33_333_14

唐代・文選六八
50_503_5

唐代・文選六八
51_505_24

唐代・文選六八
51_507_11

唐代・文選六八
51_507_21

唐代・文選六八
51_507_24

唐代・文選六八
52_524_16

唐代・文選六八
54_542_13

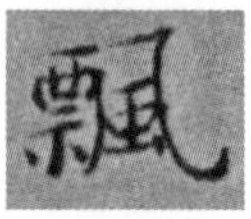
唐代・文選六八
54_543_4

唐代・文選六八
54_543_10

唐代・文選六八
57_568_14

唐代・古文選前
8_90_13

唐代・古文選前
10_120_9

唐代・古文選後
8_88_5

唐代・古文選後
23_274_3

飆 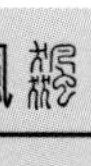

ヒョウ
訓 つむじかせ

唐代・文選五九
39_387_11

唐代・文選五九
39_389_6

唐代・文選五九
39_390_6

唐代・古文選後
8_87_10

音部

音

吳オン 漢イン
訓おとずれる

初唐・聖武雑集
1_10_12

中唐・七祖像賛
1_6_7

中唐・七祖像賛
1_9_8

中唐・七祖像賛
1_13_6

唐代・文選四八
1_5_14

唐代・文選四八
4_24_18

唐代・文選四八
5_37_26

唐代・文選四八
5_40_21

唐代・文選四八
5_40_24

唐代・文選四八
6_46_13

唐代・文選四八
6_49_17

唐代・文選四八
7_56_13

唐代・文選四八
8_66_8

唐代・文選四八
8_67_33

唐代・文選四八
8_67_47

唐代・文選四八
8_69_6

唐代・文選四八
8_69_14

唐代・文選四八
9_77_10

唐代・文選四八
11_93_13

唐代・文選四八
15_137_12

唐代・文選四八
15_137_15

唐代・文選四八
45_408_15

唐代・文選四八
16_145_22

唐代・文選四八
16_145_25

唐代・文選四八
16_145_28

唐代・文選四八
16_150_25

唐代・文選四八
18_159_20

唐代・文選四八
18_165_23

唐代・文選四八
19_173_24

唐代・文選四八
22_196_9

唐代・文選四八
22_197_6

唐代・文選四八
24_219_13

唐代・文選四八
26_234_9

唐代・文選四八
28_249_12

唐代・文選四八
28_258_12

唐代・文選四八
37_333_11

唐代・文選四八
38_341_7

唐代・文選四八
39_349_7

唐代・文選四八
40_361_11

唐代・文選四八
42_382_18

唐代・文選四八
42_382_21

唐代・文選四八
42_382_24

唐代・文選四八
45_404_4

唐代·文選五九 94_896_25

唐代·文選五九 94_900_17

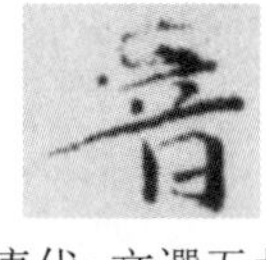
唐代·文選五九 94_908_8

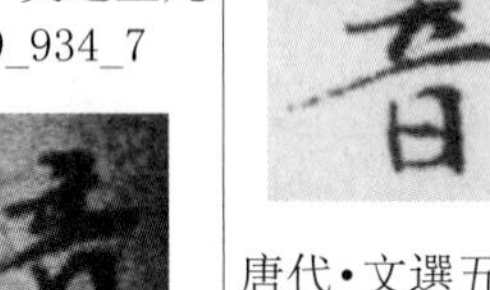
唐代·文選五九 94_908_11

唐代·文選五九 97_915_5

唐代·文選五九 97_919_6

唐代·文選五九 97_925_29

唐代·文選五九 97_926_2

唐代·文選五九 98_930_22

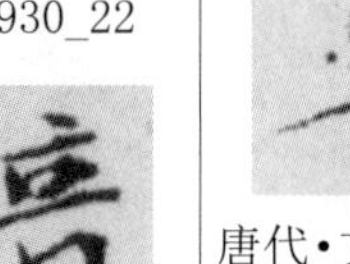
唐代·文選五九 99_934_7

唐代·文選五九 99_939_11

唐代·文選五九 99_939_14

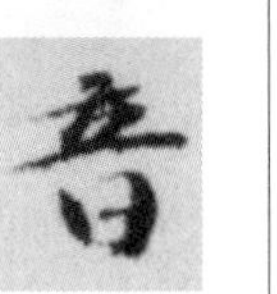
唐代·文選五九 100_944_5

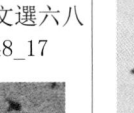

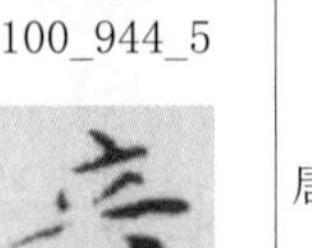
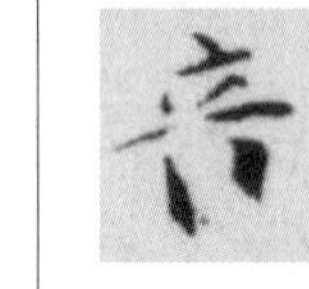
唐代·文選五九 100_944_8

唐代·文選五九 100_944_11

唐代·文選五九 100_947_26

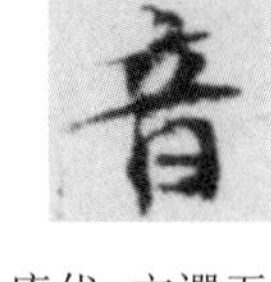
唐代·文選五九 100_947_33

唐代·文選五九 101_948_3

唐代·文選五九 101_951_3

唐代·文選五九 103_973_11

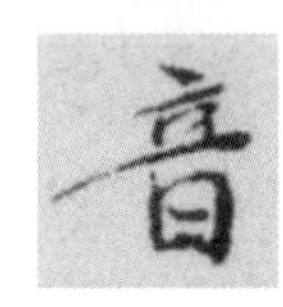
唐代·文選五九 103_973_14

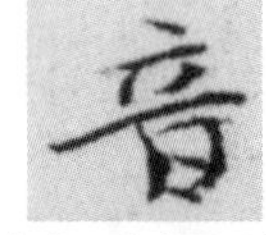
唐代·文選五九 103_975_12

唐代·文選五九 104_983_5

唐代·文選五九 105_987_11

唐代·文選五九 105_987_18

唐代·文選五九 105_988_3

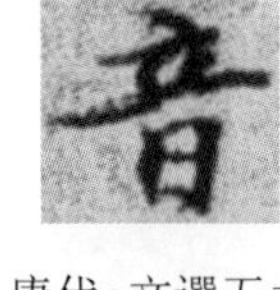
唐代·文選五九 105_991_4

唐代·文選五九 105_991_13

唐代·文選五九 105_991_16

唐代·文選五九 105_991_19

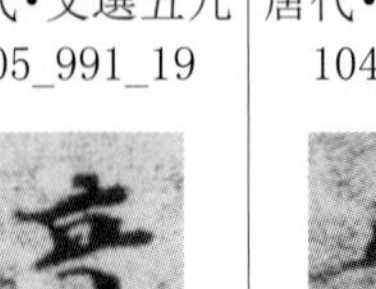

唐代·文選五九 105_999_5

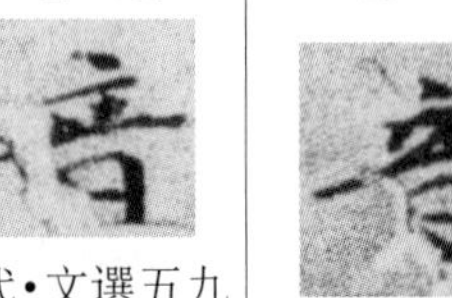
唐代·文選五九 105_999_14

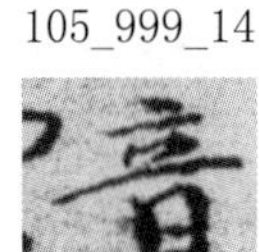
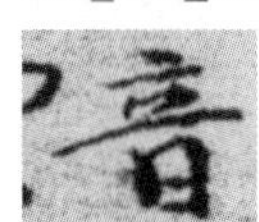
唐代·文選五九 105_999_21

唐代·文選五九 109_1028_26

唐代·文選五九 109_1029_7

唐代·文選五九 111_1051_7

唐代·文選五九 111_1052_26

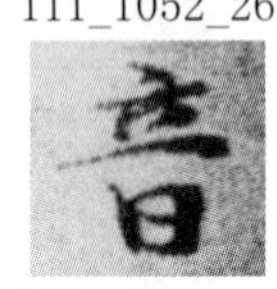
唐代·文選五九 111_1057_18

唐代·文選六八 1_7_4

唐代·文選六八 1_7_7

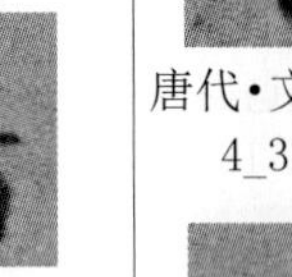
唐代·文選六八 4_37_11

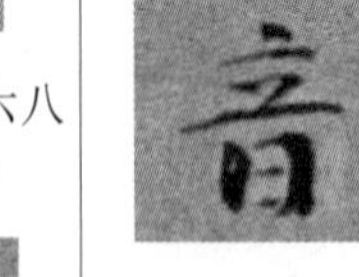
唐代·文選六八 4_40_27

唐代·文選六八 4_42_28

唐代·文選六八 4_43_9

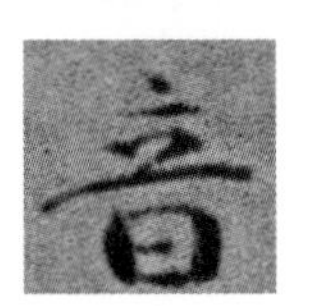
唐代·文選六八 4_45_21

唐代·文選六八 5_48_17

唐代·文選六八 5_48_22

唐代·文選六八 5_50_30

唐代·文選六八 5_51_3

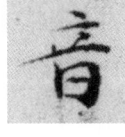

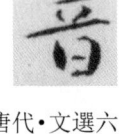

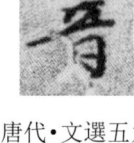

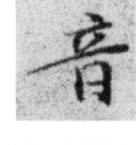

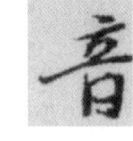

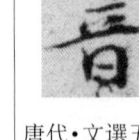

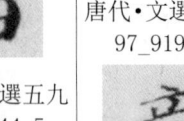

唐代•文選六八 55_553_24
唐代•文選六八 55_554_3
唐代•文選六八 55_556_27
唐代•文選六八 56_559_17
唐代•文選六八 56_562_2
唐代•文選六八 56_564_19
唐代•文選六八 57_569_28
唐代•文選六八 57_570_9
唐代•文選六八 57_570_13
唐代•文選六八 57_576_13
唐代•文選六八 57_577_8
唐代•文選六八 59_585_8
唐代•文選六八 59_585_11
唐代•文選六八 59_588_20
唐代•文選六八 59_588_23
唐代•文選六八 59_594_1
唐代•文選六八 59_594_4
唐代•文選六八 59_598_17
唐代•文選六八 60_602_27
唐代•文選六八 61_608_12
唐代•文選六八 61_608_21
唐代•文選六八 61_615_24
唐代•文選六八 61_615_27
唐代•文選六八 62_620_22
唐代•文選六八 62_621_3
唐代•文選六八 63_625_21
唐代•文選六八 63_637_20
唐代•文選六八 64_642_12
唐代•文選六八 65_648_11
唐代•文選六八 65_651_1
唐代•文選六八 66_659_5
唐代•文選六八 66_659_8
唐代•文選六八 66_662_17
唐代•文選六八 66_662_20
唐代•文選六八 66_663_8
唐代•文選六八 67_668_21
唐代•文選六八 67_674_21
唐代•文選六八 68_677_28
唐代•文選六八 68_678_3
唐代•文選六八 68_680_16
唐代•文選六八 69_691_4
唐代•文選六八 71_702_8
唐代•文選六八 71_702_13
唐代•文選六八 71_707_9
唐代•文選六八 71_707_11
唐代•文選六八 71_707_14
唐代•文選六八 72_718_20
唐代•文選六八 72_719_3
唐代•文選六八 72_720_2

唐代•文選六八 73_722_23
唐代•文選六八 73_722_26
唐代•文選八八 3_8_6
唐代•文選八八 3_8_10
唐代•文選八八 3_15_8
唐代•文選八八 3_19_15
唐代•文選八八 3_19_23
唐代•文選八八 3_19_26
唐代•文選八八 4_21_32
唐代•文選八八 5_24_5
唐代•文選八八 5_29_6
唐代•文選八八 6_37_15
唐代•文選八八 6_37_19
唐代•文選八八 6_41_12
唐代•文選八八 7_47_6
唐代•文選八八 7_50_33
唐代•文選八八 9_64_23
唐代•文選八八 9_69_8
唐代•文選八八 10_76_5
唐代•文選八八 10_82_35
唐代•文選八八 11_85_10
唐代•文選八八 11_88_14
唐代•文選八八 12_101_6
唐代•文選八八 12_101_32
唐代•文選八八 13_106_8
唐代•文選八八 13_106_23
唐代•文選八八 13_113_6
唐代•文選八八 14_117_15
唐代•文選八八 15_128_16
唐代•文選八八 15_129_1
唐代•文選八八 16_137_26
唐代•文選八八 16_138_12
唐代•文選八八 17_143_34
唐代•文選八八 17_144_3
唐代•文選八八 17_151_2
唐代•文選八八 17_151_7
唐代•文選八八 18_156_34
唐代•文選八八 19_161_13
唐代•文選八八 19_165_4
唐代•文選八八 19_167_21
唐代•文選八八 19_168_5
唐代•文選八八 20_175_13
唐代•文選八八 21_180_3
唐代•文選八八 21_181_4
唐代•文選八八 21_181_13
唐代•文選八八 21_186_19
唐代•文選八八 21_188_8
唐代•文選八八 22_197_3
唐代•文選八八 22_197_9

唐代•文選百三 26_254_15
唐代•文選百三 26_254_20
唐代•文選百三 27_259_17
唐代•文選百三 27_266_6
唐代•文選百三 27_266_15
唐代•文選百三 28_272_14
唐代•文選百三 28_273_25
唐代•文選百三 21_209_13
唐代•文選百三 22_212_21
唐代•文選百三 22_212_26
唐代•文選百三 23_225_7
唐代•文選百三 23_225_12
唐代•文選百三 25_240_13
唐代•文選百三 25_249_26
唐代•文選百三 19_182_31
唐代•文選百三 20_190_4
唐代•文選百三 21_198_16
唐代•文選百三 21_198_29
唐代•文選百三 21_202_11
唐代•文選百三 21_202_16
唐代•文選百三 21_206_27
唐代•文選百三 13_124_11
唐代•文選百三 14_134_8
唐代•文選百三 14_134_17
唐代•文選百三 17_155_5
唐代•文選百三 17_159_9
唐代•文選百三 17_163_22
唐代•文選百三 18_174_19
唐代•文選百三 9_89_20
唐代•文選百三 9_89_31
唐代•文選百三 11_96_22
唐代•文選百三 11_99_23
唐代•文選百三 11_103_15
唐代•文選百三 12_112_3
唐代•文選百三 13_123_37
唐代•文選百三 2_13_21
唐代•文選百三 2_14_26
唐代•文選百三 3_19_10
唐代•文選百三 3_21_40
唐代•文選百三 6_54_34
唐代•文選百三 6_54_39
唐代•文選百三 7_55_2
唐代•文選八八 23_199_23
唐代•文選八八 23_199_28
唐代•文選八八 23_199_31
唐代•文選八八 23_209_5
唐代•文選八八 24_212_14
唐代•文選八八 24_212_19
唐代•文選八八 24_212_22

韻韵	韶韶					
慣イン 漢ウン 訓ひびき	漢ショウ 訓うつくしい					

唐代・文選五九 1_8_3

唐代・文選五九 7_60_5

唐代・文選五九 21_211_12

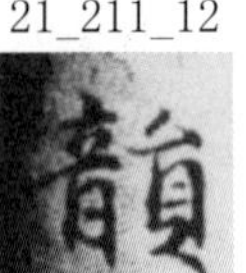
唐代・文選五九 86_828_29

唐代・文選六八 27_266_4

唐代・文選六八 27_268_4

唐代・文選六八 38_380_22

唐代・文選六八 54_539_6

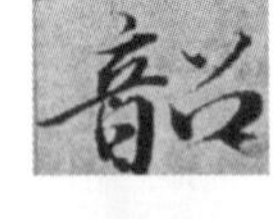
唐代・文選四八 31_279_4

唐代・文選四八 31_280_8

唐代・文選四八 31_280_15

唐代・文選四八 31_281_16

唐代・文選六八 29_299_24

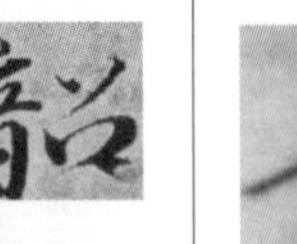
唐代・十輪經四 2_27_6

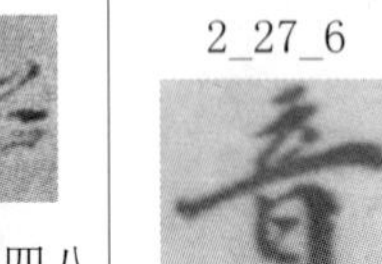
唐代・十輪經八 4_61_2

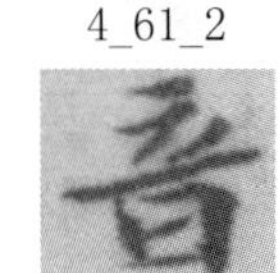
唐代・十輪經八 18_345_14

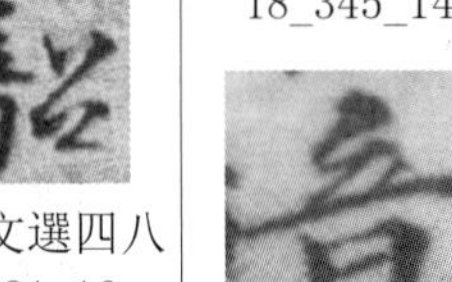
唐代・十輪經八 20_383_15

唐代・十輪經九 15_286_9

唐代・古文選前 15_178_17

唐代・古文選前 19_219_4

唐代・古文選後 8_93_3

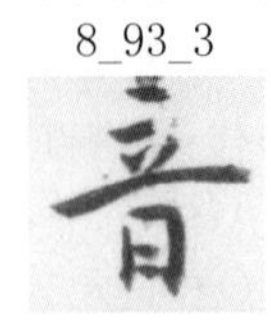
唐代・古文選後 10_109_6

唐代・古文選後 16_186_12

唐代・古文選後 20_233_6

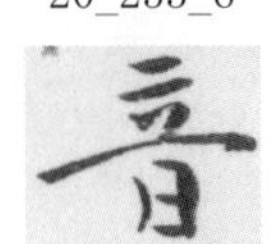
唐代・古文選後 26_305_10

唐代・文選百三 85_816_10

唐代・文選百三 85_816_15

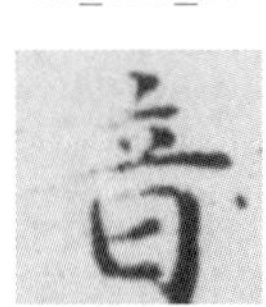
唐代・文選百三 87_824_15

唐代・文選百三 87_834_12

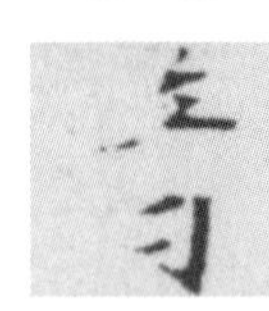
唐代・文選百三 87_834_19

唐代・古文選前 6_64_1

唐代・古文選前 11_128_9

唐代・文選百三 83_790_21

唐代・文選百三 83_793_24

唐代・文選百三 84_797_15

唐代・文選百三 84_797_20

唐代・文選百三 85_804_18

唐代・文選百三 85_804_27

唐代・文選百三 85_809_7

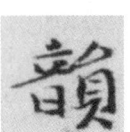

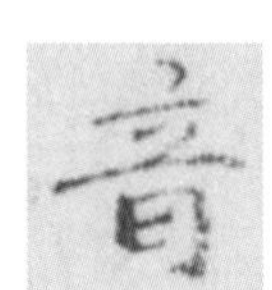
唐代・文選百三 71_688_14

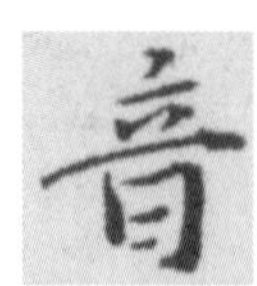
唐代・文選百三 83_786_12

唐代・文選百三 83_787_12

唐代・文選百三 83_787_23

唐代・文選百三 83_787_28

唐代・文選百三 83_787_31

唐代・文選百三 83_790_13

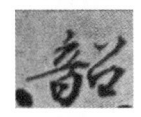

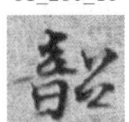

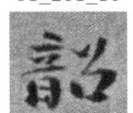

唐代•文選六八
56_564_23

唐代•文選六八
62_621_2

唐代•文選六八
71_702_12

唐代•文選百三
12_112_9

唐代•文選百三
46_444_18

唐代•文選百三
46_444_28

唐代•文選百三
49_474_19

唐代•文選百三
55_525_25

唐代•文選百三
87_834_18

唐代•文選百三
47_453_44

響 響

漢キョウ
訓ひびく

唐代•文選四八
8_64_2

唐代•文選五九
23_226_5

唐代•文選五九
23_227_24

唐代•文選五九
23_228_17

唐代•文選五九
40_393_1

唐代•文選五九
40_393_13

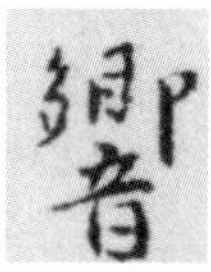
唐代•文選五九
40_394_18

唐代•文選五九
68_649_3

唐代•文選五九
68_661_14

唐代•文選五九
84_806_3

唐代•文選五九
84_807_10

唐代•文選六八
8_79_8

唐代•文選六八
8_80_9

唐代•文選六八
8_80_19

唐代•文選六八
8_81_10

唐代•文選六八
8_82_27

唐代•文選六八
52_524_6

唐代•文選六八
54_541_2

唐代•文選百三
33_330_12

唐代•文選百三
33_333_38

唐代•古文選後
10_109_7

唐代•古文選後
21_246_11

首部

首

呉シュ
訓くび

唐代•春秋經傳 8_79_11

唐代•春秋經傳 10_96_5

唐代•春秋經傳 19_200_26

唐代•文選四八 5_33_6

唐代•文選四八 8_70_6

唐代•文選四八 8_71_10

唐代•文選四八 11_96_9

唐代•文選四八 11_98_2

唐代•文選四八 38_338_3

唐代•文選四八 41_366_9

唐代•文選四八 42_375_14

唐代•文選四八 46_417_13

唐代•文選四八 50_449_18

唐代•文選五九 1_1_12

唐代•文選五九 1_2_10

唐代•文選五九 1_3_7

唐代•文選五九 1_4_9

唐代•文選五九 1_5_9

唐代•文選五九 1_8_5

唐代•文選五九 1_9_4

唐代•文選五九 5_46_4

唐代•文選五九 7_62_15

唐代•文選五九 9_89_6

唐代•文選五九 12_115_6

唐代•文選五九 12_117_14

唐代•文選五九 15_146_10

唐代•文選五九 21_200_5

唐代•文選五九 23_225_6

唐代•文選五九 25_243_9

唐代•文選五九 28_276_1

唐代•文選五九 28_278_20

唐代•文選五九 29_282_10

唐代•文選五九 33_320_25

唐代•文選五九 36_353_8

唐代•文選五九 41_408_4

唐代•文選五九 45_445_4

唐代•文選五九 45_446_19

唐代•文選五九 49_490_9

唐代•文選五九 51_498_28

唐代•文選五九 56_540_6

唐代•文選五九 65_629_6

唐代•文選五九 69_662_5

唐代•古文選前 6_68_5
唐代•古文選前 6_74_8
唐代•古文選前 8_100_1
唐代•古文選前 11_133_6
唐代•古文選前 14_160_12
唐代•古文選前 15_179_5
唐代•古文選前 19_222_6

唐代•文選百三 39_392_2
唐代•文選百三 39_394_5
唐代•文選百三 39_396_23
唐代•文選百三 40_399_6
唐代•文選百三 40_399_10
唐代•文選百三 65_621_6
唐代•古文選前 2_17_5

唐代•文選百三 1_3_7
唐代•文選百三 23_227_6
唐代•文選百三 27_264_9
唐代•文選百三 27_265_21
唐代•文選百三 27_269_2
唐代•文選百三 27_271_6
唐代•文選百三 28_272_9

唐代•文選六八 51_512_25
唐代•文選六八 51_512_29
唐代•文選六八 53_531_6
唐代•文選六八 63_635_19
唐代•文選八八 19_163_5
唐代•文選百三 1_1_6
唐代•文選百三 1_2_9

唐代•文選六八 2_16_4
唐代•文選六八 2_16_12
唐代•文選六八 2_16_20
唐代•文選六八 2_19_28
唐代•文選六八 2_19_32
唐代•文選六八 2_20_6
唐代•文選六八 38_379_21

唐代•文選五九 86_830_10
唐代•文選五九 96_910_6
唐代•文選五九 99_933_9
唐代•文選五九 102_964_6
唐代•文選五九 107_1009_12
唐代•文選五九 109_1033_14
唐代•文選六八 2_15_9

唐代•文選五九 71_676_24
唐代•文選五九 71_678_3
唐代•文選五九 71_682_27
唐代•文選五九 71_683_26
唐代•文選五九 72_695_6
唐代•文選五九 77_735_11
唐代•文選五九 78_751_11

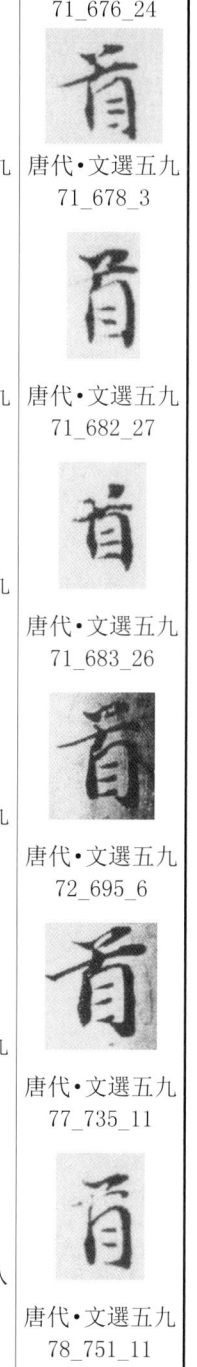

馘	馗					
漢カク 訓みみきる	漢キ 訓みち					
 唐代•春秋經傳 5_48_5	 唐代•古文選後 20_240_1	 唐代•古文選後 26_306_10  唐代•古文選後 26_311_6  唐代•十輪經四 7_138_2  唐代•十輪經八 3_47_10  唐代•十輪經十 17_338_6	 唐代•古文選後 21_250_13  唐代•古文選後 22_260_7  唐代•古文選後 23_273_12  唐代•古文選後 24_281_7  唐代•古文選後 25_291_11	 唐代•古文選後 13_150_11  唐代•古文選後 15_175_17  唐代•古文選後 16_183_8  唐代•古文選後 16_192_15  唐代•古文選後 17_201_9  唐代•古文選後 19_221_9  唐代•古文選後 25_292_12  唐代•古文選後 25_300_10	 唐代•古文選後 6_65_9  唐代•古文選後 6_72_9  唐代•古文選後 7_83_6  唐代•古文選後 8_89_6  唐代•古文選後 9_99_6  唐代•古文選後 11_119_16  唐代•古文選後 12_133_12  唐代•古文選後 21_244_14	 唐代•古文選前 20_239_6  唐代•古文選前 23_273_5  唐代•古文選前 25_297_14  唐代•古文選前 27_314_8  唐代•古文選前 27_316_3  唐代•古文選後 3_29_6  唐代•古文選後 4_44_6

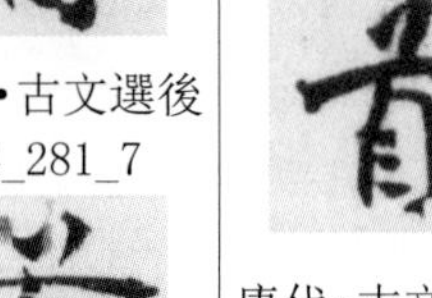

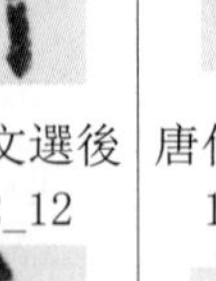

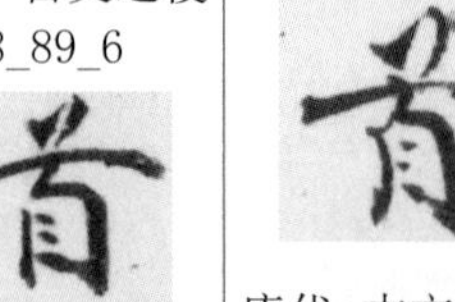

韋部

韋

イ
訓 なめしがわ

唐代・文選四八 29_262_2
唐代・文選四八 30_268_21
唐代・文選五九 34_333_16
唐代・文選五九 43_418_19
唐代・文選五九 63_605_23
唐代・文選六八 39_387_6
唐代・文選六八 49_486_4

唐代・文選六八 64_639_17
唐代・文選八八 9_68_11
唐代・文選八八 11_91_10
唐代・文選八八 12_97_18
唐代・文選八八 20_178_4
唐代・文選八八 23_204_27
唐代・文選百三 28_275_17

唐代・古文選前 20_239_10
唐代・古文選前 20_239_21
唐代・古文選前 20_239_30
唐代・古文選前 21_242_8

韓

漢 カン
訓 いげた

唐代・文選四八 2_11_11
唐代・文選四八 13_116_29
唐代・文選四八 16_149_10
唐代・文選四八 20_176_6
唐代・文選五九 48_473_15
唐代・文選五九 61_586_12
唐代・文選五九 72_689_10
唐代・文選五九 84_806_16

唐代・文選五九 92_889_23
唐代・文選六八 4_45_12
唐代・文選六八 15_160_28
唐代・文選六八 15_161_4
唐代・文選六八 15_161_10
唐代・文選六八 21_214_13
唐代・文選六八 23_239_13

唐代・文選六八 24_240_11
唐代・文選六八 45_458_9
唐代・文選六八 53_538_7
唐代・文選六八 73_724_19
唐代・文選八八 17_143_21
唐代・文選百三 27_270_1
唐代・文選百三 27_271_23
唐代・文選百三 49_473_4

			韠	韜	韡	
			漢ヒツ 訓ひざかけ	漢トウ 訓ゆぶくろ	イ、キ 訓さかん	
			 唐代•文選四八 25_227_4  唐代•文選四八 25_227_10	 唐代•文選五九 47_471_22	 唐代•文選六八 71_714_8 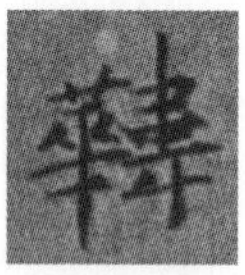 唐代•文選六八 72_717_26  唐代•文選六八 72_720_11	 唐代•文選百三 50_482_28  唐代•文選百三 61_587_5  唐代•文選百三 61_588_11  唐代•文選百三 61_590_19  唐代•文選百三 62_595_23  唐代•文選百三 69_660_9  唐代•文選百三 83_792_20

飛部

飛 飛

ヒ

訓 とぶ

唐代•文選四八
1_1_2

唐代•文選四八
1_2_8

唐代•文選四八
1_5_8

唐代•文選四八
1_6_25

唐代•文選四八
5_39_7

唐代•文選四八
22_196_8

唐代•文選四八
49_445_2

唐代•文選五九
6_58_2

唐代•文選五九
6_58_16

唐代•文選五九
7_60_26

唐代•文選五九
9_83_14

唐代•文選五九
11_99_6

唐代•文選五九
11_100_14

唐代•文選五九
11_100_28

唐代•文選五九
11_102_6

唐代•文選五九
37_360_25

唐代•文選五九
47_461_5

唐代•文選五九
47_462_12

唐代•文選五九
47_462_29

唐代•文選五九
47_464_6

唐代•文選五九
48_477_18

唐代•文選五九
68_659_22

唐代•文選五九
68_660_1

唐代•文選五九
68_660_30

唐代•文選五九
69_663_4

唐代•文選五九
78_756_7

唐代•文選五九
78_756_14

唐代•文選五九
79_758_9

唐代•文選五九
94_897_20

唐代•文選五九
103_968_3

唐代•文選五九
103_971_3

唐代•文選五九
103_979_7

唐代•文選五九
103_980_24

唐代•文選六八
3_34_27

唐代•文選六八
4_36_4

唐代•文選六八
4_37_20

唐代•文選六八
7_68_16

唐代•文選六八
7_69_13

唐代•文選六八
15_149_7

唐代•文選六八
15_151_1

唐代•文選六八
15_153_8

唐代•文選六八
15_153_14

唐代•文選六八
15_159_10

唐代•文選六八
16_162_9

唐代•文選六八
16_163_13

唐代•文選六八
16_165_4

唐代•文選六八
29_288_12

唐代•文選六八
31_316_3

 唐代·古文選後 8_85_2	  唐代·文選百三 48_460_12	 唐代·文選六八 57_566_18	 唐代·文選六八 52_521_22	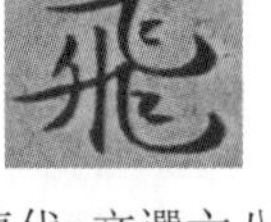 唐代·文選六八 43_433_22	唐代·文選六八 38_381_24	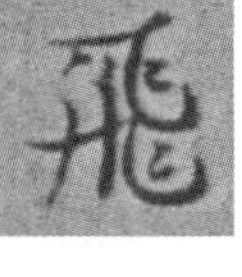 唐代·文選六八 33_330_5
唐代·古文選後 9_101_9	 唐代·文選百三 48_462_13	 唐代·文選六八 57_567_18	唐代·文選六八 52_521_26	唐代·文選六八 45_445_6	 唐代·文選六八 41_413_2	  唐代·文選六八 33_330_16
唐代·古文選後 9_104_13	唐代·文選百三 69_666_4	 唐代·文選六八 61_610_10	唐代·文選六八 53_526_1	唐代·文選六八 51_507_13	 唐代·文選六八 41_413_15	 唐代·文選六八 33_332_18
唐代·古文選後 13_155_11	唐代·文選百三 83_787_1	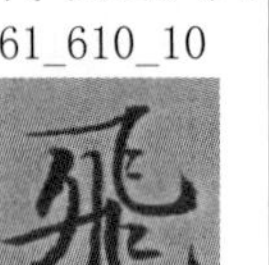 唐代·文選六八 73_727_4	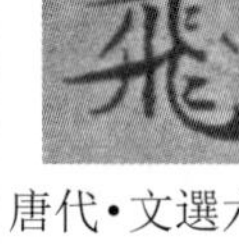 唐代·文選六八 53_536_5	唐代·文選六八 51_509_27	  唐代·文選六八 41_414_4	 唐代·文選六八 33_337_2
唐代·古文選後 16_182_5	唐代·古文選前 1_9_11	唐代·文選百三 7_56_9	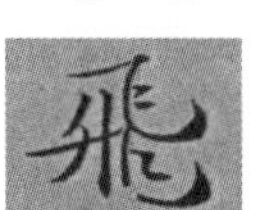 唐代·文選六八 54_540_10	唐代·文選六八 51_517_2	 唐代·文選六八 41_414_8	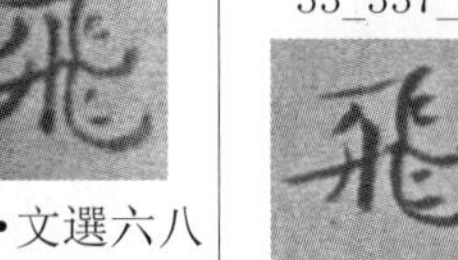 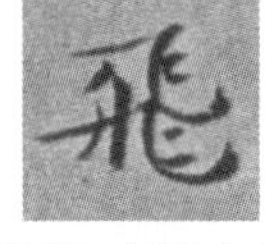 唐代·文選六八 34_339_18
唐代·古文選後 21_247_7	唐代·古文選前 10_120_7	唐代·文選百三 7_57_17	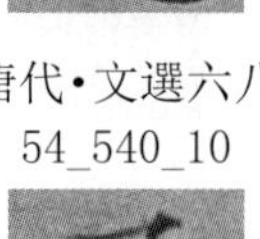  唐代·文選六八 54_543_8	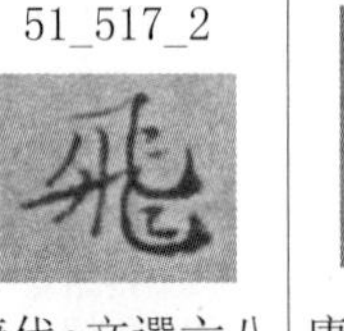 唐代·文選六八 51_518_19	 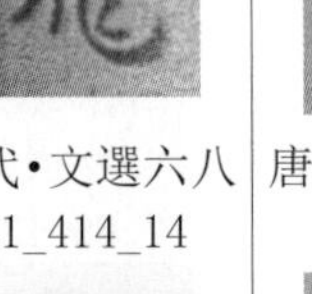 唐代·文選六八 41_414_14	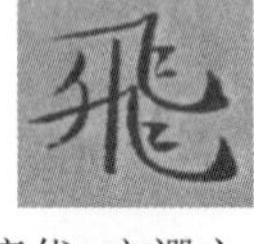 唐代·文選六八 37_371_2
唐代·古文選後 22_253_1	唐代·古文選前 24_284_7	 唐代·文選百三 30_296_23	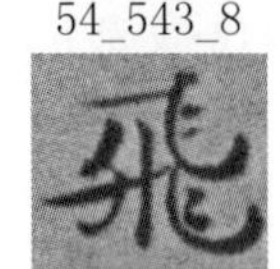 唐代·文選六八 54_543_21	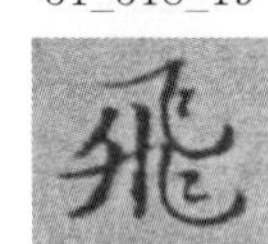 唐代·文選六八 51_518_26	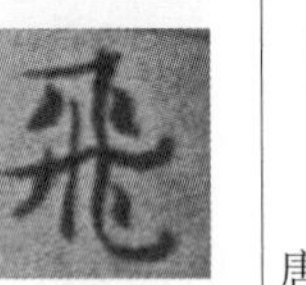  唐代·文選六八 41_415_6	 唐代·文選六八 37_378_6
唐代·十輪經八 3_59_14	 唐代·古文選後 5_56_3	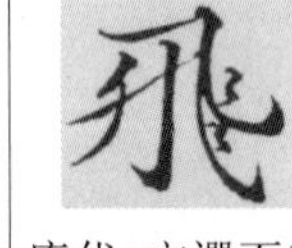 唐代·文選百三 47_458_6	 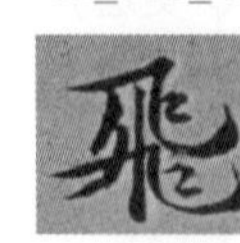 唐代·文選六八 57_565_14	 唐代·文選六八 52_520_21	 唐代·文選六八 42_419_29	 唐代·文選六八 38_379_13

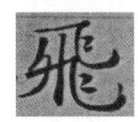

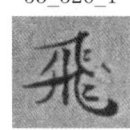

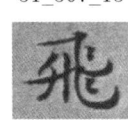

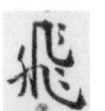

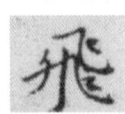

髟部

髣

ホウ
訓さながら

唐代・古文選前
2_23_2

唐代・古文選前
8_90_4

髪 髮

漢ハツ
訓かみ

唐代・文選五九
75_719_7

唐代・文選五九
75_720_10

唐代・文選五九
75_720_28

唐代・文選五九
91_874_12

唐代・文選六八
55_551_4

唐代・文選六八
55_558_5

唐代・古文選前
22_261_14

唐代・古文選前
23_270_4

唐代・古文選前
23_272_8

唐代・十輪經四
8_145_13

唐代・十輪經四
9_170_10

唐代・十輪經四
12_220_13

唐代・十輪經四
12_225_6

唐代・十輪經四
12_227_16

唐代・十輪經四
12_237_6

唐代・十輪經四
13_246_9

唐代・十輪經四
13_247_12

唐代・十輪經四
13_249_6

唐代・十輪經四
14_261_6

唐代・十輪經四
14_267_11

唐代・十輪經四
14_276_5

唐代・十輪經四
15_281_7

唐代・十輪經四
15_287_1

唐代・十輪經四
16_307_5

唐代・十輪經四
20_385_10

唐代・十輪經八
1_9_14

唐代・十輪經八
2_24_10

唐代・十輪經八
7_129_7

唐代・十輪經八
9_168_1

唐代・十輪經八
11_205_15

唐代・十輪經八
13_243_7

唐代・十輪經八
14_280_8

唐代・十輪經八
18_356_17

唐代・十輪經八
20_394_12

唐代・十輪經八
22_434_3

唐代・十輪經九
2_32_12

唐代・十輪經九
4_72_17

鬚	鬘	鬐	鬇	髻	髴	髫
漢シュ呉ス 訓ひげ	漢バン呉マン 訓かつら	漢キ呉ギ 訓—	漢サウ呉ジョウ 訓—	漢ケイ 訓もとどり	フツ 訓にかよう	漢チョウ 訓うない
 唐代•十輪經四 8_145_12	 唐代•十輪經十 17_337_2	 唐代•文選六八 44_440_15	 唐代•十輪經四 13_247_10	 唐代•文選八八 8_61_5	 唐代•古文選前 2_23_3	 唐代•文選六八 51_513_9
 唐代•十輪經四 9_170_9				 唐代•古文選前 8_92_49	 唐代•古文選前 8_90_5	 唐代•文選六八 51_513_29
 唐代•十輪經四 12_220_12						 唐代•文選六八 51_514_3
 唐代•十輪經四 12_225_5						 唐代•文選六八 51_514_12
 唐代•十輪經四 12_237_5						
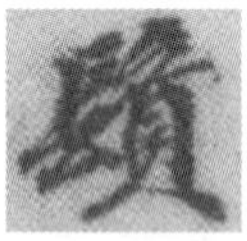 唐代•十輪經四 13_249_5						
 唐代•十輪經四 14_261_5						
 唐代•十輪經四 14_267_10						

	鬣	鬢	鬡			
	リョウ 訓かみのけ	漢ヒン呉ビン 訓びん	漢ダウ呉ニョウ 訓—			
	 唐代•文選六八 35_350_6  唐代•文選六八 35_352_12  唐代•文選六八 35_352_18	 唐代•春秋經傳 6_62_14	 唐代•十輪經四 13_247_11	 唐代•十輪經九 4_72_16	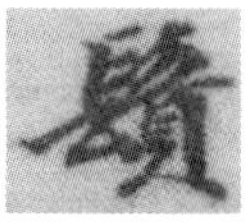 唐代•十輪經八 11_205_14 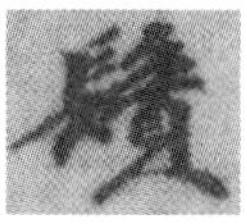 唐代•十輪經八 13_243_6  唐代•十輪經八 14_280_7  唐代•十輪經八 16_318_4  唐代•十輪經八 18_356_16  唐代•十輪經八 20_394_11  唐代•十輪經八 22_434_2 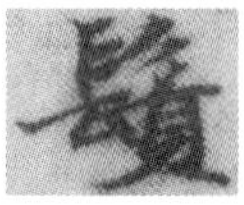 唐代•十輪經九 2_32_11	 唐代•十輪經四 14_276_4  唐代•十輪經四 15_281_6  唐代•十輪經四 15_286_18  唐代•十輪經四 16_307_4 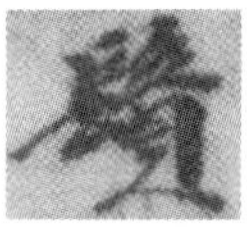 唐代•十輪經八 1_9_13 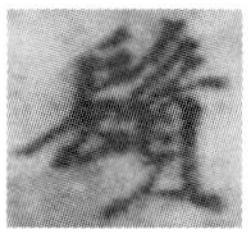 唐代•十輪經八 2_24_9  唐代•十輪經八 7_129_6 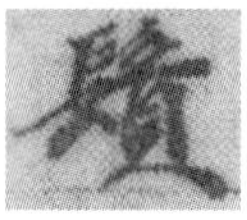 唐代•十輪經八 9_167_18

馬部

馬

漢バ 呉マ 呉メ
訓うま

唐代•春秋經傳 6_56_10

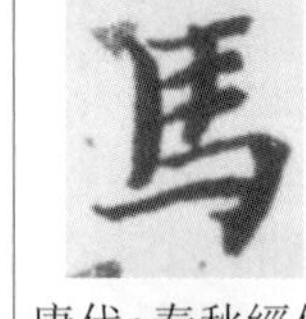
唐代•春秋經傳 6_56_14

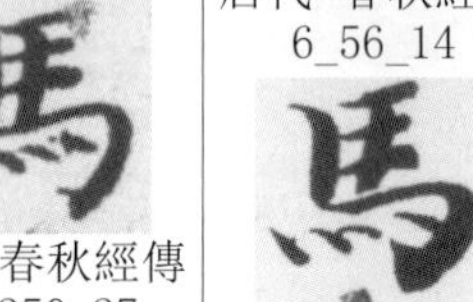
唐代•春秋經傳 6_58_15

唐代•春秋經傳 6_59_8

唐代•春秋經傳 15_158_6

唐代•春秋經傳 20_209_18

唐代•春秋經傳 21_217_5

唐代•春秋經傳 21_218_9

唐代•春秋經傳 24_244_6

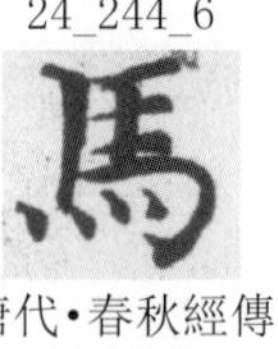
唐代•春秋經傳 24_250_19

唐代•春秋經傳 24_250_27

唐代•春秋經傳 24_251_11

唐代•文選四八 4_31_3

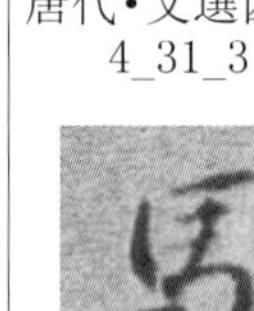

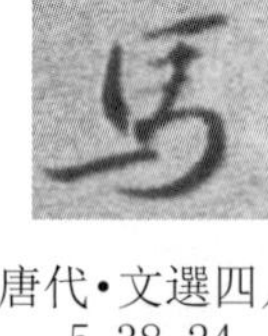

唐代•文選四八 5_38_24

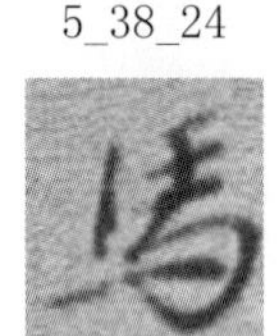
唐代•文選四八 6_43_9

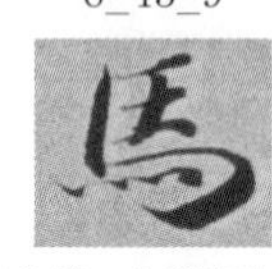

唐代•文選四八 6_47_17

唐代•文選四八 6_50_18

唐代•文選四八 7_54_8

唐代•文選四八 9_74_20

唐代•文選四八 10_92_1

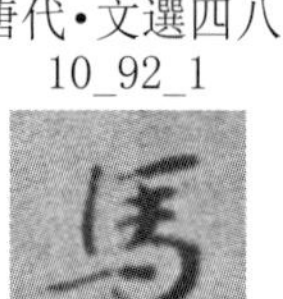
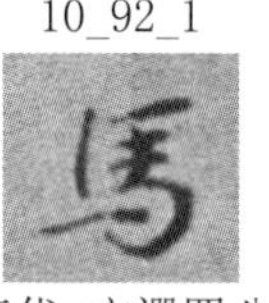
唐代•文選四八 10_92_20

唐代•文選四八 11_93_3

唐代•文選四八 11_94_10

唐代•文選四八 11_97_22

唐代•文選四八 20_185_9

唐代•文選四八 24_218_22

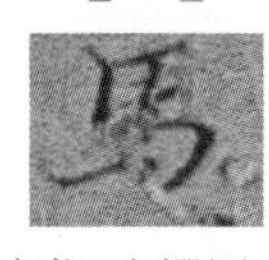
唐代•文選四八 25_225_8

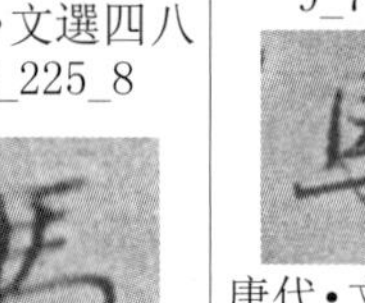

唐代•文選四八 25_227_49

唐代•文選四八 27_243_9

唐代•文選四八 27_244_20

唐代•文選四八 30_275_19

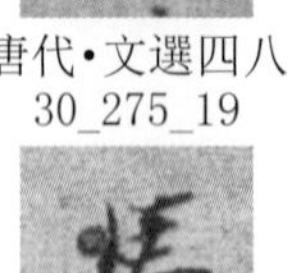

唐代•文選四八 31_277_9

唐代•文選四八 33_295_10

唐代•文選四八 37_335_1

唐代•文選四八 38_336_3

唐代•文選四八 38_337_3

唐代•文選四八 38_337_22

唐代•文選四八 42_372_6

唐代•文選四八 42_373_1

唐代•文選四八 44_395_3

唐代•文選四八 44_395_7

唐代•文選四八 44_397_8

唐代•文選四八 44_397_12

唐代•文選五九 5_48_9

唐代•文選五九 5_50_18

唐代•文選五九 9_81_18

唐代•文選五九 13_130_6

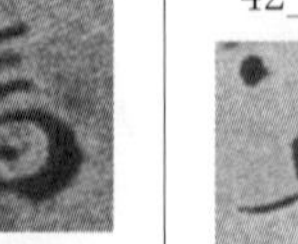
唐代•文選五九 15_140_1

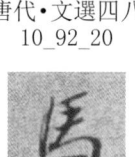

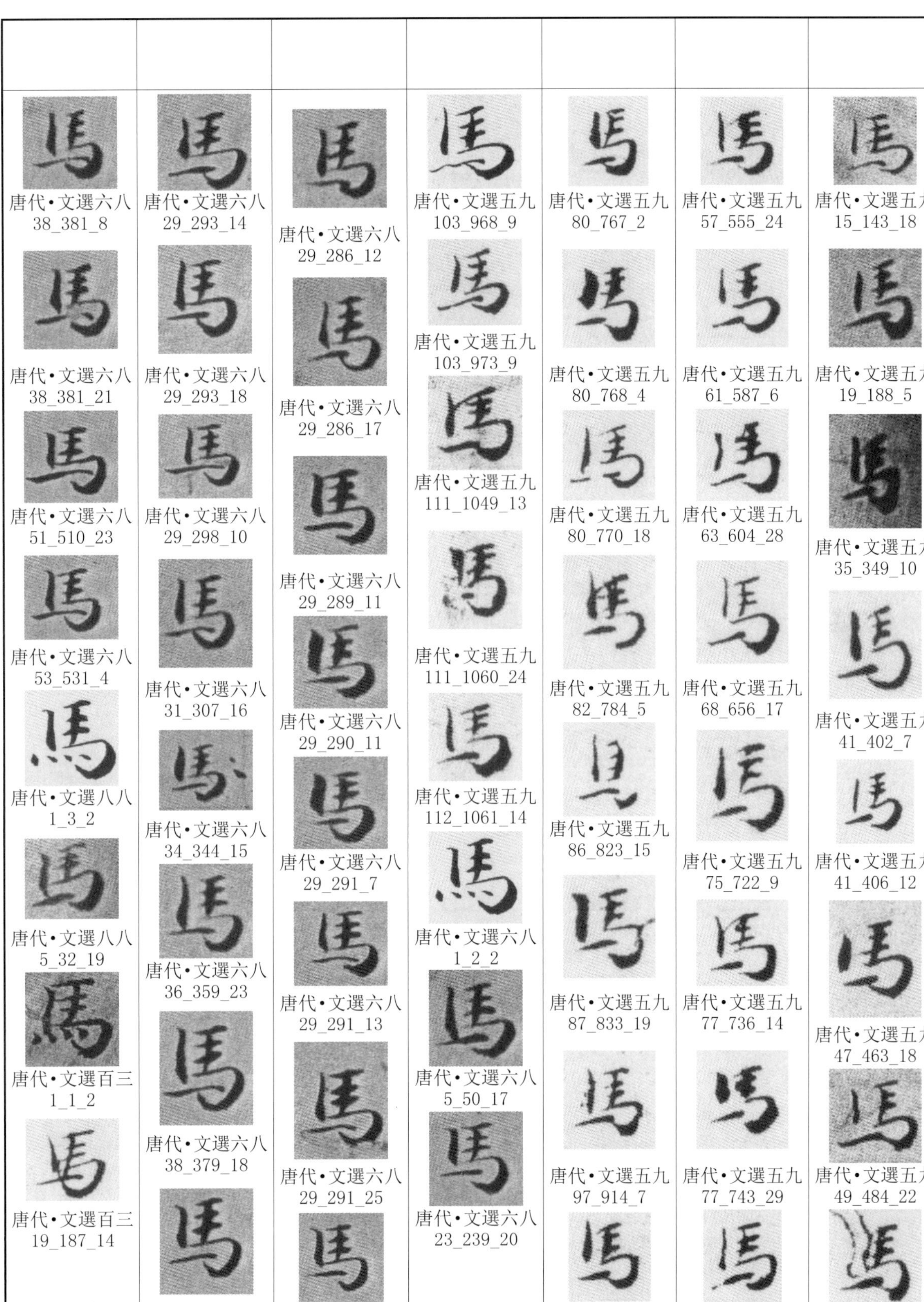

唐代•文選六八 38_381_8

唐代•文選六八 38_381_21

唐代•文選六八 51_510_23

唐代•文選六八 53_531_4

唐代•文選八八 1_3_2

唐代•文選八八 5_32_19

唐代•文選百三 1_1_2

唐代•文選百三 19_187_14

唐代•文選六八 29_293_14

唐代•文選六八 29_293_18

唐代•文選六八 29_298_10

唐代•文選六八 31_307_16

唐代•文選六八 34_344_15

唐代•文選六八 36_359_23

唐代•文選六八 38_379_18

唐代•文選六八 38_379_23

唐代•文選六八 29_286_12

唐代•文選六八 29_286_17

唐代•文選六八 29_289_11

唐代•文選六八 29_290_11

唐代•文選六八 29_291_7

唐代•文選六八 29_291_13

唐代•文選六八 29_291_25

唐代•文選六八 29_292_12

唐代•文選五九 103_968_9

唐代•文選五九 103_973_9

唐代•文選五九 111_1049_13

唐代•文選五九 111_1060_24

唐代•文選五九 112_1061_14

唐代•文選六八 1_2_2

唐代•文選六八 5_50_17

唐代•文選六八 23_239_20

唐代•文選五九 80_767_2

唐代•文選五九 80_768_4

唐代•文選五九 80_770_18

唐代•文選五九 82_784_5

唐代•文選五九 86_823_15

唐代•文選五九 87_833_19

唐代•文選五九 97_914_7

唐代•文選五九 97_919_20

唐代•文選五九 57_555_24

唐代•文選五九 61_587_6

唐代•文選五九 63_604_28

唐代•文選五九 68_656_17

唐代•文選五九 75_722_9

唐代•文選五九 77_736_14

唐代•文選五九 77_743_29

唐代•文選五九 78_755_25

唐代•文選五九 15_143_18

唐代•文選五九 19_188_5

唐代•文選五九 35_349_10

唐代•文選五九 41_402_7

唐代•文選五九 41_406_12

唐代•文選五九 47_463_18

唐代•文選五九 49_484_22

唐代•文選五九 57_552_8

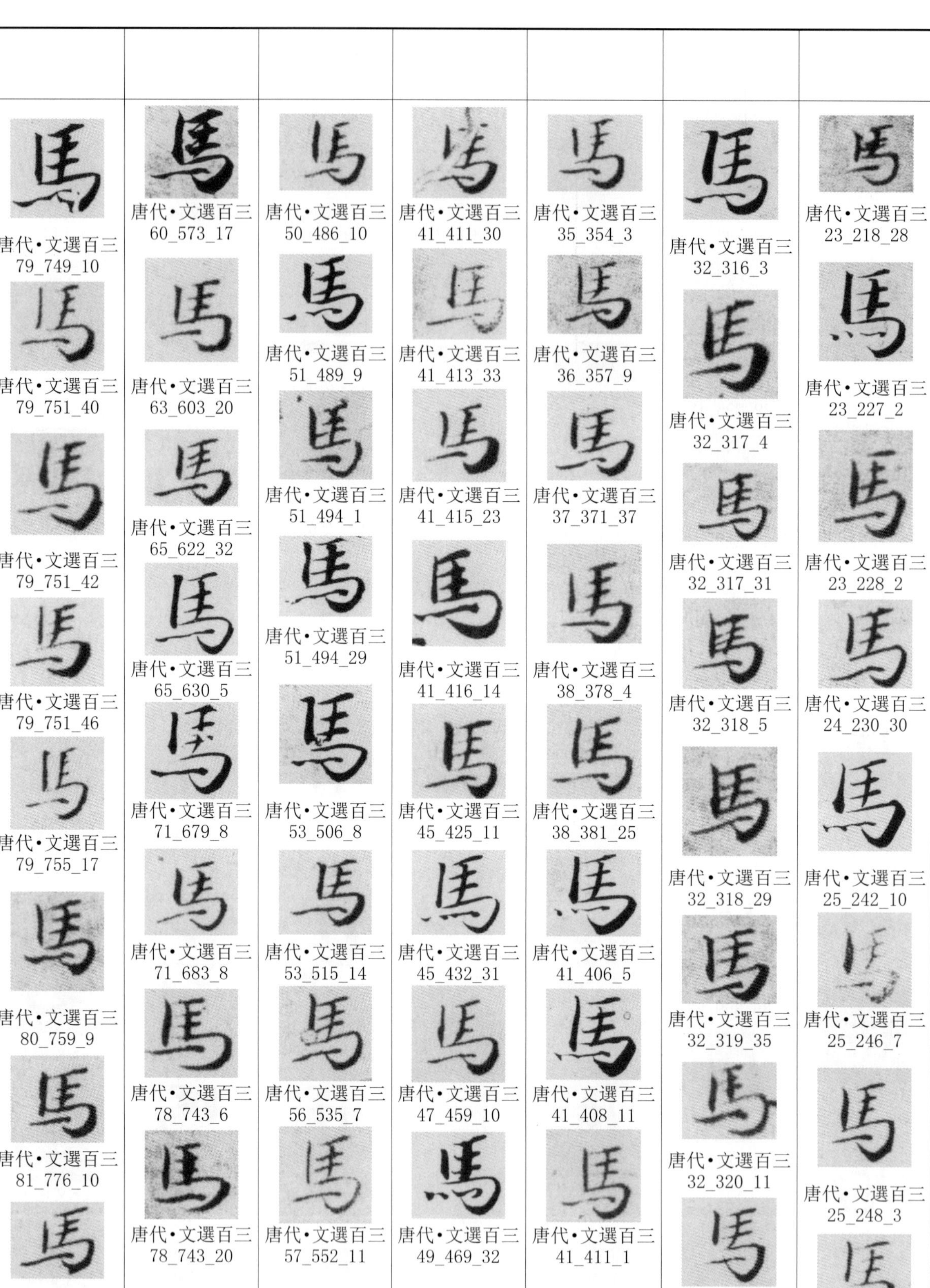

唐代·文選百三 23_218_28
唐代·文選百三 23_227_2
唐代·文選百三 23_228_2
唐代·文選百三 24_230_30
唐代·文選百三 25_242_10
唐代·文選百三 25_246_7
唐代·文選百三 25_248_3
唐代·文選百三 31_312_25
唐代·文選百三 32_316_3
唐代·文選百三 32_317_4
唐代·文選百三 32_317_31
唐代·文選百三 32_318_5
唐代·文選百三 32_318_29
唐代·文選百三 32_319_35
唐代·文選百三 32_320_11
唐代·文選百三 33_329_2
唐代·文選百三 35_354_3
唐代·文選百三 36_357_9
唐代·文選百三 37_371_37
唐代·文選百三 38_378_4
唐代·文選百三 38_381_25
唐代·文選百三 41_406_5
唐代·文選百三 41_408_11
唐代·文選百三 41_411_1
唐代·文選百三 41_411_30
唐代·文選百三 41_413_33
唐代·文選百三 41_415_23
唐代·文選百三 41_416_14
唐代·文選百三 45_425_11
唐代·文選百三 45_432_31
唐代·文選百三 47_459_10
唐代·文選百三 49_469_32
唐代·文選百三 50_486_10
唐代·文選百三 51_489_9
唐代·文選百三 51_494_1
唐代·文選百三 51_494_29
唐代·文選百三 53_506_8
唐代·文選百三 53_515_14
唐代·文選百三 56_535_7
唐代·文選百三 57_552_11
唐代·文選百三 60_573_17
唐代·文選百三 63_603_20
唐代·文選百三 65_622_32
唐代·文選百三 65_630_5
唐代·文選百三 71_679_8
唐代·文選百三 71_683_8
唐代·文選百三 78_743_6
唐代·文選百三 78_743_20
唐代·文選百三 79_749_10
唐代·文選百三 79_751_40
唐代·文選百三 79_751_42
唐代·文選百三 79_751_46
唐代·文選百三 79_755_17
唐代·文選百三 80_759_9
唐代·文選百三 81_776_10
唐代·文選百三 81_776_15

馳

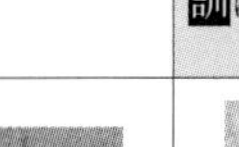

唐代·文選六八 4_45_4

唐代·文選六八 27_273_2

唐代·文選六八 27_274_25

唐代·文選六八 28_284_1

唐代·文選六八 28_285_11

唐代·文選六八 29_286_15

唐代·文選六八 29_286_26

唐代·文選六八 31_307_27

漢チ 呉ジ
訓はせる

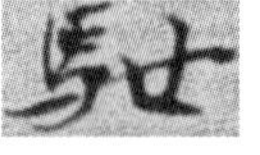

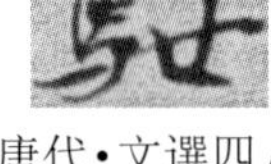

唐代·文選四八 7_54_7

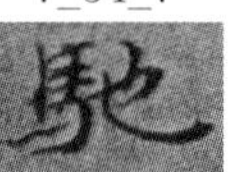

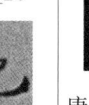

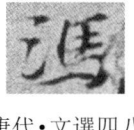

唐代·文選五九 8_74_4

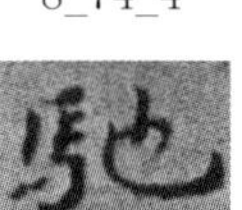

唐代·文選五九 18_178_25

唐代·文選五九 20_196_12

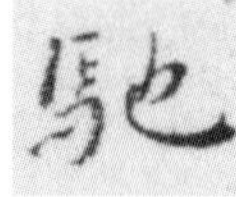

唐代·文選五九 51_506_25

唐代·文選五九 61_589_28

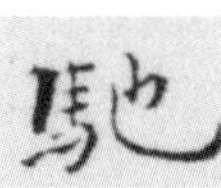

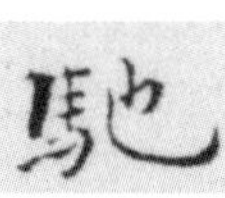

唐代·文選五九 85_815_20

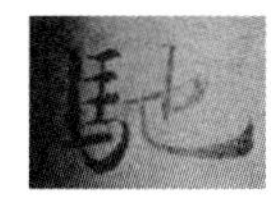

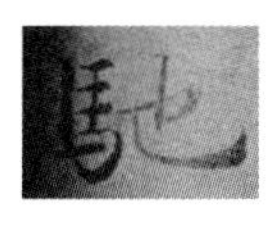

唐代·文選六八 4_43_19

馮

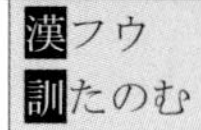

唐代·文選五九 42_417_30

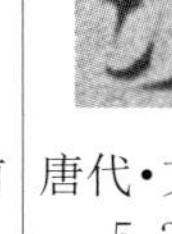

唐代·古文選前 14_159_1

漢フウ
訓たのむ

唐代·文選四八 5_33_2

唐代·文選四八 5_34_19

唐代·文選四八 5_37_18

唐代·文選四八 6_44_6

唐代·文選四八 6_52_7

唐代·文選四八 6_53_25

唐代·文選四八 24_211_24

唐代·文選五九 26_256_7

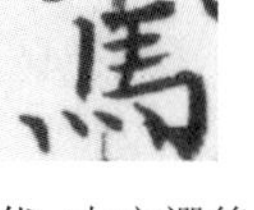

唐代·古文選前 27_313_9

唐代·古文選後 3_30_14

唐代·古文選後 15_175_8

唐代·古文選後 16_192_7

唐代·十輪經九 8_152_9

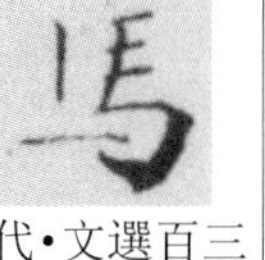

唐代·文選百三 85_809_26

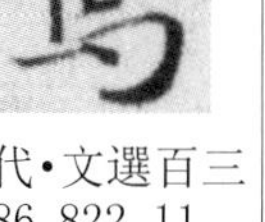

唐代·文選百三 85_810_7

唐代·文選百三 86_822_11

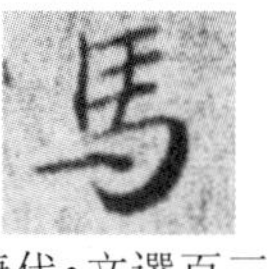

唐代·文選百三 86_822_26

唐代·文選百三 86_823_7

唐代·古文選前 12_138_13

唐代·古文選前 22_258_10

唐代·古文選前 25_297_31

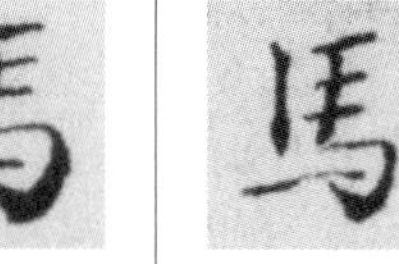

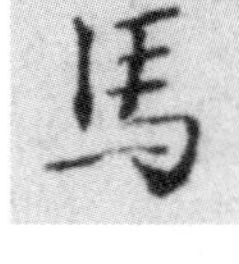

唐代·文選百三 83_787_7

唐代·文選百三 84_800_5

唐代·文選百三 84_802_16

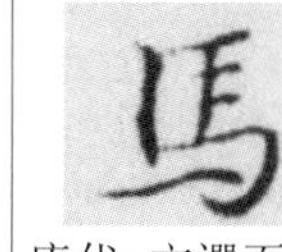

唐代·文選百三 85_807_26

唐代·文選百三 85_808_16

唐代·文選百三 85_808_18

唐代·文選百三 85_808_26

唐代·文選百三 85_808_33

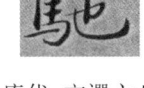

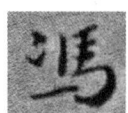

駒

ク
訓こま

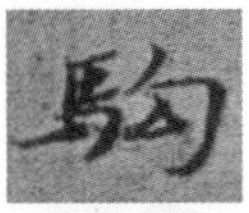
唐代・文選四八
20_181_2

唐代・文選四八
20_181_8

唐代・文選四八
20_181_10

唐代・文選百三
53_514_8

唐代・十輪經四
18_348_14

唐代・十輪經四
20_383_2

罵

漢バ
訓ののしる

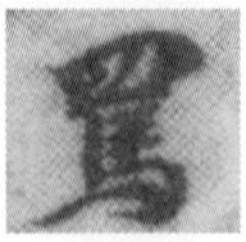
唐代・十輪經四
1_16_17

唐代・十輪經四
7_135_4

唐代・十輪經四
8_148_6

唐代・十輪經四
10_197_12

唐代・十輪經四
11_207_14

唐代・十輪經四
15_287_17

唐代・十輪經四
16_308_3

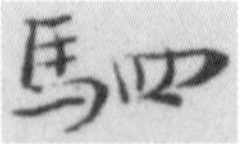
唐代・文選百三
78_742_15

唐代・文選百三
78_743_22

唐代・文選百三
78_744_1

唐代・文選百三
78_745_10

唐代・古文選前
1_4_12

唐代・古文選前
12_139_9

唐代・古文選後
3_35_12

駟

シ
訓—

唐代・春秋經傳
6_56_12

唐代・文選五九
111_1049_12

唐代・文選六八
5_49_4

唐代・文選六八
5_51_2

唐代・文選六八
29_289_1

唐代・文選六八
29_293_11

唐代・文選六八
53_531_3

唐代・文選百三
77_740_9

唐代・古文選後
20_240_3

唐代・古文選後
21_245_6

唐代・十輪經四
9_167_16

唐代・十輪經四
15_299_14

唐代・文選六八
61_614_9

唐代・文選六八
63_636_13

唐代・文選八八
14_114_7

唐代・文選八八
18_158_8

唐代・文選百三
16_152_20

唐代・古文選前
1_9_8

唐代・古文選前
3_31_14

唐代・古文選前
26_311_14

駝

漢タ呉ダ
訓らくだ

唐代・十輪經四
22_423_17

駐

チュ慣チュウ
訓とどまる

唐代・文選五九
55_537_12

唐代・文選五九
55_538_12

唐代・文選五九
55_539_3

駑

漢ド
訓にぶい

唐代・文選五九
97_914_6

駕

慣ガ漢カ
訓のる

唐代・春秋經傳
17_172_8

唐代・春秋經傳
17_173_3

唐代・文選四八
7_60_5

唐代・文選四八
9_74_12

唐代・文選四八
21_193_12

唐代・文選四八
38_336_18

唐代・文選四八
38_338_9

唐代・文選四八
38_339_23

唐代・文選四八
38_341_18

唐代・文選四八
40_357_11

唐代・文選五九
13_129_25

唐代・文選五九
18_175_30

唐代・文選五九
19_187_2

唐代・文選五九
19_190_4

唐代・文選五九
19_190_10

唐代・文選五九
20_193_8

唐代・文選五九
20_193_21

唐代・文選五九
46_452_11

唐代・文選五九
46_454_16

唐代・文選五九
47_461_13

唐代・文選五九
98_931_2

唐代・文選五九
98_931_30

唐代・文選六八
5_48_24

唐代・文選六八
29_288_8

唐代・文選六八
29_293_15

唐代・文選六八
38_381_11

唐代・文選六八
41_411_31

唐代・文選八八
20_173_7

駱

ラク
訓かわらげ

唐代・文選五九
19_188_7

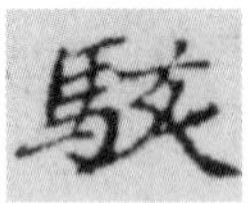
唐代・文選百三
61_584_8

唐代・古文選前
12_140_14

唐代・古文選後
11_123_10

唐代・古文選後
12_139_8

駭

漢カイ呉ガイ
訓おどろく

唐代・文選五九
77_740_8

唐代・文選五九
78_746_6

唐代・文選五九
78_746_20

唐代・文選六八
33_338_3

唐代・文選六八
37_373_12

唐代・文選六八
37_375_14

唐代・文選百三
32_320_20

唐代・文選百三
33_325_5

駰

漢イン
訓—

唐代・文選四八
30_268_7

唐代・文選五九
101_955_26

唐代・文選六八
2_18_2

唐代・文選六八
2_26_7

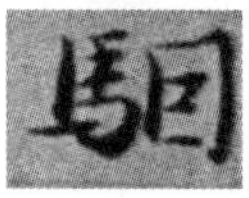
唐代・文選六八
41_418_13

唐代・文選六八
64_640_27

駘

漢タイ
訓ぬぐ

唐代・文選五九
68_655_3

唐代・文選五九
68_656_6

唐代・文選五九
68_656_20

唐代・文選五九
68_656_28

唐代・文選五九
68_657_7

唐代・古文選前
15_174_10

唐代・古文選後
3_30_12

唐代・古文選後
16_185_8

唐代・文選八八
20_173_12

唐代・文選八八
20_173_15

唐代・文選八八
20_174_9

唐代・文選八八
20_174_15

唐代・文選八八
20_174_20

唐代・文選八八
20_174_28

唐代・古文選前
12_139_4

騎

漢キ 呉ギ
訓のる

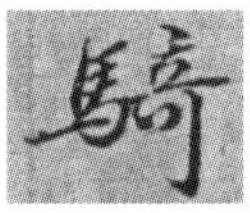
唐代・文選四八
3_17_12

唐代・文選四八
6_45_18

唐代・文選四八
11_97_12

唐代・文選四八
30_275_7

唐代・文選五九
2_13_25

唐代・文選五九
63_605_11

唐代・文選五九
103_970_14

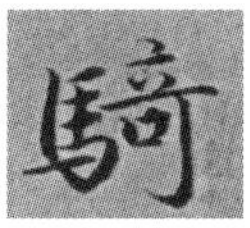
唐代・文選六八
31_318_9

唐代・文選百三
34_337_15

唐代・古文選後
12_134_7

駿

シュン
訓はやい

唐代・文選四八
23_210_19

唐代・文選四八
24_212_5

唐代・文選四八
24_214_25

唐代・文選四八
44_395_2

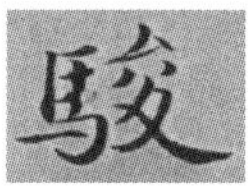
唐代・文選六八
37_377_23

唐代・文選六八
38_380_6

唐代・文選六八
38_381_4

唐代・文選百三
34_336_19

駼

漢ト 呉ヅ
訓—

唐代・文選六八
41_409_13

騁

漢テイ
訓はせる

唐代・文選四八
45_408_6

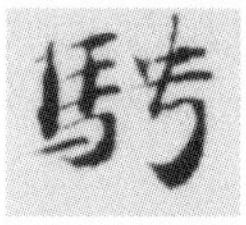
唐代・文選五九
85_816_1

唐代・文選六八
28_284_2

唐代・文選六八
28_285_12

唐代・文選六八
29_286_16

唐代・文選六八
29_286_30

唐代・文選百三
7_57_19

駹

漢ボウ
訓まだら

唐代・文選八八
3_16_22

唐代・文選八八
3_17_9

唐代・文選八八
3_18_4

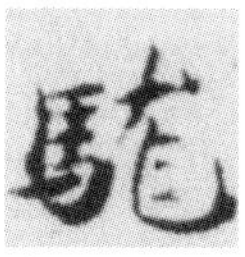
唐代・文選八八
3_18_10

唐代・文選八八
3_19_22

駢

漢ヘン 呉ベン
訓ならぶ

唐代・文選五九
90_861_4

唐代・文選六八
51_518_9

騫	騄	騊		騑		
ケン 訓そこなう	漢リョウ呉ロク 訓—	漢タウ呉ドウ 訓—		ヒ 訓そえうま		
 唐代•文選六八 53_536_4  唐代•文選百三 9_77_15  唐代•文選百三 9_79_47	 唐代•文選六八 37_378_1  唐代•文選六八 38_379_1  唐代•文選六八 38_380_9  唐代•文選六八 38_381_5	 唐代•文選六八 41_409_12	 唐代•文選百三 78_743_18  唐代•文選百三 78_745_9  唐代•古文選前 15_175_4  唐代•古文選後 4_38_9	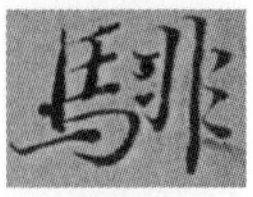 唐代•文選四八 10_90_6 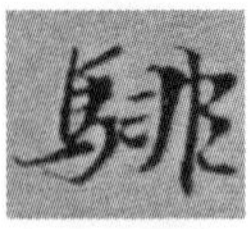 唐代•文選四八 10_91_20  唐代•文選四八 10_92_22 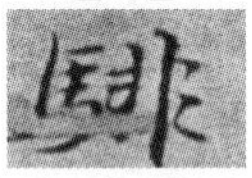 唐代•文選四八 11_93_19 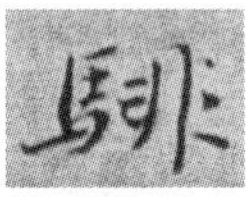 唐代•文選四八 11_94_7 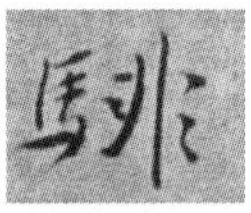 唐代•文選四八 11_95_14  唐代•文選百三 77_740_8 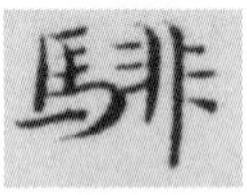 唐代•文選百三 78_742_12	 唐代•古文選後 13_150_90  唐代•古文選後 21_246_6	 唐代•文選六八 32_319_18  唐代•文選百三 1_7_26  唐代•文選百三 3_27_3  唐代•文選百三 36_356_10  唐代•文選百三 61_584_17  唐代•文選百三 67_647_26 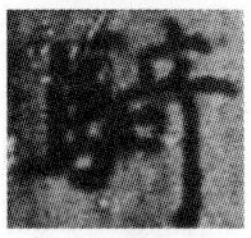 唐代•文選百三 67_648_17 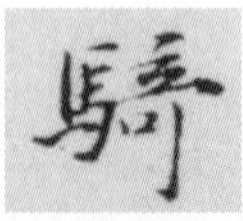 唐代•文選百三 67_650_10

	驂	騾	驃		驅	騖
	サン 訓そえうま	ラ 訓らば	漢ヒョウ 訓しらかげ		ク 訓かける	漢ブ呉ム 訓はせる
 唐代•文選百三 78_742_20  唐代•文選百三 78_743_15  唐代•古文選後 4_38_10  唐代•古文選後 17_199_3  唐代•古文選後 26_308_8	 唐代•春秋經傳 6_62_17  唐代•文選四八 10_91_21  唐代•文選五九 80_764_9  唐代•文選五九 80_766_10  唐代•文選五九 80_767_1  唐代•文選五九 80_769_12  唐代•文選五九 80_770_5  唐代•文選五九 80_770_17  唐代•文選百三 78_741_3	 唐代•十輪經四 12_235_11	 唐代•文選百三 36_356_9	 唐代•十輪經四 20_385_17	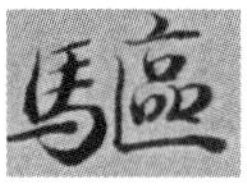 唐代•文選四八 6_47_16  唐代•文選四八 6_50_17  唐代•文選五九 8_74_3  唐代•文選五九 97_914_3  唐代•文選六八 61_614_8  唐代•古文選前 22_259_2  唐代•古文選後 4_40_6  唐代•十輪經四 20_384_16	 唐代•文選五九 18_174_7  唐代•文選五九 51_506_26  唐代•文選六八 30_305_10  唐代•文選八八 14_114_8  唐代•文選百三 79_750_1  唐代•古文選後 4_39_14

騶

漢シュウ
訓はせる

唐代•春秋經傳
4_37_1

唐代•春秋經傳
9_86_2

唐代•文選百三
26_252_6

唐代•文選百三
26_255_17

驗

ゲン慣ケン
訓しるし

唐代•文選五九
16_153_10

唐代•文選六八
55_545_22

唐代•文選百三
13_128_14

唐代•文選百三
46_440_22

驕

キョウ
訓おごる

唐代•春秋經傳
7_71_24

唐代•春秋經傳
25_257_3

唐代•文選五九
75_718_1

唐代•古文選後
1_9_7

驚

漢ケイ吳キョウ
訓おどろく

唐代•十輪經八
3_59_12

唐代•十輪經八
4_62_2

唐代•十輪經八
4_64_9

唐代•十輪經八
4_66_5

唐代•十輪經八
6_101_11

唐代•十輪經八
7_138_12

唐代•十輪經八
9_176_16

唐代•文選百三
79_753_9

唐代•文選百三
86_822_27

唐代•古文選前
8_89_4

唐代•十輪經四
9_167_14

唐代•十輪經四
11_218_1

唐代•十輪經四
12_224_6

唐代•十輪經四
14_273_17

唐代•文選百三
33_325_8

唐代•文選百三
41_406_6

唐代•文選百三
41_411_2

唐代•文選百三
41_413_3

唐代•文選百三
47_452_6

唐代•文選百三
61_583_5

唐代•文選百三
79_751_50

唐代•文選五九
3_26_26

唐代•文選五九
75_718_8

唐代•文選六八
31_307_26

唐代•文選六八
31_309_2

唐代•文選六八
33_337_16

唐代•文選六八
44_440_11

唐代•文選百三
33_325_6

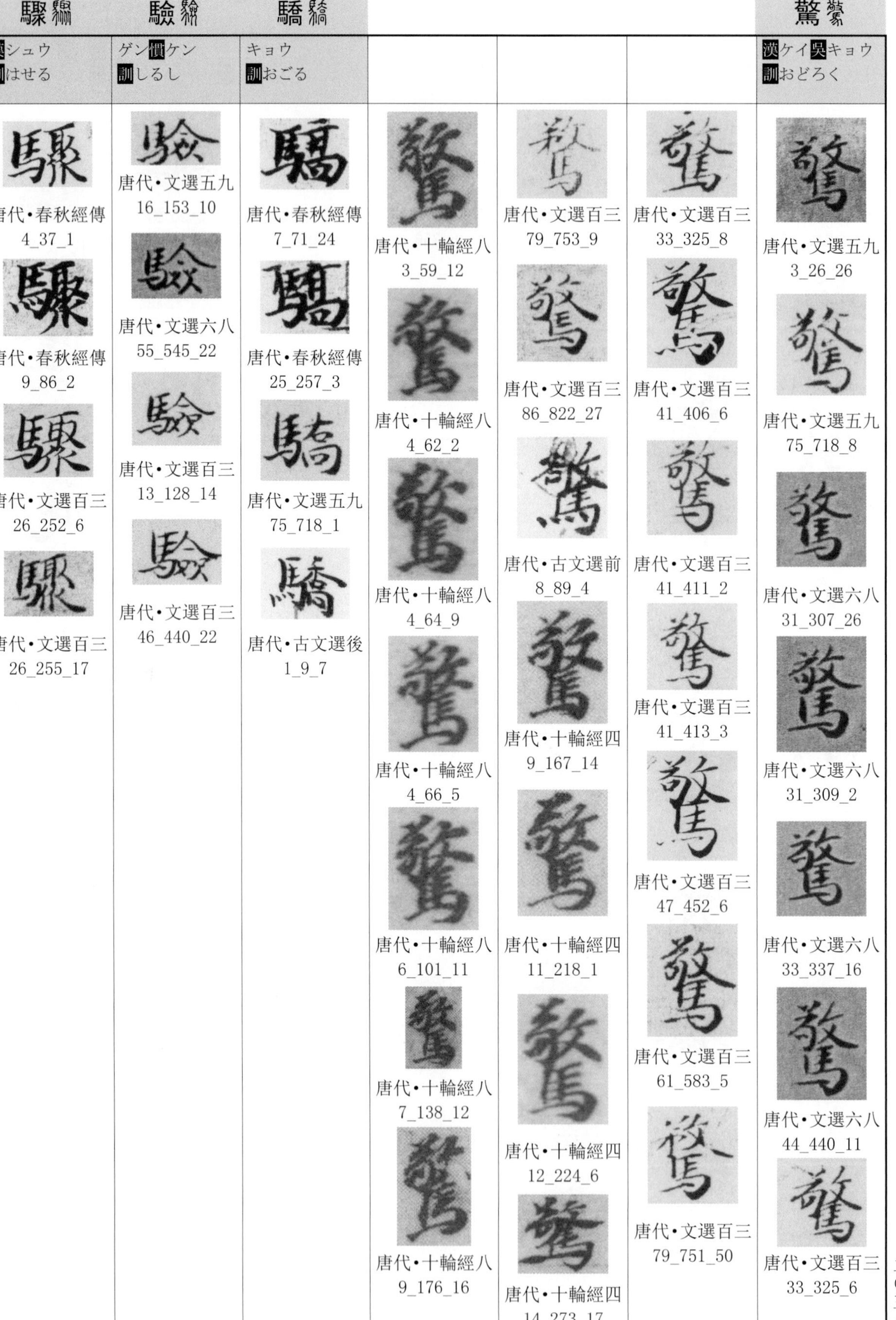

驪驪		驤驤	驩驩	驢驢		驥驥
漢リ漢レイ 訓くろい		慣ジョウ漢ショウ 訓あがる	カン 訓よろこぶ	漢リョ呉ロ 訓うさぎうま		キ 訓ー
唐代・文選六八 23_231_20	唐代・文選六八 38_380_12	唐代・文選五九 71_676_23	唐代・文選五九 64_617_20	唐代・十輪經四 12_235_10	唐代・文選百三 83_785_2	唐代・文選四八 44_393_13
唐代・文選六八 23_233_9	唐代・文選六八 38_381_10	唐代・文選五九 71_678_2			唐代・文選百三 83_787_6	唐代・文選四八 44_394_9
	唐代・文選六八 53_529_14	唐代・文選五九 71_681_20				唐代・文選四八 44_395_1
	唐代・文選六八 53_530_10	唐代・文選五九 71_682_10				唐代・文選四八 44_397_6
	唐代・文選六八 53_531_8	唐代・文選五九 71_683_25				唐代・文選六八 30_305_13
	唐代・文選六八 53_532_24	唐代・文選六八 37_378_3				唐代・文選六八 31_308_1
		唐代・文選六八 38_379_8				唐代・文選六八 31_310_6
		唐代・文選六八 38_379_17				唐代・文選六八 37_378_15

鬲部

鬻 

シュク、イク
訓かゆ

唐代・文選五九
33_330_14

唐代・文選五九
84_806_30

門部

鬭

漢トウ
訓たたかう

唐代·春秋經傳
7_68_16

唐代·春秋經傳
7_70_17

唐代·春秋經傳
9_95_13

唐代·春秋經傳
21_216_9

唐代·春秋經傳
22_229_12

唐代·春秋經傳
22_233_17

唐代·春秋經傳
23_235_1

唐代·文選百三
53_511_6

唐代·十輪經四
3_56_13

唐代·十輪經四
5_87_17

唐代·十輪經八
6_118_16

コウ
訓たかい

高部

中唐•灌頂歷名 1_1_12

中唐•灌頂歷名 1_5_11

唐代•春秋經傳 23_242_2

唐代•春秋經傳 23_242_8

唐代•春秋經傳 24_243_16

唐代•春秋經傳 24_245_8

唐代•春秋經傳 24_248_1

唐代•春秋經傳 24_251_12

唐代•春秋經傳 33_344_17

唐代•春秋經傳 33_345_5

唐代•文選四八 3_19_17

唐代•文選四八 6_42_13

唐代•文選四八 16_142_12

唐代•文選四八 16_143_17

唐代•文選四八 17_155_6

唐代•文選四八 18_163_4

唐代•文選四八 18_164_29

唐代•文選四八 18_164_35

唐代•文選四八 22_196_7

唐代•文選四八 23_209_3

唐代•文選四八 34_307_15

唐代•文選五九 4_34_21

唐代•文選五九 17_165_29

唐代•文選五九 23_226_3

唐代•文選五九 23_227_23

唐代•文選五九 23_228_13

唐代•文選五九 23_228_28

唐代•文選五九 31_300_20

唐代•文選五九 31_305_2

唐代•文選五九 31_307_15

唐代•文選五九 35_352_9

唐代•文選五九 37_362_30

唐代•文選五九 39_383_4

唐代•文選五九 39_391_29

唐代•文選五九 42_416_4

唐代•文選五九 43_419_21

唐代•文選五九 45_450_13

唐代•文選五九 47_464_13

唐代•文選五九 47_466_25

唐代•文選五九 47_467_9

唐代•文選五九 47_470_25

唐代•文選五九 49_481_17

唐代•文選六八 10_106_19	唐代•文選五九 111_1049_14	唐代•文選五九 97_915_13	唐代•文選五九 86_831_17	唐代•文選五九 78_745_1	唐代•文選五九 69_667_31	唐代•文選五九 52_511_12

唐代•文選六八 19_196_13	唐代•文選五九 111_1049_20	唐代•文選五九 103_975_24	唐代•文選五九 88_846_2	唐代•文選五九 78_747_23	唐代•文選五九 74_712_5	唐代•文選五九 56_541_6

唐代•文選六八 29_298_34	唐代•文選五九 111_1049_24	唐代•文選五九 107_1019_29	唐代•文選五九 90_860_12	唐代•文選五九 78_754_19	唐代•文選五九 74_712_16	唐代•文選五九 56_541_18

唐代•文選六八 31_307_12	唐代•文選六八 1_4_28	唐代•文選五九 108_1021_8	唐代•文選五九 90_862_16	唐代•文選五九 78_755_30	唐代•文選五九 76_729_14	唐代•文選五九 64_623_1

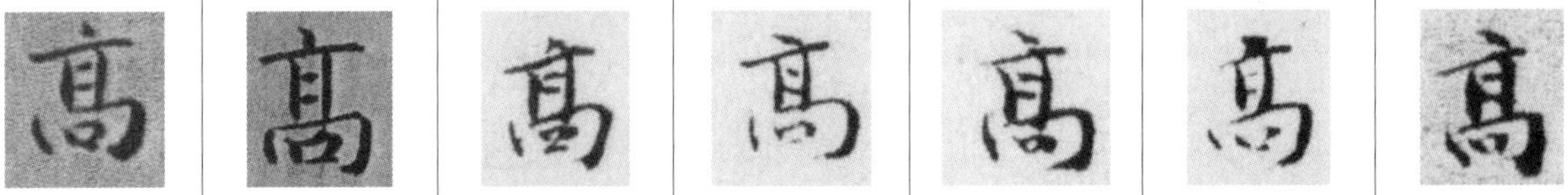

唐代•文選六八 35_347_16	唐代•文選六八 6_56_15	唐代•文選五九 108_1023_2	唐代•文選五九 92_887_5	唐代•文選五九 79_758_10	唐代•文選五九 77_742_3	唐代•文選五九 66_636_9

唐代•文選六八 38_383_17	唐代•文選六八 6_57_21	唐代•文選五九 111_1047_8	唐代•文選五九 93_895_10	唐代•文選五九 79_760_18	唐代•文選五九 77_744_13	唐代•文選五九 66_639_25

唐代•文選六八 39_389_9	唐代•文選六八 6_67_12	唐代•文選五九 111_1049_6	唐代•文選五九 94_903_28	唐代•文選五九 84_803_30	唐代•文選五九 77_744_16	唐代•文選五九 68_659_8

唐代•文選百三 21_199_8
唐代•文選百三 25_238_2
唐代•文選百三 28_272_28
唐代•文選百三 30_294_15
唐代•文選百三 31_305_34
唐代•文選百三 40_403_7
唐代•文選百三 46_443_15

唐代•文選百三 13_127_31
唐代•文選百三 13_128_22
唐代•文選百三 14_129_13
唐代•文選百三 14_130_7
唐代•文選百三 14_130_26
唐代•文選百三 20_190_10
唐代•文選百三 20_194_3

唐代•文選百三 5_48_4
唐代•文選百三 9_84_7
唐代•文選百三 9_86_16
唐代•文選百三 9_88_2
唐代•文選百三 9_88_38
唐代•文選百三 9_89_6
唐代•文選百三 9_89_29

唐代•文選八八 5_24_10
唐代•文選八八 13_113_20
唐代•文選八八 13_113_30
唐代•文選八八 17_144_11
唐代•文選百三 3_25_17
唐代•文選百三 5_35_24
唐代•文選百三 5_45_18

唐代•文選六八 63_625_11
唐代•文選六八 65_647_20
唐代•文選六八 66_659_27
唐代•文選六八 66_660_19
唐代•文選六八 69_689_4
唐代•文選六八 70_698_1
唐代•文選八八 1_5_29

唐代•文選六八 41_416_22
唐代•文選六八 41_418_7
唐代•文選六八 42_420_14
唐代•文選六八 43_434_2
唐代•文選六八 45_450_24
唐代•文選六八 57_567_20
唐代•文選六八 58_583_12

唐代•文選六八 39_393_7
唐代•文選六八 39_393_19
唐代•文選六八 39_396_7
唐代•文選六八 39_396_13
唐代•文選六八 39_397_14
唐代•文選六八 41_405_9
唐代•文選六八 41_411_9

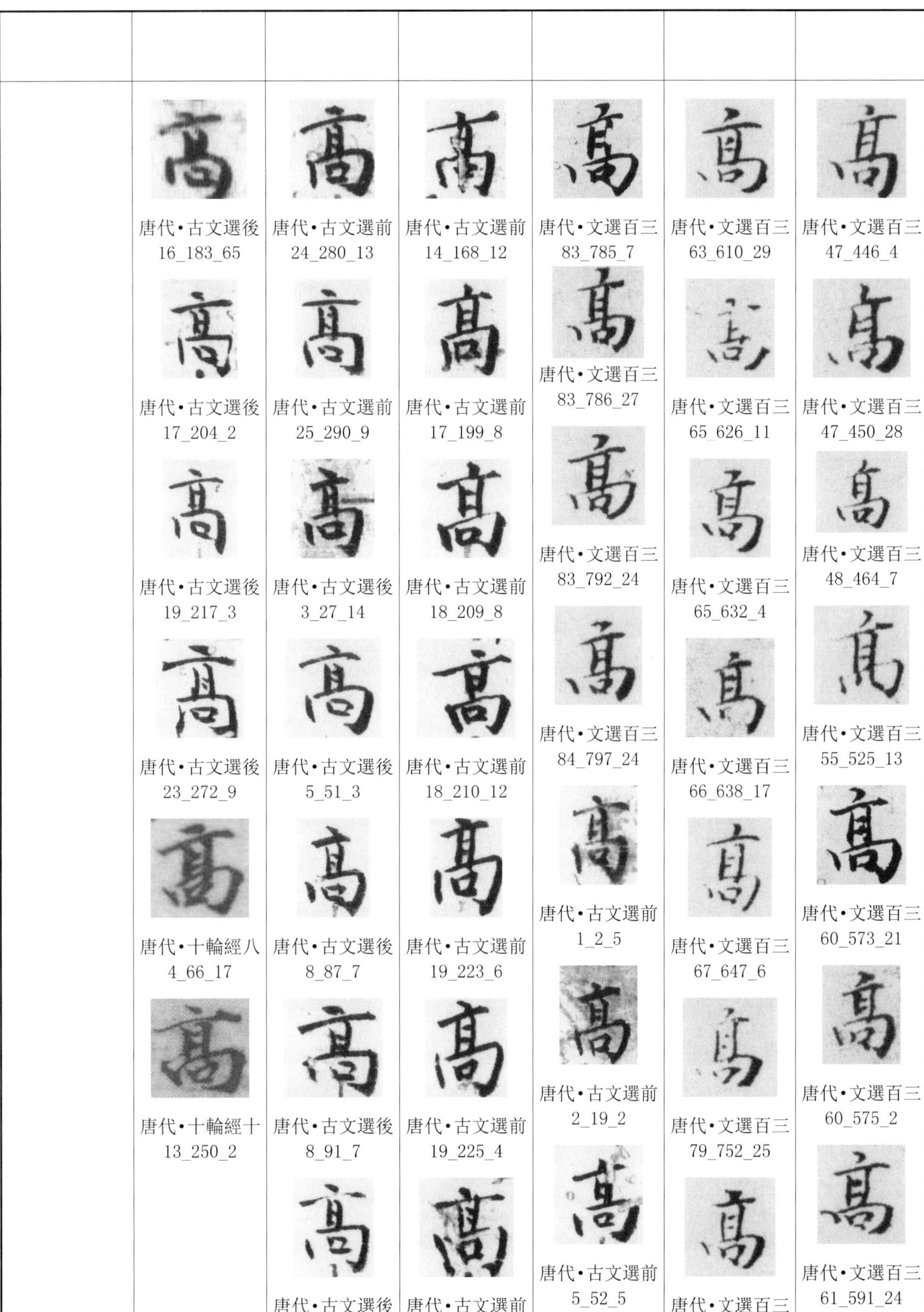

	唐代•古文選後 16_183_65	唐代•古文選前 24_280_13	唐代•古文選前 14_168_12	唐代•文選百三 83_785_7	唐代•文選百三 63_610_29	唐代•文選百三 47_446_4
	唐代•古文選後 17_204_2	唐代•古文選前 25_290_9	唐代•古文選前 17_199_8	唐代•文選百三 83_786_27	唐代•文選百三 65_626_11	唐代•文選百三 47_450_28
	唐代•古文選後 19_217_3	唐代•古文選後 3_27_14	唐代•古文選前 18_209_8	唐代•文選百三 83_792_24	唐代•文選百三 65_632_4	唐代•文選百三 48_464_7
	唐代•古文選後 23_272_9	唐代•古文選後 5_51_3	唐代•古文選前 18_210_12	唐代•文選百三 84_797_24	唐代•文選百三 66_638_17	唐代•文選百三 55_525_13
	唐代•十輪經八 4_66_17	唐代•古文選後 8_87_7	唐代•古文選前 19_223_6	唐代•古文選前 1_2_5	唐代•文選百三 67_647_6	唐代•文選百三 60_573_21
	唐代•十輪經十 13_250_2	唐代•古文選後 8_91_7	唐代•古文選前 19_225_4	唐代•古文選前 2_19_2	唐代•文選百三 79_752_25	唐代•文選百三 60_575_2
		唐代•古文選後 10_114_9	唐代•古文選前 20_235_1	唐代•古文選前 5_52_5	唐代•文選百三 79_754_20	唐代•文選百三 61_591_24

黄部

黄

漢コウ呉オウ
訓き

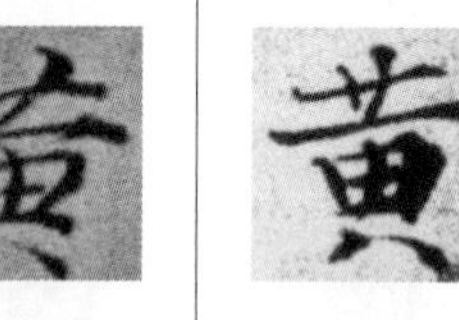
唐代•春秋經傳
23_235_14

唐代•春秋經傳
23_235_21

唐代•春秋經傳
26_268_17

唐代•春秋經傳
27_279_12

唐代•春秋經傳
27_280_4

唐代•春秋經傳
27_283_6

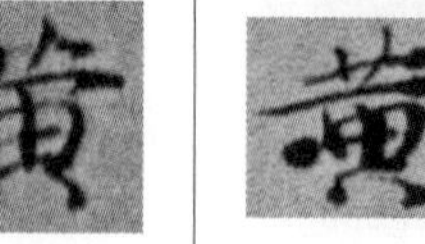
唐代•文選四八
6_50_20

唐代•文選四八
6_50_27

唐代•文選四八
14_130_6

唐代•文選四八
15_132_15

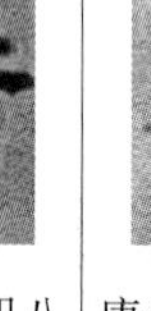
唐代•文選四八
15_135_10

唐代•文選四八
15_135_26

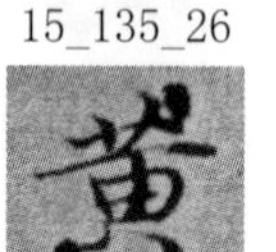
唐代•文選四八
15_137_4

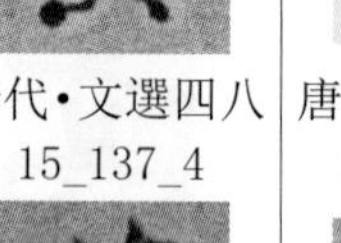
唐代•文選四八
15_138_19

唐代•文選四八
16_139_12

唐代•文選四八
16_142_16

唐代•文選四八
16_147_3

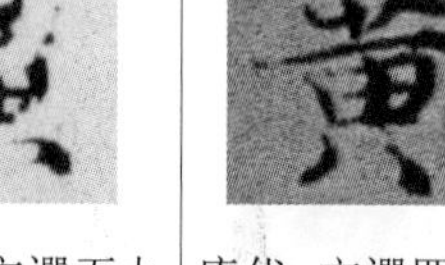
唐代•文選四八
20_180_8

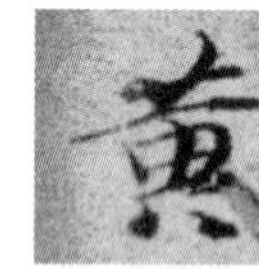
唐代•文選四八
40_361_3

唐代•文選五九
3_24_14

唐代•文選五九
6_57_3

唐代•文選五九
41_402_11

唐代•文選五九
61_584_11

唐代•文選五九
61_587_15

唐代•文選五九
62_592_2

唐代•文選五九
62_592_23

唐代•文選五九
64_622_27

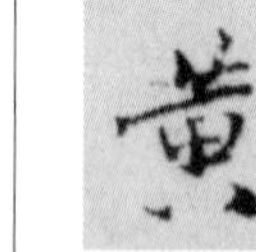

唐代•文選五九
77_742_13

唐代•文選五九
78_745_20

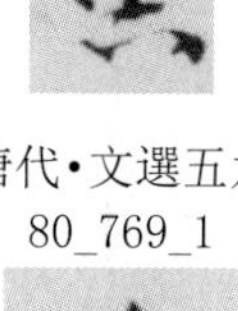
唐代•文選五九
80_769_1

唐代•文選六八
1_7_13

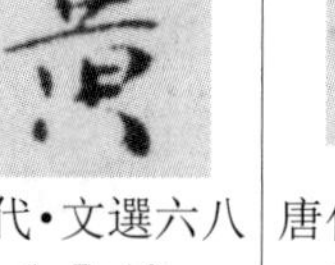
唐代•文選六八
17_172_21

唐代•文選六八
19_194_6

唐代•文選六八
33_326_1

唐代•文選六八
42_424_5

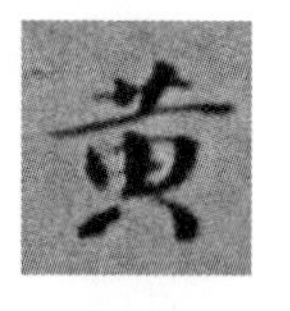
唐代•文選六八
42_424_23

唐代•文選六八
44_441_20

唐代•文選六八
48_481_14

唐代•文選六八
69_684_24

唐代•文選六八
69_685_2

唐代•文選八八
3_8_14

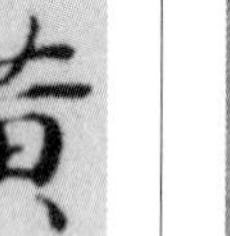
唐代•文選百三
25_240_19

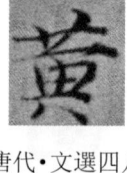

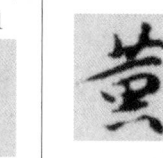

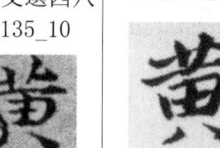

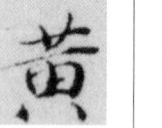

唐代•文選百三
38_382_31

唐代•文選百三
72_695_5

唐代•古文選前
11_134_1

唐代•古文選前
22_261_13

唐代•古文選前
23_270_3

唐代•古文選前
23_272_7

唐代•古文選前
26_310_8

唐代•古文選後
2_23_11

唐代•古文選後
4_37_11

唐代•古文選後
10_113_3

唐代•古文選後
11_121_11

唐代•古文選後
16_185_2

唐代•古文選後
22_259_17

麥部

麥

漢バク
訓むぎ

唐代・文選六八
19_197_25

唐代・文選六八
19_198_2

唐代・文選百三
32_317_21

唐代・文選百三
32_318_2

唐代・文選百三
32_318_16

唐代・文選百三
33_332_7

唐代・文選百三
33_334_4

唐代・文選百三
48_464_18

唐代・文選百三
49_468_3

唐代・文選百三
53_508_34

唐代・古文選前
17_196_13

麵

漢ベン呉メン
訓むぎこ

唐代・文選六八
19_198_7

鹵部

鹹 鹹

漢 カン
訓 しおから

唐代・文選六八
17_177_19

唐代・文選六八
17_179_17

唐代・文選六八
17_179_26

唐代・文選六八
17_180_18

鳥部

鳥

チョウ
訓とり

唐代•文選四八
6_41_3

唐代•文選四八
22_194_8

唐代•文選四八
22_197_11

唐代•文選四八
25_223_11

唐代•文選五九
6_58_3

唐代•文選五九
7_59_4

唐代•文選五九
7_60_27

唐代•文選五九
7_64_5

唐代•文選五九
9_79_11

唐代•文選五九
9_81_23

唐代•文選五九
9_83_12

唐代•文選五九
11_99_3

唐代•文選五九
11_100_8

唐代•文選五九
11_100_26

唐代•文選五九
11_102_3

唐代•文選五九
11_105_2

唐代•文選五九
11_105_17

唐代•文選五九
13_122_7

唐代•文選五九
13_123_6

唐代•文選五九
13_123_26

唐代•文選五九
14_138_30

唐代•文選五九
33_329_9

唐代•文選五九
34_331_21

唐代•文選五九
44_435_18

唐代•文選五九
68_659_29

唐代•文選五九
68_660_29

唐代•文選五九
71_678_12

唐代•文選五九
94_897_19

唐代•文選五九
103_979_10

唐代•文選五九
103_980_18

唐代•文選五九
106_1006_23

唐代•文選五九
107_1007_2

唐代•文選五九
107_1007_30

唐代•文選六八
16_165_5

唐代•文選六八
21_209_13

唐代•文選六八
31_316_4

唐代•文選六八
31_317_18

唐代•文選六八
33_328_9

唐代•文選六八
33_328_22

唐代•文選六八
33_328_31

唐代•文選六八
33_330_1

唐代•文選六八
33_336_6

	鳴	鳧	鳩			
	慣メイ呉ミョウ 訓なく	漢フ 訓かも	漢キュウ呉ク 訓はと			

唐代・文選五九 9_83_19

唐代・文選五九 23_222_10

唐代・文選五九 23_224_20

唐代・文選五九 23_225_9

唐代・文選五九 23_225_28

唐代・文選五九 67_648_15

唐代・文選五九 68_650_24

唐代・文選五九 97_925_7

鳴

唐代・文選四八 22_201_2

唐代・文選四八 22_202_4

唐代・文選四八 22_204_6

唐代・文選四八 22_204_29

唐代・文選四八 23_205_9

唐代・文選四八 23_208_1

唐代・文選四八 41_371_17

唐代・文選五九 9_80_1

鳧

唐代・文選五九 103_968_4

唐代・文選五九 103_971_8

唐代・文選六八 53_534_1

唐代・古文選前 10_120_8

鳩

唐代・文選五九 97_925_8

唐代・文選六八 15_149_27

唐代・文選六八 15_154_4

唐代・古文選前 26_306_10

唐代・古文選後 9_104_6

唐代・古文選後 21_247_6

唐代・古文選後 21_252_13

唐代・古文選後 23_272_5

唐代・文選八八 24_212_34

唐代・文選百三 51_490_28

唐代・文選百三 69_669_34

唐代・古文選前 1_9_12

唐代・古文選前 19_218_7
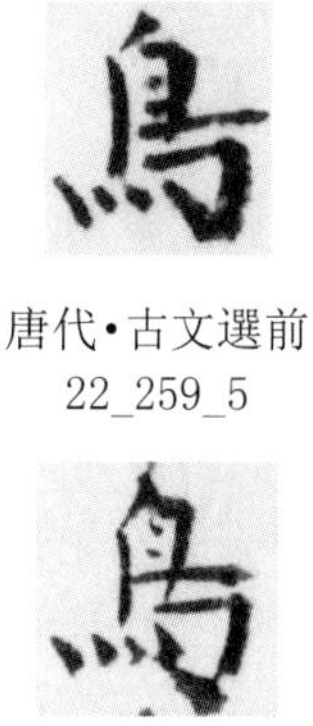
唐代・古文選前 22_259_5
唐代・古文選後 8_87_5

唐代・文選六八 33_337_15

唐代・文選六八 37_372_11

唐代・文選六八 37_372_25

唐代・文選六八 43_435_15

唐代・文選六八 45_446_18

唐代・文選六八 45_448_6
唐代・文選六八 45_449_21

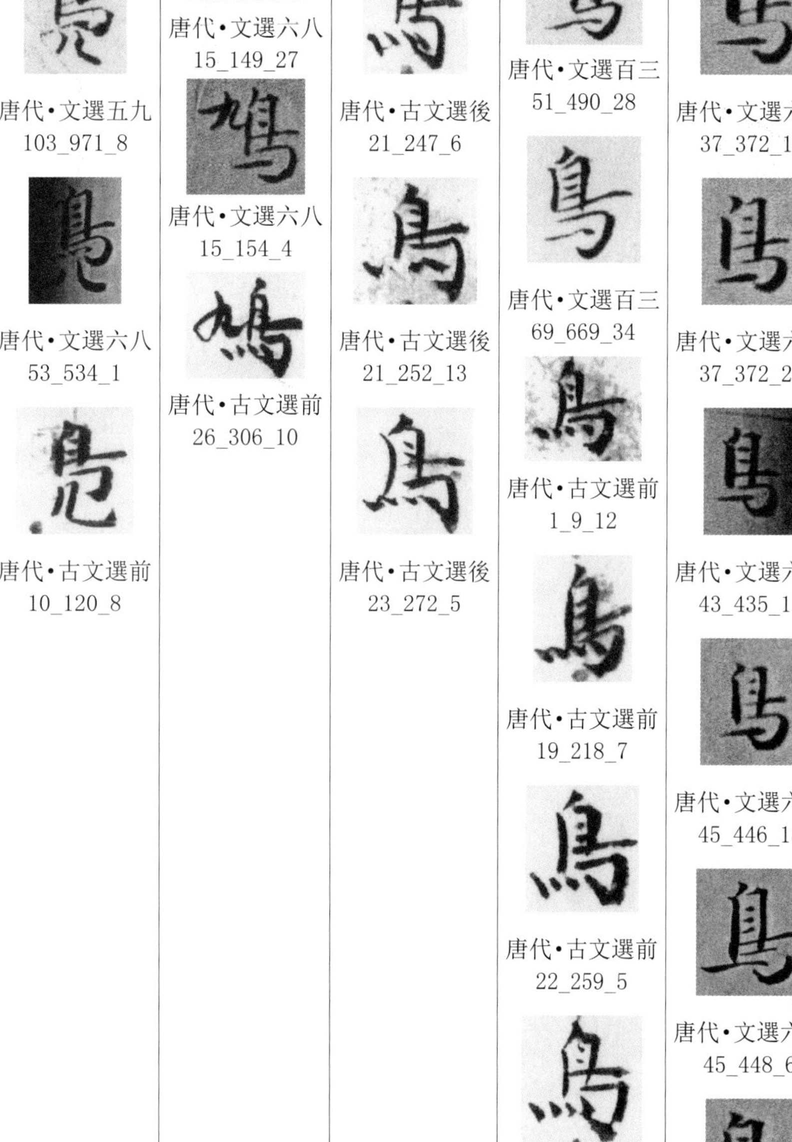

鳲

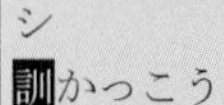

シ
訓かっこう

唐代·古文選前
26_306_9

唐代·文選六八
51_511_11

唐代·文選六八
51_516_1

唐代·文選六八
69_689_2

唐代·文選六八
69_691_12

唐代·文選八八
24_211_16

唐代·古文選後
14_157_14

唐代·古文選後
21_245_9

唐代·文選四八
48_429_12

唐代·文選五九
67_648_13

唐代·文選五九
68_650_8

唐代·文選五九
68_651_16

唐代·文選五九
78_753_20

唐代·文選五九
78_756_17

唐代·文選五九
78_757_10

唐代·文選五九
79_758_6

鳳

漢フウ慣ホウ
訓おおとり

唐代·文選四八
22_195_1

唐代·文選四八
22_195_9

唐代·文選四八
22_196_20

唐代·文選四八
22_197_12

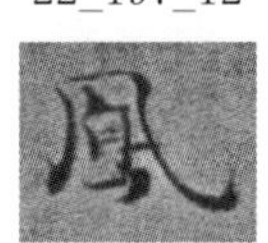
唐代·文選四八
25_222_12

唐代·文選四八
25_223_2

唐代·文選四八
47_427_16

唐代·文選四八
47_428_1

唐代·古文選前
14_159_3

唐代·古文選前
14_160_1

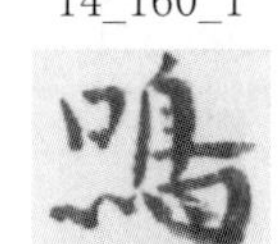
唐代·古文選後
8_87_6

唐代·古文選後
10_109_3

唐代·古文選後
14_157_15

唐代·古文選後
17_195_3

唐代·古文選前
6_65_9

唐代·文選八八
23_202_13

唐代·文選六八
50_501_19

唐代·文選百三
32_316_5

唐代·文選百三
32_319_1

唐代·文選百三
32_320_13

唐代·文選百三
53_514_7

唐代·文選百三
83_785_1

唐代·文選百三
83_786_9

唐代·文選五九
111_1060_25

唐代·文選六八
17_169_10

唐代·文選六八
17_171_18

唐代·文選六八
37_373_14

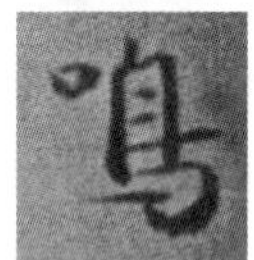
唐代·文選六八
37_375_15

唐代·文選六八
50_500_7

唐代·文選六八
69_689_1

鴳			鴻	鴛	鴦	鴈
漢アン 訓ふなしうずら			漢コウ 訓おおとり	漢エン呉オン 訓おしどり	漢ヨウ呉オウ 訓おしどり	漢ガン 訓かり
 唐代・文選六八 15_149_15  唐代・文選六八 15_150_13  唐代・文選六八 15_154_25  唐代・文選六八 15_157_10  唐代・文選六八 15_158_26	 唐代・文選百三 11_98_8  唐代・文選百三 10_91_28  唐代・古文選前 8_89_5  唐代・古文選後 15_178_2	 唐代・文選五九 47_464_4  唐代・文選六八 23_237_10  唐代・文選六八 23_239_23  唐代・文選六八 24_241_5  唐代・文選六八 24_241_11  唐代・文選六八 24_241_15  唐代・文選六八 53_533_11	 唐代・文選四八 1_2_1  唐代・文選四八 1_6_21  唐代・文選四八 32_293_9  唐代・文選五九 47_461_6  唐代・文選五九 47_462_11  唐代・文選五九 47_462_17  唐代・文選五九 47_462_23  唐代・文選五九 47_462_30	 唐代・文選百三 59_565_30	 唐代・文選百三 59_565_31	 唐代・文選五九 43_424_2  唐代・文選五九 43_427_19  唐代・文選五九 47_464_5  唐代・文選六八 23_239_24  唐代・古文選後 10_109_2  唐代・古文選後 17_193_7

鶡	鵽	鶉	鶊	鵬	鶤	鵲
漢カツ 訓やまどり	漢タツ 呉タチ 訓えびすすずめ	漢シュウ、タン 呉ジュウ 訓うずら	漢コウ 呉キョウ 訓うぐいす	漢ホウ 訓おおとり	コン 訓とうまる	漢シャク 慣ギャク 訓かささぎ
 唐代•文選六八 69_683_10	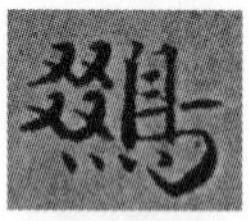 唐代•文選六八 15_149_13  唐代•文選六八 15_149_26  唐代•文選六八 15_153_25  唐代•文選六八 15_154_8  唐代•文選六八 15_157_6	 唐代•文選六八 15_154_15  唐代•文選六八 15_154_27  唐代•文選六八 15_158_25  唐代•文選六八 17_170_1  唐代•文選六八 17_173_3  唐代•文選六八 17_174_1  唐代•文選六八 17_174_13	 唐代•古文選前 13_157_12	 唐代•文選六八 15_150_6  唐代•文選八八 23_209_8  唐代•文選八八 24_212_21  唐代•文選八八 24_212_32	 唐代•文選六八 42_419_11	 唐代•文選四八 6_42_10  唐代•文選五九 18_177_5  唐代•文選五九 68_659_5 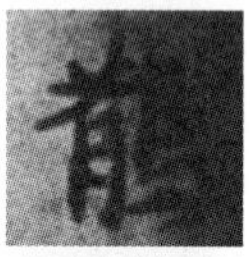 唐代•文選五九 78_754_11  唐代•文選五九 78_755_22  唐代•文選五九 78_757_28

	鶴	鷞		鷄 雞	鶬	鷐
	漢カク 訓つる	ソウ、ショウ 訓たか		ケイ 訓にわとり	ソ漢ショウ呉ソウ 訓まなづる	シン 訓しらさぎ

唐代・文選五九
47_462_24

唐代・古文選前
9_113_7

鶴

唐代・文選四八
22_201_1

唐代・文選四八
22_202_3

唐代・文選四八
22_204_1

唐代・文選四八
22_204_22

唐代・文選四八
23_205_3

唐代・文選四八
23_205_8

唐代・文選四八
23_207_26

唐代・文選五九
47_462_21

鷞

唐代・文選六八
33_327_14

唐代・文選六八
33_328_4

唐代・文選六八
33_328_19

唐代・文選六八
33_329_11

唐代・文選六八
33_329_28

唐代・文選百三
49_466_30

唐代・十輪經四
22_424_1

唐代・文選六八
15_161_1

鷄

唐代・文選四八
43_390_26

唐代・文選五九
22_212_4

唐代・文選五九
22_213_10

唐代・文選五九
22_213_20

唐代・文選五九
22_214_30

唐代・文選六八
15_160_19

唐代・文選百三
49_466_12

鶬

唐代・古文選前
13_157_11

鷐

唐代・文選六八
33_327_17

唐代・文選六八
33_328_6

	鸞	鷫	鷹	鷺	鷮	鷦
	ラン 訓—	シュク 訓—	漢ヨウ呉オウ 訓たか	ロ 訓さぎ	漢キョウ 訓あかやまどり	ショウ 訓みそさざい
 唐代・文選五九 82_789_21	 唐代・文選四八 1_2_2	 唐代・文選六八 33_327_12	 唐代・文選百三 59_564_3	 唐代・文選六八 33_327_18	 唐代・文選百三 83_786_26	 唐代・文選八八 23_209_7
 唐代・文選五九 103_978_1	 唐代・文選四八 24_220_18	 唐代・文選六八 33_328_2	 唐代・文選百三 59_565_4	 唐代・文選六八 33_328_7		 唐代・文選八八 24_212_18
 唐代・文選六八 51_515_28	 唐代・文選四八 24_221_8	 唐代・文選六八 33_328_17	 唐代・文選百三 59_565_26	 唐代・文選六八 33_328_28		 唐代・文選八八 24_212_31
 唐代・文選八八 23_203_2	 唐代・文選四八 25_222_11	 唐代・文選六八 33_329_7	 唐代・文選百三 59_566_34	 唐代・文選六八 33_329_15		
 唐代・古文選前 6_65_11	 唐代・文選四八 25_223_1	 唐代・文選六八 33_329_26		 唐代・文選六八 33_330_4		
 唐代・古文選前 14_160_3	 唐代・文選四八 25_223_9			 唐代・文選六八 33_330_14		
 唐代・古文選後 3_31_13	 唐代・文選四八 47_427_28					

魚部

魚

漢ギョ 呉ゴ
訓うお

唐代•文選五九 4_36_6
唐代•文選五九 51_499_26
唐代•文選五九 65_627_28
唐代•文選五九 71_679_29
唐代•文選五九 71_680_6
唐代•文選五九 86_828_24
唐代•文選五九 92_881_29
唐代•文選五九 92_883_4

唐代•文選五九 92_883_11
唐代•文選六八 15_156_13
唐代•文選六八 15_160_14
唐代•文選六八 16_163_2
唐代•文選六八 17_168_9
唐代•文選六八 17_172_20
唐代•文選六八 44_440_1

唐代•文選六八 45_446_3
唐代•文選六八 45_446_13
唐代•文選八八 19_162_18
唐代•文選百三 51_490_29
唐代•文選百三 69_660_27
唐代•古文選前 17_205_9
唐代•文選六八 44_439_25

唐代•古文選前 19_218_3
唐代•古文選後 8_86_14
唐代•古文選後 9_103_7
唐代•古文選後 21_247_11
唐代•古文選後 21_252_12
唐代•文選百三 81_774_12
唐代•古文選前 14_159_11

魯

ロ
訓おろか

唐代•春秋經傳 1_7_4
唐代•春秋經傳 3_24_4
唐代•春秋經傳 3_26_7
唐代•春秋經傳 6_60_9
唐代•春秋經傳 25_260_5
唐代•春秋經傳 27_274_26
唐代•春秋經傳 28_286_14

唐代•春秋經傳 28_287_26
唐代•春秋經傳 33_340_12
唐代•春秋經傳 34_359_16
唐代•文選四八 36_324_5
唐代•文選四八 39_347_8
唐代•文選四八 39_348_11
唐代•文選四八 43_389_23

鮑	鮌	鮓	魴			
漢ホウ 訓しおびき	コン 訓—	漢サ 訓つけうお	漢ホウ 訓おしきうお			
 唐代·文選五九 45_447_1  唐代·文選五九 50_492_1  唐代·文選五九 54_532_27  唐代·文選五九 97_914_13	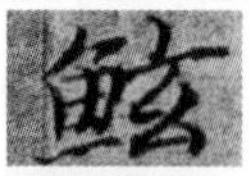 唐代·文選四八 16_142_21	 唐代·文選六八 15_152_5	 唐代·古文選前 16_186_8	 唐代·文選百三 86_822_23  唐代·古文選前 19_225_1  唐代·古文選前 20_239_23  唐代·古文選後 1_7_12	 唐代·文選六八 54_541_14  唐代·文選百三 15_148_16  唐代·文選百三 41_406_2  唐代·文選百三 41_410_13  唐代·文選百三 75_719_23  唐代·文選百三 75_720_4  唐代·文選百三 86_820_10	 唐代·文選五九 80_766_16  唐代·文選六八 19_192_1  唐代·文選六八 19_192_5  唐代·文選六八 41_413_9  唐代·文選六八 41_416_5  唐代·文選六八 42_424_12  唐代·文選六八 47_470_17

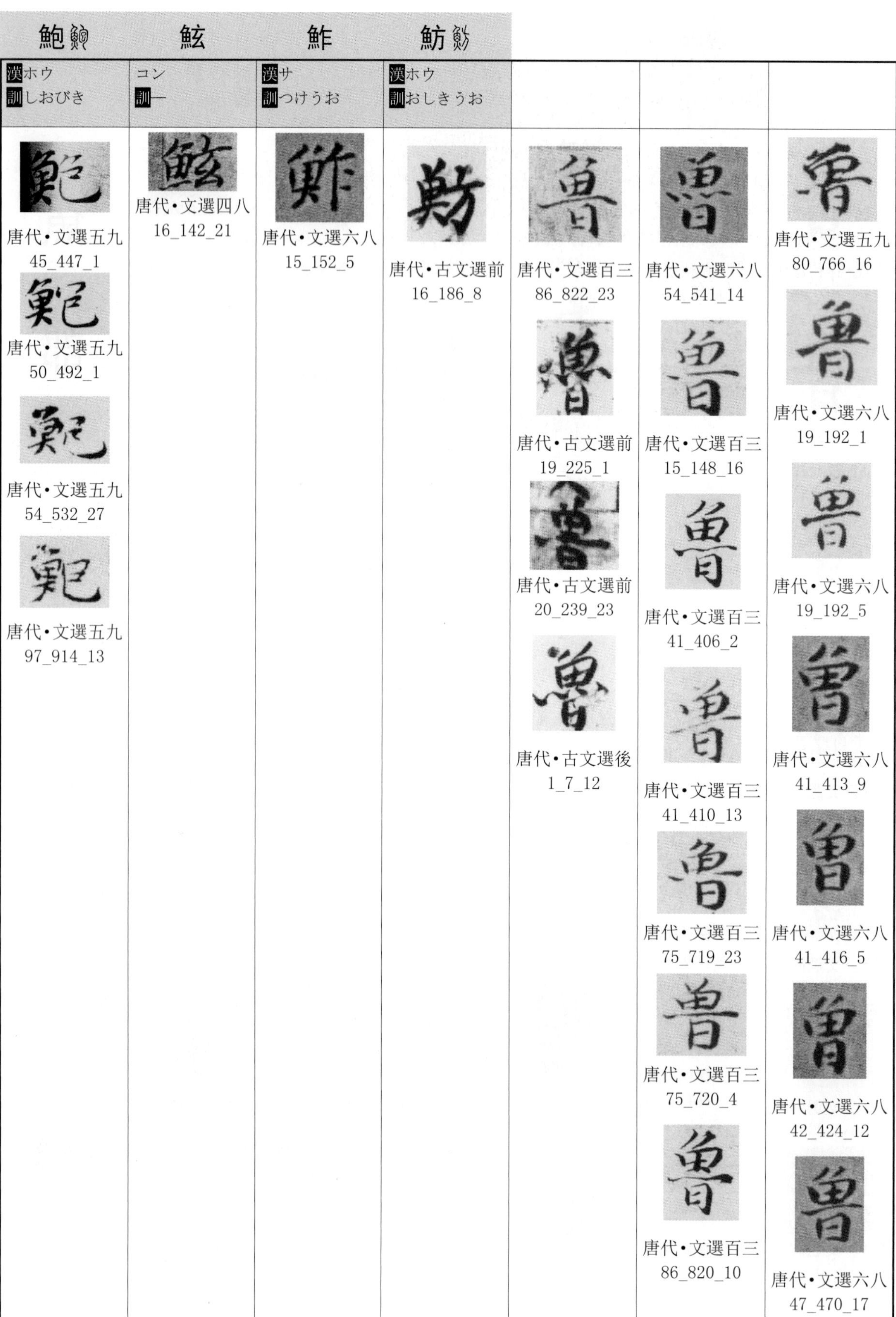

鯨

漢ケイ 慣ゲイ
訓くじら

唐代·文選五九
92_878_4

唐代·文選五九
92_879_7

唐代·文選五九
92_881_15

唐代·文選五九
92_881_26

唐代·文選五九
92_883_2

唐代·古文選前
14_161_5

鯢

漢ゲイ
訓さんしょううお

唐代·文選五九
92_881_16

唐代·文選五九
92_881_27

唐代·古文選前
14_161_6

鯉

リ
訓こい

唐代·古文選前
16_186_10

鮫

漢コウ
訓さめ

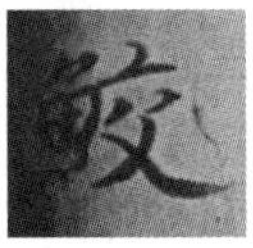
唐代·文選六八
45_454_5

唐代·文選六八
45_456_1

唐代·文選六八
45_456_21

鮮

セン
訓あざやか

唐代·文選百三
50_482_17

唐代·古文選前
8_92_63

唐代·古文選前
11_128_2

唐代·古文選前
16_194_9

唐代·古文選前
24_279_10

唐代·文選五九
99_942_20

唐代·文選六八
18_183_27

唐代·文選六八
26_264_1

唐代·文選六八
27_267_13

唐代·文選六八
27_268_18

唐代·文選六八
51_510_19

唐代·文選百三
7_59_4

唐代·春秋經傳
8_81_4

唐代·春秋經傳
8_82_3

唐代·文選四八
24_221_20

唐代·文選五九
75_723_4

唐代·文選五九
76_725_18

唐代·文選五九
76_725_29

唐代·文選五九
76_726_17

鰓

サイ、シ
訓えら

唐代•文選五九
71_677_1

唐代•文選五九
71_680_20

唐代•文選五九
71_681_28

唐代•文選五九
71_683_10

唐代•文選五九
71_684_6

鰩

ヨウ
訓とびおう

唐代•文選六八
16_162_13

唐代•文選六八
16_163_1

鱉

慣ベツ漢ヘツ
訓すっぽん

唐代•文選五九
10_92_4

唐代•文選六八
15_156_10

鱗

リン
訓うろこ

唐代•文選四八
47_425_16

唐代•文選四八
47_426_9

唐代•文選四八
48_429_8

唐代•文選五九
9_84_10

唐代•文選五九
71_677_19

唐代•文選六八
15_159_11

唐代•文選六八
16_162_10

唐代•文選六八
17_168_7

唐代•文選六八
23_234_15

唐代•文選六八
23_234_29

唐代•文選六八
43_434_3

唐代•文選六八
43_435_17

唐代•文選八八
18_158_22

唐代•文選八八
19_160_16

唐代•文選八八
19_162_19

唐代•古文選前
19_218_12

唐代•古文選前
23_274_11

唐代•古文選後
24_286_8

鱞

カン
訓やもめ

唐代•文選六八
73_726_2

麻部

麻

慣マ 漢バ
訓あさ

唐代·春秋經傳
29_301_22

唐代·文選五九
27_270_12

唐代·文選五九
27_272_18

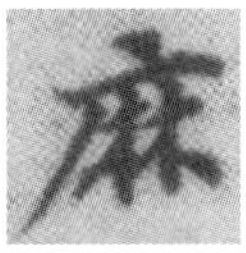

唐代·十輪經四
21_404_14

唐代·十輪經四
21_405_16

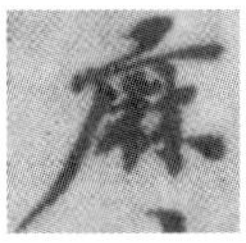

唐代·十輪經四
21_406_15

唐代·十輪經四
21_408_2

鹿部

鹿

ロク
訓しか

初唐・法華義疏
1_6_20

唐代・文選六八
6_59_23

唐代・文選六八
6_61_6

唐代・文選六八
31_314_3

駝鹿
唐代・十輪經四
22_423_18

麋

漢ビ
訓なれしか

唐代・文選六八
44_443_2

麏

漢キン呉コン
訓のろ

唐代・古文選後
19_227_11

麗

リ漢レイ
訓うるわしい

唐代・春秋經傳
11_115_16

唐代・文選四八
14_122_7

唐代・文選四八
21_193_22

唐代・文選四八
22_194_12

唐代・文選四八
46_414_20

唐代・文選五九
56_544_3

唐代・文選五九
76_726_18

唐代・文選五九
84_811_15

唐代・文選六八
2_18_9

唐代・文選六八
2_27_3

唐代・文選六八
11_121_2

唐代・文選六八
11_122_1

唐代・文選六八
12_123_34

唐代・文選六八
43_425_9

唐代・文選六八
43_427_16

唐代・文選六八
43_429_11

唐代・文選六八
43_431_5

唐代・古文選前
2_20_4

唐代・古文選前
3_27_4

唐代・古文選前
4_40_7

唐代・古文選前
7_76_7

			麤	麟	麑	
			ソ 訓はなれる	リン 訓ー	漢ゲイ、ベイ 訓かのこ	
		 唐代•十輪經八 18_350_10 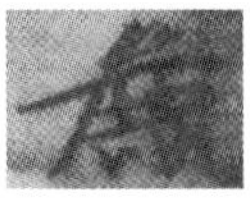 唐代•十輪經九 2_21_2 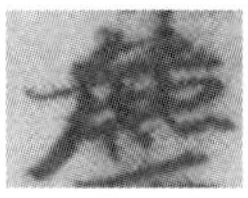 唐代•十輪經九 7_134_3  唐代•十輪經九 9_160_1  唐代•十輪經八 17_341_10  唐代•十輪經八 17_329_14	 唐代•文選六八 41_410_21  唐代•文選六八 13_142_8  唐代•文選八八 9_69_4 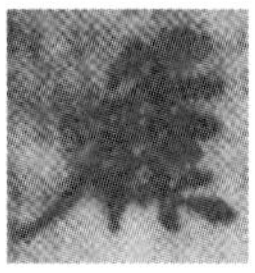 唐代•十輪經四 3_43_2 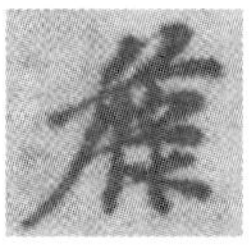 唐代•十輪經四 7_135_1  唐代•十輪經八 17_326_17  唐代•十輪經八 17_332_2	 唐代•文選四八 12_112_27	 唐代•春秋經傳 9_86_9  唐代•春秋經傳 9_86_13  唐代•春秋經傳 9_88_9	 唐代•古文選前 7_78_12  唐代•古文選前 7_82_11  唐代•古文選前 12_142_1  唐代•古文選後 9_106_13  唐代•古文選後 18_209_5

黹部

黼

慣ホ漢フ
訓あや

唐代・文選五九 82_789_3

唐代・文選六八 25_256_26

唐代・文選六八 25_258_7

唐代・文選六八 25_258_21

唐代・文選六八 25_259_15

唐代・文選六八 26_260_2

唐代・古文選前 21_242_9

黻

漢フツ
訓あや

唐代・文選五九 82_789_6

唐代・文選六八 25_256_27

唐代・文選六八 25_258_8

唐代・文選六八 25_258_25

唐代・文選六八 25_259_18

唐代・文選六八 26_260_3

唐代・古文選前 21_242_12

唐代・古文選後 19_219_9

鼎 部

鼎鼎

漢テイ
訓かなえ

唐代•春秋經傳
14_140_6

唐代•春秋經傳
14_141_7

唐代•春秋經傳
14_143_9

唐代•春秋經傳
14_143_19

唐代•春秋經傳
14_149_2

唐代•春秋經傳
15_150_1

唐代•春秋經傳
15_152_10

唐代•春秋經傳
15_154_9

唐代•春秋經傳
19_196_16

唐代•文選四八
19_174_13

唐代•文選四八
20_176_17

唐代•文選四八
37_332_3

唐代•文選四八
44_398_4

唐代•文選四八
44_400_3

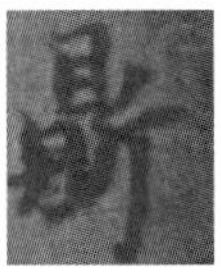
唐代•文選四八
44_400_12

唐代•文選四八
44_401_20

唐代•文選四八
44_402_2

唐代•文選四八
44_402_20

唐代•文選四八
45_404_18

唐代•文選五九
75_722_14

唐代•文選五九
75_723_18

唐代•文選五九
75_724_26

唐代•文選五九
76_725_5

唐代•文選六八
20_204_13

唐代•文選六八
21_206_13

唐代•文選六八
21_208_25

唐代•文選六八
21_210_4

唐代•古文選後
24_282_4

黑部

黑

コク
訓 くろ

唐代·春秋經傳
11_113_9

唐代·春秋經傳
11_114_2

唐代·春秋經傳
26_270_8

唐代·春秋經傳
27_276_17

唐代·春秋經傳
27_280_7

唐代·春秋經傳
27_280_10

唐代·春秋經傳
39_408_18

唐代·春秋經傳
30_310_6

唐代·文選四八
19_170_8

唐代·文選四八
19_170_23

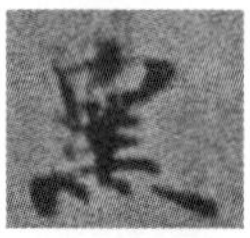
唐代·文選四八
19_172_25

唐代·文選六八
14_144_7

唐代·文選六八
17_172_23

唐代·文選六八
18_184_4

唐代·文選六八
22_223_26

唐代·文選六八
22_223_1

唐代·文選六八
22_224_14

唐代·文選百三
5_37_14

唐代·文選百三
15_143_16

唐代·文選百三
15_145_4

唐代·文選百三
31_313_28

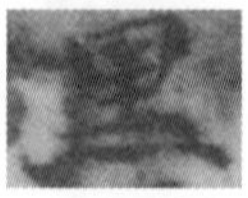
唐代·十輪經十
1_10_8

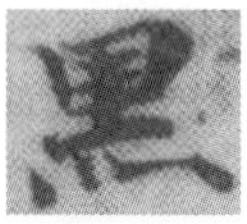
唐代·十輪經十
16_310_1

唐代·十輪經十
13_257_17

唐代·十輪經十
14_264_2

默

吳 モク 漢 ボク
訓 だまる

唐代·文選五九
5_45_29

黔

漢 ケン
訓 くろい

唐代·文選六八
63_635_18

點

テン
訓ぼち

晚唐•慶滋書狀
1_5_6

唐代•文選百三
7_61_13

唐代•古文選前
17_195_1

黛

漢タイ
訓まゆずみ

唐代•文選六八
55_557_30

黜

漢チュツ
訓しりぞける

唐代•古文選前
22_263_12

唐代•古文選後
1_11_12

唐代•十輪經四
3_57_9

黝

漢コウ
訓あおぐろ

唐代•文選六八
35_356_3

唐代•文選六八
35_356_30

黨

トウ
訓なかま

唐代•文選六八
59_586_2

唐代•文選六八
59_587_15

唐代•文選六八
60_599_8

唐代•文選八八
15_130_6

唐代•文選百三
3_19_6

唐代•文選百三
46_440_19

唐代•文選百三
73_709_18

唐代•文選百三
81_764_8

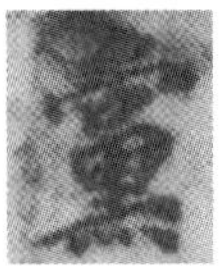
唐代•十輪經四
1_5_5

唐代•十輪經九
4_60_5

黥

漢ケイ慣ゲイ
訓いわずみ

唐代•文選百三
87_829_12

黮	黯
漢タン、チン呉ジン 訓くろい	漢アン 訓くろい
 唐代•古文選前 17_196_1	 唐代•文選百三 16_149_24

黍部

黍

ショ
訓きび

唐代•文選六八
19_197_14

唐代•文選六八
19_197_26

唐代•文選六八
19_198_8

唐代•古文選前
17_195_4

唐代•古文選前
17_195_10

唐代•古文選前
17_196_9

唐代•古文選前
17_198_5

唐代•古文選後
3_33_6

黎

リ漢レイ
訓くろい

唐代•文選五九
80_767_8

唐代•文選六八
25_250_20

唐代•文選六八
25_251_20

唐代•文選六八
25_252_12

唐代•文選六八
25_252_24

唐代•文選六八
64_638_5

唐代•文選六八
64_639_14

唐代•文選六八
64_639_21

唐代•文選六八
64_641_12

唐代•文選六八
64_642_14

唐代•文選六八
64_642_21

唐代•文選六八
64_642_27

唐代•文選八八
9_73_12

唐代•文選八八
9_74_29

唐代•文選百三
10_95_3

唐代•文選百三
11_97_1

唐代•古文選前
22_254_3

唐代•古文選後
5_59_6

鼓部

鼓 鼓

漢コ
訓つづみ

唐代•春秋經傳
22_224_4

唐代•春秋經傳
22_228_8

唐代•文選四八
31_280_2

唐代•文選四八
31_281_27

唐代•文選五九
16_152_7

唐代•文選五九
48_474_20

唐代•文選五九
69_666_11

唐代•文選六八
37_373_15

唐代•文選六八
50_500_1

唐代•文選六八
51_517_6

唐代•文選六八
51_518_6

唐代•文選六八
52_519_16

唐代•文選六八
52_519_23

唐代•文選六八
52_521_1

唐代•文選六八
52_522_5

唐代•文選百三
9_81_4

唐代•文選百三
9_82_6

唐代•文選百三
29_287_1

唐代•文選百三
69_669_26

唐代•古文選前
14_159_4

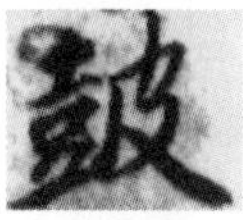
唐代•古文選前
19_218_13

唐代•古文選後
25_290_3

鼙 鼙

漢ヘイ 呉ビ
訓こつづみ

唐代•文選四八
31_281_2

黽部

黿

漢ゲン、ガン
訓おおすっぽん

唐代•春秋經傳
18_191_9

唐代•春秋經傳
19_194_9

唐代•春秋經傳
19_195_14

鼉

漢タ呉ダ
訓—

唐代•文選六八
17_169_5

唐代•文選六八
17_171_5

唐代•文選六八
17_173_19

唐代•文選六八
17_174_12

鼠部

鼠 

漢ショ **慣**ソ
訓ねずみ

唐代・古文選前
26_301_1

鼻部

鼻

漢ヒ 呉ビ
訓はな

初唐•大般若經
1_7_7

初唐•大般若經
1_7_13

初唐•大般若經
1_13_10

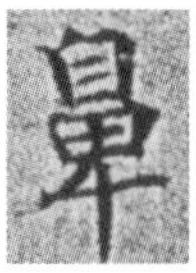
初唐•大般若經
1_13_12

初唐•大般若經
1_14_1

初唐•大般若經
1_14_5

初唐•大般若經
1_14_7

初唐•大般若經
1_15_2

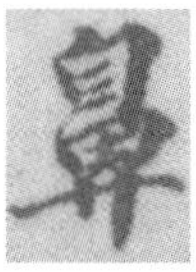
唐代•十輪經四
15_296_2

唐代•十輪經四
15_298_16

唐代•十輪經九
8_153_2

唐代•十輪經十
11_213_14

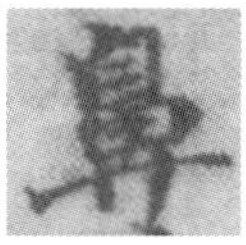
唐代•十輪經十
11_213_16

唐代•十輪經十
11_214_1

齊部

齊

漢セイ 呉ザイ
訓ととのえる

唐代・春秋經傳 1_2_17

唐代・春秋經傳 1_4_5

唐代・春秋經傳 1_6_10

唐代・春秋經傳 1_6_17

唐代・春秋經傳 1_6_27

唐代・春秋經傳 1_7_7

唐代・春秋經傳 2_14_12

唐代・春秋經傳 2_16_8

唐代・春秋經傳 2_18_3

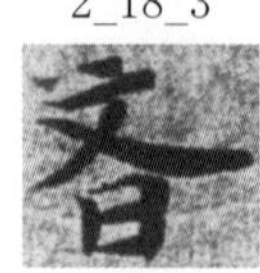
唐代・春秋經傳 3_20_16

唐代・春秋經傳 3_21_31

唐代・春秋經傳 3_22_10

唐代・春秋經傳 3_22_19

唐代・春秋經傳 3_23_12

唐代・春秋經傳 3_26_9

唐代・春秋經傳 3_26_12

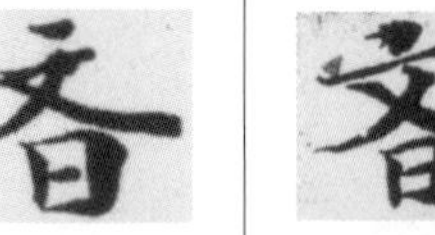
唐代・春秋經傳 4_40_29

唐代・春秋經傳 13_130_5

唐代・春秋經傳 18_182_10

唐代・春秋經傳 18_183_17

唐代・春秋經傳 18_186_12

唐代・春秋經傳 18_186_18

唐代・春秋經傳 18_187_2

唐代・春秋經傳 18_188_7

唐代・春秋經傳 23_236_1

唐代・春秋經傳 23_241_9

唐代・春秋經傳 23_241_14

唐代・春秋經傳 23_242_1

唐代・春秋經傳 23_242_10

唐代・春秋經傳 24_243_15

唐代・春秋經傳 24_245_7

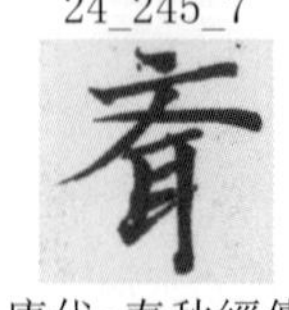
唐代・春秋經傳 24_245_11

唐代・春秋經傳 24_246_13

唐代・春秋經傳 24_247_30

唐代・春秋經傳 25_255_6

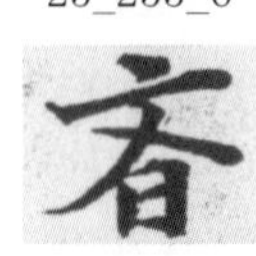
唐代・春秋經傳 25_259_17

唐代・春秋經傳 26_267_16

唐代・春秋經傳 26_272_12

唐代・春秋經傳 27_283_4

唐代・春秋經傳 28_286_11

唐代・春秋經傳 29_306_10

唐代・春秋經傳 29_306_16

唐代・春秋經傳 30_307_3

唐代・春秋經傳 31_318_4

唐代・春秋經傳 32_331_7

唐代・春秋經傳 32_331_11

唐代・春秋經傳 32_331_14

唐代・春秋經傳 32_332_6

唐代•春秋經傳 32_332_13
唐代•春秋經傳 32_333_12
唐代•春秋經傳 32_333_24
唐代•春秋經傳 32_334_5
唐代•春秋經傳 32_335_3
唐代•春秋經傳 32_335_9
唐代•春秋經傳 32_337_6
唐代•春秋經傳 32_337_8
唐代•春秋經傳 33_341_6
唐代•春秋經傳 33_341_13
唐代•春秋經傳 33_343_7
唐代•春秋經傳 33_344_3
唐代•春秋經傳 33_344_6
唐代•春秋經傳 33_345_9
唐代•春秋經傳 33_347_1
唐代•春秋經傳 33_350_26
唐代•春秋經傳 34_358_16
唐代•春秋經傳 34_359_1
唐代•春秋經傳 34_359_11
唐代•春秋經傳 34_359_21
唐代•春秋經傳 35_367_1
唐代•春秋經傳 36_376_19
唐代•春秋經傳 37_391_20
唐代•文選四八 8_62_12
唐代•文選四八 16_149_14
唐代•文選四八 29_260_1
唐代•文選四八 29_265_12
唐代•文選四八 42_374_11
唐代•文選四八 42_374_18
唐代•文選四八 42_378_5
唐代•文選四八 42_378_9
唐代•文選四八 42_378_20
唐代•文選五九 15_146_16
唐代•文選五九 29_284_26
唐代•文選五九 43_426_18
唐代•文選五九 48_476_10
唐代•文選五九 56_540_15
唐代•文選五九 56_545_5
唐代•文選五九 56_546_4
唐代•文選五九 56_548_7
唐代•文選五九 57_553_23
唐代•文選五九 58_559_30
唐代•文選五九 59_562_1
唐代•文選五九 60_573_5
唐代•文選五九 60_579_22
唐代•文選五九 61_582_6
唐代•文選五九 61_589_23
唐代•文選五九 61_591_7
唐代•文選五九 65_629_15
唐代•文選五九 80_766_22
唐代•文選五九 84_806_20
唐代•文選五九 92_877_7
唐代•文選五九 92_889_3
唐代•文選五九 96_911_11
唐代•文選五九 99_942_17
唐代•文選五九 103_972_14

 唐代•文選百三 60_576_17  唐代•文選百三 60_577_10 唐代•文選百三 60_579_17 唐代•文選百三 60_580_14 唐代•文選百三 60_580_22 唐代•文選百三 61_584_10 唐代•文選百三 61_584_20   唐代•文選百三 61_584_28	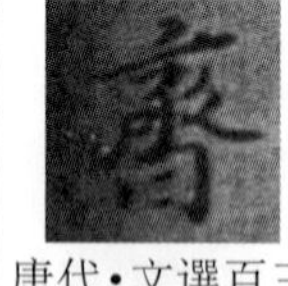 唐代•文選百三 27_267_3 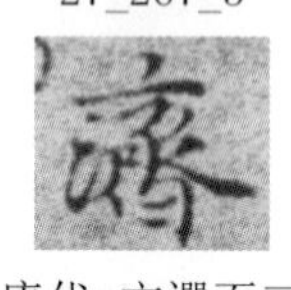 唐代•文選百三 27_271_3 唐代•文選百三 27_271_17 唐代•文選百三 29_281_16 唐代•文選百三 34_336_3 唐代•文選百三 47_452_1 唐代•文選百三 47_453_23  唐代•文選百三 50_483_24	  唐代•文選百三 9_76_2  唐代•文選百三 9_79_7 唐代•文選百三 16_152_6 唐代•文選百三 19_180_25 唐代•文選百三 19_187_29 唐代•文選百三 24_231_20 唐代•文選百三 25_246_15 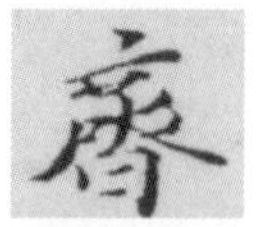 唐代•文選百三 25_249_11	 唐代•文選六八 65_646_1  唐代•文選六八 65_651_19   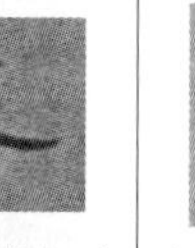 唐代•文選六八 71_707_26    唐代•文選八八 7_52_6 唐代•文選八八 7_54_11 唐代•文選八八 7_55_12 唐代•文選八八 7_55_30  唐代•文選百三 5_38_22	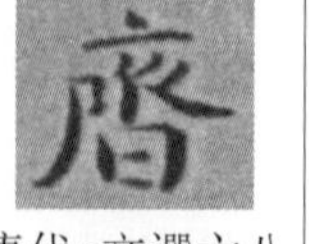 唐代•文選六八 36_360_12 唐代•文選六八 37_378_2 唐代•文選六八 38_379_2  唐代•文選六八 50_500_6    唐代•文選六八 50_501_13 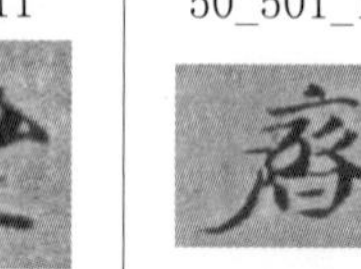   唐代•文選六八 53_531_5   唐代•文選六八 57_572_19    唐代•文選六八 61_608_28	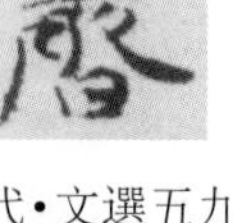 唐代•文選五九 46_455_28 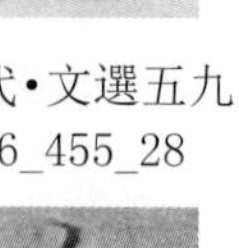 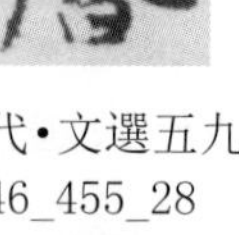 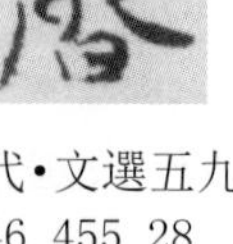 潔齋 唐代•文選四八 8_67_29 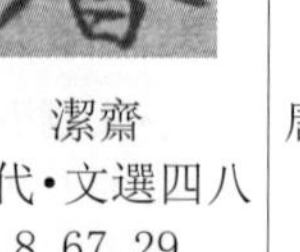 齋中讀書 唐代•文選五九 33_320_20  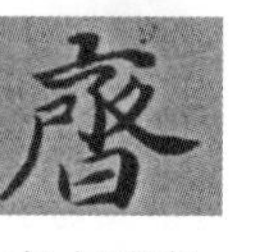 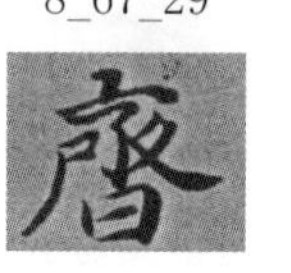 郡齋 唐代•文選五九 33_320_34 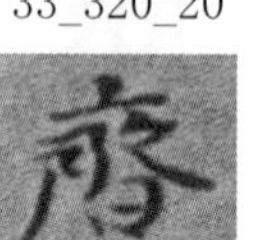 齋靜 唐代•文選五九 33_320_38 齋祭 唐代•文選五九 46_452_12 唐代•文選五九 46_456_11	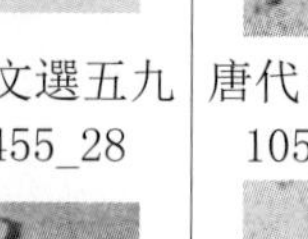 唐代•文選五九 105_991_25 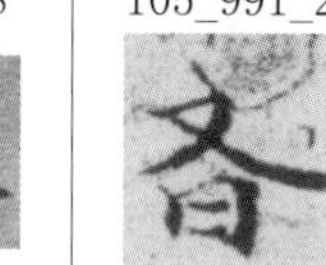 唐代•文選五九 107_1010_5 唐代•文選五九 109_1034_9  唐代•文選六八 20_205_14 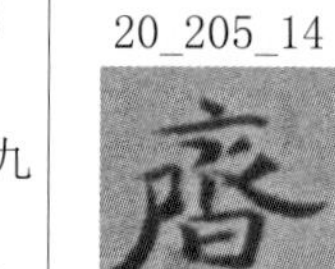  唐代•文選六八 25_248_11  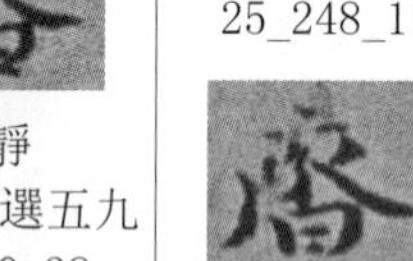 唐代•文選六八 26_265_20   唐代•文選六八 35_357_8   唐代•文選六八 36_359_26

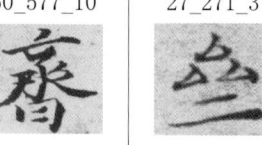

齋

サイ、シ
訓 ものいみ

唐代・古文選前 1_12_3

唐代・古文選前 11_128_5

唐代・古文選後 12_133_39

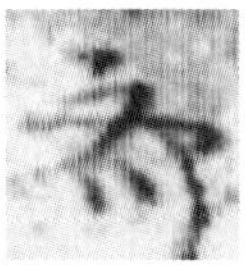
唐代・古文選後 13_150_44

唐代・古文選後 21_244_69

唐代・古文選後 24_280_7

唐代・古文選後 26_306_48

唐代・古文選後 26_311_21

唐代・十輪經四 1_8_4

唐代・文選百三 62_596_13

唐代・文選百三 75_720_6

唐代・文選百三 85_807_14

唐代・古文選前 14_160_11

唐代・古文選前 21_243_12

唐代・古文選後 4_44_23

唐代・古文選後 6_71_10

唐代・古文選後 11_124_14

齒部

齒	齞	齪
シ 訓は	漢ケン吳ゲン 訓—	慣セク漢ショク 吳ソク 訓—
 唐代•文選五九 23_219_17  唐代•古文選前 7_86_14  唐代•古文選前 8_92_61  唐代•古文選前 13_148_1  唐代•古文選前 26_311_8  唐代•古文選後 2_19_6  唐代•古文選後 2_22_10  唐代•十輪經四 12_235_12	 唐代•古文選前 13_147_12	 唐代•文選八八 13_105_8

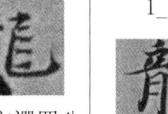

龍部

龍

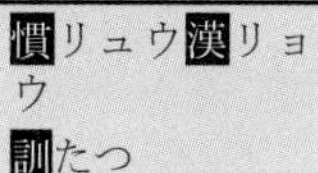

慣リュウ 漢リョウ
訓たつ

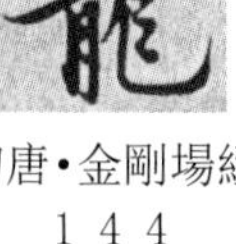
初唐•金剛場經
1_4_4

中唐•金剛經題
1_7_2

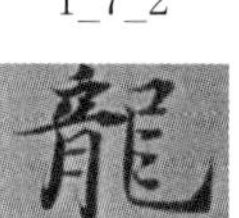
唐代•文選四八
8_70_4

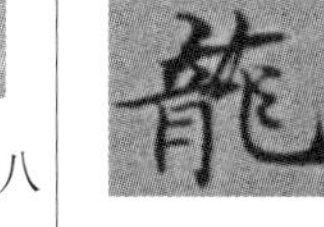
唐代•文選四八
8_70_17

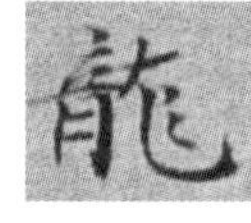
唐代•文選四八
10_84_20

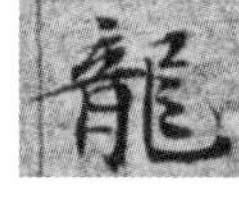
唐代•文選四八
16_141_13

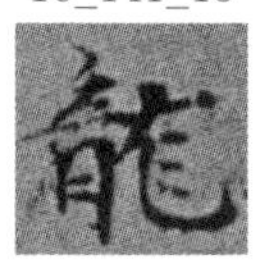
唐代•文選四八
20_180_9

唐代•文選四八
21_193_14

唐代•文選四八
25_222_10

唐代•文選四八
29_260_4

唐代•文選四八
29_262_1

唐代•文選四八
29_262_13

唐代•文選四八
29_263_25

唐代•文選四八
29_264_7

唐代•文選四八
30_266_1

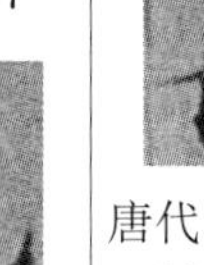
唐代•文選四八
30_266_11

唐代•文選四八
48_429_11

唐代•文選四八
44_394_2

唐代•文選四八
44_394_10

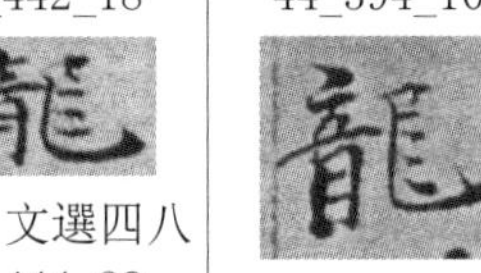
唐代•文選四八
44_395_15

唐代•文選四八
44_396_19

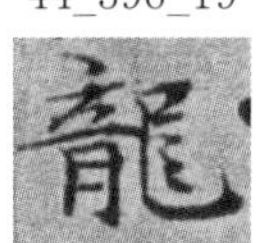
唐代•文選四八
44_397_18

唐代•文選四八
47_426_10

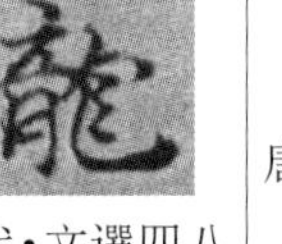
唐代•文選四八
47_427_27

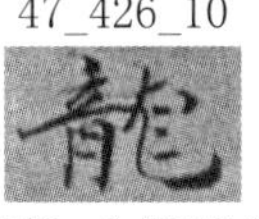
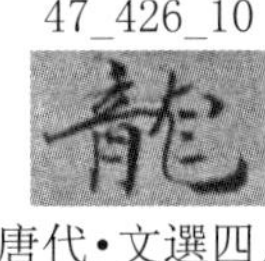

唐代•文選五九
20_198_3

唐代•文選四八
49_441_16

唐代•文選四八
49_442_18

唐代•文選四八
49_444_28

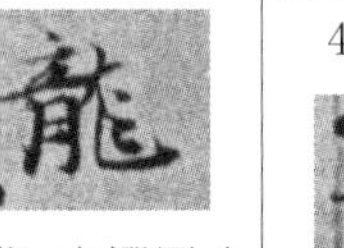
唐代•文選四八
49_445_28

唐代•文選四八
49_446_19

唐代•文選五九
4_38_16

唐代•文選五九
18_178_23

唐代•文選五九
20_195_4

唐代•文選五九
19_189_32

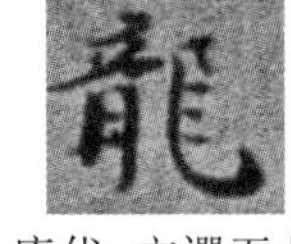
唐代•文選五九
19_190_9

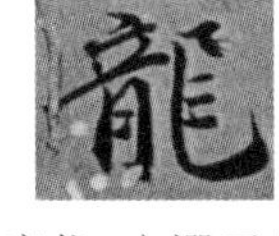
唐代•文選五九
20_192_10

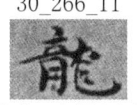

唐代•文選五九
20_193_4

唐代•文選五九
20_193_19

唐代•文選五九
20_193_27

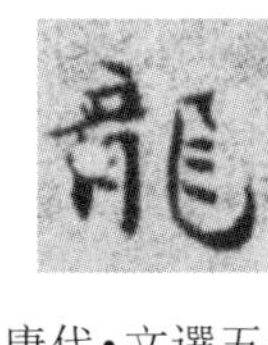
唐代•文選五九
31_300_7

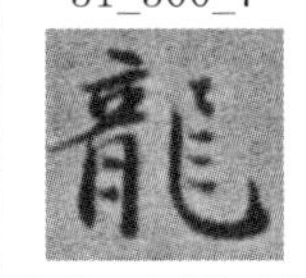
唐代•文選五九
20_194_19

唐代•文選五九
71_679_12

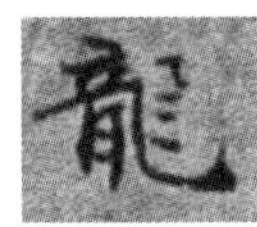
唐代•文選五九
49_479_3

唐代•文選五九
61_581_7

唐代•文選五九
61_582_19

唐代•文選五九
70_673_26

唐代•文選五九
71_677_14

唐代•文選五九
71_678_1

唐代•文選五九
71_680_9

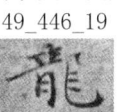

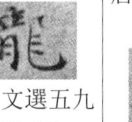

 唐代·古文選前 21_243_1	 唐代·文選八八 3_19_30	 唐代·文選六八 42_419_28	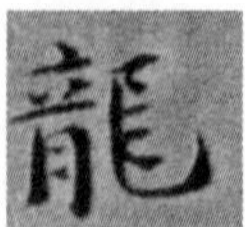 唐代·文選六八 29_291_24	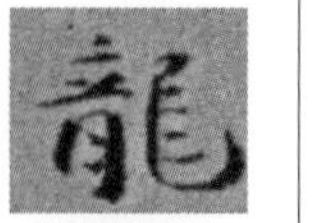 唐代·文選六八 23_234_8	 唐代·文選五九 78_746_21	 唐代·文選五九 71_680_15
 唐代·古文選後 12_133_54	 唐代·文選百三 11_105_15	 唐代·文選六八 42_420_8	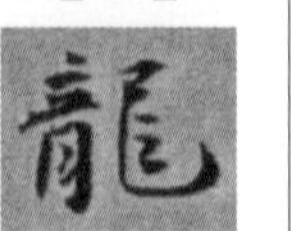 唐代·文選六八 29_292_1	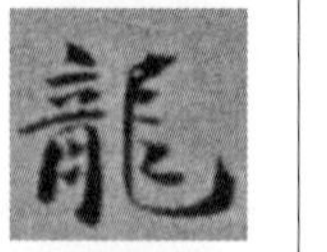 唐代·文選六八 23_234_23	 唐代·文選五九 78_756_13	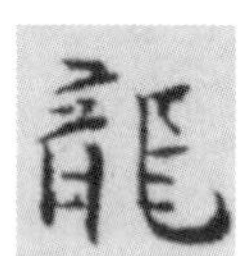 唐代·文選五九 71_680_26
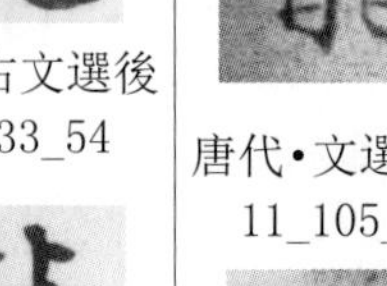 唐代·古文選後 13_155_10	 唐代·文選百三 29_289_10	 唐代·文選六八 45_449_14	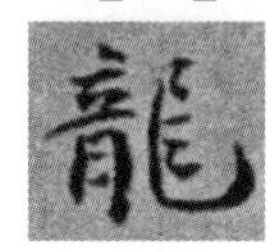 唐代·文選六八 29_293_9	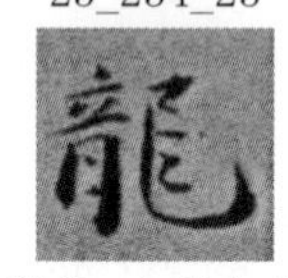 唐代·文選六八 25_258_2	 唐代·文選五九 80_766_7	 唐代·文選五九 71_680_30
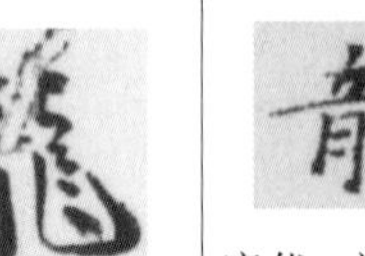 唐代·古文選後 14_158_3	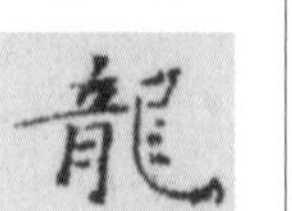 唐代·文選百三 61_581_23	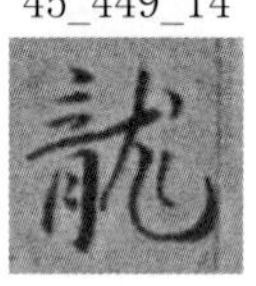 唐代·文選六八 59_598_12	 唐代·文選六八 29_293_13	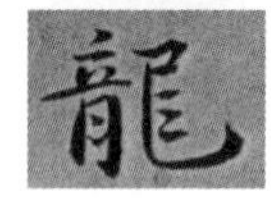 唐代·文選六八 29_288_10	 唐代·文選五九 80_766_14	 唐代·文選五九 71_681_3
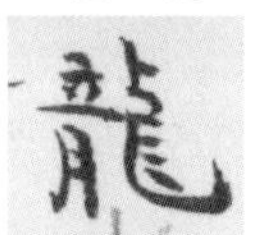 唐代·古文選後 21_246_5	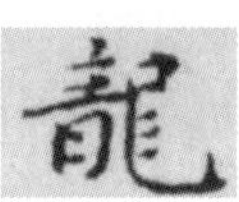 唐代·文選百三 61_583_18	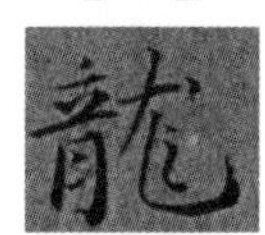 唐代·文選六八 69_688_11	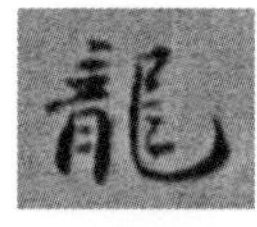 唐代·文選六八 31_307_5	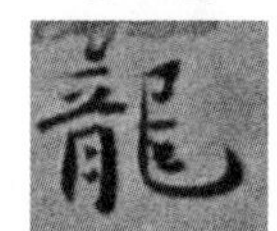 唐代·文選六八 29_289_13	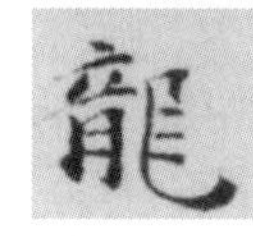 唐代·文選五九 82_789_1	 唐代·文選五九 71_681_6
 唐代·古文選後 24_286_7	 唐代·古文選前 3_36_2	 唐代·文選六八 69_690_2	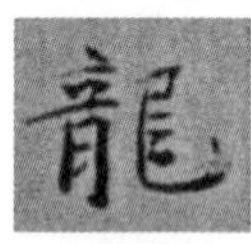 唐代·文選六八 38_379_7	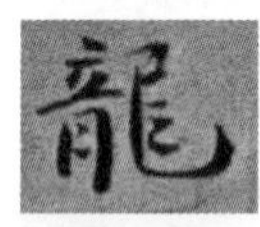 唐代·文選六八 29_290_1	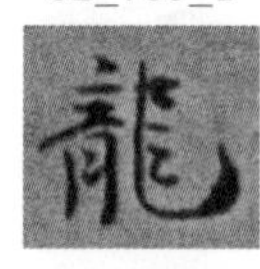 唐代·文選六八 14_145_27	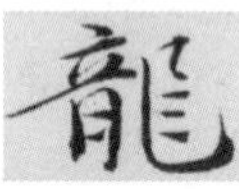 唐代·文選五九 77_740_9
 唐代·十輪經四 4_66_11	 唐代·古文選前 8_89_9	 唐代·文選六八 69_690_11	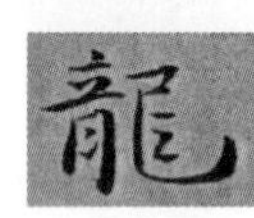 唐代·文選六八 41_417_19	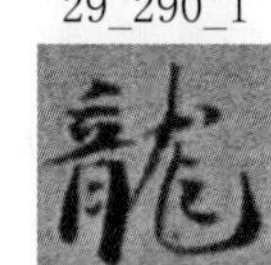 唐代·文選六八 29_290_5	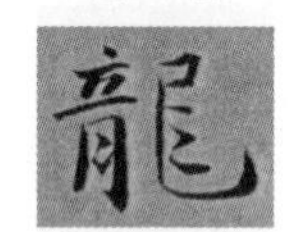 唐代·文選六八 23_231_21	 唐代·文選五九 78_745_13
 唐代·十輪經四 4_73_16	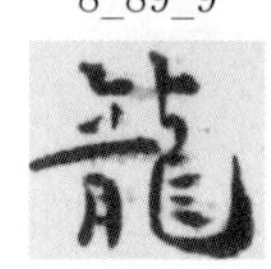 唐代·古文選前 14_160_8	 唐代·文選六八 69_693_1	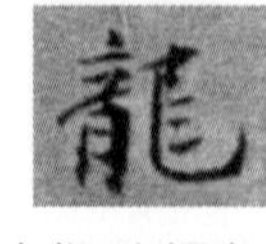 唐代·文選六八 41_418_18	 唐代·文選六八 29_290_17	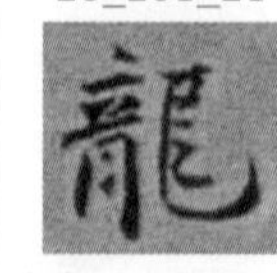 唐代·文選六八 23_233_10	

唐代・十輪經四
4_77_8

唐代・十輪經四
6_112_10

唐代・十輪經四
16_313_14

唐代・十輪經四
17_336_1

唐代・十輪經四
18_350_10

唐代・十輪經四
19_367_7

唐代・十輪經四
20_386_17

唐代・十輪經十
20_385_1

龔

漢キョウ
訓つつしむ

唐代・文選四八
48_431_9

龕

漢カン 慣ガン
訓ずし

唐代・文選五九
80_764_12

唐代・文選五九
80_765_13

唐代・文選五九
80_767_16

唐代・文選五九
80_769_19

唐代・古文選前
20_233_4

龜部

龜 

キ漢キュウ
訓かめ

唐代•文選五九
65_626_4

唐代•文選五九
71_679_28

唐代•文選六八
10_107_1

唐代•文選六八
10_108_24

唐代•文選六八
11_109_12

唐代•文選六八
15_159_5

唐代•文選六八
15_161_17

唐代•文選六八
16_164_4

唐代•文選六八
16_164_10

唐代•文選六八
16_165_14

唐代•文選六八
16_166_29

唐代•文選六八
16_167_10

唐代•文選六八
45_449_1

唐代•文選六八
45_449_25

唐代•文選六八
69_690_1

唐代•文選六八
69_692_28

唐代•文選百三
63_602_23

唐代•文選百三
63_603_17

唐代•文選百三
63_604_22

合文

卄

ボサツ

菩薩合文

中唐•金剛經題

1_3_5

中唐•金剛經題

1_5_4

中唐•金剛經題

1_6_9

中唐•金剛經題

2_10_5

中唐•金剛經題

2_11_4

附錄一：部首索引

說明：本表取自中國漢語大字典編輯委員會編纂《漢語大字典》（第二版）200部，其中『屮』『韭』『龠』部下無轄字，省去。部首按照筆劃順序排列，下方中文數字爲該部所在正文頁碼。

注：下列漢字的日本歸部方法與本書不同，以供參考。

刁歸刀部
甬歸用部
亟歸二部
罕歸网部
街歸行部

衢歸行部
斑歸文部
杳歸日部
冕歸冂部
嵇歸山部

矛歸予部
隋歸肉部

附錄二：筆劃檢字表

說明：(1)表中單字按照筆劃數排列，筆劃數相同，則按照筆順的前三筆類型排列，次序爲横、竪、撇、點、捺、折。

(2)字下角阿拉伯數字爲該字在本書所收録文獻中的使用頻率，字下中文數字部分是該字在本書中的頁碼。

一畫

字	頻率	頁碼
一	724	一
乙	5	九六

二畫

字	頻率	頁碼
二	174	四
丁	31	七
七	121	八
九	139	六〇
乂	4	六二
乃	213	六二
了	2	九六
刁	2	九六
十	232	一〇五
卜	21	一二三
八	81	一三〇
人	728	一六〇
入	123	一六四
几	1	二六一
刀	8	二九一
力	95	三一四
又	176	三三一

三畫

字	頻率	頁碼
三	302	一〇
于	174	一四
上	280	一八
才	37	二三
下	276	二三
丈	8	二八
乞	6	六六
久	45	六六
丸	8	六七
及	197	六七
川	41	七〇
之	2102	八四
也	3688	九六
千	59	一〇九
凡	20	二六一
亡	39	二六二
刃	21	二九一
叉	13	三三四
干	12	三五三
土	78	三五六
士	137	三五七
工	9	三九〇
寸	8	三九四
大	637	四〇一
弋	4	四二八
小	106	四二九
口	32	四三六
山	224	五二七
巾	8	五四一
夕	34	六〇一
尸	19	六六三
已	170	六七三
己	38	六七六
巳	4	六七七
弓	20	六七八
子	1099	六八七
女	71	七〇七

四畫

字	頻率	頁碼
五	281	二九
井	12	二九
不	1161	三三
屯	7	三七
丑	8	三七
互	6	三七
中	348	五四
升	24	七一
乏	7	七二
丹	37	九一
予	26	一〇〇
尹	16	一〇一
卅	13	一一〇
廿	19	一一〇
厄	4	一一八
匹	19	一二一
巨	8	一二一
卞	3	一二三
內	52	一二五
兮	100	一三一
六	120	一三三
公	327	一三五
介	13	一六六
仄	5	一六六
以	847	一六六
今	259	一七二
仁	70	一七六
什	1	一七七
仆	1	一七七
化	61	一七八
仍	8	一七九
仇	6	一七九
勿	24	二四九
勾	5	二四九
元	90	二五〇
允	6	二五一
亢	2	二六二
凶	12	二八一
切	449	二九一
分	85	二九三
云	325	三二六
友	45	三三四
反	797	三三五
午	2	三五三
壬	8	三五九
夫	153	四〇六
天	338	四〇八
夭	4	四一三
太	124	四一三
尤	3	四二六
少	77	四三一
市	2	五四一
尺	14	六六三
巴	8	六七七
引	47	六七八
孔	78	六九五
幻	2	七三〇
王	480	七三三
木	77	七五七
支	43	八二七
犬	14	八二八
牙	18	八四九
戈	12	八五〇
比	38	八七〇
瓦	1	八七一
止	56	八七二
日	214	九〇七
曰	3990	九一〇
水	142	九七一
手	30	一〇五七
扎	1	一〇五七
牛	45	一〇九〇
毛	173	一〇九七
片	19	一一〇三
斤	2	一一〇四
父	107	一一二三
月	154	一一二五
氏	167	一一六五
殳	4	一一七八
文	344	一一八三
方	193	一一九〇
火	35	一二一一
斗	17	一二三八
户	35	一二四〇
心	376	一二四三
毋	1	一三一七
邑	36	一七五四

五畫

字	頻率	頁碼
世	244	三七
且	44	四一

字	次數	頁碼
丙	3	四二
丕	5	四二
丘	44	四二
乍	8	七二
乎	127	七二
主	52	九二
半	11	九三
匝	1	一二一
占	2	一二三
用	111	一二六
冉	4	一二八
令	183	一七九
付	5	一八一
仕	21	一八一
代	34	一八一
仙	17	一八二
仟	4	一八二
他	57	一八二
包	6	二四九
兄	22	二五二
北	81	二五九
玄	142	二六三
出	217	二八一
印	12	二八五
卮	5	二八五
功	89	三一五
加	35	三一六
去	93	三二八
平	120	三五三
左	108	三九〇
巧	56	三九二
弁	13	四〇〇
央	9	四一五
失	164	四一五
古	127	四三六
可	225	四三九
右	35	四四三
只	1	四四三
叶	1	四四三
号	12	四四四
句	10	四四四
史	79	四四四
司	76	四四六
叱	1	四四七
叩	2	四四七
召	15	四四七
台	4	四四八
四	174	五一〇
囚	8	五一二
布	57	五四一
市	9	五四二
外	80	六〇一
冬	42	六〇七
尻	1	六六三
尼	36	六六四
弗	12	六七九
弘	17	六七九
奴	17	七〇八
幼	6	七三〇
玉	102	七三九
末	30	七五八
未	195	七五九
本	135	七六二
札	3	七六五
犯	29	八二八
戊	3	八五〇
正	165	八七三
旦	23	九一六
永	50	九七三
汁	5	九七四
氾	4	九七四
打	2	一〇五八
斥	12	一一〇四
民	65	一一六八
氐	25	一一六九
必	62	一二四六
母	42	一三一七
示	20	一三一九
甘	33	一三三三
石	49	一三三四
目	36	一三三九
田	131	一三五三
甲	92	一三五五
由	93	一三五七
申	16	一三五七
生	436	一三七九
矢	24	一三八六
禾	3	一三九四
白	92	一四〇七
瓜	4	一四一五
立	77	一四二一
穴	26	一四二六
疋	13	一四三二
皮	29	一四三四
矛	5	一四三九
艾	3	一五六八
邛	8	一七五四
阡	4	一九二七

六畫

字	次數	頁碼
吏	26	四三
再	10	四四
丞	12	四四
年	203	七五
州	87	九三
卌	8	一一一
卉	2	一一一
匡	2	一二一
共	64	一三九
休	33	一八三
伍	6	一八三
全	9	一八三
伎	7	一八四
伏	43	一八四
伐	82	一八四
仲	39	一八六
仰	37	一八七
任	22	一八七
仿	2	一八八
伊	22	一八八
似	30	一八八
匈	7	二四九
光	133	二五二
先	80	二五四
兆	6	二五六
充	23	二五六
亦	197	二六五
交	38	二六九
亥	3	二六九
冰	2	二七七
危	32	二八五
刑	10	二九四
列	53	二九五
劣	8	三一七
廷	8	三四九
延	159	三四九
在	266	三六〇
圭	1	三六四
地	196	三六五
圯	1	三六八
寺	20	三九四
夷	67	四一八
式	6	四二八
吐	4	四四八
吉	22	四四八
同	145	四四八
吒	1	四五一
向	170	四五一
吊	3	四五一
后	22	四五二
合	64	四五三
名	298	四五四
各	33	四五九
吸	2	四六〇
因	90	五一二
回	14	五一四
屼	1	五三一
岌	1	五三一
行	372	五五九
夙	7	六〇三
多	112	六〇三
宇	19	六二三
守	135	六二三
宅	9	六二六
安	216	六二六
弛	4	六八〇
字	107	六九七
存	47	六九九
如	446	七〇八
妄	7	七一二
妃	7	七一二
好	57	七一三
朽	5	七六五
朴	4	七六五
朱	43	七六五
死	131	八四四
戎	17	八五〇
成	290	八五一
戍	2	八五一
戌	2	八五一
此	458	八七六
收	21	八八八
早	24	九一六
曲	60	九一七
旨	5	九一八
旬	5	九一八
曳	7	九一八
汗	5	九七五
污	2	九七五
江	70	九七五
汎	7	九七六
汜	8	九七六
汲	11	九七六
汝	50	九七七
池	20	九七七
牟	7	一〇九一
有	868	一一二八
肌	8	一一三九
次	60	一一七〇
灰	4	一二一一
祁	10	一三一九
百	63	一四〇八

字	次數	頁碼
耒	2	一四四〇
老	51	一四四二
考	10	一四四三
耳	45	一四四九
臣	101	一四五八
西	146	一四六三
而	828	一四六七
至	300	一四七一
虫	3	一四八五
肉	26	一四九九
舌	27	一五〇一
竹	22	一五〇四
自	308	一五二三
血	8	一五二八
舟	8	一五三一
色	112	一五三三
衣	74	一五三六
羊	37	一五四九
米	16	一五五八
聿	4	一五六二
艮	1	一五六四
芝	3	一五六八
芊	1	一五六八
芒	18	一五六八
羽	45	一六二五
邪	37	一七五五
邦	12	一七五五
那	5	一七五六
迅	8	一七六八
巡	9	一七六八
阨	1	一九二七
阮	4	一九二七
防	12	一九二七
□	5	二〇八三
七畫		
更	32	四四
甫	9	四五
甬	1	一〇一
冏	1	一二八
兵	57	一四〇
弟	48	一四一
余	31	一八九
佞	1	一八九
估	1	一九〇
佐	15	一九〇
何	193	一九〇
但	45	一九四
伸	2	一九四
攸	8	一九四
作	179	一九五
佚	4	一九五
伯	59	一九八
低	2	一九九
住	87	一九九
位	59	二〇一
佇	5	二〇二
佛	160	二〇二
伺	4	二〇五
伽	53	二〇五
克	36	二五六
兕	3	二五七
免	25	二五七
兑	1	二五八
亨	1	二七〇
冷	1	二七七
冶	6	二七七
卵	4	二八六
即	131	二八六
初	94	二九六
刪	2	二九七
別	88	二九八
利	151	二九九
判	1	三〇二
劫	7	三一七
助	9	三一七
努	1	三一八
劭	16	三一八
劬	1	三一八
呈	1	三六八
坐	19	三六八
坂	6	三六八
坌	2	三六九
坎	3	三六九
均	7	三六九
坊	18	三六九
坑	4	三六九
壯	15	三七〇
巫	2	三九三
弄	13	四〇〇
夾	6	四二〇
龙	1	四二六
呂	283	四六〇
呈	1	四六五
吾	57	四六五
吞	6	四六六
否	10	四六七
吠	1	四六七
呟	1	四六七
告	36	四六七
吟	8	四六八
含	25	四六八
吝	2	四六八
吹	6	四六九
君	213	四六九
吳	74	四七三
吼	1	四七四
困	11	五一四
岐	4	五三一
岠	1	五三一
岏	4	五三一
岑	5	五三一
希	29	五四三
役	20	五六三
彷	1	五六四
形	62	五九七
彤	19	五九八
序	34	六一一
完	5	六三〇
宋	106	六三〇
宏	5	六三二
尾	12	六六四
局	1	六六五
孝	32	七〇〇
孚	2	七〇〇
妓	3	七一四
妙	61	七一四
妍	1	七一四
姊	1	七一五
妨	1	七一五
姒	1	七一五
妒	17	七一五
妖	7	七一五
好	5	七一六
杜	34	七六六
材	14	七六七
杖	6	七六七
杕	1	七六七
束	10	七六七
李	807	七六八
杓	1	七六八
杒	1	七七四
狂	4	八二九
狄	43	八二九
犺	1	八三〇
戒	102	八五五
我	263	八五七
步	56	八八〇
攻	25	八八八
改	35	八八九
旴	4	九一九
旱	6	九一九
求	113	九七八
汪	10	九八〇
沛	4	九八一
沐	13	九八一
汧	36	九八一
汰	3	九八二
沌	6	九八二
沙	67	九八二
沚	7	九八三
沖	6	九八三
沂	5	九八四
汾	1	九八四
泛	9	九八四
汭	6	九八四
汨	1	九八四
沃	4	九八四
汴	4	九八五
沒	46	九八五
沈	53	九八六
沆	2	九八七
決	560	九八七
扶	22	一〇五八
扼	2	一〇五八
技	3	一〇五八
批	2	一〇五八
折	13	一〇五九
投	22	一〇五九
抑	7	一〇五九
拒	5	一〇五九
抛	1	一〇五九
抗	23	一〇六〇
把	1	一〇六〇
抒	1	一〇六〇
牡	6	一〇九一
牢	12	一〇九一
肝	5	一一三九
肖	1	一一三九
灼	8	一二一二
災	11	一二一二
卮	2	一二四〇
志	85	一二四七
忘	37	一二四九
忍	82	一二五〇
忌	3	一二五〇
快	13	一二五一
忸	1	一二五二
每	8	一三一八
社	5	一三一九
祀	14	一三二〇
甸	9	一三五九

男	113	一三五九
矣	170	一三八六
秀	17	一三九四
私	23	一三九四
皂	7	一四一〇
究	8	一四二六
羌	18	一五五〇
良	205	一五六四
芾	1	一五六九
芙	3	一五六九
苣	1	一五六九
芘	1	一五六九
芮	1	一五六九
花	20	一五六九
芥	1	一五七〇
芬	1	一五七〇
芳	71	一五七〇
系	9	一六三六
走	16	一六七四
赤	33	一六八一
車	106	一六八三
豆	5	一七〇〇
酉	4	一七〇二
辰	23	一七〇八
豕	3	一七〇九
貝	2	一七一二
見	335	一七二九
里	45	一七四〇
足	111	一七四四
邸	6	一七五六
邵	6	一七五六
邯	1	一七五六
身	211	一七六六
近	70	一七六八
迎	14	一七六九
谷	36	一八一二
角	15	一八一六
言	837	一八二〇
辛	10	一八七五
阿	30	一九二八
阻	27	一九二八
陀	37	一九二九
阽	6	一九二九
阼	1	一九二九
附	9	一九二九

八畫

表	29	四五
事	242	四六
兩	51	五〇
乖	9	七九
承	80	一〇一
亟	3	一〇二
乳	2	一〇三
卓	4	一一一
直	51	一一一
卒	65	一一二
卑	8	一一四
厓	1	一一八
卦	11	一二三
罔	14	一二八
岡	3	一二九
其	781	一四二
並	70	一四四
具	101	一四六
典	28	一四八
來	172	二〇六
侍	32	二〇九
佳	23	二一〇
供	61	二一〇
使	141	二一一
例	19	二一三
佺	1	二一四
佼	1	二一四
侈	3	二一四
佻	5	二一四
佩	5	二一四
依	138	二一五
佯	2	二一七
侔	5	二一七
兒	3	二五八
京	68	二七〇
享	6	二七〇
夜	84	二七一
兖	9	二七三
罕	5	二七九
函	11	二八四
卷	25	二八九
刺	16	三〇二
到	10	三〇三
刻	10	三〇三
制	18	三〇三
刮	2	三〇三
刷	5	三〇四
劾	7	三一八
取	108	三四二
叔	55	三四四
受	170	三四五
建	54	三五二
垂	38	三七〇
坤	5	三七〇
坻	4	三七一
幸	14	三七一
奉	43	四二〇
奈	2	四二一
奔	36	四二一
奄	5	四二二
奇	26	四二二
尚	140	四三二
味	34	四七四
呵	9	四七五
呪	1	四七五
呻	1	四七五
和	91	四七五
命	225	四七七
呼	22	四八一
周	275	四八二
咄	1	四八六
咎	2	四八六
固	67	五一五
图	3	五一六
岸	7	五三二
岫	6	五三二
岱	5	五三二
岳	42	五三二
岷	2	五三三
岧	2	五三三
帛	4	五四三
帙	1	五四三
帚	1	五四四
征	26	五六四
徂	8	五六五
彼	146	五六五
往	67	五六七
府	24	六一一
庚	7	六一二
庖	1	六一二
底	4	六一二
宗	30	六三二
定	108	六三三
宙	7	六三五
宜	30	六三五
官	103	六三六
宛	11	六三八
宓	2	六三八
居	152	六六五
届	4	六六七
屈	33	六六八
弦	12	六八〇
弩	8	六八〇
孟	55	七〇〇
季	33	七〇一
孤	29	七〇二
妻	33	七一六
姑	7	七一六
姓	51	七一七
委	15	七一八
妾	7	七一八
始	70	七一八
玩	5	七四一
枉	5	七七四
林	117	七七五
枝	14	七七六
枇	2	七七七
果	97	七七七
杯	7	七七七
杳	7	七七九
東	169	七七九
枚	9	七八二
析	8	七八三
松	10	七八三
杵	3	七八三
枌	1	七八三
板	6	七八三
枕	1	七八四
杼	4	七八四
狐	18	八三〇
狀	15	八三〇
狎	1	八三〇
狗	1	八三〇
歿	1	八四六
或	180	八六二
武	106	八八一
歧	8	八八三
放	30	八八九
昊	8	九一九
昔	53	九一九
昆	12	九二〇
昇	11	九二一
明	240	九二一
昌	28	九二一
昏	16	九二六
曶	6	九二六
易	98	九二六
旻	1	九二八
法	434	九八九
沬	3	九八九
沫	7	九八九
泄	2	九九三
河	105	九九三
沾	6	九九五

沮	8	九九五
油	9	九九五
泱	10	九九六
況	27	九九六
泠	1	九九六
泜	1	九九七
注	84	九九七
泣	13	九九八
泳	5	九九九
泥	12	九九九
沸	10	九九九
波	42	九九九
沼	11	一〇〇〇
治	29	一〇〇〇
拔	14	一〇六〇
拘	3	一〇六一
拖	3	一〇六一
拊	7	一〇六一
押	1	一〇六一
抽	10	一〇六一
招	24	一〇六二
抱	11	一〇六二
拉	3	一〇六二
拂	11	一〇六二
拙	1	一〇六二
披	16	一〇六三
牧	21	一〇九一
物	128	一〇九二
氛	4	一一〇一

所	616	一一〇四
斧	7	一一〇九
爭	11	一一一四
肱	2	一一三九
肯	7	一一三九
肺	1	一一三九
朋	17	一一三九
肴	12	一一四〇
股	5	一一四〇
育	8	一一四〇
肩	4	一一四〇
肥	8	一一四一
服	110	一一四一
欣	7	一一七一
於	879	一一九三
炊	9	一二一二
炎	10	一二一二
戾	14	一二四一
扃	5	一二四一
房	14	一二四一
忠	26	一二五二
念	47	一二五二
忿	15	一二五三
忝	3	一二五三
怵	1	一二五四
怙	5	一二五四
怖	29	一二五四
忽	29	一二五四
怳	4	一二五五

怗	1	一二五五
怛	2	一二五五
怊	2	一二五六
怩	1	一二五六
性	31	一二五六
怕	2	一二五六
怪	4	一二五七
怡	1	一二五七
牀	1	一三一三
衹	5	一三二〇
祈	1	一三二〇
社	3	一三二〇
盲	1	一三四〇
畀	1	一三六一
甿	1	一三六二
知	145	一三九〇
秉	3	一三九五
的	8	一四一〇
疚	1	一四一六
空	95	一四二六
穹	4	一四二八
者	578	一四四三
耶	13	一四五〇
臥	10	一四六〇
虎	29	一四七八
虯	1	一四八五
舍	36	一五〇一
臾	4	一五二〇
苦	109	一五七二

若	328	一五七三
苛	2	一五七五
芨	1	一五七六
苹	1	一五七六
茂	35	一五七六
苫	7	一五七七
苗	13	一五七七
英	23	一五七七
苒	1	一五七七
苓	3	一五七八
苑	9	一五七八
苟	16	一五七八
苽	5	一五七八
苻	14	一五七八
苞	9	一五七九
苾	24	一五七九
范	22	一五七九
苐	2	一五八〇
苕	5	一五八〇
苔	21	一五八〇
糾	2	一六三六
郲	6	一七五六
郁	2	一七五六
邽	1	一七五六
郊	23	一七五七
郎	61	一七五七
迥	12	一七七〇
述	24	一七七〇
迭	4	一七七〇

迦	4	一七七一
迢	4	一七七一
迤	9	一七七一
迫	14	一七七一
青	50	一八七九
長	196	一八八二
雨	40	一八八五
非	183	一八九五
門	215	一九〇〇
隹	1	一九一五
阜	4	一九二七
陋	11	一九三〇
陌	2	一九三〇
降	38	一九三〇
限	6	一九三一
陔	3	一九三一
金	100	一九五六

九畫

甚	30	五一
禹	24	七九
乘	310	八〇
南	174	一一四
厚	14	一一八
厝	1	一一八
原	22	一一八
匪	20	一二二
匿	1	一二二

前	95	一四八
真	87	一五〇
兹	20	一五二
兼	29	一五二
俞	3	二一七
侶	3	二一七
俎	6	二一八
便	71	二一八
修	9	二一九
促	8	二一九
保	17	二一九
侮	1	二二〇
俛	5	二二〇
俘	7	二二〇
俗	45	二二〇
信	86	二二一
侻	1	二二二
係	7	二二二
侵	38	二二三
侯	123	二二三
俊	37	二二六
俟	7	二二七
倉	8	二二七
倩	2	二二七
借	10	二二七
值	26	二二七
俠	5	二二八
倚	11	二二八
倒	13	二二八

俶	4	二二九
倬	1	二二九
條	19	二二九
脩	222	二二九
倏	2	二三一
俱	33	二三一
候	8	二三二
俯	15	二三二
俾	4	二三二
倫	13	二三二
倍	1	二三三
倦	15	二三三
健	5	二三三
倨	1	二三三
亮	11	二七三
亭	10	二七三
凋	2	二七七
凍	1	二七七
凌	1	二七七
冠	31	二七九
冢	6	二七九
冤	7	二八〇
冥	10	二八〇
卿	36	二八九
卻	9	二八九
刺	80	三〇四
荆	16	三〇四
則	185	三〇五
剄	1	三〇七

削	8	三〇七
剛	11	三〇八
剃	28	三〇八
剉	1	三〇八
剔	4	三〇八
剡	12	三〇九
剖	11	三〇九
勁	12	三一八
勇	37	三一九
勉	15	三二〇
勍	4	三二〇
叛	1	三四八
城	151	三七一
垣	1	三七一
埋	1	三七四
垝	2	三七四
垧	3	三七四
垢	8	三七四
袁	6	三七五
差	19	三九三
封	37	三九四
射	36	三九五
弈	1	四〇〇
奐	1	四二二
契	17	四二二
奏	9	四二三
奕	3	四二三
奚	8	四二三
奘	1	四二三

哉	49	四八六
哂	5	四八七
呰	5	四八七
品	18	四八七
咽	2	四八八
咨	17	四八八
哀	38	四八八
咳	1	四八九
哮	4	四八九
哲	7	四八九
哺	1	四八九
哥	4	四八九
唄	1	四九〇
哭	9	四九〇
唅	2	四九〇
哽	1	四九〇
唇	6	四九〇
員	7	四九〇
唐	12	四九一
囿	3	五一六
圂	5	五一六
圃	2	五一六
峙	4	五三三
炭	3	五三三
峨	5	五三三
峰	4	五三四
峻	6	五三四
帥	19	五四四
帟	4	五四四

帝	244	五四四
師	109	五四九
席	12	五五一
徊	15	五六九
待	25	五六九
衍	10	五七〇
徇	1	五七〇
律	29	五七〇
後	135	五七一
徒	54	五七三
很	3	五七三
徑	10	五七四
徐	18	五七五
彥	6	五九八
夏	125	六〇七
度	40	六一二
庭	46	六一三
座	3	六一四
庠	1	六一四
庫	5	六一四
宣	62	六三八
宦	14	六三九
室	42	六四〇
宥	6	六四一
客	40	六四一
害	34	六四一
家	168	六四二
宸	5	六四二
容	55	六四六

宵	7	六四六
宴	26	六四六
宰	46	六四七
屍	2	六六八
屋	17	六六八
屙	1	六六九
屏	12	六六九
展	5	六六九
巷	7	六七七
弭	8	六八〇
弱	26	六八一
孫	74	七〇三
姑	6	七一九
娃	2	七一九
姝	1	七一九
姿	9	七二〇
姦	5	七二〇
娜	1	七二〇
姜	3	七二〇
姽	1	七二〇
姣	5	七二〇
娑	5	七二一
姬	19	七二一
娉	1	七二一
娟	7	七二一
娥	4	七二一
姛	1	七二二
幽	54	七三〇
玷	1	七四一

珍	15	七四一
玲	4	七四二
珊	2	七四二
珉	4	七四二
既	126	七五四
柑	4	七八四
某	5	七八四
枯	10	七八四
柄	1	七八四
柵	1	七八五
柏	5	七八五
柬	2	七八五
柘	2	七八五
柩	8	七八五
柯	5	七八五
枳	1	七八五
柳	6	七八六
柱	7	七八六
柿	7	七八六
染	29	七八六
柝	6	七八六
枷	2	七八七
栲	2	七八七
柔	8	七八七
桂	10	七八七
栽	1	七八八
栱	1	七八八
桓	18	七八八
栗	2	七八八

柴	1	七八八
梠	8	七八九
桀	3	七八九
栝	4	七八九
株	1	七八九
桎	1	七八九
桃	4	七八九
桐	7	七九〇
校	5	七九〇
案	111	七九〇
根	93	七九二
桑	18	七九三
狡	9	八三一
狹	2	八三一
狼	3	八三一
殃	1	八四六
殆	5	八四六
殄	5	八四六
殊	34	八四六
殉	5	八四七
威	55	八六五
咸	17	八六五
毗	7	八七〇
瓶	6	八七一
政	46	八九〇
故	469	八九一
敖	12	八九五
效	13	八九六
春	112	九二八

昧	14	九三〇
是	428	九三一
冒	5	九三六
映	13	九三六
星	49	九三七
昨	2	九三八
曷	3	九三八
昴	1	九三八
昵	5	九三八
昭	48	九三八
時	313	九三九
晉	184	九四五
書	418	九四八
晏	16	九四八
泉	25	一〇〇一
洪	10	一〇〇二
洒	9	一〇〇二
洧	1	一〇〇二
洌	4	一〇〇二
洮	5	一〇〇二
洞	15	一〇〇三
洩	8	一〇〇三
洗	28	一〇〇三
洙	1	一〇〇四
活	7	一〇〇四
洽	10	一〇〇四
洛	56	一〇〇四
洋	12	一〇〇五
洲	8	一〇〇五

字	次數	頁碼
津	4	一〇〇六
浹	1	一〇〇六
浙	7	一〇〇六
拜	11	一〇六三
拭	1	一〇六三
持	48	一〇六四
拷	1	一〇六四
括	6	一〇六五
指	19	一〇六五
拾	2	一〇六五
挺	2	一〇六五
拱	2	一〇六五
挑	4	一〇六五
拯	9	一〇六六
捕	1	一〇六六
振	40	一〇六六
挫	2	一〇六七
捐	1	一〇六七
捎	3	一〇六七
挹	4	一〇六七
挾	5	一〇六七
特	52	一〇九四
牲	1	一〇九四
爰	20	一一一四
𦙶	1	一一四三
胡	45	一一四三
胄	63	一一四四
背	11	一一四四
胈	8	一一四四
胙	2	一一四五
胞	1	一一四五
胝	8	一一四六
胥	10	一一四六
胎	2	一一四六
胐	1	一一四六
胹	1	一一四六
胸	2	一一四六
朕	2	一一四七
脊	1	一一四七
脂	6	一一四七
朔	21	一一四七
胼	3	一一四七
朗	10	一一四八
能	330	一一四八
脅	5	一一五二
欬	1	一一七一
殺	98	一一七八
段	3	一一七八
殷	14	一一七八
斿	1	一二〇三
施	88	一二〇三
旆	4	一二〇五
旄	5	一二〇五
旂	3	一二〇五
旅	12	一二〇五
旃	112	一二〇五
旁	4	一二〇八
炯	1	一二一三
炫	1	一二一三
炳	1	一二一三
烈	37	一二一三
烏	6	一二一四
烋	3	一二一四
料	3	一二三八
扆	1	一二四一
扇	10	一二四一
思	170	一二五七
怨	39	一二六〇
怠	3	一二六一
怒	13	一二六一
急	26	一二六一
恭	38	一二六二
恚	13	一二六二
恐	18	一二六三
恥	9	一二六三
恩	35	一二六三
息	52	一二六四
恕	2	一二六五
恣	8	一二六五
恤	10	一二六六
恢	6	一二六六
恃	10	一二六六
恒	11	一二六六
恍	2	一二六六
恬	10	一二六七
恪	1	一二六七
恨	13	一二六七
恊	28	一二六七
悚	1	一二六八
牂	8	一三一三
毒	20	一三一八
祜	8	一三二〇
祇	4	一三二〇
祐	2	一三二一
祛	1	一三二一
祖	67	一三二一
神	119	一三二二
祚	7	一三二五
祠	4	一三二五
祝	3	一三二五
祥	5	一三二五
研	1	一三三五
砌	3	一三三五
砧	3	一三三五
砥	2	一三三五
破	39	一三三五
相	245	一三四〇
眄	10	一三四三
眇	12	一三四三
盾	28	一三四四
省	16	一三四四
看	3	一三四四
盼	5	一三四五
眈	1	一三四五
眉	10	一三四五
眚	1	一三四五
眂	3	一三四六
眠	4	一三四六
畏	24	一三六二
界	92	一三六二
畢	16	一三六四
留	33	一三六四
畝	3	一三六五
畔	7	一三六五
畜	14	一三六五
畚	4	一三六六
盎	1	一三七二
盈	28	一三七二
盍	1	一三七二
益	33	一三七三
矧	8	一三九二
矩	2	一三九二
种	1	一三九五
秋	121	一三九五
秣	10	一三九六
秩	10	一三九六
秘	5	一三九七
皇	79	一四一〇
皆	305	一四一二
皋	19	一四一三
瓞	6	一四一五
疥	1	一四一六
疫	2	一四一六
病	24	一四一六
疾	67	一四一七
疲	11	一四一八
突	5	一四二八
穿	12	一四二八
癸	3	一四三五
矜	2	一四三九
務	8	一四三九
耗	7	一四四〇
耕	10	一四四〇
耆	3	一四四八
耇	2	一四四八
耽	9	一四五〇
要	15	一四六五
耎	1	一四七〇
致	42	一四七五
虓	7	一四七八
虐	3	一四七八
虔	7	一四七九
虹	17	一四八五
虺	1	一四八五
蚌	7	一四八五
蚓	1	一四八六
罝	1	一四九二
罘	3	一四九二
缺	20	一五〇〇
竿	5	一五〇四
笈	1	一五〇四
笄	3	一五〇四
笑	17	一五〇五
笏	1	一五〇五
臿	3	一五二〇
臭	4	一五二七
般	46	一五三一
航	1	一五三二
衰	21	一五三七
衾	1	一五三八
衮	18	一五三八
衷	6	一五三八
衽	7	一五三八
袓	3	一五三八
袒	1	一五三九
袖	8	一五三九
袂	9	一五三九
衿	3	一五三九
被	94	一五三九
美	117	一五五〇
羞	2	一五五二
粉	5	一五五八
草	69	一五八一
荑	1	一五八一
莒	10	一五八二
茵	2	一五八二
荏	1	一五八三
荀	9	一五八三
荇	1	一五八三
荒	26	一五八三
茫	4	一五八四
茹	2	一五八四
茨	1	一五八四

一〇畫

一一畫

啓	38	四九二
圉	2	五一六
國	288	五一七
崢	1	五三四
崦	1	五三四
崎	4	五三四
崖	8	五三四
崐	11	五三五
崔	9	五三五
崗	5	五三五
崩	19	五三五
崙	2	五三六
崤	8	五三六
崇	41	五三六
帶	28	五五二
帳	9	五五二
常	224	五五二
帷	7	五五七
術	11	五七五
徘	15	五七五
得	449	五七六
徙	8	五八〇
從	133	五八〇
彫	24	五九八
彩	13	五九九
庶	23	六一四
庾	9	六一五
廊	6	六一五
康	42	六一五
庸	11	六一六
寅	1	六五〇
寇	9	六五〇
寄	12	六五〇
宿	21	六五〇
寂	41	六五一
密	21	六五二
屠	10	六六九
張	197	六八一
強	24	六八五
孰	20	七〇四
娶	4	七二二
婪	10	七二二
婍	2	七二二
婚	5	七二三
婕	5	七二三
婆	58	七二三
婢	3	七二三
婁	4	七二三
媧	1	七二三
婉	19	七二四
婦	34	七二五
巢	20	七三二
理	65	七四五
琉	1	七四六
琅	7	七四六
珶	1	七四六
梧	2	七九四
菜	2	七九四
械	6	七九四
梵	11	七九四
梓	9	七九五
梏	1	七九五
梨	2	七九五
梅	1	七九五
梟	1	七九五
桴	2	七九五
桷	5	七九五
梁	45	七九六
梯	2	七九六
梯	2	七九七
梁	45	七九七
猜	21	八三一
猗	2	八三二
猛	37	八三二
殑	4	八四七
戚	10	八六六
教	53	八九六
救	26	八九七
敗	33	八九八
敏	7	八九八
敘	8	八九八
敕	6	八九八
敝	2	八九九
敢	26	八九九
曹	51	九五四
晤	5	九五四
曼	8	九五五
晦	2	九五五
晨	14	九五五
晡	1	九五五
晚	10	九五六
冕	17	九五六
晝	14	九五六
清	130	一〇一四
渚	21	一〇一六
淅	2	一〇一七
涯	4	一〇一七
淩	29	一〇一七
淒	1	一〇一八
淺	6	一〇一八
渠	4	一〇一八
淑	9	一〇一八
混	5	一〇一八
淹	6	一〇一八
淮	40	一〇一九
淪	11	一〇一九
淫	29	一〇二〇
淨	64	一〇二〇
涼	9	一〇二二
淳	6	一〇二二
液	1	一〇二二
淤	1	一〇二二
淡	6	一〇二二
深	102	一〇二二
淥	1	一〇二四
淚	4	一〇二四
淄	2	一〇二五
措	3	一〇六八
捺	1	一〇六八
捶	3	一〇六八
掛	2	一〇六八
捫	4	一〇六九
掩	8	一〇六九
捷	11	一〇六九
排	1	一〇六九
推	8	一〇六九
掉	2	一〇六九
授	20	一〇七〇
捻	1	一〇七〇
採	4	一〇七〇
捨	28	一〇七〇
掠	2	一〇七一
掊	5	一〇七一
接	16	一〇七一
掖	3	一〇七一
探	8	一〇七二
掘	6	一〇七二
掃	2	一〇七二
掞	1	一〇七二
掇	6	一〇七二
牽	20	一〇九五
犁	2	一〇九六
毫	2	一一〇〇
斬	7	一一〇九
脯	1	一一五二
脛	2	一一五二
望	81	一一五二
脫	21	一一五四
欷	1	一一七一
欲	162	一一七一
旌	29	一二〇八
族	36	一二〇八
旋	15	一二〇九
焉	95	一二一四
斜	4	一二三八
斛	4	一二三八
扈	6	一二四二
患	8	一二七〇
悉	48	一二七〇
惕	1	一二七一
悠	20	一二七一
悵	15	一二七二
情	227	一二七二
惏	2	一二七七
惜	9	一二七七
悼	5	一二七七
惝	4	一二七七
悽	5	一二七七
惟	90	一二七七
惆	2	一二七九
惓	1	一二七九
悷	1	一二七九
悰	4	一二八〇
將	191	一三一三
祭	22	一三二五
硌	1	一三三六
眥	1	一三四六
眺	30	一三四六
眼	25	一三四七
眷	38	一三四七
眸	1	一三四八
時	4	一三六六
異	44	一三六六
略	23	一三六七
盛	68	一三七三
產	7	一三八五
移	20	一三九七
皎	5	一四一四
瓠	1	一四一五
痔	1	一四一八
痍	3	一四一八
疵	8	一四一九
章	55	一四二二
竟	18	一四二三
粗	3	一四四〇
聆	2	一四五〇
聊	7	一四五〇
彪	10	一四七九
處	140	一四七九
蛇	10	一四八六
笛	2	一五〇五
符	25	一五〇五
笙	2	一五〇五

一二畫

桀	7	八〇二
棣	1	八〇二
敧	1	八二七
猷	43	八三三
猾	7	八三三
猥	2	八三四
猴	1	八三四
猶	133	八三四
殖	5	八四七
殘	3	八四八
戢	11	八六七
戟	12	八六七
散	48	八九九
敬	102	九〇〇
敞	8	九〇二
敦	39	九〇二
晴	2	九五七
替	9	九五七
暏	1	九五七
暑	9	九五七
最	18	九五八
晢	1	九五八
智	79	九五八
晷	12	九六〇
景	66	九六〇
普	75	九六一
曾	32	九六三
湊	1	一〇二五
湛	39	一〇二五
渤	6	一〇二六
湯	5	一〇二六
減	8	一〇二六
渫	5	一〇二六
湖	6	一〇二六
湳	1	一〇二六
湘	3	一〇二六
測	6	一〇二七
温	15	一〇二七
渴	14	一〇二七
渭	3	一〇二七
湍	2	一〇二七
淵	23	一〇二八
滑	29	一〇二八
游	117	一〇二九
渡	1	一〇二九
渝	5	一〇二九
溢	4	一〇二九
滋	9	一〇三一
渾	6	一〇三一
湧	1	一〇三二
渥	2	一〇三二
湄	1	一〇三二
湑	1	一〇三二
掌	30	一〇七二
掣	1	一〇七二
揊	1	一〇七三
揩	1	一〇七三
提	63	一〇七三
揚	36	一〇七四
揖	21	一〇七五
插	5	一〇七六
搜	6	一〇七六
揣	1	一〇七六
揭	3	一〇七六
援	18	一〇七六
揮	21	一〇七七
握	2	一〇七七
揆	6	一〇七七
搔	3	一〇七七
掾	10	一〇七七
犀	10	一〇九六
犍	1	一〇九六
斯	55	一一〇九
爲	1116	一一一四
舜	5	一一二一
期	41	一一五四
脹	1	一一五四
朝	113	一一五五
腓	1	一一五七
勝	101	一一五八
腋	1	一一五九
腕	1	一一六〇
欺	7	一一七四
欻	1	一一七四
欹	1	一一七四
款	11	一一七四
殽	3	一一八〇
焚	15	一二一六
焰	2	一二一六
焱	5	一二一七
無	948	一二一七
煮	1	一二二六
焦	9	一二二六
然	136	一二二六
扉	5	一二四二
惡	162	一二八〇
惠	55	一二八三
悲	86	一二八四
惑	10	一二八四
惄	8	一二八六
愜	6	一二八六
惰	4	一二八六
愊	4	一二八六
惴	5	一二八六
愕	2	一二八六
愔	2	一二八七
慨	19	一二八七
惶	3	一二八七
愧	14	一二八七
惱	45	一二八八
祿	22	一三二六
禍	4	一三二六
硠	4	一三三六
睅	2	一三四八
睇	7	一三四八
畫	19	一三六七
盜	2	一三七五
甥	2	一三八五
短	10	一三九二
嵇	3	一三九七
稅	6	一三九七
稍	2	一三九八
稈	6	一三九八
程	4	一三九八
稀	1	一三九八
皓	21	一四一四
痾	3	一四一九
痛	14	一四一九
竦	4	一四二四
童	9	一四二四
窗	9	一四二九
窘	4	一四二九
疏	42	一四三二
登	60	一四三五
發	131	一四三六
覃	2	一四六五
虛	86	一四八二
蛤	1	一四八六
蛟	1	一四八六
舒	36	一五〇二
等	200	一五〇八
策	33	一五一〇
答	17	一五一一
筵	11	一五一一
筆	17	一五一二
舄	7	一五二〇
衆	209	一五二八
裂	2	一五四二
裁	9	一五四二
補	58	一五四二
裕	2	一五四三
粟	19	一五五八
葉	27	一六〇〇
萬	84	一六〇一
葳	2	一六〇一
葬	25	一六〇一
葶	1	一六〇三
葛	9	一六〇三
董	9	一六〇三
落	29	一六〇四
葩	5	一六〇四
蒐	3	一六〇四
蔿	5	一六〇四
葵	2	一六〇五
葭	3	一六〇五
葦	2	一六〇五
翔	28	一六二七
絕	54	一六四六
絜	6	一六四七
結	68	一六四八
絙	1	一六四九
紫	25	一六四九
絰	1	一六五〇
給	23	一六五〇
絡	3	一六五〇
絢	9	一六五〇
絞	1	一六五一
統	15	一六五一
絳	5	一六五一
絲	11	一六五一
越	45	一六七六
超	48	一六七七
軻	4	一六八八
軸	3	一六八八
軼	5	一六八八
軫	11	一六八八
軨	1	一六八九
酣	2	一七〇四
酢	1	一七〇四
貳	5	一七一五
貴	26	一七一五
貺	2	一七一六
買	4	一七一六
貿	6	一七一六
費	1	一七一六
貯	2	一七一六
貽	4	一七一七
賀	3	一七一七
覘	4	一七三四
量	69	一七四三
跗	1	一七四六
鄗	2	一七六二
鄐	4	一七六三

一三畫

睢	7	一三四九
睡	2	一三四九
督	14	一三四九
睠	4	一三四九
當	121	一三六八
稚	4	一三九八
稜	5	一三九八
稗	2	一三九八
稟	7	一三九九
稠	3	一三九九
稔	1	一三九九
竪	2	一四二四
窣	2	一四二九
窟	7	一四二九
聖	87	一四五一
聘	15	一四五二
號	26	一四八三
虜	20	一四八四
虞	13	一四八四
蛾	5	一四八六
蜂	3	一四八六
署	3	一四九二
置	36	一四九二
罪	87	一四九三
蜀	21	一四九五
節	48	一五一二
筵	2	一五一二
筠	1	一五一二
舅	2	一五二〇
裏	8	一五四四
裘	11	一五四四
裛	5	一五四四
裝	6	一五四四
裟	32	一五四四
裔	11	一五四五
裾	5	一五四五
裨	3	一五四五
義	138	一五五二
群	52	一五五五
羨	3	一五五五
粵	1	一五五九
粲	10	一五五九
肅	28	一五六二
肄	3	一五六二
肆	13	一五六二
蒱	1	一六〇五
蓋	55	一六〇五
蓍	1	一六〇五
蓮	12	一六〇六
蓐	2	一六〇七
蒼	30	一六〇七
蓬	2	一六〇七
蓫	3	一六〇七
蒨	3	一六〇七
蒭	34	一六〇八
蒿	10	一六〇八
蒞	4	一六〇九
蒲	2	一六〇九
蒹	2	一六〇九
蓄	7	一六〇九
蓑	1	一六〇九
蔀	1	一六〇九
蓂	1	一六一〇
蔭	7	一六一〇
蓉	2	一六一〇
蒙	24	一六一〇
蒸	8	一六一一
蓀	3	一六一一
經	317	一六五一
絺	9	一六五四
絹	2	一六五四
綃	1	一六五四
綏	8	一六五五
載	59	一六八九
軾	1	一六九〇
輅	9	一六九〇
輈	3	一六九〇
較	7	一六九一
酬	5	一七〇四
農	9	一七〇八
豢	5	一七一〇
賊	29	一七一七
賁	12	一七一七
賈	28	一七一八
賂	8	一七一八
賄	1	一七一八
資	14	一七一九
跱	6	一七四六
跳	2	一七四七
路	67	一七四七
跪	1	一七四八
跡	24	一七四八
鄣	1	一七六三
鄙	5	一七六三
遨	5	一七九七
遠	254	一七九七
遝	1	一八〇〇
遣	7	一八〇〇
遞	1	一八〇一
遥	39	一八〇一
貊	1	一八一三
解	79	一八一六
誄	28	一八三三
試	5	一八三三
詰	4	一八三四
詩	342	一八三四
誠	19	一八三八
誅	11	一八三八
該	1	一八三九
諍	5	一八三九
詣	7	一八三九
詭	5	一八三九
誕	1	一八三九
詹	1	一八三九
詢	5	一八三九
詳	14	一八四〇
詡	2	一八四〇
辟	14	一八七五
靖	6	一八八〇
雷	5	一八八八
零	14	一八八八
電	8	一八八八
雉	11	一九一八
雎	2	一九一八
際	28	一九四九
障	82	一九四九
鉦	1	一九六一
鉌	1	一九六一
鉏	3	一九六一
鉢	1	一九六一
鉉	6	一九六二
鉛	5	一九六二
鉤	6	一九六二
鈴	2	一九六二
靳	1	一九七三
頑	4	一九七七
項	1	一九七七
頌	40	一九七七
頒	6	一九七七
頓	10	一九七七
預	18	一九七八
魂	16	一九九二
魁	7	一九九二
飾	57	一九九八
飬	1	一九九八
飽	1	一九九九
飼	3	一九九九
馳	28	二〇三一
鳩	4	二〇五一
鳧	4	二〇五一
鼓	22	二〇七〇
鼠	1	二〇七二

一四畫

爾	136	五一
厲	38	一一九
厭	18	一二〇
匱	8	一二二
僖	8	二四三
僭	10	二四三
僚	6	二四三
僕	23	二四三
僧	35	二四四
墟	4	三八二
墉	7	三八二
塵	49	三八三
壽	41	三八四
境	18	三八四
墜	10	三八五
墮	10	三八五
對	41	三九八
弊	4	四〇〇
奪	19	四二四
嘉	37	五〇五
嗾	1	五〇六
團	8	五二五
圖	29	五二五
嵽	1	五三七
嶇	5	五三八
嶂	1	五三八
幘	1	五五八
衘	10	五九〇
彰	6	五九九
舞	23	六〇六
廣	129	六一八
廖	2	六二〇
寬	12	六五五
寡	25	六五五
察	13	六五五
寧	47	六五六
寤	2	六五七
寥	7	六五七
實	99	六五七
屢	13	六七〇
屣	1	六七〇
嫮	1	七二七
嫕	1	七二七
嫣	1	七二七
嫚	3	七二七
嫡	3	七二八
嫱	1	七二八
瑶	20	七四九

字	次數	頁碼
瑱	1	七四九
璉	1	七四九
瑣	10	七四九
璃	2	七五〇
榛	4	八一一
構	5	八一二
榦	1	八一二
榻	4	八一二
槃	28	八一二
榜	1	八一三
榔	2	八一三
槄	1	八一三
榱	6	八一三
榮	37	八一三
榴	1	八一三
獒	2	八三七
獄	47	八三七
殞	6	八四八
截	6	八六七
堨	2	九六六
嗼	1	九六六
暮	12	九六六
暨	2	九六七
曄	10	九六七
嘗	17	九六七
暢	8	九六七
暝	1	九六八
漬	2	一〇三七
漢	229	一〇三七

字	次數	頁碼
滎	2	一〇三七
滿	77	一〇三九
漆	3	一〇四一
漸	37	一〇四一
漱	1	一〇四二
漂	5	一〇四二
滯	5	一〇四二
漫	9	一〇四二
漁	1	一〇四二
滸	4	一〇四二
滴	1	一〇四三
漉	1	一〇四三
演	10	一〇四三
漳	3	一〇四三
漏	30	一〇四三
搴	2	一〇八〇
摶	1	一〇八〇
摧	24	一〇八〇
摝	1	一〇八〇
摘	1	一〇八〇
犒	1	一〇九六
犗	1	一〇九六
膏	7	一一六一
膊	1	一一六一
歌	44	一一七五
歊	1	一一七六
旗	24	一二〇九
熚	1	一二三二
熏	2	一二三二

字	次數	頁碼
熙	17	一二三二
熒	3	一二三二
煽	2	一二三二
熊	12	一二三三
斡	5	一二三九
愬	2	一二九七
態	4	一二九七
慕	28	一二九七
慚	6	一二九七
慳	5	一二九八
慢	19	一二九八
慟	10	一二九八
慊	13	一二九八
慘	3	一二九九
慴	7	一二九九
碧	2	一三三六
睿	6	一三四九
睽	3	一三五〇
睱	2	一三五〇
睮	1	一三五〇
睺	1	一三五〇
督	3	一三五〇
監	8	一三七五
盟	28	一三七五
種	154	一三九九
稱	88	一四〇二
竭	17	一四二四
端	32	一四二五
疑	25	一四三三

字	次數	頁碼
聚	19	一四五二
臧	19	一四六〇
臺	55	一四七六
蜺	7	一四八六
蜿	4	一四八七
蜜	11	一四八七
罰	6	一四九五
箕	5	一五一三
箒	5	一五一四
箋	6	一五一四
算	8	一五一四
管	18	一五一四
裳	12	一五四六
製	1	一五四六
[illegible]	3	一五四六
複	4	一五四六
褐	11	一五四六
裹	2	一五四六
精	103	一五五九
粺	10	一五六〇
粹	1	一五六一
肇	3	一五六三
蔡	13	一六一一
蔓	8	一六一一
蔑	3	一六一一
蔥	1	一六一一
蒖	1	一六一二
蔚	3	一六一二
蓼	8	一六一二

字	次數	頁碼
蔣	5	一六一二
翥	3	一六二八
翟	7	一六二八
翡	2	一六二八
翠	29	一六二八
綾	1	一六五五
緒	20	一六五五
綦	4	一六五五
綽	2	一六五六
緄	4	一六五六
緊	3	一六五六
綺	23	一六五六
綱	12	一六五六
網	9	一六五七
緌	3	一六五七
維	3	一六五七
綸	5	一六五七
綿	5	一六五七
綬	12	一六五八
綰	3	一六五八
綜	4	一六五八
綣	4	一六五八
綵	4	一六五八
綢	5	一六五八
綠	26	一六五九
綴	17	一六五九
緇	3	一六六〇
趙	59	一六七八
赫	11	一六八二

字	次數	頁碼
輒	9	一六九一
輔	30	一六九一
輕	75	一六九二
塹	12	一六九三
醒	1	一七〇四
酷	6	一七〇四
豪	4	一七一〇
賓	29	一七一九
賑	1	一七一九
賒	3	一七一九
踊	3	一七四八
鄲	1	一七六三
鄰	6	一七六三
鄭	146	一七六三
鄧	1	一七六五
遭	3	一八〇一
遰	4	一八〇二
遮	5	一八〇二
適	23	一八〇二
遨	1	一八〇二
貌	140	一八一三
誓	9	一八四〇
誌	1	一八四〇
誡	6	一八四〇
誣	1	一八四一
語	151	一八四一
誚	2	一八四三
誙	1	一八四三
誤	94	一八四三

字	次數	頁碼
誥	3	一八四三
誘	13	一八四四
說	271	一八四四
誑	23	一八四四
誨	2	一八四四
誦	16	一八四七
閨	7	一九〇六
聞	325	一九〇七
間	2	一九〇九
閣	15	一九〇九
雒	5	一九一八
雌	1	一九一八
隨	119	一九五一
隤	1	一九五三
隧	3	一九五三
銅	4	一九六二
銑	123	一九六二
銀	2	一九六五
銘	5	一九六五
鞅	1	一九七三
領	12	一九七九
頗	7	一九七九
魅	2	一九九二
魄	1	一九九二
養	97	一九九九
餌	6	二〇〇一
韶	5	二〇一六
髣	2	二〇二五
鳴	38	二〇五一

一五畫

一六畫

一八畫

一九畫

附錄三：日本字音檢字表

說明：(1)本檢字表以日語五十音圖片假名為序進行分類、排列。
(2)以日本字音的第一個音為檢索內容。
(3)字下側中文數字為對應頁碼。
(4)同音字按照筆畫順序排列。

輕 一六九二
閨 一九〇六
慶 六二二
慧 一二九九
憬 一三〇四
磎 一三三七
稽 一四〇三
蕙 一六一二
璟 七五一
憩 一三〇五
螢 一四八九
頸 一九八〇
髻 二〇二六
罄 一五〇〇
蹊 一七五〇
嶲 五三八
瓊 七五二
謦 一八六六
繫 一六六九
鯨 二〇五九
繼 一六七一
馨 一九九一
黥 二〇六七
攜 一〇八九
鷄 二〇五五
驚 二〇三八

ゲイ

迎 一七六九
羿 一六二六
蜺 一四八六
霓 一八八九
藝 一六一九
鯢 二〇五九
麑 二〇六三

ケキ

郤 一七五九
闃 一九一〇

ゲキ

逆 一七七四
戟 八六七
隙 一九四九
劇 三一一
激 一〇五〇
檄 八二四
擊 一〇八六

ケツ

穴 一四二六
血 一五二八
決 九八七
桀 七八九
缺 一五〇〇
挈 一〇六八
訣 一八二九
厥 一一九
傑 二三八
絜 一六四七
結 一六四八
歇 一一七五
朅 九六六
竭 一四二四
潔 一〇四四
闕 一九一一

ゲツ

孽 七〇六

ケン

犬 八二八
姸 七一四
汧 九八一
見 一七二九
建 三五二
肩 一一四〇
兼 一五二
倦 二三三
健 二三三
娟 七二一
炫 一二一三
虔 一四七九
軒 一六八七
涓 一〇〇八
拳 一〇六八
乾 一〇三
堅 三七五
牽 一〇九五
惓 一二七九
眷 一三四七
鄄 一七六二
喧 五〇四
楗 八〇二
犍 一〇九六
絢 一六五〇
嫌 七二六
甄 八七一
捲 一〇七九
愆 一二九一
睠 一三四九
蒹 一六〇九
絹 一六五四
豢 一七一〇
遣 一八〇〇
鉉 一九六二
搴 一〇八〇
綣 一六五八
儉 二四五
劍 三一〇
賢 一七二三
險 一九五四
獫 八四一
憲 一三〇六
褰 一五四七
縣 一六六三
縑 一六六五
諼 一八六二
鍵 一九六七
黔 二〇六六
檢 八二四
謙 八六五
繭 一六一九
繾 一六七〇
獻 八四三
騫 二〇三六
齴 二〇七八
權 八二六
巘 五四〇
顯 一九八六
躪 一七五三

ゲン

元 二五〇
幻 七三〇
玄 二六三
阮 一九二七
弦 六八〇
限 一九三一
原 一一八
彥 五九八
研 一三三五
院 一九三四
絃 一六四六
現 一七三二
減 一〇二六
源 一〇三三
諺 一八六三
黿 二〇七一
嚴 五〇九
儼 二四八
驗 二〇三八

【コ】

コ

互 三七
戶 一二四〇
乎 七二
古 四三六
估 一九〇
呼 四八一
孤 七〇二
姑 七一六
狐 八三〇
股 一一四〇
怙 一二五四
虎 一四七八
苦 一五七二
苽 一五七八
庫 六一四
枯 七八四
故 八九一
胡 一一四三
祜 一三二〇
扈 一二四二
瓠 一四一五
菰 一六〇〇
許 一八二七
壺 三八〇
湖 一〇二六
詁 一八二九
辜 一八七五
鼓 二〇七〇
嫮 七二七
滸 一〇四二
盬 一三七八
觳 一一八二
顧 一九八五
蠱 一四九一

ゴ

五 二九

午 三五三
伍 一八三
吾 四六五
呉 四七三
後 五七一
娯 七二二
悟 一二六九
梧 七九四
晤 九五四
寤 六五七
語 一八四一
誤 一八四三
護 一八七〇

コ

固 五一五

コウ

工 三九〇
口 四三六
公 一三五
勾 二四九
亢 二六二
孔 六九五
功 三一五
巧 三九二
叩 四四七
尻 六六三
弘 六七九
甲 一三五五
仰 一八七
光 二五二
交 二六九
向 四五一
后 四五二
行 五五九
好 七一三
江 九七五
考 一四四三
芒 一五六八
更 四四
亨 二七〇
坑 三六九
夾 四二〇
呟 四六七
吼 四七四
宏 六三二
孝 七〇〇
攻 八八八
沆 九八七
抗 一〇六〇
岡 一二九
佼 二一四
幸 三七一
庚 六一二
狎 八三〇
狗 八三〇
昊 九一九
肯 一一三九
肱 一一三九
肴 一一四〇
悾 一二五五
苟 一五七八
郊 一七五七
降 一九三〇
厚 一一八
侯 二二三
候 二三二
剛 三〇八
垢 三七四
哮 四八九
哽 四九〇
巷 六七七
姣 七二〇
校 七九〇
狡 八三一
效 八九六
昴 九三八
洪 一〇〇二
洽 一〇〇四
拷 一〇六四
烋 一二一四
恍 一二六六
恒 一二六六
盍 一三七二
皇 一四一〇
皐 一四一三
耕 一四四〇
耇 一四四八
虓 一四七八
虹 一四八五
航 一五三二
荇 一五八三
荒 一五八三
貢 一七一三
郟 一七五八
香 一九九〇
高 二〇四二
珩 七四三
浩 一〇〇八
悙 一二七〇
凰 二六一
崗 五三五
崤 五三六
康 六一五
寇 六五〇
毫 一一〇〇
黄 二〇四六
喉 四九五
徨 五八八
猴 八三四
殽 一一八〇
惶 一二八七
皓 一四一四
蛤 一四八六
蛟 一四八六
絳 一六五一
絞 一六五一
遑 一七八九
詾 一八三〇
閎 一九〇五
項 一九七五
溝 一〇三二
蒿 一六〇八
較 一六九一
鉤 一九六二
廣 六一八
構 八一二
犒 一〇九六
膏 一一六一
歊 一一七六
慷 一二九八
睺 一三五〇
綱 一六五六
誥 一八四三
誙 一八四三
璜 七五〇
横 八一四
衡 五九五
薨 一六一四
壙 三八八
獷 八四二
覯 一七三五
講 一八六三
餱 二〇〇三
鴻 二〇五三
鮫 二〇五九
黝 二〇六七
曠 九六九
闔 一九一一
鎬 一九六八
羹 一五五七
蘅 一六二二
鵁 二〇五四
纊 一六七一
攪 一〇八九

ゴウ

号 四四四
合 四五三
劫 三一七
栲 七八七
敖 八九五
傲 二三六
嗷 五〇四
業 八〇七
號 一四八三
遨 一七九七
嫯 八三七
豪 一七一〇
翱 一六三三

コク

克 二五六
告 四六七
谷 一八一二
刻 三〇三
哭 四九〇
國 五一七
梏 七九五
斛 一二三八
黑 二〇六六
酷 一七〇四
穀 一一八二
縠 一六六二
轂 一六九六

ゴク

獄 八三七

コツ

乞 六六
屼 五三一
曶 九二六
忽 一二五四
笏 一五〇五
紇 一六三七

骨 一九八八

コン

艮 一五六四
困 五一四
坤 三七〇
昆 九二〇
昏 九二六
很 五七三
根 七九二
恨 一二六七
衮 一五三八
崑 五三五
婚 七二三
混 一〇一八
琨 七四七
渾 一〇三一
蓘 一六〇九
魂 一九九二
緄 一六五六
鯀 二〇五八
懇 一三一〇
鵾 二〇五四

ゴン

欣 一一七一

【サ】

サ

乍 七二
左 三九〇
佐 一九〇
娑 七二一
紗 一六四〇
嗟 五〇三
嵯 五三七
詐 一八三〇
裟 一五四四
瑣 七四九
鮓 二〇五八
鎖 一九六八

ザ

坐 三六八
剉 三〇八
座 六一四
挫 一〇六七

サイ

才 二三
再 四四
災 一二一二
哉 四八六
宰 六四七
栽 七八八
柴 七八八
財 一七一三
豺 一八一三
彩 五九九
猜 八三一
採 一〇七〇
祭 一三二五
菜 一五九七
細 一六四三
責 一七一三
釵 一九五八
最 九五八
裁 一五四二
催 二四一
砕 一三三六
載 一六八九
際 一九四九
摧 一〇八〇
蔡 一六一一
綵 一六五八
璀 七五〇
蕞 一六一三
齋 二〇七七
鰓 二〇六〇
灑 一〇五六

ザイ

在 三六〇
材 七六七
罪 一四九三

サウ

鬇 二〇二六

サク

作 一九五
厝 一一八
柵 七八五
昨 九三八
朔 一四四七
索 一六四〇
笮 一五〇六
策 一五一〇
酢 一七〇四
幘 五五八
錯 一九六六
鑿 一九七一

サツ

扎 一〇五七
札 七六五
刷 三〇四
殺 一一七八
察 六五五
薩 一六一七

ザツ

雜 一九二一

サン

三 一〇
山 五二七
刪 二九七
珊 七四二
參 三三〇
產 一三八五
琖 七四七
殘 八四八
散 八九九
粲 一五九九
慘 一二九九
算 一五一四
憯 一三〇四
簒 一五一七
酸 一七〇六
餐 二〇〇三
贊 一七二六
鏒 一九六九
巉 五三九
簒 一六七一
驂 二〇三七
巑 五三九
攢 一〇八九
瓚 七五三
欑 八二六
纔 一六七三
蠶 一四九一
讒 一八七四
讚 一八七四
爨 一二三七

ザン

斬 一〇〇九
慚 一二九七
暫 九六八
懺 一三一一

【シ】

シ

之 八四
士 三五七
尸 六六三
巳 六七七
子 六八七
支 六二七
止 八七二
氏 一一六五
仕 一八一
卮 二八五
只 四四三
史 四四四
司 四四六
四 五一〇
市 五四二
示 一三一九
矢 一三八六
似 一八八
死 八四四
此 八七六
旨 九一八
汜 九七六
次 一一七〇
至 一四七一
自 一五二三
芝 一五六八
伺 二〇五
兕 二五七
姊 七一五
姒 七一五
沚 九八三
戺 一二四〇

志 1247　祀 1320　私 1394　豕 1709　事 46　侍 209　使 211　侈 214　始 718　枝 776　茲 152　俟 227　差 393　呰 487　咨 488　師 549　屍 668　姿 720　柿 786　指 1065　脂 1147　施 1203　思 1257　恣 1265　祇 1320　祠 1325　砥 1335　眡 1446　耆 1448

茨 1584　翅 1626　紙 1641　涘 1013　徙 580　梓 795　淄 1025　時 1366　疵 1419　耜 1400　笥 1506　豉 1701　視 1733　趾 1746　舐 1816　嵫 537　廁 616　孶 704　斯 1109　紫 1649　絲 1651　詞 1831　弑 428　嗜 504　嗣 505　寘 654　肆 1562　蓍 1605　資 1719

試 1833　詩 1834　飼 199　屣 670　漬 1037　緇 1660　誌 1840　雌 1918　鳲 2052　澌 1044　摯 1081　賜 1725　駟 2032　齒 2078　熾 1234　璽 753　識 1867　矖 970　矖 1352

ジ

二 4　尼 664　寺 394　字 697　耳 1449　而 1467　兒 258

怩 1256　峙 533　時 939　胹 1146　恃 1268　痔 1418　滋 1031　慈 1295　爾 51　餌 2001　邇 1809　辭 1876

ジウ

懤 1310

シキ

式 428

ジク

忸 1252　軸 1688

シツ

七 8

失 415　叱 447　室 640　桎 789　疾 1417　執 377　悉 1270　嫉 726　瑟 748　漆 1041　隰 1954　櫛 824

ジツ

日 907　昵 938　衵 625　實 657

シャ

叉 334　且 41　沙 982　社 1319　車 1683　者 1443　舍 1501

射 395　柘 785　洒 1002　罝 1492　奢 423　捨 1070　斜 1238　赦 1681　煮 126　賒 1719　遮 1802　寫 659　赭 1682　藉 1618　謝 1864

シャク

杓 768　灼 1212　酌 1702　綽 1656　爵 1122　谿 1812　爍 1236　繳 1670　鵲 2054　釋 1811　鑠 1970

ジャク

若 1573　雀 1915　搦 1079

シュ

手 1057　殳 1178　主 92　守 623　朱 765　呪 475　姝 719　株 789　殊 846　洙 1004　酒 1702　首 2018　珠 742　須 1976　種 1399　趣 1679　輸 1695　鑄 1970　鬚 2026

ジュ
入 一六四
成 八五一
受 三四五
授 一〇七〇
堅 一四二四
壽 三八四
綬 一六五八
儒 二四七
樹 八二〇
孺 七〇六
濡 一〇五一

シュウ
什 一七七
囚 五一二
州 九三
卌 一一一
收 八八八
舟 一五三一
秀 一三九四
取 三四二
周 四八二
岫 五三二
宗 六三二
修 二一九
脩 二二九
春 九二八
洲 一〇〇五
拾 一〇六五
秋 一三九五
臭 一五二七
袖 一五三九
羞 一五五二
荀 一五八三
娶 七二二
習 一六二六
終 一六四四
就 四二六
戢 八六七
衆 一五二八
蒐 一六〇四
鄒 一七六三
遒 一七九三
集 一九一五
愁 一二九一
酬 一七〇四
聚 一四五二
箒 一五一四
緝 一六六〇
醇 一七〇五
賙 一七二五
輯 一六九五
醜 一七〇五
踵 一七五〇
濕 一〇五二
螽 一四八九
繡 一六七一
譙 一八六七
鶖 二〇五四
襲 一五四八
[illegible] 一九二六
驟 二〇三八

ジュウ
十 一〇五
廿 一一〇
汁 九七四
充 二五六
戎 八五〇
住 一九九
殉 八四七
恤 一二六六
重 一七四一
從 五八〇
楯 八一〇
準 一〇三五
糅 一五六一
獸 八四二

シュク
夙 六〇三
叔 三四四
俶 二二九
倏 二三一
祝 一三二五
宿 六五〇
孰 七〇四
淑 一〇一八
菽 一五九七
粥 六八五
肅 一五六二
縮 一六六七
謖 一八六五
儵 二四七
鬻 二〇四〇
鷫 二〇五六

ジュク
熟 一二三三
縟 一六六二

ジュツ
戌 八五一
怵 一二五四
述 一七七〇
術 五七五

シュン
俊 二二六
峻 五三四
徇 五七〇
純 一六四〇
浚 一〇一三
淳 一〇二二
舜 一一二一
詢 一八三九
遵 一八〇五
濬 一〇五二
瞬 一三五一
駿 二〇三五
蠢 一四九〇

ジュン
旬 九一八
巡 一七六八
循 五八七
順 一九七六
潤 一〇四六

ショ
初 二九六
抒 一〇六〇
杵 七八三
沮 九九五
俎 二一八
書 九四八
胥 一一四六
庶 六一四
渚 一〇一六
處 一四七九
睹 九五七
湑 一〇三二
黍 二〇六九
署 一四九二
雎 一九一八
鼠 二〇七二
翥 一六二八
諸 一八四八
醑 一七〇五
[illegible] 一九一九
曙 九六九

ジョ
女 七〇七
如 七〇八
汝 九七七
助 三一七
序 六一一
所 一一〇四
徐 五七五
恕 一二六五
茹 一五八四
除 一九三二
敘 八九八
暑 九五七
舒 一五〇二
緒 一六五五

ショウ
小 四二九
升 七一
少 四三一
召 四四七
丞 四四
劭 三一八
肖 一一三九
邵 一七五六
承 一〇一
尚 四三二
妾 七一八
松 七八三
昌 九二一
昇 九二一
沼 一〇〇〇
招 一〇六二
怊 一二五六
乘 八〇
削 三〇七
庠 六一六
宵 六四六
昭 九三八

薪 一六一五　縉 一六六二　親 一七三四　簪 一五一七　譖 一八六七　櫬 八二五　贐 一七二八　鬵 二〇五五　讖 一八七三

ジン

人 一六〇　刃 二九一　壬 三五九　任 一八七　杒 七七四　沈 九八六　衽 一五三八　荏 一五八三　紉 一六三九　陣 一九三二　珥 七四二　尋 三九八　稔 一三九九　塵 三八三　潭 一〇四五　潯 一〇四七　盡 一三七六

燼 一二三六

〔ス〕

スイ

水 九七一　出 二八一　吹 四六九　垂 三七〇　炊 一二一二　倠 一九一五　衰 一五三七　陲 一九四一　崔 五三五　捶 一〇六八　推 一〇六九　萃 一五九九　棰 八〇〇　揣 一〇七六　惴 一二八六　遂 一七九三　睟 一三四九　睡 一三四九　綏 一六五五　誎 一八三三　樻 八一三　粹 一五六一

翠 一六二八　隧 一九五三　醉 一七〇五　誰 一八五一　燧 一二三五　邃 一八〇九　雖 一九一九

ズイ

瑞 七四八　緌 一六五七　隨 一九五一　蕤 一六一二　繠 一六六九

スウ

崇 五三六　蒭 一六〇八　樞 八一五　數 九〇三　趨 一六八〇

スン

寸 三九四

〔セ〕

ゼ

是 九三一

セイ

井 二九　世 三七　正 八七三　生 一三七九　成 八五一　西 一四六三　制 三〇三　征 五六四　妻 七一六　姓 七一七　性 一二五六　青 一八七九　倩 二二七　城 三七一　政 八九〇　星 九三七　泚 一〇〇二　牲 一〇九四　胵 一一四三　砌 一三三五

眚 一三四五　逝 一七七五　淒 一〇一八　淨 一〇二〇　悽 一二七七　眥 一三四六　萋 一五九六　棲 七九九　晴 九五七　掣 一〇七二　犀 一〇九六　勢 三二二　歲 八八三　筬 一五一二　誠 一八三八　靖 一八八〇　製 一五四六　晢 八四〇　齊 二〇七四　請 一八四八　儕 二四七　整 九〇五　澨 一〇五〇　醒 一七〇五　靜 一八八〇　濟 一〇五二　薺 一六一九　躋 一七五二　霽 一八九二

ゼイ

汭 九八四　芮 一五六九　稅 一三九七　噬 五〇八

セキ

夕 六〇一　尺 六六三　斥 一一〇四　石 一三三四　赤 一六八一　析 七八三　昔 九一九　借 二二七　席 五五一　脊 一一四七　寂 六五一　戚 八六六　淅 一〇一七　惜 一二七七　晳 九五八　舃 五二〇　跡 一七四八　慼 一三〇一　瘠 一四一九

積 一四〇四　錫 一九六六　績 一六六五　蹠 一七五一　籍 一五一九

セク

齪 二〇七八

セツ

切 二九一　折 一〇五九　拙 一〇六二　刹 三〇四　浙 一〇〇六　設 一八二八　雪 一八八六　渫 一〇二六　節 一五一二　截 八六七　說 一八四四　緤 一六六〇　薛 一六一四　竊 一四三一

ゼツ

舌 一五〇一
絕 一六四六

セン

川 七〇
千 一〇九
占 一二三
仙 一八二
仟 一八二
阡 一九二七
全 一八三
先 二五四
芊 一五六八
佺 二一四
苫 一五七七
前 一四八
宣 六三八
泉 一〇〇一
洗 一〇〇三
旃 一二〇五
扇 一二四一
穿 一四二八
閂 一九〇二
陝 一九三二
悛 一二七〇
剪 三〇九
専 三九六
淺 一〇一八
旋 一二〇九
船 一五三二
遄 一七八九
僉 二三八
尠 四三五
煎 一二三一
蒨 一六〇七
詹 一八三九
銛 一九六一
僭 二四三
煽 一二三二
箋 一五一四
塹 一六九三
銑 一九六二
璇 七五一
潛 一〇四五
撰 一〇八四
箭 一五一五
翦 一六二九
賤 一七二四
踐 一七四九
遷 一八〇二
選 一八〇六
戰 八六八
澶 一〇五一
擅 一〇八六
腨 一一六一
膳 一一六二
禪 一三二九
薦 一六一五
錢 一九六六
餞 二〇〇三
鮮 二〇五九
瞻 一三五二
蟬 一四八九
繕 一六六九
顓 一九八一
蟺 一四九〇
蘚 一六二四
贍 一七二八
闡 一九一三
饌 二〇〇四
鐥 二〇〇四
殲 八四八
纖 一六七三

ゼン

冉 一二八
苒 一五七七
染 七八六
奭 一四七〇
善 四九七
然 一二二六
漸 一〇四一

〔ソ〕

ソ

疋 一四三二
阻 一九二八
阼 一九二九
徂 五六五
胙 一一四五
祖 一三二一
祚 一三二五
素 一六三八
措 一〇六八
粗 一五五八
組 一六四二
曾 九六三
疏 一四三二
詛 一八三〇
楚 八〇三
溯 一〇三六
鉏 一九六一
愬 一二九七
蔬 一六一四
蘇 一六二二
鶬 二〇五五
麤 二〇六三

ソウ

卅 一一〇
匝 一二一
存 六九九
早 九一六
壯 三七〇
宋 六三〇
皂 一四一〇
走 一六七四
帚 五四四
爭 一一一四
牀 一三一三
倉 二二七
奏 四二三
桑 七九三
牂 一三一三
相 一三四〇
臿 一五二〇
草 一五八一
莊 一五九二
送 一七七一
陬 一九三九
爽 四二四
崢 五三四
巢 七三二
曹 九五四
掃 一〇七二
悰 一二八〇
笙 一五〇五
創 三一〇
喪 四九四
湊 一〇二五
插 一〇七六
搔 一〇七七
稍 一三九八
窗 一四二九
葬 一六〇一
腠 一一六〇
想 一二八八
裝 一五四四
蒼 一六〇七
諍 一八三九
僧 二四四
嗾 五〇六
漱 一〇四二
蔥 一六一一
綜 一六五八
遭 一八〇一
增 三八六
層 六七〇
濈 一〇四五
甑 八七一
澡 一〇四九
操 一〇八五
磳 一三三八
矰 一三九三
聰 一四五五
罾 一四九六
藏 一六一八
總 一六六六
霜 一八九〇
叢 三四八
藪 一六一九
繒 一六六九
雙 一九二〇
藻 一六二二
繅 一六七一
躁 一七五二
鷞 二〇五五

ゾウ

造 一七七九
臧 一四六〇
憎 一三〇五
贈 一七二六

ソク

仄 一六六
即 二八六
束 七六七
足 一七四四
促 二一九
則 三〇五
息 一二六四
速 一七七七
側 二三四
測 一〇二七

塞 三八二
遬 一八〇二

ゾク
俗 二二〇
族 一二〇八
粟 一五五八
賊 一七一七
鏃 一九六九
屬 六七一
續 一六七二

ソツ
卒 一一二
帥 五四四
窣 一四二九

ソン
孫 七〇三
尊 三九六
損 一〇七八
蓀 一六一一
樽 八二二
蹲 一七五一

〔タ〕

タ
太 四一三
他 一八二
吒 四五一
多 六〇三
陀 一九二九
拖 一〇六一
唾 四九一
[illegible] 一五四六
駝 二〇三三
鼉 二〇七一

ダ
打 一〇五八
那 一七五六
兌 二五八
娜 七二〇
蛇 一四八六
媠 七二六
墮 三八五
嫷 七二八
懦 一三一〇

タイ
大 四〇一
代 一八一
台 四四八
汰 九八二
岱 五三二
苔 一五八〇
待 五六九
殆 八四六
胎 一一四六
怠 一二六一
退 一七七四
泰 一〇〇六
帶 五五二
逮 一七八六
替 九五七
對 三九八
滯 一〇四二
態 一二九七
臺 一四七六
隤 一九五三
駘 二〇三四
頹 一九八〇
戴 八六九
鎚 一九六八
黛 二〇六七
薹 一四八九

ダイ
乃 六二
內 一二五
迺 一七七二
第 一五〇六
餒 二〇〇二
題 一九八一

タウ
騊 二〇三六

ダウ
鬡 二〇二七

タク
宅 六二六
卓 一一一
倬 二二九
柝 七八六
託 一八二四
橐 八二一
澤 一〇四九
擇 一〇八五
濯 一〇五五
斲 一一一一
謫 一八六六

ダク
諾 一八五一
濁 一〇五〇

タツ
侻 二二二
達 一七八七
撻 一〇八三
橽 八二一
鵽 二〇五四
闥 一九一三

ダツ
怛 一二五五
脫 一一五四
奪 四二四
獺 八四三

タン
丹 九一
旦 九一六
但 一九四
炭 五三三
眈 一三四五
耽 一四五〇
袒 一五三九
郯 一七六二
啖 四九二
探 一〇七二
菼 一五九七
赧 一六八二
酖 一七〇四
堪 三七七
單 四九五
湛 一〇二五
湍 一〇二七
短 一三九二
亶 二七五
剸 三一〇
誕 一八三九
摶 一〇八〇
端 一四二五
鄲 一七六三
歎 一一七六
憚 一三〇五
談 一八五五
殫 八四八
澹 一〇五一
擔 一〇八五
檀 八二四
膽 一一六二
簞 一五一八
譚 一八六七
黮 二〇六八

ダン
男 一三五九
段 一一七八
湳 一〇二六
團 五二五
彈 六八六
斷 一一一一

〔チ〕

チ
地 三六五
弛 六八〇
池 九七七
治 一〇〇〇
祉 一三二〇
知 一三九〇
值 二二七
持 一〇六四
胝 一一四六
恥 一二六三
致 一四七五

智 九五八
鳶 六一七
摛 一〇七九
置 一四九二
絺 一六五四
跱 一七四六
雉 一九一八
馳 二〇三一
墀 三八七
質 一七二五
踟 一七四九
遲 一八〇五
螭 一四八八
篪 一五一七
癡 一四二〇

チク

竹 一五〇四
畜 一三六五
逐 一七七八
蓫 一六〇七
蓄 一六〇九
築 一五一六

チツ

秩 一三九六
蟄 一四八九

チャク

嫡 七二八
謔 一八五七

チュ

邾 一七五六
誅 一八三八
駐 二〇三三
貙 一八一五
躕 一七五二

チュウ

丑 三七
中 五四
仲 一八六
汲 九七六
虫 一四八五
沖 九八三
宙 六三五
注 九九七
抽 一〇六一
忠 一二五二
柱 七八六
胄 一一四四
种 一三九五

衷 一五三八
紂 一六三七
晝 九五六
惆 一二七九
紬 一六四四
稠 一三九九
輈 一六九〇
綢 一六五八
儔 二四七
疇 一三七〇
籀 一五一八
籌 一五一九

チュツ

黜 二〇六七

チョ

佇 二〇二
杼 七八四
著 一五九四
貯 一七一六
樗 八一五
豬 一七一〇
儲 二四七

チョウ

刁 九六
兆 二五六
吊 四五一
佻 二一四
岧 五三三
怗 二五五
苕 一五八〇
迢 一七七一
長 一八八二
凋 二七七
冢 二七九
停 二三五
帳 五五二
彫 五九八
張 六八一
掉 一〇六九
悵 一二七二
眺 一三四六
萇 一五九三
釣 一九五八
頂 一九七五
鳥 二〇五〇
堞 三七八
琱 七四七
脹 一一五四
朝 一一五五
超 一六七七
牒 一一〇三
腸 一一六〇

跳 一七四七
暢 九六七
肇 一五六三
趙 一六七八
輒 一六九一
徵 五九三
潮 一〇四四
澄 一〇四七
蝶 一四八七
酮 一七〇五
調 一八五四
頫 一九七九
髫 二〇二六
蹀 一七四九
諜 一八五七
雕 一九一九
寵 六六〇
聽 一四五六

チョク

直 一一一
陟 一九三二
敕 八九八
躅 一七五二

チン

枕 七八四

珍 七四一
朕 一一四七
砧 一三三五
紖 一六四二
陳 一九三九
琛 七四七
椹 八〇三
賝 一七二五
鎮 一九六八

〔ツ〕

ツイ

追 一七七三
椎 八〇〇
墜 三八五

ヅイ

鋖 一九六七

ツウ

通 一七八〇
痛 一四一九

〔テ〕

テ

坻 三七一

テイ

丁 七
氐 一一六九
廷 三四九
弟 一四一
低 一九九
呈 四六五
杕 七六七
邸 一七五六
底 六一二
定 六三三
泜 九九七
亭 二七三
剃 三〇八
帝 五四四
庭 六一三
挺 一〇六五
軑 一六八八
貞 一七一二
逞 一七七八
涕 一〇一三

悌 一二六九
偵 二三四
珶 七四六
梯 七九六
梯 七九七
堤 三七八
啼 四九七
彘 六六二
棣 八〇二
提 一〇七三
睇 一三四八
程 一三九八
觗 一八一六
鼎 二〇六五
楨 八〇九
禔 一三二九
遞 一八〇一
綴 一六五九
醍 一七〇四
鄭 一七六三
遰 一八〇二
蹄 一七五〇
諦 一八六三
磾 一三三七
騁 二〇三五
體 一九八八

デイ

泥 九九九

テキ

狄 八二九
的 一四一〇
剔 三〇八
逖 一七八〇
惕 一二七一
笛 一五〇五
滌 一〇三五
滴 一〇四三
摘 一〇八〇
翟 一六二八
適 一八〇二
敵 九〇三
擢 一〇八七
擲 一〇八七
鏑 一九六九
躑 一七五二
糴 一五六一
覿 一七三八

デキ

惄 一二八六
溺 一〇三六
愵 一二九六

テツ

迭 一七七〇
哲 四八九
[illegible] 一四一五
掇 一〇七二
絰 一六五〇
嵽 五三七
徹 五九四
澈 一〇四七
輟 一六九五
轍 一六九八
鐵 一九七〇

デツ

呈 三六八

テン

天 四〇八
甸 一三五九
典 一四八
沾 九九五
忝 一二五三
展 六六九
玷 七四一
殄 八四六
恬 一二六七
奠 四二四
覘 一七三四
傳 二三八
塡 三八一
椽 八一一
殿 一一八一
瑱 七四九
窴 一四二九
諂 一八五五
霑 一八八九
輾 一六九七
蹍 一七五一
點 二〇六七
瀍 一〇五五
轉 一六九七
顛 一九八二
囀 五〇九
纏 一六七二
巔 五三九
躔 一七五三

デン

田 一三五三
電 一八八八

【ト】

ト

斗 一二三八
吐 四四八
妒 七一五
徒 五七三
荼 一五八九
都 一七六〇
途 一七七九
堵 三七五
屠 六六九
菟 一五九八
渡 一〇二九
塗 三八一
圖 五二五
覩 一七三四
駼 二〇三五

ド

土 三五六
奴 七〇八
努 三一八
杜 七六六
弩 六八〇
度 六一二
怒 一二六一
駑 二〇三三

トウ

刀 二九一
冬 六〇七
彤 五九八
投 一〇五九
豆 一七〇〇
到 三〇三
東 七七九
倒 二二八
凍 二七七
唐 四九一
桃 七八九
納 一六四〇
逃 一七七三
討 一八二三
陶 一九四二
悼 一二七七
婾 七二六
棟 七九八
棹 八〇〇
棠 八〇〇
湯 一〇二六
盜 一三七五
登 一四三五
等 一五〇八
答 一五一一
董 一六〇三
統 一六五一
道 一七九〇
塘 三八一
滔 一〇三五
當 一三六八
遝 一八〇〇
榻 八一三
槄 八一二
慟 一二九八
鄧 一七六五
嘲 五〇六
幢 五五八
縢 一一六一
稻 一四〇四
蕩 一六一三
踏 一七四九
燈 一二三五
縚 一六六五
頭 一九八〇
璫 七五二
擣 一〇八六
盪 一三七八
蹈 一七五〇
謟 一八六五
櫂 八二四
禱 一三三二
藤 一六二〇
蹬 一七五一
韜 二〇二二

伯 一九八
帛 五四三
迫 一七七一
柏 七八五
剝 三〇九
搏 一〇七八
貊 一八一三
膊 一一六一
魄 一九九二
璞 七五一
薄 一六一五
簿 一五一八
霸 一八九一

バク

乏 七二
陌 一九三〇
莫 一五八八
麥 二〇四八
博 一一七
幕 五五八
寞 六五四
漠 一〇三三
摸 一〇七八
暝 九六六
瘼 一四一九
縛 一六六三
邈 一八〇八

ハッ

法 九八九

ハツ

八 一三〇
胈 一一四四
鉢 一九六一
潑 一〇四八
髮 二〇二五

バツ

伐 一八四
拔 一〇六〇
秣 一三九六
罰 一四九五
襪 一五四八

ハン

反 三三五
半 九三
犯 八二八
氾 九七四
判 三〇二
坂 三六八
泛 九八四
板 七八三
范 一五七九
盼 一三四五
畔 一三六五
般 一五三一
班 七四四
絆 一六四六
販 一七一四
斑 七四四
飯 一九九七
煩 一二二九
槃 八一二
幡 五五八
樊 八二〇
潘 一〇四六
範 一六九三
璠 七五一
燔 一二三四
磻 一三三七
繁 一六六六
藩 一六二一
繙 一六六九
攀 一〇八八
蹣 一七五一
鞶 一九七四

バン

曼 九五五
晚 九五六
萬 一六〇一
滿 一〇三九
漫 一〇四二
蔓 一六一一
盤 一三七五
蕃 一六一三
鬘 二〇二六
蠻 一四九一

〔ヒ〕

ヒ

比 八七〇
丕 四二
皮 一四三四
妃 七一二
否 四六七
芘 一五六九
芾 一五六九
卑 一一四
彼 五六五
枇 七七七
沸 九九九
披 一〇六三
肥 一一四一
畀 一三六一
非 一八九五
匪 一二二
俾 二三二
毗 八七〇
胐 一一四六
秘 一三九七
疲 一四一八
被 一五三九
飛 二〇二三
埤 三七六
婢 七二三
菲 一五九七
琵 七四六
棐 七九九
腓 一一五七
扉 一二四二
悲 一二八四
費 一七一六
碑 一三三六
裨 一五四五
贔 一七一七
鄙 一七六三
翡 一六二八
鼻 二〇七三
僻 二四六
罷 一四九五
誹 一八五一
避 一八〇八
濞 一〇五二
臂 一一六三
鞞 一九七四
騑 二〇三六
羆 一四九六
靡 一八九九
譬 一八七二
轡 一六九九

ビ

尾 六六四
弭 六八〇
眉 一三四五
美 一五五〇
備 二三七
寐 六五四
媚 七二六
湄 一〇三二
微 五八八
楣 八一一
魅 一九九二
薇 一六一四
彌 六八六
糜 一五六一
縻 一六六七
麋 二〇六二
蘪 一六二四
劓 三一三
亹 二七六

ヒツ

匹 一二一
必 一二四六
宓 六三八
苾 一五七九
畢 一三六四
偪 二三四
弼 六八五
筆 一五一二
逼 一七八七
韠 二〇二二

ビツ

謐 一八六六

ヒョウ

冰 二七七
表 四五
彪 一四七九
評 一八二九
漂 一〇四二
標 八一五
憑 一三〇五
縹 一六六五

汨 九八四
覓 一七三三

ベツ
別 二九八
蔑 一六一一
篾 一五一七
鱉 二〇六〇

ヘン
卞 一二三
片 一一〇三
汎 九七六
汴 九八五
便 二一八
胼 一一四七
偏 二三五
貶 一七一四
遍 一七九五
蝙 一四八八
篇 一五一六
翩 一六三〇
編 一六六一
駢 二〇三五
邊 一八〇九
鞭 一九七四
變 九〇五

ベン
弁 四〇〇
俛 二二〇
勉 三二〇
眄 一三四三
冕 九五六
綿 一六五七
辨 一八七五
櫋 八二五
麵 二〇四八
辯 一八七八

【ホ】

ホ
布 五四一
甫 四五
步 八八〇
怖 一二五四
保 二一九
哺 四八九
圃 五一六
捕 一〇六六
畝 一三六五
部 一七六一

浦 一〇〇六
晡 九五五
普 九六一
補 一五四二
蒲 一六〇五
蒱 一六〇九
輔 一六九一
黼 二〇六四

ボ
戊 八五〇
母 一三一七
牡 一〇九一
菩 一五八八
墓 三八一
暮 九六六
慕 一二九七
謨 一八六三

ホウ
方 一一九〇
包 二四九
仿 一八八
邦 一七五五
彷 五六四
妨 七一五
抛 一〇五九
芳 一五七〇
奉 四二〇
庖 六一二
放 八八九
抱 一〇六二
朋 一一三九
房 一二四一
苞 一五七九
封 三九四
峰 五三四
胞 一一四五
旁 一二〇八
蚌 一四八五
迸 一七七三
逢 一七七九
豹 一八一三
崩 五三五
掊 一〇七一
萌 一五九七
訪 一八二八
傍 二三八
報 三七九
彭 五九九
棓 八〇〇
滂 一〇三六
蜂 一四八六
蓬 一六〇七
蔀 一六〇九
飽 一九九九
榜 八一三
髣 二〇二五
褒 一五四七
鋒 一九六五
魴 二〇五八
縫 一六六四
鮑 二〇五八
謗 一八六五
瀑 一〇五五
豐 一七〇一
鵬 二〇五四
寶 六六〇

ボウ
亡 二六二
妄 七一二
牟 一〇九一
防 一九二七
尨 四二六
忘 一二四九
罔 一二八
侔 二一七
茂 一五七六
剖 三〇九
某 七八四
冒 九三六
旄 一二〇五
茫 一五八四
莽 一五八八
勖 三二二
望 一一五二
眸 一三四八
袤 一五四二
貿 一七一六
漭 一〇三二
蒙 一六一〇
瞀 一三五〇
貌 一八一三
暴 九六八
謀 一八五六
駹 二〇三五
矇 一三五一

ホク
仆 一七七
北 二五九
濮 一〇五二
曝 九七〇

ボク
卜 一二三
木 七五七
沐 九八一
牧 一〇九一
睦 一三四八
僕 二四三
墨 三八六
撲 一〇八三
穆 一四〇五
纆 一六七二

ホツ
渤 一〇二六
發 一四三六

ボッ
坊 三六九

ボツ
沒 九八五
歿 八四六

ホン
本 七六二
奔 四二一
叛 三四八
畚 一三六六
翻 一六三四

【ヨ】

ヨ	予	余	好	淤	飫	與	預	豫	餘	璵	歟	輿	諡	醧		ヨウ	夭	用	幼	羊	甬	妖	佯
	一	一	一	七	一	一九	一九	一	一七	二〇	一七	一六	一八	一七			四	一	七	一五	一	七	二
	〇	八	一	二	九	五	七	〇	五	〇	七	九	六	〇			一	二	三	四	一	〇	一
	〇	九	六	二	七	三	八	〇	二	七	七	六	五	六			三	六	〇	九	一	五	七

杳	英	容	殀	洋	要	邕	庸	陽	湧	揚	葉	雍	楊	揺	腰	蓉	遥	詳	頌	養	墉	瑶	曄	燁	養	雍	擁	躡
七	六	五	八	四	七	六	一〇	一六	九	一〇	一〇	一六	二	一八	六	八	九	一八	八	九	三	七	一九	二	一九	一〇	一〇	一七
七	四	四	〇	五	五	六	一	三	七	四	七	七	〇	七	六	〇	七	四	〇	七	八	四	三	三	九	八	八	五
九	六	六	五	五	六	八	四	二	〇	六	五	〇	九	五	九	一	七	〇	七	八	二	九	七	二	八	七	六	〇

ヨク	弋	抑	浴	欲	億	囿	臆	翼		ヨウ（鷹類）	蔦	濚	鷹	繇	謡	曜	颺	颺	耀	鰩	灩	鷹
	四	一	一〇	一〇	一二	一九	一一	一六			二〇	〇	一	六	八	九	一	〇	二〇	二〇	二〇	二〇
	二	五	〇	七	一	六	七	三			五	五	六	六	六	六	六	〇	六	六	八	五
	八	九	九	一	五	〇	六	三			三	二	七	五	七	九	九	五	七	六	七	六

【ラ】

ラ	羅	騾		ライ	耒	來	萊	睞	雷	賚	賴	瀨	礧	醴	蠡	轢		ラウ	轢		ラク	洛	硌	落	絡	雒
	一四	二〇			一四	一二	一五	一三	一八	一七	二〇	一三	一七	一五	一九			一六			一〇	一〇	六	六	一九
	九	三			〇	四	九	四	八	二	〇	五	三	〇	七			九			三	三	〇	五	一
	六	七			〇	六	六	六	八	六	六	六	八	六	〇			八			四	六	四	〇	八

【リ】

ラツ	刺		ラン	卵	枩	乱	濫	藍	闌	瀾	蘭	欄	爛	覽	樂	攬	纜	鑾	鸞		樂	駱
	三〇			七	二	一	〇	六	九	一	六	八	一	一	八	一六	一	一九	二〇		八	二〇
	二			二	八	五	〇	一	五	二	三	二	二	三	二	七	七	七	五		一	三
				六	二	一	八	〇	六	三	六	六	六	六	七	九	三	一	六		六	四

リ	吏	利	李	里	理	梨	犁	裏	莅	璃	履	氂	罹	黎	離	鯉	麗	蠡	酈	籬	驪		リク	六	陸
	四	二	七	七	七	七	一〇	五	一六	一三	一七	一六	一	一	二	一	二	一九	一七	二〇	二〇			一	一九
	九	九	四	四	九	九	四	〇	七	〇	七	五	〇	六	九	〇	〇	二	六	五	三			三	三
	三	八	八	五	五	八	〇	九	四	九	〇	〇	三	九	二	六	〇	九	五	九	九			三	四

リツ	律	栗	率	慄		リャク	掠	略		リュウ	立	柳	斿	留	流	琉	笠	粒	隆	溜	旒	榴	劉	獠
	五	七	七	一			一	一			一四	一	七	一二	一二	一七	五	五	九	二	一〇	八	三	八
	七	八	七	二			六	三			二	三	八	一	〇	四	一	五	四	〇	三	一	一	三
	〇	八	八	九			七	六			六	一	四	八	三	六	六	八	八	六	九	三	一	八

リョウ								リョ						
聊	涼	凌	梁	梁	陵	料	凌	亮	兩	良	了		臚	廬	慮	閭	旅	梠	侶	呂		雷	龍	戮
一四五〇	一〇二二	一七九七	一七九六	一九九八	一二三八	二二七八	二二七七	一五三	二五〇	五六四	一九六		二〇三九	一六二二	一三〇一	一二八九	一七八九	一二八七	一二四六	一六〇		一八九一	二〇七九	一八六八

				リョク																リン				
吝		醁	綠	力		鬣	騮	隴	糧	獵	繆	療	瞭	諒	遼	領	綾	蓼	漁	寥	廖	僚	量	菱
四六八		一七〇五	一六五九	三一四		二〇二七	二〇三五	一九五六	一八四二	一六六二	一四三五	一八八五〇	一八八七	一九六三	一六五一	一六〇四	一六五二	一六二七	一五二	一七四三	一五九六			

			ル															ルイ			
淚		鏤	潞	屢		麟	鱗	濫	藺	臨	磷	懍	論	輪	鄰	綸	惏	淪	悋	倫	林
一〇二四		一九六八	一〇四九	六七〇		二〇六三	二〇六〇	一五六	六四二	三〇七	八六二	六五九	七六四	六六五	一二七七	一〇一六	一二三二	七七五			

												レイ											
嶺	勵	厲	鈴	零	軨	聆	悷	玲	苓	戾	泠	囹	例	冷	令		譬	類	羸	蕾	壘	縲	累
五三八	三二四	一一九	一九六二	八八九	六四九	二七二	七七四	五七二	二四九	九一六	二二七	一一七九	一七七		一八七一	一九八四	一六六三	一三三〇	一六六〇	一六四六			

				レツ						レキ												
裂	烈	洌	劣	列		轢	礫	櫪	櫟	曆	歷		觀	靈	儷	糲	鱧	礪	藜	隸	癘	禮
一五四二	二〇一三	三九二	一九七	一七五		一六九九	一三三八	八八二	九二五	八六八	八四		一七三九	一八二八	二五四一	三三六七	六九三	一九八	一四七〇	一三二九		

					ロ												レン				
壚	廬	魯	路	賂	輅	虜		戀	攣	變	樊	簾	聯	斂	輦	練	憐	璉	蓮	廉	連
一三八八	一二八七六	一七五七	一七四一	一六九〇	一四八四		一三一一	一〇八九	一七二九	一四二五	一五一八	一四九〇五	一六〇九	一三六三	一七〇四	六〇九	一六〇七	一七七六			

															ロウ											
醪	樓	漏	稜	楞	僂	硠	勞	琅	婁	廊	浪	朗	狼	陋	郎	拉	牢	弄	老		鷺	鑪	艫	露	櫨	蘆
一七〇一	一八八一六	一〇三九	三八四	二三四	一三三四	七七六	六一二	一六一三	一〇八三	一八〇六	一九七五	一八三六	一五六九	四四〇	一四〇二	二〇八一		二〇五六	一九五七	一八三二	一六二一	一六一五

【ワ】

附錄四：本書所用文獻異體字對照表

世-丗 爾-尔-尒 承-羕-永 乾-乹 亂-乱 博-愽 匝-帀 冏-囧 岡-罡 罔-冈 並-并 茲-兹-玆 與-与 來-来 侶-侣 傲-慠 備-俻 僭-僣 儒-需 勾-句 克-尅-剋 兌-兑 凡-几 冰-氷 初-初

別-别 刺-刾 剎-刹 劍-劒 劘-㓜 釁-舋 動-堹 勤-懃 參-叅 又-𠂇 叔-尗 坂-阪 坤-巛 垂-埀 埋-薶 專-専 夷-𡰥 夾-夹 契-𢍁 奕-弈 奪-奥 獎-奬 吊-弔 呂-吕 和-咊

咨-諮 唇-脣 員-貟 啖-噉 啓-硌 因-囙 國-国 圖-啚 岳-嶽 峰-峯 嶇-岴 席-廗 役-伇 徑-俓-逕 得-淂 復-澓 徵-徴 衡-衡 彥-彦 廄-廐 宮-宫 寔-寔 寧-寍-甯 寵-寵 寶-寳

居-屋 強-强 彌-弥-旀 學-斆 孺-擩 姊-姉 妒-妬 姦-奸-姧 琊-瑘 璇-琁-璿 柏-栢 梨-棃 概-槩 櫃-柜 猿-猨 獵-獦 步-歩 歲-嵗 效-効 敕-勅-勑 敘-叙 敷-旉 明-眀 曼-曼 最-冣

晢-晣 暫-蹔 沒-没 沈-沉 決-决 法-灋 洩-泄 海-𣴴 淫-滛 游-遊 準-准 澣-浣 掛-挂 擲-擿 攜-携 攢-攅 牢-窂 犀-犀 斲-斵-斫 斷-断 爲-為 育-毓 胸-胷 脅-脇 腰-䙅

腸-膓 腳-脚 臘-臈 款-欵 歎-嘆 災-灾 焰-爓 無-无 燕-鷰-鳶 卮-巵 怨-惌 怒-忞 恥-耻 協-恊 悅-悦 惡-悪 惠-恵 惱-悩 慎-昚 愬-訴 慚-慙 慷-忼 感-㤿 憐-怜 牀-床

祀-禩 禮-礼 禰-祢 睿-叡 界-堺 疆-壃 鹽-塩 秣-岨 稅-税 稷-禝 的-旳 皋-皐-臯 皎-晈 皓-晧 豎-竪 競-竸 窗-窓 竊-竊 疏-疎-踈 耕-畊 耗-秏 耜-耜 耦-禑 考-考 耽-躭

聰-聡 職-軄 處-䖏 虛-虗 蚌-蜯 蝟-猬 蠟-蝋-蝋 蠶-蚕 罰-罸 肉-宍 缺-缼 瞿-瞿 笑-咲-咲 第-苐 等-䓁 策-筴 答-荅 節-莭 箋-牋 算-筭 篇-萹 篤-篤 築-筑 簡-蕑 舊-旧

舊-旧
船-舡
艷-豔
衮-袞
褒-褎
襪-韈
羌-羗
群-羣
粵-粤
糧-粮

糴-籴
莽-葬
萬-万
蓋-盖
累-纍
綱-綗
網-䋄
綿-緜
緩-緩
縧-絛

總-捴摠総忩
繞-遶
趨-趍
軫-軫
豐-豊
賓-賔
贊-賛
覩-睹
覽-覧
跡-迹

踴-踊
蹠-跖
郥-卲
鄰-隣
躬-躳
迤-迆
逆-逹
遜-遻
逮-逯
遁-遯

遲-遟
貌-皃
貙-貙
觗-觶
說-説
謨-謩
讚-讃
辭-辞辤
靈-霊
閉-閇

閱-閲
關-関
陀-陁
隙-隟
障-鄣
險-嶮
銳-鋭
鎖-鏁
鐵-鐡
鞍-鞌

須-湏
頹-隤
顏-顔
飾-餝
餐-飡
館-舘
餱-糇
飆-飈
驅-駈
鬭-鬪

高-髙
鷄-雞
鶴-鸖
鱉-鼈
麤-麁
黑-黒
鼓-皷
齊-斉

附錄五：部分形體差異部件對照表

例字	差异部件	
纘纘	贊	賛
搖摇	䍃	䍃
滾滚	衮	衮
淸清	靑	青
旣既	旣	既
溫温	昷	昷
橫横	黃	黄
潨潀	眾	衆
髙高	髙	高
爾你	爾	尔
祿禄	彔	录
換换	奐	奂
靜静	爭	争
娛娱	吳	吴
纖纎	韱	韯
鎭鎮	眞	真
悅悦	兌	兑
遠逺	袁	袁
惠恵	叀	叀
萊莱	來	来
絕絶	刀	⺈
硏研	幵	开
侶侣	呂	吕
彥彦	产	产
鉤鈎	句	勾
述述	朮	术
尙尚	八	⺌
綠绿	彑	彐
默默	黑	黑
挾挟	夾	夹